Software

Das Fremdwörterbuch als Software »Duden-Bibliothek Express« zum einfachen Nachschlagen am Computer können Sie für nur 9,– Euro herunterladen:

- Besuchen Sie https://www.duden.de/download-d5
- Nutzen Sie den folgenden Code, um die Software »Duden-Bibliothek Express« für nur 9,– Euro zu erwerben: wsF-uh4-485
- Laden Sie die Software auf Ihren Computer

Bitte beachten Sie die Systemvoraussetzungen:
Microsoft Windows Vista, 7, 8, 8.1, 10 (32/64 Bit)
Linux (64 Bit) getestet unter Ubuntu 18.04
Mac OS X 10.8, 10.9, 10.10, 10.11, 10.12, 10.13, 10.14
Festplattenspeicher: Titelabhängig

Duden Band 5

Der Duden in zwölf Bänden

Das Standardwerk zur deutschen Sprache

1. Die deutsche Rechtschreibung
2. Das Stilwörterbuch. Typische Wortverbindungen
3. Das Bildwörterbuch
4. Die Grammatik
5. Das Fremdwörterbuch
6. Das Aussprachewörterbuch
7. Das Herkunftswörterbuch
8. Das Synonymwörterbuch
9. Das Wörterbuch der sprachlichen Zweifelsfälle. Richtiges und gutes Deutsch
10. Das Bedeutungswörterbuch
11. Redewendungen
12. Zitate und Aussprüche

Duden

Das Fremdwörterbuch

12., vollständig überarbeitete und erweiterte Auflage

Herausgegeben von der Dudenredaktion

Duden Band 5

Dudenverlag
Berlin

Redaktionelle Bearbeitung der 12. Auflage
Dr. Kathrin Kunkel-Razum (Projektleitung), Ursula Kraif, Carsten Pellengahr,
Prof. Dr. Hans Jürgen Heringer (Paronymkästen)
Wortschatz im Wandel: Prof. Dr. Stefan Engelberg
Computerlinguistische Arbeiten Thorsten Frank, Anna Konovalova
Herstellung Ursula Fürst

Die **Duden-Sprachberatung** beantwortet Ihre Fragen zu Rechtschreibung, Zeichensetzung, Grammatik u. Ä. montags bis freitags zwischen 09:00 und 17:00 Uhr.
Aus Deutschland: 09001 870098 (1,99 € pro Minute aus dem Festnetz)
Aus Österreich: 0900 844144 (1,80 € pro Minute aus dem Festnetz)
Aus der Schweiz: 0900 383360 (3.13 CHF pro Minute aus dem Festnetz)
Die Tarife für Anrufe aus den Mobilfunknetzen können davon abweichen.
Den kostenlosen Newsletter der Duden-Sprachberatung können Sie unter www.duden.de/newsletter abonnieren.

Bibliografische Information der Deutschen Nationalbibliothek
Die Deutsche Nationalbibliothek verzeichnet diese Publikation in der Deutschen Nationalbibliografie; detaillierte bibliografische Daten sind im Internet über http://dnb.dnb.de abrufbar.

Bibliographisches Institut GmbH, Mecklenburgische Straße 53, 14197 Berlin

Typografisches Konzept, Satz Umtexte Farnschläder & Mahlstedt, Hamburg
Umschlaggestaltung Tom Leifer Design, Hamburg
Satz Wörterverzeichnis Sagittarius-A GmbH, Hirschberg
Druck und Bindung C. H. Beck, Nördlingen, Bergerstraße 3, 86720 Nördlingen
Printed in Germany

ISBN 978-3-411-04062-9
Auch als E-Book erhältlich unter: ISBN 978-3-411-91314-5
www.duden.de

PEFC/04-31-0658
PEFC zertifiziert
Der Inhalt stammt aus nachhaltig bewirtschafteten Wäldern und kontrollierten Quellen · www.pefc.de

Inhalt

Vorwort

Liebe Leserin, lieber Leser,

die Diskussion über Fremdwörter im Deutschen und ihre Aufnahme in Dudenwerke reißt nicht ab. Das Duden-Fremdwörterbuch, das es seit nunmehr 60 Jahren gibt, ist inzwischen zum Standard-Nachschlagewerk für das Verstehen und den richtigen Gebrauch von Fremdwörtern in der deutschen Gegenwartssprache geworden. Es zeichnet den ständigen Wandel des Wortschatzes, der gerade im Fremdwortbereich besonders deutlich erkennbar ist, durch regelmäßig erscheinende ergänzte, überarbeitete und aktualisierte Neuauflagen nach.

Die Ihnen hier vorliegende zwölfte, wiederum überarbeitete und um rund 800 Stichwörter erweiterte Auflage verzeichnet mehr als 60 000 Fremdwörter und fremde Redewendungen mit allen Schreib- und Trennvarianten. Sie enthält zudem weit über 400 000 Angaben zu Bedeutung, Aussprache, Grammatik, Stilebenen und Herkunft. Hat ein Wort mehr als eine Schreibung, so ist die von der Dudenredaktion empfohlene Variante blau unterlegt.

Wichtige Wortbildungselemente, besonders aus den klassischen Sprachen Griechisch und Latein, aber auch aus modernen Sprachen wie Englisch und Französisch werden in rund 160 Informationskästen übersichtlich dargestellt und erläutert. Außerdem gibt es hervorgehobene Suchhilfen, die Sie dabei unterstützen, auch bei schwierigen Schreibungen an der richtigen Stelle zu suchen. Neu in dieser Auflage sind rund 70 Kästen, die Paronyme gegenüberstellen – Wörter, die sehr ähnlich klingen, aber eine unterschiedliche Bedeutung haben. Das Material dafür wurde mit modernen computerlinguistischen Methoden aus großen elektronischen Datensammlungen, sogenannten Korpora, gewonnen. Zu diesen Wörtern zeigen wir erstmals auch in „Wortwolken“ typische Partner der Wörter, mit denen sie besonders häufig zusammen in Texten auftreten.

Die neuen Stichwörter stammen vor allem aus den Bereichen Wirtschaft, Politik und Gesellschaft, Sport, Medien, Mode, Freizeit, aber natürlich auch aus den Naturwissenschaften und der Medizin. Auch der Wortschatz, der im Zusammenhang mit der Coronapandemie, die unser aller Leben der letzten Monate geprägt hat, entstanden ist oder wiederbelebt wurde, ist mit einigen Vertretern bereits in dieser Auflage zu finden.

Bei den Neuaufnahmen dominiert nach wie vor der Einfluss des Englischen, der wichtigsten internationalen Verkehrssprache. Viele englische Bezeichnungen sind weltweit gebräuchlich und finden auch Eingang in die deutsche Gegenwartssprache.

Der dem Wörterverzeichnis vorangestellte Text »Wortschatz im Wandel: Fremde Wörter und die Dynamik der Sprache« von Prof. Dr. Stefan Engelberg, Abteilungsleiter Lexik am Leibniz-Institut für Deutsche Sprache in Mannheim, bietet interessante Einblicke in Geschichte und Gegenwart der Fremdwörter im Deutschen, die es den Benutzerinnen und Benutzern des Duden-Fremdwörterbuchs ermöglichen, sich ein eigenes Urteil zu dem Thema zu bilden.

Berlin, im August 2020
Die Dudenredaktion

Zur Wörterbuchbenutzung

I. Allgemeines

Das Fremdwörterverzeichnis enthält Fremdwörter, Fügungen und Redewendungen fremder Sprachen, gelegentlich auch deutsche Wörter mit fremden Ableitungssuffixen oder -präfixen, die als Fremdwörter angesehen werden könnten. Lehnwörter wurden nur dann aufgenommen, wenn sie für eine aus Fremdwörtern bestehende Wortfamilie erhellend sind. Fremde Eigennamen wurden in der Regel nicht berücksichtigt, es sei denn, dass sie als generalisierende Gattungsnamen verwendet werden.

Die Rechtschreibung folgt den aktuellen amtlichen Regeln.

II. Zeichen von besonderer Bedeutung

. Ein untergesetzter Punkt kennzeichnet die kurze betonte Silbe, z. B. Referẹnt.

_ Ein untergesetzter Strich kennzeichnet die lange betonte Silbe, z. B. Fassa̲de.

| Der senkrechte Strich dient zur Angabe der möglichen Worttrennungen am Zeilenende, z. B. Mor|ta|del|la, sum|mie|ren.

/ Der Schrägstrich besagt, dass sowohl das eine als auch das andere möglich ist, z. B. etwas/jmdn.; ...al/...ell.

® Das Zeichen ® macht als Marken geschützte Wörter (Bezeichnungen, Namen) kenntlich. Sollte dieses Zeichen einmal fehlen, so ist das keine Gewähr dafür, dass dieses Wort als Handelsname frei verwendet werden darf.

- Der waagerechte Strich vertritt das unveränderte Stichwort bei den Beugungsangaben des Stichwortes, z. B. Effekt, der; -[e]s, -e.

... Drei Punkte stehen bei Auslassung von Teilen eines Wortes, z. B. Anabolikum, das; -s, ...ka; oder: ethno..., Ethno...

() Die runden Klammern schließen erläuternde Zusätze zur Wortbedeutung ein, z. B. automatisch: mit einer Automatik ausgestattet (von technischen Geräten). Sie enthalten außerdem stilistische Bewertungen und Angaben zur räumlichen und zeitlichen Verbreitung des Stichwortes sowie Hinweise, zu welchem Fachbereich das Stichwort gehört.

[] Die eckigen Klammern schließen Aussprachebezeichnungen, Erweiterungen der Definition, Zusätze zu Erklärungen in runden Klammern und beliebige Auslassungen (Buchstaben und Silben) ein, z. B. Coelin[blau], Iwrit[h].

⟨⟩ Die Winkelklammern schließen Angaben zur Herkunft und gelegentlich zur ursprünglichen Bedeutung des Stichwortes ein, z. B. paradieren ⟨*lat.-fr.*⟩; Mikado ⟨*jap.;* »erhabene Pforte«⟩.

↑ Der senkrechte Pfeil verweist auf die alphabetische Stelle, an der das Wort aufgeführt und erklärt ist, z. B. Safetycar ... ↑Pacecar; Adenohypophyse ... Vorderlappen der ↑Hypophyse (1).

→ Der waagerechte Pfeil steht in den Kastenartikeln zur Angabe der sprachlichen Entwicklung eines Wortbildungselementes, z. B. Brutto... →⟨*lat.* brutus »schwer(fällig)« →*it.* brutto »unrein; roh«⟩.

III. Anordnung und Behandlung der Stichwörter

1. Die Stichwörter sind **halbfett** gedruckt.

2. Die Anordnung der Stichwörter ist alphabetisch. Die Umlaute ä, ö, ü, äu werden wie die nicht umgelauteten Vokale a, o, u, au behandelt.

Beispiel: Ara
Ära
Araba

Die Umlaute ae, oe, ue hingegen werden entsprechend der Buchstabenfolge alphabetisch eingeordnet.

Beispiel: Caduceus
Caecum
Caeremoniale
Caesium
Cafard

3. Stichwörter, die sprachlich (etymologisch) verwandt sind, werden aus Platzgründen gelegentlich zu kurzen, überschaubaren Wortgruppen (»Nestern«) zusammengefasst, soweit die alphabetische Ordnung das zulässt.

4. Wörter, die gleich geschrieben werden, aber in Aussprache, Herkunft, Genus oder Pluralform voneinander verschieden sind, erscheinen in der Regel als getrennte Stichwörter mit hochgestellten Indizes.

Beispiel:
[1]Adonis, der; -, -se: schöner [junger] Mann
[2]Adonis, die; -, -: Hahnenfußgewächs

5. Bei den Substantiven sind Angaben zum Genus und zur Deklination des Genitivs im Singular und – soweit gebräuchlich – des Nominativs im Plural aufgeführt.

Beispiele: Aquarell, das; -s, -e
Ära, die; -, Ären

Substantive, die nur im Plural vorkommen, sind durch die Angabe »die (Plural)« gekennzeichnet.

Beispiel: Alimente, die (Plural) ...

6. Wo die Rechtschreibregeln mehrere Schreibungen zulassen, erscheint die Schreibvariante unmittelbar nach dem Stichwort und – sofern sie nicht in alphabetischer Reihenfolge steht – auch als Verweiseintrag an der entsprechenden Alphabetstelle.

Beispiele:
Countdown, Count-down
Freeclimbing, Free Climbing
Zellulose, fachspr.: Cellulose
Cellulose vgl. Zellulose
Choreografie, Choreographie

Bei der Anordnung der gleichberechtigten Schreibungen werden die von der Dudenredaktion empfohlenen Schreibungen zuerst angeführt und blau unterlegt.

Beispiele: Bibliograf, Bibliograph
Freeclimbing, Free Climbing

Werden fachsprachliche Varianten angeführt, wird keine Bevorzugung angezeigt, da man sich hier am besten nach dem jeweiligen Textzusammenhang richtet.

Beispiel:
zyklisch, chem. fachspr.: cyclisch

7. Die geltenden Regeln zur Worttrennung lassen – besonders bei Fremdwörtern – häufig mehrere unterschiedliche Trennmöglichkeiten zu. Das Fremdwörterbuch gibt in diesen Fällen beim Stichwort alle Trennmöglichkeiten an:

Beispiele: Ba|ra|cke
Chi|r|ur|gie
elek|t|risch
Phi|lis|ter

IV. Bedeutungsangaben

Die Angaben zur Bedeutung eines Stichwortes stehen hinter dem Doppelpunkt, der dem Stichwort, der Aussprache, den Flexionsangaben oder der Etymologie folgt.

Beispiel: Bookmark ... : Eintrag in einem elektronischen Adressverzeichnis für ↑Homepages

Hat ein Stichwort mehrere Bedeutungen, dann werden die entsprechenden Angaben durch Ziffern und/oder Buchstaben voneinander getrennt.

Beispiel: hypnotisch: 1. a) zur Hypnose gehörend; b) zur Hypnose führend; einschläfernd. 2. den Willen lähmend

V. Herkunftsangaben

1. Die Herkunft der Stichwörter ist durch Kursivschrift in Winkelklammern angegeben. Gelegentlich wird zum besseren Verständnis die wörtliche oder eigentliche Bedeutung eines Wortes aufgeführt. Herkunftsangaben, die für mehrere aufeinanderfolgende Wörter gleich sind, werden in der Regel nur einmal angeführt. Auf etymologische Angaben wird auch verzichtet, wenn die Bestandteile eines Kompositums als Stichwort erscheinen.

2. Durch den Bindestrich zwischen den Herkunftsangaben wird gezeigt, dass das Wort über die angegebenen Sprachen zu uns gekommen ist.

   Beispiel: Aperitif ‹*lat.-mlat.-fr.*›

   Steht dabei eine Sprachbezeichnung in runden Klammern, so heißt das, dass dieser Sprache, zumindest für bestimmte Bedeutungen oder Verwendungsweisen des betreffenden Wortes, wahrscheinlich eine bestimmte Mittlerrolle bei der Entlehnung zukommt.

   Beispiel: Postillion ‹*lat.-it.(-fr.)*›

3. Durch das Semikolon zwischen den Herkunftsangaben wird deutlich gemacht, dass es sich um eine künstliche Zusammensetzung aus Wortelementen der angegebenen Sprachen handelt.

   Beispiel: Pluviograf ‹*lat.; gr.*›
   Die Wortteile können selbst wieder gewandert sein.

   Beispiel: Azotämie ‹*gr.-fr.; gr.-nlat.*›

Ist die Zusammensetzung in einer anderen Sprache als der deutschen gebildet worden, dann stehen die Herkunftsangaben der Wortteile in runden Klammern innerhalb der Winkelklammern, und die Angabe für die Sprache, in der die Bildung entstanden ist, folgt unmittelbar dahinter.

Beispiele: Architrav ⟨*(gr.; lat.) it.*⟩ Prestidigitateur ⟨*(lat.-it.-fr.; lat.) fr.*⟩

4. Mit »Kunstw.« wird angezeigt, dass es sich bei dem betreffenden Wort um ein künstlich gebildetes Wort aus frei erfundenen Bestandteilen handelt.

Beispiele: Aspirin, Perlon

Mit »Kurzw.« wird angegeben, dass es sich um ein künstlich gebildetes Wort aus Bestandteilen anderer Wörter handelt.

Beispiel: Usenet ⟨Kurzw. aus *engl. users network*⟩

»Kurzform« bedeutet, dass es sich um ein gekürztes Wort handelt.

Beispiel: Akku...: Kurzform von ↑Akkumulator

VI. Aussprache

Aussprachebezeichnungen stehen in eckigen Klammern hinter Fremdwörtern und einigen deutschen Wörtern, deren Aussprache von der sonst üblichen abweicht. Die verwendete Lautschrift folgt dem Zeichensystem der International Phonetic Association (IPA).

Die Ausspracheangaben bei Fremdwörtern beziehen sich auf die in der deutschen Standardsprache übliche Lautung, die oft nicht exakt mit derjenigen der fremden Sprache übereinstimmt. Wer sich für zusätzliche und ausführlichere Ausspracheangaben interessiert, sollte das Duden-Aussprachewörterbuch zurate ziehen.

Die übliche Aussprache wurde nicht angegeben bei

c	[k]	vor *a, o, u* (wie in *Café*)
c	[ts]	vor *e, i, ä, ae* [ɛ(ː)], *ö, ü, y* (wie in *Celsius*)
i	[i̯]	vor Vokal in Fremdwörtern (wie in *Union*)
sp	[ʃp]	im Stammsilbenanlaut deutscher und im Wortanlaut eingedeutschter Wörter (wie in *Spiel, Spedition*)
sp	[sp]	im Wortinlaut (wie in *Knospe, Prospekt*)
st	[ʃt]	im Stammsilbenanlaut deutscher und im Wortanlaut eingedeutschter Wörter (wie in *Bestand, Strapaze*)
st	[st]	im Wortin- und -auslaut (wie in *Fenster, Existenz, Ast*)
ti	[tsi̯]	vor Vokal in Fremdwörtern (wie in *Aktion, Patient*)
v	[f]	vor Vokal im Anlaut (wie in *Vater*)

Zeichen der Lautschrift Beispiele und Umschreibung

[a]	Butler ['bat...]
[aː]	H-Milch ['haː...]
[ɐ]	Flyer [...'flaːɪ̯ɐ]
[ɐ̯]	Friseur [...'zøːɐ̯]
[ʌ]	One-Way-Flug ['wʌnwɛɪ̯...]
[ã]	Centime [sã'tiːm]
[ãː]	Franc [frãː]
[aɪ̯]	live [laɪ̯f]
[aʊ̯]	Couch [kaʊ̯tʃ]
[ç]	Bronchie [...çi̯ə]
[dʒ]	Gin [dʒɪn]
[e]	Descartes [de'kart]
[eː]	Attaché [...'ʃeː]
[ɛ]	Handicap ['hɛndikɛp]
[ɛː]	fair [fɛːɐ̯]
[ɛ̃]	Impromptu [ɛ̃prõ'tyː]
[ɛ̃ː]	Timbre ['tɛ̃ːbrə]
[ɛɪ̯]	Rating ['rɛɪ̯tɪŋ]
[eɪ̯]	San Diego [sæn di'eɪ̯gəʊ̯]
[ə]	Bulgarien [...i̯ən]
[ə̯]	Guetsli ['gʊə̯...]
[əʊ̯]	Roosevelt ['rəʊ̯...]
[i]	Citoyen [sito̯a'jɛ̃ː]
[iː]	Creek [kriːk]
[i̯]	Linie [...i̯ə]
[ɪ]	City ['sɪti]
[l̩]	Shuttle ['ʃatl̩]
[n̩]	Action ['ɛkʃn̩]
[ŋ]	Dubbing ['dabɪŋ]
[o]	Logis [lo'ʒiː]
[oː]	Plateau [...'toː]
[ɔ]	Cognac [kɔn'jak]
[ɔː]	Firewall ['faɪ̯ɐwɔːl]
[õ]	Bonmot [bõ'moː]
[õː]	Chanson [ʃã'sõː]
[ø]	Pasteurisation [...tø...]
[øː]	Friseuse [...'zøːzə]
[œ]	Portefeuille [...'fœj]
[œ̃]	Dunkerque [dœ̃'kɛrk]
[œ̃ː]	Verdun [...'dœ̃ː]
[o̯a]	chamois [ʃa'mo̯a]
[o̯aː]	Memoiren [...'mo̯aːrən]
[ɔʊ̯]	Soap [sɔʊ̯p]
[ɔɪ̯]	Boykott [bɔɪ̯...]
[s]	City ['sɪti]
[ʃ]	Charme [ʃarm]
[ts]	Peanuts ['piːnats]
[tʃ]	Match [mɛtʃ]
[u]	Routine [ru...]
[uː]	Route ['ruː...]
[u̯]	Louis-quatorze [lu̯ika'tɔrs]
[ʊ]	Jogurt ['joːgʊrt]
[v]	Cover ['kavɐ]
[w]	Walking ['wɔːkɪŋ]
[x]	Chuzpe [x...]
[y]	Budget [by'dʒeː]
[yː]	Avenue [avə'nyː]
[y̆]	Habitué [(h)abi'ty̆eː]
[ʏ]	de luxe [də'lʏks]
[z]	Browser ['braʊ̯zɐ]
[ʒ]	Genie [ʒe...]
[θ]	Thrill [θrɪl]
[ð]	on the rocks [- ðə -]
[ʔ]	Disagio [...'ʔaːdʒo]

: nach dem Vokal bezeichnet dessen Länge, z. B. *Plateau* [...'to:]. Lautbezeichnungen in runden Klammern bedeuten, dass der betreffende Laut nicht mitgesprochen werden muss, z. B. *Habitué* [(h)abi'ty̆e:]. Der Hauptakzent ['] steht vor der betonten Silbe, z. B. *Catenaccio* [kate'natʃo].

Die beim ersten Stichwort stehende Ausspracheangabe ist im Allgemeinen für alle nachfolgenden Wortformen eines Stichwortartikels oder einer Wortgruppe gültig, sofern keine neue Angabe erfolgt.

VII. Paronymkästen

Diese in die vorliegende Auflage erstmals aufgenommenen Kästen kontrastieren jeweils zwei Fremdwörter, die ähnlich lauten, ähnlich geschrieben und aufgrund dessen leicht verwechselt werden. Die Kästen sind zweispaltig und so strukturiert:

- Lemma
- Orientierung gebendes Beispiel
- knapper Bedeutungshinweis
- drei typische Konstruktionen
- drei typische Verwendungsbeispiele

Beim jeweiligen Stichwort finden sich dann noch sogenannte Wortwolken.

Die Inhalte der Kästen sind empirisch und korpusbasiert gewonnen worden (verwendet wurden die Korpora des Leibniz--Instituts für Deutsche Sprache in Mannheim und des Projekts Wortschatz Leipzig [https://wortschatz.uni-leipzig.de/de]), die Paronyme wurden nach Frequenz ausgewählt.

Die Wortwolken, die beim jeweiligen Stichwort aufgeführt sind, zeigen typische Wörter aus der kontextuellen Umgebung, in der das Lemma beheimatet ist.

Chunks sind offene Muster, die durch spezielle Analysen gewonnen wurden. Sie zeigen die Grundstruktur der Verwendung besonders anschaulich und sind für Lerner/-innen und Nutzer/-innen produktiv und nützlich.

Alle Beispielsätze wurden gegenwartssprachlichen Korpora entnommen. Sie sind leicht an die Chunks und an ihre Funktion als Beispiel angepasst worden. Sie wurden aber nicht völlig dekontextualisiert.

VIII. Abkürzungen im Wörterverzeichnis

Abk.	Abkürzung
afrik.	afrikanisch
ägypt.	ägyptisch
alban.	albanisch
altägypt.	altägyptisch
altgriech.	altgriechisch
altnord.	altnordisch
altröm.	altrömisch
alttest.	alttestamentlich
amerik.	amerikanisch
Amtsspr.	Amtssprache
Anat.	Anatomie

angels.	angelsächsisch
angloind.	angloindisch
annamit.	annamitisch
Anthropol.	Anthropologie
arab.	arabisch
aram.	aramäisch
Archit.	Architektur
Archäol.	Archäologie
argent.	argentinisch
armen.	armenisch
asiat.	asiatisch
assyr.	assyrisch
Astrol.	Astrologie
Astron.	Astronomie
Ausspr.	Aussprache
austr.	australisch
awest.	awestisch
aztek.	aztekisch
babylon.	babylonisch
Bankw.	Bankwesen
Bantuspr.	Bantusprache
Bauw.	Bauwesen
bayr.	bayrisch
bengal.	bengalisch
Bergmannsspr.	Bergmannssprache
Berufsbez.	Berufsbezeichnung
bes.	besonders
Bez.	Bezeichnung
Bibliotheksw.	Bibliothekswissenschaft
Biol.	Biologie
Börsenw.	Börsenwesen
Bot.	Botanik
bras.	brasilianisch
bret.	bretonisch
brit.	britisch
Buchw.	Buchwesen
bulgar.	bulgarisch
bzw.	beziehungsweise
chem.	chemisch
chin., chines.	chinesisch
dän.	dänisch
dgl.	dergleichen
d. h.	das heißt
dichter.	dichterisch
drawid.	drawidisch
Druckw.	Druckwesen
dt.	deutsch
EDV	elektronische Datenverarbeitung u. -übermittlung
eigtl.	eigentlich
Elektrot.	Elektrotechnik
engl.	englisch
eskim.	eskimoisch
etrusk.	etruskisch
ev.	evangelisch
fachspr.	fachsprachlich
Fachspr.	Fachsprache
Filmw.	Filmwesen
finn.	finnisch
Flugw.	Flugwesen
Forstwirtsch.	Forstwirtschaft
Fotogr.	Fotografie
fr., franz.	französisch
Funkw.	Funkwesen
gäl.	gälisch
gall.	gallisch
galloroman.	galloromanisch
gaskogn.	gaskognisch
Gastron.	Gastronomie
Gaunerspr.	Gaunersprache
geb.	geboren
geh.	gehoben
Geneal.	Genealogie
Geogr.	Geografie
Geol.	Geologie
germ.	germanisch
Ggs.	Gegensatz
got.	gotisch
gr., griech.	griechisch
hebr.	hebräisch
Heerw.	Heerwesen
hochd.	hochdeutsch
Hüttenw.	Hüttenwesen

iber.	iberisch
ind.	indisch
indian.	indianisch
indones.	indonesisch
ir.	irisch
iran.	iranisch
iron.	ironisch
islam.	islamisch
isländ.	isländisch
it., ital., italien.	italienisch
Jägerspr.	Jägersprache
jap., japan.	japanisch
jav.	javanisch
Jh.	Jahrhundert
jidd.	jiddisch
jmd.	jemand
jmdm.	jemandem
jmdn.	jemanden
jmds.	jemandes
jüd.	jüdisch
jugoslaw.	jugoslawisch
kanad.	kanadisch
karib.	karibisch
katal.	katalanisch
kath.	katholisch
Kaufmannsspr.	Kaufmannssprache
kaukas.	kaukasisch
kelt.	keltisch
Kinderspr.	Kindersprache
kirchenlat.	kirchenlateinisch
kirg.	kirgisisch
korean.	koreanisch
kreol.	kreolisch
kroat.	kroatisch
kuban.	kubanisch
Kunstw.	Kunstwort
Kunstwiss.	Kunstwissenschaft
Kurzw.	Kurzwort
ladin.	ladinisch
landsch.	landschaftlich
Landwirtsch.	Landwirtschaft
lat.	lateinisch
lett.	lettisch
lit.	litauisch
Literaturwiss.	Literaturwissenschaft
malai.	malaiisch
math.	mathematisch
Math.	Mathematik
mdal.	mundartlich
Med.	Medizin
melanes.	melanesisch
Meteorol.	Meteorologie
mex., mexik.	mexikanisch
mgr.	mittelgriechisch
Mineral.	Mineralogie
mittelhochd.	mittelhochdeutsch
mittelniederd.	mittelniederdeutsch
mlat.	mittellateinisch
mniederl.	mittelniederländisch
mong.	mongolisch
neapolitan.	neapolitanisch
neuhochd.	neuhochdeutsch
ngr.	neugriechisch
niederd.	niederdeutsch
niederl.	niederländisch
nlat.	neulateinisch
nord.	nordisch
norw., norweg.	norwegisch
o. ä.	oder ähnlich [...]
o. Ä.	oder Ähnliche[s]
od.	oder
ökum.	ökumenisch
ostasiat.	ostasiatisch
österr.	österreichisch
ostmitteld.	ostmitteldeutsch
Päd.	Pädagogik
Parapsychol.	Parapsychologie
pers.	persisch
peruan.	peruanisch
Pharm.	Pharmazie
philos.	philosophisch
Philos.	Philosophie
Physiol.	Physiologie

poln.	polnisch
polynes.	polynesisch
port.	portugiesisch
Postw.	Postwesen
provenzal.	provenzalisch
Psychol.	Psychologie
Rechtsspr.	Rechtssprache
Rechtswiss.	Rechtswissenschaft
Rel.	Religion[swissenschaft]
Rhet.	Rhetorik
röm.	römisch
roman.	romanisch
rumän.	rumänisch
russ.	russisch
sanskr.	sanskritisch
scherzh.	scherzhaft
schott.	schottisch
Schülerspr.	Schülersprache
schwed.	schwedisch
schweiz.	schweizerisch
Seemannsspr.	Seemannssprache
Seew.	Seewesen
semit.	semitisch
serb.	serbisch
serbokroat.	serbokroatisch
singhal.	singhalesisch
sizilian.	sizilianisch
skand.	skandinavisch
slaw.	slawisch
slowen.	slowenisch
Sozialpsychol.	Sozialpsychologie
Soziol.	Soziologie
span.	spanisch
Sprachwiss.	Sprachwissenschaft
Studentenspr.	Studentensprache
südamerik.	südamerikanisch
südd.	süddeutsch
südostasiat.	südostasiatisch
sumer.	sumerisch
svw.	so viel wie
syr.	syrisch
tahit.	tahitisch
tamil.	tamilisch
tatar.	tatarisch
Theol.	Theologie
tibet.	tibetisch
Tiermed.	Tiermedizin
tschech.	tschechisch
tungus.	tungusisch
türk.	türkisch
turkotat.	turkotatarisch
u.	und
u. a.	unter anderem, und andere[s]
u. ä.	und ähnlich [...]
u. Ä.	und Ähnliche[s]
ugs.	umgangssprachlich
ung.	ungarisch
urspr.	ursprünglich
usw.	und so weiter
venez.	venezianisch
Verbindungsw.	studentisches Verbindungswesen
Verkehrsw.	Verkehrswesen
Verlagsw.	Verlagswesen
vgl.	vergleiche
vulgärlat.	vulgärlateinisch
Werbespr.	Werbesprache
Wirtsch.	Wirtschaft
Zahnmed.	Zahnmedizin
Zool.	Zoologie

Wortschatz im Wandel: Fremde Wörter und die Dynamik der Sprache

1 Sprachwandel – Wortschatzwandel

Sprache verändert sich. Wer einmal einen althochdeutschen Text zu lesen versucht hat, wird feststellen, dass er ohne Vorkenntnisse schnell an seine Grenzen stößt: *Fater unser, thu thar bist in himile, / si giheilagot thin namo, / queme thin rihhi, / … / inti ni gileitest unsih in costunga, / uzouh arlosi unsih fon ubile.* Wenn Sie den Gebetstext des Vaterunsers kennen, mögen Sie sich einiges erschließen können; wer weniger gebetsfest ist, wird nach der Einleitungszeile schnell ins Schwimmen kommen. Die Sprachhistorikerin dagegen könnte uns nicht nur den Text übersetzen, sondern sieht auch, dass manche Wörter in dem Gebet germanischer Herkunft sind und sich unter den regelhaften Lautveränderungen bis in die Gegenwart gehalten haben (*namo* unter Abschwächung des Endvokals zu *Name*), andere Wörter im Laufe der Geschichte des Deutschen verschwunden sind (*costunga*, ›Versuchung, Prüfung‹), wieder andere aus anderen Sprachen entlehnt wurden (*rihhi* ›Reich‹ aus dem Keltischen) und manche schließlich ihre Bedeutung geändert haben (*geleiten* aus ahd. *gileiten* heute als gehobener Ausdruck im Sinne von ›begleiten‹). Der Wortschatz ist also seit jeher Wandelprozessen unterworfen.

Auch innerhalb unseres eigenen Erfahrungshorizonts können wir Sprachwandelprozesse erfahren. Wer in der Kindheit in den 1960ern Dinge noch *knorke* oder *töfte* fand, mag als junger Erwachsener in den 1980ern noch den Wechsel zu *cool* und *geil* mitgemacht haben, aber doch darauf verzichten, sich in 2000ern bzw. 2010ern über etwas als *fett* oder *nice* zu begeistern.

Sprachwandel ist aber nicht nur über Sprachstufen oder Sprechergenerationen hinweg zu beobachten, sondern vollzieht sich gerade im Wortschatzbereich oft sehr schnell. Neue Wörter begegnen uns täglich; innerhalb von Wochen oder Tagen können sie stark an Häufigkeit zu- oder auch wieder abnehmen. Denken Sie nur an die vielen neuen Wörter, mit denen wir in der Coronakrise in kürzester Zeit konfrontiert wurden, von *Abstrichzentrum* über *Coronaparty, Geistermeister, Lockdown, Maskenpflicht, Superspreader* und *Trackingapp* bis hin zu *Zoombombing.* Wörterbücher wie der Rechtschreib- und der Fremdwörterduden verzeichnen davon das, was erklärungsbedürftig ist und eine gewisse Stabilität im deutschen Wortschatz zu zeigen verspricht.

Wörterbücher können trotzdem leicht den Eindruck erwecken, dass der Wortschatz eine weitgehend statische, abgeschlossene Menge von Wörtern darstellt. Tatsächlich sind Wörterbücher aber immer nur Schnappschüsse einer sich permanent verändernden Sprache – so wie ein Foto von spielenden Kindern uns die Kinder zu einem bestimmten Zeitpunkt in fixierter Pose zeigt. Aber in Wirklichkeit spielen die Kinder natürlich weiter.

Fremdwörter erfüllen eine wichtige Rolle im Wortschatzwandel. Wir wollen sie deshalb im Folgenden im Zusammenhang mit den allgemeinen Grundlagen der Dynamik des Wortschatzes darstellen. Dazu werden wir nicht nur aus anderen Sprachen entlehnte Wörter wie *Emoji* betrachten, sondern auch neu gebildete Wörter im Deutschen wie *Flugscham,* neue Bedeutungen wie *zoomen* im Sinne von ›ein Gespräch über ein Videokonferenzsystem führen‹, neue Mehrwortausdrücke wie *etwas in die Tonne treten* oder *politisch korrekt* (lehnübersetzt aus dem Englischen *politically correct*) und das neuartige Auftreten von Wörtern in bestimmten syntaktischen Konstruktionen wie *mit jemandem schreiben.* Eingebettet sind diese Darstellungen in Überlegungen zur Dynamik unseres Wortschatzes, zu seiner Größe und zu seinen Häufigkeitsverteilungen.

2 Konvention und Kreativität

Eine Besonderheit der inneren Verteilung der Wortschätze aller Sprachen ist es, dass es einige wenige Wörter gibt, die sehr häufig verwendet werden, und eine sehr, sehr große Anzahl von Wörtern, die nur sehr selten gebraucht werden. Um den Wortschatz und seine quantitativen Verteilungen zu untersuchen, erstellt die Sprachwissenschaft sogenannte Textkorpora. Das sind große Sammlungen aus Zeitungstexten, Romanen, Gebrauchstexten, Webtexten oder auch gesprochener Sprache für die wissenschaftliche, softwaregestützte Analyse von Sprache.

Solche Textkorpora liegen in verschiedenen Institutionen vor – auch im Dudenverlag. Manche bestehen aus bis zu 50 Milliarden Textwörtern. Textwörter oder laufende Wörter sind die Einheit, nach der man die Größe solcher Korpora bemisst. Man muss dazu – natürlich automatisch – die Texte Wort für Wort und Text für Text durchzählen. Der vorhergehende Satz hat entsprechend 15 Textwörter. Manche der Textwörter in dem Satz wiederholen sich, etwa *Text, Wort* und *für,* die zweimal auftreten; andere wie *durchzählen* oder *Texte* finden sich nur einmal. Solche Wortformen werden bei den Wortarten, die der Formbildung unterliegen, auf eine Grundform zurückgeführt, wie sie auch den Einträgen in Wörterbüchern zugrunde liegt. *Texte* und *Text* und natürlich auch *Texts, Textes* und *Texten* werden dabei der Grundform *Text* zugeordnet. So eine Grundform repräsentiert das, was die Sprachwissenschaft ein Lexem nennt. Wenn im Folgenden von »Wörtern« die Rede ist, verstehen wir darunter solche Lexeme. Das Wort (Lexem) *Text* kommt in unserem 15 Textwörter langen Beispielsatz also dreimal vor, zweimal in der Wortform *Text* und einmal in der Wortform *Texte*.

Um eine Vorstellung von der Größe mancher Textkorpora zu bekommen, können Sie stichprobenhaft ermitteln, dass ein durchschnittlich dicker Taschenbuchroman in ihrem Bücherschrank mit 300 Seiten etwa 100 000 Textwörter enthält. Um Bücher im Umfang von 50 Mrd. Textwörtern unterzubringen, sollten Sie sich dann ein zwei Meter hohes und etwa einen Kilometer langes Bücherregal besorgen. Die Anzahl an Textwörtern, mit denen ein Mensch lesend und hörend, schreibend und sprechend in seinem ganzen Leben konfrontiert wird, ist übrigens sehr viel geringer. Der Bestand an unterschiedlichen Wörtern, die in einem Textkorpus mit 50 Mrd. Textwörtern auftreten, liegt weit im zweistelligen Millionenbereich und ist damit mehr als hundertmal größer als die Stichwortanzahl in großen Wörterbüchern des Deutschen. Es gibt also viel, viel mehr Wörter, als in Wörterbüchern beschrieben werden.

Schaut man sich nun die Häufigkeit der Wörter in einem Korpus an, so stellt man fest, dass sich Wortschatzverteilungen den Verteilungen annähern, die durch das sogenannte Zipfsche Gesetz beschrieben werden, demzufolge die Wahrscheinlichkeit des Auftretens eines Wortes umgekehrt proportional zu seinem Häufigkeitsrang ist. Das heißt, dass das Wort, das an hundertster Stelle in der Häufigkeitsrangliste eines Korpus steht, nur ein hundertstelmal so oft vorkommt wie das häufigste Wort. Auch wenn die am Wortschatz gemachten Beobachtungen zu modifizierten Varianten des Zipfschen Gesetzes geführt haben, ist es eine gute Annäherung an die extrem ungleiche quantitative Verteilung von Wörtern, die sich auch darin spiegelt, dass in sehr kleinen Korpora, aber auch in solchen mit vielen Milliarden Textwörtern etwa die Hälfte der Wörter nur einmal vorkommt. Das heißt, dass Sie davon ausgehen können, dass Sie von den verschiedenen Wörtern, denen Sie im Leben begegnen, die Hälfte nur ein einziges Mal treffen. Es bedeutet auch, dass die allermeisten Wörter in sehr prekären Umständen existieren und es wahrscheinlich nie in den Bereich des konventionalisierten Wortschatzes schaffen, dessen Wörter wir als schon bekannt wahrnehmen.

Diese für Sprachen so typischen Wortschatzverteilungen spiegeln auch das Spannungsfeld wider, in dem Sprachen funktionieren müssen. Einerseits möchten wir ohne unnötigen Aufwand kommunizieren, andererseits möchten wir uns aber auch sehr spezifisch, präzise und kreativ ausdrücken. Insofern gibt es eine relativ kleine Menge von Wörtern, die wir sehr häufig benutzen und die daher auch kognitiv meist leicht zu verarbeiten sind, und sehr viele Wörter, die wir nur sehr selten verwenden. Letztere sind tendenziell länger und in ihrer Bedeutung spezifischer. So wird das Wort *Fremdwörterbuch* seltener verwendet als das Wort *Wörterbuch*, es ist länger, und es ist spezifischer, enthält also mehr Information. So überbrücken Sprachen das Spannungsfeld zwischen Ökonomie und Ausdrucksstärke.

3 Das Kommen und Gehen der Wörter

Was bedeuten die im vorherigen Abschnitt gemachten Beobachtungen nun für den Wortschatz? Es gibt Wörter, die immer wieder verwendet werden, die Sprecher und Sprecherinnen in ihrem lexikalischen Gedächtnis haben und die man als relativ stabilen Bestand des Wortschatzes einer Sprache ansehen kann. Auf der anderen Seite ist da eine sehr große Anzahl von Wörtern, die uns vielleicht nur ein- oder zweimal im Leben begegnen. In dem Bereich zwischen diesen beiden Gruppen entspannt sich eine große Arena, in der Wörter gewissermaßen um Anerkennung kämpfen. Nur was zunehmend häufiger verwendet wird, kann sich im Wortschatz einer Sprache etablieren oder doch zumindest im Wortschatz bestimmter Altersschichten, Berufsgruppen oder sozialer Gemeinschaften.

In diesem Wettbewerb machen in einer Sprache immer wieder sogenannte Neologismen auf sich aufmerksam, also sprachliche Einheiten, die plötzlich in einer Kommunikationsgemeinschaft aufkommen, sich durch wiederholte Verwendung dort stabilisieren, aber von Sprechern und Sprecherinnen dieser Gemeinschaft immer noch als neu empfunden werden. Die Lexikografie beobachtet solche Entwicklungen genau und reagiert darauf: In der aktuellen Auflage des Rechtschreibdudens werden mehrere Tausend Wörter neu aufgenommen, darunter viele Neologismen, wie z. B. *Alltagsbegleiter, batteln, Craftbier, Deutungshoheit, Echokammer, Faktenfinderin, Gelbweste, Hafermilch, Inklusionsklasse, Jostabeere, Kameradrohne, Lebensmittelampel, Männergrippe, Nulltoleranzpolitik, Oxytocin, pivotieren, Quickshifter, resetten, Schwarmstadt, Tracker, übelst, Videoschiri, Whatsapp-Gruppe* und schließlich – da es ein Neologismus mit *X* diesmal nicht in den Duden geschafft hat – *youtuben* und *Zwinkersmiley*. Gleichzeitig werden andere Wörter zunehmend weniger verwendet, sei es, weil sie durch Wörter ähnlicher Bedeutung verdrängt werden, so wie *Lichtspielhaus* durch *Kino, Steckenpferd* durch *Hobby, Oheim* durch *Onkel* oder *Mannequin* durch *Model*, sei es, weil das, was sie bezeichnen, aus unserem Umfeld weitgehend verschwunden ist: *Aussteuer, Fidibus, Herold* oder *Telefonkarte*. Meist bleiben uns solche Archaismen aber in bestimmten Nischen der Sprache erhalten, und wir werden natürlich auch in älteren Texten immer mal wieder mit ihnen konfrontiert. Sehr viele Wörter machen auch als sogenannte Kurzzeitwörter Karriere; sie reüssieren kurzzeitig im neologistischen Wettbewerb und verwandeln sich dann schon nach kurzer Zeit in Archaismen. Beispiele aus den letzten Jahrzehnten sind *Abschübling, Bezahlstudium, Buschzulage, gruscheln, Handyfernsehen, Herdprämie, Ich-AG* und natürlich auch Fremdwörter wie *Scoubidou, Skymarshal, Tamagotchi* und *voipen*, die plötzlich aufkamen, eine Zeitlang frequent in Korpora auftraten und dann schnell wieder in der lexikalischen Bedeutungslosigkeit verschwanden.

Die Wörter, die sich in den neologistischen Wettbewerb begeben, haben verschiedene Ursprünge: Oft werden sie über Wortbildungsverfahren erzeugt, insbesondere durch die Zusammensetzung aus schon bestehenden Wörtern *(stehpaddeln, Welterschöpfungstag)* oder durch die Ableitung mithilfe von Ableitungselementen *(präcoronal, entfreunden)* (s. Abschnitt 10). Viele Wörter werden aber auch aus anderen Sprachen entlehnt *(Karaoke, Ciabatta, tracken)*. Dazu gehören die Wörter, die im Duden-Fremdwörterbuch verzeichnet sind, aber natürlich auch viele andere, die im lexikalischen Wettbewerb letztlich nicht erfolgreich waren (s. Abschnitt 5).

Beobachtet man den Wandel im Wortschatz über eine längere Zeit, dann – so zeigen Untersuchungen – kann man sehen, dass der Wortschatz wächst. In einem Textkorpus aus dem Anfang des 21. Jhs. hat man gut 40% mehr verschiedene Wörter gefunden als in einer Textsammlung gleichen Umfangs und ähnlichen Typs aus dem Anfang des 20. Jahrhunderts. Der gesellschaftlich verfügbare Wortschatz ist also immer vielfältiger geworden – vielleicht ein Zeichen zunehmender Komplexität unserer Gesellschaft und breiterer Partizipation unterschiedlicher Gruppen an öffentlichen Diskursen.

4 Der lexikalische Wettbewerb

Manche Wörter werden nur für den Moment gebildet und haben zum Beispiel die Funktion, auf vorher Gesagtes zusammenfassend zurückzuverweisen. Neben solchen Zurückverweisungsfunktionen – das war jetzt gerade so eine Neubildung – haben Wörter natürlich auch die Aufgabe, neue Arten von Dingen, Geschehnissen und Sachverhalten zu bezeichnen. Hier spielt es eine Rolle, ob das Bezeichnete im allgemeinsprachlichen Diskurs hinreichend relevant ist. Ist das der Fall, etablieren sich entsprechende Wörter *(Kaffeepad, mailen, Parallelgesellschaft, Patchworkfamilie, Shitstorm).* Ist das nicht der Fall, können Wörter aber immer noch in bestimmten Spezialwortschätzen verankert sein. Einer Linguistin etwa mögen die Wörter *Bahuvrihikompositum, hineinquantifizieren* oder *Rattenfängerkonstruktion* sehr vertraut sein – außerhalb dieser Nische sind die Überlebenschancen dieser Wörter – trotz eines gewissen Charmes – wohl eher gering. Die Kurzlebigkeit mancher Sachverhalte, Dinge und Institutionen führt oft zu den schon erwähnten Kurzzeitwörtern, die sich aus dem Wortschatz ebenso schnell verabschieden, wie sie gekommen sind. Viele Wörter etwa, die im Zusammenhang mit der deutschen Wiedervereinigung auf einmal häufig in Zeitungstexten zu lesen waren, sind mittlerweile an den Rand des allgemeinen Sprachgebrauchs gedrängt worden: *Neufünfland, Vereinigungskriminalität* oder *Wiedereinrichter.* Sukzessive trifft es auch Wörter für überholte Errungenschaften aus immer schnelleren technischen Entwicklungszyklen wie *Gameboy, Handyfernsehen, Kugelkopfschreibmachine, VHS-Kassette* oder *Walkman.*

In vielen anderen Fällen treten Wörter in einen unmittelbaren Wettbewerb miteinander. Das passiert dann, wenn mehrere Wörter mit ähnlicher Bedeutung verfügbar sind. Natürlich müssen wir hier hinter die Metapher »Wettbewerb« schauen. Wörter reiten ja nicht in vollem Turnieroutfit gegeneinander an. Wörter tun auch sonst nichts. Der Wettbewerb zwischen Wörtern entsteht dadurch, dass Sprecher und Sprecherinnen zwischen verschiedenen Wörtern eine Wahl treffen müssen, wenn sie etwas äußern. Der lexikalische Wettbewerb ist das Aufaddieren einer Summe solcher individueller Wortauswahleinzelentscheidungen.

Zu den wichtigsten technischen Neuerungen der letzten Jahrzehnte gehört das Gerät, das Anfang der 1990er-Jahre unter den Bezeichnungen *Handtelefon, Handy* und *Mobiltelefon* in Gebrauch kam. In Ihrer Summe zeigten diese drei Wörter in einem Korpus von ca. 6,2 Mrd. Textwörtern erwartungsgemäß einen starken Gebrauchsanstieg in den 1990er-Jahren:

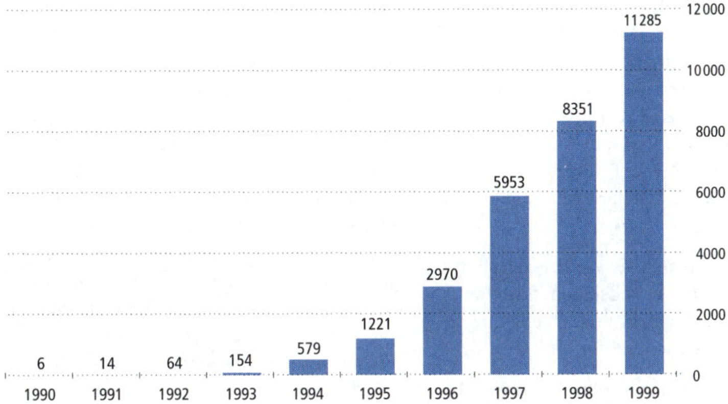

Anstieg der Gebrauchshäufigkeit der Bezeichnungen für Handys (*Handtelefon* + *Handy* + *Mobiltelefon*) von 1990 bis 1999 in einem Textkorpus mit 6,2 Mrd. Textwörtern

Der Wettbewerb zwischen den drei Wörtern spiegelt sich nun in den sich wandelnden relativen Verwendungsanteilen der drei Wörter.

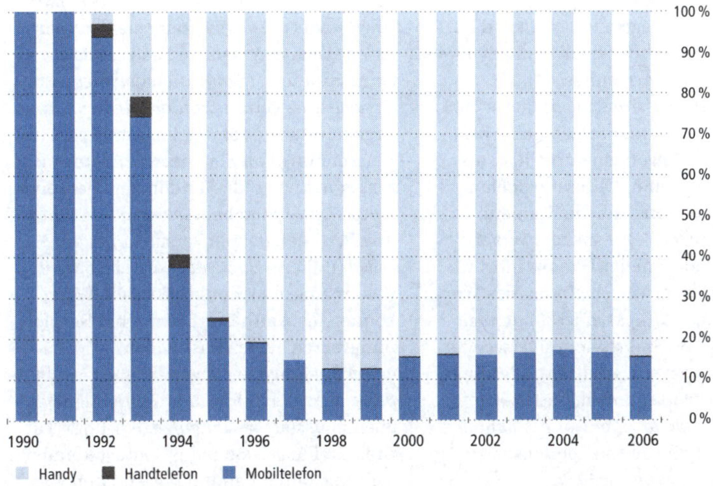

Relative Verteilung der drei Wörter *Handtelefon, Handy* und *Mobiltelefon* von 1990 bis 2006

Die Wörter *Handtelefon* und *Handy* treten erst zwei Jahre nach *Mobiltelefon* in den Wettbewerb ein. Innerhalb von weiteren drei Jahren verschwindet *Handtelefon*, und im Gebrauch von *Handy* und *Mobiltelefon* stabilisiert sich ein Verhältnis von etwa 80:20. Der geschilderte Fall zeigt zwei typische Arten von Niederlagen in solchen Wettbewerben:

a) Ein Wort kann sich im Wettbewerb der Synonyme nicht durchsetzen, findet auch keine eigene Bezeichnungsnische und verschwindet wieder (*Handtelefon*).

b) Ein Wort unterliegt in dem Wettbewerb, findet aber einen eigenen Anwendungsbereich. So wird *Mobiltelefon* vor allem in formelleren oder technischen Kontexten verwendet – nicht untypisch für Wörter, die aus lateinischen *(mobil)* oder griechischen *(tele, fon)* Bestandteilen gebildet sind.

Beide Resultate spiegeln im Übrigen die Tendenz von Sprachen wider, echte Synonymie möglichst zu vermeiden.

Die Wettbewerbssituation ändert sich um 2007 mit dem Aufkommen des Worts *Smartphone* im Allgemeinwortschatz als Bezeichnung für eine Weiterentwicklung des Handys mit Touchscreen, Kamera, Internetzugang etc. Das sukzessive Verschwinden traditioneller Handys führt allerdings nicht zum Verschwinden des Wortes *Handy*, das stattdessen jetzt auch zur Bezeichnung von Smartphones verwendet wird. Der Wettbewerb resultiert allerdings in neuen Wortverteilungen, und die drei Wörter *Handy*, *Smartphone* und *Mobiltelefon* stehen 2019 im Untersuchungskorpus in einem Verhältnis von 51:42:7.

Fremdwörter spielen in solchen Wettbewerben oft eine wichtige Rolle und führen dazu, dass sich zu bereits bestehenden Wörtern bedeutungsähnliche Wörter etablieren, die sich aber durch verschiedene Nuancierungen von jenen unterscheiden und so das Ausdruckspotenzial der Sprache stärken. Sie erlauben es, zwischen Stilebenen zu variieren *(transpirieren* versus *schwitzen, Arbeit* versus *Job, prokrastinieren* versus *aufschieben),* sich bestimmten kulturellen Richtungen oder sozialen Gruppen zuzuordnen *(chillen* versus *entspannen, Bodypainting* versus *Körperbemalung, Powernapping* versus *Pausenschlaf)* oder sich selbst im Sprachgebrauch als ins moderne Leben eingebunden zu positionieren *(Basics* versus *Grundlagen, Workout* versus *Fitnesstraining, High Heels* versus *Stöckelschuh, geflasht* versus *begeistert).* Wenn sie ein *Meeting gescheduled* haben, statt ein *Treffen einzuberaumen*, ist die Chance ja vielleicht größer, dass auch die wirklich coolen Leute kommen.

Fremdwörter eröffnen oft auch eine Varianz, die verschiedene Bewertungen des Bezeichneten beinhaltet *(Visage* versus *Gesicht, krepieren* versus *sterben, pampern* versus *umsorgen),* oder sie erlauben einen Wechsel zwischen Fach- und Allgemeinsprache *(Syntax* versus *Satzbau, Appendizitis* versus *Blinddarmentzündung).* Sogenannte Exotismen, Fremdwörter zur Bezeichnung von Elementen anderer Kulturen, erlauben es, die Bindung an die Geberkultur hervorzuheben: *Iglu* versus *Schneehaus* (Arktis), *Barista* versus *Kaffeezubereiter* (Italien), *Hazienda* versus *Landgut* (Lateinamerika). Konkurrierende Wörter können im Wettbewerb auch ihre Bezeichnungsbereiche neu aushandeln: Wenn Sie einen Smoking benötigen, können Sie *shoppen* gehen, wenn Sie einen Wirsing brauchen, müssen Sie *einkaufen*. Für Ihren Favoriten im Eurovision Song Contest können Sie *voten*, ihren Landtagskandidaten werden Sie üblicherweise *wählen*. Eine Freundin auf Ihrer bevorzugten Social-Media-Plattform zu *adden* ist eine Sache, eine Studentin auf der Seminarteilnehmerliste *hinzuzufügen* eine andere.

5 Entlehnte Wörter

Bei der Übernahme von sprachlichen Einheiten aus einer Sprache in eine andere Sprache sprechen wir von Entlehnung. *Entlehnen* ist sprachgeschichtlich verwandt mit *entleihen*, und es ist eigentlich eine schlechte Metapher für diesen sprachlichen Prozess. Wenn wir etwas (ent)leihen, gibt es a) üblicherweise eine Abmachung (Leihdauer, Gegenleistung etc.), ist es b) verstanden, dass man entliehene Dinge nicht einfach weiterverleiht, und dass man sie c) natürlich auch wieder zurückgeben muss. All dies ist beim sprachlichen Prozess der Entlehnung nicht der Fall.

a) Sprachen treffen keine Abmachungen über Wortleihen. Wenn wir von einer Sprache reden wie etwa dem Deutschen, so meinen wir damit ein sich weitgehend selbst organisierendes und kognitiv verankertes System aus Einheiten, Konventionen und Regeln, das sich im sprachlichen Handeln von Menschen manifestiert. Handeln können nur die Sprecherinnen und Sprecher einer Sprache, nicht die Sprache selbst. Nur in diesem metaphorischen Sinn tun Sprachen etwas. Das gilt auch in Bezug auf Entlehnungen. Die Hauptakteure sind hier Menschen, die Kenntnisse in beiden am Entlehnungsprozess beteiligten Sprachen haben. Für vereinzelte Entlehnungen und bestimmte Kontexte genügen manchmal geringe Kenntnisse; wird in größerem Umfang entlehnt wie gegenwärtig aus dem Englischen, liegt dem meist eine weit verbreitete Kenntnis beider Sprachen in der Sprachgemeinschaft der Zielsprache zugrunde. Nur wenn Sie Kenntnisse z. B. im Deutschen und Dänischen haben, können Sie sich entscheiden, ein bisher im Deutschen nicht gebräuchliches dänisches Wort, z. B. *Hygge* ›Heimeligkeit, Gemütlichkeit‹, in einer deutschsprachigen Äußerung zu verwenden. Wenn Sie und andere Personen das mehrfach tun, beginnen möglicherweise auch Deutschsprechende ohne Dänischkenntnisse das Wort zu verwenden, so wie man es in den letzten Jahren für *Hygge* beobachten kann. Das erhöht die Chancen des Wortes im lexikalischen Wettbewerb natürlich erheblich.
In manchen Fällen gibt es aber auch geplante Übernahmen lexikalischen Materials aus anderen Sprachen, etwa wenn eine Terminologiekommission normativ auf den Wortschatz einer Fachsprache einwirkt. In der Allgemeinsprache vollziehen sich Entlehnungen allerdings üblicherweise im Rahmen eines ungesteuerten Wettbewerbs.

b) Sprachen leihen Wörter gerne weiter. Es entstehen dann Entlehnungsketten, die an beliebigen Punkten verzweigen können. In frühen germanischen Varietäten traten die Wörter *bannjan* (altfränkisch, Wortfamilie zu *Bann*) und *bandwa* (gotisch, ›Feldzeichen‹, dazu u. a. *Bande*) auf. Sie finden sich im Italienischen als Grundlage für *bandire* ›verbannen‹ wieder. Das dazugehörige Partizip *bandito* wurde im 16. Jh. dann aus dem Italienischen in verschiedene Sprachen entlehnt, etwa ins Englische als *bandit* und ins Deutsche als *Bandit* im Sinne von ›Räuber‹. Vom Niederländischen aus, das das Wort als *bandiet* vermutlich aus dem Deutschen übernahm, verbreitet es sich in viele der Sprachen des ehemaligen niederländischen Kolonialreichs, z. B. nach Surinam ins Sranantongo als *banditi*, ›Dieb‹, in malaiische Varietäten als *bandit*, ›Krimineller‹ oder ›Bösewicht‹ und nach Südafrika ins Afrikaans als *bandiet*.

Von dort wiederum wurde es in Bantusprachen übernommen wie etwa ins Shona als *bhanditi*, ›Gefangener‹. Migrationsgeschichten wie diese lassen sich viele erzählen. Die Entlehnungsketten sind dabei allerdings oft nur mit Unsicherheiten zu rekonstruieren.

c) Sprachen geben Wörter (meist) nicht zurück. Nur gelegentlich finden sich Fälle von sogenannten Rückentlehnungen, in denen Wörter, in dann meist veränderter Form und Bedeutung, in die Gebersprache bzw. deren Nachfolgesprache zurückkehren. Das Wort *Balkon* ist aus dem französischen *balcon* entlehnt, das italienisch *balcone*, ›Söller, Gerüst, Balkon‹, als Quelle hat. Das Italienische hat es wiederum aus dem Germanischen, wo es – etwa im Langobardischen oder im Althochdeutschen – als *balko*, ›Balken‹, vorkam. Auch nicht ganz unserem üblichen Konzept von Leihen entspricht es, sich etwas mehrfach auszuleihen, ohne es zwischendurch wieder zurückzugeben. In Sprachen kommt das häufiger vor. Im 9. Jh. wird das vulgärlateinische *palantia* (←*palatium*, ›fürstlicher Wohnsitz‹) als *Pfalz* ins Deutsche entlehnt, Ende des 12. Jhs. das aus *palatium* entstandene altfranzösische *palais/pales* als *Palast* und dann im 17. Jh. noch mal das neufranzösische *palais* als *Palais*.

6 Fremde Wörter in der deutschen Sprache

Bereits das Althochdeutsche und seine Vorstufen in der zweiten Hälfte des 1. Jahrtausends enthalten viele Entlehnungen, die zum Teil aus den westgermanischen Varietäten stammen, aus denen sich das Althochdeutsche entwickelte. Aus diesen Zeiten stammen Wörter aus dem Slawischen wie *Grenze* und Entlehnungen, die den keltisch-germanischen Kulturkontakt widerspiegeln, wie *Amt, Eisen, Glocke, Leder, reich* und *Zaun*. Vor allem aber dominieren Wörter aus dem Lateinischen den Lehnwortschatz, etwa die, die wir heute als *Frucht, Kanne, Keller, Kirsche, Kiste, Mauer, Münze, Pfanne, Pferd, Sohle, Straße* und *Wein* kennen. Manche dieser Wörter, z. B. *Kirsche, Kiste* und *Pfanne*, hat das Lateinische zuvor aus dem Griechischen entlehnt.

Im Hochmittelalter breitet sich die höfische Kultur von Frankreich nach Deutschland aus. In dieser Zeit dominiert das Altfranzösische als Quellsprache für Entlehnungen ins Mittelhochdeutsche, die zum Teil über das Niederländische vermittelt wurden. Die Wörter *Abenteuer, Panzer, polieren, Tanz* und *Turnier* gehen auf diese Zeit zurück. Im Spätmittelalter verstärkt sich dann mit der Entstehung des Bürgertums und der Stadtkulturen der Einfluss anderer Sprachen auf den Wortschatz des Deutschen. Manche Wörter italienischen Ursprungs wie *Bank, brutto, Kasse, Konto* und *Million* stammen aus dem Spätmittelalter und der frühen Neuzeit, ebenso wie Wörter aus dem Niederdeutschen *(Fracht, Makler, Stapel)*, das im Zuge der Ausbreitung der Hanse eine Blütezeit erlebte.
Die Rückbesinnung auf die Antike führte in der Renaissance zur Entlehnung vieler Wörter aus dem Griechischen und vor allem dem Lateinischen. Letzterem entstammen etwa die Wörter *artikulieren, Klasse, Konvolut, Konzept, Minute, Position* und *Region*.

Die Barockzeit erlebte dann wieder einen Einfluss des Italienischen, dem wir vor allem im Bereich der Musik Wörter wie *Kapelle, Konzert, Oper, Sonate* und *Sopran* verdanken. In der Barockzeit verstärkt sich auch der Einfluss des Französischen, das für die folgenden zweihundert Jahre zur wichtigsten Entlehnungsquelle für das Deutsche wurde. Aus der Alamodezeit des 17. Jhs., die durch den französischen Hof geprägt war, stammen Wörter wie *Balkon, Delikatesse, engagieren, frisieren, Hotel, Intrige, Krawatte, Marmelade, Mode, Palette, Terrasse* und die Verwandtschaftsbezeichnungen *Cousin, Cousine, Onkel* und *Tante*. Die Zeit der Aufklärung ergänzte den französischstämmigen Wortschatz des Deutschen unter anderem um *Atelier, Café, Debatte, Elite, Idee, Interesse, komponieren, Kulisse, monoton, Moral, originell, Phrase* und *tolerant*.

Während das Griechische und Lateinische vor allem bei der Schöpfung bildungssprachlicher Wörter und wissenschaftlicher Fachwörter weiter eine wichtige Rolle spielten (z. B. *Ambivalenz, homöopathisch, isotonisch, Psychoanalyse, Thermoluminiszenz*), löste das Englische im 19. Jh. das Französische als wichtigste moderne Quellsprache für Entlehnungen ab. Wörter aus verschiedenen gesellschaftlichen, technischen und wirtschaftlichen Bereichen ergänzen nun den deutschen Wortschatz: *boxen, flirten, Globetrotter, Interview, Komfort, Lift, Lokomotive, Partner, Reporter, Schal, Shop, Sport, Streik, trainieren, Tunnel*. Der Trend zum Englischen als wichtigster Quellsprache setzte sich im 20. Jahrhundert fort, unter zunehmendem Einfluss des amerikanischen Englisch: *Bestseller, Jazz, Konzern, Make-up, Mentalität, parken, Pullover, Radio, Rocker, Sex, Show, Sneaker, Teenager, Transaktion, Trend*. Der Einfluss des Englischen hält bis in die Gegenwart an. Fremdwörter aus dem Englischen, die sich in der letzten Dekade stablisiert haben, sind etwa *Bitcoin, Crowdfunding, Darknet, Dashcam, Fracking, Hashtag, leaken, retweeten, Selfie, Webinar* und *whatsappen*. Betrachtet man die neologistischen Lexeme im deutschen Wortschatz der letzten 30 Jahre, so liegt der Anteil der Fremdwörter bei etwa 35 %. Über 90 % dieser Fremdwörter stammen aus dem Englischen.

Über die Geschichte des Deutschen hinweg sind es das Lateinische, das Französische und das Englische gewesen, die den größten Einfluss auf den deutschen Wortschatz hatten. Darüber hinaus spielten vor allem das Italienische und das Griechische eine Rolle. Natürlich haben noch viele andere Sprachen ihre Spuren im deutschen Wortschatz hinterlassen, z. B. Arabisch *(Beduine, Haschisch, Islam* und vermittelt über andere Sprachen *Algebra, Alkohol, Sirup, Sofa)*, Chinesisch *(Litschi, Tai-Chi, Wok)*, Dänisch *(Hygge, Lemming)*, Finnisch *(Sauna)*, Grönländisch *(Anorak, Kajak)*, Hebräisch *(Golem, Kibbuz* und vermittelt über das Griechische und Lateinische *amen, Balsam, Cidre, Moloch, Sabbat)*, Isländisch *(Geysir)*, Japanisch *(Bonsai, Fugu, Kamikaze, Karaoke, Tofu)*, Jiddisch (meist aus dem Hebräischen; *Chuzpe, Ganove, Kassiber, Klezmer, Zoff*), Koreanisch *(Kimchi, Taekwondo)*, Ladinisch *(Lawine)*, Malaiisch *(Amok, Sarong* und vermittelt über das Englische oder Niederländische *Bambus, Gecko, Gong, Kakadu, Ketchup)*, Niederländisch *(Lotterie, Matjes, Matrose, Plakat, Profit)*, Norwegisch *(Krake, Ski, Slalom)*, Persisch *(Schah* und vermittelt über andere Sprachen *Karawane, Orange, Spinat, Turban)*, Polnisch *(Kalesche, Penunze)*, Portugiesisch *(Caipirinha, Favela, Samba, Telenovela* und als Mittlersprache aus den Sprachen des früheren portugiesischen Kolonialreichs *Ananas, Banane, Dschunke, Jaguar)*, Russisch *(Balalaika, Datsche, Droschke, Pogrom, Wodka)*, Schwedisch *(Schäre)*, Slowenisch *(Doline, Jause)*, Spanisch *(Bolero, Guerilla, Konquistador, Paella)*, Tschechisch *(Halunke, Pistole, Trabant)*, Türkisch *(Baklava, Joghurt, Pascha)* und Ungarisch *(Gulasch, Husar, Kutsche)*.

7 Deutsche Wörter in fremden Sprachen

Das Deutsche hat nicht nur in verschiedenen Perioden intensiv aus anderen Sprachen entlehnt, es hat in verschiedenen historisch und kulturell bestimmten Kontaktsituationen auch in großem Umfang als Quellsprache für Entlehnungen fungiert. Seit althochdeutscher Zeit sind an den Sprachgrenzen zwischen dem Deutschen und den slawischen Sprachen viele Wörter ins Polnische, Slowenische, Sorbische und Tschechische übernommen worden. Deutlich geringer blieb der Einfluss des Deutschen an den südwestlichen Kontaktzonen zu den romanischen Sprachen. In der Zeit der Hanse haben das (Mittel)hochdeutsche und vor allem das Mittelniederdeutsche viele Wörter in den Sprachen des Ostseeraums hinterlassen und die Lexik etwa des Schwedischen, Finnischen und Estnischen zu dieser Zeit stark geprägt.

Lexikalischer Transfer begleitete auch die Migrationsbewegungen von Deutschen in den Osten Europas seit dem Hochmittelalter. Aus verschiedenen ökonomischen, religiösen und machtpolitischen Gründen haben Siedlungsbewegungen in den westslawischen Raum, ins Baltikum, nach Ungarn, Serbien, Kroatien und Rumänien, nach Russland und bis Zentralasien und in den Kaukasus stattgefunden. Je nachdem, ob die Migration durch Bauern geprägt war, durch Handwerker, Händler, Missionare oder Adelige, unterschied sich der entlehnte Wortschatz.

Die im 19. Jahrhundert stark zunehmende Migration Deutscher nach Übersee hinterließ in den dortigen Kontaktsprachen (z. B. Amerikanisches Englisch, Australisches Englisch, Brasilianisches Portugiesisch) gewisse Spuren. Auch der deutsche Kolonialismus in Afrika, Ozeanien und China spiegelt sich im Wortschatz der dort gesprochenen Sprachen wider. Auch wenn nur wenige dieser Sprachen eine dreistellige Anzahl von Germanismen aufnahmen, so ist es doch eine dreistellige Zahl von Sprachen, die zumindest einzelne Wörter während der deutschen Kolonialzeit entlehnten. So tauchte z. B. *otjitorone* (→ dt. *Zitrone*) im Herero (Namibia) auf, *ifiberi* (→ dt. *Fibel*) im Kinyarwanda (Ruanda), *dûm* (→ dt. *dumm*) im Bàsàa (Kamerun), *beten* (→ dt. *beten*) im Tok Pisin (Papua-Neuguinea) und *chaeyhinen* ›zeichnen‹ (→ dt. *Zeichnung*) im Yapesischen (Föderierte Staaten von Mikronesien).

Einen erheblichen Einfluss übte das Deutsche auch als Wissenschaftssprache aus, insbesondere im 19. Jahrhundert. Für das Englische ist eine vierstellige Zahl von Entlehnungen aus dem Deutschen in diesem Bereich dokumentiert, z. B. *ablaut, augen-gneiss, cobalt, loess*, darunter vor allem eine große Anzahl an Wörtern, die von deutschen Wissenschaftlern und Wissenschaftlerinnen mit fremden Bestandteilen gebildet wurden: *electrocardiogram, phagocyte, titanium*, etc. Viele andere Sprachen haben diesen wissenschaftlichen Wortschatz ebenfalls aus dem Deutschen übernommen. Auch im Japanischen haben nach der Öffnung Japans im 19. Jahrhundert deutsche Lehnwörter aus dem wissenschaftlichen und gesellschaftlichen Bereich Einlass gefunden: *arerugī* (→ dt. *Allergie*), *baito* (→ dt. *Arbeit*), *ēderuwaisu* (→ dt. *Edelweiß*), *harogen* (→ dt. *Halogen*), *ideorogī* (→ dt. *Ideologie*), *karusuto* (→ dt. *Karst*), *raitomochīfu* (→ dt. *Leitmotiv*).

Der Umfang der Entlehnungen aus dem Deutschen ist zum Teil ganz erheblich. Das Oxford English Dictionary verzeichnet – allerdings unter Einbeziehung eines Teils der Fachsprache – etwa 3500 Entlehnungen aus dem Deutschen, für das Standardpolnische sind ohne Einbeziehung von fachsprachlicher Lexik und die über das Deutsche entlehnten Internationalismen etwa 2500 Entlehnungen von *abcug* (→ dt. *Abzug*) bis *żylarz* (→ dt. *Seiler*) dokumentiert, für das Slowenische lassen sich etwa 1500 Entlehnungen ermitteln (z. B. *cement, maršal, pudel, špargelj*), ebenso für das Hebräische, für das das Jiddische oft als Mittlersprache fungierte (z. B. *Bomba, Mops, Raikhstag, Wafel*). Entlehnungen in vierstelliger Anzahl finden sich auch in anderen osteuropäischen Sprachen wie Tschechisch und Ungarisch. Geringer ist der deutsche Lehnwortbestand in den romanischen Sprachen; im Französischen, Italienischen oder Portugiesischen sind es jeweils einige hundert Entlehnungen aus dem Deutschen. Berücksichtigt man den Weg von Entlehnungen aus dem Deutschen über Entlehnungsketten hinweg, so gelangt man wohl in Tausende von Sprachen. Beispielsweise hat das Usbekische, das nur minimal direkt aus dem Deutschen entlehnt hat, etwa 300 Germanismen aus dem Russischen übernommen, so dass sich in der zentralasiatischen Turksprache so vertraute Wörter finden wie *baletmeyster, bormashina* (›Zahnbohrer‹), *buterbrod, kel'ner, shtempel'* oder *zumpf* (›Schlamm in Baugruben‹).

Vor allem das deutsche Erbwort *Tal* hat über Entlehnungsketten Karriere gemacht. Es trat als Teil des Ortsnamens *Joachimsthal* (heute *Jáchymov*) auf, einem früheren Zentrum des Silberbergbaus im heutigen Tschechien. Die Kurzform der Bezeichnung *Joachimsthaler* für die dort geprägte Münze, verbreitet sich als *Thaler* im deutschen Sprachgebiet und dann über das mittelniederdeutsche *dāler/dalder* und das niederländische *daeler/daelder* ins englische *daler/daller*. Letzteres hat dann in seiner späteren Form *dollar* seinen Weg in unzählige Sprachen gefunden, etwa nach Alaska (Aleutisch: *duulira*), Südafrika (Zulu: *idola*), Indien (Malayalam: *ḍēāḷar*), Australien (Warlpiri: *tala*), in den Südpazifik (Karolinisch: *do'o'la*), nach Zentralasien (Usbekisch: *dollar*) und natürlich auch wieder zurück ins Deutsche (*Dollar*).

Während der *Taler* sich vor allem über die Mittlersprache Englisch verbreitet hat, gibt es andere deutsche Wörter, die als direkte Entlehnungen aus dem Deutschen in vielen Sprachen vorkommen. Besonders oft entlehnt wurden *Fräulein, Gneis, Kitsch, Kobalt, Landsknecht, Landtag, Leitmotiv, Lied, Nickel, Nudel, Quarz, Rucksack, Schnaps, Schnitzel, Walzer, Wolfram* und *Zink*. So finden wir etwa den *Schnaps* unter anderem wieder im englischen *schnapps*, im französischen *schnaps*, im hebräischen *Shnaps*, im polnischen *sznaps*, im portugiesischen *schnaps*, im slowakischen *šnaps*, im slowenischen *šnops* und im tschechischen *šnaps*.

8 Fremdwörter und ihre Kennzeichen

Viele Entlehnungen sind so gut in Schreibung, Lautung und Formbildung in das Deutsche integriert, dass sie sich im Deutschen genauso verhalten wie die meisten der sogenannten Erbwörter, die das Deutsche schon aus seinen germanischen Vorstufen mitgebracht hat. Das gilt für viele Wörter aus dem Lateinischen wie *Fenster, Mauer, schreiben, Schule* oder *Wein*, aber auch für solche aus dem Italienischen *(Bank, Putte)*, Französischen *(Möbel, nett)*, Hebräischen *(koscher, petzen)*, Polnischen *(Grenze, Peitsche)* oder Englischen *(Boss, grillen)*. Viele solcher Lehnwörter bilden mit den meisten der Erbwörter einen Kernwortschatz aus 8000 bis 9000 einfachen Wortstämmen, die hinsichtlich Lautbestand, Silbenbau und Formbildung die grundlegenden Muster im deutschen Wortschatz kennzeichnen. Da viele dieser Lehnwörter schon vor langer Zeit ins Deutsche integriert wurden, haben sie die Lautwandelprozesse des Deutschen mitgemacht und sich entsprechend in ihrer Form verändert. Ähnlich wie die Erbwörter *Dauer*, *Trauer* oder *sauer* hat sich das lautlich ähnliche *Mauer*, das im Althochdeutschen als *mūra* aus lateinisch *mūrus* entlehnt wurde, durch Abschwächung des unbetonten Vokals zu mittelhochdeutsch *mūre* entwickelt, dann durch Ausfall des auslautenden Vokals im Frühneuhochdeutschen zu *mūr* und schließlich durch die Einfügung von [ə] und Diphthongierung zu neuhochdeutsch *Mauer*.

Vielen anderen Entlehnungen sieht man aufgrund ihrer graphemischen, lautlichen, morphologischen oder semantischen Eigenschaften ihre Herkunft aus einer anderen Sprache allerdings an. Das sind die Wörter, die wir als Fremdwörter bezeichnen. Manchmal werden sie den vollständig integrierten Lehnwörtern gegenübergestellt, manchmal betrachtet man sie als eine bestimmte Art von Lehnwörtern. Hier unterscheiden wir die vollständig integrierten Lehnwörter von den nur teilweise integrierten Fremdwörtern. Wenn wir unterschiedslos Lehnwörter und Fremdwörter meinen, so sprechen wir von Entlehnungen oder entlehnten Wörtern. Fremdwörter sind an einer oder mehreren Besonderheiten in den folgenden Bereichen zu erkennen:

a) Lautung

In manchen Fremdwörtern kommen Laute vor, die im Kernwortschatz des Deutschen nicht auftreten, etwa der nasale Vokal [õ] in *Concierge* oder die Reibelaute (Frikative) [ʒ] in *Garage* und [θ] in *Thread*. Häufig finden sich Lautkombinationen, die im Deutschen in bestimmten Positionen nicht üblich sind, etwa im Anlaut [sf] wie in *Sphinx*, [ps] wie in *Psyche* oder [nj] wie in *Gnocchi*. Auch von der für das Deutsche typischen Erstbetonung weichen Fremdwörter oft ab: *Diät*, *elegisch*, *Glossar* oder *Posaune*.

b) Schreibung

Auf den ersten Blick auffällig ist in vielen Fremdwörtern die Schreibung. Buchstabenkombinationen wie *ou (Gouache)*, *ph (Philosophie)*, *rh (Rheuma)*, *th (Bibliothek)*, *ui (Bodybuilder)* oder *zz (Pizza)* sind in Erbwörtern und integrierten Lehnwörtern nicht zu finden. Häufig weicht die Aussprache von Buchstaben und Buchstabenkombinationen von der im Deutschen üblichen ab, z. B. *ea* als [i:] in *Team*, *oo* als [u:] in *booten* oder *g* als [ʒ] in *Bagage*.

c) Wortbildung

Fremdwörter zeichnen sich oft durch nicht einheimische Wortbildungselemente aus wie *re- (reorganisieren, retweeten)*, *-ing (Fracking)* oder *-iv (intuitiv)*.

d) Bedeutung

Fremdwörter fallen natürlich auch dadurch auf, dass sie häufig Begriffe aus anderen Kulturen ausdrücken. Zu solchen Exotismen gehören etwa *Bouillabaisse*, *Colonel*, *Gaucho*, *Harem*, *Karawane*, *Kasbah*, *Mumie*, *Siesta* oder *Tribun*.

Manche Wörter, die solche Fremdworteigenschaften aufweisen, sind allerdings sogenannte Scheinentlehnungen, also Wörter, die den Eindruck erwecken, aus einer bestimmten anderen Sprache entlehnt worden zu sein, dort aber gar nicht existieren wie *Friseur*, *Pullunder* oder *Showmaster*.

9 Integration von Fremdwörtern

Vom Zeitpunkt ihrer Entlehnung an unterliegen Wörter in individuell unterschiedlichem Maße Prozessen der Anpassung an die Zielsprache.

a) Lautung

Nur wenige dem Deutschen fremde lautliche Besonderheiten der Ausgangssprache werden im Zuge der Entlehnung ins Deutsche übernommen. Im Normalfall werden die Wörter in vielerlei Hinsicht an das deutsche Lautsystem angepasst. Die Länge italienischer Konsonanten wie in *cello* [tʃɛl:o] werden Sie höchstwahrscheinlich im deutschen *Cello* [tʃɛlo] nicht realisieren. Auch die unbehauchten Konsonanten des Französischen wie das [p] in *tapet* sprechen Sie – trotz gutem Schulfranzösisch – in der deutschen Entlehnung *Tapet* sicherlich behaucht: [pʰ]. Das Fremdwort *Kopeke* aus dem Russischen *kopejka* (geschrieben: копѐйка, gesprochen: [kɐpʲeɪkə]) wird im Deutschen mit einem [o] in der ersten Silbe gesprochen, wo das Russische einen unbetonten *a*-Laut hat; im Deutschen folgt ein behauchtes [pʰ], wo im Russischen ein palataler Konsonant artikuliert wird (in etwa [pj]); dem schließt sich im Deutschen ein einfacher langer Vokal [e:] an, während im Russischen ein Diphthong gesprochen wird. Viele dieser Prozesse finden unmittelbar im Zuge der Entlehnung statt, je eher, umso weniger Kenntnisse die Sprecher der Zielsprache in der Quellsprache haben. Andere lautliche Anpassungsprozesse vollziehen sich oft erst im Laufe der Zeit, wie der Wechsel von der nasalen Aussprache des aus dem Französischen stammenden Lehnworts *Balkon* von [...kõ] zu [...ko:n] wie in *Lohn* oder [...kɔŋ] wie in *Gong*. Auch ein Wechsel der Betonung zu der für das Deutsche typischen Erstbetonung ist oft zu beobachten wie etwa von *Moto̲r* zu *Mo̲tor*.

b) Schreibung

Substantive werden im Zuge ihrer Entlehnung üblicherweise an die Großschreibung des Deutschen angepasst: engl. *computer* → dt. *Computer*. Wörter, die aus Sprachen mit anderen Schriftsystemen stammen, wie Arabisch, Bulgarisch, Chinesisch, Griechisch oder Japanisch, müssen natürlich anhand von Transliterationskonventionen in die auf dem lateinischen Alphabet basierende Schreibung des Deutschen überführt werden. Andere orthografische Anpassungen wie etwa *Capitulation* → *Kapitulation*, *Kathode* → *Katode*, *Telephon* → *Telefon* oder gegenwärtig optional *existentiell* → *existenziell*, *Friseur* → *Frisör*, *Joghurt* → *Jogurt* und *Crème* → *Creme* werden meist von entsprechenden normativen Vorgaben begleitet, wie sie seit dem 19. Jh. im Rahmen von orthografischen Konferenzen und Rechtschreibreformen gemacht worden sind. Meist handelt es sich dabei um sukzessive Anpassungen an die für den Kernwortschatz typische Schreibung. Häufig werden für das Deutsche ungewöhnliche Schreibungen als Kennzeichen des Fremdwortstatus aber auch beibehalten.

c) Genus

Obligatorisch für die Verwendung entlehnter Substantive ist auch die Zuweisung eines Genus. Dabei können verschiedene Faktoren zum Tragen kommen: 1) Das Genus kann dem Genus eines semantischen Bezugsworts entsprechen, etwa einem übergeordneten Wort *(die Ananas, die Grapefruit* zu *die Frucht)* oder einem bedeutungsverwandten Wort *(die E-Mail* zu *die Post, der Fight* zu *der Kampf)*. 2) Das Genus kann sich an formalen Analogien orientieren. So heißt es *der Computer*, weil Wörter auf *-er* im Deutschen meistens Maskulina sind, und *die Maske* (< frz. *le masque*), weil Wörter auf unbetontes *-e* im Deutschen unter Feminina besonders verbreitet sind. 3) Sofern die Quellsprache der Entlehnung ein vergleichbares Genussystem hat, kann auch das Genus des Quellworts übernommen werden, so etwa bei *das Epos, der Komplex, die Pizza*. Da diese Faktoren auf nicht vollständig regelhafte Weise interagieren, kommt es bei Fremdwörtern auch oft zu konkurrierenden Genera: *der/das Essay, der/das Lasso, das/die Imprimatur* oder *der/das Zölibat*.

d) Formbildung
Während einige wenige Fremdwörter, v. a. im bildungssprachlichen Bereich, ihre Pluralformen ins Deutsche mitbringen *(Intimus/Intimi, Status/Status* [im Plural mit langem [u:]], *Korpus/Korpora, Epitheton/Epitheta),* werden die meisten Fremdwörter in das System der etablierten Pluralendungen im Deutschen eingeordnet: *die Them-en, Problem-e, Marathon-s, Computer*. Auch Verben müssen an die deutsche Formbildung angepasst werden, und zwar durch Einordung in die schwache Konjugationsklasse.

e) Satzbau
Zudem müssen entlehnte Verben im Deutschen wie *retweeten, leaken, bloggen* oder *mailen* zunächst passende syntaktische Muster finden, in denen sie konstruiert werden können. Das englische Lehnwort *mailen* passt sich etwa einem Muster an, das im Deutschen viel verwendet wird, um über einseitig gerichtete Kommunikationsakte zu sprechen: Es tritt in Kombination mit einem Dativ- und einem Akkusativobjekt auf wie in *jemandem etwas mitteilen/sagen/schreiben/zurufen/faxen/mailen/whatsappen* usw. Andere Verben wie *chatten* tendieren eher zu Mustern, die auf reziproke Kommunikationsakte spezialisiert sind: *mit jemandem chatten*, ähnlich wie *mit jemandem telefonieren/quatschen/sprechen*. Neuerdings wird auch das Verb *schreiben* in Social-Media-Kontexten in Anlehnung an englisch *to write with somebody* so verwendet: *ich habe mit ihr geschrieben.*

Integriert werden Fremdwörter in das System des Deutschen auch hinsichtlich von Wortbildungsprozessen (s. Abschnitt 10) und semantischem Wandel (s. Abschnitt 11).

10 Neu gebildete Wörter

Das wichtigste Mittel zur Erweiterung des Wortschatzes des Deutschen ist die Bildung von Wörtern durch Zusammensetzung (Komposition) oder durch Ableitung (Derivation). Der Menge an Zusammensetzungen, die man in Texten des Deutschen findet, sind sich Deutschsprecherinnen und -sprecher meist nicht bewusst. Versuchen Sie mal spontan, sich aus dem Gedächtnis Farbwörter hervorzurufen, die auf *-gelb* enden. Welche fallen Ihnen ein? Vielleicht eine Handvoll wie *schwarzgelb, zitronengelb* oder *blassgelb*. Ein Textkorpus aus etwa 5,5 Milliarden Textwörtern enthält allerdings über 1100 verschiedene Zusammensetzungen auf *gelb*. Einen kleinen Ausschnitt – nach Vorkommenshäufigkeit geordnet – zeigt die folgende Tabelle.

Mehr als die Hälfte der Bildungen tritt dabei nur ein einziges Mal auf, darunter so bezaubernde Wörter wie *löwenzahnlohgelb, friesennerzgelb, neontextmarkergelb* und *dalailamagelb*.

Rang	Füllwort	Häufigkeit		Füllwort	Häufigkeit		Füllwort	Häufigkeit
1.	blaugelb	3046	83.	krassgelb	25	482.	mondgelb	1
2.	goldgelb	2905	84.	knatschgelb	24	482.	moosgelb	1
3.	rotgelb	2221	85.	melonengelb	24	482.	mostgelb	1
4.	hellgelb	2118	86.	narzissengelb	24	482.	mumiengelb	1
5.	schwarzgelb	2069	87.	neapelgelb	24	482.	museumsgelb	1
6.	grüngelb	1881	88.	ginstergelb	23	482.	muttertheresagelb	1
7.	knallgelb	1399	89.	quittegelb	22	…	…	…
8.	zitronengelb	915	…	…	…			
9.	blassgelb	771	482.	mohrrübengelb	1			
10.	orangegelb	764	482.	molybdängelb	1			
11.	sonnengelb	719	482.	monarchiegelb	1			
…	…	…						

Zusammensetzungen auf *-gelb* und ihre Vorkommenshäufigkeiten

Neue Wörter werfen natürlich die Frage auf, wie wir sie denn eigentlich verstehen, wenn wir sie nie vorher gehört haben. Zusammensetzungen bestehen fast immer aus zwei unmittelbaren Teilen, wobei üblicherweise der erste Teil den zweiten näher bestimmt: *dotterblumengelb* bezeichnet also – anders als *gelbe Dotterblume* – eine Art von *Gelb* und nicht eine Art von *Dotterblume*. Zusammensetzungen spiegeln dabei oft häufig verwendete Bedeutungsmuster wider. Zum Beispiel werden Wörter, die aus einer Gegenstandsbezeichnung und einem Farbwort bestehen wie *zitronengelb* fast immer als ›Farbe, die der typischen Farbe des Gegenstands entspricht‹ interpretiert. Das ist allerdings nicht immer so: Denn *eigelb* bedeutet bekanntlich nicht ›von der Farbe eines Eis‹. Oft finden sich auch keine eindeutigen Bedeutungsmuster. Hier müssen wir den Kontext heranziehen, um das Wort zu verstehen. Was etwa *pflichtgelb* bedeutet, verrät Ihnen kein Bedeutungsmuster, wohl aber der Blick in den Textzusammenhang, der deutlich macht, dass *pflichtgelb* dort Vergehen im Fußballspiel bezeichnet, für die der Schiedsrichter die gelbe Karte ziehen muss.

Wortbildung und Entlehnung wirken in verschiedener Weise zusammen. Erstens werden oft komplexe Wörter entlehnt. *Computer* etwa wurde im Englischen aus dem Verb *compute* ›rechnen‹ und dem Ableitungselement *-er* gebildet, das unter anderem, ähnlich wie das deutsche *-er* in *Rechner*, zur Bildung von Instrumentbezeichnungen dient. *Portemonnaie* entstand im Französischen aus dem Verb *porter* ›tragen‹ und dem Substantiv *monnaie* ›Geld‹. Zweitens werden entlehnte Wörter selber zum Material für Wortbildungsprozesse. Das Fremdwort *Computer*, das in einem zugrunde gelegten Korpus von ca. 11,5 Mrd. Textwörtern etwa 560 000mal vorkommt, gibt Anlass zu über 10 000 verschiedenen zusammengesetzten Wörtern mit dem Bestandteil *Computer*, manche davon hochfrequent wie *Computerspiel* mit über 50 000 Vorkommen, *Computerprogramm* mit etwa 25 000 oder *Bordcomputer*, *Computertechnik* und *Computerhersteller* mit etwa 10 000 Belegen; mehr als die Hälfte aber sind nur einmal belegt wie *Vitamindosierungscomputer*, *Computerzwilling*, *Poesiecomputer* oder *Volumencomputertomographiegerät*. Entstehen dabei Wörter mit Bestandteilen aus verschiedenen Sprachen wie *Computerspiel*, spricht man auch von Hybridbildungen. Auch die Verbindung von Fremdwörtern mit nicht entlehnten Wortbildungselementen wie *an-*, *be-*, *un-* oder *-heit* wie in *anskypen*, *bezirzen*, *unethisch* und *Korrektheit* ist zu beobachten und als Anzeichen der Integration der Fremdwörter ins Wortbildungssystem des Deutschen zu deuten. Die Behandlung fremdsprachlicher Verben wie *outsourcen*, *downloaden* und *updaten* analog zu deutschen Partikelverben ist ebenfalls eine Form von Assimilation: Diese Verben werden syntaktisch oft wie Verben mit einer trennbaren Partikel behandelt: *ich source etwas out*, *sie loadet etwas down*, *wir haben upgedatet*. Drittens gibt es auch unselbständige Wortbildungsbestandteile wie *-ier*, *bio-* oder *hyper-*, die oft mit einer größeren Anzahl entsprechender Wörter ins Deutsche entlehnt wurden und sich dann innerhalb der deutschen Wortbildung verselbstständigt haben, d. h. nun im Deutschen selbst als Wortbildungselemente fungieren, wie etwa in den Hybridbildungen *buchstabieren*, *Biogemüse* und *Hyperraum*. Viele solcher Wortbildungselemente werden im Duden-Fremdwörterbuch in gesonderten Infokästen behandelt. Viertens finden sich sogenannte Lehnübersetzungen, bei denen die einzelnen Bestandteile eines komplexen Wortes der Ausgangssprache übersetzt werden, z. B. griechisch-lateinisch *orthographia* (›richtig‹ + ›Schreibung‹) als *Rechtschreibung*, englisch *floodlight* (›Flut‹ + ›Licht‹) als *Flutlicht* und französisch *grand-mère* (›groß‹ + ›Mutter‹) als *Großmutter*. Bei freieren Wiedergaben wie englisch *skyscraper* (›Himmel‹ + ›Kratzer‹) als *Wolkenkratzer* spricht man auch von Lehnübertragungen.

11 Neue Bedeutungen

Ein Blick in Wörterbücher zeigt, dass Wörter oft mehrere Bedeutungen haben. In einem mittelgroßen Wörterbuch des Deutschen mit etwa 80 000 Stichwörtern haben wir allerdings ermittelt, dass etwa drei Viertel der Wörter nur eine Bedeutung haben. In einem umfangreicheren Wörterbuch wie Duden online mit weit über 240 000 Stichwörtern ist der Anteil der eindeutigen Wörter noch größer und liegt bei etwa 86%.

Im Schnitt sind das weniger als 1,3 Bedeutungen pro Wort. Das scheint nicht sehr viel zu sein, aber es sind gerade die häufig verwendeten Wörter, die uns hier herausfordern: Die 20 häufigsten Substantive im Duden-Korpus haben im Schnitt ca. 5,2 Bedeutungen (mit Unterbedeutungen). In einer Sammlung von Alltagsgesprächen zählen wir für die 20 häufigsten Substantive im Schnitt sogar 6,3 Bedeutungen (mit Unterbedeutungen). Zu den 0,01% der Wörter, die mehr als zwanzig Bedeutungen haben, gehören allerdings vor allem hochfrequente Verben wie *kommen*, *nehmen*, *halten* und *gehen*, aber auch Präpositionen wie *über*, *bei* und *unter*. Die größte Bedeutungsdifferenzierung weist im Deutschen übrigens das Wort *ziehen* auf. Wenn Sie das überrascht, schauen Sie mal nach bei Duden online.

Die lexikalische Bedeutungsvielfalt konzentriert sich also auf die Wörter, die Sie besonders oft verwenden. Das bedeutet, dass Sie beim Kommunizieren permanent unbewusst damit beschäftigt sind, die Mehrdeutigkeit von Wörtern aufzulösen.

Neue Bedeutungen zu bereits existierenden Wörtern entwickeln sich permanent aus dem sich verändernden Wortgebrauch von Sprechern und Sprecherinnen. Man

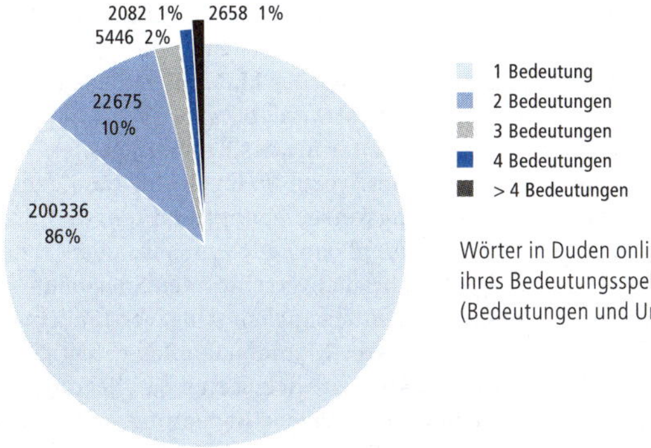

Wörter in Duden online hinsichtlich ihres Bedeutungsspektrums (Bedeutungen und Unterbedeutungen)

denke etwa an den Computerbereich und die in dem Zusammenhang entstandenen neuen Bedeutungen von Wörtern wie *anklopfen, Banner, Brenner, herunterfahren, hochfahren, Kachel, klicken, Konsole, Maus, navigieren, Netz, Reiter, Seite, surfen, texten, Troll, virtuell, wischen, Wolke* oder *zwitschern.* Wie aber entstehen solche neuen Bedeutungen? Fast immer liegen ihnen zwei Verfahren zugrunde, die uns vielleicht eher aus dem Bereich der Literatur bekannt sind, nämlich die Bildung von Metaphern und Metonymien. Eine Metapher ist ein sprachliches Zeichen, das aus einem anderen Bedeutungsbereich stammt als ein gleichlautendes Zeichen, diesem aber in bestimmten Aspekten seiner Bedeutung sehr ähnlich ist. Mit *Maus*[1] bezeichnen wir ein kleines, graues Nagetier mit dünnem Schwanz, von dem wir wissen, dass es sich bewegt und vermeintlich gern Käse frisst. Mit *Maus*[2] bezeichnen wir aber auch ein Computerzubehör: Das ist zwar kein Nagetier und frisst auch keinen Käse, aber es ist etwa so klein wie eine Maus, oft grau, mit einem schwanzähnlichen Kabel und beweglich. *Maus*[2] ist eine Metapher in Bezug auf *Maus*[1]. Eine Metonymie ist dagegen ein Ausdruck, der zu einem gleichlautenden Ausdruck nicht in einer Ähnlichkeitsbeziehung steht, sondern in einem lokalen, temporalen, geistigen oder kausalen Wirklichkeitsbezug. Wenn Sie sagen, dass Sie auf einem *Apple* schreiben, verwenden Sie den Namen der Firma für den Computer (Produzent für Objekt), wenn Sie lesen, dass es pro *Kopf* der Bevölkerung 1,4 Mobilfunkanschlüsse in Deutschland gibt, so verstehen Sie ein Wort für einen Körperteil als Bezeichnung für eine Person (Teil für das Ganze, ›pars pro toto‹), und wenn Sie mit der Maus auf einen Link *klicken* sollen, müssen Sie ein Wort, das eigentlich ein Geräusch bezeichnet, auf die Handlung beziehen, die das Geräusch verursacht. Natürlich geht es neuen Bedeutungen wie neuen Wörtern: Nur manche etablieren sich und finden dann auch den Weg ins Wörterbuch; andere bleiben gesprächssituative Spontanmetaphern. Dass sich für das Wort *Auster* die zusätzliche Bedeutung ›Fremdwort‹ verbreitet, nur weil jemand sagt, Fremdwörter seien die Austern im Pool des deutschen Wortschatzes – edel, verschlossen, geheimnisvoll und trotzdem nicht jedermanns Sache –, ist doch etwas zweifelhaft. (Aber natürlich nicht unmöglich – das liegt ganz bei Ihnen).

Bedeutungen können allerdings auch aus Wörtern anderer Sprachen übernommen werden. Solche Lehnbedeutungen weisen etwa die Wörter *feuern, Papier* und *realisieren* auf, die schon lange Bestandteil des deutschen Wortschatzes sind, aber ihre zusätzlichen jüngeren Bedeutungen ›entlassen‹, ›Schriftstück, Aufsatz‹ und ›verstehen, begreifen‹ erst von den verwandten englischen Wörtern *to fire*, *paper* und *to realize* übernommen haben. Solche Lehnbedeutungen lassen sich in allen Perioden der Sprachentwicklung beobachten. Das Verb *lesen* (urspr. nur in der Bedeutung ›einsammeln‹) hat seine heutige Hauptbedeutung aus dem lateinische *legere* ›sammeln; lesen‹ erhalten. Auch Lehnbedeutungen reflektieren oft metonymische oder metaphorische Zusammenhänge, die schon so in den Quellsprachen bestanden. *Papier* im Sinne von ›Schriftstück, Aufsatz‹ steht in metonymischer Beziehung zu *Papier* als Bezeichnung für das Material, auf das Aufsätze gedruckt werden.

Die Erweiterung des Bedeutungsspektrums eines Wortes kann zu vollständigen Bedeutungsverschiebungen führen, wenn die ursprüngliche Bedeutung aus dem Sprachgebrauch verschwindet. So bedeutete *witzig* ursprünglich ›klug, verständig‹, dann ›geistreich‹ und in der Folge ›lustig‹. Gegenwärtig entwickelt sich parallel dazu metonymisch eine Bedeutung ›seltsam, ungewöhnlich‹ wie in *Mir ist heute was Witziges passiert.*

12 Wortverbindungen und ihre Varianz

Wörterbücher verzeichnen nicht nur Wörter und ihre Bedeutungen, sondern auch Mehrworteinheiten, die wie alle Einheiten unseres Wortschatzes Veränderungen unterliegen. So entstehen neue Sprichwörter und Slogans wie *Wer zu spät kommt, den bestraft das Leben* oder *Nicht immer, aber immer öfter*, Redewendungen wie *etwas auf dem Schirm haben* oder *aus der Nummer nicht mehr rauskommen* und sprachliche Formeln wie *Das Leben ist kein X* [*Wunschkonzert/Puppenspiel/Ponyhof/*...] oder *Wie X* [*geil/skurril/blöd/*...] *ist das denn!*

Formeln wie die letzteren haben eine offene Stelle, die innerhalb eines bestimmten Rahmens frei gefüllt werden kann. Bei der Formel *Wie* X *ist DAS denn!* (mit Betonung auf dem *das*) handelt es sich um einen exklamatorischen Ausdruck, mit dem die Sprecherin bemerkt, dass die Eigenschaft *X* in hohem Maße vorliegt. Man findet sie mittlerweile auch in schriftsprachlichen Texten. In 1000 Beispielen aus einem Textkorpus wird die Leerstelle dabei durch 247 verschiedene Wörter gefüllt. Nicht überraschend verteilen sich die Füllwörter in deutlicher Annäherung an Zipfs Gesetz, wobei die Präferenz für Füllwörter wie *geil* oder *cool* den umgangssprachlichen Charakter der Formel widerspiegelt. Mit den häufigsten Wörtern an der X-Stelle wirkt die Formel schon sehr konventionalisiert, während die seltenen Wörter das Spektrum der Ausdrucksmöglichkeiten erweitern, wie in der folgenden Abbildung zu sehen.

Aber auch Sprichwörter und Redewendungen, die ja vermeintlich in einer festen Form erstarrt sind, unterliegen tatsächlich dauernden Variationen. So tritt in der Wendung *Dein Wort in Gottes Ohr!* in großen schriftsprachlichen Textkorpora nur in der Hälfte der Fälle tatsächlich das Wort *Gottes* auf. In den anderen Fällen heißt es: *Dein Wort in des Trainers / Allahs / des Hardcore-Anfängers / Herrn Mehdorns / unser aller / Toyotas / der Gottesanbeterinnen / ... Ohr!*

Im Bereich der Mehrwortverbindungen spielt der Einfluss anderer Sprachen von jeher eine Rolle. Zum Teil werden Mehrwortverbindungen entlehnt wie *à la carte*,

Rang	Füllwort	Häufigkeit		Füllwort	Häufigkeit		Füllwort	Häufigkeit
1.	geil	160	…	…	…	…	…	…
2.	cool	74	24.	pervers	8	97.	beknackt	1
3.	peinlich	47	25.	scheinheilig	8	97.	belämmert	1
4.	blöd	32	26.	süß	8	97.	beschränkt	1
5.	krank	32	27.	unfair	8	97.	blind	1
6.	verrückt	31	28.	verlogen	8	97.	böse	1
7.	bescheuert	19	29.	armselig	7	97.	bourgeois	1
8.	uncool	18	30.	eklig	7	97.	brav	1
9.	absurd	17	31.	irr(e)	7	97.	brillant	1
10.	lächerlich	16	32.	schräg	7	…	…	…

Verteilung der Füllwörter in der Formel *Wie X ist das denn!*

Bachelor of Arts, c'est la vie, copy and paste, ex officio, just in time, La Ola, Lucky Looser, post mortem, quod erat demonstrandum, summa cum laude, stop and go, Tempi passati oder *Virtual Reality*, noch häufiger aber bereichern sie das Deutsche in Form von Lehnübersetzungen, insbesondere wenn es sich um längere Ausdrücke handelt. Viele der im Deutschen gebräuchlichen Wendungen und Sprichwörter haben sich etwa im Zuge von Bibelübersetzungen verbreitet wie *seine Hände in Unschuld waschen, jemandem ein Dorn im Auge sein* oder *Hochmut kommt vor dem Fall.* Aber auch in jüngerer Zeit begegnen uns immer wieder Lehnübersetzungen von Mehrwortverbindungen, aus dem Englischen etwa *globales Dorf* aus *global village, am Ende des Tages* im Sinne von ›im Endergebnis‹ aus *at the end of the day* oder *soziale Medien* aus *social media.* Auch *Wie X ist das denn!* ist vermutlich unter dem Einfluss von englisch *How X is that!* entstanden und hat – wie wir oben gesehen haben – im Deutschen gleich ein eigenes Spektrum an entlehnten und nicht entlehnten Füllwörtern an sich gebunden. Wie krass ist das denn! (Dt. *krass* ›stark, extrem, enorm‹ ← lat. *crassus* ›dick, fett, grob, derb‹.)

In der vorausgegangenen Erörterung haben wir die Rolle von entlehnten Wörtern, Bedeutungen und Wendungen im Zusammenhang mit der allgemeinen Dynamik des deutschen Wortschatzes besprochen. Die Fragen, die Sie bezüglich einzelner Fremdwörter haben, werden wir versuchen, Ihnen in dem nachfolgenden Wörterbuch zu beantworten.

Literatur

Bei der Erstellung dieses Artikels herangezogen wurden unter anderem Peter Eisenbergs Monografie »Das Fremdwort im Deutschen«, das Einführungsbuch »Historische Sprachwissenschaft des Deutschen« von Damaris Nübling sowie Publikationen vieler anderer Kollegen und Kolleginnen zu Verteilungen im Wortschatz und zu Entlehnungen. Konsultiert wurden zudem unter anderem die Wörterbücher der Dudenreihe (Bd. 1: »Die deutsche Rechtschreibung«, Bd. 5: »Das Fremdwörterbuch« und Bd. 7: »Das Herkunftswörterbuch«), Duden online, das Wörterbuchportal »OWID« (»Deutsches Fremdwörterbuch«, »Neologismenwörterbuch«), das Wörterbuchportal »DWDS« (»Etymologisches Wörterbuch«) und das »Lehnwortportal Deutsch«.

A

à ‹*lat.-frz.*›: für, je, zu, zu je
@ [ɛt] ‹nach dem Zeichen auf amerik. Schreibmaschinentastaturen für (commercial) at = à›: meist als trennendes Zeichen in E-Mail-Adressen verwendetes Symbol
AAD [aːʔaːˈdeː] ‹Abk. für *a*naloge Aufnahme, *a*naloge Bearbeitung, *d*igitale Wiedergabe›: Kennzeichnung der technischen Verfahren bei einer CD-Aufnahme o. Ä.
Aak, das; -[e]s, -e, **Aa|ke**, die; -, -n ‹*niederl.*›: flaches Rheinfrachtschiff
Aba, die; -, -s ‹*arab.*›: **1.** weites Überkleid arabischer Frauen. **2.** grober Wollstoff
Abad|don, der; -[s] ‹*hebr.*; »Verderben, Untergang«›: **1.** Name des Todesengels in der Offenbarung des Johannes. **2.** Totenreich, Unterwelt, Ort des Verderbens (im Alten Testament u. in der ↑rabbinischen Literatur)
Aba|de, der; -[s], -s ‹nach dem Namen der iranischen Stadt›: elfenbeingrundiger Teppich
abais|sie|ren [abɛˈsiːrən] ‹*frz.*› (Gastron.): Teig ausrollen. **abais|siert**: nach unten zum Schildrand gesenkt, geschlossen (in der Wappenkunde von den Adlerflügeln)
Aba|ka [auch: aˈbaka], der; -[s] ‹*indones.-span.*›: ↑Manilahanf
abak|te|ri|ell ‹*gr.*› (Med.): nicht durch ↑bakterielle Erreger verursacht (z. B. von Krankheiten)
Aba|kus, der; -, Plur. -se u. ...ki ‹*gr.-lat.*›: **1.** antikes Rechen- od. Spielbrett. **2.** Säulendeckplatte beim ↑Kapitell
abä|lar|di|sie|ren ‹nach dem französischen Theologen u. Philosophen P. Abälard (1079–1142), der wegen seiner Liebe zu seiner Schülerin Heloise entmannt wurde› (veraltet): entmannen
Ab|ali|e|na|ti|on, die; -, -en ‹*lat.*›: **1.** Entfremdung. **2.** (Rechtswiss.) Ent-, Veräußerung. **ab|ali|e|nie|ren**: **1.** (veraltet) entfremden. **2.** (Rechtsspr. veraltet) veräußern
Aba|lo|ne, die; -, -n ‹*amerik.-span.*›: vor allem in der Gastronomie gebräuchliche Bez. für das Rote Seeohr, eine essbare Meeresschnecke
Aban|don [abɑ̃ˈdɔ̃ː], der; -s, -s, **Aban|don|ne|ment** [...dɔnəˈmɑ̃ː], das; -s, -s ‹*frz.*›: Abtretung, Preisgabe von Rechten od. Sachen (bes. im Gesellschafts- u. Seefrachtrecht). **aban|don|nie|ren**: abtreten, verzichten, preisgeben, aufgeben (von Rechten bei Aktien u. Seefracht)
à bas [aˈba] ‹*frz.*›: nieder!, weg [damit]!
Aba|sie, die; -, ...ien ‹*gr.-nlat.*› (Med.): Unfähigkeit zu gehen; psychisch od. körperlich verursachte Gangstörung
Aba|te, der; -[n], ...ti od. ...ten ‹*aram.-gr.-lat.-it.*; »Abt«›: Titel eines Weltgeistlichen in Italien und Spanien
Aba|tis [...ˈtiː], der od. das; - ‹*vulgärlat.-frz.*› (Gastron. veraltet): Geflügelklein
aba|tisch ‹*gr.*› (Med.): **1.** die Abasie betreffend. **2.** unfähig zu gehen
Aba|ton [ˈa(ː)...], das; -s, ...ta ‹*gr.* »das Unbetretbare«› (Rel.): das [abgeschlossene] Allerheiligste, der Altarraum in den Kirchen des orthodoxen Ritus
a bat|tu|ta vgl. Battuta
Ab|ba ‹*aram.*; »Vater!«›: **1.** neutestamentliche Gebetsanrede an Gott. **2.** alte Anrede an Geistliche der Ostkirche
Ab|ba|si|de, der; -n, -n ‹nach Abbas, dem Onkel Mohammeds› (Geschichte): Angehöriger eines in Bagdad ansässigen Kalifengeschlechts
Ab|ba|te vgl. Abate
Ab|bé [aˈbeː], der; -s, -s ‹*aram.-gr.-lat.-frz.*; »Abt«›: Titel eines Weltgeistlichen in Frankreich
Ab|be|vil|li|en [abəvɪˈli̯ɛ̃ː], das; -[s] ‹nach dem Fundort Abbeville in Frankreich›: Kulturstufe der Älteren Altsteinzeit
Ab|bre|vi|a|ti|on, die; -, -en ‹*lat.*›: Abbreviatur
Ab|bre|vi|a|tor, der; -s, ...oren ‹*lat.*›: hoher päpstlicher Beamter, der Schriftstücke (Bullen, Urkunden, Briefe; vgl. Breve) entwirft (bis 1908)
Ab|bre|vi|a|tur, die; -, -en ‹*lat.-mlat.*›: Abkürzung in Handschrift, Druck- u. Notenschrift (z. B. Pkw, cresc.)
ab|bre|vi|ie|ren: abkürzen (bes. von Wörtern)
Abc-Code, Abc-Kode [abeˈtseːkoːt], der; -s ‹*dt.; lat.-frz.*›: auf dem Abc basierender Code (1)
Abc|da|ri|er usw. vgl. Abecedarier usw.
ab|chan|gie|ren [ˈapʃɑ̃ʒiː...]: beim Reiten vom Rechts- zum Linksgalopp wechseln
ab|che|cken [...tʃɛkn̩]: [Punkt für Punkt] überprüfen, kontrollieren
ABC-Staa|ten, die (Plural): *A*rgentinien, *B*rasilien u. *C*hile
ABC-Waf|fen, die (Plural): Sammelbezeichnung für *a*tomare, *b*iologische u. *c*hemische Waffen
Ab|de|rit, der; -en, -en ‹nach den Bewohnern der altgriechischen Stadt Abdera› (veraltet): einfältiger Mensch, Schildbürger. **ab|de|ri|tisch** (veraltet): einfältig, schildbürgerhaft
Ab|di|ka|ti|on, die; -, -en ‹*lat.*› (veraltet): Abdankung
ab|di|ka|tiv: Abdankung, Verzicht bedeutend, bewirkend; **abdikativer Führungsstil**: freies Gewährenlassen der Mitarbeiter, wobei auf jeglichen Einfluss von oben verzichtet wird
ab|di|zie|ren (veraltet): abdanken, Verzicht leisten
Ab|do|men, das; -s, - u. ...mina ‹*lat.*›: **a)** (Med.) Körperbereich zwischen Brustkorb u. Becken (Bauch u. Unterleib); **b)** Hinterleib der Gliederfüßer. **ab|do|mi|nal** ‹*lat.-nlat.*› (Med.): zum Abdomen (a) gehörend
Ab|do|mi|nal|gra|vi|di|tät, die; -, -en (Med.): Bauchhöhlenschwangerschaft
ab|do|mi|nell (Med.): ↑abdominal
Ab|do|mi|no|s|ko|pie, die; -, ...ien (Med.): ↑Laparoskopie
Ab|duk|ti|on, die; -, -en ‹*lat.-nlat.*; »das Wegführen«› (Med.): das Bewegen von Körperteilen von der Körperachse weg (z. B. Heben des Armes), das Spreizen der Finger u. Zehen (Ggs.: Adduktion)
Ab|duk|tor, der; -s, ...oren (Anat.): Muskel, mit dem eine von der Mittellinie des Körpers weg-

führende Bewegung (z. B. Spreizen der Finger) ausgeführt werden kann

Ab|duk|to|ren|pa|ra|ly|se, die; -, -n (Med.): Lähmung des Stimmritzenöffners (od. anderer abduzierender Muskeln)

Ab|du|zens, der; - (Anat.): Kurzw. für Abduzensnerv; 6. Gehirnnerv (von insgesamt 12 im Gehirn entspringenden Hauptnervenpaaren), der den äußeren geraden Augenmuskel versorgt

ab|du|zie|ren ‹*lat.*› (Med.): von der Mittellinie des Körpers nach außen bewegen (von Körperteilen); spreizen

Abe|ce|da|ri|er, Abcdarier, der; -s, - ‹*mlat.*› (veraltet): Abc-Schütze, Schulanfänger

Abe|ce|da|ri|um, Abcdarium, das; -s, ...ien: **1.** alphabetisches Verzeichnis des Inhalts von alten deutschen Rechtsbüchern. **2.** (veraltet) Abc-Buch, Fibel. **3.** ↑Abecedarius (2)

Abe|ce|da|ri|us, Abcdarius, der; -, ...rii: **1.** ↑Abecedarier. **2.** Gedicht od. Hymnus, dessen Vers- od. Strophenanfänge dem Abc folgen

abe|ce|die|ren (Musik): Töne mit ihren Buchstabennamen singen (Ggs.: solmisieren)

...a|bel

‹*lat.* ...(a)bilis → *frz.* ...able (→ *engl.* ...able)›
Suffix von Adjektiven aus Verbstämmen, das ausdrückt, dass ein Verhalten oder Geschehen möglich ist:
- akzeptabel
- operabel
- passabel
- variabel

Die *Worttrennung* der Adjektive auf ...abel ist davon abhängig, ob das Wort flektiert ist, da es bei der Deklination und Komparation jeweils zum e-Ausfall kommt (praktikabel – eine praktikable/praktikablere Lösung). Während praktika-bel getrennt wird, existieren für flektierte Formen mit e-Ausfall zwei Trennmöglichkeiten: praktikab-le oder praktika-ble Lösung.

Abe|le|spie|le, die (Plural) ‹*mniederl.*; abele spelen »schöne Spiele«›: älteste (spätmittelalterliche) ernste Dramen in niederländischer Sprache

Abel|mo|schus [auch: ˈaːbl̩...], der; -, -se ‹*arab.-nlat.*›: Bisameibisch, eine zu den Malvengewächsen gehörende Tropenpflanze, aus deren Samen ein wohlriechendes Öl gewonnen wird

Aber|deen|rind [ɛbɐˈdiːn..., auch: ˈɛbɐdiːn...], das; -[e]s, -er ‹nach der schottischen Stadt Aberdeen›: schottische Rinderrasse

ab|er|rant ‹*lat.*; »abirrend«›: [von der normalen Form o. Ä.] abweichend (z. B. von Lichtstrahlen, Pflanzen, Tieren)

Ab|er|ra|ti|on, die; -, -en: **1.** bei Linsen, Spiegeln u. den Augen auftretender optischer Abbildungsfehler (Unschärfe). **2.** scheinbare Ortsveränderung eines Gestirns in Richtung des Beobachters, verursacht durch Erdbewegung u. Lichtgeschwindigkeit. **3.** (Biol.) starke Abweichung eines Individuums von der betreffenden Tier- od. Pflanzenart. **4.** (Med.) Lage- od. Entwicklungsanomalie (von Organen od. Gewebe). **5.** (Med.) Abweichung von der Norm

Ab|er|ra|ti|ons|kon|s|tan|te, die; - (Astron.): der stets gleichbleibende Wert der jährlichen Aberration (2) des Sternenlichtes

ab|er|rie|ren: [von der normalen Form o. Ä.] abweichen (z. B. von Lichtstrahlen, Pflanzen, Tieren)

Abes|si|ni|en, das; -s ‹nach dem früheren Namen von Äthiopien› (scherzh.): Nacktbadestrand

Ab|es|siv [auch: ...ˈsiːf], der; -s, -e [...və] ‹*lat.-nlat.*›: Kasus in den finnisch-ugrischen Sprachen zum Ausdruck des Nichtvorhandenseins eines Gegenstandes

ab|ge|fuckt [...fakt] ‹*dt.*; *engl.*› (derb): in üblem Zustand, heruntergekommen

ab|hor|res|zie|ren, ab|hor|rie|ren ‹*lat.*; »zurückschaudern«›: verabscheuen, ablehnen; zurückschrecken

Abi, das; -s, -s (ugs.): Kurzform von ↑Abitur

Abi|e|tin|säu|re, die; - ‹*lat.-nlat.*; *dt.*› (Chemie): zu den ↑Terpenen gehörende organische Säure, Hauptbestandteil des ↑Kolophoniums

Abi|li|ty [əˈbɪlɪti], die; -, -s ‹*lat.-frz.-engl.*› (Psychol. veraltet): die durch Veranlagung od. Schulung bedingte Fähigkeit des Menschen, Leistung hervorzubringen

Abio|ge|ne|se, Abio|ge|ne|sis, die; - ‹*gr.*; »Entstehung aus Unbelebtem«›: Annahme, dass Lebewesen ursprünglich aus unbelebter Materie entstanden seien (Urzeugung)

Abio|se, Abio|sis, die; -: **1.** Lebensunfähigkeit. **2.** ↑Abiotrophie

Abio|ti|kum, das; -s ‹*gr.-nlat.*› (Geol.): Erdzeitalter ohne überlieferte Lebensspuren; älterer Abschnitt des Archaikums

abio|tisch [auch: ˈa...]: ohne Leben, leblos

Abio|tro|phie, die; -, ...ien (Med.): Funktionshemmung od. vorzeitiges Absterben einzelner Gewebe u. Organe (z. B. Ergrauen der Haare)

ab|iso|lie|ren: die Isolierung (z. B. von einem Kabelende) entfernen

Ab|i|tur, das; -s, -e (Plural selten) ‹*lat.-mlat.-nlat.*›: Abschlussprüfung an der höheren Schule; Reifeprüfung, die zum Hochschulstudium berechtigt

Ab|i|tu|ri|ent, der; -en, -en ‹*lat.-mlat.*; »(von der Schule) Abgehender«›: jmd., der das Abitur macht od. gemacht hat. **Ab|i|tu|ri|en|tin,** die; -, -nen: weibliche Form zu ↑Abiturient

ab|jekt ‹*lat.*›: verächtlich

Ab|ju|di|ka|ti|on, die; -, -en ‹*lat.*› (veraltet): [gerichtliche] Aberkennung

ab|ju|di|zie|ren (veraltet): [gerichtlich] aberkennen, absprechen

Ab|ju|ra|ti|on, die; -, -en ‹*lat.*› (veraltet): Abschwörung, durch Eid bekräftigter Verzicht. **ab|ju|rie|ren** (veraltet): abschwören, unter Eid entsagen

ab|ka|pi|teln ‹*dt.*; *lat.-mlat.*› (landsch.): jmdn. schelten, abkanzeln, jmdm. einen [öffentlichen] Verweis erteilen

ab|kom|man|die|ren: jmdn. [vorübergehend] irgendwohin beordern, dienstlich an einer anderen Stelle einsetzen

ab|kon|ter|fei|en (ugs.): abmalen, abzeichnen

Ab|lak|ta|ti|on, die; -, -en ‹*lat.*›:

1. (Med. veraltet) das Abstillen, Entwöhnen des Säuglings vom Stillen. 2. (Bot.) Veredelungsmethode, bei der das Edelreis mit der Mutterpflanze verbunden bleibt, bis es mit dem Wildling verwachsen ist. **ab|lak|tie|ren:** 1. (Med. veraltet) abstillen. 2. (Bot.) einen Wildling durch Ablaktation (2) veredeln

Ab|la|ti|on, die; -, -en ‹*lat.;* »Wegnahme«›: 1. a) (Geogr.) Abschmelzung von Schnee u. Eis (Gletscher, Inlandeis) durch Sonnenstrahlung, Luftwärme u. Regen; b) (Geol.) Abtragung des Bodens durch Wasser u. Wind; vgl. Deflation (2) u. Denudation (1). 2. (Med.) a) operative Entfernung eines Organs od. Körperteils bzw. von Körpergewebe; b) [krankhafte] Loslösung eines Organs [von einem anderen], z. B. der Netzhaut od. der Plazenta; c) Ausschaltung ↑dysfunktionalen Gewebes durch Energie

Ab|la|tiv, der; -s, -e ‹*lat.*›: Kasus [in indogerm. Sprachen], der einen Ausgangspunkt, eine Entfernung od. Trennung zum Ausdruck bringt; Woherfall (Abk.: Abl.). **ab|la|ti|visch** (Sprachwiss.): den Ablativ betreffend; im Ablativ [stehend]

Ab|la|ti|vus ab|so|lu|tus [auch: ...ˈti:vʊs -], der; - -, ...vi ...ti (Sprachwiss.): im Lateinischen eine selbstständig im Satz stehende satzwertige Gruppe in Form einer Ablativkonstruktion (z. B. Roma deliberante = während Rom beratschlagt[e])

Ab|le|gat, der; -en, -en ‹*lat.*›: 1. [päpstlicher] Gesandter. 2. (veraltet) Verbannter

Able|is|mus [ɛɪbəˈlɪsmʊs], der; - ‹engl.› (bes. Soziol.): Diskriminierung von Menschen mit Behinderung od. chronisch Kranken aufgrund ihrer Fähigkeiten. **able|is|tisch:** auf Ableismus beruhend

Ab|le|pha|rie, die; - ‹*gr.-nlat.*› (Med.): angeborenes Fehlen od. Verlust des Augenlides

Ab|lep|sie, die; - ‹*gr.-nlat.*› (Med. veraltet): ↑Amaurose

Ab|lo|ka|ti|on, die; -, -en ‹*lat.*› (veraltet): Vermietung, Verpachtung

ab|lo|sen [...lu:...] ‹*dt.; engl.*› (ugs.): versagen, keinen Erfolg haben

Ab|lu|ti|on, die; -, -en ‹*lat.;* »Abspülen, Abwaschen«›: 1. (Geol.) das Abtragen von noch nicht verfestigten Meeresablagerungen. 2. (kath. Rel.) bei der Messe Ausspülung der Gefäße u. Waschung der Fingerspitzen [u. des Mundes] des ↑Zelebranten nach dem Empfang von Brot u. Wein [u. der Austeilung der ↑Kommunion (1)]

Ab|mo|de|ra|ti|on, die; -, -en: die eine Fernseh- od. Rundfunksendung abschließenden Worte des Moderierenden. **ab|mo|de|rie|ren:** als Moderator[in] einer Sendung die abschließenden Worte sprechen

Ab|ne|ga|ti|on, die; -, -en ‹*lat.*› (veraltet): Teilnahmslosigkeit

ab|norm ‹*lat.*›: 1. vom Normalen abweichend; krankhaft. 2. ungewöhnlich, außergewöhnlich

ab|nor|mal: nicht normal

Ab|nor|mi|tät, die; -, -en: 1. Abweichung vom Normalen. 2. Krankhaftigkeit, Fehlbildung. 3. (veraltend) fehlgebildetes Wesen

Abo, das; -s, -s (ugs.): kurz für ↑Abonnement (1, 2)

ab|o|lie|ren ‹*lat.*› (veraltet): 1. abschaffen, aufheben. 2. begnadigen. **Ab|o|li|ti|on,** die; -, -en: Niederschlagung eines Strafverfahrens vor seinem rechtskräftigen Abschluss

Ab|o|li|ti|o|nis|mus, der; - ‹*lat.-engl.*›: 1. (Geschichte) Bewegung zur Abschaffung der Sklaverei in England u. Nordamerika. 2. von Großbritannien im 19. Jh. ausgehender Kampf gegen die ↑Prostitution. **ab|o|li|ti|o|nis|tisch:** den Abolitionismus betreffend

ab|o|mi|na|bel ‹*lat.-frz.*› (veraltet): abscheulich, scheußlich, widerlich

Abon|ne|ment [abɔnəˈmɑ̃:, schweiz. auch: ...əˈmɛnt], das; -s, -s (schweiz. auch: -e) ‹*frz.*›: 1. fest vereinbarter Bezug von Zeitungen, Zeitschriften o. Ä. auf längere, aber meist noch unbestimmte Zeit. 2. (Theater, Konzert) für einen längeren Zeitraum geltende Abmachung, die den Besuch einer bestimmten Anzahl kultureller Veranstaltungen betrifft; Anrecht, Miete

Abon|nent, der; -en, -en: 1. jmd., der etwas (z. B. eine Zeitung) abonniert hat. 2. Inhaber eines Abonnements (2)

Abon|nen|tin, die; -, -nen: weibliche Form zu ↑Abonnent

abon|nie|ren: etwas im Abonnement beziehen; **auf etwas abonniert sein** (meist scherzh.): etwas mit einer gewissen Regelmäßigkeit immer wieder bekommen, erleben

ab|oral [auch: ˈap...] ‹*lat.-nlat.*› (Med.): vom Mund entfernt [u. damit zum After hin] liegend od. gerichtet (von einzelnen Teilen des Verdauungstraktes im Verhältnis zu anderen od. von Vorgängen)

[1]Ab|o|ri|gi|ne [ɛbəˈrɪdʒini], der; -s, -s ‹*lat.-engl.*›: Ureinwohner, bes. Australiens

[2]Ab|o|ri|gi|ne, die; -, -s: weibliche Form zu ↑[1]Aborigine

[1]Ab|ort, der; -s, -e ‹*lat.*› (Med.): zu frühe Beendigung einer Schwangerschaft [durch Verlust einer Frucht, die unter 500 g wiegt]; Fehlgeburt

[2]Ab|ort, der; -s, -s ‹*lat.-engl.*›: Abbruch eines Raumfluges

ab|or|tie|ren ‹*lat.*›: (Med.) fehlgebären

ab|or|tiv: 1. (Med.) verkürzt, leicht verlaufend (von Krankheiten). 2. (Med.) abtreibend; eine Fehlgeburt bewirkend, herbeiführend. 3. (Bot.) auf einer frühen Entwicklungsstufe stehen geblieben, fehlgebildet (von Pflanzenteilen)

Ab|or|ti|vum, das; -s, ...va (Med.): 1. Mittel, das den Verlauf einer Krankheit abkürzt od. ihren völligen Ausbruch verhindert. 2. Substanz, die einen Schwangerschaftsabbruch herbeiführen kann

Ab|or|tus, der; -, - [...tu:s] (Med.): ↑[1]Abort

ab ovo ‹*lat.;* »vom Ei (an)«›: 1. vom Anfang einer Sache an; bis auf die Anfänge zurückgehend. 2. von vornherein, grundsätzlich (z. B. jede Norm ist ab ovo eine Idealisierung)

ab ovo us|que ad ma|la ‹»vom Ei bis zu den Äpfeln« (d. h. vom Vorgericht bis zum Nachtisch)›: vom Anfang bis zum Ende

ab|pas|sie|ren (Gastron.): [Kräuter od. Gemüse] in Fett rösten

ab|pi|pet|tie|ren: mit einer Pipette abnehmen

Ab|pro|dukt, das; -[e]s, -e: Abfall, Reststoff, nicht verwertbarer Rückstand aus einem Produktionsprozess

ab|qua|li|fi|zie|ren: abwertend, abfällig beurteilen

Ab|ra|chie, die; -, ...ien ⟨*gr.-lat.*⟩ (Med.): angeborenes Fehlen der Arme

Ab|ra|ka|da|b|ra, das; -s ⟨Herkunft unsicher⟩: **1.** Zauberwort. **2.** (abwertend) sinnloses Gerede

Ab|ra|sax vgl. Abraxas

Ab|rasch, der; - ⟨*arab.*⟩: beabsichtigte od. unbeabsichtigte Farbabweichung bei Orientteppichen

ab|ra|sie|ren: **1.** Haare mit dem Rasiermesser, -apparat entfernen. **2.** (ugs.) dem Erdboden gleichmachen

Ab|ra|sio, die; -, ...ionen ⟨*lat.*⟩ (Med.): Ausschabung der Gebärmutter; Kürettage

Ab|ra|si|on, die; -, -en ⟨*lat.*⟩: **1.** (Med.) Abrasio. **2.** (Geol.) Abschabung, Abtragung der Küste durch die Brandung

Ab|ra|sit®, der; -s, -e ⟨*lat.-nlat.*⟩: aus ↑Bauxit gewonnenes Tonerdeprodukt, das zur Herstellung von feuerfesten Materialien verwendet wird

ab|ra|siv ⟨lat.⟩ (bes. Technik): **a)** reibend, schleifend; **b)** durch Reiben, Schleifen bewirkt

Ab|ra|xas, der; - ⟨Herkunft unsicher⟩: **1.** Geheimname Gottes in der ↑Gnostik. **2.** Zauberwort auf Amuletten

ab|re|agie|ren (Psychol.): **1.** länger angestaute seelische Erregungen u. Spannungen entladen. **2.** sich abreagieren: sich beruhigen, zur Ruhe kommen

Ab|re|ak|ti|on, die; -, -en: **1.** (Psychotherapie) Beseitigung seelischer Hemmungen u. Spannungen durch das bewusste Nacherleben. **2.** (Psychol.) Entladung psychischer Spannungen u. gestauter Affekte in Handlungen

Ab|ré|gé [abreˈʒeː], das; -s, -s ⟨*lat.-frz.*⟩ (veraltet): kurzer Auszug, Zusammenfassung

Ab|re|go, der; -s, -s ⟨lat.-span.; »afrikanischer (Wind)«⟩: Südwestwind in Südspanien

Ab|ri, der, seltener: das; -s, -s ⟨*lat.-frz.*⟩: altsteinzeitliche Wohnstätte unter Felsvorsprüngen od. in Felsnischen

Ab|ro|ga|ti|on, die; -, -en ⟨*lat.; »Abschaffung«*⟩: Aufhebung eines Gesetzes durch ein neues Gesetz

ab|ro|gie|ren (veraltet): **1.** abschaffen. **2.** zurücknehmen

ab|rupt ⟨*lat.*⟩: **1.** plötzlich und unvermittelt, ohne dass man damit gerechnet hat, eintretend (in Bezug auf Handlungen, Reaktionen o. Ä.). **2.** zusammenhanglos

ABS = *Antib*lockier*s*ystem

ab|sa|ven [...seɪvn̩] ⟨*engl.*⟩: **a)** (EDV-Jargon) sichern, speichern; **b)** (ugs.) genau absichern

Ab|s|ci|sin, Abszisin, das; -s, -e ⟨*lat.*⟩ (Bot.): Wirkstoff in Pflanzen, der das Wachstum hemmt u. das Abfallen der Blätter u. Früchte bewirkt

Ab|sence [aˈpsãːs], die; -, -n ⟨*lat.-frz.*⟩ (Med.): (bes. bei Epilepsie auftretender) kurzer Verlust des Bewusstseins (ohne Sturz); Absenz (2)

ab|sent ⟨*lat.*⟩: abwesend

ab|sen|tia vgl. in absentia

ab|sen|tie|ren, sich ⟨*lat.-frz.*⟩: sich entfernen

Ab|sen|tis|mus, der; - ⟨*lat.-nlat.*⟩: **1.** (Geschichte) die häufige, gewohnheitsmäßige Abwesenheit der Großgrundbesitzer von ihren Gütern. **2.** (Soziol.) gewohnheitsmäßiges Fernbleiben vom Arbeitsplatz

Ab|senz, die; -, -en ⟨*lat.*⟩: **1.** Abwesenheit, Fortbleiben. **2.** (Med.) ↑Absence

Ab|sinth, der; -[e]s, -e ⟨*gr.-lat.*⟩: **1.** grünlicher Branntwein mit Wermutzusatz. **2.** Wermutpflanze

Ab|sin|this|mus, der; - ⟨*gr.-lat.-nlat.*⟩ (Med.): Krämpfe, Lähmungen u. Verwirrungszustände infolge übermäßigen Absinthgenusses

ab|so|lut [auch: ˈap...] ⟨*lat.(-frz.); »losgelöst«*⟩: **1.** vollkommen, uneingeschränkt, äußerst. **2.** überhaupt (z. B. das sehe ich absolut nicht ein). **3.** unbedingt (z. B. er will absolut recht behalten). **4.** rein, beziehungslos (z. B. das absolute Gehör [Gehör, das ohne Hilfsmittel die Tonhöhe erkennt]). **5.** auf eine bestimmte Grundeinheit bezogen, z. B. die absolute Temperatur (die auf die tiefstmögliche Temperatur, den absoluten Nullpunkt, bezogene Temperatur); die absolute Mehrheit (die Mehrheit von über 50 % der Gesamtstimmenzahl); **absolute Geometrie:** ↑nicht euklidische Geometrie; **absolute Musik:** Instrumentalmusik, deren geistiger Gehalt weder als Tonmalerei außermusikalischer Stimmungs- od. Klangphänomene noch als Darstellung literarischer Inhalte bestimmt werden kann (seit dem 19. Jh.); **absoluter Ablativ:** ↑Ablativus absolutus; **absoluter Nominativ:** ein außerhalb des Satzverbandes stehender Nominativ; **absoluter Superlativ:** ↑Elativ (1); **absolutes Tempus:** selbstständige, von der Zeit eines anderen Verhaltens unabhängige Zeitform eines Verbs

Ab|so|lu|te, das; -n ⟨*lat.*⟩ (Philos.): das rein aus sich bestehende u. in sich ruhende Sein

Ab|so|lu|ti|on, die; -, -en: Los-, Freisprechung, bes. Sündenvergebung

Ab|so|lu|tis|mus, der; - ⟨*lat.-frz.*⟩: **a)** Regierungsform, in der alle Gewalt unumschränkt in der Hand des Monarchen liegt; **b)** unumschränkte Herrschaft. **Ab|so|lu|tist,** der; -en, -en: **a)** Anhänger, Vertreter des Absolutismus; **b)** Herrscher mit unumschränkter Macht. **ab|so|lu|tis|tisch:** **a)** den Absolutismus betreffend; **b)** Merkmale des Absolutismus zeigend

Ab|so|lu|to|ri|um, das; -s, ...rien ⟨*lat.*⟩: **1.** (veraltet) die von der zuständigen Stelle, Behörde erteilte Befreiung von der Verbindlichkeit von Ansprüchen o. Ä. **2.** (veraltet) **a)** Reifeprüfung; **b)** Reifezeugnis. **3.** (österr.) Bestätigung einer Hochschule, dass man die im Verlauf des Studiums vorgeschriebene Anzahl von Semestern u. Übungen belegt hat

Ab|sol|vent [...ˈvɛnt], der; -en, -en: jmd., der die vorgeschriebene Ausbildungszeit an einer Schule abgeschlossen hat. **Ab|sol|ven|tin,** die; -, -nen: weibliche Form zu ↑Absolvent

ab|sol|vie|ren: **1. a)** die vorgeschriebene Ausbildungszeit an einer Schule ableisten; **b)** etwas ausführen, durchführen. **2.** (kath. Rel.) jmdm. die Absolution erteilen

Ab|sọr|bens, das; -, ...bẹnzien u. ...bẹntia ⟨*lat.*⟩: der bei der Absorption absorbierende (aufnehmende) Stoff; vgl. Absorptiv

Ab|sọr|ber, der; -s, - ⟨*lat.-engl.*⟩: **1.** ↑ Absorbens. **2.** Vorrichtung zur Absorption von Gasen (z. B. in einer Kältemaschine). **3.** Kältemaschine

ab|sor|bie|ren ⟨*lat.;* »hinunterschlürfen, verschlingen«⟩: **1.** aufsaugen, in sich aufnehmen. **2.** [gänzlich] beanspruchen

Ab|sorp|ti|on, die; -, -en: das Aufsaugen, das In-sich-Aufnehmen

Ab|sorp|ti|ons|prin|zip, das; -s (Rechtswiss.): Grundsatz, dass bei mehreren Straftaten einer Person die Strafe nach dem Gesetz verhängt wird, das die schwerste Strafe androht

Ab|sorp|ti|ons|spek|t|rum, das; -s, ...tren u. ...tra (Physik): ↑ Spektrum, das durch dunkle Linien od. Streifen jene Bereiche des Spektrums angibt, in denen ein Stoff durchtretende Strahlung absorbiert

ab|sorp|tiv ⟨*lat.-nlat.*⟩: zur Absorption fähig. **Ab|sorp|tiv,** das; -s, -e: der bei der Absorption absorbierte Stoff; vgl. Absorbens

Ab|s|ten|ti|on, die; -, -en ⟨*lat.*⟩ (veraltet): Verzicht, Erbschaftsverzicht

ab|s|ti|nẹnt ⟨*lat.(-engl.)*⟩: enthaltsam (in Bezug auf bestimmte Speisen, Alkohol, Geschlechtsverkehr). **Ab|s|ti|nẹnt,** der; -en, -en (schweiz., sonst veraltet): Abstinenzler

Ab|s|ti|nẹnz, die; -: Enthaltsamkeit (z. B. in Bezug auf bestimmte Speisen, Alkohol, Geschlechtsverkehr)

Ab|s|ti|nẹnz|ler, der; -s, -: jmd., der enthaltsam lebt, bes. in Bezug auf Alkohol. **Ab|s|ti|nẹnz|le|rin,** die; -, -nen: weibliche Form zu ↑ Abstinenzler

Ab|s|ti|nẹnz|the|o|rie, die; -: im 19. Jh. vertretene Zinstheorie, nach der der Sparer den Zins gleichsam als Gegenwert für seinen Konsumverzicht erhält

Ab|s|tract [ˈɛpstrɛkt], das od. der; -s, -s ⟨*lat.-engl.*⟩: kurzer Abriss, kurze Inhaltsangabe eines Artikels od. Buches

ab|s|tra|hie|ren ⟨*lat.;* »ab-, wegziehen«⟩: **1.** etwas gedanklich verallgemeinern, zum Begriff erheben. **2.** von etwas absehen, auf etwas verzichten

ab|s|trạkt: 1. vom Dinglichen gelöst, rein begrifflich. **2.** theoretisch, ohne unmittelbaren Bezug zur Realität; **abstrakte Kunst:** Kunstrichtung, die vom Gegenständlichen absieht; **abstrakte Zahl** (Math.): reine Zahl, d. h. ohne Angabe des Gezählten; **abstraktes Substantiv:** ↑ Abstraktum

Ab|s|trạk|te, die; -, -n: Teil der Orgel, das die Tasten mit den Pfeifenventilen verbindet

ab|s|trak|ti|fi|zie|ren: zunehmend abstrakter machen

Ab|s|trak|ti|on, die; -, -en: **1. a)** Begriffsbildung; **b)** Verallgemeinerung; **c)** Begriff. **2.** (Stilkunde) auf zufällige Einzelheiten verzichtende, begrifflich zusammengefasste Darstellung

ab|s|trak|tiv ⟨*lat.-engl.*⟩: **1.** fähig zum Abstrahieren, zur ↑ Abstraktion. **2.** durch Abstrahieren gebildet

Ab|s|trạk|tum, das; -s, ...ta (Sprachwiss.): Substantiv, das Nichtdingliches bezeichnet; Begriffswort (z. B. Hilfe, Zuneigung) (Ggs.: Konkretum)

ab|s|t|rus ⟨*lat.;* »versteckt, verborgen«⟩: **a)** (abwertend) absonderlich, töricht; **b)** schwer verständlich, verworren, ohne gedankliche Ordnung

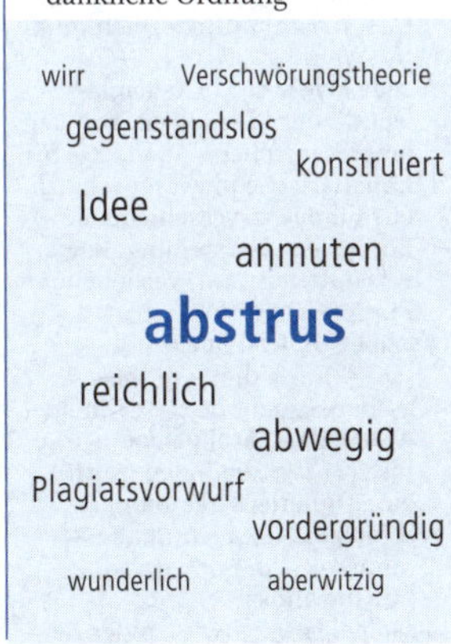

Ab|s|t|ru|si|tät, die; -, -en: Verworrenheit

ab|sụrd ⟨*lat.;* »misstönend«⟩: widersinnig, dem gesunden Menschenverstand widersprechend, sinnwidrig, abwegig, sinnlos; vgl. ad absurdum führen; **absurdes Drama:** moderne, dem ↑ Surrealismus verwandte Dramenform, in der das Sinnlose u. Widersinnige der Welt u. des menschlichen Daseins als tragendes Element in die Handlung verwoben ist; **absurdes Theater:** Form des modernen Dramas, bei der Irrationales u. Widersinniges sowie Groteskes als Stilmittel verwendet werden, um die Absurdität des Daseins darzustellen

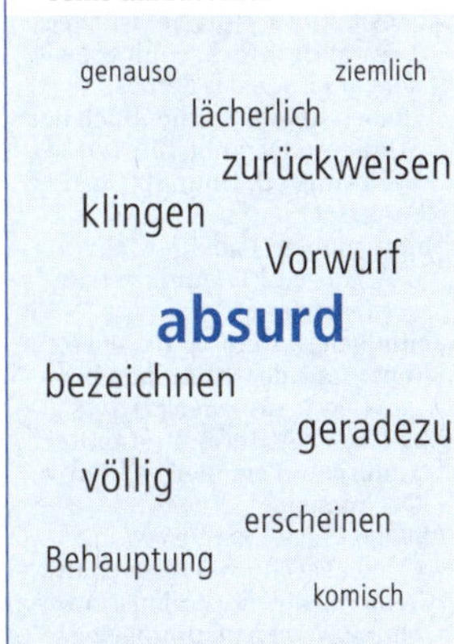

absurd/abstrus *s. Kasten Seite 44*

Ab|sur|di|tät, die; -, -en: **1.** (ohne Plural) Widersinnigkeit, Sinnlosigkeit. **2.** einzelne widersinnige Handlung, Erscheinung o. Ä.

ab|s|ze|die|ren ⟨*lat.;* »weggehen; sich absondern«⟩ (Med.): einen Abszess bilden, eitern

Ab|s|zẹss, der, österr., ugs. auch das; -es, -e (Med.): Eiterherd, Eiteransammlung in einem anatomisch nicht vorgebildeten Gewebshohlraum

ab|s|zin|die|ren ⟨*lat.*⟩: abreißen, abtrennen

Ab|s|zi|sin vgl. Abscisin

Ab|s|zịs|se, die; -, -n ⟨*lat.-nlat.;* »die abgeschnittene (Linie)«⟩: **1.** horizontale Achse, Waagerechte im ↑ Koordinatensystem. **2.** (Math.) auf der gewöhnlich horizontal gelegenen Achse

absurd	abstrus
Diese Pläne sind völlig absurd und sollten verworfen werden. *widersinnig, abwegig* – als [...] absurd [...] bezeichnet – wies die Vorwürfe als [...] absurd zurück – absurd und völlig haltlos Es sei absurd anzunehmen, dass er etwas vertuschen wollte. Das klingt vielleicht absurd, ist aber eine wunderbare Idee. Die Gewerkschaften bezeichnen diese Vorschriften als absurd.	Das ist keine pragmatische Idee, sondern völlig abstrus. *absonderlich, verworren* – Vorwurf [...] abstrus – völlig [...] abstrus – abstruse [...] Idee Die Geschichte ist recht abstrus und unglaubwürdig. Dies ist derart abstrus, dass man es gar nicht diskutieren muss. Allzu abstrus ist dieser Gedanke nicht.

(Abszissenachse) eines Koordinatensystems abgetragene erste Koordinate eines Punktes (z. B. *x* im *x-y*-Koordinatensystem)

Ab|tes|tat, das; -[e]s, -e (früher): ↑Testat des Hochschulprofessors am Ende des Semesters (neben der im Studienbuch der Studierenden aufgeführten Vorlesung od. Übung) (Ggs.: Antestat)

ab|trai|nie|ren: [Übergewicht o. Ä.] durch ↑Training verringern, abbauen

ab|tur|nen [...tœːɐ̯...] ⟨*dt.; engl.*⟩ (ugs.): aus der Stimmung bringen (Ggs.: anturnen [2])

Abu ⟨*arab.;* »Vater«⟩: Bestandteil arabischer Personen-, Ehren- u. Ortsnamen

Abu|lie, die; -, ...ien ⟨*gr.-nlat.*⟩ (Med., Psychol.): **1.** krankhafte Willenlosigkeit, Willensschwächung, Willenslähmung, Unentschlossenheit. **2.** Unfähigkeit zu sprechen [wegen des Verlustes der phonischen ↑Innervation (2)]. **abu|lisch:** **a)** (Med., Psychol.) die Abulie (1) betreffend; **b)** willenlos

Abu|na, der; -s, -s ⟨*arab.;* »unser Vater«⟩: frühere Bez. des leitenden Bischofs der äthiopischen Kirche

ab|un|dant ⟨*lat.*⟩: häufig [vorkommend], reichlich

Ab|un|danz, die; - ⟨»Überströmen; Überfluss«⟩: **1.** [große] Häufigkeit, Dichte des Vorkommens, Fülle. **2.** (Math.) Merkmals- od. Zeichenüberfluss bei einer Information

ab ur|be con|di|ta ⟨*lat.;* »seit Gründung der Stadt (Rom)«⟩: altrömische Zeitrechnung, beginnend 753 v. Chr. (Abk.: a. u. c.); vgl. post urbem conditam

ab|usiv ⟨*lat.*⟩ (bes. Med.): missbräuchlich

Ab|usus, der; -, - [...zuːs]: Missbrauch, übermäßiger Gebrauch (z. B. von bestimmten Arznei- od. Genussmitteln)

Abu|ti|lon, das; -s, -s ⟨*arab.-nlat.*⟩: Malvengewächs (z. B. Zimmerahorn)

abys|sal vgl. abyssisch. **Abys|sal,** das; -s ⟨*gr.-nlat.*⟩: Bereich der Tiefsee; abyssische Region

Abys|sal|re|gi|on, die; -: abyssische Region

abys|sisch: 1. (Geol.) aus der Tiefe [der Erde] stammend. **2.** (Meereskunde) zum Tiefseebereich gehörend, in der Tiefsee gebildet, in großer Tiefe; **abyssische Region:** Tiefseeregion, Bereich des Meeres in 3 000 bis 6 000 m Tiefe. **3.** abgrundtief

Abys|sus, der; - ⟨*gr.-lat.*⟩: **1.** grundlose Tiefe, Unterwelt; das Bodenlose. **2.** (veraltet) Vielfraß, Nimmersatt

A. C. ⟨Abk. für frz. *a*ppellation *c*ontrôlée⟩: französische Qualitäts- u. Herkunftsbezeichnung für Wein

Aca|de|my-Award [əˈkɛdəmiəˈwɔːd], der; -, -s ⟨*engl.*⟩: von der amerikanischen »Akademie für künstlerische u. wissenschaftliche Filme« in verschiedenen Bereichen (Darstellung, Regie, Ausstattung usw.) verliehener Filmpreis

Açai|bee|re, Acai|bee|re [asaˈ(ʔ)iː...], die; -, -n ⟨*port.*⟩: essbare Frucht der ↑Açaípalme. **Açai|pal|me, Acai|pal|me** [asaˈ(ʔ)iː...], die; -, -en ⟨*port.*⟩: eine südamerik. Palmenart

Aca|jou|nuss [akaˈʒuː...], die; -, ...nüsse ⟨*Tupi-port.-frz.; dt.*⟩: ↑Cashewnuss

a cap|pel|la ⟨*it.;* »(wie) in der Kapelle od. Kirche«⟩ (Musik): ohne Begleitung von Instrumenten

A-cap|pel|la-Chor, der; -s, ...Chöre: Chor ohne Begleitung von Instrumenten

Acar [ˈaːtʃar] vgl. Atjar

acc. c. inf. = accusativus cum infinitivo; ↑Akkusativ

ac|cel. = accelerando. **ac|ce|le|ran|do** [atʃeleˈrando] ⟨*lat.-it.*⟩ (Musik): allmählich schneller werdend, beschleunigend (Abk.: accel.)

Ac|ce|le|ra|tor [ɛkˈsɛlərɛɪ̯tɐ], der; -s, -[s] ⟨*lat.-engl.*⟩: **1.** (Wirtsch.) Einrichtung, in der Geschäftsideen entwickelt u. betreut werden. **2.** (EDV) Programm, Gerät, das etwas beschleunigt

Ac|cent ai|gu [aksɑ̃tɛˈgyː], der; - -, -s -s [aksɑ̃zɛˈgyː] ⟨*lat.-frz.*⟩ (Sprachwiss.): Betonungszeichen, ↑Akut (Zeichen: ´, z. B. é)

Ac|cent cir|con|flexe [aksɑ̃sirkɔ̃ˈflɛks], der; - -, -s -s [aksɑ̃sirkɔ̃ˈflɛks] (Sprachwiss.): Dehnungszeichen, ↑Zirkumflex (Zeichen: ˆ, z. B. â)

Ac|cent grave [aksɑ̃ˈgraːv], der; - -, -s -s [aksɑ̃ˈgraːv] (Sprachwiss.): Betonungszeichen, ↑Gravis (Zeichen: `, z. B. è)

Ac|cen|tus [akˈtsɛn...], der; -, - [...tuːs] ⟨*lat.*⟩: liturgischer Sprechgesang (Ggs.: Concentus)

Ac|cess [ˈɛksɛs], der; -[es], - ⟨*lat.-engl.;* »Zutritt«⟩ (EDV): **1.** Zugang (z. B. Onlinezugang). **2.** Zugriff (z. B. Speicherzugriff)

Ac|ces|soire [aksɛˈsoaːɐ̯], das; -s, -s (meist Plural) ⟨*lat.-frz.*⟩: modisches Zubehör, bes. zur Kleidung (z. B. Gürtel, Handschuhe, Schmuck)

Ac|ciac|ca|tu|ra [atʃaka...], die; -, ...ren ⟨*it.;* »Quetschung«⟩: besondere Art des Tonanschlags in der Klaviermusik des 17./18. Jh.s, wobei eine Note gleichzeitig mit ihrer unteren Nebennote (meist Untersekunde) angeschlagen, diese jedoch sofort wieder losgelassen wird

Ac|ci|pi|es|holz|schnitt [ak'tsi:piɛs...], der; -[e]s, -e ⟨*lat.; dt.*⟩: Holzschnitt als Titelbild in Lehr- u. Schulbüchern des 15. Jh.s, der einen Lehrer mit Schülern u. ein Spruchband zeigt mit den Worten: »accipies tanti doctoris dogmata sancti« (*lat.* = mögest du die Lehren eines so großen frommen Gelehrten annehmen!)

Ac|com|pa|g|na|to [akɔmpan'ja:to], das; -s, -s u. ...ti ⟨*it.;* »begleitet«⟩ (Musik): das von Instrumenten begleitete ↑Rezitativ

Ac|cor|da|tu|ra, die; - ⟨*it.*⟩ (Musik): normale Stimmung der Saiteninstrumente (Ggs.: Scordatura)

Ac|cou|doir [aku'doa:ɐ̯], das; -s, -s ⟨*lat.-frz.*⟩: Armlehne am Chorgestühl

Ac|count [ə'kaʊ̯nt], der od. das; -s, -s ⟨*engl.;* »Konto«⟩ (EDV): Zugangsberechtigung, z. B. zu einer Mailbox, einer Datenbank, einem Computernetzwerk

Ac|coun|tant [ə'kaʊ̯ntənt], der; -[s], -s u. die; -, -s ⟨*engl.*⟩ (Wirtsch.): Rechnungs- od. Wirtschaftsprüfer[in]

Ac|count-Ma|nage|ment, Ac|count|ma|nage|ment [...mɛnɪtʃmənt], das; -s, -s ⟨*engl.*⟩: Management, das für die Kundenberatung u. -betreuung zuständig ist. **Ac|count-Ma|na|ger, Ac|count|ma|na|ger**, der; -s, -: jmd., der Account-Management betreibt. **Ac|count-Ma|na|ge|rin, Ac|count|ma|na|ge|rin**, die; -, -nen: weibliche Form zu ↑Account-Manager

ac|cresc. = accrescendo. **ac|cre|scen|do** [akrɛ'ʃɛndo] ⟨*lat.-it.*⟩ (Musik): stärker werdend, an Tonstärke zunehmend (Vortragsanweisung) (Abk.: accresc.)

Ac|cro|cha|ge [akrɔ'ʃa:ʒə], die; -, -n ⟨*frz.*⟩: Ausstellung aus den eigenen Beständen einer Galerie

Ac|croche-Cœur [akrɔʃ'kø:ɐ̯], das; -, - ⟨*frz.;* »Herzensfänger«⟩: Locke, die dem Betreffenden einen schmachtenden Ausdruck gibt; Schmachtlocke

ACE-Hem|mer [atse:'ʔe:...], der; -s, - ⟨Abk. für *engl. a*ngiotensin *c*onvertising *e*nzyme = Angiotensin-Konversions-Enzym⟩ (Med.): Bez. für eine Gruppe von Medikamenten gegen Bluthochdruck u. Herzinsuffizienz

Ace̱l|la®, das; - ⟨Kunstw.⟩: eine aus Vinylchlorid hergestellte Kunststofffolie

Ace|ro̱|la|kir|sche, die; -, -n ⟨*arab.-span.; dt.*⟩: Vitamin-C-reiche westindische Frucht, Puerto-Rico-Kirsche

Acer|ra [a'tsɛra], die; -, -s ⟨lat.⟩: Weihrauchkästchen, -büchse

Ace|ta̱l usw. vgl. Azetal usw.

Ace|ta̱t usw. vgl. Azetat usw.

Ace|to|n|ä|mi̱e vgl. Azetonämie

Ace̱|tum, das; -[s] ⟨*lat.*⟩: Essig

Acha|la|si̱e [ax...], die; -, ...i̱en ⟨*gr.*⟩ (Med.): Unfähigkeit jener Teile der glatten Muskulatur, die etwas verschließen, sich zu entspannen

Achä̱|ne, die; -, -n ⟨*gr.-nlat.*⟩ (Bot.): einsamige Frucht der Korbblütler, deren Samen bei der Reife von der ganzen od. von Teilen der Fruchtwand umschlossen bleiben; Schließfrucht (z. B. Beere, Nuss)

Acha̱t, der; -s, -e ⟨*gr.-lat.*⟩: ein mehrfarbig gebänderter Schmuckstein; vgl. Chalzedon. **acha̱|ten:** aus Achat bestehend

Achei|ri̱e [ax..., ...ç...] vgl. Achirie

Achei|ro|poi|e̱|ta [...pɔi̯...], die (Plural) ⟨»nicht von Menschenhänden gemacht«⟩: Bez. für einige byzantinische Bildnisse Christi u. der Heiligen, die als »wahre« Bildnisse gelten, weil sie nicht von Menschenhand verfertigt, sondern auf wunderbare Weise entstanden seien (z. B. der Abdruck des Antlitzes Christi im Schweißtuch der Veronika)

ache|ro̱n|tisch [ax...]: **1.** den Acheron (einen Fluss der Unterwelt in der gr. Sage) betreffend. **2.** zur Unterwelt gehörend

Acheu|lé|en [aʃøle'ɛ̃:], das; -[s] ⟨nach Saint-Acheul, einem Vorort von Amiens⟩: Kulturstufe der Älteren Altsteinzeit

Achia [a'ʃi:a], das; -[s], -[s] (Gastron.): indisches Gericht aus Bambusschösslingen

Achieve|ment|test [ə'tʃi:vmənt...], der; -s, -s ⟨*engl.*⟩: Leistungstest für Schule u. Beruf

Achi̱l|les|fer|se [ax...], die; - ⟨*gr.; dt.;* nach dem Helden der gr. Sage Achilles⟩: verwundbare, empfindliche, schwache Stelle bei einem Menschen

Achi̱l|les|seh|ne, die; -, -n: am Fersenbein ansetzendes, sehniges Ende des Wadenmuskels. **Achi̱l|les|seh|nen|re|flex**, der; -es, -e (Med.): Reflex beim Beklopfen der Achillessehne, wodurch der Fuß sohlenwärts gebeugt wird

Achil|l|o|dy|ni̱e, die; - ⟨*gr.-nlat.*⟩ (Med.): Schmerz an der Achillessehne (am Ansatz der Wadenmuskulatur); Fersenschmerz

Achi|ri̱e, Acheirie [ax..., ...ç...], die; -, ...i̱en ⟨*gr.*⟩ (Med.): angeborenes Fehlen einer Hand od. beider Hände

ach|la|my|de̱|isch [ax...] ⟨*gr.-nlat.*⟩ (Bot.): nacktblütig (von einer Blüte ohne Blütenblätter)

Achlor|hy|d|ri̱e [aklo:ɐ̯...], die; - ⟨*gr.-nlat.*⟩ (Med.): [vollständiger] Mangel an Magensäure im Magensaft

Achlo|r|op|si̱e, die; - (Med.): ↑Deuteranopie

Acho|li̱e [ax...], die; - ⟨*gr.-nlat.*⟩ (Med.): fehlende Absonderung von Gallensaft [in den Darm] (z. B. bei Verschluss eines Gallenganges durch einen Gallenstein)

Achro|it [akro'i:t, auch: ...'ɪt], der; -s, -e ⟨*gr.-nlat.*⟩: Turmalin

Achro|ma|si̱e, die; -, ...i̱en ⟨*gr.-nlat.*⟩: **1.** ↑Achromie. **2.** (Med.) besondere Art erblicher [Farben]blindheit; Zapfenblindheit. **3.** (Physik) durch achromatische Korrektur erreichte Brechung der Lichtstrahlen ohne Zerlegung in Farben

Achro|ma̱t, der; -[e]s, -e: Linsensystem, bei dem der Abbildungsfehler der ↑chromatischen Aberration korrigiert ist

Achro|ma|ti̱n, das; -s (Biol.): mit spezifischen Chromosomenfärbemethoden nicht färbbarer Zellkernbestandteil

achro|ma̱|tisch: die Eigenschaft eines Achromats habend

Achro|ma|ti̱s|mus, der; -, ...men: ↑Achromasie

Achro|ma|t|op|sie, die; -, ...ien (Med.): Störung des Farbsinns, durch die nur Hell-Dunkel-Kontraste, aber keine Farben erkannt werden können; Farbenblindheit

Achro|mie, die; -, ...ien (Med.): angeborenes od. erworbenes Fehlen von ↑Pigmenten (1) in der Haut; vgl. Albinismus

Achy|lie [ax... oder: aç...], die; -, ...ien ⟨*gr.-nlat.*⟩ (Med.): das Fehlen von Verdauungssäften, bes. des Magens

Acid [ˈæsɪd, ˈɛsɪt], das; -s ⟨*lat.-engl.*; »Säure«⟩: **1.** (Jargon) LSD; vgl. aber: Azid. **2.** (Musik) von schnellen [computererzeugten] Rhythmen geprägter Tanz- u. Musikstil, der die Tanzenden in einen rauschartigen Zustand versetzen soll

Acid House [ˈæsɪd ˈhaʊ̯s], das; - - ⟨*engl.*⟩: Abart des Acids (2)

Aci|di|me|t|rie [atsi...], die; - ⟨*lat.; gr.*⟩ (Chemie): Methode zur Bestimmung der Konzentration von Säuren

Aci|di|tät, Azidität, die; - ⟨*lat.*⟩: Säuregrad od. Säuregehalt einer Flüssigkeit

aci|do|klin ⟨*lat.; gr.*⟩ (Bot.): ↑acidophil (1)

aci|do|phil: **1.** (Bot.) sauren Boden bevorzugend (von Pflanzen). **2.** mit sauren Farbstoffen färbbar

Aci|do|se, Azidose, die; -, -n ⟨*lat.-nlat.*⟩ (Med.): krankhafte Vermehrung des Säuregehaltes im Blut

Aci|dum, Azidum, das; -s, ...da ⟨*lat.*⟩: Säure

Aci|dur®, das; -s ⟨Kunstw.⟩: säurebeständige Gusslegierung aus Eisen u. Silicium

Ack|ja, der; -[s], -s ⟨*finn.-schwed.*⟩: **1.** Rentierschlitten. **2.** Rettungsschlitten der Bergwacht

à con|di|ti|on [a kõdiˈsi̯õ:] ⟨*lat.-frz.*; »auf Bedingung«⟩: bedingt, unter Vorbehalt, nicht fest (Rückgabevorbehalt für nicht verkaufte Ware) (Abk.: à c.)

Aco|ni|tin, Akonitin, das; -s, -e ⟨*lat.-nlat.*⟩: aus den Wurzeln des Eisenhuts gewonnenes, sehr giftiges ↑Alkaloid (Arzneimittel)

a con|to ⟨*it.*⟩: auf Rechnung von ... (Abk.: a c.); vgl. Akontozahlung

Ac|qui|si|tion [ækvɪˈzɪʃn̩], die; -, -s ⟨*engl.*; »Erwerb, Aneignung«⟩ (Wirtsch.): Übernahme eines Unternehmens durch ein anderes

Ac|quit [aˈki:], das; -s, -s ⟨*lat.-frz.*⟩ (veraltet): Quittung, Empfangsbescheinigung; vgl. pour acquit

Acre [ˈe:kɐ], der; -[s], -s (aber: 7 Acre) ⟨*engl.*⟩: engl. u. nordamerik. Flächenmaß (etwa 4 047 m^2)

Ac|ri|din, das; -s ⟨*lat.-nlat.*⟩: aus Steinkohlenteer gewonnene stickstoffhaltige organische Verbindung (Ausgangsstoff für Arzneimittel)

Ac|ro|le|in vgl. Akrolein

Ac|ro|nal®, das; -s ⟨Kunstw.⟩: Kunststoff, farbloser Lackrohstoff (Acrylharz)

ac|ross the board [əˈkrɔs ðə bɔ:d] ⟨*engl.*⟩: an fünf aufeinanderfolgenden Tagen zur gleichen Zeit gesendet (von Werbesendungen in Funk u. Fernsehen)

Ac|ryl [aˈkry:l], das; -s ⟨*gr.*⟩: Kunststoff aus ↑Polyacrylnitril (zur Textilherstellung verwendete Chemiefaser)

Ac|ryl|amid, das; -[s] ⟨*gr.-lat.-mlat.-nlat.*⟩: krebserregende Substanz, die bei der Erhitzung stärkehaltiger Lebensmittel entsteht

Ac|ry|lan, das; -s: **1.** Kunstfaser. **2.** ® Desinfektionsmittel

Ac|ry|lat, das; -[e]s, -e: Salz od. Ester der Acrylsäure

Ac|ryl|säu|re, die; - ⟨*gr.; dt.*⟩: stechend riechende Karbonsäure (Ausgangsstoff vieler Kunstharze)

Act [ɛkt], der; -s, -s ⟨*lat.-engl.*⟩: **1.** bestimmte Art von Urkunden; Dokument (im angloamerik. Recht). **2.** Willenserklärung, Beschluss, Verwaltungsanordnung. **3.** vom Parlament verabschiedetes Gesetz. **4.** Pop- oder Jazzgruppe. **5.** Großauftritt, Massenveranstaltung, bes. der Popmusik

Ac|ta, die (Plural) ⟨*lat.*⟩: **1.** Handlungen, Taten. **2.** Berichte, Protokolle, Akten

Ac|ta Apos|to|lo|rum, die (Plural) ⟨*lat.*; »Taten der Apostel«⟩: die Apostelgeschichte im Neuen Testament

Ac|ta Mar|ty|rum, die (Plural): Berichte über die Prozesse u. den Tod der frühchristlichen Märtyrer

Ac|ta Sanc|to|rum, die (Plural): Sammlung von Lebensbeschreibungen der Heiligen der katholischen Kirche, bes. der ↑Bollandisten

Ac|ti|ni|de, die (Plural) ⟨*gr.*⟩: frühere Bez. für die Gruppe der chem. Elemente, die im Periodensystem vom Actinium bis zum ↑Lawrencium reicht

Ac|ti|ni|um, das; -s: chem. Element, ein Transuran (Zeichen: Ac)

Ac|tio, die; - ⟨*lat.*⟩: **1.** Klagemöglichkeit im römischen Recht. **2.** (Philos.) Tätigkeit, Handeln (Ggs.: Passio)

Ac|tio|gra|fie, **Ac|tio|gra|phie**, die; - ⟨*lat.; gr.*⟩: Kunstrichtung in der Fotografie

Ac|tion [ˈɛkʃn̩], die; -, -s ⟨*lat.-engl.*⟩: spannende, ereignisreiche Handlung, turbulente, oft gewaltbetonte Szenen (in Filmen, Romanen u. a.)

Ac|tion|co|mic, der; -s, -s: Comic mit spannender, handlungsreicher, turbulenter, oft gewaltbetonter Handlung

Ac|ti|on di|recte [aksjõ:diˈrɛkt], die; - -, -s -s [aksjõ:diˈrɛkt] ⟨*lat.-frz.*⟩: Direktanspruch; Anspruch auf Entschädigung bei der Kfz-Haftpflichtversicherung, der unmittelbar bei dem Versicherer erhoben werden kann

Ac|tion|film [ˈɛkʃn̩...], der; -s, -e ⟨*engl.*⟩: Spielfilm mit spannungs- u. abwechslungsreicher Handlung u. turbulenten, oft gewaltbetonten Szenen

Ac|tion-Pain|ting, **Ac|tion|pain|ting** [...pɛɪ̯ntɪŋ], das; -[s] ⟨*engl.*; »Aktionsmalerei«⟩ (Kunstwiss.): im amerikanischen abstrakten Expressionismus Methode des Malens, bei der das Bild Ergebnis eines spontanen Malvorgangs ist

Ac|tion-Re|search, **Ac|tion|re|search** [...risœ:ɐ̯tʃ], das; -[s], auch die; - (Soziol.): sozialwissenschaftliches Forschungsprogramm mit dem Ziel, eine Änderung der bestehenden sozialen Verhältnisse herbeizuführen

Ac|tion|thril|ler [...θrɪlɐ], der; -s, -: Film, Roman u. a. mit spannender, ereignisreicher, oft gewaltbetonter Handlung, die einen besonderen Nervenkitzel erzeugt

ac|tum ut su|p|ra *(lat.)* (veraltet): »verhandelt wie oben« (Abk.: a. u. s.)

Ac|tus, der; - (»das Wirken«) (scholast. Philos.): das schon Gewordene, im Gegensatz zu dem noch nicht Gewordenen, sondern erst Möglichen

acy|c|lisch: ↑ azyklisch

ad *(lat.)*: zu, z. B. ad 1 = zu [einem bereits aufgeführten] Punkt 1

Ad [æd], das; -s, -s *(engl.;* Kurzform von advertisement »Anzeige«) (EDV, Wirtsch.): Werbung, bes. die Onlinewerbung im Internet

Ada, die; - *(arab.)*: islamisches Gewohnheitsrecht

ad ab|sur|dum *(lat.)*: bis zur Widersinnigkeit; **jmdn. ad absurdum führen:** den Widersinn von jmds. Behauptung[en] nachweisen; **etwas ad absurdum führen:** die Widersinnigkeit von etwas nachweisen

ad ac|ta *(lat.;* »zu den Akten«): Abk.: a. a.; **etwas ad acta legen:** a) als erledigt ablegen; b) als erledigt betrachten

ada|giet|to [ada'dʒɛto] *(it.)* (Musik): ziemlich ruhig, ziemlich langsam (Vortragsanweisung). **Ada|giet|to,** das; -s, -s: kurzes Adagio

ada|gio [a'da:dʒo] (Musik): langsam, ruhig (Vortragsanweisung). **Ada|gio,** das; -s, -s: langsames Musikstück

ada|gis|si|mo [ada'dʒɪsimo] (Musik): äußerst langsam (Vortragsanweisung)

Adak|ty|lie, die; - *(gr.-nlat.)* (Med.): das Fehlen einzelner od. aller Finger bzw. Zehen als angeborene Fehlbildung

Ada|man|tin, das; -s *(gr.-lat.)* (Med.): Zahnschmelz

Ada|man|ti|nom, das; -s, -e (Med.): [äußerst selten vorkommender] Knochentumor, der sehr langsam wächst

Ada|man|to|blast, der; -en, -en (Med.): Zelle, die den Zahnschmelz bildet

Ada|mas, der; -, ...manten *(gr.-lat.;* »unbezwingbar; Stahl«) (veraltet): Diamant

Ada|mit, der; -en, -en *(hebr.-lat.;* nach dem biblischen Stammvater der Menschen) (Geschichte): Angehöriger von Sekten, die angeblich nackt zu ihren Kulten zusammenkamen, um so ihre paradiesische Unschuld zu dokumentieren. **ada|mi|tisch:** **a)** nach Art der Adamiten; **b)** nackt; **c)** auf Adam (u. die Schöpfungsgeschichte) zurückgehend, sie betreffend

Adam|sit, das; -s *(nlat.;* nach dem amerik. Chemiker R. Adams, 1889–1971): Haut u. Atemwege reizendes Gas

Ad|ap|ta|bi|li|tät, die; - *(lat.-nlat.)*: Vermögen, sich zu ↑ adaptieren (1); Anpassungsfähigkeit

Ad|ap|ta|ti|on, die; -, -en: **1.** Anpassung (z. B. von Organen) an die Gegebenheiten, Umstände, an die Umwelt. **2.** Umarbeitung eines literarischen Werks für eine andere literarische Gattung od. für ein anderes Kommunikationsmedium (z. B. Film, Fernsehen)

Ad|ap|ta|ti|ons|syn|drom, das; -s, -e *(lat.-mlat.; gr.)* (Med.): Anpassungsreaktion des Organismus auf krank machende Reize [wie z. B. Stress]

Ad|ap|ter, der; -s, - *(lat.-engl.)*: Zusatz- od. Verbindungsteil, das den Anschluss eines Gerätes od. Geräteteils an ein Hauptgerät ermöglicht

ad|ap|tie|ren *(lat.)*: **1.** (fachspr.) anpassen. **2.** bearbeiten (z. B. einen Roman für den Film adaptieren). **3.** (österr.) eine Wohnung, ein Haus für einen bestimmten Zweck herrichten

Ad|ap|ti|on *(lat.-nlat.)*: ↑ Adaptation

ad|ap|tiv: auf Adaptation beruhend

Ad|ap|to|me|ter, das; -s, - *(lat.-mlat.; gr.)* (Med.): optisches Gerät, das die Anpassungsfähigkeit des Auges an die Dunkelheit misst

Ad|ap|t|ro|nik, die; - (Kurzw. aus *adap*tiv u. Elek*tronik*): interdisziplinäres Forschungsgebiet, das sich mit multifunktionellen technischen Systemen befasst

Ad|äquanz, die; - *(lat.-nlat.)*: Angemessenheit u. Üblichkeit [eines Verhaltens]

Ad|äquanz|the|o|rie, die; -: Lehre im Zivilrecht, nach der ein einen Schaden verursachendes Ereignis nur dann zur Schadenersatzpflicht führt, wenn es im Allgemeinen u. nicht nur unter bes. ungewöhnlichen Umständen einen Schaden herbeiführt; vgl. Äquivalenztheorie

ad|äquat *(lat.)*: [einer Sache] angemessen, entsprechend (Ggs.: inadäquat). **Ad|äquat|heit,** die; -, -en (Plural selten): Angemessenheit (Ggs.: Inadäquatheit [a])

Adar, der; - (hebr.): sechster Monat im jüd. Kalender (Februar/März)

a da|to *(lat.)*: vom Tag der Ausstellung an (z. B. auf ↑ Datowechseln) (Abk.: a d.)

Ad|blo|cker ['æd...], der; -s, - *(engl.)* (EDV): Sammelbez. für Programme, die die Anzeige von Werbung auf Internetseiten [weitgehend] unterdrücken

ad ca|len|das grae|cas [- - 'grɛ:ka:s] *(lat.;* »an den griechischen Kalenden (bezahlen)«; die Griechen kannten keine ↑ Calendae, die bei den Römern Zahlungstermine waren): niemals, am St.-Nimmerleins-Tag (z. B. in Bezug auf die Bezahlung von etwas)

Ad-Click ['ædklɪk], der; -s, -s *(engl.)* (EDV): Aufruf des ↑ Hyperlinks (a) auf dem Bildschirm mit der Maus

Ad-Co|py ['ædkɔpi], die; -, -s *(engl.)* (Wirtsch.): Werbetext

ADD [a:de:'de:] (Abk. aus *a*naloge Aufnahme, *d*igitale Bearbeitung, *d*igitale Wiedergabe): Kennzeichnung der technischen Verfahren bei einer CD-Aufnahme o. Ä.

ad|de *(lat.)*: füge hinzu! (Hinweis auf ärztlichen Rezepten)

Ad|ded Va|lues ['ɛdɪd 'vælju:z], die (Plural) *(engl.;* »hinzugefügte Werte«) (Wirtsch.): Mehrwert, Zusatznutzen eines Produktes

ad|den ['ædn̩] *(engl.)* (EDV-Jargon): [in sozialen Netzwerken im Internet] zu den eigenen Kontakten hinzufügen

Ad|dend, der; -en, -en: Zahl, die beim Addieren hinzugefügt werden soll; ↑ Summand

Ad|den|dum, das; -s, ...da (meist Plural): Zusatz, Nachtrag, Ergänzung

ad|die|ren *(lat.)*: zusammenzählen, hinzufügen; **addierende Zusammensetzung:** ↑ Additionswort

Ad|dier|ma|schi|ne, die; -, -n: Rechenmaschine zum ↑Addieren u. ↑Subtrahieren

Add-in [ˈædʔɪn], das; -s, -s ⟨*engl.;* »etwas Eingefügtes«⟩ (EDV): zum Lieferumfang eines Anwendungsprogramms gehörendes, aber nicht standardmäßig installiertes Zusatzmodul, z. B. ein Lernprogramm

ad|dio [aˈdi:o] ⟨*it.*⟩: auf Wiedersehen!; leb[t] wohl!; vgl. adieu

Ad|di|ta|ment, das; -s, -e, **Ad|di|ta|men|tum,** das; -s, ...ta ⟨*lat.*⟩: Zugabe, Anhang, Ergänzung zu einem Buch

Ad|di|ti|on, die; -, -en: **1.** (Math.) Zusammenzählung, Hinzufügung, -rechnung (Ggs.: Subtraktion). **2.** (Chemie) Anlagerung von Atomen od. Atomgruppen an ungesättigte Moleküle

ad|di|ti|o|nal ⟨*lat.-nlat.*⟩: zusätzlich, nachträglich

Ad|di|ti|ons|the|o|rem, das; -s, -e (Math.): Formel zur Berechnung des Funktionswertes (vgl. ↑Funktion [2]) einer Summe aus den Funktionswerten der ↑Summanden

Ad|di|ti|ons|ver|bin|dung, die; -, -en: chem. Verbindung, die durch einfache Aneinanderlagerung von zwei Elementen od. von zwei Verbindungen entsteht

Ad|di|ti|ons|wort, das; -[e]s, ...wörter (Sprachwiss.): zusammengesetztes Wort, das zwei gleichwertige Begriffe addiert; ↑Kopulativum (z. B. süßsauer, Strichpunkt)

ad|di|tiv ⟨*lat.*⟩: durch Addition hinzukommend; auf Addition beruhend; hinzufügend, aneinanderreihend; **additive Farbmischung:** Überlagerung von Farben, durch die eine neue Farbe entsteht

Ad|di|tiv, das; -s, -e ⟨*lat.-engl.*⟩: Zusatz, der in geringer Menge die Eigenschaften eines chemischen Stoffes merklich verbessert (z. B. für Treibstoffe u. Öle)

ad|di|zie|ren ⟨*lat.*⟩: zuerkennen, zusprechen (z. B. ein Bild einem bestimmten Maler)

Add-on [ˈædʔɔn], das; -[s], -s ⟨*engl.;* »etwas Hinzugefügtes«⟩ (EDV): **a)** Hilfsprogramm, mit dem ein Anwendungsprogramm erweitert wird; **b)** Hardwarekomponente, mit der die Fähigkeiten eines Rechners erweitert werden

Ad|duk|ti|on, die; -, -en ⟨*lat.;* »das Heranziehen«⟩ (Med.): heranziehende Bewegung eines Gliedes, Körperteils [zur Mittellinie des Körpers hin] (Ggs.: Abduktion)

Ad|duk|tor, der; -s, ...oren ⟨»Zuführer«⟩ (Med.): Muskel, mit dem ein Glied, Körperteil herangezogen werden kann

ade ⟨*lat.-frz.*⟩: ↑adieu (bes. in der Dichtung u. im Volkslied gebrauchte Form). **Ade,** das; -s, -s: Lebewohl (Abschiedsgruß)

Adel|phie, die; -, ...ien ⟨*gr.-nlat.;* »Verschwisterung«⟩ (Bot.): Vereinigung von Staubblättern zu einem od. mehreren Bündeln

Adel|pho|ga|mie, die; - (Bot.): Bestäubung zwischen zwei ↑vegetativ (2) aus einer gemeinsamen Mutterpflanze hervorgegangenen Geschwisterpflanzen

Adel|pho|kar|pie, die; -, ...ien: Fruchtbildung durch ↑Adelphogamie

Ad|em|ti|on, die; -, -en ⟨*lat.*⟩ (veraltet): Wegnahme, Entziehung

Ade|nin, das; -s ⟨*gr.*⟩ (Biochemie): Bestandteil der Nukleinsäure; Vitamin B_4

Ade|ni|tis, die; -, ...itiden ⟨*gr.-nlat.*⟩ (Med.): **a)** Drüsenentzündung; **b)** Kurzbez. für ↑Lymphadenitis

Ade|no|hy|po|phy|se, die; -, -n (Med.): Vorderlappen der ↑Hypophyse (1)

ade|no|id (Med.): drüsenähnlich

Ade|nom, das; -s, -e, **Ade|no|ma,** das; -s, -ta (Med.): [gutartiger] Tumor, der von Drüsengewebe ausgeht. **ade|no|ma|tös** (Med.): adenomartig

ade|nös (Med.): die Drüsen betreffend; drüsig

Ade|no|sin, das; -s ⟨*gr.*⟩ (Biochemie): chemische Verbindung aus ↑Adenin und ↑Ribose, die als Pharmazeutikum gefäßerweiternd wirkt

Ade|no|to|mie, die; -, ...ien (Med.): operative Entfernung von Wucherungen der Rachenmandel od. Entfernung der Rachenmandel selbst

ade|no|trop (Med.): ↑glandotrop

Ade|no|vi|rus, das, auch der; -, ...ren ⟨*gr.; lat.*⟩ (Med.): Erreger von Drüsenkrankheiten, besonders der Atemwege

Ad|ept, der; -en, -en ⟨*lat.*⟩: **1.** Schüler, Anhänger einer Lehre. **2.** in eine geheime Lehre od. in Geheimkünste Eingeweihter

Ader|min, das; -s ⟨*gr.-nlat.*⟩: Vitamin B_6, das hauptsächlich in Hefe, Getreidekeimlingen, Leber u. Kartoffeln vorkommt, das am Stoffwechsel der ↑Aminosäuren beteiligt ist und dessen Mangel zu Störungen im Eiweißstoffwechsel u. zu zentralnervösen Störungen führt

Ades|po|ta, die (Plural) ⟨*gr.;* »herrenlose (Werke)«⟩ (Literaturwiss.): Werke unbekannter Verfasser

Ad|es|siv, der; -s, -e ⟨*lat.-nlat.*⟩: Kasus, bes. in den finnisch-ugrischen Sprachen, der die Lage bei etwas, die unmittelbare Nähe angibt

à deux cordes [adøˈkɔrd] ⟨*frz.*⟩ (Musik): auf zwei Saiten

à deux mains [adøˈmɛ̃:] ⟨*frz.*⟩: für zwei Hände, zweihändig (Klavierspiel); vgl. à quatre mains

Ad|hä|rens, das; -, ...renzien ⟨*lat.*⟩: **1.** (veraltet) Anhaftendes, Zubehör. **2.** (Chemie) Klebstoff. **ad|hä|rent: 1.** anhängend, anhaftend (von Körpern); vgl. Adhäsion (1 a). **2.** angewachsen, verwachsen (von Geweben od. Pflanzenteilen); vgl. Adhäsion (2)

Ad|hä|renz, die; -, -en ⟨*lat.-mlat.*⟩ (veraltet): Hingebung, Anhänglichkeit

ad|hä|rie|ren ⟨*lat.*⟩: **1.** anhaften, anhängen (von Körpern od. Geweben). **2.** (veraltet) beipflichten

Ad|hä|si|on, die; -, -en: **1. a)** das Haften zweier Stoffe od. Körper aneinander; **b)** (Physik) das Aneinanderhaften der Moleküle im Bereich der Grenzfläche zweier verschiedener Stoffe. **2.** (Med.) Verklebung von Organen, Geweben, Eingeweiden u. a. nach Operationen od. Entzündungen. **3.** (Med.) [frühe Teil]phase der Blutgerinnung, in der durch Anhaftung von Thrombozyten eine Wunde verschlossen u. eine Blutung gestoppt wird. **4.** (Bot.) Verwachsung in der Blüte einer Pflanze (z. B. Staubblatt mit Fruchtblatt)

Ad|hä|si|ons|ver|schluss, der; -es, ...verschlüsse: mit einer Haftschicht versehener Verschluss zum Öffnen u. Wiederverschließen von Briefen o. Ä.

ad|hä|siv ‹*lat.-nlat.*›: anhaftend, [an]klebend

ad|hi|bie|ren ‹*lat.*› (veraltet): anwenden, gebrauchen

ad hoc ‹*lat.*›: **1.** [eigens] zu diesem Zweck [gebildet, gemacht]. **2.** aus dem Augenblick heraus [entstanden]

Ad-hoc-Pu|b|li|zi|tät, die; -: Verpflichtung eines ↑ Emittenten (1) zur unverzüglichen Veröffentlichung aller Tatsachen, die den Kurs des zugelassenen Wertpapiers erheblich beeinflussen können

ad ho|mi|nem ‹*lat.;* »zum Menschen hin«›: auf die Bedürfnisse u. Möglichkeiten des Menschen abgestimmt; **ad hominem demonstrieren:** jmdm. etwas so widerlegen od. beweisen, dass die Rücksicht auf die Eigenart der Person u. die Bezugnahme auf die ihr geläufigen Vorstellungen, nicht aber die Sache selbst die Methode bestimmen

ad ho|no|rem ‹*lat.*›: zu Ehren, ehrenhalber

Ad|hor|ta|ti|on, die; -, -en ‹*lat.*› (veraltet): Ermahnung

ad|hor|ta|tiv (veraltet): ermahnend. **Ad|hor|ta|tiv** [auch: ...ˈtiːf], der; -s, -e: Imperativ, der zu gemeinsamer Tat auffordert (z. B. hoffen wir es!)

ADHS [aːdeːhaːˈʔɛs], das; - (Med., Psychol.): Abk. für ↑ Aufmerksamkeitsdefizit-Hyperaktivitätsstörung

adi|a|bat vgl. adiabatisch

Adi|a|ba|te, die; -, -n ‹*gr.-nlat.*› (Physik, Meteorol.): Kurve der Zustandsänderung von Gas (Luft), wenn Wärme weder zunoch abgeführt wird

adi|a|ba|tisch ‹»nicht hindurchtretend«› (Physik, Meteorol.): ohne Wärmeaustausch verlaufend (von Gas od. Luft)

Adi|a|do|cho|ki|ne|se, die; - ‹*gr.-nlat.*› (Med.): Unfähigkeit, entgegengesetzte Muskelbewegungen rasch hintereinander auszuführen (z. B. Beugen u. Strecken der Finger)

Adi|a|fon, Adiaphon, das; -s, -e ‹*gr.*›: **1.** Tasteninstrument, bei dem vertikal aufgestellte Stahlstäbe durch Anreißen zum Klingen gebracht werden. **2.** Stimmgabelklavier, bei dem abgestimmte Stimmgabeln die Töne erzeugen

Adi|an|tum, das; -s, ...ten ‹*gr.-lat.*›: Haarfarn (subtropische Art der Tüpfelfarne, z. B. Frauenhaar)

Adi|a|phon vgl. Adiafon

Adi|a|pho|ron, das; -s, ...ra (meist Plural) ‹*gr.;* »nicht Unterschiedenes«›: **1.** Gleichgültiges. **2.** (Philos.) Sache od. Verhaltensweise, die weder gut noch böse u. damit moralisch wertneutral ist. **3. a)** (Theol.) sittliche od. kultische Handlung, die in Bezug auf Heil od. Rechtgläubigkeit unerheblich ist; **b)** Verhaltensweise, die gesellschaftlich nicht normiert ist u. deshalb in den persönlichen Freiheitsspielraum fällt

adi|eu [aˈdi̯øː] ‹*lat.-frz.;* »Gott befohlen«› (landsch., sonst veraltend): leb[t] wohl!; vgl. addio. **Adi|eu,** das; -s, -s (veraltend): Lebewohl (Abschiedsgruß)

Ädi|ku|la, die; -, ...lä ‹*lat.;* »kleiner Bau«›: **a)** kleiner antiker Tempel; **b)** altchristliche [Grab]kapelle; **c)** kleiner Aufbau zur Aufnahme eines Standbildes; **d)** Umrahmung von Fenstern, Nischen u. a. mit Säulen, Dach u. Giebel

Ädil, der; -s od. -en, -en ‹*lat.*› (Geschichte): hoher altrömischer Beamter, der für Polizeiaufsicht, Lebensmittelversorgung u. Ausrichtung der öffentlichen Spiele verantwortlich war. **Ädi|li|tät,** die; -: Amt u. Würde eines Ädils

ad in|fi|ni|tum, in infinitum ‹*lat.;* »bis ins Grenzenlose, Unendliche«›: beliebig, unendlich lange, unbegrenzt (sich fortsetzen lassend)

Adi|nol, der; -s, -e ‹*gr.-nlat.*› (Geol.): ein feinkörniges Gestein, das durch ↑ Kontaktmetamorphose beim Eindringen von ↑ Diabas in Tongesteine entsteht

ad in|te|rim ‹*lat.*›: einstweilen, unterdessen; vorläufig (Abk.: a. i.)

Adi|pin|säu|re, die; - ‹*lat.-nlat.; dt.*›: eine organische Fettsäure (Zwischenprodukt bei der Herstellung von ↑ Polyamiden)

Adi|po|cire [...ˈsiːɐ̯], die; - ‹*lat.-frz.*›: in Leichen, die luftabgeschlossen in Wasser od. feuchtem Boden liegen, entstehendes wachsähnliches Fett (Leichenwachs)

adi|pös (Med.): **a)** fettleibig; **b)** fett[reich], verfettet

Adi|po|si|tas, die; - ‹*lat.-nlat.*› (Med.): **a)** Fettleibigkeit; Ernährungs- u. Stoffwechselkrankheit, die mit starkem Übergewicht einhergeht; **b)** übermäßige Vermehrung od. Bildung von Fettgewebe

Adip|sie, die; - ‹*gr.-nlat.*› (Med.): mangelndes Trinkbedürfnis, Trinkunlust

à dis|cré|ti|on [adiskreˈsi̯õː] ‹*lat.-frz.*›: nach Belieben, beliebig viel

Adi|u|re|tin, das; -s ‹*gr.*› (Med.): ↑ Vasopressin

Ad|ja|zent, der; -en, -en ‹*lat.*›: Anwohner, Anrainer, Grenznachbar

Ad|jek|ti|on, die; -, -en ‹*lat.*›: Mehrgebot bei Versteigerungen

ad|jek|tiv: zum Beifügen geeignet, beigefügt; **adjektive Farben:** Farbstoffe, die nur zusammen mit einer Vorbeize färben. **Ad|jek|tiv,** das; -s, -e: Eigenschaftswort, Artwort (Abk.: Adj.)

Ad|jek|tiv|ab|s|trak|tum, das; -s, ...ta: von einem Adjektiv abgeleitetes ↑ Abstraktum (z. B. »Tiefe« von »tief«)

Ad|jek|ti|vie|rung, die; -, -en ‹*lat.-nlat.*›: Verwendung eines Substantivs od. Adverbs als Adjektiv (z. B. ernst, selten). **ad|jek|ti|visch:** eigenschaftswörtlich, als Adjektiv gebraucht. **Ad|jek|ti|vum,** das; -s, ...va ‹*lat.*›: ↑ Adjektiv

Ad|ju|di|ka|ti|on, die; -, -en ‹*lat.*› (Völkerrecht): Zuerkennung eines von zwei od. mehr Staaten beanspruchten Gebiets[teiles] durch ein internationales Gericht

ad|ju|di|ka|tiv ‹*lat.-nlat.*›: zuerkennend, zusprechend

ad|ju|di|zie|ren ‹*lat.*›: zuerkennen, zusprechen

ad|jun|gie|ren ‹*lat.*› (Math.): zuordnen, beifügen

¹Ad|junkt, das; -s, -e ‹*lat.*› (Sprachwiss.): sprachliches Element, das mit einem anderen kommutieren, d. h. nicht gleichzeitig mit diesem in einem Satz auftreten kann (Ggs.: Konjunkt)

²Ad|jụnkt, der; -en, -en: **1.** (veraltet) einem Beamten beigeordneter Gehilfe. **2.** (österr. veraltet) Beamter im niederen Dienst in Österreich
Ad|junk|te, die; -, -n ⟨*lat.*⟩ (Math.): die einem Element einer ↑Determinante (1) zugeordnete Unterdeterminante
Ad|junk|ti|o̱n, die; -, -en: **1.** Hinzufügung, Beiordnung, Vereinigung. **2.** (formale Logik) Verknüpfung zweier Aussagen durch »oder«; nicht ausschließende Disjunktion (1 c)
Ad|jus|ta|ge [...ˈtaːʒə], die; -, -n ⟨*lat.-frz.;* »Zurichterei«⟩: **1. a)** Einrichten einer Maschine; **b)** Einstellen eines Werkzeugs; **c)** (Fachspr.) Nacharbeiten eines Werkstücks. **2.** Abteilung in Walz- u. Hammerwerken, in der die Bleche zugeschnitten, gerichtet, geprüft, sortiert u. zum Versand zusammengestellt werden
ad|jus|ti̱e̱|ren: 1. (Fachspr.) in die entsprechende richtige Stellung o. Ä. bringen. **2.** (österr.) ausrüsten, in Uniform kleiden. **Ad|jus|ti̱e̱|rung,** die; -, -en: **1.** das Adjustieren (1). **2.** (österr.) **a)** Uniform; **b)** Kleidung, »Aufmachung« (in Bezug auf die äußere Erscheinung eines Menschen)
Ad|just|ment [ɛˈdʒastmənt], das; -s, -s ⟨engl.⟩ (Psychol.): Anpassung an Forderungen der Bezugsgruppe od. der Gesellschaft
Ad|ju|ta̱nt, der; -en, -en ⟨*lat.-span.;* »Helfer, Gehilfe«⟩: den Kommandeuren militärischer Einheiten beigegebener Offizier. **Ad|ju|tan|tu̱r,** die; -, -en ⟨*nlat.*⟩: **a)** Amt eines Adjutanten; **b)** Dienststelle eines Adjutanten
Ad|ju̱|tum, das; -s, ...ten: **1.** (veraltet) [Bei]hilfe, Zuschuss. **2.** (österr.) erste, vorläufige Entlohnung eines Praktikanten im Gerichtsdienst
A̱d|ju|vans [auch: atˈjuː...], das; -, ...a̱nzien (auch: ...a̱ntien) u. ...a̱ntia (Med.): Bestandteil eines Arzneimittels, der selbst nicht therapeutisch wirksam ist, aber die Wirkung des Hauptbestandteils unterstützt
Ad|ju|va̱nt, der; -en, -en (veraltet): Gehilfe, Helfer, bes. Hilfslehrer
Ad|ju|va̱nt|chor, der; -[e]s, ...chöre (früher): vor allem in kleineren Orten gebildeter Laienchor, der den Gottesdienst musikalisch ausgestaltete
Ad|la̱|tus, der; -, ...ten ⟨*lat.-nlat.;* »zur Seite (stehend)«⟩ (veraltet, heute noch scherzh.): meist jüngerer, untergeordneter Helfer, Gehilfe, Beistand
ad li̱|bi|tum ⟨*lat.;* »nach Belieben«⟩: **1.** nach Belieben. **2.** (Musik) **a)** Vortragsbezeichnung, mit der das Tempo des damit bezeichneten Musikstücks dem Interpreten freigestellt wird; **b)** nach Belieben zu benutzen od. wegzulassen (in Bezug auf die zusätzliche Verwendung eines Musikinstruments) (Ggs.: obligat [2]). **3.** Hinweis auf Rezepten für beliebige Verwendung bestimmter Arzneibestandteile (Abk.: ad lib., ad l., a. l.)
Ad|li|ga̱t, das; -s, -e ⟨*lat.;* »das Verbundene«⟩ (Buchw.): selbstständige Schrift, die mit anderen zu einem Band zusammengebunden worden ist
ad ma|io̱|rem De̱i glo̱|ri|am vgl. omnia ad maiorem Dei gloriam
ad ma̱|num me̱|di|ci ⟨*lat.;* eigtl. »zur Hand des Arztes«⟩, **ad ma|nus me̱|di|ci** [- ˈmaːnuːs ...tsi] (Med. veraltet): zu Händen des Arztes (z. B. als Hinweis bei Medikamenten) (Abk.: ad m. m.)
Ad|mi|nis|t|ra|ti|o̱n, die; -, -en ⟨*lat.;* 3, 4: *lat.-engl.*⟩: **1. a)** Verwaltung; **b)** Verwaltungsbehörde. **2.** (abwertend) bürokratisches Anordnen, Verfügen. **3.** Regelung militärischer Angelegenheiten außerhalb von Strategie u. Taktik. **4.** Regierung, bes. in Bezug auf die USA. **ad|mi|nis|t|ra|ti̱v: a)** zur Verwaltung gehörend; **b)** behördlich; **c)** (abwertend) bürokratisch
Ad|mi|nis|t|ra̱|tor, der; -s, ...o̱ren ⟨*lat.;* 2: *lat.-engl.*⟩: **1.** Verwalter, Bevollmächtigter. **2.** (EDV) Betreuer eines Rechnersystems bzw. eines Netzwerks (z. B. eines Intranets) mit besonderen Zugriffsrechten. **Ad|mi|nis|t|ra|to̱|rin,** die; -, -nen: weibliche Form zu ↑Administrator
ad|mi|nis|t|ri̱e̱|ren: a) verwalten; **b)** (abwertend) bürokratisch anordnen, verfügen
ad|mi|ra̱|bel ⟨*lat.*⟩ (veraltet): bewundernswert
Ad|mi|ra̱l, der; -s, -e (auch: ...äle) ⟨*arab.-frz.*⟩: **1.** Seeoffizier im Generalsrang. **2.** schwarzbrauner Tagfalter mit weißen Flecken u. roten Streifen. **3.** warmes Getränk aus Rotwein, Eiern, Zucker u. Gewürzen
Ad|mi|ra|li|tä̱t, die; -, -en: **1.** Gesamtheit der Admirale (1). **2.** oberste Kommandostelle u. Verwaltungsbehörde einer Kriegsmarine
Ad|mi|ra|li|tä̱ts|kar|te, die; -, -n: eine von der Admiralität herausgegebene Seekarte
Ad|mi|ra̱l|stab, der; -s, ...stäbe: oberster Führungsstab einer Kriegsmarine
Ad|mi|ra|ti|o̱n, die; -, -en ⟨*lat.*⟩ (veraltet): Bewunderung. **ad|mi|ri̱e̱|ren** (veraltet): bewundern
Ad|mis|si|o̱n, die; -, -en ⟨*lat.;* »Zulassung«⟩: **1. a)** Übertragung eines katholischen geistlichen Amtes an eine Person trotz ↑kanonischer (1) Bedenken; **b)** Aufnahme in eine ↑Kongregation (1). **2.** Einlass des Dampfes in den Zylinder einer Dampfmaschine
Ad|mit|ta̱nz, die; - ⟨*lat.-engl.*⟩ (Physik): Leitwert des Wechselstroms, Kehrwert des Wechselstromwiderstandes
ad mo̱|dum ⟨*lat.*⟩: nach Art u. Weise
ad|mo|ni̱e̱|ren ⟨*lat.*⟩ (veraltet): **1.** erinnern, ermahnen. **2.** verwarnen; einen Verweis erteilen. **Ad|mo|ni|ti|o̱n,** die; -, -en (veraltet): Ermahnung, Verwarnung, Verweis
ad mu̱l|tos a̱n|nos ⟨*lat.*⟩: auf viele Jahre (als Glückwunsch)
ad nau|se̱|am ⟨*lat.; gr.-lat.*⟩: bis zum Überdruss
Ad|ne̱x, der; -es, -e ⟨*lat.*⟩: **1.** Anhang. **2.** (meist Plural; Med.) **a)** Anhangsgebilde von Organen des menschlichen od. tierischen Körpers (z. B. Augenlid); **b)** Anhangsgebilde (Eierstöcke u. Eileiter) der Gebärmutter. **Ad|ne|xi̱|tis,** die; -, ...iti̱den ⟨*lat.-nlat.*⟩ (Med.): Entzündung von Eileiter, Eierstock u. umliegendem Gewebe
ad|no|mi|na̱l ⟨*lat.-nlat.*⟩: **a)** zum Substantiv (Nomen) hinzutretend; **b)** vom Substantiv syntaktisch abhängend

ad no|tam ⟨*lat.*⟩ (veraltet): zur Kenntnis; **ad notam nehmen:** etwas zur Kenntnis nehmen, sich etwas gut merken

Ado|be, der; -, -s ⟨*arab.-span.*⟩: luftgetrockneter Lehmziegel

ad ocu|los ⟨*lat.*⟩: vor Augen; **ad oculos demonstrieren:** etwas vor Augen führen, durch Anschauungsmaterial o. Ä. beweisen

ado|les|zent ⟨*lat.*⟩: heranwachsend, in jugendlichem Alter (ca. 17. bis 20. Lebensjahr) stehend. **Ado|les|zenz,** die; - (Med.): Jugendalter, bes. der Lebensabschnitt nach beendeter Pubertät

Ado|nai ⟨*hebr.;* »mein Herr«⟩ (Rel.): alttest. Umschreibung für den Gottesnamen »Jahve«, der aus religiöser Scheu nicht ausgesprochen werden durfte

¹Ado|nis, der; -, -se ⟨schöner Jüngling der griechischen Sage⟩: schöner [junger] Mann

²Ado|nis, die; -, -: Hahnenfußgewächs (Adonisröschen)

ado|nisch: schön [wie Adonis]; **adonischer Vers:** antiker Kurzvers (Schema: –◡◡|–◡). **Ado|ni|us,** der; - ⟨*gr.-lat.*⟩: ↑adonischer Vers

Ad|op|ti|a|nis|mus, der; - ⟨*lat.*⟩ (Rel.): Lehre, nach der Christus seiner menschlichen Natur nach nur als von Gott »adoptierter« Sohn zu gelten hat

ad|op|tie|ren ⟨*lat.;* »hinzuerwählen«⟩: **1.** als Kind annehmen. **2.** etwas annehmen, nachahmend sich aneignen (z. B. einen Namen, Führungsstil adoptieren)

Ad|op|ti|on, die; -, -en: **1.** das Adoptieren. **2.** Annahme, Genehmigung

Ad|op|tiv|el|tern, die (Plural): Eltern eines Adoptivkindes

Ad|op|tiv|kind, das; -[e]s, -er: adoptiertes Kind

ad|o|ra|bel ⟨*lat.*⟩ (veraltet): anbetungs-, verehrungswürdig

ad|o|ral ⟨*lat.-nlat.*⟩ (Med.): um den Mund herum, mundwärts

Ad|o|rant, der; -en, -en ⟨*lat.;* »Anbetender«⟩: stehende od. kniende Gestalt, die mit erhobenen Händen Gott anbetet od. einen Heiligen verehrt (in der christlichen Kunst)

Ad|o|ra|ti|on, die; -, -en: **a)** Anbetung, Verehrung, bes. des Altarsakraments in der katholischen Kirche; **b)** dem neu gewählten Papst erwiesene Huldigung der Kardinäle (durch Kniefall u. Fußkuss)

ad|o|rie|ren: anbeten, verehren

Ados|se|ment [...'mã:], das; -s, -s ⟨*lat.-frz.*⟩ (veraltet): Böschung, Abschrägung

ados|sie|ren ⟨*lat.-frz.*⟩ (veraltet): anlehnen, abschrägen, abdachen. **ados|siert** (Bot.): mit der Blattunterseite der Abstammungs- od. Mutterachse des Seitensprosses zugekehrt (in Bezug auf das Vorblatt)

adou|cie|ren [adu'si:...] ⟨*lat.-frz.*⟩ (veraltet): **1. a)** versüßen; **b)** mildern; **c)** besänftigen. **2.** ↑tempern. **3.** (Farben) verwischen, verdünnen

ad per|pe|tu|am me|mo|ri|am ⟨*lat.*⟩: zu dauerndem Gedächtnis

ad pu|b|li|can|dum ⟨*lat.*⟩: zur Veröffentlichung

ad re|fe|ren|dum ⟨*lat.*⟩: zum Berichten, zur Berichterstattung

ad rem ⟨*lat.*⟩: zur Sache [gehörend]

Ad|re|ma®, die; -, -s ⟨Kurzw.⟩: eine ↑Adressiermaschine. **ad|re|mie|ren** (veraltet): mit der Adrema beschriften

ad|re|nal ⟨*lat.*⟩ (Med.): die Nebenniere betreffend. **Ad|re|na|lin,** das; -s (Med.): Hormon des Nebennierenmarks. **ad|re|na|lo|trop** ⟨*lat.; gr.*⟩ (Med.): auf das Nebennierenmark einwirkend

Ad|re|n|ar|che, die; - ⟨*lat.; gr.*⟩ (Med.): Beginn vermehrter, der Pubertät vorausgehender Produktion von ↑Androgen in der Nebennierenrinde

ad|re|no|ge|ni|tal (Med.): Nebenniere u. Keimdrüsen betreffend; **adrenogenitales Syndrom:** krankhafte Überproduktion von männlichen Geschlechtshormonen durch die Nebennierenrinde

Ad|re|no|ly|ti|kum, das; -s, ...ka ⟨*gr.-lat.*⟩ (Med.): Substanz, die die Wirkung des ↑Adrenalins aufhebt

Ad|re|no|s|te|ron, das; -s (Med.): Hormon der Nebennierenrinde

Ad|res|sant, der; -en, -en ⟨*lat.-vulgärlat.-frz.*⟩: Absender [einer Postsendung]. **Ad|res|san|tin,** die; -, -nen: weibliche Form zu ↑Adressant

Ad|res|sat, der; -en, -en ⟨*lat.-vulgärlat.-frz.-engl.*⟩: **1.** Empfänger [einer Postsendung]; jmd., an den etwas gerichtet, für den etwas bestimmt ist. **2.** (veraltet) der Bezogene (derjenige, an den der Zahlungsauftrag gerichtet ist) beim gezogenen Wechsel. **3.** Schüler, Kursteilnehmer (im programmierten Unterricht). **Ad|res|sa|tin,** die; -, -nen: weibliche Form zu ↑Adressat

Ad|ress|buch, das; -[e]s, ...bücher: **1.** Verzeichnis geschäftlicher od. privater Kontakte einer Person. **2.** Einwohner-, Anschriftenverzeichnis einer Stadt

¹Ad|res|se, die; -, -n ⟨*lat.-vulgärlat.-frz.*⟩: **1.** Anschrift, Aufschrift, Wohnungsangabe. **2.** Angabe des Verlegers [auf Kupferstichen]

²Ad|res|se, die; -, -n ⟨*lat.-vulgärlat.-frz.-engl.*⟩: **1.** (Politik) schriftlich formulierte Meinungsäußerung, die von Einzelpersonen od. dem Parlament an das Staatsoberhaupt, die Regierung o. Ä. gerichtet wird. **2.** (EDV) Nummer einer bestimmten Speicherzelle im Speicher eines Computers

ad|res|sie|ren ⟨*lat.-vulgärlat.-frz.*⟩: **1. a)** mit der ¹Adresse (1) versehen; **b)** eine Postsendung an jmdn. richten. **2.** jmdn. gezielt ansprechen

Ad|res|sier|ma|schi|ne, die; -, -n: Maschine zum Aufdruck regelmäßig benötigter Adressen; vgl. Adrema

Ad|ress|spe|di|teur, Ad|ress-Spe|di|teur, der; -s, -e: Empfangsspediteur, der Sammelgut empfängt u. weiterleitet

ad|rett ⟨*lat.-vulgärlat.-frz.*⟩: **1. a)** durch ordentliche, sorgfältige, gepflegte Kleidung u. entsprechende Haltung äußerlich ansprechend; **b)** sauber, ordentlich, proper (in Bezug auf Kleidung o. Ä.). **2.** (veraltet) gewandt, flink

Ad|ria, das; -[s] ⟨Fantasiebezeichnung⟩: **a)** ripsartiges Gewebe aus Seide od. Chemiefasern; **b)** Kammgarn in Schrägbindung (einer bestimmten Webart)

Ad|ri|enne [adri'ɛn], Andrienne [ãdri'ɛn] die; -, -s ⟨*frz.*⟩: loses Frauenüberkleid des Rokokos

Ad|rio, das; -s, -s ⟨*frz.*⟩ (schweiz.):

im ↑Omentum eines Schweinebauchfells eingenähte, faustgroße Bratwurstmasse aus Kalb- od. Schweinefleisch

Ad|rit|tu|ra, das; - ‹*it.*›: Einziehung der Regressforderung durch einen Rückwechsel od. ohne Vermittlung eines Maklers

ADS [a:de:'ʔɛs], das; - (früher): Abk. von ↑Aufmerksamkeitsdefizit-Syndrom

ad sa|tu|ra|ti|o|nem ‹*lat.*›: bis zur Sättigung (Angabe auf ärztlichen Rezepten) (Abk.: ad sat.)

Ad-Ser|ver ['ædsœ:ɐ̯vɐ], der; -s, - ‹*engl.*› (EDV): Server (1) für die [Banner]werbung im Internet

ADSL, das; - ‹Abk. für *engl. a*symmetric *d*igital *s*ubscriber *l*ine »asymmetrische digitale Anschlussleitung«› (EDV): Verfahren, das Hochgeschwindigkeitsübertragungen von digitalen Signalen über ein gewöhnlich verdrilltes Kupfertelefonkabel erlaubt; vgl. DSL

Ad|sor|bat, das; -s, -e: ↑Adsorptiv

Ad|sor|bens, das; -, ...benzien od. ...bentia ‹*lat.-nlat.*›, **Ad|sor|ber,** der; -s, - ‹anglisierende Neubildung›: **1.** der bei der Adsorption adsorbierende Stoff. **2.** Stoff, der infolge seiner Oberflächenaktivität gelöste Substanzen u. Gase (physikalisch) an sich bindet

ad|sor|bie|ren ‹*lat.-nlat.*›: Gase od. gelöste Stoffe an der Oberfläche eines festen Stoffes anlagern

Ad|sorp|ti|on, die; -, -en: Anlagerung von Gasen od. gelösten Stoffen an der Oberfläche eines festen Stoffes

ad|sorp|tiv: a) zur Adsorption fähig; **b)** nach Art einer Adsorption. **Ad|sorp|tiv,** das; -s, -e: der bei der Adsorption adsorbierte Stoff

ad spec|ta|to|res ‹*lat.;* »an die Zuschauer«›: an das Publikum [gerichtet] (von Äußerungen eines Schauspielers auf der Bühne)

Ad|s|t|rat, das; -[e]s, -e ‹*lat.*› (Sprachwiss.): fremdsprachlicher Bestandteil in einer Sprache, der auf den Einfluss der Sprache eines Nachbarlandes zurückzuführen ist

Ad|strin|gens, das; -, ...genzien od. ...gentia ‹*lat.*› (Med.): auf Schleimhäute od. Wunden zusammenziehend wirkendes [entzündungshemmendes, blutstillendes] Mittel

Ad|strin|gent, das; -s, -s: Gesichtswasser, das ein Zusammenziehen der Poren bewirkt

ad|strin|gie|ren ‹*lat.*› (Med.): zusammenziehend wirken (von Arzneimitteln)

a due [a 'du:e] ‹*lat.-it.*› (Musik): Anweisung in Partituren, eine Instrumentalstimme doppelt zu besetzen

Adu|lar, der; -s, -e ‹nach den Adulaalpen in Graubünden›: Feldspat (ein Mineral)

adult ‹*lat.*› (Med.): erwachsen; geschlechtsreif

Adul|ter, der; -s, - ‹*lat.*› (veraltet): Ehebrecher. **Adul|te|ra,** die; -, -s (veraltet): Ehebrecherin

Adult-School, Adult|school ['ædaltsku:l], die; -, -s ‹*engl.;* »Erwachsenenschule«›: Einrichtung zur Fortbildung, Umschulung u. Weiterbildung von Erwachsenen

ad us. med. = ad usum medici

ad us. prop. = ad usum proprium

ad usum ‹*lat.*›: zum Gebrauch (Angabe auf ärztlichen Rezepten) (Abk.: ad us.)

ad usum Del|phi|ni ‹»zum Gebrauch des Dauphins«›: für Schüler bearbeitet (von Klassikerausgaben, aus denen moralisch u. politisch anstößige Stellen entfernt sind)

ad usum me|di|ci, pro usu medici (Med. veraltet): für den persönlichen Gebrauch des Arztes bestimmt (Aufdruck auf unverkäuflichen Arzneimustern) (Abk.: ad us. med. und pro us. med.)

ad usum pro|p|ri|um: für den eigenen Gebrauch (Hinweis auf ärztlichen Rezepten, die für den ausstellenden Arzt selbst bestimmt sind) (Abk.: ad us. prop.)

ad va|lo|rem ‹*lat.;* »dem Wert nach«›: vom Warenwert (Berechnungsgrundlage bei der Zollbemessung)

Ad|van|tage [ɛt'va:ntɪtʃ], der; -s, -s ‹*lat.-frz.-engl.;* »Vorteil«›: unmittelbar nach dem Einstand gewonnener Punkt beim Tennis

Ad|vek|ti|on, die; -, -en ‹*lat.*›: **1.** (Meteorol.) in waagerechter Richtung erfolgende Zufuhr von Luftmassen (Ggs.: Konvektion [2]). **2.** (Ozeanografie) in waagerechter Richtung erfolgende Verfrachtung (Bewegung) von Wassermassen in den Weltmeeren (Ggs.: Konvektion [3])

ad|vek|tiv ‹*lat.-nlat.*›: durch ↑Advektion herbeigeführt

Ad|ve|ni|at, das; -s ‹*lat.;* »es komme (dein Reich)«›: Weihnachtsspende der Katholiken zur Unterstützung der Kirche in Lateinamerika

Ad|vent, der; -[e]s, -e ‹*lat.;* »Ankunft« (Christi)›: **a)** der die letzten vier Sonntage vor Weihnachten umfassende Zeitraum, der das christliche Kirchenjahr einleitet; **b)** einer der vier Sonntage der Adventszeit

Ad|ven|tis|mus, der; - ‹*lat.-engl.-amerik.*›: Glaubenslehre der Adventisten. **Ad|ven|tist,** der; -en, -en: Angehöriger einer der Glaubensgemeinschaften, die an die baldige Wiederkehr Christi glauben. **Ad|ven|tis|tin,** die; -, -nen: weibliche Form zu ↑Adventist. **ad|ven|tis|tisch:** die Lehre des Adventismus betreffend

Ad|ven|ti|tia, die; - ‹*lat.-nlat.*› (Biol., Med.): die aus Bindegewebe u. elastischen Fasern bestehende äußere Wand von Hohlorganen (wie Blutgefäßen u. Ä.)

Ad|ven|tiv|bil|dung, die; -, -en: Bildung von Organen an ungewöhnlichen Stellen bei einer Pflanze (z. B. Wurzeln am Spross)

Ad|ven|tiv|kra|ter, der; -s, -: Nebenkrater auf dem Hang eines Vulkankegels

Ad|ven|tiv|pflan|ze, die; -, -n: Pflanze eines Gebiets, die dort nicht schon immer vorkam, sondern absichtlich als Zier- od. Nutzpflanze eingeführt od. unabsichtlich eingeschleppt wurde

Ad|verb, das; -s, -ien ‹*lat.*›: Umstandswort (Abk.: Adv.). **ad|ver|bal** ‹*nlat.*›: zum ↑Verb hinzutretend, von ihm syntaktisch abhängend

ad|ver|bi|al: als Umstandswort [gebraucht], Umstands...; **adverbiale Bestimmung:** ↑Adverbialbestimmung; **adverbialer**

Akkusativ od. **Genitiv:** Umstandsangabe in Form eines Substantivs im Akkusativ od. Genitiv. **Ad|ver|bi|al,** das; -s, -e: ↑Adverbiale

Ad|ver|bi|al|ad|jek|tiv, das; -s, -e: Adjektiv, das das Substantiv, bei dem es steht, nach seiner räumlichen od. zeitlichen Lage charakterisiert (z. B. der *heutige* Tag)

Ad|ver|bi|al|be|stim|mung, die; -, -en: Umstandsbestimmung, -angabe

Ad|ver|bi|a|le, das; -s, -n u. ...lia u. ...lien: ↑Adverbialbestimmung

Ad|ver|bi|al|satz, der; -es, ...sätze: Gliedsatz (Nebensatz), der einen Umstand angibt (z. B. Zeit, Ursache); Umstandssatz

ad|ver|bi|ell: ↑adverbial; vgl. ...al/...ell

Ad|ver|bi|um, das; -s, ...ien (auch: ...bia) (Sprachwiss.): ↑Adverb

Ad|ver|sa|ria, Ad|ver|sa|ri|en, die (Plural) ‹*lat.*›: **a)** unverarbeitete Aufzeichnungen, Kladde; **b)** Sammlungen von Notizen

ad|ver|sa|tiv ‹*lat.*›: einen Gegensatz bildend, gegensätzlich, entgegensetzend; **adversative Konjunktion:** entgegensetzendes Bindewort (z. B. aber); **adversatives Asyndeton:** bindewortlose Wort- od. Satzreihe, deren Glieder gegensätzliche Bedeutung haben (z. B. heute rot, morgen tot)

Ad|ver|ti|sing ['ɛtvɐtaɪzɪŋ], das; -s, -s ‹*engl.*›: Reklame; Werbung

Ad-View ['ædvju:], der; -s, -s ‹*engl.*› (EDV): Zugriff des Nutzers auf ein Werbebanner im Internet

ad vitr. = ad vitrum. **ad vi|t|rum** ‹*lat.;* »in ein Glas«›: in einer Flasche [abzugeben] (Angabe auf ärztlichen Rezepten) (Abk.: ad vitr.)

Ad|vo|ca|tus Dei, der; - -, ...ti - ‹*lat.;* »Anwalt Gottes«›: scherzhaft gemeinte Bez. für den »Fürsprecher« in einem Heilig- od. Seligsprechungsprozess der katholischen Kirche, der die Gründe für die Heilig- od. Seligsprechung darlegt

Ad|vo|ca|tus Di|a|bo|li, der; - -, ...ti - ‹*lat.;* »Anwalt des Teufels«›: **1.** scherzhaft gemeinte Bez. für den »Glaubensanwalt« in einem Heilig- od. Seligsprechungsprozess der katholischen Kirche, der die Gründe gegen die Heilig- od. Seligsprechung darlegt. **2.** jmd., der um der Sache willen mit seinen Argumenten die Gegenseite vertritt, ohne selbst zur Gegenseite zu gehören

ad vo|cem ‹*lat.*›: zu dem Wort [ist zu bemerken], dazu wäre zu sagen

Ad|vo|kat, der; -en, -en ‹*lat.;* »der Herbeigerufene«›: [Rechts]anwalt, Rechtsbeistand. **ad|vo|ka|tisch:** in der Art eines Advokaten, einem Advokaten gemäß. **Ad|vo|ka|tur,** die; -, -en ‹*nlat.*› (landsch., sonst veraltet): Rechtsanwaltschaft. **ad|vo|zie|ren** (veraltet): als Advokat arbeiten

Ad|ware ['ædwɛːɐ̯], die; -, -s ‹= *engl.*›: Sammelbez. für Programme, die in Computersysteme eindringen u. unerwünschte Werbung einblenden

Ady|na|m|an|d|rie, die; - ‹*gr.-nlat.*› (Bot.): Funktionsunfähigkeit der männlichen Teile od. Pollen einer Blüte; vgl. Adynamogynie

Ady|na|mie, die; -, ...ien (Med.): **a)** Kraftlosigkeit, Muskelschwäche; **b)** grundlegende Erschöpfung. **ady|na|misch** (Med.): kraftlos, schwach, ohne ↑Dynamik (2)

Ady|na|mo|gy|nie, die; - (Bot.): Funktionsunfähigkeit der weiblichen Teile einer Blüte

Ady|ton, das; -s, ...ta ‹*gr.;* »das Unbetretbare«›: das Allerheiligste (von griechischen u. römischen Tempeln)

Aech|mea [ɛç...], die; -, ...meen ‹*gr.*› (Bot.): Zimmerpflanze mit in Rosetten angeordneten Blättern; Lanzenrosette

aer..., Aer... vgl. aero..., Aero...

Ae|r|ä|mie [ae...], die; -, ...ien ‹*gr.*› (Med.): Bildung von Stickstoffbläschen im Blut bei plötzlichem Abnehmen des äußeren Luftdrucks (z. B. bei Tauchern)

Ae|r|en|chym, das; -s, -e ‹*gr.-nlat.*›: mit der Außenluft in Verbindung stehender Interzellularraum (vgl. interzellular) bei Wasser- u. Sumpfpflanzen

Ae|ri|al, das; -s: der freie Luftraum als Lebensbezirk der Landtiere; vgl. Biotop (1)

ae|ri|fi|zie|ren: ↑vertikutieren

ae|ril, ae|risch (Geol.): durch Luft- od. Windeinwirkung entstanden

ae|ro..., Ae|ro...

vor Vokalen meist: aer..., Aer...
‹zu *gr.* aḗr »Luft«›
Wortbildungselement mit der Bedeutung »Luft, Gas«:
- Aerämie
- aerodynamisch
- Aeromedizin

Von gleicher Herkunft und Bedeutung ist auch das Wortbildungselement **air..., Air...** Vermittelt über *lat.* aer, *frz.* air und *engl.* air »Luft«, ist es Bestandteil vieler Fremdwörter, wie z. B. in Airbag, Aircondition, Airmail und Airport.

ae|rob [auch: ɛ...] ‹*gr.-nlat.*› (Biol.): Sauerstoff zum Leben brauchend (von Organismen)

Ae|ro|bic [ɛ'roːbɪk], das; -s, auch die; - ‹*gr.-engl.*›: Fitnesstraining mit tänzerischen u. gymnastischen Übungen

Ae|ro|bi|er, der; -s, - ‹*gr.-nlat.*› (Biol.): Organismus, der nur mit Sauerstoff leben kann (Ggs.: Anaerobier)

Ae|ro|bio|lo|gie, die; -: Teilgebiet der Biologie, das sich mit der Erforschung der lebenden Mikroorganismen in der Atmosphäre befasst

Ae|ro|bi|ont, der; -en, -en: ↑Aerobier

Ae|ro|bi|os, der; -: die Gesamtheit der Lebewesen des freien Luftraums, besonders die fliegenden Tiere, die ihre Nahrung im Flug aufnehmen; vgl. Benthos

Ae|ro|bi|o|se, die; -: auf Luftsauerstoff angewiesene Lebensvorgänge (Ggs.: Anaerobiose)

Ae|ro|bus, der; -ses, -se (Kurzw. aus ↑*Aero...* u. Omni*bus*): **1.** Hubschrauber im Taxidienst. **2.** Nahverkehrsmittel, das aus einer Kabine besteht, die an Kabeln zwischen Masten schwebt

Ae|ro|club vgl. Aeroklub

Ae|ro|drom, das; -s, -e (veraltet): Flugplatz

Ae|ro|dy|na|mik, die; -: **1.** Lehre von der Bewegung gasförmiger Stoffe, bes. der Luft. **2.** Verhalten, Eigenschaften in Bezug auf den Luftwiderstand. **Ae|ro|dy|na|mi|ker,** der; -s, -: Wissenschaftler auf dem Gebiet der Aerodynamik. **Ae|ro|dy|na|mi|ke|rin,** die; -, -nen: weibliche Form zu ↑Aerodynamiker. **ae|ro|dy|na|misch: a)** zur Aerodynamik gehörend; **b)** den Gesetzen der Aerodynamik unterliegend

Ae|ro|elas|ti|zi|tät, die; -: das Verhalten der elastischen Bauteile gegenüber den aerodynamischen Kräften (Schwingen, Flattern) bei Flugzeugen

Ae|ro|fon, Aerophon, das; -s, -e: durch Lufteinwirkung zum Tönen gebrachtes Musikinstrument (z. B. Blasinstrument)

Ae|ro|fo|to|gra|fie, Aerophotographie, die; -, ...ien: **a)** (ohne Plural) das Fotografieren aus Luftfahrzeugen (bes. für kartografische Zwecke); **b)** Luftmessbild

Ae|ro|fo|to|gram|me|t|rie, Aerophotogrammetrie, die; -, ...ien: Aufnahme von Messbildern aus der Luft u. ihre Auswertung

Ae|ro|gel, das; -s, -e ‹zu ↑Gel›: zur Wärmedämmung eingesetztes hochporöses, federleichtes Material

ae|ro|gen: 1. Gas bildend (z. B. von Bakterien). **2.** durch die Luft übertragen (z. B. von Infektionen)

Ae|ro|geo|lo|gie, die; -: geologische Erkundung vom Flugzeug od. anderen Flugkörpern aus

Ae|ro|geo|phy|sik, die; -: Teilgebiet der ↑Geophysik, in dem die Erforschung geophysikalischer Gegebenheiten vom Flugzeug od. anderen Flugkörpern aus erfolgt

Ae|ro|graf, Aerograph, der; -en, -en: Spritzgerät zum Zerstäuben von Farbe (mittels Druckluft)

Ae|ro|gramm, das; -s, -e: **1.** Luftpostleichtbrief. **2.** grafische Darstellung von Wärme- u. Feuchtigkeitsverhältnissen in der Atmosphäre

Ae|ro|kar|to|graf, Ae|ro|kar|to|graph, der; -en, -en: **1.** Gerät zum Ausmessen u. ↑Kartieren von Luftbildaufnahmen. **2.** jmd., der mit einem Aerokartografen (1) arbeitet

Ae|ro|kli|ma|to|lo|gie, die; -: ↑Klimatologie der höheren Luftschichten, die sich mit der Erforschung der ↑Atmosphäre befasst

Ae|ro|klub, Aeroclub, der; -s, -s: Luftsportverein

Ae|ro|lith [auch: ...'lɪt], der; -en u. -s, -e[n] (veraltet): ↑Meteorit

Ae|ro|lo|gie, die; -: Teilgebiet der Meteorologie, das sich mit der Erforschung der höheren Luftschichten befasst. **ae|ro|lo|gisch: a)** nach Methoden der Aerologie verfahrend; **b)** die Aerologie betreffend

Ae|ro|man|tie, die; - ‹*gr.-lat.*›: Wahrsagen mithilfe von Lufterscheinungen

Ae|ro|me|cha|nik, die; -: Wissenschaftszweig, der sich mit dem Gleichgewicht u. der Bewegung der Gase, bes. der Luft, befasst; vgl. Aerodynamik (1) u. Aerostatik

Ae|ro|me|di|zin, die; - (Med.): Teilgebiet der Medizin, dessen Aufgabenstellung die Erforschung der physischen Einwirkungen der Luftfahrt auf den Organismus der Flugreisenden ist

Ae|ro|me|ter, das; -s, - ‹*gr.-nlat.*›: Gerät zum Bestimmen des Luftgewichts od. der Luftdichte

Ae|ro|naut, der; -en, -en: Luftfahrer, Luftschiffer. **Ae|ro|nau|tik,** die; -: Luftfahrtkunde. **Ae|ro|nau|ti|ker,** der; -s, -: Fachmann, der sich mit Aeronautik befasst. **Ae|ro|nau|ti|ke|rin,** die; -, -nen: weibliche Form zu ↑Aeronautiker. **ae|ro|nau|tisch: a)** Methoden der Aeronautik anwendend; **b)** die Aeronautik betreffend

Ae|ro|na|vi|ga|ti|on, die; -: Steuerung von Luftfahrzeugen mithilfe von Ortsbestimmungen

Ae|ro|no|mie, die; -: Wissenschaftsgebiet, das sich mit der Erforschung der obersten Atmosphäre (über 30 km Höhe) befasst

Ae|ro|pha|gie, die; -, ...ien (Med.): [krankhaftes] Luftschlucken

Ae|ro|pho|bie, die; -, ...ien (Med.): [krankhafte] Angst vor frischer Luft

Ae|ro|phon vgl. Aerofon

Ae|ro|phor, der; -s, -e (Musik): ein dem Spielen von Blasinstrumenten dienendes Gerät, das durch einen mit dem Fuß zu bedienenden Blasebalg dem Instrument Luft zuführt, unabhängig vom Atem des Spielers

Ae|ro|pho|to|gram|me|t|rie vgl. Aerofotogrammetrie

Ae|ro|pho|to|gra|phie vgl. Aerofotografie

Ae|ro|phyt, der; -en, -en ‹»Luftpflanze«›: Pflanze, die auf einer anderen Pflanze lebt, d. h. den Boden nicht berührt

Ae|ro|plan, der; -[e]s, -e (veraltet): Flugzeug

Ae|ro|sa|lon, der; -s, -s: Ausstellung von Fahrzeugen u. Maschinen aus der Luft- u. Raumfahrttechnik

Ae|ro|sol, das; -s, -e ‹*gr.; lat.*›: **1.** (Physik) ein Gas (bes. Luft), das feste od. flüssige Stoffe in feinstverteilter Form enthält. **2.** (Med.) zur Einatmung bestimmtes, flüssige Stoffe in feinstverteilter Form enthaltendes Arznei- od. Entkeimungsmittel (in Form von Sprühnebeln)

Ae|ro|sol|bom|be, die; -, -n: Behälter zum Zerstäuben eines Aerosols

ae|ro|so|lie|ren: Aerosole, z. B. Pflanzenschutz- od. Arzneimittel, versprühen

Ae|ro|sol|the|ra|pie, die; -, ...ien (Med.): Behandlung (bes. von Erkrankungen der oberen Luftwege) durch ↑Inhalation wirkstoffhaltiger Aerosole

Ae|ro|son|de, die; -, -n: an einem Ballon hängendes Messgerät, das während des Aufstiegs Messwerte über Temperatur, Luftdruck u. Feuchtigkeit zur Erde sendet

Ae|ro|stat, der; -[e]s u. -en, -en (veraltet): Luftballon. **Ae|ro|sta|tik,** die; - ‹*gr.-nlat.*›: Wissenschaftsgebiet, das sich mit den Gleichgewichtszuständen bei Gasen befasst. **ae|ro|sta|tisch: a)** nach Gesetzen der Aerostatik ablaufend; **b)** die Aerostatik betreffend

Ae|ro|ta|xe, die; -, -n, **Ae|ro|ta|xi,** das; -s, -s: Mietflugzeug

Ae|ro|ta|xis, die; - ‹*gr.-nlat.*› (Biol.): die durch Sauerstoff ausgelöste gerichtete Ortsveränderung frei beweglicher Organismen; vgl. ²Taxis

Ae|ro|tel, das; -s, -s ‹Kurzw. aus *Aero...* u. Hotel›: Flughafenhotel

Ae|ro|the|ra|pie, die; -, ...ien (Med.): Sammelbezeichnung für Heilverfahren, bei denen (künstlich verdichtete od. verdünnte) Luft eine Rolle spielt (z. B. Klimakammer, Inhalation, Höhenaufenthalt)

ae|ro|therm: a) mit heißer Luft; **b)** aus heißer Luft

Ae|ro|train [...trɛ̃:], der; -s, -s ⟨*gr.; lat.-vulgärlat.-frz.*⟩: (nicht realisierter) Luftkissenzug

Ae|ro|tri|an|gu|la|ti|on, die; -, -en ⟨*gr.; lat.*⟩: Verfahren der Fotogrammetrie (b) zur Bestimmung geodätischer Festpunkte aus Luftbildern

Ae|ro|tro|pis|mus, der; - (Biol.): durch Gase (z. B. Kohlendioxid oder Sauerstoff) ausgelöste gerichtete Wachstumsbewegung von Pflanzen

Ae|ro|zin, das; -s: Raketentreibstoff

Ae|tit [ae..., auch: ...ˈtɪt], der; -s, -e ⟨*gr.-nlat.*⟩: Adlerstein, Eisenmineral

Ae|to|sau|rus [ae...], der; -, ...rier ⟨*gr.*⟩: eidechsenähnlicher, auf zwei Beinen gehender Saurier

afe|b|ril [auch: ˈa...] ⟨*gr.; lat.*⟩ (Med.): fieberfrei

af|fa|bel ⟨*lat.*⟩ (veraltet): gesprächig, leutselig

Af|fai|re [aˈfɛ:rə]: frz. Schreibung für ↑Affäre

Af|fä|re, die; -, -n ⟨*frz.*⟩: **1.** besondere, oft unangenehme Sache, Angelegenheit; peinlicher Vorfall; **sich aus der Affäre ziehen:** sich mit Geschick u. erfolgreich bemühen, aus einer unangenehmen Situation herauszukommen. **2.** Liebesverhältnis, Liebesabenteuer

Af|fa|to|mie, die; -, ...ien ⟨*mlat.*⟩ (Geschichte): Adoption mit Eigentumsübertragung, die dem Erblasser (derjenige, der das Erbe hinterlässt) aber die Nutzung des Erbes bis zum Tode überlässt (fränkisches Recht)

Af|fekt, der; -[e]s, -e ⟨*lat.*⟩: **a)** heftige Erregung, Zustand einer außergewöhnlichen seelischen Angespanntheit; **b)** (Plural) Leidenschaften

Af|fek|ta|ti|on, die; -, -en: **a)** (ohne Plural) affektiertes Benehmen; **b)** affektierte Äußerung, Handlung

af|fek|tie|ren (veraltet): sich gekünstelt benehmen, sich zieren. **af|fek|tiert:** geziert, gekünstelt, eingebildet

Af|fek|ti|on, die; -, -en: **1.** (Med.) Befall eines Organs mit Krankheitserregern; Erkrankung. **2.** (Psychol.) Beeinflussung der psychischen Konstitution durch äußere Faktoren. **3.** Wohlwollen, Neigung. **af|fek|ti|o|niert** ⟨*nlat.*⟩ (veraltet): wohlwollend, geneigt, [herzlich] zugetan

Af|fek|ti|ons|wert, der; -[e]s, -e (Rechtsspr.): Liebhaberwert

af|fek|tisch ⟨*lat.*⟩ (Sprachwiss.): von Gefühl od. Erregung beeinflusst (in Bezug auf die Sprache)

af|fek|tiv (Psychol.): **a)** gefühls-, affektbetont, durch heftige Gefühlsäußerungen gekennzeichnet; **b)** auf einen Affekt (a) bezogen. **Af|fek|ti|vi|tät,** die; - ⟨*nlat.*⟩ (Psychol.): **1.** Gesamtheit des menschlichen Gefühls- u. Gemütslebens. **2.** die Gefühlsansprechbarkeit eines Menschen

Af|fekt|pro|jek|ti|on, die; -, -en (Psychol.): Übertragung eigener Affekte auf Lebewesen od. Dinge der Außenwelt, sodass diese als Träger der Affekte erscheinen

Af|fekt|psy|cho|se, die; -, -n (Psychol.): **1.** ↑Psychose, die sich hauptsächlich im krankhaft veränderten Gefühlsleben äußert. **2.** frühere Bez. für manisch-depressive Erkrankungen

af|fek|tu|os, af|fek|tu|ös: seine Ergriffenheit von etwas mit Wärme und Gefühl zum Ausdruck bringend

af|fe|rent ⟨*lat.;* »hinführend«⟩ (Med.): hin-, zuführend (bes. von Nervenbahnen, die von einem Sinnesorgan zum Zentralnervensystem führen) (Ggs.: efferent). **Af|fe|renz,** die; -, -en (Physiol., Med.): Erregung (Impuls, Information), die über die afferenten Nervenfasern von der Peripherie zum Zentralnervensystem geführt wird (Ggs.: Efferenz)

af|fet|tu|o|so ⟨*lat.-it.*⟩ (Musik): bewegt, leidenschaftlich (Vortragsanweisung)

Af|fi|cha|ge [afiˈʃa:ʒə], die; - ⟨*frz.*⟩ (schweiz.): Plakatwerbung

Af|fi|che [aˈfɪʃə], die; -, -n ⟨*frz.*⟩: Anschlag[zettel], Aushang, Plakat. **af|fi|chie|ren:** anschlagen, aushängen, ankleben

Af|fi|da|vit, das; -s, -s ⟨*lat.-mlat.-engl.;* »er hat bezeugt«⟩: **1.** eidesstattliche Versicherung (bes. auch für Wertpapiere). **2.** Bürgschaft eines Bürgers des Aufnahmelandes für einen Einwanderer

af|fi|gie|ren ⟨*lat.*⟩: anheften, aushängen. **Af|fi|gie|rung,** die; -, -en: das Anfügen eines ↑Affixes an den Wortstamm

Af|fi|li|a|ti|on, die; -, -en ⟨*lat.-mlat.*⟩: **1.** (Sprachwiss.) das Verhältnis von Sprachen, die sich aus einer gemeinsamen Grundsprache entwickelt haben, zueinander u. zur Grundsprache. **2.** (Rechtsspr. veraltet) ↑Adoption. **3. a)** Logenwechsel eines Logenmitglieds (vgl. Loge [3 a]) nach einem Wohnungswechsel; **b)** rituelles Annahmeverfahren nach einem Logenwechsel (vgl. Loge [3 a]). **4. a)** Anschluss, Verbrüderung; **b)** Beigesellung (z. B. einer Tochtergesellschaft)

af|fi|li|ie|ren: 1. aufnehmen (bes. in eine Freimaurerloge). **2.** beigesellen, einer größeren Gemeinschaft angliedern

af|fin ⟨*lat.*⟩: **1.** verwandt. **2.** durch eine affine Abbildung auseinander hervorgehend; **affine Abbildung:** geometrische Abbildung von Bereichen od. Räumen aufeinander, bei der bestimmte geometrische Eigenschaften erhalten bleiben; **affine Geometrie:** Sätze, die von gleichbleibenden Eigenschaften von ↑Figuren (1) handeln. **3.** (Chemie) reaktionsfähig

Af|fi|na|ge [...ʒə], die; -, -n ⟨*lat.-frz.*⟩ (Gastron.): Käseveredelung

Af|fi|na|ti|on, die; -, -en: ↑Affinierung; vgl. ...ation/...ierung

af|fi|né ⟨*frz.*⟩ (Hüttenw.): kohlenstofffrei (Kennzeichnung bei Ferrolegierungen)

Af|fi|neur [...'nø:ɐ̯], der; -s, -e ⟨*frz.*⟩ (Gastron.): Käseverfeinerer

af|fi|nie|ren: 1. reinigen, scheiden (von Edelmetallen). **2.** Zuckerkristalle vom Sirup trennen. **3.** Käse so weit verfeinern, bis er den optimalen Reifepunkt erreicht hat. **Af|fi|nie|rung,** die; -, -en: Trennung von Gold u. Silber aus ihren ↑Legierungen mittels Schwefelsäure; vgl. ...ation/...ierung

Af|fi|ni|tät, die; -, -en ⟨*lat.;* »Verwandtschaft«⟩: **1.** (Philos.) Wesensverwandtschaft von Begriffen u. Vorstellungen. **2.** (Chemie) Neigung von Atomen od. Atomgruppen, sich miteinander zu vereinigen bzw. sich umzusetzen. **3.** (Math.) **a)** ↑affine Abbildung; **b)** die bei einer affinen Abbildung gleichbleibende Eigenschaft geometrischer Figuren. **4.** (Rechtswiss.) Schwägerschaft, das Verhältnis zwischen einem Ehegatten u. den Verwandten des anderen. **5.** (Textilind.) Aufnahmevermögen eines Faserstoffs für Farbstoffe u. Ausrüstungsmittel. **6.** (Sozialpsychol.) Anziehungskraft, die Menschen aufeinander ausüben. **7.** (Sprachwiss.) Ähnlichkeit zwischen unverwandten Sprachen; vgl. Affiliation (1)

Af|fi|nor, der; -s, ...oren ⟨*lat.*⟩: ältere Bez. für ↑Tensor (1)

Af|fir|ma|ti|on, die; -, -en ⟨*lat.*⟩: Bejahung, Zustimmung, Bekräftigung (Ggs.: Negation [1])

af|fir|ma|tiv: bejahend, bestätigend. **Af|fir|ma|ti|ve,** die; -, -n: bejahende Aussage, Bestätigung

af|fir|mie|ren ⟨*lat.*⟩: bejahen, bekräftigen

Af|fix, das; -es, -e ⟨*lat.;* »angeheftet«⟩: an den Wortstamm tretendes ↑Morphem (↑Präfix od. ↑Suffix); vgl. Formans. **Af|fi|xo|id,** das; -s, -e: an den Wortstamm tretendes ↑Morphem in Form eines ↑Präfixoids od. ↑Suffixoids

af|fi|zie|ren ⟨*lat.;* »hinzutun; einwirken; anregen«⟩ (Med.): reizen, krankhaft verändern. **af|fi|ziert: 1.** (Med.) befallen (von einer Krankheit). **2.** betroffen, erregt; **affiziertes Objekt** (Sprachwiss.): Objekt, das durch die im Verb ausgedrückte Handlung unmittelbar betroffen wird (z. B. den *Acker* pflügen)

af|flu|ent ⟨*lat.-frz.-engl.*⟩ (Soziol.): wohlhabend, reich

Af|fo|dill ⟨*gr.-mlat.*⟩, Asphodill ⟨*gr.-lat.*⟩ der; -s, -e: **a)** Gattung der Liliengewächse; **b)** Weißer Affodill (eine Art aus dieser Gattung)

af|fret|tan|do ⟨*it.*⟩ (Musik): schneller, lebhafter werdend (Vortragsanweisung)

Af|fri|ka|ta, Af|fri|ka|te, die; -, ...ten ⟨*lat.*⟩ (Sprachwiss.): enge Verbindung eines Verschlusslautes mit einem unmittelbar folgenden Reibelaut (z. B. pf). **af|fri|zie|ren** (Sprachwiss.): einen Verschlusslaut in eine Affrikata verwandeln

Af|front [a'frɔ̃:, schweiz.: a'frɔnt], der; -s, -s ⟨*lat.-frz.*⟩: herausfordernde Beleidigung, Schmähung, Kränkung. **af|fron|tie|ren** (veraltet): jmdn. durch eine Beleidigung, Kränkung, Beschimpfung herausfordern, angreifen

af|frös ⟨*germ.-provenzal.-frz.*⟩ (veraltet): abscheulich, hässlich

Af|gha|laine [afga'lɛ:n], der; -[s] ⟨Fantasiebezeichnung aus dem Namen des Staates *Afgha*nistan u. *frz. laine* »Wolle«⟩: Kleiderstoff aus Mischgewebe

Af|ghan, der; -[s], -s ⟨nach dem Staat Afghanistan⟩: **1.** handgeknüpfter, meist weinroter Wollteppich mit geometrischer Musterung, vorwiegend aus Afghanistan. **2.** Haschischsorte. **Af|gha|ne,** der; -n, -n: Windhund (eine Hunderasse). **Af|gha|ni,** der; -[s], -[s]: Währungseinheit in Afghanistan

Af|la|to|xin, das; -s, -e (meist Plural) ⟨Kurzw. aus *A*spergillus *fla*vus u. *Toxin*⟩ (Biol., Med.): giftiges Stoffwechselprodukt verschiedener Schimmelpilze, z. T. krebserregend

afo|kal ⟨*gr.; lat.*⟩: brennpunktlos

à fond [a'fɔ̃:] ⟨*frz.*⟩: gründlich, nachdrücklich

à fonds per|du [a'fɔ̃: pɛr'dy:] ⟨*lat.-frz.*⟩: auf Verlustkonto; [Zahlung] ohne Aussicht auf Gegenleistung od. Rückerstattung

Afon|ge|trie|be, Aphongetriebe, das; -s, - ⟨*gr.; dt.*⟩: geräuscharmes Schaltgetriebe

Afo|nie, Aphonie, die; -, ...ien ⟨*gr.-nlat.*⟩ (Med.): Stimmlosigkeit, Fehlen des Stimmklangs, Flüsterstimme

à for|fait [afɔr'fɛ] ⟨*frz.*⟩: ohne Rückgriff (Klausel für die Vereinbarung mit dem Käufer eines ausgestellten Wechsels, nach der die Inanspruchnahme des Wechselausstellers [oder gegebenenfalls auch des ↑Indossanten] durch den Käufer ausgeschlossen wird)

a for|ti|o|ri ⟨*lat.;* »vom Stärkeren her«⟩ (Philos.): nach dem stärker überzeugenden Grund; erst recht, umso mehr (von einer Aussage)

afo|tisch vgl. aphotisch

a fres|co, al fresco ⟨*it.;* »auf frischem (Kalk)«⟩: auf frischem Verputz, Kalk, auf die noch feuchte Wand [gemalt]; vgl. [1]Fresko (Ggs.: a secco)

Af|ri|c|an|th|ro|pus vgl. Afrikanthropus

Af|ri|kaan|der, Afrikander, der; -s, - ⟨*lat.-niederl.*⟩: Weißer in Südafrika mit Afrikaans als Muttersprache. **Af|ri|kaan|de|rin,** Afrikanderin, die; -, -nen: weibliche Form zu ↑Afrikaander

af|ri|kaans: kapholländisch. **Af|ri|kaans,** das; -: das Kapholländisch, Sprache der Buren in der Republik Südafrika

Af|ri|ka|na, die (Plural) ⟨*lat.*⟩: Werke über Afrika

Af|ri|kan|der usw. vgl. Afrikaander usw.

Af|ri|ka|nist, der; -en, -en ⟨*nlat.*⟩: Wissenschaftler, der die Geschichte, die Sprachen u. Kulturen Afrikas untersucht. **Af|ri|ka|nis|tik,** die; -: Wissenschaft, die sich mit der Geschichte, der Kultur u. den Sprachen der afrikanischen indigenen Völker beschäftigt. **Af|ri|ka|nis|tin,** die; -, -nen: weibliche Form zu ↑Afrikanist

Af|ri|k|an|th|ro|pus, fachspr. auch: Africanthropus, der; - ⟨*lat.; gr.*⟩: Menschentyp der Altsteinzeit, benannt nach den [ost]afrikanischen Fundstätten

af|ro|ame|ri|ka|nisch: 1. die Afrikaner (Schwarzen) in Amerika betreffend. **2.** Afrika u. Amerika betreffend

af|ro|asi|a|tisch: Afrika u. Asien betreffend

Af|ro|fri|sur, die; -, -en: Frisur im ↑Afrolook

Af|ro|look [...lʊk], der; -s, -s: Frisur, bei der das Haar in stark gekrausten, dichten Locken nach allen Seiten hin absteht

Af|schar, Af|scha|ri, der; -[s], -s ‹nach einem iranischen Nomadenstamm›: Teppich mit elfenbeinfarbenem Grund

Af|ter-Hour-Par|ty, Af|ter|hour|par|ty [ˈaːftɐʔaʊ̯ɐpaːɐ̯ti], die; -, -s ‹*engl.*›: Party, die im Anschluss an die eigentliche Party stattfindet

Af|ter|sales [ˈaːftɐseɪ̯lz], das; - ‹*engl.*› (Wirtsch.): Abteilung einer Firma, die für Kunden zuständig ist, die bereits ein Produkt dieser Firma erworben haben

Af|ter|shave [ˈaːftɐʃeɪ̯f], das; -[s], -s ‹*engl.*›: Kurzform von ↑Aftershave-Lotion

Af|ter|shave-Lo|tion, Af|ter|shave|lo|tion [...lɔʊ̯ʃn̩], die; -, -s: nach der Rasur zu verwendendes Gesichtswasser; vgl. Preshave-Lotion

Af|ter-Show-Par|ty, Af|ter|show|par|ty [ˈaːftɐ(ˈ)ʃɔʊ̯...], die; -, -s ‹*engl.*›: nach einem Konzert, einer Show o. Ä. stattfindende Party [für einen ausgewählten Kreis von Eingeladenen]

Af|ter-Sun-Lo|tion, Af|ter|sun|lo|tion [ˈaːftɐ(ˈ)sʌnlɔʊ̯ʃn̩], die; -, -s ‹*engl.*›: Hautpflegemittel zur Anwendung nach dem Sonnenbad

Af|ter-Work-Club, Af|ter|work|club [ˈaːftɐ(ˈ)wœːɐ̯kklab], der; -s, -s ‹*engl.*›: in einer Bar, einem Klub o. Ä. stattfindende Party, die bereits am frühen Abend [nach Büroschluss] beginnt

Af|ter-Work-Par|ty, Af|ter|work|par|ty [ˈaːftɐ(ˈ)wœːɐ̯k...], die; -, -s ‹*engl.*›: am frühen Abend, nach der üblichen Arbeitszeit beginnende [kommerzielle] Party

Af|ze|lia, die; - ‹*nlat.;* nach dem schwedischen Botaniker A. Afzelius, † 1837›: Pflanzengattung der Hülsenfrüchtler

Aga, Agha, der; -[s], -s ‹*türk.;* »groß«›: **a)** (Geschichte) Titel für höhere türkische Offiziere od. auch für niedere Offiziere u. Zivilbeamte; **b)** persische Anrede (»Herr«). **Aga Khan,** der; - -s, - -e: Titel des erblichen Oberhaupts der islamischen Glaubensgemeinschaft der ↑Hodschas (2) in Indien u. Ostafrika

Aga|lak|tie, die; -, ...ien ‹*gr.-nlat.*› (Med.): Stillunfähigkeit; [komplett] fehlende Milchsekretion in der Stillphase; vgl. Hypogalaktie

agam ‹*gr.-nlat.;* »ehelos«›: ohne vorausgegangene Befruchtung zeugend; **agame Fortpflanzung:** ↑Agamogonie

Aga|met, der; -en, -en (meist Plural) (Zool.): durch ↑Agamogonie entstandene Zelle niederer Lebewesen, die der ungeschlechtlichen Fortpflanzung dient

Aga|mie, die; -: **1.** Ehelosigkeit. **2.** (Biol.) geschlechtliche Fortpflanzung ohne Befruchtung. **aga|misch: 1.** ehelos. **2.** (Bot.) geschlechtslos

Aga|mist, der; -en, -en (veraltet): Junggeselle

Aga|mo|go|nie, die; - (Biol.): ungeschlechtliche Vermehrung durch Zellteilung

Aga|p|an|thus, der; -, ...thi ‹*gr.-nlat.;* »Liebesblume«›: südafrikanische Gattung der Liliengewächse; Schmucklilie

Aga|pe [...pe], die; -, -n ‹*gr.-lat.*›: **1.** (ohne Plural; Rel.) die sich in Christus zeigende Liebe Gottes zu den Menschen, bes. zu den Armen, Schwachen u. Sündern; Nächstenliebe; Feindesliebe; Liebe zu Gott. **2. a)** (Geschichte) abendliches Mahl der frühchristlichen Gemeinde [mit Speisung der Bedürftigen]; **b)** (Rel.) gemeinsames Mahl nach einem Gottesdienst; **c)** (österr.) Sektempfang, bes. nach einer (kirchlichen od. standesamtlichen) Trauung

Agar-Agar, der od. das; -s ‹*malai.*›: stark schleimhaltiger Stoff aus ostasiatischen Rotalgen

Aga|ve, die; -, -n ‹*gr.-frz.;* »die Edle«›: Gattung aloeähnlicher Pflanzen (vgl. Aloe) der Tropen u. Subtropen

Ageism [ˈeɪ̯dʒɪzm], der; - ‹*engl.*›: Diskriminierung von alten Menschen (bes. die Bevorzugung junger Menschen gegenüber alten)

Agen|da, die; -, ...den ‹*lat.-roman.;* »was zu tun ist«›: **1. a)** Schreibtafel, Merk-, Notizbuch; **b)** Terminkalender. **2.** Aufstellung der Gesprächspunkte bei [politischen] Verhandlungen

agen|da|risch ‹*lat.-mlat.-nlat.*›: zur Gottesdienstordnung gehörend, ihr entsprechend

Agen|de, die; -, -n ‹*lat.-mlat.*›: **1.** Buch für die Gottesdienstordnung. **2.** Gottesdienstordnung

Agen|den, die (Plural) (bes. österr.): zu erledigende Aufgaben, Obliegenheiten

Age|ne|sie, die; - ‹*gr.-nlat.*› (Med.): **a)** [genetisch bedingtes] vollständiges Fehlen einer Organanlage; **b)** verkümmerte Organanlage

Agens, das; -, Agenzien ‹*lat.*›: **1.** (Philos.) treibende Kraft; wirkendes, handelndes, tätiges Wesen od. ↑Prinzip. **2.** (Plural auch: Agentia; Med.) **a)** wirksamer Stoff, wirkendes Mittel; **b)** krank machender Faktor. **3.** (Plural: -; Sprachwiss.) Träger eines durch das Verb ausgedrückten aktiven Verhaltens; vgl. Patiens

Agent, der; -en, -en ‹*lat.-it.*›: **1.** Abgesandter eines Staates, der neben dem offiziellen diplomatischen Vertreter einen besonderen Auftrag erfüllt u. meist keinen diplomatischen Schutz besitzt. **2.** in staatlichem Geheimauftrag tätiger Spion. **3. a)** (österr., sonst veraltet) Handelsvertreter; **b)** jmd., der berufsmäßig Kunstschaffenden Engagements vermittelt

Agen|ten|ro|man, der; -s, -e: ein Genre der Kriminalliteratur, in dem die Tätigkeit von Agenten (2) im Mittelpunkt steht

Agen|tie [...ˈtsiː], die; -, ...tien ‹*lat.-it.*› (österr. veraltet): Geschäftsstelle (bes. der Donau-Dampfschifffahrtsgesellschaft). **agen|tie|ren** (österr. veraltend): Kunden werben

Agen|tin, die; -, -nen: weibliche Form zu ↑Agent

Agent Pro|vo|ca|teur, Agent pro|vo|ca|teur [aˈʒɑ̃: provokaˈtøːɐ̯], der; - -, -s -s [aˈʒɑ̃: provokaˈtøːɐ̯] ‹*frz.*›: Agent, der verdächtige Personen zu strafbaren Handlungen verleiten od. Zwischenfälle od. kompromittierende Handlungen beim Gegner provozieren soll; Lockspitzel

Agen|tur, die; -, -en ⟨*nlat.*⟩: **1.** Stelle, Büro, in dem [politische] Nachrichten aus aller Welt gesammelt u. an Presse, Rundfunk u. Fernsehen weitergegeben werden. **2.** Geschäftsnebenstelle, Vertretung. **3.** Büro, das Künstlern Engagements vermittelt; Vermittlungsbüro, Geschäftsstelle eines Agenten (3 b)

Agen|zi|en: *Plural* von ↑ Agens (1 u. 2)

Age|ra|tum, das; - ⟨*gr.-lat.-nlat.*⟩: Leberbalsam (ein Korbblütler)

Age-The|o|rie, Age|the|o|rie [ˈeɪtʃ...], die; - ⟨*engl.; gr.*⟩ (Physik): Theorie, die das Verhalten von Neutronen bei Neutronenbremsung beschreibt

Ageu|sie, die; -, ...ien ⟨*gr.-nlat.*⟩ (Med.): völliger Verlust der Geschmacksempfindung

age|vo|le [aˈdʒeːvole] ⟨*lat.-it.*⟩ (Musik): leicht, gefällig (Vortragsanweisung)

Ag|ger, der; -s, -es ⟨*lat.*⟩ (Anat.): [Schleimhaut]wulst

Ag|gior|na|men|to [adʒɔr...], das; -s ⟨*lat.-frz.-it.*⟩ (Rel.): Versuch der Anpassung der katholischen Kirche u. ihrer Lehre an die Verhältnisse des modernen Lebens

Ag|glo|me|rat, das; -s, -e ⟨*lat.;* »zu einem Knäuel zusammengedrängt«⟩: **1.** (fachspr.) Anhäufung. **2.** (Geol.) **a)** Ablagerung von unverfestigten Gesteinsbruchstücken; **b)** aus groben Gesteinsbrocken bestehendes vulkanisches Auswurfprodukt. **3.** feinkörniges Erz

Ag|glo|me|ra|ti|on, die; -, -en ⟨*lat.-nlat.*⟩: **1.** Anhäufung, Zusammenballung. **2.** (bes. schweiz.) Ballungsraum

ag|glo|me|rie|ren ⟨*lat.*⟩: zusammenballen

Ag|glu|ti|na|ti|on, die; -, -en ⟨*lat.;* »das Ankleben«⟩: **1.** (Sprachwiss.) Verschmelzung (z. B. des Artikels od. einer Präposition mit dem folgenden Substantiv wie im Neugriechischen u. in den romanischen Sprachen, z. B. »Alarm« aus it. »all'arme« = zu den Waffen). **2.** (Sprachwiss.) Ableitung u. Beugung eines Wortes mithilfe von ↑ Affixen, die an den unverändert bleibenden Wortstamm angehängt werden; vgl. agglutinieren. **3.** (Med.) Verklebung, Zusammenballung, Verklumpung von Zellen (z. B. Bakterien od. roten Blutkörperchen) als Wirkung von ↑ Antikörpern

ag|glu|ti|nie|ren: 1. (Med.) zur Verklumpung bringen, eine Agglutination (3) herbeiführen. **2.** (Sprachwiss.) Beugungsformen durch Anhängen von Affixen bilden; **agglutinierende Sprache:** Sprache, die zur Ableitung u. Beugung von Wörtern ↑ Affixe an das unverändert bleibende Wort anfügt, z. B. das Türkische u. die finnisch-ugrischen Sprachen

Ag|glu|ti|nin, das; -s, -e (meist Plural) ⟨*lat.-nlat.*⟩ (Med.): ↑ Antikörper, der im Blutserum Blutkörperchen fremder Blutgruppen od. Bakterien zusammenballt u. damit unschädlich macht

Ag|glu|ti|no|gen, das; -s, -e (meist Plural) ⟨*lat.; gr.*⟩ (Med.): ↑ Antigen, das die Bildung von Agglutininen anregt

Ag|gra|va|ti|on, die; -, -en ⟨*lat.;* »Beschwerung«⟩: **1.** Erschwerung, Verschlimmerung. **2.** (Med.) **a)** Übertreibung von Krankheitserscheinungen; **b)** [deutliche] Verschlimmerung einer Krankheit. **ag|gra|vie|ren** (Med.): gesundheitliche Beschwerden u. Krankheitserscheinungen übertreibend darstellen

Ag|gre|gat, das; -s, -e ⟨*lat.;* »angehäuft«⟩: **1.** Maschinensatz aus zusammenwirkenden Einzelmaschinen, bes. in der Elektrotechnik. **2.** mehrgliedriger mathematischer Ausdruck, dessen einzelne Glieder durch + od. − miteinander verknüpft sind. **3.** das Zusammenwachsen von ↑ Mineralien der gleichen od. verschiedener Art

Ag|gre|ga|ti|on, die; -, -en: **1.** Anhäufung. **2.** (Chemie) Vereinigung von Molekülen zu Molekülverbindungen. **3.** (Biol., Med.) Anhäufung, Zusammenschluss von Teilchen, Kleinstlebewesen o. Ä. **4.** (Statistik) Zusammenfassung von Daten nach mathematisch-statistischen Methoden

Ag|gre|gat|zu|stand, der; -s, ...stände: Erscheinungsform eines Stoffes (fest, flüssig, gasförmig)

ag|gre|gie|ren ⟨*lat.*⟩: **1.** anhäufen. **2.** (Biol., Med.) eine ↑ Aggregation (3) bilden. **3.** (Statistik) eine ↑ Aggregation (4) vornehmen; in bestimmter Weise zusammenfassen

Ag|gres|si|ne, die (Plural) ⟨*lat.-nlat.*⟩ (Med. veraltet): von Bakterien gebildete Stoffe, die die Wirkung der natürlichen Abwehrstoffe des Körpers herabsetzen

Ag|gres|si|on, die; -, -en ⟨*lat.*⟩: **1.** rechtswidriger Angriff auf ein fremdes Staatsgebiet, Angriffskrieg. **2.** (Psychol.) **a)** [affektbedingtes] Angriffsverhalten, feindselige Haltung eines Menschen od. eines Tieres mit dem Ziel, die eigene Macht zu steigern od. die Macht des Gegners zu mindern; **b)** feindselig-aggressive Äußerung, Handlung

ag|gres|siv ⟨*lat.-nlat.*⟩: angreifend; auf Angriff, Aggression gerichtet. **ag|gres|si|vie|ren:** aggressiv machen

Ag|gres|si|vi|tät, die; -, -en: **1.** (ohne Plural) **a)** (Psychol.) mehr od. weniger unbewusste, sich nicht offen zeigende, habituell gewordene aggressive Haltung des Menschen; **b)** Angriffslust. **2.** einzelne aggressive Handlung

Ag|gres|sor, der; -s, ...oren ⟨*lat.*⟩: rechtswidrig handelnder Angreifer. **Ag|gres|so|rin,** die; -, -nen: weibliche Form zu ↑ Aggressor

Ag|gri|per|len, Ag|gry|per|len, die (Plural) ⟨vermutlich *afrik.; lat.-roman.*⟩: Glas-, seltener Steinperlen venezianischer od. Amsterdamer Herkunft, die früher in Westafrika als Zahlungsmittel dienten

Agha vgl. Aga

Ägi|de, die; - ⟨*gr.-lat.;* nach dem Schild ↑ Ägis des Zeus u. der Athene⟩: **unter jmds. Ägide:** unter jmds. Schirmherrschaft, Leitung

agie|ren ⟨*lat.*⟩: **a)** handeln, tun, wirken, tätig sein; **b)** [als Schauspieler] auftreten, eine Rolle spielen

agil ⟨*lat.-frz.;* »leicht zu führen, beweglich«⟩: behände, flink, gewandt; regsam, geschäftig

agi|le ['a:dʒile] ⟨*lat.-it.*⟩ (Musik): flink, beweglich (Vortragsanweisung)
Agi|li|tät, die; - ⟨*lat.*⟩: temperamentbedingte Beweglichkeit, Lebendigkeit, Regsamkeit (im Verhalten des Menschen zur Umwelt)
Ägi|lops, der; - ⟨*gr.-lat.*⟩: Windhafer
Ägi|ne|ten, die (Plural): Giebelfiguren des Aphäatempels auf der griechischen Insel Ägina
Agio ['a:ʒi̯o, auch: 'a:dʒo], das; -s, -s u. Agien [...i̯ən] ⟨*it.(-frz.)*⟩: Aufgeld (z. B. Betrag, um den der Preis eines Wertpapiers über dem Nennwert liegt). **Agio|pa|pier,** das; -s, -e (meist Plural) (Bankw., Börsenw.): Schuldverschreibung, die mit Agio zurückgezahlt wird
Agio|ta|ge [aʒi̯o'ta:ʒə], die; -, -n ⟨*it.-frz.*⟩: **1.** Spekulationsgeschäft durch Ausnutzung von Kursschwankungen an der Börse. **2.** (österr.) nicht rechtmäßiger Handel zu überhöhten Preisen (z. B. mit Eintrittskarten)
Agio|teur [...'tøːɐ̯], der; -s, -e: **1.** Börsenspekulant. **2.** (österr.) jmd., der unrechtmäßig z. B. mit Eintrittskarten zu überhöhten Preisen handelt. **Agio|teu|rin** [...'tø:rɪn], die; -, -nen: weibliche Form zu ↑ Agioteur
Agio|the|o|rie, die; -: Kapitalzinstheorie, die den Zins als Agio erklärt
agio|tie|ren: an der Börse spekulieren
Ägis, die; - ⟨*gr.-lat.; »Ziegenfell«*⟩: Schild des Zeus u. der Athene
Agi|ta|tio, die; -, ...tiones ⟨*lat.-nlat.*⟩ (Med.): körperliche Unruhe, Erregtheit eines Kranken, die oft mit heftigen Bewegungen verbunden ist
Agi|ta|ti|on, die; -, -en ⟨*lat.-engl.*⟩: **a)** (abwertend) aggressive Tätigkeit zur Beeinflussung anderer, vor allem in politischer Hinsicht; Hetze; **b)** politische Aufklärungstätigkeit; Werbung für bestimmte politische od. soziale Ziele. **Agi|ta|ti|on und Pro|pa|gan|da,** die; - - -: ↑ [1]Agitprop
agi|ta|to [adʒi...] ⟨*lat.-it.*⟩ (Musik): aufgeregt, heftig (Vortragsanweisung)
Agi|ta|tor, der; -s, ...oren ⟨*lat.-engl.*⟩: jmd., der Agitation betreibt. **Agi|ta|to|rin,** die; -, -nen: weibliche Form zu ↑ Agitator. **agi|ta|to|risch: a)** (abwertend) aggressiv [für politische Ziele] tätig, hetzerisch; **b)** politisch aufklärend
agi|tie|ren ⟨*lat.-engl.*⟩: **a)** (abwertend) in aggressiver Weise [für politische Ziele] tätig sein, hetzen; **b)** politisch aufklären, werben. **agi|tiert** (Psychol.): erregt, unruhig
[1]**Agit|prop,** die; - ⟨Kurzw. aus *Agitation* u. *Propaganda*⟩ (marxistisch): Beeinflussung der Massen mit dem Ziel, in ihnen revolutionäres Bewusstsein zu entwickeln
[2]**Agit|prop,** der; -[s], -s: jmd., der agitatorische Propaganda betreibt
Agit|prop|grup|pe, die; -, -n: Gruppe von Laienspielern, die in kabarettistischer Form [1]Agitprop betreibt
Agit|prop|the|a|ter, das; -s (Geschichte): Form des Laientheaters, das durch Verbreitung der marxistischen Lehre die allgemeine politische Bildung fördern sollte
Aglo|bu|lie, die; - ⟨*gr.; lat.-nlat.*⟩ (Med.): Verminderung der Zahl der roten Blutkörperchen

> **Agglomerat**
> Das aus dem Lateinischen stammende Wort schreibt sich mit der im Deutschen ungewöhnlichen Orthografie *-gg-*. Ebenso: *Agglomeration, agglomerieren.*

Aglos|sie, die; -, ...i̯en ⟨*gr.*⟩ (Med.): angeborenes Fehlen der Zunge
Agly|kon, das; -s, -e ⟨*gr.-nlat.*⟩: zuckerfreier Bestandteil der ↑ Glykoside
Ag|ma, das; -[s] ⟨*gr.; »Bruchstück«*⟩: der velare Nasallaut gg *(ng)* in der griechischen u. lateinischen Grammatik
Ag|nat, der; -en, -en ⟨*lat.; »der Nachgeborene«*⟩ (Geschichte): männlicher Blutsverwandter der männlichen Linie
Ag|na|tha, die (Plural) ⟨*gr.*⟩: Klasse von im Wasser lebenden, fischähnlichen Wirbeltieren, die keinen Kiefer haben. **Ag|na|thie,** die; -, ...i̯en ⟨*gr.*⟩ (Med.): angeborenes Fehlen des [Ober- od.] Unterkiefers
Ag|na|ti|on, die; - (Geschichte): Blutsverwandtschaft väterlicherseits. **ag|na|tisch** (Geschichte): im Verwandtschaftsverhältnis eines Agnaten stehend
Ag|ni|ti|on, die; -, -en ⟨*lat.*⟩ (Rechtsspr.): Anerkennung von Rechtsverhältnissen
Ag|no|men, das; -s, ...mina ⟨*lat.*⟩: in der römischen Namengebung der Beiname (z. B. die Bezeichnung »Africanus« im Namen des P. Cornelius Scipio *Africanus*); vgl. Kognomen
Ag|no|sie, die; -, ...i̯en ⟨*gr.-nlat.; »das Nichterkennen«*⟩: **1.** (Med.) krankhafte Störung der Fähigkeit, Sinneswahrnehmungen (trotz erhaltener Funktionstüchtigkeit der Sinnesorgane) als solche zu erkennen. **2.** (Philos.) Nichtwissen; Unwissenheit
Ag|nos|ti|ker, der; -s, -: Verfechter der Lehre des Agnostizismus. **Ag|nos|ti|ke|rin,** die; -, -nen: weibliche Form zu ↑ Agnostiker
ag|nos|tisch: die Agnosie betreffend
Ag|nos|ti|zis|mus, der; -: philosophische, theologische Lehre, die eine rationale Erkenntnis des Göttlichen od. Übersinnlichen leugnet. **ag|nos|ti|zis|tisch:** die Lehre des Agnostizismus vertretend
Ag|nos|tus, der; -, ...ti u. ...ten: Dreilappkrebs (↑ Trilobit) aus dem ↑ Paläozoikum
ag|nos|zie|ren ⟨*lat.*⟩: **a)** anerkennen; **b)** (österr.) die Identität (z. B. eines Toten) feststellen
Ag|nus Dei, das; - -, - - ⟨*lat.; »Lamm Gottes«*⟩: **1.** (ohne Plural) Bezeichnung u. Sinnbild für Christus. **2. a)** Gebetshymnus im kath. Gottesdienst vor der ↑ Eucharistie (a); **b)** Schlusssatz der musikalischen Messe. **3.** vom Papst geweihtes Wachstäfelchen mit dem Bild des Osterlamms
Ägo|fo|nie, Ägophonie, die; - ⟨*gr.-nlat.; »Ziegenstimme«*⟩ (Med.): [krankhafter] hoher meckernder Stimmklang
Ago|gik, die; - ⟨*gr.*⟩: Lehre von der individuellen Gestaltung des Tempos beim musikalischen Vortrag. **ago|gisch:** individuell

gestaltet (in Bezug auf das Tempo eines musikalischen Vortrags)

à go|go [a'go:go, agɔ'go:] ⟨*frz.*⟩: in Hülle u. Fülle, nach Belieben

Agon, der; -s, -e ⟨*gr.-lat.*⟩: **1.** sportlicher od. geistiger Wettkampf im antiken Griechenland. **2.** der Hauptteil der attischen Komödie. **ago|nal** ⟨*gr.-nlat.*⟩: den Agon betreffend; zum Wettkampf gehörend

Ago|ne, die; -, -n ⟨*gr.-nlat.;* »winkellose (Linie)«⟩: Linie, die alle Orte, an denen keine Magnetnadelabweichung von der Nordrichtung auftritt, miteinander verbindet

Ago|nie, die; -, ...ien ⟨*gr.-lat.*⟩: **a)** (ohne Plural; Med.) Gesamtheit der vor dem Eintritt des klinischen Todes auftretenden typischen Erscheinungen (z. B. ↑Facies hippocratica); **b)** Todeskampf

Ago|nist, der; -en, -en: **1.** Wettkämpfer. **2.** (Med.) einer von paarweise wirkenden Muskeln, der eine Bewegung bewirkt, die der des ↑Antagonisten (2) entgegengesetzt ist. **3.** (Biol., Med.) Stoff, der einen bestimmten Transmitter (2) ersetzen kann od. ihn imitiert

Ago|nis|tik, die; -: Wettkampfwesen, Wettkampfkunde

Ago|nis|ti|ker, der; -s, -: Anhänger einer oppositionellen, gegen die offizielle christliche Kirche gerichteten Bewegung im Nordafrika der Spätantike

Ägo|pho|nie vgl. Ägofonie

[1]**Ago|ra,** die; -, Agoren ⟨*gr.*⟩: **1.** Volksversammlung der altgriechischen ↑Polis. **2.** rechteckiger, von Säulen umschlossener Platz in altgriechischen Städten; Markt- und Versammlungsplatz

[2]**Ago|ra,** die; -, Agorot ⟨*hebr.*⟩: israelische Währungseinheit (1 Neuer Schekel = 100 Agorot)

Ago|ra|pho|bie, die; -, ...ien ⟨*gr.-nlat.*⟩ (Med., Psychol.): zwanghafte, von Schwindel- od. Schwächegefühl begleitete Angst, allein über [weite] freie Plätze od. Straßen zu gehen; Platzangst

Ago|rot: *Plural* von ↑[2]Agora

Ag|raf|fe, die; -, -n ⟨*frz.;* »Haken«⟩: **1.** als Schmuckstück dienende Spange od. Schnalle. **2.** (Archit.) klammerförmige Verzierung an Rundbogen als Verbindung mit einem darüberliegenden Gesims. **3.** (Gastron.) Verschlusskappe aus Draht zur Sicherung des Sektkorkens. **4.** (Med. früher) Wundklammer

Agra|fie, Agraphie, die; -, ...ien ⟨*gr.-nlat.*⟩ (Med.): Unfähigkeit, einzelne Buchstaben od. zusammenhängende Wörter bzw. Texte zu schreiben

Agram|ma|tis|mus, der; -, ...men ⟨*gr.-nlat.*⟩ (Med.): **1.** (ohne Plural) krankhaftes od. entwicklungsbedingtes Unvermögen, beim Sprechen die einzelnen Wörter grammatisch richtig aneinanderzureihen; vgl. Aphasie. **2.** einzelne Erscheinung des Agrammatismus (1)

Agra|nu|lo|zy|to|se, die; -, -n ⟨*gr.; lat.; gr.*⟩ (Med.): durch Fehlen od. starke Abnahme der ↑Granulozyten im Blut bedingte schwere, meist tödlich verlaufende Krankheit

Agra|pha, die (Plural) ⟨*gr.;* »Ungeschriebenes«⟩: Aussprüche Jesu, die nicht in den vier ↑Evangelien (1), sondern in anderen Schriften des Neuen Testaments od. in sonstigen Quellen überliefert sind

Agra|phie vgl. Agrafie

ag|rar..., Ag|rar...

⟨*lat.* ager, Gen. agri »Acker, Feld, Flur«, agrarius »den Ackerbau, die Landwirtschaft betreffend«⟩: *Wortbildungselement mit der Bedeutung »die Landwirtschaft betreffend«:*
- agrarpolitisch
- Agrarprodukt
- Agrarreform

Die gleiche Bedeutung hat auch das Wortbildungselement **agro..., Agro...** Zu *gr.* agrós »Acker, Feld« gehörend (urverwandt mit *lat.* ager) und teilweise vermittelt über *russ.* agro... »Landwirtschaft(s)...«, ist es Bestandteil einiger Fremdwörter, wie z. B. in Agrochemie, Agronom und agronomisch.

Ag|rar|bio|lo|gie, die; -: ↑Agrobiologie

Ag|rar|che|mie, die; -: ↑Agrochemie

Ag|rar|eth|no|gra|fie, Ag|rar|eth|no|gra|phie, die; -: Teilgebiet der ↑Ethnografie, das die Landwirtschaft als Phänomen der Kultur erforscht

Ag|rar|fa|b|rik, die; -, -en (abwertend): Agrarbetrieb, in dem Agrarprodukte in großer Menge, jedoch ohne den ursprünglichen bäuerlichen Bezug zur Natur, erzeugt werden

Ag|rar|geo|gra|fie, Ag|rar|geo|gra|phie, die; -: Teilgebiet der ↑Geografie, das sich mit den von der Landwirtschaft genutzten Teilen der Erdoberfläche befasst

Ag|ra|ri|er, der; -s, - (meist Plural): Großgrundbesitzer, Gutsbesitzer, Landwirt

Ag|rar|im|port, der; -[e]s, -e: ↑Import von landwirtschaftlichen Erzeugnissen

ag|ra|risch ⟨*lat.*⟩: landwirtschaftlich

Ag|rar|ko|lo|ni|sa|ti|on, die; -: agrarwirtschaftliche Erschließung von wenig genutzten od. ungenutzten Gebieten

Ag|rar|kon|junk|tur, die; -: spezielle Ausprägung der gesamtwirtschaftlichen Konjunkturlage im Agrarbereich

Ag|rar|kre|dit, der; -s, -e: [1]Kredit, der landwirtschaftlichen Betrieben gewährt wird

Ag|rar|me|te|o|ro|lo|gie, die; -: Teilgebiet der ↑Meteorologie, das sich mit der Wirkung von Wetter u. Klima auf die Landwirtschaft befasst

Ag|rar|öko|no|mie, die; -: Teilgebiet der ↑Agronomie, das landwirtschaftliche Betriebs- u. Marktlehre u. ↑Agrarpolitik umfasst

Ag|rar|po|li|tik, die; -: Gesamtheit der staatlichen Maßnahmen zur Regelung u. Förderung der Landwirtschaft. **ag|rar|po|li|tisch:** die Agrarpolitik betreffend

Ag|rar|pro|dukt, das; -s, -e: landwirtschaftliches Erzeugnis

Ag|rar|re|form, die; -, -en: Gesamtheit von Maßnahmen, deren Ziel die grundlegende Umgestaltung der Landwirtschaft ist

Ag|rar|so|zio|lo|gie, die; -: Teilgebiet der Soziologie, das sich mit den wirtschaftlichen, sozialen u. politischen Verhältnissen der

Landbevölkerung (z. B. Landflucht, Verstädterung) befasst

Ag|rar|staat, der: -[e]s, -en: Staat, dessen Wirtschaft überwiegend durch die Landwirtschaft bestimmt wird

Ag|rar|struk|tur, die; -: Struktur der Landwirtschaft eines Staates od. einer Region

Ag|rar|tech|nik, die; -, -en: Technik der Bodenbearbeitung u. -nutzung

Ag|rar|wis|sen|schaft, die; -: ↑Agronomie

Ag|rar|zo|ne, die; -, -n: Gebiet mit überwiegend landwirtschaftlicher Erwerbsstruktur

Ag|ree|ment [əˈgri:mənt], das; -s, -s ⟨*lat.-frz.-engl.*⟩: **1.** (Jargon) **a)** (bes. im Geschäftsleben) mündliche Vereinbarung, Übereinkunft; **b)** schriftliche Vereinbarung. **2. a)** ↑Agrément (1); **b)** (Völkerrecht) zwischen Staatsmännern getroffene Übereinkunft auf Treu u. Glauben, die nicht der parlamentarischen Zustimmung od. Ratifikation bedarf

ag|re|ie|ren ⟨*lat.-frz.*⟩: genehmigen, für gut befinden

Ag|ré|ment [agreˈmɑ̃:], das; -s, -s ⟨*lat.-frz.*⟩: **1.** Zustimmung einer Regierung zur Ernennung eines diplomatischen Vertreters in ihrem Land. **2.** (Plural; Musik) Ausschmückungen od. rhythmische Veränderungen einer Melodie

Aggression
Das auf das Lateinische zurückgehende Substantiv schreibt sich mit der im Deutschen ungewöhnlichen Orthografie *-gg-*. Ebenso: *aggressiv, Aggressivität, Aggressor.*

Ag|rest, der; -[e]s, -e ⟨*lat.-it.*⟩: aus unreifen Weintrauben gepresster Saft, Erfrischungsgetränk

Ag|ri|busi|ness [...bɪznɪs], das; -: ↑Agrobusiness

äg|rie|ren ⟨*lat.-frz.*⟩ (veraltet): erbittern

Ag|ri|kul|tur, die; -, -en ⟨*lat.*⟩: Ackerbau, Landwirtschaft

Ag|ri|kul|tur|che|mie, die; -: ↑Agrochemie

Ag|ri|kul|tur|phy|sik, die; -: ↑Agrophysik

Ag|ro|bio|lo|gie, die; - ⟨*gr.-nlat.-russ.*⟩: Lehre von den biologischen Gesetzmäßigkeiten in der Landwirtschaft. **ag|ro|bio|lo|gisch:** die Agrobiologie betreffend

Ag|ro|busi|ness [...bɪznɪs, ...bɪsnɛs], das; - ⟨*gr.-nlat.-russ.; engl.*⟩: **1.** Vermarktung u. Verarbeitung landwirtschaftlicher Erzeugnisse durch große private Unternehmen. **2.** die Gesamtheit aller für die Versorgung der Bevölkerung mit Nahrungsmitteln ablaufenden Wirtschaftsprozesse

Ag|ro|che|mie, die; -: Teilgebiet der angewandten Chemie, das sich bes. mit Pflanzen- u. Tierernährung, Düngerproduktion u. Bodenkunde befasst. **ag|ro|che|misch:** die Agrochemie betreffend

Ag|ro|nom, der; -en, -en: **1.** ⟨*gr.-nlat.*⟩ akademisch ausgebildeter Landwirt. **2.** ⟨*gr.-nlat.-russ.*⟩ Fachkraft in der Landwirtschaft mit leitender od. beratender Tätigkeit. **Ag|ro|no|mie,** die; -: Ackerbaukunde, Landwirtschaftswissenschaft. **ag|ro|no|misch:** ackerbaulich

Ag|ro|phy|sik, die; -: Lehre von den physikalischen Vorgängen in der Landwirtschaft. **ag|ro|phy|si|ka|lisch:** die Agrophysik betreffend

Ag|ro|stadt, die; -, ...städte ⟨*gr.; dt.*⟩: stadtähnliche Siedlung, deren Bewohner vorwiegend in der Landwirtschaft arbeiten (z. B. in Russland, Südamerika, China)

Ag|ros|to|lo|gie, die; - ⟨*gr.-nlat.*⟩: Gräserkunde

Ag|ro|tech|nik, die; - ⟨*gr.-nlat.-russ.*⟩: Gesamtheit der technischen Verfahren u. Geräte (in der Landwirtschaft). **ag|ro|tech|nisch:** die Agrotechnik betreffend

Ag|ro|ty|pus, der; -, ...pen ⟨*gr.*⟩: Kulturpflanzensorte als Produkt einer Pflanzenzüchtung

Ag|ru|men, Ag|ru|mi, die (Plural) ⟨*lat.-mlat.-it.;* »Sauerfrüchte«⟩: Sammelname für Zitrusfrüchte

Ag|ryp|nie vgl. Asomnie

Agu|ja [aˈguxa], der; -s, -s, auch die; -, -s ⟨*span.*⟩: südamerikanischer Bussard

Agu|ti, der od. das; -s, -s ⟨*indian.-span.*⟩: hasenähnliches Nagetier (Goldhase) in Südamerika

Ägyp|ti|enne [ɛʒɪˈpsi̯ɛn, ɛgɪpˈtsi̯ɛn] vgl. Egyptienne.

ägyp|tisch ⟨*gr.*⟩: das Land Ägypten betreffend; **ägyptische Finsternis:** sehr große Dunkelheit

Ägyp|to|lo|ge, der; -n, -n ⟨*gr.-nlat.*⟩: Wissenschaftler, der sich mit der Erforschung von Kultur u. Sprache des alten Ägyptens beschäftigt. **Ägyp|to|lo|gie,** die; -: Wissenschaft von Kultur u. Sprache des alten Ägyptens. **Ägyp|to|lo|gin,** die; -, -nen: weibliche Form zu ↑Ägyptologe. **ägyp|to|lo|gisch:** die Ägyptologie betreffend

Ahar, der; -[s], -s ⟨nach der iran. Stadt⟩: Orientteppich von feiner Knüpfung u. schwerer Struktur

Ahas|ver [auch: aˈhasvɐ], der; -s, -s u. -e ⟨*hebr.-lat.;* nach Ahasverus, dem Ewigen Juden⟩: ruhelos umherirrender Mensch. **ahas|ve|risch:** ruhelos umherirrend

ahe|mi|to|nisch ⟨*gr.; dt.*⟩ (Musik): halbtonlos

ahis|to|risch: geschichtliche Gesichtspunkte außer Acht lassend

Ai [auch: aˈi:], das; -s, -s ⟨*Tupi-port.*⟩: Dreizehenfaultier

AIBO ®, Ai|bo ® [ˈai̯bo], der; -s, -s ⟨*engl.;* Kurzw. aus: *a*rtificial *i*ntelligence ro*bo*t⟩: intelligenter Roboterhund

Aich|mo|pho|bie, die; -, ...i̯en ⟨*gr.-nlat.*⟩ (Psychol.; Med.): krankhafte Angst, sich od. andere mit spitzen Gegenständen verletzen zu können

AIDA-Re|gel, die; -: Zusammenfassung der Aufgaben, die zu erfolgreicher Werbung führen sollen: Aufmerksamkeit (*a*ttention) erregen, Interesse (*i*nterest) wecken, Verlangen (*d*esire) hervorrufen u. die Handlung (*a*ction), den Kauf des beworbenen Objekts, auslösen

Aide [ɛ:t], der; -n [ˈɛ:dn̩], -n [ˈɛ:dn̩] ⟨*lat.-frz.*⟩: **1.** (veraltet) Helfer, Gehilfe. **2.** (schweiz., Gastron.) Küchengehilfe, Hilfskoch. **3.** Mitspieler, Partner [im ↑Whist]

Aide-Mé|moire [ˈɛ:tmeˈmo̯a:ɐ̯], das; -, -[s] ⟨*frz.;* »Gedächtnishilfe«⟩ (Politik): im diplomatischen Verkehr während einer Unterredung überreichte knappe schriftliche Zusammenfassung eines Sachverhalts zur Vermeidung von späteren Missverständnissen

Ai|doi|o|ma|nie, die; - ‹*gr.-nlat.*› (Psychol.): ins Krankhafte gesteigerter Geschlechtstrieb

Aids [e̯ɪts], das; - (meist ohne Artikel) ‹*engl.;* Kurzw. aus *ac*quired *i*mmune *d*eficiency *s*yndrome = erworbenes Immundefektsyndrom› (Med.): durch ein Virus hervorgerufene Krankheit, die zu schweren Störungen im Immunsystem führt. **aids|in|fi|ziert:** mit dem ↑Aidsvirus infiziert

Aids|test, der; -[e]s, -s (auch: -e): medizinisches Untersuchungsverfahren zur Feststellung von Aids

Aids|vi|rus, das, auch: der; -, ...ren: Virus, das Aids verursacht; vgl. HIV

Ai|g|ret|te [ɛˈgrɛtə], die; -, -n ‹*provenzal.-frz.*›: **1.** [Reiher]federschmuck, als Kopfputz auch mit Edelsteinen. **2.** büschelförmiges Gebilde, etwa als Strahlenbündel bei Feuerwerken

Ai|gui|è|re [ɛˈgi̯ɛːrə], die; -, -n ‹*lat.-frz.*› (Kunstwiss.): bauchige Wasserkanne aus Metall od. Keramik

Ai|guil|let|te [ɛgiˈjɛtə], die; -, -n ‹*frz.*›: **1.** Streifen von gebratenem Fisch, Fleisch, Wild od. Geflügel. **2.** (veraltet) Achselschnur [an Uniformen], Schnur zum Verschließen von Kleidungsstücken

Ai|ken-Code, Aiken-Kode [ˈe̯ɪkɪn...], der; -s ‹*amerik.; lat.-gr.-engl.*› (Math.): Code (1) zur Verschlüsselung von Dezimalzahlen

Ai|ki|do, das; -s ‹*jap.*›: Form der Selbstverteidigung

Ai|le|rons [ɛləˈrõː], die (Plural) ‹*lat.-frz.*›: Flügelstücke von größerem Geflügel

Ai|o|li [auch: ajɔˈli], die; - od. das; -[s] ‹*lat.-frz.*›: Grillsoße mit viel frisch gehacktem Knoblauch

[1]**Air** [ɛːɐ̯], das; -s, -s ‹*lat.-frz.*›: **1.** Hauch, Fluidum. **2.** Aussehen, Haltung

[2]**Air** [ɛːɐ̯], das; -s, -s, auch die; -, -s ‹*it.-frz.*›: liedartiges Instrumentalstück

Air|bag [ˈɛːɐ̯bɛk], der; -s, -s ‹*engl.;* »Luftsack«›: Luftkissen in Kraftfahrzeugen, das sich zum Schutz der Insassen bei einem Zusammenstoß automatisch aufbläst

Air|bnb® [ˈɛːɐ̯biːənˈbiː] -s (ohne Artikel) ‹Kurzwort aus *engl.* air = Luft u. BNB, BnB, Abk. für Bed and Breakfast = Unterkunft mit Frühstück›: Internetdienst, der private Unterkünfte vermittelt

Air|board [ˈɛːɐ̯bɔːɐ̯t], das; -s, -s ‹*engl.*›: aufblasbares, einem Schlitten ähnliches Wintersportgerät

Air|brush [ˈɛːɐ̯braʃ], der; -[s], -s, auch: die; -, -s: **1.** Farbsprühgerät für besondere grafische Effekte. **2.** (nur: der) [Kunst]werk, das unter Einsatz eines Airbrush (1) hergestellt wird. **air|bru|shen** (ugs.): grafische Arbeiten in Airbrushtechnik ausführen

Air|bus® [ˈɛːɐ̯...], der; -ses (auch: -), -se: Großraumflugzeug[typ] des gleichnamigen europäischen Herstellers

Air|con|di|tion, Air-Con|di|tion [ˈɛːɐ̯kəndɪʃn̩], die; -, -s ‹*engl.*›: Klimaanlage

Air|con|di|tio|ner, Air-Con|di|tio|ner [...ʃ(ə)nɐ], der; -s, - ‹*engl.*›: ↑Aircondition

Air|con|di|tio|ning, Air-Con|di|tio|ning [...dɪʃ(ə)nɪŋ], das; -s, -s ‹*engl.*›: ↑Aircondition

Air|de|sign [...dizaɪ̯n], das; -s, -s: Unterstützung der Gestaltung von Verkaufs- od. Ausstellungsräumen durch eine dezente [verkaufsfördernde] Duftnote

Aire|dale|ter|ri|er [ˈɛːɐ̯de̯ɪl...], der; -s, - ‹nach einem »Airedale« genannten Tal, durch das der engl. Fluss Aire fließt›: englischer Haushund mit meist gelblich braunem Fell

Air Force [ˈɛɐ̯fɔːs], die; - -, - -s [...sɪs] ‹*engl.*›: [die englische u. amerikanische] Luftwaffe, Luftstreitkräfte

Air|glow [...glɔʏ̯], das; -s ‹*engl.*› (Astron.): Leuchterscheinung in der ↑Ionosphäre

Air|hos|tess [...hɔstɛs], die; -, -en ‹*engl.*›: ↑Hostess, die im Flugzeug Dienst tut; Stewardess

Air|lift [ˈɛːɐ̯...], der; -[e]s, -e u. -s ‹*engl.*›: Versorgung auf dem Luftweg, Luftbrücke

Air|line [ˈɛːɐ̯laɪ̯n], die; -, -s ‹*engl.*›: Fluglinie, Fluggesellschaft

Air|mail [ˈɛːɐ̯me̯ɪl], die; - ‹*engl.*›: Luftpost

Ai|ro|tor [ɛ...], der; -s, ...toren ‹Kunstw.› (Zahnmed. früher): eine bestimmte Art von Zahnbohrer

Air|port [ˈɛːɐ̯...], der; -s, -s ‹*engl.*›: Flughafen

Air|sur|fing [...sœːɐ̯fɪŋ], das; -s ‹*engl.*›: eine Extremsportart, bei der mit einem ↑Surfboard vor dem Öffnen des Fallschirms in der Luft gesurft wird

Air|ter|mi|nal [...tœːɐ̯mɪnl̩], der (auch: das); -s, -s ‹*engl.*›: Flughafen

Aja, die; -, -s ‹*it.*› (veraltet): Hofmeisterin, Erzieherin (fürstlicher Kinder)

Aja|tol|lah ‹*pers.*›, Ayatollah, der; -[s], -s: schiitischer Ehrentitel

Ajax, der; -, - ‹Herkunft unsicher›: aus drei od. fünf Personen gebildete Pyramide im Kunstkraftsport, bei der die obere Person im Handstand steht

Aj|ma|lin, das; -s ‹*ind.; lat.*›: in bestimmten, dem Oleander ähnlichen Gewächsen vorkommendes Alkaloid

à jour [aˈʒuːɐ̯] ‹*frz.*›: **1. a)** bis zum [heutigen] Tag; **à jour sein:** auf dem Laufenden sein;
b) (Buchf.) ohne Buchungsrückstand. **2.** durchbrochen gearbeitet (von Spitzen u. Geweben); **à jour gefasst:** nur am Rande, also bodenfrei, gefasst (von Edelsteinen)

ajou|rie|ren: 1. (österr.) etwas à jour (2) herstellen. **2.** (österr.) Edelsteine nur am Rande fassen. **3.** auf dem Laufenden halten, aktualisieren

Ajo|wan|öl, das; -[e]s ‹Herkunft unsicher›: ätherisches Öl, das zur Herstellung von Mundwasser u. Zahnpasta verwendet wird

Aka|de|mie, die; -, ...ien ‹*gr.-lat.(-frz.);* nach der Lehrstätte des altgr. Philosophen Platon in Athen›: **1. a)** Institution, Vereinigung von Wissenschaftlern zur Förderung u. Vertiefung der Forschung; **b)** Gebäude für diese Institution. **2.** [Fach]hochschule (z. B. Kunst-, Musikakademie, medizinische Akademie). **3.** (österr. veraltend) literarische od. musikalische Veranstaltung

Aka|de|mi|ker, der; -s, -: **1.** jmd., der eine abgeschlossene Universitäts- od. Hochschulausbildung hat. **2.** Mitglied einer Akademie (1 a). **Aka|de|mi|ke|rin,** die; -, -nen: weibliche Form zu ↑Akademiker

aka|de|misch: 1. an einer Universität od. Hochschule [erworben, erfolgend, üblich]. **2. a)** wissenschaftlich; **b)** (abwertend) trocken, theoretisch; **c)** müßig, überflüssig

aka|de|mi|sie|ren: a) in der Art einer Akademie (1a, 2) einrichten; **b)** (abwertend) akademisch (2 b) betreiben; **c)** (bestimmte Stellen) nur mit Leuten akademischer (1) Ausbildung besetzen

Aka|de|mis|mus, der; - ‹*gr.-lat.-nlat.*›: starre, dogmatische Kunstauffassung od. künstlerische Betätigung

Aka|lit® [auch: ...ˈlɪt], das; -s ‹Kunstw.›: Kunststoff aus Kasein

Akal|ku|lie, die; -, ...ien ‹*gr.-lat.*› (Med.): Rechenschwäche; Unfähigkeit, mit Zahlen umzugehen [meist infolge einer Erkrankung des unteren Scheitellappens]

Akan|je, das; - ‹*russ.*›: veränderte Aussprache unbetonter Silben in der russischen Sprache

Akanth|amö|be, die; -, -n ‹*gr.-nlat.*› (Biol., Med.): Amöbe, die bei Mensch u. Tier Krankheiten, z. B. eine Hornhautentzündung des Auges od. eine Gehirnentzündung, auslösen kann

Akan|thit [auch: ...ˈtɪt], der; -s ‹*gr.-nlat.*›: Silberglanz (ein Mineral)

Akan|tho|se, die; -, -n ‹*gr.*› (Med.): krankhafte Verdickung der Oberhaut infolge von Vermehrung bzw. Wucherung der Stachelzellen

Akan|thus, der; -, - ‹*gr.-lat.*›: **a)** Bärenklau (stachliges Staudengewächs in den Mittelmeerländern); **b)** (Kunstwiss.) Ornament nach dem Vorbild der Blätter des Akanthus (z. B. an antiken Tempelgiebeln)

Akar|di|a|kus, Akar|di|us, der; - ‹*gr.-nlat.*› (Med.): [siamesischer] Zwilling, der kein eigenes Herz hat [u. deshalb nicht lebensfähig ist]

Aka|ri|a|se, die; - ‹*gr.-nlat.*›: Akarinose (2)

Aka|ri|ne, die; -, -n: Milbe

Aka|ri|no|se, die; -, -n: **1.** durch Milben hervorgerufene Kräuselung des Weinlaubs. **2.** (Med.) durch Milben hervorgerufene Hauterkrankung

Aka|ri|zid, das; -s, -e ‹*gr.; lat.*›: Milbenbekämpfungsmittel im Obst- u. Gartenbau

Aka|ro|id|harz, das; -es ‹*gr.; dt.*›: aus den Bäumen der Gattung Xanthorrhoea gewonnenes gelbes od. rotes Harz (Farbstoff für Lack u. Firnis)

Aka|ro|lo|gie, die; -: Gebiet der Zoologie, das sich mit der Untersuchung der Milben u. Zecken befasst

Aka|rus|räu|de, die; - ‹*gr.-nlat.; dt.*› (Tiermed. veraltet): ↑Demodikose

Aka|ryo|bi|ont vgl. Anukleobiont

Aka|ry|ont, der; -en, -en (Zool. veraltend): Prokaryot. **aka|ry|ot** (Zool.): kernlos (von Zellen)

aka|ta|lek|tisch ‹*gr.-lat.*› (antike Metrik): mit einem vollständigen Versfuß (der kleinsten rhythmischen Einheit eines Verses) endend

Aka|ta|pha|sie, die; - ‹*gr.*› (Med.): Unvermögen, die grammatischen Gesetze richtig anzuwenden

Aka|thi|sie, die; - ‹gr.› (Med.): [durch Mangel an ↑Neurotransmittern hervorgerufene] Variation der Hyperkinese, Symptom des ↑Parkinsonsyndroms

Aka|this|tos, der; -, ...toi ‹*gr.;* »nicht sitzend«›: Marienhymnus der orthodoxen Kirchen, der im Stehen gesungen wird

Aka|tho|lik [auch: ...ˈliːk], der; -en, -en ‹*gr.*›: jmd., der nicht zur katholischen Kirche gehört. **Aka|tho|li|kin** [auch: ...ˈliː...], die; -, -nen: weibliche Form zu ↑Akatholik. **aka|tho|lisch** [auch: ...ˈtoː...]: nicht zur katholischen Kirche gehörend

akau|sal ‹*gr.; lat.*›: ohne ursächlichen Zusammenhang

akaus|tisch ‹*gr.; dt.*› (Chemie): nicht ätzend (Ggs.: kaustisch)

Aka|zie, die; -, -n ‹*gr.-lat.*›: **a)** tropischer Laubbaum, zur Familie der ↑Leguminosen gehörend, der Gummiarabikum liefert; **b)** (ugs.) ↑Robinie

Ake|lei, die; -, -en ‹*mlat.*›: Zier- u. Heilpflanze (ein Hahnenfußgewächs)

ake|phal, ake|pha|lisch ‹*gr.-nlat.;* »ohne Kopf«›: **a)** (antike Metrik) am Anfang um die erste Silbe verkürzt (von einem Vers); **b)** ohne Anfang (von einem literarischen Werk, dessen Anfang nicht od. nur verstümmelt erhalten ist)

Aki|na|kes, der; -, - ‹*pers.-gr.*› (Geschichte): Kurzschwert der Perser u. Skythen

Aki|ne|sie, die; - ‹*gr.-nlat.*› (Med., Psychol.): **1.** Bewegungsarmut, Bewegungshemmung von Gliedmaßen. **2.** Bewegungsunfähigkeit [eines Teils] der Herzmuskulatur

Aki|ne|ten, die (Plural) (Biol.): dickwandige Dauerzellen der Grünalgen zur Überbrückung ungünstiger Umweltbedingungen

aki|ne|tisch (Med., Psychol.): bewegungsgehemmt; die Akinesie betreffend (von Gliedmaßen)

Ak|kla|ma|ti|on, die; -, -en ‹*lat.;* »das Zurufen«›: **1.** beistimmender Zuruf ohne Einzelabstimmung [bei Parlamentsbeschlüssen]. **2.** Beifall, Applaus. **3.** liturgischer Grußwechsel zwischen Pfarrer u. Gemeinde. **ak|kla|mie|ren** (österr.): **a)** jmdm. applaudieren; **b)** jmdm. laut zustimmen

Ak|kli|ma|ti|sa|ti|on, die; -, -en ‹*lat.; gr.-nlat.*›: Anpassung eines Organismus an veränderte, umweltbedingte Lebensverhältnisse, bes. an ein fremdes Klima; vgl. ...ation/...ierung

ak|kli|ma|ti|sie|ren: 1. sich an ein anderes Klima gewöhnen. **2.** sich eingewöhnen, sich anderen Verhältnissen anpassen. **Ak|kli|ma|ti|sie|rung,** die; -, -en: ↑Akklimatisation; vgl. ...ation/...ierung

Ak|ko|la|de, die; -, -n ‹*lat.-vulgärlat.-frz.*›: **1.** feierliche Umarmung bei Aufnahme in einen Ritterorden od. bei einer Ordensverleihung. **2.** (Buchw.) geschweifte Klammer, die mehrere [Noten]zeilen, Wörter o. Ä. zusammenfasst (Zeichen: {...})

ak|kom|mo|da|bel ‹*lat.-frz.*›: **a)** anpassungsfähig; **b)** zweckmäßig; **c)** anwendbar, einrichtbar; **d)** [gütlich] beilegbar (von Konflikten)

Ak|kom|mo|da|ti|on, die; -, -en: Angleichung, Anpassung. **ak|kom|mo|die|ren: a)** angleichen,

anpassen; **b)** sich mit jmdm. über etwas einigen, sich vergleichen
Ak|kom|mo|do|me|ter, das; -s, - ‹*lat.; gr.*›: Instrument zur Prüfung der Einstellungsfähigkeit des Auges
Ak|kom|pa|g|ne|ment [akɔmpanjəˈmɑ̃], das; -s, -s ‹*frz.*› (Musik veraltet): musikalische Begleitung. **ak|kom|pa|g|nie|ren** [...ˈjiːrən]: einen Gesangsvortrag auf einem Instrument begleiten. **Ak|kom|pa|g|nist** [...ˈjɪst], der; -en, -en (Musik): Begleiter. **Ak|kom|pa|g|nis|tin,** die; -, -nen: weibliche Form zu ↑Akkompagnist
Ak|kord, der; -[e]s, -e ‹*lat.-vulgärlat.-frz.*›: **1.** (Musik) Zusammenklang von mindestens drei Tönen verschiedener Tonhöhe. **2.** gütlicher Ausgleich zwischen gegensätzlichen Interessen. **3.** (Rechtswiss.) Einigung zwischen Schuldner u. Gläubiger zur Abwendung des ↑Konkurses (Vergleichsverfahren). **4.** Bezahlung nach der Stückzahl, Stücklohn
ak|kor|dant (Geol.): sich an vorhandene Strukturelemente anpassend
Ak|kor|dant, der; -en, -en: **1.** jmd., der für Stücklohn arbeitet. **2.** (schweiz.) kleiner Unternehmer (bes. im Bauwesen u. Ä.), der Aufträge zu einem Pauschalpreis je Einheit auf eigene Rechnung übernimmt. **Ak|kor|dan|tin,** die; -, -nen: weibliche Form zu ↑Akkordant
Ak|kor|danz, die; -, -en (Geol.): Anpassung bestimmter Gesteine an vorhandene Strukturelemente
Ak|kord|ar|beit, die; -: [auf Schnelligkeit ausgerichtetes] Arbeiten im Stücklohn
Ak|kord|dis|so|nanz, die; -, -en (Musik): Dissonanz eines Akkordes
Ak|kor|de|on, das; -s, -s: Handharmonika. **Ak|kor|de|o|nist,** der; -en, -en: jmd., der [berufsmäßig] Akkordeon spielt. **Ak|kor|de|o|nis|tin,** die; -, -nen: weibliche Form zu ↑Akkordeonist. **ak|kor|de|o|nis|tisch: a)** das Akkordeon betreffend; **b)** im Stil des Akkordeons
ak|kor|die|ren: vereinbaren, übereinkommen
Ak|kor|dik, die; - (Musik): Lehre von den ↑Akkorden (1)
ak|kor|disch: a) den Akkord (1) betreffend; **b)** in Akkorden (1) geschrieben
Ak|kord|lohn, der; -[e]s, ...löhne: Stücklohn, Leistungslohn
ak|kre|di|tie|ren ‹*lat.-it.-frz.*›: **1.** beglaubigen (bes. einen diplomatischen Vertreter eines Landes). **2.** Kredit einräumen, verschaffen. **Ak|kre|di|tie|rung,** die; -, -en: das Akkreditieren
Ak|kre|di|tiv, das; -s, -e: **1.** Beglaubigungsschreiben eines diplomatischen Vertreters. **2. a)** Handelsklausel; Auftrag an eine Bank, einem Dritten (dem Akkreditierten) innerhalb einer bestimmten Frist einen bestimmten Betrag auszuzahlen; **b)** Anweisung an eine od. mehrere Banken, dem Begünstigten Beträge bis zu einer angegebenen Höchstsumme auszuzahlen
Ak|kres|zenz, die; -, -en ‹*lat.*› (Rechtsspr.): das Anwachsen [eines Erbteils]. **ak|kres|zie|ren** (Rechtsspr. veraltet): anwachsen, zuwachsen, zuteilwerden
Ak|ku, der; -s, -s: kurz für ↑Akkumulator (1)
Ak|kul|tu|ra|ti|on, die; -, -en ‹*lat.-nlat.*› (Völkerkunde, Sozialpsychol.): **1.** Übernahme fremder geistiger u. materieller Kulturgüter durch Einzelpersonen od. ganze Gruppen. **2. a)** ↑Sozialisation; **b)** Anpassung an ein fremdes Milieu (z. B. bei Auswanderung). **ak|kul|tu|rie|ren** (Völkerkunde, Sozialpsychol.): anpassen, angleichen
Ak|ku|mu|lat, das; -[e]s, -e ‹*lat.*› (veraltet): Agglomerat (2 b)
Ak|ku|mu|la|ti|on, die; -, -en: Anhäufung, Speicherung, Ansammlung. **Ak|ku|mu|la|tor,** der; -s, ...oren: **1.** Gerät zur Speicherung von elektrischer Energie in Form von chemischer Energie. **2.** Druckwasserbehälter einer hydraulischen Presse. **3.** (EDV) spezielle Speicherzelle einer Rechenanlage, in der Zwischenergebnisse gespeichert werden. **ak|ku|mu|lie|ren:** anhäufen; sammeln, speichern
ak|ku|rat ‹*lat.*›: **1.** sorgfältig, genau, ordentlich. **2.** (ugs., südd. u. österr.) exakt, genau (z. B. akkurat das habe ich gemeint)
Ak|ku|ra|tes|se, die; - ‹französierende Bildung zu akkurat›: Sorgfalt, Genauigkeit, Ordnungsliebe
Ak|ku|sa|ti|ons|prin|zip, das; -s ‹*lat.*› (Rechtswiss.): im Strafprozessrecht geltendes Prinzip, nach dem das Gericht ein Strafverfahren erst übernimmt, wenn durch die Staatsanwaltschaft Anklage erhoben wurde
Ak|ku|sa|tiv, der; -s, -e ‹*lat.*› (Sprachwiss.): 4. Fall, Wenfall (Abk.: Akk.); **Akkusativ mit Infinitiv:** ‹*lat.* accusativus cum infinitivo [Abk.: acc. c. inf. od. a. c. i.]›: Satzkonstruktion (bes. im Lateinischen), in der das Akkusativobjekt des ersten Verbs zugleich Subjekt des zweiten, im Infinitiv stehenden Verbs ist (z. B. ich höre *den Hund bellen* = ich höre den Hund. Er bellt.)
Ak|ku|sa|tiv|ob|jekt, das; -s, -e: Ergänzung eines Verbs im 4. Fall (z. B. sie fährt *den Wagen*)
Ak|li|ne, die; - ‹*gr.-nlat.*›: Verbindungslinie der Orte ohne magnetische ↑Inklination (2)
Ak|me, die; - ‹*gr.;* »Spitze; Gipfel, Vollendung«›: **1.** (Med.) Gipfel, Höhepunkt einer Entwicklung, bes. einer Krankheit od. des Fiebers. **2.** in der Stammesgeschichte der Höhepunkt der Entwicklung einer Organismengruppe (Ggs.: Epakme)
Ak|me|is|mus, der; - ‹*gr.-russ.*›: neoklassizistische literarische Richtung in Russland (um 1914), deren Vertreter Genauigkeit im Ausdruck u. Klarheit der Formen forderten. **Ak|me|ist,** der; -en, -en: Vertreter des Akmeismus. **Ak|me|is|tin,** die; -, -nen: weibliche Form zu ↑Akmeist
Ak|ne, die; -, -n ‹*gr.-nlat.*› (Med.): mit Knötchen- u. Pustelbildung verbundene Entzündung der Talgdrüsen; **Akne inversa:** Entzündung der Talgdrüsen eines Terminalhaarfollikels (bes. unter den Achseln, in der Leistengegend u. der Genitalregion)
Ako|as|ma, das; -s, ...men ‹*gr.-nlat.*› (Med.): (bei psychischen Störungen) krankhafte Gehörhalluzination, subjektiv wahrgenommenes Geräusch (z. B. Dröhnen, Rauschen)
A-Koh|le, die; -: ↑Aktivkohle

Ako|luth vgl. Akolyth. **Ako|lu|thie,** die; -, ...ien ⟨*gr.-nlat.*⟩: **1.** (Rel.) gottesdienstliche Ordnung der Stundengebete in den orthodoxen Kirchen. **2.** (Philos.) stoische Lehre von der notwendigen Folge der Dinge. **3.** (Psychol.) Zeitspanne, in der eine vorhergehende seelische, noch nicht abgeklungene Erregung die nachfolgende hemmt

Ako|lyth, Akoluth, der; -en u. -s, -en ⟨*gr.-mlat.;* »Begleiter«⟩: Laie (2), der während der [1]Messe (1) bestimmte Dienste am Altar verrichtet (früher katholischer Kleriker im 4. Grad der niederen Weihen)

Akon, das; -[s] ⟨Kunstw.⟩: Handelsbezeichnung einiger Pflanzenseiden, die als Füllmaterial verwendet werden

Ako|nit, das; -s, -e ⟨*gr.-lat.*⟩: Eisenhut, Sturmhut (zur Familie der ↑Ranunkulazeen gehörende Pflanzengattung mit großen blauen Blüten)

Ako|ni|tin vgl. Aconitin

Akon|to, das; -s, ...ten u. -s ⟨*it.*⟩ (bes. österr.): Anzahlung

Akon|to|zah|lung, die; -, -en: Anzahlung, Abschlagszahlung; vgl. a conto

Ako|rie, die; -, ...ien ⟨*gr.-nlat.*⟩ (Med.): pupillenlose ↑Iris (2)

Akos|mis|mus, der; - ⟨*gr.-nlat.*⟩ (Philos., Rel.): philosophische Lehre, die die selbstständige Existenz der Welt leugnet u. Gott als einzig wahre Wirklichkeit betrachtet

ako|ty|le|don ⟨*gr.-nlat.*⟩ (Bot.): keimblattlos. **Ako|ty|le|do|ne,** die; -, -n: keimblattlose Pflanze

ak|qui|rie|ren ⟨*lat.*⟩: **1.** erwerben, an-, herbeischaffen, beibringen. **2.** als Akquisiteur[in] tätig sein. **Ak|qui|rie|rung,** die; -, -en: ↑Akquisition

Ak|qui|se, die; -, -n (ugs.): ↑Akquisition (2)

Ak|qui|si|teur [...'tøːɐ̯], der; -s, -e ⟨französierende Neubildung⟩: **a)** Kundenwerber, Werbevertreter (bes. im Buchhandel); **b)** jmd., der andere dafür wirbt, dass sie Anzeigen in eine Zeitung setzen lassen. **Ak|qui|si|teu|rin** [...'tøːrɪn], die; -, -nen: weibliche Form zu ↑Akquisiteur

Ak|qui|si|ti|on, die; -, -en ⟨*lat.(-frz.)*⟩: **1.** Erwerbung, Anschaffung. **2.** Kundenwerbung durch Vertreter (bes. bei Zeitschriften-, Theater- u. anderen Abonnements)

Ak|qui|si|tor, der; -s, ...oren (österr.): ↑Akquisiteur. **ak|qui|si|to|risch** ⟨*lat.-nlat.*⟩: die Kundenwerbung betreffend

akr..., Akr... vgl. akro..., Akro...

ak|ral ⟨*gr.*⟩ (Med.): die ↑Akren betreffend

Ak|ra|ni|er, die (Plural) ⟨*gr.-nlat.*⟩: schädellose Meerestiere mit knorpelartigem Rückenstützorgan (z. B. Lanzettfischchen)

Ak|ra|ni|us, der; -, ...nien (Med.): ohne Schädel od. Schädeldach geborenes Kind

Ak|ra|to|pe|ge, die; -, -n ⟨*gr.-nlat.*⟩: kalte Mineralquelle (unter 20 °C) mit geringem Mineralgehalt

Ak|ra|to|ther|me, die; -, -n: warme Mineralquelle (über 20 °C) mit geringem Gehalt an gelösten Stoffen

Ak|ren, die (Plural) ⟨*gr.-nlat.*⟩ (Med.): die äußersten [vorstehenden] Körperteile (z. B. Nase, Kinn, Finger, Zehen)

Ak|ren|ze|pha|lon, das; -s, ...la (Med. veraltet): ↑Telenzephalon

Ak|ri|bie, die; - ⟨*gr.*⟩: höchste Genauigkeit, Sorgfalt in Bezug auf die Ausführung von etwas. **akri|bisch:** mit Akribie, sehr genau, sorgfältig und gewissenhaft [ausgeführt]. **ak|ri|bis|tisch:** mit äußerster Akribie, übergenau

Ak|ri|din vgl. Acridin

ak|ri|tisch ⟨*gr.-nlat.*⟩: ohne kritisches Urteil, unkritisch, kritiklos

ak|ro..., Ak|ro...

vor Vokalen meist: akr..., Akr...
⟨zu *gr.* ákros »äußerst, oberst; spitz«⟩
Wortbildungselement mit der Bedeutung »äußerst, oberst, hoch, spitz, scharf«:
- Akrenzephalon
- Akromegalie
- akropetal

ak|ro|ama|tisch ⟨*gr.;* »hörbar, zum Anhören bestimmt«⟩: **1.** nur für den internen Lehrbetrieb bestimmt (von Schriften des griechischen Philosophen Aristoteles). **2.** ausschließlich Eingeweihten vorbehalten (von Lehren griechischer Philosophen). **3.** nur zum Anhören bestimmt (von einer Lehrform, bei der der Lehrer vorträgt u. der Schüler zuhört); vgl. erotematisch

Ak|ro|an|äs|the|sie, die; - (Med.): Empfindungslosigkeit in den ↑Akren (z. B. als Folge mangelnder Durchblutung)

Ak|ro|bat, der; -en, -en: jmd., der turnerische, gymnastische od. tänzerische Übungen beherrscht u. [im Zirkus od. Varieté] vorführt. **Ak|ro|ba|tik,** die; -: **a)** Kunst, Leistung eines Akrobaten; **b)** überdurchschnittliche Geschicklichkeit u. Körperbeherrschung. **Ak|ro|ba|tin,** die; -, -nen: weibliche Form zu ↑Akrobat. **ak|ro|ba|tisch: a)** den Akrobaten und seine Leistung betreffend; **b)** körperlich besonders gewandt, geschickt

ak|ro|dont: (von Zähnen) mitten auf der Kante der Kiefer sich befindend (z. B. bei Lurchen, Schlangen)

Ak|ro|dy|nie, die; -, ...ien ⟨*gr.-nlat.*⟩ (Med.): Erkrankung der Haut u. des Gehirns [z. B. durch eine chronische Quecksilbervergiftung bei Kindern], die sich u. a. durch Schmerz an den ↑Akren äußert

Ak|ro|dys|to|nie, die; -, ...ien (Med.): Krampf u. Lähmung an den ↑Akren

Ak|ro|fo|nie usw. vgl. Akrophonie usw.

ak|ro|karp (Bot.): die Frucht an der Spitze tragend

Ak|ro|le|in, das; -s ⟨*gr.; lat.*⟩: scharf riechender, sehr reaktionsfähiger ↑Aldehyd

Ak|ro|lith [auch: ...'lɪt], der; -s u. -en, -e[n] ⟨*gr.-lat.*⟩: altgriechische Statue, bei der die nackten Teile aus Marmor, der bekleidete Körper aus schlechterem Material (z. B. Holz, Stuck) besteht

Ak|ro|me|ga|lie, die; -, ...ien ⟨*gr.-nlat.*⟩ (Med.): abnormes Wachstum der ↑Akren (z. B. Nase, Ohren, Zunge, Gliedmaßen), bedingt durch eine zu hohe Ausschüttung eines Wachstumshormons

Ak|ro|mi|k|rie, die; -, ...ien (Med.): abnormer Kleinwuchs [des Skeletts u.] der ↑ Akren, bedingt hauptsächlich durch Erkrankungen der ↑ Hypophyse (1)

ak|ro|ny|chisch, ak|ro|nyk|tisch (Astron.): beim (scheinbaren) Untergang der Sonne erfolgend

Ak|ro|nym, das; -s, -e: aus den Anfangsbuchstaben od. -silben mehrerer Wörter od. der Bestandteile eines Kompositums gebildetes Kurzwort; Initialwort (z. B. EDV aus *e*lektronische *D*aten*v*erarbeitung, Kripo aus *Kri*minal*po*lizei)

ak|ro|oro|gen ‹*gr.*› (Geol.): in der Tiefe gefaltet u. nachträglich gehoben, gebirgsbildend

ak|ro|pe|tal ‹*gr.; nlat.;* »nach oben strebend«› (Bot.): aufsteigend (von den Verzweigungen einer Pflanze, der älteste Spross ist unten, der jüngste oben) (Ggs.: basipetal)

Ak|ro|pho|nie, Akrofonie, die; -: Benennung der Buchstaben einer Schrift nach etwas, dessen Bezeichnung mit dem entsprechenden Laut beginnt (z. B. in der phönizischen Schrift)

ak|ro|pho|nisch, akrofonisch: die Akrophonie betreffend; **akrophonisches Prinzip:** Akrophonie

Ak|ro|po|lis, die; -, ...polen ‹*gr.*›: hoch gelegener, geschützter Zufluchtsplatz vieler gr. Städte der Antike

Ak|ro|s|ti|chon, das; -s, ...chen u. ...cha: **a)** hintereinander zu lesende Anfangsbuchstaben, -silben od. -wörter der Verszeilen, Strophen, Abschnitte od. Kapitel, die ein Wort, einen Namen od. einen Satz ergeben; **b)** Gedicht, das Akrostichen enthält; vgl. Mesostichon, Telestichon

Ak|ro|te|leu|ton, das; -s, ...ten u. ...ta: Gedicht, in dem Akrostichon u. ↑ Telestichon vereint sind, sodass die Anfangsbuchstaben der Verse od. Zeilen eines Gedichts od. Abschnitts von oben nach unten gelesen u. die Endbuchstaben von unten nach oben gelesen das gleiche Wort od. den gleichen Satz ergeben

Ak|ro|ter, der; -s, -e, **Ak|ro|te|rie,** die; -, -n, **Ak|ro|te|ri|on, Ak|ro|te|ri|um,** das; -s, ...ien ‹*gr.-lat.*›: Giebelverzierung an griechischen Tempeln

Ak|ro|tis|mus, der; -, ...men ‹*gr.*› (Med.): Zustand des Organismus, in dem der Puls nicht mehr gefühlt werden kann

Ak|ro|ze|pha|lie, die; -, ...ien (Med.): Wachstumsanomalie, bei der sich eine abnorm hohe u. spitze Schädelform ausbildet

Ak|ro|zy|a|no|se, die; -, -n (Med.): bläuliche Verfärbung der ↑ Akren bei Kreislaufstörungen

Ak|ryl|säu|re vgl. Acrylsäure

Akt, der; -[e]s, -e ‹*lat.*›: **1. a)** Vorgang, Vollzug, Handlung; **b)** feierliche Handlung, Zeremoniell (z. B. in Zusammensetzungen: Staatsakt, Festakt). **2.** Abschnitt, Aufzug eines Theaterstücks. **3.** künstlerische Darstellung des nackten menschlichen Körpers. **4.** ↑ Koitus. **5.** ↑ Akte

Ak|tant, der; -en, -en ‹*lat.-frz.*›: **1.** (Sprachwiss.) vom Verb gefordertes, für die Bildung eines grammatischen Satzes obligatorisches Satzglied (z. B. der Gärtner bindet *die Blumen*); vgl. Valenz. **2.** (Soziol.) Akteur (1). **3.** (Literaturwiss.) **a)** Person, die in irgendeiner Weise am Literaturbetrieb beteiligt ist, teilnimmt (z. B. Autor, Leser, Kritiker); **b)** literarische Figur, Gestalt

Ak|te, die; -, -n, bes. österr. auch: Akt, der; -[e]s, -e: [geordnete] Sammlung zusammengehörender Schriftstücke

Ak|tei, die; -, -en: Aktensammlung

Ak|teur [ak'tøːɐ̯], der; -s, -e ‹*lat.-frz.*›: **1.** handelnde Person. **2.** Schauspieler. **Ak|teu|rin** [...'tøːrɪn], die; -, -nen: weibliche Form zu ↑ Akteur

Akt|fo|to, das; -s, -s, **Akt|fo|to|gra|fie,** die; -, -n: ↑ Fotografie (2) eines Aktes (3)

Ak|tie ['aktsi̯ə], die; -, -n ‹*lat.-niederl.*›: Anteilschein am Grundkapital einer Aktiengesellschaft

Ak|ti|en|fonds [...fɔ̃ː], der; -, - [...fɔ̃ːs] (Wirtsch.): Investmentfonds, der überwiegend in Aktien anlegt

Ak|ti|en|ge|sell|schaft, die; -, -en: Handelsgesellschaft, deren Grundkapital (Aktienkapital) von Gesellschaftern (↑ Aktionären) aufgebracht wird, die nicht persönlich, sondern mit ihren Einlagen für die Verbindlichkeiten haften (Abk.: AG)

Ak|ti|en|in|dex, der; -es, ...dizes, auch: ...dices: Kennziffer für die Entwicklung des Kursdurchschnitts der bedeutendsten Aktiengesellschaften

Ak|ti|en|ka|pi|tal, das; -s, -e u. -ien (österr. nur so): Summe des in Aktien zerlegten Grundkapitals einer Aktiengesellschaft

Ak|ti|en|kurs, der; -es, -e: an der Börse festgestellter Preis von Wertpapieren

Ak|ti|en|op|ti|on, die; -, -en (Börsenw.): Wertpapier, das zum Kauf von Aktien eines bestimmten Unternehmens zu einem festgelegten Preis innerhalb einer zeitlichen Frist berechtigt; vgl. Option (2 b)

Ak|tin, das; -s, -e ‹*gr.*› (Biochemie): Eiweißverbindung im Muskel

Ak|ti|ni|de vgl. Actinide

Ak|ti|nie, die; -, -n: Seeanemone

ak|ti|nisch: a) (Physik) radioaktiv (von Heilquellen); **b)** (Med.) durch Strahlung hervorgerufen (z. B. von Krankheiten)

Ak|ti|ni|tät, die; - ‹*gr.-lat.*›: fotochemische Wirksamkeit einer Lichtstrahlung, bes. ihre Wirkung auf fotografisches Material

Ak|ti|ni|um vgl. Actinium

Ak|ti|no|graf, Ak|ti|no|graph, der; -en, -en ‹*gr.-nlat.*› (Meteorol.): Gerät zur Aufzeichnung der Sonnenstrahlung

Ak|ti|no|lith [auch: ...'lɪt], der; -s u. -en, -e[n]: Strahlstein (ein grünes Mineral)

Ak|ti|no|me|ter, das; -s, - (Meteorol.): Gerät zur Messung der Sonnenstrahlung. **Ak|ti|no|me|t|rie,** die; - (Meteorol.): Messung der Strahlungsintensität der Sonne

ak|ti|no|morph (Bot.): strahlenförmig (z. B. von Blüten)

Ak|ti|no|my|ko|se, die; -, -n (Med.): durch ↑ Aktinomyzeten verursachte Erkrankung

Ak|ti|no|my|zet, der; -en, -en (Biol., Med.): Fadenbakterie, die Hauterkrankungen auslöst (Strahlenpilz)

Ak|ti|on, die; -, -en ‹*lat.*›: **a)** gemeinsames, gezieltes Vorgehen; **b)** planvolle Unternehmung, Maßnahme. **ak|ti|o|nal:** die Aktion betreffend; vgl. ...al/...ell

Ak|ti|o|när, der; -s, -e ‹*lat.-frz.*›: Inhaber von ↑ Aktien einer ↑ Aktiengesellschaft

Ak|ti|o|na|ri|at, das; -s, -e (schweiz.): Gesamtheit der Aktionärinnen u. Aktionäre. **Ak|ti|o|nä|rin,** die; -, -nen: weibliche Form zu ↑ Aktionär

ak|ti|o|nell: ↑ aktional; vgl. ...al/...ell

Ak|ti|o|nis|mus, der; -: **1.** (oft abwertend) übertriebener Tätigkeitsdrang. **2.** Bestreben, das Bewusstsein der Menschen od. die bestehenden Zustände in Gesellschaft, Kunst od. Literatur durch gezielte [provozierende, revolutionäre] Aktionen zu verändern

Ak|ti|o|nist, der; -en, -en: Vertreter des Aktionismus. **Ak|ti|o|nis|tin,** die; -, -nen: weibliche Form zu ↑ Aktionist. **ak|ti|o|nis|tisch: 1.** (oft abwertend) Aktionismus (1) verbreitend. **2.** im Sinne des Aktionismus (2) [handelnd]

Ak|ti|ons|art, die; -, -en (Sprachwiss.): Geschehensart beim Verb (bezeichnet die Art u. Weise, wie das durch das Verb ausgedrückte Geschehen vor sich geht, z. B. iterativ: sticheln; faktitiv: fällen); vgl. Aspekt (3)

Ak|ti|ons|po|ten|zi|al, Aktionspotential, das; -s, -e (Biochemie): elektrische Spannungsänderung mit Aktionsströmen bei Erregung von Nerven, Muskeln, Drüsen

Ak|ti|ons|pro|gramm, das; -[e]s, -e: Programm für Aktionen, die einem bestimmten Ziel dienen sollen

Ak|ti|ons|quo|ti|ent, der; -en, -en (Psychol.): Maß für die Aktivität, die ein Sprechender durch seine Sprache ausdrückt, das durch das Verhältnis aktiver Elemente (z. B. Verben) zu den qualitativen (z. B. Adjektive) bestimmt wird

Ak|ti|ons|ra|di|us, der; -, ...ien: Wirkungsbereich, Reichweite

Ak|ti|ons|strom, der; -[e]s, ...ströme (Med.): bei der Tätigkeit eines Muskels auftretender elektrischer Strom

Ak|ti|ons|tur|bi|ne, die; -, -n: Turbine, bei der die gesamte Energie (Wasser, Dampf od. Gas) vor dem Eintritt in das Laufrad in einer Düse in Bewegungsenergie umgesetzt wird; Gleichdruckturbine

Ak|ti|ons|zen|t|rum, das; -s, ...tren: **1.** zentrale Stelle, von der politische Aktionen ausgehen. **2.** (Meteorol.) die Großwetterlage bestimmendes, relativ häufig auftretendes, ausgedehntes Hoch- oder Tiefdruckgebiet

ak|tiv [bei Hervorhebung od. Gegenüberstellung zu passiv auch: 'akti:f] ⟨*lat.*⟩: **1. a)** unternehmend, geschäftig, rührig, zielstrebig (Ggs.: inaktiv [1], passiv [1 a]); **b)** selbst in einer Sache tätig, sie ausübend (im Unterschied zum bloßen Erdulden o. Ä. von etwas) (Ggs.: passiv); **aktive Bestechung:** Verleitung eines Beamten od. einer im Militär- od. Schutzdienst stehenden Person durch Geschenke, Geld o. Ä. zu einer Handlung, die eine Amts- od. Dienstpflichtverletzung enthält; **aktive Handelsbilanz:** Handelsbilanz eines Landes, bei der mehr ausgeführt als eingeführt wird; **aktives Wahlrecht:** das Recht zu wählen; **aktiver Wortschatz:** Gesamtheit aller Wörter, die ein Sprecher in seiner Muttersprache beherrscht u. beim Sprechen verwendet. **2. a)** im Militärdienst stehend (im Unterschied zur Reserve); **b)** als Mitglied einer Sportgemeinschaft regelmäßig an sportlichen Wettkämpfen teilnehmend. **3.** ↑ aktivisch. **4.** optisch aktiv. **5.** (Chemie) stark reaktionsfähig (Ggs.: inaktiv [3 a]). **6.** einer studentischen Verbindung mit allen Pflichten angehörend (Ggs.: inaktiv [2 b])

¹Ak|tiv [auch: ak'ti:f], das; -s, -e ⟨*lat.*⟩ (Sprachwiss.): Verhaltensrichtung des Verbs, die vom [meist in einer »Tätigkeit« befindlichen] Subjekt her gesehen ist (z. B. er *streicht* sein Zimmer; die Rosen *blühen*) (Ggs.: Passiv)

²Ak|tiv, das; -s, -s od. -e ⟨*lat.-russ.*⟩ (regional): Personen, die gemeinsam an der Lösung bestimmter Aufgaben arbeiten

Ak|ti|va, Aktiven, die (Plural) ⟨*lat.*⟩: Vermögenswerte eines Unternehmens auf der linken Seite der ↑ Bilanz (Ggs.: Passiva)

Ak|ti|va|tor, der; -s, ...oren ⟨*lat.-nlat.*⟩: **1.** Stoff, der die Wirksamkeit eines ↑ Katalysators steigert. **2.** (Chemie) einem nicht leuchtfähigen Stoff zugesetzte Substanz, die diesen zu einem Leuchtstoff macht. **3.** (Med.) im ↑ Serum (a) vorkommender, die Bildung von ↑ Antikörpern aktivierender Stoff. **4.** (Zahnmed.) Hilfsmittel zur Kieferregulierung

¹Ak|ti|ve, der u. die; -n, -n ⟨*lat.*⟩: **a)** aktiv Sport treibende Person, die regelmäßig an Wettkämpfen teilnimmt; **b)** Mitglied eines Karnevalsvereins, das sich mit eigenen Beiträgen an Karnevalssitzungen beteiligt; **c)** Mitglied einer studentischen ↑ Aktivitas

²Ak|ti|ve, die; -, -n (veraltet): fabrikmäßig hergestellte Zigarette im Unterschied zur selbst gedrehten

Ak|ti|ven vgl. Aktiva

Ak|tiv|fi|nan|zie|rung, die; -, -en: Überlassung von Kapital an einen Dritten. **Ak|tiv|ge|schäft,** das; -s, -e: Bankgeschäft, bei dem die Bank Kredite an Dritte gewährt (Ggs.: Passivgeschäft)

ak|ti|vie|ren ⟨*lat.-frz.*⟩: **1. a)** zu größerer Aktivität (1) veranlassen; **b)** in Tätigkeit setzen, in Gang bringen, zu größerer Wirksamkeit verhelfen. **2.** etwas als Aktivposten in die Bilanz aufnehmen (Ggs.: passivieren [1]). **3.** künstlich radioaktiv machen

Knopfdruck
brachliegen
deaktivieren
Potenzial
Immunsystem
aktivieren
Gen
Selbstheilungskraft
Gehirn
körpereigen
Ressource
Enzym

aktivieren/aktualisieren *s. Kasten Seite 68*

Ak|ti|vie|rung, die; -, -en: **1.** (ohne Plural) das Aktivieren (1 a). **2.** (ohne Plural; Wirtsch.) Erfassung von Vermögenswerten in

aktivieren

Doch wie können wir unsere Selbstheilungskräfte aktivieren?
zur Wirkung bringen, in Gang setzen
– werden Selbstheilungskräfte im Körper [...] aktiviert
– Durchblutung ... aktiviert Muskeln
– auf/per Knopfdruck ... aktiviert werden kann
Im Hirn werden dabei wesentlich mehr Areale aktiviert.
Zugleich ist es möglich, die Mikrofone per Knopfdruck zu aktivieren.
Es aktiviert den Stoffwechsel und regt die Verdauung an.

aktualisieren

Sollte ich die Patientenverfügung aktualisieren?
zur Wirkung bringen, in Gang setzen
– eine aktualisierte Fassung [des ...] vorgelegt
– regelmäßig [...] aktualisiert werden
– ständig aktualisierte [...] Nachrichten
Die Preise werden regelmäßig geprüft und ggf. aktualisiert.
Die Winterzeit werde genutzt, den Service zu aktualisieren.
Im neuen Jahr wollen sie ihr Verzeichnis aktualisieren.

der ↑Bilanz (Ggs.: passivieren). **3.** (Chemie) Prozess, durch den chemische Elemente od. Verbindungen in einen reaktionsfähigen Zustand versetzt werden. **4.** (Physik) das Aktivieren (3) von Atomkernen

Ak|ti|vie|rungs|ana|ly|se, die; -, -n (Chemie): Methode zur quantitativen Bestimmung kleinster Konzentrationen eines Elements in anderen Elementen

Ak|ti|vie|rungs|ener|gie, die; -, -n: **1.** Energiemenge, die für die Einleitung gehemmter chemischer u. physikalischer Reaktionen nötig ist. **2.** Energie, die einem atomaren System zugeführt werden muss, um es in einen angeregten Energiezustand zu bringen

Ak|ti|vin, das; -s ⟨*lat.-nlat.*⟩: ein ↑Chloramin

ak|ti|visch [auch: ˈak...] ⟨*lat.*⟩ (Sprachwiss.): das [1]Aktiv betreffend, zum [1]Aktiv gehörend (Ggs.: passivisch)

Ak|ti|vis|mus, der; - ⟨*lat.-nlat.*⟩: aktives Vorgehen, Tätigkeitsdrang

Ak|ti|vist, der; -en, -en ⟨*lat.(-russ.)*⟩: **1.** zielbewusst u. zielstrebig Handelnder. **2.** (DDR) jmd., der sich im sozialistischen Wettbewerb durch berufliche, gesellschaftliche o. ä. Leistungen besondere Verdienste erworben hat. **Ak|ti|vis|tin,** die; -, -nen: weibliche Form zu ↑Aktivist

ak|ti|vis|tisch ⟨*lat.-nlat.*⟩: **1.** den Aktivismus betreffend, ihn vertretend. **2.** den Aktivisten (1) bzw. die Aktivistin betreffend

Ak|ti|vi|tas, die; - ⟨*nlat.*⟩: Gesamtheit der zur aktiven Beteiligung in einer studentischen Verbindung Verpflichteten

Ak|ti|vi|tät, die; -, -en: **1.** (ohne Plural) Tätigkeitsdrang, Betriebsamkeit, Unternehmungsgeist (Ggs.: Passivität [1], Inaktivität [1]). **2.** (ohne Plural) **a)** (Chemie) Maß für den radioaktiven Zerfall, d. h. die Stärke einer radioaktiven Quelle; vgl. Radioaktivität; **b)** optische Aktivität. **3.** (nur Plural) Handlung, Tätigkeit, Maßnahme

Ak|tiv|koh|le, die; -: staubfeiner, poröser Kohlenstoff, der bes. als ↑Adsorbens zur Entgiftung, Reinigung od. Entfärbung benutzt wird (z. B. in Gasmaskenfiltern); Kurzw.: A-Kohle

Ak|tiv|le|gi|ti|ma|ti|on, die; -, -en (Rechtswiss.): im Zivilprozess die sachliche Befugnis des Klägers, das strittige Recht geltend zu machen (Ggs.: Passivlegitimation)

Ak|tiv|pos|ten, der; -s, -: Vermögensposten, der auf der Aktivseite der Bilanz aufgeführt ist

Ak|tiv|pro|zess, der; -es, -e (Rechtswiss.): Prozess, den jemand als Kläger/-in führt (Ggs.: Passivprozess)

Ak|tiv|stoff, der; -[e]s, -e: Stoff von großer chemischer Reaktionsfähigkeit

Ak|ti|vum, das; -s, ...va ⟨*lat.*⟩ (veraltet): [1]Aktiv

Ak|tiv|ur|laub, der; -s, -e: Urlaub mit besonderen Aktivitäten, sehr aktiv gestalteter Urlaub

Ak|tiv|zin|sen, die (Plural): Zinsen, die den Banken aus Kreditgeschäften zufließen (Ggs.: Passivzinsen)

Ak|tor, der; -s, ...oren: ↑Aktuator

Ak|t|ri|ce [akˈtriːsə], die; -, -n ⟨*lat.-frz.*⟩: Schauspielerin

ak|tu|al ⟨*lat.*⟩: **1.** (Philos.) wirksam, tätig (Ggs.: potenzial [1]). **2.** (Sprachwiss.) in der Rede od. im ↑Kontext verwirklicht, eindeutig determiniert (Ggs.: potenziell). **3.** im Augenblick gegeben, sich vollziehend, vorliegend, tatsächlich vorhanden (Ggs.: potenziell)

Ak|tu|al|ge|ne|se, die; -, -n (Psychol.): Wahrnehmungsvorgang, der sich [ausgehend vom ersten, noch diffusen Eindruck bis zur klar gegliederten u. erkennbaren Endgestalt] stufenweise vollzieht

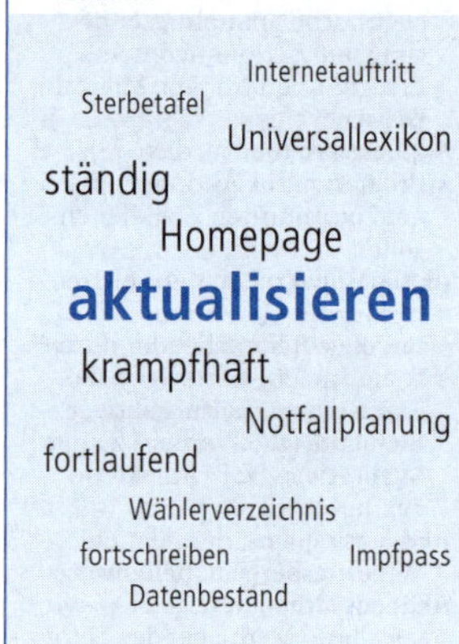

ak|tu|a|li|sie|ren ⟨*lat.-nlat.-frz.*⟩: **1.** etwas [wieder] aktuell machen, beleben, auf den neuesten Stand bringen. **2.** (Sprachwiss.) Varianten sprachlicher Einheiten in einem bestimmten Kontext verwenden

Ak|tu|a|lis|mus, der; -: **a)** philosophische Lehre, nach der die Wirklichkeit ständig aktuales (1), nicht unveränderliches Sein ist; **b)** Auffassung, dass die gegenwärtigen Kräfte u. Gesetze der Natur- u. Kulturgeschichte die gleichen sind wie in früheren Zeiträumen. **ak|tu|a|lis|tisch:** die Lehre, Theorie, Auffassung des Aktualismus betreffend, sie vertretend

Wissen bleiben
Thema
gültig Schlagzeile
brennend
aktuell
höchst
Radio
Ausgabe Stand
Fachzeitschrift
diskutiert

Ak|tu|a|li|tät, die; -, -en ‹*lat.-frz.*›: **1.** (ohne Plural) Gegenwartsbezogenheit, -nähe, unmittelbare Wirklichkeit, Bedeutsamkeit für die unmittelbare Gegenwart. **2.** (nur Plural) Tagesereignisse, jüngste Geschehnisse. **3.** (ohne Plural; Philos.) das Wirklichsein, Wirksamsein (Ggs.: Potenzialität)

Ak|tu|a|li|tä|ten|ki|no, das; -s, -s: Kino mit [durchgehend laufendem] aus Kurzfilmen verschiedener Art gemischtem Programm

Ak|tu|a|li|täts|the|o|rie, die; -: **1.** (Philos.) Lehre von der Veränderlichkeit, vom unaufhörlichen Werden des Seins. **2.** (Psychol.) Lehre, nach der die Seele nicht an sich, sondern nur in den aktuellen, im Augenblick tatsächlich vorhandenen seelischen Vorgängen besteht

Ak|tu|al|neu|ro|se, die; -, -n ‹*lat.; gr.*› (Psychol.): durch aktuelle, tatsächlich vorhandene, vorliegende Affekterlebnisse (z. B. Schreck, Angst) ausgelöste ↑Neurose

Ak|tu|ar, der; -s, -e ‹*lat.*›: **1.** (veraltet) Gerichtsangestellter. **2.** Versicherungs- u. Wirtschaftsmathematiker. **Ak|tu|a|ri|at,** das; -[e]s, -e: Amt des Aktuars (1). **Ak|tu|a|rin,** die; -, -nen: weibliche Form zu ↑Aktuar. **Ak|tu|a|ri|us,** der; -, ...ien: ↑Aktuar (1)

Ak|tu|a|tor, der; -s, ...toren ‹*lat.-engl.*›: Bauelement, das elektrische Signale in mechanische Bewegung od. in andere physikalische Größen umsetzt

ak|tu|ell ‹*lat.-frz.*›: **1.** im augenblicklichen Interesse liegend, zeitgemäß, zeitnah (Ggs.: inaktuell). **2.** aktual (2), im Augenblick gegeben, vorliegend, tatsächlich vorhanden (Ggs.: potenziell)

Ak|tuo|geo|lo|gie, die; -: Teilgebiet der Geologie, das die Vorgänge der geologischen Vergangenheit unter Beobachtung der in der Gegenwart ablaufenden Prozesse zu erklären sucht

Ak|tuo|pa|lä|on|to|lo|gie, die; -: Teilgebiet der Paläontologie, das die Bildungsweise paläontologischer Fossilien unter Beobachtung der in der Gegenwart ablaufenden Prozesse zu erklären sucht

Aku|em, das; -s, -e ‹*gr.*› (Sprachwiss.): phonisches u. artikulatorisches Element, in dem sich ein Affekt od. Gefühlszustand kundgibt

Aku|i|tät, die; - ‹*lat.*› (Med.): akuter Verlauf einer Krankheit, akutes Krankheitsbild (Ggs.: Chronizität)

Aku|la|lie, die; -, ...ien: unsinnige lautliche Äußerung bei ↑Aphasie

Aku|me|t|rie, die; -: ↑Audiometrie

aku|mi|nös ‹*lat.-frz.*›: scharf zugespitzt

Aku|pres|sur, die; -, -en ‹*lat.*›: (der Akupunktur verwandtes) Verfahren, bei dem durch kreisende Bewegungen der Fingerkuppen – unter leichtem Druck – auf bestimmten Körperstellen Schmerzen behoben werden sollen

Aku|punk|teur [...ˈtøːɐ̯], der; -s, -e ‹*lat.-frz.*›: jmd., der Akupunkturen durchführt. **Aku|punk|teu|rin** [...ˈtøːrɪn], die; -, -nen: weibliche Form zu ↑Akupunkteur

aku|punk|tie|ren ‹*lat.-nlat.*›: eine Akupunktur durchführen

Aku|punk|tur, die; -, -en (Med.): Heilbehandlung durch Einstiche von feinen Nadeln aus Edelmetall an bestimmten Körperpunkten

Aku|punk|tu|rist, der; -en, -en: ↑Akupunkteur. **Aku|punk|tu|ris|tin,** die; -, -nen: weibliche Form zu ↑Akupunkturist

Akus|ma|ti|ker, der; -s, - ‹*gr.-nlat.*› (Philos.): Angehöriger einer Untergruppe der ↑Pythagoreer

Akus|tik, die; -, -en: **1. a)** Lehre vom Schall, von den Tönen; **b)** Schalltechnik. **2.** Klangwirkung. **Akus|ti|ker,** der; -s, -: Fachmann für Fragen der Akustik. **Akus|ti|ke|rin,** die; -, -nen: weibliche Form zu ↑Akustiker

akus|tisch: a) die Akustik (1, 2) betreffend; **b)** klanglich; vgl. auditiv; **akustischer Typ:** Menschentyp, der Gehörtes besser behält als Gesehenes

Akus|to|che|mie, die; -: Teilgebiet der physikalischen Chemie, das sich mit der Erzeugung von Schall durch chemische Reaktionen u. mit der Beeinflussung dieser durch Schallschwingungen beschäftigt

akut ‹*lat.;* »scharf, spitz«›: **1.** brennend, dringend, vordringlich, unmittelbar [anrührend] (in Bezug auf etwas, womit sich jmd. sofort beschäftigen muss od. was gerade im Vordergrund des Interesses steht). **2.** (Med.) unvermittelt auftretend, schnell u. heftig verlaufend (von Krankheiten u. Schmerzen) (Ggs.: chronisch [1])

gesundheitsgefährdend
auftreten Gefahr
werden
gefährden
einsturzgefährdet
Bedrohung
akut
Aussterben
lebensbedrohlich
erkranken
selbstmordgefährdet
Entzündung

akut/aktuell *s. Kasten Seite 70*

Akut, der; -s, -e: Betonungszeichen, Akzent für steigende Stimmführung (z. B. é); vgl. Accent aigu

A

Akut

akut	aktuell
Diese Menschen seien akut gefährdet durch Lungenkrebs und Leukämie. *dringend, plötzlich auftretend* – seien [...] akut [...] gefährdet – in akuter [...] Lebensgefahr – akut [vom ...] bedroht Die Ärzte sehen sie in akuter Lebensgefahr. Die Esel sind akut vom Aussterben bedroht. Jetzt ist das Heimspiel am Samstag in akuter Gefahr.	In der Zeitung stehen Themen, die ganz neu und aktuell sind. *im Augenblick wichtig, zeitnah, zeitgemäß* – aktuelle [...] Schwierigkeiten – ein aktuelles Thema – aktuell [...] gefährdet Die Chancen auf einen beruflichen Neuanfang sind aktuell sehr gering. Es gibt unzählige Tiere und Pflanzen, die aktuell sehr gefährdet sind. Es gibt aktuell zu viele wirtschaftliche Schwierigkeiten in Südamerika.

Akut|kran|ken|haus, das; -es, ...häuser: Krankenhaus für akute (2) Krankheitsfälle

Akyn, der; -s, -e ‹*kirg.-russ.*›: kasachischer u. kirgisischer Volkssänger; vgl. Rhapsode

ak|ze|die|ren ‹*lat.*›: beitreten, beistimmen

Ak|ze|le|ra|ti|on, die; -, -en ‹*lat.;* »Beschleunigung«›: **1.** Zunahme der Umlaufgeschwindigkeit des Mondes. **2.** Zeitunterschied zwischen einem mittleren Sonnen- u. einem mittleren Sterntag. **3.** Änderung der Ganggeschwindigkeit einer Uhr. **4.** Entwicklungsbeschleunigung bei Jugendlichen. **5.** (Biol.) Beschleunigung in der Aufeinanderfolge der Individualentwicklungsvorgänge; vgl. ...ation/...ierung

Ak|ze|le|ra|ti|ons|prin|zip, das; -s: Wirtschaftstheorie, nach der eine Schwankung der Nachfrage nach Konsumgütern eine prozentual größere Schwankung bei den ↑Investitionsgütern hervorruft

Ak|ze|le|ra|ti|ons|pro|zess, der; -es, -e: Beschleunigungsvorgang

Ak|ze|le|ra|tor, der; -s, ...oren ‹*lat.-nlat.*›: **1.** (Kernphysik) Teilchenbeschleuniger; vgl. Synchrotron, Zyklotron. **2.** (Wirtsch.) Verhältniszahl, die sich aus den Werten der ausgelösten (veränderten) Nettoinvestition und der sie auslösenden (verändernden) Einkommensänderung ergibt

ak|ze|le|rie|ren ‹*lat.*›: beschleunigen, vorantreiben; fördern. **Ak|ze|le|rie|rung,** die; -, -en: das Akzelerieren; vgl. ...ation/...ierung

Ak|zent, der; -[e]s, -e ‹*lat.;* »das Antönen, das Beitönen«›: **1.** Betonung (z. B. einer Silbe). **2.** Betonungszeichen. **3.** (ohne Plural) Tonfall, Aussprache. **4.** vgl. Accentus

Ak|zen|tu|a|ti|on, die; -, -en ‹*lat.-mlat.*›: Betonung; vgl. ...ation/...ierung

ak|zen|tu|ell ‹*lat.-frz.*›: den Akzent betreffend

ak|zen|tu|ie|ren ‹*lat.-mlat.*›: **a)** beim Sprechen hervorheben; **b)** betonen, Nachdruck legen auf etwas; **akzentuierende Dichtung:** Dichtungsart, in der metrische Hebungen (Versakzente) mit den sprachlichen Hebungen (Wortakzente) zusammenfallen. **Ak|zen|tu|ie|rung,** die; -, -en: Akzentuation; vgl. ...ation/...ierung

Ak|zept, das; -[e]s, -e: **1.** Annahmeerklärung desjenigen, der den Wechsel bezahlen muss, auf einem Wechsel. **2.** akzeptierter Wechsel

ak|zep|ta|bel ‹*lat.-frz.*›: annehmbar, brauchbar. **Ak|zep|ta|bi|li|tät,** die; -: **a)** Annehmbarkeit; **b)** (Sprachwiss.) von einem kompetenten Sprecher als sprachlich üblich u. richtig beurteilte Beschaffenheit einer sprachlichen Äußerung; vgl. Grammatikalität

Ak|zep|tant, der; -en, -en ‹*lat.*›: **1.** jmd., der durch das Akzept (1) zur Bezahlung eines Wechsels verpflichtet ist. **2.** Empfänger, Aufnehmender. **Ak|zep|tan|tin,** die; -, -nen: weibliche Form zu ↑Akzeptant

Ak|zep|tanz, die; -, -en (bes. Werbespr.): Bereitschaft, etwas (ein neues Produkt o. Ä.) zu akzeptieren

Ak|zep|ta|ti|on, die; -, -en: Annahme (z. B. eines Wechsels), Anerkennung; vgl. ...ation/...ierung

ak|zep|tie|ren: etwas annehmen, billigen, hinnehmen. **Ak|zep|tie|rung,** die; -, -en: das Anerkennen, Einverstandensein mit jmdm./etwas; vgl. ...ation/...ierung

Ak|zept|kre|dit, der; -[e]s, -e: Einräumung eines Bankkredits durch Bankakzept

Ak|zep|tor, der; -s, ...oren ‹*lat.;* »Annehmer, Empfänger«›: **1.** (Physik) Stoff, dessen Atome od. Moleküle ↑Ionen od. ↑[1]Elektronen von anderen Stoffen übernehmen können. **2.** (Physik) Fremdatom, das ein bewegliches ↑[1]Elektron einfängt. **3.** Stoff, der nur unter bestimmten Voraussetzungen von Luftsauerstoff angegriffen wird

Ak|zess, der; -es, -e ‹*lat.;* »Zutritt, Zugang«› (schweiz.): **1.** (seltener) Zwischenprüfung. **2.** Vorbereitungsdienst an Gerichten u. Verwaltungsbehörden

Ak|zes|si|on, die; -, -en: **1.** Zugang; Erwerb. **2.** Beitritt [eines Staates zu einem internationalen Abkommen]. **3.** (Sprachwiss.) Zusatz eines als Gleitlaut wirkenden Konsonanten (z. B. des *t* in gelegen*t*lich)

Ak|zes|si|ons|klau|sel, die; -: Zusatz in einem Staatsvertrag, durch den angezeigt wird, dass jederzeit auch andere Staaten diesem Vertrag beitreten können

Ak|zes|si|ons|lis|te, die; -, -n: Liste in Bibliotheken, in der neu eingehende Bücher nach der laufenden Nummer eingetragen werden

Ak|zes|sist, der; -en, -en ‹*lat.-nlat.*› (veraltet): Anwärter für den Gerichts- u. Verwaltungsdienst

Ak|zes|so|ri|en, die (Plural) ‹*lat.-mlat.*› (Bot.): Samenanhängsel bei Pflanzen als Fruchtfleischersatz

Ak|zes|so|ri|e|tät, die; -, -en: **1.** (ohne Plural) **a)** Zugänglichkeit; **b)** Zulassbarkeit. **2.** (Rechtswiss.) Abhängigkeit des Nebenrechtes von dem zugehörigen Hauptrecht

ak|zes|so|risch: hinzutretend, nebensächlich, weniger wichtig; **akzessorische Atmung:** zusätzliche Luftatmung neben der Kiemenatmung bei Fischen, die in sauerstoffarmen Gewässern leben; **akzessorische Nährstoffe:** Ergänzungsstoffe zur Nahrung (Vitamine, Salze, Wasser, Spurenelemente); **akzessorische Rechte** (Rechtswiss.): Nebenrechte

Ak|zes|so|ri|um, das; -s, ...ien ‹*lat.-mlat.*› (veraltet): Nebensache, Beiwerk

Ak|zi|dens, das; -, ...denzien ‹*lat.*›: **1.** (Plural auch: Akzidentia; Philos.) das Zufällige, nicht notwendig einem Gegenstand Zukommende, unselbstständig Seiende. **2.** (Plural fachspr. auch: Akzidentien; Musik) Versetzungszeichen (♯, ♭ oder deren Aufhebung: ♮), das innerhalb eines Taktes zu den Noten hinzutritt

Ak|zi|den|ta|li|en, die (Plural) ‹*mlat.*›: Nebenpunkte bei einem Rechtsgeschäft (z. B. Vereinbarung einer Kündigungsfrist) (Ggs.: Essenzialien)

ak|zi|den|tell, ak|zi|den|ti|ell ‹*lat.-mlat.-frz.*›: **1.** zufällig, unwesentlich. **2.** (Med.) nicht zum gewöhnlichen Krankheitsbild gehörend; zufällig auftretend

Ak|zi|denz, die; -, -en ‹*lat.*›: **1.** (meist Plural) Druckarbeit, die nicht zum Buch-, Zeitungs- u. Zeitschriftendruck gehört (z. B. Drucksachen, Formulare, Prospekte, Anzeigen). **2.** ↑Akzidens (1)

Ak|zi|den|zi|en: *Plural* von ↑Akzidens

Ak|zi|denz|satz, der; -es (Druckw.): Herstellung (Satz) von Akzidenzen; vgl. Akzidenz (1)

ak|zi|pie|ren ‹*lat.*› (veraltet): empfangen, annehmen, billigen

Ak|zi|se, die; -, -n ‹*frz.*›: **1.** indirekte Verbrauchs- u. Verkehrssteuer. **2.** (Geschichte) Zoll (z. B. die Torabgabe im Mittelalter)

...al/...ell

‹*lat.* ...alis (→*frz.* ...el(le))›
Die beiden Adjektivsuffixe treten oft konkurrierend am gleichen Wortstamm auf. Häufig sind sie synonym verwendbar:
- emotional/emotionell
- hormonal/hormonell

In anderen Fällen haben die mithilfe der beiden Suffixe gebildeten Wörter hingegen unterschiedliche Bedeutungen:
- formal/formell
- instrumental/instrumentell
- rational/rationell

à la ‹*frz.*›: auf, nach Art von

à la baisse [ala'bɛːs] ‹*frz.;* »nach unten«› (Börsenw.): im Hinblick auf (wahrscheinlich) fallende Kurse (z. B. à la baisse spekulieren) (Ggs.: à la hausse)

Ala|bas|ter, der; -s, - ‹*gr.-lat.*›: **1.** marmorähnliche, feinkörnige, reinweiße, durchscheinende Art des Gipses. **2.** bunte Glaskugel, die die Kinder beim Murmelspiel gegen die kleineren Kugeln aus Ton werfen. **ala|bas|tern: 1.** aus Alabaster. **2.** wie Alabaster

Ala|bas|t|ron, das; -s, Alabastren ‹*gr.*›: kleines antikes Salbölgefäß

à la bonne heure [alabɔ'nœːr] ‹*frz.;* »zur guten Stunde«›: recht so!, ausgezeichnet!, bravo!

à la carte [ala'kart] ‹*frz.*›: nach der Speisekarte (z. B. à la carte essen)

À-la-carte-Re|s|tau|rant, das; -s, -s ‹*frz.; lat.-frz.*›: Restaurant, in dem der Gast sein Essen von einer Speisekarte auswählen kann

à la hausse [ala'oːs] ‹*frz.;* »nach oben«› (Börsenw.): im Hinblick auf (wahrscheinlich) steigende Kurse (z. B. à la hausse spekulieren) (Ggs.: à la baisse)

à la jar|di|nière [alaʒardi'njɛːr] ‹*frz.;* »nach Art der Gärtnerin«› (Gastron.): mit Beilage von verschiedenen Gemüsesorten (zu gebratenem od. gegrilltem Fleisch); **Suppe à la jardinière:** Fleischbrühe mit Gemüsestückchen

Al-Ak|sa-In|ti|fa|da, die; - ‹*arab;* nach dem Ausgangsort, der Al-Aksa-Moschee in Jerusalem›: im September 2000 erneut ausgebrochene ↑Intifada

Ala|lie, die; -, ...ien ‹*gr.-nlat.;* »Sprechunfähigkeit«› (Med.): Unfähigkeit, artikulierte Laute zu bilden

à la longue [ala'lõːg] ‹*frz.*›: auf die Dauer

à la mai|son [alamɛ'zõː] ‹*frz.*› (Gastron.): nach Art des Hauses

Ala|mé|ri|caine [alameri'kɛːn], das; -s ‹*frz.*› (Pferdesport): Springprüfung, in der der Parcours beim ersten Fehler beendet ist

à la meu|nière [alamø'njɛːr] ‹*frz.;* »nach Art der Müllerin«› (Gastron.): in Mehl gewendet u. in Butter gebraten

à la mode [ala'mɔd] ‹*frz.*›: nach der neuesten Mode

Ala|mode|li|te|ra|tur, die; - (Literaturwiss.): stark von französischen [u. italienischen] Vorbildern beeinflusste Richtung der deutschen Literatur im 17. Jh.

ala|mo|disch: die Alamodeliteratur betreffend

Alan, das; -s, -e ‹Kunstw.›: Aluminiumwasserstoff

Ala|na|te, die (Plural): Mischhydride des Aluminiums

Ala|nin, das; -s ‹*nlat.*›: eine der wichtigsten ↑Aminosäuren (Bestandteil fast aller Eiweißkörper)

Alarm, der; -s, -e ‹*lat.-it.;* »zu den Waffen!«›: **1.** Warnung bei Gefahr, Gefahrensignal. **2.** Aufregung, Beunruhigung

alar|mie|ren ‹*lat.-it.(-frz.)*›: **1.** eine Person od. Institution zu Hilfe rufen. **2.** beunruhigen, warnen, in Unruhe versetzen

Alarm|pi|kett, das; -[e]s, -e (schweiz.): Überfallkommando

Alas|t|rim, das; -s ‹*port.*› (Med.): Pockenerkrankung von gutartigem Charakter u. leichtem Verlauf; weiße Pocken

à la suite [ala'sɥiːt] ‹*frz.;* »im Gefolge von ...«› (Militär früher): einem Truppenteil ehrenhalber zugeteilt

Alaun, der; -s, -e ‹*lat.*›: Kalium-Aluminium-Sulfat (ein Mineral). **alau|ni|sie|ren:** mit Alaun behandeln

Ala|wit, der; -en, -en ‹*arab.*›: Angehöriger einer Richtung des schiitischen Islams. **Ala|wi|tin,** die; -, -nen: w. Form zu ↑Alawit. **ala|wi|tisch:** die Alawiten betreffend, zu ihnen gehörend

¹**Al|ba,** die; -, ...ben ‹*lat.*›: ↑Albe

²**Al|ba,** die; -, -s: altprovenzalisches Tagelied (Minnelied)

Al|ba|no|lo|gie, die; - ‹*lat.-nlat.*›: Wissenschaft von der albanischen Sprache u. Literatur. **al|ba|no|lo|gisch:** die Albanologie betreffend

Al|ba|rel|lo, das; -s, ...lli ‹*it.*›: Apothekergefäß von zylindrischer Form

Al|ba|t|ros, der; -, -se ‹*arab.-span.-engl.-niederl.*›: **1.** großer Sturmvogel [der südlichen Erdhalbkugel]. **2.** (Golf) das Erreichen eines Lochs mit drei Schlägen weniger als gesetzt

Al|be, die; -, -n ‹*lat.*›: weißes liturgisches Untergewand der katholischen u. anglikanischen Geistlichen

Al|be|do, die; - (Physik): Rückstrahlungsvermögen von nicht selbstleuchtenden, ↑diffus reflektierenden Oberflächen (z. B. Schnee, Eis)

Al|be|do|me|ter, das; -s, - ‹*lat.; gr.*›: Gerät zur Messung der Albedo

Al|ber|ge, die; -, -n ‹*lat.-mozarabisch-span.-frz.* (od. *it.*)›: Sorte kleiner, säuerlicher Aprikosen mit festem Fleisch

Al|ber|go, das; -s, -s u. ...ghi [...gi] ‹*germ.-it.*›: italienische Bezeichnung für: Wirtshaus, Herberge, Hotel

Al|bi|gen|ser, der; -s, - ‹nach der südfrz. Stadt Albi›: Angehöriger einer Sekte des 12./13. Jh.s in Südfrankreich u. Oberitalien

Al|bi|klas, der; -es, -e ‹*lat.; gr.*›: ↑Albit

Al|bi|nis|mus, der; - ‹*lat.-span.-nlat.*› (Biol., Med.): erblich bedingtes Fehlen von ↑Pigment (1) bei Lebewesen

al|bi|ni|tisch vgl. albinotisch

Al|bi|no, der; -s, -s ‹*lat.-span.;* »Weißling«›: **1.** an Albinismus leidender Mensch. **2. a)** Tier mit fehlender Farbstoffbildung; **b)** [Blüten]blatt, Samenkorn o. Ä. mit fehlender Farbstoffbildung. **al|bi|no|tisch,** albinitisch (Biol., Med.): **1.** ohne Körperpigment. **2. a)** auf Albinismus beruhend; **b)** die Albinos betreffend

Al|bi|on ‹*kelt.*, mit *lat.* albus »weiß« in Verbindung gebracht u. auf die Kreidekliffküste bei Dover bezogen› (dichter.): England

Al|bit [auch: al'bɪt], der; -s, -e ‹*lat.-nlat.*›: Natronfeldspat (ein Mineral)

Al|biz|zie [...i̯ə], die; -, -n ‹*nlat.;* nach dem it. Naturforscher F. degli Albizzi›: tropisches Mimosengewächs

Al|bo|lit®, das; -s ‹*lat.; gr.*›: Phenolharz (ein Kunstharz)

Al|bu|cid®, das; -s ‹Kunstw.›: ein ↑Sulfonamid

Al|bu|go, die; -, ...gines ‹*lat.*› (Med.): weißer Fleck der Hornhaut

Al|bum, das; -s, ...ben ‹»das Weiße, die weiße Tafel«›: **1. a)** eine Art Buch mit stärkeren Seiten, Blättern, auf denen bes. Fotografien, Briefmarken, Postkarten o. Ä. angebracht werden; **b)** eine Art Buch mit einzelnen Hüllen, in die Schallplatten gesteckt werden. **2. a)** (veraltend) im Allgemeinen zwei zusammengehörende Langspielplatten in zwei zusammenhängenden Hüllen; **b)** bes. im Bereich der Unterhaltungsmusik Veröffentlichung mehrerer Titel eines Künstlers, einer Gruppe auf einer CD

Al|bu|men, das; -s (Biol., Med.): Eiweiß

Al|bu|min, das; -s, -e (meist Plural) ‹*nlat.*› (Med., Biol.): einfacher, wasserlöslicher Eiweißkörper, hauptsächlich in Eiern, in der Milch u. im Blutserum vorkommend

Al|bu|mi|nat, das; -s, -e: Alkalisalz der Albumine

Al|bu|mi|ni|me|ter, das; -s, - ‹*lat.; gr.*› (Med. früher): Messgerät (Röhrchen) zur Bestimmung des Eiweißgehaltes [im Urin]

al|bu|mi|no|id (Biol., Med. früher): eiweißähnlich; eiweißartig

al|bu|mi|nös ‹*nlat.*›: eiweißhaltig

Al|bu|mi|n|u|rie, die; -, ...i̯en ‹*lat.; gr.*› (Med.): Ausscheidung von Eiweiß im Urin

Al|bu|mo|se, die; -, -n (meist Plural) ‹*nlat.*›: Spaltprodukt der Eiweißkörper

Al|bus, der; -, -se ‹*mlat.*›: Weißpfennig (eine Groschenart aus Silber, die vom 14. bis 17. Jh. am Mittel- u. Niederrhein Hauptmünze war u. in Kurhessen bis 1841 galt)

al|cä|isch [...ts...] vgl. alkäisch

Al|can|ta|ra®, das; -[s] ‹gebildet zu arab. al-qantara, »Brücke«›: Wildlederimitat, das für Kleidungsstücke (Mäntel, Jacken usw.) u. Möbel verarbeitet wird

Al|car|ra|za [...'rasa, bei span. Aussprache: ...'rraθa], die; -, -s ‹*arab.-span.*›: in Spanien gebräuchlicher poröser Tonkrug zum Kühlhalten von Wasser

Al|cá|zar vgl. Alkazar

Al|che|mie, die; - ‹*arab.-span.-frz.*›: **1.** Chemie des Mittelalters. **2.** Versuche, unedle Stoffe in edle, bes. in Gold, zu verwandeln

Al|che|mist, der; -en, -en ‹*arab.-span.-mlat.*›: **1.** jmd., der sich mit Alchemie (1) befasst. **2.** Goldmacher. **al|che|mis|tisch:** die Alchemie betreffend

Al|chi|mie usw. vgl. Alchemie usw.

Al|chy|mie usw. vgl. Alchemie usw.

Al|co|pop, Alkopop, der od. das; -[s], -s ‹*engl.*›: fertiges Mischgetränk aus [hochprozentigem] Alkohol u. Limonade od. Saft

al cor|so ‹*it.*› (Börsenw.): zum laufenden Kurs

al|cy|o|nisch [...ts...] vgl. alkyonisch

Al|de|hyd, der, auch das; -s, -e ‹Kurzw. aus *nlat.* Alcoholus *dehyd*rogenatus› (Chemie): chemische Verbindung, die durch Wasserstoffentzug aus Alkoholen entsteht

al den|te ‹*it.*› (Gastron.): nicht ganz weich gekocht (bes. von Nudeln)

Al|der|man ['ɔːldəmən], der; -s, ...men [...mən] ‹*engl.*›: [ältester] Ratsherr, Vorsteher, Stadtrat in angelsächsischen Ländern

Al|di|ne, die; -, -n ‹nach dem venezianischen Drucker Aldus Manutius›: **1.** (ohne Plural) halbfette Antiquaschrift. **2.** ein Druck von Aldus Manutius od. einem seiner Nachfolger (bes. kleinformatige Klassikerausgaben)

Al|do|se, die; -, -n ‹Kurzw. aus *Al*dehyd u. dem Suffix *-ose*›: eine Zuckerverbindung mit einer Aldehydgruppe

Al|do|s|te|ron, das; -s ‹Kunstw.›

(Med.): Hormon der Nebennierenrinde
Al|do|xim, das; -s, -e ‹Kunstw.›: Produkt aus ↑Aldehyd u. ↑Hydroxylamin
Al|d|rey [...aɪ̯], das; -s ‹Kunstw.›: Aluminiumlegierung von guter elektrischer Leitfähigkeit
Al|d|rin, das; -s ‹nach dem dt. Chemiker K. Alder›: verbotenes Insektizid aus der Gruppe der Chlorkohlenwasserstoffe
Ale [eːl], das; -s, -s ‹*engl.*›: helles englisches Bier
alea iac|ta est ‹*lat.;* »der Würfel ist geworfen«; angeblich von Cäsar beim Überschreiten des Rubikon 49 v. Chr. gesprochen›: die Entscheidung ist gefallen, es ist entschieden
Ale|a|to|rik, die; - ‹*lat.-nlat.*›: Kompositionsstil, bei dem einem Interpreten an vielen Stellen einer Komposition freie Spielgestaltung erlaubt ist. **ale|a|to|risch** ‹*lat.*›: vom Zufall abhängig [u. daher gewagt]
...al/...ell *s. Kasten ...al/...ell*
Alen|çon|spit|ze [alɑ̃ˈsɔ̃:...], die; -, -n ‹nach dem frz. Herstellungsort›: Spitze mit Blumenmustern auf zartem Netzgrund
Alep|po|kie|fer, die; -, -n ‹nach der syrischen Stadt Aleppo›: harzreiche Kiefernart im Mittelmeerraum
alert ‹*it.-frz.*›: munter, aufgeweckt, frisch
Alert [əˈlœːɐ̯t], der od. das; -s, -s ‹*engl.*› (EDV): Internetdienst, der auf Anfrage bestimmte Neuigkeiten per RSS-Feed, E-Mail o. Ä. meldet
Aleu|k|ä|mie, die; -, ...ien (Med.): zellarme Leukämieform mit Auftreten von unreifen weißen Blutkörperchen. **aleu|k|ä|misch** (Med.): das Erscheinungsbild der Aleukämie zeigend, leukämieähnlich
Aleu|ron, das; -s ‹*gr.*› (Biol.): in Form von festen Körnern od. im Zellsaft gelöst vorkommendes Reserveeiweiß der Pflanzen
Ale|vis|mus, der; -: eine islamische Religionsgemeinschaft in Vorderasien
Ale|vit, der; -en, -en ‹nach dem Religionsführer Ali, dem Schwiegersohn Mohammeds, benannt›: Anhänger des ↑Alevismus
¹Ale|x|an|d|ri|ner, der; -s, -: **1.** Gelehrter, bes. Philosoph in Alexandria zur Zeit des ↑Hellenismus. **2.** Anhänger einer philosophischen Strömung in der Renaissance (Alexandrismus), die sich mit der Aristotelesinterpretation befasste
²Ale|x|an|d|ri|ner, der; -s, - ‹Kürzung aus: alexandrinischer Vers; nach dem frz. Alexanderepos von 1180›: sechshebiger (6 betonte Silben aufweisender) [französischer] Reimvers mit 12 od. 13 Silben
Ale|x|an|d|rit [auch: ...ˈdrɪt], der; -s, -e ‹*nlat.;* nach dem russischen Zaren Alexander II.›: besondere Art des ↑Chrysoberylls
Ale|x|i|a|ner, der; -s, - ‹*gr.*›: Angehöriger einer Laienbruderschaft
Ale|xie, die; -, ...ien ‹*gr.-nlat.*› (Med.): trotz intakten Sehvermögens bestehende Unfähigkeit, Geschriebenes zu lesen bzw. Gelesenes zu verstehen (z. B. durch einen Tumor, Infarkt od. eine Hirnblutung)
Ale|xin, das; -s, -e (meist Plural) ‹*gr.-nlat.*› (Med.): natürlicher, im Blutserum gebildeter Schutzstoff gegen Bakterien
ale|zi|thal ‹*gr.-nlat.*› (Biol.): dotterarm (von Eiern)
Al|fa, Halfa, die; - ‹*arab.*›: ↑Esparto
Al|fal|fa, die; - ‹*arab.-span.*›: Luzerne
Al|fan|ze|rei, die; -, -en (veraltet): **1.** Possenreißerei. **2.** [leichter] Betrug
Al Fa|ta [- faˈtax] vgl. El Fatah
Al|fe|nid [auch: ...ˈnɪt], das; -[e]s ‹*frz.*›: galvanisch versilbertes Neusilber
Al|fe|ron, das; -s ‹*lat.; gr.*›: hitzebeständiges, legiertes Gusseisen
al fi|ne ‹*it.*›: bis zum Schluss [eines Musikstückes]; vgl. da capo al fine
al fres|co vgl. a fresco
Al|ge, die; -, -n ‹*lat.*›: niedere, meist wasserbewohnende Pflanze
Al|ge|b|ra [österr. u. schweiz.: alˈgeːbra], die; -, ...ebren ‹*arab.-roman.*›: **1.** (ohne Plural) Lehre von den Gleichungen, von den Beziehungen zwischen mathematischen Größen u. den Regeln, denen sie unterliegen. **2.** algebraische Struktur. **al|ge|b|ra|isch:** die Algebra betreffend; **algebraische Struktur:** eine Menge von Elementen (Rechenobjekten) einschließlich der zwischen ihnen definierten Verknüpfungen
Al|gen|säu|re vgl. Alginsäure
Al|ge|sie, die; -, ...ien ‹*gr.-nlat.*› (Med.): **a)** Schmerz; **b)** Schmerzempfindlichkeit
Al|ge|si|me|ter, Algometer, das; -s, - (Med.): Gerät zur Bestimmung der Schmerzempfindlichkeit durch Messung der Druckstärke
Al|ge|sio|lo|gie, die; -: Wissenschaftsgebiet, das sich mit dem Schmerz, seinen Ursachen, Erscheinungsweisen u. seiner Bekämpfung befasst

...al|gie

die; -, ...ien
‹zu *gr.* álgos »Schmerz, Leid, Trauer«›
Wortbildungselement mit der Bedeutung »Schmerz, Schmerzzustand«:
- Analgie
- Gastralgie
- Neuralgie

Al|gi|nat, das; -[e]s, -e ‹*lat.-nlat.*›: Salz der Alginsäure
Al|gin|säu|re, Algensäure, die; - ‹*lat.-nlat.; dt.*›: aus Algen gewonnenes chemisches Produkt von vielfacher technischer Verwendbarkeit
Al|go|ge|ne, die (Plural) ‹*gr.*›: Schmerzstoffe, Schmerzen hervorrufende chemische Kampfstoffe
ALGOL, Al|gol, das; -s ‹Kurzw. aus: *algo*rithmic *l*anguage; *engl.*› (EDV): Formelsprache zur Programmierung beliebiger Rechenanlagen
Al|go|la|g|nie, die; -, ...ien ‹*gr.-nlat.*› (Med. veraltet): sexuelle Lustempfindung beim Erleiden od. Zufügen von Schmerzen; vgl. Masochismus, Sadismus
Al|go|lo|ge, der; -n, -n ‹*lat.; gr.*›: Algenforscher. **Al|go|lo|gie,** die; -: Algenkunde. **Al|go|lo|gin,** die; -, -nen: weibliche Form zu ↑Algologe. **al|go|lo|gisch:** algenkundlich
al|go|ma|nisch: ↑algomisch

Al|go|me|ter vgl. Algesimeter

al|go|misch ⟨nach dem Algomagebiet in Kanada⟩: in der Fügung **algomische Faltung** (Geol.): Faltung während des ↑Algonkiums

al|gon|kisch: das Algonkium betreffend. **Al|gon|ki|um,** das; -s ⟨*nlat.;* nach dem Gebiet der Algonkinindianer in Kanada⟩ (Geol.): jüngerer Abschnitt der erdgeschichtlichen Frühzeit; Proterozoikum

Al|gor, der; -s ⟨*lat.*⟩ (Med.): Kälte; **Algor mortis:** Leichenkälte; reduzierte Körpertemperatur nach dem Eintritt des Todes

al|go|rith|misch: einem methodischen Rechenverfahren folgend. **Al|go|rith|mus,** der; -, ...men ⟨*arab.-mlat.*⟩: **1.** (veraltet) Rechenart mit Dezimalzahlen. **2.** (Arithmetik) Rechenvorgang, der nach einem bestimmten [sich wiederholenden] Schema abläuft. **3.** (math. Logik) Verfahren zur schrittweisen Umformung von Zeichenreihen

Al|gra|fie, Al|gra|phie, die; -, ...ien ⟨Kurzw. aus *Al*uminium u. ...*grafie*⟩: **1.** (ohne Plural) Flachdruckverfahren mit einem Aluminiumblech als Druckfläche. **2.** nach diesem Druckverfahren hergestelltes Kunstblatt

Al|hi|da|de, die; -, -n ⟨*arab.*⟩: drehbarer Arm (mit Ableseeinrichtung) eines Winkelmessgerätes

ali|as ⟨*lat.*⟩: auch ... genannt, mit anderem Namen ..., unter dem [Deck]namen ... bekannt (in Verbindung mit einem Namen)

Ali|as [auch: ˈeɪ̯liəs], der od. das; -, -[se] ⟨*lat.-engl.*⟩: **a)** anderer Name, Deckname, Pseudonym; **b)** (EDV) Ersatzname in einem E-Mail-Verzeichnis

Ali|a|sing [ˈeɪ̯liəsɪŋ], das; -s ⟨*lat.-engl.*⟩ (EDV): gezacktes od. stufenartiges Erscheinungsbild von Kurven u. diagonalen Linien bei Computergrafiken mit geringer Bildschirmauflösung

Ali|bi, das; -s, -s ⟨*lat.(-frz.);* »anderswo«⟩: **a)** (Rechtswiss.) Beweis, Nachweis der persönlichen Abwesenheit vom Tatort zur Tatzeit des Verbrechens; **b)** Entschuldigung, Ausrede, Rechtfertigung

Ali|bi|funk|ti|on, die; -, -en: Funktion, etwas zu verschleiern od. als gerechtfertigt erscheinen zu lassen, die durch eine genannte Person od. einen genannten Sachverhalt erfüllt werden soll

Ali|en [ˈeɪ̯liən], der od. das; -s, -s ⟨*lat.-frz.-engl.*⟩: außerirdisches Lebewesen

Ali|e|na|ti|on, die; -, -en ⟨*lat.*⟩: **1.** Entfremdung. **2.** bestimmte Art der Veräußerung, des Verkaufs. **3.** (Med. selten) besondere Form einer ↑Psychose, die durch das Fremdwerden von Personen, Sachen od. Situationen gekennzeichnet ist

Ali|e|ni, die (Plural) (Zool.): Tiere, die zufällig in ein ihnen fremdes Gebiet geraten bzw. dieses zufällig durchqueren

ali|e|nie|ren: 1. (Psychol., Soziol.) entfremden, abwendig machen. **2.** (Rechtsspr.) veräußern, verkaufen

Ali|e|ni|tät, die; - ⟨*lat.-nlat.*⟩ (Völkerkunde): grundlegende interkulturelle Fremdheit, Andersartigkeit

Ali|g|ne|ment [alɪnjəˈmɑ̃ː], das; -s, -s ⟨*frz.*⟩: **1.** das Abstecken einer Fluchtlinie, der festgesetzten Linie einer vorderen, rückwärtigen od. seitlichen Begrenzung, bis zu der etwas gebaut werden darf [beim Straßen- oder Eisenbahnbau]. **2.** Fluchtlinie [beim Straßen- od. Eisenbahnbau]. **ali|g|nie|ren** [alɪnˈjiː...]: abmessen, Fluchtlinien [beim Straßen- od. Eisenbahnbau] abstecken

Align|ment [əˈlaɪ̯nmənt], das; -s, -s ⟨*engl.*⟩ (Fachspr.): das Ausrichten; Ausrichtung

ali|men|tär ⟨*lat.*⟩ (Med.): **a)** mit der Ernährung zusammenhängend; **b)** durch die Ernährung bedingt

Ali|men|ta|ti|on, die; -, -en ⟨*mlat.*⟩: die finanzielle Leistung für den Lebensunterhalt [von Berufsbeamten], Unterhaltsgewährung in Höhe der amtsbezogenen Besoldung, Lebensunterhalt

Ali|men|te, die (Plural) ⟨*lat.;* »Nahrung; Unterhalt«⟩: Unterhaltsbeiträge (bes. für nicht eheliche Kinder). **ali|men|tie|ren** ⟨*mlat.*⟩: Lebensunterhalt gewähren, unterstützen

a li|mi|ne ⟨*lat.;* »von der Schwelle«⟩: kurzerhand, von vornherein; ohne Prüfung in der Sache

Ali|nea, das; -s, -s ⟨*lat.;* »von der (neuen) Linie«⟩ (Druckw. veraltet): von vorn, mit Absatz beginnende neue Druckzeile (Abk.: Al.). **ali|ne|ie|ren** (Druckw. veraltet): absetzen, einen Absatz machen, durch Absatz trennen

ali|pha|tisch ⟨*gr.-nlat.*⟩ (Chemie): offene Kohlenstoffketten in der Strukturformel aufweisend (von bestimmten organischen Verbindungen)

ali|quant ⟨*lat.*⟩ (Math.): mit Rest teilend (der aliquante Teil einer Zahl ist jede dem Betrag nach kleinere Zahl, die nicht als Teiler auftreten kann, z. B. 4 zur Zahl 6) (Ggs.: aliquot)

ali|quot (Math.): ohne Rest teilend (der aliquote Teil einer Zahl ist jeder ihrer Teiler, z. B. 2 zur Zahl 6) (Ggs.: aliquant). **Ali|quo|te,** die; -, -n: **1.** (Math.) Zahl, die eine andere Zahl ohne Rest in gleiche Teile teilt. **2.** ↑Aliquotton

ali|quo|tie|ren (österr.): anteilmäßig aufteilen

Ali|quot|ton, der; -[e]s, ...töne (Musik): mit dem Grundton mitklingender Oberton

ali|tie|ren vgl. alumetieren

Ali|ud, das; -, Alia ⟨*lat.;* »ein anderes«⟩ (Rechtswiss.): Leistung, die fälschlich anstelle der geschuldeten erbracht wird (der Gläubiger erhält etwas, was von der vertraglich festgelegten Leistung entscheidend abweicht)

Ali|za|rin, das; -s ⟨*arab.-span.-nlat.*⟩: früher aus der Krappwurzel gewonnener, jetzt synthetisch hergestellter roter Farbstoff

Alk, der; -[e]s (Jargon): kurz für ↑Alkohol (3)

Al|ka|hest, der od. das; -[e]s ⟨*arab.*⟩: (in der Annahme der Alchemisten) eine angeblich alle Stoffe lösende Flüssigkeit

Al Kai|da vgl. El Kaida

al|kä|isch ⟨nach dem äolischen Lyriker Alkäus⟩: in der Fügung **alkäische Strophe:** vierzeilige Odenstrophe der Antike

Al|kal|de, der; -n, -n ⟨*arab.-span.*⟩: [Straf]richter, Bürgermeister in Spanien

Al|ka|li [auch: ˈal...], das; -s, ...alien ⟨*arab.*⟩: ↑Hydroxid der Alkalimetalle

Al|ka|li|ä|mie, die; -, ...ien (Med. veraltet): ↑ Alkalose

Al|ka|li|me|tall, das; -[e]s, -e (Chemie): chemisch sehr reaktionsfähiges Metall (z. B. Lithium, Natrium, Kalium)

Al|ka|li|me|t|rie, die; - ⟨*arab.; gr.*⟩: Methode zur Bestimmung des genauen Laugengehaltes einer Flüssigkeit

al|ka|lin ⟨*arab.-nlat.*⟩: **a)** alkalisch reagierend; **b)** alkalihaltig. **Al|ka|li|ni|tät**, die; - (Chemie): **1.** alkalische Eigenschaft, Beschaffenheit eines Stoffes. **2.** alkalische Reaktion eines Stoffes

al|ka|lisch: basisch, laugenhaft; **alkalische Reaktion**: chemische Reaktion mit Laugenwirkung. **al|ka|li|sie|ren**: etwas alkalisch machen. **Al|ka|li|tät**, die; -: Gehalt einer Lösung an alkalischen Stoffen

Al|ka|lo|id, das; -s, -e ⟨*arab.; gr.*⟩: eine der bes. in Pflanzen vorkommenden, vorwiegend giftigen stickstoffhaltigen Verbindungen basischen Charakters (Heil- u. Rauschmittel)

Al|ka|lo|se, die; -, -n ⟨*arab.-nlat.*⟩ (Med.): auf Basenüberschuss od. Säuredefizit im Blut beruhender Zustand starker, bis zu Krämpfen gesteigerter Erregbarkeit

Al|kan, das; -s, -e (meist Plural) ⟨*arab.; gr.-nlat.*⟩: gesättigter Kohlenwasserstoff

Al|kan|na, die; - ⟨*arab.-span.-nlat.*⟩ (Bot.): Raublattgewächs, das bes. im Mittelmeerraum vorkommt

Al|ka|zar [al'kaːzar, auch: alka'tsaːɐ̯], der; -[s], ...are, Alcázar, der; -[s], -es ⟨*arab.-span.*⟩: spanische Bezeichnung für: Burg, Schloss, Palast

Al|ken, das; -s, -e (meist Plural) ⟨*arab.; gr.*⟩: Olefin

Al|kin, das; -s, -e (meist Plural) ⟨zu ↑ Alkyl⟩ (Chemie): ungesättigter azyklischer Kohlenwasserstoff

Al|ki|ne, die (Plural) ⟨*arab.; gr.-lat.*⟩: Acetylenkohlenwasserstoffe

Al|ko|hol, der; -s, (Fachspr.:) -e ⟨*arab.-span.*⟩: **1.** organische Verbindung mit einer od. mehreren ↑ Hydroxygruppen. **2.** (ohne Plural) ↑ Äthylalkohol (Bestandteil aller alkoholischen Getränke). **3.** (ohne Plural) Weingeist enthaltendes Getränk

Al|ko|ho|lat, das; -s, -e ⟨*arab.-span.-nlat.*⟩: Metallverbindung eines Alkohols (1)

Al|ko|ho|li|ka, die (Plural): alkoholische Getränke, Spirituosen

Al|ko|ho|li|ker, der; -s, - (gelegtl. abwertend): Gewohnheitstrinker. **Al|ko|ho|li|ke|rin**, die; -, -nen: weibliche Form zu ↑ Alkoholiker

al|ko|ho|lisch: **1.** den ↑ Äthylalkohol betreffend, mit diesem zusammenhängend. **2.** Weingeist enthaltend, Weingeist enthaltende Getränke betreffend

al|ko|ho|li|sie|ren: **1.** mit Alkohol versetzen. **2.** betrunken machen. **al|ko|ho|li|siert**: unter der Wirkung alkoholischer Getränke stehend, betrunken

Al|ko|ho|lis|mus, der; -: **1.** (Med.) zusammenfassende Bezeichnung für verschiedene Formen der schädigenden Einwirkungen, die übermäßiger Alkoholgenuss im Organismus hervorruft. **2.** Trunksucht

Al|ko|li|mit, das; -s, -s ⟨*arab.-span.; lat.-frz.-engl.*⟩ (österr.): gesetzlich festgelegter Grenzwert des Alkoholgehalts im Blut bei Kraftfahrern; Promillegrenze

Al|ko|mat, der; -en, -en ⟨Kurzw. aus *Alko*hol u. Auto*mat*⟩: Gerät zur Messung des Alkoholspiegels im Blut

Al|ko|pop vgl. Alcopop

Al|kor®, der; -[s] ⟨nach dem Stern im Großen Wagen⟩: eine [1]Folie (1) aus Kunststoff

Al|ko|ven, der; -s, - ⟨*arab.-span.-frz.*⟩: Bettnische, Nebenraum

Al|kyl, das; -s, -e ⟨*arab.; gr.*⟩ (Chemie): einwertiger Kohlenwasserstoffrest, dessen Verbindung z. B. mit einer ↑ Hydroxylgruppe einfache Alkohole liefert

Al|ky|la|ti|on, die; - ⟨*nlat.*⟩: Einführung von Alkylgruppen in eine organische Verbindung; vgl. ...ation/...ierung

Al|ky|len, das; -s, -e (meist Plural) (veraltet): ↑ Olefin

al|ky|lie|ren: eine Alkylgruppe in eine organische Verbindung einführen. **Al|ky|lie|rung**, die; -: ↑ Alkylation; vgl. ...ation/...ierung

al|ky|o|nisch, alcyonisch [...ts...] ⟨*gr.*⟩ (dichter.): heiter, friedlich

all..., **All...** vgl. allo..., Allo...

al|la bre|ve ⟨*it.*⟩ (Musik): beschleunigt (Taktart, bei der nicht nach Vierteln, sondern nach Halben gezählt wird)

Al|lach|äs|the|sie, die; -, ...ien ⟨*gr.*⟩ (Psychol. selten): Reizempfindung an einer anderen als der gereizten Stelle

Al|lah ⟨*arab.;* »der Gott«⟩ (bes. islam. Rel.): Gott

al|la mar|cia [- 'martʃa] ⟨*it.*⟩ (Musik): nach Art eines Marsches, marschmäßig (Vortragsanweisung)

Al|lan|to|in, das; -s ⟨*gr.-nlat.*⟩: Produkt des Harnstoffwechsels

Al|lan|to|is, die; -: Urharnsack (embryonales [c] Organ der Reptilien, Vögel u. Säugetiere einschließlich des Menschen)

al|la po|lac|ca ⟨*it.*⟩ (Musik): in der Art einer Polonaise (Vortragsanweisung)

al|la pri|ma ⟨*it.;* »aufs Erste«⟩: Malweise mit einmaligem Auftragen der Farbe, ohne Unter- od. Übermalung; Primamalerei

al|lar|gan|do ⟨*it.*⟩ (Musik): langsamer, breiter werdend (Vortragsanweisung)

al|la rin|fu|sa ⟨*it.*⟩: Verladung soll in loser Schüttung erfolgen (z. B. bei Getreide)

Al|lasch, der; -s u. -, -e ⟨nach dem lettischen Ort Allasch (Allaži) bei Riga⟩: ein Kümmellikör

al|la te|des|ca ⟨*it.*⟩ (Musik): nach Art eines deutschen Tanzes, im deutschen Stil (Vortragsanweisung)

Al|la|tiv, der; -s, -e ⟨*lat.-nlat.*⟩ (Sprachwiss.): Kasus, der das Ziel angibt (bes. in den finnisch-ugrischen Sprachen)

al|la tur|ca ⟨*it.*⟩ (Musik): in der Art der türkischen Musik (Vortragsanweisung)

Al|lau|tal®, das; -s ⟨Kunstw.⟩: mit Reinaluminium plattiertes ↑ Lautal

al|la zin|ga|re|se ⟨*it.*⟩ (Musik): in der Art der Musik der Sinti u. Roma (Vortragsanweisung); vgl. all'ongharese

Al|lee, die; -, Alleen ⟨*lat.-frz.;* »Gang«⟩: sich lang hinziehende, gerade Straße, die auf beiden Seiten gleichmäßig von hohen, recht dicht beieinanderstehenden Bäumen begrenzt ist

Al|le|gat, das; -[e]s, -e ⟨*lat.-nlat.*⟩: Zitat, angeführte Bibelstelle. **Al|le|ga|ti|on,** die; -, -en ‹*lat.*› (veraltet): Anführung eines Zitats, einer Bibelstelle

Al|le|gat|strich, der; -[e]s, -e: Strich als Hinweis auf eine Briefanlage

al|le|gie|ren: ein Zitat, eine Bibelstelle anführen

Al|le|go|re|se, die; -, -n ‹*gr.-nlat.*›: Auslegung von Texten, die hinter dem Wortlaut einen verborgenen Sinn sucht

Al|le|go|rie, die; -, ...ien ‹*gr.-lat.;* »das Anderssagen«› (bild. Kunst, Literaturwiss.): rational fassbare Darstellung eines abstrakten Begriffs in einem Bild, oft mithilfe der Personifikation. **Al|le|go|rik,** die; -: **a)** allegorische Darstellungsweise; **b)** Gesamtheit der Allegorien [in einer Darstellung]

al|le|go|risch: sinnbildlich. **al|le|go|ri|sie|ren:** mit einer Allegorie darstellen, versinnbildlichen

Al|le|go|ris|mus, der; -, ...men: Anwendung der Allegorie

al|le|g|ret|to ‹*lat.-vulgärlat.-it.*› (Musik): weniger schnell als allegro, mäßig schnell, mäßig lebhaft (Vortragsanweisung). **Al|le|g|ret|to,** das; -s, -s u. ...tti: mäßig schnelles Musikstück

al|le|g|ro (Musik): lebhaft, schnell; **allegro giusto:** in gemäßigtem Allegro; **allegro ma non tanto:** nicht allzu schnell; **allegro ma non troppo:** nicht so sehr schnell (Vortragsanweisung). **Al|le|g|ro,** das; -s, -s u. ...gri: schnelles Musikstück

Al|le|g|ro|form, die; -, -en (Sprachwiss.): durch schnelles Sprechen entstandene Kurzform (z. B. *gnä' Frau* für *gnädige Frau*)

al|lel ‹*gr.-nlat.*›: sich entsprechend (von den ↑Genen eines ↑diploiden Chromosomensatzes). **Al|lel,** das; -s, -e (meist Plural) (Biol.): eine von mindestens zwei einander entsprechenden Erbanlagen ↑homologer ↑Chromosomen

Al|le|lie, die; - (Biol.): Zusammengehörigkeit von Allelen; verschiedene Zustände einer Erbeinheit (z. B. für die Blütenfarbe: Weiß, Rot, Blau o. Ä.)

Al|le|lo|mor|phis|mus, der; -: ↑Allelie

Al|le|lo|pa|thie, die; - (Bot.): gegenseitige Wirkung von Pflanzen aufeinander

al|le|lu|ja usw. vgl. halleluja usw.

Al|le|lu|ja vgl. Halleluja

Al|le|man|de [...ˈmɑ̃:də], die; -, -n ‹*germ.-mlat.-frz.;* »deutscher (Tanz)«›: **a)** alte Tanzform in gemäßigtem Tempo; **b)** Satz einer ↑Suite (4)

Al|len, das; -s, -e ‹*gr.-engl.*› (Chemie): ungesättigter Kohlenwasserstoff mit einer kumulierten Doppelbindung (farbloses, brennbares Gas)

al|l|erg ‹*gr.-nlat.*› (Wirtsch.): auf fremder Arbeitsleistung beruhend; **allerge Wirtschaft:** Wirtschaft, in der die Besitzer knapper Produktionsmittel aufgrund dieser Vorzugsstellung ein Einkommen erzielen, das nicht auf eigener Arbeitsleistung beruht

al|l|er|gen (Med.): Allergien auslösend. **Al|l|er|gen,** das; -s, -e (Med.): Stoff (z. B. Blütenpollen), der bei entsprechend disponierten Menschen Krankheitserscheinungen (z. B. Heuschnupfen) hervorrufen kann

Al|l|er|gie, die; -, ...ien (Med.): vom normalen Verhalten abweichende Reaktion des Organismus auf bestimmte [körperfremde] Stoffe (z. B. Heuschnupfen, Nesselsucht); Überempfindlichkeit

Al|l|er|gie|pass, der; -es, ...pässe (Med.): Ausweis eines Allergikers, auf dem ärztlich festgestellte Allergien mit ihren auslösenden Substanzen eingetragen sind

Al|l|er|gie|schock, der; -[e]s, -s (Med.): durch starke allergische Reaktion ausgelöster schockartiger Zustand

Al|l|er|gi|ker, der; -s, - (Med.): jmd., der für Allergien anfällig ist. **Al|l|er|gi|ke|rin,** die; -, -nen: weibliche Form zu ↑Allergiker

al|l|er|gisch: 1. (Med.) die Allergie betreffend. **2.** überempfindlich, eine Abneigung gegen etwas od. jmdn. empfindend

Al|l|er|gi|sie|rung, die; -, -en (Med.): Ausbildung einer Allergie durch Kontakt des Organismus mit einem ↑Allergen

Al|l|er|go|lo|ge, der; -n, -n (Med.): Wissenschaftler auf dem Gebiet der Allergologie.

Al|l|er|go|lo|gie, die; - (Med.): medizinische Forschungsrichtung, die sich mit der Untersuchung der verschiedenen Allergien befasst. **Al|l|er|go|lo|gin,** die; -, -nen: weibliche Form zu ↑Allergologe. **al|l|er|go|lo|gisch** (Med.): die Allergologie betreffend

Al|l|er|go|se, die; -, -n (Med.): allergische Krankheit

al|lez [aˈle:] ‹*lat.-frz.;* »geht!«›: vorwärts!; los!

Al|li|ance [aˈljɑ̃:s] vgl. Allianz

Al|li|anz, die; -, -en, Alliance [aˈljɑ̃:s], die; -, -n ‹*lat.-frz.*›: Bündnis, Verbindung, Vereinigung

Al|li|cin vgl. Allizin

Al|li|ga|ti|on, die; -, -en ‹*lat.*›: Mischung (meist von Metallen); Zusatz

Al|li|ga|tor, der; -s, ...oren ‹*lat.-span.-engl.*›: zu den Krokodilen gehörendes Kriechtier im tropischen u. subtropischen Amerika u. in Südostasien

al|li|ie|ren ‹*lat.-frz.*›: verbünden. **Al|li|ier|te,** der u. die; -n, -n: **a)** Verbündete[r]; **b)** (Plural) die im 1. u. 2. Weltkrieg gegen Deutschland verbündeten Staaten

Al|li|in, das; -s ‹*lat.-nlat.*›: schwefelhaltige Aminosäure, Vorstufe des ↑Allizins

all-in|clu|sive [ˈɔ:l(ʔ)ɪnˈklu:sɪv] ‹*engl.*›: alles [ist im Preis] enthalten (bei Pauschalreisen u. Ä.)

Al|li|te|ra|ti|on, die; -, -en ‹*lat.-nlat.*›: Stabreim, gleicher Anlaut der betonten Silben aufeinanderfolgender Wörter (z. B. bei *W*ind und *W*etter)

Al|li|te|ra|ti|ons|vers, der; -es, -e: Stabreimvers, stabender Langzeilenvers der altgermanischen Dichtung

al|li|te|rie|ren: den gleichen Anlaut haben

al|li|tisch ‹*lat.; gr.*›: in der Fügung **allitische Verwitterung:** Verwitterung in winterfeuchtem Klima, bei der Aluminiumverbindungen entstehen

Al|li|um, das; -s ‹lat.› (Bot.): Lauch, Gattung der Zwiebelgewächse

Al|li|zin, chem. fachspr.: Allicin, das; -s ‹*lat.-nlat.*›: für Knoblauch u. andere Laucharten typischer Aromastoff mit keimtötender Wirkung

al|lo..., Al|lo...

vor Vokalen meist: all..., All... ⟨zu *gr.* állos »der andere; verschieden, anders«⟩
Wortbildungselement mit der Bedeutung »anders, verschieden, fremd, gegensätzlich«:
- Allergie
- allogam
- Allophon
- Alloplastik

Al|lo|bar, das; -s, -e ⟨*gr.-nlat.*⟩: chem. Element, bei dem die Anteile der verschiedenen ↑Isotope nicht der in der Natur vorkommenden Zusammensetzung entsprechen (z. B. durch künstliche Anreicherung eines Isotops)

Al|lo|cho|rie [...ko...], die; -: Verbreitung von Früchten u. Samen bei Pflanzen durch Einwirkung besonderer, von außen kommender Kräfte (z. B. Wind, Wasser, Tiere)

al|lo|chro|ma|tisch: verfärbt (durch geringe Beimengungen anderer Substanzen) (Ggs.: idiochromatisch)

al|lo|ch|thon [alɔx...] (Biol., Geol.): an anderer Stelle entstanden, nicht am Fundplatz heimisch (von Lebewesen u. Gesteinen) (Ggs.: autochthon [2])

Al|lod, das; -s, -e, Allodium, das; -s, ...ien ⟨*germ.-mlat.*⟩ (Rechtswiss.): im mittelalterlichen Recht der persönliche Besitz, das Familienerbgut, im Gegensatz zum Lehen od. grundherrlichen Land. **al|lo|di|al:** zum Allod gehörend

Al|lo|di|fi|ka|ti|on, Al|lo|di|fi|zie|rung ⟨*mlat.-nlat.*⟩ die; -, -en (Rechtsspr.): Umwandlung eines Lehnguts in eigenen Besitz; vgl. ...ation/...ierung

Al|lo|di|um vgl. Allod

al|lo|gam (Bot.): **a)** andere Pflanzen derselben Art bestäubend; **b)** von anderen Pflanzen derselben Art bestäubt. **Al|lo|ga|mie,** die; - ⟨*gr.-nlat.*⟩ (Bot.): Fremdbestäubung von Blüten

al|lo|gen ⟨*gr.*⟩: **1.** (Geol.) ↑allothigen. **2.** (in Bezug auf Transplantate) körperfremd; von einem genetisch verschiedenen Individuum derselben Art stammend

Al|lo|graf, Al|lo|graph, das; -s, -e: **1.** (Sprachwiss.) stellungsbedingte Variante (1) eines ↑Graphems, die in einer bestimmten graphemischen Umgebung vorkommt (z. B. wi*ss*en u. wei*ß*). **2.** Buchstabe in einer von mehreren möglichen grafischen Gestaltungen in Druck- u. Handschriften (z. B. a, *a*, A, *A*)

Al|lo|kar|pie, die; -, ...ien: Fruchtbildung aufgrund von Fremdbestäubung

Al|lo|ka|ti|on, die; -, -en ⟨*lat.*⟩ (Wirtsch.): Zuweisung von finanziellen Mitteln, Produktivkräften u. Material

Al|lo|ku|ti|on, die; -, -en ⟨*lat.;* »das Anreden«⟩: päpstliche Ansprache, eine der Formen offizieller mündlicher Mitteilungen des Papstes

Al|lo|la|lie, die; -, ...ien ⟨*gr.-nlat.*⟩ (Med., Psychol.): (bei Psychosen auftretende) Behinderung od. Auflösung der Sprachfähigkeit

Al|lo|me|t|rie, die; -, ...ien (Biol., Med.): das Vorauseilen bzw. Zurückbleiben des Wachstums von Gliedmaßen, Organen od. Geweben gegenüber dem Wachstum des übrigen Organismus (Ggs.: Isometrie [2]). **al|lo|me|t|risch** (Biol., Med.): unterschiedliche Wachstumsgeschwindigkeit zeigend im Verhältnis zur Körpergröße od. zu anderen Organen (von Gliedmaßen, Organen od. Geweben)

al|lo|morph: ↑allotrop. **Al|lo|morph,** das; -s, -e (Sprachwiss.): Variante eines ↑Morphems, die in einer bestimmten phonemischen, grammatikalischen od. lexikalischen Umgebung vorkommt (z. B. das Pluralmorphem in: die Bett*en*, die Kin*der*). **Al|lo|mor|phie:** ↑Allotropie

all'on|ga|re|se vgl. all'ongharese

Al|lon|ge [aˈlõːʒə], die; -, -n ⟨*lat.-frz.*⟩: **1.** Verlängerungsstreifen bei Wechseln für ↑Indossamente. **2.** das Buchblatt, an dem ausfaltbare Karten od. Abbildungen befestigt sind

Al|lon|ge|pe|rü|cke [aˈlõːʒə...], die; -, -n: Herrenperücke mit langen Locken (17. u. 18. Jh.)

all'on|gha|re|se [alʔɔŋgaˈreːzə] ⟨*it.;* »in der ungarischen Art«⟩: in der Art der Musik der Sinti u. Roma (meist in Verbindung mit »Rondo«, musikalische Satzbezeichnung [für den Schlussteil eines Musikstücks] in der klassisch-romantischen [Kammer]musik); ↑alla zingarese

al|lons [aˈlõː] ⟨*lat.-frz.;* »lasst uns gehen!«⟩: vorwärts!, los!. **Allons, en|fants de la pa|t|rie!** [aˈlõzɑ̃ˈfɑ̃ də la paˈtri(ə)] ⟨*frz.;* »Auf, Kinder des Vaterlandes!«⟩: Anfang der französischen Nationalhymne; vgl. Marseillaise

al|l|o|nym ⟨*gr.-nlat.*⟩: mit einem anderen, fremden Namen behaftet. **Al|l|o|nym,** das; -s, -e: Sonderform des ↑Pseudonyms, bei der der Name einer bekannten Persönlichkeit verwendet wird

Al|lo|path, der; -en, -en (Med.): Anhänger der Allopathie. **Al|lo|pa|thie,** die; - (Med.): Heilverfahren, das Krankheiten mit entgegengesetzt wirkenden Mitteln zu behandeln sucht (Ggs.: Homöopathie). **Al|lo|pa|thin,** die; -, -nen: weibliche Form zu ↑Allopath. **al|lo|pa|thisch** (Med.): die Allopathie betreffend

Al|lo|phon, Allofon, das; -s, -e (Sprachwiss.): **a)** Variante eines Phonems, die nicht bedeutungsverändernd ist (z. B. Zungen-R u. Zäpfchen-R im Deutschen); **b)** durch benachbarte Laute bedingte Variation eines Phonems (z. B. ch in: i*ch* u. in: Da*ch*)

Al|lo|plas|tik, die; -, -en (Med.): Verwendung anorganischer Stoffe als Gewebeersatz (z. B. Elfenbeinstifte, Silberplatten); vgl. Prothetik

Al|lo|po|ly|p|lo|i|die, die; -: Vervielfachung des Chromosomensatzes eines Zellkerns durch Artenkreuzung

Al|lor|rhi|zie, die; - (Biol.): Bewurzelungsform der Samenpflanzen, bei der die Primärwurzel alleiniger Träger des späteren Wurzelsystems ist (Ggs.: Homorrhizie)

Al|lo|sem, das; -s, -e ⟨*gr.*⟩ (Sprachwiss.): im Kontext realisierte Bedeutungsvariante eines ↑Semems

al|los|te|risch ⟨*gr.-engl.*⟩: **1.** bestimmte Effektoren (2) an anderen Stellen als die Enzyme bindend (von Proteinen). **2.** so beschaffen, dass ein Vorkommen in mehr als einer festen Konformation möglich ist

al|lo|thi|gen *(gr.)* (Geol.): nicht am Fundort, sondern an anderer Stelle entstanden (von Bestandteilen mancher Gesteine) (Ggs.: authigen)

Al|lo|t|ria, das; -[s], - (Plural selten) *(gr.; »abwegige Dinge«)*: mit Lärm, Tumult o. Ä. ausgeführter Unfug, Dummheiten

al|lo|t|rio|morph (Geol.): nicht von eigenen Kristallflächen begrenzt (von Mineralien) (Ggs.: idiomorph)

al|lo|trop: a) zur ↑Allotropie fähig; **b)** durch Allotropie bedingt

al|lo|troph (Biol.): in der Ernährung auf organische Stoffe angewiesen

Al|lo|tro|pie, die; - (Chemie): Eigenschaft eines chemischen Stoffes, in verschiedenen Kristallformen vorzukommen (z. B. Kohlenstoff als Diamant u. Grafit)

all'ot|ta|va *(it.; »in der Oktave«)*: eine Oktave höher [zu spielen] (Zeichen: 8$^{va\cdots}$ über den betreffenden Noten)

All-over-Print [ɔːlˈʔɔʊ̯vɐ...], der; -s, -s: vollständige Bedruckung z. B. eines Stoffes od. Kleidungsstückes mit einem Muster

Al|l|o|xan, das; -s (↑*All*antoin u. ↑*Ox*alsäure): Spaltungsprodukt der Harnsäure

al|lo|zie|ren *(lat.)*: **1.** (Wirtsch.) finanzielle Mittel, Materialien, Produktionskräfte in einem bestimmten Raum verteilen, zuweisen. **2.** (EDV) (Speicherplatz) zuweisen, reservieren

all right [ˈɔːl ˈraɪ̯t] *(engl.)*: richtig!, in Ordnung!, einverstanden!

All|round...

[ɔːlˈraʊ̯nd...]
(engl. all-round *»vielseitig«)*
Wortbildungselement mit der Bedeutung »allumfassend, vielseitig, für alle Gelegenheiten«:
- Allroundathletin
- Allroundman

All|round|ath|let [ɔːlˈraʊ̯nd...], der; -en, -en: Sportler, der viele leichtathletische Sportarten ausübt. **All|round|ath|le|tin,** die; -, -nen: weibliche Form zu ↑Allroundathlet

All|roun|der, der; -s, - *(engl.)*: **1.** wendiger, vielseitiger Mann, der Kenntnisse u. Fähigkeiten auf zahlreichen Gebieten besitzt. **2.** Gerät, das verschiedene Funktionen ausführen kann. **All|roun|de|rin,** die; -, -nen: weibliche Form zu ↑Allrounder (1). **All|round|man** [...mən], der; -, ...men [...mən] *(engl.)*: Allrounder

All-Star-Band [ˈɔːlstaːɐ̯bænd], die; -, -s *(engl.)*: **1.** Jazzband, die nur aus berühmten Musikern besteht. **2.** erstklassige Tanz- u. Unterhaltungskapelle

All-Star-Team [...tiːm], das; -s, -s: bei internationalen Turnieren aus dem Gesamtspielerkreis nominierte beste Mannschaftsaufstellung

All-Ter|rain-Bike [ˈɔːlteˈrɛɪ̯nbaɪ̯k], das; -s, -s *(engl.)*: stabileres Fahrrad, das auch für Gelände- bzw. Gebirgsfahrten geeignet ist

all'un|ghe|re|se [alʔʊŋgeˈreːzə] vgl. all'ongharese

all'uni|so|no vgl. unisono

Al|lü|re, die; -, -n *(lat.-frz.)*: **1. a)** (veraltet) Gangart [des Pferdes]; **b)** Fährte, Spur (von Tieren). **2.** (nur Plural) Umgangsformen, [auffallendes, als Besonderheit hervorstechendes] Benehmen, [arrogantes] Auftreten

Al|lu|si|on, die; -, -en *(lat.)* (Stilkunde): Anspielung auf Worte u. Geschehnisse der Vergangenheit

al|lu|vi|al *(lat.-nlat.)* (Geol.): das Alluvium betreffend; [durch Ströme] angeschwemmt, abgelagert

Al|lu|vi|on, die; -, -en *(lat.; »das Anspülen, die Anschwemmung«)* (Geol.): neu angeschwemmtes Land an Fluss-, Seeufern u. Meeresküsten

Al|lu|vi|um, das; -s (veraltend): ↑Holozän

Al|lyl|al|ko|hol, der; -s, (Fachspr.:) -e *(lat.; gr.; arab.)*: wichtigster ungesättigter Alkohol

Al|ly|len, das; -s *(lat.; gr.)*: ein ungesättigter gasförmiger Kohlenwasserstoff

Al|ma Ma|ter, die; - - *(lat.; »nährende Mutter«)*: Universität, Hochschule

Al|ma|nach, der; -s, -e *(mlat.-niederl.)*: **1.** [bebildertes] kalendarisch angelegtes Jahrbuch. **2.** [jährlicher] Verlagskatalog mit Textproben

Al|man|din, der; -s, -e *(mlat.-nlat.; nach der antiken Stadt Alabanda in Kleinasien)*: Sonderform des ↑[1]Granats; edler, roter Schmuckstein

Al|me|mar, Al|me|mor, das; -[s] *(arab.-hebr.)*: erhöhter Platz in der ↑Synagoge für die Verlesung der ↑Thora

Al|mo|sen, das; -s, - *(gr.-mlat.)*: [milde] Gabe, kleine Spende für einen Bedürftigen. **Al|mo|se|nier,** der; -s, -e: Almosenverteiler, ein [geistlicher] Würdenträger [am päpstlichen Hof]

Al|mu|kan|ta|rat, der; -s, -e *(arab.-mlat.)*: Kreis der Himmelssphäre, der mit dem Horizontkreis parallel verläuft

Al|ni|co, das; -s (Kurzw.): Legierung aus *Al*uminium, *Ni*ckel u. *Co*baltum (Kobalt)

Al-Nus|ra-Front, die; - *(arab.; lat.-frz.)* (früher): dschihadistisch-salafistische [Terror-]Organisation in Syrien

Aloe [ˈaːloe], die; -, -n *(gr.-lat.)*: dickfleischiges Liliengewächs der Tropen u. Subtropen. **Aloe ve|ra,** die; - - *(nlat.)*: feuchtigkeitsspeichernde Aloe, deren Inhaltsstoffe bes. für Hautpflegemittel verwendet werden

alo|gisch *(gr.)*: ohne Logik, vernunftlos, -widrig

alo|ha *(hawaiisch)*: hawaiisches Begrüßungs- u. Abschiedswort

Alo|pe|zie, die; -, ...ien *(gr.-nlat.)* (Med.): **a)** [angeborener od. erworbener] krankhafter Haarausfall; vgl. Pelade; **b)** Kahlheit

alo|xie|ren (Kunstw.): ↑eloxieren

Al|pac|ca vgl. [4]Alpaka

[1]Al|pa|ka, das; -s, -s *(indian.-span.)*: **1.** als Haustier gehaltene Lamaart (vgl. [1]Lama [1]) Südamerikas. **2.** (ohne Plural) die Wollhaare des Alpakas, Bestandteil des Alpakagarns

[2]Al|pa|ka, der; -s: dichtes Gewebe in Tuch- od. Köperbindung (bestimmte Webart)

[3]Al|pa|ka, die; -: Reißwolle aus Wollmischgeweben

[4]Al|pa|ka ®, das; -s (Herkunft unsicher): Neusilber

al pa|ri ‹*it.;* »zum gleichen (Wert)«›: zum Nennwert (einer ↑ Aktie)

Al|pha, das; -[s], -s ‹*semit.-gr.*›: erster Buchstabe des griechischen Alphabets (Α, α)

[1]**Al|pha|bet,** das; -[e]s, -e ‹nach den ersten beiden Buchstaben des gr. Alphabets *Alpha* u. *Beta*›: **1.** festgelegte Reihenfolge der Schriftzeichen einer Sprache. **2.** (Informatik) Menge von unterscheidbaren Zeichen u. deren mögliche Kombination in einem formalen System

[2]**Al|pha|bet,** der; -en, -en ‹Rückbildung zu ↑ Analphabet›: jmd., der lesen kann

al|pha|be|tisch: der Reihenfolge des Alphabets folgend

al|pha|be|ti|sie|ren: 1. nach der Reihenfolge der Buchstaben (im Alphabet) ordnen. **2.** einem ↑ Analphabeten Lesen u. Schreiben beibringen. **Al|pha|be|ti|sie|rung,** die; -, -en: das ↑ Alphabetisieren

al|pha|me|risch: ↑ alphanumerisch

al|pha|nu|me|risch ‹*gr.; lat.*›: **1.** (EDV) neben Ziffern u. Operationszeichen auch beliebige Zeichen eines Alphabets enthaltend (vom Zeichenvorrat bei der Informationsverarbeitung). **2.** mithilfe von römischen od. arabischen Ziffern, von Groß- u. Kleinbuchstaben gegliedert

Al|pha pri|va|ti|vum, das; - -: griechisches Präfix, das das folgende Wort verneint

Al|pha|rhyth|mus, der; - (Physik, Med.): typische Wellenform, die im ↑ Elektroenzephalogramm eines Erwachsenen als Kennzeichen eines ruhigen und entspannten Wachzustandes sichtbar wird

Al|pha|strah|len, α-Strah|len, die (Plural) (Kernphysik): radioaktive Strahlen, die als Folge von Kernreaktionen, bes. beim Zerfall von Atomkernen bestimmter radioaktiver Elemente, auftreten. **Al|pha|strah|ler, α-Strah|ler,** der; -s, - (Kernphysik): radioaktives Isotop, das beim Zerfall ↑ Alphastrahlen aussendet

Al|pha|teil|chen, α-Teil|chen, das; -s, - (Kernphysik): beim radioaktiven Zerfall bestimmter Elemente u. bei bestimmten Kernreaktionen ausgesendetes, aus zwei Protonen u. zwei Neutronen bestehendes Teilchen

Al|pha|tier, das; -[e]s, -e (Verhaltensforschung): (bei Tieren, die in Gruppen mit Rangordnung leben) Tier, das die Gruppe beherrscht

Al|pha|t|ron, das; -s, ...one (auch: -s) ‹*gr.-nlat.*›: Messgerät für kleine Gasdrücke

Al|pi|den, die (Plural) ‹*lat.-nlat.;* nach den Alpen› (Geol.): zusammenfassende Bez. für die in der Kreide u. im ↑ Tertiär gebildeten europäischen Ketten- u. Faltengebirge

al|pin ‹*lat.*›: **1. a)** die Alpen od. das Hochgebirge betreffend; **b)** in den Alpen od. im Hochgebirge vorkommend. **2.** (Skisport) den Abfahrtslauf, Super-G, Riesenslalom u. Slalom betreffend. **3.** den Alpinismus betreffend

Al|pi|na|de, die; -, -n: ↑ Alpiniade

Al|pi|na|ri|um, das; -s, ...ien ‹*lat.-nlat.*›: Naturwildpark im Hochgebirge

Al|pi|ni ‹*lat.-it.*›: italienische Alpenjäger, Gebirgstruppe

Al|pi|ni|a|de, die; -, -n ‹*lat.-russ.*›: alpinistischer Wettbewerb für Bergsteiger in den osteuropäischen Ländern

Al|pi|nis|mus, der; - ‹*lat.-nlat.*›: als Sport betriebenes Bergsteigen im Hochgebirge; vgl. ...ismus/...istik. **Al|pi|nist,** der; -en, -en: jmd., der das Bergsteigen im Hochgebirge als Sport betreibt. **Al|pi|nis|tik,** die; -: Alpinismus; vgl. ...ismus/...istik. **Al|pi|nis|tin,** die; -, -nen: weibliche Form zu ↑ Alpinist. **al|pi|nis|tisch: 1.** den Alpinismus betreffend, zu ihm gehörend. **2.** die Alpinisten betreffend, zu ihnen gehörend

Al|pi|num, das; -s, ...nen ‹*lat.-nlat.*›: Anlage mit Gebirgspflanzen [für wissenschaftliche Zwecke]

al-Qai|da [...k...] vgl. El Kaida

al ri|ver|so, al ro|ve|scio [- roˈvɛʃo] ‹*it.*› (Musik): in der Umkehrung, von hinten nach vorn zu spielen (bes. vom Kanon; Vortragsanweisung)

al sec|co vgl. a secco

al se|g|no [alˈzɛnjo] ‹*it.*›: bis zum Zeichen (bei Wiederholung eines Tonstückes) (Abk.: al s.)

Alt, der; -s, -e ‹*lat.-it.*›: **1. a)** tiefe Frauen- od. Knabensingstimme; **b)** ↑ Altus. **2.** ↑ Altistin. **3.** Gesamtheit der Altstimmen im gemischten Chor

Al|ta Mo|da [auch: - ˈmɔːda], die; - - ‹*it.*›: italienische Variante der ↑ Haute Couture (bes. in Mailand)

Al|tan, der; -[e]s, -e, **Al|ta|ne,** die; -, -n ‹*lat.-it.*› (Archit.): Söller, vom Erdboden aus gestützter balkonartiger Anbau

Al|tar, der; -[e]s, ...täre ‹*lat.*›: **1.** erhöhter Aufbau für gottesdienstliche Handlungen in christlichen Kirchen. **2.** heidnische [Brand]opferstätte

Al|ta|rist, der; -en, -en ‹*mlat.*›: katholischer Priester, der keine bestimmten Aufgaben in der Seelsorge hat, sondern nur die Messe liest

Al|tar[s]|sa|k|ra|ment, das; -[e]s: ↑ Eucharistie (a)

Alt|azi|mut, das (auch: der); -s, -e ‹*lat.; arab.*›: astronomisches Gerät zur Messung des ↑ Azimuts u. der Höhe der Gestirne

Al|te|rans, das; -, ...anzien ‹*lat.*› (Med.): den Stoffwechsel umstimmendes Mittel

al|te|ra pars vgl. audiatur et altera pars

Al|te|ra|ti|on, die; -, -en ‹*mlat.*›: **1. a)** (veraltet) Aufregung, Gemütsbewegung; **b)** (Med.) [krankhafte] Veränderung, Verschlimmerung eines Zustands. **2.** (Musik) ↑ chromatische (1) Veränderung eines Tones innerhalb eines Akkords

Al|ter Ego [auch: - ˈɛgo], das; - -[s], - -s ‹*lat.;* »das andere Ich«›: **1.** Person, mit der jmd. eng verbunden, sehr vertraut ist. **2.** (Psychol.) der abgespaltene seelische Bereich bei Personen mit Bewusstseinsspaltung. **3.** (Psychol.) ↑ Anima (2) bzw. ↑ Animus (bei C. G. Jung als Begriffe für die im Unterbewussten vorhandenen Züge des anderen Geschlechts). **4.** (Psychol.) Es (Begriff für das Triebhafte bei Freud); externe od. interne (bei gespaltenen Persönlichkeiten) Identifikationsfigur als Teil der eigenen Persönlichkeit. **5.** (Völkerkunde) ein Tier od. eine Pflanze, mit denen, nach dem Glauben vieler indigener Völker, eine Person eine besonders enge Lebens- u. Schicksalsgemeinschaft hat

al|te|rie|ren ‹*lat.(-frz.)*›: **1. a)** jmdn.

aufregen, ärgern; **sich alterieren:** sich aufregen, sich erregen, sich ärgern; **b)** etwas abändern. **2.** einen Akkordton ↑chromatisch (1) verändern

Al|te|ri|tät, die; -, -en ⟨*lat.-nlat.*⟩: **a)** (ohne Plural; Völkerk.) partielle interkulturelle Andersartigkeit, Verschiedenheit; **b)** (Philos., Psychol.) Identität stiftende Verschiedenheit zweier aufeinander bezogener, sich bedingender Identitäten

Al|ter|nant, der; -en, -en (Sprachwiss.): freie od. stellungsbedingte Variante eines ↑Graphems, ↑Morphems od. ↑Phonems

Al|ter|nanz, die; -, -en ⟨*nlat.*⟩: **1.** Wechsel, Abwechslung, bes. im Obstbau die jährlich wechselnden Ertragsschwankungen. **2.** ↑Alternation (3)

Al|ter|nat, das; -[e]s: Wechsel der Rangordnung od. Reihenfolge im diplomatischen Verkehr (z. B. bei völkerrechtlichen Verträgen, in denen jeder Vertragspartner in der für ihn bestimmten Ausfertigung zuerst genannt wird u. zuerst unterschreibt)

Al|ter|na|ti|on, die; -, -en ⟨*lat.*⟩: **1.** Wechsel zwischen zwei Möglichkeiten, Dingen usw. **2.** ↑Alternanz (1). **3.** (Sprachwiss.) das Auftreten von Alternanten (z. B. das Vorhandensein verschiedener Endungen zur Kennzeichnung des Plurals). **4.** (Metrik) Wechsel zwischen einsilbiger Hebung u. Senkung

al|ter|na|tiv ⟨*lat.-frz.*⟩: **1.** wahlweise; zwischen zwei Möglichkeiten die Wahl lassend. **2. a)** eine Haltung, Einstellung vertretend, die bestimmte Vorstellungen von anderen, menschen- u. umweltfreundlicheren Formen des Zusammenlebens zu verwirklichen sucht; **b)** im Gegensatz zum Herkömmlichen stehend, bes. im Hinblick auf die ökologische Vertretbarkeit

Al|ter|na|tiv|be|we|gung, die; -, -en: Protest- u. Reformbewegung, die sich als Alternative zur Kultur- u. Wertordnung der bürgerlichen Gesellschaft versteht

[1]Al|ter|na|ti|ve, die; -, -n: **a)** freie, aber unabdingbare Entscheidung zwischen zwei Möglichkeiten (der Aspekt des Entweder-oder); **b)** zweite, andere Möglichkeit; Möglichkeit des Wählens zwischen zwei oder mehreren Dingen

[2]Al|ter|na|ti|ve, der od. die; -n, -n: Anhänger der alternativen (2) Idee

Al|ter|na|tiv|ener|gie, die; -, -n: aus anderen Quellen (z. B. Sonne, Wind) als den herkömmlichen (z. B. Kohle, Öl) geschöpfte Energie (2)

Al|ter|na|tiv|kul|tur, die; -: vgl. Alternativbewegung

Al|ter|na|tor, der; -s, ...oren ⟨*nlat.*⟩ (EDV): Schaltelement zur Realisierung einer von zwei möglichen Entscheidungen

al|ter|nie|ren ⟨*lat.*⟩: [ab]wechseln, einander ablösen; **alternierende Blattstellung** (Bot.): Anordnung der Blätter einer Pflanze, bei der die Blätter des jeweils nächsten Knotens in den Zwischenräumen der vorangegangenen Blätter stehen; **alternierendes Fieber** (Med.): Erkrankung mit abwechselnd fiebrigen u. fieberfreien Zuständen; **alternierende Reihe** (Math.): Reihe mit wechselnden Vorzeichen vor den einzelnen Gliedern

Al|thee, die; -, -n ⟨*gr.-lat.-nlat.*⟩: **a)** malvenähnliche Heilpflanze (Eibisch); **b)** aus der Altheewurzel gewonnenes Hustenmittel

Al|ti|graf, Al|ti|graph, der; -en, -en ⟨*lat.; gr.*⟩ (Meteorol.): automatischer Höhenschreiber

Al|ti|me|ter, das; -s, - (Meteorol.): Höhenmesser

Al|tin, der; -[s], -e (aber: 5 -) ⟨*türk.*⟩: alte russische Kupfermünze

Al|tist, der; -en, -en ⟨*lat.-it.*⟩: Sänger (meist Knabe) mit Altstimme. **Al|tis|tin,** die; -, -nen: Sängerin mit Altstimme

Al|to|ku|mu|lus, der; -, ...li ⟨*lat.-nlat.*⟩ (Meteorol.): Haufenwolke (↑Kumulus) in mittlerer Höhe

Al|to|stra|tus, der; -, ...ti (Meteorol.): Schichtwolke (↑Stratus) in mittlerer Höhe

Al|t|ru|is|mus, der; - ⟨*lat.-nlat.*⟩: durch Rücksicht auf andere gekennzeichnete Denk- u. Handlungsweise, Selbstlosigkeit (Ggs.: Egoismus). **Al|t|ru|ist,** der; -en, -en: selbstloser, uneigennütziger Mensch (Ggs.: Egoist). **Al|t|ru|is|tin,** die; -, -nen: weibliche Form zu ↑Altruist. **al|t|ru|is|tisch:** selbstlos, uneigennützig, aufopfernd (Ggs.: egoistisch)

Al|tus, der; -, ...ti ⟨*lat.*⟩: **1.** falsettierende Männerstimme in Altlage (bes. in der Musik des 16.–18. Jh.s); vgl. Alt (1 b). **2.** Sänger mit Altstimme

Al|tyn ⟨*tatar.*⟩: ↑Altin

Alu, das; -s (ugs.): *Alu*minium

Alu|chrom®, das; -s ⟨Kurzw. aus ↑*Alu*minium u. ↑*Chrom*⟩: Werkstoffgruppe, die zur Herstellung von Widerstandslegierungen od. Heizleitern verwendet wird

Alu|dur®, das; -s ⟨Kunstw.⟩: eine Aluminiumlegierung

Alu|fo|lie ⟨Kurzform aus: *Alu*minium*folie*⟩: ↑Aluminiumfolie

Alu|men, das; -s ⟨*lat.*⟩: Alaun

alu|me|tie|ren, alitieren ⟨Kunstw.⟩: Stahl mit Aluminium bespritzen u. anschließend bei hohen Temperaturen bearbeiten

Alu|mi|nat, das; -s, -e ⟨*lat.-nlat.*⟩: Salz einer Aluminiumverbindung

alu|mi|nie|ren: Metallteile mit Aluminium überziehen

Alu|mi|nit, der; -s: natürlich vorkommendes, kristallisiertes Aluminiumsulfat (vgl. Sulfat)

Alu|mi|ni|um, das; -s ⟨*lat.-nlat.*⟩: chem. Element; ein Leichtmetall (Zeichen: Al)

Alu|mi|ni|um|fo|lie, die; -, -n: dünne ↑[1]Folie aus Aluminium

Alu|mi|ni|um|lun|ge, die; -, -n: Aluminiumstaublunge (durch Ablagerung eingeatmeten Aluminiumstaubs in der Lunge hervorgerufenes Krankheitsbild)

Alu|mi|no|ther|mie, die; - ⟨*lat.; gr.*⟩: Thermitverfahren, bei dem schwer reduzierbaren Metalloxiden Sauerstoff durch Aluminium entzogen wird

Alum|na, die; -, ...nae: weibliche Form zu ↑[2]Alumnus

Alum|nat, das; -s, -e ⟨*lat.-nlat.*⟩: **1.** mit einer Lehranstalt verbundenes Schülerheim. **2.** (österr.) Einrichtung zur Ausbildung von Geistlichen. **3.** kirchliche Erziehungsanstalt. **Alumne,** der; -n, -n, **[1]Alum|nus,** der; -, ...nen u. ...ni ⟨*lat.*⟩: jmd., der in einem Alumnat erzogen wird.

[2]Alum|nus, der; -, ...ni ⟨*lat.-*

engl.): Absolvent einer Schule, Hochschule; Ehemaliger

Alu|mo|si|li|kat, das; -[e]s, -e ‹zu ↑Aluminium u. ↑Silikat›: ↑Silikat, bei dem ein Teil der Siliciumatome durch Aluminiumatome ersetzt ist

Alu|nit [auch: ...ˈnɪt], der; -s ‹*lat.-nlat.*›: Alaunstein

Alu|sil®, das; -s ‹Kunstw. aus ↑*Alu*minium u. ↑*Sil*icium›: eine Aluminiumlegierung zur Herstellung von Motorenkolben u. einer bestimmten Schweißdrahtsorte

al|ve|o|lar ‹*lat.-nlat.*›: mit der Zunge[nspitze] an den Alveolen (1) gebildet

Al|ve|o|lar, der; -s, -e: mit der Zunge[nspitze] an den Alveolen (1) gebildeter Laut, Zahnlaut (↑Dental, z. B. d, t)

al|ve|o|lär (Med.): **a)** mit kleinen Fächern od. Hohlräumen versehen; **b)** die Alveolen (2) betreffend

Al|ve|o|lär|ner|ven, die (Plural): Kiefernerven

Al|ve|o|le, die; -, -n (meist Plural) (Med.): **1.** Knochenmulde im Ober- od. Unterkiefer, in der die Zahnwurzeln sitzen. **2.** Lungenbläschen

Al|ve|o|li|tis, die; -, ...itiden (Med.): **1.** Knochenhautentzündung an den Zahnfächern. **2.** Entzündung der Lungenbläschen

Al|weg|bahn, die; -, -en ‹Kurzw.; nach dem schwed. Industriellen *A*xel *L*enhart *We*nner-*G*ren›: eine Einschienenhochbahn

a. m. [eɪ̯ ˈɛm] ‹Abk. für *lat.* ante meridiem »vor Mittag«›: vormittags (engl. Uhrzeitangabe) (Ggs.: p. m.)

a. m. = ante mortem

ama|bi|le ‹*lat.-it.*› (Musik): liebenswürdig, lieblich, zärtlich (Vortragsanweisung)

ama|g|ne|tisch ‹*gr.-lat.*›: nicht magnetisch

ama|k|rin ‹*gr.*› (Med.): ohne lange Fortsätze, ohne lange Fasern (von Nervenzellen)

Amal|gam, das; -s, -e ‹*mlat.*›: eine Quecksilberlegierung

Amal|ga|ma|ti|on, die; -, -en ‹*mlat.-nlat.*›: Verfahren zur Gewinnung von Gold u. Silber aus Erzen durch Lösen in Quecksilber

amal|ga|mie|ren: 1. eine Quecksilberlegierung herstellen. **2.** Gold u. Silber mithilfe von Quecksilber aus Erzen gewinnen. **3.** verbinden, vereinigen

Aman|di|ne, die; - ‹*frz.*›: früher als Schönheitsmittel bereitete Masse aus Mandelöl, Eiweiß u. a.

Amant [aˈmɑ̃ː], der; -s, -s ‹*lat.-frz.*› (veraltet): Liebhaber, Geliebter

Ama|nu|en|sis, der; -, ...ses [...zeːs] ‹*lat.*› (veraltet): Gehilfe, Schreiber, Sekretär

ama|rant, amaranten: dunkelrot. **Ama|rant,** der; -s, -e ‹*gr.-lat.*›: Fuchsschwanz, Pflanze aus der Gattung der Fuchsschwanzgewächse

ama|ran|ten vgl. amarant

Ama|ranth, der, auch das; -s: dunkelroter Farbstoff

Ama|rel|le, die; -, -n ‹*lat.-roman.*›: Sauerkirsche

Ama|ret|to, der; -s, ...tti ‹*it.*›: **1.** ein Mandellikör. **2.** (meist Plural) ein Mandelgebäck

Ama|ro|ne, der; -[s], - ‹*it.*›: schwerer italienischer Rotwein aus getrockneten Trauben

Ama|rum, das; -s, ...ra (meist Plural) ‹*lat.*› (Med.): [pflanzliches] Bittermittel zur Steigerung der Magensaft- u. Speichelabsonderung

Ama|ryl, der; -s, -e ‹*gr.*›: künstlicher, hellgrüner ↑Saphir

Ama|ryl|lis, die; -, ...llen ‹*gr.-lat.*›: eine Zierpflanze (Narzissengewächs)

amas|sie|ren ‹*frz.*› (veraltet): aufhäufen

Ama|teur [...ˈtøːɐ̯], der; -s, -e ‹*lat.-frz.*›: **a)** jmd., der eine bestimmte Tätigkeit nur aus Liebhaberei, nicht berufsmäßig betreibt; **b)** aktives Mitglied eines Sportvereins, das eine bestimmte Sportart zwar regelmäßig, jedoch ohne Entgelt betreibt (Ggs.: Profi); **c)** (oft leicht abwertend) Nichtfachmann. **Ama|teu|rin** [...ˈtøːrɪn], die; -, -nen: weibliche Form zu ↑Amateur

Ama|teu|ris|mus, der; -: zusammenfassende Bez. für alle mit dem Amateursport zusammenhängenden Vorgänge u. Bestrebungen

Ama|teur|li|ga, die; -, ...gen (Sport): höchste Spielklasse der Fußballamateure in den Landesverbänden. **Ama|teur|sport,** der; -[e]s: Sport, den ein Amateur (b) betreibt (Ggs.: Profisport). **Ama|teur|sta|tus,** der; -, - [...tuːs]: Eigenschaft, Stellung als Amateur

Ama|ti, die; -, -s: von einem Mitglied der italienischen Geigenbauerfamilie Amati hergestellte Geige

Amau|ro|se, die; -, -n ‹*gr.-lat.*› (Med.): völlige Erblindung [eines od. beider Augen]

Amau|se, die; -, -n ‹*frz.*› (veraltet): **1.** Email. **2.** Schmuckstein aus Glas

Ama|zo|ne, die; -, -n ‹*gr.-lat.(-frz.);* nach dem Namen eines kriegerischen, berittenen Frauenvolkes der gr. Sage›: **1. a)** Turnierreiterin; **b)** Fahrerin beim Motorsport. **2.** hübsche, sportliche Frau. **3.** (veraltet) betont männlich auftretende Frau

Ama|zo|nit [auch: ...ˈnɪt], der; -s, -e ‹nach dem Fluss Amazonas›: grüner Schmuckstein (ein Mineral)

Am|bas|sa|de [auch: ɑ̃ba...], die; -, -n ‹*kelt.-germ.-provenzal.-it.-frz.*› (veraltet): Botschaft, Gesandtschaft. **Am|bas|sa|deur** [...saˈdøːɐ̯], der; -s, -e (veraltet): Botschafter, Gesandter. **Am|bas|sa|deu|rin** [...ˈdøːrɪn], die; -, -nen: weibliche Form zu ↑Ambassadeur

Am|be, die; -, -n ‹*lat.-roman.*›: **1.** (veraltet) Doppeltreffer im Lotto. **2.** (Math.) Verbindung zweier Größen in der Kombinationsrechnung

[1]Am|ber, der; -s, -[n], Ambra ‹*arab.-roman.*›: fettige Darmausscheidung des Pottwals, die als Duftstoff verwendet wird

[2]Am|ber [ˈæmbə], der; -s ‹*engl.*›: engl. Bez. für: Bernstein

Am|bi|ance [ɑ̃ˈbjɑ̃ːs(ə)], die; - ‹*lat.-frz.*› (schweiz.): Ambiente

am|bi|dex|ter ‹*lat.*›: mit beiden Händen gleich geschickt

Am|bi|dex|t|rie, die; -, ...ien ‹*lat.-nlat.*› (Med.): Beidhändigkeit, gleich ausgebildete Geschicklichkeit beider Hände

Am|bi|en|te, das; - ‹*lat.-it.*›: **1.** (bild. Kunst) Gesamtheit dessen, was eine Gestalt umgibt (Licht, Luft, Gegenstände). **2.** die spezifische Umwelt u. das

Milieu, in dem jmd. lebt, bzw. die besondere Atmosphäre, die eine Persönlichkeit umgibt od. einem Raum sein besonderes Gepräge verleiht

Am|bi|ent|sound ['æmbiəntsaʊnt], der; -s ‹*engl.*›: erholsame Umgebungsmusik, bei der ruhige, sphärisch-elektronische Klänge dominieren

am|bie|ren ‹*lat.*› (veraltet): sich [um eine Stelle] bewerben, nach etwas trachten

am|big ‹*lat.(-frz.)*›, **am|bi|gu** [ãbi'gy:] ‹*lat.-frz.*›: mehrdeutig, doppelsinnig

Am|bi|gu, das; -s ‹*lat.-frz.*› (veraltet): **1.** Gemisch entgegengesetzter Dinge. **2.** kaltes Abendessen [aus verschiedenen kleinen Gerichten]. **3.** französisches Kartenspiel

am|bi|gue [...gu̯ə]: ↑ambig

Am|bi|gu|i|tät, die; -, -en ‹*lat.*›: **a)** Mehr-, Doppeldeutigkeit von Wörtern, Werten, Symbolen, Sachverhalten; **b)** (Sprachwiss.) lexikalische od. syntaktische Mehrdeutigkeit

am|bi|gu|os: zweideutig

am|bi|po|lar: beide Polaritäten betreffend

Am|bi|se|xu|a|li|tät, die; - (Biol., Med.): **1.** Hermaphroditismus. **2.** Bisexualität

Am|bi|ti|on, die; -, -en (meist Plural) ‹*lat.-frz.*›: höhergestecktes Ziel, das jmd. zu erreichen sucht, wonach jmd. strebt; ehrgeiziges Streben

am|bi|ti|o|niert: ehrgeizig, strebsam

am|bi|ti|ös: ehrgeizig

Am|bi|tus, der; -, - [...tu:s] ‹*lat.;* »das Herumgehen; der Umlauf; der Umfang«› (Musik): vom höchsten bis zum tiefsten Ton gemessener Umfang einer Melodie, einer Stimme, eines Instruments

am|bi|va|lent ‹*lat.-nlat.*›: in sich widersprüchlich; zwiespältig

Am|bi|va|lenz, die; -, -en: Zwiespältigkeit, Zerrissenheit [der Gefühle u. Bestrebungen]

Am|b|ly|go|nit [auch: ...'nɪt], der; -s ‹*gr.-nlat.*›: ein zur Lithiumgewinnung wichtiges Mineral

Am|b|ly|o|pie, die; -, ...ien (Med.): Schwachsichtigkeit [eines od. beider Augen]

Am|b|ly|po|de, der; -n, -n: ausgestorbenes elefantengroßes Huftier aus dem ↑Tertiär

[1]Am|bo, der; -s, -s u. ...ben ‹*lat.-it.*› (österr.): ↑Ambe

[2]Am|bo, der; -s, -s, **Am|bon,** der; -s, ...onen ‹*gr.-lat.*›: erhöhtes Pult in christlichen Kirchen für gottesdienstliche Lesungen

Am|bo|zep|tor, der; -s, ...oren ‹*lat.-nlat.*› (Med. veraltet): Schutzstoff im Blutserum

Am|b|ra, die; -, -s: [1]Amber

Am|b|ro|sia, die; - ‹*gr.-lat.*›: **1.** (in der gr. Mythologie) Speise der Götter. **2.** eine Süßspeise. **3.** Pilznahrung bestimmter Insekten

am|b|ro|si|a|nisch ‹nach dem Bischof Ambrosius von Mailand›: **ambrosianische Liturgie:** von der römischen ↑Liturgie abweichende Gottesdienstform der alten Kirchenprovinz Mailand; **ambrosianischer Lobgesang:** das (fälschlich auf Ambrosius zurückgeführte) ↑Tedeum

am|b|ro|sisch ‹*gr.-lat.*›: **1.** göttlich, himmlisch. **2.** köstlich [duftend]

am|bu|lant ‹*lat.-frz.*›: **1.** nicht fest an einen bestimmten Ort gebunden (z. B. ambulantes Gewerbe). **2.** (Med.) nicht an eine Krankenhausaufnahme gebunden (Ggs.: stationär [2]); **ambulante Behandlung:** a) (sich wiederholende) Behandlung in einer Klinik ohne stationäre Aufnahme des Patienten / der Patientin; b) ärztliche Behandlung, bei der der/die Erkrankte den Arzt / die Ärztin während der Sprechstunde aufsucht

Am|bu|lanz, die; -, -en (Med.): **1.** kleinere poliklinische Station für ambulante Behandlung, Ambulatorium. **2.** Rettungswagen, Krankentransportwagen. **3.** fahrbare ärztliche Untersuchungs- u. Behandlungsstelle. **4.** (veraltet) bewegliches Feldlazarett

am|bu|la|to|risch ‹*lat.*› (Med. veraltend): auf das Ambulatorium bezogen; ambulant (2); **ambulatorische Behandlung:** ambulante Behandlung. **Am|bu|la|to|ri|um,** das; -s, ...ien: Ambulanz (1)

am|bu|lie|ren (veraltet): spazieren gehen; lustwandeln

Ame|lie, die; -, ...ien ‹*gr.-nlat.*› (Med.): angeborenes Fehlen einer od. mehrerer Gliedmaßen

Ame|li|o|ra|ti|on, die; -, -en ‹*lat.-frz.*›: Verbesserung [bes. des Ackerbodens]. **ame|li|o|rie|ren:** [den Ackerboden] verbessern

Ame|lo|blast, der; -en, -en ‹*gr.*› (Med.): Adamantoblast

Ame|lo|blas|tom, das; -s, -e (Med. veraltet): Adamantinom

amen ‹*hebr.-gr.-lat.;* »wahrlich; es geschehe!«›: bekräftigendes Wort als Abschluss eines Gebets u. liturgische Akklamation im christlichen, jüdischen u. islamischen Gottesdienst. **Amen,** das; -s, -: bekräftigende liturgische Abschlussformel nach Gebet, Segen o. Ä.; **sein Amen zu etwas geben:** einer Sache zustimmen

Amen|de|ment [amãdə'mã:], Amendment [ə'mɛndmənt] das; -s, -s ‹*frz.-engl.*› (Rechtswiss.): **1. a)** Änderungsantrag zu einem Gesetzentwurf; **b)** Gesetz zur Änderung od. Ergänzung eines bereits erlassenen Gesetzes. **2.** Berichtigung od. Änderung der von einer Partei dargelegten Tatsachen, Behauptungen usw. im Verlauf eines gerichtlichen Verfahrens

amen|die|ren ‹*lat.-frz.*›: ein Amendement einbringen. **Amen|die|rung,** die; -, -en: das Amendieren

Amend|ment [ə'mɛndmənt] vgl. Amendement

Ame|nor|rhö, die; -, -en ‹*gr.-nlat.*› (Med.): Ausbleiben bzw. Fehlen der ↑Menstruation. **ame|nor|rho|isch** (Med.): die Amenorrhö betreffend

Amen|tia, die; -, ...iae [...i̯ɛ], **Amenz,** die; -, -en ‹*lat.*› (Med. veraltet): vorübergehende geistige Verwirrtheit, Benommenheit

Ame|ri|can Bar [ə'mɛrɪkən -], die; -, - -s ‹*engl.*›: schon am Vormittag geöffnete, meist einfachere Hotelbar

Ame|ri|can Dream [- dri:m], der; - -s ‹*engl.-amerik.*›: Inbegriff für den Traum der Einwanderer in Amerika (bes. den USA) vom wirtschaftlichen Erfolg bei Wahrung der persönlichen Freiheit

Ame|ri|can Foot|ball [- 'fʊtbɔ:l], der; - -[s] ‹*engl.*›: ↑Football

Ame|ri|ca|nis|mo, der; - ‹*span.*›: ↑Criollismo

Ame|ri|can Way of Life [ə'mɛrɪkən

ˈwɛɪ̯ əv ˈlaɪ̯f], der; - - - - ⟨*engl.*⟩: amerikanischer Lebensstil
Ame|ri|ci|um, das; -s ⟨*nlat.;* nach dem Kontinent Amerika⟩: chem. Element; ↑ Transuran (Zeichen: Am)
ame|ri|ka|ni|sie|ren: a) der amerikanischen Sprache od. den amerikanischen Verhältnissen angleichen; **b)** (einen Betrieb, eine Firma) mit US-amerikanischem Kapital ausstatten, unter US-amerikanische Leitung stellen
Ame|ri|ka|nis|mus, der; -, ...men: **1.** sprachliche Besonderheit des amerikanischen Englisch. **2.** Entlehnung aus dem Amerikanischen [ins Deutsche]; vgl. Interferenz (3 c)
Ame|ri|ka|nist, der; -en, -en: Wissenschaftler auf dem Gebiet der Amerikanistik. **Ame|ri|ka|nis|tik,** die; -: **1.** wissenschaftliche Erforschung der Geschichte, Sprache u. Kultur der USA. **2.** wissenschaftliche Erforschung der Geschichte, Sprache u. Kultur des alten Amerikas. **Ame|ri|ka|nis|tin,** die; -, -nen: weibliche Form zu ↑ Amerikanist. **ame|ri|ka|nis|tisch:** die Amerikanistik betreffend
Ame|ri|ka|num, das; -s, ...na: Werk über Amerika
a me|tà [a meˈta] ⟨*it.;* »zur Hälfte«⟩ (Kaufmannsspr.): unter Teilung von Kosten, Gewinn u. Verlust
ame|tho|disch ⟨*gr.*⟩: ohne feste ↑ Methode, planlos. **Ame|tho|dist,** der; -en, -en (veraltet, abwertend): jmd., der amethodisch arbeitet, vorgeht. **Ame|tho|dis|tin,** die; -, -nen: weibliche Form zu ↑ Amethodist
Ame|thyst, der; -[e]s, -e ⟨*gr.-lat.*⟩: violetter bis purpurroter Schmuckstein
Ame|t|rie, die; -, ...ien ⟨*gr.*⟩: Ungleichmäßigkeit, Missverhältnis. **ame|t|risch** [auch: ˈa...]: nicht gleichmäßig, in keinem ausgewogenen Verhältnis stehend
Ame|t|ro|pie, die; -, ...ien ⟨*gr.-nlat.*⟩: Fehlsichtigkeit infolge Abweichungen von der normalen Brechkraft der Augenlinse
Ameu|b|le|ment [amøbləmɑ̃:], das; -s, -s ⟨*frz.*⟩ (veraltet): Zimmer-, Wohnungseinrichtung
[1]Ami, der; -s, -s (ugs.): Amerikaner
[2]Ami, die; -, -s (ugs.): amerikanische Zigarette
Ami|ant, der; -s, -e ⟨*gr.-lat.*⟩: eine Asbestart
Amid, das; -s, -e ⟨*gr.-lat.-mlat.-nlat.*⟩: **a)** chem. Verbindung des Ammoniaks, bei der ein Wasserstoffatom des Ammoniaks durch ein Metall ersetzt ist; **b)** Ammoniak, dessen Wasserstoffatome durch Säurereste ersetzt sind
Ami|da|se, die; -, -n: ↑ Enzym, das Säureamide spaltet

...ä|mie

nach Vokalen auch: ...hä|mie
die; -, ...ien
⟨zu *gr.* haĩma »Blut«⟩
Wortbildungselement mit der Bedeutung »Blutkrankheit«:
- Anämie
- Hyperglykämie
- Ischämie
- Leukämie
- Toxämie

Von gleicher Herkunft sind auch die im Kasten hämo..., Hämo... aufgeführten Wortbildungselemente.

Ami|go, der; -s, -s ⟨*span.*⟩ (ugs.): Geschäftsmann als Freund u. Gönner eines Politikers
ami|kal ⟨*lat.-frz.*⟩: freundschaftlich
Ami|k|ron, das; -s, -en (meist Plural) ⟨*gr.*⟩: sehr kleines Teilchen, das auch im Ultramikroskop nicht mehr erkennbar ist
ami|k|ro|s|ko|pisch [auch: ˈa...] ⟨*gr.*⟩: durch ein normales Mikroskop nicht mehr sichtbar
Amikt, der; -[e]s, -e ⟨*lat.*⟩: ↑ Humerale (1)
amik|tisch ⟨*gr.*⟩: nicht durchmischt; **amiktischer See:** See ohne Zirkulation
Ami|mie, die; -, ...ien ⟨*gr.-nlat.*⟩ (Med.): **1.** fehlendes Mienenspiel, maskenhafte Starre des Gesichts. **2.** (veraltet) **a)** Verlust des mimischen Ausdrucksvermögens; **b)** Nichtverstehen der Mimik anderer
Amin, das; -s, -e ⟨*arab.; gr.-lat.*⟩: chem. Verbindung, die durch Ersatz von einem od. mehreren Wasserstoffatomen durch ↑ Alkyle aus Ammoniak entsteht
Ami|nie|rung, die; -, -en: das Einführen einer Aminogruppe in eine organische Verbindung
Ami|no|ben|zol, das; -s, -e: ↑ Anilin
Ami|no|plast, das; -[e]s, -e ⟨*gr.-nlat.*⟩: Kunstharz, das durch ↑ Kondensation (2) von Harnstoff u. ↑ Formaldehyd gewonnen wird
Ami|no|säu|re, die; -, -n (meist Plural) (Biochemie): organische Säure, die mindestens eine Carboxygruppe sowie eine Aminogruppe enthält (wichtigster Baustein der Eiweißkörper)
Ami|no|trans|fe|ra|se, die; -, -n ⟨*gr.-lat.; lat.-nlat.*⟩ (Biochemie): Enzym, das die Übertragung von Aminogruppen von einer Aminosäure auf eine neu entstehende Aminosäure katalysiert
Ami|sche, Amish [ˈa:mɪʃ] die (Plural) ⟨nach Jakob Amman⟩: christliche Glaubensgemeinschaft in den USA
Ami|to|se, die; -, -n ⟨*gr.-nlat.*⟩ (Biol.): direkte Zellkernteilung (Ggs.: Mitose). **ami|to|tisch:** die Amitose betreffend
Ami|xie, die; - ⟨*gr.*⟩: das Nicht-zustande-Kommen der Paarung zwischen Angehörigen der gleichen Art aufgrund bestimmter (z. B. geografischer) Isolierungsfaktoren (Ggs.: Panmixie [2])
Am|min|salz, das; -es, -e: Ammoniakat
Am|mon, das; -s (Chemie veraltet): kurz für ↑ Ammonium
Am|mo|ni|ak [auch: ˈa..., österr.: aˈmo:...], das; -s ⟨*ägypt.-gr.-lat.;* nach dem Fundort Ammonium in Ägypten⟩: stechend riechende gasförmige Verbindung von Stickstoff u. Wasserstoff
am|mo|ni|a|ka|lisch ⟨*nlat.*⟩: ammoniakhaltig
Am|mo|ni|a|kat, das; -[e]s, -e: chem. Verbindung, die durch Anlagerung von Ammoniak an Metallsalze entsteht
Am|mo|ni|fi|ka|ti|on, die; -: ↑ Mineralisation des Stickstoffs mithilfe von Mikroorganismen. **am|mo|ni|fi|zie|ren:** den Stickstoff organischer Verbindungen durch Mikroorganismen in Ammoniumionen überführen
[1]Am|mo|nit, der; -en, -en ⟨*nlat.;* nach dem ägypt. Gott Ammon, der mit Widderhörnern dargestellt wurde⟩: **1.** ausgestorbener

Kopffüßer der Kreidezeit. **2.** spiralförmige Versteinerung eines ¹Ammoniten (1)

²**Am|mo|nit** [auch: ...nɪt], der; -s, -e ‹Kurzw. aus ↑*Ammon*iumnitrat u. *-it*›: Sprengstoff

Am|mo|ni|um, das; -s ‹*nlat.*›: aus Stickstoff u. Wasserstoff bestehende Atomgruppe, die sich in vielen chem. Verbindungen wie ein Metall verhält

Am|mo|ni|um|ni|t|rat, das; -s: ein Stickstoffdünger

Am|mons|horn, das; -[e]s, ...hörner: **1.** (Zool., Anat.) Teil des Großhirns bei Säugetieren u. beim Menschen. **2.** ↑ ¹Ammonit (2)

Am|ne|sie, die; -, ...ien ‹*gr.-nlat.*› (Med.): Erinnerungslosigkeit, Gedächtnisschwund (Ggs.: Hypermnesie)

Am|nes|tie, die; -, ...ien ‹*gr.-lat.;* »das Vergessen; Vergebung«›: durch ein besonderes Gesetz verfügter Straferlass od. verfügte Strafmilderung für eine Gruppe bestimmter Fälle, bes. für politische Vergehen. **am|nes|tie|ren:** jmdm. [durch Gesetz] die weitere Verbüßung einer Freiheitsstrafe erlassen. **Am|nes|tie|rung,** die; -, -en: das Amnestieren, Amnestiertwerden

am|nes|tisch ‹*gr.-nlat.*› (Med.): die Amnesie betreffend

Am|nes|ty In|ter|na|tio|nal [ˈæmnɪsti ɪntɐˈnæʃənl̩], die; - - ‹*engl.*›: 1961 gegründete internationale Organisation zum Schutze der Menschenrechte, bes. für Menschen, die aus politischen od. religiösen Gründen in Haft sind (Abk.: ai)

Am|ni|on, das; -s ‹*gr.-nlat.*› (Biol., Med.): Embryonalhülle der höheren Wirbeltiere u. des Menschen (Schafhaut, Eihaut)

Am|nio|s|kop, das; -s, -e (Med.): konisch geformtes Rohr zur Durchführung der Amnioskopie. **Am|nio|s|ko|pie,** die; -, ...ien (Med.): Verfahren zur Untersuchung der Fruchtblase u. zur Beurteilung des Fruchtwassers [bei leicht geöffnetem Muttermund] mithilfe eines Amnioskops

Am|ni|ot, der; -en, -en (meist Plural): Wirbeltier, dessen Gruppe durch den Besitz eines Amnions in der Embryonalentwicklung gekennzeichnet ist (Reptil, Vogel, Säugetier)

am|ni|o|tisch (Biol., Med.): das Amnion betreffend

Am|ni|o|zen|te|se, die; -, -n (Med. früher): Durchstechen des ↑Amnions zur Gewinnung von Fruchtwasser für diagnostische Zwecke

amö|bä|isch ‹*gr.-lat.*›: das Amöbäum betreffend. **Amö|bä|um,** das; -s, ...äa: ↑Amoibaion

Amö|be, die; -, -n ‹*gr.-nlat.;* »Wechsel, Veränderung«›: Einzeller der Klasse der Wurzelfüßer; Krankheitserreger [der Amöbenruhr]. **Amö|bi|a|sis,** die; -, ...biasen (Med.): Erkrankung durch Amöbenbefall. **amö|bo|id:** amöbenartig

Amoi|bai|on, das; -s, ...aia ‹*gr.*›: Wechselgesang in der griechischen Tragödie

Amok [auch: aˈmɔk], der; -[s] ‹*malai.*›: **Amok laufen:** in einem Zustand krankhafter Verwirrung [mit einer Waffe] umherlaufen u. blindwütig töten; **Amok fahren:** in wilder Zerstörungswut mit einem Fahrzeug umherfahren

Amom, das; -s, -e ‹*gr.-lat.*›: eine tropische Gewürzpflanze

amön ‹*lat.*›: anmutig, lieblich. **Amö|ni|tät,** die; -: Anmut, Lieblichkeit

Amo|ral, die; - ‹*gr.; lat.-mlat.-frz.*›: Unmoral, Mangel an Moral. **amo|ra|lisch: a)** sich außerhalb der Moral od. moralischer Bewertung befindend; **b)** sich über die herrschende Moral hinwegsetzend

Amo|ra|lis|mus, der; -: **1.** der Moral gegenüber indifferente Lebenseinstellung. **2.** gegenüber den [geltenden] Grundsätzen der Moral sich ablehnend verhaltende Geisteshaltung

Amo|ra|list, der; -en, -en: **1.** Anhänger des Amoralismus. **2.** amoralischer Mensch. **Amo|ra|lis|tin,** die; -, -nen: weibliche Form zu ↑Amoralist

amo|ra|lis|tisch: Grundsätzen des Amoralismus folgend

Amo|ra|li|tät, die; -: Haltung, Lebensführung, die keine Moral für sich anerkennt

Amorce [aˈmɔrs], die; -, -s (meist Plural) ‹*lat.-frz.*› (veraltet): Zündblättchen (für Feuerwerkskörper u. Ä.)

Amo|ret|te, die; -, -n ‹*lat.;* mit französierender Endung› (Kunstwiss.): Figur eines nackten, geflügelten, Pfeil u. Bogen tragenden kleinen Knaben (oft als Begleiter der Venus)

Amor Fa|ti, der; - - ‹*lat.;* »Liebe zum Schicksal«›: Liebe zum Notwendigen u. Unausweichlichen (bei Nietzsche als Zeichen menschlicher Größe geltend)

amo|ro|so ‹*lat.-it.*› (Musik): innig, zärtlich (Vortragsanweisung). **Amo|ro|so,** der; -s, ...osi (Theater veraltet): Liebhaber

amorph ‹*gr.-nlat.*›: **1.** ungeformt, gestaltlos. **2.** (Physik) nicht kristallin. **3.** (Biol.) keine Eigenschaft, kein Merkmal ausprägend (von Genen); vgl. ...isch/-

Amor|phie, die; -, ...ien: **1.** Fehlgestaltung. **2.** (Physik) amorpher Zustand (eines Stoffes)

amor|phisch: amorph; vgl. ...isch/-

Amor|phis|mus, der; -: Gestaltlosigkeit

amor|ti|sa|bel ‹*lat.-vulgärlat.-frz.*›: tilgbar

Amor|ti|sa|ti|on, die; -, -en: **1.** allmähliche Tilgung einer langfristigen Schuld nach vorgegebenem Plan. **2.** Deckung der für ein Investitionsgut aufgewendeten Anschaffungskosten aus dem mit dem Investitionsgut erwirtschafteten Ertrag. **3.** (Rechtswiss.) gesetzliche Beschränkung od. Genehmigungsvorbehalt für den Erwerb von Vermögenswerten. **4.** Kraftloserklärung einer Urkunde. **5.** (in sozialistischer Planwirtschaft) Abschreibung des Verschleißes, dem die Grundmittel in der Produktion ausgesetzt sind

amor|ti|sie|ren: 1. eine Schuld nach einem vorgegebenen Plan allmählich tilgen. **2. a)** die Anschaffungskosten für ein Investitionsgut durch den mit diesem erwirtschafteten Ertrag decken; **b)** sich amortisieren: die Anschaffungskosten durch Ertrag wieder einbringen. **3.** (in sozialistischer Planwirtschaft) den Verschleiß der Grundmittel in der Produktion abschreiben

Amou|ren [aˈmuːrən], die (Plural) ‹*lat.-frz.*› (veraltend, noch scherzh.): Liebschaften, Liebesabenteuer

Amour fou [amurˈfuː], die; - -

⟨*frz.*⟩: verhängnisvolle, leidenschaftliche Liebe

amou|rös: eine Liebschaft betreffend, Liebes...; verliebt

Am|pe|lo|gra|fie, Am|pe|lo|gra|phie, die; - ⟨*gr.-nlat.*⟩: Beschreibung der Traubensorten, Rebsortenkunde

Am|pere [am'pe:ɐ̯], das; -[s], - ⟨nach dem frz. Physiker Ampère⟩: Einheit der elektrischen Stromstärke (Zeichen: A)

Am|pere|me|ter, das; -s, -: Messgerät für elektrische Stromstärke

Am|pere|se|kun|de, die; -, -n: Einheit für die Menge der elektrischen Ladung, die transportiert wird, wenn Strom von 1 Ampere eine Sekunde lang fließt (1 Ampere × 1 Sekunde = 1 Coulomb) (Zeichen: As)

Am|pere|stun|de, die; -, -n: Einheit für die Menge der elektrischen Ladung, die transportiert wird, wenn Strom von 1 Ampere eine Stunde lang fließt (1 Ampere × 3 600 Sekunden = 3 600 Coulomb) (Zeichen: Ah)

Am|pex®, die; - ⟨Kunstw. aus *engl.* *a*uto*m*atic *p*rogramming system *ex*tended⟩: nach einem bestimmten Verfahren hergestelltes Band mit aufgezeichneten Bildfolgen

Am|phe|t|a|min, das; -s, -e ⟨Kunstw.⟩ (Chemie, Med.): indirekt wirkendes Sympathikomimetikum mit hohem Suchtpotenzial (z. B. Pep od. Speed)

am|phib: ↑amphibisch; vgl. ...isch/-. **Am|phi|bie** [...bjə], die; -, -n (meist Plural), Amphibium, das; -s, ...ien ⟨*gr.-lat.*⟩: Lurch, im Wasser u. auf dem Land lebendes Kriechtier

Am|phi|bi|en|fahr|zeug, das; -[e]s, -e: Kraftfahrzeug, das im Wasser u. auf dem Land verwendet werden kann

am|phi|bisch: **1.** im Wasser u. auf dem Land lebend od. sich bewegend. **2.** (Militär) zu Lande u. zu Wasser operierend; vgl. ...isch/-. **Am|phi|bi|um** vgl. Amphibie

am|phi|bol: ↑amphibolisch; vgl. ...isch/-. **Am|phi|bol**, der; -s, -e ⟨*gr.-nlat.*⟩ (Geol.): gesteinsbildendes Mineral (meist Hornblende)

Am|phi|bo|lie, die; -, ...ien ⟨*gr.-lat.*⟩: Doppelsinn, Zweideutigkeit, Mehrdeutigkeit; vgl. Ambiguität. **am|phi|bo|lisch**: zweideutig, doppelsinnig; vgl. ...isch/-

Am|phi|bo|lit [auch: ...'lɪt], der; -s, -e ⟨*gr.-nlat.*⟩ (Geol.): ein amphibolreiches metamorphes Gestein

Am|phi|bra|chys, der; -, - ⟨*gr.-lat.;* »beiderseits kurz«⟩ (antike Metrik): dreisilbiger Versfuß, dreisilbige rhythmische Einheit eines Verses (◡ – ◡)

Am|phi|dro|mie, die; -, ...ien ⟨*gr.-nlat.;* »das Umlaufen«⟩: durch Überlagerung der Gezeitenströme entstehende, kreisförmig umlaufende Gezeitenbewegung (ohne Ebbe u. Flut)

Am|phi|go|nie, die; - ⟨*gr.-nlat.*⟩ (Biol.): zweigeschlechtliche Fortpflanzung (durch Ei u. Samenzellen)

am|phi|karp ⟨*gr.-nlat.*⟩ (veraltet): zur Amphikarpie fähig. **Am|phi|kar|pie**, die; -: **1.** das Hervorbringen von zweierlei Fruchtformen an einer Pflanze. **2.** (Biol.) das Reifen der Früchte über u. unter der Erde

Am|phi|kra|nie, die; -, ...ien ⟨*gr.-nlat.*⟩ (Med.): Kopfschmerz in beiden Kopfhälften

Am|phi|k|ty|o|ne, der; -n, -n ⟨*gr.-lat.;* »Umwohner«⟩: Mitglied einer Amphiktyonie. **Am|phi|k|ty|o|nie**, die; -, ...ien ⟨*gr.*⟩: kultisch-politischer Verband von Nachbarstaaten od. -stämmen mit gemeinsamem Heiligtum im Griechenland der Antike (z. B. Delphi u. Delos). **am|phi|k|ty|o|nisch**: **a)** nach Art einer Amphiktyonie gebildet; **b)** die Amphiktyonie betreffend

Am|phi|ma|cer, Am|phi|ma|zer, der; -s, - ⟨*gr.-lat.;* »beiderseits lang«⟩ (antike Metrik): dreisilbiger Versfuß, dreisilbige rhythmische Einheit eines Verses; auch ↑Kretikus genannt (– ◡ –)

am|phi|mik|tisch ⟨*gr.-nlat.*⟩: durch Amphimixis entstanden. **Am|phi|mi|xis**, die; - (Biol.): Vermischung der Erbanlagen bei der Befruchtung

Am|phi|o|le®, die; -, -n ⟨Kurzw. aus ↑*Amp*ulle u. ↑*Phiole*⟩ (Med.): Kombination aus Serum- od. Heilmittelampulle u. Injektionsspritze

Am|phi|o|xus, der; - ⟨*gr.-nlat.*⟩ (veraltet): Lanzettfisch (schädelloser, glasheller kleiner Fisch)

am|phi|pneus|tisch ⟨*gr.-nlat.*⟩ (Biol.): nur vorn u. hinten Atemöffnungen aufweisend (von bestimmten Insektenlarven)

Am|phi|po|de, der; -n, -n ⟨*gr.-nlat.*⟩: Flohkrebs

Am|phi|pro|s|ty|los, der; -, ...stylen ⟨*gr.*⟩: griechischer Tempel mit Säulenvorhallen an der Vorder- u. Rückseite

am|phi|s|to|ma|tisch ⟨*gr.-nlat.*⟩ (Bot.): beidseitig mit Spaltöffnungen versehen (von bestimmten Pflanzenblättern)

Am|phi|the|a|ter, das; -s, - ⟨*gr.-lat.*⟩: meist dachloses, in elliptischer Form angelegtes u. bes. für Gladiatoren- u. Tierkämpfe genutztes Stadion (1) der Antike mit rundum stufenweise aufsteigenden Sitzreihen. **am|phi|the|a|t|ra|lisch**: in der Art eines Amphitheaters

Am|pho|ra, Am|pho|re, die; -, ...oren ⟨*gr.-lat.*⟩: zweihenkliges enghalsiges Gefäß der Antike zur Aufbewahrung von Wein, Öl, Honig usw.

am|pho|ter ⟨*gr.-nlat.;* »jeder von beiden; zwitterhaft«⟩ (Chemie): sich teils als Säure, teils als Base verhaltend

Am|pho|t|ro|pin®, das; -s ⟨Kunstw.⟩: Mittel gegen Entzündungen der Harnwege

Am|p|li|dy|ne, die; -, -n ⟨*lat.; gr.*⟩: Querfeldverstärkermaschine, eine elektrische Gleichstrommaschine besonderer Bauart

Am|p|li|fi|ka|ti|on, die; -, -en ⟨*lat.*⟩: **1.** (Stilkunde, Rhet.) kunstvolle Ausweitung einer Aussage über das zum unmittelbaren Verstehen Nötige hinaus. **2.** (Psychoanalyse) Erweiterung des Trauminhalts durch Vergleich der Traumbilder mit Bildern der Mythologie, Religion usw., die in sinnverwandter Beziehung zum Trauminhalt stehen

Am|p|li|fi|ka|tiv|prä|fix vgl. Augmentativpräfix

Am|p|li|fi|ka|tiv|suf|fix vgl. Augmentativsuffix

Am|p|li|fi|ka|ti|vum, das; -s, ...va ⟨*lat.-nlat.*⟩: Augmentativum

am|p|li|fi|zie|ren ⟨*lat.*⟩: **a)** erweitern; **b)** ausführen; **c)** etwas unter verschiedenen Gesichtspunkten betrachten

Am|p|li|tu|de, die; -, -n (»Größe, Weite, Umfang«) (Math., Physik): größter Ausschlag einer Schwingung (z. B. beim Pendel) aus der Mittellage. **Am|p|li|tu|den|mo|du|la|ti|on,** die; -, -en: Verfahren der Überlagerung von niederfrequenter Schwingung mit hochfrequenter Trägerwelle

Am|pul|le, die; -, -n ⟨*gr.-lat.;* »kleine Flasche; Ölgefäß«⟩: **1.** (Med.) kleiner, keimfrei verschlossener Glas- od. Kunststoffbehälter für Injektionslösungen. **2.** (Med.) blasenförmige Erweiterung eines röhrenförmigen Hohlorgans (z. B. des Mastdarms). **3.** kleine Kanne (mit Wein, Öl u. dgl.) für den liturgischen Gebrauch

Am|pu|ta|ti|on, die; -, -en ⟨*lat.*⟩ (Med.): operative Abtrennung eines Körperteils, bes. einer Gliedmaße; Ablation (2 a). **am|pu|tie|ren** (»ringsherum wegschneiden«) (Med.): einen Körperteil operativ entfernen

Am|ri|ta, das; -s ⟨*sanskr.*⟩: Unsterblichkeitstrank der ind. Götter

Amu|lett, das; -[e]s, -e ⟨*lat.*⟩: kleinerer, als Anhänger (bes. um den Hals) getragener Gegenstand in Form eines Medaillons o. Ä., dem besondere, Gefahren abwehrende od. Glück bringende Kräfte zugeschrieben werden

amü|sant ⟨*vulgärlat.-frz.*⟩: unterhaltsam, belustigend, vergnüglich

Amuse-Gueule [amy:zˈgœl], das; -[s], -s ⟨*frz.*⟩ (Gastron.): kleines Appetithäppchen

Amü|se|ment [amyz(ə)ˈmã:], das; -s, -s: unterhaltsamer, belustigender Zeitvertreib, [oberflächliches] Vergnügen

Amu|sie, die; - ⟨*gr.-nlat.*⟩: **1. a)** Unfähigkeit, Musisches zu verstehen; **b)** Unfähigkeit zu musikalischem Verständnis od. zu musikalischer Hervorbringung. **2.** (Med.) krankhafte Störung des Singvermögens od. der Tonwahrnehmung

amü|sie|ren ⟨*vulgärlat.-frz.*⟩: **1.** jmdn. angenehm unterhalten; jmdn. erheitern, belustigen. **2.** sich amüsieren: **a)** sich vergnügen, sich angenehm die Zeit vertreiben, seinen Spaß haben; **b)** sich über jmdn. od. etwas lustig machen

amu|sisch ⟨*gr.-nlat.*⟩: ohne Kunstverständnis, ohne Kunstsinn

Amyg|da|la, die; -, ...lae ⟨*gr.*⟩ (Anat., Med.): paarige, nach ihrer Form auch als Mandelkern bezeichnete Hirnregion, in der v. a. emotionale Funktionen angesiedelt sind

Amyg|da|lin, das; -s ⟨*gr.-nlat.*⟩: blausäurehaltiges ↑Glykosid in bitteren Mandeln u. Obstkernen. **amyg|da|lo|id:** bittermandelähnlich

Amyl|ace|tat, das; -s ⟨*gr.; lat.*⟩: Essigsäureester des Amylalkohols, Lösungsmittel für Harze u. Öle

Amyl|al|ko|hol, der; -s, (Fachspr.:) -e: Hauptbestandteil der bei der alkoholischen Gärung entstehenden Fuselöle

Amy|la|se, die; -, -n ⟨*gr.-nlat.*⟩: ↑Enzym, das Stärke u. ↑Glykogen spaltet

Amy|len, das; -s, -e: Penten

amy|lo|id ⟨*gr.*⟩: stärkeähnlich. **Amy|lo|id,** das; -s, -e (Med.): stärkeähnlicher Eiweißkörper, der durch krankhafte Prozesse im Organismus entsteht u. sich im Bindegewebe der Blutgefäße ablagert

Amy|lo|i|do|se, die; -, -n ⟨*gr.-nlat.*⟩ (Med.): Gewebsentartung (bes. in Leber, Milz, Nieren) infolge Ablagerung von Amyloiden, wodurch eine Verhärtung des Gewebes entsteht

Amy|lo|ly|se, die; -, -n ⟨*gr.*⟩: Stärkeabbau im Stoffwechselprozess, Überführung der Stärke in ↑Dextrin (2), ↑Maltose od. ↑Glykose. **amy|lo|ly|tisch:** die Amylolyse betreffend

Amy|lo|se, die; -: in Wasser löslicher innerer Bestandteil stärkehaltiger Körner (z. B. Getreidekörner, Erbsen)

Amy|lum, das; -s ⟨*gr.-lat.*⟩: pflanzliche Stärke

amy|thisch ⟨*gr.-nlat.*⟩: ohne Mythen (↑Mythos [1])

ana: ↑ana partes aequales

Ana, die; -, -s (Substantivierung der lat. Endung ...ana) (veraltet): Sammlung von Aussprüchen od. kleineren Beiträgen zur Charakteristik berühmter Männer

Ana|bap|tis|mus, der; - ⟨*gr.-nlat.*⟩: Lehre der [Wieder]täufer. **Ana|bap|tist,** der; -en, -en: [Wieder]täufer. **Ana|bap|tis|tin,** die; -, -nen: weibliche Form zu ↑Anabaptist

ana|ba|tisch ⟨*gr.-nlat.*⟩ (Meteorol.): aufsteigend (von Winden) (Ggs.: katabatisch)

Ana|bi|o|se, die; - ⟨*gr.-nlat.;* »Wiederaufleben«⟩: Fähigkeit von niederen Tieren u. Pflanzensamen, ungünstige Lebensbedingungen (z. B. Kälte, Trockenheit) in scheinbar leblosem Zustand zu überstehen

ana|bol ⟨*gr.-nlat.*⟩: die Anabolie betreffend. **Ana|bo|lie,** die; -, ...ien: **1.** (Biol.) Erwerb neuer Merkmale in der Individualentwicklung. **2.** (Biol., Med.) ↑Anabolismus

Ana|bo|li|kum, das; -s, ...ka (meist Plural) (Med.): Präparat, das den Aufbau von Eiweiß in einem Organismus steigert u. zum Aufbau von Muskeln verwendet wird

Ana|bo|lis|mus, der; - (Biol., Med.): [zusätzlicher] Aufbau von Körpergewebe durch Beeinflussung des Stoffwechsels (Ggs.: Katabolismus)

Ana|cho|ret [...ç..., ...x..., auch: ...k...], der; -en, -en ⟨*gr.-lat.;* »zurückgezogen (Lebender)«⟩: Klausner, Einsiedler. **ana|cho|re|tisch:** einsiedlerisch

Ana|chro|nis|mus, der; -, ...men ⟨*gr.-nlat.*⟩: **1. a)** falsche zeitliche Einordnung von Vorstellungen, Sachen od. Personen; **b)** Verlegung, das Hineinstellen einer Erscheinung usw. in einen Zeitabschnitt, in den sie – historisch gesehen – nicht hineingehört. **2.** eine durch die allgemeinen Fortschritte, Errungenschaften usw. überholte od. nicht mehr übliche Erscheinung. **ana|chro|nis|tisch:** **1.** den Anachronismus (1) betreffend. **2.** nicht in eine bestimmte Zeit, Epoche passend; nicht zeitgemäß; zeitwidrig

An|aci|di|tät, Anazidität, die; - ⟨*gr.; lat.*⟩ (Med.): das Fehlen von Salzsäure im Magensaft

Ana|di|p|lo|se, Ana|di|p|lo|sis, die; -, ...osen ⟨*gr.-lat.;* »Verdoppelung«⟩ (Rhet., Stilkunde): Wiederholung des letzten Wortes od. der letzten Wortgruppe eines Verses od. Satzes am Anfang des folgenden Verses od.

Satzes zur semantischen od. klanglichen Verstärkung (z. B. »Fern im Süd das schöne Spanien, Spanien ist mein Heimatland«; E. Geibel)

Ana|dy|o|me|ne [...ne, ...'me:nə] ⟨*gr.-lat.;* »die (aus dem Meer) Auftauchende«⟩: Beiname der griechischen Göttin Aphrodite

an|ae|rob [anʔae'ro:p, anʔɛ..., auch: 'an...] ⟨*gr.-nlat.*⟩ (Biol.): ohne Sauerstoff lebend

An|ae|ro|bi|er, der; -s, -, **An|ae|ro|bi|ont,** der; -en, -en (Biol.): niederes Lebewesen, das ohne Sauerstoff leben kann (z. B. Darmbakterien) (Ggs.: Aerobier)

An|ae|ro|bi|o|se, die; -: Lebensvorgänge, die unabhängig vom Sauerstoff ablaufen (Ggs.: Aerobiose)

Ana|ge|ne|se, die; - ⟨*gr.-nlat.*⟩ (Biol.): Höherentwicklung innerhalb der Stammesgeschichte

Ana|gly|phe, die; -, -n ⟨*gr.-lat.;* »reliefartig ziseliert, erhaben«⟩ (Physik): in Komplementärfarben etwas seitlich verschoben übereinander gedrucktes u. projiziertes Bild, das beim Betrachten durch eine Farbfilterbrille mit gleichen Komplementärfarben räumlich erscheint

Ana|gly|phen|bril|le, die; -, -n: spezielle Brille für das Betrachten von dreidimensionalen Bildern od. Filmen

Ana|g|no|ri|sis, die; - ⟨*gr.*⟩: das Wiedererkennen (zwischen Verwandten, Freunden usw.) als dramatisches Element in der antiken Tragödie

Ana|g|nost, der; -en, -en (Rel.): Vorleser im orthodoxen Gottesdienst

An|a|go|ge, die; - ⟨*gr.-lat.;* »das Hinaufführen«⟩: **1.** (gr. Philos.) »Hinaufführung« des Eingeweihten zur Schau der Gottheit. **2.** (gr. Rhet.) Erläuterung eines Textes durch Hineinlegen eines höheren Sinnes. **an|a|go|gisch:** die Anagoge betreffend

Ana|gramm, das; -s, -e ⟨*gr.-nlat.*⟩: **a)** Umstellung der Buchstaben eines Wortes zu anderen Wörtern mit neuem Sinn; **b)** Buchstabenversetzrätsel. **ana|gram|ma|tisch:** nach Art eines Anagramms

Ana|kar|die [...dɪə], die; -, -n ⟨*gr.-nlat.*⟩: ein tropisches Holzgewächs

Ana|kla|sis, die; - ⟨*gr.;* »Zurückbiegung«⟩ (antike Metrik): Vertauschung von Länge und Kürze innerhalb desselben Metrums. **ana|klas|tisch:** eine Anaklasis enthaltend (von antiken Versen)

ana|kli|tisch ⟨*gr.*⟩: **anaklitische Depression:** Sonderform der ↑Depression bei Säuglingen u. Kleinkindern, die durch mangelnde Zuwendung entsteht

an|a|ko|luth: ↑anakoluthisch. **An|a|ko|luth,** das (auch: der); -s, -e ⟨*gr.-lat.;* »ohne Zusammenhang, unpassend«⟩ (Sprachwiss.): das Fortfahren in einer anderen als der begonnenen Satzkonstruktion; Satzbruch. **an|a|ko|lu|thisch:** in Form eines Anakoluths, einen Anakoluth enthaltend; vgl. ...isch/-

Ana|kon|da, die; -, -s ⟨Herkunft unsicher⟩: südamerikanische Riesenschlange

Ana|kre|on|tik, die; - ⟨nach dem altgr. Lyriker Anakreon⟩: literarische Richtung, Lyrik zur Zeit des Rokokos mit den Hauptmotiven Liebe, Freude an der Welt u. am Leben. **Ana|kre|on|ti|ker,** der; -s, -: Vertreter der Anakreontik, Nachahmer der Dichtweise Anakreons. **Ana|kre|on|ti|ke|rin,** die; -, -nen: weibliche Form zu ↑Anakreontiker. **ana|kre|on|tisch: a)** zur Anakreontik gehörend; **b)** in der Art Anakreons; **anakreontischer Vers:** in der attischen Tragödie verwendeter ↑anaklastischer ionischer ↑Dimeter

Ana|kru|sis [auch: ...'kru:...], die; -, ...krusen ⟨*gr.*⟩ (veraltet): Auftakt, Vorschlagsilbe, unbetonte Silbe am Versanfang

An|a|ku|sis, die; - ⟨*gr.-nlat.*⟩ (Med.): Taubheit

anal ⟨*lat.-nlat.*⟩ (Med.): **a)** zum After gehörend; **b)** den After betreffend; **anale Phase** (Psychoanalyse): frühkindliche, durch Lustgewinn im Bereich des Afters gekennzeichnete Entwicklungsphase; **c)** afterwärts gelegen

An|al|cim [...'tsi:m], der; -s ⟨*gr.-nlat.*⟩: farbloses, graues od. fleischrotes Mineral

Ana|lek|ten, die (Plural) ⟨*gr.-lat.*⟩: Sammlung von Auszügen od. Zitaten aus dichterischen od. wissenschaftlichen Werken od. von Beispielen bestimmter literarischer Gattungen. **ana|lek|tisch: a)** die Analekten betreffend; **b)** auswählend

Ana|lep|ti|kon ⟨*gr.;* »kräftigend, stärkend«⟩, **Ana|lep|ti|kum,** das; -s, ...ka ⟨*gr.-lat.*⟩ (Pharm.): belebendes, anregendes Mittel. **ana|lep|tisch:** belebend, anregend, stärkend

Anal|ero|tik, die; - (Psychoanalyse): [frühkindliches] sexuelles Lustempfinden im Bereich des Afters. **Anal|ero|ti|ker,** der; -s, -: jmd., dessen sexuelle Wünsche auf den Analbereich fixiert sind. **Anal|ero|ti|ke|rin,** die; -, -nen: weibliche Form zu ↑Analerotiker

Anal|fis|sur, die; -, -en (Med.): schmerzhafte Rissbildung der Haut am After

Anal|fis|tel, die; -, -n (Med.): Fistel im Analbereich; Mastdarm-, Afterfistel; vgl. Fistel

An|al|gen, das; -s, -e ⟨*gr.-nlat.*⟩ (Med. veraltet): Analgetikum

An|al|ge|sie, Analgie, die; -, ...ien ⟨*gr.*⟩ (Med.): Schmerzlinderung; Aufhebung der Schmerzempfindung, Schmerzlosigkeit. **An|al|ge|ti|kum,** das; -s, ...ka (Med.): schmerzstillendes Mittel. **an|al|ge|tisch** (Med.): Schmerzen stillend. **An|al|gie** vgl. Analgesie

An|al|go|se|die|rung, die; -, -en ⟨*gr.; lat.-nlat.*⟩ (Med.): Schmerzausschaltung u. Beruhigung durch Verabreichung eines ↑Analgetikums

an|al|lak|tisch ⟨*gr.-nlat.*⟩: unveränderlich; **anallaktischer Punkt:** vorderer Brennpunkt bei Fernrohren

ana|log ⟨*gr.-lat.-frz.*⟩: **1.** [einem anderen, Vergleichbaren] entsprechend, ähnlich; gleichartig; vgl. ...isch/-. **2.** (EDV) kontinuierlich, stufenlos, stetig veränderbar (Ggs.: ²digital)

Ana|lo|gat, das; -[e]s, -e ⟨*nlat.*⟩: analoges Verhältnis von Begriffen (z. B. in der Philosophie)

Ana|log-di|gi|tal-Kon|ver|ter, der; -s, - (EDV): elektronische Schaltung, die analoge Eingangssignale in digitale Ausgangssignale umsetzt

Ana|log-di|gi|tal-Wand|ler, der; -s, -: ↑Analog-digital-Konverter

Ana|lo|gie, die; -, ...ien ⟨*gr.-lat.*⟩: **1.** Entsprechung, Ähnlichkeit, Gleichheit von Verhältnissen, Übereinstimmung. **2.** (Biol.) gleiche Funktion von Organen verschiedener entwicklungsgeschichtlicher Herkunft. **3.** (Sprachwiss.) **a)** in der antiken Grammatik Übereinstimmung in der Formenlehre (z. B. gleiche Endungen bei denselben Kasus) od. in der Wortbildung (gleiche Ableitungen); **b)** Ausgleich von Wörtern od. sprachlichen Formen nach assoziierten Wörtern od. Formen aufgrund von formaler Ähnlichkeit od. begrifflicher Verwandtschaft

Ana|lo|gie|bil|dung, die; -, -en (Sprachwiss.): Bildung od. Umbildung einer sprachlichen Form nach dem Muster einer anderen (z. B. *Diskothek* nach *Bibliothek*)

Ana|lo|gie|schluss, der; -es, ...schlüsse: Folgerung von der Ähnlichkeit zweier Dinge auf die Ähnlichkeit zweier anderer od. aller übrigen

Ana|lo|gie|zau|ber, der; -s, -: mit Zauber verbundene Handlung, die bewirken soll, dass sich Entsprechendes od. Ähnliches [an jmdm.] vollzieht (z. B. das Verbrennen von Haaren eines Menschen, der dadurch geschwächt werden od. sterben soll)

ana|lo|gisch: nach Art einer Analogie; vgl. ...isch/-

Ana|lo|gis|mus, der; -, ...men ⟨*gr.-nlat.*⟩: Analogieschluss

Ana|lo|gon, das; -s, ...ga ⟨*gr.*⟩: ähnlicher, gleichartiger (analoger) Fall

Ana|log|rech|ner, der; -s, -: Rechenanlage, in der die Ausgangswerte u. das Ergebnis einer Rechenaufgabe als physikalische Größen dargestellt werden (Ggs.: Digitalrechner)

Ana|log|uhr, die; -, -en: Uhr, bei der die Zeitangabe auf einem Zifferblatt durch Zeiger erfolgt (Ggs.: Digitaluhr)

An|al|pha|bet [auch: 'an...], der; -en, -en ⟨*gr.*⟩: **1.** jmd., der nicht lesen u. schreiben gelernt hat. **2.** (abwertend) jmd., der in einer bestimmten Sache nichts weiß, nicht Bescheid weiß (z. B. ein politischer Analphabet). **An|al|pha|be|tin,** die; -, -nen: weibliche Form zu ↑Analphabet. **an|al|pha|be|tisch:** des Lesens u. Schreibens unkundig. **An|al|pha|be|tis|mus,** der; - ⟨*gr.-nlat.*⟩: Unfähigkeit, zu lesen u. zu schreiben

Anal|ver|kehr, der; -s: Geschlechtsverkehr, bei dem der Penis in den After eingeführt wird

Ana|ly|sand, der; -en, -en ⟨*gr.-nlat.*⟩ (Psychoanalyse): jmd., der sich einer Psychoanalyse unterzieht; Patient. **Ana|ly|san|din,** die; -, -nen: weibliche Form zu ↑Analysand

Ana|ly|sa|tor, der; -s, ...oren: **1.** (Physik) Messvorrichtung zur Untersuchung von polarisiertem Licht. **2.** (Physik) Vorrichtung zum Zerlegen einer Schwingung in harmonische Schwingungen. **3.** (Psychoanalyse) jmd., der eine Psychoanalyse durchführt. **Ana|ly|sa|to|rin,** die; -, -nen: weibliche Form zu ↑Analysator

Ana|ly|se, die; -, -n ⟨*gr.-mlat.;* »Auflösung«⟩: **1.** systematische Untersuchung eines Gegenstandes od. Sachverhalts hinsichtlich aller einzelnen Komponenten od. Faktoren, die ihn bestimmen (Ggs.: Synthese [1 b]). **2.** (Chemie) Ermittlung der Einzelbestandteile von zusammengesetzten Stoffen od. Stoffgemischen mit chemischen od. physikalischen Methoden. **ana|ly|sie|ren:** etwas [wissenschaftlich] zergliedern, zerlegen, untersuchen, auflösen, Einzelpunkte herausstellen

Ana|ly|sis, die; -: **1.** Teilgebiet der Mathematik, in dem mit Grenzwerten gearbeitet, die Infinitesimalrechnung angewandt wird. **2.** Voruntersuchung beim Lösen geometrischer Aufgaben

Ana|lyst [engl.: 'ænəlɪst], der; -en, -en u. (bei engl. Ausspr.:) -s, -s ⟨*gr.-engl.*⟩: Börsenfachmann, der berufsmäßig die Lage u. Tendenz an der Wertpapierbörse beobachtet u. analysiert. **Ana|lys|tin,** die; -, -nen: weibliche Form zu ↑Analyst

Ana|lyt, der; -en, -en ⟨*gr.*⟩ (Chemie): der zu bestimmende Stoff

Ana|ly|tik, die; - ⟨*gr.-lat.*⟩: **1. a)** Kunst der Analyse; **b)** (Logik) Lehre von den Schlüssen u. Beweisen. **2.** analytische Chemie. **Ana|ly|ti|ker,** der; -s, -: **a)** jmd., der bestimmte Erscheinungen analysiert; **b)** jmd., der die Analytik anwendet und beherrscht; **c)** Psychoanalytiker. **Ana|ly|ti|ke|rin,** die; -, -nen: weibliche Form zu ↑Analytiker

ana|ly|tisch: zergliedernd, zerlegend, durch logische Zergliederung entwickelnd; **analytische Chemie:** Teilgebiet der Chemie, das sich mit der Analyse (2) befasst; **analytische Geometrie:** Geometrie, bei der für geometrische Gebilde Funktionsgleichungen aufgestellt werden; **analytisches Drama:** Drama, das die Ereignisse, die eine tragische Situation herbeigeführt haben, im Verlauf der Handlung schrittweise enthüllt; **analytische Sprachen** (Sprachwiss.): Sprachen, bei denen syntaktische Beziehungen nicht am Wort selbst, sondern mithilfe selbstständiger Wörter ausgedrückt werden (z. B. dt. »ich habe geliebt« im Gegensatz zu lat. »amavi«); **analytisches Urteil** (Philos.): Urteil, das aus der Zergliederung eines Begriffs gewonnen wird u. nur so viel Erkenntnis vermittelt, wie in diesem enthalten ist

Ana|ly|zer ['ænəlaɪzɐ], der; -s, - ⟨*gr.-engl.*⟩ (EDV): **1.** Software zur Datenanalyse. **2.** elektronisches Gerät zur Untersuchung physikalischer od. chemischer Phänomene, z. B. zur Spektralanalyse (1)

An|ä|mie, die; -, ...ien ⟨*gr.-nlat.;* »Blutarmut«⟩ (Med.): **a)** Mangel an ↑Hämoglobin bzw. roten Blutkörperchen im Blut; **b)** akuter Blutmangel nach plötzlichem schwerem Blutverlust. **an|ä|misch** (Med.): die Anämie (a, b) betreffend

Ana|m|ne|se, die; -, -n ⟨*gr.-lat.;* »Erinnerung«⟩: **1.** (Med.) Krankengeschichte nach Angaben des Patienten. **2.** (Rel.) in der Eucharistiefeier das Gebet nach der ↑Konsekration (2). **3.** ↑Anamnesis

Ana|m|ne|sis, die; -, ...nesen ⟨*gr.*⟩ (gr. Philos.): Wiedererinnerung der Seele an vor der Geburt, d. h. vor ihrer Vereinigung mit

dem Körper, geschaute Wahrheiten
ana|m|nes|tisch, ana|m|ne|tisch ⟨*gr.-nlat.*⟩ (Med.): die Anamnese (1) betreffend
An|am|ni|er, der; -s, - ⟨*gr.-nlat.*⟩ (Biol.): sich ohne ↑ Amnion entwickelndes Wirbeltier (Fische u. Lurche) (Ggs.: Amniot)
ana|morph: ↑ anamorphotisch
Ana|mor|pho|se, die; -, -n ⟨*gr.-nlat.*⟩ (Kunstwiss.): die für normale Ansicht verzerrt gezeichnete Darstellung eines Gegenstandes. **Ana|mor|phot,** der; -en, -en ⟨»umgestaltend, verwandelnd«⟩: Objektiv zur Erzeugung anamorphotischer Abbildungen od. Filme. **ana|mor|pho|tisch:** umgestaltet, verwandelt, verzerrt; **anamorphotische Abbildung** (Foto- u. Kinotechnik): Abbildung, die bewusst verzerrt hergestellt ist
Ana|nas, die; -, - u. -se ⟨*Guaraní-port.*⟩: **1.** tropische Pflanze mit rosettenartig angeordneten Blättern u. großen fleischigen Früchten. **2.** Frucht der Ananaspflanze
An|an|kas|mus, der; -, ...men ⟨*gr.-nlat.*⟩ (Med., Psychol.): **1.** (ohne Plural; veraltet) Zwangsneurose (Denkzwang, Zwangsvorstellung); krankhafter Zwang, bestimmte [unsinnige] Handlungen auszuführen. **2.** zwanghafte Handlung. **An|an|kast,** der; -en, -en (Med., Psychol.): jmd., der unter Zwangsvorstellungen leidet, zu Zwangshandlungen neigt od. einem starken Kontrollzwang unterliegt; Zwangsneurotiker. **An|an|kas|tin,** die; -, -nen: weibliche Form zu ↑ Anankast
An|an|ke, die; - ⟨*gr.*; »Zwang, schicksalhafte Notwendigkeit«⟩: **1.** (gr. Philos.) Verkörperung der schicksalhaften Macht (bzw. Gottheit) der Natur u. ihrer Notwendigkeiten. **2.** Zwang, Schicksal, Verhängnis
An|an|t|a|po|do|ton, das; -, ...ta ⟨*gr.*; »das Nichtzurückgegebene«⟩: bei Sätzen mit zweigliedrigen Konjunktionen das Fehlen des durch die zweite Konjunktion eingeleiteten Satzes
Ana|nym, das; -s, -e ⟨*gr.-nlat.*⟩: Sonderform des ↑ Pseudonyms, die aus dem rückwärts geschriebenen wirklichen Namen besteht, wobei die Buchstaben nicht od. nur teilweise verändert werden (z. B. Grob [aus Borg], Ceram [aus Marek])
ana par|tes ae|qua|les ⟨*lat.*; »zu gleichen Teilen«⟩: Vermerk auf ärztlichen Rezepten (Abk.: aa od. aa. pt. aequ. od. ana)
Ana|päst, der; -[e]s, -e ⟨*gr.-lat.*; »Zurückprallender«⟩ (antike Metrik): aus zwei Kürzen u. einer Länge (◡◡–) bestehender Versfuß. **ana|päs|tisch:** in der Form eines Anapästs
Ana|pha|se, die; -, -n ⟨*gr.-nlat.*⟩ (Biol.): besonderes Stadium bei der Kernteilung der Zelle
Ana|pher, die; -, -n ⟨*gr.-lat.*⟩: **1.** (Rhet., Stilkunde) Wiederholung eines Wortes od. mehrerer Wörter zu Beginn aufeinanderfolgender Sätze od. Satzteile (Ggs.: Epiphora [2]). **2.** zurückverweisendes Element eines Textes (z. B.: Die Frau ... *Sie* war sehr elegant)
Ana|pho|ra, die; -, ...rä: **1.** Anapher. **2. a)** Hochgebet in der Eucharistiefeier der Ostkirchen; **b)** die Eucharistie selbst als Hauptteil der orthodoxen Messe
Ana|pho|re|se, die; -: spezielle Form der ↑ Elektrophorese
ana|pho|risch: die Anapher betreffend, in der Art der Anapher
An|aph|ro|di|si|a|kum, Antaphrodisiakum, das; -s, ...ka ⟨*gr.-nlat.*⟩ (Med.): Mittel zur Herabsetzung des Geschlechtstriebes (Ggs.: Aphrodisiakum)
ana|phy|lak|tisch (Med.): die ↑ Anaphylaxie betreffend; **anaphylaktischer Schock:** Schock infolge von Überempfindlichkeit gegenüber ↑ Antigenen. **Ana|phy|la|xie,** die; -, ...ien ⟨*gr.-nlat.*⟩ (Med.): Überempfindlichkeit, schockartige allergische (1) Reaktion, bes. gegen artfremdes Eiweiß
Ana|p|ty|xe, die; -, -n ⟨*gr.*; »Entfaltung, Entwicklung«⟩: Bildung eines Sprossvokals zwischen zwei Konsonanten (z. B. *fünef* für *fünf*)
an|arch: ↑ anarchisch; vgl. ...isch/-. **An|ar|chie,** die; -, ...ien ⟨*gr.*⟩: **a)** (bes. Philos.) gesellschaftlicher Zustand, in dem eine minimale Gewaltausübung durch Institutionen u. maximale Selbstverantwortung des Einzelnen vorherrscht; **b)** Zustand der Gesetzlosigkeit; Chaos in rechtlicher, politischer, wirtschaftlicher, gesellschaftlicher Hinsicht. **an|ar|chisch: a)** (bes. Philos.) herrschaftsfrei, der Anarchie (a) entsprechend; **b)** gesetzlos, ohne feste Ordnung, chaotisch; vgl. ...isch/-
An|ar|chis|mus, der; -, ...men ⟨*gr.-nlat.*⟩: Lehre, die eine Gesellschaftsformation ohne Staatsgewalt u. gesetzlichen Zwang propagiert. **An|ar|chist,** der; -en, -en: Anhänger des Anarchismus. **An|ar|chis|tin,** die; -, -nen: weibliche Form zu ↑ Anarchist. **an|ar|chis|tisch:** dem Anarchismus entspringend, den Anarchismus vertretend
An|ar|cho, der; -s, -s (meist Plural) (ugs.): jmd., der sich gegen die bestehende bürgerliche Gesellschaft u. deren Ordnung mit Aktionen u. Gewalt auflehnt
An|ar|cho|syn|di|ka|lis|mus, der; -: sozialrevolutionäre Bewegung in den romanischen Ländern, die die Arbeiterschaft zu organisieren suchte u. die Gewerkschaften als die einzigen effektiven Kampforgane betrachtete. **An|ar|cho|syn|di|ka|list,** der; -en, -en: Anhänger des Anarchosyndikalismus. **An|ar|cho|syn|di|ka|lis|tin,** die; -, -nen: weibliche Form zu ↑ Anarchosyndikalist
An|ä|re|sis [auch: anʔɛ...], die; -, ...resen ⟨*gr.*; »Aufhebung«⟩ (antike Rhet.): die Entkräftung einer gegnerischen Behauptung
An|ar|th|rie, die; -, ...ien ⟨*gr.-nlat.*⟩ (Med.): [durch Störung im Zentralnervensystem verursachtes] Unvermögen, Wörter od. Einzellaute trotz Funktionstüchtigkeit der Sprechorgane richtig zu bilden
Ana|sar|ka, Ana|sar|kie, die; - ⟨*gr.-nlat.*⟩ (Med.): [durch Herzinsuffizienz u. Nierenversagen verursachte] Hautwassersucht; ↑ Ödem des Unterhautzellgewebes
Anas|ta|sis, die; - ⟨*gr.-lat.*; »Auferstehung«⟩ (Kunstwiss.): bildliche Darstellung der Auferstehung Jesu in der byzantinischen Kirche
anas|ta|tisch ⟨*gr.-nlat.*⟩: wieder

auffrischend; **anastatischer Druck:** chemisches Verfahren zur Vervielfältigung alter Drucke ohne Neusatz durch Übertragung der Druckschrift auf Stein od. Zink

An|äs|the|sie, die; -, ...ien ‹*gr.-nlat.;* »Unempfindlichkeit«› (Med.): **1.** Zustand der [körperlichen] Empfindungslosigkeit, um operative od. diagnostische Maßnahmen durchführen zu können (herbeigeführt z. B. durch Narkose). **2.** das Fehlen der Schmerzempfindung (bei Nervenschädigungen). **an|äs|the|sie|ren:** schmerzunempfindlich machen, betäuben

An|äs|the|sin®, das; -s, -e: Anästhetikum für Haut u. Schleimhäute

An|äs|the|sio|lo|ge, der; -n, -n (Med.): Wissenschaftler auf dem Gebiet der Anästhesiologie. **An|äs|the|sio|lo|gie,** die; - (Med.): Fachgebiet, das sich mit den verschiedenen Verfahren der Anästhesie (1) beschäftigt. **An|äs|the|sio|lo|gin,** die; -, -nen: weibliche Form zu ↑Anästhesiologe. **an|äs|the|sio|lo|gisch** (Med.): die Anästhesiologie betreffend

An|äs|the|sist, der; -en, -en (Med.): Narkosefacharzt. **An|äs|the|sis|tin,** die; -, -nen: weibliche Form zu ↑Anästhesist

An|äs|the|ti|kum, das; -s, ...ka: Schmerzen stillendes, den Schmerz ausschaltendes Mittel. **an|äs|the|tisch** (Med.): **1.** den Schmerz ausschaltend. **2.** mit [Berührungs]unempfindlichkeit verbunden. **3.** die Anästhesie betreffend. **an|äs|the|ti|sie|ren** (Med. veraltet): ↑anästhesieren

An|as|tig|mat, das; -s, -e ‹*gr.-nlat.*›: [fotografisches] Objektiv, bei dem die Verzerrung durch schräg einfallende Strahlen u. die Bildfeldwölbung beseitigt ist. **an|as|tig|ma|tisch:** unverzerrt, ohne Astigmatismus (1)

Ana|s|to|mo|se, die; -, -n ‹*gr.-lat.;* »Eröffnung«›: **1.** (Bot.) Querverbindung zwischen Gefäßsträngen od. Pilzfäden. **2.** (Med.) **a)** natürliche Verbindung zwischen Blut- od. Lymphgefäßen od. zwischen Nerven; **b)** operativ hergestellte künstliche Verbindung zwischen Blutgefäßen od. Nerven od. Hohlorganen

An|a|s|t|ro|phe, die; -, ...strophen ‹*gr.-lat.*› (Sprachwiss.): Umkehrung der gewöhnlichen Wortstellung, bes. die Stellung der Präposition hinter dem dazugehörenden Substantiv (z. B. *zweifelsohne* für *ohne Zweifel*)

Ana|s|ty|lo|se, die; -, -n ‹*gr.*› (Kunstwiss.): vollständige Demontage eines zu rekonstruierenden Bauwerks

Ana|tas, der; - ‹*gr.*›: ein Mineral

Ana|te|xis, die; - ‹*gr.*› (Geol.): das Wiederaufschmelzen von Gesteinen in der Erde durch ↑tektonische Vorgänge

Ana|them, das; -s, -e, **Ana|the|ma,** das; -s, ...themata ‹*gr.-lat.*›: **1.** Verfluchung, Kirchenbann. **2. a)** (antike Rel.) den Göttern vorbehaltenes Weihegeschenk; **b)** das dem Zorn der Götter Überlieferte, das Verfluchte. **ana|the|ma|ti|sie|ren** (Rel.): mit dem Kirchenbann belegen

ana|ti|o|nal ‹*gr.; lat.*›: nicht national [gesinnt]

Ana|tol, der; -[s], -s ‹nach der türk. Landschaft Anatolien›: handgeknüpfter Teppich

Ana|tom, der; -en, -en ‹*gr.-lat.*› (Med.): Wissenschaftler auf dem Gebiet der Anatomie (1 a)

Ana|to|mie, die; -, ...ien ‹»Zergliederung«›: **1. a)** (ohne Plural) Wissenschaft vom Bau des [menschlichen] Körpers und seiner Organe; **b)** Aufbau, Struktur des [menschlichen] Körpers. **2.** anatomisches Institut. **3.** Lehrbuch der Anatomie (1). **ana|to|mie|ren** (Med. veraltet): ↑sezieren

Ana|to|min, die; -, -nen: weibliche Form zu ↑Anatom. **ana|to|misch: a)** die Wissenschaft der Anatomie betreffend; **b)** den Bau des [menschlichen] Körpers betreffend; **c)** zergliedernd

Ana|to|xin, das; -s, -e ‹gr.› (bes. Med.): entgiftetes, aber noch Immunisierung bewirkendes Toxin; **Anatoxin A** (Biol.): von Bakterien erzeugtes Nervengift

Ana|to|zis|mus, der; -, ...men ‹*gr.-lat.*›: Verzinsung aufgelaufener Zinsen

ana|trop ‹*gr.-nlat.*› (Bot.): umgewendet, gegenläufig (von der Lage einer Samenanlage)

an|axi|al ‹*gr.; lat.*› (Druckw.): nicht in der Achsenrichtung angeordnet, nicht axial, nicht achsrecht; **anaxialer Satz:** bestimmte drucktechnische Gestaltungsart eines Textes

An|azi|di|tät vgl. Anacidität

ana|zy|k|lisch ‹*gr.-nlat.*›: vorwärts u. rückwärts gelesen den gleichen Wortlaut ergebend (von Wörtern od. Sätzen, z. B. Otto)

an|ceps vgl. anzeps

An|chor [ˈæŋkɐ], der; -s, - ‹*engl.;* »Anker«› (EDV): Sprungmarke, [im Text hervorgehobenes] Verweisziel auf einer Website

An|chor|man [ˈɛŋkɐmɛn], der; -, ...men [...men] ‹*engl.*›: Journalist o. Ä., der im Rundfunk, Fernsehen, bes. in Nachrichtensendungen, die einzelnen journalistischen Beiträge vorstellt, die verbindenden Worte u. Kommentare spricht

An|chor|wo|man [ˈɛŋkɐwʊmən], die; -, ...women [...wɪmɪn]: weibliche Form zu ↑Anchorman

An|cho|se [anˈʃoːzə], die; -, -n (meist Plural) ‹*span.* u. *port.*›: aus Sardellen, Sprotten, Heringen u. a. Fischen durch Einlegen und anschließende Reifung hergestellte ↑Präserve

An|cho|vis [...ˈʃoː...], die; -, - ‹*gr.-vulgärlat.-it.-span.-port.-niederl.*›: in Salz od. Marinade eingelegte Sardelle od. Sprotte

An|ci|en|ni|tät [ɑ̃si̯eniˈtɛːt], die; -, -en ‹*frz.*›: **1.** Dienstalter. **2.** Dienstalterfolge. **An|ci|en|ni|täts|prin|zip,** das; -s: Prinzip, nach dem z. B. Beamte nach dem Dienstalter, nicht nach der Leistung befördert werden

An|ci|en Ré|gime [ɑ̃ˈsi̯ɛ̃ː reˈʒiːm], das; - - ‹*frz.;* »alte Regierungsform«›: alte u. nicht mehr zeitgemäße Regierungsform, Gesellschaftsordnung, bes. in Bezug auf das Herrschafts- u. Gesellschaftssystem in Frankreich vor 1789

...and/...ant *s. Kasten Seite 91*

An|da|lu|sit [auch: ...ˈzɪt], der; -s, -e ‹*nlat.;* nach den Erstfunden in Andalusien›: graues, rötliches, gelbes od. grünes metamorphes Mineral

an|dan|te ‹*lat.-vulgärlat.-it.;* »gehend«› (Musik): ruhig, mäßig langsam, gemessen (Vortragsanweisung). **An|dan|te,** das; -[s], -s: ruhiges, mäßig langsames, gemessenes Musikstück

...and/...ant

Es besteht oft Zweifel darüber, ob Personenbezeichnungen mit dem Suffix ...and oder ...ant gebildet werden sollen. Beiden Endungen liegen unterschiedliche lateinische Ausgangsformen zugrunde:

...and	...ant
der; -en, -en ⟨*lat.* ...andus (Gerundivendung)⟩ *Suffix mit passivischer Bedeutung, das in Bezeichnungen für eine Person steht, mit der etwas geschehen soll:* – Informand – Konfirmand – Proband Die weibliche Form des Wortbildungselementes lautet ...andin, wie z. B. in Doktorandin.	der; -en, -en ⟨*lat.* ...ans, Gen. ...antis (Endung des Partizips Präsens)⟩ *Suffix mit aktivischer Bedeutung, das in Bezeichnungen für eine Person steht, die selber etwas tut:* – Informant – Laborant – Musikant Die weibliche Form des Wortbildungselementes lautet ...antin, wie z. B. in Praktikantin.

an|dan|ti|no (Musik): etwas schneller als andante. **An|dan|ti|no,** das; -s, -s u. ...ni: kurzes Musikstück im Andante- od. Andantinotempo

An|de|sin, der; -s ⟨*nlat.;* nach den Anden⟩: zu den Feldspaten gehörendes Mineral

An|de|sit [auch: ...ˈzɪt], der; -s, -e: ein vulkanisches Gestein

an|din: die Anden betreffend, in ihnen vorkommend

...an|din *s. Kasten ...and/...ant*

an|do|cken ⟨*dt.; engl.*⟩: sich [im Weltraum] ankoppeln, an etwas anhängen

An|d|ra|go|ge, der; -n, -n ⟨*gr.-nlat.*⟩: Wissenschaftler auf dem Gebiet der Andragogik. **An|d|ra|go|gik,** die; - ⟨*gr.-nlat.*⟩ (Päd.): Wissenschaft von der Erwachsenenbildung. **An|d|ra|go|gin,** die; -, -nen: weibliche Form zu ↑Andragoge. **an|d|ra|go|gisch:** die Andragogik betreffend

An|d|ri|enne [ɑ̃driˈɛn] vgl. Adrienne

an|d|ro..., An|d|ro...

⟨zu *gr.* anḗr, Gen. andrós »Mann, Mensch«⟩
Wortbildungselement mit der Bedeutung »Mann; männlich«:
– androgyn
– Androide
– Andrologie

An|d|ro|blas|tom, das; -s, -e ⟨*gr.; nlat.*⟩: Eierstockgeschwulst, die eine vermehrte Androgenwirkung verursacht

An|d|ro|di|ö|zie, die; - ⟨*gr.-nlat.*⟩ (Bot.): das Vorkommen von Pflanzen mit nur männlichen Blüten neben solchen mit zwittrigen Blüten bei der gleichen Art

An|d|ro|ga|met, der; -en, -en: männliche Keimzelle (Ggs.: Gynogamet)

An|d|ro|ga|mon, das; -s, -e: Befruchtungsstoff des männlichen Gameten

an|d|ro|gen (Med.): **a)** die Wirkung eines Androgens betreffend; **b)** männliche Geschlechtsmerkmale hervorrufend; **c)** von der Wirkung eines Androgens. **An|d|ro|gen,** das; -s, -e: männliches Geschlechtshormon

an|d|ro|gyn ⟨*gr.-lat.;* »Mannfrau«⟩: **1.** Androgynie (1) zeigend. **2.** (Bot.) **a)** zuerst männliche, dann weibliche Blüten am gleichen Blütenstand ausbildend; **b)** viele weibliche u. dazwischen wenig männliche Blüten aufweisend (von einem Blütenstand). **An|d|ro|gy|nie,** die; - ⟨*gr.-nlat.*⟩: **1.** Vereinigung männlicher u. weiblicher Körpermerkmale u. Wesenszüge in einer Person. **2.** (Bot.) Zwitterbildung bei Pflanzen. **an|d|ro|gy|nisch** (veraltet): androgyn; vgl. ...isch/-

An|d|ro|gy|no|phor, das; -s, -en (Bot.): stielartige Verlängerung der Blütenachse, auf der Stempel u. Staubblätter sitzen

An|d|ro|i|de, der; -n, -n, **²An|d|ro|id,** der; -en, -en: (bes. in der Science-Fiction) menschenähnliche Maschine, künstlicher Mensch

¹An|d|ro|id® [ˈɛndrɔɪ̯t, auch: androˈ(ʔ)iːt], das; -[s] ⟨meist o. Art.⟩: freies Betriebssystem für mobile Geräte

An|d|ro|lo|ge, der; -n, -n: Facharzt für Andrologie. **An|d|ro|lo|gie,** die; - (Med.): Männerheilkunde. **An|d|ro|lo|gin,** die; -, -nen: weibliche Form zu ↑Androloge. **an|d|ro|lo|gisch:** die Andrologie betreffend

An|d|ro|mo|n|ö|zie, die; - (Bot.): das Vorkommen von männlichen u. zwittrigen Blüten auf derselben Pflanze

an|d|ro|phil: zu ↑Androphilie neigend, Androphilie bekundend. **An|d|ro|phi|lie,** die; - ⟨*gr.*⟩ (Psychol.): sexuelle Neigung zu älteren, reifen Männern

An|d|ro|pho|bie, die; -, ...ien ⟨*mlat.; gr.-nlat.*⟩ (Psychol.): Furcht vor Männern, Hass auf Männer

An|d|ro|sper|mi|um, das; -s, ...ien (meist Plural): Samenfaden, der ein ↑Y-Chromosom enthält u. damit das Geschlecht als männlich bestimmt

An|d|ro|spo|re, die; -, -n: **1.** Spore, die zu einer männlichen Pflanze wird. **2.** Schwärmspore der Grünalgen

An|d|ro|s|te|ron, das; -s ⟨Kunstw.⟩ (Med.): männliches Keimdrüsenhormon, Abbauprodukt des ↑Testosterons mit schwach androgener Wirkung

an|d|ro|zen|t|risch: den Androzentrismus betreffend. **An|d|ro|zen|t|ris|mus,** der; -: das Männliche, den Mann ins Zentrum des Denkens stellende Anschauung

An|d|rö|ze|um, das; -s ⟨*gr.-nlat.*⟩: Gesamtheit der Staubblätter einer Blüte

An|ei|dy|lis|mus, der; - ⟨*gr.; lat.*⟩: Unfähigkeit, Bildsymbole zu verstehen

An|ek|do|te, die; -, -n ⟨*gr.-frz.;* »noch nicht Herausgegebenes,

Unveröffentlichtes«): kurze, oft witzige Geschichte (zur Charakterisierung einer bestimmten Persönlichkeit, einer bestimmten sozialen Schicht, einer bestimmten Zeit usw.). **An|ek|do|tik,** die; -: alle Anekdoten, die eine bestimmte Persönlichkeit, eine soziale Schicht, eine Epoche betreffen. **an|ek|do|tisch:** in Form einer Anekdote verfasst

An|elas|ti|zi|tät, die; -, -en ‹*gr.*›: Abweichung vom elastischen (1) Verhalten

An|elek|t|ro|lyt, der; -en (selten: -s), -e (selten: -en) ‹*gr.-nlat.*›: Verbindung, die nicht aus Ionen aufgebaut ist (Ggs.: Elektrolyt [1])

Ane|mo|cho|ren [...'ko:...], die (Plural) ‹*gr.-nlat.;* »Windwanderer«› (Bot.): Pflanzen, deren Samen od. Früchte durch den Wind verbreitet werden. **Ane|mo|cho|rie,** die; -: Verbreitung von Samen, Früchten od. Pflanzen durch den Wind

ane|mo|gam (Bot.): durch Wind bestäubt (von Pflanzen). **Ane|mo|ga|mie,** die; -: Windbestäubung

ane|mo|gen: durch Wind gebildet, vom Wind geformt

Ane|mo|graf, Anemograph, der; -en, -en (Meteorol.): Windrichtung u. -geschwindigkeit messendes u. aufzeichnendes Gerät, Windschreiber

Ane|mo|gramm, das; -s, -e: Aufzeichnung eines Anemografen

Ane|mo|lo|gie, die; - (Meteorol.): Wissenschaft von den Luftströmungen

Ane|mo|me|ter, das; -s, -: Windmessgerät

Ane|mo|ne, die; -, -n ‹*gr.-lat.*›: kleine Frühlingsblume mit sternförmigen, weißen bis rosa Blüten; Buschwindröschen

ane|mo|phil ‹*gr.-nlat.*›: ↑anemogam

Ane|mo|s|kop, das; -s, -e: Instrument zum Ablesen der Windgeschwindigkeit

Ane|mo|s|tat®, der; -en, -en: den Luftstrom gleichmäßig verteilendes Gerät zur Luftverbesserung

Ane|mo|ta|xis, die; -, ...taxen (Biol.): nach der Luftströmung ausgerichtete aktive Ortsbewegung von Lebewesen

Ane|mo|tro|po|graf, Ane|mo|tro|po|graph, der; -en, -en (Meteorol.): die Windrichtung aufzeichnendes Gerät

Ane|mo|tro|po|me|ter, das; -s, - (Meteorol.): die Windrichtung anzeigendes Gerät

An|ener|gie usw. vgl. Anergie usw.

An|en|ze|pha|lie, die; -, ...ien; ‹*gr.*› (Med.): angeborenes Fehlen des Gehirns

Än|e|o|li|thi|kum [auch: ...'lɪt...], das; -s ‹*lat.; gr.-nlat.*›: ↑Chalkolithikum. **än|e|o|li|thisch:** das Äneolithikum betreffend

An|epi|gra|pha, die (Plural) ‹*gr.*›: unbetitelte Schriften

An|er|gie, Anenergie, die; -, ...ien ‹*gr.-nlat.*›: **1.** (Med., Psychol.) ↑Abulie. **2.** (Med.) [vollständiges] Fehlen einer Immunreaktion auf ein Antigen. **3.** der nicht in technische Arbeit umsetzbare Anteil der für das Ablaufen eines thermodynamischen Prozesses nötigen Energie. **an|er|gisch,** anenergisch: **1.** (Med., Psychol.) energielos. **2.** unempfindlich (gegen Reize)

Ane|ro|id, das; -[e]s, -e, **Ane|ro|id|ba|ro|me|ter,** das; -s, - ‹*gr.-nlat.*›: Gerät zum Messen des Luftdrucks

An|ero|sie, die; -, ...ien ‹*gr.-nlat.*› (Med.): Fehlen des Geschlechtstriebs

An|ery|th|rop|sie, die; -, ...ien ‹*gr.-nlat.*› (Med.): Rotblindheit

Ane|thol, das; -s ‹*gr.-lat.; lat.*›: wichtigster Bestandteil des Anis-, Sternanis- u. Fenchelöls

an|eu|p|lo|id ‹*gr.-nlat.*› (Biol.): eine von der Norm abweichende, ungleiche Anzahl Chromosomen od. ein nicht ganzzahliges Vielfaches davon aufweisend (von Zellen od. Lebewesen) (Ggs.: euploid). **An|eu|p|lo|i|die,** die; - (Biol.): das Auftreten anormaler Chromosomenzahlen im Zellkern

An|eu|rin, das; -s: Vitamin B_1

An|eu|rys|ma, das; -s, ...men od. -ta ‹*gr.;* »Erweiterung«› (Med.): krankhafte, örtlich begrenzte Erweiterung einer Schlagader

An|fi|xe, die; -, -n ‹*dt.; lat.-frz.-engl.*› (Jargon): der erste »Schuss« Rauschgift. **an|fi|xen** (ugs.): **1.** jmdn. dazu überreden, sich zum ersten Mal eine Droge zu injizieren. **2.** jmds. Interesse an etwas wecken

An|ga|ria, die; - ‹*nlat.;* nach dem sibirischen Fluss Angara›: geotektonische Aufbauzone Nordasiens jenseits des Urals

An|ga|ri|en|recht, das; -s ‹*pers.-gr.-lat.; dt.; lat.* angaria »Frondienst«›: das Recht eines Staates, im Notstandsfall (bes. im Krieg) die in seinen Häfen liegenden fremden Schiffe für eigene Zwecke zu verwenden

An|ge|li|ka, die; -, ...ken u. -s ‹*gr.-lat.-nlat.*›: Engelwurz (eine Heilpflanze)

An|ge|lo|la|t|rie, die; - ‹*gr.-nlat.*›: Engelverehrung

An|ge|lo|lo|gie, die; - (Theol.): Lehre von den Engeln

An|ge|lot [engl.: 'eindʒəlɔt, frz.: ɑ̃ʒ(ə)lo:], der; -s, -s ‹*lat.-frz.*›: alte englisch-französische Goldmünze

An|ge|lus, der, auch: das; -, - ‹*gr.-lat.;* eigtl. Angelus Domini = Engel des Herrn›: **a)** katholisches Gebet, das morgens, mittags u. abends beim sogenannten Angelusläuten gebetet wird; **b)** Glockenzeichen für das Angelusgebet; Angelusläuten

an|gi..., An|gi... vgl. angio..., Angio...

An|gi|i|tis, die; -, ...itiden ‹*gr.-nlat.*› (Med.): Entzündung eines Blutgefäßes

An|gi|na, die; -, ...nen ‹*gr.-lat.;* von *gr.* agchónē »das Erwürgen, das Erdrosseln«› (Med.): **1.** Entzündung des Rachenraumes, bes. der Mandeln. **2.** medizinische Bez. für »Enge« (z. B. Angina Pectoris)

An|gi|na Pec|to|ris, die; - - ‹*gr.-lat.; lat.*› (Med.): anfallartig auftretende Schmerzen hinter dem Brustbein infolge einer Erkrankung der Herzkranzgefäße

an|gi|nös ‹*gr.-lat.-nlat.*›: **a)** auf Angina beruhend; **b)** anginaartig

an|gio..., An|gio...

vor Vokalen meist: an|gi..., An|gi... ‹zu *gr.* aggeĩon »(Blut)gefäß, Behältnis«›
Wortbildungselement mit der Bedeutung »Gefäß«:
- Angiitis
- Angiografie
- Angiologe

An|gio|ge|ne|se, die; -, -n: (Med.) Neubildung von Blutgefäßen

An|gio|gra|fie, Angiographie, die; -, ...ien (Med.): röntgenologische Darstellung von Blutgefäßen mithilfe injizierter Kontrastmittel
An|gio|gramm, das; -s, -e ⟨*gr.-nlat.*⟩ (Med.): nach Injektion (1) eines Kontrastmittels erstelltes Röntgenbild der Blutgefäße
An|gio|lo|ge, der; -n, -n: Arzt u. Forscher mit Spezialkenntnissen auf dem Gebiet der Angiologie. **An|gio|lo|gie,** die; - (Med.): Teilgebiet der inneren Medizin, das sich mit den Blutgefäßen u. ihren Erkrankungen befasst. **An|gio|lo|gin,** die; -, -nen: weibliche Form zu ↑Angiologe. **an|gio|lo|gisch:** die Angiologie betreffend
An|gi|om, das; -s, -e, **An|gi|o|ma,** das; -s, -ta (Med.): Gefäßneubildung, die einem Tumor ähnelt
An|gio|pa|thie, die; -, ...ien (Med.): Gefäßleiden
An|gi|o|se, die; -, -n: durch gestörten Stoffwechsel entstandene Gefäßerkrankung
An|gio|sper|men, die (Plural): Blütenpflanzen mit Fruchtknoten
An|g|lai|se [ɑ̃gˈlɛzə], die; -, -n ⟨*germ.-frz.;* »englischer (Tanz)«⟩: alter Gesellschaftstanz
An|g|li|ka|ner, der; -s, - ⟨*mlat.*⟩: Angehöriger der Kirche von England. **An|g|li|ka|ne|rin,** die; -, -nen: weibliche Form zu ↑Anglikaner. **an|g|li|ka|nisch:** zur Kirche von England gehörig. **An|g|li|ka|nis|mus,** der; - ⟨*nlat.*⟩: Lehre der Kirche von England
an|g|li|sie|ren: 1. an die Sprache, die Sitten od. das Wesen der Engländer angleichen. **2.** englisieren (2)
An|g|list, der; -en, -en: jmd., der sich mit der Anglistik befasst [hat]. **An|g|lis|tik,** die; -: Wissenschaft von der englischen Sprache u. Literatur. **An|g|lis|tin,** die; -, -nen: weibliche Form zu ↑Anglist. **an|g|lis|tisch:** die Anglistik betreffend
An|g|li|zis|mus, der; -, ...men: Übertragung einer für das britische Englisch charakteristischen Erscheinung auf eine nicht englische Sprache
an|g|lo|fon, an|g|lo|phon: Englisch als Muttersprache sprechend
An|g|lo|fo|ne, Anglophone, der u. die; -n, -n: jmd., der Englisch als Mutter- bzw. Verkehrssprache spricht. **An|g|lo|fo|nie,** Anglophonie, die; -: Englischsprachigkeit
An|g|lo|ka|tho|li|zis|mus, der; - ⟨*germ.-lat.; gr.-nlat.*⟩: katholisch orientierte Gruppe der anglikanischen Kirche
An|g|lo|ma|nie, die; -: übertriebene Nachahmung alles Englischen
an|g|lo|phil: für alles Englische eingenommen, dem englischen Wesen zugetan; englandfreundlich (Ggs.: anglophob). **An|g|lo|phi|lie,** die; - ⟨*mlat.; gr.-nlat.*⟩: Sympathie od. Vorliebe für alles Englische, Englandfreundlichkeit (Ggs.: Anglophobie)
an|g|lo|phob: gegen alles Englische eingenommen, dem englischen Wesen abgeneigt; englandfeindlich (Ggs.: anglophil). **An|g|lo|pho|bie,** die; - ⟨*mlat.; gr.-nlat.*⟩: Abneigung, Widerwille gegen alles Englische; Englandfeindlichkeit (Ggs.: Anglophilie)
an|g|lo|phon vgl. anglofon
An|g|lo|pho|ne usw. vgl. Anglofone usw.
An|go|ra|kat|ze, die; -, -n ⟨nach dem früheren Namen der türk. Hauptstadt Ankara⟩: Katze mit langem, seidigem Haar u. buschigem Schwanz
An|go|ra|wol|le, die; -: Wolle, die bes. von der Angoraziege stammt, Mohair (1)
An|go|ra|zie|ge, die; -, -n: in Vorderasien gezüchtete Hausziege mit feinem, langem Haar
An|gos|tu|ra®, der; -[s], -s ⟨*span.;* nach dem früheren Namen der Stadt Ciudad Bolívar in Venezuela⟩: Bitterlikör mit Zusatz von Angosturarinde, der getrockneten Zweigrinde eines südamerikanischen Baumes
An|g|ry Young Men [ˈæŋrɪ ˈjʌŋ ˈmɛn], die (Plural) ⟨*engl.;* »zornige junge Männer«⟩: Gruppe sozialkritischer britischer Autoren in der zweiten Hälfte der 50er-Jahre des 20. Jh.s
Angs|ter, der; -s, - ⟨*mlat.*⟩: Trink[vexier]glas des 15. u. 16. Jh.s
Angst|neu|ro|se, die; -, -n (Med., Psychol.): Sammelbez. für psychische Störungen, die entweder durch unspezifische Ängste od. durch konkrete Furcht (↑Phobie) gekennzeichnet sind
Angst|psy|cho|se, die; -, -n (Med., Psychol.): sich in Angstzuständen äußernde Psychose
Ång|s|t|röm [ˈɔŋstrœm, ˈa...], das; -[s], - ⟨nach dem schwed. Physiker⟩, **Ång|s|t|röm|ein|heit,** die; -, -en: veraltete Einheit der Licht- u. Röntgenwellenlänge (1 Å = 10^{-10} m) (Zeichen: Å)
An|guil|lette [ɑ̃giˈjɛt], die; -, -n ⟨*lat.-roman.*⟩: marinierter Aal
an|gu|lar ⟨*lat.*⟩: zu einem Winkel gehörend, Winkel...
An|gus|rind [auch: ˈæŋgəs...], das; -[e]s, -er ⟨nach der ostschottischen Grafschaft Angus⟩: Mastrind einer schottischen Rasse
An|he|do|nie, die; - ⟨*gr.*⟩: **1.** Unfähigkeit, Lust od. Freude zu empfinden. **2.** (Med.) geschlechtliche Empfindungslosigkeit
An|he|li|o|se, die; - ⟨*gr.*⟩ (Med.): Gesundheits- od. Leistungsstörung, die auf Mangel an Sonnenlicht zurückgeführt wird (z. B. bei Grubenarbeitern)
an|he|mi|to|nisch ⟨*gr.; dt.*⟩ (Musik): ohne Halbtöne
An|hi|d|ro|se, Anidrose, **An|hi|d|ro|sis,** Anidrosis, die; -, ...oses ⟨*gr.-nlat.*⟩ (Med.): **a)** angeborenes Fehlen der Schweißdrüsen; **b)** fehlende od. verminderte Schweißabsonderung
An|hy|d|rä|mie, die; - ⟨*gr.-nlat.*⟩ (Med.): Verminderung des Wassergehalts im Blut
An|hy|d|rid, das; -s, -e: chem. Verbindung, die aus einer anderen durch Wasserentzug entstanden ist
An|hy|d|rit [auch: ...ˈdrɪt], der; -s, -e: wasserfreier Gips
An|i|d|ro|se, fachspr. auch: **An|i|d|ro|sis** vgl. Anhidrose
Änig|ma usw. vgl. Enigma usw.
Ani|lin, das; -s ⟨*sanskr.-arab.-port.-frz.-nlat.*⟩: einfachstes aromatisches (von Benzol abgeleitetes) ↑Amin, Ausgangsprodukt für zahlreiche Arzneimittel, Farb- u. Kunststoffe
Ani|lin|druck, der; -[e]s: Hochdruckverfahren, bei dem Anilinfarben verwendet werden
Ani|ma, die; -, -s ⟨*lat.;* »Lufthauch, Atem«⟩: **1.** (Philos.) Seele. **2.** (ohne Plural; Psychol.) unbewusstes, erfahrungsunabhängiges Urbild wie die Frau im Un-

bewussten des Mannes (einer der Archetypen nach C. G. Jung); vgl. Animus. **3.** aus unedlem Metall bestehender Kern einer mit Edelmetall überzogenen Münze

ani|mal ‹*lat.*›: **1. a)** die aktive Lebensäußerung betreffend, auf [Sinnes]reize reagierend; **b)** zu willkürlichen Bewegungen fähig. **2.** animalisch (1, 2); vgl. ...isch/-. **ani|ma|lisch**: **1.** tierisch, den Tieren eigentümlich. **2.** triebhaft. **3.** tierhaft, urwüchsig-kreatürlich

ani|ma|li|sie|ren ‹*nlat.*›: Zellulosefasern durch dünne Überzüge von Eiweißstoffen, Kunstharzen u. dgl. wollähnlich machen

Ani|ma|lis|mus, der; -, ...men: religiöse Verehrung von Tieren

Ani|ma|li|tät, die; - ‹*lat.*›: tierisches Wesen

Ani|ma|teur [...ˈtøːɐ̯], der; -s, -e ‹*lat.-frz.*›: jmd., der von einem Reiseunternehmen o. Ä. angestellt ist, um den Gästen durch Veranstaltung von Spielen o. Ä. Möglichkeiten für die Urlaubsgestaltung anzubieten. **Ani|ma|teu|rin** [...ˈtøːrɪn], die; -, -nen: weibliche Form zu ↑ Animateur

Ani|ma|ti|on, die; -, -en ‹*lat.-engl.*›: **1.** filmtechnisches Verfahren, unbelebten Objekten im Trickfilm Bewegung zu verleihen. **2.** (EDV) Erzeugung bewegter Bilder durch den Computer. **3.** Gestaltung der Freizeit z. B. einer Reisegesellschaft durch eine Animateurin/einen Animateur. **Ani|ma|ti|ons|film**, der; -[e]s, -e: [Zeichen]trickfilm

Ani|ma|tis|mus, der; - ‹*lat.-nlat.*›: Animismus (1)

ani|ma|tiv ‹*lat.-engl.*›: belebend, beseelend, anregend

ani|ma|to ‹*lat.-it.*› (Musik): lebhaft, belebt, beseelt (Vortragsanweisung)

Ani|ma|tor, der; -s, ...oren: Trickfilmzeichner. **Ani|ma|to|rin**, die; -, -nen: weibliche Form zu ↑ Animator

Ani|me [auch: ˈanime:], der; -[s], -s: japanischer Zeichentrickfilm

Ani|mier|da|me, die; -, -n: entsprechend aufgemachte Frau, die in [Nacht]lokalen die Gäste, bes. Männer, zum Trinken von Alkohol animiert

ani|mie|ren ‹*lat.-frz.*›: **1. a)** anregen, ermuntern, ermutigen; **b)** anreizen, in Stimmung versetzen, Lust zu etwas erwecken. **2.** Gegenstände od. Zeichnungen in einzelnen Phasen von Bewegungsabläufen filmen, um den Eindruck der Bewegung eines unbelebten Objekts zu vermitteln

Ani|mier|lo|kal, das; -s, -e: [Nacht]lokal mit Animierdamen

Ani|mier|mäd|chen, das; -s, -: ↑ Animierdame

Ani|mie|rung, die; -, -en: Ermunterung zu etwas [Übermütigem o. Ä.]

Ani|mis|mus, der; - ‹*nlat.*›: **1.** (Völkerkunde) der Glaube an anthropomorph gedachte seelische Mächte, Geister. **2.** die Lehre von der unsterblichen Seele als oberstem Prinzip des lebenden Organismus. **3.** (Parapsychol.) Theorie innerhalb des ↑ Okkultismus, die ↑ mediumistische Erscheinungen auf ungewöhnliche Fähigkeiten lebender Personen zurückführt (Ggs.: Spiritismus). **4.** (Philos.) Anschauung, die die Seele als Lebensprinzip betrachtet. **5.** mentales Entwicklungsstadium bei Kleinkindern, in dem sie annehmen, dass Dinge »beseelt« seien (nach Jean Piaget)

Ani|mist, der; -en, -en: Vertreter der Lehre des Animismus (4). **Ani|mis|tin**, die; -, -nen: weibliche Form zu ↑ Animist. **ani|mis|tisch**: **a)** die Lehre des Animismus (4) vertretend; **b)** die Lehre des Animismus (4) betreffend

Ani|mo, das; -s ‹*lat.-it.*› (österr.): **1.** Schwung, Lust. **2.** Vorliebe

ani|mos ‹*lat.*›: **1.** feindselig. **2.** (veraltet) aufgeregt, gereizt, aufgebracht, erbittert. **Ani|mo|si|tät**, die; -, -en: **1. a)** (ohne Plural) feindselige Einstellung; **b)** feindselige Äußerung o. Ä. **2.** (ohne Plural; veraltet) **a)** Aufgeregtheit, Gereiztheit; **b)** Leidenschaftlichkeit

Ani|mus, der; - ‹*lat.*; »Seele«, »Gefühl«› (Psychol.): unbewusstes, erfahrungsunabhängiges Urbild wie das Seelenbild des Mannes im Unbewussten der Frau (einer der Archetypen nach C. G. Jung). **Ani|mus Auc|to|ris**, der; - - ‹*lat.*› (Rechtsspr.): Täterwille

An|ion, das; -s, -en ‹*gr.-nlat.*›: negativ geladenes ↑ Ion. **an|io|nisch**: als od. wie ein Anion wirkend

Anis [auch, österr. nur: ˈaːnɪs], der; -[es], -e ‹*gr.-lat.*›: **a)** am östlichen Mittelmeer beheimatete Gewürz- u. Heilpflanze; **b)** die getrockneten Früchte des Anis

Ani|sette [...ˈzɛt], der; -[s], -s ‹*gr.-lat.-frz.*›: süßer, dickflüssiger Likör aus Anis (b), Koriander u. a.

an|is|o|dont ‹*gr.*›: ↑ heterodont

An|iso|ga|mie, die; - ‹*gr.-nlat.*› (Biol.): Befruchtungsvorgang mit ungleich gestalteten od. sich ungleich verhaltenden männlichen u. weiblichen Keimzellen

Anis|öl, das; -s: ↑ ²ätherisches Öl des Anis

An|iso|mor|phie, die; - ‹*gr.-nlat.*› (Bot.): unterschiedliche Ausbildung gewisser Pflanzenorgane je nach ihrer Lage zum Boden hin od. zur Sprossachse. **An|iso|mor|phis|mus**, der; -, ...men: nicht volle Entsprechung zwischen Wörtern verschiedener Sprachen

An|iso|phyl|lie, die; - (Bot.): das Vorkommen unterschiedlicher Laubblattformen in derselben Sprosszone bei einer Pflanze

an|iso|trop: die Anisotropie betreffend; Anisotropie aufweisend. **An|iso|tro|pie**, die; -: **1.** (Biol.) Fähigkeit von bestimmten Organismen, unter gleichen Bedingungen verschiedene Wachstumsrichtungen anzunehmen. **2.** (Physik) Richtungsabhängigkeit verschiedener physikalischer u. chemischer Eigenschaften eines Stoffes, insbesondere bei Kristallen

An|iso|zy|to|se, die; -, -n ‹*gr.*› (Med.): (bei bestimmten Blutkrankheiten) Auftreten von unterschiedlich großen Blutzellen

An|ka|the|te, die; -, -n ‹*dt.; gr.-lat.*› (Math.): eine der beiden Seiten, die die Schenkel des rechten Winkels eines Dreiecks bilden

An|ky|lo|se, die; -, -n ‹*gr.-nlat.*› (Med.): Versteifung eines Gelenks [nach Gelenkerkrankungen]

An|ky|los|to|mi|a|se, An|ky|los|to|mi|a|sis, die; -, ...miasen, **An|ky|los|to|mo|se**, die; -, -n: (in den Tropen und Subtropen sowie im Berg- u. Tunnelbau auftretender) Nematodenbefall; Hakenwurmkrankheit

an|ky|lo|tisch (Med.): **a)** die Ankylose betreffend; **b)** versteift (von Gelenken)

An|ky|lo|tom, das; -s, -e: gebogenes Operationsmesser

An|mo|de|ra|ti|on, die; -, -en ‹*dt.; lat.*›: vom Moderator einer Sendung gesprochene einführende Worte. **an|mo|de|rie|ren:** eine Anmoderation sprechen

An|na, der; -[s], -[s] (aber: 5 -) ‹*Hindi*›: **1. a)** Rechnungseinheit des alten Rupiengeldsystems in Vorderindien; **b)** Kupfermünze mit Wappen der Ostindischen Kompanie. **2.** Bez. für verschiedene indische Gewichtseinheiten

An|na|len, die (Plural) ‹*lat.*›: Jahrbücher, chronologisch geordnete Aufzeichnungen von Ereignissen

An|na|lin, das; -s ‹*nlat.*›: feinpulveriger Gips

An|na|list, der; -en, -en ‹*lat.-nlat.*›: Verfasser von Annalen. **An|na|lis|tik,** die; -: Geschichtsschreibung in Form von Annalen

An|na|ten, die (Plural) ‹*lat.-mlat.;* »Jahresertrag«›: im Mittelalter übliche Abgabe an den Papst für die Verleihung eines kirchlichen Amtes

An|nat|to, der od. das; -s ‹*indian.*›: ↑Orlean

an|nek|tie|ren ‹*lat.-frz.;* »an-, verknüpfen«›: etwas gewaltsam u. widerrechtlich in seinen Besitz bringen

An|ne|li|den, die (Plural) ‹*lat.-nlat.*›: Gliederwürmer

An|nex, der; -es, -e ‹*lat.*›: **1.** Anhängsel, Zubehör. **2.** Adnex (2)

An|ne|xi|on, die; -, -en ‹*lat.-frz.*›: gewaltsame u. widerrechtliche Aneignung fremden Gebiets

An|ne|xi|o|nis|mus, der; - ‹*lat.-frz.-nlat.*›: Bestrebungen, die auf eine gewaltsame Aneignung fremden Staatsgebiets abzielen. **An|ne|xi|o|nist,** der; -en, -en: Anhänger des Annexionismus. **An|ne|xi|o|nis|tin,** die; -, -nen: weibliche Form zu ↑Annexionist. **an|ne|xi|o|nis|tisch:** den Annexionismus betreffend

An|ne|xi|tis, die; -, ...itiden: ↑Adnexitis

an|ni cur|ren|tis ‹*lat.*› (veraltet): laufenden Jahres (Abk.: a. c.)

an|ni fu|tu|ri ‹*lat.*› (veraltet): künftigen Jahres (Abk.: a. f.)

An|ni|hi|la|ti|on, die; -, -en ‹*lat.*›: **1.** Vernichtung, Zunichtemachung, Ungültigkeitserklärung. **2.** (Kernphysik) das Annihilieren (2). **an|ni|hi|lie|ren:** **1. a)** zunichtemachen; **b)** für nichtig erklären. **2.** (Kernphysik) Elementar- u. Antiteilchen zerstören

an|ni prae|te|ri|ti ‹*lat.*› (veraltet): vorigen Jahres (Abk.: a. p.)

An|ni|ver|sar, das; -s, -e, **An|ni|ver|sa|ri|um,** das; -s, ...ien (meist Plural): (kath. Kirche) jährlich wiederkehrende Gedächtnisfeier für einen Toten

an|no: im Jahre (Abk.: a.)

an|no cur|ren|te ‹*lat.*› (veraltet): im laufenden Jahr (Abk.: a. c.)

An|no Do|mi|ni: im Jahre des Herrn, d. h. nach Christi Geburt (Abk.: A. D.)

An|no|mi|na|ti|on, die; -, -en ‹*lat.*›: ↑Paronomasie

An|non|ce [aˈnõːsə, österr.: aˈnõːs], die; -, -n ‹*lat.-frz.*›: **1.** Zeitungsanzeige, ↑Inserat. **2.** Ankündigung

An|non|cen|ex|pe|di|ti|on, die; -, -en: Anzeigenvermittlung

an|non|cie|ren: **1.** eine Zeitungsanzeige aufgeben. **2. a)** etwas durch eine Annonce anzeigen; **b)** jmdn. od. etwas [schriftlich] ankündigen

An|no|ne, die; -, -n ‹*indian.*›: tropische Pflanze mit ledrigen Blättern u. essbaren Früchten

An|no|ta|ti|on, die; -, -en ‹*lat.*›: **1.** Auf-, Einzeichnung, Vermerk. **2.** erläuternder Vermerk zu einer bibliografischen Anzeige. **an|no|tie|ren:** den Inhalt eines Buches o. Ä. (bes. für bibliothekarische Zwecke) zusammenfassen

an|nu|a|li|siert ‹*lat.-frz.*› (Wirtsch.): auf ein Jahr umgerechnet

An|nu|a|ri|um, das; -s, ...ien od. ...ia ‹*lat.*›: Kalender; Jahrbuch

an|nu|ell ‹*lat.-frz.*›: **1.** (veraltet) [all]jährlich. **2.** einjährig (von Pflanzen)

An|nu|el|le, die; -, -n: Pflanze, die nach einer ↑Vegetationsperiode abstirbt

An|nu|i|tät, die; -, -en ‹*lat.-mlat.*›: Jahreszahlung an Zinsen u. Tilgungsraten bei der ↑Amortisation (1) einer Schuld. **An|nu|i|täten,** die (Plural): jährliches Einkommen

An|nul|la|ti|on, die; -, -en ‹*lat.*› (schweiz.): ↑Annullierung

an|nul|lie|ren ‹*lat.*›: etwas [amtlich] für ungültig, für nichtig erklären. **An|nul|lie|rung,** die; -, -en: **a)** [amtliche] Ungültigkeits-, Nichtigkeitserklärung; **b)** (bes. südd., österr., schweiz.) Streichung, Stornierung

An|nun|ti|a|ti|ons|stil, der; -[e]s ‹*lat.*›: Zeitbestimmung des Mittelalters u. der frühen Neuzeit, bei der der Jahresanfang auf das Fest Mariä Verkündigung (25. März) fiel

Anoa, das; -s, -s ‹*indones.*›: indonesisches Wildrind

Ano|de, die; -, -n ‹*gr.-engl.;* »Aufweg; Eingang«›: ↑Elektrode, die [1]Elektronen aufnimmt (Ggs.: Kathode). **ano|disch:** **a)** die Anode betreffend; **b)** mit der Anode zusammenhängend

An|o|dy|num, das; -s, ...na ‹*gr.-lat.*› (veraltet): Analgetikum

ano|gen ‹*gr.-nlat.*› (Geol.): aus der Tiefe aufsteigend (von Eruptivgesteinen)

Anoia [aˈnɔɪ̯a], die; - ‹*gr.-nlat.*›: Unverstand, Stumpfheit

Ano|lyt, der; -en (auch: -s), -e[n] ‹Kurzw. aus ↑*Ano*de und ↑Elektro*lyt*› (physikal. Chemie): Elektrolyt im Anodenraum (bei Verwendung von zwei getrennten Elektrolyten)

anom ‹*gr.*›: Anomie zeigend, aufweisend

an|o|mal [auch: ...ˈmaːl] ‹*gr.-lat.;* »uneben«›: nicht normal [entwickelt], abnorm

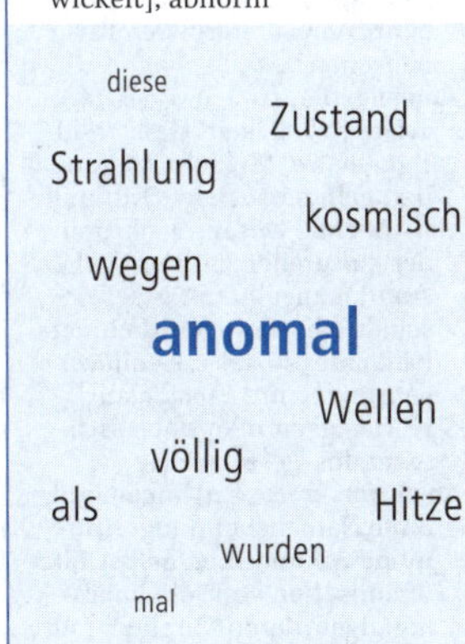

anomal	unnormal
Wir brauchen langfristige Prognosen für anomale Wettererscheinungen. *abnorm, ungewöhnlich* – sprachen von einem anomalen Zustand – bicefalo: der anomale Doppelkopf – anomale kosmische Strahlung Das war für das damalige Europa anomal, aber vor zweitausend Jahren ganz normal. Bei der Beobachtung der Arktis wurden anomale Aktivitäten observiert. Die Behörden haben wegen anomaler Wellen Häfen vorübergehend geschlossen.	Ist normal oder sind wir unnormal, weil wir so was gut finden? *abweichend, nicht normal* – normale Reaktion auf eine unnormale Situation – Es sei [auf Dauer] nicht unnormal, dass ... – ist [...] völlig unnormal Wer unnormal scheint oder lebt, der hat verloren. Dabei fiel ihm die unnormale Fahrweise des Nissans auf. Posttraumatischer Stress ist eine normale Reaktion auf unnormale Ereignisse.

anomal/unnormal s. *Kasten*

An|o|ma|lie, die; -, ...ien: **a)** (ohne Plural) Abweichung vom Normalen, Abnormität; **b)** (Biol.) körperliche Fehlbildung; **c)** (Physik) unregelmäßiges Verhalten des Wassers im Vergleich mit den meisten anderen Stoffen bei Temperaturänderungen; **d)** (Astron.) Winkel zur mathematischen Beschreibung der Stellung eines Planeten in seiner Bahn um die Sonne

an|o|ma|lis|tisch ⟨*gr.-nlat.*⟩: auf gleiche Anomalie (d) bezogen; **anomalistischer Mond:** Zeit von einem Durchgang des Mondes durch den Punkt seiner größten Erdnähe bis zum nächsten Durchgang; **anomalistisches Jahr:** Zeit von einem Durchgang der Erde durch den Punkt ihrer größten Sonnennähe bis zum nächsten Durchgang

An|o|ma|lo|s|kop, das; -s, -e (Med.): Apparat zur Prüfung des Farbsinnes bzw. der Abweichungen vom normalen Farbensehen

Ano|mie, die; -, ...ien ⟨*gr.-nlat.*⟩: **1.** Gesetzlosigkeit, Gesetzwidrigkeit. **2. a)** (Soziol.) Zustand mangelnder sozialer Ordnung; **b)** (Soziol.) Zusammenbruch der kulturellen Ordnung; **c)** Zustand mangelhafter gesellschaftlicher Integration innerhalb eines sozialen Gebildes, verbunden mit Einsamkeit, Hilflosigkeit u. Ä.. **ano|misch:** gesetzlos, gesetzwidrig

an|o|nym ⟨*gr.-lat.*⟩: **a)** ungenannt, ohne Namensnennung; **Anonyme Alkoholiker:** Selbsthilfeorganisation von Alkoholabhängigen, deren Mitglieder ihre Abhängigkeit eingestehen müssen, aber anonym bleiben (Abk.: AA); **b)** unpersönlich, durch Fremdheit geprägt

An|o|ny|ma, die (Plural): Schriften ohne Verfasserangabe

an|o|ny|misch: anonym; vgl. ...isch/-

an|o|ny|mi|sie|ren: persönliche Daten aus einer Statistik, aus Fragebogen o. Ä. löschen

An|o|ny|mi|tät, die; - ⟨*gr.-nlat.*⟩: **a)** das Nichtbekanntsein, Nichtgenanntsein; Namenlosigkeit; **b)** unpersönliche, durch Fremdheit geprägte Atmosphäre

An|o|ny|mus, der; -, ...mi ⟨*gr.-lat.*⟩: namentlich nicht genannter Autor, Briefschreiber

An|o|phe|les, die; -, - ⟨*gr.-nlat.;* »nutzlos, schädlich«⟩: in tropischen u. südeuropäischen Ländern vorkommende Stechmücke [die Malaria überträgt]

An|oph|thal|mie, die; -, ...ien ⟨*gr.-nlat.*⟩ (Med.): angeborenes Fehlen od. Verlust eines oder beider Augäpfel

An|o|pie, Anopsie, die; -, ...ien ⟨*gr.-nlat.*⟩ (Med.): Funktionseinschränkung od. -ausfall eines od. beider Augen; Unfähigkeit zu sehen (z. B. beim Schielen)

an|o|pis|tho|gra|fisch, an|o|pis|tho|gra|phisch ⟨*gr.;* »nicht von hinten beschrieben«⟩: nur auf einer Seite beschrieben (von Papyrushandschriften) oder bedruckt (Ggs.: opisthografisch)

An|op|sie vgl. Anopie

Ano|rak, der; -s, -s ⟨*eskim.*⟩: **1.** Kajakjacke der Eskimos. **2.** Windjacke mit Kapuze

ano|rek|tal ⟨*lat.-nlat.*⟩ (Med.): Mastdarm u. After betreffend, in der Gegend von Mastdarm u. After gelegen

An|o|rek|ti|kum, das; -s, ...ka ⟨*gr.*⟩: Appetitzügler

an|o|rek|tisch (Med.): die ↑Anorexie betreffend, mit ihr einhergehend

An|o|re|xia ner|vo|sa, die; - - ⟨*nlat.*⟩ (Med.): Magersucht

An|o|re|xie, die; - (Med.): **a)** Appetitlosigkeit; **b)** ↑Anorexia nervosa, Magersucht

An|or|ga|nik, die; - ⟨*gr.-nlat.*⟩ (Chemie): ↑anorganische Chemie

An|or|ga|ni|ker, der; -s, -: Wissenschaftler auf dem Gebiet der anorganischen Chemie. **An|or|ga|ni|ke|rin,** die; -, -nen: weibliche Form zu ↑Anorganiker.

an|or|ga|nisch: 1. a) zum unbelebten Bereich der Natur gehörend, ihn betreffend (Ggs.: organisch [1 b]); **b)** ohne Mitwirkung von Lebewesen entstanden. **2.** nicht nach bestimmten [natürlichen] Gesetzmäßigkeiten erfolgend; ungeordnet, ungegliedert; **anorganische Chemie:** Teilgebiet der Chemie, das sich mit Elementen u. Verbindungen ohne Kohlenstoff beschäftigt

An|or|gas|mie, die; -, ...ien ⟨*gr.-nlat.*⟩ (Med.): Fehlen bzw. Ausbleiben des ↑Orgasmus

anor|mal ⟨*mlat.; gr.-lat.*⟩: nicht normal; von der Norm, Regel abweichend

An|or|thit [auch: ...'tɪt], der; -s ⟨*gr.-nlat.*⟩: zu den Feldspaten gehörendes Mineral

An|or|tho|sit [auch: ...'zɪt], der; -s: ein Gestein

An|os|mie, die; - ⟨*gr.-nlat.*⟩ (Med.): [vollständiges] Fehlen des Geruchssinnes

Ano|so|g|no|sie, die; - ⟨*gr.-nlat.*⟩

(Med.): mit manchen Gehirnerkrankungen einhergehende Unfähigkeit, Erkrankungen der eigenen Person wahrzunehmen

An|os|to|se, die; -, -n ‹*gr.-nlat.*› (Med.): Störung des Knochenwachstums u. der Knochenentwicklung; Knochenschwund

ano|therm ‹*gr.*›: mit zunehmender Wassertiefe kälter werdend (Ggs.: katotherm). **Ano|ther|mie,** die; -: Abnahme der Wassertemperatur in den Tiefenzonen stehender Gewässer u. der Meere (Ggs.: Katothermie)

An|o|x|ä|mie, Anoxyhämie, die; -, ...ien ‹*gr.-nlat.*› (Med.): Sauerstoffmangel im Blut

an|oxi|da|tiv, anoxydativ ‹*gr.-lat.*› (Biol.): von Sauerstoff unabhängig

An|oxie, die; -, ...ien (Med.): Sauerstoffmangel in den Geweben. **an|oxisch** (Med.): auf Sauerstoffmangel im Gewebe beruhend, durch Sauerstoffmangel verursacht

An|oxy|bi|o|se, die; -: Anaerobiose

an|oxy|gen ‹*gr.-frz.-nlat.*› (Biol.): keinen molekularen Sauerstoff freisetzend, produzierend (Ggs.: oxygen)

An|oxy|hä|mie vgl. Anoxämie

ant..., Ant... vgl. anti..., Anti...

...ant *s. Kasten ...and/...ant*

An|t|a|cid®, das; -s, -e ‹*gr.; lat.*›: gegen Säuren sehr widerstandsfähige Eisen-Silicium-Legierung

An|t|a|ci|dum, das; -s, ...da ‹*gr.; lat.*› (Med.): Magensäure bindendes Arzneimittel

An|t|a|go|nis|mus, der; -, ...men ‹*gr.-lat.*›: **1. a)** (ohne Plural) Gegensatz, Gegnerschaft, Widerstreit, Widerstand; **b)** einzelne gegensätzliche Erscheinung o. Ä. **2.** (Med.) gegeneinandergerichtete Wirkungsweise (z. B. Streckmuskel – Beugemuskel). **3.** (Biol.) gegenseitige Hemmung zweier Mikroorganismen

An|t|a|go|nist, der; -en, -en ‹*gr.-lat.*›: **1.** Gegner, Widersacher. **2.** (Med.) einer von paarweise wirkenden Muskeln, dessen Wirkung der des ↑Agonisten (2) entgegengesetzt ist. **3.** (Pharm., Physiol.) Gegenmittel. **An|t|a|go|nis|tin,** die; -, -nen: weibliche Form zu ↑Antagonist (1). **an|t|a|go|nis|tisch** ‹*gr.-nlat.*›: gegensätzlich, in einem nicht auszugleichenden Widerspruch stehend, gegnerisch

an|tail|lie|ren [...taji:...] (Schneiderei): leicht taillieren (1), in der Taille etwas einnehmen

An|t|al|gi|kum, das; -s, ...ka ‹*gr.-nlat.*›: ↑Anästhetikum

An|t|a|pex, Antiapex, der; -, ...apizes ‹*gr.; lat.*›: Gegenpunkt des ↑Apex (1)

Ant|aph|ro|di|si|a|kum vgl. Anaphrodisiakum

Ant|ark|ti|ka, die; - ‹*gr.-lat.*›: der Kontinent der Antarktis. **Ant|ark|tis,** die; - ‹*gr.-nlat.*›: Land- u. Meeresgebiete um den Südpol. **ant|ark|tisch: a)** die Antarktis betreffend; **b)** zur Antarktis gehörend

Ant|ar|th|ri|ti|kum, das; -s, ...ka ‹*gr.-nlat.*›: Heilmittel gegen Gelenkentzündung u. Gicht

ant|a|s|the|nisch ‹*gr.-nlat.*› (Med.): gegen ↑Asthenie wirksam; stärkend

An|t|a|zi|dum vgl. Antacidum

An|te, die; -, -n ‹*lat.*›: die meist pfeilerartig ausgebildete Stirn einer frei endenden Mauer (in der altgriechischen u. römischen Baukunst)

An|te|bra|chi|um [...x...], das; -s, ...chia ‹*lat.; gr.-lat.*›: Unterarm

an|te Chris|tum [na|tum] ‹*lat.*›: vor Christi [Geburt], vor Christus (Abk.: a. Chr. [n.])

an|te ci|bum [- ˈtsi:...] ‹*lat.;* »vor dem Essen«›: Hinweis auf Rezepten

an|te|da|tie|ren ‹*lat.-nlat.*› (veraltet): **1.** [ein Schreiben] vordatieren. **2.** [ein Schreiben] zurückdatieren

an|te|di|lu|vi|a|nisch ‹*nlat.*›: vor dem ↑Diluvium liegend, auftretend

An|te|lu|di|um, das; -s, ...ien ‹*lat.*›: musikalisches Vorspiel

an|te me|ri|di|em ‹*lat.*›: vor Mittag; vgl. a. m. (Ggs.: post meridiem)

an|te mor|tem ‹*lat.*› (Med.): vor dem Tode (Abk.: a. m.)

An|ten|ne, die; -, -n ‹*lat.-it.*›: **1.** Vorrichtung zum Senden od. Empfangen (von Rundfunk-, Fernsehsendungen usw.). **2.** Fühler der Gliedertiere (z. B. Krebse, Insekten)

An|ten|tem|pel, der; -s, -: ein mit ↑Anten ausgestatteter altgriechischer Tempel

An|te|pä|n|ul|ti|ma, die; -, ...mä u. ...men ‹*lat.*›: die vor der ↑Pänultima stehende, drittletzte Silbe eines Wortes

An|te|pen|di|um, das; -s, ...ien ‹*lat.-mlat.;* »Vorhang«›: Verkleidung des Altarunterbaus, aus kostbarem Stoff od. aus einer Vorsatztafel aus Edelmetall od. geschnitztem Holz bestehend

An|t|e|pir|rhem, das; -s, -ata ‹*gr.*›: Dialogverse des Chors in der attischen Komödie, Gegenstück zum ↑Epirrhem

an|te|po|nie|rend ‹*lat.*› (Med.): vorzeitig, verfrüht auftretend

an|te por|tas ‹*lat.;* »vor den Toren«› (scherzh.): im Anmarsch, im Kommen (in Bezug auf eine Person, vor der man warnen will)

An|te|po|si|ti|on, die; -, -en ‹*lat.*› (Med.): **1.** Verlagerung eines Organs nach vorn. **2.** vorzeitiges Auftreten einer erblich bedingten Krankheit (im Verhältnis zum Zeitpunkt des Auftretens bei früheren Generationen)

An|tes|tat, das; -[e]s, -e (früher): ↑Testat des Hochschulprofessors zu Beginn des Semesters neben der im Studienbuch des Studierenden aufgeführten Vorlesung od. Übung (Ggs.: Abtestat)

An|te|ze|dens, das; -, ...denzien ‹*lat.*›: Grund, Ursache; Vorausgegangenes. **an|te|ze|dent:** durch Antezedenz (2) entstanden. **An|te|ze|denz,** die; -: **1.** ↑Antezedens. **2.** Talbildung durch einen Fluss, der in einem von ihm durchflossenen aufsteigenden Gebirge seine allgemeine Laufrichtung beibehält (z. B. Rheintal bei Bingen) (Ggs.: Epigenese)

An|te|ze|den|zi|en, die (Plural): **1.** *Plural* von ↑Antezedens. **2.** (veraltet) Vorleben, frühere Lebensumstände

an|te|ze|die|ren (veraltet): vorhergehen, vorausgehen

An|te|zes|sor, der; -s, ...oren (veraltet): [Amts]vorgänger

Ant|he|li|um, das; -s, ...thelien ‹*gr.-lat.*› (atmosphärische Optik): Art eines ↑Halos (1) in Form eines leuchtenden Flecks in gleicher Höhe wie die Sonne, jedoch in entgegengesetzter Himmelsrichtung; Gegensonne

Ant|hel|min|thi|kum, das; -s, ...ka ‹*gr.-nlat.*› (Med.): Wurmmittel.

ant|hel|min|thisch (Med.): gegen Würmer wirksam

An|them ['ænθəm], das; -s, -s ⟨*gr.-mlat.-engl.*⟩: motetten- od. kantatenartige englische Kirchenkomposition, Hymne

An|the|mi|on, das; -s, ...ien ⟨*gr.*⟩ (altgr. Baukunst): Schmuckfries mit stilisierten Palmblättern u. Lotosblüten

An|the|mis, die; -, - ⟨*gr.-lat.*⟩: Hundskamille

An|the|re, die; -, -n: Staubbeutel der Blütenpflanzen

An|the|ri|di|um, das; -s, ...dien ⟨*gr.-nlat.*⟩: Geschlechtsorgan der Algen, Moose u. Farne, das männliche Keimzellen ausbildet

An|the|se, die; - (Bot.): die Zeit vom Aufbrechen einer Blüte bis zum Verblühen

Ant|hi|d|ro|ti|kum, das; -s, ...ka ⟨*gr.-nlat.*⟩ (Med.): [Arznei]mittel gegen übermäßige Schweißabsonderung

An|tho|cy|an vgl. Anthozyan

An|tho|lo|gie, die; -, ...ien ⟨*gr.*; »Blumenlese«⟩: ausgewählte Sammlung, Auswahl von Gedichten od. Prosastücken

An|tho|lo|gi|on, Anthologium, das; -s, ...ia od. ...ien: liturgisches Gebetbuch (↑ Brevier [1 a]) der orthodoxen Kirchen

an|tho|lo|gisch: ausgewählt

An|tho|lo|gi|um vgl. Anthologion

An|tho|ly|se, die; - ⟨*gr.-nlat.*⟩ (Bot.): Auflösung der Blüte einer Pflanze durch Umwandlung der Blütenorgane in grüne Blätter

An|tho|xan|thin, das; -s, -e: im Zellsaft gelöster gelber Blütenfarbstoff

An|tho|zo|on, das; -s, ...zoen ⟨*gr.-nlat.*⟩: Blumentier (z. B. Koralle)

An|tho|zy|an, chem. fachspr.: Anthocyan, das; -s, -e: Pflanzenfarbstoff

An|th|ra|cen [...'tse:n], Anthrazen, das; -s, -e ⟨*gr.-nlat.*⟩: aus Steinkohlenteer gewonnenes Ausgangsmaterial vieler Farbstoffe

An|th|ra|chi|non, das; -s ⟨Kurzw. aus *Anthra*cen u. ↑ *Chinon*⟩: **1.** Ausgangsstoff für die Anthrachinonfarbstoffe. **2.** Bestandteil von Abführmitteln

An|th|rak|no|se, die; -, -n ⟨*gr.-nlat.*⟩: durch Pilze verursachte Pflanzenkrankheit (z. B. Stängelbrenner)

An|th|ra|ko|se, die; -, -n (Med.): **a)** Ablagerung von Kohlenstaub in Organen; **b)** Kohlenstaublunge

¹An|th|rax, der; - ⟨*gr.-lat.*⟩ (Med.): Milzbrand

²An|th|rax, das; -: (bes. als Impfstoff od. als Kampfstoff dienendes) Anthraxerreger enthaltendes Produkt

An|th|ra|zen vgl. Anthracen

an|th|ra|zit [auch: ...'tsɪt]: grauschwarz

An|th|ra|zit [auch: ...'tsɪt], der; -s, -e ⟨*gr.-nlat.*⟩: harte, glänzende Steinkohle

an|th|ro|po..., An|th|ro|po...

⟨zu *gr.* ánthrōpos »Mensch, Mann«⟩
Wortbildungselement mit der Bedeutung »Mensch«:
- anthropogen
- Anthropologie
- Anthroposophie
- anthropozentrisch

An|th|ro|po|bio|lo|gie [auch: 'an...], die; - ⟨*gr.-nlat.*⟩: Lehre von den Erscheinungsformen des menschlichen Lebens u. der biologischen Beschaffenheit des Menschen

An|th|ro|po|cho|ren [...k...], die (Plural): durch Einfluss der Menschen verbreitete Pflanzen u. Tiere (z. B. Kulturpflanzen, Nahrungsmittelschädlinge). **An|th|ro|po|cho|rie,** die; - (Biol.): durch den Menschen verursachte Verbreitung von Tieren u. Pflanzen

an|th|ro|po|gen: durch den Menschen beeinflusst, verursacht. **An|th|ro|po|ge|ne|se,** die; -: ↑ Anthropogenie

An|th|ro|po|ge|ne|tik, die; - (Med.): Humangenetik

An|th|ro|po|ge|nie, die; -, ...ien: Wissenschaft von der Entstehung u. Abstammung des Menschen

An|th|ro|po|geo|gra|fie, An|th|ro|po|geo|gra|phie [auch: 'an...], die; -: Teilgebiet der Geografie, das sich mit der Wechselwirkung von Mensch und geografischer Umwelt befasst

an|th|ro|po|id: menschenähnlich

An|th|ro|po|i|de, der; -n, -n, **An|th|ro|po|id,** der; -en, -en: Menschenaffe

An|th|ro|po|kli|ma|to|lo|gie [auch: 'an...], die; -: Wissenschaft von den Beziehungen zwischen Mensch u. Klima

An|th|ro|po|la|t|rie, die; -, ...ien: gottähnliche Verehrung eines Menschen, Menschenkult

An|th|ro|po|lo|ge, der; -n, -n: Wissenschaftler auf dem Gebiet der Anthropologie. **An|th|ro|po|lo|gie,** die; -, ...ien: Wissenschaft vom Menschen u. seiner Entwicklung. **An|th|ro|po|lo|gin,** die; -, -nen: weibliche Form zu ↑ Anthropologe. **an|th|ro|po|lo|gisch:** die Anthropologie betreffend

An|th|ro|po|lo|gis|mus, der; -: philosophische Auffassung, die den Menschen zum absoluten Mittelpunkt macht

An|th|ro|po|me|t|rie, die; -: Wissenschaft von den menschlichen Körper- u. Skelettmerkmalen u. deren exakter Bestimmung. **an|th|ro|po|me|t|risch:** auf die Anthropometrie bezogen

an|th|ro|po|morph: von menschlicher Gestalt, menschenähnlich, menschlich. **An|th|ro|po|mor|phe,** der; -n, -n, **An|th|ro|po|morph,** der; -en, -en: Mensch (unter biologischem Aspekt); Menschenaffe

an|th|ro|po|mor|phisch: die menschliche Gestalt betreffend, sich auf sie beziehend

an|th|ro|po|mor|phi|sie|ren: vermenschlichen, menschliche Eigenschaften auf Nichtmenschliches übertragen. **An|th|ro|po|mor|phis|mus,** der; -, ...men: Übertragung menschlicher Eigenschaften u. Verhaltensweisen auf nicht menschliche Dinge od. Wesen

An|th|ro|po|no|se, die; -, -n (Med.): [Infektions]krankheit, die nur von Mensch zu Mensch übertragen werden kann (Ggs.: Anthropozoonose)

An|th|ro|p|o|nym, das; -s, -e: Personenname (z. B. Vorname, Familienname). **An|th|ro|p|o|ny|mie,** die; -: Anthroponymik. **An|th|ro|p|o|ny|mik,** die; -: Personennamenkunde

An|th|ro|po|pha|ge, der; -n, -n: ↑ Kannibale. **An|th|ro|po|pha|gie,** die; -: ↑ Kannibalismus

An|th|ro|po|phy|ten, die (Plural):

durch Menschen verbreitete Pflanzen

An|th|ro|po|soph, der; -en, -en: Anhänger der Anthroposophie. **An|th|ro|po|so|phie,** die; -: (von Rudolf Steiner zu Beginn des 20. Jh.s begründete) Lehre, nach der der Mensch höhere seelische Fähigkeiten entwickeln u. dadurch übersinnliche Erkenntnisse erlangen kann. **an|th|ro|po|so|phisch:** die Anthroposophie betreffend

An|th|ro|po|tech|nik, die; -: ↑Human Engineering

an|th|ro|po|zen|t|risch: den Menschen in den Mittelpunkt stellend

An|th|ro|po|zo|en, die (Plural): durch Menschen verbreitete Tiere

An|th|ro|po|zoo|no|se [...tsoo...], die; -, -n (Med.): Infektionskrankheit, die zwischen Tier u. Mensch übertragen werden kann (Ggs.: Anthroponose)

An|th|ro|pus, der; -: Frühmensch, Vertreter einer Frühstufe in der Entwicklung des Menschen

An|thu|rie [...ri̯ə], die; -, -n, **An|thu|ri|um,** das; -s, ...ien ⟨*gr.-nlat.*⟩: zu den Aronstabgewächsen gehörende Zimmerpflanze; Flamingoblume

Ant|hy|g|ron|do|se, die; -, -n ⟨*gr.; dt.*⟩ (Elektrot.): Stromverteilerdose für feuchte Räume, Feuchtraumdose

an|ti..., An|ti...

vor Vokalen meist: ant..., Ant... ⟨*gr.* anti »gegen, gegenüber, entgegen«⟩

Präfix mit folgenden Bedeutungen:

a) *bezeichnet einen ausschließenden Gegensatz:*
- antiautoritär

b) *drückt aus, dass das im Grundwort Enthaltene verhindert oder ihm entgegengewirkt wird:*
- antibakteriell
- Antidepressivum

c) *bezeichnet einen komplementären Gegensatz:*
- Antarktis
- Antimaterie

d) *drückt aus, dass das so Bezeichnete ganz anders ist als das, was das Grundwort angibt, dass es dessen Eigenschaften nicht hat:*
- Antiheld

An|ti-Aging, An|ti|aging [...ˈʔɛɪ̯dʒɪŋ] das; -s ⟨*gr.; lat.-afrz.-engl.*⟩: Gesamtheit der medizinischen u. kosmetischen Maßnahmen zur Verzögerung der menschlichen Alterungsprozesse

An|ti|ali|a|sing [æntiˈʔɛɪ̯liəsɪŋ], das; -s ⟨*gr.; lat.-engl.*⟩ (EDV): Beseitigung des gezackten od. stufenartigen Erscheinungsbildes von Kurven u. diagonalen Linien auf dem Bildschirm mithilfe einer speziellen Software

An|ti|al|ko|ho|li|ker [auch: ˈan...], der; -s, -: jmd., der grundsätzlich keinen Alkohol zu sich nimmt. **An|ti|al|ko|ho|li|ke|rin,** die; -, -nen: weibliche Form zu ↑Antialkoholiker

An|ti|al|ler|gi|kum, das; -s, ...ka ⟨*gr.; gr.-nlat.*⟩: Arzneimittel zur Vorbeugung gegen u. zur Behandlung von Allergien

An|ti|ame|ri|ka|nis|mus [auch: ˈan...], der; - ⟨*gr.; nlat.*⟩: ablehnende Haltung gegenüber Gesellschaftssystem, Politik und Lebensstil der USA

An|ti|apex vgl. Antapex

An|ti|ar|rhyth|mi|kum, das; -s, ...ka ⟨*gr.; gr.-nlat.*⟩ (Med.): Arzneimittel, das den Herzrhythmus normalisiert

An|ti|asth|ma|ti|kum, das; -s, ...ka ⟨*gr.; gr.-nlat.*⟩: Medikament gegen Bronchialasthma

an|ti|au|to|ri|tär [auch: ˈan...] ⟨*gr.; lat.-frz.*⟩: nicht autoritär, Autorität ablehnend, gegen autoritäre Normen gewendet; **antiautoritäre Erziehung:** Kindererziehung unter weitgehender Vermeidung von als autoritär erachteten Zwängen

An|ti|ba|by|pil|le [...ˈbe:...], die; -, -n ⟨*gr.; engl.; lat.*⟩ (ugs.): ein hormonales Empfängnisverhütungsmittel

an|ti|bak|te|ri|ell [auch: ˈan...]: gegen Bakterien wirksam od. gerichtet (bes. von Medikamenten)

An|ti|bar|ba|rus, der; -, ...ri ⟨*gr.-nlat.*⟩ (Geschichte): Titel von Büchern, die Verstöße gegen den richtigen Sprachgebrauch aufführen u. berichtigen

An|ti|bi|ont, der; -en, -en ⟨*gr.-nlat.*⟩: Kleinstlebewesen, von dem die Antibiose ausgeht. **An|ti|bi|o|se,** die; -, -n: hemmende od. abtötende Wirkung der Stoffwechselprodukte bestimmter Mikroorganismen auf andere Mikroorganismen

An|ti|bio|ti|ka|re|sis|tenz, die; -, -en (Med.): Widerstandsfähigkeit gegen die Wirkung von Antibiotika (von Keimen, Bakterien). **An|ti|bio|ti|kum,** das; -s, ...ka (Med.): biologischer Wirkstoff aus Stoffwechselprodukten von Kleinstlebewesen, der andere Mikroorganismen im Wachstum hemmt od. abtötet. **an|ti|bio|tisch** (Med.): von wachstumshemmender od. abtötender Wirkung

An|ti|blo|ckier|sys|tem, das; -s, -e: Bremssystem, das beim Bremsvorgang das Blockieren der Räder verhindert (Abk.: ABS)

An|ti|cham|b|re [ãtiʃã:brə], das; -s, -s ⟨*lat.-it.-frz.*⟩ (veraltet): Vorzimmer. **an|ti|cham|b|rie|ren** [antiʃam...]: **1.** (veraltet) im Vorzimmer eines Vorgesetzten, einer hochgestellten Persönlichkeit o. Ä. warten. **2.** durch beharrliches, wiederholtes Vorsprechen bei einer Behörde o. Ä. etwas zu erreichen suchen

An|ti|chre|se [...ç...], die; -, -n ⟨*gr.-lat.;* »Gegengebrauch«⟩: Überlassung der Pfandnutzung an den Gläubiger. **an|ti|chre|tisch:** die Pfandnutzung dem Gläubiger überlassend

An|ti|christ, der; -[s] ⟨*gr.-lat.*⟩: **1.** der Teufel; Widersacher Christi. **2.** (*der;* -en, -en) Gegner des Christentums. **an|ti|christ|lich** [auch: ...ˈkrɪst...]: gegen das Christentum eingestellt, gerichtet

An|ti|ch|tho|ne, der; -n, -n ⟨*gr.-lat.*⟩: ↑¹Antipode (1)

an|ti|ci|pan|do vgl. antizipando

An|ti|de|mo|krat, der; -en, -en: Gegner der bzw. einer Demokratie. **An|ti|de|mo|kra|tin,** die; -, -nen: weibliche Form zu ↑Antidemokrat. **an|ti|de|mo|kra|tisch:** gegen die ↑Demokratie gerichtet

an|ti|de|pres|siv [auch: ˈan...] (Med.): gegen Depressionen wirkend (von Arzneimitteln). **An|ti|de|pres|si|vum,** das; -s, ...va (meist Plural) ⟨*gr.; lat.*⟩ (Med.): Arzneimittel gegen ↑Depressionen

An|ti|di|a|be|ti|kum, das; -s, ...ka ⟨*gr.*⟩ (Med.): Arzneimittel zur Behandlung des ↑Diabetes mellitus

An|ti|di|a|ler|pro|gramm [...ˈdai̯lɐ...], das; -[e]s, -e ⟨*gr.; engl.; gr.-lat.*⟩: Computerprogramm, das Schutz vor ungewollten ↑Dialern bietet

An|ti|di|ar|rho|i|kum, das; -s, ...ka ⟨*gr.-nlat.*⟩ (Med.): Arzneimittel gegen Durchfall

An|ti|do|ping|agen|tur, An|ti-Do|ping-Agen|tur [auch: ...ˈdɔʊ̯...], die; -, -en: für die Bekämpfung von ↑Doping zuständige [inter]nationale Instanz

An|ti|dot, das; -[e]s, -e, Antidoton, das; -s, ...ta ⟨*gr.*⟩ (Med.): Gegengift. **An|ti|do|ta|ri|um,** das; -s, ...ia ⟨*gr.-mlat.*⟩: **a)** Verzeichnis von Gegenmitteln, Gegengiften; **b)** Titel alter Rezeptsammlungen u. Arzneibücher

An|ti|do|ton vgl. Antidot

An|ti|eme|ti|kum, das; -s, ...ka ⟨*gr.*⟩ (Med.): Mittel gegen Erbrechen

An|ti|en|zym, das; -s, -e (Med.): ↑Antikörper, der sich bei Zufuhr artfremder Enzyme im Organismus bildet u. deren Wirksamkeit herabsetzt bzw. aufhebt

An|ti|epi|lep|ti|kum, das; -s, ...ka ⟨*gr.; gr.-lat.-frz.-nlat.*⟩ (Med.): Arzneimittel gegen ↑Epilepsie

An|ti|fak|tor, der; -s, ...oren (Med.): natürlicher Hemmstoff der Blutgerinnung (z. B. ↑Heparin)

An|ti|fa|schis|mus [auch: ˈan...], der; -: politische Einstellung u. Aktivität gegen Nationalsozialismus u. Faschismus. **An|ti|fa|schist** [auch: ˈan...], der; -en, -en: Vertreter des Antifaschismus. **An|ti|fa|schis|tin** [auch: ˈan...], die; -, -nen: weibliche Form zu ↑Antifaschist. **an|ti|fa|schis|tisch** [auch: ˈan...]: **a)** den Antifaschismus betreffend; **b)** die Grundsätze des Antifaschismus vertretend

An|ti|fer|ment, das; -s, -e ⟨*gr.; lat.*⟩ (veraltet): ↑Antienzym

an|ti|fer|ro|ma|g|ne|tisch ⟨*gr.; lat.; gr.*⟩ (Physik): besondere magnetische Eigenschaften aufweisend (von bestimmten Stoffen)

An|ti|fon, An|ti|phon, die; -, -en, **An|ti|fo|ne, An|ti|pho|ne,** die; -, -n ⟨*gr.-lat.*⟩: liturgischer Wechselgesang

an|ti|fo|nal, antiphonal ⟨*gr.-lat.-nlat.*⟩: im liturgischen Wechselgesang

An|ti|fo|na|le, Antiphonale, das; -s, ...lien, **An|ti|fo|nar,** Antiphonar, das; -s, -ien ⟨*gr.-lat.-mlat.*⟩: liturgisches Buch mit dem Text der Antifonen u. des Stundengebets

An|ti|fo|nie, Antiphonie vgl. Antifon. **an|ti|fo|nisch,** antiphonisch: im Wechselgesang (zwischen erstem u. zweitem Chor od. zwischen Vorsänger u. Chor)

An|ti|fou|ling [...faʊ̯lɪŋ, ...ˈfaʊ̯...], das; -s ⟨*gr.; engl.*⟩: Anstrich für den unter Wasser befindlichen Teil des Schiffes, der die Anlagerung von Pflanzen u. Tieren verhindert

An|ti|gen, das; -s, -e ⟨*gr.-nlat.*⟩ (Biol., Med.): artfremder Eiweißstoff (z. B. Bakterien), der im Körper die Bildung von ↑Antikörpern bewirkt, die den Eiweißstoff selbst unschädlich machen

an|ti|gliss ⟨*gr.-frz.*⟩: rutschsicher (z. B. von Skianzügen)

An|ti|held, der; -en, -en ⟨*gr.; dt.*⟩: inaktive, negative od. passive Hauptfigur in Drama u. Roman im Unterschied zum aktiv handelnden Helden

An|ti|his|t|a|mi|ni|kum, das; -s, ...ka ⟨*gr.; gr.-nlat.*⟩: Arzneimittel gegen allergische Reaktionen

An|ti|hor|mon, das; -s, -e (Med.): eiweißartiger Stoff, der die Wirkung eines Hormons abschwächen od. aufheben kann

An|ti|hy|per|to|ni|kum, das; -s, ...ka ⟨*gr.; gr.-nlat.*⟩ (Med.): Arzneimittel gegen erhöhten Blutdruck. **An|ti|hy|po|to|ni|kum,** das; -s, ...ka (Med.): Arzneimittel gegen niedrigen Blutdruck

An|ti|ju|da|is|mus, der; - ⟨*gr.; hebr.-gr.-nlat.*⟩: traditionelle Form der Judenfeindschaft, Vor- u. Nebenform des ↑Antisemitismus (b)

an|tik ⟨*lat.-frz.*⟩: **1.** auf das klassische Altertum, die Antike zurückgehend; dem klassischen Altertum zuzurechnen. **2.** aus einer vergangenen Epoche stammend bzw. in deren Stil gemacht (von Sachen, bes. von Einrichtungsgegenständen)

antik/antiquiert *s. Kasten Seite 101*

An|ti|ka|tho|de, fachspr. auch: **An|ti|ka|to|de** [auch: ˈan...] die; -, -n: der ↑Kathode gegenüberstehende positive ↑Elektrode in einer Röntgenröhre

An|ti|ke, die; -, -n ⟨*lat.-frz.*⟩: **1.** (ohne Plural) klassisches Altertum u. seine Kultur. **2.** (meist Plural) antikes Kunstwerk. **an|ti|kisch:** dem Vorbild der antiken Kunst nachstrebend; vgl. ...isch/-. **an|ti|ki|sie|ren:** nach Art der Antike gestalten; antike Formen nachahmen (z. B. im Versmaß)

an|ti|kle|ri|kal [auch: ˈan...]: kirchenfeindlich. **An|ti|kle|ri|ka|lis|mus** [auch: ˈan...], der; -: kirchenfeindliche Einstellung

An|ti|kli|max, die; -, -e (Rhet., Stilkunde): Übergang vom stärkeren zum schwächeren Ausdruck, vom Wichtigeren zum weniger Wichtigen (Ggs.: Klimax [1])

an|ti|kli|nal ⟨*gr.-nlat.*⟩ (Geol.): sattelförmig (von geologischen Falten). **An|ti|kli|na|le,** die; -, -n (Tektonik): Sattel (nach oben gebogene Falte)

An|ti|kli|ne, die; -, -n: **1.** Antiklinale. **2.** senkrecht zur Oberfläche des Organs verlaufende Zellwand einer Pflanze

An|ti|kli|no|ri|um, das; -s, ...ien (Geol.): Faltenbündel, dessen mittlere Falten höher als die äußeren liegen (Mulde) (Ggs.: Synklinorium)

An|ti|ko|agu|lans, das; -, ...lantia [...tsia] u. ...lanzien (meist Plural) ⟨*gr.; lat.*⟩ (Med.): die Blutgerinnung verzögerndes od. hemmendes Mittel

verhüllt Stadt
verschnörkelt
gewandet Gebäude
anmuten
möblieren
antik
getrimmt Möbel
gestylt
aussehen kostümiert

An|ti|kom|mu|nis|mus [auch: ˈan...], der; -: Gegnerschaft gegen den Kommunismus und dessen Vertreter. **An|ti|kom|mu|nist** [auch: ˈan...], der; -en, -en: Gegner des Kommunismus. **An-**

antik	antiquiert
Die Stadt punktet mit ihrer Geschichte und der antiken Architektur. *altertümlich* – antike Tragödie von Sophokles – aus im/dem antiken [...] Griechenland und Rom – Lexikon der antiken [...] Mythen und Gestalten Die ersten Ausstellungen werden sich mit antiker Kunst befassen. Dabei sind die Möbel keineswegs alt und schon gar nicht antik. Es geht um das Verständnis antiker Texte.	Das Frauenbild wirkt heutzutage antiquiert. *veraltet, nicht mehr zeitgemäß* – als völlig [...] antiquiert und ... – und antiquierten Führungsstil vorgeworfen – wirkt [... der ...] seltsam antiquiert Was damals die große Zukunft bedeutete, wirkt heute antiquiert. Ihr Weltbild scheint mir etwas antiquiert zu sein. Protokoll wirkt ein wenig antiquiert, dabei ist es aktueller denn je.

ti|kom|mu|nis|tin [auch: 'an...], die; -, -nen: weibliche Form zu ↑Antikommunist. **an|ti|kom|mu|nis|tisch** [auch: 'an...]: gegen den Kommunismus eingestellt, gerichtet

An|ti|kon|zep|ti|on, die; - (Med.): Empfängnisverhütung. **an|ti|kon|zep|ti|o|nell** (Med.): empfängnisverhütend. **An|ti|kon|zep|ti|vum,** das; -s, ...iva (Pharm.): empfängnisverhütendes Mittel

An|ti|kör|per, der; -s, - (Med.): im Blutserum als Reaktion auf das Eindringen von ↑Antigenen gebildeter Abwehrstoff

An|ti|kri|tik [auch: 'an...], die; -, -en: Erwiderung auf eine ↑Kritik

An|ti|la|be, die; -, -n ‹*gr.;* »Haltegriff, Widerhalt«›: Aufteilung eines Sprechverses auf verschiedene Personen

An|ti|le|go|me|non, das; -s, ...omena (meist Plural) ‹*gr.;* »was bestritten wird«›: **1.** (ohne Plural) Buch des Neuen Testaments, dessen Aufnahme in den ↑[1]Kanon (5 a) früher umstritten war. **2.** (Plural) Werke antiker Schriftsteller, deren Echtheit bezweifelt od. bestritten wird

An|ti|lep|ton, das; -s, ...onen (Kernphysik): Elementarteilchen, dessen Eigenschaften denen des ↑[2]Leptons entgegengesetzt sind

An|ti|li|be|ra|lis|mus [auch: 'an...], der; -: Einstellung gegen den ↑Liberalismus

An|ti|lo|g|a|rith|mus [auch: 'an...], der; -, ...men: ↑Numerus (2)

An|ti|lo|gie, die; -, ...ien ‹*gr.*›: Rede u. Gegenrede über die Verifizierbarkeit eines Lehrsatzes

An|ti|lo|pe, die; -, -n ‹*gr.-mgr.-mlat.-engl.-frz.-niederl.*›: in Afrika u. Asien vorkommendes gehörntes Huftier

An|ti|ma|chi|a|vel|lis|mus [antimakiavɛl...], der; - ‹nach einer Schrift Friedrichs d. Großen gegen Machiavelli›: gegen den ↑Machiavellismus gerichtete Anschauung

An|ti|ma|te|rie [auch: ...'teː...], die; - (Physik): Form der Materie, deren Atome aus Antiteilchen zusammengesetzt sind

An|ti|me|ta|bo|le, die; -, -n ‹*gr.-lat.;* »Umänderung, Vertauschung«› (Rhet., Stilkunde): Wiederholung von Wörtern in zwei gleich gebauten Sätzen in umgekehrter Reihenfolge (z. B.: Wir leben nicht, um zu essen, sondern wir essen, um zu leben)

An|ti|me|ta|bo|lit [auch: ...'lɪt], der; -en, -en (Med.): eine ↑Metaboliten ersetzende u. dadurch den Zellstoffwechsel schädigende Substanz

an|ti|me|ta|phy|sisch [auch: 'an...]: gegen die ↑Metaphysik gerichtet

An|ti|me|t|rie, die; - ‹*gr.*› (Bautechnik): ein im Aufbau symmetrisches System, das unsymmetrisch belastet ist. **an|ti|me|t|risch** (Bautechnik): belastet mit symmetrisch angebrachten, aber entgegengesetzt wirkenden Lasten

An|ti|mi|li|ta|ris|mus [auch: 'an...], der; -: grundsätzliche Ablehnung jeglicher Form militärischer Rüstung

An|ti|mo|der|nis|ten|eid, der; -s ‹*gr.; lat.-frz.-nlat.; dt.*›: Eid gegen die Lehre des ↑Modernismus (2) (von 1910 bis 1967 für alle kath. Priester vorgeschrieben)

An|ti|mon, das; -s ‹*mlat.*›: ein silberweiß glänzendes Halbmetall; Stibium (Zeichen: Sb)

An|ti|mo|nat, das; -[e]s, -e ‹*mlat.-nlat.*›: ein Salz der Antimonsäure

An|ti|mo|nit [auch: ...'nɪt], der; -[e]s: (meist als »Antimonglanz« od. »Grauspießglanz« bezeichnetes wichtigstes) Antimonerz

an|ti|mus|li|misch, selten: antimoslemisch: gegen Muslime eingestellt, gerichtet

An|ti|my|ko|ti|kum, das; -s, ...ka ‹*gr.*› (Med.): Arzneimittel zur Behandlung von Pilzinfektionen

...an|tin s. *Kasten ...and/...ant*

An|ti|neu|r|al|gi|kum, das; -s, ...ka ‹*gr.-nlat.*› (Med.): schmerzstillendes Mittel gegen Nervenschmerzen u. Neuralgien

An|ti|neu|t|ri|no, das; -s, -s (Kernphysik): Elementarteilchen, dessen Eigenschaften denen des ↑Neutrinos entgegengesetzt sind

An|ti|neu|t|ron, das; -s, ...onen (Kernphysik): Elementarteilchen, dessen Eigenschaften denen des ↑Neutrons entgegengesetzt sind

An|ti|no|mie, die; -, ...ien ‹*gr.-lat.*› (Philos., Rechtsspr.): Widerspruch eines Satzes in sich od. zweier Sätze, von denen jeder Gültigkeit beanspruchen kann. **an|ti|no|misch:** widersprüchlich

An|ti|no|mis|mus, der; - ‹*gr.-nlat.*›: **1.** grundsätzliche, anarchistische Gegnerschaft zu Gesetz u. Gesetzlichkeit. **2.** (Theol.) Lehre, die die Bindung an das [bes. alttest.] Sittengesetz leugnet u. die menschliche Glaubensfreiheit u. die göttliche Gnade betont. **An|ti|no|mist,** der; -en, -en: Vertreter des Antinomismus. **An|ti|no|mis|tin,** die; -, -nen: weibliche Form zu ↑Antinomist

An|ti|ös|t|ro|gen, das; -s, -e (Med.): Stoff, der die Wirkung von ↑Östrogenen unterdrückt

An|ti|oxi|dans, Antioxydans, das; -, ...dantien u. ...danzien ⟨*gr.-nlat.*⟩: Zusatz zu Lebensmitteln, der die ↑Oxidation verhindert. **an|ti|oxi|dan|tie|ren, an|ti|oxy|dan|tie|ren:** bei Lebensmitteln durch einen Zusatz das ↑Oxidieren verhindern

An|ti|ozo|nans, das; -, ...nantien, **An|ti|ozo|nant,** das; -s, -e u. -s ⟨*gr.-nlat.*⟩ (Chemie): Zusatzstoff, der ↑Polymere gegen die Einwirkung von ↑Ozon schützt

an|ti|pa|r|al|lel: parallel verlaufend, jedoch entgegengesetzt gerichtet

An|ti|par|ti|kel, das; -s, -: Antiteilchen

An|ti|pas|sat, der; -[e]s, -e: dem ↑Passat entgegengerichteter Wind der Tropenzone

An|ti|pas|to, der od. das; -[s], ...ti (meist Plural) ⟨*it.*⟩: italienische Bezeichnung für: Vorspeise

An|ti|pa|thie [auch: ˈan...], die; -, ...ien ⟨*gr.-lat.*⟩: Abneigung, Widerwille gegen jmdn. od. etwas (Ggs.: Sympathie [1]). **an|ti|pa|thisch** [auch: ˈan...]: **a)** mit Antipathie erfüllt; **b)** Antipathie hervorrufend

An|ti|pe|ri|s|tal|tik, die; - (Med.): Umkehrung der normalen ↑Peristaltik [beim Erbrechen] (z. B. bei Darmverschluss)

An|ti|phlo|gis|ti|kum, das; -s, ...ka ⟨*gr.-nlat.*⟩ (Med.): Entzündungen hemmendes Mittel. **an|ti|phlo|gis|tisch** (Med.): entzündungshemmend

An|ti|phon usw. vgl. Antifon usw.

An|ti|phra|se, die; -, -n ⟨*gr.-lat.;* »Gegenbenennung«⟩ (Rhet., Stilkunde): Wortfigur, die das Gegenteil des Gesagten meint (z. B. ironisch: eine schöne Bescherung!)

An|ti|pni|gos, der; - ⟨*gr.*⟩: schnell gesprochener Abschluss des ↑Antepirrhems; vgl. Pnigos

¹An|ti|po|de, der; -n, -n ⟨*gr.-lat.;* »Gegenfüßler«⟩: **1.** auf der dem Betrachter gegenüberliegenden Seite der Erde wohnender Mensch. **2.** Mensch, der auf einem entgegengesetzten Standpunkt steht. **3.** Zirkusartist, der auf dem Rücken liegend auf seinen Fußsohlen Gegenstände od. einen Partner balanciert

²An|ti|po|de, die; -, -n (Biol.): kleine, in der pflanzlichen Samenanlage der Eizelle gegenüberliegende Zelle; Gegenfüßlerzelle

An|ti|po|din, die; -, -nen: weibliche Form zu ↑¹Antipode

An|ti|pro|ton, das; -s, ...onen (Kernphysik): Elementarteilchen, dessen Eigenschaften denen des ↑Protons entgegengesetzt sind

An|ti|p|to|se, die; -, -n ⟨*gr.-lat.;* »Gegenfall«⟩: Setzung eines ↑Kasus (2) für einen anderen

An|ti|py|re|se, die; - ⟨*gr.-nlat.*⟩ (Med.): symptomatische (2) Fiebersenkung. **An|ti|py|re|ti|kum,** das; -s, ...ka (Pharm.): fiebersenkendes Mittel. **an|ti|py|re|tisch** (Med.): Fieber senkend, Fieber bekämpfend

An|ti|qua, die; - ⟨*lat.;* »die alte (Schrift)«⟩: Bezeichnung für die heute allgemein gebräuchliche Buchschrift

An|ti|quar, der; -s, -e: [Buch]händler, der gebrauchte Bücher, Kunstblätter, Noten o. Ä. kauft u. verkauft. **An|ti|qua|ri|at,** das; -[e]s, -e ⟨*lat.-nlat.*⟩: **a)** Handel mit gebrauchten Büchern; **b)** Buchhandlung, Laden, in dem antiquarische Bücher verkauft werden. **An|ti|qua|rin,** die; -, -nen: weibliche Form zu ↑Antiquar. **an|ti|qua|risch** ⟨*lat.*⟩: gebraucht, alt

erwerben
auftreiben
Sammlerstücke
erstanden
anmuten
Bücher
vergriffen
antiquarisch
kaufen
erhältlich
Ausgabe
greifbar
kunsthandwerklich

antiquarisch/antik *s. Kasten Seite 103*

An|ti|qua|ri|um, das; -s, ...ien: Sammlung von Altertümern

An|ti|quark [...kwaːk], das; -s, -s (Kernphysik): Elementarteilchen, dessen Eigenschaften denen des ↑Quarks entgegengesetzt sind

an|ti|quie|ren ⟨*lat.-nlat.*⟩: **1.** veralten. **2.** für veraltet erklären. **an|ti|quiert:** veraltet, nicht mehr zeitgemäß; altmodisch, überholt

anachronistisch
Rollenbild
klingen
Frauenbild
merkwürdig
heutzutage
völlig
antiquiert
anmuten
wirken
entsprechen
seltsam
verstaubt

An|ti|quiert|heit, die; -, -en: **a)** (ohne Plural) das Festhalten an veralteten u. überholten Vorstellungen od. Dingen; **b)** altmodisches Gebaren; **c)** altmodischer Ausspruch, Brauch, Übung

An|ti|qui|tät, die; -, -en (meist Plural) ⟨*lat.*⟩: altertümlicher [Kunst]gegenstand (Möbel, Porzellan u. a.)

An|ti|ra|chi|ti|kum, das; -s, ...ka ⟨*gr.-nlat.*⟩ (Med.): Mittel zur Behandlung u. Prophylaxe der ↑Rachitis

An|ti|ra|ke|te, An|ti|ra|ke|ten|ra|ke|te, die; -, -n: Kampfrakete zur Abwehr von ↑Interkontinentalraketen

An|ti|rheu|ma|ti|kum, das; -s, ...ka ⟨*gr.; gr.-nlat.*⟩ (Pharm.): Medikament zur Hemmung von Entzündungen bei rheumatischen Erkrankungen

An|tir|rhi|num, das; -s ⟨*gr.-nlat.*⟩: zu den Rachenblütlern gehörende Pflanze; Löwenmaul

an|ti|sem ⟨*gr.-nlat.*⟩: ↑antonym

An|ti|se|mit, der; -en, -en ⟨*gr.; nlat.*⟩: Judengegner, -feind. **An|ti|se|mi|tin,** die; -, -nen: weibliche Form zu ↑Antisemit. **an|ti|se|mi|tisch:** judenfeindlich. **An|ti|se|mi|tis|mus,** der; -, ...men: **a)** Abneigung od. Feindschaft gegenüber den Juden; **b)** [politi-

antiquarisch	antik
Der Handel mit antiquarischen Nazi-Devotionalien ist legal. *gebraucht, älter* – 100 Jahre altes antiquarisches Fachbuch in ... – ist nur noch antiquarisch erhältlich – Verkauf antiquarischer Bücher ... Er schätzt es, den antiquarischen Alltag selbstständig gestalten zu können. Sie handelt mit antiquarischen Büchern. Texte, die heute weitgehend, wenn überhaupt, antiquarisch zu finden sind.	Die Stadt punktet mit ihrer Geschichte und der antiken Architektur. *altertümlich* – antike Tragödie von Sophokles – aus im/dem antiken [...] Griechenland und Rom – Lexikon der antiken [...] Mythen und Gestalte Die ersten Ausstellungen werden sich mit antiker Kunst befassen. Dabei sind die Möbel keineswegs alt und schon gar nicht antik. Es geht ums Verständnis antiker Texte.

sche] Bewegung mit ausgeprägten judenfeindlichen Tendenzen

An|ti|sense-Tech|no|lo|gie [antisɛns..., 'æntɪ(')sɛns...], die; - ⟨*gr.; engl.; gr.-nlat.*⟩ (Gentechnologie): Verfahren zur Unterdrückung der Ablesung der genetischen Information der Zelle

An|ti|sep|sis, die; - ⟨*gr.-nlat.*⟩ (Med.): Vernichtung von Krankheitskeimen mit chemischen Mitteln, bes. zur Desinfektion u. in Wunden ; vgl. Asepsis

An|ti|sep|tik, die; -: ↑ Antisepsis

An|ti|sep|ti|kum, das; -s, ...ka (Pharm.): Mittel zur Desinfektion z. B. von Wunden od. Oberflächen, durch das Bakterien, Viren u. Pilze reduziert werden

an|ti|sep|tisch (Med.): die Keimzahl z. B. in Wunden od. auf Oberflächen reduzierend

An|ti|se|rum, das; -s, ...seren u. ...sera (Med.): ↑ Antikörper enthaltendes Heilserum

An|ti|ska|bi|o|sum, das; -s, ...sa ⟨*gr.; lat.*⟩ (Med.): Mittel gegen Krätze

An|ti|so|ma|to|gen, das; -s, -e ⟨*gr.*⟩: ↑ Antigen

An|ti|spas|mo|di|kum, Antispastikum, das; -s, ...ka ⟨*gr.-nlat.*⟩ (Med.): krampflösendes, krampflinderndes Mittel; Spasmolytikum

An|ti|spast, der; -s, -e ⟨*gr.-lat.*⟩: auf ↑ Anaklasis des ↑ Choriambus beruhende viersilbige rhythmische Einheit eines antiken Verses (Versfuß ◡ – – ◡)

An|ti|spas|ti|kum vgl. Antispasmodikum

an|ti|spas|tisch (Med.): krampflösend

An|ti|star, der; -s, -s: bekannte Persönlichkeit, deren Aussehen und Auftreten von dem abweicht, was üblicherweise einen Star ausmacht (wie z. B. Schönheit, bestimmtes Verhalten u. Ä.)

An|ti|sta|tik|mit|tel, das; -s, - ⟨*gr.-nlat.; dt.*⟩: Mittel, das die elektrostatische Aufladung von Kunststoffen (z. B. Schallplatten, Folien) u. damit die Staubanziehung verhindern soll. **an|ti|sta|tisch** (Physik): elektrostatische Aufladungen verhindernd od. aufhebend

An|ti|s|tes, der; -, ...stites [...te:s] ⟨*lat.;* »Vorsteher«⟩: **1.** Priestertitel in der Antike. **2.** Ehrentitel für kath. Bischöfe u. Äbte. **3.** (schweiz. früher) Titel eines Oberpfarrers der reformierten Kirche

An|ti|stro|phe [...st..., auch: 'antiʃt...], die; -, -n ⟨*gr.-lat.*⟩: **1.** in der altgriechischen Tragödie die der ↑ Strophe (1) folgende Gegenwendung des Chors beim Tanz in der ↑ Orchestra. **2.** das zu dieser Bewegung vorgetragene Chorlied

An|ti|teil|chen, das; -s, - ⟨*gr.-lat.*⟩ (Kernphysik): Elementarteilchen, dessen Eigenschaften zu denen eines anderen Elementarteilchens in bestimmter Weise ↑ komplementär sind

An|ti|the|a|ter, das; -s: Sammelbezeichnung für verschiedene Richtungen des modernen experimentellen Theaters

An|ti|the|se [auch: 'an...], die; -, -n ⟨*gr.-lat.*⟩: **1.** der ↑ These entgegengesetzte Behauptung, Gegenbehauptung; Gegensatz; vgl. Synthese (1 a), These (2). **2.** (Rhet., Stilkunde) [↑ asyndetische] Zusammenstellung entgegengesetzter Begriffe (z. B. der Wahn ist kurz, die Reu ist lang)

An|ti|the|tik, die; - (Philos.): Lehre von den Widersprüchen u. ihren Ursachen. **an|ti|the|tisch:** gegensätzlich

An|ti|to|xin [auch: 'an...], das; -s, -e (Med.): vom Körper gebildetes, zu den Immunstoffen gehörendes Gegengift gegen von außen eingedrungene Gifte. **an|ti|to|xisch** (Med.): als Antitoxin wirkend

An|ti|tran|s|pi|rant, das; -s, -e u. -s ⟨*gr.; lat.-engl.*⟩: die Schweißabsonderung hemmendes ↑ Deodorant

An|ti|tri|ni|ta|ri|er, der; -s, -: Gegner der Lehre von der göttlichen Dreieinigkeit. **an|ti|tri|ni|ta|risch:** gegen die Dreieinigkeitslehre gerichtet

an|ti|trip|tisch ⟨*gr.-nlat.*⟩ (Meteorol.): überwiegend durch Reibung entstanden

An|ti|tu|ber|ku|lo|ti|kum, das; -s, ...ka ⟨*gr.; lat.*⟩ (Med.): Arzneimittel, das hemmend auf das Wachstum von Tuberkelbakterien einwirkt

An|ti|tus|si|vum, das; -s, ...va ⟨*gr.; lat.-nlat.*⟩ (Med.): Arzneimittel gegen Husten

An|ti|typ, der; -s, -en: **1.** jmd., der den allgemein üblichen Vorstellungen von einem bestimmten Typ in keiner Weise entspricht. **2.** jmd., der einer bestimmten Person, Figur o. Ä. völlig entgegengesetzt ist; Gegenfigur

An|ti|vi|ren|pro|gramm, das; -[e]s, -e ⟨*gr.; lat.*⟩ (EDV): Computerprogramm, das einen vorhandenen ↑ Virus (2) entfernt u. gegen Virenbefall schützt. **An|ti|vi|ren|soft|ware** [...sɔftwɛːɐ̯], die; -, -s ⟨*gr.; lat.; engl.*⟩: ↑ Antivirenprogramm

An|ti|vi|t|a|min, das; -s, -e (Biol., Med.): natürlicher od. künstlicher Stoff, der die spezifische Wirksamkeit eines Vitamins vermindert od. ausschaltet

An|ti|zi|ga|nis|mus, der; -: Abneigung od. Feindschaft gegenüber ↑Sinti und ↑Roma. **an|ti|zi|ga|nis|tisch** [auch: ˈan...]: gegen ↑Sinti und ↑Roma gerichtet

an|ti|zi|pan|do ⟨*lat.*⟩ (veraltet): vorwegnehmend, im Voraus

An|ti|zi|pa|ti|on, die; -, -en: **1. a)** (bildungsspr.) Vorwegnahme von etwas, was erst später kommt od. kommen sollte, von zukünftigem Geschehen; **b)** (Musik) Vorwegnahme von Tönen eines folgenden ↑Akkords (1). **2.** (Philos.) Bildung eines philosophischen Begriffs od. einer Vorstellung vor der Erfahrung (↑a priori). **3. a)** Vorgriff des Staates [durch Aufnahme von Anleihen] auf erst später fällig werdende Einnahmen; **b)** Zahlung von Zinsen u. a. vor dem Fälligkeitstermin. **4.** (kath. Kirche) Vorwegnahme eines Teils des Stundengebets am Nachmittag des vorangehenden Tages. **5.** (Med.) ↑Anteposition (2). **6.** (Biol.) das bei einer jüngeren Generation gegenüber älteren Generationen frühere Erreichen einer bestimmten Entwicklungsstufe

an|ti|zi|pa|tiv: etwas (eine Entwicklung o. Ä.) vorwegnehmend. **an|ti|zi|pa|to|risch:** etwas (eine Entwicklung o. Ä.) [bewusst] vorwegnehmend; vgl. ...isch/-

an|ti|zi|pie|ren: 1. etwas [gedanklich] vorwegnehmen. **2.** vor dem Fälligkeitstermin zahlen

an|ti|zy|k|lisch [auch: ˈan..., ...tsyk...] ⟨*gr.-nlat.*⟩: **1.** in unregelmäßiger Folge wiederkehrend. **2.** (Wirtsch.) einem bestehenden Konjunkturzustand entgegenwirkend (Ggs.: prozyklisch)

an|ti|zy|k|lo|nal (Meteorol.): durch eine Antizyklone bestimmt; **antizyklonale Strömung:** Luftströmung, die auf der Nordhalbkugel der Erde im Uhrzeigersinn (auf der Südhalbkugel entgegengesetzt) um eine Antizyklone kreist. **An|ti|zy|k|lo|ne,** die; -, -n (Meteorol.): Hochdruckgebiet, barometrisches Maximum

An|ti|zy|mo|ti|kum, das; -s, ...ka ⟨*gr.-nlat.*⟩: die Gärung verzögerndes Mittel

An|t|o|de, die; -, -n ⟨*gr.*⟩: Chorgesang in der griechischen Tragödie, zweiter Teil der ↑Ode (1)

An|t|ö|ke, der; -n, -n ⟨*gr.*⟩: auf entgegengesetzter geografischer Breite, aber auf demselben Meridian wie der Betrachter wohnender Mensch

An|t|o|no|ma|sie, die; -, ...ien ⟨*gr.-lat.*⟩: **1.** Ersetzung eines Eigennamens durch eine Benennung nach besonderen Kennzeichen od. Eigenschaften des Benannten (z. B. der Zerstörer Karthagos = Scipio; der Korse = Napoleon). **2.** Ersetzung der Bezeichnung einer Gattung durch den Eigennamen eines ihrer typischen Vertreter (z. B. Krösus = reicher Mann)

an|t|o|nym ⟨*gr.-nlat.*⟩ (Sprachwiss.): (von Wörtern) eine entgegengesetzte Bedeutung habend (z. B. alt/jung, Sieg/Niederlage) (Ggs.: synonym). **An|t|o|nym,** das; -s, -e ⟨»Gegenwort«⟩ (Sprachwiss.): Wort, das einem anderen in Bezug auf die Bedeutung entgegengesetzt ist (z. B. schwarz/weiß, starten/landen, Mann/Frau) (Ggs.: Synonym). **An|t|o|ny|mie,** die; -, ...ien (Sprachwiss.): semantische Relation, wie sie zwischen Antonymen besteht

an|tör|nen: ↑anturnen

an|trai|nie|ren [...trɛ...]: durch ↑Training vermitteln, sich durch Training aneignen

An|t|ro|s|ko|pie, die; -, ...ien ⟨*gr.-nlat.*⟩: endoskopische Untersuchung der Nasennebenhöhlen

An|t|ro|to|mie, die; -, ...ien ⟨*gr.-nlat.*⟩ (Med.): operative Öffnung der Höhle des Warzenfortsatzes (des warzenförmigen Fortsatzes des Schläfenbeins)

An|t|rum, das; -s, ...tren (in fachspr. Fügungen: s; -, ...tra) ⟨*gr.*⟩: (Anat., Med.) Körperhöhle, Organ-, Knochenhöhle; **Antrum mastoideum:** hinter der Paukenhöhle gelegener Hohlraum im Ohr

an|tur|nen [...tœ:ɐ̯...] ⟨*dt.; engl.*⟩ (ugs.): **1.** in einen [Drogen]rausch versetzen. **2.** in Stimmung, Erregung o. Ä. versetzen (Ggs.: abturnen)

Anu|k|leo|bi|ont, Akaryobiont, der; -en, -en ⟨*gr.; lat.; gr.*⟩ (Zool. veraltend): **1.** Kleinstorganismus ohne Zellkern. **2.** (Plural) zusammenfassende Bezeichnung für Bakterien u. Blaualgen

Anu|lus, der; -, ...li ⟨*lat.;* »kleiner Ring«⟩: **1.** (Bot.) Ring am Stiel von Blätterpilzen. **2.** (Anat.) ringförmiger Teil eines Organs. **3.** (Plural) umlaufende Ringe am dorischen ↑Kapitell

Anu|ren, die (Plural) ⟨*gr.-nlat.;* »Schwanzlose«⟩: Froschlurche

An|u|rie, die; -, ...ien ⟨*gr.-nlat.*⟩ (Med.): Versagen der Urinausscheidung

Anus, der; -, Ani ⟨*lat.*⟩ (Anat.): After. **Anus prae|ter** [- ˈprɛ:...], der; - -, Ani - u. - - ⟨*nlat.;* kurz für: Anus praeternaturalis⟩ (Med.): künstlich angelegter, verlegter Darmausgang (z. B. bei Mastdarmkrebs)

an|vi|sie|ren ⟨*dt.; lat.-frz.*⟩: **1.** ins Visier nehmen, als Zielpunkt nehmen. **2.** etwas ins Auge fassen, anstreben

an|vi|su|a|li|sie|ren ⟨*dt.; lat.-engl.*⟩ (Werbespr.): eine Idee durch eine flüchtig entworfene Zeichnung festhalten

An|xi|o|ly|ti|kum, das; -s, ...ka ⟨*lat.; gr.; lat.*⟩: (Med.) angstlösendes Arzneimittel

any|thing goes [ˈɛnɪθɪŋ ˈgoʊ̯s] ⟨*engl.;* »alles geht«⟩: Schlagwort für die Vielfalt der Möglichkeiten

an|zeps ⟨*lat.;* »schwankend«⟩: lang od. kurz (von der Schlusssilbe im antiken Vers)

an|zes|t|ral ⟨*lat.-frz.-engl.*⟩: altertümlich, stammesgeschichtlich

A. O. C. ⟨Abk. für frz. appellation d'origine contrôlée⟩: französische Qualitäts- u. Herkunftsbezeichnung für Wein

Aö|de, der; -n, -n ⟨*gr.*⟩: griechischer Dichter u. Sänger im Zeitalter Homers

Äo|li|ne, die; -, -n ⟨*gr.-lat.-nlat.;* vom Namen des gr. Windgottes Äolus⟩ (Musik): ein Musikinstrument (Vorläufer der Hand- bzw. Mundharmonika)

äo|lisch ⟨*gr.-lat.*⟩: **1.** (Geol.) durch Windeinwirkung entstanden (von Geländeformen u. Ablagerungen). **2.** die altgriechische Landschaft Äolien betreffend; **äolische Tonart:** dem Moll entsprechende Kirchentonart; **äolische Versmaße:** Versformen der antiken Metrik, die eine feste Silbenzahl haben u. bei denen nicht eine Länge durch zwei Kürzen od. zwei Kürzen durch eine Länge ersetzt werden können; vgl. Glykoneus, Pherekrateus, Hipponakteus, alkäische Strophe, sapphische Strophe

Äols|har|fe, die; -, -n: altes Instrument, dessen Saiten durch den Wind in Schwingungen versetzt werden; Windharfe, Geisterharfe

Äon, der; -s, -en (meist Plural) ⟨*gr.-lat.*⟩: [unendlich langer] Zeitraum; Weltalter; Ewigkeit

Ao|rist, der; -[e]s, -e ⟨*gr.-lat.*⟩ (Sprachwiss.): Zeitform, die eine momentane od. punktuelle Handlung ausdrückt (z. B. die erzählende Zeitform im Griechischen)

Aor|ta, die; -, ...ten ⟨*gr.*⟩ (Anat.): [von der linken Herzkammer ausgehende] Hauptschlagader

Aor|t|al|gie, die; -, ...ien ⟨*gr.-nlat.*⟩ (Med.): an der Aorta od. im Bereich der Aorta auftretender Schmerz

Aor|ten|in|suf|fi|zi|enz, Aor|ten|klap|pen|in|suf|fi|zi|enz, die; -: Schließunfähigkeit der Aortenklappe

Aor|ti|tis, die; -, ...itiden (Med.): Entzündung der Aorta

Apa|che, der; -n, -n: **1.** [a'patʃə] ⟨*indian.*⟩ Angehöriger eines nordamerikanischen Indianerstammes. **2.** [a'paxə] ⟨*indian.-frz.*⟩ Großstadtganove (bes. in Paris)

Ap|a|go|ge [auch: ...'go:ge], die; - ⟨*gr.;* »das Wegführen«⟩ (gr. Philos.): Schluss aus einem gültigen Obersatz u. einem in seiner Gültigkeit nicht ganz sicheren, aber glaubwürdigen Untersatz. **ap|a|go|gisch** (Philos.): in der Art einer Apagoge; **apagogischer Beweis:** indirekter Beweis durch Aufzeigen der Unrichtigkeit des Gegenteils

Apal|li|ker, der; -s, - ⟨*gr.-nlat.*⟩ (Med.): jmd., der an einem apallischen Syndrom erkrankt ist. **Apal|li|ke|rin,** die; -, -nen: weibliche Form zu ↑Apalliker

apal|lisch ⟨*gr.-nlat.*⟩: in der Fügung **apallisches Syndrom** (Med.): Ausfall zerebraler (1) Funktionen, der zum Wachkoma führt

Apa|na|ge [...'na:ʒə], die; -, -n ⟨*frz.*⟩: regelmäßige [jährliche] Zahlung an jmdn., bes. an nicht regierende Mitglieder eines Fürstenhauses zur Sicherung standesgemäßen Lebens. **apa|na|gie|ren** [...'ʒi:...]: eine Apanage geben

apart ⟨*lat.-frz.*⟩: **1.** in ausgefallener, ungewöhnlicher Weise ansprechend, anziehend, geschmackvoll; reizend. **2.** (veraltet) gesondert, getrennt. **3.** (Buchw.) einzeln zu liefern

à part [a 'pa:ɐ̯] ⟨*frz.;* »beiseite (sprechen)«⟩: Kunstgriff in der Dramentechnik, eine Art lautes Denken, durch das eine Bühnenfigur ihre [kritischen] Gedanken zum Bühnengeschehen dem Publikum mitteilt

Apar|te, das; -[s], -s (veraltet): vgl. à part

Apart|heid, die; - ⟨*lat.-afrikaans*⟩: (früher) Trennung zwischen Weißen u. Farbigen in der Republik Südafrika

Apartheid
Im Gegensatz zu deutschen Substantiven auf *-heit* wie *Menschheit, Freiheit* endet das aus dem Afrikaans stammende Wort mit einem *-d.*

Apart|ho|tel [auch: ə'pɑ:t...], das; -s, -s (Kurzw. aus *Apartment* u. *Hotel*): Hotel, das Appartements (und nicht Einzelzimmer) vermietet

Apart|ment [...mənt, engl.: ə'pɑ:t...], das; -s, -s ⟨*lat.-it.-frz.-engl.-amerik.*⟩: Kleinwohnung (in einem [komfortablen] Mietshaus); vgl. Appartement

Apart|ment|haus, das; -es, ...häuser: Mietshaus, das ausschließlich aus Apartments besteht

Ap|as|t|ron, das; -s, ...tren ⟨*gr.-nlat.*⟩: Punkt der größten Entfernung des kleineren Sterns vom Hauptstern bei Doppelsternen

Apa|thie, die; -, ...ien ⟨*gr.-lat.;* »Schmerzlosigkeit, Unempfindlichkeit«⟩ (Med., Psychol.): Teilnahmslosigkeit; Zustand der Gleichgültigkeit gegenüber den Menschen u. der Umwelt. **apa|thisch:** teilnahmslos, gleichgültig gegenüber den Menschen u. der Umwelt

apa|tho|gen ⟨*gr.-nlat.*⟩ (Med.): keine Krankheiten hervorrufend (z. B. von Bakterien im menschlichen Organismus) (Ggs.: pathogen)

Apa|tit [auch: ...'tɪt], der; -s, -e ⟨*gr.-nlat.*⟩: ein Mineral

Apa|to|sau|ri|er, der; -s, -, **Apa|to|sau|rus,** der; -, ...rier ⟨*gr.-nlat.*⟩: pflanzenfressender, riesiger Dinosaurier der Kreidezeit

Apa|t|ri|de, die; -, -n ⟨*gr.*⟩: Vaterlandslose[r], Staatenlose[r]

Apei|ron, das; - ⟨*gr.*⟩ (gr. Philos.): das nie an eine Grenze Kommende, das Unendliche, der ungeformte Urstoff

Apel|la, die; - ⟨*gr.*⟩ (Geschichte): Volksversammlung in Sparta

Aper|çu [apɛr'sy:], das; -s, -s ⟨*frz.*⟩: geistreiche Bemerkung

Ape|ri|ens, das; -, ...rienzien u. ...rientia ⟨*lat.*⟩: Abführmittel

ape|ri|o|disch: nicht ↑periodisch

Ape|ri|tif, der; -s, -s (auch: -e) ⟨*lat.-mlat.-frz.;* »(den Magen) öffnend«⟩: appetitanregendes alkoholisches Getränk, das bes. vor dem Essen getrunken wird

Ape|ri|ti|vum, das; -s, ...va ⟨*lat.*⟩: **1.** mildes Abführmittel. **2.** appetitanregendes Arzneimittel

Apé|ro [ape'ro:], der; -s, -s ⟨*frz.*⟩ (bes. schweiz.): Kurzw. für: Aperitif

Aper|so|na|lis|mus, der; - ⟨*gr.; lat.-nlat.*⟩: buddhistische Lehre, nach der die menschliche Person nur trügerische Verkörperung eines unpersönlichen Allwesens ist

aper|s|pek|ti|visch ⟨*gr.; gr.-mlat.*⟩ (Philos.): ohne Begrenzung auf den gegenwärtigen perspektivischen (1) Standpunkt des Betrachters

Aper|to|me|ter, das; -s, - ⟨*lat.; gr.*⟩: Messgerät zur Bestimmung der Apertur bei Mikroskopobjektiven

Aper|tur, die; -, -en ⟨*lat.;* »Öffnung«⟩: **1.** (Med.) Öffnung [eines Körperhohlraums] (z. B. obere u. untere Thoraxapertur). **2. a)** (Optik) Öffnung eines optischen Geräts, durch die die Lichtstrahlen eintreten; **b)** Durchmesser der Apertur (2 a)

Aper|tur|syn|the|se, die; -: Verfahren der ↑Radioastronomie zur genaueren Positionsbestimmung u. Beobachtung der Detailstruktur von kosmischen Radioquellen

ape|tal ⟨*gr.-nlat.*⟩ (Bot.): keine Blumenkrone aufweisend (von bestimmten Blüten). **Ape|ta|len,** die (Plural): Blütenpflanzen ohne Blumenkrone

Apex, der; -, Apizes [...tʃe:s] ⟨*lat.;* »Spitze«⟩: **1.** (Astron.) Zielpunkt eines Gestirns (z. B. der Sonne, auf den dieses in seiner Bewegung gerade zusteuert). **2.** (Sprachwiss.) Zeichen (ˆ od. ˊ) zur Kennzeichnung langer Vokale. **3.** (Metrik) Hilfszeichen (ˊ) zur Kennzeichnung betonter Silben

Ap|fel|si|ne, die; -, -n ⟨*niederl.-niederd.;* »Apfel aus China«⟩: Frucht des Orangenbaumes

Apha|kie, die; -, ...ien ⟨*gr.-nlat.*⟩ (Med.): das Fehlen der Augenlinse (nach Verletzung od. Operation, seltener angeboren)

Aph|ä|re|se, Aph|ä|re|sis, die; -, ...resen ⟨*gr.-lat.;* »das Wegnehmen«⟩: Wegfall eines Anlautes od. einer anlautenden Silbe (z. B. 's für es, raus für heraus)

Apha|sie, die; -, ...ien ⟨*gr.-nlat.*⟩: **1.** (Med.) Verlust des Sprechvermögens od. Sprachverständnisses infolge Erkrankung des Sprachzentrums im Gehirn. **2.** (Philos.) Urteilsenthaltung gegenüber Dingen, von denen nichts Sicheres bekannt ist. **Apha|si|ker,** der; -s, -: jmd., der an Aphasie (1) leidet. **Apha|si|ke|rin,** die; -, -nen: weibliche Form zu ↑ Aphasiker

Aph|el [a'fe:l], **Ap|hel** [ap'he:l] das; -s, -e ⟨*gr.-nlat.*⟩ (Astron.): Punkt der größten Entfernung eines Planeten von der Sonne (Ggs.: Perihel)

Aphe|l|an|d|ra, die; -, ...dren ⟨*gr.-nlat.*⟩: Pflanze aus der Gattung der Akanthusgewächse aus dem wärmeren Amerika (z. T. beliebte Zierpflanze)

Aph|e|li|um vgl. Aphel

Aphe|mie, die; -, ...ien ⟨*gr.-nlat.*⟩: ↑ Aphasie (1)

Aphon|ge|trie|be vgl. Afongetriebe

Apho|nie vgl. Afonie

Apho|ris|mus, der; -, ...men ⟨*gr.-lat.*⟩: prägnant-geistreich in Prosa formulierter Gedanke, der eine Erfahrung, Erkenntnis od. Lebensweisheit enthält

Apho|ris|tik, die; - ⟨*gr.-nlat.*⟩: die Kunst, Aphorismen zu schreiben. **Apho|ris|ti|ker,** der; -s, -: Verfasser von Aphorismen. **Apho|ris|ti|ke|rin,** die; -, -nen: weibliche Form zu ↑ Aphoristiker. **apho|ris|tisch** ⟨*gr.-lat.*⟩: **1. a)** die Aphorismen, die Aphoristik betreffend; **b)** im Stil des Aphorismus; geistreich u. treffend formuliert. **2.** kurz, knapp, nur andeutungsweise erwähnt

apho|tisch, afotisch ⟨*gr.*⟩: lichtlos, ohne Lichteinfall (z. B. von der Tiefsee) (Ggs.: euphotisch)

Aphra|sie, die; -, ...ien ⟨*gr.-nlat.*⟩ (Med.): **1.** Stummheit. **2.** Unvermögen, richtige Sätze zu bilden

Aph|ro|di|si|a|kum, das; -s, ...ka ⟨*gr.-nlat.*⟩ (Pharm.): den Geschlechtstrieb anregendes Mittel (Ggs.: Anaphrodisiakum)

Aph|ro|di|sie, die; -, ...ien: krankhaft gesteigerte geschlechtliche Erregbarkeit

aph|ro|di|sie|ren (Med., Sexualkunde): sexuell anregen, den Sexualtrieb steigern

aph|ro|di|sisch: 1. auf Aphrodite (gr. Liebesgöttin) bezüglich. **2.** (Med.) den Geschlechtstrieb steigernd

aph|ro|di|tisch: ↑ aphrodisisch (1)

Aph|the, die; -, -n ⟨*gr.-lat.*⟩ (Med.): bes. an den Lippen u. im Bereich der Mundschleimhaut befindliche schmerzhafte, kleine, gelblich weiße Pustel, Bläschen, Fleck

Aph|then|seu|che, die; - (Tiermed.): Viruserkrankung, die überwiegend bei Paarhufern auftritt; Maul- u. Klauenseuche

Aphyl|lie, die; -, -n ⟨*gr.-nlat.*⟩: blattlose Pflanze (z. B. Kaktus). **Aphyl|lie,** die; -: Blattlosigkeit. **aphyl|lisch** (Bot.): blattlos

a pi|a|ce|re [a pi̯a'tʃe:rə] ⟨*it.*⟩ (Musik): nach Belieben, nach Gefallen (Vortragsbezeichnung, die Tempo u. Vortrag dem Interpreten freistellt); vgl. ad libitum (2 a)

Api|a|ri|um, das; -s, ...ien ⟨*lat.*⟩: Bienenstand, -haus

api|kal ⟨*lat.-nlat.*⟩: **1.** (Bot.) an der Spitze gelegen, nach oben gerichtet (z. B. vom Wachstum einer Pflanze). **2.** (Sprachwiss.) mit der Zungenspitze artikuliert (von Lauten). **3.** (Med.) sich an der Spitze befindend; am spitz geformten äußersten Ende eines Organs gelegen

Apis, der; - ⟨*ägypt.-gr.*⟩: heiliger Stier, der im alten Ägypten verehrt wurde. **Apis|stier,** der; -[e]s: [figürliche] Darstellung des Apis

Ap|la|nat, der; -en, -en, auch: das; -s, -e ⟨*gr.-nlat.*⟩: Linsenkombination, durch die die ↑ Aberration (1) korrigiert wird. **ap|la|na|tisch:** den Aplanaten betreffend

Apla|sie, die; -, ...ien ⟨*gr.-nlat.*⟩ (Med.): angeborenes Fehlen eines Organs. **aplas|tisch** (Med.): die Aplasie betreffend

Ap|la|zen|ta|li|er, der; -s, - (meist Plural) ⟨*gr.-nlat.*⟩: Säugetier, dessen Embryonalentwicklung ohne Ausbildung einer ↑ Plazenta (1) erfolgt (Ggs.: Plazentalier)

Ap|lit [auch: a'plɪt], der; -s ⟨*gr.-nlat.*⟩: feinkörniges Ganggestein

Ap|lomb [a'plɔ̃:], der; -s ⟨*frz.*⟩: **1. a)** Sicherheit [im Auftreten], Nachdruck; **b)** Dreistigkeit. **2.** (Ballett) Abfangen einer Bewegung in den unbewegten Stand

Apnoe, die; -, -n ⟨*gr.-nlat.*⟩ (Med.): Atemstillstand, Atemlähmung

APO, Apo, die; - ⟨Kurzw. aus *au*ßer*p*arlamentarische *O*pposition⟩: (bes. während der Regierungszeit der großen Koalition zwischen CDU u. SPD von 1966 bis 1969 in der Bundesrepublik Deutschland) nicht fest organisierte Aktionsgemeinschaft bes. von Studierenden u. Jugendlichen, die als antiautoritäre Bewegung die Durchsetzung politischer u. gesellschaftlicher Reformen außerhalb der (als handlungsunfähig erachteten) parlamentarischen Opposition versuchte

Apo|chro|mat [...k...], der; -en, -en, auch: das; -s, -e ⟨*gr.-nlat.*⟩: fotografisches Linsensystem, das Farbfehler korrigiert

apod ⟨*gr.-nlat.*⟩: fußlos (von bestimmten Tiergruppen)

Apo|dik|tik, die; - ⟨*gr.-lat.*⟩ (Philos.): die Lehre vom Beweis. **apo|dik|tisch: 1.** (Philos.) unumstößlich, unwiderleglich, von schlagender Beweiskraft. **2.** keinen Widerspruch duldend, endgültig, keine andere Meinung gelten lassend, im Urteil streng und intolerant

Apo|di|sa|ti|on, die; - ⟨*gr.-nlat.*⟩: [Verfahren zur] Verbesserung des Auflösungsvermögens (des Vermögens, sehr feine, dicht beieinanderliegende Details getrennt wahrnehmbar zu machen) eines optischen Geräts

Apo|do|sis, die; -, ...dosen ⟨*gr.*⟩ (Sprachwiss.): Nachsatz, bes. der bedingte Hauptsatz eines Konditionalsatzes

Apo|dy|te|ri|on ⟨*gr.*⟩, **Apo|dy|te|ri|um** ⟨*gr.-lat.*⟩ das; -s, ...ien: Auskleidezimmer in den antiken Thermen

Apo|en|zym ⟨*gr.; gr.-nlat.*⟩, **Apo|fer|ment** ⟨*gr.; lat.*⟩ das; -s, -e (Biol., Med.): hochmolekularer Eiweißbestandteil eines Enzyms, von dem das wirksame Koenzym abgespalten ist

Apo|fo|nie vgl. Apophonie

Apo|ga|lak|ti|kum, das; -s, ...ken ⟨*gr.; gr.-lat.*⟩: vom Zentrum des Milchstraßensystems entferntester Punkt auf der Bahn eines Sterns der Milchstraße

apo|gam ⟨*gr.-nlat.*⟩: sich ungeschlechtlich (ohne Befruchtung) fortpflanzend. **Apo|ga|mie,** die; - (Bot.): ungeschlechtliche Fortpflanzung (eine Form der ↑Apomixis)

Apo|gä|um, das; -s, ...äen ⟨*gr.-nlat.*⟩ (Astron.): erdfernster Punkt der Bahn eines Körpers um die Erde (Ggs.: Perigäum)

Apo|gä|ums|sa|tel|lit, der; -en, -en: ein aus dem Apogäum einer vorläufigen Umlaufbahn in den endgültigen ↑Orbit eingeschossener Satellit

Apo|gä|ums|trieb|werk, das; -s, -e: im Apogäum der Umlaufbahn eines Satelliten kurzzeitig zu zündendes Raketentriebwerk zum Einschuss aus einer vorläufigen in die endgültige Umlaufbahn

Apo|graf, Apograph, das; -s, -en (seltener: -e) ⟨*gr.-lat.*⟩: Ab-, Nachschrift, Kopie nach einem Original. **Apo|gra|fon,** das; -s, ...fa, **Apo|gra|phon,** das; -s, ...pha ⟨*gr.*⟩: Apograf

à point [aˈpo̯ɛ̃ː] ⟨*frz.*⟩: **1.** zu nichts (beim Billard). **2.** (Gastron.) halb, mittel durchgebraten

Apo|ka|lyp|se, die; -, -n ⟨*gr.-lat.;* »Enthüllung, Offenbarung«⟩: **1.** Schrift in der Form einer Abschiedsrede, eines Testaments o. Ä., die sich mit dem kommenden [schrecklichen] Weltende befasst (z. B. die Offenbarung des Johannes im Neuen Testament). **2.** (ohne Plural) Untergang, Grauen, Unheil

Apo|ka|lyp|tik, die; - ⟨*gr.-nlat.*⟩: **1.** Deutung von Ereignissen im Hinblick auf ein nahes Weltende. **2.** Schrifttum über das Weltende. **Apo|ka|lyp|ti|ker,** der; -s, -: **1.** (Rel.) Verfasser od. Ausleger einer Schrift über das Weltende. **2.** Mensch, für den die Vorstellung eines kommenden Weltendes Realität hat. **Apo|ka|lyp|ti|ke|rin,** die; -, -nen: weibliche Form zu ↑Apokalyptiker. **apo|ka|lyp|tisch: 1.** in der Apokalypse [des Johannes] vorkommend, sie betreffend. **2. a)** auf das Weltende hinweisend; Unheil kündend; **b)** geheimnisvoll, dunkel; **apokalyptische Reiter:** Sinnbilder für Pest, Tod, Hunger, Krieg; **apokalyptische Zahl:** die Zahl 666 (Offenbarung 13, 18)

Apo|kam|no|se, die; - ⟨*gr.*⟩ (Med.): rasche Ermüdung, Schwäche u. Lähmung bestimmter Muskeln (bei ↑Myasthenie)

apo|karp ⟨*gr.-nlat.*⟩ (Bot.): aus einzelnen getrennten Fruchtblättern bestehend (von Blüten). **Apo|kar|pi|um,** das; -s, ...ien (Bot.): aus einzelnen Früchten zusammengesetzter Fruchtstand

Apo|kar|te|re|se, die; - ⟨*gr.*⟩: Selbstmord durch Nahrungsverweigerung

Apo|ka|ta|s|ta|se, Apo|ka|ta|s|ta|sis, die; -, ...stasen ⟨*gr.-lat.;* »Wiederherstellung«⟩ (Rel.): Wiederkehr eines früheren Zustandes, bes. Wiederherstellung allgemeiner Vollkommenheit in der Weltendzeit (Lehre des ↑Parsismus u. mancher ↑Mystiker)

Ap|ö|kie, die; -, ...ien ⟨*gr.*⟩: im Griechenland der Antike eine Form der Kolonisation mit dem Ziel der Gründung eines von der Mutterstadt unabhängigen neuen Staates

Apo|koi|nu [...kɔɪ̯ˈnuː], das; -[s], -s ⟨*gr.*⟩: grammatische Konstruktion, bei der sich ein Satzteil od. Wort zugleich auf den vorhergehenden u. den folgenden Satzteil bezieht (z. B. Was sein Pfeil erreicht, *das ist seine Beute,* was da kreucht und fleucht; Schiller)

Apo|ko|pe [...pe], die; -, ...open ⟨*gr.-lat.*⟩ (Sprachwiss.): Wegfall eines Auslauts od. einer auslautenden Silbe (z. B. *hatt* für *hatte*). **apo|ko|pie|ren** ⟨*gr.-nlat.*⟩ (Sprachwiss.): ein Wort am Ende durch Apokope verkürzen

apo|krin ⟨*gr.*⟩ (Med.): ein vollständiges Sekret produzierend u. dieses sowie Teile der [eigenen] Zellen ausscheidend (von Drüsen)

apo|kryph ⟨*gr.-lat.;* »verborgen«⟩: **1.** zu den Apokryphen gehörend, sie betreffend. **2.** unecht, fälschlich jmdm. zugeschrieben. **Apo|kryph,** das; -s, -en, **Apo|kry|phon,** das; -s, ...ypha u. ...yphen (meist Plural) (Rel.): nicht in den ↑[1]Kanon (5) aufgenommenes, jedoch den anerkannten biblischen Schriften formal u. inhaltlich sehr ähnliches Werk; vgl. Pseudepigraf

apo|li|tisch ⟨*gr.-nlat.*⟩: **a)** nicht politisch; **b)** ohne Interesse an Politik

Apoll, der; -s, -s: ↑Apollo (1)

apol|li|nisch ⟨*gr.-lat.*⟩: **1.** den Gott Apollo betreffend, in der Art Apollos. **2.** (Philos.) harmonisch, ausgeglichen, maßvoll (Ggs.: dionysisch)

Apol|lo, der; -s, -s ⟨nach dem gr.-röm. Gott der Weissagung und Dichtkunst⟩: **1.** schöner [junger] Mann. **2.** ein Tagfalter. **3.** ein ↑Planetoid

apol|lo|nisch ⟨nach dem gr. Mathematiker Apollonios von Perge⟩: in der Fügung **apollonisches Problem:** mathemathische Aufgabe, bestimmte festgelegte Linien durch eine Kurve zu berühren

Apol|lo-Pro|gramm, Apol|lo|pro|gramm, das; -[e]s: Raumfahrtprogramm der USA in den 60er-Jahren des 20. Jh.s, das u. a. die Landung bemannter Raumfahrzeuge auf dem Mond beinhaltete

Apo|log, der; -s, -e ⟨*gr.-lat.*⟩ (Literaturwiss.): [Lehr]fabel, [humoristische] Erzählung

Apo|lo|get, der; -en, -en ⟨*gr.-nlat.*⟩: **a)** jmd., der eine bestimmte Anschauung mit Nachdruck vertritt u. verteidigt; **b)** [literarischer] Verteidiger eines Werkes (bes. Vertreter einer Gruppe griechischer Schriftsteller des 2. Jh.s, die für das Christentum eintraten)

Apo|lo|ge|tik, die; -, -en ⟨*gr.-mlat.*⟩: **1.** die Gesamtheit aller apologetischen Äußerungen; wissenschaftliche Rechtfertigung von [christlichen] Lehrsätzen. **2.** (ohne Plural) Teilbereich der Theologie, in dem man sich mit der wissenschaftlich-rationalen Absicherung des Glaubens befasst

Apo|lo|ge|tin, die; -, -nen: weibliche Form zu ↑Apologet (a)

apo|lo|ge|tisch: eine Ansicht, Lehre o. Ä. verteidigend, rechtfertigend

apo|lo|ge|ti|sie|ren: verteidigen, rechtfertigen

Apo|lo|gie, die; -, ...ien ⟨*gr.-lat.*⟩: **a)** Verteidigung, Rechtfertigung einer Lehre, Überzeugung o. Ä.; **b)** Verteidigungsrede, -schrift

apo|lo|gisch: nach Art einer Fabel, erzählend; **apologisches Sprichwort:** erzählendes od. Beispielsprichwort (z. B. »Alles mit Maßen«, sagte der Schneider und schlug seine Frau mit der Elle tot)

apo|lo|gi|sie|ren: verteidigen, rechtfertigen

apo|mik|tisch ⟨*gr.-nlat.*⟩: sich ungeschlechtlich (ohne Befruchtung) fortpflanzend (von bestimmten Pflanzen). **Apo|mi|xis,** die; - (Bot.): ungeschlechtliche Fortpflanzung, Vermehrung ohne Befruchtung

Apo|mor|phin, das; -s ⟨*gr.-nlat.*⟩ (Med.): ein ↑Derivat (3) des ↑Morphins (starkes Brechmittel bei Vergiftungen)

Apo|neu|ro|se, die; -, -n ⟨*gr.-nlat.*⟩ (Med.): **1.** Ansatzteil einer Sehne. **2.** flächenhafte, breite Sehne (z. B. die der schrägen Bauchmuskeln)

Apo|pemp|ti|kon, das; -s, ...ka ⟨*gr.*⟩: (in der Antike) Abschiedsgedicht einer fortgehenden Person an die Zurückbleibenden, im Unterschied zum Propemptikon

apo|phan|tisch ⟨*gr.*⟩: aussagend, behauptend; nachdrücklich

Apo|pho|nie, Apofonie, die; - ⟨*gr.-nlat.*⟩ (Sprachwiss.): Ablaut (Vokalwechsel in der Stammsilbe wurzelverwandter Wörter, z. B. sprechen u. sprach)

Apo|ph|theg|ma, das; -s, ...men u. -ta ⟨*gr.*⟩: [witziger, prägnanter] Ausspruch, Sinnspruch, Zitat, Sentenz. **apo|ph|theg|ma|tisch:** in der Art eines Apophthegmas geprägt

Apo|phyl|lit [auch: ...ˈlɪt], der; -s, -e ⟨*gr.*⟩: ein Mineral

Apo|phy|se, die; -, -n ⟨*gr.-nlat.*⟩: **1.** (Med.) Knochenfortsatz [als Ansatzstelle für Muskeln]. **2.** (Zool.) Einstülpungen des Außenskeletts bei Gliederfüßern. **3.** (Bot.) **a)** Anschwellung des Fruchtstiels bei Moosen; **b)** Verdickung der Zapfenschuppe bei Kiefern. **4.** (Geol.) Gesteinsverästelung

Apo|plek|ti|ker, der; -s, - ⟨*gr.-lat.*⟩ (Med.): **a)** jmd., der zu Schlaganfällen neigt; **b)** jmd., der an den Folgen eines Schlaganfalles leidet. **Apo|plek|ti|ke|rin,** die; -, -nen: weibliche Form zu ↑Apoplektiker. **apo|plek|tisch** (Med.): **a)** zu Schlaganfällen neigend; **b)** zu einem Schlaganfall gehörend, damit zusammenhängend; durch einen Schlaganfall bedingt

Apo|ple|xie, die; -, ...ien: **1.** (Med.) Schlaganfall, Gehirnschlag. **2.** (Bot.) plötzliches teilweises od. gänzliches Absterben der Krone von Steinobstbäumen

Apo|p|to|se, die; -, -n ⟨*gr.*⟩ (Biol.): genetisch programmierter Zelltod, der für die Entwicklung vielzelliger Organismen notwendig ist

Apo|rem, das; -s, -ata ⟨*gr.;* »Streitfrage«⟩ (Philos.): logische Schwierigkeit, Unlösbarkeit eines Problems. **apo|re|ma|tisch** (Philos.): zweifelhaft, schwer zu entscheiden

Apo|re|tik, die; -: Auseinandersetzung mit schwierigen philosophischen Fragen (Aporien) [ohne Berücksichtigung ihrer möglichen Lösung]

Apo|re|ti|ker, der; -s, -: **1.** der die Kunst der Aporetik übende Philosoph. **2.** Zweifler, Skeptiker. **Apo|re|ti|ke|rin,** die; -, -nen: weibliche Form zu ↑Aporetiker

apo|re|tisch: **1. a)** die Aporetik betreffend; **b)** in der Art der Aporetik. **2.** zu Zweifeln geneigt

Apo|rie, die; -, ...ien ⟨»Ratlosigkeit, Verlegenheit«⟩: **1.** Unmöglichkeit, eine philosophische Frage zu lösen. **2.** Unmöglichkeit, in einer bestimmten Situation die richtige Entscheidung zu treffen od. eine passende Lösung zu finden; Ausweglosigkeit

Apo|ri|no|sis, die; -, ...sen ⟨*gr.*⟩ (Med.): jede Art von Mangelkrankheit

Apo|ris|ma, das; -s, ...men od. -ta: ↑Aporem

Apo|ro|ga|mie, die; - ⟨*gr.-nlat.*⟩ (Bot.): Befruchtungsvorgang bei Blütenpflanzen, bei dem der vom Pollen vorgetriebene Schlauch die Samenanlage nicht unmittelbar über die Höhlung des Fruchtknotens erreicht

Apo|si|o|pe|se, die; -, -n ⟨*gr.-lat.;* »das Verstummen«⟩ (Rhet., Stilkunde): bewusster Abbruch der Rede od. eines begonnenen Gedankens vor der entscheidenden Aussage

Apo|spo|rie, die; - ⟨*gr.-nlat.*⟩ (Bot.): Überspringen der Sporenbildung bei Farnen u. Blütenpflanzen im Generationswechsel

Apo|s|ta|sie, die; -, ...ien ⟨*gr.-lat.*⟩: **1.** Abfall [eines Christen vom Glauben]. **2.** Austritt einer Ordensperson aus dem Kloster unter Bruch der Gelübde. **Apo|s|tat,** der; -en, -en: Abtrünniger, bes. in Bezug auf den Glauben

Apo|s|tel, der; -s, - ⟨*gr.-lat.;* »abgesandt; Bote«⟩: **1.** (Rel.) Jünger Jesu. **2.** (iron.) jmd., der für eine Welt- od. Lebensanschauung mit Nachdruck eintritt u. sie zu verwirklichen sucht

Apo|s|tem, das; -s, -ata ⟨*gr.*⟩ (Med.): Geschwür, Abszess. **apo|s|te|ma|tös** (Med.): eiternd

a pos|te|ri|o|ri ⟨*lat.;* »vom Späteren her«, d. h., man erkennt die Ursache aus der erst später erfahrenen Wirkung⟩: **1.** (Erkenntnistheorie) aus der Wahrnehmung gewonnen, aus Erfahrung (Ggs.: a priori). **2.** nachträglich, später (Ggs.: a priori)

Apos|te|ri|o|ri, das; -, -: Erfahrungssatz, Inbegriff der Erkenntnisse, die a posteriori gewonnen werden (Ggs.: Apriori)

apos|te|ri|o|risch: erfahrungsgemäß (Ggs.: apriorisch)

Apo|s|tilb, das; -s, - ⟨*gr.-nlat.*⟩: alte Einheit der Leuchtdichte (Abk.: asb); vgl. Stilb

Apo|s|til|le, die; -, -n ⟨*gr.-nlat.*⟩: **1.** Randbemerkung. **2.** [empfehlende od. beglaubigende] Nachschrift zu einem Schriftstück. **3.** (veraltet) Entlassungsgesuch

Apo|s|to|lat, das, fachspr. auch: der; -[e]s, -e ‹*gr.-lat.*›: **a)** (Rel.) Sendung, Amt der Apostel; **b)** Sendung, Auftrag der Kirche; vgl. Laienapostolat

Apo|s|to|li|ker, der; -s, -: Angehöriger verschiedener christlicher Gruppen u. Sekten, die sich am Kirchenbild der apostolischen Zeit orientieren

Apo|s|to|li|kum, das; -s ‹gekürzt aus *lat.* Symbolum apostolicum›: das (angeblich auf die 12 Apostel zurückgehende) christliche Glaubensbekenntnis

apo|s|to|lisch: **a)** nach Art der Apostel, von den Aposteln ausgehend; **b)** (kath. Kirche) päpstlich; **Apostolische Majestät:** Titel der Könige von Ungarn u. der Kaiser von Österreich; **Apostolischer Nuntius:** ständiger Gesandter des Papstes bei einer Staatsregierung; **Apostolische Signatur:** höchstes ordentliches Gericht u. oberste Gerichtsverwaltungsbehörde der katholischen Kirche; **Apostolischer Stuhl:** Heiliger Stuhl (Bez. für das Amt des Papstes u. die päpstlichen Behörden); **apostolische Sukzession:** Lehre von der ununterbrochenen Nachfolge der Bischöfe u. Priester auf die Apostel; **apostolische Väter:** die ältesten christlichen Schriftsteller, angeblich Schüler der Apostel

Apo|s|to|li|zi|tät, die; -: nach katholischem Verständnis die Wesensgleichheit der gegenwärtigen Kirche in Lehre u. Sakramenten mit der Kirche der Apostel

Apo|s|t|roph, der; -s, -e ‹*gr.-lat.;* »abgewandt; abfallend«›: Auslassungszeichen; Häkchen, mit dem man den Ausfall eines Lautes od. einer Silbe kennzeichnen kann (z. B. güt'ger Himmel, 'naus)

Apo|s|t|ro|phe [...fe, auch: ...ˈstroːfə], die; -, ...ophen (Rhet., Stilkunde): feierliche Anrede an eine Person od. Sache außerhalb des Publikums; überraschende Hinwendung des Redners zum Publikum od. zu abwesenden Personen

apo|s|t|ro|phie|ren ‹*gr.-nlat.*›: **1.** mit einem Apostroph versehen. **2. a)** jmdn. feierlich od. gezielt ansprechen, sich deutlich auf jmdn. beziehen; **b)** etwas besonders erwähnen, sich auf etwas beziehen. **3.** jmdn. od. etwas in einer bestimmten Eigenschaft herausstellen, als etwas bezeichnen

Apo|the|ci|um [...tsi̯ʊm], das; -s, ...ien ‹*gr.-nlat.*› (Bot.): schüsselförmiger Fruchtbehälter bei Flechten u. Schlauchpilzen

Apo|the|ke, die; -, -n ‹*gr.-lat.*›: **1.** Geschäft, in dem Arzneimittel verkauft u. zum Teil hergestellt werden. **2.** (abwertend) teurer Laden; Geschäft, das hohe Preise fordert

Apo|the|ker, der; -s, - ‹*mlat.*›: jmd., der aufgrund eines Hochschulstudiums mit ↑Praktikum u. aufgrund seiner ↑Approbation (1) berechtigt ist, eine Apotheke zu leiten

Apo|the|ker|fau|na, die; -: Sammelbez. für die in chinesischen Apotheken als Heilmittel geführten Fossilien

Apo|the|ker|ge|wicht, das; -s, -e: frühere Gewichtseinheit für Arzneimittel (z. B. Gran, Unze)

Apo|the|ke|rin, die; -, -nen: weibliche Form zu ↑Apotheker

Apo|the|o|se, die; -, -n ‹*gr.-lat.*›: **1.** Erhebung eines Menschen zum Gott, Vergöttlichung eines lebenden od. verstorbenen Herrschers. **2.** Verherrlichung. **3.** (Theater) wirkungsvolles Schlussbild eines Bühnenstücks. **apo|the|o|tisch:** **1.** zur Apotheose (1) erhoben. **2.** eine Apotheose darstellend

a po|ti|o|ri ‹*lat.;* »vom Stärkeren her«›: von der Hauptsache her, nach der Mehrzahl

Apo|tro|pai|on vgl. Apotropäum

apo|tro|pä|isch ‹*gr.-nlat.*›: Unheil abwehrend (von Zaubermitteln). **Apo|tro|pä|um,** das; -s, ...äa u. ...äen, Apotropaion, das; -s, ...aia ‹*gr.*›: Zaubermittel, das Unheil abwehren soll

App [ɛp], die; -, -s, selten: das; -s, -s: zusätzliches Anwenderprogramm, das auf ↑Smartphones u. ↑Tablet-PCs heruntergeladen werden kann; **native App:** genau an die Zielplattform angepasste u. einfach [online] zu installierende Anwendung, die die Funktionen eines mobilen Endgeräts erweitert, aber nicht auf einem Gerät mit anderer Software-Plattform funktioniert

Ap|pa|loo|sa [ɛpəˈluːsa], der od. das; -s, -s ‹*indian.-amerik.;* wohl nach dem Weidegebiet am Palouse River (Idaho)›: eine Pferderasse

Ap|pa|rat, der; -[e]s, -e ‹*lat.*›: **1.** zusammengesetztes mechanisches, elektrisches od. optisches Gerät. **2.** (ugs.) **a)** Telefon; **b)** Radio-, Fernsehgerät; **c)** Elektrorasierer; **d)** Fotoapparat. **3.** Gesamtheit der für eine [wissenschaftliche] Aufgabe nötigen Hilfsmittel. **4.** Gesamtheit der zu einer Institution gehörenden Menschen u. [technischen] Hilfsmittel. **5.** kritischer Apparat. **6.** (salopp) etwas, was durch seine ungewöhnliche Größe, durch seine Besonderheit, Ausgefallenheit Aufsehen od. Staunen erregt. **7.** (Med.) Gesamtheit funktionell zusammengehörender Organe (z. B. Sehapparat)

ap|pa|ra|tiv ‹*lat.-nlat.*›: **a)** einen Apparat betreffend; **b)** den Apparatebau betreffend; **c)** mit Apparaten arbeitend (z. B. von technischen Verfahren); **d)** (Med.) mithilfe von Apparaten feststellbar; **apparative Diagnostik:** ↑Diagnostik mithilfe von Geräten (z. B. Röntgen, EKG)

Ap|pa|rat|schik, der; -s, -s ‹*lat.-russ.*› (abwertend): Funktionär im Staats- u. Parteiapparat stalinistisch geprägter Staaten, der Weisungen u. Maßnahmen bürokratisch durchzusetzen versucht

Ap|pa|ra|tur, die; -, -en ‹*lat.-nlat.*›: Gesamtanlage zusammengehörender Apparate u. Instrumente

ap|pa|rent ‹*lat.-engl.*› (Med.): klinisch auffällig werdend, in Erscheinung tretend (von Krankheiten) (Ggs.: inapparent)

Ap|par|te|ment [...ˈmɑ̃ː, bes. schweiz.: ...ˈmɛnt], das; -s, -s (schweiz.: -e) ‹*lat.-it.-frz.*›: **a)** komfortable Kleinwohnung; **b)** Zimmerflucht, einige zusammenhängende Räume in einem größeren [luxuriösen] Hotel; vgl. Apartment

Ap|par|te|ment|haus, das; -es, ...häuser: modernes Mietshaus mit einzelnen Kleinwohnungen

ap|pas|si|o|na|to ‹*it.*› (Musik): leidenschaftlich, entfesselt, stürmisch (Vortragsanweisung)

Ap|peal [ə'pi:l], der; -s ⟨*engl.*⟩: **a)** Anziehungskraft, Ausstrahlung, Aussehen, Reiz, Image; **b)** (Werbespr.) Aufforderungscharakter, Anreiz

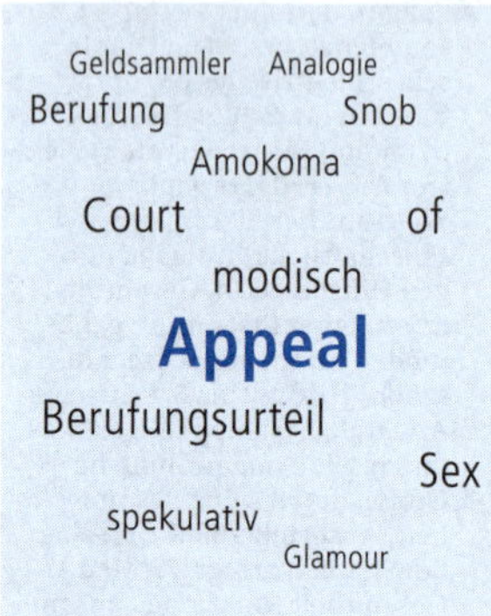

Ap|pease|ment [ə'pi:zmənt], das; -[s] ⟨*lat.-frz.-engl.*⟩: Haltung der Nachgiebigkeit; Beschwichtigung[spolitik]

Ap|pell, der; -s, -e ⟨*lat.-frz.*⟩: **1.** Aufruf, Mahnruf (zu einem bestimmten Verhalten). **2.** (Militär) Aufstellung, Antreten (zur Befehlsausgabe u. a.). **3.** Gehorsam des [Jagd]hundes; **Appell haben:** gehorchen (von einem Hund). **4.** (Fechten) kurzes Auftreten mit dem vorgestellten Fuß

Appell/Appeal *s. Kasten Seite 111*

ap|pel|la|bel ⟨*lat.-frz.*⟩ (veraltet): gerichtlich anfechtbar

Ap|pel|lant, der; -en, -en ⟨*lat.*⟩ (Rechtsspr. veraltet): Berufungskläger

Ap|pel|lat, der; -en, -en (Rechtsspr. veraltet): Berufungsbeklagter

Ap|pel|la|ti|on, die; -, -en (Rechtswiss.): Berufung

ap|pel|la|tiv: ↑appellativisch. **Ap|pel|la|tiv,** das; -s, -e: Substantiv, das eine Gattung gleichgearteter Dinge od. Lebewesen u. zugleich jedes einzelne Wesen od. Ding dieser Gattung bezeichnet (z. B. Tisch, Mann). **ap|pel|la|ti|visch:** als Appellativ gebraucht; vgl. ...isch/-

Ap|pel|la|tiv|na|me, der; -ns, -n: als Gattungsbezeichnung verwendeter Eigenname (z. B. Zeppelin für »Luftschiff«)

Ap|pel|la|ti|vum, das; -s, ...va (veraltet): Appellativ

ap|pel|lie|ren: 1. sich an jmdn., etwas in mahnendem Sinne wenden. **2.** (Rechtsspr. veraltet) Berufung einlegen

Ap|pen|d|ek|to|mie, die; -, ...ien ⟨*lat.; gr.*⟩ (Med.): operative Entfernung des Wurmfortsatzes des Blinddarms, Blinddarmoperation

Ap|pen|dix, der; -[es], ...dizes [...tse:s] od. -e ⟨*lat.;* »Anhang, Anhängsel«⟩: **1.** Anhängsel. **2.** Ansatzstück zum Füllen an Luftballons. **3.** Anhang eines Buches (der unechte Schriften, Tafeln, Tabellen, Karten, den kritischen Apparat o. Ä. enthält). **4.** (fachspr.: die; -, ...dizes od. ...dices [...tse:s], sonst der; -, ...dizes; Med.) Wurmfortsatz des Blinddarms

Ap|pen|di|zi|tis, die; -, ...itiden ⟨*lat.-nlat.*⟩ (Med.): Entzündung des Wurmfortsatzes des Blinddarms, Blinddarmentzündung. **ap|pen|di|zi|tisch** (Med.): die Appendizitis betreffend

Ap|per|so|nie|rung, die; - ⟨*lat.-nlat.*⟩ (Med.): schizophrenes Krankheitsbild, bei dem der Kranke fremde Erlebnisse als eigene ausgibt u. sich mit Verhaltensweisen anderer Personen identifiziert

Ap|per|ti|nens, das; -, ...enzien (meist Plural) ⟨*lat.*⟩ (veraltet): Zubehör

Ap|per|zep|ti|on, die; -, -en ⟨*lat.-nlat.*⟩: **1.** (Philos.) begrifflich urteilendes Erfassen im Unterschied zur ↑Perzeption. **2.** (Psychol.) bewusstes Erfassen von Erlebnis-, Wahrnehmungs- u. Denkinhalten

Ap|per|zep|ti|ons|psy|cho|lo|gie, die; -: (von W. Wundt begründete) Lehre von der Auffassung des Ablaufs der psychischen Vorgänge als Willensakt

ap|per|zep|tiv (Psychol.): durch Apperzeption (2) bewirkt, durch Aufmerksamkeit zustande kommend

ap|per|zi|pie|ren (Psychol.): Erlebnisse u. Wahrnehmungen bewusst erfassen im Unterschied zu ↑perzipieren

Ap|pe|tenz, die; -, -en ⟨*lat.*⟩ (Verhaltensforschung): **a)** [ungerichtete] suchende Aktivität (z. B. bei einem Tier auf Nahrungssuche); **b)** Begehren; Sexualverlangen

Ap|pe|tenz|ver|hal|ten, das; -s ⟨*lat.; dt.*⟩ (Verhaltensforschung): Triebverhalten bei Tieren zur Auffindung der triebbefriedigenden Reizsituation

Ap|pe|tit, der; -[e]s, -e (Plural selten) ⟨*lat.*⟩: Wunsch, etwas [Bestimmtes] zu essen od. auch zu trinken. **ap|pe|tit|lich: a)** appetitanregend; **b)** hygienisch einwandfrei, sauber; **c)** adrett u. frisch aussehend

Ap|pe|tit|züg|ler, der; -s, - (Med.): Mittel, das eine appetitvermindernde Wirkung hat

Ap|pe|ti|zer ['ɛpətaɪzɐ], der; -s, - ⟨*engl.*⟩: **a)** appetitanregendes Mittel; **b)** kleines Appetithäppchen

ap|pla|nie|ren ⟨*lat.-frz.*⟩: **a)** [ein]ebnen; **b)** ausgleichen

ap|plau|die|ren ⟨*lat.*⟩: **a)** Beifall klatschen; **b)** jmdm./einer Sache Beifall spenden

Ap|plaus, der; -es, -e (Plural selten): Beifall[sruf], Händeklatschen

App|let ['ɛplət], das; -s, -s ⟨*engl.*⟩ (EDV): Anwendungsprogramm, das der Benutzer vom Internet auf seinen Computer lädt u. dort ausführt

ap|pli|ka|bel ⟨*lat.-nlat.*⟩: anwendbar. **Ap|pli|ka|bi|li|tät,** die; -: Anwendbarkeit

Ap|pli|kant, der; -en, -en ⟨*lat.*⟩ (veraltet): **1.** Bewerber, Anwärter. **2.** Bittsteller

Ap|pli|ka|te, die; -, -n: dritte ↑Koordinate (1) eines Punktes

Appell

Die große Bühne nutzte sie für einen patriotischen Appell.
Aufruf, Mahnruf
- Appelle an Einsicht und Vernunft
- Die Appelle [...] verhallten [...] ungehört
- richte ich einen/den dringenden Appell an die .../alle

Die Tochter richtete einen flammenden Appell an die Bundesregierung.
Mit der geringen Wirkung von Appellen an Vernunft und Einsicht.
Statt dessen gefällt er sich in moralischen Appellen.

Appeal

Ihm habe aber das Charisma und der Sex Appeal eines Elvis Presley gefehlt.
Anziehungskraft, Reiz; Berufung
- hat ... einen gewissen [...] Appeal
- Instanz den Court of Appeals
- mit ihrem Sex Appeal

Damit verliert die Linke den in ihrer Geschichte stets wichtigen Appeal.
Das entschied am Montag eine Wirtschaftskammer am Londoner Court of Appeal.
Der Trainer hat nicht den Appeal bei den Massen wie Jürgen Klopp.

Ap|pli|ka|ti|on, die; -, -en: **1.** Anwendung, Zuführung, Anbringung. **2.** (veraltet) Bewerbung, Fleiß, Hinwendung. **3.** (Med.) Verabreichung von Medikamenten (z. B. oral, intravenös, subkutan). **4.** (Rel.) Darbringung der katholischen Messe für bestimmte Personen od. Anliegen. **5.** (Textilkunde) aufgenähte Verzierung aus Leder, Filz, dünnerem Metall o. Ä. an Geweben. **6.** haftendes od. aufgelegtes Symbol auf Wandtafeln o. Ä. **7.** ↑App

Ap|pli|ka|tor, der; -s, ...oren ‹*lat.-nlat.*› (Med.): röhren-, düsenförmiges Teil, mit dem Salbe o. Ä. appliziert, an eine bestimmte Stelle (z. B. auf eine offene Wunde, in den Darm) gebracht werden kann

Ap|pli|ka|tur, die; -, -en: **1.** (veraltet) zweckmäßiger Gebrauch. **2.** (Musik) Fingersatz, das zweckmäßige Verwenden der einzelnen Finger beim Spielen von Streichinstrumenten, Klavier u. a.

ap|pli|zie|ren ‹*lat.*›: **1.** anwenden, gebrauchen. **2.** (Med.) verabreichen, verabfolgen, dem Körper zuführen (z. B. Arzneimittel). **3.** (Farben) auftragen. **4.** (Stoffmuster) aufnähen

Ap|pog|gia|tur, Ap|pog|gia|tu|ra [...dʒa...], die; -, ...ren ‹*vulgärlat.-it.*› (Musik): langer Vorschlag, der Hauptnote zur Verzierung vorausgeschickter Nebenton

Ap|point [aˈpo̯ɛ̃ː], der; -s, -s ‹*lat.-frz.*›: Ausgleichsbetrag; Wechsel, der eine Restschuld vollständig ausgleicht

Ap|point|ment [əˈpɔ̯ɪntmənt], das; -s, -s ‹*frz.-engl.*›: Festlegung, Termin

ap|po|nie|ren ‹*lat.*› (veraltet): beifügen

ap|port ‹*lat.-frz.*›: bring [es] her! (Befehl an einen Hund). **Ap|port,** der; -s, -e: **1.** (veraltet) Sacheinlage statt Bargeld bei der Gründung einer Kapitalgesellschaft. **2.** (Jägerspr.) Herbeischaffen des erlegten Wildes durch den Hund. **3.** (Parapsychol.) das angebliche Herbeischaffen von Gegenständen od. die Lage- od. Ortsveränderung materieller Dinge, bewirkt von Geistern od. von einem ↑[1]Medium (4 a)

ap|por|tie|ren: Gegenstände, erlegtes Wild herbeibringen (vom Hund)

Ap|po|si|ti|on, die; -, -en ‹*lat.*›: **1.** (Sprachwiss.) substantivisches Attribut, das üblicherweise im gleichen Kasus steht wie das Substantiv od. Pronomen, zu dem es gehört (z. B. Paris, *die Hauptstadt Frankreichs*). **2.** (Biol.) Anlagerung von Substanzen (z. B. Dickenwachstum pflanzlicher Zellwände od. Anlagerung von Knochensubstanz beim Aufbau der Knochen) (Ggs.: Intussuszeption [1])

ap|po|si|ti|o|nal: ↑appositionell; vgl. ...al/...ell. **ap|po|si|ti|o|nell** ‹*lat.-nlat.*›: die Apposition (1) betreffend, in der Art einer Apposition gebraucht; vgl. ...al/...ell

Ap|po|si|ti|ons|au|ge, das; -s, -n (Zool.): lichtschwaches, doch scharf abbildendes Facettenauge bei Insekten; vgl. Superpositionsauge

ap|po|si|tiv (Sprachwiss.): als Apposition (1) [gebraucht], in der Apposition stehend

ap|prai|siv [aprɛ...] ‹*engl.*›: nicht wertfrei, bewertend (von Wörtern u. Begriffen)

Ap|pre|hen|si|on, die; -, -en ‹*lat.*›: Erfassung eines Gegenstandes durch die Sinne; Zusammenfassung mannigfaltiger Sinneseindrücke zu einer Vorstellungseinheit. **ap|pre|hen|siv** ‹*lat.-nlat.*›: **1.** reizbar. **2.** furchtsam

Ap|pre|teur [...ˈtøːɐ̯], der; -s, -e ‹*lat.-galloroman.-frz.*›: jmd. (Facharbeiter), der Gewebe, Textilien appretiert. **Ap|pre|teu|rin** [...ˈtøːrɪn], die; -, -nen: weibliche Form zu ↑Appreteur

ap|pre|tie|ren: Geweben, Textilien durch entsprechendes Bearbeiten ein besseres Aussehen, Glanz, höhere Festigkeit geben

Ap|pre|tur, die; -, -en ‹*nlat.*›: **1.** das Appretieren. **2.** Mittel, Masse zum Appretieren. **3.** Raum, in dem Textilien appretiert werden

Ap|proach [əˈprɔʊ̯tʃ], der; -[e]s, -s od. -es [...tʃəs, ...tʃɪs] ‹*engl.*›: **1.** Sehweise, Art der Annäherung an ein [wissenschaftliches] Problem. **2.** Anfang eines Werbetextes, der die Aufmerksamkeit des Verbrauchers erregen soll. **3.** Landeanflug eines Flugzeugs. **4.** Annäherungsschlag beim Golf

Ap|pro|ba|ti|on, die; -, -en ‹*lat.*; »Billigung, Genehmigung«›: **1.** staatliche Zulassung zur Berufsausübung als Arzt od. Apotheker. **2.** (kath. Rel.) **a)** Anerkennung, Bestätigung, Genehmigung durch die zuständige kirchliche Autorität; **b)** Bevollmächtigung zur Wortverkündigung u. zur Spendung des Bußsakraments

ap|pro|ba|tur: es wird gebilligt (Formel der kirchlichen Druckerlaubnis); vgl. Imprimatur (1)

ap|pro|bie|ren (österr., sonst veraltet): bestätigen, genehmigen. **ap|pro|biert:** zur Ausübung des Berufes staatlich zugelassen (von Ärzten u. Apothekern)

Ap|pro|che [aˈprɔʃə], die; -, -n ⟨*lat.-frz.*⟩ (Militär veraltet): Laufgraben. **ap|pro|chie|ren** [...ˈʃiː...] (veraltet): **1.** sich nähern. **2.** (Militär) Laufgräben anlegen

Ap|pro|p|ri|a|ti|on, die; -, -en ⟨*lat.*⟩: Zu-, Aneignung, Besitzergreifung

Ap|pro|p|ri|a|ti|ons|klau|sel, die; -: Klausel, wonach die Regierung Steuergelder nur zu dem vom Parlament gebilligten Zweck verwenden darf

ap|pro|p|ri|ie|ren: in Besitz nehmen

Ap|pro|vi|sa|ti|on, die; -, -en ⟨*lat.*⟩ (österr. Amtsspr. veraltet): Versorgung, bes. von Truppen, mit Lebensmitteln. **ap|pro|vi|si|o|nie|ren** ⟨*lat.-frz.*⟩ (österr. Amtsspr. veraltet): [Truppen] mit Lebensmitteln versorgen

Ap|pro|xi|ma|ti|on, die; -, -en ⟨*lat.-nlat.*⟩: **1.** (Math.) Näherung[swert], angenäherte Bestimmung od. Darstellung einer unbekannten Größe od. Funktion. **2.** Annäherung (an einen bestimmten Zielpunkt o. Ä.)

ap|pro|xi|ma|tiv: angenähert, ungefähr. **Ap|pro|xi|ma|tiv,** das; -s, -e (Sprachwiss.): Formklasse des Adjektivs, die eine Annäherung ausdrückt (vergleichbar deutschen Adjektivbildungen wie rötlich zu rot)

Ap|ra|xie, die; -, ...ien ⟨*gr.*⟩ (Med.): durch zentrale Störungen bedingte Unfähigkeit, sinnvolle u. zweckmäßige Bewegungen auszuführen

ap|rès nous le dé|luge [aprɛnul(ə)deˈlyːʒ(ə)] ⟨*frz.;* »nach uns die Sintflut!«; angeblicher Ausspruch der Marquise de Pompadour nach der verlorenen Schlacht bei Roßbach 1757⟩: nach mir die Sintflut!; es ist mir ganz gleich, was später geschieht

Ap|rès-Ski [aprɛˈʃiː, aprɛsˈki], das; - ⟨*frz.; norw.*⟩: **a)** Zerstreuung od. Vergnügen [nach dem Skilaufen] im Winterurlaub; **b)** sportlich saloppe, modisch elegante Kleidung, die von Winterurlaubern im Allgemeinen nach dem Skilaufen getragen wird

ap|ri|cot [...ˈkoː] ⟨*lat.-vulgärlat.-spätgr.-arab.-span.-frz.*⟩: aprikosenfarben

Ap|ri|ko|se, die; -, -n ⟨*lat.-vulgärlat.-spätgr.-arab.-span.-frz.-niederl.*⟩: **a)** gelbliche, pflaumengroße, fleischige Steinfrucht des Aprikosenbaumes; **b)** Aprikosenbaum; **c)** Gartenzierbaum aus Japan

Ap|ril, der; -[s], -e ⟨*lat.*⟩: vierter Monat im Jahr (Abk.: Apr.)

Ap|ril|the|sen, die (Plural): von Lenin am 17. April 1917 verkündetes Aktionsprogramm, das die Aktionen der bolschewistischen Partei auf dem Weg von der Februar- zur Oktoberrevolution bestimmte

a pri|ma vis|ta [- - v...] ⟨*it.;* »auf den ersten Blick«⟩: **1.** ohne vorherige Kenntnis, unvorbereitet. **2.** (Musik selten) vom Blatt, d. h. ohne vorhergehende Probe bzw. Kenntnis der Noten, singen od. spielen; vgl. aber a vista

a pri|o|ri ⟨*lat.;* »vom Früheren her«⟩: **1.** (Erkenntnistheorie) von der Erfahrung od. Wahrnehmung unabhängig, aus der Vernunft durch logisches Schließen gewonnen (Ggs.: a posteriori). **2.** grundsätzlich, von vornherein (Ggs.: a posteriori)

Apri|o|ri, das; -, - (Philos.): Vernunftsatz, Inbegriff der Erkenntnisse, die a priori gewonnen werden (Ggs.: Aposteriori)

apri|o|risch: aus Vernunftgründen [erschlossen], allein durch Denken gewonnen (Ggs.: aposteriorisch)

Apri|o|ris|mus, der; -, ...men ⟨*lat.-nlat.*⟩: **a)** Erkenntnis a priori; **b)** philosophische Lehre, die eine von der Erfahrung unabhängige Erkenntnis annimmt. **Apri|o|rist,** der; -en, -en: Vertreter der Lehre des Apriorismus. **Apri|o|ris|tin,** die; -, -nen: weibliche Form zu ↑ Apriorist. **apri|o|ris|tisch:** den Apriorismus betreffend

ap|ro|pos [...ˈpoː] ⟨*frz.;* »zum Gesprächsthema«⟩: nebenbei bemerkt, übrigens; da wir gerade davon sprechen

Ap|ros|do|ke|se, die; -, -n ⟨*gr.-nlat.*⟩ (Rhet., Stilkunde): Anwendung des ↑ Aprosdoketons als bewusstes Stilmittel

ap|ros|do|ke|tisch: a) die Aprosdokese, das Aprosdoketon betreffend; **b)** in Form eines Aprosdoketons abgefasst

Ap|ros|do|ke|ton, das; -s, ...ta ⟨*gr.;* »Unerwartetes«⟩ (Rhet., Stilkunde): unerwartet gebrauchtes, auffälliges Wort bzw. Redewendung anstelle erwarteter geläufiger Wörter od. Wendungen

Ap|ro|s|e|xie, die; -, ...ien ⟨*gr.-nlat.*⟩ (Med.): Konzentrationsschwäche; Störung des Vermögens, sich geistig zu sammeln, aufmerksam zu sein; Zustand der Verwirrung

Ap|si|de, die; -, -n ⟨*gr.-lat.*⟩: **1.** (Astron.) Punkt der kleinsten od. größten Entfernung eines Planeten von dem Gestirn, das er umläuft. **2.** ↑ Apsis (1). **Ap|si|den|li|nie,** die; -, -n: Verbindungslinie der beiden Apsiden

ap|si|di|al ⟨*gr.-nlat.*⟩: **a)** die Apsis (1) betreffend; **b)** nach Art einer Apsis (1) gebaut

Ap|sis, die; -, ...iden ⟨*gr.-lat.*⟩: **1.** halbrunde, auch vieleckige Altarnische als Abschluss eines Kirchenraumes. **2.** [halbrunde] Nische im Zelt zur Aufnahme von Gepäck u. a.

[1]**Ap|te|rie,** die; -, -n (meist Plural) ⟨*gr.-nlat.*⟩ (Zool.): federfreie Stelle im Gefieder der Vögel

[2]**Ap|te|rie,** die; - (Zool.): Flügellosigkeit (bei Insekten)

ap|te|ry|got (Zool.): flügellos (von Insekten). **Ap|te|ry|go|ten,** die (Plural) (Zool.): flügellose Insekten

ap|tie|ren ⟨*lat.*⟩: **1.** (veraltet) anpassen; herrichten. **2.** (in der Briefmarkenkunde) einen Stempel den neuen Erfordernissen anpassen, um ihn weiterhin benutzen zu können

Ap|ti|tude [ˈæptɪtjuːd], die; -, -s ⟨*lat.-engl.*⟩ (Psychol.): anlagebedingte Begabung, die die Voraussetzung für eine bestimmte Höhe der Leistungsfähigkeit ist. **Ap|ti|tude|test,** der; -s, -s: Leistungsmaß zur Bestimmung der Lernfähigkeit in verschiedenen Verhaltensbereichen

Ap|ty|a|lis|mus, der; - ⟨*gr.-nlat.*⟩ (Med.): völliges Aufhören der

Speichelabsonderung; vgl. Asialie

Apy|r|e|xie, die; -, ...ien ⟨*gr.-nlat.*⟩ (Med.): fieberloser Zustand, fieberfreie Zeit

aq. dest.: ↑ Aqua destillata

Aqua|bike [...baɪk] ⟨*lat.; engl.*⟩: Wassermotorrad; kleines, sehr wendiges Wasserfahrzeug mit Strahltriebwerk

Aqua de|s|til|la|ta, das; - - ⟨*lat.*⟩: destilliertes, chemisch reines Wasser (Abk.: aq. dest.)

Aquä|dukt, der, auch: das; -[e]s, -e ⟨*lat.*⟩: (altrömisches) steinernes, brückenartiges Bauwerk mit einer Rinne, in der das Wasser für die Versorgung der Bevölkerung weitergeleitet wurde

Aqua|fit|ness, die; - ⟨*lat.; engl.*⟩: **a)** Sammelbezeichnung für Bewegungsübungen im Wasser (z. B. Wassertreten, -gymnastik); **b)** durch Aquafitness (a) erzieltes physisches u. psychisches Wohlbefinden

Aqua|jog|ging, das; -s ⟨*lat.; engl.*⟩: kraftvolles Sichvorwärtsbewegen od. andere Bewegungsübungen im brusthohen Wasser

Aqua|kul|tur, die; -, -en ⟨*lat.*⟩: **1.** (ohne Plural) systematische Bewirtschaftung u. Nutzung von Meeren, Seen u. Flüssen (z. B. durch Anlegen von Muschelkulturen). **2.** (ohne Plural) Verfahren zur Intensivierung der Fischzüchtung u. -produktion. **3.** Anlage, in der Verfahren zur extensiven Nutzung des Meeres od. zur Intensivierung der Fischproduktion entwickelt werden

äqual ⟨*lat.*⟩: gleich [groß], nicht verschieden (Ggs.: inäqual)

Aqua|ma|ni|le, das; -, -n ⟨*lat.-mlat.*⟩: Gießgefäß od. Schüssel (zur Handwaschung des Priesters bei der Messe)

aqua|ma|rin: von der Farbe des Aquamarins. **Aqua|ma|rin,** der; -s, -e ⟨*lat.-roman.;* »Meerwasser«⟩: meerblauer ↑ Beryll, Edelstein

Aqua|naut, der; -en, -en ⟨*lat.; gr.*⟩: Forscher, der in einer Unterwasserstation die besonderen Lebens- und Umweltbedingungen in größeren Meerestiefen erforscht. **Aqua|nau|tik,** die; -: Teilgebiet der ↑ Ozeanografie, auf dem man sich mit Möglichkeiten des längerfristigen Aufenthaltes von Menschen unter Wasser sowie der Erkundung u. Nutzung von Meeresbodenschätzen befasst. **Aqua|nau|tin,** die; -, -nen: weibliche Form zu ↑ Aquanaut

Aqua|pla|ning, das; -[s] ⟨*lat.-engl.;* »Wassergleiten«⟩: bei höheren Geschwindigkeiten vorkommendes Rutschen, Gleiten der Reifen eines Kraftfahrzeugs auf Wasser, das sich auf einer regennassen Straße gesammelt hat

Aqua|rell, das; -s, -e ⟨*lat.-it.(-frz.)*⟩: mit Wasserfarben gemaltes Bild. **aqua|rel|lie|ren:** mit Wasserfarben malen. **Aqua|rel|list,** der; -en, -en: Künstler, der mit Wasserfarben malt. **Aqua|rel|lis|tin,** die; -, -nen: weibliche Form zu ↑ Aquarellist. **Aqua|rell|tech|nik,** die; -, -en: Technik, die beim Malen von Aquarellen angewandt wird

Aqua|ri|a|ner, der; -s, - ⟨*lat.-nlat.*⟩: Aquarienliebhaber. **Aqua|ri|a|ne|rin,** die; -, -nen: weibliche Form zu ↑ Aquarianer

Aqua|ri|den, die (Plural): zwei im Sommer beobachtbare Meteorströme

Aqua|rist, der; -en, -en: jmd., der sich mit Aquaristik beschäftigt. **Aqua|ris|tik,** die; -: sachgerechtes Halten u. Züchten von Wassertieren u. -pflanzen als Hobby od. aus wissenschaftlichem Interesse. **Aqua|ris|tin,** die; -, -nen: weibliche Form zu ↑ Aquarist. **aqua|ris|tisch:** die Aquaristik betreffend

Aqua|ri|um, das; -s, ...ien: **1.** Behälter zur Pflege, Zucht u. Beobachtung von Wassertieren. **2.** Gebäude [in zoologischen Gärten], in dem in verschiedenen Aquarien (1) Wassertiere u. -pflanzen ausgestellt werden

Aqua|tel, das; -s, -s ⟨Kurzw. aus lat. *aqua* »Wasser« u. *Hotel*⟩: Hotel, das anstelle von Zimmern od. Apartments Hausboote vermietet

Aqua|tin|ta, die; -, ...ten ⟨*lat.-it.*⟩: **1.** (ohne Plural) Kupferstichverfahren, das die Wirkung der Tuschzeichnung nachahmt. **2.** einzelnes Blatt in Aquatintatechnik

aqua|tisch ⟨*lat.*⟩: **1.** dem Wasser angehörend; im Wasser lebend. **2.** wässerig

Äqua|tiv, der; -s, -e ⟨*lat.-nlat.*⟩ (Sprachwiss.): **1.** Vergleichsstufe des Adjektivs im Keltischen zur Bezeichnung der Gleichheit od. Identität bei Personen od. Sachen. **2.** Kasus in den kaukasischen Sprachen zur Bezeichnung der Gleichheit od. Identität

Aqua|tone|ver|fah|ren [akva'to:n...], das; -s ⟨*engl.; dt.*⟩ (Druckw.): Offsetdruckverfahren für bes. feine Raster

Äqua|tor, der; -s, ...toren ⟨*lat.;* »Gleichmacher«⟩: **1.** (ohne Plural) größter Breitenkreis, der die Erde in die nördliche u. die südliche Halbkugel teilt. **2.** (Math.) Kreis auf einer Kugel, dessen Ebene senkrecht auf einem vorgegebenen Kugeldurchmesser steht

Äqua|to|re|al, Äqua|to|ri|al, das; -s, -e ⟨*lat.-nlat.*⟩ (veraltet): ein um zwei Achsen bewegbares astronomisches Fernrohr, mit dem man Stundenwinkel u. ↑ Deklination (2) ablesen kann

äqua|to|ri|al: **a)** den Äquator betreffend; **b)** unter dem Äquator befindlich

Äqua|to|ri|al vgl. Äquatoreal

à qua|t|re [a 'katrə] ⟨*frz.*⟩: zu vieren

à qua|t|re mains [- - mɛ̃] ⟨*frz.;* »zu vier Händen«⟩ (Musik): vierhändig

à qua|t|re par|ties [...par'ti:] (Musik): vierstimmig

Aqua|vit [...'vi:t, auch: ...'vɪt], der; -s, -e ⟨*lat.-nlat.;* »Lebenswasser«⟩: vorwiegend mit Kümmel gewürzter Branntwein

Äqui|den|si|te, die; -, -n ⟨*lat.*⟩: Kurve gleicher Schwärzung od. Helligkeit auf einem [astronomischen] Foto bzw. Kurve gleicher Leuchtdichte

äqui|di|s|tant (Math.): gleich weit entfernt, gleiche Abstände aufweisend (z. B. von Punkten od. Kurven). **Äqui|di|s|tanz,** die; -, -en: gleich großer Abstand

äqui|fa|zi|al (Bot.): auf Ober- u. Unterseite gleichartig gebaut

Aqui|fer, der; -s ⟨*lat.*⟩ (Geol.): Grund- od. Mineralwasser enthaltende Erdschicht

Äqui|gla|zi|a|le, die; -, -n ⟨*lat.-*

nlat.⟩: Verbindungslinie zwischen Orten gleich langer Eisbedeckung auf Flüssen u. Seen

Äqui|gra|vi|sphä|re, die; - (Astron.): kosmische Zone, in der sich die Schwerkraft der Erde u. des Mondes die Waage halten

Aqui|la, die; -, -s ⟨*lat.;* »Adler«⟩: **1.** Legionszeichen bei den Römern. **2.** (Archit.) Giebelverzierung in Adlergestalt. **3.** mittelalterliches Notenpult mit einem Adler. **4.** (Astron.) ein Sternbild

äqui|li|b|rie|ren: ins Gleichgewicht bringen

Äqui|li|b|ris|mus, der; -: scholastische Lehre vom Einfluss des Gleichgewichts der Motive auf die freie Willensentscheidung

Äqui|li|b|rist, der; -en, -en ⟨*lat.-frz.*⟩: ↑Artist (2), der die Kunst des Gleichgewichthaltens (mit u. von Gegenständen) beherrscht, bes. Seiltänzer

Äqui|li|b|ris|tik, die; -: die Kunst des Gleichgewichthaltens. **Äqui|li|b|ris|tin,** die; -, -nen: weibliche Form zu ↑Äquilibrist. **äqui|li|b|ris|tisch:** die Äquilibristik betreffend

Äqui|li|b|ri|um, das; -s ⟨*lat.-frz.*⟩: Gleichgewicht

äqui|mo|lar ⟨*lat.-nlat.*⟩: gleiche Anzahl von Molen (vgl. Mol) pro Volumeneinheit enthaltend (von Gasen od. Flüssigkeiten)

äqui|mo|le|ku|lar: gleiche Anzahl von ↑Molekülen pro Volumeneinheit enthaltend (von Lösungen)

äqui|nok|ti|al ⟨*lat.*⟩: **a)** das Äquinoktium betreffend; **b)** tropisch, Tropen-. **Äqui|nok|ti|alsturm,** der; -[e]s, ... stürme (meist Plural): in der Zeit der Tagundnachtgleiche bes. am Rande der Tropen auftretende Stürme

Äqui|nok|ti|um, das; -s, ...ien: Tagundnachtgleiche

äqui|pol|lent ⟨*lat.-mlat.;* »gleich viel geltend«⟩ (Philos.): gleichbedeutend, aber verschieden formuliert (von Begriffen od. Urteilen). **Äqui|pol|lenz,** die; - ⟨*lat.-nlat.*⟩ (Philos.): logisch gleiche Bedeutung von Begriffen od. Urteilen, die verschieden formuliert sind

Äqui|po|ten|zi|al|flä|che, Äqui|poten|ti|al|flä|che, die; -, -n: (Physik) Fläche in einem Feld, deren Punkte die gleiche potenzielle Energie haben, u. die senkrecht zu den Feldlinien steht

Akquise
Das aus dem Lateinischen stammende Wort weist die im Deutschen ungewöhnliche Schreibweise *-kqu-* auf. Ebenso: *akquirieren, Akquisiteur, Akquisiteurin, Akquisition, Akquisitor, akquisitorisch.*

Äqui|tät, die; - ⟨*lat.*⟩ (veraltet): das eigentlich übliche u. jmdm. zustehende Recht, Gerechtigkeit

äqui|va|lent ⟨*lat.-nlat.*⟩: gleichwertig, im Wert od. in der Geltung dem Verglichenen entsprechend. **Äqui|va|lent,** das; -s, -e: gleichwertiger Ersatz, Gegenwert

Äqui|va|lent|ge|wicht, das; -s, -e: ↑Quotient (b) aus Atomgewicht u. Wertigkeit eines chemischen Elements

Äqui|va|lenz, die; -, -en: **1.** Gleichwertigkeit. **2.** (Logik) Gleichwertigkeit des Wahrheitsgehaltes, der Bedeutung zweier Aussagen. **3.** (Math.) Gleichwertigkeit von Mengen gleicher Mächtigkeit

Äqui|va|lenz|do|sis, Äqui|va|lentdo|sis, die; -, ...dosen: **a)** (Med.) Dosis eines Medikaments, die einer best. Dosis eines ähnlichen Medikaments in der Wirkung entspricht; **b)** ↑Äquivalentdosis

Äqui|va|lenz|prin|zip, das; -s: **1.** (Rechtswiss.) Grundsatz der Gleichwertigkeit von Leistung u. Gegenleistung (z. B. bei der Festsetzung von Gebühren). **2.** Äquivalenztheorie. **3.** (Physik, Relativitätstheorie) **a)** der Satz von der Äquivalenz von träger u. schwerer Masse; **b)** der Satz von der Äquivalenz von Masse u. Energie

Äqui|va|lenz|the|o|rie, die; -: **1.** (Strafrecht) Lehre von der Gleichwertigkeit aller Bedingungen; vgl. Adäquanztheorie. **2.** (Finanzw.) Theorie zur Rechtfertigung der Erhebung von Steuern als Gegenleistung des Einzelnen für den Nutzen, den ihm der Staat gewährt

äqui|vok ⟨*lat.*⟩: **a)** verschieden deutbar, doppelsinnig; **b)** zwei-, mehrdeutig, von verschiedener Bedeutung trotz gleicher Lautung. **Äqui|vo|ka|ti|on,** die; -, -en: **1.** Doppelsinnigkeit, Mehrdeutigkeit. **2.** (Philos.) Wortgleichheit bei Sachverschiedenheit

Ar, das, auch: der; -s, -e (aber: 3 -) ⟨*lat.-frz.*⟩: Flächenmaß von 100 m^2 (Zeichen: a)

Ara ⟨*Tupi-frz.*⟩, Arara ⟨*Tupi-port.*⟩ der; -s, -s: Langschwanzpapagei aus dem tropischen Südamerika

Ära, die; -, Ären ⟨*lat.*⟩: **1.** längerer, durch etwas Bestimmtes gekennzeichneter, geprägter Zeitabschnitt. **2.** (Geol.) Erdzeitalter (Gruppe von ↑Formationen [5 a] der Erdgeschichte)

Ara|ba, die; -, -s ⟨*arab.;* »Wagen«⟩: **1.** vierrädriger Wagen mit Schutzverdeck, bes. für Frauen im arab. Raum. **2.** zweirädriger Wagen im inneren Asien

Ara|ber [auch: 'a..., auch: a'ra:bɐ], der; -s, - ⟨nach dem geografischen Begriff Arabien⟩: **1.** Bewohner der Arabischen Halbinsel. **2.** arabisches Vollblut, Pferd einer edlen Rasse. **Ara|be|rin,** die; -, -nen: weibliche Form zu Araber (1)

ara|besk ⟨*arab.-gr.-lat.-it.-frz.;* »in arabischer Art«⟩: rankenförmig verziert, verschnörkelt. **Ara|beske,** die; -, -n ⟨*arab.-gr.-lat.-it.-frz.*⟩: **1.** rankenförmige Verzierung, Ornament; vgl. Moreske. **2.** Musikstück für Klavier

Ara|besque [...'bɛsk], die; -, -s [...'bɛsk] (Ballett): Tanzpose auf einem Standbein, bei der das andere Bein gestreckt nach hinten angehoben ist

Ara|bi|no|se, die; - ⟨*gr.-nlat.*⟩: ein einfacher Zucker mit 5 Sauerstoffatomen im Molekül, der u. a. in Rüben, Kirschen u. Pfirsichen vorkommt

Ara|bis, die; -: Gänsekresse (eine Polster bildende Zierpflanze)

ara|bi|sie|ren: an die arabische Sprache u. Kultur angleichen

Ara|bist, der; -en, -en: Wissenschaftler auf dem Gebiet der Arabistik. **Ara|bis|tik,** die; -: wissenschaftliche Erforschung der arabischen Sprache u. Literatur. **Ara|bis|tin,** die; -, -nen: weibliche Form zu ↑Arabist. **ara|bis|tisch:** die Arabistik betreffend

Ara|bit [auch: ...'bɪt], der; -s: fünfwertiger Zuckeralkohol, der durch ↑Reduktion (5 b) aus Arabinose entsteht u. oft in Flechten vorkommt

Arach|ni|de vgl. Arachnoide

Arach|ni|tis, Arachnoiditis, die; -, ...itiden ⟨*gr.-nlat.*⟩: Entzündung der Arachnoidea

Arach|no|dak|ty|lie, die; -, ...ien (Med.): abnorme Länge der Hand- u. Fußknochen (Spinnenfingrigkeit)

arach|no|id: spinnenähnlich

Arach|no|i|de, Arachnide, die; -, -n: Spinnentier

Arach|no|i|dea, die; - (Med.): eine der drei Hirnhäute, die das Zentralnervensystem der Säugetiere u. des Menschen umgeben; Spinnwebenhaut

Arach|no|i|di|tis vgl. Arachnitis

Arach|no|lo|ge, der; -n, -n: Wissenschaftler auf dem Gebiet der Arachnologie. **Arach|no|lo|gie,** die; -: Wissenschaft von den Spinnentieren (Spinnenkunde). **Arach|no|lo|gin,** die; -, -nen: weibliche Form zu ↑Arachnologe. **arach|no|lo|gisch:** die Arachnologie betreffend

Arach|no|pho|bie, die; -, -ien (Psychol.): [krankhafte] Furcht vor Spinnen

Ara|go|nit [auch: ...'nɪt], der; -s ⟨*nlat.;* nach der span. Landschaft Aragonien⟩: ein Mineral aus der Gruppe der ↑²Karbonate

Arai, die (Plural) ⟨*gr.*⟩: altgriechische Literaturgattung der Verwünschungsgedichte u. Schmähverse

Ara|lie [...liə], die; -, -n ⟨Herkunft unbekannt⟩: Zimmerpflanze aus der Familie der Efeugewächse

Aran|zi|ni, die (Plural) ⟨*pers.-arab.-span.-it.*⟩ (bes. österr.): überzuckerte od. schokoladenüberzogene gekochte Orangenschalen

Arä|o|me|ter, das; -s, - ⟨*gr.-nlat.*⟩ (Physik): Gerät zur Bestimmung der Dichte bzw. des spezifischen Gewichts von Flüssigkeiten u. festen Stoffen

Ärar, das; -s, -e ⟨*lat.*⟩: **1. a)** Staatsschatz, -vermögen; **b)** Staatsarchiv. **2.** (österr.) ↑Fiskus

Ara|ra vgl. Ara

ära|risch ⟨*lat.*⟩: zum ↑Ärar gehörend; staatlich

Arau|ka|rie [...riə], die; -, -n ⟨*nlat.;* nach der chilenischen Provinz Arauco⟩: auf der Südhalbkugel vorkommender, als Zimmerpflanze nutzbarer Baum mit nadelförmigen Blättern

Araz|zo, der; -s, ...zzi ⟨*it.;* nach der nordfrz. Stadt Arras⟩: it. Bez. für: gewirkter Bildteppich [aus Arras]

Ar|bi|ter, der; -s, - ⟨*lat.*⟩ (veraltet): Schiedsrichter; **Arbiter Litterarum:** Literatursachverständiger

Ar|bi|ter Ele|gan|ti|a|rum, der; - -, Arbitres -: Sachverständiger in Fragen des guten Geschmacks

Ar|bi|t|ra|ge [...ʒə, österr.: ...ʃ], die; -, -n ⟨*lat.-frz.*⟩: **1.** Ausnutzung von Preis- od. Kursunterschieden für das gleiche Handelsobjekt (z. B. Gold, Devisen) an verschiedenen Börsen. **2.** Schiedsgerichtsvereinbarung im Handelsrecht

ar|bi|t|rär (Math.): dem Ermessen überlassen, beliebig; nach Ermessen, willkürlich; **arbiträre Größe:** durch einen Buchstaben angedeutete, beliebige konstante Größe; **arbiträres Sprachzeichen** (Sprachwiss.): nicht naturgegebenes, sondern einer vorauszusetzenden Konvention entsprechendes Sprachzeichen als verbindliche Zuordnung zwischen Lautgestalt u. Wortinhalt

Ar|bi|t|ra|ri|tät, die; - ⟨*lat.-nlat.*⟩ (Sprachwiss.): Beliebigkeit des sprachlichen Zeichens im Hinblick auf die Zusammengehörigkeit von ↑Signifikant u. ↑Signifikat

Ar|bi|t|ra|ti|on, die; -, -en: Schiedswesen für Streitigkeiten an der Börse

Ar|bi|t|ra|tor, der; -s, ...oren ⟨*lat.*⟩ (veraltet): Schiedsrichter

ar|bi|t|rie|ren ⟨*lat.-frz.*⟩: **1.** (veraltet) schätzen. **2.** eine Arbitrage (1) vollziehen. **3.** (schweiz.) Schiedsrichter beim Sport sein

Ar|bi|t|ri|um, das; -s, ...ia ⟨*lat.*⟩: Schiedsspruch, Gutachten (im römischen Zivilprozessrecht)

Ar|bo|re|al, das; -s, -e ⟨*lat.*⟩ (Biol.): der ↑ökologische Lebensraum Wald

Ar|bo|re|tum, das; -s, ...ten (Bot.): Baumschule; zu Studienzwecken angelegte Sammelpflanzung verschiedener Baumarten

Ar|bu|se, die; -, -n ⟨*pers.-russ.*⟩: Wassermelone

arc = Arcus: Formelzeichen für ↑Arkus

ARC ⟨Abk. für *engl.* American Red Cross⟩: amerikanisches Rotes Kreuz

Ar|chae|bak|te|ri|um, das; -s, ...ien: ↑Archebakterie

Ar|cha|e|on, das; -s, ...een ⟨*gr.*⟩ (Biol.): zu den ↑Prokaryonten gehörender Einzeller

Ar|cha|ik, die; - ⟨*gr.*⟩: **a)** frühzeitliche Kulturepoche; **b)** archaische Art

Ar|cha|i|ker, der; -s, -: in ↑archaischem (3) Stil schaffender Künstler. **Ar|cha|i|ke|rin,** die; -, -nen: weibliche Form zu ↑Archaiker

Ar|cha|i|kum, Ar|chä|i|kum, das; -s ⟨*gr.-nlat.*⟩ (Geol.): ältester Abschnitt des Archäozoikums

ar|cha|isch: 1. a) der Vor-, Frühzeit angehörend od. aus ihr überkommen; vor-, frühzeitlich; **b)** (Psychol.) entwicklungsgeschichtlich älteren Schichten der Persönlichkeit angehörend. **2.** altertümlich, veraltet. **3.** der Frühstufe eines Stils (bes. der vorklassischen Epoche der griechischen Kunst) angehörend, entstammend

ar|chä|isch: das Archaikum, Archäikum betreffend

ar|cha|i|sie|ren: archaische Formen verwenden, nach alten Vorbildern gestalten

Ar|cha|is|mus, der; -, ...men: **a)** (ohne Plural) Rückgriff auf veraltete Wörter, Sprach- od. Stilformen; **b)** älteres, einer früheren Zeit angehörendes Element (in Sprache od. Kunst)

Ar|cha|ist, der; -en, -en: Vertreter einer künstlerischen, geistigen Haltung, die sich an einer frühzeitlichen Epoche orientiert. **Ar|cha|is|tin,** die; -, -nen: weibliche Form zu ↑Archaist

ar|cha|is|tisch: den Archaismus betreffend

Ar|ch|an|th|ro|pi|nen, die (Plural) ⟨*gr.-nlat.*⟩: Gruppe der Urmenschen, in deren Lebenszeit die Entdeckung des Feuers fällt

Ar|chäo|lo|ge, der; -n, -n ⟨*gr.*⟩: Wissenschaftler auf dem Gebiet der Archäologie, Altertumsforscher. **Ar|chäo|lo|gie,** die; -: Wissenschaft von den sichtbaren Überresten alter Kulturen; Altertumswissenschaft. **Ar|chäo|lo|gin,** die; -, -nen: weibliche Form zu ↑Archäologe. **ar|chäo|lo|gisch:** die Archäologie betreffend

Ar|chäo|me|t|rie, die; -: Gesamtheit der naturwissenschaftlichen Methoden u. Verfahren, die in der Archäologie zur Auffindung, Untersuchung u. Bestimmung von Objekten angewandt werden

Ar|chä|o|phyt, der; -en, -en: ↑Adventivpflanze der frühgeschichtlichen Zeit

Ar|chä|o|p|te|ris, die; -, ...riden: ausgestorbener Farn des ↑Devons

Ar|chä|o|p|te|ryx, der; -[es], -e od. ...pteryges, auch: die; -, -e od. ...pteryges: ausgestorbener Urvogel aus dem ↑²Jura

Ar|chä|o|zo|i|kum, das; -s ⟨*gr.-nlat.*⟩ (Geol.): die erdgeschichtliche Frühzeit mit den Abschnitten ↑Archaikum u. ↑Algonkium

Ar|che|bak|te|rie, die; -, -n (meist Plural) (Biol.): an extremen Standorten (z. B. in Salzseen) vorkommender, früher den Bakterien zugeordneter Organismus

Ar|ch|e|get, der; -en, -en ⟨*gr.*⟩: Stammvater; Vorläufer, Protagonist

Ar|che|go|ni|a|ten, die (Plural) ⟨*gr.-nlat.*⟩: zusammenfassende Bezeichnung für Moose u. Farnpflanzen, die ein Archegonium ausbilden

Ar|che|go|ni|um, das; -s, ...ien: Geschlechtsorgan der Moose u. Farne, das weibliche Keimzellen ausbildet

Ar|ch|en|ze|pha|lon, das; -s: Urhirn als entwicklungsgeschichtliche Vorstufe des Vor- u. Mittelhirns

Ar|che|s|por, das; -s (Biol.): Zellschicht, aus der entwicklungsgeschichtlich die Sporen der Moose u. Farne sowie die Pollen der höheren Pflanzen hervorgehen

Ar|che|typ [auch: 'ar...], der; -s, -en, Archetypus, der; -, ...pen ⟨*gr.-lat.;* »zuerst geprägt; Urbild«⟩: **1.** (Philos.) Urbild, Urform des Seienden. **2. a)** (Psychol.) im kollektiven Unbewussten angesiedelte Urbilder menschlicher Verhaltensmuster; psychische Strukturdominanten (nach C. G. Jung); **b)** Urform, Musterbild. **3. a)** älteste überlieferte od. erschließbare Fassung einer Handschrift, eines Druckes; **b)** Original eines Kunst- od. Schriftwerkes im Gegensatz zu Nachbildungen od. Abschriften

ar|che|ty|pisch [auch: 'ar...]: einem Archetyp entsprechend, zugehörend

Ar|che|ty|pus vgl. Archetyp

Ar|che|us, der; -, ...chei ⟨*gr.-nlat.*⟩: Bez. für eine als schaffend u. gestaltend vorgestellte Naturkraft (in der humanistischen Naturphilosophie)

Ar|chi|di|a|kon [auch: ...'di:a...], der; -s u. -en, -e[n] ⟨*gr.-lat.*⟩: **1. a)** erster Diakon, Stellvertreter des Bischofs in der alten u. frühmittelalterlichen Kirche; **b)** Stellvertreter eines anglikanischen Bischofs. **2.** (bes. im Mittelalter) Vorsteher eines Kirchensprengels. **3.** Ehrentitel in der evangelischen Kirche; Träger dieses Titels. **4.** zweiter Geistlicher an evangelischen Stadtkirchen

Ar|chi|di|a|ko|nat, das, auch: der; -[e]s, -e: **1.** Amt eines Archidiakons. **2.** Wohnung eines Archidiakons. **3.** Kirchensprengel

Ar|chi|fo|nem vgl. Archiphonem

Ar|chi|ge|ne|se, Ar|chi|ge|ne|sis, die; -: ↑Abiogenese

Ar|chi|go|nie, die; - ⟨*gr.-nlat.*⟩: ↑Abiogenese

Ar|chi|le|xem, das; -s, -e ⟨*gr.*⟩ (Sprachwiss.): das ↑Lexem innerhalb eines Wortfeldes, das den allgemeinsten Inhalt hat (z. B. *Pferd* gegenüber *Gaul, Klepper, Rappe, Hengst*)

Ar|chi|lo|chi|us, der; - ⟨*gr.-lat.;* nach dem altgr. Dichter Archilochos⟩: Bez. für verschiedene antike Versformen; **Archilochius maior:** aus einer daktylischen Tetrapodie u. einem Ithyphallicus bestehende Versform

Ar|chi|man|d|rit, der; -en, -en ⟨*gr.-lat.*⟩: **1.** Oberer eines ostkirchlichen Kloster[verband]s. **2.** Ehrentitel für verdiente Priester einer Ostkirche u. Träger dieses Titels

ar|chi|me|disch ⟨nach dem gr. Mathematiker Archimedes⟩: in den Fügungen **archimedische Schraube:** Gerät zur Be- od. Entwässerung; Wasserschnecke; **archimedisches Prinzip** (Physik): Prinzip, nach dem der statische Auftrieb eines Körpers gleich dem Gewicht der von ihm verdrängten Flüssigkeits- od. Gasmenge ist; **archimedischer Punkt:** a) von Archimedes geforderter fester Standpunkt außerhalb der Erde, vom dem aus er die Erde in Bewegung setzen könne; b) fester Standpunkt, von dem aus etwas grundlegend bestimmt, bewegt, verändert werden kann; Angelpunkt

Ar|chi|pel, der; -s, -e ⟨*gr.-mgr.-it.*⟩: Inselgruppe

Ar|chi|pho|nem, Archifonem, das; -s, -e ⟨*gr.*⟩ (Sprachwiss.): Gesamtheit der ↑distinktiven Merkmale, die zwei oder mehreren ↑Phonemen (1) gemeinsam sind

Ar|chi|pres|by|ter, der; -s, - ⟨*gr.-lat.;* »Erzpriester«⟩: **1.** (Geschichte) oberster Priester einer [Bischofs]kirche; Erzpriester. **2. a)** Vorsteher eines ländlichen evangelischen Kirchenkreises; **b)** Ehrentitel für verdiente evangelische Geistliche; Träger dieses Titels

Ar|chi|tekt, der; -en, -en ⟨*gr.;* »Oberzimmermann, Baumeister«⟩: auf einer Hochschule ausgebildeter Experte, der Bauwerke entwirft u. gestaltet, Baupläne ausarbeitet u. deren Ausführung überwacht. **Ar|chi|tek|ten|bü|ro,** das; -s, -s: **1.** Büro eines Architekten, einer Architektin. **2.** geschäftlicher, wirtschaftlicher Zusammenschluss mehrerer Architekt[inn]en. **Ar|chi|tek|tin,** die; -, -nen: weibliche Form zu ↑Architekt

Ar|chi|tek|to|nik, die; -, -en: **1.** (ohne Plural) Wissenschaft von der Baukunst. **2. a)** [kunstgerechter] Aufbau eines Bauwerks; **b)** strenger, gesetzmäßiger [künstlerischer od. geistiger] Aufbau. **ar|chi|tek|to|nisch:** die Architektonik betreffend

Ar|chi|tek|tur, die; -, -en: **1. a)** (ohne Plural) Baukunst [als wissenschaftliche Disziplin]; **b)** Baustil. **2.** der nach den Regeln der Baukunst gestaltete

Aufbau eines Gebäudes. 3. (EDV) Aufbau und Struktur eines Rechners
ar|chi|tek|tu|ral: architektonisch. **Ar|chi|tek|tur|mo|dell**, das; -s, -e: plastisches Modell eines Bauwerks in verkleinertem Maßstab zur Veranschaulichung eines geplanten Baus
Ar|chi|t|rav, der; -s, -e ⟨*(gr.; lat.) it.*⟩: auf Säulen ruhender, tragender Querbalken in der antiken u. späteren Baukunst
Ar|chiv, das; -s, -e ⟨*gr.-lat.;* »Regierungs-, Amtsgebäude«⟩: **a)** Einrichtung zur systematischen Erfassung, Erhaltung u. Betreuung rechtlicher u. politischer Dokumente; **b)** geordnete Sammlung von wichtigen Dokumenten, Akten; **c)** Raum, Gebäude für ein Archiv (a, b)
Ar|chi|va|le, das; -s, ...lien (meist Plural) ⟨*nlat.*⟩: Aktenstück, Urkunde aus einem Archiv. **ar|chi|va|lisch**: urkundlich
Ar|chi|var, der; -s, -e: fachkundlich ausgebildeter Betreuer eines Archivs. **Ar|chi|va|rin**, die; -, -nen: weibliche Form zu ↑Archivar. **ar|chi|va|risch**: **a)** das Archiv betreffend; **b)** den Archivar betreffend
ar|chi|vie|ren: in ein Archiv aufnehmen. **ar|chi|visch**: das Archiv betreffend
Ar|chi|vis|tik, die; -: Archivwissenschaft
Ar|chiv|ma|te|ri|al, das; -s, ...lien: in einem Archiv aufbewahrtes Material
Ar|chi|vol|te, die; -, -n ⟨*mlat.-it.*⟩ (Archit.): **1.** bandartige Stirn- u. Innenseite eines Rundbogens. **2.** plastisch gestalteter Bogenlauf im romanischen u. gotischen Portal
Ar|chon, der; -s, Archonten, **Ar|chont**, der; -en, -en ⟨*gr.-lat.*⟩: höchster Beamter in Athen u. anderen Städten der Antike. **Ar|chon|tat**, das; -[e]s, -e ⟨*nlat.*⟩: **1.** Amt eines Archonten. **2.** Amtszeit eines Archonten
ar|co: ↑coll'arco
Ar|co|so|li|um vgl. Arkosol
Ar|cus, Arkus, der; -, - [...ku:s] ⟨*lat.*⟩: Bogenmaß eines Winkels (Zeichen: arc)
Ar|da|bil, **Ar|de|bil**, der; -[s], -s ⟨nach der iran. Stadt (bedeutender Teppichhandelsplatz)⟩: handgeknüpfter Teppich
Ar|do|me|ter®, das; -s, - ⟨*lat.; gr.*⟩: Gerät zur Messung hoher Temperaturen; vgl. Pyrometer
Are, die; -, -n (schweiz.): ↑Ar
[1]**Area**, die; -, Areen od. -s ⟨*lat.*⟩: **1.** (veraltet) Fläche, Kampfplatz. **2.** (Anat.) umschriebener Bezirk eines Organs
[2]**Area**, die; -, -s ⟨*lat.-span.*⟩: Flächeneinheit in Kolumbien u. Argentinien
Area|funk|ti|on, die; -, -en ⟨*lat.*⟩ (Math.): Umkehrfunktion einer ↑Hyperbelfunktion
are|al ⟨*lat.-nlat.*⟩: Verbreitungsgebiete betreffend. **Are|al**, das; -s, -e: **1.** Bodenfläche. **2.** Verbreitungsgebiet einer Tier- od. Pflanzenart
Are|al|kun|de, die; -: Wissenschaft von der räumlichen Verbreitung der Tiere u. Pflanzen auf der Erde; Chorologie (2)
Are|al|lin|gu|is|tik, die; -: [neuere] Sprachgeografie. **are|al|lin|gu|is|tisch**: die Areallinguistik betreffend
Are|al|me|tho|de, die; -: Stichprobenverfahren der Meinungsforschung, bei dem Personen aus einem bestimmten, aber willkürlich ausgewählten Siedlungsgebiet befragt werden
Are|fle|xie, die; -, ...ien ⟨*gr.; lat.*⟩ (Med.): das Ausbleiben reflektorischer Reaktionen auf Reize
Are|ka|nuss, die; -, ...nüsse ⟨*Malayalam-port.-nlat.; dt.*⟩: Frucht der Areka- od. Betelnusspalme
are|li|gi|ös ⟨*gr.; lat.-frz.*⟩: nicht religiös, außerhalb der Religion [stehend]
Are|na, die; -, ...nen ⟨*lat.*⟩: **1. a)** Kampfbahn, Kampfplatz im Amphitheater der römischen Antike; **b)** Sportplatz, Wettkampfstätte mit ringsum steigend angeordneten Zuschauersitzen. **2. a)** Vorführplatz für Stierkämpfe; **b)** Zirkusmanege. **3.** (österr. veraltend) Sommerbühne
Aren|da vgl. Arrende
Areo|gra|fie, **Areo|gra|phie**, die; - ⟨*gr.-nlat.*⟩: die kartografische Darstellung der Marsoberfläche. **areo|gra|fisch**, **areo|gra|phisch**: die Areografie betreffend
Are|o|pag, der; -s ⟨*gr.-lat.*⟩: höchster Gerichtshof im Athen der Antike
Are|ta|lo|gie, die; -, ...ien ⟨*gr.;* »Tugendschwätzerei«⟩: in Form eines ↑Traktats abgefasste Lobpreisung einer Gottheit od. eines Helden (in der späten gr.-röm. Literatur)
Are|te, die; - ⟨*gr.;* »Tugend«⟩ (gr. Philos.): Tüchtigkeit, Vortrefflichkeit, Tauglichkeit der Seele zu Weisheit u. Gerechtigkeit
Are|to|lo|gie, die; -: Lehre von der Arete; Tugendlehre
Ar|ga|li, der (auch: das); -[s], -s ⟨*mongol.*⟩: Wildschaf in Zentralasien
Ar|gand|bren|ner [ar'gã...], der; -s, - ⟨nach seinem Schweizer Erfinder Argand⟩: Gasbrenner
Ar|gen|tan, das; -s ⟨*lat.-nlat.*⟩ (veraltet): Neusilber
Ar|gen|ti|ne, die; - ⟨*lat.-frz.*⟩: Silberfarbe zur Herstellung von Metallpapier
Ar|gen|tit [auch: ...'tɪt], der; -s ⟨*lat.-nlat.*⟩: graues, metallisch glänzendes Mineral; Silberglanz
Ar|gen|to|me|t|rie, die; -, ...ien ⟨*lat.; gr.*⟩ (Chemie): maßanalytisches Verfahren zur Bestimmung des Gehalts einer Lösung an Halogenid- od. Pseudohalogenidionen
Ar|gen|tum, das; -[s] ⟨*lat.*⟩: lat. Bez. für: Silber (chem. Element) (Zeichen: Ag)
Ar|gi|na|se, die; -, -n ⟨Kurzw. aus ↑*Argin*in u. *-ase*⟩: wichtiges Stoffwechselenzym
Ar|gi|nin, das; -s, -e ⟨Bildung zu *gr. argin*oeis »hell schimmernd«⟩: lebenswichtige ↑Aminosäure, die in allen Eiweißkörpern enthalten ist
Ar|gon [auch: ...'go:n], das; -s ⟨*gr.-nlat.*⟩: chem. Element; ein Edelgas (Zeichen: Ar)
Ar|go|naut, der; -en, -en ⟨*gr.-lat.*⟩: **1.** in der griechischen Sage ein Mann der Besatzung des Schiffes Argo. **2.** besondere Art des Tintenfisches
Ar|got [ar'go:], das od. der; -s, -s ⟨*frz.*⟩: **1.** (ohne Plural) Sondersprache der französischen Gauner u. Bettler. **2.** Sondersprache einer sozialen od. beruflichen Gruppe; Jargon (a)
Ar|gu|ment, das; -[e]s, -e ⟨*lat.*⟩: **1.** Rechtfertigungsgrund, [stichhaltiger, plausibler] Beweisgrund, Punkt einer Beweisführung. **2.** (Math.) unabhän-

gige Variable einer Funktion. **3.** (Sprachwiss.) Satzglied, mit dem eine Leerstelle ausgefüllt wird

Ar|gu|men|ta|ti|on, die; -, -en: Darlegung der Argumente, Beweisführung, Begründung

ar|gu|men|ta|tiv ‹*lat.*›: **a)** die vorgebrachten Argumente betreffend; **b)** mithilfe von Argumenten [geführt]; vgl. ...iv/...orisch

ar|gu|men|ta|to|risch: die vorgebrachten Argumente betreffend; vgl. ...iv/...orisch

ar|gu|men|tie|ren ‹*lat.*›: Argumente vorbringen, Beweise darlegen, begründen

Ar|gu|men|tum e Con|t|ra|rio, das; - - -, ...ta - -: Schlussfolgerung aus dem Gegenteil

Ar|gus, der; -, -se ‹nach dem hundertäugigen Riesen der gr. Sage›: scharf u. misstrauisch beobachtender Wächter

Ar|gus|au|gen, die (Plural): scharf beobachtender Blick

Ar|gy|rie, die; -, ...ien ‹*gr.-nlat.*› (Med.): Blaugrauverfärbung der Haut u. innerer Organe durch Ablagerung von Silbersulfit (vor allem nach Anwendung silberhaltiger Medikamente); Argyrose

ar|gy|ro|phil (Med.): durch Anfärbung mit Silberpräparaten mikroskopisch darstellbar (von Gewebsstrukturen)

Ar|gy|ro|se, die; -, -n: ↑Argyrie

Arhyth|mie usw. vgl. Arrhythmie usw.

Ari|ad|ne|fa|den, der; -s ‹nach der sagenhaften kretischen Königstochter, die Theseus mit einem Wollknäuel den Rückweg aus dem Labyrinth ermöglichte›: etwas, was jmdm. aus einer verworrenen Lage heraushilft

Ari|a|ner, der; -s, - ‹nach dem ↑Presbyter (1) Arius von Alexandria›: Anhänger des Arianismus. **ari|a|nisch: a)** den Arianismus betreffend; **b)** die Lehre des Arianismus vertretend. **Ari|a|nis|mus,** der; -: Lehre des Arius (4. Jh.), wonach Christus mit Gott nicht wesensgleich, sondern nur wesensähnlich sei

Ari|bo|fla|vi|no|se, die; -, -n ‹Kunstw.›: Vitamin-B_2-Mangel-Krankheit

arid ‹*lat.*›: trocken, dürr, wüstenhaft (vom Boden od. Klima). **Ari|di|tät,** die; -: Trockenheit (in Bezug auf das Klima). **Ari|di|täts|fak|tor,** der; -s, -en: Formel zur Berechnung der Trockenheit eines Gebiets

Arie [...iə], die; -, -n ‹*it.*›: Sologesangsstück mit Instrumentalbegleitung (bes. in Oper u. Oratorium)

Ari|er, der; -s, - ‹*sanskr.* »Edler«›: **1.** Angehöriger eines der frühgeschichtlichen Völker mit indogermanischer Sprache in Indien u. im Iran. **2.** (in der rassistischen Ideologie des Nationalsozialismus) Angehöriger einer (bes. in Gegensatz zu den Juden definierten) angeblich geistig, politisch und kulturell überlegenen nordischen Menschengruppe. **Ari|e|rin,** die; -, -nen: weibliche Form zu ↑Arier

Ari|et|ta ‹*it.*›, **Ari|et|te,** die; -, ...tten ‹*it.-frz.*›: kleine ↑Arie

Aril|lus, der; -, ...lli ‹*mlat.*›: fleischiger Samenmantel mancher Pflanzenarten

ari|os ‹*it.*› (Musik): gesanglich, melodiös. **ari|o|so** (Musik): liedhaft [vorzutragen]. **Ari|o|so,** das; -s, -s u. ...si: **1.** instrumental begleitetes [gegen den Sprechgesang abgehobenes] liedhaft-ausdrucksvolles od. arienähnliches Gesangsstück, Zwischenstück. **2.** liedhaft-ausdrucksvolles Instrumentalstück

arisch ‹*sanskr.*›: **1. a)** die Sprachen der ↑Arier (1) betreffend; **b)** zu den Ariern (1) gehörend. **2.** in der nationalsozialistischen Rassenideologie die Arier (2) betreffend, zu den Ariern (2) gehörend

ari|sie|ren ‹*sanskr.-nlat.*› (nationalsoz.): [durch Enteignung] in sogenannten arischen (2) Besitz überführen (von jüdischen Geschäften u. Unternehmen durch das nationalsozialistische Regime)

Aris|tie, die; -, ...ien ‹*gr.*›: überragende Heldentat u. ihre literarische Verherrlichung (speziell von der Schilderung der Heldenkämpfe vor Troja in der Ilias)

Aris|to|krat, der; -en, -en: **1.** Angehöriger des Adels. **2.** Mensch von vornehm-zurückhaltender Lebensart

Aris|to|kra|tie, die; -, ...ien ‹*gr.-lat.*›: **1.** Staatsform, in der die Herrschaft im Besitz einer privilegierten sozialen Gruppe ist. **2.** adlige Oberschicht mit besonderen Privilegien. **3.** (ohne Plural) Würde, Vornehmheit. **Aris|to|kra|tin,** die; -, -nen: weibliche Form zu ↑Aristokrat

aris|to|kra|tisch: 1. die Aristokratie (1 u. 2) betreffend. **2.** vornehm, edel

Aris|to|kra|tis|mus, der; -: Grundsätze u. Handlungsweisen von Aristokraten (2)

Aris|to|lo|chia, die; -, ...ien ‹*gr.-lat.*›: Pflanze aus der Gattung der Osterluzeigewächse

Aris|t|o|nym, das; -s, -e ‹*gr.-nlat.*›: aus einem Adelsnamen bestehendes Pseudonym

Aris|to|pha|ne|us, der; -, ...neen ‹*gr.-lat.;* nach dem altgr. Komödiendichter Aristophanes›: antiker Vers (von der Normalform – ◡ ◡ – ◡ – ◡̄)

aris|to|pha|nisch: a) in der Art des Aristophanes; **b)** geistvoll, witzig, mit beißendem Spott

Aris|to|te|li|ker, der; -s, -: Anhänger der Philosophie des Aristoteles. **aris|to|te|lisch: a)** die Philosophie des Aristoteles betreffend; **b)** die Philosophie des Aristoteles vertretend

Aris|to|te|lis|mus, der; - ‹*nlat.*›: die von Aristoteles ausgehende, über die ↑Scholastik bis in die heutigen Tage reichende Philosophie

Ari|ta|por|zel|lan, das; -s ‹nach dem Herstellungsort Arita auf der südjapan. Insel Kiuschu›: japanisches Porzellan des 17. Jh.s

Arith|me|tik, die; - ‹*gr.-lat.;* »Rechenkunst«›: Teilgebiet der Mathematik, das sich mit bestimmten u. allgemeinen Zahlen befasst. **Arith|me|ti|ker,** der; -s, -: Fachmann auf dem Gebiet der Arithmetik. **Arith|me|ti|ke|rin,** die; -, -nen: weibliche Form zu ↑Arithmetiker

arith|me|tisch: a) die Arithmetik betreffend; **b)** rechnerisch; **arithmetisches Mittel:** ↑Quotient aus dem Zahlenwert einer Summe u. der Anzahl der Summanden; Durchschnittswert

Arith|mo|griph, der; -en, -en ‹*gr.-nlat.*›: Zahlenrätsel

Arith|mo|lo|gie, die; -: Lehre von den magischen Eigenschaften der Zahlen

Arith|mo|ma|nie, die; -, ...ien (Psychol.): Zwangsvorstellung, Dinge zählen zu müssen; Zählzwang

Arith|mo|man|tie, die; -: das Wahrsagen aus Zahlen

Ar|ka|de, die; -, -n ⟨*lat.-it.-frz.*⟩: **a)** von zwei Pfeilern od. Säulen getragener Bogen; **b)** (meist Plural) Bogenreihe, einseitig offener Bogengang [an Gebäuden]; **c)** nach oben gewölbter Bogen bei Kleinbuchstaben einer Handschrift

Ar|ka|di|en, das; -s ⟨nach der altgr. Landschaft Arkadien⟩: Schauplatz glückseligen, idyllischen [Land]lebens. **Ar|ka|di|er,** der; -s, -: **1.** Bewohner von Arkadien. **2.** Mitglied einer im 17. Jh. in Rom gegründeten literarischen Gesellschaft

ar|ka|die|ren (Archit.): ein Gebäude mit Arkaden (2) versehen

Ar|ka|di|e|rin, die; -, -nen: weibliche Form zu ↑ Arkadier

ar|ka|disch: Arkadien betreffend, zu Arkadien gehörend; **arkadische Poesie:** Hirten- und Schäferdichtung [des 16. bis 18. Jh.s]

ar|kan ⟨*lat.*⟩: geheim; nicht zugänglich

Ar|kan|dis|zi|p|lin, die; - ⟨*lat.*⟩: Geheimhaltung von Lehre u. Brauch einer Religionsgemeinschaft vor Außenstehenden (bes. im frühen Christentum)

Ar|kan|sit [auch: ...ˈzɪt], der; -s ⟨*nlat.;* nach dem Staat Arkansas in den USA⟩: ein Mineral

Ar|ka|num, das; -s, ...na ⟨*lat.*⟩: **1.** Geheimnis. **2.** Geheimmittel

Ar|ke|bu|se, die; -, -n ⟨*niederl.-frz.;* »Hakenbüchse«⟩: Handfeuerwaffe des 15./16. Jh.s. **Ar|ke|bu|sier,** der; -s, -e: Soldat mit Arkebuse

Ar|ko|se, die; -, -n ⟨*frz.*⟩: feldspatreicher Sandstein

Ar|ko|sol, fachspr.: Arcosolium, das; -s, ...lien ⟨*lat.-mlat.*⟩: Wandgrab unter einer Bogennische in den ↑ Katakomben

Ark|ti|ker, der; -s, - ⟨*gr.-nlat.*⟩: Bewohner der Arktis. **Ark|ti|ke|rin,** die; -, -nen: weibliche Form zu ↑ Arktiker. **Ark|tis,** die; -: Gebiet um den Nordpol. **ark|tisch** ⟨*gr.-lat.*⟩: **1.** zur Arktis gehörend. **2.** wie in der Arktis (z. B.: arktische Kälte)

Ar|ku|bal|lis|te, die; -, -n ⟨*lat.*⟩: wie eine Armbrust funktionierendes römisches u. mittelalterliches Belagerungsgeschütz; Bogenschleuder

Ar|kus vgl. Arcus

Ar|lec|chi|no [arlɛˈkiːno], der; -s, -s u. ...ni ⟨*frz.-it.*⟩: ↑ Harlekin (1)

Ar|ma|da, die; -, ...den u. -s ⟨*lat.-span.;* »bewaffnete (Streitmacht)«; nach der Flotte des span. Königs Philipp II.⟩: große [Kriegs]flotte; Pulk, Schwarm

Ar|ma|ged|don ⟨*hebr.-gr.;* nach Offenb. des Joh. 16,16 der mythische Ort, an dem die bösen Geister die Könige der gesamten Erde für einen großen Krieg gegen Gott versammeln⟩, Harmagedon, das; -: **1.** (christl. Rel.) endzeitlicher Kampf zwischen Gut u. Böse, der Herrscher der Menschen gegen Gott. **2.** Katastrophe

Ar|ma|g|nac [armanˈjak], der; -[s], -s ⟨*frz.;* nach der frz. Landschaft Armagnac⟩: ein französischer Weinbrand

Ar|ma|g|na|ken, die (Plural): kriegerisches Söldnerheer der Grafen v. Armagnac (15. Jh.)

Ar|ma|ment, das; -s ⟨*lat.*⟩ (Militär veraltet): Ausrüstung, Armierung, bes. von Schiffen

Ar|ma|ri|um, das; -s, ...ia u. ...ien ⟨*lat.*⟩: **1. a)** (in der Antike) Schrank zur Aufbewahrung von Speisen, Kleidern, Kleinodien o. Ä.; **b)** (in der Spätantike u. im Mittelalter) Bücherschrank. **2.** (kath. Kirche) Wandnische neben dem Altar zur Aufbewahrung von ↑ Hostien, ↑ Reliquien u. ↑ Sakramentalien

Ar|ma|tur, die; -, -en ⟨*lat.;* »Ausrüstung«⟩: **1. a)** Ausrüstung von technischen Anlagen, Maschinen u. Fahrzeugen mit Bedienungs- u. Messgeräten; **b)** (meist Plural) Bedienungs- u. Messgerät an technischen Anlagen. **2.** (meist Plural) Drossel- od. Absperrvorrichtung, Wasserhahn u. Ä. in Badezimmern, Duschen u. Ä. **3.** (veraltet) militärische Ausrüstung

Ar|ma|tu|ren|brett, das; -s, -er: Tafel, Fläche, auf der die Armaturen (1 b) befestigt sind (z. B. in Kraftfahrzeugen od. im Flugzeugcockpit)

Arm|co-Ei|sen®, das; -s ⟨Kurzw. aus dem Namen der Herstellerfirma *A*merican *R*olling *M*ill *Co*mpany aus Ohio⟩: in der Elektrotechnik verwendetes sehr reines Eisen

Ar|mee, die; -, ...meen ⟨*lat.-frz.;* »bewaffnete (Streitmacht)«⟩: **a)** Gesamtheit aller Streitkräfte eines Landes, Staates; **b)** großer Truppenverband. **Ar|mee|korps** [...koːɐ̯], das; - [...koːɐ̯s], - [...koːɐ̯s]: Verband von mehreren ↑ Divisionen (2)

ar|mie|ren: 1. (Militär veraltet) mit Waffen ausrüsten, bestücken. **2.** (Technik) mit Armaturen (1b, 2) versehen. **3.** (Bauw., Technik) mit einer [verstärkenden] Ein-, Auflage, Umkleidung versehen. **Ar|mie|rung,** die; -, -en: **1.** Waffenausrüstung (Bestückung) einer militärischen Anlage od. eines Kriegsschiffs. **2.** Stahleinlagen für Beton

Ar|mil|la, die; -, ...llen ⟨*lat.;* »Armband«⟩: **1.** (Bot.) ringförmiger Hautlappen am Stiel einiger Pilzarten. **2.** Armillarsphäre

Ar|mil|lar|sphä|re, die; -, -n: altes astronomisches Gerät zum Messen der Himmelskreise

ar|mi|ni|a|nisch: a) den Arminianismus betreffend; **b)** die Lehre des Arminius vertretend. **Ar|mi|ni|a|nis|mus,** der; - ⟨*nlat.*⟩: Lehre des Jacobus Arminius, die den Vorrang der Bibel vor den kirchlichen Bekenntnissen betonte u. sich gegen die calvinistische Staatskirche der Niederlande wandte

Ar|mo|ri|al, das; -s, -e ⟨*lat.-frz.*⟩: Wappenbuch

Ar|mu|re, Ar|mü|re [arˈmyːrə], die; -, -n ⟨*frz.*⟩: klein gemustertes [Kunst]seidengewebe

Ar|ni, der; -s, -s ⟨*Hindi*⟩: Wasserbüffel

Ar|ni|ka, die; -, -s ⟨*nlat.;* Herkunft unsicher⟩: **1.** krautige, würzig riechende Heilpflanze. **2.** (ohne Plural) aus den Blüten u. Wurzeln der Arnika hergestellter, heilwirksamer Extrakt

Arom, das; -s, -e ⟨*gr.-lat.;* »Gewürz«⟩ (dichter.): Aroma. **Aroma,** das; -s, ...men, -s u. (selten:) -ta: **1.** ausgeprägter angenehmer Geschmack, würziger Duft; kräftiger, intensiver [Wohl]geruch; ausgeprägter Eigengeschmack od. Eigengeruch bes. eines pflanzlichen Genussmittels. **2.** natürlicher od. künstlicher Geschmacksstoff für Lebensmittel, Speisen od. Getränke; Würzmittel

Aro|ma|gramm, das; -s, -e: Feststellung der Merkmale einer Weinsorte

Aro|mat, der; -en, -en (meist Plural) ⟨*gr.-lat.-nlat.*⟩: aromatische Verbindung

Aro|ma|the|ra|pie, die; - ⟨*gr.-lat.; gr.*⟩: die Anwendung von aus Pflanzen gewonnenen ätherischen Ölen zu Heilzwecken (in der Naturheilkunde)

aro|ma|tisch ⟨*gr.-lat.*⟩: **1.** einen deutlich ausgeprägten, angenehmen Geschmack habend, wohlschmeckend. **2.** wohlriechend; **aromatische Verbindungen** (Chemie): Benzolverbindungen. **aro|ma|ti|sie|ren** ⟨*nlat.*⟩: mit Aroma versehen

Aron[s]|stab, der; -[e]s, ...stäbe ⟨*gr.-lat.; dt.*⟩: bes. in Laubwäldern wachsende Pflanze mit giftigen roten Beeren

Ar|peg|gia|tur [arpɛdʒa...], die; -, -en ⟨*germ.-it.*⟩ (Musik): Reihe arpeggierter Akkorde

ar|peg|gie|ren [...'dʒi:...] (Musik): arpeggio spielen

ar|peg|gio [ar'pɛdʒo] (Musik): in Form von Akkorden, deren einzelne Töne sehr schnell nacheinander erklingen (Abk.: arp). **Ar|peg|gio,** das; -s, -s u. ...ggien: ein arpeggio gespieltes Musikstück

Ar|peg|gio|ne [...'dʒo:nə], die (fachspr. auch: der); -, -n: eine 6-saitige Streichgitarre

Ar|rak, der; -s, -e u. -s ⟨*arab.-frz.;* »Schweiß«⟩: [ostindischer] Branntwein aus Reis od. ↑Melasse

Ar|ran|ge|ment [arɑ̃ʒə'mɑ̃:], das; -s, -s ⟨*frz.*⟩: **1. a)** Anordnung, [künstlerische] Gestaltung, Zusammenstellung; **b)** [künstlerisch] Angeordnetes, aus einzelnen Komponenten geschmackvoll zusammengestelltes Ganzes. **2.** Übereinkommen, Vereinbarung, Abmachung, Abrede. **3. a)** Bearbeitung eines Musikstückes für andere Instrumente, als für die es geschrieben ist; **b)** Orchesterfassung eines Themas [im Jazz]. **4.** Abwicklung der Börsengeschäfte

Ar|ran|geur [...'ʒø:ɐ̯], der; -s, -e: **1.** jmd., der ein Musikstück einrichtet od. einen Schlager ↑instrumentiert (1). **2.** jmd., der etwas arrangiert (1 a). **Ar|ran|geu|rin** [...'ʒø:rɪn], die; -, -nen: weibliche Form zu ↑Arrangeur

ar|ran|gie|ren [...'ʒi:...]: **1. a)** sich um die Vorbereitung u. den planvollen Ablauf einer Sache kümmern; **b)** in die Wege leiten, zustande bringen. **2. a)** ein Musikstück für andere Instrumente, als für die es geschrieben ist, od. für ein Orchester bearbeiten; **b)** einen Schlager für die einzelnen Instrumente eines Unterhaltungsorchesters bearbeiten. **3.** eine Übereinkunft treffen trotz gegensätzlicher od. abweichender Standpunkte

Ar|ran|gier|pro|be, die; -, -n: Stellprobe im Theater

Ar|ray [ə'rɛɪ̯], das u. der; -s, -s ⟨*engl.*⟩: **1.** flächenhafte Gruppierung od. Anordnung von meist gleichartigen Objekten. **2.** (Astron.) Anordnung mehrerer verschiebbarer Radioteleskope zur ↑Apertursynthese. **3.** (Elektronik) matrixförmige Anordnung von überwiegend gleichartigen elektronischen Bauelementen, logischen Schaltungen od. Datenspeicherelementen. **4.** (EDV) zusammenfassende Bez. für ein-, zwei- od. mehrdimensional angeordnete Daten bei der Programmierung

Ar|raz|zo vgl. Arazzo

Ar|ren|de, die; -, -n ⟨*russ.*⟩: Pachtvertrag im alten Russland

Ar|rest, der; -[e]s, -e ⟨*lat.-mlat.*⟩: **1.** Haft, Freiheitsentzug (bes. als Strafe innerhalb einer Gemeinschaft, z. B. Militär, früher auch Schule). **2.** (Rechtswiss.) Beschlagnahme, Sicherstellung. **Ar|res|tant,** der; -en, -en: jmd., der sich im [Jugend]arrest befindet. **Ar|res|tan|tin,** die; -, -nen: weibliche Form zu ↑Arrestant

Ar|res|tat, der; -en, -en (veraltet): Festgenommener. **Ar|res|ta|tin,** die; -, -nen: weibliche Form zu ↑Arrestat

Ar|res|ta|ti|on, die; -, -en ⟨*lat.-vulgärlat.-frz.*⟩ (veraltet): Festnahme

Ar|rest|hy|po|thek, die; -, -en: zwangsweise eingetragene [Sicherungs]hypothek

Ar|rest|lo|kal, das; -[e]s, -e (veraltend): [behelfsmäßiger] Raum für Arrestanten

Ar|rêt [a'rɛ(:)], der; -s [a'rɛ(s)], -s [a'rɛ(s)]: scharfes Zügelanziehen beim Reiten

ar|re|tie|ren: 1. (veraltend) verhaften, festnehmen. **2.** bewegliche Teile eines Geräts bei Nichtbenutzung sperren, blockieren. **Ar|re|tie|rung,** die; -, -en: **1.** (veraltend) Festnahme, Inhaftierung. **2. a)** das Arretieren (2); **b)** mechanische Vorrichtung zum Feststellen beweglicher Geräteteile

ar|re|ti|nisch ⟨nach der etrusk. Stadt Arretium (heute Arezzo) in Mittelitalien⟩: **arretinische Keramik:** rote Tongefäße der römischen Kaiserzeit

Ar|rêt|stoß, der; -es, ...stöße ⟨*frz.; dt.*⟩: Sperrstoß beim Sportfechten

Ar|rha, die; -, - ⟨*hebr.-gr.-lat.*⟩: Geld, das beim Abschluss eines Vertrages vom Käufer gezahlt wird u. als Bestätigung des Vertrages gilt; Draufgeld

Ar|rhe|no|blas|tom, das; -s, -e ⟨*gr.-nlat.*⟩ (veraltet): ↑Androblastom

Ar|rhe|no|ge|nie, die; -, ...ien (Biol.): Erzeugung ausschließlich männlicher Nachkommen (Ggs.: Thelygenie)

Ar|rhe|no|to|kie, die; - ⟨*gr.-nlat.*⟩ (Biol.): **1.** Entwicklung von männlichen Tieren (z. B. Drohnen) aus unbefruchteten Eiern. **2.** Erzeugung ausschließlich männlicher Nachkommen (Ggs.: Thelygenie)

ar|rhe|no|to|kisch (Biol.): nur männliche Nachkommen habend (Ggs.: thelytokisch)

Ar|rhyth|mie, Arhythmie, die; -, ...ien ⟨*gr.-lat.*⟩: **1.** unregelmäßige Bewegung; Unregelmäßigkeit im Ablauf eines rhythmischen Vorgangs. **2.** (Med.) unregelmäßige Herztätigkeit. **ar|rhyth|misch,** arhythmisch: unrhythmisch, unregelmäßig

Ar|ri|e|re|gar|de [a'ri̯e:ɐ̯...], die; -, -n ⟨*frz.*⟩ (Militär veraltet): Nachhut

Ar|ri|val [ɛ'raɪ̯vl̩], das; -s, -s (meist o. Art.) ⟨*engl.*⟩: Ankunft (bes. als Hinweis auf Flughäfen)

ar|ri|ve|der|ci [arive'dɛrtʃi] ⟨*it.*⟩: auf Wiedersehen! (italienische

Verabschiedung von mehreren Personen)

ar|ri|vie|ren ⟨*lat.-vulgärlat.-frz.;* »das Ufer erreichen«⟩: vorwärtskommen, Erfolg haben; beruflich od. gesellschaftlich emporkommen. **ar|ri|viert:** beruflich, gesellschaftlich aufgestiegen, zu Erfolg u. Ansehen gelangt. **Ar|ri|vier|te,** der u. die; -n, -n: jmd., der sich beruflich, gesellschaftlich nach oben gearbeitet hat, zu Erfolg, Ansehen u. Anerkennung gelangt ist

ar|ro|gant ⟨*lat.(-frz.)*⟩: anmaßend, dünkelhaft, überheblich, eingebildet. **Ar|ro|ganz,** die; -: arrogante Art, arrogantes Benehmen; Überheblichkeit

ar|ron|die|ren [auch: arõ...] ⟨*lat.-vulgärlat.-frz.*⟩: **1. a)** abrunden, zusammenlegen (von einem Besitz od. Grundstück); **b)** (Börsenw.) einen Wertpapierbestand durch Zu- od. Verkauf auf- od. abrunden. **2.** Kanten abrunden (z. B. von Leisten). **Ar|ron|die|rung,** die; -, -en: **1.** das Arrondieren. **2.** (Börsenw.) Auf- od. Abrundung eines Wertpapierbestandes durch An- od. Verkauf kleinerer Posten

Ar|ron|dis|se|ment [arõdɪs(ə)ˈmɑ̃ː], das; -s, -s: **a)** dem ↑Departement (1) untergeordneter Verwaltungsbezirk in Frankreich; **b)** Verwaltungseinheit, Stadtbezirk in französischen Großstädten, bes. in Paris

Ar|ro|se|ment [...ˈmɑ̃ː], das; -s ⟨*lat.-vulgärlat.-frz.*⟩ (Bankw.): Umwandlung einer Staatsanleihe, bei der der Nominalzins erhöht [u. die Laufzeit der Anleihe verlängert] wird

ar|ro|sie|ren: 1. anfeuchten, bewässern. **2.** zuzahlen. **Ar|ro|sie|rung,** die; -, -en: Arrosement

Ar|ro|si|on, die; -, -en ⟨*lat.-nlat.*⟩ (Med.): Zerstörung von Gewebe (bes. von Gefäßwänden) durch entzündliche Vorgänge, Geschwüre

Ar|row|root [ˈɛroʊruːt], das; -s, -s ⟨*engl.;* »Pfeilwurzel«⟩: **1.** Pfeilwurz. **2.** Stärkemehl aus Wurzeln u. Knollen bestimmter tropischer Pflanzen (z. B. Pfeilwurz, Batate)

Ars Aman|di, die; - - ⟨*lat.*⟩: Liebeskunst

Ars an|ti|qua, die; - - ⟨*lat.;* »alte Kunst«⟩ (Musik): erste Blütezeit der ↑Mensuralmusik (bes. im Paris des 13. u. 14. Jh.s) (Ggs.: Ars nova)

Ar|schin, der; -[s], -en (aber: 3 -) ⟨*turkotatar.-russ.*⟩: altrussisches Längenmaß (71,1 cm)

Ars Dic|tan|di, die; - - (Rhet. der Antike u. des Mittelalters): die Kunst, regelrichtig u. nach den Theorien der gültigen rhetorischen Lehrbücher zu schreiben

Ar|sen, das; -s ⟨*gr.-lat.*⟩: **a)** chem. Element (Zeichen: As); **b)** (ugs.) ↑Arsenik

Ar|se|nal, das; -s, -e ⟨*arab.-it.;* »Haus des Handwerks«⟩: **1.** Zeughaus; Geräte- u. Waffenlager. **2.** Vorratslager, Sammlung

Ar|se|nat, das; -[e]s, -e (meist Plural) ⟨*gr.-nlat.*⟩: Salz der Arsensäure

Ar|se|nid, das; -s, -e (meist Plural): Verbindung aus Arsen u. einem Metall

ar|se|nie|ren: Metallgegenstände mit einer dünnen Arsenschicht überziehen

ar|se|nig ⟨*gr.-lat.*⟩: **1.** arsenikhaltig. **2.** arsenhaltig

Ar|se|nik, das; -s: wichtigste [giftige] Arsenverbindung; Arsentrioxid

Ar|se|nit [auch: ...ˈnɪt], das; -s, -e,

Ar|se|no|lith [auch: ...ˈlɪt], der; -s u. -en, -e[n] ⟨*gr.-nlat.*⟩: ein farbloses Mineral (kristallisiertes Arsenik)

Ar|sin, das; -s: eine dem ↑Amin entsprechende, äußerst giftige Arsenverbindung

Ar|sis, die; -, ...sen ⟨*gr.-lat.;* »Hebung« (des taktschlagenden Fußes)⟩: **1. a)** (antike Metrik) unbetonter Taktteil (Ggs.: Thesis [1 a]); **b)** (Musik) aufwärtsgeführter Schlag beim Taktschlagen. **2.** betonter Taktteil in der neueren Metrik (Ggs.: Thesis [2])

Ars Mo|ri|en|di, die; - -, Artes - [ˈarteːs -] ⟨*lat.;* »Kunst des Sterbens«⟩: kleines Sterbe- u. Trostbuch des Mittelalters

Ars no|va, die; - - ⟨*lat.;* »neue Kunst«⟩ (Musik): neue Strömung in der französischen Musik (kontrapunktisch-mehrstimmig) des 14. Jh.s (Ggs.: Ars antiqua)

Ars Vi|ven|di, die; - - ⟨*lat.*⟩: Lebenskunst, die Kunst zu leben, das Leben zu genießen

Art brut [arˈbryt], die od. der; - - ⟨*frz.*⟩: spontan u. unreflektiert gestaltete Kunst (z. B. von Kindern)

Art dé|co [ardeˈkoː], der od. das; - - ⟨*frz.* art déco[ratif]⟩: künstlerische Richtung (bes. im Kunstgewerbe) etwa 1920–1940

Art|di|rec|tor [ˈaːɐ̯tdɪrɛktɐ], der; -s, -s ⟨*engl.*⟩: künstlerischer Leiter [des ↑Layouts in einer Werbeagentur]

Art-Di|rek|tor, der; -s, ...toren: Artdirector. **Art-Di|rek|to|rin,** die; -, -nen: weibliche Form zu ↑Art-Direktor

ar|te|fakt ⟨*lat.*⟩: künstlich hervorgerufen (z. B. von Krankheiten u. Verletzungen zum Zwecke der Täuschung)

Ar|te|fakt, das; -[e]s, -e: **1.** das durch menschliches Können Geschaffene, Kunsterzeugnis. **2.** (Archäol.) Werkzeug aus vorgeschichtlicher Zeit, das menschliche Bearbeitung erkennen lässt. **3.** (Med.) künstlich hervorgerufene körperliche Veränderung (z. B. Verletzung) bzw. Abwandlung des natürlichen Zustandes. **4.** (Elektrot.) Störsignal

ar|te|fi|zi|ell ⟨*lat.-frz.*⟩: ↑artifiziell

Ar|tel [auch: arˈtjɛl] vgl. Kolchos

Ar|te po|ve|ra, die; - - ⟨*lat.; it.*⟩: Objektkunst, vor allem in den 60er- u. 70er-Jahren des 20. Jh.s in Italien, die unkonventionelle Materialien wie Erde, Asche, Abfälle u. Ä. verwendet u. diese bewusst unästhetisch darbietet

Ar|te|rie [...iə], die; -, -n ⟨*gr.-lat.*⟩ (Anat.): Schlagader; Blutgefäß, das das Blut vom Herzen zu einem Organ od. Gewebe hinführt (Ggs.: Vene). **ar|te|ri|ell** ⟨*gr.-nlat.*⟩ (Biol., Med.): die Arterien betreffend, zu einer Arterie gehörend

Ar|te|ri|i|tis, die; -, ...itiden (Med.): Entzündung der Arterien

Ar|te|rio|gra|fie, Arteriographie, die; -, ...ien (Med.): röntgenologische Darstellung einer Arterie bzw. des arteriellen Gefäßnetzes mithilfe eines Kontrastmittels

Ar|te|rio|gramm, das; -s, -e: nach Injektion eines Kontrastmittels erstelltes Röntgenbild der arteriellen Blutgefäße

Ar|te|ri|o|le, die; -, -n: sehr kleine, in Haargefäße (Kapillaren) übergehende Schlagader

Ar|te|ri|o|lo|skle|ro|se, die; -, -n: krankhafte Veränderung der Arteriolen

Ar|te|rio|skle|ro|se, die; -, -n (Med.): krankhafte Veränderung der Arterien mit Verhärtung, Verdickung u. Elastizitätsverlust; »Arterienverkalkung«. **ar|te|rio|skle|ro|tisch** (Med.): **a)** die Arteriosklerose betreffend; **b)** durch Arteriosklerose hervorgerufen

Ar|te|ri|o|to|mie, die; -, ...ien (Med.): operatives Öffnen einer Arterie, z. B. zur Entfernung eines ↑Embolus od. zur Einführung eines Herzkatheters

Ar|te|rit [auch: ...'rɪt], der; -s, -e ⟨*gr.*⟩: ein mit ↑Aplit- u. Granitadern durchsetztes Gestein; Adergneis

ar|te|sisch ⟨*frz.;* nach der frz. Landschaft Artois⟩: in der Fügung **artesischer Brunnen:** natürlicher Brunnen, bei dem das Wasser durch einen Überdruck des Grundwassers selbsttätig aufsteigt

Ar|tes li|be|ra|les, die (Plural) ⟨*lat.*⟩: die sieben freien Künste (Grammatik, Rhetorik, Dialektik [↑Trivium], Arithmetik, Geometrie, Astronomie, Musik [↑Quadrivium]), die zum Grundwissen der Antike u. des Mittelalters gehörten

Ar|tes|li|te|ra|tur, die; -: wissenschaftliche Bezeichnung des mittelalterlichen Fachschrifttums im Bereich der ↑Artes liberales u. der technischen u. praktischen Kunst

Ar|th|ral|gie, die; -, ...ien ⟨*gr.-nlat.*⟩ (Med.): Gelenkschmerz

Ar|th|ri|ti|ker, der; -s, - ⟨*gr.-lat.*⟩: an Gelenkentzündung Leidender; Gichtkranker. **Ar|th|ri|ti|ke|rin,** die; -, -nen: weibliche Form zu ↑Arthritiker

Ar|th|ri|tis, die; -, ...itiden (Med.): Gelenkentzündung. **ar|th|ri|tisch** (Med.): die Arthritis betreffend

Ar|th|ri|tis|mus, der; - ⟨*gr.-nlat.*⟩: (durch eine Stoffwechselstörung bedingte) erbliche Neigung zu Gicht, ↑Asthma, Fettsucht u. a.

Ar|th|ro|de|se, die; -, -n: künstliche, operative Versteifung eines Gelenks

ar|th|ro|gen ⟨*gr.*⟩: **a)** vom Gelenk ausgehend; **b)** von einer Gelenkerkrankung herrührend

Ar|th|ro|lith, der; -s u. -en, -e[n]: krankhaft gebildeter, frei beweglicher, verknorpelter od. verkalkter Fremdkörper in einem Gelenk; Gelenkmaus

Ar|th|ro|pa|thie, die; -, ...ien ⟨*gr.-nlat.*⟩ (Med.): Gelenkleiden, Gelenkerkrankung

Ar|th|ro|plas|tik, die; -, -en (Med.): **1.** [künstliches] Gelenk. **2.** Operation, bei der ein natürliches Gelenk durch ein künstliches ersetzt wird

Ar|th|ro|po|den, die (Plural) (Zool.): Gliederfüßer

Ar|th|ro|se, die; -, -n (Med.): **1.** ↑Arthropathie. **2.** [nicht entzündliche] degenerative Gelenkerkrankung; Kurzbez. für: Arthrosis deformans. **Ar|th|ro|sis de|for|mans,** die; - -: degenerative, nicht akut entzündliche Erkrankung eines Gelenks als chronisches Leiden

Ar|th|ro|s|ko|pie, die; -, ...ien (Med.): Untersuchung des Gelenkinneren mithilfe einer Sonde

ar|th|ro|tisch (Med.): die Arthrose betreffend; von Arthrose befallen

ar|ti|fi|zi|ell ⟨*lat.-frz.*⟩: **1.** künstlich. **2.** gekünstelt

Ar|ti|kel [auch: ar'tɪkl̩], der; -s, - ⟨*lat.(-frz.);* »kleines Gelenk; Glied; Abschnitt«⟩: **1.** [der Genusbezeichnung von Substantiven dienende] Wortart mit identifizierender, individualisierender od. generalisierender Funktion; Geschlechtswort (Abk.: Art.). **2.** [mit einer Nummer gekennzeichneter] Abschnitt eines Gesetzes, Vertrages usw. (Abk.: Art.). **3.** Handelsgegenstand, Ware (Abk.: Art.). **4.** Aufsatz, Abhandlung; Beitrag. **5.** Glaubenssatz; Abschnitt eines Bekenntnisses od. Manifestes, These

ar|ti|ku|lar (Anat.): zum Gelenk gehörend

Ar|ti|ku|la|ten, die (Plural): Gliedertiere

Ar|ti|ku|la|ti|on, die; -, -en: **1. a)** [deutliche] Gliederung des Gesprochenen; **b)** (Sprachwiss.) Lautbildung. **2.** das Artikulieren (2). **3.** (Musik) das Binden od. das Trennen der Töne; vgl. ...ation/...ierung. **ar|ti|ku|la|to|risch:** die Artikulation betreffend

ar|ti|ku|lie|ren: 1. (Silben, Wörter, Sätze) in phonetisch gegliederter Form aussprechen. **2.** (Gefühle, Gedanken) zum Ausdruck bringen, formulieren. **Ar|ti|ku|lie|rung,** die; -, -en: Artikulation (1, 2); vgl. ...ation/...ierung

Ar|til|le|rie [auch: 'ar...], die; -, ...ien ⟨*frz.*⟩: **a)** mit meist schweren Geschützen ausgerüstete Truppengattung; **b)** schweres Geschütz, Geschütze. **Ar|til|le|rist** [auch: 'ar...], der; -en, -en: Soldat der Artillerie. **Ar|til|le|ris|tin,** die; -, -nen: weibliche Form zu ↑Artillerist. **ar|til|le|ris|tisch:** die Artillerie betreffend

Ar|ti|san [...'zɑ̃ː], der; -s, -s ⟨*lat.-it.-frz.*⟩ (veraltet): Handwerker

Ar|ti|scho|cke, die; -, -n ⟨*nordit.*⟩: distelartige Gemüsepflanze mit wohlschmeckenden Blütenknospen

Ar|tist, der; -en, -en ⟨*lat.-mlat.* (*-frz.*)⟩: **1.** im Zirkus u. Varieté auftretender Künstler [der Geschicklichkeitsübungen ausführt] (z. B. Jongleur, Clown). **2.** seine Darstellungsmittel u. -formen souverän beherrschender Künstler

Ar|tis|ten|fa|kul|tät, die; -, -en: die Fakultät der ↑Artes liberales an mittelalterlichen Universitäten

Ar|tis|tik, die; -: **1.** Varieté- u. Zirkuskunst. **2.** außerordentlich große [körperliche] Geschicklichkeit

Ar|tis|tin, die; -, -nen: weibliche Form zu ↑Artist

ar|tis|tisch: a) die Artistik betreffend; **b)** nach Art eines Artisten

Art|nap|ping ['ɑːtnɛp...], das; -s, -s ⟨*engl.*⟩: Diebstahl von Kunstwerken mit dem Ziel, für ihre Rückgabe ein Lösegeld zu erpressen

Art nou|veau [arnu'voː], der od. das; - - ⟨*frz.*⟩: Bezeichnung für Jugendstil in Großbritannien, den USA u. Frankreich

Ar|to|thek, die; -, -en ⟨Kunstw.⟩: Galerie, Museum, das Bilder od. Plastiken an Privatpersonen verleiht

Ary|bal|los, der; -, ...lloi [...lɔɪ] ⟨*gr.*⟩: kleines altgriechisches Salbgefäß
Aryl, das; -s, -e (meist Plural) ⟨Kurzw. aus *ar*omatisch u. *-yl*⟩ (Chemie): einwertiger Rest eines aromatischen Kohlenwasserstoffs
[1]**As** = Amperesekunde
[2]**As**, der; Asses, Asse ⟨*lat.*⟩: altrömische Gewichts- u. Münzeinheit
[3]**As**: frühere Schreibung für: ↑Ass
Ås [o:s], der (auch: das); -, Åsar ⟨*schwed.*⟩: [1]Os
Asant, der; -s (ohne Plural) ⟨*lat.*⟩: unangenehm riechende Pflanze, die zu einem großen Teil aus Harz besteht u. bes. in Indien als Gewürz verwendet wird
Åsar [ˈo:sar]: *Plural* von ↑Ås
As|best, der, auch das; -[e]s, -e ⟨*gr.-lat.;* »unauslöschlich, unzerstörbar«⟩: mineralische Faser aus ↑Serpentin od. Hornblende, widerstandsfähig gegen Hitze u. schwache Säuren
As|bes|to|se, die; -, -n ⟨*gr.-nlat.*⟩ (Med.): durch das Einatmen von Asbeststaub hervorgerufene Lungenerkrankung
As|ce|t|o|nym [astse...], das; -s, -e ⟨*gr.-nlat.*⟩: Sonderform des ↑Pseudonyms, bei der ein Heiligenname als Deckname verwendet wird
Aschan|ti|nuss, die; -, ...nüsse ⟨nach dem afrik. Stamm der Aschanti⟩ (österr.): Erdnuss
Asch|ke|na|sim [...zi:m, auch: ...ˈzi:m], die (Plural) ⟨*hebr.*⟩: die ost- u. mitteleuropäischen Juden. **asch|ke|na|sisch**: die Aschkenasim betreffend, zu ihnen gehörend
Asch|ram, der; -s, -s ⟨*sanskr.*⟩: **a)** Einsiedelei eines indischen Asketen; **b)** einem Kloster ähnliche Anlage in Indien (bes. als Ort der Meditation für die Anhänger einer Lehre)
Aschug, der; -en, Aschughen ⟨*tatar.*⟩: wandernder Volksdichter u. -sänger in Anatolien u. den Kaukasusländern, bes. im 17. u. 18. Jh.
ASCII [ˈaski], der; -s ⟨Abk. für *engl. A*merican *S*tandard *C*ode of *I*nformation *I*nterchange »amerikanischer Standardcode für den Informationsaustausch«⟩ (EDV): genormter Code (1) für Ziffern, Buchstaben u. Sonderzeichen
As|ci|tes [...ˈtsi:...] vgl. Aszites
As|co|gon vgl. Askogon
As|co|my|zet vgl. Askomyzet
As|cor|bin|säu|re, Askorbinsäure, die; - ⟨*gr.; russ.; dt.*⟩: chem. Bez. für: Vitamin C
ASEAN [ˈa:zean, ˈæsɪæn], die; - ⟨Kurzw. aus *A*ssociation of *S*outh *E*ast *A*sian *N*ations⟩: 1967 gegründete Vereinigung südostasiatischer Staaten mit dem Ziel der Förderung des Friedens u. des sozialen sowie wirtschaftlichen Wohlstands
Ase|bie, die; - ⟨*gr.*⟩ (veraltet): Frevel gegen die Götter, Gottlosigkeit (Ggs.: Eusebie)
a sec|co [- ˈzɛko] ⟨*it.*⟩: auf trockenem Verputz, Kalk, auf die trockene Wand [gemalt] (Ggs.: a fresco)
Ase|i|tät, die; - ⟨*lat.-mlat.*⟩ (Philos., Theol.): absolute Unabhängigkeit [Gottes], das reine Aus-sich-selbst-Bestehen
Ase|mie, die; -, ...ien ⟨*gr.-nlat.*⟩ (Med.): Unvermögen, sich durch Zeichen od. Gebärden mit der Umwelt zu verständigen
Asep|sis, die; - ⟨*gr.-nlat.*⟩ (Med.): Keimfreiheit (von Wunden, Instrumenten, Verbandsstoffen u. Ä.). **Asep|tik**, die; - (Med.): Keimfreimachung; keimfreie Wundbehandlung. **asep|tisch** (Med.): **a)** keimfrei (Ggs.: septisch [2]); **b)** nicht auf Infektion beruhend
ase|xu|al [auch: azɛksuˈa:l], asexuell [auch: azɛksuˈɛl] ⟨*gr.; lat.*⟩: **1.** sich in einem Zustand unterhalb normaler sexueller Erregbarkeit befindend. **2.** ungeschlechtlich, geschlechtslos; vgl. ...al/...ell. **Ase|xu|a|li|tät** [auch: ...ˈtɛ:t], die; -: **1.** Abwesenheit des Empfindens sexueller Anziehung, der ↑Libido. **2.** (Med.) Fehlen der Geschlechtsdrüsen. **ase|xu|ell** [auch: azɛksuˈɛl] vgl. asexual
Ash|ram [ˈa:ʃram]: ↑Aschram
Asi|a|lie, die; - ⟨*gr.-nlat.*⟩: Aptyalismus
Asi|a|nis|mus, der; - ⟨*gr.-nlat.*⟩: in Kleinasien ausgebildete Richtung der antiken griechischen Rhetorik, die sich durch Schwülstigkeit, aber auch durch pointierte Kürze auszeichnete
Asi|a|ti|kum, das -s, ...ka (meist Plural): Werk über Asien
Asi|de|rit [auch: ...ˈrɪt], der; -s, -e ⟨*gr.-nlat.*⟩: ein Meteorstein ohne od. überwiegend ohne Eisen
As|ka|ri, der; -[s], -s ⟨*arab.*⟩: afrikanischer Soldat im ehemaligen Deutsch-Ostafrika
As|ka|ri|a|sis, die; - ⟨*gr.-nlat.*⟩ (Med.): eine durch Infektion mit Spulwürmern hervorgerufene Krankheit
As|ka|ris, die; -, ...riden (meist Plural) (Med., Zool.): Spulwurm
As|ke|se, die; - ⟨*gr.-nlat.;* »Übung«⟩: **a)** streng enthaltsame u. entsagende Lebensweise (zur Verwirklichung sittlicher u. religiöser Ideale); **b)** Bußübung
As|ket, der; -en, -en ⟨*gr.-mlat.*⟩: enthaltsam (in Askese) lebender Mensch. **As|ke|tik** vgl. Aszetik. **As|ke|tin**, die; -, -nen: weibliche Form zu ↑Asket. **as|ke|tisch**: **a)** die Askese (a) betreffend; entsagend, enthaltsam; **b)** Askese (b) übend; **c)** wie ein Asket; **d)** formal zurückhaltend, sparsam, streng
As|k|le|pi|a|de|us, der; -, ...dei u. ...deen ⟨*gr.-lat.;* nach dem altgr. Dichter Asklepiades⟩: Versform der antiken Lyrik (Schema: – – – ◡◡ – – ◡◡ – ◡ – = Asklepiadeus minor od. – – – ◡◡ – – ◡◡ – – ◡◡ – ◡ – = Asklepiadeus maior)
As|ko|gon, Ascogon, das; -s, -e ⟨*gr.-nlat.*⟩: weibliches Geschlechtsorgan der Schlauchpilze
As|ko|my|zet, der; -en, -en: Pilz der Gattung Schlauchpilze
As|kor|bin|säu|re vgl. Ascorbinsäure
Äs|ku|lap|stab, der; -[e]s, ...stäbe ⟨nach dem Schlangenstab des gr.-röm. Gottes der Heilkunde, Äskulap⟩: Sinnbild der Medizin
As|kus, der; -, Aszi ⟨*gr.-nlat.*⟩: schlauch- od. keulenförmiger Sporenbehälter der Schlauchpilze
aso|ma|tisch [auch: ...ˈma:...] ⟨*gr.-nlat.*⟩ (Philos.): nicht ↑somatisch; unkörperlich
Asom|nie ⟨*gr.; lat.*⟩, Agrypnie, die; -, ...ien ⟨*gr.-nlat.*⟩ (Med.): Schlaflosigkeit; Schlafstörung
äso|pisch: in der Art, im Geist des

asozial	unsozial
Der Mann sieht arm aus, aber nicht asozial! *nicht in der Gemeinschaft eingefügt, nicht sozialisiert* – als kriminell [oder] asozial und ... – asoziale [...] Verhaltensweisen – egoistisch, dumm [...] asozial oder alles Am asozialen Kurs der Partei werde sich nichts ändern. Dieses Verhalten ist einfach nur asozial. Ich finde es unerträglich, dass solche asozialen Menschen frei herumlaufen.	Der Sozialstaat ist unsozial geworden. *gegen sozial Schwächere gerichtet* – als unsozial [und] ungerecht – gegen die unsoziale [Politik der] Bundesregierung – sprach von unsozialen Maßnahmen Die Mehrwertsteuer gilt als unsozial, weil sie Arme stärker trifft als Reiche. Es liegt nicht am Personal, sondern an der unsozialen Ausrichtung. Viele Bürger sind unzufrieden mit der unsozialen Verteilung in unserem Land.

altgriechischen Fabeldichters Äsop; witzig

aso|zi|al [auch: ...ˈtsi̯a:l] (oft diskriminierend): unfähig zum Leben in der Gemeinschaft, sich nicht in die Gemeinschaft einfügend, am Rande der Gesellschaft lebend

schuld marktradikal
anarchistisch
gebrandmarkt
abstempeln
arbeitsscheu
asozial
Verhalten
kriminell
egoistisch
minderwertig
inhuman stigmatisieren

asozial/unsozial *s. Kasten*

Aso|zi|a|le, der u. die; -n, -n (oft diskriminierend): jmd., der asozial ist. **Aso|zi|a|li|tät,** die; -: das Asozialsein

As|pa|ra|gin, das; -s ‹*gr.-nlat.*›: Derivat (3) der Asparaginsäure

As|pa|ra|gin|säu|re, die; -: in vielen Eiweißstoffen (bes. in Spargel) enthaltene ↑Aminosäure

As|pa|ra|gus [auch: ...ˈra:...], der; - ‹*gr.-lat.*›: **a)** Spargel (Gemüsepflanze); **b)** Kraut bestimmter Spargelarten, das für Blumengebinde verwendet wird

As|pekt, der; -[e]s, -e ‹*lat.;* »das Hinsehen«›: **1.** Blickwinkel, Blickpunkt, Betrachtungsweise, Gesichtspunkt. **2.** (Astron., Astrol.) bestimmte Stellung von Sonne, Mond u. Planeten zueinander u. zur Erde. **3.** (Sprachwiss.) [in den slawischen Sprachen bes. ausgeprägte] grammatische Kategorie, mit der die Sprecherin/der Sprecher die Vollendung od. Nichtvollendung eines Geschehens aus ihrer/seiner Sicht ausdrückt. **4.** (Bot.) jahreszeitlich bedingtes Aussehen einer Pflanzengesellschaft

as|pek|tisch (Sprachwiss.): den Aspekt (3) betreffend

As|per, der; -[s], - ‹*lat.*›: ↑[1]Spiritus asper

As|per|ger-Syn|drom, As|per|ger-syn|drom, das; -s, -e ‹nach dem österr. Pädiater Hans Asperger (1906–1980)› (Med.): sich ab dem Vorschulalter entwickelnde Form des ↑Autismus

as|per|gie|ren ‹*lat.*› (veraltet): besprengen (mit Weihwasser)

As|per|gill, das; -s, -e: Weihwasserwedel

As|per|gil|lo|se, die; -, -n ‹*lat.-nlat.*› (Med.): durch einige Arten der Schimmelpilzgattung Aspergillus verursachte Erkrankung (am häufigsten der Atmungsorgane)

As|per|gil|lus, der; -, ...llen (Bot.): eine Gattung der Schlauchpilze (Kolben- od. Gießkannenschimmel)

asper|ma|tisch ‹*gr.-nlat.*› (Med.): ohne Samenzellen (vom ↑Ejakulat). **Asper|ma|tis|mus,** der; - (Med.): **1.** das Fehlen der Samenflüssigkeit bzw. das Ausbleiben des Samenergusses. **2.** ↑Aspermie (1)

Asper|mie, die; - (Med.): **1.** das Fehlen von Samenzellen im ↑Ejakulat. **2.** ↑Aspermatismus (1)

As|per|si|on, die; -, -en ‹*lat.;* »das Anspritzen«›: das Besprengen mit Weihwasser

As|per|so|ri|um, das; -s, ...ien ‹*lat.-mlat.*›: Weihwasserbehälter

As|phalt [auch: ˈas...], der; -s, -e ‹*gr.-lat.-frz.;* »unzerstörbar«›: Gemisch von ↑Bitumen u. Mineralstoffen (bes. als Straßenbelag verwendet). **as|phal|tie|ren:** eine Straße mit einer Asphaltschicht versehen. **as|phal|tisch:** mit Asphalt beschichtet, versehen

As|phalt|ma|ka|dam, der od. das; -s, -e ‹*gr.; engl.*›: Gemisch aus grobkörnigem Gestein, das zur Herstellung von Straßendecken verwendet wird

asphä|risch ‹gr.-nlat.› (Math.): nicht sphärisch, nicht kugelförmig

As|pho|de|lus, der; -, - ‹*gr.-nlat.*›: ↑Affodill

As|pho|dill vgl. Affodill

as|phyk|tisch ‹*gr.-nlat.*› (Med.): pulslos; die Asphyxie betreffend

As|phy|xie, die; -, ...ien ‹»Pulslosigkeit«› (Med.): Atemstillstand, Erstickung (infolge Sauerstoffverarmung des Bluts)

As|pi|dis|t|ra, die; -, ...stren ‹*gr.-nlat.*›: Schildblume (Zierstaude u. Zimmerpflanze)

As|pik [auch: ...ˈpɪk und: ˈas...], der (auch: das); -s, -e ‹*frz.*›: Gallert aus Gelatine od. Kalbsknochen

As|pi|rant, der; -en, -en ‹*lat.-frz.*›: **1.** Bewerber, [Beamten]anwärter. **2.** wissenschaftliche Nachwuchskraft an einer Hochschule der DDR. **3.** ↑Postulant (2). **As|pi|ran|tin,** die; -, -nen: weibliche Form zu ↑Aspirant

As|pi|ran|tur, die; -, -en: besonderer Ausbildungsgang des wissenschaftlichen Nachwuchses in der DDR

As|pi|ra|ta, die; -, ...ten u. ...tä ‹*lat.*› (Sprachwiss.): behauchter [Verschluss]laut

As|pi|ra|teur [...'tø:ɐ̯], der; -s, -e ⟨*lat.-frz.*⟩: Maschine zum Vorreinigen des Getreides

As|pi|ra|ti|on, die; -, -en ⟨*lat.*⟩: **1.** (meist Plural) Bestrebung, Hoffnung, ehrgeiziger Plan. **2.** (Sprachwiss.) [Aussprache eines Verschlusslautes mit] Behauchung. **3.** (Med.) **a)** das Eindringen von Flüssigkeiten od. festen Stoffen in die Luftröhre od. Lunge; **b)** Ansaugung von Luft, Gasen, Flüssigkeiten u. a. beim Einatmen

As|pi|ra|tor, der; -s, ...oren ⟨*lat.-nlat.*⟩: Luft-, Gasansauger

as|pi|ra|to|risch (Sprachwiss.): mit Behauchung gesprochen

as|pi|rie|ren ⟨*lat.(-frz.)*⟩: **1.** (veraltet) nach etwas streben; sich um etwas bewerben. **2.** (Sprachwiss.) einen Verschlusslaut mit Behauchung aussprechen. **3.** ansaugen (von Luft, Gasen u. a.)

[1]**As|pi|rin®,** das; -s ⟨Kunstw.⟩: ein Schmerz- u. Fiebermittel

[2]**As|pi|rin®,** die; -, - (auch: das; -, *Plur.* - selten -e): Pille des Medikaments [1]Aspirin

As|pi|ro|me|ter, das; -s, - ⟨*lat.; gr.*⟩: Gerät zum Bestimmen der Luftfeuchtigkeit

As|pis|vi|per, die; -, -n ⟨*gr.; lat.*⟩: Giftschlange aus der Familie der Ottern

As|p|lit®, das; -s ⟨Kunstw.⟩: selbsthärtender Kitt aus Phenolharz

Ass, das; -es, -e ⟨*lat.-frz.*⟩: **1. a)** [höchste] Karte im Kartenspiel; **b)** die Eins auf Würfeln. **2.** hervorragender Spitzenkönner, bes. im Sport. **3. a)** (bes. Tennis) platzierter Aufschlagball, der vom Gegner nicht zurückgeschlagen werden kann; **b)** (Golf) mit einem Schlag vom Abschlag ins Loch gespielter Ball

As|sa|gai, der; -[s], *Plur.* -s u. -e ⟨*berberisch-arab.-span.-frz.-engl.*⟩: Wurfspieß eines Bantustammes im südlichen Afrika

as|sai ⟨*lat.-it.*⟩ (Musik): sehr, genug, recht, ziemlich (in Verbindung mit einer musikalischen Tempobezeichnung)

As|sam, der; -s, -s ⟨nach dem ind. Bundesstaat⟩: eine kräftige, würzige Teesorte

as|sa|nie|ren ⟨*lat.-frz.*⟩ (österr.): gesund machen; verbessern (bes. im hygienischen Sinne).

As|sa|nie|rung, die; -, -en (österr.): Verbesserung der Bebauung von Liegenschaften aus hygienischen, sozialen, technischen od. verkehrsbedingten Gründen

As|sas|si|ne, der; -n, -n ⟨*arab.-it.*⟩: **1.** (veraltet) Meuchelmörder. **2.** Angehöriger einer islamischen Glaubensgemeinschaft

As|saut [a'so:], das (auch: der); -s, -s ⟨*lat.-vulgärlat.-frz.*⟩: sportlicher Fechtwettkampf

As|se|ku|ra|deur [...'dø:ɐ̯], der; -s, -e ⟨*lat.-vulgärlat.-it.*, mit frz. Endung gebildet⟩: Versicherungsagent, der als Selbstständiger für Versicherungsgesellschaften, bes. an Seehandelsplätzen, tätig ist. **As|se|ku|ra|deu|rin** [...'dø:rɪn], die; -, -nen: weibliche Form zu ↑Assekuradeur

As|se|ku|rant, der; -en, -en ⟨*lat.-vulgärlat.-it.*⟩: Versicherer, Versicherungsträger. **As|se|ku|ran|tin,** die; -, -nen: weibliche Form zu ↑Assekurant

As|se|ku|ranz, die; -, -en (fachspr.): Versicherung. **As|se|ku|ranz|prin|zip,** das; -s: Theorie, nach der die Steuern Versicherungsprämien für den vom Staat gewährten Personen- und Eigentumsschutz sind

As|se|ku|rat, der; -en, -en: Versicherter, Versicherungsnehmer. **As|se|ku|ra|tin,** die; -, -nen: weibliche Form zu ↑Assekurat

as|se|ku|rie|ren: versichern

As|sem|b|la|ge [asɑ̃'bla:ʒə], die; -, -n ⟨*lat.-vulgärlat.-frz.*⟩ (moderne Kunst): dreidimensionaler Gegenstand, der aus einer Kombination verschiedener Objekte entstanden ist

As|sem|b|lee, die; -, ...bleen: Versammlung. **As|sem|b|lée na|tio|nale** [asɑ̃blenasjɔ'nal], die; - -, -s -s [...blenasjɔ'nal]: Nationalversammlung [in Frankreich 1789, 1848, 1871, 1946]

As|sem|b|ler [ɛ'sɛmblɐ], der; -s, - ⟨*lat.-vulgärlat.-frz.-engl.*⟩ (EDV): **1.** maschinenorientierte Programmiersprache. **2.** Übersetzungsprogramm zur Umwandlung einer maschinenorientierten Programmiersprache in die spezielle Maschinensprache

As|sem|b|ling, das; -s, -s: Vereinigung, Zusammenschluss von Industriebetrieben zur Produktionssteigerung u. Rationalisierung des Vertriebs

as|sen|tie|ren ⟨*lat.*⟩: **1.** bei-, zustimmen. **2.** (österr. veraltet) auf Militärdiensttauglichkeit hin untersuchen. **As|sen|tie|rung,** die; -, -en (österr. veraltet): Musterung

as|se|rie|ren ⟨*lat.*⟩ (Philos.): behaupten, versichern

As|ser|ti|on, die; -, -en (Philos.): bestimmte, einfach feststellende Behauptung, Versicherung, Feststellung

as|ser|to|risch ⟨*lat.-nlat.*⟩: behauptend, versichernd

As|ser|vat, das; -[e]s, -e ⟨*lat.*⟩: ein in amtliche Verwahrung genommener, für eine Gerichtsverhandlung als Beweismittel wichtiger Gegenstand

As|ser|va|ten|kon|to, das; -s, ...ten: Bankkonto, dessen Guthaben bestimmten Zwecken vorbehalten ist

as|ser|vie|ren: aufbewahren

As|sess|ment [ə'sɛsmənt], das; -s, -s ⟨*lat.-engl.*⟩: **1.** Steuerveranlagung, -betrag, -zahlung. **2.** Bewertung, Einschätzung

As|sess|ment-Cen|ter, As|sess|ment|cen|ter, das; -s, - ⟨*engl.*⟩: psychologisches Testverfahren; Einstufungstest (Abk.: AC)

As|ses|sor, der; -s, ...oren ⟨*lat.*; »Beisitzer«⟩: **1.** jmd., der die zweite juristische Staatsprüfung bestanden hat. **2.** (früher) ↑Studienassessor (Abk.: Ass.)

as|ses|so|ral ⟨*lat.-nlat.*⟩, assessorisch ⟨*lat.*⟩: den Assessor betreffend

As|ses|so|rin, die; -, -nen: weibliche Form zu ↑Assessor

As|set ['æsɛt], das; -s, -s ⟨*vulgärlat.-frz.-engl.*⟩: **1.** (Wirtsch.) Vermögenswert eines Unternehmens. **2.** (Wirtsch.) Kapitalanlage. **3.** (EDV) [Multimedia]element; Inhalt, Komponente [einer Datenbank] (z. B. Bilder, Audiodateien)

As|set-Ma|nage|ment, As|set|ma|nage|ment ['ɛsɛtmɛnɪtʃmənt], das; -s, -s (Wirtsch.): Vermögensverwaltung durch eine Bank od. eine spezielle Vermögensgesellschaft, die die Anlageentscheidungen im Interesse der Anleger, aber nach eigenem Ermessen trifft

As|set-Ma|na|ger, As|set|ma|na|ger [ˈɛsɛtmɛnɪdʒɐ], der; -s, - ⟨*engl.*⟩ (Wirtsch., Bankw.): Firma, die Vermögen verwaltet; bei einem Finanzunternehmen angestellter od. selbstständig tätiger Vermögensverwalter. **As|set-Ma|na|ge|rin, As|set|ma|na|ge|rin,** die; -, -nen: weibliche Formen zu ↑Asset-Manager, Assetmanager

As|si|bi|la|ti|on, die; -, -en ⟨*lat.-nlat.*⟩ (Sprachwiss.): **a)** Aussprache eines Verschlusslautes in Verbindung mit einem Zischlaut (z. B. z = ts in »Zahn«); **b)** Verwandlung eines Verschlusslautes in einen Zischlaut (z. B. *niederd.* Water = *hochd.* Wasser); vgl. ...ation/ ...ierung. **as|si|bi|lie|ren:** einem Verschlusslaut einen s- od. sch-Laut folgen lassen. **As|si|bi|lie|rung,** die; -, -en: Assibilation; vgl. ...ation/...ierung

As|si|du|i|tät, die; - ⟨*lat.*⟩: Ausdauer, Beharrlichkeit

As|si|et|te, die; -, -n ⟨*lat.-vulgärlat.-frz.*⟩: **1.** flacher [Servier]behälter (z. B. mit tischfertigen Gerichten). **2.** (österr. veraltet) kleines Vor- od. Zwischengericht. **3.** (veraltet) Stellung, Lage, Fassung

As|si|g|nant, der; -en, -en ⟨*lat.*⟩: Anweisender, Aussteller einer Geldanweisung. **As|si|g|nan|tin,** die; -, -nen: weibliche Form zu ↑Assignant

As|si|g|nat, der; -en, -en: jmd., der auf eine Geldanweisung hin zahlen muss

As|si|g|na|tar, der; -s, -e ⟨*lat.-nlat.*⟩: Empfänger einer Geldanweisung. **As|si|g|na|ta|rin,** die; -, -nen: weibliche Form zu ↑Assignatar

As|si|g|na|te, die; -, -n (meist Plural) ⟨*lat.-frz.*⟩: Papiergeld[schein] der Ersten Französischen Republik

As|si|g|na|tin, die; -, -nen: weibliche Form zu ↑Assignat

As|si|g|na|ti|on, die; -, -en ⟨*lat.*⟩: Geld- od. Zahlungsanweisung

as|si|g|nie|ren: [Geld] anweisen

As|si|mi|lat, das; -[e]s, -e ⟨*lat.*⟩: ein in Lebewesen durch Umwandlung körperfremder in körpereigene Stoffe entstehendes Produkt (z. B. Stärke bei Pflanzen, ↑Glykogen bei Tieren)

As|si|mi|la|ti|on, die; -, -en ⟨»Ähnlichmachung«⟩: **1. a)** Angleichung, Anpassung; **b)** Angleichung eines Konsonanten an einen anderen (z. B. das m in dt. Lam*m* aus mhd. lam*b*) (Ggs.: Dissimilation [1]). **2.** (Physiol.) Umwandlung körperfremder organischer od. anorganischer Stoffe in körpereigene Substanz (Ggs.: Dissimilation [2]). **3.** (Soziol.) Angleichung eines Einzelnen od. einer Gruppe an die Eigenart einer anderen Gruppe, eines anderen Volkes

As|si|mi|la|ti|ons|ge|we|be, das; -s, -: ↑Palisadengewebe

as|si|mi|la|to|risch ⟨*lat.-nlat.*⟩: **1.** die Assimilation betreffend. **2.** durch Assimilation gewonnen

as|si|mi|lie|ren ⟨*lat.*⟩: angleichen, anpassen. **As|si|mi|lie|rung,** die; -, -en: ↑Assimilation

As|si|sen, die (Plural) ⟨*lat.-vulgärlat.-frz.*⟩: Schwurgericht u. dessen Sitzungen in der Schweiz u. in Frankreich

As|sist [əˈsɪst], der; -s, -s ⟨*lat.-frz.-engl.*⟩ (Sport): Zuspiel, das zum Treffer führt

As|sis|tent, der; -en, -en ⟨*lat.*; »Beisteher, Helfer«⟩: **a)** jmd., der einem anderen assistiert; **b)** [wissenschaftlich] entsprechend ausgebildete Fachkraft innerhalb einer bestimmten Laufbahnordnung, bes. in Forschung u. Lehre. **As|sis|ten|tin,** die; -, -nen: weibliche Form zu ↑Assistent

As|sis|tenz, die; -, -en ⟨*lat.-mlat.*⟩: **1.** Beistand, Mithilfe. **2.** (seltener) Assistent od. Assistentin

As|sis|tenz|arzt, der; -es, ...ärzte: approbierter Arzt, der einem Chefarzt, einer Chefärztin unterstellt ist. **As|sis|tenz|ärz|tin,** die; -, -nen: weibliche Form zu ↑Assistenzarzt

As|sis|tenz|fi|gur, die; -, -en (Kunstwiss.): in sakralen Bildern verwendete Figur, die nicht zum Sinngehalt des Bildes beiträgt, sondern das Bild nur auffüllt u. abrundet

As|sis|tenz|pro|fes|sor, der; -s, -en: wissenschaftliche Fachkraft an deutschen Universitäten. **As|sis|tenz|pro|fes|so|rin,** die; -, -nen: weibliche Form zu ↑Assistenzprofessor

as|sis|tie|ren ⟨*lat.*⟩: jmdm. nach dessen Anweisungen zur Hand gehen

As|so|cié [asoˈsi̯eː], der; -s, -s ⟨*lat.-frz.*⟩ (veraltet): Teilhaber

As|so|lu|ta, die; -, -s ⟨*lat.-it.*⟩: weiblicher Spitzenstar in Ballett u. Oper

As|so|nanz, die; -, -en ⟨*lat.-nlat.*⟩ (Metrik): Gleichklang zwischen zwei od. mehreren Wörtern [am Versende], der sich auf die Vokale beschränkt (Halbreim; z. B. l*a*b*e*n: kl*a*g*e*n)

as|sor|tie|ren ⟨*frz.*⟩: nach Warenarten auswählen, ordnen u. vervollständigen

As|sor|ti|ment, das; -s, -e: Warenlager, Auswahl, ↑Sortiment (1)

As|so|zi|a|ti|on, die; -, -en ⟨*lat.-frz.*; »Vereinigung«⟩: **1.** Vereinigung, Zusammenschluss. **2.** (Psychol.) Verknüpfung von Vorstellungen, von denen die eine die andere hervorgerufen hat. **3.** (Chemie) Vereinigung mehrerer gleichartiger Moleküle zu einem Molekülkomplex. **4.** (Bot.) Gruppe von Pflanzen, die sich aus verschiedenen, aber charakteristischen Arten zusammensetzt. **5.** bündnisloser militärischer u. politischer Zusammenschluss von Staaten. **6.** (Sprachwiss.) klangliche, inhaltliche, formale assoziative Beziehung zwischen sprachlichen Zeichen. **7.** (Statistik) Zusammenhang zwischen zwei statistischen Reihen. **8.** (Astron.) Ansammlung von Sternen; vgl. ...ation/...ierung

as|so|zi|a|tiv ⟨*nlat.*⟩: **a)** (Psychol.) durch Vorstellungsverknüpfung bewirkt; **b)** verbindend, vereinigend

As|so|zi|a|tiv|ge|setz, das; -es: mathematisches Gesetz, das für eine Verknüpfungsart die Unabhängigkeit des Ergebnisses von der Klammersetzung fordert, z. B. $a \cdot (b \cdot c) = (a \cdot b) \cdot c$

as|so|zi|ie|ren ⟨*lat.-frz.*⟩: **1.** (Psychol.) eine gedankliche Vorstellung mit etwas verknüpfen. **2.** sich assoziieren: sich genossenschaftlich zusammenschließen, vereinigen. **As|so|zi|ie|rung,** die; -, -en: **1.** vertraglicher Zusammenschluss mehrerer Personen, Unternehmen od. Staaten zur Verfolgung bestimmter gemeinsamer wirtschaftlicher

Interessen. **2.** ↑ Assoziation (2); vgl. ...ation/...ierung

as|su|mie|ren ‹*lat.*›: annehmen, gelten lassen

As|sump|tio vgl. Assumtion

As|sump|ti|o|nist, der; -en, -en ‹*lat.-nlat.*›: Angehöriger der ↑ Kongregation der Augustiner von Mariä Himmelfahrt (1845). **As|sump|ti|o|nis|tin,** die; -, -nen: weibliche Form zu ↑ Assumptionist

As|sum|ti|on, Assumptio, die; -, ...tionen ‹*lat.*›: Aufnahme einer Seele in den Himmel, bes. die Himmelfahrt Marias

As|sun|ta, die; -, ...ten ‹*lat.-it.;* »die Aufgenommene«›: bildliche Darstellung der Himmelfahrt Marias

As|sy|rio|lo|ge, der; -n, -n ‹*gr.-nlat.*›: Wissenschaftler auf dem Gebiet der Assyriologie. **As|sy|rio|lo|gie,** die; -: Wissenschaft von Geschichte, Sprachen u. Kulturen des alten Assyriens u. Babyloniens. **As|sy|rio|lo|gin,** die; -, -nen: weibliche Form zu ↑ Assyriologe. **as|sy|rio|lo|gisch:** die Assyriologie betreffend

As|ta|sie, die; -, ...ien ‹*gr.-nlat.*› (Med.): Unfähigkeit zu stehen (bes. bei Hysterie)

as|ta|sie|ren: ein Messinstrument gegen Beeinflussung durch störende äußere Kräfte (z. B. Erdmagnetismus, Schwerkraft) schützen. **As|ta|sie|rung,** die; -, -en: Vorrichtung, die fremde Einflüsse auf die schwingenden Teile von Messinstrumenten schwächt (z. B. die Einwirkung des Erdmagnetismus auf die Magnetnadel)

As|tat, As|ta|tin, das; -s: chemisches Element (Zeichen: At)

as|ta|tisch: gegen Beeinflussung durch äußere elektrische od. magnetische Felder geschützt (bei Messinstrumenten); **astatisches Nadelpaar:** zwei entgegengesetzt gepolte, starr untereinander verbundene (nicht gegeneinander bewegliche) Magnetnadeln gleichen magnetischen ↑ [2]Moments (2)

as|te|risch ‹*gr.-nlat.*›: sternähnlich

As|te|risk vgl. Asteriskus

As|te|ris|kos, der; - ‹*gr.*›: ein Altargerät aus zwei sich kreuzenden Metallbogen als Träger der Decke über dem geweihten Brot (in den Ostkirchen)

As|te|ris|kus, der; -, ...ken, Asterisk, der; -s, -s od. -e ‹*gr.-lat.*›: **a)** Sternchen als Hinweis auf eine Fußnote, Anmerkung o. Ä. (Zeichen: *); **b)** (Sprachwiss.) Sternchen als Kennzeichnung von erschlossenen, nicht belegten Formen (Zeichen: *); **c)** Sternchen als Zeichen für geschlechtergerechtes Formulieren (Zeichen: *)

As|te|ris|mus, der; - ‹*gr.-nlat.*›: **1.** (Physik) Eigenschaft verschiedener Kristalle, auffallendes Licht strahlenförmig zu reflektieren. **2.** (Astron.) einen Namen tragende auffällige Sternenkonstellation, die Teil eines Sternbildes ist

As|te|ro|id, der; -en, -en: kleiner Planet, ↑ Planetoid

As|te|r|o|nym, das; -s, -e: Zeichen aus drei Sternchen (***) anstelle des Verfassernamens

As|the|nie, die; -, ...ien ‹*gr.-nlat.*› (Med.): **1.** (ohne Plural) Kraftlosigkeit, Schwächlichkeit. **2.** Schwäche, Entkräftung, Kräfteverfall (als Begleitsymptom anderer Erkrankungen). **As|the|ni|ker,** der; -s, - (Med.): jmd., der einen schmalen, schmächtigen, muskelarmen u. knochenschwachen Körperbau besitzt. **As|the|ni|ke|rin,** die; -, -nen: weibliche Form zu ↑ Astheniker. **as|the|nisch:** schmalwüchsig, schwach; dem Körperbau des Asthenikers entsprechend

As|the|n|o|pie, die; - (Med.): unterschiedliche Missempfindungen unter visueller Belastung (Kopfschmerzen, Schwindel, Doppelbilder, Tränen usw.)

As|the|no|sphä|re, die; -: in etwa 100 bis 200 km Tiefe gelegener Bereich des Erdmantels

Äs|the|sie, die; - ‹*gr.-nlat.*›: Empfindungsvermögen

Äs|the|sio|lo|gie, die; - (Med.): Lehre von den Sinnesorganen u. ihren Funktionen. **äs|the|sio|lo|gisch:** die Ästhesiologie betreffend

Äs|thet, der; -en, -en ‹*gr.;* »der Wahrnehmende«›: jmd., der in besonderer Weise auf kultivierte Gepflegtheit, Schönheit, Künstlerisches anspricht, was sich auch in seinem Lebensstil niederschlägt

Äs|the|tik, die; -, -en: **1.** Wissenschaft vom Schönen, Lehre von der Gesetzmäßigkeit u. Harmonie in Natur u. Kunst. **2.** (ohne Plural) das stilvoll Schöne. **Äs|the|ti|ker,** der; -s, -: Vertreter od. Lehrer der Ästhetik (1). **Äs|the|ti|ke|rin,** die; -, -nen: weibliche Form zu ↑ Ästhetiker

Äs|the|tin, die; -, -nen: weibliche Form zu ↑ Ästhet

äs|the|tisch: 1. die Ästhetik (1) betreffend. **2.** stilvoll-schön, geschmackvoll, ansprechend

äs|the|ti|sie|ren: einseitig nach den Gesetzen des Schönen urteilen, etwas danach gestalten

Äs|the|ti|zis|mus, der; -: Lebens- u. Kunstanschauung, die dem Ästhetischen einen absoluten Vorrang vor anderen Werten einräumt. **Äs|the|ti|zist,** der; -en, -en: Vertreter des Ästhetizismus. **Äs|the|ti|zis|tin,** die; -, -nen: weibliche Form zu ↑ Ästhetizist. **äs|the|ti|zis|tisch:** den Ästhetizismus betreffend

Asth|ma, das; -s ‹*gr.-lat.*›: **Asthma bronchiale:** anfallsweise auftretende Atemnot, Kurzatmigkeit

Asth|ma|ti|ker, der; -s, -: jmd., der an Asthma leidet. **Asth|ma|ti|kerin,** die; -, -nen: weibliche Form zu ↑ Asthmatiker. **asth|ma|tisch: a)** durch Asthma bedingt; **b)** an Asthma leidend, kurzatmig

As|ti, der; -[s], -: Wein aus dem Gebiet um die oberitalienische Stadt Asti

as|tig|ma|tisch ‹*gr.-nlat.*›: Punkte strichförmig verzerrend (von Linsen bzw. vom Auge). **As|tig|ma|tis|mus,** der; -, ...men: **1.** (Physik) Abbildungsfehler von Linsen. **2.** (Med.) Hornhautverkrümmung; Brechungsfehler des Auges

As|til|be, die; -, -n ‹*gr.-nlat.*›: Zierstaude aus der Familie der Steinbrechgewächse

Äs|ti|ma|ti|on, die; -, -en ‹*lat.-frz.*›: Achtung, Anerkennung, Wertschätzung. **äs|ti|mie|ren: 1.** jmdn. als Persönlichkeit schätzen, ihm Aufmerksamkeit zuteilwerden lassen. **2.** jmds. Leistungen o. Ä. würdigen

As|ti spu|man|te [- sp...], der; - -, - - ‹*it.*›: ein italienischer Schaumwein

Äs|ti|va|ti|on, die; -, -en ‹*lat.-nlat.*› (Bot.): Art der Anordnung der Blattanlagen in der Knospe

Äs|to|me|ter, das; -s, - ‹*lat.; gr.*›:

Gerät zur ↑ energetischen Strahlungsmessung mit Fotozellen

As|t|ra|chan, der; -s, -s ‹nach der russ. Stadt›: **1.** Lammfell eines südrussischen Schafes. **2.** Plüschgewebe mit fellartigem Aussehen

As|t|ra|gal, der; -s, -e ‹*gr.-lat.*›: Rundprofil (meist Perlschnur), bes. zwischen Schaft u. Kapitell einer Säule

As|t|ra|ga|lus, der; -, ...li: **1.** (veraltet) oberster Fußwurzelknochen (Sprungbein). **2.** antiker Spielstein (aus dem Sprungbein von Schafen gefertigt). **3.** ↑ Astragal

as|t|ral ‹*gr.-lat.*›: die Gestirne betreffend; Stern...

As|t|ral|leib, der; -s, -er: **1.** im ↑ Okkultismus den Tod überdauernder unsichtbarer Leib des Menschen. **2.** in der ↑ Anthroposophie ätherisch gedachter Träger des Lebens im Körper des Menschen. **3.** (ugs., meist iron.) schöner menschlicher Körper

As|t|ral|my|tho|lo|gie, die; -: Lehre von den Gestirnen als göttlichen Mächten

As|t|ra|lon®, das; -s ‹Kunstw.›: durchsichtiger Kunststoff

As|t|ral|re|li|gi|on, die; -: göttliche Verehrung der Gestirne

As|t|rild, der; -s, -e ‹*afrikaans*›: vorwiegend in Afrika heimischer Webervogel, Prachtfink

as|t|ro..., As|t|ro...

‹zu *gr.* ástron »Gestirn, Stern(bild)«›
Wortbildungselement mit der Bedeutung »Stern, Weltraum«:
- Astrologie
- Astronaut
- Astronomie
- astrophysikalisch

As|t|ro|bio|lo|gie, die; -: Wissenschaft vom Leben auf anderen Himmelskörpern u. im Weltraum

As|t|ro|dy|na|mik, die; -: **1.** Teilgebiet der ↑ Astrophysik, auf dem man sich mit der ↑ Dynamik (1) von Sternsystemen o. Ä. befasst. **2.** Teilgebiet der Raumflugtechnik, auf dem man sich mit der Bewegung künstlicher ↑ Satelliten (3) befasst

As|t|ro|fo|to|me|t|rie, Astrophotometrie, die; -: Messung der Helligkeit von Gestirnen

As|t|ro|g|no|sie, die; - ‹*gr.-nlat.*›: Kenntnis des Sternenhimmels, wie er dem bloßen Auge erscheint

As|t|ro|graf, Astrograph, der; -en, -en: **1.** astronomisches Fernrohr zur fotografischen Aufnahme von Gestirnen. **2.** Vorrichtung zum Zeichnen von Sternkarten. **As|t|ro|gra|fie,** Astrographie, die; -, ...ien: Sternbeschreibung. **as|t|ro|gra|fisch, as|tro|gra|phisch:** die Astrografie betreffend

As|t|ro|kom|pass, der; -es, -e: Gerät zur Bestimmung der Nordrichtung unter Bezug auf einen Himmelskörper

As|t|ro|la|bi|um, das; -s, ...ien ‹*gr.-mlat.*›: altes astronomisches Instrument zur lagemäßigen Bestimmung von Gestirnen

As|t|ro|la|t|rie, die; - ‹*gr.-nlat.*›: Sternverehrung

As|t|ro|lo|ge, der; -n, -n ‹*gr.-lat.*›: **a)** jmd., der sich systematisch u./od. beruflich mit Astrologie beschäftigt; **b)** (scherzh.) jmd., der aufgrund seiner Kenntnis der politischen Verhältnisse [eines Landes o. Ä.] Voraussagen über zu erwartende Maßnahmen machen kann

As|t|ro|lo|gie, die; -: **a)** Lehre, die aus der mathematischen Erfassung der Orte u. Bewegungen der Himmelskörper sowie von orts- u. zeitabhängigen Koordinatenschnittpunkten Schlüsse zur Beurteilung von irdischen Gegebenheiten u. deren Entwicklung zu ziehen sucht; **b)** Schicksalsdeutung u. Vorhersage aus einem ↑ Horoskop (a)

As|t|ro|lo|gin, die; -, -nen: weibliche Form zu ↑ Astrologe

as|t|ro|lo|gisch: **a)** die Astrologie betreffend; **b)** mit den Mitteln der Astrologie erfolgend

As|t|ro|man|tie, die; - ‹*gr.-nlat.*›: das Wahrsagen aus den Sternen

As|t|ro|me|te|o|ro|lo|gie, die; -: **1.** Wissenschaft von den ↑ Atmosphären (1) anderer Himmelskörper (bes. der Planeten). **2.** Lehre vom Einfluss der Gestirne auf das Wetter

As|t|ro|me|ter, das; -s, -: Gerät zum Messen der Helligkeit von Sternen

As|t|ro|me|t|rie, die; -: Zweig der Astronomie, der sich mit der Messung der Ortsveränderungen von Sternen beschäftigt

As|t|ro|naut, der; -en, -en: Weltraumfahrer, Teilnehmer an einem Raumfahrtunternehmen; vgl. Kosmonaut. **As|t|ro|nau|tik,** die; -: [Wissenschaft von der] Raumfahrt. **As|t|ro|nau|tin,** die; -, -nen: weibliche Form zu ↑ Astronaut. **as|t|ro|nau|tisch:** die Raumfahrt betreffend; vgl. kosmonautisch

As|t|ro|na|vi|ga|ti|on, die; -: **1.** ↑ Navigation unter Verwendung von Messdaten angepeilter Himmelskörper. **2.** Bestimmung von Ort u. Kurs eines Raumschiffs nach den Sternen

As|t|ro|nom, der; -en, -en ‹*gr.-lat.*›: jmd., der sich wissenschaftlich mit der Astronomie beschäftigt; Stern-, Himmelsforscher. **As|t|ro|no|mie,** die; -: Stern-, Himmelskunde als exakte Naturwissenschaft. **As|t|ro|no|min,** die; -, -nen: weibliche Form zu ↑ Astronom. **as|t|ro|no|misch:** **1.** die Astronomie betreffend, sternkundlich. **2.** (emotional) [unvorstellbar] groß, riesig (in Bezug auf Zahlenangaben od. Preise)

As|t|ro|pho|to|me|t|rie vgl. Astrofotometrie

As|t|ro|phyl|lit [auch: ...ˈlɪt], der; -s, -e: ein Mineral

As|t|ro|phy|sik [auch: ...ˈziːk], die; -: Teilgebiet der Astronomie, auf dem man sich mit dem Aufbau u. der physikalischen Beschaffenheit der Gestirne beschäftigt. **as|t|ro|phy|si|ka|lisch** [auch: ...ˈkaː...]: die Astrophysik betreffend

As|t|ro|phy|si|ker [auch: ...ˈfyː...], der; -s, -: Wissenschaftler, der auf dem Gebiet der Astrophysik arbeitet. **As|t|ro|phy|si|ke|rin** [auch: ...ˈfyː...], die; -, -nen: weibliche Form zu ↑ Astrophysiker

As|t|ro|spek|t|ro|s|ko|pie [auch: ...ˈpiː], die; -: Untersuchung des ↑ Spektrums von Gestirnen

As|t|ro|zyt, der; -en, -en (meist Plur.) ‹zu ↑ ...zyt› (Med.): sternförmige Nervenzelle. **As|t|ro|zy|tom,** das; -s, -e: von Astrozyten ausgehender Tumor im Gehirn

Äs|tu|ar, das; -s, -e, **Äs|tu|a|ri|um**, das; -s, ...ien ‹*lat.*›: trichterförmige Flussmündung

Asyl, das; -s, -e ‹*gr.-lat.;* »Unverletzliches«›: **1.** Unterkunft, Heim (für Obdachlose). **2. a)** Aufnahme u. Schutz (für Verfolgte); **b)** Zufluchtsort

Asy|lant, der; -en, -en (oft abwertend): jmd., der um Asyl nachsucht. **Asy|lan|tin**, die; -, -nen: weibliche Form zu ↑Asylant

Asy|lie|rung, die; -, -en: Unterbringung in einem Asyl

Asym|blas|tie, die; - ‹*gr.-nlat.*› (Bot.): unterschiedliche Keimungszeiten von Samen derselben Pflanze

Asym|me|t|rie [auch: ...'tri:], die; -, ...ien ‹*gr.-nlat.*›: Mangel an Symmetrie (1, 2), Ungleichmäßigkeit. **asym|me|t|risch** [auch: ...'me:...]: auf beiden Seiten einer Achse kein Spiegelbild ergebend (von Figuren o. Ä.), ungleichmäßig (Ggs.: symmetrisch)

asym|p|to|ma|tisch [auch: 'a...] Adj. ‹gr.› (Med.): ohne typische Krankheitszeichen verlaufend

Asym|p|to|te, die; -, -n ‹*gr.-nlat.;* »nicht zusammenfallend«›: Gerade, der sich eine ins Unendliche verlaufende Kurve nähert, ohne sie zu erreichen. **asym|p|to|tisch** (Math.): sich wie eine Asymptote verhaltend

asyn|chrom ‹*gr.-nlat.*›: **asynchromer Druck:** Mehrfarbendruck, bei dem für jede Farbe eine Druckplatte vorhanden ist

asyn|chron [auch: ...'kro:n] ‹*gr.-nlat.*›: **1.** nicht mit gleicher Geschwindigkeit laufend (Ggs.: synchron [1]). **2. a)** nicht gleichzeitig; **b)** entgegenlaufend (Ggs.: synchron [1])

Asyn|chro|ni|tät, die; -, -en (bes. Fachspr.): das Asynchronsein, asynchrones Element

Asyn|chron|mo|tor, der; -s, -e[n]: Wechsel- od. Drehstrommotor, dessen Drehzahl unabhängig von der Frequenz des Netzes geregelt werden kann

asyn|de|tisch [auch: ...'de:...] ‹*gr.-lat.*›: **a)** das Asyndeton betreffend; **b)** nicht durch Konjunktion verbunden, unverbunden (Ggs.: syndetisch)

Asyn|de|ton, das; -s, ...ta: Wort- od. Satzreihe, deren Glieder nicht durch Konjunktionen miteinander verbunden sind (z. B. »alles rennet, rettet, flüchtet«, Schiller); vgl. Polysyndeton

Asy|n|er|gie, die; -, ...ien ‹*gr.-nlat.*› (Med.): Störung im Zusammenwirken mehrerer Muskelgruppen (z. B. bei der Durchführung bestimmter Bewegungen)

Asy|s|to|lie, die; -, ...ien ‹*gr.-nlat.*›: Systolenabschwächung od. -ausfall bei Herzmuskelschädigung

as|zen|dent ‹*lat.*›: **1.** (Geol.) aufsteigend (z. B. von Dämpfen) (Ggs.: deszendent). **2.** den Aufbau kleinerer Einheiten zu komplexeren Ganzen betreffend. **As|zen|dent**, der; -en, -en (Ggs.: Deszendent): **1.** Vorfahr; Verwandter in aufsteigender Linie. **2.** (Astron.) **a)** Gestirn im Aufgang; **b)** Aufgangspunkt eines Gestirns. **3.** (Astrol.) das im Augenblick der Geburt über den Osthorizont tretende Tierkreiszeichen

As|zen|denz, die; -, -en ‹*lat.-nlat.*›: **1.** (ohne Plural) Verwandtschaft in aufsteigender Linie. **2.** Aufgang eines Gestirns (Ggs.: Deszendenz)

as|zen|die|ren ‹*lat.*›: **1.** aufsteigen (von Gestirnen). **2.** (veraltet) befördert werden, im Dienstrang aufrücken

As|zen|si|on, die; - (veraltet): Himmelfahrt [Christi]

As|ze|se usw. vgl. Askese usw.

As|ze|tik, die; -: Lehre vom Streben nach christlicher Vollkommenheit. **As|ze|ti|ker**, der; -s, -: Vertreter der Aszetik. **As|ze|ti|ke|rin**, die; -, -nen: weibliche Form zu ↑Aszetiker

As|zi: *Plural* von ↑Askus

As|zi|tes, Ascites [...'tsi:...], der; - ‹*gr.-lat.*› (Med.): Ansammlung von Flüssigkeit in der freien Bauchhöhle; Bauchwassersucht

at [ɛt] ‹*engl.*› (EDV): engl. Bez. für: bei (in E-Mail-Adressen in Bezug auf den Provider) (Zeichen: @)

Ata|beg, der; -[s], -s ‹*türk.;* »Vater Fürst«›: ehemaliger türkischer Titel für Emire

atak|tisch [auch: a'tak...] ‹*gr.-nlat.*› (Med.): unregelmäßig, ungleichmäßig (von Bewegungen)

Ata|man, der; -s, -e ‹*russ.*›: frei gewählter Stammes- u. militärischer Führer der Kosaken; vgl. Hetman

Ata|rak|ti|kum, das; -s, ...ka ‹*gr.; lat.*› (Med. veraltend): Beruhigungsmittel; ↑Anxiolytikum

Ata|ra|xie, die; - ‹*gr.*› (gr. Philos.): Unerschütterlichkeit, Gleichmut, Seelenruhe

Ata|vis|mus, der; -, ...men ‹*lat.-nlat.*›: **1.** (ohne Plural) das Wiederauftreten von Merkmalen der Vorfahren, die den unmittelbar vorhergehenden Generationen fehlen (bei Pflanzen, Tieren u. Menschen). **2.** entwicklungsgeschichtlich als überholt geltendes, unvermittelt wieder auftretendes körperliches od. geistig-psychisches Merkmal. **ata|vis|tisch**: **1.** den Atavismus betreffend. **2.** (abwertend) in Gefühlen, Gedanken usw. einem früheren, primitiven Menschheitsstadium entsprechend

Ata|xie, die; -, ...ien ‹*gr.-nlat.*› (Med.): Störung im geordneten Ablauf u. in der Koordination von Muskelbewegungen

Ate|lek|ta|se, die; -, -n ‹*gr.-nlat.*› (Med.): Kollaps der ↑Alveolen (2) in der Lunge od. ihren Teilabschnitten

Ate|lie, die; -, ...ien: **1.** (Med.) das Weiterbestehen infantiler Merkmale beim erwachsenen Menschen. **2.** (Biol.) Merkmal, Eigenschaft eines Tiers od. einer Pflanze ohne erkennbaren biologischen Zweck

Ate|li|er [atə'li̯e:], das; -s, -s ‹*lat.-frz.*›: Arbeitsraum, -stätte (z. B. für einen Künstler, für Foto- od. Filmaufnahmen)

Atel|la|ne, die; -, -n ‹*lat.;* nach der altröm. Stadt Atella in Kampanien›: (ursprünglich oskische) altrömische Volksposse

a tem|po ‹*it.*›: **1.** (ugs.) sofort, schnell. **2.** (Musik) im Anfangstempo [weiterspielen] (Vortragsanweisung)

Äthan vgl. Ethan

Ätha|nal vgl. Ethanal

Atha|na|si|a|num, das; -s ‹*nlat.;* nach dem Patriarchen Athanasius v. Alexandria, † 373›: christliches Glaubensbekenntnis aus dem 6. Jh.

Atha|na|sie, die; - ‹*gr.*› (Rel.): Unsterblichkeit

Atha|na|tis|mus, der; - ‹*gr.-nlat.*›:

Lehre von der Unsterblichkeit (Verewigung) der Seele

Ätha|no|graf vgl. Ethanograf

Ätha|nol vgl. Ethanol

Athau|ma|sie, die; - ⟨*gr.*⟩ (Philos.): das Sich-nicht-Wundern, Verwunderungslosigkeit; notwendige Bedingung der Seelenruhe (↑Ataraxie) u. Glückseligkeit (↑Eudämonie)

Athe|is|mus, der; - ⟨*gr.-nlat.*⟩: Verneinung der Existenz Gottes oder seiner Erkennbarkeit. **Athe|ist**, der; -en, -en: Anhänger des Atheismus. **Athe|is|tin**, die; -, -nen: weibliche Form zu ↑Atheist. **athe|is|tisch**: **a)** dem Atheismus anhängend; **b)** zum Atheismus gehörend, ihm entsprechend

Athe|lie, die; -, ...ien ⟨*gr.-nlat.*⟩ (Med.): angeborenes Fehlen der Brustwarzen (als Fehlbildung)

athe|ma|tisch [auch: ...'ma:...] ⟨*gr.-nlat.*⟩: **1.** (Musik) ohne Thema, ohne Themaverarbeitung. **2.** ohne ↑Themavokal gebildet (von Wortformen) (Ggs.: thematisch [2])

Äthen vgl. Ethen

Athe|nä|um, das; -s, ...äen ⟨*gr.-lat.*⟩: Tempel der Göttin Athene

[1]**Äther**, der; -s ⟨*gr.-lat.*⟩: **1. a)** Himmelsluft, wolkenlose Weite des Himmels; **b)** nach einer heute aufgegebenen Annahme das nicht näher bestimmbare Medium, in dem sich die elektrischen Wellen im Weltraum ausbreiten. **2.** (gr. Philos.) Urstoff allen Lebens, Weltseele

[2]**Äther**, fachspr. auch: Ether ⟨*gr.-lat.*⟩ der; -s, - (Chemie): **1.** das Oxid eines Kohlenwasserstoffs. **2.** farblose, als Narkosemittel (auch Fettlösungsmittel) verwendete Flüssigkeit

[1]**äthe|risch**: überaus zart, erdentrückt, vergeistigt

[2]**äthe|risch**: ätherartig, flüchtig; **ätherische Öle**: flüchtige pflanzliche Öle von charakteristischem, angenehmem Geruch (z. B. Lavendel-, Rosen-, Zimtöl)

äthe|ri|sie|ren ⟨*gr.-nlat.*⟩ (Med.): ↑[2]Äther anwenden; mit ↑[2]Äther behandeln

Äther|leib, der; -s, -er (Anthroposophie): der ätherisch gedachte Träger des Lebens im menschlichen Körper; vgl. Astralleib

ather|man ⟨*gr.*⟩: für Wärmestrahlen undurchlässig

Athe|rom, das; -s, -e ⟨*gr.-lat.*⟩ (Med.): **1.** Talgdrüsen-, Haarbalggeschwulst. **2.** degenerative Veränderung der Gefäßwand bei ↑Arteriosklerose

athe|ro|ma|tös ⟨*gr.-nlat.*⟩ (Med.): **1.** das Atherom betreffend. **2.** breiartig. **Athe|ro|ma|to|se**, die; -, -n (Med.): krankhafte Veränderung der Arterieninnenhaut im Verlauf einer ↑Arteriosklerose

Athe|ro|skle|ro|se, die; -, -n ⟨Kurzw. aus ↑*Athero*matose u. ↑Arterio*sklerose*⟩: ↑Arteriosklerose

Athe|ro|throm|bo|se, die; -, -n (Med.): Arterienverschluss durch Blutgerinnsel infolge Einlagerung von Blutbestandteilen in den Arterienablagerungen

Athe|sie, die; -, ...ien ⟨*gr.*⟩: Unbeständigkeit, Treulosigkeit

Athes|mie, die; -, ...ien ⟨*gr.*⟩: Gesetz-, Zügellosigkeit

Athe|te|se, die; -, -n ⟨*gr.*⟩: Verwerfung einer überlieferten Lesart (bei der Textkritik)

Athe|to|se, die; -, -n ⟨*gr.-nlat.*⟩ (Med.): Krankheitsbild bei verschiedenen Erkrankungen mit unaufhörlichen, ungewollten, langsamen, bizarren, häufig schraubenförmigen Bewegungen der Gliedmaßenenden

Äthin vgl. Ethin

Äthi|o|pi|a|nis|mus, Äthi|o|pis|mus, der; - ⟨*gr.-nlat.;* nach dem Staat Äthiopien⟩: um 1890 unter den Schwarzen in Südafrika entstandene Bewegung, die den Einfluss der Weißen in den christlichen Kirchen Afrikas einschränken wollte

Ath|let, der; -en, -en ⟨*gr.-lat.*⟩: **1.** Wettkämpfer. **2.** muskulös gebauter Mann, Kraftmensch

Ath|le|tik, die; -: die von berufsmäßig kämpfenden Athleten (1) ausgetragenen Wettkämpfe im antiken Griechenland. **Ath|le|ti|ker**, der; -s, - (Med.): Vertreter eines bestimmten Körperbautyps (kräftige Gestalt, derber Knochenbau); vgl. Leptosome, Pykniker. **Ath|le|ti|ke|rin**, die; -, -nen: weibliche Form zu ↑Athletiker

Ath|le|tin, die; -, -nen: weibliche Form zu ↑Athlet (1)

ath|le|tisch: **a)** muskulös, von kräftigem Körperbau; **b)** sportlich durchtrainiert, gestählt

Äth|rio|s|kop, das; -s, -e ⟨*gr.-nlat.*⟩ (Physik): in einem Hohlspiegel stehendes Thermometer für die Messung von Raumstrahlung

Äthyl, chem. fachspr.: Ethyl, das; -s, -e ⟨*gr.-nlat.*⟩: einwertiges Kohlenwasserstoffradikal (vgl. Radikal [1]), das in vielen organischen Verbindungen enthalten ist

Äthyl|al|ko|hol, chem. fachspr.: Ethylalkohol, der; -s, (Fachspr.:) -e: der vom ↑Ethan ableitbare Alkohol (Weingeist); vgl. Ethanol

Äthy|len, chem. fachspr.: Ethylen, das; -s: einfachster ungesättigter Kohlenwasserstoff (im Leuchtgas enthalten)

Athy|mie, die; -, ...ien ⟨*gr.-nlat.*⟩ (Med.): **1.** Antriebslosigkeit, Schwermut. **2.** das Flachwerden eines Affekts

Äti|o|lo|gie, die; -, ...ien ⟨*gr.-lat.*⟩ (Med.): **1.** Lehre von den Krankheitsursachen. **2.** Gesamtheit der Faktoren, die zu einer bestehenden Krankheit geführt haben; vgl. Pathogenese. **ätio|lo|gisch**: **a)** die Ätiologie betreffend; **b)** ursächlich, begründend; **ätiologische Sagen**: Sagen, die auffällige Erscheinungen, Bräuche u. Namen erklären wollen

...a|ti|on/...ie|rung *s. Kasten Seite 131*

ätio|trop ⟨*gr.-nlat.*⟩: auf die Ursache gerichtet, sie betreffend

Atjar, Acar ['a:tʃar], das; -[s], -[s] ⟨*indones.*⟩ (Gastron.): Bestandteil der indones. Reistafel, ein saures Dessert

At|lant, der; -en, -en ⟨*gr.-lat.;* nach dem Riesen Atlas der gr. Sage, der das Himmelsgewölbe trägt⟩ (Archit.): Gebälkträger in Gestalt einer kraftvollen Männerfigur anstelle eines Pfeilers od. einer Säule; vgl. Karyatide

At|lan|th|ro|pus, der; -, ...pi ⟨*gr.-nlat.;* nach dem Fundort im Atlas(gebirge)⟩: eine Urmenschenform des Pleistozäns

At|lan|tik, der; -s ⟨*gr.-lat.*⟩: Atlantischer Ozean

At|lan|tik|char|ta, die; -: 1941 von den USA u. Großbritannien ge-

...a|ti|on/...ie|rung

Die konkurrierenden Suffixe für abstrakte Substantive stehen oft ohne Bedeutungsunterschied nebeneinander. Sie sind von Verben auf ...ieren abgeleitet und bringen häufig das Ergebnis einer Handlung oder Tätigkeit bzw. die Handlung selbst zum Ausdruck:
- Isolation/Isolierung
- Konfrontation/Konfrontierung

Im Allgemeinen zeigen sich aber Bedeutungsnuancen:

...ation	...ierung
die; -, -en ⟨*lat.* ...atio, Gen. ...ationis (→*frz.* ...ation)⟩ *Suffix, das vorrangig das Ergebnis einer Handlung oder Tätigkeit, seltener das Geschehen selbst bezeichnet:* – Indikation – Kanalisation – Klassifikation – Sozialisation	die; -, -en ⟨*frz.* ...er bzw. ...ir; *dt.* ...ung⟩ *Suffix, das eine Handlung oder Tätigkeit, seltener deren Ergebnis bezeichnet:* – Kanalisierung – Klassifizierung – Resozialisierung – Restaurierung

troffene Vereinbarung über die Kriegs- u. Nachkriegspolitik

At|lan|tik|pakt, der; -s: ↑NATO

At|lan|ti|kum, das; -s ⟨nach dem Atlantischen Ozean⟩: Wärmeperiode der Nacheiszeit

At|lan|tis, das; -: sagenhafte Insel im Atlantischen Ozean

at|lan|tisch: 1. dem Atlantischen Ozean angehörend. **2.** den Atlantikpakt betreffend

At|lan|to|sau|ri|er, der; -s, -, **At|lan|to|sau|rus,** der; -, ...rier ⟨*gr.-nlat.*⟩: Riesenreptil (bis 40 m Länge) aus einem früheren Erdzeitalter (untere Kreide)

[1]**At|las,** der; - u. -ses, -se u. ...lanten ⟨nach dem Riesen der gr. Sage, der das Himmelsgewölbe trägt⟩: **1. a)** Sammlung gleichartig bearbeiteter geografischer Karten in Buchform; **b)** Sammlung von Bildtafeln aus einem Wissensgebiet in Buchform. **2.** (selten) Atlant. **3.** (ohne Plural; Med.) erster Halswirbel, der den Kopf trägt

[2]**At|las,** der; - u. -ses, -se ⟨*arab.*⟩: Gewebe mit hochglänzender Oberfläche in besonderer Bindung (Webart)

at|las|sen: aus ↑[2]Atlas

At|man, der od. das; -[s] ⟨*sanskr.;* »Atem«⟩: Seele in der indischen Philosophie

At|mi|do|me|ter vgl. Atmometer

At|mo|kau|sis, die; - ⟨*gr.-nlat.*⟩ (Med. früher): Ausdampfung der Gebärmutterhöhle bei starken Blutungen (mit Wasserdampf)

At|mo|me|ter, das; -s, - (Meteorol.): Verdunstungsmesser

at|mo|phil: in der Atmosphäre angereichert vorkommend (z. B. Stickstoff, Sauerstoff)

At|mo|sphä|re, die; -, -n ⟨*gr.*⟩: **1. a)** Gashülle eines Gestirns; **b)** Lufthülle der Erde. **2.** [nicht gesetzliche] Einheit des Druckes (Zeichen für die physikalische Atmosphäre: atm, früher: Atm; für die technische Atmosphäre: at). **3.** eigenes Gepräge, Ausstrahlung, Stimmung

At|mo|sphä|ren|über|druck, der; -s (veraltet): der über 1 Atmosphäre liegende Druck (Zeichen: atü)

At|mo|sphä|ri|li|en, die (Plural) ⟨*gr.-nlat.*⟩: die physikal. u. chem. wirksamen Bestandteile der Atmosphäre (z. B. Sauerstoff)

at|mo|sphä|risch: 1. a) die Atmosphäre (1) betreffend; **b)** in der Atmosphäre (1). **2. a)** Atmosphäre (3), ein besonderes Fluidum betreffend; **b)** nur in sehr feiner Form vorhanden u. daher kaum feststellbar; nur andeutungsweise vorhanden

At|mo|sphä|ro|gra|fie, At|mo|sphä|ro|gra|phie, die; -: wissenschaftliche Beschreibung der Atmosphäre (1a, b)

At|mo|sphä|ro|lo|gie, die; -: Zweig der Meteorologie, der sich mit der Atmosphäre (1) befasst

Atoll, das; -s, -e ⟨*Malayalam-engl.-frz.*⟩: ringförmige Koralleninsel

Atom, das; -s, -e ⟨*gr.-lat.;* »unteilbar; unteilbarer Urstoff«⟩: kleinste, mit chemischen Mitteln nicht weiter zerlegbare Einheit eines chemischen Elements, die noch die für das Element charakteristischen Eigenschaften besitzt. **ato|mar** ⟨*gr.-nlat.*⟩: **a)** ein Atom betreffend; **b)** die Kernenergie betreffend; **c)** mit Kernenergie [angetrieben]; **d)** Atomwaffen betreffend

Atom|bom|be, die; -, -n: Sprengkörper, bei dessen Explosion Atomkerne unter Freigabe größter Energiemengen zerfallen

Atom|ener|gie, die; -: bei einer Kernspaltung frei werdende Energie

Atom|ge|wicht, das; -[e]s: Vergleichszahl, die angibt, wievielmal die Masse eines bestimmten Atoms größer ist als die eines Standardatoms

Atom|git|ter, das; -s: Kristallgitter, dessen Gitterpunkte mit Atomen besetzt sind

Atom|gramm, das; -s, -e: ↑Grammatom

ato|misch (selten): ↑atomar

Ato|mi|seur [...'zøːɐ̯], der; -s, -e ⟨*gr.-frz.*⟩: Zerstäuber

ato|mi|sie|ren ⟨*gr.-nlat.*⟩: bewirken, dass etwas in kleinste Teile zerfällt, aufgelöst wird

Ato|mis|mus, der; -, Atomistik, die; - ⟨*gr.-nlat.*⟩: Anschauung, die die Welt u. die Vorgänge in ihr auf die Bewegung von Atomen zurückführt

Ato|mist, der; -en, -en: Vertreter des Atomismus

Ato|mis|tik vgl. Atomismus. **Ato|mis|tin,** die; -, -nen: weibliche Form zu ↑Atomist. **ato|mis-**

tisch: **1.** den Atomismus betreffend. **2.** in kleine Einzelbestandteile auflösend

Ato|mi|um, das; -s ⟨*nlat.*⟩: Ausstellungsgebäude der Brüsseler Weltausstellung 1958 in Form eines Atommodells

Ato|mi|zer [...maɪzə], der; -s, - ⟨*engl.*⟩: ↑ Atomiseur

Atom|kern, der; -[e]s, -e: der aus ↑ Nukleonen bestehende, positiv geladene innere Bestandteil des Atoms, der von der Elektronenhülle (vgl. [1]Elektron) umgeben ist

Atom|la|ser [auch: ...le:zɐ], der; -s, -: laserähnliche Strahlungsquelle, die anstelle von Strahlung Atome emittiert

Atom|mei|ler, der; -s, -: **a)** ↑ Reaktor; **b)** Atomkraftwerk

Atom|müll, der; -s: radioaktiver Abfall

Atom|phy|sik, die; -: Physik der Elektronenhülle u. der in ihr ablaufenden Vorgänge

Atom|ra|ke|te, die; -, -n: **1.** Rakete mit atomarem Sprengkopf. **2.** Rakete, die durch Atomenergie angetrieben wird

Atom|re|ak|tor, der; -s, -en: Anlage zur Gewinnung von Atomenergie durch Kernspaltung

Atom|spek|t|rum, das; -s, ...tren: von der Hülle eines Atoms ausgesandtes ↑ Spektrum

Atom|stopp, der; -s (ugs.): Einstellung der Atombombenversuche u. Einschränkung der Herstellung spaltbaren Materials

Atom|test, der; -s, -s (auch: -e), **Atom|ver|such,** der; -s, -e: Erprobung von atomaren Sprengsätzen

Atom|waf|fe (meist Plural): Waffe, deren Wirkung auf der Kernspaltung od. -verschmelzung beruht

ato|nal [auch: ...ˈna:l] ⟨*gr.-nlat.*⟩: nicht auf dem harmonisch-funktionalen Prinzip der ↑ Tonalität beruhend; **atonale Musik:** Musik, die nicht auf dem harmonisch-funktionalen Prinzip der ↑ Tonalität beruht

Ato|na|list, der; -en, -en: Vertreter der atonalen Musik. **Ato|na|lis|tin,** die; -, -nen: weibliche Form zu ↑ Atonalist

Ato|na|li|tät, die; - ⟨*gr.-nlat.*⟩: Kompositionsweise der atonalen Musik

Ato|nie, die; -, ...ien ⟨*gr.-mlat.*⟩ (Med.): Erschlaffung, Schlaffheit [der Muskeln]. **ato|nisch** (Med.): auf Atonie beruhend

Ato|non, das; -s, ...na ⟨*gr.*⟩: unbetontes Wort (↑ Enklitikon od. ↑ Proklitikon)

Ato|pie, die; -, ...ien ⟨*gr.-nlat.*⟩ (Med.): unmittelbar einsetzende allergische Reaktion (vom Soforttyp). **ato|pisch** ⟨*gr.;* »nicht an seiner Stelle«⟩ (Med.): allergisch; genetisch determinierte Bereitschaft, auf Kontakt mit natürlichen od. künstlichen Umweltstoffen mit gesteigerter Bildung von ↑ Immunglobulinen (IgE) zu reagieren

Atout [aˈtu:], das, auch der; -s, -s ⟨*frz.*⟩: Trumpf im Kartenspiel

à tout prix [atuˈpri:]: um jeden Preis

ato|xisch [auch: aˈtɔ...] ⟨*gr.-nlat.*⟩: ungiftig, nicht toxisch

at|ra|men|tie|ren ⟨*lat.-nlat.*⟩: Stahl zur Verhütung von Korrosion u. Rostbildung mit einer Oxid- od. Phosphatschicht überziehen

At|ra|zin, das; -s: früher bes. im Maisanbau häufig eingesetztes, seit 1991 in Deutschland verbotenes Herbizid

At|re|sie, die; -, ...ien ⟨*gr.-nlat.*⟩ (Med.): [angeborener od. erworbener] Verschluss eines Hohlorgans (z. B. des Afters)

Atri|chie, die; -, ...ien ⟨*gr.-nlat.*⟩ (Med.): angeborenes od. erworbenes Fehlen der Körperhaare

At|ri|um, das; -s, ...ien ⟨*lat.*⟩: **1.** offener Hauptraum des altrömischen Hauses. **2.** Säulenvorhalle (vgl. Paradies 2) altchristlicher u. romanischer Kirchen. **3.** (Med.) Vorhof, Vorkammer des Herzens. **4.** Innenhof eines Hauses

At|ri|um|bun|ga|low, der; -s, -s, **At|ri|um|haus,** das; -es, ...häuser: Bungalow, Haus, das um einen Innenhof gebaut ist

at|rop ⟨*gr.-nlat.*⟩ (Bot.): aufrecht, gerade (von der Stellung der Samenanlage)

At|ro|phie, die; -, ...ien ⟨*gr.-lat.;* »Mangel an Nahrung; Auszehrung«⟩ (Med.): Gewebeschwund [von Organen, Zellen]. **at|ro|phie|ren** ⟨*gr.-nlat.*⟩ (Med.): schwinden, schrumpfen. **at|ro|phisch** (Med.): an Atrophie leidend, im Schwinden begriffen

At|ro|pin, das; -s ⟨*gr.-nlat.*⟩: giftiges ↑ Alkaloid der Tollkirsche

At|ro|zi|tät, die; -, -en ⟨*lat.*⟩: Grausamkeit, Abscheulichkeit

At|tac ⟨Abk. für *frz.* Action pour une *T*axation des *T*ransactions pour l'*A*ide aux *C*itoyens⟩: internationale globalisierungskritische Bewegung

at|tac|ca ⟨*it.*⟩ (Musik): den folgenden Satz od. Satzteil ohne Unterbrechung anschließen (Vortragsanweisung)

At|ta|ché [...ˈʃe:], der; -s, -s ⟨*frz.;* »Zugeordneter«⟩: **1.** erste Dienststellung eines angehenden Diplomaten bei einer Vertretung seines Landes im Ausland. **2.** Auslandsvertretungen eines Landes zugeteilter Berater (Militär-, Kultur-, Handelsattaché usw.). **At|ta|chée,** die; -, -n [...ˈʃe:ən]: weibliche Form zu ↑ Attaché

At|ta|che|ment [ataʃ(ə)ˈmɑ̃:], das; -s, -s ⟨*frz.*⟩ (veraltet): Anhänglichkeit, Zuneigung. **at|ta|chie|ren** [...ˈʃi:...]: **1.** (Militär veraltet) zuteilen. **2.** (sich attachieren; veraltet) sich anschließen

At|tach|ment [əˈtætʃmənt], das; -s, -s ⟨*frz.-engl.*⟩ (EDV): mit einer E-Mail versendete Datei

At|tack [əˈtæk], die; -, -s ⟨*frz.-engl.*⟩: Zeitdauer des Ansteigens des Tons bis zum Maximum beim ↑ Synthesizer

[1]**At|ta|cke,** die; -, -n ⟨*frz.*⟩: **1. a)** Reiterangriff; **b)** (Sport) Spielzug, durch den der Gegner in die Verteidigung gedrängt wird; **c)** mit Schärfe geführter Angriff; scharfe Kritik. **2.** (Med.) Schmerz-, Krankheitsanfall

[2]**At|ta|cke,** die; -, -n ⟨*frz.-engl.*⟩: lautes, explosives Anspielen des Tones im Jazz

at|ta|ckie|ren ⟨*frz.*⟩: **a)** zu Pferde angreifen; **b)** (Sport) angreifen; **c)** scharf kritisieren

At|ten|tat [auch: ...ˈta:t], das; -s, -e ⟨*lat.-frz.;* »versuchtes (Verbrechen)«⟩: Anschlag auf einen politischen Gegner; Versuch, einen politischen Gegner umzubringen. **At|ten|tä|ter,** der; -s, -: jmd., der ein Attentat verübt. **At|ten|tä|te|rin,** die; -, -nen: weibliche Form zu ↑ Attentäter

at|ten|tie|ren ⟨*lat.(-frz.)*⟩ (veraltet): **1.** versuchen. **2.** in fremde Rechte eingreifen

At|ten|tis|mus, der; - ⟨*lat.-frz.-nlat.;* »abwartende Haltung«⟩: Haltung eines Menschen, der seine Entscheidung zwischen zwei kämpfenden Parteien vom jeweiligen Erfolg einer der Parteien abhängig macht

At|te|nu|a|ti|on, die; -, -en ⟨*lat.*⟩: **1.** (veraltet) Verdünnung, [Ab]schwächung. **2.** (Med.) ↑ Attenuierung. **3.** (Biol.) regulierende Verzögerung der ↑ Transkription (3) bei der Proteinbiosynthese von Prokaryonten. **4. natürliche Attenuation** (Ökol.): natürlicher Abbau od. Rückhalt von Schadstoffen in Gewässern u. Böden

at|te|nu|ie|ren ⟨*lat.*⟩: verdünnen, [ab]schwächen. **At|te|nu|ie|rung,** die; -, -en (Med.): Abschwächung der krank machenden Fähigkeit von Erregern

At|test, das; -[e]s, -e ⟨*lat.*⟩: **1.** ärztliche Bescheinigung über einen Krankheitsfall. **2.** (veraltet) Gutachten, Zeugnis

At|tes|ta|ti|on, die; -, -en: **1. a)** Erteilung der Lehrbefähigung in der DDR unter Erlass gewisser Prüfungen; **b)** Titelverleihung bzw. Bescheinigung einer Qualifikationsstufe in der DDR ohne Prüfungsnachweis, und zwar als Berufsanerkennung für langjährige Praxis. **2.** schriftliche, regelmäßige Beurteilung der Fähigkeiten eines Offiziers der Nationalen Volksarmee der DDR zur Förderung seiner Entwicklung; vgl. ...ation/...ierung

at|tes|tie|ren: 1. bescheinigen, schriftlich bezeugen. **2.** jmdm. eine Attestation erteilen. **At|tes|tie|rung,** die; -, -en: das Bescheinigen; vgl. ...ation/...ierung

At|ti|ka, die; -, ...ken ⟨*gr.-lat.*⟩ (Archit.): halbgeschossartiger Aufsatz über dem Hauptgesims eines Bauwerks, bes. als Träger von Skulpturen od. Inschriften (z. B. an römischen Triumphbogen)

At|ti|la, die; -, -s ⟨*ung.;* nach dem Hunnenkönig⟩: **a)** kurzer Rock der ungarischen Nationaltracht; **b)** mit Schnüren besetzte Husarenjacke

at|ti|rie|ren ⟨*frz.*⟩ (veraltet): hinzuziehen, anlocken, bestechen

at|tisch ⟨*gr.-lat.*⟩: **1.** auf die altgriechische Landschaft Attika, besonders auf Athen bezogen. **2.** fein, elegant, witzig; **attisches Salz:** geistreicher Witz

At|ti|tude [...'ty:d], die; -, -s [...'ty:d] ⟨*lat.-it.-frz.*⟩: Ballettfigur, bei der ein Bein rechtwinklig angehoben ist. **At|ti|tü|de,** die; -, -n: **1. a)** Einstellung, [innere] Haltung; **b)** angenommene, nur den Anschein einer bestimmten Einstellung vermittelnde Pose. **2.** ⟨*lat.-it.-frz.-engl.-amerik.*⟩: durch Erfahrung erworbene dauernde Bereitschaft, sich in bestimmten Situationen in spezifischer Weise zu verhalten

At|ti|zis|mus, der; -, ...men ⟨*gr.-lat.-nlat.*⟩: **1.** [feine] Sprechweise der Athener (Ggs.: Hellenismus [2]). **2.** Gegenbewegung gegen den ↑ Asianismus, die die klassische Sprache als Vorbild bezeichnete. **at|ti|zis|tisch: a)** den Attizismus betreffend; **b)** die Auffassung des Attizismus vertretend

At|to|me|ter [auch: 'ato...], der, früher fachspr. auch das; -s, - ⟨*dän.; gr.*⟩: ein trillionstel Meter (10^{-18} Meter) (Zeichen: am)

At|to|ni|tät, die; - ⟨*lat.-nlat.*⟩ (Med.): regungsloser Zustand des Körpers, Regungslosigkeit bei erhaltenem Bewusstsein

At|trac|tant [ɛ'trɛktn̩t], der od. das; -s, -s ⟨*lat.-engl.*⟩: Lockstoff (für Insekten)

At|trait [a'trɛ:], der; -s, -s ⟨*lat.-frz.*⟩ (veraltet): Reiz, Lockung

[1]At|trak|ti|on, die; -, -en ⟨*lat.-frz.-engl.*⟩: **1.** Anziehung, Anziehungskraft. **2.** Glanznummer, Zugstück

[2]At|trak|ti|on, die; -, -en ⟨*lat.*⟩ (Sprachwiss.): Angleichung im Bereich der Lautung, der Bedeutung, der Form u. der Syntax (z. B. die am stärksten *betroffensten* statt *betroffenen* Gebiete)

at|trak|tiv ⟨*lat.-frz.*⟩: **1.** verlockend, begehrenswert, erstrebenswert. **2.** anziehend aufgrund eines ansprechenden Äußeren, gut aussehend. **At|trak|ti|vi|tät,** die; - ⟨*nlat.*⟩: Anziehungskraft

At|trak|tor, der; -s, ...oren ⟨*lat.-nlat.*⟩: Bez. für den Endzustand eines dynamischen Systems bei Ablaufen eines evolutionären Prozesses (z. B. der Endpunkt bei der Bewegung eines Pendels)

At|trap|pe, die; -, -n ⟨*germ.-frz.;* »Falle, Schlinge«⟩: [täuschend ähnliche] Nachbildung, bes. für Ausstellungszwecke (z. B. von verderblichen Waren); Blind-, Schaupackung

at|trap|pie|ren (veraltet): erwischen, ertappen

at|tri|bu|ie|ren ⟨*lat.*⟩: **1.** (Sprachwiss.) ein Attribut (2) beilegen. **2.** mit einem Attribut versehen

At|tri|but, das; -[e]s, -e: **1.** (Philos.) Eigenschaft, Merkmal einer Substanz. **2.** (Sprachwiss.) einem Substantiv, Adjektiv od. Adverb beigefügte nähere Bestimmung (z. B. der *große* Garten; die Stadt *hinter dem Strom; sehr* unwahrscheinlich; *tief* unten). **3.** Kennzeichen, charakteristische Beigabe einer Person (z. B. der Schlüssel bei der Darstellung des Apostels Petrus)

at|tri|bu|tiv ⟨*lat.-nlat.*⟩ (Sprachwiss.): als Beifügung, beifügend. **At|tri|bu|ti|vum,** das; -s, ...va u. ...ve (Sprachwiss.): als ↑ Attribut (2) verwendetes Wort

At|tri|but|satz, der; -es, ...sätze: Nebensatz in der Rolle eines Gliedteilsatzes, der ein ↑ Attribut (2) wiedergibt (z. B. eine Frau, *die Musik studiert,* ... anstelle von: eine Musik studierende Frau ...)

At|tri|ti|o|nis|mus, der; - ⟨*lat.-nlat.*⟩: katholisch-theologische Lehre, die besagt, dass die unvollkommene Reue zum Empfang des Bußsakraments genügt; vgl. Kontritionismus

atü (veraltet) = Atmosphärenüberdruck

aty|pisch [auch: a'ty:...] ⟨*gr.-nlat.*⟩: nicht typisch, untypisch

au|ber|gi|ne [obɛr'ʒi:n(ə)] ⟨*arab.-katal.-frz.*⟩: dunkellila. **Au|ber|gi|ne,** die; -, -n: **1.** Nachtschattengewächs mit gurkenähnlichen Früchten. **2. a)** blaurote Glasur bestimmter chinesischer Porzellane; **b)** chinesisches Porzellan mit blauroter Glasur

Au|b|ri|e|tie [...i̯ə], die; -, -n ⟨*nlat.;*

nach dem frz. Maler Aubriet⟩: Blaukissen, Polster bildende Zierstaude

Au|bus|son [obyˈsɔ̃:], der; -[s], -[s] ⟨nach der frz. Stadt⟩: ein gewirkter Teppich

au con|t|raire [okɔ̃ˈtrɛ:r] ⟨*frz.*⟩: im Gegenteil

au cou|rant [okuˈrɑ̃:] ⟨*frz.*⟩: auf dem Laufenden

Au|cu|ba, Aukube, die; -, ...ben ⟨*jap.-nlat.*⟩: Zierstrauch aus Japan mit gelb gefleckten Blättern u. korallenroten Beeren

au|di..., Au|di... vgl. audio..., Audio...

au|di|a|tur et al|te|ra pars ⟨*lat.;* »auch der andere Teil möge gehört werden«⟩: man muss auch die Gegenseite hören

Au|di|ence|flow [ˈɔ:diənsfloʊ̯], der; -s, -s ⟨*engl.*⟩: Einschaltquote bei Fernsehsendungen

Au|di|enz, die; -, -en ⟨*lat.*⟩: **1.** feierlicher Empfang bei einer hochgestellten politischen oder kirchlichen Persönlichkeit. **2.** Unterredung mit einer hochgestellten Persönlichkeit

Au|di|fon, Audiphon, das; -s, -e ⟨*lat.; gr.*⟩: Hörapparat für Schwerhörige

Au|di|max, das; -: studentisches Kurzw. für ↑Auditorium maximum

Au|di|me|ter, der; -s, -: Gerät, das an Rundfunk- u. Fernsehempfänger von Testpersonen angeschlossen wird, um den Sender sowie Zeitpunkt u. Dauer der empfangenen Sendungen zum Zweck statistischer Auswertungen zu registrieren

au|dio..., Au|dio...

auch: au|di..., Au|di...
⟨zu *lat.* audire »hören, anhören, zuhören«⟩
Wortbildungselement mit der Bedeutung »hörbar; Gehör«:
- Audimeter
- Audiometer
- audiovisuell

Au|dio|book [...bʊk], das; -s, -s ⟨*lat.; engl.*⟩: Hörbuch; digitales Medium, das gesprochenen Text enthält (z. B. Belletristik, Sprachlehrgänge)

Au|dio|file [...faɪ̯l], das, auch: der; -s, -s ⟨*lat.; engl.*⟩ (EDV): Datei eines Computers, die digitalisierte Töne speichert, z. B. Geräusche für Computerspiele

Au|dio|gramm, das; -s, -e ⟨*lat.; gr.*⟩: grafische Darstellung der mithilfe des ↑Audiometers ermittelten Werte

Au|dio|guide [...gaɪ̯d], der; -s, -s ⟨*lat.; engl.*⟩: kleineres tragbares Gerät, das elektronisch gespeicherte akustische Informationen zu Ausstellungs-, Museums- od. Stadtbesichtigungen wiedergibt

au|dio|lin|gu|al: vom gesprochenen Wort ausgehend (in Bezug auf eine Methode des Fremdsprachenunterrichts)

Au|dio|lo|ge, der; -n, -n (Med.): Facharzt auf dem Gebiet der Audiologie. **Au|dio|lo|gie,** die; - (Med.): Teilgebiet der Medizin, auf dem man sich mit den Funktionen u. den Erkrankungen des menschlichen Gehörs befasst. **Au|dio|lo|gin,** die; -, -nen: weibliche Form zu ↑Audiologe. **au|dio|lo|gisch:** die Audiologie betreffend

Au|dio|me|ter, das; -s, - (Med.): Gerät zum Messen der menschlichen Hörleistung auf ↑elektroakustischem Wege. **Au|dio|me|t|rie,** die; - (Med.): Prüfung des Gehörs mit Hörmessgeräten. **au|dio|me|t|risch: 1.** die Audiometrie betreffend. **2.** mit dem Audiometer ermittelt

Au|di|on, das; -s, -s u. ...onen (Elektrot.): Schaltung in Rundfunkgeräten mit Elektronenröhren zum Verstärken der hörbaren (niederfrequenten) Schwingungen u. zur Trennung von den hochfrequenten Trägerwellen

au|dio|phil: 1. großen Wert auf hohe Klangqualität legend. **2.** mit sehr hoher Wiedergabequalität (von Musikanlagen, Tonträgern). **Au|dio|phi|lie,** die; -: **1.** hohe Wertschätzung guten Klangs. **2.** sehr gute Wiedergabequalität

Au|dio|stream [...stri:m], der; -s, -s ⟨*lat.; engl.*⟩: Datei zum Hören im Internet

Au|dio|tex, der; - ⟨*lat.; engl.*⟩: telefonischer Ansagedienst, bes. in den Bereichen Information und Unterhaltung

Au|dio-Vi|deo-Tech|nik, die; -: Gesamtheit der technischen Verfahren u. Mittel, die es ermöglichen, Ton- u. Bildsignale aufzunehmen, zu übertragen u. zu empfangen sowie wiederzugeben

Au|dio|vi|si|on, die; - ⟨*lat.-nlat.*⟩: **1.** Technik des Aufnehmens, Speicherns u. Wiedergebens von Ton u. Bild. **2.** Information durch Bild u. Ton

au|dio|vi|su|ell ⟨*lat.*⟩: zugleich hör- und sichtbar, Hören u. Sehen ansprechend; **audiovisueller Unterricht:** Unterrichtsgestaltung mithilfe [moderner] technischer Lehr- u. Lernmittel, die sowohl auf auditivem als auch auf visuellem Wege die Wirksamkeit des Unterrichts erhöhen

Au|di|phon vgl. Audifon

Au|dit [ˈɔ:dɪt], das od. der; -s, -s ⟨*lat.-engl.*⟩ (Wirtsch.): Überprüfung; Untersuchung; Prüfung betrieblicher Qualitätsmerkmale

Au|di|teur [...ˈtø:ɐ̯], der; -s, -e ⟨*lat.-frz.*⟩ (Geschichte): Richter an Militärgerichten

au|di|tie|ren ⟨*lat.-engl.*⟩ (Wirtsch.): etwas als externer Prüfer auf die Erfüllung bestimmter [Qualitäts]standards hin bewerten u. anschließend zertifizieren

Au|di|ting [ˈɔ:dɪtɪŋ], das; -s, -s ⟨*lat.-engl.*⟩: **1.** (Wirtsch.) das Auditieren. **2.** Aufnahmeprüfung für die Mitgliedschaft in der Scientologybewegung

¹Au|di|ti|on, die; -, -en ⟨*lat.*⟩: das innere Hören von Worten u. das damit verbundene Vernehmen von Botschaften einer höheren Macht (z. B. bei den Propheten)

²Au|di|tion [ɔˈdɪʃn̩], die; -, -s ⟨*lat.-engl.*⟩: Veranstaltung, auf der [Musical]sänger, -tänzer usw. Prüfern vorsingen, vortanzen, um an ein Theater o. Ä. engagiert zu werden

Au|di|ti|on co|lo|rée [odisjɔ̃:kɔloˈre:, frz.: ...kɔlɔ...] ⟨*lat.-frz.;* »farbiges Hören«⟩: in Verbindung mit akustischen Reizen auftretende Farbempfindungen, eine Form der ↑Synästhesie (a)

au|di|tiv ⟨*lat.-nlat.*⟩: **1.** (Med.) **a)** das Gehör betreffend, zum Gehörsinn od. -organ gehörend; **b)** fähig, Sprachlaute wahrzunehmen u. zu analysieren (in Bezug auf das menschliche Gehör); vgl. akustisch. **2.** (Psychol.) vorwiegend mit Gehörsinn begabt

Au|di|tor, der; -s, ...oren ‹*lat.*›: **1. a)** Richter an der ↑Rota; **b)** Vernehmungsrichter an kirchlichen Gerichten; **c)** Beamter der römischen ↑Kurie (1). **2. a)** (früher) ↑Auditeur; **b)** (schweiz.) öffentlicher Ankläger bei einem Militärgericht; **c)** Jurist in der praktischen Ausbildung bei Gericht. **3.** (Wirtsch.) jmd., der Audits durchführt, die Qualitätssicherung kontrolliert o. Ä.. **Au|di|to|rin,** die; -, -nen: weibliche Form zu ↑Auditor (2c, 3)

Au|di|to|ri|um, das; -s, ...ien: **1.** Hörsaal einer Hochschule. **2.** Zuhörerschaft. **Au|di|to|ri|um ma|xi|mum,** das; - -: größter Hörsaal einer Hochschule

Au|di|tus, der; -: Hörvermögen des menschlichen Hörorgans (hörbar sind Schwingungen im Frequenzbereich zwischen 20 u. 20 000 Hz)

au fait [oˈfɛ] ‹*frz.*›: gut unterrichtet, im Bilde; **jmdn. au fait setzen:** jmdn. aufklären, belehren

Auf|merk|sam|keits|de|fi|zit-Hy|per|ak|ti|vi|täts|stö|rung, Auf|merk|sam|keits|de|fi|zit|hy|per|ak|ti|vi|täts|stö|rung, die; -, -en (Med., Psychol.): in der Kindheit beginnende Verhaltens- u. emotionale Störung, die bes. durch Probleme mit Aufmerksamkeit u. Impulsivität gekennzeichnet ist (Abk.: ADHS)

Auf|merk|sam|keits|de|fi|zit-Syn|drom, Auf|merk|sam|keits|de|fi|zit|syn|drom, das; -s, -e ‹*dt.; lat.-frz.; gr.*› (Med., Psychol.): [meist bei Kindern auftretende] neurobiologische Störung der Konzentrationsfähigkeit in Verbindung mit sprunghaftem, impulsivem Handeln [u. Hyperaktivität] (Abk.: ADS)

auf|ok|t|ro|y|ie|ren [...trọaji:...] ‹*dt.; lat.-frz.*›: aufzwingen

au four [oˈfu:ɐ̯] ‹*frz.*› (Gastron.): im Ofen (gebacken od. gebraten)

auf|sty|len [...staɪ̯...] ‹*dt.; engl.*›: sich sorgfältig kleiden [u. schminken]

auf|teen [...ti:ən] ‹*dt.; engl.*› (Golf): den Ball zum Abschlag auf das ↑²Tee aufsetzen

Auf|trags|kil|ler, der; -s, - ‹*dt.; engl.*› (ugs.): jmd., der in fremdem Auftrag u. gegen Bezahlung jmdn. tötet. **Auf|trags|kil|le|rin,** die; -, -nen: weibliche Form zu ↑Auftragskiller

Au|gen|di|a|g|no|se, die; -, -n: **1.** (ohne Plural) im Gegensatz zur Schulmedizin entwickelte Diagnostik aufgrund der Vorstellung, dass alle Organe nervale Verbindungen zur Iris besitzen, in der dann Veränderungen als Organkrankheiten zu erkennen sind. **2.** einzelne Diagnose nach dieser Methode

Au|gen|op|ti|ker, der; -s, -: Optiker, der sich mit der Herstellung, Reparatur u. Anpassung von Sehhilfen (Brillen) beschäftigt (Berufsbez.). **Au|gen|op|ti|ke|rin,** die; -, -nen: weibliche Form zu ↑Augenoptiker

Au|gi|as|stall [auch: ˈaʊ̯...], der; -[e]s ‹*gr.-lat.; dt.;* nach der gr. Sage der in dreißig Jahren nicht gereinigte Stall mit 3000 Rindern des Königs Augias, den Herakles an einem einzigen Tag reinigte›: **den Augiasstall ausmisten, reinigen:** einen durch arge Vernachlässigung o. Ä. entstandenen Zustand großer Unordnung, korrupter Verhältnisse durch aktiv-durchgreifendes Handeln beseitigen u. wieder Ordnung, ordentliche Verhältnisse herstellen

Au|git [auch: ...ˈgɪt], der; -s, -e ‹*gr.-lat.*›: silikathaltiges Mineral

Aug|ment, das; -s, -e ‹*lat.;* »Vermehrung, Zuwachs«› (Sprachwiss.): Präfix, das dem Verbstamm zur Bezeichnung der Vergangenheit vorangesetzt wird, bes. im Sanskrit u. im Griechischen

Aug|men|ta|ti|on, die; -, -en (Musik): **a)** die auf mehrfache Weise mögliche Wertverlängerung einer Note in der ↑Mensuralnotation; **b)** die Wiederaufnahme des Themas einer Komposition (z. B. Sonate) in größeren als den ursprünglichen rhythmischen Werten

Aug|men|ta|tiv, das; -s, -e, Augmentativum, das; -s, ...va ‹*lat.-nlat.*› (Sprachwiss.): ein Wort, das mit einem ↑Augmentativpräfix od. einem Augmentativsuffix gebildet ist; Vergrößerungswort (Ggs.: Diminutiv)

Aug|men|ta|tiv|prä|fix (Sprachwiss.), Amplifikativpräfix, das; -es, -e: Präfix, das die Größe eines Dinges od. Wesens ausdrückt (z. B. dt. un... in *Unsumme,* maxi... in *Maxidisc*)

Aug|men|ta|tiv|suf|fix, Amplifikativsuffix, das; -es, -e: Suffix, das die Größe eines Dinges od. Wesens ausdrückt (z. B. it. ...one in *favone* große Bohne; von *fava* Bohne)

Aug|men|ta|ti|vum vgl. Augmentativ

aug|men|tie|ren ‹*lat.*›: **1.** vermehren. **2.** (Musik) mit einer Augmentation versehen

au gra|tin [ograˈtɛ̃:] ‹*frz.*› (Gastron.): mit einer Kruste überbacken; vgl. gratinieren

Au|gur, der; -s u. ...uren, ...uren ‹*lat.*›: **1.** Priester u. Vogelschauer im Rom der Antike. **2.** jmd., der als Eingeweihter Urteile, Interpretationen von sich anbahnenden, bes. politischen Entwicklungen ausspricht

Au|gu|ren|lä|cheln, das; -s: vielsagendes, spöttisches Lächeln des Wissens u. Einverständnisses unter Eingeweihten

au|gu|rie|ren: weissagen, vermuten

Au|gust, der; Gen. -[e]s u. -, Plur. -e ‹*lat.*›: achter Monat im Jahr (Abk.: Aug.)

Au|gus|ta|na, die; - ‹gekürzt aus Confessio Augustana; nach der Stadt Augsburg (*lat.* Augusta Vindelicorum)› (Theol.): die Augsburgische ↑Konfession, das Augsburger Bekenntnis (wichtigste lutherische Bekenntnisschrift von 1530)

au|gus|te|isch: a) auf den römischen Kaiser Augustus bezogen; **b)** auf die Epoche des römischen Kaisers Augustus bezogen; **ein augusteisches Zeitalter** (bildungsspr.): eine Epoche, in der Kunst u. Literatur besonders gefördert werden

Au|gus|ti|ner, der; -s, - ‹nach dem Kirchenlehrer Augustinus, 354–430›: **a)** Angehöriger des kath. Ordens der Augustiner-Chorherren (Italien, Österr., Schweiz); **b)** Angehöriger des kath. Ordens der Augustiner-Eremiten. **Au|gus|ti|ne|rin,**

die; -, -nen: Angehörige einer nach der Augustinerregel lebenden weiblichen Ordensgemeinschaft

Auk|ti|on, die; -, -en ⟨*lat.;* »Vermehrung«⟩: Versteigerung

Auk|ti|o|na|tor, der; -s, ...oren: Versteigerer. **Auk|ti|o|na|to|rin,** die; -, -nen: weibliche Form zu ↑Auktionator

auk|ti|o|nie|ren: [an den Meistbietenden] versteigern

Auk|ti|ons|haus, das; -es, ...häuser: Unternehmen, das Auktionen durchführt

auk|to|ri|al ⟨*lat.*⟩ (Literaturwiss.): **1.** aus einer übergeordneten, allwissenden Perspektive erzählend, darstellend. **2.** (selten) einem Autor eigentümlich, für ihn charakteristisch

Au|ku|be vgl. Aucuba

Aul [russ.: a'ul], der; -s, -e ⟨*tatar.* u. *kirg.*⟩: Zeltlager, Dorfsiedlung der Turkvölker

Au|la, die; -, ...len u. -s ⟨*gr.-lat.*⟩: **1.** größerer Raum für Veranstaltungen, Versammlungen in Schulen u. Universitäten. **2.** freier, hofähnlicher Platz in großen griechischen u. römischen Häusern der Antike; vgl. Atrium. **3.** Palast in der römischen Kaiserzeit. **4.** Vorhof in einer christlichen ↑Basilika

Au|le|tik, die; - ⟨*gr.*⟩: das Spielen des Aulos ohne zusätzliche Musik- od. Gesangsbegleitung im Griechenland der Antike

Au|l|o|die, die; -, ...ien: Aulosspiel mit Gesangsbegleitung im Griechenland der Antike

Au|los, der; -, Auloi u. ...len: antikes griechisches Musikinstrument in der Art einer Schalmei

au na|tu|rel [onaty'rɛl] ⟨*frz.*⟩ (Gastron.): ohne künstlichen Zusatz (von Speisen u. Getränken)

au pair [o'pɛːɐ̯] ⟨*frz.*⟩: (in Bezug auf einen Arbeitsplatz meist in einem Haushalt im Ausland) ohne Bezahlung; nur gegen Unterkunft, Verpflegung u. Taschengeld

[1]**Au-pair** [o'pɛːɐ̯], die; -, -s od. das; -s, -s: Kurzform von ↑Au-pair-Mädchen

[2]**Au-pair,** der; -s, -s: Kurzform von ↑Au-pair-Junge

Au-pair-Jun|ge, der; -n, -n: junger Mann, der au pair arbeitet, um die Sprache des jeweiligen Landes zu erlernen

Au-pair-Mäd|chen, das; -s, -: junge Frau, die au pair arbeitet, um die Sprache des jeweiligen Landes zu erlernen

au por|teur [opɔr'tœːɐ̯] ⟨*frz.*⟩: auf den Inhaber lautend (von Wertpapieren)

Au|ra, die; - ⟨*lat.;* »Hauch«⟩: **1.** besondere [geheimnisvolle] Ausstrahlung. **2.** (Med.) das Auftreten von subjektiven Wahrnehmungen in einer Vorstufe bzw. als Vorzeichen (z. B. bei einem epileptischen Anfall od. Migräne)

au|ral ⟨*lat.-nlat.*⟩ (Med.): ↑aurikular

Au|ra|min, das; -s ⟨Kurzw. aus ↑*Aurum* u. ↑*Amin*⟩: gelber Farbstoff

Au|rar: *Plural* von ↑Eyrir

au|ra|tisch: zur Aura gehörend

Au|rea Me|di|o|c|ri|tas, die; - - ⟨*lat.;* geflügeltes Wort aus den Oden des Horaz⟩: der goldene Mittelweg

Au|re|o|le, die; -, -n: **1.** Heiligenschein, der die ganze Gestalt umgibt, bes. bei Christusbildern. **2.** bläulicher Lichtschein am Brenner der Bergmannslampe, der Grubengas anzeigt. **3.** durch Wolkendunst hervorgerufene Leuchterscheinung (Hof) um Sonne u. Mond. **4.** (Elektrot.) äußere Leuchterscheinung eines Lichtbogens oder Glimmstromes

Au|re|us, der; -, ...rei ⟨*lat.*⟩: altrömische Goldmünze

Au|ri|g|na|ci|en [orɪnja'sjɛ̃ː], das; -[s] ⟨*frz.;* nach der frz. Stadt Aurignac⟩: Kulturstufe der Jüngeren Altsteinzeit

Au|ri|g|nac|mensch [orɪn'jak...], der; -en, -en: Menschentypus des Aurignacien

Au|ri|kel, die; -, -n ⟨*lat.-nlat.;* »Öhrchen, Ohrläppchen«⟩: Primelgewächs mit in Dolden stehenden Blüten

au|ri|ku|lar, au|ri|ku|lär ⟨*lat.*⟩: **1.** (Med.) zu den Ohren gehörend; auf das Ohr bezogen. **2.** ohrförmig gebogen

Au|ri|pig|ment, das; -[e]s ⟨*lat.*⟩: Arsentrisulfid (ein Arsenmineral)

Au|ri|punk|tur, die; -, -en ⟨*lat.-nlat.*⟩ (Med. veraltet): Trommelfellstich; ↑Parazentese

Au|ro|ra, die; -, -s ⟨*lat.;* nach der röm. Göttin der Morgenröte⟩: **1.** (ohne Plural; dichter.) Morgenröte. **2.** (Zool.) Tagfalter aus der Familie der Weißlinge. **3.** (Astron.) Polarlicht

Au|rum, das; -[s] ⟨*lat.*⟩: lat. Bez. für: Gold (Zeichen: Au)

aus|agie|ren ⟨*dt.; lat.*⟩ (Psychol.): eine ↑Emotion [ungehemmt] in Handlung umsetzen u. dadurch eine innere Spannung abreagieren

aus|ba|lan|cie|ren [...laŋsiː...] ⟨*dt.; frz.*⟩: ins Gleichgewicht bringen, ausgleichen

aus|bal|do|wern ⟨*dt.; hebr.-jidd.-Gaunerspr.*⟩ (ugs.): **a)** mit List, Geschick auskundschaften; **b)** planen, sich ausdenken, ausklügeln

aus|che|cken ⟨*dt.; engl.*⟩: **1.** (Flugw.) **a)** (nach der Ankunft) abfertigen (z. B. Passagiere, Gepäck) (Ggs.: einchecken [1 a]); **b)** (nach der Ankunft) sich abfertigen lassen. **2.** (aus einem Hotel o. Ä.) ausziehen, abreisen (u. die entsprechenden Formalitäten erledigen) (Ggs.: einchecken [2])

aus|chil|len [...tʃɪlən] ⟨*engl.-amerik.*⟩ (ugs.): sich [nach einer Anstrengung, Anspannung] erholen; entspannen

aus|dif|fe|ren|zie|ren ⟨*dt.; lat.-nlat.*⟩: sich in einem Differenzierungsprozess von etw. ablösen u. verselbstständigen

aus|dis|ku|tie|ren ⟨*dt.; lat.*⟩: eine Frage, ein Problem so lange erörtern, bis alle strittigen Punkte geklärt sind

aus|fi|nan|zie|ren: die Finanzierung für etwas sicherstellen

aus|flip|pen ⟨*dt.; engl.*⟩ (ugs.): **1.** sich einer als bedrückend empfundenen äußeren oder inneren Situation [durch Genuss von Drogen] entziehen. **2.** sich [bewusst] außerhalb der gesellschaftlichen Normen stellen. **3.** die Selbstkontrolle verlieren, mit den Nerven fertig sein, durchdrehen. **4.** vor Freude ganz außer sich geraten

aus|for|mu|lie|ren ⟨*dt.; lat.*⟩: einem Antrag o. Ä. eine endgültige Formulierung geben

aus|ju|di|zie|ren ⟨*dt.; lat.*⟩ (österr.): vor dem obersten Gericht entscheiden lassen

aus|kla|rie|ren ⟨*dt.; lat.*⟩: Schiff u. Güter bei Ausfahrt verzollen. **Aus|kla|rie|rung,** die; -, -en: Verzollung von Gütern bei der Ausfahrt aus dem Hafen

aus|kno|cken [...nɔ...] ⟨*dt.; engl.*⟩: durch Knock-out besiegen

aus|kris|tal|li|sie|ren ⟨*dt.; gr.-lat.-frz.*⟩: aus Lösungen Kristalle bilden

Aus|kul|tant, der; -en, -en ⟨*lat.;* »Zuhörer«⟩ (veraltet): **1.** Beisitzer ohne Stimmrecht. **2.** (österr.) Anwärter auf das Richteramt

Aus|kul|ta|ti|on, die; -, -en ⟨*lat.*⟩ (Med.): das Abhören von Geräuschen, die im Körperinnern, bes. im Herzen (Herztöne) u. in den Lungen (Atemgeräusche), entstehen. **aus|kul|ta|to|risch** ⟨*lat.-nlat.*⟩ (Med.): durch Abhorchen feststellend od. feststellbar. **aus|kul|tie|ren** ⟨*lat.*⟩ (Med.): abhorchen, Körpergeräusche abhören

aus|log|gen ⟨*dt.; engl.*⟩ (EDV): sich von einem Programm, einer Anwendung [im Internet] abmelden (Ggs.: einloggen)

aus|lo|gie|ren ⟨*dt.; germ.-frz.*⟩: ausquartieren

aus|ma|nö|v|rie|ren ⟨*dt.; lat.-vulgärlat.-frz.*⟩: jmdn. durch geschickte Manöver als Konkurrenten o. Ä. ausschalten

Au|s|pi|zi|um, das; -s, ...ien ⟨*lat.;* »Vogelschau«⟩: **a)** Vorbedeutung; **b)** (Plural) Aussichten [für ein Vorhaben]; **unter jmds. Auspizien:** unter jmds. Schutz, Leitung

[1]**aus|po|w|ern** ⟨*dt.; engl.*⟩ (ugs.): seine Kräfte vollständig aufbrauchen

[2]**aus|po|w|ern** ⟨*dt.; lat.-frz.*⟩ (ugs. abwertend): ausbeuten [bis zur Verelendung]

aus|quar|tie|ren ⟨*dt.; lat.-frz.*⟩: jmdn. veranlassen, seine Unterkunft zu räumen

aus|ran|gie|ren ⟨*dt.; germ.-frz.*⟩: unbrauchbar Gewordenes aussondern, wegwerfen

au|ßer|bi|lan|zi|ell (Wirtsch.): nicht in der Bilanz (1) erfasst

au|ßer|par|la|men|ta|risch ⟨*dt.; gr.-lat.-vulgärlat.-frz.-engl.*⟩: nicht parlamentarisch; **außerparlamentarische Opposition:** ↑APO

au|ßer|tour|lich ⟨*dt.; gr.-lat.-frz.*⟩ (österr.): außerhalb der Reihenfolge, zusätzlich [eingesetzt] (z. B. ein Bus)

au|ßer|uni|ver|si|tär ⟨*dt.; lat.*⟩: nicht universitär; außerhalb der Universität

Aus|sie, Aus|si, der; -s, -s od. die; -, -s (ugs.): Australier[in]

aus|staf|fie|ren ⟨*dt.; frz.-niederl.*⟩: jmdn./etwas mit [notwendigen] Gegenständen, mit Zubehör u. a. ausrüsten, ausstatten

aus|ta|rie|ren ⟨*dt.; arab.-it.*⟩: **1.** ins Gleichgewicht bringen. **2.** (österr.) auf einer Waage das Leergewicht (↑Tara) feststellen

Aus|te|nit [auch: ...ˈnɪt], der; -s, -e ⟨*nlat.;* nach dem engl. Forscher Roberts-Austen⟩: bestimmter Mischkristall im System Eisen-Kohlenstoff

Aus|te|ni|ti|sie|rung, die; -, -en: Wärmebehandlung beim Härten von Stahl

Aus|ter, die; -, -n ⟨*gr.-lat.-roman.-niederl.-niederd.*⟩: essbare Muschel, die in warmen Meeren vorkommt

Aus|te|ri|tät, die; - ⟨*lat.*⟩ (Politik): strenge Sparpolitik zur Verringerung der Staatsverschuldung

Aus|te|ri|ty [ɔːsˈtɛrɪti], die; - ⟨*gr.-lat.-frz.-engl.*⟩: wirtschaftliche Einschränkung, energische Sparpolitik

Aus|tern|park, der; -s, -s: künstliche Anlage zur Austernzucht

aus|the|ra|piert ⟨*dt.; gr.*⟩ (Med.): auf keine mögliche Therapie [mehr] reagierend; therapieresistent

aus|t|ral ⟨*lat.*⟩ (veraltet): auf der südlichen Halbkugel befindlich, Süd...

Aus|t|ral, der; -s, -e ⟨*lat.-span.*⟩: frühere argentinische Währungseinheit

Aus|t|ra|li|an Open [ɔsˈtreɪljən ˈɔʊpn̩], die (Plural) ⟨*engl.*⟩: Tennisturnier in Australien

aus|t|ra|lid ⟨*lat.-nlat.*⟩ (Anthropol. veraltet): Merkmale der Australiden aufweisend. **Aus|t|ra|li|de,** der od. die; -n, -n (Anthropol. veraltet): Angehörige[r] des in Australien [und Neuguinea] lebenden, auf die dortigen Urbewohner zurückgehenden Menschentyps, der durch bestimmte äußere Merkmale (z. B. robusten Wuchs) gekennzeichnet ist

aus|t|ra|lo|id ⟨*lat.; gr.*⟩: den Australiden ähnliche Merkmale aufweisend. **Aus|t|ra|lo|i|de,** der od. die; -n, -n: Mensch von australoidem Typus

Aus|t|ra|lo|pi|the|cus, der; -, ...cinae od. ...cinen od. ...zinen ⟨*gr.-nlat.*⟩: Übergangsform zwischen Tier u. Mensch

Aus|t|ri|a|zis|mus, der; -, ...men ⟨*lat.-nlat.*⟩: eine innerhalb der deutschen Sprache nur in Österreich (Austria) übliche sprachliche Ausdrucksweise

aus|trick|sen ⟨*dt.; galloroman.-frz.-engl.*⟩: durch einen Trick, geschickt überlisten, ausschalten

Aus|t|ro|mar|xis|mus [auch: ˈaʊs...], der; - ⟨*nlat.*⟩: eine von österreichischen Sozialdemokraten vor u. nach dem Ersten Weltkrieg entwickelte Sonderform des Marxismus. **aus|t|ro|mar|xis|tisch** [auch: ˈaʊs...]: **a)** den Austromarxismus betreffend, auf ihm beruhend; **b)** die Theorie des Austromarxismus vertretend

aut..., Aut... vgl. auto..., Auto...

au|t|ark ⟨*gr.*⟩: [vom Ausland] wirtschaftlich unabhängig, sich selbst versorgend, auf niemanden angewiesen; vgl. ...isch/-. **Au|t|ar|kie,** die; -, ...ien: wirtschaftliche Unabhängigkeit [vom Ausland]. **au|t|ar|kisch:** die Autarkie betreffend; vgl. ...isch/-

au|t|erg ⟨*gr.-nlat.*⟩: **auterge Wirtschaft:** Wirtschaft, in der alle Einkommen auf eigener Arbeitsleistung beruhen

Au|then|tie, die; -: ↑Authentizität

Au|then|ti|fi|ka|ti|on, die; -, -en ⟨*gr.-lat.-engl.*⟩ (EDV): Identitätsprüfung eines Benutzers, einer Benutzerin als Zugangs- u. Rechtekontrolle für ein System (z. B. durch Passwort)

au|then|ti|fi|zie|ren ⟨*gr.; lat.*⟩: beglaubigen, die Echtheit bezeugen

Au|then|ti|fi|zie|rung, die; -, -en: **1.** (EDV) Authentifikation. **2.** (selten) das Authentifizieren; das Authentifiziertwerden

Au|then|tik, die; -, -en: im Mittelalter eine durch ein authentisches Siegel beglaubigte Urkundenabschrift

au|then|tisch ⟨*gr.-lat.*⟩: echt; zuverlässig, verbürgt

au|then|ti|sie|ren ⟨*gr.-mlat.*⟩: glaubwürdig, rechtsgültig machen. **Au|then|ti|sie|rung,** die; -, -en: das Authentisieren; das Authentisiertwerden

Au|then|ti|zi|tät, die; - ⟨*gr.-nlat.*⟩: Echtheit, Zuverlässigkeit, Glaubwürdigkeit

au|thi|gen ⟨*gr.-nlat.*⟩ (Geol.): am Fundort selbst entstanden (von Gesteinen) (Ggs.: allothigen)

Aut-idem-Re|ge|lung, die; -, -en ⟨*lat.; dt.*⟩: Regelung, nach der die Apotheke anstelle des verordneten Arzneimittels ein preisgünstigeres, wirkstoffgleiches Präparat auswählt

Au|tis|mus, der; - ⟨*gr.-nlat.*⟩ (Med., Psychol.): angeborene Entwicklungsstörung mit stereotypen Verhaltensweisen u. ausgeprägten Schwächen in sozialer Interaktion u. Kommunikation

Au|tist, der; -en, -en (Med., Psychol.): jmd., der an Autismus leidet. **Au|tis|tin,** die; -, -nen: weibliche Form zu ↑Autist

au|tis|tisch (Med., Psychol.): **a)** den Autismus betreffend; **b)** an Autismus leidend

¹Au|to, das; -s, -s ⟨*gr.*⟩: Kurzform von ↑Automobil

²Au|to, das; -s, -s ⟨*lat.-span.* u. *port.*; »Handlung, Akt«⟩: **1.** feierliche religiöse od. gerichtliche Handlung in Spanien u. Portugal. **2.** spätmittelalterliches geistliches Spiel des spanischen Theaters, das an Festtagen des Kirchenjahres aufgeführt wurde

au|to..., Au|to...

vor Vokalen meist: aut..., Aut...
⟨zu *gr.* autós »selbst, freiwillig, allein«⟩
Wortbildungselement mit der Bedeutung »selbst, eigen, persönlich; unmittelbar«:
- auterg
- Autoaggression
- autobiografisch
- Autofokus
- Automobil

Au|to|ag|gres|si|on, die; -, -en ⟨*gr.; lat.*⟩ (Psychol.): gegen die eigene Person gerichtete Aggression

Au|to|ag|gres|si|ons|krank|heit, die; -, -en (Med.): durch Autoantikörper verursachte Krankheit

Au|to|an|ti|kör|per, der; -s, - (meist Plural) (Med.): ↑Antikörper, der gegen körpereigene Substanzen wirkt

Au|to|bio|graf, Autobiograph, der; -en, -en ⟨*gr.; gr.-nlat.*⟩: jmd., der eine Autobiografie schreibt. **Au|to|bio|gra|fie,** Autobiographie, die; -, ...ien: literarische Darstellung des eigenen Lebens. **Au|to|bio|gra|fin,** Autobiographin, die; -, -nen: weibliche Form zu ↑Autobiograf. **au|to|bio|gra|fisch,** autobiographisch: **a)** die Autobiografie betreffend; **b)** das eigene Leben beschreibend; **c)** in Form einer Autobiografie verfasst

Au|to|bio|graph usw. vgl. Autobiograf usw.

Au|to|bus, der; -ses, -se ⟨Kurzw. aus ↑¹*Auto* u. ↑Omni*bus*⟩: ↑Omnibus

Au|to|car, der; -s, -s ⟨*frz.*⟩ (schweiz.): ↑Omnibus

Au|to|cho|re [...ˈkoːrə], die; -, -n ⟨*gr.-nlat.*⟩: Pflanze, die ihre Früchte od. Samen selbst verbreitet. **Au|to|cho|rie** [...ko...], die; -: Verbreitung von Früchten u. Samen durch die Pflanze selbst (z. B. durch Schleuder- od. Spritzbewegung)

Au|to|chrom, das; -s, -e ⟨*gr.-nlat.*⟩: Ansichtspostkarte, bei der durch farbigen Überdruck auf ein schwarzes Rasterbild der Eindruck eines Mehrfarbendruckes entsteht

au|to|ch|thon [...x...] ⟨*gr.-lat.*⟩: **1.** eingeboren, einheimisch, indigen (von Völkern od. Stämmen). **2.** (Geol., Biol.) am Fundort entstanden, vorkommend (von Gesteinen u. Lebewesen) (Ggs.: allochthon). **Au|to|ch|tho|ne,** der od. die; -n, -n: Ureinwohner[in], Alteingesessene[r], Eingeborene[r]

Au|to|co|der, der; -s ⟨*gr.; engl.*⟩ (EDV): maschinenorientierte Programmiersprache

Au|to|cross, Au|to-Cross, das; -, -e ⟨*engl.*⟩: Autorennen auf einer abgesteckten Strecke im Gelände; vgl. Motocross

Au|to|cue® [...kjuː], der; -s, -s ⟨*gr.; engl.*⟩: ↑Teleprompter

Au|to|da|fé [...ˈfeː], das; -s, -s ⟨*lat.* actus fidei zu *port.* auto-de-fé = »Glaubensakt«⟩: **1.** Ketzergericht u. -verbrennung. **2.** Verbrennung von Büchern, Schriften u. Ä.

Au|to|de|ter|mi|na|ti|on, die; -, -en ⟨*gr.; lat.*⟩: [politisches] Selbstbestimmung[srecht]

Au|to|de|ter|mi|nis|mus, der; - ⟨*gr.; lat.-nlat.*⟩ (Philos.): Lehre von der Selbstbestimmung des Willens, die sich aus innerer Gesetzmäßigkeit unabhängig von äußeren Einflüssen vollzieht

Au|to|di|dakt, der; -en, -en ⟨*gr.*⟩: jmd., der sich ein bestimmtes Wissen ausschließlich durch Selbstunterricht aneignet od. angeeignet hat. **Au|to|di|dak|tin,** die; -, -nen: weibliche Form zu ↑Autodidakt. **au|to|di|dak|tisch:** den Selbstunterricht betreffend; durch Selbstunterricht

Au|to|di|ges|ti|on, die; - (Med.): ↑Autolyse

Au|to|drom, das; -s, -e ⟨*gr.-frz.*⟩: **1.** ↑Motodrom. **2.** (österr.) Fahrbahn für Scooter (3)

au|to|dy|na|misch: selbstwirkend, selbsttätig

Au|to|elek|t|rik, die; - ⟨*gr.; gr.-nlat.*⟩: elektrische Ausstattung moderner Kraftfahrzeuge

Au|to|ero|tik, die; -, Autoerotismus, der; - ⟨*gr.; gr.-nlat.*⟩ (Psychol.): Form des erotisch-sexuellen Verhaltens, das Lustgewinn u. Triebbefriedigung ohne Partnerbezug zu gewinnen sucht; vgl. Narzissmus. **au|to|ero|tisch** (Psychol.): die Autoerotik, den Autoerotismus betreffend, narzisstisch (a)

Au|to|fo|kus, der; -, -se ⟨*gr.; lat.*⟩: Vorrichtung an Kameras u. Diaprojektoren für eine automatische Einstellung der Bildschärfe

au|to|gam ⟨*gr.-nlat.*⟩ (Biol.): sich selbst befruchtend. **Au|to|ga|mie,** die; -, ...ien (Biol.): Selbstbefruchtung, geschlechtliche Fortpflanzung ohne Partner (bei bestimmten Pflanzen u. Tieren)

au|to|gen ⟨*gr.*⟩: **1.** (Technik) (von Schweißen o. Ä.) mit Stichflamme [ohne Zuhilfenahme eines Bindematerials]. **2.** (Med.) aus sich selbst od. von selbst entstehend; selbsttätig; **autogenes Training:** (von dem deutschen Psychiater J. H. Schultz entwickelte) Methode der Selbstentspannung durch ↑Autohypnose. **3.** (Geol.) ↑authigen

Au|to|gi|ro [...ˈʒiːro], das; -s, -s ⟨*gr.-span.*⟩: Drehflügelflugzeug, Hub-, Tragschrauber

Au|to|gno|sie, die; - ‹*gr.-nlat.*› (Philos.): Selbsterkenntnis

au|to|graf, autograph ‹*gr.*›: autografisch; vgl. ...isch/-. **Au|to|graf,** Autograph, das; -s, -e[n]: **1.** von einer bekannten Persönlichkeit stammendes, eigenhändig geschriebenes od. authentisch maschinenschriftliches ↑Manuskript [in seiner ersten Fassung], Urschrift. **2.** (veraltet) der in der Frühzeit des Buchdrucks noch in Gegenwart des Verfassers hergestellte erste Druck. **Au|to|gra|fie,** Autographie, die; -, ...ien ‹*gr.-nlat.*›: veraltetes Vervielfältigungsverfahren. **au|to|gra|fie|ren,** autographieren: **1.** (veraltet) eigenhändig schreiben. **2.** (nach einem heute veralteten Verfahren) vervielfältigen

au|to|gra|fisch, autographisch ‹*gr.-lat.*›: **1.** (veraltet) eigenhändig geschrieben. **2.** (nach einem heute veralteten Verfahren) vervielfältigt

Au|to|gramm, das; -s, -e ‹*gr.-nlat.*›: **1.** eigenhändig geschriebener Namenszug einer bekannten Persönlichkeit. **2.** (veraltet) ↑Autograf

au|to|graph usw. vgl. autograf usw.

Au|to|graph usw. vgl. Autograf usw.

Au|to|gra|phi|lie, die; -: Liebhaberei für alte [Original]manuskripte

Au|to|gra|vü|re, die; - ‹Kurzw. aus *auto...* u. ↑*Fotogravüre*›: Rastertiefdruck, ein grafisches Verfahren

Au|to|hyp|no|se, die; - ‹*gr.; gr.-nlat.*›: ein hypnotischer Zustand, in den sich jmd. selbst, also ohne Einwirkung einer anderen Person, versetzt (Ggs.: Heterohypnose)

Au|to|im|mun|er|kran|kung, die; -, -en ‹*gr.-lat.; dt.*› (Med.): Erkrankung, bei der das Immunsystem Antikörper gegen körpereigene Stoffe bildet

Au|to|im|mun|re|ak|ti|on, die; -, -en (Med.): krankhafte Reaktion des Organismus gegen körpereigenes Gewebe

Au|to|in|fek|ti|on, die; -, -en ‹*gr.; lat.*› (Med.): Infektion des eigenen Körpers durch einen Erreger, der bereits im Körper vorhanden ist; Selbstansteckung

Au|to|in|to|xi|ka|ti|on, die; -, -en ‹*gr.; gr.-nlat.*› (Med.): Selbstvergiftung des Körpers durch im Organismus bei krankhaften Prozessen entstandene u. nicht weiter abgebaute Stoffwechselprodukte

Au|to|kar|pie, die; - ‹*gr.-nlat.*› (Bot.): Fruchtansatz nach Selbstbestäubung

Au|to|ka|ta|ly|se, die; - (Chemie): Beschleunigung einer Reaktion durch einen Stoff, der während dieser Reaktion entsteht

au|to|ke|phal ‹*gr.*›: mit eigenem Oberhaupt, unabhängig (von den orthodoxen Nationalkirchen, die nur ihrem ↑Katholikos unterstehen). **Au|to|ke|pha|lie,** die; -: kirchliche Unabhängigkeit der orthodoxen Nationalkirchen

Au|to|ki|ne|se, die; -: scheinbare Eigenbewegung

Au|to|ki|no, das; -s, -s: Freilichtkino, in dem man sich einen Film vom Auto aus ansieht

Au|to|klav, der; -s, -en ‹*gr.; lat.-frz.*›: **1.** Druckapparat in der chemischen Technik. **2.** Apparat zum Sterilisieren von Lebensmitteln. **3.** Rührapparat bei der Härtung von Speiseölen. **au|to|kla|vie|ren:** mit dem Autoklav (2) erhitzen

Au|to|kol|li|ma|ti|on, die; -, -en ‹*gr.; lat.-nlat.*› (Optik): Verfahren zur schnellen u. genauen Einstellung auf unendlich

Aut|öko|lo|gie, die; - ‹*gr.-nlat.*›: Teilgebiet der Ökologie, das sich mit den Auswirkungen der Umweltfaktoren auf ein einziges Individuum befasst

Au|to|kor|rek|tur, die; - ‹*gr.; lat.*›: Funktion in Textverarbeitungsprogrammen, die automatisch bestimmte Korrekturen vornimmt

Au|to|kor|so, der; -s, -s: Korso (1), der aus Autos besteht

Au|to|krat, der; -en, -en ‹*gr.*›: **1.** diktatorischer Alleinherrscher. **2.** selbstherrlicher Mensch. **Au|to|kra|tie,** die; -, ...ien: Regierungsform, bei der die Staatsgewalt unumschränkt in der Hand eines einzelnen Herrschers liegt. **Au|to|kra|tin,** die; -, -nen: weibliche Form zu ↑Autokrat. **au|to|kra|tisch:** die Autokratie betreffend

Au|to|loa|der [...lɔʊ̯dɐ], der; -s, - ‹*gr.; engl.*›: **1.** Gerät für eine automatisierte Datensicherung auf Magnetbänder. **2.** Schraubendreher mit drehbarem Bit-Magazin im Griff

Au|to|ly|se, die; - ‹*gr.-nlat.*›: **1.** (Med.) Selbstauflösung von Gewebe durch Enzyme ohne Hilfe von Bakterien; Selbstverdauung. **2.** (Biol.) Selbstauflösung des Larvengewebes im Verlauf der Metamorphose bei Insekten. **au|to|ly|tisch** (Med.): sich selbst auflösend (von Organeiweiß)

Au|to|mat, der; -en, -en ‹*gr.-lat.-frz.*; »sich selbst bewegend«›: **1. a)** Apparat, der nach Münzeinwurf selbsttätig Waren abgibt od. eine Dienst- od. Bearbeitungsleistung erbringt; **b)** Werkzeugmaschine, die Arbeitsvorgänge nach Programm selbsttätig ausführt; **c)** automatische Sicherung zur Verhinderung von Überlastungsschäden in elektrischen Anlagen. **2.** (Math., EDV) elektronisch gesteuertes System, das Informationen an einem Eingang aufnimmt, selbstständig verarbeitet u. an einem Ausgang abgibt

Au|to|ma|ten|res|tau|rant, das; -s, -s: ↑Restaurant, in dem man sich über Automaten selbst bedienen kann

Au|to|ma|ten|the|o|rie, die; -: Theorie, die sich mit mathematischen Modellen von Automaten (2) befasst

Au|to|ma|tie, die; -, ...ien ‹*gr.-nlat.*›: ↑Automatismus

Au|to|ma|tik, die; -, -en: **a)** Vorrichtung, die einen eingeleiteten technischen Vorgang ohne weiteres menschliches Zutun steuert u. regelt; **b)** (ohne Plural) Vorgang der Selbststeuerung

Au|to|ma|ti|on, die; -, -en ‹*gr.-lat.-frz.-engl.*›: der durch Automatisierung erreichte Zustand der modernen technischen Entwicklung, der durch den Einsatz weitgehend bedienungsfreier Arbeitssysteme gekennzeichnet ist

Au|to|ma|ti|sa|ti|on, die; -, -en: ↑Automatisierung; vgl. ...ation/...ierung

au|to|ma|tisch ‹*gr.-lat.-frz.*›: **1. a)** mit einer Automatik ausgestattet (von technischen Geräten); **b)** durch Selbststeuerung od. Selbstregelung erfolgend; **c)** mithilfe eines Automaten. **2. a)** unwillkürlich, zwangsläufig, mechanisch; **b)** ohne weiteres Zutun (des Betroffenen) von selbst erfolgend

au|to|ma|ti|sie|ren ⟨*gr.-nlat.*⟩: auf vollautomatische Fabrikation umstellen. **Au|to|ma|ti|sie|rung,** die; -, -en: Umstellung einer Fertigungsstätte auf vollautomatische Fabrikation; vgl. ...ation/...ierung

Au|to|ma|tis|mus, der; -, ...men ⟨*gr.-nlat.*⟩ (Biol., Med.): **a)** (ohne Plural) selbsttätig ablaufende Organfunktion (z. B. Herztätigkeit); **b)** spontan ablaufender Vorgang od. Bewegungsablauf, der nicht vom Bewusstsein od. Willen beeinflusst wird

Au|to|ma|to|graf, Au|to|ma|to|graph, der; -en, -en ⟨*gr.*⟩: Gerät zur Aufzeichnung unwillkürlicher Bewegungen

Au|to|mi|nu|te, die; -, -n ⟨*gr.; lat.-nlat.*⟩: Strecke, die ein Auto in einer Minute zurücklegt

Au|to|mi|xis, die; - ⟨*gr.*⟩: Selbstbefruchtung durch Verschmelzung zweier Keimzellen gleicher Abstammung

au|to|mo|bil ⟨*gr.; lat.;* »selbstbeweglich«⟩: das Auto betreffend. **Au|to|mo|bil,** das; -s, -e: Kraftfahrzeug, Personenkraftwagen

Au|to|mo|bi|lis|mus, der; -: Kraftfahrzeugwesen. **Au|to|mo|bi|list,** der; -en, -en (bes. schweiz.): Autofahrer. **Au|to|mo|bi|lis|tin,** die; -, -nen: weibliche Form zu ↑Automobilist. **au|to|mo|bi|lis|tisch:** den Automobilismus betreffend

Au|to|mo|bil|sa|lon, der; -s, -s: Ausstellung, auf der die neuesten Automobile vorgestellt werden

au|to|morph ⟨*gr.-nlat.*⟩: **1.** ↑idiomorph. **2.** den Automorphismus betreffend. **Au|to|mor|phis|mus,** der; -, ...men (Math.): spezielle Zuordnung der Elemente einer ↑algebraischen Struktur innerhalb der gleichen algebraischen Struktur; vgl. Homomorphismus

au|to|nom ⟨*gr.;* »nach eigenen Gesetzen lebend«⟩: **1.** selbstständig, unabhängig. **2.** zu den Autonomen gehörend. **Au|to|no|me,** der u. die; -n, -n: Angehörige[r] einer Gruppierung, die das Gesellschaftssystem ablehnt u. mit Gewaltaktionen bekämpft

Au|to|no|mie, die; -, ...ien: **1.** Selbstständigkeit [in nationaler Hinsicht], Unabhängigkeit. **2.** (Philos.) Willensfreiheit

Au|to|no|mi|sie|rung, die; - ⟨*gr.-lat.*⟩: Verfahren aus der Regelungstechnik, durch das eine gegenseitige Beeinflussung der Regelkreise beseitigt werden soll

Au|to|no|mist, der; -en, -en ⟨*gr.-nlat.*⟩: jmd., der eine Autonomie anstrebt. **Au|to|no|mis|tin,** die; -, -nen: weibliche Form zu ↑Autonomist

au|t|o|nym ⟨*gr.-nlat.*⟩: **1.** vom Verfasser unter seinem eigenen Namen herausgebracht. **2.** (Logik, Semiotik) ausdrückend, dass ein Zeichen als Eigenname von sich selbst gilt

Au|to|phi|lie, die; - ⟨*gr.-nlat.*⟩ (Psychol.): Selbst-, Eigenliebe; ↑Narzissmus

Au|to|pi|lot, der; -en, -en: automatische Steuerungsanlage in Flugzeugen, Raketen o. Ä.

Au|to|plas|tik, die; -, -en ⟨*gr.-nlat.*⟩ (Med.): Ersetzen von fehlendem Gewebe durch Gewebe von einer anderen Körperstelle (z. B. die Verpflanzung eines Hautlappens auf andere Körperstellen)

Au|to|poi|e|se [...pɔɪ̯...], die; - ⟨*gr.*⟩: Fähigkeit, sich selbst erhalten, wandeln, erneuern zu können. **au|to|poi|e|tisch:** die Autopoiese betreffend, auf ihr beruhend

Au|to|po|ly|plo|i|die, die; - ⟨*gr.-nlat.*⟩: Vervielfachung des arteigenen Chromosomensatzes bei einem Lebewesen

Au|to|por|t|rät, das; -s, -s: Selbstbildnis

Au|t|op|sie, die; -, ...ien ⟨*gr.*⟩: **1.** (Med.) Leichenöffnung; Untersuchung des [menschlichen] Körpers zur Feststellung der Todesursache. **2.** (Fachspr.) Prüfung durch persönliche Inaugenscheinnahme

Au|tor, der; -s, ...oren ⟨*lat.*⟩: Verfasser eines Werkes der Literatur, Musik, Kunst, Fotografie od. Filmkunst

Au|to|ra|dio, das; -s, -s: im Auto eingebautes spezielles Radio

Au|to|ra|dio|gra|fie, Autoradiographie, die; - ⟨*gr.; lat.; gr.*⟩ (Physik): Methode zur Sichtbarmachung der räumlichen Anordnung radioaktiver Stoffe (z. B. in einem Versuchstier)

Au|to|ra|dio|gramm, das; -s, -e ⟨*gr.; lat.; gr.*⟩: Aufnahme, die durch Autoradiografie gewonnen wurde

Au|to|ra|dio|gra|phie vgl. Autoradiografie

Au|to|re|fe|rat, das; -[e]s, -e: ↑Autorreferat

Au|to|ren|kol|lek|tiv, das; -s, -e ⟨*lat.; lat.-nlat.-russ.*⟩: Verfassergruppe, die ein Buch in gemeinschaftlicher Arbeit herausbringt

Au|to|ren|kor|rek|tur vgl. Autorkorrektur

Au|to|ren|plu|ral, der; -s: ↑Pluralis Modestiae

Au|to|re|peat [...rɪˈpi:t], das; -s ⟨*gr.; lat.-engl.*⟩: Automatik zur Wiederholung (bei Kassettenrekordern, CD-Playern u. Computern)

Au|to|re|verse [...rivœ:ɐ̯s], das; - ⟨*gr.; lat.-engl.*⟩: Umschaltautomatik bei Tonbandgeräten u. Kassettenrekordern

Au|to|rhyth|mie, die; -, ...ien ⟨*gr.; gr.-lat.*⟩ (Med.): Aussendung von rhythmischen Impulsen (z. B. Eigenrhythmik des Herzens u. der Atmung)

Au|to|rin, die; -, -nen: weibliche Form zu ↑Autor

Au|to|ri|sa|ti|on, die; -, -en ⟨*lat.-mlat.-nlat.*⟩: Ermächtigung, Vollmacht; vgl. ...ation/...ierung. **au|to|ri|sie|ren** ⟨*lat.-mlat.*⟩: **1.** jmdn. bevollmächtigen, [als Einzigen] zu etwas ermächtigen. **2.** etwas genehmigen. **Au|to|ri|sie|rung,** die; -, -en: Bevollmächtigung; vgl. ...ation/...ierung

au|to|ri|tär ⟨*lat.-frz.*⟩: **1.** (abwertend) **a)** totalitär, diktatorisch; **b)** unbedingten Gehorsam fordernd (Ggs.: antiautoritär). **2.** (veraltend) **a)** auf Autorität beruhend; **b)** mit Autorität herrschend

Au|to|ri|ta|ris|mus, der; -: absoluter Autoritätsanspruch

Au|to|ri|tät, die; -, -en ⟨*lat.*⟩: **1.** (ohne Plural) auf Leistung od. Tradition beruhender maßgebender Einfluss einer Person od. Institution u. das daraus erwachsende Ansehen. **2.** einflussreiche, maßgebende Persönlichkeit von hohem [fachlichem] Ansehen

au|to|ri|ta|tiv ⟨*lat.-nlat.*⟩: auf Autorität, Ansehen beruhend; maßgebend, entscheidend

Au|tor|kor|rek|tur, Autorenkorrektur, die; -, -en: Korrektur des gesetzten Textes durch den Autor selbst

Au|tor|re|fe|rat, das; -[e]s, -e: Referat des Autors über sein Werk

Au|to|sa|lon, der; -s, -s: ↑Automobilsalon

Au|to|save [...seɪv], das; - ⟨*gr.; engl.*⟩ (EDV): automatische Speicherung von Daten

Au|to|scoo|ter, Autoskooter [...skuːtɐ], der; -s, -: elektrisches Kleinauto (meist auf Jahrmärkten)

Au|to|se|man|ti|kon, das; -s, ...ka ⟨*gr.-nlat.*⟩ (Sprachwiss.): Wort od. größere sprachliche Einheit mit eigener, selbstständiger Bedeutung (z. B. Tisch, Geist) (Ggs.: Synsemantikon)

au|to|se|man|tisch (Sprachwiss.): eine eigene Bedeutung tragend (von Wörtern) (Ggs.: synsemantisch)

Au|to|sen|si|bi|li|sie|rung, die; -, -en ⟨*gr.; lat.-nlat.*⟩ (Med.): Bildung von Antikörpern im Organismus gegen körpereigenes Gewebe

au|tos epha ⟨*gr.* autòs épha; »er hat es selbst gesagt«⟩: **a)** Formel der ↑Pythagoreer, mit der sich die Schüler auf Worte des Meisters beriefen; **b)** Hinweis auf die höchste Lehrautorität

Au|to|sex, der; -[es] ⟨*gr.; lat.-engl.*⟩: **1.** am eigenen Körper vorgenommene sexuelle Handlung. **2.** Sex im Auto

Au|to|se|xu|a|lis|mus, der; - (Psychol.): auf den eigenen Körper gerichtetes sexuelles Verlangen

au|to|se|xu|ell: den Autosexualismus betreffend

Au|to|skoo|ter [...skuːtɐ] vgl. Autoscooter

Au|to|s|ko|pie, die; -, ...ien ⟨*gr.-nlat.*⟩ (Med.): **1.** unmittelbare Kehlkopfuntersuchung ohne Spiegel. **2.** das Sich-selbst-Sehen (z. B. das Sehen des eigenen Körpers vor sich; Doppelgänger-Erlebnis). **au|to|s|ko|pisch:** die Autoskopie betreffend

Au|to|som, das; -s, -en ⟨Kurzw. aus *auto...* u. ↑Chromo*som*⟩ (Med.): nicht geschlechtsgebundenes ↑Chromosom

Au|to|ste|reo|gramm, das; -s, -e ⟨*gr.*⟩: Bild, bei dem sich bei intensivem Betrachten ein räumlicher Eindruck einstellt; 3-D-Bild

Au|to|ste|reo|typ, das; -s, -e (meist Plural) ⟨*gr.-engl.*⟩ (Sozialpsychol., Psychol.): Urteil, das sich eine Person od. Gruppe von sich selbst macht

Au|to|stopp, der; -s, -s ⟨(*gr.; engl.-)frz.*⟩: das Anhalten von Autos mit dem Ziel, mitgenommen zu werden

Au|to|stra|da, die; -, -s ⟨*it.*⟩: it. Bez. für: mehrspurige Schnellstraße, Autobahn

Au|to|stun|de, die; -, -n ⟨*gr.; dt.*⟩: Strecke, die ein Auto in einer Stunde zurücklegt

Au|to|sug|ges|ti|on, die; -, -en ⟨*gr.; lat.;* »Selbsteinredung«⟩: das Vermögen, ohne äußeren Anlass Vorstellungen in sich zu erwecken, sich selbst zu beeinflussen. **au|to|sug|ges|tiv:** sich selbst beeinflussend

Au|to|te|le|fon, das; -s, -e: im Auto eingebautes spezielles Telefon

Au|to|the|ra|pie [auch: ...'piː], die; - ⟨*gr.*⟩: Selbstheilung durch die natürliche Selbstheilungskraft (ohne Medikamente)

Au|to|to|mie, die; -, ...ien ⟨*gr.-nlat.*⟩ (Biol.): bei verschiedenen Tieren vorkommendes Abwerfen von meist später wieder nachwachsenden Körperteilen an vorgebildeten Bruchstellen (z. B. Schwanz der Eidechse)

Au|to|to|xin, das; -s, -e (Med.): ein im eigenen Körper entstandenes Gift; vgl. Autointoxikation

Au|to|trans|for|ma|tor, der; -s, ...oren (Elektrot.): Spartransformator; ↑Transformator mit nur einer Wicklung, an der die Sekundärspannung durch Anzapfen entnommen wird

Au|to|trans|fu|si|on, die; -, -en (Med.): **1.** Eigenblutübertragung, bei der sich in einer Körperhöhle (infolge einer Verletzung) stauendes Blut wieder in den Blutkreislauf zurückgeführt wird. **2.** Notmaßnahme (bei großen Blutverlusten) zur Versorgung der lebenswichtigen Organe mit Blut durch Hochlegen u. Bandagieren der Gliedmaßen

Au|to|trans|plan|tat, das; -[e]s, -e (Med.): körpereigenes Gewebe für die ↑Autoplastik

au|to|troph ⟨*gr.-nlat.*⟩ (Biol.): sich ausschließlich von anorganischen Stoffen ernährend (bes. Pflanzen) (Ggs.: heterotroph). **Au|to|tro|phie,** die; - (Biol.): Fähigkeit vieler Pflanzen u. best. Organismen, anorganische Stoffe in körpereigene umzuwandeln

Au|to|tro|pis|mus, der; -, ...men ⟨*gr.-nlat.*⟩ (Bot.): Bestreben eines Pflanzenorgans, die Normallage einzuhalten od. sie nach einem Reiz wiederzugewinnen

Au|to|ty|pie, die; -, ...ien ⟨*gr.-nlat.;* »Selbstdruck«⟩: Rasterätzung für Buchdruck. **au|to|ty|pisch:** die Autotypie betreffend

Au|to|vak|zin, das; -s, -e, **Au|to|vak|zi|ne,** die; -, -n ⟨*gr.-lat.*⟩ (Med.): Impfstoff, der aus Bakterien gewonnen wird, die aus dem Organismus des Kranken stammen

au|to|ve|ge|ta|tiv (Obstbau): sich direkt, ohne Veredlung vermehrend

Aut|oxi|da|ti|on, Aut|oxy|da|ti|on, die; -, -en ⟨*gr.-nlat.*⟩ (Chemie): nur unter ↑katalytischer Mitwirkung sauerstoffreicher Verbindungen erfolgende ↑Oxidation eines Stoffes (z. B. Rosten, Vermodern)

au|to|zen|t|riert: eigenständig, nicht integriert

au|to|ze|phal usw. vgl. autokephal usw.

Au|to|zid|me|tho|de, die; - ⟨*gr.; lat.; gr.-lat.*⟩: Verfahren der biologischen Schädlingsbekämpfung, bei dem durch sterilisierte Schädlinge die Zahl der unbefruchteten Eier erhöht wird

Au|to|zoom [...zuːm], das u. der; -s, -s: Vorrichtung an einer Filmkamera, die automatisch die Brennweite abstimmt u. die Entfernung einstellt

aut si|mi|le ⟨*lat.*⟩: »oder Ähnliches« (auf ärztlichen Rezepten)

au|tum|nal ⟨*lat.*⟩: herbstlich

Au|tum|nal|ka|tarrh, der; -s, -e ⟨*lat.; gr.*⟩ (Med.): im Herbst auftretender heuschnupfenartiger Katarrh

Au|tu|nit [auch: ...ˈnɪt], das; -s ⟨nach der frz. Stadt Autun⟩: ein Uranmineral

aux fines herbes [ofinˈzɛrb] ⟨*frz.*⟩ (Gastron.): mit frisch gehackten Kräutern

au|xi|li|ar ⟨*lat.*⟩: helfend, zur Hilfe dienend

Au|xi|li|ar|verb, das; -s, -en: Hilfsverb

Au|xin, das; -s, -e ⟨*gr.-nlat.*⟩: organische Verbindung, die das Pflanzenwachstum fördert

au|xo|chrom (Chemie): eine Farbvertiefung od. Farbänderung bewirkend (von bestimmten chemischen Gruppen)

au|xo|he|te|ro|troph (Biol.): unfähig, die für die eigene Entwicklung nötigen Wuchsstoffe selbst zu ↑ synthetisieren

Au|xo|spo|re, die; -, -n (Biol.): Wachstumsspore bei Kieselalgen

au|xo|troph (Biol.): auf die Zufuhr bestimmter Substanzen angewiesen

Avai|la|ble-Light-Fo|to|gra|fie [əˈveɪləbl̩ˈlaɪt...], die; - ⟨*engl.; gr.*⟩ (Fotogr.): das Fotografieren bei ungünstigen natürlichen Lichtverhältnissen unter Verzicht auf Zusatzbeleuchtung

Aval, der (seltener: das); -s, -e ⟨*frz.*⟩: Bürgschaft, insbesondere für einen Wechsel

ava|lie|ren: einen Wechsel als Bürge unterschreiben

Ava|list, der; -en, -en: Bürge für einen Wechsel. **Ava|lis|tin,** die; -, -nen: weibliche Form zu ↑ Avalist

Aval|kre|dit, der; -s, -e: Kreditgewährung durch Bürgschaftsübernahme seitens einer Bank

Avan|ce [aˈvɑ̃:sə], die; -, -n ⟨*lat.-vulgärlat.-frz.*⟩: **1. a)** Vorsprung, Gewinn; **b)** Geldvorschuss. **2.** Preisunterschied bei Handelsware zwischen An- u. Verkauf; Gewinn. **3.** (ohne Plural) Beschleunigung (an Uhrwerken) (Zeichen: A); **jmdm. Avancen machen:** jmdm. gegenüber zuvorkommend, entgegenkommend sein, ihn umwerben in dem Wunsch, ihn für sich zu gewinnen

Avan|ce|ment [avɑ̃səˈmɑ̃:], das; -s, -s (geh.): Beförderung, Aufrücken in eine höhere Position. **avan|cie|ren:** in eine höhere Position aufrücken

Avan|ta|ge [avɑ̃ˈta:ʒə], die; -, -n ⟨*lat.-frz.*⟩: Vorteil, Gewinn

Avant|gar|de [avɑ̃...], die; -, -n ⟨*frz.*⟩: **1.** die Vorkämpfer einer Idee od. Richtung (z. B. in Literatur u. Kunst). **2.** (veraltet) Vorhut einer Armee

Avant|gar|dis|mus, der; - ⟨*frz.-nlat.*⟩: für neue Ideen eintretende kämpferische Richtung auf einem bestimmten Gebiet (bes. in der Kunst). **Avant|gar|dist,** der; -en, -en: Vorkämpfer, Neuerer (bes. auf dem Gebiet der Kunst u. Literatur). **Avant|gar|dis|tin,** die; -, -nen: weibliche Form zu ↑ Avantgardist. **avant|gar|dis|tisch:** vorkämpferisch

avan|ti ⟨*lat.-it.*⟩: vorwärts!

Ava|tar [ˈɛvəta:ɐ̯], der; -s, -s ⟨*sanskr.-engl.*⟩: **a)** grafische Darstellung, Animation, Karikatur o. Ä. als Verkörperung des Benutzers im Cyberspace; **b)** virtuelle Kunstfigur, Vertreter eines eigenen Universums im Cyberspace

Ava|ta|ra, die; - ⟨*sanskr.;* »Herabkunft«⟩: Bezeichnung für die Verkörperung eines Gottes auf Erden in den indischen Religionen

ave ⟨*lat.;* »sei gegrüßt!«⟩: sei gegrüßt!; leb wohl! (lateinische Grußformel)

Ave, das; -[s], -[s]: Kurzform von ↑ Ave-Maria (1)

Avec ⟨*lat.-frz.*⟩: **mit [einem] Avec** (ugs.): mit Schwung

Ave-Ma|ria, das; -[s], -[s]: **1.** Bez. eines katholischen Mariengebets nach den Anfangsworten. **2.** Ave-Maria-Läuten, Angelusläuten

Ave|na, die; - ⟨*lat.*⟩: Hafer (Gattung der Süßgräser, darunter der Zierhafer)

Ave|ni|da, die; -, ...den u. -s ⟨*lat.-span.* u. *port.*⟩: **1.** breite Prachtstraße spanischer, portugiesischer u. lateinamerikanischer Städte. **2.** in Spanien u. Portugal Bez. für eine Sturzflut nach heftigen Regengüssen

Aven|tiu|re [avɛnˈty:rə], die; -, -n ⟨*lat.-vulgärlat.-frz.-mhd.;* »Abenteuer«⟩: **1.** ritterliche Bewährungsprobe, die der Held in mittelhochdeutschen Dichtungen bestehen muss. **2.** Abschnitt in einem mittelhochdeutschen Epos, das sich hauptsächlich aus Berichten über ritterliche Bewährungsproben zusammensetzt

Aven|tu|ri|er [avɑ̃tyˈri̯e:], der; -s, -s ⟨*lat.-vulgärlat.-frz.*⟩ (veraltet): Abenteurer, Glücksritter

Aven|tu|rin, der; -s, -e ⟨*lat.-vulgärlat.-frz.*⟩: gelber, roter od. goldflimmriger Quarz mit metallisch glänzenden Einlagerungen

Ave|nue [avəˈny:], die; -, ...uen [...ˈny:ən] ⟨*lat.-frz.*⟩: **1.** städtische, mit Bäumen bepflanzte Prachtstraße. **2.** (veraltet) Zugang, Anfahrt

ave|rage [ˈævərɪdʒ] ⟨*arab.-it.-frz.-engl.*⟩ (Kaufmannsspr. veraltet): mittelmäßig, durchschnittlich (Bez. für Warenqualität). **Ave|rage** [ˈævərɪdʒ], der; -: **1.** (Statistik) arithmetisches Mittel, Mittelwert, Durchschnitt. **2.** Sammelbegriff für alle Schäden, die Schiff u. Ladung auf einer Seefahrt erleiden können; vgl. Havarie (1 b)

Aver|bo, das; -s, -s ⟨*lat.*⟩ (Sprachwiss.): die Stammformen des Verbs

aver|na|lisch, aver|nisch ⟨nach dem lat. Wort für »Unterwelt« *Avernus*⟩: höllisch, qualvoll

Avers [aˈvɛrs, österr.: aˈvɛ:r], der; -es, -e ⟨*lat.-frz.*⟩: Vorderseite einer Münze od. einer Medaille (Ggs.: [2]Revers)

Aver|sal|sum|me, die; -, -n: ↑ Aversum

Aver|si|on, die; -, -en: Abneigung, Widerwille

Aver|si|o|nal|sum|me, die; -, -n (veraltet): ↑ Aversum

aver|si|o|nie|ren ⟨*lat.-nlat.*⟩ (veraltet): abfinden

Aver|sum, das; -s, ...sa (veraltet): Abfindungssumme, Ablösung

aver|tie|ren ⟨*lat.-vulgärlat.-frz.*⟩ (veraltet): **a)** benachrichtigen; **b)** warnen

Aver|tis|se|ment [...ˈmɑ̃:], das; -s, -s ⟨*lat.-vulgärlat.-frz.*⟩ (veraltet): **a)** Benachrichtigung, Nachricht; **b)** Warnung

Avi|a|ri|um, das; -s, ...ien ⟨*lat.*⟩: großes Vogelhaus (z. B. in zoologischen Gärten)

Avi|a|tik, die; - ⟨*lat.-nlat.*⟩: Flugtechnik, Flugwesen

avi|a|tisch: die Aviatik betreffend

Avi|o|nik, die; - ⟨Kunstw. aus ↑ *Avia*tik u. ↑ Elek*tronik*⟩: **1.** Gesamtheit der elektronischen Geräte, die in der Luftfahrt verwendet werden. **2.** Wissenschaft u. Technik der Avionik (1)

avi|ru|lent ‹*gr.; lat.*› (Med.): nicht ansteckend (von Mikroorganismen) (Ggs.: virulent)

¹Avis [a'vi:], der od. das; -, - ‹*lat.-frz.*›: **1.** Ankündigung [einer Sendung an den Empfänger]. **2.** Mitteilung des Wechselausstellers an den, der den Wechsel zu bezahlen hat, über die Deckung der Wechselsumme

²Avis, der od. das; -es, -e ‹*it.*›: ↑ ¹Avis

avi|sie|ren ‹*lat.-it.* u. *frz.*›: **1.** ankündigen. **2.** (schweiz.) benachrichtigen

¹Avi|so, der; -s, -s ‹*lat.-frz.-span.(-frz.)*› (veraltet): leichtes, schnelles, wenig bewaffnetes Kriegsschiff

²Avi|so, das; -s, -s ‹*lat.-it.*› (österr.): ↑ ¹Avis (1)

a vis|ta ‹*lat.-it.;* »bei Sicht«›: bei Vorlage zahlbar (Hinweis auf Sichtwechseln) (Abk.: a v.); vgl. a prima vista

Avis|ta|wech|sel, der; -s, -: Wechsel, der bei Vorlage (innerhalb eines Jahres) fällig ist; Sichtwechsel

Avi|t|a|mi|no|se, die; -, -n ‹*nlat.*› (Med.): vollständiges Fehlen eines bestimmten Vitamins; Vitaminmangelkrankheit

Avi|va|ge [avi'va:ʒə], die; -, -n ‹*lat.-vulgärlat.-frz.*›: Behandlung von Fäden u. Garnen aus Chemiefasern mit fetthaltigen Stoffen zur Verbesserung von Griff, Weichheit u. Geschmeidigkeit. **avi|vie|ren:** eine ↑ Avivage vornehmen

Avo|ca|do, die; -, -s ‹*indian.-span.*›: dunkelgrüne bis braunrote birnenförmige, essbare Steinfrucht eines südamerikanischen Baumes

Avoir|du|pois [avoardy'poa, engl.: ɛvedə'pɔɪs], das; - ‹*frz.(-engl.)*›: englisches u. nordamerikanisches Handelsgewicht (16 Ounces) (Zeichen: avdp.)

Avun|ku|lat, das; -[e]s, -e ‹*lat.-nlat.*›: Vorrecht des Bruders der Mutter eines Kindes gegenüber dessen Vater in Kulturen mit Mutterrecht (z. B. bei Pflanzervölkern)

¹AWACS ['ɛvɛks, engl.: 'eɪwæks] ‹*amerik.;* Kurzw. für *engl. a*ir-borne early *w*arning *a*nd *c*ontrol *s*ystem›: Frühwarnsystem der NATO

²AWACS, die; -, -, auch: das; -, -: mit ¹AWACS ausgerüstetes Aufklärungsflugzeug

Award [ə'wɔ:d], der; -s, -s ‹*engl.*›: **1.** schiedsgerichtliche Entscheidung (im angloamerikanischen Rechtskreis). **2.** von einer Jury vergebener Preis, bes. in der Film- und Musikbranche

Awes|ta, das; -s, auch die; - ‹*pers.;* »Grundtext«›: Sammelbezeichnung für die heiligen Schriften der ↑ Parsen; vgl. Zendawesta. **awes|tisch:** das Awesta betreffend; **awestische Sprache:** altostiranische Sprache, in der das Awesta geschrieben ist

Axel, der; -s, - ‹nach dem norw. Eisläufer Axel Paulsen›: schwieriger Sprung im Eis- u. Rollkunstlauf

Axe|ro|ph|thol, das; -s ‹Kunstw.›: Vitamin A_1

axi|al ‹*lat.-nlat.*›: **1.** (Technik) in der Achsenrichtung, [längs]achsig, achsrecht. **2.** (Med.) durch die Längsachse von Gliedmaßen [geschnitten] (anatomische Lagebezeichnung)

Axi|a|li|tät, die; -, -en: das Verlaufen von Strahlen eines optischen Systems in unmittelbarer Nähe der optischen Achse; Achsigkeit

axil|lar ‹*lat.-nlat.*›: **1.** (Med.) zur Achselhöhle gehörend, in ihr gelegen. **2.** (Bot.) unmittelbar über einer Blattansatzstelle hervorbrechend od. gewachsen; achselständig

Axi|nit [auch: ...'nɪt], der; -s, -e ‹*gr.*›: Silikatmineral von unterschiedlicher Färbung (für Schmucksteine verwendet)

Axio|lo|gie, die; -, ...ien ‹*gr.-nlat.*› (Philos.): Wertlehre. **axio|lo|gisch:** die Axiologie betreffend

Axi|om, das; -s, -e ‹*gr.-lat.*›: **1.** als absolut richtig anerkannter Grundsatz; gültige Wahrheit, die keines Beweises bedarf. **2.** nicht abgeleitete Aussage eines Wissenschaftsbereiches, aus der andere Aussagen ↑ deduziert werden

Axi|o|ma|tik, die; - ‹*gr.-nlat.*›: Lehre vom Definieren u. Beweisen mithilfe von Axiomen. **axi|o|ma|tisch:** **1.** auf Axiomen beruhend. **2.** unanzweifelbar, gewiss

axi|o|ma|ti|sie|ren: **1.** zum Axiom erklären. **2.** axiomatisch festlegen

Axi|o|me|ter, das; -s, -: Richtungsweiser für das Steuerruder von Schiffen

Axis, der; -, Axes ['akse:s] ‹*lat.*› (Fachspr., bes. Med.): **1.** Mittellinie (z. B. eines Organs). **2.** zweiter Halswirbel; ↑ Epistropheus; **Dens axis:** Dorn des zweiten Halswirbels

Ax|mins|ter|tep|pich ['ɛks...], der; -s, -e ‹nach der engl. Stadt Axminster›: Florteppich mit ↑ Chenillen als Schuss (Querfäden)

Axo|lotl, der; -s, - ‹*aztekisch*›: mexikanischer Schwanzlurch

Axon, das; -s, Axone[n] ‹*gr.*› (Biol., Med.): Neurit. **axo|nal:** ein Axon betreffend, durch ein Axon geleitet

Axo|no|me|t|rie, die; -, ...ien ‹*gr.-nlat.*› (Math.): geometrisches Verfahren, räumliche Gebilde durch Parallelprojektion auf eine Ebene darzustellen. **axo|no|me|t|risch** (Math.): auf dem Verfahren der Axonometrie beruhend

Aya|tol|lah vgl. Ajatollah

Ayun|ta|mi|en|to, der od. das; -[s], -s ‹*span.*›: Gemeinderat spanischer Gemeinden

Ayur|ve|da, Ayurweda [ajʊr...], der; -[s] ‹*sanskr.*›: **1.** Sammlung der wichtigsten Lehrbücher der altindischen Medizin aus der brahmanischen Epoche. **2.** auf dem Ayurveda (1) beruhende Körperpflege u. aktive Gesundheitsvorsorge

ayur|ve|disch, ayurwedisch: den Ayurveda betreffend, in ihm enthalten

Ayur|we|da [ajʊr...] usw. vgl. Ayurveda usw.

Aza|lee, fachspr. auch: **Aza|lie** [...iə], die; -, -n ‹*gr.-nlat.*›: Felsenstrauch, Zierpflanze aus der Familie der Heidekrautgewächse

Aza|rol|ap|fel, der; -s, ...äpfel ‹*arab.-span.; dt.*›: Frucht der (zu den Rosengewächsen gehörenden) mittelmeerischen Mispel

Aza|ro|le, die; -, -n: ↑ Azarolapfel

azen|t|risch ‹*gr.; gr.-lat.-nlat.*›: kein

Zentrum aufweisend; nicht zentrisch
aze|o|trop *(gr.-nlat.)*: einen bestimmten, konstanten Siedepunkt besitzend (von einem Flüssigkeitsgemisch, das aus zwei od. mehr Komponenten besteht)
aze|phal vgl. akephal
Aze|pha|len, die (Plural) (Biol. veraltet): Muscheln
Aze|pha|lie, die; -, ...ien *(gr.-nlat.)* (Med.): angeborenes Fehlen des Kopfes
Aze|ri|den, die (Plural) *(gr.; lat.)* (Med.): Arzneimittel, bes. Salben, die kein Wachs enthalten
Aze|tal, fachspr.: Acetal, das; -s, -e *(lat.; arab.)*: chem. Verbindung aus ↑Aldehyden u. ↑Alkohol (1)
Azet|al|de|hyd, fachspr.: Acetaldehyd, der od. das; -s, -e ‹Kunstw. aus »Azetat« u. »Aldehyd«›: farblose Flüssigkeit von betäubendem Geruch, Ausgangsstoff od. Zwischenprodukt für chem. ↑Synthesen (2)
Aze|tat, fachspr.: Acetat, das; -s, -e *(lat.-nlat.)*: Salz der Essigsäure
Aze|tat|sei|de, fachspr.: Acetatseide, die; -, -n: Kunstseide aus Zelluloseazetat; vgl. Zellulose
Aze|ton, fachspr.: Aceton, das; -s: einfachstes ↑aliphatisches ↑Keton; wichtiges Lösungsmittel; bei bestimmten Krankheiten auftretendes Stoffwechselprodukt; Propanon
Aze|to|n|ä|mie, Acetonämie, die; -, ...ien *(lat.; gr.)* (Med.): das Auftreten von ↑Azeton im Blut
aze|to|n|ä|misch, fachspr.: acetonämisch (Med.): die Azetonämie betreffend, auf ihr beruhend; **azetonämisches Erbrechen:** heftiges, meist wiederholt auftretendes Erbrechen aufgrund einer Stoffwechselstörung
Aze|to|n|u|rie, fachspr.: Acetonurie, die; -, ...ien (Med.): Auftreten von Azeton im Harn
Aze|to|phe|non, fachspr.: Acetophenon, das; -s: aromatisches ↑Keton; Riechstoff zur Parfümierung von Seifen
Aze|tyl, fachspr.: Acetyl, das; -s *(lat.; gr.)*: Säurerest der Essigsäure
Aze|tyl|cho|lin, fachspr.: Acetylcholin, das; -s (Med.): Wirkstoff, der Nervenimpulse weiterleitet; ↑Neurotransmitter
Aze|ty|len, fachspr.: Acetylen, das; -s: gasförmiger, brennbarer Kohlenwasserstoff
Aze|ty|l|e|nid, Aze|ty|lid, fachspr.: Acetylid, fachspr.: Acetylenid, das; -s, -e: Metallverbindung des Azetylens
aze|ty|lie|ren, fachspr.: acetylieren: eine bestimmte Molekülgruppe (Essigsäurerest) in eine organische Verbindung einführen
Aze|ty|lie|rung, fachspr.: Acetylierung, die; -, -en: Austausch von Hydroxyl- oder Aminogruppen durch die Azetylgruppe in organischen Verbindungen
Aze|tyl|säu|re, fachspr.: Acetylsäure, die; -: Essigsäure
Azid, das; -[e]s, -e *(gr.-frz.-nlat.)* (Chemie): Salz der Stickstoffwasserstoffsäure; vgl. aber: Acid
Azi|di|tät vgl. Acidität
Azi|do|se vgl. Acidose
Azi|dum vgl. Acidum
Azi|li|en [azi'li̯ɛ̃:], das; -[s] *(frz.; nach dem Fundort Le Mas-d'Azil in Frankreich)*: Stufe der Mittelsteinzeit
Azi|mut, das, auch: der; -s, -e *(arab.)*: Winkel zwischen der Vertikalebene eines Gestirns u. der Südhälfte der Meridianebene, gemessen von Süden über Westen, Norden u. Osten. **azi|mu|tal** *(arab.-nlat.)*: das Azimut betreffend
Azi|ne, die (Plural) *(gr.-frz.-nlat.)* (Chemie): stickstoffhaltige Verbindungen des ↑Benzols, Grundstoff der Azinfarbstoffe
azi|nös *(lat.)* (Med.): mit beerenartigen Endläppchen versehen (von Drüsen)
Azo|ben|zol, das; -s *(gr.-frz.)* (Chemie): orangerote organische Verbindung, Grundstoff der Azofarbstoffe
Azo|farb|stoff, der; -[e]s, -e (Chemie): Farbstoff der wichtigsten Gruppe der Teerfarbstoffe
Azo|i|kum, das; -s *(gr.-nlat.)* (Geol.): ältere Bez. für Abiotikum. **azo|isch: 1.** zum Azoikum gehörend. **2.** ohne Spuren von Lebewesen
Azol, das; -s, -e (meist Plural) (Chemie): ↑heterozyklische Verbindung mit mindestens einem Stickstoffatom
Azoo|sper|mie, die; -, ...ien (Med.): das Fehlen von beweglichen ↑Spermien in der Samenflüssigkeit
Azo|t|ä|mie, die; -, ...ien *(gr.-frz.; gr.-nlat.)* (Med.): erhöhter Gehalt an stickstoffhaltigen Substanzen im Blut, die normalerweise über den ↑Urin ausgeschieden werden
azo|tie|ren (Chemie): Stickstoff in eine chemische Verbindung einführen
Azo|to|bak|ter, der od. das; -s, - *(gr.-frz.; gr.-nlat.)*: frei im Boden lebende Bakterie, die molekularen Stickstoff der Luft zu binden vermag. **Azo|to|bak|te|rin,** das; -s: Düngemittel, das ↑Azotobakter enthält
Azo|to|me|ter, das; -s, - *(gr.-frz.; gr.)*: Messgerät zur quantitativen Bestimmung von Stickstoff in organischen Verbindungen
Azo|tor|rhö, die; -, -en (Med.): gesteigerte Ausscheidung stickstoffhaltiger Verbindungen (z. B. Harnstoff) im Stuhl
Azo|t|u|rie, die; -, ...ien (Med.): stark gesteigerte Ausscheidung von Stickstoff (Harnstoff) im Urin
Azo|ver|bin|dung, die; -, -en: chemische Verbindung mit der Azogruppe im Molekül
Azu|le|jo [...'lɛxɔ], der; -[s], -s (meist Plural) *(span.)*: bunte, bes. blaue Fayenceplatte (vgl. Fayence) aus Spanien
Azu|len, das; -s, -e *(pers.-arab.-span.-nlat.)*: ein Kohlenwasserstoff; keimtötender Bestandteil des ätherischen Öls der Kamille
Azur, der; -s *(pers.-arab.-mlat.-frz.)* (dichter.): **1.** das Blau des Himmels (intensiver Blauton). **2.** blauer Himmel
Azu|ree|li|ni|en, die (Plural) *(frz.; lat.)*: waagerechtes, meist wellenförmiges Linienband auf Vordrucken (z. B. auf Wechseln od. Schecks) zur Erschwerung von Änderungen od. Fälschungen
azu|riert *(frz.)*: mit Azureelinien versehen
Azu|rit [auch: ...'rɪt], der; -s *(frz.-nlat.)*: ein Mineral (Kupferlasur)
azurn *(frz.)*: himmelblau
Azy|a|n|op|sie, die; -, ...ien *(gr.-*

nlat.⟩ (Med.): Farbenblindheit für blaue Farben

Azy|gie, die; - ⟨*gr.*⟩: **1.** (Biol.) Ungepaartheit, das Nichtverschmelzen von ↑Gameten. **2.** (Med.) einfaches Vorhandensein eines Organs (Unpaarigkeit; z. B. Leber, Milz). **azygisch, azy|gos: 1.** (bes. Biol.) ungepaart. **2.** (Anat., Med.) unpaarig

azy|k|lisch ⟨*gr.-nlat.*⟩: **1.** (Chemie) nicht kreisförmig. **2.** (bes. Med.) zeitlich unregelmäßig. **3.** (Bot.) spiralig angeordnet (von Blütenblättern). **4.** (chem. fachspr. acyclisch) mit offener Kohlenstoffkette im Molekül (von organischen chemischen Verbindungen)

azy|misch ⟨*gr.-lat.*⟩ (Chemie): nicht gärungserregend, nicht durch Gärung entstanden

Azy|mit, der; -en, -en ⟨*gr.-lat.*⟩: Bez. der orthodoxen Kirche für einen römisch-katholischen Christen, der die ↑Eucharistie mit ungesäuertem Brot feiert

Azy|mon [auch: 'ats...], das; -[s], ...ma ⟨*gr.-lat.*⟩: **1.** ungesäuertes Brot, ↑Matze. **2.** (Plural) Passahfest (Passah [1]) als Fest der ungesäuerten Brote

Az|zur|ri, Az|zur|ris, die (Plural) ⟨*pers.-arab.-it.;* »die Blauen«⟩: Bez. für italienische Sportmannschaften

B

B. A. ['bi: 'eɪ], der; - = Bachelor of Arts

Baal, der; -s, -e u. -im ⟨*hebr.*⟩: altorientalische Gottesbezeichnung, biblisch meist für heidnische Götter

Baals|dienst, der; -[e]s: Verehrung eines Baals; Götzendienst

Baas, der; -es, -e ⟨*niederl.*⟩ (bes. Seemannsspr.): Herr, Meister, Aufseher, Vermittler (in Holland u. Norddeutschland)

¹Ba|ba, der; - ⟨*türk.;* »Vater«⟩ (früher): türkischer Ehrentitel von Geistlichen u. Frommen

²Ba|ba, die; -, -s ⟨*slaw.*⟩ (landsch.): Großmutter

¹Bab|bitt ['bɛbɪt], das; -s, -s: Sammelbez. für: Blei- u. Zinnbronzen

²Bab|bitt ['bɛbɪt], der; -s, -s ⟨*engl.;* nach dem Titelhelden eines Romans von Sinclair Lewis⟩: geschäftstüchtiger [nordamerikanischer] Spießbürger

Ba|bel, das; -s, - ⟨*gr.-lat.-hebr.*⟩: **1.** vom Sittenverfall gekennzeichneter Ort. **2.** Stadt, in der nicht nur die Landessprache, sondern verwirrend viele andere Sprachen gesprochen werden

Ba|be|si|en, die (Plural) ⟨*nlat.;* nach dem rumän. Arzt V. Babes⟩: Einzeller aus der Klasse der Sporentierchen, Erreger von verschiedenen Tierkrankheiten, die durch Zecken übertragen werden

Ba|bi|rus|sa, der; -[s], -s ⟨*malai.*⟩: Hirscheber auf Celebes

Ba|bis|mus, der; - ⟨*pers.-nlat.*⟩: religiöse Bewegung des persischen Islams im 19. Jh. (ging dem ↑Bahaismus voraus). **Babist,** der; -en, -en: Anhänger der Lehre des islamischen Babismus. **Ba|bis|tin,** die; -, -nen: weibliche Form zu ↑Babist

Ba|bou|vis|mus [babu'vɪs...], der; - ⟨*frz.-nlat.*⟩: Lehre des französischen Jakobiners u. Sozialisten Babeuf

Ba|bu, der; -s, -s ⟨*Hindi;* »Fürst«⟩: **a)** (ohne Plural) indischer Titel für gebildete Inder, entsprechend unserem »Herr«; **b)** Träger dieses Titels

Ba|bu|sche [auch: ...'bu:...], Pampusche [...'pu:ʃə] die; -, -n ⟨*pers.-arab.-frz.*⟩ (landsch.): Stoffpantoffel

Ba|busch|ka, die; -, -s ⟨*russ.*⟩ (landsch.): alte Frau, Großmutter; vgl. ²Baba

Ba|by ['be:bi], das; -s, -s ⟨*engl.*⟩: **1.** Säugling, Kleinkind. **2.** Schätzchen, Liebling (als Anrede)

Ba|by|blues ['be:biblu:s], der; - ⟨*engl.*⟩ (ugs.): Wochenbettdepression

Ba|by|boom [...bu:m], der; -s, -s ⟨*engl.*⟩: Anstieg der Geburtenzahlen. **Ba|by|boo|mer** [...bu:mə], der; -s, -[s] (ugs.): jmd., der einem geburtenstarken Jahrgang entstammt

Ba|by|doll ['be:bidɔl], das; -[s], -s ⟨nach der Titelfigur des gleichnamigen amerik. Films⟩: Damenschlafanzug aus leichtem Stoff mit kurzem Höschen u. weitem Oberteil

Ba|by|fon®, Babyphon, das; -s, -e ⟨*engl.; gr.*⟩: telefonähnliches Gerät, das Geräusche aus dem Kinderzimmer überträgt

Ba|by|lon, das; -s, -s: ↑Babel

ba|by|lo|nisch: in den Fügungen **babylonische Sprachverwirrung, babylonisches Sprachengewirr:** verwirrende Vielfalt von Sprachen, die an einem Ort zu hören sind, gesprochen werden

Ba|by|phon vgl. Babyfon

Ba|by-Pro, Ba|by|pro ['be:bi...], die od. der; -, - ⟨*engl.; lat.*⟩ (Jargon): besonders junger, sich prostituierender weiblicher bzw. männlicher Minderjähriger

ba|by|sit|ten ⟨*engl.*⟩ (ugs.): sich als Babysitter betätigen

Ba|by|sit|ter, der; -s, -: Person, die kleine Kinder bei Abwesenheit der Eltern [gegen Entgelt] beaufsichtigt. **Ba|by|sit|te|rin,** die; -, -nen: weibliche Form zu ↑Babysitter. **ba|by|sit|tern:** ↑babysitten. **Ba|by|sit|ting,** das; -[s]: das Babysitten

Bac|ca|rat vgl. Bakkarat

Bac|cha|nal [baxa..., österr. auch: baka...], das; -s, -e u. -ien ⟨*gr.-lat.*⟩: **1.** altrömisches Fest zu Ehren des griechisch-römischen Weingottes Bacchus. **2.** ausschweifendes Trinkgelage

Bac|chant, der; -en, -en ⟨*gr.-lat.*⟩: **1.** (dichter.) Trinkbruder; trunkener Schwärmer. **2.** fahrender Schüler im Mittelalter. **Bac|chan|tin,** die; -, -nen: ↑Mänade

bac|chan|tisch: ausgelassen, trunken, überschäumend

Bac|chi|us, der; -, ...ien: dreisilbige antike rhythmische Einheit (Versfuß) von der Grundform ◡– –

Bac|chus: griechisch-römischer Gott des Weins; **[dem]**

Bacchus huldigen (dichter.): Wein trinken

Ba|che|lor ['bɛtʃəlɐ], der; -[s], -s ⟨*kelt.-mlat.-frz.-engl.*⟩: niedrigster akademischer Grad (Abk.: B.); vgl. Bakkalaureus

Ba|che|lor

['bɛtʃəlɐ]
der; -[s], -s
⟨engl.⟩ *(unterster akademischer Grad; Abk. B.)*
Im deutschsprachigen Raum vergebene Bachelorgrade und die zugehörigen Abkürzungen in Auswahl:
- Bachelor of Arts [- - 'a:ɐ̯ts] (Abschluss in den Geistes-, Sozial- oder Wirtschaftswissenschaften; *Abk.* B. A., z. B. Claudia Meier B. A.)
- Bachelor of Engineering [- - ɛndʒi'ni:rɪŋ] (Abschluss in den Ingenieurwissenschaften; *Abk.* B. Eng.)
- Bachelor of Laws [- - 'lɔ:s] (Abschluss in den Rechtswissenschaften; *Abk.* LL. B.)
- Bachelor of Science [- - 'saɪ̯əns] (Abschluss in den Natur-, Ingenieur- oder Wirtschaftswissenschaften; *Abk.* B. Sc.)

Vgl. Bakkalaureus

Ba|che|lor of Arts ['bɛtʃəlɐ ɔf 'a:ɐ̯ts], der; -[s] - -, -s - -: niedrigster akademischer Grad in den Geisteswissenschaften (Abk.: B. A.). **Ba|che|lor of Sci|ence** ['bɛtʃəlɐ ɔf 'saɪ̯əns], der; -[s] - -, -s - - ⟨*engl.*⟩: niedrigster akademischer Grad in den Naturwissenschaften (Abk.: B. Sc.). **Ba|che|lor|the|sis**, die; -, ...thẹsen, **Ba|che|lor-The|sis**, die; -, ...-Thẹsen: wissenschaftliche Arbeit als Abschluss eines Bachelorstudiums; Bachelorarbeit

Bach|ti|a̲|ri, der; -[s], -[s]: von dem iranischen Bergvolk der Bachtiaren geknüpfter Teppich

Ba|ci|le [ba'tʃi:lə], das; -, ...li ⟨*mlat.-it.*⟩: beckenartige große Schale

Ba|cil|lus [...'tsɪ...], der; -, ...lli ⟨*lat.*⟩: **1.** (meist Plural) Arzneistäbchen zur Einführung in enge Kanäle. **2.** Bazillus

Back [bɛk], der; -s, -s ⟨*engl.*⟩ (schweiz., sonst veraltet; bes. Fußball): Verteidiger

Back|bone ['bɛkbɔʊ̯n], der u. das; -s, -s (EDV): Hauptstrang, Kern eines Datenübertragungsnetzes

Back|bone|netz ['bɛkbɔʊ̯n...], das; -es, -e ⟨*engl.; dt.*⟩ (EDV): leistungsfähiges Netz, das lokale Netze miteinander verbindet (aber keine eigentlichen Rechneranschlüsse besitzt)

Back|gam|mon [bɛk'gɛmən], das; -s ⟨*engl.*⟩: Würfelbrettspiel

Back|ground ['bɛkgraʊ̯nt], der; -s, -s ⟨*engl.;* »Hintergrund«⟩: **1.** Hintergrund (im optisch-visuellen Bereich). **2.** musikalischer Hintergrund. **3.** geistige Herkunft, Milieu. **4.** Berufserfahrung, Kenntnisse

Back|ground|mu|si|ker, der; -s, - ⟨*engl.; gr.-lat.*⟩: zum Background (2) gehörender Musiker. **Back|ground|mu|si|ke|rin,** die; -, -nen: weibliche Form zu ↑Backgroundmusiker

Back|hand ['bɛkhɛnt], die; -, -s, auch der; -[s], -s ⟨*engl.*⟩: Rückhand[schlag] im [Tisch]tennis, Federball u. [Eis]hockey (Ggs.: Forehand)

Back|lash ['bɛklɛʃ], der; - ⟨*engl.*⟩: **a)** Gegenreaktion, Konterschlag; **b)** Gegenströmung

Back|list ['bɛk...], die; -, -s ⟨*engl.*⟩: Anzahl, Verzeichnis von Büchern, die nicht neu sind, aber weiterhin im Programm eines Verlags geführt werden

Back|loa|ding ['bɛklɔʊ̯dɪŋ], das; -[s] ⟨*engl.*⟩ (Wirtsch.): Maßnahme, bei der Emissionszertifikate vom Markt genommen u. erst zeitlich verzögert wieder herausgegeben werden

Back|of|fice ['bɛkʔɔfɪs], das; -[s], -s ⟨*engl.*⟩ (Wirtsch.): Bereich eines Unternehmens (bes. in Banken u. Versicherungen) ohne direkten Kundenkontakt, in dem die Abwicklung der Geschäfte stattfindet (Ggs.: Frontoffice)

Back|pa|cker ['bɛkpɛkɐ], der; -s, - ⟨*engl.*⟩: Rucksacktourist

Back|slash ['bɛkslɛʃ], der; -s, -s ⟨*engl.*⟩ (EDV): Schrägstrich von links oben nach rechts unten

Back|spin ['bɛkspɪn], der; -s, -s ⟨*engl.*⟩ (Golf, Tennis): ein mit Rückwärtsdrall geschlagener Ball

Back|spring ['bɛksprɪŋ], der; -s, -s ⟨*engl.*⟩ (Boxen): Sprung nach rückwärts, um dem Schlag des Gegners auszuweichen

back|stage ['bɛkstɛɪ̯tʃ] ⟨*engl.*⟩: hinter der Bühne, hinter den Kulissen. **Back|stage,** die; -, -s: Raum hinter der Bühne

Back|tra|cking ['bɛktrɛkɪŋ], das; -s ⟨*engl.*⟩: Lösungsverfahren, das die Teillösung eines Problems systematisch zur Gesamtlösung ausbaut, indem es bei Fehlern den Lösungsweg bis zu einem bestimmten Punkt zurückverfolgt u. anschließend einen neuen sucht

Back-up, Back|up ['bɛkʔap], der od. das; -s, -s ⟨*engl.*⟩ (EDV): Kopie von Daten auf einem zweiten Datenträger; Sicherungskopie

Back-up-Line, Back|up|line [...laɪ̯n], die; -, -s ⟨*engl.*⟩: Gesamtheit der Kreditmöglichkeiten, die ein Kreditnehmer beanspruchen kann

Ba|con ['be:kn̩, 'beɪ̯k(ə)n], der; -s ⟨*germ.-frz.-engl.*⟩: durchwachsener, leicht gesalzener u. angeräucherter Speck

Bad Bank ['bɛ(:)d 'bɛŋk], die; - -, - -s ⟨*engl.*⟩: Bank, die zu dem Zweck gegründet wird, notleidende Kredite anderer Banken zu übernehmen u. abzuwickeln

Badge [bædʒ], das; -s, -s [...dʒɪz] ⟨*engl.*⟩: **1.** Namensschildchen zum Anstecken. **2.** [elektronischer] Ausweis od. Erkennungsmarke zur Zugangskontrolle

Ba|di̲a, die; -, ...i̲en ⟨*aram.-gr.-lat.-it.*⟩: it. Bez. für: Abtei[kirche]

Ba|di|na|ge [...'na:ʒə], die; -, -n, **Ba|di|ne|ri̲e,** die; -, ...i̲en ⟨*frz.*⟩: scherzhaft tändelndes Musikstück, Teil der Suite im 18. Jh.

Bad|lands ['bɛ(:)tlɛnds], die (Plural) ⟨*engl.;* »schlechte Ländereien«; nach dem gleichnamigen Gebiet in Süddakota⟩ (Geogr.): vegetationsarme, durch Rinnen, Furchen o. Ä. zerschnittene Landschaft

Bad|min|ton ['bɛtmɪntn̩], das; - ⟨*engl.;* nach dem Ort Badminton (England), wo das Spiel zuerst nach festen Regeln gespielt wurde⟩: Wettkampfform des Federballspiels

Bad Trip ['bɛ(:)t... -], der; - -s, - -s ⟨*engl.;* »schlechte Reise«⟩: ↑Horrortrip

Ba|fel, Bofel, Pafel, der; -s, - ⟨*hebr.-jidd.*⟩: **1.** (ohne Plural) Geschwätz. **2.** Ausschussware

Bag [bɛk], das; -[s], -[s] od. der; -s, -s ⟨*engl.;* »Beutel, Sack«⟩: Beutel, Sack (bes. für Sportsachen)

Ba|ga|ge [baˈɡaːʒə], die; -, -n ⟨*frz.*⟩: **1.** (veraltet) Gepäck, Tross. **2.** (abwertend) Gesindel, Pack

Ba|gas|se, die; -, -n ⟨*lat.-galloroman.-frz.*⟩: Pressrückstand bei der Zuckergewinnung aus Rohrzucker

Ba|gas|so|se, die; -, -n ⟨*frz.*⟩: Staublungenerkrankung bei Zuckerrohrarbeitern

Ba|ga|tell|de|likt, das; -[e]s, -e: Delikt, bei dem die Schuld des Täters gering ist u. kein öffentliches Interesse an einer Strafverfolgung besteht

Ba|ga|tel|le, die; -, -n ⟨*lat.-it.-frz.*⟩: **1.** unbedeutende Kleinigkeit. **2.** (Musik) kurzes Instrumentalstück ohne bestimmte Form

ba|ga|tel|li|sie|ren: als Bagatelle behandeln, als geringfügig u. unbedeutend hinstellen, verniedlichen

Ba|ga|tel|li|sie|rung, die; -, -en: das Bagatellisieren; das Bagatellisiertwerden

Ba|gel [ˈbeɪɡl̩], der; -s, -s ⟨*jidd.-amerik.*⟩: Brotkringel aus ungesüßtem Hefeteig, der aus der jüdischen Tradition kommt

Bag|gings [ˈbɛɡɪŋs], die (Plural) ⟨*engl.*⟩: Bastfasergewebe (Jute), bes. für Wandbespannungen, Verpackungsstoffe usw.

Bag|gy Pants, Bag|gy|pants [ˈbɛɡipɛnts] die (Plural) ⟨*engl.;* »weite, ausgebeulte Hosen«⟩: sehr weit geschnittene lange Hose, die vor allem von Jugendlichen getragen wird

Ba|g|no [ˈbanjo], das; -s, -s u. ...gni ⟨*gr.-lat.-it.;* »Bad«⟩ (Geschichte): Strafanstalt, Strafverbüßungsort [für Schwerverbrecher] (in Italien u. Frankreich)

Ba|guette [baˈɡɛt], die; -, -n [...tn̩] ⟨*lat.-it.-frz.*⟩: **1.** besondere Art des Edelsteinschliffs. **2.** (meist das; -s, -s) französisches Stangenweißbrot

Ba|hai, der; -, -[s] ⟨*pers.*⟩: Anhänger des Bahaismus

Ba|ha|is|mus, der; - ⟨*pers.-nlat.;* von *pers.* Baha Ullah »Glanz Gottes«, dem Ehrennamen des Gründers Mirsa Husain Ali⟩: aus dem ↑Babismus entstandene universale Religion

Ba|har, der od. das; -[s], -[s] ⟨*arab.*⟩: Handelsgewicht in Ostindien

Ba|ha|sa In|do|ne|sia, die; - -: amtl. Bez. der modernen indonesischen Sprache

Baht, der; -, - ⟨*Thai*⟩: Währungseinheit in Thailand (Zeichen: ฿)

Ba|hu|w|ri|hi, das od. der; -, - ⟨*sanskr.;* »viel Reis (habend)«⟩ (Sprachwiss.): Wortzusammensetzung, die eine Person od. Sache, die nicht in den Wortgliedern genannt wird, nach einem charakteristischen Merkmal benennt; exozentrisches Kompositum, Possessivkompositum (z. B. Langbein, Löwenzahn)

Bai, die; -, -en ⟨*mlat.-span.-frz.-niederl.*⟩: Meeresbucht

Bai|ao, der; - ⟨*lateinamerik.*⟩: moderner lateinamerik. Gesellschaftstanz in offener Tanzhaltung u. lebhaftem $^2/_4$- od. $^4/_8$-Takt

Bai|g|neu|se [bɛnˈjøːzə], die; -, -n ⟨*frz.;* »Badehaube«⟩ (Geschichte): Spitzenhaube (etwa 1780–1785)

Bai|liff [ˈbeɪlɪf], der; -s, -s ⟨*lat.-frz.-engl.*⟩: engl. Form von: Bailli

Bail|li [baˈji], der; -[s], -s ⟨*lat.-frz.*⟩: mittelalterl. Titel für bestimmte Verwaltungs- und Gerichtsbeamte in England, Frankreich u. bei den Ritterorden

Bail|li|a|ge [baˈjaːʒə], die; -, -n: **a)** Amt eines Bailli; **b)** Bezirk eines Bailli; vgl. Ballei

Bain-Ma|rie [bɛ̃...], die; -, Bains-Marie [bɛ̃...], auch: das; -s, Bains-Marie [bɛ̃...] ⟨*frz.*⟩: Wasserbad (zum Warmhalten von Speisen)

Bai|ram, der; -[s], -s ⟨*türk.*⟩: türkischer Name zweier großer Feste des Islams

Bai|ser [bɛˈzeː], das; -s, -s ⟨*lat.-frz.;* »Kuss«⟩: aus Eischnee und Zucker bestehendes poröss-sprödes, weißes Schaumgebäck

Bais|se [ˈbɛːs(ə)], die; -, -n ⟨*lat.-vulgärlat.-frz.*⟩: [starkes] Fallen der Börsenkurse od. Preise (Ggs.: Hausse)

Bais|se|klau|sel, die; -, -n: Vereinbarung zwischen Käufer u. Verkäufer, dass der Käufer von einem Vertrag zurücktreten darf, wenn er von anderer Seite billiger beziehen kann

Bais|se|spe|ku|lati|on, die; -, -en: Spekulation auf die Baisse von Börsenkursen

Bais|si|er [bɛˈsi̯eː], der; -s, -s: jmd., der auf Baisse spekuliert (Ggs.: Haussier)

Bait, das; -[s], -s ⟨*arab.;* »Haus«⟩: Verspaar des Ghasels; vgl. Königsbait

Ba|ja|de|re, die; -, -n ⟨*gr.-lat.-port.-niederl.-frz.*⟩: indische Tempeltänzerin

Ba|ja|do [baˈxaːdo], der; -s, -s ⟨*span.*⟩: im Sommer fast gänzlich austrocknender Fluss im Mittelmeergebiet

Ba|jaz|zo, der; -s, -s ⟨*lat.-it.*⟩: Possenreißer (des italienischen Theaters)

Ba|jo|nett, das; -[e]s, -e ⟨*frz.;* vom Namen der Stadt Bayonne in Südfrankreich⟩: auf das Gewehr aufsetzbare Hieb-, Stoß- u. Stichwaffe mit Stahlklinge für den Nahkampf; Seitengewehr

ba|jo|net|tie|ren: mit dem Bajonett fechten

Ba|jo|nett|ver|schluss, der; -es, ...üsse: leicht lösbare Verbindung von rohrförmigen Teilen (nach der Art, wie das Bajonett auf das Gewehr gesteckt wird)

Ba|kel, der; -s, - ⟨*lat.*⟩ (veraltet): Schulmeisterstock

Ba|ke|lit® [auch: ...ˈlɪt], das; -s ⟨nach dem belg. Chemiker Baekeland⟩: aus Kunstharzen hergestellter Kunststoff

Bak|ka|lau|re|at, das; -[e]s, -e ⟨*mlat.-frz.*⟩: **1.** unterster akademischer Grad (in Großbritannien u. Nordamerika). **2.** (in Frankreich) Abitur, Reifeprüfung

Bak|ka|lau|re|us, der; -, ...rei ⟨*mlat.*⟩: Inhaber des Bakkalaureats

Bak|ka|rat [ˈbakara(t), auch: ...ˈra], das; -s ⟨*frz.*⟩: ein Kartenglücksspiel

Bak|ken, der; -[s], - ⟨*norw.*⟩ (Skisport): Sprunghügel, -schanze

Ba|k|la|va, die; -, -s od. das; -s, -s ⟨*türk.*⟩: stark ölhaltiges türkisches Strudelgebäck

Bak|schisch, das; - u. -[e]s, -e ⟨*pers.*⟩: **1.** Almosen; Trinkgeld. **2.** Bestechungsgeld

Bak|te|ri|ä|mie, die; -, ...ien ⟨*gr.-nlat.*⟩ (Med.): Auftreten von Bakterien im Blut in sehr großer Anzahl

Bak|te|rie [...iə], die; -, -n ⟨*gr.-lat.;* »Stäbchen, Stöckchen«⟩ (Biol., Med.): einzelliges Kleinstlebewesen (Spaltpilz), oft Krankheitserreger

bak|te|ri|ell (Biol., Med.): **a)** Bakterien betreffend; **b)** durch Bakterien hervorgerufen

Bak|te|ri|o|id, das; -[e]s, -e (Med.): bakterienähnlicher Mikroorganismus, dessen Gestalt von den normalen Wuchsformen der Bakterien abweicht

Bak|te|rio|lo|ge, der; -n, -n ⟨*gr.-nlat.*⟩: Wissenschaftler auf dem Gebiet der Bakteriologie. **Bak|te|rio|lo|gie,** die; -: Wissenschaft von den Bakterien. **Bak|te|rio|lo|gin,** die; -, -nen: weibliche Form zu ↑Bakteriologe. **bak|te|rio|lo|gisch:** die Bakteriologie betreffend

Bak|te|rio|ly|se, die; -, -n (Med.): Auflösung, Zerstörung von Bakterien durch spezifische ↑Antikörper od. Antibiotika

Bak|te|rio|ly|sin, das; -s, -e (Med.): im Blut entstehender Schutzstoff, der bestimmte Bakterien zerstört

bak|te|rio|ly|tisch (Med.): Bakterien zerstörend

Bak|te|rio|pha|ge, der; -n, -n: virenähnliches Kleinstlebewesen, das Bakterien zerstört

Bak|te|rio|pho|bie, die; -, ...ien (Med.): krankhafte Angst vor Bakterien (als Krankheitserregern)

Bak|te|rio|rho|dop|sin, das; -s, -e ⟨*gr.-lat.; gr.*⟩: Protein in der Zellmembran bestimmter Bakterien, das der Gewinnung von Energie aus Licht dient

Bak|te|rio|se, die; -, -n: durch Bakterien verursachte Pflanzenkrankheit

Bak|te|rio|s|ta|se, die; -, -n: Hemmung des Wachstums u. der Vermehrung von Bakterien. **bak|te|rio|s|ta|tisch** (Med.): Wachstum u. Vermehrung von Bakterien hemmend

Bak|te|rio|the|ra|pie, die; -, ...ien (Med.): Erzeugung einer ↑Immunität gegen ansteckende Krankheiten durch Schutzimpfung mit toten od. abgeschwächten Erregern

Bak|te|ri|um, das; -s, ...ien ⟨*gr.-lat.*⟩ (Med.): Bakterie

Bak|te|ri|u|rie, die; - ⟨*gr.-nlat.; lat.; gr.*⟩ (Med.): Vorkommen von Bakterien im Urin

bak|te|ri|zid ⟨*gr.; lat.*⟩ (Med.): den Zelltod der Erreger bewirkend; keimtötend. **Bak|te|ri|zid,** das; -s, -e (Med.): keimtötendes Mittel (wie Antibiotikum, Desinfektionsmittel)

Ba|la|lai|ka, die; -, -s u. ...ken ⟨*russ.*⟩: dreisaitiges russisches Saiteninstrument

Ba|lan|ce [baˈlaŋsə, auch: baˈlɑ̃ːs(ə)], die; -, -n ⟨*lat.-vulgärlat.-frz.*⟩: Gleichgewicht

Ba|lan|cé [...ˈseː], das; -s, -s (Tanzk.): Schwebeschritt

Ba|lan|ce|akt, der; -[e]s, -e: Vorführung eines Balancierkünstlers; Seilkunststück

Ba|lan|ce|ment [balɑ̃səˈmɑ̃ː], das; -s (Musik): Bebung (leichtes Schwanken der Tonhöhe) bei Saiteninstrumenten

Ba|lance of Po|w|er [ˈbæləns əv ˈpaʊ̯ə], die; - - - ⟨*engl.;* »Gleichgewicht der Kräfte«⟩ (Politik): Grundsatz der Außenpolitik, die Vorherrschaft eines einzigen Staates zu verhindern

ba|lan|cie|ren [balaŋˈsiː..., auch: balɑ̃ˈsiː...]: im Gleichgewicht halten

Ba|la|ni|tis, Ba|la|no|pos|thi|tis, die; -, ...itiden ⟨*gr.-nlat.*⟩ (Med.): Entzündung im Bereich der Eichel; Eicheltripper

Ba|la|ta [auch: baˈlaːta], die; - ⟨*indian.-span.*⟩: kautschukähnliches Naturerzeugnis

Ba|la|ya|ge [balɛˈjaːʃ], die; -, -n ⟨*frz.*⟩: Haarfärbetechnik, bei der Strähnchen unterschiedlich stark gefärbt werden

Bal|ban, der; -s, -e ⟨*russ.*⟩ (Jagdw. veraltet): künstlicher Lockvogel

bal|bie|ren: ↑barbieren

Bal|boa, der; -[s], -[s] ⟨nach dem span. Entdecker⟩: Währungseinheit in Panama (Zeichen: B/.)

Bal|da|chin [auch: ...xiːn], der; -s, -e ⟨*it.;* von Baldacco, der früheren italienischen Form des Namens der irakischen Stadt Bagdad⟩: **1.** eine Art Dach, Himmel aus Stoff u. in prunkvoller Ausführung, der sich über etwas (z. B. Thron, Altar, Kanzel, Bett) drapiert befindet. **2.** steinerner Überbau über einem Altar, über Statuen usw.

bal|do|wern ⟨*hebr.-jidd.-Gaunerspr.*⟩ (landsch.): nachforschen

Ba|le|nit [auch: ...ˈnɪt], das; -s ⟨*gr.-nlat.*⟩: Versteifungsplättchen aus vulkanisiertem Kautschuk (Ersatz für Fischbein)

Ba|les|ter, der; -s, - ⟨*gr.-lat.-mlat.*⟩ (Geschichte): Kugelarmbrust

Ba|les|t|ra, die; -, ...ren ⟨*it.*⟩ (Fechten): Sprung vorwärts mit Ausfall (eine Angriffsbewegung, bei der sich der bewaffnete Arm u. das entsprechende Bein nach vorn bewegen). **bal|ka|ni|sie|ren** ⟨*türk.-nlat.*⟩: staatlich zersplittern u. in verworrene politische Verhältnisse bringen (wie die Staaten der Balkanhalbinsel vor dem 1. Weltkrieg). **Bal|ka|ni|sie|rung,** die; -: das Balkanisieren

Bal|ka|nis|tik, die; -: ↑Balkanologie

Bal|ka|no|lo|ge, der; -n, -n ⟨*türk.; gr.*⟩: Wissenschaftler auf dem Gebiet der Balkanologie. **Bal|ka|no|lo|gie,** die; -: Wissenschaft von den Sprachen u. Literaturen auf der Balkanhalbinsel. **Bal|ka|no|lo|gin,** die; -, -nen: weibliche Form zu ↑Balkanologe

Bal|kan|syn|drom, das; -s: Bez. für unklare Fälle von Leukämieerkrankungen bei Soldaten, die in Zusammenhang mit der Verwendung uranhaltiger Munition in ihrem Einsatzgebiet auf der Balkanhalbinsel gebracht werden

Bal|kon [balˈkɔŋ, auch, bes. südd., österr. u. schweiz.: ...ˈkoːn], der; -s, -s, auch -[e]s, -e [...ˈkoːnə] ⟨*germ.-it.-frz.*⟩: **1.** offener Vorbau an einem Haus, auf den man hinaustreten kann. **2.** höher gelegener Zuschauerraum im Kino u. Theater

Ball, der; -[e]s, Bälle ⟨*gr.-lat.-frz.*⟩: Tanzfest

Bal|la|de, die; -, -n ⟨*gr.-lat.-it.-frz.-engl.;* »Tanzlied«⟩: episch-dramatisch-lyrisches Gedicht in Strophenform

bal|la|desk: in der Art einer Ballade, balladenhaft

Bal|lad-Ope|ra, Bal|lad|ope|ra [ˈbæləd'ɔpərə], die; -, -s ⟨*engl.*⟩: englisches Singspiel des 18. Jh.s mit volkstümlichen Liedern

Bal|la|watsch vgl. Pallawatsch

Bal|lei, die; -, -en ‹*lat.-mlat.*›: [Ritter]ordensbezirk, Amtsbezirk

Bal|le|ri|na, selten: **Bal|le|ri|ne,** die; -, ...nen ‹*gr.-lat.-it.*›: [Solo]tänzerin im Ballett. **Bal|le|ri|no,** der; -s, -s: [Solo]tänzer im Ballett

Bal|le|ron, der; -s, -s ‹*frz.*› (schweiz.): eine dicke Aufschnittwurst

Bal|lett, das; -[e]s, -e: **1. a)** (ohne Plural) [klassischer] Bühnentanz; **b)** einzelnes Werk dieser Gattung. **2.** Tanzgruppe für [klassischen] Bühnentanz

Bal|let|teu|se [...'tøːzə], die; -, -n ‹französierende Ableitung von *Ballett*›: Balletttänzerin

Bal|lett|korps [...koːɐ̯], das; -, -: Gruppe der nicht solistischen Balletttänzer, die auf der Bühne den Rahmen u. Hintergrund für die Solisten bilden; ↑Corps de Ballet

Bal|let|to|ma|ne, der; -n, -n: Ballettbesessener. **Bal|let|to|ma|nin,** die; -, -nen: weibliche Form zu ↑Ballettomane

Bal|lett|tanz, Bal|lett-Tanz, der; -es, ...änze: ↑Ballett (1 a)

Ball|goal ['bɔːlgɔʊ̯l], das; -s ‹*engl.*› (Ballspiele): mit dem Fußball wie auch dem Lacrosse verwandtes Mannschaftsspiel

ball|hor|ni|sie|ren ‹nach dem Lübecker Buchdrucker J. Ballhorn› (selten): verballhornen

Bal|lis|mus, der; - ‹*gr.-nlat.*› (Med.): plötzliche krankhafte Schleuderbewegungen der Arme

Bal|lis|te, die; -, -n ‹*gr.-lat.*›: antikes Wurfgeschütz

Bal|lis|tik, die; - ‹*gr.-nlat.*›: Lehre von der Bewegung geschleuderter od. geschossener Körper. **Bal|lis|ti|ker,** der; -s, -: Forscher auf dem Gebiet der Ballistik. **Bal|lis|ti|ke|rin,** die; -, -nen: weibliche Form zu ↑Ballistiker. **bal|lis|tisch:** die Ballistik betreffend; **ballistische Kurve:** Flugbahn eines Geschosses; **ballistisches Pendel:** Vorrichtung zur Bestimmung von Geschossgeschwindigkeiten

Bal|lis|to|kar|dio|gra|fie, Bal|lis|to|kar|dio|gra|phie, die; -, ...ien (Med.): Aufzeichnung der Bewegungskurven, die die Gliedmaßen aufgrund der Herztätigkeit u. des damit verbundenen stoßweisen Füllens der Arterien ausführen

Bal|lit [auch: ...'lɪt], das; -s ‹Kunstw.›: ein plastisches Holz aus knetbarer Paste

Bal|lo|elek|t|ri|zi|tät, die; - ‹*nlat.*› (Physik): Wasserfallelektrizität, elektrische Aufladung der in der Luft schwebenden Tröpfchen beim Zerstäuben von Wasser

Bal|lon [ba'lɔŋ, auch, bes. südd., österr. u. schweiz.: ...'loːn], der; -s, -s u. (bei nicht nasalierter Ausspr.:) -e ‹*germ.-it.-frz.*›: **1.** ballähnlicher, mit Luft od. Gas gefüllter Gegenstand. **2.** von einer gasgefüllten Hülle getragenes Luftfahrzeug. **3.** große Korbflasche. **4.** (Chemie) Glaskolben. **5.** (salopp) Kopf

Bal|lon d'Es|sai [balɔ̃dɛ'sɛ], der; - -, -s - ‹*frz.;* »Versuchsballon«›: Nachricht, Versuchsmodell o. Ä., womit man die Meinung eines bestimmten Personenkreises erkunden will

Bal|lo|nett, das; -[e]s, -e u. -s ‹*germ.-it.-frz.*›: Luft-(Gas-)Kammer im Innern von Fesselballons u. Luftschiffen

Bal|lon|rei|fen, der; -s, -: Niederdruckreifen für Kraftfahrzeuge u. Fahrräder

Bal|lon|se|gel, das; -s, -: leichtes, sich stark wölbendes Vorsegel auf Jachten

Bal|loo|ning [bə'luːnɪŋ], das; -s ‹*engl.*›: das Ballonfahren

[1]**Bal|lot** [ba'loː], das; -s, -s ‹*germ.-frz.*›: **1.** Stückzählmaß im Glashandel. **2.** kleiner Warenballen

[2]**Bal|lot** ['bɛlət], das; -s, -s ‹*germ.-it.-frz.-engl.*›: engl.-amerik. Bez. für: geheime Abstimmung

Bal|lo|ta|de, die; -, -n ‹*germ.-it.-frz.*›: ein Sprung des Pferdes bei der hohen Schule

Bal|lo|ta|ge [...ʒə], die; -, -n: geheime Abstimmung mit weißen od. schwarzen Kugeln

bal|lo|tie|ren: mit Kugeln abstimmen

Bal|lo|ti|ne, die; -, -n ‹*frz.*› (Gastron.): **a)** Vorspeise, die aus Fleisch, Wild, Geflügel od. Fisch besteht; **b)** von Knochen befreite, gebratene u. gefüllte Geflügelkeule

Bal|ly|hoo ['bɛlɪhuː und: ...'huː], das; - ‹*engl.*›: marktschreierische Propaganda, Reklamerummel

Bal|me, die; -, -n ‹*kelt.?-mlat.*›: Gesteinsnische od. Höhle unter einer überhängenden Wand, bes. in Juraschichten

Bal|neo|gra|fie, Bal|neo|gra|phie, die; -, ...ien ‹*gr.-nlat.*›: Beschreibung von Heilbädern

Bal|neo|lo|ge, der; -n, -n: Arzt mit Spezialkenntnissen auf dem Gebiet der Balneologie. **Bal|neo|lo|gie,** die; -: Bäderkunde, Heilquellenkunde. **Bal|neo|lo|gin,** die; -, -nen: weibliche Form zu ↑Balneologe. **bal|neo|lo|gisch:** die Bäderkunde betreffend

Bal|neo|phy|sio|lo|gie, die; -: Physiologie der innerlichen u. äußerlichen Anwendung von Heilquellen beim Menschen

Bal|neo|the|ra|pie, die; -, ...ien (Med.): Heilbehandlung durch Bäder

Bal pa|ré [balpa'reː], der; - -, -s -s [balpa'reː] ‹*frz.*› (veraltet): besonders festlicher Ball

[1]**Bal|sa,** das; - ‹*span.*›: sehr leichtes Nutzholz des mittel- u. südamerikanischen Balsabaumes (u. a. im Floßbau verwendet)

[2]**Bal|sa,** die; -, -s: floßartiges Fahrzeug aus Binsenbündeln (urspr. aus dem leichten Holz des Balsabaumes) bei den Indianern Südamerikas

Bal|sam, der; -s, -e ‹*hebr.-gr.-lat.*›: **1.** dickflüssiges Gemisch aus Harzen u. ätherischen Ölen, bes. in der Parfümerie u. (als Linderungsmittel) in der Medizin verwendet. **2.** Linderung, Labsal

Bal|sa|mi|co, der; -s ‹*hebr.-gr.-lat.-it.*›: aromatischer italienischer Weinessig

bal|sa|mie|ren ‹*hebr.-gr.-lat.*›: einsalben, ↑einbalsamieren

Bal|sa|mi|ne, die; -, -n ‹*hebr.-gr.-lat.-nlat.*›: ↑Impatiens

bal|sa|misch ‹*hebr.-gr.-lat.*›: **1.** wohlriechend. **2.** wie Balsam, lindernd

Bal|ti|ca, die; -: ↑präkambrischer gefalteter Kontinentkern (Ureuropa)

Bal|tis|tik, die; - ‹*lat.-mlat.-nlat.*›: ↑Baltologie

Bal|to|lo|ge, der; -n, -n ‹*lat.-mlat.; gr.*›: Wissenschaftler auf dem Gebiet der Baltologie. **Bal|to|lo|gie,** die; -: Wissenschaft von den baltischen Sprachen u. Literaturen. **Bal|to|lo|gin,** die; -, -nen: weibliche Form zu ↑Baltologe

Ba|lus|ter, der; -s, - ⟨*gr.-lat.-it.-frz.*⟩: kleine Säule als Geländerstütze

Ba|lus|t|ra|de, die; -, -n: Brüstung; Geländer mit Balustern

Ba|lyk, der; - ⟨*russ.*⟩: getrockneter Rücken des Störs

^{1}Bam|bi, das; -s, -s ⟨nach W. Disneys 1941 entstandenem Zeichentrickfilm »Bambi«⟩ (Kinderspr.): kleines Reh

^{2}Bam|bi, der; -s, -s: jährlich verliehener Film- u. Fernsehpreis (in Form eines kleinen Rehs)

Bam|bi|na, die; -, -s ⟨*it.*⟩ (ugs.): **a)** kleines Mädchen; **b)** weiblicher Teenager; **c)** Freundin. **Bam|bi|no,** der; -s, ...ni u. (ugs.) -s: **1.** das Jesuskind in der italienischen Bildhauerei u. Malerei. **2.** (ugs.) **a)** kleines Kind; **b)** kleiner Junge

Bam|boc|cia|de [bambɔˈtʃa:də], die; -, -n ⟨nach dem Niederländer Pieter van Laer (um 1595–1642), der als Erster Genreszenen in Italien malte u. seiner Missgestalt wegen den Namen »Bamboccio« (= Knirps) trug⟩: genrehafte, derbkomische Darstellung des Volkslebens

Bam|bu|le, die; -, -n ⟨*Bantuspr.-frz.*⟩: **1.** (Gaunerspr.) in Form von Krawall[en] geäußerter Protest bes. von Häftlingen. **2.** (Jugendsprache) bes. von Jugendlichen veranstaltetes äußerst ausgelassenes Treiben (auf einem Treffen od. Fest)

Bam|bus, der; -[ses], -se ⟨*malai.-niederl.*⟩: vor allem in tropischen u. subtropischen Gebieten vorkommende, bis 40 m hohe, verholzende Graspflanze

Bam|bus|vor|hang, der; -s: weltanschauliche Grenze zwischen dem kommunistischen u. nicht kommunistischen Machtbereich in Südostasien

Ba|mi|go|reng, das; -[s], -s ⟨*malai.*⟩: indonesisches Nudelgericht

^{1}Ban, der; -s, -e, Banus, der; -, - ⟨*serbokroat.;* »Herr«⟩ (Geschichte): **a)** ungarischer und serbokroatischer Würdenträger (10. u. 11. Jh.); **b)** im 12.–15. Jh. Titel der Oberbeamten mehrerer südlicher Grenzmarken Ungarns

^{2}Ban, das; -, - ⟨*Thai*⟩: thailändisches Getreidemaß (1 472 Liter)

^{3}Ban, der; -[s], -i ⟨*rumän.*⟩: Währungseinheit in Rumänien (100 Bani = 1 Leu)

ba|nal ⟨*germ.-frz.*⟩: [in enttäuschender Weise] nichts Besonderes darstellend, bietend

ba|na|li|sie|ren: ins Banale ziehen, verflachen

Ba|na|li|tät, die; -, -en: **1.** (ohne Plural) Plattheit, Fadheit. **2.** banale Bemerkung

Ba|na|ne, die; -, -n ⟨*afrik.-port.*⟩: wohlschmeckende, länglich gebogene tropische Frucht mit dicker, gelber Schale

Ba|na|nen|re|pu|b|lik, die; -, -en ⟨*amerik.*⟩ (oft abwertend): kleines Land in den tropischen Gebieten Amerikas, das fast nur vom Südfrüchteexport lebt u. von fremdem, meist US-amerikanischem Kapital abhängig ist

Ba|na|nen|split, das; -s, -s ⟨*afrik.-port.; engl.*⟩: Eisspeise, bestehend aus einer längs durchgeschnittenen Banane, Eis, Schlagsahne [u. Schokoladensoße]

Ba|nau|se, der; -n, -n ⟨*gr.*⟩ (abwertend): jmd., der ohne Kunstverständnis ist und sich entsprechend verhält; Mensch ohne feineren Lebensstil, der Dinge, denen von Kennern eine entsprechende Wertschätzung entgegengebracht wird, unangemessen behandelt od. verwendet

Ba|nau|sie, die; - ⟨*gr.*⟩: Banausentum, Art eines Banausen

ba|nau|sisch (abwertend): ohne Verständnis für geistige u. künstlerische Dinge; ungeistig

Band [bɛnt, engl.: bænd], die; -, -s ⟨*germ.-frz.-engl.-amerik.*⟩: Gruppe von Musikern, die vorzugsweise moderne Musik wie Jazz, Beat, Rock, Pop spielt

Ban|da, die; -, ...de ⟨*germ.-it.*⟩: **1.** Gruppe der Blechblasinstrumente im Orchester. **2.** Bühnen[blas]orchester (in Opern)

Ban|da|ge [...ʒə], die; -, -n ⟨*germ.-frz.*⟩: **1.** Stützverband. **2.** Schutzverband (z. B. der Hände beim Boxen)

ban|da|gie|ren [...ˈʒi:...]: mit Bandagen versehen, umwickeln

Ban|da|gist [...ˈʒɪst], der; -en, -en: Hersteller von Bandagen u. Heilbinden. **Ban|da|gis|tin,** die; -, -nen: weibliche Form zu ↑Bandagist

Ban|da|na|druck, der; -s, -e ⟨*Hindi; dt.*⟩: **1.** Zeugdruckverfahren zur Herstellung weißer Muster auf farbigem Grund. **2.** Ergebnis dieses Verfahrens

Ban|de, die; -, -n ⟨*germ.-frz.*⟩: Rand, Einfassung, besonders beim Billard, bei Eis- u. Hallenhockey u. in der Reitbahn

Ban|deau [bɑ̃ˈdo:], das; -s, -s (veraltet): Stirnband

Ban|ded Pack [ˈbændɪd ˈpæk], das; - -s, - -s ⟨*engl.*⟩: Verkaufspackung mit zusammengehörenden, sich ergänzenden Waren (z. B. Hemd u. Krawatte)

Ban|de|lier, das; -s, -e ⟨*germ.-span.-frz.*⟩ (veraltet): breiter Schulterriemen als Patronengurt, Degengurt (Wehrgehänge), Patronentaschenriemen der berittenen Truppen

Ban|den|spek|t|rum, das; -s, ...tren u. ...tra (Physik): Viellinienspektrum; besonders linienreiches, zu einzelnen Bändern verschmolzenes, von Molekülen ausgesandtes Spektrum

Ban|de|ril|la [...ˈrɪlja], die; -, -s ⟨*germ.-span.*⟩: mit Fähnchen geschmückter kleiner Spieß, den der Banderillero dem Stier in den Nacken stößt

Ban|de|ril|le|ro [...rɪlˈje:ro], der; -s, -s: Stierkämpfer, der den Stier mit den Banderillas reizt

Ban|de|ro|le, die; -, -n ⟨*germ.-roman.-it.-frz.*⟩: **1.** mit einem Steuervermerk versehener Streifen, mit dem eine steuer- od. zollpflichtige Ware versehen u. gleichzeitig verschlossen wird (z. B. Tabakwaren). **2.** (Kunstwiss.) ornamental stark verschlungenes, mit einer Erklärung versehenes Band auf Gemälden, Stichen o. Ä. **3. a)** Wimpel an Speer od. Lanze; **b)** (MA.) Quastenschnur um die Trompete der Spielleute u. Heerestrompeter

ban|de|ro|lie|ren: mit einer Banderole versehen

Ban|dit [auch: ...ˈdɪt], der; -en, -en ⟨*germ.-it.*⟩: **1.** Verbrecher, [Straßen]räuber. **2.** (abwertend) jmd., der sich anderen gegenüber wie ein Verbrecher verhält. **Ban|di|tin** [auch: ...ˈdɪ...], die; -, -nen: weibliche Form zu ↑Bandit

Band|lea|der ['bɛntli:dɐ], der; -s, - ⟨*engl.*⟩: **1.** im traditionellen Jazz der die Führungsstimme im Jazzensemble übernehmende Kornett- od. Trompetenbläser. **2.** Leiter einer ↑Band

Ban|do|la vgl. Bandura

Ban|do|ne|on, Ban|do|ni|on, das; -s, -s ⟨nach dem dt. Erfinder des Instruments H. Band⟩: Handharmonika mit Knöpfen zum Spielen an beiden Seiten

Ban|du|ra, die; -, -s ⟨*gr.-lat.-it.-poln.-russ.*⟩: lauten- od. gitarrenähnliches ukrainisches Saiteninstrument

Ban|dur|ria, die; -, -s ⟨*gr.-lat.-span.*⟩: mandolinenähnliches, zehnsaitiges spanisches Zupfinstrument

Ban|dy ['bɛndi], das; -, -s ⟨*germ.-frz.-engl.*⟩: heute veraltete Abart des Eishockeyspiels

Bang|ki|rai, das; -[s]: aus Südasien stammendes wetterfestes Hartholz

Ba|ni: *Plural* von ↑[3]Ban

Ban|ja, die; -, -s ⟨*(lat.-vulgärlat.-)russ.*⟩: öffentliches russisches [Dampf]bad

Ban|jan, die (Plural) ⟨*sanskr.-Hindi-engl.*⟩: Kaste der Kaufleute in Indien, bes. in den ehemaligen Provinzen Bombay u. Bengalen

Ban|jo ['bɛndʒo], das; -s, -s ⟨*amerik.*⟩: fünf- bis neunsaitige, langhalsige Gitarre

Bank, die; -, -en: Kreditanstalt, Anstalt zur Abwicklung des Zahlungs- u. des Devisenverkehrs

...bank

die; -, -en
⟨*ahd.* bang »Bank« → *it.* banca »Bank; Lager« (→*frz.* banque)⟩
Wortbildungselement mit der Bedeutung »zentrale Stelle, an der das im ersten Teil des Wortes Genannte für den Gebrauchsfall bereitgehalten wird«:
- Datenbank
- Genbank
- Organbank

Bank|ak|zept, das; -s, -e: auf eine Bank gezogener und von dieser zur Gutschrift akzeptierter Wechsel

Ban|ka|zinn, das; -s ⟨nach der Sundainsel Bangka⟩: Zinn, das aus besonders reinen Erzen Indonesiens gewonnen wird

Ban|ker ['bɛŋkɐ], der; -s, - ⟨*engl.*⟩: Bankier, Bankfachmann. **Ban|ke|rin** ['bɛŋkə...], die; -, -nen: weibliche Form zu ↑Banker

ban|ke|rott usw. vgl. bankrott usw.

[1]**Ban|kett,** das; -[e]s, -e ⟨*germ.-it.*⟩: Festmahl, -essen

[2]**Ban|kett,** das; -[e]s, -e, **Ban|ket|te,** die; -, -n ⟨*germ.-frz.*⟩: **1.** der nicht befestigte Randstreifen zwischen Fahrbahn u. Seitengräben einer Landstraße. **2.** (Bauw.) unterster Teil eines Gebäudefundaments

ban|ket|tie|ren ⟨*germ.-it.*⟩ (veraltet): ein Bankett halten, festlich tafeln

Ban|ki|er [baŋ'ki̯e:], der; -s, -s ⟨*germ.-it.-frz.*⟩: Inhaber od. Vorstandsmitglied einer Bank

Ban|king ['bɛŋkɪŋ], das; -[s] ⟨*engl.*⟩: Bankwesen, Bankgeschäft, Bankverkehr

Ban|king|the|o|rie, die; -: Geldtheorie, nach der die Ausgabe von Banknoten nicht an die volle Edelmetalldeckung gebunden zu sein braucht

Bank|kon|to, das; -s, ...ten (auch: -s u. ...ti): **1.** Soll-und-Haben-Aufstellung eines Kunden bei einer Bank. **2.** Bankguthaben

Bank|no|te, die; -, -n: von einer Notenbank ausgegebener Geldschein

Ban|ko, das; -s, -s ⟨*germ.-it.*⟩ (veraltet): bankmäßige Währung

Ban|ko|mat®, der; -en, -en ⟨aus *Bank* u. *Automat*⟩ (bes. österr., schweiz.): Geldautomat eines Geldinstituts, bei dem der Kunde od. die Kundin Geldbeträge bis zu einer bestimmten Höhe erhalten kann

Ban|ko|mat|kas|se, auch: **Ban|ko|mat|kas|sa,** die; -, -en (österr.): aus einem Kartenlesegerät für Debit- od. Kreditkarten bestehendes (mobiles) Zahlungssystem

ban|k|rott ⟨*it.*⟩: finanziell, wirtschaftlich am Ende; zahlungsunfähig; bankrott sein, werden. **Ban|k|rott,** der; -[e]s, -e: finanzieller, wirtschaftlicher Zusammenbruch; Zahlungsunfähigkeit

Ban|k|rot|teur [...'tø:ɐ̯], der; -s, -e ⟨französierende Bildung⟩: jmd., der Bankrott gemacht hat. **Ban|k|rot|teu|rin** [...'tø:...], die; -, -nen: weibliche Form zu ↑Bankrotteur

ban|k|rott|ge|hen (ugs.): bankrott werden

ban|k|rot|tie|ren: bankrottgehen

Ban|ner, das; *selten auch* der; -s, - ⟨*(alt)frz.-engl.*⟩ (EDV): Werbebalken auf einer Internetseite

ban|sai vgl. banzai

Ban|schaft, die; -, -en ⟨*serbokroat.; dt.*⟩ (Geschichte): Verwaltungsbezirk (im Königreich Jugoslawien)

Ban|tam|ge|wicht, das; -[e]s ⟨*engl.;* nach dem zum Hahnenkampf verwendeten Bantamhuhn⟩: leichtere Körpergewichtsklasse in der Schwerathletik

Ban|tam|huhn, das; -[e]s, ...hühner ⟨nach der javanischen Provinz Bantam⟩: ein [in England gezüchtetes] Zwerghuhn

Ban|tu, das; -[s] ⟨*afrik.*⟩: bes. im südlichen u. mittleren Afrika gesprochene Gruppe afrik. Sprachen

Ban|tus|tan [...ta(:)n], der od. das; -s, -s ⟨*afrikaans*⟩: ↑Homeland

Ba|nus vgl. [1]Ban

ban|zai [...zai̯] ⟨*jap.*⟩: lebe hoch! 10 000 Jahre [lebe er]! (japanischer Glückwunschruf)

Ba|o|bab, der; -s, -s ⟨*afrik.*⟩: Affenbrotbaum; zu den Malvengewächsen gehörender afrikanischer Steppenbaum

Bap|tis|mus, der; - ⟨*gr.-lat.*⟩: Lehre evangelischer (calvinischer) Freikirchen, die als Bedingung der Taufe ein persönliches Bekenntnis voraussetzt

Bap|tist, der; -en, -en: Anhänger des Baptismus

Bap|tis|te|ri|um, das; -s, ...ien: **1. a)** Taufbecken, -stein; **b)** Taufkapelle; **c)** [frühmittelalterliche] Taufkirche. **2.** Tauch- u. Schwimmbecken eines Bades in der Antike. **Bap|tis|tin,** die; -, -nen: weibliche Form zu ↑Baptist

bap|tis|tisch: den Baptismus betreffend

[1]**Bar,** das; -s, -s (aber: 5 Bar) ⟨*gr.* báros = »Schwere, Gewicht«⟩: alte Maßeinheit des [Luft]drucks

[2]**Bar,** die; -, -s ⟨*frz.-engl.*⟩: **1.** erhöhter Schanktisch. **2.** kleineres, intimes Nachtlokal

Ba|ra|ber, seltener: **Ba|ra|be|rer,** der; -s, - ⟨*it.*⟩ (bayr., österr., meist abwertend): schwer arbeitender Hilfs-, Bauarbeiter

ba|ra|bern (österr. ugs.): schwer arbeiten

Ba|ra|cke, die; -, -n ⟨*span.-frz.*⟩: behelfsmäßige Unterkunft, einstöckiger, nicht unterkellerter leichter Bau, bes. aus Holz

Ba|ra|ka, die; - ⟨*arab.*⟩ (Völkerkunde): Bez. für die vermutete überirdische Kraft in der Natur, in den Nachkommen Mohammeds u. im Sultan bei den islam. Nordafrikanern

Ba|ratt, der; -[e]s ⟨*it.*⟩ (Wirtsch.): Austausch von Waren

Ba|rat|te|rie, die; -, ...ien: Unredlichkeit der Schiffsbesatzung gegenüber Reeder od. Frachteigentümer (im Seerecht)

ba|rat|tie|ren: [Ware] gegen Ware tauschen

Bar|ba|ka|ne, die; -, -n ⟨*roman.*⟩: bei mittelalterlichen Befestigungswerken ein dem Festungstor vorgelagertes Außenwerk

Bar|bar, der; -en, -en ⟨*gr.-lat.;* »Ausländer, Fremder«⟩: **1.** roher, ungesitteter u. ungebildeter Mensch; Wüstling, Rohling. **2.** (für die Griechen u. Römer der Antike) Angehöriger eines fremden Volkes

Bar|ba|rei, die; -, -en: Rohheit, Grausamkeit; Unzivilisiertheit

Bar|ba|rin, die; -, -nen: weibliche Form zu ↑Barbar

bar|ba|risch: 1. roh, grausam; unkultiviert, unzivilisiert. **2.** (ugs.) sehr [groß, stark]; über das normale Maß hinausgehend. **3.** die ↑Barbaren (2) betreffend

Bar|ba|ris|mus, der; -, ...men: **1.** in das klassische Latein oder Griechisch übernommener fremder Ausdruck. **2.** grober sprachlicher Fehler im Ausdruck

Bar|be, die; -, -n ⟨*lat.*⟩: **1.** (Geschichte) Spitzenband an Frauenhauben. **2.** ein Karpfenfisch

Bar|be|cue ['bɑːbɪkjuː], das; -[s], -s ⟨*engl.-amerik.*⟩: **1.** in Amerika beliebtes Gartenfest, auf dem gegrillt wird; Grillfest. **2. a)** Bratrost; **b)** auf dem Rost gegrilltes Fleisch

Bar|be|ra, der; -s, -s ⟨*it.*⟩: ein italienischer Rotwein

Bar|bet|te, die; -, -n ⟨*frz.;* nach der Schutzpatronin der Artilleristen, der heiligen Barbara⟩: **1.** (Geschichte) Geschützbank, Brustwehr von Schiffsgeschützen. **2.** ringförmiger Panzer um die Geschütztürme auf Kriegsschiffen

Bar|bie® [...i, auch: 'bar...], die; -, -s ⟨Fantasiename; nach der Tochter Barbara der amerik. Designerin R. Handler, 1916–2002⟩: Spielzeugpuppe aus [Hart]plastik, die eine erwachsene Person darstellt

Bar|bier, der; -s, -e ⟨*lat.-mlat.-roman.*⟩ (veraltet): Friseur

bar|bie|ren (veraltet): rasieren

Bar|bi|ton, das; -s, -s, **Bar|bi|tos,** die; -, - ⟨*gr.-lat.*⟩: altgriechisches, der ↑Lyra (1) ähnliches Musikinstrument

Bar|bi|tu|rat, das; -s, -e (meist Plural) ⟨Kunstw.⟩: Medikament auf der Basis von Barbitursäure, das als Schlaf- u. Beruhigungsmittel verwendet wird

Bar|bi|tur|säu|re, die; -, -n: chemische Substanz mit narkotischer Wirkung

Bar|chan [...'çaːn], der; -s, -e ⟨*russ.*⟩ (Geogr.): bogenförmige Binnendüne

Bar|chent, der; -s, -e ⟨*arab.-mlat.*⟩: Baumwollflanell

Bar|ches, der; -, - ⟨*hebr.*⟩: weißes Sabbatbrot der Juden

Bar|code [...koːt], der; -s, -s ⟨*engl.*⟩: nur aus parallel angeordneten Strichen u. Abständen dazwischen bestehender Code (1), der der Artikelnummerierung u. der automatischen Erfassung der Verkaufsdaten (z. B. des Preises) an Computerkassen dient; Strichcode

¹Bar|de, der; -n, -n ⟨*kelt.-lat.-frz.*⟩: **1.** keltischer Sänger u. Dichter des Mittelalters. **2.** Verfasser von [zeit- u. gesellschaftskritischen] Liedern, der sie selbst (zur Gitarre) vorträgt

²Bar|de, die; -, -n ⟨*arab.-span.-frz.*⟩: Speckscheibe um gebratenes mageres Fleisch

bar|die|ren: mit Speck umwickeln

Bar|diet, das; -[e]s, -e ⟨von ↑Barditus in Anlehnung an ↑¹Barde (1)⟩: **1.** von Klopstock geschaffene Bez. für ein vaterländisches Gedicht. **2.** ↑Barditus

Bar|di|tus, Barritus, der; -, - [...tuːs] ⟨*lat.*⟩: Schlachtgeschrei der Germanen vor dem Kampf

Bar|do|li|no, der; -[s] ⟨*it.;* nach der Gemeinde Bardolino am Ostufer des Gardasees⟩: trockener italienischer Rotwein

Ba|rè|ge [ba'rɛːʒə], der; -s ⟨nach dem frz. Ort Barèges⟩: durchsichtiges Seidengewebe

Ba|rett, das; -[e]s, -e (auch: -s) ⟨*gall.-lat.-mlat.*⟩: flache, randlose, kappenartige Kopfbedeckung, auch als Teil der Amtstracht von Geistlichen, Richtern u. a.; vgl. Birett

Bar|gai|ning ['baːgɪnɪŋ], das; -[s] ⟨*engl.*⟩ (Wirtsch.): **a)** das Verhandeln; **b)** [Vertrags]abschluss

Barge [baːdʒ], die; -, -s u. -n ⟨*lat.-frz.-engl.*⟩ (Seew.): **1.** flaches Mehrzweckfahrzeug für den Hafenbetrieb. **2.** Schwimmcontainer, der von Spezialschiffen transportiert wird (zur Verkürzung der Liegezeiten, zum besonders schnellen Weiterleiten der Ladung)

Barge|car|ri|er, Barge-Car|ri|er [...kæriɐ], der; -s, - ⟨*engl.*⟩: Schiff zum Transport von Bargen (2)

Ba|ri|bal, der; -s, -s ⟨Herkunft unbekannt⟩: nordamerikanischer Schwarzbär

Ba|ri|le, das; -, ...li ⟨*it.*⟩: älteres italienisches Flüssigkeitsmaß

Ba|ril|la [ba'rɪlja], die; - ⟨*span.*⟩: sodahaltige Asche aus verbrannten Meeres- od. Salzsteppenpflanzen

Ba|ri|nas [auch: ba'riː...] vgl. Varinas

Ba|ri|o|la|ge [...ʒə], die; -, -n ⟨*frz.*⟩: besonderer Effekt beim Violinspiel (wiederholter rascher Saitenwechsel mit der Absicht einer Klangfarbenänderung; höherer Ton auf tieferer Saite)

ba|risch ⟨*gr.*⟩: den Luftdruck betreffend; vgl. ¹Bar

Ba|ris|ta, der; -[s], -s, auch: ...ti ⟨*it.*⟩: jmd., der in einer Espressobar o. Ä. Kaffee zubereitet

Ba|ri|ton, der; -s, -e ⟨*gr.-lat.-it.*⟩: **a)** Männerstimme in der mittleren Lage zwischen Bass u. Tenor; **b)** solistische Baritonpartie in einem Musikstück; **c)** Sänger mit Baritonstimme

ba|ri|to|nal ⟨*nlat.*⟩: in der Art, Klangfarbe des Baritons

Ba|ri|to|nist, der; -en, -en: Baritonsänger

Ba|ri|um, das; -s ⟨*gr.-nlat.*⟩: chem. Grundstoff; Metall (Zeichen: Ba)

Ba|ri|um|sul|fat, das; -[e]s: schwefelsaures Barium

Bark, die; -, -en ⟨*kopt.-gr.-lat.-provenzal.-frz.-engl.-niederl.*⟩: Segelschiff mit zwei größeren und einem kleineren Mast

Bar|ka|ne, Barkone, die; -, -n ⟨*kopt.-gr.-lat.-it.*⟩: Fischerfahrzeug

[1]**Bar|ka|ro|le,** Barkerole, die; -, -n: **a)** Gondellied im $^6/_8$- od. $^{12}/_8$-Takt; **b)** gondelliedähnliches Instrumentalstück; **c)** früher auf dem Mittelmeer verwendetes Ruderboot

[2]**Bar|ka|ro|le,** Barkerole, der; -n, -n: Schiffer auf einer [1]Barkarole (c)

Bar|kas|se, die; -, -n ⟨*kopt.-gr.-lat.-it.-span.-niederl.*⟩: **1.** größtes Beiboot auf Kriegsschiffen. **2.** größeres Motorboot

Bar|ke, die; -, -n ⟨*kopt.-gr.-lat.-provenzal.-frz.-niederl.*⟩: kleines Boot ohne Mast; Fischerboot, Nachen

Bar|kee|per [...ki:pɐ], der; -s, - ⟨*engl.*⟩: jmd., der in einer Bar Getränke mixt u. ausschenkt. **Bar|kee|pe|rin,** die; -, -nen: weibliche Form zu ↑Barkeeper

Bar|ke|ro|le vgl. [2]Barkarole

Bar|ket|te, die; -, -n ⟨*kopt.-gr.-lat.-provenzal.-frz.*⟩: kleines Ruderboot

Bar|ko|ne vgl. Barkane

Bar|mi|xer, der; -s, -: jmd., der in einer Bar Getränke mixt. **Bar|mi|xe|rin,** die; -, -nen: weibliche Form zu ↑Barmixer

[1]**Bar-Miz|wa,** der; -s, -s ⟨*hebr.;* »Sohn des Gebotes«⟩: männlicher Jude, der das 13. Lebensjahr vollendet hat u. auf die religiösen Vorschriften des Judentums verpflichtet ist

[2]**Bar-Miz|wa,** die; -, -s: Feier in der Synagoge, bei der die [1]Bar-Mizwas in die jüdische Glaubensgemeinschaft eingeführt werden

Barn, das; -[s], -[s] ⟨*engl.*⟩ (veraltend): (nicht gesetzliche) Maßeinheit zur Angabe von Wirkungsquerschnitten bes. in der Kernphysik (Zeichen: b; $1\,b = 10^{-28}\,m^2$)

Bar|na|bit, der; -en, -en ⟨*it.;* nach dem Kloster St. Barnaba in Mailand⟩: Angehöriger eines katholischen Männerordens

ba|rock ⟨*port.-it.-frz.;* »schief, unregelmäßig«⟩: **1.** zum Barock gehörend, im Stil des Barocks. **2. a)** verschnörkelt, überladen; **b)** seltsam-grotesk, eigenartig. **Ba|rock,** das od. der; -[s]: **a)** Kunststil von etwa 1600 bis 1750 in Europa, charakterisiert durch Formenreichtum u. üppige Verzierungen; **b)** Barockzeitalter

ba|ro|ckal ⟨*port.-it.-frz.-nlat.*⟩: dem Barock entsprechend

ba|ro|cki|sie|ren: den Barockstil nachahmen

Ba|rock|per|le, die; -, -n: unregelmäßig geformte Perle

Ba|rock|stil, der; -[e]s: Barock (a)

Ba|ro|graf, Barograph, der; -en, -en (Meteorol.): Barometer, das die gemessenen Werte aufzeichnet

Ba|ro|gramm, das; -s, -e ⟨*gr.-nlat.*⟩: Aufzeichnung des Barografen

Ba|ro|lo, der; -s, -s ⟨*it.*⟩: ein italienischer Rotwein

Ba|ro|me|ter, das (österr. und schweiz. auch: der); -s, - (Meteorol.): Luftdruckmesser. **Ba|ro|me|t|rie,** die; -: Luftdruckmessung. **ba|ro|me|t|risch:** die Luftdruckmessung betreffend

Ba|ron, der; -s, -e ⟨*germ.-frz.*⟩: Freiherr

Ba|ro|nat, das; -[e]s, -e: **1.** Besitz eines Barons. **2.** Freiherrnwürde

Ba|ro|ness, die; -, -en, **Ba|ro|nes|se,** die; -, -n ⟨französierende Bildung⟩: Freifräulein, Freiin

Ba|ro|net ['bærənɪt], der; -s, -s ⟨*germ.-frz.-engl.*⟩: in männlicher Linie erblicher englischer Adelstitel (die Baronets stehen innerhalb des niederen Adels an erster Stelle)

Ba|ro|nie, die; -, ...ien ⟨*germ.-frz.*⟩: **1.** Besitz eines Barons. **2.** Freiherrnwürde

Ba|ro|nin, die; -, -nen: Freifrau

ba|ro|ni|sie|ren: in den Freiherrnstand erheben

Ba|ro|ther|mo|graf, Ba|ro|ther|mo|graph, der; -en, -en (Meteorol.): Verbindung von ↑Barograf u. ↑Thermograf zur Aufzeichnung von Kurven des atmosphärischen Zustands

Bar|ra|ge [...ʒə], die; -, -n ⟨*frz.*⟩ (veraltet): **1.** Abdämmung, Sperrung. **2.** Schlagbaum. **3.** Bodenquerhölzer zur festen Verwahrung von Fässern

Bar|ra|ku|da, der; -s, -s ⟨*span.*⟩: Pfeilhecht (ein Raubfisch)

Bar|ras, der; - ⟨Herkunft unsicher⟩ (ugs.): Militär, Militärdienst

Bar|ré [ba're:], das; -s, -s ⟨*galloroman.-frz.*⟩ (Musik): Quergriff eines Fingers über mehrere Saiten beim Lauten- u. Gitarrenspiel

Bar|rel ['bærəl], das; -s, -s ⟨*frz.-engl.*⟩: englisches Hohlmaß; Fass, Tonne

Bar|ret|ter, der; -s, - ⟨*frz.-engl.*⟩: **1.** temperaturabhängiger elektrischer Widerstand. **2.** ↑Barretteranordnung

Bar|ret|ter|an|ord|nung, die; -, -en: auf dem Prinzip des ↑Bolometers beruhende Brückenschaltung zur Messung kleiner Wechselströme

Bar|ri|e|re, die; -, -n ⟨*galloroman.-frz.*⟩: etwas, was sich trennend, hindernd zwischen Dingen od. Personen befindet; Schranke, Schlagbaum, Hindernis

Bar|ri|ka|de, die; -, -n ⟨*galloroman.-frz.*⟩: [Straßen]sperre zur Verteidigung, bes. bei Straßenkämpfen

bar|ri|ka|die|ren (selten): verbarrikadieren

Bar|ring, die; -, -s ⟨*galloroman.-frz.-niederl.*⟩: Gerüst auf Schiffen zwischen Fock- u. Großmast zur Aufstellung größerer Boote

Bar|rique [ba'ri:k], die; -, -s, auch: das; -[s], -s ⟨*vulgärlat.-frz.;* »Fass«⟩: **1.** früheres französisches Weinmaß. **2.** Weinfass aus Eichenholz

Bar|ris|ter ['bæ...], der; -s, - ⟨*galloroman.-frz.-engl.*⟩: Rechtsanwalt bei den englischen Obergerichten

Bar|ri|tus vgl. Barditus

Bar|soi, der; -s, -s ⟨*russ.*⟩: russischer Windhund

Bar|sor|ti|ment, das; -[e]s, -e: Buchhandelsbetrieb, der zwischen Verlag u. Einzelbuchhandel vermittelt

Bar|ter|ge|schäft, das; -[e]s, -e ⟨zu *engl.* barter »Tausch(handel)«⟩: Tausch- od. Handelsgeschäft, bei dem Waren gegen Waren ausgetauscht werden

Ba|rut|sche, Birutsche, die; -, -n ⟨*lat.-it.*⟩ (veraltet): zweirädrige Kutsche, zweirädriger Wagen

Ba|ry|me|t|rik, die; - ⟨*gr.-nlat.*⟩

(Landwirtsch.): Errechnung von Viehgewichten aus dem Volumen des Rumpfes

Ba|ry|on, das; -s, ...onen (Physik): Elementarteilchen, dessen Masse mindestens so groß ist wie die eines Protons

Ba|ry|sphä|re, die; -: innerster Teil der Erde, Erdkern

Ba|ryt [auch: ...'rʏt], der; -[e]s, -e: Schwerspat, Bariumsulfat

Ba|ry|thy|mie, die; - (Med.): Melancholie

Ba|ry|ton, das; -s, -e: Streichinstrument des 18. Jh.s in der Art der ↑ Viola d'Amore

Ba|ry|to|ne|se, die; -, -n ⟨*gr.*⟩: Verschiebung des Akzents vom Wortende weg (z. B. lat. Themistocles gegenüber gr. Themistokles)

Ba|ry|to|non, das; -s, ...na ⟨*gr.-lat.*⟩ (Sprachwiss.): Wort mit unbetonter letzter Silbe

ba|ry|zen|t|risch ⟨*gr.-nlat.*⟩: auf das Baryzentrum bezüglich

Ba|ry|zen|t|rum, das; -s, ...tren (Physik): Schwerpunkt

Bar|zel|let|ta, die; -, ...tten u. -s ⟨*it.*⟩: volkstümliches norditalienisches Tanzlied (im 15. u. 16. Jh. auch als literarisch-musikalische Gattung)

ba|sal ⟨*gr.-nlat.*⟩: **a)** die Basis bildend; **b)** (bes. Geol., Med.) auf, an der Basis, Grundfläche (z. B. eines Organs) befindlich; zur Basis hin ausgerichtet

Ba|sa|li|om, das; -s, -e (Med.): bösartiger Hauttumor, der bes. an Stellen, die der Sonne ausgesetzt sind, entsteht, aber selten Metastasen bildet

Ba|salt, der; -[e]s, -e ⟨*gr.-lat.*⟩: dunkles Ergussgestein (bes. im Straßen- u. Molenbau verwendet)

Ba|sal|tem|pe|ra|tur, die; -, -en ⟨*gr.; lat.*⟩ (Med.): Tagesminimum der Körpertemperatur, bes. die morgens bei der Frau zur Beobachtung des ↑ Zyklus (3) gemessene Körpertemperatur

ba|sal|ten, ba|sal|tig, ba|sal|tisch ⟨*gr.-lat.*⟩: aus Basalt bestehend

Ba|sa|ne, die; -, -n ⟨*arab.-span.-provenzal.-frz.*⟩: für Bucheinbände verwendetes Schafleder

Ba|sar, Bazar, der; -s, -e ⟨*pers.-frz.*⟩ [...'zaːɐ̯]: **1.** Händlerviertel in orientalischen Städten. **2.** Warenverkauf zu Wohltätigkeitszwecken

Basch|lik, der; -s, -s ⟨*turkotatar.*⟩: kaukasische Wollkapuze

Ba|schyr vgl. Beschir

[1]Ba|se, die; -, -n ⟨*gr.-lat.;* »Grundlage«⟩: Metallhydroxid; Verbindung, die mit Säuren Salze bildet

[2]Base [beɪ̯s], die, auch: das; -, -s ['beɪ̯sɪs] ⟨*gr.-lat.-frz.-engl.*⟩ (Baseball): Eckpunkt des Malquadrats (einer markierten Stelle) im Spielfeld des Baseballspiels

[3]Base [beɪ̯s], die; -, -s ['beɪ̯sɪs] ⟨*gr.-lat.-frz.-engl.*⟩: ↑ Basis (2)

Base|ball ['beɪ̯sbɔːl], der; -s ⟨*engl.*⟩: amerikanisches Schlagballspiel. **Base|bal|ler** [bei engl. Ausspr.: ...bɔːlɐ], der; -s, -: Baseballspieler

Base|cap ['beɪ̯skæp], das; -s, -s ⟨engl.⟩: Schirmmütze mit rückwärtigem Gumminoppenverschluss

Base|jum|ping, Base-Jum|ping ['beɪ̯sdʒʌmpɪŋ], das; -s ⟨*engl.*⟩: Extremsport, bei dem mit einem Fallschirm von hohen Gebäuden, Türmen, Brücken od. Felsen gesprungen wird

Base|line ['beɪ̯slaɪ̯n], die; -, -s ⟨*engl.*⟩: **1.** (Sport) Verbindungslinie zwischen zwei Malen beim Baseball. **2.** unterste Zeile einer Anzeige o. Ä. (Ggs.: Headline)

Base|man ['beɪ̯smən], der; -s, ...men (Baseball): Spieler der Fängerpartei, der ein ↑ [2]Base bewacht

Base|ment ['beɪ̯s...], das; -s, -s ⟨*engl.*⟩: Keller-, Untergeschoss

Base|ment|store, Base|ment-Store [...stoːɐ̯], der; -s, -s ⟨*engl.*⟩: Ladengeschäft od. Kaufhausabteilung im Untergeschoss

Ba|sen: *Plural* von ↑ Basis

Ba|shing ['bæʃɪŋ], das; -s ⟨*engl.*⟩: heftige, herabsetzende Kritik

BASIC ['beɪ̯sɪk], das; -[s] ⟨*engl.;* Kurzw. aus *b*eginner's *a*ll purpose *s*ymbolic *i*nstruction *c*ode⟩ (EDV): einfache, vielseitig verwendbare Programmiersprache

Ba|sic En|g|lish ['beɪ̯sɪk 'ɪŋglɪʃ], das; - - ⟨*engl.;* »Grundenglisch«⟩: vereinfachte Form des Englischen mit einem Grundwortschatz von 850 Wörtern u. wenig Grammatik

Ba|sic Mes|sage ['beɪ̯sɪk 'mɛsɪdʒ], die; - -, - -s [...dʒɪz] ⟨*engl.*⟩: zentrale Aussage, die durch Werbung vermittelt werden soll

Ba|sic Needs ['beɪ̯sɪk 'niːdz], die (Plural) ⟨*engl.*⟩: die wesentlichen menschlichen Grundbedürfnisse

Ba|sics ['beɪ̯sɪks], die (Plural) ⟨*engl.*⟩: **1.** Grundlagen (eines Wissensgebietes o. Ä.). **2.** (Mode) unabhängig von den jeweiligen Modetrends jederzeit tragbare Kleidungsstücke

Ba|si|die [...di̯ə], die; -, -n ⟨*gr.-nlat.*⟩: Sporenträger bestimmter Pilze, auf dem sich bis zu vier Sporen abgliedern

Ba|si|dio|spo|re, die; -, -n: an einer Basidie befindliche Spore

ba|sie|ren ⟨*gr.-lat.-frz.*⟩: **1.** auf etwas beruhen, fußen; sich auf etwas gründen, stützen. **2.** (selten) etwas auf etwas aufbauen

ba|si|klin ⟨*gr.-nlat.*⟩: häufiger auf alkalischem als auf saurem Boden vorkommend (von Pflanzenarten und -gesellschaften)

Ba|sil, das; -s, -s ⟨*arab.-span.-provenzal.-frz.-engl.*⟩: halb gares (halb gegerbtes) australisches u. indisches Schafleder

ba|si|lar vgl. basal

Ba|si|li|a|ner, der; -s, - ⟨nach dem hl. Basilius⟩: Mönch der gr.-orthodoxen od. gr.-unierten Kirche, der nach der Regel des hl. Basilius lebt

Ba|si|lie [...li̯ə], die; -, -n ⟨*gr.-nlat.*⟩, **Ba|si|li|en|kraut,** das; -s, ...kräuter ⟨*gr.-nlat.; dt.*⟩ (selten): ↑ Basilikum

Ba|si|li|ka, die; -, ...ken ⟨*gr.-lat.;* »Königshalle«⟩: **1.** altröm. Markt- und Gerichtshalle. **2.** [altchristl.] Kirchenbauform mit überhöhtem Mittelschiff

ba|si|li|kal ⟨*gr.-lat.-nlat.*⟩: zur Form der Basilika gehörend

Ba|si|li|kum, das; -s, -s u. ...ken: Gewürz- u. Heilpflanze aus Südasien

Ba|si|lisk, der; -en, -en ⟨*gr.-lat.*⟩: **1.** Fabeltier mit todbringendem Blick. **2.** tropische Eidechse, mittelamerik. Leguan

Ba|si|lis|ken|blick, der; -[e]s, -e ⟨*gr.-lat.; dt.*⟩: böser, stechender Blick

Ba|si|on, das; -s ⟨*gr.-nlat.*⟩: Messpunkt am Schädel, vorderster Punkt des Hinterhauptloches

ba|si|pe|tal ⟨*gr.-nlat.;* »abwärts strebend«⟩ (Bot.): absteigend (von den Verzweigungen einer Pflanze; der jüngste Spross ist unten, der älteste oben) (Ggs.: akropetal)

ba|si|phil ‹*gr.-nlat.*›: fast ausschließlich auf alkalischem (kalkreichem) Boden vorkommend (von Pflanzenarten u. -gesellschaften)

Ba|sis, die; -, ...sen ‹*gr.-lat.*›: **1.** Grundlage, auf der man aufbauen, auf die man sich stützen kann; Ausgangspunkt. **2.** militärischer Stützpunkt [in fremdem Hoheitsgebiet] (z. B. Flottenbasis, Raketenbasis). **3.** (Marxismus) **a)** die ökonomische Struktur der Gesellschaft als Grundlage menschlicher Existenz; **b)** die breiten Volksmassen als Ziel politischer Aktivität. **4.** (Math.) **a)** Grundlinie einer geometrischen Figur; **b)** Grundfläche eines Körpers; **c)** Grundzahl einer Potenz oder eines Logarithmus

ba|sisch: sich wie eine ↑ [1]Base verhaltend; **basische Gesteine:** kieselsäurearme Gesteine; **basische Reaktion:** ↑ alkalische Reaktion

Ba|sis|de|mo|kra|tie, die; -, -ien: demokratisches System, bei dem die Basis (3b) selbst aktiv ist u. entscheidet. **ba|sis|de|mo|kra|tisch: a)** Basisdemokratie ausübend; **b)** auf der Grundlage der Basisdemokratie zustande gekommen

Ba|sis|frak|tur, die; -, -en (Med.): Bruch der Schädelbasis

Ba|sis|grup|pe, die; -, -n: politisch aktiver Arbeitskreis [von Studierenden], der auf einem bestimmten [Fach]gebiet progressive Ideen durchzusetzen versucht

Ba|sis|kurs, der; -es, -e (Börsenw.): Tageskurs eines Wertpapiers (im Prämiengeschäft)

Ba|sis|sta|ti|on, die; -, -en: **1.** zentrales, fest installiertes Sende- u. Empfangsgerät für die drahtlose Telekommunikation mit Mobiltelefonen u. Ä. **2.** (Bergsteigen) Basislager

Ba|si|zi|tät, die; - ‹*gr.-lat.-nlat.*›: **1.** Zahl der Wasserstoffatome im Molekül einer Säure, die bei Salzbildung durch Metall ersetzt werden können. **2.** vgl. Alkalität

Bas|ker|ville [...vɪl], die; - ‹nach dem engl. Buchdrucker›: Antiqua- u. Kursivdruckschrift

Bas|ket|ball, der; -s, ...bälle ‹*engl.*›: **1.** (auch das; ohne Plur., meist ohne Artikel) Korbballspiel. **2.** beim Korbballspiel verwendeter Ball

Bas|ki|ne vgl. Basquine

Bas|kü|le, die; -, -n ‹*frz.*›: **1.** Treibriegelverschluss für Fenster u. Türen, der zugleich [seitlich] oben u. unten schließt. **2.** (Reitsport) nach oben gewölbte Hals- und Rückenlinie des Pferdes beim Sprung

Bas|ma|ti, der; -s ‹*Hindi*›: eine langkörnige, aromatische indische Reissorte

ba|so|phil ‹*gr.-nlat.*›: **1.** (Med.; Biol.) mit basischen Farbstoffen färbbar (von Gewebeteilen). **2.** (Chemie) zur basischen Reaktion neigend

Ba|so|pho|bie, die; -, ...ien (Med.): krankhafte Angst zu gehen; Zwangsvorstellung, nicht gehen zu können

Bas|qui|ne [...'kiːnə], Baskine, die; -, -n ‹*span.-frz.*; »baskischer Rock«›: **1.** nach unten spitz auslaufendes, steifes Oberteil der Frauentracht im 16./17. Jh.. **2.** reich verzierte, lose Frauenjacke um 1850

Bas|re|li|ef ['barelɪ̯ɛf], das; -s, -s u. -e ‹*frz.*›: Flachrelief, flach erhabenes ↑ Relief

Bass, der; -es, Bässe ‹*lat.-it.*›: **1. a)** tiefe Männer[sing]stimme; **b)** (ohne Plural) Gesamtheit der tiefen Männerstimmen in einem Chor. **2.** (ohne Plural) [solistische] Basspartie in einem Musikstück. **3.** Sänger mit Bassstimme. **4.** besonders tief klingendes Instrument (z. B. ↑ Kontrabass)

Bas|sa: früher in Europa verwendete Form von ↑ [1]Pascha

Bass|ba|ri|ton, der; -s, -e: Sänger mit Baritonstimme in Basstönung

Bass|buf|fo, der; -s, -s u. ...ffi: Opernsänger mit einer Stimme, die sich besonders für komische Bassrollen eignet

Basse Danse [bas'dɑ̃ːs], die; - -, -s -s [baːs'dɑ̃s] ‹*frz.*; »tiefer Tanz«›: Schritttanz des 15. u. 16. Jh.s (in Spanien, Italien u. Frankreich)

Basse|lisse ['baslɪs, bas'lɪs], die; -, -n ‹*frz.*›: gewirkter Bildteppich mit waagerecht geführter Kette (Ggs.: Hautelisse [1])

Basse|lisse|stuhl, der; -s, ...stühle: bes. zur Teppichherstellung verwendeter Flachwebstuhl mit waagerechter Kettenführung

Bas|se|na, die; -, -s ‹*vulgärlat.-it.(-frz.)*›: (ostösterr.) Wasserbecken im Flur eines alten Wohnhauses

Bas|set [frz.: ba'sɛ, engl.: 'bæsɪt], der; -s, -s ‹*frz.(-engl.)*›: Hund einer kurzbeinigen Rasse mit kräftigem Körper u. Hängeohren

Bas|sett, der; -s, -e u. -s ‹*lat.-it.*; »kleiner Bass«› (veraltet): Violoncello

Bas|sett|horn, das; -s, ...hörner: Altklarinette, Holzinstrument (seit dem 18. Jh. gebräuchlich)

Bas|sin [ba'sɛ̃ː], das; -s, -s ‹*vulgärlat.-frz.*›: künstlich angelegtes Wasserbecken

Bas|sist, der; -en, -en ‹*lat.-it.-nlat.*›: **1.** Sänger mit Bassstimme. **2.** Musiker, der Bass (4) spielt. **Bas|sis|tin,** die; -, -nen: weibliche Form zu ↑ Bassist (2)

Bass|kla|ri|net|te, die; -, -n: Klarinette, die eine Oktave tiefer als die gewöhnliche Klarinette gestimmt ist

Bas|so, der; -, Bassi ‹*lat.-it.*›: Bass (Abk.: B). **Bas|so con|ti|nuo,** der; - - (Musik): ↑ Generalbass

Bas|so os|ti|na|to, der; - - (Musik): sich ständig, »hartnäckig« wiederholendes Bassmotiv. **Bas|so se|gu|en|te,** der; - - (Musik): Orgelbass, der der tiefsten Gesangstimme folgt

Bas|sot|ti, die (Plural) ‹*it.*›: dünne ↑ Makkaroni

bas|ta ‹*gr.-vulgärlat.-it.*› (ugs.): genug!; Schluss! (mit Nachdruck gesprochenes Wort, das zum Ausdruck bringt, dass keine Einwände mehr gemacht werden sollen)

Bas|taard, der; -[s], -s ‹*frz.-niederl.-afrikaans*› (veraltet): ↑ Baster

Bas|tard, der; -s, -e ‹*frz.*›: **1.** (Biol.) Mischling; durch Rassen- od. Artkreuzung entstandenes Tier od. entstandene Pflanze. **2. a)** (früher) nicht eheliches Kind eines hochgestellten Vaters u. einer Mutter aus niedrigerem Stand; **b)** grobes Schimpfwort

Bas|tar|da, die; - ‹*frz.-it.*›: Druckschrift zwischen Gotisch u. Antiqua (↑Bastardschrift)

bas|tar|di̱e|ren: [verschiedene Rassen od. Arten] kreuzen. **Bas|tar|di̱e|rung,** die; -, -en ⟨*frz.*⟩: Artkreuzung, Rassenmischung

Bas|tar|di|si̱e|rung, die; -, -en: ↑Hybridisierung

Ba̤s|tard|schrift, die; -, -en: Druckschrift, die Eigenarten zweier Schriftarten vermischt, bes. die von Fraktur u. Antiqua

Ba̤s|te, die; -, -n ⟨*span.*⟩: Trumpfkarte (Treffass in verschiedenen Kartenspielen)

Bas|te̱i, die; -, -en ⟨*frz.-it.*⟩: vorspringender Teil an alten Festungsbauten, Bollwerk, ↑Bastion

Ba̤s|ter, der; -s, - ⟨*frz.-niederl.-afrikaans*⟩: Angehöriger einer Afrikaans sprechenden Volksgruppe in Namibia, die im 19. Jh. im Kapland aus Verbindungen zwischen Europäern u. Einheimischen entstanden ist

Bas|til|le [bas'ti:jə], die; -, -n ⟨*frz.*⟩: befestigtes Schloss, bes. das 1789 erstürmte Staatsgefängnis in Paris

Bas|ti|o̱n, die; -, -en ⟨*it.-frz.*⟩: **1.** vorspringender Teil an alten Festungsbauten. **2.** Bollwerk

bas|ti|o|ni̱e|ren (veraltet): eine Festung mit Bollwerken versehen

Bas|to|na̱|de, die; -, -n ⟨*it.-frz.*⟩: bes. im Orient übliche Prügelstrafe od. Folterung, bes. durch Stock- od. Riemenschläge auf die Fußsohlen

Ba|tail|le [ba'taljə, ba'ta:jə], die; -, -n ⟨*gall.-lat.-vulgärlat.-frz.*⟩ (veraltet): Schlacht, Kampf

Ba|tail|lon [batal'jo:n], das; -s, -e ⟨*gall.-lat.-vulgärlat.-it.-frz.*⟩: Truppenverband aus mehreren Kompanien od. Batterien

Ba|ta̱|te, die; -, -n ⟨*indian.-span.*⟩: stärkereiche, süß schmeckende, kartoffelartige Knolle eines tropischen Windengewächses

Batch-Pro|ces|sing, Batch|pro|ces|sing ['bɛtʃprɔʊsɛsɪŋ], das; -[s], -s ⟨*engl.-amerik.*⟩ (EDV): Schub- od. Stapelverarbeitung (stapelweise Verarbeitung von während eines bestimmten Zeitabschnitts angesammelten gleichartigen Daten)

Ba̤|thik, die; - ⟨*gr.*⟩: niedrige, vulgäre Art des Schreibens od. Redens. **ba̤|thisch:** die Bathik betreffend; niedrig; vulgär schreibend, redend

Ba|tho|li̱th [auch: ...'lɪt], der; -s u. -en, -e[n] ⟨*gr.-nlat.*⟩: in der Tiefe erstarrter, meist granitischer Gesteinskörper

Ba|tho|me̱|ter, Bathymeter, das; -s, -: Tiefseelot

Ba|tho|pho|bi̱e, die; -, ...i̱en (Med., Psychol.): mit Angst verbundenes Schwindelgefühl beim Anblick großer Höhen od. Tiefen

Ba|th|ro|ze|pha|li̱e, die; -, ...i̱en ⟨*gr.-nlat.*⟩ (Med.): stufenartige Ausbildung des Schädels

ba|thy|a̱l ⟨*gr.-nlat.*⟩: zum Bathyal gehörend. **Ba|thy|a̱l,** das; -s: lichtloser Bereich des Meeres zwischen 200 u. 800 m Tiefe

Ba|thy|gra|fi̱e, Bathygraphie, die; -: Tiefseeforschung. **ba|thy|gra̱|fisch,** bathygraphisch: tiefseekundlich

Ba|thy|gra|phi̱e usw. vgl. Bathygrafie usw.

Ba|thy|me̱|ter vgl. Bathometer

Ba|thy|ska̱ph, der; -en, -en, Bathyscaphe, der u. das; -[s], - [...fə] [...'ska:f] ⟨*gr.-frz.*⟩: (von A. Piccard entwickeltes) Tiefseetauchgerät

Ba|thy|sphä̱|re, die; - ⟨*gr.-nlat.*⟩: tiefste Schicht des Weltmeeres

Ba̤|tik, die; -, -en ⟨*malai.*⟩: **1.** altes Verfahren zur Herstellung gemusterter Stoffe, bes. zum Färben von Seide und Baumwolle, mithilfe von Wachs. **2.** unter Verwendung von Wachs hergestelltes gemustertes Gewebe

ba̤|ti|ken: unter Verwendung von Wachs einen Stoff mit einem Muster versehen, färben

Ba|ti̤st, der; -[e]s, -e ⟨*frz.;* angeblich nach einem Fabrikanten namens Baptiste aus Cambrai, der als Erster diesen Stoff hergestellt haben soll⟩: sehr feinfädiges, meist dicht gewebtes, leichtes Gewebe aus Baumwolle, Leinen, Zellwolle, Seide od. Chemiefasern. **ba|ti̤s|ten:** aus Batist

[1]Bat-Mi̱z|wa, die; -, -s ⟨*hebr.;* »Tochter des Gebots«⟩: Jüdin, die das 12. Lebensjahr vollendet hat u. auf die religiösen Vorschriften des Judentums verpflichtet ist

[2]Bat-Mi̱z|wa, die; -, -s: Feier in der Synagoge, bei der die [1]Bat-Mizwa in die jüdische Glaubensgemeinschaft eingeführt werden

Bat|ta|g|lia [ba'talja], die; -, ...ien ⟨*gall.-lat.-vulgärlat.-it.*⟩: Komposition, die Kampf, Schlachtgetümmel tonmalerisch schildert

Bat|ter ['bɛtə], der; -s, - ⟨*engl.*⟩: Schlagmann beim Baseball

Bat|te|ri̱e, die; -, ...i̱en ⟨*gall.-lat.-vulgärlat.-frz.*⟩: **1.** der Kompanie entsprechende militärische Grundeinheit, kleinste Einheit bei der Artillerie u. der Heeresflugabwehrtruppe. **2. a)** Stromquelle, die aus mehreren elektrochemischen Elementen besteht (z. B. Taschenlampenbatterie); **b)** zusammengeschaltete Gruppe von gleichartigen techn. Vorrichtungen, Elementen; **c)** Mischbatterie; regulierbares Gerät, das Warm- u. Kaltwasser in der gewünschten Temperatur für ein gemeinsames Zapfrohr mischt. **3.** die Schlaginstrumente einer Band od. eines Orchesters. **4.** große Anzahl von etwas Gleichartigem

Bat|te|ri̱e|au|to, das; -s, -s: Elektroauto

Bat|teur [...'tø:ɐ̯], der; -s, -e: Schlagmaschine in der Spinnerei zur Auflockerung der Baumwollklumpen

Bat|tu̱|ta, Bat|tu̱|te, die; -, ...ten ⟨*gall.-lat.-vulgärlat.-it.*⟩: **1.** (Musik) **a)** Taktschlag; **b)** Schlag nach unten am Anfang des Taktes. **2.** beim Stoßfechten starker Schlag mit der ganzen Stärke der Klinge längs der Klinge des Gegners

Ba̱ud [auch: bo:t], das; -[s], - ⟨nach dem frz. Erfinder des Schnelltelegrafen, E. Baudot, 1845–1903⟩ (EDV): Einheit der Schrittgeschwindigkeit digitaler Signale bei der Datenübertragung

Bau|mé|grad [bo'me:...], der; -[e]s, -e (aber: 5 -) ⟨nach dem frz. Chemiker A. Baumé, 1728–1804⟩: Einheit für die Dichte von Flüssigkeiten (Zeichen: Bé)

Ba̱u|ta|stein, der; -s, -e ⟨*altnord.*⟩: Gedenkstein der Wikingerzeit in Skandinavien

Bau|xi̱t [auch: ...'ksɪt], der; -s, -e ⟨*nlat.;* nach dem ersten Fund-

ort Les Baux in Frankreich⟩: wichtigstes Aluminiumerz
Ba|va|ria, die; - ⟨*nlat.*⟩: Frauengestalt als Sinnbild Bayerns
Bax|te|ri|a|nis|mus [bɛks...], der; - ⟨*engl.-nlat.;* nach dem engl. Geistlichen Baxter, † 1691⟩: gemäßigte Form des englischen ↑ Puritanismus
Bay|ram, der u. das; -[s], -s: türk. Bez. für Feiertag, Fest
Ba|zar [...ˈzaːɐ̯] vgl. Basar
ba|zil|lär ⟨*lat.-nlat.*⟩: **a)** Bazillen betreffend; **b)** durch Bazillen verursacht
Ba|zil|le, die; -, -n (ugs.): Bazillus (2)
Ba|zil|l|u|rie, die; - (Med.): ↑ Bakteriurie
Ba|zil|lus, der; -, ...llen ⟨*lat.;* »Stäbchen«⟩ (Biol., Med.): **1.** stäbchenförmige, Sporen bildende [Krankheiten hervorrufende] ↑ Bakterie. **2.** (ugs.) Bakterie
Ba|zoo|ka [baˈzuːka], die; -, -s ⟨*amerik.*⟩: tragbares Gerät zum Abschießen kleinkalibriger Raketen
Bé = Baumégrad
Beach-la-Mar [ˈbiːtʃləˈmɑː], das; -: engl. Form von ↑ Bêche-de-Mer
Beach|vol|ley|ball, Beach-Vol|ley|ball [ˈbiːtʃ...], der, auch: das; -s ⟨*engl.;* »Strandvolleyball«⟩: auf Sand von Zweiermannschaften gespielte Art des Volleyballs (1)
Beach|wear [ˈbiːtʃwɛːɐ̯], die; - ⟨*engl.*⟩: Strand- u. Badebekleidung, z. B. Bikini, Badehose
Bea|gle [ˈbiːgl̩], der; -s, -[s] ⟨*engl.*⟩: Hund mit kurzen Beinen, der bes. für die Jagd von Hasen u. Wildkaninchen geeignet ist
Beam [biːm], der; -s, -s ⟨*engl.*⟩: keulenförmige Fläche, die der Sendestrahl eines Satelliten abdeckt
Beam|an|ten|ne, die; -, -n ⟨*engl.*⟩: Antenne für Sendestrahlen mit besonderer Richtwirkung
bea|men [ˈbiːmən] ⟨*engl.*⟩: **1.** bis zur Unsichtbarkeit auflösen u. an einem anderen Ort wieder Gestalt annehmen lassen (in Science-Fiction-Filmen u. a.). **2.** mit dem Beamer wiedergeben, projizieren
Bea|mer [ˈbiːmɐ], der; -s, - ⟨*engl.*⟩ (EDV): Gerät zur Projektion des auf einem Computerbildschirm sichtbaren Bildes auf eine Leinwand o. Ä.
Bear [bɛːɐ̯], der; -s, -s ⟨*engl.;* »Bär«⟩: jmd., der auf fallende Börsenkurse spekuliert, ↑ Baissier
bea|rish, bea|risch [ˈbɛːrɪʃ] ⟨*engl.*⟩ (Wirtschaftsjargon): mit fallenden Börsenkursen rechnend (Ggs.: bullish)
Bear|mar|ket [ˈbɛːɐ̯maːɐ̯kɪt], der; -s, -s ⟨*engl.*⟩: Markt mit fallenden Börsenkursen u. Preisen; vgl. Bear
Bé|ar|ner So|ße, die; - -, - -n: ↑ Sauce béarnaise
Beat [biːt], der; -[s], -s ⟨*engl.;* »Schlag«⟩: **1.** Kurzform für ↑ Beatmusik. **2.** durchgehender gleichmäßiger Grundschlag der Rhythmusgruppe einer Jazzband; vgl. Offbeat
be|a|tae me|mo|ri|ae ⟨*lat.*⟩: seligen Angedenkens (von Verstorbenen) (Abk.: b. m.)
Be|a|ta Ma|ria Vir|go, die; - - - od. (ohne Artikel) ...tae ...iae ...ginis ⟨*lat.*⟩: selige Jungfrau Maria, kath. Bez. für die Mutter Jesu (Abk.: B. M. V.)
Beat|box [ˈbiːtbɔks], die; -, -es od. -en ⟨*engl.*⟩: elektronisches Gerät, das bestimmte rhythmische Geräusche erzeugt. **Beat|bo|xen,** das; -s ⟨*engl.; dt.*⟩: das Nachahmen einer ↑ Beatbox mit der Stimme
bea|ten [ˈbiːtn̩] ⟨*engl.*⟩ (ugs. veraltend): **a)** ↑ Beatmusik machen; **b)** nach Beatmusik tanzen
Beat|fan [ˈbiːtfɛn], der; -s, -s ⟨*engl.*⟩: jmd., der sich für Beatmusik begeistert
Beat|ge|ne|ra|tion, Beat-Ge|ne|ra|tion [ˈbiːtdʒɛnəreɪʃn̩], die; - ⟨*engl.-amerik.*⟩: Gruppe amerikanischer Schriftsteller (1955–60), die neue Ausdrucksformen suchte, die kommerzialisierte Gesellschaft u. alle bürgerlichen Bindungen ablehnte u. durch gesteigerte Lebensintensität (Sexualität, Jazz, Drogen) eine Bewusstseinserweiterung u. metaphysische Erkenntnisse zu erlangen suchte
Be|a|ti|fi|ka|ti|on, die; -, -en ⟨*lat.-nlat.*⟩: Seligsprechung
be|a|ti|fi|zie|ren: seligsprechen
Bea|tle [ˈbiːtl̩], der; -s, -s ⟨*engl.;* nach den Beatles, den Mitgliedern eines Quartetts der Beatmusik, die lange Haare trugen⟩ (veraltend): langhaariger Jugendlicher
Beat|mu|sik [ˈbiːt...], die; -: stark rhythmisch bestimmte Form der ↑ Popmusik
Beat|nik [ˈbiːt...], der; -[s], -s ⟨*amerik.*⟩: **1.** Angehöriger der ↑ Beatgeneration. **2.** jmd., der sich durch unkonventionelles Verhalten gegen die bürgerliche Norm wendet
Beat|pad [ˈbiːtpɛt], der; -s, -s (Jargon): Stelle, wo man Rauschgift kaufen kann
Beau [boː], der; -[s], -s ⟨*lat.-frz.*⟩ (iron.): besonders gut aussehender Mann, der mit einer gewissen Eitelkeit sein gutes Aussehen selbst genießt
Beau|fort|ska|la, Beau|fort-Ska|la [ˈboːfɐt..., boˈfoːɐ̯...], die; - ⟨nach dem engl. Admiral F. Beaufort, 1774–1857⟩: Skala, nach der die Windstärke in Stufen von 0 bis 13 eingeschätzt wird
Beau Geste [boˈʒɛst], die; - -, -x -s [boˈʒɛst] ⟨*frz.*⟩: höfliche Geste, freundliches Entgegenkommen
Beau|jo|lais [boʒɔˈlɛ], der; -, - [...ˈlɛs] ⟨*frz.*⟩: Rotwein aus dem Gebiet der Monts du Beaujolais in Mittelfrankreich
Beaune [boːn], der; -[s], -s [boːns] ⟨*frz.*⟩: Qualitätswein aus der südfranzösischen Stadt Beaune (Burgund)
Beau|té [boˈteː], die; -, -s ⟨*lat.-vulgärlat.-frz.*⟩: schöne Frau, Schönheit
Beau|ty [ˈbjuːti], die; -, -s ⟨*lat.-vulgärlat.-frz.-engl.*⟩: ↑ Beauté
Beau|ty|case, Beau|ty-Case [...keɪs], das od. der; -, -s [...sɪz] ⟨*engl.*⟩: Handkoffer für Pflege- u. Kosmetikartikel
Beau|ty|cen|ter, Beau|ty-Cen|ter, das; -s, -: **a)** Geschäft od. Teil eines Geschäftes, in dem Kosmetikartikel ausprobiert und gekauft werden können; **b)** Geschäft, in dem Schönheitspflege betrieben wird; Schönheitssalon
Beau|ty|farm, Beau|ty-Farm, die; -, -en: eine Art Sanatorium od. Hotel, das umfassende kosmetische Behandlungen [bes. für Frauen] anbietet
Beau|ty|flu|id, Beau|ty-Flu|id, das; -s, -s: flüssiges Mittel zur Pflege der [Gesichts]haut
Bé|bé [beˈbeː], das; -s, -s ⟨*frz.*⟩ (schweiz.): Baby
Be|bop [ˈbiː...], der; -[s], -s ⟨*ame-*

rik.; lautnachahmend⟩: **1.** (ohne Plural) nordamerikanischer Jazz um 1940. **2.** Tanz in diesem Stil

Bé|cha|mel|kar|tof|feln [beʃa'mɛl...], die (Plural) ⟨*frz.-dt.*⟩: Kartoffelscheiben in ↑Béchamelsoße

Bé|cha|mel|so|ße, Bé|cha|mel|sau|ce, die; -, -n ⟨*frz.;* nach dem frz. Marquis L. de Béchamel⟩: weiße Rahmsoße

Bêche-de-Mer [bɛʃdə'meːɐ̯], das; - ⟨*frz.*⟩: auf dem Englischen basierende kreolische Sprache, die früher im Gebiet des westlichen Stillen Ozeans gesprochen wurde

be|cir|cen [bə'tsɪrtsn̩] vgl. bezirzen

Bec|que|rel [bɛkə'rɛl], das; -s, - ⟨nach dem frz. Physiker Henri Becquerel, 1852–1908⟩: Einheit für die Aktivität ionisierender Strahlung (Zeichen: Bq)

Bec|que|rel|ef|fekt, Bec|que|rel-Effekt, der; -[e]s: Unterschied in der Elektrodenspannung, der auftritt, wenn die eine von zwei gleichen, in einen Elektrolyten getauchten Elektroden belichtet wird

Bed and Break|fast ['bed ənd 'brɛkfəst] ⟨*engl.;* »Bett u. Frühstück«⟩: (Angebot der Übernachtung in angloamerikanischen Ländern) Zimmer mit Frühstück (in Privatwohnungen)

Bredouille

Das Wort kommt aus dem Französischen und bedeutet ursprünglich »Dreck«. Weil es eine im Deutschen ungewöhnliche Lautfolge aufweist, wird es häufig falsch ausgesprochen oder geschrieben.

Be|du|i|ne, der; -n, -n ⟨*arab.-frz.;* »Wüstenbewohner«⟩: arabischer Nomade; vgl. Fellache

Beef|bur|ger ['biːfbœːɐ̯gɐ], der; -s, - ⟨*engl.*⟩: **1.** mit einer Frikadelle belegtes Brötchen. **2.** deutsches Beefsteak (Beefsteak aus Hackfleisch)

Beef|ea|ter [...ʔiːtɐ], der; -s, -s (meist Plural) ⟨*engl.;* »Rindfleischesser«⟩ (scherzh.): Angehöriger der königlichen Leibwache im Londoner Tower (eigtl. Yeoman of the Guard)

Beef|steak ['biːfsteɪ̯k, ...steːk], das; -s, -s ⟨*engl.*⟩: Steak vom Rind

Beef|tea [...tiː], der; -s, -s: kräftige Rindfleischbrühe

Beel|ze|bub [auch: be'ɛl..., 'bɛl...], der; - ⟨*hebr.-gr.-kirchenlat.;* »Herr der Fliegen«⟩: [oberster] Teufel

Bee|per ['biːpɐ], der; -s, - ⟨*engl.*⟩: elektronisches Fernrufgerät

Beff|roi [bɛ'frwa], der; -s, -s ⟨*mhd.-frz.*⟩: **1.** hoher Glockenturm (bes. in flandrischen Städten). **2.** (veraltet) Bergfried

be|flir|ten [...'flœːɐ̯...] (ugs.): zum Flirten zu bewegen versuchen

Beg vgl. Bei

Be|gard, der; -en, -en, **Be|gar|de,** der; -n, -n ⟨*niederl.*⟩: Mitglied einer halbklösterlichen Männervereinigung im Mittelalter; vgl. Begine

Be|gas|se vgl. Bagasse

Be|gi|ne, die; -, -n ⟨*niederl.*⟩: Mitglied einer halbklösterlichen Frauenvereinigung in Belgien u. den Niederlanden; vgl. Begard

Be|gi|nen|hof, der; -[e]s, ...höfe: **1.** geschlossene historische Wohnanlage der Beginen aus mehreren, um einen Innenhof gruppierten Gebäuden. **2.** gemeinnütziges Wohnprojekt für Frauen in generationsübergreifender Gemeinschaft

Beg|ler|beg, der; -s, -s ⟨*türk.;* »Herr der Herren«⟩: Provinzstatthalter in der alten Türkei

Be|go|nie [...i̯ə], die; -, -n ⟨*nlat.;* nach dem Franzosen M. Bégon, Gouverneur von San Domingo, † 1710⟩: Zier- u. Gartenpflanze mit großen leuchtenden Blüten u. gezackten, unsymmetrisch geformten Blättern

Be|guine [be'giːn], der; -s, -s, fachspr. die; -, -s ⟨*niederl.-frz.-kolonialfrz.*⟩: lebhafter volkstümlicher Tanz aus Martinique u. Santa Lucia

Be|gum, die; -, -en ⟨*türk.-Hindi-engl.*⟩: Titel indischer Fürstinnen

Be|ha|is|mus vgl. Bahaismus

Be|ha|vi|o|ris|mus [bihevi̯ə...], der; - ⟨*engl.-nlat.*⟩ (Psychol.): sozialpsychologische Forschungsrichtung, die sich nur mit dem objektiv beobachtbaren u. messbaren Verhalten beschäftigt. **be|ha|vi|o|ris|tisch:** a) den Behaviorismus betreffend; b) nach der Methode des Behaviorismus verfahrend

Be|he|moth, der; -[e]s, -s ⟨*hebr.-lat.;* »Großtier«⟩: **1.** im Alten Testament Name des Nilpferdes. **2.** in der ↑Apokalyptik mythisches Tier der Endzeit

Be|hen|nuss, Bennuss, die; -, ...nüsse ⟨*pers.-arab.-span.; dt.*⟩: ölhaltige Frucht eines ostindischen Baumes

Be|hind [bɪ'haɪ̯nt], das; -s ⟨*engl.*⟩ (schweiz., Fußball): Raum hinter der Torlinie

Bei, der; -s, -e u. -s, Bey, der; -s, -e u. -s, Beg, der; -[s], -s ⟨*türk.;* »Herr«⟩: höherer türkischer Titel, oft hinter Namen (z. B. Ali-Bei); vgl. Beglerbeg

beige [beːʃ, bɛːʃ] ⟨*frz.*⟩: sandfarben. **Beige,** das; -, - u. (ugs.) -s: beige Farbe

Bei|g|net [bɛn'jeː], der; -s, -s ⟨*frz.*⟩: Schmalzgebäck mit Füllung; Krapfen

Bei|ram vgl. Bairam

be|kal|men ⟨*engl.*⟩: (einem anderen Segelschiff durch Vorbeifahren) den Fahrtwind nehmen

Be|kas|si|ne, die; -, -n ⟨*vulgärlat.-provenzal.-frz.*⟩: vor allem in Sümpfen lebender Schnepfenvogel

be|kif|fen ⟨*arab.-amerik.*⟩ (Jargon): sich durch ↑Kiffen in einen Rauschzustand versetzen

Bek|ta|schi, der; -[s], -[s] ⟨*türk.*⟩: Angehöriger eines im 13. Jh. entstandenen, vornehmlich in der Türkei verbreiteten synkretistischen Derwischordens

Bel, das; -s, - ⟨nach dem Amerikaner A. G. Bell, dem Erfinder des Telefons⟩: Kennwort bei Größen, die als Logarithmus des Verhältnisses zweier physikalischer Größen gleicher Art angegeben werden (Zeichen: B)

Bel|l|a|mi, der; -[s], -s ⟨*frz.;* »schöner Freund«⟩: Frauenliebling (nach der Titelgestalt eines Romans von Maupassant)

bel|can|tie|ren, belkantieren ⟨*lat.-it.-dt.*⟩: im Stil des Belcanto singen

Bel|can|tist, Belkantist, der; -en, -en: Sänger, der die Kunst des Belcanto beherrscht

Bel|can|to, der; -[s] ⟨*lat.-it.;* »schöner Gesang«⟩: virtuoser italienischer Gesangsstil, bei dem besonders auf Klangschönheit Wert gelegt wird

Be|lem|nit [auch: ...ˈnɪt], der; -en, -en ⟨*gr.*⟩: **1.** ausgestorbener Kopffüßer. **2.** versteinertes, keilförmiges Gehäuseende des Belemniten (1)

Bel|es|p|rit [bɛlɛsˈpriː], der; -s, -s ⟨*frz.*⟩ (veraltet, oft spöttisch): Schöngeist

Bel|eta|ge [bɛleˈtaːʒə], die; -, -n: Hauptgeschoss, erster Stock

Bel|fried, der; -(e)s, -e: ↑Beffroi

bel|kan|tie|ren vgl. belcantieren

Bel|kan|tist vgl. Belcantist

Bel|la|don|na, die; -, ...nnen ⟨*it.-nlat.*⟩: **a)** Tollkirsche; **b)** aus der Tollkirsche gewonnenes Arzneimittel

Bel|la|don|nin, das; -s: ein Alkaloid

Belle Époque [bɛleˈpɔk], die; - - ⟨*lat.-frz.; gr.-mlat.-frz.*⟩: Bezeichnung für die Zeit des gesteigerten Lebensgefühls in Frankreich zu Beginn des 20. Jh.s

Belle Mère [bɛlˈmɛːr], die; - -, -s -s [bɛlˈmɛːr] ⟨*frz.*⟩ (scherzh.): Schwiegermutter

Bel|le|t|rist, der; -en, -en: Schriftsteller der unterhaltenden Literatur

Bel|le|t|ris|tik, die; -: unterhaltende, schöngeistige Literatur

Bel|le|t|ris|tin, die; -, -nen: weibliche Form zu ↑Belletrist

bel|le|t|ris|tisch: a) die Belletristik betreffend; **b)** schöngeistig, literarisch, unterhaltend

[1]**Belle|vue** [bɛlˈvyː], die; -, -n [...ˈvyːən] ⟨*frz.;* »schöne Aussicht«⟩ (veraltet): Aussichtspunkt

[2]**Belle|vue,** das; -[s], -s: Name von Schlössern od. Gaststätten mit schöner Aussicht

Bel|li|zis|mus, der; - ⟨*lat.-nlat.*⟩: politische Haltung, die den Einsatz militärischer Mittel zur Durchsetzung von Zielen befürwortet. **Bel|li|zist,** der; -en, -en: Anhänger des ↑Bellizismus; Kriegstreiber. **Bel|li|zis|tin,** die; -, -nen: weibliche Form zu ↑Bellizist. **bel|li|zis|tisch:** militärische Mittel zur Durchsetzung politischer Ziele befürwortend; kriegstreiberisch

Bel Pa|e|se®, der; - -, **Bel|pa|e|se,** der; - ⟨*it.*⟩: Butterkäse; vollfetter italienischer Weichkäse

[1]**Be|lu|ga,** die; -, -s ⟨*russ.*⟩: **1.** russ. Bez. für: Hausen (ein Störfisch). **2.** russ. Bez. für: Weißwal

[2]**Be|lu|ga,** der; -s: aus dem Rogen des Hausens bereiteter ↑Kaviar

Be|lutsch, der; -[e]s, -e: handgeknüpfter, meist langfransiger Teppich mit rotlila od. blaulila Grund aus dem Gebiet der Belutschen

Bel|ve|de|re, das; -[s], -s ⟨*lat.-it.;* »schöne Aussicht«⟩: **1.** (veraltet) Aussichtspunkt. **2.** ↑[2]Bellevue

Be|ma, das; -s, -ta ⟨*gr.;* »Stufe«⟩: **a)** ↑Almemar; **b)** erhöhter Altarraum in orthodoxen Kirchen

bé|mol ⟨*frz.*⟩: frz. Bezeichnung für das Erniedrigungszeichen in der Notenschrift

Ben ⟨*hebr.* u. *arab.*⟩: Teil hebräischer u. arabischer Familiennamen mit der Bedeutung »Sohn« od. »Enkel« (z. B. Ben Akiba)

Bench|mark [ˈbɛntʃ...], die; -, -s od. der; -s, -s ⟨*engl.*⟩ (bes. Wirtsch.): Maßstab für den Vergleich von Leistungen

bench|mar|ken: Benchmarking betreiben

Bench|mar|king, das; -s, -s: **1.** (Wirtsch.) das Vergleichen von Herstellungsprozessen, Managementpraktiken sowie Produkten od. Dienstleistungen zur Aufdeckung von Leistungsdefiziten. **2.** (EDV) Programm zur Bewertung der Rechenleistung von Computern

be|ne ⟨*lat.(-it.)*⟩: gut!

be|ne|dei|en: segnen, lobpreisen

Be|ne|dic|ti|o|na|le, das; -, ...lien ⟨*lat.*⟩: liturgisches Buch für die ↑Benediktion

Be|ne|dic|tus, das; -, - ⟨*lat.*⟩: **1.** Anfangswort u. Bezeichnung des Lobgesangs des Zacharias nach Lukas 1,67 ff. (liturgischer Hymnus im katholischen Stundengebet). **2.** zweiter Teil des ↑[2]Sanctus

Be|ne|dik|ten|kraut, das; -[e]s, ...kräuter ⟨*lat.; dt.*⟩: zu den Korbblütlern gehörende distelartige Pflanze, die reich an Bitter- u. Gerbstoffen ist u. von der Auszüge aus den Blättern für Kräuterliköre verwendet werden; Bitterdistel

Be|ne|dik|ti|ner, der; -s, - ⟨*lat.-nlat.*⟩: **1.** Mönch des nach der Regel des hl. Benedikt lebenden Benediktinerordens (Ordinis Sancti Benedicti = »vom Orden des hl. Benedikt«) (Abk.: OSB). **2.** ein feiner Kräuterlikör. **Be|ne|dik|ti|ne|rin,** die; -, -nen: Angehörige eines nach dem Vorbild des Benediktinerordens lebenden Frauenordens

Be|ne|dik|ti|on, die; -, -en ⟨*lat.*⟩: Segen, Segnung, katholische kirchliche Weihe

Be|ne|dik|tus vgl. Benedictus

be|ne|di|zie|ren: segnen, weihen

Be|ne|fit [ˈbeːnefɪt], der; -s, -s ⟨*engl.*⟩ (Med., Wirtsch.): Nutzen, Vorteil (z. B. eines Medikaments)

Be|ne|fit|ting, das; -s, -s ⟨*lat.-engl.*⟩ (Wirtsch.): Werbung mit direktem Nutzen für den Adressaten

Be|ne|fiz, das; -es, -e: **1. a)** (veraltet) Vorstellung zu Ehren eines Künstlers, einer Künstlerin; **b)** Wohltätigkeitsveranstaltung, -vorstellung. **2.** ↑Benefizium (2, 3)

Be|ne|fi|zi|ant, der; -en, -en ⟨*lat.-nlat.*⟩: von einem Benefiz (1 a) begünstigter Künstler. **Be|ne|fi|zi|an|tin,** die; -, -nen: weibliche Form zu ↑Benefiziant

Be|ne|fi|zi|ar, der; -s, -e, **Be|ne|fi|zi|at,** der; -en, -en ⟨*lat.*⟩: Inhaber eines [kirchlichen] Benefiziums

Be|ne|fi|zi|um, das; -s, ...ien: **1.** (veraltet) Wohltat, Begünstigung. **2.** mittelalterliches Lehen (zu [erblicher] Nutzung verliehenes Land od. Amt). **3.** mit einer Pfründe (Landnutzung od. Dotation) verbundenes Kirchenamt

Be|ne|fiz|kon|zert, das; -[e]s, -e: Wohltätigkeitskonzert

Be|ne|fiz|tur|nier, das; -s, -e: sportlicher Wettkampf, bei dem Spenden für einen wohltätigen Zweck eingeworben werden

Be|ne|fiz|vor|stel|lung, die; -, -en: Benefiz (1 b)

Be|ne|lux [auch: ...ˈlʊks]: Beneluxstaaten

Be|ne|lux|staa|ten, Be|ne|lux-Staa|ten, die (Plural): Kurzw. für die Länder *Be*lgique (Belgien), *Ne*derland (Niederlande) u. *Lux*embourg (Luxemburg), soweit diese wirtschaftlich, kul-

turell u. teilweise auch politisch zusammenwirken u. nach außen als Einheit auftreten
Ben|ga|li|ne, die; - ‹nach der Landschaft Bengalen in Vorderindien›: ripsbindiger (nach Ripsart gewebter) Halbseidenstoff
ben|ga|lisch: in gedämpft buntem, ruhigem Licht erscheinend; **bengalisches Feuer:** beim Feuerwerk verwendetes buntes Feuer
Ben|ga|lo, der; -s, -s (ugs.): Feuerwerkskörper; bengalisches Feuer
be|ni|g|ne ‹*lat.*› (Med.): gutartig (z. B. von Tumoren) (Ggs.: maligne). **Be|ni|g|ni|tät,** die; -: **1.** (Med.) Gutartigkeit einer Krankheit (Ggs.: Malignität). **2.** (veraltet) Güte, Milde, Gutherzigkeit
Ben|ja|min, der; -s, -e ‹*hebr.;* jüngster Sohn Jakobs im Alten Testament› (scherzh.): Jüngster einer Gruppe oder Familie
ben mar|ca|to ‹*it.*› (Musik): gut betont, scharf markiert, akzentuiert
Ben|ne, die; -, -n ‹*gall.-lat.*› (schweiz. mdal.): Schubkarren
Ben|net|ti|tee, die; -, -n (meist Plural) ‹*nlat.;* nach dem engl. Botaniker J. J. Bennett›: Ordnung fossiler Pflanzen der ↑Trias (1) u. der Kreidezeit
Ben|nuss vgl. Behennuss
ben te|nu|to ‹*it.*› (Musik): gut gehalten
Ben|thal, das; -s ‹*gr.-nlat.*› (Biol.): Region des Gewässergrundes od. Meeresbodens
ben|tho|nisch: das Benthos betreffend
Ben|thos, das; - ‹*gr.;* »Tiefe«›: die Tier- u. Pflanzenwelt des Meeresbodens
Ben|to|nit [auch: ...'nɪt], der; -s, -e ‹*nlat.;* nach den ersten Funden in der Gegend von Fort Benton in Montana, USA›: ein Ton mit starkem Quellungsvermögen
Benz|al|de|hyd, der od. das; -s, -e ‹Kurzw. aus ↑*Benzo*esäure u. ↑*Aldehyd*›: künstliches Bittermandelöl
Ben|zi|din, das; -s ‹*arab.-it.-mlat.-nlat.*›: Ausgangsstoff der Azofarbstoffe
Ben|zin, das; -s, -e: Gemisch aus gesättigten Kohlenwasserstoffen, das bes. als Treibstoff für Vergasermotoren sowie als Lösungs- u. Reinigungsmittel verwendet wird
Ben|zo|at, das; -[e]s, -e: Salz der Benzoesäure
Ben|zo|di|a|ze|pin, das; -s, -e (meist Plural) (Chemie, Med.): ↑Tranquilizer mit angsthemmender, beruhigender u. entspannender Wirkung
Ben|zoe ['bɛntsoe], die; - ‹*arab.-it.-mlat.*›, **Ben|zoe|harz,** das; -es: als Räuchermittel, bei der Parfümherstellung u. als Heilmittel verwendetes wohlriechendes Harz bestimmter ostindischer u. indochinesischer Benzoebaumarten
Ben|zoe|säu|re, Benzolcarbonsäure, die; -: ein Konservierungsmittel
Ben|zol, das; -s, -e ‹Kurzw. aus *Benz*o... u. ↑Alkoh*ol*›: Teerdestillat [aus Steinkohlen]; als Ausgangsmaterial vieler Verbindungen, Zusatz zu Treibstoffen od. als Lösungsmittel verwendeter einfachster aromatischer Kohlenwasserstoff
Ben|zo|yl, das; -s ‹Kunstw. aus *Benzo...* u. *gr. hýlē* »Materie«›: Restgruppe des Moleküls der Benzoesäure
ben|zo|y|lie|ren: eine Benzoylgruppe in eine chem. Verbindung einführen
Benz|py|ren, das; -s ‹*arab.; gr.*›: ein als krebserregend geltender Kohlenwasserstoff (in Tabakrauch, Auspuffgasen u. a.)
Ben|zyl, das; -s: einwertige Restgruppe des ↑Toluols
Ben|zyl|al|ko|hol, der; -s, (Fachspr.:) -e: in vielen Blütenölen vorkommender u. als Grundstoff für Parfüm verwendeter aromatischer Alkohol
Beo, der; -s, -s ‹*indones.*›: Singvogel aus Indien
Ber|ber, der; -s, - ‹nordafrik. Volk›: **1.** von den Berbern in Nordwestafrika geknüpfter, derber, hochfloriger Teppich aus naturfarbener Wolle. **2.** in Nordafrika gezüchtetes Reitpferd. **3.** (Jargon) Nichtsesshafter, Land-, Stadtstreicher
¹Ber|be|rin, das; -s ‹*mlat.-nlat.*›: aus der Wurzel der Berberitze gewonnenes, als gelber Farbstoff sowie als Bittermittel verwendetes ↑Alkaloid
²Ber|be|rin, die; -, -nen: weibliche Form zu ↑Berber (3)
Ber|be|rit|ze, die; -, -n ‹*mlat.*›: Zierstrauch der Gattung Sauerdorn mit gelben Blüten u. roten Beerenfrüchten
Ber|ceu|se [bɛr'søzə], die; -, -n ‹*frz.*›: **1.** (Musik) Wiegenlied. **2.** (veraltet) Schaukelstuhl
Bé|ret [be'rɛ], das; -s, -s ‹*mlat.-frz.*› (schweiz., auch luxemburgisch): Baskenmütze
Ber|ga|ma, der; -[s], -s: handgeknüpfter, streng geometrisch gemusterter Orientteppich aus der türkischen Stadt Bergama
Ber|ga|mas|ca, die; -, -s ‹*it.*›: fröhlicher italienischer Volkstanz
Ber|ga|mot|te, die; -, -n ‹*türk.-it.-frz.*›: **1. a)** in Südeuropa u. Westindien kultivierter Baum mit süßlich riechenden Blüten u. runden, glatten, blassgelben Früchten; **b)** Frucht der Bergamotte (1 a). **2.** in mehreren Sorten vorkommende würzig schmeckende Birne
Ber|ga|mot|te|li|kör, der; -s, -e: gelbgrüner Likör aus den Schalen der ↑Bergamotte (1 b)
Ber|ga|mott|öl, das; -[e]s, -e: aus den Schalen der Bergamotte (1 b) gewonnenes Öl für Parfüme u. Liköre
Ber|ge|nie [...i̯ə], die; -, -n ‹*nlat.;* nach dem deutschen Botaniker K. A. v. Bergen›: zu den Steinbrechgewächsen gehörende Pflanze, die in Europa in zwei Arten als winterharte Zierstaude kultiviert wird
Ber|ge|re [bɛr'ʒe:rə], die; -, -n ‹*lat.-galloroman.-frz.*› (veraltet): bequemer, gepolsterter Lehnsessel
Ber|ge|ret|te [bɛrʒə'rɛtə], die; -, -n (Musik): Hirten-, Schäferstück
Be|ri|be|ri, die; - ‹*singhal.*› (Med.): Vitamin-B_1-Mangel-Krankheit (bes. in Ostasien) mit Lähmungen u. allgemeinem Kräfteverfall
Ber|ke|li|um, das; -s ‹*nlat.;* nach der nordamerik. Universitätsstadt Berkeley›: chem. Element (ein Transuran) (Zeichen: Bk)
Ber|li|na|le, die; -, -n ‹Neubildung nach dem Vorbild von ↑Biennale›: Bezeichnung für die alljährlich in Berlin stattfindenden Filmfestspiele
Ber|li|ne, die; -, -n ‹nach dem ersten Herstellungsort Berlin›: (im 17. u. 18. Jh.) viersitziger

Reisewagen mit einem Verdeck, das zurückgeschlagen werden konnte

Ber|lo|cke, die; -, -n ⟨*frz.*⟩: (im 18. u. 19. Jh. üblicher) kleiner Schmuck an [Uhr]ketten

Ber|mu|das, die (Plural): Bermudashorts

Ber|mu|da|shorts, Ber|mu|da-Shorts, die (Plural) ⟨nach der Inselgruppe im Atlantik⟩: fast knielange Shorts

Ber|nar|don [...ˈdõː], der; -s, -s ⟨*germ.-frz.*⟩: komische Figur des Wiener Volkstheaters im 18. Jh.

Be|ro|li|na, die; - ⟨*nlat.*⟩: Frauengestalt als Sinnbild Berlins

Be|ro|li|nis|mus, der; -, ...men: der Berliner Umgangssprache eigentümlicher Ausdruck

Ber|sa|g|li|e|re [bɛrzalˈjeːrə], der; -[s], ...ri (meist Plural) ⟨*it.*⟩: Angehöriger einer italienischen Scharfschützentruppe

Ber|ser|ker [auch: ...ˈzɛr...], der; -s, - ⟨*altnord.;* »Bärenfell, Krieger im Bärenfell«⟩: **1.** wilder Krieger der altnordischen Sage. **2. a)** kampfwütiger, sich wild gebärdender Mann; **b)** Mann von bes. kräftiger Statur

Ber|the, die; -, -n ⟨*frz.*⟩: (in der Damenmode um 1850 übliche) kragenartige Einfassung des Halsausschnittes

Ber|til|lo|na|ge [bɛrtijoˈnaːʒə], die; - ⟨*frz.;* vom Namen des frz. Anthropologen A. Bertillon, † 1914⟩: überholtes Verfahren zur Wiedererkennung rückfälliger Verbrecher durch Registrierung unveränderlicher Körpermerkmale

Be|ryll, der; -s, -e ⟨*drawid.-mittelind.-gr.-lat.*⟩: häufig als Schmuckstein verwendetes Mineral

Be|ryl|li|o|se, die; -, -n ⟨*nlat.*⟩: durch ↑ Beryllium hervorgerufene Lungenkrankheit

Be|ryl|li|um, das; -s: chem. Element; ein Metall (Zeichen: Be)

Be|san, der; -s, -e ⟨*lat.-it.-span.-niederl.*⟩: **a)** Segel am hintersten Mast; **b)** der hinterste Mast; Besanmast

Be|schir, Baschyr, der; -[s], -[s] ⟨*turkmen.*⟩: rotgrundiger turkmenischer Teppich mit Blüten- od. Wolkenbandmuster

Besch|met, der; -, -s ⟨*tatar.*⟩: umhangartiges Kleidungsstück kaukasischer u. türkischer Völker

Be|sem|schon, das; -s ⟨*niederl.;* »besenrein«⟩: Vergütung für die an der Verpackung hängen bleibenden Warenteilchen

Bé|sigue [beˈziːk], **Be|sik,** das; -s ⟨*frz.*⟩: ein Kartenspiel

Bes|se|mer|bir|ne, die; -, -n ⟨nach dem engl. Erfinder⟩: birnenförmiger Behälter zur Stahlherstellung

bes|se|mern: Stahl nach dem Verfahren Bessemers herstellen

Best Ager [- ˈɛɪ̯dʒɐ], der; - -s, - -[s] (meist Plural) ⟨*engl.*⟩: (Werbespr.) jmd., der zur anspruchsvollen Kundengruppe der über 40-Jährigen gehört

bes|ti|a|lisch ⟨*lat.*⟩: **1.** (abwertend) unmenschlich, viehisch, teuflisch. **2.** (ugs.) fürchterlich, unerträglich

Bes|ti|a|li|tät, die; -, -en: **a)** (ohne Plural) Unmenschlichkeit, grausames Verhalten; **b)** grausame Handlung, Tat

Bes|ti|a|ri|um, das; -s, ...ien: Titel mittelalterlicher Tierbücher

Bes|tie [...i̯ə], die; -, -n: Raubtier; wildes, gefährliches Tier

Bes|ti|en|ka|pi|tell, das; -s, -e: romanisches ↑ Kapitell mit symbolischen Tiergestalten

Bes|ti|en|säu|le, die; -, -n: romanische Säule mit reliefartigen Darstellungen miteinander kämpfender Tiere

Best-of, das; -[s], -s ⟨*engl.*⟩ (ugs.): Zusammenstellung bes. beliebter u. erfolgreicher Musikstücke, Filmszenen u. Ä.

Best-of-CD, die; -, -s ⟨*engl.*⟩: CD mit den erfolgreichsten Stücken von Musiker/-innen

Best Prac|tice [ˈbɛst ˈprɛktɪs], die; - -, - -s ⟨*engl.*⟩ (Wirtsch.): bestmögliche Art und Weise, etw. zu bewerkstelligen

Best|sel|ler, der; -s, - ⟨*engl.*⟩: etwas (bes. ein Buch), was [einige Zeit] sehr gut verkauft wird; vgl. Longseller, Steadyseller

Best|sel|ler|au|tor, der; -s, -en ⟨*engl.; lat.*⟩: jmd., der Bestseller schreibt. **Best|sel|ler|au|to|rin,** die; -, -nen: weibliche Form zu ↑ Bestsellerautor

Be|ta, das; -[s], -s ⟨*gr.*⟩: zweiter Buchstabe des griechischen Alphabets (Β, β)

Be|ta|blo|cker, β-Blo|cker, der; -s, -: Kurzform von ↑ Betarezeptorenblocker

Be|ta|ca|ro|tin, β-Ca|ro|tin, das; -s ⟨*gr.-lat.-nlat.*⟩: Provitamin vom Vitamin A

Be|ta|in, das; -s ⟨*lat.-nlat.*⟩ (Chemie, Med.): Derivat (3) der Aminosäure Glycin, das als Arzneimittel bes. zur Senkung des Cholesterinspiegels u. bei Lebererkrankungen verwendet wird

Be|ta|re|zep|tor, β-Re|zep|tor, der; -s, ...toren (Med., Physiol.): ↑ Rezeptor (2) des sympathischen Nervensystems, der die hemmenden Wirkungen bestimmter Substanzen vermittelt (z. B. Erweiterung der Blutgefäße, Erhöhung von Schlagvolumen u. Frequenz des Herzens)

Be|ta|re|zep|to|ren|blo|cker, β-Re|zep|to|ren-Blo|cker, der; -s, - ⟨*engl.* to block = hemmen, blockieren⟩ (Chemie, Med.): chemische Substanz, mit der die Wirkung auf die Betarezeptoren blockiert wird; Arzneimittel zur Behandlung bestimmter Herzkrankheiten, Bluthochdruck u. a.

Be|ta|strah|len, β-Strah|len, die (Plural) ⟨*gr.; dt.*⟩: radioaktive Strahlen, die aus Elektronen bestehen

Be|ta|teil|chen, β-Teil|chen, die (Plural): beim radioaktiven Zerfall ↑ emittierte Elektronen

Be|ta|t|ron, das; -s, ...one (auch: -s) ⟨Kurzw. aus ↑ *Beta*strahlen u. ↑ [1]Elek*tron*⟩ (Kernphysik): Gerät zur Beschleunigung von Elektronen, Elektronenschleuder

Be|ta|ver|si|on, die; -, -en ⟨*gr.; lat.-frz.*⟩ (EDV): neues bzw. überarbeitetes Software- od. Hardwareprodukt im zweiten Entwicklungsstadium

bête [bɛːt] ⟨*lat.-vulgärlat.-frz.*⟩: in der Fügung **bête sein:** [im Spiel] verloren haben

Be|tel, der; -s ⟨*Malayalam-port.*⟩: indisch-malaiisches Kau- u. Genussmittel aus der Frucht der Betelnusspalme

be|tex|ten: mit Text[en] versehen (z. B. Bilder)

Be|ti|se, die; -, -n ⟨*lat.-vulgärlat.-frz.*⟩ (geh.): Dummheit

Be|ton [beˈtɔŋ, auch: beˈtõː, auch,

bes. südd., österr.: be'to:n], der; -s, -s u. (bei nicht nasalierter Ausspr.:) -e ⟨*lat.-frz.*⟩: Baustoff aus einer Mischung von Zement, Wasser u. Zuschlagstoffen (Sand, Kies u. a.)

Be|to|nie [...i̯ə], die; -, -n ⟨*lat.-vulgärlat.*⟩: eine rote Wiesenblume

be|to|nie|ren ⟨*lat.-frz.*⟩: mit einem Betonbelag versehen. **Be|to|nie|rung,** die; -, -en: **a)** das Betonieren; **b)** Schicht, Belag o. Ä. aus Beton

Be|va|t|ron [auch: ...'tro:n], das; -s, -s od. ...trone ⟨Kunstw. aus *amerik. b*illion *e*lectron *v*olts und synchro*tron*⟩ (Physik): Teilchenbeschleuniger

Bey vgl. Bei

be|zir|zen, becircen [bɛ'tsɪrtsn̩] (ugs.) ⟨nach der in der gr. Sage vorkommenden Zauberin Kirkē, latinisiert Circe⟩: bezaubern, betören, auf verführerische Weise für sich gewinnen

Be|zo|ar, Be|zo|ar|stein, der; -s, -e ⟨*pers.-arab.-span.;* »Gegengift«⟩: Magenstein von Wiederkäuern (z. B. der asiatischen Bezoarziege; in der Volksmedizin gebraucht)

Be|zo|ar|wur|zel, die; -, -n: Wurzel eines südamerikanischen Maulbeergewächses, die als Heilmittel bei Schlangenbiss verwendet wird

Be|zo|ar|zie|ge, die; -, -n: eine asiatische Wildziege

Bha|ga|wad|gi|ta, die; - ⟨*sanskr.;* »Gesang des Erhabenen«⟩: altindisches religionsphilosophisches Lehrgedicht in 18 Gesängen (Teil des ↑Mahabharata)

Bhag|van vgl. Bhagwan

Bhag|wan, Bhagvan, der; -[s], -s ⟨*Hindi-sanskr.;* »der Erhabene«⟩: **1.** (ohne Plural) Ehrentitel für religiöse Lehrer des Hinduismus. **2.** Träger des Ehrentitels Bhagwan (1)

Bhak|ti, die; - ⟨*sanskr.*⟩: liebende Hingabe an Gott als der wichtigste Heilsweg des ↑Hinduismus

Bhik|ku ⟨*Pali;* »Bettler«⟩, Bhikschu ⟨*sanskr.;* »Bettler«⟩ der; -s, -s: buddhist. Bettelmönch. **Bhik|ku|ni,** die; -, -s: weibliche Form zu ↑Bhikku. **Bhik|schu** vgl. Bhikku. **Bhik|schu|ni,** die; -, -s: weibliche Form zu ↑Bhikschu

bi ⟨*lat.*⟩ (ugs.): Kurzform von ↑bisexuell (2)

bi..., Bi...

vor Vokalen oft: bin..., Bin...
⟨zu *lat.* bis (in Zusammensetzungen bi...) »zweimal«⟩
Präfix mit der Bedeutung »zwei, doppel[t]«:
- Biathlon
- Bigamie
- bikonvex
- bilateral
- binaural

Bi|ar|chie, die; -, ...i̯en ⟨*lat.; gr.*⟩: Doppelherrschaft

Bi|as [auch: 'baɪ̯əs], der od. das; -, - ⟨*frz.-engl.-amerik.;* »Vorurteil«⟩ (Meinungsforschung): durch falsche Untersuchungsmethoden (z. B. durch Suggestivfragen) verursachte Verzerrung des Ergebnisses einer Repräsentativerhebung

Bi|ath|let, der; -en, -en ⟨*lat.; gr.*⟩: jmd., der Biathlon betreibt. **Bi|ath|le|tin,** die; -, -nen: weibliche Form zu ↑Biathlet

Bi|ath|lon, der u. das; -s, -s ⟨*gr.;* »Zweikampf«⟩: **1.** Kombination aus Skilanglauf u. Scheibenschießen als wintersportliche Disziplin. **2.** einzelner Wettkampf im Biathlon (1)

bi|au|ral vgl. binaural

Bi|bel, die; -, -n ⟨*gr.-mlat.*⟩: **1.** Gesamtheit der von den christlichen Kirchen als offenbartes Wort Gottes betrachteten Schriften des Alten u. Neuen Testaments, heiliges Buch der Christen; Heilige Schrift. **2.** (ugs. scherzh.) **a)** für jmdn. od. eine Gruppe maßgebendes Buch, maßgebende Schrift; **b)** dickes, großes Buch

Bi|bel|kon|kor|danz, die; -, -en: alphabetische Zusammenstellung von Wörtern u. Begriffen der Bibel mit Stellenangabe

Bi|be|lot [bibə'lo:], der; -s, -s ⟨*frz.*⟩: Nippsache, Kleinkunstwerk

Bi|bel|re|gal, das; -s, -e: (zusammengeklappt einer großen Bibel ähnlich sehende) tragbare Orgel des 16.–18. Jh.s

Bi|be|ret|te, die; -, -n ⟨französierende Neubildung zu *dt.* Biber⟩: **1.** Kaninchenfell, das durch Veredlung einem Biberfell ähnlich gemacht worden ist. **2.** pelzartiger Wollplüsch

Bi|ber|nel|le, die; -, -n: Pimpernell

Bi|b|lia Pau|pe|rum, die; - -, ...ae [...ɛ] - ⟨*mlat.;* »Armenbibel«⟩: **1.** mittelalterliche Bezeichnung für einfache Kurzfassungen lateinischer Bibeltexte. **2.** spätmittelalterliche Bilderbibel, die die wichtigsten Stationen der Heilsgeschichte als Zusammenschau von Neuem Testament u. Altem Testament darstellt

bi|b|lio..., Bi|b|lio...

⟨*gr.* biblíon »Buch, Büchlein, Schrift, Blatt«⟩
Wortbildungselement mit der Bedeutung »Buch, Bücher«:
- bibliografisch
- Bibliomane
- bibliophil
- Bibliothek
- Bibliotherapie

Bi|b|lio|g|no|sie, die; - ⟨*gr.-nlat.*⟩ (veraltet): Bücherkenntnis, -kunde

Bi|b|lio|graf, Bibliograph, der; -en, -en ⟨*gr.*⟩: Bearbeiter einer Bibliografie

Bi|b|lio|gra|fie, Bibliographie, die; -, ...i̯en: **1.** Bücherverzeichnis; Zusammenstellung von Büchern u. Schriften, die zu einem bestimmten Fachgebiet od. Thema erschienen sind. **2.** Wissenschaft von den Büchern

bi|b|lio|gra|fie|ren, bibliographieren: **a)** den Titel einer Schrift bibliografisch verzeichnen; **b)** die genauen bibliografischen Daten feststellen

Bi|b|lio|gra|fin, Bibliographin, die; -, -nen: weibliche Form zu ↑Bibliograf

bi|b|lio|gra|fisch, bibliographisch: die Bibliografie betreffend

Bi|b|lio|graph usw. vgl. Bibliograf usw.

Bi|b|lio|klast, der; -en, -en ⟨*gr.-nlat.*⟩ (Psychol.): jmd., der aus Sammelleidenschaft Bücher zerstört, indem er bestimmte Seiten herausreißt

Bi|b|lio|la|t|rie, die; -: **a)** übermäßige Verehrung heiliger Bücher, bes. der ↑Bibel; **b)** Buchstabengläubigkeit

Bi|b|lio|lith [auch: ...'lɪt], der; -en, -en (meist Plural): Handschrift der Antike, die durch Verkohlen bei Vulkanausbrüchen das Aussehen eines Steins erhielt

Bi|b|lio|ma|ne, der; -n, -n (Psychol.): jmd., der in krankhaft übertriebener Weise Bücher sammelt. **Bi|b|lio|ma|nie,** die; - (Psychol.): krankhafte Büchersammelwut. **Bi|b|lio|ma|nin,** die; -, -nen: weibliche Form zu ↑Bibliomane. **bi|b|lio|ma|nisch** (Psychol.): **a)** sich wie ein Bibliomane verhaltend; **b)** die Bibliomanie betreffend

Bi|b|lio|man|tie, die; -: das Wahrsagen aus zufällig aufgeschlagenen Buchstellen, bes. aus der Bibel

Bi|b|lio|pha|ge, der; -n, -n (»Bücherfresser«) (Psychol.): leidenschaftlicher Bücherleser. **Bi|b|lio|pha|gin,** die; -, -nen: weibliche Form zu ↑Bibliophage

bi|b|lio|phil: 1. [schöne u. kostbare] Bücher liebend. **2.** für Bücherliebhaber wertvoll, kostbar ausgestattet (von Büchern). **Bi|b|lio|phi|le,** der u. die; -n, -n (zwei -[n]): jmd., der in besonderer Weise [schöne u. kostbare] Bücher schätzt, erwirbt. **Bi|b|lio|phi|lie,** die; -: Bücherliebhaberei

Bi|b|lio|pho|be, der u. die; -n, -n (Psychol.): Bücherfeind[in]. **Bi|b|lio|pho|bie,** die; - (Psychol.): Bücherfeindlichkeit

Bi|b|lio|so|phie, die; - (veraltet): Lehre vom Zweck des Büchersammelns

Bi|b|lio|taph, der; -en, -en (»Büchergrab«): jmd., der seine Bücher an geheimen Stellen aufbewahrt u. nicht verleiht. **Bi|b|lio|ta|phin,** die; -, -nen: weibliche Form zu ↑Bibliotaph

Bi|b|lio|thek, die; -, -en ⟨*gr.-lat.*⟩: **1.** Aufbewahrungsort für eine systematisch geordnete Sammlung von Büchern, [wissenschaftliche] Bücherei. **2.** [große] Sammlung von Büchern, größerer Besitz an Büchern

Bi|b|lio|the|kar, der; -s, -e: [wissenschaftlicher] Verwalter einer Bibliothek. **Bi|b|lio|the|ka|rin,** die; -, -nen: weibliche Form zu ↑Bibliothekar. **bi|b|lio|the|ka|risch:** den Beruf, das Amt eines Bibliothekars betreffend

Bi|b|lio|the|ko|gra|fie, Bi|b|lio|the|ko|gra|phie, die; -, ...ien ⟨*gr.-nlat.*⟩: Beschreibung der Geschichte u. der Bücherbestände einer Bibliothek

Bi|b|lio|the|ko|no|mie, die; -: Wissenschaft von den Aufgaben u. der Verwaltung einer Bibliothek

Bi|b|lio|the|ra|pie, die; -: **1.** Wiederherstellung alter od. beschädigter Bücher. **2.** (Psychol.) Förderung der [seelischen] Gesundung von Patient[inn]en durch ausgewählte Lektüre

bi|b|lisch ⟨*gr.-nlat.*⟩: **a)** die Bibel betreffend; **b)** aus der Bibel stammend; **biblisches Alter:** sehr hohes Alter

Bi|b|li|zis|mus, der; - ⟨*gr.-nlat.*⟩: das Auslegen der Bibel im rein wörtlichen Sinn ohne Berücksichtigung historisch-kritischer Forschungsergebnisse. **Bi|b|li|zist,** der; -en, -en: Vertreter des Biblizismus. **Bi|b|li|zis|tin,** die; -, -nen: weibliche Form zu ↑Biblizist

Bi|car|bo|nat [...ka...] vgl. Bikarbonat

bi|chrom [ˈbiːkroːm, auch: biˈkroːm] ⟨*lat.; gr.*⟩: zweifarbig. **Bi|chro|mat,** das; -[e]s, -e: Dichromat. **Bi|chro|mie,** die; -: Zweifarbigkeit

Bi|ci|ni|um [biˈtsiː...], das; -s, ...ien [...i̯ən] ⟨*lat.*⟩: ↑Bizinie

bi|cy|c|lisch vgl. bizyklisch

Bi|da, die; - ⟨*arab.;* »Neuerung«⟩ (islam. Rel.): Gesamtheit der Gebräuche od. Glaubensvorstellungen, die nicht durch die ↑Sunna sanktioniert werden

Bi|det [biˈdeː], das; -s, -s ⟨*frz.*⟩: längliches, niedriges Waschbecken für Spülungen u. Waschungen von After u. Genitalien im Sitzen

Bi|d|jar, Bidschar, der; -s, -s u. -e ⟨nach der gleichnamigen iran. Stadt⟩: schwerer, fest geknüpfter Teppich mit Blüten- u. Rankenmuster

Bi|don [ˈbidõ], der u. das; -s, -s ⟨*it.-frz.*⟩ (schweiz.): Eimer, Kanne mit Verschluss, [Benzin]kanister

Bi|don|ville [bidõˈvil], das; -s, -s ⟨*frz.;* »Kanisterstadt«⟩: **a)** aus Kanistern, Wellblech u. Ä. aufgebautes Elendsviertel in den Randzonen der nordafrikanischen Großstädte; **b)** Elendsviertel, Slum

Bi|d|schar vgl. Bidjar

bien [bi̯ɛ̃] ⟨*lat.-frz.*⟩: gut, wohl (als Zustimmung)

bi|enn ⟨*lat.*⟩ (Bot.): zweijährig (von Pflanzen mit zweijähriger Lebensdauer, die erst im zweiten Jahr blühen u. Frucht tragen)

bi|en|nal: a) eine zweijährige Dauer aufweisend; **b)** alle zwei Jahre [stattfindend]. **Bi|en|na|le,** die; -, -n ⟨*lat.-it.*⟩: alle zwei Jahre stattfindende Ausstellung od. Schau, bes. in der bildenden Kunst u. im Film

Bi|en|ne, die; -, -n: zweijährige (erst im zweiten Jahr blühende) Pflanze

Bi|en|ni|um, das; -s, ...ien ⟨*lat.*⟩: Zeitraum von zwei Jahren

Bi|fi|do|bak|te|ri|um, das; -s, ...ien ⟨*lat.; gr.*⟩ (Med.): eine Darmbakterie

bi|fi|lar ⟨*lat.-nlat.*⟩ (Technik): zweifädig, zweidrähtig

Bi|fi|lar|pen|del, das; -s, -: an zwei Fäden od. Drähten aufgehängtes Pendel

Bi|fi|lar|wick|lung, die; -, -en (Elektrot.): Doppeldrahtwicklung zur Herabsetzung der ↑Induktivität

Bi|fo|kal|glas, das; -es, ...gläser (meist Plural) ⟨*lat.-nlat.; dt.*⟩: Zweistärkenglas, Brillenglas mit zwei Brennpunkten (zum Weitsehen u. zum Nahsehen)

Bi|fo|ri|um, das; -s, ...ien ⟨*lat.*⟩ (Archit.): (in der gotischen Baukunst) zweiflügeliges, durch eine Mittelsäule gegliedertes Fenster

bi|form ⟨*lat.*⟩: doppelgestaltig. **Bi|for|mi|tät,** die; -, -en: Doppelgestaltigkeit

bi|funk|ti|o|nell ⟨*lat.*⟩ (Chemie): zwei funktionelle Gruppen in einem Molekül aufweisend

Bi|fur|ka|ti|on, die; -, -en ⟨*lat.-nlat.*⟩: **1.** (Med.) Gabelung (bes. der Luftröhre u. der Zahnwurzeln) in zwei Äste. **2.** (Geogr.) Flussgabelung, bei der das Wasser eines Armes in ein anderes Flussgebiet abfließt

Bi|ga, die; -, Bigen ⟨*lat.*⟩: von zwei Pferden gezogener Renn- oder Prunkwagen im alten Rom

Bi|ga|mie, die; -, ...ien ⟨*lat.; gr.*⟩: [gesetzwidrige] Doppelehe. **bi|ga|misch:** in einer Doppelehe lebend

Bi|ga|mist, der; -en, -en: jmd., der eine zweite Ehe eingeht, obwohl die erste gesetzlich noch besteht. **Bi|ga|mis|tin,** die; -, -nen: weibliche Form zu ↑Bigamist. **bi|ga|mis|tisch:** a) die Bigamie betreffend; b) in Bigamie lebend

Big-Ap|ple-Walk, Big|ap|ple|walk [ˈbɪɡˈæplwɔːk], der; -[s], -s ⟨*engl.-amerik.*⟩: (bes. in den 1930er-Jahren in den USA beliebter) in Reihen getanzter Modetanz

Bi|ga|ra|de, die; -, -n ⟨*frz.*⟩: **1.** bittere Pomeranze. **2.** bes. zu Entenbraten gereichte Soße, die mit dem Saft od. der Schale der Bigarade (1) gewürzt ist

Big Band [ˈbɪɡbænd], die; - -, - -s, **Big|band,** die; -, -s ⟨*engl.-amerik.;* »große Kapelle«⟩: in Instrumentalgruppen gegliedertes großes Jazz- od. Tanzorchester, in dem im Gegensatz zur ↑Combo einzelne Instrumente mehrfach besetzt sind

Big Bang [- ˈbɛŋ], der; - -s, - -s ⟨*engl.;* »großer Knall«⟩: Urknall (hypothetische Explosion der zusammengedrängten Materie bei der Entstehung des Weltalls)

Big Bro|ther [ˈbɪɡ ˈbrʌðɐ], der; - -s, - -s ⟨meist ohne Artikel⟩ ⟨*engl.;* nach dem Roman »1984« von George Orwell, in dem Big Brother die personifizierte Macht eines totalitären Staates darstellt⟩: Beobachter, Überwacher

Big Busi|ness [- ˈbɪznɪs], das; - - ⟨*engl.-amerik.;* »großes Geschäft«⟩: a) Geschäftswelt der Großunternehmer; b) vorteilhaftes großes Geschäft

Big Da|ta [bɪɡ ˈdeɪtə] - -s (o. Art.) ⟨*engl.*⟩ (EDV): **1.** riesige Datenmengen. **2.** Technologien zur Verarbeitung u. Auswertung riesiger Datenmengen

Bi|ge|mi|nie, die; -, ...ien ⟨*lat.*⟩ (Med.): Doppelschlägigkeit des Pulses infolge einer ↑Extrasystole, die an den normalen Schlag des Herzens gekoppelt ist

Big|foot [...ʊt], der; -[s], ...feet [...fiːt] ⟨*engl.;* »großer Fuß«⟩: legendäres, dem ↑Yeti ähnliches Wesen in Nordamerika

Big|foot-Ski, Big|foot|ski, Big-Foot-Ski [ˈbɪɡfʊt...], der; -s, - u. -er ⟨*engl.*⟩: Ski mit breitem, kurzem Brett

Bi|g|no|nie [...i̯ə], die; -, -n ⟨*nlat.;* nach dem frz. Abbé Bignon⟩: im tropischen Nordamerika heimische Kletterpflanze mit glockenförmigen, orangeroten Blüten

Bi|gos, Bi|gosch, der od. das; - ⟨*poln.*⟩: als polnisches Nationalgericht geltender Eintopf aus Weißkraut, Schweinefleisch, Speck, Zwiebeln u. Pilzen

bi|gott ⟨*frz.*⟩ (abwertend): a) Frömmigkeit zur Schau tragend, scheinheilig; b) übertrieben glaubenseifrig. **Bi|got|te|rie,** die; -, ...ien (abwertend): **1.** (ohne Plural) bigottes Wesen. **2.** bigotte Handlungsweise, Äußerung

Big Point, der; - -s, - -s, **Big|point,** der; -s, -s [...pɔɪ̯nt] ⟨*engl.*⟩ (Tennis): sehr wichtiger, für den Verlauf eines Spiels oft vorentscheidender Punkt

Big Push [...pʊʃ], der; - -[e]s, - -es [...ɪz, auch: ...ɪs] ⟨*engl.*⟩ (Wirtsch.): hohe Kapitalunterstützung, bes. für langfristige Entwicklungsprogramme

bi|jek|tiv [auch: ...ˈtiːf] ⟨*lat.*⟩ (Math.): bei der Abbildung einer mathematischen Menge jedem Urbild nur einen Bildpunkt u. umgekehrt zuordnend

Bi|jou [biˈʒuː], der od. das; -s, -s ⟨*breton.-frz.*⟩: Kleinod, Schmuckstück. **Bi|jou|te|rie,** die; -, ...ien: **1.** [billiger] Schmuck. **2.** (ohne Plural) Schmuckwarengeschäft, -handel. **Bi|jou|ti|er** [...ˈti̯eː], der; -s, -s (schweiz.): Juwelier

Bi|kar|bo|nat, chem. fachspr.: Bicarbonat [...ka...], das; -s, -e ⟨*nlat.*⟩ (veraltet): doppeltkohlensaures Salz; Hydrogenkarbonat

Bike [baɪ̯k], das; -s, -s ⟨*engl.*⟩: **1.** kleines Motorrad. **2.** a) Kurzform von ↑Trekkingbike, ↑Mountainbike; b) Fahrrad. **biken** [ˈbaɪ̯kn̩] ⟨*engl.*⟩: **1.** Motorrad fahren. **2.** a) mit dem Bike (2 a) fahren; b) Fahrrad fahren. **Bi|ker** [ˈbaɪ̯kɐ], der; -s, -: **1.** Motorradfahrer. **2.** a) Mountainbike-, Trekkingbikefahrer; b) Fahrradfahrer. **Bi|ke|rin,** die; -, -nen: weibliche Form zu ↑Biker

Bike|sha|ring, Bike-Sha|ring [ˈbaɪ̯kʃɛːrɪŋ], das; -[s] ⟨*engl.*⟩: organisierte [gebührenpflichtige] Nutzung eines Fahrrads von mehreren Personen

Bi|ki|ni, der (schweiz.: das); -s, -s ⟨Fantasiebez.; nach dem Atoll in der Ralikgruppe der Marshallinseln⟩: zweiteiliger Badeanzug für weibliche Personen

bi|kol|la|te|ral ⟨*lat.-nlat.:* »von zwei Seiten her«⟩: in der Fügung **bikollaterales Leitbündel:** strangartiges Gewebebündel im Gefäßsystem einer Pflanze, das sowohl innen als auch außen einen Siebteil zur Leitung der Assimilationsprodukte besitzt

Bi|kom|po|si|tum, das; -s, ...ta u. ...iten (Sprachwiss.): Verb od. Verbalsubstantiv mit zwei Vorsilben (z. B. an-er-kennen, Rück-an-sicht)

bi|kon|kav [auch: ...ˈkaːf] ⟨*lat.-nlat.*⟩: beiderseits hohl [geschliffen] (Ggs.: bikonvex)

bi|kon|vex [auch: ...ˈvɛks] ⟨*lat.-nlat.*⟩: beiderseits gewölbt [geschliffen] (Ggs.: bikonkav)

bi|ku|bisch ⟨*lat.; gr.-lat.*⟩ (Fotogr.): auf der Berechnung der acht benachbarten ↑Pixel beruhend

Bi|ku|s|pi|da|tus, der; -, ...ti od. ...ten ⟨*lat.-nlat.;* »zwei Höcker aufweisend«⟩: ↑Prämolar

bi|la|bi|al [auch: ˈbiː...] ⟨*lat.-nlat.*⟩ (Sprachwiss.): mit beiden Lippen gebildet (vom Laut)

Bi|la|bi|al [auch: ˈbiː...], der; -s, -e (Sprachwiss.): mit beiden Lippen gebildeter Laut

Bi|lanz, die; -, -en ⟨*lat.-vulgärlat.-it.*⟩: **1.** (Wirtsch., Kaufmannsspr.) abschließende Gegenüberstellung von Vermögen u. Schulden, ↑Aktiva u. ↑Passiva, Einnahmen u. Ausgaben [für ein Geschäftsjahr]; Kontenabschluss. **2.** Ergebnis, ↑Fazit, abschließender Überblick. **bi|lan|zi|ell** (Wirtsch.): die Bilanz betreffend, zu einer Bilanz gehörend

bi|lan|zie|ren: **1.** in Bezug auf Soll u. Haben ausgeglichen sein. **2.** über etwas eine Bilanz aufstellen. **Bi|lan|zie|rung,** die; -, -en: Bilanzaufstellung

bi|la|te|ral [auch: ...ˈraːl] ⟨*lat.-nlat.*⟩: **1.** zweiseitig; zwei Seiten, Partner betreffend; von zwei Seiten ausgehend. **2.** (Biol.) bilateralsymmetrisch

Bi|la|te|ra|lis|mus, der; -: System

von zweiseitigen völkerrechtlichen Verträgen, insbesondere von Handels- u. Zahlungsabkommen

Bi|la|te|ra|li|um, das; -s, ...lia (meist Plural): ↑Bilaterium

bi|la|te|ral|sym|me|t|risch: durch eine Symmetrieebene in zwei äußerlich spiegelbildliche Hälften teilbar (in Bezug auf Menschen und Tiere); vgl. radialsymmetrisch

Bi|la|te|ri|um, das; -s, ...ia (meist Plural) (Biol.): bilateralsymmetrisch gebautes vielzelliges Tier mit zentralem Nervensystem

Bil|bo|quet [...ˈkeː], das; -s, -s ‹*frz.*›: Spiel, bei dem eine Kugel in einem Fangbecher aufgefangen werden muss

Bil|ge, die; -, -n ‹*engl.*› (Seemannsspr.): Kielraum eines Schiffes, in dem sich Leckwasser sammelt

Bil|har|zie [...i̯ə], die; -, -n ‹*nlat.;* nach dem dt. Arzt Bilharz, † 1862› (veraltet): ↑Schistosoma. **Bil|har|zi|o|se,** die; -, -n (Med.): Tropenkrankheit, die durch Schistosomata hervorgerufen wird; [ägyptische] Wurmkrankheit; Schistosomiase

bi|li|är ‹*lat.-nlat.*› (Med.): **a)** die Galle betreffend; **b)** durch Galle bedingt, Gallen...

bi|li|fer (Med.): Gallenflüssigkeit leitend (von Körperkanälen)

bi|li|ne|ar ‹*lat.-nlat.*›: mit zwei [geraden] Linien versehen; **bilineare Form:** algebraische Form, in der zwei Gruppen von Veränderlichen nur im 1. Grad (also nicht quadratisch u. nicht kubisch) auftreten

bi|lin|gu|al [auch: ˈbiː...] ‹*lat.-nlat.*›: **1.** zwei Sprachen sprechend, verwendend; zweisprachig. **2.** zwei Sprachen betreffend, auf zwei Sprachen bezogen. **Bi|lin|gu|a|lis|mus,** der; -: Zweisprachigkeit, bes. die [kompetente] Anwendung von zwei Sprachen durch eine Person; ↑Diglossie

bi|lin|gue [...gu̯ə] vgl. bilinguisch. **Bi|lin|gue,** die; -, -n: zweischriftige od. zweisprachige Inschrift od. Handschrift

bi|lin|gu|isch, bilingue [...gu̯ə]: in zwei Sprachen [geschrieben], zweisprachig

Bi|lin|gu|is|mus, der; -, **Bi|lin|gu|i|tät,** die; - [beide auch: ˈbiː...]: ↑Bilingualismus

bi|li|ös ‹*lat.*› (Med.): gallig, gallehaltig

Bi|li|ru|bin, das; -s ‹*lat.-nlat.*› (Med.): rötlich brauner Farbstoff der Galle; Abbauprodukt des Hämoglobins

Bi|li|ru|bi|n|u|rie, die; -, ...i̯en ‹*lat.-gr.*› (Med.): Auftreten von ↑Bilirubin im Urin

Bi|lis, die; - ‹*lat.*›: von der Leber gebildetes, für die Fettverdauung wichtiges Sekret; Galle

Bi|li|ver|din, das; -s ‹*lat.; lat.-roman.*› (Med.): grüner Farbstoff der Galle; Abbauprodukt des Hämatoporphyrins

Bill, die; -, -s ‹*engl.*›: engl. Bez. für: Gesetz[entwurf]; Urkunde; Rechnung

Bil|lard [ˈbɪljart, österr. auch: biˈjaːɐ̯, bɪlˈjaːɐ̯], das; -s, -e (auch, österr. nur: -s) ‹*frz.*›: **1.** (ohne Plural) auf einem mit grünem Tuch bezogenen Tisch gespieltes Kugelspiel, bei dem Kugeln aus Elfenbein od. Kunststoff mit einem Stock nach bestimmten Regeln gestoßen werden. **2.** Billardtisch

bil|lar|die|ren: in unzulässiger Weise stoßen (beim Billard)

Bil|lard|ka|ram|bol, das; -s: ↑Karambolagebillard

Bil|lard|queue [...køː], das; -s, -s: ↑ [1]Queue

Bill|ber|gie [...i̯ə], die; -, -n ‹*nlat.;* nach dem schwed. Botaniker Billberg›: Zimmerpflanze aus dem tropischen Amerika, ein Ananasgewächs

Bil|let|doux [bijɛˈduː], das; -, - [...ˈduːs] ‹*frz.*› (scherzh., veraltet): kleiner Liebesbrief

Bil|le|teur [bɪljɛˈtøːɐ̯, österr.: bij...], der; -s, -e ‹*mlat.-frz.*›: **1.** (österr.) Platzanweiser. **2.** (schweiz. früher) Schaffner. **Bil|le|teu|se** [...ˈtøːzə], die; -, -n: weibliche Form zu ↑Billeteur

Bil|lett [bɪlˈjɛt, österr.: biˈjeː, bɪˈlɛt, biˈjɛt], das; -[e]s, -s u. -e ‹*frz.*›: **1. a)** Einlasskarte, Eintrittskarte; **b)** (schweiz., sonst veraltet) Fahrkarte. **2.** (veraltet) Zettel, Briefchen

Bil|li|ar|de, die; -, -n ‹*frz.*›: tausend Billionen

Bil|li|on, die; -, -en ‹*frz.*›: eine Million Millionen

Bil|lon [bilˈjõ], der od. das; -s ‹*frz.*›: Silberlegierung mit hohem Kupfer-, Zinn- od. Zinkgehalt

Bi|lo|ka|ti|on, die; -, -en ‹*lat.-nlat.*›: (bes. in Heiligenlegenden berichtetes) gleichzeitiges Erscheinen eines Menschen an zwei [od. mehreren] Orten

Bi|lux|lam|pe®, die; -, -n ‹*lat.; gr.-lat.-frz.; dt.*›: Fern- u. Abblendlampe in Autoscheinwerfern

bi|ma|nu|ell [auch: ˈbiː...] ‹*lat.-nlat.*›: zweihändig

bi|ma|xil|lär ‹*lat.-nlat.*› (Anat., Med.): Ober- u. Unterkiefer betreffend

Bi|mes|ter, das; -s, - ‹*lat.*›: (veraltet) Zeitraum von zwei Monaten

Bi|me|tall, das; -[e]s, -e: Streifen aus zwei miteinander verbundenen, verschiedenen Metallen, der sich bei Erwärmung aufgrund der unterschiedlichen Ausdehnung krümmt (bei Auslösevorrichtungen u. Messinstrumenten in der Elektrotechnik)

bi|me|tal|lisch: a) auf zwei Metalle bezüglich; **b)** aus zwei Metallen bestehend

Bi|me|tal|lis|mus, der; - ‹*nlat.*›: Doppelwährung; Währung, bei der zwei Metalle (meist Gold u. Silber) Zahlungsmittel sind

bin..., Bin... vgl. bi..., Bi...

bi|nar, bi|när, binarisch ‹*lat.*› (fachspr.): aus zwei Einheiten, Zeichen od. Teilen bestehend; **binäre Einheit:** ↑Bit

Bi|när|code, Binärkode, der; -s, -s: aus einem Zeichenvorrat von nur zwei Zeichen bestehender ↑Code (1)

bi|na|risch vgl. binar

Bi|na|ris|mus, der; -: sprachwissenschaftliche Theorie, wonach sich Sprachsysteme auf eine begrenzte Anzahl binärer ↑Oppositionen (5) zurückführen lassen

Bi|när|kode vgl. Binärcode

Bi|när|sys|tem, das; -s: Dualsystem

Bi|när|zif|fer, die; -, -n (EDV): Ziffer 0 od. 1 od. eine Folge aus diesen Ziffern

Bi|na|ti|on, die; -, -en ‹*lat.-nlat.*›: zweimaliges Lesen der Messe an einem Tage durch denselben Priester

bi|na|ti|o|nal ‹*lat.-nlat.*›: zwei Nationen od. Staaten gemeinsam betreffend

bio..., Bio...

⟨zu *gr.* bíos »Leben, Lebensdauer, Lebensunterhalt, Lebensweise«⟩
Wortbildungselement mit den Bedeutungen:
I. *»das Leben betreffend«:*
- Biochemie
- biologisch
- Biolyse

II. *mit Natürlichem, Naturgemäßem zu tun habend:*
- Biobauer
- Biogemüse
- Bioladen

III. *mit organischem Leben, mit Lebewesen in Verbindung stehend:*
- bioklimatisch
- biokybernetisch
- Biotechnologie

...biont
der; -en, -en
⟨zu *gr.* bióein »leben«, Partizip Präsens bioún, Gen. bióntos »lebend«⟩
Wortbildungselement mit der Bedeutung »Lebewesen«:
- Endobiont
- Geobiont
- Symbiont

...biose
die; -, -n (meist ohne Plural)
⟨*gr.* bíōsis »Lebensweise«⟩
Wortbildungselement mit der Bedeutung »Lebensweise«:
- Aerobiose
- Epibiose
- Symbiose

bi|n|au|ral, seltener: biaural ⟨*lat.-nlat.*⟩: **1.** (Med., Technik) beide Ohren betreffend, für beide Ohren (z. B. von einem Stethoskop od. einem Kopfhörer). **2.** zweikanalig (von elektroakustischer Schallübertragung)

Binge-Drin|king [ˈbɪndʒ...], das; -[s] ⟨zu *engl.* binge »Gelage, Orgie«⟩: Rauschtrinken

Binge-Wat|ching [ˈbɪndʒwɔtʃɪŋ], das; -[s] ⟨zu *engl.* binge »Gelage, Orgie«⟩: stundenlanges Anschauen mehrerer Folgen einer Serie hintereinander

bin|go ⟨nach dem Ausruf des Gewinners beim Bingo⟩ (ugs.): getroffen!, genauso ist es!. **Bin|go,** das; -[s] ⟨*engl.*⟩: lottoähnliches Glücksspiel

Bin|go|card [...ka:ɐ̯t], die; -, -s ⟨*engl.*⟩: Antwortkarte, bei der man seine Wünsche durch Ankreuzen von Zahlen in einem Zahlenfeld angeben kann

bi|nie|ren ⟨*lat.-nlat.*⟩: die Messe zweimal an einem Tag lesen

Bi|ni|ou [biˈni̯u:], der; -s, -s ⟨*breton.-frz.*⟩: Sackpfeife in der bretonischen Volksmusik

Bi|n|o|de, die; -, -n ⟨*lat.; gr.*⟩: Elektronenröhre mit zwei Röhrensystemen in einem Glaskolben; Verbundröhre

Bi|n|o|kel [auch: biˈnɔkl̩], das; -s, - ⟨*lat.-frz.*⟩: **1.** (veraltet) **a)** Brille; **b)** Fernrohr. **2.** Mikroskop für beide Augen. **3.** (auch: der; ohne Plur.) schweizerisches Kartenspiel

bi|n|o|ku|lar ⟨*lat.-nlat.*⟩: **1.** beidäugig; **binokulares Sehen:** Fähigkeit, mit beiden Augen, also plastisch, zu sehen. **2.** für beide Augen bestimmt, zum Durchblicken für beide Augen zugleich. **Bi|n|o|ku|lar,** das; -s, -e: optisches Gerät, das für das Sehen mit beiden Augen eingerichtet ist (z. B. Mikroskop, Fernglas)

Bi|n|o|ku|lar|mi|k|ro|s|kop, das; -s, -e: für beide Augen eingerichtetes ↑Mikroskop

Bi|nom, das; -s, -e ⟨*lat.*⟩ (Math.): Summe od. Differenz aus zwei Gliedern

Bi|no|mi|al|ko|ef|fi|zi|en|ten, die (Plural) ⟨*lat.; gr.; lat.*⟩: ↑Koeffizienten der einzelnen Glieder einer binomischen Reihe

bi|no|misch ⟨*lat.; gr.*⟩: zweigliedrig; **binomischer Lehrsatz:** math. Formel zur Berechnung von Potenzen eines Binoms

bio..., Bio... s. *Kasten*

bio|ak|tiv [auch: ˈbi:o...]: biologisch aktiv, ↑biologisch (2)

Bio|al|ko|hol [...ˈho:l...], der; -s, (Fachspr.:) -e (Chemie): durch Gärung aus Biomasse gewonnener Äthylalkohol

Bio|as|t|ro|nau|tik [auch: ˈbi:o...], die; -: Erforschung der Lebensmöglichkeiten im Weltraum

Bio|bau|er, der; -n, -n: Landwirt, der seine Produkte auf natürlicher Grundlage herstellt. **Bio|bäu|e|rin,** die; -, -nen: weibliche Form zu ↑Biobauer

Bio|bi|b|lio|gra|fie, Bio|bi|b|lio|gra|phie, die; -, ...i̯en: ↑Bibliografie, die das über eine Person erschienene Schrifttum verzeichnet

Bio|che|mie [auch: ˈbi:o...], die; -: **1.** Chemie auf dem Gebiet der Biologie, Wissenschaft von der chemischen Zusammensetzung der Organismen u. den chemischen Vorgängen in ihnen. **2.** biochemische Beschaffenheit im Ganzen. **Bio|che|mi|ker** [auch: ˈbi:o...], der; -s, -: Wissenschaftler auf dem Gebiet der Biochemie. **Bio|che|mi|ke|rin** [auch: ˈbi:o...], die; -, -nen: weibliche Form zu ↑Biochemiker. **bio|che|misch** [auch: ˈbi:o...]: die Biochemie betreffend, dazu gehörend, darauf beruhend

Bio|chip [...tʃɪp], der; -s, -s ⟨*gr.; engl.*⟩: aus organischen Verbindungen mit Halbleitereigenschaften bestehender ↑Chip (3) mit sehr hoher Schaltelementdichte

Bio|chor [...k...], das; -s, -en, **Bio|cho|re,** die; -, -n, **Bio|cho|ri|on,** das; -s, ...ien ⟨*gr.-nlat.*⟩ (Biol.): engerer Lebensbereich innerhalb eines Biotops

Bio|di|ver|si|tät, die; -, -en ⟨*gr.; lat.*⟩: biologische Vielfalt (auf der Erde)

bio|dy|na|misch [auch: ˈbi:o...]: nur mit organischen Düngemitteln gedüngt (in Bezug auf Nahrungsmittel)

Bio|elek|t|ri|zi|tät [auch: ˈbi:o...], die; -: Gesamtheit der elektrischen Vorgänge in lebenden Organismen

Bio|ele|ment, das; -s, -e: Spurenelement; wichtiges, nur in sehr kleiner Menge im Körper vorhandenes u. wirksames chemisches Element (z. B. Kupfer, Jod)

Bio|ener|ge|tik [auch: ˈbiːo...], die; - (Psychol.): Verfahren der Körperpsychotherapie zur Befreiung von Ängsten, unterdrückten Emotionen, Verkrampfungen u. Ä. mithilfe von Bewegungs-, Haltungs-, Atemübungen u. Ä.

Bio|ethik, die; -, -en: Teilgebiet der ↑Ethik, das sich mit sittlichen Fragen u. Verhaltensweisen im Umgang mit Leben u. Natur, bes. auch im Hinblick auf neue Entwicklungen u. Möglichkeiten der Forschung u. Therapie (wie Gentechnologie, Sterbehilfe u. Ä.) befasst. **Bio|ethi|ker,** der; -s, -: Fachmann auf dem Gebiet der Bioethik. **Bio|ethi|ke|rin,** die; -, -nen: weibliche Form zu ↑Bioethiker

Bio|feed|back [...fiːdbɛk], das; -s, -s: Rückkopplung innerhalb eines Regelkreises biologischer Systeme

Bio|feed|back|me|tho|de, die; -: Methode, suggestives Verfahren zur Kontrolle autonomer, vom Menschen sonst kaum wahrgenommener Körperfunktionen (z. B. Blutdruck, Herzfrequenz, Hirnwellen) über Apparate, an die der Patient angeschlossen ist u. an denen er die entsprechenden Funktionen ablesen u. dann beeinflussen kann

Bio|fo|ne|tik [auch: ˈbiːo...] vgl. Biophonetik

Bio|gas, das; -es, -e: bei der Zersetzung von Naturstoffen (z. B. Mist o. Ä.) entstehendes Gas, das als alternative Energiequelle genutzt werden kann

Bio|ge|mü|se, das; -s, -: ohne künstliche Zusätze aufgezogenes Gemüse

bio|gen ⟨*gr.-nlat.*⟩: durch Tätigkeit von Lebewesen entstanden, aus abgestorbenen Lebewesen gebildet

Bio|ge|ne|se, die; -, -n: Entwicklung[sgeschichte] der Lebewesen. **bio|ge|ne|tisch:** zur Biogenese gehörend; **biogenetisches Grundgesetz:** Gesetz, wonach die Entwicklung des Einzelwesens (Ontogenese) eine Wiederholung seiner stammesgeschichtlichen Entwicklung (Phylogenese) ist (nach E. Haeckel, 1834–1919)

Bio|ge|nie, die; -: Entwicklungsgeschichte der Lebewesen

Bio|geo|gra|fie, Biogeographie [auch: ˈbiːo...], die; -: Wissenschaft von der geografischen Verbreitung der Tiere u. Pflanzen. **bio|geo|gra|fisch, bio|geo|gra|phisch** [auch: ˈbiːo...]: die Biogeografie betreffend

Bio|geo|zö|no|se, die; -, -n ⟨*gr.-nlat.*⟩: System der Wechselbeziehungen, die zwischen Pflanzen u. Tieren eines Biotops mit ihrer unbelebten Umwelt bestehen

Bio|graf, Biograph, der; -en, -en ⟨*gr.-nlat.*⟩: Verfasser einer Biografie. **Bio|gra|fie,** Biographie, die; -, ...ien ⟨*gr.*⟩: **1.** Beschreibung der Lebensgeschichte einer Person. **2.** Lebens[ab]lauf, Lebensgeschichte eines Menschen. **Bio|gra|fin,** Biographin, die; -, -nen: weibliche Form zu ↑Biograf. **bio|gra|fisch,** biographisch: die Biografie (2) betreffend, auf ihr beruhend

Bio|gramm, das; -s, -e ⟨*gr.-nlat.*⟩ (Verhaltensf.): Aufzeichnung des Lebensablaufs von Individuen einer zusammenlebenden Gruppe

Bio|graph usw. vgl. Biograf usw.

Bio|in|di|ka|tor [auch: ˈbiːo...], der; -s, ...oren (meist Plural): Organismus, der sehr empfindlich auf Änderungen in seinem Lebensraum reagiert u. dadurch als Anzeiger für die Umweltqualität dienen kann

Bio|in|for|ma|tik [auch: ˈbiːo...], die; -: Zweig der Biowissenschaften, der sich mithilfe der Computertechnologie mit der Erforschung komplexer biologischer Zusammenhänge befasst

Bio|ka|ta|ly|sa|tor [auch: ˈbiːo...], der; -s, -en: Wirkstoff (z. B. Hormon), der die Stoffwechselvorgänge steuert

bio|kli|ma|tisch [auch: ...ˈmaː...]: die Bioklimatologie betreffend. **Bio|kli|ma|to|lo|gie** [auch: ˈbiːo...], die; -: Wissenschaft von den Einwirkungen des ↑Klimas auf das Leben

Bio|kom|pa|ti|bi|li|tät, die; - ⟨*gr.; lat.-frz.*⟩ (Med.): Verträglichkeit zwischen einem natürlichen Gewebe und einem Werkstoff (z. B. einem Zahnimplantat)

Bio|ky|ber|ne|tik [auch: ˈbiːo...], die; - ⟨*gr.-nlat.*⟩: Wissenschaft, die die Steuerungs- u. Regelungsvorgänge in biologischen Systemen (Mensch, Tier, Pflanze) untersucht. **bio|ky|ber|ne|tisch** [auch: ˈbiːo...]: die Biokybernetik betreffend. **Bio|la|den,** der; -s, ...läden: Geschäft, in dem nur Produkte, bes. Nahrungsmittel, angeboten werden, die nicht chemisch behandelt sind

Bio|lith [auch: ...ˈlɪt], der; -s od. -en, -e[n] (meist Plural) ⟨*gr.-nlat.*⟩ (Geol.): aus abgestorbenen Lebewesen entstandenes ↑Sediment

Bio|lo|ge, der; -n, -n ⟨*gr.-nlat.*⟩: Wissenschaftler auf dem Gebiet der Biologie. **Bio|lo|gie,** die; -: **1.** Wissenschaft von der belebten Natur u. den Gesetzmäßigkeiten im Ablauf des Lebens von Pflanze, Tier u. Mensch. **2.** biologische Beschaffenheit im Ganzen. **Bio|lo|gin,** die; -, -nen: weibliche Form zu ↑Biologe. **bio|lo|gisch: 1.** die Biologie betreffend, auf ihr beruhend. **2.** den Gegenstand der Biologie (lebendige Natur, Lebensvorgänge u. -beschaffenheit) betreffend, darauf beruhend. **3.** aus natürlichen Stoffen hergestellt

bio|lo|gisch-dy|na|misch: (von Nutzpflanzen) auf ausschließlich biologischer Grundlage u. unter Berücksichtigung kosmischer Konstellationen angebaut

Bio|lo|gis|mus, der; -: einseitige u. ausschließliche Anwendung biologischer Gesichtspunkte auf andere Wissensgebiete. **bi|o|lo|gis|tisch:** den Biologismus betreffend, im Sinne des Biologismus

Bio|lu|mi|nes|zenz, die; - ⟨*gr.; lat.-nlat.*⟩: auf biochemischen Vorgängen beruhende Lichtausstrahlung vieler Lebewesen (Bakterien, Tiefseefische u. a.)

Bio|ly|se, die; -, -n ⟨*gr.-nlat.*⟩: chem. Zersetzung organischer Substanz durch lebende Organismen. **bio|ly|tisch:** die Biolyse betreffend, auf Biolyse beruhend

Bi|om, das; -s, -e ⟨*gr.-nlat.*⟩: Lebensgemeinschaft von Tieren u. Pflanzen in einem größeren geografischen Raum (tropischer Regenwald, Savanne u. a.)

Bio|mant, der; -en, -en ‹*gr.-nlat.*›: jmd., der sich mit Biomantie befasst. **Bio|man|tie,** die; -: Voraussage des Lebensschicksals aus biologischen Zeichen. **Bio|man|tin,** die; -, -nen: weibliche Form zu ↑Biomant

Bio|mas|se, die; -, -en ‹*gr.; dt.*›: Masse der durch Lebewesen anfallenden organischen Substanz in einem bestimmten Lebensraum

Bio|ma|te|ri|al, das; -s, ...ien [...i̯ən] ‹*gr.; lat.*›: Werkstoff, der sich für die ↑Implantation in den menschl. Körper eignet

Bio|me|cha|nik [auch: ˈbiːo...], die; -: Teilgebiet der ↑Biophysik, das sich mit den mechanischen Vorgängen in den Organismen befasst. **bio|me|cha|nisch** [auch: ˈbiːo...]: die Biomechanik betreffend

Bio|me|di|zin, die; -: **1.** Fachbereich, der sich mit biologischer Grundlagenforschung auf medizinischem Gebiet beschäftigt. **2.** alternative Medizin

Bio|me|te|o|ro|lo|gie [auch: ˈbiːo...], die; - (Biol., Med.): Wissenschaft vom Einfluss des Wetters auf die Lebewesen, insbesondere auf den Menschen. **bio|me|te|o|ro|lo|gisch** [auch: ˈbiːo...]: **1.** die Biometeorologie betreffend. **2.** den Einfluss des Wetters auf Lebewesen betreffend

Bio|me|t|rie, Bio|me|t|rik, die; - ‹*gr.-nlat.*›: [Lehre von der] Anwendung mathematischer Methoden zur zahlenmäßigen Erfassung, Planung u. Auswertung von Experimenten in Biologie, Medizin u. Landwirtschaft (z. B. zur Körpermessung)

bio|me|t|risch: die Biometrie betreffend

bio|mi|me|tisch ‹*gr.*›: biologische Prozesse, Strukturen o. Ä. nachahmend (bes. bei neuen Technologien)

Bio|mo|ni|to|ring, das; -s ‹*engl.*›: **a)** Verfahren zur Beurteilung der Belastung des Menschen durch bestimmte [Schad]stoffe unter besonderer Berücksichtigung der Arbeitsumgebung u. der Umwelt; **b)** Untersuchung der Belastung von Pflanzen od. Tieren durch die [Gift]stoffe, denen sie in ihrer Umwelt ausgesetzt sind

bio|morph ‹*gr.-nlat.*›: von den Kräften des natürlichen Lebens geformt, geprägt. **Bio|mor|pho|se,** die; -: durch die Lebensvorgänge bewirkte Veränderung im Erscheinungsbild eines Lebewesens (z. B. das Altern). **bio|mor|pho|tisch:** die Biomorphose betreffend

Bio|mo|tor, der; -s, -en ‹*gr.; lat.*›: Apparatur zur künstlichen Beatmung der Lunge

bio|ne|ga|tiv ‹*gr.; lat.*›: lebensschädlich, lebensfeindlich

Bio|nik, die; - ‹nach *engl.-amerik.* bionics; mit *bio*...nach dem Muster von electr*onics* gebildetes Kurzw.›: Wissenschaft von der technischen Umsetzung u. Anwendung von Konstruktionen, Verfahren u. Entwicklungsprinzipien biologischer Systeme. **bio|nisch:** die Bionik betreffend

Bio|no|mie, die; - ‹*gr.-nlat.*›: Lehre vom gesetzmäßigen Ablauf des Lebens im Tierreich

...bi|ont *s. Kasten bio..., Bio...*

Bi|on|to|lo|gie, die; - ‹*gr.-nlat.*› (veraltet): Wissenschaft von den Lebewesen

Bio|op|tik, die; -: Lehre von den Sehvorgängen u. optischen Erscheinungen im Bereich der Biologie

Bio|pa|tent, das; -[e]s, -e: Patent (1), das für biotechnologische Erfindungen erteilt werden kann

bio|phar|ma|zeu|tisch [auch: ˈbiːo...]: die Biopharmazie betreffend, zu ihr gehörend. **Bio|phar|ma|zie** [auch: ˈbiːo...], die; -: Fachrichtung der Pharmazie, die sich mit den physikalisch-chemischen Eigenschaften von Arzneimitteln u. Arzneizubereitungen als Voraussetzung für deren Wirkung befasst

Bio|pho|ne|tik, Biofonetik [auch: ˈbiːo...], die; - ‹*gr.-nlat.*›: Wissenschaft, die sich mit den biologischen Grundlagen für die Entstehung u. Aufnahme der Sprachlaute u. den dabei stattfindenden Vorgängen im Zentralnervensystem befasst

Bio|phor, der; -s, -e ‹*gr.-nlat.*; »Lebensträger«›: früher angenommene Elementareinheit des Zellplasmas

Bio|phy|sik [auch: ˈbiːo...], die; -: **1.** Wissenschaft von den physikalischen Vorgängen in u. an Lebewesen. **2.** medizinisch angewendete Physik (z. B. Strahlenbehandlung u. -schutz). **bio|phy|si|ka|lisch** [auch: ˈbiːo...]: die Biophysik betreffend

Bio|pic [baɪ̯ˈɔ..., engl.: ˈbaɪ̯ɔʊ̯...], das; -[s], -s ‹*engl.*› (Film, Fernsehen): Verfilmung des Lebens einer Person

Bio|pro|the|se, die; -, -n ‹*gr.*› (Med.): aus menschlichem od. tierischem Gewebe hergestelltes Ersatzstück, z. B. für Herzklappen od. Blutgefäße

Bi|op|sie, die; -, ...i̯en ‹*gr.-nlat.*› (Med.): Untersuchung von Gewebe, das dem lebenden Organismus entnommen ist

Bio|psy|chis|mus [auch: ...ˈçis...], der; - ‹*gr.-nlat.*›: philosophische Anschauung, nach der jedem organischen Geschehen ein psychischer Prozess zuzuordnen ist

bi|op|tisch ‹*gr.-nlat.*›: die Biopsie betreffend

Bio|re|ak|tor, der; -s, -en: ↑Fermenter

Bio|re|gi|on, die; -, -en: ein vom Großklima mitgestalteter Bereich der ↑Biosphäre

Bi|o|rheu|se, Biorrheuse ‹*gr.-nlat.*; »Lebensfluss«› die; -: Bez. für den natürlichen Prozess des Alterns u. die damit zusammenhängenden Veränderungen im Organismus

Bio|rhyth|mik [auch: ...ˈrʏt...], die; - ‹*gr.-nlat.*›: Art, Charakter des Biorhythmus

Bio|rhyth|mus [auch: ...ˈrʏt...], der; -: in periodischem Ablauf erfolgender Rhythmus von physiologischen Vorgängen (z. B. Wachstum, Leistungsfähigkeit u. Ä.) bei Lebewesen

Bi|or|rheu|se vgl. Biorheuse

Bi|os, der; - ‹*gr.*›: das Leben; die belebte Welt als Teil des Kosmos

BIOS ‹Abk. für *engl.* *b*asic *i*nput *o*utput *s*ystem »Basis-Eingabe-Ausgabe-System«› (EDV): Bez. für den Teil des Betriebssystemkerns, der alle standardisierten Grundfunktionen enthält, die für die Ein- u. Ausgabe benötigt werden

Bio|sa|tel|lit, der; -en, -en ‹*gr.; lat.*›: mit Tieren [und Pflanzen] besetztes kleines Raumfahrzeug zur Erforschung der Lebensbedingungen in der Schwerelosigkeit

Bi|o|se, die; -, -n ‹*lat.-nlat.*›: einfacher Zucker mit zwei Sauerstoffatomen im Molekül

...bi|o|se *s. Kasten bio..., Bio...*

Bio|sen|sor, der; -s, ...oren ‹*gr.; lat.*›: Gerät zur elektronischen Messung physikalischer u. chemischer Lebensvorgänge am u. im Körper

Bio|s|kop, das; -s, -e ‹*gr.-nlat.*›: eine der ersten Einrichtungen zur Projektion von Filmmaterial (seit 1895)

Bio|so|zio|lo|gie [auch: 'bi:o...], die; - ‹*gr.; lat.; gr.*›: Wissenschaft von den Wechselbeziehungen zwischen biologischen u. soziologischen Gegebenheiten. **bio|so|zio|lo|gisch** [auch: 'bi:o...]: die Biosoziologie betreffend, zu ihr gehörend, auf ihren Untersuchungen beruhend

Bio|sphä|re [auch: ...'sfɛ:...], die; - ‹*gr.-nlat.*›: Gesamtheit der von Lebewesen besiedelten Schichten der Erde. **bio|sphä|risch** [auch: ...'sfɛ...]: zur Biosphäre gehörend

Bio|sta|tis|tik, die; - ‹*gr.-nlat.*›: ↑Biometrie

Bio|stra|ti|gra|fie, Bio|stra|ti|gra|phie [auch: 'bi:o...], die; -: Festlegung der geologischen Gliederung u. ihres Alters mithilfe von Fossilien

Bio|syn|the|se, die; -, -n ‹*gr.*›: 1. der Aufbau chem. Verbindungen in den Zellen des lebenden Organismus. 2. Herstellung organischer Substanzen mithilfe von Mikroorganismen

Bi|o|tar, das; -s, -e ‹Kunstw.›: fotografisches Objektiv mit größerem Öffnungsverhältnis

Bio|tech ['bi:otɛk, auch: 'baɪ̯oʊ̯tɛk], die; - ‹*engl.;* gekürzt aus biotechnology »Biotechnologie«›: kurz für ↑Biotechnologie. **Bio|tech|fir|ma** [...tɛk...], die; -, ...en: Unternehmen, das mit biotechnologischen Methoden Produkte herstellt u. damit handelt

Bio|tech|nik [auch: ...'tɛç...], die; -, -en: technische Nutzbarmachung biologischer Vorgänge u. Abläufe (z. B. aus den Ergebnissen der Bionik). **bio|tech|nisch** [auch: ...'tɛç...]: auf die Biotechnik bezogen, lebenstechnisch

Bio|tech|no|lo|gie [auch: ...'gi:], die; -: Wissenschaft von den Methoden u. Verfahren, die zur technischen Nutzbarmachung biologischer Prozesse u. bei der Umwandlung von Naturprodukten angewendet werden. **bio|tech|no|lo|gisch** [auch: ...'lo:...]: die Biotechnologie betreffend

Bio|te|le|me|t|rie, die; - ‹*gr.*›: Funkübermittlung von biologischen Messwerten eines Biosensors

Bio|ter|ro|ris|mus, der; -: das Verbreiten von Terror durch Anschläge mit biologischen Waffen, z. B. Bakterien

Bi|o|tin, das; -s ‹*gr.-nlat.*›: Vitamin H

bio|tisch ‹*gr.*›: auf Lebewesen, auf Leben bezüglich

Bi|o|tit [auch: ...'tɪt], der; -s, -e ‹*nlat.;* nach dem frz. Physiker Biot, † 1862›: zu den Glimmern gehörendes dunkelgrünes bis schwarzes Mineral

Bi|o|tit|gra|nit [auch: ...'tɪt...], der; -s: ein Tiefengestein

Bio|to|nus, der; - ‹*gr.-nlat.*› (Psychol.): natürlicher Spannungszustand im Organismus

Bio|top, der od. das; -s, -e ‹*gr.-nlat.*›: 1. durch bestimmte Pflanzen- u. Tiergesellschaften gekennzeichneter Lebensraum. 2. Lebensraum einer einzelnen Art

bio|trop ‹*gr.-nlat.*›: durch physikalische u. klimatische Reize auf die Verfassung u. Leistungsfähigkeit eines Organismus einwirkend; **biotrope Faktoren:** Kräfte (wie Sonnenschein, Luftdruck), die auf die Lebewesen bestimmend einwirken. **Bio|tro|pie,** die; -, ...ien: wetterbedingte Empfindlichkeit des Organismus (z. B. bei plötzlichen Luftdruckschwankungen)

Bio|tur|ba|ti|on ['bi:o...] ‹*gr.; lat.*›: Durchmengung, Veränderung des Bodens durch die Tätigkeit wühlender Organismen

Bio|typ [auch: 'bi:o...], der; -s, -en: ↑Biotypus. **bio|ty|pisch** [auch: ...'ty:...]: den Biotypus betreffend. **Bio|ty|pus** [auch: 'bi:o...], der; -, ...pen: Gruppe od. Generationsfolge von Individuen mit gleicher Erbanlage

Bio|wis|sen|schaft, die; -, -en ‹*gr.; dt.*›: Gesamtheit der zur Biologie gehörenden Wissenschaftszweige

bio|zen|t|risch [auch: 'bi:o...]: das Leben, seine Steigerung u. Erhaltung in den Mittelpunkt aller Überlegungen stellend (Ggs.: logozentrisch)

[1]**Bio|zid,** das; -[e]s, -e ‹*gr.; lat.*›: ↑Pestizid

[2]**Bio|zid,** der u. das; -[e]s, -e: Vernichtung von Biotopen

Bio|zö|no|lo|ge, der; -n, -n ‹*gr.-nlat.*›: Erforscher von Biozönosen. **Bio|zö|no|lo|gie,** die; -: Wissenschaft von den ↑Biozönosen. **Bio|zö|no|lo|gin,** die; -, -nen: weibliche Form zu ↑Biozönologe

Bio|zö|no|se, die; -, -n: Lebensgemeinschaft von Pflanzen u. Tieren in einem ↑Biotop (1). **bio|zö|no|tisch:** die Biozönose betreffend, darauf beruhend

BIP, das; -[s]: Abk. für ↑Bruttoinlandsprodukt

bi|ped ‹*lat.*›: ↑bipedisch; vgl. ...isch/-. **Bi|pe|de,** der; -n, -n ‹*lat.*›: Zweifüßer; zweifüßiges Tier. **Bi|pe|die,** Bipedität, die; - ‹*lat.-nlat.*›: Zweifüßigkeit. **bi|pe|disch:** zweifüßig

Bi|phe|nyl, das; -s, -e: zur Konservierung von Zitrusfrüchten verwendeter Kohlenwasserstoff

bi|po|lar [auch: ...'la:ɐ̯] ‹*gr.-lat.-nlat.*›: zweipolig. **Bi|po|la|ri|tät** [auch: 'bi:...], die; -, -en: Zweipoligkeit, Vorhandensein zweier entgegengesetzter Pole

Bi|qua|d|rat, das; -[e]s, -e (Math.): Quadrat des Quadrats, vierte Potenz. **bi|qua|d|ra|tisch:** in die vierte Potenz erhoben; **biquadratische Gleichung:** Gleichung 4. Grades

Bi|quet [bi'ke:], der; -s, -s ‹*frz.*›: Schnellwaage für Gold- u. Silbermünzen

bi|que|tie|ren: Münzen abwiegen

Bir|die ['bœ:ɐ̯di], das; -s, -s ‹*engl.;* »Vögelchen«› (Golf): das Spielen eines Lochs mit einem Schlag unter ↑Par

Bi|re|me, die; -, -n ‹*lat.*›: Zweiruderer; antikes Kriegsschiff mit zwei übereinanderliegenden Ruderbänken

Bi|rett, das; -s, -e ‹*lat.-mlat.*›: aus dem Barett entwickelte drei- bzw. vierkantige Kopfbedeckung katholischer Geistlicher

Bi|rut|sche vgl. Barutsche

bis ‹*lat.;* »zweimal«›: **a)** wiederholen, noch einmal (Anweisung in der Notenschrift); **b)** in einer musikalischen Aufführung als Zuruf die Aufforderung zur Wiederholung

Bi|sam, der; -s, -e u. -s ‹*hebr.-mlat.*›: **1.** (ohne Plural) Moschus. **2.** Handelsbezeichnung für Bisamrattenpelz

Bi|seau|schliff [biˈzoː...], der; -s, -e ‹*frz.; dt.*›: schrägkantiger Schliff an Edelsteinen

Bi|sek|t|rix, die; -, ...trizes [...tseːs] ‹*lat.-nlat.*› (Optik): Winkelhalbierende zwischen den optischen Achsen eines Kristalls

bi|se|ri|al ‹*lat.-nlat.*› (veraltet): zweireihig, zweizeilig

bi|se|riert ‹*lat.; gr.*›: in der Fügung **biserierte Magnesia** (Med.): [als Heilmittel verwendete] doppelt gebrannte Magnesia

Bi|se|xu|a|li|tät [auch: ˈbiː...], die; -: **1.** (Biol.) Doppelgeschlechtigkeit. **2.** (bes. Med., Psychol.) Nebeneinander von homo- u. heterosexueller Veranlagung, besonders bei einem Menschen. **bi|se|xu|ell** [auch: ˈbiː...]: **1.** (Biol.) doppelgeschlechtig. **2.** (Med., Psychol.) ein sowohl auf Personen des anderen als auch auf Personen des eigenen Geschlechts gerichtetes Sexualempfinden, sexuelles Verlangen habend; sowohl homo- als auch heterosexuell

Bis|kot|te, die; -, -n ‹*lat.-it.*› (österr.): längliches Biskuit, Löffelbiskuit

Bis|kuit [...ˈkviːt, ...ˈkvɪt], das (auch: der); -[e]s, -s (auch: -e) ‹*lat.-frz.;* »zweimal Gebackenes«›: **1.** Feingebäck aus Mehl, Eiern, Zucker. **2.** ↑Biskuitporzellan. **Bis|kuit|por|zel|lan,** das; -s, -e: gelbliches, unglasiertes Weichporzellan

Bis|ku|pi|dal|klap|pe, die; -, -n ‹*lat.*›: ↑Mitralklappe

bis|mil|lah ‹*arab.*›: im Namen Gottes (islamische Eingangsformel für Gebete, Schriftstücke o. Ä.)

Bis|mu|tit [auch: ...ˈtɪt], der; -s, -e ‹*dt.-nlat.*›: meist gelbliches Mineral

Bis|mu|tum, das; -s: lat. Bez. für: Bismut/Wismut (ein Metall) (Zeichen: Bi)

Bi|son, der, auch: das; -s, -s ‹*germ.-lat.*›: nordamerikanischer Büffel

Bis|phe|nol, das; -s, -e ‹*lat.; gr.*›: **Bisphenol A:** in zahlreichen Kunststoffen enthaltene, gesundheitsschädliche Substanz, die wie ein Hormon wirkt

Bis|phos|phat, das; -[e]s, -e ‹*lat.; gr.-nlat.*›: Substanz mit zwei Phosphatgruppen

Bis|phos|pho|nat, das; -s, -e ‹*lat.; gr.*› (Med.): phosphorhaltiges Medikament zur Behandlung von Osteoporose u. Knochentumoren

bi|sta|bil [auch: ˈbiː...]: zwei stabile Zustände aufweisend (vor allem bei elektronischen Bauelementen)

Bis|ter, der od. das; -s ‹*frz.*›: aus Holzruß hergestellte bräunliche Wasserfarbe

Bis|tou|ri [bɪsˈtuːri], der od. das; -s, -s ‹*frz.*› (Med.): **1.** langes, schmales ↑Skalpell mit auswechselbarer Klinge. **2.** früher benutztes Operationsmesser mit einklappbarer Klinge

Bis|t|ro, das; -s, -s ‹*frz.*›: kleines, meist einfacheres Lokal, in dem auch kleinere Speisen angeboten werden

Bi|sul|fat, das; -s, -e (veraltet): Hydrogensulfat

Bi|sul|fit, das; -s, -e (veraltet): Hydrogensulfit

bi|syl|la|bisch [auch: ˈbiː...] (veraltet): zweisilbig

Bit, das; -[s], -[s] ‹*engl.;* Kurzw. aus: *b*inary dig*it* = »binäre Ziffer«›: **1. a)** binäre Einheit für die Anzahl möglicher alternativer Entscheidungen in einem binären System; **b)** Binärzeichen (Zeichen: bit); **c)** die einzelne Entscheidung. **2.** Einheit für den Informationsgehalt einer Nachricht (Zeichen: bit)

¹Bit|coin®, -[s], ohne Artikel ‹*engl.*› (Finanzw.): über das Internet funktionierendes Zahlungssystem

²Bit|coin, der; -s, -s od. die; -, -s (Finanzw.): Einheit des Zahlungssystems ↑¹Bitcoin

Bit|map [...mæp], die; -, -s ‹*engl.*›: Datenformat, das eine aus ↑Pixeln bestehende Grafik direkt im Arbeitsspeicher eines Computers abbildet

Bi|tok, der; -s, -s u. Bitki ‹*russ.*›: kleiner, runder gebratener Fleischkloß

bi|to|nal: 1. (Musik) auf zwei verschiedene Tonarten zugleich bezogen. **2.** (Med.) doppeltönend (z. B. vom Husten)

Bi|to|na|li|tät, die; -: gleichzeitige Anwendung zweier verschiedener Tonarten in einem Musikstück

Bit|ter Le|mon, das; - -[s], - -, **Bit|ter|le|mon,** das; -[s], - [-ˈlɛmən, auch: ...lɛmən] ‹*engl.*›: milchig-trüb aussehendes Getränk aus Zitronen- u. Limettensaft mit geringem Chiningehalt

Bi|tu|men, das; -s, - (auch: ...mina) ‹*gall.-lat.;* »Erdharz, Erdpech«›: aus organischen Stoffen natürlich entstandene teerartige Masse (Kohlenwasserstoffgemisch), auch bei der Aufarbeitung von Erdöl als Destillationsrückstand gewonnen (verwendet als Abdichtungs-, Isoliermasse u. Ä.). **bi|tu|mig:** Bitumen enthaltend, dem Bitumen ähnlich

bi|tu|mi|nie|ren: mit Bitumen behandeln od. versetzen. **bi|tu|mi|nös:** Bitumen enthaltend

Bi|u|ret|re|ak|ti|on, die; - ‹*lat.; gr.; lat.*›: Nachweis von Eiweißkörpern mit Kupfersulfat

bi|va|lent [auch: ˈbiː...] ‹*lat.-nlat.*› (Chemie): zweiwertig. **Bi|va|lenz** [auch: ˈbiː...], die; -, -en (Chemie): Zweiwertigkeit

Bi|val|ven [biˈvalvn̩], **Bi|val|via,** die (Plural) ‹*lat.-nlat.;* »Zweitürige«› (Zool.): Muscheln

Bi|wa, die; -, -s ‹*jap.*›: vier- bis sechssaitiges japanisches Lauteninstrument

Bi|wak, das; -s, -s u. -e ‹*niederd.-frz.;* »Beiwacht«› (bes. Militär, Bergsteigen): behelfsmäßiges Nachtlager im Freien. **bi|wa|kie|ren** (bes. Militär, Bergsteigen): im Freien übernachten

bi|zarr ‹*it.-frz.*›: von absonderlicher, eigenwillig schroff-verzerrter, fremdartig-fantastischer Form, Gestalt

Bi|zar|re|rie, die; -, ...ien: Absonderlichkeit [in Form u. Gestalt]

Bi|zeps, der; -[es], -e ‹*lat.*›: »zweiköpfiger«, d. h. an einem Ende in zwei Teile auslaufender Oberarmmuskel (Beugemuskel)

Bi|zi|nie [...i̯ə], die; -, -n ‹*lat.*›: zweistimmiges Musikstück (auch Gesang) des 16. u. 17. Jh.s

bi|zo|nal ‹*lat.; gr.*›: die Bizone betreffend

Bi|zo|ne, die; - (Geschichte): aus der amerikanischen u. britischen Besatzungszone in Deutschland 1947 gebildetes einheitliches Wirtschaftsgebiet

bi|zy|k|lisch [auch: 'bi:..., auch: ...'tsʏk...], chem. fachspr.: bicyclisch ‹*lat.; gr.*›: einen Kohlenstoffdoppelring enthaltend (von Molekülen)

Black|band ['blɛkbɛnd], das; -s ‹*engl.*›: weniger wertvolles Eisenerz, Kohleneisenstein

Black|ber|ry® ['blɛkbɛri], der, auch: das; -[s], -s: Smartphone mit physischer Tastatur der Marke BlackBerry®

Black|bot|tom ['blækbɔtəm, 'blæk 'bɔtəm], der; -s, -s, **Black Bottom,** der; - -s, - -s ‹*engl.-amerik.*›: nordamerikanischer Gesellschaftstanz

Black|box ['blɛkbɔks, - 'bɔks], die; -, -es, **Black Box,** die; - -, - -es ‹*engl.;* »schwarzer Kasten (des Zauberers)«›: **1.** Teil eines ↑kybernetischen Systems, dessen Aufbau u. innerer Ablauf aus den Reaktionen auf eingegebene Signale erst erschlossen werden muss. **2.** (Flugw.) Bez. für den Flugdatenschreiber u. das Aufzeichnungsgerät für die Gespräche im Cockpit. **3.** (Theater) schwarz gestalteter [Bühnen]raum

Black|box-Me|tho|de, Black|box-me|tho|de, Black-Box-Me|tho|de, die; - (Kybernetik): Verfahren zum Erkennen noch unbekannter Systeme

Black Fri|day ['blɛk 'fraɪ̯deɪ̯], der; - -[s], - -s ‹*engl.*› (Werbespr.): Freitag nach dem Thanksgiving Day; (urspr. in den USA) von Werbeaktionen begleiteter Beginn des Weihnachtsgeschäfts im Einzelhandel

Black Hole ['blɛk 'hɔʊ̯l], das; - -, - -s ‹*engl.*› (Astron.): schwarzes Loch

Black|jack ['blɛkdʒɛk], das; -, -, **Black Jack,** das; - -, - - ‹*amerik.*›: amerikanisches Kartenspiel als Variante des Siebzehnundvier

Black|mail ['blɛkmɛɪ̯l], die; -, -s, **Black Mail,** die; - -, - -s ‹*engl.*›: Erpressung [durch Androhung der Bloßstellung]

Black Me|tal [blɛk 'mɛtl̩], der; - -[s] ‹*engl.*›: Variante des ↑Heavy Metal mit ursprünglich satanistischem Gedankengut, in Teilen auch mit nationalistischer od. rassistischer Gesinnung

Black|out, Black-out ['blɛkʔaʊ̯t, blɛk'ʔaʊ̯t], das, auch: der; -[s], -s ‹*engl.;* »Verdunklung«›: **1.** (Med.) plötzlicher, vorübergehender Ausfall von Funktionen, z. B. des Erinnerungsvermögens. **2.** nächtlicher Stromausfall [in einer Stadt]. **3. a)** plötzliches Abdunkeln der Szene bei Bildschluss im Theater; **b)** kleinerer ↑Sketch, bei dem ein solcher Effekt die unvermittelte Schlusspointe setzt. **4.** (Raumfahrt) Unterbrechung des Funkkontakts

Black Pan|ther ['blæk 'pænθə], der; - -s, - - ‹*amerik.*›: Angehöriger einer afroamerikanischen Organisation, deren Mitglieder die soziale Benachteiligung der Schwarzen zu beseitigen versuchen

Black Po|w|er ['blɛk 'paʊ̯ɐ], die; - - ‹*engl.;* »schwarze Macht«›: Bewegung nordamerikanischer Schwarzer gegen die Rassendiskriminierung (bes. in den 1960er-Jahren)

Black Tongue ['blɛk 'taŋ], die; - - ‹*engl.;* »schwarze Haarzunge«›: **1.** (Med.) krankhafte braune Verfärbung der Zunge[nmitte]. **2.** Schwarzzungenkrankheit des Hundes

Bla|cky ['blɛki] ‹*engl.*›: Kosename für ein Wesen, das durch ein od. mehrere schwarze od. dunkle Merkmale gekennzeichnet ist

Blaf|fert, der; -s, -e ‹*germ.-mlat.*›: groschenartige Silbermünze des 14.–16. Jh.s

bla|gie|ren ‹*frz.*› (veraltet): **1.** prahlen. **2.** sich lustig machen

Bla|gueur [...'gø:ɐ̯], der; -s, -e (veraltet): Prahlhans

bla|ma|bel ‹*gr.-lat.-vulgärlat.-frz.*›: beschämend

Bla|ma|ge [bla'ma:ʒə], die; -, -n: etwas, was für den Betreffenden peinlich, beschämend, bloßstellend ist

bla|mie|ren: jmdm., sich eine Blamage bereiten

Blanc de Blancs ['blɑ̃də'blɑ̃:], der; - - -, -s - - ‹*frz.*›: aus weißen Trauben gekelterter Weißwein

Blanc fixe [blɑ̃'fiks], das; - - ‹*frz.*›: ↑Permanentweiß

blan|chie|ren [blɑ̃'ʃi:...] ‹*germ.-frz.*› (Gastron.): Gemüse, Mandeln u. anderes mit heißem Wasser überbrühen

Blanc|man|ger [blɑ̃mɑ̃'ʒe:], das; -s, -s ‹*frz.*›: Mandelgelee

blạnd ‹*lat.*›: **1.** mild, reizlos (z. B. von einer Diät). **2.** (Med.) **a)** ruhig verlaufend (von Krankheiten); **b)** nicht auf Ansteckung beruhend (von Krankheiten)

Blank [blæŋk], der od. das; -s, -s ‹*germ.-frz.-engl.*› (EDV): Leerstelle, Zwischenraum zwischen zwei geschriebenen Wörtern

Blan|ket ['blæŋkɪt], das; -s, -s ‹*engl.*›: Brutzone, Zone außerhalb od. innerhalb der Spaltzone eines Kernreaktors, der als schneller Brüter arbeitet

Blan|kẹtt, das; -[e]s, -e ‹französierende Bildung zu *dt.* blank›: **a)** (Wirtsch.) Wertpapiervordruck, zu dessen Rechtsgültigkeit noch wichtige Eintragungen fehlen; **b)** Schriftstück mit Blankounterschrift, das der Empfänger absprachegemäß ausfüllen soll

blạn|ko ‹*germ.-it.*›: leer od. nicht vollständig ausgefüllt

Blạn|ko|ak|zept, das; -[e]s, -e: Wechsel, der ↑akzeptiert wird, ehe er vollständig ausgefüllt ist

Blạn|ko|scheck, der; -s, -s: Scheck, der nur teilweise ausgefüllt, aber unterschrieben ist

Blạn|ko|voll|macht, die; -, -en: unbeschränkte Vollmacht

Blạnk|vers, der; -es, -e ‹*engl.*›: meist reimloser fünffüßiger Jambenvers

Blan|quis|mus [blɑ̃'kɪs...], der; - ‹nach dem frz. Sozialisten L. A. Blanqui, 1805–1881›: revolutionäre sozialistische Bewegung des 19. Jh.s in Frankreich. **Blanquịst,** der; -en, -en: Anhänger des Blanquismus

bla|siert ‹*frz.*›: überheblich, eingebildet, hochnäsig, hochmütig

Bla|son [bla'zɔ̃:], der; -s, -s ‹*frz.*›: **1.** Wappenschild. **2.** Wappenkunde. **3.** französisches Preisgedicht des 16. Jh.s, das in detaillierter Beschreibung von

Frauen od. Pferden, Waffen, Wein u. a. handelt

bla|so|nie|ren: 1. ein Wappen kunstgerecht ausmalen. 2. ein Wappen entsprechend den Regeln der ↑Heraldik beschreiben, erklären

Blas|phe|mie, die; -, ...ien ⟨*gr.-lat.*⟩: Gotteslästerung, verletzende Äußerung über etwas Heiliges

blas|phe|mie|ren: lästern, etwas Heiliges beschimpfen

blas|phe|misch: Heiliges lästernd, verhöhnend; eine Gotteslästerung enthaltend

Blas|phe|mist, der; -en, -en ⟨*gr.-nlat.*⟩: Gotteslästerer. **Blas|phe|mis|tin,** die; -, -nen: weibliche Form zu ↑Blasphemist. **blas|phe|mis|tisch** vgl. blasphemisch

Blas|tem, das; -s ⟨*gr.;* »Keim, Spross«⟩ (Biol.): aus undifferenzierten Zellen bestehendes Gewebe, aus dem sich schrittweise die Körpergestalt entwickelt

Blas|to|derm, das; -s ⟨*gr.-nlat.*⟩: Keimhaut, Zellwand der ↑Blastula

Blas|to|ge|ne|se, die; -: ungeschlechtliche Entstehung eines Lebewesens (z. B. eines Polypen [2]) durch Sprossung od. Knospung

Blas|tom, das; -s, -e (Med.): Tumor auf der Basis embryonaler Gewebe

Blas|to|me|re, die; -, -n (Biol.): durch Teilung entstandene Zelle

Blas|to|my|ko|se, die; -, -n (Med.): durch Sprosspilze verursachte Erkrankung von Haut, Schleimhaut od. Lunge. **Blas|to|my|zet,** der; -en, -en: Sprosspilz, Hefepilz

Blas|to|ph|tho|rie, die; -: Keimschädigung

Blas|to|po|rus, der; -: Urmund (Öffnung des Urdarms)

Blas|to|zöl, das; -s: die Furchungshöhle der Blastula

Blas|to|zyt, der; -en, -en (meist Plural): noch undifferenzierte ↑embryonale Zellen

Blas|tu|la, die; -, ...lae [...lɛ]: Blasenkeim, frühes Entwicklungsstadium des ↑Embryos

Bla|zer [ˈbleɪ̯zɐ], der; -s, - ⟨*engl.*⟩: 1. Klubjacke. 2. sportlich-elegantes Damen- od. Herrenjackett

Blea|ching [ˈbliːtʃɪŋ], das; -s ⟨*engl.*⟩ (Zahnmed.): das Bleichen der Zähne

Blend, der od. das; -s, -s ⟨*engl.*⟩: 1. (Sprachwiss.) Verschmelzung zweier Wörter zu einer neuen absichtlichen Kontamination (z. B. Schwabylon aus: *Schwa*bing u. Ba*bylon*). 2. a) Verschnitt, Mischung (z. B. Tabak, Tee, Whisky); b) aus verschiedenen Destillaten hergestellter Branntwein, bes. Whisky

Blen|n|a|de|ni|tis, die; -, ...itiden ⟨*gr.-nlat.*⟩ (Med.): Schleimhautdrüsenentzündung

Blen|n|or|rha|gie, die; -, ...ien, **Blen|nor|rhö,** die; -, -en (Med.): akuter, starker, entzündlicher Schleimfluss

Ble|pha|ri|tis, die; -, ...itiden ⟨*gr.-nlat.*⟩ (Med.): Augenlidentzündung

Ble|pha|ro|cha|la|sis, die; - (Med.): [selten auftretende] Lidfehlstellung

Ble|pha|ro|klo|nus, der; -, -se u. ...klonen, **Ble|pha|ro|spas|mus,** der; -, ...men (Med.): Augenlidkrampf

bles|sie|ren ⟨*germ.-galloroman.-frz.*⟩ (veraltet): verwunden, verletzen

Bles|sur, die; -, -en (geh.): Verwundung, Verletzung

bleu [blø:] ⟨*germ.-frz.*⟩: blassblau, bläulich (mit einem leichten Stich ins Grüne). **Bleu,** das; -s, -[s]: blassblaue Farbe

Blimp, der; -s, -s ⟨*engl.*⟩: Schallschutzgehäuse für eine Kamera (zur Dämpfung der Eigengeräusche)

Blin|da|ge [blɛ̃ˈdaːʒə], die; -, -n ⟨*dt.-frz.*⟩ (Geschichte): Deckwand gegen Splitter im Festungsbau

Blind Date [ˈblaɪ̯nd ˈdeɪ̯t], das; -, -[s], - -s ⟨*engl.*⟩: Verabredung mit einer unbekannten Person

Bli|ni, die (Plural) ⟨*russ.*⟩: russische Pfannkuchen, bes. aus Weizenmehl

Blis|ter, der; -s, - ⟨*engl.*⟩: 1. (ohne Plural; früher) scharfes Einreibemittel zur Behandlung von Beinschäden bei Pferden. 2. [festere, geformte u. durchsichtige] Kunststofffolie zur Verpackung [kleinerer] Waren. **blis|tern:** mit Blister (1) einreiben

Bliz|zard [ˈblɪzɐt], der; -s, -s ⟨*engl.*⟩: Schneesturm (in Nordamerika)

Blo|cka|de, die; -, -n ⟨mit romanischer Endung zu ↑blockieren gebildet⟩: 1. a) Maßnahme, mit der der Zugang zu etwas verhindert werden soll; b) vorübergehender Ausfall bestimmter Funktionen; c) (bes. Med., Psychol.) vorübergehender Ausfall bestimmter (geistiger) Fähigkeiten. 2. (Druckw.) im Satz durch ▮ gekennzeichnete Stelle

Block|bus|ter [...bʌstə], der; -s, - ⟨*engl.*⟩: etwas, das außergewöhnlich erfolgreich ist, sich gut verkaufen lässt

Block|chain [...tʃɛɪ̯n], die; -, -s ⟨*engl.*⟩ (EDV): dezentrale Datenbankstruktur, die eine kryptografische Verkettung der Datensätze aufweist (z. B. als Basis digitaler Währungen).

Block|chain-Tech|no|lo|gie, Block|chain|tech|no|lo|gie, die; -, -n (EDV): auf der Anwendung von ↑Blockchains beruhendes Verfahren

blo|ckie|ren ⟨*niederl.-frz.*⟩: 1. den Zugang zu etwas versperren. 2. als Hindernis im Wege sein. 3. die Funktion hemmen (bei Rädern, Bremsen o. Ä.). 4. (Druckw.) fehlenden Text durch eine Blockade (2) kennzeichnen

Blo|cking, das; -s, -s ⟨*engl.*⟩: ↑Blockade (1b)

Blog, das, auch: der; -s, -s ⟨*engl.*⟩ (EDV): kurz für ↑Weblog. **blog|gen** ⟨*engl.*⟩: an einem ↑Blog [mit]schreiben. **Blog|ger,** der; -s, -: jmd., der an einem ↑Blog [mit]schreibt. **Blog|ge|rin,** die; -, -nen: weibliche Form zu ↑Blogger

Blo|go|sphä|re, die; -, -n (Plural selten): [größere Gruppe od.] Gesamtheit der Weblogs im Internet

Blog|post [...pɔʊ̯st], der; -s, -s: Eintrag in einem Blog

Blon|de [auch: blɔ̃:d(ə)], die; -, -n ⟨*germ.-frz.*⟩: feine Spitze aus Seide mit Blumen- u. Figurenmuster

blon|die|ren: aufhellen (von Haaren)

Blon|di|ne, die; -, -n: blonde Frau

Bloo|dy Ma|ry [ˈbladi ˈmɛri], die; -, - -s ⟨*engl.;* »Blutmarie«⟩: Mixgetränk aus Tomatensaft und

Wodka mit Zitronensaft u. verschiedenen Gewürzen

Blou|son [blu'zɔŋ, blu'zõ:], das, auch: der; -[s], -s ‹*frz.*›: **a)** über dem Rock getragene, an den Hüften eng anliegende Bluse; **b)** kurze Windjacke mit Bund

Blou|son noir [blu'zõ: 'no̯a:ɐ̯], der; - -, -s -s [blu'zõ: 'no̯a:ɐ̯] ‹*frz.*›: frz. Bez. für: Halbstarker in schwarzer Lederkleidung

Blow|job ['bloʊ̯...], der; -s, -s ‹*engl.*› (derb): ↑Fellatio

Blow-out, Blow|out ['bloʊ̯ʔaʊ̯t], der; -s, -s ‹*engl.*›: unkontrollierter Ausbruch von Erdöl od. Erdgas aus einem Bohrloch

Blow-up, Blow|up ‹*engl.*› ['bloʊ̯ʔap], das; -s, -s: Vergrößerung einer Fotografie od. eines Fernsehbildes

Blue Ba|by ['blu: 'bɛɪ̯bi], das; - -s, - -s ‹*engl.*› (Med.): Kind mit ausgeprägter Blausucht bei angeborenem Herzfehler

Blue|back ['blu:bɛk], der; -s, -s ‹*engl.*›: Pelz aus dem blaugrauen Fell jüngerer Mützenrobben

Blue|box, die; -, -es, **Blue Box**, die; - -, - -es ['blu:..., - 'bɔks] ‹*engl.*› (Fernsehen): Gerät für ein Projektionsverfahren (↑Chromakey), bei dem künstliche Hintergründe in Aufnahmestudios geschaffen werden können

Blue|chip ['blu:tʃɪp], der; -s, -s, **Blue Chip**, der; - -s, - -s (meist Plural) ‹*engl.-amerik.*; »blaue Spielmarke« (beim Pokerspiel)›: erstklassiges Wertpapier (Spitzenwert an der Börse)

Blue|jeans ['blu:dʒi:ns], die (Plural): Hose aus festem Baumwollgewebe von [verwaschener] blauer od. anderer Farbe

Blue Mo|vie ['blu: 'mu:vi], der od. das; - -s, - -s ‹*engl.*›: Film erotischen, pornografischen Inhalts

Blue Note ['blu: 'noʊ̯t, 'blu:noʊ̯t], die; - -, - -s, **Blue|note**, die; -, -s (meist Plural) ‹*engl.-amerik.*›: erniedrigter 3. bzw. 7. Ton der Durtonleiter im Blues

Blue|print ['blu:prɪnt], der; -s, -s ‹*engl.*›: [Bau]plan, Vorlage, detaillierte Anleitung

Blues [blu:s], der; -, - ‹*amerik.*›: **1. a)** zur Kunstform entwickeltes, schwermütiges afroamerikanisches Volkslied; **b)** daraus entstandene älteste Form des ↑Jazz, gekennzeichnet durch den erniedrigten 3. u. 7. Ton der Tonleiter (vgl. Blue Note); **c)** langsamer nordamerikanischer Tanz im $^4/_4$-Takt. **2.** (ohne Plural) Trübsinn, Schwermut, Depression

Blue|screen ['blu:skri:n], der; -[s], -s, **Blue Screen**, der; - -[s], - -s ‹*engl.*›: ↑Bluebox

Blue|tooth® ['blu:tu:θ], der od. das; -[s] ‹*engl.*› (EDV): international standardisierte Datenschnittstelle mit Funkübertragung

Blu|et|te [bly'ɛtə], **Blü|ẹt|te**, die; -, -n ‹*frz.*›: kleines, witziggeistreiches Bühnenstück

Bluff [blœf, auch: blaf], der; -s, -s ‹*engl.*›: dreiste, bewusste Irreführung; Täuschung[smanöver]

bluf|fen ['blœfn̩, auch: 'blafn̩]: durch dreistes Auftreten o. Ä. bewusst irreführen, täuschen

blü|me|rant ‹*frz.*; »sterbendes (blasses) Blau«› (ugs.): übel, schwindelig, flau

Blu-Ray, Blu-ray® ['blu:rɛɪ̯], der od. das; -[s], -s ‹zu *engl.*; »blauer Strahl«›: bei optischen Datenträgern zur Aufzeichnung u. Wiedergabe eingesetztes Verfahren, das einen Laser mit blauem Lichtstrahl verwendet

Blu-Ray-Disc, Blu-ray-Disc®, **Blu-Ray-Disk, Blu-ray-Disk**, die; -, -s ‹*engl.*›: DVD mit hoher Speicherkapazität, deren Daten mit einem blauen Laserstrahl aufgezeichnet u. wiedergegeben werden

B-Mo|vie ['bi:mu:vi], das; -[s], -s ‹*engl.-amerik.*›: mit geringen Mitteln produzierter, zweitklassiger Film

BMX-Rad [be:ʔɛm'ʔɪks...], das; -[e]s, -Räder ‹Abk. für *engl. bi*cycle *moto-cross* (X steht für cross); *dt.*›: kleineres, bes. geländegängiges Fahrrad

Bo̱a, die; -, -s ‹*lat.*›: **1.** ungiftige, bes. in Süd- u. Mittelamerika vorkommende Riesenschlange. **2.** schlangenförmiger, modischer Halsschmuck aus Pelz od. Federn

Board [bɔ:ɐ̯t], das; -s, -s ‹*engl.*›: **1.** Kurzform von ↑Snowboard, ↑Skateboard, ↑Surfboard, ↑Kickboard. **2.** (auch: der; Wirtsch.) für die Leitung u. Kontrolle eines [internationalen] Unternehmens zuständiges Gremium. **3.** (EDV) ↑Platine (1) mit aufgesetzten Chips

boar|den ['bɔ:ɐ̯dn̩] ‹*engl.*›: **1.** Kurzform von ↑skateboarden, ↑snowboarden. **2.** (Flugw.) an Bord eines Flugzeugs gehen

Boar|der|cross ['bɔ:dɐkrɔs], das; -, - ‹*engl.*›: Sportart, bei der vier ↑Snowboarder gleichzeitig eine mit Hindernissen versehene Strecke abfahren

Boar|ding ['bɔ:ɐ̯dɪŋ], das; -s, -s (Flugw.): das An-Bord-Gehen

Boar|ding-House, Boar|ding|house ['bɔ:dɪŋhaʊ̯s], das; -, -s [...sɪz, auch: ...sɪs] ‹*engl.*›: Pension, Gasthaus [in Großbritannien]

Boar|ding-School, Boar|ding|school [...sku:l], die; -, -s ‹*engl.*›: Internatsschule mit familienartigen Hausgemeinschaften in Großbritannien

Boat|peo|ple, Boat-Peo|ple ['boʊ̯tpi:pl̩], die (Plural) ‹*engl.*›: mit Booten geflohene [vietnamesische] Menschen

Bo̱b, der; -s, -s ‹*engl.-amerik.*; Kurzform von Bobsleigh›: Sportschlitten für zwei bis vier Personen mit getrennten Kufenpaaren für Steuerung u. Bremsen. **bo̱b|ben:** beim Bobfahren eine gleichmäßige ruckweise Oberkörperbewegung zur Beschleunigung der Fahrt ausführen

Bob|by ['bɔbi], der; -s, -s ‹*engl.*› (ugs.): Polizist

Bo|bi̱|ne, die; -, -n ‹*frz.*›: **1.** Garnspule in der [Baum]wollspinnerei. **2.** fortlaufender Papierstreifen zur Herstellung von Zigarettenhülsen. **3.** (Bergbau) schmale Trommel, bei der sich das flache Förderseil in mehreren Lagen übereinander aufwickelt

Bo̱|bi|net [auch: ...'nɛt], der; -s, -s ‹*frz.-engl.*›: durchsichtiges Gewebe mit meist drei sich umschlingenden Fadensystemen, englischer Tüll

Bo|bi|noir [...'no̯a:ɐ̯], der; -s, -s ‹*frz.*›: Spulmaschine in der Baumwollspinnerei

[1]**Bo̱|bo**, der; -s, -s ‹*span.*›: Possenreißer im spanischen Theater

[2]**Bo̱|bo**, der; -s, -s u. die, -, -s ‹Kunstw.; aus *Bo*urgeois u. *Bo*hémien› (österr., auch abwertend): Angehörige/-r einer urbanen [jungen] bürgerlich-al-

ternativ lebenden Gesellschaftsschicht

Bob|sleigh ['bɔbsleɪ̯], der; -s, -s ⟨*engl.-amerik.*⟩: ↑Bob

Bob|tail ['bɔbteɪ̯l], der; -s, -s ⟨*engl.*⟩: mittelgroßer, grauer Hütehund mit langen Zotten

Bo|cage [bɔ'ka:ʒə], der; -, -s ⟨*frz.*⟩: Landschaftstyp im Nordwesten Frankreichs mit schachbrettartig angelegten kleinen Feldern, die durch Hecken od. Baumreihen begrenzt sind

Boc|cia ['bɔtʃa], das; -[s] u. die; - ⟨*it.*⟩: italienisches Kugelspiel

Bo|cha|ra vgl. Buchara

Boche [bɔʃ], der; -, -s ⟨*frz.*⟩: abwertende Bezeichnung der Franzosen für einen Deutschen

Bo|de|ga, die; -, -s ⟨*gr.-lat.-span.*⟩: **1. a)** spanischer Weinkeller; **b)** spanische Weinschenke. **2.** Warenlager in Seehäfen

Bo|dhi|satt|wa, der; -, -s ⟨*sanskr.*⟩: werdender ↑Buddha, der den Schritt in die letzte Vollkommenheit hinauszögert, um den Frommen zu helfen

Bo|do|ni, die; - ⟨nach dem it. Stempelschneider u. Buchdrucker, 1740–1813⟩: bekannte Antiquaschrift

Bo|dy ['bɔdi], der; -s, -s ⟨*engl.;* »Körper«⟩: Kurzform von ↑Bodysuit

Bo|dy-Art [...ʔɑ:t], die; -: moderne Kunstrichtung, in der der Körper [des Künstlers] Mittel od. Objekt der Demonstration ist

Bo|dy|buil|der [...bɪldɐ], der; -s, -: jmd., der Bodybuilding betreibt. **Bo|dy|buil|de|rin,** die; -, -nen: weibliche Form zu ↑Bodybuilder

Bo|dy|buil|ding [...bɪldɪŋ], das; -s: **a)** gezieltes Muskeltraining mit besonderen Geräten; **b)** Darstellung trainierter Muskeln im Wettkampf

Bo|dy|cam [...kɛm], die; -, -s ⟨*engl.*⟩: sehr kleine, auf der Schulter befestigte Kamera, z. B. als Ausrüstung für Polizeikräfte

Bo|dy|check [...tʃɛk], der; -s, -s: hartes, aber nach den Regeln in bestimmten Fällen erlaubtes Rempeln des Gegners beim Eishockey

Bo|dy|dou|ble [...du:bl̩], das; -s, -s (Film): Ersatzdarsteller in Filmszenen, in denen nur der Körper zu sehen ist

Bo|dy|drill, der; -[e]s ⟨*engl.; dt.*⟩: Fitnesstraining, das nach den Methoden des militärischen Drills geleitet wird

¹Bo|dy|guard [...gɑ:d], der; -s, -s ⟨*engl.*⟩: Leibwächter

²Bo|dy|guard, die; -, -s: Leibwache

Bo|dy|lo|tion ['bɔdiloʊ̯ʃn̩], die; -, -s ⟨*engl.*⟩: (parfümierte) Körperpflegemilch

Bo|dy-Mass-In|dex [...mæs...], der; - u. -es, -e u. ...dizes, auch: ...dices [...ditse:s] ⟨*engl.; lat.*⟩ (Med.): Maß für das Verhältnis von Körpergewicht zu Körpergröße (beim Menschen) (Abk.: BMI)

Bo|dy|pain|ting [...peɪ̯ntɪŋ], das; -[s] ⟨*engl.*⟩: Kunstform, bei der der ganze menschliche Körper mit abwaschbarer Farbe bemalt wird

Bo|dy|scan|ner, Bo|dy-Scan|ner ['bɔdi'skɛnɐ], der; -s, - ⟨*engl.*⟩: dreidimensional arbeitender ↑Scanner

Bo|dy|sha|ping [...ʃeɪ̯pɪŋ], das; -s ⟨*engl.*⟩: Bewegungstraining zur Muskel- u. Körperformung

Bo|dy|sto|cking [...stɔkɪŋ], der; -[s], -s: ↑Bodysuit

Bo|dy|sty|ling [...staɪ̯lɪŋ], das; -s: besonders intensives Bewegungstraining zur Steigerung der Fitness

Bo|dy|suit [...sju:t], der; -s, -s: eng anliegende, einteilige Unterkleidung

Bo|dy|wear [...wɛ:ɐ̯], die; - ⟨*engl.*⟩: Unterwäsche

Bo|dy|wrap|ping [...ræpɪŋ], das; -[s], -s: kosmetische Behandlungsmethode, bei der Körperteile mit einer besonderen Folie umwickelt werden

Boer|de ['bu:rdə], die; -, -n ⟨*niederl.*⟩: mittelniederländische Erzählung mit erotisch-satirischem Inhalt

Bœuf Stro|ga|noff ['bœf 'strɔ...], das; - -, - - ⟨wohl nach dem Namen einer alten russ. Familie; *frz.* bœuf = »Rind(fleisch)«⟩ (Gastron.): in kleine Stücke geschnittenes Rindfleisch, bes. Filet (3 a), in pikanter Soße mit saurer Sahne

Bo|fel vgl. Bafel

Bo|fe|se vgl. Pafese

Bo|gey ['boʊ̯gi], das; -s, -s ⟨*engl.*⟩ (Golf): ein Schlag mehr als die für das Loch festgesetzte Einheit; vgl. Par

Bog|head|koh|le ['bɔghɛd...], die; - ⟨nach dem schottischen Ort Boghead⟩: dunkelbraune Abart der ↑Kännelkohle

Bo|go|mi|le, der; -n, -n ⟨*slaw.;* nach dem Gründer Bogomil⟩: Anhänger einer mittelalterlichen ↑gnostischen Sekte auf dem Balkan, die die Welt als Teufelsschöpfung verwarf

Bo|go|mo|lez|se|rum, Bo|go|mo|lez-Se|rum ⟨nach dem russischen Physiologen Alexander A. Bogomolez, 1881–1946⟩ das; -s: ↑Antikörper enthaltendes Serum, das Alterungsprozesse aufhalten soll

Bo|heme [bo'e:m, bo'ɛ:m, auch: bo'he:m, bo'hɛ:m], die; - ⟨*mlat.-frz.*⟩: Künstlerkreise außerhalb der bürgerlichen Gesellschaft; ungebundenes Künstlertum, unkonventionelles Künstlermilieu. **Bo|he|mi|en** [boe'mi̯ɛ̃:, bohe...], der; -[s], -s: Angehöriger der Boheme; unbekümmerte, leichtlebige u. unkonventionelle Künstlernatur

Bo|he|mist, der; -en, -en ⟨*mlat.-nlat.*⟩: Wissenschaftler auf dem Gebiet der tschechischen Sprache u. Literatur. **Bo|he|mis|tik,** die; -: Wissenschaft von der tschechischen Sprache u. Literatur. **Bo|he|mis|tin,** die; -, -nen: weibliche Form zu ↑Bohemist. **bo|he|mis|tisch:** die Bohemistik betreffend

Boh|ri|um, das; -s ⟨*nlat.;* nach dem dän. Physiker Niels Bohr, 1885–1962⟩: künstlich hergestelltes chem. Element, ein Transuran (Zeichen: Bh)

Boi|ler ['bɔɪ̯lɐ], der; -s, - ⟨*lat.-frz.-engl.*⟩: Gerät zur Bereitung u. Speicherung von heißem Wasser

boi|sie|ren [bo̯a'zi:...] ⟨*germ.-frz.*⟩ (veraltet): täfeln, mit Holz bekleiden

Bo|jar, der; -en, -en ⟨*russ.*⟩: **1.** Angehöriger des nicht fürstlichen Adels, der gehobenen Schicht in der Gefolgschaft der Fürsten u. Teilfürsten im mittelalterlichen Russland. **2.** adliger Großgrundbesitzer in Rumänien bis 1864. **Bo|ja|rin,** die; -, -nen: w. Form zu ↑Bojar

Bok|mål ['bo:kmo:l], das; -[s] ⟨*norw.;* »Buchsprache«⟩: vom Dänischen beeinflusste norwegische Schriftsprache (früher ↑Riksmål genannt) (Ggs.: Nynorsk)

Bol vgl. Bolus

Bo|la, die; -, -s ⟨*lat.-span.;* »Kugel«⟩: südamerikanisches Wurf- u. Fanggerät

Bowle
Das auf das Englische zurückgehende Substantiv wird mit einem in der Lautung nicht hörbaren *-w-* geschrieben.

Bo|le|ro, der; -s, -s ⟨*span.*⟩: **1.** stark rhythmischer spanischer Tanz mit Kastagnettenbegleitung. **2. a)** kurzes, offen getragenes Herrenjäckchen der spanischen Nationaltracht; **b)** kurzes, modisches Damenjäckchen. **3.** der zu dem spanischen Jäckchen getragene rund aufgeschlagene Hut

Bo|le|tus, der; -, ...ti ⟨*gr.-lat.*⟩: Pilz aus der Gattung der Röhrlinge

Bo|lid, der; -s u. -en, -e[n] ⟨*gr.-lat.*⟩: **1.** großer, sehr heller Meteor, Feuerkugel. **2.** schwerer, einsitziger Rennwagen mit verkleideten Rädern. **Bo|li|de,** der; -n, -n: ↑Bolid

Bo|li|var, der; -[s], -[s] ⟨nach dem südamerik. Staatsmann⟩: Währungseinheit in Venezuela (1 Bolivar = 100 Céntimo)

Bo|li|vi|a|no, der; -[s], -[s] ⟨*span.*⟩: bolivianische Währungseinheit (100 Centavo)

Bol|lan|dist, der; -en, -en ⟨nach dem Jesuiten J. Bolland, 1596–1665⟩: Mitglied der jesuitischen Arbeitsgemeinschaft zur Herausgabe der ↑Acta Sanctorum

Bol|let|te, die; -, -n ⟨*it.*⟩ (österr. Amtsspr.): Zoll-, Steuerbescheinigung

Bol|ly|wood ['bɔliwʊd] ⟨*engl.;* aus: *Bombay* u. ↑*Hollywood*⟩: Bez. für die indische Filmindustrie

Bo|lo|g|ne|ser [bolɔn'je:zɐ], der; -s, - ⟨nach der it. Stadt Bologna⟩: dem ↑Malteser (2) ähnlicher Zwerghund

Bo|lo|me|ter, das; -s, - ⟨*gr.-nlat.*⟩: Strahlungsmessgerät mit temperaturempfindlichem elektrischem Widerstand. **bo|lo|me|t|risch:** mithilfe des Bolometers

Bo|lo|s|kop, das; -s, -e ⟨*gr.-nlat.*⟩ (Med.): Gerät zum Aufsuchen von Fremdkörpern im Körper

Bol|sche|wik, der; -en, -i (abwertend: -en) ⟨*russ.;* »Mehrheitler«⟩: **1.** Mitglied der von Lenin geführten revolutionären Fraktion in der Sozialdemokratischen Arbeiterpartei Russlands vor 1917. **2.** (bis 1952) Mitglied der Kommunistischen Partei Russlands bzw. der Sowjetunion. **3.** (abwertend) Kommunist. **Bol|sche|wi|kin,** die; -, -nen: weibliche Form zu ↑Bolschewik. **bol|sche|wi|kisch:** bolschewistisch (1)

bol|sche|wi|sie|ren: **1.** nach der Doktrin des Bolschewismus gestalten, einrichten. **2.** (abwertend) gewaltsam kommunistisch machen

Bol|sche|wis|mus, der; -: **1.** Theorie u. Taktik des revolutionären marxistischen Flügels der russischen Arbeiterbewegung mit dem Ziel, die Diktatur des Proletariats zu verwirklichen. **2.** (abwertend) Sozialismus, Kommunismus

Bol|sche|wist, der; -en, -en: **1.** Bolschewik (1, 2). **2.** (abwertend) jmd., der die geltende Ordnung u. Kultur radikal verändern will; Kommunist. **Bol|sche|wis|tin,** die; -, -nen: weibliche Form zu ↑Bolschewist

bol|sche|wis|tisch: **1. a)** den Bolschewismus betreffend; **b)** die Bolschewisten betreffend. **2.** (abwertend) die Kultur, geltende Ordnung usw. zerstörend; sozialistisch, kommunistisch

Bol|son, der od. das; -s, -e ⟨*span.*⟩: in Trockengebieten gelegenes, abflussloses, ↑intramontanes Becken

Bo|lus, Bol, der; -, ...li ⟨*gr.-nlat.*⟩: **1.** (ohne Plural) ein Tonerdesilikat (z. B. ↑Terra di Siena). **2. a)** (Med.) unzerkautes Nahrungsstück; **b)** Gabe von [viel an] Medikamenten, Kontrastmittel od. Sondernahrung innerhalb kurzer Zeit; **c)** (Tiermed.) große Pille

Bo|lus|tod, der; -es (Med.): Tod durch Ersticken an einem verschluckten Fremdkörper (z. B. zu großen Bissen)

Bo|mät|sche, der; -n, -n ⟨*tschech.*⟩ (ostmitteld. veraltet): Schiffszieher. **bo|mät|schen** (ostmitteld. veraltet): Lastkähne stromaufwärts ziehen, treideln

Bom|ba|ge [bɔm'ba:ʒə], die; -, -n ⟨*gr.-lat.-it.-frz.*⟩: **1.** das Biegen von Glastafeln im Ofen. **2.** das Umbördeln oder Biegen von Blech. **3.** Aufwölbung des Deckels bei Konservenbüchsen, wenn sich der Inhalt zersetzt. **4.** elastisches Material als schonende Unterlage od. Umhüllung von Maschinenwalzen

Bom|bar|de, die; -, -n ⟨*gr.-lat.-frz.*⟩: **1.** Belagerungsgeschütz (Steinschleuder) des 15.–17. Jh.s. **2.** schalmeiartiges Blasinstrument in der bretonischen Volksmusik; ↑Bomhart (1)

Bom|bar|de|ment [...'mɑ̃:, österr.: bɔmbard'mɑ̃:, schweiz.: bɔmbardə'mɛnt], das; -s, -s, (schweiz.:) -e ⟨*frz.*⟩: **1.** anhaltende Beschießung durch schwere Artillerie. **2.** massierter Abwurf von Fliegerbomben

bom|bar|die|ren: **1.** mit Artillerie beschießen. **2.** Fliegerbomben auf etwas abwerfen. **3.** (ugs.) mit [harten] Gegenständen bewerfen

Bom|bar|don [...'dɔ̃:], das; -s, -s ⟨*gr.-lat.-frz.-it.-frz.*⟩: Basstuba mit 3 oder 4 Ventilen

Bom|bast, der; -[e]s ⟨*pers.-gr.-lat.-frz.-engl.*⟩ (abwertend): [Rede]schwulst, Wortschwall. **bom|bas|tisch:** übertrieben viel Aufwand aufweisend, schwülstig; pompös

Bom|be, die; -, -n ⟨*gr.-lat.-it.-frz.*⟩: **1. a)** mit Sprengstoff od. Brandsätzen gefüllter Hohlkörper; **b)** (ugs.) Atombombe. **2.** (ugs.) wuchtiger, knallharter Schuss od. Wurf (Fußball u. a. Sportarten). **3.** von einem Vulkan ausgeworfene, in der Luft erstarrte Lavamasse. **4.** Eisenkugel mit Griff, die im Kunstkraftsport als Jongliergewicht benutzt wird. **5.** (ugs. veraltend) steifer, runder Herrenhut

bom|ben (ugs.): ↑bombardieren (2)

Bom|ber, der; -s, -: **1.** Bombenflugzeug. **2.** (ugs.) Fuß-, auch Handballspieler mit überdurchschnittlicher Schuss- bzw. Wurfkraft

bom|bie|ren: **1.** Glasplatten im Ofen biegen. **2.** Blech umbördeln od. biegen, z. B. bombiertes Blech (Wellblech). **3.** den Deckel durch Gasdruck u. Ä. nach außen wölben (von Konservendosen); vgl. Bombage

Bom|bil|la [...ˈbɪlja], die; -, -s ⟨*span.*⟩: Saugrohr aus Silber od. Rohrgeflecht, an einem Ende siebartig (in Südamerika zum Trinken des Matetees verwendet)

Bọm|bing, das; -s ⟨*frz.-engl.*⟩ (Jargon): [illegales] Graffitisprayen

Bọm|bus, der; - ⟨*gr.-lat.;* »dumpfes Geräusch«⟩ (Med. veraltet): **1.** Ohrensausen; Tinnitus. **2.** Darmkollern

Bom|by|ko|me|ter, das; -s, - ⟨*gr.-nlat.; gr.*⟩ (Textilind.): Umrechnungstafel zur Ermittlung der Fadenfeinheit aufgrund des Fadengewichtes

Bọm|hard, Bọm|hart, der; -s, -e ⟨*gr.-lat.-frz.*⟩: **1.** mittelalterliches Holzblasinstrument aus der Schalmeienfamilie. **2.** Zungenstimme bei der Orgel

bon [bɔŋ] ⟨*lat.-frz.*⟩ (ugs.): gut

Bon [bɔŋ, auch: bɔ̃ː], der; -s, -s: **1.** Gutschein für Speisen od. Getränke. **2.** Kassenzettel

bo̱|na fi̱|de ⟨*lat.*⟩: guten Glaubens, auf Treu u. Glauben; vgl. mala fide

Bo|na|par|tịs|mus, der; - ⟨nach Napoleon Bonaparte I. u. III.⟩ (Geschichte): autoritärer Herrschaftsstil in Frankreich (bes. im 19. Jh.). **Bo|na|par|tịst,** der; -en, -en: **a)** Anhänger des Bonapartismus; **b)** Anhänger der Familie Bonaparte. **Bo|na|par|tịs|tin,** die; -, -nen: weibliche Form zu ↑Bonapartist

Bon|bon [bɔŋˈbɔŋ, auch: bɔ̃ˈbɔ̃ː], der od. das; -s, -s ⟨*lat.-frz.*⟩: **1.** geformtes Stück Zuckerware mit aromatischen Zusätzen. **2.** (ugs. scherzhaft) [rundes] Parteiabzeichen

Bon|bo|ni|e|re [bɔŋbɔˈni̯eːrə, ...i̯ɛːrə] vgl. Bonbonniere

Bon|bon|ni|e|re, Bonboniere [bɔŋbɔˈni̯eːrə, ...i̯ɛːrə], die; -, -n: **1.** Behälter (aus Kristall, Porzellan) für Bonbons, Pralinen o. Ä. **2.** hübsch aufgemachte Packung mit Pralinen od. Fondants

Bọnd, der; -s, -s ⟨*engl.*⟩: Schuldverschreibung mit fester Verzinsung

Bon|dage [ˈbɔndɪdʒ], die; -, -s od. das; -[s], -s (Plural selten) ⟨*engl.*⟩: das Fesseln zur Steigerung der geschlechtlichen Erregung (im sexuell-masochistischen Bereich)

Bọn|der®, der; -s, - ⟨Kunstw.⟩: Phosphorsäurebeize zur Oberflächenbehandlung metallischer Werkstoffe. **bọn|dern:** gegen Rost mit einer Phosphatschicht überziehen; vgl. parkerisieren

Bọn|ding, das; -[s], -s (Plural selten) ⟨*engl.*⟩: **1.** (Zahnmed.) Verbund- bzw. Klebemittel für spezielle Füllungen. **2.** (Sozialpsychol.) zwischenmenschliche Bindung. **3.** Sexualpraktik mit ↑Bondage

Bon|du̱r®, das; -s ⟨Kunstw.⟩: Legierung aus Aluminium, Kupfer u. Magnesium

Bone-Chi|na [ˈbɔʊ̯nˈtʃaɪ̯nə], das; - ⟨*engl.*⟩: Porzellan, das Knochenasche enthält; Knochenporzellan

Bo̱n|fest, das; -es ⟨*jap.; dt.*⟩: Allerseelenfest, das Hauptfest des japanischen ↑Buddhismus

bọn|gen ⟨*lat.-frz.*⟩ (ugs.): [an der Registrierkasse] einen ↑Bon tippen, bonieren; **ist gebongt:** ist abgemacht

¹Bọn|go, der; -s, -s ⟨*afrik.*⟩: leuchtend rotbraune Antilope mit weißen Streifen in Äquatorialafrika

²Bọn|go, das; -[s], -s od. die; -, -s (meist Plural) ⟨*span.*⟩: einfellige, paarweise verwendete Trommel kubanischen Ursprungs; Jazzinstrument

Bon|go̱|si, das; -[s] ⟨*afrik.*⟩, **Bon|go̱|si|holz,** das; -es: schweres, sehr widerstandsfähiges Holz des westafrikanischen Bongosibaums

Bon|ho|mie [bɔnoˈmiː], die; -, ...i̯en ⟨*frz.*⟩ (veraltet): Gutmütigkeit, Einfalt, Biederkeit

Bon|homme [bɔˈnɔm], der; -, -s (veraltet): gutmütiger, einfältiger Mensch

bo|nie̱|ren: ↑bongen

Bo|ni|fi|ka|ti|o̱n, die; -, -en ⟨*lat.-nlat.*⟩: **1.** Vergütung für schadhafte Teile einer Ware. **2. a)** Gutschrift am Ende des Jahres (Jahresbonus) im Großhandel; **b)** (bes. Radsport) Zeitgutschrift. **bo|ni|fi|zie̱|ren:** **1.** vergüten. **2.** gutschreiben

Bo|ni|tä̱t, die; -, -en ⟨*lat.*⟩: **1.** (ohne Plural) [einwandfreier] Ruf einer Person od. Firma im Hinblick auf ihre Zahlungsfähigkeit u. -willigkeit. **2.** (Forst- u. Landwirtschaft) Güte, Wert eines Bodens

bo|ni|ti̱e|ren ⟨*lat.-nlat.*⟩: abschätzen, einstufen (von Böden, auch von Waren). **Bo|ni|ti̱e|rung,** die; -, -en: Abschätzung, Einstufung

Bo|ni̱|to, der; -s, -s ⟨*lat.-span.*⟩: Thunfischart im Mittelmeer u. Pazifischen Ozean (wichtiger Speisefisch)

Bo|ni|tu̱r, die; -, -en ⟨*lat.-nlat.*⟩: ↑Bonitierung

Bon|mot [bɔ̃ˈmoː], das; -s, -s ⟨*frz.*⟩: treffender geistreich-witziger Ausspruch

Bọn|ne, die; -, -n ⟨*lat.-frz.*⟩ (veraltet): Kindermädchen, Erzieherin

Bon|net [bɔˈneː], das; -s, -s ⟨*mlat.-frz.;* »Mütze«⟩: **1.** Damenhaube des 18. Jh.s. **2.** (Seemannsspr.) Beisegel, Segeltuchstreifen

Bon|ne|te|ri̱e, die; -, ...i̯en (schweiz.): Kurzwarenhandlung

Bo̱|no|bo [auch: ...ˈnoː...], der; -s, -s ⟨*afrik.*⟩: Zwergschimpanse, der im südlichen Kongogebiet lebt u. als bes. friedfertig gilt

¹Bọn|sai, der; -[s], -[s] ⟨*jap.*⟩: japanischer Zwergbaum (durch besondere, kunstvolle Behandlung kleinwüchsig gehalten)

²Bọn|sai, das; -: japanische Kunst, Zwergbäume zu ziehen

Bọn|sai|baum, der; -[e]s, ...bäume: ↑¹Bonsai

Bo̱|nus, der; - u. -ses, Plural: - u. ...ni (auch: -se) ⟨*lat.-engl.*⟩: **1. a)** (Wirtsch.) Sondervergütung [bei Aktiengesellschaften]; **b)** von der Kfz-Haftpflichtversicherung gewährter Schadenfreiheitsrabatt; **c)** Vergütung, Rabatt. **2.** etwas, was jmdm. gutgeschrieben wird, was ihm als Vorteil, Vorsprung vor anderen angerechnet wird (Ggs.: Malus)

Bo̱|nus-Ma̱|lus-Sys|tem, das; -s, -e (Wirtsch.): der Steuerung des ökonomischen Verhaltens [von Personen, Unternehmen] dienendes System von positiven (Preis-, Gebühren-, Steuerminderung o. Ä.) und negativen (entsprechende Aufschläge) Anreizen

Bo̱|nus|ma|te|ri|al, das; -s: zusätzliche Aufnahme[n] auf einer DVD od. Blu-Ray-Disc (als besonderer Kaufanreiz)

Bo|nus|track [...trɛk], der; -s, -s: zusätzliche, nicht zu den eigentlichen Aufnahmen gehörende Aufnahme auf einer CD (als besonderer Kaufanreiz)

Bo|nus|zer|ti|fi|kat, das; -[e]s, -e (Wirtsch., Börsenw.): zu den ↑ Derivaten (4) gehörende Form der Geldanlage mit fester Laufzeit

Bon|vi|vant [bõvi'vã:], der; -s, -s ⟨*lat.-frz.*⟩: **1.** (veraltend) Lebemann. **2.** (Theater) Rollenfach des leichtlebigen, eleganten Mannes

Bon|ze, der; -n, -n ⟨*jap.-port.-frz.*⟩: **1.** (abwertend) jmd., der die Vorteile seiner Stellung genießt [u. sich nicht um die Belange anderer kümmert]; höherer, dem Volk entfremdeter Funktionär. **2.** buddhistischer Mönch, Priester

Bon|zo|kra|tie, die; -, ...ien ⟨*jap.-port.-frz.; gr.*⟩ (abwertend): Herrschaft, übermäßiger Einfluss der Bonzen (1)

Boo|gie-Woo|gie ['bʊgi'vʊgi], der; -[s], -s ⟨*amerik.*⟩: **1.** vom Klavier gespielter ↑ Blues mit ↑ ostinaten Bassfiguren u. starkem ↑ Offbeat. **2.** aus dem Boogie-Woogie (1) entwickelter Gesellschaftstanz (z. B. ↑ Jitterbug, ↑ Rock and Roll [1])

Book|buil|ding ['bʊkbɪldɪŋ], das; -[s] (Wirtsch.): Verfahren zur Bestimmung des Emissionspreises von Aktien

Book|let ['bʊklɪt], das; -[s], -s ⟨*engl.*⟩: [Werbe]broschüre [ohne Umschlag, Einband]; Beilage, Beiheft [in einer CD-Hülle]

Book|mark ['bʊkmark], das od. der; -s, -s, auch: die; -, -s ⟨*engl.*⟩: Eintrag in einem elektronischen Adressverzeichnis für ↑ Homepages

Book-on-De|mand [bʊkɔndɪ'ma:nd], das; Book[s]-on-Demand, Books-on-Demand, **Book-on-de|mand,** das; Book[s]-on-demand, Books-on-demand ⟨*engl.*⟩: auf Anforderung gedrucktes Buch

boole|sche Aus|druck, Boole'sche Aus|druck ['bu:lʃə -], der; -n -s, -n Ausdrücke ⟨nach dem brit. Mathematiker George Boole, 1815–1864⟩: in Programmiersprachen verwendeter mathematischer Ausdruck, der nur zwei Werte (»wahr« od. »falsch«) haben kann

Boom [bu:m], der; -s, -s ⟨*engl.*⟩: plötzliches großes Interesse an etwas; [plötzlicher] wirtschaftlicher Aufschwung, Hochkonjunktur. **boo|men** ['bu:mən] (ugs.): einen Boom erleben

Boom|town ['bu:mtau̯n], die; -, -s (Jargon): Stadt, die in kürzester Zeit einen enormen wirtschaftlichen Aufschwung erlebt

Boos|ter ['bu:stɐ], der; -s, - ⟨*engl.;* »Förderer, Unterstützer«⟩: **1. a)** (Flugw.) Hilfstriebwerk; Startrakete; **b)** (Raumfahrt) Zusatztriebwerk; erste Stufe einer Trägerrakete. **2.** Kraftverstärker in der Flugzeugsteuerung. **3.** (Elektronik) zusätzlicher Verstärker zum Einbau in Antennen- u. Hi-Fi-Anlagen

Boos|ter|di|o|de, die; -, -n (Fernseht.): Gleichrichter zur Rückgewinnung der Spannung bei der Zeilenablenkung

Boos|ter|ef|fekt, der; -s, -e (Med.): Auffrischungseffekt, vermehrte Bildung von ↑ Antikörpern im Blut nach erneuter Einwirkung des gleichen ↑ Antigens

Boot [bu:t], der; -s, -s (meist Plural) ⟨*engl.*⟩: **1.** bis über den Knöchel reichender [Wildleder]schuh. **2.** Gummiglocke; Überzug aus Gummi für Hufe von Trabrenn- u. Springpferden

boo|ten ['bu:tn̩] ⟨*engl.*⟩ (EDV): einen Computer neu starten, wobei alle gespeicherten Anwenderprogramme neu geladen werden

Bö|o|ti|er, der; -s, - ⟨nach der altgr. Landschaft Böotien⟩ (veraltet): denkfauler, schwerfälliger Mensch. **bö|o|tisch** (veraltet): denkfaul, unkultiviert

Boot|leg|ger ['bu:t...], der; -s, - ⟨*engl.-amerik.*⟩: **1.** (Geschichte) Alkoholschmuggler; jmd., der illegal Schnaps brennt (in den USA zur Zeit der ↑ Prohibition [2]). **2.** Hersteller illegaler Tonaufnahmen

Boot|loa|der ['bu:tlo̯ʊdɐ], der; -s, - ⟨*engl.*⟩ (EDV): Software, deren Aufgabe es ist, das Betriebssystem zu starten

Boot|ma|na|ger ['bu:t...], der; -s, - ⟨*engl.*⟩ (EDV): Programm, das einen Bootloader enthält

Boot|strap|ping ['bu:tstræpɪŋ], das; -s, -s ⟨*engl.*⟩: **1.** (Wirtsch.) Finanzierung eines neuen Unternehmens aus privaten Mitteln od. den ersten Einnahmen. **2.** (EDV) das Starten der grundlegenden Software (Bootloader u. Betriebssystem) nach Einschalten des Computers

Bop, der; -[s], -s ⟨*amerik.*⟩: Kurzform von ↑ Bebop (1)

Bor, das; -s ⟨*pers.-arab.-mlat.*⟩: chem. Element; ein Nichtmetall (Zeichen: B)

Bo|ra, die; -, -s ⟨*gr.-lat.-it.*⟩: trocken-kalter Fallwind an der dalmatinischen Küste

Bo|rac|cia [bo'ratʃa], die; -, -s: besonders heftige Bora

Bo|ra|go, der; -s ⟨*arab.-mlat.*⟩ (Bot.): ein Raublattgewächs, bes. ↑ Borretsch

Bo|ran, das; -s, -e (meist Plural) ⟨*pers.-arab.-mlat.-nlat.*⟩: Borwasserstoff

Bo|rat, das; -[e]s, -e: Salz der Borsäure

Bo|rax, der, österr.: das; -[es] ⟨*pers.-arab.-mlat.*⟩: in großen Kristallen vorkommendes Natriumsalz der Tetraborsäure

Bo|ra|zit [auch: ...'tsɪt], der; -s ⟨*pers.-arab.-mlat.-nlat.*⟩: zu den Boraten gehörendes Mineral

Bo|ra|zol, das; -s, -e ⟨*nlat.*⟩ (Chemie): anorganisches Benzol, benzolähnliche Flüssigkeit

Bord|case [...kɛɪ̯s], das od. der; -, -s [...sɪs] ⟨*dt.; engl.*⟩: kleines, kofferähnliches Gepäckstück, das man bei Flugreisen unter den Sitz od. in das Gepäckfach legen kann

Bord|com|pu|ter, der; -s, -: Computer an Bord von Flugzeugen u. Raumschiffen u. in Kraftfahrzeugen, der u. a. bordbezogene Daten auswertet u. Defekte anzeigt

bor|deaux [bɔr'do:] ⟨*frz.*⟩: weinrot, bordeauxrot

Bor|deaux [bɔr'do:], der; -, -: Wein aus der weiteren Umgebung der französischen Stadt Bordeaux

Bor|de|lai|ser Brü|he [...'lɛ:zɐ -], die; - - ⟨nach der frz. Landschaft Bordelais bei Bordeaux⟩: Kupfervitriollösung zum Bespritzen der Weinstöcke u. Obstbäume gegen Pilzkrankheiten

Bor|dell, das; -s, -e ⟨*germ.-roman.-niederl.;* »Bretterhüttchen«⟩: Haus, Räumlichkeiten, in denen Prostituierte ihr Gewerbe ausüben

Bor|de|reau [bɔrdəˈroː] vgl. Bordero

Bor|der|line|jour|na|lis|mus [ˈbɔːɐ̯dɐlaɪn...], der; - ‹*engl.; frz.*›: Berichterstattung, die erfundene od. falsche Informationen als Fakten darstellt und damit gegen die Regeln journalistischen Arbeitens verstößt

Bor|der|line|syn|drom, das; -s ‹*engl.; gr.*› (Med., Psychol.): Persönlichkeitsstörung, verbunden mit [impulsiven] Schwankungen in Beziehungen zu anderen Menschen, Stimmungen u. im Selbstbild

Bor|de|ro, Bordereau [bɔrdəˈroː], der od. das; -s, -s ‹*germ.-frz.*›: Verzeichnis eingelieferter Wertpapiere, bes. von Wechseln

Bor|der|preis [ˈbɔːɐ̯dɐ...], der; -es, -e ‹*engl.; dt.*› (Wirtsch.): Preis frei Grenze (z. B. bei Erdgaslieferungen)

Bor|di|a|mant, der; -en, -en: einem Diamanten an Härte, Glanz u. Lichtbrechung gleichkommender Stoff aus Aluminium u. Bor

bor|die|ren ‹*germ.-frz.*›: einfassen, [mit einer Borte] besetzen

Bor|dun, der; -s, -e ‹*it.*›: **1.** Register der tiefsten Pfeifen bei der Orgel. **2.** in gleichbleibender Tonhöhe gezupfte, gestrichene od. in Resonanz mitschwingende Saite. **3.** gleichbleibender Bass- od. Quintton beim Dudelsack. **4.** Orgelpunkt

Bor|dü|re, die; -, -n ‹*germ.-frz.*›: Einfassung, Besatz, farbiger Geweberand. **Bor|dü|re|form,** die; -, -en (Kochkunst): runde Kuchenform aus Blech

Bo|re, die; -, -n ‹*altnord.-engl.*›: stromaufwärts gerichtete Flutwelle in rasch sich verengenden Flussmündungen (vor allem beim Ganges)

bo|re|al ‹*gr.-lat.*›: nördlich; dem nördlichen Klima Europas, Asiens u. Amerikas zugehörend

Bo|re|al, das; -s: Wärmeperiode der Nacheiszeit

Bo|re|as, der; - ‹*gr.*›: **a)** Nordwind im Gebiet des Ägäischen Meeres (in der Antike als Gott verehrt); **b)** (dichter. veraltet) kalter Nordwind

Bor|gis, die; - ‹entstellt aus *frz.* (lettre) bourgeoise› (Druckw.): Schriftgrad von 9 Punkt

Bo|rid, das; -s, -e ‹*pers.-arab.-mlat.-nlat.*› (Chemie): Verbindung aus Bor u. einem Metall

Bor|ne|ol, das; -s ‹nach der Sundainsel Borneo›: aromatischer Alkohol, der in den Ölen bestimmter Bäume auf den Sundainseln vorkommt (von kampfer- u. pfefferminzähnlichem Geruch)

bor|niert ‹*frz.*›: **a)** geistig beschränkt, eingebildet-dumm; **b)** engstirnig, unbelehrbar

Bor|nit [auch: ...ˈnɪt], der; -s, -e ‹*nlat.;* nach dem österr. Mineralogen I. von Born, 1742–1791›: Buntkupfererz

Bor|re|lie [...i̯ə], die; -, -n (meist Plural) ‹*nlat.;* nach dem frz. Bakteriologen A. Borrel, 1867–1936› (Med.): Bakterie einer Gattung der ↑Spirochäten

Bor|re|li|o|se, die; -, -n (Med.): durch Borrelien verursachte u. durch Zeckenbiss übertragene Krankheit

Bor|retsch, der; -[e]s ‹*arab.-mlat.-it.(-frz.)*›: Gurkenkraut (Gewürzpflanze)

Bor|ro|mä|e|rin, die; -, -nen ‹nach dem hl. Karl Borromäus, 1538–1584›: Mitglied einer kath. Frauenkongregation

Bor|sa|li|no®, der; -s, -s ‹nach dem it. Fabrikanten G. Borsalino, 1834–1900›: Herrenfilzhut mit breiter Krempe

Borschtsch, der; - ‹*russ.*›: (in Osteuropa sehr beliebte) Suppe mit roter Bete [und Fleisch]

Bör|sen|crash [...krɛʃ], der; -[s], -s: Börsenkrach

Bör|si|a|ner, der; -s, - ‹*gr.-lat.-niederl.-nlat.*› (ugs.): **a)** Börsenmakler; **b)** Börsenspekulant. **Bör|si|a|ne|rin,** die; -, -nen: weibliche Form zu ↑Börsianer

Bo|rus|sia, die; - ‹*nlat.*›: Frauengestalt als Sinnbild Preußens

Bo|sat|su, der; - ‹*sanskr.-jap.*›: Titel buddhistischer Heiliger in Japan (entspricht dem Titel ↑Bodhisattwa)

Bos|kett, das; -s, -e ‹*germ.-mlat.-it.-frz.*›: Gruppe von beschnittenen Büschen u. Bäumen (bes. in Gärten der Renaissance- u. Barockzeit)

Bos|kop, Bos|koop, der; -s, - ‹nach dem niederl. Ort Boskoop›: säuerlich schmeckender Winterapfel mit rauer Schale

Bo|son, das; -s, ...onen ‹*nlat.;* vom Namen des ind. Physikers S. N. Bose, 1894–1974› (Physik): Elementarteilchen mit ganzzahligem od. verschwindendem ↑Spin

Boss, der; -es, -e ‹*niederl.-engl.-amerik.*›: jmd., der in einem Unternehmen, in einer Gruppe die Führungsrolle innehat, der bestimmt, was getan wird; Chef; Vorgesetzter

Bos|sa no|va, der, auch die; - -, - -s ‹*port.(-bras.);* »neuer Stil«›: Tanz aus Südamerika

Bos|se, die; -, -n ‹*frz.*›: **1.** rohe od. nur wenig bearbeitete Form eines Werksteins (z. B. einer Skulptur). **2.** erhabene Verzierung, bes. in der Metallkunst

bos|se|lie|ren vgl. bossieren

bos|seln: 1. a) an etwas mit Ausdauer arbeiten, herumbasteln [um es besonders gut zu machen]; **b)** in Kleinarbeit [mühsam] herstellen; basteln. **2.** ↑bossieren

Bos|sen|qua|der, der; -s, -, auch die; -, -n (Bauw.): Naturstein, dessen Ansichtsfläche roh bearbeitet ist

Bos|sen|werk, das; -[e]s: Mauerwerk, das aus Bossenquadern besteht

bos|sie|ren, bosselieren: **1.** die Rohform einer Figur aus Stein herausschlagen. **2.** roh gebrochene Mauersteine mit dem Bossiereisen behauen. **3.** in Ton, Gips od. Wachs (Bossierwachs) modellieren

Bos|sier|wachs, das; -es, -e: Modellierwachs für die Bildhauerei

Bos|sing, das; -[s] ‹*engl.*›: das ↑Mobbing einzelner Mitarbeiter durch den Vorgesetzten

Bos|tel|la vgl. La Bostella

¹Bos|ton [ˈbɔstn̩], das; -s ‹nach der Stadt in den USA›: amerikanisches Kartenspiel

²Bos|ton, der; -s, -s: langsamer amerikanischer Walzer mit sentimentalem Ausdruck

Bot, der; -s, -s ‹gekürzt aus *engl.* robot = Roboter› (EDV): weitgehend automatisiertes [Schad]programm

Bo|ta|nik, die; - ‹*gr.-nlat.*›: **1.** Pflanzenkunde, Teilgebiet der Biologie, das sich mit den

Pflanzen befasst. **2.** (ugs. scherzh.) die freie Natur; das Grüne

Bo|ta|ni|ker, der; -s, -: Wissenschaftler u. Forscher auf dem Gebiet der Botanik (1). **Bo|ta|ni|ke|rin,** die; -, -nen: weibliche Form zu ↑Botaniker

bo|ta|nisch: pflanzenkundlich, pflanzlich; **botanischer Garten:** Anlage, in der Bäume u. andere Pflanzen nach einer bestimmten Systematik zu Schau- u. Lehrzwecken kultiviert werden

bo|ta|ni|sie|ren: Pflanzen zu Studienzwecken sammeln

Bo|tel, das; -s, -s ‹Kurzw. aus *B*oot u. H*otel*›: schwimmendes Hotel, als Hotel ausgebautes, verankertes Schiff. **Bot|net,** das; -s, -s, **Bot|netz,** das; -es, -e ‹*engl.*› (EDV): größere Zahl von Computern, die ohne Wissen ihrer Betreiber mit ↑Bots infiziert u. untereinander vernetzt wurden

Bo|to|ku|de, der; -n, -n ‹nach dem Indianerstamm in Südostbrasilien› (veraltet abwertend): Mensch mit schlechtem Benehmen

Bo|tox®, das; - ‹Kurzw. für *Bo*tulinumin*tox*in› (Med.): ein Nervengift, das dem Menschen in stark verdünnter Form zum Glätten von [Gesichts]falten gespritzt wird

Bo|t|ryo|my|ko|se, die; -, -n ‹*gr.-nlat.*›: Traubenpilzkrankheit (bes. der Pferde)

Bot|te|ga, die; -, -s: it. Form von ↑Bodega

Bot|te|lier, der; -s, -s, Bottler, der; -s, - ‹*lat.-frz.-niederl.*› (Seemannsspr. veraltet): Kantinenverwalter auf Kriegsschiffen

Bot|ter, der; -s, - ‹*niederl.*›: holländisches Segelfahrzeug mit geringem Tiefgang

Bot|ti|ne, die; -, -n ‹*frz.*›: Damenhalbstiefel (bes. im 19. Jh.)

Bot|tle|neck [ˈbɔtl̩nɛk], der; -s, -s ‹*engl.-amerik.*›: (Musik) urspr. abgeschlagener Flaschenhals, heute Metallaufsatz, der auf einen Finger gesteckt wird u. mit dem dann auf den Gitarrensaiten entlanggeglitten wird, sodass ein hoher, singender Ton erzielt wird (Gitarrenspielweise im ↑Blues [1 b])

Bot|tle|par|ty, Bot|tle-Par|ty [ˈbɔtl̩...], die; -, -s ‹*engl.*›: Party, zu der die geladenen Gäste die alkoholischen Getränke mitbringen

Bott|ler vgl. Bottelier

Bot|toms [ˈbɔtəmz], die (Plural) ‹*engl.*›: Überschwemmungsgebiete nordamerikanischer Flüsse

Bot|tom-up-Me|tho|de [...ˈʌp...], die; - ‹*engl.; gr.-lat.*› (Logik): induktive Methode, bei der man von speziellen Details ausgeht u. schrittweise über immer umfassendere Strukturen die Gesamtstruktur eines Systems errichtet

Bo|tu|lis|mus, der; - ‹*lat.-nlat.*› (Med.): [durch Botulinumtoxin verursachte] bakterielle Lebensmittelvergiftung (bes. Wurst-, Fleisch-, Konservenvergiftung)

Bou|chée [buˈʃeː], die; -, -s ‹*frz.;* »ein Mund voll«›: Appetithäppchen (gefülltes Pastetchen als warme Vorspeise)

bou|che|ri|sie|ren [buʃə...] ‹nach dem frz. Chemiker A. Boucherie, 1801–1871›: den Saft frischen Holzes durch Einführen bestimmter Lösungen verdrängen (Holzschutzverfahren)

¹Bou|c|lé, ¹Buklee [buˈkleː], das; -s, -s ‹*lat.-frz.*›: Garn mit Knoten u. Schlingen

²Bou|c|lé, ²Buklee [buˈkleː], der; -s, -s: **1.** Gewebe aus Bouclégarn; Noppengewebe. **2.** Haargarnteppich mit nicht aufgeschnittenen Schlingen

Bou|doir [buˈdo̯aːɐ̯], das; -s, -s ‹*frz.*› (veraltend): elegantes, privates Zimmer einer Dame

Bouf|fon|ne|rie [bʊfɔnəˈriː], die; -, ...ien ‹*it.-frz.*› (veraltet): Spaßhaftigkeit, Schelmerei

Bou|gain|vil|lea [bugɛ̃ˈvilea], die; -, ...leen [...leən] ‹*nlat.;* nach L.-A. de Bougainville (1729–1811), einem frz. Seefahrer› (Bot.): südamerikanische Gattung der Wunderblumengewächse

Bou|gie [buˈʒiː], die; -, -s ‹*frz.*› (Med.): Dehnsonde (zur Erweiterung enger Körperkanäle, z. B. der Harnröhre); vgl. Bacillus (1). **bou|gie|ren** [buˈʒiːrən] (Med.): mit der Dehnsonde untersuchen, erweitern. **Bou|gie|rohr,** das; -[e]s, -e: Kabelschutzüberzug

Bou|g|ram [buˈgrɑ̃ː] vgl. Bougran

Bou|g|ran, Bougram [buˈgrɑ̃ː], der; -s, -s ‹*frz.*›: Steifleinwand, steifer Baumwollstoff, der als Zwischenfutter verwendet wird

Bouil|la|baisse [bujaˈbɛːs], die; -, -s [bujaˈbɛːs] ‹*frz.*›: würzige provenzalische Fischsuppe

Bouil|lon [bʊlˈjɔ̃ː, bulˈjɔŋ, österr.: buˈjɔ̃ː], die; -, -s ‹*lat.-frz.*›: **1.** Kraft-, Fleischbrühe. **2.** (Med.) bakteriologisches Nährsubstrat

Bouil|lon|draht, der; -[e]s, ...drähte: ↑Kantille

bouil|lo|nie|ren [bʊljo...] (veraltet): raffen, reihen

Bou|lan|ge|rit [bulɑ̃ʒəˈriːt, auch: ...ˈrɪt], der; -s ‹*nlat.;* nach dem frz. Geologen C. L. Boulanger, 1810–1849›: ein Mineral (Antimonbleiblende)

boul|dern [ˈbo̯ʊldɐn] ‹*engl.*› (Sport): ohne Seilsicherung an Kletter- od. Felswänden klettern

Boule [buːl], das; -[s] (auch: die; -) ‹*lat.-frz.*›: französisches Kugelspiel

Bou|let|te [bu...], die; -, -n ‹*frz.*›: ↑Bulette

Bou|le|vard [buləˈvaːɐ̯], der; -s, -s ‹*germ.-niederl.-frz.*›: breite [Ring]straße, Prachtstraße

Bou|le|var|di|er [...ˈdi̯eː], der; -[s], -s (veraltet): Verfasser von reißerischen Bühnenstücken

bou|le|var|di|sie|ren: das Wichtigste (eines Artikels o. Ä.) zusammenfassen u. verdeutlichen (z. B. durch einen speziellen Druck)

Bou|le|vard|pres|se, die; -: sensationell aufgemachte, in großen Auflagen erscheinende u. daher billige Zeitungen, die früher überwiegend im Straßenverkauf angeboten wurden

Boulle|ar|bei|ten [ˈbul...], die (Plural) ‹nach dem frz. Kunsttischler A. Ch. Boulle, 1642–1732›: Einlegearbeiten aus Elfenbein, Kupfer od. Zinn (18. Jh.)

Bou|lon|nais [bulɔˈnɛː], der; - [...ˈnɛː(s)], - [...ˈnɛːs], **Bou|lon|nai|se** [...ˈnɛːzə], der; -n, -n ‹*frz.;* nach der historischen Landschaft um Boulogne-sur-Mer›: edles französisches Kaltblutpferd

Bounce [bau̯ns], der od. die; - ‹*engl.*›: **1.** (Musik) rhythmisch betonte Spielweise im Jazz.

2. (EDV) per E-Mail verschickte Nachricht, die [bei fehlerhafter Adresse] an den Absender zurückgesandt wird

Bounce|light ['baʊ̯nslaɪ̯t], das; -, -s ⟨*engl.*⟩: Beleuchtungstechnik bei Blitzaufnahmen, bei der das Blitzlicht nicht gegen das Motiv gerichtet wird, sondern gegen reflektierende Flächen in dessen Umgebung, wodurch eine gleichmäßige Ausleuchtung erzielt wird

boun|cen ['baʊ̯nsn̩]: das Bouncelight anwenden

Bou|quet [bu'ke:], das; -s, -s ⟨*frz.*⟩: ↑Bukett. **Bou|quet gar|ni,** das; -s -, -s -s (Gastron.): Kräutersträußchen

Bou|qui|nist [buki...], der; -en, -en ⟨*niederl.-frz.*⟩: Straßenbuchhändler, bes. am Seineufer in Paris, der an einem Stand antiquarische Bücher verkauft. **Bou|qui|nis|tin,** die; -, -nen: weibliche Form zu ↑Bouquinist

Bour|bon ['bœ:ɐ̯bn̩], der; -s, -s ⟨*engl.-amerik.;* Kurzform von Bourbonwhiskey⟩: amerikanischer Whiskey; vgl. Scotch

Bour|don [bʊr'dɔ̃:], der; -s, -s ⟨*frz.*⟩: ↑Bordun

Bou|ret|te [bu...] vgl. Bourrette

bour|geois [bʊr'ʒo̯a, in attributiver Verwendung: bʊr'ʒo̯a:z...] ⟨*germ.-frz.*⟩: **a)** zur Bourgeoisie gehörend; **b)** die Bourgeoisie betreffend. **Bour|geois,** der; -, -: Angehöriger der Bourgeoisie

Bour|geoi|sie [bʊrʒo̯a'zi:], die; -, ...i̯en: **1.** wohlhabender Bürgerstand, Bürgertum. **2.** (Marxismus) herrschende Klasse der kapitalistischen Gesellschaft, die im Besitz der Produktionsmittel ist

Bour|rée [bu're:], die; -, -s ⟨*frz.*⟩: **a)** heiterer bäuerlicher Tanz aus der Auvergne; **b)** von etwa 1650 an Satz der ↑Suite (4)

Bour|ret|te [bu...], die; -, -n ⟨*lat.-frz.*⟩: raues Gewebe in Taftbindung aus Abfallseide; Seidenfrottee

Bou|teil|le [bu'tɛ:j(ə)], die; -, -n [...jən] ⟨*lat.-frz.*⟩ (veraltet): Flasche. **Bou|teil|len|stein,** der; -[e]s, -e (veraltet): ↑Moldavit

Bou|tique [bu'ti:k], die; -, -n [...kn̩], (selten:) -s [...ti:ks] ⟨*frz.*⟩: kleiner Laden für [exklusive] modische Neuheiten

Bou|ton [bu'tɔ̃:], der; -s, -s ⟨*germ.-frz.;* »Knospe; Knopf«⟩: Schmuckknopf für das Ohr

Bou|ton|ni|e|re [butɔ'ni̯e:rə], die; -, -n ⟨*germ.-frz.*⟩ (Med.): operative Verlagerung des Harnröhrenausgangs in den Bereich zwischen After u. Hodensack

bo|vin ⟨*lat.*⟩ (Tiermed.): zum Rind gehörend, beim Rind auftretend; **bovine spongiforme Enzephalopathie:** ↑BSE

Bo|vo|vak|zin, das; -s ⟨*lat.-nlat.*⟩: früher gebräuchlicher Impfstoff gegen Rindertuberkulose

Bow|den|zug ['baʊ̯dn̩...], der; -s, ...züge ⟨*engl.; dt.;* nach dem ir. Erfinder Ernest M. Bowden, 1859–1904⟩: Drahtkabel zur Übertragung von Zugkräften, bes. an Kraftfahrzeugen

Bo|wie|mes|ser ['bo:vi...], das; -s, - ⟨*engl.; dt.;* nach dem Amerikaner James Bowie, 1796–1836⟩: langes Jagdmesser

Bow|le ['bo:lə], die; -, -n ⟨*engl.*⟩: **1.** Getränk aus Wein, Schaumwein, Zucker u. Früchten od. würzenden Stoffen. **2.** Gefäß zum Bereiten u. Auftragen einer Bowle (1)

bow|len ['bo:lən] ⟨*lat.-frz.-engl.*⟩: Bowling spielen

Bow|ler ['bo:lɐ], der; -s, - ⟨*engl.*⟩: runder, steifer [Herren]hut; vgl. Melone (2)

Bow|ling ['bo:lɪŋ], das; -s, -s ⟨*lat.-frz.-engl.*⟩: **1.** englisches Kugelspiel auf glattem Rasen. **2.** amerikanische Art des Kegelspiels mit 10 Kegeln

Bow|ling|green [...gri:n], das; -s, -s: Spielrasen für Bowling (1)

Bow|string|hanf ['bo̯ʊstrɪŋ...], der; -[e]s ⟨*engl.; dt.*⟩: in Afrika als Bogensehne verwendeter Hanf aus Blattfasern

Bo̤x, die; -, -en ⟨*lat.-vulgärlat.-engl.;* »Büchse, Behälter«⟩: **1. a)** von anderen gleichartigen Räumen abgeteilter [kastenförmiger] Raum innerhalb einer größeren Einheit; **b)** abgegrenzter Montageplatz für Rennwagen an einer Rennstrecke. **2.** einfache Rollfilmkamera in Kastenform. **3.** kastenförmiger Behälter od. Gegenstand; oft in Zusammensetzungen (z. B. Kühlbox, Lautsprecherbox)

BO̤X®, der; - ⟨Kurzw. für *engl. bond index*⟩: Gruppe von Rentenindizes, die als Maßstab für die Wertentwicklung europäischer Staatsanleihen dient

Box|calf, Boxkalf [auch: 'bɔkska:f], das; -s, -s ⟨*engl.*⟩: Kalbleder

bo̤|xen ⟨*engl.*⟩: [nach bestimmten sportlichen Regeln] mit den Fäusten kämpfen

Bo̤|xer, der; -s, - ⟨*engl.*⟩: **1.** Sportler, der Boxkämpfe austrägt; vgl. boxen. **2.** (bes. südd., österr.) Faustschlag. **3.** Hund einer mittelgroßen Rasse mit kräftiger Schnauze (Wach- u. Schutzhund). **Bo̤|xe|rin,** die; -, -nen: weibliche Form zu ↑Boxer (1)

bo̤|xe|risch: den Boxsport betreffend, zu ihm gehörend

Bo̤|xer|mo|tor, der; -s, -en ⟨*engl.; lat.*⟩: Verbrennungsmotor mit einander gegenüberliegenden Zylindern, deren Kolben scheinbar gegeneinander arbeiten

Bo̤|xer|shorts [...ʃɔrts], die (Plural) ⟨*engl.*⟩: Herrenunterhose mit kurzem Beinteil

Bo̤x|kalf [auch: 'bɔkska:f] vgl. Boxcalf

Bo̤x|spring|bett, das; -s, -en ⟨*engl.; dt.*⟩: Bett, bei dem die Matratze auf einem hohen Untergestell liegt, in das eine od. mehrere Schichten von Bettfedern eingebaut sind

Boy [bɔɪ̯], der; -s, -s ⟨*engl.*⟩: **1.** Laufjunge, Diener, Bote. **2.** (ugs.) junger Mann

Boy|band ['bɔɪ̯bɛnt], die; -, -s ⟨*engl.*⟩: Boygroup

Boy|friend ['bɔɪ̯frɛnd], der; -[s], -s (ugs.): Freund einer jungen Frau

Boy|friend|jeans, Boy|friend-Jeans [...dʒi:ns], die; -, -: Jeans für Damen mit weitem, maskulin wirkendem Schnitt

Boy|group [...gru:p], die; -, -s: Popgruppe aus jungen, attraktiven Männern [deren Bühnenshows bes. durch tänzerische Elemente geprägt sind]

Boy|ko̤tt [bɔɪ̯...], der; -[e]s, -s (auch: -e) ⟨*engl.;* nach dem in Irland geächteten engl. Hauptmann u. Gutsverwalter Boycott, 1832–1897⟩: **1.** politische,

wirtschaftliche od. soziale Ächtung. **2.** das Boykottieren (2, 3)
Boy|kot|teur [...ˈtøːɐ̯], der; -s, -e ⟨*frz.*⟩: jmd., der jmdn. od. etwas boykottiert. **Boy|kot|teu|rin** [...ˈtøːrɪn], die; -, -nen: weibliche Form zu ↑Boykotteur
boy|kot|tie|ren: **1.** mit einem Boykott (1) belegen. **2.** die Ausführung von etwas ablehnen u. zu verhindern suchen. **3.** zum Ausdruck der Ablehnung bewusst meiden
Boy|scout [ˈbɔɪ̯skaʊ̯t], der; -s, -s ⟨*engl.*⟩: engl. Bez. für: Pfadfinder
Boy|sen|bee|re, die; -, -n ⟨nach dem amerik. Gärtner R. Boysen⟩: brombeerähnliche, aromatisch schmeckende Frucht
Boz|zet|to, der; -s, -s ⟨*it.*⟩: erster, skizzenhafter, plastischer Entwurf für eine Skulptur, für Porzellan
Bra|ban|çonne [brabãˈsɔn], die; - ⟨*frz.;* nach der belg. Provinz Brabant⟩: belgische Nationalhymne
Bra|ça [ˈbrasa], die; -, -s (aber: 5 -) ⟨*gr.-lat.-port.*⟩: portugiesisches Längenmaß
bra|chi|al ⟨*gr.-lat.*⟩: **1.** (Med.) zum Arm gehörend. **2.** mit roher Körperkraft
Bra|chi|al|ge|walt, die; -: rohe körperliche Gewalt als Mittel zur Durchsetzung von Zielen
Bra|chi|al|gie, die; -, ...ien ⟨*gr.-lat.; gr.*⟩ (Med.): Schmerzen im [Ober]arm, verursacht durch Affektion (1) z. B. des Plexus brachialis
Bra|chi|a|to|ren, die (Plural) ⟨*lat.-nlat.*⟩: Gruppe der ↑²Primaten mit stark verlängerten Armen (Schwingkletterer, z. B. der ↑Gibbon)
Bra|chi|o|po|de, der; -n, -n: Armfüßer (muschelähnliches, festsitzendes Meerestier)
Bra|chio|sau|ri|er, der; -s -, **Brachio|sau|rus,** der; -, ...rier [...i̯ɐ] ⟨*lat.; gr.*⟩: pflanzenfressender, sehr großer ↑Dinosaurier mit langen Vorderbeinen (aus der Kreidezeit, bes. in Nordamerika)
Bra|chis|to|chro|ne [...ˈkroːnə], die; -, -n ⟨*gr.-nlat.*⟩ (Physik): Kurve, auf der ein der Schwerkraft unterworfener Massenpunkt bzw. Körper am schnellsten zu einem tiefer gelegenen Punkt gelangt

bra|chy..., Bra|chy...

⟨*gr.* brachýs »kurz, wenig, klein«⟩
Wortbildungselement mit der Bedeutung »kurz«:
- brachydaktyl
- Brachygrafie
- Brachypnoe

bra|chy|dak|tyl (Med.): kurzfingerig
Bra|chy|dak|ty|lie, die; -, ...ien ⟨*gr.-nlat.*⟩ (Med.): angeborene Kurzfingerigkeit
Bra|chy|ge|nie, die; -, ...ien: ↑Brachygnathie
Bra|chy|g|na|thie, die; -, ...ien (Med.): abnorme Kleinheit des Unterkiefers
Bra|chy|gra|fie, Bra|chy|gra|phie, die; - (veraltet): Kurzschrift, Stenografie
bra|chy|ka|ta|lek|tisch ⟨*gr.-lat.*⟩: am Versende um einen Versfuß (eine rhythmische Einheit) bzw. um zwei Silben verkürzt (von antiken Versen)
Bra|chy|ka|ta|le|xe, die; -, -n ⟨*gr.*⟩: Verkürzung eines Verses um den letzten Versfuß (die letzte rhythmische Einheit) od. die letzten zwei Silben
Bra|chy|la|lie, die; - ⟨*gr.-nlat.*⟩: Aussprache abgekürzter Zusammensetzungen od. Wortgruppen mit den Namen der Abkürzungsbuchstaben (z. B. USA [gesprochen: uːǀɛsˈǀaː])
Bra|chy|lo|gie, die; -, ...ien ⟨*gr.*⟩ (Rhet., Stilkunde): knappe, prägnante Ausdrucksweise
Bra|chy|pnoe, die; - (veraltet): Kurzatmigkeit; Engbrüstigkeit; vgl. Dyspnoe
bra|chy|s|tyl ⟨*gr.-nlat.*⟩: kurzgriffelig (von Pflanzenblüten)
Bra|chy|syl|la|bus, der; -, ...syllaben u. ...syllabi ⟨*gr.-lat.*⟩: antiker Versfuß (rhythmische Einheit), der nur aus kurzen Silben besteht (z. B. ↑Pyrrhichius, ↑Tribrachys, ↑Prokeleusmatikus)
Bra|chy|the|ra|pie, die; -, ...ien (Med.): Strahlentherapie bei Krebserkrankungen
Bra|chy|ze|pha|lie, die; -, ...ien (Med.): Kurzköpfigkeit
Brackets [ˈbrɛkɪts], die (Plural) ⟨*engl.;* »Klammern«⟩ (Zahnmed.): für kieferorthopädische Korrekturen verwendete, an den Zähnen befestigte Metallklammern
Bra|dy|ar|th|rie, Bradylalie, die; -, ...ien ⟨*gr.-nlat.*⟩ (Med.): schleppende, buchstabierende Sprache
Bra|dy|kar|die, die; -, ...ien (Med.): langsame Herztätigkeit
Bra|dy|ki|ne|sie, die; -, ...ien (Med.): allgemeine Verlangsamung der Bewegungen
Bra|dy|ki|nin, das; -s, -e (Med.): gefäßerweiterndes Peptidhormon, das an der Steuerung von Entzündungsprozessen beteiligt ist u. eine ähnliche Wirkung wie ↑Histamin hat
Bra|dy|la|lie vgl. Bradyarthrie
Bra|dy|phra|sie, die; -, ...ien (Med.): langsames Sprechen
Bra|dy|phre|nie, die; -, ...ien (Med.): Verlangsamung der geistigen Funktionen, Antriebsmangel (z. B. bei Demenzerkrankungen)
Bra|dy|pnoe, die; - (Med.): verlangsamte Atmung
Brae|burn [ˈbrɛɪ̯bœːɐ̯n], der; -s, -s ⟨*engl.;* nach dem neuseeländischen Ort Braeburn⟩: Apfelsorte mit festem, saftigem Fruchtfleisch
Brah|ma, der; -s ⟨*sanskr.*⟩: zur Zeit des frühen Buddhismus höchster Gott des ↑Hinduismus
Brah|ma|huhn vgl. Brahmaputrahuhn
Brah|ma|is|mus, der; -: ↑Brahmanismus
Brah|man, das; -[s]: Weltseele, magische Kraft der indischen Religion, die der Brahmane im Opferspruch wirken lässt
Brah|ma|nas, die (Plural): altindische Kommentare zu den ↑Veden, die Anwendung und Wirkung des Opfers erläutern
Brah|ma|ne, der; -n, -n: Angehöriger der indischen Priesterkaste
brah|ma|nisch: die Lehre od. die Priester des Brahmanentums betreffend
Brah|ma|nis|mus, der; - ⟨*sanskr.-nlat.*⟩: **1.** eine der Hauptreligionen Indiens (aus dem ↑Vedismus hervorgegangen). **2.** (selten) Hinduismus
Brah|ma|pu|t|ra|huhn [auch: ...ˈpuː...] ⟨nach dem indischen Fluss Brahmaputra⟩, Brahmahuhn, das; -s, ...hühner: Huhn einer schweren Haushuhnrasse

Brah|mi|ne vgl. Brahmane
Braille|schrift ['braɪ̯(l)...], die; - ‹nach dem frz. Erfinder L. Braille (1809–1852)›: international gebräuchliche Blindenschrift
Brain|drain ['breɪ̯ndreɪ̯n], der od. das; -s ‹*engl.-amerik.;* »Abfluss von Intelligenz«›: Abwanderung von Wissenschaftler/-innen u. a. hoch qualifizierten Arbeitskräften ins Ausland, wodurch dem Abwanderungsland Fachkräfte u. Wissen verloren gehen
brain|stor|men ['breɪ̯nstɔːɐ̯mən] ‹*engl.-amerik.*›: ein Brainstorming durchführen
Brain|stor|ming [...stɔːɐ̯mɪŋ], das; -s, -s ‹*engl.-amerik.;* eigtl. »Geistesblitz«› (bes. Wirtsch.): das Sammeln von spontanen Einfällen [der Mitarbeiter], um die beste Lösung eines Problems zu finden
Brain|trust, Brain-Trust [...trʌst], der; -s, -s ‹*engl.;* »Gehirntrust«›: [wirtschaftlicher] Beratungsausschuss; Expertengruppe
Brain|ware [...wɛːɐ̯], die; -, -s ‹Analogiebildung zu ↑Software› (EDV): geistige Vorarbeit bei der Programmerstellung
Brai|se ['brɛːzə], die; -, -n ‹*frz.*›: [säuerliche] gewürzte Brühe zum Dämpfen von Fleisch od. Fischen. **brai|sie|ren** [brɛ...]: in der Brühe dämpfen
Brak|te|at, der; -en, -en ‹*lat.;* »mit Goldblättchen überzogen«›: **1.** Goldblechabdruck einer griechischen Münze (4.–2. Jh. v. Chr.). **2.** einseitig geprägte Schmuckscheibe der Völkerwanderungszeit. **3.** einseitig geprägte mittelalterliche Münze
Brak|tee, die; -, -n ‹*lat.;* »dünnes Blatt, Blättchen«› (Bot.): Deckblatt, in dessen Winkel ein Seitenspross od. eine Blüte entsteht
brak|te|o|id ‹*lat.; gr.*› (Bot.): deckblattartig
Brak|te|o|le, die; -, -n ‹*lat.*› (Bot.): Vorblatt, erstes Blatt eines Seiten- od. Blütensprosses
Bram, die; -, -en ‹*niederl.*› (Seemannsspr.): zweitoberste Verlängerung der Masten sowie deren Takelung (meist als Bestimmungswort von Zusammensetzungen wie Bramsegel, ↑Bramstenge)
Bra|mah|schloss, das; -es, ...schlösser ‹nach dem engl. Erfinder J. Bramah, 1749–1814›: Schloss mit Steckschlüssel
Bra|mar|bas, der; -, -se ‹nach der literarischen Figur des 18. Jh.s›: Angeber, Aufschneider. **bramar|ba|sie|ren:** aufschneiden, prahlen
Bram|bu|ri, die (Plural) ‹*tschech.;* »Brandenburger«› (österr. scherzh.): Kartoffeln
Bram|sten|ge, die; -, -n ‹*niederl.; dt.*› (Seemannsspr.): zweitoberste Verlängerung eines Mastes
Bran|che ['brãːʃə], die; -, -n ‹*lat.-galloroman.-frz.*›: **a)** Wirtschafts-, Geschäftszweig; **b)** (ugs.) Fachgebiet
Bran|chen|mix, der; -, -e: das Vertretensein der jeweiligen Branchen (a) in großer Vielfalt in den Läden eines Geschäftsviertels, eines Einkaufszentrums o. Ä. (zur Vermeidung eines zu einseitigen Einkaufsangebots)
Bran|chen|pri|mus, der; -, ...primi u. -se (ugs.): Branchenführer
Bran|chi|at, der; -en, -en ‹*gr.-nlat.*›: durch Kiemen atmendes Wirbel- od. Gliedertier
Bran|chie [...çi̯ə], die; -, -n (meist Plural) ‹*gr.-lat.*›: Kieme
bran|chi|o|gen ‹*gr.-nlat.*› (Biol.): von den Kiemengängen ausgehend
Bran|chio|sau|ri|er, der; -s, -, **Branchio|sau|rus**, der; -, ...saurier ‹*gr.-nlat.*›: Panzerlurch des ↑Karbons u. ↑[1]Perms
Bran|chi|o|sto|ma, das; - ‹*gr.*›: ↑Amphioxus
Brand [brænd], der, auch: das; -[s], -s, selten: die; -, -s ‹*engl.*›: Marke, Markenartikel, Markenfirma
bran|den ['brɛndn̩] ‹*engl.*› (Wirtsch.): mit einer Marke, einem Markennamen versehen
Bran|ding ['brændɪŋ], das; - ‹*engl.*›: **1.** (Wirtsch.) Markengebung; Entwicklung von Markennamen. **2.** das Einbrennen von bestimmten Mustern in die Haut mithilfe einer heißen Nadel
Brand|ma|na|ger ['brændmɛnɪdʒɐ], der; -s, - ‹*engl.*› (Wirtsch.): Angestellter eines Unternehmens, der für ↑Marketing u. Werbung eines Markenartikels verantwortlich ist; Markenbetreuer. **Brand|ma|nage|rin**, die; -, -nen: weibliche Form zu ↑Brandmanager
Bran|dy ['brɛndi], der; -s, -s ‹*niederl.-engl.*›: engl. Bez. für: Weinbrand
Bran|le ['brãːlə], der; -, -s ‹*frz.*›: **a)** ältester frz. Rundtanz (im 16. u. 17. Jh. Gesellschaftstanz); **b)** Satz der ↑Suite (4)
[1]**Bra|sil**, der; -s, -e u. -s ‹vom Namen des südamerik. Staates Brasilien›: **a)** dunkelbrauner, würziger südamerikanischer Tabak; **b)** eine Kaffeesorte
[2]**Bra|sil**, die; -, -[s]: Zigarre aus Brasiltabak
Bra|si|le|in, das; -s ‹*span.-nlat.*›: ein Naturfarbstoff; vgl. Brasilin
Bra|si|let|to|holz, das; -es ‹*span.; dt.*›: westindisches Rotholz
Bra|sil|holz, Bra|si|li|en|holz, das; -es: südamerikanisches Holz, das rote Farbstoffe liefert
Bra|si|lin, das; -s ‹*span.-nlat.*›: für die Stofffärberei wichtiger Bestandteil des brasilianischen Rotholzes; wird durch Oxidation (1) zum Farbstoff Brasilein
Brass|band, Brass-Band ['braːsbænd], die; -, -s ‹*engl.*›: Ensemble aus Blechblasinstrumenten mit Ventilen, Posaunen u. Schlagzeug
Bras|se|lett, das; -s, -e ‹*gr.-lat.-frz.*›: **1.** Armband. **2.** (Gaunerspr.) Handschelle
Bras|se|rie, die; -, ...ien ‹*frz.*›: Bierlokal
Bras|si|è|re [bra'si̯ɛːrə], die; -, -n ‹*frz.*›: knappes, taillenfreies Oberteil; Leibchen
Brat|sche, die; -, -n ‹*gr.-lat.-it.;* »Armgeige«›: Streichinstrument, das eine Quinte tiefer als die Violine gestimmt ist
Brat|schist, der; -en, -en: Musiker, der Bratsche spielt. **Brat|schis|tin**, die; -, -nen: weibliche Form zu ↑Bratschist
Bra|va|de, die; -, -n ‹*gr.-lat.-vulgärlat.-it.-frz.*› (veraltet): **a)** Prahlerei; **b)** Trotz
bra|vis|si|mo ‹*gr.-lat.-vulgärlat.-it.*›: sehr gut! (Ausruf od. Zuruf, durch den Beifall u. Anerkennung ausgedrückt werden)
bra|vo: gut!, vortrefflich! (Ausruf

od. Zuruf, durch den Beifall u. Anerkennung ausgedrückt werden)

[1]**Bra|vo**, das; -s, -s: Beifallsruf

[2]**Bra|vo**, der; -s, -s u. ...vi: it. Bez. für: Meuchelmörder, Räuber

Bra|vour [bra'vu:ɐ̯], die; -, -en ⟨*gr.-lat.-vulgärlat.-it.-frz.*⟩: **1.** (ohne Plural) **a)** Tapferkeit, Mut, Schneid; **b)** Geschicklichkeit; sichtbar gekonnte Art u. Weise, etwas zu bewältigen. **2.** (nur Plural) meisterhaft ausgeführte Darbietungen

Bra|vour|arie, die; -, -n: schwierige, auf virtuose Wirkung abzielende Arie (meist für Frauenstimme)

bra|vou|rös: mit Bravour

break [breɪ̯k] ⟨*engl.*⟩: »geht auseinander!« (Kommando des Ringrichters beim Boxkampf)

[1]**Break** [breɪ̯k], der od. das; -s, -s ⟨*engl.;* »Durchbruch«⟩: **1. a)** (Sport) plötzlicher u. unerwarteter Durchbruch aus der Verteidigung heraus; Überrumpelung aus der Defensive, Konterschlag; **b)** Gewinn eines Spiels bei gegnerischem Aufschlag. **2.** kurzes Zwischensolo im Jazz

[2]**Break** [breɪ̯k], das; -s: das Breaken (1)

Break|dance ['breɪ̯kda:ns, amerik.: ...dæns], der; - ⟨*engl.-amerik.*⟩: zu Popmusik, besonders Hip-Hop, getanzte rhythmisch-akrobatische Darbietung mit pantomimischen, roboterhaft wirkenden Elementen

Break|dan|cer ['breɪ̯kda:nsɐ, dt.-amerik.: ...dænsɐ], der; -s, -: jmd., der Breakdance tanzt. **Break|dan|ce|rin**, die; -, -nen: weibliche Form zu ↑Breakdancer

brea|ken ['breɪ̯kn̩]: **1. a)** sich mit einem entsprechenden Signal in ein laufendes Gespräch über CB-Funk einschalten; **b)** über CB-Funk ein Gespräch führen. **2.** (Tennis) das Aufschlagspiel des Gegners gewinnen

Break-even [breɪ̯k'ʔi:vn̩], der; -[s], -s ⟨*engl.*⟩: Kurzform von ↑Break-even-Point. **Break-even-Point** [breɪ̯k'ʔi:vn̩pɔɪ̯nt], der; -[s], -s ⟨*engl.*⟩ (Wirtsch.): Rentabilitätsschwelle, Übergang zur Gewinnzone

Brea|king News ['breɪ̯kɪŋ 'nju:s] (Plural) (Rundfunk, Fernsehen): engl. Bez. für: Sonder-, Eilmeldung

Brec|cie ['brɛtʃə], Brekzie [...i̯ə], die; -, -n ⟨*germ.-frz.-it.*⟩: Gestein aus kantigen, durch ein Bindemittel verkitteten Gesteinstrümmern

Bre|douil|le [bre'dʊljə], die; -, -n ⟨*frz.*⟩ (ugs.): Verlegenheit, Bedrängnis

Bree|ches ['brɪtʃəs], die (Plural) ⟨*engl.*⟩, **Bree|ches|ho|se**, die; -, -n: halblange, oben weite, an den Knien anliegende Sport- u. Reithose

Bre|gma, das; -s, -ta od. ...men ⟨*gr.*⟩ (Med.): **a)** Gegend der großen Fontanelle am Schädel, in der die beiden Stirnbeinhälften u. die beiden Scheitelbeine zusammenstoßen; **b)** Punkt am Schädel, in dem die Pfeilnaht auf die Kranznaht stößt

Brek|zie [...i̯ə] vgl. Breccie

Brent, der od. das; -s ⟨*engl.*⟩: eine Rohölsorte aus der Nordsee

Bre|te|sche, die; -, -n ⟨*altengl.-mlat.-frz.*⟩: Erker an Burgmauern u. Wehrgängen zum senkrechten Beschuss des Mauerfußes

Bre|ton [brə'tõ:], der; -s, -s ⟨*frz.*⟩: [Stroh]hut mit nach oben gerollter Krempe (aus der Volkstracht der Bretagne übernommen)

Bre|ve, das; -s, -n u. -s: päpstlicher Erlass in einfacherer Form

Bre|vet [bre've:], das; -s, -s ⟨*lat.-frz.*⟩: **1.** (Geschichte) kurzer Gnadenbrief des französischen Königs (mit Verleihung eines Titels u. Ä.). **2.** Schutz-, Verleihungs-, Ernennungsurkunde (bes. in Frankreich). **bre|ve|tie|ren**: ein Brevet ausstellen

Bre|vi|ar, das; -s, -e ⟨*lat.*⟩: ↑Breviarium (1)

Bre|vi|a|ri|um, das; -s, ...ien: **1.** (veraltet) kurze Übersicht; Auszug aus einer Schrift. **2.** Brevier (1)

Bre|vier, das; -s, -e: **1. a)** Gebetbuch des kath. Klerikers mit den Stundengebeten; **b)** tägliches kirchliches Stundengebet. **2.** kurze Sammlung wichtiger Stellen aus den Werken eines Dichters od. Schriftstellers (z. B. Schillerbrevier)

bre|vi ma|nu [auch: 'bre:vi -]: kurzerhand (Abk.: b. m., br. m.)

Bre|vis [auch: 'bre:...], die; -, ...ves [...ve:s] (Musik): Doppelganze, Note im Notenwert von zwei ganzen Noten (Notierung: quer liegendes Rechteck, ▭); vgl. alla breve

Bre|vi|tät, die; - (selten): Kürze, Knappheit

Bri|ard [bri'a:ɐ̯], der; -[s], -s ⟨*frz.;* nach der frz. Landschaft Brie⟩: Schäferhund einer französischen Rasse

Bric-à-brac [brika'brak], das; -[s] ⟨*frz.*⟩: **a)** Trödel, Wertloses; **b)** Ansammlung kleiner Kunstgegenstände

Bri|de, die; -, -n ⟨*frz.*⟩: **1.** (Med.) Verwachsungsstrang. **2.** (schweiz.) Kabelschelle

Bridge [brɪtʃ, engl.: brɪdʒ], das; -, -s ⟨*engl.;* »Brücke«⟩: **1.** (ohne Plural) ein Kartenspiel. **2.** (Musik) Überleitung von der Strophe zum Refrain. **3.** (EDV) Verbindungsrechner zwischen mehreren lokalen Netzen

Bridge|ka|me|ra ['brɪdʒ...] ⟨engl.⟩ (Fotogr.): kompakter Fotoapparat ohne Spiegelmechanik, der das Bild auf einem Display im Sucher darstellt

bri|die|ren ⟨*frz.*⟩: Fleisch od. Geflügel vor dem Braten die gewünschte Form geben

Brie vgl. Briekäse

brie|fen ⟨*engl.*⟩: jmdn. über einen Sachverhalt informieren

Brie|fing, das; -s, -s ⟨*engl.-amerik.*⟩: **1.** (bes. Militär) kurze Einweisung od. Lagebesprechung. **2. a)** Schriftstück, Informationsgespräch zwischen Werbefirma u. Auftraggeber über eine Werbeidee; **b)** Informationsgespräch, kurze Konferenz, bes. zur Unterrichtung der Presse

Brie|kä|se, der; -s, -, Brie, der; -[s], -s ⟨nach der frz. Landschaft Brie⟩: Weichkäse mit Schimmelbildung

Bri|ga|de, die; -, -n ⟨*it.-frz.*⟩: **1.** größere Truppenabteilung. **2.** (Gastron.) Gesamtheit der in einem Restaurationsbetrieb beschäftigten Köche u. Küchengehilfen. **3.** (DDR) kleinste Arbeitsgruppe in einem Produktionsbetrieb

[1]**Bri|ga|di|er** [...'di̯e:], der; -s, -s ⟨*it.-frz.*⟩: Befehlshaber einer Brigade (1)

[2]**Bri|ga|di|er** [...'di̯e:, auch: ...'di:ɐ̯], der; -s, -s [...'di̯e:s], auch: -e [...'di:rə] ⟨*it.-frz.(-russ.)*⟩ (DDR):

Leiter einer Brigade (3). **Bri|ga|di̲e̲|rin,** die; -, -nen: weibliche Form zu ↑ ²Brigadier (2)

Bri|gạnt, der; -en, -en ‹*it.*› (Geschichte): **a)** Freiheitskämpfer; **b)** Straßenräuber in Italien

Bri|gan|ti̲|ne, die; -, -n: **1.** (Geschichte) leichte Rüstung aus Leder od. starkem Stoff. **2.** Brigg

Brịgg, die; -, -s ‹*it.-frz.-engl.*› (Geschichte): zweimastiges Segelschiff

Bri|ghel|la [...'gɛla], der; -, -s od. ...lle ‹*it.*›: Figur des verschmitzten, Intrigen spinnenden Bedienten in der it. ↑ Commedia dell' Arte

Bri|g|nole [brɪn'jɔl], die; -, -s (meist Plural) ‹*frz.;* nach der Stadt Brignoles in der Provence›: geschälte u. an der Luft getrocknete Pflaume; vgl. Prünelle

Bri|kẹtt, das; -s, -s (selten: -e) ‹*niederl.-frz.*›: aus kleinstückigem od. staubförmigem Gut (z. B. Steinkohlenstaub) durch Pressen gewonnenes festes Formstück (bes. Presskohle)

bri|ket|ti̲e̲|ren: zu Briketts formen

Bri|ko̲|le, die; -, -n ‹*provenzal.-frz.*›: Rückprall des Billardballes von der Bande. **bri|ko|li̲e̲|ren:** durch Rückprall [von der Billardbande] treffen

bril|lant [brɪl'jant] ‹*drawid.-mittelind.-gr.-lat.-it.-frz.*›: von einer Art, die sich z. B. durch bestechende, faszinierende Kunstfertigkeit, glänzende Form, gekonnte Beherrschung der Mittel auszeichnet; hervorragend

¹Bril|lant [brɪl'jant], der; -en, -en ‹*frz.*›: geschliffener Diamant

²Bril|lant [brɪl'jant], die; -: Schriftgrad von drei ↑ Punkt (2)

bril|lạn|te [brɪ'lantə] ‹*it.*› (Musik): perlend, virtuos, bravourös

bril|lan|ti̲e̲|ren [brɪljan...] ‹*frz.*›: glänzende Oberflächen herstellen (z. B. bei Messingplatten durch Beizen). **Bril|lan|ti̲|ne,** die; -, -n: Haarpomade

Bril|lạnt|schliff, der; -s, -e: Schliffform von Edelsteinen

Bril|lạnz, die; -: **1.** glänzende, meisterhafte Technik bei der Darbietung von etwas; Virtuosität. **2. a)** (Fotogr.) Bildschärfe; **b)** (Akustik) unverfälschte Wiedergabe, bes. von hohen Tönen; Tonschärfe

bril|lie|ren [brɪl'ji:rən, auch: brɪ'li:...]: glänzen (in einer Fertigkeit)

Bril|lo|nẹt|te [brɪljo...], die; -, -n (meist Plural) ‹*frz.*›: Halbbrillant (flacher Brillant ohne Unterteil)

Brim|bo̲|ri|um, das; -s ‹*lat.-frz.*› (ugs. abwertend): unverhältnismäßiger Aufwand; überflüssiges Drumherum; Aufheben

Brịm|sen, der; -s, - ‹*tschech.*› (österr.): ein Schafskäse

Bri|nẹll|här|te, die; - ‹nach dem schwed. Ingenieur J. A. Brinell, 1849–1925›: Maß für die Härte eines Werkstoffs (eine gehärtete Stahlkugel wird mit einer bestimmten Kraft in das Prüfstück eingedrückt) (Zeichen: HB)

Brink|man|ship ['brɪŋkmənʃɪp], die; - ‹*engl.*›: Politik des äußersten Risikos

Bri̲o, das; -s ‹*kelt.-it.*› (Musik): Feuer, Lebhaftigkeit, Schwung; Ekstatik, Leidenschaft; vgl. brioso

Bri|oche [bri'ɔʃ], die; -, -s ‹*norm.-frz.*›: feines Hefegebäck in Brötchenform

Bri|o|lẹt|ten, Bri|o|lẹtts, die (Plural) ‹*frz.*›: Doppelrosen (birnenförmiges Ohrgehänge aus ringsum facettierten Diamanten)

bri|o̲|so ‹*kelt.-it.*› (Musik): mit Feuer, mit Schwung (Vortragsanweisung)

bri|sạnt ‹*frz.*›: **1.** (Waffentechnik) hochexplosiv; sprengend, zermalmend. **2.** hochaktuell; viel Zündstoff enthaltend (z. B. von einer [politischen] Rede)

Bri|sạnz, die; -, -en: **1.** Sprengkraft. **2.** (ohne Plural) brennende, erregende Aktualität

Bri|sạnz|ge|schoss, das; -es, -e: Geschoss mit hochexplosivem Sprengstoff

Brise|so|leil [bri:zsɔ'lɛj], der; -[s], -s ‹*frz.;* »Sonnenbrecher«›: Sonnenschutz an der Außenseite von Fenstern

Bri|so|lẹtt, das; -s, -e, **Bri|so|lẹt|te,** die; -, -n ‹*frz.*›: gebratenes Klößchen aus gehacktem Kalbfleisch

Bris|sa̲|go, die; -, -[s] ‹nach dem Ort Brissago in der Schweiz›: Zigarrensorte aus der Schweiz

Bri|s|tol|kar|ton ['brɪstḷ...], der; -s, -s ‹nach der engl. Stadt›: glattes, reinweißes Kartonpapier zur Aquarellmalerei u. zum Kreidezeichnen

Bri|su̲r, die; -, -en ‹*frz.*›: feines Gelenk an Ohrgehängen

Bri|tạn|nia|me|tall, das; -[e]s ‹nach »Britannia«, dem lat. Namen Britanniens›: wie Silber glänzende Legierung aus Zinn u. Antimon, auch Kupfer

Bri|ti|zịs|mus, der; -, ...men ‹*nlat.*›: **1.** sprachliche Besonderheit des britischen Englisch. **2.** Entlehnung aus dem britischen Englisch ins Deutsche; vgl. Anglizismus

Brịt|pop, Brịt-Pop, der; -[s] ‹*engl.*›: typischer Gitarrensound u. Stilrichtung in der britischen Popmusik

Brịtsch|ka, die; -, -s ‹*poln.*›: leichter offener Reisewagen

Broad|cas|ting ['brɔ:dka:stɪŋ] ‹*engl.*›: Rundfunk (in Großbritannien u. den USA)

Broad Church [- 'tʃœ:ɐ̯tʃ], die; - - ‹*engl.;* »breite Kirche«›: liberale Richtung der ↑ anglikanischen Kirche im 19. Jh.

Broad|side|tech|nik ['brɔ:dsaɪ̯d...], die; - ‹*engl.; gr.*›: bestimmte Art, eine Kurve zu durchfahren (beim Automobilrennen)

Brọc|co|li [auch: 'bro:...] vgl. Brokkoli

Bro|ché [brɔ'ʃe:], der; -s, -s ‹*gall.-galloroman.-frz.*›: Stoff mit eingewebten, stickereiartig wirkenden Mustern. **bro|chi̲e̲|ren:** Muster einweben

Bro|de|ri̲e̲, die; -, ...i̲en ‹*frz.*› (veraltet): **a)** Stickerei; **b)** Einfassung

bro|di̲e̲|ren (veraltet): **a)** sticken; **b)** einfassen, ausnähen

Broi̲|ler, der; -s, - ‹*engl.*› (regional): **a)** zum Grillen gemästetes Hähnchen; **b)** gegrilltes Hähnchen

Bro|ka̲t, der; -[e]s, -e ‹*gall.-galloroman.-it.*›: **1.** kostbares, meist mit Gold- od. Silberfäden durchwirktes, gemustertes [Seiden]gewebe. **2.** pulverisierte Zinn- od. Zinkbronze für Bronzefarben

Bro|ka|tẹll, der; -s, -e, **Bro|ka|tẹl|le,** die; -, -n: mittelschweres Baumwoll- od. Halbseidengewebe mit plastisch hervortretenden Mustern

Bro|ka|tẹl|lo, Bro|ka̲t|mar|mor,

der; -s: Marmor mit blumigen Mustern
Bro|kat|pa|pier, das; -s, -e: mit Klebstoff bestrichenes, dann mit Gold- und Silberpulver bestäubtes Papier
Bro|ker [auch: ˈbrɔʊ̯kɐ], der; -s, - ‹*engl.*›: Börsenmakler. **Bro|ke|rin,** die; -, -nen: weibliche Form zu ↑Broker
Brok|ko|li, Broccoli [auch: ˈbroː...], der; -[s], -[s] ‹*gall.-galloroman.-it.*›: dem Blumenkohl ähnlicher Gemüsekohl mit grünem Blütenstand
Brom, das; -s ‹*gr.-lat.;* »Gestank«›: chem. Element, Nichtmetall (Zeichen: Br)
Brom|ak|ne, die; -, -n: durch Brom hervorgerufener akneartiger Hautausschlag (↑Akne)
Bro|mat, das; -[e]s, -e ‹*gr.-lat.-nlat.*›: Salz der Bromsäure
Bro|me|lie [...i̯ə], die; -, -n ‹*nlat.;* nach dem schwed. Botaniker Olaf Bromel, 1639–1705›: Ananasgewächs aus dem tropischen Amerika
Bro|mid, das; -[e]s, -e ‹*gr.-lat.-nlat.*›: Salz des Bromwasserstoffs, Verbindung eines Metalls od. Nichtmetalls mit Brom
bro|mie|ren: Brom in eine organische Verbindung einführen
Bro|mis|mus, der; - (Med.): chronische Vergiftung mit Bromsalzen
Bro|mit [auch: ...ˈmɪt], der; -s: ein Mineral
Brom|ka|li|um, das; -s: ↑Kaliumbromid
Brom|kal|zi|um vgl. Kalziumbromid
Bro|mo|der|ma, das; -s: Hautausschlag nach [übermäßiger] Bromeinnahme
Bro|mo|form, das; - ‹Kunstw.; Analogiebildung zu ↑Chloroform› (Chemie): zur Trennung von Mineralgemischen verwendete, chloroformähnlich riechende Flüssigkeit
Brom|sil|ber, das; -s: äußerst lichtempfindliche Schicht auf Filmen u. Platten
Bron|che, die; -, -n ‹*gr.-lat.*›: ↑Bronchie
bron|chi|al ‹*gr.-lat.-nlat.*›: **a)** zu den Bronchien gehörend; **b)** die Bronchien betreffend
Bron|chi|al|asth|ma, das; -s: Asthma infolge krampfartiger Verengung der Bronchiolen
Bron|chi|al|baum, der; -s, ...bäume (Med.): die gesamte baumartige Verästelung eines Bronchus; die Gesamtheit der Bronchien
Bron|chi|al|ka|tarrh, der; -s, -e (Med.): Bronchitis
Bron|chie [...çi̯ə], die; -, -n (meist Plural) ‹*gr.-lat.*› (Anat.): Luftröhrenast
Bron|chi|ek|ta|sie, die; -, ...i̲en ‹*gr.-nlat.*› (Med.): krankhafte Erweiterung der Bronchien
Bron|chi|o|le, die; -, -n (meist Plural) ‹*gr.-lat.-nlat.*› (Med.): Bronchialast in den unteren Atemwegen, der keine knorpelige Struktur mehr aufweist
Bron|chi|tis, die; -, ...iti̲den ‹*gr.-nlat.*› (Med.): Entzündung der Bronchialschleimhäute, Luftröhrenkatarrh
Bron|cho|gra|fie, Bronchographie, die; -, ...i̲en (Med.): Aufnahme der [mit einem Kontrastmittel gefüllten] Bronchien mittels Röntgenstrahlen
Bron|cho|gramm, das; -s, -e (Med.): Röntgenbild der Luftröhrenäste
Bron|cho|gra|phie vgl. Bronchografie
Bron|cho|pneu|mo|nie, die; -, ...i̲en (Med.): Lungenentzündung mit herdförmiger Beteiligung der Bronchien
Bron|cho|s|kop, das; -s, -e (Med.): Spiegelgerät mit elektrischer Lichtquelle zur Untersuchung der Bronchien. **Bron|cho|s|ko|pie,** die; -, ...i̲en (Med.): Untersuchung der Bronchien mithilfe des Bronchoskops
Bron|cho|to|mie, die; -, ...i̲en (Med.): operative Öffnung der Bronchien
Bron|chus, der; -, ...chen (fachspr. auch: ...chi) ‹*gr.-lat.*›: **a)** (Med.) röhrenartige Struktur der Luftwege, die die Luft von der Trachea zu den Alveolen (2) befördert; **b)** (in fachspr. Fügungen) Bronchie
Bron|to|sau|ri|er, der; -s, -, **Bron|to|sau|rus,** der; -, ...rier ‹*gr.-nlat.*›: früher irrtümlich Name für ↑Apatosaurier
Bron|ze [ˈbrɔ̃ːsə], die; -, -n ‹*it.(-frz.)*›: **1.** gelblich braune Kupfer-Zinn-Legierung [mit ganz geringem Zinkanteil]. **2.** Kunstgegenstand aus einer solchen Legierung. **3.** (ohne Plural) gelblich braune, metallische Farbe, gelblich brauner Farbton. **bron|zen: 1.** aus Bronze. **2.** wie Bronze [aussehend]. **bron|zie|ren:** mit Bronze überziehen
Bron|zit [brɔn..., auch: ...ˈtsɪt], der; -s ‹*nlat.*›: faseriges, oft bronzeartig schillerndes Mineral
Broom [bruːm], der; -s, -s ‹phonetische Umsetzung von *engl.* brougham, dem der Name des Staatsmannes Lord Brougham zugrunde liegt›: eine früher gebräuchliche vierrädrige Kutsche
Bro|sche, die; -, -n ‹*gall.-galloroman.-frz.;* »Spitze; Spieß; Nadel«›: Anstecknadel, Spange
bro|schie|ren ‹»aufspießen; durchstechen«› (Buchw.): [Druck]bogen in einen Papier- od. Kartonumschlag heften od. leimen. **bro|schiert:** geheftet, nicht gebunden (Abk.: brosch.)
Bro|schur, die; -, -en: **1.** (ohne Plural) das Einheften von Druckbogen in einen Papier- od. Kartonumschlag. **2.** in einen Papier- od. Kartonumschlag geheftete Druckschrift
Bro|schü|re, die; -, -n: leicht geheftete Druckschrift geringeren Umfangs, Druckheft, Flugschrift
Bros|sa|ge [...ʒə], die; - ‹*frz.*›: in der Tuchherstellung das Bürsten des ↑²Flors (2)
bros|sie|ren: [Flor] bürsten
Brougham [bruːm], der; -s, -s ‹*engl.*›: ↑Broom
Brouil|le|rie [brujə...], die; -, ...i̲en ‹*frz.*› (veraltet): Entzweiung, Zerwürfnis. **brouil|lie|ren** [bruˈjiː...] (veraltet): **a)** in Verwirrung, Unordnung bringen; **b)** entzweien, Unfrieden stiften
Brouil|lon [bruˈjõː], das, auch: der; -s, -s: erster Entwurf, Skizze
Brow|nie [ˈbraʊ̯ni], der; -s, -s ‹*engl.*›: rechteckiges Stück eines flachen, auf einem Backblech gebackenen Schokoladenkuchens
Brow|ning [ˈbraʊ̯nɪŋ], der; -s, -s u. die; -, -s ‹nach dem amerik. Erfinder J. M. Browning, 1855–1926›: Pistole mit Selbstladevorrichtung
brow|sen [ˈbraʊ̯zn̩] ‹*engl.*› (EDV):

[mehr od. weniger gezielt] in Datenbanken nach etwas suchen

Brow|ser ['braṷzɐ], der; -s, - (EDV): Software zum Verwalten, Finden u. Ansehen von Dateien (bes. von Websites im Internet)

Brow|ser-Plug-in ['braṷzɐplag-ˀɪn], das; -s, -s ⟨*engl.*⟩: Programm, das die Funktionen eines Browsers erweitert, z. B. für die Wiedergabe von Video- u. Audioinhalten. **Brow|sing** [braṷzɪŋ], das; -s ⟨*engl.*⟩ (EDV): das Durchblättern bzw. flüchtige Durchsehen von Daten am Bildschirm

Bru|cel|la [...'tʃɛla], die; -, ...llen (meist Plural) ⟨*nlat.;* nach dem engl. Arzt D. Bruce, 1855–1931⟩: eine Bakteriengattung. **Bru|cel|lo|se,** die; -, -n: durch Brucellen hervorgerufene Krankheit

Bru|cin [...'tsiːn], das; -s ⟨*nlat.;* nach dem schott. Afrikaforscher J. Bruce, 1730–1794⟩: ein mit dem sehr giftigen Strychnin verwandtes Alkaloid

Brü|g|no|le [brʏn'joːlə], die; -, -n ⟨*frz.*⟩: Pfirsichsorte mit schwer ablösbarem Fruchtfleisch u. glatter Haut

Bru|i|tis|mus [bryi...], der; - ⟨*frz.-nlat.;* von *frz.* bruit »Lärm, Geräusch«⟩: Richtung der neuen Musik, die in der Komposition auch außermusikalische Geräusche verwendet

Bru|maire [bry'mɛːɐ̯], der; -[s], -s ⟨*lat.-frz.;* »Nebelmonat«⟩: zweiter Monat im französischen Revolutionskalender (22. Oktober bis 20. November)

Brunch [brantʃ, branʃ], der; -[e]s od. -, -[e]s od. -e ⟨engl. Bildung aus *engl. br*eakfast »Frühstück« und l*unch* »Mittagsmahlzeit«⟩: spätes, ausgedehntes u. reichliches Frühstück, das das Mittagessen ersetzt. **brun|chen** ['brantʃn̩]: einen Brunch einnehmen

Bru|nel|le, die; -, -n ⟨*roman.*⟩: **1.** Braunelle (ein Wiesenkraut, Lippenblütler). **2.** Kohlröschen (Orchideengewächs der Alpen)

Brü|nel|le vgl. Prünelle

brü|nett ⟨*germ.-frz.*⟩: **a)** braunhaarig; **b)** braunhäutig. **Brü|net|te,** die; -[n], -n (aber: 2 -[n]): braunhaarige Frau

brü|nie|ren: Metallteile durch ein besonderes Verfahren bräunen

Brus|chet|ta [brʊs'kɛta, bru's-kɛta], die; -, -s u. ...tte [...'kete] ⟨*it.*⟩: Vorspeise aus klein gewürfelten Tomaten mit Öl u. Gewürzen auf geröstetem Brot

brüsk ⟨*it.-frz.;* »stachlig, rau«⟩: in unerwartet unhöflicher Weise barsch, schroff. **brüs|kie|ren:** sich jmdm. gegenüber unhöflich, schroff verhalten, sodass dieser sich [öffentlich] bloßgestellt, verletzt, herausgefordert fühlt

brut [brʏt, frz.: bryt] ⟨*lat.-frz.*⟩: herb (niedrigster Trockenheitsgrad des Champagners)

bru|tal ⟨*lat.*⟩: roh u. gefühllos; ohne Rücksicht zu nehmen, sein Vorhaben o. Ä. [auf gewaltsame Art] durchsetzend, ausführend

bru|ta|li|sie|ren ⟨*lat.-nlat.*⟩: brutal, gewalttätig machen; verrohen

Bru|ta|lis|mus, der; - (Archit.): Baustil, bei dem die Bauten von dem Material u. der Funktion der Bauelemente bestimmt sein sollen, was dadurch erreicht wird, dass Material, Konstruktion u. a. in ihrer ursprünglichen Beschaffenheit sichtbar sind

Bru|ta|li|tät, die; -, -en ⟨*lat.-mlat.*⟩: **a)** (ohne Plural) brutales Verhalten; **b)** brutale Tat, Gewalttätigkeit

brut|to ⟨*lat.-it.*⟩: **a)** mit Verpackung; **b)** ohne Abzug [der Steuern]; roh, insgesamt gerechnet (Abk.: btto.); **brutto für netto:** der Preis versteht sich für das Gewicht der Ware einschließlich Verpackung (Handelsklausel) (Abk.: bfn.)

Brut|to...

⟨*lat.* brutus »schwer(fällig)« → *it.* brutto »unrein; roh«⟩
Wortbildungselement auf dem Gebiet der Wirtschaft u. des Handels mit der Bedeutung »ohne Abzug; mit Verpackung«:
– Bruttogewicht
– Bruttogewinn
– Bruttosozialprodukt
Ggs. ↑Netto...

Brut|to|ge|wicht, das; -[e]s, -e: Gewicht einer Ware einschließlich der Verpackung

Brut|to|ge|winn, der; -[e]s, -e: **1.** Rohgewinn (ohne Abzug der Kosten). **2.** (Wirtsch.) Deckungsbeitrag (der Teil des Verkaufserlöses, der die Stückkosten übersteigt)

Brut|to|in|lands|pro|dukt, das; -[e]s (Wirtsch.): Wert aller Waren und Dienstleistungen, die in einem Jahr innerhalb der Landesgrenzen einer Volkswirtschaft produziert werden

Brut|to|na|ti|o|nal|pro|dukt, das; -[e]s, -e (österr.): Bruttosozialprodukt (Abk.: BNP)

Brut|to|so|zi|al|pro|dukt, das; -[e]s, -e: das gesamte Ergebnis des Wirtschaftsprozesses in einem Staat während eines Jahres (Abk.: BSP)

Bru|xis|mus, der; - ⟨*gr.*⟩ (Med.): nächtliches Zähneknirschen; vgl. Bruxomanie. **Bru|xo|ma|nie,** die; - (Med.): unbewusstes, meist nächtliches Knirschen, Pressen u. Mahlen mit den Zähnen; vgl. Bruxismus

Bru|yère|holz [bry'jɛːɐ̯...], das; -es, ...hölzer ⟨*frz.; dt.*⟩: Wurzelholz der mittelmeerischen Baumheide (wird hauptsächlich für Tabakspfeifen verwendet)

Bryo|lo|gie, die; - ⟨*gr.-nlat.*⟩: Mooskunde; Wissenschaft u. Lehre von den Moosen

Bry|o|nie, die; -, -n ⟨*gr.-lat.*⟩: Zaunrübe aus der Familie der Kürbisgewächse (Kletterpflanze)

Bryo|phyt, der; -en, -en (meist Plural) ⟨*gr.-nlat.*⟩: Moospflanze

Bryo|zo|on, das; -s, ...zoen ⟨*gr.-nlat.*⟩: Moostierchen (in Kolonien festsitzendes kleines Wassertier)

B. Sc. ['biːɛs'siː], der; - = Bachelor of Science

BSE, die, auch das; - ⟨kurz für: *b*ovine *s*pongiforme *E*nzephalopathie⟩: Rinderwahnsinn, Seuche, die vor allem bei Rindern unheilbare Veränderungen im Gehirn hervorruft

Bub|b|le|gum ['bʌblgʌm], der od. das; -s, -s ⟨*amerik.*⟩: Kaugummi

Bu|bo, der; -s, ...onen ⟨*gr.*⟩ (Med.): entzündliche Lymphknotenschwellung (bes. in der Leistenbeuge, z. B. bei Geschlechtskrankheiten)

Buc|che|ro ['bʊkero], der; -s, -s u. ...ri ⟨*span.-it.*⟩: schwarzes Ton-

gefäß mit Reliefs aus etruskischen Gräbern
Buc|ci|na [ˈbʊktsina] vgl. Bucina
Bu|cha|ra, Bochara ‹nach der Landschaft und Stadt Buchara in Usbekistan› der; -[s], -s: handgeknüpfter turkmenischer Teppich mit sehr tiefem Rot (als Grundfarbe) u. einem Reihenmuster aus abgerundeten Achtecken
Bu|ci|na [ˈbuːtsina], Buccina [ˈbʊktsina], die; -, ...nae [...nɛ] ‹*lat.*›: altröm. Blasinstrument (Metall- od. Tierhorn)
Bu|cin|to|ro [butʃin...], der; -s, auch relatinisiert: Buzentaur, der; -en ‹*gr.-lat.-venez.-it.(-nlat.)*›: nach einem Untier der gr. Sage benannte Prunkbarke der venezianischen Dogen (12.–18. Jh.)
Buck|ram, der od. das; -s ‹*engl.*›: Buchbinderleinwand (grob gewebter u. geglätteter Bezugsstoff aus Leinen u. Ä.)
Buck|skin, der; -[s], -s ‹*engl.;* »Bocksfell«›: gewalktes u. gerautes Wollgewebe (meist in Köperbindung) für Herrenanzüge
Bud|dha, der; -s, -s ‹*sanskr.;* »der Erleuchtete«; Ehrentitel des ind. Prinzen Siddhartha (um 500 v. Chr.)›: **1.** [Titel für einen] Verkünder der Lehren des historischen Buddha. **2.** Statue, die einen Buddha (1) darstellt
Bud|dhis|mus, der; - ‹*sanskr.-nlat.*›: die von Buddha begründete indisch-ostasiatische Heilslehre
Bud|dhist, der; -en, -en: Anhänger des Buddhismus. **Bud|dhis|tin,** die; -, -nen: weibliche Form zu ↑ Buddhist
bud|dhis|tisch: den Buddhismus betreffend, zu ihm gehörend
Budd|leia, die; -, -s ‹*nlat.;* nach dem engl. Botaniker A. Buddle, 18. Jh.› (Bot.): Sommerflieder
Bud|get [byˈdʒeː], das; -s, -s ‹*gall.-lat.-frz.-engl.-frz.*›: Haushaltsplan, Voranschlag von öffentlichen Einnahmen u. Ausgaben. **bud|ge|tär:** das Budget betreffend
Bud|get|be|trag, der; -s, ...träge: Posten im Haushaltsplan
bud|ge|tie|ren: ein Budget aufstellen. **Bud|ge|tie|rung,** die; -, -en: Aufstellung eines Budgets
Bu|di|ke, die; -, -n ‹*gr.-lat.-provenzal.-frz.*›: **1.** kleiner Laden. **2.** kleine Kneipe
Bu|di|ker, der; -s, -: Besitzer einer Budike. **Bu|di|ke|rin,** die; -, -nen: weibliche Form zu ↑ Budiker
Bu|do, das; -[s] ‹*jap.*›: Sammelbez. für Judo, Karate u. ähnliche Sportarten. **Bu|do|ka,** der; -[s], -[s] u. die; -, -[s]: jmd., der Budo als Sport betreibt
Bu|en Re|ti|ro, das; - -s, - -s ‹*span.;* »gute Zuflucht«; ein span. Schlossname›: Ruhe-, Zufluchtsort
Bü|fett, das; -[e]s, -s u. -e, bes. österr. u. schweiz.: Buffet [bʏˈfeː, bes. schweiz.: ˈbʏfe], das; -s, -s ‹*frz.*›: **1.** Geschirrschrank, Anrichte. **2. a)** Schanktisch in einer Gaststätte; **b)** Verkaufstisch in einem Restaurant od. Café; **kaltes Büfett, Buffet:** auf einem langen Tisch zur Selbstbedienung zusammengestellte, meist kunstvoll arrangierte [kalte] Speisen (Salate, Fleisch, Pasteten u. Ä.)
Bü|fet|ti|er [...ˈti̯eː], der; -s, -s ‹*frz.*›: jmd., der das Bier zapft, am Büfett (2) ausschenkt. **Bü|fet|ti|e|re,** die; -, -n: weibliche Form zu ↑ Büfettier
Buf|fa, die; -, -s ‹*vulgärlat.-it.*›: Kurzform von ↑ Opera buffa
Buf|fer [ˈbʌfɐ], der; -s, - ‹*engl.*› (EDV): Puffer, Datenzwischenspeicher in Computern
Buf|fet [bʏˈfeː, bes. schweiz.: ˈbʏfe] vgl. Büfett
Buf|fo, der; -s, -s u. ...ffi ‹*vulgärlat.-it.*›: Sänger komischer Rollen. **buf|fo|nesk:** in der Art eines Buffos
Bug [bag], der; -s, -s ‹*engl.*› (EDV): Fehler in einem Computerprogramm
Bug|gy [ˈbagi], der; -s, -s ‹*engl.*›: **1.** leichter, ungedeckter, einspänniger Wagen mit zwei od. vier hohen Rädern (früher bei Trabrennen benutzt). **2.** geländegängiges Freizeitauto mit offener Kunststoffkarosserie. **3.** leichter, zusammenklappbarer Kinderwagen
bug|sie|ren ‹*lat.-port.-niederl.*›: **1.** (Seemannsspr.) [ein Schiff] ins Schlepptau nehmen u. zu einem bestimmten Ziel befördern. **2.** (ugs.) jmdn./etwas mühevoll irgendwohin bringen, lotsen
Bug|sie|rer, der; -s, - (Seemannsspr.): kleiner [Hafen]schlepper
Bu|hurt, der; -[s], -e ‹*frz.*›: mittelalterliches Ritterkampfspiel, Turnier
Bu|i|a|t|rie [buja...], **Bu|i|a|t|rik** [buˈjaːtrɪk] die; - ‹*gr.-nlat.*›: Lehre von den Rinderkrankheiten
Buil|der [ˈbɪldɐ], der; -s, - ‹*engl.;* »Erbauer«›: wichtiger, waschaktiver Bestandteil von Waschmitteln (z. B. Zeolith)
Bu|ka|ni|er, der; -s, -, **Bu|ka|nier,** der; -s, -e ‹*frz.(-engl.)*›: westindischer Seeräuber im 17. Jh.
Bu|kett, das; -s, -s u. -e ‹*germ.-frz.*›: **1.** Blumenstrauß. **2.** Duft u. Geschmacksstoffe (sog. Blume) des Weines od. Weinbrands
Bu|kett|vi|rus, das, auch: der; -, ...viren: Virus der Tabakringfleckengruppe, das bei Kartoffelpflanzen bukettartigen, gedrängten Wuchs hervorruft
buk|kal ‹*lat.-nlat.*› (Med.): zur Backe, Wange gehörend
[1]**Bu|k|lee** [buˈkleː] vgl. [1]Bouclé
[2]**Bu|k|lee** [buˈkleː] vgl. [2]Bouclé
Bu|ko|lik, die; - ‹*gr.-lat.*›: Hirten- od. Schäferdichtung (Dichtung mit Motiven aus der einfachen, naturnahen, friedlichen Welt der Hirten). **Bu|ko|li|ker,** der; -s, -: Vertreter der Bukolik; Hirtenlieddichter. **bu|ko|lisch:** **a)** die Bukolik betreffend; **b)** in der Art der Bukolik
Bu|k|ra|ni|on, das; -s, ...ien ‹*gr.-lat.;* »Ochsenschädel«›: [Fries mit] Nachbildung der Schädel von Opfertieren an gr. Altären, Grabmälern u. ↑ Metopen
bul|bär ‹*gr.-lat.-nlat.*› (Med.): **1.** ein knollenförmiges Organ[teil] betreffend. **2.** das verlängerte Mark betreffend, von ihm ausgehend
Bul|bär|pa|ra|ly|se, die; -, -n (Med.): neurologisches Krankheitsbild, das durch eine beidseitige Schädigung der motorischen Hirnnervenkerne im Bereich der ↑ Medulla oblongata verursacht wird u. sich durch verwaschene Sprache, Schluckstörungen sowie Kehlkopflähmungen äußert
Bul|bi: *Plural* von ↑ Bulbus
bul|bo|id, bul|bös ‹*gr.-lat.*› (Med.): zwiebelförmig, knollig
Bül|bül, der; -s, -s ‹*arab.-pers.*›:

persische Nachtigall (in der pers.-türk. Dichtung Sinnbild der Gott suchenden Seele)

Bul|bus, der; -, ...bi u. ...ben ⟨*gr.-lat.*⟩: **1. a)** Zwiebel, Pflanzenknolle; **b)** (Plural: Bulben) Luftknollen an tropischen Orchideen. **2.** (Med.) **a)** zwiebelförmiges, rundliches Organ (z. B. Augapfel); **b)** Anschwellung

Bu|le, die; -, -n ⟨*gr.-lat.*⟩: Ratsversammlung (wichtiges Organ des griechischen Staates, bes. im alten Athen)

Bu|let|te, die; -, -n ⟨*lat.-frz.*⟩ (landsch.): ↑Frikadelle

Bul|gur, der; -s ⟨*arab.*⟩: lagerfähiges Nahrungsmittel aus gekochtem, getrocknetem Weizen

Bu|li|mie, die; - ⟨*gr.*⟩ (Med.): Störung des Essverhaltens mit Heißhungeranfällen u. anschließend selbsttätig herbeigeführtem Erbrechen

Bu|li|mi|ker, der; -s, - (Med.): jmd., der an Bulimie leidet

Bu|li|mi|ke|rin, die; -, -nen: weibliche Form zu ↑Bulimiker. **bu|li|misch** (Med.): die Bulimie betreffend, mit ihr einhergehend, von ihr betroffen

Bulk|car|ri|er ['balkkɛriɐ], der; -s, - ⟨*engl.*⟩: Frachtschiff zur Beförderung loser Massengüter; vgl. Carrier

Bulk|la|dung, die; -, -en: unverpackt zur Verschiffung gelangendes Frachtgut

Bull, der; -s, -s ⟨*engl.*; »Bulle«⟩: jmd., der auf steigende Börsenkurse spekuliert, ↑Haussier (Ggs.: Bear)

Bul|la, die; -, ...llae [...lɛ] ⟨*lat.*⟩ (Med.): Blase

Bul|la|ri|um, das; -s, ...ien ⟨*lat.-mlat.*⟩: Sammlung päpstlicher ↑Bullen u. ↑Breven

Bull|dog®, der; -s, -s ⟨*engl.*⟩: eine Zugmaschine

Bull|dog|ge, die; -, -n: kurzhaariger, gedrungener Hund mit großem Schädel u. kurzer Schnauze

Bull|do|zer [...doːzɐ], der; -s, -: schweres Raupenfahrzeug für Erdbewegungen (z. B. als ↑Planierraupe)

Bul|le, die; -, -n ⟨*lat.*; »Wasserblase; Siegelkapsel«⟩: **1.** Siegel[kapsel] aus Metall (Gold, Silber, Blei) in kreisrunder Form (als Urkundensiegel, bes. im Mittelalter gebräuchlich). **2. a)** mittelalterliche Urkunde mit Metallsiegel (z. B. die Goldene Bulle Kaiser Karls IV.); **b)** feierlicher päpstlicher Erlass

Bul|le|tin [byl'tɛ̃ː], das; -s, -s ⟨*lat.-frz.*⟩: **1.** amtliche Bekanntmachung, Tagesbericht. **2.** Krankenbericht. **3.** Titel von Sitzungsberichten u. wissenschaftlichen Zeitschriften

Bull|finch ['bʊlfɪntʃ], der; -s, -s ⟨*engl.*⟩: hohe Hecke als Hindernis bei Pferderennen

Bul|lion ['bʊljən], das; -s, -s ⟨*engl.*⟩: ungeprägtes Gold od. Silber; Pro-forma-Zahlungsmittel

bul|lish, bul|lisch ⟨*engl.*⟩ (Wirtschaftsjargon): mit steigenden Börsenkursen rechnend (Ggs.: bearish)

Bull|mar|ket [...maːɐ̯kɪt], der; -s, -s ⟨*engl.*⟩ (Wirtsch.): Markt mit steigenden Börsenkursen u. Preisen; vgl. Bull (Ggs.: Bearmarket)

Bull|mas|tiff [...mɑːstɪf], der; -s, -s ⟨*engl.*⟩: aus der Englischen Bulldogge u. dem ↑Mastiff gezüchteter Haushund

bul|lös, bul|lo|sus ⟨*lat.-nlat.*⟩ (Med.): blasig

Bull|shit [...ʃɪt], der; -s ⟨*engl.*⟩ (salopp abwertend): Unsinn, dummes Zeug

Bull|ter|ri|er, der; -s, - ⟨*engl.*⟩: aus Bulldogge u. Terrier gezüchteter Hund (eine Hunderasse)

Bul|ly, das; -s, -s ⟨*engl.*⟩: das von zwei Spielern ausgeführte Anspiel im [Eis]hockey

Bu|me|rang [auch: 'bʊmə...], der; -s, -s u. -e ⟨*austr.-engl.*⟩: **a)** (Völkerkunde) gewinkeltes od. leicht gebogenes Wurfholz, das bes. von den Aborigines zur Jagd benutzt wurde; **b)** leichtes, gekrümmtes Wurfholz, das zum Werfer zurückkehrt (Spiel- u. Sportgerät)

Bu|me|rang|ef|fekt [auch: 'bʊmə...], der; -[e]s, -e ⟨nach dem Bild des Bumerangs, der den Werfer treffen kann⟩: unbeabsichtigte negative Auswirkung eines Unternehmens, die sich gegen den Urheber selbst richtet

Bu|na®, der od. das; -[s] ⟨Kurzw. aus: *Bu*tadien u. *Na*trium⟩: synthetischer Kautschuk

Bun|da, die; -, -s ⟨*ung.*⟩: Schaffellmantel ungarischer Bauern, bei dem das bestickte Leder nach außen getragen wird

Bund|ling ['bʌndlɪŋ], das; -s, -s ⟨*engl.*; »Bündel, Paket«⟩ (Wirtsch.): Verkaufseinheit mehrerer [zusammengehöriger] Produkte zu einem Gesamtpreis, der meist unter den jeweiligen Einzelpreisen liegt (z. B. Handy einschließlich Netzkarte)

Bun|ga|low ['bʊŋgalo], der; -s, -s ⟨*Hindi-engl.*⟩: frei stehendes, geräumiges eingeschossiges Wohn- od. Sommerhaus mit flachem od. flach geneigtem Dach

Bun|gee-Jum|ping, Bun|gee|jum|ping ['bandʒidʒampɪŋ], das; -s ⟨*engl.*⟩: durch ein starkes Gummiseil gesichertes Springen kopfüber aus großer Höhe, wobei der bzw. die Springende kurz vor dem Boden aufgehalten wird u. federnd auspendelt

Bun|gee-Tram|po|lin, Bun|gee|tram|po|lin ['bandʒi...], das: Trampolin, bei dem man während des Springens an einer Vorrichtung aus Stangen u. elastischen Gurten hängt

Bun|ker, der; -s, - ⟨*engl.*⟩: **1.** Behälter zur Aufnahme von Massengütern (Kohle, Erz). **2. a)** Betonunterstand [im Krieg]; **b)** Schutzbau aus Stahlbeton für militärische Zwecke od. für die Zivilbevölkerung. **3.** Sandloch als Hindernis beim Golf. **4.** Gefängnis

bun|kern: **1.** Massengüter wie Kohle, Erz in Sammelbehälter einlagern. **2.** (ugs.) etwas in großer Menge ansammeln, aufbewahren

Bun|ny ['bani], das; -s, -s ⟨*engl.*; »Häschen«⟩: mit Hasenohren u. -schwänzchen kostümierte junge Frau, die in bestimmten Klubs als Bedienung arbeitet

Buph|thal|mie, die; -, ...ien ⟨*gr.*⟩ (Med.): krankhafte Vergrößerung des Augapfels

Buph|thal|mus, der; -, ...mi (Med.): ↑Hydrophthalmus infolge eines juvenilen (1) Glaukoms

Bu|ran, der; -s, -e ⟨*russ.*⟩: lang

andauernder winterlicher Nordoststurm mit starkem Schneefall in Nordasien

Bu|rat|ti|no, der; -s, -s u. ...ni ⟨*lat.-it.*⟩: it. Bez. für: Gliederpuppe, Marionette

Bur|ber|ry® [ˈbœːɐ̯bəri], der; -, -s: sehr haltbares englisches Kammgarngewebe

Bu|reau [byˈroː], das; -s, -s u. -x: frz. Schreibung von ↑ Büro

Bü|ret|te, die; -, -n ⟨*germ.-frz.*⟩: Glasrohr mit Verschlusshahn u. Volumenskala (wichtiges Arbeitsgerät bei der Maßanalyse)

Bur|ger [ˈbœːɐ̯gɐ], der; -s, - ⟨*engl.;* Kurzform von ↑ Hamburger⟩ (ugs.): nach Art des Hamburgers belegtes Brötchen

Bur|gun|der, der; -s, -: Wein aus Burgund

¹Bur|ka, die; -, -s ⟨*russ.*⟩: halbkreisförmig geschnittener Mantelumhang der Kaukasier aus Wolltuch

²Bur|ka, die; -, -s ⟨*arab.*⟩: (von muslimischen Frauen in Afghanistan, Pakistan u. Teilen Indiens getragener) den ganzen Körper bedeckender Umhang mit einem Einsatz aus Netzgewebe für die Augen

Bur|ki|ni, der; -s, -s ⟨gebildet aus »Burka« u. »Bikini«⟩: islamischen Vorschriften entsprechender, den ganzen Körper verhüllender Badeanzug für Frauen

Bur|lak, der; -en, -en ⟨*russ.*⟩: Schiffsknecht, Schiffszieher (im zaristischen Russland)

bur|lesk ⟨*it.-frz.*⟩: possenhaft. **Bur|les|ke,** die; -, -n: **1.** Schwank, Posse. **2.** derbspaßhaftes Musikstück

Bur|let|ta, die; -, ...tten u. -s ⟨*it.*⟩: kleines Lustspiel

Bur|ner [ˈbœːɐ̯nɐ], der; -s, - ⟨*engl.*⟩: in der Wendung **der Burner sein** (Jugendspr.): alle Erwartungen erfüllen; eine tolle Sache sein

¹Burn-out, Burn|out [ˈbœːɐ̯nʔaʊ̯t], das od. der; -[s], -s ⟨*engl.;* »Ausbrennen«⟩: **1. a)** Brennschluss; Zeitpunkt, in dem das Triebwerk einer Rakete abgeschaltet wird u. der antriebslose Flug beginnt; **b)** ↑ Flameout. **2.** (Technik) das Durchbrennen von Brennstoffelementen bei Überhitzung. **3.** (Med.) Syndrom (a) der völligen seelischen u. körperlichen Erschöpfung

²Burn-out, Burn|out, der; -s, -s (Med.): jmd., der die Symptome eines ¹Burn-outs (3) zeigt

Bur|nus, der; - u. -ses, -se ⟨*arab.-frz.*⟩: Kapuzenmantel der Beduinen

Bü|ro, das; -s, -s ⟨*lat.-vulgärlat.-frz.*⟩: **1.** Arbeitsraum; Dienststelle, wo die verschiedenen schriftlichen od. verwaltungstechnischen Arbeiten eines Betriebes od. bestimmter Einrichtungen des öffentlichen Lebens erledigt werden. **2.** die zu der Dienststelle gehörenden Angestellten

Bü|ro|krat, der; -en, -en ⟨*frz.*⟩ (abwertend): jmd., der in der Anwendung u. Auslegung von Bestimmungen einem starren Formalismus verhaftet ist

Bü|ro|kra|tie, die; -, ...ien: **1.** (ohne Plural; abwertend) bürokratische Denk- u. Handlungsweise. **2.** Beamten-, Verwaltungsapparat

Bü|ro|kra|tin, die; -, -nen: weibliche Form zu ↑ Bürokrat

bü|ro|kra|tisch: 1. (abwertend) sich übergenau an die Vorschriften haltend [ohne den augenblicklichen Gegebenheiten Rechnung zu tragen]. **2.** die Bürokratie (2) betreffend

bü|ro|kra|ti|sie|ren: den Ablauf, die Verwaltung von etwas einer schematischen, engstirnig-formalistischen Ordnung unterwerfen

Bü|ro|kra|tis|mus, der; - (abwertend): pedantisches, engstirnig-formalistisches Denken u. Handeln

Bur|ri|to, der; -s, -s ⟨*span.*⟩: mex. Gericht aus einem gerollten od. gefalteten Maisfladen mit Füllung

¹Bur|sa, die; -, ...sae [...zɛ] ⟨*gr.-lat.*⟩: **1.** (Med.) Schleimbeutel; Gewebetasche; taschen- od. beutelförmiger Körperhohlraum. **2.** (Rel.) Tasche an liturgischen Gewändern

²Bur|sa, der; -[s], -s ⟨nach der gleichnamigen türk. Stadt⟩: handgeknüpfter Seidenteppich mit vielfarbig gemusterter Bordüre

Bur|se, die; -, -n ⟨*gr.-lat.*⟩ (veraltet): Studentenwohnheim

Bur|si|tis, die; -, ...itiden ⟨*gr.-nlat.*⟩ (Med.): Schleimbeutelentzündung

Burst [bœːɐ̯st], der; -[s], -s ⟨*engl.*⟩: bei einer Sonneneruption auftretender Strahlungsausbruch im Bereich der Radiowellen

Bus, der; -ses, -se ⟨*lat.-engl.*⟩: **1.** Kurzform von ↑ Autobus, ↑ Omnibus, ↑ Gyrobus. **2.** (EDV) Sammelleitung zur Datenübertragung zwischen mehreren Funktionseinheiten eines Computers

Bu|schi|do, das; -[s] ⟨*jap.;* »Weg des Kriegers«⟩: Ehrenkodex des japanischen Militäradels aus der Feudalzeit

Bu|shel [ˈbʊʃl̩], der; -s, -s (aber: 6 -[s]) ⟨*kelt.-mlat.-frz.-engl.*⟩: **1.** engl.-amerik. Hohlmaß (= 36,368 Liter). **2.** Getreidemaß in den USA (= 35,239 kg)

Busi|ness [ˈbɪznɪs, ˈbɪsnɛs], das; - ⟨*engl.*⟩: **a)** (abwertend) Geschäftemacherei, vom Profitstreben bestimmtes Geschäft; **b)** Geschäftsleben

busi|ness as usu|al [ˈbɪznɪs əz ˈjuːʒʊ̯əl] ⟨*engl.*⟩: die Geschäfte gehen ihren Gang, alles geht seinen Gang

Busi|ness|class, Busi|ness-Class [...klaːs], die; -: bes. für Geschäftsreisende eingerichtete, bequemere Reiseklasse im Flugverkehr

Bu|si|ness|coach [ˈbɪznɪskɔʊ̯tʃ], der; -[e]s, -[e]s ⟨*engl.*⟩: ↑ ¹Coach (2), der Geschäftsleute berät, betreut. **Bu|si|ness|coa|chin** [ˈbɪznɪskɔʊ̯tʃɪn], die; -, -nen ⟨*engl.*⟩: weibliche Form zu ↑ Businesscoach

Busi|ness|man [...mən], der; -[s], ...men: Geschäftsmann

Busi|ness-to-Busi|ness [...tʊˈbɪznɪs], das; - ⟨*engl.*⟩: Handel mit Waren od. Dienstleistungen zwischen Unternehmen [im Internet] (Abk.: B2B)

Busi|ness-to-Con|su|mer [...tʊkənˈsjuːmɐ], das; - ⟨*engl.*⟩: Geschäfte zwischen Unternehmen und Privatkunden [im Internet] (Abk.: B2C)

Busi|ness-TV [...tiːviː], das; -[s] ⟨*engl.*⟩: Unternehmensfernsehen; betriebsintern ausgestrahltes Programm zur Mitarbeiterschulung, zur Verbreitung von Informationen, zur Produktpräsentation u. Ä.

Bu|sing ['bʌsɪŋ] vgl. Bussing

Bus

Autobus und die Kurzform *Bus* werden im Nominativ, Dativ und Akkusativ Singular nur mit einem *-s* geschrieben, obwohl der Genitiv Singular und die Pluralformen mit Doppel-*s* gebildet werden.

Bus|sard, der; -s, -e ⟨*lat.-frz.*⟩: ein Greifvogel

Bus|sing ['bʌsɪŋ], das; -[s] ⟨*engl.-amerik.*⟩: Beförderung von Schulkindern anderer Ethnien per Bus in vorwiegend von weißen Kindern besuchte Schulen anderer Bezirke, um der Trennung nach Ethnien entgegenzuwirken

Bus|so|le, die; -, -n ⟨*lat.-vulgärlat.-it.*⟩: Kompass mit Kreisteilung u. Ziellinie zur Festlegung von Richtungen u. Richtungsänderungen in unübersichtlichem Gelände u. unter Tage

Bus|ti|er [bʏs'ti̯e:], das; -s, -s ⟨*frz.*⟩: Teil der Unterkleidung für Frauen in Form eines eng anliegenden, BH- od. hemdchenähnlichen Oberteils

Bus|t|ro|phe|don, das; -s ⟨*gr.-lat.;* »sich wendend wie der Ochse beim Pflügen«⟩: Schreibrichtung, bei der die Schrift abwechselnd nach rechts u. nach links läuft (bes. in frühgr. Sprachdenkmälern)

Bu|su|ki, die; -, -s ⟨*gr.*⟩: griechisches, in der Volksmusik verwendetes Lauteninstrument

bu|sy ['bɪzi] ⟨*engl.*⟩ (ugs., bes. Jugendspr.): geschäftig; sehr beschäftigt

Bu|ta|di|en, das; -s ⟨Kunstw.⟩: ungesättigter gasförmiger Kohlenwasserstoff (Ausgangsstoff für synthetischen Gummi)

Bu|tan, das; -s, -e ⟨*gr.-nlat.*⟩: gesättigter gasförmiger Kohlenwasserstoff, der in Erdgas u. Erdöl enthalten ist

Bu|ta|nol, das; -s, -e ⟨*gr.-nlat.; arab.*⟩: ↑Butylalkohol

butch [bʊtʃ] ⟨*engl.*⟩: ausgeprägt männlich (im Aussehen usw.)

Bu|ten, das; -s ⟨*gr.-nlat.*⟩: ↑Butylen

Bu|ti|ker usw. vgl. Budiker usw.

Bu|tin, das; -s ⟨*gr.-nlat.*⟩: vom Butan abgeleiteter, dreifach ungesättigter Kohlenwasserstoff

But|ler ['batlɐ], der; -s, - ⟨*lat.-frz.-engl.*⟩: Diener in einem vornehmen Haushalt, bes. in England

But|ter|fly ['batɐflaɪ̯], der; -[s], -s ⟨*engl.;* »Schmetterling«⟩: **1.** bestimmter Spreizsprung im Eiskunstlaufen. **2.** (Turnen) Salto seitwärts gestreckt, der von einem Bein gesprungen u. auf dem anderen Bein (Schwungbein) aufgefangen wird. **3.** (ohne Plural) Butterflystil

But|ter|fly|stil, der; -[e]s: Schmetterlingsstil (im Schwimmsport)

But|ton ['batn̩], der; -s, -s ⟨*engl.;* »Knopf«⟩: **1.** runde Plakette zum Anstecken [mit einer Aufschrift], die die politische, religiöse u. a. Einstellung des Trägers zu erkennen gibt. **2.** (EDV) virtueller Schalter, Knopf zum Anklicken auf einer grafischen Benutzeroberfläche

But|ton-down-Hemd [...'daʊ̯n...], das; -[e]s, -en: sportliches Oberhemd, dessen Kragenspitzen festgeknöpft sind

Bu|tyl, das; -s ⟨*gr.-nlat.*⟩: Kohlenwasserstoffrest mit vier Kohlenstoffatomen. **Bu|tyl|al|ko|hol,** der; -s, (Fachspr.:) -e: als Lösungsmittel od. Riechsalz verwendeter Alkohol mit vier Kohlenstoffatomen

Bu|ty|len, das; -s: ungesättigter gasförmiger Kohlenwasserstoff (aus Erdöl gewonnener Ausgangsstoff für Nylon u. Ä.)

Bu|ty|rat, das; -s, -e: Salz od. Ester der Buttersäure

Bu|vet|te [by'vɛtə], die; -, -n ⟨*frz.*⟩: kleine Weinstube; Imbissstand

Bu|xus, der; - ⟨*lat.*⟩ (Bot.): Buchsbaum

Buy|a|ho|lic [baɪ̯ə'hɔlɪk], der; -s, -s ⟨*engl.*⟩: ↑Shopaholic

Buy-out ['baɪ̯ʔaʊ̯t], das u. der; -s, -s ⟨*engl.*⟩: Kurzform von ↑Management-Buy-out

Bu|zen|taur vgl. Bucintoro

Buz|zer ['bazɐ], der; -s, - ⟨*engl.*⟩: Gerät, das [auf Knopfdruck] einen Summton erzeugt

Buzz|word ['bazwœːɐ̯d], das; -s, -s ⟨*engl.*⟩ (Jargon): modisches Schlagwort

bye-bye ⟨*engl.*⟩: auf Wiedersehen!

By|li|ne, die; -, -n ⟨*russ.*⟩: episches Heldenlied der russischen Volksdichtung

By|pass ['baɪ̯pas], der; -[es], ...pässe ⟨*engl.*⟩: **1. a)** (Technik) Umführung [einer Strömung], Nebenleitung; **b)** (Elektrot.) Kondensator (1) zur Funkentstörung. **2.** (Med.) **a)** Umleitung der Blutbahn; **b)** Ersatzstück, durch das die Umleitung der Blutbahn verläuft

By|ro|nis|mus [baɪ̯ro...], der; - ⟨*nlat.*⟩: literarische Richtung des 19. Jh.s, die sich an der satirisch-melancholischen Weltschmerzdichtung des engl. Dichters Byron (1788–1824) orientiert (z. B. Platen, Grabbe, Puschkin, Musset)

Bys|sus, der; - ⟨*gr.-lat.*⟩: **1.** kostbares, zartes Leinen- od. Seidengewebe des Altertums (z. B. ägyptische Mumienbinden). **2.** ® feines Baumwollgewebe für Leibwäsche. **3.** Haftfäden mehrerer Muschelarten (als Muschelseide verarbeitet)

Byte [baɪ̯t], das; -[s], -[s] ⟨*engl.*⟩ (EDV): zusammengehörige Folge von acht Bits zur Darstellung je eines Zeichens (kleinste im Speicher eines Computers adressierbare Informationseinheit)

By|zan|ti|ner, der; -s, - ⟨nach Byzanz, dem alten Namen von Istanbul/Konstantinopel⟩ (veraltet abwertend): Kriecher, Schmeichler. **By|zan|ti|ne|rin,** die; -, -nen: weibliche Form zu ↑Byzantiner

by|zan|ti|nisch: 1. zu Byzanz gehörend. **2.** (veraltet, abwertend) kriecherisch, unterwürfig

By|zan|ti|nis|mus, der; -, ...men ⟨*nlat.*⟩ (veraltet abwertend): Kriecherei, unwürdige Schmeichelei

By|zan|ti|nist, der; -en, -en: Wissenschaftler [u. Lehrer] auf dem Gebiet der Byzantinistik

By|zan|ti|nis|tik, die; -: Wissenschaft, die sich mit der Erforschung der byzantinischen Kultur u. Geschichte befasst

By|zan|ti|nis|tin, die; -, -nen: weibliche Form zu ↑Byzantinist

By|zan|ti|no|lo|gie, die; -: ↑Byzantinistik

B2B [bi:tʊ'bi:], das; -: Abk. für ↑Business-to-Business

B2C [bi:tʊ'si:], das; -: Abk. für ↑Business-to-Consumer

C

c, ch *s. Kasten Seite 192*
Ca. ⟨Abk. für *nlat.* Carcinoma⟩ = Karzinom
Cab [kæb], das; -s, -s ⟨*engl.*⟩: einspännige englische Droschke
Ca|ba|let|ta, die; -, -s u. ...tten ⟨*it.*⟩: der ↑Kavatine (a) ähnliche kleine Arie
Ca|bal|le|ro [kabalˈjeːro, auch: kava...], der; -s, -s ⟨*lat.-span.*⟩: **1.** (Geschichte) spanischer Edelmann, Ritter. **2.** Herr (spanischer Titel)
Ca|ban [kaˈbɑ̃ː], der; -s, -s ⟨*frz.*⟩: **a)** kurzer sportlicher Herrenmantel; **b)** längere [Kostüm]jacke für Frauen
Ca|ba|nos|si vgl. Kabanossi
Ca|ba|ret [kabaˈreː, auch: ˈkabare] vgl. Kabarett
Cab|cart [ˈkæbkaːt], das; -[s], -s ⟨*engl.*⟩: einspänniger, zweirädriger Wagen
Ca|ble|car [ˈkeɪ̯blkɑː], das; -s, -s, auch die; -, -s ⟨*engl.*⟩: **a)** Standseilbahn; **b)** Straßenbahn, die von Seilen gezogen wird (z. B. in San Francisco)
Cable|trans|fer [ˈkeɪ̯bltrænsfɛː], der; -s, -s ⟨*engl.*⟩: telegrafische Überweisung von Geldbeträgen nach Übersee (Abk.: CT)
Ca|bo [ˈkaː...], der; -s, -s ⟨*port.* u. *span.*⟩: Kap, Vorgebirge (meist in geografischen Namen)
Ca|bo|chon [kabɔˈʃɔ̃ː], der; -s, -s ⟨*frz.*⟩: **a)** Schliff, bei dem die Oberseite des Schmucksteins kuppelförmig gewölbt erscheint; **b)** Schmuckstein mit Cabochonschliff
Ca|bo|c|lo [kaˈboklu], der; -s, -s ⟨*indian.-port.*⟩: Nachkomme aus den Ehen zwischen den ersten portugiesischen Siedlern u. indianischen Frauen in Brasilien
Ca|bo|ta|ge [...ˈtaːʒə] vgl. Kabotage
Ca|b|ret|ta, das; -s ⟨*span.*⟩: sehr feines Nappaleder aus den Häuten spanischer Bergziegen
Ca|b|rio, das; -[s], -s: kurz für ↑Cabriolet (1). **Ca|b|ri|o|let** [ˈkaːbriole, auch, österr. nur: ...ˈleː], das; -s, -s ⟨*lat.-it.-frz.*⟩: **1.** Auto mit aufklappbarem od. versenkbarem Verdeck. **2.** (veraltet) leichter, zweirädriger Einspänner
Ca|b|rio|li|mou|si|ne, die; -, -n ⟨Kurzw. aus: *Cabrio*let u. ↑*Limousine*⟩: **a)** Auto mit aufrollbarem Verdeck; **b)** ↑Limousine mit abnehmbarem Verdeck
Cac|cia [ˈkatʃa], die; -, -s ⟨*lat.-vulgärlat.-it.;* »Jagd«⟩: Kanon von zwei Solostimmen mit Instrumentalstütze in der italienischen ↑Ars nova
Ca|cha|ça [kaˈʃasa], der od. die; - ⟨*port.*⟩: brasilianischer Zuckerrohrbranntwein
Cache [kæʃ, auch: kaʃ], der; -, -s ⟨*frz.-engl.*⟩ (EDV): Speichereinheit als Zwischenträger von Daten zweier kommunizierender Funktionseinheiten unterschiedlicher Datenflussgeschwindigkeiten; Pufferspeicher
Cache-cache [kaʃˈkaʃ], das; - ⟨*frz.*⟩: Versteckspiel
Ca|che|lot [kaʃəˈlɔt] vgl. Kaschelott
Cache|mire [kaʃˈmiːɐ̯] vgl. Kaschmir
[1]**ca|chen** [ˈkæʃn̩] ⟨*engl.*⟩ (EDV): Dateien o. Ä. in einem Zwischenspeicher ablegen
[2]**ca|chen** [ˈkæʃn̩] ⟨*engl.*⟩: ↑Geocaching spielen
Ca|che|nez [kaʃ(ə)ˈneː], das; - [...eː(s)], - [...eːs] ⟨*frz.*⟩ (veraltet): [seidenes] Halstuch
Cache|sexe [kaʃˈsɛks], das; -, - ⟨*frz.-amerik.*⟩: sehr knapper Damen- od. Herrenslip
Ca|chet [kaˈʃeː, auch: kaˈʃɛ], das; -s, -s ⟨*lat.-frz.*⟩ (veraltet): **1.** Siegel. **2.** Eigenart, Gepräge, Eigentümlichkeit
Cache|ta|ge [kaʃˈtaːʒə], die; -, -n ⟨*frz.*⟩ (Kunstwiss.): **1.** (ohne Plural) Verfahren der Oberflächengestaltung in der modernen Kunst, bei dem Münzen, Schrauben u. Ä. in reliefartig erhöhte Farbschichten wie ein Siegel eingedrückt werden. **2.** ein nach diesem Verfahren gefertigtes Bild
Ca|che|te|ro [katʃe...], der; -s, -s ⟨*lat.-vulgärlat.-span.*⟩: Stierkämpfer, der dem vom ↑Matador (1) verwundeten Stier den Gnadenstoß gibt
ca|chie|ren [kaˈʃiːrən] vgl. kaschieren
Ca|chot [kaˈʃoː], Kaschott, das; -s, -s ⟨*lat.-galloroman.-frz.*⟩ (veraltet): **1.** finsteres [unterirdisches] Gefängnis. **2.** strenger Arrest
Ca|chou [kaˈʃuː], das; -s, -s ⟨*tamil.-port.-frz.*⟩: **1.** Gambir. **2.** Hustenmittel (Salmiakpastillen)
Ca|chu|cha [kaˈtʃʊtʃa], die; - ⟨*span.*⟩: andalusischer Solotanz im ³/₄-Takt mit Kastagnettenbegleitung
Cä|ci|li|a|nis|mus [tsɛtsi...], der; - ⟨*nlat.;* nach der heiligen Cäcilia, seit dem 15. Jh. Schutzpatronin der Musik⟩ (Musik): kirchenmusikalische Reformbewegung (in Bezug auf die Hinwendung zur mehrstimmigen ↑Vokalmusik) im 19. u. beginnenden 20. Jh.
Ca|cio|ca|val|lo [katʃokaˈvalo], der; -[s], -s ⟨*lat.-it.*⟩: [geräucherter] süditalienischer Hartkäse
Cac|ta|ceae [kaktaˈtseːɛ], die (Plural) ⟨*gr.-lat.-nlat.*⟩: wissenschaftliche Bez. für ↑Kaktazeen
CAD [kæd], das; -s ⟨Abk. für *engl.* computer-*a*ided *d*esign »computerunterstütztes Entwerfen«⟩: rechnerunterstützte Konstruktion u. Arbeitsplanung
Ca|da|ve|rin vgl. Kadaverin
Cad|die, [1]**Cad|dy** [ˈkɛdi, ˈkædi], der; -s, -s ⟨*lat.-provenzal.-gaskogn.-frz.-engl.*⟩: **1.** Person, die Golfspielern die Schläger trägt. **2.** zweirädriger Wagen zum Transportieren der Golfschläger. **3.** ® Einkaufswagen [in einem Supermarkt]
[2]**Cad|dy** [ˈkɛdi, ˈkædi], der; -s, -s ⟨*engl.;* »Behälter«⟩ (EDV): Schutzhülle für eine CD-ROM od. DVD, mit der diese in das Laufwerk eingeführt wird
Ca|dett vgl. [2]Kadett
Cad|mi|um vgl. Kadmium
Ca|d|re [ˈkaːdrə], das; -s, -s ⟨*lat.-it.-frz.*⟩: Kennzeichnung bestimmter Cadrepartien beim Billard (in Verbindung mit zwei Zahlen; z. B. Cadre 47/2)
Ca|d|re|par|tie, die; -, -n: ↑Kaderpartie

c, ch

Häufig gebrauchte Fremdwörter, die ein c oder ein ch enthalten, können sich nach und nach der deutschen Schreibweise angleichen.

Dabei wurde c in der Regel zu k vor a, o, u und vor Konsonanten (Mitlauten):
- Kalzium, *fachsprachlich* Calcium
- Kopie *für* Copie
- Akkusativ *für* Accusativ
- Spektrum *für* Spectrum

Dagegen wurde c zu z vor e, i, y, ä und ö:
- Zentrum *für* Centrum
- Zirkus *für* Circus
- Zäsur *für* Cäsur

In manchen Fremdwörtern kann ch der ursprünglichen Aussprache entsprechend auch sch geschrieben werden:
- Chimäre, *auch* Schimäre

Ca|du|ce|us [ka'du:tseʊs], der; -, ...cei ‹*lat.*›: Heroldsstab des altrömischen Gottes Merkur

Cae|cum ['tsɛ:...] vgl. Zäkum

Cae|re|mo|ni|a|le [tsɛ...] vgl. Zeremoniale

Cae|si|um ['tsɛ:...] vgl. Cäsium

Ca|fard [kafa:r], der; -[s] ‹*frz.*› (schweiz., sonst veraltet): Unlust; Überdruss

Ca|fé [ka'fe:], das; -s, -s ‹*arab.-türk.-it.-frz.*›: Gaststätte, die vorwiegend Kaffee u. Kuchen anbietet; Kaffeehaus; vgl. Kaffee. **Ca|fé au Lait** [kafeo'lɛ], der; - - -, -s - - ‹*frz.*›: Milchkaffee. **Ca|fé com|p|let** [kafekõ'plɛ], der; - -, -s -s [...kõ'plɛ] (schweiz.): Kaffee mit Milch, Brötchen, Butter u. Marmelade. **Ca|fé crème, Ca|fé Crème** [kafe'krɛ:m], der; - -, -s - [- 'krɛ:m]: Kaffee mit Sahne. **Ca|fé mé|lange** [kafeme'lã:ʒ], der; - -, -s - [...me'lã:ʒ] (schweiz.): Kaffee mit Schlagsahne

Ca|fe|te|ria, die; -, -s u. ...ien ‹*arab.-türk.-it.-amerik.-span.*›: Imbissstube, Restaurant mit Selbstbedienung

Ca|fe|ti|er [kafe'tie:], der; -s, -s ‹*arab.-türk.-it.-frz.*› (veraltet): Kaffeehausbesitzer. **Ca|fe|ti|e|re** [...'tie:rə], die; -, -n (veraltet): **1.** Kaffeehauswirtin. **2.** Kaffeekanne

Ca|fu|sa [k...], die; -, -s ‹*port.*›: weibliche Form zu ↑Cafuso. **Ca|fu|so,** der; -s, -s ‹*port.*›: Nachkomme eines schwarzen u. eines indianischen Elternteils in Brasilien

Ca|hier [ka'je:], das; -s, -s ‹*frz.;* »Schreibheft«› (Geschichte): Wünsche od. Beschwerden enthaltendes Schreiben, das dem König von den Ständevertretern überreicht wurde

Cai|pi|rin|ha [kaipi'rinja], der; -s, -s u. die; -, -s ‹*port.*›: Cocktail aus Cachaça, Zucker, Limetten u. zerstoßenem Eis

Cais|son [kɛ'sõ:], der; -s, -s ‹*lat.-it.-frz.*›: Senkkasten für Bauarbeiten unter Wasser. **Cais|son|krank|heit,** die; - (Med.): Krankheit, die nach Arbeiten unter erhöhtem Luftdruck auftritt; Druckluftkrankheit

Cake [ke:k, keɪk], der; -s, -s ‹*engl.*› (schweiz.): in länglicher Form gebackene Art Sandkuchen

Cake|walk ['keɪkwɔ:k], der; -[s], -s ‹*engl.*›: um 1900 entstandener afroamerikanischer Gesellschaftstanz

cal = Kalorie

Ca|la|ma|res, die (Plural) ‹*span.*›: Gericht aus frittierten Tintenfischstückchen

Ca|la|mus, der; -, ...mi ‹*gr.-lat.*›: **1.** antikes Schreibgerät aus Schilfrohr. **2.** hohler Teil des Federkiels bei Vogelfedern (Spule)

ca|lan|do ‹*gr.-lat.-it.*› (Musik): an Tonstärke u. Tempo gleichzeitig abnehmend (Vortragsanweisung)

Cal|ca|ne|us [kal'ka:neʊs], der; -, ...nei [...nei] ‹*lat.*› (Biol., Med.): Fersenbein, hinterster Fußwurzelknochen

Cal|ce|o|la|ria vgl. Kalzeolarie

Cal|ces ['kaltse:s]: *Plural* von ↑[1]Calx

Cal|cet|to [kal'tʃɛto], der od. das; -[s] ‹*it.*›: it. Bez. für: Straßenfußball

Cal|ci|fe|rol, das; -s ‹Kurzw. aus *nlat. calciferus* »Kalk tragend« u. ↑Ergosterol›: Vitamin D_2 [mit antirachitischer Wirkung]

Cal|ci|na|ti|on usw. vgl. Kalzination usw.

Cal|cio ['kaltʃo], das; - ‹*it.*›: **1.** altitalienisches (bes. florentinisches) rugbyartiges Fußballspiel. **2.** it. Bez. für: Fußball

Cal|ci|spon|gi|ae [...giɛ], die (Plural) ‹*lat.*›: Kalkschwämme

Cal|cit vgl. Kalzit

Cal|ci|um vgl. Kalzium

Cal|cu|lus ['kalkulʊs], der; -, ...li: **1.** in der Antike der Rechenstein für den ↑Abakus (1). **2.** ↑Konkrement

Cal|da|ri|um vgl. Kaldarium

Cal|de|ra, Kaldera, die; -, ...ren ‹*lat.-span.*› (Geol.): durch Explosion od. Einsturz entstandener kesselartiger Vulkankrater

Ca|lem|bour, Ca|lem|bourg [kalã'bu:ɐ̯], der; -s, -s ‹*frz.*› (veraltet): Wortspiel; vgl. Kalauer

Ca|len|dae [...dɛ] vgl. Kalenden

Ca|len|du|la, die; -, ...lae [...lɛ] ‹*lat.-nlat.*›: Ringelblume (Korbblütler)

Calf [kalf, engl.: kɑ:f], das; -s ‹*engl.*›: Kalbsleder, bes. zum Einbinden von Büchern

Cal|gon® [k...], das; -s ‹Kunstw.›: ein Wasserenthärtungsmittel

Ca|li|ban ['kaliban, engl.: 'kælɪbæn] vgl. Kaliban

Ca|li|che [ka'li:tʃə], die; - ‹*span.*›: Salzvorkommen mit hohem Gehalt an Natriumnitrat im Boden trockener Klimagebiete

Ca|li|for|ni|um, das; -s ‹*nlat.;* nach dem US-Bundesstaat Kalifornien›: künstlich hergestelltes chem. Element, ein Transuran (Zeichen: Cf)

Ca|li|na, die; -, -s ‹*span.*›: sommerliche Lufttrübung durch Staub u. Schlieren der aufsteigenden Warmluft, bes. über den Hochflächen Innerspaniens

Call [kɔ:l], der; -s, -s ‹*engl.-amerik.;* »Ruf«›: **1.** (Börsenw.) Kaufoption. **2.** (meist Plural) Optionspapier auf steigende Aktien. **3.** Telefonat

Cal|la, die; -, -s ‹*gr.-nlat.*›: (zu den Aronstabgewächsen gehörende) Pflanze mit breiten, glatten grünen Blättern u. lang gestieltem Blütenstand mit weißem Hüllblatt

Call|agent, Call-Agent ['kɔ:l-ʔagɛnt, ...ɛɪ̯dʒənt] der; -s, -s ⟨*engl.-amerik.*⟩: ↑ Callcenteragent

Cal|la|ne|tics® [kɛlə'nɛtɪks], die (Plural) ⟨Kunstw.; nach der Amerikanerin Callan Pinckney, * 1939⟩: Fitnesstraining, das bes. auf die tieferen Bindegewebsschichten wirkt

Call|boy ['kɔ:lbɔɪ̯], der; -s, -s ⟨*engl.*⟩: junger Mann, der auf telefonischen Anruf hin Besuche macht od. Besucher empfängt u. gegen Bezahlung deren sexuelle Wünsche befriedigt

Call-by-Call ['kɔ:lbaɪ̯'kɔ:l], das; -s (meist ohne Artikel) ⟨*engl.*⟩: Auswahl einer bestimmten Telefongesellschaft durch Vorwählen einer bestimmten Nummer [bei jedem Anruf]

Call|car ['kɔ:lkɑ:], der; -s, -s ⟨*engl.*⟩: Mietauto, das nur telefonisch bestellt werden kann

Call|cen|ter, Call-Cen|ter ['kɔ:lsɛntɐ], das; -s, - ⟨*engl.-amerik.*⟩: Büro, zentrale Stelle, an der eingehende Anrufe entgegengenommen u. bearbeitet od. weitergeleitet werden. **Call|cen|ter|agent, Call-Cen|ter-Agent** [...ʔagɛnt, auch: ...ʔɛɪ̯dʒənt], der; -en, -en od. -s, -s: jmd., der in einem ↑ Callcenter Anrufe entgegennimmt. **Call|cen|ter|agen|tin, Call-Cen|ter-Agen|tin,** die; -, -nen: weibliche Form zu ↑ Callcenteragent

Call|girl ['kɔ:lgœ:ɐ̯l], das; -s, -s ⟨*engl.*⟩: Prostituierte, die auf telefonischen Anruf hin Besuche macht od. Besucher empfängt u. gegen Bezahlung deren sexuelle Wünsche befriedigt

Call-in [kɔ:l'ʔɪn], das; -[s], -s ⟨*engl.*⟩: Sendung im Rundfunk od. Fernsehen, in der die Zuhörer bzw. Zuschauer anrufen können; Anrufsendung

Cal|ling-Card, Cal|ling|card ['kɔ:lɪŋka:ɐ̯t], die; -, -s ⟨*engl.*⟩: Telefonkarte zum internationalen bargeldlosen Telefonieren

Calls [kɔ:ls]: *Plural* von ↑ Call

Cal|lus vgl. Kallus

cal|ma|to ⟨*gr.-lat.-it.*⟩ (Musik): beruhigt (Vortragsanweisung)

Cal|me vgl. Kalme

Ca|lo vgl. Kalo

Ca|lor, der; -s ⟨*lat.*⟩ (Med.): Wärme, Hitze (als Symptom einer Entzündung)

ca|lo|ri|sie|ren vgl. kalorisieren

Ca|lo|yos [...jɔs], die (Plural) ⟨*span.*⟩: wollige Felle des spanischen od. südamerikanischen Merinolamms

Ca|lu|met [auch: kaly'mɛ] vgl. Kalumet

Ca|lu|t|ron, das; -s, ...one u. -s ⟨Kurzw. aus *Cal*ifornia *U*niversity Cyclo*tron*⟩: eine Trennanlage für ↑ Isotope

Cal|va vgl. Kalva

Cal|va|dos, der; -, - ⟨*frz.;* nach dem frz. Departement⟩: französischer Apfelbranntwein

Cal|va|ria, die; -, ...riae [...ri̯ɛ] ⟨*lat.*⟩ (Med. veraltet): knöchernes Schädeldach. **cal|vi|nisch** ⟨*nlat.;* nach dem Genfer Reformator J. Calvin, 1509–1564⟩: die Lehre Calvins betreffend; nach der Art Calvins

Calvinismus, der; -: evangelisch-reformierte Glaubenslehre des Genfer Reformators J. Calvin, welche die nur geistige Präsenz Christi beim Abendmahl u. die [sich auch im irdischen Glück offenbarende] Prädestination der von Gott Auserwählten vertritt. **Cal|vi|nist,** der; -en, -en: Anhänger des Calvinismus. **Cal|vi|nis|tin,** die; -, -nen: weibliche Form zu ↑ Calvinist. **cal|vi|nis|tisch:** zum Calvinismus gehörend, ihn betreffend

Cal|vi|ti|es [kal'vi:tsiɛs], die; - ⟨*lat.*⟩ (Med.): Kahlköpfigkeit

[1]Calx, die; -, Calces [...tse:s] ⟨*lat.*⟩ (Med.): Ferse

[2]Calx, die; -, Calces [...tse:s] ⟨*gr.-lat.*⟩: Kalk

Ca|ly|ces: *Plural* von ↑ Calyx

ca|ly|ci|nisch ⟨*gr.-nlat.*⟩ (Bot.): kelchartig (von Blütenhüllen)

Ca|lyp|so [ka'lɪpso], der; -[s], -s ⟨Herkunft unsicher⟩: **1.** volkstümliche Gesangsform der afroamerikanischen Musik Westindiens. **2.** figurenreicher Modetanz im Rumbarhythmus

Ca|lyp|t|ra vgl. Kalyptra

Ca|lyx, der; -, ...lyces ['kalytse:s] ⟨*gr.-lat.*⟩: **1.** (Bot.) Blütenkelch. **2.** (Zool.) Körperteil der Seelilien

Cal|zo|ne, die; -, -n ⟨*it.*⟩: zusammengeklappte, gefüllte Pizza

CAM [kæm], das; -s ⟨Abk. für *engl.* computer-*a*ided *m*anufacturing »computerunterstütztes Fertigen«⟩: rechnerunterstützte Steuerung u. Überwachung von Produktionsabläufen

Ca|ma|ieu [kama'jø:], die; -, -en ⟨*frz.*⟩: **1.** aus einem Stein mit verschieden gefärbten Schichten (z. B. aus Onyx) herausgearbeitete ↑ Kamee. **2.** Gemälde auf Holz, Leinwand, Porzellan, Glas, das in mehreren Abtönungen einer Farbe gehalten ist, bes. häufig grau in grau; vgl. Grisaille

Ca|ma|ieu|ma|le|rei, die; -: besondere Art der Porzellanmalerei (Ton-in-Ton-Bemalung)

Ca|ma|re|ra, die; -, -s ⟨*gr.-lat.-span.*⟩: span. Bez. für: Kellnerin. **Ca|ma|re|ro,** der; -[s], -s: span. Bez. für: Kellner

Cam|ber ['kɛmbɐ], der; -s, - ⟨*engl.*⟩: weicher Herrenfilzhut

Cam|bi|a|ta, die; -, ...ten ⟨*lat.-it.*⟩ (Musik): vertauschte Note, Wechselnote

Cam|bio usw. vgl. Kambio usw.

Cam|bi|um vgl. Kambium

Cam|cor|der, der; -s, - ⟨*engl.;* Kurzw. aus *cam*era »Kamera« u. ↑ Re*corder*⟩: Kurzw. für Kamerarekorder

Ca|me|lot vgl. Kamelott

Ca|mem|bert ['kaməmbe:ɐ̯, kamã-'bɛ:ɐ̯], der; -s, -s ⟨*frz.;* nach der frz. Stadt in der Normandie⟩: vollfetter Weichkäse mit weißem Schimmelbelag

Ca|meo ['kæmɪɔʊ̯], der; -s, -s ⟨*it.-engl.;* »Nebenrolle«⟩: Kurzauftritt prominenter Zeitgenossen in einem Film

Ca|me|ra ob|s|cu|ra, die; - -, ...rae [...rɛ] ...rae [...rɛ] ⟨*lat.;* »dunkle Kammer«⟩: innen geschwärzter Kasten mit transparenter Rückwand, auf der eine an der Vorderseite befindliche Sammellinse ein auf dem Kopf stehendes, seitenverkehrtes Bild erzeugt (Urform der fotografischen Kamera)

Ca|mer|len|go, der; -s, -s ⟨*it.*⟩: Schatzmeister des Kardinalskollegiums, Kämmerer

Ca|mi|on ['kami̯õ], der; -s, -s ⟨*frz.*⟩ (schweiz.): Lastkraftwagen

Ca|mi|on|na|ge [kami̯ɔ'na:ʒə], die; - (schweiz.): **1.** gewerbsmäßige Versendung von Gütern. **2.** Betrieb, der die Spedition

von Gütern durchführt; Transportunternehmen
Ca|mi|on|neur [kamiɔ'nøːɐ̯], der; -s, -e (schweiz.): Spediteur
Ca|mi|sole [kami'zɔl], das; -s, -s ‹*frz.*›: Hemdröckchen mit schmalen Trägern und eingearbeitetem Büstenteil
Ca|mor|ra, Kamorra, die; - ‹*it.*›: Geheimbund in Süditalien, bes. in Neapel
Ca|mou|f|la|ge [kamu'flaːʒə], die; -, -n ‹*frz.*›: **1.** (veraltet) Tarnung von Befestigungsanlagen. **2.** (abwertend) Tarnung von [politischen] Absichten. **ca|mou|f|lie|ren** ‹*it.-frz.*› (veraltet): tarnen, verbergen
Camp [kɛmp], das; -s, -s ‹*lat.-it.-frz.-engl.*›: **1.** [Zelt]lager, Ferienlager (aus Zelten od. einfachen Häuschen). **2.** Gefangenenlager
Cam|pa|ni|le vgl. Kampanile
Cam|pa|nu|la, die; -, ...lae [...lɛ] ‹*lat.-mlat.*›: Glockenblume
Cam|pa|ri®, der; -s, -s (aber: 2 -) ‹*it.*›: ein Bitterlikör
Cam|pe|che|holz [kam'pɛtʃe...] vgl. Kampescheholz
cam|pen ['kɛmpn̩] ‹*lat.-it.-frz.-engl.*›: am Wochenende od. während der Ferien im Zelt od. Wohnwagen leben. **Cam|per,** der; -s, -: jmd., der am Wochenende od. während der Ferien im Zelt od. Wohnwagen lebt. **Cam|pe|rin,** die; -, -nen: weibliche Form zu ↑Camper
Cam|pe|si|no, der; -s, -s ‹*lat.-span.*›: armer Landarbeiter, Bauer (in Spanien u. Südamerika)
Cam|pher vgl. Kampfer
cam|pie|ren (österr., schweiz.): ↑campen; vgl. kampieren
Cam|pi|g|ni|en [kãpɪn'jɛ̃ː], das; -[s] ‹nach der Fundstelle Campigny in Frankreich›: Kulturstufe der Mittelsteinzeit
Cam|pi|lit, das; -s ‹*gr.*›: starkes Nervengift
Cam|ping ['kɛm...], das; -s ‹*lat.-it.-frz.-engl.*›: das Leben im Freien [auf Campingplätzen], im Zelt od. Wohnwagen während der Ferien od. am Wochenende
Cam|ping|platz, der; -es, ...plätze: Gelände, auf dem gegen Gebühr gezeltet bzw. der Wohnwagen abgestellt werden darf
Camp|mee|ting ['kɛmpmiːtɪŋ], das; -s, -s ‹*engl.-amerik.*›: [↑methodistische] Versammlung zur Abhaltung von Gottesdiensten im Freien od. in einem Zelt (bes. in den USA); Zeltmission
Cam|po ['kampo], der; -s, -s (meist Plural) ‹*lat.-span.* u. *port.*›: **1.** brasilianische ↑Savanne mit weiten Grasflächen. **2.** Rinderhaut aus Eigenschlachtungen südamerikanischer Viehzüchter
Cam|po|san|to, der; -s, -s od. ...ti ‹*lat.-it.*›: it. Bez. für: Friedhof
Cam|pus ['kam...], der; -, Plur. - u. -se ‹*lat.-engl.-amerik.*›: Gesamtanlage einer Hochschule; Universitätsgelände
Cam|pus|maut, die; -, -en (ugs. scherzh.): Studiengebühr
cam|py ['kɛmpi] ‹*engl.*›: extravagant, theatralisch, manieristisch
Ca|na|di|enne [kana'di̯ɛn], die; -, -s ‹*frz.*›: lange, warme, sportliche Jacke mit Gürtel
Ca|nail|le [ka'naljə, auch: ...'naɪ̯(ə)] vgl. Kanaille
Ca|na|le, der; -, ...li ‹*babylon.-assyr.-gr.-lat.-it.*›: it. Bez. für: Kanal
Ca|na|lis, der; -, ...les ‹*lat.*› (Med.): röhrenförmiger Durchgang, Körperkanal (z. B. Verdauungskanal)
Ca|na|pé ['kanape, österr.: ...'peː] vgl. Kanapee
Ca|na|rie, die; - ‹*frz.;* nach den Kanarischen Inseln›: Paartanz im $^3/_4$- od. $^3/_8$-Takt (vom 16. bis 18. Jh. Gesellschaftstanz), eine Art schnelle ↑Courante od. ↑Gigue
Ca|nas|ta, das; -s ‹*lat.-span.;* »Korb«›: (aus Uruguay stammendes) Kartenspiel
Can|can [kã'kãː], der; -[s], -s ‹*lat.-frz.*›: lebhafter Tanz im $^2/_4$-Takt, heute vor allem Schautanz in Varietés u. Nachtlokalen
can|celn ['kɛntsl̩n] ‹*lat.-frz.-engl.*›: streichen, absagen, rückgängig machen
Can|cer, der; -s, - ‹*lat.*›: ↑Karzinom
Can|cer en Cui|rasse [kãsɛrãkɥi'ras], der; - - -, - - - ‹*frz.*› (Med.): Brustdrüsenkrebs mit harten Ausläufern, die in angrenzende Teile des Brustkorbs eindringen; Panzerkrebs
can|ce|ro|gen vgl. kanzerogen
Can|ci|ón [kan'θi̯ɔn], das; -s, -s ‹*lat.-span.*›: spanisches lyrisches Gedicht
Can|ci|o|nei|ro [kãsi̯u'nai̯ru]: portugiesische Form von ↑Cancionero
Can|ci|o|ne|ro [kansi̯o'neːro, spanisch: kanθi̯o'nero], der; -s, -s: eine Sammlung portugiesischer u. spanischer Gedichte u. Lieder des 12.–14. Jh.s
cand. = candidatus; vgl. Kandidat
Can|de|la, die; -, - ‹*lat.;* »Wachslicht, Kerze«›: Einheit der Lichtstärke (Zeichen: cd)
Can|di|da, die; -: **1.** Antiquadruckschrift. **2.** [krankheitserregender] Sprosspilz auf Haut u. Schleimhaut
Can|di|da|tus [re|ve|ren|di] Mi|nis|te|rii, der; - - -, ...ti - -: Kandidat des [lutherischen] Predigtamts (Abk.: cand. [rev.] min. od. c. r. m.)
Can|di|do|se, Kandidose, die; -, -n (Med.): durch ↑Candida (2) hervorgerufene Infektionskrankheit der Schleimhäute
Can|dle-Light-Din|ner, Can|dle-light-Din|ner ['kændl̩lai̯t...], das; -s, -[s] ‹*engl.*›: festliches Abendessen mit Kerzenbeleuchtung
Ca|ni|nus, der; -, ...ni ‹*lat.*› (Zahnmed.): Eckzahn
Ca|ni|ti|es [ka'niːtsi̯ɛs], die; - ‹*lat.*› (Med.): das Ergrauen der Haare
Can|na, Kanna, die; -, -s ‹*sumer.-babylon.-gr.-lat.*›: in tropischen Gebieten wild wachsende, als Zierpflanze kultivierte hohe Staude mit roten, gelben od. rosa Blüten
Can|na|bi|no|id, das; -[e]s, -e *meist Plur.* ‹*gr.-lat.; gr.*›: Inhaltsstoff des Hanfes mit medizinischer Wirkung
Can|na|bis, der oder das; - ‹*gr.-lat.-engl.*›: **a)** Hanf; **b)** andere Bez. für ↑Haschisch
Can|nae [...nɛ] vgl. Kannä
Can|ne|lé [kanə'leː], der; -[s] ‹*frz.*›: Ripsgewebe mit Längsrippen verschiedener Stärke
Can|nel|koh|le ['kɛnl̩...] vgl. Kännelkohle
Can|nel|lo|ni, die (Plural) ‹*it.*›: mit Fleisch gefüllte u. mit Käse überbackene Nudelteigröllchen
Can|ning ['kɛnɪŋ], das; -s, -s ‹*engl.*›: Umhüllung des Brennstoffes in Kernreaktoren
Can|non-Not|fall|re|ak|ti|on ['kɛnən...], die; - ‹nach dem amerik. Physiologen Cannon, 1871–1941›: Sofortreaktion des

menschlichen Organismus auf plötzliche schwere Belastungen
Ca|noe ['ka:nu, auch: ka'nu:] vgl. Kanu
[1]**Ca|non** vgl. [1]Kanon
[2]**Ca|non** vgl. [2]Kanon
Ca|ñon ['kanjɔn, auch: 'kɛnjən], der; -s, -s ⟨*lat.-span.*⟩: enges, tief eingeschnittenes, steilwandiges Tal, bes. im westlichen Nordamerika
Ca|no|ni|cus vgl. Kanonikus
Ca|nos|sa, das; -s, -s ⟨nach Canossa, einer Burg in Norditalien, in der Papst Gregor VII. 1077 den dt. Kaiser Heinrich IV. auf dessen Bußgang hin vom Bann lossprach⟩: tiefe Demütigung, Selbsterniedrigung; **ein Gang nach Canossa:** Demütigung
Ca|no|ti|er [...'ti̯e:], der; -[s], -s ⟨*frz.*⟩: steifer, flacher Strohhut mit gerader Krempe
Cant [kɛnt], der; -s ⟨*lat.-engl.*⟩: **a)** heuchlerische Sprache, Scheinheiligkeit; **b)** Rotwelsch
can|ta|bi|le ⟨*lat.-it.*⟩ (Musik): gesangartig, ausdrucksvoll (Vortragsanweisung)
can|tan|do ⟨*lat.-it.*⟩ (Musik): singend (Vortragsanweisung)
Can|ta|ro, der; -s, ...ari ⟨*lat.-mgr.-arab.-it.*⟩: ↑Kantar
[1]**Can|ta|te** vgl. [1]Kantate
[2]**Can|ta|te** vgl. [2]Kantate
[3]**Can|ta|te** vgl. [3]Kantate
Can|tha|ri|din vgl. Kantharidin
Can|ti|ca, die (Plural) ⟨*lat.*⟩: **1.** die gesungenen Teile des altrömischen Dramas (Ggs.: Diverbia). **2.** zusammenfassende Bez. für die biblischen Gesänge u. Gebete nach den Psalmen in ↑Septuaginta u. ↑Vulgata (Bestandteil der Stundengebete)
Can|ti|ga, die; -, -s ⟨*lat.-span.-port.*; »Lied«⟩: eines der in den ↑Cancioneros überlieferten Lieder
Can|ti|le|na, die; -, ...nen ⟨*spätlat.-it.*⟩ (im Mittelalter): **a)** liedhafter Teil im liturgischen Gesang (z. B. Tropus [2 b]); **b)** einstimmiges Spielmannslied; **c)** mehrstimmiger Liedsatz
Can|to, der; -s, -s ⟨*lat.-it.*⟩: Gesang
Can|tus, der; -, - [...tu:s] ⟨*lat.*⟩: Gesang, Melodie, melodietragende Oberstimme bei mehrstimmigen Gesängen; **Cantus choralis** [- ko...]: einstimmiger gregorianischer Gesang; **Cantus figuralis:** mehrstimmige Musik des 15.–17. Jh.s; **Cantus firmus:** [choralartige] Hauptmelodie eines polyfonen Chor- od. Instrumentalsatzes (Abk.: c. f.); **Cantus mensurabilis** od. **mensuratus:** in der gregorianischen Kirchenmusik Choralnoten mit Bezeichnung der Tondauer; **Cantus planus:** in der gregorianischen Kirchenmusik Choralnoten ohne Bezeichnung der Tondauer; ↑Kantus
Can|vas ['kɛnvəs], der od. das; -: engl. Bez. für Leinwand, Segeltuch
Can|vas|sing ['kɛnvəsɪŋ], das; -[s] ⟨*engl.*⟩: Wahlstimmenwerbung durch persönliche Hausbesuche prominenter Politiker
Can|yon ['kænjən], der; -s, -s ⟨*engl.*⟩: engl. Bez. für: ↑Cañon.
Can|yo|ning ['kɛnjənɪŋ], das; -s: eine Extremsportart, die Klettern in Gebirgsschluchten u. Schwimmen im Wildwasser vereint
Can|zo|ne, die; -, -n: it. Form von ↑Kanzone
Cao-Dai ['kaʊ̯...], **Ca|o|da|is|mus** ⟨*annamit.*; »höchster Palast«⟩ der; -: 1926 begründete ↑synkretistische Religion mit buddhistischen, christlichen u. a. Bestandteilen in Vietnam
[1]**Cap** [kɛp], der; -s, -s ⟨*engl.*; »Deckel«⟩ (Geldw.): vereinbarte Zinsobergrenze bei Krediten
[2]**Cap** [kɛp], die; -, -s, auch der od. das; -s, -s ⟨*engl.*; »Mütze«⟩: Schirmmütze, wie sie beim Baseball getragen wird, meist mit elastischem od. verstellbarem Band u. einer Aussparung an dem Teil, der normalerweise nach hinten getragen wird
Ca|pa, die; -, -s ⟨*lat.-span.*⟩: farbiger Umhang der Stierkämpfer
Cape [kɛɪ̯p], das; -s, -s ⟨*lat.-roman.-engl.*⟩: ärmelloser Umhang [mit Kapuze]
Ca|pe|a|dor, der; -s, -es ⟨*lat.-span.*⟩: Stierkämpfer, der den Stier mit der Capa reizt
Ca|pis|t|rum, das; -s, ...tra ⟨*lat.*⟩ (Med.): besondere Art eines Kopfverbandes um Schädel u. Unterkiefer (Halfterbinde)
Ca|pi|ta [auch: 'ka:...]: *Plural* von ↑Caput
Ca|pi|ti|um, das; -s, ...tia ⟨*lat.*⟩ (Med.): mützenartiger Kopfverband
ca|pi|to? ⟨*lat.-it.*⟩: verstanden?
Ca|pi|tu|lum, das; -s, ...la (Med.): kleiner Knochenvorsprung (oft in der Nähe eines Gelenks)
Ca|po|tas|to, der; -, ...ti ⟨*it.*⟩: ↑Kapodaster
Cap|puc|ci|no [kapʊ'tʃi:no], der; -[s], -[s] u. ...ccini ⟨*it.*⟩: heißes Kaffeegetränk mit aufgeschäumter Milch od. geschlagener Sahne u. ein wenig Kakaopulver
Ca|p|ric|cio [ka'prɪtʃo], das; -s, -s (Musik): scherzhaftes, launiges Musikstück. **ca|p|ric|cio|so** (Musik): eigenwillig, launenhaft, kapriziös, scherzhaft (Vortragsanweisung)
Ca|p|ri|ce, Kaprice [ka'pri:sə], die; -, -n ⟨*lat.-it.-frz.*⟩: **1.** Eigensinn, Laune, wunderlicher Einfall. **2.** frz. Form von ↑Capriccio
Ca|p|ri|ho|se, die; -, -n ⟨nach der Mittelmeerinsel⟩: wadenlange Frauenhose
Ca|p|ro|lac|tam vgl. Kaprolaktam
Ca|p|ro|nat vgl. Kapronat
Ca|p|ron|säu|re vgl. Kapronsäure
Caps. ⟨*lat.*; »capsula«⟩: Abk. auf Rezepten für: Kapsel
Cap|sa|i|cin, das; -s ⟨*lat.*⟩ (Med.): Alkaloid der Kapsikum-Pflanze, das als Pflaster bei Nervenschmerzen Verwendung findet
Cap|si|cum vgl. Kapsikum
Cap|si|en [ka'psi̯ɛ̃:], das; -[s] ⟨*frz.*; nach dem Fundort Gafsa (altröm. Capsa) in Tunesien⟩: Kulturstufe der Alt- u. Mittelsteinzeit
Cap|ta|tio Be|ne|vo|len|ti|ae [- ...tsi̯ɛ], die; - - ⟨*lat.*⟩: das Werben um die Gunst des Publikums mit bestimmten Redewendungen; vgl. Kaptation
Cap|t|cha ['kɛptʃɐ], der od. das; -s, -s ⟨Kurzw. aus *engl.* *c*ompletely *a*utomated *p*ublic *T*uring test to tell *c*omputers and *h*umans *a*part⟩ (EDV): Test, mit dem festgestellt werden kann, ob sich ein Mensch od. ein Computer eines Programms bedient
Ca|pu|chon [kapy'ʃɔ̃:], der; -s, -s ⟨*lat.-provenzal.-frz.*⟩: Damenmantel mit Kapuze
Ca|put [auch: 'ka:...], das; -, Capita ⟨*lat.*; »Haupt, Kopf«⟩: **1.** Hauptstück, Kapitel eines Buches. **2. a)** Kopf; **Caput medusae** (Med.): Geflecht geschlängelter Venen, das in der

Nähe des Bauchnabels sichtbar ist (oft Zeichen einer Lebererkrankung); **b)** (Med.) Gelenk- od. Muskelkopf

Ca̲put mo̲r|tu|um, das; - - ‹»toter Kopf«›: **1.** rote Farbe aus Eisenoxid, Englischrot (Malerfarbe, Poliermittel). **2.** (veraltet) Wertloses

Ca|que|lon [kak(ə)'lõ:], das; -s, -s ‹*frz.*›: Topf aus Steingut od. Keramik mit Stiel (z. B. zum Fondue)

Ca̲r, der; -s, -s ‹*frz.*› (schweiz.): Kurzform von ↑Autocar

Ca|ra|bi|ni|e̲|re, Karabiniere, der; -s, ...ri ‹*frz.-it.*›: italienischer Polizist

Ca|ra|ca̲l|la, die; -, -s ‹*gall.-lat.*›: langer Kapuzenmantel (Kleidungsstück in der Antike)

Ca|ra̩|cho vgl. Karacho

ca|ra̩m|ba ‹*span.*› (ugs.): Teufel!; Donnerwetter!

Ca|ram|bo̲|la, die; -, -s ‹*malai.-span.-port.;* »Sternapfel«›: sternförmig gerippte, gelbgrüne tropische Frucht mit hohem Vitamin-C-Gehalt

Ca|ra|va̲n [auch: 'ka..., 'kɛrəvɛn], der; -s, -s ‹*pers.-it.-engl.*›: **1. a)** ® Wagen, der sowohl als Freizeitfahrzeug als auch als Fahrzeug für Transporte benutzt werden kann; **b)** Reisewohnwagen. **2.** Verkaufswagen. **Ca|ra|va|ner,** der; -s, -: jmd., der im Caravan (1b) lebt. **Ca|ra|va|ne|rin,** die; -, -nen: weibliche Form zu ↑Caravaner. **Ca|ra|va|ning,** das; -s: das Leben im Caravan (1b)

Car|b|a|zo̲l vgl. Karbazol

Car|bi̲d vgl. Karbid

Ca̩r|bo, der; -[s] ‹*lat.*›: Kohle; **Carbo medicina̲lis:** medizinische Kohle, Tierkohle (Heilmittel bei Darmkatarrh u. Vergiftungen)

car|bo|cy̲|c|lisch [auch: ...'tsʏk...] vgl. karbozyklisch

Car|bo|li|ne̲|um vgl. Karbolineum

Car|bo̲l|säu|re vgl. Karbolsäure

Car|bo|na̲|do vgl. Karbonado

Car|bo|na̲t vgl. ²Karbonat

Car|bo|ne̲|um, das; -s ‹*lat.-nlat.*›: veraltete Bez. für Kohlenstoff (Zeichen: C)

Car|bo|ny̲l, das; -s, -e ‹*lat.; gr.*› (Chemie): jede flüssige od. feste anorganische Verbindung, die Kohlenoxid u. ein Metall in chemischer Bindung enthält

Car|bo|ny̲l|grup|pe, die; -, -n: zweiwertige CO-Gruppe, bes. reaktionsfähige Atomgruppe (z. B. der Ketone)

Car|bo|ru̩n|dum® vgl. Karborund

Car|bo̩|xy|grup|pe, die; -, -n (Chemie): in der Natur sehr häufig vorkommende COOH-Gruppe (Kohlenstoff-Sauerstoff-Sauerstoff-Wasserstoff-Gruppe) der Carbonsäuren

Car|bo|xy̲l|grup|pe vgl. Karboxylgruppe

car|ci|no..., Car|ci|no... vgl. karzino..., Karzino...

Car|ci|no̲|ma, das; -s, ...mae ‹*gr.*› (Med.): fachspr. Bez. für ↑Karzinom; **Carcinoma in situ:** lokal begrenztes Karzinom, das noch keine Metastasen bilden kann

Ca̩r|di|gan [engl.: 'kɑ:dɪgən], der; -s, -s ‹*engl.;* nach J. Th. Brudenell, 7. Earl of Cardigan, 1797–1868›: lange, kragenlose ein- od. zweireihige Strickweste

CARE [kɛ:ɐ̯] ‹*engl.;* Abk. für: *C*ooperative for *A*merican *R*emittances to *E*urope; zugleich »Sorge«›: 1946 in den USA entstandene Hilfsorganisation, die sich um die Milderung wirtschaftlicher Not in Europa nach dem 2. Weltkrieg bemühte

care of ['kɛ:ɐ̯ ɔf] ‹*engl.*›: wohnhaft bei ... (Zusatz bei der Adressenangabe auf Briefumschlägen) (Abk.: c/o)

ca|rez|za̲n|do, ca|rez|ze̲|vo|le ‹*lat.-it.*› (Musik): schmeichelnd, liebkosend (Vortragsanweisung)

Ca̩r|go, der; -s, -s ‹*gall.-lat.-vulgärlat.-span.*›: Fracht, Ladung eines Flugzeugs, Lkws, Schiffs o. Ä.

Ca̲|ri|es vgl. Karies

Ca|ri|g|nan [kari'njɑ̃:], die; - ‹*frz.*›: spät reifende [süd]französische rote Rebsorte

Ca|ril|lon [kari'jõ:], das; -[s], -s ‹*lat.-vulgärlat.-frz.*›: **1.** mit Klöppeln geschlagenes, mit einer Tastatur gespieltes od. durch ein Uhrwerk mechanisch betriebenes Glockenspiel. **2.** Musikstück für Glockenspiel od. Instrumentalstück mit glockenspielartigem Charakter

Ca|ri̲|na, die; -, ...nae [...nɛ] ‹*lat.;* »Kiel«›: **1.** (Biol., Med.) **a)** kielartiger Vorsprung an Organen; **b)** schmale, in der Mitte einer Struktur verlaufende Leiste (z. B. bei Epiglottis, Trachea). **2.** (Zool.) Brustbeinkamm der Vögel. **3.** Gehäuseteil (Rückenplatte) gewisser Rankenfüßer (z. B. der Entenmuschel) aus der Ordnung der niederen Krebse

ca|ri̲n|thisch ‹latinisierend; nach der alten römischen Provinz »provincia Carantana«, dem heutigen Kärnten›: Kärnten bzw. die Kärntner betreffend (z. B. carinthischer Sommer)

Ca|ri|o̲|ca, die; -, -s ‹*indian.-port.*›: um 1930 in Europa eingeführter lateinamerikanischer Modetanz im $^{4}/_{4}$-Takt, eine Abart der ↑Rumba

Ca̲|ri|tas, die; -: Kurzbezeichnung für den Deutschen Caritasverband der katholischen Kirche; vgl. Karitas

ca|ri|ta|ti̲v vgl. karitativ

Car|ja|cking, Car-Ja|cking ['ka:ɐ̯dʒɛkɪŋ], das; -[s], -s ‹*engl.*›: Autoraub; Vorgang, bei dem ein Auto unter Androhung von Gewalt seinem Fahrer weggenommen wird

Ca̲r|loft®, das; -s, -s ‹*engl.*›: Apartment in einem Gebäude mit Lift für Autos und Stellplätzen bei den Apartments

Car|ma|g|no|le [karman'jo:lə], die; - ‹nach der piemontesischen Stadt Carmagnola›: **1.** (ohne Plural) ein frz. Revolutionslied aus dem 18. Jh.. **2.** ärmellose Jacke [der ↑Jakobiner (1)]

Ca̩r|men, Karmen, das; -s, ...mina ‹*lat.*›: [Fest-, Gelegenheits]gedicht

Car|nal|li̲t, Karnallit [auch: ...'lɪt] der; -s ‹*nlat.,* nach dem dt. Oberbergrat R. v. Carnall, 1804–1874›: ein Mineral

Car|net [de Pas|sa|ges] [kar'nɛ (də pa'sa:ʒə)], das; - - -, -s [kar'nɛ] - - ‹*frz.*›: Sammelheft von ↑Triptyks, Zollpassierscheinheft für Kraftfahrzeuge

Ca̩r|not|zet [...tsɛt, ...tsɛ], das; -s, -s ‹*frz.*›: kleine [Keller]schenke (in der französischen Schweiz)

Ca|rol ['kærəl], das; -s, -s ‹*gr.-lat.-frz.-engl.*›: englisches volkstümliches [Weihnachts]lied

Ca|ro|ti̲n vgl. Karotin

Ca|ro|ti|no|i̲d vgl. Karotinoid

Ca|ro̲|tis vgl. Karotis

Car|pac|cio [kar'patʃo], das od. der; -s, -s ⟨*it.;* wohl dem Maler Vittore Carpaccio (1455 od. 1465–1526) zu Ehren⟩: kalte [Vor]speise, die aus rohen, dünn geschnittenen Fleisch- u. Gemüsescheiben, angerichtet mit Zitronensaft, Olivenöl u. Parmesan, besteht

Car|pa|lia, die (Plural) ⟨*gr.-nlat.*⟩ (Med.): Sammelbez. für die acht Handwurzelknochen

car|pe di|em ⟨*lat.;* »pflücke den Tag!«; Spruch aus Horaz, Oden I, 11, 8⟩: **a)** nutze den Tag!; **b)** koste den Tag voll aus!

Car|pen|ter|brem|se, Karpenterbremse, die; -, -n ⟨nach dem amerik. Erfinder Carpenter, 1852–1901⟩: eine Druckluftbremse für Eisenbahnzüge

Car|port, der; -s, -s u. das; -s, -s ⟨*engl.-amerik.*⟩: überdachter Abstellplatz für Autos

Car|pus, der; -, ...pi ⟨*gr.-nlat.*⟩ (Med.): Handwurzel

Car|ra|geen, Car|ra|gheen, das; -[s]: ↑Karrageen

Car|ra|ra, der; -s ⟨nach der Stadt in Oberitalien⟩: Marmor aus Carrara. **car|ra|risch:** aus Carrara stammend; **carrarischer Marmor:** ↑Carrara

Car|ri|er ['kɛriɐ], der; -s, - ⟨*engl.*⟩: **a)** Unternehmen od. Organisation, die Personen od. Güter zu Wasser, zu Land u. in der Luft befördert; **b)** Netzbetreiber, der Kommunikationsdienstleistungen durchführt

Car|sha|ring, Car-Sha|ring ['ka:ɐ̯ʃɛ:rɪŋ], das; -[s] ⟨*engl.*⟩: organisierte [gebührenpflichtige] Nutzung eines Autos von mehreren Personen

Carte blanche [kart 'blɑ̃:ʃ], die; -, -s -s [kart 'blɑ̃:ʃ] ⟨*frz.;* »weiße Karte«⟩: unbeschränkte Vollmacht

car|te|si|a|nisch usw. vgl. kartesianisch usw.

Car|tha|min vgl. Karthamin

Car|ti|la|go, die; -, ...gines ⟨*lat.*⟩ (Med.): Knorpel; vgl. kartilaginär

Car|toon [kar'tu:n], der od. das; -[s], -s ⟨*gr.-lat.-it.-engl.*⟩: **1.** parodistische Zeichnung, Karikatur; gezeichnete od. gemalte [satirische] Geschichte in Bildern. **2.** (Plural) Comicstrips

Car|too|nist, der; -en, -en: Künstler, der Cartoons zeichnet. **Car|too|nis|tin,** die; -, -nen: weibliche Form zu ↑Cartoonist

car|ven ⟨*engl.;* »einritzen«⟩: ohne zu rutschen auf der Kante fahren (z. B. beim Skifahren u. Snowboarden). **Car|ving,** das; -[s] ⟨*engl.*⟩: das schwungvolle Fahren auf der Kante, ohne zu rutschen (beim Ski- u. Snowboardfahren). **Car|ving|ski,** der; -s, - u. -er: kurzer, stark taillierter Ski zum Carven

Ca|sa|no|va, der; -[s], -s ⟨it. Abenteurer⟩: jmd., der es versteht, auf verführerische Weise die Liebe der Frauen zu gewinnen; Frauenheld

Cä|sar, der; Cäsaren, Cäsaren ⟨*lat.;* nach dem röm. Feldherrn u. Staatsmann G. Julius Caesar, 100–44 v. Chr.⟩: (ehrender Beiname für einen römischen) Kaiser, Herrscher

cä|sa|risch: 1. kaiserlich. **2.** selbstherrlich

Cä|sa|ris|mus, der; - ⟨*lat.-nlat.*⟩: unbeschränkte, meist despotische Staatsgewalt

Cä|sa|ro|pa|pis|mus, der; -: Staatsform, bei der der weltliche Herrscher zugleich auch geistliches Oberhaupt ist

Cas|ca|deur [...'dø:ɐ̯] vgl. Kaskadeur

Cas|ca|ra sa|g|ra|da, die; - - ⟨*span.*⟩: Rinde des amerikanischen Faulbaums (Abführmittel)

Cas|co, der; -[s], -[s] ⟨*span.*⟩: Südamerikaner, dessen Eltern verschiedenen Bevölkerungsgruppen angehören

Case-His|to|ry, Case|his|to|ry ['keɪshɪstərɪ], die; -, -s ⟨*engl.*⟩: **a)** (Wirtsch.) Fallgeschichte; ausführliche Beschreibung einer Werbeaktion; **b)** (Psychol.) Beschreibung sämtlicher erfassbaren Lebensdaten, Umweltverhältnisse u. deren Einflüsse auf die Entwicklung eines Individuums; Anamnese (1); **c)** (Med.) Krankengeschichte, Anamnese (1)

Ca|se|in vgl. Kasein

cash [kæʃ] ⟨*engl.*⟩: bar; **cash bezahlen:** [eine Rechnung] mit Bargeld begleichen. **Cash,** das; - ⟨*lat.-it.-frz.-engl.*⟩: Bargeld, Barzahlung

cash and car|ry ['kɛʃ ənd 'keri]: bar bezahlen u. mitnehmen (Vertriebsform des Groß- u. Einzelhandels, die auf Bedienung u. besondere Präsentation der Waren verzichtet u. die dadurch bewirkten Kostenersparnisse an die Abnehmer weitergibt); vgl. Discountgeschäft

Cash-and-car|ry-Klau|sel, die; - ⟨engl.; dt.⟩ (Wirtsch.): **1.** Vertragsklausel im Überseehandel, wonach der Käufer, die Käuferin die Ware bar bezahlen u. im eigenen Schiff abholen muss. **2.** Bestimmung der nordamerikanischen Neutralitätsgesetzgebung von 1937, dass an Krieg führende Staaten Waffen nur gegen Barzahlung u. auf Schiffen des Käufers geliefert werden dürfen

cash be|fore de|li|ve|ry [- bɪ'fɔ: dɪ'lɪvərɪ]: bar bezahlen vor Auslieferung (Handelsklausel, nach der der Kaufpreis vor der Warenlieferung zu zahlen ist)

Cash|cow ['kæʃkaʊ̯], die; -, -s ⟨*engl.;* eigtl. »Geldkuh«⟩ (Wirtschaftsjargon): Unternehmensbereich, der jährlich hohe u. stabile Gewinne abwirft [u. damit oft die Entwicklung neuer Produkte finanziert]

Ca|shew|nuss ['kɛʃu..., auch: kə'ʃu:...], die; -, ...nüsse ⟨*Tupiport.-engl.; dt.*⟩: essbare Frucht des Nierenbaums aus dem tropischen Amerika

Cash|flow ['kæʃflɔʊ̯], der; -s ⟨*engl.*⟩ (Wirtsch.): betriebswirtschaftliche Kennziffer, die die Geldeinzahlungen u. -auszahlungen eines Unternehmens in einem bestimmten Zeitraum gegenüberstellt u. dadurch ein Indikator für die Zahlungskraft eines Unternehmens ist

Cash-Ma|nage|ment-Sys|tem [...mɛnɪtʃmənt...], das; -s, -e ⟨*engl.; gr.*⟩: elektronisches Kommunikationssystem zwischen Banken u. Firmenkunden zur Übertragung u. Weiterverarbeitung von Finanzdaten

cash on de|li|ve|ry ['kɛʃ ɔn dɪ'lɪvərɪ] ⟨*engl.*⟩: bar bezahlen bei Auslieferung (Handelsklausel, nach der der Kaufpreis bei Übergabe der Ware zu zahlen ist)

Ca|si|no, Kasino, das; -s, -s ⟨*lat.-it.*⟩: **1.** Gebäude mit Räumen für gesellige Zusammenkünfte. **2. a)** Speiseraum für Offiziere; **b)** Speiseraum in einem Betrieb, Bürohaus. **3.** Spielkasino

Cä|si|um, Caesium ['tsɛ:...], nicht fachspr. auch: Zäsium, das; -s ⟨*lat.*⟩: chem. Element; ein Metall (Zeichen: Cs)

Cas|sa, die; - ⟨*lat.-it.*⟩: **1.** it. Bez. für: Kasse; vgl. Kassa, per cassa. **2.** Trommel; **gran cassa** (Musik): große Trommel

Cas|sa|pan|ca, die; -, -s ⟨*it.*⟩: ein italienisches Möbelstück des Mittelalters u. der ↑Renaissance (Verbindung von Truhe u. Bank mit Rück- und Seitenlehnen)

Cas|sa|ta, die; -, -s ⟨*arab.-it.*⟩: italienische Eisspezialität mit kandierten Früchten

Cas|sa|va vgl. Kassawa

Cas|set|te vgl. Kassette

Cas|si|net ['kɛsinɛt], Kassinett, der; -[s], -s ⟨*frz.-engl.*⟩: halbwollener Streichgarnstoff in Leinen- od. Köperbindung (eine Webart)

Cas|si|o|pei|um, Kassiopeium, das; -s ⟨*nlat.;* nach dem Sternbild Kassiopeia⟩: frühere Bez. für das chem. Element ↑Lutetium (Zeichen: Cp)

Cas|sis, der; -, - ⟨*lat.-frz.*⟩: **a)** französischer Likör aus Johannisbeeren; **b)** französischer Branntwein aus Johannisbeeren

Cas|so|ne, der; -, ...ni ⟨*lat.-it.*⟩: wertvolles italienisches Möbelstück der ↑Renaissance (lang gestreckter, gradflächiger Kasten, mit Malerei, Schnitzerei u. Einlegearbeiten verziert)

Cast, der; -s, -s auch die; -, -s ⟨*amerik.*⟩ (Fachspr.): der gesamte Stab von Mitwirkenden an einem Film

cas|ten ⟨*engl.*⟩ (Film): von jmdm. Probeaufnahmen für eine Rollenbesetzung machen

Cas|ting, das; -s, -s ⟨*engl.*⟩: **1.** (Film, Fernsehen) [Auswahl für die] Rollenbesetzung. **2.** (Sportfischerei) Wettkampf, der darin besteht, dass man die Angel weit od. auf ein bestimmtes Ziel hin auswirft

Ca|stle ['kɑ:s(ə)l], das; -, -s ⟨*lat.-engl.*⟩: engl. Bez. für: Schloss, Burg

[1]Cas|tor vgl. [1]Kastor

[2]Cas|tor®, der; -s, -s u. ...oren ⟨Kurzw. aus *engl. cask for storage and transport of radioactive material*⟩: Behälter zum Transportieren u. Lagern von radioaktivem Material

Cas|to|re|um, das; -s ⟨*gr.-nlat.*⟩: Drüsenabsonderung des Bibers (Bibergeil)

Cas|t|ris|mus, Cas|t|ro|is|mus, der; - ⟨*nlat.*⟩: Bez. für die politischen Ideen u. das politische System des vom kubanischen Ministerpräsidenten F. Castro (1927–2016) geprägten Sozialismus; vgl. Fidelismo

Ca|su|a|ri|na vgl. Kasuarine

Ca|su|la vgl. Kasel

Ca|sus, der; -, - [...zu:s]: lat. Schreibung für ↑Kasus

Ca|sus Bel|li, der; - -, - -: Kriegsfall, Krieg auslösendes Ereignis

Ca|sus Foe|de|ris, der; - -: Ereignis, das die Bündnispflicht eines Staates auslöst

Ca|sus knack|sus, der; - -, - ['ka:zu:s] - (scherzh.): Knackpunkt

Ca|sus ob|li|quus, der; - -, - ['ka:zu:s] ...qui: abhängiger Fall (z. B. Genitiv, Dativ, Akkusativ)

Ca|sus rec|tus, der; - -, - ['ka:zu:s] ...ti: unabhängiger Fall (z. B. Nominativ)

Ca|tal|pa vgl. Katalpa

Ca|ta|rac|ta vgl. Katarakta

Cat|boot ['kɛ...], das; -[e]s, -e ⟨*engl.; dt.*⟩: kleines einmastiges Segelboot

[1]Catch [kɛtʃ], der; -, -es [...ɪs, auch: ...ɪz] ⟨*lat.-vulgärlat.-frz.-engl.*⟩: geselliges englisches Chorlied mit derbkomischen, spaßhaften Texten (17. u. 18. Jh.)

[2]Catch, das; - ⟨*engl.-amerik.*⟩: kurz für ↑Catch-as-catch-can

Catch-as-catch-can [kɛtʃəz'kɛtʃ'kɛn], das; - ⟨*amerik.*⟩: von Berufsringern ausgeübte Art des Freistilringens, bei der fast alle Griffe erlaubt sind

cat|chen ['kɛtʃn̩]: im Stil des Catch-as-catch-can ringen

Cat|cher ['kɛtʃɐ], der; -s, -: Berufsringer, der im Stil des Catch-as-catch-can ringt. **Cat|che|rin,** die; -, -nen: weibliche Form zu ↑Catcher

Cat|ch|up ['kɛtʃap] vgl. Ketchup

Ca|te|chi|ne, die (Plural) ⟨nlat. Bildung zu ↑Catechu⟩: farblose, kristallisierte organische Verbindungen (Grundlage natürlicher Gerbstoffe)

Ca|te|chu vgl. Katechu

Ca|te|nac|cio [kate'natʃo], der; -[s] ⟨*lat.-it.;* »Sperrkette, Riegel«⟩ (Fußball): Verteidigungstechnik, bei der sich bei einem gegnerischen Angriff die gesamte Mannschaft kettenartig vor dem eigenen Strafraum zusammenzieht

Ca|te|ne vgl. Katene

Ca|te|rer ['kɛɪ̯tərɐ], der; -s, - ⟨*lat.-it.-frz.-engl.*⟩: auf das Catering spezialisiertes Unternehmen

Ca|te|ring ['kɛɪ̯tərɪŋ], das; -[s]: Beschaffung von Lebensmitteln, Verpflegung mit Speisen u. Getränken; Bewirtungsservice

Ca|ter|pil|lar® ['kɛtɐpɪlɐ], der; -[s], -[s] ⟨*engl.*⟩: Raupenschlepper (bes. im Straßenbau)

Cat|gut ['kɛtgʌt] vgl. Katgut

Ca|the|d|ra, die; -, ...rae [...rɛ] ⟨*gr.-lat.*⟩: **1.** [Lehr]stuhl; vgl. Katheder. **2.** Ehrensitz, bes. eines Bischofs od. des Papstes; **Cathedra Petri:** der Päpstliche Stuhl

Ca|tin|ga, die; -, -s ⟨*indian.-port.*⟩: savannenartige Zone mit lichten Wäldern, Kaktusgewächsen u. a. in Brasilien

Cat|li|nit [auch: ...'nɪt], der; -s ⟨*nlat.;* nach dem amerik. Forscher G. Catlin, 1796–1872⟩: nordamerikanischer Pfeifenstein (Tonschiefer), aus dem der Kopf der indianischen Friedenspfeife besteht

Cat|suit ['kɛtsju:t], der; -s, -s ⟨*engl.*⟩: einteiliges, eng anliegendes, figurbetontes Kleidungsstück

Catt|leya [kat'laɪ̯a], die; -, ...leyen ⟨*nlat.;* nach dem engl. Züchter Cattley, †1832⟩: Orchideengattung aus dem tropischen Amerika

Cat|walk ['kɛtwɔ:k], der; -s, -s ⟨*engl.;* eigtl. »Katzenweg«⟩: Laufsteg

Cau|da, die; - ⟨*lat.*⟩: **1.** (Med.) Schwanz; Endstück eines Organs od. Körperteils. **2.** (Rel.) Schleppe, bes. an den liturgischen Gewändern hoher Geistlicher. **3.** (Musik) der nach oben od. unten gerichtete Hals einer Note od. ↑Ligatur (2)

cau|da|lis vgl. kaudal

Cau|dex, der; -, ...dices ⟨*lat.*⟩: **1.** [nicht verholzender] Stamm der Palmen u. Baumfarne. **2.** tiefere Teile des Gehirns bei Säugetieren u. beim Menschen (im

Gegensatz zu Groß- u. Kleinhirn)

Cau|dil|lo [kaʊ̯ˈdɪljo], der; -[s], -s ⟨*span.;* »Anführer, Heerführer«⟩: **1.** politischer Machthaber, Diktator. **2.** Heerführer

Cau|sa, die; -, ...sae [...sɛ] ⟨*lat.*⟩: **1.** (Rechtswiss.) Grund, Ursache [z. B. eines Schadens]; Rechtsgrund. **2.** (österr.) sich in einer bestimmten Weise darstellender Fall

Cause cé|lè|bre [koz seˈlɛ:br(ə)], die; - -, -s -s [koz seˈlɛ:br(ə)] ⟨*lat.-frz.*⟩: berühmter Rechtsstreit, berüchtigte Angelegenheit

Cau|se|rie [kozəˈri:], die; -, ...i̯en (veraltet): unterhaltsame Plauderei. **Cau|seur** [koˈzø:ɐ̯], der; -s, -e (veraltet): [amüsanter] Plauderer. **Cau|seu|se** [koˈzø:zə], die; -, -n (veraltet): **1.** unbekümmert-munter plaudernde Frau. **2.** kleines Sofa

Caus|ti|cum vgl. Kaustikum

Caux|be|we|gung [ˈko:...], die; - ⟨nach dem Schweizer Luftkurort Caux⟩: religiöse Bewegung zur moralischen Erneuerung

Ca|va, der; -s, -s ⟨*span.*⟩: spanischer Schaumwein

Ca|va|li|e|re, der; -, ...ri ⟨*lat.-it.*⟩: italienischer Adelstitel (Abk.: Cav.)

ca|ve ca|nem ⟨*lat.;* »hüte dich vor dem Hund!« (Inschrift auf Tür od. Schwelle altrömischer Häuser)⟩: nimm dich in Acht!; sieh dich vor!

Ca|vi|tät vgl. Kavität

Ca|vum, das; -s, ...va ⟨*lat.*⟩ (Med.): Hohlraum

Ca|yenne|pfef|fer [kaˈjɛn...], der; -s ⟨nach der Hauptstadt von Französisch-Guayana, Cayenne⟩: vorwiegend aus ↑Chili hergestelltes scharfes Gewürz

cc [tse:ˈtse:] ⟨Abk. für *engl.* carbon copy »Durchschlag«⟩: Durchschlag, Kopie

CD [tse:ˈde:], die; -, -[s] ⟨Abk. für *engl.* compact *d*isc⟩: kurz für ↑Compact Disc

CD-Play|er [tse:ˈde:plɛɪ̯ɐ], der; -s, - ⟨*engl.*⟩: Abspielgerät für CDs

CD-R, die; -, -[s] ⟨Abk. für *engl.* compact *d*isc *r*ecordable⟩: einmal bespielbare CD

CD-ROM, die; -, -[s] ⟨Abk. für *engl.* *r*ead *o*nly *m*emory »Nurlesespeicher«⟩: Speicherplatte [für PCs mit entsprechendem Laufwerk], deren Programminhalt abgerufen, aber nicht verändert werden kann

CD-RW, die; -, -[s] ⟨Abk. für *engl.* compact *d*isc *rew*ritable⟩: mehrfach bespielbare CD

Ce|ci|die [...di̯ə] vgl. Zezidie

Ce|dil|le [seˈdi:jə], die; -, -n ⟨*span.-frz.;* von span. zedilla = kleines z⟩: kommaartiges ↑diakritisches Zeichen [unterhalb eines Buchstabens] mit verschiedenen Funktionen (z. B. frz. ç [s] vor a, o, u od. türk. ş [ʃ])

Cei|lo|me|ter, das; -s, - ⟨*lat.-frz.-engl.; gr.*⟩: Wolkenhöhenmesser

Cein|tu|ron [sɛ̃tyˈrɔ̃:], das; -s, -s ⟨*lat.-frz.*⟩ (schweiz.): Koppel (des Soldaten)

Ce|le|b|ret vgl. Zelebret

Ce|les|ta [tʃe...], die; -, -s u. ...ten ⟨*lat.-it.;* »die Himmlische«⟩: zart klingendes Tasteninstrument, das zur Tonerzeugung Stahlplatten u. röhrenförmige ↑Resonatoren verwendet

Cel|la, die; -, Cellae [...lɛ], Zella, die; -, Zellä ⟨*lat.*⟩: **1.** der Hauptraum im antiken Tempel, in dem das Götterbild stand. **2. a)** (veraltet) Mönchszelle; **b)** (Rel.) ↑Kellion. **3.** (Med.) kleinste Einheit eines Organismus, Zelle

Cel|le|rar, der; -s, -e, **Cel|le|ra|ri|us**, der; -, ...rii: Wirtschaftsverwalter eines Klosters

Cel|list [tʃɛ...], der; -en, -en ⟨*it.*⟩: Musiker, der Cello spielt. **Cel|lis|tin**, die; -, -nen: weibliche Form zu ↑Cellist

cel|lis|tisch: 1. das Cello betreffend. **2.** celloartig

Cel|lo, das; -s, -s, auch ...lli: Kurzform von ↑Violoncello

Cel|lo|phan® vgl. Zellophan. **cel|lo|pha|nie|ren** vgl. zellophanieren

Cel|lu|la, die; -, ...lae [...lɛ] ⟨*lat.*⟩ (Med.): kleine [Körper]zelle

Cel|lu|la|se vgl. Zellulase

Cel|lu|li|te, die; -, -n: [nicht entzündliche] Veränderung des Bindegewebes der Unterhaut an Oberschenkeln u. Gesäß [von Frauen]; Orangenhaut

Cel|lu|li|tis, Zellulitis, die; -, ...iti̯den: **1.** (Med.) Entzündung des Unterhautfettgewebes; Phlegmone. **2.** (ugs. fälschlich für:) Cellulite

Cel|lu|loid [auch: ...loˈi:t] vgl. Zelluloid

Cel|lu|lo|se vgl. Zellulose

Cel|lu|lo|se|ni|t|rat vgl. Zellulosenitrat

Cel|si|us ⟨nach dem schwed. Astronomen A. Celsius, 1701–1744⟩: Gradeinheit auf der Celsiusskala (Zeichen: C, fachspr.: °C)

Cel|si|us|ska|la, Cel|si|us-Ska|la, die; -, ...len: Temperaturskala, bei der der Abstand zwischen dem Gefrier- u. dem Siedepunkt des Wassers in 100 gleiche Teile unterteilt ist

Cel|ti|um, das; -s ⟨*lat.-nlat.*⟩ (veraltet): ↑Hafnium

Cem|ba|list [tʃ...], der; -en, -en ⟨*gr.-lat.-it.*⟩: Musiker, der Cembalo spielt. **Cem|ba|lis|tin**, die; -, -nen: weibliche Form zu ↑Cembalist

cem|ba|lis|tisch: 1. das Cembalo betreffend. **2.** cembaloartig

Cem|ba|lo, das; -s, -s u. ...li ⟨Kurzw. für: Clavicembalo⟩: Tasteninstrument des 14. bis 18. Jh.s (alte Form des Klaviers, bei dem die Saiten angerissen, nicht angeschlagen werden)

Ce|no|man, das; -s ⟨nach dem Siedlungsgebiet der Cenomanen, eines keltischen Volksstamms⟩ (Geol.): Stufe der Kreideformation

Cent [sɛnt], der; -[s], -[s] (aber: 5 -) ⟨*lat.-frz.-engl.*⟩: Münzeinheit der Währungen verschiedener Länder (z. B. USA, Kanada) u. des Euros (Abk.: c u. ct, Plural: cts)

Cen|ta|vo, der; -[s], -[s] (aber: 5 -) ⟨*lat.-port.-span.*⟩: Münzeinheit der Währungen verschiedener süd- u. mittelamerikanischer Länder (z. B. Argentinien, Brasilien)

Cen|te|nar usw. vgl. Zentenar usw.

[1]**Cen|ter** [ˈsɛntɐ], das; -s, - ⟨*gr.-lat.-frz.-amerik.;* »Mittelpunkt«⟩: **a)** großes Kaufhaus, Einzelhandelsgeschäft; **b)** Geschäftsviertel mit verschiedenen Einzelhandelsgeschäften u. Ä.

[2]**Cen|ter**, der; -s, - (Basketball): zentraler Angriffsspieler

Cen|ter-Court, Cen|ter|court [...kɔ:t], der; -s, -s ⟨*amerik.*⟩: ↑Centre-Court

Cen|te|si|mo [tʃ...], der; -[s], ...mi ⟨*lat.-it.*⟩: Münzeinheit in Somalia

Cen|té|si|mo [sɛnˈteː...], der; -[s], -[s] (aber: 5 -) ⟨*lat.-span.*⟩: Münzeinheit der Währungen in Panama u. Uruguay

Cen|time [sɑ̃ˈtiːm], der; -[s], -s (aber: 5 -) ⟨*lat.-frz.*⟩: Münzeinheit der Währungen verschiedener Länder (z. B. Haiti, Marokko, Schweiz) (Abk.: c u. ct, Plural: ct[s], schweiz. nur: Ct)

Cén|ti|mo [ˈsɛn...], der; -[s], -s (aber: 5 -) ⟨*lat.-span.*⟩: Münzeinheit der Währungen mittel- u. südamerik. Länder (z. B. Costa Rica, Paraguay)

Cen|to [ˈtsɛnto], der; -s, -s u. Centones ⟨*lat.*⟩: **1.** Gedicht, das aus einzelnen Versen bekannter Dichter zusammengesetzt ist. **2.** (Musik) **a)** [Choral]melodie, die aus vorhandenen Melodieteilen zusammengesetzt ist; **b)** Quodlibet (1)

Cen|tre-Court, Cen|tre|court [ˈsɛntəkɔːt], der; -s, -s ⟨*engl.*⟩: Hauptplatz großer Tennisanlagen

Cen|t|ro|som vgl. Zentrosom

Cen|tu|rie [...i̯ə] vgl. Zenturie

Cen|tu|rio vgl. Zenturio

Cen|tu|ri|um vgl. Zenturium

[1]**CEO** [siːʔiːˈʔɔʊ̯], der; -[s], -s ⟨Abk. von *engl.* chief executive officer⟩: engl. Bez. für: Vorstandsvorsitzender

[2]**CEO** [siːʔiːˈʔɔʊ̯], die; -, -s ⟨Abk. von *engl.* chief executive officer⟩: engl. Bez. für: Vorstandsvorsitzende

Ce|pha|li|sa|ti|on, die; - ⟨*gr.*⟩: ↑Zephalisation

Ce|pha|lo|po|de vgl. Kephalopode

Cer, Zer, das; -s ⟨*lat.-nlat.;* nach dem 1801 entdeckten Asteroiden Ceres⟩: chem. Element; ein Metall (Zeichen: Ce)

Ce|ra, die; -, ...ren ⟨*lat.*⟩: **1.** (Pharm.) [Bienen]wachs. **2.** (Zool.) weiche Hautverdickung am Schnabel vieler Vögel

Ce|ran® [ts...] ⟨Kunstw.⟩: eingetragene Marke für Kochflächen

Cer|be|rus vgl. Zerberus

Cer|cle [ˈsɛrkl̩], der; -s, -s ⟨*lat.-frz.*⟩: **1. a)** Empfang [bei Hofe]; **b)** vornehmer Gesellschaftskreis. **2.** (österr.) die ersten Reihen im Theater od. Konzertsaal

Ce|re|a|li|en, die (Plural) ⟨*lat.*⟩: **1.** altrömisches Fest zu Ehren der Ceres, der Göttin des Ackerbaus. **2.** ↑Zerealie

ce|re|bel|lar vgl. zerebellar

Ce|re|bel|lum vgl. Zerebellum

Ce|re|b|rum vgl. Zerebrum

Ce|re|o|lus, der; -, ...li ⟨*lat.*⟩: Arzneistäbchen (aus Wachs)

Ce|re|sin vgl. Zeresin

Ce|re|us, der; - ⟨*lat.*⟩: Säulenkaktus

ce|rise [səˈriːz] ⟨*gr.-lat.-vulgärlat.-frz.*⟩: kirschrot

Ce|rit, Zerit [auch: ...ˈrɪt], der; -s, -e: ein Mineral

Cer|mets [ˈsœːɐ̯mɛts], die (Plural) ⟨Kunstw. aus *engl.* *cer*amic u. *met*al*s*⟩: metallkeramische Werkstoffe, die aus einem Metall u. einer keramischen Komponente bestehen

CERN [tsɛrn], das; -[s] ⟨Kurzw. aus *frz.* *C*onseil *e*uropéen pour la *r*echerche *n*ucléaire⟩: europ. Einrichtung für Grundlagenforschungen zur Teilchenphysik mit Sitz in der Schweiz

Ce|ro|tin|säu|re vgl. Zerotinsäure

Cer|to|sa [tʃ...], die; -, ...sen ⟨*it.;* »Kartause«⟩: Kloster der ↑Kartäuser in Italien

Cer|to|sa|mo|sa|ik, das; -s, -en: geometrisch gemustertes Elfenbeinmosaik orientalischen Charakters der norditalienischen Renaissance

Ce|ru|men vgl. Zerumen

Ce|rus|sit [auch: ...ˈsɪt], der; -s, -e ⟨*lat.-nlat.*⟩: sprödes, meist durchsichtiges Mineral (Weißbleierz)

Cer|ve|lat [ˈsɛrvəla], der; -s, -s ⟨*frz.*⟩ (schweiz.): Brühwurst aus Rindfleisch mit Schwarten u. Speck; vgl. Servela, Zervelatwurst

Cer|vix vgl. Zervix

Cé|sar [seˈzaːr] ⟨nach dem Bildhauer César Baldaccini, 1921–1998⟩: dem amerikanischen Oscar entsprechender französischer Filmpreis

c'est la guerre [sɛlaˈgɛːr] ⟨*frz.;* »das ist der Krieg«⟩: so ist es nun einmal [im Krieg], da kann man nichts machen!

c'est la vie [sɛlaˈviː] ⟨*frz.;* »das ist das Leben«⟩: so ist das [Leben] nun einmal!

CETA [ˈtseːta] - (ohne Artikel) ⟨Kurzwort für *engl.* *C*omprehensive *E*conomic and *T*rade *A*greement⟩ (Politik, Wirtsch.): Freihandelsabkommen zw. der Europäischen Union u. Kanada

Ce|ta|ce|um, das; -s ⟨*gr.-lat.-nlat.*⟩: früher aus dem Kopf von Pottwalen gewonnene fettartige, spröde Substanz (Walrat)

ce|te|ris pa|ri|bus ⟨*lat.*⟩: unter [sonst] gleichen Umständen

ce|te|rum cen|seo ⟨*lat.;* »im Übrigen meine ich« (dass Karthago zerstört werden muss); Schlusssatz jeder Rede Catos im römischen Senat⟩: im Übrigen meine ich (als Einleitung einer immer wieder vorgebrachten Forderung, Ansicht)

Ce|vap|ci|ci, Će|vap|či|ći [tʃeˈvaptʃitʃi], die (Plural) ⟨*serbokroat.*⟩: gegrillte Hackfleischröllchen

CGS-Sys|tem [tseːgeːˈʔɛs...], das; -s ⟨Abk. von *C*entimeter, *G*ramm, *S*ekunde⟩ (bes. Fachspr.): älteres physikalisches Maßsystem, das auf den Grundeinheiten Zentimeter, Gramm u. Sekunde aufgebaut ist

Cha|b|lis [ʃaˈbliː], der; - [...(s)], - [...s] ⟨*frz.;* nach der frz. Stadt⟩: Weißwein aus Niederburgund

Cha-Cha-Cha [ˈtʃaˈtʃaˈtʃa], der; -[s], -s ⟨*span.*⟩: dem ↑Mambo ähnlicher Tanz aus Kuba

Cha|conne [ʃaˈkɔn], die; -, -s u. -n ⟨*span.-frz.*⟩, Ciacona [tʃaˈkoːna], die; -, -s ⟨*span.-it.*⟩: **1.** spanischer Tanz im $^3/_4$-Takt. **2.** (Musik) Instrumentalstück im $^3/_4$-Takt mit zugrunde liegendem achttaktigem ↑ostinatem Bassthema

cha|cun à son goût [ʃakœ̃asɔ̃ˈgu] ⟨*frz.*⟩: jeder nach seinem Geschmack; jeder, wie es ihm beliebt

Chae|bol [ˈtʃɛbɔl], das od. der; -[s], -[s] ⟨*korean.;* »Familie mit Geld«⟩: von einer Familie geführter bzw. kontrollierter Großkonzern, bes. in Südkorea

Cha|gas|krank|heit [ˈʃaː...], die; - ⟨nach dem bras. Arzt u. Bakteriologen Carlos Chagas, 1879–1934⟩: tropische Infektionskrankheit

[1]**Cha|g|rin** [ʃaˈgrɛ̃ː], der; -s ⟨*germ.-frz.*⟩ (veraltet): Kummer, Verdruss

[2]**Cha|g|rin** [ʃaˈgrɛ̃ː], das; -s, -s ⟨*türk.-frz.*⟩: Leder aus Pferde- od. Eselshäuten mit Erhöhungen auf der Narbenseite

cha|g|ri|nie|ren ⟨*türk.-frz.*⟩: ein Narbenmuster auf Leder aufpressen

Chai Lat|te [tʃai̯ -], der; - -, - -

⟨*chin.; it.*⟩: gewürzter Tee mit aufgeschäumter Milch

Chai|ne [ˈʃɛːn(ə)], die; -, -n ⟨*lat.-frz.*⟩: **1.** Kettfaden. **2.** (veraltet) Kette (beim Rundtanz)

Chair|le|der [ˈʃɛːɐ̯...], das; -s, - ⟨*lat.-frz.; dt.*⟩: pflanzlich nachgegerbtes ↑Glacéleder

Chair|man [ˈtʃɛːɐ̯mən], der; -, ...men [...mən] ⟨*lat.-engl.; engl.*⟩: in Großbritannien u. Amerika der Vorsitzende eines politischen od. wirtschaftlichen Gremiums, bes. eines parlamentarischen Ausschusses

Chair|per|son [...pœːɐ̯sn̩], die; -, -s ⟨*lat.-engl.*⟩: engl. Bez. für: Vorsitzende od. Vorsitzender

Chair|wo|man [...wʊmən], die; -, ...women [...wɪmɪn]: weibliche Form zu ↑Chairman

Chai|se [ˈʃɛːzə], die; -, -n ⟨*lat.-frz.*⟩: **1.** (veraltet) Stuhl, Sessel. **2. a)** (veraltet) halb verdeckter Wagen; **b)** (abwertend) altes, ausgedientes Fahrzeug. **3.** (veraltet) ↑Chaiselongue. **Chai|se|longue** [ʃɛzəˈlɔŋ, auch: ...ˈlõːk], die; -, Plur. -n u. -s (ugs. auch: das; -s, -s) ⟨»Langstuhl«⟩: gepolsterte Liege mit Kopflehne

Cha|k|ra [ˈtʃa...], das; -[s], -s u. ...kren ⟨*sanskr.;* »Rad«⟩: **1.** (nach indischer Vorstellung) eines von sieben Energiezentren im menschlichen Körper. **2.** ↑Tschakra

Cha|ku [ˈtʃaku], das; -s, -s ⟨*jap.*⟩: Kurzform von ↑Nunchaku

Cha|la|za [ça...], die; -, ...lazen, **Cha|la|ze**, die; -, -n ⟨*gr.-nlat.*⟩: **1.** (Bot.) bei Blütenpflanzen die Stelle, von der die Hüllen der Samenanlage mit dem Knospenkern (↑Nucellus) ausgehen; Knospengrund. **2.** (Zool.) zweispiralig gedrehter Eiweißstrang im Ei der Vögel (Hagelschnur)

Cha|la|zi|on, Cha|la|zi|um, das; -s, ...ien [...i̯ən] (Med.): Anschwellung am Augenlid[rand], verursacht durch eine chronische Entzündung bestimmter Drüsen (Hagelkorn)

Cha|la|zo|ga|mie, die; - (Bot.): Form der ↑Aporogamie; Befruchtungsvorgang bei den Blütenpflanzen, bei dem der Weg des Pollenschlauchs über die Chalaza (1) führt

Chal|ce|don [kaltse...] vgl. Chalzedon

Cha|let [ʃaˈleː, ʃaˈlɛ], das; -s, -s ⟨*schweiz.-frz.*⟩: **1.** Sennhütte. **2.** Ferien-, Landhaus [in den Bergen]

Cha|li|ko|se [ça...], die; -, -n ⟨*gr.-nlat.*⟩ (Med.): Kalk[staub]lunge

Chal|ko|che|mi|gra|fie, Chal|ko|che|mi|gra|phie [çal...], die; - ⟨*gr.; arab.; gr.*⟩: Metallgravierung

Chal|ko|ge|ne, die (Plural) ⟨*gr.-nlat.*⟩ (Chemie): Sammelbez. für die Elemente der sechsten Hauptgruppe des periodischen Systems

Chal|ko|graf, Chalkograph, der; -en, -en: Kupferstecher. **Chal|ko|gra|fie,** Chalkographie, die; -, ...ien (veraltet): **1.** (ohne Plural) Kupferstechkunst. **2.** Kupferstich

Chal|ko|graph usw. vgl. Chalkograf usw.

Chal|ko|lith [auch: ...ˈlɪt], der; -s u. -en, -e[n]: ein Mineral

Chal|ko|li|thi|kum [auch: ...ˈlɪt...], das; -s: jungsteinzeitliche Stufe, in der bereits Kupfergegenstände auftreten

chal|ko|phil: sich mit Chalkogenen verbindend (von [metallischen] Elementen)

Chal|ko|se, die; -, -n (Med.): gelbrote Pigmentierung im Auge, die durch eine Ablagerung von Kupfer od. Kupfersalzen im Gewebe entsteht; Sonnenblumenstar

Cha|lu|meau [ʃalyˈmoː], das; -s, -s ⟨*lat.-mlat.-frz.*⟩: **1.** einfaches Holzblasinstrument des Mittelalters. **2.** (ohne Plural) tiefstes Register der Klarinette

Cha|ly [ʃaˈliː], der; -[s] ⟨*frz.*⟩: dem ↑Musselin ähnlicher taftbindiger Kleiderstoff aus Seide u. Wolle

Chal|ze|don, Chalcedon [kaltse...], der; -s, -e ⟨wahrscheinlich nach der altgr. Stadt Kalchedon (lat. = Chalcedon) am Bosporus⟩: ein Mineral (Quarzabart)

Cha|ma|de [ʃa...] vgl. Schamade

Cha|mä|le|on [ka...], das; -s, -s ⟨*gr.-lat.;* »Erdlöwe«⟩: [auf Bäumen lebende] kleine Echse, die ihre Hautfarbe bei Gefahr rasch ändert

Cha|mä|phyt [ça...], der; -en, -en (meist Plural) ⟨*gr.-nlat.*⟩ (Bot.): Zwergstrauch; Lebensform von Pflanzen, deren Erneuerungsknospen in Bodennähe liegen u. darum ungünstige Jahreszeiten relativ geschützt (z. B. unter einer Schneedecke) überdauern

Cha|mä|ze|pha|lie, die; -, ...i̯en (Med.): Schädeldeformierung mit niedriger Gesichtsform; Flachköpfigkeit

Cham|ber|tin [ʃãbɛrˈtɛ̃], der; -[s] ⟨*frz.*⟩: burgundischer Spitzenwein aus Gevrey-Chambertin

Cham|b|ray [ʃamˈbrɛː], der; -s, -s ⟨*frz.-amerik.*⟩: leichtes Baumwollgewebe in Leinwandbindung mit farbigem Schuss- u. weißem Kettfaden

Cham|b|re des Dé|pu|tés [ˈʃãːbrə deːdepyˈteː], die; - - - ⟨*frz.*⟩: französische Abgeordnetenkammer der 3. Republik (1875–1940)

Cham|b|re gar|nie [ˈʃãːbrə -], das; - -, -s -s [ˈʃãːbrə garˈniː] (veraltet): möbliertes Zimmer zum Vermieten

Cham|b|re sé|pa|rée [ˈʃãːbr(ə) sepaˈreː], das; - -, -s -s [ˈʃãːbr(ə) sepaˈreː] (veraltet): kleiner Nebenraum in Restaurants für ungestörte Zusammenkünfte

Cham|b|ri|e|re [ʃã...], die; -, -n: beim Zureiten u. in der Manege benutzte Peitsche

cha|mois [ʃaˈmo̯a] ⟨*frz.*⟩: gämsfarben, gelbbräunlich. **Cha|mois,** das; -: **1.** besonders weiches Gämsen-, Ziegen-, Schafleder. **2.** chamois Farbe

Cha|mois|pa|pier, das; -s, -e (Fotogr.): gelbbräunliches Kopierpapier

Champ [tʃɛmp], der; -s, -s ⟨*lat.-galloroman.-frz.-engl.*⟩: kurz für ↑Champion

cham|pa|g|ner [ʃamˈpanjɐ] ⟨*lat.-frz.*⟩: zart gelblich

Cham|pa|g|ner, der; -s, -: in Frankreich hergestellter weißer od. roter Schaumwein [aus Weinen der Champagne]

Cham|pi|g|non [ˈʃampɪnjɔŋ, ˈʃampɪnjõː], der; -s, -s ⟨*lat.-vulgärlat.-frz.*⟩: ein essbarer Pilz (auch gärtnerisch angebaut)

Cham|pi|on [ˈtʃɛmpi̯ən], der; -s, -s ⟨*lat.-galloroman.-frz.-engl.*⟩: Meister/-in in einer Sportart, Spitzensportler/-in. **Cham|pi|o|nat** [ʃam...], das; -[e]s, -e ⟨*frz.*⟩: Meisterschaft in einer Sportart

Cham|pi|on|ship [ˈtʃɛmpi̯ənʃɪp], die; -, -s ⟨*engl.*⟩: Meisterschaft im Sport (bes. Tennis)

Cham|pi|ons League ®, Cham|pi|ons|league [ˈtʃɛmpi̯ənsliːɡ, selten: ˈtʃɛmpi̯ənsˈliːg], die; - - ‹engl.› (Ballspiele): Pokalwettbewerb der besten europäischen Fußballmannschaften, bes. der Erst- u. Zweitligisten

Cham|pi|ons Race [- ˈrɛɪ̯s], das; - - ‹engl.› (Tennis): jährliche Weltrangliste der besten Spielerinnen u. Spieler, die nach jedem Wertungsturnier aktualisiert wird

Cham|si̲n [ka...] vgl. Kamsin

¹Chan [xaːn], Han, der; -s, -s u. -e ‹pers.-arab.›: Herberge im Vorderen Orient

²Chan [kaːn, xaːn] vgl. Khan

Chan|ce [auch: ʃɑ̃ːs, ˈʃɑ̃ːsə], die; -, -n ‹lat.-vulgärlat.-frz.›: **1.** günstige Gelegenheit; Möglichkeit, etwas Bestimmtes zu erreichen. **2.** Aussicht auf Erfolg

Chan|cel|lor [ˈtʃɑːnsələ], der; -s, -s ‹lat.-frz.-engl.›: engl. Bez. für: Kanzler

Chang [tʃaŋ], das; -[s], -[s] ‹chin.›: chinesisches Längenmaß

Change [frz.: ʃɑ̃ːʒ, engl.: tʃeɪ̯ndʒ], die; - (bei frz. Ausspr.) u. der; - (bei engl. Ausspr.) ‹lat.-frz. u. engl.›: Tausch, Wechsel [von Geld]

chan|geant [ʃɑ̃ˈʒɑ̃ː] ‹lat.-frz.›: in mehreren Farben schillernd (von Stoffen). **Chan|geant,** der; -[s], -s: **1.** [taftbindiges] Gewebe mit verschiedenfarbigen Kett- u. Schussfäden, das bei Lichteinfall verschieden schillert. **2.** Schmuckstein mit schillernder Färbung

Change|ma|nage|ment, Change-Ma|nage|ment [ˈtʃɛɪ̯ndʒ...], das; -s, -s (Wirtsch.): Initiieren, Leiten u. Durchführen von grundlegenden Veränderungsprozessen in Firmen

Chan|ge|ment [ʃɑ̃ʒəˈmɑ̃ː], das; -s, -s (veraltet): Vertauschung, Wechsel, Änderung; **Changement de Pieds** [...dəˈpi̯eː]: Ballettfigur mit Wechsel der Position der Füße im Sprung

chan|gie|ren [ʃɑ̃ˈʒiːrən]: **1.** (bildungsspr.) wechseln, tauschen, verändern. **2.** [verschieden]farbig schillern (von Stoffen). **3.** (Reiten, veraltet) vom Rechts- zum Linksgalopp übergehen. **4.** (Jägerspr.) die Fährte wechseln

Chan|nel [ˈtʃænl̩], der; -s, -s ‹lat.-frz.-engl.; »Kanal«›: **1. a)** [Fernseh]kanal; **b)** Zusendung von Nachrichten im Internet. **2.** Gesprächsgruppe beim Chat

Chan|ne|ling [ˈtʃænəlɪŋ], das; -s, -s: okkultistische Kontaktaufnahme durch ein ¹Medium (4 a)

Cha|no|yu [ˈtʃanoju] vgl. Tschanoju

¹Chan|son [ʃɑ̃ˈsõː], die; -, -s ‹lat.-frz.›: **a)** in der frühen frz. Dichtung episches od. lyrisches Lied, das im Sprechgesang vorgetragen wurde (z. B. Chanson de Geste); **b)** Liebes- od. Trinklied des 15.–17. Jh.s

²Chan|son, das; -s, -s: witzig-freches, geistreiches rezitativisches Lied mit oft zeit- od. sozialkritischem Inhalt

Chan|son de Geste [- dˈʒɛst], die; - - -, -s [ʃɑ̃ˈsõː] - -: französisches Heldenepos des Mittelalters; vgl. ¹Chanson (a)

Chan|so|ne̲t|te vgl. Chansonnette

Chan|son|ne̲t|te, Chansonette, die; -, -n: **1.** kleines Lied komischen od. frivolen Inhalts. **2.** Chansonsängerin

Chan|son|ni|er, Chansonier [...ˈni̯eː], der; -s, -s: **1.** frz. Liederdichter des 12.–14. Jh.s; vgl. Troubadour. **2.** Liedersammlung mit provenzalischen Troubadourliedern. **3.** Chansonsänger od. -dichter. **Chan|son|ni|è|re,** Chansoniere [...ˈni̯eːrə], die; -, -n: ↑Chansonnette (2)

Chan|ta|ge [ʃɑ̃ˈtaːʒə], die; -: Androhung von Enthüllungen zum Zweck der Erpressung

Chan|teu|se [ʃɑ̃ˈtøːzə], die; -, -n: Sängerin

Chan|til|ly|spit|ze [ʃɑ̃tiˈji...], die; -, -n ‹nach dem frz. Ort Chantilly in der Picardie›: Klöppelspitze

Cha|nuk|ka̲ [x...], die; - ‹hebr.; »Weihe«›: jüdisches Fest der Tempelweihe im Dezember

Cha|os [ˈkaːɔs], das; - ‹gr.-lat.›: totale Verwirrung, Auflösung aller Ordnungen, völliges Durcheinander

Cha̲|os|the|o|rie, die; -: mathematisch-physikalische Theorie, die versucht, zufallsbedingte Vorgänge rechnerisch zu beschreiben

Cha|o̲t, der; -en, -en: **a)** (meist Plural) jmd., der seine politischen Ziele durch Gewaltaktionen u. gezielte Zerstörungsmaßnahmen zu erreichen sucht; **b)** (ugs.) jmd., der Unruhe u. Verwirrung stiftet. **Cha|o̲|tik,** die; -: chaotische Art u. Weise. **Cha|o|tin,** die; -, -nen: weibliche Form zu ↑Chaot. **cha|o̲|tisch** ‹gr.-nlat.›: wirr, ungeordnet

Cha|pa̲|da [ʃa...], die; -, -s ‹port.›: terrassenförmige, trockene Hochebene in Zentralbrasilien

Cha|peau [ʃaˈpoː], der; -s, -s ‹lat.-vulgärlat.-frz.› (veraltet, aber noch scherzh.): Hut; **Chapeau!** (bildungsspr.): alle Achtung!, Respekt!

Cha|peau claque, der; - -, -x -s [ʃapoˈklak], **Cha|peau Claque,** der; - -, -x -s [ʃaˈpoˈklak] [ʃapoˈklak] ‹frz.›: zusammenklappbarer Zylinderhut

Cha|pe|ron [ʃapəˈrõː], der; -[s], -s: **1.** im Mittelalter von Männern u. Frauen getragene, eng anschließende Kapuze mit kragenartigem Schulterstück. **2.** (veraltet) ältere Dame, die eine jüngere als Beschützerin begleitet; Anstandsdame. **3.** (Biochemie) Protein, das in einem anderen Protein eine bestimmte Konformation erleichtert

cha|pe|ro|nie̲|ren (veraltet): eine junge Dame zu ihrem Schutz begleiten

Cha|pe|to̲|nes [tʃa...], die (Plural) ‹span.›: Bez. für die noch unerfahrenen Neueinwanderer nach Spanisch-Südamerika

Cha|pi|teau [ʃapiˈtoː], das; -, -x [...ˈtoː] ‹lat.-frz.›: Zirkuszelt, -kuppel

Chap|li|na̲|de [tʃɛp...], die; -, -n ‹nach dem engl. Filmschauspieler Ch. Chaplin, 1889–1977›: komischer Vorgang, burlesk-groteskes Vorkommnis (wie in den Filmen Chaplins). **chap|li|ne̲sk:** in der Art Chaplins, burlesk-grotesk

Chaps [tʃæps], die (Plural) ‹engl.›: lederne Überziehhosen zum Reiten

chap|ta|li|sie̲|ren [ʃap...] ‹nach dem frz. Forscher Chaptal›: Wein durch Zusatz von Zucker verbessern

Cha|ra̲c|ter in|de|le̲|bi|lis, der; - - ‹gr.-lat.; lat.›: unzerstörbares Merkmal od. Siegel, das nach

charakteristisch

Gibt es charakteristische Farben für Städte?
typisch, kennzeichnend
– ... charakteristisch sind hier Wendungen wie ...
– auf ... charakteristische [...] Art und Weise
– bestimmte charakteristische Merkmale
Das ist alles typisch und charakteristisch für die Zeit.
Ihm gelang es, die für den Film charakteristische düstere Stimmung zu kreieren.
Ihr Flug ist charakteristisch und schon von weiter Ferne aus erkennbar.

charakterlich

Man kann eine zarte, kleine Person sein, aber charakterlich ganz stark und zielstrebig.
in Bezug auf den Charakter
– charakterlich nicht gefestigt ist ...
– die charakterliche Stärke und ...
– Spieler [...] charakterlich ... zu uns passen
Dem Vernehmen nach hält er ihn für charakterlich ungeeignet für das Amt.
Hinzu kommen die vorgenannten charakterlichen Schwächen.
Damit hat sie rechtzeitig die politisch und charakterlich saubere Lösung gewählt.

katholischer Lehre Taufe, Firmung u. Priesterweihe der Seele einprägen

Cha|ra|de [ʃa...]: ältere Schreibung für ↑Scharade

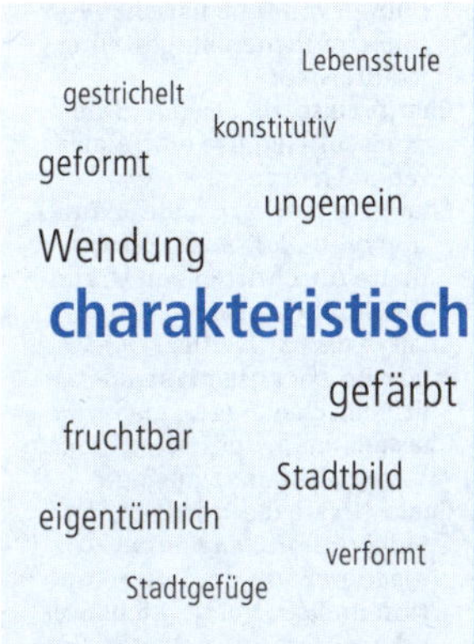

Cha|rak|ter [k...], der; -s, ...ere ‹*gr.-lat.*; »eingekerbtes, eingeprägtes [Schrift]zeichen«›: **1. a)** Gesamtheit der geistig-seelischen Eigenschaften eines Menschen, seine Wesensart; **b)** Mensch als Träger bestimmter Wesenszüge. **2.** (ohne Plural) **a)** charakteristische Eigenart, Gesamtheit der einer Personengruppe od. einer Sache eigentümlichen Merkmale u. Wesenszüge; **b)** einer künstlerischen Äußerung od. Gestaltung eigentümliche Geschlossenheit der Aussage. **3.** (meist Plural) Schriftzeichen, Buchstaben. **4.** (veraltet) Rang, Titel

Cha|rak|ter|dra|ma, das; -s, ...men: Drama, dessen Schwerpunkt in der Darstellung der Charaktere liegt

cha|rak|te|ri|sie|ren ‹*gr.-lat.-frz.*›: **1.** jmdn./etwas in seiner Eigenheit darstellen, kennzeichnen, treffend schildern. **2.** für jmdn./etwas kennzeichnend sein

Cha|rak|te|ris|tik, die; -, -en ‹*gr.-nlat.*›: **1.** Kennzeichnung, treffende Schilderung einer Person oder Sache. **2.** grafische Darstellung einer physikalischen Gesetzmäßigkeit in einem Koordinatensystem; Kennlinie. **3.** (Math.) Kennziffer eines ↑Logarithmus

Cha|rak|te|ris|ti|kum, das; -s, ...ka: bezeichnende, hervorstechende Eigenschaft

cha|rak|te|ris|tisch: bezeichnend, kennzeichnend für jmdn./etwas

charakteristisch/charakterlich *s. Kasten*

Cha|rak|ter|ko|mö|die, die; -, -n: Komödie, deren komische Wirkung weniger auf Verwicklungen der Handlung als auf der Darstellung eines komischen Charakters beruht

cha|rak|ter|lich: den ↑Charakter (1a) eines Menschen betreffend

Cha|rak|te|ro|lo|ge, der; -n, -n: Erforscher der menschlichen Persönlichkeit. **Cha|rak|te|ro|lo|gie,** die; -: Persönlichkeitsforschung, Charakterkunde. **Cha|rak|te|ro|lo|gin,** die; -, -nen: weibliche Form zu ↑Charakterologe. **cha|rak|te|ro|lo|gisch**: die Charakterologie betreffend, charakterkundlich

Cha|rak|te|ro|pa|thie, die; -, ...ien (Psychol.): erworbene charakterliche Persönlichkeitsstörung

Cha|rak|ter|rol|le, die; -, -n: Rollenfach im Theater (Darstellung eines komplexen u. widersprüchlichen Charakters)

Cha|rak|ter|stück, das; -[e]s, -e: romantisches Klavierstück, dessen Gehalt durch den Titel bezeichnet ist (z. B. Nocturne)

Cha|rak|ter|stu|die [...i̯ə], die; -, -n: intensive Beobachtung, Analyse u. Beschreibung eines Charakters (bes. in der Literatur)

Cha|rak|ter|tra|gö|die, die; -, -n: Tragödie, die sich aus den besonderen Charaktereigenschaften des Helden entwickelt

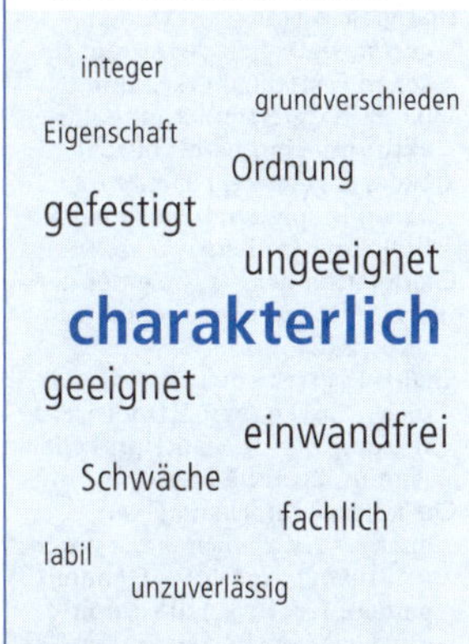

Char|cu|te|rie [ʃarky...], die; -, ...i̯en ‹*frz.*›: **1.** (schweiz.) **a)** (ohne Plural) Wurstwaren; **b)** Wurstwarenhandlung, -abteilung. **2.** (südd. veraltet) [Schweine]schlachterei. **Char|cu|ti|er** [...'ti̯e:], der; -s, -s (südd. veraltet): [Schweine]schlachter

Char|don|nay [ʃardɔ'nɛ], der; -[s], -s ‹*frz.*›: Rebsorte, aus der z. B. trockener weißer Burgunder u. Champagner hergestellt werden

Char|don|net|sei|de [ʃardɔ'ne:...], die; - ‹nach dem frz. Chemiker

Chardonnet, 1839–1924): die erste, heute nicht mehr hergestellte Art von Kunstseide

Char|d|schit, der; -en, -en ‹*arab.;* »Ausziehender«›: Mitglied einer islamischen Sekte. **Char|d|schi|tin,** die; -, -nen: weibliche Form zu ↑Chardschit

Char|ge [ˈʃarʒə], die; -, -n ‹*lat.-vulgärlat.-frz.;* »Last«›: **1. a)** Amt, Würde, Rang; **b)** Gefolgsmann, Untergebener. **2.** (Militär) **a)** Dienstgrad; **b)** Vorgesetzter. **3.** ↑Chargierter. **4.** (Technik) Ladung, Beschickung. **5.** (Theater) Nebenrolle mit übertrieben gezeichnetem Charakter. **6.** (Med.) Serie von Arzneimitteln, die während eines Arbeitsabschnitts u. mit den gleichen Rohstoffen gefertigt u. verpackt worden sind

Char|gé d'Af|faires [ʃarˈʒeː daˈfɛːɐ̯], der; - -, -s - [ʃarˈʒeː -] ‹*frz.*›: Geschäftsträger, Chef einer diplomatischen Mission od. dessen Vertreter

char|gie|ren [ʃarˈʒiː...] ‹*lat.-vulgärlat.-frz.*›: **1.** in der studentischen Festtracht erscheinen (von Chargierten). **2.** einen ↑Reaktor mit Brennstoff beschicken. **3.** (Theater) **a)** eine Nebenrolle spielen; **b)** in seiner Rolle übertreiben

Char|gier|te, der; -n, -n: einer der drei Vorsitzenden eines ↑Korps (2)

Cha|ris [ˈçaːrɪs, auch: ˈçarɪs], die; -, ...riten ‹*gr.*›: **1.** (meist Plural) eine der drei Göttinnen der Anmut. **2.** (ohne Plural) Anmut

Cha|ris|ma [ˈça(ː)rɪsma, ˈka(ː)..., auch: ...ˈrɪs...], das; -s, ...rismen u. ...rismata ‹*gr.-lat.;* »Gnadengabe«›: **1.** (Theol.) die durch den Geist Gottes bewirkten Gaben und Befähigungen des Christen in der Gemeinde. **2.** besondere Ausstrahlungskraft eines Menschen. **cha|ris|ma|tisch: a)** das Charisma betreffend; **b)** Charisma besitzend

cha|ri|ta|tiv [ka...] vgl. karitativ

Cha|ri|té® [ʃariˈteː], die; - ‹*lat.-frz.*›: Universitätsklinikum in Berlin

Cha|ri|ten: *Plural* von ↑Charis (1). **Cha|ri|tin** [ç...], die; -, -nen ‹*gr.*›: ↑Charis (1)

Cha|ri|va|ri [ʃariˈvaːri], das; -s, -s ‹*gr.-spätlat.-frz.*›: **1.** (veraltet) **a)** Durcheinander; **b)** Katzenmusik. **2.** (veraltet) alle vier Damen in einer Hand (beim Kartenspiel). **3.** (bayr.) **a)** Uhrkette; **b)** Anhänger an einer Uhrkette

Charles|ton [ˈtʃarlstn̩], der; -, -s ‹nach der Stadt in den USA›: Modetanz der 1920er-Jahre im schnellen, stark synkopierten Foxtrottrhythmus

Char|li|è|re [ʃarˈli̯ɛːrə], die; -, -n ‹*frz.;* nach dem frz. Physiker J. A. C. Charles, 1746–1823›: mit Wasserstoffgas gefüllter Luftballon

Char|lot|te [ʃar...], die; -, -n ‹*frz.*›: warme od. kalte Süßspeise aus Biskuits, Makronen u. Früchten

Char|ly [ˈtʃaːɐ̯li], der; -[s] ‹*engl.*› (Jargon): Kokain

char|mant [ʃar...] ‹*lat.-frz.*›: bezaubernd, von liebenswürdig-gewinnender Wesensart. **Charme** [ʃarm], der; -s: liebenswürdig-gewinnende Wesensart

Char|me|laine [ʃarməˈlɛːn], die; - ‹*frz.*›: schmiegsamer Kammgarnwollstoff in Köper- od. Atlasbindung (besondere Webart)

Char|meur [...ˈmøːɐ̯], der; -s, -s u. -e ‹*lat.-frz.*›: Mann, der mit gezieltem Charme andere Menschen für sich einzunehmen vermag

Char|meuse [...ˈmøːz], die; -: maschenfeste Wirkware aus synthetischen Fasern

char|mie|ren, scharmieren ‹*lat.-frz.*› (veraltet): durch seinen Charme bezaubern

char|ming [ˈtʃaːmɪŋ] ‹*engl.*›: liebenswürdig, gewinnend

Chä|ro|ma|nie [çɛ...], die; -, ...ien ‹*gr.-nlat.*› (Med.): krankhafte Heiterkeit

Chart [tʃart], der od. das; -s, -s ‹*engl.*›: **1.** grafische Darstellung von Zahlenreihen. **2.** (nur Plural) ↑Hitliste

Char|ta [ˈkarta], die; -, -s ‹*ägypt.-gr.-lat.*›: Verfassungsurkunde, Staatsgrundgesetz; vgl. Magna Charta

Chart|brea|ker [...brɛɪ̯kɐ], der; -s, - ‹*engl.*›: **1.** Musikstück, das nach seiner Veröffentlichung sofort an die Spitze der Charts gelangt. **2.** Künstler oder Gruppe, der bzw. die einen Chartbreaker (1) lanciert hat

Char|te [ˈʃartə], die; -, -n ‹*lat.-frz.*›: wichtige Urkunde im Staats- u. Völkerrecht

Char|ter [ˈtʃ..., ˈʃ...], der; -s, -s ‹*lat.-frz.-engl.*›: **1.** engl. Bez. für: Urkunde, Freibrief. **2.** Miet- od. Pachtvertrag über ein Flugzeug, ein Schiff o. Ä.

Char|te|rer, der; -s, -: jmd., der etwas chartert, gechartert hat

Char|ter|ma|schi|ne, die; -, -n: von einer privaten Gesellschaft o. Ä. [für eine Flugreise] gemietetes Flugzeug

char|tern: ein Flugzeug, ein Schiff o. Ä. mieten

Char|tis|mus, der; - ‹*engl.-nlat.*›: erste organisierte Arbeiterbewegung in England. **Char|tist,** der; -en, -en: Anhänger des Chartismus. **Char|tis|tin,** die; -, -nen: weibliche Form zu ↑Chartist

[1]Char|t|reu|se® [ʃarˈtrøːzə], der; - ‹nach dem Kloster in der Dauphiné›: von französischen Kartäusermönchen hergestellter Kräuterlikör

[2]Char|t|reu|se, die; -, -n: ein Gericht aus Gemüse od. Teigwaren u. Fleisch

Char|tu|la|ria [kar...], die (Plural) ‹*ägypt.-gr.-lat.-mlat.*›: gesammelte Abschriften von Urkunden in Buchform

Cha|ryb|dis [ça...], die; - ‹*gr.-lat.*›: gefährlicher Meeresstrudel der griechischen Sage; vgl. Szylla

Cha|san [xa...], der; -s, -e ‹*hebr.*›: Vorbeter in der Synagoge

Chase [tʃɛɪ̯s], das od. die; - ‹*lat.-vulgärlat.-frz.-engl.-amerik.;* »Jagd«›: Form der Improvisation im Jazz, bei der sich zwei od. mehrere Solisten ständig abwechseln

Chas|ma [ˈç...], das; -s, ...men ‹*gr.-lat.*›, Chasmus, der; -, -se u. ...men ‹*gr.-nlat.*› (Med.): Gähnkrampf

chas|mo|gam (Bot.): offenblütig, der Fremdbestäubung zugänglich (von Pflanzen) (Ggs.: kleistogam). **Chas|mo|ga|mie,** die; - (Bot.): Fremdbestäubung bei geöffneter Blüte (Ggs.: Kleistogamie)

Chas|mus vgl. Chasma

Chasse [ʃas], die; - ‹*lat.-vulgärlat.-frz.;* »Jagd«›: **1.** Billardspiel mit 15 Bällen. **2.** (Musik) dreistimmiger, gesungener Kanon in der französischen Musik des 14. Jh.s

Chas|se|pot|ge|wehr [ʃasəˈpoː...] ‹nach dem frz. Gewehrkonstrukteur›: französischer Hinterlader im Krieg 1870–71

Chas|sid [xas...], der; -[s], ...dim, auch: -en (meist Plural) ⟨*hebr.;* »der Fromme«⟩: **1.** Anhänger des ↑Chassidismus. **2.** ↑Chassidäer

Chas|si|dä|er, der; -s, - (meist Plural): Gegner der jüdischen Hellenisten während der Erhebung der Makkabäer im 2. Jh. v. Chr.

chas|si|disch: den Chassidismus betreffend

Chas|si|dis|mus, der; - ⟨*hebr.-nlat.*⟩: im 18. Jh. entstandene religiöse Bewegung des osteuropäischen Judentums, die der starren Gesetzeslehre eine lebendige Frömmigkeit entgegensetzt

Chas|sis [ʃaˈsiː], das; -, - ⟨*lat.-frz.*⟩: **1.** Fahrgestell von Kraftfahrzeugen. **2.** Montagerahmen elektronischer Apparate (z. B. eines Rundfunkgerätes)

Cha|su|ble [ʃaˈzyːbl̩], das; -s, -s ⟨*lat.-frz.(-engl.)*⟩: ärmelloses Überkleid für Damen in der Art einer Weste

Chat [tʃɛt], der; -s, -s ⟨*engl.;* eigtl. »Plauderei«⟩: **a)** im Internet angebotenes Medium, mit dem online Kontakte hergestellt u. Informationen ausgetauscht werden können; **b)** Kommunikation mithilfe des Chats (a)

Chat|bot [ˈtʃɛtbɔt], der; -s, -s ⟨*engl.*⟩ (EDV): elektronisches Dialogsystem, das einen natürlichen Chatteilnehmer imitiert

Châ|teau, Cha|teau [ʃaˈtoː], das; -s, -s ⟨*lat.-frz.*⟩: frz. Bez. für: Schloss, Herrenhaus, Landgut, Weingut

Cha|teau|bri|and [ʃatobriˈɑ̃ː], das; -s, -s ⟨nach F. R. Vicomte de Chateaubriand, 1768–1848⟩ (Gastron.): doppelt dick geschnittene Rinderlende, die gegrillt od. gebraten wird

Cha|te|laine [ʃatəˈlɛːn], das; -s, -s ⟨*lat.-frz.*⟩: **1.** Kette am Frauengürtel des 15. u. 16. Jh.s, an der [Schmuck]gegenstände hingen. **2.** (veraltet) kurze verzierte Uhrkette; Uhranhänger

Chat|group, Chat-Group [ˈtʃɛtgruːp], die; -, -s ⟨*engl.*⟩: Gruppe, die im Internet [über ein gemeinsames Thema] miteinander kommuniziert

Chat|line, Chat-Line [ˈtʃɛtlaɪ̯n], die; -, -s ⟨*engl.*⟩: Internetleitung, über die man live elektronische Botschaften austauschen kann

Cha|ton|fas|sung [ʃaˈtɔ̃ː...], die; -, -en ⟨*frz.; dt.*⟩: Kastenfassung aus Gold- od. Silberblech für Edelsteine

Chat|room, Chat-Room [ˈtʃɛtruːm], der; -s, -s ⟨*engl.*⟩: virtueller Gesprächsraum im Internet

chat|ten [ˈtʃɛtn̩] ⟨*engl.*⟩: über Tastatur u. Bildschirm elektronisch im Internet kommunizieren. **Chat|ter,** der; -s, -: jmd., der chattet. **Chat|te|rin,** die; -, -nen: weibliche Form zu ↑Chatter

Chau|deau [ʃoˈdoː], das; -[s], -s ⟨*lat.-frz.*⟩: Weinschaumsoße

Chaud|froid [ʃoˈfrwa], das; -[s], -s: Vorspeise aus Fleisch- u. Fischstückchen, die mit einer geleeartigen Soße überzogen sind

Chauf|feur [ʃɔˈføːɐ̯], der; -s, -e ⟨*lat.-vulgärlat.-frz.;* »Heizer«⟩: jmd., der berufsmäßig andere Personen im Auto fährt, befördert. **Chauf|feu|rin** [ʃɔˈføːrɪn], die; -, -nen, **Chauf|feu|se** [ʃɔˈføːzə], die; -, -n: weibliche Form zu ↑Chauffeur. **chauf|fie|ren: 1.** ein Kraftfahrzeug lenken. **2.** jmdn. [berufsmäßig] in einem Kraftfahrzeug transportieren

Chaul|moo|g|ra|öl [tʃoːlˈmuːgra...], das; -s ⟨*Bengali; gr.-lat.*⟩: gelbbraunes, fettes Öl aus dem Samen eines birmanischen Baumes (Heilmittel gegen Lepra u. bösartige Hautkrankheiten)

Chaus|see [ʃɔˈseː], die; -, ...sseen ⟨*lat.-galloroman.-frz.*⟩: mit Asphalt, Beton od. Steinpflaster befestigte u. ausgebaute Landstraße. **chaus|sie|ren** (Straßenbau, veraltend): mit einer festen Fahrbahndecke versehen, asphaltieren, betonieren

Chau|vi [ˈʃoːvi], der; -s, -s ⟨*frz.*⟩ (ugs. abwertend): Vertreter des ↑Chauvinismus (2)

Chau|vi|nis|mus [ʃovi...], der; -, ...men ⟨*frz.*⟩ (abwertend): **1. a)** (ohne Plural) exzessiver Nationalismus militaristischer Prägung; extrem patriotische, nationalistische Haltung; **b)** einzelne chauvinistische Äußerung, Handlung. **2.** selbstgefällige, überhebliche Art von Männern gegenüber Frauen aufgrund eines gesteigerten Selbstwertgefühls u. die damit verbundene gesellschaftliche Bevorzugung der Angehörigen des eigenen Geschlechts

Chau|vi|nist, der; -en, -en (abwertend): Vertreter des ↑Chauvinismus (1a, 2). **Chau|vi|nis|tin,** die; -, -nen: weibliche Form zu ↑Chauvinist. **chau|vi|nis|tisch** (abwertend): von Chauvinismus erfüllt; dem Chauvinismus entsprechend

Cha|wer [xa...], der; -[s], -n ⟨*hebr.*⟩: **1.** rabbinischer Ehrentitel (für Gelehrte). **2.** Freund, Kamerad, Partner (als Anrede bes. in Organen der zionistischen Arbeiterpartei im Sinne von »Genosse« gebraucht)

[1]**Check** [tʃɛk], der; -s, -s ⟨*pers.-arab.-frz.-engl.*⟩: jede Behinderung des Spielverlaufs im Eishockey

[2]**Check** [ʃɛk] vgl. Scheck

[3]**Check** [tʃɛk], der; -s, -s ⟨*engl.*⟩: Überprüfung hinsichtlich der Funktionsfähigkeit u. Ä.

che|cken [ˈtʃɛkn̩] ⟨*engl.*⟩: **1.** behindern, [an]rempeln (beim Eishockey). **2.** nachprüfen, kontrollieren. **3.** (ugs.) merken, begreifen, verstehen. **Che|cker,** der; -s, -: jmd., der [etwas] checkt; Kontrolleur. **Che|cke|rin,** die; -, -nen: weibliche Form zu ↑Checker

Check-in, das od. der; -[s], -s: **1.** Abfertigung des Fluggastes vor Beginn des Fluges. **2.** Anmeldung des Gastes im Hotel bei der Anreise

Che|cking, das; -s, -s: das Checken

Check|list, die; -, -s ⟨*engl.*⟩: Kontrollliste, mit deren Hilfe das einwandfreie Funktionieren komplizierter technischer Apparate überprüft wird

Check|lis|te, die; -, -n: **1.** ↑Checklist. **2. a)** Liste der Flugpassagiere, die abgefertigt worden sind; **b)** Kontrollliste [zum Abhaken]

Check-out [...ˈʔaʊ̯t], das od. der; -[s], -s: **1.** Durchführung automatischer Kontrollmaßnahmen bei der Herstellung u. Prüfung technischer Geräte. **2.** Abmeldung des Gastes im Hotel bei der Abreise

Check|point [...pɔɪ̯nt], der; -s, -s ⟨*engl.*⟩: Kontrollpunkt (bes. an einem Grenzübergang)

Check-up [ˈtʃɛkʔap], der od. das;

-[s], -s: **1.** umfangreiche medizinische Vorsorgeuntersuchung. **2.** Überprüfung, Inspektion

Ched|dar|kä|se [ˈtʃɛdɐ...], der; -s, - ‹nach der engl. Ortschaft Cheddar›: ein fetter Hartkäse

Che|der|schu|le [ˈxeː...], die; -, -n ‹*hebr.; dt.*›: traditionelle jüdische Grundschule für Jungen vom vierten Lebensjahr an

chee|rio [ˈtʃiːriˈɔʊ̯] ‹*engl.*› (ugs.): **1.** prost!, zum Wohl! **2.** auf Wiedersehen!

Cheer|lea|der [ˈtʃiːɐ̯liːdɐ], der; -s, -[s] ‹*engl.*›: Mitglied einer Gruppe attraktiver junger Frauen (seltener auch Männer), die bei Sportveranstaltungen die Anhänger einer bestimmten Mannschaft dazu bringen sollen, diese möglichst lebhaft anzufeuern

Cheese|bur|ger [ˈtʃiːsbœːɐ̯gɐ], der; -s, - ‹*engl.; dt.*›: eine Art ↑Hamburger, der zusätzlich zu den übrigen Zutaten eine Scheibe Käse enthält

Chef [ʃɛf, österr.: ʃeːf], der; -s, -s ‹*lat.-galloroman.-frz.*›: **1. a)** Leiter, Vorgesetzter, Geschäftsinhaber; **b)** (ugs.) Anführer. **2.** (ugs.) saloppe Anrede (als Aufforderung o. Ä.) an einen Unbekannten

Chef|arzt, der; -es, ...ärzte: leitender Arzt in einem Krankenhaus. **Chef|ärz|tin,** die; -, -nen: weibliche Form zu ↑Chefarzt

Chef|coach [ˈʃɛfkɔʊ̯tʃ, ˈʃɛfkoːtʃ], der; -s, -s: erster, leitender [1]Coach. **Chef|coa|chin,** die: weibliche Form zu ↑Chefcoach

Chef de Cui|sine [ʃɛfdəkɥ̆iˈziːn], der; -[s] - -, -s - - [ʃɛfdəkɥ̆iˈziːn] ‹frz.› (Gastron.): Küchenchef; Chefkoch

Chef de Mis|si|on [ʃɛfdəmɪˈsi̯ɔ̃ː], der; -[s] - -, -s - - [ʃɛfdəmɪˈsi̯ɔ̃ː] ‹*frz.*›: Leiter einer sportlichen Delegation (z. B. bei den Olympischen Spielen)

Chef de Rang [ʃɛfdəˈrɑ̃ː], der; - - -, -s - - [ʃɛfdəˈrɑ̃ː] ‹frz.›: Abteilungskellner in einem großen Hotel

Chef d'Œu|v|re [ʃɛˈdœːvrə], das; - -, -s - [ʃɛˈdœːvrə] ‹*frz.*›: Hauptwerk, Meisterwerk

Chef|dol|met|scher, der; -s, -: erster Dolmetscher. **Chef|dol|met|sche|rin,** die; -, -nen: weibliche Form zu ↑Chefdolmetscher

Chef|eta|ge, die; -, -n: Etage in einem Geschäftshaus, in der sich die Räume der Geschäftsleitung, des Chefs befinden

Chef|ideo|lo|ge, der; -n, -n: maßgeblicher Theoretiker einer politischen Richtung. **Chef|ideo|lo|gin,** die; -, -nen: weibliche Form zu ↑Chefideologe

Che|fin, die; -, -nen: weibliche Form zu ↑Chef

Chef|lek|tor, der; -s, -en: Leiter eines Verlagslektorats. **Chef|lek|to|rin,** die; -, -nen: weibliche Form zu ↑Cheflektor

Chef|pi|lot, der; -en, -en: erster [1]Pilot (1 a)

Chef|re|dak|teur, der; -s, -e: Leiter einer Redaktion. **Chef|re|dak|teu|rin** [...tøːrɪn], die; -, -nen: weibliche Form zu ↑Chefredakteur

Chef|se|kre|tär, der: **1.** leitender Funktionär einer Organisation (z. B. einer Partei, einer Gewerkschaft). **2.** (selten) Sekretär des Chefs od. der Chefin

Chef|se|kre|tä|rin, die; -, -nen: **1.** Sekretärin des Chefs od. der Chefin. **2.** (selten) leitende Funktionärin einer Organisation (z. B. einer Partei, einer Gewerkschaft)

Chef|trai|ner [...trɛː..., ...treː...], der; -s, -: erster, leitender Trainer. **Chef|trai|ne|rin,** die; -, -nen: weibliche Form zu ↑Cheftrainer

Chef|vi|si|te, die; -, -n: ↑Visite des Chefarztes im Krankenhaus

Chei|li|tis [ç...], die; -, ...itiden ‹*gr.-nlat.*› (Med.): Lippenentzündung

Chei|lo|plas|tik, die; -, -en (Med.): Lippenplastik, Bildung einer künstlichen Lippe

Chei|lo|s|chi|sis [...ˈsçiːzɪs], die; -, ...chisen (Med.): Lippen-Kiefer-Gaumen-Spalte; Hasenscharte

Chei|lo|se, die; -, -n, **Chei|lo|sis,** die; - (Med.): entzündliche, schmerzhafte Rötung der Lippen mit Bildung von Rissen, bes. auch im Mundwinkelbereich, z. B. verursacht durch Vitamin-B2-Mangel

Chei|ro|lo|gie vgl. Chirologie

Chei|ro|no|mie, Chironomie [ç...], die; - ‹*gr.*›: **1.** (Tanzkunst) mimische Bewegung u. Gebärdensprache der Hände zum Ausdruck von Handlung, Gedanke u. Empfindung. **2.** (Musik) Chorleitung durch Handbewegungen, mit denen melodischer Verlauf, Rhythmus u. Tempo eines [frühchristlichen] Gesangsstücks angezeigt wurden. **chei|ro|no|misch,** chironomisch: **a)** die Cheironomie betreffend; **b)** mit Mitteln der Cheironomie gestaltet

Chei|ro|s|kop, das; -s, -e (Med.): Gerät zur Behandlung von Schielstörungen

Chei|ro|spas|mus, Chirospasmus, der; -, ...men ‹*gr.-nlat.*› (Med.): Schreibkrampf

Chei|ro|to|nie, die; -, ...ien ‹*gr.;* »Handausstreckung«›: **1.** Abstimmung durch Heben der Hand (in Institutionen der altgriechischen Staaten). **2.** (Rel.) Handauflegung [bei der katholischen Priesterweihe]

Che|li|do|nin, das; -s ‹*gr.-nlat.*›: Alkaloid aus dem Schöllkraut von beruhigender Wirkung

Che|li|ze|re, die; -, -n ‹*gr.*› (Zool.): vorderste, der Nahrungsaufnahme dienende paarige Gliedmaße der Spinnentiere; Kieferfühler

Chel|lé|en [ʃɛleˈɛ̃ː], das; -[s] ‹nach dem frz. Ort Chelles›: Kulturstufe der frühesten Altsteinzeit

Che|lo|nia [ç...], die; -, ...niae [...ni̯ɛ] ‹*gr.-lat.*›: Suppenschildkröte

Chel|sea|por|zel|lan [ˈtʃɛlsi...], das; -s ‹nach dem Londoner Stadtteil Chelsea›: im 18. Jh. hergestelltes englisches Weichporzellan mit bunter Bemalung; vgl. Sèvresporzellan

chem..., Chem... vgl. chemo..., Chemo...

Chem|cor® [çɛmˈkoːɐ̯], das; -s ‹Kunstw.›: eine hochfeste Glassorte

che|mi..., Che|mi... vgl. chemo..., Chemo...

Che|m|i|a|t|rie [çe...], die; - ‹*arab.-roman.; gr.*›: ↑Iatrochemie

Che|mie, die; - ‹*arab.-roman.*›: **1.** Naturwissenschaft, die die Eigenschaften, die Zusammensetzung u. die Umwandlung der Stoffe erforscht. **2.** (ugs.) (zu einem bestimmten Zweck eingesetzte) Chemikalien

Che|mie|la|bo|rant, der; -en, -en: für Tätigkeiten in der chemischen Industrie ausgebildeter Laborant (Berufsbez.). **Che|mie|la|bo|ran|tin,** die; -, -nen: weibliche Form zu ↑Chemielaborant

Che|mi|graf, Chemigraph, der; -en, -en ⟨*arab.-roman.; gr.*⟩: jmd., der Druckplatten mit chemischen Mitteln herstellt. **Che|mi|gra|fie,** Chemigraphie, die; -: Herstellung von Druckplatten durch Ätzen od. Gravieren. **Che|mi|gra|fin,** Chemigraphin, die; -, -nen: weibliche Form zu ↑Chemigraf. **che|mi|gra|fisch,** chemigraphisch: **a)** die Chemigrafie betreffend; **b)** mit chemischen Mitteln hergestellt (von Druckplatten)

Che|mi|graph usw. vgl. Chemigraf usw.

Che|mi|kal, das; -s, -ien (meist Plural) (veraltet), **Che|mi|ka|lie,** die; -, -n ⟨*arab.-roman.-nlat.*⟩: industriell hergestellter chemischer Stoff

Che|mi|kant, der; -en, -en: Chemiefacharbeiter. **Che|mi|kan|tin,** die; -, -nen: weibliche Form zu ↑Chemikant

Che|mi|ker, der; -s, -: Wissenschaftler auf dem Gebiet der Chemie. **Che|mi|ke|rin,** die; -, -nen: weibliche Form zu ↑Chemiker

Che|mi|lu|mi|nes|zenz, Chemolumineszenz, die; - ⟨*arab.-roman.; lat.-nlat.*⟩: durch chemische Vorgänge bewirkte Lichtausstrahlung (z. B. bei Leuchtkäfern)

Che|mi|née [ʃəmɪˈne:], das; -s, -s ⟨*frz.*⟩ (schweiz.): offener Kamin in einem modernen Haus

che|misch [ç...] ⟨*arab.-roman.*⟩: **a)** die Chemie betreffend, mit der Chemie zusammenhängend; auf den Erkenntnissen der Chemie basierend; in der Chemie verwendet; **b)** den Gesetzen der Chemie folgend, nach ihnen erfolgend, ablaufend; durch Stoffumwandlung entstehend; **c)** mithilfe von [giftigen, schädlichen] Chemikalien erfolgend, [giftige, schädliche] Chemikalien verwendend

Che|mise [ʃəˈmi:z(ə)], die; -, -n ⟨*lat.-frz.;* »Hemd«⟩: **a)** (veraltet) Hemd, Überwurf; **b)** hoch gegürtetes Kleid in hemdartigem Schnitt aus leichtem Stoff (um 1800)

Che|mi|sett, das; -[e]s, -s u. -e, **Che|mi|set|te,** die; -, -n: **a)** gestärkte Hemdbrust an Frack- u. Smokinghemden; **b)** heller Einsatz an Damenkleidern

che|mi|sie|ren [çe...] ⟨*roman.-nlat.*⟩ (selten): auf technischem Gebiet verstärkt die Chemie anwenden

Che|mi|si|er|kleid [ʃəmiˈzi̯e:...], das; -[e]s, -er ⟨*lat.-frz.; dt.*⟩ (bes. schweiz.): Kittelkleid, Damenkleid mit blusenartigem Oberteil

Che|mi|sie|rung [çe...], die; -, -en: das Chemisieren

Che|mis|mus, der; - ⟨*arab.-roman.-nlat.*⟩: Gesamtheit der chemischen Vorgänge bei Stoffumwandlungen (bes. im Tier- od. Pflanzenkörper)

che|mo..., Che|mo...

[çemo..., südd., österr.: kemo..., schweiz.: xemo...]
auch: che|mi..., Che|mi..., vor Vokalen meist: chem..., Chem...
⟨zu *gr.* chēmeía, chymeía »Kunst der Metallverwandlung« (→ *mlat.* (al)chimia »mittelalterliche Chemie«)⟩
Wortbildungselement mit der Bedeutung »chemisch, auf chemischem Weg (erfolgend), die Chemie betreffend«:
– Chemiatrie
– Chemigrafie
– Chemoresistenz
– chemotaktisch
– Chemotherapie

Che|mo|au|to|tro|phie, die; - ⟨*gr.-nlat.*⟩ (Biol.): (bei ↑autotropher Ernährungsweise) Nutzung chemischer Energie zur Synthese organischer Verbindungen

Che|mo|keu|le, die; -, -n: (ugs. abwertend) starker chemischer Wirkstoff; »chemische Keule«

Che|mo|lu|mi|nes|zenz vgl. Chemilumineszenz

Che|mo|nas|tie, die; -, ...ien ⟨*arab.-roman.; gr.*⟩: durch chemische Reize ausgelöste Bewegung von Pflanzenteilen, die keine deutliche Beziehung zur Richtung des Reizes hat (z. B. Krümmungsbewegungen der Drüsenhaare des Sonnentaus)

che|mo|or|ga|no|troph ⟨*gr.-nlat.; gr.*⟩: organische Verbindungen zur ↑Chemotrophie nutzend

Che|mo|re|sis|tenz, die; - ⟨*arab.-roman.; lat.*⟩ (Med.): [durch biologische Veränderung] nicht erfolgender Tod von Tumorzellen trotz Behandlung mit Krebsmedikamenten u. dadurch bedingtes Weiterwuchern des Tumors

Che|mo|re|zep|tor, der; -s, ...oren (meist Plural) (Med.): Sinneszelle od. Sinnesorgan zur Aufnahme chemischer Reize

Che|mo|se, Che|mo|sis, die; -, ...sen ⟨*gr.*⟩ (Med.): entzündliches ↑Ödem der Bindehaut

Che|mo|syn|the|se, die; - ⟨*arab.-roman.; gr.*⟩: Aufbau körpereigener organischer Substanzen aus anorganischen durch Oxidation, zu dem manche Bakterien in der Lage sind

che|mo|tak|tisch: die Chemotaxis betreffend. **Che|mo|ta|xis,** die; -, ...xen: durch chemische Reize ausgelöste Orientierungsbewegung von Tieren und Pflanzen

Che|mo|tech|nik, die; -: die Gesamtheit der Maßnahmen, Einrichtungen u. Verfahren, die dazu dienen, chemische Erkenntnisse praktisch nutzbar zu machen. **Che|mo|tech|ni|ker,** der; -s, -: Fachkraft der chemischen Industrie. **Che|mo|tech|ni|ke|rin,** die; -, -nen: weibliche Form zu ↑Chemotechniker

Che|mo|the|ra|peu|ti|kum, das; -s, ...ka (meist Plural): aus chemischen Substanzen hergestelltes Arzneimittel, das Krankheitserreger o. Ä. in ihrem Wachstum hemmt u. abtötet. **che|mo|the|ra|peu|tisch:** **a)** die Chemotherapie betreffend; **b)** nach den Methoden der Chemotherapie verfahrend. **Che|mo|the|ra|pie** [auch: ...ˈpi:], die; -, ...ien [...i:ən] (Med.): Behandlung von Krankheiten mit chemischen Mitteln (z. B. bei Infekten, Krebserkrankungen)

che|mo|troph ⟨*arab.-roman.; gr.*⟩: Energie aus der chemischen Umwandlung von Stoffen gewinnend (bes. Bakterien). **Che|mo|tro|phie,** die; -: Ernährung durch Umwandlung chemischer Stoffe

Che|mo|tro|pis|mus, der; -, ...men: durch chemische Reize ausgelöste Wachstumsbewegung bei Pflanzen

Chem|trail [ˈkɛmtreɪ̯l], der; -s, -s ⟨*engl.*⟩: [farbiger] ↑Kondensstreifen, der Verschwörungstheorien zufolge auf das geheime Ausbringen chem. Substanzen mithilfe von Flugzeugen zurückgeht

Che|m|ur|gie, die; -: Gewinnung chemischer Produkte aus land- u. forstwirtschaftlichen Erzeugnissen

Che|nil|le [ʃəˈnɪljə, auch: ʃəˈniːjə], die; -, -n ⟨*lat.-frz.*⟩: Garn, dessen Fasern in dichten Büscheln seitlich vom Faden abstehen

Cheque [ʃɛk] vgl. Scheck

cher|chez la femme [ʃɛrʃelaˈfam] ⟨*frz.;* »sucht die Frau!«⟩: dahinter steckt bestimmt eine Frau!

Che|ri|mo|ya [tʃ...], die; -, -s ⟨*indian.*⟩: **a)** baumförmiges Annonengewächs; vgl. Annone; **b)** wohlschmeckende Frucht der Cherimoya (a), Rahmapfel

Cher|ry-Bran|dy, Cher|ry|bran|dy [ˈtʃɛribrɛndi], der; -s, -s ⟨*engl.*⟩: feiner Kirschlikör

Che|rub [ˈçeːrʊp, auch: k...], der; -s (selten: -en), -im [...biːm] u. -inen (seltener: -e[n]), ökum.: Kerub, der; -s (selten: -en), -im [...fiːm] u. -inen (seltener: -e[n]) ⟨*hebr.-gr.-lat.*⟩: [biblischer] Engel [mit Flügeln u. Tierfüßen], himmlischer Wächter (z. B. des Paradieses). **che|ru|bi|nisch:** von der Art eines Cherubs; engelgleich

Ches|ter|field [ˈtʃɛstɐfiːld], der; -[s], -s ⟨englischer Lord, der 1889 den betreffenden Mantel kreierte⟩: eleganter Herrenmantel mit verdeckter Knopfleiste

Ches|ter|kä|se [ˈtʃɛstɐ...], der; -s, - ⟨nach der engl. Stadt Chester⟩: ein fetter Hartkäse

che|va|le|resk [ʃəvaləˈrɛsk] ⟨*lat.-it.-frz.*⟩: ritterlich

Che|va|le|rie [ʃəvaləˈriː], die; - ⟨*lat.-frz.*⟩: **1.** Ritterschaft, Rittertum. **2.** Ritterlichkeit

Che|va|li|er [ʃəvaˈli̯eː], der; -s, -s ⟨»Ritter«⟩: frz. Adelstitel; vgl. Cavaliere

Che|vau|le|ger [ʃəvoleˈʒeː], der; -s, -s ⟨*frz.*⟩ (veraltet): Angehöriger der leichten Kavallerie (einer bis ins 19. Jh. bestehenden Truppengattung)

che|vil|lie|ren [ʃəviˈjiː...] ⟨*lat.-frz.*⟩: [Kunst]seide nachbehandeln, um sie glänzender zu machen

Che|vi|ot [ˈʃɛvi̯ɔt, auch: ˈʃeːvi̯ɔt], der; -s, -s ⟨*engl.*⟩: aus der Wolle der Cheviotschafe hergestelltes, dauerhaftes Kammgarngewebe

Che|v|reau [ʃəˈvroː, auch: ˈʃɛvro], das; -[s], -s ⟨*lat.-frz.*⟩: Ziegenleder

Che|v|rette [ʃəˈvrɛt], die; -, -n: mit Chromsalzen gegerbtes Schafleder

Che|v|ron [ʃəˈvrõː], der; -s, -s: **1.** Wollgewebe mit Fischgrätmusterung. **2.** (Wappenkunde) nach unten offener Winkel, Sparren. **3.** französisches Dienstgradabzeichen

Che|vy-Chase-Stro|phe [ˈtʃɛvɪˈtʃe̯ɪs...], die; -, -n ⟨*engl.;* nach der Ballade von der Jagd (chase) auf den Cheviot Hills⟩: Strophenform englischer Volksballaden

Che|w|ing|gum [ˈtʃuːɪŋgʌm], der; -[s], -s ⟨*engl.*⟩: Kaugummi

Chi [çiː], das; -[s], -s ⟨*gr.*⟩: zweiundzwanzigster Buchstabe des griechischen Alphabets (Χ, χ)

Chi|an|ti [ˈki̯anti], der; -[s] ⟨nach der italienischen Landschaft⟩: ein kräftiger, herber italienischer Rotwein

Chi|a|r|os|cu|ro [ki̯a...], das; -[s] ⟨*it.*⟩: Helldunkelmalerei

Chi|as|ma [ç...], das; -s, ...men ⟨*gr.-lat.*⟩ (Biol.): Überkreuzung zweier Chromatiden eines Chromosomenpaares während der ↑ Reduktionsteilung; **Chiasma opticum** (Med.): Sehnervenkreuzung

Chi|as|ma|ge [...ˈmaːʒə], die; -, -n ⟨*gr.-lat.; frz.*⟩: Kunstwerk, das aus in Fetzen zerrissenen u. wieder zusammengeklebten Texten od. Bildern besteht, die mit anderem derartig verarbeiteten Papier kombiniert od. als Hintergrund verwendet werden

Chi|as|mus, der; -, ...men ⟨*gr.-nlat.;* vom gr. Buchstaben Chi = X (= kreuzweise)⟩ (Rhet., Stilkunde): kreuzweise syntaktische Stellung von aufeinander bezogenen Wörtern od. Redeteilen (z. B.: groß war der Einsatz, der Gewinn war klein) (Ggs.: Parallelismus [2])

chi|as|tisch: in der Form des Chiasmus gehalten

Chi|a|vet|te [ki̯a...], die; -, -n ⟨*lat.-it.*⟩ (Musik): in der Vokalmusik des 15.–17. Jh.s Notenschlüssel, der zur leichteren Lesbarkeit entfernt liegender Tonarten gegenüber den üblichen Schlüsseln um eine Terz höher od. tiefer geschoben wurde

chic

[ʃɪk]
⟨frz.⟩
In der Grundform sind die Schreibweisen chic und schick korrekt: Das Abendkleid ist besonders chic/schick. In den gebeugten Formen wird jedoch nur die eingedeutschte Schreibung gebraucht: Sie trägt ein schickes Abendkleid.

Chic, der; -s, **¹Schick,** der; -[e]s: modische Eleganz, gutes Aussehen, gefällige Form

Chi|ca [ˈtʃiːka], die; -, -s ⟨*span.*⟩: span. Bez. für: [kleines] Mädchen

Chi|ca|go Jazz [ʃiˈkaːgo ...], der; - ⟨nach der Stadt in den USA⟩: von Chicago ausgehende Stilform des Jazz in den Jahren nach dem Ersten Weltkrieg; vgl. New-Orleans-Jazz

Chi|ca|na [tʃik...], die; -, -s ⟨span.⟩: weibliche Form zu ↑ Chicano

Chi|ca|no [tʃɪˈkaːno], der; -s, -s ⟨span.⟩: Bez. für einen aus Mexiko eingewanderten Bürger der USA

Chi|cha [ˈtʃɪtʃa], die; - ⟨*indian.-span.*⟩: süßes südamerikanisches Getränk mit geringem Alkoholgehalt

Chi|chi [ʃiˈʃiː], das; -[s], -[s] ⟨*frz.*⟩: **1.** Getue, Gehabe. **2.** verspieltes ↑ Accessoire

Chi|cken|wing [ˈtʃɪkn̩wɪŋ], der; -s, -s (meist Plural) ⟨*engl.*⟩: kross gebratener Hähnchenflügel

Chi|c|le [tʃ...], der; -[s] ⟨*indian.-span.*⟩: aus Rindeneinschnitten des Sapotillbaumes gewonnener Milchsaft, der zur Herstellung von Kaugummi dient

Chi|co [ˈtʃiːko], der; -[s], -s ⟨*span.*⟩: span. Bez. für: [kleiner] Junge

Chi|co|rée [ˈʃɪkore, ʃikoˈreː], der; -s, auch: die; - ⟨*gr.-lat.-it.-frz.*⟩: die als Gemüse od. Salat zubereiteten gelblich weißen Blätter der Salatzichorie

Chief [tʃiːf], der; -s, -s ⟨*lat.-gallo-roman.-frz.-engl.*⟩: engl. Bez. für: Chef, Oberhaupt

¹Chief Exe|cu|tive Of|fi|cer [tʃiːf ɪɡˈzɛkjuːtɪv ɔfɪsɐ], der; - - -s, - - -s ⟨*engl.*⟩: engl. Bez. für: Vorstandsvorsitzender

²Chief Exe|cu|tive Of|fi|cer [tʃiːf ɪɡˈzɛkjuːtɪv ɔfɪsɐ], die; - - -, - - -s ⟨*engl.*⟩: engl. Bez. für: Vorstandsvorsitzende

Chif|fon [ˈʃɪfõ, ʃɪˈfõː, österr.: ʃiˈfoːn], der; -s, -s u. (österr.:) -e ⟨*frz.;* »Lumpen«⟩: feines, schleierartiges Seidengewebe in Taftbindung

Chif|fo|na̲|de [ʃifoˈnaːdə], die; -, -n: in feine Streifen geschnittenes Gemüse, als Suppeneinlage verwendet

Chif|fon|ni|er [ʃifɔˈni̯eː], der; -s, -s: **1.** Lumpensammler. **2.** Schrank mit aufklappbarer Schreibplatte, hinter der sich Schubladen u. Fächer befinden

Chif|fon|ni|e|re [ʃifɔˈni̯eːrə], die; -, -n: **1.** Nähtisch, hohe Schubladenkommode. **2.** (schweiz.) Kleiderschrank

Chif|f|re [ˈʃɪfrə, auch: ˈʃɪfɐ], die; -, -n ⟨*arab.-mlat.-frz.*⟩: **1.** Ziffer. **2.** geheimes Schriftzeichen, Geheimzeichen, Zeichen einer Geheimschrift. **3.** Kennziffer einer Zeitungsanzeige. **4.** (Literaturwiss.) Stilfigur [der modernen Lyrik]

Chif|f|reur [ˈʃɪfrøːɐ̯], der; -s, -e: jmd., der Chiffren (2) decodiert

chif|f|ri̲e̲|ren: verschlüsseln, in einer Geheimschrift abfassen (Ggs.: dechiffrieren)

Chi|g|non [ʃɪnˈjõː], der; -s, -s ⟨*lat.-galloroman.-frz.*⟩: im Nacken getragener Haarknoten

Chi|hu|a|hua [tʃiˈu̯au̯a], der; -[s], -s ⟨*span.*⟩: kleinster, dem Zwergpinscher ähnlicher Hund mit übergroßen, fledermausartigen Ohren

Chi|kun|gun|ya [tʃikʊnˈɡʊnja], das; -[s] ⟨*Suaheli*⟩ (Med.): von Stechmücken übertragene tropische Infektionskrankheit

Chi|kun|gun|ya|fie|ber, das; -[s] (Med.): Chikungunya

Chi|la̲|na [ç...], die; - ⟨Kurzw. aus *China* u. *lat. lana* = »Wolle«⟩: aus China stammende Wolle mittlerer Qualität

Chi|li [ˈtʃiːli], der; -s ⟨*indian.-span.*⟩: **1.** mittelamerikanische Paprikaart, die den ↑Cayennepfeffer liefert. **2.** mit Cayennepfeffer scharf gewürzte Tunke

Chi|li|a̲|de [ç...], die; -, -n ⟨*gr.*⟩ (veraltet): Reihe, Zahl von Tausend

Chi|li|a̲s|mus, der; - ⟨*gr.-nlat.*⟩: [Lehre von der] Erwartung des Tausendjährigen Reichs Christi auf Erden vor od. nach seiner Wiederkunft vor dem Weltende (Offenbarung 20, 4 f.). **Chi|li|a̲st,** der; -en, -en ⟨*gr.-lat.*⟩: Anhänger des ↑Chiliasmus. **Chi|li|a̲s|tin,** die; -, -nen: weibliche Form zu ↑Chiliast. **chi|li|a̲s|tisch:** den Chiliasmus betreffend

Chi̲|li con Ca̲r|ne [tʃ... - -], das; -[s] - - ⟨*span.-engl.;* »Chili mit Fleisch«⟩: mit Chilischoten od. Cayennepfeffer scharf gewürztes mexikanisches Rinderragout mit [Kidney]bohnen

chil|len [tʃ...] ⟨*engl.*⟩ (ugs.): sich [nach einer Anstrengung] erholen; entspannen

Chil|ler [tʃɪlə], der; -s, - ⟨*engl.*⟩: Erzählung od. Theaterstück mit einer gruselig-schauerlichen Handlung

Chil|lies [ˈtʃɪlɪs], die (Plural) ⟨*indian.-span.; engl.*⟩: Früchte des ↑Chilis (1), die getrocknet den ↑Cayennepfeffer liefern. **chi̲l|lig** [tʃ...] ⟨*engl.*⟩ (ugs.): **1.** erholsam, entspannend, für [innere] Ruhe sorgend. **2.** entspannt, unaufgeregt, [innerlich] ruhig

Chill-out-Room [tʃɪlˈʔau̯tˈruːm], der; -s, -s ⟨*amerik.; engl.*⟩: Entspannungs-, Erholungsraum für ↑Raver

Chi|mä̲|ra [ç...ra], die; - ⟨*gr.-lat.;* »Ziege«⟩: Ungeheuer der griechischen Sage (Löwe, Ziege u. Schlange in einem)

Chi|mä̲|re, die; -, -n: **1.** ↑Schimäre. **2. a)** (Biol.) Organismus od. einzelner Trieb, der aus genetisch verschiedenen Zellen aufgebaut ist; **b)** (Med.) Lebewesen, dessen Körper Zellen mit abweichender Chromosomenstruktur besitzt

Chi̲|na|cra|cker [çinakrɛkɐ], der; -s, -[s] ⟨nach dem ostasiat. Land; *engl.*⟩: ein Feuerwerkskörper

Chi̲|na|gras, das; -es, ...gräser ⟨*ind.-port.; dt.*⟩: ↑Ramie

Chi̲|na|kohl, der; -[e]s: als Gemüse od. Salat verwendete Kohlart mit geschlossenem, keulenförmigem Kopf

Chi̲|na|krepp, der; -s: ein ↑Crêpe de Chine aus Kunstseide od. Chemiefasergarnen

Chi̲|na|lei|nen, das; -s: Grasleinen, Gewebe aus ↑Ramie

Chi|na̩m|pa [tʃ...], die; -, -s (meist Plural) ⟨*indian.-span.*⟩: am Rande eines Sees angelegte, als Anbaufläche dienende künstliche Insel (in Mexiko)

Chi̲|na|rin|de [ç...], die; -, -n ⟨*indian.-span.; dt.*⟩: chininhaltige Rinde bestimmter südamerikanischer Bäume

Chi̲|na|tink|tur, die; - ⟨*indian.-span.; lat.*⟩: Alkoholauszug aus gemahlener Chinarinde

Chi|na|town [ˈtʃai̯nətau̯n], die; -, -s, auch das; -s, -s ⟨*engl.*⟩: chinesisches Viertel

Chi̲|na|wa|re [ç...], die; - ⟨*ind.-port.; dt.*⟩: kunstgewerbliche Arbeiten aus China, bes. Porzellan

Chi|na|white [ˈtʃai̯nəˈwai̯t], das; -s ⟨*engl.*⟩: sehr stark wirkendes Rauschmittel, bei dem schon eine geringe Mehrdosis tödlich wirkt

¹Chin|chil|la [tʃɪnˈtʃɪla], die; -, -s ⟨*indian.-span.*⟩: südamerikanisches Nagetier mit wertvollem Pelz, Wollmaus

²Chin|chi̲l|la, das; -s, -s: **1.** deutsche Kaninchenrasse mit bläulich aschgrauem Fell. **2.** Fell der ¹Chinchilla

chin-chin [ˈtʃɪnˈtʃɪn] ⟨*engl.*⟩ (ugs.): prost!, zum Wohl!

Chi|né [ʃiˈneː], der; -[s], -s ⟨*frz.*⟩: [Kunst]seidengewebe mit abgeschwächter, verschwommener Musterung. **chi|ni̲e̲rt:** in Zacken gemustert (von Geweben)

Chi|nin [ç...], das; -s ⟨*indian.-span.-it.*⟩ (Pharm.): ↑Alkaloid der ↑Chinarinde (als Fieber-, bes. Malariamittel verwendet)

Chi|nois [ʃiˈno̯a], der; -, - ⟨*frz.*⟩: kleine kandierte, unreife ↑Pomeranze od. Zwergorange

Chi|noi|se|rie [ʃino̯azəˈriː], die; -, ...i̯en: **1.** kunstgewerblicher Gegenstand (z. B. etw. aus Porzellan, Lackarbeit) in chinesischem Stil. **2.** an chinesische Vorbilder anknüpfende Zierform[en] in der Kunst des 18. Jh.s

Chi|no|li̲n [ç...], das; -s ⟨*indian.-span.; lat.*⟩ (Med.): bei der Destillation des Steinkohlenteers gewonnene od. synthetisch hergestellte gelbliche Flüssigkeit, die zur Herstellung vieler

Arzneimittel u. Farbstoffe sowie als Konservierungs- u. Lösungsmittel dient

Chi|non, das; -s, -e ⟨*indian.-span.-nlat.*⟩ (Chemie): gelb bis rot gefärbte Verbindung mit hoher Reaktionsbereitschaft

Chi|nook [tʃiˈnʊk], der; -s ⟨nach dem nordamerik. Indianerstamm⟩: warmer, trockener u. föhnartiger Fallwind an der Ostseite der Rocky Mountains

Chintz [tʃɪnts], der; -[es], -e ⟨*Hindi-engl.*⟩: bunt bedrucktes Gewebe aus Baumwolle od. Chemiefasergarnen in Leinenbindung mit spiegelglatter, glänzender Oberfläche; vgl. Ciré

Chi|o|no|graf, Chi|o|no|graph [ç...], der; -en, -en ⟨*gr.-nlat.*⟩: Gerät zur Aufzeichnung der Fallmenge von Niederschlägen in fester Form, bes. von Schnee

chi|o|no|phil (Bot.): im Winter eine dauerhafte u. dicke Schneedecke als Kälteschutz benötigend (von Pflanzen)

Chip [tʃɪp], der; -s, -s ⟨*engl.*⟩: **1.** Spielmarke (bei Glücksspielen). **2.** dünne, roh in Fett gebackene Kartoffelscheibe. **3.** (Mikroelektronik) sehr kleines Halbleiterplättchen, das einen integrierten Schaltkreis od. eine Gruppe solcher Schaltungen trägt u. auf dem Informationen gespeichert werden können

Chip|kar|te, die; -, -n ⟨*engl.; dt.*⟩: als Ausweis, Zahlungsmittel o. Ä. dienende Kunststoffkarte mit einem Chip (3)

Chip|pen|dale [ˈtʃɪpn̩deɪ̯l], das; -[s] ⟨nach dem engl. Tischler⟩: englischer Möbelstil des 18. Jh.s, der in sich Elemente des englischen Barocks, des französischen Rokokos, chinesische u. gotische Formen mit der Tendenz zum Geraden u. Flachen vereinigt

Chip|py [ˈtʃɪpi], der; -s, -s ⟨*engl.*⟩: jmd., der Rauschgift nur in kleinen Dosierungen nimmt; Anfänger (in Bezug auf Rauschgift)

Chi|r|a|g|ra [ç...], das; -s ⟨*gr.-lat.*⟩ (Med.): Gicht in den Hand- u. Fingergelenken

Chi|ra|li|tät, die; - ⟨*engl.*⟩: Eigenschaft von Körpern u. chem. Strukturen (z. B. Molekülen), sich mit ihrem Spiegelbild nicht zur Deckung bringen zu lassen

Chi|ri|mo|ya [tʃiriˈmo:ja], die; -, -s ⟨*indian.-span.*⟩: Honig- od. Zimtapfel, wohlschmeckende Frucht eines [sub]tropischen Baumes

Chi|ro|g|no|mie [ç...], die; - ⟨*gr.-nlat.*⟩: Chirologie

Chi|ro|graf, Chirograph, das; -s, -en ⟨*gr.-lat.*⟩: **1.** (röm. Recht) Vertragsurkunde, deren Beweiskraft nicht auf Zeugen, sondern auf der Handschrift des Verpflichteten beruht. **2.** besondere Urkundenart im mittelalterlichen Recht. **3.** päpstliche Verlautbarung in Briefform mit eigenhändiger Unterschrift des Papstes

Chi|ro|gram|m|a|to|man|tie, die; -, ...ien: Handschriftendeutung

Chi|ro|graph vgl. Chirograf

Chi|ro|lo|gie, Cheirologie, die; - ⟨*gr.-nlat.*⟩: Lehre von der Deutung der Handlinien, die Ausdruck innerer Wesenseigenschaften sein sollen

Chi|ro|mant, der; -en, -en: Handliniendeuter

Chi|ro|man|tie, die; -: Handlesekunst

Chi|ro|man|tin, die; -, -nen: weibliche Form zu ↑Chiromant

Chi|ron|ja [tʃiˈrɔnʒa], die; -, -s ⟨*span.*⟩: Zitrusfrucht aus Puerto Rico mit gelber, leicht zu lösender Schale

Chi|ro|no|mie [ç...] usw. vgl. Cheironomie usw.

chi|ro|no|misch vgl. cheironomisch

Chi|ro|pä|die, die; -: Handfertigkeitsunterricht

Chi|ro|prak|tik, die; - (Med.): Behandlung von Funktionsstörungen an den der Bewegung u. Stützung des menschlichen Körpers dienenden Körperteilen, besonders der Wirbelsäule, durch spezielle Handgriffe. **Chi|ro|prak|ti|ker,** der; -s, - (Med.): Fachmann auf dem Gebiet der Chiropraktik. **Chi|ro|prak|ti|ke|rin,** die; -, -nen: weibliche Form zu ↑Chiropraktiker

Chi|ro|p|te|ra, die (Plural): Fledermäuse

Chi|ro|p|te|rit [auch: ...ˈrɪt], das; -s: phosphorsäurehaltige Erde aus allmählich fossil werdendem Kot von Fledermäusen

Chi|ro|p|te|ro|ga|mie, die; -: Bestäubung von Blüten durch Fledermäuse

Chi|ro|spas|mus vgl. Cheirospasmus

Chi|ro|the|ra|pie [auch: ...ˈpi:], die; -: von einem Arzt ausgeführte Chiropraktik

Chi|ro|the|ri|um, das; -s, ...ien ⟨»Handtier«⟩: Saurier aus der Buntsandsteinzeit, von dem nur die Fußabdrücke bekannt sind

Chi|r|urg, der; -en, -en ⟨*gr.-lat.*⟩ (Med.): Facharzt [u. Wissenschaftler] auf dem Gebiet der Chirurgie (1). **Chi|r|ur|gie,** die; -, ...ien (Med.): **1.** (ohne Plural) Teilgebiet der Medizin, Lehre von der operativen Behandlung krankhafter Störungen u. Veränderungen im Organismus. **2.** chirurgische Abteilung eines Krankenhauses. **Chi|r|ur|gin,** die; -, -nen: weibliche Form zu ↑Chirurg. **chi|r|ur|gisch** (Med.): **a)** die Chirurgie betreffend; **b)** operativ

Chi|tar|ro|ne [ki...], die; -, -n, auch der; -[s], Plur. -s u. ...ni ⟨*gr.-lat.-it.*⟩ (Musik): italienische Basslaute, Generalbassinstrument im 17. Jh.

Chi|tin [ç...], das; -s ⟨*semit.-gr.-nlat.*⟩: stickstoffhaltiges ↑Polysaccharid, Hauptbestandteil der Körperhülle von Krebsen, Tausendfüßern, Spinnen, Insekten, bei Pflanzen in den Zellwänden von Flechten u. Pilzen. **chi|ti|nig:** chitinähnlich. **chi|ti|nös:** aus Chitin bestehend

Chi|ton, der; -s, -e ⟨*semit.-gr.*⟩: Leibrock, Kleidungsstück im Griechenland der Antike

Chi|to|nen, die (Plural) ⟨*semit.-gr.-nlat.*⟩: Gattung aus der Familie der Käferschnecken

Chlai|na ⟨*gr.*⟩, Chläna ⟨*gr.-lat.*⟩ [ç...], die; -, ...nen: ungenähter wollener Überwurf für Männer im Griechenland der Antike

Chla|my|di|en [kla...], die (Plural) ⟨*gr.*⟩ (Med.): Bakterien, die Infektionen der Atemwege, der Geschlechtsorgane od. der Bindehaut auslösen

Chla|my|do|bak|te|rie [k...], die; -, -n (meist Plural) ⟨*gr.*⟩: zu einer im Wasser lebenden Bakterienordnung gehörende Bakterie

Chla̱|mys [ç..., auch: k...], die; -, -: knielanger, mantelartiger Überwurf für Reiter u. Krieger im Griechenland der Antike

Chlä̱|na [ç...] vgl. Chlaina

Chlo|an|thi̱t [kl..., auch: ...ˈtɪt], der; -s, -e ‹*gr.-nlat.*›: Arsennickelkies, ein weißes od. graues Mineral

Chlo|a̱s|ma, das; -s, ...men (Med.): [hormonell bedingte od. durch eine Entzündung hervorgerufene] übermäßige Melanineinlagerung in die Haut; Hyperpigmentierung, ↑Melasma

Chlo̱r [k...], das; -s ‹*gr.;* »gelblich grün«›: chem. Element; ein Nichtmetall (Zeichen: Cl)

chlor..., Chlor... vgl. chloro..., Chloro...

Chlo|ra̱l, das; -s ‹Kurzw. aus ↑*Chlor* u. ↑*Al*dehyd›: Chlorverbindung, stechend riechende, ätzende Flüssigkeit

Chlo|ra̱l|hy|d|rat, das; -s (Med.): [heute nur noch selten verwendetes] Schlafmittel

Chlo|ra|li̱s|mus, der; -, ...men ‹*nlat.*› (Med.): Chloralvergiftung

Chlor|ami̱n, das; -s: Bleich- u. Desinfektionsmittel

Chlo|ra̱t, das; -s, -e: Salz der Chlorsäure

Chlo|ra|ti|o̱n, die; -: Verfahren zur Goldgewinnung aus goldhaltigen Erzen

Chlo|ra|ti̱t [auch: ...ˈtɪt], das; -s, -e: [reibungsempfindlicher] Chloratsprengstoff

Chlor|da̱n, das; -s ‹Kunstw.›: [in Deutschland u. seit 2004 weltweit verbotenes] Insektizid aus der Gruppe der Chlorkohlenwasserstoffe

Chlor|di̱|oxid, Chlor|di̱|oxyd, das; -s: Chlorverbindung, Desinfektions- u. Mehlbleichmittel

Chlo|re̱l|la, die; -, ...llen: zu einer weltweit verbreiteten Gattung gehörende Grünalge

chlo̱|ren: ↑chlorieren (2)

Chlo|ri̱d, das; -[e]s, -e: chemische Verbindung des Chlors mit Metallen od. Nichtmetallen

chlo|rie̱|ren: **1.** in den Molekülen einer chemischen Verbindung bestimmte Atome od. Atomgruppen durch Chloratome ersetzen. **2.** mit Chlor keimfrei machen (z. B. Wasser)

chlo̱|rig: chlorhaltig, chlorartig

¹Chlo|ri̱t [auch: ...ˈrɪt], das; -s, -e: Salz der chlorigen Säure

²Chlo|ri̱t [auch: ...ˈrɪt], der; -s, -e: ein grünes, glimmerähnliches Mineral

chlo|ri|ti|sie̱|ren: in ein Salz der chlorigen Säure umwandeln

Chlo̱r|kalk, der; -[e]s: Bleich- u. Desinfektionsmittel

Chlor|na̱|t|ri|um: ↑Natriumchlorid

chlo|ro..., Chlo|ro...

[kloro...]
vor Vokalen meist: chlor..., Chlor...
‹*gr.* chlōrós »von der Farbe des ersten Pflanzentriebes, gelblich grün«›
Wortbildungselement mit der Bedeutung »eine grünliche Farbe besitzend, grün«:
– Chlorophyll
– Chloroplast
– Chloropsie

Chlo|ro|fo̱rm, das; -s ‹*gr.; lat.*›: süßlich riechende, farblose Flüssigkeit (früher ein Betäubungsmittel, heute nur noch als Lösungsmittel verwendet). **chlo|ro|for|mie̱|ren**: durch Chloroform betäuben

Chlo|ro̱m, das; -s, -e ‹*gr.-nlat.*› (Med.): gelblich grüne bösartige Hautgeschwulst, die bei akuter Leukämie auftritt u. durch die Einlagerung unreifer ↑myeloider Zellen verursacht wird

Chlo|ro|my|ce|ti̱n®, das; -s: ein ↑Antibiotikum

Chlo|ro|pha̱n, der; -s, -e: smaragdgrüner ↑Korund

Chlo|ro|phy̱ll, das; -s ‹»Blattgrün«›: magnesiumhaltiger, grüner Farbstoff in Pflanzenzellen, der die ↑Fotosynthese ermöglicht

Chlo|ro|phy̱|tum, das; -s, ...ten: Grünlilie, eine Zierpflanze aus Südafrika

Chlo|ro|phy|ze̱e, die; -, -n (meist Plural): Grünalge

Chlo|ro|pla̱st, der; -en, -en (meist Plural): kugeliger Einschluss der Pflanzenzellen, der Chlorophyll enthält

Chlo|r|op|si̱e, die; - (Med.): das Grünsehen (Folge bestimmter Vergiftungen)

Chlo|ro|qui̱n, das; -s ‹*span.*›: ein als Malariamittel verwendetes Chinolinderivat (vgl. Chinolin)

Chlo|ro̱|se, die; -, -n: **1.** mangelnde Ausbildung von Blattgrün (Pflanzenkrankheit). **2.** (Med.) Bleichsucht bei Menschen infolge Verminderung des Blutfarbstoffes

chlo̱r|sau|er: in der Fügung **chlorsaures Kalium**: Kaliumchlorat

Chlor|sti̱ck|stoff, der; -s ‹*gr.; dt.*›: eine hochexplosive, ölige Chlorverbindung

Chlo|rü̱r, das; -s, -e ‹*gr.-frz.*›: frühere Bez. für ein ↑Chlorid mit niedriger Wertigkeitsstufe des zugehörigen Metalls

Chlyst [xlʏst], der; -en, -en ‹*russ.;* »Geißler«›: Anhänger einer russischen Sekte (seit dem 17. Jh.)

Cho|a̱|ne [k...], die; -, -n (meist Plural) ‹*gr.*› (Anat., Med.): hintere Öffnung der Nase zum Rachenraum

Cho|co|la|ti|er [ʃokolaˈti̯e:], der; -s, -s ‹*mex.-span.-frz.*›: Schokoladenfabrikant, -händler

Choke [tʃɔʊ̯k], der; -s, -s, Choker, der; -s, - ‹*engl.*› (Kfz-Technik): Luftklappe im Vergaser (Kaltstarthilfe)

Choke|boh|rung, die; -, -en ‹*engl.; dt.*›: kegelförmige Verengung an der Mündung des im Übrigen zylindrischen Laufes von Jagdgewehren

Cho|ker vgl. Choke

chol..., Chol... vgl. chole..., Chole...

Cho|l|a|go̱|gum [ç...], das; -s, ...ga ‹*gr.-lat.*› (Med. veraltet): gallentreibendes Mittel (zusammenfassende Bez. für Cholekinetikum u. Choleretikum)

Cho|l|ä|mie̱, die; -, ...i̱en ‹*gr.-nlat.*› (Med.): Übertritt von Galle ins Blut

Cho|l|an|gi|o̱m, das; -s, -e (Med.): [bösartige] Geschwulst im Bereich der Gallenwege

Cho|l|an|gi̱|tis, die; -, ...iti̱den (Med.): Entzündung der Gallenwege

Cho|lan|säu|re, die; - ‹*gr.-nlat.; dt.*›: Grundsubstanz der Gallensäuren

cho|le..., Cho|le...

[çole...]
seltener: cho|lo..., Cho|lo..., vor Vokalen meist: chol..., Chol...
‹*gr.* cholḗ u. chólos »Galle; bitteres Getränk«›
Wortbildungselement mit der Bedeutung »Galle, Gallenflüssigkeit«:
– Cholangitis
– Cholelith
– Cholesterin
– cholostatisch

Cho|le|ki|ne|ti|kum, das; -s, ...ka (Med.): Mittel, das die Entleerung der Gallenblase anregt

Cho|le|lith [auch: ...ˈlɪt], der; -[e]s u. -en, -e[n] ‹*gr.-nlat.*› (Med.): Gallenstein

Cho|le|li|thi|a|sis, die; - (Med.): Gallensteinleiden, -kolik

Cho|le|ra [k...], die; - ‹*gr.-lat.;* »Gallenbrechdurchfall«› (Med.): schwere (epidemische) Infektionskrankheit (mit heftigen Brechdurchfällen)

Cho|le|re|se [ç...], die; -, -n ‹*gr.-nlat.*› (Med.): Gallenabsonderung

Cho|le|re|ti|kum, das; -s, ...ka (Med.): Mittel, das die Gallenabsonderung in der Leber anregt. **cho|le|re|tisch** (Med.): die Gallenabsonderung anregend

Cho|le|ri|ker [k...], der; -s, - ‹*gr.-lat.*›: (nach dem von Hippokrates aufgestellten Temperamentstyp) reizbarer, jähzorniger Mensch; vgl. Melancholiker, Phlegmatiker, Sanguiniker. **Cho|le|ri|ke|rin**, die; -, -nen: weibliche Form zu ↑Choleriker

Cho|le|ri|ne, die; -, -n ‹*gr.-nlat.*› (Med.): abgeschwächte Form der Cholera

cho|le|risch ‹*gr.-lat.*›: jähzornig, aufbrausend; vgl. melancholisch, phlegmatisch, sanguinisch

Cho|le|s|ta|se [çolɛs...], Cholostase [ç...], die; -, -n ‹*gr.-nlat.*› (Med.): Stauung der Gallenflüssigkeit in der Gallenblase

Cho|le|s|te|a|tom [ç...], das; -s, -e ‹*gr.-nlat.*› (Med.): Perlgeschwulst; besondere Art der chronischen Mittelohrknocheneiterung mit Knochenzersetzung

Cho|les|te|rin [auch: k...], **Cho|le|s|te|rol**, das; -s, -e (Med.): fetthaltige Substanz u. charakteristischer Bestandteil von Zellen; wichtigstes im Gewebe vorkommendes ↑Sterin; Hauptbestandteil der Gallensteine

Cho|le|zys|ti|tis, die; -, ...itiden (Med.): Gallenblasenentzündung

Cho|le|zys|to|pa|thie, die; -, ...ien (Med.): Gallenblasenleiden

Cho|li|am|bus [ç...], der; -, ...ben ‹*gr.-lat.;* »Hinkjambus«›: ein aus Jamben bestehender antiker Vers, in dem statt des letzten ↑Jambus ein ↑Trochäus auftritt

Cho|lin [ç...], das; -s ‹*gr.-nlat.*› (Chemie, Med.): Ammoniumsalz, Bestandteil des Lezithins u. des Acetylcholins, am Aufbau der Zellwände u. am Folsäurestoffwechsel beteiligt (in Arzneimitteln verwendet)

cho|lo..., Cho|lo... vgl. chole..., Chole...

Cho|lo|s|ta|se [ç...] vgl. Cholestase. **cho|lo|s|ta|tisch** (Med.): durch Gallenstauung entstanden

Cho|l|u|rie, die; -, ...ien (Med.): Auftreten von Gallenbestandteilen im Harn

Cho|ma|ge|ver|si|che|rung [ʃoˈmaːʒə...], die; -, -en ‹*gr.-vulgärlat.-frz.; dt.*›: Ausfallversicherung bei Betriebs- od. Mietunterbrechung

Chon [tʃɔn], der; -, - ‹*korean.*›: Münzeinheit der korean. Währung (100 Chon = 1 Won)

Chon|d|ren [ç...], die (Plural) ‹*gr.*›: kleine Körner (Kristallaggregate), aus denen die Chondrite aufgebaut sind

Chon|d|rin, das; -s ‹*gr.-nlat.*›: aus Knorpelgewebe gewonnene Substanz, die als Leim verwendet wird

Chon|d|ri|o|so|men, die (Plural): ↑Mitochondrien

Chon|d|rit [auch: ...ˈdrɪt], der; -s, -e: **1.** aus Chondren aufgebauter Meteorstein. **2.** (Geol.) pflanzlichen Verzweigungen ähnelnder Abdruck in Gesteinen

Chon|d|ri|tis, die; -, ...itiden (Med.): Knorpelentzündung

chon|d|ri|tisch: die Struktur des Chondrits betreffend

Chon|d|ro|blast, der; -en, -en (meist Plural) (Med.): Bindegewebszelle, von der die Knorpelbildung ausgeht

Chon|d|ro|blas|tom, das; -s, -e (Med.): gutartiger Knochentumor

Chon|d|ro|dys|tro|phie, die; -, ...ien: erbbedingte Knorpelbildungsstörung bei Tier u. Mensch

Chon|d|rom, das; -s, -e (Med.): Chondroblastom

Chon|d|ro|ma|to|se, die; -, -n (Med.): Bildung zahlreicher Chondroblastome im Körper

Chon|d|ro|sar|kom, das; -s, -e (Med.): bösartiger Knochentumor, der Knorpel bildet

Chon|d|ru|len, die (Plural) ‹*gr.-engl.*› (Mineral.): erbsengroße Steinchen in Meteoriten

Chop|per [tʃ...], der; -s, -[s] ‹*engl.*›: **1.** vorgeschichtliches Hauwerkzeug, aus einem Steinbrocken o. Ä. geschlagen. **2.** (Physik) Vorrichtung zum wiederholten, zeitweisen Unterbrechen (»Zerhacken«) einer Strahlung, wodurch getrennte Impulse entstehen. **3.** Motorrad mit hohem, geteiltem Lenker u. einem Sattel mit hoher Rückenlehne

Chop|su|ey [tʃɔpˈsuːi], das; -[s], -s ‹*chin.-engl.*› (Kochkunst): Anzahl mit verschiedenen Gemüsen, Zwiebeln u. Pilzen gebratener Fleisch- od. Fischstückchen, die mit Reis u. Sojasoße serviert werden

[1]**Chor** [k...], der, seltener: das; -[e]s, Chöre ‹*gr.-lat.*›: **1.** erhöhter Kirchenraum mit [Haupt]altar (ursprünglich für das gemeinsame Chorgebet der ↑Kleriker). **2.** Platz der Sänger auf der Orgelempore

[2]**Chor**, der; -[e]s, Chöre ‹*gr.-lat.*› (Musik): **1.** Gruppe von Sängern, die sich zu regelmäßigem, gemeinsamem Gesang zusammenschließen. **2.** gemeinsamer [mehrstimmiger] Gesang von Sängern. **3.** Musikstück für gemeinsamen [mehrstimmigen] Gesang. **4.** Verbindung der verschiedenen Stimmlagen einer Instrumentenfamilie. **5.** gleich gestimmte Saiten (z. B. beim Klavier, bei der Laute o. Ä.). **6.** zu einer Taste gehörende

Pfeifen der gemischten Stimmen bei der Orgel

³Chor, der u. das; -s, -e *(gr.-lat.)* (Weberei): die für ein Muster erforderliche Abteilung im Kettsystem des Webgeschirrs

Cho|ral, der; -s, ...räle *(gr.-nlat.)*: **a)** kirchlicher Gemeindegesang; **b)** Lied mit religiösem Inhalt

Cho|ral|kan|ta|te, die; -, -n: Kantate, der ein evangelisches Kirchenlied in mehreren Sätzen zugrunde liegt

Cho|ral|no|ta|ti|on, die; -, -en (Musik): mittelalterliche Notenschrift, die nur die relativen, nicht die ↑ mensurierten Tonhöhenunterschiede angibt

Cho|ral|pas|si|on, die; -, -en: gesungener Passionsbericht im einstimmigen gregorianischen Choralton

Chor|da ['kɔrda], Chorde ['kɔrdə] die; -, ...den *(gr.-lat.)*: **1.** (Biol.) knorpelähnlicher Achsenstab als Vorstufe der Wirbelsäule. **2.** (Anat.) Sehnen-, Knorpel- od. Nervenstrang

Chor|da|ten, die (Plural) *(gr.-nlat.)* (Biol.): zusammenfassende Bezeichnung für Tiergruppen, die eine Chorda besitzen (Schädellose, Wirbeltiere, Lanzettfischchen, Manteltiere)

Chor|de ['kɔrdə] vgl. Chorda

Chor|di|tis, die; -, ...itiden (Med.): Entzündung der Stimmbänder

Chor|do|fon, Chor|do|phon, das; -s, -e (»Saitentöner«): Instrument mit Saiten als Tonerzeugern

Chor|dom, das; -s, -e (Med.): [selten metastasierender u. destruktiv wachsender] Knochentumor der Wirbelsäule, der bes. am Steißbein od. an der Schädelbasis entsteht

Chor|do|to|nal|or|gan, das; -s, -e (meist Plural) (Biol.): Sinnesorgan der Insekten (primitives Hörorgan)

Cho|rea [k...], die; - *(gr.-lat.)* (Med.): Erkrankung, die sich z. B. in plötzlichen raschen Bewegungen von Gesicht u. Extremitäten äußert u. auf eine Fehlfunktion der Basalganglien zurückzuführen ist; **Chorea Huntington:** genetisch bedingte Chorea; Veitstanz. **cho|rea|form,** choreiform [k...] *(gr.-nlat.)* (Med.): das unwillkürliche Bewegungsmuster bei Chorea Huntington betreffend; veitstanzartig

Cho|re|ge [ç..., auch: k...], der; -n, -n *(gr.)*: Chorleiter im altgriechischen Theater

cho|rei|form [k...] vgl. choreaform

Cho|reo, die; -, -s (Kurzform von *Choreo*grafie) (ugs.)

Cho|reo|graf, Choreograph, der; -en, -en *(gr.-nlat.)*: jmd., der [als Leiter eines Balletts] eine Tanzschöpfung kreiert u. inszeniert

Cho|reo|gra|fie, Choreographie, die; -, ...ien: **a)** künstlerische Gestaltung u. Festlegung der Schritte u. Bewegungen eines Balletts; **b)** (früher) grafische Darstellung von Tanzbewegungen u. -haltungen

cho|reo|gra|fie|ren, choreographieren: ein Ballett einstudieren, inszenieren

Cho|reo|gra|fin, Choreographin, die; -, -nen: weibliche Form zu ↑ Choreograf

cho|reo|gra|fisch, choreographisch: die Choreografie betreffend

Cho|reo|graph usw. vgl. Choreograf usw.

Cho|reo|ma|nie, Choromanie, die; -, ...ien (Med.): krankhaftes Verlangen, zu tanzen od. rhythmische Bewegungen auszuführen

Cho|re|us [ç..., auch: k...], der; -, ...een *(gr.-lat.)*: ↑ Trochäus

Cho|reut [ç...], der; -en, -en *(gr.)*: **1.** Chorsänger. **2.** Chortänzer

Cho|reu|tik, die; -: altgriechische Lehre vom Chorreigentanz. **cho|reu|tisch: a)** die Choreutik betreffend; **b)** im Stil eines altgriechischen Chorreigentanzes ausgeführt

Chor|frau [k...], die; -, -en: **1.** ohne lebenslänglich bindendes Gelübde in religiöser Gemeinschaft lebende Frau; vgl. Kanonisse. **2.** Angehörige des weiblichen Zweiges eines Ordens, der nicht den Regeln der in Klöstern geltenden Regel des Benedikt von Nursia folgt, sondern eigenen

Chor|haupt, das; -[e]s, ...häupter: Abschluss des ¹Chors als halbkreisförmige ↑ Apsis (1)

Chor|herr, der; -[e]n, -en: **1.** Mitglied eines Domkapitels. **2.** Angehöriger eines Ordens, der nicht nach der in Klöstern geltenden Ordensregel des Benedikt von Nursia, sondern nach anderen Ordensregeln lebt (z. B. Prämonstratenser)

Cho|r|i|am|bus [ç...], der; -, ...ben *(gr.-lat.)*: aus einem ↑ Choreus u. einem ↑ Jambus bestehender Versfuß (–◡◡–)

Cho|ri|o|i|dea [k...], die; - *(gr.-nlat.)* (Med.): Aderhaut des Auges

Cho|ri|on, das; -s *(gr.)*: **1.** (Biol.) Zottenhaut, embryonale Hülle vieler Wirbeltiere u. des Menschen. **2.** (Zool.) hartschalige Hülle vieler Insekteneier

Cho|ri|o|zö|no|se [ç...], die; -, -n *(gr.)*: ↑ Biochor

cho|ri|pe|tal [k...] *(gr.-nlat.)* (Bot.): getrenntblättrig (von Pflanzen, deren Blumenkronblätter nicht miteinander verwachsen sind)

cho|risch [k...] *(gr.-lat.)*: den ²Chor betreffend, durch den Chor auszuführen. **Cho|rist,** der; -en, -en *(gr.-lat.-mlat.)*: Mitglied eines [Opern]chors. **Cho|ris|tin,** die; -, -nen: weibliche Form zu ↑ Chorist

Cho|ri|zo [tʃ...], die; -, -s *(span.)*: leicht geräucherte spanische Wurst aus grob gehacktem Schweinefleisch, das mit Knoblauch, süßen roten Chillies u. scharfem Paprika gewürzt ist

Chor|kan|ta|te, die; -, -n: Kantate mit Instrumentalbegleitung, die vom Chor allein (ohne Solisten) gesungen wird

Chör|lein, das; -s, -: halbrunder od. vieleckiger Erker an mittelalterlichen Wohnbauten

Cho|ro|gra|fie, Chorographie [ç...], die; -, ...ien *(gr.-lat.)*: ↑ Chorologie

cho|ro|gra|fisch, chorographisch: chorologisch

Cho|ro|gra|phie [ç...] usw. vgl. Chorografie usw.

Cho|ro|lo|gie [ç..., auch: k...], die; -, ...ien *(gr.-nlat.)*: **1.** Raum- od. Ortswissenschaft, bes. Geografie u. Astronomie. **2.** Arealkunde. **cho|ro|lo|gisch:** die Chorologie betreffend

Cho|ro|ma|nie vgl. Choreomanie

Chor|re|gent, der; -en, -en (südd.): Leiter eines katholischen Kirchenchors

Chor|ton, der; -[e]s: Normalton für die Chor- u. Orgelstimmung

Cho|rus, der; -, -se *(gr.-lat.)*: **1.** (Jazz) das einer Komposition

C Chor

zugrunde liegende Form- u. Akkordschema, das die Basis für Improvisationen bildet. **2.** Hauptteil od. Refrain eines Stücks aus der Tanz- od. Unterhaltungsmusik

Koryphäe
Das Substantiv wird trotz ähnlicher Herkunft im Griechischen und gleichem Anlaut nicht wie *Chor, Choral* mit *Ch-* geschrieben, sondern mit *K-*.

Cho|se [ʃ...], die; -, -n ⟨*lat.-gr.*⟩ (ugs.): [unangenehme] Sache, Angelegenheit

Chow-Chow [tʃaʊ̯ˈtʃaʊ̯, auch: ʃaʊ̯ˈʃaʊ̯], der; -s, -s ⟨*chin.-engl.*⟩: Hund einer in China gezüchteten Rasse

Chre|ma|tis|tik [kre...], die; - ⟨*gr.*⟩ (Geschichte): gewerbsmäßiges Betreiben einer Erwerbswirtschaft mit dem Ziel, sich durch Tauschen u. Feilschen zu bereichern

Chres|to|ma|thie [krɛ...], die; -, ...ien ⟨*gr.;* »das Erlernen von Nützlichem«⟩: für den Unterricht bestimmte Sammlung ausgewählter Texte aus den Werken bekannter Autoren

Chrie [ˈçriː(ə)], die; -, -n ⟨*gr.-lat.*⟩: **1.** praktische Lebensweisheit, moralisches Exempel. **2.** (veraltet) Anweisung für Schulaufsätze

Chri|sam [ˈçriːzam], das oder der; -s, **Chris|ma** [çrɪs...], das; -s ⟨*gr.-lat.*⟩: geweihtes Salböl (in der katholischen u. orthodoxen Kirche bei Taufe, Firmung, Bischofs- u. Priesterweihe verwendet)

Chris|ma|le, das; -s, ...lien [...li̯ən] u. ...lia ⟨*gr.-nlat.*⟩ (kath. Rel.): **1.** Tuch od. Kopfbinde zum Auffangen des Salböls. **2.** mit Wachs getränktes Altartuch. **3.** Gefäß zur Aufbewahrung des Chrisams

Chris|mon, das; -s, ...ma ⟨*gr.-mlat.*⟩: reich verzierter Buchstabe C am Anfang vieler mittelalterlicher Urkunden (urspr. das ↑Christogramm)

Christ [k...], der; -en, -en ⟨*gr.-lat.*⟩: Anhänger [u. Bekenner] des Christentums; Getaufter

Christ|de|mo|krat, der; -en, -en: Anhänger einer christlich-demokratischen Partei. **Christ|de|mo|kra|tin**, die; -, -nen: weibliche Form zu ↑Christdemokrat

Chris|te elei|son [...e eˈlɛɪ̯..., -eˈlaɪ̯...]: Christus, erbarme dich!; vgl. Kyrie eleison

Chris|ten|tum, das; -s: auf Jesus Christus, sein Leben u. seine Lehre gegründete Religion

chris|ti|a|ni|sie|ren: (die Bevölkerung eines Landes) zum Christentum bekehren. **Chris|ti|a|ni|sie|rung**, die; -, -en: Bekehrung zum Christentum

Chris|ti|a|ni|tas, die; -: Christlichkeit als Geistes- u. Lebenshaltung

Chris|tian Sci|ence [ˈkrɪstjən ˈsaɪ̯əns], die; - - ⟨*engl.;* »christliche Wissenschaft«⟩: 1879 in den USA gegründete christliche Gemeinschaft, die durch enge Verbindung mit Gott menschliche Unzulänglichkeit überwinden will; vgl. Szientismus (2)

Chris|tin, die; -, -nen: weibliche Form zu ↑Christ

christ|ka|tho|lisch [k...] (schweiz.): altkatholisch. **Christ|ka|tho|li|zis|mus**, der; - ⟨*schweiz.*⟩: Lehre der altkatholischen Kirche, die den Primat des Papstes ablehnt; Altkatholizismus

christ|lich ⟨*gr.-lat.; dt.*⟩: **a)** auf Christus und seine Lehre zurückgehend; der Lehre Christi entsprechend; **b)** im Christentum verwurzelt, begründet; **c)** kirchlich

Christ|mas-Ca|rol, Christ|mas|ca|rol [ˈkrɪsməsˈkærəl], das; -s, -s ⟨*engl.*⟩: volkstümliches englisches Weihnachtslied; vgl. Carol

Christ|mas-Pan|to|mime, Christ|mas|pan|to|mime [ˈkrɪsməsˈpæntəmaɪ̯m], die; -, -s (meist Plural) ⟨»Weihnachtsspiel«⟩: in England zur Weihnachtszeit aufgeführtes burleskes Ausstattungsstück nach einem Thema aus Märchen, Sage u. Geschichte

Christ|met|te, die; -, -n: Mitternachtsgottesdienst in der Christnacht

Chris|to|gramm, das; -s, -e ⟨*gr.-nlat.*⟩: kurz für ↑Christusmonogramm

Chris|to|la|t|rie, die; -: Verehrung Christi als Gott

Chris|to|lo|gie, die; -, ...ien: Lehre der christlichen Theologie von der Person Christi. **chris|to|lo|gisch**: die Christologie betreffend

Chris|to|pha|nie, die; -, ...ien: Erscheinung Jesu Christi, bes. des auferstandenen Christus

Chris|to|pher Street Day [ˈkrɪstɔfɐ ˈstriːt dɛɪ̯], der; - - -s, - - -s ⟨*amerik.*⟩: internat. Jahrestag der Homosexuellen, den die Schwulen- u. Lesbenbewegung mit Paraden, Partys u. Ä. begeht (Abk.: CSD)

Chris|to|zen|t|rik, die; -: Betonung der zentralen u. einzigartigen Stellung Jesu Christi in der Schöpfungs- u. Heilsgeschichte. **chris|to|zen|t|risch**: auf Christus als Mittelpunkt bezogen

Christ|so|zi|a|le, der od. die; -n, -n: Anhänger od. Anhängerin einer christlich-sozialen Partei

Chris|tus|mo|no|gramm, das; -s, -e: Symbol für den Namen Christus, das aus dessen griechischen Anfangsbuchstaben X (Chi) u. P (Rho) zusammengefügt ist; vgl. IHS

Chrom [k...], das; -s ⟨*gr.-lat.-frz.;* »Farbe«⟩: chem. Element; ein Metall (Zeichen: Cr)

Chro|ma, die; -, -s ⟨it.⟩ (Musik): Achtelnote

chrom|af|fin (Biochemie): mit Chromsalzen anfärbbar (von Zellen u. Zellteilen); **chromaffines System:** eine Gruppe hormonliefernder Zellen, die sich bei Behandlung mit bestimmten chemischen Substanzen braun färben

Chro|ma|key-Ver|fah|ren [ˈkroːmakiː...], das; -s, -: Projektionsverfahren beim Fernsehen, durch das künstliche Hintergründe in Aufnahmestudios geschaffen werden können; vgl. Bluebox, Bluescreen

Chro|man®, das; -s ⟨*nlat.*⟩: Chrom-Nickel-Legierung

Chro|mat, das; -s, -e: Salz der Chromsäure

Chro|ma|tid, das; -[e]s, -en (meist Plural) ⟨*gr.-nlat.*⟩ (Biol.): Chromosomenspalthälfte, aus der bei der Zellteilung das Tochterchromosom entsteht

chro|ma|tie|ren: die Oberfläche von Metallen mit einer Chromatschicht zum Schutz gegen ↑Korrosion (1) überziehen

Chro|ma|tik, die; - ⟨*gr.-lat.*⟩: **1.** (Musik) Veränderung (»Färbung«) der sieben Grundtöne durch Versetzungszeichen um einen Halbton nach oben od. unten (Ggs.: Diatonik). **2.** (Physik) Farbenlehre

Chro|ma|tin, das; -s, -e ‹*gr.-nlat.*›: mit bestimmten Stoffen anfärbbarer Bestandteil des Zellkerns, der das Erbgut der Zelle enthält

chro|ma|tisch ‹*gr.-lat.*›: **1.** (Musik) in Halbtönen fortschreitend. **2.** die Chromatik (2) betreffend; **chromatische Aberration:** Abbildungsfehler von Linsen durch Farbzerstreuung

chro|ma|ti|sie|ren ‹*gr.-nlat.*›: chromatieren

Chro|ma|to|dy|s|op|sie, die; -, ...ien (Med.): Farbenblindheit

Chro|ma|to|gra|fie, Chromatographie, die; -, ...ien: Verfahren zur Trennung chemisch nahe verwandter Stoffe

chro|ma|to|gra|fie|ren, chromatographieren: eine Chromatografie durchführen. **chro|ma|to|gra|fisch,** chromatographisch: **a)** die Chromatografie betreffend; **b)** das Verfahren der Chromatografie anwendend

Chro|ma|to|gramm, das; -s, -e: Darstellung des Analyseergebnisses einer Chromatografie [durch Farbbild]

Chro|ma|to|gra|phie usw. vgl. Chromatografie usw.

Chro|ma|to|me|ter, das; -s, -: Gerät zur Bestimmung des Anteils der Grundfarben in einer Farbmischung

chro|ma|to|phil: leicht färbbar (bes. von Textilfasern)

Chro|ma|to|phor, das; -s, -en (meist Plural) ‹*gr.;* »Farbstoffträger«›: **1.** (Bot.) Farbstoff tragende ↑Organelle der Pflanzenzelle. **2.** (Zool.) Farbstoffzelle bei Tieren, die den Farbwechsel der Haut ermöglicht (z. B. beim Chamäleon)

Chro|ma|t|op|sie, Chromopsie, die; - (Med.): Sehstörung, bei der Gegenstände in bestimmten Farbtönen verfärbt od. Farbtöne bei geschlossenen Augen wahrgenommen werden

Chro|ma|t|op|to|me|ter, Chromoptometer, das; -s, - (Med.): Apparat zur Messung der Farbwahrnehmungsfähigkeit

Chro|ma|to|se, die; -, -n (Med.): eine Hautpigmentstörung; vgl. Dyschromie

Chro|ma|t|ron, das; -s, ...one, auch: -s: spezielle Bildröhre für das Farbfernsehen

Chrom|gelb, das; -[s]: deckkräftige Malerfarbe, Bleichromat

Chrom|grün, das; -[s]: Deckgrün, Mischfarbe aus Berliner Blau u. Chromgelb

Chro|mi|di|en, die (Plural) (veraltet): ↑Mikrosomen

chro|mie|ren: Wolle nach dem Färben mit Chromverbindungen beizen

[1]**Chro|mit** [auch: ...ˈmɪt], der; -s, -e: Chrom[eisen]erz, ein Mineral

[2]**Chro|mit** [auch: ...ˈmɪt], das; -s, -e: ein Chromsalz

Chrom|le|der, das; -s ‹*gr.-lat.-frz.; dt.*›: mit Chromverbindungen gegerbtes Leder

chro|mo|gen ‹*gr.-nlat.*›: Farbstoff bildend

Chro|mo|lith [auch: ...ˈlɪt], der; -s u. -en, -e[n]: unglasiertes Steinzeug mit eingelegten farbigen Verzierungen

Chro|mo|li|tho|gra|fie, Chro|mo|li|tho|gra|phie, die; -, ...ien: Mehrfarben[stein]druck

Chro|mo|mer, das; -s, -en (meist Plural) (Biol.): stark anfärbbare Verdichtung der Chromosomenlängsachse, Träger bestimmter Erbfaktoren

Chro|mo|ne|ma, das; -s, ...men (meist Plural) (Biol.): spiralig gewundener Faden, der mit 2 bis 4 anderen ein Chromosom bildet

Chro|mo|ni|ka, die; -, -s u. ...ken: eine ↑diatonische u. chromatische Mundharmonika

Chro|mo|pa|pier, das; -s, -e: [einseitig] mit Kreide gestrichenes glattes Papier für ↑Offsetdruck u. Steindruck

Chro|mo|phor, der; -s, -e ‹*gr.;* »Farbträger«› (Chemie): Atomgruppe organischer Farbstoffe, die für die Farbe des betreffenden Stoffes verantwortlich ist

Chro|mo|plast, der; -en, -en (meist Plural): gelber od. roter kugeliger Farbstoffträger bestimmter Pflanzenzellen, der die Färbung der Blüten od. Früchte bestimmt

Chro|mo|pro|te|id, das; -[e]s, -e (meist Plural) (Chemie): Eiweißstoff, der einen Farbstoff enthält (z. B. Hämoglobin, Chlorophyll)

Chrom|op|sie vgl. Chromatopsie

Chrom|op|to|me|ter vgl. Chromatoptometer

Chro|mo|s|kop, das; -s, -e (Optik): Vorrichtung zur Untersuchung u. Projektion von Farben mithilfe von Farbfiltern

Chro|mo|som, das; -s, -en (meist Plural) ‹*gr.*› (Biol.): in jedem Zellkern in artspezifischer Anzahl u. Gestalt vorhandenes, das Erbgut eines Lebewesens tragendes, fadenförmiges Gebilde, Kernschleife. **chro|mo|so|mal:** das Chromosom betreffend

Chro|mo|so|men|ab|er|ra|ti|on, die; -, -en: Veränderung in der Chromosomenstruktur vor einer Aufteilung der Chromosomen in Chromatiden

Chro|mo|so|men|ano|ma|lie, die; -, -n: durch Chromosomenmutation entstandene Veränderung in der Zahl od. Struktur der Chromosomen

Chro|mo|so|men|mar|ker, der; -s, -[s] (meist Plural) (Biol.): bekannter Abschnitt des Erbguts, der einem spezifischen Chromosom eindeutig zugeordnet werden kann

Chro|mo|so|men|mu|ta|ti|on, die; -, -en: Strukturänderung eines Chromosoms, die zu einer Änderung des Erbguts führt

Chro|mo|so|men|re|duk|ti|on, die; -, -en: Halbierung der Chromosomenzahl durch ↑Reduktionsteilung

Chro|mo|sphä|re, die; -: glühende Gasschicht um die Sonne

Chro|mo|ty|pie, die; -: Farbendruck

Chrom|oxid|grün, Chrom|oxyd|grün, das; -[s] ‹*gr.-nlat.; dt.*›: dunkelgrüne deckende Malerfarbe

Chro|mo|zen|t|rum, das; -s, ...zentren (Biol.): stark anfärbbarer Chromosomenabschnitt

Chrom|rot, das; -[s]: Malerfarbe (basisches Bleichromat)

chron..., Chron... vgl. chrono..., Chrono...

Chro|ni|fi|zie|rung, die; -, -en ‹*gr.-lat.*› (Med.): Übergang einer akuten Erkrankung in einen chronischen Zustand

Chro|nik [k...], die; -, -en ‹*gr.-lat.*›: **1.** Aufzeichnung geschichtlicher Ereignisse in zeitlich genauer Reihenfolge. **2.** zusam-

C

Chro

Chronik

Mit vielen Bildern präsentiert sich das Dorf in seiner Chronik.
Aufzeichnung historischer Ereignisse, zeitlich geordnet
– Chronik der laufenden [...] Ereignisse
– generationsübergreifende, manchmal märchenhaft wirkende Chronik
– die Geschichte seiner Stadt als Chronik blutiger Stammesfehden
Er habe sich die Chronik mehrfach durchgelesen und wolle viel Interessantes erzählen.
Auch eine detaillierte Chronik wurde angefertigt.
Alten Chroniken zufolge bleibt anfangs der erhoffte Erfolg beim Publikum aus.

Chronologie

Eine Chronologie der Ereignisse aus dem Polizeibericht.
zeitliche Abfolge von Ereignissen
– folgt [... der] Chronologie der ..
– in der Chronologie der/ihrer Entstehung
– eine lückenlose Chronologie
Eine Chronologie vom Unfall bis zur Bergung.
Die Ausstellung und der Katalog drehen die Chronologie freilich um.
Die bis dahin bekannten Fakten sind in der Chronologie einzuordnen.

menfassende Bez. für zwei geschichtliche Bücher des Alten Testaments

Chronik/Chronologie *s. Kasten*

Chro|ni|ka, die (Plural): ↑Chronik (2)

chro|ni|ka|lisch ⟨*gr.-nlat.*⟩: in Form einer Chronik abgefasst

Chro|ni|ker, der; -s, - ⟨*gr. -lat.*⟩ (Medizinjargon): chronisch (1) Kranker. **Chro|ni|ke|rin,** die; -, -nen: weibliche Form zu ↑Chroniker

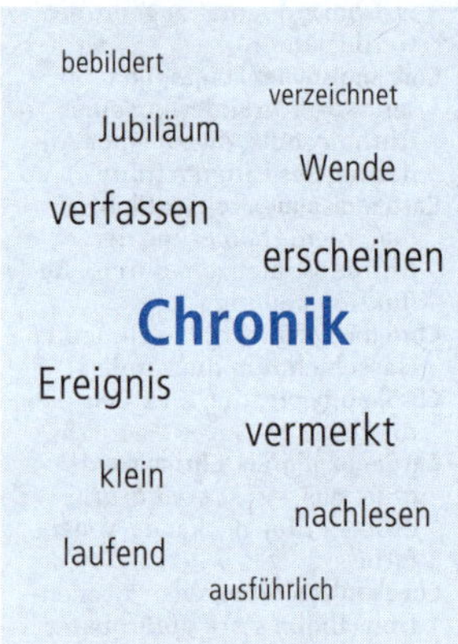

Chro|nique scan|da|leuse [krɔnikskɑ̃da'lø:z], die; - -, -s -s [krɔnikskɑ̃da'lø:z] ⟨*frz.*⟩: Sammlung von Skandal- u. Klatschgeschichten einer Epoche od. eines bestimmten Milieus

chro|nisch ⟨*gr.-lat.*⟩: **1.** (Med.) sich langsam entwickelnd, langsam verlaufend (von Krankheiten) (Ggs.: akut [2]). **2.** (ugs.) dauernd, ständig, anhaltend

Chro|nist, der; -en, -en ⟨*gr.-nlat.*⟩: Verfasser einer Chronik

Chro|nis|tik, die; -: Gattung der Geschichtsschreibung

Chro|nis|tin, die; -, -nen: weibliche Form zu ↑Chronist

Chro|ni|zi|tät, die; - (Med.): chronischer Verlauf einer Krankheit (Ggs.: Akuität)

chro|no..., Chro|no...

[krono...]
vor Vokalen auch: chron..., Chron...
⟨zu *gr.* chrónos »Zeit, Dauer, Lebenszeit, Alter«⟩
Wortbildungselement mit der Bedeutung »Zeit, die Zeit betreffend«:
– Chronogramm
– chronologisch
– Chronometer

Chro|no|bio|lo|gie, die; -: Fachgebiet der Biologie, auf dem die zeitlichen Gesetzmäßigkeiten im Ablauf von Lebensvorgängen erforscht werden

Chro|no|di|s|ti|chon, das; -s, ...chen ⟨*gr.-nlat.*⟩: ↑Chronogramm (1) in der Form eines ↑Distichons

Chro|no|graf, Chronograph, der; -en, -en: Gerät zur Übertragung der Zeitangabe einer Uhr auf einen Papierstreifen. **Chro|no|gra|fie,** Chronographie, die; -, ...ien ⟨*gr.-lat.*⟩: Geschichtsschreibung nach der zeitlichen Abfolge. **chro|no|gra|fisch,** chronographisch: die Chronografie betreffend

Chro|no|gramm, das; -s, -e: **1.** ein Satz od. eine Inschrift (in lat. Sprache), in der hervorgehobene Großbuchstaben als Zahlzeichen die Jahreszahl eines geschichtlichen Ereignisses ergeben, auf das sich der Satz bezieht. **2.** Aufzeichnung eines Chronografen

Chro|no|graph usw. vgl. Chronograf usw.

Chro|no|lo|ge, der; -n, -n ⟨*gr.*⟩: Wissenschaftler auf dem Gebiet der Chronologie

Chro|no|lo|gie, die; -, ...ien: **1.** Wissenschaft u. Lehre von der Zeitmessung u. -rechnung. **2.** Zeitrechnung. **3.** zeitliche Abfolge (von Ereignissen)

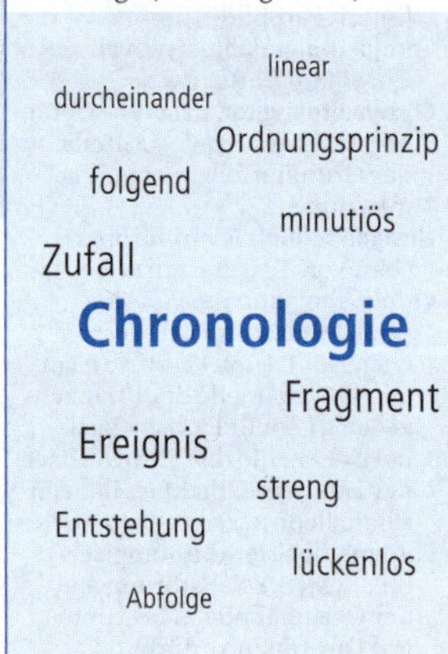

Chro|no|lo|gin, die; -, -nen: weibliche Form zu ↑Chronologe.

chro|no|lo|gisch: zeitlich geordnet

Chro|no|me|ter, das; -s, - ⟨*gr.-nlat.;* »Zeitmesser«⟩: transportable Uhr mit höchster Ganggenauigkeit, die bes. in der Astronomie

u. Schifffahrt eingesetzt wird. **Chro|no|me|t|rie,** die; -, ...ien: Zeitmessung. **chro|no|me|t|risch:** auf genauer Zeitmessung beruhend

Chro|no|pa|tho|lo|gie, die; - (Med.): Lehre vom gestörten zeitlichen Ablauf der Lebensvorgänge unter krankhaften Bedingungen

Chro|no|phy|sio|lo|gie, die; - (Med.): Lehre vom zeitlichen Ablauf der normalen Lebensvorgänge bei Mensch u. Tier (z. B. Schlaf-wach-Rhythmus)

Chro|nos, der; - ⟨*gr.*⟩: Personifikation der Zeit, die dann auch als Gott der Zeit angesehen u. mit Kronos, dem Vater des Zeus, gleichgesetzt wurde

Chro|no|s|kop, das; -s, -e: genau gehende Uhr mit einem Stoppuhrmechanismus, mit dem Zeitabschnitte gemessen werden können, ohne dass der normale Gang der Uhr dadurch beeinflusst wird

Chro|no|s|ti|chon, das; -s, ...chen: ↑Chronogramm (1) in Versform

Chro|no|therm®, das; -s, -e: mit einer Uhr verbundener Temperaturregler an einer Wärmequelle in Versuchsräumen

Chro|no|t|ron, das; -s, ...onen: Gerät zur Messung der Zeitdifferenz zweier Impulse im Nanosekundenbereich

Chrot|ta [k...], die; -, -s u. ...tten ⟨*kelt.-lat.*⟩: ↑Crwth

Chry|sa|li|de [çry...], die; -, -n ⟨*gr.-lat.*⟩ (Zool.): mit goldglänzenden Flecken bedeckte Puppe mancher Schmetterlinge

Chry|s|an|the|me [kry...], die; -, -n, **Chry|s|an|the|mum** [auch: ç...], das; -s, ...men: Zierpflanze mit größeren strahlenförmigen Blüten

chry|s|e|le|phan|tin [çry...] ⟨*gr.-nlat.*⟩: in Goldelfenbeintechnik gearbeitet (von antiken Figuren, bei denen die nackten Teile des Körpers mit Elfenbein, die bekleideten Teile u. die Haare mit Gold belegt sind)

Chry|so|be|ryll, der; -s, -e ⟨*gr.-lat.*⟩: ein grüner Edelstein

Chry|so|chalk [çryso'çalk], Chrysokalk, der; -[e]s ⟨*gr.-nlat.*⟩: goldfarbige Bronze

Chry|so|der|ma, das; -s, -ta (Med.): ↑Chrysose

Chry|so|gra|fie, Chry|so|gra|phie, die; -: die Kunst, mit Goldtinktur zu schreiben od. zu malen bzw. Schriftzeichen u. Ä. mit Blattgold zu belegen

Chry|so|i|din, das; -s: orange- bis braunroter Farbstoff

Chry|so|kalk vgl. Chrysochalk

Chry|so|lith [auch: ...'lɪt], der; -s u. -en, -e[n] ⟨*gr.-lat.*⟩: ein Mineral

Chry|so|pras, der; -es, -e: ein Halbedelstein

Chry|so|se, Chry|so|sis, die; -, ...osen (Med.): Ablagerung von Gold in der Haut u. damit verbundene Gelbfärbung der Haut nach längerer Behandlung mit goldhaltigen Arzneimitteln

Chry|so|til, der; -s, -e: ein farbloses, feinfaseriges Mineral

chtho|nisch [ç...] ⟨*gr.*⟩: der Erde angehörend, unterirdisch; **chthonische Götter:** Erdgottheiten; in der Erde wohnende u. wirkende Götter (z. B. Pluto, die Titanen)

Chubb|schloss® ['tʃap...], das; -es, Chubbschlösser ⟨nach dem engl. Erfinder⟩: ein Sicherheitsschloss

Church Ar|my ['tʃœ:ɐ̯tʃ 'a:mɪ], die; - - ⟨*engl.;* »Kirchenarmee«⟩: kirchlich-soziale Laienbewegung der anglikanischen Kirche in Großbritannien, die ihre Aufgabe in sozialer Fürsorge u. Volksmission sieht

Chut|ba [x...] ⟨*arab.*⟩: Predigt im islamischen Gottesdienst an Freitagen u. Festtagen

Chut|ney ['tʃatni], das; -[s], -s ⟨*Hindi-engl.*⟩: Paste aus zerkleinerten Früchten mit Gewürzzusätzen

Chuz|pe [x...], die; - ⟨*hebr.-jidd.*⟩ (salopp abwertend): Unverfrorenheit, unbekümmerte Dreistigkeit, Unverschämtheit

chy|lös [çy...] ⟨*gr.-nlat.*⟩ (Med.): **a)** aus Chylus bestehend; **b)** milchig getrübt

Chy|l|u|rie, die; -, ...ien (Med.): Ausscheidung von Chylus im Harn

Chy|lus, der; - ⟨*gr.-lat.*⟩ (Med.): fettreiche Lymphe in den Gefäßen des Verdauungstraktes

Chy|mo|sin [çy...], das; -s ⟨*gr.-nlat.*⟩ (Biol.): Absonderung des Labmagens im Kälbermagen, Labferment

Chy|mus, der; - ⟨*gr.-lat.*⟩ (Med.): nicht zu Ende verdauter (angedauter) Speisebrei im Magen, der von dort aus in den Darm gelangt

Chy|p|re ['ʃi:prə], das; - ⟨nach der frz. Form des Namens »Zypern«⟩: ein Parfüm

CIA [si:aɪ̯'ʔɛɪ̯], die od. der; - ⟨Abk. für *engl.* *C*entral *I*ntelligence *A*gency »zentrale Nachrichtenagentur«⟩: US-amerikanischer Geheimdienst

Cia|bat|ta [tʃa...], die; -, ...te, auch das; -s, -s ⟨*it.*⟩: knuspriges italienisches Weißbrot, das mit Olivenöl gebacken wird

Cia|co|na [tʃa'ko:na] vgl. Chaconne

ciao! [tʃaʊ̯] vgl. tschau

Ci|bo|ri|um [ts...] vgl. Ziborium

CIC = Codex Iuris Canonici

Ci|ce|ro ['tsɪtsero, auch: 'tsi:tsero], die (schweiz.: der); - ⟨nach dem röm. Redner M. T. Cicero, 106–43 v. Chr.⟩ (Druckw.): Schriftgrad von 12 Punkt (ungefähr 4,5 mm Schrifthöhe)

Ci|ce|ro|ne [tʃitʃe'ro:nə], der; -[s], -s u. ...ni ⟨*lat.-it.;* aufgrund eines scherzhaften Vergleichs mit dem röm. Redner Cicero⟩: [sehr viel redender] Fremdenführer

Ci|ce|ro|ni|a|ner [tsi...], der; -s, - ⟨*lat.*⟩: Vertreter des Ciceronianismus. **ci|ce|ro|ni|a|nisch: 1. a)** nach Art des Redners Cicero; **b)** mustergültig, stilistisch vollkommen. **2. a)** den Ciceronianer betreffend; **b)** den Ciceronianismus betreffend. **Ci|ce|ro|ni|a|nis|mus,** der; - ⟨*lat.-nlat.*⟩: in der Renaissancezeit einsetzende Bewegung in Stilkunst u. Rhetorik, die sich den Stil des römischen Redners u. Schriftstellers Cicero zum Vorbild nimmt

Ci|cis|beo [tʃitʃɪs...], der; -[s], -s ⟨*it.*⟩: [vom Ehemann akzeptierter] Liebhaber der Ehefrau

Ci|d|re ['si:drə], der; -[s], -s ⟨*hebr.-gr.-lat.-vulgärlat.-frz.*⟩: Apfelwein, v. a. aus der Normandie od. der Bretagne

cif [tsɪf, sɪf] = cost, insurance, freight

Ci|lia vgl. Zilie

Cim|bal vgl. Zimbal

Cin|cho|na [sɪn'tʃo:na], die; -, ...nen ⟨nach der Gemahlin des Grafen Cinchón, des Vizekönigs von Peru im 17. Jh.⟩: Chinarindenbaum (Südamerika)

Cin|cho|nin, das; -s ⟨*nlat.*⟩: ein ↑Alkaloid der ↑Chinarinde

Cinch|ste|cker [ˈtʃın(t)ʃ...], der; -s, - ⟨*engl.; dt.*⟩: Steckverbindung [an elektrischen Geräten] mit zentralem Stift und ihn umgebender Hülse als zweitem Pol

Ci|ne|ast [s...], der; -en, -en ⟨*gr.-frz.*⟩: **a)** Filmschaffender; **b)** Filmkenner, begeisterter Kinogänger. **Ci|ne|as|tik,** die; -: Filmkunst. **Ci|ne|as|tin,** die; -, -nen: weibliche Form zu ↑Cineast. **ci|ne|as|tisch:** die Cineastik betreffend

Ci|nel|li [tʃ...], die (Plural) ⟨*it.*⟩: Tschinellen

Ci|ne|ma|gic [sınəˈmædʒık], das; - ⟨*gr.-engl.;* Kunstw.⟩ (Film): Verfahren der Trickfilmtechnik, bei dem Real- u. Trickaufnahmen gemischt werden

Ci|ne|ma|scope® [sinemaˈsko:p], das; - ⟨*gr.-engl.*⟩ (Film): besonderes Projektionsverfahren

Ci|ne|ma|thek [s...] vgl. Kinemathek

Ci|ne|max® [ˈsınə...], das; -, -e ⟨*engl.; lat.*⟩: Filmtheater mit mehreren Kinosälen, Kinocenter

ci|ne|phil ⟨*engl.; gr.*⟩: sehr an der Filmkunst interessiert, kinobegeistert. **Ci|ne|phi|le** [s...], der u. die; -n, -n ⟨*frz.; gr.*⟩: cinephile Person. **Ci|ne|phi|lie,** die; -: Begeisterung für die Filmkunst, das Kino

Ci|ne|ra|ma® [s...], das; - ⟨*gr.-frz.-engl.*⟩: besonderes Projektionsverfahren

Cin|gu|lum [ts...] vgl. Zingulum

Cin|que|cen|tist [tʃıŋkvetʃɛn...], der; -en, -en ⟨*lat.-it.*⟩: Künstler des Cinquecento. **Cin|que|cen|to,** das; -[s]: Kultur u. Kunst des 16. Jh.s in Italien (Hochrenaissance, Manierismus [1])

Cin|vat|brü|cke [ˈtʃınvat...], die; - ⟨*iran.; dt.;* »Trennungsbrücke«⟩: Totenbrücke der alten iranischen u. der ↑parsischen Religion, von der die Bösen in die Hölle stürzen

Cin|za|no® [tʃın...], der; -[s], -s (aber: 3 -): italienischer Wermutwein

[1]**CIO** [siaıˈoʊ], der; -[s] ⟨Abk. von engl. *C*ongress of *I*ndustrial *O*rganizations⟩: Spitzenverband der amerikanischen Gewerkschaften

[2]**CIO,** der; -[s], -[s] ⟨Abk. von engl. *C*hief *I*nformation *O*fficer⟩: für die Informationstechnologie eines Unternehmens verantwortliche Führungskraft

Ci|pol|la|ta [tʃ...], die; -, -s u. ...ten ⟨*lat.-it.;* »Zwiebelgericht«⟩: **a)** Gericht aus Bratwürstchen, Zwiebeln, Maronen, Karotten u. Speck; **b)** kleines, in der Zusammensetzung der Weißwurst ähnliches Würstchen

Ci|pol|lin, Ci|pol|li|no [tʃ...], der; -s: Zwiebelmarmor (mit Kalkglimmerschiefer durchsetzter Marmor)

cir|ca, zirka ⟨*lat.*⟩: ungefähr, etwa (Abk.: ca.)

Cir|ca|ra|ma [sırka...], das; - ⟨(*lat.; gr.*) *engl.*⟩: Filmwiedergabetechnik, bei der der Film so projiziert wird, dass sich für den Zuschauer von der Mitte des Saales aus ein Rundbild ergibt

Cir|ce, die; -, -n ⟨nach der Zauberin der gr. Sage⟩: verführerische Frau, die es darauf anlegt, Männer zu betören

cir|cen|sisch vgl. zirzensisch

Cir|co|la|ti|on [sirkolaˈsi̯ɔ̃:], die; -, -s ⟨*lat.-frz.*⟩: Kreisstoß beim Fechten

Cir|cuit|trai|ning [ˈsœ:ɐ̯kıt...], das; -s ⟨*engl.*⟩: zur Verbesserung der allgemeinen ↑Kondition (2 b) geschaffene Trainingsmethode, die in einer Aufeinanderfolge von Kraftübungen an verschiedenen, im Kreis aufgestellten Geräten besteht

Cir|cu|lus, der; -, ...li ⟨*lat.*⟩ (Med.): [kleiner] Kreis, Ring

Cir|cu|lus vi|ti|o|sus, der; - -, ...li ...si: **1.** Zirkelschluss, bei dem das zu Beweisende in der Voraussetzung enthalten ist. **2.** (Med.) gleichzeitig bestehende Krankheitsprozesse, die sich gegenseitig ungünstig beeinflussen. **3.** Teufelskreis

Cir|cus vgl. Zirkus

Ci|ré [siˈre:], der; -[s], -s ⟨*lat.-frz.;* »gewachst«⟩: Seidengewebe mit harter Glanzschicht

Cire per|due [sirpɛrˈdy], die; - - ⟨»verlorenes Wachs«⟩: beim Bronzeguss über einem tönernen Kern modellierte u. beim Guss wegschmelzende Wachsform

cis|gen|der ⟨engl.⟩: eine mit dem körperlichen Geschlecht übereinstimmende Geschlechtsidentität habend. **Cis|gen|der,** der; -s, - u. die; -, -: jemand, der cisgender ist, sich als cisgender definiert

Ci|si|o|ja|nus, der; -, ...ni ⟨*lat.-nlat.*⟩: kalendarischer Merkvers des Mittelalters in lateinischer Sprache, der das Datum eines bestimmten Festes angibt (so bedeutet cisio = »Beschneidung« in Anfangsstellung vor Janus (Januarius), dass das Fest Christi Beschneidung auf den 1. Januar fällt)

Cis|la|weng vgl. Zislaweng

Cis|ta usw. vgl. Zista usw.

ci|ta|to lo|co [auch: - ˈlɔko] ⟨*lat.*⟩: an der angeführten Stelle (Abk.: c. l.); vgl. loco citato

ci|tis|si|me ⟨*lat.*⟩: sehr eilig. **ci|to:** eilig

Ci|to|y|en [sitoa̯ˈjɛ̃:], der; -s, -s ⟨*lat.-mlat.-frz.*⟩: frz. Bez. für: [Staats]bürger

Ci|t|ral vgl. Zitral

Ci|t|rat vgl. Zitrat

Ci|t|rin vgl. Zitrin

Ci|t|rus|frucht vgl. Zitrusfrucht

Ci|ty [ˈsıti], die; -, -s ⟨*lat.-frz.-engl.*⟩: Geschäftsviertel einer Großstadt, Innenstadt

Ci|ty|bike [...baı̯k], das; -s, -s ⟨*engl.*⟩: kleines Motorrad für den Stadtverkehr; vgl. Bike

Ci|ty|lauf, der (Sport): in einer Innenstadt durchgeführter (Langstrecken)lauf

Ci|ty|light® [...laı̯t], das; -s, -s ⟨*engl.*⟩: von hinten beleuchtete Glasfläche mit rotierenden Werbemotiven. **Ci|ty|light|pos|ter** [...pɔʊ̯stə], das, seltener der; -s, - (bei engl. Ausspr.: -s) ⟨*engl.*⟩: vgl. Citylight

Ci|ty|lo|gis|tik, die; -: Kooperation von (meist unabhängigen) Unternehmen zur Belieferung eines Stadtzentrums mit Gütern

Ci|ty|maut, die; -: beim Befahren des Innenstadtbereichs zu entrichtende Gebühr

Ci|ty|ruf, der; -s, -e: auf unterschiedliche Weise über meist kürzere Strecken übermittelbarer Funkruf, der in Form von Tönen, Ziffern od. Text mithilfe kleiner, handlicher Empfangsgeräte empfangen werden kann

Ci|u|dad [si̯uˈdad, span.: θi̯uˈðað], die; -, -es ⟨*span.;* »Stadt«⟩: Bez.

für Stadt (auch als Namensbestandteil) in Spanien u. Lateinamerika

Ci|vet [si'veː, si'vɛ], das; -s, -s ⟨*lat.-frz.*⟩: ↑Ragout von Hasen u. Wildkaninchen

Ci|vi|tas Dei, die; - - ⟨*lat.*⟩: Staat Gottes, der dem Staat des Teufels gegenübergestellt wird (geschichtsphilosophischer Begriff aus dem Hauptwerk des Augustinus)

Clac|to|ni|en [klɛkto'ni̯ɛ̃], das; -[s] ⟨nach dem Fundort Clacton on Sea in England⟩: Kulturstufe der Älteren Altsteinzeit

Cla|do|ce|ra, die (Plural) (Zool.): Kladozeren

Claim [kleɪ̯m], der, auch das; -[s], -s ⟨*lat.-frz.-engl.*⟩: **1.** (Rechtswiss.) Anrecht, Rechtsanspruch; Patentanspruch. **2.** (Wirtsch.) Anteil (z. B. an einem Goldgräberunternehmen). **3.** Behauptung, die von der Werbung aufgestellt wird

Clai|ret [klɛ'rɛ], der; -s, -s ⟨*lat.-vulgärlat.-frz.*⟩: französischer Rotwein, der wenig Gerbstoff enthält

Clai|rette [...'rɛt], die; - ⟨*lat.-frz.*⟩: leichter französischer Weißwein

Clair-ob|s|cur [klɛrɔps'kyːɐ̯], das; -[s] (Kunstwiss.): Helldunkelmalerei (Stil in Malerei u. Grafik)

Clair-ob|s|cur-Schnitt, der; -[e]s, -e: Helldunkelschnitt in der Holzschnittkunst

Clai|ron [...'rɔ̃ː], das; -s, -s: **1.** Bügelhorn, Signalhorn. **2.** ↑Clarino (1). **3.** ↑Clarino (2)

Clair|vo|y|ance [klɛrvo̯a'jɑ̃ːs], die; -: Fähigkeit, im ↑somnambulen od. Trancezustand die Zukunft vorauszusehen; Hellsehen

Clan [klaːn, engl.: klæn], der; -s, -s (bei engl. Aussprache nur so), seltener -e, Klan, der; -s, -s (bei engl. Aussprache nur so) , seltener -e ⟨*kelt.-engl.*⟩: **1. a)** (Völkerkunde) Gruppe eines Stammes, die sich von gleichen Vorfahren herleitet; **b)** schottischer Lehns- u. Stammesverband. **2.** (iron. abwertend) durch gemeinsame Interessen od. verwandtschaftliche Beziehungen verbundene Gruppe

Claque [klak], die; -, -n ⟨*frz.*⟩: bestellte, mit Geld od. Freikarten bezahlte Gruppe von Beifallklatschern

Cla|queur [kla'køːɐ̯], der; -s, -e: bestellter Beifallklatscher. **Cla|queu|rin** [...'køːrɪn], die; -, -nen: weibliche Form zu ↑Claqueur

¹Cla|ret ['klɛrət], der; -s, -s ⟨*lat.-frz.-engl.*⟩: engl. Bez. für: roter Bordeauxwein

²Cla|ret [kla'reː], der; -[s], -s ⟨*lat.-frz.*⟩: leichter Rotwein

Cla|ri|no, das; -s, -s u. ...ni ⟨*lat.-it.*⟩: **1.** hohe Trompete (Bachtrompete). **2.** Zungenstimme der Orgel

Clar|kia, Clar|kie, die; -, ...ien ⟨*nlat.;* nach dem amerik. Forscher William Clark, 1770–1838⟩: Zierpflanze aus Nordamerika (Nachtkerzengewächs)

Clas|sic|rock ['klæsɪkrɔk, 'klæsɪk 'rɔk], der; -[s], **Clas|sic Rock**, der; - -[s] ⟨*engl.*⟩: Musikrichtung, für die Kombinationen von klassischer Musik mit Klangvorstellungen des Rocks oder Rockversionen klassischer Konzertwerke typisch sind

Clau|su|la, die; -, ...lae [...ɛ] ⟨*lat.*⟩: ↑Klausel

clau|su|la re|bus sic stan|ti|bus (Rechtswiss.): Vorbehalt, dass ein Schuldversprechen od. ein Geschäft bei Veränderung der Verhältnisse seine bindende Wirkung verliert

Cla|ve|cin [klavə'sɛ̃ː], das; -s, -s ⟨*(lat.; gr.) mlat.-frz.*⟩: frz. Bez. für ↑Cembalo

Cla|ve|ci|nist [...si...], der; -en, -en (meist Plural): französischer Komponist bedeutender Cembalomusik im 17. u. 18. Jh.

Cla|ves, die (Plural) ⟨*lat.-span.*⟩: Hartholzstäbchen als Rhythmusinstrument

Cla|vi|cem|ba|lo [...'tʃɛm...], das; -s, -s u. ...li ⟨*(lat.; gr.) mlat.-it.*⟩: Cembalo

Cla|vi|cu|la vgl. Klavikula

Cla|vis, die; -, - u. ...ves [...veːs]: **1.** (Musik) **a)** Orgeltaste; **b)** Notenschlüssel. **2.** (veraltet) lexikografisches Werk zur Erklärung antiker Schriften od. der Bibel

Cla|vus, der; -, ...vi: **1.** Purpur- od. Goldstreifen am Gewand altröm. Würdenträger. **2.** (Med.) **a)** Hornzellenwucherung der Haut; **b)** Hühnerauge

clean [kliːn] ⟨*engl.*⟩: **a)** (ugs.) von Drogen nicht mehr abhängig; **b)** steril, sauber, nüchtern

Clean Eating ['kliːn 'iːtɪŋ], das; - -s ⟨*engl.*⟩: Ernährungsweise, bei der auf industriell verarbeitete Lebensmittel verzichtet wird

Clea|ner ['kliːnɐ], der; -s, - ⟨*engl.*⟩: **1.** Reinigungsmittel. **2.** Reinigungsfirma, bes. für öffentliche Gebäude u. Dienststellen

Clean Pro|duc|tion ['kliːn prə'dakʃn̩], die; - - ⟨*engl.*⟩: umweltverträgliche Produktionsweise

Clear-Air-Tur|bu|lenz ['kliːɐ̯'ʔɛːɐ̯...], die; -, -en ⟨*lat.-frz.-engl.*⟩ (Meteorol.): ↑Turbulenz (2) im wolkenfreien Raum

Clea|rance ['kliːrəns], das od. die; - ⟨*engl.;* »das Aufräumen«⟩ (Med.): Maß für die Leistung, die die Nieren beim Entgiften erbringen

Clea|ring ['kliːrɪŋ], das; -[s], -s: Verrechnung; Verrechnungsverfahren

Clea|ring|sys|tem, das; -s, -e: Gruppe von Banken, die Wertpapiergeschäfte untereinander nicht direkt, sondern über eine zentrale Institution abwickeln

Cle|ma|tis vgl. Klematis

Cle|men|ti|ne, Klementine, die; -, -n ⟨wohl nach dem ersten Züchter, dem frz. Trappistenmönch Père Clément⟩: süße [kernlose] mandarinenähnliche Frucht

Clen|bu|te|rol®, das; -s ⟨Kunstw.⟩: zur Kälbermast u. als Dopingmittel verwendetes Anabolikum

Cle|ri|hew ['klɛrɪhjuː], das; -[s], -s ⟨nach dem ersten Verfasser E. Clerihew Bentley⟩: vierzeilige humoristische Gedichtform

Clerk [klark, klɑːk], der; -s, -s ⟨*gr.-lat.-frz.-engl.*⟩: **1.** kaufmännischer Angestellter (in Großbritannien od. Amerika). **2.** britischer od. amerikanischer Verwaltungsbeamter [beim Gericht]

cle|ver ['klɛvɐ] ⟨*engl.*⟩: in taktisch schlauer, geschickter Weise vorgehend; klug, gewitzt. **Cle|ver|ness**, die; -: clevere Art u. Weise, cleveres Verhalten

Cli|an|thus, der; - ⟨*gr.-nlat.*⟩: aus

Australien stammender Zierstrauch

Cli|ché [kli'ʃeː]: frühere Schreibung für: Klischee

Cli|ent ['klai̯ənt], der; -s, -s ⟨*lat.-engl.*⟩ (EDV): Rechner innerhalb eines Netzwerks, der vom Server (1) Dienste in Anspruch nimmt

Cli|ent-Ser|ver-Ar|chi|tek|tur [klai̯ənt'sœːɐ̯vɐ...], die; - (EDV): Anordnung in Netzwerken zur effektiveren Nutzung der einzelnen Rechnerkomponenten

Cliff|han|ger [...hɛŋɐ], der; -s, - ⟨*engl.*⟩: effektvoller, Spannung hervorrufender Schluss der Folge einer Fernseh-, Film- od. Rundfunkserie, der Neugier auf die Fortsetzung wecken soll

Clinch [klɪntʃ, klɪnʃ], der; -[e]s ⟨*engl.*⟩: das Umklammern u. Festhalten des Gegners im Boxkampf; **mit jmdm. im Clinch liegen:** eine Meinungsverschiedenheit, einen Streit haben

Cli|no|mo|bil vgl. Klinomobil

[1]**Clip,** Klipp, der; -s, -s ⟨*engl.*⟩: **a)** Klammer, Klemme; **b)** ↑Klips

[2]**Clip,** der; -s, -s: Kurzform von ↑Videoclip

[1]**Clip|art,** die; - ⟨*engl.*⟩ (EDV): Zusammenstellung, Angebot von digitalisierten [kleineren] Bildern

[2]**Clip|art,** das; -s, -s (meist Plural) (EDV): [kleineres] digitalisiertes Bild

Clip|board [...bɔːd], das; -s, -s ⟨*engl.*⟩ (EDV): verdeckte Zwischenablage, z. B. in Textverarbeitungsprogrammen

Clip|per®, der; -s, - ⟨*engl.*⟩ (veraltet): auf Überseestrecken eingesetztes amerikanisches Langstreckenflugzeug

Cli|que ['klɪkə, auch: 'kliːkə], die; -, -n ⟨*frz.*⟩: **a)** (abwertend) Personengruppe, die vornehmlich ihre eigenen Gruppeninteressen verfolgt; **b)** Freundes-, Bekanntenkreis

Cli|via, Klivie [...i̯ə], die; -, ...vien ⟨*nlat.;* nach einer engl. Herzogin, Lady Clive⟩: Zimmerpflanze mit orangefarbenen Blüten

Clo|chard [klɔ'ʃaːɐ̯], der; -[s], -s ⟨*frz.*⟩: Stadtstreicher (bes. in Frankreich)

Cloche [klɔʃ], die; -, -s [klɔʃ] ⟨*frz.*⟩: **1.** bes. beim Servieren verwendete Haube [aus Metall] zum Warmhalten von Speisen. **2.** Damenhut in Form einer Glocke, der bes. in den 1920er-Jahren in Mode war

Clog [klɔk], der; -s, -s (meist Plural) ⟨*engl.*⟩: Holzpantoffel mit dicker Sohle

Cloi|son|né [klo̯azɔ'neː], das; -[s], -s ⟨*lat.-vulgärlat.-frz.*⟩: bestimmte Technik bei Goldemailarbeiten, Zellenschmelz

Clo|ning, das; -s, -s ⟨*engl.*⟩: künstliches Erzeugen von Leben od. einem Lebewesen durch genetische Manipulation

Clo|qué [klo'keː], der; -[s], -s ⟨*frz.*⟩: modisches Kreppgewebe mit welliger Oberfläche; Blasenkrepp

Clos [kloː], das; - [kloː(s)], - [kloːs] ⟨*lat.-frz.*⟩: von einer Mauer od. Hecke eingefriedeter Weinberg od. -garten in Frankreich

Closed Shop ['klɔʊ̯zd 'ʃɔp], der; - -[s], - -s ⟨*engl.*⟩: **1.** (EDV früher) Betriebsart eines Rechenzentrums, bei der der Benutzer die Daten anliefert u. die Resultate abholt, jedoch zur Datenverarbeitungsanlage selbst keinen Zutritt hat (Ggs.: Open Shop [1]). **2.** Unternehmen, das ausschließlich Gewerkschaftsmitglieder beschäftigt (früher in Großbritannien u. den USA) (Ggs.: Open Shop [2])

Close-up ['klɔʊ̯sʔap], das; -[s], -s ⟨*engl.*⟩ (Film, Fernsehen): Nah-, Großaufnahme

Clos|t|ri|di|um, das; -s ⟨*gr.-nlat.*⟩: Gattung Sporen bildender [krankheitserregender] ↑Bakterien

Cloth [klɔθ], der od. das; - ⟨*engl.;* »Tuch«⟩: glänzender [Futter]stoff aus Baumwolle od. Halbwolle in Atlasbindung (einer besonderen Webart)

Clou [kluː], der; -s, -s ⟨*lat.-frz.;* »Nagel«⟩: Höhepunkt (im Ablauf) von etwas; Kernpunkt

Cloud [klaʊ̯d], die; -, -s ⟨*engl.* cloud »Wolke«⟩ (EDV): beim ↑Cloud-Computing benutztes Netzwerk mehrerer verteilter Rechner

Cloud-Com|pu|ting, Cloud|com|pu|ting [...kɔmpjuː...], das; -s ⟨*engl.*⟩ (EDV): Nutzung von IT-Infrastrukturen und -Dienstleistungen, die als Dienst gemietet werden u. auf die über ein Netzwerk (z. B. das Internet) zugegriffen wird

Cloud-Spei|cher, Cloud|spei|cher ['klaʊ̯t...], der; -s, - (EDV): beim ↑Cloud-Computing bereitgestellter Speicher[platz]

Clown [klaʊ̯n], der; -s, -s ⟨*lat.-frz.-engl.*⟩: Spaßmacher [im Zirkus od. Varieté]

Clow|ne|rie, die; -, ...i̯en: Spaßmacherei, spaßige Geste

clow|nesk: nach Art eines Clowns beschaffen

Clow|nis|mus, der; - ⟨*nlat.*⟩ (Med.): groteske Körperverrenkungen bei verschiedenen psychopathischen Zuständen

Club vgl. Klub

club|ben ['klabn̩]: mehrere Discos, Nachtklubs am selben Abend besuchen

club|big ['klabɪç]: für eine Disco, einen Nachtklub charakteristisch

Club|gar|ni|tur vgl. Klubgarnitur

Club|wear [...wɛːɐ̯, auch: 'klʌb...], die; -, auch: der od. das; -[s] ⟨*engl.*⟩: modische Freizeitkleidung, die die Identifikation mit einem bestimmten Verein od. einer Gruppe zum Ausdruck bringen soll

Clum|ber|spa|ni|el ['klʌmbə...], der; -s, -s ⟨nach dem engl. Landsitz Clumber⟩: englische Jagdhundrasse

Clu|ni|a|zen|ser usw. vgl. Kluniazenser usw.

Clus|ter ['klastɐ, 'klʌstə], der, auch: das; -s, - ⟨*engl.*⟩: **1.** (Physik) als einheitliches Ganzes zu betrachtende Menge von Einzelteilchen. **2.** (Musik) Klanggebilde, das durch Übereinanderstellen kleiner ↑Intervalle (2) entsteht; Klangfeld. **3.** (Wirtsch.) räumlich konzentrierte Ansammlung verschiedener miteinander kooperierender Firmen [u. Forschungseinrichtungen] desselben Wirtschaftszweiges. **4.** (Sprachwiss.) **a)** Folge von aufeinanderfolgenden ungleichen Konsonanten; **b)** ungeordnete Menge semantischer Merkmale eines Begriffs. **5.** (Informatik) **a)** [nach logischen Kriterien zusammengesetzter] Block auf einem Datenträger; **b)** Gruppe von miteinander vernetzten Computern [mit der Funktion eines Großrechners]

Clus|ter|ana|ly|se, die; -: math. Methode zum Nachweis von Häufungen von Variablen in komplexen Datensätzen

Clus|ter|kopf|schmerz ['klastər...], der; -es (Med.): halbseitig lokalisierte, serienweise auftretende Kopfschmerzattacken

Clutch [klatʃ], die; -, -[e]s ⟨*engl.*⟩: kleine Damenhandtasche ohne Schulterriemen oder Griff

c/o = care of

co..., Co... vgl. kon..., Kon...

¹Coach [kɔʊ̯tʃ, ko:tʃ], der; -[e]s, -[e]s [auch: ...ɪs] ⟨*engl.*⟩: **1.** jmd., der Sportler od. eine Sportmannschaft, auch Künstler u. Ä. trainiert, betreut. **2.** jmd., der anhand von wissenschaftlich begründeten Methoden einen Klienten berät u. betreut, um dessen berufliches Potenzial zu optimieren

²Coach [ko:tʃ], die; -, -es: im 19. Jh. verwendete vierrädrige Kutsche für vier Personen

coa|chen ['kɔʊ̯tʃn̩, 'ko:tʃn̩]: Sportler od. eine Sportmannschaft, auch Manager, Künstler u. Ä. trainieren u. betreuen

Coa|chin ['kɔʊ̯tʃɪn, 'ko:tʃɪn], die; -, -nen: weibliche Form zu ↑¹Coach

Coa|ching, das; -[s], -s: das Coachen (z. B. das Betreuen von Sportlern; Förderung von Mitarbeitern, Beratung von Managern)

Co-Ad|ju|tor, Co|ad|ju|tor, Ko-Adjutor, Koadjutor [auch: ...'ju:...], der; -s, ...oren ⟨*lat.*⟩: katholischer Vikar, der den durch Alter od. Krankheit behinderten Stelleninhaber mit dem Recht der Nachfolge vertritt

Co|agu|lum vgl. Koagulum

Coat [kɔʊ̯t], der; -[s], -s ⟨*germ.-frz.-engl.*⟩: dreiviertellanger Mantel

Coa|ting ['kɔʊ̯tɪŋ], der; -[s], -s: **1.** (ohne Plural) tuchartiger Kammgarnstoff in Köperbindung (eine Webart). **2.** schützende Beschichtung, Überzug (gegen Abrieb usw.). **3.** Überzug aus (natürlichen od. synthetischen) Wachsen u. Harzen, der z. B. auf Lebensmittel zum Schutz gegen Wasseraufnahme od. -abgabe sowie gegen schädigende Einwirkungen aus der Lageratmosphäre aufgebracht wird

Co-Au|tor, Co|au|tor, Ko-Autor, Koautor, Konautor, der; -s, -en ⟨*lat.*⟩: Mitverfasser

Co-Au|to|rin, Co|au|to|rin, Ko-Autorin, Koautorin, Konautorin, die; -, -nen: weibliche Formen zu ↑Co-Autor usw.

Cob, der; -s, -s ⟨*engl.*⟩: kleines, starkes, für Reiten u. Fahren gleichermaßen geeignetes englisches Gebrauchspferd

Co|baea [ko'bɛ:a], die; -, -s ⟨*nlat.;* nach dem span. Naturforscher B. Cobo, 1582–1657⟩: Glockenrebe (eine mexikanische Zierpflanze)

Co|balt vgl. Kobalt

Cob|b|ler, der; -s, -[s] ⟨*engl.*⟩: ↑Cocktail aus Likör, Weinbrand od. Weißwein, Fruchtsaft, Früchten u. Zucker

COBOL, das; -[s] ⟨Kurzw. aus: *c*ommon *b*usiness *o*riented *l*anguage; *engl.*⟩ (EDV): Programmiersprache zur problemorientierten Formulierung von Programmen der kommerziellen Datenverarbeitung

Co|bot, der; -[s], -s ⟨engl. Kurzwort für »kollaborativer Roboter«⟩ (Technik): Industrieroboter, der mit Menschen gemeinsam arbeitet

Co|ca, das; -[s], -s (aber: 3 -) (ugs.): Kurzform von [Flasche] Coca-Cola

Co|ca-Co|la®, das; -[s] od. die; - (5 [Flaschen] -) ⟨Herkunft ungeklärt⟩: koffeinhaltiges Erfrischungsgetränk

Co|ca|in vgl. Kokain

Co|car|ci|no|gen [...tsi...] vgl. Karzinogen

Coc|cus vgl. Kokkus

Co|che|nil|le [kɔʃə'nɪljə] vgl. Koschenille

Coch|lea, die; -, ...eae [...eɛ] ⟨*gr.-lat.*⟩: **1.** Teil des Innenohrs. **2.** Gehäuse der Schnecken

Co|chon [kɔ'ʃõ:], der; -s, -s ⟨*frz.;* »Schwein«⟩ (veraltet): unanständiger Mensch

Co|chon|ne|rie [kɔʃɔnə...], die; -, ...ien: Schweinerei, Unflätigkeit, Zote

Co|cker|spa|ni|el, der; -s, -s ⟨*engl.*⟩: englische Jagdhundrasse

¹Cock|ney ['kɔknɪ], das; -[s] ⟨*engl.*⟩: (als Zeichen der Unbildung angesehene) Mundart der Londoner Bevölkerung

²Cock|ney, der; -s, -s: jmd., der ¹Cockney spricht

Cock|pit, das; -s, -s ⟨*engl.;* »Hahnengrube«⟩: **1.** Pilotenkabine in [Düsen]flugzeugen. **2.** Fahrersitz in einem Rennwagen. **3.** vertiefter, ungedeckter Sitzraum für die Besatzung in Segel- u. Motorbooten

Cock|tail ['kɔktɛɪ̯l], der; -s, -s ⟨*engl.;* »Hahnenschwanz«⟩: **1. a)** alkoholisches Mischgetränk aus verschiedenen Spirituosen, Früchten, Fruchtsaft u. anderen Zutaten; **b)** Mischung (z. B. von Speisen). **2.** ↑Cocktailparty

Cock|tail|kleid, das; -[e]s, -er: elegantes, kurzes Gesellschaftskleid

Cock|tail|par|ty, die; -, -s: zwanglose Geselligkeit in den frühen Abendstunden, bei der Cocktails (1 a) serviert werden

Co|coo|ning [kə'ku:nɪŋ], das; -s ⟨*engl.;* eigtl. »das Einspinnen«⟩: das Zu-Hause-Bleiben während der Freizeit; [völliger] Rückzug in die Privatsphäre

Co|da, Koda, die; -, -s ⟨*lat.-it.;* »Schwanz«⟩: **1.** Schluss od. Anhang eines musikalischen Satzes. **2.** zusätzliche Verse beim ↑Sonett u. bei anderen romantischen Gedichtformen

Code, Kode [ko:t], der; -s, -s ⟨*lat.-frz.-engl.*⟩: **1.** System von Regeln u. Zeichen, das die Zuordnung von Zeichen[folgen] zweier verschiedener Zeichenvorräte erlaubt u. somit einen Schlüssel zur Übertragung verschlüsselter Texte darstellt. **2.** (Sprachwiss.) Gesamtheit sprachlicher Zeichen u. Regeln u. ihre Verknüpfungen. **3.** (Soziolinguistik) durch die Zugehörigkeit zu einer bestimmten sozialen Schicht vorgegebene Verwendungsweise von Sprache

Code ci|vil [ko:dsi'vi:l], der; - - ⟨*frz.*⟩: französisches Zivilgesetzbuch

Co|de|in, Kodein ⟨*gr.-nlat.*⟩ das; -s: ein Alkaloid des Opiums, das als hustenstillendes Mittel verwendet wird

co|den [auch: 'kɔʊ̯...] ⟨*lat.-frz.-engl.*⟩ (EDV-Jargon): programmieren

Code Na|po|lé|on [ko:dnapole'ɔ̃:], der; - - ⟨*frz.*⟩: Bezeichnung des Code civil zwischen 1807 u. 1814

Code|sha|ring ['kɔʊ̯dʃɛ:rɪŋ], das;

-[s] ‹*engl.*›: gemeinsame Veranstaltung eines Linienflugs unter unterschiedlichen Flugnummern durch zwei od. mehr Fluggesellschaften

Code|swit|ching ['koʊ̯dswɪtʃɪŋ], das; -[s], -s ‹*engl.*› (Sprachwiss.): Übergang von einer Sprachvarietät in eine andere (z. B. von der Standardsprache zur Mundart) innerhalb eines Gesprächs

Co|dex vgl. Kodex

Co|dex ar|gen|te|us, der; - -: ältestes ↑Evangeliar in gotischer Sprache mit Silberschrift auf Purpurpergament

Co|dex au|re|us, der; - -, Codices aurei [...tseːs -]: kostbare mittelalterliche Handschrift mit Goldschrift od. goldenem Einband

Co|dex Iu|ris Ca|no|ni|ci, Co|dex Ju|ris Ca|no|ni|ci, der; - - -: das Gesetzbuch des katholischen Kirchenrechts (seit 1918) (Abk.: CIC)

Co|di|cil|lus, der; -, ...lli: kleiner Kodex, Notizbüchlein; vgl. Kodizill

co|die|ren, kodieren ‹*lat.-frz.-engl.*›: **1.** eine Nachricht mithilfe eines ↑Codes (1) verschlüsseln (Ggs.: decodieren). **2.** etwas Mitzuteilendes mithilfe des ↑Codes (2) in eine sprachliche Form bringen

Co|die|rer, der; -s, -: Encoder

Co|die|rung, Kodierung, die; -, -en: das Codieren

Co|don, das; -s, ...one[n] ‹*lat.-frz.*› (Biochemie): drei aufeinanderfolgende Basen einer Nukleinsäure, die den Schlüssel für eine Aminosäure im ↑Protein darstellen

Coe|cum ['tsøːkʊm] vgl. Zökum

Coe|les|tin [tsø...] vgl. Zölestin

Coe|lin[|blau], das; -[s] ‹*lat.; dt.*›: eine lichtblaue Malerfarbe

Coe|me|te|ri|um [tsø...] vgl. Zömeterium

Coe|no|bit [tsø...] usw. vgl. Zönobit usw.

co|e|tan [ko...] usw. vgl. koätan usw.

Cœur [kœːɐ̯], das; -[s], -[s] ‹*lat.-frz.*›: durch ein rotes Herz gekennzeichnete Spielkarte

Co|fer|men|ta|ti|on [auch: ...'tsi̯oːn] vgl. Kofermentation

Cof|fee|shop, Cof|fee-Shop ['kɔfiʃɔp], der; -s, -s ‹*engl.*›: **1.** kleines Restaurant (oft innerhalb eines Hotels), in dem Erfrischungen u. kleine Mahlzeiten serviert werden. **2.** (Jargon) Laden, in dem man u. a. Haschisch u. Marihuana kaufen kann

Cof|fe|in vgl. Koffein

Cof|fey|na|gel ['kɔfe...], Koffinnagel, der; -s, ...nägel ‹*engl.; dt.*›: hölzerner od. metallener Dorn zur Befestigung von leichtem Tauwerk auf Segelschiffen

Cof|fi|nit [auch: ...'nɪt], das; -s ‹nach dem amerik. Geologen R. C. Coffin›: ein stark radioaktives Mineral

co|gi|to, er|go sum ‹*lat.;* »ich denke, also bin ich«›: Grundsatz des französischen Philosophen Descartes

co|g|nac ['kɔnjak] ‹*frz.*›: goldbraun. **Co|g|nac®,** der; -[s], -s (aber: 3 -) ‹nach der frz. Stadt›: (aus Weinen des Gebietes um Cognac hergestellter) französischer Weinbrand

Cog|no|men vgl. Kognomen

Co|hi|ba®, die; -, -s ‹*indian.*›: kubanische Zigarre

Coif|feur [ko̯a'føːɐ̯], der; -s, -e ‹*frz.*› (bes. schweiz.): Friseur. **Coif|feu|se** [...'føzə], die; -, -n (schweiz.): Friseurin

Coif|fure [...'fyːɐ̯], die; -, -n: **1.** (geh.) Frisierkunst. **2.** (schweiz.) Frisiersalon. **3.** (veraltet) kunstvoll gestaltete Frisur

Coil [kɔi̯l], das; -s ‹*engl.*›: dünnes, aufgewickeltes Walzblech

Co|in|ci|den|tia Op|po|si|to|rum [koʔɪntsi... -], die; - - ‹*lat.;* »Zusammenfall der Gegensätze«›: Aufhebung der irdischen Widersprüche im Unendlichen, im göttlichen All (bei Nikolaus von Kues u. Giordano Bruno)

Coin|t|reau® [ko̯ɛ̃'troː], der; -s, - ‹*frz.*›: französischer Orangenlikör

Co|ir [ko'iːɐ̯, engl.: 'kɔi̯ə], die; - ‹*Malayalam-engl.*›: Faser der Kokosnuss

Co|i|tus vgl. Koitus

Co|i|tus a Ter|go, der; - - -, - [...tuːs] - - (Med.): Form des Koitus, bei der die Frau dem Mann den Rücken zuwendet; Geschlechtsverkehr »von hinten«

Co|i|tus in|ter|rup|tus, der; - -, - [...tuːs] ...ti (Med.): Form des Koitus, bei der der Penis vor dem Samenerguss aus der Scheide herausgezogen wird

Co|i|tus per Anum, der; - - -, - [...tuːs] - - (Med.): Geschlechtsverkehr durch Einführen des Penis in den After des Geschlechtspartners

Co|i|tus per Os, der; - - -, - [...tuːs] - - (Med.): Fellatio

Co|i|tus re|ser|va|tus, der; - -, - [...tuːs] ...ti (Med.): Geschlechtsverkehr, bei dem der Samenerguss absichtlich über längere Zeit hin od. gänzlich unterdrückt wird

Coke® [koːk, koʊ̯k], das; -[s], -s ‹*amerik.*›: kurz für ↑Coca-Cola

Co|la, das; -[s], -s od. die; -, -s (aber: 5 -) (ugs.): koffeinhaltiges Erfrischungsgetränk

Co|la|ni vgl. Kolani

Co|la|scio|ne [...'ʃoːnə], der; -, ...ni ‹*it.*›: süditalienisches Lauteninstrument mit langem Hals u. wechselnder Saitenzahl

col bas|so ‹*it.*› (Musik): mit dem Bass od. der Bassstimme [zu spielen] (Spielanweisung) (Abk.: c. b.)

Col|chi|cin vgl. Kolchizin

Col|chi|cum, das; -s ‹*nlat.;* nach der antiken Landschaft Kolchis am Schwarzen Meer›: Herbstzeitlose (ein Liliengewächs)

Cold|cream ['koʊ̯ltkriːm, auch: 'koʊ̯lt 'kriːm], die; -, -s, **Cold Cream,** die; - -, - -s ‹*engl.*›: pflegende, kühlende Hautcreme

Cold Rub|ber ['koʊ̯ld 'rʌbɐ, 'koʊ̯ldrʌbɐ], der; - -[s], **Cold|rub|ber,** der; -s ‹»kaltes Gummi«›: ein Kunstkautschuk

Co|le|o|p|ter [ko...], Koleopter, der; -s, - ‹*gr.*›: senkrecht startendes u. landendes Flugzeug mit einem Ringflügel; vgl. Koleoptere

Co|le|us, der; - ‹*gr.-lat.*›: Buntnessel (eine tropische Zimmerpflanze)

Co|li|tis vgl. Kolitis. **Co|li|tis ul|ce|ro|sa,** die; - - ‹*nlat.*› (Med.): chronische Entzündung des Dickdarms mit eitrigen Geschwüren u. Durchfällen

col|la de|s|t|ra ‹*it.*› (Musik): mit der rechten Hand [zu spielen] (Abk.: c. d.); vgl. colla sinistra

Col|la|ge [kɔ'laːʒə], die; -, -n ‹*frz.*›: [künstlerische] Komposition, die aus ganz Verschiedenartigem, aus vorgegebenen Dingen verschiedenen Ursprungs, Stils

zusammengefügt ist (z. B. Klebebild)
col|la|gie|ren: als Collage zusammensetzen, -stellen
col|la par|te ⟨*it.*⟩ (Musik): mit der Hauptstimme [gehend] (Spielanweisung)
Col|lar ['kʌlə], der; -s, -s ⟨*lat.-afrz.-engl.*⟩: Zinsvereinbarung bei Krediten, mit der eine Zinsobergrenze (↑ [1]Cap) und eine Zinsuntergrenze (↑ Floor) festgelegt werden
coll'ar|co ⟨*it.*⟩ (Musik): [wieder] mit dem Bogen [zu spielen] (Spielanweisung für Streicher nach vorausgegangenem ↑ Pizzikato) (Abk.: c. a.)
Col|l|ar|gol, Kollargol ⟨Kunstw.⟩ das; -s: antibakteriell wirkendes, kolloides Silber
col|la si|ni|s|t|ra ⟨*it.*⟩ (Musik): mit der linken Hand [zu spielen] (Abk.: c. s.); vgl. colla destra
col|lé [kɔ'le:] ⟨*gr.-vulgärlat.-frz.;* »angeleimt«⟩: dicht anliegend (vom Billardball, der an der Bande liegt)
Col|lec|ta|nea: lat. Form von ↑ Kollektaneen
Col|lege ['kɔlɪdʒ], das; -[s], -s ⟨*lat.-frz.-engl.*⟩: **a)** private höhere Schule mit Internat in Großbritannien; **b)** einer Universität angegliederte Lehranstalt mit Wohngemeinschaft von Dozenten u. Studenten in England; **c)** Eingangsstufe der Universität; die ersten Universitätsjahre in den USA
Col|lège [kɔ'lɛ:ʒ], das; -[s], -s ⟨*lat.-frz.*⟩: höhere Schule in Frankreich, Belgien u. der französischsprachigen Schweiz
Col|lege|map|pe ['kɔlɪdʒ...], die; -, -n ⟨*lat.-frz.-engl.; dt.*⟩: kleine, schmale Aktentasche [mit Reißverschluss]; Kollegmappe
Col|le|gi|um mu|si|cum [-...kum], das; - -, ...gia ...ca ⟨*lat.; gr.-lat.*⟩: freie Vereinigung von Musikliebhabern [an Universitäten]
Col|le|gi|um pu|b|li|cum, das; - -, ...gia ...ca ⟨*lat.*⟩: öffentliche Vorlesung an einer Universität
col le|g|no [- 'lenjo] ⟨*it.*⟩ (Musik): mit dem Holz des Bogens [zu spielen] (Spielanweisung für Streicher)
Col|li|co ®, der; -s, -s ⟨Kunstw.⟩: zusammenlegbare, bahneigene Transportkiste aus Metall
Col|lie, der; -s, -s ⟨*engl.*⟩: schottischer Schäferhund
Col|li|er [...'li̯e:], das; -s, -s ⟨*lat.-frz.*⟩: **1.** wertvolle, aus mehreren Reihen Edelsteinen od. Perlen bestehende Halskette. **2.** schmaler Pelz, der um den Hals getragen wird
Col|li|er de Vé|nus [kɔljedve'nys], das; - - -, -s [kɔ'lje]- - ⟨*lat.-frz.*⟩ (veraltet): ↑ Leukoderm
Col|lo|qui|um vgl. Kolloquium
Col|lum, das; -s, ...lla ⟨*lat.*⟩ (Med.): **1.** Hals. **2.** sich verjüngender Teil eines Organs; »Hals« einer anatomischen Struktur
Co|lon vgl. Kolon
Co|lón, der; -[s], -s (aber: 5 -) ⟨nach der span. Namensform von Kolumbus⟩: Währungseinheit in Costa Rica u. El Salvador
Co|lo|nel [frz.: kɔlɔ'nɛl, engl.: 'kə:nəl], der; -s, -s ⟨*lat.-it.-frz. (-engl.)*⟩: frz. u. engl. Bez. für: Oberst
Co|lo|nia, die; -, ...iae [...ni̯ɛ] ⟨*lat.;* »Ansiedlung«⟩: in der Antike eine Siedlung außerhalb Roms u. des römischen Bürgergebiets (z. B. Colonia Raurica, heute: Augst)
Co|lo|ra|do|it [auch: ...'ɪt], das; -s ⟨nach dem US-Bundesstaat Colorado⟩: ein seltenes Mineral
Co|lo|ra|do|kä|fer vgl. Koloradokäfer
Co|lor|bild [ko'lo:ɐ̯...], das; -[e]s, -er ⟨*lat.; dt.*⟩: **1.** Fernsehbild in Farbe. **2.** Farbfoto
Co|lor|film, der; -[e]s, -e: Farbfilm
Co|lor|ge|rät, das; -[e]s, -e: Farbfernsehgerät
Co|lo|s|ko|pie vgl. Koloskopie
Colt ®, der; -s, -s ⟨nach dem amerik. Industriellen u. Erfinder S. Colt, 1814–1862⟩: (bes. im amerikanischen Westen der Kolonialzeit verwendeter) Revolver
Col|tan, das; -s ⟨nach den Bestandteilen *Col*umbit und *Tan*talit⟩: vor allem in Afrika und Australien vorkommendes industriell genutztes Mineral; vgl. Tantal
Co|lum|ba|ri|um [ko...] vgl. Kolumbarium
Co|lum|bit [auch: ...'bɪt], der; -s, -e ⟨*nlat.;* nach dem Vorkommen im Gebiet von Columbia in den USA⟩: ein Mischkristall; vgl. Niobit
Co|lum|bi|um [ko...], das; -s ⟨*nlat.;* nach dem poetischen Namen Columbia für Amerika⟩: frühere Bez. für das chem. Element ↑ Niob (Zeichen: Cb)
Com|bi vgl. Kombi
Com|bine [kɔm'bai̯n] vgl. Kombine
Com|bine-Pain|ting, Com|bine-pain|ting ['kɔmbai̯npɛi̯ntɪŋ], das; - ⟨*engl.*⟩: Kunstrichtung, bei der Gegenstände des täglichen Lebens u. vorgefundene Materialien zu Bildern od. ↑ Assemblagen zusammengefügt werden
Com|bo, die; -, -s ⟨Kurzw. aus *engl.* combination »Zusammenstellung«⟩: kleines Jazz- od. Tanzmusikensemble, in dem jedes Instrument nur einmal vertreten ist
Come|back, Come-back [kam'bɛk], das; -[s], -s ⟨*engl.;* »Rückkehr«⟩: erfolgreiches Wiederauftreten eines bekannten Künstlers, Politikers, Sportlers nach längerer Pause
COMECON, Co|me|con, der od. das; - ⟨Kurzw. aus *engl. Co*uncil for *M*utual *Econ*omic Assistance/Aid⟩ (Geschichte): Rat für gegenseitige Wirtschaftshilfe (Wirtschaftsorganisation der Staaten des Ostblocks; 1949–1991) (Abk.: RGW)
Co|me|di|an [kə'mi:diən], der; -s, -s ⟨*engl.*⟩: humoristischer Unterhaltungskünstler
Co|mé|die lar|mo|y|ante [kɔmedi larmo̯a'jɑ̃:t], die; - - ⟨*frz.*⟩ (Literaturwiss.): Rührstück der französischen Literatur des 18. Jh.s
Come-down ['kʌmdau̯n], das; -s, -s ⟨*engl.*⟩: das Nachlassen der Rauschwirkung (bei Drogen)
Co|me|dy ['kɔmədi], die; -, -s ⟨*engl.*⟩: **1.** [oft als Serie produzierte] humoristische Sendung. **2.** Kurzform von ↑ Comedyshow
Co|me|dy|show, Co|me|dy-Show [...ʃɔu̯], die; -, -s: Show, bes. im Fernsehen, in der Sketche, Slapsticks u. Ä. dargeboten werden
come quick, dan|ger ['kʌm 'kwɪk 'dɛi̯ndʒə] ⟨*engl.;* »kommt schnell, Gefahr!«⟩: ehemaliges Seenotfunksignal (Abk.: CQD)
Co|mes, der; -, - u. Comites [...te:s] ⟨*lat.;* »Begleiter«⟩: **1. a)** altrömischer Beamter im kaiserlichen Dienst; **b)** im Mit-

telalter Gefolgsmann od. Vertreter des Königs in Verwaltungs- u. Gerichtsangelegenheiten; Graf. **2.** (Musik) Wiederholung des Fugenthemas in der zweiten Stimme

co|me so|p|ra ⟨*it.*⟩ (Musik): wie oben, wie zuvor (Spielanweisung)

Co|mes|ti|bles [...'ti:bl̩], die (Plural) ⟨*lat.-frz.*⟩ (schweiz.): Feinkost, Delikatessen; vgl. Komestibilien

Co|mic, der, auch das; -[s], -s: Kurzform von ↑Comicstrip. **Co|mic|strip** [...strɪp], der; -[s], -s ⟨*engl.;* »drolliger Streifen«⟩: kurze, meist gezeichnete, oft mit Texten gekoppelte Bilder[fortsetzungs]geschichte in einer Zeitung, Zeitschrift o. Ä.

Co|ming Man ['kʌmɪŋ 'mæn], der; - -, - Men ⟨*engl.*⟩: jmd., von dem angenommen wird, dass er eine große Karriere macht

Co|ming-out, Co|ming|out [kamɪŋ'ʔaʊ̯t], das; -[s], -s ⟨*engl.*⟩: das Öffentlichmachen von etwas (als bewusstes Handeln), bes. das öffentliche Sichbekennen zu seiner homosexuellen Veranlagung

Co|mi|tes [...te:s]: *Plural* von ↑Comes

comme ci, comme ça [kɔm'si kɔm'sa] ⟨*frz.*⟩: nicht besonders [gut]

Com|me|dia dell'Ar|te, die; - - ⟨*it.*⟩: volkstümliche italienische Stegreifkomödie des 16. bis 18. Jh.s

comme il faut [kɔmil'fo:] ⟨*frz.*⟩: wie es sich gehört; mustergültig

Com|mer|cial [kə'mœ:ɐ̯ʃl̩], das; -s, -s ⟨*lat.-frz.-engl.*⟩ (Wirtsch.): Werbespot

Com|mis|sion-Bro|ker, Com|mis|sion|bro|ker [kɔ'mɪʃn̩brɔʊ̯kɐ], der; -s, - ⟨*engl.*⟩: Börsenmakler, der ausschließlich Kundenaufträge durchführt

Com|mis Vo|ya|geur, Com|mis vo|ya|geur [kɔmivo̯aja'ʒø:ɐ̯], der; - -, - -s [- ...'ʒœ:ɐ̯] ⟨*frz.*⟩ (veraltet): Handlungsreisender

Com|mit|ment [kɔ'mɪtmənt], das; -s, -s ⟨*engl.*⟩ (Jargon): das [Sich]bekennen, [Sich]verpflichten. **com|mit|ten** [kɔ'mɪtn̩] ⟨*engl.*⟩: sich committen: sich bekennen, verpflichten

Com|mon Law [kɔmən'lɔ:], das; - - ⟨*engl.*⟩ (Rechtswiss.): **a)** das für alle Personen im englischen Königreich einheitlich geltende Recht im Unterschied zu den örtlichen Gewohnheitsrechten; **b)** das in England entwickelte Recht im Unterschied zu dem aus dem römischen Recht abgeleiteten Rechtsordnungen; vgl. Statute Law

Com|mon Pray|er-Book [- 'prɛəbʊk], das; - - ⟨»allgemeines Gebetbuch«⟩: Bekenntnis- u. Kirchenordnungsgrundlage der anglikanischen Kirche

Com|mon-Rail-Sys|tem [...'re:l...], das; -s, -e ⟨*engl.; gr.*⟩ (Technik): Einspritzsystem für Dieselmotoren mit nur einer Hochdruckpumpe für alle Düsen (im Unterschied zum Pumpe-Düse-Prinzip)

Com|mon Sense [...mənsɛns, auch: - 'sɛns], der; - -, **Com|mon|sense,** der; -: gesunder Menschenverstand

Com|mon|wealth [...wɛlθ], das; -: Staatenbund, [britische] Völkergemeinschaft; **Commonwealth of Nations** [- əv nɛɪ̯ʃənz]: Staatengemeinschaft des ehemaligen britischen Weltreichs

Com|mu|ne Sanc|to|rum, das; - - ⟨*lat.;* »das den Heiligen Gemeinsame«⟩: Sammlung von Mess- u. Breviergebeten in der katholischen Liturgie für die Heiligenfeste, die keine [vollständigen] Texte besitzen

Com|mu|nio Sanc|to|rum, die; - -: die Gemeinschaft der Heiligen, d. h. der Gott Angehörenden (im christlichen Glaubensbekenntnis)

Com|mu|ni|qué [kɔmyni'ke:] vgl. Kommuniqué

Com|mu|nis Opi|nio, die; - -: allgemeine Meinung, herrschende Auffassung [der Gelehrten]

Com|mu|ni|ty [kɔm'ju:nɪti], die; -, -s ⟨*engl.*⟩: Gemeinschaft, Gruppe von Menschen mit gleichen Interessen, Wertvorstellungen

co|mo|do ⟨*lat.-it.*⟩ (Musik): gemächlich, behaglich, ruhig (Vortragsanweisung)

Com|pact Disc, Com|pact Disk ['kɔmpɛkt 'dɪsk], die; - -, - -s ⟨*engl.*⟩: aus metallisiertem Kunststoff bestehende kleine, durch Laserstrahl abtastbare Speicherplatte von hoher Ton- bzw. Bildqualität

Com|pa|g|nie [kɔmpan'ji:] vgl. Kompanie

Com|pa|g|non [kɔmpan'jõ:] vgl. Kompagnon

Com|pi|ler [kɔm'pa̯ɪlɐ], der; -s, - ⟨*engl.*⟩ (EDV): Programm (4), das die Anweisungen eines in einer höheren Programmiersprache geschriebenen Programms in die Maschinensprache des Computers übersetzt

Com|pli|ance [kəm'pla̯ɪəns], die; - ⟨*engl.*⟩: **1.** (Med., Psychol.) Bereitschaft eines Patienten zur aktiven Mitwirkung an therapeutischen Maßnahmen. **2.** (Med.) elastische Volumendehnbarkeit von Atmungs- u. Gefäßsystemen. **3.** (Bankw.) Sicherstellung der ordnungsgemäßen Durchführung von Wertpapierdienstleistungen der Banken zum Schutz der Anleger

[1]**Com|po|sé** [kõpo'ze:], der; -[s], -[s] ⟨*lat.-frz.;* »zusammengesetzt«⟩: zweifarbig gemustertes Gewebe, bei dem Muster- u. Grundfarbe wechseln

[2]**Com|po|sé,** das; -[s], -s: **a)** Kombination aus zwei od. mehreren farblich u. im Muster aufeinander abgestimmten Stoffen; **b)** aus [2]Composé (a) hergestellte, mehrteilige Damenoberbekleidung

Com|po|ser, der; -s, - ⟨*lat.-frz.-engl.*⟩ (Druckw. früher): elektrische Schreibmaschine mit automatischem Randausgleich u. auswechselbarem Kugelkopf, die druckfertige Vorlagen liefert

Com|po|site ['kɔmpəzɪt] vgl. Komposit

Com|pound|kern [kɔm'pa̯ʊnt...], der; -s, -e ⟨*lat.-frz.-engl.; dt.*⟩ (Kernphysik): bei Beschuss eines Atomkerns mit energiereichen Teilchen entstehender neuer Kern

Com|pound|ma|schi|ne, die; -, -n: **a)** Kolbenmaschine, bei der das Antriebsmittel nacheinander verschiedene Zylinder durchströmt; **b)** (Elektrot.) Gleichstrommaschine

Com|pound|öl, das; -s, -e: Mineralöl mit Fettölzusatz zur Erhöhung der Schmierfähigkeit

Com|pound|trieb|werk, das; -s, -e:

Verbindung eines Flugmotors mit einer Abgasturbine zur Leistungssteigerung

comp|tant [kõ'tã:] vgl. kontant

Comp|toir [kõ'to̯a:ɐ̯], das; -s, -s ⟨*lat.-frz.*⟩ (veraltet): Kontor

Comp|ton|ef|fekt ['kɔmptən...], der; -[e]s ⟨nach dem amerik. Physiker A. H. Compton, 1892–1962⟩ (Physik): mit einer Änderung der Wellenlänge verbundene Streuung elektromagnetischer Wellen

Com|pur®, der; -s, -e ⟨Kunstw.⟩ (Fotogr.): Objektivverschluss

Com|pu|ter [kɔm'pju:tɐ], der; -s, - ⟨*lat.-engl.*⟩: programmgesteuerte, elektronische Rechenanlage; Datenverarbeitungsanlage

Com|pu|ter|ani|ma|ti|on, die; -, -en: durch Computer erzeugte Darstellung mehrdimensionaler bewegter Bilder auf einem Bildschirm

Com|pu|ter|di|a|g|nos|tik, die; - (Med.): computergestützte Diagnostik u. Auswertung der Befunde

Com|pu|ter|ge|ne|ra|ti|on, die; -, -en: ↑Generation (4) in der Entwicklung von Computern

com|pu|ter|ge|ne|riert: mithilfe eines Computers hervorgebracht, erzeugt

Com|pu|ter|gra|fik, Com|pu|ter|gra|phik, die; -, -en: mithilfe eines speziellen Programms erstellte Grafik (4)

com|pu|te|ri|sie|ren: a) Informationen u. Daten für einen Computer lesbar machen; **b)** Informationen in einem Computer speichern

Com|pu|ter|ka|bi|nett, das (regional): mit Computerarbeitsplätzen ausgestatteter [Klassen]raum, in dem Informatik o. Ä. unterrichtet wird

Com|pu|ter|kri|mi|na|lis|tik, die; -: computergestützte Aufklärung u. Bekämpfung von Verbrechen

Com|pu|ter|kri|mi|na|li|tät, die; -: Gesamtheit der Straftaten (Datenmissbrauch, Informationsdiebstahl u. Ä.), die mithilfe von Computern begangen werden

Com|pu|ter|kunst, die; -, ...künste: ein Verfahren moderner Kunstproduktion, bei dem mithilfe von Computern Grafiken, Musikkompositionen, Texte u. a. hergestellt werden

Com|pu|ter|lin|gu|is|tik, die; -: computergestützte Bearbeitung u. Beschreibung sprachlicher Probleme

com|pu|tern (ugs.): mit dem Computer arbeiten, umgehen

Com|pu|ter|si|mu|la|ti|on, die; -, -en: modellhafte Darstellung [u. Berechnung] bestimmter Aspekte eines Systems, Vorgangs, Problems o. Ä. mithilfe des Computers

Com|pu|ter|to|mo|gra|fie, Computertomographie, die; -, ...i̯en: Röntgenuntersuchungstechnik, bei der aus den von einem Computer aufbereiteten Messergebnissen ein Dichteverteilungsgrad der untersuchten Schichten rekonstruiert wird (Abk.: CT). **Com|pu|ter|to|mo|gramm**, das; -s, -e: durch Computertomografie erzeugtes Diagnosebild

Com|pu|ter|to|mo|gra|phie vgl. Computertomografie

Com|pu|ter-to-Plate-Ver|fah|ren [...tʊ'pleɪ̯t...], das; -s (EDV, Druckw.): Druckverfahren, bei dem die Druckplatten direkt vom Computer aus beschrieben werden

Com|pu|ter|vi|rus, der, auch: das; -, ...viren (EDV): unbemerkt in einen Rechner eingeschleustes Computerprogramm, das die vorhandene Software manipuliert od. zerstört

Com|pu|tis|tik vgl. Komputistik

Comte [kõ:t], der; -, -s [kõ:t] ⟨*lat.-frz.*⟩: Graf [in Frankreich]. **Comtesse** [kõ'tɛs] vgl. Komtess

con..., Con... vgl. kon..., Kon...

con ab|ban|do|no ⟨*lat.-it.*⟩ (Musik): frei u. leidenschaftlich, mit Hingabe (Vortragsanweisung)

con af|fet|to: ↑affettuoso

con amo|re: ↑amoroso

con ani|ma (Musik): mit Seele, mit Empfindung (Vortragsanweisung)

con|axi|al vgl. koaxial

con brio ⟨*lat.-it.*⟩: ↑brioso

con ca|lo|re (Musik): mit Wärme (Vortragsanweisung)

Con|cea|ler [kɔn'si:lɐ], der; -s, - ⟨*engl.*⟩ (Kosmetik): Creme od. Stift zum Abdecken von Augenringen, Hautunreinheiten u. Ä.

Con|ce|le|b|ra|tio vgl. Konzelebration

Con|cen|tus, der; -, - [...tu:s] ⟨*lat.*⟩: Gesang mit ausgeprägt melodischer Gestaltung in der Liturgie der katholischen u. protestantischen Kirche (Ggs.: Accentus)

Con|cept-Art, Con|cept|art ['kɔnsɛptʔa:ɐ̯t, auch: kɔn'sɛpt...], die; - ⟨*engl.*⟩: moderne Kunstrichtung, in der das Konzept das fertige Kunstwerk ersetzt

Con|cep|tio im|ma|cu|la|ta vgl. Immaculata Conceptio

Con|cer|tan|te [it.: kɔntʃɛr..., frz.: kõsɛr'tã:t], die; -, -n ⟨*lat.-it.* u. *frz.*⟩: Konzert für mehrere Soloinstrumente od. Instrumentengruppen

Con|cer|ti|no [kɔntʃɛr...], das; -s, -s ⟨*lat.-it.*⟩: **1.** kleines Konzert. **2.** Gruppe von Instrumentalsolisten im Concerto grosso

Con|cer|to gros|so, das; - -, ...ti ...ssi ⟨»großes Konzert«⟩: **1.** Gesamtorchester im Gegensatz zum solistisch besetzten Concertino (2). **2.** Hauptgattung des barocken Instrumentalkonzerts (für Orchester u. Soloinstrumente)

Con|certs spi|ri|tu|els [kõsɛrspiri'tyɛl], die (Plural) ⟨*lat.-frz.*⟩: erste öffentliche Konzerte mit zumeist geistlichen Werken in Paris (18. Jh.)

Con|cet|ti [kɔn'tʃɛti] vgl. Konzetti

Con|cha vgl. Koncha

Con|ci|erge [kõ'si̯ɛrʃ, frz.: kõ's-jɛrʒ], der u. die; -, -s, (auch:) -n ⟨*lat.-vulgärlat.-frz.*⟩: frz. Bez. für: Hausmeister/-in, Portier[sfrau]

Con|ci|er|ge|rie [...ʒə'ri:], die; - (Geschichte): Pariser Untersuchungsgefängnis, in dem zahlreiche prominente Opfer der Französischen Revolution inhaftiert waren

con|ci|ta|to [kɔntʃi...] ⟨*lat.-it.*⟩ (Musik): erregt, aufgeregt (Vortragsanweisung)

Con|clu|sio vgl. Konklusion

Con|cor|dia vgl. Konkordia

Con|cours hip|pique [kõkuri'pik], der; - -, - -s [...rzi'pik] ⟨*lat.-frz.; gr.-frz.*⟩: frz. Bez. für: Reit- u. Fahrturnier

Con|den|sa, das; - ⟨*lat.*⟩ (Elektrot.): keramischer Isolierstoff

Con|den|si|te®, das; - ⟨*lat.-nlat.*⟩: flüssiges Binde- u. Imprägniermittel

con dis|cre|zi|o|ne ‹*lat.-it.*› (Musik): mit Takt, mit Zurückhaltung, in gemäßigtem Vortrag (Vortragsanweisung)
Con|di|ti|o|na|lis: lat. Form von ↑Konditional
Con|di|tio|ner [kənˈdɪʃənɐ], der; -s, - ‹*engl.*›: leicht festigendes Haarpflegeprodukt
Con|di|tio si|ne qua non, die; - - - - ‹*lat.*›: **1.** (Philos.) notwendige Bedingung, ohne die etwas anderes nicht eintreten kann, unerlässliche Voraussetzung. **2.** ↑Äquivalenztheorie (1)
con do|lo|re: ↑doloroso
Con|dot|ti|e|re vgl. Kondottiere
Con|duc|tus, Konduktus, der; -, - ‹*lat.*› (Musik): **a)** einstimmiges lateinisches Lied des Mittelalters; **b)** eine Hauptform der mehrstimmigen Musik des Mittelalters neben ↑Organum (1) u. ↑Motette
Con|du|i|te [auch: kõˈdÿi:tə] vgl. Konduite
Con|dy|lus, der; -, ...li ‹*gr.-lat.*› (Med.): Gelenkkopf, -fortsatz
con ef|fet|to: ↑effettuoso
con es|pres|si|o|ne: ↑espressivo
con|fer ‹*lat.*›: vergleiche (Abk.: cf., cfr., conf.)
Con|fé|rence [kõfeˈrɑ̃:s], die; -, -n ‹*lat.-mlat.-frz.*›: Ansage eines Conférenciers. **Con|fé|ren|ci|er** [...rɑ̃ˈsi̯e:], der; -s, -s: [witzig unterhaltender] Ansager im Kabarett od. Varieté, bei öffentlichen u. privaten Veranstaltungen. **Con|fé|ren|ci|eu|se** [...rɑ̃ˈsi̯ø:zə], die; -, -n: weibliche Form zu ↑Conférencier
con|fe|rie|ren ‹*lat.-frz.*›: konferieren (2)
Con|fes|sio, die; -, ...ones [...ne:s] ‹*lat.*›: **1. a)** Sünden-, Glaubensbekenntnis; **b)** Bekenntnisschrift [der Reformationszeit] (z. B. Confessio Augustana, Confessio Helvetica); vgl. Konfession. **2.** Vorraum eines Märtyrergrabes unter dem Altar in altchristlichen Kirchen
Con|fes|sio Au|gus|ta|na vgl. Augustana
Con|fes|sio Bel|gi|ca, die; - -: Bekenntnisschrift der reformierten Gemeinden in den spanischen Niederlanden (1561)
Con|fes|sio Gal|li|ca|na, die; - -: Bekenntnisschrift der reformierten Gemeinden Frankreichs (1559)
Con|fes|sio Hel|ve|ti|ca, die; - -: vgl. Helvetische Konfession
Con|fes|sor, der; -s, ...ores [...re:s] (»Bekenner«): Ehrenname für die verfolgten Christen [der römischen Kaiserzeit]
Con|fi|se|rie, Konfiserie [auch: kõ...], die; -, ...ien ‹*lat.-frz.*› (schweiz.): Betrieb, der Süßwaren, Pralinen o. Ä. herstellt u. verkauft
Con|fi|seur, Konfiseur [...ˈzø:ɐ̯], der; -s, -e (schweiz.): jmd., der berufsmäßig Süßwaren, Pralinen o. Ä. herstellt
Con|fi|seu|rin, Konfiseurin [...ˈzø:rɪn] die; -, -nen: weibliche Form zu ↑Confiseur
Con|fi|te|or, das; - (»ich bekenne«): allgemeines Sündenbekenntnis im christlichen Gottesdienst; vgl. Konfitent
Con|foe|de|ra|tio Hel|ve|ti|ca, die; - - ‹*lat.*›: Schweizerische Eidgenossenschaft (Abk.: CH)
con for|za ‹*lat.-it.*› (Musik): mit Kraft, mächtig, wuchtig (Vortragsanweisung)
Con|fra|ter vgl. Konfrater
con fu|o|co ‹*lat.-it.;* »mit Feuer«› (Musik): heftig, schnell (Vortragsanweisung)
Con|fu|ta|tio, die; - ‹*lat.;* »Widerlegung«›: die Erwiderung von katholischer Seite auf die Confessio ↑Augustana (verfasst 1530)
Con|ga, die; -, -s ‹*span.*›: **1.** kubanischer Volkstanz im $^4/_4$-Takt. **2.** große Handtrommel in der afrokubanischen Musik, auch im modernen Jazz verwendet
con gra|zia: ↑grazioso
Con|gress of In|dus|t|ri|al Or|ga|ni|za|tions [ˈkɔŋgrɛs əv ɪnˈdʌstriəl ɔ:gənaɪ̯ˈzeɪ̯ʃənz], der; - - - - ‹*engl.*›: Spitzenorganisation der amerikanischen Gewerkschaften (Abk.: CIO)
Con|greve|druck [ˈkɔngri:v...], der; -[e]s ‹nach dem engl. General u. Ingenieur W. Congreve, 1772–1828› (veraltet): ein Farbdruckverfahren
Co|ni|fe|rae [...rɛ], die (Plural): lat. Bez. für: Koniferen
con im|pe|to: ↑impetuoso
Con|junc|ti|va vgl. Konjunktiva
Con|junc|ti|vi|tis vgl. Konjunktivitis
con leg|gie|rez|za [- lɛdʒe...] ‹*it.*› (Musik): mit Leichtigkeit, ohne Schwere (Vortragsanweisung)
con mo|to ‹*lat.-it.*› (Musik): mit Bewegung, etwas beschleunigt (Vortragsanweisung)
Con|nais|seur [kɔnɛˈsø:ɐ̯], der; -s, -s ‹*lat.-frz.*› (veraltend): Kenner, Sachverständiger; Feinschmecker. **Con|nais|seu|se** [kɔnɛˈsœzə], die; -, -n: weibliche Form zu ↑Connaisseur
Con|nec|tion [kəˈnɛkʃ(ə)n], die; -, -s ‹*lat.-engl.*›: Beziehung, Zusammenhang, Verbindung
con pas|si|o|ne: ↑passionato, appassionato
con pi|e|tà [- pi̯eˈta]: ↑pietoso
Con|scious|ness-Rai|sing [ˈkɔnʃəsnɪsreɪ̯zɪŋ], das; -[s], -s ‹*engl.*› (Psychol., Päd.): Technik [in der Gruppentherapie], durch die das bewusste Erleben, insbesondere die Wahrnehmung, geschärft werden soll
Con|se|cu|tio Tem|po|rum, die; - - ‹*lat.*› (Sprachwiss.): Zeitenfolge in Haupt- und Nebensätzen
Con|seil [kõˈse:j, kõˈsɛj], der; -s, -s ‹*lat.-frz.*›: Rat, Ratsversammlung (Bezeichnung verschiedener Staats- u. Justizinstitutionen in Frankreich, z. B. Conseil d'État = Staatsrat); vgl. Konseil
Con|sen|sus, der; -, - ‹*lat.;* »Übereinstimmung«›: Zustimmung; vgl. Konsens
Con|sen|sus om|ni|um, der; - -: die Übereinstimmung aller Menschen in bestimmten Anschauungen u. Ideen (z. B. von der Gültigkeit der Menschenrechte u. a.), die oft auch als Beweis für die Richtigkeit einer Idee gewertet wird
con sen|ti|men|to ‹*lat.-it.*› (Musik): mit Gefühl (Vortragsanweisung)
Con|si|li|um Ab|e|un|di, das; - - ‹*lat.*›: einem Schüler od. einem Studenten förmlich erteilter Rat, die Lehranstalt zu verlassen, um ihm den Verweis von der Anstalt zu ersparen
Con|sis|ten|cy [kənˈsɪstənsɪ], die; -, -s ‹*lat.-engl.*›: Widerspruchsfreiheit, Stimmigkeit der Angaben von Befragten (in der Markt- u. Meinungsforschung)
Con|so|la|tio, die; -, ...iones ‹*lat.*›: Trostgedicht, -schrift (Gattung der altrömischen Literatur); vgl. Konsolation
Con|som|mé [kõsɔˈme:], Konsommee, die; -, -s, auch das; -s, -s

⟨*lat.-frz.*⟩ (Gastron.): Kraftbrühe [aus Rindfleisch u. Suppengemüse]
con sor|di|no ⟨*lat.-it.*⟩: mit dem Dämpfer (Spielanweisung für Streichinstrumente)
con spi|ri|to: ↑spirituoso
Con|s|ta|ble [ˈkanstəbl̩], der; -, -s ⟨*lat.-engl.*⟩: ↑²Konstabler
Con|s|ti|tu|ante [kõstiˈtyɑ̃:t], die; -, -s [...ˈtyɑ̃:t], Konstituante, die; -, -n ⟨*lat.-frz.*⟩: grundlegende verfassunggebende [National]versammlung (bes. die der Französischen Revolution von 1789)
Con|s|t|ruc|tio ad Sen|sum, die; - - - ⟨*lat.*⟩ (Sprachwiss.): Satzkonstruktion, bei der sich das Prädikat od. Attribut nicht nach der grammatischen Form des Subjekts, sondern nach dessen Sinn richtet (z. B. eine Menge *Äpfel fielen* vom Baum [statt: eine *Menge* Äpfel *fiel*...]); vgl. Synesis
Con|s|t|ruc|tio apo Koi|nu, die; - - - ⟨*lat.; gr.*⟩: ↑Apokoinu
Con|s|t|ruc|tio ka|ta Sy|ne|sin, die; - - -: ↑Synesis
Con|sul|tant [kənˈsaltənt], der; -[s], -s ⟨*engl.*⟩ (Wirtsch.): Berater. **Con|sul|ting** [kənˈsaltɪŋ], das; -s ⟨*lat.-engl.*⟩: Beratung, Beratungstätigkeit (bes. in der Wirtschaft)
Con|tai|ner [kɔnˈte:nɐ], der; -s, - ⟨*lat.-frz.-engl.*⟩: **1.** der rationelleren u. leichteren Beförderung dienender [quaderförmiger] Großbehälter in standardisierter Größe. **2.** Großbehälter zur rationellen Beseitigung von [speziellem] Müll. **3.** Behälter zur Präsentation eines Angebots im Handel. **4. a)** behelfsmäßiger Wohn- od. Arbeitsraum (auf Baustellen); **b)** behelfsmäßiger Gewerberaum für Banken, Sparkassen o. Ä.
con|tai|ne|ri|sie|ren: in Containern verschicken (von Waren od. Fluggepäck)
con|tai|nern [kɔnˈte:nɐn] ⟨*lat.-frz.-engl.*⟩ (ugs.): weggeworfene, noch genießbare Lebensmittel zum Eigenverbrauch aus dem Abfallcontainer (eines Supermarktes) holen
Con|tai|ner|schiff, das; -[e]s, -e: Spezialfrachtschiff zum Transport von Containern
Con|tai|ner|ter|mi|nal [...tœ:ɐ̯min], ...tœr...], der, auch: das; -s, -s ⟨*engl.*⟩: Hafen, in dem Container verladen werden
Con|tain|ment [kənˈteɪn...], das; -s, -s: **1.** [Schutz]umhüllung für Atomreaktoren. **2.** (ohne Plural) Bez. für die Politik der Stärke innerhalb des westlichen Verteidigungsbündnisses (während der Zeit des Kalten Krieges)
Con|tan|go [auch: kənˈtæŋɡoʊ], der; -s, -s ⟨*engl.*⟩: Report (2)
[1]**Conte** [kõ:t], die; -, -s [kõ:t] ⟨*lat.-frz.*⟩: Erzählform in der französischen Literatur, die ungefähr zwischen Roman u. Novelle steht
[2]**Con|te,** der; -, -s u. ...ti ⟨*lat.-it.*⟩: hoher italienischer Adelstitel (ungefähr dem Grafen entsprechend)
Con|te|ben®, das; -s ⟨Kunstw.⟩ (Med.): ein Tuberkuloseheilmittel
Con|te|nance, Kontenance [kõtəˈnɑ̃:s], die; - ⟨*lat.-vulgärlat.-frz.*⟩ (veraltend): Fassung, Haltung (in schwieriger Lage), Gelassenheit
con te|ne|rez|za: ↑teneramente
Con|tent, der; -s, -s ⟨*lat.-frz.-engl.*⟩ (EDV): qualifizierter Inhalt, Informationsgehalt (bes. von Websites)
Con|tent-Ma|nage|ment [...mɛnɪtʃmənt], das; -s, -s ⟨*engl.*⟩ (EDV): effektive Speicherung, Verwaltung u. Aufbereitung von Dokumenten u. Daten
Con|tent|pro|vi|der [...provaɪdɐ], der; -s, - ⟨*engl.*⟩: Anbieter von Informationen im Internet
Con|ter|gan®, das; -s ⟨Kunstw.⟩ (Pharm.): Handelsname für ein Schlafmittel mit dem Wirkstoff ↑Thalidomid
Con|ter|gan|kind, das; -[e]s, -er (ugs.): fehlgebildet geborenes Kind, dessen Mutter während der Schwangerschaft Contergan eingenommen hatte
Con|tes: *Plural* von ↑²Conte
Con|tes|sa, die; -, ...ssen ⟨*lat.-it.*⟩: hoher italienischer Adelstitel (ungefähr der Gräfin entsprechend)
Con|tes|si|na, die; -, -s: italienischer Adelstitel (ungefähr der Komtesse entsprechend)
Con|test, der; -[s], -s ⟨*lat.-frz.-engl.*⟩: Wettbewerb (im Bereich der Unterhaltungsmusik)
Con|ti|nuo, Kontinuo, das, selten auch der; -[s], -s ⟨*lat.-it.*⟩: Kurzform von ↑Basso continuo
con|t|ra vgl. kontra
Con|t|ra vgl. Kontra
Con|t|ra|dic|tio in Ad|jec|to, die; - - - (Rhet., Stilkunde): Widerspruch zwischen der Bedeutung eines Substantivs u. dem hinzugefügten Adjektiv, Sonderform des ↑Oxymorons (z. B. der arme Krösus)
con|t|ra le|gem (Rechtswiss.): gegen den [reinen] Wortlaut des Gesetzes (Ggs.: intra legem)
con|t|ra|ria con|t|ra|ri|is: »Entgegengesetztes mit Entgegengesetztem« [bekämpfen] (ein Grundsatz des Volksglaubens); vgl. similia similibus
Con|t|ras|to, der; -s, -s ⟨*lat.-it.*⟩: eine it. Variante des mittelalterlichen Streitgedichts
Con|t|ra|te|nor, der; -s, ...öre: die dem ↑¹Tenor (1) u. dem ↑Diskant (1) hinzugefügte Stimme in der Musik des 14. u. 15. Jh.s
con|t|re cœur [kõtrəˈkœ:r] ⟨*frz.;* »gegen das Herz«⟩: zuwider
Con|t|re|coup [...ˈku:], der; -s, -s (Med.): bei einem heftigen Aufprall entstehende Gegenkraft, die ihrerseits Verletzungen auch an der der Aufprallstelle gegenüberliegenden Seite hervorruft
Con|t|re|danse [...ˈdɑ̃:s], die od. der; -, -s [...ˈdɑ̃:s]: ↑Kontretanz
Con|t|re|tanz [ˈkõtrə...] vgl. Kontretanz
Con|t|rol|ler [kɔnˈtroʊlɐ], der; -s, - ⟨*frz.-engl.*⟩: Fachmann für Unternehmenssteuerung, bes. für Kostenrechnung u. -planung. **Con|t|rol|le|rin,** die; -, -nen: weibliche Form zu ↑Controller
Con|t|rol|ling, das; -s ⟨*frz.-engl.*⟩ (Wirtsch.): von der Unternehmensführung ausgeübte Steuerungsfunktion
Con|t|rol|to|w|er [kənˈtroʊlˈtaʊɐ], der; -[s], -: Tower (1)
Con|ur|ba|tion [kɔnœ:ɐ̯ˈbeɪʃən], die; -, -s, Konurbation, die; -, -en ⟨*lat.-engl.*⟩: besondere Form städtischer ↑Agglomeration, die sich durch geschlossene Bebauung u. hohe Bevölkerungsdichte auszeichnet; Stadtregion
Co|nus, der; -, ...ni ⟨*gr.-lat.;* »Kegel«⟩: **1.** (Med.) kegelförmig auslaufender Teil eines Organs. **2.** (Zool.) Gattung aus der Fa-

milie der Kegelschnecken mit kegelförmigem Gehäuse

Con|ve|ni|ence-Food, Con|ve|ni|ence|food [kən'vi:njənsfu:d], das; -[s], -s (Plural selten) ⟨*engl.* convenience »Bequemlichkeit«⟩: Nahrungsmittel, die für die Weiterverarbeitung in der Gastronomie vorbereitet sind

Con|ve|ni|ence-Goods, Con|ve|ni|ence|goods [kən'vi:njənsgʊdz], die (Plural) ⟨*engl.*⟩ (Wirtsch.): Güter des täglichen Bedarfs, die der Verbraucher in der unmittelbaren Nachbarschaft kauft u. bei denen keine nennenswerten Qualitäts- u. Preisunterschiede bestehen (z. B. Brot, Gemüse, Zigaretten) (Ggs.: Shopping-Goods)

Con|vent vgl. Konvent

Con|ver|ter vgl. Konverter

Con|ver|ti|ble Bonds [kən'vœ:ɐ̯təbl 'bɔndz], die (Plural) ⟨*engl.*⟩: (in Großbritannien u. den USA) Schuldverschreibungen, die sich in Aktien der Gesellschaft umwandeln lassen

Con|vey|er [kɔn'veːɐ], der; -s, - ⟨*lat.-vulgärlat.-frz.-engl.*⟩: Becherwerk, Förderband

Coo|kie ['kʊki], der u. das; -s, -s ⟨*engl.*⟩: **1.** Keks, Plätzchen. **2.** (meist Plural; EDV) Datei, die von Internetanbietern auf der Festplatte des Nutzers [zu dessen Identifizierung] abgelegt wird

cool [ku:l] ⟨*engl.;* »kühl«⟩ (salopp): **1.** leidenschaftslos, nüchtern, sachlich u. kühl im Handeln od. Einschätzen einer Situation. **2.** sehr gut

Cool-down [...'daʊ̯n], das; -s, -s (Sport): der Entspannung und Abkühlung der Muskulatur dienende Übungen am Ende einer Trainingseinheit

Cool Jazz ['ku:l dʒæz], der; - - ⟨*amerik.*⟩: Jazzstil der 1950er-Jahre (als Reaktion auf den ↑Bebop)

Cool|ness ['ku:lnɛs], die; -: das Coolsein

Cool|pack ['ku:lpɛk], das; -, -s od. der; -, -s: Kühlelement (meist mit blauem Gel gefüllte Folienhülle) für das Kühlen von Verletzungen od. von Lebensmitteln u. Medikamenten beim Transport

Co|or|di|nates [ko'ɔ:dɪnəts], die (Plural) ⟨*lat.-engl.*⟩: mehrere aufeinander abgestimmte Kleidungsstücke

Cop, der; -s, -s ⟨*engl.*⟩ (ugs.): amerikanischer Polizist

Co-Pi|lot, Co|pi|lot, Ko-Pilot, Kopilot, der; -en, -en: **a)** zweiter Pilot in einem Flugzeug; **b)** zweiter Fahrer in einem Rennwagen

Co-Pi|lo|tin, Co|pi|lo|tin, Ko-Pilotin, Kopilotin, die; -, -nen: weibliche Formen zu ↑Co-Pilot usw.

[1]Co|ping ['kɔʏ̯pɪŋ], das; -s, -s ⟨*engl.;* eigtl. »Mauerabdeckung«⟩: obere Kante der ↑Halfpipe

[2]Co|ping ['kɔʏ̯pɪŋ], das; -s ⟨*engl.;* to cope »zurechtkommen (mit)«⟩ (Med., Psychol.): Bewältigungsstrategie zum Umgang mit einem Problem, z. B. einer Krankheit

Co|pro|duk|ti|on vgl. Koproduktion

Co-Pro|du|zent, Co|pro|du|zent, Ko-Produzent, Koproduzent, der; -en, -en: jmd., der mit jmd. anderem zusammen einen Film, eine Fernsehsendung o. Ä. produziert. **Co-Pro|du|zen|tin, Co|pro|du|zen|tin**, Ko-Produzentin, Koproduzentin, die; -, -nen: weibliche Formen zu ↑Co-Produzent usw.

co|pro|du|zie|ren vgl. koproduzieren

Copy-and-paste, Copy-and-Paste ['kɔpiənd'peɪ̯st], das; -s ⟨*engl.*⟩ (EDV): Computerfunktion, die das Kopieren (z. B. von Textstellen) und Einsetzen an anderer Stelle ermöglicht

Co|py|right ['kɔpiraɪ̯t], das; -s, -s ⟨*engl.*⟩: Urheberrecht des britischen u. amerikanischen Rechts

Co|py|shop ['kɔpiʃɔp], der; -s, -s ⟨*engl.*⟩: Geschäft, das einen Vervielfältigungsdienst anbietet

Co|py|test, der; -[e]s, -s: eine nach dem Copytesting-Verfahren durchgeführte Untersuchung

Co|py|tes|ting, das; -s: werbepsychologische Untersuchungsmethode, die die Qualität eines Werbemittels feststellen will, indem sie prüft, wie eine Personengruppe auf ein vorgelegtes Muster reagiert

Coq au Vin [kɔko'vɛ̃:], das od. der; - - - ⟨*frz.*⟩ (Gastron.): Hähnchen in Weiß- oder Rotweinsoße

Co|quil|le [kɔ'ki:j(ə)], die; -, -n (meist Plural) ⟨*gr.-lat.-vulgärlat.-frz.*⟩: **a)** Muschelschale; **b)** in einer Muschelschale angerichtetes Ragout

Cor, das; - ⟨*lat.*⟩ (Med.): Herz

co|ram pu|b|li|co ⟨*lat.*⟩: vor aller Welt, öffentlich; vgl. koram

Cord, Kord, der; -[e]s, -e u. -s ⟨*gr.-lat.-frz.-engl.*⟩: geripptes, sehr haltbares [Baumwoll]gewebe

Cor|di|al Mé|doc, der; - -, - - ⟨*frz.*⟩: Likör aus Destillaten französischer Weine

Cór|do|ba ['kɔr...], der; -[s], -[s]: Währungseinheit in Nicaragua

Cor|don bleu [kɔrdɔ̃'blø:], das; - -, -s -s [...dɔ̃'blø:] ⟨*frz.*⟩ (Gastron.): mit einer Käsescheibe u. mit gekochtem Schinken gefülltes Kalbsschnitzel

Cor|don sa|ni|taire [- sani'tɛ:ɐ̯], der; - -, -s -s [- sani'tɛ:ɐ̯]: **1.** Sperrgürtel zum Schutz gegen das Einschleppen epidemischer Krankheiten. **2.** Grenzposten an einer Militärgrenze

Core [kɔ:], das; -[s], -s ⟨*engl.;* »Kern, Innerstes«⟩ (Kernphysik): der wichtigste Teil eines Kernreaktors, in dem die Kernreaktion abläuft

Co-Re|gis|seur, Co|re|gis|seur [...ʒɪ'sø:ɐ̯], Ko-Regisseur, Koregisseur, der; -s, -e ⟨*lat.; lat.-frz.*⟩: jmd., der zusammen mit jmd. anderem Regie führt. **Co-Re|gis|seu|rin, Co|re|gis|seu|rin**, Ko-Regisseurin, Koregisseurin, die; -, -nen: weibliche Formen zu ↑Co-Regisseur usw.

Cor|fam®, das; -[s] ⟨Kunstw.⟩: in den USA entwickeltes synthetisches Material, das ähnliche Eigenschaften wie Leder aufweist

Co|ri|o|lis|kraft, die; - ⟨nach dem frz. Physiker u. Ingenieur G. G. Coriolis, 1792–1843⟩ (Physik): in einem rotierenden Bezugssystem auf einen sich bewegenden Körper einwirkende Trägheitskraft

Co|ri|um, das; -s ⟨*gr.-lat.*⟩ (Med.): Lederhaut (zwischen Oberhaut u. Unterhautgewebe)

Cor|na|mu|sa, die; -, -s ⟨*it.*⟩: ↑Cornemuse

Cor|nea, Kornea, die; -, ...neae [...neɛ] ⟨*lat.*⟩ (Med.): Hornhaut des Auges

Cor|ned Beef ['kɔrn(ə)t 'bi:f,

'kɔ:ɐ̯n(ə)t 'bi:f, auch: 'k...], das; - -, **Cor|ned|beef** ['kɔrn(ə)t 'bi:f], das; - ‹*engl.*›: zerkleinertes, gepökeltes Rindfleisch [in Dosen]

Cor|ned Pork [- 'pɔ:k, '...pɔ:k], das; - -, **Cor|ned|pork** [- 'pɔ:k, auch: '...pɔ:k], das; -: zerkleinertes, gepökeltes Schweinefleisch [in Dosen]

Cor|ne|muse [kɔrnə'my:z], die; -, -s [...'my:z] ‹*(lat.; galloroman.) frz.*›: Dudelsack, Sackpfeife

Cor|ner ['kɔ:ɐ̯nɐ, 'kɔrnɐ], der; -s, - ‹*lat.-frz.-engl.*›: **1.** Ringecke (beim Boxen). **2.** (Börsenw.) planmäßig herbeigeführter Kursanstieg an Effekten- u. Warenbörsen, um die Baissepartei in Schwierigkeiten zu bringen. **3.** (österr., schweiz.) Ecke, Eckball beim Fußballspiel

Cor|net à Pis|tons [kɔrnɛapis'tõ:], das; - - -, -s - - [kɔrnɛza...] ‹*frz.*›: ²Kornett (2)

Cor|nẹt|to, das; -s, -s u. ...ti ‹*it.*› (Musik): kleines Grifflochhorn, Zink (ein altes Holzblasinstrument)

Corn|flakes ['kɔ:ɐ̯nfleɪ̯ks], die (Plural) ‹*engl.*›: geröstete Maisflocken

Cor|ni|chon [kɔrni'ʃõ:], das; -s, -s ‹*lat.-frz.*›: kleine, in Gewürzessig eingelegte Gurke; Pfeffergürkchen

Cọr|no, das; -, ...ni ‹*lat.-it.*› (Musik): Horn

Cọr|no da Cac|cia [- - 'katʃa], das; - - -, -i - - ‹*it.*› (Musik): Waldhorn, Jagdhorn

Cọr|no di Bas|sẹt|to, das; - - -, -i - - ‹*it.*› (Musik): Bassetthorn

Co|rol|la vgl. Korolla

¹**Co|ro|na** vgl. Korona

²**Co|ro|na** meist ohne Artikel: ugs. für Coronavirus[erkrankung]

Co|ro|na|vi|rus, das, auch: der; -, ...viren (Med.): Virustyp, der Wirbeltiere infiziert u. beim Menschen Erkältungskrankheiten auslöst

Co|ro|ner ['kɔrənɐ], der; -s, -[s] ‹*lat.-frz.-engl.*›: (in Großbritannien u. in den USA) Beamter, der plötzliche u. unter verdächtigen Umständen eingetretene Todesfälle untersucht

Cọr|po|ra: *Plural* von ↑Corpus

Cor|po|rate De|sign ['kɔ:pərət di'zaɪ̯n], das; - -s, - -s ‹*engl.*›: die gleichartige Gestaltung aller Produkte eines Unternehmens od. einer Unternehmensgruppe als Ausdruck u. Bestandteil der Corporate Identity

Cor|po|rate Iden|ti|ty ['kɔ:pərət aɪ̯'dɛntəti], die; - -, - ...tities ‹*engl.*›: Erscheinungsbild einer Firma in der Öffentlichkeit (Warenzeichen, Form- u. Farbgebung der Produkte, Verpackungen u. Ä.) (Abk.: CI)

Cor|po|rate So|cial Re|s|pon|si|bi|li|ty ['kɔ:pərət 'soʊ̯ʃl̩ rɪspɔnsə'bɪlɪti] ‹*engl.*› (Wirtsch.): über gesetzliche Vorgaben hinausgehende Selbstverpflichtung von Wirtschaftsunternehmen, sozial zu handeln (Abk.: CSR)

Corps [ko:ɐ̯] usw. vgl. Korps usw.

Corps con|su|laire [kɔrkõsy'lɛ:r], das; - -, - -s [...'lɛ:r]: konsularisches Korps (Abk.: CC)

Corps de Bal|let [kɔrdəba'lɛ], das; - - -, - - - ‹*frz.*›: Ballettgruppe, -korps

Corps di|p|lo|ma|tique [kɔrdiplɔma'ti:k], das; - -, - -s [...'tik]: diplomatisches Korps

Cọr|pus, das; -, ...pora ‹*lat.*›: **1.** (Med.) Hauptteil eines Organs od. Körperteils. **2.** (Bot.) der zentrale Strang des ↑Vegetationskegels einer Pflanze (Ggs.: Tunica [1]). **3.** ↑²Korpus

Cọr|pus Chrị|sti, das; - -: das ↑Altarsakrament in der katholischen Kirche

Cọr|pus Chrị|sti mỵs|ti|cum [- - ...kʊm], das; - - - ‹*lat.*› (kath. Kirche): [die Kirche als] der mystische Leib Christi

Cor|pụs|cu|lum, das; -s, ...la (meist Plural) (Med.): kleines Gebilde im Organismus; Körperchen

Cọr|pus De|lịc|ti, Korpus Delikti, das; - -, ...pora -: etwas, was als Gegenstand für eine kriminelle, belastende Tat gedient hat u. Beweisstück für die Überführung des Täters ist

Cọr|pus In|s|c|rip|ti|o|num La|ti|na|rum, das; - - -: maßgebliche Sammlung der lateinischen Inschriften der Römerzeit (Abk.: CIL). **Cọr|pus Iu|ris**, Korpus Juris, das; - -: Gesetzbuch, Gesetzessammlung

Cọr|pus Iu|ris Ca|no|ni|ci, Corpus Juris Canonici [- - ...tsi] das; - - -: bis 1918 allein gültige Sammlung des katholischen Kirchenrechts; vgl. Codex Iuris Canonici

Cọr|pus Iu|ris Ci|vi|lis [- - tsi'vi:...]: von dem oströmischen Kaiser Justinian im 6. Jh. n. Chr. veranlasste Sammlung der damals geltenden Rechtsvorschriften

Cọr|pus Lu|te|um, das; - - (Med.): Gelbkörper des Eierstocks

Cọr|pus Re|for|ma|to|rum, das; - -: Gesamtausgabe der Schriften der Reformatoren mit Ausnahme der Schriften Luthers (Abk.: CR)

Cor|re|ge|dor [kɔreʒə'do:ɐ̯], der; -s u. -en, -en ‹*port.*›: hoher Verwaltungsbeamter in Portugal

Cor|re|gi|dor, Korregidor [kɔrɛxi'do:ɐ̯], der; -s u. -en, -en ‹*lat.-span.*›: (früher in Spanien) Vorsteher des Magistrats einer Stadt, der mit Rechtspflege u. Verwaltungsaufgaben betraut ist

Cor|rẹn|te, die; -, -n ‹*lat.-it.*›: italienische Form von ↑Courante

Cor|ri|da [de To|ros], die; - [- -], -s [- -] ‹*span.*›: spanische Bezeichnung für Stierkampf

Cor|ri|gẹn|da vgl. Korrigenda

Cọr|ri|gens vgl. Korrigens

cor|ri|ger la for|tune [kɔriʒelafɔr'ty:n] ‹*lat.-frz.*›: durch betrügerische Manipulationen »dem Glück nachhelfen«, falschspielen

Cor|sa|ge [kor'za:ʒə] vgl. Korsage

Cọr|so vgl. Korso

Cor|tège [kɔr'tɛ:ʒ] vgl. Kortege

Cọr|tes, die (Plural) ‹*lat.-span.* u. *port.*›: Volksvertretung in Spanien u. früher auch in Portugal

Cọr|tex vgl. Kortex

Cor|ti|co|s|te|ron vgl. Kortikosteron

cor|ti|co|trop usw. vgl. kortikotrop usw.

Cor|tin vgl. Kortin

Cọr|ti|or|gan, das; -s, **cọr|ti|sche Or|gan**, das; -n -s ‹nach dem it. Arzt Corti› (Anat.): Teil des Innenohrs; Sitz des Gehörsinns

Cor|ti|sol, das; -s ‹Kunstw.›: Hydrokortison

Cor|ti|son vgl. Kortison

Co|ry|da|lis vgl. Korydalis

Cọ|ry|za vgl. Koryza

cos = Kosinus

Cọ|sa Nọs|t|ra, die; - - ‹*it.*›: kriminelle Organisation in den USA (nach dem Vorbild der sizilianischen Mafia)

cosec = Kosekans

Co̱-Shop|ping, Co̱|shop|ping, das; -s ⟨*engl.*⟩: das Bilden einer Käufergemeinschaft beim Einkauf im Internet, um Rabatte zu erzielen

Cos|ma̱|ten, die (Plural) ⟨nach dem it. Vornamen Cosmas⟩: mehrere italienische Künstlerfamilien (12.–14. Jh.), in denen der Vorname Cosmas häufig war

Cos|me̱a, die; -, ...e̱en ⟨*gr.-nlat.*⟩: zu den Korbblütlern gehörende Pflanze mit fein geschlitzten Blättern u. großen Blüten, von der einige Arten als Zierpflanzen gehalten werden; Schmuckkörbchen

Co̱s|mo|t|ron vgl. Kosmotron

[1]**Co̱s|ta,** die; -, ...tae [...tɛ] ⟨*lat.*⟩ (Med.): Rippe

[2]**Co̱s|ta,** die; - ⟨*lat.-span.*⟩: span. Bez. für: Küste

cost and freight [ˈkɔst ənd ˈfrɛɪ̯t] ⟨*engl.;* »Kosten u. Fracht«⟩: Klausel im Überseehandel, nach der Fracht- u. Versandkosten im Preis eingeschlossen sind (Abk.: cf)

cost, in|su|rance, freight [- ɪnˈʃʊə̯rəns ˈfrɛɪ̯t] ⟨*engl.;* »Kosten, Versicherung u. Fracht«⟩: Klausel im Überseehandel, nach der Fracht-, Versicherungs- u. Verladekosten im Preis eingeschlossen sind (Abk.: cif)

Co̱|sub|s|t|rat vgl. Kosubstrat

cot = Kotangens

Cô|te|lé [kotəˈleː], der; -[s], -s ⟨*frz.*⟩: Kleider- od. Mantelstoff mit feinen Rippen

Co|te|line [...ˈliːn], der; -[s], -s ⟨*frz.*⟩: Möbelbezugsstoff mit cordartigen Rippen

Co|til|lon [kotiˈjõ] vgl. Kotillon

Cot|tage [ˈkɔtɪdʒ], das; -[s], -s ⟨*frz.-engl.*⟩: engl. Bez. für: [einstöckiges] Haus auf dem Lande; Ferienhaus

Cot|ton [ˈkɔtn̩], der od. das; -s ⟨*semit.-arab.-frz.-engl.*⟩: engl. Bez. für: [Gewebe aus] Baumwolle, Kattun

cot|to|ni|sie̱|ren vgl. kotonisieren

Cot|ton|ma|schi|ne [ˈkɔtn̩...], die; -, -n ⟨nach dem engl. Erfinder W. Cotton, 1786–1866⟩: Wirkmaschine zur Herstellung von Damenstrümpfen

Cot|ton|öl [ˈkɔtn̩...], das; -[e]s: aus Baumwollsamen gewonnenes Öl, das in Technik u. Heilkunde verwendet wird

Cot|ton|stuhl [ˈkɔtn̩...], der; -s, ...stühle: Cottonmaschine

Cot|ton|wood [ˈkɔtn̩wʊd], das; -[s] ⟨*engl.*⟩: Holz der amerikanischen Pappel

Couch [kaʊ̯tʃ], die, schweiz. auch: der; -, -[e]s u. -en ⟨*lat.-frz.-engl.*⟩: breiteres Sofa mit niedriger Rückenlehne

Couch-Po|ta|to, Couch|po|ta|to [ˈkaʊ̯tʃpətɛɪ̯tɔʊ̯], der; -[s], -[e]s u. die; -, -es [...tɔʊ̯s] ⟨zu *engl.* potato »Kartoffel«⟩: jmd., der am liebsten [fernsehend] auf der Couch sitzt od. liegt

Couch|sur|fing [...sœːɐ̯fɪŋ], das; -s ⟨*engl.*⟩: kostenloses Übernachten in Wohnungen anderer Mitglieder eines gleichnamigen Netzwerks im Internet

Cou|é|is|mus [ku̯eˈɪs...], der; - ⟨*nlat.;* nach dem frz. Apotheker Coué⟩: Entspannung durch Autosuggestion als Heilverfahren

Cou|la|ge [kuˈlaːʒə], die; - ⟨*lat.-frz.*⟩: frz. Bez. für: ↑Leckage

Cou|leur [kuˈløːɐ̯], die; -, -en u. -s ⟨*lat.-frz.*⟩: **1.** (innerhalb einer gewissen Vielfalt) bestimmte geistig-weltanschauliche Prägung (einer Person). **2.** Trumpf (im Kartenspiel). **3.** Band u. Mütze einer studentischen Verbindung

Cou|lis [kuˈliː], die; -, - ⟨*lat.-frz.*⟩: durchgeseihte Brühe oder Püree von gekochtem Fleisch, Wild, Gemüse o. Ä. als Suppen- od. Soßengrundlage

Cou|loir [kuˈlo̯aːɐ̯], der; -s, -s ⟨*lat.-frz.*⟩: **1.** Verbindungsgang. **2.** (Alpinistik; schweiz. nur *das*) Schlucht, schluchtartige Rinne. **3.** eingezäunter, ovaler Sprunggarten zum Einspringen junger Pferde ohne Reiter

Cou|lomb [kuˈlõː], das; -s, - ⟨nach dem frz. Physiker Ch. A. de Coulomb, 1736–1806⟩: Maßeinheit der elektrischen Ladung (1 C = 1 Amperesekunde) (Zeichen: C)

Coun|se|lor [ˈkaʊ̯nsələ], der; -s, -s ⟨*engl.*⟩: Person, die psychosoziale Beratung zur Lösung von Alltagsproblemen anbietet

Count [kaʊ̯nt], der; -s, -s ⟨*lat.-frz.-engl.*⟩: engl. Titel für einen Grafen von nicht britischer Herkunft

Count|down, Count-down [ˈkaʊ̯ntdaʊ̯n], der, selten: das; -[s], -s ⟨*engl.;* »Herunterzählen«⟩: **1. a)** bis zum [Start]zeitpunkt null rückwärtsschreitende Ansage der Zeiteinheiten als Einleitung eines Startkommandos (z. B. beim Abschuss einer Rakete); **b)** die Gesamtheit der vor einem [Raketen]start auszuführenden letzten Kontrollen. **2.** letzte technische Vorbereitungen vor einem Unternehmen

Coun|ter [ˈkaʊ̯ntɐ], der; -s, - ⟨*engl.*⟩ (Jargon): **a)** (Flugw.) Schalter, an dem die Flugreisenden abgefertigt werden; **b)** Theke in Reisebüros u. Ä.

Coun|ter-Dis|play, Coun|ter|dis|play [...dɪsplɛɪ̯], das; -s, -s (Werbespr.): bildliche Darstellung einer Ware für den Ladentisch als Thekenaufsteller

Coun|ter|part, der; -s, -s ⟨*engl.*⟩: **1. a)** Konterpart (1); **b)** Konterpart (2). **2.** jmd., der einem Entwicklungsexperten in einem Land der Dritten Welt als Fach-, Führungskraft zugeordnet ist

Coun|ter|te|nor, der; -s, ...öre ⟨*engl.; lat.-it.*⟩: **a)** engl. Bez. für: ↑Contratenor; **b)** ↑Altus

Coun|tess [ˈkaʊ̯ntɪs], die; -, ...tẹssen u. ...tesses [...tɪsɪz] ⟨*lat.-frz.-engl.*⟩: engl. Titel für eine Gräfin

Coun|t|ry|mu|sic [ˈkantrimjuːzɪk], die; - ⟨*amerik.*⟩: Volksmusik [der Südstaaten der USA]

Coun|t|ry|song, der; -s, -s ⟨*engl.*⟩: Song der Countrymusic

Coun|ty [ˈkaʊ̯nti], das; -s, -s od. die; -, -s ⟨*lat.-frz.-engl.;* »Grafschaft«⟩: Gerichts- u. Verwaltungsbezirk in Großbritannien u. in den USA

Coup [kuː], der; -s, -s ⟨*gr.-lat.-vulgärlat.-frz.;* »Faustschlag; Ohrfeige«⟩: überraschend durchgeführte, verwegen-erfolgreiche Unternehmung

Cou|pa|ge [kuˈpaːʒə], die; - ⟨*galloroman.-frz.*⟩: Beimischung von [Brannt]wein in andere [Brannt]weine; Weinbrandverschnitt

Coup de Main [kudˈmɛ̃ː], der; - - -, -s - - [kudˈmɛ̃ː] ⟨*frz.*⟩ (veraltet): Handstreich, rascher gelungener Angriff

Coup d'État [kudeˈta], der; - -, -s - [kudeˈta] ⟨*frz.*⟩ (veraltend): Staatsstreich

Coupe [kup], der; -s, -s, auch: die, -, -s ⟨*frz.*⟩: Eisbecher

Cou|pé, das; -s, -s ⟨*frz.*⟩: **1.** (veraltet) Abteil in einem Eisenbahnwagen. **2.** geschlossene zweisitzige Kutsche. **3.** geschlossenes [zweisitziges] Auto mit versenkbaren Seitenfenstern

Cou|p|let [ku'ple:], das; -s, -s ⟨*lat.-frz.*⟩: scherzhaft-satirisches Strophengedicht mit Kehrreim, meist aktuellen [politischen] od. pikanten Inhalts

Cou|pon, Kupon [ku'pɔŋ, auch: ku'põ:, ...'po:n], der; -s, -s ⟨*galloroman.-frz.*⟩: **1.** abtrennbarer Zettel (z. B. als Gutschein, Beleg o. Ä.). **2.** abgemessenes Stück Stoff, Stoffabschnitt. **3.** (Bankw.) Zinsschein bei festverzinslichen Wertpapieren

Cour [ku:ɐ̯], die; - ⟨*lat.-vulgärlat.-frz.*⟩: **jmdm. die Cour machen/ schneiden:** jmdm. den Hof machen

Cou|ra|ge [ku'ra:ʒə], die; - ⟨*lat.-frz.*⟩: Beherztheit, Schneid, Mut

cou|ra|giert [...'ʒi:ɐ̯t]: beherzt

cou|rant [ku...] vgl. kurant

Cou|rant [ku'rɑ̃] vgl. [1]Kurant

Cou|ran|te [ku'rɑ̃:t(ə)], die; -, -n ⟨*lat.-frz.*⟩: **1.** alter französischer Tanz in raschem, ungeradem Takt. **2.** (Musik) zweiter Satz der Suite in der Musik des 18. Jh.s

Cour|bet|te [kur'bɛtə] usw. vgl. Kurbette usw.

Course [kɔ:s], der; -, -s [...sɪs] ⟨*lat.-engl.*⟩: Golfplatz

Court [kɔ:ɐ̯t], der; -s, -s ⟨*lat.-afrz.-engl.*⟩: Spielfeld des Tennisplatzes

Cour|ta|ge, Kurtage [...'ta:ʒə], die; -, -n ⟨*frz.*⟩: Maklergebühr bei Börsengeschäften

Cour|ti|er [kʊr'ti̯e:], der; -s, -s (veraltet): freiberuflicher Handelsmakler

Cour|toi|sie [kʊrto̯a'zi:], die; -, ...i̯en ⟨*lat.-vulgärlat.-frz.*⟩ (veraltend): feines, ritterliches Benehmen; Höflichkeit

Cous|cous ['kʊskʊs] ⟨*arab.-frz.*⟩, [2]Kuskus ⟨*berberisch*⟩ der u. das; -, -: **1.** zu kleinen Kügelchen verarbeiteter Hartweizengrieß od. Hirse. **2.** nordafrikanisches Gericht aus Couscous (1) mit [Hammel]fleisch, verschiedenen Gemüsen u. Kichererbsen

Cou|sin [ku'zɛ̃:], der; -s, -s ⟨*lat.-vulgärlat.-frz.*⟩: Sohn von Bruder od. Schwester eines Elternteils; Vetter

Cou|si|ne [ku'zi:nə], Kusine, die; -, -n: Tochter des Bruders od. der Schwester eines Elternteils; Base

Cou|ture [ku'ty:ɐ̯], die; - ⟨*lat.-frz.*⟩: Kurzform von ↑Haute Couture. **Cou|tu|ri|er** [kuty'ri̯e:], der; -s, -s: Kurzform von ↑Haute Couturier

Cou|va|de [ku'va:də], die; -, -n ⟨*lat.-frz.*⟩: (bei bestimmten Völkern) Brauch, nach dem der Mann sich während des Geburtsvorgangs ins Bett legt u. das Verhalten der werdenden Mutter nachahmt; Männerkindbett

Cou|vert [ku've:ɐ̯, ku'vɛ:ɐ̯] vgl. Kuvert

Cou|veu|se [ku'vø:zə], die; -, -n (Med.): Wärmebett, Brutschrank für Frühgeburten

Co|ver ['kavɐ], das; -s, -[s] ⟨*engl.*⟩: **a)** Titelseite, Titelbild einer Illustrierten, eines Buches o. Ä.; **b)** Hülle eines Tonträgers

Co|ver|band [...bɛnt], die; -, -s ⟨*engl.*⟩: Band, die bekannte Stücke von berühmten Bands [originalgetreu] nachspielt

Co|ver|boy [...bɔɪ̯], der; -s, -s: **a)** auf der Titelseite einer Illustrierten abgebildeter [junger] Mann; **b)** ↑Dressman

Co|ver|coat [...ko̯ʊt], der; -[s], -s: **1.** fein meliertes, gabardineähnliches [Woll]gewebe. **2.** dreiviertellanger Mantel aus Covercoat (1)

Co|ver|girl [...gœ:ɐ̯l], das; -s, -s: auf der Titelseite einer Illustrierten abgebildete junge Frau

co|vern ['kavɐn]: als Coverversion aufnehmen, herausbringen

Co|ver|sto|ry, die; -, -s: Titelgeschichte; besonders herausgestellter Bericht einer Zeitung od. Zeitschrift

Co|ver-up [...'ap], das; -: volle Körperdeckung beim Boxen

Co|ver|ver|si|on [auch: ...vœ:ɐ̯ʃn], die; -, -en u. -s: (in der Unterhaltungsmusik) Fassung eines älteren Titels mit [einem] anderen Interpreten

Co|vid-19, fachspr. meist: **COVID-19** [ko:vɪt'nɔɪ̯ntse:n], die; - u. das; - (meist ohne Artikel) ⟨Kurzw. aus *engl. corona virus disease 2019*⟩: durch das ↑Coronavirus SARS-CoV-2 verursachte Lungenerkrankung, die erstmals 2019 bei Menschen identifiziert wurde. **Co|vid-19-Pan|de|mie,** fachspr. meist: **COVID-19-Pan|de|mie,** die; -, -n: weltweite Ausbreitung von Covid-19

Cow|boy ['kaʊ̯bɔɪ̯], der; -s, -s ⟨*engl.;* »Kuhjunge«⟩: **a)** berittener amerikanischer Rinderhirt; **b)** Cowboy (a) als Verkörperung des sogenannten männlichen Lebensstils. **Cow|girl,** das; -s, -s: weibliche Form zu ↑Cowboy (a)

Co-Wor|king, Co|wor|king [...wœ:ɐ̯kɪŋ], das; -[s] ⟨*engl.*⟩: unabhängiges od. auch kooperatives Arbeiten von Angestellten kleiner Unternehmen, Freiberuflern od. Selbstständigen [aus unterschiedlichen Berufsbereichen] in gemeinsam genutzten bzw. geteilten [angemieteten] Büroräumlichkeiten

Co-Wor|king-Space, Co|working-Space, Co|wor|king|space [...spɛi̯s], der od. das, -[s], -s ⟨*engl.*⟩: größere, meist offene Büroräumlichkeiten mit gemeinsamer Infrastruktur, die für Co-Working genutzt od. [zur Miete] angeboten werden

Cow|per ['kaʊ̯pɐ], der; -s, -s ⟨nach dem engl. Ingenieur Cowper⟩: Winderhitzer für Hochöfen

Co|xa, die; -, ...xae [...ä] ⟨*lat.*⟩ (Med.): Hüfte

Co|x|al|gia vgl. Koxalgie

Co|xi|tis vgl. Koxitis

Cox Orange [- 'ɔrɪndʒ], der; - -, - -, **Cox' Oran|ge** ['kɔks -], die; - -, - -n ⟨nach dem engl. Züchter R. Cox⟩: aromatischer, feiner Winterapfel mit goldgelber bis orangefarbener Schale

Co|yo|te vgl. Kojote

CO_2-Emis|si|on, die; -, -en: ↑Emission (3) von Kohlendioxid. **CO_2-neu|t|ral:** [in der Summe] keine CO_2-Emission verursachend

CPU [tse:pe:'ʔu:, engl.: si:pi:'ju:] ⟨Abk. für *engl. central processing unit* »Zentraleinheit eines (Mikro)prozessors«⟩ (EDV): zentrale Rechen- u. Steuereinheit eines Computers

Crab|meat ['kræbmi:t], das; -s ⟨*engl.*⟩: engl. Bez. für: Krabben[fleisch]

[1]**Crack** [krɛk], der; -s, -s ⟨*engl.*⟩: **1.** hervorragender Sportler;

Spitzensportler. **2.** bestes Pferd eines Rennstalls

[2]**Crack** [krɛk], das; -s: ein Kokain enthaltendes synthetisches Rauschgift

cra|cken [ˈkrɛkn̩], kracken [auch: ˈkrɛkn̩] ⟨*engl.*⟩: **1.** (Chemie) in einem chem. Verfahren Schweröle in Leichtöle (Benzine) umwandeln. **2.** (EDV) (durch Beseitigen von Zugriffsbeschränkungen) in fremde Computersysteme eindringen; Software mithilfe eines Crackers illegal, unautorisiert nutzen od. zur illegalen Nutzung bereitstellen

Cra|cker [ˈkrɛkɐ], der; -s, -[s] (meist Plural) ⟨*engl.*⟩: **1.** ungesüßtes, keksartiges Kleingebäck. **2.** Knallkörper, Knallbonbon. **3.** jmd., der [böswillig] in fremde Computersysteme einzudringen versucht, um Zugang zu fremden Daten[banken] zu erlangen; vgl. Hacker. **4.** (Fachspr.) Anlage für das Steamcracken. **Cra̤|cke|rin** [auch: ˈkrɛ...], die; -, -nen: weibliche Form zu ↑Cracker (3)

Cra|cking [ˈkrɛkɪŋ], das; -s: **1.** (Chemie) chem. Verfahren zum Cracken (1). **2.** (EDV) das Cracken (2)

Cra|co|vi|enne [krakoˈvi̯ɛn], die; -, -s ⟨*frz.*⟩: ↑Krakowiak

Craft|beer, Craft-Beer [ˈkra:ftbi:ɐ̯], das; -s, -s (aber: 2 -) ⟨*engl.*⟩: Craftbier

Cra̱ft|bier, das; -[e]s, -e, **Cra̱ft-Bier,** das ⟨*engl.; dt.*⟩: in einer kleineren Brauerei handwerklich gebrautes Bier (im Ggs. zu industriell hergestellten Bieren)

Cra̤m|pus vgl. [1]Krampus

cra|ni|a̱l vgl. kranial

Cra̱|ni|um vgl. Kranium

Cra|que|lé, Krakelee [krakəˈle:], das; -[s], -s ⟨*frz.*⟩: **1.** (auch: *der*) Kreppgewebe mit rissiger, narbiger Oberfläche. **2.** feine Haarrisse in der Glasur von Keramiken od. auf Glas

Cra|que|lu|re [...ˈly:rə] vgl. Krakelüre

Crash [krɛʃ], der; -s, -s ⟨*engl.*⟩: **1.** Zusammenstoß, Unfall (bes. bei Autorennen). **2.** (Wirtsch.) Zusammenbruch eines Unternehmens, einer Bank o. Ä. mit weitreichenden Folgen. **3.** (Börsenw.) starker Abfall der Kurse innerhalb einer kurzen Zeit

Crash|box [ˈkrɛʃ...], die; -, -en: **1.** Fahrtenschreiber in Autos zur Unfallrekonstruktion. **2.** Konstruktion in Rennwagen zum Schutz der Fahrerbeine. **3.** Schutzbehälter für sensible Geräte (z. B. Kameras)

cra|shen ⟨*engl.*⟩: **1.** auf ein anderes Fahrzeug auffahren, einen Unfall verursachen. **2.** (Börsenw., Wirtsch.) starke Kursverluste verzeichnen, zusammenbrechen. **3.** (EDV) (von Programmen, Servern) abstürzen, zum Absturz bringen

Crash|kid, das; -s, -s (Jargon): Jugendlicher, der Autos aufbricht, um sie kaputt zu fahren

Crash|kurs, der; -es, -e: Lehrgang, in dem der Unterrichtsstoff besonders komprimiert u. in kurzer Zeit vermittelt wird

Crash|test, der; -[e]s, -s (auch: -e): Test, mit dem das Unfallverhalten von Kraftfahrzeugen ermittelt werden soll

Crawl [kraṷl, krɔ:l] usw. vgl. Kraul usw.

Cra|y|on [krɛˈjõ:] vgl. Krayon

cra|zy [ˈkrɛɪ̯zi] ⟨*engl.*⟩ (ugs.): verrückt, überspannt

Cream [kri:m], die; -, -s: engl. Bez. für: ↑Creme

Cre|as vgl. Kreas

Cré|a|tion [kreaˈsjõ:], die; -, -s [...ˈsjõ:] ⟨*lat.-frz.*⟩: ↑Kreation (1)

Cre̱|do, Kredo, das; -s, -s ⟨*lat.;* »ich glaube«⟩: **1.** apostolisches Glaubensbekenntnis; vgl. Apostolikum. **2.** Teil der katholischen Messe. **3.** Leitsatz, Glaubensbekenntnis

Creek [kri:k], der; -s, -s ⟨*altnord.-engl.*⟩: **1.** nur zur Regenzeit Wasser führender Fluss [in Australien]. **2.** durch Landsenkung aus ehemaligen Flusstälern entstandene Meeresbucht. **3.** kleiner Flusslauf (in den USA)

Cré|mant [kreˈmɑ̃:], der; -s, -s ⟨*frz.*⟩: französischer Schaumwein

creme [kre:m, krɛ:m]: mattgelb, gelblich

Creme, Crème, die; -, -s (schweiz.: -n): **1.** pasten-, salbenartige Masse aus Fetten u. Wasser zur Pflege der Haut. **2. a)** dickflüssige od. schaumige, lockere Süßspeise; **b)** süße Masse als Füllung für Süßigkeiten od. Torten; **c)** dickflüssiger Likör; **d)** (selten) Cremesuppe. **3.** (selten) Kaffeesahne. **4.** (ohne Plural) **a)** das Feinste, Erlesenste; **b)** gesellschaftliche Oberschicht

Crème bru|lée [krɛ:m bryˈle:], die; - -, -s -s ⟨*frz.* »gebrannte Sahne«⟩ (Gastron.): Dessert aus Eiern u. Sahne mit karamellisierter Oberfläche

Crème de la Crème [krɛ:m də la krɛ:m], die; - - - -: die höchsten Vertreter/-innen der gesellschaftlichen Oberschicht

Crème dou|ble [- du:bl̩], die; - -, -s -s: dicke Sahne mit ca. 40 % Fettgehalt; Doppelrahm

Crème fraîche [- frɛʃ], die; - -, -s -s ⟨»frische Sahne«⟩: saure Sahne mit ca. 30 % Fettgehalt

Cre|o̱|le, [2]Kreole, die; -, -n (meist Plural) ⟨*frz.*⟩: ringförmiger Ohrring, in den ein kleinerer Schmuckgegenstand eingehängt werden kann

[1]**Crêpe** [krɛp] vgl. [1]Krepp

[2]**Crêpe** [krɛp], [2]**Kre̤pp,** die; -, -s u. der; -[s], -s ⟨*frz.*⟩: sehr dünner Eierkuchen

Crêpe de Chine [- dəˈʃi:n], der; - -, -s - - [krɛp - -] ⟨*frz.*⟩: feinnarbiges Gewebe aus Natur- od. Kunstseide

Crêpe Geor|gette [- ʒɔrˈʒɛt], der; - -, -s - [krɛp -]: zartes, durchsichtiges Gewebe aus Kreppgarn

Crêpe la|va|ble [- laˈva:bl̩], der; - -, -s -s [krɛp laˈva:bl̩]: weiches Kreppgewebe aus [Kunst]seide für Damenwäsche

Cre|pe|line [krɛp(ə)ˈli:n] vgl. Krepeline

Crêpe ma|ro|cain [- marɔˈkɛ̃], der; - -, -s -s [krɛp -]: fein geripptes [Kunst]seidengewebe in Taftbindung

Crêpe Sa|tin [- saˈtɛ̃], der; - -, -s - [krɛp -]: [Kunst]seidenkrepp mit einer glänzenden u. einer matten Seite

Crêpe Su|zette [- syˈzɛt], die; - -, -s - [krɛp -] (meist Plural): dünner Eierkuchen, der mit Weinbrand od. Likör flambiert wird

Cre|pon [kreˈpõ:] vgl. Krepon

cresc. = crescendo

cre|scen|do [krɛˈʃɛndo] ⟨*lat.-it.*⟩ (Musik): allmählich lauter werdend, im Ton anschwellend (Vortragsanweisung)

(Abk.: cresc.; Ggs.: decrescendo). **Cre|scen|do,** das; -s, -s u. ...di (Musik): allmähliches Anwachsen der Tonstärke (Ggs.: Decrescendo)
Cre|ti|cus vgl. Kretikus
Cre|tonne, Kretonne [kreˈtɔn], die; -, -s od. der; -s, -s ‹*frz.*›: Baumwollgewebe in Leinenbindung; vgl. Kreton
Cre|vet|te vgl. Krevette
Crew [kruː], die; -, -s ‹*lat.-engl.*›: **1. a)** Schiffsmannschaft; **b)** Besatzung eines Flugzeugs; **c)** Mannschaft eines Ruderbootes. **2.** Kadettenjahrgang bei der Marine. **3.** einem Zweck, einer bestimmten Aufgabe verpflichtete, gemeinsam auftretende Gruppe von Personen
Crib|bage [ˈkrɪbɪdʒ], das; - ‹*engl.*›: ein altes englisches Kartenspiel
Cri|cket vgl. Kricket
Crime [kraɪ̯m] ‹*engl.;* »Verbrechen«›: ↑Sex and Crime
Cri|ol|lis|mo [kriɔlˈjɪsmo], der; - ‹*span.;* »Kreolentum«›: geistig-literarische Strömung in Lateinamerika mit der Tendenz, eine Synthese indianischer, iberoamerikanischer u. europäischer Kultur zu schaffen
Cri|ol|lo [kriˈɔljo], der; -[s], -s: ↑[1]Kreole
Cris|pi|na|den, die (Plural) ‹nach den heiligen Crispinus u. Crispinianus›: Geschenke, die auf Kosten anderer gemacht werden
Cris|to|ba|lit, Kristobalit [auch: ...ˈlɪt], der; -s, -e ‹*nlat.;* nach dem Fundort San Cristóbal in Mexiko›: milchweiße Kristalle bildendes Mineral
CRM, das; -s, -s (Wirtsch.): ↑Customer-Relationship-Management
Crof|ter, der; -s, -s ‹*engl.*›: kleinbäuerlicher, auf Nebenerwerb angewiesener Pächter (bes. in Schottland)
Croi|sé [kroaˈzeː], das; -[s], -s ‹*lat.-frz.;* »gekreuzt«›: Baumwoll- od. Kammgarngewebe in Köperbindung
Crois|sant [kroaˈsɑ̃ː], das; -s, -s ‹*lat.-frz.*›: Gebäck aus Blätterteig in Form eines Hörnchens
Cro|ma|g|non|ty|pus [kromanˈjɔ̃ː...], der; - ‹nach dem Fundort bei Cro-Magnon in Frankreich›: Menschentypus der Jüngeren Altsteinzeit
Cro|m|ar|gan®, das; -s ‹Kunstw.›: hochwertiger rostfreier Chrom-Nickel-Stahl
Crom|lech [...lɛk, auch: ˈkroːm..., ...lɛç] vgl. Kromlech
Crookes|glas [ˈkrʊks...], das; -es, ...gläser ‹nach dem engl. Physiker Crookes›: Brillenglas, das für infrarote u. ultraviolette Strahlen undurchlässig ist
Croo|ner [ˈkruːnɐ], der; -s, - ‹*engl.*›: engl. Bez. für: Sänger sentimentaler Lieder; Schnulzensänger
Cro|quet [ˈkrɔkɛt, ...kət, auch: krɔˈkɛt] vgl. Krocket
Cro|quet|te [kroˈkɛtə], die; -, -s (meist Plural) ‹*frz.*›: frz. Schreibung für: Krokette
Cro|quis [kroˈkiː] vgl. Kroki
cross [krɔs] ‹*lat.-engl.*› (Tennis): diagonal
Cross, der; -[es], -[es]: **1.** (Tennis) diagonal über den Platz geschlagener Ball. **2.** Kurzform von ↑Cross-Country
Cross-Coun|t|ry, Cross|coun|t|ry [...ˈkantri], das; -[s], -s ‹*engl.*› (Sport): Querfeldeinwettbewerb im Lauf-, Rad- u. Motorradrennsport u. a.
Cros|sing-over, Cros|sing|over [ˈkrɔsɪŋˈʔoʊ̯vɐ], das; - (Biol.): Erbfaktorenaustausch zwischen homologen Chromosomen
Cros|sing|sym|me|t|rie, die; - (Kernphysik): Symmetrie bzw. Äquivalenz von Reaktionen bei der Wechselwirkung von Elementarteilchen
Cross-Mar|ke|ting, Cross|mar|keting, das; -[s] ‹*engl.*› (Wirtsch.): Methode zur Mehrfachvermarktung eines [erfolgreichen] Produkts in Form von verschiedenen Medien (z. B. als Computerspiel, Buch, Fernsehserie)
Cross|me|dia (ohne Artikel): Integration mehrerer (bes. visueller u. interaktiver) Kommunikationskanäle zum Transport von Inhalten
Cross-over, Cross|over [ˈkrɔsʔoʊ̯vɐ], das; -[s], -s: **1.** Vermischung unterschiedlicher [Musik]stile (z. B. Klassik u. Pop). **2.** ↑Crossing-over
Cross-Pro|mo|tion, Cross|pro|motion [...prəmoʊ̯ʃən], die; - (Wirtsch.): gegenseitige Reklame von Firmen, die ihre Produkte in unterschiedlicher Weise anbieten (z. B. als Bücher u. Fernsehserien)
Cross|rate [...rɛɪ̯t], die; -: Mittel zur Feststellung des echten Wertes einer Währung im Vergleich zur amtlich festgesetzten Parität unter Bezug auf den Dollarkurs
Cross-Sel|ling, Cross|sel|ling, das; -s, -s ‹*engl.*› (Wirtsch.): Verkauf von Produkten über bereits bestehende Kundenkontakte
Cross|talk [...tɔːk], der; -s, -s: der Klangqualität abträgliches Sichvermischen der beiden Lautsprecherinformationen bei stereofoner Wiedergabe
Crou|pa|de [kru...] vgl. Kruppade
Crou|pi|er [kruˈpi̯eː], der; -s, -s ‹*germ.-frz.*›: Angestellter einer Spielbank, der die Einsätze einzieht, die Gewinne auszahlt u. den äußeren Ablauf des Spiels überwacht. **Crou|pi|è|re** [...ˈpi̯eːrə], die; -, -n: weibliche Form zu ↑Croupier
Crou|pon [kruˈpɔ̃ː], der; -s, -s: für die Lederherstellung bes. wertvoller Rückenteil der Haut von Rindern. **crou|po|nie|ren** [...po...]: Teile aus einer [gegerbten] Haut herausschneiden
Croû|ton [kruˈtɔ̃ː], der; -[s], -s (meist Plural) ‹*lat.-frz.*›: aus Weißbrot geschnittene u. in Fett gebackene Würfel, Scheibchen o. Ä. zum Garnieren von Speisen od. als Suppeneinlage
Crowd|fun|ding [ˈkraʊ̯dfandɪŋ], das; -[s] ‹*engl.*› (Wirtsch.): Finanzierungsmodell, bei dem zahlreiche Personen [online] jeweils Kleinstbeträge investieren
Crowd|in|ves|ting [ˈkraʊ̯dʔɪnvɛstɪŋ], das; -[s] ‹*engl.*› (Wirtsch.): Finanzierung eines Start-ups durch viele Kleininvestoren, Crowdfunding
Crowd|sour|cing [ˈkraʊ̯dsɔːsɪŋ], das; -[s] ‹*engl.*› (Wirtsch.): Übernahme von Arbeitsaufträgen durch Freiwillige über das Internet, meist ohne finanziellen Anreiz
Crowd|tes|ting [ˈkraʊ̯dtɛstɪŋ],

das; -[s] ‹*engl.*› (EDV): Erprobung einer Betaversion durch eine große Gruppe privater Testpersonen über das Internet

Crowd|wor|king ['kraʊ̯d-wœːɐ̯kɪŋ], das; -[s] ‹*engl.*› (Wirtsch.): ↑Crowdsourcing

Cru [kryː], das; -[s], -s ‹*lat.-frz.*›: Wachstum, Lage als Qualitätsbezeichnung für französische Weine

Cru|ci|fe|rae [kru'tsiːferɛ], die (Plural) (Bot.): Kruziferen

Cruise-Mis|sile, Cruise|mis|sile ['kruːs'mɪsaɪ̯l], das; -[s], -s ‹*engl.-amerik.*›: [fern]gelenkter, unbemannter Flugkörper mit konventionellem od. nuklearem Gefechtskopf; Marschflugkörper

crui|sen ['kruːzn̩] ‹*engl.*› (Jargon): ohne bestimmtes Ziel [gemächlich] herumfahren od. -gehen

Crui|ser ['kruːzɐ], der; -s, -: sportliches Fahrzeug mit hoher Motorleistung, aber relativ niedriger Geschwindigkeit

Crui|ser|ge|wicht, das; -[e]s: zweitschwerste Gewichtsklasse im Berufsboxen

Crui|sing ['kruːzɪŋ], das; -[s] ‹*engl.*› (Jargon): **a)** das Cruisen; **b)** das Suchen nach einem Sexualpartner

Crum|b|lage ['krʌmblɪdʒ], die; -, -s [...ɪdʒɪz] ‹*engl.*›: **a)** (ohne Plural) künstlerische Technik, bei der ein reproduziertes Bild angefeuchtet, zerknüllt o. Ä. u. auf diese Weise deformiert wieder aufgeklebt wird; **b)** Produkt dieser Technik

Crus, das; -, Crura ‹*lat.*› (Med.): **1.** [Unter]schenkel. **2.** Struktur in einem Körper, die sich in zwei od. mehr Schenkel gliedert

Crus|ta, die; -, ...stae [...tɛ] ‹*lat.*› (Med.): Kruste, Schorf

Crux vgl. Krux

Crwth [kruːθ], die; -, - ‹*kelt.*›: altkeltisches, lyraähnliches Saiteninstrument der Barden

Crys|tal Meth ['krɪstl̩ 'mɛθ], das; - - (meist o. Art.) ‹*engl.*›: synthetisch hergestellte, hoch stimulierend wirkende Droge

Csár|da ['tʃarda, 'tʃardɔ], die; -, -s ‹*ung.*›: Pusztaschenke

Csar|das, Csár|dás ['tʃardas, 'tʃaːrdaːʃ], der; -, -: ungarischer Nationaltanz

Csi|kos, Csi|kós ['tʃiːkoːʃ, auch: 'tʃikoːʃ], der; -, - ‹*ung.*›: ungarischer Pferdehirt

Cu|ba|nit [auch: ...'nɪt], der; -s, -e ‹nach der Insel Kuba›: ein stark magnetisches Mineral

Cu|bi|cu|lum, das; -s, ...la ‹*lat.*›: **1.** Schlafraum im altrömischen Haus. **2.** Grabkammer in den ↑Katakomben

Cu|cur|bi|ta, die; -, ...tae [...tɛ] ‹*lat.*›: Zierkürbis mit verschiedenfarbigen Früchten

cui bo|no? ‹*lat.;* Zitat aus einer Rede von Cicero›: wem nützt es?, wer hat einen Vorteil davon?

Cu|ite|sei|de, Cu|it|sei|de ['kɥ̆iːt...], die; - ‹*frz.; dt.*›: durch Seifenbad entbastete, daher sehr weiche Seide

cu|ius re|gio, eius re|li|gio ‹*lat.*›: wessen das Land, dessen [ist] die Religion (Grundsatz des Augsburger Religionsfriedens von 1555, nach dem der Landesfürst die Konfession der Untertanen bestimmte)

Cul de Pa|ris [kydpa'riː], der; - - -, -s - - [kyd...] ‹*frz.;* »Pariser Gesäß«›: um die Jahrhundertwende unter dem Kleid getragenes Gesäßpolster

Cul|do|s|kop usw. vgl. Kuldoskop usw.

Cu|lotte [ky'lɔt], die; -, -n [...tn̩] ‹*lat.-frz.*›: **a)** im 17. u. 18. Jh. von der [französischen] Aristokratie getragene Kniehose; vgl. Sansculotte; **b)** (Mode) knöchellange, weit geschnittene Damenhose; Hosenrock

Cul|pa, die; - ‹*lat.*›: Schuld, Verschulden; Fahrlässigkeit; **Culpa lata** (Rechtswiss.): grobe Fahrlässigkeit; **Culpa levis** (Rechtswiss.): leichte Fahrlässigkeit

Cul|tis|mo, der; - ‹*lat.-span.*›: span. Bez. für: ↑Kultismus

Cul|tu|ral Lag ['kʌltʃərəl 'læg], das; - -, - -s ‹*engl.*› (Soziol.): verspätete soziokulturelle Anpassung von Personen[gruppen] an die vom technischen Fortschritt gesteuerte Entwicklung

Cu|ma|rin vgl. Kumarin

Cu|ma|ron vgl. Kumaron

Cum|ber|land|so|ße ['kambɐlɛnd...] ‹*engl.*› (Gastron.): aus Johannisbeergelee, Senf u. verschiedenen anderen Zutaten hergestellte pikante Soße

Cum-ex-Ge|schäft, das; -[e]s, -e (meist Plural) ‹lat.; dt.› (Finanzw.): unzulässige, betrügerische Finanztransaktion, bei der die Kapitalertragssteuer nur einmal gezahlt, aber mehrfach erstattet wird

cum gra|no sa|lis ‹*lat.;* »mit einem Körnchen Salz«›: mit Einschränkung, nicht ganz wörtlich zu nehmen

cum in|fa|mia ‹*lat.*›: mit Schimpf u. Schande

cum lau|de ‹*lat.;* »mit Lob«›: gut (drittbestes Prädikat bei der Doktorprüfung)

cum tem|po|re ‹*lat.;* »mit Zeit«›: eine Viertelstunde nach der angegebenen Zeit; mit akademischem Viertel (Abk.: c. t.)

Cu|mu|lo|nim|bus usw. vgl. Kumulonimbus usw.

Cunc|ta|tor, Kunktator, der; -s, ...oren ‹*lat.*› (veraltet): Zauderer

Cun|ni|lin|gus, der; -, ...gi ‹*lat.*›: Befriedigung bzw. sexuelle Stimulierung der weiblichen Geschlechtsorgane mit Lippen, Zähnen u. Zunge; vgl. Fellatio

Cup [kap], der; -s, -s ‹*lat.-roman.-engl.*›: **1.** Siegespokal bei Sportwettkämpfen. **2.** Pokalwettbewerb. **3.** Schale des Büstenhalters

Cu|pal, das; -s ‹Kurzw. aus: *Cup*rum u. *Al*uminium›: als Werkstoff in der Elektrotechnik dienendes kupferplattiertes Aluminium

Cup|cake ['kapkɛɪ̯k], der; -s, -s ‹*engl.*›: kleine, in einer tassenförmigen Backform gebackene Torte, die mit einer Glasur überzogen od. mit Creme o. Ä. verziert ist

Cu|pi|do vgl. Kupido

Cup|pa, die; -, Cuppae [...ɛ] ‹*lat.*›: Schale eines [Abendmahls]kelches

Cu|p|ra|lon®, das; -s ‹Kunstw.› (Textilchemie): Mischgarn aus ↑Perlon u. ↑Cuprama

Cu|p|ra|ma®, die; - ‹Kunstw.›: wollartige, aus Zellulose hergestellte Kunstfaser

Cu|p|re|in, das; -s ‹*lat.-nlat.*›: eine organische Verbindung, Grundstoff von Chinin

Cu|p|re|sa®, die; - ‹Kunstw.›: nach dem Kupferoxid-Ammoniak-Verfahren aus Baumwollfasern hergestellte Chemiefaser

Cu|p|ro, das; -s ‹Kunstw.› (Textilchemie): Sammelbez. für meist seidenähnliche synthetische Fasern, die nach dem Kupferoxid-Ammoniak-Verfahren auf Zellulosebasis hergestellt werden

Cu|p|rum, das; -s: Kupfer; chem. Element (Zeichen: Cu)

Cu|pu|la, Kupula, die; -, ...lae [...ɛ] ⟨*lat.*⟩: **1.** Fruchtbecher bei Buchengewächsen. **2.** (Med.) gallertartige Substanz in den Gleichgewichtsorganen der Wirbeltiere u. des Menschen

Cu|ra|çao® [kyraˈsaːo], der; -s, -s (aber: 2 -) ⟨nach der Insel im Karibischen Meer⟩: mit den getrockneten Schalen unreifer Pomeranzen aromatisierter Likör

Cu|ra pos|te|ri|or, die; - - ⟨*lat.;* »spätere Sorge«⟩: Angelegenheit, mit der man sich erst später zu beschäftigen hat, nachdem das Wichtigere erledigt ist

Cu|ra|re vgl. Kurare

Cu|ra|rin, Kurarin, das; -s ⟨*indian.-span.-nlat.*⟩ (Chemie): wirksamer Bestandteil des Kurare

Cur|cu|ma vgl. Kurkuma

Cu|ré [kyˈreː], der; -s, -s ⟨*lat.-frz.*⟩: katholischer Pfarrer in Frankreich

Cu|ret|ta|ge [...ˈtaːʒə] usw. vgl. Kürettage usw.

Cu|ret|te [ky...] usw. vgl. Kürette usw.

Cu|rie [kyˈriː], das; -, - ⟨nach dem frz. Physikerehepaar⟩: Einheit der Radioaktivität (Zeichen: Ci, älter: c)

Cu|ri|um, das; -s ⟨*frz.-nlat.*⟩: radioaktives, künstlich hergestelltes chemisches Element; ein Transuran (Zeichen: Cm)

cur|len [ˈkœːɐ̯lən] ⟨*engl.*⟩: **1.** ↑Curling spielen. **2.** mit Gewichten den Arm beugen, um die Muskeln zu trainieren

Cur|ling [ˈkœːɐ̯lɪŋ], das; -s ⟨*engl.*⟩: aus Schottland stammendes, dem Eisstockschießen ähnliches Spiel auf dem Eis

cur|ren|tis ⟨*lat.*⟩ (veraltet): [des] laufenden [Jahres, Monats] (Abk.: cr.)

cur|ri|cu|lar: das Curriculum, Fragen des Curriculums betreffend

Cur|ri|cu|lum, das; -s, ...la ⟨*lat.-engl.*⟩: auf einer Theorie des Lehrens u. Lernens aufbauender Lehrplan; Lehrprogramm

Cur|ri|cu|lum Vi|tae [-ˈviːtɛ], das; - -, ...la - ⟨*lat.*⟩: Lebenslauf

Cur|ry [ˈkœri, seltener: ˈkari], der, auch: das; -s, -s ⟨*angloind.*⟩: **1.** (ohne Plural) scharf-pikante, dunkelgelbe Gewürzmischung indischer Herkunft. **2.** ostindisches Fleisch- od. Fischragout mit einer Currysoße

Cur|sor [ˈkœːɐ̯sɐ], der; -s, -[s] ⟨*lat.-engl.*⟩: Zeichen (Pfeil o. Ä.) auf dem Bildschirm, das anzeigt, an welcher Stelle die nächste Eingabe erfolgt

Cur|tain|wall [ˈkœːɐ̯tɪnvɔːl], der; -s, -s ⟨*engl.*⟩ (Archit.): Außenwand eines Gebäudes, der keine tragende Funktion zukommt

Cus|tard [ˈkastɐt], der; -[s], -s ⟨*engl.*⟩: einem Vanillepudding ähnliche englische Süßspeise

Cus|to|di|an [kʌsˈtɔʊ̯djən], der; -s, -s ⟨*lat.-engl.*⟩: engl. Bez. für: Treuhänder eines unter fremdstaatliche Verwaltung gestellten Vermögens

Cus|to|mer-Re|la|tion|ship-Ma|nage|ment [kastəmɐriˈleɪ̯ʃn̩ʃɪpmɛnɪtʃmənt], das; -s, -s ⟨*engl.*⟩ (Wirtsch.): Strategien u. Maßnahmen der Kundenbindung

Cus|to|mi|za|tion [kastəmaɪ̯ˈzɛɪ̯ʃən], die; - ⟨*engl.*⟩ (Wirtsch.): unternehmerische Strategie, Produkte u. Dienstleistungen individuellen Kundeninteressen anzupassen

Cut [kat, auch: kœt], der; -s, -s ⟨*engl.*⟩: **1.** Kurzform von ↑Cutaway. **2.** Riss der Haut, bes. rund um die Augenpartien (beim Boxen). **3.** Ausscheiden der schlechteren Spieler vor den Schlussrunden (beim Golf). **4.** (Film, Rundfunk, Fernsehen) Schnitt. **5.** (ugs.) radikale Veränderung, Neubeginn

Cut|away [ˈkatəvɛɪ̯, ˈkœtəvɛɪ̯], der; -s, -s: als offizieller Gesellschaftsanzug am Vormittag getragener, langer, schwarzer od. dunkler, vorn abgerundet geschnittener Sakko mit steigenden Revers

Cu|ti|cu|la vgl. Kutikula

Cu|tis vgl. Kutis

cut|ten [ˈkatn̩] ⟨*engl.*⟩: Filmszenen od. Tonbandaufnahmen für die endgültige Fassung schneiden u. zusammenkleben

Cut|ter [ˈkatɐ], der; -s, - ⟨*engl.*⟩: **1.** Schnittmeister; Mitarbeiter bei Film, Funk u. Fernsehen, der Filme od. Tonbandaufnahmen in Zusammenarbeit mit dem Regisseur für die endgültige Fassung zusammenschneidet u. montiert. **2.** sehr scharfes kleines Messer (z. B. zum Schneiden von Teppichböden). **3.** Gerät zum Zerkleinern von Fleisch. **Cut|te|rin,** die; -, -nen: weibliche Form zu ↑Cutter (1)

cut|tern vgl. cutten

Cu|vée [kyˈveː], die; -, -s (auch: das; -s, -s) ⟨*lat.-frz.*⟩: Verschnitt, Mischung verschiedener Weine (bes. bei der Herstellung von Schaumweinen)

Cy|an vgl. Zyan

Cy|a|nat vgl. Zyanat

Cy|a|nid vgl. Zyanid

Cy|an|ra|di|kal vgl. Zyanradikal

cy|ber..., Cy|ber... [ˈsaɪ̯bɐ...]

⟨verkürzt aus *engl.* cybernetics »Wissenschaft von den Steuerungs- und Regelungsvorgängen«; vgl. Kybernetik (1)⟩
Wortbildungselement mit der Bedeutung »die von Computern erzeugte virtuelle Scheinwelt betreffend«:
- Cybersex
- Cyberspace

Cy|ber|at|ta|cke [ˈsaɪ̯bɐ...], die; -, -en ⟨*engl.*⟩ (EDV): von außen (durch einen Hacker, eine Institution o. Ä.) geführter Angriff auf ein Computernetzwerk

Cy|ber|ca|fé [ˈsaɪ̯bɐ...], das; -s, -s: Internetcafé

Cy|ber|cash [...kæʃ], das; -: Verbuchung von kleinen Beträgen mithilfe des Internets

Cy|ber|groo|ming [...gˌruːmɪŋ], das; -[s]: Anbahnung sexuellen Missbrauchs über das Internet

Cy|ber|krieg, der; -s, -e (EDV): hochtechnisierte, Mittel der Informationstechnik nutzende Form der modernen Kriegführung; auch cyberkriminelle Handlungen, die sich gegen Staaten o. Ä. richten

Cy|ber|kri|mi|na|li|tät, die; -: Gesamtheit illegaler Handlungen im Computer- u. Telekommunikationsbereich (z. B. Datenmanipulation, widerrechtliches Eindringen in Systeme)

Cy|ber|mob|bing, das; -s: Schikanieren, Diffamieren von Personen über das Internet

Cy|ber|naut, der; -en, -en: jmd., der sich [gerade] im Cyberspace befindet

Cy|ber|sex, der; -[es]: sexuelle Stimulation durch computergesteuerte Simulation

Cy|ber|space [...spɛɪ̯s], der; -, -s [...sɪs]: von Computern erzeugte virtuelle Scheinwelt, die eine fast perfekte Illusion räumlicher Tiefe u. realitätsnaher Bewegungsabläufe vermittelt (z. B. zur Simulation von Flugmanövern)

Cy|ber|spi|o|na|ge, die; -: heimlicher Zugriff auf Computersysteme von Staaten, Organisationen od. Firmen zum Zweck der Spionage

Cy|ber|stal|king [ˈsaɪ̯bɐstɔːkɪŋ], das; -[s]: Belästigung, Verleumdung, Bedrohung u. Ä. einer Person über das Internet

Cy|ber|tour [...tuːɐ̯], die; -, -en: virtuelle Reise durch den Cyberspace

Cy|b|org [ˈsaɪ̯bɔːɐ̯g], der; -s, -s ‹Kunstw. aus *engl. cyb*ernetic *org*anism›: (in der Futurologie) Mensch, in dessen Körper technische Geräte als Ersatz od. zur Unterstützung nicht ausreichend leistungsfähiger Organe (z. B. für lange Raumflüge) integriert sind

Cy|c|la|mat [tsy...], das; -s, -e ‹Kunstw.›: künstlich hergestellter kochbeständiger Süßstoff

Cy|c|la|men vgl. Zyklamen

cy|c|lisch [auch: ˈtsyk...] vgl. zyklisch

cy|c|lo..., Cy|c|lo... vgl. zyklo..., Zyklo...

Cy|c|lo|ni|um, das; -s ‹*gr.-nlat.*›: erstmals im ↑Zyklotron erzeugtes Isotop des ↑Promethiums

Cy|c|lo|phos|pha|mid, das; -s ‹*gr.-nlat.*› (Pharm.): ↑Zytostatikum, das zur Behandlung von Krebs u. Autoimmunerkrankungen eingesetzt wird

Cy|c|lops, der; -, ...piden ‹*gr.-lat.*›: niederer Krebs

Cy|nar® [ts...], der; -s ‹nach *lat.* cinara »Artischocke«›: bitter schmeckender it. Aperitif aus Artischockenherzen

cy|ril|lisch vgl. kyrillisch

Cy|ti|sin, das; -s, -e ‹*gr.*›: giftiges ↑Alkaloid

Cy|to|sin, das; -s ‹*gr.*› (Biochemie): Bestandteil der Nukleinsäure

D

da ca|po ‹*lat.-it.* »vom Kopf an«› (Musik): wiederholen, noch einmal vom Anfang an (Abk.: d. c.); **da capo al fine:** vom Anfang bis zum Schlusszeichen (wiederholen). **Da|ca|po,** Dakapo, das; -[s], -s ‹*lat.-it.*› (Musik): Wiederholung; vgl. da capo

Da-ca|po-Arie, Da|ca|po|arie, Dakapoarie, die; -, -n: dreiteilige Arie, bei der der dritte Teil die [verzierte] Wiederholung des ersten darstellt (bes. im 18. Jh.)

d'ac|cord [daˈkoːɐ̯, daˈkɔːr] ‹*lat.-vulgärlat.-frz.*› (veraltet): einig, einverstanden

Da-Cos|ta-Syn|d|rom, das; -s, -e ‹nach dem amerik. Arzt Jacob Mendes Da Costa› (Med.): ↑Phrenokardie

Da|c|ron®, das; -s ‹Kunstw.› (Chemie): synthetische Faser

Dad [dɛd] vgl. Daddy

Da|da, der; -[s] ‹*frz.;* urspr. lautmalend›: **1.** programmatisches Schlagwort des Dadaismus. **2.** dadaistische Gruppierung

Da|da|is|mus, der; - ‹*frz.-nlat.*›: internationale revolutionäre Kunst- u. Literaturrichtung um 1920, die jegliches Kunstideal negierte u. absolute Freiheit der künstlerischen Produktion sowie einen konsequenten Irrationalismus in der Kunst proklamierte

Da|da|ist, der; -en, -en: Vertreter des Dadaismus. **Da|da|is|tin,** die; -, -nen: weibliche Form zu ↑Dadaist. **da|da|is|tisch:** den Dadaismus betreffend, zu ihm gehörend, für ihn charakteristisch; in der Art des Dadaismus

Dä|da|le|um, das; -s, ...leen ‹*gr.-nlat.;* nach Dädalus, dem Baumeister u. Erfinder in der gr. Sage›: 1833 erfundene Vorrichtung zum Erzeugen bewegter Bilder; spezielle Art des ↑Stroboskops (2)

[1]**dä|da|lisch** (veraltet): erfinderisch

[2]**dä|da|lisch** ‹nach einem mythischen kretischen Bildhauer Daidalos›: in den Anfängen der griechischen Kunst entstanden; früharchaisch

Dad|dy [ˈdɛdi], der; -s, -s ‹*engl.*›: engl. ugs. Bez. für: Vater

Da|ga|ba vgl. Dagoba

Da|ges|tan, der; -, - ‹nach dem gleichnamigen Gebiet am Kaspischen Meer›: schafwollener, geknüpfter Teppich

Da|go|ba, Dagaba, die; -, ...ben ‹*singhal.*›: **1.** buddhistischer Reliquienschrein. **2.** Raum, in dem eine Dagoba (1) aufbewahrt u. verehrt wird

Da|guer|reo|typ [dagero...], das; -s, -e ‹*frz.; gr.;* nach dem Erfinder der Fotografie, dem Franzosen Daguerre›: Daguerreotypie (2)

Da|guer|reo|ty|pie, die; -, ...ien: **1.** (ohne Plural) heute nicht mehr übliches fotografisches Verfahren, bei dem Metallplatten verwendet werden. **2.** unter Verwendung einer Metallplatte hergestellte Fotografie

Da|ha|bi|je, die; -, -n ‹*arab.;* »die Goldene«›: langes, schmales, altertümliches Nilschiff mit Segel, Verdeck u. Kajüte

Dah|lie [...i̯e], die; -, -n ‹*nlat.;* nach dem schwed. Botaniker A. Dahl›: zu den Korbblütlern gehörende, im Spätsommer u. Herbst blühende [Garten]pflanze mit großen Blüten; Georgine

Dail Ei|reann [ˈdaːlj ˈeːrjən, ˈdɔɪ̯l ˈɛə̯rən], der; - - ‹*gäl.*›: das Abgeordnetenhaus der Republik Irland

Dai|ly Soap [ˈdɛɪ̯li ˈsɔʊ̯p], die; - -, - -s ‹*engl.;* »tägliche Seife[noper]«; ↑Soapopera›: täglich ausgestrahlte triviale Fernsehserie

Dai|mio, Daimyo, der; -, -s ‹*chin.-jap.*› (veraltet): japanischer Territorialfürst

Dai|mo|ni|on, Dämonium, das; -s ‹*gr.*›: warnende innere Stimme [der Gottheit] bei Sokrates

Dai|myo vgl. Daimio

[1]**Dai|na,** die; -, -s ‹*lett.*›: weltliches lettisches Volkslied lyrischen Charakters

[2]**Dai|na,** die; -, Dainos ‹*lit.*›: weltliches litauisches Volkslied lyrischen Charakters

Dai|qui|ri [...ki...], der; -s, -s ‹nach

der gleichnamigen Stadt an der Ostküste Kubas⟩: Cocktail aus Obstsaft, Zucker, Eis u. Rum
Da|ka|po usw. vgl. Dacapo usw.
Dakh|ma, der; -, -s ⟨*awest.-pers.;* »Scheiterhaufen«⟩: in drei konzentrischen Kreisen errichteter, oben offener Turm, in dem die Parsen ihre Verstorbenen den Aasvögeln aussetzen; Turm des Schweigens
Da|k|ry|o|a|de|ni|tis, die; -, ...itiden ⟨*gr.-nlat.*⟩ (Med.): Tränendrüsenentzündung
Da|k|ry|o|lith [auch: ...'lɪt], der; -s u. -en, -e[n] (Med.): harte Ablagerung in den Tränenkanälen
Da|k|ry|ops, der; -, ...open (Med.): von einer Tränendrüse ausgehende Zyste unter dem oberen Augenlid
Da|k|ry|or|rhö, die; -, -en (Plural selten) (Med.): Tränenfluss
Da|k|ry|o|zys|ti|tis, die; -, ...itiden (Med.): Entzündung des Tränensacks
Dak|ty|len: *Plural* von ↑Daktylus
dak|ty|lie|ren: in der Finger- u. Gebärdensprache reden
Dak|ty|li|o|man|tie, die; - ⟨*gr.-nlat.*⟩: das Wahrsagen mithilfe eines Pendels
Dak|ty|li|o|thek, die; -, -en ⟨*gr.-lat.*⟩: Ringbehältnis, Ringkästchen, bes. eine Sammlung von Gemmen, Kameen u. geschnittenen Steinen (vor allem im Altertum u. in der Renaissance)
dak|ty|lisch: aus ↑Daktylen bestehend
Dak|ty|li|tis, die; -, ...itiden ⟨*gr.-nlat.*⟩ (Med.): Fingerentzündung
Dak|ty|lo, die; -, -s (schweiz. veraltet): Kurzform von ↑Daktylografin
Dak|ty|lo|epi|t|rit, der; -en, -en ⟨*gr.*⟩: aus dem ↑Hemiepes u. dem ↑Epitriten zusammengesetztes altgriechisches Versmaß
Dak|ty|lo|graf, Daktylograph, der; -en, -en (schweiz. veraltet): jmd., der [beruflich] Schreibmaschine schreibt. **Dak|ty|lo|gra|fie,** Daktylographie, die; - (landsch.): das Maschinenschreiben. **dak|ty|lo|gra|fie|ren,** daktylographieren (landsch.): Maschine schreiben. **Dak|ty|lo|gra|fin,** Daktylographin, die; -, -nen (landsch.): weibliche Form zu ↑Daktylograf
Dak|ty|lo|gramm, das; -s, -e ⟨*gr.-nlat.*⟩: Fingerabdruck
Dak|ty|lo|graph usw. vgl. Daktylograf usw.
Dak|ty|lo|gry|po|se, die; -, -n (Med.): Verkrümmung der Finger od. Zehen
Dak|ty|lo|lo|gie, die; -, ...ien: Finger- u. Gebärdensprache der Gehörlosen
Dak|ty|lo|me|ga|lie, die; -, ...ien (Med.): krankhafter Großwuchs der Finger od. Zehen
Dak|ty|lo|s|kop, der; -en, -en: Fachmann für Daktyloskopie. **Dak|ty|lo|s|ko|pie,** die; -, ...ien: Verfahren zur Auswertung von Fingerabdrücken. **Dak|ty|lo|s|ko|pin,** die; -, -nen: weibliche Form zu ↑Daktyloskop. **dak|ty|lo|s|ko|pisch:** die Daktyloskopie betreffend
Dak|ty|lus, der; -, ...ylen ⟨*gr.-lat.;* »Finger«⟩: Versfuß (rhythmische Einheit) aus einer Länge u. zwei Kürzen (–◡◡)
Da|lai-La|ma, der; -[s], -s ⟨*tibet.*⟩: höchster geistlicher Würdenträger des ↑Lamaismus
Dal|be, Dal|ben: Kurzform von ↑Duckdalben, ↑Duckdalbe
Dal|ber|gia, die; -, ...ien [...i̯ən] ⟨*nlat.;* nach dem schwed. Botaniker Dalberg⟩: indischer Rosenholzbaum
Dalk, der; -[e]s, -e ⟨*pers.*⟩: Mönchs-, Derwischkutte
Dal|le|o|chin [...'xiːn], Thalleiochin [...laɪ̯ɔ'xiːn], das; -s ⟨Kunstw.⟩: ein grüner Farbstoff; Chinagrün
Dal|les, der; - ⟨*hebr.-jidd.*⟩ (ugs.): **1.** Armut, Not, Geldverlegenheit. **2.** Unwohlsein; Erkältung
dal|li ⟨*poln.*⟩ (ugs.): schnell!
Dal|ma|tik, Dal|ma|ti|ka, die; -, ...ken ⟨*lat.*⟩: **1.** liturgisches Gewand, bes. der katholischen ↑Diakone. **2.** spätrömisches Oberkleid (aus weißer dalmatinischer Wolle)
Dal|ma|ti|ner, der; -s, -: **1.** schwere alkoholreiche Weinsorte aus Dalmatien. **2.** weißer Wachhund mit schwarzen od. braunen Tupfen
dal se|g|no [- 'zɛnjo] ⟨*lat.-it.*⟩ (Musik): vom Zeichen an wiederholen (Vortragsanweisung) (Abk.: d. s.)
Dal|to|nis|mus, der; - ⟨*nlat.;* nach dem engl. Physiker John Dalton, 1766–1844⟩ (Med.): angeborene Farbenblindheit
Da|mas|sé, der; -[s], -s ⟨*frz.;* vom Namen der kleinasiat. Stadt Damaskus⟩: damastartige Futterseide mit großer Musterung
Da|mas|sin [...'sɛ̃], der; -[s], -s ⟨*frz.*⟩: Halbdamast
Da|mast, der; -[e]s, -e ⟨*it.*⟩: einfarbiges [Seiden]gewebe mit eingewebten Mustern. **da|mas|ten: 1.** aus Damast bestehend. **2.** wie Damast
da|mas|zie|ren ⟨*nlat.*⟩: **1.** glatte Wappenflächen mit Ornamenten verzieren. **2.** Stahl od. Eisen mit feinen Mustern versehen
[1]**Da|me,** die; -, -n ⟨*lat.-frz.*⟩: **1. a)** höfliche Bezeichnung für »Frau« od. in höflicher Anrede (ohne Namensnennung) an eine Frau; **b)** gebildete, kultivierte, vornehme Frau. **2.** (ohne Plural) ein altes Brettspiel. **3. a)** die Königin im Schachspiel; **b)** Doppelstein im Damespiel. **4.** Spielkarte
[2]**Dame** [deɪm], die; -, -s ⟨*engl.*⟩: **a)** (in Großbritannien) Titel der Trägerinnen verschiedener Orden im Ritterstand; **b)** Trägerin des Titels [2]Dame (a)
Dam|mar, das; -s ⟨*malai.*⟩: Dammarharz
Dam|ma|ra|fich|te, die; -, -n: harzreiche ↑Araukarie der malaiischen Inseln u. Australiens
Dam|mar|harz, das; -es: hellgelbes, durchsichtiges Harz südostasiatischer Bäume, das technisch vielfach verwendet wird
dam|na|tur ⟨*lat.;* »(das Buch) wird verdammt«⟩ (Geschichte): der Zensur dienende technische Formel, die besagte, dass ein Buch nicht gedruckt werden durfte
Dam|no vgl. Damnum
Dam|num, das; -s, ...na ⟨*lat.;* »Schaden, Nachteil«⟩, veraltet: Damno, der od. das; -s, -s ⟨*lat.-it.*⟩ (Wirtsch.): Abzug vom Nennwert eines Darlehens als Vergütung für die Darlehensgewährung
Da|mo|k|les|schwert, das; -[e]s ⟨nach dem Günstling des älteren Dionysios von Syrakus, über dessen Haupt ein Schwert an einem Pferdehaar aufgehängt war⟩: stets drohende Gefahr

Dä|mon, der; -s, ...onen ‹*gr.-lat.*›: geisterhaftes, suggestive u. unheimliche Macht über jmdn. besitzendes Wesen, das den Willen des Betroffenen bestimmt

Dä|mo|nie, die; -, ...ien ‹*gr.-nlat.*›: unerklärbare, bedrohliche Macht, die von jmdm./etwas ausgeht od. die das ihr unentrinnbar ausgelieferte Objekt vollkommen beherrscht; Besessenheit. **dä|mo|nisch** ‹*gr.-lat.*›: eine suggestive u. unheimliche Macht ausübend

dä|mo|ni|sie|ren: mit dämonischen Kräften erfüllen, zu einem Dämon machen. **Dä|mo|nis|mus,** der; - ‹*gr.-nlat.*›: Glaube an Dämonen

Dä|mo|ni|um vgl. Daimonion

Dä|mo|no|lo|gie, die; -, ...ien ‹*gr.-nlat.*›: Lehre von den Dämonen

Dan, der; -, - ‹*jap.;* »Stufe, Meistergrad«›: Leistungsgrad für Fortgeschrittene in allen Budosportarten

Da|na|er|ge|schenk, das; -[e]s, -e ‹*gr.; dt.;* nach der Bez. Homers für die Griechen, die das Trojanische Pferd hinterlassen hatten›: etwas, was sich im Nachhinein für den, der es als Gabe o. Ä. bekommt, als unheilvoll erweist

Da|na|i|den|ar|beit, die; - ‹nach der gr. Sage, in der die Töchter des Danaos in der Unterwelt ein Fass ohne Boden mit Wasser füllen sollten›: vergebliche, qualvolle Arbeit; sinnlose Mühe

Dance|floor [ˈdɑːnsflɔː], der; -s, -s ‹*engl.*›: **1.** Tanzfläche einer Diskothek. **2.** (ohne Plural) in Diskotheken gespielte Tanzmusik verschiedener Musikstile

Dan|cing [ˈdaːnsɪŋ], das; -s, -s: Tanz[veranstaltung], Tanzlokal

Dan|dy [ˈdɛndi], der; -s, -s ‹*engl.*›: **1.** Mann, der sich übertrieben modisch kleidet. **2.** Vertreter des ↑Dandyismus. **dan|dy|haft:** in der Art eines Dandys gehalten

Dan|dy|is|mus, der; -: in der Mitte des 18. Jh.s in England aufgekommener Lebensstil, für den Exklusivität in Kleidung u. Lebensführung sowie ein geistreich-zynischer Konversationston u. eine gleichgültig-arrogante Haltung typisch waren

Da|ne|b|rog, Dannebrog, der; -[s] ‹*dän.*›: die dänische Flagge

da|ni|sie|ren, dä|ni|sie|ren: dänisch machen, gestalten

Dan|ne|b|rog vgl. Danebrog

Danse ma|ca|bre [dɑ̃smaˈkaːbr(ə)], der; - -, -s -s [dɑ̃smaˈkaːbr(ə)] ‹*frz.*›: Totentanz

Dan|tes, Tantes, die (Plural) ‹*lat.-span.*› (veraltet): Spielmarken

dan|tesk ‹nach dem it. Dichter Dante Alighieri, 1265–1321›: in der Art Dantes

Daph|ne, die; -, -n ‹*gr.-lat.;* »Lorbeer«›: Seidelbast (früh blühender Zierstrauch)

Daph|nia, Daph|nie [...i̯ə] die; -, ...nien [...i̯ən] ‹*gr.-nlat.*›: im Süßwasser lebender Wasserfloh

Daph|nin, das; -s: Bestandteil einer Seidelbastrinde, der vielfach als Arznei verwendet wird

Da|ra|buk|ka, die; -, ...ken ‹*arab.*›: arabische Trommel

Dar al-Is|lam, die; - - ‹*arab.;* »Gebiet des Islam«›: im Islam übliche Bez. für den Bereich, in dem die Rechts- u. Sittenordnung des Islam herrscht

Da|ri, das; -s ‹*arab.*›: kultivierte Art des ↑Sorgho; Zuckerhirse

Dar|jee|ling [daːɐ̯ˈdʒiːlɪŋ], der; -[s], -s ‹nach dem westbengal. Ort›: eine indische Teesorte

Dark Horse [ˈdaːɐ̯k ˈhɔːɐ̯s, ˈdaːɐ̯khɔːɐ̯s], das; - -, - -s [...hɔːɐ̯sɪz], **Dark|horse,** das; -, -s ‹*engl.;* »dunkles Pferd«› (Jargon): noch nicht bekanntes Rennpferd

Dark|net, das; -s, **Dark Net,** das; - -s [ˈdaːɐ̯knɛt] ‹*engl.*› (EDV): besonders gegen Zugriffe von außen gesicherter, teilweise illegaler Bereich des Internets

Dark|room, der; -s, -s, **Dark Room,** der; - -s, - -s [...ruːm]: meist völlig abgedunkeltes Hinter-, Nebenzimmer o. Ä. als Ort für sexuelle Kontakte in von Homosexuellen besuchten Lokalen od. in Swingerclubs

Dark Wave [- ˈwɛɪ̯v], der; - - ‹*engl.*›: u. a. aus dem New Wave hervorgegangener Musikstil mit dunklem, trist od. melancholisch wirkendem Klang

Dar|ling, der; -s, -s ‹*engl.*›: Liebling

Dar|ter, der; -s, -: jmd., der Darts spielt. **Dar|te|rin,** die; -, -nen: weibliche Form zu ↑Darter

Darts [daːɐ̯ts], das; -, **Dart** [daːɐ̯t], das; -s ‹*germ.-afrz.-engl.*›: englisches Wurfpfeilspiel

Dar|wi|nis|mus, der; - ‹*nlat.*›: von dem englischen Naturforscher C. Darwin (1809–1882) begründete Lehre von der stammesgeschichtlichen Entwicklung durch Mutation u. Selektion. **Dar|wi|nist,** der; -en, -en: Anhänger der Lehre Darwins. **Dar|wi|nis|tin,** die; -, -nen: weibliche Form zu ↑Darwinist. **dar|wi|nis|tisch:** den Darwinismus betreffend, auf ihm beruhend, für ihn charakteristisch

Dash [dɛʃ], der; -s, -s ‹*engl.*›: Spritzer, kleinste Menge (bei der Bereitung eines Cocktails)

Dash|board [ˈdɛʃbɔːɐ̯t], das; -s, -s ‹*engl.*› (EDV): Computerprogramm, das relevante Informationen zusammenfasst u. übersichtlich darstellt

Dash|cam [ˈdɛʃkɛm], die; -, -s ‹engl.›: kleine Kamera in einem Fahrzeug, die die Fahrt aufzeichnet

Da|sy|me|ter, das; -s, - ‹*gr.-nlat.*›: Gerät zur Bestimmung der Gasdichte

DAT, das; -[s], -s ‹Abk. für *engl.:* *d*igital *a*udio *t*ape »digitales Tonband«›: ↑Digitaltonband

Da|ta-High|way, Da|ta|high|way [ˈdɛɪ̯təhaɪ̯wɛɪ̯], der; -s, -s ‹*engl.*› (EDV): ↑Datenhighway

Da|ta-Mi|ning, Da|ta|mi|ning [ˈdɛɪ̯təmaɪ̯nɪŋ], das; -s ‹*engl.;* eigtl. »Datenförderung«› (EDV): [halb] automatische Auswertung großer Datenmengen zur Bestimmung bestimmter Regelmäßigkeiten, Gesetzmäßigkeiten u. verborgener Zusammenhänge

Da|ta|rie, die; - ‹*lat.-nlat.*› (Geschichte): päpstliche Behörde zur Erledigung von Gnadenakten u. zur Vergabe von Pfründen

Date [dɛɪ̯t], das; -s, -s ‹*lat.-engl.*› (ugs.): **1.** Verabredung, Treffen. **2.** jmd., mit dem man ein Date (1) hat

Da|tei, die; -, -en ‹*lat.*› (bes. EDV): nach bestimmten Gesichtspunkten zusammengestellte Menge von Daten (in Form eines elektronischen Dokuments od. Programms)

Da|tei|sys|tem, das; -s, -e (EDV): Computerprogramm, das als

Bestandteil des Betriebssystems das Speichern, Lesen und Löschen von Dateien auf einem Datenträger organisiert

Da|ten, die (Plural): **1.** *Plural* von ↑Datum. **2.** (durch Beobachtungen, Messungen o. Ä. gewonnene) [Zahlen]werte, (auf Beobachtungen, Messungen u. Ä. beruhende) Angaben, formulierbare Befunde. **3.** (EDV) elektronisch gespeicherte Zeichen, Angaben, Informationen. **4.** (Math.) zur Lösung od. Durchrechnung einer Aufgabe vorgegebene Zahlenwerte, Größen

Da|ten|bank, die; -, -en: elektronisches System, in dem große Datenbestände zentralisiert gespeichert sind

Da|ten|bus, der; -ses, -se: ↑Bus (2)

Da|ten|high|way [...haɪ̯wɛɪ̯], der; -s, -s: **1.** universell nutzbares Telekommunikationsnetz zur schnellen Übertragung von großen Datenmengen; Datenautobahn. **2.** Internet

Da|ten|kom|pres|si|on, Da|ten|kom|pri|mie|rung, die; -, -en: Veränderung von Daten od. Zeichen mit dem Ziel, den Bedarf an Speicherplatz zu verringern od. die Übertragungsgeschwindigkeit zu erhöhen

Da|ten|ty|pis|tin, die; -, -nen ‹*lat.; gr.;* Neubildung in Anlehnung an Stenotypistin›: Angestellte, die Daten (3) in einen Computer eingibt

da|tie|ren ‹*lat.-frz.*›: **1.** (einen Brief o. Ä.) mit dem Datum (1) versehen. **2.** die Entstehungszeit von etwas bestimmen, angeben. **3. a)** seit einem bestimmten Zeitpunkt bestehen, zu einer bestimmten Zeit begonnen haben; **b)** aus einer bestimmten Zeit stammen, von einem bestimmten Ereignis herrühren

Da|ting [ˈdɛɪ̯tɪŋ], das; -s, -s ‹zu *engl.* to date »eine Zeit angeben«›: das Sichverabreden [mit möglichst vielen wechselnden Partnern]

Da|ting-App [ˈdɛɪ̯tɪŋʔɛp], die; -, -s ‹*engl.*›: ↑App, die Treffen zur Anbahnung von Partnerschaften vermittelt. **Da|ting|por|tal,** das; -s, -e: Internetportal, das den Nutzern Dating ermöglicht

Da|tiv, der; -s, -e ‹*lat.*›: Wemfall, dritter Fall (Abk.: Dat.)

Da|tiv|ob|jekt, das; -[e]s, -e: Ergänzung eines Verbs im ↑Dativ (z. B. sie gibt *ihm* das Buch)

Da|ti|vus ethi|cus, der; - -, ...vi ...ci [...vi ...tsi] ‹*lat.; gr.-lat.*›: freier Dativ der inneren Anteilnahme (z. B.: Du bist *mir* ein geiziger Kerl!)

da|to ‹*lat.*›: heute; **bis dato:** bis heute

Da|to|lith [auch: ...ˈlɪt], der; -s u. -en, -e[n] ‹*gr.-nlat.*›: ein Mineral von körniger Struktur

Da|to|wech|sel, der; -s, -: Wechsel, der zu einem bestimmten Zeitpunkt nach dem Ausstellungstag eingelöst werden kann

DAT-Re|kor|der, DAT-Recorder, der; -s, -: Gerät zur Aufnahme u. rauschfreien Wiedergabe von Digitaltonbändern

Dat|scha, die; -, -s od. ...schen ‹*russ.*›: russisches Holzhaus, Sommerhaus. **Dat|sche,** die; -, -n (regional): Grundstück mit Wochenendhaus

Dat|tel, die; -, -n ‹*semit.-gr.-lat.-roman.*›: süße, pflaumenförmige Frucht der Dattelpalme

da|tum ‹*lat.*›: (in alten Briefen u. Urkunden) geschrieben, ausgefertigt (Abk.: dat.). **Da|tum,** das; -s, ...ten: **1. a)** dem Kalender entsprechende Zeitangabe, Tagesangabe; **b)** Zeitpunkt. **2.** Faktum

Da|tu|ra, die; - ‹*sanskr.-Hindi-nlat.*›: Stechapfel

Dau, Dhau, die; -, -en ‹*arab.*›: arabisches Zweimastschiff mit Trapezsegeln

dau|bie|ren [do...] ‹*frz.*› (veraltet): dämpfen, dünsten (von Fleisch u. a.)

Dau|phin [doˈfɛ̃ː], der; -s, -s ‹*gr.-lat.-galloroman.-frz.*› (Geschichte): Titel des französischen Thronfolgers

Da|vis|cup, Da|vis-Cup [ˈdɛɪ̯vɪskap], der; -s, **Da|vis|po|kal, Da-vis-Po|kal,** der; -s ‹nach dem amerik. Stifter D. F. Davis, 1879–1945›: **1.** im Tennissport bei internationalen Mannschaftswettbewerben vergebener Wanderpokal. **2.** internationaler Wettbewerb, bei dem die siegreiche Mannschaft den Daviscup (1) gewinnt

Da|vit [ˈdɛvɪt], der; -s, -s ‹*engl.*›: dreh- u. schwenkbare kranähnliche Vorrichtung auf Schiffen

da|wai ‹*russ.*›: los!; vorwärts!

Dawes|plan [ˈdɔːz...], **Dawes-Plan** [ˈdɔz...] der; -[e]s ‹*engl.; dt.;* nach dem amerik. Politiker C. G. Dawes›: Plan für die Reparationszahlungen Deutschlands nach dem 1. Weltkrieg

DAX®, Dax, der; -: Kennzahl für die Wertentwicklung der 30 wichtigsten deutschen Aktien

Day-Crui|ser, Day|crui|ser [ˈdɛɪ̯kruːzə], der; -s, - ‹*engl.;* »Tageskreuzer«›: Sportmotorboot mit geringem Wohnkomfort

Day-Tra|der, Day|tra|der [ˈdɛɪ̯trɛɪ̯dɐ], der; -s, - ‹*engl.*›: jmd., der Day-Trading betreibt

Day-Tra|ding, Day|tra|ding [ˈdɛɪ̯trɛɪ̯dɪŋ], das; -s ‹*engl.;* »Tageshandel«›: sehr rasches Kaufen u. Wiederverkaufen von Wertpapieren o. Ä. (über das Internet)

Da|zit [auch: ...ˈtsɪt], der; -s, -e: ein Quarzgestein

Dazz|ler [ˈdæzlɐ], der; -s, - ‹*engl.*›: auf den Zahnschmelz aufgeklebter [glänzender] Zahnschmuck

D-Day [ˈdiːdɛɪ̯], der; -s, -s ‹aus *engl.* Day-Day›: (als Deckname gedachte) Bez. für den Tag, an dem ein größeres militärisches Unternehmen beginnt (z. B. der Beginn der Invasion der Alliierten in Frankreich am 6. Juni 1944)

DDD [deːdeːˈdeː] ‹Abk. aus *d*igitale Aufnahme, *d*igitale Bearbeitung, *d*igitale Wiedergabe›: Kennzeichnung der technischen Verfahren bei einer CD-Aufnahme o. Ä.

Dead Heat [ˈdɛd ˈhiːt, ˈdɛd...], das; - -[s], - -s, **Dead|heat,** das; -[s], -s ‹*engl.*›: gleichzeitiger Zieleinlauf zweier od. mehrerer Teilnehmer; totes Rennen

Dead|line [ˈdɛdlaɪ̯n], die; -, -s ‹*engl.*›: **1.** letzter [Ablieferungs]termin [für Zeitungsartikel]; Redaktions-, Anzeigenschluss. **2.** Stichtag. **3.** äußerste Grenze [in Bezug auf die Zeit]

Dead|lock [ˈdɛd...], der; -s ‹*engl.;* »völliger Stillstand«›: ausweglose Situation in Verhandlungen, wenn die verhandelnden Parteien nicht zu Kompromissen bereit sind

Dead|weight [ˈdɛdwɛɪ̯t], das; -[s], -s: Gesamttragfähigkeit eines Schiffes

de|ak|ti|vie|ren ‹*lat.*›: **1.** (eine Maschine, einen Motor, eine Funktion o. Ä.) abschalten, außer Betrieb setzen. **2.** (Chemie) ↑desaktivieren

Deal [di:l], der; -s, -s ⟨*engl.*⟩ (Jargon): Handel, Geschäft

dea|len ['di:...]: mit Rauschgift handeln. **Dea|ler,** der; -s, -: **1.** (Jargon) jmd., der mit Rauschgift handelt; vgl. Pusher. **2.** (Börsenw.) jmd., der mit Wertpapieren handelt

Dean [di:n], der; -s, -s ⟨*lat.-frz.-engl.*⟩: engl. Bez. für: ↑Dekan (3)

De|as|pi|ra|ti|on, die; -, -en ⟨*lat.*⟩ (Sprachwiss.): Verwandlung eines aspirierten Lauts in einen nicht aspirierten (z. B. b^h zu b)

Death-Me|tal, Death|me|tal ['dɛθ(')mɛtl̩], der; -[s] ⟨*engl.*⟩: extreme Variante des ↑Heavy Metal mit meist verzerrten Gitarrenklängen, kehligem Gesang u. oft gewaltverherrlichenden Texten

De|ba|kel, das; -s, - ⟨*frz.*⟩: Zusammenbruch, Niederlage, unglücklicher, unheilvoller Ausgang

De|bar|da|ge [debar'da:ʒə], die; -, -n ⟨*frz.*⟩ (veraltet): das Ausladen, Löschen einer [Holz]fracht

[1]**De|bar|deur** [debar'dø:ɐ̯], der; -s, -e (veraltet): Schiffsentlader

[2]**De|bar|deur,** das; -s, -s (schweiz.): rund ausgeschnittenes Trägerhemdchen

de|bar|die|ren (veraltet): eine Fracht ausladen, eine Ladung löschen

de|bar|kie|ren ⟨*frz.*⟩ (veraltet): aus einem Schiff ausladen, ausschiffen

De|bat|te, die; -, -n ⟨*lat.-vulgärlat.-frz.*⟩: Erörterung, Aussprache zu einem bestimmten, festgelegten Thema, wobei die verschiedenen Meinungen dargelegt, die Gründe des Für u. Wider vorgebracht werden

De|bat|ten|schrift, die; - (veraltet): Eil-, Redeschrift in der Stenografie

De|bat|ter, der; -s, - ⟨*engl.*⟩ (veraltend): jmd., der debattiert. **De|bat|te|rin,** die; -, -nen: weibliche Form zu ↑Debatter

de|bat|tie|ren ⟨*frz.*⟩: eine Debatte führen, erörtern

De|bau|che [de'bo:ʃ(ə)], die; -, -n [...ʃn̩] ⟨*frz.*⟩ (selten): ausschweifender Lebenswandel

de|bau|chie|ren (selten): ausschweifend leben

De|bel|la|ti|on, die; -, -en ⟨*lat.*; »Besiegung, Überwindung«⟩ (Völkerrecht): Beendigung eines Krieges durch die völlige Vernichtung des feindlichen Staates

De|bet, das; -s, -s ⟨*lat.*⟩: die linke Seite (Sollseite) eines Kontos (Ggs.: [2]Kredit)

de|bil ⟨*lat.*⟩: **a)** (Med. veraltet) in leichtem Grade geistig behindert; **b)** (ugs. abwertend, diskriminierend) blödsinnig, unsinnig. **De|bi|li|tät,** die; - (Med. veraltet): leichte Minderung der Intelligenz

De|bit [de'bi:(t)], der; -s ⟨*mittelniederd.-frz.*⟩ (veraltet): Warenverkauf, Ausschank

de|bi|tie|ren (Bankw.): eine Person od. ein Konto belasten

De|bit|kar|te: Plastikkarte mit Chip (3) od. Magnetstreifen für bargeldlose Bezahlung od. Barabhebung am Geldautomaten

De|bi|tor, der; -s, ...oren (meist Plural) ⟨*lat.*⟩: Schuldner, der Waren von einem Lieferer auf Kredit bezogen hat

de|bi|to|risch: Zahlungen schuldend; **debitorisch geführtes Konto:** Konto, das dauerhaft im Minus ist

de|blo|ckie|ren ⟨*frz.*⟩: **1.** (Druckw.) ↑blockierten (4) Text durch den richtigen ersetzen. **2.** von einer Blockade befreien

de|bou|chie|ren [debu'ʃ...] ⟨*frz.*⟩ (Militär veraltet): aus einem Engpass hervorrücken

De|b|re|czi|ner ['debrɛtsi:nɐ], **De|b|re|zi|ner,** die; -, -: nach der ungarischen Stadt Debreczin benanntes, stark gewürztes Würstchen

De|brie|fing [dɪ...], das; -s, -s ⟨*engl.*⟩ (EDV): Abschlussgespräch der Versuchsteilnehmer eines Experiments über dessen Ziele, Methoden u. Resultate

Debt-Ma|nage|ment, Debt|ma|nage|ment ['dɛtmɛnɪtʃmənt], das; -s, -s ⟨*engl.*⟩: gezielte Festlegung bzw. Veränderung der Struktur der öffentlichen Schulden bei vorgegebener Schuldenhöhe

de|bug|gen [di'bagn̩] ⟨*engl.*⟩ (EDV): einen Programmfehler in einem Softwareprogramm beseitigen. **De|bug|ger** [di'bagɐ], der; -s, - (EDV): Programm, das Fehler in der Programmierung sucht und ausschaltet. **De|bug|ging** [di:'bʌgɪŋ], das; -[s], -s (EDV): Vorgang bei der Programmherstellung, bei dem das Programm getestet wird u. die entdeckten Fehler beseitigt werden

De|bun|king [di'baŋkɪŋ], das; -s, -s ⟨*engl.*⟩: das Entlarven eines Helden od. eines Mythos im Film, Theater od. Roman

De|büt [de'by:], das; -s, -s ⟨*frz.*⟩: erstes [öffentliches] Auftreten (z. B. eines Künstlers, Sportlers)

De|bü|tant, der; -en, -en: erstmalig Auftretender; Anfänger. **De|bü|tan|tin,** die; -, -nen: **1.** weibliche Form zu ↑Debütant. **2.** junge Frau aus der Oberschicht, die in die Gesellschaft eingeführt wird. **De|bü|tan|tin|nen|ball,** der; -[e]s, ...bälle: Ball, auf dem die Debütantinnen (2) vorgestellt werden

de|bü|tie|ren: zum ersten Mal [öffentlich] auftreten

De|ca|me|ro|ne ⟨*gr.-it.*⟩: ↑Dekameron

De|car|bo|xy|lie|rung vgl. Dekarboxylierung

De|cay [di'kɛɪ̯], das; -[s] ⟨*engl.*⟩: Zeit des Abfallens des Tons vom Maximum bis 0 beim ↑Synthesizer

De|cha|nat [dɛç...], Dekanat, das; -[e]s, -e ⟨*lat.-mlat.*⟩: Amt od. Amtsbereich (Sprengel) eines ↑Dechanten (Dekans)

De|cha|nei, Dekanei, die; -, -en: Wohnung eines ↑Dechanten

De|chant [dɛ'çant, auch, österr. nur: 'dɛ...], der; -en, -en ⟨*lat.*⟩: höherer katholischer Geistlicher, Vorsteher eines Kirchenbezirks innerhalb der ↑Diözese, auch eines ↑Domkapitels u. a.; vgl. Dekan

De|chan|tei, die; -, -en (österr.): Amtsbereich eines ↑Dechanten

De|char|ge [de'ʃarʒə], die; -, -n ⟨*frz.*⟩ (veraltet): Entlastung (von Vorstand u. Aufsichtsrat bei Aktiengesellschaften). **de|char|gie|ren** (veraltet): entlasten

De|cher, das od. der; -s, - ⟨*lat.*⟩ (Geschichte): deutsches Maß für Felle u. Rauchwaren (= 10 Stück)

De|chet [de'ʃe:], der; -s, -s (meist

Plural) ⟨*lat.-vulgärlat.-frz.*⟩: Spinnereiabfälle verschiedener Art

de|chif|f|rie|ren [deʃɪ...] ⟨*frz.*⟩: entschlüsseln (Ggs.: chiffrieren). **De|chif|f|rie|rung,** die; -, -en: Entschlüsselung

De|ci|dua [de'ts...], die; -, ...duae [...ɛ] ⟨*lat.*⟩ (Med.): Siebhaut; Schicht der Eihäute aus Teilen der Gebärmutterschleimhaut, des Mutterkuchens u. der Fruchthüllen. **de|ci|du|al** (Med.): die Decidua betreffend

de|ci|so [de'tʃi:zo] ⟨*lat.-it.*⟩ (Musik): entschlossen, entschieden (Vortragsanweisung)

De|co|der [auch: dɪ'kɔʊ̯dɐ], der; -s, - ⟨*engl.*⟩ (Technik): Vorrichtung zum Entschlüsseln codierter Signale (z. B. in Radio- und Fernsehgeräten) (Ggs.: Encoder)

de|co|die|ren, dekodieren ⟨*frz.*⟩: [eine Nachricht] mithilfe eines Codes entschlüsseln (Ggs.: codieren [1], encodieren)

De|co|die|rung, Dekodierung, die; -, -en: das Decodieren

De|co|ding [dɪ'kɔʊ̯dɪŋ], das; -s, -s: Entschlüsselung einer Nachricht, eines Signals (Ggs.: Encoding)

De|col|la|ge [dekɔ'la:ʒə], die; -, -n ⟨*frz.*⟩: Bild, das durch die Veränderung von vorgefundenen Materialien entsteht (z. B. Zerstörung der Oberfläche durch Abreißen, Zerschneiden od. Ausbrennen, bes. von ↑Collagen)

De|col|la|gist, der; -en, -en: jmd., der Decollagen herstellt. **De|col|la|gis|tin,** die; -, -nen: weibliche Form zu ↑Decollagist

Dé|col|le|ment [dekɔlə'mã:], das; -s, -s ⟨*lat.-frz.*⟩ (Med.): Ablösung der Haut von der Muskulatur durch stumpfe Gewalteinwirkung (z. B. bei Quetschverletzungen)

Dé|colle|té vgl. Dekolleté

De|com|pi|ler [dikɔm'pai̯lɐ], der; -s, - ⟨*engl.*⟩ (EDV): Computerprogramm, das ein Maschinenprogramm in eine Programmiersprache rückübersetzt

De|co|ra|ted Style ['dɛkəreɪ̯tɪd 'stai̯l], der; - - ⟨*engl.*⟩: Epoche der gotischen Baukunst in England im 13. u. 14. Jh.

De|co|ra|tive Art ['dɛkərətɪv ɑ:t], die; - - ⟨*engl.; »dekorative Kunst«*⟩: ↑Action-Painting

Dé|cou|pa|ge [deku'pa:ʒə], die; -, -n ⟨*frz.*⟩: **1.** frz. Bez. für: Drehbuch. **2.** [Bastel]technik, bei der Gebrauchsgegenstände, Möbel u. Ä. mit einem speziellen [bedruckten] Papier beklebt werden

de|cou|ra|gie|ren [dekura'ʒi:rən] ⟨*lat.-frz.*⟩: entmutigen. **de|cou|ra|giert:** mutlos, verzagt

De|court [de'ku:ɐ̯], der; -s, -s: ↑Dekort

De|cou|vert, Dé|cou|vert vgl. Dekuvert. **de|cou|v|rie|ren** vgl. dekuvrieren

de|cresc. = decrescendo. **de|cre|scen|do** [dekrɛ'ʃɛndo] ⟨*lat.-it.*⟩ (Musik): in der Tonstärke schwächer werdend, im Ton zurückgehend, leiser werdend (Vortragsanweisung) (Abk.: decresc.; Ggs.: crescendo)

De|cre|scen|do, das; -s, -s u. ...di (Musik): das Abnehmen, Schwächerwerden der Tonstärke (Ggs.: Crescendo)

De|cu|bi|tus vgl. Dekubitus

de da|to ⟨*lat.*⟩ (veraltet): vom Tag der Ausstellung an (auf Urkunden) (Abk.: d. d.)

De|di|ka|ti|on, die; -, -en ⟨*lat.*⟩: **1.** Widmung. **2.** Gabe, die jmdm. gewidmet, geschenkt worden ist (z. B. vom Autor); Schenkung

De|di|ka|ti|ons|ti|tel, der; -s, -: besonderes Blatt des Buches, das die Widmung trägt

de|di|tie|ren ⟨*lat.*⟩: eine Schuld tilgen

de|di|zie|ren ⟨*lat.*⟩: jmdm. etwas zueignen, für ihn bestimmen

De|duk|ti|on, die; -, -en ⟨*lat.*⟩: **a)** (Philos.) Ableitung des Besonderen u. Einzelnen vom Allgemeinen; Erkenntnis des Einzelfalls durch ein allgemeines Gesetz (Ggs.: Induktion [1]); **b)** (Logik) logische Ableitung von Aussagen aus anderen Aussagen mithilfe logischer Schlussregeln

de|duk|tiv [auch: 'de:...]: das Besondere, den Einzelfall aus dem Allgemeinen ableitend (Ggs.: induktiv [1])

De|du|p|li|ka|ti|on, die; -, -en ⟨*lat.*⟩ (EDV): das Erkennen und Eliminieren von mehrfach vorhandenen Daten

De|du|p|li|zie|rung, die; -, -en: vgl. Deduplikation

de|du|zie|ren: das Besondere, den Einzelfall aus dem Allgemeinen ableiten (Ggs.: induzieren [1])

De|em|pha|sis, die; - ⟨*(lat.; gr.)-engl.*⟩ (Funkw.): Ausgleich der Vorverzerrung; vgl. Preemphasis

Deep|fake ['di:pfɛɪ̯k], der od. das; -s, -s ⟨*engl.*⟩ (EDV): mithilfe künstlicher Intelligenz erzeugte bzw. manipulierte Bild- od. Tondatei (z. B. in krimineller od. satirischer Absicht)

De|e|sis, die; -, ...esen ⟨*gr.; »Bitte«*⟩: ↑byzantinische Darstellung des [im Jüngsten Gericht] thronenden Christus zwischen Maria u. Johannes dem Täufer, den »Fürbittern«

De|es|ka|la|ti|on [auch: 'de:...], die; -, -en ⟨*frz.-engl.*⟩: stufenweise Verringerung od. Abschwächung eingesetzter [militärischer] Mittel (Ggs.: Eskalation)

de|es|ka|lie|ren [auch: 'de:...]: die eingesetzten [militärischen] Mittel stufenweise verringern od. abschwächen (Ggs.: eskalieren)

de fac|to ⟨*lat.*⟩: tatsächlich [bestehend] (Ggs.: de jure)

De-fac|to-An|er|ken|nung, die; -, -en: Anerkennung eines Sachverhaltes o. Ä. aufgrund bestehender Tatsachen u. Gegebenheiten

De|fai|tis|mus [...fɛ...] vgl. Defätismus

De|fä|ka|ti|on, die; -, -en ⟨*lat.*⟩: **1.** (Med.) Stuhlentleerung. **2.** Reinigung, Klärung (bes. von Flüssigkeiten). **de|fä|kie|ren** (Med.): Kot ausscheiden

De|fa|ti|ga|ti|on, die; -, -en ⟨*lat.*⟩ (Med. veraltet): Ermüdung, Überanstrengung

De|fä|tis|mus, der; - ⟨*lat.-vulgärlat.-frz.-nlat.*⟩: geistig-seelischer Zustand der Mutlosigkeit, Hoffnungslosigkeit u. Resignation; Schwarzseherei

De|fä|tist, der; -en, -en ⟨*lat.-vulgärlat.-frz.*⟩: jmd., der mut- u. hoffnungslos ist u. die eigene Sache für aussichtslos hält; Schwarzseher; Pessimist. **De|fä|tis|tin,** die; -, -nen: weibliche Form zu ↑Defätist. **de|fä|tis|tisch:** sich im Zustand der Mutlosigkeit u. Resignation befindend; pessimistisch, ohne Hoffnung

De|fault [dɪ'fɔ:lt], das od.

der; -s, -s ‹*engl.*› (EDV): Voreinstellung, Standardeinstellung (z. B. eines Computerprogramms)

de|fä|zie|ren ‹*lat.*›: ↑defäkieren

de|fekt ‹*lat.*›: schadhaft, fehlerhaft, nicht in Ordnung

De|fekt, der; -[e]s, -e ‹*lat.*›: **1.** Schaden, Fehler. **2.** (Plural) **a)** zur Ergänzung einer vorhandenen Schrift von der Schriftgießerei bezogene Drucktypen; **b)** im Setzereimagazin aufbewahrte, zeitweilig überzählige Drucktypen. **3.** (Plural) **a)** Bücher mit Fehlern, die repariert werden; **b)** zum Aufbinden einer Auflage an der Vollzahl fehlende Bogen od. Beilagen. **4.** (Med., Psychol.) Fehlen od. Ausfall einer körperlichen od. psychischen Funktion

De|fekt|ex|em|p|lar, das; -s, -e (Buchw.): Buch mit Herstellungsmängeln od. Beschädigungen

de|fek|tiv [auch: 'de:...] ‹*lat.*›: mangelhaft, fehlerhaft, unvollständig. **De|fek|ti|vi|tät,** die; - ‹*lat.-nlat.*›: Fehlerhaftigkeit, Mangelhaftigkeit

De|fek|ti|vum, das; -s, ...va ‹*lat.*› (Sprachwiss.): nicht in allen Formen auftretendes od. nicht an allen syntaktischen Möglichkeiten seiner Wortart teilnehmendes Wort (z. B. *Leute* ohne entsprechende Einzahlform)

De|fekt|mu|ta|ti|on, die; -, -en (Biol.): spontane oder durch ↑Mutagene hervorgerufene Erbänderung, die teilweisen oder völligen Ausfall bestimmter Körperfunktionen bewirkt

De|fek|tur, die; -, -en ‹*lat.-nlat.*› (Fachspr.): ergänzende Herstellung von Arzneimitteln, die Apotheken in größeren Mengen vorrätig halten sollen

De|fe|mi|na|ti|on, die; -, -en ‹*lat.-nlat.*› (Med.): **1.** (veraltet) physische u. psychische Umwandlung der Frau zum männlichen Geschlecht hin. **2.** Verlust der typisch weiblichen Geschlechtsempfindungen; Frigidität

Dé|fense mus|cu|laire [defɑ̃smysky'lɛ:r], die; - - ‹*lat.-frz.*› (Med.): starke u. unwillkürliche Abwehrspannung der Bauchmuskulatur (bei anhaltender Reizung des Bauchfells)

De|fen|sio, die; -, -nes ‹*lat.*› (österr.): mündliche wissenschaftliche Verteidigung einer Dissertation

De|fen|si|o|na|le, das; -s ‹*lat.*› (Geschichte): erste umfassende Heeresordnung der Schweizer Eidgenossenschaft

de|fen|siv [auch: 'de:...] ‹*lat.-mlat.*›: **a)** verteidigend, abwehrend (Ggs.: offensiv); **b)** auf Sicherung od. Sicherheit bedacht; Risiken vermeidend

De|fen|siv|al|li|anz, die; -, -en: Verteidigungsbündnis

De|fen|si|ve, die; -, -n: Verteidigung, Abwehr (Ggs.: Offensive)

De|fen|si|vi|tät, die; - ‹*nlat.*›: Neigung zu abwehrender Haltung

De|fen|sor Fi|dei [- 'fi:dei], der; -[s] - ‹*lat.;* »Verteidiger des Glaubens«›: (seit Heinrich VIII.) Ehrentitel des englischen Königs

De|fe|ren|ti|tis, die; -, ...itiden ‹*lat.-nlat.*› (Med.): Entzündung des Samenleiters

de|fe|rie|ren ‹*lat.*› (veraltet): **1.** jmdm. einen Eid vor einem Richter auferlegen. **2.** einem Antrag stattgeben

De|fer|ves|zenz, die; - ‹*lat.-nlat.*› (Med.): Nachlassen des Fiebers, Entfieberung

De|fi|b|ra|tor, der; -s, ...oren ‹*lat.-nlat.*›: Maschine, die durch Dampf aufgeweichte Holzschnitzel zerfasert (z. B. für die Herstellung von Holzfaserplatten)

De|fi|b|ril|la|ti|on, die; -, -en ‹*lat.-frz.*› (Med.): Beseitigung von [lebensbedrohlichen] Herzrhythmusstörungen durch elektrische Impulse

De|fi|b|ril|la|tor, der; -s, ...oren ‹*lat.-nlat.*› (Med.): Gerät, das [lebensbedrohliche] Herzrhythmusstörungen durch Anwendung elektrischer Impulse beseitigen kann

de|fi|b|ril|lie|ren (Med.): eine Defibrillation vornehmen

de|fi|b|ri|nie|ren ‹*lat.-nlat.*› (Med.): ↑Fibrin auf mechanische Weise aus frischem Blut entfernen u. es dadurch ungerinnbar machen

de|fi|cien|do [defi'tʃɛndo] ‹*lat.-it.*› (Musik): Tonstärke u. Tempo zurücknehmend; nachlassend, abnehmend (Vortragsanweisung)

De|fi|cit-Spen|ding, De|fi|cit|spen|ding ['dɛfɪsɪtspɛndɪŋ], das; -[s] ‹*engl.*› (Wirtsch.): Defizitfinanzierung; Finanzierung öffentlicher Investitionen u. Subventionen durch Schulden, die später durch Haushaltsüberschüsse getilgt werden sollen

De|fi|gu|ra|ti|on, die; -, -en ‹*lat.-nlat.*› (veraltet): Verunstaltung, Entstellung. **de|fi|gu|rie|ren** ‹*lat.*› (veraltet): verunstalten, entstellen

De|fi|lee, das; -s, -s (veraltet: ...leen) ‹*lat.-frz.*›: **1.** parademäßiger Vorbeimarsch, das Vorüberziehen an jmdm.. **2.** (Geogr. veraltet) Enge, Engpass. **de|fi|lie|ren:** parademäßig an jmdm. vorüberziehen

De|fi|ni|en|dum, das; -s, ...da ‹*lat.*› (Sprachwiss.): Begriff, der bestimmt werden soll, über den etwas ausgesagt werden soll; das, was definiert wird

De|fi|ni|ens, das; -, ...nientia ‹*lat.*› (Sprachwiss.): Begriff, der einen anderen Begriff bestimmt, der über diesen anderen Begriff etwas aussagt; das Definierende

de|fi|nie|ren ‹*lat.;* »abgrenzen, bestimmen«›: **1.** den Inhalt eines Begriffs auseinanderlegen, feststellen. **2.** seine Stellung bestimmen; sein Selbstverständnis haben

de|fi|nit: bestimmt; **definite Größen** (Math.): Größen, die immer das gleiche Vorzeichen haben

De|fi|ni|ti|on, die; -, -en ‹*lat.*›: **1.** genaue Bestimmung [des Gegenstandes] eines Begriffes durch Auseinanderlegung u. Erklärung seines Inhaltes. **2.** (Rel.) als unfehlbar geltende Entscheidung des Papstes od. eines ↑Konzils über ein Dogma

de|fi|ni|tiv ‹*lat.*›: (in Bezug auf eine Entscheidung, Festlegung, auf ein abschließendes Urteil) endgültig. **De|fi|ni|ti|vum,** das; -s, ...va: endgültiger Zustand

De|fi|ni|tor, der; -s, ...oren ‹*lat.*›: **1.** Verwaltungsbeamter der katholischen Kirche in einem Bistum od. Dekanat. **2.** Rat, Visitator od. gewählter Leiter des Generalkapitels (im Mönchswesen)

de|fi|ni|to|risch ‹*lat.*›: **a)** die Definition betreffend; **b)** durch Definition festgelegt
De|fi|xi|on, die; -, -en ‹*lat.-nlat.;* »Festheftung«› (Völkerkunde): Versuch, einen persönlichen Feind zu vernichten, indem man sein Bild (Rachepuppe) od. seinen geschriebenen Namen mit Nadeln od. Nägeln durchbohrt
de|fi|zi|ent ‹*lat.*›: unvollständig, unzulänglich. **De|fi|zi|ent**, der; -en, -en: **1.** (veraltet) Dienstunfähiger. **2.** (bes. südd. u. österr.) durch Alter u. Krankheit geschwächter katholischer Geistlicher
De|fi|zit, das; -s, -e ‹*lat.-frz.*›: **1.** Fehlbetrag. **2.** Mangel. **de|fi|zi|tär: a)** mit einem Defizit belastet; **b)** zu einem Defizit führend
De|fi|zit|fi|nan|zie|rung, die; -, -en (Wirtsch.): ↑Deficit-Spending
De|fla|g|ra|ti|on, die; -, -en ‹*lat.;* »Niederbrennen, gänzliche Vernichtung«› (Bergbau): verhältnismäßig langsam erfolgende Explosion (Verpuffung) von Sprengstoffen
De|fla|g|ra|tor, der; -s, ...oren ‹*lat.-nlat.*› (Physik): elektrisches ↑Voltaelement für große Stromstärken
De|fla|ti|on, die; -, -en ‹*lat.-nlat.*›: **1.** (Wirtsch.) anhaltende allgemeine Abnahme des Preisniveaus (Ggs.: Inflation [1 a]). **2.** (Geol.) Ausblasen u. Abtragen von lockerem Gestein durch Wind. **de|fla|ti|o|när:** die Deflation (1) betreffend
de|fla|ti|o|nie|ren: den Geldumlauf herabsetzen
de|fla|ti|o|nis|tisch, deflatorisch: die Deflation (1) betreffend, sich auf sie beziehend; vgl. inflatorisch (Ggs.: inflationistisch)
De|fla|ti|ons|wan|ne, die; -, -n (Geol.): vom Wind ausgeblasene Vertiefung, meist in Trockengebieten
de|fla|to|risch vgl. deflationistisch
De|flek|tor, der; -s, ...oren ‹*lat.-nlat.*›: **1.** (Technik) Saug-, Rauchkappe, Schornsteinaufsatz. **2.** (Kernphysik) Vorrichtung im Beschleuniger zur Ablenkung geladener Teilchen aus ihrer Bahn
De|fle|xi|on, die; -, -en ‹*lat.*› (veraltet): Ablenkung (z. B. von Lichtstrahlen)
De|flo|ra|ti|on, die; -, -en ‹*lat.;* »Entblütung«› (Med.): (Beenden der weiblichen Jungfräulichkeit (durch ersten Geschlechtsverkehr). **de|flo|rie|ren:** eine Frau entjungfern
de|form ‹*lat.*›: entstellt, verunstaltet. **De|for|ma|ti|on**, die; -, -en: **1.** Formänderung, Verformung. **2.** (Med.) Verunstaltung, Fehlbildung (bes. von Organen lebender Wesen); vgl. ...ation/ ...ierung
de|for|mie|ren ‹*lat.*›: **1.** verformen. **2.** (den Körper) verunstalten, entstellen. **De|for|mie|rung**, die; -, -en: das Deformieren; vgl. ...ation/...ierung
De|for|mi|tät, die; -, -en ‹*lat.-nlat.*›: **1.** (Med.) Fehlbildung (von Organen od. Körperteilen). **2.** (ohne Plural) Zustand der Fehlbildung. **de|frag|men|tie|ren** (EDV): (mithilfe eines Programms) auf einer Festplatte verstreut liegende Daten zu größeren Einheiten zusammenfassen (u. damit die Zugriffsgeschwindigkeit des Rechners erhöhen). **De|frag|men|tie|rer**, der; -s, - (EDV): Programm zum Defragmentieren. **De|frag|men|tie|rung**, die; -, -en (EDV): das Defragmentieren
De|frau|dant, der; -en, -en ‹*lat.*› (österr., schweiz., sonst veraltet): jmd., der eine ↑Defraudation begeht. **De|frau|dan|tin**, die; -, -nen: weibliche Form zu ↑Defraudant
De|frau|da|ti|on, die; -, -en ‹*lat.*› (veraltet): Betrug, Unterschlagung, Hinterziehung (bes. von Zollabgaben). **de|frau|die|ren** (veraltet): betrügen; unterschlagen, hinterziehen
De|fros|ter, der; -s, - ‹*engl.*›: **1. a)** Einrichtung in Kraftfahrzeugen, die das Beschlagen od. Vereisen der Scheiben verhindern soll; **b)** Abtauvorrichtung in Kühlschränken. **2.** Mittel zum Enteisen von Kfz-Scheiben
De|ga|ge|ment [degaʒəˈmãː], das; -s, -s ‹*frz.*›: **1.** (veraltet) Zwanglosigkeit. **2.** (veraltet) Befreiung [von einer Verbindlichkeit]. **3.** (Fechten) das Degagieren (2)
de|ga|gie|ren [...ˈʒiː...] ‹*frz.*›: **1.** (veraltet) von einer Verbindlichkeit befreien. **2.** (Fechten) die Klinge von einer Seite auf die andere bringen, wobei die Hand des Gegners mit der Waffe umkreist wird. **de|ga|giert** (veraltet): zwanglos, frei
De|ge|ne|ra|ti|on, die; -, -en ‹*lat.-nlat.;* »Entartung«›: **1.** (Biol., Med.) Verfall von Zellen, Geweben od. Organen. **2.** (abwertend) vom Üblichen abweichende negative Entwicklung; körperlicher od. geistiger Verfall, Abstieg
de|ge|ne|ra|tiv: auf Degeneration beruhend, mit Degeneration zusammenhängend
de|ge|ne|rie|ren ‹*lat.*›: **1.** (Biol., Med.) verfallen, verkümmern. **2.** vom Üblichen abweichend sich negativ entwickeln; körperlich od. geistig verfallen
de|gla|cie|ren [...ˈsiː...] ‹*frz.*› (Gastron.): kalte Flüssigkeit beigeben; ablöschen
De|glu|ti|na|ti|on, die; -, -en ‹*lat.-nlat.*› (Sprachwiss.): falsche Abtrennung eines Wortanlauts, der als Artikel verstanden wird (z. B. ostmitteld. »ein nōter = eine Natter« ergibt hochd. »eine Otter«)
De|glu|ti|ti|on, die; -, -en ‹*lat.-nlat.*› (Med.): Schlingbewegung, Schluckakt
De|gor|ge|ment [...ʒəˈmãː], das; -s, -s ‹*lat.-frz.*›: Entfernung der Hefe im Flaschenhals (bei der Schaumweinherstellung)
de|gor|gie|ren [...ˈʒiː...]: **1.** die Hefe bei der Schaumweinherstellung aus dem Flaschenhals entfernen. **2.** (Gastron.) Fleisch wässern, um das Blut zu entfernen
De|gout [deˈguː], der; -s ‹*lat.-frz.*›: Ekel, Widerwille, Abneigung
de|gou|tant (geh.): ekelhaft, abstoßend
de|gou|tie|ren (geh.): anekeln, anwidern
De|gra|da|ti|on, die; -, -en ‹*lat.;* »Herabsetzung«›: das [Zurück]versetzen in eine niedere Position (z. B. als Strafe für ein die Ehrauffassungen verletzendes Handeln); vgl. ...ation/...ierung. **de|gra|die|ren** ‹*lat.*›: **1. a)** in eine niedere Position [zurück]versetzen (z. B. als Strafe für ein die Ehrauffassungen verletzendes Handeln);

b) herabwürdigen; erniedrigen. **2.** (Physik) Energie in Wärme umwandeln. **3.** (Landwirtsch.) einen Boden verschlechtern; vgl. Degradierung (2)

De|gra|die|rung, die; -, -en: **1.** das Degradieren. **2.** (Landwirtsch.) Veränderung eines guten Bodens zu einem schlechten (durch Auswaschung, Kahlschlag u. a.); vgl. ...ation/...ierung

de|grais|sie|ren [degrɛ...] ⟨*lat.-frz.*⟩ (Gastron.): das Fett von Soßen u. Fleischbrühen abschöpfen

De|gras [de'gra], das; - ⟨*lat.-frz.*⟩: Gerberfett (Abfallfett in der Gerberei)

De|gres|si|on, die; -, -en ⟨*lat.*⟩: **1.** (Wirtsch.) Verminderung der Stückkosten mit steigender Auflage. **2.** (Steuerrecht) Verminderung des jährlichen Abschreibungsbetrages

de|gres|siv ⟨*lat.-nlat.*⟩: abfallend, sich stufenweise od. kontinuierlich vermindernd (z. B. von Schulden)

De|gus|ta|ti|on, die; -, -en ⟨*lat.*⟩ (bes. schweiz.): Prüfung; das Kosten von Lebensmitteln in Bezug auf Geruch u. Geschmack

de gus|ti|bus non est dis|pu|tan|dum ⟨*lat.;* »über Geschmäcker ist nicht zu streiten«⟩: über Geschmack lässt sich nicht streiten (weil jeder ein eigenes ästhetisches Urteil hat)

de|gus|tie|ren ⟨*lat.*⟩ (bes. schweiz.): Lebensmittel in Bezug auf Geruch u. Geschmack prüfen, kosten, probieren

De|his|zenz, die; - ⟨*lat.-nlat.;* »das Aufklaffen«⟩ (Bot.): besondere Art des Aufspringens kapselartiger Organe bei Pflanzen (z. B. von Staubblättern u. Früchten)

De|hors [de'oːɐ̯, de'oːɐ̯s], die (Plural) ⟨*lat.-frz.*⟩ (veraltend): äußerer Schein, gesellschaftlicher Anstand; **die Dehors wahren:** den Schein wahren

De|hu|ma|ni|sa|ti|on, die; - ⟨*lat.-nlat.*⟩: Entmenschlichung, Herabwürdigung

de|hu|ma|ni|sie|ren ⟨*lat.*⟩: entmenschlichen, herabwürdigen. **De|hu|ma|ni|sie|rung,** die; -: ↑Dehumanisation; das Dehumanisieren, Dehumanisiertwerden

De|hy|d|ra|se vgl. Dehydrogenase

De|hy|d|ra|ta|ti|on, die; -, -en: **1.** Entzug von Wasser, Trocknung (z. B. von Lebensmitteln). **2.** (Med.) Abnahme, Verminderung des Wassers im Körper; Austrocknung

De|hy|d|ra|ti|on, die; -, -en: **1.** (Chemie) Entzug von Wasserstoff; vgl. ...ation/...ierung. **2.** (Med.) Abnahme, Verminderung des Wassers im Körper; Austrocknung; Dehydratation (2)

de|hy|d|ra|ti|sie|ren: Wasser entziehen. **De|hy|d|ra|ti|sie|rung,** die; -, -en: ↑Dehydratation; das Dehydratisieren

de|hy|d|rie|ren: einer chemischen Verbindung Wasserstoff entziehen. **De|hy|d|rie|rung,** die; -, -en: ↑Dehydration; vgl. ...ation/...ierung

De|hy|d|ro|ge|na|se, Dehydrase, die; -, -n ⟨*lat.; gr.*⟩: ↑Enzym, das Wasserstoff abspaltet

De|i|fi|ka|ti|on, die; -, -en ⟨*lat.-nlat.*⟩: Vergottung eines Menschen od. Dinges. **de|i|fi|zie|ren** ⟨*lat.*⟩: zum Gott machen, vergotten

Dei Gra|tia ⟨*lat.;* »von Gottes Gnaden«⟩: Zusatz zum Titel von Bischöfen, früher auch von Fürsten (Abk.: D. G.)

deik|tisch, de|ik|tisch ⟨*gr.*⟩: **1.** (Sprachwiss.) hinweisend (als Eigenschaft bestimmter sprachlicher Einheiten, z. B. von ↑Demonstrativpronomen). **2.** von der Anschauung ausgehend (als Lehrverfahren)

De|in|dus|t|ri|a|li|sie|rung, die; -, -en: Rückgang der volkswirtschaftlichen Bedeutung industrieller Produktion bei gleichzeitigem Zuwachs des Dienstleistungssektors

De|in|king, das; -[s] ⟨*engl.*⟩: Entfernung von Druckfarben bei der Aufarbeitung von Altpapier

De|is|mus, der; - ⟨*lat.-nlat.*⟩: Gottesauffassung der Aufklärung des 17. u. 18. Jh.s, nach der Gott die Welt zwar geschaffen hat, aber keinen weiteren Einfluss mehr auf sie ausübt

De|ist, der; -en, -en: Anhänger des Deismus. **De|is|tin,** die; -, -nen: weibliche Form zu ↑Deist. **de|is|tisch:** der Lehre des Deismus folgend, sich auf sie beziehend

Dei|xis, De|ixis, die; - ⟨*gr.*⟩ (Sprachwiss.): hinweisende ↑Funktion von Wörtern (z. B. Pronomen wie *dieser, jener,* Adverbien wie *hier, heute*) in einem Kontext

Dé|jà-vu [deʒa'vyː], das; -[s], -s ⟨*frz.;* »schon gesehen«⟩, **Dé|jà-vu-Er|leb|nis,** das; -ses, -se (Psychol.): Erinnerungstäuschung, bei der der Eindruck entsteht, gegenwärtig Erlebtes schon einmal erlebt zu haben

De|jekt, das; -[e]s, -e ⟨*lat.*⟩ (Med. selten): Auswurf; Kot. **De|jek|ti|on,** die; -, -en (Med. selten): Auswurf; Kotentleerung

De|jeu|ner [deʒø'neː], das; -s, -s ⟨*lat.-vulgärlat.-frz.*⟩: **1.** (veraltet) Frühstück. **2.** (veraltet) kleines Mittagessen. **3.** wertvolles Kaffee- od. Teeservice, Frühstücksgedeck für zwei Personen. **de|jeu|nie|ren** (veraltet): frühstücken

de ju|re ⟨*lat.*⟩: von Rechts wegen, rechtlich betrachtet (Ggs.: de facto)

De-ju|re-An|er|ken|nung, die; -, -en: Anerkennung auf rechtlicher Grundlage

De|ka, das; -[s], - (österr.): Kurzform von ↑Dekagramm

De|ka|b|rist, der; -en, -en ⟨*gr.-russ.*⟩: Teilnehmer an dem Offiziersaufstand für eine konstitutionelle Verfassung in Russland im Jahre 1825

De|ka|de, die; -, -n ⟨*gr.-lat.*⟩: **1.** (geh.) Satz od. Serie von 10 Stück. **2.** Zeitraum von 10 Tagen, Wochen, Monaten od. Jahren. **3.** (Literaturwiss.) Einheit von 10 Gedichten od. 10 Büchern

de|ka|dent ⟨*lat.-mlat.*⟩: infolge kultureller Überfeinerung ohne Kraft od. Widerstandsfähigkeit

De|ka|denz, die; -: Verfall, sittlicher u. kultureller Niedergang

de|ka|disch ⟨*gr.*⟩: zehnteilig; auf die Zahl 10 bezogen; **dekadischer Logarithmus:** Zehnerlogarithmus, Logarithmus einer Zahl zur Basis 10 (Formelzeichen: $\log_{10}x$ oder $\lg x$); **dekadisches System:** Zahlensystem mit der Grundzahl 10; Dezimalsystem

De|ka|eder, das; -s, - ⟨*gr.-nlat.*⟩: ein Körper, der von zehn Vielecken (Flächen) begrenzt ist

De|ka|gramm [auch: 'de:...], das; -s, -e (aber: 5 -): 10 g (Zeichen: Dg, [österr.:] dag, [österr. früher:] dkg); vgl. Deka

De|ka|li|ter, der od. das; -s, -: 10 l (Zeichen: dal, dkl)

De|kal|kier|pa|pier, das; -s ⟨*lat.-frz.; gr.-lat.*⟩: zur Herstellung von Abziehbildern verwendetes saugfähiges Papier

De|ka|lo, der od. das; -, ...li ⟨*it.*⟩ (veraltet): Gewichts- od. Maßverlust (von Waren)

De|ka|log, der; -s ⟨*gr.-lat.*⟩: die Zehn Gebote

De|k|a|me|ron, das; -s ⟨*gr.-it.*⟩: Boccaccios Erzählungen der »zehn Tage«; vgl. Heptameron, Hexameron

De|ka|me|ter, der, früher fachspr. auch das; -s, - ⟨*gr.-nlat.*⟩: 10 m (Zeichen: dam)

De|kan, der; -s, -e ⟨*lat.;* »Führer von 10 Mann«⟩: **1.** in bestimmten evangelischen Landeskirchen ↑Superintendent. **2.** ↑Dechant. **3.** Vorsteher einer Fakultät (1 a)

De|ka|nat, das; -[e]s, -e ⟨*lat.-mlat.*⟩: **1.** Amt, Bezirk eines Dekans; vgl. Dechanat. **2.** Fakultätsverwaltung. **3.** (Astrol.) Unterteilung des Tierkreises in Abschnitte von je zehn Grad

De|ka|nei, die; -, -en: Wohnung eines Dekans (1 u. 2); vgl. Dechanei

De|ka|nin, die; -, -nen: weibliche Form zu ↑Dekan (1, 3)

de|kan|tie|ren ⟨*mlat.-frz.*⟩ (bes. Chemie): eine Flüssigkeit abklären, vom Bodensatz abgießen (z. B. bei älteren Rot- u. Portweinen)

de|ka|pie|ren ⟨*frz.*⟩ (Chemie): **a)** Eisenteile durch chemische Lösungsmittel von Farbresten reinigen; **b)** Metallteile od. Blech beizen u. dadurch von dünnen Anlauf- bzw. Oxidationsschichten befreien

De|ka|po|de, der; -n, -n (meist Plural) ⟨*gr.-nlat.*⟩: Zehnfußkrebs

De|kap|su|la|ti|on, die; -, -en ⟨*lat.-nlat.*⟩ (Med.): operatives Entfernen einer Organkapsel (z. B. der Niere)

De|k|ar, das; -s, -e, schweiz. veraltet: **De|k|a|re,** die; -, -n ⟨*lat.-nlat.*⟩: 10 Ar

De|kar|bo|ni|sie|rung, die; -, -en (ohne Plural): (bes. Wirtsch.) Verminderung kohlenstoffhaltiger Emissionen (bes. durch die Abkehr von fossilen Energieträgern); Verzicht auf kohlenstoffhaltige Rohstoffe

De|kar|bo|xy|la|se, De|car|bo|xy|la|se, die; -, -n ⟨*lat.*⟩: Enzym, das ↑Carboxygruppen abbaut u. Kohlendioxid freisetzt

De|kar|bo|xy|lie|rung, chem. fachspr.: Decarboxylierung, die; -, -en (Chemie): Abspaltung u. Freisetzung von Kohlendioxid aus der ↑Karboxylgruppe eines organischen Moleküls in einer chemischen Reaktion

de|kar|tel|lie|ren, häufiger: **de|kar|tel|li|sie|ren** ⟨*frz.*⟩ (Wirtsch.): Unternehmenszusammenschlüsse, ↑Kartelle auflösen, die eine Beschränkung des Wettbewerbs zum Ziel haben

De|ka|ster, der; -s, -e u. -s ⟨*gr.-frz.*⟩ (veraltet): 10 Ster, 10 Kubikmeter

De|ka|syl|la|bus, der; -, ...bi ⟨*gr.-lat.*⟩: zehnsilbiger Vers aus ↑Jamben

De|ka|teur [...ˈtøːɐ̯], der; -s, -e ⟨*lat.-frz.*⟩: Fachmann, der dekatiert. **De|ka|teu|rin** [...ˈtøːrɪn], die; -, -nen: weibliche Form zu ↑Dekateur

De|k|ath|lon, der u. das; -s, -s ⟨*gr.*⟩: Wettkampf, der aus zehn Einzeldisziplinen der Leichtathletik besteht

de|ka|tie|ren: [Woll]stoffe mit Wasserdampf behandeln, um nachträgliches Einlaufen zu vermeiden

De|ka|tie|rer, der; -s, -: ↑Dekateur. **De|ka|tie|re|rin,** die; -, -nen: weibliche Form zu ↑Dekatierer

De|ka|t|ron, das; -s, ...one ⟨*gr.*⟩ (früher): **1.** Gasentladungsröhre mit zehn ↑Kathoden. **2.** elektronisches Schaltelement in Rechen- u. Zählschaltungen zur Darstellung u. Verarbeitung der Ziffern 0 bis 9

De|ka|tur, die; -, -en ⟨*lat.-frz.*⟩: Vorgang des ↑Dekatierens

De|kla|ma|ti|on, die; -, -en ⟨*lat.*⟩: **1.** kunstgerechter Vortrag (z. B. einer Dichtung); auf äußere Wirkung bedachte, oft auch pathetisch vorgetragene Äußerung, Meinung. **2.** (Musik) Hervorhebung u. ↑Artikulation einer musikalischen Phrase od. des Sinn- u. Ausdrucksgehalts eines vertonten Textes

De|kla|ma|tor, der; -s, ...oren: Vortragskünstler

De|kla|ma|to|rik, die; - ⟨*lat.-nlat.*⟩: Vortragskunst

De|kla|ma|to|rin, die; -, -nen: weibliche Form zu ↑Deklamator

de|kla|ma|to|risch: **1.** ausdrucksvoll im Vortrag (z. B. eines Textes). **2.** beim Gesang auf Wortverständlichkeit Wert legend

de|kla|mie|ren ⟨*lat.*⟩: **1.** [kunstgerecht] vortragen. **2.** das entsprechende Verhältnis zwischen der sprachlichen u. musikalischen Betonung im Lied herstellen

De|kla|ra|ti|on, die; -, -en ⟨*lat.*⟩: **1.** Erklärung [die etwas Grundlegendes enthält]. **2. a)** abzugebende Meldung gegenüber den Außenhandelsbehörden (meist Zollbehörden) über Einzelheiten eines Geschäftes; **b)** Inhalts-, Wertangabe (z. B. bei einem Versandgut)

de|kla|ra|tiv: in Form einer Deklaration (1)

de|kla|ra|to|risch: **a)** ↑deklarativ; **b)** (Rechtswiss.) bezeugend, klarstellend, beweiskräftig; **deklaratorische Urkunde:** nachträglich zu Beweiszwecken ausgestellte Beweisurkunde

de|kla|rie|ren: **1.** eine Deklaration (2) abgeben. **2.** als etwas bezeichnen. **de|kla|riert:** offenkundig, ausgesprochen, erklärt

de|klas|sie|ren ⟨*lat.-frz.*⟩: **1.** (Sport) einem Gegner eindeutig überlegen sein u. ihn überraschend hoch besiegen. **2.** (Soziol.) von einer bestimmten sozialen od. ökonomischen Klasse in eine niedrigere gelangen

de|kli|na|bel ⟨*lat.*⟩: beugbar (von Wörtern bestimmter Wortarten)

De|kli|na|ti|on, die; -, -en: **1.** Formenabwandlung (Beugung) des Substantivs, Adjektivs, Pronomens und Numerales; vgl. Konjugation. **2.** (Astron.) Abweichung, Winkelabstand eines Gestirns vom Himmelsäquator. **3.** Abweichung der Richtungsangabe der Magnetnadel [beim Kompass] von der wahren (geografischen) Nordrichtung

De|kli|na|tor, der; -s ...oren, **De|kli|na|to|ri|um,** das; -s, ...ien ⟨*lat.-nlat.*⟩ (früher): Gerät zur Bestimmung [zeitlicher Änderungen] der Deklination (3)

de|kli|nie|ren ⟨*lat.*⟩: Substantive,

Adjektive, Pronomen und Numeralia in ihren Formen abwandeln; beugen; vgl. konjugieren

De|kli|no|me|ter vgl. Deklinator

de|ko|die|ren usw. vgl. decodieren usw.

De|kokt, das; -[e]s, -e ⟨*lat.*⟩ (Pharm.): durch Abkochen von Heilpflanzen gewonnener Auszug; Abkochung

De|kolle|té, De|kolle|tee [dekɔl'te:], schweiz.: Décolleté, das; -s, -s ⟨*lat.-frz.*⟩: tiefer Ausschnitt an Damenkleidern o. Ä., der Schultern, Brustansatz od. Rücken frei lässt

de|kolle|tie|ren: 1. mit einem Dekolleté versehen. **2.** (ugs.) bloßstellen. **de|kolle|tiert:** tief ausgeschnitten

De|ko|lo|ni|a|li|sa|ti|on vgl. Dekolonisation

De|ko|lo|ni|sa|ti|on, Dekolonialisation, die; -, -en ⟨*lat.-nlat.*⟩: Prozess der Erlangung politischer u. wirtschaftlicher Unabhängigkeit ehem. Kolonien. **de|ko|lo|ni|sie|ren,** dekolonialisieren ⟨*lat.-frz.*⟩: eine ↑Kolonie aus der politischen, wirtschaftlichen u. militärischen Abhängigkeit des Mutterlandes freigeben

de|ko|lo|rie|ren ⟨*lat.-frz.*⟩: entfärben, ausbleichen

De|kom|pen|sa|ti|on, die; -, -en ⟨*lat.-nlat.*⟩ (Med.): das Offenbarwerden einer latenten Organstörung durch Wegfall einer Ausgleichsfunktion

de|kom|po|nie|ren ⟨*lat.-nlat.*⟩: zerlegen, auflösen [in die Grundbestandteile]

De|kom|po|si|ti|on, die; -, -en: **1. a)** Auflösung; **b)** (Sprachwiss.) das Erfassen der verschiedenen Bedeutungsmerkmale eines Wortes od. Lexems. **2. a)** das Nachlassen einer Organfunktion; **b)** (Med.) körperlicher Verfall bei Säuglingen infolge einer schweren Ernährungsstörung (z. B. bei einer Milchunverträglichkeit)

de|kom|po|si|to|risch: in seine Einzelbestandteile zerlegend; zersetzend, zerstörend

De|kom|po|si|tum, das; -s, ...ta ⟨*lat.*⟩: Neu- od. Weiterbildung aus einer Zusammensetzung (↑Kompositum), entweder in Form einer Ableitung, z. B. *wetteifern* von *Wetteifer,* od. in Form einer mehrgliedrigen Zusammensetzung, z. B. Armbanduhr, Eisenbahnfahrplan

De|kom|pres|si|on, die; -, -en ⟨*lat.-nlat.*⟩: **1.** Druckabfall in einem technischen System. **2.** [allmähliche] Druckentlastung für den Organismus nach längerem Aufenthalt in Überdruckräumen (z. B. Taucherglocken)

De|kom|pres|si|ons|kam|mer, die; -, -n: geschlossener Raum, in dem der Organismus nach längerem Aufenthalt in Überdruckräumen allmählich vom Überdruck entlastet wird

de|kom|pri|mie|ren ⟨*lat.-nlat.*⟩: **1.** den Druck von etwas verringern. **2.** (EDV) komprimierte Daten wieder in die Ausgangsform zurückbringen; entpacken

De|kon|di|ti|o|na|ti|on, die; -, -en ⟨*lat.-nlat.*⟩: Verminderung der körperlichen Leistungsfähigkeit (bes. bei Raumflügen) infolge Schwerelosigkeit

De|kon|so|li|die|rung, die; -, -en ⟨*lat.(-frz.)*⟩ (Wirtsch.): das Herausnehmen der Abschlusswerte eines Unternehmens, das anteilig einem Konzern gehört, aus einem Konzernabschluss (z. B. Schulden)

De|kon|s|t|ruk|ti|on, die; -, -en ⟨*lat.; engl.-frz.*⟩: Zerlegung, Auflösung

De|kon|s|t|ruk|ti|vis|mus, der; - ⟨*lat.-engl.*⟩: (Archit.) seit Mitte der 80er-Jahre des 20. Jh.s bestehende Richtung in der Architektur, die, anknüpfend an den russischen ↑Konstruktivismus (1), durch die Auflösung traditioneller statischer Verhältnisse u. den Zusammenstoß unterschiedlicher Materialien, Räume u. Richtungen gekennzeichnet ist. **De|kon|s|t|ruk|ti|vist,** der; -en, -en: Vertreter des Dekonstruktivismus. **De|kon|s|t|ruk|ti|vis|tin,** die; -, -nen: weibliche Form zu ↑Dekonstruktivist. **de|kon|s|t|ruk|ti|vis|tisch:** den Dekonstruktivismus betreffend

De|kon|ta|mi|na|ti|on, die; - ⟨*lat.-nlat.*⟩: **a)** Entfernung von ↑Neutronen absorbierenden Spaltprodukten aus dem Reaktor; **b)** Entseuchung, Entgiftung (bes. eines durch atomare, biologische od. chemische Kampfstoffe verseuchten Objekts od. Gebiets); vgl. ...ation/...ierung (Ggs.: Kontamination [2])

de|kon|ta|mi|nie|ren: eine Dekontamination (b) vornehmen (Ggs.: kontaminieren [2]). **Dekon|ta|mi|nie|rung,** die; -, -en: das Dekontaminieren; vgl. ...ation/...ierung

De|kon|zen|t|ra|ti|on, die; -, -en ⟨*(lat.; gr.-lat.) frz.-nlat.*⟩: Zerstreuung, Zersplitterung, Auflösung, Verteilung (Ggs.: Konzentration [1]). **de|kon|zen|t|rieren:** zerstreuen, zersplittern, auflösen, verteilen (Ggs.: konzentrieren [1])

De|kor, der, auch: das; -s, -s u. -e ⟨*lat.-frz.*⟩: **1.** farbige Verzierung, Ausschmückung, Vergoldung, Muster. **2.** Ausstattung [eines Theaterstücks od. Films], Dekoration

De|ko|ra|teur [...'tøːɐ̯], der; -s, -e: Fachmann, der die Ausschmückung von Innenräumen, Schaufenstern usw. besorgt. **De|ko|ra|teu|rin** [...'tøːrɪn], die; -, -nen: weibliche Form zu ↑Dekorateur

De|ko|ra|ti|on, die; -, -en: **1.** (ohne Plural) das Ausschmücken, Ausgestalten. **2.** Schmuck, Ausschmückung, Ausstattung, schmückende Dinge. **3.** Bühnenausstattung, Bühnenbild, [Film]kulisse. **4. a)** Ordensverleihung, Dekorierung; **b)** Orden, Ehrenzeichen; vgl. ...ation/...ierung

de|ko|ra|tiv: a) schmückend, (als Schmuck) wirkungsvoll; **b)** die Theater-, Filmdekoration betreffend

de|ko|rie|ren: 1. ausschmücken, künstlerisch ausgestalten. **2.** einen Orden verleihen. **De|ko|rierung,** die; -, -en: **1. a)** das Ausschmücken; **b)** Ausschmückung eines Raumes o. Ä. **2. a)** Verleihung von Orden o. Ä. aufgrund besonderer Verdienste; **b)** Orden; vgl. ...ation/...ierung

De|kort [de'koːɐ̯, auch: de'kɔrt], der; -s, -s u. bei dt. Ausspr.: -e ⟨*lat.-frz.*⟩ (Wirtsch. veraltet): **1.** Abzug vom Rechnungsbetrag (z. B. wegen schlechter Verpackung, Mindergewicht, Qualitätsmangel). **2.** Preisnachlass [im Exportgeschäft]

de|kor|tie|ren (Wirtsch. veraltet): einen bestimmten Betrag von der Rechnung wegen schlechter Beschaffenheit der Ware abziehen

De|ko|rum, das; -s ‹*lat.*› (veraltet): äußerer Anstand, Schicklichkeit

De|ko|stoff, der; -[e]s, -e: kurz für Dekorationsstoff

De|kre|ment, das; -[e]s, -e ‹*lat.*›: **1.** (bes. Fachspr.) Abnahme, Verminderung. **2.** (Med.) das Abklingen von Krankheitserscheinungen. **3.** ↑logarithmisches Dekrement

de|kre|men|tie|ren ‹*lat.*› (EDV): einen Zähler od. eine Programmgröße um einen Wert verringern (Ggs.: inkrementieren)

de|kre|pit ‹*lat.-frz.*› (Med. veraltet): heruntergekommen, verlebt, alt, verbraucht

De|kre|pi|ta|ti|on, die; -, -en ‹*lat.-nlat.*› (Chemie): das Zerplatzen von Kristallen beim Erhitzen, verbunden mit Knistern und Austritt von Wasserdampf. **de|kre|pi|tie|ren:** unter Austritt von Wasserdampf zerplatzen (von Kristallen)

De|kre|scen|do [dekrɛˈʃɛndo] vgl. Decrescendo

De|kres|zenz, die; -, -en ‹*lat.*›: **1. a)** (Rechtsspr.) Abnahme [eines Erbteils]; **b)** (beim Kristallwachstum) abnehmende Länge u. Breite der sich neu auflagernden Schichten. **2.** (Musik veraltet) allmähliche Tonabschwächung

De|kret, das; -[e]s, -e ‹*lat.*›: Beschluss, Verordnung, behördliche, richterliche Verfügung

De|kre|ta|le, die; -, -n (meist Plural) ‹*lat.-mlat.*›: päpstliche Entscheidung in kirchlichen Einzelfragen (in Bezug auf das katholische ↑Dogma u. die ↑Kanonisation)

De|kre|ta|list, Dekretist, der; -en, -en ‹*lat.-nlat.*›: mittelalterlicher Lehrer des [katholischen] Kirchenrechts

de|kre|tie|ren ‹*lat.-frz.*›: verordnen, anordnen

De|kre|tist vgl. Dekretalist

de|kryp|tie|ren ‹*lat.-gr.*›: einen Geheimtext ohne Kenntnis des Schlüssels in den Klartext umzusetzen versuchen

De|ku|bi|tus, Decubitus, der; - ‹*lat.-nlat.*› (Med.): das Wundliegen; Druckbrand

De|ku|ma|ten|land, De|ku|mat|land, das; -[e]s ‹*lat.; dt.*›: vom ↑Limes (1) eingeschlossenes altrömisches Kolonialgebiet zwischen Rhein, Main und Neckar

de|ku|pie|ren ‹*frz.*›: aussägen, ausschneiden

De|ku|pier|sä|ge, die; -, -n: Schweif-, Laubsäge

De|ku|rie [...i̯ə], die; -, -n ‹*lat.*›: **a)** [Zehner]gruppe als Untergliederung des Senats od. des Richterkollegiums im Rom der Antike; **b)** Unterabteilung von zehn Mann in der altrömischen Reiterei

De|ku|rio, der; -s u. ...onen, ...onen: **a)** Mitglied einer Dekurie (a); **b)** Anführer einer Dekurie (b)

de|kus|siert ‹*lat.*› (Bot.): kreuzweise gegenständig, d. h. sich kreuzweise abgestuft in Paaren gegenüberstehend (von der Blattstellung bei Pflanzen)

De|ku|vert [...ˈveːɐ̯], das; -s, -s ‹*lat.-frz.*› (Börsenw.): Verkauf von Wertpapieren, die der Verkäufer noch gar nicht besitzt; Leerverkauf

de|ku|v|rie|ren: jmdn., etwas erkennbar machen, entlarven

De|la|mi|na|ti|on, die; -, -en ‹*lat.-nlat.*› (Biol.): Entstehung des inneren Keimblattes (bei der tierischen Entwicklung) durch Querteilung der Blastulazellen und damit Abspaltung einer zweiten Wandzellschicht

De|lat, der; -en, -en ‹*lat.*› (veraltet): jmd., der zu einer Eidesleistung verpflichtet wird

De|la|ti|on, die; -, -en (veraltet): **1.** [verleumderische] Anzeige. **2.** Übertragung, Anfall einer Erbschaft. **3.** (Geschichte) durch das Gericht auferlegte Verpflichtung zur Eidesleistung vor einem Richter (Ggs.: Relation [4])

de|la|to|risch (veraltet): verleumderisch

de|le|a|tur ‹*lat.;* »es möge getilgt werden«› (Druckw.): Korrekturanweisung, dass etwas gestrichen werden soll (Abk.: del.; Zeichen: ₰)

De|le|a|tur, das; -s, - (Druckw.): das Tilgungszeichen

De|le|gat, der; -en, -en ‹*lat.*›: Bevollmächtigter; **Apostolischer Delegat:** Bevollmächtigter des Papstes ohne diplomatische Rechte

De|le|ga|ti|on, die; -, -en: **1.** Abordnung von Bevollmächtigten, die meist zu [politischen] Tagungen, zu Konferenzen usw. entsandt wird. **2.** (Rechtsspr., Wirtsch.) Übertragung von Zuständigkeiten, Leistungen, Befugnissen; vgl. ...ation/...ierung

De|le|ga|tur, die; -, -en ‹*lat.-nlat.*›: Amt od. Amtsbereich eines Apostolischen Delegaten

de le|ge fe|ren|da ‹*lat.*›: vom Standpunkt des zukünftigen Rechts aus

de le|ge la|ta: vom Standpunkt des geltenden Rechts aus

de|le|gie|ren ‹*lat.*›: **1.** abordnen. **2. a)** (Rechtswiss.) Zuständigkeiten, Leistungen, Befugnisse übertragen; **b)** eine Aufgabe auf einen anderen übertragen

De|le|gier|te, der u. die; -n, -n: Mitglied einer Delegation (1)

De|le|gie|rung, die; -, -en: Delegation (2); vgl. ...ation/...ierung

de|le|gi|ti|mie|ren: einer Person od. Sache die Legitimation absprechen. **De|le|gi|ti|mie|rung,** die; -, -en: das Absprechen der Legitimation

de|lek|ta|bel ‹*lat.*› (selten): genussreich, ergötzlich

de|lek|tie|ren (geh.): ergötzen; **sich delektieren:** sich gütlich tun

de|le|tär ‹*lat.-nlat.*› (Med.): schädlich, verderblich; tödlich

De|lete [diˈliːt] (ohne Artikel gebr.) ‹*engl.;* »löschen«› (EDV): **a)** Löschtaste auf der Computertastatur; **b)** Löschfunktion

De|le|ti|on, die; -, -en ‹*lat.*›: **1.** (Biol.) Verlust eines mittleren Chromosomenstückes. **2.** (Sprachwiss.) Tilgung sprachlicher Elemente im Satz (z. B. die Weglassprobe zur Feststellung der ↑Valenz [3] von Verben)

¹Del|fin, ¹Delphin, der; -s, -e ‹*gr.-lat.*›: eine Walart

²Del|fin, ²Delphin, das; -s: Delfinschwimmen (spezieller Schwimmstil)

Del|fi|na|ri|um, Delphinarium, das; -s, ...ien ‹*gr.-lat.-nlat.*›: Anlage mit großem Wasserbecken, in dem Delfine gehalten u. vorgeführt werden

Del|fi|nin, Delphinin, das; -s: ↑Alkaloid aus dem Samen einer Ritterspornart, das zu Arzneizwecken verwendet wird

Del|fi|no|lo|ge, Delphinologe, der; -n, -n: Fachmann, der das Verhalten der Delfine wissenschaftlich untersucht. **Del|fi|no|lo|gin,** Delphinologin, die; -, -nen: weibliche Form zu ↑Delfinologe

De|li|be|ra|ti|on, die; -, -en ⟨*lat.*⟩ (geh.): Beratschlagung, Überlegung

De|li|be|ra|ti|ons|frist, die; -, -en: Bedenkzeit, Überlegungsfrist; bes. im römischen Recht dem Erben gesetzte Frist zur Entscheidung über Annahme oder Ablehnung einer Erbschaft

de|li|be|ra|tiv ⟨*lat.-engl.*⟩: beratend, beratschlagend; **deliberative Demokratie:** Demokratie, in der die Bürger an Entscheidungsprozessen aktiv beteiligt sind

De|li|be|ra|tiv|stim|me, die; -, -n: eine nur beratende, aber nicht abstimmungsberechtigte Stimme in einer politischen Körperschaft (Ggs.: Dezisivstimme)

de|li|be|rie|ren (geh.): überlegen, beratschlagen

De|li|cious [dɪˈlɪʃəs], **De|li|ci|us,** der; -, - ⟨*engl.*⟩: Kurzform von ↑Golden Delicious

de|li|kat ⟨*lat.-frz.*⟩: **1.** auserlesen fein; lecker, wohlschmeckend. **2.** zart[fühlend], zurückhaltend, behutsam (Ggs.: indelikat). **3.** wählerisch, anspruchsvoll. **4.** Diskretion erfordernd, nur mit Zurückhaltung, mit Takt zu behandeln, durchzuführen sein

De|li|ka|tes|se, die; -, -n: **1.** Leckerbissen; Feinkost. **2.** (ohne Plural) Zartgefühl

De|likt, das; -[e]s, -e ⟨*lat.*⟩: ungesetzliche Handlung, Straftat. **de|likts|fä|hig** ⟨*lat.; dt.*⟩ (Rechtsspr.): fähig, das Unerlaubte einer Handlung einzusehen u. sich entsprechend zu verhalten; strafmündig

De|li|mi|ta|ti|on, die; -, -en ⟨*lat.*⟩: **1.** (veraltet) Grenzberichtigung. **2.** (Sprachwiss.) Abgrenzung od. Unterteilung komplexer sprachlicher Erscheinungen in einzelne Elemente

de|li|mi|ta|tiv (Sprachwiss.): zur Abgrenzung dienend, bes. zur Abgrenzung von ↑Morphemen gegenüber Wörtern

de|li|mi|tie|ren (veraltet): Grenzen berichtigen

de|li|ne|a|vit ⟨*lat.;* »hat [es] gezeichnet«⟩: in Verbindung mit dem Namen Angabe des Künstlers, Zeichners, bes. auf Kupferstichen (Abk.: del., delin.)

de|lin|quent ⟨*lat.*⟩: straffällig, verbrecherisch. **De|lin|quent,** der; -en, -en: jmd., der straffällig geworden ist. **De|lin|quen|tin,** die; -, -nen: weibliche Form zu ↑Delinquent. **De|lin|quenz,** die; -: Straffälligkeit

De|lir, das; -s, -e ⟨*lat.*⟩: kurz für ↑Delirium

de|li|rant: das Delirium betreffend; in der Art des Deliriums; **deliranter Zustand:** Delirium. **De|li|rant,** der; -en, -en: vom Delirium Gezeichneter

de|li|rie|ren (Med.): irre sein, irrereden

de|li|ri|ös ⟨*lat.-nlat.*⟩ (Med.): mit Delirien verbunden

De|li|ri|um, das; -s, ...ien ⟨*lat.*⟩: Bewusstseinstrübung (Verwirrtheit), verbunden mit Erregung, Sinnestäuschungen u. Wahnideen. **De|li|ri|um tre|mens,** das; - - (Med.): durch Alkoholentzug (bei Trinkern) ausgelöste Psychose, die durch Bewusstseinstrübung, Halluzinationen o. Ä. gekennzeichnet ist

de|lisch: delisches Problem: die nicht lösbare Aufgabe, nur mithilfe von Zirkel u. Lineal die Kantenlänge eines Würfels zu bestimmen, der das doppelte Volumen eines gegebenen Würfels haben soll

de|li|zi|ös ⟨*lat.-frz.*⟩ (geh.): sehr schmackhaft

De|li|zi|us: ↑Golden Delicious

Del|kre|de|re, das; -, - ⟨*lat.-it.*⟩: **1.** Haftung für den Eingang einer Forderung. **2.** Wertberichtigung für voraussichtliche Ausfälle von Außenständen

Del|kre|de|re|fonds [...fõ:], der; -, - [...fõ:s]: Rücklage zur Deckung möglicher Verluste durch ausstehende Forderungen

de|lo|gie|ren [...ˈʒi:...] ⟨*frz.*⟩: **1.** (bes. österr.) jmdn. zum Auszug aus einer Wohnung veranlassen. **2.** (veraltet) abmarschieren, aufbrechen. **De|lo|gie|rung,** die; -, -en (bes. österr.): Ausweisung aus einer Wohnung

[1]Del|phin vgl. [1]Delfin

[2]Del|phin vgl. [2]Delfin

Del|phi|na|ri|um vgl. Delfinarium

Del|phi|nin vgl. Delfinin

Del|phi|no|lo|ge usw. vgl. Delfinologe usw.

del|phisch ⟨*gr.-lat.;* nach der altgr. Orakelstätte Delphi⟩: doppelsinnig, rätselhaft [dunkel]

[1]Del|ta, das; -[s], -s ⟨*gr.*⟩: vierter Buchstabe des gr. Alphabets (Δ, δ)

[2]Del|ta, das; -s, -s u. ...ten: fächerförmiges, mehrarmiges Mündungsgebiet eines Flusses

Del|ta|me|tall, das; -s, -e: besondere, im Maschinenbau verwendete Messinglegierung von hoher Festigkeit

Del|ta|strah|len, δ-Strah|len, die (Plural) ⟨*gr.-lat.; dt.*⟩: beim Durchgang radioaktiver Strahlung durch Materie freigesetzte Elektronenstrahlen

Del|to|id, das; -[e]s, -e ⟨*gr.-nlat.*⟩: **a)** konkaves Viereck aus zwei Paaren gleich langer benachbarter Seiten, von denen ein Paar einen überstumpfen Winkel bildet u. dessen Diagonalenschnittpunkt außerhalb des Vierecks liegt; **b)** Drachenviereck

Del|to|id|do|de|ka|e|der, das; -s, -: Kristallform mit 12 ↑Deltoiden

De|lu|si|on, die; -, -en ⟨*lat.*⟩: **a)** Verspottung; **b)** Hintergehung, Täuschung. **de|lu|so|risch** ⟨*lat.-nlat.*⟩: **a)** verspottend; **b)** jmdn. hintergehend, täuschend

de luxe [dəˈlʏks] ⟨*frz.*⟩: kostbar ausgestattet, mit allem Luxus

De|ly|sid, das; -s ⟨Kunstw.⟩: Handelsname für Lysergsäurediäthylamid (LSD)

dem..., Dem... vgl. demo..., Demo...

De|m|a|go|ge, der; -n, -n ⟨*gr.;* »Volksführer«⟩ (oft abwertend): jmd., der andere politisch aufhetzt, durch leidenschaftliche Reden verführt;

Volksverführer. **De|m|a|go|gie,** die; - (abwertend): Volksaufwiegelung, Volksverführung, politische Hetze. **De|m|a|go|gin,** die; -, -nen: weibliche Form zu ↑Demagoge. **de|m|a|go|gisch** (abwertend): aufwiegelnd, hetzerisch, Hetzpropaganda treibend

De|mand [dɪˈmaːnd], der; -[s] ⟨*engl.*⟩ (Wirtsch.): der Bedarf, der am Markt auftritt u. dem Angebot gegenübersteht; Nachfrage

De|mant [auch: ...ˈmant], der; -[e]s, -e ⟨*gr.-lat.-vulgärlat.-frz.*⟩ (dichter.): Diamant. **de|man|ten** (dichter.): diamanten

De|man|to|id, der; -[e]s, -e ⟨*nlat.*⟩: ein Mineral

De|m|arch, der; -en, -en ⟨*gr.-lat.*⟩: Vorsteher des ↑Demos in altgriechischen Gemeinden

De|mar|che [deˈmarʃ(ə)], die; -, -n ⟨*frz.*⟩: diplomatischer Schritt, mündlich vorgetragener diplomatischer Einspruch

De|mar|ka|ti|on, die; -, -en ⟨*frz.*⟩: **a)** Abgrenzung; **b)** Kurzform von ↑Demarkationslinie; **c)** (Med.) scharfe Abgrenzung kranken Gewebes von gesundem

De|mar|ka|ti|ons|li|nie, die; -, -n: zwischen Staaten vereinbarte vorläufige Grenzlinie

de|mar|kie|ren: abgrenzen

de|mas|kie|ren ⟨*frz.*⟩: **1. a)** die Maske abnehmen; **b)** jmdn. entlarven (z. B. in Bezug auf dessen schlechte Absichten). **2.** sich demaskieren: **a)** seine Maske abnehmen; **b)** sein wahres Gesicht zeigen

De|ma|te|ri|a|li|sa|ti|on, die; -, -en ⟨*lat.-nlat.;* »Entstofflichung«⟩ (Parapsychol.): Auflösung eines körperhaften Gegenstandes bis zur Unsichtbarkeit (Ggs.: Rematerialisation)

De|me|lee, das; -[s], -s ⟨*lat.-vulgärlat.-frz.*⟩ (veraltet): Streit, Händel

De|men: *Plural* von ↑Demos

de|ment ⟨*lat.*⟩ (Med.): an Demenz leidend

De|men|ti, das; -s, -s ⟨*lat.-frz.*⟩: offizielle Berichtigung od. Widerruf einer Behauptung od. Nachricht

De|men|tia, die; -, ...tiae [...tsiɛ] ⟨*lat.*⟩ (Med.): ↑Demenz. **De|men|tia prae|cox,** die; - - (Med. veraltet): **1.** Hebephrenie. **2.** ↑Schizophrenie. **De|men|tia se|ni|lis,** die; - - (Med.): altersbedingter Intelligenzdefekt

de|men|ti|ell vgl. demenziell

de|men|tie|ren ⟨*lat.-frz.*⟩: eine Behauptung od. Nachricht offiziell berichtigen od. widerrufen

De|menz, die; -, -en ⟨*lat.*⟩ (Med.): auf organischen Hirnschädigungen beruhender dauernder Intelligenzdefekt. **de|men|zi|ell,** dementiell (Med.): die Demenz betreffend

De|me|rit, der; -en, -en ⟨*lat.-frz.*⟩: straffällig gewordener Geistlicher, der wegen dieses Vergehens sein kirchliches Amt nicht ausüben kann

De|mi|john [ˈdeːmidʒɔn], der; -s, -s ⟨*engl.*⟩: Korbflasche

de|mi|li|ta|ri|sie|ren ⟨*lat.-frz.*⟩: entmilitarisieren

De|mi|mon|de [dəmiˈmõːd(ə)], die; - ⟨*frz.*⟩: Halbwelt

De|mi|ne|ra|li|sa|ti|on, die; - ⟨*nlat.*⟩: **1.** (Med.) Verarmung des Körpers an Mineralien (z. B. Kalk-, Salzverlust). **2.** das Demineralisieren. **de|mi|ne|ra|li|sie|ren:** die Minerale aus etwas entfernen

de|mi|nu|tiv usw. vgl. diminutiv usw.

de|mi-sec [dəmiˈsɛk] ⟨*frz.*⟩: halbtrocken (von französischen Schaumweinen)

De|mis|si|on, die; -, -en ⟨*lat.-frz.*⟩: **a)** Rücktritt eines Ministers od. einer Regierung; **b)** (veraltet) Entlassung eines Ministers od. einer Regierung

De|mis|si|o|när, der; -s, -e (schweiz., sonst veraltet): entlassener, verabschiedeter Beamter

de|mis|si|o|nie|ren: 1. a) von einem Amt zurücktreten, seine Entlassung einreichen (von Ministern od. Regierungen); **b)** (schweiz.) kündigen. **2.** (veraltet) jmdn. entlassen (von Ministern)

De|mi|urg, der; -en u. -s ⟨*gr.-lat.*⟩: Weltbaumeister, Weltenschöpfer (bei Platon u. in der ↑Gnosis). **de|mi|ur|gisch:** den Demiurgen betreffend, in der Art des Demiurgen

De|mi|vi|erge [dəmiˈvjɛrʒ], die; - ⟨*lat.-frz.;* »Halbjungfrau«⟩ (Sexualwissenschaft): Frau, die zwar sexuelle Kontakte, aber keinen Geschlechtsverkehr hat

De|mo [auch: ˈdɛ...], die; -, -s (ugs.): kurz für ↑Demonstration (1)

de|mo..., De|mo...

vor Vokalen meist: dem..., Dem... ⟨*gr.* dẽmos »Volk, Land, Staat«⟩
Wortbildungselement mit der Bedeutung »Volk, Bevölkerung; Staat«:
- demagogisch
- Demografie
- Demökologie
- Demoskopie

D
Demo

De|mo|bi|li|sa|ti|on, die; -, -en ⟨*lat.-frz.*⟩: **a)** Rückführung des Kriegsheeres auf den Friedensstand (Ggs.: Mobilisation [2]); **b)** Umstellung der Industrie von Kriegs- auf Friedensproduktion; vgl. ...ation/...ierung

de|mo|bi|li|sie|ren: a) aus dem Kriegszustand in Friedensverhältnisse überführen (Ggs.: mobilisieren [1]); **b)** die Kriegswirtschaft abbauen; **c)** (veraltet) jmdn. aus dem Kriegsdienst entlassen. **De|mo|bi|li|sie|rung,** die; -, -en: das Demobilisieren; vgl. ...ation/...ierung (Ggs.: Mobilisierung [3])

dé|mo|dé [...ˈdeː] ⟨*frz.*⟩ (veraltend): aus der Mode, nicht mehr aktuell

De|mo|di|ko|se, die; -, -n ⟨*gr.-nlat.*⟩: durch Milben hervorgerufene Hauterkrankung bei Säugetieren

De|mo|du|la|ti|on, die; -, -en ⟨*lat.-nlat.*⟩: Abtrennung der durch einen modulierten hochfrequenten Träger übertragenen niederfrequenten Schwingung in einem Empfänger; Gleichrichtung

De|mo|du|la|tor, der; -s, ...oren: Bauteil in einem Empfänger, der die Demodulation bewirkt; Gleichrichter

de|mo|du|lie|ren: eine Demodulation vornehmen; gleichrichten

De|mo|graf, Demograph, der; -en, -en ⟨*gr.-nlat.*⟩: jmd., der berufsmäßig Demografie betreibt

De|mo|gra|fie, Demographie, die; -, ...ien: **1.** Beschreibung der wirtschafts- u. sozialpolitischen Bevölkerungsbewegung. **2.** Bevölkerungswissenschaft

De|mo|gra|fin, Demographin, die; -, -nen: weibliche Form zu ↑Demograf

de|mo|gra|fisch, de|mo|gra|phisch: die Demografie betreffend

De|moi|selle [demoa'zɛl, də...], die; -, -n ⟨*lat.-galloroman.-frz.*⟩ (veraltet): Fräulein, junge Dame

Dem|öko|lo|gie, die; - ⟨*gr.-nlat.*⟩: Teilgebiet der Ökologie, auf dem die Umwelteinflüsse auf ganze ↑Populationen (2) einer bestimmten Tier- u. Pflanzenwelt erforscht werden

De|mo|krat, der; -en, -en ⟨*gr.-mlat.-frz.*⟩: **1.** Vertreter demokratischer Grundsätze; Mensch mit demokratischer Gesinnung; jmd., der den Willen der Mehrheit respektiert. **2.** Mitglied einer bestimmten, sich auch im Namen als demokratisch bezeichnenden Partei

De|mo|kra|tie, die; -, ...ien ⟨*gr.-mlat.;* »Volksherrschaft«⟩: **1.** (ohne Plural) **a)** politisches Prinzip, nach dem das Volk durch freie Wahlen an der Machtausübung im Staat teilhat; **b)** Regierungssystem, in dem die vom Volk gewählten Vertreter die Herrschaft ausüben. **2.** Staat mit demokratischer Verfassung, demokratisch regiertes Volkswesen. **3.** (ohne Plural) Prinzip der freien u. gleichberechtigten Willensbildung u. Mitbestimmung in gesellschaftlichen Gruppen

De|mo|kra|tin, die; -, -nen: weibliche Form zu ↑Demokrat

de|mo|kra|tisch: **1.** in der Art einer Demokratie (1), die Demokratie (1) betreffend, sich auf sie beziehend. **2.** nach den Prinzipien der Demokratie (3) aufgebaut, verfahrend; nach Demokratie (3) strebend

de|mo|kra|ti|sie|ren: demokratische Prinzipien in einem bestimmten Bereich einführen u. anwenden. **De|mo|kra|ti|sie|rung,** die; -, -en: das Demokratisieren

De|mo|kra|tis|mus, der; - ⟨*gr.-nlat.*⟩: übertriebene Anwendung demokratischer Prinzipien

de|mo|lie|ren ⟨*lat.-frz.*⟩: **1.** gewaltsam, mutwillig zerstören. **2.** (österr.) abreißen. **De|mo|lie|rung,** die; -, -en: das Demolieren, das Demoliertwerden

De|mo|li|ti|on, die; -, -en (veraltet): Zerstörung einer Festung

de|mo|ne|ti|sie|ren ⟨*lat.-frz.*⟩: einziehen, aus dem Umlauf ziehen (von Münzen). **De|mo|ne|ti|sie|rung,** die; -, -en: Außerkurssetzung eines Zahlungsmittels (meist von Münzen)

de|mo|no|misch ⟨*gr.*⟩: die soziale Organisation in tierischen Gemeinschaften betreffend (z. B. die Kastenbildung im Insektenstaat)

De|mons|t|rant, der; -en, -en ⟨*lat.*⟩: Teilnehmer an einer Demonstration (1). **De|mons|t|ran|tin,** die; -, -nen: weibliche Form zu ↑Demonstrant

De|mons|t|ra|ti|on, die; -, -en ⟨*lat.(-engl.)*⟩: **1.** Massenprotest, Massenkundgebung. **2.** sichtbarer Ausdruck einer bestimmten Absicht; eindringliche, nachdrückliche Bekundung (für od. gegen etwas/jmdn.). **3.** [wissenschaftliche] Vorführung (z. B. mit Lichtbildern) im Unterricht od. bei Veranstaltungen

de|mons|t|ra|tiv ⟨*lat.*⟩: **1.** in auffallender, oft auch provozierender Weise seine Einstellung bekundend; betont auffallend, herausfordernd. **2.** anschaulich, verdeutlichend, aufschlussreich. **3.** (Sprachwiss.) hinweisend. **De|mons|t|ra|tiv,** das; -s, -e: hinweisendes Fürwort; ↑Demonstrativpronomen

De|mons|t|ra|tiv|ad|verb, das; -s, -ien: demonstratives ↑Pronominaladverb (z. B. *da, dort*)

De|mons|t|ra|tiv|pro|no|men, das; -s, - u. ...mina: hinweisendes Fürwort (z. B. *dieser, jener*)

De|mons|t|ra|ti|vum, das; -s, ...va (veraltet): ↑Demonstrativpronomen

De|mons|t|ra|tor, der; -s, ...oren: **1.** Vorführer (von Waren). **2.** (veraltet) Beweisführer. **De|mons|t|ra|to|rin,** die; -, -nen: weibliche Form zu ↑Demonstrator

de|mons|t|rie|ren: **1.** an einer Demonstration (1) teilnehmen. **2.** öffentlich zu erkennen geben. **3.** in anschaulicher Form darlegen, vorführen

de|mon|ta|bel ⟨*lat.-frz.*⟩: zerlegbar, zum Wiederabbau geeignet

De|mon|ta|ge [...'ta:ʒə], die; -, -n ⟨*frz.*⟩: Abbau, Abbruch, Zerlegung; das Auseinandernehmen

de|mon|tie|ren: abbauen, zerlegen; auseinandernehmen. **De|mon|tie|rung,** die; -, -en: ↑Demontage; das Demontieren

De|mo|pho|bie, die; -, ...ien ⟨*gr.-nlat.*⟩ (Med., Psychol.): zwanghafte Angst vor Menschenansammlungen

De|mo|ra|li|sa|ti|on, die; -, -en ⟨*lat.-frz.*⟩: **1.** das Demoralisieren. **2.** das Demoralisiertsein

de|mo|ra|li|sie|ren: **a)** jmds. Moral untergraben; einer Person od. Gruppe durch bestimmte Handlungen, Äußerungen o. Ä. die sittlichen Grundlagen für eine entsprechende Gesinnung, ein Verhalten nehmen; **b)** jmds. Kampfgeist untergraben, mutlos machen, entmutigen. **De|mo|ra|li|sie|rung,** die; -, -en: ↑Demoralisation; das Demoralisieren

de mor|tu|is nil/ni|hil ni|si be|ne ⟨*lat.*⟩: »von den Toten [soll man] nur gut [sprechen]«

De|mos, der; -, Demen ⟨*gr.*⟩: **1.** Gebiet u. Volksgemeinde eines altgriechischen Stadtstaates. **2.** in Griechenland Bezeichnung für den kleinsten staatlichen Verwaltungsbezirk

De|mo|s|kop, der; -en, -en: Meinungsforscher. **De|mo|s|ko|pie,** die; -, ...ien: Meinungsumfrage, -forschung. **De|mo|s|ko|pin,** die; -, -nen: weibliche Form zu ↑Demoskop. **de|mo|s|ko|pisch:** **a)** durch Meinungsumfragen [ermittelt]; **b)** auf Meinungsumfragen bezogen

de|mo|tisch: volkstümlich; **demotische Schrift:** altägyptische volkstümliche Schrägschrift. **De|mo|tis|tik,** die; - ⟨*gr.-nlat.*⟩: Wissenschaft von der demotischen Schrift

De|mo|ti|va|ti|on, die; -, -en ⟨*lat.-mlat.-nlat.*⟩: **1.** das Demotivieren. **2.** das Demotiviertsein (Ggs.: Motivation [3]). **de|mo|ti|vie|ren:** jmds. Interesse an etwas schwächen; bewirken, dass jmds. Motivation, etwas zu tun, nachlässt, vergeht (Ggs.: motivieren [2])

De|mul|ga|tor, der; -s, ...oren ⟨*lat.-nlat.*⟩: Stoff, der eine ↑Emulsion (1) entmischt

de|mul|gie|ren: eine ↑Emulsion (1) entmischen

De|mul|zens, das; -, ...zentia u. ...zenzien (meist Plural) ‹*lat.*› (Med.): reizlinderndes Mittel

De|nar, der; -s, -e ‹*lat.*›: **a)** altrömische Silbermünze; **b)** (seit dem 7. Jh. n. Chr.) fränkische Silbermünze (Zeichen: d)

De|na|tu|ra|li|sa|ti|on, die; -, -en ‹*lat.-nlat.*›: Entlassung aus der bisherigen Staatsangehörigkeit. **de|na|tu|ra|li|sie|ren:** aus der bisherigen Staatsangehörigkeit entlassen, ausbürgern

de|na|tu|rie|ren ‹*lat.-mlat.*›: **1.** Stoffe durch Zusätze so verändern, dass sie ihre ursprünglichen Eigenschaften verlieren. **2.** vergällen, ungenießbar machen. **3.** Eiweißstoffe chemisch ↑irreversibel verändern

de|na|zi|fi|zie|ren ‹*lat.; nlat.*›: ↑entnazifizieren

Den|d|ri|mer, das; -s, -e ‹*gr.*› (Chemie): baumförmig verzweigtes Makromolekül

Den|d|rit [auch: ...'drɪt], der; -en, -en ‹*gr.-nlat.*›: **1.** (Geol.) moos-, strauch- od. baumförmige Eisen- u. Manganabsätze auf Gesteinsflächen. **2.** (Med.) verästelter Protoplasmafortsatz (vgl. Protoplasma) einer Nervenzelle. **den|d|ri|tisch:** verzweigt, verästelt (von Nervenzellen)

Den|d|ro|bi|os, der; -: Gesamtheit der auf Baumstämmen lebenden ↑Organismen (1b)

Den|d|ro|bi|um, das; -s ‹*nlat.*›: artenreiche Orchideengattung (Baumwucherer) in Südasien u. Polynesien

Den|d|ro|chro|no|lo|gie, die; -, ...ien: Jahresringforschung; Verfahren zur Bestimmung des Alters vorgeschichtlicher Funde mithilfe der Jahresringe mitgefundener Holzreste. **den|d|ro|chro|no|lo|gisch:** die Dendrochronologie betreffend

Den|d|ro|gramm, das; -[e]s, -e: Baumdiagramm zur ↑hierarchischen Darstellung von Clustern

Den|d|ro|lo|ge, der; -n, -n: Wissenschaftler auf dem Gebiet der Dendrologie. **Den|d|ro|lo|gie,** die; -: wissenschaftliche Baumkunde; Gehölzkunde. **Den|d|ro|lo|gin,** die; -, -nen: weibliche Form zu ↑Dendrologe. **den|d|ro|lo|gisch:** die Dendrologie betreffend

Den|d|ro|me|ter, das; -s, -: Gerät zur Messung der Höhe u. Dicke stehender Bäume

De|ner|vie|rung, die; -, -en ‹*lat.-nlat.*› (Med.): Ausschaltung der Verbindung zwischen Nerv und dazugehörigem Organ; ↑denervieren

Den|gue|fie|ber ['dɛŋge...], das; -s ‹*span.; lat.*› (Med.): schnell u. heftig verlaufende Infektionskrankheit in den Tropen u. Subtropen

[1]**De|ni|er** [de'ni̯e:, də...], das; -[s], - ‹*lat.-frz.*›: Einheit für die Fadenstärke bei Seiden- u. Chemiefasern (Abk.: den)

[2]**De|ni|er,** der; -s, -s: alte französische Gewichtseinheit

De|nim®, der od. das; -[s] ‹Kunstw. aus *frz.* serge *de Nîmes*; »Serge aus Nîmes«›: blauer Jeansstoff

de|ni|t|rie|ren ‹*nlat.*› (Chemie): ↑Nitrogruppen aus einer Verbindung entfernen

De|ni|t|ri|fi|ka|ti|on, die; -: das Freimachen von Stickstoff aus Salzen der Salpetersäure (z. B. im Kunstdünger) durch Bakterien. **de|ni|t|ri|fi|zie|ren:** eine Denitrifikation durchführen

De|no|bi|li|ta|ti|on, die; -, -en ‹*lat.-nlat.*›: Entzug des Adelsprädikats (der Bezeichnung des Adelsstandes). **de|no|bi|li|tie|ren:** jmdm. das Adelsprädikat entziehen

[1]**De|no|mi|na|ti|on,** die; -, -en ‹*lat.*›: **1.** (veraltet) **a)** Ernennung, Benennung; **b)** Ankündigung, Anzeige. **2.** (Wirtsch.) Nennwert eines Wertpapiers (in einer bestimmten Währung)

[2]**De|no|mi|na|ti|on,** die; -, -en ‹*lat.-engl.*›: christliche Religionsgemeinschaft, Kirche od. Sekte (bes. in den USA)

De|no|mi|na|tiv, das; -s, -e, **De|no|mi|na|ti|vum,** das; -s, ...va: Ableitung von einem Substantiv od. Adjektiv (z. B. *tröstlich* von *Trost, bangen* von *bang*); vgl. Nomen

de|no|mi|nie|ren: ernennen, benennen

De|no|tat, das; -s, -e ‹*lat.*› (Sprachwiss.): **1.** vom Sprecher bezeichneter Gegenstand od. Sachverhalt in der außersprachlichen Wirklichkeit (Ggs.: Konnotat [1]). **2.** begrifflicher Inhalt eines sprachlichen Zeichens im Gegensatz zu den emotionalen Nebenbedeutungen (Ggs.: Konnotat [2])

De|no|ta|ti|on, die; -, -en: **1.** (Logik) Inhaltsangabe eines Begriffs. **2.** (Sprachwiss.) **a)** die auf den mit dem Wort gemeinten Gegenstand hinweisende Bedeutung (z. B. von Mond »Erdtrabant, der durch das von ihm reflektierte Sonnenlicht oft die Nächte erhellt« im Gegensatz zur ↑Konnotation [2 a]); **b)** die formale Beziehung zwischen dem Zeichen (↑Denotator) u. dem bezeichneten Gegenstand od. Sachverhalt in der außersprachlichen Wirklichkeit (↑Denotat) (Ggs.: Konnotation [2 b])

de|no|ta|tiv (Sprachwiss.): nur den begrifflichen Inhalt eines sprachlichen Zeichens betreffend, ohne Berücksichtigung von Nebenbedeutungen, die es als Begleiterscheinungen beim Sprecher od. Hörer wachruft (Ggs.: konnotativ)

De|no|ta|tor, der; -s, ...oren (Sprachwiss.): sprachliches Zeichen, das einen Gegenstand od. Sachverhalt in der außersprachlichen Wirklichkeit bezeichnet

Dens, der; -, Dentes ['dɛnte:s] ‹*lat.*› (Med.): Zahn

Den|si|me|ter, das; -s, - ‹*lat.; gr.*›: Gerät zur Messung des ↑spezifischen Gewichts (vorwiegend von Flüssigkeiten)

Den|si|tät, die; - ‹*lat.*›: **1.** (Physik) Dichte, Dichtigkeit. **2.** Maß für den Schwärzegrad fotografischer Schichten

Den|si|to|me|ter, das; -s, - ‹*lat.; gr.*› (Physik): Gerät zur Bestimmung der Farbdichte insbes. von fotografischen Schichten. **Den|si|to|me|t|rie,** die; - (Physik): Messung der Dichte von Stoffen

Den|so|graf, Den|so|graph, der; -en, -en: ↑Densitometer

Den|so|me|ter, das; -s, -: Gerät zur Bestimmung der Luftdurchlässigkeit bestimmter Materialien (bes. von Papier)

Den|t|al|g|ra, das; -s: ↑Dentalgie

den|tal ‹*lat.-nlat.*›: **1.** (Med.) die Zähne betreffend, zu ihnen gehörend. **2.** (Sprachwiss.) mithilfe der Zähne gebildet (von Lauten). **Den|tal,** der; -s, -e: Zahnlaut (z. B. d, l)

Den|tal|flu|o|ro|se, die; -, -n (Med.): durch Zufuhr zu großer Fluormengen verursachte Verfärbung am Zahnschmelz

Den|t|al|gie, die; -, ...ien ⟨*lat.; gr.*⟩ (Med. veraltet): Zahnschmerz

Den|tal|hy|gi|e|ni|ker, der; -s, -: männliche Form zu ↑Dentalhygienikerin. **Den|tal|hy|gi|e|ni|ke|rin,** die; -, -nen ⟨*lat.; gr.-nlat.*⟩ (Zahnmed.): medizinische Fachangestellte für Prophylaxe, Mundhygiene u. Zahnästhetik

Den|ta|lis, die; -, ...les [...le:s] ⟨*lat.-nlat.*⟩ (veraltet): Dental

Den|ta|li|sie|rung, die; -, -en (Sprachwiss.): Verwandlung eines nicht dentalen Lautes in einen dentalen, meist unter Einfluss eines benachbarten Dentals. **Den|tal|la|bor,** das; -s, -s (auch: -e) ⟨*lat.*⟩ (Zahnmed.): Arbeitsstätte zur Anfertigung zahntechnischer Leistungen (Kronen, Brücken, Implantate o. Ä.)

Den|tal|le|gie|rung, die; -, -en ⟨*lat.*⟩ (Zahnmed.): Metalllegierung für den Ersatz von Zahnsubstanz

den|te|lie|ren [dɑ̃tə...] ⟨*lat.-frz.*⟩: auszacken (von Spitzen)

Den|telles [dɑ̃ˈtɛl], die (Plural): [geklöppelte] Spitzen

Den|tes: *Plural* von ↑Dens

Den|ti|fi|ka|ti|on, die; - ⟨*lat.-nlat.*⟩ (Med.): Zahnbildung

Den|ti|kel, der; -s, - ⟨*lat.;* »Zähnchen«⟩ (Med.): kleines zahnähnliches Gebilde im Zahninnern

Den|tin, das; -s ⟨*lat.-nlat.*⟩: **1.** (Med.) Zahnbein; knochenähnliche, harte Grundsubstanz des Zahnkörpers. **2.** (Biol.) Hartsubstanz der Haischuppen

Den|tist, der; -en, -en: **a)** Zahnarzt; **b)** (früher) Zahnarzt ohne Hochschulprüfung. **Den|tis|tin,** die; -, -nen: weibliche Form zu ↑Dentist

Den|ti|ti|on, die; -, -en (Med.): Zahndurchbruch; das Zahnen

den|to|gen ⟨*lat.; gr.*⟩ (Med.): von den Zähnen ausgehend

Den|to|lo|gie, die; -: Zahnheilkunde

De|nu|da|ti|on, die; -, -en ⟨*lat.;* »Entblößung«⟩: **1.** (Geol.) flächenhafte Abtragung der Erdoberfläche durch Wasser, Wind u. a. **2.** (Med.) Entblößung von einer natürlichen Hülle, bes. des Zahnhalses vom Zahnfleisch. **3.** (Med.) Zerstörung von ↑Myelin (bei multipler Sklerose). **4.** (Psychol.) **a)** Entkleiden, Entblößen; **b)** das Sicherklären, Sichbekennen

de|nu|k|le|a|ri|sie|ren ⟨*lat.-nlat.*⟩: von Atomwaffen befreien. **De|nu|k|le|a|ri|sie|rung,** die; -: Abrüstung von Atomwaffen

De|nun|zi|ant, der; -en, -en ⟨*lat.*⟩: jmd., der einen anderen denunziert. **De|nun|zi|an|tin,** die; -, -nen: weibliche Form zu ↑Denunziant

De|nun|zi|at, der; -en, -en (veraltet): Verklagter, Beschuldigter

De|nun|zi|a|ti|on, die; -, -en: Anzeige durch einen Denunzianten

de|nun|zi|a|to|risch ⟨*lat.-nlat.*⟩: **1.** denunzierend, einer Denunziation gleichkommend. **2.** brandmarkend, öffentlich verurteilend

de|nun|zie|ren ⟨*lat.-engl.*⟩: **a)** (abwertend) [aus persönlichen, niedrigen Beweggründen] anzeigen; **b)** als negativ hinstellen, brandmarken, öffentlich verurteilen

Deo, das; -s, -s: kurz für ↑Deodorant. **De|o|do|rant,** das; -s, -s u. -e ⟨*engl.*⟩: kosmetisches Mittel gegen Körpergeruch

De|o|do|rant|spray, der od. das; -s, -s: ↑Spray mit desodorierender Wirkung

de|o|do|rie|ren, de|o|do|ri|sie|ren: ↑desodorieren

Deo gra|ti|as ⟨*lat.*⟩: Gott sei Dank!

De|on|tik, die; - ⟨*gr.*⟩: Lehre von der logischen Struktur normativ-ethischer Denkformen. **de|on|tisch:** die Deontik betreffend; **deontische Logik:** spezielle Form der ↑Modallogik, die exakte sprachliche Grundlagen für den Aufbau einer systematischen ↑Ethik (1 a) liefern will

De|on|to|lo|gie, die; -: Ethik als Pflichtenlehre

Deo op|ti|mo ma|xi|mo ⟨*lat.;* »Gott, dem Besten u. Größten«⟩: Einleitung kirchl. Weihinschriften (Abk.: D. O. M.); vgl. Iovi optimo maximo

Deo|spray, der od. das; -s, -s ⟨*engl.*⟩: kurz für ↑Deodorantspray

De|par|te|ment [depart(ə)ˈmɑ̃:, schweiz. auch: ...təˈmɛnt], das; -s, -s u. (schweiz.) -e ⟨*lat.-frz.*⟩: **1.** Verwaltungsbezirk (in Frankreich). **2.** (schweiz.) Ministerium (beim Bund und in einigen Kantonen der Schweiz). **3.** (schweiz.) Verwaltungsabteilung (in einigen Gemeinden u. Universitäten der Schweiz)

de|par|te|men|tal [...mɑ̃ˈta:l, schweiz. auch: ...ˈmɛnta:l] ⟨*frz.*⟩: ein Departement (1, 2) betreffend, dazu gehörend

De|part|ment [dɪˈpɑ:tmənt], das; -s, -s ⟨*lat.-frz.-engl.*⟩: **1.** Ministerium in den USA. **2.** Fachbereich (an amerikanischen u. britischen Universitäten)

De|par|ture [dɪˈpa:ɐ̯tʃɐ] ⟨*engl.*⟩: Abflug (bes. als Hinweis auf Flughäfen)

De|pen|dance, schweiz. meist: **Dé|pen|dance** [depɑ̃ˈdɑ̃:s], die; -, -n ⟨*lat.-frz.*⟩: **1.** Niederlassung, Zweigstelle. **2.** Nebengebäude [eines Hotels]

de|pen|den|ti|ell vgl. dependenziell

De|pen|denz, die; -, -en ⟨*lat.*⟩ (Philos., Sprachwiss.): Abhängigkeit

De|pen|denz|gram|ma|tik, die; -, -en (Sprachwiss.): Forschungsrichtung der ↑Linguistik, die die hinter der linearen Erscheinungsform der gesprochenen od. geschriebenen Sprache verborgenen strukturellen Beziehungen zwischen den einzelnen Elementen im Satz untersucht od. darstellt, vor allem die Abhängigkeit der Satzglieder vom Verb

de|pen|den|zi|ell, dependentiell ⟨*lat.-nlat.*⟩ (Sprachwiss.): **a)** auf die Dependenzgrammatik bezüglich; **b)** nach der Methode der Dependenzgrammatik vorgehend

De|per|so|na|li|sa|ti|on, die; -, -en ⟨*lat.-nlat.*⟩ (Psychol.): Verlust des Persönlichkeitsgefühls (bei geistig-seelischen Störungen)

De|pe|sche, die; -, -n ⟨*lat.-frz.*⟩ (veraltet): Telegramm. **de|pe|schie|ren** (selten): eine Depesche schicken

De|phleg|ma|ti|on, die; -, -en ⟨(*lat.; gr.-lat.) nlat.*⟩: Rückflusskühlung bei der [Spiritus]destillation

De|phleg|ma|tor, der; -s, ...oren: Kondensator (2), der die Dephlegmation bewirkt

de|phleg|mie|ren: der Dephlegmation unterwerfen

De|phos|pho|ry|lie|rung, die; -, -en (Biochemie): Abspaltung einer Phosphatgruppe von einem organischen Molekül (Ggs.: Phosphorylierung)

de|pig|men|tie|ren ⟨*lat.-nlat.*⟩: [Haut]farbstoff entfernen. **De|pig|men|tie|rung,** die; -, -en: Entfernung od. Verlust des [Haut]farbstoffes

De|pi|la|ti|on, die; -, -en ⟨*lat.-nlat.*⟩ (Med.): Enthaarung

De|pi|la|to|ri|um, das; -s, ...ien (Med.): Enthaarungsmittel

de|pi|lie|ren ⟨*lat.*⟩ (Med.): enthaaren

De|place|ment [deplas'mɑ̃ː], das; -s, -s ⟨*frz.*⟩: Wasserverdrängung eines Schiffes

de|pla|cie|ren [depla'siːrən, auch: ...a'tsiː...] (veraltet): verrücken, verdrängen

de|pla|ciert [depla'siːɐ̯t] (veraltet): ↑deplatziert

De|pla|cie|rung [...pla'siː...], die; -, -en (veraltet): Verrückung, Verdrängung

de|plat|ziert: fehl am Platz, unangebracht

De|ple|ti|on, die; -, -en ⟨*lat.*⟩ (Med.): Entfernung körpereigener Stoffe aus dem Körper (z. B. durch erhöhten Verbrauch)

de|plo|ra|bel ⟨*lat.-frz.*⟩ (veraltend): beklagens-, bedauernswert

De|po|la|ri|sa|ti|on, die; -, -en ⟨*(lat.; gr.) nlat.*⟩ (Physik): Aufhebung der ↑Polarisation in ↑galvanischen Elementen

De|po|la|ri|sa|tor, der; -s, ...oren: Sauerstoff od. Chlor abgebende Chemikalie, die in ↑galvanischen Elementen den Wasserstoff bindet, durch den sich die positive Elektrode polarisiert

de|po|la|ri|sie|ren: eine Depolarisation vornehmen

De|po|ly|me|ri|sa|ti|on, die; -, -en ⟨*(lat.; gr.) nlat.*⟩ (Chemie): Zerlegung von ↑polymeren Stoffen

De|po|nat, das; -[e]s, -e ⟨*lat.*⟩: etwas, was jmd. deponiert hat, was deponiert worden ist

De|po|nens, das; -, ...nentia u. ...nenzien ⟨*lat.*⟩: lateinisches Verb mit passivischen Formen u. aktivischer Bedeutung

De|po|nent, der; -en, -en: jmd., der etwas hinterlegt, in Verwahrung gibt. **De|po|nen|tin,** die; -, -nen: weibliche Form zu ↑Deponent

De|po|nie, die; -, ...ien ⟨*lat.-frz.*⟩: Müllabladeplatz

de|po|nie|ren: niederlegen, hinterlegen, in Verwahrung geben. **De|po|nie|rung,** die; -, -en: Speicherung, Lagerung

De|po|pu|la|ti|on, die; -, -en ⟨*lat.*⟩ (veraltet): Entvölkerung

De|port [auch: de'poːɐ̯], der; -s, -e u. (bei frz. Ausspr.:) -s ⟨*lat.-frz.*⟩: Kursabzug bei Termingeschäften (Ggs.: Report [2])

De|por|ta|ti|on, die; -, -en ⟨*lat.*⟩: Zwangsverschickung, Verschleppung, Verbannung (von Verbrechern, politischen Gegnern od. ganzen Volksgruppen). **de|por|tie|ren:** (Verbrecher, politische Gegner od. ganze Volksgruppen) zwangsweise verschicken, verschleppen, verbannen

De|po|si|tar ⟨*lat.*⟩, **De|po|si|tär,** der; -s, -e ⟨*lat.-frz.*⟩: Verwahrer von Wertgegenständen, -papieren u. a.

De|po|si|ten: *Plural* von ↑Depositum

De|po|si|ten|bank, die; -, -en: Bank, die sich auf Depositenannahme, Gewährung von kurzfristigen Krediten u. Ä. beschränkt; Kreditbank

De|po|si|ti|on, die; -, -en: **1.** (Rechtsspr.) Hinterlegung. **2.** (Rel.) Absetzung eines katholischen Geistlichen ohne Wiederverwendung im Kirchendienst. **3.** (Rechtsspr.) [bei Gericht niedergelegte] Zeugenaussage

De|po|si|to|ri|um, das; -s, ...ien: Aufbewahrungsort, Hinterlegungsstelle

De|po|si|tum, das; -s, ...siten: **1.** etwas, was hinterlegt, in Verwahrung gegeben worden ist. **2.** (Plural) Gelder, die als kurz- od. mittelfristige Geldanlage bei einem Kreditinstitut gegen Verzinsung eingelegt u. nicht auf einem Spar- od. Kontokorrentkonto verbucht werden

de|pos|se|die|ren ⟨*lat.-frz.*⟩ (veraltet): enteignen, entrechten, entthronen

De|pot [de'poː], das; -s, -s ⟨*lat.-frz.*⟩: **1. a)** Aufbewahrungsort für Sachen; **b)** Abteilung einer Bank, in der Wertsachen und -schriften verwahrt werden; **c)** aufbewahrte Gegenstände. **2.** (Gastron.) Bodensatz in Getränken, bes. im Rotwein. **3.** (Med.) Ablagerung. **4.** ↑Depotbehandlung. **5.** Sammelstelle für Omnibusse od. Schienenfahrzeuge

De|pot|be|hand|lung, die; -, -en (Med.): Einspritzung von Medikamenten in schwer löslicher Form zur Erzielung länger anhaltender Wirkungen

de|po|ten|zie|ren ⟨*lat.-nlat.*⟩: des eigenen Wertes, der eigenen Kraft, ↑Potenz berauben

De|pot|fund [de'poː...], der; -[e]s, -e ⟨*lat.-frz.; dt.*⟩: archäologischer Sammelfund aus vorgeschichtlicher Zeit (bei Ausgrabungen)

De|pot|prä|pa|rat, das; -[e]s, -e (Med.): Arzneimittel in schwer löslicher Form, das im Körper langsam abgebaut wird u. dadurch anhaltend wirksam bleibt

De|pot|wech|sel, der; -s, -: als Sicherung für einen Bankkredit hinterlegter Wechsel

De|p|ra|va|ti|on, die; -, -en ⟨*lat.*⟩: **1.** Wertminderung, bes. im Münzwesen. **2.** (Med.) Verschlechterung eines Krankheitszustands. **3.** Entartung

de|p|ra|vie|ren: 1. etwas im Wert herabsetzen, bes. von Münzen. **2.** verderben

De|pre|ka|ti|on, die; -, -en ⟨*lat.*⟩ (veraltet): Abbitte; vgl. deprezieren

De|pres|si|on, die; -, -en ⟨*lat.*⟩: **1.** (Med., Psychol.) psychische Störung, die sich bes. in Niedergeschlagenheit, trauriger Stimmung äußert. **2.** (Med.) Einsenkung, Einstülpung, Vertiefung z. B. im Knochen; ↑Impression (2 a). **3.** (Wirtsch.) Niedergangsphase im Konjunkturverlauf. **4.** (Geogr.) Landsenke; Festlandgebiet, dessen Oberfläche unter dem Meeresspiegel liegt. **5.** (Meteorol.) Tief, Tiefdruckgebiet. **6.** (Astron.) **a)** negative Höhe eines Gestirns, das unter dem Horizont steht; **b)** Winkel zwischen der Linie Auge–Horizont u. der waagerechten Linie, die durch das Auge des Beobachters verläuft. **7.** (Physik) vorübergehendes

Herabsetzen des Nullpunktes [eines Thermometers] durch Überhöhung der Temperatur u. unmittelbar folgende Abkühlung auf 0°. **8.** (Bergbau) Unterdruck, der durch das Saugen der Ventilatoren bei der Zufuhr von Frischluft im Bergwerk entsteht

de|pres|si̲v: **1.** (ugs.) traurig, niedergeschlagen. **2.** (Med., Psychol.) an einer Depression (1) leidend. **3.** (Wirtsch.) durch einen Konjunkturrückgang bestimmt. **De|pres|si|vi|tä̲t,** die; -: Zustand der Niedergeschlagenheit

De|pre|ti|a|ti|o̲n, die; -, -en ‹*lat.-nlat.*› (veraltet): **1.** Herabsetzung. **2.** Entwertung

de|pre|ti|a|ti̲v: abschätzig, pejorativ

de|pre|ti|ie̲|ren ‹*lat.*› (veraltet): **1.** unterschätzen. **2.** entwerten. **3.** (im Preis) herabsetzen

de|pre|zie̲|ren ‹*lat.*› (veraltet): Abbitte leisten; vgl. Deprekation

de|pri|mie̲|ren ‹*lat.-frz.*›: niederdrücken, entmutigen. **de|pri|mie̲rt:** entmutigt, niedergeschlagen, gedrückt; schwermütig

De|pri|va|ti|o̲n, die; -, -en ‹*lat.-nlat.;* »Beraubung«›: **1.** (Psychol.) Mangel, Verlust, Entzug von etwas Erwünschtem (z. B. fehlende Zuwendung der Mutter, Liebesentzug u. Ä.). **2.** Absetzung eines katholischen Geistlichen

De|pri|va|ti|o̲ns|syn|drom, das; -s, -e (Psychol.): körperlich-seelischer Entwicklungsrückstand bei Kindern (bes. in Heimen), die die Mutter od. eine andere Bezugsperson entbehren müssen (↑Hospitalismus)

de|pri|vie̲|ren (Psychol.): die Mutter od. eine andere Bezugsperson entbehren lassen

De Pro|fụn|dis, das; - ‹*lat.;* »Aus der Tiefe (rufe ich, Herr, zu dir)«›: Anfangsworte u. Bezeichnung des 130. (129.) Psalms nach der ↑Vulgata

De|pu̱|rans, das; -, ...ạntia u. ...ạnzien (meist Plural) ‹*lat.-nlat.*› (Med.): Abführmittel

De|pu|tạnt, der; -en, -en ‹*lat.*›: jmd., der auf ein Deputat Anspruch hat. **De|pu|tạn|tin,** die; -, -nen: weibliche Form zu ↑Deputant

De|pu|ta̲t, das; -[e]s, -e: **1.** zum Gehalt od. Lohn gehörende Sachleistungen. **2.** Anzahl der Pflichtstunden, die eine Lehrkraft zu geben hat

De|pu|ta|ti|o̲n, die; -, -en: Abordnung, die im Auftrag einer Versammlung einer politischen Körperschaft Wünsche od. Forderungen überbringt

de|pu|tie̲|ren ‹*lat.-frz.*›: einen Bevollmächtigten od. eine Gruppe von Bevollmächtigten abordnen. **De|pu|tie̲r|te,** der u. die; -n, -n: **1.** Mitglied einer Deputation. **2.** Abgeordnete[r] (z. B. in Frankreich)

De|qua|li|fi|zie̲|rung, die; -, -en ‹*lat.-mlat.*›: verminderte Nutzung, Entwertung vorhandener beruflicher Fähigkeiten im Zuge von Rationalisierungs- u. Automatisierungsmaßnahmen in der Wirtschaft

De|rai|ling [di'rɛɪ̯...], das; -s ‹engl.› (Jargon): (bes. in den sozialen Netzwerken) das Abschweifen od. das [gezielte] Umlenken einer Diskussion auf ein anderes Thema

De|ran|ge|ment [derɑ̃ʒə'mɑ̃:], das; -s, -s ‹*frz.*›: Störung, Verwirrung, Zerrüttung

de|ran|gie|ren [...'ʒi:...] (veraltet): stören, verwirren. **de|ran|gie̲rt:** unordentlich, zerzaust

Der|by ['dɛrbi], das; -s, -s ‹*engl.;* nach dem Begründer, dem 12. Earl of Derby›: **1.** alljährliche Zuchtprüfung für die besten dreijährigen Vollblutpferde in Form von Pferderennen. **2.** bedeutendes sportliches Spiel von besonderem Interesse (z. B. Lokalderby)

De|re|a|li|sa|ti|o̲n, die; -, -en ‹*lat.-amerik.*› (Psychol.): Wahrnehmung der Umwelt, die verfremdet od. abnorm ist, durch die vieles als unwirklich empfunden wird

de|re|fe|ren|zie̲|ren ‹*lat.-frz.-nlat.*› (EDV): (in der Programmierung) einem Zeiger folgen, um über dessen Adresse gezielt auf Informationen im Speicher zuzugreifen

de|re|gu|lie̲|ren ‹*lat.-nlat.*›: regelnde Maßnahmen aufheben. **De|re|gu|lie̲|rung,** die; -, -en: das Deregulieren

de|re|ie̲|rend ‹*nlat.*› (Psychiatrie veraltet), **de|re|i̯s|tisch** ‹*nlat.-engl.*› (Psychiatrie): die Erkenntnis durch unreflektierte Emotionen beeinflussend; [krankhaft] unlogisch denkend

De|re|lik|ti|o̲n, die; -, -en ‹*lat.*› (Rechtswiss.): Besitzaufgabe

de|re|lin|quie̲|ren: Eigentumsrechte aufgeben

de ri|gueur [də ri'gø:ɐ̯] ‹*lat.-frz.*› (veraltet): unerlässlich, streng

De̲|ri|vans, das; -, ...ạntia u. ...ạnzien (meist Plural) ‹*lat.*› (Med.): Mittel, das eine bessere Durchblutung von Organen bewirkt; Hautreizmittel

De|ri|va̲t, das; -[e]s, -e: **1.** (Sprachwiss.) abgeleitetes Wort (z. B. *Schönheit* von *schön*). **2.** (Biol.) Organ, das sich auf ein anderes, entwicklungsgeschichtlich älteres Organ zurückführen lässt (z. B. die Haut als Derivat des äußeren Keimblattes). **3.** (Chemie) Verbindung, die aus einer anderen entstanden ist. **4.** finanzwirtschaftliche Vertragsform, die auf den künftigen Kauf od. Verkauf bzw. über Rechte zum künftigen Kauf od. Verkauf traditioneller Finanzinstrumente abzielt (z. B. Optionen, Swaps, Futures)

De|ri|va|ti|o̲n, die; -, -en: **1.** (Sprachwiss.) Bildung neuer Wörter aus einem Ursprungswort; Ableitung. **2.** seitliche Abweichung eines Geschosses von der Visierlinie

De|ri|va|ti|o̲ns|rech|nung, die; - (veraltet): ↑Differenzialrechnung

De|ri|va|ti|o̲ns|win|kel, der; -s, -: **1.** (Schifffahrt) Winkel der Kiellinie eines drehenden Schiffes mit der an den Drehkreis gelegten Tangente. **2.** (Artillerie) Winkel zwischen Seelenachse (d. i. eine gedachte Längsachse im Hohlraum eines Gewehrlaufs od. Geschützes) u. Visierlinie

de|ri|va|ti̲v (Sprachwiss.): durch Ableitung entstanden. **De|ri|va|ti̲v,** das; -s, -e: **1.** (Sprachwiss.) abgeleitetes Wort, Ableitung (z. B. *täglich* von *Tag*). **2.** ↑Derivat (4). **De|ri|va|ti̲|vum,** das; -s, ...va (veraltet): Derivativ (1)

De|ri|va̲|tor, der; -s, ...o̲ren ‹*lat.-nlat.*› (Math.): Gerät zur Bestimmung der Tangente od.

zum Zeichnen der Differenzialkurven einer gezeichnet vorliegenden Kurve

de|ri|vie|ren ⟨*lat.*⟩: **1.** von der Visierlinie abweichen (von Geschossen); vgl. Derivation (2). **2.** [ein Wort] ableiten (z. B. *Verzeihung* von *verzeihen*)

De|ri|vier|te, die; -n, -n (Math.): mithilfe der Differenzialrechnung abgeleitete Funktion einer Funktion

derm…, Derm… vgl. dermato…, Dermato…

Der|ma, das; -s, -ta ⟨*gr.*⟩ (Med.): Haut. **der|mal** (Med.), dermatisch ⟨*gr.-nlat.*⟩: die Haut betreffend, von ihr stammend, an ihr gelegen. **Der|m|al|gie,** die; -, …ien (Med.): Hautnervenschmerz

der|mat…, Der|mat… vgl. dermato…, Dermato…

Der|ma|ti|kum, das; -s, …ka (Med.): Medikament, das auf der Haut angewendet wird

der|ma|tisch vgl. dermal

Der|ma|ti|tis, die; -, …itiden (Med.): Hautentzündung

der|ma|to…, Der|ma|to…

vor Vokalen meist: der|mat…, Der|mat…, verkürzt: der|mo…, Der|mo…, oder: derm…, Derm… ⟨*gr.* dérma, Gen. dérmatos »Haut«⟩
Wortbildungselement mit der Bedeutung »Haut«:
– Dermalgie, Dermatoplastik, Dermatopsie
– dermatologisch, dermotrop

…dermie
die; -, …ien (teilweise ohne Plural)
⟨zu *gr.* dérma »Haut«⟩
Wortbildungselement mit der Bedeutung »Veränderung, Krankheit der Haut«:
– Erythrodermie, Taxidermie, Xerodermie

Der|ma|to|gen, das; -s (Bot.): Zellschicht, die den ↑Vegetationskegel der Pflanzen überzieht

Der|ma|to|lo|ge, der; -n, -n (Med.): Hautarzt. **Der|ma|to|lo|gie,** die; - (Med.): Lehre von den Hautkrankheiten. **Der|ma|to|lo|gin,** die; -, -nen: weibliche Form zu ↑Dermatologe. **der|ma|to|lo|gisch** (Med.): die Dermatologie betreffend

Der|ma|to|ly|sis, die; - (Med.): angeborene Schlaffheit der Haut

Der|ma|tom, das; -s, -e (Med.): **1.** (in der Embryonalentwicklung) seitlich ↑dorsaler (1 b) Anteil eines ↑Somiten, Grundlage für die spätere Haut. **2.** Hautbereich, der von einer Spinalnervenwurzel sensibel autonom versorgt wird; vgl. Segment (2). **3.** chirurgisches Instrument zur Gewinnung von Hauttransplantaten

Der|ma|to|my|ko|se, die; -, -n (Med.): Infektion von Haut, Haar od. Nägeln durch Pilze

Der|ma|to|my|om, das; -s, -e (Med.): gutartige Hautgeschwulst

Der|ma|to|phy|ton, der; -s, …ten (Med.): Haut- u. Haarpilz

Der|ma|to|plas|tik, die; -, -en (Med.): Ersatz von kranker od. verletzter Haut durch Hauttransplantation

Der|ma|t|op|sie, die; - (Zool.): Lichtempfindlichkeit der Haut. **der|ma|t|op|tisch:** die Dermatopsie betreffend

Der|ma|to|se, die; -, -n (Med.): Hautkrankheit

Der|ma|to|zo|on, das; -s, …zoen (Med.): tierischer Hautschmarotzer, der Hautkrankheiten hervorrufen kann

Der|ma|to|zo|o|no|se, die; -, -n (Med.): durch Dermatozoen verursachte Hautkrankheit

…der|mie *s. Kasten dermato…, Dermato…*

der|mo…, Der|mo… vgl. dermato…, Dermato…

Der|mo|graf, Dermograph, der; -en, -en (Med. früher): Stift zum Prüfen der Hautbeschaffenheit

Der|mo|gra|fie, Dermographie, die; -, …ien ⟨*gr.;* »Hautschrift«⟩ (Med.): ausgeprägte Hautreizbarkeit nach Manipulation (6 b). **Der|mo|gra|fis|mus, Der|mo|gra|phis|mus,** der; -, …men (Med.): ↑Dermografie

Der|mo|id, das; -s, -e (Med.): [selten vorkommender u. langsam wachsender] gutartiger Tumor auf der Basis von Hautzellen, der auch Haare, Zähne u. Drüsen enthalten kann

Der|mo|id|zys|te, die; -, -n (Med.): [überwiegend an den Eierstöcken auftretender] Keimzelltumor mit Hohlraum, der im Innern Gewebe wie Muskeln, Knorpel u. auch Haare enthalten kann u. häufig entartet

Der|mo|plas|tik, die; -, -en: **1.** ↑Dermatoplastik. **2.** Präparationsverfahren zur möglichst naturgetreuen Darstellung von Wirbeltieren

der|mo|trop (Med.): die Haut beeinflussend, auf sie wirkend, auf sie gerichtet

Der|ni|er Cri [dɛrnjeˈkriː], der; - -, -s -s […njeːˈkriː] ⟨*frz.;* »letzter Schrei«⟩: allerletzte Neuheit, neueste Mode

De|ro|ga|ti|on, die; -, -en ⟨*lat.*⟩: Teilaufhebung, teilweise Außerkraftsetzung [eines Gesetzes]

de|ro|ga|tiv, de|ro|ga|to|risch: aufhebend, beschränkend

de|ro|gie|ren: teilweise außer Kraft setzen

De|rou|te [deˈruːt(ə)], die; -, -n […tn̩] ⟨*lat.-frz.*⟩: **1.** Kurs-, Preissturz. **2.** (veraltet) wilde Flucht einer Truppe. **de|rou|tie|ren** (Wirtsch.): **1.** (österr., schweiz.) verunsichern, mutlos machen. **2.** Preisverfall bewirken, preislich ruinieren

Der|rick|kran, der; -[e]s, …kräne, fachspr.: -e ⟨nach einem engl. Henker des 17. Jh.s namens Derrick⟩: Montagekran für Hoch- u. Tiefbau

Der|ris, die; - ⟨*gr.*⟩: in Afrika u. Asien beheimateter Schmetterlingsblütler, dessen Wurzeln zur Herstellung von Schädlingsbekämpfungsmitteln dienen

De|ru|ta|wa|re, die; -, -n ⟨nach der it. Stadt Deruta in der Provinz Perugia⟩: Tonware des 16. Jh.s

Der|wisch, der; -[e]s, -e ⟨*pers.-türk.;* »Bettler«⟩: Mitglied eines islamischen religiösen Ordens, zu dessen Riten Musik u. rhythmische Tänze gehören

des|ak|ti|vie|ren ⟨*lat.*⟩ (Chemie): in einen nicht aktiven (vgl. aktiv [5]) Zustand versetzen

des|ami|nie|ren ⟨Kunstw.⟩ (Chemie): eine Aminogruppe aus organischen Verbindungen abspalten

Des|an|ne|xi|on, die; -, -en ⟨*lat.-frz.*⟩: das Rückgängigmachen einer ↑Annexion (französisches Schlagwort im 1. Weltkrieg in Bezug auf Elsass-Lothringen)

des|ar|mie|ren ⟨*lat.-frz.*⟩: **1.** (veraltet) entwaffnen. **2.** (Fechtsport) dem Gegner die Klinge aus der Hand schlagen

De|sas|ter, das; -s, - ‹*it.-frz.;* »Unstern«›: Missgeschick, Unheil; Zusammenbruch

de|sas|t|rös: von einem ↑Desaster geprägt; verhängnisvoll; verheerend

de|s|a|vou|ie|ren [dɛsʔavuˈiːrən, deza...] ‹*lat.-frz.*›: **1.** im Stich lassen, bloßstellen. **2.** nicht anerkennen, verleugnen, in Abrede stellen. **De|s|a|vou|ie|rung,** die; -, -en: Bloßstellung, Brüskierung

Des|cort [dɛˈkoːɐ̯], das; -, -s ‹*lat.-frz.*›: altfranzösisch-provenzalische Gedichtgattung mit ungleichen Strophen

De|se|gre|ga|ti|on, die; -, -en ‹*frz.*›: Aufhebung der ↑²Segregation

Des|en|ga|ge|ment [dezãgaʒəˈmãː], das; -s, -s ‹*frz.*›: ↑Disengagement

De|sen|si|bi|li|sa|ti|on, Desensibilisierung, die; -, -en ‹*lat.-nlat.*›: **1.** Verringerung der Lichtempfindlichkeit von belichteten fotografischen Schichten mithilfe von Desensibilisatoren. **2.** (Med.) Schwächung od. Aufhebung der allergischen Reaktionsbereitschaft eines Organismus durch stufenweise gesteigerte Zufuhr des anfallauslösenden Allergens; vgl. Allergen

De|sen|si|bi|li|sa|tor, der; -s, ...oren: Farbstoff, der Filme ↑desensibilisiert (2)

de|sen|si|bi|li|sie|ren: **1.** (Med.) unempfindlich machen. **2.** (Fotogr.) Filme mithilfe von ↑Desensibilisatoren weniger lichtempfindlich machen

De|sen|si|bi|li|sie|rung vgl. Desensibilisation

De|ser|teur [dezɛrˈtøːɐ̯], der; -s, -e ‹*lat.-frz.*›: Fahnenflüchtiger, Überläufer. **De|ser|teu|rin** [...ˈtøːrin], die; -, -nen: weibliche Form zu ↑Deserteur. **de|ser|tie|ren:** fahnenflüchtig werden; zur Gegenseite überlaufen

De|ser|ti|fi|ka|ti|on, die; -, -en ‹*lat.-nlat.*›: Vordringen der Wüste in bisher noch von Menschen genutzte Räume aufgrund einer zu starken Nutzung der Wüstenrandgebiete durch den Menschen

De|ser|ti|on, die; -, -en ‹*lat.-frz.*›: Fahnenflucht

Dés|ha|bil|lé [dezabiˈjeː], das; -[s], -s ‹*lat.-frz.*›: (bes. im 18. Jh.) elegantes Haus- u. Morgenkleid

de|si|de|ra|bel ‹*lat.*› (geh.): wünschenswert

de|si|de|rat ‹*lat.;* »erwünscht«›: eine Lücke füllend, einem Mangel abhelfend; dringend nötig. **De|si|de|rat,** das; -s, ...ta ‹»Gewünschtes«›: **1.** vermisstes u. zur Anschaffung in Bibliotheken vorgeschlagenes Buch. **2.** etw., was fehlt, was nötig gebraucht wird; Erwünschtes

De|si|de|ra|ti|vum, das; -s, ...va: Verb, das einen Wunsch ausdrückt (z. B. *lat.* scripturio »ich will gern schreiben«)

De|si|de|ra|tum, das; -s, ...ta: ↑Desiderat

De|si|de|ri|um, das; -s, ...ien u. ...ia: **1.** Wunsch, Forderung, Verlangen. **2.** (meist Plural) Desiderat (1)

De|sign [diˈzaɪ̯n], das; -s, -s ‹*lat.-frz.-engl.*›: formgerechte u. funktionale Gestaltgebung u. daraus sich ergebende Form eines Gebrauchsgegenstandes o. Ä.; Entwurf[szeichnung]

De|si|g|nat, das; -[e]s, -e ‹*lat.*› (Sprachwiss., Logik): das durch eine Bezeichnung (einen bezeichnenden Ausdruck, einen ↑Designator, einen ↑Signifikanten) Bezeichnete (das seinerseits [sprachlicher] Inhalt, Klasse od. Gegenstand ist)

De|si|g|na|ti|on, die; -, -en ‹*lat.*›: **1.** Bestimmung, Bezeichnung. **2.** vorläufige Ernennung

De|si|g|na|tor, der; -s, ...oren: (Sprachwiss., Logik) Bezeichnung, bezeichnender Ausdruck für ein Bezeichnetes (↑Designat, ↑Signifikat)

de|si|g|na|tus: im Voraus ernannt, vorgesehen (Abk.: des.)

de|si|g|nen [diˈzaɪ̯nən] ‹*lat.-frz.-engl.*›: das Design von Gebrauchs- und Verbrauchsgütern entwerfen, gestalten

De|si|g|ner [diˈzaɪ̯nɐ], der; -s, -: Formgestalter für Gebrauchs- u. Verbrauchsgüter

De|si|g|ner|ba|by, das; -s, -s (ugs.): aus einem künstlich gezeugten u. nach genetischen Merkmalen ausgewählten Embryo entstandenes Kind

De|si|g|ner|dro|ge, die; -, -n: [in Abwandlung einer bekannten Droge] synthetisch hergestelltes, neuartiges Rauschmittel

De|si|g|ner|food [...fuːd], das; -[s], -s: **1.** ↑Novel Food. **2.** für bestimmte Konsumenten speziell entwickelte [neue] Nahrungsmittel

De|si|g|ne|rin [diˈzaɪ̯nə...], die; -, -nen: weibliche Form zu ↑Designer

De|si|g|ner|mo|de: von Modedesignern entworfene Kleidung

de|si|g|nie|ren ‹*lat.*›: bestimmen, bezeichnen; für ein [noch nicht besetztes] Amt vorsehen

de|signt [diˈzaɪ̯nt] ‹*lat.-frz.-engl.*›: entworfen, gestaltet (von Gebrauchsgütern)

Des|il|lu|si|on, die; -, -en ‹*lat.-frz.*›: **1.** (ohne Plural) Enttäuschung, Ernüchterung. **2.** enttäuschendes Erlebnis; Erfahrung, die eine Hoffnung zerstört. **des|il|lu|si|o|nie|ren:** enttäuschen, ernüchtern

Des|il|lu|si|o|nis|mus, der; - ‹*lat.-frz.-nlat.*›: Hang zu illusionsloser, schonungslos nüchterner Betrachtung der Wirklichkeit

Des|in|dus|t|ri|a|li|sie|rung, die; -, -en: vgl. Deindustrialisierung

Des|in|fek|ti|on, die; -, -en ‹*nlat.*›: **1.** Abtötung von Erregern ansteckender Krankheiten durch physikalische od. chemische Verfahren bzw. Mittel. **2.** (ohne Plural) Zustand, in dem sich etwas nach dem Desinfizieren befindet

Des|in|fek|tor, der; -s, ...oren: **1.** Fachmann für Desinfektionen. **2.** Gerät zur Desinfizierung von Kleidungsstücken u. Ä.. **Des|in|fek|to|rin,** die; -, -nen: weibliche Form zu ↑Desinfektor (1)

des|in|fi|zie|ren: von Krankheitserregern befreien, entkeimen, entseuchen

Des|in|fi|zie|rung, die; -, -en: ↑Desinfektion (1); vgl. ...ation/...ierung

Des|in|for|ma|ti|on, die; -, -en ‹*nlat.*›: bewusst falsche Information

Des|in|te|g|ra|ti|on, die; -, -en ‹*nlat.*›: **1.** Spaltung, Auflösung eines Ganzen in seine Teile (Ggs.: Integration [2]). **2.** (ohne Plural) Zustand, in dem sich etwas nach der Auflösung o. Ä. befindet; vgl. ...ation/...ierung (Ggs.: Integration [3])

Des|in|te|g|ra|tor, der; -s, ...oren: Maschine, die nicht faserige Materialien zerkleinert

des|in|te|g|rie|rend: nicht unbedingt notwendig, nicht wesentlich. **Des|in|te|g|rie|rung,** die; -, -en: ↑Desintegration (1); vgl. ...ation/...ierung (Ggs.: Integrierung)

Des|in|te|r|es|se, das; -s ⟨*lat.-frz.*⟩: Unbeteiligtsein, innere Unbeteiligtheit, Gleichgültigkeit gegenüber jmdm./etwas (Ggs.: Interesse [1])

des|in|te|r|es|siert: an etwas nicht interessiert; uninteressiert (Ggs.: interessiert)

Des|in|ves|ti|ti|on, die; -, -en ⟨*lat.-nlat.*⟩: Verringerung des Bestandes an Gütern für späteren Bedarf; ↑Devestition (Ggs.: Investition [2])

Des|in|vest|ment, das; -s, -s ⟨*lat.-engl.*⟩: ↑Desinvestition

Des|in|vol|ture [dezɛ̃vɔl'ty:ɐ̯], die; - ⟨*lat.-frz.*⟩: ungezwungene Haltung, Ungeniertheit [im Stil]

de|sis|tie|ren ⟨*lat.*⟩ (veraltet): von etwas absehen (Ggs.: insistieren)

Des|ja|ti|ne, die; -, -n ⟨*russ.*⟩: alte russische Flächeneinheit (entspricht ungefähr einem Hektar)

Desk|re|search ['dɛskrisœ:ɐ̯tʃ], das; -[s], auch die; - ⟨*engl.;* »Schreibtischforschung«⟩ (Soziol., Statistik): Auswertung statistischen Materials zum Zweck der Markt- u. Meinungsforschung (Ggs.: Fieldresearch)

de|s|k|ri|bie|ren ⟨*lat.*⟩: beschreiben

De|skrip|ti|on, die; -, -en: Beschreibung

de|skrip|tiv: beschreibend (Ggs.: präskriptiv)

De|skrip|ti|vis|mus, der; -: Richtung der modernen Sprachwissenschaft, die nicht von abstrakten Theorien, sondern beschreibend von der konkreten Sprache ausgeht. **de|skrip|ti|vis|tisch:** nach Art, nach der Methode des Deskriptivismus

De|skrip|tor, der; -s, ...oren: Kenn- od. Schlüsselwort, durch das der Inhalt einer Information charakterisiert wird u. das zur Bestimmung von ↑Daten im Speicher eines ↑Computers dient

Desk|top, der; -s, -s ⟨*engl.*⟩ (EDV): **1.** sichtbarer Hintergrund des Fenster- u. Symbolsystems bei Betriebssystemen mit grafischer Benutzeroberfläche. **2.** Mikrocomputer

Desk|top-Pu|b|li|shing, Desk|top-pu|b|li|shing [...pablɪʃɪŋ], das; -[s] ⟨*engl.*⟩ (EDV): Erstellung von Satz u. Layout mithilfe eines PC (Abk.: DTP)

Des|min, der; -s, -e ⟨*gr.-nlat.*⟩: meist weißes, auch gelblich rötliches Mineral aus der Gruppe der ↑Zeolithe

Des|mi|tis, die; -, ...itiden (Med.): Sehnen- od. Bänderentzündung

Des|mo|dont, das; -s (Med.): Wurzelhaut [des Zahnes]

Des|mo|id, das; -s, -e (Med.): [selten vorkommender] Tumor, der sich an den Muskelfaszien bildet u. zu den niedrig malignen Sarkomen gehört

Des|mo|la|se, die; -, -n (Chemie): veraltete Bez. für ein Enzym, das die Bindung zwischen zwei Kohlenstoffatomen einer C-Kette aufspaltet

Des|mo|lo|gie, die; - (Psychoanalyse): Lehre von der Bedeutung der Antriebshemmung für die Entstehung neurotischen Fehlverhaltens

De|s|o|do|rant, das; -s, -s (auch: -e): ↑Deodorant

de|s|o|do|rie|ren: schlechten, unangenehmen [Körper]geruch beseitigen od. überdecken. **De|s|o|do|rie|rung,** die; -, -en: Beseitigung, Milderung, Überdeckung unangenehmen [Körper]geruchs

de|s|o|do|ri|sie|ren vgl. desodorieren. **De|s|o|do|ri|sie|rung,** die; -, -en: ↑Desodorierung

de|so|lat ⟨*lat.*⟩: **1.** trostlos, traurig (in Bezug auf einen Zustand, in dem sich etwas befindet). **2.** vereinsamt

De|s|or|dre [de'zɔrdr(ə)], der; -s, -s ⟨*lat.-frz.*⟩: Unordnung, Verwirrung

Des|or|ga|ni|sa|ti|on, die; -, -en ⟨*frz.*⟩: **1.** Auflösung, Zerrüttung. **2.** fehlende, mangelhafte Planung; Unordnung; vgl. ...ation/...ierung. **des|or|ga|ni|sie|ren:** etwas zerstören, zerrütten, auflösen. **Des|or|ga|ni|sie|rung,** die; -, -en: ↑Desorganisation; vgl. ...ation/...ierung

des|o|ri|en|tiert ⟨*frz.*⟩: **1.** nicht od. falsch unterrichtet, nicht im Bilde. **2.** (Psychol.) im normalen Empfinden zu Zeit, Ort u. Person gestört; orientierungsunfähig, verwirrt. **Des|ori|en|tie|rung,** die; -: **1.** falsche Orientierung. **2.** (Med.) kognitive Leistungsschwäche des Gehirns (kann die räumliche, zeitliche, situative Orientierung od. die zur eigenen Person betreffen)

Des|or|na|men|ta|do|stil, der; -[e]s ⟨*lat.-span.; lat.*⟩ (Archit.): spanischer Baustil der Renaissance von geometrischer Strenge

De|sorp|ti|on, die; -, -en ⟨*lat.-nlat.*⟩: **1.** (Physik) das Austreiben eines ↑adsorbierten od ↑absorbierten Stoffes. **2.** (Chemie) das Entweichen ↑adsorbierter Gase

Des|oxi|da|ti|on, Desoxydation, die; -, -en ⟨*nlat.*⟩ (Chemie): Entzug von Sauerstoff aus einer chemischen Verbindung; vgl. Oxidation (1). **des|oxi|die|ren,** desoxydieren (Chemie): einer chemischen Verbindung Sauerstoff entziehen; vgl. oxidieren

Des|oxy|ri|bo|nu|k|le|in|säu|re, die; - (Biochemie): in allen Lebewesen vorhandene Nukleinsäure, die als Träger der Erbinformation die stoffliche Substanz der Gene darstellt (Abk.: DNA, DNS)

Des|oxy|ri|bo|se, die; -: in der ↑Desoxyribonukleinsäure enthaltener Zucker

De|so|zi|a|li|sa|ti|on, die; - ⟨*lat.-nlat.*⟩ (Soziol.): Abbau od. Verlust sozialer Kontakte (z. B. im Alter)

de|s|pek|tie|ren ⟨*lat.*⟩ (geh. selten): jmdn. gering schätzen, verachten. **de|s|pek|tier|lich:** geringschätzig, abschätzig, abfällig

De|s|pe|ra|do, der; -s, -s ⟨*lat.-span.-engl.;* »Verzweifelter«⟩: **1.** zu jeder Verzweiflungstat entschlossener politischer Abenteurer. **2.** Bandit (bes. im Wilden Westen Amerikas)

de|s|pe|rat ⟨*lat.*⟩: verzweifelt, hoffnungslos. **De|s|pe|ra|ti|on,** die; -, -en: Verzweiflung

Des|pot, der; -en, -en ⟨*gr.*⟩: **1.** Gewaltherrscher. **2.** herrischer Mensch, Tyrann

Des|po|tie, die; -, ...ien: Gewalt-, Willkürherrschaft

Des|po|tin, die; -, -nen: weibliche Form zu ↑Despot

des|po|tisch: **1.** rücksichtslos, herrisch. **2.** willkürlich, tyrannisch

des|po|ti|sie|ren: jmdn. gewalttätig behandeln, willkürlich vorgehen gegen jmdn.

Des|po|tis|mus, der; - ‹*gr.-nlat.*›: System der Gewaltherrschaft

Des|qua|ma|ti|on, die; -, -en ‹*lat.-nlat.;* »Abschuppung«›: **a)** (Geol.) schuppen- od. schalenförmiges Abspringen von Teilchen der Gesteinsoberfläche, bes. bei Massengesteinen wie Granit; **b)** (Biol., Med.) Abstoßung von abgestorbenen, verhornten Hautschichten bei Säugetieren u. beim Menschen; **c)** (Med.) Abstoßung der Gebärmutterschleimhaut bei der ↑Menstruation

Des|sert [dɛˈseːɐ̯, dɛˈsɛːɐ̯, auch: dɛˈsɛrt], das; -s, -s ‹*lat.-frz.*›: Nachtisch, Nachspeise

Des|sert|wein, der; -[e]s, -e: Wein mit hohem Alkohol- u. Zuckergehalt; Süßwein, Südwein

Des|sin [dɛˈsɛ̃ː], das; -s, -s ‹*lat.-it.-frz.*›: **1.** Plan, Zeichnung, [Web]muster. **2.** Weg des gestoßenen Balls beim ↑Billard

Des|si|na|teur [dɛsinaˈtøːɐ̯], der; -s, -e: Musterzeichner [im Textilgewerbe]; vgl. Designer. **Des|si|na|teu|rin** [...ˈtøːɐ̯rin], die; -, -nen: weibliche Form zu ↑Dessinateur

des|si|nie|ren: Muster entwerfen, zeichnen. **des|si|niert:** gemustert. **Des|si|nie|rung,** die; -, -en: Muster, Musterung

Des|sous [dɛˈsuː], das; - [dɛˈsuː(s)], - [dɛˈsuːs] (meist Plural) ‹*lat.-frz.*›: Damenunterwäsche

de|sta|bi|li|sie|ren ‹*lat.-engl.*›: instabil machen, der Stabilität berauben. **De|sta|bi|li|sie|rung,** die; -, -en: das Destabilisieren; das Destabilisiertwerden

De|s|til|lat, das; -[e]s, -e ‹*lat.*›: Produkt einer ↑Destillation (1)

De|s|til|la|teur [...ˈtøːɐ̯], der; -s, -e ‹*lat.-frz.*›: **1.** Branntweinbrenner. **2.** Gastwirt, der Branntwein ausschenkt. **De|s|til|la|teu|rin** [...ˈtøːrɪn], die; -, -nen: weibliche Form zu ↑Destillateur

De|s|til|la|ti|on, die; -, -en ‹*lat.*›: **1.** Reinigung u. Trennung meist flüssiger Stoffe durch Verdampfung u. anschließende Wiederverflüssigung. **2.** Branntweinbrennerei. **3.** kleine Schankwirtschaft

de|s|til|la|tiv ‹*lat.-nlat.*›: durch Destillation bewirkt, gewonnen

De|s|til|la|tor, der; -s, ...oren: Apparat zum Destillieren

De|s|til|le, die; -, -n (ugs.): **1.** [kleinere] Gastwirtschaft, in der Branntwein ausgeschenkt wird. **2.** Brennerei, die Branntwein herstellt

De|s|til|le|rie, die; -, ...ien ‹*lat.; frz.*›: [Branntwein]brennerei

de|s|til|lie|ren ‹*lat.*›: eine Destillation (1) durchführen

De|s|ti|na|tar ‹*lat.-nlat.*›, **De|s|ti|na|tär** ‹*lat.-frz.*› der; -s, -e: **1.** die durch eine Stiftung begünstigte Person. **2.** Empfänger von Frachten, bes. im Seefrachtverkehr. **3.** diejenige [natürliche od. juristische] Person, der [vom Gesetzgeber her] die Steuerlast zugedacht ist. **De|s|ti|na|ta|rin,** die; -, -nen: weibliche Form zu ↑Destinatar

De|s|ti|na|ti|on, die; -, -en ‹*lat.*›: Bestimmung, Endzweck

de|s|ti|tu|ie|ren ‹*lat.*› (veraltet): absetzen. **De|s|ti|tu|ti|on,** die; -, -en (veraltet): Absetzung von einem Posten; Amtsenthebung

Des|to|se, die; - ‹Kunstw.›: aus rohem Stärkesirup gewonnener Süßstoff

des|t|ra ma|no vgl. mano destra

de|s|t|ru|ie|ren ‹*lat.*›: zerstören. **De|s|t|ruk|ti|on,** die; -, -en: **1.** Zerstörung. **2.** (Geol.) Abtragung der Erdoberfläche durch Verwitterung

De|s|t|ruk|ti|ons|trieb, der; -[e]s (Psychol.): auf Zerstörung gerichteter Trieb

de|s|t|ruk|tiv: 1. zersetzend, zerstörend. **2.** (Med.) bösartig, zum Zerfall [von Geweben] führend. **De|s|t|ruk|ti|vi|tät,** die; -: das Destruktivsein, destruktive Art, Anlage

de|sul|to|risch ‹*lat.*› (veraltet): sprunghaft, unbeständig

de|s|zen|dent ‹*lat.*›: **1.** absteigend, absinkend. **2.** (Geol.) nach unten sinkend (von Wasser od. wässrigen Lösungen) (Ggs.: aszendent); **deszendente Lagerstätten:** Erzlagerstätten, die sich aus nach unten gesickerten Lösungen gebildet haben

De|s|zen|dent, der; -en, -en (Ggs.: Aszendent): **1.** Nachkomme, Abkömmling. **2.** (Astron.) **a)** Gestirn im Untergang; **b)** Untergangspunkt eines Gestirns. **3.** (Astrol.) der im Augenblick der Geburt am Westhorizont absteigende Punkt der ↑Ekliptik

De|s|zen|denz, die; -, -en ‹*lat.-mlat.*›: **1.** (ohne Plural) Nachkommenschaft; Verwandtschaft in absteigender Linie. **2.** Untergang eines Gestirns; Ggs. ↑Aszendenz

De|s|zen|denz|the|o|rie, die; -, -n: Abstammungstheorie, nach der die höheren Lebewesen aus niederen hervorgegangen sind

de|s|zen|die|ren ‹*lat.*›: absteigen, absinken (z. B. von Gestirnen, von Wasser); vgl. deszendent. **de|s|zen|die|rend:** ↑deszendent

De|s|zen|sus, der; -, - [...zuːs] ‹*lat.;* »das Herabsteigen«›: **1.** (Biol.) Verlagerung der Keimdrüsen von Säugetieren im Laufe der embryonalen od. fetalen Entwicklung nach unten bzw. hinten. **2.** (Med.) das Absinken eines Organs infolge Bindegewebsschwäche

dé|ta|ché [detaˈʃeː] ‹*frz.*› (Musik): kurz, kräftig, zwischen Auf- u. Abstrich abgesetzt (vom Bogenstrich bei Streichinstrumenten). **Dé|ta|ché,** das; -s, -s (Musik): kurzer, kräftiger, zwischen Auf- u. Abstrich abgesetzter Bogenstrich

De|ta|che|ment [detaʃ(ə)ˈmɑ̃ː, schweiz. auch: ...ˈmɛnt], das; -s, -s u. schweiz. -e: **1.** (Militär veraltet) für besondere Aufgaben abkommandierte Truppenabteilung. **2.** [auf Absonderung bedachte] kühle Distanzhaltung

¹**De|ta|cheur** [...ˈʃøːɐ̯], der; -s, -e ‹*frz.*›: Müllereimaschine, die die im Walzenstuhl entstandenen Mehlplättchen zu Mehl zerkleinert

²**De|ta|cheur** [...ˈʃøːɐ̯], der; -s, -e ‹*frz.*› (veraltend): Fachmann auf dem Gebiet der Fleckenentfernung. **De|ta|cheu|rin** [...ˈʃøːrɪn], die; -, -nen: weibliche Form zu ↑²Detacheur

¹**de|ta|chie|ren** [...ˈʃiːrən] ‹*frz.*›: von Flecken reinigen

²**de|ta|chie|ren** ‹*frz.*›: **1.** (Militär veraltet) eine Truppenabteilung für besondere Aufgaben abkommandieren. **2.** (Technik) das Mahlgut zerbröckeln; vgl. ¹Detacheur

de|ta|chiert ‹*frz.*›: sachlich-kühl, losgelöst von persönlicher Anteilnahme
De|ta|chur [...ˈʃuːɐ̯], die; -, -en ‹*frz.*›: chemische Fleckenbeseitigung aus Geweben
De|tail [deˈtaɪ̯, auch: deˈtaːj], das; -s, -s ‹*lat.-frz.*›: Einzelheit, Einzelteil, Einzelding
De|tail|han|del, der; -s (schweiz., sonst veraltet): Klein-, Einzelhandel
de|tail|lie|ren [...ˈjiː...]: **1.** im Einzelnen darlegen. **2.** eine Ware in kleinen Mengen verkaufen. **de|tail|liert:** in allen Einzelheiten, in die Einzelheiten gehend, genau
De|tail|list [detaɪ̯ˈlɪst, auch: ...ˈjɪst], der; -en, -en (schweiz., sonst veraltet): Einzelhandelsunternehmer. **De|tail|lis|tin,** die; -, -nen: weibliche Form zu ↑Detaillist
De|tek|tei, die; -, -en ‹*lat.*›: Detektivbüro, Ermittlungsbüro
de|tek|tie|ren ‹*engl.*› (Fachspr.): [durch, mithilfe von Detektoren] erkennen, feststellen, anzeigen, registrieren
De|tek|ti|on, die; -, -en ‹*lat.; engl.*›: Feststellung, die auf intensiver Forschung, Prüfung o. Ä. beruht
De|tek|tiv, der; -s, -e ‹*lat.-engl.*›: **1.** Privatperson [mit polizeilicher Lizenz], die berufsmäßig Ermittlungen aller Art anstellt. **2.** Geheimpolizist, Ermittlungsbeamter. **De|tek|ti|vin,** die; -, -nen: weibliche Form zu ↑Detektiv. **de|tek|ti|visch:** in der Art eines Detektivs, einem Detektiv eigen
De|tek|tor, der; -s, ...oren: **1.** Gerät zum Nachweis od. Anzeigen nicht unmittelbar zugänglicher bzw. wahrnehmbarer Stoffe od. Vorgänge. **2.** (Funkw.) Hochfrequenzgleichrichter, ↑Demodulator
Dé|tente [deˈtãːt], die; - ‹*lat.-frz.*›: Entspannung zwischen Staaten
De|ten|ti|on, die; -, -en ‹*lat.*›: **1.** (röm. Recht) Besitz einer Sache ohne Rechtsschutz. **2.** (veraltet) Haft, Gewahrsam
De|ter|gens, das; -, ...gentia u. ...genzien (meist Plural) ‹*lat.*›: **1.** (Med.) reinigendes, desinfizierendes Mittel. **2.** ‹*lat.-engl.*›: seifenfreies, hautschonendes Wasch-, Reinigungs- u. Spülmittel; in Waschmitteln o. Ä. enthaltener Stoff, der die Oberflächenspannung des Wassers herabsetzt
De|ter|gen|tia, De|ter|gen|zi|en: *Plural* von ↑Detergens
De|te|ri|o|ra|ti|on, die; -, -en ‹*lat.-frz.;* »Verschlechterung«› (Rechtswiss.): Wertminderung einer Sache; vgl. ...ation/...ierung
De|te|ri|o|ra|ti|vum, das; -s, ...va ‹*lat.-nlat.*›: ↑Pejorativum
de|te|ri|o|rie|ren ‹*lat.-frz.;* »verschlechtern«› (Rechtswiss.): im Wert mindern. **De|te|ri|o|rie|rung,** die; -, -en: ↑Deterioration; vgl. ...ation/...ierung
De|ter|mi|nan|te, die; -, -n ‹*lat.;* »abgrenzend, bestimmend«›: **1.** bestimmender Faktor. **2.** Rechenausdruck in der Algebra zur Lösung eines Gleichungssystems. **3.** (Biol. veraltet) im Aufbau u. in der chemischen Zusammensetzung noch nicht näher bestimmbarer Faktor der Keimentwicklung, der für die Vererbung u. Entwicklung bestimmend ist
De|ter|mi|na|ti|on, die; -, -en ‹*lat.;* »Abgrenzung«›: **1.** (Philos.) Bestimmung eines Begriffs durch einen nächstuntergeordneten, engeren. **2.** (Entwicklungsphysiologie) das Festgelegtsein eines Teils des Keims für die Ausbildung eines bestimmten Organs. **3.** Bestimmung, Zuordnung. **4.** (Psychol.) das Bedingtsein aller psychischen Phänomene durch äußere (z. B. soziale) od. innerseelische (z. B. Motivation) Gegebenheiten
de|ter|mi|na|tiv ‹*lat.-nlat.*›: **1.** bestimmend, begrenzend, festlegend. **2.** entschieden, entschlossen. **De|ter|mi|na|tiv,** das; -s, -e: **1.** Zeichen in der ägyptischen u. sumerischen Bilderschrift, das die Zugehörigkeit eines Begriffs zu einer bestimmten Kategorie festlegt. **2.** (Sprachwiss.) sprachliches Element als Weiterbildung od. Erweiterung der Wurzel eines indogermanischen Wortes ohne [wesentlichen] Bedeutungsunterschied (z. B. *m* bei Hel*m*, Qual*m*) (Ggs.: Formans). **3.** besondere Art des Demonstrativpronomens (z. B. dasjenige, dieselbe)
De|ter|mi|na|tiv|kom|po|si|tum, das; -s, ...ta (Sprachwiss.): Zusammensetzung, bei der das erste Glied das zweite näher bestimmt (z. B. Kartoffelsuppe = Suppe aus Kartoffeln)
De|ter|mi|na|ti|vum, das; -s, ...va: ↑Determinativ
de|ter|mi|nie|ren ‹*lat.*›: **1.** begrenzen; abgrenzen. **2.** bestimmen; entscheiden
De|ter|mi|niert|heit, die; - (Philos.): Bestimmtheit, Abhängigkeit des (unfreien) Willens von inneren od. äußeren Ursachen
De|ter|mi|nis|mus, der; - ‹*lat.-nlat.*›: **1.** Lehre von der kausalen [Vor]bestimmtheit allen Geschehens. **2.** (Ethik) die der Willensfreiheit widersprechende Lehre von der Bestimmung des Willens durch innere od. äußere Ursachen (Ggs.: Indeterminismus). **De|ter|mi|nist,** der; -en, -en: Vertreter des Determinismus. **De|ter|mi|nis|tin,** die; -, -nen: weibliche Form zu ↑Determinist. **de|ter|mi|nis|tisch:** den Determinismus betreffend; [Willens]freiheit verneinend
De|ter|mi|no|lo|gi|sie|rung, die; -, -en (Sprachwiss.): Übergang des fachsprachlichen Wortgutes in die Gemeinsprache
de|tes|ta|bel ‹*lat.-frz.*› (veraltet): verabscheuungswürdig
de|tes|tie|ren (veraltet): verabscheuen, verwünschen
¹De|to|na|ti|on, die; -, -en ‹*lat.-frz.*›: stoßartig erfolgende, extrem schnelle chemische Reaktion von explosiven Gas- bzw. Dampfgemischen od. brisanten Sprengstoffen mit starker Gasentwicklung
²De|to|na|ti|on, die; -, -en ‹*gr.-lat.-frz.*› (Musik): unreines Singen od. Spielen
De|to|na|tor, der; -s, ...oren ‹*lat.-nlat.*›: Hilfsmittel zur Übertragung der Zündung vom Zündmittel auf die Sprengladung eines Geschosses
¹de|to|nie|ren ‹*lat.-frz.*›: knallen, explodieren
²de|to|nie|ren ‹*gr.-lat.-frz.*› (Musik): unrein singen od. spielen
De|tox [ˈdiː...] ‹*gr.-lat.-engl.*›: durch spezielle Ernährung, durch Abstinenz o. Ä. bewirkte Befreiung des Körpers od. der Seele von [gesundheits]schädli-

chen Substanzen od. Einflüssen

De|trak|ti|on, die; -, -en ‹*lat.*› (Geol.): das Ausheben größerer Gesteins- od. Bodenpartien aus dem Untergrund eines Gletschers durch das Eis

De|t|ri|ment, das; -[e]s, -e ‹*lat.*› (veraltet): Schaden, Nachteil

de|t|ri|to|gen ‹*lat.; gr.*› (Geol.): durch ↑organischen (1) Detritus (2) entstanden (von Kalkbänken u. Kalkablagerungen in Rifflücken)

De|t|ri|tus, der; - ‹*lat.;* »das Abreiben«›: **1.** (Geol.) zerriebenes Gesteinsmaterial, Gesteinsschutt. **2.** (Biol.) Schwebe- u. Sinkstoffe in den Gewässern, deren Hauptanteil abgestorbene ↑Mikroorganismen bilden. **3.** (Med.) Überrest zerfallener Zellen od. Gewebe

det|to ‹*it.*› (bayr., österr.): dito

De|tu|mes|zenz, die; - ‹*lat.-nlat.*› (Med.): Abschwellung, Abnahme einer Geschwulst

De|tu|mes|zenz|trieb, der; -[e]s (Med.): Drang zur geschlechtlichen Befriedigung (eine Teilkomponente des Sexualtriebs)

Deuce [dju:s], das; - ‹*engl.*› (Tennis): Einstand

De|us abs|con|di|tus, der; - - ‹*lat.;* »der verborgene Gott«› (Rel.): trotz Offenbarung letztlich unerkennbarer Gott

De|us ex Ma|chi|na [- - 'maxina], der; - - - ‹»der Gott aus der [Theater]maschine« (im altgriechischen Theater schwebten die Götter an einer kranähnlichen Maschine auf die Bühne)›: unerwarteter Helfer aus einer Notlage; überraschende, in keinem unmittelbaren Zusammenhang stehende Lösung einer Schwierigkeit

Deu|te|r|a|go|nist, der; -en, -en ‹*gr.*›: zweiter Schauspieler auf der altgriechischen Bühne; vgl. Protagonist, Tritagonist

Deu|ter|ano|ma|lie, Deuteroanomalie, die; -, ...ien (Med.): angeborene Farbsehschwäche für die Farbe Grün

Deu|te|r|a|n|o|pie, Deuteroanopie, die; -, ...ien ‹*gr.-nlat.*› (Med.): Grünblindheit

Deu|te|ri|um, das; -s: schwerer Wasserstoff, Wasserstoffisotop (Zeichen: D); vgl. Isotop

Deu|te|ri|um|oxid, Deu|te|ri|umoxyd, das; -s: schweres Wasser

Deu|te|ro|ano|ma|lie vgl. Deuteranomalie

Deu|te|ro|a|n|o|pie vgl. Deuteranopie

Deu|te|ro|je|sa|ja, der; -: unbekannter, der Zeit des babylonischen Exils angehörender Verfasser von Jesaja 40–50; vgl. Tritojesaja

Deu|te|ron, das; -s, ...onen: aus einem ↑Proton u. einem ↑Neutron bestehender Atomkern des Deuteriums (Abk.: d)

deu|te|ro|no|misch ‹*gr.-lat.*›: zum 5. Buch Mose gehörend

Deu|te|ro|no|mist, der; -en ‹*gr.-lat.-nlat.*› (Rel.): Verfasser des Deuteronomiums u. Bearbeiter der alttestamentlichen Geschichtsbücher

Deu|te|ro|no|mi|um, das; -s ‹*gr.-lat.;* »zweite Gesetzgebung«›: das 5. Buch Mose

Deu|te|ro|s|to|mi|er, der; -s, - (meist Plural) ‹*gr.-nlat.*› (Zool.): systematische zusammenfassende Bez. der Tierstämme, bei denen sich der bleibende Mund neu bildet u. der Urmund zum After wird

Deu|to|plas|ma, das; -s, ...men (Biol.): im ↑Protoplasma der Zelle vorhandene Reservestoffe (z. B. der Dotter der Eizelle)

Deut|zie [...i̯ə], die; -, -n ‹*nlat.;* nach dem Holländer J. van der Deutz›: zur Gattung der Steinbrechgewächse gehörender Zierstrauch aus Ostasien

Deux|pi|èces, Deux-Pi|èces [dø'pi̯ɛ:s], das; -, - ‹*frz.*›: zweiteiliges Kleid

De|va|lu|a|ti|on, die; -, -en ‹*lat.-engl.*›: Abwertung einer Währung

de|va|lu|ie|ren: **1.** [eine Währung] abwerten. **2.** (Fachspr.) (von Wertgegenständen) entwerten, wertlos machen. **3.** (bildungsspr.) eine Person od. Sache herabsetzen, indem man abschätzig über sie spricht

De|val|va|ti|on, die; -, -en ‹*lat.-nlat.*›: Abwertung einer Währung

de|val|va|to|risch, devalvationistisch: abwertend (bes. in Bezug auf eine Währung)

de|val|vie|ren: [eine Währung] abwerten

De|vas|ta|ti|on, die; -, -en ‹*lat.*›: Verwüstung, Verheerung; vgl. ...ation/...ierung. **de|vas|tie|ren**: zerstören, verwüsten. **De|vastie|rung**, die; -, -en: ↑Devastation; vgl. ...ation/...ierung

De|ve|lo|per [dɪ'vɛləpə], der; -s, - ‹*engl.*› (Fotogr.): **1.** wässrige Lösung zum Entwickeln von Fotografien. **2. a)** (bes. österr.) Fachkraft oder Firma, die für die Konzeption und Erstellung großer Immobilienprojekte zuständig ist; **b)** (bes. EDV) Fachkraft, die ein Computerprogramm entwickelt

De|ver|ba|tiv, das; -s, -e, **De|verba|ti|vum**, das; -s, ...va ‹*lat.-nlat.*› (Sprachwiss.): von einem Verb abgeleitetes Substantiv od. Adjektiv (z. B. *Eroberung* von *erobern, tragbar* von *tragen*)

de|ves|tie|ren ‹*lat.;* »entkleiden«›: die Priesterwürde od. (im Mittelalter) das Lehen entziehen. **De|ves|ti|ti|on**, die; -, -en ‹*lat.-nlat.*›: Desinvestition

De|ves|ti|tur, die; -, -en ‹*lat.-nlat.*›: Entziehung der Priesterwürde od. (im Mittelalter) des Lehens

de|vi|ant ‹*lat.-nlat.*› (Soziol.): von der Norm sozialen Verhaltens, vom Üblichen abweichend. **Devi|anz**, die; -, -en (Soziol.): Abweichung (von der Norm)

De|vi|a|ti|on, die; -, -en: Abweichung. **De|vi|a|ti|o|nist**, der; -en, -en: jmd., der von der vorgezeichneten [Partei]linie abweicht, Abweichler. **De|vi|a|ti|onis|tin**, die; -, -nen: weibliche Form zu ↑Deviationist

de|vi|ie|ren ‹*lat.*› (veraltet): von der [Partei]linie abweichen

De|vi|se, die; -, -n ‹*lat.-vulgärlat.-frz.*›: **1.** Wahl-, Leitspruch. **2.** (meist Plural) **a)** im Ausland zahlbare Zahlungsanweisung in fremder Währung; **b)** ausländisches Zahlungsmittel. **De|visen|ar|bi|t|ra|ge** [...tra:ʒə], die; -, -n: Devisengeschäft unter Ausnutzung unterschiedlicher Devisenkurse an verschiedenen Börsen

de|vi|tal ‹*lat.-nlat.*› (Med.): leblos, abgestorben (z. B. von Zähnen mit abgestorbener ↑Pulpa)

De|vi|ta|li|sa|ti|on, die; -, -en (Med.): gezielte Abtötung der ↑Pulpa. **de|vi|ta|li|sie|ren** (Med.): [die ↑Pulpa] abtöten

De|vo|lu|ti|on, die; -, -en ‹*lat.*-

nlat.): **1.** (Rechtsspr. veraltet) Übergang eines Rechtes od. einer Sache an einen anderen. **2.** (kath. Kirchenrecht) Befugnis einer höheren Stelle, ein von der nachgeordneten Stelle nicht od. fehlerhaft besetztes Amt [neu] zu besetzen

de|vol|vie|ren ‹*lat.*› (Rechtsspr. veraltet): zufallen, übergehen an jmdn. (von einem Recht od. einer Sache)

De|von, das; -[s] ‹*nlat.;* nach der engl. Grafschaft Devonshire› (Geol.): eine ↑Formation (5a) des ↑Paläozoikums. **de|vo|nisch:** das Devon betreffend

de|vo|rie|ren ‹*lat.*› (Med.): verschlucken

de|vot ‹*lat.*›: **1.** unterwürfig, ein übertriebenes Maß an Ergebenheit zeigend. **2.** (veraltet) demütig. **3.** (Jargon verhüll.) bereit, zur Steigerung des Lustgewinns sadistische Handlungen an sich vornehmen zu lassen

De|vo|tio mo|der|na, die; - - ‹»neuartige Frömmigkeit«›: der deutschen Mystik verwandte religiöse Erneuerungsbewegung des 14.–16. Jh.s

De|vo|ti|on, die; -, -en: **1.** Andacht. **2.** Unterwürfigkeit. **de|vo|ti|o|nal** ‹*lat.-nlat.*›: ehrfurchtsvoll

De|vo|ti|o|na|lie, die; -, -n (Rel.): der Andacht dienender Gegenstand (z. B. Rosenkranz, Statue, Kreuz)

De|wa|da|si, die; -, -s ‹*sanskr.;* »Dienerin der Götter«›: Tempeltänzerin; vgl. Bajadere

De|wa|na|ga|ri, die; -: indische Schrift, in der das Sanskrit geschrieben u. gedruckt ist

De|xio|gra|fie, Dexiographie, die; - ‹*gr.-nlat.*›: das Schreiben von links nach rechts. **de|xio|gra|fisch, de|xio|gra|phisch:** von links nach rechts geschrieben

Dex|pan|the|nol, das; -s ‹*lat.; gr.*›: Alkohol der ↑Pantothensäure; bes. in Salben u. Sprays verwendeter Wirkstoff zur Heilung von verletzter u. entzündeter Haut

Dex|t|ran, das; -s ‹Kunstw. aus *lat.* dexter »rechts«›: synthetisches Blutplasma

Dex|t|rin, das; -s, -e: **1.** Stärkegummi, Klebemittel. **2.** (Med., Chemie) ein wasserlösliches Abbauprodukt der Stärke

dex|t|ro|gyr ‹*lat.; gr.*› (Physik, Chemie): die Ebene ↑polarisierten (2 b) Lichts nach rechts drehend (Zeichen: d; Ggs.: lävogyr)

Dex|t|ro|kar|die, die; -, ...ien (Med.): Lage des Herzens in der rechten Brusthöhle

Dex|t|ro|se, die; - ‹Kunstw. aus *lat.* dexter »rechts«›: Traubenzucker

De|zem, der; -s, -s ‹*lat.*› (Geschichte): vom Mittelalter bis ins 19. Jh. die Abgabe des zehnten Teils vom Ertrag eines Grundstücks an die Kirche (Zehnt)

De|zem|ber, der; -[s], -: zwölfter Monat im Jahr (Abk.: Dez.)

De|zem|vir, der; -s u. -n, -n (Geschichte): Mitglied des Dezemvirats

De|zem|vi|rat, das; -[e]s, -e (Geschichte): aus 10 Mitgliedern bestehendes Beamten- od. Priesterkollegium im antiken Rom zur Entlastung der Magistrate

De|zen|ni|um, das; -s, ...ien: Jahrzehnt, Zeitraum von 10 Jahren

de|zent ‹*lat.*›: **a)** vornehm-zurückhaltend, taktvoll, feinfühlig; **b)** unaufdringlich, nicht [als störend] auffallend (Ggs.: indezent)

de|zen|t|ral ‹*lat.-nlat.*›: vom Mittelpunkt entfernt (Ggs.: zentral [a])

De|zen|t|ra|li|sa|ti|on, die; -, -en: **1.** Übertragung von Funktionen u. Aufgaben auf verschiedene [untergeordnete] Stellen (Ggs.: Zentralisation [1]). **2.** (ohne Plural) Zustand, in dem sich etwas nach dem Dezentralisieren befindet; vgl. ...ation/...ierung (Ggs.: Zentralisation [2])

de|zen|t|ra|li|sie|ren: eine Dezentralisation (1) durchführen (Ggs.: zentralisieren). **De|zen|t|ra|li|sie|rung,** die; -, -en: Dezentralisation; vgl. ...ation/...ierung

De|zenz, die; - ‹*lat.*›: **1.** vornehme Zurückhaltung; Unaufdringlichkeit (Ggs.: Indezenz). **2.** unauffällige Eleganz

De|ze|re|b|ra|ti|on, die; -, -en ‹*lat.*›: **1.** (Med.) [durch eine direkte Schädigung bedingte] Abkopplung des Hirnstamms vom ↑Telenzephalon (a); ↑apallisches Syndrom. **2.** Ausschaltung des Großhirns im Tierexperiment.

De|ze|re|b|rie|rung, die; -, -en (Med.): Dezerebration

De|zer|nat, das; -[e]s, -e ‹*lat.;* »es soll entscheiden ...«›: Geschäftsbereich eines Dezernenten

De|zer|nent, der; -en, -en ‹»Entscheidender«›: Sachbearbeiter mit Entscheidungsbefugnis bei Behörden u. Verwaltungen; Leiter eines Dezernats. **De|zer|nen|tin,** die; -, -nen: weibliche Form zu ↑Dezernent

De|zett, das; -[e]s, -e ‹*lat.-it.*› (Musik): Musikstück für zehn Soloinstrumente

De|zi|ar, das; -s, -e (aber: 5 -) ‹*lat.*›: $^1/_{10}$ Ar (Zeichen: da). **De|zi|are,** die; -, -n (schweiz.): Deziar

De|zi|bel, das; -s, -: der 10. Teil des Bel (Zeichen: dB); vgl. Bel

de|zi|die|ren ‹*lat.*›: entscheiden. **de|zi|diert:** entschieden, bestimmt, energisch

De|zi|dua vgl. Decidua

De|zi|gramm, das; -s, -e (aber: 5 -): $^1/_{10}$ Gramm (Zeichen: dg)

De|zi|li|ter, der (auch: das); -s, -: $^1/_{10}$ Liter (Zeichen: dl)

de|zi|mal ‹*lat.-mlat.*›: auf die Grundzahl 10 bezogen

De|zi|mal|bruch, der; -[e]s, ...brüche: ein Bruch, dessen Nenner 10 od. eine ↑Potenz (4) von 10 ist (z. B. $0{,}54 = {}^{54}/_{100}$)

De|zi|ma|le, die; -[n], -n: eine Ziffer der Ziffernfolge, die rechts vom Komma eines Dezimalbruchs steht

de|zi|ma|li|sie|ren: auf das Dezimalsystem umstellen (z. B. eine Währung)

De|zi|mal|klas|si|fi|ka|ti|on, die; -, -en: Ordnungssystem für Karteien, Register u. Ä., das das gesamte Wissensgebiet in 10 Hauptabteilungen einteilt, diese wieder in 10 Unterabteilungen usw. (Abk.: DK)

De|zi|mal|maß, das; -es, -e: Maß, das auf das Dezimalsystem bezogen ist

De|zi|mal|po|tenz, die; -, -en (Med.): die im Verhältnis 1 : 10 fortschreitenden Verdünnungsstufen der homöopathischen Arzneien

De|zi|mal|sys|tem, das; -s (Math.): ↑dekadisches System

De|zi|mal|waa|ge, die; -, -n: eine Waage, bei der die Last zehnmal so schwer ist wie die Gewichtsstücke, die beim Wiegen aufgelegt werden

De|zi|ma|ti|on, die; -, -en ‹*lat.;* »Zehntung«›: **1.** (Geschichte) Hinrichtung jedes zehnten Mannes (ehemaliger Kriegsbrauch). **2.** (veraltet) Erhebung des Zehnten. **3.** das Dezimieren (1), Dezimiertwerden

De|zi|me, die; -, -n ‹*lat.-nlat.*›: **1.** (Musik) ↑Intervall (2) von zehn ↑diatonischen Stufen. **2.** aus zehn Zeilen bestehende [spanische] Strophenform

De|zi|me|ter, der, früher fachspr. auch das; -s, - ‹(*lat.; gr.*) *frz.*›: $^1/_{10}$ Meter (Zeichen: dm)

de|zi|mie|ren ‹*lat.*›: **1.** [durch einen gewaltsamen Eingriff, zerstörerische Einwirkung o. Ä.] in der Anzahl, im Bestand stark vermindern, verringern. **2.** (Geschichte) jeden zehnten Mann mit dem Tod bestrafen. **De|zi|mie|rung**, die; -, -en: das Dezimieren; das Dezimiertwerden

De|zi|si|on, die; -, -en ‹*lat.*› (Rechtswiss.): gesetzliche Entscheidung einer einzelnen strittigen Frage. **De|zi|si|o|nis|mus**, der; -: rechtsphilosophische Anschauung, nach der das als Recht anzusehen ist, was die Gesetzgebung zum Recht erklärt

de|zi|siv ‹*lat.-mlat.-frz.*›: entscheidend, bestimmt

De|zi|siv|stim|me, die; -, -n: [mit]entscheidende Stimme in einer politischen Körperschaft (Ggs.: Deliberativstimme)

De|zi|ster, der; -s, -e u. -s (aber: 5 -) ‹(*lat.; gr.*) *frz.*›: $^1/_{10}$ Ster ($^1/_{10}$ cbm)

Dhar|ma [ˈdarma], das od. der; -[s], -s ‹*sanskr.*›: **1.** (ohne Plural) Gesetz, Lehre (in indischen Religionen u. indischer Philosophie, bes. die ewige Lehre Buddhas). **2.** Grundbestandteil der Welt (z. B. der Raum, das ↑Nirwana)

Dhau vgl. Dau

d'hondtsch [dɔntʃ] ‹nach V. d'Hondt, 1841–1901, Professor der Rechtswissenschaft in Gent›: in der Fügung **d'hondtsches, d'Hondt'sches System:** Berechnungsmodus für die Verteilung der Sitze in Vertretungskörperschaften (z. B. in Parlamenten) bei der Verhältniswahl

Dho|ti [ˈdoːti], der; -[s], -s ‹*Hindi-engl.*›: Lendentuch der Inder

Dia, das; -s, -s ‹*gr.*›: Kurzform von ↑Diapositiv

Di|a|bas, der; -es, -e ‹*gr.-nlat.*›: Grünstein (ein Ergussgestein)

Di|a|be|tes, der; - ‹*gr.-lat.*› (Med.): **a)** Harnruhr; Zuckerkrankheit; **Diabetes insipidus:** angeborene od. erworbene Krankheit, die mit vermehrter Ausscheidung von Urin u. einem starken Durstgefühl verbunden ist; **b)** Kurzform von ↑Diabetes mellitus

Di|a|be|tes mel|li|tus, der; - - ‹*gr.-lat.*› (Med.): Krankheit, für die erhöhter Blutzuckergehalt u. Ausscheidung von Zucker im Urin typisch ist; Zuckerkrankheit

Di|a|be|ti|ker, der; -s, - (Med.): jmd., der an Diabetes erkrankt ist. **Di|a|be|ti|ke|rin**, die; -, -nen: weibliche Form zu ↑Diabetiker

di|a|be|tisch (Med.): zuckerkrank

Di|a|be|to|lo|ge, der; -n, -n: Wissenschaftler, der sich mit der Erforschung der Zuckerkrankheit beschäftigt. **Di|a|be|to|lo|gie**, die; -: wissenschaftliche Erforschung der Zuckerkrankheit. **Di|a|be|to|lo|gin**, die; -, -nen: weibliche Form zu ↑Diabetologe

Di|a|bo|lie, die; - ‹*gr.*›: teuflische Bosheit, abgründiges Bösesein

Di|a|bo|lik, die; - ‹*gr.-lat.*›: teuflisches, boshaftes Wesen

di|a|bo|lisch: teuflisch

Di|a|bo|lo, das; -s, -s ‹*gr.-lat.-it.*›: ein Geschicklichkeitsspiel mit einem Doppelkreisel

Di|a|bo|lus, der; - ‹*gr.-lat.;* »Verleumder«›: der Teufel

Di|a|bon®, das; -s ‹Kunstw.›: säure-, hitze- u. korrosionsbeständiger Werkstoff aus porösem Grafit

Di|a|b|ro|sis, die; - ‹*gr.;* »das Durchfressen«› (Med.): Zerstörung von Organen od. Organteilen (z. B. einer Gefäßwand)

dia|chron [...ˈkroːn] ‹*gr.-nlat.*› (Sprachwiss.): **a)** die Diachronie betreffend; **b)** geschichtlich, entwicklungsmäßig betrachtet (Ggs.: synchron [2 a])

Dia|chro|nie, die; - (Sprachwiss.): Darstellung der geschichtlichen Entwicklung einer Sprache (Ggs.: Synchronie)

dia|chro|nisch: ↑diachron (a) (Ggs.: synchronisch [a])

Di|a|dem, das; -s, -e ‹*gr.-lat.;* »Umgebundenes«›: Stirn- od. Kopfreif aus Edelmetall, meist mit Edelsteinen od. Perlen besetzt

Di|a|do|che, der; -n, -n ‹*gr.;* »Nachfolger«›: **1.** Nachfolger Alexanders des Großen. **2.** um den Vorrang streitende Nachfolger einer bedeutenden, einflussreichen Persönlichkeit

Di|a|do|cho|ki|ne|se, die; -, -n ‹*gr.*› (Med.): Fähigkeit, einander entgegengesetzte Bewegungen rasch hintereinander auszuführen

Dia|fo|nie, Diaphonie, die; -, ...ien ‹*gr.-lat.*›: **1.** Missklang, Dissonanz in der altgriechischen Musik. **2.** ↑Organum (1)

Dia|ge|ne|se, die; -, -n ‹*gr.-nlat.*› (Geol.): nachträgliche Veränderung eines ↑Sediments (1) durch Druck u. Temperatur

Dia|gly|phe, die; -, -n ‹*gr.-nlat.*›: in eine Fläche vertieft geschnittene, gemeißelte od. gestochene Figur. **dia|gly|phisch:** vertieft geschnitten, gemeißelt, gestochen

Di|a|g|no|se, die; -, -n ‹*gr.-frz.;* »unterscheidende Beurteilung, Erkenntnis«›: **1.** (Med., Psychol.) aufgrund genauerer Beobachtungen, Untersuchungen abgegebene Feststellung, Beurteilung über den Zustand, die Beschaffenheit von etwas (z. B. von einer Krankheit). **2.** (Bot., Zool.) zusammenfassende Beschreibung der wichtigsten Merkmale für die Bestimmung der systematischen Stellung einer Pflanzen- od. Tierart (bzw. Gattung, Familie, Ordnung)

Di|a|g|no|se|zen|t|rum, das; -s, ...ren: Klinik, die auf die Früherkennung von Krankheiten u. Organstörungen spezialisiert ist

Di|a|g|nos|tik, die; -, -en (Med., Psychol.): Fähigkeit u. Lehre, Krankheiten zu erkennen. **Di|a|g|nos|ti|ker**, der; -s, -: jmd., der eine Diagnose stellt. **Di|a|g|nos|ti|ke|rin**, die; -, -nen: weibliche Form zu ↑Diagnostiker

Di|a|g|nos|ti|kon, Di|a|g|nos|ti|kum, das; -s, ...ka: Erkennungsmerkmal (bes. einer Krankheit)

Dialekt

In der Schule vermischen sich verschiedene Sprachen und Dialekte.
Mundart, regionale Varietät
- Beide sprachen […] Dialekt.
- in verschiedenen Sprachen [und] Dialekten
- Mischung aus Dialekt und Hochdeutsch mit Akzent

Beide sprachen sächsischen Dialekt.
Besonders die bairischen Dialekte haben es ihm angetan.
Denn Dialekte gibt es in jeder deutschen Region.

Dialektik

Widersprüche sind ja der Motor jeder Dialektik.
Dynamik innerer Gegensätzlichkeit
- der Dialektik […] These [und] Antithese und Synthese
- in der materialistischen Dialektik
- in Grammatik […] Dialektik [und] Rhetorik

Das ist die Dialektik der grünen Aufklärung.
Bravo, Karl Marx – das ist die höchste Form der Dialektik.
Negative Dialektik ist anstrengend und daher nicht sehr beliebt.

di|a|g|nos|tisch: **1.** durch Diagnose festgestellt. **2.** die Diagnose betreffend
di|a|g|nos|ti|zie|ren: eine Krankheit [durch eingehende Untersuchung des Patienten] feststellen
dia|go|nal ‹*gr.-lat.;* »durch die Winkel führend«›: **a)** zwei nicht benachbarte Ecken eines Vielecks verbindend; **b)** schräg, quer verlaufend; **diagonales Lesen:** [oberflächliches] nicht alle Einzelheiten eines Textes beachtendes Lesen, durch das man sich einen allgemeinen Überblick verschafft. **Dia|go|nal,** der; -[s], -s: schräg gestreifter Kleiderstoff in Köperbindung (eine Webart)
Dia|go|na|le, die; -, -n: Gerade, die zwei nicht benachbarte Ecken eines Vielecks miteinander verbindet
Dia|graf, Diagraph, der; -en, -en ‹*gr.-nlat.*›: **1.** Gerät zum Zeichnen von [Schädel]umrissen u. Kurven. **2.** ↑Diphthong
Dia|gramm, das; -s, -e ‹*gr.-lat.*›: **1.** zeichnerische Darstellung von Größenverhältnissen in anschaulicher, leicht überblickbarer Form. **2.** (Bot.) schematische Darstellung von Blütengrundrissen. **3.** Stellungsbild beim Schach. **4.** magisches Zeichen (Drudenfuß); vgl. Pentagramm
Dia|hy|p|o|nym, das; -s, -e: ↑Inkonym
Dia|kaus|tik, die; -, -en ‹*gr.-nlat.*›: die beim Durchgang von ↑parallelem (1) Licht bei einer Linse entstehende Brennfläche (die im Idealfall ein Brennpunkt ist). **dia|kaus|tisch:** auf die Diakaustik bezogen
Di|a|kon, der; -s u. -en, -e[n] ‹*gr.-lat.;* »Diener«›: **1.** katholischer, anglikanischer od. orthodoxer Geistlicher, der um einen Weihegrad unter dem Priester steht. **2.** (ev. Kirche) kirchlicher Amtsträger, der in einer Kirchengemeinde karitative u. soziale Arbeit leistet; vgl. Diakonus
Di|a|ko|nat, das (auch: der); -[e]s, -e: **1. a)** Amt eines Diakons; **b)** Wohnung eines Diakons. **2.** Pflegedienst (in Krankenhäusern)
Di|a|ko|nie®, die; -, …ien: [berufsmäßiger] Dienst an Armen u. Hilfsbedürftigen (Krankenpflege, Gemeindedienst) in der evangelischen Kirche
Di|a|ko|ni|kon, das; -[s], …ka ‹*gr.*›: **1.** der Sakristeiraum der orthodoxen Kirche. **2.** Südtür in der ↑Ikonostase; vgl. Parakonikon
Di|a|ko|nin, die; -, -nen: weibliche Form zu ↑Diakon
di|a|ko|nisch ‹*gr.-mlat.*›: die Diakonie betreffend
Di|a|ko|nis|se, die; -, -n, **Di|a|ko|nis|sin,** die; -, -nen ‹*gr.-lat.*›: in der Diakonie tätige, in Schwesterngemeinschaft lebende Frau
Di|a|ko|nus, der; -, …one[n] ‹*gr.-lat.*› (veraltet): zweiter od. dritter Pfarrer einer evangelischen Gemeinde; Hilfsgeistlicher
Dia|kri|se, Dia|kri|sis, die; -, …isen ‹*gr.;* »Unterscheidung; Entscheidung«› (Med.): **1.** ↑Differenzialdiagnose. **2.** entscheidende Krise einer Krankheit
dia|kri|tisch: unterscheidend; **diakritisches Zeichen:** Zeichen, das die besondere Aussprache eines Buchstabens anzeigt (z. B. die ↑Cedille [ç])
di|ak|tin ‹*gr.-nlat.*› (Med.): Röntgenstrahlen durchlassend
Di|a|lekt, der; -[e]s, -e ‹*gr.-lat.*›: Mundart; örtlich od. landschaftlich begrenzte sprachliche Sonderform; regionale Variante einer Sprache
Dialekt/Dialektik *s. Kasten*

di|a|lek|tal ‹*gr.-lat.-nlat.*›: den Dialekt betreffend, mundartlich
Di|a|lekt|geo|gra|fie, Di|a|lekt|geo|gra|phie, die; -: Mundartforschung, die die geografische Verbreitung von Dialekten u. ihren Sprachformen untersucht
Di|a|lek|tik, die; -, -en ‹*gr.-lat.*›: **1.** innere Gegensätzlichkeit. **2. a)** philosophische Arbeitsmethode, die ihre Ausgangsposition durch gegensätzliche Behauptungen (↑These u. ↑Antithese) infrage stellt u. in der ↑Synthese beider Positionen eine Erkenntnis höherer Art zu gewinnen sucht; **b)** die sich in antagonistischen Widersprüchen bewegende Entwicklung von Geschichte, Ökonomie u. Gesellschaft (dialektischer Materialismus). **3.** die Fähigkeit,

den Diskussionspartner in Rede u. Gegenrede zu überzeugen; vgl. Sophistik (2)

Di|a|lek|ti|ker, der; -s, -: **1.** ein in der Dialektik (3) Erfahrener; jmd., der geschickt zu argumentieren versteht. **2.** ein Vertreter der dialektischen (3) Methode. **Di|a|lek|ti|ke|rin,** die; -, -nen: weibliche Form zu ↑Dialektiker

di|a|lek|tisch: **1.** die Dialektik (1) betreffend, gegensätzlich. **2.** in Gegensätzen, entsprechend der Methode der Dialektik (2a) denkend; **dialektischer Materialismus:** wissenschaftliche Lehre des Marxismus von den allgemeinen Bewegungs-, Entwicklungs- u. Strukturgesetzen der Natur u. der Gesellschaft. **3.** haarspalterisch, spitzfindig. **4.** (veraltet) ↑dialektal

Di|a|lek|tis|mus, der; -, ...men: dialektaler Ausdruck

Di|a|lek|to|lo|ge, der; -n, -n ⟨*gr.-nlat.*⟩: Wissenschaftler auf dem Gebiet der Dialektologie

Di|a|lek|to|lo|gie, die; -, -n: Teilgebiet der Sprachwissenschaft, das sich mit der Erforschung der Mundarten beschäftigt. **Di|a|lek|to|lo|gin,** die; -, -nen: weibliche Form zu ↑Dialektologe. **di|a|lek|to|lo|gisch:** die Dialektologie betreffend

Di|a|ler [ˈdai̯alɐ], der; -s, - ⟨*engl.*⟩ (EDV): Computerprogramm, das eine Telefonverbindung zum Internet od. anderen Netzwerken herstellt

Di|al|lag, der; -s, -e ⟨*gr.-nlat.*⟩: ein Mineral

Di|al|le|le, die; -, -n ⟨*gr.*⟩: sich im Kreis bewegende Art des Denkens; Fehlschluss; vgl. Circulus vitiosus (1)

Di|a|log, der; -[e]s, -e ⟨*gr.-lat.-frz.*⟩: **a)** von zwei Personen abwechselnd geführte Rede u. Gegenrede, Wechselrede (Ggs.: Monolog [b]); **b)** Gespräch, das zwischen zwei Gruppierungen geführt wird, um sich u. die gegenseitigen Standpunkte kennenzulernen

di|a|lo|gisch: in Dialogform

di|a|lo|gi|sie|ren: in Dialogform gestalten

Di|a|lo|gis|mus, der; - ⟨*gr.-lat.-nlat.*⟩ (Rhet., Stilkunde): rhetorische Figur in Form von Fragen, die ein Redner gleichsam im Selbstgespräch an sich selbst richtet u. auch selbst beantwortet

Di|a|lo|gist, der; -en, -en: Bearbeiter der Dialoge im Drehbuch. **Di|a|lo|gis|tin,** die; -, -nen: weibliche Form zu ↑Dialogist

Di|a|log|mar|ke|ting, das; -[s] (Werbespr., Wirtsch.): Absatzförderung durch direkten Kundenkontakt

Dia|ly|pe|ta|le, die; -, -n (meist Plural) ⟨*gr.-nlat.*⟩: Pflanze mit einer in Kelch u. [freiblättrige] Krone gegliederten Blüte

Dia|ly|sat, das; -[e]s, -e: durch ↑Dialyse gewonnener ↑Extrakt (1) aus frischen Pflanzen

Dia|ly|sa|tor, der; -s, ...oren: Gerät zur Durchführung der Dialyse

Dia|ly|se, die; -, -n ⟨*gr.;* »Auflösung, Trennung«⟩ (Med.): **a)** Blutreinigung mittels einer künstlichen Niere; Blutwäsche; **b)** Verfahren zur Trennung niedermolekularer von höhermolekularen Stoffen mittels einer Membran, die nur für Erstere durchlässig ist

Dia|ly|se|ap|pa|rat, der; -[e]s, -e (Med.): Gerät zur Reinigung des Blutes von Giftstoffen, das bei einem Versagen der Nieren deren Funktion übernimmt; künstliche Niere

Dia|ly|se|zen|t|rum, das; -s, ...tren: Spezialklinik, in der Dialysen (a) vorgenommen werden

dia|ly|sie|ren: **1.** (Physik, Chemie) eine Dialyse (b) durchführen. **2.** (Med.) eine Blutwäsche durchführen

dia|ly|tisch: **a)** auf Dialyse beruhend; **b)** auflösend; zerstörend

dia|ma|g|ne|tisch ⟨*gr.-nlat.*⟩: den Diamagnetismus betreffend. **Dia|ma|g|ne|tis|mus,** der; -: **a)** Eigenschaft von Stoffen, deren ↑Moleküle kein magnetisches Moment enthalten; **b)** Wissenschaft von den Eigenschaften diamagnetischer Stoffe

[1]**Di|a|mant,** der; -en, -en ⟨*gr.-lat.-vulgärlat.-frz.;* »Unbezwingbarer«⟩: aus reinem Kohlenstoff bestehender wertvoller Edelstein von sehr großer Härte

[2]**Di|a|mant,** die; - (Druckw.): kleinster Schriftgrad (4 Punkt)

di|a|man|ten: **a)** aus [1]Diamant; **b)** fest wie [1]Diamant; **diamantene Hochzeit:** der 60., mancherorts auch der 75. Jahrestag der Hochzeit

di|a|man|tie|ren (Fachspr.): **1.** mit einem besonderen, hochglänzenden Schliff versehen, der durch rotierende Diamanten zustande kommt. **2.** diamantisieren (2)

Di|a|man|ti|ne, die; -, Diamantit [auch: ...ˈtɪt], das; -s: ein Poliermittel

di|a|man|ti|sie|ren: **1.** (Fachspr.) diamantieren. **2.** (Fachspr.) mit einer geriffelten Oberfläche versehen. **3.** (die Asche Verstorbener) zu einem Diamanten verarbeiten

DIAMAT, Di|a|mat, der; -: kurz für ↑dialektischer Materialismus

Dia|me|ter, der; -s, - ⟨*gr.-lat.*⟩: Durchmesser eines Kreises od. einer Kugel

dia|me|t|ral: völlig entgegengesetzt

dia|me|t|risch ⟨*gr.*⟩: dem Durchmesser entsprechend

Di|a|mid, das; -s ⟨Kunstw.⟩: ↑Hydrazin

Di|a|min, das; -s, -e ⟨Kunstw.⟩ (Chemie): organische Verbindung mit zwei Aminogruppen

Di|a|ne|tik ®, die; - ⟨*amerik.*⟩: von L. R. Hubbard, dem Begründer der Scientology, vertretene Theorie, dass alle Krankheiten mit psychotherapeutischen Mitteln geheilt werden können

Di|a|no|e|tik, die; - ⟨*gr.*⟩ (Philos.): die Lehre vom Denken; die Kunst des Denkens. **di|a|no|e|tisch** (Philos.): denkend, den Verstand betreffend

Di|a|pa|son, der (auch: das); -s, -s

u. ...one ⟨*gr.-lat.*; »durch alle (Töne)«⟩: ursprünglicher Name der altgriechischen Oktave

Dia|pau|se, die; -, -n ⟨*gr.*; »das Dazwischenausruhen«⟩ (Biol.): in seinem Verlauf meist erblich festgelegter, jedoch durch äußere Einflüsse ausgelöster Ruhezustand während der Entwicklung vieler Tiere

Di|a|pe|de|se, die; -, -n ⟨*gr.*⟩ (Med.): Durchtritt von Blutkörperchen durch eine unverletzte Gefäßwand

di|a|phan ⟨*gr.*⟩: durchscheinend, durchsichtig. **Di|a|pha|nie,** die; -, ...ien: durchscheinendes Bild. **Di|a|pha|ni|tät,** die; - ⟨*gr.*⟩ (Meteorol.): Durchlässigkeit in Bezug auf Lichtstrahlen

Dia|pha|no|s|kop, das; -s, -e (Med.): Instrument zum Durchführen einer Diaphanoskopie. **Dia|pha|no|s|ko|pie,** die; -, ...ien (Med.): Untersuchung, bei der Körperteile u. Körperhöhlen (z. B. die Nasennebenhöhle) durch eine dahinter gehaltene Lichtquelle durchleuchtet werden, um krankhafte Veränderungen anhand von Schatten festzustellen

Dia|pho|nie vgl. Diafonie

Di|a|pho|ra, die; - ⟨*gr.*; »Verschiedenheit«⟩ (Rhet.): **1.** Darlegung, Betonung des Unterschieds zweier Dinge. **2.** Hervorhebung der Bedeutungsverschiedenheit eines im Text wiederholten Satzgliedes durch Emphase der Zweitsetzung (z. B. O Kind, meine Seele und nicht mein Kind!; Shakespeare)

Di|a|pho|re|se, die; -, -n ⟨*gr.-lat.*⟩ (Med.): Schweißabsonderung

Di|a|pho|re|ti|kum, das; -s, ...ka (Med.): schweißtreibendes Mittel. **di|a|pho|re|tisch** (Med.): schweißtreibend

Dia|phrag|ma, das; -s, ...men ⟨*gr.-lat.*⟩: **1.** (Med.) Zwerchfell. **2.** durchlässige Scheidewand bei Trennverfahren (z. B. bei ↑Osmose u. ↑Filtration). **3.** Empfängnisverhütungsmittel in Form eines kleinen, in die Scheide einzuführenden Spiralrings. **4.** Austrittsstelle des Dampfstrahls bei Vakuumpumpen. **5.** (veraltet) Blende (in der Optik)

Di|a|ph|tho|re|se, die; -, -n ⟨*gr.-nlat.*⟩ (Geol.): Umbildung durch rückschreitende ↑Metamorphose (4)

Di|a|ph|tho|rit [auch: ...ˈrɪt], der; -s, -e (Geol.): Gestein, das durch Diaphthorese entstanden ist

Di|a|phy|se, die; -, -n ⟨*gr.*⟩ (Med.): Mittelteil des Röhrenknochens (bei Wirbeltieren)

Di|a|pir, der; -s, -e ⟨*gr.-nlat.*⟩: pfropfen- od. pilzförmige Gesteinskörper, meist Salz

Di|a|pir|fal|tung, die; -, -en (Geol.): Verfaltung u. Durchknetung des Gesteins beim Emporsteigen eines Diapirs

Dia|po|si|tiv [auch: ...ˈtiːf], das; -s, -e ⟨*gr.; lat.*⟩: durchsichtiges fotografisches Bild (zum ↑Projizieren auf eine weiße Fläche)

Dia|pro|jek|tor, der; -s, -en: Gerät zum Vorführen von Diapositiven

Di|ä|re|se, Di|ä|re|sis, die; -, ...resen ⟨*gr.-lat.*⟩: **1.** getrennte Aussprache zweier Vokale, die nebeneinanderstehen u. eigentlich einen ↑Diphthong ergäben (z. B. Deismus, naiv). **2.** Einschnitt im Vers, an dem das Ende des Wortes u. des Versfußes (der rhythmischen Einheit) zusammenfallen (z. B. Du siehst, wohin du siehst || nur Eitelkeit auf Erden; Gryphius). **3.** (Rhet.) Aufgliederung eines Hauptbegriffs in mehrere Unterbegriffe. **4.** (Philos.) Begriffszerlegung, Teilung eines Begriffs bis zum Unteilbaren. **5.** (Med.) Zerreißung eines Gefäßes mit Blutaustritt in die Umgebung

Di|a|ri|um, das; -s, ...ien ⟨*lat.*⟩ (veraltet): Buch, stärkeres Heft für [tägliche] Eintragungen

Di|ar|rhö, die; -, -en ⟨*gr.-lat.*; »Durchfluss«⟩ (Med.): Durchfall. **di|ar|rhö|isch** ⟨*gr.*⟩ (Med.): mit Durchfall verbunden

Di|ar|th|ro|se, die; -, -n ⟨*gr.*; »Vergliederung, Gliederbildung«⟩ (Med.): sogenanntes echtes Gelenk mit charakteristischem Gelenkspalt (Ggs.: Synarthrose)

di|a|s|chist [...ˈsçɪst und: ...ˈʃɪst] ⟨*gr.-nlat.*⟩ (Geol.): in der chemischen Zusammensetzung von der verwandter Gesteine abweichend

Dia|show [...ʃɔʊ̯], die; -, -s: [effektvolle] Vorführung von Dias [zu einem bestimmten Thema]

Di|a|s|keu|ast, der; -en, -en ⟨*gr.*⟩: Bearbeiter eines literarischen Werkes, bes. der homerischen Epen. **Di|a|s|keu|as|tin,** die; -, -nen: weibliche Form zu ↑Diaskeuast

Dia|skop, das; -s, -e: ↑Diaprojektor

Dia|s|ko|pie, die; -, ...ien (Med.): **1.** Röntgendurchleuchtung. **2.** medizinische Methode zur Untersuchung der Haut (zur Beurteilung von Hautflecken)

Di|a|s|por, der; -s, -e ⟨*gr.-nlat.*⟩: ein Mineral

Di|a|s|po|ra, die; - ⟨*gr.*; »Zerstreuung«⟩: **a)** Gebiet, in dem die Anhänger einer Konfession (auch Nation) gegenüber einer anderen in der Minderheit sind; **b)** eine konfessionelle (auch nationale) Minderheit

Dia|s|ta|se, die; -, -n ⟨*gr.*; »das Auseinanderstehen; Spaltung«⟩: **1.** (ohne Plural) ↑Amylase. **2.** (Med.) anatomische Lücke zwischen Knochen od. Muskeln, die durch Auseinanderklaffen zweier Gelenkflächen od. zweier Muskeln entsteht

Di|a|s|te|ma, das; -s, ...stemata ⟨*gr.-lat.*; »Zwischenraum, Abstand«⟩ (Med.): angeborene Zahnlücke (bes. zwischen den oberen Schneidezähnen)

Dia|s|to|le [auch: diˈastole], die; -, ...olen ⟨*gr.-lat.*⟩: **1.** (Med.) Phase des Erschlaffens u. der Füllung des Herzmuskels mit Blut (Ggs.: Systole). **2.** (antike Metrik) Dehnung eines kurzen Vokals aus Verszwang (Ggs.: Systole). **dia|s|to|lisch**: die Diastole betreffend, auf ihr beruhend, zur Diastole gehörend

dia|s|t|rat, dia|s|t|ra|tisch ⟨*gr.; lat.*⟩ (Sprachwiss.): die schichtenspezifischen Unterschiede einer Sprache betreffend; vgl. ...isch/-

Dia|sys|tem, das; -s, -e ⟨*gr.; gr.-lat.*⟩ (Sprachwiss.): [übergeordnetes] System, in dem verschiedene Systeme in Abhängigkeit voneinander funktionieren.

Di|ät, die; - ⟨*gr.*; »Lebensweise«⟩: Krankenkost, Schonkost; auf die Bedürfnisse eines Kranken, Übergewichtigen o. Ä. abgestimmte Ernährungsweise; aber: ↑Diäten

Di|ä|tar, der; -s, -e ‹*lat.-nlat.*› (veraltet): [bei Behörden] auf Zeit Angestellter, Hilfsarbeiter. **di|ä|ta|risch:** gegen Tagegeld [erfolgend]

Di|ät|as|sis|tent, der; -en, -en: Fachkraft, die bei der Aufstellung von Diätplänen beratend mitwirkt. **Di|ät|as|sis|ten|tin,** die; -, -nen: weibliche Form zu ↑Diätassistent

Di|ä|ten, die (Plural) ‹*lat.-mlat.-frz.*›: **a)** Bezüge der Abgeordneten [im Bundestag] in Form von Tagegeld, Aufwandsentschädigung u. a.; **b)** (veraltet) Einkommen bestimmter außerplanmäßiger Lehrkräfte (Diätendozenten) an Hochschulen

Di|ä|te|tik, die; -, -en ‹*gr.-lat.-nlat.*› (Med.): Ernährungs-, Diätlehre

Di|ä|te|ti|kum, das; -s, ...ka (Med.): der Gesundheit zuträgliches Nahrungsmittel

di|ä|te|tisch (Med.): die Diät betreffend, einer Diät gemäß

Dia|thek, die; -, -en ‹*gr.*›: Sammlung von ↑Diapositiven

dia|ther|man ‹*gr.-nlat.*› (Meteorol., Physik, Med.): wärmedurchlässig, Wärmestrahlen nicht absorbierend (z. B. bestimmte Gase)

Dia|ther|ma|ni|tät, Dia|ther|man|sie, die; - (Meteorol.): Durchlässigkeit (für Wärmestrahlen)

Dia|ther|mie, die; - (Med.): Heilverfahren, bei dem Hochfrequenzströme Gewebe im Körperinnern durchwärmen

Dia|the|se, die; -, -n ‹*gr.*› (Med.): besondere Bereitschaft des Organismus zu bestimmten krankhaften Reaktionen (z. B. zu Blutungen); Disposition für bestimmte Erkrankungen

Di|äthy|len|gly|kol, chem. fachspr.: Diethylenglykol, das; -s ‹*gr.-nlat.*› (Chemie): Bestandteil von Frostschutzmitteln u. a.

di|ä|tisch ‹*gr.-lat.-nlat.*›: die Ernährung betreffend

Di|ä|tis|tin, die; -, -nen: ↑Diätassistentin

Di|a|to|mee, die; -, ...meen (meist Plural) ‹*gr.-nlat.*›: Kieselalge (einzelliger pflanzlicher Organismus)

Di|a|to|me|en|er|de, die; -: Kieselgur, Ablagerung von Diatomeen im Süßwasser bei niederen Temperaturen

Di|a|to|mit [auch: ...ˈmɪt], der; -s: Sedimentgestein aus verfestigtem Diatomeenschlamm

Dia|to|nik, die; - ‹*gr.-nlat.*›: Dur-Moll-Tonleitersystem mit sieben Stufen (Ganz- u. Halbtöne) (Ggs.: Chromatik [1]). **dia|to|nisch** ‹*gr.-lat.*›: in der Tonfolge einer Dur- od. Molltonleiter folgend (Ggs.: chromatisch [1])

dia|to|pisch ‹*gr.*› (Sprachwiss.): die landschaftlich bedingten Unterschiede sprachlicher Formen betreffend

Di|a|t|ret|glas, das; -es, ...gläser ‹*gr.-spätlat.; dt.*›: aus altrömischer Zeit stammendes prunkvolles Gefäß aus Glas, das mit einem kunstvollen gläsernen Netzwerk überzogen ist

Dia|tri|be, die; -, -n ‹*gr.-lat.*›: **a)** (Literaturwiss.) in Vers oder Prosa abgefasste [satirische] Moralpredigt [mit fingiertem Dialog]; **b)** gelehrte Streitschrift; weitläufige kritische Abhandlung

Di|a|vo|lo, der; -, ...li ‹*gr.-lat.-it.*›: it. Bez. für: Teufel

Di|a|zin, das; -s, -e ‹Kunstw.› (Chemie): sechsgliedrige Ringverbindung mit zwei Stickstoffatomen im Ring

Di|a|zo|ty|pie, die; - ‹Kunstw.› (Fototechnik): Lichtpausverfahren

Dib|bel|ma|schi|ne, die; -, -n ‹*engl.; gr.-lat.-frz.*›: eine Sämaschine, die dibbelt

dib|beln ‹*engl.*›: in Reihen mit größeren Abständen säen

Dib|buk, der; -[s], -s ‹*hebr.;* »das Anhaften«›: (in der Kabbalistik) sündige Seele eines Toten, die als böser Geist von einem Menschen Besitz ergreift u. ihn quält

Di|bo|th|ri|o|ce|pha|lus, der; -, ...li ‹*gr.-nlat.*›: Fischbandwurm

Di|bra|chys, der; -, - ‹*gr.-lat.*›: ↑Pyrrhichius

Di|cen|t|ra, die; -, ...rae [...rɛ] ‹*gr.-nlat.*›: Gattung aus der Familie der Mohngewächse (z. B. die Gartenpflanze Tränendes Herz)

Di|cha|si|um [dɪˈça:...], das; -s, ...ien ‹*gr.-nlat.*› (Bot.): zweigabeliger zymöser (trugdoldiger) Blütenstand (vom Hauptspross entspringen zwei Seitenzweige, die sich ihrerseits auf die gleiche Weise verzweigen)

Di|chlor|me|than, das; -s (Chemie): Verbindung aus der Gruppe der Chlorkohlenwasserstoffe, die durch ↑Chlorieren (1) von Methan gewonnen werden, Verwendung z. B. als Abbeizmittel für Lacke u. als Treibmittelbestandteil für Spraydosen

Di|cho|ga|mie [dɪço...], die; - ‹*gr.-nlat.*› (Bot.): zeitlich getrennte Reife der weiblichen u. männlichen Geschlechtsorgane, wodurch die Selbstbestäubung bei Zwitterblüten verhindert wird

Di|cho|re|us [dɪço...], der; -, ...een ‹*gr.-lat.*›: doppelter ↑Trochäus (–◡–◡)

di|cho|tom, dichotomisch [dɪço...] ‹*gr.;* »zweigeteilt«›: **1.** gegabelt (von Pflanzensprossen). **2.** in Begriffspaare eingeteilt; vgl. ...isch/-, Dichotomie (2 a). **Di|cho|to|mie,** die; -, ...ien: **1.** Zweiteilung des Pflanzensprosses (die Hauptachse gabelt sich in zwei gleich starke Nebenachsen). **2. a)** Zweiteilung, Gliederung (z. B. eines Gattungsbegriffs in zwei Arten); **b)** Gliederung eines Oberbegriffs in einen darin enthaltenen Begriff u. dessen Gegenteil. **di|cho|to|misch** [dɪço...] vgl. dichotom

Di|chro|is|mus [dikro...], der; - ‹*gr.-nlat.*›: Eigenschaft vieler ↑¹Kristalle, Licht nach verschiedenen Richtungen in zwei Farben zu zerlegen; vgl. Pleochroismus

di|chro|i|tisch: in verschiedenen Richtungen zwei Farben zeigend

Di|chro|ma|sie, Dichromatopsie, die; -, ...ien (Med.): Nichterkennen bestimmter Farbunterschiede, weil nur zwei von drei Zapfentypen im Auge aktiv sind

Di|chro|mat, das; -[e]s, -e: Salz der Dichromsäure

di|chro|ma|tisch: zweifarbig

Di|chro|ma|t|op|sie vgl. Dichromasie

Di|chro|mie, die; -, ...ien: verschiedene Färbung von zwei Tieren der gleichen Art (meist in Abhängigkeit vom Geschlecht)

Di|chrom|säu|re, die; -, -n: Säure mit zwei Atomen Chrom im Molekül

Di|chro|s|kop, das; -s, -e: besondere Lupe zur Erkennung des ↑Dichroismus od. ↑Pleochroismus bei Kristallen. **di|chro|s|ko|pisch:** **a)** das Dichroskop betreffend; **b)** mithilfe des Dichroskops

Dic|ti|on|naire [dɪksi̯ɔˈnɛːɐ̯]: ↑Diktionär

Di|dak|tik, die; -, -en ⟨*gr.-nlat.*⟩: **1.** (ohne Plural) Lehre vom Lehren u. Lernen; Unterrichtslehre, -kunde. **2. a)** Theorie der Bildungsinhalte, Methode des Unterrichtens; **b)** Abhandlung, Darstellung einer didaktischen Theorie. **Di|dak|ti|ker,** der; -s, -: **a)** Fachvertreter der Unterrichtslehre; **b)** jmd., der einer Gruppe von Personen einen Lehrstoff vermittelt. **Di|dak|ti|ke|rin,** die; -, -nen: weibliche Form zu ↑Didaktiker. **di|dak|tisch:** **a)** die Vermittlung von Lehrstoff, das Lehren u. Lernen betreffend; **b)** für Unterrichtszwecke geeignet; **c)** belehrend, lehrhaft

di|dak|ti|sie|ren: einen Lehrstoff didaktisch aufbereiten. **Di|dak|ti|sie|rung,** die; -, -en: das Didaktisieren

Di|da|s|ka|li|en, die (Plural): **1.** Anweisungen altgriechischer Dramatiker für die Aufführung ihrer Werke. **2.** in der Antike urkundliche Verzeichnisse der aufgeführten Dramen mit Angaben über Titel, Dichter, Schauspieler, Ort u. Zeit der Aufführung usw.

Di|da|xe, die; -, -n ⟨*gr.*⟩: Lehre, Lehrhaftigkeit, ↑Didaktik

Did|ge|ri|doo [dɪdʒəriˈduː], das; -s, -s ⟨*engl.*⟩: langes, röhrenförmiges Blasinstrument der australischen Ureinwohner

Di|dot|sys|tem, Di|dot-Sys|tem [diˈdoː...], das; -s ⟨nach dem frz. Buchdrucker F. A. Didot, 1730–1804⟩: typografisches Maßsystem

Di|dym, das; -s ⟨*gr.-nlat.*⟩: ein Seltenerdmetall (Gemisch aus den chemischen Elementen ↑Praseodym u. ↑Neodym)

Di|dy|mi|tis, die; -, ...itiden (Med.): Hodenentzündung

di|dy|na|misch ⟨*gr.-nlat.*⟩ (Bot.): zwei lange u. zwei kurze Staubblätter aufweisend (bei Zwitterblüten)

Di|e|ge|se, die; -, -n ⟨*gr.*⟩ (veraltet): weitläufige Erzählung, Ausführung, Erörterung. **di|e|ge|tisch** (veraltet): erzählend, erörternd

Die|hard [ˈdaɪ̯hɑːd], der; -s, -s ⟨*engl.;* nach dem Ausruf »die hard!« = verkaufe dein Leben teuer!, dem Wahlspruch des 57. engl. Regiments zu Fuß⟩: Anhänger des äußersten rechten Flügels der Konservativen in England

Di|elek|t|ri|kum, das; -s, ...ka ⟨*gr.-nlat.*⟩: luftleerer Raum od. isolierende Substanz, in der ein elektrisches Feld ohne Ladungszufuhr erhalten bleibt

di|elek|t|risch: elektrisch nicht leitend (von bestimmten Stoffen)

Di|elek|t|ri|zi|täts|kon|s|tan|te, die; -[n], -n: Wert, der die elektrischen Eigenschaften eines Stoffes kennzeichnet (Zeichen: ε)

Di|en, das; -s, -e ⟨*nlat.*⟩ (Chemie): ein ungesättigter Kohlenwasserstoff

Di|es, der; - ⟨*lat.*⟩: Kurzform von ↑Dies academicus

Di|es aca|de|mi|cus, der; - - ⟨*lat.; gr.-lat.*⟩: vorlesungsfreier Tag an der Universität, an dem aus besonderem Anlass eine Feier od. Vorträge angesetzt sind

Di|es ater, der; - - ⟨*lat.;* »schwarzer Tag«⟩: Unglückstag

Di|e|se vgl. Diesis

Di|es Irae [- ˈiːrɛ], das; - - ⟨*lat.;* »Tag des Zorns«⟩: Bezeichnung u. Anfang der Sequenz der Totenmesse

Di|e|sis, Diese, die; -, Diesen ⟨*gr.-lat.*⟩ (Musik): **a)** (veraltet) Erhöhungszeichen um einen halben Ton; Kreuz; **b)** kleines Intervall (2), das bei reiner Stimmung zwischen drei kleinen Terzen bzw. zwei Quarten und einer Oktave entsteht

Di|ethy|len|gly|kol vgl. Diäthylenglykol

Dieu le veut [djølˈvø] ⟨*frz.;* »Gott will es!«⟩: Kampfruf der Kreuzfahrer auf dem ersten Kreuzzug (1096–1099)

Dif|fal|co, der; -[s], -s u. ...chi [...ki] ⟨*it.*⟩ (veraltet): Preisnachlass, Rabatt; vgl. Dekort (2)

Dif|fa|ma|ti|on, die; -, -en ⟨*lat.-nlat.*⟩: ↑Diffamierung; vgl. ...ation/...ierung

dif|fa|ma|to|risch: ehrenrührig, verleumderisch

Dif|fa|mie, die; -, ...ien ⟨*lat.-frz.*⟩: **1.** (ohne Plural) verleumderische Bosheit. **2.** Beschimpfung, verleumderische Äußerung

dif|fa|mie|ren: jmdn. in seinem Ansehen, etwas in seinem Wert herabsetzen, verunglimpfen; jmdn./etwas in Verruf bringen. **Dif|fa|mie|rung,** die; -, -en: Verleumdung, Verbreitung übler Nachrede; vgl. ...ation/...ierung

dif|fe|rent ⟨*lat.*⟩: verschieden, ungleich

dif|fe|ren|ti|al usw. vgl. differenzial usw.

Dif|fe|ren|ti|at usw. vgl. Differenziat usw.

dif|fe|ren|ti|ell vgl. differenziell

Dif|fe|renz, die; -, -en ⟨*lat.*⟩: **1.** Unterschied (zwischen bestimmten Werten, Maßen o. Ä.). **2.** (Math.) Ergebnis einer ↑Subtraktion. **3.** (meist Plural) Meinungsverschiedenheit, Unstimmigkeit, Zwist

Dif|fe|ren|zen|quo|ti|ent, der; -en, -en (Math.): Quotient aus der Differenz zweier Funktionswerte (vgl. Funktion [2]) u. der Differenz der entsprechenden ↑Argumente

Dif|fe|renz|ge|schäft, das; -[e]s, -e: Börsentermingeschäft, bei dem nicht Lieferung u. Bezahlung des Kaufobjekts, sondern nur die Zahlung der Kursdifferenz zwischen Vertragskurs u. Kurs am Erfüllungstag an den gewinnenden Partner vereinbart wird

dif|fe|ren|zi|al, differential ⟨*lat.-nlat.*⟩: ↑differenziell. **Dif|fe|ren|zi|al, Dif|fe|ren|ti|al,** das; -s, -e: **1.** (Math.) Zuwachs einer Funktion (2) bei einer [kleinen] Änderung ihres Arguments (2). **2.** Kurzform von ↑Differenzialgetriebe

Dif|fe|ren|zi|al|ana|ly|sa|tor, Differentialanalysator, der; -s, -en (früher): Rechenmaschine zur Lösung von Differenzialgleichungen

Dif|fe|ren|zi|al|di|a|g|no|se, Differentialdiagnose, die; -, -n (Med.): **a)** Krankheitsbestimmung durch unterscheidende, abgrenzende Gegenüberstellung mehrerer Krankheitsbilder mit ähnlichen Symptomen; **b)** jede der bei der Differenzialdiagnostik konkurrierenden Diagnosen (1). **Dif|fe|ren|zi|al|di|a|g|nos|tik,** Differentialdiagnos-

D
Diff

D
Diff

tik, die; -, -en (Med.): ↑Differenzialdiagnose (a)

Dif|fe|ren|zi|al|geo|me|t|rie, Differentialgeometrie, die; -: Gebiet der Mathematik, in dem die Differenzialrechnung auf Flächen u. Kurven angewandt wird

Dif|fe|ren|zi|al|ge|trie|be, Differentialgetriebe, das; -s, -: Ausgleichsgetriebe bei Kraftfahrzeugen

Dif|fe|ren|zi|al|glei|chung, Differentialgleichung, die; -, -en: Gleichung, in der Differenzialquotienten auftreten

Dif|fe|ren|zi|al|quo|ti|ent, Differentialquotient, der; -en, -en: **a)** Grundgröße der Differenzialrechnung; **b)** Grenzwert des ↑Quotienten, der den Tangentenwinkel bestimmt

Dif|fe|ren|zi|al|rech|nung, Differentialrechnung, die; -: Teilgebiet der höheren Mathematik

Dif|fe|ren|zi|al|ren|te, Differentialrente, die; -, -n: Einkommen, das ein Produzent erzielt, wenn er bei gleichem Preis niedrigere Produktionskosten als seine Konkurrenten hat

Dif|fe|ren|zi|at, Differentiat, das; -s, -e: durch Differenziation (1b) entstandenes Mineral u. Gestein

Dif|fe|ren|zi|a|ti|on, Differentiation, die; -, -en: **1.** (Geol.) **a)** Aufspaltung einer Stammschmelze in Teilschmelzen; **b)** Abtrennung von Mineralien aus Schmelzen während der Gesteinswerdung. **2.** Anwendung der Differenzialrechnung

Dif|fe|ren|zi|a|tor, Differentiator, der; -s, ...oren: ↑Derivator

dif|fe|ren|zi|ell, differentiell: einen Unterschied begründend od. darstellend; **differenzielle Psychologie:** Bereich der Psychologie, der das Erleben u. Verhalten des Einzelnen bes. unter dem Aspekt der individuellen Unterschiede betrachtet (nach L. W. Stern)

Dif|fe|ren|zier|bar|keit, die; -: Eignung einer Funktion (2) zur Differenziation (2)

dif|fe|ren|zie|ren ⟨*lat.-nlat.*⟩: **1. a)** fein trennen; genau, bis ins Einzelne unterscheiden; **b)** sich differenzieren: sich aufgliedern, Konturen gewinnen. **2.** (Math.) eine Funktion (2) nach den Regeln der Differenzialrechnung behandeln. **3.** Überfärbung von mikroskopischen Präparaten (Einzellern, Gewebeschnitten) mithilfe von Alkohol od. Säuren auf unterschiedliche Intensitätsstufen zurückführen (zum Zwecke besserer Unterscheidbarkeit einzelner Strukturen)

dif|fe|ren|ziert: aufgegliedert, vielschichtig, in die Einzelheiten gehend

Dif|fe|ren|zie|rung, die; -, -en: **1.** Unterscheidung, Sonderung, Abstufung, Abweichung, Aufgliederung. **2.** (Med.) **a)** zunehmende Spezialisierung von Zellen in verschiedene Gewebearten (in der Embryologie); **b)** Bestimmung der ↑Dignität (2) eines Tumors; **c)** Bestimmung von Erregern (in der Mikrobiologie); **d)** Bestimmung von irregulären Antikörpern (in der Transfusionsmedizin). **3.** (Biol.) Aufspaltung systematischer Gruppen im Verlauf der Stammesgeschichte

Dif|fe|renz|ton, der; -[e]s, ...töne: ↑Kombinationston

dif|fe|rie|ren ⟨*lat.*⟩: verschieden sein, voneinander abweichen

dif|fi|zil ⟨*lat.-frz.*⟩: schwierig, schwer zu behandeln, zu bewältigen, zu handhaben aufgrund der komplizierten Gegebenheiten

Dif|flu|enz, die; -, -en ⟨*lat.*⟩ (Geol.): Gabelung eines Gletschers (Ggs.: Konfluenz)

dif|form ⟨*lat.-nlat.*⟩ (Med.): fehlgebildet; andersartig. **Dif|for|mi|tät,** die; -, -en (Med.): Fehlbildung

dif|frakt ⟨*lat.*⟩ (Bot.): zerbrochen

Dif|frak|ti|on, die; -, -en ⟨*lat.-nlat.*⟩ (Physik): Beugung der Lichtwellen und anderer Wellen

dif|fun|die|ren ⟨*lat.*⟩: **1.** (Chemie) eindringen, verschmelzen. **2.** (Physik) zerstreuen (von Strahlen)

dif|fus: 1. (Chemie, Physik) zerstreut, ohne genaue Abgrenzung; **diffuses Licht:** Streulicht; Licht ohne geordneten Strahlenverlauf; **diffuse Reflexion:** Lichtbrechung an rauen Oberflächen. **2.** unklar, verschwommen

Dif|fu|sat, das; -s, -e ⟨*lat.-nlat.*⟩ (Chemie): durch Diffusion entstandene Mischung; Produkt einer Verschmelzung verschiedener Stoffe

Dif|fu|si|on, die; -, -en ⟨*lat.;* »das Auseinanderfließen«⟩: **1. a)** (Chemie) ohne äußere Einwirkung eintretender Ausgleich von Konzentrationsunterschieden; **b)** (Physik) Streuung des Lichts. **2.** (Bergbau) Wetteraustausch. **3.** Auslaugung (bei der Zuckerherstellung)

Dif|fu|sor, der; -s, ...oren ⟨*lat.-nlat.*⟩: **1.** (Strömungstechnik) Rohrleitungsteil, dessen Querschnitt sich erweitert. **2.** (Fotogr.) transparente, Licht streuende Plastikscheibe zur Erweiterung des Messwinkels bei Lichtmessern. **3.** aufsetzbare Vorrichtung für Haartrockner zur besseren Verteilung der Luft

Di|gam|ma, das; -[s], -s ⟨*gr.*⟩: Buchstabe im ältesten griechischen Alphabet (Ϝ)

di|gen ⟨*gr.-nlat.*⟩ (Biol.): durch Verschmelzung zweier Zellen gezeugt

di|ge|rie|ren ⟨*lat.;* »auseinandertragen, zerteilen«⟩: **1.** (Chemie) Stoffe aus löslichen Substanzen extrahieren. **2.** (Med.) verdauen

Di|gest [ˈdaɪ̯dʒɛst], der od. das; -[s], -s ⟨*lat.-engl.*⟩: **a)** bes. in den angelsächsischen Ländern übliche Art von Zeitschriften, die Auszüge aus Büchern, Berichten usw. bringen; **b)** Auszug [aus einem Buch od. Bericht]

Di|ges|ten, die (Plural) ⟨*lat.;* »Geordnetes«⟩: Gesetzsammlung des Justinian (Bestandteil des ↑Corpus Iuris Civilis)

Di|ges|tif [diʒɛsˈtiːf], der; -s, -s ⟨*lat.-frz.*⟩: die Verdauung anregendes alkoholisches Getränk, das nach dem Essen getrunken wird

Di|ges|ti|on, die; -, -en: **1.** (Chemie) Auslaugung, Auszug, Extraktion (1). **2.** (Med.) Verdauung

di|ges|tiv ⟨*lat.-mlat.*⟩ (Med.): **a)** die Verdauung betreffend; **b)** die Verdauung fördernd

Di|ges|ti|vum, das; -s, ...va (Med.): verdauungsförderndes Mittel

Di|ges|tor, der; -s, ...oren ⟨*lat.-nlat.*⟩: **1.** Raum od. Einrichtung mit erhöhtem Luftaustausch in einem ↑Laboratorium. **2.** (veraltet) Dampfkochtopf. **3.** Gefäß zum ↑Digerieren (1)

Dig|ger, der; -s, - ⟨*engl.;* »Ausgräber«⟩: Goldgräber

Di|gi|pu|la|ti|on, die; -, -en ⟨Kurzw. aus ↑²*digi*tal u. ↑Mani*pulation*⟩: Manipulation (2) von Daten

Di|git [ˈdɪdʒɪt], das; -s, -s ⟨*lat.-engl.*⟩ (Technik): Ziffer, Stelle (in der Anzeige eines elektronischen Geräts)

¹di|gi|tal ⟨*lat.*⟩ (Med.): den Finger betreffend, durch den Finger ausgeführt

²di|gi|tal ⟨*lat.-engl.*⟩: Signale, Daten in Ziffern (d. h. in Schritten u. nicht stufenlos bzw. analog) darstellend od. dargestellt; digitalisiert (Ggs.: analog [2])

Di|gi|tal-Ana|log-Kon|ver|ter, der; -s, -: elektronische Schaltung, die digitale Eingangssignale in analoge Ausgangssignale umsetzt (Ggs.: Analog-digital-Konverter)

Di|gi|tal|fern|se|hen, das; -s: Fernsehen, bei dem die Sendungen mithilfe der Digitaltechnik übertragen werden

Di|gi|tal Hub [ˈdɪdʒɪtl̩ hab], der; - -[s], - -s ⟨*engl.*⟩ (EDV, Wirtschaftspolitik): regionaler Knotenpunkt einer digitalen Infrastruktur

¹Di|gi|ta|lis, die; -, - ⟨*lat.*⟩: Fingerhut

²Di|gi|ta|lis, das; - (Med.): aus den Blättern des Fingerhutes gewonnenes starkes Herzmittel

di|gi|ta|li|sie|ren ⟨*lat.-engl.*⟩: analoge Signale, Daten in digitale Werte (meist ↑Binärziffern) umwandeln

Di|gi|ta|li|sie|rung, die; -, -en: das Digitalisieren, Digitalisiertwerden

Di|gi|tal|ka|me|ra, die; -, -s: Kamera, bei der die Bilder in digitaler Form gespeichert werden

Di|gi|tal|ka|nal, der; -s, ...äle (Rundfunk, Fernsehen): Kanal (3), auf dem ein Rundfunk- od. Fernsehprogramm mithilfe der Digitaltechnik übertragen wird

Di|gi|tal|kon|zern, der; -s, -e: Großunternehmen der Digitalwirtschaft

Di|gi|tal Na|tive [ˈdɪdʒɪtl̩ ˈneɪ̯tɪv], der; - -s, - -s ⟨*lat.-engl.*⟩: Person, die mit ²digitalen Technologien aufgewachsen u. in ihrer Benutzung geübt ist

Di|gi|tal|rech|ner, der; -s, -: Computer, dessen Daten und Programme intern als ↑Binärziffern dargestellt sind (Ggs.: Analogrechner)

Di|gi|tal|tech|nik, die; -: Teilgebiet der Informationstechnik u. Elektronik, das sich mit der Erfassung, Darstellung, Verarbeitung u. Übertragung digitaler Größen befasst

Di|gi|tal|ton|band, das; -[e]s, ...bänder: Magnetband, bei dem die Aufnahme akustischer Signale digital (u. dadurch in hoher Qualität) erfolgt

Di|gi|tal|uhr, die; -, -en: Uhr, die die Uhrzeit nicht mit Zeigern angibt, sondern als Zahl (z. B. 18:20) (Ggs.: Analoguhr)

Di|gi|ti|zer [ˈdɪdʒɪtaɪ̯zə], der; -s, - ⟨*engl.*⟩ (EDV): [meist aus einer Art Stift und Tafel bestehendes] Gerät zum Umsetzen grafischer Daten in digitale Signale

Di|gi|to|xin, das; -s: wirksamster u. giftigster Bestandteil der Digitalisblätter

Di|gi|tus, der; -, ...ti ⟨*lat.*⟩ (Med.): **1.** Finger. **2.** Zehe

Di|glos|sie, die; -, ...ien ⟨*gr.*⟩: Form der Zweisprachigkeit, bei der die eine Sprachform die Standard- od. Hochsprache darstellt, während die andere im täglichen Gebrauch, in informellen Texten auftritt

Di|glyph, der; -s, -e ⟨*gr.;* »Zweischlitz«⟩: Platte mit zwei Schlitzen als Verzierung am Fries (bes. in der italienischen Renaissance bevorzugte Abart des ↑Triglyphs)

Di|g|ni|tar ⟨*lat.-nlat.*⟩, **Di|g|ni|tär** ⟨*lat.-frz.*⟩ der; -s, -e: geistlicher Würdenträger der kath. Kirche

Di|g|ni|tät, die; -, -en ⟨*lat.*⟩: **1. a)** (ohne Plural) Wert, hoher Rang, Würde; **b)** Amtswürde eines höheren kath. Geistlichen. **2.** (Med.) Bestimmung der Charakteristika eines Tumors (Malignität, Benignität [1])

Di|graf, Digraph, der (auch: das); -s, -e[n]: Verbindung von zwei Buchstaben zu einem Laut (z. B. *dt.* ng od. *gotisch* ei [gesprochen: iː])

Di|gramm, das; -s, -e ⟨*gr.*⟩: ↑Digraf

Di|gres|si|on, die; -, -en ⟨*lat.*⟩: **1.** Abweichung, Abschweifung. **2.** Winkel zwischen dem Meridian u. dem Vertikalkreis, der durch ein polnahes Gestirn geht

di|gyn ⟨*gr.*⟩: zwei Griffel aufweisend (von einer Blüte)

di|hy|b|rid [auch: ...ˈbriːt] ⟨*gr.-lat.*⟩ (Biol.): sich in zwei Erbmerkmalen unterscheidend

Di|hy|b|ri|de [auch: ...ˈbriːdə], die; -, -n, auch: der; -n, -n (Biol.): Individuum, dessen Eltern zwei verschiedene Erbmerkmale haben, die das Individuum nun selbst in sich trägt (z. B. Vater schwarzhaarig, Mutter blond, sodass ein schwarzhaariger Sohn blonde Kinder haben kann)

Di|jam|bus, der; -, ...ben ⟨*gr.-lat.*⟩: doppelter ↑Jambus (◡–◡–)

di|ju|di|zie|ren ⟨*lat.*⟩ (Rechtsspr. veraltet): entscheiden, urteilen

Di|ka|ry|ont, das; -s ⟨*gr.-nlat.*⟩: Zweikernstadium (Zelle enthält einen männlichen u. einen weiblichen ↑haploiden Kern) vor der Befruchtung bei den höheren Pilzen

Di|kas|te|ri|um, das; -s, ...ien ⟨*gr.-nlat.*⟩: altgriechischer Gerichtshof

Di|ke|ri|on, das; -s, ...ien ⟨*gr.*⟩: zweiarmiger Leuchter (Insigne des Bischofs in den Ostkirchen)

di|klin ⟨*gr.-nlat.*⟩ (Bot.): eingeschlechtige Blüten aufweisend (von Pflanzen)

di|ko|tyl ⟨*gr.*⟩: zweikeimblättrig. **Di|ko|ty|le, Di|ko|ty|le|do|ne,** die; -, -n ⟨*gr.-nlat.*⟩ (Bot.): zweikeimblättrige Pflanze

Di|kro|tie, die; -, ...ien ⟨*gr.-nlat.*⟩ (Med.): Zweigipfeligkeit (doppeltes Schlagen) des Pulses

Dik|ta: *Plural* von ↑Diktum

Dik|ta|fon, Diktaphon, das; -s, -e ⟨*lat.; gr.*⟩: Diktiergerät

Dik|tam, der; -s ⟨*gr.-lat.*⟩: ↑Diptam

dik|tan|do ⟨*lat.*⟩ (selten): diktierend, beim Diktieren

Dik|tant, der; -en, -en: jmd., der diktiert

Dik|tan|tin, die; -, -nen: weibliche Form zu ↑Diktant

Dik|ta|phon vgl. Diktafon

Dik|tat, das; -[e]s, -e ⟨*lat.*⟩: **1. a)** das Diktieren; **b)** das Diktierte; **c)** Nachschrift; von einem Lehrer, einer Lehrerin diktierte Sätze als Rechtschreibübung in der Schule. **2.** etwas, was jmdm. von einem anderen vorgeschrieben, auferlegt worden ist

Dik|ta|tor, der; -s, ...oren: **1.** unumschränkter Machthaber an der Spitze eines Staates; Gewaltherrscher. **2.** (abwertend) herrischer, despotischer Mensch. **3.** (Geschichte) altrömischer Beamter, dem auf bestimmte Zeit die volle Staatsgewalt übertragen wurde (z. B. Cäsar)

dik|ta|to|ri|al: a) gebieterisch, autoritär; **b)** absolut, unumschränkt

Dik|ta|to|rin, die; -, -nen: weibliche Form zu ↑ Diktator

dik|ta|to|risch: 1. unumschränkt, einem unumschränkten Gewaltherrscher unterworfen. **2.** (abwertend) gebieterisch, keinen Widerspruch duldend

Dik|ta|tur, die; -, -en ⟨*lat.*⟩: **1.** (ohne Plural) **a)** auf unbeschränkte Vollmacht einer Person od. Gruppe gegründete Herrschaft in einem Staat; **Diktatur des Proletariats:** (nach marxistischer Anschauung) politische Herrschaft der Arbeiterklasse im Übergangsstadium zwischen der kapitalistischen u. der klassenlosen Gesellschaftsform; **b)** autoritär, diktatorisch regiertes Staatswesen. **2.** (abwertend) autoritäre Führung, autoritärer Zwang, den eine Einzelperson, eine Gruppe od. Institution auf andere ausübt; Willkürherrschaft

dik|tie|ren ⟨*lat.*⟩: **1.** jmdm. etwas, was er [hin]schreiben soll, Wort für Wort ansagen, vorsprechen. **2.** zwingend vorschreiben, festsetzen; auferlegen

Dik|tier|ge|rät, das; -[e]s, -e: Gerät zur Aufnahme u. Wiedergabe eines gesprochenen Textes

Dik|ti|on, die; -, -en ⟨*lat.*⟩: mündliche od. schriftliche Ausdrucksweise; Stil (1)

Dik|ti|o|när, das (auch:) der; -s, -e ⟨*lat.-mlat.-frz.*⟩ (veraltet): Wörterbuch

Dik|tum, das; -s, ...ta ⟨*lat.;* »Gesagtes«⟩: Ausspruch

Dik|ty|o|ge|ne|se, die; -, -n ⟨*gr.-nlat.*⟩ (Geol.): Bez. für ↑ tektonische Bewegungen von Großschollen der Erdkruste; Gerüstbildung

di|la|ta|bel ⟨*lat.-nlat.*⟩: dehnbar

Di|la|ta|bi|les [...le:s], die (Plural): hebräische Buchstaben, die zum Ausfüllen der Zeilen in die Breite gezogen wurden

Di|la|ta|ti|on, die; -, -en: **1.** (Physik) Ausdehnung, spezifische Volumenänderung, Verlängerung eines elastisch gedehnten Körpers. **2.** (Bot.) Erweiterungswachstum der Baumstämme. **3.** (Med.) krankhafte od. künstliche Erweiterung von Hohlorganen (z. B. von Gefäßen des Herzens)

Di|la|ta|ti|ons|fu|ge, die; -, -n: Dehnungsfuge in Betonstraßen, Brücken, Talsperren usw., die Spannungen bei Temperatursteigerung verhindert

di|la|ta|tiv: zur Erweiterung führend

Di|la|ta|tor, der; -s, ...oren (Med.): **1.** Instrument zur Erweiterung von Höhlen u. Kanälen des Körpers. **2.** erweiternder Muskel

di|la|tie|ren: (Med.) ein Hohlorgan mechanisch erweitern

Di|la|ti|on, die; -, -en (Rechtswiss.): Aufschub, Aufschubfrist

Di|la|to|me|ter, das; -s, - ⟨*lat.; gr.*⟩: **1.** (Physik) Apparat zur Messung der Ausdehnung von Körpern bei Temperaturerhöhung. **2.** Apparat zur Bestimmung des Alkoholgehalts einer Flüssigkeit auf der Grundlage der sogenannten Schmelzausdehnung

di|la|to|risch ⟨*lat.*⟩: aufschiebend, verzögernd; **dilatorische Einrede** (Rechtswiss.): aufschiebende Einrede bei Gericht

Dil|do, der; -[s], -s ⟨*engl.*⟩: künstliche Nachbildung des erigierten Penis, die zur Selbstbefriedigung od. bei der Ausübung gleichgeschlechtlichen Verkehrs benutzt wird

Di|lem|ma, das; -s, -s u. -ta ⟨*gr.-lat.*⟩: Wahl zwischen zwei [gleich unangenehmen] Dingen; Zwangslage, -entscheidung

di|lem|ma|tisch: zwei alternativ verbundene [sich gegenseitig ausschließende] Lösungen enthaltend

Di|let|tant, der; -en, -en ⟨*lat.-it.*⟩: **1.** (oft abwertend) Nichtfachmann; jmd., der sich ohne fachmännische Schulung in Kunst od. Wissenschaft betätigt. **2.** (veraltet) Kunstliebhaber. **Di|let|tan|tin,** die; -, -nen: weibliche Form zu ↑ Dilettant

di|let|tan|tisch (oft abwertend): unfachmännisch, laienhaft, unzulänglich

Di|let|tan|tis|mus, der; - ⟨*nlat.*⟩ (oft abwertend): **1.** Betätigung in Kunst od. Wissenschaft ohne Fachausbildung. **2.** Stümperhaftigkeit

di|let|tie|ren ⟨*lat.-it.*⟩: sich als Dilettant betätigen, sich versuchen

Di|li|gence [dili'ʒã:s], die; -, -n [...sn̩] ⟨*lat.-frz.*⟩ (Geschichte): [Eil]postkutsche

Di|li|genz, die; - ⟨*lat.*⟩ (veraltet): Sorgfalt, Fleiß

di|lu|ie|ren ⟨*lat.-nlat.*⟩ (Med.): verdünnen (z. B. eine Säure, indem sie zu Wasser hinzugegeben wird)

di|lu|tie|ren ⟨*lat.-engl.*⟩: **1.** (Med.) ↑ diluieren. **2.** (Bankw.) im Wert schwächen, reduzieren

Di|lu|ti|on, die; -, -en (Med.): Verdünnung

di|lu|vi|al ⟨*lat.*⟩: das Diluvium betreffend, aus ihm stammend

Di|lu|vi|um, das; -s ⟨»Überschwemmung, Wasserflut«⟩: frühere Bez. für ↑ Pleistozän

Dime [daɪ̯m], der; -s, -s (aber: 10 -) ⟨*lat.-frz.-engl.*⟩: Silbermünze der USA im Wert von 10 Cent

Di|men|si|on, die; -, -en ⟨*lat.*⟩: **1.** Ausdehnung, Abmessung (z. B. eines Körpers nach Länge, Breite, Höhe). **2.** Ausmaß

di|men|si|o|nal ⟨*lat.-nlat.*⟩: die Dimension bestimmend; Dimensionen habend

di|men|si|o|nie|ren: die [optimalen] Maße, Abmessungen von etwas festlegen

Di|men|si|o|nie|rung, die; -: Bemessung, bes. Querschnittsfestlegung bei tragenden Teilen

di|mer ⟨*gr.*⟩ (Chemie, Med.): zweiteilig, zweigliedrig

Di|me|ri|sa|ti|on, die; -, -en ⟨*gr.-nlat.*⟩ (Chemie): Vereinigung zweier gleicher Teilchen (z. B. Atome, Moleküle)

Di|me|ter, der; -s, - ⟨*gr.-lat.*⟩: aus zwei gleichen Metren bestehender antiker Vers; vgl. Metrum

di|mi|nu|en|do ⟨*lat.-it.*⟩ (Musik): in der Tonstärke abnehmend, schwächer werdend (Vortragsanweisung) (Abk.: dim.). **Di|mi-**

nu|en|do, das; -s, -s u. ...di (Musik): allmähliches Nachlassen der Tonstärke

di|mi|nu|ie|ren ‹*lat.*›: verkleinern, verringern, vermindern

Di|mi|nu|ti|on, die; -, -en: **1.** Verkleinerung, Verringerung. **2.** (Musik) **a)** Verkleinerung des Themas durch Verwendung kürzerer Notenwerte (Ggs.: Augmentation [a]); **b)** variierende Verzierung durch Umspielen der Melodienoten; **c)** Tempobeschleunigung durch Verkürzung der Noten

di|mi|nu|tiv (Sprachwiss.): verkleinernd (in Bezug auf den Inhalt eines Wortes). **Di|mi|nu|tiv,** das; -s, -e, **Di|mi|nu|tiv|form,** die; -, -en, **Di|mi|nu|ti|vum,** das; -s, ...va (Sprachwiss.): Ableitungsform eines Substantivs, die im Vergleich zur Bedeutung des Grundwortes eine Verkleinerung ausdrückt, oft emotionale Konnotationen hat u. auch als Koseform gebraucht wird (z. B. Öfchen, Gärtlein, ein Pfeifchen rauchen) (Ggs.: Augmentativum)

Di|mis|si|on, die; -, -en ‹*lat.*› (veraltet): ↑Demission

Di|mis|si|o|när, der; -s, -e (veraltet): ↑Demissionär

Di|mis|so|ri|a|le, das; -s, ...alien ‹*lat.-nlat.*›: Genehmigung, mit der der zuständige Amtsträger einen anderen Geistlichen zu Amtshandlungen (Taufe, Trauung o. Ä.) ermächtigt

di|mit|tie|ren ‹*lat.*› (veraltet): entlassen, verabschieden

dim|men: (das Licht einer Lichtquelle) mithilfe eines ↑Dimmers regulieren

Dim|mer, der; -s, - ‹*germ.-engl.*›: schalterähnliche Vorrichtung, mit der die Helligkeit des elektrischen Lichts in fließenden Übergängen reguliert werden kann

di mol|to vgl. molto

di|morph ‹*gr.*›: **1.** zweigestaltig. **2.** in zwei Kristallsystemen auftretend (von Kristallen). **Di|mor|phie,** die; -, ...ien, **Di|mor|phis|mus,** der; -, ...men ‹*gr.-nlat.*›: Zweigestaltigkeit; das Nebeneinanderbestehen zweier verschiedener Formen (z. B. der gleichen Tier- od. Pflanzenart)

[1]**DIN,** das; -: Deutsches Institut für Normung e. V.

[2]**DIN** ®, die; -, -[s] ‹*Abk. für D*eutsche *I*ndustrie-*N*orm[en], *später gedeutet als D*as *I*st *N*orm›: **1.** (mit einer Nummer) Bez. einer Norm (z. B. DIN 5008, DIN A4). **2.** (früher) Einheit für die Lichtempfindlichkeit eines Films

Di|nan|de|rie, die; -, ...ien ‹*frz.;* nach der belgischen Stadt Dinant›: Messingarbeit aus dem Maastal, aus Brabant u. Flandern

Di|nar, der; -s, -e (aber: 6 -) ‹*lat.-mgr.-arab.*›: Währungseinheit in verschiedenen arab. Ländern u. in Serbien

[1]**Di|ner** [diˈneː], das; -s, -s ‹*lat.-vulgärlat.-frz.*›: **1.** festliches Mittag- od. Abendessen. **2.** (in Frankreich) Hauptmahlzeit des Tages, die am Abend eingenommen wird

[2]**Di|ner** [ˈdai̯nɐ], der; -s, - ‹amerik.›: einfacheres [Schnell]restaurant, bes. in den USA

DIN-For|mat, das; -[e]s, -e: nach DIN festgelegtes Papierformat

Din|gi, das; -s, -s ‹*Hindi-engl.*›: **a)** kleines Sportsegelboot; **b)** kleinstes Beiboot auf Kriegsschiffen

Din|go, der; -s, -s ‹*austr.*›: australischer Wildhund von der Größe eines kleinen Deutschen Schäferhunds

DIN-Grad, der; -[e]s, -e: (früher für) ↑[2]DIN (2)

di|nie|ren ‹*lat.-vulgärlat.-frz.*›: [festlich] speisen

Di|ning|car [ˈdai̯nɪŋkaːɐ̯], der; -s, -s ‹*engl.*›: engl. Bez. für: Speisewagen

Di|ning|room [ˈdai̯nɪŋruːm], der; -s, -s: engl. Bez. für: Speisezimmer

Dink, der; -s, -s (meist Plural) ‹Kurzw. aus *engl. d*ouble *in*come, *no k*ids »doppeltes Einkommen, keine Kinder«›: jmd., der über relativ viel Geld verfügt, da er in einer Partnerschaft lebt, in der beide Partner einem Beruf nachgehen u. keine Kinder haben

Din|ner, das; -s, -[s] ‹*engl.*›: **1.** Festmahl. **2.** (in angelsächsischen Ländern) Hauptmahlzeit am Abend

Din|ner|ja|cket [...dʒɛkɪt], das; -s, -s: engl. Bez. für das Jackett eines Smokings

Di|no, der; -s, -s: kurz für ↑Dinosaurier

Di|no|sau|ri|er, der; -s, -, **Di|no|sau|rus,** der; -, ...rier ‹*gr.-nlat.*›: ausgestorbene, landbewohnende Riesenechse

Di|no|the|ri|um, das; -s, ...ien: ausgestorbenes riesiges Rüsseltier

DIN-Sen|si|to|me|ter, das; -s, -: ↑Sensitometer zum Messen von ↑DIN-Graden

Di|o|de, die; -, -n ‹*gr.-nlat.*› (Elektrot.): elektronisches Bauelement mit zwei ↑Elektroden unterschiedlicher Polarität

Di|o|le|fin, das; -s, -e ‹*nlat.*›: ↑Dien

Di|o|len ®, das; -s ‹Kunstw.›: eine synthetische Textilfaser aus Polyester

Di|on, die; -, -en (österr.): **a)** kurz für ↑Direktion (2); **b)** kurz für ↑Division (2)

Di|o|ny|si|en, die (Plural) ‹*gr.-lat.*›: altgriechisches Fest zu Ehren des Wein- u. Fruchtbarkeitsgottes Dionysos

di|o|ny|sisch: 1. dem Dionysos zugehörend, ihn betreffend. **2.** wild begeistert, rauschhaft dem Leben hingegeben (nach Nietzsche) (Ggs.: apollinisch)

di|o|phan|tisch ‹nach dem gr. Mathematiker Diophantos aus Alexandria; 3. Jh. v. Chr.›: **diophantische Gleichung** (Math.): Gleichung mit mehreren Unbekannten, für die ganzzahlige Lösungen zu finden sind

Di|op|sid, der; -s, -e ‹*gr.-nlat.*›: ein Mineral

Di|op|tas, der; -, -e: ein Mineral

Di|op|ter, das; -s, - ‹*gr.-lat.*›: **1.** Zielgerät (bestehend aus Lochblende u. Zielmarke). **2.** (veraltet) Sucher an Fotoapparaten

Di|op|t|rie, die; -, ...ien ‹*gr.-nlat.*› (Physik): Einheit des Brechwertes optischer Systeme (Zeichen: dpt, Dptr. u. dptr.)

Di|op|t|rik, die; - (veraltet): Lehre von der Brechung des Lichts

di|op|t|risch: a) zur Dioptrie gehörend; das Licht brechend; durchsichtig; **b)** nur lichtbrechende Elemente enthaltend (z. B. dioptrische Fernrohre)

Di|op|t|ro|me|ter, das; -s, - ‹*gr.*›: Gerät für die Bestimmung der Dioptrien

Di|o|ra|ma, das; -s, ...men ‹*gr.;* »Durchschaubild«›: plastisch wirkendes Schaubild, bei dem Gegenstände vor einem gemalten od. fotografierten Rundhorizont aufgestellt sind u. teilweise in diesen übergehen

Di|o|ris|mus, der; -, ...men ⟨*gr.-nlat.*⟩: Begriffsbestimmung

Di|o|rit [auch: ...'rɪt], der; -s, -e: ein körniges Tiefengestein (aus Plagioklas u. Amphibol)

Di|os|ku|ren, die (Plural) ⟨*gr.;* »Söhne des Zeus«; nämlich Kastor u. Pollux⟩: unzertrennliches Freundespaar

Di|oxan, das; -s ⟨*gr.-nlat.*⟩: bes. als Lösungsmittel für Fette, Lacke u. Ä. verwendete farblose, ätherähnlich riechende Flüssigkeit

Di|oxid [auch: ...'ksi:t], Dioxyd [auch: ...'ksy:t] das; -[e]s, -e (Chemie): anorganische Verbindung von einem Atom Metall od. Nichtmetall mit zwei Sauerstoffatomen

Di|oxin, das; -s, -e ⟨*gr.-nlat.*⟩: **1.** (meist Plural) äußerst beständige, hochgiftige, v. a. bei Verbrennungsprozessen entstehende mehrfach chlorierte (seltener bromierte) chemische Verbindung. **2.** (meist Singular) bestimmte, besonders giftige Verbindung aus der Gruppe der Dioxine (1)

Di|oxyd [auch: ...'ksy:t] vgl. Dioxid

di|ö|ze|san ⟨*gr.-lat.*⟩: zu einer Diözese gehörend, die Diözese betreffend. **Di|ö|ze|san,** der; -en, -en: Angehöriger einer Diözese

Di|ö|ze|se, die; -, -n: **a)** Amtsgebiet eines katholischen Bischofs; **b)** (früher auch:) evangelischer Kirchenkreis; vgl. Dekanat

Di|ö|zie, die; - ⟨*gr.-nlat.*⟩: Zweihäusigkeit bei Pflanzen (männliche u. weibliche Blüten stehen auf verschiedenen Individuen). **di|ö|zisch:** zweihäusig (von Pflanzen)

Di|ö|zis|mus, der; -: ↑Diözie

Dip, der; -s, -s ⟨*engl.*⟩: kalte, dickflüssige Soße zum Eintunken von kleinen Happen wie Fleischstücken o. Ä.

Di|pep|tid, das; -s, -e ⟨*gr.-nlat.*⟩ (Chemie): ein aus zwei beliebigen ↑Aminosäuren aufgebauter Eiweißkörper

Di|pep|ti|da|se, die; -, -n (Chemie): ↑Enzym, das Dipeptide spaltet

Di|phos|gen, das; -s ⟨*gr.-nlat.*⟩: in der chemischen Industrie u. im 1. Weltkrieg als Lungenkampfstoff verwendete hochgiftige, chlorhaltige chemische Verbindung

Di|phos|pho|nat, das; -s, -e ⟨*gr.*⟩: ↑Bisphosphonat

Diph|the|rie, die; -, ...ien ⟨*gr.-nlat.*⟩ (Med.): Infektionskrankheit im Hals- u. Rachenraum mit Bildung häutiger Beläge auf den Tonsillen u. Schleimhäuten. **diph|the|risch** (Med.): durch Diphtherie hervorgerufen

Diph|the|ri|tis, die; - (ugs.): ↑Diphtherie. **diph|the|ro|id** (Med.): **1.** diphtherieähnlich. **2.** die Diphtherie betreffend

Di|ph|thong, der; -[e]s, -e ⟨*gr.-lat.*⟩ (Sprachwiss.): aus zwei Vokalen gebildeter Laut, Doppellaut, Zwielaut (z. B. ei, au) (Ggs.: Monophthong)

Di|ph|thon|gie, die; -, ...ien ⟨*gr.-nlat.*⟩ (Med.): gleichzeitige Bildung von zwei verschiedenen Tönen (bei Stimmbanderkrankungen)

di|ph|thon|gie|ren ⟨*gr.-lat.*⟩ (Sprachwiss.): einen Vokal zum Diphthong entwickeln (z. B. das i in mhd. *wip* zu ei in nhd. *Weib*) (Ggs.: monophthongieren)

di|ph|thon|gisch (Sprachwiss.): **a)** einen Diphthong enthaltend; **b)** als Diphthong lautend (Ggs.: monophthongisch)

di|phy|le|tisch ⟨*gr.-nlat.*⟩: stammesgeschichtlich von zwei Ausgangsformen ableitbar (von Tier- od. Pflanzeneinheiten)

Di|phyl|lo|bo|th|ri|um, das; -s, ...rien ⟨*gr.-nlat.*⟩: ↑Dibothriocephalus

di|phy|o|dont (Med.): einen Zahnwechsel durchmachend (von Lebewesen)

Di|p|la|ku|sis, die; - ⟨*gr.-nlat.;* »Doppelhören«⟩ (Med.): das Hören verschiedener Töne auf beiden Ohren beim Erklingen eines einzigen Tones

Di|ple|gie, die; -, ...ien ⟨*gr.-nlat.*⟩ (Med.): doppelseitige Lähmung

Di|plex|be|trieb vgl. Duplexbetrieb

Di|p|lo|do|kus, der; -, ...ken ⟨*gr.-nlat.*⟩: ausgestorbene Riesenechse

Di|p|loe, die; - ⟨*gr.*⟩ (Med.): zwischen den beiden Tafeln des Schädeldachs liegende schwammige Knochensubstanz

di|p|lo|id ⟨*gr.-nlat.*⟩: einen doppelten (d. h. vollständigen) Chromosomensatz aufweisend (Ggs.: haploid). **Di|p|lo|i|die,** die; - (Biol.): das Vorhandensein des vollständigen, d. h. des normalen (doppelten) Chromosomensatzes im Zellkern

Di|p|lo|kok|kus, der; -, ...kken (Med.): paarweise zusammenhängende ↑Kokken (kugelförmige Krankheitserreger)

Di|p|lom, das; -s, -e ⟨*gr.-lat.* »zweifach Gefaltetes«; »Handschreiben auf zwei zusammengelegten Blättern«⟩: amtliche Urkunde über eine Auszeichnung od. über eine abgelegte Prüfung, bes. an einer Hochschule od. bei der Handwerkskammer (Abk.: Dipl.)

Di|p|lo|mand, der; -en, -en ⟨*gr.-lat.-nlat.*⟩: jmd., der sich auf eine Diplomprüfung vorbereitet. **Di|p|lo|man|din,** die; -, -nen: weibliche Form zu ↑Diplomand

Di|p|lo|mat, der; -en, -en ⟨*gr.-lat.-nlat.-frz.*⟩: **1.** jmd., der im auswärtigen Dienst eines Staates steht u. bei anderen Staaten als Vertreter dieses Staates beglaubigt ist. **2.** jmd., der geschickt u. klug taktiert, um seine Ziele zu erreichen, ohne andere zu verärgern

Di|p|lo|ma|tie, die; -: **1.** völkerrechtliche Regeln für außenpolitische Verhandlungen; Verhandlungstaktik. **2.** Gesamtheit der Diplomaten, die in einer Hauptstadt, in einem Land akkreditiert sind. **3.** kluges, geschicktes Verhalten

Di|p|lo|ma|tik, die; -: Urkundenlehre. **Di|p|lo|ma|ti|ker,** der; -s, -: Urkundenforscher u. -kenner. **Di|p|lo|ma|ti|ke|rin,** die; -, -nen: weibliche Form zu ↑Diplomatiker

Di|p|lo|ma|tin, die; -, -nen: weibliche Form zu ↑Diplomat

di|p|lo|ma|tisch: **1.** die Diplomatie betreffend, auf ihr beruhend. **2.** den Diplomaten betreffend. **3.** klug-berechnend, geschickt im Umgang

di|p|lo|mie|ren ⟨*gr.-lat.-nlat.*⟩: jmdm. aufgrund einer Prüfung ein Diplom erteilen

Di|p|lont, der; -en, -en ⟨*gr.-nlat.*⟩: tierischer od. pflanzlicher Organismus, dessen Körperzellen zwei Chromosomensätze aufweisen

Di|p|lo|pie, die; - (Med.): gleichzeitiges Sehen zweier Bilder von einem einzigen Gegenstand

di|p|los|te|mon (Bot.): mit zwei Staubblattkreisen versehen (von Blüten, deren äußerer zu dem nächststehenden Blütenhüllkreis versetzt steht)

Di|p|noi [...noi], die (Plural) ‹*gr.-nlat.*›: kiemen- u. lungenatmende Knochenfische

Di|po|die, die; -, ...ien ‹*gr.-lat.;* »Doppelfüßigkeit«›: Verbindung zweier Versfüße (rhythmischer Einheiten) zu einem Verstakt; vgl. Monopodie, Tripodie. **di|po|disch** ‹*gr.*›: (bes. von jambischen u. trochäischen Versen) abwechselnd Haupt- u. Nebenton aufweisend

Di|pol, der; -s, -e ‹*gr.-nlat.*›: **1.** Anordnung zweier gleich großer elektrischer Ladungen od. magnetischer Pole entgegengesetzter Polarität in geringem Abstand voneinander. **2.** ↑Dipolantenne

Di|pol|an|ten|ne, die; -, -n: Antennenanordnung mit zwei gleichen, elektrisch leitenden Teilen

dip|pen ‹*engl.*›: **1.** (Seemannsspr.) die Flagge zum Gruß halb niederholen u. wieder aufziehen. **2.** in einen Dip eintunken

Dip|so|ma|ne, der; -n, -n ‹*gr.-nlat.;* »Trinksüchtiger«› (Med.): jmd., der von periodischer Trunksucht befallen ist. **Dip|so|ma|nie,** die; -, ...ien (Med.): periodisches Auftreten von Trunksucht

Dip|tam, der; -s ‹*gr.-lat.-mlat.*› (Bot.): zu den Rautengewächsen gehörende Staude, deren an ätherischen Ölen reiche Blätter entzündbar sind; Brennender Busch

Di|p|te|ren, die (Plural) ‹*gr.-nlat.;* »Zweiflügler«›: Zweiflügler

Di|p|te|ros, der; -, ...roi ‹*gr.-lat.*›: griechischer Tempel, der von einer doppelten Säulenreihe umgeben ist

Di|p|ty|chon, das; -s, ...chen u. ...cha ‹*gr.-lat.*›: **1.** (im Altertum) zusammenklappbare Schreibtafel. **2.** (im Mittelalter) zweiflügeliges Altarbild; vgl. Polyptychon, Triptychon

Di|py|lon|kul|tur, die; - ‹*gr.-lat.;* nach der Fundstelle vor dem Dipylon, dem »Doppeltor«, in Athen›: eisenzeitliche Kultur in Griechenland

Di|py|lon|stil, der; -s ‹nach den Dipylonvasen›: geometrischer Stil der frühgriechischen Vasenmalerei

Di|py|lon|va|se, die; -, -n (meist Plural): Tongefäß der griechischen Vasenmalerei in der späteren archaischen Zeit

Di|rae [ˈdiːrɛ], die (Plural) ‹*lat.*›: Verwünschungsgedichte u. Schmähverse (altrömische Literaturgattung)

Di|rect Ban|king [ˈdaɪ̯rɛkt ˈbæŋkɪŋ], das; - -[s] ‹*engl.*› (Bankw.): filialloser Vertrieb von Bankleistungen mittels Internet oder Telefon; vgl. Homebanking

Di|rect Cos|ting [- ˈkɔstɪŋ], das; - -[s] ‹*engl.*› (Wirtsch.): Sammelbez. für verschiedene Verfahren der Teilkostenrechnung

Di|rect Mai|ling, das; - -[s], - -s ‹*engl.*›: Form der Direktwerbung, bei der Werbematerial (Briefumschlag u. Prospekt mit Rückantwortkarte) an eine bestimmte Zielgruppe mit der Post geschickt wird

Di|rect Mar|ke|ting, das; - -[s] ‹*engl.*›: ↑Direktmarketing

Di|rec|toire [dirɛkˈtoaːɐ̯], das; -[s] ‹*lat.-frz.*›: französischer Kunststil zwischen ↑Louis-seize u. ↑[1]Empire (b)

Di|rec|tor's Cut [daɪ̯ˈrɛktɐs kat], der; - -[s], - -s ‹*engl.*› (Film): meist längere, vom Regisseur od. von der Regisseurin freigegebene Fassung eines Films

di|rekt ‹*lat.*›: **1.** unmittelbar, ohne Umweg od. Verzögerung o. Ä., ohne dass etwas anderes dazwischenliegt od. unternommen wird (in Bezug auf das Verhältnis zwischen räumlichem od. zeitlichem Ausgangspunkt u. dem Zielpunkt); **direkte Rede:** in Anführungsstrichen stehende, wörtliche, unabhängige Rede (z. B.: Er sagte: »Ich gehe nach Hause.«). **2.** geradezu, ausgesprochen, regelrecht (z. B. es ist direkt ein Glück, dass ich dich getroffen habe)

Di|rek|ti|on, die; -, -en: **1.** (ohne Plural) Leitung eines Unternehmens o. Ä. **2.** die leitenden Personen eines Unternehmens, Geschäftsleitung o. Ä.; dazugehörige Büroräume. **3.** (veraltet) Richtung. **4.** (schweiz.) kantonales Ministerium

di|rek|tiv: Verhaltensregeln gebend. **Di|rek|ti|ve,** die; -, -n ‹*lat.-nlat.*›: Weisung; Verhaltensregel

Di|rekt|kan|di|dat, der; -en, -en: Politiker, der sich um ein Direktmandat bewirbt. **Di|rekt|kan|di|da|tin,** die; -, -nen: weibliche Form zu ↑Direktkandidat

Di|rekt|man|dat, das; -[e]s, -e: ↑Mandat (2), das der Kandidat einer Partei in einer Wahl persönlich erringt

Di|rekt|mar|ke|ting, das; -[s] (Wirtsch.): Ausrichtung des Angebots eines Unternehmens unmittelbar auf den möglichen Endverbraucher

Di|rek|tor, der; -s, ...oren ‹*lat.*›: **1. a)** Leiter (einer Schule); **b)** jmd., der einem Unternehmen, einer Behörde vorsteht; Vorsteher. **2.** Zusatzelement für die ↑Dipolantenne mit Richtwirkung

Di|rek|to|rat, das; -[e]s, -e ‹*lat.-nlat.*›: **1.** Amt eines Direktors od. einer Direktorin. **2.** Dienstzimmer eines Direktors od. einer Direktorin. **3.** Amtszeit eines Direktors od. einer Direktorin

di|rek|to|ri|al: a) einem Direktor / einer Direktorin zustehend; **b)** von einem Direktor / einer Direktorin veranlasst; **c)** einem Direktor / einer Direktorin [in der Art des Benehmens] ähnelnd, entsprechend

Di|rek|to|rin, die; -, -nen: weibliche Form zu ↑Direktor (1)

Di|rek|to|ri|um, das; -s, ...ien: **1.** Vorstand, Geschäftsleitung, leitende Behörde. **2.** (ohne Plural) vgl. Directoire

Di|rek|t|ri|ce [dirɛkˈtriːsə], die; -, -n ‹*lat.-frz.*›: leitende Angestellte, bes. in der Bekleidungsindustrie

Di|rek|t|rix, die; - ‹*lat.*› (Math.): Leitlinie von Kegelschnitten, Leitkurve von gekrümmten Flächen

Di|rekt|stu|di|um, das; -s, ...ien: Studium, das im Gegensatz zum Fernstudium unmittelbar an einer Universität durchgeführt wird

Di|ret|tis|si|ma, die; -, -s ‹*it.*›: Route, die ohne Umwege zum Gipfel eines Berges führt. **di|ret|tis|si|mo:** den direkten Weg zum Gipfel nehmend

Di|rex, der; -, -e u. die; -, -en ‹*lat.*› (Schülerspr.): Kurzw. für: ↑Direktor (1 a) u. Direktorin

Dirge [dəːdʒ], das; -, -s ‹*lat.-engl.;* nach dem lat. Anfangswort einer Totenklage »dirige, Domine« = leite, Herr ...›: engl. Bez. für: Trauer-, Klagegedicht, Klagelied

Dir|ham, Dir|hem, der; -s, -s (aber: 5 -) ‹*gr.-arab.*›: **1.** Währungs- u. Münzeinheit in verschiedenen arabischen Ländern (Abk.: DH). **2.** frühere Gewichtseinheit in den islamischen Ländern

Di|ri|gat, das; -[e]s, -e ‹*lat.*›: **1.** Orchesterleitung, Dirigentschaft. **2.** Tätigkeit, [öffentliches] Auftreten eines Dirigenten

Di|ri|gent, der; -en, -en: **1.** Leiter eines Orchesters od. Chores, einer musikalischen Aufführung. **2.** jmd., der etwas leitet, lenkt, dirigiert (2). **Di|ri|gen|tin,** die; -, -nen: weibliche Form zu ↑Dirigent

di|ri|gie|ren: 1. ein Orchester od. einen Chor, eine musikalische Aufführung (Konzert, Oper) leiten. **2.** die Leitung von etwas haben; den Gang, Ablauf von etwas steuern; durch Anweisungen o. Ä. an ein bestimmtes Ziel, in eine gewünschte Richtung lenken

Di|ri|gis|mus, der; - ‹*lat.-nlat.*›: staatliche Lenkung der Wirtschaft

di|ri|gis|tisch: 1. den Dirigismus betreffend. **2.** reglementierend, in der Bewegungsfreiheit einengend, Vorschriften machend

di|ri|mie|ren ‹*lat.-frz.*›: **1.** (österr.) (bei Stimmengleichheit) eine Entscheidung herbeiführen. **2.** (veraltet) trennen, entfremden, sich lösen

Dirt-Track-Ren|nen, Dirt|track|ren|nen [ˈdœːɐ̯tˈtræk...], das; -s, - ‹*engl.; dt.*› (veraltend): Speedway-Rennen

dir|ty [ˈdœːɐ̯ti] ‹*engl.;* »schmutzig, dreckig«›: schmutzig, dreckig

Di|sac|cha|rid, Di|sa|cha|rid [auch: ˈdiː...], das; -s, -e ‹*gr.; sanskr.-gr.-lat.-nlat.*› (Chemie): Kohlehydrat, das aus zwei Zuckermolekülen aufgebaut ist

Dis|agio [dɪsˈʔaːdʒo, auch: ...ˈʔaːʒi̯o], das; -s, -s u. ...ien ‹*lat.-frz.-it.*›: Abschlag, um den der Preis od. Kurs hinter dem Nennwert od. der ↑Parität (2) eines Wertpapiers od. einer Geldsorte zurückbleibt

dis|am|bi|gu|ie|ren ‹*lat.*› (Sprachwiss.): die ↑Ambiguität eines sprachlichen Zeichens, eines Ausdrucks (durch bestimmte syntaktische od. semantische Zuordnungen) aufheben; etwas eindeutig machen

Disc [dɪsk], Disk, die; -, -s ‹*engl.;* »Platte, Scheibe«› (EDV): kurz für ↑CD, ↑DVD, ↑Diskette

Dis|can|tus, der; -, - [...tuːs] ‹*lat.-mlat.*›: ↑Diskant

Dis|ci|ples of Christ [dɪˈsaɪ̯pəls əv ˈkraɪ̯st], die (Plural) ‹*engl.;* »Jünger Christi«›: Zweig der Baptisten in den USA u. Kanada

Disc|jo|ckey, Diskjockey, der; -s, -s ‹*engl.*›: jmd., der [bes. in Diskotheken] einem Publikum Musiktitel auswählt u. präsentiert

Disc|man® [ˈdɪskmən], der; -[s], -s od. ...men [...mən]: tragbarer CD-Player mit Kopfhörern

Dis|co, Disko, die; -, -s ‹*engl.*›: **1.** Diskothek (1). **2.** Tanzveranstaltung mit Musik von CDs, Schallplatten, Tondateien o. Ä.

Dis|co|ef|fekt, Diskoeffekt, der; -[e]s: das Auftreten von Lichtblitzen in der Umgebung von Windkraftanlagen durch das von den Rotorblättern reflektierte Sonnenlicht

Dis|co|fox, Diskofox, der; -[es], -e: moderne Form des ↑Foxtrotts

dis|co|i|dal, diskoidal (Biol.): scheibenförmig; **discoidale Furchung:** Art der Furchung bei dotterreichen Eizellen (z. B. bei Reptilien u. Vögeln), bei der sich nur der Teilbezirk des Eies im Bereich des Zellkerns in ↑Blastomeren teilt, die dann scheibenartig auf dem unzerlegten Teil des Dotters aufliegen

Dis|co|mu|sik, Diskomusik, die; -: Musik, die durch einfache ↑Arrangements (3 a) u. durch verstärkte Betonung einer einfachen Rhythmik gekennzeichnet ist u. sich deshalb bes. als Tanzmusik in Discos (1) eignet

Dis|co|queen, Diskoqueen ‹zu *engl.* queen »Königin«, vgl. Queen› [...kwiːn], die; -, -s ‹*engl.*›: **1.** höchst erfolgreiche Interpretin von Liedern der Discomusik. **2.** junge Frau, die in einer Diskothek durch ihr anziehendes Äußeres, durch ihre modisch schicke Kleidung u. durch ihr Tanzen auffällt u. von allen bewundert wird

Dis|co|rol|ler, Diskoroller [auch: ...rɔʊ̯lɐ], der; -s, - ‹*engl.*›: (bes. in den 80er-Jahren des 20. Jh.s populärer) Rollschuh mit daran befindlichen Schuhen

Dis|co|sound, Diskosound [...saʊ̯nt], der; -s ‹*engl.*›: für Discomusik charakteristischer ↑Sound

Dis|count [dɪsˈkaʊ̯nt], der; -s, -s ‹*lat.-frz.-engl.*›: Einkaufsmöglichkeit, bei der man in Selbstbedienung Waren verbilligt einkaufen kann

Dis|count|bro|ker, Dis|count-Bro|ker [...brɔʊ̯kɐ], der; -s, - ‹*engl.*›: Unternehmen, das im Auftrag von Privatkunden Wertpapierhandelsgeschäfte ohne weiter gehende Beratung gegen niedrige Gebühren betreibt; Direktanlagebank

Dis|coun|ter, der; -s, -: **1.** jmd., der eine Ware mit Preisnachlass verkauft. **2. a)** ↑Discountgeschäft; **b)** Geschäft, das Waren zu besonders günstigen Preisen anbietet. **Dis|coun|te|rin,** die; -, -nen: weibliche Form zu ↑Discounter (1)

Dis|count|ge|schäft, das; -[e]s, -e, **Dis|count|la|den,** der; -s, ...läden: Einzelhandelsgeschäft, in dem Markenartikel u. andere Waren zu einem hohen Rabattsatz (mitunter zu Großhandelspreisen) verkauft werden

Dis|en|gage|ment [dɪsɪnˈgeɪtʃmənt], das; -s ‹*engl.*›: militärisches Auseinanderrücken [der Machtblöcke]

Di|seur [diˈzøːɐ̯], der; -s, -e ‹*lat.-frz.*›: Sprecher, Vortragskünstler, bes. im Kabarett. **Di|seu|se** [diˈzøːzə], die; -, -n: weibliche Form zu ↑Diseur

dis|gru|ent ‹*lat.-nlat.*›: nicht übereinstimmend (Ggs.: kongruent [1])

Dis|har|mo|nie [auch: ˈdɪs...],

die; -, ...ien ⟨*lat.; gr.-lat.*⟩: **1.** (Musik) Missklang. **2.** Uneinigkeit, Unstimmigkeit, Misston

dis|har|mo|nie|ren: nicht zusammenstimmen, uneinig sein

dis|har|mo|nisch: 1. (Musik) einen Missklang bildend. **2.** eine Unstimmigkeit aufweisend; uneinig. **3.** (Geol.) unterschiedlich verformt (bei der Faltung von Gesteinen)

Dis|in|fla|ti|on, die; -: spürbare Verringerung des Inflationstempos

Dis|jek|ti|on, die; -, -en ⟨*lat.*⟩ (Psychol.): Persönlichkeitsspaltung als Traumerlebnis, bei dem ein Trauminhalt in doppelter Gestalt erscheint (z. B. jmd. sieht sich selbst u. ist zugleich als Zuschauer anwesend)

dis|junkt ⟨*lat.*⟩: getrennt, geschieden (von gegensätzlichen Begriffen, die zu einem Gattungsbegriff gehören)

Dis|junk|ti|on, die; -, -en: **1. a)** Trennung, Sonderung; **b)** (Logik) Verknüpfung zweier Aussagen durch das ausschließende »Entweder-oder«; **c)** (Logik) Verknüpfung zweier Aussagen durch das nicht ausschließende »Oder«. **2.** (Biol.) **a)** Trennung eines pflanzen- od. tiergeografischen Verbreitungsgebietes in mehrere nicht zusammenhängende Teilgebiete (z. B. die Verbreitung der Robben im Ozean u. in Binnenseen); **b)** Trennungsvorgang bei ↑Chromosomen

dis|junk|tiv: a) einander ausschließend, aber zugleich eine Einheit bewirkend (von Urteilen od. Begriffen) (Ggs.: konjunktiv); **b)** (Sprachwiss.) eine Wahlmöglichkeit zwischen mehreren sprachlichen Formen aufweisend, die aber nicht frei ist, sondern von bestimmten Gegebenheiten abhängt (z. B. die Vergangenheitsform der schwachen Verben: entweder *et* in er wend-*et*-e oder *t* in er lach-*t*-e); **disjunktive Konjunktion:** ausschließendes Bindewort (z. B. *oder*)

Disk vgl. Disc

Dis|kant, der; -s, -e ⟨*lat.-mlat.*⟩: **1.** (Musik) die dem ↑Cantus firmus hinzugefügte Gegenstimme; oberste Stimme, ↑Sopran. **2.** sehr hohe, schrille Stimmlage beim Sprechen. **3.** obere Hälfte der Tastenreihe beim Klavier

Dis|kant|schlüs|sel, der; -s: Sopranschlüssel, C-Schlüssel auf der untersten der fünf Notenlinien

Dis|ket|te, die; -, -n ⟨*gr.-lat.-frz.-engl.*⟩: Datenträger in Form einer kleinen, auf beiden Seiten magnetisierbaren Kunststoffplatte

Disk|jo|ckey vgl. Discjockey

Dis|ko vgl. Disco

Dis|ko|ef|fekt vgl. Discoeffekt

Dis|ko|fox vgl. Discofox

Dis|ko|gra|fie, Dis|ko|gra|phie, die; -, ...ien ⟨*gr.-nlat.*⟩: Tonträgerverzeichnis, das die Aufnahmen eines bestimmten ↑Interpreten (2) od. ↑Komponisten enthält [u. diese näher erläutert]

Dis|ko|lo|gie, die; -: Aufgabengebiet, das sich mit Möglichkeiten u. Grenzen der Musik u. ihrer Interpretation im Bereich der Tonträger befasst

Dis|ko|mu|sik vgl. Discomusik

Dis|ko|my|zet, der; -en, -en (meist Plural): Scheibenpilz (zur Gruppe der Schlauchpilze gehörend)

Dis|kont, der; -[s], -s u. ...ti ⟨*lat.-it.*⟩: **1.** der bei Ankauf einer noch nicht fälligen Zahlung, bes. eines Wechsels, abgezogene Zins; Vorzinsen. **2.** ↑Diskontsatz, Diskontierung

Dis|kon|ten, die (Plural): inländische Wechsel

Diskonter, der; -s, - (bes. österr.): Discounter

Dis|kont|ge|schäft, das; -[e]s, -e: Wechselgeschäft

dis|kon|tie|ren: eine später fällige Forderung (z. B. einen Wechsel) unter Abzug von Zinsen ankaufen

dis|kon|ti|nu|ier|lich ⟨*lat.-nlat.*⟩: aussetzend, unterbrochen, zusammenhangslos (Ggs.: kontinuierlich); **diskontinuierliche Konstituente** (Sprachwiss.): sprachliche Konstruktion, die in der linearen Redekette nicht als geschlossene, sondern als eine von anderen Konstituenten unterbrochene Einheit auftritt (z. B. sie *macht* das Fenster *auf*)

Dis|kon|ti|nu|i|tät, die; -, -en: **1.** Ablauf von Vorgängen mit zeitlichen u./od. räumlichen Unterbrechungen (Ggs.: Kontinuität). **2.** Grundsatz, nach dem im Parlament eingebrachte Gesetzesvorlagen, die nicht mehr vor Ende einer Legislaturperiode behandelt werden konnten, vom neuen Parlament neu eingebracht werden müssen

Dis|kon|to vgl. Diskont

Dis|kont|satz, der; -es, ...sätze: Zinsfuß, der bei der Diskontberechnung zugrunde gelegt wird; vgl. Lombardsatz

Dis|ko|pa|thie, die; -, ...ien ⟨*gr.-nlat.*⟩ (Med.): Bandscheibenleiden, degenerative Veränderung an der Zwischenwirbelscheibe; vgl. Degeneration (1)

Dis|ko|queen [...kwi:n] vgl. Discoqueen

dis|kor|dant ⟨*lat.*⟩ (Geol.): ungleichförmig zueinander gelagert (von Gesteinen). **Dis|kor|danz,** die; -, -en ⟨*lat.-mlat.*⟩: **1.** Uneinigkeit, Missklang. **2.** (meist Plural) Unstimmigkeit in der Komposition od. in der Wiedergabe eines musikalischen Werkes. **3.** (Geol.) ungleichförmige Lagerung zweier Gesteinsverbände

Dis|ko|rol|ler [auch: ...rɔʊ̯lɐ] vgl. Discoroller

Dis|ko|sound [...saʊ̯nt] vgl. Discosound

Dis|ko|thek, die; -, -en ⟨*gr.-nlat.*⟩: **1.** (bes. auf Jugendliche zugeschnittene) mit Licht-, Lautsprecheranlagen u. a. ausgestattete Räumlichkeit, in der zu Musik von CDs u. Schallplatten getanzt wird. **2.** Sammlung, Archiv von Tonträgern (Schallplatten, CDs u. a.)

Dis|ko|the|kar, der; -s, -e: Verwalter einer Diskothek (2) [beim Rundfunk]. **Dis|ko|the|ka|rin,** die; -, -nen: weibliche Form zu ↑Diskothekar

Dis|kre|dit, der; -[e]s ⟨*lat.-it.-frz.*⟩: übler Ruf. **dis|kre|di|tie|ren:** dem Ruf, Ansehen einer Person od. Sache schaden, abträglich sein

dis|kre|pant ⟨*lat.*⟩: [voneinander] abweichend, zwiespältig. **Dis|kre|panz,** die; -, -en: Widersprüchlichkeit, Missverhältnis zwischen zwei Sachen

dis|kret ⟨*lat.-mlat.-frz.*⟩: **1. a)** so unauffällig behandelt, ausgeführt o. Ä., dass es von anderen kaum od. gar nicht bemerkt wird; vertraulich; **b)** taktvoll, rücksichtsvoll (Ggs.: indiskret). **2. a)** (Sprachwiss.) [von sprachlichen Einheiten] abgegrenzt, abgetrennt, abgrenzbar (z. B. durch Substitution); **b)** (Technik) in einzelne Punkte zerfallend, vereinzelt, abzählbar (bezogen auf eine Folge von Ereignissen od. Symbolen); **diskrete Zahlenwerte** (Math., Physik): Zahlenwerte, die durch endliche ↑Intervalle (4) voneinander getrennt stehen

Dis|kre|ti|on, die; - ⟨*lat.-frz.*⟩: **a)** Rücksichtnahme, taktvolle Zurückhaltung; **b)** Vertraulichkeit, Verschwiegenheit

dis|kre|ti|o|när: dem Ermessen des Partners anheimstellend

Dis|kri|mi|nan|te, die; -, -n ⟨*lat.*⟩ (Math.): mathematischer Ausdruck, der bei Gleichungen zweiten u. höheren Grades die Eigenschaft der Wurzel angibt

Dis|kri|mi|nanz|ana|ly|se, die; -, -n: ein statistisches Verfahren (Trennverfahren), das der Zuordnung von vorgefundenen Einheiten zu ihrer mutmaßlichen Ausgangsgruppe dient

Dis|kri|mi|na|ti|on, die; -, -en: ↑Diskriminierung; vgl. ...ation/ ...ierung

Dis|kri|mi|na|tor, der; -s, ...oren ⟨*lat.-nlat.*⟩ (Elektrot.): **1.** elektronische Schaltung (auch Gerät), die zwischen mehreren ihr zugeleiteten Größen eine Auswahl trifft. **2.** elektronische Schaltung, die Änderungen eines Parameters (Amplitude, Frequenz od. Phase) einer Wechselspannung in eine zu ihnen proportionale Spannung umwandelt. **3.** Gerät, das mehrere ihm zugeführte Größen zu einer einzigen von ihnen abhängigen Größe »verarbeitet«

dis|kri|mi|nie|ren ⟨*lat.;* »trennen, absondern«⟩: **1.** durch [unzutreffende] Äußerungen, Behauptungen in der Öffentlichkeit jmds. Ansehen, Ruf schaden, ihn herabsetzen. **2.** (durch unterschiedliche Behandlung) benachteiligen, zurücksetzen. **3.** (Fachspr.) unterscheiden. **Dis|kri|mi|nie|rung**, die; -, -en: das Diskriminieren; vgl. ...ation/...ierung

dis|kur|rie|ren ⟨*lat.*⟩: **a)** [heftig] erörtern; verhandeln; **b)** sich unterhalten

Dis|kurs, der; -es, -e: **1.** methodisch aufgebaute Abhandlung über ein bestimmtes [wissenschaftliches] Thema. **2. a)** Gedankenaustausch, Unterhaltung; **b)** heftiger Wortstreit, Wortwechsel. **3.** (Sprachwiss.) die von einem Sprachteilhaber auf der Basis seiner sprachlichen Kompetenz tatsächlich realisierten sprachlichen Äußerungen

dis|kur|siv ⟨*lat.-mlat.*⟩ (Philos.): von Begriff zu Begriff methodisch fortschreitend (Ggs.: intuitiv)

Dis|kus, der; - u. -ses, ...ken u. -se ⟨*gr.-lat.*⟩: **1.** (Sport) scheibenförmiges Wurfgerät aus Holz mit Metallreifen u. Metallkern. **2.** (Bot.) wulstförmige Verdickung des Blütenbodens, bes. bei Doldenblütlern. **3.** in der orthodoxen Kirche Opferteller (vgl. Patene) für das geweihte Brot

Dis|kus|si|on, die; -, -en ⟨*lat.*⟩: Erörterung, Aussprache, Meinungsaustausch

dis|ku|ta|bel ⟨*lat.-frz.*⟩: erwägenswert, annehmbar (Ggs.: indiskutabel)

Dis|ku|tant, der; -en, -en ⟨*lat.-nlat.*⟩: Teilnehmer an einer Diskussion. **Dis|ku|tan|tin**, die; -, -nen: weibliche Form zu ↑Diskutant

dis|ku|tie|ren ⟨*lat.*⟩: **a)** etwas eingehend mit anderen erörtern, besprechen; **b)** Meinungen austauschen

Dis|like [...laɪ̯k], der; -[s], -s ⟨*engl.*⟩ (Jargon): online abgegebene negative Bewertung [in einem sozialen Netzwerk]

Dis|lo|ka|ti|on, die; -, -en ⟨*lat.-nlat.*⟩: **1.** räumliche Verteilung von Truppen. **2.** (Med.) Lageveränderung, Verschiebung der Bruchenden gegeneinander bei Knochenbrüchen. **3.** (Physik) Verschiebung, Versetzung von Atomen in einem Kristallgitter. **4.** (Geol.) Störung der normalen Lagerung von Gesteinsverbänden durch Faltung od. Bruch; vgl. ...ation/...ierung

Dis|lo|ka|ti|ons|be|ben, das; -s, - (Geol.): Erdbeben, das durch ↑tektonische Bewegungen verursacht wird

dis|lo|y|al [auch: ...lo̯aˈjaːl] ⟨*lat.; lat.-frz.*⟩: gegen die Regierung eingestellt (Ggs.: loyal [a])

dis|lo|zie|ren ⟨*lat.-nlat.*⟩: **1.** Truppen räumlich verteilen. **2.** (schweiz.) umziehen. **Dis|lo|zie|rung**, die; -, -en: ↑Dislokation; vgl. ...ation/...ierung

Dis|mem|b|ra|ti|on, die; -, -en ⟨*lat.-nlat.*⟩: **1.** Zerschlagung, Zerstückelung, bes. von Ländereien bei Erbschaften. **2.** Zerfall eines Staates in verschiedene Teile, die sich verselbstständigen (z. B. Österreich-Ungarn 1918)

Dis|mem|b|ra|tor, der; -s, ...oren: Maschine zur Zerkleinerung halbharter Materialien (z. B. Ton, Gips)

Dis|ney|land® [...lænd], das; -s, -s ⟨*amerik.; engl.;* nach dem amerik. Filmproduzenten W. Disney, 1901–1966⟩: Vergnügungspark, der nach Motiven von Walt Disney gestaltet ist

Dis|pa|che [dɪsˈpaʃə], die; -, -n ⟨*it.-frz.*⟩: Schadensberechnung u. -verteilung auf die Beteiligten bei Seeschäden

Dis|pa|cheur [...ˈʃøːɐ̯], der; -s, -e: Sachverständiger für Seeschadensberechnung u. -verteilung

dis|pa|chie|ren [...ˈʃiːrən]: den Seeschadenanteil berechnen

dis|pa|rat ⟨*lat.*⟩: ungleichartig, unvereinbar, sich widersprechend

Dis|pa|ri|tät, die; -, -en ⟨*lat.-nlat.*⟩: Ungleichheit, Verschiedenheit

Dis|pat|cher [dɪsˈpɛtʃɐ], der; -s, - ⟨*lat.-it.-engl.*⟩: leitender Angestellter in der Industrie, der den Produktionsablauf überwacht. **Dis|pat|che|rin**, die; -, -nen: weibliche Form zu ↑Dispatcher

Dis|pens, der; -es, -e, (auch, im kath. Kirchenrecht nur:) die; -, -en ⟨*lat.-mlat.;* »Erlass«⟩: Befreiung von einer allgemein geltenden Vorschrift für einen jeweiligen Einzelfall (bes. im kath. Kirchenrecht)

dis|pen|sa|bel ⟨*lat.-nlat.*⟩ (veraltet): verzeihlich

Dis|pen|saire|me|tho|de [...pɑ̃ˈsɛːɐ̯...], die; -, -n ⟨*lat.-frz.; gr.-lat.*⟩ (Med., Sozialpsychol.): vorbeugendes Verfahren der Erfassung u. medizinischen Betreuung bestimmter gesundheitlich gefährdeter Bevölkerungsgruppen

Dis|pen|sa|ri|um, das; -s, ...ien: ↑Dispensatorium

Dis|pen|sa|ti|on, die; -, -en ⟨*lat.*⟩: ↑Dispensierung; vgl. ...ation/...ierung

Dis|pen|sa|to|ri|um, das; -s, ...ien: Arzneibuch

Dis|pens|ehe, die; -, -n: Ehe, die mit kirchlichem Dispens [von bestehenden Ehehindernissen] geschlossen wird

Dis|pen|ser, der; -s, - ⟨*lat.-engl.*⟩: **1.** etwas, was verkaufsunterstützend eingesetzt wird (z. B. Leerpackungen, Verkaufsständer, Warenautomaten). **2.** Fahrzeug zur Betankung von Luftfahrzeugen

dis|pen|sie|ren: **1.** jmdn. von etwas befreien, beurlauben. **2.** Arzneien bereiten u. abgeben. **Dis|pen|sie|rung,** die; -, -en: **1.** Befreiung von einer Verpflichtung. **2.** Bereitung u. Abgabe einer Arznei; vgl. ...ation/...ierung

Di|s|per|gens, das; -, ...enzien u. ...entia ⟨*lat.*⟩: gasförmiges od. flüssiges Lösungsmittel, in dem ein anderer Stoff in feinster Verteilung enthalten ist. **di|s|per|gie|ren:** zerstreuen, verbreiten, fein verteilen

Di|sper|mie, die; -, ...ien ⟨*gr.-nlat.*⟩ (Med.): das Eindringen zweier ↑Spermatozoen in dieselbe Eizelle

di|s|pers ⟨*lat.*⟩: zerstreut; fein verteilt; **disperse Phase** (Physik, Chemie): der in einer Flüssigkeit je nach seiner Größe in grober, feiner od. feinster Form verteilte Stoff; ↑Phase (3)

Di|s|per|sant [dɪsˈpəːɐ̯sənt], das; -[s], -s ⟨*lat.-engl.*⟩: ↑Additiv, das Fremdstoffe im Schmieröl in der Schwebe halten u. verhindern soll, dass sie sich im Motor absetzen

Di|s|per|si|on, die; -, -en: **1.** feinste Verteilung eines Stoffes in einem anderen in der Art, dass seine Teilchen in dem anderen schweben. **2.** (Physik) **a)** Abhängigkeit der Fortpflanzungsgeschwindigkeit einer Wellenbewegung (z. B. Licht, Schall) von der Wellenlänge bzw. der Frequenz; **b)** Zerlegung von weißem Licht in ein farbiges Spektrum. **3.** (Statistik) Streuung der Einzelwerte vom Mittelwert

Di|s|per|si|tät, die; -, -en ⟨*lat.-nlat.*⟩: Verteilungsgrad bei der Dispersion

Di|s|per|so|id, das; -s, -e ⟨*lat.; gr.*⟩ (Physik, Chemie): disperses System aus Dispergens u. Dispersum; Gesamtheit einer Flüssigkeit u. des darin verteilten (↑dispersen) Stoffes

Di|s|per|sum, das; -s, -s: Stoff in feinster Verteilung, der in einem ↑Dispergens schwebt

Dis|placed Per|son [ˈdɪspleɪ̯st ˈpəːɐ̯sn̩], die; - -, - -s ⟨*engl.*⟩: ausländische Person, die während des Zweiten Weltkriegs nach Deutschland [zur Zwangsarbeit] verschleppt wurde (Abk.: D. P.)

Dis|play [auch: dɪsˈpleɪ̯], das; -s, -s ⟨*engl.*⟩: **1.** Gerät od. Bauteil, das Informationen optisch darstellt; elektronische Anzeige. **2.** (Werbespr.) **a)** werbewirksames Auf-, Ausstellen von Waren; **b)** Dekorationselement, das den ausgestellten Gegenstand in den Blickpunkt rücken soll

Dis|play|er [...ˈpleɪ̯ɐ], der; -s, -: Entwerfer von Dekorationen u. Verpackungen. **Dis|play|e|rin** [...ˈpleɪ̯ə...], die; -, -nen: weibliche Form zu ↑Displayer

Dis|po, der; -s, -s (ugs.): kurz für ↑Dispositionskredit

Dis|po|kre|dit, der; -[e]s, -e (ugs.): kurz für ↑Dispositionskredit

Di|spon|de|us, der; -, ...een ⟨*gr.-lat.*⟩: doppelter ↑Spondeus (– – – –)

Dis|po|nen|de, die; -, -n (meist Plural) ⟨*lat.*⟩: vom Sortimentsbuchhändler bis zum vereinbarten Abrechnungstermin nicht verkauftes Buch, das er mit Genehmigung des Verlages weiter bei sich lagert

Dis|po|nent, der; -en, -en: **1.** kaufmännischer Angestellter, der mit besonderen Vollmachten ausgestattet ist u. einen größeren Unternehmensbereich leitet. **2.** (Theater) künstlerischer Vorstand, der für den Vorstellungs- u. Probenplan, für die Platzmieten u. für den Einsatz der Schauspieler u. Sänger verantwortlich ist. **Dis|po|nen|tin,** die; -, -nen: weibliche Form zu ↑Disponent

dis|po|ni|bel ⟨*lat.-nlat.*⟩: verfügbar. **Dis|po|ni|bi|li|tät,** die; -: Verfügbarkeit

dis|po|nie|ren ⟨*lat.*⟩: **a)** in bestimmter Weise verfügen; **b)** im Voraus [ein]planen, kalkulieren

dis|po|niert: **1. a)** [bes. für einen künstlerischen Vortrag] in einer bestimmten Verfassung; **b)** [bes. in Bezug auf eine bestimmte Krankheit o. Ä.] empfänglich; **c)** zu etwas eine Veranlagung, Begabung besitzend. **2.** (Orgelbau) aus einer Anzahl von Orgelregistern kombiniert

Dis|po|si|ti|on, die; -, -en: **1. a)** das Verfügenkönnen; freie Verwendung; **b)** Planung, das Sicheinrichten auf etwas; **c)** Gliederung, Plan. **2. a)** bestimmte Veranlagung, Empfänglichkeit, innere Bereitschaft zu etwas; **b)** (Med.) Empfänglichkeit, Anfälligkeit für Krankheiten. **3.** Anzahl u. Art der Register bei der Orgel

dis|po|si|ti|ons|fä|hig: geschäftsfähig

Dis|po|si|ti|ons|fonds [...fɔ̃:], der; -, - [...fɔ̃:s]: Posten des Staatshaushalts, über dessen Verwendung die Verwaltung selbst bestimmen kann

Dis|po|si|ti|ons|kre|dit, der; -[e]s, -e (Bankw.): [1]Kredit (2 a), der dem Inhaber eines Lohn- od. Gehaltskontos erlaubt, sein Konto in bestimmter Höhe zu überziehen; Überziehungskredit

dis|po|si|tiv ⟨*lat.-nlat.*⟩: anordnend, verfügend; **dispositives Recht:** rechtlich vorgeschriebene Regelung, die durch die daran Beteiligten geändert werden kann. **Dis|po|si|tiv,** das; -s, -e (bes. schweiz.): **a)** Absichts-, Willenserklärung; **b)** Gesamtheit aller Personen u. Mittel, die für eine bestimmte Aufgabe eingesetzt werden können, zur Disposition (1 a) stehen

Dis|po|si|tor, der; -s, ...oren (Astrol.): Planet, der die in einem Tierkreiszeichen befindlichen Himmelskörper beherrscht

Dis|pro|por|ti|on [auch: ˈdɪs...], die; -, -en ⟨*lat.-nlat.*⟩: Missverhältnis

Dis|pro|por|ti|o|na|li|tät [auch: ˈdɪs...], die; -, -en: Missverhältnis, bes. in der Konjunkturtheorie

dis|pro|por|ti|o|niert [auch: ˈdɪs...]: schlecht proportioniert, ungleich

Dis|put, der; -[e]s, -e ⟨*lat.-frz.*⟩: kontrovers geführtes Gespräch; Streitgespräch

dis|pu|ta|bel ⟨*lat.*⟩: strittig (Ggs.: indisputabel)

Dis|pu|tant, der; -en, -en: jmd., der an einem Disput teilnimmt. **Dis|pu|tan|tin,** die; -, -nen: weibliche Form zu ↑Disputant

Dis|pu|ta|ti|on, die; -, -en: [wissenschaftliches] Streitgespräch. **dis|pu|tie|ren:** ein [wissenschaftliches] Streitgespräch führen; diskutieren

Dis|pu|tie|rer, der; -s, -: jmd., der gern u. oft disputiert. **Dis|pu|tie|re|rin,** die; -, -nen: weibliche Form zu ↑Disputierer

Dis|qua|li|fi|ka|ti|on, die; -, -en ⟨*lat.-engl.*⟩: **1.** Ausschließung vom Wettbewerb bei sportlichen Kämpfen wegen Verstoßes gegen eine sportliche Regel; vgl. ...ation/...ierung. **2.** Untauglichkeit. **dis|qua|li|fi|zie|ren:** **a)** einen Sportler wegen groben Verstoßes gegen eine sportliche Regel vom Kampf ausschließen; **b)** für untauglich erklären. **Dis|qua|li|fi|zie|rung,** die; -, -en: ↑Disqualifikation; vgl. ...ation/...ierung

Dis|rup|ti|on, die; -, -en ⟨engl.⟩ (bes. Fachspr.): einschneidende (meist zerstörerische) Veränderung

Diss, die; - (Jargon): kurz für ↑Dissertation

dis|se|cans ⟨*lat.*⟩ (Med.): trennend, durchschneidend, spaltend

Dis|se|mi|na|ti|on, die; -, -en ⟨*lat.;* »Aussaat«⟩ (Med.): **a)** Verbreitung (z. B. von Krankheitserregern im Körper); **b)** Ausbreitung einer Seuche. **dis|se|mi|niert** (Med.): ausgestreut, über ein größeres Gebiet hin verbreitet (von Krankheitserregern od. -erscheinungen)

dis|sen ⟨*amerik.*⟩ (Rapperjargon): verächtlich machen, schmähen

Dis|sens, der; -es, -e ⟨*lat.*⟩: Meinungsverschiedenheit in Bezug auf bestimmte Fragen o. Ä. (Ggs.: Konsens)

Dis|sen|ter, der; -s, -[s] ⟨*lat.-engl.;* »anders Denkender«⟩: Mitglied einer [protestantischen] Kirche in Großbritannien, die sich von der Staatskirche getrennt hat

dis|sen|tie|ren ⟨*lat.*⟩: abweichender Meinung sein

Dis|sen|ting Opi|nion [dɪˈsɛntɪŋ əˈpɪnjən], die; - -, - -s ⟨*engl.*⟩ (Rechtswiss.): abweichende Meinung eines von der Mehrheit überstimmten Richters

Dis|se|pi|ment, das; -s, -e ⟨*lat.*⟩ (Biol.): Scheidewand im Innern von Blumentieren, Regenwürmern u. Armfüßern

Dis|ser|tant, der; -en, -en ⟨*lat.*⟩: ↑Doktorand. **Dis|ser|tan|tin,** die; -, -nen: weibliche Form zu ↑Dissertant

Dis|ser|ta|ti|on, die; -, -en ⟨*lat.;* »Erörterung«⟩: schriftliche wissenschaftliche Abhandlung zur Erlangung des Doktorgrades (Abk.: Diss.)

dis|ser|tie|ren: an einer Dissertation arbeiten

dis|si|dent ⟨*lat.-engl.*⟩: von einer offiziellen Meinung o. Ä. abweichend; oppositionell

Dis|si|dent, der; -en, -en ⟨*lat.;* »Getrennter«⟩: **1.** jmd., der außerhalb einer staatlich anerkannten Religionsgemeinschaft steht; Konfessionsloser. **2.** jmd., der mit der offiziellen [politischen] Meinung nicht übereinstimmt; anders Denkender, Abweichler. **Dis|si|den|tin,** die; -, -nen: weibliche Form zu ↑Dissident

Dis|si|denz, die; -, -en ⟨*engl.-frz.*⟩: Widerstand[sbewegung], Opposition[sbewegung]

Dis|si|di|en, die (Plural) (veraltet): Streitpunkte

dis|si|die|ren: **a)** anders denken; **b)** [aus der Kirche] austreten

Dis|si|mi|la|ti|on, die; -, -en ⟨*lat.;* »Entähnlichung«⟩: **1.** Änderung eines von zwei gleichen od. ähnlichen Lauten in einem Wort od. Unterdrückung des einen von ihnen (z. B. Ausfall eines *n* in König, aus früherem kuning); Ggs. ↑Assimilation (1 b). **2.** Abbau u. Verbrauch von Körpersubstanz unter Energiegewinnung (Ggs.: Assimilation [2]). **3.** (Soziol.) Wiedergewinnung einer eigenen Volks- od. Gruppeneigenart. **dis|si|mi|lie|ren:** **1.** (Sprachwiss.) zwei ähnliche od. gleiche Laute in einem Wort durch den Wandel des einen Lautes unähnlich machen, stärker voneinander abheben; vgl. Dissimilation (1). **2.** (Biol.) höhere organische Verbindungen beim Stoffwechsel unter Freisetzung von Energie in einfachere zerlegen

Dis|si|mu|la|ti|on, die; -, -en (Med., Psychol.): bewusste Verheimlichung von Krankheiten od. Krankheitssymptomen. **dis|si|mu|lie|ren** (Med., Psychol.): (bes. eine Krankheit od. ihre Symptome) verbergen, verheimlichen

Dis|si|pa|ti|on, die; -, -en ⟨*lat.;* »Zerstreuung, Zerteilung«⟩: Übergang einer umwandelbaren Energieform in Wärmeenergie

Dis|si|pa|ti|ons|sphä|re, die; -: äußerste Schicht der Atmosphäre in über 800 km Höhe; vgl. Exosphäre

dis|si|pie|ren (Fachspr.): **1.** zerstreuen. **2.** umwandeln

dis|so|lu|bel ⟨*lat.*⟩: löslich, auflösbar, zerlegbar

dis|so|lut ⟨*lat.*⟩: zügellos, haltlos

Dis|so|lu|ti|on, die; -, -en ⟨*lat.*⟩: (Med.) Auflösung; Trennung

Dis|sol|vens, das; -, ...ventia u. ...venzien ⟨*lat.*⟩ (Med.): auflösendes, zerteilendes [Arznei]mittel

dis|sol|vie|ren: auflösen, schmelzen

dis|so|nant ⟨*lat.*⟩: **1.** (Musik) misstönend, nach Auflösung strebend. **2.** unstimmig, unschön

Dis|so|nanz, die; -, -en: **1.** (Musik) Zusammenklang von Tönen, der als Missklang empfunden wird u. nach der überlieferten Harmonielehre eine Auflösung fordert. **2.** Unstimmigkeit, Differenz

dis|so|nie|ren: **1.** dissonant klingen. **2.** nicht übereinstimmen

Dis|sous|gas [dɪˈsu:...], das; -es ⟨*lat.-frz.; gr.-niederl.*⟩: in druckfester Stahlflasche aufbewahrtes, in ↑Aceton gelöstes ↑Acetylen

dis|so|zi|al ⟨*lat.; lat.-frz.-engl.*⟩ (Psychol.): aufgrund bestimmten Fehlverhaltens nicht od. nur bedingt in der Lage, sich in die Gesellschaft einzuordnen

Dis|so|zi|a|li|tät, die; - (Psychol.): dissoziales Verhalten

Dis|so|zi|a|ti|on, die; -, -en ⟨*lat.;* »Trennung«⟩: **1.** (Psychol.)

Trennung von Wahrnehmungs- u. Gedächtnisleistungen, die normalerweise zusammengehören (z. B. Nichtwahrnehmung von Schmerzen bei einem Marathonläufer). **2.** (Med.) Störung des geordneten Zusammenspiels von Muskeln, Organteilen od. Empfindungen. **3.** (Chemie) Zerfall von ↑Molekülen in einfachere Bestandteile

Dis|so|zi|a|ti|ons|kon|s|tan|te, die; -[n] (Chemie): Gleichgewichtskonstante (vgl. Konstante) einer Aufspaltung von ↑Molekülen in ↑Ionen od. ↑Atome

dis|so|zi|a|tiv ⟨*lat.-nlat.*⟩: **a)** die Dissoziation betreffend; **b)** durch Dissoziation bewirkt

dis|so|zi|ie|ren ⟨*lat.*⟩: **1.** trennen, auflösen. **2.** (Chemie) **a)** in ↑Ionen od. ↑Atome aufspalten; **b)** in Ionen zerfallen

Dis|stress [...st...], Dysstress [ˈdʏs...] der; -es, -e ⟨*gr.; engl.*⟩ (Med., Psychol.): lang andauernder, starker ↑Stress (1), der Krankheiten auslösen kann; »negativer« Stress (Ggs.: Eustress)

Dis|su|a|si|on, die; -, -en ⟨*lat.-nlat.*⟩: Abhaltung, Abschreckung

di|s|tal ⟨*lat.-nlat.*⟩ (Biol., Med.): weiter von der Körpermitte (bei Blutgefäßen: vom Herzen) bzw. charakteristischen Bezugspunkten entfernt liegend als andere Körper- oder Organteile (Ggs.: proximal)

Di|s|tanz, die; -, -en ⟨*lat.*⟩: **1.** Abstand, Entfernung. **2. a)** (Leichtathletik, Pferderennsport) zurückzulegende Strecke; **b)** (Boxsport) Gesamtzeit der angesetzten Runden. **3.** (ohne Plural) Reserviertheit, abwartende Zurückhaltung

Di|s|tanz|ge|schäft, das; -[e]s, -e: Kaufvertrag, bei dem der Käufer die Ware nicht an Ort u. Stelle einsehen kann, sondern aufgrund eines Musters od. Katalogs bestellt (Ggs.: Lokogeschäft)

di|s|tan|zie|ren ⟨*lat.-frz.*⟩: **1. a)** von jmdm., etwas abrücken; Abstand nehmen; **b)** jmds. Verhalten nicht billigen. **2.** (Sport) in einem Wettkampf überrunden, besiegen. **di|s|tan|ziert:** Zurückhaltung wahrend; auf [gebührenden] Abstand bedacht

Di|s|tanz|kom|po|si|ti|on, die; -, -en (Sprachwiss.): unfeste Zusammensetzung bei Verben (z. B. einsehen – er sieht es ein)

Di|s|tanz|re|lais [...rəˈlɛː], das; -, -: ↑Relais (1), das bei Kurzschluss den Wechselstromwiderstand u. damit die Entfernung zwischen seiner Einbaustelle u. der Kurzschlussstelle misst

Di|s|tanz|wech|sel, der; -s, - (Wirtsch.): Wechsel, bei dem Ausstellungs- u. Zahlungsort verschieden sind

Di|s|then, der; -s, -e ⟨*gr.-nlat.*⟩: meist blaues, triklines Mineral

di|s|tich ⟨*gr.-lat.*⟩ (Bot.): in zwei einander gegenüberstehenden Reihen angeordnet (von Blättern, z. B. bei den Farnen)

Di|s|ti|chi|as vgl. Distichiasis

Dis|ti|chi|a|sis, Distichias, die; -, ...iasen (Med.): Anomalie des Augenlids, bei der sich eine zweite Wimpernreihe bildet

Di|s|ti|chie, die; -, ...ien ⟨*gr.-nlat.*⟩: **1.** (Med.) Distichiasis. **2.** (Bot.) distiche Blattstellung

di|s|ti|chisch, di|s|ti|chi|tisch: 1. das Distichon betreffend. **2.** aus metrisch ungleichen Verspaaren bestehend (Ggs.: monostichisch)

Di|s|ti|cho|my|thie, die; -, ...ien: aus zwei Verszeilen (vgl. Distichon) bestehende Form des Dialogs im Versdrama; vgl. Stichomythie

Di|s|ti|chon, das; -s, ...chen ⟨*gr.-lat.*⟩: aus zwei Verszeilen, bes. aus ↑Hexameter u. ↑Pentameter bestehende Verseinheit; vgl. Elegeion

Di|s|tin|gem [dɪstɪŋˈgeːm], das; -s, -e ⟨*lat.-nlat.*⟩ (Sprachwiss.): distinktives Sprachzeichen (z. B. ein Phonem, eine Phonemgruppe)

di|s|tin|guie|ren [dɪstɪŋˈgiː...] ⟨*lat.*⟩: unterscheiden, in besonderer Weise abheben. **di|s|tin|guiert:** vornehm; sich durch betont gepflegtes Auftreten o. Ä. von anderen abhebend

di|s|tinkt ⟨*lat.*⟩: klar u. deutlich [abgegrenzt]

Di|s|tink|ti|on, die; -, -en ⟨*lat.-frz.*⟩: **1. a)** Auszeichnung, [hoher] Rang; **b)** (österr.) Rangabzeichen. **2.** Unterscheidung

di|s|tink|tiv: unterscheidend; **distinktive Merkmale** (Sprachwiss.): bedeutungsunterscheidende Eigenschaften einer sprachlichen Einheit, die durch Vergleich mit anderen sprachlichen Einheiten festgestellt werden

Dis|tor|si|on, die; -, -en ⟨*lat.*⟩: **1.** (Med.) Verstauchung eines Gelenks; vgl. Luxation. **2.** (Optik) Bildverzerrung, -verzeichnung

dis|tra|hie|ren ⟨*lat.*⟩: **a)** auseinanderziehen, trennen; **b)** (veraltet) zerstreuen, ablenken

Dis|trak|ti|on, die; -, -en: **1.** (veraltet) Zerstreuung. **2.** Zerrung von Teilen der Erdkruste durch ↑tektonische Kräfte. **3.** (Med.) das Auseinanderziehen von ineinander verschobenen Bruchenden (zur Einrichtung von Knochenbrüchen)

Dis|trak|tor, der; -s, ...oren ⟨*lat.-engl.*⟩: (beim ↑Multiple-Choice-Verfahren) eine von den zur Auswahl angebotenen Antworten, die aber nicht richtig ist

Dis|tri|bu|ent, der; -en, -en ⟨*lat.*⟩: Verteiler. **Dis|tri|bu|en|tin,** die; -, -nen: weibliche Form zu ↑Distribuent

dis|tri|bu|ie|ren: verteilen, austeilen

Dis|tri|bu|ti|on, die; -, -en ⟨*lat.-(engl.)*⟩: **1.** Verteilung. **2.** (Math.) verallgemeinerte Funktion, die sich durch Erweiterung des mathematischen Funktionsbegriffs ergibt. **3.** (Sprachwiss.) Summe aller Umgebungen, in denen eine sprachliche Einheit vorkommt im Gegensatz zu jenen, in denen sie nicht erscheinen kann. **4.** (Psychol.) Verteilung u. Aufspaltung der Aufmerksamkeit. **5.** (Med.) Verteilung der Luft in der Lunge

dis|tri|bu|ti|o|nal, dis|tri|bu|ti|o|nell (Sprachwiss.): durch Distribution (3) bedingt; vgl. ...al/...ell

dis|tri|bu|tiv: 1. a) (Sprachwiss.) eine sich wiederholende Verteilung angebend; **b)** in bestimmten Umgebungen vorkommend. **2.** (Math.) nach dem Distributivgesetz verknüpft

Dis|tri|bu|tiv|ge|setz, das; -es: die Verknüpfungen mathematischer Größen bei Addition u. Multiplikation regelndes Gesetz

Dis|tri|bu|ti|vum, das; -s, ...va

(Sprachwiss.): Numerale, das das Verteilen einer bestimmten Menge auf gleichbleibende kleinere Einheiten ausdrückt; Verteilungszahlwort (z. B.: je)

Dis|tri|bu|tiv|zahl, die; -, -en: ↑Distributivum

Dis|tri|bu|tor, der; -s, ...oren ‹lat.-engl.› (Wirtsch.): **a)** Verkäufer; **b)** Vertriebsgesellschaft

Di|s|t|rikt, der; -[e]s, -e ‹lat.(-frz.-engl.)›: Bezirk, abgeschlossener Bereich

Di|sul|fid|bin|dung, die; -, -en ‹gr.; lat.› (Chemie): für Proteine typische Bindung zwischen zwei Schwefelatomen

Dis|zes|si|on, die; -, -en ‹lat.›: Weggang; Abgang; Übertritt zu einer anderen Partei

Dis|zi|p|lin, die; -, -en ‹lat.›: **1.** (ohne Plural) auf Ordnung bedachtes Verhalten; Unterordnung, bewusste Einordnung. **2. a)** Wissenschaftszweig, Spezialgebiet einer Wissenschaft; **b)** Teilbereich, Unterabteilung einer Sportart

dis|zi|p|li|när ‹lat.-mlat.›: die Disziplin betreffend

Dis|zi|p|li|nar|ge|walt, die; -, -en: die rechtliche Gewalt des Staates seinen Beamten gegenüber

dis|zi|p|li|na|risch: a) der Dienstordnung gemäß; **b)** streng

Dis|zi|p|li|nar|stra|fe, die; -, -n: aufgrund einer Disziplinarordnung verhängte Strafe

dis|zi|p|li|nell: ↑disziplinarisch (a)

dis|zi|p|li|nie|ren ‹lat.-nlat.›: **a)** an ↑Disziplin (1) gewöhnen, dazu erziehen; **b)** (selten) maßregeln

dis|zi|p|li|niert: a) an bewusste Einordnung gewöhnt; **b)** zurückhaltend, beherrscht, korrekt; sich nicht gehenlassend

Dis|zi|p|li|nie|rung, die; -, -en: das Disziplinieren; das Diszipliniertwerden

dis|zi|p|lin|los: ohne Disziplin (1)

Di|s|zi|si|on, Di|s|zis|si|on, die; -, -en ‹lat.› (Med.): operative Spaltung bzw. Zerteilung eines Organs od. Gewebes

Dit [di:], das; -s, -s ‹lat.-frz.›: altfranzösisches belehrendes Gedicht mit eingeflochtener Erzählung

Di|ter|pen, das; -s, -e ‹gr.; gr.-lat.-mlat.-nlat.› (Chemie): aus vier Isopreneinheiten aufgebautes ↑Terpen

Di|the|ring [ˈdɪðərɪŋ], das; -s ‹engl.›: Verfahren, bei dem auf dem Computerbildschirm tatsächlich nicht vorhandene Zwischenfarben simuliert werden

Di|thy|ram|be, die; -, -n ‹gr.-lat.›: **a)** kultisches Weihelied auf Dionysos; **b)** Loblied, begeisternde Würdigung. **di|thy|ram|bisch:** begeistert

Di|thy|ram|bos, der; -, ...ben ‹gr.›: ↑Dithyrambe

Di|thy|ram|bus, der; -, ...ben ‹gr.-lat.›: ↑Dithyrambe

di|to ‹lat.-it.-frz.; »besagt«›: dasselbe, ebenso (steht stellvertretend für vorher Genanntes) (Abk.: do., dto.); vgl. detto. **Di|to,** das; -s, -s: Einerlei

Di|tro|chä|us, der; -, ...äen ‹gr.-lat.›: doppelter ↑Trochäus (–◡–◡)

Dit|to|gra|fie, Dit|to|gra|phie, die; -, ...ien ‹gr.-nlat.; »Doppelschreibung«›: **1.** fehlerhafte Wiederholung eines Buchstabens, einer Silbe, eines Wortes in handgeschriebenen od. gedruckten Texten. **2.** doppelte Lesart od. Fassung einzelner Stellen in antiken Texten

Dit|to|lo|gie, die; -, ...ien (Med.): fehlerhaftes, doppeltes Aussprechen eines od. mehrerer Laute, bes. beim Stottern

Di|u|re|se, die; -, -n ‹gr.-nlat.› (Med.): Prozess der Harnbildung u. -ausscheidung [durch die Nieren]

Di|u|re|ti|kum, das; -s, ...ka ‹gr.-lat.› (Med.): harntreibendes Mittel. **di|u|re|tisch** ‹gr.-lat.› (Med.): harntreibend

Di|ur|nal, das; -s, -e, **Di|ur|na|le,** das; -, ...lia ‹lat.-mlat.; »das Tägliche«›: Gebetbuch der katholischen Geistlichen mit den Tagesgebeten; Auszug aus dem ↑Brevier (1 a)

Di|ur|num, das; -s, ...nen ‹lat.› (österr. veraltet): Tagegeld

Di|va, die; -, -s u. ...ven ‹lat.-it.; »die Göttliche«›: **1. a)** gefeierte Sängerin, [Film]schauspielerin [die durch exzentrische Allüren von sich reden macht]; **b)** jmd., der durch besondere Empfindlichkeit, durch eine gewisse Exzentrik o. Ä. auffällt. **2. a)** Beiname altrömischer Göttinnen; **b)** Titel der nach ihrem Tode vergöttlichten römischen Kaiserinnen

Di|ver|bia, die (Plural) ‹lat.›: die gesprochenen Teile der altrömischen Komödie (Dialog, Wechselgespräch) (Ggs.: Cantica [1])

di|ver|gent ‹lat.-nlat.›: **1.** entgegengesetzt, unterschiedlich; vgl. divergierend (Ggs.: konvergent). **2.** (Math.) keinen Grenzwert habend. **Di|ver|genz,** die; -, -en: **1.** das Auseinandergehen, das Auseinanderstreben (von Meinungen, Zielen o. Ä.) (Ggs.: Konvergenz). **2.** (Med.) nach außen gerichtete Abweichung der Augenachsen von der normalen Parallellage bei ↑Strabismus

di|ver|gie|ren: auseinandergehen, -streben (Ggs.: konvergieren [b]). **di|ver|gie|rend:** auseinandergehend, in entgegengesetzter Richtung verlaufend (Ggs.: konvergierend)

di|vers ‹lat.›: **1.** einige, mehrere [verschiedene]. **2.** (Amtsspr.) intersexuell; nicht eindeutig weiblich od. männlich ausgeprägte Geschlechtsmerkmale aufweisend

Di|ver|sa, Diverse, die (Plural): Vermischtes, Allerlei

Di|ver|sant, der; -en, -en ‹lat.-russ.› (DDR): Saboteur; jmd., der Diversion (2) betreibt. **Di|ver|san|tin,** die; -, -nen: weibliche Form zu ↑Diversant

Di|ver|se vgl. Diversa

Di|ver|si|fi|ka|ti|on, die; -, -en ‹1: lat.-nlat.; 2: lat.-engl.›: **1.** Veränderung, Abwechslung, Vielfalt. **2.** (Wirtsch.) Ausweitung der Produktion eines Unternehmens auf neue, bis dahin nicht erzeugte Produkte. **di|ver|si|fi|zie|ren** ‹lat.-engl.›: ein Unternehmen auf neue Produktions- bzw. Produktbereiche umstellen. **Di|ver|si|fi|zie|rung,** die; -, -en: ↑Diversifikation

Di|ver|si|on, die; -, -en ‹1, 3: lat.; 2: lat.-russ.›: **1.** (veraltet) Angriff von der Seite, Ablenkung. **2.** (DDR) Sabotage gegen den Staat. **3.** (Rechtswiss.) Absehen von einer Strafverfolgung zugunsten einer Resozialisierung des Täters

Di|ver|si|tät, die; - ‹lat.›: Vielfalt, Vielfältigkeit

di|ver|tie|ren ‹lat.-frz.› (veraltet): ergötzen, belustigen

Di|ver|ti|kel, das; -s, - ‹lat.› (Med.): Ausbuchtung eines Hohlorgans (z. B. am Darm)

Di|ver|ti|ku|li|tis, die; -, ...itiden ⟨*lat.-nlat.*⟩ (Med.): Entzündung eines Divertikels

Di|ver|ti|ku|lo|se, die; -, -n (Med.): vermehrtes Auftreten von Divertikeln im Darm

Di|ver|ti|men|to, das; -s, -s u. ...ti ⟨*lat.-it.*⟩: **1.** einer Suite od. Sonate ähnliche, heitere Instrumentalkomposition. **2.** ↑Potpourri (1). **3.** freies, die strenge Thematik auflockerndes Zwischenspiel in der Fuge

Di|ver|tis|se|ment [divɛrtɪsəˈmɑ̃ː], das; -s, -s ⟨*lat.-frz.*⟩: **1.** Gesangs- od. Balletteinlage in französischen Opern des 17. u. 18. Jh.s. **2.** (selten) ↑Divertimento

di|vi|de et im|pe|ra ⟨*lat.;* »teile und herrsche!«⟩: stifte Unfrieden unter denen, die du beherrschen willst! (legendäres, sprichwörtlich gewordenes Prinzip der altrömischen Außenpolitik)

Di|vi|dend, der; -en, -en (Math.): Zahl, die durch eine andere geteilt wird (Ggs.: Divisor)

Di|vi|den|de, die; -, -n ⟨*lat.-frz.*⟩: der jährlich auf eine Aktie entfallende Anteil am Reingewinn

di|vi|die|ren: teilen (Ggs.: multiplizieren [1])

Di|vi|di|vi, die (Plural) ⟨*indian.-span.*⟩: gerbstoffreiche Schoten einer [sub]tropischen Pflanze

Di|vi|na|ti|on, die; -, -en ⟨*lat.*⟩: Voraussage von Ereignissen. **di|vi|na|to|risch** ⟨*lat.-nlat.*⟩: vorahnend, seherisch

Di|vi|ni|tät, die; - ⟨*lat.*⟩: Göttlichkeit; göttliches Wesen

Di|vis, das; -es, -e ⟨*lat.*⟩: **1.** (veraltet) Teilungszeichen. **2.** (Druckw.) Bindestrich

di|vi|si ⟨*lat.-it.*⟩: musikalisches Vortragszeichen, das Streichern bei mehrstimmigen Stellen vorschreibt, dass diese nicht mit Doppelgriffen, sondern geteilt (von zwei Musikern) zu spielen sind (Abk.: div.)

Di|vi|si|on, die; -, -en ⟨1: *lat.;* 2: *lat.-frz.*⟩: **1.** (Math.) Teilung (Ggs.: Multiplikation). **2.** militärische Einheit

Di|vi|si|o|när, der; -s, -e ⟨*lat.-frz.*⟩ (bes. schweiz.): Befehlshaber einer Division

Di|vi|si|o|nis|mus, der; -: Richtung der modernen französischen Malerei (Zerteilung der Farben in einzelne Tupfen), Vorstufe des ↑Pointillismus. **Di|vi|si|o|nist,** der; -en, -en: Vertreter des Divisionismus. **Di|vi|si|o|nis|tin,** die; -, -nen: weibliche Form zu ↑Divisionist

Di|vi|sor, der; -s, ...oren ⟨*lat.*⟩ (Math.): Zahl, durch die eine andere geteilt wird (Ggs.: Dividend)

Di|vi|so|ri|um, das; -s, ...ien ⟨*lat.-nlat.*⟩ (Druckw. früher): gabelförmige Blattklammer des Setzers zum Halten der Vorlage

Di|vul|ga|tor, der; -s, ...oren ⟨*lat.*⟩: Verbreiter, Propagandist

Di|vul|si|on, die; -, -en ⟨*lat.*⟩ (Med.): gewaltsame Trennung, Zerreißung

Di|vus ⟨*lat.;* »der Göttliche«⟩: Titel römischer Kaiser

Di|wan, der; -s, -e ⟨*pers.-türk.-roman.*⟩: **1.** (veraltend) niedrige gepolsterte Liege ohne Rückenlehne. **2.** (Geschichte) türkischer Staatsrat. **3.** orientalische Gedichtsammlung

Di|xie, der; -[s] (ugs.): Kurzform von ↑Dixieland, ↑Dixieland-Jazz

Di|xie|land [...lɛnt], der; -[s], **Di|xie|land-Jazz** [...dʒæz], der; -, **Di|xie|land|jazz** [...dʒæz], der; - ⟨*amerik.*⟩: Variante des Jazz, die dem ↑Ragtime ähnelt

di|zy|got ⟨*gr.*⟩: zweieiig; aus zwei befruchteten Eizellen stammend (von Zwillingen); vgl. monozygot

DJ [ˈdiːdʒɛɪ̯], der; -[s], -s: kurz für ↑Discjockey

Djak, der; -en, -en ⟨*gr.(-russ.)*⟩: (im zaristischen Russland bis zum Beginn des 18. Jh.s) Schriftführer; Sekretär; gehobener Verwaltungsbeamter

Dja|maa [dʒ...] vgl. Dschamaa

DJane [diːˈdʒɛɪ̯n], die; -, -s: weibliche Form zu ↑DJ

Djan|na vgl. Dschanna

DJ-Bat|tle [...bɛtl̩], die, (auch:) der; -[s], -s ⟨*engl.*⟩ (Jargon): Wettbewerb für ↑DJs

Djem|be [dʒ...], die; -, -n ⟨*afrik.-frz.*⟩: afrikanische Holztrommel

Dji|had [dʒiˈhaːt] vgl. Dschihad

Djo|she|gan vgl. Dschuscheghan

Dju|ma [dʒ...], die; - ⟨*arab.*⟩: Freitagsgebet (im Islam)

DNA [ˈdeːʔɛnˈʔaː], die; - ⟨Abk. für *engl. d*eoxyribo*n*ucleic *a*cid⟩: engl. Abk. für ↑Desoxyribonukleinsäure

DNA-Ana|ly|se, die; -, -n: experimentelle Untersuchung von DNA zur Aufklärung ihrer Struktur u. Funktion, in der Rechtsmedizin zur Zuordnung zu Individuen

DNA-Chip [...tʃɪp], der; -s, -s ⟨*engl.*⟩: mit verschiedenen, genau positionierten DNA-Molekülen beladener Kunststoff- od. Glaschip zur schnellen Analyse von Nukleinsäuren

DNA-Fin|ger|prin|ting, das; -[s] ⟨*engl.*⟩: gentechnisches Verfahren, das der Identifizierung von Personen anhand von Körpersekreten, Blut, Haaren od. Gewebeteilen dient

DNS [deːʔɛnˈʔɛs], die; -: Abk. für Desoxyribonukleinsäure (↑DNA)

DNS-Fin|ger|prin|ting [deːʔɛnˈʔɛs-fɪŋɡɐprɪntɪŋ], das; -[s] ⟨*engl.*⟩: DNA-Fingerprinting

do ⟨*it.*⟩: Silbe, auf die man den Ton c singen kann; vgl. Solmisation

do|cen|do dis|ci|mus ⟨*lat.*⟩: durch Lehren lernen wir

doch|misch: den Dochmius betreffend; **dochmischer Vers:** ↑Dochmius. **Doch|mi|us,** der; -, ...ien ⟨*gr.-lat.;* »der Krumme, der Schiefe«⟩: altgriechischer Versfuß (rhythmische Einheit)

Dock, das; -s, -s, (selten:) -e ⟨*niederl.* od. *engl.*⟩: Anlage zum Ausbessern von Schiffen. **do|cken: 1. a)** ein Schiff ins Dock bringen; **b)** im Dock liegen. **2.** ein Docking vornehmen

Do|cker, der; -s, -: Hafenarbeiter

Do|cking, das; -s, -s ⟨*engl.*⟩: Ankoppelung eines Raumfahrzeugs an ein anderes

Do|cking|sta|tion [...stɛɪ̯ʃn̩], die; -, -s ⟨*engl.*⟩ (EDV): Vorrichtung, die eine Verbindung von tragbaren elektronischen Geräten mit der Stromversorgung od. zu [mehreren] anderen Geräten herstellt

Doc|tor iu|ris ut|ri|us|que, der; - - -, -es [...ˈtoːreːs...] - - ⟨*lat.*⟩: Doktor beider Rechte (des weltlichen u. kanonischen Rechts) (Abk.: Dr. j. u.)

Do|cu|tain|ment [dɒkjuˈtɛɪ̯nmənt], **Do|ku|tain|ment,** das; -s ⟨Kurzw. aus *engl. docu*mentary u. Enter*tainment*⟩: der Unterhaltung dienende dokumentarische Filme u. Fernsehprogramme

Do|de|ka|dik, die; - ⟨*gr.-nlat.*⟩: ↑Duodezimalsystem. **do|de|ka|disch:** ↑duodezimal

Do|de|ka|eder, das; -s, - ⟨*gr.*⟩: **1.** ein von 12 Flächen begrenzter Körper. **2.** Kurzform von ↑Pentagondodekaeder. **Do|de|ka|fo|nie,** Dodekaphonie, die; -: Zwölftonmusik. **do|de|ka|fo|nisch,** dodekaphonisch: die Dodekafonie betreffend. **Do|de|ka|fo|nist,** Dodekaphonist, der; -en, -en: Vertreter der Zwölftonmusik. **Do|de|ka|fo|nis|tin,** Dodekaphonistin, die; -, -nen: weibliche Form zu ↑Dodekafonist. **Do|de|ka|pho|nie** usw. vgl. Dodekafonie usw.

Do|de|ka|po|lis, die; - ⟨*gr.*⟩: (im alten Griechenland) Bund aus 12 Städten

Do|do, der; -s, -s ⟨*port.*⟩: ausgestorbener, flugunfähiger Vogel

Doe|len|stück [ˈduːlən...], das; -[e]s, -e ⟨*niederl.*⟩: Gemälde eines niederländischen Malers des 16. u. 17. Jh.s (bes. Hals, Rembrandt u. van der Helst) mit der Darstellung einer festlichen Schützengesellschaft

Doe|skin® [ˈdoːskɪn], der; -[s] ⟨*engl.;* »Rehfell«⟩: kräftiger, glatter Wollstoff

Do|ga|res|sa, die; -, ...ssen ⟨*lat.-it.*⟩: Gemahlin des ↑Dogen

Dog|cart [ˈdɔgkɑːt], der; -s, -s ⟨*engl.;* »Hundekarren«⟩: offener, zweirädriger Einspänner [für die Jagd]

Do|ge [ˈdoːʒə], der; -n, -n ⟨*lat.-it.;* »Herzog«⟩ (Geschichte): **a)** (ohne Plural) Titel des Staatsoberhauptes in Venedig u. Genua; **b)** Träger dieses Titels

Dog|ge, die; -, -n ⟨*engl.*⟩: großer, schlanker Haus- u. Wachhund (eine Hunderasse)

[1]**Dog|ger,** der; -s, - ⟨*niederl.*⟩: niederländisches Fischereifahrzeug

[2]**Dog|ger,** der; -s ⟨*engl.*⟩: mittlere ↑Formation (5 a) des Juras; Brauner Jura; vgl. [2]Jura

Dog|ging, das; -s ⟨engl. Bildung aus *engl.* dog »Hund« und jogging »Jogging«⟩: **1.** Jogging od. ähnliches Fitnesstraining mit Hund. **2.** Teilnahme an oder Beobachtung von verabredeten sexuellen Begegnungen an öffentlichen Plätzen, meist im Freien

Dog|ma, das; -s, ...men ⟨*gr.-lat.*⟩: fester, als Richtschnur geltender [religiöser, kirchlicher] Lehr-, Glaubenssatz

Dog|ma|tik, die; -, -en ⟨*gr.-nlat.*⟩: wissenschaftliche Darstellung der [christlichen] Glaubenslehre. **Dog|ma|ti|ker,** der; -s, -: **1.** starrer Verfechter einer Ideologie, Anschauung od. Lehrmeinung. **2.** Lehrer der ↑Dogmatik. **Dog|ma|ti|ke|rin,** die; -, -nen: weibliche Form zu Dogmatiker. **dog|ma|tisch** ⟨*gr.-lat.*⟩: starr an eine Ideologie od. Lehrmeinung gebunden bzw. daran festhaltend

dog|ma|ti|sie|ren: zum Dogma erheben

Dog|ma|tis|mus, der; - ⟨*gr.-nlat.*⟩: starres Festhalten an Anschauungen od. Lehrmeinungen. **dog|ma|tis|tisch:** in Dogmatismus befangen; unkritisch denkend

Dog|skin, das; -[s] ⟨*engl.;* »Hundefell«⟩: Leder aus kräftigem Schaffell

do it your|self [ˈduː ɪt jɔːˈsɛlf] ⟨*engl.*⟩: mach es selbst!

Do-it-your|self-Be|we|gung, die; -: Bewegung, die für die eigene Ausführung handwerklicher Arbeiten plädiert

Do|jo [ˈdoːdʒo], das; -s, -s ⟨*jap.*⟩: (heiliger) Ort, an dem Kampfkünste gelehrt (u. geübt) werden, auch Stätte der Meditation

Do|ket, der; -en, -en (meist Plural) ⟨*gr.-nlat.*⟩: Anhänger des Doketismus. **do|ke|tisch:** auf dem Anschein beruhend. **Do|ke|tis|mus,** der; -: [frühchristliche] Sektenlehre, die Christus nur einen Scheinleib zuschreibt u. seinen persönlichen Kreuzestod leugnet

Do|ki|ma|sie, die; - ⟨*gr.*⟩: **1.** im alten Griechenland Prüfung aller Personen, die im Staatsdienst tätig sein wollten. **2.** ↑Dokimastik

Do|ki|ma|sio|lo|gie, die; - ⟨*gr.-nlat.*⟩: ↑Dokimastik

Do|ki|mas|tik, die; -: Gesamtheit aller Verfahren zur Bestimmung des [Edel]metallgehalts in Erzen. **do|ki|mas|tisch:** die Dokimastik betreffend; **dokimastische Analyse:** ↑Dokimastik

Dok|tor, der; -s, ...oren ⟨*lat.-mlat.;* »Lehrer«⟩: **1. a)** (ohne Plural) höchster akademischer Grad (Abk.: Dr.); **b)** jmd., der den Doktortitel hat (Abk.: Dr., im Plur. Dres., d. h. doctores). **2.** (ugs.) Arzt

Dok|to|rand, der; -en, -en: jmd., der sich mit einer Dissertation auf seine Promotion vorbereitet (Abk.: Dd.). **Dok|to|ran|din,** die; -, -nen: weibliche Form von ↑Doktorand

Dok|to|rat, das; -[e]s, -e: **1.** Doktorprüfung. **2.** Doktorgrad

dok|to|rie|ren (veraltet): **1.** den Doktorgrad erlangen. **2.** an der ↑Dissertation arbeiten

Dok|to|rin [auch: ˈdɔ...], die; -, -nen: weibliche Form zu ↑Doktor (2)

Dok|t|rin, die; -, -en ⟨*lat.*⟩: etwas, was als Grundsatz, programmatische Festlegung gilt

dok|t|ri|när ⟨*lat.-frz.*⟩: **1. a)** auf einer Doktrin beruhend; **b)** in der Art einer Doktrin. **2.** (abwertend) theoretisch starr u. einseitig

Dok|t|ri|när, der; -s, -e: Verfechter, Vertreter einer Doktrin. **Dok|t|ri|nä|rin,** die; -, -nen: weibliche Form zu ↑Doktrinär

Dok|t|ri|na|ris|mus, der; - ⟨*nlat.*⟩ (abwertend): wirklichkeitsfremdes, starres Festhalten an bestimmten Theorien od. Meinungen

dok|t|ri|nell: eine Doktrin betreffend

Do|ku, die; -, -s (ugs.): kurz für ↑Dokumentation (1 c), ↑Dokumentarfilm u. Ä.

Do|ku|ment, das; -[e]s, -e ⟨*lat.*⟩: **1.** Urkunde, Schriftstück. **2.** Beweisstück, Beweis. **3.** (EDV) strukturierte Menge von Daten; Datei

Do|ku|men|ta|list, der; -en, -en ⟨*lat.-nlat.*⟩: ↑Dokumentar

Do|ku|men|ta|lis|tik, die; -: fachwissenschaftliche Disziplin, die sich mit den Problemen bei der Mechanisierung des Prozesses der Informationssammlung, -speicherung u. -abrufung befasst

Do|ku|men|ta|lis|tin, die; -, -nen: weibliche Form zu ↑Dokumentalist

Do|ku|men|tar, der; -s, -e: jmd., der nach einer wissenschaftlichen Fachausbildung in einem Dokumentationszentrum od.

in einer Spezialbibliothek tätig ist (Berufsbez.)
Do|ku|men|tar|film, der; -[e]s, -e: Film, der Begebenheiten u. Verhältnisse möglichst genau, den Tatsachen entsprechend zu schildern versucht
Do|ku|men|ta|rin, die; -, -nen: weibliche Form zu ↑Dokumentar
do|ku|men|ta|risch: amtlich, urkundlich; beweiskräftig
Do|ku|men|ta|rist, der; -en, -en: jmd., der Dokumentarberichte, -filme o. Ä. herstellt. **Do|ku|men|ta|ris|tin,** die; -, -nen: weibliche Form zu ↑Dokumentarist
Do|ku|men|tar|spiel, das; -[e]s, -e: besondere Produktion des Fernsehens, in der ein historisches Ereignis in einer Spielhandlung nachgestaltet wird
Do|ku|men|ta|ti|on, die; -, -en: **1. a)** Zusammenstellung, Ordnung u. Nutzbarmachung von Dokumenten u. [Sprach]materialien jeder Art (z. B. Akten, Zeitschriftenaufsätze); **b)** das Zusammengestellte; **c)** aus dokumentarischen Texten, Originalaufnahmen bestehende Sendung o. Ä. **2.** beweiskräftiges Zeugnis, anschaulicher Beweis
Do|ku|men|ta|tor, der; -s, ...oren: ↑Dokumentarist. **Do|ku|men|ta|to|rin,** die; -, -nen: weibliche Form zu ↑Dokumentator
do|ku|men|tie|ren: 1. zeigen. **2.** [durch Dokumente] beweisen
Do|ku|soap, Do|ku-Soap [...sɔʊ̯p], die; -, -s ⟨*engl.*⟩: in Fortsetzungen erscheinender Dokumentarbericht mit mehr od. weniger stark inszeniertem Ablauf, der bewusst unterhaltsam od. anrührend gestaltet ist
Dol, das; -[s], - ⟨Kurzform von *lat.* dolor »Schmerz«⟩ (Med.): Messeinheit für die ↑Intensität einer Schmerzempfindung (Zeichen: dol)
Do|lan®, das; -[s] ⟨Kunstw.⟩: synthetische Faser, die bes. für Berufskleidung verwendet wird
Dol|by, Dol|by-Sys|tem®, das; -s: elektronisches Verfahren zur Unterdrückung von Störgeräuschen bei Tonaufzeichnungen u. Tonwiedergabe
dol|ce [ˈdɔltʃə] ⟨*lat.-it.*⟩ (Musik): sanft, weich, lieblich (Vortragsanweisung)
dol|ce far ni|en|te: »süß ists, nichts zu tun«. **Dol|ce|far|ni|en|te,** das; -: süßes Nichtstun
Dol|ce Stil nu|o|vo [- stil ˈnu̯ɔːvo], der; - - - ⟨»süßer neuer Stil«⟩: besondere Art des Dichtens, durch die der provenzalisch-sizilianische Minnesang im 13. Jh. in Mittel- u. Oberitalien unter dem Einfluss ↑platonischer (1) u. ↑scholastischer Elemente sowie der sozialen Umschichtung durch den Aufstieg des Bürgertums weiterentwickelt wurde
Dol|cet|to [...ˈtʃɛto], der; - ⟨»der Süßliche«⟩: anspruchsvolle Rotweinrebe Italiens, bes. des Piemont
Dol|ce Vi|ta, das od. die; - - ⟨»süßes Leben«⟩: luxuriöses Leben, das aus Müßiggang u. Vergnügungen besteht
Dol|ci|an vgl. Dulzian
dol|cis|si|mo [dɔlˈtʃisimo]: überaus sanft, süß
Dol|d|rums, die (Plural) ⟨*engl.*⟩ (Seemannsspr.): Windstillen, bes. der ↑äquatoriale Windstillengürtel; vgl. Kalmenzone
Dôle [doːl], der; -s, -s ⟨*frz.*⟩: ein Rotwein aus dem Schweizer Wallis
do|len|te, dolendo: ↑doloroso
Do|le|rit [auch: ...ˈrɪt], der; -s, -e ⟨*gr.-nlat.*⟩: grobkörnige Basaltart. **Do|li|cho|ze|pha|lie,** die; - (Med.): Fehlbildung, bei der der Schädel abnorm schmal u. lang ist
do|lie|ren vgl. dollieren
Do|li|ne, die; -, -n ⟨*slowen.*⟩ (Geogr.): trichterförmige Vertiefung der Erdoberfläche, bes. im ↑Karst
Dol|lar, der; -[s], -s (aber: 30 Dollar) ⟨*niederd.-amerik.*⟩: Währungseinheit in den USA, in Kanada u. anderen Ländern (1 Dollar = 100 Cent) (Zeichen: $)
Dol|lar|scrip, der; -s, -s: Spezialgeldschein für die amerikanische Besatzungstruppe nach 1945; vgl. Scrip
dol|lie|ren ⟨*lat.-frz.*⟩: Leder abschaben, abschleifen
Dol|ly, der; -[s], -s ⟨*engl.*⟩: **a)** fahrbares Stativ für eine Filmkamera; **b)** Wagen mit aufmontierter Kamera
Dol|ma, das; -[s], -s (meist Plural) ⟨*türk.*⟩: türkisches Nationalgericht aus Kohl- u. Weinblättern, die mit gehacktem Hammelfleisch u. Reis gefüllt sind
Dol|man, der; -s, -e ⟨*türk.(-ung.)*⟩: **1.** geschnürte Jacke der alttürkischen Tracht. **2.** mit Schnüren besetzte Jacke der Husaren. **3.** kaftanartiges Frauengewand in den ehemals türkischen Gebieten des Balkans
Dol|men, der; -s, - ⟨*breton.-frz.;* »Steintisch«⟩: tischförmig gebautes Steingrab der Jungsteinzeit u. frühen Bronzezeit
Dol|metsch, der; -[e]s, -e ⟨*Mitanni-türk.-ung.*⟩: **a)** (österr., sonst selten) ↑Dolmetscher; **b)** Fürsprecher
dol|met|schen: a) einen gesprochenen Text für jmdn. mündlich übersetzen; **b)** als ↑Dolmetscher tätig sein
Dol|met|scher, der; -s, -: jmd., der [berufsmäßig] mündlich übersetzt. **Dol|met|sche|rin,** die; -, -nen: weibliche Form zu ↑Dolmetscher
Do|lo|mit [auch: ...ˈmɪt], der; -s, -e ⟨*frz.-nlat.;* nach dem frz. Mineralogen Dolomieu⟩: **1.** ein Mineral. **2.** ein Sedimentgestein
do|lo|ros, do|lo|rös ⟨*lat.(-frz.)*⟩: schmerzhaft, schmerzerfüllt
Do|lo|ro|sa, die; - ⟨*lat.*⟩: ↑Mater dolorosa
do|lo|ro|so ⟨*lat.-it.*⟩ (Musik): klagend, betrübt, trauervoll (Vortragsanweisung)
do|los ⟨*lat.*⟩ (Rechtsspr.): **a)** vorsätzlich; **b)** arglistig
Do|lus, der; - (Rechtsspr.): Arglist, böser Vorsatz
Do|lus di|rec|tus, der; - - (Rechtsspr.): Vorsatz im vollen Bewusstsein der Folgen einer Tat u. ihrer strafrechtlich erfassten Verwerflichkeit
Do|lus even|tu|a|lis, der; - - (Rechtsspr.): bedingter Vorsatz, d. h. bewusstes Inkaufnehmen der Nebenfolgen einer Tat
[1]Dom, der; -[e]s, -e ⟨*lat.-it.-frz.;* »Haus (der Christengemeinde)«⟩: Bischofs-, Haupt-, Stiftskirche mit ausgedehntem ↑[1]Chor (1)
[2]Dom, der; -[e]s, -e ⟨*gr.-provenzal.-frz.*⟩: **1.** Kuppel, gewölbte Decke. **2.** gewölbter Aufsatz eines Dampfkessels od. Destillierapparats
[3]Dom, der; - ⟨*lat.-port.;* »Herr«⟩: in

Verbindung mit dem Taufnamen gebrauchte port. Bez. für Herr

[4]**Dom**, der; -s, -s ⟨*sanskr.-Hindi*⟩: Angehöriger einer niedrigen ↑Kaste Indiens

Do|ma, das; -s, ...men ⟨*gr.-lat.*⟩: Kristallfläche, die zwei Kristallachsen schneidet

Do|main [do'meɪn], die; -, -s od. das; -[s], -s ⟨*lat.-frz.-engl.*⟩: Teilbereich eines elektronischen Netzwerks (meist Bestandteil einer Internetadresse)

Do|mai|ne [dɔ'mɛ:nə], die; -, -s ⟨*frz.* »Landgut, Länderei«⟩: in Frankreich Weingut, das ausschließlich Weine aus eigenen Trauben erzeugt

Do|mä|ne, die; -, -n ⟨*lat.-frz.;* »Herrschaftsgebiet«⟩: **1.** Staatsgut, -besitz. **2.** Spezialgebiet; Gebiet, auf dem sich jmd. besonders betätigt o. Ä. **3.** ↑Domain

do|ma|ni|al ⟨*frz.*⟩: zu einer Domäne gehörend, eine Domäne betreffend

Do|ma|ti|um, das; -s, ...ien ⟨*gr.-nlat.;* »Wohnung«⟩: entsprechende Bildung an Pflanzenteilen (z. B. ein Hohlraum, ein Haarbüschel), die von anderen Organismen (z. B. Milben) bewohnt wird

Do|mes|tik, der; -en, -en ⟨*lat.-frz.*⟩: **1.** (meist Plural; veraltet) Dienstbote. **2.** Radrennfahrer, der dem besten Fahrer einer Mannschaft im Straßenrennen Hilfsdienste leistet

Do|mes|ti|ka|ti|on, die; -, -en: Zähmung u. [planmäßige] Züchtung von Haustieren u. Kulturpflanzen aus Wildtieren bzw. Wildpflanzen

Do|mes|ti|ke, der; -n, -n: ↑Domestik

Do|mes|ti|kin, die; -, -nen: **1.** weibliche Form zu ↑Domestik (1). **2.** (Jargon) Masochistin, die sadistische Handlungen an sich vornehmen lässt

do|mes|ti|zie|ren: **1.** Haustiere u. Kulturpflanzen aus Wildformen züchten. **2.** zähmen, bändigen

[1]**Do|mi|na**, die; -, ...nä ⟨*lat.;* »(Haus)herrin«⟩: Stiftsvorsteherin

[2]**Do|mi|na**, die; -, -s: Prostituierte, die sadistische Handlungen an einem Masochisten vornimmt

do|mi|nal: in der Art einer [2]Domina

do|mi|nant: **1.** (Biol.) vorherrschend, überdeckend (von Erbfaktoren) (Ggs.: rezessiv [1]). **2. a)** beherrschend, bestimmend; **b)** ↑dominierend (1 a). **3.** (Jargon) dominierend (2)

Do|mi|nant|ak|kord, der; -[e]s, -e (Musik): ↑Dominante (2b)

Do|mi|nan|te, die; -, -n ⟨*lat.-it.*⟩: **1.** vorherrschendes Material. **2.** (Musik) **a)** Quinte; fünfte Stufe der ↑diatonischen Tonleiter; **b)** Durdreiklang über der Quinte einer Dur- od. Molltonleiter

Do|mi|nant|sept|ak|kord, der; -[e]s, -e ⟨*lat.*⟩ (Musik): Dreiklang auf der Dominante (2 a) mit zusätzlicher kleiner ↑Septime

Do|mi|nanz, die; -, -en ⟨*lat.-nlat.*⟩: **1.** (Biol.) Eigenschaft von Erbfaktoren, sich gegenüber anderen Erbfaktoren desselben Gens sichtbar durchzusetzen (Ggs.: Rezessivität). **2. a)** das Dominieren (1 a); **b)** das Dominieren (1 b); Vorherrschaft

Do|mi|nat, der od. das; -[e]s, -e ⟨*lat.*⟩: absolutes, göttlich sanktioniertes römisches Kaisertum

Do|mi|na|ti|on, die; -, -en: das Dominieren (1 b), Beherrschung, Vormachtstellung

Do|mi|ni|ca, die; - ⟨Kurzform von dominica dies = der Tag des Herrn⟩: Sonntag; **Dominica in albis**: Weißer Sonntag (erster Sonntag nach Ostern, nach den bis dahin getragenen weißen Kleidern der neu Getauften in der alten Kirche)

do|mi|nie|ren: **1. a)** bestimmen, herrschen, vorherrschen; **b)** jmdn., etwas beherrschen. **2.** sadistische Handlungen an einem Masochisten vornehmen. **do|mi|nie|rend**: **1. a)** vorherrschend, überwiegend; **b)** beherrschend. **2.** (Jargon) sadistische Handlungen an einem Masochisten vornehmend

Do|mi|ni|ka|ner, der; -s, - ⟨*mlat.*⟩: Angehöriger des vom hl. Dominikus im Jahre 1215 gegründeten Predigerordens (Abk.: O. P. od. O. Pr.). **Do|mi|ni|ka|ne|rin**, die; -, -nen: weibliche Form zu ↑Dominikaner. **do|mi|ni|ka|nisch**: die Dominikaner betreffend

Do|mi|ni|on [do'mɪni̯ən], das; -s, -s u. ...nien ⟨*lat.-frz.-engl.*⟩ (Geschichte): ein der Verwaltung nach selbstständiges Land des Britischen Reiches u. Commonwealth

Do|mi|ni|um, das; -s, ...ien ⟨*lat.*⟩ (veraltet): Herrschaft, Herrschaftsgebiet

[1]**Do|mi|no**, der; -s, -s: **a)** langer [seidener] Maskenmantel mit Kapuze u. weiten Ärmeln; **b)** Träger eines solchen Kostüms

[2]**Do|mi|no**, das; -s, -s ⟨*lat.-it.-frz.*⟩: Spiel, bei dem rechteckige, mit Punkten versehene Steine nach einem bestimmten System aneinandergelegt werden

[3]**Do|mi|no**, der; -s, -s (österr.): Spielstein im [2]Domino

Do|mi|no|ef|fekt, der; -[e]s ⟨nach den in der Art einer Kettenreaktion umfallenden hintereinander aufgestellten Dominosteinen⟩: durch ein Ereignis ausgelöste Folge von weiteren gleichartigen od. ähnlichen Ereignissen

Do|mi|nus, der; -, ...ni ⟨*lat.*⟩ (katholische Liturgie): Gott der Herr. **Do|mi|nus vo|bis|cum** ⟨»der Herr sei mit euch!«⟩: Gruß des Priesters an die Gemeinde in der lateinischen kath. Liturgie

Do|mi|zel|lar, der; -s, -e ⟨*lat.-mlat.*⟩ (veraltet): junger ↑Kanoniker, der noch keinen Sitz u. keine Stimme im ↑Kapitel (2) hat

Do|mi|zil, das; -s, -e ⟨*lat.*⟩: **1.** Wohnsitz, Wohnhaus. **2.** Zahlungsort [von Wechseln]. **3.** (Astrol.) einem bestimmten Planeten zugeordnetes Tierkreiszeichen

do|mi|zi|lie|ren ⟨*lat.-nlat.*⟩: **1.** ansässig sein. **2.** einen Wechsel an einem anderen Ort als dem Wohnort dessen, der den Scheck od. Wechsel zahlen muss, zur Zahlung anweisen

Do|mi|zil|wech|sel, der; -s, -: Wechsel, der an einem besonderen Domizil (2) einzulösen ist

Dom|ka|pi|tel, das; -s, -: Gemeinschaft von Geistlichen an bischöflichen Kirchen, die für die Gestaltung des Gottesdienstes verantwortlich sind u. den Bischof beraten

Dom|ka|pi|tu|lar, der; -s, -e: Mitglied des Domkapitels
Domp|teur [...'tøːɐ̯], der; -s, -e ⟨*lat.-frz.*⟩: Tierbändiger. **Domp|teu|rin** [...'tøːrɪn], die; -, -nen, **Domp|teu|se** [...'tøːzə], die; -, -n: Tierbändigerin
Dom|ra, die; -, -s u. ...ren ⟨*russ.*⟩: einer Laute ähnliches, altes russisches Instrument mit langem Hals, ovalem Klangkörper u. meist drei in Quarten gestimmten Saiten
Don (ohne Artikel) ⟨*lat.-span.* u. *lat.-it.*⟩: **a)** in Verbindung mit dem Vornamen gebrauchte spanische Bezeichnung für Herr; **b)** in Verbindung mit dem Vornamen gebrauchter Titel der Priester u. der Angehörigen bestimmter Adelsfamilien in Italien. **Do|ña** ['dɔnja] (ohne Artikel) ⟨*lat.-span.*⟩: in Verbindung mit dem Vornamen gebrauchte spanische Bezeichnung für Frau
Do|na|rit [auch: ...'rɪt], der; -s ⟨*nlat.*; nach dem germ. Gewittergott Donar⟩: bes. im Steinkohlenbergbau verwendeter pulvriger Sprengstoff
Do|na|tar, der; -s, -e ⟨*lat.-nlat.*⟩ (Rechtsspr.): Empfänger einer Schenkung
Do|na|ti|on, die; -, -en ⟨*lat.*⟩ (Rechtsspr.): Schenkung
Do|na|tis|mus, der; - ⟨*nlat.*; nach dem Bischof Donatus von Karthago⟩: rigoristische Bewegung (u. sich daraus entwickelnde Sonderkirche) in der nordafrikanischen Kirche vom 4. bis 7. Jh., in der sich religiöse, nationale u. soziale Elemente verbinden. **Do|na|tist**, der; -en, -en: Anhänger des Donatismus. **Do|na|tis|tin**, die; -, -nen: weibliche Form zu ↑Donatist
Do|na|tor, der; -s, ...oren ⟨*lat.*; »Spender«⟩: **1.** (schweiz., sonst veraltet) Stifter, Geber (bes. eines Buches). **2.** (Physik, Chemie) Atom od. Molekül, das [beim Ablauf einer chemischen Reaktion] ²Elektronen (1) od. Ionen abgibt. **Do|na|to|rin**, die; -, -nen: weibliche Form zu ↑Donator (1)
Do|ne|gal, der; -[s], -s ⟨nach der gleichnamigen irischen Grafschaft⟩: locker gewebter Mantelstoff aus Noppenstreichgarn in Köper- od. Fischgratbindung
Dö|ner, der; -s, -: Kurzform von ↑Döner Kebab
Dö|ner Ke|bab, der; - -[s], - -s, **Dö|ner Ke|bap** [auch: - 'keː...], der; - -[s], - -s, **Dö|ner|ke|bab**, der; -s, -s, **Dö|ner|ke|bap**, der; -s, -s ⟨(*arab.-)türk.*⟩: Kebab aus an einem senkrecht stehenden Spieß gebratenem, stark gewürztem Fleisch mit Fladenbrot, Knoblauchsoße u. weiteren Zutaten
Dong, der; -[s], -[s] (aber: 5 -) ⟨*vietnamesisch*; »Münze«⟩: Währungseinheit in Vietnam
Don|gle ['dɔŋgl̩], der; -s, -s ⟨*engl.*⟩ (EDV): **a)** Kopierschutz für kostenpflichtige Software; **b)** Einrichtung zur Sicherung eines Computers gegen unbefugte Benutzung
Don|gle|ware [...wɛːɐ̯], die; -, -s: kostenlose Software, die nur mit kostenpflichtigen Ergänzungen voll nutzbar ist
Don|jon [dõ'ʒõ], der; -s, -s ⟨*frz.*⟩: Hauptturm einer mittelalterlichen Burg in Frankreich
Don Ju|an [dɔn 'xu̯an, auch: dõ'ʒu̯ãː], der; - -s, - -s ⟨nach der gleichnamigen Sagengestalt in der span. Literatur⟩: Mann, der ständig neue erotische Beziehungen sucht; Frauenheld. **Don|ju|a|nis|mus**, der; - ⟨*span.-nlat.*⟩ (Psychoanalyse): Störung im männlichen Sexualverhalten, die sich in hemmungslosem Verlangen, dem Zwang, häufig den Partner zu wechseln, äußert
Don|key ['dɔŋki], der; -s, -s ⟨*engl.*; »Esel«⟩ (Seew.): Hilfskessel zum Betrieb der Lade- u. Transportvorrichtungen auf Handelsschiffen
Don|na ⟨*lat.-it.*⟩: in Verbindung mit dem Vornamen gebrauchter Titel in bestimmten italienischen Adelsfamilien
Don Qui|chotte [dɔnki'ʃɔt, auch: dõ...], der; - -[s], - -s ⟨*span.-frz.*; Romanheld bei Cervantes⟩: lächerlich wirkender Schwärmer, dessen Tatendrang an den realen Gegebenheiten scheitert
Don|qui|chot|te|rie, die; -, ...ien: törichtes, von Anfang an aussichtsloses Unternehmen aus weltfremdem Idealismus
Don|qui|chot|ti|a|de, die; -, -n: Erzählung im Stil des Romans »Don Quichotte« von Cervantes
Don Qui|jo|te, Don Qui|xo|te [dɔnki'xoːtə] ⟨*span.*⟩: ↑Don Quichotte
Dont|ge|schäft ['dõː...], das; -[e]s, -e ⟨*frz.*; *dt.*⟩ (Börsenw. veraltend): Börsengeschäft, bei dem die Erfüllung des Vertrages erst zu einem späteren Termin, aber zum Kurs des Abschlusstages erfolgt
Do|num, das; -s, Dona ⟨*lat.*⟩: Schenkung [eines Buches]
Do|nut, Doughnut ['doʊ̯nat], der; -s, -s ⟨*amerik.*⟩: rundes Hefegebäck mit einem Loch in der Mitte
doo|deln ['duː...] ⟨*engl.*⟩: nebenher in Gedanken kleine Männchen o. Ä. malen, kritzeln
Doo|ring ['dɔːrɪŋ], das; -s (meist ohne Artikel) ⟨*engl.*⟩ (Jargon): Behinderung od. Verletzung eines Radfahrers durch Öffnen der Autotür von innen
Do|pa|min, das; -s, -e ⟨Kunstw.⟩ (Biochemie): die Muttersubstanz der Hormone ↑Adrenalin u. Noradrenalin
Dope [doːp], das; -s ⟨*niederl.-engl.*⟩: Rauschgift, bes. Haschisch. **do|pen** [auch: 'doʊ̯pn̩]: durch [verbotene] Anregungsmittel zu einer vorübergehenden sportlichen Höchstleistung zu bringen versuchen. **Do|per** [auch: 'dɔpɐ], der; -s, -: jmd., der dopt. **Do|pe|rin** [auch: 'dɔpərɪn], die; -, -nen: weibliche Form zu ↑Doper
Do|ping [auch: 'doʊ̯...], das; -s, -s: [unerlaubte] Anwendung von Anregungsmitteln zur vorübergehenden Steigerung der sportlichen Leistung
Dop|pel|nel|son, der; -[s], -[s]: doppelter ↑Nelson beim Ringen u. Rettungsschwimmen
Dop|pik, die; - ⟨Kunstw.⟩: doppelte Buchführung
dop|pio mo|vi|men|to ⟨*it.*⟩ (Musik): doppelte Bewegung, doppelt so schnell wie bisher (Vortragsanweisung)
Dopp|ler|ef|fekt, der; -[e]s ⟨nach dem österr. Physiker u. Mathematiker Chr. Doppler (1803–1853)⟩ (Physik): Frequenzänderung je nach der abnehmenden od. zunehmenden Entfernung eines Erzeugers von Schall- od. Lichtwellen

Do|ra|de, die; -, -n ‹*lat.-frz.*›: Goldbrasse

Do|ra|do vgl. Eldorado

Do|rant, der; -[e]s, -e ‹*mlat.*›: (nach altem Volksglauben) zauberbrechende od. -abwehrende Pflanze (z. B. Löwenmaul)

do|risch ‹nach dem altgr. Stamm der Dorer›: **a)** die [Kunst der] Dorer betreffend; **b)** aus der Landschaft Doris stammend; **dorische Tonart** (Musik): eine der drei altgriechischen Stammtonarten, aus der sich die auf dem Grundton d stehende Haupttonart im mittelalterlichen System der Kirchentonarten entwickelte

Dor|meu|se [...ˈmøːzə], die; -, -n ‹*lat.-frz.*›: **1.** Haube der Rokokozeit zum Schutz der Frisur. **2.** bequemer Lehnstuhl des [1]Empire (b)

Dor|mi|to|ri|um, das; -s, ...ien ‹*lat.*›: **a)** Schlafsaal in einem Kloster; **b)** Teil eines Klostergebäudes, der die Einzelzellen enthält

Do|ro|ma|nie, die; - ‹*gr.*› (Med., Psychol.): krankhafte Sucht, Dinge zu verschenken

Do|ro|ni|cum, das; -s, - ‹*arab.-mlat.*› (Bot.): zu den Korbblütlern gehörende gelb blühende Pflanze; Gämswurz

dor|sal ‹*lat.-mlat.*›: **1.** (Med.) **a)** zum Rücken gehörend; **b)** am Rücken, an der Rückseite gelegen; zur Rückseite, zum Rücken hin; rückseitig. **2.** (Sprachwiss.) mit dem Zungenrücken gebildet (von Lauten). **Dor|sal,** der; -s, -e (Sprachwiss.): mit dem Zungenrücken gebildeter Laut

Dor|sa|le, das; -s, -: Rückwand eines Chorgestühls

Dor|sal|laut, der; -[e]s, -e: ↑Dorsal

dor|si|ven|t|ral ‹*lat.-nlat.*›: (von Pflanzenteilen u. Tieren) einachsig ↑symmetrisch (2)

dor|so|ven|t|ral (Anat., Biol.): vom Rücken zum Bauch hin gelegen

Dos, die; -, Dotes [ˈdoːteːs] ‹*lat.*› (Rechtsspr.): Mitgift

DOS ®, das; - ‹*engl.;* Kurzw. aus *D*isc *O*perating *S*ystem› (EDV): Betriebssystem für PCs

dos à dos [dozaˈdoː] ‹*lat.-vulgärlat.-frz.*› (Ballett): Rücken an Rücken

Do|sa|ge [doˈzaːʒə], die; -, -n ‹*frz.*›: das Zusetzen von in Wein gelöstem Zucker bei der Schaumweinherstellung

do|sie|ren ‹*gr.-mlat.-frz.*›: [eine bestimmte Menge] ab-, zumessen. **Do|sie|rung,** die; -, -en: **1.** das Dosieren. **2.** abgemessene, dosierte Menge von etwas

Do|si|me|ter, das; -s, - ‹*gr.-nlat.*› (Physik, Chemie, Med.): Gerät zur Messung der vom Menschen aufgenommenen Menge an radioaktiven Strahlen. **Do|si|me|t|rie,** die; -, ...ien (Physik, Chemie, Med.): Messung der Energiemenge von Strahlen (z. B. von Röntgenstrahlen)

Do|sis, die; -, ...sen ‹*gr.-mlat.*›: entsprechende, zugemessene [Arznei]menge

Dos|si|er [dɔˈsi̯eː], das, veraltet: der; -s, -s ‹*lat.-vulgärlat.-frz.*›: **1.** umfänglichere Akte, in der alle zu einer Sache, einem Vorgang gehörenden Schriftstücke enthalten sind. **2.** (bes. in der Presse) Dokumentation zu einem bestimmten Thema

dos|sie|ren: abschrägen, abböschen

Dos|sie|rung, die; -, -en: **1.** das Dossieren. **2.** leichte Neigung, Gefälle

Do|tal|sys|tem, das; -s ‹*lat.; gr.-lat.*› (Geschichte): System des ehelichen Güterrechts im römischen Recht, nach dem das Vermögen der Frau nach der Hochzeit in das des Mannes übergeht

Do|ta|ti|on, die; -, -en ‹*lat.-mlat.*›: **1.** Schenkung, Zuwendung von Geld od. anderen Vermögenswerten. **2.** Mitgift; vgl. ...ation/ ...ierung

Dot|com, das -s, -s u. die; -, -s ‹*engl.*›: Bezeichnung für ein Unternehmen der ↑New Economy, das seine Geschäfte hauptsächlich im Internet abwickelt

Do|tes: *Plural* von ↑Dos

do|tie|ren ‹*lat.(-frz.)*›: **1.** (in Bezug auf gehobene berufliche Positionen) in bestimmter Weise bezahlen. **2.** mit einer bestimmten Geldsumme o. Ä. ausstatten. **3.** (Physik) (zur gezielten Veränderung der elektrischen Leitfähigkeit) Fremdatome in Halbleitermaterial einbauen. **Do|tie|rung,** die; -, -en: **1.** das Dotieren. **2.** Entgelt, Gehalt, bes. in gehobeneren Angestelltenpositionen; vgl. ...ation/ ...ierung

dou|beln [ˈduːbl̩n] ‹*lat.-frz.*›: **a)** die Rolle eines Filmschauspielers bei gefährlichen Szenen, bei Proben o. Ä. übernehmen; **b)** eine Szene mit einem Double (1 a) besetzen

Dou|b|la|ge [duˈblaːʒə], die; -, -n: **1.** Vorgang des filmischen ↑Synchronisierens (3). **2.** durch Synchronisieren (3) hergestelltes Werk

Dou|ble [ˈduːbl̩], das; -s, -s: **1. a)** jmd., der einen Darsteller doubelt; **b)** Doppelgänger/-in. **2.** (Musik) Variation eines Satzes der ↑Suite (4) durch Verdoppelung der Notenwerte u. Verzierung der Oberstimme. **3.** Doubleface (b). **4.** (Sport) Gewinn der Meisterschaft u. des Pokalwettbewerbs durch dieselbe Mannschaft in einer Spielzeit

Dou|b|lé [duˈbleː], Dublee, das; -s, -s ‹*lat.-frz.*›: **1.** unedles Metall mit einem dünnen Überzug aus Edelmetall (bes. Gold). **2.** Stoß beim Billardspiel

Dou|ble|bind, das; -[s], -s, **Dou|ble Bind,** das; - - [ˈdabl̩baɪ̯nd] ‹*engl.;* eigtl. »Doppelbindung«› (Psychol.): Beziehung, Bindung zwischen einander nahestehenden Personen, bei der die eine Person sich der anderen gegenüber widersprüchlich äußert u. verhält

Dou|ble|face [ˈduːbl̩faːs, ˈdabl̩fɛɪ̯s], der od. das; -, -s [ˈduːbl̩faːs, ˈdabl̩fɛɪ̯sɪs]: **a)** Gewebe aus [Halb]seide od. Chemiefasern mit verschiedenfarbigen Seiten, die beide nach außen getragen werden können; **b)** dickes Doppelgewebe aus Streichgarn für Wintermäntel

dou|b|lie|ren [du...], dublieren: **1.** unedles Metall mit einem dünnen Überzug aus Edelmetall (bes. aus Gold) versehen. **2.** zwei od. mehrere Fäden vor dem Zwirnen zusammendrehen. **3.** (Druckw.) abschmieren (abfärben, wenn der Druckbogen aus der Maschine auf den Auslegetisch gelangt). **4.** (Kunstwiss.) bei der Restaurierung eines Gemäldes die Rückseite durch ein Gewebe od. eine Holztafel verstärken

dou|ce|ment [dus(ə)'mɑ̃:] ⟨*frz.*⟩: langsam, behutsam, sachte

Dou|ceur [du'sø:ɐ̯], das; -s, -s ⟨*lat.-frz.*⟩ (veraltet): Trinkgeld

Dough|nut ['dɔʊ̯nat] vgl. Donut

Dou|g|la|sie [du'gla:zi̯ə], Douglasfichte ['du:glas...] die; -, -n ⟨*nlat.;* nach dem schott. Botaniker David Douglas⟩: schnell wachsender Nadelbaum mit weichen Nadeln

Dou|g|las|raum ['dagləs...], der; -s ⟨nach dem schott. Arzt J. Douglas⟩ (Med.): Bauchfellgrube zwischen Mastdarm u. Blase bzw. Gebärmutter

Dou|g|las|skop, das; -s, -e (Med. früher): ↑ [1]Endoskop zur Betrachtung des Douglasraums. **Dou|g|las|sko|pie**, die; -, ...i̯en: Untersuchung des Douglasraums mittels Douglasskop

Dou|pi|on [du'pi̯ɔ̃:], der od. das; -[s] ⟨*frz.*⟩: naturseidenähnliches Noppengewebe

Dou|ri|ne [du'ri:nə], Durine, die; -, -n ⟨*arab.-frz.*⟩ (Tiermed.): [meldepflichtige] durch Trypanosomen verursachte Geschlechtskrankheit von Pferd u. Esel; Beschälseuche

do ut des ⟨*lat.;* »ich gebe, damit du gibst«⟩: **1.** altrömische Rechtsformel für gegenseitige Verträge od. Austauschgeschäfte. **2.** Ausdruck dafür, dass mit einer Gegengabe od. einem Gegendienst gerechnet wird

Dow-Jones-In|dex ['daʊ̯'dʒɔʊ̯ns...], der; -[es] ⟨nach der amerik. Firma Dow, Jones u. Co., die den Index ermittelt⟩ (Wirtsch.): Aufstellung der errechneten Durchschnittskurse der dreißig wichtigsten Aktien in den USA

Dow|las ['daʊ̯ləs], das; - ⟨*engl.*⟩: dichtes, gebleichtes Baumwollgewebe für Wäsche u. Schürzen

down [daʊ̯n] ⟨*engl.*⟩ (ugs.): sich körperlich, psychisch auf einem Tiefstand befindend; zerschlagen, ermattet; niedergeschlagen, bedrückt

Down|beat ['daʊ̯nbi:t], der; -[s], -s ⟨*engl.*⟩ (Musik): **1.** betonter Taktteil. **2.** (ohne Plural) durch langsame Beats u. atmosphärische Synthesizerklänge gekennzeichnete Stilrichtung der elektronischen Musik

down|cy|celn, down|cy|c|len ['daʊ̯nsai̯kl̩n] ⟨*engl.*⟩: einem Downcycling zuführen

Down|cy|c|ling ['daʊ̯nsai̯klɪŋ], das; -s ⟨*engl.*⟩: Nutzung von Abfallstoffen od. gebrauchten Gegenständen als geringerwertige Rohstoffe. **Dow|ner** ['daʊ̯nɐ], der; -s, - (Jargon): ↑ Tranquilizer

Down|grade ['daʊ̯ngrɛɪ̯d] ⟨*engl.*⟩ (Wirtsch.): Verschlechterung des Ratings (1)

Down|hill ['daʊ̯nhɪl], das, auch der; -s, -s ⟨*engl.*⟩: Abfahrtsrennen [von Berggipfeln] mit speziellen Mountainbikes

Dow|ning Street ['daʊ̯nɪŋ stri:t], die; - - ⟨nach dem engl. Politiker Sir George Downing⟩: **1.** Straße in London mit dem Amtssitz des britischen Premierministers. **2.** (ohne Artikel) die britische Regierung

Down|link ['daʊ̯nlɪŋk], der; -s, -s ⟨*engl.*⟩: **1.** (EDV) Verbindung von einem Provider zu einem Endgerät, über die Daten zum Endgerät gesendet werden. **2.** Übertragungsstrecke von einem Kommunikationssatelliten zu einer Bodenstation

Down|load ['daʊ̯nlɔʊ̯d], der od. das; -s, -s ⟨*engl.*⟩ (EDV): das Downloaden (Ggs.: Upload)

down|load|bar (EDV): für einen Download verfügbar

Down|load|code, Down|load-Code ['daʊ̯nlɔʊ̯dko:t], der; -s, -s (EDV): [kostenpflichtige] geheime Zeichenfolge, durch deren Angabe auf einer bestimmten Internetseite, bes. in einem Downloadshop, ein ↑ Download bezogen werden kann. **down|loa|den** (EDV): Daten von einem Computer, aus dem Internet herunterladen

Down|load|shop, Down|load-Shop ['daʊ̯nlɔʊ̯dʃɔp], der; -s, -s (EDV): Website, über die ein Unternehmen Waren od. Dienstleistungen im Internet zum Download anbietet

Dow|quark, Down-Quark ['daʊ̯nkwɑ:k], das; -s, -s ⟨*engl.;* vgl. Quark⟩ (Kernphysik): Elementarteilchen, das zusammen mit dem Upquark als Bestandteil von Protonen u. Neutronen vorkommt

down|shif|ten ['daʊ̯nʃɪftn̩] ⟨*engl.*⟩: bewusst auf beruflichen Aufstieg, Konsum und Luxus o. Ä. verzichten, um zu mehr innerer Ruhe zu finden

Down|shif|ting ['daʊ̯nʃɪftɪŋ], das; -s, -s (Plural selten): das Downshiften

Down|si|zing [...sai̯zɪŋ], das; -s ⟨*engl.*⟩ (Wirtsch.): das Verkleinern der Größe u. Verminderung der Aufgabenbereiche eines Unternehmens (durch Gründung von Tochtergesellschaften, durch ↑ Outsourcing u. Ä.)

Down|syn|drom, Down-Syn|drom ['daʊ̯n...], das; -s ⟨nach dem britischen Arzt J. L. H. Down, 1828–1896⟩ (Med.): (früher meist *Mongolismus* genanntes) genetisch bedingtes, durch schwerwiegende Entwicklungsstörungen u. Veränderungen gekennzeichnetes Erscheinungsbild eines Menschen

Down|time [...tai̯m], die; -, -s ⟨*engl.*⟩: Zeit, in der ein Computersystem gewartet od. gestört wird u. somit nicht verfügbar ist

Down|town ['daʊ̯ntaʊ̯n], die; -, -s ⟨*engl.-amerik.*⟩: in Nordamerika Bez. für Stadtzentrum, Innenstadt

Down Un|der [daʊ̯n 'andɐ] - -s (ohne Artikel) ⟨*engl.;* »in, nach (ganz) unten«⟩: Bez. für Australien u. Neuseeland

Do|xa, die; - ⟨*gr.*⟩ (Rel.): überweltliche Majestät Gottes; göttliche Wirklichkeit

Do|xa|le, das; -s, -s ⟨*mlat.*⟩: Gitter zwischen Chor u. Mittelschiff, bes. in barocken Kirchen

Do|xo|graf, Do|xo|graph, der; -en, -en ⟨*gr.-nlat.*⟩: einer der griechischen Gelehrten, die die Lehren der Philosophen nach Problemen geordnet sammelten

Do|xo|lo|gie, die; -, ...i̯en ⟨*gr.-mlat.*⟩: Lobpreisung, Verherrlichung Gottes od. der Dreifaltigkeit; vgl. [2]Gloria

Do|x|o|ru|bi|cin, das; -s ⟨*gr.-nlat.; lat.*⟩ (Med.): in der Chemotherapie von Krebserkrankungen eingesetztes ↑ Zytostatikum

Do|y|en [do̯a'jɛ̃:], der; -s, -s ⟨*lat.-frz.*⟩: dienstältester diplomatischer Vertreter u. meist Sprecher eines diplomatischen Korps. **Do|yenne** [...'jɛn], die; -, -n [...nən]: weibliche Form zu ↑ Doyen

Do|zent, der; -en, -en ‹*lat.;* »Lehrender«›: **a)** Lehrer an einer Hochschule, Fachhochschule od. Volkshochschule; **b)** Lehrer an einer Universität, der noch nicht zum Professor ernannt ist; **c)** Privatdozent. **Do|zen|tin**, die; -, -nen: weibliche Form zu ↑Dozent

Do|zen|tur, die; -, -en ‹*lat.-nlat.*›: **a)** akademischer Lehrauftrag; **b)** Stelle für eine Dozentin / einen Dozenten

do|zie|ren ‹*lat.*›: **a)** an einer Hochschule lehren; **b)** in belehrendem Ton reden

Drach|me, die; -, -n ‹*gr.-lat.*›: **1.** frühere griechische Währungseinheit. **2.** (Geschichte) ein Apothekergewicht unterschiedlicher Größe

Draft, der; -s, -s od. die; -, -s ‹*engl.*›: Verfahren, nach dem Vereine der nordamerikanischen Profisportligen der Reihe nach Nachwuchsspieler aus Listen auswählen

draf|ten: 1. beim ↑Draft einen Spieler wählen. **2.** beim Radsport im Windschatten eines anderen fahren

Drag-and-drop, Drag-and-Drop [ˈdræɡənd...], das; -s ‹*engl.*› (EDV): Computerfunktion, mit der grafische Elemente (z. B. Icons, Textstellen) durch Anklicken markiert u. mit gedrückter Maustaste auf dem Bildschirm bewegt u. so an anderer Stelle eingesetzt werden können

Drag-and-drop-Tech|nik, Drag-and-Drop-Tech|nik [dræɡ-ʔənd...], die; - ‹*engl.; gr.-frz.*› (EDV): Technik, die das Drag-and-drop ermöglicht

Dra|gee, Dra|gée [...ˈʒeː], das; -s, -s ‹*gr.-lat.-frz.*›: **1.** mit einem Glanzüberzug versehene Süßigkeit, die eine feste oder flüssige Masse enthält. **2.** linsenförmige Arznei, die aus einem Arzneimittel mit einem geschmacksverbessernden Überzug besteht

Dra|geur [...ˈʒøːɐ̯], der; -s, -e: jmd., der Dragees herstellt. **Dra|geu|rin** [...ˈʒøːrɪn], die; -, -nen: weibliche Form zu ↑Drageur

dra|gie|ren [...ʒ...]: Dragees herstellen

Dra|gist [...ʒ...], der; -en, -en: ↑Drageur. **Dra|gis|tin** [...ʒ...], die; -, -nen: weibliche Form zu ↑Dragist

Dra|go|man [auch: ...ˈmaːn], der; -s, -e ‹*arab.-mgr.-it.*›: [einheimischer, sich als Fremdenführer betätigender] Dolmetscher im Nahen Osten

Dra|gon, Dragun, der od. das; -s ‹*arab.-roman.*›: ↑Estragon

Dra|go|na|de, die; -, -n ‹*gr.-lat.-frz.*›: **a)** (Geschichte) von Ludwig XIV. angeordnete Gewaltmaßnahme zur Bekehrung der französischen Protestanten durch Einquartierung von Dragonern; **b)** gewaltsame Maßregel

Dra|go|ner, der; -s, - (Geschichte): Kavallerist auf leichterem Pferd, leichter Reiter

Drag|queen [ˈdræɡkwiːn], die; -, -s ‹*engl.*› (Jargon): glamourös gekleideter und geschminkter Transvestit

Drag-Ra|cing, Drag|ra|cing [ˈdræɡreɪsɪŋ], das; -s, -s ‹*engl.-amerik.*›: Motorsport, bei dem Drag-Races gefahren werden

Drag|s|ter [ˈdræɡstɐ], der; -s, - ‹*engl.*›: beim Drag-Racing gefahrenes Spezialfahrzeug

Dra|gun vgl. Dragon

Drain [drɛ̃ː, drɛːn], der; -s, -s, Drän, der; -s, -s u. -e ‹*engl.-frz.*›: **1.** (Technik) Entwässerungsgraben, -röhre. **2.** (Med.) Schlauch od. Röhrchen als Abflussmöglichkeit für Körperflüssigkeiten

Drai|na|ge, Dränage [drɛˈnaːʒə], die; -, -n: **1.** (Technik) System von Gräben od. Rohren zur Entwässerung des Bodens. **2.** (Med.) Ableitung von Wundabsonderungen bzw. Flüssigkeiten [nach außen] mithilfe eines Schlauchs od. Röhrchens

drai|nie|ren [drɛ...], dränieren: **1.** (Technik) den Boden durch ↑Drainung entwässern. **2.** (Med.) Wundabsonderungen, Körperflüssigkeiten durch Drains (2) ableiten. **Drai|nie|rung**, Dränierung, die; -, -en: ↑Drainung

Drai|nung [ˈdrɛː...], Dränung, die; -, -en: Entwässerung des Bodens durch Röhren- od. Grabensysteme, die das überschüssige Wasser sammeln u. ableiten

Drai|si|ne [auch: drɛ...], die; -, -n ‹nach dem dt. Erfinder K. F. Drais Freiherr v. Sauerbronn (1785–1851)›: **1.** Vorläufer des Fahrrads, Laufrad. **2.** kleines Schienenfahrzeug zur Streckenkontrolle

dra|ko|nisch ‹nach dem altgr. Gesetzgeber Drakon›: sehr streng, hart

Dra|kon|ti|a|sis, die; - ‹*gr.-nlat.*› (Med.): ↑Drakunkulose

Dra|kun|ku|lo|se, die; -, -n (Med.): Wurmkrankheit des Menschen, die durch den Medinawurm, einen im Unterhautbindegewebe schmarotzenden Fadenwurm, hervorgerufen wird

Dra|lon®, das; -[s] ‹Kunstw.›: synthetische Faser

DRAM [ˈdeːram], das; -[s], -[s] ‹Kurzw. aus *engl. d*ynamic *r*andom *a*ccess *m*emory› (EDV): Halbleiterchip mit [mindestens] 256 ↑Megabits

Dra|ma, das; -s, ...men ‹*gr.-lat.;* »Handlung, Geschehen«›: **1. a)** (ohne Plural) Bühnenstück: Tragödie u. Komödie umfassende literarische Gattung, in der eine Handlung durch die beteiligten Personen auf der Bühne dargestellt wird; **b)** Schauspiel [mit tragischem Ausgang]. **2.** erschütterndes od. trauriges Geschehen

Dra|ma|tik, die; -: **1.** dramatische Dichtkunst. **2.** Spannung, innere Bewegtheit. **Dra|ma|ti|ker**, der; -s, -: Verfasser von Dramen. **Dra|ma|ti|ke|rin**, die; -, -nen: weibliche Form zu ↑Dramatiker. **dra|ma|tisch: 1.** das Drama (1 a) betreffend, kennzeichnend, zum Drama gehörend. **2. a)** aufregend u. spannungsreich; **b)** drastisch, einschneidend

dra|ma|ti|sie|ren ‹*nlat.*›: **1.** einen literarischen Stoff als Drama für die Bühne bearbeiten. **2.** etwas lebhafter, aufregender darstellen, als es in Wirklichkeit ist

Dra|ma|tis Per|so|nae [- ...nɛ], die (Plural) ‹*lat.*›: die Personen, die in einem Drama (1 b) auftreten

Dra|ma|turg, der; -en, -en ‹*gr.;* »Schauspielmacher, -dichter«›: literatur- u. theaterwissenschaftlicher Berater bei Theater, Funk u. Fernsehen

Dra|ma|tur|gie, die; -, ...ien: **1.** Lehre von der äußeren Bauform u. den Gesetzmäßigkeiten der inneren Struktur des Dramas, bes. im Hinblick auf die praktische Realisierung. **2.** Bearbeitung u. Gestaltung eines Dramas, Hörspiels, [Fernseh]films o. Ä. **3.** Abteilung der beim Theater, Funk od. Fernsehen beschäftigten Dramaturgen

Dra|ma|tur|gin, die; -, -nen: weibliche Form zu ↑Dramaturg. **dra|ma|tur|gisch: 1.** die Dramaturgie (1) betreffend. **2.** die Kunst der Gestaltung eines Stücks, einer Szene betreffend. **3.** die Dramaturgie (3) betreffend

Dram|ma per Mu|si|ca, das; - - -, ...mi - - ⟨*it.*⟩: Oper, musikalisches Drama im Italienischen

Dra|mo|lett, das; -s, -e (auch: -s) ⟨*gr.-lat.-frz.*⟩: kurzes Bühnenspiel

Drän vgl. Drain

Drä|na|ge [drɛˈnaːʒə] vgl. Drainage

drä|nie|ren vgl. drainieren

Drä|nie|rung vgl. Drainierung

Drä|nung vgl. Drainung

Drap [dra], der; - ⟨*vulgärlat.-frz.*⟩: festes Wollgewebe

Dra|pa, die; -, Drapur ⟨*altnord.*⟩: altnordische Gedichtform

Dra|pé vgl. Drapee

Dra|peau [...ˈpoː], das; -s, -s (veraltet): Fahne, Banner

Dra|pee, Drapé, der; -s, -s ⟨*vulgärlat.-frz.*⟩: feiner, einfarbiger Anzug- od. Kostümstoff aus Kammgarn [u. Streichgarn]

Dra|pe|rie, die; -, ...ien: **1.** kunstvoller Faltenwurf eines Vorhangs od. Kleides. **2.** strahlenförmiges Nordlicht

dra|pie|ren: 1. kunstvoll in Falten legen. **2.** mit kunstvoll gefaltetem Stoff behängen, schmücken. **3.** Gegenstände kunstvoll anordnen

drapp, drapp|far|ben, drapp|far|big (österr. veraltet): sandfarben (von Stoffen)

Dra|pur: *Plural* von ↑Drapa

Dras|tik, die; - ⟨*gr.*⟩: derbe Anschaulichkeit u. Direktheit

Dras|ti|kum, das; -s, ...ka ⟨*gr.-nlat.*⟩ (Med.): starkes Abführmittel

dras|tisch ⟨*gr.*⟩: **a)** anschaulich-derb [und auf diese Weise sehr wirksam]; **b)** sehr stark, deutlich in seiner [negativen] [Aus]wirkung spürbar

Draw|back [ˈdrɔːbɛk], das; -[s], -s ⟨*engl.*⟩: Rückvergütung von zu viel bezahltem Zoll

dra|wi|disch: zu der Völkergruppe der Drawida in Mittel- u. Südindien gehörend

Draw|ing-Room, Dra|w|ing|room [ˈdrɔːɪŋruːm] der; -s, -s ⟨*engl.;* »Zimmer, in das man sich zurückzieht«⟩: engl. Bez. für: Empfangs- u. Gesellschaftszimmer

Dra|zä|ne, die; -, -n ⟨*gr.-nlat.*⟩: zu den Liliengewächsen gehörende Zimmerblattpflanze; Drachenbaum

Dread|locks [ˈdrɛd...], die (Plural) ⟨*engl.;* »Furchtlocken«⟩: (zum Beispiel von den Rastafaris) als Frisur getragene, durch Kämmen gegen den Strich verfilzte Haarsträhnen

Dread|nought [ˈdrɛdnɔːt], der; -s, -s ⟨*engl.;* »Fürchtenichts«⟩ (Geschichte): englisches Großkampfschiff

Dream-Team, Dream|team [ˈdriːmtiːm], das; -s, -s ⟨*engl.;* »Traumteam«⟩: in ihrer Art als ideal [zusammengesetzt] empfundene Mannschaft

Dre|pa|no|zyt, der; -en, -en (meist Plural) ⟨*gr.*⟩ (Med.): Sichelzelle, sichelförmiges rotes Blutkörperchen. **Dre|pa|no|zy|to|se**, die; - (Med.): Sichelzellenanämie, schwere Form einer erblichen Anämie, bei der sich Drepanozyten ausbilden

Dress, der; - u. -es, -e, österr.: die; -, -en ⟨*lat.-vulgärlat.-frz.-engl.*⟩: besondere Kleidung (z. B. Sportkleidung)

Dres|sat, das; -[e]s, -e ⟨*lat.-vulgärlat.-frz.-nlat.*⟩: **1.** Ergebnis einer Tierdressur. **2.** (Psychol.) zur automatischen Gewohnheit gewordene anerzogene Verhaltens-, Reaktionsweise. **Dress|code, Dress-Code** [ˈdrɛskoʊd], der; -s, -s ⟨*engl.*⟩: Kleiderordnung für Büro, Veranstaltungen u. Partys

Dres|seur [...ˈsøːɐ̯], der; -s, -e ⟨*lat.-vulgärlat.-frz.*⟩: jmd., der Tiere dressiert, abrichtet. **Dres|seu|rin** [...ˈsøːrɪn], die; -, -nen: weibliche Form zu ↑Dresseur

dres|sie|ren: 1. a) Tiere abrichten; einem Tier bestimmte Fähigkeiten beibringen; **b)** (abwertend) jmdn. durch Disziplinierung zu einer bestimmten Verhaltensweise bringen. **2. a)** einem Gericht, bes. Geflügel, durch Zusammenbinden od. -nähen vor dem Braten eine zum Servieren geeignete Form geben; **b)** mit einer Creme o. Ä. verzieren, die aus einem Spritzbeutel gedrückt wird; **c)** durch Ausdrücken aus einem Spritzbeutel bestimmte Formen aus Teig, Creme o. Ä. bilden. **3.** Hüte unter Dampf in der Hutpresse formen. **4.** (Spinnerei) Schappeseide kämmen. **5.** (Technik) nachwalzen

Dres|sing, das; -s, -s ⟨*lat.-vulgärlat.-frz.-engl.*⟩: **1.** Marinade (1); Salatsoße. **2.** Kräuter- od. Gewürzmischung für Bratenfüllungen

Dres|sing|gown [...gaʊ̯n], der, auch: das; -s, -s ⟨*engl.*⟩: [Herren]morgenmantel mit Schalkragen u. geschlungenem Gürtel

Dress|man [...mən], der; -s, ...men [...mən] ⟨*dt.* Bildung aus *engl. dress* u. *man*⟩: **1. a)** männliche Person, die auf Modeschauen Herrenkleidung vorführt; **b)** männliches Fotomodell. **2.** (verhüllend in Anzeigen) junger Mann, der sich prostituiert

Dres|sur, die; -, -en ⟨*lat.-vulgärlat.-frz.-nlat.*⟩: **1. a)** das Abrichten von Tieren; **b)** (abwertend) die Disziplinierung von Personen. **2.** Kunststück eines dressierten Tieres. **3.** (ohne Plural) Kurzform von Dressurreiten

Drib|bel, das; -s, - ⟨*engl.*⟩: das Dribbeln. **drib|beln** (Sport): den Ball, die Scheibe (beim Hockey) durch kurze Stöße [über größere Strecken] vorwärtstreiben

Dribb|ler, der; -s, -: Spieler, der [gut] zu dribbeln versteht. **Dribb|le|rin**, die; -, -nen: weibliche Form zu ↑Dribbler

Dribb|ling, das; -s, -s: das Dribbeln

Drink, der; -s, -s ⟨*engl.*⟩: alkoholisches [Misch]getränk

Drive [draɪ̯f, engl.: draɪ̯v], der; -s, -s ⟨*engl.*⟩: **1. a)** Schwung, Lebendigkeit, Dynamik; **b)** Neigung, starker Drang, Tendenz. **2.** besonderer Schlag (Treibschlag) beim Golfspiel u. Tennis. **3.** Steigerung der rhythmischen Intensität u. Spannung im Jazz

Drive-in, der od. das; -[s], -s:

Kurzform von Drive-in-Kino, Drive-in-Restaurant

Drive-in-Ki|no, das; -s, -s: ↑Autokino

Drive-in-Re|s|tau|rant, das: Schnellgaststätte für Autofahrende mit Bedienung am Fahrzeug

dri|ven [ˈdraɪvn̩] (bes. Golf): einen Treibball spielen

Dri|ver [ˈdraɪvɐ], der; -s, -: **1.** Golfschläger für Abschlag und Treibschlag. **2.** (EDV) Programm (4), mit dem ein peripheres Gerät (z. B. ein Drucker) gesteuert wird; Treiber

DRM = digital rights management

Dro|ge, die; -, -n ‹*niederd.-frz.*›: **1. a)** Rauschgift; **b)** (veraltend) Arzneimittel. **2.** (durch Trocknen haltbar gemachter) pflanzlicher od. tierischer Stoff, der als Arznei-, Gewürzmittel u. für technische Zwecke verwendet wird

Dro|gen|dea|ler [...diːlɐ], der; -s, -: Rauschgifthändler; vgl. Dealer. **Dro|gen|dea|le|rin,** die; -, -nen: weibliche Form zu ↑Drogendealer

Dro|ge|rie, die; -, ...ien: Einzelhandelsgeschäft zum Verkauf von bestimmten, nicht apothekenpflichtigen Heilmitteln, Chemikalien u. kosmetischen Artikeln

Dro|gist, der; -en, -en: Besitzer od. Angestellter einer Drogerie mit spezieller Ausbildung. **Dro|gis|tin,** die; -, -nen: weibliche Form zu ↑Drogist

Dro|le|rie, die; -, ...ien ‹*frz.*›: lustige Darstellung von Menschen, Tieren u. Fabelwesen in der ↑Gotik

Dro|me|dar [auch: ˈdroː...], das; -s, -e ‹*gr.-lat.-frz.;* »Renner, Rennkamel«›: einhöckeriges Kamel in Nordafrika u. Arabien

Dron|te, die; -, -n ‹*frz.*›: (im 17. Jh. ausgestorbener) flugunfähiger Taubenvogel

¹Drop|box® (ohne Artikel) ‹*engl.*›: ein Anbieter von ↑Webhosting

²Drop|box®, die; -, -en u. -es [...ɪs]: bei ¹Dropbox® angelegtes Dateiverzeichnis

Drop-down-Me|nü [...ˈdaʊ̯n...], das; -s, -s ‹(*engl.; lat.-frz.*) *engl.*› (EDV): Auswahlfenster, das sich unterhalb des Mauszeigers od. einer Menüleiste öffnet

Drop-in [auch: ...ˈʔɪn], das; -[s], -s ‹*engl.*› (EDV): Störsignal bei der Datenspeicherung (Ggs.: Drop-out)

Drop|kick, der; -s, -s ‹*engl.*›: Schuss (bes. beim Fußball), bei dem der Ball in dem Augenblick gespielt wird, in dem er auf den Boden aufprallt

Drop-out, Drop|out [...ʔaʊ̯t, auch: ...ˈʔaʊ̯t], der; -[s], -s ‹*engl.*›: **1. a)** jmd., der aus der sozialen Gruppe ausbricht, in die er integriert war; **b)** das Aufgeben, Beenden, Abbrechen einer [gemeinschaftlichen] Unternehmung, insbes. des Studiums. **2.** (Technik) durch unbeschichtete Stellen im Magnettonband od. Schmutz zwischen Band u. Tonkopf verursachtes Aussetzen in der Schallaufzeichnung

drop|pen (Golf): einen neuen Ball ins Spiel bringen, indem man ihn in bestimmter Weise fallen lässt

Drop|per, der; -s, -: ↑Dropshot

Drops, der; -, - u. -e ‹*engl.;* »Tropfen«›: **1.** (auch: *das;* meist Plural) ungefüllter, flacher, runder Fruchtbonbon. **2.** (ugs.) jmd., der durch sein Wesen, Benehmen auffällt

Drop|shot [...ʃɔt], der; -[s], -s ‹*engl.*›: in Netznähe ausgeführter Schlag beim [Tisch]tennis, bei dem sich der Schläger leicht rückwärtsbewegt, sodass der Ball kurz hinter dem Netz fast senkrecht herunterkommt

Drosch|ke, die; -, -n ‹*russ.*›: **1.** (Geschichte) leichtes ein- oder zweispänniges Mietfuhrwerk zur Beförderung von Personen. **2.** (veraltet) Taxi

Dro|se|ra, die; -, ...rae [...rɛ] ‹*gr.-nlat.*›: eine fleischfressende Pflanze; Sonnentau

Dro|so|graf, Dro|so|graph, der; -en, -en (Meteorol.): Gerät, das die Taumenge misst und registriert

Dro|so|me|ter, das; -s, - (Meteorol.): Taumessgerät

Dro|so|phi|la, die; -, ...lae [...lɛ]: zu den Taufliegen gehörendes (häufig zu genetischen Versuchen benutztes) Insekt

Drug|store [ˈdragstɔː], der; -[s], -s ‹*engl.-amerik.*›: (bes. in den USA) Verkaufsgeschäft für alle Artikel des täglichen Bedarfs

Dru|i|de, der; -n, -n ‹*kelt.-lat.*›: keltischer Priester der vorchristlichen Zeit

Dru|i|den|or|den, der; -s: nach Art einer Loge (3 a) aufgebauter, 1781 in England gegründeter Orden mit humanen, weltbürgerlichen Zielen. **Dru|i|din,** die; -, -nen: weibliche Form zu ↑Druide

dru|i|disch: zu den Druiden gehörend, die Druiden betreffend

Drum [dram], die; -, -s ‹*engl.*›: **a)** engl. Bez. für Trommel; **b)** (nur Plural) Schlagzeug (bes. im Jazz)

Drum|com|pu|ter [ˈdram...], der; -s, -: elektronisches Schlagzeug

Drum|lin [engl.: ˈdrʌmlɪn], der; -s, -s u. Drums ‹*kelt.-engl.*›: von Eiszeitgletschern geformter, lang gestreckter Hügel aus Grundmoränenschutt

Drum|mer [ˈdramɐ, ˈdrʌmɐ], der; -s, - ‹*engl.*›: Schlagzeuger in einer Band. **Drum|me|rin,** die; -, -nen: weibliche Form zu ↑Drummer

Drum 'n' Bass [drʌmnˈbeɪ̯s], der; - - - ‹*engl.*›: elektronische Popmusik mit harten Schlagzeug- u. Bassrhythmen, bes. zum Tanzen

¹Drums [drams, engl.: drʌmz]: *Plural* von ↑Drum

²Drums [engl.: drʌmz] ‹*kelt.-engl.*›: *Plural* von ↑Drumlin

Drum|set [ˈdrʌmsɛt], das, auch: der; -[s], -s ‹*engl.*›: Jazzschlagzeug

¹Drum|stick [ˈdrʌmstɪk], der; -s, -s ‹*engl.*› (Musik): Schlägel für Trommel od. Schlagzeug

²Drum|stick, das; -s, -s ‹*engl.*› (Biol., Med.): (als Merkmal zur Geschlechtsbestimmung genutzter) trommelschlägelähnlicher Auswuchs an den Zellkernen von ↑Leukozyten, der nur bei weiblichen Individuen vorkommt

Dru|schi|na, die; - ‹*russ.;* »Kriegsschar, Leibwache«› (Geschichte): Schutztruppe russischer Fürsten

Dru|se, der; -n, -n ‹*arab.;* nach dem Gründer Ad Darasi, 1017 n. Chr.›: Angehöriger einer islamischen Sekte im Libanon u. in Syrien

dry [draɪ] ‹*engl.;* »trocken«›: herb, trocken (von [Schaum]weinen

u. anderen alkoholischen Getränken)
Dry|a|de, die; -, -n (meist Plural) ⟨*gr.-lat.*⟩ (gr. Mythologie): Waldnymphe
Dry|as, die; -: Vertreter einer im Hochgebirge wachsenden Gattung der Rosengewächse; Silberwurz
Dry Far|ming, das; - -[s], **Dry|far|ming,** das; -[s] [ˈdraɪ̯farmɪŋ] ⟨*engl.*⟩: bes. in niederschlagsarmen Gebieten angewandte Bodenbewirtschaftungsmethode, bei der nach einem Jahr des Anbaus ein Jahr der Brache zur Speicherung von Feuchtigkeit für das nächste Anbaujahr folgt
Dry|o|pi|the|kus, der; - ⟨*gr.-nlat.*⟩: ausgestorbener Menschenaffe des ↑Tertiärs
Dscha|maa, Djamaa [dʒ...], die; - ⟨*arab.*⟩ (islam. Rel.): Gemeinschaft der rechtgläubigen Muslime (die sich in Abgrenzung gegen alle Neuerungen an die wahre überlieferte Glaubenslehre halten)
Dschan|na, Djanna, die; - ⟨*arab.*⟩ (islam. Rel.): arab. Bez. für: Paradies
Dsche|bel, der; -[s] ⟨*arab.*⟩: Berg, Gebirge (in arabischen erdkundlichen Namen)
Dschel|la|ba, die; -, -s ⟨*arab.*⟩: weites arabisches Männergewand aus Wolle
Dschig|ge|tai, der; -s, -s ⟨*mongol.*⟩: heute fast ausgerottete, im Norden Chinas u. in der Mongolei lebende Unterart des Halbesels
Dschi|had, Jihad, österr. auch: Djihad [dʒiˈhaːt] der; - ⟨*arab.;* »zielgerichtetes Mühen«⟩: **a)** oft als »Heiliger Krieg« bezeichneter Kampf der Muslime zur Verteidigung u. Verbreitung des ↑Islams; **b)** zu den muslimischen Grundpflichten gehörendes Streben, nach dem islamischen Glauben zu leben. **Dschi|ha|dis|mus,** Jihadismus, österr. auch: Djihadismus, der; -: dem ↑Dschihad (a) verpflichtete, ihn vertretende Auffassung od. Praxis. **Dschi|ha|dist,** Jihadist, österr. auch: Djihadist, der; -en, -en: Kämpfer für den Dschihad (a). **Dschi|ha|dis|tin,** Jihadistin, österr. auch: Djihadistin, die; -, -nen: weibliche Formen zu ↑Dschihadist, Jihadist, Djihadist
Dschinn, der; -s, - u. -en ⟨*arab.;* »Dämonen«⟩: böser Geist (im [vor]islam. Volksglauben)
Dscho|do, das; - ⟨*jap.*⟩: ↑Jodo
Dschon|ke vgl. Dschunke
Dschun|gel, der, selten: das; -s, - ⟨*Hindi-engl.*⟩: undurchdringlicher tropischer Sumpfwald
Dschun|ke, die; -, -n ⟨*malai.-port.*⟩: chinesisches Segelschiff mit flachem Schiffsrumpf u. rechteckigen, aus Bast geflochtenen Segeln
Dschu|sche|ghan, der; -[s], -s ⟨*pers.;* nach der gleichnamigen iran. Stadt⟩: handgeknüpfter rot-, blau- oder elfenbeingrundiger Orientteppich
DSL, das; - ⟨Abk. für *engl. d*igital *s*ubscriber *l*ine »digitale Anschlussleitung«⟩ (EDV): Technik, mit der Daten über das Telefonnetz in einer hohen Bandbreite digital übertragen werden können
DTD, die; -, -s ⟨Abk. für *engl. D*ocument *T*ype *D*efinition⟩ (EDV): formale Spezifikation aller Strukturen, die in einer bestimmten Art von Dokument (z. B. einem Wörterbuchartikel) vorkommen dürfen
DTP = Desktop-Publishing
du|al ⟨*lat.*⟩: eine Zweiheit bildend. **Du|al,** der; -s, -e, **Du|a|lis,** der; -, Duale: **1.** (Sprachwiss.) neben Singular u. Plural eigener Numerus (3) für zwei Dinge od. Wesen, der heute nur noch in den slawischen u. baltischen Sprachen auftritt. **2.** (Kunstschach) vom Verfasser nicht beabsichtigte [Teil]nebenlösung eines Schachproblems
Du|al-Band-Han|dy, das; -s, -s ⟨anglisierende Bildung⟩: Handy, das in zwei unterschiedlichen Frequenzbereichen verwendet werden kann
du|a|li|sie|ren ⟨*lat.-nlat.*⟩: verzweifachen, verdoppeln
Du|a|lis|mus, der; -, ...men: **1. a)** Zweiheit; **b)** Gegensätzlichkeit; Polarität zweier Faktoren. **2.** philosophisch-religiöse Lehre, nach der es nur zwei voneinander unabhängige ursprüngliche Prinzipien im Weltgeschehen gibt (z. B. Gott–Welt; Leib–Seele; Geist–Stoff) (Ggs.: Monismus). **3.** Rivalität zweier Staaten od. zwischen zwei Parteien. **Du|a|list,** der; -en, -en: Vertreter des Dualismus (2). **du|a|lis|tisch: 1.** den Dualismus betreffend. **2.** zwiespältig, gegensätzlich
Du|a|li|tät, die; - ⟨*lat.*⟩: **1.** Zweiheit, Doppelheit; wechselseitige Zuordnung zweier Begriffe. **2.** (Math.) Eigenschaft zweier geometrischer Gebilde, die es gestattet, aus Kenntnissen über das eine Sätze über das andere abzuleiten
Du|a|li|täts|prin|zip, das; -s, -ien: Anwendung der Dualität (2)
Du|al|sys|tem, das; -s, -e: **1.** (ohne Plural) Zahlensystem, das als Basis die Zahl zwei verwendet u. mithilfe von nur zwei Zahlenzeichen (0 u. 1) alle Zahlen als Potenzen von 2 darstellt. **2.** (Soziol.) zweiseitiges Abstammungs-, Verwandtschaftsverhältnis
Du|al Use [ˈdjuːəl ˈjuːs], der; - ⟨*lat.-engl.*⟩: Verwendbarkeit einer Anlage od. eines Wirtschaftsgutes sowohl für zivile als auch für militarische Zwecke
Du|al-Use-Pro|dukt [ˈdjuːəlˈjuːs...], das; -[s], -e ⟨*lat.-engl.; lat.*⟩: Bez. für Anlagen u. Güter, die sowohl militärisch als auch zivil genutzt werden können
¹Du|ath|lon, das; -s ⟨*lat.; gr.*⟩: Mehrkampfsport aus Laufen u. Radfahren
²Du|ath|lon, der; -s, -s: einzelner Wettkampf im ↑¹Duathlon
Du|bas|se, die; -, -n ⟨*russ.*⟩: flaches, barkenähnliches Ruderboot in Polen u. Russland
Dub|bing [ˈdabɪŋ], das; -s, -s ⟨*engl.*⟩: das Überspielen, Kopieren von Video- od. Tonaufnahmen
Du|bia, Du|bi|en: *Plural* von ↑Dubium
du|bi|os, du|bi|ös ⟨*lat.(-frz.)*⟩: zweifelhaft, fragwürdig
Du|bi|o|sa, Du|bi|o|sen, die (Plural) ⟨*lat.*⟩ (Wirtsch.): Forderungen, Außenstände, deren Begleichung zweifelhaft ist
Du|bi|ta|tio, die; -, ...tiones (Rhet.): die Darstellung einleitende zweifelnde Frage
du|bi|ta|tiv: zweifelhaft, Zweifel ausdrückend. **Du|bi|ta|tiv,** der; -s, -e (Sprachwiss.): Kon-

junktiv mit dubitativer Bedeutung

Du|bi|um, das; -s, ...ia u. ...ien: Zweifelsfall

Du|b|lee vgl. Doublé

Du|b|let|te, die; -, -n: 1. doppelt vorhandenes Stück (in einer Sammlung o. Ä.). 2. (Jägerspr.) das Erlegen von zwei Stück Wild mit zwei rasch aufeinanderfolgenden Schüssen aus einem Gewehr. 3. Edelstein[imitation] aus zwei durch Übereinanderpressen zusammengesetzten verschiedenen Teilen. 4. (Boxen) unmittelbar nacheinander erfolgende Abfolge von zwei Schlägen mit derselben Hand. 5. (Druckw.) schlechter, unscharfer, durch doppelten Rand des Schriftbildes gekennzeichneter Druck

du|b|lie|ren vgl. doublieren

Du|b|lier|ma|schi|ne, die; -, -n (Spinnerei): Maschine, die vor dem Zwirnen die Garne verdoppelt od. vervielfacht

Du|b|lo|ne, die; -, -n ‹*lat.-span.-frz.*›: frühere spanische Goldmünze

Du|b|lü|re, die; -, -n ‹*lat.-frz.*›: 1. a) (veraltend) Unterfutter; b) Aufschlag an Uniformen. 2. (Buchw.) verzierte Innenseite des Buchdeckels; Spiegel

Dub|ni|um, das; -s ‹*nlat.*; nach der russ. Stadt Dubna›: künstlich hergestelltes chem. Element, ein Transuran (Zeichen: Db)

Dub|step ['dapstɛp], der; -[s] ‹*engl.*›: minimalistischer, meist instrumentaler elektronischer Musikstil mit starker Betonung des Bass und synkopiertem Rhythmus

Duc [dyk], der; -[s], -s ‹*lat.-frz.*; »Herzog«›: höchste Rangstufe des Adels in Frankreich

Du|ca, der; -, -s ‹*lat.-it.*; »Herzog«›: italienischer Adelstitel

Du|ce ['du:tʃe], der; -s ‹*it.*›: Titel des italienischen Faschistenführers B. Mussolini (1883–1945)

Du|cen|to [du'tʃɛnto] vgl. Duecento

Du|ces ['du:tse:s]: *Plural* von ↑Dux

Du|chesse [dy'ʃɛs], die; -, -n [...sn̩] ‹*lat.-frz.*›: 1. (ohne Plural) schweres [Kunst]seidengewebe mit glänzender Vorder- u. matter Rückseite in Atlasbindung. 2. Herzogin (in Frankreich)

Du|chesse|spit|ze, die; -, -n: Spitze, bei der die einzelnen geklöppelten Muster aneinandergenäht sind

Du|cho|bor|ze, der; -n, -n ‹*russ.*; »Geisteskämpfer«›: Anhänger einer im 18. Jh. in Russland entstandenen rein ↑rationalistischen Sekte (ohne Priesterstand)

Duck|dal|be, die; -, -n (meist Plural), seltener: **Dück|dal|be**, die; -, -n (meist Plural), **Duck|dal|ben**, der; -s, - (meist Plural), seltener: **Dück|dal|ben**, der; -s, - (meist Plural) ‹*niederl.*; wohl erst später mit dem Herzog von Alba (*span.* Duque de Alba) in Verbindung gebracht› (Seemannsspr.): eingerammte Pfahlgruppe zum Festmachen von Schiffen im Hafen

Duc|tus, der; -, - [...tu:s] ‹*lat.*; »Führung, Leitung«› (Med.): Gang, Kanal, Ausführungsgang von Drüsen; vgl. Duktus

due ‹*lat.-it.*› (Musik): zwei; a due (zu zweit)

Due|cen|tist [duetʃen...], der; -en, -en ‹*it.*›: Künstler, Schriftsteller des ↑Duecento. **Due|cen|to** [due'tʃɛnto], Ducento [du'tʃɛnto], Dugento [du'dʒɛnto] das; -[s]: das 13. Jh. in Italien als Stilbegriff

Due Di|li|gence [dju: 'dɪlɪdʒəns], die; - -, - -s ‹*engl.*; »gebührende Sorgfalt«› (Wirtsch.): eingehende Prüfung eines zum Verkauf stehenden Unternehmens durch den potenziellen Käufer

Du|ell, das; -s, -e ‹*lat.-frz.*›: Zweikampf. **Du|el|lant**, der; -en, -en ‹*lat.-mlat.*›: jmd., der sich mit einem anderen duelliert. **du|el|lie|ren**, sich: ein Duell austragen

Du|en|ja, die; -, -s ‹eingedeutschte Form von *span.* dueña = »Herrin«› (veraltet): Anstandsdame, Erzieherin

Du|ett, das; -[e]s, -e ‹*lat.-it.*›: a) Komposition für zwei Singstimmen; b) (Musik) zweistimmiger musikalischer Vortrag. **Du|et|ti|no**, das; -s, -s ‹*it.*› (Musik): kleines ↑Duett

Duf|fle|coat ['daflkoʊt], der; -s, -s ‹anglisierende Neubildung zum Namen der belgischen Stadt Duffel u. *engl.* coat = »Mantel«›: dreiviertellanger, meist mit Knebeln zu schließender Sportmantel

Du|four|kar|te [dy'fu:r...], die; -, -n ‹nach dem schweiz. General Dufour›: topografische Landeskarte der Schweiz

Du|gen|to [du'dʒɛnto] vgl. Duecento

Du|gong, der; -s, -e u. -s ‹*malai.*›: Seekuh der australischen u. philippinischen Küstengewässer u. des Roten Meeres

du jour [dy'ʒu:ɐ̯] ‹*lat.-frz.*; »vom Tage«› (veraltet): vom Dienst; **du jour sein:** mit dem für einen bestimmten, immer wiederkehrenden Tag festgelegten Dienst an der Reihe sein

Du|ka|ten, der; -s, - ‹*lat.-mlat.-it.*›: frühere Goldmünze

Duk-Duk, der; - ‹*melanes.*›: geheimer Männerbund auf den Inseln des Bismarckarchipels

Duke [dju:k], der; -[s], -s ‹*lat.-frz.-engl.*; »Herzog«›: höchste Rangstufe des Adels in England

duk|til ‹*lat.-engl.*› (Technik): gut dehn-, streckbar, verformbar; plastisch. **Duk|ti|li|tät**, die; - (Technik): Dehnbarkeit, Verformbarkeit

Duk|tor, der; -s, ...oren ‹*lat.*› (Druckw.): Stahlwalze in der Schnellpresse, durch die die Regulierung der Farbe erfolgt

Duk|tus, der; -: a) Schriftzug, Linienführung der Schriftzeichen; b) charakteristische Art der [künstlerischen] Formgebung; vgl. Ductus

Dul|ci|mer ['dʌlsɪmɐ], die; -, -s ‹*engl.*›: engl. Bez. für Hackbrett; mit Klöppeln zu schlagendes Saiteninstrument

Dul|cin, Dulzin, das; -s ‹Kunstw. aus *lat.* dulcis »süß«›: heute nicht mehr zugelassener künstlicher Süßstoff

Dul|zi|an, Dolcian, das; -s, -e ‹*lat.-it.*›: 1. im 16. u. 17. Jh. verwendete Frühform des Fagotts. 2. nasal klingendes Zungenregister der Orgel

Dul|zin vgl. Dulcin

Dul|zi|nea, die; -, ...een ‹*lat.-span.*; nach der Angebeteten des Don Quichotte› (scherzh. abwertend): Freundin, Geliebte

[1]Du|ma, die; -, -s ‹*russ.*›: 1. (Geschichte) Rat der fürstlichen Gefolgsleute in Russland. 2. russische Stadtverordnetenversammlung seit 1870. **3.** russisches Parlament

²Du|ma, die; -, Dumy u. Dumen ⟨*russ.*⟩: ukrainisches Volkslied, das heroische Ereignisse od. volkstümliche Helden besingt

Dumb|show [ˈdʌmʃɔʊ̯], die; -, -s, **Dumb Show,** die; - -, - -s ⟨*engl.;* »stumme Schau«⟩: ↑ ¹Pantomime im älteren englischen Drama, die vor der Aufführung die Handlung verdeutlichen sollte

Dum|dum, das; -[s], -[s], **Dumdum|ge|schoss,** das; -es, -e ⟨*angloind.*⟩: (völkerrechtlich verbotenes) Infanteriegeschoss mit abgekniffener Spitze u. dadurch freiliegendem Bleikern, das große Wunden verursacht

Du|men: *Plural* von ↑ ²Duma

Dum|ka, die; -, ...ki ⟨*slaw.*⟩: schwermütiges slawisches Volkslied, meist in Moll

Dum|my [ˈdami], der; -s, -s ⟨*engl.;* »Attrappe; Schaufensterpuppe«⟩: **a)** lebensgroße, bei Unfalltests in Kraftfahrzeugen verwendete [Kunst]stoffpuppe; **b)** (auch das) Attrappe, Schaupackung, Probeband (für Werbezwecke)

Dump [damp], der; -s, -s ⟨*engl.*⟩ (EDV): Speicherauszug, das Sichtbarmachen eines zusammenhängenden Teils eines Speichers

Dum|per [ˈdampɐ, ˈdʊmpɐ], der; -s, - ⟨*engl.*⟩: Kippwagen, -karren für Erdtransport

Dum|ping [ˈdampɪŋ], das; -s (Wirtsch.): **a)** Export einer Ware unter ihrem Inlandpreis, um damit einen ausländischen Markt zu erobern; **b)** Verkauf einer Ware mit nur kleinem od. ohne Gewinn zur Durchsetzung dieser Ware auf dem Markt

Dum|ping|preis, der; -[es], -e (Wirtsch.): Preis einer Ware, der deutlich unter dem normalen Wert liegt

Du|my: *Plural* von ↑ ²Duma

Dun|ci|a|de [...ˈtsi̯adə], die; -, -n ⟨*engl.;* nach der Satire »Dunciad« von A. Pope (1688–1744)⟩: literarisch-satirisches Spottgedicht

Du|nit [...ˈnɪt], der; -s ⟨*nlat.;* nach den neuseeländischen Bergen *Dun* Mountains⟩: ein Tiefengestein

dun|ken [ˈdaŋkn̩] ⟨*engl.*⟩ (Basketball): einen ↑ Dunking erzielen

Dun|king [ˈdaŋkɪŋ], der; -s, -s ⟨*engl.*⟩ (Basketball): Korbwurf, bei dem die Hände der od. des Werfenden oberhalb des Korbrings sind

Duo, das; -s, -s ⟨*lat.-it.*⟩: **1.** Komposition für zwei meist ungleiche [Instrumental]stimmen. **2. a)** zwei gemeinsam musizierende Solisten; **b)** zwei Personen, die eine [strafbare] Handlung gemeinsam ausführen (z. B. ein Gaunerduo)

duo|de|nal (Med.): zum Duodenum gehörend, es betreffend

Duo|de|nal|ul|kus, das; -, ...ulzera ⟨*lat.-nlat.*⟩ (Med.): Zwölffingerdarmgeschwür

Duo|de|ni|tis, die; -, ...iti̱den (Med.): Entzündung des Zwölffingerdarms

Duo|de|num, das; -s, ...na ⟨*lat.*⟩ (Med.): Zwölffingerdarm

Duo|dez, das; -es: Buchformat in der Größe eines zwölftel Bogens (Zeichen: 12°)

Duo|dez|fürst, der; -en, -en (iron.): Herrscher eines sehr kleinen Fürstentums. **Duo|dez|fürs|tentum,** das; -s, ...tümer (iron.): sehr kleines Fürstentum

duo|de|zi|mal ⟨*lat.-nlat.*⟩: auf das Duodezimalsystem bezogen. **Duo|de|zi|mal|sys|tem,** das; -s: Zahlensystem mit der Grundzahl 12

Duo|de|zi|me, die; -, -n ⟨*lat.-it.*⟩: **a)** zwölfter Ton einer ↑ diatonischen Tonleiter; **b)** Intervall von zwölf diatonischen Tonstufen

Duo|dez|staat, der; -[e]s, -en: sehr kleiner Staat

Duo|di|o|de, die; -, -n ⟨*lat.; gr.*⟩ (Elektrot.): aus zwei vereinigten ↑ Dioden bestehende Doppelzweipolröhre

Duo|dra|ma, das; -s, ...men: Drama mit nur zwei Personen

Duo|kul|tur, die; -, -en (Landwirtsch.): Doppelanbau von Kulturpflanzen auf demselben Feldstück

Du|o|le, die; -, -n ⟨*lat.-it.*⟩ (Musik): Folge von zwei Noten, die für drei Noten gleicher Gestalt bei gleicher Zeitdauer eintreten

du|pen ⟨Kurzw. aus *duplizieren*⟩ (Fotogr.): von einer Positivkopie eine Negativkopie herstellen

dü|pie|ren ⟨*frz.*⟩: täuschen, überlisten, zum Narren halten

Du|pla: *Plural* von ↑ Duplum

Du|plet [duˈpleː], **Du|plett,** das; -s, -s ⟨*lat.-frz.*⟩: Lupe aus zwei Linsen

Du|plex|au|to|ty|pie, die; -, ...i̱en: doppelte Rasterätzung für Zweifarbendruck

Du|plex|be|trieb, der; -[e]s, -e ⟨*lat.; dt.*⟩: **1.** Telegrafieverfahren, bei dem zu gleicher Zeit über die gleiche Leitung in verschiedenen Richtungen telegrafiert wird. **2.** Betrieb eines Computersystems in der Weise, dass bei seinem Ausfallen auf ein bereitstehendes gleichartiges System ausgewichen werden kann

du|plie|ren: verdoppeln

Du|plik, die; -, -en ⟨*lat.-frz.*⟩ (Rechtsspr. veraltet): Gegenerklärung des Beklagten auf eine ↑ Replik (1b)

Du|pli|kat, das; -[e]s, -e ⟨*lat.*⟩: Zweitausfertigung, Zweitschrift, Abschrift

Du|pli|ka|ti|on, die; -, -en: **1.** das Duplizieren; Verdopplung. **2.** (Genetik) Verdopplung eines Chromosomenabschnitts

Du|pli|ka|tur, die; -, -en ⟨*lat.-nlat.*⟩ (Med.): Verdoppelung, Doppelbildung

du|pli|zie|ren ⟨*lat.*⟩: verdoppeln

Du|pli|zi|tät, die; -, -en: **1.** Doppelheit; doppeltes Vorkommen, Auftreten von etwas. **2.** (veraltet) Zweideutigkeit

Du|plum, das; -s, ...pla: ↑ Duplikat

Du|p|ren [dy...], das; -s ⟨Kunstw.⟩: synthetischer Kautschuk

Du|que [ˈduke], der; -[s], -s ⟨*span.*⟩: **1.** (ohne Plural) höchster Rang des Adels in Spanien. **2.** Träger dieses Ranges. **Du|quesa** [duˈkesa], die; -, -s ⟨*span.*⟩: weibliche Form zu ↑ Duque

Dur, das; -[s] ⟨*lat.*⟩: Tongeschlecht aller Tonarten, bei denen nur ein Halbton zwischen der dritten u. vierten sowie der siebten u. achten Stufe der Tonleiter liegt (Ggs.: ¹Moll)

Du|ra, die; -: Kurzform von ↑ Dura Mater

du|ra|bel: dauerhaft, bleibend

Dur|ak|kord, der; -[e]s, -e: Akkord in Dur

du|ral ⟨*lat.-nlat.*⟩ (Med.): zur Dura gehörend

Du|ral, das; -s ‹Kunstw.› (österr.): kurz für ↑Duralumin

Dur|alu|min®, das; -s: sehr feste Aluminiumlegierung

Du|ra Ma|ter, die; - - ‹*lat.*› (Med.): harte (äußere) Hirnhaut

du|ra|tiv [auch: ...'ti:f] ‹*lat.-nlat.*›: andauernd, anhaltend; **durative Aktionsart:** ↑Aktionsart eines Verbs, die die Dauer eines Seins od. Geschehens ausdrückt

Du|rax®, das; - ‹Kunstw.›: härtbares Phenolharz

Dur|bar, der od. das; -s, -s ‹*pers.-angloind.*›: offizieller Empfang bei indischen Fürsten u. bei dem ehemaligen Vizekönig von Indien

Du|ri|an|baum, der; -[e]s, ...bäume ‹*malai.; dt.*›: malaiisches Wollbaumgewächs, dessen kopfgroße, stachelige, gelbbraune Kapselfrüchte kastaniengroße Samen mit weichem, weißlichem, wohlschmeckendem, aber übel riechendem Samenmantel enthalten

Du|ri|ne vgl. Dourine

Du|rit [auch: ...'rɪt], der; -s, -e ‹Kunstw.›: streifige Steinkohle mit hohem Ascherückstand

Du|ro|plast, der, auch: das; -[e]s, -e (meist Plural) ‹*lat.; gr.*›: in Hitze härtbarer, aber nicht schmelzbarer Kunststoff

Dur|ra, die; - ‹*arab.*›: afrikanische Hirseart, die als Brotgetreide verwendet wird

Du|rum|wei|zen, der; -s ‹*lat.; dt.*›: Hart- od. Glasweizen

Dust [dast], der; -[s] ‹*engl.*; »Staub«›: feinste Teeaussiebung

Dutch|man ['datʃmɛn], der; -s, ...men [...mən] ‹*engl.*; »Holländer«›: abwertende Bezeichnung Englisch sprechender Matrosen für deutsche Seeleute

Du|ty-free-Shop ['dju:tɪ'fri:ʃɔp], der; -s, -s ‹*engl.*›: Geschäft auf einem Flughafen oder Schiff, in dem man Waren zollfrei kaufen kann

Du|um|vir, der; -s u. -n, -n ‹*lat.*› (Geschichte): römischer Titel für die Beamten verschiedener Zweimannbehörden in Rom bzw. in römischen Kolonien u. ↑Munizipien. **Du|um|vi|rat**, das; -[e]s, -e: Amt u. Würde der Duumvirn

Du|vet [dyvɛ], das; -s, -s ‹*altnord.-frz.*› (schweiz.): Daunendecke, Federbett

Duve|tine [dyf'ti:n], der; -s, -s ‹*frz.*›: Samtimitation aus [Baum]wolle od. Chemiefaser

Dux, der; -, Duces ['du:tse:s] ‹*lat.*› (Musik): meist einstimmiges Fugenthema in der Haupttonart, das im Comes (2) mündet

DVD [de:faʊ̯'de:], die; -, -s ‹Abk. für *engl. d*igital *v*ersatile *d*isc »vielseitige Digitalplatte«›: einer ↑CD-ROM ähnlicher Datenträger für Audio- u. Videosignale mit hoher Speicherkapazität

DVD-Play|er [...plɛɪ̯ɐ], der; -s, -: Gerät zum Abspielen von DVDs

DVD-Re|kor|der, DVD-Recorder, der; -s, -: Gerät zum Abspielen von DVDs u. zum Aufnehmen von Filmmaterial auf DVD

Dwai|ta, der; - ‹*sanskr.*; »Zweiheit«›: Lehre der indischen Philosophie des Vedanta, die, alle Einheit negierend, nur die Zweiheit von Gott u. Welt gelten lässt

Dwan|d|wa, das; -[s], -[s] ‹*sanskr.*; »Paar«›: ↑Additionswort

Dy|a|de, die; -, -n ‹*gr.-lat.*; »Zweiheit«›: **1.** (Math.) Zusammenfassung zweier Einheiten (Begriff aus dem Gebiet der Vektorrechnung). **2.** (Soziol.) Paarverhältnis

Dy|a|dik, die; - ‹*gr.*›: auf dem Zweiersystem aufgebaute Arithmetik; vgl. Dualsystem (1). **dy|a|disch:** dem Zweiersystem zugehörend

Dy|ar|chie, die; -, ...ien: von zwei verschiedenen Gewalten bestimmte Staatsform

Dy|as, die; - ‹*gr.-lat.*› (veraltet): [1]Perm. **dy|as|sisch:** die Dyas betreffend

Dyb|buk, Dy|buk vgl. Dibbuk

Dyn ‹Kurzform von *gr.* dýnamis; »Kraft«›: Einheit der Kraft im ↑CGS-System (Zeichen: dyn)

Dy|na|me|ter, das; -s, - ‹*gr.-nlat.*›: Instrument zur Bestimmung der Vergrößerungsleistung von Fernrohren

Dy|na|mik, die; -, -en ‹*gr.-lat.*›: **1.** (ohne Plural) Lehre vom Einfluss der Kräfte auf die Bewegungsvorgänge von Körpern. **2.** (Plural selten) **a)** auf Veränderung, Entwicklung gerichtete Kraft; Triebkraft; **b)** dynamische (2 b) Art, dynamisches (2 b) Wesen. **3.** (Musik) Differenzierung der Tonstärke

Dy|na|mis, die; - (Philos.): Kraft, Vermögen, eine Änderung herbeizuführen

dy|na|misch ‹*gr.*›: **1.** die von Kräften erzeugte Bewegung betreffend (Ggs.: statisch [2]); **dynamische Geologie:** Wissenschaft von den Kräften, die das geografische Bild der Erde bestimmten u. bestimmen. **2. a)** eine Bewegung, Entwicklung aufweisend; **dynamische Rente:** Rente, deren Höhe nicht auf Lebenszeit festgesetzt, sondern periodisch der Entwicklung des Sozialprodukts angepasst wird; **b)** durch Schwung u. Energie gekennzeichnet; Tatkraft u. Unternehmungsgeist besitzend. **3.** (Musik) die Differenzierung der Tonstärken betreffend

dy|na|mi|sie|ren: a) etwas in Bewegung setzen, vorantreiben, beschleunigen; **b)** bestimmte Leistungen an die Veränderungen [der allgemeinen Bemessensgrundlage] anpassen

Dy|na|mis|mus, der; -, ...men ‹*gr.-nlat.*›: **1.** (ohne Plural) philosophische Lehre, nach der alle Wirklichkeit auf Kräfte u. deren Wirkungen zurückgeführt werden kann. **2.** (ohne Plural) Glaube mancher indigenen Völker an die Wirkung unpersönlicher übernatürlicher Kräfte in Menschen u. Dingen. **3. a)** (ohne Plural) Dynamik (2 a); **b)** dynamisches Element, dynamischer Zug. **dy|na|mis|tisch:** den Dynamismus betreffend

Dy|na|mit [auch: ...'mɪt], das; -s: auf der Grundlage des ↑Nitroglyzerins hergestellter Sprengstoff

Dy|na|mo [auch: 'dy:...], der; -s, -s ‹*gr.-engl.*›: Kurzform von ↑Dynamomaschine

Dy|na|mo|graf, Dy|na|mo|graph, der; -en, -en ‹*gr.-nlat.*›: registrierendes Dynamometer

Dy|na|mo|ma|schi|ne [auch: 'dy:...], die; -, -n: Maschine zur Erzeugung elektrischen Stroms

dy|na|mo|me|ta|morph (Geol.): (von Mineralien u. Gesteinen) durch Druck umgeformt. **Dy|na-**

mo|me|ta|mor|phis|mus, der; -: ↑Dynamometamorphose. **Dy|na|mo|me|ta|mor|pho|se,** die; - (Geol.): durch Druck verursachte Umformung von Mineralien u. Gesteinen

Dy|na|mo|me|ter, das; -s, - (»Kraftmesser«): **1.** Vorrichtung zum Messen von Kräften und mechanischer Arbeit. **2.** (Physik) Messgerät für Ströme hoher Frequenzen

Dy|nast, der; -en, -en ⟨*gr.-lat.*⟩ (Geschichte): Herrscher, [kleiner] Fürst. **Dy|nas|tie,** die; -, ...ien ⟨*gr.*⟩: Herrschergeschlecht, Herrscherhaus. **dy|nas|tisch:** die Dynastie betreffend

Dy|na|t|ron, das; -s, ...one, auch: -s ⟨*gr.-nlat.*⟩: ↑Triode, bei der am Gitter eine höhere ↑positive (4) Spannung liegt als an der ↑Anode

Dy|no|de, die; -, -n (Elektrot.): zusätzliche, mehrfach eingebaute ↑Elektrode einer Elektronenröhre zur Beeinflussung des Stroms

Dy|o|phy|sit, der; -en, -en ⟨*gr.-nlat.*⟩: Vertreter des ↑Dyophysitismus

dy|o|phy|si|tisch: den ↑Dyophysitismus betreffend

Dy|o|phy|si|tis|mus, der; -: Lehre von den zwei Naturen Christi, nach der Christus wahrer Gott u. wahrer Mensch zugleich ist

Dy|op|son, das; -s ⟨*gr.*⟩ (Wirtsch.): einfachste Form des ↑Oligopsons, bei der auf einem Markt nur zwei Nachfrager vorhanden sind

dys..., Dys...

⟨*gr.* dys... »un..., miss..., etwas Übles, Widerwärtiges, Schwieriges bezeichnend«⟩
Präfix mit der Bedeutung »von der Norm abweichend, übel, schlecht, krankhaft«:
- Dysfunktion
- Dyslexie
- dysphorisch
- Dystonie
- Dystrophie

Dys|aku|sis, die; - ⟨*gr.-nlat.*⟩ (Med.): **1.** unterschiedlich verursachte Fehlhörigkeit mit verschiedenen Symptomen (wie akustische Verzerrung, Überempfindlichkeit gegen bestimmte Töne). **2.** Schwerhörigkeit

Dys|ar|th|rie, die; -, ...ien ⟨*gr.-nlat.*⟩ (Med.): organisch bedingte Sprachstörung, speziell Störung der Lautbildung infolge mangelhafter Koordination der Sprechwerkzeuge, die bes. bei Gehirnverletzungen od. -erkrankungen auftritt

Dys|ar|th|ro|se, die; -, -n (Med.): krankhafte Verformung od. Veränderung eines Gelenks

Dys|äs|the|sie, die; - ⟨*gr.*⟩: **1.** (Physiol.) der Wirklichkeit nicht entsprechende Wahrnehmung einer Sinnesempfindung. **2.** (Psychol.) das Erleben aller äußeren Eindrücke als unangenehm

Dys|au|to|no|mie, die; -, ...ien ⟨*gr.-nlat.*⟩ (Med.): angeborene Entwicklungsstörung des vegetativen Nervensystems

Dys|bak|te|rie, die; -, ...ien ⟨*gr.-nlat.*⟩ (Med.): Störung in der Zusammensetzung der normalen Bakterienflora von Mund, Darm oder Scheide

Dys|ba|sie, die; -, ...ien ⟨*gr.-nlat.*⟩ (Med. veraltet): Gehstörung; durch eine Durchblutungsstörung der Beine verursachtes erschwertes Gehen; Schaufensterkrankheit

Dys|bi|o|se, die; -, -n ⟨*gr.*⟩ (Med.): gestörtes Gleichgewicht zwischen den Bakterienarten im Darm

Dys|bu|lie, die; - ⟨*gr.-nlat.*⟩ (Psychol.): Willensschwäche, krankhafte Fehlgerichtetheit des Willens

Dys|cho|lie [...ç...], die; -, -n ⟨*gr.-nlat.*⟩ (Med.): krankhaft veränderte Zusammensetzung der Galle u. Störung des Gallenflusses

Dys|chro|ma|t|op|sie [...kro...], die; -, ...ien ⟨*gr.*⟩ (Med.): Farbenfehlsichtigkeit

Dys|chro|mie, die; -, ...ien ⟨*gr.-nlat.*⟩ (Med.): ↑Chromatose

Dy|s|en|te|rie, die; -, ...ien ⟨*gr.-lat.*⟩ (Med.): Durchfall, Ruhr. **dy|s|en|te|risch** (Med.): ruhrartig

Dy|s|er|gie, die; - ⟨*gr.-nlat.*⟩ (Med.): verminderte Widerstandskraft; ungewöhnliche Krankheitsbereitschaft des Organismus gegenüber Infekten

Dys|fo|nie, Dysphonie, die; -, ...ien ⟨*gr.*⟩ (Med.): Stimmstörung (z. B. bei Heiserkeit)

dys|fo|tisch, dysphotisch ⟨*gr.-nlat.*⟩: lichtarm (von tieferen Gewässerschichten)

Dys|funk|ti|on, die; -, -en ⟨*gr.; lat.*⟩: **1.** (Med.) gestörte Funktion, Funktionsstörung eines Organs. **2.** für den Bestand eines Systems schädlicher Sachverhalt. **dys|funk|ti|o|nal:** einer Funktion, Wirkung o. Ä. abträglich, schädlich

Dys|glos|sie, die; -, ...ien ⟨*gr.*⟩ (Med.): durch Fehlbildungen od. Erkrankungen der Sprechwerkzeuge hervorgerufene Sprachstörung

Dys|gna|thie, die; -, -n ⟨*gr.*⟩ (Med.): Fehlentwicklung, die zu einer abnormen Form u. Funktion des Kiefers führt

Dys|gram|ma|tis|mus, der; - ⟨*gr.-lat.*⟩ (Psychol.): Sprach[entwicklungs]störung; Unfähigkeit einer Sprecherin/ eines Sprechers, grammatisch richtige Sätze zu bilden

Dys|hi|d|ro|se, Dys|hi|d|ro|sis, die; - ⟨*gr.-nlat.*⟩ (Med.): Ekzem mit [juckenden] Bläschen an Händen u. Füßen

Dys|kal|ku|lie, die; -, ...ien (Plural selten) ⟨gr.-lat.⟩ (Med., Psychol.): ausgeprägte Beeinträchtigung des mathematischen Denkens bzw. der Rechenfertigkeiten

Dys|ke|ra|to|se, die; -, -n ⟨*gr.-nlat.*⟩ (Med.): anomale Verhornung der Haut

Dys|ki|ne|sie, die; -, ...ien ⟨*gr.-nlat.*⟩ (Med.): Störung des Ablaufs einer Bewegung (verschiedene Körperteile od. Organe können betroffen sein)

Dys|ko|lie, die; - ⟨*gr.*⟩ (Psychol.): Schwermut, Trübsinn

Dys|kra|nie, die; -, ...ien ⟨*gr.-nlat.*⟩ (Med.): Schädelfehlbildung

Dys|kra|sit [auch: ...ˈzɪt], der; -s, -e ⟨*gr.;* »schlechte Mischung«⟩: silberweißes, metallisch glänzendes Mineral; Antimonsilber; Silberantimon

Dys|la|lie, die; -, ...ien ⟨*gr.-nlat.*⟩ (Med.): (bes. im Kindesalter auftretende) durch Stammeln gekennzeichnete Artikulationsstörung

Dys|le|xie, die; -, ...ien ⟨*gr.-nlat.*⟩ (Med., Psychol.): mangelnde Fähigkeit, Wörter od. zusammenhängende Texte zu lesen, zu verstehen od. zu schreiben (trotz intaktem Hör- u. Sehvermögen)

Dys|li|pi|d|ä|mie, die; - ‹*gr.-nlat.*› (Med.): Fettstoffwechselstörung

dys|mel ‹*gr.*› (Med.): mit angeborenen Fehlbildungen der Gliedmaßen behaftet. **Dys|me|lie,** die; -, ...ien ‹*gr.-nlat.*› (Med.): angeborene Fehlbildung der Gliedmaßen

Dys|me|nor|rhö, die; -, -en [...'rø:ən] ‹*gr.-nlat.*› (Med.): schmerzhafte Menstruation

Dys|me|t|rie, die; -, ...ien ‹*gr.*› (Med.): Störung der Fähigkeit, gezielte Bewegungen richtig auszuführen

Dy|s|o|dil, das; -s, -e ‹*gr.-nlat.*›: blättriges, graues bis bräunliches, bitumen- u. diatomeenhaltiges Gestein; Blätter-, Papierkohle

Dy|s|on|to|ge|nie, die; -, ...ien ‹*gr.-nlat.*› (Med.): Störung der ↑Ontogenese, die zu einer Fehlbildung des Embryos führen kann

Dys|o|p|sie, die; -, ...ien ‹*gr.*› (Med.): Sehstörung

Dy|s|os|mie, die; -, ...ien ‹*gr.-nlat.*› (Med.): Störung od. Beeinträchtigung des Geruchssinns

Dy|s|os|phre|sie, die; -, ...ien (Med.): Störung des Geruchssinns

Dy|s|os|to|se, die; -, -n ‹*gr.-nlat.*› (Med.): Störung des Knochenwachstums, mangelhafte Verknöcherung bzw. Knochenbildung

Dys|pa|r|eu|nie, die; -, ...ien ‹*gr.-nlat.*› (Med.): sexuelle Funktionsstörung, häufig gekennzeichnet durch Schmerzen u. Ausbleiben des Orgasmus

Dys|pep|sie, die; -, ...ien ‹*gr.-lat.*› (Med.): Verdauungsstörung, -schwäche. **dys|pep|tisch** ‹*gr.*›: **a)** schwer verdaulich; **b)** schwer verdauend

Dys|pha|gie, die; -, ...ien ‹*gr.-nlat.*› (Med.): durch verschiedene Ursachen hervorgerufene Schluckstörung (mit od. ohne Schmerzen)

Dys|pha|sie, die; -, ...ien ‹*gr.-nlat.*› (Med.): gestörte Fähigkeit zu sprechen (häufig nach Schlaganfällen od. Hirnblutungen)

Dys|pho|nie vgl. Dysfonie

Dys|pho|rie, die; -, ...ien ‹*gr.*› (Med., Psychol.): Störung des emotionalen Erlebens [ohne Krankheitswert]; ängstlich-bedrückte, traurige, mit Gereiztheit einhergehende Stimmungslage (Ggs.: Euphorie [b]). **dys|pho|risch:** ängstlich-bedrückt, freudlos, gereizt u. leicht reizbar (Ggs.: euphorisch)

dys|pho|tisch vgl. dysfotisch

Dys|phra|sie, die; -, ...ien ‹*gr.-nlat.*› (Psychol.): Bezeichnung für die inhomogenen Phänomene psychotischen Sprachverhaltens

Dys|phre|nie, die; -, ...ien ‹*gr.-nlat.*› (Med.): (durch anomale körperliche Bedingungen verursachte) psychische Störung

Dys|pla|sie, die; -, ...ien ‹*gr.-nlat.*› (Med.): Fehlbildung, Fehlentwicklung eines Gewebes. **dys|plas|tisch** (Med.): fehlentwickelt, von den normalen Körperwachstumsformen stark abweichend; die Dysplasie betreffend

Dys|pnoe, die; - ‹*gr.-lat.*› (Med.): gestörte Atmung mit vermehrter Atemarbeit, Atemnot, Kurzatmigkeit

Dys|pro|si|um, das; -s ‹*gr.-nlat.*›: chem. metallisches Element aus der Gruppe der Lanthanoide (Zeichen: Dy)

Dys|pro|te|i|n|ä|mie, die; -, ...ien ‹*gr.*› (Med.): Störung in der Zusammensetzung der Proteine des Blutserums (z. B. bei einer Entzündung)

Dys|re|gu|la|ti|on, die; -, -en ‹*gr.; lat.*› (Med.): Regulationsstörung (z. B. im Blutkreislauf)

Dys|stress ['dʏs...] vgl. Disstress

Dys|thy|mie, die; -, ...ien ‹*gr.*› (Med., Psychol.): länger anhaltende Schwermut, Melancholie

Dys|to|kie, die; -, ...ien ‹*gr.*› (Med.): gestörter Geburtsverlauf (Ggs.: Eutokie)

Dys|to|nie, die; -, ...ien ‹*gr.-nlat.*› (Med.): Störung des normalen Spannungszustandes der Muskeln u. Gefäße, die zu unwillkürlichen neurologischen Bewegungsstörungen [wie z. B. Athetose, Ballismus od. Chorea] führt (Ggs.: Eutonie); **vegetative Dystonie:** multifaktoriell bedingte Störung od. Dysregulation des vegetativen Nervensystems

Dys|to|pie, die; -, ...ien ‹*gr.-nlat.*› (Med.): **1.** Fehllagerung; das Vorkommen von Organen an ungewöhnlichen Stellen (Ggs.: Eutopie). **2.** fiktionale, in der Zukunft spielende Erzählung o. Ä. mit negativem Ausgang. **dys|to|pisch** (Med.): an ungewöhnlichen Stellen vorkommend (von Organen)

dys|troph ‹*gr.-nlat.*› (Med.): mangelhaft ernährt

Dys|tro|phie, die; -, ...ien (Med.): **a)** Ernährungsstörung (Ggs.: Eutrophie [2 a]); **b)** mangelhafte Versorgung eines Organs mit Nährstoffen (Ggs.: Eutrophie [2 b])

Dys|tro|phi|ker, der; -s, - (Med.): jmd., der an Dystrophie leidet. **Dys|tro|phi|ke|rin,** die; -, -nen: weibliche Form zu ↑Dystrophiker

Dys|u|rie, die; -, ...ien ‹*gr.-lat.*› (Med.): erschwerte, gestörte [u. schmerzhafte] Blasenentleerung

Dys|ze|pha|lie, die; -, ...ien ‹*gr.-nlat.*› (Med.): Sammelbez. für die verschiedenen Formen der Schädelfehlbildung; Dyskranie

Dy|tis|cus, der; -, ...ci ‹*gr.-nlat.*›: Gelbrandkäfer (Gattung der Schwimmkäfer)

E

e..., E... vgl. ex..., Ex...

€ = Euro

Ea|gle ['i:gl̩], der; -[s], -s ‹*lat.-frz.-engl.*; »Adler«›: **1.** Goldmünze der USA mit dem Adler als Prägebild, meist zu 10 Dollar. **2.** (Golf) das Treffen des Loches mit zwei Schlägen weniger als durch ↑Par vorgesehen

EAN-Code, EAN-Kode [e:ʔa:'ʔɛn...], der; -s ‹Abk. für *E*uropäische *A*rtikel-*N*ummerierung›: Strichcode auf Waren; vgl. Barcode

Earl [œːɐ̯l], der; -s, -s ⟨*engl.*⟩: Graf (bis in die Mitte des 14. Jh.s höchste Stufe des engl. Adels)
Earl Grey [- ˈgrɛɪ̯], der; - -: mit Bergamottöl aromatisierter Tee
Ear|ly Adop|ter [ˈœːɐ̯li əˈdɔptɐ], der; - -s, - - ⟨*engl.;* »früher Anwender«⟩ (EDV, Wirtsch.): jmd., der frühzeitig neue technische Produkte kauft [die noch teuer u. unausgereift sind]
Ear|ly En|g|lish [ˈœːɐ̯li ˈɪŋglɪʃ], das; - - ⟨*engl.*⟩: Frühstufe der engl. Gotik (etwa 1170–1270)
East [iːst] ⟨*engl.*⟩: Osten (Abk.: E)
ea|sy [ˈiːzi] ⟨*engl.*⟩ (ugs.): leicht, keine Schwierigkeiten mit sich bringend
Ea|sy Lis|te|ning [ˈiːzi ˈlɪsənɪŋ], das; - - ⟨*engl.*⟩ (Musik): Bez. für sehr eingängige u. unterhaltsame populäre Musik
Ea|sy Li|ving [ˈiːzi ˈlɪvɪŋ], das; - -[s] ⟨*engl.*⟩ (ugs.): unbeschwerte, leichte Lebensart
Ea|sy Ri|der [ˈiːzi ˈraɪ̯dɐ], der; - -s, - -[s] ⟨*engl.-amerik.*⟩: **1.** Motorrad mit hohem, geteiltem Lenker u. einem Sattel mit hoher Rückenlehne. **2.** Person, die auf einem Easy Rider (1) fährt
Eat-Art [ˈiːtʔaːɐ̯t], die; - ⟨*engl.*⟩: Kunstrichtung, die Kunstobjekte als Gegenstände zum Verzehr produziert
Eau de Co|lo|g|ne [ˈoː d(ə) koˈlɔnjə], das, auch: die; - - -, Eaux [oː] - - ⟨*frz.*⟩: Kölnischwasser
Eau de Ja|vel [- - ʒaˈvɛl], das, auch: die; - - -, Eaux [oː] - - ⟨nach Javel bei Paris⟩: Bleich- u. Desinfektionsmittel
Eau de La|bar|raque [- - labaˈrak], das, auch: die; - - -, Eaux [oː] - - ⟨nach dem frz. Chemiker Antoine Germain Labarraque⟩: Bleichmittel
Eau de Par|fum [- - parˈfœ̃ː], das; - - -, Eaux [oː] - -: Duftwasser, dessen Duftstärke zwischen Eau de Toilette u. Parfüm liegt
Eau de Toi|lette [- - to̯aˈlɛt], das; - - -, Eaux [oː] - -: Duftwasser, dessen Duftstärke zwischen Eau de Parfum u. Eau de Cologne liegt
Eau de Vie [- - ˈviː], das, auch: die; - - - ⟨*frz.;* »Wasser des Lebens«⟩: Weinbrand, Branntwein
Eau forte [- ˈfɔrt], das, auch: die; - - (selten): Salpetersäure
eBay®, E-Bay [ˈiːbɛɪ̯], das; -[s] (meist ohne Artikel): ein Auktionshaus im Internet
ebe|nie|ren ⟨*ägypt.-gr.-lat.-nlat.*⟩: kunsttischlern; vgl. Ebenist
Ebe|nist, der; -en, -en: Kunsttischler des 18. Jh.s, der Möbel mit Ebenholz- u. anderen Einlagen anfertigt
Ebi|o|nit, der; -en, -en ⟨*hebr.-mlat.;* »der Arme«⟩: Anhänger einer judenchristlichen Sekte des 1. u. 2. nachchristlichen Jh.s, die am mosaischen Gesetz festhielt
EBIT, Ebit, das; -[s], -s ⟨Kurzw. aus *engl. e*arnings *b*efore *i*nterest and *t*axes⟩ (Wirtsch.): operatives Betriebsergebnis
Ebo|la, Ebo|la|fie|ber, das; -s ⟨nach dem Fluss Ebola in der Demokratischen Republik Kongo⟩ (Med.): durch einen Virus hervorgerufenes hämorrhagisches Fieber, eine oft tödlich verlaufende epidemische Infektionskrankheit
Ebo|la|vi|rus, das, auch: der; -, -ren: Ebola[fieber] hervorrufendes Virus
Ebo|nit® [auch: ...ˈnɪt], das; -s ⟨*ägypt.-gr.-lat.-frz.-engl.*⟩: Hartgummi aus Naturkautschuk
E-Book [ˈiːbʊk], das; -[s], -s ⟨kurz für *engl. e*lectronic book »elektronisches Buch«⟩: **1.** in digitalisierter Form vorliegender Inhalt eines Buches, der mithilfe eines E-Book-Readers gelesen werden kann. **2.** ↑E-Book-Reader
E-Book-Rea|der [...riːdɐ], der; -s, - (EDV): digitales Lesegerät [in Buchformat], mit dem E-Books (1) gelesen werden können
Ebul|lio|s|kop, das; -s, -e ⟨*lat.; gr.*⟩: Gerät zur Durchführung der Ebullioskopie. **Ebul|lio|s|ko|pie**, die; -: Bestimmung der ↑Molekülmasse aus der ↑molekularen Siedepunktserhöhung (Dampfdruckerniedrigung einer Lösung gegenüber dem reinen Lösungsmittel)
Ebur|ne|a|ti|on, Ebur|ni|fi|ka|ti|on, die; -, -en ⟨*lat.-nlat.*⟩ (Med.): Entstehung von kompaktem Knochengewebe an Stellen, an denen sich normalerweise keines befindet; Bildung von ↑Kallus (2 b) (z. B. bei Syphilis od. deformierender Gelenkentzündung)
E-Busi|ness [ˈiːbɪznɪs], das; - ⟨kurz für *engl. e*lectronic business »elektronisches Geschäft«⟩: Gesamtheit aller Geschäftsformen, die elektronisch (z. B. über das Internet) vorgenommen werden; vgl. E-Commerce
EC® = Eurocity
Ecaille|ma|le|rei [eˈkaj...], die; -, -en ⟨*frz.;* »Schuppe«⟩: schuppenartige Malerei auf Porzellan
Ecart [eˈkaːɐ̯] vgl. Ekart
Ecar|té [ekarˈteː] vgl. ²Ekarté
ec|ce [ˈɛktsə] ⟨*lat.*⟩: siehe da!. **Ec|ce**, das; -, - ⟨nach Jesaja 57, 1: ecce, quomodo moritur iustus = »sieh, wie der Gerechte stirbt«⟩ (veraltet): jährliches Totengedächtnis eines Gymnasiums
Ec|ce-Ho|mo, das; -[s], -[s] ⟨nach dem Ausspruch des Pilatus, Joh. 19, 5: »Sehet, welch ein Mensch!«⟩: Darstellung des dornengekrönten Christus in der Kunst
Ec|cle|sia, die; - ⟨*gr.-lat.*⟩: **1.** ↑Ekklesia. **2.** (Kunstwiss.) in der bildenden Kunst die Verkörperung des Neuen Testaments in Gestalt einer Frau mit Krone, Kelch u. Kreuzstab (immer zusammen mit der ↑Synagoge [2] dargestellt)
Ec|cle|sia mi|li|tans, die; - -: die in der Welt kämpfende Kirche, die Kirche auf Erden
Ec|cle|sia pa|ti|ens, die; - -: die leidende Kirche, die Seelen der Verstorbenen im Fegefeuer
Ec|cle|sia tri|um|phans, die; - -: die triumphierende Kirche, die Kirche im Stande der Vollendung, die Heiligen im Himmel (entsprechend der [kath.] Ekklesiologie)
Ec|dy|son vgl. Ekdyson
Echap|pé [eʃaˈpeː], das; -s, -s ⟨*frz.*⟩ (Ballett): Sprung aus der geschlossenen Position der Füße in eine offene
Echap|pe|ment [eʃapəˈmɑ̃ː], das; -s, -s: **1.** (veraltet) das Entweichen; Flucht. **2.** Ankerhemmung der Uhr. **3.** Mechanik, die das Zurückschnellen der angeschlagenen Hämmerchen beim Klavier bewirkt. **echap|pie|ren** (veraltet): entweichen, entwischen
Echarpe [eˈʃarp], die; -, -s ⟨*frz.*⟩: **a)** Schärpe, Schal (im 19. Jh.);

b) (bes. schweiz.) gemustertes Umschlagtuch

echauf|fie|ren [eʃɔˈfiːrən], sich ⟨*lat.-vulgärlat.-frz.*⟩: **a)** sich erhitzen; **b)** sich aufregen. **echauffiert: a)** erhitzt; **b)** aufgeregt

Echec [eˈʃɛk], der; -s, -s ⟨*pers.-arab.-mlat.-frz.*⟩: **1.** frz. Bez. für: Schach. **2.** Niederlage

Echelle [eˈʃɛl], die; -, -n [...lən] ⟨*lat.-frz.*⟩ (veraltet): **1.** Leiter. **2. a)** Maßstab; **b)** gleitende Lohnskala. **3.** Tonleiter

Eche|lon [eʃəˈlõː], der; -s, -s (veraltet): Staffelstellung (von Truppen). **eche|lo|nie|ren** (Militär veraltet): gestaffelt aufstellen (von Truppen)

Eche|ve|ria [ɛtʃeˈveːria], die; -, ...ien ⟨*nlat.;* nach dem mex. Pflanzenzeichner Echeverría⟩: dickfleischiges, niedriges Blattgewächs (beliebte Zimmerpflanze aus Südamerika)

Echi|na|cea [...ˈtseːa], die; - ⟨*gr.-nlat.*⟩: Pflanzengattung der Korbblütengewächse

Echi|nit [auch: ...ˈnɪt], der; -s u. -en, -e[n] ⟨*gr.-nlat.*⟩: versteinerter Seeigel

Echi|no|der|me, der; -n, -n (meist Plural): Stachelhäuter (z. B. Seestern, Seeigel, Seelilie, Seegurke, Schlangenstern)

Echi|no|kak|tus, der; -, ...teen: Igelkaktus

Echi|no|kok|ko|se, die; -, -n (Med.): Erkrankung innerer Organe nach Befall mit den Finnen des Hundebandwurms; Echinokokkenkrankheit; vgl. Echinokokkus. **Echi|no|kok|kus,** der; -, ...kken (Med.): Gattung verschiedener Bandwurmarten

Echi|nus, der; -, - ⟨*gr.-lat.*⟩: **1.** (Zool.) Seeigel. **2.** Wulst des ↑Kapitells einer ↑dorischen Säule zwischen der Deckplatte u. dem Säulenschaft

Echo, das; -s, -s ⟨*gr.-lat.*⟩: **1.** Widerhall. **2.** Resonanz, Reaktion auf etwas (z. B. auf einen Aufruf). **3.** (Musik) Wiederholung eines kurzen ↑Themas (3) in geringerer Tonstärke

Echo|ef|fekt, der; -[e]s, -e: **1.** (Technik) [fehlerhafte] Wiederholung od. [unbeabsichtigter] Nachhall aufgrund bestimmter technischer [Neben]effekte. **2.** (Musik) [Stil]effekt durch echoartige Wirkung

echo|en: 1. widerhallen. **2.** wiederholen

Echo|gra|fie, Echo|gra|phie, die; -, ...ien (Med.): Untersuchung u. Aufzeichnung organischen Gewebes mithilfe von Ultraschall; Sonografie

Echo|kar|dio|gra|fie, Echo|kar|dio|gra|phie, die; -, ...ien (Med.): Untersuchung des Herzmuskels und der -klappen mittels Ultraschall

Echo|ki|ne|sie, die; -, ...ien ⟨*gr.-nlat.*⟩ (Psychiatrie): (bes. bei Schizophrenie) Trieb, bei anderen gesehene Bewegungen mechanisch nachzuahmen

Echo|la|lie, die; -, ...ien: **1.** (Med.) sinnlos-mechanisches Nachsprechen vorgesprochener Wörter oder Sätze bei Geisteskranken. **2.** (Psychol.) Wiederholung eines Wortes od. von Wortteilen bei Kindern im 9.–12. Lebensmonat

Echo|lot, das; -[e]s, -e ⟨*gr.-lat.; dt.*⟩: Apparat zur Messung von Meerestiefen durch ↑akustische Methoden

Echo|ma|tis|mus, der; -, ...men (Med.): sinnlos-mechanisches Nachahmen von gesehenen Bewegungen, Gebärden sowie Nachsprechen von Wörtern u. Sätzen bei Geisteskranken

Echo|mi|mie, die; -: nachahmendes Gebärdenspiel

Echo|phra|sie, die; -, ...ien: Echolalie

Echo|pra|xie, die; -, ...ien (Psychiatrie): ↑Echokinesie

Echo|thy|mie, die; - (Psychol.): Fähigkeit, die Gefühle u. ↑Affekte anderer Menschen mitzuempfinden

Ec|lair [eˈklɛːɐ̯], das; -s, -s ⟨*lat.-vulgärlat.-frz.*⟩: Gebäck mit Cremefüllung und Zucker- oder Schokoladenguss

E-Com|merce [ˈiːkɔmœːɐ̯s], der; -s ⟨kurz für *engl.* electronic commerce »elektronischer Handel«⟩: Vertrieb von Waren od. Dienstleistungen über das Internet

Eco|no|mi|ser [ɪˈkɔnəmaɪ̯zɐ], der; -s, - ⟨*gr.-lat.-frz.-engl.;* »Sparer«⟩: Wasservorwärmer bei Dampfkesselanlagen

Eco|no|my|class, Eco|no|my-Class [iˈkɔnəmiklaːs], **Eco|no|my|klas|se,** die; - ⟨*engl.;* »Sparsamkeit«⟩: billigste Tarifklasse im Flugverkehr

E-Con|tent [ˈiːkɔntənt], der; -s, -s ⟨kurz für *engl.* electronic content »elektronischer Inhalt«⟩: qualifizierter Informationsgehalt in elektronischen Systemen (z. B. im Internet)

e con|t|ra|rio ⟨*lat.*⟩ (Rechtswiss.): aufgrund eines Umkehrschlusses, eines Schlusses aus einem gegenteiligen Sachverhalt auf entsprechend gegenteilige Folgen

Ecos|sais [ekɔˈsɛ], der; - ⟨*frz.;* »schottisch«⟩: groß karierter Kleider- u. Futterstoff

Ecos|sai|se [...ˈsɛːzə], die; -, -n: **a)** schottischer Volkstanz im Dreiertakt; **b)** Gesellschaftstanz des 18. u. 19. Jh.s in raschem $^{2}/_{4}$-Takt (auch als Komposition der klassisch-romantischen Klaviermusik)

Ec|ra|sé|le|der [ekraˈzeː...], das; -s, - ⟨*frz.; dt.*⟩: gefärbtes, glattes Leder mit künstlich geprägter Narbung

éc|ra|sez l'in|fâme [ekrazelɛ̃ˈfaːm] ⟨*frz.;* »Rottet den niederträchtigen [Aberglauben] aus!«⟩: Schlagwort Voltaires gegen die kath. Kirche

ec|ru vgl. ekrü

1**Ec|s|ta|sy** [ˈɛkstəsi], das; -[s] (meist ohne Artikel) ⟨*gr.-lat.-frz.-engl.*⟩: halluzinogene Designerdroge

2**Ec|s|ta|sy** [ˈɛkstəsi], die; -, -s (aber: 5 -) ⟨*engl.*⟩: Tablette aus 1Ecstasy

Ecu, ECU [eˈkyː], der; -[s], -[s] od. die; -, - ⟨Abk. für: *engl.* European Currency Unit, in Anlehnung an eine alte frz. Silbermünze⟩: europäische Rechnungseinheit (1979–1998)

Eda|ma|me, die (Plural) ⟨*jap.*⟩ (Kochkunst): junge, grüne Sojabohnen

eda|phisch ⟨*gr.-nlat.*⟩: **a)** auf den Erdboden bezüglich; **b)** bodenbedingt

Eda|phon, das; -s (Biol.): Gesamtheit der in u. auf dem Erdboden lebenden Kleinlebewesen (Pflanzen u. Tiere)

Eden, das; -s ⟨*hebr.;* eigtl. »Wonne«⟩ (gehoben): ↑Paradies (2); **der Garten Eden:** das Paradies [der Bibel]

Eden|ta|te, der; -n, -n ⟨*lat.*⟩ (Zool.): zahnarmes Säugetier

Effekt	Affekt
Er bezweifle, dass ein Effekt statistisch signifikant sein werde. *Wirkung, Ergebnis* – den gewünschten [...] Effekt [...] erzielt – genau den gegenteiligen Effekt bewirken – hätte [...] den gleichen [...] Effekt wie Der erhoffte positive Effekt des Stresstests ist ausgeblieben. Hat der Film einen therapeutischen Effekt? Leider ist der Effekt kaum messbar.	Die Verteidigung sprach indes von Totschlag im Affekt. *Seelische Erregung, Leidenschaft* – hat die Tat [nicht] im Affekt begangen – Frau nach einem [...] im Affekt erschlagen – habe nicht [...] im Affekt [...] gehandelt Der Mann habe im Affekt gehandelt, betonte die Kammer. Die Mutter von Lars hat ihrem Sohn im Affekt ein blaues Auge verpasst. Das zeigt, wie schwierig es geworden ist, die eigenen Affekte zu überwinden.

(Gürtel-, Schuppen-, Faultier u. Ameisenbär)

edie|ren ⟨*lat.*⟩: **1.** Bücher herausgeben, veröffentlichen. **2.** (EDV) editieren

Edikt, das; -[e]s, -e ⟨*lat.*⟩: **a)** (Geschichte) amtlicher Erlass von Kaisern u. Königen; **b)** (österr.) [amtliche] Anordnung, Vorschrift

edi|tie|ren ⟨*lat.-frz.-engl.*⟩ (EDV): Daten eingeben, löschen, ändern o. Ä.

Edi|tio cas|ti|ga|ta, die; - -, Editiones castigatae [...ne:s ...tɛ] ⟨*lat.*⟩: Buchausgabe, bei der religiös, politisch od. erotisch anstößige Stellen vom Herausgeber od. von der Zensur gestrichen wurden

Edi|ti|on, die; -, -en: **1. a)** Ausgabe von Büchern, bes. Neuherausgabe von älteren klassischen Werken; **b)** Verlag. **2.** Herausgabe von ↑Musikalien, bes. in laufenden Sammlungen (Abk.: Ed.)

Edi|tio prin|ceps [- ...tsɛps], die; - -, Editiones principes [...ne:s ...pe:s]: Erstausgabe alter [wieder entdeckter] Werke

¹Edi|tor [auch: eˈdi:...], der; -s, ...oren: Herausgeber eines Buches

²Edi|tor [ˈɛdɪtɐ, auch: ˈe:dito:ɐ̯], der; -s, -s, bei eingedeutschter Aussprache: ...oren ⟨*engl.*⟩ (EDV): Komponente des Betriebssystems eines Computers, die die Bearbeitung von Texten u. Grafiken steuert

Edi|to|ri|al [ɛdɪˈtɔ(:)riəl], das; -[s], -s ⟨*lat.-engl.*⟩: **1.** Vorwort des Herausgebers in einer [Fach]zeitschrift. **2.** Leitartikel des Herausgebers od. des Chefredakteurs einer Zeitung. **3. a)** Redaktionsverzeichnis, -impressum; **b)** Verlagsimpressum

Edi|to|rin, die; -, -nen: weibliche Form zu ↑¹Editor

edi|to|risch: a) die Herausgabe eines Buches betreffend, ihr eigentümlich; **b)** verlegerisch

Edu|ka|ti|on, die; -, -en ⟨*lat.*⟩: Erziehung

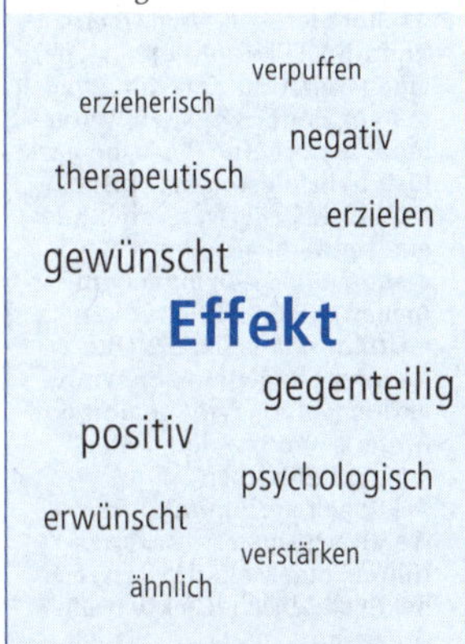

Edukt, das; -[e]s, -e: **1.** aus Rohstoffen abgeschiedener Stoff (z. B. Öl aus Sonnenblumenkernen). **2.** (Geol.) Ausgangsgestein bei der ↑Metamorphose (4)

Edu|tain|ment [ɛdjuˈteɪ̯nmənt], das; -s ⟨Kunstw. aus *engl. education* »Erziehung« u. *entertainment* »Unterhaltung«⟩: Vermittlung von Wissen auf unterhaltsame und spielerische Weise

EEPROM, der; -, -s ⟨Kurzw. aus *engl. electrically erasable programmable read-only memory* »elektrisch löschbarer (u. wieder) programmierbarer Nurlesespeicher«⟩ (EDV): löschbarer Festwertspeicher

ef..., Ef... vgl. ex..., Ex...

Efen|di vgl. Effendi

Ef|fekt, der; -[e]s, -e ⟨*lat.*⟩: **a)** Wirkung, Erfolg; **b)** (meist Plural) auf Wirkung abzielendes Ausdrucks- u. Gestaltungsmittel; **c)** Ergebnis, sich aus etwas ergebender Nutzen

Effekt/Affekt *s. Kasten*

Ef|fek|ten, die (Plural) ⟨*lat.-frz.*⟩: **1.** Wertpapiere, die an der Börse gehandelt werden (z. B. ↑Aktien). **2.** (schweiz.) bewegliche Habe, Habseligkeiten. **Ef|fek|ten|bör|se,** die; -, -n: Börse, an der Effekten gehandelt werden

ef|fek|tiv ⟨*lat.*⟩: **a)** tatsächlich, wirklich; **b)** wirkungsvoll (im Verhältnis zu den aufgewendeten Mitteln); **c)** (ugs.) überhaupt, ganz u. gar; **d)** arbeiten

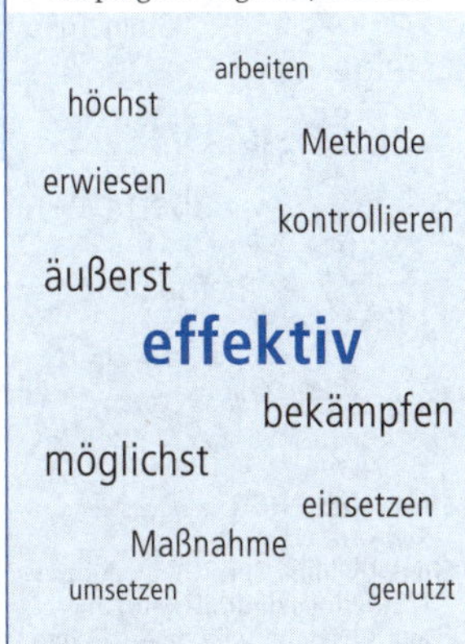

effektiv/effektvoll *s. Kasten Seite 300*

Ef|fek|tiv, das; -s, -e (Sprach-

effektiv

Damit die Pumpe möglichst effektiv arbeitet, sollte das Haus gut gedämmt sein.
wirkungsvoll, wirklich
– damit eine effektive [...] Kontrolle [nur ...] möglich
– die Arbeit [der ...] effektiver [zu] gestalten
– die vorhandenen Ressourcen [...] effektiver [... zu] nutzen
Sie können hier auf ihre Bedürfnisse abgestimmte Lösungen effektiv umsetzen.
Als besonders effektiv erweist sich diese Methode jedoch nicht.
Die Abwehr erledigte ihre Arbeit konsequent und effektiv.

effektvoll

Es geht nicht nur darum, Lichter, Tannengrün und Kugeln möglichst effektvoll zu platzieren.
wirkungsvoll, wirklich
– das Stück effektvoll in Szene gesetzt
– jedes einzelne so clever so effektvoll stilisiert, dass
– mediengerecht verfälscht und die Historie effektvoll zurechtbiegt, aber
Abends wird die Ruine effektvoll angestrahlt.
Das alles ist zwar nicht subtil, aber überaus effektvoll.
Die realistisch und effektvoll inszenierten Katastrophen sind das einzig Greifbare in dem Film.

wiss.): Verb des Verwandelns (z. B. knechten = zum Knecht machen); vgl. Faktitiv

Ef|fek|tiv|do|sis, die; -, ...dosen (Med.): diejenige Menge von Substanzen (z. B. Medikamenten, Gift), die bei einem Menschen od. bei Versuchstieren wirksam ist

ef|fek|ti|vie|ren ⟨*lat.-nlat.*⟩: effektiv machen; die Wirksamkeit, Wirtschaftlichkeit erhöhen, steigern

Ef|fek|ti|vi|tät, die; -: Wirksamkeit, Durchschlagskraft, Leistungsfähigkeit

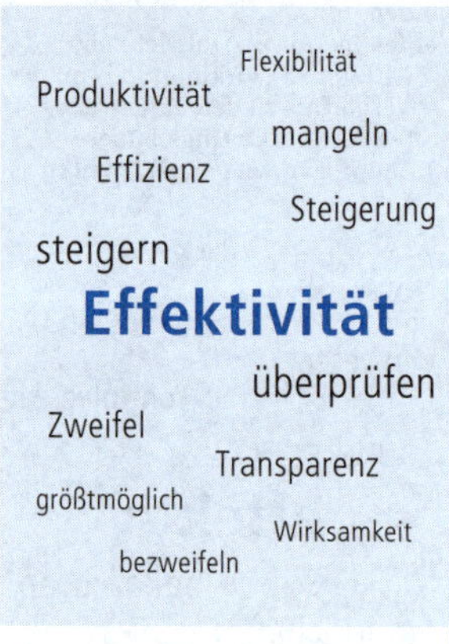

Effektivität/Effizienz *s. Kasten Seite 301*

Ef|fek|tiv|lohn, der; -[e]s, ...löhne: wirklich gezahlter Lohn, der aus Tariflohn u. übertariflichen Zahlungen sowie zusätzlichen Leistungen besteht

Ef|fek|tiv|wert, der; -[e]s, -e (Elektrot.): tatsächlich wirkender Durchschnittswert des von null bis zum Maximalwert dauernd wechselnden Stromwertes (bes. bei Wechselstrom)

Ef|fekt|koh|le, die; -: Dochtkohle von Bogenlampen mit Leuchtsalzzusatz

Ef|fek|tor, der; -s, ...oren (meist Plural): **1.** (Physiol.) **a)** Nerv, der einen Reiz vom Zentralnervensystem zu den Organen weiterleitet u. dort eine Reaktion auslöst; **b)** Erfolgsorgan (Muskel od. Muskelfaser), das am Ende eines physiologischen Ablaufs steht u. auf einen aufgenommenen u. weitergeleiteten Reiz ausführend reagiert. **2.** (Biol., Med.) Stoff, der eine Enzymreaktion (vgl. Enzym) hemmt od. fördert, ohne an deren Auslösung mitzuwirken

ef|fek|tu|ie|ren ⟨*lat.-mlat.-frz.*⟩ (veraltet): einen Auftrag ausführen, eine Zahlung leisten

ef|fekt|voll: durch Effekte beeindruckend

Ef|fe|mi|na|ti|on, die; -, -en ⟨*lat.;* »Verweiblichung«⟩ (Med.): **a)** Verweiblichung von Verhalten u. Erscheinung männlicher Personen (körperliche Merkmale eingeschlossen); **b)** passive Homosexualität beim Mann. **ef|fe|mi|niert** (Med., Psychol.): (von einem Mann) verweiblicht, weiblich in seinen Empfindungen u. seinem Verhalten

Ef|fen|di, Efendi, der; -[s], -s ⟨*gr.-ngr.-türk.;* »Herr«⟩ (veraltet): Anrede u. Titel für höhere Beamte in der Türkei

ef|fe|rent ⟨*lat.*⟩ (Med.): herausführend, von einem Organ herkommend (Ggs.: afferent)

Ef|fe|renz, die; -, -en (Med.): Erregung, die über die efferenten Nervenfasern vom Zentralnervensystem zur Peripherie geführt wird u. die ↑Motorik (1) in Gang setzt (Ggs.: Afferenz)

ef|fer|ves|zie|ren ⟨*lat.*⟩ (Physik): aufbrausen, aufwallen

Ef|fet [ɛˈfeː, auch: ɛˈfɛː], der, auch: das; -s, -s ⟨*lat.-frz.;* »Wirkung«⟩: einer Kugel, einem Ball beim Stoßen, Schlagen, Treten o. Ä. durch seitliches Anschneiden verliehener Drall

ef|fet|tu|o|so ⟨*lat.-it.*⟩ (Musik): effektvoll, mit Wirkung

Ef|fi|cien|cy [ɪˈfɪʃənsɪ], die; - ⟨*lat.-engl.*⟩: **1.** Wirtschaftlichkeit, bestmöglicher Wirkungsgrad. **2.** Leistungsfähigkeit

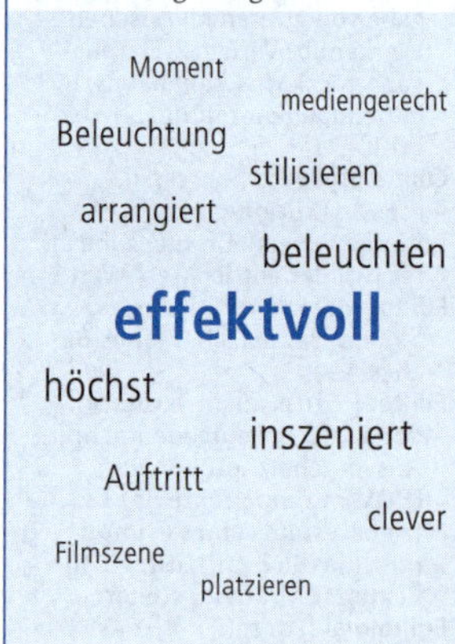

ef|fi|lie|ren ⟨*lat.-frz.*⟩: (dichte Haare) beim Schneiden gleichmäßig ausdünnen

Ef|fi|lo|chés [...lɔˈʃeː], die (Plural): Reißbaumwolle

Effektivität

Die Maßnahmen werden zur höheren Effektivität beitragen.
Wirksamkeit
- die Steigerung der Effektivität und Effizienz
- größtmögliche Effektivität im Kampf erreicht werde
- vor allem [durch] mangelnde Effektivität und ...

Die größere Effektivität gab am Ende jedoch den Ausschlag.
Flexibilität und Effektivität werden garantiert.
Nur die Effektivität ließ lange zu wünschen übrig.

Effizienz

Den Entwicklern ging es nicht um Eleganz, sondern um Effizienz.
Wirksamkeit, Wirtschaftlichkeit
- Kosten [zu] senken [und die] Effizienz [zu] steigern
- mehr Bürgernähe und mehr Effizienz in der [...] Verwaltung
- Ziel [...], die ökonomische Effizienz [...] zu verbessern

Der öffentliche Verkehr ist auf Effizienz zu trimmen.
Effizienz ist das Maß der Wirtschaftlichkeit.
Sie hätten dies kompensieren können, indem sie die Effizienz steigerten.

ef|fi|zi|ent ⟨*lat.*⟩: besonders wirksam u. wirtschaftlich, leistungsfähig (Ggs.: ineffizient)

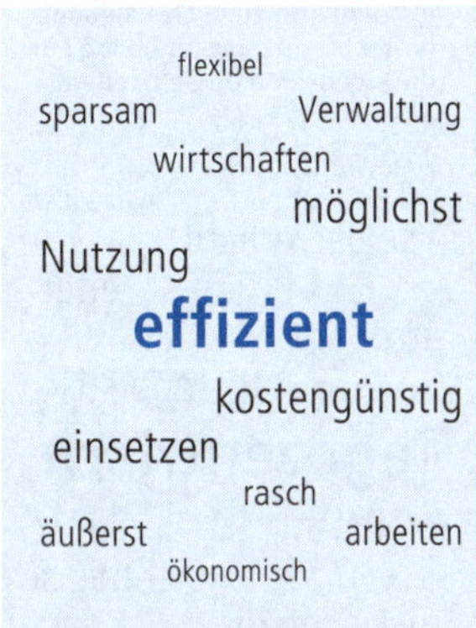

effizient/effektiv s. *Kasten Seite 302*

Ef|fi|zi|enz, die; -, -en: **1.** Wirksamkeit u. Wirtschaftlichkeit (Ggs.: Ineffizienz). **2.** ↑ Efficiency

ef|fi|zie|ren: hervorrufen, bewirken. **ef|fi|ziert:** bewirkt; **effiziertes Objekt** (Sprachwiss.): Objekt, das durch das im Verb ausgedrückte Verhalten hervorgerufen oder bewirkt wird (z. B. Kaffee kochen)

Ef|fla|ti|on, die; -, -en ⟨*lat.-nlat.*⟩ (Med.): das Aufstoßen; vgl. Eruktation

Ef|flo|res|zenz, die; -, -en ⟨*lat.-nlat.;* »das Aufblühen«⟩: **1.** (Med.) krankhafte Hautveränderung (z. B. Pusteln, Bläschen, Flecken). **2.** (Geol.) Bildung von Mineralüberzügen auf Gesteinen u. Böden (Ausblühung); vgl. Exsudation (2)

ef|flo|res|zie|ren ⟨*lat.;* »aufblühen«⟩: **1.** (Med.) krankhafte Hautveränderungen zeigen. **2.** (Geol.) Mineralüberzüge bilden (von Gesteinen)

ef|flu|ie|ren ⟨*lat.*⟩ (Med.): ausfließen

Ef|flu|vi|um, das; -s, ...ien (Med.): [vermehrter] Haarausfall

Ef|fu|sio|me|ter, das; -s, - ⟨*lat.; gr.*⟩: Apparat zur Messung der Gasdichte

Ef|fu|si|on, die; -, -en ⟨*lat.;* »das Ausgießen; das Herausströmen«⟩ (Geol.): das Ausfließen von ↑ Lava

ef|fu|siv ⟨*lat.-nlat.*⟩ (Geol.): durch Ausfließen von ↑ Lava gebildet

Ef|fu|siv|ge|stein, das; -s (Geol.): Ergussgestein, das sich bei der Erstarrung des ↑ Magmas an der Erdoberfläche bildet

EFTA, die; - ⟨Kurzw. aus *engl. E*uropean *F*ree *T*rade *A*ssociation⟩: Europäische Freihandelsassoziation (Freihandelszone)

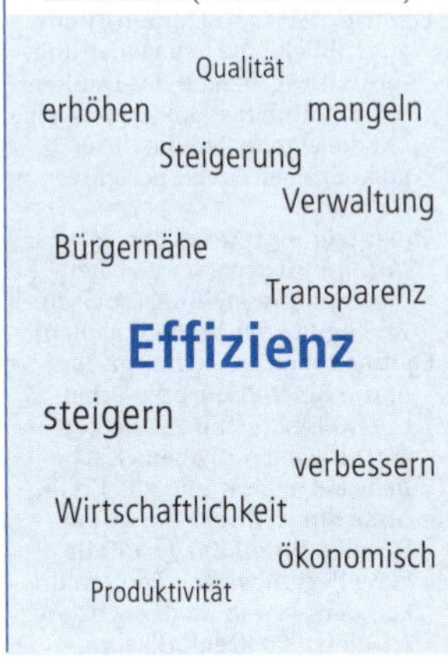

egal ⟨*lat.-frz.*⟩: **1.** gleich, gleichartig, gleichmäßig. **2.** (ugs.) gleichgültig, einerlei

ega|li|sie|ren ⟨*lat.-frz.*⟩: **1.** etwas Ungleichmäßiges ausgleichen, gleichmachen. **2.** (Sport) den Vorsprung des Gegners aufholen, ausgleichen; (einen Rekord) einstellen

ega|li|tär: auf politische, bürgerliche od. soziale Gleichheit gerichtet

Ega|li|ta|ris|mus, der; - ⟨*lat.-frz.-nlat.*⟩: Sozialtheorie von der [möglichst] vollkommenen Gleichheit in der menschlichen Gesellschaft bzw. von ihrer Verwirklichung

Ega|li|tät, die; -: Gleichheit

Éga|li|té [...ˈteː], die; - ⟨*lat.-frz.*⟩: Gleichheit (eines der drei Schlagworte der Französischen Revolution); vgl. Fraternité, Liberté

Eges|ta, die (Plural) ⟨*lat.*⟩ (Med.): Körperausscheidungen (z. B. Erbrochenes, Kot). **Eges|ti|on,** die; -, -en (Med.): Stuhlgang

Egg|head [ˈɛghɛd], der; -s, -s ⟨*engl.-amerik.;* »Eierkopf«⟩: (oft scherzh. od. abwertend) Intellektueller

Egg|nog [ˈɛgnɔg], der; -s, -s ⟨*engl.*⟩: ein ↑ Longdrink, der hauptsächlich aus Milch u. Eiern bereitet wird

eg|lo|mi|sie|ren ⟨*frz.;* nach dem frz. Kunsthändler J.-B. Glomi (18. Jh.)⟩: eine Glastafel o. Ä. auf der Rückseite so mit Lack bemalen, dass Aussparungen entstehen, die mit spiegelnder Materie hinterlegt werden

Ego, das; -[s], -s ⟨*lat.*⟩ (Philos.): das Ich; vgl. Alter Ego

Ego-Goo|geln [ˈegoguːgl̩n], das; -s ⟨*engl.*⟩ (ugs.): gezielte Suche nach dem eigenen Namen im

effizient	effektiv
Nicht jedes Kraftwerk arbeitet gleich effizient und umweltfreundlich. *besonders wirksam, wirtschaftlich* – effiziente schlanke und bürgernahe Verwaltung – für den/einen effizienten […] Einsatz der/von … – wesentlich kostengünstiger […] effizienter arbeiten […] können Das Vorgehen ist langwierig, teuer und wenig effizient. Die Bank sei heute fokussiert, arbeite effizient und robust. Es geht darum, in jeder Situation effizient und zielorientiert zu arbeiten.	Damit die Pumpe möglichst effektiv arbeitet, sollte das Haus gut gedämmt sein. *wirkungsvoll, wirklich* – damit eine effektive […] Kontrolle [nur …] möglich – die Arbeit [der …] effektiver [zu] gestalten – die vorhandenen Ressourcen […] effektiver [… zu] nutzen Sie können hier auf ihre Bedürfnisse abgestimmte Lösungen effektiv umsetzen. Als besonders effektiv erweist sich diese Methode jedoch nicht. Die Abwehr erledigte ihre Arbeit konsequent und effektiv.

Internet mithilfe der Suchmaschine Google®

Ego-Ide|al, Ego|ide|al, das; -s, -e (Psychol.): für die eigene Person gültiges Leitbild, das durch seinen Grundsatzcharakter zur Persönlichkeitsentwicklung beiträgt

Ego|is|mus, der; -, ...men ⟨*lat.-frz.*⟩: **1.** (ohne Plural) Selbstsucht, Eigenliebe, Ichsucht, Eigennutz (Ggs.: Altruismus). **2.** (Plural) selbstsüchtige Handlungen o. Ä.

Ego|ist, der; -en, -en: jmd., der sein Ich u. seine persönlichen Interessen in den Vordergrund stellt (Ggs.: Altruist). **Ego|is|tin,** die; -, -nen: weibliche Form zu ↑Egoist. **ego|is|tisch:** ichsüchtig, nur sich selbst gelten lassend (Ggs.: altruistisch)

ego|man: krankhaft selbstbezogen. **Ego|ma|ne,** der; -n, -n: jmd., der egoman ist, an Egomanie leidet. **Ego|ma|nie,** die; -: krankhafte Selbstbezogenheit. **Ego|ma|nin,** die; -, -nen: weibliche Form zu ↑Egomane. **ego|ma|nisch:** ↑egoman

Ego-Shoo|ter, Ego|shoo|ter [...ʃuːtɐ], der; -s, - ⟨aus *lat.* ego »ich; eigene Person« und *engl.* shooter »jmd., der schießt«⟩: Computer- od. Videospiel, bei dem der Spieler die Perspektive der von ihm gesteuerten Figur einnimmt, die sich einen bewaffneten Kampf mit einem Gegner liefert

Ego|tis|mus, der; - ⟨*lat.-engl.*⟩: philosophisch begründete Form des Egoismus, die das Glück der Menschheit dadurch herbeizuführen trachtet, dass der Einzelne auf ein Höchstmaß persönlichen diesseitigen Glücks hinarbeitet. **Ego|tist,** der; -en, -en: **1.** Anhänger des Egotismus. **2.** Autor eines ↑autobiografischen Romans in der Ichform. **Ego|tis|tin,** die; -, -nen: weibliche Form zu ↑Egotist

Ego|trip, der; -s, -s (Jargon): jmds. augenblickliche Lebenshaltung, -gestaltung, bei der das Denken u. Verhalten fast ausschließlich auf die eigene Person, die eigene Erlebensweise gerichtet ist

Egout|teur [eguˈtøːɐ̯], der; -s, -e ⟨*lat.-frz.*⟩: Vorpresswalze bei der Papierherstellung (auch zur Erzeugung der Wasserzeichen)

Ego|zen|t|rik, die; - ⟨*(lat.; gr.-lat.) nlat.*⟩: Einstellung od. Verhaltensweise, die die eigene Person als Zentrum allen Geschehens betrachtet und alle Ereignisse nur in ihrer Bedeutung für u. in ihrem Bezug auf die eigene Person wertet. **Ego|zen|t|ri|ker,** der; -s, -: jmd., der egozentrisch ist. **Ego|zen|t|ri|ke|rin,** die; -, -nen: weibliche Form zu ↑Egozentriker. **ego|zen|t|risch:** ichbezogen; die eigene Person als Zentrum allen Geschehens betrachtend, alles in Bezug auf die eigene Person beurteilend

Ego|zen|t|ri|zi|tät, die; -: ↑Egozentrik

eg|re|nie|ren ⟨*lat.-frz.*⟩: Baumwollfasern von den Samen trennen

Eg|re|nier|ma|schi|ne, die; -, -n: Maschine, die die Baumwollfasern vom Samen trennt

eg|res|siv ⟨*lat.*⟩: **1.** das Ende eines Vorgangs od. Zustands ausdrückend (von Verben; z. B. verblühen, platzen) (Ggs.: ingressiv [1]). **2.** den Luftstrom bei der Artikulation nach außen richtend (Ggs.: ingressiv [2])

Egyp|ti|enne [eʒiˈpsi̯ɛn, egɪpˈtsi̯ɛn], die; - ⟨*frz.;* »ägyptische (Schrift)«⟩: besondere Art der Antiquaschrift

Ehec, die od. das; - (meist ohne Artikel) ⟨Kurzw. aus *E*ntero-*h*ämorrhagische *E*scherichia *C*oli⟩ (Med.): **1.** Stamm bzw. Stämme von Kolibakterien, die beim Menschen Krankheiten [wie z. B. blutige Durchfälle] auslösen können. **2.** bes. für Kinder gefährliche Infektionserkrankung, die durch ein Ehec (1) verursacht wird

Ei|co|sa|no|id vgl. Eikosanoid

Ei|de|tik, die; - ⟨*gr.-nlat.*⟩: **1.** Fähigkeit, sich Objekte od. Situationen so anschaulich vorzustellen, als ob sie realen Wahrnehmungscharakter hätten. **2.** (Psychol.) Eidologie. **Ei|de|ti|ker,** der; -s, - (Psychol.): jmd., der die Fähigkeit hat, sich Objekte od. Situationen anschaulich, wie wirklich vorhanden vorzustellen. **Ei|de|ti|ke|rin,** die; -, -nen: weibliche Form zu ↑ Eidetiker. **ei|de|tisch** (Psychol.): **a)** die Eidetik (1) betreffend; **b)** anschaulich, bildhaft

Ei|do|lo|gie, die; -, ...ien: **1.** (Philos.) Theorie, auf dem Weg der Gestaltbeschreibung das Wesen eines Dinges zu erforschen. **2.** (Psychol.) Theorie, nach der vom Aussehen eines Wesens auf dessen Charakter geschlossen werden kann

Ei|do|lon, das; -[s], ...la ⟨*gr.*⟩ (Philos.): Abbild, kleines Bild, Spiegel-, Trugbild; vgl. Idol

Ei|do|phor®, das; -s, -e ⟨*gr.-nlat.;* »Bildträger«⟩: Fernsehgroßbild-Projektionsanlage

Ei|do|phor|ver|fah|ren, das; -s: Verfahren, bei dem an einen Fernsehempfänger ein Projektor angeschlossen ist, der das Bild auf die Größe einer Kinoleinwand bringt

Ei|dos, das; - ⟨*gr.*⟩: **1.** Gestalt, Form, Aussehen. **2.** Idee (bei Plato). **3.** Gegensatz zur Materie (bei Aristoteles). **4.** (Logik) Art im Gegensatz zur Gattung. **5.** Wesen, Sinneinheit (bei Husserl)

Ei|ko|sa|no|id, Eicosanoid, das; -[e]s, -e (meist Plural) ⟨*gr.*⟩ (Med.): Gruppe von im Organismus vorhandenen endogenen Mediatoren, z. B. für Entzündungen u. Immunreaktionen, Schmerz, die Einleitung der Geburt u. ↑ Hämostase (2)

ein|bal|sa|mie|ren ⟨*dt.; hebr.-gr.-lat.*⟩: (einen Leichnam) zum Schutz vor Verwesung mit bestimmten konservierenden Mitteln behandeln

ein|che|cken ⟨*dt.; engl.*⟩: **1.** (Flugw.) **a)** (vor dem Abflug) abfertigen (z. B. Passagiere od. Gepäck) (Ggs.: auschecken [1 a]); **b)** (vor dem Abflug) sich abfertigen lassen. **2.** (in ein Hotel o. Ä.) einziehen; sich anmelden (u. die entsprechenden Formalitäten erledigen); Ggs. ↑ auschecken (2)

Ein|he|ri|er, der; -s, - ⟨*altnord.*⟩ (nord. Mythologie): gefallener Kämpfer

ein|log|gen ⟨*dt.; engl.*⟩ (EDV): **1.** durch Eingabe eines Passwortes o. Ä. Zugang zu einem Programm erhalten; sich anmelden. **2.** (Jargon) (bes. in Quizsendungen im Fernsehen, bei denen die Kandidaten jeweils aus mehreren Antworten diejenige auswählen müssen, die als einzige richtig ist) als vom Kandidaten gewählt registrieren

ein|quar|tie|ren ⟨*dt.; lat.-frz.*⟩: [Soldaten] in einem ↑ Quartier (1) unterbringen

ein|scan|nen [...skɛnən] ⟨*dt.; engl.*⟩: mit dem Scanner eingeben

Ein|stei|ni|um, das; -s ⟨*nlat.;* nach dem Physiker A. Einstein (1879–1955)⟩: chem. Element (Zeichen: Es)

Eis|cru|sher [...kraʃɐ], der; -s, - ⟨*dt.; engl.*⟩: [elektrisches] Gerät zum Zerkleinern von Eiswürfeln

Ei|zes vgl. Ezzes

Eja|cu|la|tio prae|cox, die; - - ⟨*lat.*⟩ (Med.): vorzeitig erfolgender Samenerguss

Eja|ku|lat, das; -[e]s, -e (Med.): bei der Ejakulation ausgespritzte Samenflüssigkeit

Eja|ku|la|ti|on, die; -, -en ⟨*lat.-nlat.*⟩ (Med.): Ausspritzung der Samenflüssigkeit beim ↑ Orgasmus; Samenerguss. **eja|ku|lie|ren** ⟨*lat.;* »hinauswerfen«⟩ (Med.): Samenflüssigkeit ausspritzen

Ejek|ti|on, die; -, -en: **1.** (Geol.) explosionsartiges Ausschleudern von Materie (Schlacken, Asche) aus einem Vulkan. **2.** (veraltet) das Hinauswerfen; das Vertreiben [aus dem Besitz]

Ejek|tiv, der; -s, -e, **Ejek|tiv|laut,** der; -[e]s, -e (Sprachwiss.): Verschlusslaut, bei dem Luft aus der Mundhöhle strömt (Ggs.: Injektiv)

Ejek|tor, der; -s, ...oren ⟨*lat.-nlat.*⟩: **1.** automatisch arbeitender Patronenauswerfer bei Jagdgewehren. **2.** Strahlpumpe mit Absaugvorrichtung

eji|zie|ren: 1. (Physik) [Materie] ausschleudern. **2.** (veraltet) jmdn. hinauswerfen, [aus dem Besitz] vertreiben

eius|dem men|sis ⟨*lat.*⟩ (veraltet): desselben Monats (Abk.: e. m.)

Ekart, bes. schweiz.: Ecart [eˈkaːɐ̯], der; -s, -s ⟨*lat.-frz.*⟩ (Börsenw.): Unterschied zwischen dem Kaufpreis (Geldkurs) und dem Briefkurs (Verkaufspreis) eines Finanzprodukts; Marge (4)

[1]**Ekar|té** [ekarˈteː], das; -s, -s ⟨*frz.;* carte »(Spiel)karte«⟩: französisches Kartenspiel

[2]**Ekar|té** [...ˈteː], das; -s, -s ⟨*frz.;* écarter »auseinandertreiben«⟩: (im klassischen Ballett) Position schräg zum Zuschauer

Ek|chon|d|rom, das; -s, -e ⟨*gr.-nlat.*⟩ (Med.): [vom Knorpel ausgehender] gutartiger Tumor

Ek|chon|d|ro|se, die; -, -n (Med.): Wuchern von gutartigem Knorpelgewebe (zu Ekchondromen führend)

Ek|chy|mo|se, die; -, -n ⟨*gr.*⟩ (Med.): [kleinflächige] Haut- od. Schleimhautblutung

ek|de|misch ⟨*gr.*⟩ (veraltet): auswärts befindlich, abwesend

Ek|dy|son, das; -s ⟨*gr.*⟩ (Zool.): Häutungshormon der Insekten

Ek|kle|sia, die; - ⟨*gr.-lat.*⟩: Kirche; vgl. Ecclesia

Ek|kle|si|as|tes, der; -: gr. Bez. des alttest. Buches »Prediger Salomo«

Ek|kle|si|as|tik, die; -: ↑ Ekklesiologie

Ek|kle|si|as|ti|kus, der; -: Titel des alttest. Buches »Jesus Sirach« in der ↑ Vulgata

ek|kle|si|o|gen (Psychol.): durch Einfluss von Kirche u. Religion entstanden (z. B. Neurosen)

Ek|kle|sio|lo|gie, die; - ⟨*gr.-nlat.*⟩: theologische Lehre von der christlichen Kirche

ek|krin ⟨*gr.-nlat.*⟩ (Med.): ↑ exokrin

Ek|ky|k|le|ma, das; -s, ...emen ⟨*gr.*⟩: kleine fahrbare Bühne des altgr. Theaters für Szenen, die sich eigtl. innerhalb eines Hauses abspielten

Ek|lai|reur [eklɛˈrøːɐ̯], der; -s, -e ⟨*lat.-vulgärlat.-frz.*⟩ (veraltet): Kundschafter, Aufklärer (im Krieg)

Ek|lamp|sie, die; -, ...ien ⟨*gr.-nlat.*⟩ (Med.): plötzlich auftretende, lebensbedrohende Krämpfe während der Schwangerschaft, Geburt od. im Wochenbett

Ek|lamp|sis|mus, der; - (Med.): Bereitschaft des Organismus für eine Eklampsie

ek|lamp|tisch (Med.): die Eklampsie betreffend, auf ihr beruhend

Ek|lat [eˈkla(ː)], der; -s, -s ⟨*frz.*⟩: Aufsehen, Knall, Skandal; [in der Öffentlichkeit] starkes Aufsehen erregender Vorfall

ek|la|tant: **1.** offenkundig. **2.** Aufsehen erregend; auffallend

Ek|lek|ti|ker, der; -s, - ⟨*gr.*⟩: **a)** jmd., der weder ein eigenes philos. System aufstellt noch ein anderes übernimmt, sondern aus verschiedenen Systemen das ihm Passende auswählt; **b)** (abwertend) jmd., der (z. B. in einer Theorie) fremde Ideen nebeneinanderstellt, ohne eigene Gedanken dazu zu entwickeln. **Ek|lek|ti|ke|rin**, die; -, -nen: weibliche Form zu ↑Eklektiker

ek|lek|tisch: **a)** (abwertend) in unschöpferischer Weise nur Ideen anderer (z. B. in einer Theorie) verwendend; **b)** aus bereits Vorhandenem auswählend u. übernehmend

Ek|lek|ti|zis|mus, der; - ⟨*gr.-nlat.*⟩: **1.** (abwertend) unoriginelle, unschöpferische geistige Arbeitsweise, bei der Ideen anderer übernommen od. zu einem System zusammengetragen werden. **2.** (bildende Kunst; Literatur) Rückgriff auf die Stilmittel verschiedener Künstler früherer Epochen mangels eigener schöpferischer Leistung

ek|lek|ti|zis|tisch: nach der Art des Eklektizismus verfahrend

Ek|lip|se, die; -, -n ⟨*gr.;* »Ausbleiben, Verschwinden«⟩ (Astron.): Verfinsterung (in Bezug auf Mond od. Sonne)

Ek|lip|tik, die; -, -en ⟨*gr.-nlat.*⟩ (Astron.): der größte Kreis, in dem die Ebene der Erdbahn um die Sonne die als unendlich groß gedachte Himmelskugel schneidet

ek|lip|ti|kal: die Ekliptik betreffend, mit ihr zusammenhängend

ek|lip|tisch ⟨*gr.*⟩: die Eklipse betreffend

Ek|lo|ge, die; -, -n ⟨*gr.-lat.;* »Auswahl«⟩: **a)** altröm. Hirtenlied; vgl. Idylle; **b)** kleineres, ausgewähltes Gedicht

Ek|lo|git [auch: ...ˈgɪt], der; -s, -e ⟨*gr.-nlat.*⟩ (Geol.): durch ↑Metamorphose (4) entstandenes Gestein

Ek|lo|git|scha|le, die; - (Geol.): tiefere Zone des ↑²Simas

Ek|mne|sie, die; -, ...ien ⟨*gr.-nlat.*⟩ (Med.): krankhafte Vorstellung, in einen früheren Lebensabschnitt zurückversetzt zu sein

Ek|noia [...ˈnɔy̯a], die; - ⟨*gr.;* »Sinnlosigkeit«⟩ (Med.): gesteigerte Affekterregbarkeit bzw. Reizbarkeit im Pubertätsalter

Eko|no|mi|ser [iˈkɔnomaɪ̯zɐ] vgl. Economiser

Ekos|sai|se [...ˈsɛːzə] vgl. Ecossaise

Ek|pho|rie, die; -, ...ien ⟨*gr.-nlat.*⟩ (Med.): durch Reizung des Zentralnervensystems hervorgerufene Reproduktion von Dingen oder Vorgängen; Vorgang des Sicherinnerns

Ek|phra|sis, die; -, ...phrasen ⟨*gr.*⟩ (Rhet.): die detaillierte Beschreibung von Personen, Sachen, Ereignissen nach eigener Anschauung

Ek|phym, das; -s, -e ⟨*gr.*⟩ (Med. veraltet): Auswuchs, Höcker

Ek|py|ro|sis, die; - ⟨*gr.-lat.;* »das Ausbrennen«⟩: Weltbrand, Wiederauflösung der Welt in Feuer, das Urelement, aus dem sie entstand (philos. Lehre bei Heraklit u. den Stoikern)

Ek|ra|sit [auch: ...ˈzɪt], das; -s ⟨*frz.-nlat.*⟩: Sprengstoff, der ↑Pikrinsäure enthält

ek|rü ⟨*lat.-frz.*⟩: **a)** ungebleicht; **b)** weißlich, gelblich

Ek|rü|sei|de, die; -: nicht vollständig entbastete Naturseide von gelblicher Farbe

Ek|s|ta|se, die; -, -n ⟨*gr.-lat.;* »Aus-sich-herausgetreten-Sein«⟩: [religiöse] Verzückung, rauschhafter Zustand, in dem der Mensch der Kontrolle des normalen Bewusstseins entzogen ist

Ek|s|ta|tik, die; - ⟨*gr.*⟩: Ausdruck[sform] der Ekstase. **Ek|s|ta|ti|ker**, der; -s, -: jmd., der in Ekstase geraten ist; verzückter, rauschhafter Schwärmer. **Ek|s|ta|ti|ke|rin**, die; -, -nen: weibliche Form zu ↑Ekstatiker

ek|s|ta|tisch: in Ekstase, außer sich, schwärmerisch, rauschhaft

Ek|s|t|ro|phie, die; -, ...ien ⟨*gr.-nlat.*⟩ (Med.): ↑Ektopie

Ek|ta|se, die; -, -n ⟨*gr.-lat.*⟩ (antike Metrik): Dehnung eines Vokals

Ek|ta|sie, die; -, ...ien ⟨*gr.-nlat.*⟩ (Med.): sackartige Erweiterung eines Hohlorgans

Ek|ta|sis, die; -: ↑Ektase

Ek|te|nie, die; -, ...ien ⟨*gr.*⟩: großes Fürbittegebet im Gottesdienst der orthodoxen Kirchen

Ek|th|lip|sis, die; -, ...ipsen ⟨*gr.-lat.*⟩: ↑Elision

Ek|thym, das; -s, -e ⟨*gr.*⟩ (Med.): eitriges Geschwür auf der Haut od. Schleimhaut

ek|to..., Ek|to...

⟨zu *gr.* ektós »außerhalb, nach außen«⟩
Präfix mit der Bedeutung »außen, außerhalb«:
- Ektoderm
- Ektoparasit
- Ektoskelett
- Ektoskopie
- ektotroph

Ek|to|derm, das; -s, -e ⟨*gr.-nlat.*⟩ (Biol., Med.): äußeres Blatt des tierischen u. menschlichen Keims, das bei der Gastrulabildung (vgl. Gastrula) entsteht; vgl. Entoderm. **ek|to|der|mal** (Med.): vom äußeren Keimblatt abstammend bzw. ausgehend

Ek|to|der|mo|se, die; -, -n (Med.): Erkrankung von Organen, die aus dem Ektoderm hervorgegangen sind

Ek|to|des|men, die (Plural) ⟨*gr.-nlat.*⟩ (Bot.): die Außenwände von Epidermiszellen durchziehende Plasmastränge, die zur Reizleitung u. vermutlich auch als Transportbahnen zwischen Außenwelt u. Pflanzeninnerem dienen

Ek|to|en|zym, das; -s, -e: von Zellen abgetrenntes Enzym, das außerhalb der Zellen wirkt

Ek|to|hor|mon, das; -s, -e: ↑Pheromon
Ek|to|mie, die; -, ...ien ⟨*gr.-nlat.*⟩ (Med.): operatives Herausschneiden, vollständige Entfernung eines Organs im Unterschied zur ↑Resektion
...ek|to|mie *s. Kasten ...tomie*
ek|to|morph ⟨*gr.-nlat.*⟩ (Anat.): eine hagere, hoch aufgeschossene Konstitution aufweisend; leptosom (Körperbautyp). **Ek|to|mor|phie,** die; - (Med.): Konstitution eines bestimmten Menschentyps, der ungefähr dem ↑Leptosomen entspricht
Ek|to|pa|ra|sit, der; -en, -en (Biol.; Med.): pflanzlicher od. tierischer Schmarotzer, der auf der Körperoberfläche lebt (z. B. Blut saugende Insekten) (Ggs.: Entoparasit)
ek|to|phy|tisch (Med.): nach außen herauswachsend
Ek|to|pie, die; -, ...ien ⟨*gr.-nlat.*⟩ (Med.): Lageveränderung eines Organs od. von Gewebe. **ek|to|pisch** (Med.): an falscher Stelle liegend (von Organen)
Ek|to|plas|ma, das; -s, ...men (Biol.): äußere Schicht des ↑Protoplasmas bei Einzellern (Ggs.: Endoplasma)
Ek|to|sit, der; -en, -en ⟨*gr.-nlat.*⟩: Ektoparasit
Ek|to|ske|lett vgl. Exoskelett
Ek|to|s|ko|pie, die; -, ...ien ⟨*gr.-nlat.*⟩ (Med.): Untersuchung u. Erkennung von Krankheitserscheinungen mit bloßem Auge
Ek|to|to|xin, das; -s, -e (Med.): von lebenden Bakterien ausgeschiedenes Stoffwechselprodukt, das im Körper von Mensch u. Tier als Gift wirkt
ek|to|troph ⟨*gr.-nlat.*⟩: außerhalb der Wirtspflanze lebend (von ↑symbiotisch an Pflanzenwurzeln lebenden Pilzen, bei denen die Pilzfäden nicht ins Innere der Wurzelzellen eindringen, sondern auf den Wurzeln bleiben)
Ek|t|ro|dak|ty|lie, die; -, ...ien ⟨*gr.-nlat.*⟩ (Med.): angeborene Fehlbildung der Hände u. Füße, die durch Fehlen von Fingern od. Zehen gekennzeichnet ist
Ek|t|ro|me|lie, die; -, ...ien (Med.): angeborene Fehlbildung, bei der die Röhrenknochen von Armen od. Beinen nicht od. zu klein ausgebildet sind
Ek|t|ro|pi|on ⟨*gr.*⟩, Ektropium ⟨*gr.-nlat.*⟩ das; -s, ...ien (Med.): Auswärtskehrung, Umstülpung einer Schleimhaut (z. B. der Lippen, des Augenlides)
ek|t|ro|pi|o|nie|ren (Med.): die Augenlider zur Untersuchung od. Behandlung des Auges nach außen umklappen
Ek|ty|pus [auch: ɛk'ty:...], der; -, ...pen ⟨*gr.*⟩ (Fachspr.): Nachbildung, Abbild, Kopie (Ggs.: Prototyp [1])
Ek|zem, das; -s, -e ⟨*gr.*⟩ (Med.): nicht ansteckende, in vielen Formen auftretende juckende Entzündung der Haut
Ek|ze|ma|ti|ker, der; -s, - ⟨*gr.-nlat.*⟩ (Med.): jmd., der zu Ekzemen neigt. **Ek|ze|ma|ti|ke|rin,** die; -, -nen: weibliche Form zu ↑Ekzematiker
Ek|ze|ma|to|id, das; -s, -e (Med.): ekzemartige Hauterkrankung
ek|ze|ma|tös (Med.): von einem Ekzem befallen, hervorgerufen
El, der; -, Elim ⟨*semit.*⟩: semit. Bez. für: Gott; vgl. Eloah
Ela|bo|rat, das; -[e]s, -e ⟨*lat.*⟩: **a)** (abwertend) flüchtig zusammengeschriebene Arbeit, die weiter keine Beachtung verdient; Machwerk; **b)** (selten) schriftliche Arbeit, Ausarbeitung
ela|bo|riert: differenziert ausgebildet; **elaborierter Code** (Sprachwiss.): hoch entwickelter sprachlicher Code (1) eines Sprachteilhabers
Ela|i|din, das; -s, -e ⟨*gr.-nlat.*⟩ (Chemie): fettartige chem. Verbindung, die durch Einwirkung ↑salpetriger Säuren auf Elain entsteht
Ela|in, das; -s (Chemie): in tierischen u. nicht trocknenden pflanzlichen Fetten u. Ölen vorkommende chem. Verbindung
Ela|in|säu|re, die; -: Ölsäure
Ela|i|o|som, das; -s, -en (meist Plural) (Bot.): besonders fett- u. eiweißreiches Gewebeanhängsel an pflanzlichen Samen
Elan [auch: e'lã:], der; -s ⟨*lat.-frz.*⟩: innerer, zur Ausführung von etwas vorhandener Schwung; Spannkraft, Begeisterung
Elan vi|tal [elãvi...], der; - - (Philos.): schöpferische Lebenskraft bzw. metaphysische Urkraft, die die biologischen Prozesse steuert; die die Entwicklung der Organismen vorantreibende Kraft (nach H. Bergson)
Elä|o|lith [auch: ...'lɪt], der; -s, -e ⟨*gr.-nlat.*⟩: ein Mineral
Elä|o|plast, der; -en, -en (Bot.): Ölkörperchen in pflanzlichen Zellen
Elast, der; -[e]s, -e (meist Plural) ⟨*gr.-nlat.*⟩: Kunststoff von gummiartiger Elastizität
Elas|ta|se [ela...], die; -, -n (Biochemie): Enzym, das die Kittsubstanzen der elastischen Muskelfasern abbaut
Elas|tik, das; -s, -s (auch: die; -, -en): **1.** Gewebe aus sehr dehnbarem Material. **2.** (ohne Plural) Zwischenfutterstoff aus Rohleinen
Elas|tin, das; -s (Biochemie): Gerüsteiweißstoff, Grundsubstanz elastischen Gewebes, z. B. der Sehnen u. der Blutgefäßwände
elas|tisch: 1. dehnbar, biegsam. **2.** Elastizität (2) besitzend
Elas|ti|zi|tät, die; -: **1.** (Physik) Fähigkeit eines Körpers, eine aufgezwungene Formänderung nach Aufhebung des Zwangs rückgängig zu machen. **2.** Spannkraft [eines Menschen], Beweglichkeit, Geschmeidigkeit
Elas|ti|zi|täts|ko|ef|fi|zi|ent, der; -en, -en: Messgröße der Elastizität
Elas|ti|zi|täts|mo|dul, der; -s, -n: Messgröße der Elastizität
Elas|to|mer, das; -s, -e, **Elas|to|me|re,** das; -n, -n (meist Plural) (Chemie): ↑synthetischer (2) Kautschuk u. gummiähnlicher Kunststoff
Ela|te|re, die; -, -n (meist Plural) (Bot.): Schleuderzelle bei Lebermoosen, die die Sporen aus den Kapseln befördert
Ela|tiv, der; -s, -e ⟨*lat.*⟩ (Sprachwiss.): **1.** absoluter ↑Superlativ (ohne Vergleich; z. B. modernste Maschinen = sehr moderne Maschinen, höflichst = sehr höflich). **2.** in den finnisch-ugrischen Sprachen Kasus zur Bezeichnung der Wegbewegung von einem Ort
El|der States|man [- 'stɛɪtsmən], der; - -, - ...mən ⟨*engl.*; »(alt)erfahrener Staatsmann«⟩: Politiker, der nach seinem Ausschei-

den aus einem hohen Staatsamt weiterhin große Hochachtung genießt

El|do|ra|do, Dorado, das; -[s], -s ⟨*lat.-span.;* »das vergoldete (Land)«⟩: Gebiet, das ideale Gegebenheiten, Voraussetzungen für jmdn. bietet (z. B. in Bezug auf eine bestimmte Betätigung); Traumland, Wunschland, Paradies, das jmdm. ausreichende Entfaltungsmöglichkeiten bietet

E-Lear|ning [ˈiːlœːɐ̯nɪŋ], das; -[s] ⟨kurz für *engl.* electronic *learning* »elektronisches Lernen«⟩: computergestütztes Lernen unter Nutzung von Multimedia- u. Netzwerktechnologien

Ele|a|te, der; -n, -n (meist Plural) ⟨*gr.-lat.*⟩: Vertreter der von Xenophanes um 500 v. Chr. in Elea (Unteritalien) gegründeten gr. Philosophenschule

ele|a|tisch: die Eleaten betreffend

Ele|a|tis|mus, der; - ⟨*gr.-lat.-nlat.*⟩: philosophische Lehre, die von einem absoluten, nur durch Denken zu erfassenden Sein ausgeht u. ihm das Werden u. die sichtbare Welt als Schein entgegensetzt

Elec|t|ric Jazz [ɪˈlɛktrɪk ˈdʒæz], der; - - ⟨*engl.*⟩: Richtung des Jazz in den 1970er-Jahren mit elektroakustischer Verstärkung u. Verfremdung des Instrumentalklangs

Elec|t|ro|nic Ban|king [ɪlɛkˈtrɔnɪk ˈbæŋkɪŋ], das; - -[s] ⟨*engl.*⟩: Bez. für alle kundenbezogenen computergestützten Bankdienstleistungen

Elec|t|ro|nic Book [- bʊk], das; - -[s], - -s ⟨*engl.;* »elektronisches Buch«⟩: E-Book

Elec|t|ro|nic Busi|ness [- ˈbɪznɪs], das; - - ⟨*engl.;* »elektronisches Geschäft«⟩: ↑E-Business

Elec|t|ro|nic Cash [- kɛʃ], das; - - ⟨*engl.*⟩ (früher): bargeldloser Zahlungsverkehr (z. B. mit der EC-Karte)

Elec|t|ro|nic Church [-ˈtʃəːtʃ], die; - - ⟨*engl.-amerik.*⟩: Bez. für Fernsehsendungen religiösen Anspruchs u. Inhalts; Fernsehkirche

Elec|t|ro|nic Com|merce [- ˈkɔmœːɐ̯s], der; - - ⟨*engl.;* »elektronischer Handel«⟩: ↑E-Commerce

Elec|t|ro|nic Mail [- ˈmɛɪ̯l], die; - -, - -s ⟨*engl.*⟩: ↑E-Mail. **Elec|t|ro|nic Shop|ping** [- ˈʃɔpɪŋ], das; - -s ⟨*engl.*⟩: das Einkaufen über das Internet

Elec|tro|ni|um®, das; -s, ...ien (Musik): Elektronium (1)

Ele|fant, der; -en, -en ⟨*kopt.-ägypt.-gr.-lat.*⟩: sehr großes Rüsseltier mit dicker Haut u. langen Stoßzähnen

Ele|fan|ti|a|sis, Elephantiasis, die; -, ...iasen ⟨*gr.-lat.*⟩ (Med.): durch Lymphstauungen bedingte unförmige Verdickung von Körperteilen, bes. der Extremitäten

ele|fan|tös: **1.** für einen Elefanten charakteristisch. **2.** (scherzh.) von außergewöhnlichem Umfang; wuchtig, ausladend

ele|gant ⟨*lat.-frz.*⟩: **a)** (von der äußeren Erscheinung) durch Vornehmheit, erlesenen Geschmack, bes. der Kleidung od. ihrer Machart, auffallend; **b)** in gewandt und harmonisch wirkender Weise ausgeführt (z. B. eine elegante Lösung); **c)** kultiviert, erlesen (z. B. ein eleganter Wein; sie sprach ein elegantes Französisch). **Ele|gant** [eleˈgɑ̃ː], der; -s, -s: eleganter, gepflegter u. sorgfältig kleidender Mann

Ele|ganz, die; -: **a)** (in Bezug auf die äußere Erscheinung) geschmackvolle Vornehmheit; **b)** Gewandtheit, Geschmeidigkeit [in der Bewegung]

Ele|gei|on, das; -s ⟨*gr.*⟩: elegisches Versmaß, d. h. Verbindung von ↑Hexameter u. ↑Pentameter; Distichon

Ele|gie, die; -, ...ien ⟨*gr.-lat.*⟩: **1. a)** im ↑Elegeion abgefasstes Gedicht; **b)** wehmütiges Gedicht, Klagelied. **2.** Schwermut

Ele|gi|ker, der; -s, - ⟨*gr.*⟩: **1.** Elegiendichter. **2.** jmd., der zu elegischen, schwermütigen Stimmungen neigt. **Ele|gi|ke|rin,** die; -, -nen: weibliche Form zu ↑Elegiker

ele|gisch: **1. a)** die Gedichtform der Elegie betreffend; **b)** in Elegieform gedichtet. **2.** voll Schwermut, Wehmut; wehmütig

Eleg|jam|bus, der; -, ...ben ⟨*gr.-mlat.*⟩ (antike Metrik): aus dem ↑Hemiepes u. dem jambischen ↑Dimeter bestehendes altgr. Versmaß

Elei|son [eˈlɛɪ̯..., eˈlaɪ̯...], das; -s, -s ⟨*gr.;* »Erbarme dich!«⟩: gottesdienstlicher Gesang; vgl. Kyrieeleison

Elek|ti|on, die; -, -en ⟨*lat.*⟩: Auswahl, Wahl; vgl. Selektion

elek|tiv: auswählend; vgl. selektiv (1)

Elek|tor, der; -s, ...oren: **1.** Wähler, Wahlherr (z. B. Kurfürst bei der Königswahl). **2.** [Aus]wählender

Elek|to|rat, das; -[e]s, -e ⟨*lat.-nlat.*⟩: **1.** (Geschichte) **a)** Kurfürstentum; **b)** Kurfürstenwürde. **2.** Wählerschaft

Elek|t|ra|kom|plex, der; -es, -e (Plural selten) ⟨nach der gr. Sagengestalt Elektra⟩ (Psychol.): bei weiblichen Personen auftretende zu starke Bindung an den Vater bei gleichzeitiger feindseliger Haltung der Mutter gegenüber; vgl. Ödipuskomplex

Elek|t|ret, der; auch: das; -s, -e ⟨*gr.-engl.*⟩: elektrischer ↑Isolator mit entgegengesetzten elektrischen Ladungen an zwei gegenüberliegenden Flächen

Elek|t|ri|fi|ka|ti|on, die; -, -en ⟨*gr.-nlat.*⟩ (schweiz.): ↑Elektrifizierung; vgl. ...ation/...ierung

elek|t|ri|fi|zie|ren: auf elektrischen Betrieb umstellen. **Elek|t|ri|fi|zie|rung,** die; -, -en: Umstellung auf elektrischen Betrieb; vgl. ...ation/...ierung

Elek|t|rik, die; -: **a)** Gesamtheit einer elektrischen Anlage od. Einrichtung (z. B. Autoelektrik); **b)** (ugs.) Elektrotechnik

Elek|t|ri|ker, der; -s, -: Handwerker im Bereich der Elektrotechnik; Elektroinstallateur, -mechaniker. **Elek|t|ri|ke|rin,** die; -, -nen: weibliche Form zu ↑Elektriker

elek|t|risch: **1.** auf der Anziehungs- bzw. Abstoßungskraft geladener Elementarteilchen beruhend; durch [geladene] Elementarteilchen hervorgerufen. **2. a)** die Elektrizität betreffend, sie benutzend; **b)** durch elektrischen Strom angetrieben; mithilfe des elektrischen Stroms erfolgend; **elektrische Induktion:** Erscheinung, bei der durch ein sich änderndes Magnetfeld in einem Leiter eine elektrische Spannung erzeugt wird

Außenspiegel
bedienbar
leitfähig
Teilchen
beheizbar
betrieben
elektrisch
geladen
angetrieben
verstärkt
Fensterheber
aufgeladen
neutral

elektrisch/elektronisch *s. Kasten Seite 309*

Elẹk|t|ri|sche, die; -n, -n (ugs. veraltet): Straßenbahn

elek|t|ri|sie|ren: **1.** elektrische Ladungen erzeugen, übertragen. **2.** den Organismus mit elektrischen Stromstößen behandeln. **3.** sich elektrisieren: seinen Körper unabsichtlich mit einem Stromträger in Kontakt bringen u. dadurch einen elektrischen Schlag bekommen

Elek|t|ri|sier|ma|schi|ne, die; -, -n: Maschine, die den elektrischen Strom zum Elektrisieren durch Reibungselektrizität erzeugt

Elek|t|ri|zi|tät, die; -: **1.** auf Anziehung bzw. Abstoßung elektrisch geladener Teilchen beruhendes Grundphänomen der Natur. **2.** elektrische Energie

elek|t|ro..., Elek|t|ro...

⟨zu *gr.* ḗlektron »Bernstein« (weil Reibungselektrizität zuerst nur am Bernstein beobachtet wurde)⟩
Wortbildungselement mit der Bedeutung »elektrisch, die Elektrizität betreffend«:
- Elektroauto
- Elektroenergie
- Elektrokardiogramm
- Elektromotor

Elek|t|ro|akụs|tik [auch: e'lɛktro...], die; -: Wissenschaft, die sich mit der Umwandlung der Schallschwingungen in elektrische Spannungsschwankungen u. umgekehrt befasst. **elek|t|ro|akụs|tisch** [auch: e'lɛktro...]: die Elektroakustik betreffend

Elẹk|t|ro|ana|ly|se, die; -: chem. Untersuchungsmethode mithilfe der ↑Elektrolyse

Elẹk|t|ro|au|to, das; -s, -s: mit einem Elektromotor angetriebenes Auto

Elek|t|ro|che|mie [auch: e'lɛktro...], die; -: die Wissenschaft von den Zusammenhängen zwischen elektrischen Vorgängen u. chemischen Reaktionen. **elek|t|ro|che|misch** [auch: e'lɛktro...]: die Elektrochemie betreffend

Elek|t|ro|chi|r|ur|gie [auch: e'lɛktro...], die; - (Med.): Sammelbez. für die verschiedenen Formen der Anwendung elektrischer Energie zu chirurgischen Zwecken. **elek|t|ro|chi|r|ur|gisch** [auch: e'lɛktro...] (Med.): die Elektrochirurgie betreffend

Elek|t|ro|chọrd [...k...], das; -s, -e ⟨*gr.-nlat.*⟩: elektrisches Klavier

Elek|t|ro|co|lor|ver|fah|ren [auch: ...ko'loːɐ̯...], das; -s ⟨*gr.; lat.; dt.*⟩: elektrolytisches Verfahren zum Färben von Metallen

Elek|t|ro|de, die; -, -n ⟨*gr.-nlat.*⟩: elektrisch leitender, meist metallischer Teil, der den Übergang des elektrischen Stroms in ein anderes Leitermedium (z. B. Flüssigkeit, Gas) vermittelt; **negative Elektrode:** Kathode; **positive Elektrode:** Anode

Elek|t|ro|dia|ly|se, die; -: Verfahren zur Entsalzung wässriger Lösungen nach dem Prinzip der ↑Dialyse (b) (z. B. Entsalzen von Wasser)

Elek|t|ro|dy|na|mik, die; -: im allgemeinsten Sinne die Theorie der Elektrizität bzw. sämtlicher elektromagnetischer Erscheinungen; Wissenschaft von der bewegten (strömenden) Elektrizität u. ihren Wirkungen. **elek|t|ro|dy|na|misch:** die Elektrodynamik betreffend

Elek|t|ro|dy|na|mo|me|ter, das; -s, -: Messgerät für elektrische Stromstärke u. Spannung

Elek|t|ro|en|dos|mo|se, Elektroosmose, die; -, -n: durch elektrische Spannung bewirkte ↑osmotische Flüssigkeitswanderung

Elẹk|t|ro|ener|gie, die; -, -n: in Kraftwerken aus primären Energieträgern u. aus Wasserkraft gewonnene u. zum Verbraucher transportierte elektrische Energie

Elek|t|ro|en|ze|pha|lo|graf, Elektroenzephalograph, der; -en, -en (Med.): Gerät zur Aufzeichnung eines Elektroenzephalogramms. **Elek|t|ro|en|ze|pha|lo|gra|fie,** Elektroenzephalographie, die; - (Med.): Verfahren, die Aktionsströme des Gehirns zu ↑diagnostischen Zwecken grafisch darzustellen

Elek|t|ro|en|ze|pha|lo|grạmm, das; -s, -e (Med.): Aufzeichnung des Verlaufs der Hirnaktionsströme bzw. der Potenzialänderungen (Abk.: EEG)

Elek|t|ro|ero|si|on, die; -, -en (Technik): spanloses Bearbeitungsverfahren für Hartmetalle u. gehärtete Werkstoffe, bei dem durch Erzeugung örtlich sehr hoher Temperaturen durch elektrische Lichtbogen od. periodische Funkenüberschläge kleine Teilchen vom Werkstück abgetragen werden

Elek|t|ro|fon, Elektrophon, das; -s, -e: elektronisches Musikinstrument

Elek|t|ro|gra|vi|me|t|rie, die; -: Verfahren der Elektroanalyse, das auf der quantitativen Abscheidung von Metallen aus wässrigen Lösungen an einer Elektrode beruht

Elẹk|t|ro|in|ge|ni|eur, der; -s, -e: auf dem Gebiet der Elektrotechnik ausgebildeter Ingenieur (Berufsbez.). **Elẹk|t|ro|in|ge|ni|eu|rin,** die; -, nen: weibliche Form zu ↑Elektroingenieur

Elẹk|t|ro|jet [...dʒɛt], der; -s, -s ⟨*gr.; engl.*⟩: gebündelter elektrischer Ringstrom, der das normale Stromsystem der ionisierten (vgl. Ion) hohen Atmosphäre überlagert

elek|t|ro|ka|lo|risch [auch: e'lɛktro...] ⟨*gr.; lat.-nlat.*⟩: die Wärmeerzeugung durch elektrischen Strom betreffend

Elek|t|ro|kar|dio|graf, Elektrokardiograph, der; -en, -en (Med.): Gerät zur Aufzeichnung von Elektrokardiogrammen. **Elek|t|ro|kar|dio|gra|fie,** Elektrokardiographie, die; - (Med.): Verfahren, bei dem die Herzstrom-

E
Elek

kurve mittels Elektroden registriert u. als Elektrokardiogramm (EKG) aufgezeichnet wird

Elek|t|ro|kar|dio|gramm, das; -s, -e ⟨*gr.-nlat.*⟩ (Med.): Aufzeichnung des Verlaufs der Aktionsströme des Herzens (Abk.: EKG, Ekg)

Elek|t|ro|kar|ren, der; -s, -: kleines, durch ↑Akkumulatoren (1) gespeistes Transportfahrzeug

Elek|t|ro|ka|ta|ly|se, die; -, -n (Med.): durch elektrischen Strom bewirkte Aufnahme von Arzneimitteln durch die Haut

Elek|t|ro|kaus|tik, die; - (Med.): Operationsmethode mithilfe des Elektrokauters

Elek|t|ro|kau|ter [auch: ...ˈkaʊ̯tɐ], der; -s, - (Med.): [chirurgisches] Instrument zum Zerstören von Gewebe, Schneiden von Tumoren u. Stillen von Blutungen durch Hitze

Elek|t|ro|ke|ra|mik, die; -: Gesamtheit der Bauteile aus keramischen Werkstoffen für die Elektrotechnik

Elek|t|ro|ko|agu|la|ti|on, die; -, -en (Med.): chirurgische Behandlung (Zerstörung) von Gewebe durch Hochfrequenzströme (als Schneidetechnik od. zur Blutstillung)

Elek|t|ro|lu|mi|nes|zenz, die; -, -en ⟨*gr.; lat.*⟩: eine Leuchterscheinung unter der Einwirkung elektrischer Entladungen

Elek|t|ro|ly|se, die; -, -n: durch elektrischen Strom bewirkte chem. Zersetzung von Salzen, Säuren od. Laugen

Elek|t|ro|ly|seur [...ˈzøːɐ̯], der; -s, -e ⟨*gr.-frz.*⟩: Vorrichtung zur Gasgewinnung durch Elektrolyse

elek|t|ro|ly|sie|ren: eine chem. Verbindung durch elektrischen Strom aufspalten

Elek|t|ro|lyt, der; -en (selten: -s), -e (selten: -en) ⟨*gr.-nlat.*⟩: **1.** (Physik, Chemie) Substanz, die durch entgegengesetzt geladene, bewegliche Ionen elektrisch leitfähig ist. **2.** (bes. Med., Sport) für den Körper notwendige Salze enthaltende Flüssigkeit, die bes. dann verwendet wird, wenn ein Verlust von Elektrolyten (1) droht od. eingetreten ist. **elek|t|ro|ly|tisch:** den elektrischen Strom leitend u. sich durch ihn zersetzend (von [wässrigen] Lösungen)

Elek|t|ro|lyt|me|tall, das; -s, -e: durch Elektrolyse gereinigtes Metall

Elek|t|ro|ma|g|net [auch: eˈlɛktro...], der; -en, -en u. -es, -e: Spule mit einem Kern aus Weicheisen, durch die elektrischer Strom geschickt u. ein Magnetfeld erzeugt wird

elek|t|ro|ma|g|ne|tisch [auch: eˈlɛktro...]: den Elektromagnetismus betreffend, auf ihm beruhend; **elektromagnetische Induktion:** Entstehung eines elektrischen Stromes durch das Bewegen eines Magnetpols

Elek|t|ro|ma|g|ne|tis|mus [auch: eˈlɛktro...], der; -: durch Elektrizität erzeugter ↑Magnetismus (1)

Elek|t|ro|me|cha|nik [auch: eˈlɛktro...], die; -: Teilgebiet der Elektrotechnik bzw. Feinmechanik, das sich mit der Umsetzung von elektrischen Vorgängen in mechanische u. umgekehrt befasst

Elek|t|ro|me|cha|ni|ker, der; -s, -: Handwerker od. Industriearbeiter, der aus Einzelteilen elektromechanische Anlagen u. Geräte montiert (Berufsbez.). **Elek|t|ro|me|cha|ni|ke|rin,** die; -, -nen: weibliche Form zu ↑Elektromechaniker

elek|t|ro|me|cha|nisch [auch: eˈlɛktro...]: die durch Elektrizität erzeugte mechanische Energie betreffend

Elek|t|ro|me|tall, das; -s, -e: durch Elektrolyse gewonnenes Metall

Elek|t|ro|me|tal|l|ur|gie, die; -: Anwendung der Elektrolyse bei der Metallgewinnung

Elek|t|ro|me|ter, das; -s, -: Gerät zum Messen elektrischer Ladungen u. Spannungen

Elek|t|ro|mo|bil, das; -s, -e: Elektroauto

Elek|t|ro|mo|tor, der; -s, ...oren (auch: -e): Motor, der elektrische Energie in mechanische Energie umwandelt. **elek|t|ro|mo|to|risch:** den Elektromotor betreffend; **elektromotorische Kraft:** durch magnetische, elektrostatische, thermoelektrische od. elektrochemische Vorgänge hervorgerufene Spannung

Elek|t|ro|myo|gramm, das; -s, -e (Med.): Registrierung der Aktionsströme der Muskeln

¹Elek|t|ron [auch: eˈlɛk... od.: ...ˈtroːn], das; -s, ...onen ⟨*gr.;* »Bernstein«⟩: negativ elektrisches Elementarteilchen

²Elek|t|ron, das; -s: **1.** natürlich vorkommende Gold-Silber-Legierung. **2.** ® Magnesiumlegierung [mit wechselnden Zusätzen]

Elek|t|ro|nar|ko|se, die; -, -n ⟨*gr.-nlat.*⟩ (Med. früher): experimentelles Narkoseverfahren unter Verwendung von elektrischem Strom

Elek|t|ro|nen|ak|zep|tor, der; -s, -en ⟨*gr.; lat.*⟩: Atom, das aufgrund seiner Ladungsverhältnisse ein ¹Elektron aufnehmen kann

Elek|t|ro|nen|do|na|tor, der; -s, -en: Atom, das aufgrund seiner Ladungsverhältnisse ein ¹Elektron abgeben kann

Elek|t|ro|nen|kon|fi|gu|ra|ti|on, die; -, -en: Gesamtheit der Elektronenanordnung innerhalb eines Atoms od. Moleküls

Elek|t|ro|nen|mi|k|ro|s|kop, das; -s, -e: Mikroskop, das nicht mit Lichtstrahlen, sondern mit Elektronen arbeitet. **Elek|t|ro|nen|mi|k|ro|s|ko|pie,** die; -: Gesamtheit der Verfahren der Anwendung des Elektronenmikroskops. **elek|t|ro|nen|mi|k|ro|s|ko|pisch:** **a)** mittels eines Elektronenmikroskops durchgeführt (von Vergrößerungen); **b)** die Elektronenmikroskopie betreffend

Elek|t|ro|nen|op|tik, die; -: Abbildung mithilfe von Elektronenlinsen (z. B. beim Elektronenmikroskop). **elek|t|ro|nen|op|tisch:** **a)** mittels Elektronenlinsen abgebildet; **b)** die Elektronenoptik betreffend

Elek|t|ro|nen|or|gel, die; -, -n: elektronisch betriebenes Orgelinstrument

Elek|t|ro|nen|ra|di|us, der; -, ...ien: bei der Annahme einer kugelförmigen, räumlichen Ausdehnung eines Elektrons sich ergebende Größe für dessen Radius; halber Durchmesser eines Elektrons

Elek|t|ro|nen|röh|re, die; -, -n: luftleeres Gefäß mit Elektrodenanordnung zum Gleichrichten, zur Verstärkung u. Erzeugung

elektronisch	elektrisch
Wie sicher wird die neue elektronische Gesundheitskarte sein? *auf Elektronik basierend* – auf elektronische Datenverarbeitung [...] umgestellt – der/die Printmedien [und die/den] elektronischen Medien – eine neue [...] elektronisch gesteuerte ... Auch erklärte er sich einverstanden, eine elektronische Fußfessel zu tragen. Die Redaktion kann die Texte elektronisch eingeben. Er kündigte zugleich Innovationen für Handys und elektronische Lesegeräte an.	Der elektrische Ertrag wird direkt ins Netz eingespeist. *elektrischen Strom nutzend* – ein/einen/technischen/technischer Defekt in der elektrischen Anlage – elektrische [...] Fensterheber [...] und – Milliarden Kilowattstunden [...] elektrische Energie Der Müll wird hier getrennt, die elektrische Energie stammt aus erneuerbaren Quellen. Das Taxi wird elektrisch angetrieben. Die Fenster fahren elektrisch nach oben, die Alarmanlage wird eingeschaltet.

von elektromagnetischen Schwingungen

Elek|t|ro|nen|spin, der; -s: [Messgröße für den] Eigendrehimpuls eines Elektrons

Elek|t|ro|nen|stoß, der; -es, ...stöße: Stoß eines Elektrons auf Atome

Elek|t|ro|nen|the|o|rie, die; -, ...ien: jede physikalische Theorie, die physikalische Eigenschaften u. Erscheinungen auf die Wirkung von [1]Elektronen zurückführt

Elek|t|ro|nen|volt vgl. Elektronvolt

Elek|t|ro|nen|wel|le, die; -, -n: elektromagnetische Welle beim bewegten [1]Elektron; den [1]Elektronen zugeordnete Materiewelle

Elek|t|ro|nik, die; - ⟨*gr.-nlat.*⟩: Zweig der Elektrotechnik, der sich mit der Entwicklung u. Verwendung von Geräten mit Elektronenröhren, Fotozellen, Halbleitern u. Ä. befasst

Elek|t|ro|ni|ker, der; -s, -: Techniker der Elektronik. **Elek|t|ro|ni|ke|rin,** die; -, -nen: weibliche Form zu ↑Elektroniker

elek|t|ro|nisch: die Elektronik betreffend; **elektronische Datenverarbeitung:** das Erfassen, Aufbereiten, Berechnen, Auswerten u. Aufbewahren von Daten mittels Computer (Abk.: EDV); **elektronische Musik:** Sammelbegriff für jede Art von Musik, bei deren Entstehung, Wiedergabe od. Interpretation elektronische Hilfsmittel eingesetzt werden; **elektronisches Publizieren:** Veröffentlichungen von Informationen online über Computernetze (z. B. ↑Internet)

elektronisch/elektrisch s. *Kasten*

Elek|t|ro|ni|um, das; -s, ...ien: **1.** elektronisches Akkordeon. **2.** (Kernphysik) Positronium

Elek|t|ron|volt, das; - u. -[e]s, -: Energieeinheit der Kernphysik (Zeichen: eV)

Elek|t|ro|os|mo|se vgl. Elektroendosmose

elek|t|ro|phil: zur Anlagerung elektrischer Ladungen neigend (Eigenschaft kleinster Teilchen, z. B. in ↑Kolloiden) (Ggs.: elektrophob)

elek|t|ro|phob: nicht zur Anlagerung elektrischer Ladungen neigend (Eigenschaft kleinster Teilchen, z. B. in ↑Kolloiden) (Ggs.: elektrophil)

Elek|t|ro|phon vgl. Elektrofon

Elek|t|ro|phor, der; -s, -e: Elektrizitätserzeuger; vgl. Influenzmaschine

Elek|t|ro|pho|re|se, die; - ⟨*gr.-nlat.; gr.*⟩: Bewegung elektrisch geladener Teilchen in nicht leitender Flüssigkeit unter dem Einfluss elektrischer Spannung. **elek|t|ro|pho|re|tisch:** die Elektrophorese betreffend

Elek|t|ro|phy|sio|lo|gie, die; -: Teilgebiet der Physiologie, das sich mit den von Lebewesen erzeugten elektrischen Strömen befasst

elek|t|ro|po|lie|ren (Technik): Metallteile bei gleichzeitiger Oberflächenaktivierung im ↑galvanischen Bad reinigen

Ele|k|t|ro|po|ra|ti|on, die; -, -en ⟨*gr.*⟩ (bes. Biol.): Methode, Zellmembranen mithilfe starker elektrischer Felder durchlässig zu machen, bes. um fremde DNS einzuschleusen; **irreversible Elektroporation:** minimalinvasives Verfahren zur gezielten Zerstörung von Tumorzellen durch starke, örtlich begrenzte Stromstöße

Elek|t|ro|punk|tur, die; -, -en ⟨*gr.; lat.*⟩ (Med.): Ausführung der ↑Akupunktur mithilfe einer nadelförmigen Elektrode

Elek|t|ro|re|zep|to|ren, die (Plural) (Biol.): bei bestimmten Tieren (z. B. elektrischen Fischen) vorhandene Sinnesorgane, die zur Orientierung in einem von diesen erzeugten elektrischen Feld dienen

Elek|t|ro|schock, der; -s, -s (Med.): durch elektrische Stromstöße erzeugter künstlicher Schock zur Behandlung bestimmter Krankheiten

Elek|t|ro|scoo|ter, der: leichter [Tret]roller mit elektrischem Antrieb

Elek|t|ro|s|kop, das; -s, -e ⟨*gr.-nlat.*⟩: Gerät, mit dem geringe elektrische Ladungen nachgewiesen werden

Elek|t|ro|smog, der; -[s] (ugs.): (möglicherweise gesundheitsgefährdende) elektromagnetische Strahlung, die von Fernseh-, Radar-, Mikrowellen u. Ä. ausgeht

Elek|t|ro|sta|tik, die; -: Wissenschaft von den unbewegten elektrischen Ladungen. **elek|t|ro|sta|tisch:** die Elektrostatik betreffend

Elek|t|ro|strik|ti|on, die; -, -en: Dehnung od. Zusammenziehung eines Körpers durch Anlegen einer elektrischen Spannung

Elek|t|ro|tech|nik, die; -: Technik, die sich mit Erzeugung u. Anwendung der Elektrizität befasst

Elek|t|ro|tech|ni|ker, der; -s, -: **a)** Elektroingenieur; **b)** Facharbeiter auf dem Gebiet der Elektrotechnik. **Elek|t|ro|tech|ni|ke|rin,** die; -, -nen: weibliche Form zu ↑Elektrotechniker

elek|t|ro|tech|nisch: die Elektrotechnik betreffend

Elek|t|ro|the|ra|pie [auch: ...ˈpiː], die; -, ...ien [...iːən] (Med.): Heilbehandlung mithilfe elektrischer Ströme

Elek|t|ro|ther|mie, die; -: **1.** Wissenschaft von der Erwärmung mithilfe der Elektrizität. **2.** Erwärmung mithilfe der Elektrizität. **elek|t|ro|ther|misch:** die Elektrothermie betreffend

Elek|t|ro|to|mie, die; -, ...ien (Med.): Entfernung von Gewebswucherungen mit der elektrischen Schneidschlinge

Elek|t|ro|to|nus, der; - (Med.): veränderter Zustand eines vom elektrischen Strom durchflossenen reizbaren Gewebes

Elek|t|ro|ty|pie, die; -: ↑Galvanoplastik

Elek|t|rum, das; -s ⟨*gr.-lat.*⟩: ↑²Elektron (1)

Ele|ment, das; -[e]s, -e ⟨*lat.*⟩: **1.** [Grund]bestandteil, Komponente; typisches Merkmal, Wesenszug. **2.** (ohne Plural) Kraft, Faktor. **3.** (Plural) Grundbegriffe, Grundgesetze, Anfangsgründe. **4.** (ohne Plural) [idealer] Lebensraum; Umstände, in denen sich ein Individuum [am besten] entfalten kann. **5. a)** (in der antiken u. mittelalterlichen Naturphilosophie) einer der vier Urstoffe Feuer, Wasser, Luft u. Erde; **b)** (meist Plural) Naturgewalt, Naturkraft. **6.** (Chemie) mit chemischen Mitteln nicht weiter zerlegbarer Stoff. **7.** (Elektrot.) Stromquelle, in der chemische Energie in elektrische umgewandelt wird. **8.** (meist Plural; abwertend) Person als Bestandteil einer nicht geachteten od. für schädlich angesehenen sozialen od. politischen Gruppe. **9.** eines von mehreren Einzelteilen, aus denen sich etwas zusammensetzt, aus denen etwas konstruiert, aufgebaut wird; Bauteil

ele|men|tar: 1. a) grundlegend, wesentlich; **b)** selbst einem Anfänger, einem Unerfahrenen bekannt, geläufig [u. daher einfach, primitiv]. **2.** naturhaft, ungebändigt, ungestüm. **3.** (Chemie) als reines Element vorhanden (z. B. elementarer Schwefel)

Ele|men|tar...

⟨*lat.* elementarius »zu den Anfangsgründen gehörend«⟩
Wortbildungselement mit der Bedeutung »den Grund, den Anfang, die Natur betreffend«:
- Elementargedanke
- Elementarmathematik
- Elementarteilchen
- Elementarunterricht

Ele|men|tar|ana|ly|se, die; -, -n: mengenmäßige Bestimmung der Elemente von organischen Substanzen

Ele|men|tar|ge|dan|ke, der; -ns, -n: Begriff der Völkerkunde für gleichartige Grundvorstellungen im Glauben u. Brauch verschiedener Völker ohne gegenseitige Beeinflussung (nach A. Bastian, 1826–1905)

Ele|men|tar|geis|ter, die (Plural): die in den vier Elementen (Erde, Wasser, Luft, Feuer) nach Meinung des Volksglaubens vorkommenden Geister

ele|men|ta|risch: naturhaft; vgl. ...isch/-

Ele|men|tar|la|dung, die; -, -en: kleinste nachweisbare elektrische Ladung (Zeichen: e)

Ele|men|tar|ma|g|net, der; -en, -en u. -es, -e: ↑hypothetisch angenommener kleiner Magnet mit konstantem magnetischem Moment als Baustein magnetischer Stoffe

Ele|men|tar|ma|the|ma|tik, die; -: unterste Stufe der Mathematik

Ele|men|tar|quan|tum, das; -s: kleinste quantenhaft auftretende Wirkung (Zeichen: h)

Ele|men|tar|teil|chen, das; -s, -: Sammelbezeichnung für alle Sorten von kleinsten nachweisbaren geladenen u. ungeladenen Teilchen, aus denen Atome aufgebaut sind

Ele|men|tar|un|ter|richt, der; -[e]s: **a)** Anfangs-, Einführungsunterricht; **b)** (Päd.) Grundschulunterricht

Ele|men|ten|paar, das; -[e]s, -e: Paar aus zwei sich gegeneinander bewegenden Teilen eines mechanischen Getriebes, die miteinander verbunden sind

Ele|mi, das; -[s] ⟨*arab.-span.*⟩: Harz einer bestimmten Gruppe tropischer Bäume

Elen|chus, der; -, ...chi od. ...chen ⟨*gr.-lat.*⟩ (Philos.): Gegenbeweis, Widerlegung

Elenk|tik, die; - (Philos.): Kunst des Beweisens, Widerlegens, Überführens

Ele|phan|ti|a|sis vgl. Elefantiasis

Eleu|si|ni|en, die (Plural) ⟨*gr.-lat.;* nach dem altgr. Ort Eleusis bei Athen⟩: altgriechisches Fest mit ↑Prozession zu Ehren der griechischen Fruchtbarkeitsgöttin Demeter. **eleu|si|nisch:** aus Eleusis stammend; **Eleusinische Mysterien:** nur Eingeweihten zugängliche kultische Feiern zu Ehren der griechischen Fruchtbarkeitsgöttin Demeter

Eleu|the|ro|no|mie, die; - ⟨*gr.-nlat.*⟩: das Freiheitsprinzip der inneren Gesetzgebung (Kant)

Ele|va|ti|on, die; -, -en ⟨*lat.;* »Aufheben, Hebung«⟩: **1.** Erhöhung, Erhebung. **2.** Höhe eines Gestirns über dem Horizont. **3.** das Emporheben der Hostie u. des Kelches [vor der Wandlung] in der Messe. **4.** (Parapsychol.) [physikalisch unerklärbare] Anhebung eines Gegenstandes in Abhängigkeit von einem Medium. **5.** (Ballett) Sprungkraft, die den Tänzer befähigt, Bewegungen in der Luft auszuführen

Ele|va|ti|ons|win|kel, der; -s, -

(Math., Ballistik): Erhöhungswinkel
Ele|va|tor, der; -s, ...oren ⟨*lat.-nlat.*⟩: Fördereinrichtung, die Güter weiterbefördert (z. B. Getreide, Sand, Schotter)
Ele|ve, der; -n, -n ⟨*lat.-vulgärlat.-frz.;* »Schüler«⟩: jmd., der sich als Anfänger in der praktischen Ausbildungszeit befindet (z. B. am Theater). **Ele|vin**, die; -, -nen: weibliche Form zu ↑Eleve
El Fa|tah [- fa'tax], die; - - ⟨*arab.;* »Sieg«⟩: von palästinensischen Arabern gegründete, zur PLO gehörende politische Organisation, die für ein unabhängiges Palästina eintritt
eli|die|ren ⟨*lat.*⟩: **a)** eine ↑Elision vornehmen; **b)** streichen, tilgen
Eli|mi|na|ti|on, die; -, -en ⟨*lat.*⟩: **1.** Ausschaltung, Beseitigung, Entfernung. **2.** (Math.) rechnerische Beseitigung einer unbekannten Größe, die in mehreren Gleichungen vorkommt. **3.** (Biol.) das Verlorengehen bestimmter Erbmerkmale im Laufe der stammesgeschichtlichen Entwicklung
eli|mi|nie|ren: **a)** aus einem größeren Komplex herauslösen u. so beseitigen, unwirksam werden lassen; **b)** etwas aus einem größeren Komplex lösen, um es isoliert zu behandeln. **Eli|mi|nie|rung**, die; -, -en: das Eliminieren
eli|sa|be|tha|nisch: aus dem Zeitalter Elisabeths I. von England stammend, sich darauf beziehend
Eli|si|on, die; -, -en ⟨*lat.*⟩ (Sprachwiss.): **1.** Ausstoßung eines unbetonten Vokals im Wortinnern (z. B. Wand[e]rung). **2.** Ausstoßung eines Vokals am Ende eines Wortes vor einem folgenden mit Vokal beginnenden Wort (z. B. Freud[e] und Leid, sagt[e] er)
eli|tär ⟨französierende Ableitung von Elite⟩: **a)** einer Elite angehörend; auserlesen; **b)** auf die [vermeintliche] Zugehörigkeit zu einer Elite begründet [u. daher dünkelhaft-eingebildet]
Eli|te [österr. auch: ...'lɪt], die; -, -n ⟨*lat.-vulgärlat.-frz.*⟩: **1. a)** Auslese der Besten; **b)** Führungsschicht. **2.** (ohne Plural) Alterskategorie im Radsport. **3.** (ohne Plural) genormte Schriftgröße bei Schreibmaschinen (früher Perlschrift)
Eli|ti|sie|rung, die; -, -en: **a)** Aufwertung als zur Elite gehörend; **b)** Entwicklung, die dahin geht, dass etwas nur von einer Elite getragen wird
Eli|tis|mus, der; -: das Elitärsein; elitäre Art
Eli|xier, das; -s, -e ⟨*gr.-arab.-mlat.*⟩: Heiltrank; Zaubertrank; Verjüngungsmittel (Lebenselixier)
eli|zi|tie|ren ⟨*lat.-engl.*⟩: jmdm. etw. entlocken, jmdn. zu einer Äußerung bewegen
El Kai|da [auch: - 'kaːida], die; - - (meist o. Art.) ⟨*arab.*⟩: weltweit operierende islamistische Terrororganisation
...ell/...al vgl. ...al/...ell
El|lip|se, die; -, -n ⟨*gr.-lat.*⟩: **1.** (Math.) Kegelschnitt; geometrischer Ort aller Punkte, die von zwei festen Punkten, den Brennpunkten, die gleiche Summe der Abstände haben. **2. a)** Ersparung, Auslassung von Redeteilen, die für das Verständnis entbehrlich sind (z. B. der [Täter] oder die Täter sollen sich melden; Karl fährt nach Italien, Wilhelm [fährt] an die Nordsee); **b)** Auslassungssatz; Satz, in dem Redeteile erspart sind (z. B. keine Zeit! = ich habe keine Zeit!)
el|lip|so|id ⟨*gr.-nlat.*⟩: ellipsenähnlich. **El|lip|so|id**, das; -[e]s, -e: Körper, der von einer Ebene in Form einer Ellipse geschnitten wird; geschlossene Fläche zweiter Ordnung (bzw. der von ihr umschlossene Körper), deren ebene Schnittflächen Ellipsen sind, im Grenzfall Kreise
el|lip|so|i|disch: **1.** (Geom.) mit der Form eines Ellipsoids. **2.** (Geodäsie) in Bezug auf ein Referenzellipsoid (mathematisches Erdmodell), mithilfe eines Referenzellipsoids ermittelt
el|lip|tisch ⟨*gr.-nlat.*⟩: **1.** (Math.) in der Form einer Ellipse (1); **elliptische Geometrie:** ↑nicht euklidische Geometrie. **2.** (Sprachwiss.) die Ellipse (2) betreffend; unvollständig
El|lip|ti|zi|tät, die; - ⟨*gr.-nlat.*⟩: Abplattung, Unterschied zwischen dem Äquatordurchmesser u. dem Poldurchmesser eines Planeten
El Ni|ño [- 'ninjɔ], der; - -[s] ⟨*span.*⟩: anomale Wassererwärmung im tropischen Pazifik mit [starker] Auswirkung auf das Klima
Elo|ah, der; -[s], Elohim ⟨*hebr.*⟩: alttest. Bez. für: Gottheit, Gott
Elo|dea, Helodea, die; - ⟨*gr.-nlat.*⟩: bes. in stehenden Gewässern vorkommendes Froschbissgewächs; Wasserpest
Elo|ge [e'loːʒə], die; -, -n ⟨*gr.-(m)lat.-frz.*⟩: an einen anderen gerichtete Äußerung, mit der jmd. in betonter [überschwänglicher] Weise Lob u. Anerkennung zum Ausdruck bringt; Lobeserhebung
Elo|gi|um, das; -s, ...ia ⟨*gr.-lat.*⟩: **1.** in der römischen Antike Inschrift auf Grabsteinen, Statuen u. a. **2.** Lobrede
¹Elo|him, der; - ⟨*hebr.*⟩: alttest. Bez. für: Jahve
²Elo|him: *Plural* von Eloah
Elo|hist, der; -en ⟨*hebr.-nlat.*⟩: eine der Quellenschriften des ↑Pentateuchs (nach ihrem Gebrauch von Elohim für: Gott); vgl. Jahwist
Elon|ga|ti|on, die; -, -en ⟨*lat.-nlat.*⟩: **1.** Winkel zwischen Sonne u. Planet. **2.** der Betrag, um den ein Körper aus einer stabilen Gleichgewichtslage entfernt wird
elo|quent ⟨*lat.*⟩: beredsam, beredt. **Elo|quenz**, die; -: Beredsamkeit
Elo|xal®, das; -s ⟨Kurzw. aus: *el*ektrisch *ox*idiertes *Al*uminium⟩: Schutzschicht aus Aluminiumoxid. **elo|xie|ren:** mit Eloxal überziehen
Elu|at, das; -[e]s, -e ⟨*lat.-nlat.*⟩: durch Elution herausgelöster Stoff
elu|ie|ren ⟨*lat.;* »auswaschen, ausspülen«⟩ (Chemie): einen Stoff von einem ↑Adsorbens ablösen
Elu|ku|b|ra|ti|on, die; -, -en ⟨*lat.-nlat.*⟩ (veraltet): **a)** mühevoll erstellte, sorgfältige Abhandlung; **b)** wissenschaftliche Arbeit, die nachts geschaffen wurde
Elu|ti|on, die; -, -en ⟨*lat.*⟩ (Chemie): das Herauslösen von adsorbierten Stoffen (vgl. adsorbieren) aus festen Adsorptionsmitteln
Elu|vi|al|ho|ri|zont, der; -[e]s, -e ⟨*lat.-nlat.; gr.-lat.*⟩ (Geol.): Verwitterungsboden, der sich unmittelbar aus dem darunter

noch zutage liegenden Gestein entwickelt hat; Auslaugungshorizont (vgl. Horizont [3]) eines Bodenprofils

Elu|vi|um, das; -s ‹*lat.-nlat.*›: ↑Eluvialhorizont

ely|sä|isch vgl. elysisch

Ély|sée [eli'ze:], das; -[s] ‹*frz.*›, **Ély|sée-Pa|last,** der; -[e]s: Palast in Paris (Amtssitz des französischen Staatspräsidenten)

ely|sie|ren ‹Kunstw. aus: *Elektrolyse* u. der Verbalendung *-ieren*› (Technik): Hartmetalle elektrolytisch schleifen

ely|sisch ‹*gr.-lat.*›, elysäisch ‹*gr.-nlat.*›: zum Elysium gehörend; paradiesisch, himmlisch

Ely|si|um, das; -s ‹*gr.-lat.*›: in der griechischen Sage das Land der Seligen in der Unterwelt

Ely|t|ron, das; -s, ...ytren (meist Plural) ‹*gr.-nlat.*›: zur Schutzdecke umgewandelter Vorderflügel der Käfer, Wanzen, Grillen u. a.

El|ze|vir ['ɛlzəvi:ɐ̯], die; - ‹nach dem Namen einer holländischen Buchdruckerfamilie des 17. Jh.s›: eine Antiquadruckschrift. **El|ze|vi|ri|a|na,** die (Plural) ‹*nlat.*›: von der holländischen Buchdruckerfamilie Elzevir herausgegebene römische u. griechische Klassikerausgaben im Duodezformat; vgl. Duodez

Email [e'maɪ̯, österr.: e'maɪ̯l], das; -s, -s ‹*germ.-frz.*›: glasharter, gegen Korrosion u. Temperaturschwankungen beständiger Schmelzüberzug als Schutz auf metallischen Oberflächen od. als Verzierung

E-Mail ['i:mɛɪ̯l], die; -, -s, auch, bes. südd., österr., schweiz.: das; -s, -s ‹*engl.*›: **1.** (meist ohne Art.) elektronischer Daten- u. Nachrichtenaustausch per Computer. **2.** Nachricht per E-Mail (1)

Email brun [emaj'brœ̃], das; - -: Firnisbrand (im 12. u. 13. Jh. geübte Technik, Kupfer teilweise zu vergolden)

e-mai|len, emai|len ‹*engl.*› ['i:mɛɪ̯lən]: Nachrichten per E-Mail (1) versenden

Email|le [e'maljə, auch: e'maɪ̯] vgl. Email

Email|leur [ema'jø:ɐ̯, emal'jø:ɐ̯], der; -s, -e: Emaillierer; jmd., der Schmuck, Industriewaren usw. mit Emailglasurfarben überzieht. **Email|leu|rin** [ema'jø:rɪn, emal'jø:rɪn], die; -, -nen: weibliche Form zu ↑Emailleur

email|lie|ren [ema'ji:..., emal'ji:...]: mit Email überziehen

Email|ma|le|rei, die; -, -en: **a)** (ohne Plural) das Malen mit farbigem Glas, das als flüssige Masse auf Metall, zuweilen auch auf Glas od. Ton aufgetragen u. eingebrannt wird; **b)** einzelne Arbeit in der Technik der Emailmalerei (a)

Eman, das; -s, -s (aber: 5 -) ‹*lat.*› (veraltet): Einheit für den radioaktiven Gehalt, bes. im Quellwasser (Zeichen: eman)

Ema|na|ti|on, die; -, -en ‹*lat.;* »Ausfluss«›: **1.** (Philos.) das Hervorgehen aller Dinge aus dem unveränderlichen, vollkommenen, göttlichen Einen (bes. in der neuplatonischen u. gnostischen Lehre). **2.** (ohne Plural; Chemie veraltet) gasförmige radioaktive Isotope des Edelgases ↑Radon (Zeichen: Em)

Ema|na|tis|mus, der; - ‹*lat.-nlat.*›: durch die Idee der Emanation (1) bestimmtes Denken der spätgriechischen Philosophen

ema|nie|ren ‹*lat.*›: ausströmen; durch natürliche od. künstliche Radioaktivität Strahlen aussenden

Ema|no|me|ter, das; -s, - ‹*lat.; gr.*› (Meteorol.): Gerät zum Messen des Radongehaltes der Luft

Eman|ze, die; -, -n (ugs., oft abwertend): [junge] Frau, die bewusst emanzipiert auftritt u. sich aktiv für die Emanzipation (2) einsetzt

Eman|zi|pa|ti|on, die; -, -en ‹*lat.;* »Freilassung«›: **1.** Befreiung aus einem Zustand der Abhängigkeit; Verselbstständigung. **2.** rechtliche u. gesellschaftliche Gleichstellung [der Frau mit dem Mann]

eman|zi|pa|tiv: die Emanzipation betreffend

eman|zi|pa|to|risch ‹*lat.-nlat.*›: auf Emanzipation (1, 2) gerichtet; vgl. ...iv/...orisch

eman|zi|pie|ren ‹*lat.*›: **a)** (selten) aus einer bestehenden Abhängigkeit lösen; selbstständig, unabhängig machen; **b)** sich emanzipieren: sich aus einer bestehenden, die eigene Entfaltung hemmenden Abhängigkeit lösen; sich selbstständig, unabhängig machen. **eman|zi|piert:** die traditionelle Rolle [der Frau] nicht mehr akzeptierend, selbstständig, unabhängig, selbstbewusst

Emas|ku|la|ti|on, die; -, -en ‹*lat.-nlat.;* »Entmannung«›: **1.** (Med.) **a)** operative Entfernung von Penis u. Hoden; **b)** Entfernung der Keimdrüsen; vgl. Kastration. **2. a)** Verweichlichung; **b)** Verwässerung; vgl. ...ation/...ierung

Emas|ku|la|tor, der; -s, ...oren: Gerät zum Kastrieren von Hengsten

emas|ku|lie|ren: 1. entmannen. **2.** verweichlichen. **Emas|ku|lie|rung,** die; -, -en: ↑Emaskulation; vgl. ...ation/...ierung

Em|bal|la|ge [ɑ̃ba'la:ʒə], die; -, -n ‹*germ.-frz.*›: Umhüllung od. Verpackung einer Ware. **em|bal|lie|ren:** [ver]packen, einpacken

Em|bar|go, das; -s, -s ‹*galloroman.-span.*›: **1.** Beschlagnahme od. das Zurückhalten fremden Eigentums (meist von Schiffen od. Schiffsladungen) durch einen Staat. **2.** staatliches Waren- u. Kapitalausfuhrverbot, Auflage- u. Emissionsverbot für ausländische Kapitalanleihen

Em|bar|ras [ɑ̃ba'ra], der od. das; -, - ‹*galloroman.-frz.*› (veraltet): Verlegenheit, Verwirrung, Hindernis. **em|bar|ras|sie|ren** (veraltet): **1.** hindern. **2.** in Verlegenheit, Verwirrung setzen

Em|ba|te|ri|on, das; -s, ...rien ‹*gr.*›: Marschlied, Kriegsgesang bes. der spartanischen Soldaten

em|be|tie|ren [ɑ̃be...] ‹*lat.-frz.*› (veraltet): dumm machen, langweilen

Em|b|lem [auch: ɑ̃'ble:m], das; -s, -e (bei dt. Aussprache auch: -ata) ‹*gr.-lat.-frz.*›: **1.** Kennzeichen, Hoheitszeichen [eines Staates]. **2.** Sinnbild (z. B. Ölzweig für Frieden)

Em|b|le|ma|tik, die; -: Forschungsrichtung, die sich mit der Herkunft u. Bedeutung von Emblemen (2) befasst. **em|b|le|ma|tisch:** sinnbildlich

Em|bo|li: *Plural* von ↑Embolus

Em|bo|lie, die; -, ...ien ‹*gr.-nlat.*›

(Med.): Verstopfung eines Blutgefäßes durch in die Blutbahn geratene körpereigene od. körperfremde Substanzen (Embolus)

em|bo|li|form ⟨*gr.; lat.*⟩: pfropfenförmig, -artig

Em|bo|lis|mus, der; -: (im Kalenderwesen des Mittelalters) Einfügung von Schaltmonaten im julianischen Kalender

Em|bo|lo|phra|sie, die; -, ...ien ⟨*gr.*⟩ (Med.): [Schnalz- od. Füll]laut, Silbe od. Wort, das vorausgestellt od. eingeschoben wird, um Unterbrechungen im Sprechfluss auszufüllen

Em|bo|lus, der; -, ...li ⟨*gr.-lat.*⟩ (Med.): Gefäßpfropf; in der Blutbahn befindlicher Fremdkörper (z. B. Blutgerinnsel, Fetttropfen, Luftblase)

Em|bon|point [ãbõ'po̯ɛ̃:], das od. der; -s ⟨*frz.*⟩ (veraltet): **a)** Wohlbeleibtheit, Körperfülle; **b)** (scherzh.) dicker Bauch

Em|bou|chu|re [ãbu'ʃy:rə], die; -, -n ⟨*frz.*⟩: **a)** Mundstück von Blasinstrumenten; **b)** (Musik) Mundstellung, Ansatz beim Blasen eines Blasinstruments

em|b|ras|sie|ren [ãbra...] ⟨*lat.-frz.*⟩ (veraltet): umarmen, küssen

Em|b|ros, das; - ⟨*roman.*⟩: Lammfell aus Italien od. Spanien

em|brouil|lie|ren [ãbru'ji:...] ⟨*frz.*⟩ (veraltet): verwirren

Em|b|ryo, der (österr. auch: das); -s, ...onen u. -s ⟨*gr.-lat.*⟩: **1.** (Anthropol., Zool.) im Anfangsstadium der Entwicklung befindlicher Keim; in der Keimentwicklung befindlicher Organismus, beim Menschen die Leibesfrucht von der vierten Schwangerschaftswoche bis zum Ende des vierten Schwangerschaftsmonats (oft auch gleichbedeutend mit ↑Fetus gebraucht). **2.** (Bot.) Teil des Samens der Samenpflanzen, der aus Keimachse, Keimwurzel u. Keimblättern besteht

Em|b|ryo|blast, der; -en, -en ⟨*gr.-lat.; gr.*⟩ (Med.): knötchenförmiges Gebilde aus Stammzellen, aus dem sich der Embryo entwickelt

Em|b|ryo|ge|ne|se, Em|b|ryo|ge|nie, die; - ⟨*gr.-nlat.*⟩ (Biol.): Keimentwicklung; Entstehung und Entwicklung des Embryos

Em|b|ryo|lo|gie, die; - (Med.): Lehre u. Wissenschaft von der vorgeburtlichen Entwicklung der Lebewesen

em|b|ry|o|nal, em|b|ry|o|nisch (Biol., Med.): **a)** zum Keimling gehörend; im Keimlingszustand, unentwickelt; **b)** unreif; **c)** ungeboren

Em|b|ryo|pa|thie, die; -, ...ien: Krankheiten u. Defekte, die für den Embryo (1) charakteristisch sind; durch Erkrankung der Mutter in den ersten Schwangerschaftsmonaten eingetretene Schädigung des Keimlings u. daraus entstandene Organfehlbildung. **em|b|ryo|pa|thisch** (Med.): die Embryopathie betreffend

Em|b|ryo|sack, der; -[e]s, ...säcke (Biol.): innerer Teil der Samenanlage einer Blüte

Em|b|ry|o|to|mie, die; -, ...ien (Med.): operative Zerstückelung des in der Gebärmutter abgestorbenen Kindes während der Geburt bei unüberwindlichen Geburtshindernissen

Em|b|ryo|trans|fer, der; -s, -s (Med., Zool.): Übertragung u. Einpflanzung von Eizellen, die außerhalb des Körpers befruchtet wurden

Em|b|ryo|zel|le, die; -, -n: Zelle eines ↑Embryos (1) in einem frühen Stadium, die sich noch nicht in einen bestimmten Typ ausdifferenziert hat u. sich beliebig oft teilen kann; embryonale Stammzelle

Emen|da|ti|on, die; -, -en ⟨*lat.*⟩: Verbesserung, Berichtigung (bes. von Texten). **emen|die|ren:** verbessern, berichtigen

emer|gent ⟨*lat.-mlat.(-engl.)*⟩ (Fachspr.): (in einem System) durch Zusammenwirken mehrerer Faktoren unerwartet neu auftretend, entstehend

Emer|genz, die; -, -en ⟨*lat.-mlat.(-engl.)*⟩: **1. a)** (ohne Plural) Begriff der neueren englischen Philosophie, wonach höhere Seinsstufen durch neu auftauchende Qualitäten aus niederen entstehen; **b)** (Fachspr., bes. in der Wissenschaftstheorie) das Auftreten neuer, nicht voraussagbarer Qualitäten beim Zusammenwirken mehrerer Faktoren. **2.** (Bot.) Auswuchs einer Pflanze, an dessen Aufbau nicht nur die Epidermis, sondern auch tiefer liegende Gewebe beteiligt sind (z. B. der Stachel der Rose)

emer|gie|ren ⟨*lat.*⟩ (veraltet): auftauchen, emporkommen, sich hervortun

Eme|rit, der; -en, -en ⟨*lat.;* »Ausgedienter«⟩: im Alter dienstunfähig gewordener Geistlicher (im kath. Kirchenrecht)

Eme|ri|ta, die; -, ...tae [...tɛ] ⟨*lat.*⟩: weibliche Form von ↑Emeritus

eme|ri|tie|ren ⟨*lat.-nlat.*⟩: jmdn. in den Ruhestand versetzen, entpflichten (z. B. einen Professor). **eme|ri|tiert:** in den Ruhestand versetzt (von Hochschullehrern). **Eme|ri|tie|rung,** die; -, -en: Entbindung eines Hochschullehrers von der Verpflichtung, Vorlesungen abzuhalten (entsprechend der Versetzung in den Ruhestand bei anderen Beamten)

eme|ri|tus ⟨*lat.*⟩: (in Verbindung mit dem davorstehenden Titel) von seiner Lehrtätigkeit entbunden (Abk.: em., emer., emerit.). **Eme|ri|tus,** der; -, ...ti: im Ruhestand befindlicher, entpflichteter Hochschullehrer (Abk.: em.)

emers ⟨*lat.*⟩: über der Wasseroberfläche lebend (z. B. bei Organen einer Wasserpflanze, die über das Wasser hinausragen) (Ggs.: submers)

Emer|si|on, die; -, -en ⟨*lat.-nlat.*⟩: **1.** Heraustreten eines Mondes aus dem Schatten seines Planeten. **2.** durch ↑Epirogenese verursachtes Aufsteigen des Landes bei Rückzug des Meeres

Eme|sis, die; - ⟨*gr.*⟩ (Med.): Erbrechen; vgl. Vomitus

Eme|ti|kum, das; -s, ...ka ⟨*gr.-lat.*⟩ (Med.): Brechmittel

Eme|tin, das; -s ⟨*gr.-nlat.*⟩ (Biochemie): pflanzliche Substanz, die früher als Brechmittel, heute als Schleimlöser verwendet wird. **eme|tisch** (Med.): Brechreiz erregend

eme|to|gen ⟨*gr.-nlat.*⟩: Brechreiz erregend

Emeu|te [e'mø:tə], die; -, -n ⟨*lat.-frz.*⟩ (veraltet): Aufstand, Meuterei, Aufruhr

Emi|g|rant, der; -en, -en ⟨*lat.*⟩: Auswanderer; jmd., der [aus politischen, wirtschaftlichen oder religiösen Gründen] sein

Heimatland verlässt (Ggs.: Immigrant). **Emi|g|rạn|tin,** die; -, -nen: weibliche Form zu ↑Emigrant

Emi|g|ra|ti|on, die; -, -en: **1.** Auswanderung (bes. aus politischen, wirtschaftlichen od. religiösen Gründen) (Ggs.: Immigration). **2.** vgl. Diapedese. **emi|g|rie|ren:** [aus politischen, wirtschaftlichen od. religiösen Gründen] auswandern

emi|nẹnt ⟨*lat.-frz.*⟩: außerordentlich, äußerst [groß] (bes. in Bezug auf eine als positiv empfundene Qualität, Eigenschaft, die in hohem Maße vorhanden ist)

Emi|nẹnz, die; -, -en ⟨*lat.*⟩: Hoheit (Titel der Kardinäle); **graue Eminenz:** nach außen kaum in Erscheinung tretende, aber einflussreiche [politische] Persönlichkeit

Emir [auch: eˈmiːɐ̯], der; -s, -e ⟨*arab.*⟩: Befehlshaber, Fürst, Gebieter (bes. in islamischen Ländern)

Emi|rat, das; -[e]s, -e ⟨*arab.-nlat.*⟩: arabisches Fürstentum

emisch ⟨*engl.*⟩ (Sprachwiss.): bedeutungsunterscheidend, ↑distinktiv (Ggs.: etisch)

Emis|sär, der; -s, -e ⟨*lat.-frz.*⟩: Abgesandter mit einem bestimmten Auftrag. **Emis|sä|rin,** die; -, -nen: weibliche Form zu ↑Emissär

Emis|si|on, die; -, -en ⟨*lat.(-frz.)*⟩: **1.** Ausgabe von Wertpapieren od. Geld. **2.** (Physik) Aussendung von elektromagnetischen Teilchen od. Wellen. **3.** das Ausströmen luftverunreinigender Stoffe in die Außenluft; Luftverunreinigung; vgl. Immission. **4.** (schweiz.) Rundfunksendung

emis|si|ons|arm: wenig Schadstoffe in die Luft abgebend

Emis|si|ons|ka|tas|ter, der od. das; -s, -: Bestandsaufnahme der Luftverschmutzung in einem Gebiet

Emis|si|ons|kon|sor|ti|um, das; -s, ...ien (Wirtsch.): Zusammenschluss von Banken zur gemeinsamen Emission neuer Wertpapiere

Emis|si|ons|kurs, der; -es, -e (Wirtsch.): Ausgabekurs von Wertpapieren

Emis|si|ons|spek|t|rum, das; -s, ...spektren u. ...spektra: Spektrum eines Atoms od. Moleküls, das durch Anregung zur Ausstrahlung gebracht wird

Emis|si|ons|stopp, der; -s, -s (Wirtsch.): Ausgabestopp von Aktien u. Wertpapieren

Emis|si|ons|the|o|rie, die; -: Theorie, nach der das Licht nicht eine Wellenbewegung ist, sondern aus ausgesandten Teilchen besteht

Emit|tẹnt, der; -en, -en ⟨*lat.*⟩: **1.** (Bankw.) jmd., der Wertpapiere ausstellt u. ausgibt. **2.** Verursacher einer Emission (3). **Emit|tẹn|tin,** die; -, -nen: weibliche Form zu ↑Emittent

Emịt|ter, der; -s, - ⟨*lat.-engl.*⟩: Emissionselektrode eines ↑Transistors

emit|tie|ren ⟨*lat.(-frz.)*⟩: **1.** ausgeben, in Umlauf setzen (von Wertpapieren). **2.** (Physik) aussenden (z. B. Elektronen). **3.** (umweltgefährdende Stoffe) in die Luft ablassen

Em|me|n|a|go|gum, das; -s, ...ga (meist Plural) ⟨*gr.-nlat.*⟩ (Med.): den Eintritt der Monatsregel förderndes Mittel

Em|me|t|ro|pie, die; - ⟨*gr.-nlat.*⟩ (Med.): Normalsichtigkeit

Em|my [ˈæmɪ], der; -s, -s, **Em|my Award** [... əˈwɔːd], der; - -[s], - -s ⟨*engl.-amerik.*⟩: jährlich verliehener amerikanischer Preis für Fernsehsendungen

E-Mo|bil, das; -s, -e: kurz für ↑Elektromobil

E-Mo|bi|li|tät, die; -: Fortbewegung mit elektrisch angetriebenen Fahrzeugen

Emo|ji [...dʒi], das; -s, -s ⟨*jap.*⟩ (EDV): aus Japan stammendes, einem ↑Emoticon ähnliches Piktogramm, das auf Gefühlslagen, Gegenstände, Orte, Tiere, Essen o. Ä. verweist (in elektronischen Nachrichten)

Emol|li|ens, das; -, ...iẹnzien u. ...iẹntia ⟨*lat.*⟩ (Med.): Mittel, das die Haut weich u. geschmeidig macht

Emo|lu|mẹnt, das; -s, -e ⟨*lat.*⟩ (veraltet): **1.** Nutzen, Vorteil. **2.** Nebeneinnahme

Emo|ti|con, das; -s, -s ⟨Kurzw. aus *engl. emotion* »Gefühl« u. *icon* »Bild«⟩ (EDV): Zeichenkombination, mit der in einer E-Mail od. beim Chatten eine Gefühlsäußerung wiedergegeben werden kann, z. B. :-) für »glücklich« u. :-(für »traurig«; vgl. Smiley

Emo|ti|on, die; -, -en ⟨*lat.*⟩: Gemütsbewegung, seelische Erregung; Gefühlszustand; vgl. Affekt

emo|ti|o|nal, emotionell ⟨*lat.-nlat.*⟩: mit Emotionen verbunden; aus einer Emotion, einer inneren Erregung erfolgend; gefühlsmäßig; vgl. ...al/...ell, affektiv (a)

emo|ti|o|na|li|sie|ren: Emotionen wecken, Emotionen einbauen (z. B. in ein Theaterstück)

Emo|ti|o|na|lịs|mus, der; - (Psychol.): Auffassung, nach der alle seelischen u. geistigen Tätigkeiten durch ↑Affekt u. Gefühl bestimmt sind

Emo|ti|o|na|li|tät, die; -: inneres, gefühlsmäßiges Beteiligtsein an etwas; vgl. Affektivität

emo|ti|o|nẹll vgl. emotional

emo|tiv ⟨*lat.-engl.*⟩ (Fachspr.): ↑emotional. **Emo|ti|vi|tät,** die; -, -en (Psychol.): erhöhte Gemütserregbarkeit

Em|pa|thie, die; -, ...ien ⟨*gr.-engl.*⟩ (Psychol.): Bereitschaft u. Fähigkeit, sich in die Einstellung anderer Menschen einzufühlen. **Em|pa|thi|ker,** der; -s, -: jmd., der eine überdurchschnittlich ausgeprägte ↑Empathie besitzt. **Em|pa|thi|ke|rin,** die; -, -nen: weibliche Form zu ↑Empathiker. **em|pa|thisch** (Psychol.): bereit u. fähig, sich in die Einstellung anderer Menschen einzufühlen

Em|pha|se, die; -, -n ⟨*gr.-lat.*⟩:

Nachdruck, Eindringlichkeit [im Reden]. **em|pha|tisch** (Rhet., Sprachwiss.): mit Nachdruck, stark, eindringlich

Em|phy|sem, das; -s, -e ⟨*gr.;* »das Eingeblasene, die Aufblähung«⟩ (Med.): erhöhtes, unnatürliches Auftreten von Luft od. einem anderen Gas im Gewebe; Aufblähung von Organen od. Körperteilen, bes. der Lungen. **em|phy|se|ma|tisch** ⟨*gr.-nlat.*⟩ (Med.): durch eingedrungene Luft aufgebläht

Em|phy|teu|se, die; -, -n ⟨*gr.-lat.*⟩: spätrömischer, der deutschen Erbpacht ähnlicher Rechtsbegriff

[1]**Em|pire** [ɑ̃ˈpiːɐ̯], das; -[s] ⟨*lat.-frz.*⟩: **a)** (Geschichte) französisches Kaiserreich unter Napoleon I. (Premier Empire, 1804–1815) u. unter Napoleon III. (Second Empire, 1852–1870); **b)** Stil[epoche] zur Zeit Napoleons I. u. der folgenden Jahre (etwa 1800 bis 1830)

[2]**Em|pi|re** [ˈɛmpaɪ̯ə], das; -[s] ⟨*lat.-frz.-engl.*⟩: das frühere britische Weltreich

Em|pi|rem, das; -s, -e ⟨*gr.-nlat.*⟩: Erfahrungstatsache

Em|pi|rie, die; - ⟨*gr.*⟩: **1.** Methode, die sich auf Erfahrung stützt, um [wissenschaftliche] Erkenntnisse zu gewinnen. **2.** aus der Erfahrung gewonnene Kenntnisse; Erfahrungswissen

Em|pi|rik, die; - ⟨*gr.-lat.*⟩: das Empirische, Art u. Wesen des Erfahrbaren

Em|pi|ri|ker, der; -s, - ⟨*gr.-lat.*⟩: jmd., der aufgrund von Erfahrung denkt u. handelt; jmd., der die Empirie als einzige Erkenntnisquelle gelten lässt. **Em|pi|ri|ke|rin,** die; -, -nen: weibliche Form zu ↑Empiriker

Em|pi|rio|kri|ti|zis|mus, der; - ⟨*gr.-nlat.*⟩: (von R. Avenarius begründete) erfahrungskritische Erkenntnistheorie, die sich unter Ablehnung der Metaphysik allein auf die kritische Erfahrung beruft

Em|pi|rio|kri|ti|zist, der; -en, -en: Vertreter der Lehre des Empiriokritizismus

em|pi|risch ⟨*gr.-lat.*⟩: erfahrungsgemäß; aus der Erfahrung, Beobachtung [erwachsen]; dem Experiment entnommen

Em|pi|ris|mus, der; - ⟨*gr.-nlat.*⟩: philosophische Lehre, die als einzige Erkenntnisquelle die Sinneserfahrung, die Beobachtung, das Experiment gelten lässt

Em|pi|rist, der; -en, -en: Vertreter der Lehre des Empirismus. **Em|pi|ris|tin,** die; -, -nen: weibliche Form zu ↑Empirist

em|pi|ris|tisch: den Grundsätzen des Empirismus entsprechend

Em|pla|ce|ment [ɑ̃plasəˈmɑ̃ː], das; -s, -s ⟨*frz.*⟩ (Militär veraltet): Aufstellung; [Geschütz]stand

Em|plas|t|rum, das; -[s], ...tra ⟨*gr.-lat.*⟩ (Med.): medizinisches Pflaster

Em|p|lo|y|a|bi|li|ty [ɛmplɔɪ̯əˈbɪlɪti, ɪm...] ⟨*engl.*⟩: berufliche Einsetzbarkeit

Em|plo|yé [ɑ̃plo̯aˈjeː], der; -s, -s ⟨*lat.-vulgärlat.-frz.*⟩ (veraltet): Angestellter, Gehilfe. **em|plo|y|ie|ren** [...ˈjiː...] (veraltet): anwenden

Em|po|ri|um, das; -s, ...ien ⟨*gr.-lat.*⟩: zentraler Handelsplatz, Markt (in der Antike)

Em|pres|se|ment [ɑ̃prɛsəˈmɑ̃ː], das; -s ⟨*lat.-frz.*⟩ (veraltet): Eifer, Bereitwilligkeit, Diensteifer

Em|py|em, das; -s, -e ⟨*gr.*⟩ (Med.): Eiteransammlung in natürlichen Körperhöhlen

em|py|re|isch ⟨*gr.-nlat.*⟩: zum Empyreum gehörend; lichtstrahlend, himmlisch

Em|py|re|um, das; -s: im Weltbild der antiken u. scholastischen Philosophie der oberste Himmel, der sich über der Erde wölbt, der Bereich des Feuers od. des Lichtes, die Wohnung der Seligen

em|py|reu|ma|tisch ⟨*gr.*⟩: durch Verkohlung entstanden

Emu, der; -s, -s ⟨*port.*⟩: in Australien beheimateter, großer straußenähnlicher Laufvogel

Emu|la|ti|on, die; - ⟨*lat.(-engl.)*⟩: **1.** (veraltet) Wetteifer. **2.** (veraltet) Eifersucht, Neid. **3.** (EDV) Nachahmung der Funktionen eines anderen Computers od. Programms

Emu|la|tor, der; -s, ...toren ⟨*lat.-engl.*⟩ (EDV): Zusatzgerät od. Programm zur ↑Emulation (3)

Emul|ga|tor, der; -s, ...toren ⟨*lat.-nlat.*⟩: Mittel, das die Bildung einer ↑Emulsion (1) erleichtert

emul|gie|ren ⟨*lat.*⟩: **a)** eine Emulsion herstellen; **b)** einen [unlöslichen] Stoff in einer Flüssigkeit verteilen

emu|lie|ren ⟨*lat.-engl.*⟩ (EDV): die Funktionen eines Computers auf einem anderen nachbilden

Emul|sin, das; -s ⟨*lat.-nlat.*⟩: ein in bitteren Mandeln enthaltenes ↑Enzym

Emul|si|on, die; -, -en: **1.** Gemenge aus zwei ineinander unlösbaren Flüssigkeiten (z. B. Öl in Wasser), bei dem die eine Flüssigkeit in Form kleiner Tröpfchen in der anderen verteilt ist. **2.** lichtempfindliche Schicht fotografischer Platten, Filme u. Papiere

Emun|dan|tia, die (Plural) ⟨*lat.*⟩ (Med.): äußerlich anzuwendende Reinigungsmittel

Ena|ki|ter, Enaks|kin|der, Enaks|söh|ne, die (Plural) ⟨nach dem riesengestaltigen Volk in Kanaan, 5. Mose 1, 28 u. öfter⟩: riesenhafte Menschen

En|al|la|ge [auch: eˈnalage], die; - ⟨*gr.;* eigtl. »Verwechslung«⟩ (Rhet., Stilkunde): [stilbedingte] Versetzung des Attributs (z. B. mit einem blauen Lächeln seiner Augen, statt: mit einem Lächeln seiner blauen Augen)

Ena|mel, fachspr. auch: **Ena|me|lum** ⟨*nlat.*⟩ das; -s (Med.): Zahnschmelz; Bez. für die äußerst harte weiße Substanz, die den Zahnkörper überzieht

En|an|them, das; -s, -e ⟨*gr.-nlat.*⟩ (Med.): [dem ↑Exanthem der Haut entsprechender] Schleimhautausschlag

En|an|ti|o|mer, das; -s, -e, **En|an|ti|o|me|re,** das; -n, -n (meist Plural) ⟨*gr.*⟩ (Chemie): Verbindung, die das genaue Spiegelbild zu einer anderen Verbindung ist, aber mit dieser nicht zur Deckung gebracht werden kann

en|an|ti|o|trop ⟨*gr.-nlat.*⟩: zur Enantiotropie fähig. **En|an|ti|o|tro|pie,** die; -: wechselseitige Überführbarkeit eines Stoffes von einer Zustandsform in eine andere (z. B. von ↑rhombischem zu ↑monoklinem [1] Schwefel; Form der ↑Allotropie)

En|ar|th|ron, das; -s, ...thren ⟨*gr.-nlat.*⟩ (Med.): kleiner Fremdkörper im Gelenk

En|ar|th|ro|se, die; -, -n (Med.): Nussgelenk (eine Form des Ku-

gelgelenks, bei der die Gelenkpfanne mehr als die Hälfte des Gelenkkopfes umschließt; z. B. Hüftgelenk)
Ena|ti|on, die; -, -en ‹*lat.-nlat.*› (Bot.): Bildung von Auswüchsen auf der Oberfläche pflanzlicher Organe
en avant [ãna'vã] ‹*lat.-frz.*›: vorwärts!
en bloc [ã'blɔk] ‹*frz.*›: im Ganzen, in Bausch u. Bogen
en ca|bo|chon [ãkabɔ'ʃõ] ‹*frz.*›: glatt geschliffen mit gewölbter Oberseite u. flacherer Unterseite (von Edelsteinen); vgl. Cabochon
en ca|naille [ãka'naj] ‹*frz.*› (veraltet): verächtlich, wegwerfend. **en|ca|nail|lie|ren** [ãkana'ji:...], sich (veraltet abwertend): sich mit Menschen der unteren sozialen Schicht abgeben
en car|ri|ère [ã ka'ri̯ɛ:ɐ̯] ‹*frz.*›: in vollem Lauf
En|ceinte [ã'sɛ̃:t], die; -, -n ‹*lat.-frz.*› (Militär früher): Umwallung, Außenwerk einer Festung
En|ce|pha|li|tis vgl. Enzephalitis
En|ce|pha|lo|pa|thie vgl. Enzephalopathie
en|chan|tiert [ãʃã...] ‹*lat.-frz.*› (veraltet): bezaubert, entzückt
en|chas|sie|ren [ãʃa...] ‹*lat.-frz.*› (veraltet): einen Edelstein einfassen
En|chas|su|re [ãʃa'sy:rə], die; -, -n (veraltet): Einfassung von Edelsteinen
En|chei|re|se, die; -, -n ‹*gr.*› (Med.): Handgriff; Operation
En|chei|re|sis Na|tu|rae [- ...rɛ], die; - - ‹*gr.; lat.*›: Handhabung, Bezwingung der Natur (z. B. in Goethes »Faust«)
En|chi|la|da [...tʃi..., auch: ...çi...], die; -, -s ‹*span. (mittelamerik.)* »mit Chili Gewürztes«›: mit Fleisch u. Gemüse gefüllte Tortilla
En|chi|ri|di|on, das; -s, ...ien ‹*gr.-lat.*› (veraltet): kurz gefasstes Handbuch
en|chon|d|ral, endochondral ‹*gr.-nlat.*› (Med.): im Knorpel liegend
En|chon|d|rom, das; -s, -e (Med.): häufig vorkommender gutartiger Knorpeltumor
En|co|der [ɪn'kɔʊ̯dɐ], der; -s, - ‹*lat.-frz.-engl.*›: Einrichtung zum Verschlüsseln von [codierten] Signalen (Ggs.: Decoder)
en|co|die|ren, enkodieren ‹*lat.-frz.-engl.*›: [eine Nachricht] mithilfe eines ↑Codes (1) verschlüsseln (Ggs.: decodieren)
En|co|die|rung, Enkodierung, die; -, -en: Verschlüsselung [einer Nachricht] mithilfe eines Codes (1)
En|co|ding [ɪn'kɔʊ̯...], Enkoding, das; -[s], -s ‹*engl.*› (Kommunikationsf.): Formatumwandlung, bes. Verschlüsselung einer Nachricht, eines Signals (Ggs.: Decoding)
En|coun|ter [ɪn'kaʊ̯ntɐ], das od. der; -s, - ‹*roman.-frz.-engl.*›: **1.** (Psychol.) Sammelbez. für diverse psychologische Theorien (z. B. spezielle Gruppentherapien od. Selbsterfahrung u. darauf aufbauende weitere Therapien). **2.** Begegnung, Zusammenstoß
en|cou|ra|gie|ren [ãkura'ʒi:rən] ‹*lat.-frz.*›: ermutigen, anfeuern
En|cri|nus, der; -, ...ni ‹*gr.-nlat.*›: ausgestorbene Gattung der Seelilien
end..., End... vgl. endo..., Endo...
En|d|a|or|ti|tis, die; -, ...iti̯den ‹*gr.-nlat.*› (Med.): Entzündung der inneren Gefäßwandschicht der ↑Aorta
En|d|ar|te|ri|i|tis, die; -, ...iti̯den ‹*gr.-nlat.*› (Med.): Entzündung der innersten Gefäßwandschicht der Schlagadern
En|de|ca|si|l|la|bo, der; -[s], ...bi ‹*gr.-lat.-it.*›: elfsilbiger italienischer Vers (des ↑Sonetts, der ↑Stanze u. der ↑Terzine); vgl. Hendekasyllabus
En|de|cha [ɛn'dɛtʃa], die; -, -s ‹*lat.-span.*›: spanische Strophenform, bes. in Klageliedern u. Trauergedichten
En|de|mie, die; -, ...i̯en ‹*gr.-nlat.*› (Med.): häufiges Auftreten einer Krankheit in einem begrenzten Gebiet od. einer begrenzten Population (z. B. der Malaria in [sub]tropischen Sumpfgebieten); vgl. Epidemie
en|de|misch: **a)** [ein]heimisch; **b)** (Med.) örtlich begrenzt auftretend (von Infektionskrankheiten); **c)** (Biol.) in einem begrenzten Gebiet verbreitet
En|de|mis|mus, der; - (Biol.): das Vorkommen von Tieren u. Pflanzen in einem bestimmten begrenzten Bezirk
En|de|mi|ten, die (Plural) (Biol.): Pflanzen bzw. Tiere, die in einem begrenzten Lebensraum vorkommen
en|der|mal ‹*gr.-nlat.*› (Med.): in der Haut [befindlich], in die Haut [eingeführt]
en|des|mal ‹*gr.-nlat.*› (Med.): im Bindegewebe [vorkommend, liegend]
en dé|tail [ãde'taj] ‹*lat.-frz.*›: im Kleinen; einzeln; im Einzelverkauf (Ggs.: en gros)
En|di|vie [...vi̯ə], die; -, -n ‹*ägypt.-gr.-lat.-vulgärlat.-roman.*›: eine Salatpflanze (Korbblütler)

en|do..., En|do...

vor Vokalen meist: end..., End...
‹*gr.* éndon »innen, innerhalb«›
Präfix mit der Bedeutung »innen, innerhalb«:
- Endaortitis
- Endogamie
- endogen
- Endoprothese
- Endoskop
- endotherm

En|do|bi|ont, der; -en, -en ‹*gr.*›: Lebewesen, das in einem anderen lebt (Ggs.: Epibiont)
En|do|bi|o|se, die; -, -n (Biol.): Gemeinschaft meist verschiedenartiger Lebewesen, von denen eines der beiden im anderen lebt (z. B. Bakterien im Darm der Tiere) (Ggs.: Epibiose)
en|do|bi|o|tisch (Biol.): die Endobiose betreffend, auf ihr beruhend
En|do|can|na|bi|no|id, das; -[e]s, -e (meist Plural) ‹*gr.*› (Biochemie): dem Wirkstoff der Cannabispflanze ähnliche, körpereigene Substanz
En|do|car|di|tis vgl. Endokarditis
En|do|car|di|um, das; -s, ...dia ‹*gr.-nlat.*›: ↑Endokard
en|do|chon|d|ral vgl. enchondral
En|do|cra|ni|um vgl. Endokranium
En|do|der|mis, die; -, ...men ‹*gr.-nlat.*› (Bot.): innerste Zellschicht der Pflanzenrinde, hauptsächlich bei Wurzeln
En|d|o|don|tie, die; - ‹*gr.-nlat.*›: **a)** Lehre vom normalen Aufbau u. von den Krankheiten des Zahninneren; **b)** Behandlung des erkrankten Zahninneren
En|do|en|zym, das; -s, -e ‹*gr.-nlat.*›: ↑Enzym, das im ↑Protoplasma lebender Zellen entsteht u. den

organischen Stoffwechsel steuert

En|do|ga|mie, die; - ‹*gr.-nlat.*›: Heiratsordnung, nach der nur innerhalb eines bestimmten sozialen Verbandes (z. B. Stamm eines indigenen Volkes, Kaste) geheiratet werden darf (Ggs.: Exogamie)

en|do|gen ‹*gr.*›: **1. a)** (Med.) im Körper selbst, im Körperinnern entstehend, von innen kommend (von Stoffen, Krankheitserregern od. Krankheiten) (Ggs.: exogen [1 a]); **b)** (Bot.) innen entstehend (von Pflanzenteilen, die nicht aus Gewebeschichten der Oberfläche, sondern aus dem Innern entstehen u. die unbeteiligten äußeren Gewebeschichten durchstoßen) (Ggs.: exogen [1 b]). **2.** (Geol.) von Kräften im Erdinneren erzeugt (Ggs.: exogen [2])

En|do|kan|ni|ba|lis|mus, der; - ‹*gr.; span.-nlat.*›: das Verzehren von Angehörigen des eigenen Stammes (Ggs.: Exokannibalismus)

En|do|kard, das; -[e]s, -e ‹*gr.-nlat.*› (Med.): Herzinnenhaut

En|do|kar|di|tis, die; -, ...itiden (Med.): Herzinnenhautentzündung, bes. an den Herzklappen

En|do|kar|do|se, die; -, -n (Med.): [durch degenerative Veränderungen bedingte] angeborene Verdickung der Herzinnenhaut

En|do|karp, das; -[e]s, -e ‹*gr.-nlat.*› (Bot.): bei Früchten die innerste Schicht der Fruchtwand (z. B. harte Schale des Steins bei Pfirsichen od. Aprikosen); vgl. Exokarp, Mesokarp

En|do|kra|ni|um, Endocranium (Med.) das; -s, ...ien ‹*gr.-nlat.*›: die äußere Schicht der ↑Dura Mater

en|do|krin ‹*gr.-nlat.*› (Med.): das Sekret direkt in die Blutbahn abgebend (von Drüsen) (Ggs.: exokrin). **En|do|kri|nie,** die; - (Med.): durch Störung der inneren ↑Sekretion verursachter Krankheitszustand

En|do|kri|no|lo|ge, der; -n, -n (Med.): Wissenschaftler auf dem Gebiet der Endokrinologie. **En|do|kri|no|lo|gie,** die; - (Med.): Lehre von den Hormonen. **En|do|kri|no|lo|gin,** die; -, -nen: weibliche Form zu ↑Endokrinologe

En|do|lym|phe, die; -, -n ‹*gr.-nlat.*› (Biol.; Med.): Flüssigkeit im häutigen Labyrinth des Innenohrs der Wirbeltiere u. des Menschen

En|do|ly|sin, das; -s, -e (meist Plural) ‹*gr.-nlat.*›: weißen Blutkörperchen entstammender, Bakterien abtötender Stoff

En|do|me|t|ri|o|se, die; -, -n ‹*gr.-nlat.*› (Med.): das Auftreten verschleppten Gebärmutterschleimhautgewebes außerhalb der Gebärmutter

En|do|me|t|ri|tis, die; -, ...itiden (Med.): Entzündung der Gebärmutterschleimhaut

En|do|me|t|ri|um, das; -s, ...trien (Med.): Gebärmutterschleimhaut

en|do|morph ‹*gr.-nlat.*›: **1.** (Geol.) die Endomorphose betreffend, durch sie hervorgerufen (Ggs.: exomorph). **2.** (Med.) die Endomorphie betreffend, ↑pyknisch

En|do|mor|phie, die; - (Med.): Konstitution eines bestimmten Menschentyps, der ungefähr dem ↑Pykniker entspricht; Neigung zum Fettansatz; vgl. Ektomorphie, Mesomorphie

En|do|mor|phis|mus, der; -, ...men ‹*gr.-nlat.*› (Math.): Abbildung einer algebraischen Struktur in sich, Sonderform des ↑Homomorphismus

En|do|mor|pho|se, die; -, -n ‹*gr.*› (Geol.): innere Umwandlung eines Erstarrungsgesteins unter Einfluss der Umgebung

En|do|my|ces [...tse:s], **En|do|my|zes** ‹*gr.-nlat.*› die (Plural) (Med.): Hefepilze, die beim Menschen Krankheiten hervorrufen können (Krankheitserreger)

En|do|phle|bi|tis, die; -, ...itiden ‹*gr.-nlat.*› (Med.): Entzündung der Innenhaut einer Vene

En|do|phyt, der; -en, -en ‹*gr.-nlat.*›: in anderen Pflanzen od. Tieren wachsende Schmarotzerpflanze. **en|do|phy|tisch** (Med.): nach innen wachsend (bes. von Hauttumoren)

En|do|plas|ma, das; -s, ...men ‹*gr.-nlat.*› (Biol.): innere Schicht des ↑Protoplasmas bei Einzellern (Ggs.: Ektoplasma). **en|do|plas|ma|tisch:** innerhalb des Zellplasmas gelegen; **endoplasmatisches Retikulum** (Biol.): in Zellen ausgebildetes System feinster Kanäle

En|do|pro|the|se, die; -, -n ‹*gr.*› (Med.): aus Kunststoff, Metall o. Ä. gefertigtes Ersatzstück, das im ↑Organismus den geschädigten Körperteil ganz od. teilweise ersetzt

En|dor|phin, das; -s, -e ‹Kunstw. aus *Endo-* u. *Morphin*› (Biol., Med.): körpereigener Eiweißstoff (Hormon), der schmerzstillend wirkt

En|do|ske|lett [auch: ...ˈlɛt], das; -[e]s, -e (Biol.): knorpeliges oder aus Knochen bestehendes Innenskelett der Wirbeltiere (Ggs.: Exoskelett)

[1]**En|do|s|kop,** das; -s, -e ‹*gr.-nlat.*› (Med.): in eine Lichtquelle eingeschlossenes optisches Instrument zur Untersuchung von Hohlorganen u. Körperhöhlen sowie zur gezielten Gewebsentnahme

[2]**En|do|s|kop,** der; -en, -en (selten): Facharzt für Endoskopie

En|do|s|ko|pie, die; -, ...ien ‹*gr.-nlat.*› (Med.): Ausleuchtung u. Ausspiegelung einer Körperhöhle mithilfe des [1]Endoskops

En|do|s|ko|pin, die; -, -nen: weibliche Form zu ↑[2]Endoskop

en|do|s|ko|pisch (Med.): **a)** das [1]Endoskop betreffend; **b)** die Endoskopie betreffend; **c)** durch [1]Endoskop erfolgend

En|d|os|mo|se, die; -, -n ‹*gr.-nlat.*›: ↑Kataphorese

En|do|som, das; -s, -en (Biol.): durch Einstülpung der Zellmembran in eine Zelle aufgenommene Vesikel

en|do|so|ma|tisch ‹*gr.-nlat.*› (Med.): innerhalb des Körpers

En|do|sperm, das; -s, -e ‹*gr.-nlat.*› (Bot.): Nährgewebe im Pflanzensamen

En|do|spo|re, die; -, -n ‹*gr.-nlat.*› (Bot.): im Innern eines Sporenbehälters entstehende Spore (bes. bei Pilzen)

En|d|ost, das; -[e]s ‹*gr.-nlat.*› (Med.): faserige Haut über dem Knochenmark an der Innenfläche der Knochenhöhlen

En|do|sym|bi|o|se, die; -, -n ‹*gr.*› (Zool.): lebensnotwendige Form des ständigen Zusammenlebens verschiedener Organismen

En|do|thel, das; -s, -e ‹*gr.-nlat.*› (Med.): Zellschicht an der Innenfläche der Blut- u. Lymphgefäße

En|do|the|li|om, das; -s, -e (Med.): geschwulstförmige Neubildung aus Endothelzellen

En|do|the|li|o|se, die; -, -n: ↑Retikulose

En|do|the|li|um, das; -s, ...ien (Med.): vgl. Endothel

en|do|therm ⟨*gr.-nlat.*⟩: Wärme aufnehmend, bindend; **endotherme Prozesse** (Physik, Chemie): Vorgänge, bei denen von außen Wärme zugeführt werden muss

en|do|thym ⟨*gr.-nlat.*⟩ (Psychol.): die Schicht des Psychischen betreffend, die das Unbewusste, die Affekte, die Gefühle umfasst

En|do|to|xin, das; -s, -e ⟨*gr.-nlat.*⟩ (Biol., Med.): Bestandteil der äußeren Zellmembran gramnegativer Bakterien

en|do|troph ⟨*gr.-nlat.*⟩ (Bot.): sich innen ernährend (Eigenschaft von Pilzen, deren Wurzelfäden in das Innere der Wurzelzellen höherer Pflanzen eindringen)

en|do|vas|ku|lar, en|do|vas|ku|lär ⟨*gr.; lat.-nlat.*⟩ (Med.): im Inneren eines Blutgefäßes, in Bezug auf das Innere von Blutgefäßen

en|do|zen|t|risch ⟨*gr.*⟩ (Sprachwiss.): zur gleichen Formklasse gehörend (von einer sprachlichen Konstruktion, die der gleichen Kategorie angehört wie eines ihrer konstituierenden Glieder; z. B. großes Haus – Haus) (Ggs.: exozentrisch)

En|du|ro, die; -, -s ⟨*lat.-span.*⟩: geländegängiges Motorrad mit Einzylindermotor

Ener|geia, die; - ⟨*gr.*⟩: Tätigkeit, Tatkraft, Bereitschaft zum Handeln (in der aristotelischen Philosophie); vgl. Dynamis

Ener|ge|tik, die; - ⟨*gr.-nlat.*⟩: **1.** Wissenschaft von allen industriell genutzten Formen der Energie u. ihrer Umwandlung. **2.** philosophische Lehre, die die Energie als Wesen u. Grundkraft aller Dinge erklärt (nach W. Ostwald)

Ener|ge|ti|ker, der; -s, -: **1.** Fachmann auf dem Gebiet der Energetik (1). **2.** Vertreter der Lehre der Energetik (2). **Ener|ge|ti|ke|rin,** die; -, -nen: weibliche Form zu ↑Energetiker

Ener|ge|ti|kum, das; -s, ...ka ⟨*gr.*⟩: (Pharm.) Droge, die leistungssteigernd wirkt

ener|ge|tisch ⟨*gr.*⟩: **1.** die Energie betreffend, auf ihr beruhend. **2.** die Energetik (2) betreffend; **energetischer Imperativ:** »Verschwende keine Energie, verwerte sie!« (Grundsatz der Philosophie von W. Ostwald). **3.** (Sprachwiss.) die wirkende Kraft der Sprache betreffend, auf ihr beruhend

ener|gi|co [...dʒiko] ⟨*gr.-it.*⟩ (Musik): energisch, entschlossen (Vortragsanweisung)

Ener|gi|de, die; -, -n ⟨*gr.-nlat.*⟩ (Biol.): die Funktionseinheit eines einzelnen Zellkerns mit dem ihn umgebenden und von ihm beeinflussten Zellplasma

Ener|gie, die; -, ...ien ⟨*gr.-lat.-frz.*⟩: **1.** (ohne Plural) **a)** mit Nachdruck, Entschiedenheit [u. Ausdauer] eingesetzte Kraft, um etw. durchzusetzen; **b)** starke geistige u. körperliche Spannkraft. **2.** (Physik) Fähigkeit eines Stoffes, Körpers od. Systems, Arbeit zu verrichten, die sich aus Wärme, Bewegung o. Ä. herleitet

ener|gie|ef|fi|zi|ent: die verfügbare Energie (2) optimal ausnutzend, sie nicht verschwendend

ener|gie|in|ten|siv: bei der Herstellung von etwas viel Energie verbrauchend

Ener|gie|kri|se, die; -, -n: ↑Krise (2) in der Versorgung mit Stoffen, deren Energie (2) nutzbar gemacht werden kann

Ener|gie|ni|veau, das; -s, -s: angenommene Energie z. B. eines Atoms, eines Moleküls, eines Atomkerns

Ener|gie|po|li|tik, die; -: Maßnahmen o. Ä. auf dem Gebiet der Energieversorgung. **ener|gie|po|li|tisch:** die Energiepolitik betreffend

Ener|gie|prin|zip, das; -s (Physik): Prinzip von der Erhaltung der Energie

Ener|gie|re|ser|ve (meist Plural): Reserve an Energie

ener|gisch ⟨*gr.*⟩: **a)** starken Willen u. Durchsetzungskraft habend u. entsprechend handelnd; zupackend, tatkräftig; **b)** von starkem Willen und Durchsetzungskraft zeugend; **c)** entschlossen, nachdrücklich

ener|go|che|misch ⟨*gr.; arab.-roman.*⟩: durch chemische Reaktionen erzeugt (von Energieformen)

Ener|gy|drink, Ener|gy-Drink ['ɛnədʒi...], der; -s, -s ⟨*engl.*⟩: Energie spendendes alkoholfreies Getränk

Ener|va|ti|on, die; -, -en ⟨*lat.*⟩ (Med.): ↑Enervierung; vgl. ...ation/...ierung. **ener|vie|ren:** **1.** jmds. Nerven überbeanspruchen; auf Nerven und seelische Kräfte zerstörerisch wirken. **2.** (Med.) die Verbindung zwischen Nerv u. dazugehörigem Organ [aus therapeutischen Zwecken durchtrennnen u. damit] ausschalten. **Ener|vie|rung,** die; -, -en: **1.** Überbeanspruchung der Nerven; Belastung der seelischen Kräfte. **2.** (Med.) Ausschaltung der Verbindung zwischen Nerv u. dazugehörigem Organ; Denervierung

en face [ɑ̃'fas] ⟨*lat.-frz.*⟩: von vorn [gesehen]; in gerader Ansicht (bes. von Bildnisdarstellungen)

en fa|mille [ɑ̃ fa'mi:] ⟨*lat.-frz.;* »in der Familie«⟩: in engem, vertrautem Kreis

En|fant ter|ri|ble [ɑ̃fɑ̃tɛ'ri:bl̩], das; - -, -s -s [ɑ̃fɑ̃tɛ'ri:bl̩] ⟨*lat.-frz.;* »schreckliches Kind«⟩: jmd., der seine Umgebung durch unangebrachte Offenheit in Verlegenheit bringt, sie durch sein Verhalten schockiert

en|fi|lie|ren [ɑ̃fi...] ⟨*lat.-frz.*⟩: **1.** (veraltet) einfädeln, aneinanderreihen. **2.** (Militär) ein Gelände [in seiner ganzen Ausdehnung] beschießen

en|flam|mie|ren [ɑ̃fla...] ⟨*lat.-frz.*⟩ (veraltet): entflammen, begeistern, entzücken

En|fle [ɑ̃:fl̩], das; -s, -s ⟨*lat.-frz.*⟩: französisches Kartenspiel

En|fleu|ra|ge [ɑ̃flœ'ra:ʒə], die; - ⟨*lat.-frz.*⟩: Verfahren zur Gewinnung feiner Blumendüfte in der Parfümindustrie

En|ga|ge|ment [ɑ̃gaʒ(ə)'mɑ̃:], das; -s, -s ⟨*germ.-frz.*⟩: **1.** (ohne Plural) weltanschauliche Verbundenheit mit etwas; innere Bindung an etwas; Gefühl des inneren Verpflichtetseins zu etwas; persönlicher Einsatz. **2.** Anstellung, Stellung, bes. eines Künstlers. **3.** (veraltend) Aufforderung zum Tanz. **4.** (Börsenw.) Verpflichtung, zur festgesetzten Zeit gekaufte Papiere abzunehmen, zu bezahlen od. die für diesen Tag verkauften zu liefern

en|ga|gie|ren [ãga'ʒi:rən] ⟨*germ.-frz.*⟩: **1.** jmdn. (bes. einen Künstler) unter Vertrag nehmen, für eine Aufgabe verpflichten. **2.** (veraltend) zum Tanz auffordern. **3.** sich engagieren: sich binden, sich verpflichten; sich für etw. einsetzen. **4.** (Fechten) die Klingen aneinander anlehnen, den Kontakt zwischen den Klingen herstellen

en|ga|giert: a) entschieden für etwas eintretend; **b)** ein starkes persönliches Interesse an etwas habend

en garde [ã'gard] ⟨*frz.*⟩: Kommando, mit dem die Fechter aufgefordert werden, Fechtstellung einzunehmen

En|gas|t|ri|mant, der; -en, -en ⟨*gr.*⟩: mithilfe des Bauchredens Wahrsagender

En|gi|nee|ring [ɛndʒɪ'nɪərɪŋ], das; -[s] ⟨*lat.-afrz.-engl.*⟩: engl. Bez. für: Ingenieurwesen

En|gi|schi|ki, das; -[s] ⟨*jap.*⟩: wichtigstes Ritualbuch des japanischen ↑Schintoismus aus dem 10. Jh.

En|g|lish spo|ken ['ɪŋglɪʃ 'spoʊkən] ⟨*engl.;* »Englisch gesprochen«⟩: hier wird Englisch gesprochen, hier spricht man Englisch (als Hinweis z. B. für Kunden in einem Geschäft)

En|g|lish|waltz ['ɪŋglɪʃwɔ(:)l(t)s], der; -, -: langsamer Walzer

eng|li|sie|ren: 1. etwas nach englischer Art umgestalten; vgl. anglisieren (1). **2.** einem Pferd die niederziehenden Schweifmuskeln durchschneiden, damit es den Schwanz hoch trägt

En|go|be [ã'go:bə], die; -, -n ⟨*frz.*⟩: dünne keramische Überzugsmasse. **en|go|bie|ren:** Tonwaren mit einer keramischen Gussmasse überziehen

En|gor|ge|ment [ãgɔrʒə'mã:], das; -s, -s ⟨*lat.-frz.*⟩ (veraltend): Stockung im Wirtschaftsleben

En|gramm, das; -s, -e ⟨*gr.-nlat.*⟩ (Med.): im Zentralnervensystem hinterlassene Spur eines Reiz- od. Erlebniseindrucks, die dessen Reproduktion zu einem späteren Zeitpunkt möglich macht; Erinnerungsbild

en gros [ã'gro:] ⟨*lat.-frz.*⟩: im Großen (Ggs.: en détail)

En|gros|han|del, der; -s: Großhandel

En|gros|sist, der; -en, -en (österr.): Grossist. **En|gros|sis|tin,** die; -, -nen: weibliche Form zu ↑Engrossist

En|har|mo|nik, die; - ⟨*gr.-nlat.*⟩ (Musik): verschiedene Notierung u. Benennung von Tönen u. Akkorden bei gleichem Klang (z. B. cis = des)

en|har|mo|nisch (Musik): mit einem anders benannten u. geschriebenen Ton den gleichen Klang habend (in Bezug auf die Tonhöhe); **enharmonische Verwechslung:** Vertauschung u. musikalische Umdeutung enharmonisch gleicher Töne od. Akkorde

Enig|ma, das; -s, -ta od. ...men ⟨*gr.-lat.-engl.*⟩: Rätsel. **enig|matisch:** rätselhaft. **enig|ma|ti|sieren:** in Rätseln sprechen

En|jam|be|ment [ãʒã(bə)'mã:], das; -s, -s ⟨*frz.*⟩ (Metrik): Übergreifen des Satzes in den nächsten Vers; Nichtzusammenfall von Satz- u. Versende

en|kaus|tie|ren ⟨*gr.-nlat.*⟩: das Malverfahren der Enkaustik anwenden

En|kaus|tik, die; - ⟨*gr.*⟩: Malverfahren, bei dem die Farben durch Wachs gebunden sind

en|kaus|tisch: die Enkaustik betreffend, mit dieser Technik arbeitend, nach diesem Verfahren ausgeführt

En|kla|ve, die; -, -n ⟨*lat.-vulgärlat.-frz.*⟩: vom eigenen Staatsgebiet eingeschlossener Teil eines fremden Staatsgebietes (Ggs.: Exklave [1])

En|kli|se, En|kli|sis, die; -, ...isen ⟨*gr.;* »das Hinneigen«⟩ (Sprachwiss.): Verschmelzung eines unbetonten Wortes [geringeren Umfangs] mit einem vorangehenden betonten (z. B. ugs. »denkste« aus: denkst du od. »zum« aus: zu dem) (Ggs.: Proklise)

En|kli|ti|kon, das; -s, ...ka ⟨*gr.*⟩ (Sprachwiss.): unbetontes Wort, das sich an das vorhergehende betonte anlehnt (z. B. ugs. »kommste« aus »kommst du«)

en|kli|tisch ⟨*gr.-lat.*⟩ (Sprachwiss.): sich an ein vorhergehendes betontes Wort anlehnend (Ggs.: proklitisch)

en|ko|die|ren usw. vgl. encodieren usw.

En|kol|pi|on, das; -s, ...pien ⟨*gr.*⟩: **1.** auf der Brust getragene Reliquienkapsel; vgl. Amulett. **2.** Brustkreuz kirchlicher Würdenträger der orthodoxen Kirche; vgl. Pektorale (1)

En|ko|mi|ast, der; -en, -en ⟨*gr.*⟩: Lobredner

En|ko|mi|as|tik, die; -: die Kunst, bedeutende u. verdiente Personen in einer Lobrede od. einem Lobgedicht zu preisen

En|ko|mi|on, En|ko|mi|um, das; -s, ...ien ⟨*gr.-lat.*⟩: Lobrede, Lobgedicht

En|kul|tu|ra|ti|on, die; - ⟨*lat.*⟩: das Hineinwachsen des Einzelnen in die Kultur der ihn umgebenden Gesellschaft; vgl. Akkulturation

en masse [ã'mas] ⟨*frz.;* »in Masse«⟩ (ugs. emotional): in großer Menge, Zahl [vorhanden, vorkommend]; überaus viel

en mi|ni|a|ture [ãminja'ty:r] ⟨*frz.*⟩: in kleinem Maßstab; einem Vorbild in kleinerem Ausmaß ungefähr entsprechend; im Kleinen dargestellt, vorhanden, und zwar in Bezug auf etwas, was eigentlich als Größeres existiert

En|nea|gramm, das; -s, -e ⟨*gr.*⟩ (Esoterik): auf der Einteilung des menschlichen Charakters in 9 Grundtypen beruhendes Erklärungssystem der menschlichen Persönlichkeit, das durch einen in 9 Teile gegliederten Kreis symbolisiert wird

En|nui [ã'nɥi:], der od. das; -s ⟨*lat.-vulgärlat.-frz.*⟩: **a)** Langeweile; **b)** Verdruss, Überdruss

en|nu|y|ant [ãny'jã:] (veraltet): **a)** langweilig; **b)** verdrießlich, lästig

en|nu|y|ie|ren [ãny'ji:rən] (veraltet): **a)** langweilen; **b)** ärgern; lästig werden

en|oph|thal|misch ⟨*gr.-nlat.*⟩ (Med.): den Enophthalmus betreffend. **En|oph|thal|mus,** der; - (Med.): abnorme Tieflage des Augapfels in der Augenhöhle

enorm ‹*lat.-frz.*›: von außergewöhnlich großem Ausmaß, außerordentlich; erstaunlich
Enor|mi|tät, die; -, -en: erstaunliche Größe; Übermaß
En|os|to|se, die; -, -n ‹*gr.-nlat.*› (Med.): Knochengeschwulst, die vom Knocheninnern ausgeht
en pas|sant [ɑ̃pa'sɑ̃ː] ‹*frz.;* »im Vorübergehen«›: nebenher (in Bezug auf etwas, was neben dem Eigentlichen mehr am Rande noch mit erledigt, gemacht wird); **en passant schlagen** (Schach): einen gegnerischen Bauern, der aus der Grundstellung in einem Zug zwei Felder vorrückt u. neben einem eigenen Bauern zu stehen kommt, im nächsten Zug so schlagen, als ob er nur ein Feld vorgerückt wäre
en pleine car|ri|ère [ɑ̃plɛnka'rjɛːr] ‹*frz.*›: in gestrecktem Galopp
en pro|fil [ɑ̃prɔ'fil] ‹*frz.*›: im Profil, von der Seite
En|quete [ɑ̃'kɛːt], die; -, -n ‹*lat.-frz.*›: **1.** amtliche Untersuchung, Erhebung, die bes. zum Zweck der Meinungs-, Bevölkerungs-, Wirtschaftsforschung u. Ä. durchgeführt wird. **2.** (österr.) Arbeitstagung
En|quete|kom|mis|si|on, die; -, -en: Kommission, die eine Enquete durchführt
en|ra|giert [ɑ̃ra'ʒiːɐ̯t] ‹*frz.*›: **a)** leidenschaftlich für etwas eingenommen; **b)** leidenschaftlich erregt
en|rol|lie|ren [ɑ̃rɔ'liːrən] ‹*frz.*› (Militär): anwerben (von Truppen)
en route [ɑ̃'rut] ‹*frz.*›: unterwegs
Ens, das; - ‹*lat.*› (Philos.): das Seiende, Sein, Wesen, Idee
En|sem|ble [ɑ̃'sɑ̃ːbl̩], das; -s, -s ‹*lat.-frz.*›: **1. a)** zusammengehörende, aufeinander abgestimmte Gruppe von Schauspielern, Tänzern, Sängern od. Orchestermusikern; **b)** kleine Besetzung in der Instrumental- u. Unterhaltungsmusik; **c)** Auftritt, Nummer für eine kleine Gruppe von Solisten. **2.** mehrteiliges Kleidungsstück, dessen Teile aufeinander abgestimmt sind. **3.** Gesamtheit mehrerer Einzelteile, die [planvoll, wirkungsvoll] aufeinander abgestimmt sind
En|sem|b|le|mu|sik, die; -: Unterhaltungs- u. Tanzmusik
En|si|la|ge [ɑ̃si'laːʒə], die; - ‹*frz.*›: **1.** (selten) Gärfutter, ↑Silage (1). **2.** Bereitung von Gärfutter
Ens|ta|tit [auch: ...'tɪt], der; -s, -e ‹*gr.-nlat.*›: ein Mineral
en suite [ɑ̃'sɥit] ‹*lat.-frz.*›: **1.** im Folgenden, demzufolge. **2.** ununterbrochen
ent..., Ent... vgl. ento..., Ento...
Ent|amö|be, die; -, -n ‹*gr.-nlat.*›: ↑Amöbe, die im Innern des menschlichen od. tierischen Körpers ↑parasitisch lebt
ent|an|o|ny|mi|sie|ren ‹*dt.; gr.-lat.*› (EDV): die Anonymität personenbezogener Daten aufheben. **Ent|an|o|ny|mi|sie|rung,** die; -, -en: das Entanonymisieren
En|ta|ri, das; -[s], -s ‹*türk.*›: altes orientalisches, dem ↑Kaftan ähnliches langes Gewand
En|ta|se, En|ta|sis, die; -, ...asen ‹*gr.*› (Archit.): das kaum merkliche Dickerwerden des sich bogenförmig verjüngenden Schaftes antiker Säulen nach der Mitte zu
En|te|le|chie, die; -, ...ien ‹*gr.-lat.*› (Philos.): **a)** etwas, was sein Ziel in sich selbst hat; die sich im Stoff verwirklichende Form (bei Aristoteles); **b)** die im Organismus liegende Kraft, die seine Entwicklung u. Vollendung bewirkt. **en|te|le|chisch:** die Entelechie (b) betreffend, auf ihr beruhend, durch sie bewirkt
En|tente [ɑ̃'tɑ̃ːt], die; -, -n ‹*lat.-frz.*›: Einverständnis, Bündnis
En|tente cor|di|ale [ɑ̃tɑ̃tkɔr'djal], die; - - ‹»herzliches Einverständnis«› (Politik): das französisch-britische Bündnis nach 1904
en|ter..., En|ter... vgl. entero..., Entero...
en|te|ral ‹*gr.-nlat.*› (Med.): auf den Darm bzw. die Eingeweide bezogen
En|te|r|al|gie, die; -, ...ien ‹*gr.-nlat.*›: ↑Enterodynie
En|te|r|a|min, das; -s, -e ‹Kunstw. aus *gr. éntera* »Eingeweide« u. *Amin*›: ↑Serotonin
En|te|ri|tis, die; -, ...itiden ‹*gr.-nlat.*› (Med.): Entzündung des Dünndarms; Darmkatarr

en|te|ro..., En|te|ro...

vor Vokalen meist: en|ter..., Enter...
‹*gr.* énteron »Darm«›
Wortbildungselement mit der Bedeutung »Darm; Eingeweide«:
- Enteritis
- enterogen
- Enterokokken
- Enteroneurose
- Enterovirus

En|te|ro|ana|s|to|mo|se, die; -, -n (Med.): künstlicher, operativ hergestellter Verbindungsweg zwischen zwei Darmstücken
En|te|ro|dy|nie, die; -, ...ien: Darmschmerz, Leibschmerz
en|te|ro|gen (Med.): im Darm entstanden, von ihm ausgehend
En|te|ro|ki|na|se, die; - (Med.): in der Darmschleimhaut gebildetes ↑Enzym, das inaktive ↑Proenzyme der Bauchspeicheldrüse in aktive Enzyme umwandelt
En|te|ro|kly|se, die; -, -n, **En|te|ro|klys|ma,** das; -s, ...men u. -ta (Med.): Darmspülung
En|te|ro|kok|ken, die (Plural) (Med.): zur normalen Darmflora des Menschen gehörende Darmbakterien
En|te|ro|ko|li|tis, die; -, ...itiden (Med.): Entzündung des Dünn- u. Dickdarms
En|te|ro|lith [auch: ...'lɪt], der; -s u. -en, -e[n] (Med.): krankhaftes, festes Gebilde (Konkrement) im Darm aus verhärtetem Kot od. aus Ablagerungen, die sich um Fremdkörper (z. B. verschluckte Knochensplitter) herum gebildet haben; Kotstein
En|te|ro|my|i|a|se, die; -, -n (Med.): Madenkrankheit des Darms
En|te|ron, das; -s, ...ra ‹*gr.;* »das Innere«› (Med.): Darm (bes. Dünndarm); Eingeweide
En|te|ro|neu|ro|se, die; -, -n ‹*gr.-nlat.*› (Med.): nervöse Darmstörung
En|te|ro|pa|thie, die; -, ...ien (Med.): Sammelbez. für alle Magen- u. Darmerkrankungen, die nicht auf eine Entzündung zurückzuführen sind (Ggs.: Enteritis)
En|te|ro|p|to|se, die; -, -n (Med.):

Eingeweidesenkung durch verminderte Spannung der Gewebe (z. B. bei Abmagerung)

En|te|ro|sit, der; -en, -en (Med.): Darmschmarotzer; Parasit

En|te|ro|s|kop, das; -s, -e (Med.): mit elektrischer Lichtquelle u. Spiegel versehenes Instrument zur Untersuchung des Dickdarms. **En|te|ro|s|ko|pie,** die; -, ...ien (Med.): Untersuchung mit dem Enteroskop

En|te|ro|s|to|mie, die; -, ...ien (Med.): Anlegung eines künstlichen Afters

En|te|ro|to|mie, die; -, ...ien (Med.): operatives Öffnen des Darms; Darmschnitt

En|te|ro|vi|rus, das, auch: der -, ...viren (meist Plural) ⟨*gr.; lat.*⟩ (Med.): Erreger von Darmkrankheiten

En|te|ro|ze|le, die; -, -n ⟨*gr.-lat.*⟩ (Med.): Darmbruch; Eingeweidebruch

En|te|ro|zo|on, das; -s, ...zoen u. ...zoa (meist Plural) ⟨*gr.-nlat.*⟩: tierischer Darmschmarotzer

En|ter|tai|ner [ˈɛntɐteɪ̯nɐ], der; -s, - ⟨*engl.*⟩: [Allein]unterhalter; jmd., dessen Beruf es ist, ein [größeres] Publikum auf angenehme, heitere Weise zu unterhalten (z. B. als Conférencier, Showmaster). **En|ter|tai|ne|rin,** die; -, -nen: weibliche Form zu ↑Entertainer

En|ter|tain|ment [ɛntɐˈteɪ̯nmənt], das; -s: berufsmäßig gebotene Unterhaltung

En|ter|tas|te, die; -, -n ⟨*lat.-frz.-engl.; dt.*⟩ (EDV): Taste zur Befehlsbestätigung auf der Computertastatur

en|te|tiert [ãtɛˈtiːɐ̯t] ⟨*lat.-frz.*⟩ (veraltet): starrköpfig, eigensinnig

En|thal|pie, die; -, ...ien ⟨*gr.-nlat.*⟩: **a)** (Physik) bei konstantem Druck vorhandene Wärme; **b)** (Meteorol.) gesamte in der feuchten Luft vorhandene Wärmeenergie

Ent|hel|min|the, die; -, -n (meist Plural) ⟨*gr.-nlat.*⟩ (Med.): Eingeweidewurm

en|thu|si|as|mie|ren ⟨*gr.-frz.*⟩: begeistern, in Begeisterung versetzen, entzücken

En|thu|si|as|mus, der; - ⟨*gr.-nlat.*⟩: leidenschaftliche Begeisterung, Schwärmerei

En|thu|si|ast, der; -en, -en: begeisterter, leidenschaftlicher Bewunderer, Schwärmer. **En|thu|si|as|tin,** die; -, -nen: weibliche Form zu ↑Enthusiast

en|thu|si|as|tisch: begeistert, schwärmerisch

En|thy|mem, das; -s, -e ⟨*gr.-lat.*⟩ (Philos.): Wahrscheinlichkeitsschluss, unvollständiger Schluss (bei dem eine Prämisse fehlt, aber in Gedanken zu ergänzen ist)

En|ti|tät, die; -, -en ⟨*lat.-mlat.*⟩: **1.** (Philos.) Dasein im Unterschied zum Wesen eines Dinges. **2.** [gegebene] Größe

En|ti|ty [...ti], das; -s, -s ⟨*lat.-mlat.-engl.*⟩ (EDV): genau abgrenzbares individuelles Exemplar, z. B. ein Sonderzeichen

ent|kof|fe|i|nie|ren: Kaffee das ↑Koffein teilweise od. vollständig entziehen

ent|ko|lo|ni|a|li|sie|ren: vom wirtschaftlichen, politischen u. kulturellen Einfluss der [ehemaligen] Kolonialmacht lösen; ↑dekolonisieren

ent|mi|li|ta|ri|sie|ren ⟨*dt.; lat.*⟩: aus einem Gebiet die Truppen abziehen u. die militärischen Anlagen abbauen. **Ent|mi|li|ta|ri|sie|rung,** die; -, -en: das Entmilitarisieren

ent|my|tho|lo|gi|sie|ren ⟨*dt.; gr.-nlat.*⟩: mythische od. irrationale Vorstellungen von etwas beseitigen. **Ent|my|tho|lo|gi|sie|rung,** die; -, -en: **1.** das Entmythologisieren. **2.** Versuch, die christliche Botschaft von alten Mythen zu befreien u. modernem Verständnis zu erschließen

ent|na|zi|fi|zie|ren ⟨*dt.; nlat.*⟩ (Geschichte): **1.** nationalsozialistische Einflüsse aus dem öffentlichen Leben entfernen. **2.** einen ehemaligen Nationalsozialisten politisch überprüfen u. ihn [durch Sühnemaßnahmen] entlasten

en|to..., En|to...

vor Vokalen meist: ent..., Ent...
⟨*gr.* entós »innen, innerhalb«⟩
Präfix mit der Bedeutung »innerhalb«:
- Entoderm
- Entoplasma
- entoptisch
- Entozoon

En|to|blast, das; -[e]s, -e ⟨*gr.-nlat.*⟩ (Biol., Med.): ↑Entoderm

En|to|derm, das; -s, -e ⟨*gr.-nlat.*⟩ (Biol., Med.): das innere Keimblatt in der Entwicklung der Vielzeller; vgl. Ektoderm. **en|to|der|mal** (Med.): vom inneren Keimblatt des ↑Embryoblasten ausgehend; vgl. ektodermal

en|to|mo|gam ⟨*gr.-nlat.*⟩ (Bot.): insektenblütig; auf die Bestäubung durch Insekten eingerichtet (von Pflanzen). **En|to|mo|ga|mie,** die; - (Bot.): Insektenblütigkeit; Art der Beschaffenheit von Blüten, die auf Übertragung des Pollens durch Insekten eingerichtet sind

En|to|mo|lo|ge, der; -n, -n ⟨*gr.-nlat.*⟩: Insektenforscher. **En|to|mo|lo|gie,** die; -: Insektenkunde. **En|to|mo|lo|gin,** die; -, -nen: weibliche Form zu ↑Entomologe. **en|to|mo|lo|gisch:** die Entomologie betreffend

En|to|pa|ra|sit, der; -en, -en ⟨*gr.-nlat.*⟩ (Biol.): ↑Parasit (1), der im Innern anderer Tiere u. Pflanzen lebt (Ggs.: Ektoparasit)

en|to|pisch ⟨*gr.*⟩: am Ort befindlich, einheimisch, örtlich

En|to|plas|ma, das; -s, ...men ⟨*gr.-nlat.*⟩: ↑Endoplasma

ent|op|tisch ⟨*gr.-nlat.*⟩ (Med.): im Augeninnern [gelegen od. entstanden]

En|to|s|ko|pie vgl. Endoskopie

ent|o|tisch ⟨*gr.-nlat.*⟩ (Med.): im Ohr entstehend, im Ohr gelegen

En|tou|ra|ge [ãtuˈraːʒə], die; -, -n ⟨*frz.*⟩: Umgebung, Gefolge

En-tout-Cas [ãtuˈka], der; - [...a(s)], - [...as] ⟨*lat.-frz.;* »in jedem Fall«⟩ (veraltet): **1.** großer Schirm gegen Sonne u. Regen. **2.** überdeckter Tennisplatz, auf dem bei Sonne u. Regen gespielt werden kann

En|to|xis|mus, der; -, ...men ⟨*gr.-nlat.*⟩ (Med.): **1.** (ohne Plural) Vergiftung. **2.** Vergiftungserscheinung

En|to|zo|on, das; -s, ...zoen u. ...zoa ⟨*gr.-nlat.*⟩ (Med.): tierischer Schmarotzer im Körperinneren

ent|per|so|na|li|sie|ren: vom Bezug auf Einzelpersonen, auf Individuen lösen

ent|per|sön|li|chen: das Persön-

liche, die Persönlichkeit bei etw. ausschalten
En|tr'acte [ɑ̃'trakt] vgl. Entreakt
En|t|ra|da vgl. Intrada
En|t|re|acte [ɑ̃'trakt] vgl. Entreakt
En|t|re|akt [ɑ̃trə'ʔakt], der; -[e]s, -e, Entreacte [ɑ̃'trakt], der; -s, -s ⟨*lat.-frz.*⟩: (auch selbstständig aufgeführte) Zwischenaktmusik von Opern u. Schauspielen

En|t|re|chat [ɑ̃trə'ʃa], der; -s, -s ⟨*frz.*⟩ (Ballett): gerader Sprung in die Höhe, bei dem die Fersen in der Luft [mehrmals] gekreuzt übereinandergeschlagen werden
En|t|re|cote [ɑ̃trə'ko:t], das; -[s], -s ⟨*lat.-frz.*⟩: Rippenstück vom Rind, das in Scheiben gebraten wird
En|t|ree, schweizerisch häufig: **En|t|rée** [ɑ̃'tre:], das; -s, -s ⟨*lat.-frz.*⟩: **1.** Eintrittsgeld. **2. a)** Eintritt, Eingang; **b)** Eingangsraum, Vorzimmer. **3.** Vorspeise od. Zwischengericht. **4. a)** Eröffnungsmusik bei einem ↑Ballett; **b)** (Musik) Eintrittslied od. -arie, bes. in Singspiel u. Operette
En|t|re|fi|let [ɑ̃trəfi'le:], das; -s, -s ⟨*lat.-frz.*⟩: eingeschobene [halbamtliche] Zeitungsnachricht
En|t|re|lac [ɑ̃trə'la(:)], das; -s [...a:(s), auch: ...a(s)], -s [...a(:)s] (häufig auch im Plural mit singularischer Bedeutung) ⟨*frz.*⟩: Flechtwerk; (im Kunstgewerbe u. in der Baukunst) Gesamtheit von einander kreuzenden od. ineinander verschlungenen Linien u. Bändern
En|t|re|més [ɛntre'mes], das; -, - ⟨*lat.-it.-frz.-span.;* »Zwischenspiel«⟩: (urspr. possenhafter) Einakter des spanischen Theaters, der zwischen zwei Aufzügen eines Schauspiels aufgeführt wurde
En|t|re|me|ti|er [ɑ̃trəme'ti̯e:], der; -s, -s ⟨*lat.-frz.*⟩ (Gastron.): Spezialkoch für Suppen u. kleinere Zwischengerichte
En|t|re|mets [...'me:], das; - [...e:(s)], - [...e:s] ⟨*lat.-frz.;* »Zwischengericht«⟩: [leichtes] Zwischengericht
en|t|re nous [ɑ̃trə'nu:] ⟨*lat.-frz.;* »unter uns«⟩: ohne die Gegenwart eines Fremden u. daher in der nötigen Atmosphäre der Vertraulichkeit
En|t|re|pot [ɑ̃trə'po:], das; -, -s ⟨*lat.-frz.*⟩: zollfreier Stapelplatz, Speicher
En|t|re|pre|neur [ɑ̃trəprə'nø:ɐ̯], der; -s, -e ⟨*lat.-frz.*⟩: Veranstalter, Agent (z. B. von Konzerten, Theateraufführungen)
En|t|re|prise [ɑ̃trə'pri:zə], die; -, -n [...zn̩] ⟨*lat.-frz.*⟩: Unternehmung
En|t|re|sol [ɑ̃trə'sɔl], das; -s, -s ⟨*lat.-frz.*⟩: Zwischengeschoss, Halbgeschoss
En|t|re|vue [ɑ̃trə'vy:], die; -, -n [...'vy:ən] ⟨*lat.-frz.*⟩: Zusammenkunft, Unterredung (bes. von Monarchen)
en|t|rie|ren [ɑ̃'tri:rən] ⟨*lat.-frz.;* »eintreten«⟩ (veraltet): beginnen, in etwas eintreten
En|tro|pie, die; -, ...i̲en ⟨*gr.-nlat.*⟩: **1.** physikalische Größe, die die Verlaufsrichtung eines Wärmeprozesses kennzeichnet. **2. a)** (Informationst.) Größe des Nachrichtengehalts einer nach statistischen Gesetzen gesteuerten Nachrichtenquelle; **b)** (Informationstheorie) mittlerer Informationsgehalt der Zeichen eines bestimmten Zeichenvorrats. **3.** Maß für den Grad der Ungewissheit über den Ausgang eines Versuchs
En|tro|pi|um, das; -s, ...ien (Med.): krankhafte Umstülpung des Augenlides nach innen
ent|ta|bu|i|sie|ren: [einer Sache] den Charakter des Tabus (2) nehmen. **Ent|ta|bu|i|sie|rung,** die; -, -en: das Enttabuisieren, Enttabuisiertwerden
Enu|k|le|a|ti|on, die; -, -en ⟨*lat.-nlat.*⟩ (Med.): operative Entfernung eines bekapselten Gewebebereichs (z. B. bei Prostata, Augapfel, Zyste). **enu|k|le|ie|ren** ⟨*lat.;* »aus-, entkernen«⟩: **1.** entwickeln, erläutern. **2.** (Med.) eine Enukleation ausführen
Enu|me|ra|ti|on, die; -, -en ⟨*lat.*⟩ (fachspr.): Aufzählung
Enu|me|ra|ti|ons|prin|zip, das; -s (fachspr.): gesetzgebungstechnisches Verfahren, eine Reihe von Einzeltatbeständen aufzuzählen, anstatt sie mit einer globaleren Bezeichnung (Generalklausel) zu umfassen
enu|me|ra|tiv (fachspr.): aufzählend
enu|me|rie|ren (fachspr.): aufzählen
Enun|zi|a|ti|on, die; -, -en ⟨*lat.*⟩: Aussage, Erklärung; Satz
En|u|re|se, die; -, -n ⟨*gr.-nlat.*⟩ (Med.): unwillkürliches Harnlassen, Bettnässen, bes. bei Kindern
En|ve|lop|pe [ɑ̃və'lɔp(ə)], die; -, -n ⟨*frz.*⟩: **1.** (veraltet) **a)** Hülle; **b)** Futteral; **c)** Decke; **d)** [Brief]umschlag. **2.** (Math.) bestimmte (einhüllende) Kurve einer gegebenen Kurvenschar; Kurve, die alle Kurven einer gegebenen Schar (einer Vielzahl von Kurven) berührt u. umgekehrt in jedem ihrer Punkte von einer Kurve der Schar berührt wird. **3.** Anfang des 19. Jh.s übliches schmales, mantelähnliches Kleid
En|vers [ɑ̃'vɛ:ɐ̯], der; - [...ɐ̯(s)], - [...ɐ̯s] ⟨*lat.-frz.*⟩ (veraltet): Kehrseite
En|vi|ron|ment [ɛn'vai̯(ə)rənmənt], das; -s, -s ⟨*engl.*⟩ (Kunstwiss.): Kunstform, die eine räumliche Situation durch Anordnung verschiedener Objekte u. Materialien (z. B. Sand, Blütenstaub) herstellt. **en|vi|ron|men|tal:** in der Form, Art eines Environments
En|vi|ron|to|lo|gie [ɛnvirɔn...], die; - ⟨*frz.-engl.; gr.*⟩: Umweltforschung
en vogue [ɑ̃'vo:k, auch: ɑ̃'vɔg] ⟨*frz.*⟩: zurzeit gerade beliebt, modern, in Mode, im Schwange
En|vo|yé [ɑ̃vo̯a'je:], der; -s, -s ⟨*lat.-galloroman.-frz.*⟩: Gesandter
En|ze|pha|li|tis, die; -, ...iti̲den ⟨*gr.-nlat.*⟩ (Med.): Gehirnentzündung
En|ze|pha|lo|gra|fie, Enzephalographie, die; -, ...i̲en (Med.): **1.** ↑Elektroenzephalografie. **2.** Methode zur Messung von Gehirnströmen
En|ze|pha|lo|gramm, das; -s, -e (Med.): Hirnstrombild; Messung der vom Schädel abgeleiteten Spannungsschwankungen, die eine Aussage über die Funktionsfähigkeit des Gehirns erlauben
En|ze|pha|lo|ma|la|zie, die; -, ...i̲en (Med.): Absterben von Gehirngewebe [z. B. nach Durchblutungsstörungen]; Gehirnerweichung
En|ze|pha|lon, das; -s, ...la ⟨*gr.-nlat.*⟩ (Med.): Gehirn; Zerebrum

En|ze|pha|lo|pa|thie, die; -, ...ien (Med.): Sammelbez. für krankhafte Gehirnveränderungen (mit unterschiedlichen Ursachen)
En|ze|pha|lor|rha|gie, die; -, ...ien (Med.): Hirnblutung
En|ze|pha|lo|ze|le, die; -, -n (Med.): fehlerhafte Gehirnanlage mit Schädellücken, durch die sich Hirnanteile nach außen vorwölben können
En|zy|k|li|ka [auch: ...'tsʏk...], die; -, ...ken ⟨*gr.-nlat.*⟩: [päpstliches] Rundschreiben
en|zy|k|lisch [auch: ...'tsʏk...]: einen Kreis durchlaufend; **enzyklische Bildung:** die Bildung, die sich der Mensch des Mittelalters durch das Studium der sieben freien Künste erwarb, des ↑Triviums u. des ↑Quadriviums
En|zy|k|lo|pä|die, die; -, ...ien ⟨*gr.-nlat.*⟩: übersichtliche u. umfassende Darstellung des gesamten vorliegenden Wissensstoffs aller Disziplinen od. nur eines Fachgebiets in alphabetischer od. systematischer Anordnung; vgl. Konversationslexikon
En|zy|k|lo|pä|di|ker, der; -s, -: Verfasser einer Enzyklopädie. **En|zy|k|lo|pä|di|ke|rin,** die; -, -nen: weibliche Form zu ↑Enzyklopädiker
en|zy|k|lo|pä|disch: 1. a) allumfassende Kenntnisse habend; **b)** allumfassende Kenntnisse vermittelnd. **2.** nach Art der Enzyklopädie
En|zy|k|lo|pä|dist, der; -en, -en: Herausgeber u. Mitarbeiter der großen französischen »Encyclopédie«, die unter Diderots u. d'Alemberts Leitung 1751–1780 erschien
En|zym, das; -s, -e ⟨*gr.-nlat.*⟩ (Med.): in der lebenden Zelle gebildete organische Verbindung, die den Stoffwechsel des Organismus steuert; vgl. Ferment. **en|zy|ma|tisch:** von Enzymen bewirkt
En|zym|de|fekt, der; -[e]s, -e (Biol.): Fehlen eines für den Stoffwechsel notwendigen Enzyms infolge ↑Mutation (1) des zugehörigen Gens. **En|zy|mo|lo|gie,** die; -: Wissenschaft, Lehre von den Enzymen
en|zys|tie|ren ⟨*gr.-nlat.*⟩ (Biol.): um sich herum eine ↑Zyste (2) bilden, sich einkapseln
Eo|bi|ont, der; -en, -en ⟨*gr.*⟩ (Biol.): Urzelle als erstes Lebewesen mit Zellstruktur
eo ip|so ⟨*lat.*⟩: **1.** eben dadurch. **2.** von selbst, selbstverständlich
Eo|li|enne [eo'li̯ɛn], die; - ⟨*gr.-lat.-frz.*⟩: zartes, fein geripptes [Halb]seidengewebe in Taftbindung
Eo|lith [auch: ...'lɪt], der; -s u. -en, -e[n] ⟨*gr.-nlat.*⟩: Feuerstein mit natürlichen Absplitterungen, die an vorgeschichtliche Steinwerkzeuge erinnern
Eo|li|thi|kum [auch: ...'lɪt...], das; -s: vermeintliche, aufgrund der Eolithenfunde (vgl. Eolith) angenommene früheste Periode der Kulturgeschichte
Eos, die; - ⟨nach der gr. Göttin⟩ (dichter.): Morgenröte
Eo|sin, das; -s, -e: roter Farbstoff, der u. a. zur Herstellung von roten Tinten, Lippenstiften, Zuckerwaren verwendet wird. **eo|si|nie|ren:** mit Eosin rot färben
eo|si|no|phil: mit Eosin färbbar
Eöt|vös ['øtvøʃ], das; -, - ⟨nach dem ung. Physiker Baron von Eötvös, 1848–1919⟩: in der Geophysik verwendete Einheit der Fallbeschleunigung bei Schweremessungen (Zeichen: E)
eo|zän ⟨*gr.-nlat.*⟩: das Eozän betreffend. **Eo|zän,** das; -s (Geol.): zweitälteste Stufe des ↑Tertiärs
Eo|zo|en: *Plural* von ↑Eozoon
Eo|zo|i|kum, das; -s: ↑Archäozoikum. **eo|zo|isch:** das Eozoikum betreffend
Eo|zo|on, das; -s, Eozoen (meist Plural) ⟨*gr.*⟩: eigenartige Form aus unreinem Kalk als Einschluss in Gesteinen der Urzeit, die man früher irrtümlich für Reste tierischen Lebens hielt
ep..., Ep... vgl. epi..., Epi...
Ep|a|go|ge, die; - ⟨*gr.;* »Hinaufführung«⟩ (Logik): Denkvorgang vom Einzelnen zum Allgemeinen; vgl. Induktion (1). **ep|a|go|gisch** (Logik): zum Allgemeinen führend; vgl. induktiv (1); **epagogischer Beweis** (Logik): Beweis, der die Wahrheit eines Satzes dadurch zeigt, dass die Folgen des Satzes als wahr bewiesen werden
Ep|ak|me, die; -, -en ⟨*gr.*⟩ (Zool.): in der Stammesgeschichte der Anfang der Entwicklung einer Organismengruppe (z. B. der Saurier) (Ggs.: Akme [2], Parakme)
Ep|ak|te, die; -, -n ⟨*gr.-lat.*⟩: Anzahl der Tage vom letzten Neumond des alten bis zum Beginn des neuen Jahres
Ep|a|na|lep|se ⟨*gr.-lat.*⟩, **Ep|a|na|lep|sis** ⟨*gr.*⟩ die; -, ...epsen (Rhet., Stilkunde): **a)** Wiederholung eines gleichen Wortes od. einer Wortgruppe im Satz; **b)** ↑Anadiplose
Ep|a|na|pho|ra, die; -, ...rä ⟨*gr.*⟩: ↑Anapher
Ep|a|n|o|dos, die; -, ...doi [...dɔɪ̯] ⟨*gr.;* »Rückweg«⟩ (Rhet., Stilkunde): Wiederholung eines Satzes, aber in umgekehrter Wortfolge (z. B. Ich preise den Herrn, den Herrn preise ich)
E-Pa|per ['i:pɛɪ̯pɐ], das; -s, -[s] ⟨kurz für *engl.* electronic *paper* »elektronische Zeitung«⟩: elektronische Ausgabe einer Zeitung
Ep|arch, der; -en, -en ⟨*gr.*⟩ (Geschichte): Statthalter einer Provinz im Byzantinischen Reich
Ep|ar|chie, die; -, ...ien: **1.** (Geschichte) byzantinische Provinz. **2.** ↑Diözese der Ostkirche
Epau|lett [epo...], das; -s, -s, **Epau|let|te,** die; -, -n ⟨*lat.-frz.*⟩: Achsel-, Schulterstück auf Uniformen
Epa|ve, die; - ⟨*lat.-frz.*⟩ (veraltet): Trümmer, Überreste, Strandgut
Ep|ei|ro|ge|ne|se vgl. Epirogenese
Ep|ei|ro|pho|re|se, die; -, -n ⟨*gr.-nlat.*⟩ (Geol.): horizontale Verschiebung der Kontinente
Ep|ei|so|di|on, das; -s, ...dia ⟨*gr.*⟩: Dialogszene des altgriechischen Dramas, die zwischen zwei Chorliedern eingeschaltet war; vgl. Stasimon
Epen: *Plural* von ↑Epos
Ep|en|dym, das; -s ⟨*gr.;* »Oberkleid«⟩ (Med.): feinhäutige Auskleidung der Hirnhöhlen u. des Rückenmarkkanals
Ep|en|dy|mom, das; -s, -e ⟨*gr.-nlat.*⟩ (Med.): Hirntumor aus Ependym- od. Ependym ähnlichen Zellen
Ep|en|the|se, Ep|en|the|sis, die; -, ...thesen ⟨*gr.-lat.;* »Einschiebung«⟩ (Sprachwiss.): Einschub von Lauten, meist zur Erleichterung der Aussprache (z. B. *t*

in namen*t*lich); vgl. Anaptyxe, Epithese

Ep|ex|e|ge|se, die; -, -n ⟨*gr.-lat.*⟩ (Rhet.; Stilkunde): in der Art einer ↑Apposition (1) hinzugefügte Erklärung. **ep|ex|e|ge|tisch** ⟨*gr.*⟩: in Form einer Epexegese abgefasst

Ephe|be, der; -n, -n ⟨*gr.-lat.*⟩ (Geschichte): wehrfähiger junger Mann im alten Griechenland

Ephe|bie, die; - (Med.): Pubertät [des jungen Mannes]

ephe|bisch: in der Art eines Epheben

ephe|bo|phil (Med., Psychol.): eine homosexuelle Neigung zu jungen Männern empfindend. **Ephe|bo|phi|lie,** die; - (Med., Psychol.): homosexuelle Neigung zu jungen Männern

Ephe|d|ra, die; -, ...drae [...drɛ] u. ...edren ⟨*gr.-lat.*⟩: schachtelhalmähnliche Pflanze, aus der Ephedrin gewonnen wird; Meerträubchen

Ephe|d|rin®, das; -s ⟨*gr.-lat.-nlat.*⟩: dem ↑Adrenalin verwandtes ↑Alkaloid (als Heilmittel vielfältig verwendet)

Eph|e|li|den, die (Plural) ⟨*gr.-lat.*⟩ (Med.): Sommersprossen

eph|e|mer ⟨*gr.-lat.;* »für einen Tag«⟩: **1.** nur kurze Zeit bestehend, flüchtig, rasch vorübergehend [u. daher ohne bleibende Bedeutung]. **2.** (Bot., Zool.) nur einen Tag lang lebend, bestehend (von kurzlebigen Organismen)

Eph|e|me|ra, die (Plural) (Med.): Eintagsfieber

[1]**Eph|e|me|ri|de,** die; -, -n ⟨*gr.-nlat.*⟩ (Zool.): Eintagsfliege

[2]**Eph|e|me|ri|de,** die; -, -n ⟨*gr.-lat.*⟩: **1.** (meist Plural; Astron., Astrol.) Tafel, in der die täglichen Stellungen von Sonne, Mond u. Planeten vorausberechnet sind; Tabelle des täglichen Gestirnstandes. **2.** (Plural) Tagebücher, periodische Schriften, Zeitschriften

eph|e|me|risch: ↑ephemer

Eph|e|me|ro|phyt, der; -en, -en ⟨*gr.-nlat.*⟩ (Bot.): Pflanze, die nur vorübergehend u. vereinzelt in einem Gebiet vorkommt

Eph|ip|pi|um, das; -s, ...pien ⟨*gr.-lat.;* »Satteldecke«⟩ (Biol.): sattelähnliche Schutzhülle der Wintereier von Wasserflöhen

Ephor, der; -en, -en ⟨*gr.-lat.;* »Aufseher«⟩ (Geschichte): einer der fünf jährlich gewählten höchsten Beamten im antiken Sparta

Epho|rat, das; -[e]s, -e ⟨*gr.-nlat.*⟩: **1.** (Geschichte) Amt eines Ephoren. **2.** Amt eines Ephorus

Epho|rie, die; -, ...ien ⟨*gr.*⟩: [kirchlicher] Aufsichtsbezirk, Amtsbezirk

Epho|rus, der; -, ...oren ⟨*gr.-lat.*⟩: **a)** ↑Dekan (1) in der reformierten Kirche; **b)** Leiter eines evangelischen Predigerseminars od. Wohnheims

epi..., Epi...

vor Vokalen meist: ep..., Ep...
⟨*gr.* epí »darauf, auf, an, während, durch, bei«⟩
Präfix mit der Bedeutung »darauf (örtlich u. zeitlich), daneben, bei, darüber«:
- Epidermis
- epikontinental
- Epizentrum
- Epulis

Epi|bi|ont, der; -en, -en ⟨*gr.*⟩: Organismus, der auf einem anderen lebt (Ggs.: Endobiont)

Epi|bi|o|se, die; - (Biol.): Gemeinschaft meist verschiedenartiger Lebewesen, von denen ein Partner auf dem anderen lebt (z. B. Wachstum von Bakterien auf der Haut des Menschen) (Ggs.: Endobiose)

Epi|bo|lie, die; - ⟨*gr.-nlat.*⟩ (Biol.): Umwachsung von Zellschichten bei der Keimentwicklung

Epi|ce|di|um [...ˈtseː...], das; -s, ...dia ⟨*gr.-nlat.*⟩: lateinische Schreibung von ↑Epikedeion

Epi|con|dy|lus, der; -, ...li ⟨*gr.-nlat.*⟩ (Med.): Knochenvorsprung od. Knochenfortsatz, der auf einem ↑Condylus liegt

Epi|cö|num [...ˈtsøː...], das; -s, ...na ⟨*gr.-lat.*⟩: Substantiv, das ein Wesen mit natürlichem Geschlecht (ein Tier) bezeichnet, aber sowohl für das männliche wie auch das weibliche Tier mit demselben Genus gebraucht wird (z. B. Affe, Giraffe)

Epi|deik|tik, die; - ⟨*gr.*⟩ (Rhet., Stilkunde): rhetorisch reich ausgeschmückte Fest- u. Preisrede; bei Fest- u. Gelegenheitsreden üblicher Redestil. **epi|deik|tisch:** die Epideiktik betreffend, in den Vordergrund stellend; prahlend, prunkend

Epi|de|mie, die; -, ...ien ⟨*gr.-mlat.*⟩: zeitlich u. örtlich in besonders starkem Maße auftretende Infektionskrankheit; Seuche, ansteckende Massenerkrankung in einem begrenzten Gebiet

Epi|de|mio|lo|ge, der; -n, -n ⟨*gr.-nlat.*⟩ (Med.): Wissenschaftler, der auf dem Gebiet der Epidemiologie arbeitet

Epi|de|mio|lo|gie, die; -: Wissenschaft von der Entstehung, Verbreitung, Bekämpfung u. den sozialen Folgen von Epidemien, zeittypischen Massenerkrankungen u. Zivilisationsschäden

Epi|de|mio|lo|gin, die; -, -nen: weibliche Form zu ↑Epidemiologe

epi|de|mio|lo|gisch (Med.): die Epidemiologie betreffend

epi|de|misch ⟨*gr.-mlat.*⟩: in Form einer Epidemie auftretend

epi|der|mal ⟨*gr.-nlat.*⟩ (Med.): von der ↑Epidermis stammend, zu ihr gehörend

Epi|der|mis, die; -, ...men ⟨*gr.-lat.*⟩ (Med.): äußere Zellschicht der Haut, Oberhaut

epi|der|mo|i|dal: ↑epidermal

Epi|der|mo|ly|se, die; -, -n (Med.): krankhafte Ablösung der Oberhaut, bei der sich Blasen bilden

Epi|der|mo|phyt, der; -en, -en (Med.): Fadenpilz, der Hautkrankheiten auslöst

Epi|der|mo|phy|tie, die; -, ...ien (Med.): Pilzkrankheit der Haut u. der Nägel (z. B. Fußpilz)

Epi|dia|s|kop, das; -s, -e ⟨*gr.-nlat.*⟩: Projektor, der als ↑Diaskop u. ↑Episkop verwendet werden kann

Epi|di|dy|mis, die; -, ...didymiden ⟨*gr.*⟩ (Med.): Nebenhoden

Epi|di|dy|mi|tis, die; -, ...mitiden ⟨*gr.-nlat.*⟩ (Med.): Nebenhodenentzündung

Epi|dot, der; -s, -e ⟨*gr.-nlat.*⟩: meist grünliches, gesteinsbildendes Mineral

Epi|gai|on, das; -s ⟨*gr.*⟩: Lebensraum der auf dem Erdboden lebenden Organismen

epi|gä|isch (Bot.): oberirdisch (von Keimblättern, die bei der Keimung aus der Erde hervortreten u. grün werden)

Epi|gas|t|ri|um, das; -s, ...ien

⟨*gr.-nlat.*⟩ (Med.): der Teil des Bauches, der sich zwischen Rippenbogen u. Bauchnabel befindet

Epi|ge|ne|se, die; -, -n ⟨*gr.-nlat.*⟩: Entwicklung eines jeden Organismus durch aufeinanderfolgende Neubildungen; vgl. Präformationstheorie

Epi|ge|ne|tik, die; - ⟨*gr.-nlat.*⟩: Gebiet der Biologie, das sich mit den Mechanismen der Genregulation u. ihrer Vererbung befasst

epi|ge|ne|tisch: 1. (Biol.) auf die Epigenese bezogen, durch sie entstanden. **2.** später entstanden, jünger als das Nebengestein (von geologischen Lagerstätten) (Ggs.: syngenetisch [2])

Epi|glot|tis, die; -, ...ttiden ⟨*gr.*⟩ (Anat., Med.): Kehldeckel. **Epi|glot|ti|tis,** die; -, ...itiden ⟨*gr.-nlat.*⟩ (Med.): Entzündung des Kehldeckels

epi|go|nal ⟨*gr.-nlat.*⟩: unschöpferisch, nachahmend

Epi|go|na|ti|on, das; -s, ...ien ⟨*gr.-ngr.*⟩: auf die Knie herabhängendes Tuch in der Bischofstracht der orthodoxen Kirche

Epi|go|ne, der; -n, -n ⟨*gr.;* »Nachgeborener«⟩: jmd., der in seinen Werken schon vorhandene Vorbilder verwendet od. im Stil nachahmt, ohne selbst schöpferisch, stilbildend zu sein

epi|go|nen|haft: in der Art eines Epigonen, nachahmend. **Epi|go|nen|tum,** das; -s: epigonenhafte Art u. Weise

Epi|graf, Epigraph, das; -s, -e ⟨*gr.;* »Aufschrift«⟩: antike Inschrift. **Epi|gra|fik,** Epigraphik, die; - ⟨*gr.-nlat.*⟩: Inschriftenkunde (als Teil der Altertumswissenschaft)

Epi|gra|fi|ker, Epigraphiker, der; -s, -: Inschriftenforscher. **Epi|gra|fi|ke|rin,** Epigraphikerin, die; -, -nen: weibliche Form zu ↑Epigrafiker

Epi|gramm, das; -s, -e ⟨*gr.-lat.;* »Aufschrift«⟩: kurzes, meist in Distichen (vgl. Distichon) abgefasstes Sinn- od. Spottgedicht

Epi|gram|ma|tik, die; - ⟨*gr.-nlat.*⟩: Kunst des Verfassens von Epigrammen. **Epi|gram|ma|ti|ker,** der; -s, -: Verfasser von Epigrammen. **Epi|gram|ma|ti|ke|rin,** die; -, -nen: weibliche Form zu ↑Epigrammatiker

epi|gram|ma|tisch ⟨*gr.-lat.*⟩: **a)** das Epigramm betreffend; **b)** kurz, treffend, witzig, geistreich, scharf pointiert

Epi|graph usw. vgl. Epigraf usw.

epi|gyn ⟨*gr.-nlat.*⟩ (Bot.): über dem Fruchtknoten stehend (von Blüten) (Ggs.: hypogyn)

Epik, die; - ⟨*gr.-lat.*⟩: literarische Gattung, die jede Art von Erzählung in Versen od. Prosa umfasst

Epi|kan|thus, der; - ⟨*gr.-nlat.*⟩ (Med.): Hautfalte am inneren Rand des oberen Augenlids

Epi|kard, das; -[e]s ⟨*gr.-nlat.*⟩ (Med.): äußerste Gewebeschicht des Herzens, die fest mit dem Herzmuskel verwachsen ist

Epi|karp, das; -s, -e ⟨*gr.-nlat.*⟩: äußerste Schicht der Fruchtschale von Pflanzen

Epi|ke|dei|on, das; -s, ...deia ⟨*gr.*⟩: [antikes] Trauer- u. Trostgedicht; vgl. Epicedium

Epi|ker, der; -s, - ⟨*gr.-lat.*⟩: Dichter, der sich der Darstellungsform der ↑Epik bedient. **Epi|ke|rin,** die; -, -nen: weibliche Form zu ↑Epiker

Epi|kie, die; - ⟨*gr.;* »Angemessenheit, Nachsichtigkeit«⟩: Prinzip der kath. Moraltheologie zur Interpretation menschlicher Gesetze, das besagt, dass ein menschliches (auch kirchliches) Gesetz nicht unbedingt in jedem Fall verpflichtend ist

Epi|k|le|se, die; -, -n ⟨*gr.;* »Anrufung«⟩: **a)** (Rel.) Anrufung einer od. mehrerer Gottheiten; **b)** (christl. Kirche) An- oder Herabrufung des Heiligen Geistes in der Liturgie der orthodoxen u. katholischen Kirche

Epi|kon|dy|li|tis, die; -, ...itiden ⟨*gr.*⟩ (Med.): [meist durch Überlastung verursachter] schmerzhafter Reizzustand der Sehnenansätze der Unterarmmuskeln; Tennisarm, Tennisellbogen

epi|kon|ti|nen|tal ⟨*gr; lat.-nlat.*⟩ (Geol.): in der ↑kontinentalen Randzone liegend

Epi|kon|ti|nen|tal|meer, das; -[e]s, -e (Geol.): ein festländisches Gebiet einnehmendes Meer, Überspülungsmeer, Flachmeer

Epi|ko|tyl, das; -s, -e ⟨*gr.-nlat.*⟩ (Bot.): erster, blattloser Sprossabschnitt der Keimpflanze

Epi|kri|se, die; -, -n ⟨*gr.;* »Beurteilung; Entscheidung«⟩ (Med.): abschließende kritische Beurteilung eines Krankheitsverlaufs vonseiten des Arztes

Epi|ku|re|er, der; -s, - ⟨*gr.-lat.*⟩: **1.** Vertreter u. Anhänger der Lehre des gr. Philosophen Epikur. **2.** jmd., der die materiellen Freuden des Daseins unbedenklich genießt, Genussmensch. **Epi|ku|re|e|rin,** die; -, -nen: weibliche Form zu ↑Epikureer (2)

epi|ku|re|isch, epikurisch: **1.** nach der Lehre des gr. Philosophen Epikur lebend. **2.** genießerisch; auf Genuss, auf das Genießen gerichtet

Epi|ku|re|is|mus, der; - ⟨*gr.-nlat.*⟩: **1.** Lehre des gr. Philosophen Epikur. **2.** auf Genuss der materiellen Freuden des Daseins gerichtetes Lebensprinzip

epi|ku|risch vgl. epikureisch

Epi|la|ti|on, die; -, -en ⟨*lat.-nlat.*⟩: Entfernung von Körperhaaren mitsamt den Haarwurzeln

Epi|lep|sie, die; -, ...ien ⟨*gr.-lat.-frz.;* »Anfassen; Anfall«⟩ (Med.): plötzlich auftretende Entladungsstörung von Neuronengruppen im Gehirn, die zu Krampfanfällen führt u. mit spezifischen Verhaltens-, Befindens- u. Bewegungsstörungen einhergeht

epi|lep|ti|form ⟨*gr.; lat.*⟩ (Med.): einem epileptischen Anfall od. seinen Erscheinungsformen vergleichbar

Epi|lep|ti|ker, der; -s, - ⟨*gr.-lat.*⟩: jmd., der an Epilepsie leidet. **Epi|lep|ti|ke|rin,** die; -, -nen: weibliche Form zu ↑Epileptiker

epi|lep|tisch (Med.): **a)** durch Epilepsie verursacht; **b)** zur Epilepsie neigend, an Epilepsie leidend

epi|lep|to|id ⟨*gr.-nlat.*⟩ (Med.): epileptiform

E
epil

Epi|lep|to|lo|gie, die; -: wissenschaftliche Erforschung der epileptischen Krankheiten
epi|lie|ren ‹*lat.-nlat.*›: Körperhaare mitsamt den Wurzeln entfernen
Epi|lim|ni|on, Epi|lim|ni|um, das; -s, ...ien ‹*gr.-nlat.*›: obere Wasserschicht eines Sees mit ↑thermischen Ausgleichsbewegungen

Epi|log, der; -[e]s, -e ‹*gr.-lat.*›: **a)** Schlussrede, Nachspiel im Drama (Ggs.: Prolog [1 a]); **b)** abschließendes Nachwort [zur Erläuterung eines literarischen Werkes] (Ggs.: Prolog [1 b])
epi|me|the|isch ‹*gr.;* nach Epimetheus, dem Bruder des Prometheus; »der zu spät Denkende«›: **a)** erst später mit dem Denken einsetzend; **b)** erst handelnd, dann denkend; unbedacht
Epi|nas|tie, die; -, ...ien ‹*gr.-nlat.*›: verstärktes Wachstum der Blattoberseite gegenüber der Blattunterseite bei Pflanzen. **epi|nas|tisch:** ein verstärktes Wachstum der Blattoberseite zeigend
Epin|g|lé [epɛ̃'gle:], der; -[s], -s ‹*lat.-frz.*›: **1.** Stoff für Damenkleider mit verschieden breiten Rippen. **2.** Möbelbezugsstoff mit nicht aufgeschnittenen Schlingen
Epi|ni|ki|on, das; -s, ...ien ‹*gr.*›: altgriechisches Siegeslied zu Ehren eines Wettkampfsiegers
Epi|pa|läo|li|thi|kum [auch: ...'lɪt...], das; -s ‹*gr.-nlat.*›: ↑Mesolithikum
Epi|pha|nia vgl. Epiphanie
Epi|pha|ni|as, das; - ‹*gr.*›: Fest der »Erscheinung des Herrn« am 6. Januar; Dreikönigsfest
Epi|pha|nie, Epiphania ‹*gr.-lat.*› die; -, ...ien: Erscheinung einer Gottheit (bes. Christi) unter den Menschen
Epi|phä|no|men, das; -s, -e ‹*gr.-nlat.*› (Philos.): Begleiterscheinung. **Epi|phä|no|me|na|lis|mus,** der; - (Philos.): spezielle Ausprägung des ↑Dualismus (2), die das Bewusstsein lediglich als Epiphänomen körperlicher Vorgänge begreift u. dem Geistigen, den Gedanken eine kausale Wirksamkeit abspricht
Epi|pha|rynx, der; - ‹*gr.-nlat.*› (Med.): nasaler Abschnitt des Rachenraumes; Nasenrachenraum
Epi|pher, die; -, -n: ↑Epiphora (2)
Epi|pho|ra, die; -, ...rä ‹*gr.-lat.*›: **1.** (Med.) Tränenfluss. **2.** (Rhet., Stilkunde) Wiederholung eines od. mehrerer Wörter am Ende aufeinanderfolgender Sätze od. Satzteile (Ggs.: Anapher)
Epi|phyl|lum, das; -s, ...llen ‹*gr.-nlat.*›: Blätterkaktus aus Brasilien
Epi|phy|se, die; -, -n ‹*gr.;* »Zuwuchs, Ansatz«› (Biol., Med.): **1.** Zirbeldrüse der Wirbeltiere. **2.** knorpelig angelegtes Ende eines Röhrenknochengelenks, in dem sich nach der Ausreifung Knochenkerne entwickeln
Epi|phyt, der; -en, -en ‹*gr.-nlat.*› (Bot.): Pflanze, die auf anderen Pflanzen wächst, sich aber selbstständig ernährt; Überpflanze
epi|ro|gen ‹*gr.-nlat.*›: durch Epirogenese entstanden
Epi|ro|ge|ne|se, Epeirogenese, die; -, -n (Geol.): langsame, in großen Zeiträumen ablaufende Hebungen u. Senkungen größerer Erdkrustenteile; Kontinentaldrift
epi|ro|ge|ne|tisch: ↑epirogen
Epir|rhem, Epir|rhe|ma ‹*gr.;* »das Dazugesprochene«› das; -s, ...emata: Dialogverse des Chors in der attischen Komödie (Ggs.: Antepirrhem)
episch ‹*gr.-lat.*›: **a)** die Epik betreffend; **b)** erzählerisch, erzählend; **c)** sehr ausführlich [berichtend]; nichts auslassend, alle Einzelheiten enthaltend
Epi|sem, das; -s, -e ‹*gr.*› (Sprachwiss.): die Inhaltsseite eines ↑Grammems
Epi|se|mem, das; -s, -e (Sprachwiss.): die Bedeutung eines ↑Tagmems, der kleinsten bedeutungstragenden grammatischen Form
Epi|si|o|to|mie, die; -, ...ien ‹*gr.-nlat.*› (Med.): Scheidendammschnitt (operativer Eingriff bei der Entbindung zur Vermeidung eines Dammrisses)
Epi|sit, der; -en, -en ‹*gr.-nlat.*› (Zool.): räuberisches Tier, das sich von anderen Tieren ernährt (z. B. Greifvogel)
Epi|skle|ri|tis, die; -, ...itiden ‹*gr.-nlat.*› (Med.): Entzündung der Bindegewebsschicht zwischen Bindehaut u. Lederhaut
Epi|s|kop, das; -s, -e ‹*gr.-nlat.*›: Bildwerfer für nicht durchsichtige Bilder (z. B. aus Büchern)
epi|s|ko|pal ‹*gr.-lat.*›: bischöflich
Epi|s|ko|pa|le, der od. die; -n, -n: Anhänger[in] einer der protestantischen Kirchengemeinschaften mit bischöflicher Verfassung in England od. Amerika
Epi|s|ko|pa|lis|mus, der; - ‹*gr.-lat.-nlat.*›: kirchenrechtliche Auffassung, nach der das ↑Konzil der Bischöfe über dem Papst steht (Ggs.: Kurialismus, Papalismus)
Epi|s|ko|pa|list, der; -en, -en: Verfechter des Episkopalismus. **Epi|s|ko|pa|lis|tin**, die; -, -nen: weibliche Form zu ↑Episkopalist
Epi|s|ko|pal|kir|che, die; -: **1.** jede nicht katholische Kirche mit bischöflicher Leitung (z. B. die lutherischen Landeskirchen). **2.** nicht katholische Kirche mit bischöflicher Verfassung u. ↑apostolischer Sukzession (z. B. die ↑orthodoxe [2] u. die ↑anglikanische Kirche)
Epi|s|ko|pat, der od. das; -[e]s; -e ‹*gr.-lat*›: **a)** Gesamtheit der Bischöfe [eines Landes]; **b)** Amt u. Würde eines Bischofs
epi|s|ko|pisch: ↑episkopal
Epi|s|ko|pus, der; -, ...pi: Bischof
Epi|so|de, die; -, -n ‹*gr.-frz.*›: **1.** flüchtiges Ereignis innerhalb eines größeren Geschehens; unbedeutende, belanglose Begebenheit. **2.** Nebenhandlung, Zwischenstück in Dramen od. Romanen. **3.** (Musik) eingeschobener Teil zwischen erster u. zweiter Durchführung des Fugenthemas. **4.** einzelner Teil, einzelne Folge einer Fernsehserie o. Ä.
epi|so|disch: dazwischengeschaltet, vorübergehend, nebensächlich
Epi|s|pa|die, die; -, ...ien ‹*gr.-nlat.*› (Med.): Fehlbildung der Harnröhre mit Öffnung an der Penisoberseite
Epi|spas|ti|kum, das; -s, ...ka

(Med.): **a)** Hautreizmittel; **b)** Mittel, um Eiter od. Gewebeflüssigkeit nach außen abzuleiten (Zugmittel)

Epi|s|ta|se, die; -, -n ‹*gr.*› (Biol.): das Zurückbleiben in der Entwicklung bestimmter Merkmale bei einer Art od. einer Stammeslinie gegenüber verwandten Formen

Epi|s|ta|sie, die; -, ...ien, **Epi|s|ta|sis**, die; -, ...asen (Med.): Überdeckung der Wirkung eines Gens durch ein anderes, das nicht zum gleichen Erbanlagenpaar gehört; vgl. Hypostase (5)

epi|s|ta|tisch (Med.): die Wirkung eines Gens durch ein anderes überdeckend

Epi|s|ta|xis, die; - ‹*gr.*› (Med.): Nasenbluten

Epi|s|tel, die; -, -n ‹*gr.-lat.*›: **1.** Sendschreiben, Apostelbrief im Neuen Testament. **2.** vorgeschriebene gottesdienstliche Lesung aus den neutestamentlichen Briefen u. der Apostelgeschichte; vgl. Perikope (1). **3.** (ugs.) [kunstvoller] längerer Brief. **4.** (ugs.) kritisch ermahnende Worte, Strafpredigt

epi|s|te|misch ‹*gr.-engl.*›: ↑ epistemologisch

Epi|s|te|mo|lo|gie, die; - ‹*gr.-nlat.*›: Wissenschaftslehre, Erkenntnistheorie (bes. in der angelsächsischen Philosophie)

epi|s|te|mo|lo|gisch: die Epistemologie betreffend, erkenntnistheoretisch

Epi|s|to|lae ob|s|cu|ro|rum vi|ro|rum [...lɛ ...sku... v...], die (Plural) ‹*lat.*›: Dunkelmännerbriefe (Sammlung erdichteter mittellat. Briefe ungenannter Verfasser, z. B. Ulrich v. Huttens, die zur Verteidigung des Humanisten Reuchlin das Mönchslatein u. die scholastische Gelehrsamkeit verspotteten)

Epi|s|to|lar, das; -s, -e, **Epi|s|to|la|ri|um**, das; -s, ...ien ‹*lat.-mlat.*›: **1.** liturgisches Buch (↑ Lektionar 1) mit den gottesdienstlichen ↑ Episteln (2) der Kirche. **2.** Sammlung von Briefen bekannter Personen

Epi|s|to|lo|gra|fie, **Epi|s|to|lo|gra|phie**, die; -, ...ien ‹*gr.-nlat.*› (veraltet): Kunst des Briefschreibens

epi|s|to|ma|tisch ‹*gr.*› (Bot.): auf der Oberseite mit Spaltöffnungen versehen (von bestimmten Pflanzenöffnungen)

Epi|s|t|ro|phe|us, der; - ‹*gr.*; »der Umdreher«› (Med., Zool.): zweiter Halswirbel bei Reptilien, Vögeln, Säugetieren u. Menschen

Epi|s|tyl, das; -s, -e ‹*gr.-lat.*›, **Epi|s|ty|li|on**, das; -s, ...ien ‹*gr.*›: ↑ Architrav

Epi|taph, das; -s, -e, **Epi|ta|phi|um**, das; -s, ...ien ‹*gr.-lat.*›: **1. a)** Grabschrift; **b)** Gedenktafel mit Inschrift für einen Verstorbenen an einer Kirchenwand od. an einem Pfeiler. **2.** in der orthodoxen Kirche das am Karfreitag aufgestellte Christusbild

Epi|ta|sis, die; -, ...asen ‹*gr.-lat.*; »Anspannung«›: der ↑ Protasis folgende Steigerung der Handlung zur dramatischen Verwicklung, bes. im dreiaktigen Drama

Epi|ta|xie, die; -, ...ien ‹*gr.-nlat.*› (Chemie): kristalline Abscheidung auf einem anderen [gleichartigen] Kristall

Epi|tha|la|mi|on, **Epi|tha|la|mi|um**, das; -s, ...ien ‹*gr.-lat.*› (Literaturwiss.): [antikes] Hochzeitslied, -gedicht

Epi|thel, das; -s, -e ‹*gr.-nlat.*› (Biol.): oberste Zellschicht des tierischen u. menschlichen Haut- u. Schleimhautgewebes

epi|the|li|al: zum Epithel gehörend

Epi|the|li|en: *Plural* von ↑ Epithelium

Epi|the|li|om, das; -s, -e (Med.): Hautgeschwulst aus Epithelzellen

Epi|the|li|sa|ti|on, die; - (Med.): Bildung von Epithelgewebe

Epi|the|li|um, das; -s, ...ien (Med.): Epithel

Epi|thel|kör|per|chen, die (Plural) (Med.): Nebenschilddrüsen

Epi|them, das; -s, -e ‹*gr.*›: pflanzliches Gewebe (unterhalb der ↑ Hydathoden)

epi|ther|misch ‹*gr.-nlat.*› (Physik): mit einer höheren kinetischen Energie als der der thermischen Bewegung (von Neutronen)

Epi|the|se, die; -, -n ‹*gr.*; »das Darauflegen«›: Anfügung eines Lautes an ein Wort, meist aus Gründen der Sprecherleichterung (z. B. eines *d* in niemand; mhd. *nieman*); vgl. Epenthese

Epi|the|ta or|nan|tia: *Plural* von ↑ Epitheton ornans

Epi|the|ton, das; -s, ...ta ‹*gr.-lat.*; »Hinzugefügtes«›: **1.** (Sprachwiss.) als Attribut gebrauchtes Adjektiv od. Partizip (z. B. das *große* Haus). **2.** in der biologischen Systematik der zweite Teil des Namens, der die Unterabteilungen der Gattung bezeichnet

Epi|the|ton or|nans, das; - -, ...ta ...antia ‹*gr.-lat.*; *lat.*›: nur schmückendes, d. h. typisierendes, formelhaftes, immer wiederkehrendes Beiwort (z. B. *grüne* Wiese, *rotes* Blut, *brennendes* Problem)

Epi|to|kie, die; - ‹*gr.-nlat.*›: Umwandlung mancher Borstenwürmer zu anders gestalteten geschlechtsreifen Individuen

Epi|to|ma|tor, der; -s, ...oren ‹*gr.-nlat.*›: Verfasser einer Epitome. **Epi|to|me**, die; -, ...omen ‹*gr.-lat.*›: Auszug aus einem Schriftwerk; wissenschaftlicher od. geschichtlicher Abriss (in der altrömischen u. humanistischen Literatur)

Epi|tra|che|li|on, das; -s, ...ien ‹*gr.-mgr.*›: stolaartiges Band, das Priester und Bischöfe der Ostkirche beim Gottesdienst um den Hals tragen; vgl. Stola

Epi|t|rit, der; -en, -en ‹*gr.-lat.*›: aus drei Längen u. einer Kürze bestehender altgriechischer Versfuß

Epi|tro|pe, die; -, -n ‹*gr.*› (Rhet.): scheinbares Zugeben, einstweiliges Einräumen. **epi|tro|pisch**: scheinbar zugestehend

Epi|zen|t|ral|ent|fer|nung, die; -, -en ‹*gr.-nlat.*; *dt.*›: Entfernung zwischen Beobachtungsort u. Epizentrum

Epi|zen|t|rum, das; -s, ...ren ‹*gr.-nlat.*›: senkrecht über einem Erdbebenherd liegendes Gebiet der Erdoberfläche

Epi|zeu|xis, die; -, ...xes ‹*gr.-lat.*›: ↑ Epanalepse

epi|zo|isch ‹*gr.-nlat.*› (Biol.): **a)** auf Tieren vorkommend, lebend (von Schmarotzern); **b)** sich durch Anheften an Menschen u. Tiere verbreitend (von Samen)

Epi|zo|ne, die; - ‹*gr.-nlat.*› (Geol.

veraltet): obere Tiefenzone bei der ↑Metamorphose (4) der Gesteine

Epi|zo|on, das; -s, ...zoen u. ...zoa ⟨*gr.-nlat.*⟩ (Biol., Med.): auf Tiere beschränkte Bez. für Organismen, die auf Tieren leben, ohne bei diesen zu schmarotzen

Epi|zo|o|no|se, die; -, -n (Med.): durch Epizoen hervorgerufene Hautkrankheit

Epi|zo|o|tie, die; -, ...ien (Tiermed.): **1.** epidemisches Auftreten seuchenhafter Erkrankungen bei Tieren. **2.** Tierkrankheit, die regional u. zeitlich begrenzt auftritt (z. B. Maul- u. Klauenseuche)

Epi|zy|kel, der; -s, - ⟨*gr.;* »Nebenkreis«⟩: Kreis, dessen Mittelpunkt sich auf einem anderen Kreis bewegt od. der auf einem anderen Kreis abrollt (in der Antike u. von Kopernikus zur Erklärung der Planetenbahnen benutzt)

Epi|zy|k|lo|i|de, die; -, -n ⟨*gr.-nlat.*⟩: Kurve, die ein Punkt eines Kreises beschreibt, der auf dem Umfang eines festen Kreises abrollt

Epo, EPO, das; - (Jargon): kurz für ↑Erythropoietin

epo|chal ⟨*gr.-mlat.-nlat.*⟩: **1. a)** über den Augenblick hinaus bedeutsam, in die Zukunft hineinwirkend; **b)** (ugs.) aufsehenerregend; bedeutend. **2.** (Päd.) die einzelnen Fächer nicht nebeneinander, sondern nacheinander zum Gegenstand habend

[1]**Epo|che,** die; -, -n ⟨*gr.-mlat.;* »das Anhalten (in der Zeit)«⟩: **1.** großer geschichtlicher Zeitabschnitt, dessen Beginn [u. Ende] durch einen deutlichen, einschneidenden Wandel der Verhältnisse, durch eine Wende o. Ä. gekennzeichnet ist. **2.** (Astron.) Zeitpunkt des Standortes eines Gestirns

[2]**Epo|che,** die; - ⟨*gr.*⟩: **1.** das An-sich-Halten, Zurückhalten des Urteils (bei den Skeptikern). **2.** Abschaltung der Außenwelteinflüsse (bei dem Philosophen Husserl)

Ep|o|de, die; -, -n ⟨*gr.-lat.;* »Nach-, Schlussgesang«⟩: **1.** [antike] Gedichtform, bei der auf einen längeren Vers ein kürzerer folgt. **2.** in antiken Gedichten u. bes. in den Chorliedern der altgriechischen Tragödie auf ↑Strophe (1) u. ↑Antistrophe (2) folgender dritter Kompositionsteil, Abgesang

ep|o|disch ⟨*gr.*⟩: die Epode betreffend

Ep|o|nym, das; -s, -e ⟨*gr.*⟩: Gattungsbezeichnung, die auf einen Personennamen zurückgeht (z. B. Zeppelin für Luftschiff)

Epo|pöe [auch: ...'pø:], die; -, -n ⟨*gr.*⟩ (veraltet): Epos

Epos, das; -, Epen ⟨*gr.-lat.*⟩: erzählende Versdichtung; Heldengedicht, das häufig Stoffe der Sage od. Geschichte behandelt

Ep|oxid, Ep|oxyd, das; -s, -e ⟨*gr.-nlat.*⟩: durch Anlagerung von Sauerstoff an ↑Olefine gewonnene chemische Verbindung

Ep|rou|vet|te [epru'vɛt(ə)], die; -, -n [...tn̩] ⟨*lat.-frz.*⟩ (österr.): Reagenzglas

Ep|si|lon, das; -[s], -s ⟨*gr.*⟩: fünfter Buchstabe des gr. Alphabets (Zeichen: Ε, ε)

Epu|lis, die; -, ...iden ⟨*gr.*⟩ (Med.): Zahnfleischgeschwulst

Equa|li|zer ['i:kwəlai̯zɐ], der; -s, - ⟨*lat.-engl.*⟩ (Elektrot.): [Zusatz]gerät an Verstärkern von Hi-Fi-Anlagen zur Verbesserung des Klangbildes

Equer|re ['ɛkɛrə], die; -, -s ⟨*lat.-vulgärlat.-frz.*⟩ (schweiz.): Winkelmaß

Eques|t|rik, die; - ⟨*lat.-nlat.*⟩: Reitkunst (bes. im Zirkus)

Equi|dae [...ɛ], **Equi|den,** die (Plural): pferdeartige Tiere (Pferd, Esel, Zebra u. a.)

equi|li|b|rie|ren usw. vgl. äquilibrieren usw.

Equi|pa|ge [ek(v)i'pa:ʒə], die; -, -n ⟨*altnord.-frz.*⟩: **1.** elegante Kutsche. **2.** (veraltet) Schiffsmannschaft. **3.** (veraltet) Ausrüstung [eines Offiziers]

Equipe [e'ki:p, e'kɪp], die; -, -n: ausgewählte Mannschaft; Team (bes. [Reit]sport). **equi|pie|ren** [ek(v)i'pi:rən] (veraltet): ausrüsten, ausstatten

Equip|ment [ɪ'kwɪpmənt], das; -s, -s ⟨*frz.-engl.*⟩: technische Ausrüstung

Equi|se|tum, das; -s, ...ten ⟨*lat.*⟩: Schachtelhalm (einzige heute noch vorkommende Gattung der Schachtelhalmgewächse)

Er|bi|um, das; -s ⟨*nlat.;* nach dem schwed. Ort Ytterby⟩: chem. Element aus der Gruppe der seltenen Erdmetalle (Zeichen: Er)

E-Rea|der, der; -s, -: Kurzform von ↑E-Book-Reader

Ere|bos [auch: 'ɛ...] ⟨*gr.*⟩, **Ere|bus** ⟨*gr.-lat.*⟩ der; -: Unterwelt, Reich der Toten in der griechischen Sage

erek|til ⟨*lat.-nlat.*⟩ (Med.): schwellfähig, erektionsfähig

Erek|ti|on, die; -, -en ⟨*lat.;* »Aufrichtung«⟩: durch Blutstauung entstehende Versteifung u. Aufrichtung von Organen, die mit Schwellkörpern versehen sind (wie z. B. das männliche Glied)

Ere|mit, der; -en, -en ⟨*gr.-lat.*⟩: aus religiösen Motiven von der Welt abgeschieden lebender Mensch; Klausner, Einsiedler (Ggs.: Zönobit)

Ere|mi|ta|ge [eremi'ta:ʒə], die; -, -n ⟨*gr.-lat.-frz.*⟩: **a)** Einsiedelei; **b)** abseits gelegene Grotte od. Nachahmung einer Einsiedelei in Parkanlagen des 18. Jh.s. **Ere|mi|tei,** die; -, -en ⟨*gr.-lat.*⟩: Einsiedelei

Ere|mi|tin, die; -, -nen: weibliche Form zu ↑Eremit

Ere|mu|rus, der; -, - ⟨*gr.-nlat.*⟩: Lilienschweif, Steppenkerze (Liliengewächs; asiat. Zierpflanze)

Erep|sin, das; -s ⟨Kunstw.⟩ (Med. veraltet): Eiweiß spaltendes Enzymgemisch des Darm- u. Bauchspeicheldrüsensekrets; Bez. für Peptidasen

ere|thisch ⟨*gr.-nlat.*⟩ (Med.): reizbar, leicht erregbar. **Ere|this|mus,** der; - (Med.): Gereiztheit, krankhaft gesteigerte Erregbarkeit

Erg, das; -s, - ⟨*gr.*⟩: Einheit der Energie u. der Arbeit im ↑CGS-System

Er|ga|si|o|li|po|phyt, der; -en, -en (meist Plural) ⟨*gr.-nlat.*⟩: ehemalige Kulturpflanze, die inzwischen Teil der natürlichen Flora ist

Er|ga|si|o|phy|go|phyt, der; -en, -en (meist Plural): verwilderte Kulturpflanze

Er|ga|si|o|phyt, der; -en, -en (meist Plural): Kulturpflanze

Er|gas|to|plas|ma, das; -s, ...men ⟨*gr.-nlat.*⟩: Bestandteil des Zellplasmas einer Drüsenzelle, in dem intensive Eiweißsynthesen stattfinden

Er|ga|tiv [auch: ...ˈtiːf], der; -s, -e ⟨*gr.-nlat.*⟩: Kasus, der bei transitiven Verben den Handelnden bezeichnet (bes. in den kaukasischen Sprachen)

...er|gie *s. Kasten ergo..., Ergo...*

er|go ⟨*lat.*⟩: also, folglich

er|go..., Er|go...

⟨*gr.* érgon »Arbeit, Werk, Tat«⟩
Wortbildungselement mit der Bedeutung »Arbeit, Arbeitsleistung; funktionelle Tätigkeit von Organen«:
- Ergologie
- ergonomisch
- Ergotherapie

...ergie
die; -, ...ien (teilweise ohne Plural)
⟨*gr.* érgon »Arbeit, Werk, Tat« → ...ergía »Arbeit, Wirken«⟩
Wortbildungselement mit der Bedeutung »wirksame Funktion, wirksamer Bestandteil«:
- Allergie
- Dysergie
- Energie
- Synergie

er|go bi|ba|mus: also lasst uns trinken! (Kehrreim von [mittelalterlichen] Trinkliedern)

Er|go|graf, Ergograph, der; -en, -en ⟨*gr.-nlat.*⟩ (Med. früher): Gerät zur Aufzeichnung der Muskelarbeit. **Er|go|gra|fie,** Ergographie, die; -, ...ien: **1.** (ohne Plural; Med. früher) Aufzeichnung der Arbeitsleistung von Muskeln mithilfe eines Ergografen. **2.** (Literaturwiss.) Biografie, bei der die Darstellung der [literarischen, künstlerischen] Werke im Vordergrund steht

Er|go|lo|gie, die; -: **a)** Arbeits- u. Gerätekunde; **b)** Erforschung der volkstümlichen Arbeitsbräuche u. Arbeitsgeräte sowie deren kultureller Bedeutung. **er|go|lo|gisch:** die Ergologie betreffend

Er|go|me|ter, das; -s, - (Med.): Apparat zur Messung der körperlichen Leistungsfähigkeit. **Er|go|me|t|rie,** die; - (Med.): Messung der körperlichen Leistungsfähigkeit eines Menschen mithilfe eines Ergometers. **er|go|me|t|risch** (Med.): **a)** die Ergometrie betreffend; **b)** zum Ergometer gehörend

Er|gon, das; -s, -e (meist Plural) ⟨*gr.-nlat.*⟩ (Med. veraltend): hochwirksamer biologischer Wirkstoff (Hormon, Vitamin, Enzym)

Er|go|nom, der; -en, -en: jmd., der sich wissenschaftlich mit Ergonomie befasst. **Er|go|no|mie, Er|go|no|mik,** die; - ⟨*gr.-nlat.-engl.*⟩: Wissenschaft von den Leistungsmöglichkeiten u. -grenzen des arbeitenden Menschen sowie der besten wechselseitigen Anpassung zwischen dem Menschen u. seinen Arbeitsbedingungen. **Er|go|no|min,** die; -, -nen: weibliche Form zu ↑Ergonom. **er|go|no|misch:** die Ergonomie betreffend, auf den Erkenntnissen der Ergonomie beruhend

Er|go|s|tat, der; -en, -en ⟨*gr.-nlat.*⟩: ↑Ergometer

Er|go|s|te|rin, das; -s ⟨Kurzw. aus *frz. ergot* »Mutterkorn« u. Cho*lesterin*⟩: Vorstufe des Vitamins D_2

Er|go|s|te|rol, das; -s: engl. Bez. für: Ergosterin

Er|go|t|a|min, das; -s ⟨Kurzw. aus *frz. ergot* »Mutterkorn« u. *Ammonium* u. *-in*⟩ (Med.): Wirkstoff des Mutterkorns, der für die Akuttherapie der Migräne verwendet wird

Er|go|the|ra|peut [auch: ...ˈpɔyt], der; -en, -en ⟨*gr.*⟩ (Med., Psychol.): jmd., der mit einer ärztlich verordneten Ergotherapie betraut ist. **Er|go|the|ra|peu|tin** [auch: ...ˈpɔy...], die; -, -nen: weibliche Form zu ↑Ergotherapeut. **Er|go|the|ra|pie** [auch: ...ˈpiː], die; -, ...ien [...iːən] (Soziol., Med.): eine [bes. auf Bewegung u. gezielter Aktivität beruhende] Therapieform für Patienten mit motorischen und/oder sensorischen Störungen

Er|go|tin, das; -s ⟨*frz.-nlat.*⟩ (Med.): [früher zum Schwangerschaftsabbruch od. zur Geburtserleichterung verwendetes] Präparat aus dem Mutterkorn, das die Alkaloide Ergotamin u. Ergotoxin enthält; vgl. Ergotren

Er|go|tis|mus, der; - (Med.): Vergiftung durch Mutterkorn; Kribbelkrankheit

Er|go|to|xin, das; -s ⟨*frz.; gr.-nlat.*⟩ (Biol., Med.): ↑Alkaloid des Mutterkorns; vgl. Ergotamin

Er|go|t|ren®, das; -s ⟨Kunstw.⟩: aus dem Ergotin weiterentwickeltes Präparat (das früher bei der Geburtshilfe der raschen Blutstillung diente)

er|go|trop ⟨*gr.-nlat.*⟩ (Med.): leistungssteigernd

eri|gi|bel ⟨*lat.-nlat.*⟩: ↑erektil. **eri|gie|ren** ⟨*lat.*⟩ (Med.): **a)** sich aufrichten, versteifen; vgl. Erektion; **b)** eine Erektion haben

Eri|ka, die; -, -s u. ...ken ⟨*gr.-lat.*⟩: Heidekraut. **Eri|ka|zee,** die; -, ...zeen (meist Plural) ⟨*gr.-lat.-nlat.*⟩: Vertreter der Familie der Heidekrautgewächse (Heidekraut, Alpenrose, Azalee)

Erin|no|phi|lie, die; - ⟨*dt.-gr.*⟩: das Sammeln nicht postalischer Gedenkmarken (Teilgebiet der ↑Philatelie)

Erin|nye [...ny̆ə], **Erin|nys** ⟨*gr.-lat.*⟩ die; -, ...yen [...ny̆ən] (meist Plural): griechische Rachegöttin; vgl. Furie (1)

Eris|ap|fel, der; -s ⟨nach Eris, der gr. Göttin der Zwietracht⟩: Zankapfel, Gegenstand des Streites

Eris|tik, die; - ⟨*gr.*⟩: Kunst u. Technik des [wissenschaftlichen] Streitgesprächs. **Eris|ti|ker,** der; -s, - (meist Plural): Philosoph aus der Schule des Eukleides von Megara mit dem Hang zum Disputieren, zum wissenschaftlichen Streiten. **eris|tisch:** die Eristik betreffend

eri|tis si|cut De|us ⟨*lat.*⟩: ihr werdet sein wie Gott (Worte der Schlange beim Sündenfall, 1. Mose 3, 5)

ero|die|ren ⟨*lat.*⟩ (Geol.): auswaschen u. zerstören

ero|gen ⟨*gr.-nlat.*⟩: **a)** geschlechtliche Erregung auslösend; **b)** geschlechtlich leicht erregbar, reizbar (z. B. erogene Körperstellen)

Ero|ge|ni|tät, die; -: Eigenschaft, erogen zu sein

ero|i|co ⟨*gr.-lat.-it.*⟩ (Musik): heldisch, heldenmäßig (Vortragsanweisung)

Eros [auch: ˈɛrɔs], der; - ⟨*gr.-lat.*; gr. Gott der Liebe⟩: **1.** das der geschlechtlichen Liebe innewohnende Prinzip [ästhetisch-]sinnlicher Anziehung. **2.** (verhüll.) Sexualität, geschlechtliche Liebe; **philosophischer Eros:** Drang nach Erkenntnis u. schöpferischer geistiger Tätigkeit; ↑Eroten

Eros|cen|ter, das; -s, - ‹*gr.; gr.-lat.-frz.-engl.*›: [behördlich genehmigtes u. kontrolliertes] Haus, in dem Prostitution betrieben wird; Bordell

Ero|si|on, die; -, -en ‹*lat.*›: **1.** (Geol.) zerstörende Wirkung von fließendem Wasser, von Eis u. Wind an der Erdoberfläche. **2.** (Med.) **a)** Gewebeschaden an der Oberfläche der Haut u. der Schleimhäute (z. B. Abschürfung); **b)** das Fehlen od. Abschleifen des Zahnschmelzes. **3.** (Technik) mechanische Zerstörung feuerfester Baustoffe

Ero|si|ons|ba|sis, die; -, ...sen: tiefster Punkt eines Flusses bei seiner Mündung

ero|siv ‹*lat.-nlat.*›: **a)** die Erosion betreffend; **b)** durch Erosion entstanden

Eros|tess, die; -, -en ‹Kunstw. aus ↑*Eros* u. ↑Hos*tess*›: ↑Prostituierte

Ero|te|ma, das; -s, ...temata ‹*gr.*›: Frage, Fragesatz

Ero|te|ma|tik, die; -: **a)** Kunst der richtigen Fragestellung; **b)** Unterrichtsform, bei der gefragt u. geantwortet wird. **ero|te|ma|tisch:** hauptsächlich auf Fragen des Lehrers beruhend (vom Unterricht); vgl. akroamatisch (3)

Ero|ten, die (Plural) ‹*gr.*›: allegorische Darstellungen geflügelter Liebesgötter, meist in Kindergestalt; vgl. Eros

Ero|ti|cal [...kl̩], das; -s, -s ‹Kunstw. aus *Erot*ik u. ↑Mus*ical*›: Bühnenstück, Film mit erotischem Inhalt

Ero|tik, die; - ‹*gr.-frz.*›: **a)** den geistig-seelischen Bereich einbeziehende sinnliche Liebe; Liebes-, Geschlechtsleben; **b)** (verhüll.) Sexualität

Ero|ti|ka: *Plural* von ↑Erotikon

Ero|ti|ker, der; -s, -: **a)** Verfasser von Erotika; **b)** sinnlicher Mensch. **Ero|ti|ke|rin,** die; -, -nen: weibliche Form zu ↑Erotiker

Ero|ti|kon, das; -s, ...ka u. ...ken ‹*gr.*›: **1.** Werk, Dichtung mit erotischem Inhalt. **2.** im Hinblick auf sexuelle Betätigung anregendes Mittel

ero|tisch ‹*gr.-frz.*›: **a)** die Liebe betreffend in ihrer [ästhetisch-] sinnlichen Anziehungskraft; **b)** (verhüll.) sexuell

ero|ti|sie|ren ‹*gr.-nlat.*›: durch ästhetisch-sinnliche Reize sinnliches Verlangen hervorrufen, wecken

Ero|tis|mus, Ero|ti|zis|mus, der; -: Überbetonung des Erotischen

Ero|to|lo|gie, die; - ‹*gr.*›: **a)** wissenschaftliche Beschäftigung mit den verschiedenen Erscheinungsformen der Erotik u. ihren inneren Voraussetzungen; **b)** Liebeslehre

Ero|to|ma|ne, der; -n, -n ‹*gr.*› (Med., Psychol.): jmd., der an Erotomanie leidet. **Ero|to|ma|nie,** die; -, ...ien (Med., Psychol.): wahnhafte Liebe zu einer unerreichbaren Person. **Ero|to|ma|nin,** die; -, -nen: weibliche Form zu ↑Erotomane

er|ra|re hu|ma|num est ‹*lat.*›: Irren ist menschlich (als eine Art Entschuldigung, wenn jmd. irrtümlich etwas Falsches gemacht hat)

Er|ra|ta: *Plural* von ↑Erratum

er|ra|tisch ‹*lat.;* »verirrt, zerstreut«›: vom Ursprungsort weit entfernt; **erratischer Block** (Geol.): Gesteinsblock (Findling) in ehemals vergletscherten Gebieten, der während der Eiszeit durch das Eis dorthin gelangte

Er|ra|tum, das; -s, ...ta ‹*lat.;* »Irrtum«›: Druckfehler

Er|rhi|num, das; -s, ...rhina ‹*gr.*› (Med.): Nasen-, Schnupfenmittel

Eru|di|ti|on, die; - ‹*lat.*› (veraltet): Gelehrsamkeit

eru|ie|ren ‹*lat.;* »herausgraben, zutage fördern«›: **a)** etwas durch gründliche Untersuchungen herausfinden; **b)** jmdn. ermitteln, ausfindig machen. **Eru|ie|rung,** die; -, -en: das Eruieren

Eruk|ta|ti|on, die; -, -en ‹*lat.*› (Med.): [nervöses] Aufstoßen, Rülpsen; vgl. Efflation. **eruk|tie|ren** (Med.): aufstoßen, rülpsen

erup|tie|ren ‹*lat.;* »hervorbrechen«› (Geol.): ausbrechen (z. B. von Asche, Lava, Gas, Dampf). **Erup|ti|on,** die; -, -en: **1. a)** (Geol.) vulkanischer Ausbruch von Lava, Asche, Gas, Dampf; **b)** Gasausbruch auf der Sonne. **2.** (Med.) **a)** plötzliches Auftreten einer [meist dermatologischen] Erkrankung (z. B. eines Hautausschlags); **b)** Hautausschlag

erup|tiv ‹*lat.-nlat.*›: **1.** (Geol.) durch Eruption entstanden. **2.** (Med.) aus der Haut hervortretend

Erup|tiv|ge|stein, das; -[e]s, -e (Geol.): Ergussgestein

Ery|si|pel, das; -s, **Ery|si|pe|las,** das; - ‹*gr.-lat.*› (Med.): durch Bakterien ausgelöste Hautinfektion; Wundrose, Rotlauf

Ery|si|pe|lo|id, das; -s ‹*gr.-nlat.*› (Med.): durch den Erreger des Schweinerotlaufs hervorgerufene Hauterkrankung des Menschen

Ery|thea, die; -, ...theen ‹*nlat.;* nach der aus der gr. Heraklessage bekannten Insel Erytheia (Südspanien)›: Palmengattung aus Mittelamerika (auch als Zimmerpflanze)

Ery|them, das; -s, -e ‹*gr.;* »Röte«› (Med.): entzündliche Rötung der Haut infolge verstärkter Durchblutung durch Gefäßerweiterung

Ery|th|rä|mie, die; -, ...ien ‹*gr.*› (Med.): eine Blutkrankheit

Ery|th|ras|ma, das; -s, ...men (Med.): bakterielle Hautinfektion, insbesondere im Achsel- u. Leistenbereich; Pseudomykose (Pilzerkrankung der Haut)

¹Ery|th|rin, das; -s, -e: **1.** ein organischer Farbstoff. **2.** in verschiedenen Flechtenarten vorkommender ↑Ester des ↑Erythrits

²Ery|th|rin, der; -s: Kobaltblüte, pfirsichblütenrotes Mineral

Ery|th|ris|mus, der; -, ...men ‹*gr.-nlat.*›: **1.** Rotfärbung bei Tieren. **2.** (Med.) Rothaarigkeit beim Menschen

Ery|th|rit [auch: ...ˈtrɪt], der od. das; -s: einfachster vierwertiger Alkohol

Ery|th|ro|blast, der; -en, -en (Med.): kernhaltige Jugendform (unreife Vorstufe) der roten Blutkörperchen. **Ery|th|ro|blas|to|se,** die; -, -n (Med. veraltet): Vorhandensein unreifer Vorstufen von Erythrozyten (bei ↑Anämie [b], ↑Leukämie); **fetale Erythroblastose:** Blutgruppenunverträglichkeit zwischen Mutter u. Kind

Ery|th|ro|der|mie, die; -, ...ien (Med.): länger dauernde, oft schwere, ausgedehnte Hautentzündung mit Rötung, Verdickung u. Schuppung

Ery|th|ro|ly|se, die; - (Med.): Auflösung der roten Blutkörperchen

Ery|th|ro|me|l|al|gie, die; -, ...ien (Med.): [vererbbare] neurovaskuläre Gefäßerkrankung mit anfallsweiser schmerzhafter Schwellung u. Rötung der Extremitäten

Ery|th|ro|my|zin, fachspr.: **Ery|th|ro|my|cin** [...ˈtsiːn] das; -s (Med.): ↑Antibiotikum mit breitem Wirkungsbereich

Ery|th|ro|pa|thie, die; -, ...ien (meist Plural) (Med.): Blutkrankheit, die meist mit einer Schädigung od. Fehlbildung der roten Blutkörperchen verbunden ist

Ery|th|ro|pha|ge, der; -n, -n (meist Plural) (Med.): ↑Phagozyt, der Erythrozytenreste enthält

Ery|th|ro|pho|bie, die; -, ...ien: **1.** (Psychol.) krankhafte Angst zu erröten. **2.** (Med.) krankhafte Angst vor roten Gegenständen

Ery|th|ro|pla|sie, die; -, ...ien (Med.): durch ↑HPV (2) ausgelöstes ↑Carcinoma in situ, das auf Schleimhäuten vorkommt

Ery|th|ro|po|e|se, die; - (Med.): Bildung od. Entstehung der roten Blutkörperchen. **ery|th|ro|po|e|tisch** (Med.): die Bildung od. Entstehung der roten Blutkörperchen betreffend

Ery|th|ro|po|i|e|tin®, das; -s (Med.): Medikament, das die Bildung roter Blutkörperchen fördert u. das wegen seiner die Ausdauer verbessernden Wirkung auch als Mittel zum Doping verwendet wird

Ery|th|rop|sie, die; -, ...ien (Med.): Sehstörung, bei der die vom Auge fixierten Gegenstände rötlich erscheinen; Rotsehen

Ery|th|ro|sin, das; -s: künstlicher Farbstoff, der als ↑Sensibilisator verwendet wird

Ery|th|ro|zyt, der; -en, -en (Med.): rotes Blutkörperchen

Ery|th|ro|zy|to|ly|se, die; - (Med.): ↑Erythrolyse

Ery|th|ro|zy|to|se, die; - (Med.): krankhafte Vermehrung der roten Blutkörperchen

Es|ca|lopes [ɛskaˈlɔp(s)], die (Plural) ⟨*frz.*⟩: dünne, gebratene Fleisch-, Geflügel- od. Fischscheibchen

Es|cape-Room, der; -s, -s, **Es|cape|room,** der [ɪsˈkeɪpruːm, auch: ɛs...] ⟨engl.⟩: als Freizeitangebot dienende, aus einem od. mehreren Räumen bestehende Anlage, die von einer darin eingeschlossenen Person[engruppe] erst durch das Lösen von Rätselaufgaben o. Ä. wieder verlassen werden kann

Es|cape|tas|te [ɪsˈkeɪp...], die; -, -n ⟨*engl.; dt.*⟩: Taste auf der Computertastatur zum Abbrechen od. Verlassen eines Programms o. Ä.

Es|cha|to|lo|gie [ɛsça...], die; -, ...ien ⟨*gr.-nlat.*⟩: Lehre von den Letzten Dingen, d. h. vom Endschicksal des einzelnen Menschen u. der Welt. **es|cha|to|lo|gisch:** die Letzten Dinge, die Eschatologie betreffend

E-Schi|scha vgl. E-Shisha

Esch|scholt|zia, die; -, ...ien ⟨*nlat.;* nach dem deutschbaltischen Naturforscher J. F. Eschscholtz, 1793–1831⟩: Goldmohn, Gattung der Mohngewächse

E-Scoo|ter [ˈiː..., ˈeː...], der; -s, -: kurz für ↑Elektroscooter

Es|cort|ser|vice [auch: ɛsˈkɔrtsœːɐ̯vɪs], der, österr. auch: das; -, -s ⟨*engl.*⟩: **a)** Service, der Begleitung anbietet; **b)** Service zur Vermittlung sexueller Kontakte

Es|cu|do, der; -[s], -[s] ⟨*port.*⟩: frühere portugiesische Währungseinheit (Abk.: Es, Esc)

E-Shi|sha [...ʃiːʃa], E-Schischa, die: elektrisch betriebene Shisha

...esk

⟨*it.* ...esco, ...esca u. *frz.* ...esque »in der Art von«⟩
Suffix für Adjektive mit der Bedeutung »in der Art von«; oft in Verbindung mit einem Namen:
- chaplinesk
- kafkaesk
- romanesk

Es|ka|der, die; -, -s ⟨*lat.-vulgärlat.-it.-frz.*⟩ (veraltet): [Schiffs]geschwader, -verband

Es|ka|d|ron, die; -, -en: ↑Schwadron

Es|ka|la|de, die; -, -n ⟨*frz.*⟩ (Geschichte): Erstürmung einer Festung mit Sturmleitern. **es|ka|la|die|ren: 1.** eine Festung mit Sturmleitern erstürmen. **2.** eine Eskaladierwand überwinden

Es|ka|la|dier|wand, die; -, ...wände: Hinderniswand für Kletterübungen

Es|ka|la|ti|on, die; -, -en ⟨*frz.-engl.*⟩: **1.** der jeweiligen Notwendigkeit angepasste allmähliche Steigerung, Verschärfung, insbesondere beim Einsatz militärischer od. politischer Mittel; vgl. ...ation/...ierung (Ggs.: Deeskalation). **2.** [unkontrollierte] Verschärfung, Ausweitung eines Konflikts. **es|ka|lie|ren: a)** stufenweise steigern, verschärfen; **b)** durch ↑Eskalation steigern, verschärfen; **c)** sich [allmählich] steigern, verschärfen, ausweiten (Ggs.: deeskalieren). **Es|ka|lie|rung,** die; -, -en: ↑Eskalation; vgl. ...ation/...ierung

Es|ka|mo|ta|ge [ɛskamoˈtaːʒə], die; -, -n ⟨*lat.-span.-frz.*⟩ (veraltet): Taschenspielertrick, Zauberkunststück

Es|ka|mo|teur [...ˈtøːɐ̯], der; -s, -e (veraltet): Taschenspieler, Zauberkünstler

es|ka|mo|tie|ren (veraltet): **a)** durch einen [Taschenspieler]trick verschwinden lassen; wegzaubern; **b)** durch gezwungene Erklärungen scheinbar zum Verschwinden bringen; weginterpretieren

Es|ka|pa|de, die; -, -n ⟨*lat.-it.-frz.*⟩: **1.** falscher Sprung eines Dressurpferdes. **2.** mutwilliger Streich, Seitensprung, Abenteuer, abenteuerlich-eigenwillige Unternehmung

Es|ka|pis|mus, der; - ⟨*lat.-vulgärlat.-frz.-engl.*⟩ (Psychol.): **a)** [Hang zur] Flucht vor der Wirklichkeit u. den realen Anforderungen des Lebens in eine imaginäre Scheinwirklichkeit; **b)** Zerstreuungs- u. Vergnügungssucht, bes. in der Folge einer bewussten Abkehr von eingefahrenen Gewohnheiten u. Verhaltensmustern. **es|ka|pis|tisch** (Psychol.): **a)** vor der Wirklichkeit u. den realen Anforderungen des Lebens in eine imaginäre Scheinwelt flüchtend; **b)** zerstreuungs- u. vergnügungssüchtig im Sinne des Eskapismus (b)

Es|ka|ri|ol, der; -s ⟨*lat.-it.-frz.*⟩ (Bot.): Winterendivie

Es|kar|pe, die; -, -n ⟨*frz.*⟩: innere Grabenböschung bei Befestigungen. **es|kar|pie|ren:** Böschungen steil machen (bei Befestigungen)

Es|kar|pin [...pɛ̃ː], der; -s, -s ⟨*it.-frz.*⟩: leichter Schuh, bes. der zu Seidenhosen u. Strümpfen getragene Schnallenschuh der Herren im 18. Jh.

Es|ki|mo, der; -[s], -[s] ⟨*indian.-engl.*⟩: **1.** Angehöriger eines in arktischen u. subarktischen Gebieten lebenden Volkes; ↑Inuk. **2.** (ohne Plural) schwerer Mantelstoff. **es|ki|mo|isch:** nach Art der Eskimos (1)

es|ki|mo|tie|ren: nach Art der Eskimos im Kajak unter dem Wasser durchdrehen u. in die aufrechte Lage zurückkehren

Es|kompte [ɛsˈkɔ̃ːt], der; -s, -s ⟨*lat.-it.-frz.*⟩ (veraltet): **1.** Rabatt, Preisnachlass bei Barzahlung. **2.** ↑Diskont. **es|komp|tie|ren:** **1.** (Kaufmannsspr. veraltet) Preisnachlass gewähren. **2.** den Einfluss eines Ereignisses auf den Börsenkurs im Voraus einkalkulieren u. den Kurs entsprechend gestalten

Es|ko|ri|al|schaf, das; -[e]s, -e ⟨nach dem span. Schloss Escorial⟩: spanisches Tuchwollschaf, von dem die bekannten Merinoschafe abstammen

Es|kor|te, die; -, -n ⟨*lat.-vulgärlat.-it.-frz.*⟩: Geleit, [militärische] Schutzwache, Schutz, Gefolge. **es|kor|tie|ren** (Militär): schützend, bewachend od. ehrend geleiten

Es|ku|do vgl. Escudo

Es|me|ral|da, die; -, -s ⟨*span.*⟩: spanischer Tanz

Eso|te|rik, die; - ⟨*gr.*⟩: **1.** esoterische Geisteshaltung, esoterisches Denken. **2.** esoterische Beschaffenheit einer Lehre o. Ä. **3.** [Geheim]lehre mit astrologischen, okkultistischen u. religiösen Elementen. **Eso|te|ri|ker,** der; -s, -: jmd., der in die Geheimlehren einer Religion, Schule od. Lehre eingeweiht ist (Ggs.: Exoteriker). **Eso|te|ri|ke|rin,** die; -, -nen: weibliche Form zu ↑Esoteriker. **eso|te|risch:** **1.** nur für Eingeweihte einsichtig, [geistig] zugänglich. **2.** die ↑Esoterik (3) betreffend, dazu gehörend

Es|pa|da, der; -s, -s ⟨*lat.-span.;* »Degen«⟩: spanischer Stierkämpfer

Es|pa|d|rille [...ˈdriːj], die; -, -s [...ˈdriːj] ⟨*gr.-lat.-span.-frz.*⟩: Leinenschuh mit einer Sohle aus Espartogras [der mit Bändern kreuzweise um den unteren Teil der Waden geschnürt wird]

Es|pa|g|no|le [ɛspanˈjoːlə], die; -, -n ⟨*frz.*⟩: spanischer Tanz

Es|pa|g|no|let|te [...joˈlɛtə], die; -, -n ⟨*frz.*⟩, **Es|pa|g|no|lette|ver|schluss** [...joˈlɛt...], der; -es, ...schlüsse: Drehstangenverschluss für Fenster

Es|par|set|te, die; -, -n ⟨*lat.-provenzal.-frz.*⟩: kleeartige Futterpflanze auf kalkreichen Böden

Es|par|to, der; -s, -s ⟨*span.*⟩, **Es|par|to|gras,** das; -es, ...gräser: **a)** in Spanien u. Algerien wild wachsendes Steppengras; **b)** das zähe Blatt des Espartograses, das bes. zur Papierfabrikation verwendet wird; vgl. Alfa

Es|pé|rance [ɛspeˈrɑ̃ːs], die; -, -n ⟨*lat.-frz.*⟩: Glücksspiel mit zwei Würfeln

Es|pe|ran|tist, der; -en, -en ⟨*lat.-nlat.*⟩: jmd., der Esperanto sprechen kann. **Es|pe|ran|tis|tin,** die; -, -nen: weibliche Form zu ↑Esperantist

Es|pe|ran|to, das; -[s] ⟨nach dem Pseudonym »Dr. Esperanto« »der Hoffende« des poln. Erfinders Zamenhof, 1859–1917⟩: übernationale, künstliche Weltsprache

Es|pe|ran|to|lo|ge, der; -n, -n: Wissenschaftler, der sich mit Sprache und Literatur des Esperanto beschäftigt. **Es|pe|ran|to|lo|gie,** die; -: Wissenschaft von Sprache und Literatur des Esperanto. **Es|pe|ran|to|lo|gin,** die; -, -nen: weibliche Form zu ↑Esperantologe

Es|pi|ne|la, die; -, -s ⟨*span.;* nach dem spanischen Dichter Espinel⟩: spanische Gedichtform (Form der ↑Dezime [2])

es|pi|ran|do ⟨*lat.-it.*⟩ (Musik): verhauchend, ersterbend, verlöschend (Vortragsanweisung)

Es|p|la|na|de, die; -, -n ⟨*lat.-it.-frz.*⟩: freier Platz, der meist durch Abtragung alter Festungswerke entstanden ist

E-Sport [ˈiːspɔːɐ̯t], der; -[s], -s (Plural selten), **E-Sports** [...s], das; - ⟨meist o. Art.⟩ (Plural selten) ⟨*engl.*⟩: als Sport verstandenes, im sportlichen Wettbewerb ausgeübtes Spielen am Computer

Es|pres|si: *Plural* von ↑[1]Espresso (2)

es|pres|si|vo ⟨*lat.-it.*⟩ (Musik): ausdrucksvoll (Vortragsanweisung). **Es|pres|si|vo,** das; -s, -s od. ...vi: ausdrucksvolle Gestaltung in der Musik

[1]**Es|pres|so,** der; -[s], -s od. ...ssi: **1.** (ohne Plural) sehr dunkel gerösteter Kaffee. **2.** in einer Spezialmaschine zubereiteter, sehr starker Kaffee

[2]**Es|pres|so,** das; -[s], -s: kleine Kaffeestube, kleines Lokal, in dem u. a. [1]Espresso (2) serviert wird

Es|p|rit [ɛsˈpriː], der; -s ⟨*lat.-frz.*⟩: geistreiche Art; feine, witzig-einfallsreiche Geistesart

Es|p|rit de Corps [ɛspridˈkɔːr], der; - - - ⟨*frz.*⟩: Korpsgeist, Standesbewusstsein

Es|qui|re [ɪsˈkwai̯ə], der; -[s], -s ⟨*lat.-frz.-engl.*⟩: engl. Höflichkeitstitel (Abk.: Esq.)

Es|sä|er, die (Plural): ↑Essener

Es|say [ˈɛse, auch: ɛˈseː], der od. das; -s, -s ⟨*lat.-frz.-engl.*⟩: Abhandlung, die eine literarische od. wissenschaftliche Frage in knapper u. anspruchsvoller Form behandelt

Es|say|is|mus [ɛseˈɪs...], der; -: Bez. für unsystematische, subjektive Darstellungsweise

Es|say|ist, der; -en, -en: Verfasser von Essays. **Es|say|is|tik,** die; -: Kunstform des Essays. **Es|say|is|tin,** die; -, -nen: weibliche Form zu ↑Essayist. **es|say|is|tisch:** **a)** den Essay betreffend; **b)** für den Essay charakteristisch; von der Form, Art eines Essays

Es|se, das; - ⟨*lat.*⟩ (Philos.): Sein, Wesen

Es|se|ner, die (Plural) ⟨*hebr.-gr.*⟩: altjüdische Sekte (etwa von 150 v. Chr. bis 70 n. Chr.) mit einem Gemeinschaftsleben nach Art von Mönchen

Es|sen|tia, die; - ⟨*lat.*⟩ (Philos.): Essenz (4), Wesen, Wesenheit (Ggs.: Existentia)

es|sen|ti|al vgl. essenzial

Es|sen|tial [ɪˈsɛnʃəl], das; -s, -s (meist Plural) ‹*lat.-engl.*›: wesentlicher Punkt; unentbehrliche Sache

Es|sen|ti|a|li|en vgl. Essenzialien

es|sen|ti|ell vgl. essenziell

Es|senz, die; -, -en ‹*lat.*›: **1.** wesentlichster Teil, Kernstück. **2.** konzentrierter Duft- od. Geschmacksstoff aus pflanzlichen od. tierischen Substanzen. **3.** stark eingekochte Brühe zur Verbesserung von Speisen. **4.** Wesen, Wesenheit einer Sache

es|sen|zi|al, essential ‹*lat.-mlat.*›: ↑ essenziell (1)

Es|sen|zi|a|li|en, Essentialien, die (Plural) ‹*lat.-mlat.*›: Hauptpunkte bei einem Rechtsgeschäft (Ggs.: Akzidentalien)

es|sen|zi|ell, essentiell ‹*lat.-frz.*›: **1. a)** wesentlich, hauptsächlich; **b)** (Philos.) wesensmäßig. **2.** (Chemie, Biol.) lebensnotwendig. **3.** (Med.) selbstständig (von Krankheitserscheinungen, die nicht symptomatisch für bestimmte Krankheiten sind, sondern ein eigenes Krankheitsbild darstellen); vgl. ...al/...ell

Es|se|xit [auch: ...ˈksɪt], der; -s, -e ‹*nlat.;* nach der Landschaft Essex County in Massachusetts/USA›: ein Tiefengestein

Es|sig|äther, der; -s: technisch vielfach verwendete organische Verbindung (Ethylacetat), eine angenehm u. erfrischend riechende, klare Flüssigkeit

Es|siv, der; -s ‹*lat.-nlat.*›: Kasus in den finnisch-ugrischen Sprachen, der ausdrückt, dass sich etwas in einem Zustand befindet

Es|ta|b|lish|ment [ɪsˈtɛblɪʃmənt], das; -s, -s ‹*engl.*›: **a)** Oberschicht der politisch, wirtschaftlich od. gesellschaftlich einflussreichen Personen; **b)** (abwertend) etablierte bürgerliche Gesellschaft, die auf Erhaltung des Status quo bedacht ist

Es|ta|fet|te, die; -, -n ‹*germ.-it.-frz.*› (veraltet): [reitender] Eilbote

Es|ta|ka|de, die; -, -n ‹*germ.-roman.*›: **1.** Rohr-, Gerüstbrücke. **2.** Pfahlwerk zur Sperrung von Flusseingängen od. Häfen

Es|ta|min, das; -[s]: ↑ Etamin

Es|ta|mi|net [...ˈneː], das; -[s], -s ‹*frz.*› (veraltet): **a)** kleines Kaffeehaus; **b)** Kneipe

Es|tam|pe [ɛsˈtãːp(ə)], die; -, -n ‹*germ.-it.-frz.*›: von einer Platte gedruckte Abbildung

Es|tan|zia, die; -, -s ‹*lat.-span.*›: südamerikanisches Landgut [mit Viehwirtschaft]

Es|ter, der; -s, - ‹Kunstw. aus *Essigäther*› (Chemie): organische Verbindung aus der Vereinigung von Säuren mit Alkoholen unter Abspaltung von Wasser

Es|te|ra|se, die; -, -n ‹*nlat.*› (Chemie): Fett spaltendes Enzym

Es|til ®, das; -s ‹Kunstw.›: früher verwendetes intravenöses Kurznarkotikum

es|tin|gu|en|do [...ɪŋˈgu̯ɛndo] ‹*lat.-it.*› (Musik): verlöschend, ersterbend (Vortragsanweisung)

es|tin|to (Musik): erloschen, verhaucht (Vortragsanweisung)

Es|to|mi|hi ‹*lat.;* nach dem Eingangsvers des Gottesdienstes, Psalm 31, 3: »Sei mir (ein starker Fels)«›: letzter Sonntag vor der Passionszeit; vgl. Quinquagesima (1)

Es|t|ra|de, die; -, -n ‹*lat.-it.-frz.;* »gepflasterter Weg«›: **1.** erhöhter Teil des Fußbodens (z. B. vor einem Fenster). **2.** (regional) volkstümliche künstlerische Veranstaltung mit gemischtem musikalischem u. artistischem Programm

Es|t|ra|den|kon|zert, das; -[e]s, -e: ↑ Estrade (2)

Es|t|ra|gon, der; -s ‹*arab.-mlat.-frz.*›: Gewürzpflanze mit langen, schmalen Blättern (Korbblütler)

Es|t|ran|ge|lo, die; - ‹*gr.-syr.*›: alte kursive syrische Schrift

Es|t|re|ma|du|ra|garn, Estremadura ‹nach der span. Landschaft Estremadura› das; -s: glattes Strick- od. Häkelgarn aus Baumwolle

et ‹*lat.*›: und (Zeichen: in Firmennamen: &); vgl. Et-Zeichen

Eta, das; -[s], -s ‹*gr.*›: siebenter Buchstabe des gr. Alphabets (Abk.: H, η)

eta|b|lie|ren ‹*lat.-frz.*›: **1.** einrichten, gründen (z. B. eine Fabrik). **2.** sich etablieren: **a)** sich niederlassen, sich selbstständig machen (als Geschäftsmann); **b)** sich irgendwo häuslich einrichten; sich eingewöhnen; **c)** einen sicheren Platz innerhalb einer Ordnung od. Gesellschaft einnehmen (z. B. von politischen Gruppen)

Eta|b|lis|se|ment [...ˈmãː, schweiz.: ...ˈmɛnt], das; -s, -s u. (schweiz.:) -e: **1.** Unternehmen, Niederlassung, Geschäft, Betrieb. **2. a)** kleineres, gepflegtes Restaurant; **b)** Vergnügungsstätte, [zweifelhaftes] [Nacht]lokal; **c)** (verhüll.) Bordell

Eta|ge [eˈtaːʒə], die; -, -n ‹*lat.-vulgärlat.-frz.*›: Stockwerk, [Ober]geschoss

Eta|ge|re [...ˈʒeːrə], die; -, -n: **a)** Gestell für Bücher od. für Geschirr; **b)** meist drei verschieden große, übereinander angeordnete, mit einem Stab in der Mitte verbundene Teller od. Schalen für Obst, Gebäck o. Ä.

Eta|la|ge [...ˈlaːʒə], die; -, -n ‹*germ.-frz.*› (veraltet): das Ausstellen, Aufbauen von Ware [im Schaufenster]

eta|lie|ren (veraltet): ausstellen

Eta|lon [...ˈlõː], der; -s, -s ‹*frz.*›: Normalmaß, Eichmaß

Eta|lon|na|ge [...ˈnaːʒə], die; -, -n (Film): Steuerung der Stärke u. der Zusammensetzung des Kopierlichtes in der Kopiermaschine

Eta|min, das, bes. österr. auch: der; -[s], **Eta|mi|ne,** die; - ‹*lat.-vulgärlat.-frz.*›: gitterartiges, durchsichtiges Gewebe [für Vorhangsstoffe]

Etap|pe, die; -, -n ‹*niederl.-frz.;* »Warenniederlage«›: **1. a)** Teilstrecke, Abschnitt eines Weges; **b)** [Entwicklungs]stadium, Stufe. **2.** (Militär) [Nachschub]gebiet hinter der Front

Etap|pen|schwein, das; -[e]s, -e (derb abwertend): Soldat, der in der Etappe (2) bleibt

etap|pie|ren (schweiz.): etwas in Etappen aufteilen, z. B. ein Projekt

Etat [eˈtaː], der; -s, -s ‹*lat.-frz.*›: **1. a)** [Staats]haushaltsplan; **b)** [Geld]mittel, die über einen begrenzten Zeitraum für bestimmte Zwecke zur Verfügung stehen. **2.** durch einen Probedruck festgehaltener Zustand der Platte während der Entstehung eines Kupferstiches

eta|ti|sie|ren: einen Posten in den Staatshaushalt aufnehmen

Eta|ti|sie|rung, die; -, -en: das Etatisieren, Etatisiertwerden

ethisch	ethnisch
Das finde ich ethisch nicht vertretbar. *nach moralischen Prinzipien, verantwortlich* – aus ethischen [oder] religiösen [...] Gründen – menschlichen/von Embryonen [...] ethisch [nicht] vertretbar – moralische [und] ethische [...] Werte Damit habe ich als ethisch verantwortlicher Arzt ein Problem! Gesinnung ohne Verantwortung ist nicht ethisch. Mut, Inspiration, hohe ethische Standards.	Die Welt schaut zu, wie die Region ethnisch gesäubert wird. *zu einer Kultur- und Volksgemeinschaft gehörend* – die sogenannten ethnischen Säuberungen – ein das Zusammenleben der verschiedenen ethnischen [...] Gruppen in ... – Hautfarbe [...] ethnischen Zugehörigkeit [...] Religion Alles wird ethnisch gelesen, sobald die Hauptfigur nicht weiß ist. Das Land ist ethnisch zerrissen. Er hält wenig von ethnischen oder religiösen Identitäten.

Eta|tis|mus, der; -: **1.** bestimmte Form der Planwirtschaft, in der die staatliche Kontrolle nur in den wichtigsten Industriezweigen (z. B. Tabakindustrie) wirksam wird. **2.** eine ausschließlich auf das Staatsinteresse eingestellte Denkweise. **3.** (schweiz.) Stärkung der Zentralgewalt des Bundes gegenüber den Kantonen. **eta|tis|tisch: a)** den Etatismus betreffend; **b)** in der Art des Etatismus

États gé|né|raux [etaʒeneˈro], die (Plural) (Geschichte): die französischen Generalstände (Adel, Geistlichkeit, Bürgertum) bis zum 18. Jh.

Eta|zis|mus, der; - ⟨*gr.-nlat.*⟩: Aussprache des [alt]griechischen Eta wie langes e; vgl. Itazismus

et ce|te|ra ⟨*lat.;* »und die übrigen (Sachen)«⟩: und so weiter (Abk.: etc.). **et ce|te|ra pp.** ⟨pp. = Abk. von *lat.* perge, perge: »fahre fort, fahre fort«⟩ (verstärkend): und so weiter, und so weiter (Abk.: etc. pp.)

et cum spi|ri|tu tuo ⟨*lat.;* »und mit deinem Geiste«⟩: Antwort der Gemeinde auf den Gruß ↑Dominus vobiscum

ete|pe|te|te ⟨*niederd.* od. *frz.*⟩ (ugs.): **a)** geziert, zimperlich, übertrieben empfindlich; **b)** steif u. konventionell, nicht ungezwungen, nicht aufgeschlossen

eter|ni|sie|ren ⟨*lat.-frz.*⟩ (veraltet): verewigen; in die Länge ziehen

Eter|nit® [auch: ...ˈnɪt], das od. der; -s ⟨*lat.-nlat.*⟩: wasserundurchlässiges u. feuerfestes Material, Faserzement

Ete|si|en, die (Plural) ⟨*gr.-lat.*⟩: von April bis Oktober gleichmäßig wehende, trockene Nordwestwinde im östlichen Mittelmeer

Ete|si|en|kli|ma, das; -s: Klima mit trockenem, heißem Sommer u. mildem Winter mit Niederschlägen

Ethan, veraltend: Äthan, das; -s ⟨*gr.-nlat.*⟩: gasförmiger Kohlenwasserstoff

Etha|nal, das; -s (fachspr.): ↑Acetaldehyd

Etha|no|graf, Etha|no|graph, der; -en, -en ⟨*gr.-nlat.-engl.*⟩: Gerät zum Messen des Alkoholspiegels im Blut

Etha|nol, das; -s ⟨Kurzw. aus ↑*Ethan* u. ↑Alkoh*ol*⟩ (Chemie): chemische Verbindung aus der Gruppe der Alkohole (Äthylalkohol)

Ethen, das; -s ⟨*gr.-nlat.*⟩: vgl. Ethylen

Ether vgl. ²Äther

Ether|net [ˈiːθɐnɛt, ˈeːtɐ...], das; -[s] ⟨*engl.*⟩ (EDV): Standard für [ursprünglich lokale] kabelgebundene Datennetzwerke

Ethik, die; -, -en ⟨*gr.-lat.*⟩: **1. a)** (Philos.) Lehre vom sittlichen Wollen u. Handeln des Menschen in verschiedenen Lebenssituationen; **b)** die Ethik (1 a) darstellendes Werk. **2.** (ohne Plural) [allgemeingültige] Normen u. Maximen der Lebensführung, die sich aus der Verantwortung gegenüber anderen herleiten. **Ethi|ker**, der; -s, -: **a)** Lehrer der philosophischen Ethik; **b)** Begründer od. Vertreter einer ethischen Lehre; **c)** jmd., der in seinem Wollen u. Handeln von ethischen Grundsätzen ausgeht. **Ethi|ke|rin**, die; -, -nen: weibliche Form zu ↑Ethiker

Ethi|ko|theo|lo|gie, die; - ⟨*gr.*⟩: Schluss von dem moralischen Gesetz in uns auf Gott als dessen Urheber (Kant)

Ethin, veraltend: Äthin, das; -s ⟨*gr.-nlat.*⟩: Acetylen

ethisch ⟨*gr.-lat.*⟩: **1.** die Ethik betreffend. **2.** die von Verantwortung u. Verpflichtung anderen gegenüber getragene Lebensführung, -haltung betreffend, auf ihr beruhend; sittlich (Ggs.: unethisch); **ethische Indikation:** Indikation für einen Schwangerschaftsabbruch aus ethischen Gründen (z. B. nach einer Vergewaltigung)

ethisch/ethnisch *s. Kasten*

Eth|narch, der; -en, -en ⟨*gr.*⟩: **1.** (Geschichte) subalterner Fürst (in röm. Zeit, bes. in Syrien u. Palästina). **2.** Führer der griechischen Volksgruppe auf Zypern

Eth|nie, die; -, ...ien ⟨*gr.-nlat.*⟩

(Völkerkunde): Menschengruppe mit einheitlicher Kultur

Eth|ni|kon [auch: 'e:t...], das; -s, ...ka ⟨*gr.*⟩: Völkername, Personengruppenname

Eth|ni|kum [auch: 'e:t...], das; -s, ...ka ⟨*lat.*⟩: volk- od. stammartige Gruppe u. die eine solche Gruppe kennzeichnende Eigentümlichkeit

eth|nisch ⟨*gr.-lat.*⟩: **a)** einer sprachlich u. kulturell einheitlichen Volksgruppe angehörend; **b)** die Kultur- u. Lebensgemeinschaft einer Volksgruppe betreffend; **ethnischer Konflikt:** Konfliktverlauf, in dem sich bestimmte Gruppen auf [konstruierte] ethnische Zugehörigkeit berufen und die daraus resultierenden Grenzlinien die Grundlage für politische und soziale Konflikte werden; **ethnische Säuberung** (verhüll.): gewaltsame Vertreibung von Volksgruppen aus einem ethnischen Mischgebiet zugunsten des Wohn- und Lebensrechts einer einzigen Ethnie

eth|no..., Eth|no...

⟨*gr.* éthnos »Volk, Volksstamm, Nation«⟩
Wortbildungselement mit der Bedeutung »Volk, Völker, das Volk, die Völker betreffend«:
- Ethnografie
- ethnologisch
- Ethnomedizin
- Ethnopop
- Ethnozentrismus

Eth|no|bo|ta|nik [auch: 'e:tno...], die; -: Wissenschaft von den Beziehungen der Menschen zur Pflanzenwelt

Eth|no|ge|ne|se, die; -, -n: Prozess der Herausbildung eines Volkes od. einer anderen ethnischen Einheit

Eth|no|graf, Ethnograph, der; -en, -en ⟨*gr.-nlat.*⟩: Wissenschaftler auf dem Gebiet der Ethnografie. **Eth|no|gra|fie,** Ethnographie, die; -: Teilbereich der Völkerkunde, der die Merkmale der verschiedenen Völker u. Kulturen systematisch beschreibt; beschreibende Völkerkunde. **Eth|no|gra|fin,** Ethnographin, die; -, -nen: weibliche Form zu ↑Ethnograf. **eth|no|gra|fisch,** ethnographisch: die Ethnografie betreffend

Eth|no|graph usw. vgl. Ethnograf usw.

Eth|no|lin|gu|is|tik [auch: 'e:tno...], die; - ⟨*gr.; lat.-nlat.*⟩: Disziplin der Linguistik, die Sprache im Zusammenhang mit der Kulturgeschichte der Sprachträger untersucht

Eth|no|lo|ge, der; -n, -n: Wissenschaftler auf dem Gebiet der Ethnologie, Völkerkundler. **Eth|no|lo|gie,** die; -: **1.** allgemeine [vergleichende] Völkerkunde, in der die Ergebnisse der Ethnografie miteinander verglichen werden. **2.** Wissenschaft, die sich mit Sozialstruktur und Kultur der [primitiven (1)] Gesellschaften beschäftigt. **3.** in den USA betriebene Wissenschaft, die sich mit Sozialstruktur und Kultur aller Gesellschaften beschäftigt. **Eth|no|lo|gin,** die; -, -nen: weibliche Form zu ↑Ethnologe. **eth|no|lo|gisch:** völkerkundlich

Eth|no|look [...lʊk, 'e:tno...], der; -s ⟨*gr.; engl.*⟩: [modische] Kleidung, die der einer bestimmten Nation od. Volksgruppe in Farbe, Schnitt, Accessoires o. Ä. gleicht

Eth|no|me|di|zin [auch: 'e:tno...], die; -, -en: **1.** (ohne Plural) Heilkunde speziell der indigenen Völker. **2.** in der Ethnomedizin (1) verwendetes Heilmittel

Eth|no|nym, das; -s, -e ⟨*gr.*⟩: [Selbst]bezeichnung eines Volkes

Eth|no|pop [auch: 'e:tno...], der; -[s]: von der Volksmusik bes. Afrikas, Asiens od. Südamerikas beeinflusste Popmusik

Eth|no|psy|ch|i|a|t|rie [auch: 'e:tno...], die; -: Teilgebiet der Psychiatrie, das psychische Störungen unter dem Aspekt der Zugehörigkeit zu bestimmten kulturellen Gruppen der Erkrankten untersucht

Eth|no|so|zio|lo|gie [auch: 'e:tno...], die; -: interdisziplinäres Teilgebiet, das (unter besonderer Berücksichtigung der indigenen Völker) die soziokulturellen Lebensverhältnisse der verschiedenen Gesellschaften untersucht

Eth|no|zen|t|ris|mus, der; -: besondere Form des Nationalismus, bei der das eigene Volk (die eigene Nation) als Mittelpunkt u. zugleich als gegenüber anderen Völkern überlegen angesehen wird

Eth|no|zid, der, auch: das; -[e]s, -e u. -ien ⟨*gr.-lat.*⟩ (Soziol.): Zerstörung der kulturellen Identität einer Volksgruppe durch erzwungene Assimilierung

Etho|gramm, das; -s, -e ⟨*gr.*⟩ (Verhaltensf.): katalogmäßiges Erfassen aller Instinkthandlungen einer Tierart sowie gegebenenfalls Angaben über Lernfähigkeit u. Herausbildung von Gewohnheiten; Aktionskatalog

Etho|lo|ge, der; -n, -n ⟨*gr.*⟩: Verhaltensforscher; Wissenschaftler auf dem Gebiet der Ethologie. **Etho|lo|gie,** die; -: Wissenschaft vom Verhalten der Tiere; Verhaltensforschung. **Etho|lo|gin,** die; -, -nen: weibliche Form zu ↑Ethologe. **etho|lo|gisch:** die Ethologie betreffend

Ethos, das; - ⟨*gr.-lat.*⟩: vom Bewusstsein sittlicher Werte geprägte Gesinnung, Gesamthaltung; ethisches Bewusstsein

Ethyl vgl. Äthyl

Ethyl|al|ko|hol vgl. Äthylalkohol

Eti|enne [ɛ'tjɛn], die; - ⟨nach der frz. Buchdruckerfamilie Estienne⟩: eine Antiquadruckschrift

Etikett

Erkennen Sie dieses Bier am Etikett?
beschrifteter Aufkleber
- auf das Etikett [die/mit ...] aufgeklebt werden ...
- Flaschen ... mit [neuen Etiketten] [...] versehen
- künstlerische/die Gestaltung [der/von ...] Etiketten

Die Flasche mit dem grünen Etikett ist unverkennbar.
Zudem seien die Angaben auf dem Etikett oftmals irreführend.
Das Fleisch sollte unter falschem Etikett verkauft werden.

Etikette

Die Etikette, der Schein, die Fassade sollen gewahrt werden.
streng geregelte Umgangsformen
- der [...] Stil [und] Etikette
- streng auf die Etikette achten
- verstieß [...] gegen die Etikette

Hierbei geht es um eine gewisse Etikette und um Anstand.
Aber wir wollen doch bei Stil und Etikette bleiben.
Wer gegen die Etikette verstoßen will, sollte sie zuvor studiert haben.

Eti|kẹtt, das; -[e]s, -e[n], auch: -s ⟨*niederl.-frz.*⟩: mit einer Aufschrift versehenes [Papier]schildchen [zum Aufkleben]

Etikett/Etikette *s. Kasten*
Eti|kẹt|te, die; -, -n: **1. a)** zur bloßen Förmlichkeit erstarrte offizielle Umgangsform; **b)** Gesamtheit der allgemein od. in einem bestimmten Bereich geltenden gesellschaftlichen Umgangsformen. **2.** ↑Etikett
eti|ket|tie|ren: mit einem Etikett versehen. **Eti|ket|tie|rung,** die; -, -en: **1.** das Etikettieren. **2.** Etikett
Eti|o|le|ment [etiɔləmɑ̃:], das; -s ⟨*lat.-frz.*⟩: das Etiolieren
eti|o|lie|ren (Gartenbau): im Dunkeln od. bei zu geringem Licht wachsen u. dadurch ein nicht normales Wachstum (z. B. zu lange, gelblich blasse Stiele) zeigen, vergeilen (von Pflanzen)
etisch ⟨*engl.*⟩ (Sprachwiss.): nicht bedeutungsunterscheidend, nicht distinktiv (Ggs.: emisch)
Etü|de, die; -, -n ⟨*lat.-frz.*⟩: Übungs-, Vortrags-, Konzertstück, das spezielle Schwierigkeiten enthält
Etui [ɛtˈvi:, eˈtÿi:], das; -s, -s ⟨*frz.*⟩: kleines [flaches] Behältnis zum Aufbewahren kostbarer od. empfindlicher Gegenstände
ety|misch ⟨*gr.*⟩: das Etymon, die wahre, eigentliche Bedeutung betreffend
Ety|mo|lo|ge, der; -n, -n ⟨*gr.-lat.*⟩: Wissenschaftler, der die Herkunft u. Geschichte von Wörtern untersucht. **Ety|mo|lo|gie,** die; -, ...ien: **a)** (ohne Plural) Wissenschaft von der Herkunft, Geschichte u. Grundbedeutung der Wörter; **b)** Herkunft, Geschichte u. Grundbedeutung eines Wortes. **Ety|mo|lo|gin,** die; -, -nen: weibliche Form zu ↑Etymologe. **ety|mo|lo|gisch:** die Etymologie (b) betreffend

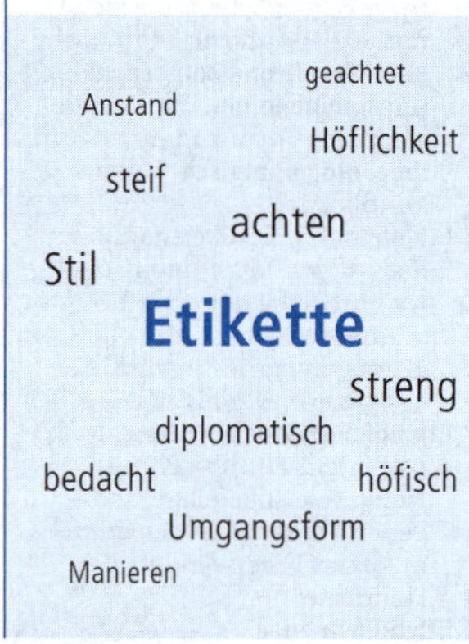

ety|mo|lo|gi|sie|ren: nach Herkunft u. Wortgeschichte untersuchen
Ety|mon [auch: ˈɛ...], das; -s, ...ma ⟨*gr.;* »das Wahre«⟩ (Sprachwiss.): die sogenannte ursprüngliche Form u. Bedeutung eines Wortes; Stammwort
Ẹt-Zei|chen, das; -s, -: Und-Zeichen (Zeichen: &)

eu..., Eu...

⟨*gr.* eû »gut, wohl«⟩
Präfix mit der Bedeutung »wohl, gut, schön, reich«:
- Eucharistie
- Eugenik
- euphemistisch
- Euphorie
- Eustress
- eutroph

Eu|bak|te|rie, die; - ⟨*gr.-nlat.*⟩ (Med.): normale Zusammensetzung der Bakterien in den Organen der Menschen
Eu|bi|o|tik, die; - ⟨*gr.-nlat.*⟩ (Med.): Lehre vom gesunden [körperlichen u. geistigen] Leben
Eu|bu|lie, die; - ⟨*gr.*⟩: Vernunft, Einsicht
Eu|cha|ris|tie [...ç...], die; -, ...ien ⟨*gr.-lat.;* »Danksagung«⟩: **a)** (ohne Plural) Sakrament des Abendmahls in der christlichen Kirche; ↑Altarsakrament; **b)** Feier des heiligen Abendmahls als Mittelpunkt des christlichen Gottesdienstes; **c)** die eucharistische Gabe (Brot u. Wein)
Eu|cha|ris|tie|fei|er, die; -, -n: katholische Feier der Messe
eu|cha|rịs|tisch ⟨*gr.-nlat.*⟩: auf die Eucharistie bezogen; **Eucharistischer Kongress:** [internationale] katholische Tagung zur

Feier u. Verehrung der Eucharistie

Eu|dä|mo|nie, die; - ⟨*gr.*⟩ (Philos.): Glückseligkeit, seelisches Wohlbefinden

Eu|dä|mo|nis|mus, der; - ⟨*gr.-nlat.*⟩: philosophische Lehre, die im Glück des Einzelnen od. der Gemeinschaft die Sinnerfüllung menschlichen Daseins sieht. **Eu|dä|mo|nist**, der; -en, -en: Vertreter des Eudämonismus. **Eu|dä|mo|nis|tin**, die; -, -nen: weibliche Form zu ↑Eudämonist. **eu|dä|mo|nis|tisch**: **a)** auf den Eudämonismus bezogen; **b)** dem Eudämonismus entsprechend

Eu|dio|me|ter, das; -s, - ⟨*gr.-nlat.*⟩: Glasröhre zum Abmessen von Gasen. **Eu|dio|me|t|rie**, die; -: Messung des Sauerstoffgehaltes der Luft als Güteprobe

Eu|do|xie, die; -, ...ien ⟨*gr.*⟩: **1.** guter Ruf. **2.** richtiges Urteil

Eu|er|gie, die; - ⟨*gr.-nlat.*⟩ (Med.): unverminderte Leistungsfähigkeit u. Widerstandskraft des gesunden Organismus

Eu|fo|nie, Euphonie, die; -, ...ien ⟨*gr.-lat.*⟩ (bes. Sprachwiss., Musik): sprachlicher Wohlklang, Wohllaut (Ggs.: Kakofonie). **eu|fo|nisch**, euphonisch: **a)** (bes. Sprachwiss.; Musik) wohllautend, -klingend; **b)** die Aussprache erleichternd (von Lauten, z. B. t in eigen*t*lich)

Eu|fo|ni|um, Euphonium, das; -s, ...ien ⟨*gr.-nlat.*⟩: **1.** Glasröhrenspiel, das durch Bestreichen mit den Fingern zum Klingen gebracht wird. **2.** Baritonhorn

Eu|ge|ne|tik, die; - ⟨*gr.-nlat.*⟩: ↑Eugenik. **eu|ge|ne|tisch**: ↑eugenisch

Eu|ge|nik, die; - (Med. veraltend): Wissenschaft von der Verbesserung der Erbanlagen in der menschlichen Bevölkerung (z. B. durch die Zurückdrängung von Erbkrankheiten). **eu|ge|nisch**: die Eugenik betreffend

Eu|ge|nol, das; -s ⟨*nlat.*⟩ (Chemie): Nelkenriechstoff, Hauptbestandteil des Nelkenöls

Eu|g|na|thie, die; - ⟨*gr.-nlat.*⟩ (Med.): normale Ausbildung u. Funktion des Kausystems (Kiefer u. Zähne)

eu|he|d|ral ⟨*gr.-nlat.*⟩: ↑idiomorph

Eu|he|me|ris|mus, der; - ⟨*nlat.*; nach dem gr. Philosophen Euhemeros, um 300 v. Chr.⟩: [rationalistische] Deutung von Mythen u. Religionen. **eu|he|me|ris|tisch**: Religion u. Götterverehrung im Sinne des Euhemerismus deutend

Eu|ka|lyp|tus, der; -, ...ten u. - ⟨*gr.-nlat.*⟩: aus Australien stammende Gattung immergrüner Bäume u. Sträucher

Eu|ka|ry|ont, Eu|ka|ry|ot, der; -en, -en ⟨*gr.*⟩ (Biol.): Kleinstorganismus mit echtem Zellkern (Ggs.: Prokaryont). **eu|ka|ry|on|tisch, eu|ka|ry|o|tisch** (Biol.): einen Zellkern besitzend; zu den Eukaryo[n]ten zählend (Ggs.: prokaryontisch)

Eu|ki|ne|tik, die; - ⟨*gr.-nlat.*⟩ (Tanzkunst): Lehre von der schönen u. harmonischen Bewegung

eu|k|li|disch: euklidische Geometrie (Math.): Geometrie, die auf den von Euklid festgelegten Axiomen beruht

Eu|ko|lie, die; - ⟨*gr.*⟩ (Psychol.): heitere, zufriedene Gemütsverfassung

Eu|k|ra|sie, die; - ⟨*gr.*; »gute Mischung«⟩ (Med.): normale Zusammensetzung der Körpersäfte

Eu|lan®, das; -s ⟨Kurzw. aus *gr. eu* »gut« u. *lat. lana* »Wolle«⟩: Mittel, das verwendet wird, um Wolle, Federn od. Haare vor Motten zu schützen. **eu|la|ni|sie|ren**: durch Eulan vor Motten schützen

Eu|lo|gie, die; -, ...ien ⟨*gr.-lat.*⟩: **1.** kirchlicher Segensspruch, Weihegebet. **2.** in der orthodoxen Kirche das nicht zur Eucharistie benötigte Brot, das als »Segensbrot« nach dem Gottesdienst verteilt wird

Eu|me|ni|de, die; -, -n (meist Plural) ⟨*gr.-lat.*; »die Wohlwollende«⟩: verhüllender Name der ↑Erinnye

Eu|nuch, der; -en, -en ⟨*gr.-lat.*; »Betthalter, -schützer«⟩: durch Kastration zeugungsunfähig gemachter Mann [als Haremswächter]. **Eu|nu|chis|mus**, der; - (Med.): Gesamtheit der charakteristischen Veränderungen im Erscheinungsbild eines Mannes nach der Kastration

Eu|nu|cho|i|dis|mus, der; - ⟨*gr.-nlat.*⟩ (Med.): auf Unterfunktion der Keimdrüsen beruhende Form des ↑Infantilismus mit unvollkommener Ausbildung der Geschlechtsmerkmale

Eu|o|ny|mus, Evonymus, der, auch: die; - ⟨*gr.-lat.*⟩: Gattung der Spindelbaumgewächse (Ziersträucher; z. B.: Pfaffenhütchen)

Eu|pa|the|o|s|kop, das; -s, -e ⟨*gr.-nlat.*⟩ (früher): Gerät zum Messen des [Raum]klimas, das Temperatur, Strahlung u. Ventilation berücksichtigt

eu|pe|la|gisch ⟨*gr.-nlat.*⟩ (Biol.): dauernd im freien Seewasser lebend (von Pflanzen u. Tieren)

Eu|phe|mis|mus, der; -, ...men ⟨*gr.-nlat.*⟩: mildernde, verhüllende, beschönigende Umschreibung für ein anstößiges od. unangenehmes Wort (z. B. »dahinscheiden« für »sterben«). **eu|phe|mis|tisch**: mildernd, verhüllend, beschönigend

Eu|pho|nie usw. vgl. Eufonie usw.

Eu|phor|bia, Eu|phor|bie, die; -, ...ien ⟨*gr.-lat.*⟩: Gattung der Wolfsmilchgewächse (Zierstaude)

Eu|phor|bi|um, das; -s ⟨*gr.-nlat.*⟩: Gummiharz einer marokkanischen Euphorbiapflanze (in der Tierheilkunde verwendet)

Eu|pho|rie, die; -, ...ien ⟨*gr.*⟩: **a)** augenblickliche, heiter-zuversichtliche Gemütsstimmung; Hochgefühl, Hochstimmung; **b)** (ohne Plural; Med., Psychol.) subjektives Wohlbefinden Schwerkranker (Ggs.: Dysphorie)

Eu|pho|ri|kum, das; -s, ...ka (Med.): Rauschmittel mit euphorisierender Wirkung

eu|pho|risch: **a)** in heiterer Gemütsverfassung, hochgestimmt; **b)** (Med., Psychol.) die Euphorie (b) betreffend (Ggs.: dysphorisch)

eu|pho|ri|sie|ren (bes. Med.): [durch Drogen u. Rauschmittel] ein inneres Glücks- od. Hochgefühl erzeugen

eu|pho|tisch, eufotisch ⟨*gr.-nlat.*⟩: lichtreich (in Bezug auf die obersten Schichten von Gewässern) (Ggs.: aphotisch)

Eu|phu|is|mus, der; - ⟨*engl.*; nach dem Roman »Euphues« des Engländers Lyly von 1579⟩: Schwulststil in der englischen Barockliteratur. **eu|phu|is|tisch:** in der Art des Euphuismus

eu|p|lo|id ‹*gr.-nlat.*› (Biol.): ausschließlich vollständige Chromosomensätze (vgl. Chromosom) aufweisend (von den Zellen eines Organismus) (Ggs.: aneuploid). **Eu|p|lo|i|die,** die; - (Biol.): das Vorliegen ausschließlich vollständiger Chromosomensätze in den Zellen von Organismen, wobei jedes ↑Chromosom jeweils einmal vorhanden ist

Eu|pnoe, die; - ‹*gr.*› (Med.): regelmäßige, ruhige Atmung

Eu|pra|xie, die; - ‹*gr.*›: sittlich richtiges Handeln

eur..., Eur... vgl. euro..., Euro...

eu|ra|f|ri|ka|nisch ‹Kurzw. aus *eur*opäisch u. *afrikanisch*›: Europa u. Afrika gemeinsam betreffend

eu|ra|si|a|tisch ‹Kurzw. aus *eur*opäisch u. *asiatisch*›: über das Gesamtgebiet Europas und Asiens verbreitet (z. B. von Tieren und Pflanzen)

Eu|ra|si|en, das; -[s]: Festland von Europa u. Asien, größte zusammenhängende Landmasse der Erde. **Eu|ra|si|er,** der; -s, -: **1.** Bewohner Eurasiens. **2.** jmd., der als Kind eines europäischen u. eines asiatischen Elternteils geboren wurde. **Eu|ra|si|e|rin,** die; -, -nen: weibliche Form zu ↑Eurasier. **eu|ra|sisch:** **a)** Eurasien betreffend; **b)** die Eurasier betreffend

Eu|ra|tom, die; - ‹Kurzw. aus *Eur*opäische *Atom*(energie)gemeinschaft›: eigenständige Organisation der Länder der Europäischen Union zur gemeinsamen friedlichen Nutzung der Atomenergie

Eu|rex, die; - ‹Kurzw. aus *engl.* *Eur*opean *Ex*change›: weltweit größte transnationale Börsenplattform für den Handel mit ↑Derivaten (4)

Eu|rhyth|mie, die; - ‹*gr.-lat.*›: **1.** Gleichmaß von Bewegungen. **2.** (Med.) Regelmäßigkeit des Pulses. **3.** ↑Eurythmie. **Eu|rhyth|mik,** die; - ‹*gr.-nlat.*›: ↑Eurhythmie (1)

Eu|ro, der; -[s], -s (aber: 10 -) ‹Kunstw.›: Währungseinheit der Europäischen Währungsunion (Zeichen: €)

eu|ro..., Eu|ro...

vor Vokalen meist: eur..., Eur...
‹*gr.* Eurṓpē »der Erdteil Europa«›
Wortbildungselement mit der Bedeutung »Europa betreffend, in Europa befindlich, gültig«:
- Eurasien
- Eurocheque
- Eurovision
- eurozentrisch

eu|ro|at|lan|tisch (bes. Politik): Europa sowie die westl. Anrainerstaaten des Nordatlantiks betreffend, dazu gehörig; die Nato u. [West]europa betreffend

Eu|ro|bond, der; -s, -s (meist Plural): kurz- bis mittelfristige Anleihe auf dem Eurokapitalmarkt

Eu|ro|card® [...ka:ɐ̯t], die; -, -s ‹*engl.*›: eine Kreditkarte für den bargeldlosen Zahlungsverkehr

Eu|ro|cent [...sɛnt], der; -[s], -[s] (aber: 5 -): ↑Cent

Eu|ro|cheque [...ʃɛk], der; -s, -s ‹Kurzw. aus *euro*päisch u. *frz.* *chèque*›: (bis 31. 12. 2001) offizieller, bei den Banken fast aller europäischen Länder einlösbarer Scheck

Eu|ro|ci|ty® [...sɪti], der; -[s], -s ‹Kurzw. aus *euro...* u. ↑*Intercity*›: Intercity im Fernverkehr mit dem Ausland (Abk.: EC)

Eu|ro|con|t|rol [...kəntrɔʊ̯l], die; - ‹Kurzw. aus *Euro*pa u. *engl.* to *control* »überwachen, prüfen« für *engl.* European Organization for the Safety of Air Navigation›: europäische Organisation zur Sicherung des Luftverkehrs im oberen Luftraum

Eu|ro|dol|lars, die (Plural) ‹Kurzw. aus *euro*päisch u. ↑*Dollar*› (Wirtsch.): Dollarguthaben in Europa für Geld- u. Kreditgeschäfte europäischer Banken od. europäischer Niederlassungen von US-Banken

Eu|ro|figh|ter [...faɪ̯tɐ], der; -s, - ‹*engl.*›: europäisches Kampfflugzeug

Eu|ro|kom|mu|nis|mus, der; - (Politik): bis zur Auflösung der Sowjetunion in den kommunistischen Parteien Westeuropas vertretene politische Richtung, die nationalen Sonderformen des Kommunismus Platz einzuräumen versuchte

Eu|ro|kon|zern, der; -[e]s, -e: Konzern, dessen einzelne Unternehmen ihren Sitz in verschiedenen Ländern Europas haben

Eu|ro|krat, der; -en, -en ‹*frz.*› (Politik): Politiker, der den Interessen der Europäischen Union (bes. gegenüber den USA) Vorrang einräumt. **Eu|ro|kra|tie,** die; -: ↑Bürokratie (1) der Europäischen Union

eu|ro|kri|tisch: **1.** gegenüber dem Euro kritisch [eingestellt]. **2.** gegenüber der Europäischen Union kritisch [eingestellt]

Eu|ro|mix, der; -: in den meisten europäischen Ländern eingesetztes Testverfahren für den Kraftstoffverbrauch von Pkws

Eu|ro|norm, die; -, -en: in der Europäischen Union geltende Norm (5) für Maße, Produkte, Verfahren u. Ä.

Eu|ro|pa|cup [...kap], der; -s, -s ‹*engl.*›: **1.** Wettbewerb im Sport für Mannschaften aus europäischen Ländern um einen Pokal als Siegestrophäe. **2.** die Siegestrophäe dieses Wettbewerbs

eu|ro|pä|i|sie|ren: nach europäischem Vorbild umgestalten. **Eu|ro|pä|i|sie|rung,** die; -: das Europäisieren, Europäisiertwerden

Eu|ro|pa|par|la|ment, das; -: kurz für: Europäisches Parlament

Eu|ro|pe|an Re|co|ve|ry Pro|gram [jʊ̯ərəˈpi:ən riˈkʌvəri ˈprɔʊ̯græm], das; - - - ‹*engl.*›: ↑Marshallplan, US-amerikanisches Wiederaufbauprogramm für Europa nach dem 2. Weltkrieg (Abk.: ERP)

eu|ro|pid ‹*gr.-nlat.*› (Anthropol. veraltet): zu den Europiden gehörend. **Eu|ro|pi|de,** der u. die; -n, -n (Anthropol. veraltet): Angehörige[r] des in Europa, Nordafrika u. dem Westteil Asiens einheimischen Menschentypus, der durch bestimmte äußere Merkmale (z. B. schwache Pigmentierung der Haut u. der Haare) gekennzeichnet ist

Eu|ro|pi|um, das; -s: chem. Element aus der Gruppe der Metalle der seltenen Erden (Zeichen: Eu)

Eu|ro|pol, die; - ‹Kurzw. aus *Euro*päisches *Pol*izeiamt›: europäisches Kriminalamt

eu|ro|si|bi|risch ‹Kurzw. aus *euro*päisch u. *sibirisch*›: über Europa u. die Nordhälfte Asiens verbreitet (von Tieren u. Pflanzen)

Eu|ro|sta|bi|li|täts|pakt, Eu|ro-Sta|bi|li|täts|pakt, der; -s: Vereinbarung, die die Mitgliedstaaten der EU dazu verpflichtet, möglichst schnell ausgeglichene Staatshaushalte zu erreichen

Eu|ro|star®, der; -s, -s: Hochgeschwindigkeitszug zwischen London u. Paris bzw. Brüssel

Eu|ro|vi|si|on, die; - ‹Kurzw. aus *euro*päisch u. ↑Tele*vision*›: Zusammenschluss [west]europäischer Rundfunk- u. Fernsehorganisationen

eu|ro|zen|t|risch: Europa als Mittelpunkt auffassend, auf Europa als Mittelpunkt bezogen

eu|ry|chor ‹*gr.-nlat.*›: ↑eurytop

eu|ry|ha|lin: gegen Schwankungen des Salzgehaltes im Boden u. im Wasser unempfindlich (von Pflanzen u. Tieren) (Ggs.: stenohalin)

eu|ry|ök: gegen größere Schwankungen der Umweltfaktoren unempfindlich (von Pflanzen u. Tieren) (Ggs.: stenök)

eu|ry|oxy|bi|ont: gegen Schwankungen des Sauerstoffgehalts unempfindlich (von Pflanzen u. Tieren)

eu|ry|phag: nicht auf bestimmte Nahrung angewiesen (von Pflanzen u. Tieren) (Ggs.: stenophag)

Eu|ry|pro|s|o|pie, die; - (Med.): Breitgesichtigkeit

eu|ry|som (Med.): breitwüchsig

eu|ry|therm: unabhängig von Temperaturschwankungen (von Lebewesen) (Ggs.: stenotherm)

Eu|ryth|mie, die; - ‹*gr.-lat.;* vom Begründer der ↑Anthroposophie, R. Steiner, gebrauchte Schreibung›: in der Anthroposophie gepflegte Bewegungskunst u. -therapie, bei der Gesprochenes, Vokal- u. Instrumentalmusik in Ausdrucksbewegungen umgesetzt werden. **eu|ryth|misch:** die Eurythmie betreffend, zu ihr gehörend. **Eu|ryth|mist,** der; -en, -en: jmd., der Eurythmie ausübt. **Eu|ryth|mis|tin,** die; -, -nen: weibliche Form zu ↑Eurythmist

eu|ry|top ‹*gr.-nlat.*›: weit verbreitet (von Pflanzen u. Tieren)

Eu|se|bie, die; - ‹*gr.*›: Gottesfurcht, Frömmigkeit (Ggs.: Asebie)

Eu|s|ta|chi-Röh|re, Eu|s|ta|chi|röh|re, die; -, -n ‹nach dem it. Arzt Eustachio› (Biol., Med.): eustachische Röhre. **eu|s|ta|chisch** ‹nach dem it. Arzt Eustachi[o]›: **eustachische Röhre, eustachische Tube** (Biol., Med.): Ohrtrompete (Verbindungsgang zwischen Mittelohr u. Rachenraum)

Eu|s|ta|sie, die; -, ...ien ‹*gr.-nlat.*›: durch Veränderungen im Wasserhaushalt der Erde hervorgerufene Meeresspiegelschwankung. **eu|s|ta|tisch:** durch ↑Tektonik (1) räumlich verändert (z. B. von Meeresbecken)

Eu|stress, der; -es, -se ‹gebildet aus *gr.* eu »gut« u. ↑Stress› (Med., Psychol.): anregender, motivierender Stress; »positiver« Stress (Ggs.: Disstress)

Eu|tek|ti|kum, das; -s, ...ka ‹*gr.-nlat.*›: feines kristallines Gemisch zweier od. mehrerer Kristallarten, das aus einer erstarrten, einheitlichen Schmelze entstanden ist u. den niedrigsten möglichen Schmelz- bzw. Erstarrungspunkt (den eutektischen Punkt) zeigt. **eu|tek|tisch:** dem Eutektikum entsprechend, das Eutektikum betreffend; **eutektischer Punkt:** tiefster Schmelz- bzw. Erstarrungspunkt von Gemischen

Eu|tek|to|id, das; -s, -e: Stoff, der aus zwei od. mehreren im eutektischen Punkt zusammengeschmolzenen Stoffen besteht

Eu|tha|na|sie, die; - ‹*gr.;* »schöner, leichter Tod«›: **1.** (Med. veraltet) **a)** Erleichterung des Sterbens, bes. durch Schmerzlinderung mit Narkotika; **b)** absichtliche Herbeiführung des Todes bei unheilbar Kranken durch Medikamente od. durch Abbruch der Behandlung. **2.** (nationalsozialistisch verhüllend) systematische Ermordung psychisch kranker, geistig u. körperlich behinderter Menschen

Eu|thy|mie, die; - ‹*gr.*› (veraltet): Heiterkeit, Frohsinn

Eu|to|kie, die; - ‹*gr.*› (Med.): normale Entbindung (Ggs.: Dystokie)

Eu|to|nie, die; - (Med.): normaler Spannungszustand der Muskeln u. Gefäße (Ggs.: Dystonie)

Eu|to|pie, die; - ‹*gr.-nlat.*› (Med.): normale Lage [von Organen] (Ggs.: Dystopie)

eu|trop ‹*gr.*› (Bot.): für Insekten u. Vögel nur schwer zugänglichen Honig besitzend (von Blüten)

eu|troph ‹*gr.;* »gut nährend«›: **1. a)** nährstoffreich (von Böden od. Gewässern); **eutrophe Pflanzen:** an nährstoffreichen Boden gebundene Pflanzen; **b)** zu viel Nährstoffe enthaltend, überdüngt (von Gewässern). **2.** (Med.) ausreichend mit Nährstoffen versorgt

Eu|tro|phie, die; -: **1.** (Bot.) (von Gewässern) übermäßiges Angereichertsein mit Nährstoffen (Ggs.: Oligotrophie). **2.** (Med.) **a)** guter Ernährungszustand des Organismus (bes. von Säuglingen) (Ggs.: Dystrophie [a]); **b)** regelmäßige u. ausreichende Versorgung eines Organs mit Nährstoffen (Ggs.: Dystrophie [b])

eu|tro|phie|ren: eutroph (1) werden. **Eu|tro|phie|rung,** die; -, -en: unerwünschte Zunahme eines Gewässers an Nährstoffen u. damit verbundenes nutzloses u. schädliches Pflanzenwachstum

Eu|zo|ne, Evzone, der; -n, -n ‹*gr.-ngr.*›: Soldat einer Infanterieelitetruppe der griechischen Armee

Eva|ku|a|ti|on, die; -, -en ‹*lat.*›: ↑Evakuierung; vgl. ...ation/...ierung. **eva|ku|ie|ren: 1. a)** die Bewohner eines Gebietes oder Hauses [vorübergehend] aussiedeln, wegbringen; **b)** wegen einer drohenden Gefahr ein Gebiet [vorübergehend] von seinen Bewohnern räumen. **2.** (Technik) ein ↑Vakuum herstellen; luftleer machen. **3.** (veraltet) ausleeren, entleeren. **Eva|ku|ie|rung,** die; -, -en: **1. a)** Gebietsräumung; **b)** Aussiedlung von Bewohnern. **2.** Herstellung eines ↑Vakuums; vgl. ...ation/...ierung

Eva|lu|a|ti|on, die; -, -en ‹*lat.-frz.-engl.*›: **a)** Bewertung, Bestimmung des Wertes; **b)** (Päd.) Beurteilung [von Lehrplänen und

Unterrichtsprogrammen]; vgl. ...ation/...ierung
eva|lu|a|tiv: wertend, beurteilend
eva|lu|ie|ren: a) bewerten; b) [Lehrpläne, Unterrichtsprogramme, Forschungsvorhaben] fachgerecht einschätzen u. beurteilen. **Eva|lu|ie|rung,** die; -, -en: Auswertung; vgl. ...ation/...ierung
Eval|va|ti|on, die; -, -en ‹*lat.-frz.*›: Schätzung, Wertbestimmung; vgl. ...ation/...ierung. **eval|vie|ren:** abschätzen

Evan|ge|le, der u. die; -n, -n ‹*gr.-mlat.*› (ugs.): ↑Protestant (1); vgl. Kathole
Evan|ge|li|ar, das; -s, -e u. -ien, **Evan|ge|li|a|ri|um,** das; -s, ...ien: liturgisches Buch (↑Lektionar) mit dem vollständigen Text der vier Evangelien u. meist einem Verzeichnis der bei der Messe zu lesenden Abschnitte
Evan|ge|li|en|har|mo|nie, die; -, ...ien: eine vor allem im Altertum u. Mittelalter vorkommende, aus dem Wortlaut der vier Evangelien zusammengefügte Erzählung vom Leben u. Wirken Jesu
evan|ge|li|kal ‹*gr.-mlat.-engl.*›: 1. dem Evangelium gemäß. 2. zur englischen ↑Low Church gehörend. 3. die unbedingte Autorität des Neuen Testaments im Sinne des ↑Fundamentalismus (1) vertretend (von der Haltung evangelischer Freikirchen). **Evan|ge|li|ka|le,** der u. die; -n, -n: jmd., der der evangelikalen (vgl. evangelikal 3) Richtung angehört
Evan|ge|li|sa|ti|on, die; -, -en ‹*gr.-lat.-nlat.*›: das Evangelisieren
evan|ge|lisch ‹*gr.-lat.*›: 1. das Evangelium betreffend, auf dem Evangelium fußend; **evangelische Räte:** nach der katholischen Moraltheologie die drei Ratschläge Christi zu vollkommenem Leben (Armut, Keuschheit, Gehorsam), Grundlage der Mönchsgelübde. 2. ↑protestantisch (Abk.: ev.)
evan|ge|lisch-lu|the|risch: einer protestantischen Bekenntnisgemeinschaft angehörend, die sich ausschließlich an Martin Luther (1483–1546) u. seiner Theologie orientiert (Abk.: ev.-luth.)
evan|ge|lisch-re|for|miert: einer protestantischen Bekenntnisgemeinschaft angehörend, die auf die schweizerischen Reformatoren Ulrich Zwingli (1484–1531) u. Johann Calvin (1509–1564) zurückgeht (Abk.: ev.-ref.)
evan|ge|li|sie|ren ‹*gr.-lat.-nlat.*›: mit dem Evangelium vertraut machen, zum Evangelium (1) bekehren. **Evan|ge|li|sie|rung,** die; -, -en: das Evangelisieren
Evan|ge|list, der; -en, -en ‹*gr.-lat.*›: 1. Verfasser eines der vier Evangelien (2 a). 2. das Evangelium verlesender Diakon. 3. evangelisierender [Wander]prediger, bes. einer evangelischen Freikirche
Evan|ge|lis|tar, das; -s, -e, **Evan|ge|lis|ta|ri|um,** das; -s, ...ien ‹*gr.-lat.-nlat.*›: liturgisches Buch, das die in der Messe zu lesenden Abschnitte aus den Evangelien (2 a) enthält; vgl. Evangeliar
Evan|ge|lis|ten|sym|bol, das; -s, -e: eins der den vier Evangelisten (1) zugeordneten Bildsymbole: Engel od. Mensch (Matthäus), Löwe (Markus), Stier (Lukas), Adler (Johannes)
Evan|ge|lis|tin, die; -, -nen: weibliche Form zu ↑Evangelist (2, 3)
Evan|ge|li|um, das; -s, ...ien ‹*gr.-lat.;* »gute Botschaft«›: 1. (ohne Plural) die Frohe Botschaft von Jesus Christus, Heilsbotschaft Christi. 2. a) von einem der vier Evangelisten (1) verfasster Bericht über das Leben u. Wirken Jesu (Abk.: Ev.); b) für die gottesdienstliche Lesung vorgeschriebener Abschnitt aus einem Evangelium (2 a)
Eva|po|ra|ti|on, die; -, -en ‹*lat.;* »Ausdampfung«›: Verdampfung, Verdunstung [von Wasser]
Eva|po|ra|tor, der; -s, ...oren ‹*lat.-nlat.*›: Gerät zur Gewinnung von Süßwasser [aus Meerwasser]
eva|po|rie|ren: a) verdunsten; b) Wasser aus einer Flüssigkeit (bes. Milch) verdampfen lassen u. sie auf diese Weise eindicken
Eva|po|ri|me|ter, das; -s, - ‹*lat.; gr.*› (Physik, Meteorol.): Verdunstungsmesser
Eva|po|rit, der; -s, -e: ein durch Evaporation gebildetes Gestein, z. B. Gips u. Steinsalz
Eva|po|ro|gra|fie, Eva|po|ro|gra|phie, die; - ‹»Verdampfungsaufzeichnung«›: älteres Verfahren der Thermografie, das zur Abbildung eines Gegenstandes die von diesem ausgehenden Wärmestrahlen benutzt
Eva|si|on, die; -, -en ‹*lat.*›: 1. das Entweichen, Flucht; vgl. Invasion (1). 2. Ausflucht
eva|siv ‹*lat.-nlat.*› (bildungsspr.): Ausflüchte enthaltend; vgl. ...iv/...orisch. **eva|so|risch:** [mithilfe von Literatur] aus der Realität fliehend; vgl. ...iv/...orisch
Evek|ti|on, die; - ‹*lat.*› (Astron.): durch die Sonne hervorgerufene Störung der Mondbewegung
Eve|ne|ment [evenəˈmɑ̃:], das; -s, -s ‹*lat.-frz.*› (geh. veraltet): 1. Begebenheit, Ereignis. 2. Erfolg, Ausgang einer Sache
Event [iˈvɛnt], das od. der; -s, -s ‹*lat.-afrz.-engl.*› (Jargon): Veranstaltung, Ereignis
Even|tail [evɑ̃ˈta:j], das; -s, -s ‹*lat.-frz.*›: Fächermuster auf Bucheinbänden
Even|t|ra|ti|on, die; -, -en ‹*lat.-nlat.*›: 1. (Med.) das Heraustreten der Baucheingeweide nach operativem Bauchschnitt od. nach schwerer Verletzung der Bauchdecke; größerer Bauchbruch mit Eingeweiden im Bruchsack. 2. ↑Eviszeration
even|tu|al ‹*lat.-mlat.*› (selten): ↑eventuell (1)
Even|tu|al|an|trag, der; -[e]s, ...anträge (schweiz. Rechtsspr.): Neben-, Hilfsantrag, der für den Fall gestellt wird, dass der Hauptantrag abgewiesen wird
Even|tu|al|do|lus vgl. Dolus eventualis
Even|tu|a|li|tät, die; -, -en: Möglichkeit, möglicher Fall
even|tu|a|li|ter (geh.): vielleicht, eventuell (2)
Even|tu|al|quo|te, die; -, -n: (Lotterie) ↑Quote bei Pferdewetten für ein Pferd, das hätte Sieger werden können
even|tu|ell ‹*lat.-mlat.-frz.*›: 1. möglicherweise eintretend. 2. gegebenenfalls, unter Umständen, vielleicht (Abk.: evtl.)
Ever|glaze® [ˈɛvɐglɛɪz], das; -, - ‹*engl.;* »Immerglanz«›: durch bestimmtes Verfahren krumpf- u. knitterfrei gemachtes

[Baumwoll]gewebe mit erhaben geprägter Kleinmusterung

Ever|green ['ɛvɐgri:n], der, auch: das; -s, -s ‹*engl.;* »immergrün«›: **1.** Musikstück, bes. Schlager o. Ä., das längere Zeit beliebt bleibt u. immer wieder gespielt wird. **2.** ↑²Standard

Ever|si|on, die; -, -en ‹*lat.*› (Med.): Auswärtsdrehung des Fußes od. der Hand

Ever|te|b|rat, der; -en, -en (meist Plural) ‹*lat.-nlat.*›: wirbelloses Tier (Ggs.: Vertebrat)

Eve|ry|bo|dy's Dar|ling ['ɛvrɪbɔdiz -], der; - -s, - -s ‹*engl.*›: jmd., der [aufgrund seines Bemühens, allen zu gefallen, es allen recht zu machen] überall beliebt, gern gesehen ist

Evi|de|ment [evidə'mɑ̃:], das; -s, -s ‹*lat.-vulgärlat.-frz.*› (Med. veraltet): Auskratzung von Knochenteilen od. der Gebärmutterschleimhaut [mit einem scharfen Löffel]; Kürettage

evi|dent ‹*lat.*›: offenkundig u. klar ersichtlich; offen zutage liegend; überzeugend, offenbar. **Evi|denz,** die; -: (bildungsspr.) vollständige, unmittelbare Einsichtigkeit, Deutlichkeit, Gewissheit; **etwas in Evidenz halten** (österr.): etwas im Auge behalten

evi|denz|ba|siert (Med.): auf der Basis empirisch zusammengetragener u. bewerteter wissenschaftlicher Erkenntnisse erfolgend (von diagnostischen od. therapeutischen Maßnahmen)

Evi|denz|zen|t|ra|le, die; -: öffentliche od. private Stelle, die Informationen über Millionenkredite und Mehrfachschuldner sammelt u. an betroffene Banken weitergibt

Evik|ti|on, die; -, -en ‹*lat.*› (Rechtswiss.): Entziehung eines Besitzes durch richterliches Urteil, weil ein anderer ein größeres Recht darauf hat. **evin|zie|ren** (Rechtswiss.): jmdm. durch richterliches Urteil einen Besitz entziehen, weil ein anderer ein größeres Recht darauf hat

Evi|pan® [...v...], das; -s ‹Kunstw.›: Handelsname für ein Barbitursäurederivat, das zur Narkotisierung dient

Evi|ra|ti|on, die; - ‹*lat.;* »Entmannung«› (Psychol.): Verlust des männlichen Gefühlslebens u. Charakters u. deren Ersatz durch entsprechende weibliche Eigenschaften

Evis|ze|ra|ti|on, die; -, -en ‹*lat.*› (Med.): Entleerung des Körpers von Brust- u. Baucheingeweiden (bei der Leibesfrucht im Rahmen einer ↑Embryotomie)

Evo|ka|ti|on, die; -, -en ‹*lat.;* »Herausrufen, Aufforderung«›: **1.** Erweckung von Vorstellungen od. Erlebnissen bei der Betrachtung eines Kunstwerkes. **2.** (Geschichte) Recht des Königs bzw. des Papstes, eine nicht erledigte Rechtssache unter Umgehung der Instanzen vor sein [Hof]gericht zu bringen. **3.** Vorladung eines Beklagten vor ein Gericht. **4.** (Geschichte) Herausrufung der Götter einer belagerten Stadt, um sie auf die Seite der Belagerer zu ziehen (altrömischer Kriegsbrauch)

evo|ka|tiv: bestimmte Vorstellungen enthaltend; vgl. ...iv/...orisch. **evo|ka|to|risch:** bestimmte Vorstellungen erweckend; vgl. ...iv/...orisch

Evo|lu|te, die; -, -n ‹*lat.*›: Kurve, die aus einer aufeinanderfolgenden Reihe von Krümmungsmittelpunkten einer anderen Kurve (der Ausgangskurve) entsteht

Evo|lu|ti|on, die; -, -en: **1. a)** allmählich fortschreitende Entwicklung; Fortentwicklung im Geschichtsablauf; **b)** stammesgeschichtliche Entwicklung der Lebewesen von niederen zu höheren Formen. **2.** ↑Präformation. **evo|lu|ti|o|när** ‹*lat.-nlat.*›: **a)** auf Evolution beruhend; **b)** sich allmählich u. stufenweise entwickelnd

Evo|lu|ti|o|nis|mus, der; -: naturphilosophische Richtung des 19. Jh.s, in deren Mittelpunkt der Evolutionsgedanke stand. **Evo|lu|ti|o|nist,** der; -en, -en: Anhänger des Evolutionismus. **Evo|lu|ti|o|nis|tin,** die; -, -nen: weibliche Form zu ↑Evolutionist. **evo|lu|ti|o|nis|tisch:** auf dem Evolutionismus beruhend

Evo|lu|ti|ons|the|o|rie, die; -, -ien: Theorie von der Entwicklung aller Lebewesen aus niederen, primitiven Organismen

evo|lu|tiv: a) (bes. Fachspr.) sich allmählich u. stufenweise [zu etwas Besserem] entwickelnd, fortschreitend; **b)** (Biol.) die Evolution (1 b) betreffend, darauf beruhend

Evol|ven|te, die; -, -n ‹*lat.;* »Abwicklungslinie«›: Ausgangskurve einer Evolute

Evol|ven|ten|ver|zah|nung, die; -, -en: Verzahnungsart von Zahnrädern, bei denen das Zahnprofil als Evolvente ausgebildet ist

evol|vie|ren: entwickeln, entfalten; entfaltend, entwickelnd darstellen; vgl. involvieren

Evo|ny|mus vgl. Euonymus

Evor|si|on, die; -, -en ‹*lat.-nlat.*› (Geol.): **a)** wirbelnde Bewegung des Steine u. Sand mitführenden Wassers, wodurch Strudellöcher (z. B. in Bächen) entstehen; **b)** durch wirbelnde Bewegung des Wassers entstandenes Strudelloch

evo|zie|ren ‹*lat.*›: **1.** durch ↑Evokation (1) hervorrufen, bewirken. **2.** [einen Beklagten] vorladen

ev|vi|va [ɛ'vi:va] ‹*lat.-it.;* »er lebe hoch!«›: italienischer Hochruf

Ev|zo|ne vgl. Euzone

ex ‹*lat.;* »aus«›: **1.** Aufforderung, ein Glas ganz zu leeren, auszutrinken. **2.** (ugs.) vorbei, aus, zu Ende. **3.** (salopp) tot

¹Ex, der; -, - (ugs.): früherer Freund od. Ehemann

²Ex, die; -, - (ugs.): frühere Freundin od. Ehefrau

ex..., Ex...

vor Konsonanten auch: e..., E..., und vor f: ef..., Ef...
‹*lat.* ex »aus, aus ... heraus, von ... her«›
Präfix mit der Bedeutung »aus, aus ... heraus, weg, ent...«:

- effilieren
- Evakuierung
- exhibitionistisch
- Exkurs
- explodieren
- Export

Die Bedeutung »ehemalig« hat das Präfix ex..., Ex... in Bildungen mit Personenbezeichnungen. Diese Verbindungen können generell mit oder ohne Bindestrich geschrieben werden, wie z. B. Ex-Frau/Exfrau, Ex-Freund/Exfreund, Ex-General/Exgeneral, Ex-Minister/Exminister und Ex-Weltmeister/Exweltmeister.

Exa|bec|que|rel [...bɛkəˈrɛl], das; -s, -: eine Trillion (10^{18}) Becquerel (Zeichen: EBq)

ex ab|rup|to ⟨*lat.*⟩: unversehens

Exa|byte [...bait], das; -[s], -[s] ⟨*gr.; engl.*⟩ (EDV): Einheit für sehr große Speicherkapazitäten; 10^{18} Byte (Zeichen: EB, EByte)

ex ae|quo [- ɛ:...] ⟨*lat.*⟩: in derselben Weise, gleichermaßen

Ex|ag|ge|ra|ti|on, die; -, -en ⟨*lat.*⟩ (Med.): unangemessen übertriebene Darstellung von Krankheitserscheinungen. **ex|ag|ge|rie|ren** (Med.): Krankheitserscheinungen unangemessen übertrieben darstellen

Ex|ai|re|se vgl. Exhärese

ex|akt ⟨*lat.*⟩: **1.** genau [u. sorgfältig]. **2.** pünktlich; **exakte Wissenschaften:** Wissenschaften, deren Ergebnisse auf logischen od. mathematischen Beweisen od. auf genauen Messungen beruhen (z. B. Mathematik, Physik)

Ex|akt|heit, die; -: Genauigkeit, Sorgfältigkeit

Ex|al|ta|ti|on, die; -, -en ⟨*lat.-frz.*⟩ (Psychol.): **a)** Zustand des Exaltiertseins; **b)** Vorgang des Exaltiertseins

ex|al|tie|ren: 1. sich überschwänglich benehmen. **2.** sich hysterisch erregen. **ex|al|tiert: 1.** aufgeregt. **2.** überspannt

Ex|a|men, das; -s, - u. ...mina ⟨*lat.*⟩: Prüfung (bes. als Studienabschluss)

Ex|a|mi|nand, der; -en, -en: Prüfling. **Ex|a|mi|nan|din,** die; -, -nen: weibliche Form zu ↑Examinand

Ex|a|mi|na|ti|on, die; -, -en: das Examinieren

Ex|a|mi|na|tor, der; -s, ...oren: Prüfer. **Ex|a|mi|na|to|rin,** die; -, -nen: weibliche Form zu ↑Examinator. **Ex|a|mi|na|to|ri|um,** das; -s, ...ien (veraltet): **1.** Prüfungskommission. **2.** Vorbereitung auf eine Prüfung

ex|a|mi|nie|ren: 1. im Rahmen eines Examens prüfen, befragen. **2.** prüfend ausfragen, ausforschen. **3.** prüfend untersuchen

Ex|a|nie, die; -, ...ien ⟨*lat.-nlat.*⟩ (Med. veraltet): Vorfall des Afters od. Mastdarms

ex an|te ⟨*lat.*⟩ (Wirtsch.): im Voraus (Ggs.: ex post [2])

Ex|an|them, das; -s, -e ⟨*gr.-lat.;* »das Aufgeblühte«⟩ (Med.): ausgedehnter, gleichförmiger Hautausschlag (aufgrund verschiedener Ursachen)

ex|an|the|ma|tisch ⟨*gr.-nlat.*⟩ (Med.): mit einem Hautausschlag verbunden

Ex|an|th|ro|pie, die; - ⟨*gr.-nlat.*⟩ (Psychol.): Menschenscheu

Ex|a|ra|ti|on, die; -, -en ⟨*lat.;* »Auspflügung«⟩ (Geol.): durch die schleifende Wirkung vordringenden Gletschereises bewirkte Gesteinsabtragung; vgl. Erosion (1)

Ex|arch, der; -en, -en ⟨*gr.-lat.*⟩: **1.** (Geschichte) byzantinischer (oströmischer) Statthalter. **2.** in der orthodoxen Kirche Vertreter des ↑Patriarchen (3) für ein bestimmtes Gebiet (↑Diaspora [a])

Ex|ar|chat, das, auch: der; -[e]s, -e ⟨*gr.-mlat.*⟩: Amt u. Verwaltungsgebiet eines Exarchen

Ex|ar|ti|ku|la|ti|on, die; -, -en ⟨*lat.-nlat.*⟩ (Med.): operative Abtrennung eines Gliedes im Gelenk

Ex|au|di ⟨*lat.;* nach dem Eingangsvers des Gottesdienstes, Psalm 27, 7: »Herr, höre meine Stimme, ...«⟩: in der evangelischen Kirche Bezeichnung des sechsten Sonntags nach Ostern

Ex|a|zer|ba|ti|on, die; - ⟨*lat.*⟩ (Med.): Verschlimmerung, zeitweise Steigerung, Wiederaufleben einer Krankheit

ex ca|the|d|ra ⟨*lat.; gr.-lat.;* »vom (Päpstlichen) Stuhl«⟩: **a)** aus päpstlicher Vollmacht u. daher unfehlbar; **b)** von maßgebender Seite, sodass etwas nicht angezweifelt werden kann

Ex|cep|tio [...tsi̯o], die; -, -nes [...ˈtsi̯o:ne:s] ⟨*lat.*⟩ (Rechtswiss.): Einspruch, Einrede (aus dem antiken römischen Zivilprozessrecht)

Ex|cep|tio Do|li, die; - -, -nes [...ˈtsi̯o:ne:s] -: Einrede der Arglist; vgl. Dolus

Ex|cep|tio plu|ri|um, die; - -, -nes [...ˈtsi̯o:ne:s] -: Einrede des Vaters eines unehelichen Kindes, dass die Mutter in der Zeit der Empfängnis mit mehreren Männern verkehrt habe; vgl. Exzeption

Ex|change [ɪksˈtʃeɪndʒ], die; -, -n od. -s ⟨*lat.-vulgärlat.-frz.-engl.*⟩: **1.** Tausch, Kurs (im Börsengeschäft). **2. a)** Börsenkurs; **b)** Börse

Ex|che|quer [ɪksˈtʃɛkɐ], das; - ⟨*frz.-engl.*⟩: Schatzamt, Staatskasse in Großbritannien

ex|cu|dit ⟨*lat.;* »hat es gebildet, verlegt od. gedruckt«⟩: Vermerk hinter dem Namen des Verlegers (Druckers) bei Kupferstichen (Abk.: exc., excud.)

ex de|fi|ni|ti|o|ne ⟨*lat.*⟩: wie es die Definition beinhaltet

Ex|e|d|ra, die; -, Exedren ⟨*gr.-lat.*⟩: **1.** halbrunder od. rechteckiger nischenartiger Raum als Erweiterung eines Saales od. einer Säulenhalle (in der antiken Architektur). **2.** Apsis (1) in der mittelalterl. Baukunst

Ex|e|ge|se, die; -, -n ⟨*gr.*⟩: Wissenschaft der Erklärung u. Auslegung eines Textes, bes. der Bibel

Ex|e|get, der; -en, -en: Fachmann für Bibelauslegung

Ex|e|ge|tik, die; - ⟨*gr.-lat.*⟩ (veraltet): Wissenschaft der Bibelauslegung (Teilgebiet der Theologie)

Ex|e|ge|tin, die; -, -nen: weibliche Form zu ↑Exeget

ex|e|ge|tisch ⟨*gr.*⟩: [die Bibel] erklärend

ex|e|gie|ren (veraltet): [die Bibel] erklären

Exe|k|ra|ti|on usw. vgl. Exsekration usw.

Exe|ku|tant, der; -en, -en ⟨*lat.*⟩: jmd., der etwas ausübt, vollzieht, durchführt. **Exe|ku|tan|tin,** die; -, -nen: weibliche Form zu ↑Exekutant

ex|e|ku|tie|ren ⟨*lat.-nlat.*⟩: **1. a)** an jmdm. ein Urteil vollstrecken, vollziehen; jmdn. hinrichten; **b)** (veraltet) jmdn. bestrafen. **2.** (österr.) pfänden. **Ex|e|ku|ti|on,** die; -, -en: **1. a)** Vollstreckung eines Todesurteils, Hinrichtung; **b)** (veraltet) Vollziehung einer Strafe. **2.** Durchführung einer besonderen Aktion. **3.** (österr.) Pfändung

Exe|ku|ti|ons|kom|man|do, das; -s, -s: ↑Kommando (3), das die Exekution (1 a) durchführt

ex|e|ku|tiv ⟨*lat.-nlat.*⟩: ausführend; vgl. ...iv/...orisch. **Ex|e|ku|ti|ve,** die; -, -n: **1.** vollziehende, vollstreckende Gewalt im Staat; vgl. Judikative, Legislative (a). **2.** (österr.) Gesamtheit der Organe zur Ausübung der vollziehenden Gewalt, bes. Polizei u. Gendarmerie

Exe|ku|tiv|ko|mi|tee, das; -s, -s: vollziehendes u. verfügendes Organ (3 a) einer Körperschaft, einer Organisation usw.

Ex|e|ku|tor, der; -s, ...oren ⟨*lat.*⟩: **1.** Vollstrecker [einer Strafe]. **2.** (österr.) Gerichtsvollzieher. **Ex|e|ku|to|rin,** die; -, -nen: weibliche Form zu ↑Exekutor

ex|e|ku|to|risch (selten): durch [Zwangs]vollstreckung erfolgend; vgl. ...iv/...orisch

Ex|em|pel, das; -s, - ⟨*lat.*⟩: **1.** [abschreckendes] Beispiel, Lehre. **2.** kleine Erzählung mit sittlicher od. religiöser Nutzanwendung im Rahmen einer Rede od. Predigt. **3.** [Rechen]aufgabe

Ex|em|p|lar, das; -s, -e (»Abbild, Muster«): [durch besondere Eigenschaften od. Merkmale auffallendes] Einzelstück (bes. Schriftwerk) od. Einzelwesen aus einer Reihe von gleichartigen Gegenständen od. Lebewesen (Abk.: Ex., Expl.). **ex|em|p|la|risch: a)** beispielhaft, musterhaft; **b)** warnend, abschreckend; hart u. unbarmherzig vorgehend, um abzuschrecken

Ex|em|p|la|ris|mus, der; - ⟨*lat.-nlat.*⟩ (Philos.): **1.** Lehre, nach der alle Geschöpfe – was ihre Inhaltlichkeit betrifft – Spiegelbilder ihres göttlichen Urbildes sind. **2.** Lehre, nach der die Erkenntnis der Dinge durch ihre in Gott seienden Urbilder ermöglicht wird

ex|em|p|li cau|sa ⟨*lat.*⟩: beispielshalber (Abk.: e. c.)

Ex|em|p|li|fi|ka|ti|on, die; -, -en ⟨*lat.-mlat.*⟩: Erläuterung durch Beispiele

ex|em|p|li|fi|ka|to|risch ⟨*lat.-nlat.*⟩: zum Zwecke der Erläuterung an Beispielen

ex|em|p|li|fi|zie|ren ⟨*lat.-mlat.*⟩: an Beispielen erläutern. **Ex|em|p|li|fi|zie|rung,** die; -, -en: das Exemplifizieren, das Exemplifiziertwerden

ex|emt ⟨*lat.*⟩: von bestimmten allgemeinen Lasten od. gesetzlichen Pflichten befreit

Ex|em|ti|on, die; -, -en: Befreiung von bestimmten allgemeinen Lasten od. gesetzlichen Pflichten

exen ⟨zu *lat.* ex⟩ (veraltet): **1.** (ugs.) (ein Glas mit einem alkolischen Getränk) in einem Zug leeren. **2.** (Schülerspr., Studentenspr. veraltet) von der [Hoch]schule weisen

Ex|en|te|ra|ti|on, die; -, -en ⟨*gr.-lat.-nlat.*⟩ (Med.): **1.** Entfernen von Eingeweiden; »Ausweidung«. **2.** Entfernung des Augapfels, der Eingeweide. **ex|en|te|rie|ren** ⟨*gr.-lat.*⟩ (Med.): **1.** die Eingeweide [bei Operationen] vorverlagern. **2.** den Augapfel, die Eingeweide entfernen

Exe|qua|tur, das; -s, ...uren ⟨*lat.;* »er möge ausführen«⟩: **1.** Zulassung eines ausländischen Konsuls, Bestätigung im Amt. **2.** staatliche Genehmigung zur Publikation kirchlicher Akte

Exe|qui|en, die (Plural): **a)** katholische Begräbnisfeier, Totenmesse; **b)** Musik bei Begräbnisfeiern

exe|quie|ren (veraltet): Schulden eintreiben, pfänden

Exer|cice [...ˈsiːs], das; -, -n [...sn̩] ⟨*lat.; frz.*⟩: genau festgelegtes Training der klassischen Balletterziehung

Ex|er|ci|ti|um vgl. Exerzitium

Ex|er|gie, die; -, ...ien ⟨*gr.-nlat.*⟩ (Physik): der Anteil der Energie, der in die gewünschte, wirtschaftlich verwertbare Form (z. B. elektrische Energie) umgewandelt wird

ex|er|gon, ex|er|go|nisch: Energie abgebend; **exergonische Reaktion** (Chemie): chemische Reaktion, in deren Verlauf Energie freigesetzt wird

ex|er|zie|ren ⟨*lat.*⟩: **1.** militärische Übungen machen. **2.** etwas [wiederholt] einüben

Ex|er|zi|ti|en, die (Plural): geistliche Übungen (in der katholischen Kirche nach dem Vorbild des hl. Ignatius v. Loyola). **Ex|er|zi|ti|um,** das; -s, ...ien (veraltet): Übung; schriftliche Übungs-, Hausarbeit

ex est ⟨*lat.*⟩: es ist aus

ex even|tu ⟨*lat.*⟩: aufgrund der Ereignisse; im Nachhinein

ex fal|so quod|li|bet ⟨*lat.;* »aus Falschem (folgt) Beliebiges«⟩: aus einer falschen Aussage darf jede beliebige Aussage logisch gefolgert werden (Grundsatz der scholastischen Logik)

Ex|fo|li|a|ti|on, die; - ⟨*lat.-nlat.*⟩ (Med.): oberflächige, großflächige Abblätterung von Organschichten, bes. der Haut

Ex|hai|re|se vgl. Exhärese

Ex|ha|la|ti|on, die; -, -en ⟨*lat.*⟩: **1.** (Med.) Ausatmung, Ausdünstung. **2.** (Geol.) das Ausströmen vulkanischer Gase u. Dämpfe. **ex|ha|lie|ren: 1.** (Med.) ausatmen, ausdünsten. **2.** vulkanische Gase u. Dämpfe ausströmen

Ex|hä|re|se, Exairese, Exhairese, die; -, -n ⟨*gr.*⟩ (Med.): operative Entfernung od. Herausschneidung von Organteilen, bes. von Nerven

Ex|haus|ti|on, die; - ⟨*lat.;* »Ausschöpfung«⟩ (Med.): Erschöpfung

Ex|haus|ti|ons|me|tho|de, die; - ⟨*lat.; gr.*⟩: antikes Rechenverfahren, mathematische Probleme der Integralrechnung ohne ↑Integration (4) zu lösen

ex|haus|tiv ⟨*lat.-nlat.*⟩: vollständig

Ex|haus|tor, der; -s, ...oren: Entlüfter; Gebläse zum Absaugen von Dampf, Staub, Spreu

ex|hi|bie|ren ⟨*lat.*⟩: **a)** zur Schau stellen, vorzeigend darbieten; **b)** exhibitionistisch (a) zur Schau stellen

Ex|hi|bi|ti|on, die; -, -en: Zurschaustellung, bes. das Entblößen der Geschlechtsteile in der Öffentlichkeit

ex|hi|bi|ti|o|nie|ren (Psychol.): ↑exhibieren

Ex|hi|bi|ti|o|nis|mus, der; - ⟨*lat.-nlat.*⟩ (Psychol.): krankhafte, auf sexuellen Lustgewinn gerichtete Neigung, bes. bei Männern, zur Entblößung der Geschlechtsteile in Gegenwart anderer Personen, meist des anderen Geschlechts. **Ex|hi|bi|ti|o|nist,** der; -en, -en: jmd., der an Exhibitionismus leidet. **Ex|hi|bi|ti|o|nis|tin,** die; -, -nen: weibliche Form zu ↑Exhibitionist. **ex|hi|bi|ti|o|nis|tisch: a)** an Exhibitionismus leidend; **b)** den Exhibitionismus betreffend

Ex|hor|te, die; -, -n ⟨*lat.-nlat.*⟩ (veraltet): Ermahnungsrede

Ex|hu|ma|ti|on, die; -, -en ⟨*lat.-mlat.*⟩: das Wiederausgraben einer bestatteten Leiche od. von Leichenteilen (z. B. zum Zweck einer gerichtsmedizinischen Untersuchung); vgl. ...ation/...ierung

ex|hu|mie|ren: eine bestattete Leiche wieder ausgraben. **Ex|hu-**

mie|rung, die; -, -en: das Exhumieren; vgl. ...ation/...ierung
Ex|i|genz, die; - ⟨*lat.*⟩ (veraltet): Bedarf, Erfordernis
ex|i|gie|ren (veraltet): fordern; [eine Schuld] eintreiben
Ex|i|gu|i|tät, die; - ⟨*lat.*⟩ (veraltet): Geringfügigkeit
Exil, das; -s, -e ⟨*lat.*⟩: **a)** Verbannung; **b)** Verbannungsort
Exi|lant, der; -en, -en: jmd., der im ↑Exil lebt
Exi|lan|tin, die; -, -nen: weibliche Form zu ↑Exilant
exi|lie|ren: ins Exil schicken, verbannen
exi|lisch: **a)** während des Exils geschehen; **b)** vom Geist der Exilzeit geprägt
Exil|li|te|ra|tur, die; -, -en: während eines aus politischen od. religiösen Gründen erzwungenen od. freiwilligen ↑Exils verfasste Literatur, bes. zur Zeit des Nationalsozialismus in Deutschland
Exil|re|gie|rung, die; -, -en: Regierung, die gezwungen ist, ihren Sitz ins Ausland zu verlegen, od. die sich dort gebildet hat
ex|i|mie|ren ⟨*lat.*⟩: von einer Verbindlichkeit, bes. von der Gerichtsbarkeit eines anderen Staates, befreien; vgl. exemt, Exemtion
Exi|ne, die; -, -n ⟨*lat.-nlat.*⟩ (Bot.): äußere, derbe Zellwand der Sporen der Moose u. Farnpflanzen sowie des Pollenkorns der Blütenpflanzen (Ggs.: Intine)
exis|tent ⟨*lat.*⟩: wirklich, vorhanden
Exis|ten|tia, die; - (Philos.): Vorhandensein, Dasein (Ggs.: Essentia)
exis|ten|ti|al usw. vgl. existenzial usw.
Exis|tenz, die; -, -en ⟨*lat.*⟩: **1. a)** (Plural selten) Dasein, Leben; **b)** Vorhandensein, Wirklichkeit. **2.** (Plural selten) materielle Lebensgrundlage, Auskommen, Unterhalt. **3.** (mit abwertendem Attribut) Mensch (z. B. eine verkrachte, dunkle Existenz)
Exis|tenz|ana|ly|se, die; -, -n (Psychol.): psychoanalytisches Verfahren, mit dem die Geschichte eines Individuums unter dem Gesichtspunkt von Sinn- u. Wertbezügen durchforscht wird
Exis|tenz|be|weis, der; -es, -e: Beweis für das tatsächliche Vorhandensein einer mathematisch festgelegten Größe
exis|ten|zi|al, existential ⟨*lat.-nlat.*⟩: die Existenz, das [menschliche] Dasein hinsichtlich seines Seinscharakters betreffend; vgl. existenziell. **Exis|ten|zi|al,** Existential, das; -s, -ien (Philos.): (einzelner) Seinscharakter des [menschlichen] Daseins
Exis|ten|zi|a|lis|mus, Existentialismus, der; -: **a)** (bes. auf Sartre zurückgehende) Form der Existenzphilosophie, die u. a. von der Absurdität des Daseins, von der Existenzangst sowie Vereinzelung des Menschen u. der Freiheit des Menschen, sich selbst zu entwerfen, ausgeht u. Begriffe wie Freiheit, Tod, Entscheidung in den Mittelpunkt stellt; **b)** vom Existenzialismus (a) geprägte nihilistische Lebenseinstellung. **Exis|ten|zi|a|list,** Existentialist, der; -en, -en: **a)** Vertreter des Existenzialismus; **b)** Anhänger einer von der Norm abweichenden Lebensführung außerhalb der geltenden bürgerlichen, gesellschaftlichen u. moralischen Konvention. **Exis|ten|zi|a|lis|tin,** Existentialistin, die; -, -nen: weibliche Form zu ↑Existenzialist. **exis|ten|zi|a|lis|tisch,** existentialistisch: den Existenzialismus betreffend
Exis|ten|zi|al|phi|lo|so|phie, Existentialphilosophie, die; -: ↑Existenzphilosophie
exis|ten|zi|ell, existentiell ⟨*lat.-frz.*⟩: auf das unmittelbare und wesenhafte Dasein bezogen, daseinsmäßig; vgl. existenzial
Exis|tenz|mi|ni|mum, das; -s, ...ma: Mindesteinkommen, das zur Lebenserhaltung eines Menschen erforderlich ist
Exis|tenz|phi|lo|so|phie, die; -: neuere philosophische Richtung, die das Dasein des Menschen in einer von ihm nicht gewählten Weise zum Thema hat
exis|tie|ren: **1.** vorhanden sein, da sein, bestehen. **2.** leben
Exit, der; -s, -s ⟨*lat.-engl.*⟩: engl. Bez. für: Ausgang, Notausgang
Exi|tus, der; - ⟨*lat.*⟩: **1.** (Med.) Tod, tödlicher Ausgang eines Krankheitsfalles od. Unfalls. **2.** (Anat.) Ausgang
ex ju|van|ti|bus ⟨*lat.*⟩ (Med.): Erkennung einer Krankheit aus der Wirksamkeit der spezifischen Mittel
Ex|kar|di|na|ti|on, die; -, -en ⟨*lat.-mlat.*⟩: Entlassung eines katholischen Geistlichen aus seiner Diözese
Ex|ka|va|ti|on, die; -, -en ⟨*lat.*⟩: **1.** (Med.) (krankhafte od. normale) Aushöhlung, Ausbuchtung [eines Organs]. **2.** (Zahnmed.) Entfernung kariösen Zahnbeins mit dem Exkavator. **3.** (Fachspr.) Ausschachtung, Ausbaggerung, Auswaschung
Ex|ka|va|tor, der; -s, ...oren ⟨*lat.-nlat.*⟩: **1.** Maschine für Erdarbeiten. **2.** (Zahnmed.) löffelartiges Instrument zur Entfernung kariösen Zahnbeins
ex|ka|vie|ren ⟨*lat.*⟩: **1.** aushöhlen, ausschachten. **2.** (Zahnmed.) kariöses Zahnbein mit dem Exkavator entfernen
Ex|kla|ma|ti|on, die; -, -en ⟨*lat.*⟩: Ausruf
ex|kla|ma|to|risch ⟨*lat.-nlat.*⟩: ausrufend; marktschreierisch
ex|kla|mie|ren ⟨*lat.*⟩: ausrufen
Ex|kla|ve, die; -, -n ⟨Analogiebildung zu ↑Enklave⟩: **1.** von fremdem Staatsgebiet eingeschlossener Teil des eigenen Staatsgebiets (Ggs.: Enklave). **2.** gelegentliches Auftreten einer Pflanzen- od. Tierart außerhalb ihres üblichen Verbreitungsgebiets
ex|klu|die|ren ⟨*lat.*⟩: ausschließen (Ggs.: inkludieren)
Ex|klu|si|on, die; -, -en: Ausschließung, Ausgrenzung (Ggs.: Inklusion [2 a])
ex|klu|siv ⟨*lat.-mlat.-engl.*⟩: **1. a)** sich gesellschaftlich abschließend, abgrenzend, abhebend [u. daher in der allgemeinen Wertschätzung hochstehend]; **b)** den Ansprüchen der vornehmen Gesellschaft, höchsten Ansprüchen genügend; [vornehm u.] vorzüglich, anspruchsvoll. **2.** ausschließlich einem bestimmten Personenkreis od. bestimmten Zwecken, Dingen vorbehalten, anderen [Dingen] nicht zukommend
Ex|klu|siv|be|richt, der; -[e]s, -e: Bericht, der nur von einer Zeitschrift o. Ä. veröffentlicht wird,

für den nur eine Zeitschrift o. Ä. das Recht der Veröffentlichung hat

ex|klu|si|ve ‹*lat.-mlat.*›: ohne, ausschließlich (Abk.: exkl.; Ggs.: inklusive). **Ex|klu|si|ve,** die; - (Geschichte): das von katholischen Monarchen beanspruchte Recht, unerwünschte Bewerber von der Papstwahl auszuschließen

Ex|klu|siv|fo|to, das; -s, -s: nur einem bestimmten Fotografen gestattete, nur einer einzigen Zeitung usw. zur Veröffentlichung freigegebene Aufnahme

Ex|klu|siv|in|ter|view [...vju:], das; -s, -s: nur einer bestimmten Person (z. B. einem Reporter) gewährtes Interview

Ex|klu|si|vi|tät, die; - ‹*lat.-mlat.-engl.*›: das Exklusivsein, exklusiver Charakter, exklusive Beschaffenheit

Ex|koch|le|a|ti|on, die; -, -en ‹*lat.*› (Med.): Auskratzung, Ausschabung einer Knochenhöhle mit einem scharfen, löffelartigen Instrument; Kürettage

Ex|kom|mu|ni|ka|ti|on, die; -, -en ‹*lat.*›: Ausschluss aus der Gemeinschaft der katholischen Kirche; Kirchenbann. **ex|kom|mu|ni|zie|ren:** aus der katholischen Kirchengemeinschaft ausschließen

Ex|ko|ri|a|ti|on, die; -, -en ‹*lat.-nlat.*› (Med.): [tiefgehende] Hautabschürfung

Ex|kre|ment, das; -[e]s, -e (meist Plural) ‹*lat.*›: Ausscheidung (Kot, Harn)

Ex|kres|zenz, die; -, -en ‹*lat.*› (Med.): krankhafter Auswuchs, Gewebewucherung

Ex|kret, das; -[e]s, -e ‹*lat.*› (Med., Zool.): Stoffwechselprodukt, das vom Körper nicht weiter zu verwerten ist u. daher ausgeschieden wird (z. B. Schweiß, Harn, Kot); vgl. Inkret, [1]Sekret (1 a)

Ex|kre|ti|on, die; -, -en ‹*lat.-nlat.*› (Med.): Ausscheidung nicht weiter verwertbarer Stoffwechselprodukte

ex|kre|to|risch (Med.): ausscheidend, absondernd

Ex|kul|pa|ti|on, die; -, -en ‹*lat.-mlat.*› (Rechtswiss.): Rechtfertigung, Entschuldigung, Schuldbefreiung. **ex|kul|pie|ren** (Rechtswiss.): rechtfertigen, entschuldigen, von einer Schuld befreien

Ex|kurs, der; -es, -e ‹*lat.;* »das Herauslaufen, der Streifzug«›: **a)** kurze Erörterung eines Spezial- od. Randproblems im Rahmen einer wissenschaftlichen Abhandlung; **b)** Erörterung in Form einer Abschweifung (z. B. während eines Vortrags)

Ex|kur|si|on, die; -, -en ‹*lat.-frz.*›: wissenschaftlich vorbereitete u. unter wissenschaftlicher Leitung durchgeführte Lehr- od. Studienfahrt

Ex|ku|sa|ti|on, die; -, -en ‹*lat.*› (veraltet): Entschuldigung

ex|lex ‹*lat.*› (veraltet): recht- u. gesetzlos, vogelfrei, geächtet

Ex|li|b|ris, das; -, - ‹*lat.;* »aus den Büchern«›: meist kunstvoll ausgeführter, auf die Innenseite des vorderen Buchdeckels geklebter Zettel mit dem Namen od. Monogramm des Eigentümers

Ex|ma|t|ri|kel, die; -, -n ‹*lat.-nlat.*›: Bescheinigung über das Verlassen der Hochschule

Ex|ma|t|ri|ku|la|ti|on, die; -, -en: Streichung aus dem Namenverzeichnis einer Hochschule (Ggs.: Immatrikulation)

ex|ma|t|ri|ku|lie|ren: jmdn. aus dem Namenverzeichnis einer Hochschule streichen (Ggs.: immatrikulieren)

Ex|mis|si|on, die; -, -en ‹*lat.-nlat.*›: gerichtliche Ausweisung aus einer Wohnung od. einem Grundstück

ex|mit|tie|ren (Rechtswiss.): zwangsweise aus einer Wohnung od. von einem Grundstück weisen. **Ex|mit|tie|rung,** die; -, -en: Ausweisung aus einer Wohnung

ex nunc ‹*lat.;* »von jetzt an«› (Rechtswiss.): Zeitpunkt für den Eintritt der Wirkung einer Bestimmung od. Vereinbarung; vgl. ex tunc

exo..., Exo...

‹*gr.* éxō »außen, außerhalb, heraus, hinaus«›

Präfix mit der Bedeutung »(nach) außen, außerhalb«:

- Exobiologie
- Exogamie
- exogen
- exotherm

Exo|bio|lo|ge, der; -n, -n ‹*gr.-nlat.*›: Wissenschaftler auf dem Gebiet der Exobiologie. **Exo|bio|lo|gie,** die; -: Wissenschaft vom außerirdischen Leben. **Exo|bio|lo|gin,** die; -, -nen: weibliche Form zu ↑Exobiologe

Exo|der|mis, die; -, ...men ‹*gr.-nlat.*›: äußeres [verkorktes] Abschlussgewebe der Pflanzenwurzel

Ex|o|dos, der; -, -, fachspr. auch die; -, ...doi [...dɔi̯] ‹*gr.;* »Ausgang, Auszug«›: **a)** Schlusslied des Chors im altgriechischen Drama (Ggs.: Parodos); **b)** Schlussteil des altgriechischen Dramas

Ex|o|dus, der; -, -se ‹*gr.-lat.;* nach dem 2. Buch Mose, das den Auszug der Juden aus Ägypten schildert›: Auszug, das Verlassen eines Gebietes usw. (in Bezug auf eine größere Anzahl von Menschen)

ex of|fi|cio ‹*lat.*› (Rechtswiss.): von Amts wegen, amtlich

Exo|ga|mie, die; - ‹*gr.-nlat.*›: Heiratsordnung, nach der nur außerhalb des eigenen sozialen Verbandes (z. B. Stamm, Sippe) geheiratet werden darf (Ggs.: Endogamie)

exo|gen ‹*gr.-nlat.*›: **1. a)** (Med.) außerhalb des Organismus entstehend; von außen her in den Organismus eindringend (von Stoffen, Krankheitserregern od. Krankheiten; Ggs. ↑endogen [1 a]); **b)** (Bot.) außen entstehend (vor allem in Bezug auf Blattanlagen u. Seitenknospen; Ggs. ↑endogen [1 b]). **2.** (Geol.) von Kräften ableitbar, die auf die Erdoberfläche einwirken, wie Wasser, Wind u. Ä. (Ggs.: endogen [2])

Exo|kan|ni|ba|lis|mus, der; -: das Verzehren von Angehörigen eines fremden Stammes (Ggs.: Endokannibalismus)

Exo|karp, das; -s, -e ‹*gr.-nlat.*› (Bot.): bei Früchten die äußerste Schicht der Fruchtwand (z. B. der Haarüberzug beim Pfirsich)

exo|krin ‹*gr.-nlat.*› (Med.): nach außen absondernd (von Drüsen) (Ggs.: endokrin)

exo|morph ‹*gr.-nlat.*› (Geol.): das Nebengestein beeinflussend (in Bezug auf die Erstarrung einer

Schmelze) (Ggs.: endomorph [1])

Ex|o|ne|ra|ti|on, die; -, -en ‹*lat.*› (veraltet): Entlastung. **ex|o|ne|rie|ren** (veraltet): entlasten

Ex|o|nym, das; -s, -e, **Ex|o|ny|mon,** das; -s, ...ma ‹*gr.-nlat.*› (Sprachwiss.): von dem amtlichen Namen abweichende, aber in anderen Ländern gebrauchte Ortsnamenform (z. B. dt. *Mailand* für it. *Milano*)

ex ope|re ope|ra|to ‹*lat.;* »durch die vollzogene Handlung«›: Ausdruck der katholischen Theologie für die Gnadenwirksamkeit der Sakramente, unabhängig von der sittlichen ↑Disposition des spendenden Priesters

Exo|pho|rie, die; - ‹*gr.*› (Med.): äußerlich nicht wahrnehmbare, latente Veranlagung zum Auswärtsschielen. **exo|pho|risch:** verweisend

ex|oph|thal|misch ‹*gr.*› (Med.): aus der Augenhöhle heraustretend. **Ex|oph|thal|mus,** der; - ‹*gr.-nlat.*› (Med.): krankhaftes Hervortreten des Augapfels aus der Augenhöhle

exo|phy|tisch vgl. ektophytisch

Exo|pla|net, der; -en, -en ‹*gr.; gr.-lat.*›: Planet, der außerhalb unseres Sonnensystems einen Stern umkreist

ex|or|bi|tant ‹*lat.*›: außergewöhnlich; übertrieben; gewaltig. **Ex|or|bi|tanz,** die; -, -en ‹*lat.-nlat.*›: Übermaß; Übertreibung

Ex|or|di|um, das; -s, ...ia ‹*lat.;* »Anfang, Einleitung«› (Rhet.): [kunstgerechte] Einleitung [einer Rede]

ex ori|en|te lux ‹*lat.*›: aus dem Osten (kommt) das Licht (zunächst auf die Sonne bezogen, dann übertragen auf Christentum u. Kultur)

ex|or|zie|ren, ex|or|zi|sie|ren ‹*gr.-lat.*›: Dämonen u. Geister durch Beschwörung austreiben

Ex|or|zis|mus, der; -, ...men: Beschwörung von Dämonen u. Geistern durch Wort [u. Geste]

Ex|or|zist, der; -en, -en: **1.** Geisterbeschwörer. **2.** (veraltet) jmd., der den dritten Grad der katholischen niederen Weihen besitzt. **Ex|or|zis|tin,** die; -, -nen: weibliche Form zu ↑Exorzist

Exo|ske|lett [auch: ...ˈlɛt], das; -[e]s, -e: den Körper umschließendes Skelett bei Wirbellosen und Wirbeltieren; Außen-, Hautskelett (z. B. die ↑chitinöse Hülle der Insekten) (Ggs.: Endoskelett)

Ex|os|mo|se, die; -, -n ‹*gr.-nlat.*› (Chemie): ↑Osmose von Orten höherer zu Orten geringerer Konzentration

Exo|sphä|re, die; -, -n ‹*gr.-nlat.*›: oberste Schicht der ↑Atmosphäre (1 b); vgl. Dissipationssphäre

Ex|os|to|se, die; -, -n ‹*gr.-nlat.*› (Med.): sich von der Knochenoberfläche aus entwickelnder knöcherner Zapfen

Exot, Exo|te, der; ...ten, ...ten ‹*gr.-lat.*›: **1.** Mensch, Tier od. Pflanze aus einem fernen, meist überseeischen, tropischen Land. **2.** (Plural) Wertpapiere aus kleinen, meist überseeischen Staaten, die im ungeregelten Freiverkehr gehandelt werden

Exo|ta|ri|um, das; -s, ...ien ‹*gr.-nlat.*›: Anlage, in der exotische Tiere zur Schau gestellt werden

Exo|te|ri|ker, der; -s, - ‹*gr.-lat.*›: Außenstehender, Nichteingeweihter (Ggs.: Esoteriker). **Exo|te|ri|ke|rin,** die; -, -nen: weibliche Form zu ↑Exoteriker. **exo|te|risch:** für Außenstehende, für die Öffentlichkeit bestimmt; allgemein verständlich (Ggs.: esoterisch)

exo|therm ‹*gr.-nlat.*›: mit Freiwerden von Wärme verbunden, unter Freiwerden von Wärme ablaufend (von chemischen Vorgängen)

Exo|tik, die; - ‹*gr.-lat.*›: exotisches Aussehen, Wesen; exotische Beschaffenheit, Gestaltung

Exo|ti|ka, die (Plural): aus fernen Ländern stammende Kunstwerke

Exo|tin, die; -, -nen: weibliche Form zu ↑Exot

exo|tisch: **a)** fremdländisch, überseeisch; **b)** einen fremdartigen Zauber ausstrahlend

Exo|tis|mus, der; -, ...men ‹*gr.-lat.-nlat.*›: fremdsprachiges Wort, das auf einen Begriff der fremdsprachigen Umwelt beschränkt bleibt (z. B. Kolchos, Lord, Cowboy)

Exo|to|xin, das; -s, -e ‹*gr.; gr.-nlat.*› (Med.): ↑Ektotoxin

ex ovo vgl. ab ovo

Exo|zen|t|ri|kum, das; -s, ...ka ‹*gr.-nlat.*›: ↑exozentrisches Kompositum

exo|zen|t|risch (Sprachwiss.): (von sprachlichen Konstruktionen) als Ganzes einer anderen Kategorie angehörend als jeder der konstituierenden Teile (z. B. *auf dich;* weder »auf« noch »dich« kann die syntaktische Funktion der Fügung »auf dich« übernehmen) (Ggs.: endozentrisch); **exozentrisches Kompositum:** Kompositum, das etwas bezeichnet, was mit seinem Grundwort nicht zu bezeichnen ist (z. B. *Löwenmäulchen,* das nicht ein »Mäulchen« bezeichnet, sondern eine Blume; ↑Bahuwrihi)

Ex|pan|der, der; -s, - ‹*lat.-engl.*› (Sport): Trainingsgerät zur Kräftigung der Arm- u. Oberkörpermuskulatur

ex|pan|die|ren ‹*lat.*›: [sich] ausdehnen

ex|pan|si|bel ‹*lat.-frz.*›: ausdehnbar

Ex|pan|si|on, die; -, -en: das Expandieren, räumliche Ausdehnung [verbunden mit mehr Einfluss u. Macht]

Ex|pan|si|o|nis|mus, der; -: das Bestreben [eines Staates], den Einfluss- u. Herrschaftsbereich zu erweitern

Ex|pan|si|o|nist, der; -en, -en: jmd., der auf stärkeres wirtschaftlich-materielles Wachstum ausgerichtet ist, ohne Rücksicht auf die Beeinträchtigung der natürlichen u. sozialen Lebensgrundlagen. **Expan|si|o|nis|tin,** die; -, -nen: weibliche Form zu ↑Expansionist

ex|pan|si|o|nis|tisch: auf [wirtschaftliche] Expansion bedacht

Ex|pan|si|ons|po|li|tik, die; -: **1.** auf Erweiterung des Macht- od. Einflussbereichs gerichtete Politik. **2.** (Wirtsch.) auf eine kräftige Steigerung des Umsatzes u. des Marktanteils gerichtete Unternehmensführung

ex|pan|siv: sich ausdehnend, auf Ausdehnung u. Erweiterung bedacht od. gerichtet, starke Expansion aufweisend

Ex|pat [ɛksˈpæt], der; -s, -s: Kurzform von ↑Expatriate

Ex|pa|t|ri|ate [ɛksˈpætriət], der; -s, -s ‹*engl.*›: jmd., der [im

Auftrag seiner Firma] längere Zeit im Ausland arbeitet

Ex|pa|t|ri|a|ti|on [...patria...], die; -, -en ‹*lat.-mlat.*›: Ausbürgerung, Verbannung; vgl. ...ation/...ierung

ex|pa|t|ri|ie|ren: ausbürgern, verbannen. **Ex|pa|t|ri|ie|rung,** die; -, -en: das Expatriieren; vgl. ...ation/...ierung

Ex|pe|di|ent, der; -en, -en ‹*lat.*›: **a)** Abfertigungsbeauftragter in der Versandabteilung einer Firma; **b)** Angestellter in einem Reisebüro, Reiseverkehrskaufmann. **Ex|pe|di|en|tin,** die; -, -nen: weibliche Form zu ↑Expedient

ex|pe|die|ren ‹*lat.;* »losmachen«›: absenden, abfertigen, befördern (von Gütern u. Personen)

Ex|pe|dit, das; -[e]s, -e: Versandabteilung (z. B. in einem Kaufhaus)

Ex|pe|di|ti|on, die; -, -en: **1. a)** Forschungsreise [in unbekannte Gebiete]; **b)** Personengruppe, die eine Expedition (1 a) unternimmt; **c)** (veraltet) Kriegszug, militärisches Unternehmen. **2.** Gruppe zusammengehörender Personen, die von einem Land, einem Verband od. einem Unternehmen zur Wahrnehmung bestimmter (bes. sportlicher) Aufgaben ins Ausland geschickt werden. **3. a)** (veraltend) Versand- od. Abfertigungsabteilung (z. B. einer Firma); **b)** das Expedieren. **4.** (veraltet) Anzeigenabteilung

ex|pe|di|tiv: zur Expedition gehörend

Ex|pe|di|tor, der; -s, ...oren ‹*lat.-nlat.*›: ↑Expedient. **Ex|pe|di|to|rin,** die; -, -nen: weibliche Form zu ↑Expeditor

Ex|pek|to|rans, das; -, ...ranzien u. ...rantia ‹*lat.*›, **Ex|pek|to|ran|ti|um,** das; -s, ...tia ‹*lat.-nlat.*› (Med.): schleimlösendes Mittel, Hustenmittel

Ex|pek|to|ra|ti|on, die; -, -en: **1.** das Sichaussprechen, Erklärung [von Gefühlen]. **2.** (Med.) Auswurf

ex|pek|to|rie|ren ‹*lat.*›: **1.** seine Gefühle aussprechen. **2.** (Med.) Schleim auswerfen, aushusten

ex|pel|lie|ren ‹*lat.*› (veraltet): austreiben, verjagen

Ex|pen|sen, die (Plural) ‹*lat.*›: [Gerichts]kosten

ex|pen|siv ‹*lat.-nlat.*›: kostspielig

Ex|pe|ri|ment, das; -[e]s, -e ‹*lat.*›: **1.** wissenschaftlicher Versuch, durch den etwas entdeckt, bestätigt od. gezeigt werden soll. **2.** [gewagter] Versuch, Wagnis; gewagtes, unsicheres Unternehmen; Unternehmung mit unsicherem Ausgang

ex|pe|ri|men|tal ‹*lat.-nlat.*› (selten): ↑experimentell; vgl. ...al/...ell

Ex|pe|ri|men|tal|film, der; -s, -e: mit [avantgardistischen] künstlerischen Ambitionen gedrehter experimenteller Film

Ex|pe|ri|men|tal|phy|sik, die; -: Teilgebiet der Physik, auf dem mithilfe von Experimenten die Naturgesetze erforscht werden

Ex|pe|ri|men|ta|tor, der; -s, ...oren: jmd., der Experimente macht od. vorführt. **Ex|pe|ri|men|ta|to|rin,** die; -, -nen: weibliche Form zu ↑Experimentator

ex|pe|ri|men|tell ‹französierende Bildung›: auf Experimenten beruhend; vgl. ...al/...ell

ex|pe|ri|men|tie|ren ‹*lat.-mlat.*›: Experimente anstellen

Ex|pe|ri|men|tum Cru|cis, das; - - ‹*lat.*›: Experiment, dessen Ausgang eine endgültige Entscheidung über mehrere Möglichkeiten herbeiführt

ex|pert ‹*lat.-frz.*› (veraltet): erfahren, sachverständig. **Ex|per|te,** der; -n, -n: jmd., der auf dem infrage kommenden Gebiet besonders gut Bescheid weiß; Sachverständiger, Kenner

Ex|per|ten|sys|tem, das; -s, -e (EDV): Programmsystem, das Wissen über ein spezielles Gebiet speichert u. ansammelt, daraus Schlussfolgerungen zieht u. zu konkreten Problemen dieses Gebietes Lösungen vorschlägt

Ex|per|tin, die; -, -nen: weibliche Form zu ↑Experte

Ex|per|ti|se, die; -, -n: **1.** Gutachten eines Experten. **2.** Fachwissen. **ex|per|ti|sie|ren** (selten): in einer Expertise begutachten

Ex|pla|na|ti|on, die; -, -en ‹*lat.*› (Literaturwiss.): Auslegung, Erläuterung, Erklärung von Texten in sachlicher Hinsicht

ex|pla|na|tiv: auslegend, erläuternd

ex|pla|nie|ren: auslegen, erläutern

Ex|plan|ta|ti|on, die; -, -en ‹*lat.-nlat.*› (Med., Zool.): das Explantieren; Auspflanzung. **ex|plan|tie|ren** (Med., Zool.): (Zellen, Gewebe, Organe) für die Gewebezüchtung od. Transplantation aus dem lebenden Organismus entnehmen, auspflanzen

Ex|ple|tiv, das; -s, -e ‹*lat.;* »ergänzend«›: für den Sinn des Satzes entbehrliches Wort; Gesprächspartikel (früher »Füll-, Flick-, Würzwort« genannt, z. B. »Ob er *wohl* Zeit hat?«)

ex|pli|cit ‹*lat.*›: »es ist vollzogen, es ist zu Ende« (gewöhnlich am Ende von Handschriften u. Frühdrucken); vgl. explizit (Ggs.: incipit). **Ex|pli|cit,** das; -s, -s: die Schlussworte einer mittelalterlichen Handschrift od. eines Frühdrucks

Ex|pli|ka|ti|on, die; -, -en (selten): Darlegung, Erklärung, Erläuterung

ex|pli|zie|ren: darlegen, erklären, erläutern

ex|pli|zit: a) ausdrücklich, deutlich (Ggs.: implizit [1]); **b)** ausführlich u. differenziert dargestellt; vgl. explicit; **explizite Funktion:** mathematische Funktion, deren Werte sich unmittelbar (d. h. ohne Umformung der Funktion) berechnen lassen

Ex|pli|zi|tät, die; -, -en (Sprachwiss.): formale Eindeutigkeit sowie Vollständigkeit als notwendige Voraussetzung für die Erstellung von Grammatikregeln u. die Bedingungen ihrer Anwendung

ex|pli|zi|te: in aller Deutlichkeit

ex|plo|die|ren ‹*lat.*›: **1.** durch heftigen inneren [Gas]druck plötzlich auseinandergetrieben werden, mit Knall [zer]platzen, bersten. **2.** einen heftigen Gefühlsausbruch zeigen

Ex|ploit [eks'ploa], der; -s, -s ‹*lat.-vulgärlat.-afrz.-frz.*› (schweiz., bes. Sport): hervorragende Leistung, Glanzleistung

Ex|ploi|ta|ti|on [ɛksploa...], die; -, -en ‹*lat.-frz.*› (veraltet): **1.** Ausbeutung. **2.** Nutzbarmachung (z. B. eines Bergwerks)

Ex|ploi|teur [ɛksploa'tøːɐ̯], der; -s, -e (veraltet): jmd., der eine Sache od. Person exploitiert

ex|ploi|tie|ren [ɛksploa...] (veraltet): **1.** aus der Arbeitskraft eines andern Gewinn ziehen, dessen Arbeitskraft für sich ausnutzen, ausbeuten. **2.** [Bodenschätze] nutzbar machen

Ex|plo|rand, der; -en, -en ⟨*lat.*⟩: jmd., der exploriert wird. **Ex|plo|ran|din,** die; -, -nen: weibliche Form zu ↑Explorand

Ex|plo|ra|ti|on, die; -, -en: Untersuchung u. Befragung; Nachforschung; das Explorieren

Ex|plo|ra|ti|ons|boh|rung, die; -, -en: Bohrung zur Suche nach tief liegenden Lagerstätten von Erdöl, -gas od. -wärme

Ex|plo|ra|tor, der; -s, ...oren: jmd., der exploriert

Ex|plo|ra|to|ren|ver|fah|ren, das; -s, - ⟨*lat.; dt.*⟩: Erforschung der Volkskultur (Sprache, Brauchtum, Geräte u. a.) durch persönliche Befragung von Gewährsleuten

Ex|plo|ra|to|rin, die; -, -nen: weibliche Form zu ↑Explorator

ex|plo|ra|to|risch ⟨*lat.*⟩: [aus]forschend, prüfend

Ex|plo|ra|to|ri|um, das; -s, ...ien [...i̯ən] (veraltet): Prüfungsarbeit

ex|plo|rie|ren ⟨*lat.*⟩: **1.** erforschen, untersuchen, erkunden (z. B. Boden, Gelände). **2.** (Psychol., Med.) [Personen]gruppen zu Untersuchungs-, Erkundungszwecken befragen, ausforschen; (Verhältnisse) durch Befragung u. Gespräche untersuchen, erkunden

ex|plo|si|bel ⟨*lat.-nlat.*⟩: **1.** explosionsfähig, -gefährlich. **2.** (Med., Psychol.) zu unvermittelten Gewalthandlungen u. plötzlichen Kurzschlussreaktionen neigend (von ↑Psychopathen). **Ex|plo|si|bi|li|tät,** die; -: Fähigkeit, zu explodieren (1)

Ex|plo|si|on, die; -, -en ⟨*lat.*⟩: **1.** mit einem heftigen Knall verbundenes Zerplatzen u. Zerbersten eines Körpers. **2.** heftiger Gefühlsausbruch, bes. Zornausbruch

Ex|plo|si|ons|kra|ter, der; -s, -: durch explosionsartige Vulkanausbrüche entstandener Krater (z. B. Maar)

Ex|plo|si|ons|mo|tor, der; -s, ...oren, auch: -e: Motor, der seine Energie aus der Explosion eines Treibstoff-Luft-Gemischs gewinnt

ex|plo|siv ⟨*lat.-nlat.*⟩: **1. a)** leicht explodierend (1); **b)** zu Gefühlsausbrüchen neigend. **2. a)** explosionsartig; **b)** sehr temperamentvoll, heftig. **Ex|plo|siv,** der; -s, -e, **Ex|plo|si|va,** die; -, ...vä [...vɛ]: Kurzform von ↑Explosivlaut

Ex|plo|si|vi|tät, die; -: explosive Beschaffenheit, Art [u. Weise]

Ex|plo|siv|laut, der; -[e]s, -e: Laut, der durch die plötzliche Öffnung eines Verschlusses entsteht (z. B. b, k)

Ex|po, die; -, -s: kurz für ↑Exposition (4)

Ex|po|nat, das; -[e]s, -e ⟨*lat.-russ.*⟩: Ausstellungsstück, Museumsstück

Ex|po|nent, der; -en, -en ⟨*lat.*⟩: **1.** herausgehobener Vertreter einer Richtung, einer Partei usw. **2.** Hochzahl, bes. in der Wurzel- u. Potenzrechnung (z. B. *n* bei a^n)

Ex|po|nen|ti|al|funk|ti|on, die; -, -en ⟨*lat.-nlat.; lat.*⟩: mathematische Funktion, bei der die unabhängige Veränderliche als ↑Exponent (2) einer konstanten Größe (meist e) auftritt

Ex|po|nen|ti|al|glei|chung, die; -, -en ⟨*lat.-nlat.; dt.*⟩: Gleichung mit einer Unbekannten im ↑Exponenten (2)

ex|po|nen|ti|ell ⟨*lat.*⟩: gemäß einer [speziellen] Exponentialfunktion verlaufend (z. B.: exponentieller Abfall einer physikalischen Größe)

Ex|po|nen|tin, die; -, -nen: weibliche Form zu ↑Exponent (1)

ex|po|nie|ren ⟨*lat.* ⟩: **1. a)** darstellen, zur Schau stellen; **b)** (Fotogr. veraltet) belichten. **2.** sich exponieren: die Aufmerksamkeit auf sich lenken, sich durch sein Handeln sichtbar herausheben, herausstellen [u. sich dadurch auch der Kritik, Angriffen aussetzen]. **ex|po|niert:** (durch räumliche Lage, Stellung od. persönliche Situation) herausgehoben u. dadurch Gefährdungen od. Angriffen in erhöhtem Maß ausgesetzt

Ex|po|nie|rung, die; -, -en ⟨*lat.*⟩: **1.** Größe eines Risikos als Grundlage für die Versicherungsprämie. **2.** das Exponieren

[1]**Ex|port,** der; -[e]s, -e ⟨*lat.-engl.*⟩: **1.** Ausfuhr, Absatz von Waren im Ausland. **2.** das Ausgeführte

[2]**Ex|port,** das; -, -: Kurzform von ↑Exportbier

Ex|port|bier, das; -[e]s, -e ⟨urspr. das für den Export nach Übersee stärker eingebraute Bier von besonderer Haltbarkeit⟩: qualitativ gutes, geschmacklich abgerundetes (nicht sehr bitteres) Bier

Ex|por|ten, die (Plural): Ausfuhrwaren

Ex|por|teur [...ˈtøːɐ̯], der; -s, -e ⟨französierende Bildung⟩: jmd. (auch ein Unternehmen), der ↑exportiert. **Ex|por|teu|rin** [...ˈtøːrɪn], die; -, -nen: weibliche Form zu ↑Exporteur

ex|por|tie|ren ⟨*lat.-engl.*⟩: Waren ins Ausland ausführen

ex|port|in|ten|siv: viel für den Export produzierend

Ex|po|sé, Ex|po|see [...ˈzeː], das; -s, -s ⟨*lat.-frz.*⟩: **a)** Denkschrift, Bericht, Darlegung, zusammenfassende Übersicht; **b)** Entwurf, Plan, Handlungsskizze (bes. für ein Filmdrehbuch)

Ex|po|si|ti|on, die; -, -en ⟨*lat.*⟩: **1.** (selten) Darlegung, Erörterung. **2.** einführender, vorbereitender Teil des Dramas (meist im 1. Akt od. als ↑Prolog). **3. a)** erster Teil des Sonatensatzes mit der Aufstellung der musikalisch zu verarbeitenden Themen; **b)** Kopfteil bei der Fuge mit der ersten Themadurchführung. **4.** Ausstellung, Schau. **5.** in der katholischen Kirche im Mittelalter aufgekommener Brauch, das Allerheiligste in der ↑Monstranz od. im ↑Ziborium zur Anbetung zu zeigen. **6.** (Biol.) Lage eines bewachsenen Berghanges in Bezug auf die Einfallsrichtung der Sonnenstrahlen. **7.** (Fotogr. veraltet) Belichtung. **8.** (Med.) Grad der Gefährdung für einen Organismus, der sich aus der Häufigkeit u. Intensität aller äußeren Krankheitsbedingungen ergibt, denen der Organismus ausgesetzt ist

ex|po|si|to|risch ⟨*lat.-engl.*⟩: erklärend, darlegend; der Exposition (1, 2) dienend

Ex|po|si|tur, die; -, -en ⟨*lat.-nlat.*⟩: **1.** abgegrenzter selbstständiger Seelsorgebezirk einer Pfarrei. **2.** (österr.) **a)** in einem anderen Gebäude untergebrachter Teil

einer Schule; **b)** auswärtige Zweigstelle eines Geschäftes
Ex|po|si|tus, der; -, ...ti ⟨*lat.*⟩: Geistlicher als Leiter einer ↑Expositur (1)
ex post ⟨*lat.*⟩: **1.** nach geschehener Tat; hinterher. **2.** (Wirtsch.) im Nachhinein (Ggs.: ex ante)
ex post fac|to: ↑ex post (1)
ex|press ⟨*lat.*⟩: **1.** eilig, Eil... **2.** (landsch.) eigens, ausdrücklich, zum Trotz. **Ex|press,** der; -es, -e ⟨*lat.-engl.*⟩ (veraltet): Schnellzug
Ex|press|gut, das; -[e]s, ...güter: Versandgut, das auf dem schnellsten Weg zum Bestimmungsort gebracht wird
Ex|pres|si|on, die; -, -en ⟨*lat.*⟩: **1.** Ausdruck. **2.** besonderes Register beim Harmonium. **3.** (Med.) das Herauspressen (z. B. der Nachgeburt). **4.** (Genetik) Umsetzung genetischer Informationen in Proteine
Ex|pres|si|o|nis|mus, der; - ⟨*lat.-nlat.*⟩: **1.** Kunstrichtung des frühen 20. Jh.s, die im bewussten Gegensatz zum ↑Impressionismus (1, 2) steht. **2.** musikalischer Ausdrucksstil um 1920
Ex|pres|si|o|nist, der; -en, -en: Vertreter des Expressionismus. **Ex|pres|si|o|nis|tin,** die; -, -nen: weibliche Form zu ↑Expressionist
ex|pres|si|o|nis|tisch: a) im Stil des Expressionismus; **b)** den Expressionismus betreffend
ex|pres|sis ver|bis [...si:s ...bi:s] ⟨*lat.*⟩: ausdrücklich
ex|pres|siv ⟨*lat.-nlat.*⟩: ausdrucksstark, mit Ausdruck, ausdrucksbetont
Ex|pres|si|vi|tät, die; -: **1.** Fülle des Ausdrucks, Ausdrucksfähigkeit. **2.** (Biol.) Ausprägungsgrad einer Erbanlage im Erscheinungsbild
ex|pri|mie|ren ⟨*lat.*⟩: etwas durch Druck entleeren, herausdrücken (z. B. einen Mitesser)
ex pro|fes|so ⟨*lat.*⟩: berufsmäßig, von Amts wegen, absichtlich
Ex|pro|mis|si|on, die; -, -en ⟨*lat.-nlat.*⟩ (Rechtswiss.): den ursprünglichen Schuldner befreiende Schuldübernahme durch einen Dritten
Ex|pro|p|ri|a|teur [...ˈtøːɐ̯], der; -s, -e ⟨*lat.-frz.*⟩ (veraltet): Enteigner, Ausbeuter. **Ex|pro|p|ri|a|ti|on,** die; -, -en ⟨*lat.-nlat.*⟩ (veraltet): Enteignung. **ex|pro|p|ri|ie|ren** (veraltet): enteignen
Ex|pul|si|on, die; -, -en ⟨*lat.*⟩ (Med. selten): Austreibung (z. B. des Blutes aus dem Herzen)
ex|pul|siv ⟨*lat.-nlat.*⟩ (Med.): abführend; austreibend
ex|qui|sit ⟨*lat.*⟩: ausgesucht, erlesen, vorzüglich
Ex|se|k|ra|ti|on, Exekration, die; -, -en ⟨*lat.*⟩: **1.** Entweihung. **2.** (kath. Kirche) feierliche Verwünschung, Fluch. **ex|se|k|rie|ren,** exekrieren: **1.** entweihen. **2.** (kath. Kirche) verwünschen, verfluchen
Ex|sik|kans, das; -, ...kkanzien u. ...kkantia ⟨*lat.-nlat.*⟩ (Med.): austrocknendes, Flüssigkeit ↑absorbierendes Mittel
Ex|sik|kat, das; -[e]s, -e (Bot.): getrocknete Pflanzenprobe
Ex|sik|ka|ti|on, die; -, -en ⟨*lat.*⟩ (Chemie): Austrocknung
ex|sik|ka|tiv ⟨*lat.-nlat.*⟩ (Chemie): austrocknend
Ex|sik|ka|tor, der; -s, ...oren: Gerät zum Austrocknen od. zum trockenen Aufbewahren von Chemikalien
Ex|sik|ko|se, die; -, -n (Med.): Austrocknung des Körpers bei starkem Flüssigkeitsverlust (z. B. bei Durchfall)
ex si|len|tio ⟨*lat.*⟩: ↑ex tacendo
Ex|spek|tant, der; -en, -en ⟨*lat.*⟩ (Geschichte): jmd., der eine Exspektanz besitzt, Anwärter. **Ex|spek|tanz,** die; -, -en ⟨*lat.-nlat.*⟩ (Geschichte): Anwartschaft auf eine noch besetzte Stelle im Staats- od. im kirchlichen Dienst
ex|spek|ta|tiv: 1. eine Exspektanz gewährend. **2.** (Med.) abwartend (von einer Krankheitsbehandlung)
Ex|spi|ra|ti|on, die; - ⟨*lat.*⟩ (Med.): Ausatmung. **ex|spi|ra|to|risch** ⟨*lat.-nlat.*⟩: die Ausatmung betreffend (Ggs.: inspiratorisch [2]); **exspiratorische Artikulation:** Lautbildung beim Ausatmen; **exspiratorischer Akzent:** den germanischen Sprachen eigentümlicher Akzent, der auf der Tonstärke des Gesprochenen beruht, Druckakzent. **ex|spi|rie|ren** ⟨*lat.*⟩ (Med.): ausatmen
Ex|spo|li|a|ti|on, die; -, -en ⟨*lat.*⟩ (veraltet): Beraubung. **ex|spo|li|ie|ren** (veraltet): ausrauben, plündern
Ex|stir|pa|ti|on, die; -, -en ⟨*lat.*; »Ausrottung«⟩ (Med.): völlige Entfernung [eines erkrankten Organs]
Ex|stir|pa|tor, der; -s, ...oren (veraltet): Variante des ↑Grubbers, der auch zur Unkrautvernichtung eingesetzt wurde
ex|stir|pie|ren (Med.): ein erkranktes Organ od. eine Geschwulst völlig entfernen
Ex|su|dat, das; -[e]s, -e ⟨*lat.*⟩: **1.** (Med.) entzündliche Ausschwitzung (eiweißhaltige Flüssigkeit, die bei Entzündungen aus den Gefäßen austritt). **2.** (Biol.) Drüsenabsonderung bei Insekten
Ex|su|da|ti|on, die; -, -en: **1.** (Biol., Med.) Ausschwitzung, Absonderung eines Exsudats (1). **2.** Ausscheidung von Mineralstoffen aus ↑kapillar aufsteigenden u. verdunstenden Bodenlösungen; vgl. Effloreszenz (2). **ex|su|da|tiv** ⟨*lat.-nlat.*⟩ (Biol., Med.): mit der Exsudation (1) zusammenhängend, auf ihr beruhend
ex ta|cen|do ⟨*lat.*⟩: aus dem Nichtvorkommen (von Belegen) etw. schließen

Ekstase
Das aus dem Griechischen stammende Wort wird nicht mit *Ex-*, sondern mit *Eks-* geschrieben, obwohl es den gleichen Anlaut hat wie z. B. *Export, extra, extrem.*

Ex|tem|po|ra|le, das; -s, ...lien ⟨*lat.*⟩ (veraltet): unvorbereitet anzufertigende [Klassen]arbeit
ex tem|po|re: aus dem Stegreif
Ex|tem|po|re, das; -s, -s: **a)** improvisierte Einlage [auf der Bühne]; **b)** Stegreifspiel, Stegreifrede
ex|tem|po|rie|ren ⟨*lat.-nlat.*⟩: **a)** eine improvisierte Einlage [auf der Bühne] geben; **b)** aus dem Stegreif reden, schreiben, musizieren usw.
Ex|ten|ded [ɪksˈtɛndɪd], die; - ⟨*lat.-engl.*⟩ (Druckw.): aus England stammende, breite Antiquadruckschrift
Ex|ten|der, der; -s, - ⟨*engl.*⟩ (bes. Chemie): Mittel zum Strecken

teurer Rohstoffe (z. B. in der Farbenproduktion)

ex|ten|die|ren ⟨*lat.*⟩ (veraltet): ausweiten, ausdehnen, erweitern

ex|ten|si|bel ⟨*lat.-nlat.*⟩ (veraltet): ausdehnbar. **Ex|ten|si|bi|li|tät,** die; -, -en (veraltet): Ausdehnbarkeit

¹Ex|ten|si|on, die; -, -en ⟨*lat.*⟩: 1. Ausdehnung, Streckung. 2. (Logik) Umfang eines Begriffs; Gesamtheit der Gegenstände, die unter diesen Begriff fallen (z. B. Obst: Äpfel, Birnen ...) (Ggs.: Intension [2]). 3. (Med.) Reposition (a) von Knochenbrüchen od. Verrenkungen durch mechanische Streckung

²Ex|ten|si|on [ɪksˈtɛnʃn̩], die; -, -s (meist Plural) ⟨*lat.-engl.*⟩: Verlängerung der Haare. **ex|ten|si|o|nal:** 1. auf die ¹Extension (2) bezogen (Ggs.: intensional [1]). 2. (bes. in der Mengenlehre) umfangsgleich; vgl. intensional (2). **Ex|ten|si|tät,** Extensivität, die; - ⟨*lat.-nlat.*⟩: Ausdehnung, Umfang

ex|ten|siv ⟨*lat.*⟩: 1. ausgedehnt, umfassend, in die Breite gehend (z. B. -e Beeinflussung). 2. auf großen Flächen, aber mit verhältnismäßig geringem Aufwand betrieben (z. B. -e Nutzung des Bodens). 3. (Rechtswiss.) ausdehnend, erweiternd (von der Auslegung eines Gesetzes)

ex|ten|si|vie|ren: ausdehnen, in die Breite gehen od. wirken lassen

Ex|ten|si|vi|tät vgl. Extensität

Ex|ten|sor, der; -s, ...oren (Med.): Streckmuskel

Ex|te|ri|eur [...ˈri̯øːɐ̯], das; -s, -s u. -e ⟨*lat.-frz.*⟩: 1. Äußeres; Außenseite; Erscheinung. 2. (Landwirtsch.) die Körperform eines Tieres im Hinblick auf einen bestimmten Zweck (z. B. beim Pferd als Zug- od. Reittier)

Ex|te|ri|o|ri|tät, die; -, -en ⟨*lat.-nlat.*⟩ (veraltet): Äußeres, Außenseite, Oberfläche

Ex|ter|mi|na|ti|on, die; -, -en ⟨*lat.*⟩ (veraltet): a) Vertreibung; Landesverweisung; b) Zerstörung. **ex|ter|mi|na|to|risch:** auf völlige Vernichtung ausgerichtet

ex|ter|mi|nie|ren (veraltet): ausrotten, vertreiben

ex|tern ⟨*lat.*⟩: 1. a) draußen befindlich, äußere; b) nicht angestellt, in freier Mitarbeit tätig. 2. a) nicht im Internat wohnend; b) (bes. als Prüfling) von auswärts zugewiesen

Ex|ter|na: *Plural* von ↑Externum

ex|ter|nal (Psychol.): äußerlich

Ex|ter|na|li|sa|ti|on, die; -, -en: 1. (Psychol.) das Externalisieren; vgl. Projektion (1). 2. (Med.) Anlagerung von Antigenen an die äußere Zellwand (Antigenpräsentation). **ex|ter|na|li|sie|ren** (Psychol.): nach außen verlagern (z. B. Gefühle, Ängste); vgl. internalisieren. **Ex|ter|na|li|sie|rung,** die; -, -en (Psychol.): das Externalisieren; Externalisation

Ex|ter|nat, das; -[e]s, -e ⟨*lat.-nlat.;* Gegenbildung zu ↑Internat⟩: Lehranstalt, deren Schüler außerhalb der Schule wohnen

Ex|ter|ne, der u. die; -n, -n ⟨*lat.*⟩: 1. Schüler[in], der bzw. die nicht im Internat wohnt. 2. Schüler[in], der bzw. die die Abschlussprüfung an einer Schule ablegt, ohne diese zuvor besucht zu haben

Ex|ter|nist, der; -en, -en ⟨*lat.-nlat.*⟩ (österr.): ↑Externe. **Ex|ter|nis|tin,** die; -, -nen: weibliche Form zu ↑Externist

Ex|tern|spei|cher, der; -s, - (EDV): außerhalb der Zentraleinheit angeordneter Datenspeicher

Ex|ter|num, das; -s, ...na ⟨*lat.*⟩ (Med.): äußerlich anzuwendendes Arzneimittel

ex|te|ro|zep|tiv ⟨*lat.*⟩ (Psychol., Med.): Reize wahrnehmend, die von außerhalb des Organismus kommen (z. B. mittels Augen, Ohren) (Ggs.: propriozeptiv)

ex|ter|ri|to|ri|al ⟨*lat.-nlat.*⟩: außerhalb der Landeshoheit stehend

ex|ter|ri|to|ri|a|li|sie|ren: jmdm. Exterritorialität gewähren

Ex|ter|ri|to|ri|a|li|tät, die; -: a) Unabhängigkeit bestimmter ausländischer Personen (z. B. Gesandter) von der Gerichtsbarkeit des Aufenthaltsstaates; b) Unverletzlichkeit u. Unantastbarkeit von Diplomaten im Gastland

Ex|tink|teur [...ˈtøːɐ̯], der; -s, -e ⟨*lat.-frz.*⟩ (veraltet): Feuerlöscher

Ex|tink|ti|on, die; -, -en ⟨*lat.*⟩: 1. (veraltet) Auslöschung, Tilgung. 2. (Physik, Astron., Meteorol.) Schwächung einer Wellenbewegung (Strahlung) beim Durchgang durch ein ↑¹Medium (3)

Ex|tink|ti|ons|ko|ef|fi|zi|ent, der; -en: Maß für die Extinktion (2)

ex|tor|quie|ren ⟨*lat.*⟩ (veraltet): abpressen, erzwingen

Ex|tor|si|on, die; -, -en (veraltet): Erpressung

ex|t|ra ⟨*lat.*⟩: a) besonders, für sich, getrennt; b) zusätzlich, dazu; c) ausdrücklich; d) absichtlich; e) zu einem bestimmten Zweck; f) besonders, ausgesucht. **Ex|t|ra,** das; -s, -s (meist Plural): Zubehörteil (speziell zu Autos), das über die übliche Ausstattung hinausgeht

ex|t|ra..., Ex|t|ra...

⟨*lat.* extra »außer, über ... hinaus, ohne; außerhalb«⟩
Präfix mit folgenden Bedeutungen:

I. *»außer, außerhalb« (bes. fachsprachlich):*
- extragalaktisch
- extralingual
- Extraterrestrik
- extravertiert

II. *»besonders, außerordentlich« (in Verbindung mit Adjektiven):*
- extrafein
- extragroß
- extralang

III. *»Besonderes, Zusätzliches« (in Verbindung mit Substantiven):*
- Extrablatt
- Extraklasse
- Extratour
- Extrawurst

Ex|t|ra|blatt, das; -[e]s, ...blätter: Sonderausgabe einer Zeitung mit besonders aktuellen Nachrichten

ex|t|ra dry [- draɪ̯] ⟨*engl.*⟩: (von alkoholischen Getränken) besonders trocken

ex|t|ra ec|c|le|si|am nul|la sa|lus ⟨*lat.*⟩: »außerhalb der Kirche [ist] kein Heil« (Ausspruch des heiligen Cyprian, † 258)

ex|t|ra|flo|ral ⟨*lat.-nlat.*⟩ (Bot.): außerhalb der Blüte befindlich

ex|t|ra|ga|lak|tisch ⟨*lat.; gr.*⟩ (Astron.): außerhalb der Milchstraße (vgl. Galaxie) liegend

ex|t|ra|ge|ni|tal ⟨*lat.-nlat.*⟩ (Med.): 1. außerhalb der Geschlechtsteile. **2.** unabhängig von den Geschlechtsteilen (bes. in Bezug auf die Übertragung von Geschlechtskrankheiten)

Ex|tra|hent, der; -en, -en ⟨*lat.*⟩ (Rechtsspr. veraltet): jmd., auf dessen Antrag eine gerichtliche Verfügung erlassen wird

ex|tra|hie|ren: 1. (Med.) herausziehen (z. B. einen Zahn). **2.** eine Extraktion (1) vornehmen. **3.** (Rechtsspr. veraltet) eine Vollstreckungsmaßregel erwirken

ex|t|ra|in|tes|ti|nal ⟨*lat.-nlat.*⟩ (Med.): außerhalb des Darmkanals

ex|t|ra|kor|po|ral ⟨*lat.*⟩ (Med.): außerhalb des Körpers erfolgend, verlaufend

Ex|trakt, der (naturwissenschaftlich fachspr. auch:) das; -[e]s, -e ⟨*lat.*⟩: **1.** Auszug aus tierischen od. pflanzlichen Stoffen. **2.** konzentrierte Zusammenfassung der wesentlichsten Punkte eines Textes, Buches o. Ä.

Ex|trak|teur [...'tøːɐ̯], der; -s, -e ⟨*lat.-frz.*⟩: Gerät zur Vornahme einer Extraktion (1)

Ex|trak|ti|on, die; -, -en ⟨*lat.-nlat.*⟩: **1.** (Chemie) Herauslösung einzelner Bestandteile aus einem flüssigen od. festen Stoffgemisch mit einem geeigneten Lösungsmittel. **2.** (Med.) das Herausziehen (z. B. eines Zahns)

ex|trak|tiv: ausziehend; auslaugend; löslich ausziehbar

Ex|trak|tiv|stoff, der; -[e]s, -e (Biol.): in Pflanzen od. Tieren vorkommender Stoff, der durch Wasser od. Alkohol ausgezogen werden kann

ex|t|ra|lin|gu|al ⟨*lat.-nlat.*⟩ (Sprachwiss.): außersprachlich, nicht zur Sprache gehörend (Ggs.: intralingual)

ex|t|ra|mun|dan ⟨*lat.*⟩ (Philos.): außerweltlich, ↑transzendent (1) (Ggs.: intramundan)

ex|t|ra|mu|ral ⟨*lat.-nlat.*⟩: **1.** außerhalb der Stadtmauern befindlich. **2.** (Med.) außerhalb der Wand eines Hohlraums (z. B. des Darms) gelegen

ex|t|ra mu|ros ⟨*lat.*⟩: außerhalb der Mauern

ex|t|ran ⟨*lat.-nlat.*⟩ (veraltet): ausländisch, fremd

Ex|t|ra|ne|er, der; -s, -, **Ex|t|ra|ne|us,** der; -, ...neer ⟨*lat.*⟩: ↑Externe

Ex|t|ra|net, das; -s, -s (EDV): Vernetzung von Computersystemen zur Informationsübermittlung zwischen fusionierten Firmen, Institutionen o. Ä.

ex|t|ra|or|di|när ⟨*lat.-frz.*⟩ (bildungsspr. veraltend): außergewöhnlich, außerordentlich

Ex|t|ra|or|di|na|ri|at, das; -[e]s, -e ⟨*lat.-nlat.*⟩: Amt eines Extraordinarius

Ex|t|ra|or|di|na|ri|um, das; -s, ...ien ⟨*lat.*⟩: außerordentlicher Haushalt[splan] eines Staates

Ex|t|ra|or|di|na|ri|us, der; -, ...ien: außerordentlicher Professor

ex|t|ra or|di|nem: außerhalb der Reihe

ex|t|ra|pe|ri|to|ne|al ⟨*(lat.; gr.) nlat.*⟩ (Med.): außerhalb des Bauchfells gelegen

ex|t|ra|pleu|ral ⟨*(lat.; gr.) nlat.*⟩ (Med.): außerhalb des Brustfellraums gelegen

Ex|t|ra|po|la|ti|on, die; -, -en ⟨*lat.-nlat.*⟩: näherungsweise Bestimmung von Funktionswerten außerhalb eines ↑Intervalls (4) aufgrund der Kenntnis von Funktionswerten innerhalb dieses Intervalls. **ex|t|ra|po|lie|ren:** aus dem Verhalten einer Funktion innerhalb eines mathematischen Bereichs auf ihr Verhalten außerhalb dieses Bereichs schließen

Ex|t|ra|po|si|ti|on, die; -, -en ⟨*lat.-nlat.*⟩ (Sprachwiss.): Herausstellung eines Gliedsatzes an das Ende des Satzgefüges, wobei ein stellvertretendes »es« vorangestellt wird (z. B. »Es ist schön, dass du kommst« für: »Dass du kommst, ist schön«)

Ex|t|ra|pro|fit, der; -[e]s, -e: durch bessere Produktionstechniken u. höheren Grad der Arbeitsorganisation erzielter zusätzlicher Kapitalertrag (aus marxistischer Sicht)

Ex|t|ra|pu|ni|ti|vi|tät, die; -, -en ⟨*lat.-nlat.*⟩ (Sozialpsychol.): Wunsch od. Wille, andere Personen für eigene moralische Unzulänglichkeit od. eigene Schuld büßen zu lassen

Ex|t|ra|sy|s|to|le, die; -, -n (Med.): auf einen ungewöhnlichen Reiz hin erfolgende vorzeitige Zusammenziehung des Herzens innerhalb der normalen Herzschlagfolge

Ex|t|ra|sy|s|to|lie, die; -, -n (Med.): durch Extrasystolen hervorgerufene Herzrhythmusstörung

ex|t|ra|ten|siv ⟨*lat.-nlat.*⟩: extensiv (2)

Ex|t|ra|ter|res|t|rik, die; - ⟨*lat.-nlat.*⟩: Fachgebiet der Physik, auf dem die physikalischen Vorgänge u. Gegebenheiten untersucht werden, die sich außerhalb der Erde u. ihrer Atmosphäre abspielen

ex|t|ra|ter|res|t|risch (Astron., Physik): außerhalb der Erde (einschließlich ihrer Atmosphäre) gelegen

Ex|t|ra|tour, die; -, -en (ugs.): eigenwilliges u. eigensinniges Verhalten od. Vorgehen innerhalb einer Gruppe

ex|t|ra|ute|rin ⟨*lat.-nlat.*⟩ (Med.): außerhalb der Gebärmutter (Ggs.: intrauterin)

Ex|t|ra|ute|rin|gra|vi|di|tät, die; -, -en (Med.): Schwangerschaft, bei der sich das befruchtete Ei außerhalb der Gebärmutter eingenistet hat

ex|t|ra|va|gant [auch: 'ɛks...] ⟨*lat.-mlat.-frz.*⟩: **1. a)** ausgefallenen Geschmack habend, zeigend; **b)** von ungewöhnlichem u. ausgefallenem Geschmack zeugend u. dadurch auffallend. **2.** überspannt, verstiegen, übertrieben

Ex|t|ra|va|ganz [auch: 'ɛks...], die; -, -en: **1.** etwas, was aus dem Rahmen des Üblichen herausfällt; ausgefallenes Verhalten, Tun. **2.** (ohne Plural) Ausgefallenheit. **3.** Überspanntheit, Verstiegenheit

ex|t|ra|va|gie|ren ⟨*lat.-mlat.*⟩ (veraltet): überspannt handeln

Ex|t|ra|va|sat, das; -[e]s, -e ⟨*lat.-nlat.*⟩ (Med.): aus einem Gefäß ins Gewebe ausgetretene Flüssigkeit wie Blut od. Lymphe. **Ex|t|ra|va|sa|ti|on,** die; -, -en (Med.): Blut- od. Lympherguss in das Zellgewebe

Ex|t|ra|ver|si|on, die; -, -en ⟨*lat.-nlat.*⟩ (Psychol.): seelische Einstellung, die durch Konzentration der Interessen auf äußere Objekte gekennzeichnet ist (Ggs.: Introversion)

ex|t|ra|ver|tiert, extrovertiert (Psychol.): nach außen gerichtet, für äußere Einflüsse leicht empfänglich (Ggs.: introvertiert)

ex|t|ra|zel|lu|lär ‹*lat.-nlat.*› (Med.): außerhalb der Zelle
ex|t|rem ‹*lat.*›: **1.** äußerst [hoch, niedrig]; ungewöhnlich. **2.** radikal; **extremer Wert:** a) Hoch- od. Tiefpunkt einer Funktion od. einer Kurve; b) größter od. kleinster Wert einer Messreihe. **Ex|t|rem,** das; -s, -e: höchster od. niedrigster Grad, äußerste Grenze
Ex|treme Me|tal [ɪksˈtriːm ˈmɛtl̩], der; - -[s] ‹*engl.*›: extreme Form des Heavy Metal [mit hohen Tempi, gutturalem Gesang u. provokanten bis radikalen Texten]
ex|t|re|mi|sie|ren ‹*lat.-nlat.*›: zu einer extremen Haltung bringen, gelangen lassen, ins Extrem treiben. **Ex|t|re|mi|sie|rung,** die; -: das Extremisieren
Ex|t|re|mis|mus, der; -, ...men: **1.** (ohne Plural) extreme, radikale [politische] Haltung od. Richtung. **2.** auf Extremismus (1) beruhende Handlung
Ex|t|re|mist, der; -en, -en: radikal eingestellter Mensch. **Ex|t|re|mis|tin,** die; -, -nen: weibliche Form zu ↑Extremist. **ex|t|re|mis|tisch:** eine extreme, radikale [politische] Einstellung zeigend; den Extremismus (1) verfechtend
Ex|t|re|mi|tät, die; -, -en ‹*lat.*›: **1.** (meist Plural; Med.) Gliedmaße. **2.** äußerstes Ende; Extremsein (z. B. einer Idee oder eines Planes)
Ex|t|rem|si|tu|a|ti|on, die; -, -en: extreme Lage, Situation, in der sich jmd. [augenblicklich] befindet
Ex|t|rem|sport, der; -[e]s, -e (Plural selten): mit höchster körperlicher Beanspruchung, mit besonderen Gefahren verbundener Sport (z. B. Triathlon, Freeclimbing)
Ex|t|re|mum, das; -s, ...ma, **Ex|t|rem|wert,** der; -[e]s, -e: a) höchster od. tiefster Wert einer Funktion od. einer Kurve; b) größter od. kleinster Wert einer Messreihe
ex|t|rin|sisch ‹*lat.-frz.-engl.*› (Psychol.): a) von außen her [angeregt], nicht aus eigenem innerem Antrieb erfolgend (Ggs.: intrinsisch); **extrinsische Motivation:** durch äußere Zwänge, Strafen verursachte ↑Motivation (1); **b)** außerhalb liegend, von außen kommend
Ex|tro|phie, die; -, ...ien ‹*gr.-nlat.*› (Med.): Ektopie
ex|t|rors ‹*lat.*› (Bot.): nach außen gewendet (in Bezug auf die Stellung der Staubbeutel zur Blütenachse) (Ggs.: intrors)
ex|t|ro|ver|tiert vgl. extravertiert
Ex|t|ru|der, der; -s, - ‹*lat.-engl.*› (Technik): Maschine zur Herstellung von Formstücken (Rohre, Drähte, Bänder usw.) aus ↑thermoplastischem Material, das im formbaren Zustand durch Düsen gepresst wird. **ex|t|ru|die|ren: 1.** (Technik) Formstücke aus ↑thermoplastischem Material mit dem Extruder herstellen. **2.** (Geom., Technik) (bes. beim CAD) ein zweidimensionales zu einem dreidimensionalen Objekt erweitern
Ex|t|ru|si|on, die; -, -en ‹*lat.-nlat.*›: **1.** (Geol.) Ausfluss von Lava u. Auswurf von Lockermaterial an Vulkanen. **2.** (Zahnmed.) das Überstehen eines [Front]zahnes über die Bissebene (nach einem [Front]zahntrauma). **3.** (Geom., Technik) das Extrudieren (2)
ex|t|ru|siv (Geol.): an der Erdoberfläche erstarrt (von Gesteinen)
Ex|t|ru|siv|ge|stein, das; -s (Geol.): an der Erdoberfläche erstarrtes Ergussgestein
ex tunc ‹*lat.;* »von damals an«›: Zeitpunkt für den Eintritt der Rückwirkung einer Bestimmung od. Vereinbarung; vgl. ex nunc
ex|u|be|rans ‹*lat.*› (Med.): stark wuchernd. **ex|u|be|rant** (veraltet): überschwänglich, üppig. **Ex|u|be|ranz,** die; -, -en (veraltet): Üppigkeit, Überfluss, Überschwänglichkeit
Ex|u|lant, der; -en, -en ‹*lat.*›: **1.** im 17. u. 18. Jh. aus einem der Länder der habsburgischen Monarchie vertriebener Protestant. **2.** Verbannter, Vertriebener. **Ex|u|lan|tin,** die; -, -nen: weibliche Form zu ↑Exulant. **ex|u|lie|ren** (veraltet): in der Verbannung leben
Ex|ul|ze|ra|ti|on, die; -, -en ‹*lat.*› (Med.): geschwürartige Veränderung von Gewebe. **ex|ul|ze|rie|ren** (Med.): sich geschwürartig verändern
Ex|un|da|ti|on, die; -, -en ‹*lat.*› (veraltet): Überschwemmung. **ex|un|die|ren** (veraltet): über die Ufer treten
ex un|gue le|o|nem ‹*lat.;* »den Löwen nach der Klaue (malen)«›: aus einem Glied od. Teil auf die ganze Gestalt, auf das Ganze schließen
ex usu ‹*lat.;* »aus dem Gebrauch heraus«›: aus der Erfahrung, durch Übung, nach dem Brauch
Ex|u|vie, die; -, -n ‹*lat.*›: **1.** tierische Körperhülle, die beim Wachstumsprozess von Zeit zu Zeit abgestreift wird (z. B. Schlangenhaut). **2.** (Plural; veraltet) Siegesbeute
ex vo|to ‹*lat.*›: aufgrund eines Gelübdes (Inschrift auf ↑Votiven). **Ex|vo|to,** das; -s, -s od. Exvoten: Weihegabe, Votivbild od. -tafel
Ex|ze|dent, der; -en, -en ‹*lat.*›: **1.** (veraltet) Übeltäter, Unfugstifter. **2.** (Versicherungswesen) über eine selbst gewählte Versicherungssumme hinausgehender Betrag
Ex|ze|den|ten|ver|trag, der; -[e]s, ...verträge (Versicherungswesen): Vertrag, in dem der Erstversicherer den Rückversicherer nur an einzelnen, über ein gewisses Maß hinausgehenden Objekten beteiligt
ex|ze|die|ren (veraltet): **a)** Unfug stiften; **b)** ausschweifen, übertreiben
ex|zel|lent ‹*lat.-frz.*›: hervorragend, ausgezeichnet, vortrefflich
Ex|zel|lenz, die; -, -en (»Vortrefflichkeit, Erhabenheit«): **1.** Anrede im diplomatischen Verkehr. **2.** (Geschichte) Titel von Ministern u. hohen Beamten (Abk.: Exz.)
Ex|zel|lenz|clus|ter [...klʌstə], der, auch: das; -s, -: [von der Exzellenzinitiative geförderte] Gruppe von hochrangigen Forschern an einer Hochschule, die gemeinsam einen bes. relevanten Themenkomplex bearbeiten
ex|zel|lie|ren ‹*lat.*›: hervorragen, glänzen
Ex|zel|si|or|marsch, der; -es, ...märsche (Schach): Vorrücken eines Bauern vom Ausgangs- zum Umwandlungsfeld
Ex|zen|ter, der; -s, - ‹*gr.-nlat.*› (Technik): exzentrisch (2) auf einer Welle angebrachte Steuerungsscheibe

Ex|zen|ter|pres|se, die; -, -n: Werkzeugmaschine, bes. zum Stanzen u. Pressen von Blechen, Kunststoffen usw., bei der die Auf- u. Abwärtsbewegung durch einen auf der Antriebswelle sitzenden Exzenter erzeugt wird

Ex|zen|t|rik, die; -: **1.** von üblichen Verhaltensweisen abweichendes, überspanntes Benehmen. **2.** mit stark übertriebener Komik dargebotene ↑ Artistik

Ex|zen|t|ri|ker, der; -s, -: **1.** überspannter, verschrobener Mensch. **2.** Artist in der Rolle eines Clowns. **Ex|zen|t|ri|ke|rin,** die; -, -nen: weibliche Form zu ↑ Exzentriker (1)

ex|zen|t|risch: 1. überspannt, verschroben. **2.** außerhalb des Mittelpunktes liegend. **Ex|zen|t|ri|zi|tät,** die; -, -en: **1.** das Abweichen, Abstand vom Mittelpunkt. **2.** Überspanntheit

Ex|zep|ti|on, die; -, -en ⟨*lat.*⟩ (veraltet): **1.** Ausnahme. **2.** juristische Einrede; vgl. Exceptio

Ex|zep|ti|o|na|lis|mus, der; -, ...men ⟨*lat.-nlat.*⟩: **1.** (ohne Plural; Geol.) Lehrmeinung, dass bestimmte Gesteine, Gebirge u. a. durch außergewöhnliche, heute nicht mehr beobachtbare Prozesse gebildet worden sind. **2.** außergewöhnlicher Prozess der Bildung bestimmter Gesteine, Gebirge u. a.

ex|zep|ti|o|nell ⟨*lat.-frz.*⟩: ausnahmsweise eintretend, außergewöhnlich

ex|zep|tiv ⟨*lat.-nlat.*⟩ (veraltet): ausschließend, ausnehmend. **Ex|zep|tiv|satz,** der; -es, ...sätze: bedingender Gliedsatz, der eine Ausnahme ausdrückt (z. B. es sei denn)

ex|zer|pie|ren ⟨*lat.;* »herausklauben, auslesen«⟩: ein Exzerpt anfertigen. **Ex|zerpt,** das; -[e]s, -e: schriftlicher, mit dem Text der Vorlage übereinstimmender Auszug aus einem Werk

Ex|zerp|ti|on, die; -, -en: **1.** das Exzerpieren. **2.** (selten) das Exzerpierte

Ex|zerp|tor, der; -s, ...oren: jmd., der Exzerpte anfertigt. **Ex|zerp|to|rin,** die; -, -nen: weibliche Form zu ↑ Exzerptor

Ex|zess, der; -es, -e ⟨*lat.*⟩: Ausschreitung; Ausschweifung; Maßlosigkeit. **ex|zes|siv** ⟨*lat.-nlat.*⟩: außerordentlich; das Maß überschreitend; ausschweifend; **exzessives Klima:** Landklima mit jährlichen Temperaturschwankungen über 40 °C. **Ex|zes|siv,** der; -s, -e [...və] (Sprachwiss.): Steigerungsstufe, z. B. im Baskischen, zum Ausdruck des Übermaßes einer Eigenschaft

ex|zi|die|ren ⟨*lat.*⟩ (Med.): Gewebe (z. B. eine Geschwulst) aus dem Körper herausschneiden

ex|zi|pie|ren ⟨*lat.*⟩ (veraltet): ausnehmen, als Ausnahme hinstellen

Ex|zi|si|on, die; -, -en ⟨*lat.*⟩ (Med.): das Herausschneiden von Gewebe (z. B. einer Geschwulst)

ex|zi|ta|bel ⟨*lat.-nlat.*⟩ (Med., Psychol.): reizbar, erregbar, nervös. **Ex|zi|ta|bi|li|tät,** die; - (Med., Psychol.): **1.** Reizbarkeit, Erregbarkeit, Nervosität. **2.** Empfänglichsein von Geweben [wie Herz od. Nervenzellen] für Erregungen

Ex|zi|tans, das; -, ...tanzien u. ...tantia ⟨*lat.*⟩ (Med.): Herz, Kreislauf, Atmung od. Nerven anregendes, belebendes Arzneimittel

Ex|zi|ta|ti|on, die; -, -en (Med.): Erregungszustand des Organismus. **ex|zi|ta|tiv** ⟨*lat.-nlat.*⟩ (Med.): erregend

ex|zi|ta|to|risch (Biol., Med.): stimulierend, erregend. **ex|zi|tie|ren** ⟨*lat.*⟩ (Med.): anregen

ey [ɛɪ̯] ⟨*engl.*⟩ (ugs.): **a)** Ausruf, der Erstaunen, Überraschung ausdrückt; **b)** Ausruf, der Empörung, Abwehr ausdrückt

Eye|cat|cher ['aɪ̯kɛtʃɐ], der; -s, - ⟨*engl.*⟩: Blickfang (z. B. in der Werbung)

Eye|li|ner ['aɪ̯laɪ̯nɐ], der; -s, -[s] ⟨*engl.*⟩: flüssiges Kosmetikum zum Ziehen eines Lidstriches

Eye|tra|cker, Eye-Tra|cker ['aɪ̯trɛkɐ], der; -s, - ⟨*engl.*⟩ (Technik, EDV): elektron. Gerät zur Aufzeichnung von Augenbewegungen

Eye|tra|cking, Eye-Tra|cking ['aɪ̯trɛ...], das; -[s] ⟨*engl.*⟩: elektron. Messung u. Aufzeichnung von Augenbewegungen, insbes. bei Testpersonen zur Analyse des Wahrnehmungsverhaltens

Ey|rir, der od. das; -s, Aurar ⟨*isländ.*⟩: isländische Währungseinheit

Ez|zes, Eizes, die (Plural) ⟨*jidd.*⟩ (österr. ugs.): Tipps, Ratschläge

F

fa ⟨*it.*⟩: Silbe, auf die man beim Solmisieren den Ton f singt; vgl. Solmisation

Fa|bi|a|nist, der; -en, -en: Fabier

Fa|bi|an So|ci|e|ty ['feɪ̯bi̯ən sə'saɪ̯ətɪ], die; - - ⟨*lat.-engl.;* nach dem röm. Feldherrn Fabius Cunctator (d. h. der Zauderer)⟩: Vereinigung linksliberaler englischer Intellektueller, die Ende des 19. Jh.s durch friedliche soziale Reformarbeit eine klassenlose Gesellschaft u. soziale Gleichheit anstrebten

Fa|bi|er, der; -s, -: Mitglied der Fabian Society

Fa|bis|mus, Fa|vis|mus ⟨it. favismo, zu: fava < lat. faba = (Sau)bohne⟩ der; - (Med.): Erkrankung nach dem Genuss von Bohnen od. nach dem Einatmen ihres Blütenstaubs

Fa|b|leau [fa'blo:], das; -, -x [fa'blo:] ⟨*it.-frz.*⟩: ↑ Fabliau

Fa|b|le con|ve|nue [fabləkõv'ny:], die; - -, -s -s [fabləkõv'ny:] ⟨»verabredete Fabel«⟩: etwas Erfundenes, das man als wahr gelten lässt

Fa|b|li|au [fabli'o:], das; -, -x [fabli'o:]: altfranzösische Verserzählung mit komischem, vorwiegend erotischem Inhalt

Fa|b|rik, die; -, -en ⟨*lat.-frz.*⟩: **a)** gewerblicher, mit Maschinen ausgerüsteter Produktionsbetrieb; **b)** Gebäude[komplex], in dem ein Industriebetrieb untergebracht ist; **c)** (ugs.) Belegschaft eines Industriebetriebs

Fa|b|ri|kant, der; -en, -en: **a)** Besitzer einer Fabrik; **b)** Hersteller einer Ware. **Fa|b|ri|kan|tin,**

die; -, -nen: weibliche Form zu ↑Fabrikant
Fa|b|ri|kat, das; -[e]s, -e ⟨*lat.-nlat.*⟩: **1.** fabrikmäßig hergestelltes Erzeugnis der Industrie. **2.** bestimmte Ausführung eines Fabrikats (1), Marke
Fa|b|ri|ka|ti|on, die; -, -en ⟨*lat.-frz.*⟩: Herstellung von Gütern in einer Fabrik. **fa|b|ri|ka|to|risch** ⟨*lat.*⟩: die Fabrikation betreffend
fa|b|ri|zie|ren ⟨*lat.*⟩: **1.** (ugs., oft abwertend) **a)** zusammenbasteln; **b)** anstellen, anrichten. **2.** (veraltet) serienmäßig in einer Fabrik herstellen

fa|bu|la do|cet ⟨*lat.*; »die Fabel lehrt«⟩: die Moral von der Geschichte ist ..., diese Lehre soll man aus der Geschichte ziehen
Fa|bu|lant, der; -en, -en: **a)** Erfinder od. Erzähler von Fabeln, von fantastisch ausgeschmückten Geschichten; **b)** Schwätzer; Schwindler. **Fa|bu|lan|tin**, die; -, -nen: weibliche Form zu ↑Fabulant
fa|bu|lie|ren: **a)** fantastische Geschichten erzählen; **b)** munter drauflosplaudern; schwätzen; **c)** schwindeln
Fa|bu|list, der; -en, -en ⟨*lat.-nlat.*⟩ (veraltet): Fabeldichter. **Fa|bu|lis|tin**, die; -, -nen: weibliche Form zu ↑Fabulist
fa|bu|lös ⟨*lat.-frz.*⟩ (ugs. scherzh.): **1.** märchenhaft. **2.** unwirklich, unwahrscheinlich
Fa|bur|den ['fa:bœ:ɐdn̩], der; -[s], -s ⟨*frz.-engl.*⟩ (Musik): improvisierte Unterstimme in der englischen mehrstimmigen Musik des 15. u. 16. Jh.s
fac ⟨*lat.*⟩: mach! (auf Rezepten)
Face [fa:s], die; -, -n ⟨*lat.-frz.*⟩ (veraltet): **1.** Gesicht, Vorderseite; vgl. en face. **2.** ↑Avers
Face|book® ['feɪsbʊk], das; -[s] ⟨meist o. Art.⟩ ⟨*amerik.*⟩: Website eines internationalen sozialen Netzwerks
Face|book-Ac|count, Face|book|ac|count [...ʔəkaʊnt], der; -s, -s (EDV): Account bei Facebook®
Face|book-Par|ty, Face|book|par|ty, die; -, -s: private Feier, zu der bewusst od. versehentlich eine sehr große Zahl von Gästen über das soziale Netzwerk Facebook® eingeladen wurde
Face|book-Sei|te, Face|book|sei|te, die; -, -n: innerhalb von Facebook® individuell gestaltete Seite einer Person, eines Unternehmens od. einer Institution
Face-Cre|di|bi|li|ty, Face|cre|di|bi|li|ty ['feɪskrɛdɪ(')bɪlɪti], die; - ⟨*engl.*⟩: vertrauenerweckender Eindruck (z. B. bei einem Verkaufsgespräch)
Face|lif|ting ['feɪslɪftɪŋ], das; -s, -s ⟨*engl.*⟩: Gesichtsoperation, bei der altersbedingte Hautfalten durch Herausschneiden von Hautstreifen operativ beseitigt werden
Face-to-Face-Kom|mu|ni|ka|ti|on ['feɪstə'feɪs...], die; -: persönliches Gespräch (ohne zwischengeschaltete Medien)
Fa|cet|te [...s...], die; -, -n ⟨*lat.-frz.*⟩: **1.** kleine eckige Fläche, die durch das Schleifen eines Edelsteins od. eines Körpers aus Glas od. Metall entsteht. **2.** Teilaspekt (einer Angelegenheit, eines Vorgangs u. Ä.). **3.** (Druckw.) abgeschrägte Kante an ↑Klischees (1) u. Ätzungen. **4.** (Zahnmed.) Verblendteil bei Zahnersatz (z. B. bei einer Brücke)
Fa|cet|ten|au|ge, das; -s, -n (Zool.): Sehorgan der Insekten u. anderer Gliederfüßer, das aus zahlreichen Einzelaugen zusammengesetzt ist
fa|cet|ten|reich: viele Facetten (2) aufweisend
fa|cet|tie|ren: mit Facetten versehen
Fa|ci|a|lis vgl. Fazialis
Fa|ci|es [...tsiɛs], die; -, - ⟨*lat.*⟩: **1.** (Med.) **a)** Gesicht; **b)** Außenfläche an Organen u. Knochen; **c)** für best. Krankheiten typischer Gesichtsausdruck. **2.** ↑Fazies
Fa|ci|es ab|do|mi|na|lis, die; - - ⟨*lat.; lat.-nlat.*⟩ (Med.): verfallenes, blasses Gesicht bei an Bauchfellentzündung Erkrankten
Fa|ci|es gas|t|ri|ca, die; - - ⟨*lat.; gr.; nlat.*⟩ (Med.): **1.** Gesichtsausdruck Magenleidender mit tiefer Nasen-Lippen-Falte. **2.** Seite der Milz, die dem Magen anliegt
Fa|ci|es hip|po|c|ra|ti|ca, die; - - ⟨*lat.; gr.-lat.*⟩ (Med.): ängstlicher, verfallener Gesichtsausdruck bei Schwerkranken u. Sterbenden; Verlust der Mimik
Fa|ci|es le|o|ni|na, die; - - ⟨*lat.*; »Löwengesicht«⟩ (Med.): entstelltes Gesicht bei Leprakranken
Fa|ci|li|ty [fə'sɪlɪti], die; -, -s ⟨*lat.-frz.-engl.* »Einrichtung; Möglichkeit«⟩ (Wirtsch.): [technische] Ausstattung, Einrichtung, Infrastruktur eines Unternehmens od. Gebäudes
Fa|ci|li|ty-Ma|nage|ment, Fa|ci|li|ty-ma|nage|ment [...mɛnɪtʃmənt], das; -s, -s (Wirtsch.): **1.** umfassende Betreuung und Verwaltung der ↑Facilitys eines Unternehmens; Gebäudebewirtschaftung. **2.** gezielte Kostensenkung auf dem Gebiet der betrieblich genutzten Grundstücke u. Gebäude
Fa|cing ['feɪsɪŋ], das; -s ⟨*lat.-frz.-engl.*⟩: das Ausrichten der Ware zum Kunden hin (in Regalen, zur Verkaufsförderung)
Fa|çon [fa'sõ:] vgl. [1]Fasson
Fa|çon de par|ler [fasõd(ə)par'le:], die; - - -, -s - - [fasõd(ə)par'le:] ⟨*frz.*⟩ (veraltet): **a)** bestimmte Art zu reden; **b)** bloße Redensart, leere Worte
Fa|çon|né [fasɔ'ne:], der; -[s], -s: modisches Gewebe mit kleiner Musterung, die durch verschiedene Bindung zustande kommt
Fact [fækt], der; -s, -s (meist Plural) ⟨*lat.-engl.*⟩: Tatsache, Tatsachenmaterial
Fac|tion-Pro|sa, Fac|tion|pro|sa ['fækʃən...], die; - ⟨*engl.; lat.*⟩: amerikanische Dokumentarliteratur (seit Mitte der 60er-Jahre des 20. Jh.s)
Fac|to|ring ['fæktərɪŋ], das; -[s] ⟨*lat.-engl.*⟩ (Wirtsch.): Methode der Absatzfinanzierung, bei der die Lieferfirma ihre Forderungen aus Warenlieferungen einem Finanzierungsinstitut verkauft, das meist auch das volle Kreditrisiko übernimmt
Fac|to|ry-Out|let, Fac|to|ry|out|let ['fɛktəriʔaʊtlɛt], das; -s, -s ⟨*engl.*⟩: Verkaufsstelle einer Firma, in der die Waren [mit Rabatt] direkt an den Verbraucher verkauft werden. **Fac|to|ry-Out|let-Cen|ter, Fac|to|ry|out|let|cen|ter, Fac|to|ry|out|let-Cen|ter** [...sɛntɐ], das; -s, -: Direktverkaufszentrum
Fac|tu|re [fak'ty:rə], die; -, -n ⟨*lat.-frz.*⟩: ↑[2]Faktur
Fa|cul|tas Do|cen|di, die; - - ⟨*lat.*⟩:

a) Lehrauftrag an einer höheren Schule im Angestelltenverhältnis; b) Lehrbefähigung
Fade-in [fe̯ɪtˈʔɪn], das; -[s] ⟨engl.⟩: das Einblenden von Musiktiteln der Unterhaltungsmusik (Ggs.: Fade-out)
Fa|den|mo|le|kül, das; -s, -e: ein lang gestrecktes ↑Makromolekül
Fade-out [fe̯ɪtˈʔaʊ̯t], das; -[s] ⟨engl.⟩: das Ausblenden von Musiktiteln der Unterhaltungsmusik (Ggs.: Fade-in)
Fa|desse [faˈdɛs], die; - (österr. ugs.): langweilige Art
Fa|ding [ˈfɛɪ̯dɪŋ], das; -s ⟨*engl.*⟩: **1.** (Elektrot.) das An- u. Abschwellen der Empfangsfeldstärke elektromagnetischer Wellen (Schwund). **2.** das Nachlassen der Bremswirkung bei Kraftfahrzeugen infolge Erhitzung der Bremsen
fa|di|sie|ren (österr. ugs.): **1.** jmdn. langweilen. **2.** sich fadisieren: sich langweilen
Fa|do [port.: ˈfaðu], der; -[s], -s ⟨*lat.-port.*⟩: melancholisch gestimmtes, zur Gitarre gesungenes volkstümliches portugiesisches Lied
Fae|ces [ˈfɛːtseːs] vgl. Fäzes
Fa|en|za|ma|jo|li|ka, die; -, ...ken (meist Plural) ⟨nach der it. Stadt Faenza⟩: besonders behandelte Tonware; vgl. Fayence
Fa|ga|ra|sei|de, die; - ⟨*arab.-mlat.; dt.*⟩: eine Wildseide
Fa|gott, das; -s, -e ⟨*it.*⟩: Holzblasinstrument in tiefer Tonlage mit u-förmig geknickter Röhre u. Doppelrohrblatt. **Fa|got|tist,** der; -en, -en: Fagottspieler. **Fa|got|tis|tin,** die; -, -nen: weibliche Form zu ↑Fagottist
Fai|ble [ˈfɛːbl̩], das; -s, -s ⟨*lat.-galloroman.-frz.*⟩: Vorliebe, Neigung
Fail|le [faːj, ˈfaljə], die; - ⟨*frz.*⟩: Seidengewebe mit feinen Querrippen; Ripsseide. **Fail|le|ti|ne** [faːjə..., faljə...], die; - ⟨*frz.*⟩: Faille einer leichten Qualität
fair [fɛːɐ̯] ⟨*engl.*⟩: **a)** anständig, ehrlich, gerecht; **b)** (Sport) den [Spiel]regeln entsprechend, sie beachtend; kameradschaftlich
Fair|ness [ˈfɛːɐ̯nɛs], die; - ⟨*engl.*⟩: **1.** (Sport) ehrliches, anständiges Verhalten in einem sportlichen Wettkampf. **2. a)** gerechtes, anständiges Verhalten [im Geschäftsleben]; **b)** ehrliche Haltung anderen gegenüber
Fair Play [ˈfɛːɐ̯ ˈplɛɪ̯, ˈfɛːɐ̯plɛɪ̯], das; - -[s], **Fair|play,** das; -[s] ⟨*engl.;* »ehrliches Spiel«⟩: ↑Fairness (1)
Fair|way [ˈfɛːɐ̯wɛɪ̯], das; -s, -s ⟨*engl.*⟩: kurz gemähte Spielbahn zwischen Abschlag u. Grün beim Golf
Fai|ry|chess, Fai|ry-Chess [ˈfɛːɐ̯ritʃɛs], das; - ⟨*engl.;* »Märchenschach«⟩: (Kunstschach) modernes Teilgebiet des ↑Problemschachs (z. B. Hilfsmatt) mit z. T. neu erfundenen Figuren (wie Nachtreiter, Kamelreiter, Grashüpfer) od. mit verändertem Schachbrett
Fai|seur [fɛˈzøːɐ̯], der; -s, -e ⟨*lat.-frz.;* »Macher«⟩ (veraltet): jmd., der ein geplantes [übles] Unternehmen durchführt; Anstifter
Fait ac|com|p|li [fɛtakɔ̃ˈpliː], das; - -, -s -s [fɛzakɔ̃ˈpliː]: vollendeter Tatbestand, Tatsache
Faith and Or|der [ˈfɛɪ̯θ ənd ˈɔːdə] ⟨*engl.;* »Glaube und Ordnung«⟩: ökumenische Einigungsbewegung, deren Ziel es ist, die Trennung der Christenheit ↑dogmatisch u. rechtlich zu überwinden
fä|kal ⟨*lat.-nlat.*⟩ (Med.): kotig; dem Kot, Stuhl zugeordnet
Fä|ka|lie, die; -, -n (meist Plural) (Med.): von Menschen u. Tieren ausgeschiedener Kot od. Harn
Fä|kal|sta|se, die; -, -n ⟨*lat.-nlat.; gr.*⟩: Koprostase
Fake [fɛɪ̯k], das; -s, -s ⟨*engl.* »Fälschung«⟩: [bewusste] Veränderung von Fotos, Musiktiteln u. Ä. durch Montagen, Schnitte, Einblendungen u. Ä. (bes. in der Werbung). **fa|ken** [ˈfɛɪ̯kn̩]: **1.** (ugs.) [Informationen] fälschen; vortäuschen. **2. a)** Bilddaten u. Ä. verändern, um bestimmte Effekte zu erzielen; **b)** unter falschem Namen auftreten (z. B. im Internet)
Fake News, Fake|news [ˈfɛɪ̯k(ˈ)njuːs], die (Plural) ⟨*engl.*⟩ (ugs.): in den Medien u. im Internet, bes. in sozialen Netzwerken, in manipulativer Absicht verbreitete Falschmeldungen
Fa|kih, der; -s, -s ⟨*arab.*⟩: Lehrer der islamischen Rechtswissenschaft
Fa|kir [österr.: faˈkiːɐ̯], der; -s, -e ⟨*arab.;* »der Arme«⟩: **a)** Bettelmönch, frommer Asket [in islamischen Ländern]; **b)** Gaukler, Zauberkünstler [in Indien]
Fak|si|mi|le, das; -s, -s ⟨*lat.-engl.;* »mache ähnlich!«⟩: mit einem Original in Größe u. Ausführung genau übereinstimmende Nachbildung od. ↑Reproduktion (2 b) (z. B. einer alten Handschrift). **fak|si|mi|lie|ren** ⟨*lat.-nlat.*⟩: eine Vorlage getreu nachbilden
Fakt, der, auch: das; -[e]s, -en, auch: -s: ↑Faktum. **Fak|ta:** *Plural* von ↑Faktum
Fak|ta|ge [...ˈtaːʒə], die; -, -n ⟨*lat.-frz.*⟩ (veraltet): Beförderungsgebühr
Fak|ten: *Plural* von ↑Fakt, ↑Faktum
Fak|ten|check [ˈfaktn̩tʃɛk], der; -s, -s: das Überprüfen von Informationen auf ihren Wahrheitsgehalt hin
Fak|ti|on, die; -, -en ⟨*lat.;* »Tatgemeinschaft«⟩ (veraltend): Gruppierung innerhalb einer Partei, deren Ziele u. Ansichten von der Generallinie der Partei abweichen. **fak|ti|ös** ⟨*lat.-frz.*⟩ (veraltend): vom Parteigeist beseelt; aufrührerisch, aufwiegelnd
Fak|tis, der; - ⟨Kunstw.⟩: künstlich hergestellter, kautschukähnlicher Füllstoff
fak|tisch ⟨*lat.*⟩: **a)** tatsächlich, wirklich, auf Tatsachen gegründet; **b)** (österr. ugs.) praktisch, quasi
fak|ti|tiv ⟨*lat.-nlat.*⟩: **a)** das Faktitiv betreffend; **b)** bewirkend. **Fak|ti|tiv** [auch: ˈfak...], das; -s, -e, **Fak|ti|ti|vum,** das; -s, ...va (Sprachwiss.): abgeleitetes Verb, das ein Bewirken zum Ausdruck bringt (z. B. schärfen = scharf machen)
Fak|ti|zi|tät, die; -, -en (Philos.): Tatsächlichkeit, Gegebenheit, feststellbare Wirklichkeit (Ggs.: Logizität)
Fak|to|gra|fie, Fak|to|gra|phie, die; - ⟨*lat.; gr.*⟩: ↑Faction-Prosa
fak|to|lo|gisch: die Fakten betreffend
Fak|tor, der; -s, ...oren ⟨*lat.;* »Macher«⟩: **1.** wichtiger Umstand; mitwirkende, mitbestimmende Ursache, Gesichtspunkt. **2.** technischer Leiter einer Setzerei, Buchdruckerei, Buchbin-

derei. **3.** Zahl od. Größe, die mit einer anderen multipliziert wird

Fak|to|rei, die; -, -en ⟨*lat.-mlat.*⟩ (veraltet): größere Handelsniederlassung in Übersee

Fak|to|ren|ana|ly|se, die; -, -n (Psychol.): mathematisches Verfahren zur Ermittlung der Faktoren, die einer großen Menge verschiedener Eigenschaften zugrunde liegen; Methode der multivariaten Statistik

fak|to|ri|ell: nach Faktoren aufgeschlüsselt, in Faktoren zerlegt

Fak|to|ri|sie|rung, die; - (Math.): Darstellung einer Summe als Produkt

Fak|to|tum, das; -s, -s u. ...ten ⟨*lat.;* »mach alles!«⟩: jmd., der schon längere Zeit in einem Haushalt, Betrieb o. Ä. tätig ist u. alle anfallenden Arbeiten u. Besorgungen erledigt

Fak|tum, das; -s, ...ten, veraltend auch: ...ta ⟨*lat.*⟩: [nachweisbare] Tatsache, Ereignis

[1]**Fak|tur,** die; -, -en ⟨*lat.-it.*⟩: Warenrechnung; Lieferschein

[2]**Fak|tur,** die; -, -en ⟨*lat.-frz.*⟩: **a)** handwerkliche Arbeit; **b)** kunstgerechter Aufbau [einer Komposition]

Fak|tu|ra, die; -, ...ren ⟨*lat.-it.*⟩ (österr., schweiz., sonst veraltet): ↑ [1]Faktur

fak|tu|rie|ren: Fakturen ausschreiben, Waren berechnen

Fak|tu|rier|ma|schi|ne, die; -, -n: früher übliche Büromaschine zum Erstellen von Rechnungen in einem Arbeitsgang

Fak|tu|rist, der; -en, -en: Angestellter eines kaufmännischen Betriebes, der mit der Aufstellung u. Prüfung von Fakturen betraut ist. **Fak|tu|ris|tin,** die; -, -nen: weibliche Form zu ↑ Fakturist

fä|ku|lent ⟨*lat.-nlat.*⟩ (Med.): kotartig, kotig

Fä|ku|lom, das; -s, -e (Med.): ↑ Koprom

Fa|kul|tas, die; - ⟨*lat.;* »Fähigkeit, Vermögen«⟩: Lehrbefähigung; vgl. Facultas Docendi

Fa|kul|tät, die; -, -en ⟨*lat.-(mlat.)*⟩: **1. a)** eine Gruppe zusammengehörender Wissenschaften umfassende Abteilung an einer Universität od. Hochschule (z. B. Philosophie, Medizin); **b)** die Gesamtheit der Lehrer u. Studenten, die zu einer Fakultät gehören. **2.** ↑ Fakultas. **3.** (kath. Kirchenrecht) die Rechte, die eine höhere kirchliche Stelle einer untergeordneten überträgt. **4.** (Math.) ↑ Produkt, dessen Faktoren (3) durch die Gliederung der natürlichen Zahlenreihe, von 1 beginnend, gebildet werden (z. B. 1 · 2 · 3 · 4 · 5 [geschrieben = 5!, gesprochen: 5 Fakultät])

fa|kul|ta|tiv ⟨*lat.-nlat.*⟩: freigestellt, wahlfrei; dem eigenen Ermessen, Belieben überlassen (Ggs.: obligatorisch)

Fa|la|fel [auch: faˈlaːfl̩], die; -, -n, auch: das; -s, -s ⟨*arab.*⟩: arabisches Gericht aus gebratenen Kichererbsenbällchen

Fa|lai|sen [faˈlɛːzn̩], **Fa|laises** [faˈlɛːz] die (Plural) ⟨*frz.*⟩: Steilküsten [der Normandie u. Picardie]

Fa|lan|ge [faˈlaŋge, auch: faˈlaŋxe], die; - ⟨*gr.-span.*⟩: (1977 im Zuge der Demokratisierung aufgelöste) faschistische, totalitäre Staatspartei Spaniens unter Franco. **Fa|lan|gist,** der; -en, -en: Mitglied der Falange. **Fa|lan|gis|tin,** die; -, -nen: weibliche Form zu ↑ Falangist

Fa|la|sche, der; -n, -n ⟨*semit.*⟩: äthiopischer Jude. **Fa|la|schin,** die; -, -nen: weibliche Form zu ↑ Falasche

Fal|dis|to|ri|um, das; -s, ...ien ⟨*germ.-mlat.;* »Faltstuhl«⟩: [faltbarer] Armlehnstuhl des Bischofs od. Abtes für besondere kirchliche Feiern

Fa|ler|ner, der; -s, - ⟨*lat.*⟩: ein schwerer, trockener, weißer od. roter Tischwein aus Kampanien

Fal|ko|nett, das; -s, -e ⟨*vulgärlat.-it.*⟩: Feldgeschütz von kleinem Kaliber (im 16. u. 17. Jh.)

Fal|la|zi|en, die (Plural) ⟨*lat.*⟩ (Philos.): Täuschungen; formal unrichtige Schlüsse; Fehl- u. Trugschlüsse

fal|li|bel ⟨*lat.-nlat.*⟩ (veraltet): dem Irrtum unterworfen

Fal|li|bi|lis|mus, der; - (Philos.): Anschauung der kritisch-rationalistischen Schule, nach der es keine unfehlbare Erkenntnisinstanz gibt

Fal|li|bi|li|tät, die; -, -en (veraltet): Fehlbarkeit

fal|lie|ren ⟨*lat.-it.*⟩: **1.** in Konkurs gehen. **2.** (landsch.) missraten, misslingen

Fal|li|ment, das; -s, -e, **Fal|lis|se|ment** [falɪsəˈmɑ̃ː], das; -s, -s ⟨*lat.-frz.*⟩ (veraltet): Bankrott, Zahlungseinstellung

fal|lit [auch: ...ˈlɪt] ⟨*lat.-it.*⟩ (veraltet): zahlungsunfähig. **Fal|lit** [auch: ...ˈlɪt], der; -en, -en (veraltet): jmd., der zahlungsunfähig ist

Fall|out, Fall-out [ˈfɔːlʔaʊ̯t], der; -s, -s ⟨*engl.*⟩: radioaktiver Niederschlag

Fa|lott, Fal|lot, der; -en, -en ⟨*frz.*⟩ (österr. ugs.): Gauner, Betrüger

Fal|sa: *Plural* von ↑ Falsum

Fal|sa De|mons|t|ra|tio, die; - - ⟨*lat.*⟩ (Rechtsspr.): fehlerhafte (unrichtige od. mehrdeutige) Ausdrucksweise bei der Willenserklärung

Fal|sett, das; -[e]s, -e ⟨*lat.-it.*⟩: [durch Brustresonanz verstärkte] Kopfstimme bei Männern; vgl. Fistelstimme

fal|set|tie|ren: Falsett singen

Fal|set|tist, der; -en, -en: Sänger für Diskant- od. Altpartien [im 15. u. 16. Jh.]

Fal|sett|stim|me, die; -, -n: ↑ Fistelstimme

Fal|si|fi|kat, das; -[e]s, -e ⟨*lat.;* »Gefälschtes«⟩: Fälschung, gefälschter Gegenstand

Fal|si|fi|ka|ti|on, die; -, -en ⟨*lat.-mlat.*⟩: **1.** (Wissenschaftstheorie) Widerlegung einer wissenschaftlichen Aussage durch ein Gegenbeispiel. **2.** (veraltet) Fälschung

fal|si|fi|zie|ren: 1. eine Hypothese durch empirische Beobachtung widerlegen (Ggs.: verifizieren [1]). **2.** (veraltet) [ver]fälschen

Fal|so|bor|do|ne, der; -, Falsibordoni ⟨*it.*⟩: ↑ Fauxbourdon

Fals|taff, der; -s, -s ⟨nach einer komischen Dramenfigur bei Shakespeare⟩: dicker Prahlhans, Schlemmer

Fal|sum, das; -s, ...sa ⟨*lat.*⟩ (veraltet): Betrug, Fälschung

Fa|lun Gong [- ˈɡʊŋ], die; - - ⟨*chin.;* eigtl. »Rad des Gesetzes«⟩: auf dem ↑ Qigong beruhende Schule des chinesischen Buddhismus

Fa|ma, die; - ⟨*lat.*⟩ (bildungsspr.): etwas, was gerüchtweise über jmdn. od. etwas verbreitet, erzählt wird; Gerücht

fa|mi|li|al ⟨*lat.*⟩: die Familie als soziale Gruppe betreffend
fa|mi|li|är: a) die Familie betreffend; **b)** ungezwungen, vertraulich
Fa|mi|li|a|re, der; -n, -n, seltener -s, -s (meist Plural): **1.** Mitglied des päpstlichen Hauses. **2.** bedienstete Person eines Klosters, die in der Hausgemeinschaft lebt, aber nicht zum Orden gehört
fa|mi|li|a|ri|sie|ren ⟨*lat.-frz.*⟩ (veraltet): sich familiarisieren: sich vertraut machen
Fa|mi|li|a|ri|tät, die; -, -en ⟨*lat.*⟩: familiäres (b) Verhalten; Vertraulichkeit
Fa|mi|lie, die; -, -n: **1. a)** Gemeinschaft aus einem Elternpaar u. mindestens einem Kind; **b)** Gruppe der nächsten Verwandten; Sippe. **2.** (Biol.) systematische Kategorie, in der näher verwandte Gattungen zusammengefasst werden
Fa|mi|lis|mus, der; - ⟨*lat.-frz.-engl.*⟩ (Soziol.): bestimmte Sozialstruktur, bei der das Verhältnis von Familie u. Gesellschaft durch weitgehende Identität gekennzeichnet ist (z. B. die chinesischen Großfamilien)
fa|mos ⟨*lat.;* »viel besprochen; berühmt; berüchtigt«⟩: **1.** (ugs.) durch seine Art beeindruckend, Gefallen, Bewunderung erweckend; großartig, prächtig, ausgezeichnet. **2.** (veraltet) berüchtigt, verrufen; vgl. Famosschrift
Fa|mos|schrift, die; -, -en (Geschichte): Schmähschrift im Zeitalter des Humanismus u. der Reformation
Fa|mu|la, die; -, ...lä ⟨lat.⟩: weibliche Form zu Famulus
Fa|mu|lant, der; -en, -en ⟨*lat.*⟩ (Med., Pharm.): [Medizin]student, der seine Famulatur ableistet. **Fa|mu|lan|tin,** die; -, -nen: weibliche Form zu ↑Famulant
Fa|mu|la|tur, die; -, -en ⟨*lat.-nlat.*⟩: Praktikum, das ein Student im Rahmen seiner Ausbildung ableisten muss
fa|mu|lie|ren ⟨*lat.*⟩ (Med., Pharm.): als Student/-in das Praktikum ableisten
Fa|mu|lus, der; -, -se u. ...li ⟨»Diener«⟩ (veraltet): **a)** ↑Famulant; **b)** studentische Hilfskraft
Fan [fɛn], der; -s, -s ⟨*engl.-amerik.;* Kurzw. aus *engl. fan*atic »Fanatiker«⟩: begeisterter Anhänger von jmdm. od. etwas
Fa|nal, das; -s, -e ⟨*gr.-arab.-it.-frz.*⟩: **1.** Ereignis, Tat, Handlung als weithin erkennbares u. wirkendes, Aufmerksamkeit erregendes Zeichen, das eine Veränderung, den Aufbruch zu etwas Neuem ankündigt. **2.** (Geschichte) Feuer-, Flammenzeichen
Fan|ar|ti|kel, der; -s, -: für die Fans eines Vereins, Stars o. Ä. produzierter ↑Artikel (3), der in Farbgebung, Design, Bebilderung o. Ä. deutlich den Bezug zum jeweiligen Idol erkennen lässt
Fa|na|ti|ker, der; -s, - ⟨*lat.(-frz.)*⟩: jmd., der sich für eine Überzeugung, eine Idee fanatisch einsetzt, sie fanatisch verficht; Eiferer; dogmatischer Verfechter einer Überzeugung od. einer Idee; vgl. Fan. **Fa|na|ti|ke|rin,** die; -, -nen: weibliche Form zu ↑Fanatiker. **fa|na|tisch:** sich mit ↑Fanatismus, mit einer Art Verbohrtheit, mit blindem Eifer [u. rücksichtslos] für etwas einsetzend
fa|na|ti|sie|ren ⟨*lat.-frz.*⟩: jmdn. aufhetzen, fanatisch machen
Fa|na|tis|mus, der; -, ...men ⟨*lat.-nlat.*⟩: rigoroses, unduldsames Eintreten für eine Sache od. Idee als Ziel, das kompromisslos durchzusetzen versucht wird
Fan|club [ˈfɛn...] vgl. Fanklub
[1]Fan|cy [ˈfɛnsi], der od. das; -[s] ⟨*gr.-lat.-frz.-engl.;* »Fantasie«⟩: beidseitig gerauter ↑Flanell in Leinen- od. Köperbindung (eine Webart)
[2]Fan|cy, die; -, -s (Musik): kurze Instrumentalfantasie
Fan|cy|drink [ˈfɛnsi...], der; -s, -s: Mixgetränk ohne festes Rezept
Fan|cy|stock [ˈfɛnsistɔk], der; -s, -s ⟨*engl.*⟩ (Börsenw.): Spekulationspapier mit hohem Risiko
Fan|cy|work [ˈfɛnsiwœːɐ̯k], das; -s, -s: aus Tauwerk hergestellte Zierknoten u. Flechtereien
Fan|dan|go, der; -s, -s ⟨*span.*⟩: schneller spanischer Volkstanz im $^3/_4$- od. $^6/_8$-Takt mit Kastagnetten- u. Gitarrenbegleitung
Fan|da|ro|le vgl. Farandole
Fan|dom [ˈfɛndəm], das; -s, -s ⟨engl.⟩: Gesamtheit, Gemeinschaft aller Fans eines Stars, eines Films o. Ä.
Fa|ne|ga, die; -, -s ⟨*arab.-span.*⟩: früher in Spanien u. Lateinamerika verwendetes Hohlmaß unterschiedlicher Größe
Fan|fa|re, die; -, -n ⟨*frz.*⟩: **1.** lange, einfache Trompete ohne Ventile. **2.** Trompetensignal. **3.** kurzes Musikstück [für Trompeten u. Pauken] in der Militär- u. Kunstmusik
Fan|fa|ron [fãfaˈrɔ̃ː], der; -s, -s ⟨*span.-frz.*⟩ (veraltet): Großsprecher, Prahler. **Fan|fa|ro|na|de,** die; -, -n (veraltet): Großsprecherei, Prahlerei
Fan-Fic|tion, Fan|fic|tion [ˈfɛn-ˈfɪkʃn̩], die; -, -s ⟨*engl.*⟩: **a)** von einem od. mehreren Fans erstellte Fortsetzung, Fortschreibung eines fiktionalen Originalwerks, bes. eines Romans, Films od. Computerspiels; **b)** Gesamtheit der Fan-Fictions (a) (als Gattungsbezeichnung)
Fan|glo|me|rat, das; -[e]s, -e ⟨*lat.-engl.; lat.*⟩ (Geol.): ungeschichtete Ablagerung aus Schlammströmen zeitweilig Wasser führender Flüsse in Trockengebieten
Fan|go [ˈfaŋgo], der; -s ⟨*germ.-it.*⟩: ein vulkanischer Mineralschlamm, der zu Heilzwecken verwendet wird
Fan|klub, Fan|club [ˈfɛn...], der; -s, -s: ↑Klub (1 a) für die Fans einer bekannten Persönlichkeit, eines [bekannten] Sportklubs o. Ä.
Fan|mei|le, die; -, -n: meist breite, lange Straße o. Ä., auf der sich in großer Zahl Sportfans zusammenfinden, bes. um Fernsehübertragungen von Sportereignissen anzusehen
Fan|nings [ˈfɛn...], die (Plural) ⟨*engl.*⟩: durch Sieben gewonnene kleinblättrige, feine handelsübliche Teesorte (meist für Aufgussbeutel verwendet); vgl. Dust
Fa|non [faˈnɔ̃ː], der; -s, -s ⟨*germ.-frz.*⟩, **Fa|no|ne,** der; -[s], ...oni ⟨*germ.-frz.-it.*⟩: zweiteiliger ↑liturgischer Schulterkragen des Papstes
Fan|shop [ˈfɛnʃɔp], der; -s, -s ⟨*engl.*⟩: Laden, in dem man Artikel eines Sportklubs o. Ä. kaufen kann

Fan|ta|sia, die; -, -s ⟨*gr.-lat.-it.*⟩: **1.** wettkampfartiges Reiterspiel [der Araber u. Berber]. **2.** it. Bez. für ↑ ²Fantasie

¹**Fan|ta|sie,** Phantasie, die; -, ...ien ⟨*gr.-lat.*⟩: **1. a)** (ohne Plural) Fähigkeit, sich etwas in Gedanken auszumalen; Vorstellungs-, Einbildungskraft; **b)** Vorstellung, Einbildung; Produkt der ¹Fantasie (1 a). **2.** (Plural; Med.) Fieberträume; bei Bewusstseinstrübungen wahrgenommene Trugbilder

²**Fan|ta|sie,** die; -, ...ien (Musik): Instrumentalstück mit freier, improvisationsähnlicher Gestaltung ohne formale Bindung

¹**fan|ta|sie|ren,** phantasieren ⟨*gr.-lat.-mlat.*⟩: **1.** sich den wiederkehrenden Bildern, Vorstellungen der ↑ ¹Fantasie (1 a), der Einbildungskraft hingeben; frei erfinden; erdichten, ausdenken. **2.** (Med.) im Zusammenhang mit Fieber wirr reden

²**fan|ta|sie|ren** (Musik): frei über eine Melodie od. ein Thema musizieren; vgl. improvisieren (2 a)

Fan|tast, Phantast, der; -en, -en ⟨*gr.-mlat.*⟩ (abwertend): Träumer, Schwärmer; Mensch mit überspannten Ideen

Fan|tas|te|rei, Phantasterei, die; -, -en: wirklichkeitsfremde Träumerei, Überspanntheit

Fan|tas|tik, Phantastik, die; -: das Fantastische, Unwirkliche

Fan|tas|ti|ka vgl. Phantastika

Fan|tas|tin, Phantastin, die; -, -nen: weibliche Form zu ↑ Fantast

fan|tas|tisch, phantastisch: **1. a)** auf ¹Fantasie (1 a) beruhend, nur in der Fantasie bestehend; unwirklich; **fantastische Literatur:** über den Realismus hinausgehende, durch fantastische Elemente gekennzeichnete Literatur; **b)** verstiegen, überspannt. **2.** (ugs.) unglaublich; großartig, wunderbar

Fan|ta|sy ['fɛntəzi], die; - ⟨*engl.;* »Fantasie«⟩: Gattung von Romanen, Filmen u. a., die märchen- u. mythenhafte Traumwelten voller Magie darstellen

Fan|zine ['fɛnzi:n], das; -s, -s ⟨amerik. Kurzw. aus *engl. fan* u. maga*zine*⟩: Zeitschrift für Anhänger u. Fans bestimmter Personen od. Sachen

Fan|zo|ne vgl. Fanmeile

FAQ [ɛfʔɛɪ̯'ki̯u:], die; -, -[s] ⟨Abk. für *engl. f*requently *a*sked *q*uestions »häufig gestellte Fragen«⟩: Zusammenstellung von Informationen zu besonders häufig gestellten Fragen, häufig auftretenden Problemen (z. B. auf einer Homepage)

Fa|rad, das; -[s], - ⟨nach dem engl. Physiker M. Faraday, 1791–1867⟩: Einheit der elektrischen ↑ Kapazität (Zeichen: F)

Fa|ra|day|kä|fig ['farade:..., auch: 'faradɛɪ̯...], der; -s, -e (Physik): ↑ metallene Umhüllung zur Abschirmung eines begrenzten Raumes gegen äußere ↑ elektrische (1) Felder u. zum Schutz empfindlicher [Mess]geräte gegen elektrische Störungen

fa|ra|daysch [...de:ʃ, auch: ...dɛɪ̯ʃ]: in der Fügung **faradaysche Gesetze:** zwei von Faraday aufgestellte Gesetze, die bei der Elektrolyse den Zusammenhang zwischen dem Stromfluss u. den an den Elektroden abgeschiedenen Stoffmengen beschreiben

Fa|ra|di|sa|ti|on, die; -, -en ⟨*nlat.*⟩ (Med.): Anwendung von unterbrochenem Strom zu medizinischen Zwecken (z. B. mit Hilfe eines faradischen Apparats)

fa|ra|disch: in der Fügung **faradischer Strom** (Physik): unsymmetrischer, durch Unterbrecherschaltung erzeugter Wechselstrom

fa|ra|di|sie|ren (Med.): mit faradischem Strom behandeln

Fa|ra|do|the|ra|pie, die; - ⟨*engl.; gr.*⟩: ↑ Faradisation

Fa|ran|do|le, Fandarole, die; -, -n ⟨*provenzal.-frz.*⟩: ein schneller Paartanz aus der Provence

Far|ce ['farsə], die; -, -n ⟨*lat.-vulgärlat.-frz.*⟩: **1.** derbkomisches Lustspiel. **2.** abgeschmacktes Getue, billiger Scherz. **3.** (Gastron.) Füllung für Fleisch od. Fisch [aus gehacktem Fleisch]

Far|ceur [...'sø:ɐ̯], der; -s, -e ⟨*frz.*⟩ (veraltet): Possenreißer

far|cie|ren [...'si:...] (Gastron.): mit einer Farce (3) füllen

Fa|re|ghan vgl. Ferraghan

fare|well [fɛə̯'wɛl] ⟨*engl.*⟩: leb[t] wohl! (engl. Abschiedsgruß)

Fare|well, das; -s, -s ⟨engl.⟩: Lebewohl, Abschiedsgruß

Far|fal|le, die (Plural) ⟨*it.*⟩: schmetterlingsförmige Nudeln

Fa|rin, der; -s ⟨*lat.*⟩: **a)** gelblich brauner, feuchter Zucker; **b)** Puderzucker

Farm, die; -, -en ⟨*lat.-frz.-engl.*⟩: **1.** größerer landwirtschaftlicher Betrieb in angelsächsischen Ländern. **2.** Landwirtschaftsbetrieb mit Geflügel- od. Pelztierzucht. **Far|mer,** der; -s, -: Besitzer einer Farm. **Far|me|rin,** die; -, -nen: weibliche Form zu ↑ Farmer

Fa|ro, der; -s, -s ⟨*gr.-lat.-it.*⟩: ↑ Pharus

Fas, das; - ⟨*lat.*⟩ (Geschichte): in der römischen Antike das von den Göttern Erlaubte; vgl. per fas (Ggs.: Nefas)

Fa|san, der; -[e]s, -e[n] ⟨*gr.-lat.-frz.;* nach dem Fluss Phasis, dem antiken Namen für den russischen Fluss Rioni am Schwarzen Meer⟩: ein Hühnervogel

Fa|sa|ne|rie, die; -, ...ien: **a)** Gartenanlage zur Aufzucht von Fasanen; **b)** (bes. im 17. u. 18. Jh.) Gebäude in einer Fasanerie (a)

Fas|ces [...tse:s] vgl. Faszes

Fa|sche, die; -, -n ⟨*lat.-it.*⟩ (österr.): **1.** lange Binde zum Umwickeln verletzter Gliedmaßen o. Ä. **2.** [farblich abgesetzte] Umrandung an Fenstern u. Türen. **3.** Eisenband zum Befestigen von Angeln an einer Tür, von Haken o. Ä.. **fa|schen** (österr.): mit einer Fasche (1) umwickeln

fa|schie|ren ⟨*lat.-frz.*⟩ (österr.): durch den Fleischwolf drehen. **Fa|schier|te,** das; -n (österr.): Hackfleisch, Gehacktes

Fa|schi|ne, die; -, -n ⟨*lat.-it.-frz.*⟩: Reisiggeflecht für [Ufer]befestigungsbauten

fa|schi|sie|ren ⟨*lat.-it.*⟩: mit faschistischen Tendenzen durchsetzen. **Fa|schi|sie|rung,** die; -, -en: das Eindringen faschistischer Tendenzen [in eine Staatsform]

Fa|schis|mus, der; -: **1.** (Geschichte) das von Mussolini errichtete Herrschaftssystem in Italien (1922–1945). **2.** eine nach dem Führerprinzip organisierte, nationalistische, antidemokratische, antisozialistische u. antikommunistische rechtsradikale Bewegung, Herrschaftsform

Fa|schist, der; -en, -en: Anhänger des Faschismus. **Fa|schis|tin,** die; -, -nen: weibliche Form zu ↑ Faschist. **fa|schis|tisch: a)** den Faschismus betreffend; zum Faschismus gehörend; **b)** vom Faschismus geprägt

fa|schis|to|id: dem Faschismus ähnlich, faschistische Züge zeigend

Fa|scho, der; -s, -s: (Jargon) ↑ Faschist

Fa|shion [ˈfɛʃn̩], die; - ⟨*lat.-frz.-engl.*⟩: **a)** Mode; **b)** Vornehmheit; gepflegter Lebensstil

fa|shi|o|na|bel [faʃi̯oˈna:bl̩], **fa|shio|na|ble** [ˈfɛʃənəbl̩]: modisch, elegant, vornehm

Fa|shio|na|ble No|vel [ˈfɛʃənəbl̩ ˈnɔvəl], die; -, -s ⟨*engl.;* »Moderoman«⟩: englischer Roman der Übergangszeit zwischen Romantik u. Realismus im 19. Jh., der die Welt des Dandyismus [kritisch] behandelt

Fas|sa|de, die; -, -n ⟨*lat.-vulgärlat.-it.-frz.*⟩: [vordere, meist der Straße zugekehrte] Außenseite eines Gebäudes

Fas|si|on, die; -, -en ⟨*lat.-mlat.*⟩ (veraltet): **1.** Bekenntnis, Geständnis. **2.** Steuererklärung

[1]**Fas|son** [faˈsõ:, südd., österr. u. schweiz. meist: faˈso:n], die; -, -s (südd., österr. u. schweiz. meist: -en [...ˈso:nən]) ⟨*lat.-frz.*⟩: die bestimmte Art u. Weise (des Zuschnitts, Sitzes usw.)

[2]**Fas|son** [faˈsõ:], das; -s, -s: ↑ [1]Revers

fas|so|nie|ren: 1. in Form bringen, formen (bes. von Speisen). **2.** (österr.) die Haare im Fassonschnitt schneiden

Fas|so|nie|rung, die; -, -en: eingekerbtes ↑ Dekor (1) am Rand von Geschirr aus Keramik u. Metall

Fas|son|nu|del [faˈsõ:...], die; -, -n (meist Plural): Nudel in Form eines Sternchens, Buchstabens o. Ä.

Fas|son|schnitt, der; -[e]s, -e: mittellanger Haarschnitt für Herren, bei dem die Haare an der Seite u. im Nacken stufenlos geschnitten werden

Fas|ta|ge [...ˈta:ʒə] vgl. Fustage

[1]**Fast|back** [ˈfa:stbɛk], das; -s, -s ⟨*engl.;* »schnelles Heck«⟩: Autodach, das in ein schräg abfallendes Heck übergeht; Fließheck

[2]**Fast|back, Fast-back** [ˈfa:stbɛk] das; -s, -s ⟨*engl.;* »schnell rückwärts, schnell zurück«⟩: Filmtrick, mit dem ein eben gezeigter Vorgang in umgekehrter Reihenfolge vorgeführt werden kann

Fast|break, der od. das; -s, -s, **Fast Break,** der od. das; - -s, - -s [ˈfa:stbrɛɪ̯k] ⟨*engl.*⟩: äußerst schnell ausgeführter Durchbruch aus der Verteidigung, Steilangriff (beim ↑ Basketball)

Fast Food, das; - -[s], **Fast|food,** das; -[s] [ˈfa:stfu:d] ⟨*engl.;* »schnelles Essen«⟩: (in bestimmten Schnellgaststätten angebotene) schnell und leicht verzehrbare kleinere Gerichte

Fas|ti, die (Plural) ⟨*lat.;* »Spruchtage«⟩: Tage des altrömischen Kalenders, an denen staatliche u. gerichtliche Angelegenheiten erledigt werden durften

fas|ti|di|ös ⟨*lat.-frz.*⟩ (veraltet): widerwärtig, langweilig

Fas|ti|di|um, das; -s ⟨*lat.*⟩ (Med.): Abneigung, Widerwille (z. B. gegen Essen)

Fas|zes [...tse:s], die (Plural) ⟨*lat.*⟩ (Geschichte): Rutenbündel mit Beil (Abzeichen der altrömischen Liktoren als Symbol der Amtsgewalt der römischen Magistrate u. ihres Rechts, zu züchtigen u. die Todesstrafe zu verhängen)

fas|zi|al ⟨*lat.-nlat.*⟩: bündelweise

Fas|zi|a|ti|on, die; -, -en (Bot.): Bildung von bandähnlichen Querschnittsformen bei Pflanzenwurzeln (Verbänderung)

Fas|zie [...i̯ə], die; -, -n ⟨*lat.*⟩ (Med.): **1.** dünne, sehnenartige Muskelhaut. **2.** Binde, Bindenverband. **Fas|zi|en|trai|ning,** das; -s, -s: gezieltes Trainieren der ↑ Faszien, des Bindegewebes im Bewegungsapparat

Fas|zi|kel, der; -s, -: **1.** [Akten]bündel, Heft. **2.** (Med.) kleines Bündel von Muskel- od. Nervenfasern

fas|zi|ku|lie|ren ⟨*lat.-nlat.*⟩ (veraltet): aktenmäßig bündeln, heften

Fas|zi|na|ti|on, die; -, -en ⟨*lat.;* »Beschreiung, Behexung«⟩: fesselnde Wirkung, die von einer Person od. Sache ausgeht. **fas|zi|nie|ren:** eine fesselnde, anziehende Wirkung auf jmdn. ausüben

Fas|zi|no|sum, das; -s: auf seltsame, geheimnisvolle Weise Faszinierendes, Fesselndes, Anziehendes

Fas|zi|o|lo|se, die; -, -n ⟨*nlat.*⟩ (Med.): Erkrankung der Gallenwege (Leberegelkrankheit)

Fa|ta, die (Plural): **1.** ↑ Parzen u. ↑ Moiren. **2.** *Plural* von ↑ Fatum

Fa|tah [faˈtax] vgl. El Fatah

fa|tal ⟨*lat.;* »vom Schicksal bestimmt«⟩: **a)** sehr unangenehm u. peinlich; Unannehmlichkeiten, Ärger verursachend; in Verlegenheit bringend; misslich; **b)** unangenehme, schlimme Folgen nach sich ziehend; verhängnisvoll, verderblich, folgenschwer

Konsequenz
geradezu
ähneln
Folge
erinnern
fatal
auswirken
Fehler
enden
Femme
erweisen
finden
wirken

fatal/fatalistisch *s. Kasten Seite 360*

Fa|ta|lis|mus, der; -, ...men ⟨*lat.-nlat.*⟩: **1.** völlige Ergebenheit in die als unabänderlich hingenommene Macht des Schicksals; Schicksalsgläubigkeit. **2.** fatalistische Einstellung, Idee, Äußerung

Fa|ta|list, der; -en, -en: jmd., der sich dem Schicksal ohnmächtig ausgeliefert fühlt; Schicksalsgläubiger. **Fa|ta|lis|tin,** die; -, -nen: weibliche Form zu

fatal	**fatalistisch**
Die Erinnerung an die fatalen Folgen des Kriegs war noch wach. *schlimm, verhängnisvoll* – als männermordende […] Femme fatale – den einen fatalen Fehler […] begehe – hätte […] fatale […] Auswirkungen auf die … Das ist politisch fatal, persönlich ein Fiasko. Die fatalen Folgen von Alkohol in der Schwangerschaft kennen zu wenige. In der Realität wäre das ein fataler Irrtum gewesen.	Das klingt sehr fatalistisch. *dem Schicksal ausgeliefert, ohnmächtig* – die Dinge fatalistisch auf dich zukommen zu lassen – ewig zweifelnder fatalistischer Männer – fast [schon] fatalistisch Das kann einen zuweilen verzweifelt und fatalistisch stimmen. Man kommt unweigerlich zu einem fatalistischen Ergebnis. Uninspirierter und fatalistischer hat eine neue Regierung selten begonnen.

↑Fatalist. **fa|ta|lịs|tisch:** sich dem Schicksal ohnmächtig ausgeliefert fühlend; schicksalsgläubig

Fa|ta|li|tät, die; -, -en ⟨*lat.-mlat.*⟩: Verhängnis, Missgeschick, peinliche Lage

Fa|ta Mor|ga|na, die; - -, - ...nen u. - -s ⟨*it.*⟩: durch Luftspiegelung hervorgerufene Sinnestäuschung, bes. in Wüstengebieten, bei der entfernte Teile einer Landschaft näher gerückt scheinen od. bei der man Wasserflächen zu sehen meint

Fat|bike [ˈfætbaɪ̯k], das; -s, -s ⟨*engl.*⟩: für Fahrten über Schnee u. Sand konzipiertes, einem Mountainbike ähnliches Fahrrad mit bes. breiten Felgen u. Reifen

Fat|bur|ner [ˈfætbœːɐ̯nɐ], der; -s, -s ⟨*engl.*⟩: Substanz, Fitnesstraining od. Diät zur effektiven Körperfettverbrennung

Fa|thom [ˈfæðəm], das; -s, -[s] ⟨*engl.;* »Faden«⟩: englisches Längenmaß (1,828 m), bes. bei der Schifffahrt

beeinflusst
fast
klingen
resignieren
Stimmung
hinnehmen
fatalistisch
gottergeben
Schicksalsschlag
eher
Einstellung

fa|tie|ren ⟨*lat.*⟩: **1.** (veraltet) bekennen, angeben. **2.** (österr. veraltet) eine Steuererklärung abgeben

fa|ti|gant ⟨*lat.-frz.*⟩ (veraltet): ermüdend, langweilig; lästig

Fa|tị|ge, Fatigue [faˈtiːg], die; -, -n (Med.): Ermüdungssyndrom

fa|ti|gie|ren (veraltet): ermüden; langweilen

Fa|tigue [faˈtiːg] vgl. Fatige

Fa|ti|ha, die; - ⟨arab.⟩: die erste ↑Sure des ↑Korans, Grundgebet des Islams

Fa|ti|mi|den, die (Plural) ⟨*nlat.;* nach Fatima, einer Tochter Mohammeds⟩ (Geschichte): vom 10. bis 12. Jh. regierende islamische Dynastie in Nordafrika u. im Vorderen Orient

Fạt|sia, die; -, ...ien ⟨*jap.-nlat.*⟩: ein Araliengewächs (eine Zimmerpflanze)

Fa|tu|i|tät, die; - ⟨*lat.;* »Albernheit, Einfalt«⟩ (Med. veraltet): Intelligenzdefekt

Fa|tum, das; -s, ...ta ⟨*lat.*⟩: Schicksal, Geschick, Verhängnis; vgl. Fata

Fạt|wa, Fetwa, das; -s, -s ⟨*arab.*⟩: **a)** Rechtsgutachten des ↑Muftis, in dem festgestellt wird, ob eine Handlung mit den Grundsätzen des islamischen Rechts vereinbar ist; **b)** in einer Fatwa (a) dargelegtes [Todes]urteil

Fau|bourg [foˈbuːr], der; -s, -s ⟨*frz.*⟩: frz. Bez. für: Vorstadt

Fault [fɔːlt], der; -s, -s ⟨*lat.-frz.-engl.*⟩ (Tennis): Fehler, bes. beim Aufschlag

Faun, der; -[e]s, -e ⟨*lat.;* nach dem altröm. Feld- u. Waldgott Faunus⟩: geiler, lüsterner Mensch

Fau|na, die; -, ...nen ⟨nach der altröm. Fruchtbarkeitsgöttin⟩: **1.** Tierwelt eines bestimmten Gebiets (z. B. eines Erdteils, eines Landes). **2.** systematische Zusammenstellung der in einem bestimmten Gebiet vorkommenden Tierarten

Fau|nen|kun|de, die; -: ↑Faunistik

fau|nisch: lüstern, geil

Fau|nịst, der; -en, -en ⟨*lat.-nlat.*⟩: Fachmann auf dem Gebiet der Faunistik. **Fau|nịs|tik,** die; -: Teilbereich der Zoologie, der sich mit der Erforschung der Tierwelt eines bestimmten Gebiets befasst. **Fau|nịs|tin,** die; -, -nen: weibliche Form zu ↑Faunist. **fau|nịs|tisch:** die Tierwelt od. ihre Erforschung betreffend

Fausse [foːs], die; -, -n ⟨*lat.-frz.*⟩: ↑Foße

faute de mieux [fotdəˈmjø] ⟨*frz.*⟩: in Ermangelung eines Besseren; im Notfall

Fau|teuil [foˈtœj], der; -s, -s ⟨*germ.-frz.*⟩ (österr., schweiz., sonst veraltend): Armstuhl, Lehnsessel

Faut|fracht, die; -, -en ⟨*frz.; dt.*⟩: **a)** (ohne Plural) abmachungswidrig nicht genutzter [Schiffs]frachtraum; **b)** Abstandssumme, die ein Befrachter an eine Spedition od. Reederei bei Rücktritt vom Frachtvertrag zahlen muss

Fau|vis|mus [foˈvɪs...], der; - ⟨*germ.-frz.-nlat.;* nach frz. fauves »wilde Tiere«, wie eine Gruppe Pariser Maler scherzhaft genannt wurde⟩ (Kunstwiss.): Richtung innerhalb der französischen Malerei des frühen 20. Jh.s, die im Gegensatz zum ↑Impressionismus steht

Fau|vịst, der; -en, -en: Vertreter des Fauvismus. **Fau|vịs|tin,** die; -, -nen: weibliche Form zu ↑Fauvist

fau|vịs|tisch: a) den Fauvismus betreffend, zu ihm gehörend; **b)** im Stil des Fauvismus gestaltet

Faux|ami [foza'mi:], der; -, -s [foza'mi:] ‹*frz.;* »falscher Freund«›: in mehreren Sprachen in gleicher od. ähnlicher Form vorkommendes Wort, das jedoch von Sprache zu Sprache verschiedene Bedeutungen hat (z. B. *aktuell* für engl. *actually* statt *tatsächlich; Staat* für frz. *état,* aber dt. *Etat = Haushalt*)

Faux|bour|don [fobʊr'dõ:], der; -s, -s ‹*frz.*›: **1.** (Musik) Tonsatz mit einfachem Kontrapunkt in konsonanten ↑ Akkorden. **2.** Sprechton in der ↑ Psalmodie. **3.** frz. Bez. für: Faburden

Faux|pas [fo'pa], der; -, - [...'pas] ‹*frz.;* »Fehltritt«›: Taktlosigkeit; Verstoß gegen gesellschaftliche Umgangsformen

Fa|ve|la, die; -, -s ‹*port.*›: Elendsquartier, Slum [in südamerikanischen Großstädten]

Fa|ven: *Plural* von ↑ Favus (2)

Fa|vi: *Plural* von ↑ Favus (2)

Fa|vis|mus vgl. Fabismus

fa|vo|ra|bel ‹*lat.-frz.*› (veraltet): günstig, geneigt; vorteilhaft

Fa|vo|ris [...'ri:], die (Plural) ‹*lat.-it.-frz.*› (veraltet): schmaler, knapp bis an das Kinn reichender Backenbart

fa|vo|ri|sie|ren: **1.** begünstigen, bevorzugen. **2.** als voraussichtlichen Sieger in einem Wettbewerb ansehen, nennen; zum Favoriten erklären

Fa|vo|rit, der; -en, -en ‹*lat.-it.-frz.(-engl.)*›: **1. a)** jmd., der bevorzugt, anderen vorgezogen wird; begünstigte Person; **b)** (veraltet) Günstling, Geliebter. **2.** Teilnehmer an einem Wettbewerb mit den größten Aussichten auf den Sieg

Fa|vo|ri|te, die; -, -n ‹*lat.-it.-frz.*›: **1.** Name mehrerer Lustschlösser des 18. Jh.s. **2.** (veraltet) ↑ Favoritin (2)

Fa|vo|ri|tin, die; -, -nen: **1.** weibliche Form zu ↑ Favorit. **2.** Geliebte [eines Herrschers]

Fa|vus, der; -, ...ven u. ...vi ‹*lat.*›: **1.** (ohne Plural; Med.) ansteckende Hautkrankheit, die zu Haarausfall führt (Erbgrind). **2.** Wachsscheibe im Bienenstock

Fax, das, schweiz. meist: der; -, -e: kurz für ↑ Telefax (1). **fa|xen:** ein Fax übermitteln; vgl. telefaxen

Fa|yence [fa'jã:s], die; -, -n ‹*it.-frz.;* nach der it. Stadt Faenza›: eine mit Zinnglasur bemalte Tonware; vgl. Majolika

Fa|yen|ce|rie [...sə...], die; -, ...ien: Fabrik, in der Fayencen hergestellt werden

Fa|ze|let, Fazenet, das; -s, -s ‹*lat.-it.*› (veraltet): [Zier]taschentuch

Fa|zen|da [fa'tsɛnda, fa'zɛnda], die; -, -s ‹*port.;* »Besitz, Vermögen«›: Landgut in Brasilien

Fa|ze|net vgl. Fazelet

Fä|zes, Faeces ['fɛ:tse:s], die (Plural) ‹*lat.*› (Med.): Stuhl, Kot

Fa|ze|tie [...iə], die; -, -n ‹*lat.*›: **1.** (meist Plural) witzige Erzählung erotischen od. satirischen Inhalts [im Italien des 15. u. 16. Jh.s]. **2.** (Plural) drollige Einfälle, Spottreden

fa|zi|al ‹*lat.-mlat.*› (Med.): zum Gesicht gehörend. **Fa|zi|a|lis,** der; - ‹eigtl. Nervus facialis› (Med.): Gesichtsnerv

fa|zi|ell ‹französierende Bildung› (Geol.): die verschiedenartige Ausbildung gleichaltriger Gesteinsschichten betreffend

Fa|zi|es, die; -, - [...e:s] ‹*lat.*›: **1.** (Geol.) die verschiedene Ausbildung von Sedimentgesteinen gleichen Alters; vgl. Facies. **2.** (Bot.) kleinste Einheit einer Pflanzengesellschaft

Fa|zi|li|tät, die; -, -en ‹*lat.(-engl.)*›: **1.** (veraltet) Leichtigkeit, Gewandtheit; Umgänglichkeit. **2.** (Wirtsch.) Kreditmöglichkeit, die bei Bedarf in Anspruch genommen werden kann; Erleichterung von Zahlungsbedingungen. **3.** (nur Plural) Möglichkeiten, Einrichtungen, Ausstattung

Fa|zit, das; -s, -e u. -s ‹*lat.;* »es macht«›: **1.** [Schluss]summe einer Rechnung. **2.** Ergebnis; Schlussfolgerung

Fea|si|bi|li|ty-Stu|die [fi:zɪ'bɪlɪtɪ...], die; -, -n ‹engl.-dt.›: Untersuchung über die Durchführbarkeit eines technischen Projekts

Fea|ture ['fi:tʃɐ], das; -s, -s, auch die; -, -s ‹*lat.-frz.-engl.;* »Aufmachung«›: **1. a)** (Fernsehen, Rundfunk) Sendung in Form eines aus Reportagen, Kommentaren u. Dialogen zusammengesetzten [Dokumentar]berichtes; **b)** zu einem aktuellen Anlass herausgegebener, besonders aufgemachter Text- od. Bildbeitrag. **2.** Hauptfilm einer Filmvorstellung. **3.** (bes. Technik) Eigenschaft (bes. eines technischen Gerätes, einer Software), die dem Anwender besondere Möglichkeiten eröffnet

fea|turen ['fi:tʃɐn] ‹*engl.*› (Jargon): **1.** (bes. Musik) jmdn. an einer künstlerischen Produktion beteiligen. **2.** für etw. werben, jmdn. od. etw. unterstützen

Fea|tu|ret|te [fi:tʃə'rɛt(ə)], das; -s, -s [...'rɛts] od. die; -, -n [...'rɛtn̩] ‹*engl.*›: kurze (filmische) Dokumentation, die Einblicke in die Dreharbeiten, die Entstehung eines Films gibt

fe|b|ril ‹*lat.-nlat.*› (Med.): fieberhaft, fiebrig. **Fe|b|ris,** die; - (Med.): Fieber

Fe|b|ru|ar, der; -[s], -e ‹*lat.;* »Reinigungsmonat«›: zweiter Monat im Jahr (Abk.: Febr.)

fe|cit ['fe:tsɪt] ‹*lat.*›: »hat (es) gemacht« (häufige Aufschrift auf Kunstwerken hinter dem Namen des Künstlers) (Abk.: f., fec.); vgl. ipse fecit

Fe|da|jin, der; -s, - ‹*arab.;* »die sich Opfernden«›: **a)** arabischer Freischärler; **b)** Angehöriger einer arabischen politischen Untergrundorganisation

Fed|cup ['fɛdkap], der; -s ‹Abk. für *engl. Fed*eration *Cup* »Verbandspokal«, dem früheren Namen des Wettbewerbs›: dem ↑ Daviscup entsprechender Tenniswettbewerb für Frauen

Feed|back, Feed-back ['fi:dbɛk], das; -s, -s ‹*engl.*›: **1.** (Kybernetik) zielgerichtete Steuerung eines technischen, biologischen od. sozialen Systems durch Rückmelden der Ergebnisse, wobei die Eingangsgröße durch Änderung der Ausgangsgröße beeinflusst werden kann. **2.** (bes. Fachspr.) Reaktion, die jmdm. anzeigt, dass ein bestimmtes Verhalten, eine Äußerung o. Ä. verstanden wurde; Rückmeldung, Rückkoppelung

Fee|der ['fi:dɐ], der; -s, - ‹*engl.;* »Fütterer«› (Funkw.): elektrische Leitung, die der Energiezuführung dient (bes. die von einem Sender zur Sendeantenne führende Speiseleitung)

Fee|ling ['fi:lɪŋ], das; -s, -s ‹*engl.*›:

a) [den ganzen Körper erfüllendes] Gefühl; **b)** Gefühl für etwas; **c)** Stimmung, Atmosphäre

Fee|rie [fe:əˈri:, feˈri:], die; -, ...i̱en ⟨*lat.-vulgärlat.-frz.*⟩: szenische Aufführung einer Feengeschichte unter großem bühnentechnischem u. ausstattungsmäßigem Aufwand

Feet [fi:t]: *Plural* von ↑Foot

Fe̱in|mo|to|rik, die; - (Physiol., Med.): besondere, differenziertere ↑Motorik, vor allem der Finger und (im Hinblick auf die Mimik) der Gesichtsmuskulatur. **fe̱in|mo|to|risch** (Physiol., Med.): die Feinmotorik betreffend

fe|ku̱nd ⟨*lat.*⟩ (Biol.): fruchtbar

Fe|kun|da|ti|o̱n, die; -, -en ⟨*lat.-nlat.*⟩ (Biol.): Befruchtung

Fe|kun|di|tä̱t, die; - ⟨*lat.*⟩ (Biol.): Fruchtbarkeit

Fe̱l|bel, der; -s, - ⟨*it.*⟩: hochfloriger [Kunst]seidenplüsch mit glänzender Oberfläche [für Zylinderhüte]

Fe|li̱|den, die (Plural) ⟨*lat.-nlat.*⟩: Familie der Katzen u. katzenartigen Raubtiere

Fel|la̱|che, der; -n, -n ⟨*arab.*⟩: Angehöriger der Ackerbau treibenden Landbevölkerung im Vorderen Orient; vgl. Beduine. **Fel|la̱|chin,** die; -, -nen: weibliche Form zu ↑Fellache. **fel|la̱|chisch:** in der Art der Fellachen

Fel|la̱h, der; -s, -s: ↑Fellache

Fel|la̱|tio, die; -, ...o̱nes ⟨*lat.*⟩: Praxis sexueller Befriedigung, bei der der Penis mit Lippen, Zähnen u. Zunge gereizt wird; vgl. Cunnilingus. **fel|la|ti|o|nie̱|ren:** den Geschlechtspartner durch Fellatio befriedigen

Fel|la̱|t|rix, die; -, ...tri̱zen ⟨*lat.-nlat.*⟩: weibliche Person, die Fellatio ausübt

fel|lie̱|ren: ↑fellationieren

Fel|low [ˈfɛlɔʊ̯], der; -s, -s ⟨*engl.;* »Geselle, Bursche«⟩: **1. a)** (in Großbritannien) ein mit Rechten u. Pflichten ausgestattetes Mitglied eines ↑College (a); **b)** (bes. in Großbritannien) Inhaber eines Forschungsstipendiums; **c)** (bes. in Großbritannien) Mitglied einer wissenschaftlichen Gesellschaft. **2.** (in den USA) Student höheren Semesters

Fe̱l|low|ship [...ʃɪp], das; -[s], -s, auch: die; -, -s: **1.** Status eines Fellows (1). **2.** Stipendium für graduierte Studierende an britischen u. amerikanischen Universitäten

Fe̱l|low|tra|vel|ler [...trɛvəlɐ], der; -s, -[s] ⟨»Mitreisender«⟩: **a)** Anhänger u. Verfechter [kommunistischer] politischer Ideen, der nicht eingeschriebenes Parteimitglied ist; **b)** politischer Mitläufer

Fe|lo|nie̱, die; -, ...i̱en ⟨*mlat.-frz.*⟩ (Geschichte): vorsätzlicher Bruch des Treueverhältnisses zwischen Lehnsherr u. Lehnsträger im Mittelalter

Fe|lu̱|ke, die; -, -n ⟨*arab.-span.-frz.*⟩: **a)** zweimastiges Küstenfahrzeug des Mittelmeers mit einem dreieckigen Segel (Lateinsegel); **b)** früher verwendetes kleines Kriegsschiff in Galeerenform

Fe̱|mel, Fimmel, der; -s, - ⟨*lat.*⟩: männliche Pflanze bei Hanf u. Hopfen

fe̱|meln, fimmeln: die reife männliche Hanfpflanze ernten

Fe|mi|do̱m, das; -s, -e ⟨Kurzw. aus *lat. femi*na »Frau« u. ↑Kon*dom*⟩: Kondom für Frauen

Fe|mi|na̱t, das; -[e]s, -e: **1.** System, in dem die Frau die bevorzugte Stellung innehat. **2.** nur aus weiblichen Mitgliedern bestehendes Gremium

fe|mi|nie̱|ren (Biol., Med.): infolge eines Eingriffs in den Hormonhaushalt verweiblichen (von Männern bzw. männlichen Tieren)

fe|mi|ni̱n: 1. a) für die Frau charakteristisch; weiblich; **b)** das Weibliche betonend; **c)** (als Mann) nicht die charakteristischen Eigenschaften eines Mannes habend, nicht männlich, [zu] weich. **2.** [ˈfe:mini:n] (Sprachwiss.) mit weiblichem Geschlecht

Fe|mi|ni|ni|tä̱t, die; -: ↑Feminität

Fe̱|mi|ni|num, das; -s, ...na (Sprachwiss.): **a)** weibliches Geschlecht eines Substantivs; **b)** weibliches Substantiv (z. B. *die* Uhr) (Abk.: F., f., Fem.)

Fe|mi|ni|sa|ti|o̱n, die; -, -en: ↑Feminisierung; vgl. ...ation/...ierung. **fe|mi|ni|sie̱|ren:** weiblich machen, verweiblichen, mit weiblichen Merkmalen ausstatten. **Fe|mi|ni|sie̱|rung,** die; -, -en: **a)** das Feminisieren; **b)** das Feminisiertsein; vgl. ...ation/...ierung

Fe|mi|ni̱s|mus, der; -, ...men ⟨*lat.-nlat.*⟩: **1.** (ohne Plural) Richtung der Frauenbewegung, die, von den Bedürfnissen der Frau ausgehend, eine grundlegende Veränderung der gesellschaftlichen ↑Normen (1) (z. B. der traditionellen Rollenverteilung) u. der ↑patriarchalischen Kultur anstrebt. **2.** (Biol., Med.) das Vorhandensein od. die Ausbildung weiblicher Geschlechtsmerkmale beim Mann od. bei männlichen Tieren

Fe|mi|ni̱st, der; -en, -en: jmd., der sich zu den Überzeugungen u. Forderungen des Feminismus (1) bekennt. **Fe|mi|ni̱s|tin,** die; -, -nen: Vertreterin des Feminismus (1)

fe|mi|ni̱s|tisch: 1. den Feminismus (1) betreffend. **2.** den Feminismus (2) betreffend

Fe|mi|ni|tä̱t, die; -: das Feminin-sein; feminine Art

fe̱|misch ⟨Kunstw. aus *lat. fe*rrum »Eisen« u. ↑*M*agnesium⟩: reich an Eisen u. Magnesium (Ggs.: salisch)

Fe|mi|zi̱d, der, auch: das; -[e]s, -e (bes. Fachspr.): tödliche Gewalt gegen Frauen od. eine Frau aufgrund des Geschlechts

Femme fa|tale [famfaˈtal], die; - -, -s -s [famfaˈtal] ⟨*frz.*⟩: Frau mit Charme u. Intellekt, die durch ihren extravaganten Lebenswandel u. ihr verführerisches Wesen ihren Partnern häufig zum Verhängnis wird

fe|mo|ra̱l ⟨*lat.-nlat.*⟩ (Med.): zum Oberschenkel gehörend

Fem|to|fa|ra̱d, das; -[s], - ⟨*skand.;* nach dem engl. Physiker M. Faraday, 1791–1867⟩: der 10^{15}te Teil eines Farad (Zeichen: fF)

Fe̱|mur, das; -s, Fe̱mora ⟨*lat.*⟩: **1.** (Med.) Oberschenkel[knochen]. **2.** (Zool.) drittes Glied eines Insekten- od. Spinnenbeins

Fe̱nch, der; -[e]s, -e, Fennich, der; -s, -e ⟨*lat.*⟩: eine Hirseart

Fe̱n|chel, der; -s ⟨*lat.*⟩: **1.** eine Gewürz- u. Heilpflanze (Doldengewächs). **2.** ein Gemüse

Fen|dant [fɑ̃ˈdɑ̃:], der; -s, -s ⟨*frz.*⟩: Weißwein aus dem Kanton Wallis (Schweiz)

Fe̱n|der, der; -s, - ⟨*engl.;* »Abwehrer, Verteidiger«⟩: mit Kork od.

Tauwerk gefülltes Kissen zum Schutz der Schiffsaußenseite beim Anlegen am Kai u. Ä.

Fe|nek vgl. Fennek

Feng-Shui, Feng|shui, das; - ‹*chin.;* »Wind-Wasser«›: chinesische Kunst der harmonischen Lebens- u. Wohnraumgestaltung

Fe|ni|er, der; -s, - ‹*ir.-engl.*› (Geschichte): Mitglied eines irischen Geheimbundes, der Ende des 19. u. Anfang des 20. Jh.s für die Trennung Irlands von Großbritannien kämpfte

Fen|nek, Fenek, der; -s, -s u. -e ‹*arab.*›: Wüstenfuchs

Fen|nich vgl. Fench

Fen|no|sar|ma|tia, die; - ‹*nlat.;* aus lat. *Fenni* »Finnen« u. lat. *Sarmatia* »polnisch-russisches Tiefland«› (Geol. veraltend): Baltica. **fen|no|sar|ma|tisch** (Geol.): Fennosarmatia betreffend

Fen|no|skan|dia, die; - (meist ohne Artikel) ‹aus lat. *Fenni* »Finnen« u. lat. *Scandia* »Schweden«›: **1.** zusammenfassende Bez. für die skandinavischen Länder u. Finnland. **2.** (Geol.) zusammenfassende Bez. für den Baltischen Schild u. die ↑Kaledoniden. **fen|no|skan|disch** (Geol.): Fennoskandia betreffend

Fen|ta|nyl, das; -s, -e (Med.): bes. als Schmerzmittel in der Anästhesie verwendete, opiumähnliche synthetische Substanz

Fenz, die; -, -en ‹*lat.-frz.-engl.*›: bes. von Deutschamerikanern verwendete Bez. für: Zaun, Einfriedung. **fen|zen:** einfrieden

Fe|ra|li|en, die (Plural) ‹*lat.*› (Geschichte): öffentliche Totenfeier am Schlusstag der ↑Parentalien

Fe|ria, die; -, ...iae [...i̯ɛ] ‹*lat.*›: Wochentag im Gegensatz zum Sonn- u. Feiertag in der katholischen ↑Liturgie

fe|ri|al ‹*mlat.*› (österr. veraltend): zu den Ferien gehörend; frei, unbeschwert

Fe|ri|al|da|tie|rung, die; -, -en: (vom 13. bis 16. Jh. übliche) Art der Datierung, bei der die Wochentage auf Heiligenfeste bezogen wurden

Fe|ri|al|tag, der; -[e]s, -e (österr.): Ferientag

Fe|ri|en, die (Plural) ‹*lat.*›: **a)** mehrere zusammenhängende Tage od. Wochen dauernde, der Erholung dienende, turnusmäßig wiederkehrende Arbeitspause einer Institution (z. B. der Schule, des Parlaments); **b)** dienst-, arbeitsfreie Zeit; Urlaub

ferm vgl. firm

fer|ma|men|te ‹*lat.-it.*› (Musik): sicher, fest, kräftig (Vortragsanweisung)

Fer|man, der; -s, -e ‹*pers.-türk.*› (Geschichte): Erlass eines islamischen Herrschers

Fer|ma|te, die; -, -n ‹*lat.-it.;* »Halt, Aufenthalt«›: **1.** (Musik) **a)** Zeichen der musikalischen Notation über einer Note od. einer Pause, die dadurch auf eine nicht genau festgelegte Zeit verlängert wird (Zeichen: 𝄐); **b)** durch eine Fermate (1 a) verlängerte Note od. Pause. **2.** Dehnung der [vor]letzten Silbe eines Verses, die das metrische Schema sprengt

Ferme [fɛrm], die; -, -n ‹*lat.-frz.*›: [Bauern]hof, Pachtgut (in Frankreich)

Fer|ment, das; -s, -e ‹*lat.;* »Gärung; Gärstoff«› (veraltet): ↑Enzym

Fer|men|ta|ti|on, die; -, -en ‹*lat.-nlat.*›: **1.** chemische Umwandlung von Stoffen durch Bakterien u. ↑Enzyme (Gärung). **2.** biochemisches Verarbeitungsverfahren zur Aromaentwicklung in Lebens- u. Genussmitteln (z. B. Tee, Tabak)

fer|men|ta|tiv: durch Fermente hervorgerufen

Fer|men|ter, der; -s, - ‹*lat.-engl.*›: Anlage für die Massenkultur von Mikroorganismen in Forschung u. Industrie

fer|men|tie|ren ‹*lat.*›: durch Fermentation (2) veredeln

Fer|mi|on, das; -s, ...ionen ‹*nlat.;* nach dem it. Physiker E. Fermi, 1901–1954› (Physik): Elementarteilchen mit halbzahligem ↑Spin

Fer|mi|um, das; -s: chem. Element; ein Transuran (Zeichen: Fm)

Fer|nam|buk|holz vgl. Pernambukholz

fe|ro|ce [feˈroːtʃə] ‹*lat.-it.*› (Musik): wild, ungestüm, stürmisch (Vortragsanweisung)

Fer|ra|ghan, Fareghan, der; -s, -e ‹nach der iran. Landschaft›: ein rot- od. blaugrundiger Teppich mit dichter Musterung

Fer|ri|ma|g|ne|tis|mus, der; - ‹*lat.; gr.-lat.-nlat.*›: eine vorwiegend beim ↑Magnetit u. allen ↑Ferriten auftretende magnetische Erscheinung

Fer|rit [auch: ...ˈrɪt], der; -s, -e (meist Plural) ‹*lat.-nlat.*›: **1.** reine, weiche, fast kohlenstofffreie Eisenkristalle (α-Eisen). **2.** einer der magnetischen (1), zur Herstellung nachrichtentechnischer Bauteile verwendeten Werkstoffe

Fer|rit|an|ten|ne, die; -, -n: Richtantenne mit hochmagnetischem Ferritkern (z. B. in Rundfunkempfängern)

Fer|ri|tin, das; -s, -e (Med.): Eisen speicherndes ↑Protein im Körper

Fer|ro|elek|t|ri|zi|tät, die; -: dem Ferromagnetismus analoges Verhalten einiger weniger Stoffe aufgrund bestimmter elektrischer (1) Eigenschaften

Fer|ro|graf, Fer|ro|graph, der; -en, -en ‹*lat.; gr.*›: Gerät zur Messung der magnetischen Eigenschaften eines Werkstoffs

Fer|ro|le|gie|rung, die; -, -en: Eisenlegierung mit Begleitelementen

Fer|ro|ma|g|ne|ti|kum, das; -s, ...ka ‹*lat.; gr.-lat.*›: eine ferromagnetische Substanz. **fer|ro|ma|g|ne|tisch:** sich wie Eisen magnetisch verhaltend. **Fer|ro|ma|g|ne|tis|mus,** der; -: Magnetismus des Eisens (Kobalts, Nickels u. a.), der durch eine besonders hohe ↑Permeabilität (2) gekennzeichnet ist

Fer|ro|man|gan, das; -s ‹*lat.*›: Legierung des Eisens mit ↑Mangan

Fer|ro|niè|re [...ˈnjɛːrə], die; -, -n ‹*frz.*›: früher von Frauen um die Stirn getragene schmale Goldkette mit einem Edelstein od. einer ↑Kamee

Fer|ro|si|lit [auch: ...ˈlɪt], das; -s ‹*lat.*›: ein Mineral

Fer|ro|s|kop, das; -s, -e ‹*lat.; gr.*›: tiermedizinisches Instrument, mit dem verschluckte Metallteile nachgewiesen werden können

Fer|ro|ty|pie, die; -, ...ien: fotografisches Verfahren zur Herstellung von Bildern auf lichtempfindlich beschichteten, schwarz gelackten Eisenblechen

Fer|rum, das; -s ‹*lat.*›: Eisen; chem. Element (Zeichen: Fe)

fer|til ‹*lat.*› (Biol., Med.): fruchtbar (Ggs.: steril [2])

Fer|ti|li|sa|ti|on, die; -, -en ‹*lat.-nlat.*› (Med.): Befruchtung

Fer|ti|li|tät, die; - (Biol., Med.): Fähigkeit von Organismen, Nachkommen hervorzubringen; Fruchtbarkeit (Ggs.: Sterilität [2])

fer|vent ‹*lat.*› (veraltet): hitzig, glühend, eifrig

Fes, der; -[es], -[e] ‹*türk.*; nach der marokkanischen Stadt›: bes. in islamischen Ländern getragene kegelstumpfförmige rote Filzkappe

fesch [österr.: feːʃ] ‹*engl.*›: **a)** (österr. u. ugs.) schick, schneidig, flott, elegant; **b)** (österr. veraltet) nett, freundlich

Fe|schak, der; -s, -s (österr. ugs.): fescher [junger] Mann

Fe|schak|tum, das; -s (österr.): Benehmen, Lebensform eines Feschaks; ↑Snobismus (2)

fes|ti|na len|te ‹*lat.*›: »Eile mit Weile!« (nach Sueton ein häufiger Ausspruch des römischen Kaisers Augustus)

Fes|ti|val [ˈfɛstivl̩, ...val], das; -s, -s ‹*lat.-frz.-engl.(-frz.)*›: [in regelmäßigen Abständen wiederkehrende] kulturelle Großveranstaltung; Festspiele

Fes|ti|vi|tät, die; -, -en ‹*lat.*› (ugs.): Festlichkeit

fes|ti|vo ‹*lat.-it.*› (Musik): festlich, feierlich (Vortragsanweisung)

Fes|ton [fɛsˈtõː], das; -s, -s ‹*lat.-vulgärlat.-it.-frz.*›: **1.** Schmuckmotiv von bogenförmig durchhängenden Gewinden aus Blumen, Blättern od. Früchten an Gebäuden od. in der Buchkunst. **2.** mit Zierstichen gestickter bogen- od. zackenförmiger Rand eines Stück Stoffs. **fes|to|nie|ren: 1.** mit Festons (1) versehen. **2.** Stoffkanten mit Festonstich versehen

fes|to|so ‹*lat.-it.*›: festivo

Fes|zen|ni|nen, die (Plural) ‹*lat.*; wahrscheinlich nach der etrusk. Stadt Fescennium›: altitalische Festlieder voll derben Spotts

Fe|ta, der; -s ‹*ngr.*›: [stark gesalzener] griechischer Weichkäse aus Schafsmilch

fe|tal, fötal ‹*lat.*› (Med.): zum ↑Fetus gehörend, den Fetus betreffend

Fe|te [auch: ˈfɛːtə], die; -, -n ‹*lat.-vulgärlat.-frz.*› (ugs.): kleineres Fest, Party, ausgelassene Feier

Fe|ti|a|len, die (Plural) ‹*lat.*›: Priesterkollegium im alten Rom, das die für den völkerrechtlichen Verkehr bestehenden Vorschriften überwachte

fe|tie|ren ‹*lat.-vulgärlat.-frz.*› (veraltet): jmdn. durch ein Fest ehren

Fe|tisch, der; -[e]s, -e ‹*lat.-port.-frz.*›: **1.** (Völkerkunde) Gegenstand, dem helfende od. schützende Zauberkraft zugeschrieben wird; vgl. Amulett, Talisman. **2.** (Psychol.) Gegenstand, Körperteil o. Ä. als Objekt des ↑Fetischismus (2)

fe|ti|schi|sie|ren: etwas zum Fetisch, Abgott machen

Fe|ti|schis|mus, der; -, ...men ‹*nlat.*›: **1.** (Völkerkunde) Glaube an die magischen Kräfte, die Ausstrahlung eines Fetischs; Fetischverehrung. **2.** (Psychol.) sexuelle Präferenz, die sich auf bestimmte Körperteile od. Gegenstände richtet (z. B. Strümpfe, Wäschestücke)

Fe|ti|schist, der; -en, -en: **1.** (Völkerkunde) Fetischverehrer. **2.** (Psychol.) Person mit fetischistischen Neigungen. **Fe|ti|schis|tin,** die; -, -nen: weibliche Form zu ↑Fetischist

fe|ti|schis|tisch: den Fetischismus betreffend

Fe|to|ge|ne|se, die; -, -n ‹*lat.*; *gr.-lat.*› (Med.): Entwicklung des ↑Fetus

Fe|to|me|t|rie, die; - (Med.): das Ausmessen des Fetus im Mutterleib mithilfe von ↑Ultraschall

Fe|to|pa|thie, die; -, ...ien (Med.): vor allem durch Stoffwechsel- u. Infektionskrankheiten der Mutter hervorgerufene, nicht erbbedingte Erkrankung des Fetus, die nach dem Beginn des 3. Schwangerschaftsmonats auftritt

Fet|tuc|ci|ne [...ˈtʃiːnə], die (Plural) ‹*it.*›: Bandnudeln

Fe|tus, Fötus, der; - u. -ses, -se u. ...ten ‹*lat.*› (Med.): [menschliche] Leibesfrucht zwischen dem Beginn des 3. Schwangerschaftsmonats u. der Geburt

Fet|wa vgl. Fatwa

feu|dal ‹*germ.-mlat.*›: **1.** das Lehnswesen betreffend. **2. a)** vornehm, herrschaftlich; **b)** reichhaltig ausgestattet

Feu|dal|herr|schaft, die; -: ↑Feudalismus

feu|da|li|sie|ren: in ein Feudalsystem mit einbeziehen

Feu|da|lis|mus, der; - ‹*nlat.*›: **1.** auf dem Lehnsrecht aufgebaute Wirtschafts- u. Gesellschaftsform, in der alle Herrschaftsfunktionen von der über den Grundbesitz verfügenden aristokratischen Oberschicht ausgeübt werden. **2. a)** System des Lehnswesens im mittelalterlichen Europa; **b)** Zeit des Feudalismus (2 a). **feu|da|lis|tisch:** zum Feudalismus gehörend

Feu|da|li|tät, die; -: **1.** Lehnsverhältnis im Mittelalter. **2.** herrschaftliche Lebensform

Feu|dal|sys|tem, das; -s: ↑Feudalismus

Feuil|la|ge [fœˈjaːʒə], die; -, -n ‹*lat.-vulgärlat.-frz.*›: geschnitztes od. gemaltes Laub- od. Blattwerk

Feuil|lan|ten [fœˈjan...], **Feuil|lants** [fœˈjãː] die (Plural) ‹nach der Abtei Feuillant bei Toulouse›: **1.** ↑Kongregation französischer ↑Zisterzienser. **2.** Mitglieder eines gemäßigt-monarchistischen Klubs während der Französischen Revolution, die im Kloster der Feuillanten in Paris tagten

Feuil|le|ton [ˈfœjətõ, auch: fœjəˈtõː], das; -s, -s ‹»Beiblättchen«›: **1.** kultureller Teil einer Zeitung. **2.** literarischer Beitrag im Feuilletonteil einer Zeitung. **3.** (österr.) populärwissenschaftlicher Aufsatz [zu kulturellen Themen]; Essay

feuil|le|to|ni|sie|ren: einen nicht zum Feuilleton gehörenden Beitrag in der Zeitung feuilletonistisch gestalten

Feuil|le|to|nis|mus, der; - ‹*nlat.*› (oft abwertend): in der literarischen Form des Feuilletons ausgeprägte Sprach- u. Stilhaltung; vgl. ...ismus/...istik

Feuil|le|to|nist, der; -en, -en: jmd., der Feuilletons schreibt

Feuil|le|to|nis|tik, die; -: ↑Feuilletonismus; vgl. ...ismus/...istik

Feuil|le|to|nis|tin, die; -, -nen: weibliche Form zu ↑ Feuilletonist

feuil|le|to|nis|tisch: **a)** das Feuilleton betreffend; **b)** im Stil eines Feuilletons geschrieben. **Feuil|le|ton|stil,** der; -[e]s: unterhaltender, geistreich-witziger Stil

[1]Fez [fe:s, auch: fe:ts], der; -[es], -[e] ⟨*türk.*⟩: ↑ Fes

[2]Fez, der; - ⟨*frz.*⟩ (ugs.): Spaß, Vergnügen, Ulk, Unsinn

Fi|a|ker, der; -s, - ⟨*frz.*⟩ (österr.): **a)** [zweispännige] Pferdedroschke; **b)** Kutscher, der einen Fiaker fährt

Fi|a|le, die; -, -n ⟨*gr.-lat.-it.*⟩ (Archit.): schlankes, spitzes Türmchen an gotischen Bauwerken, das als Bekrönung von Strebepfeilern dient

Fi|an|chet|to [fi̯aŋ'kɛto], das; -[s], ...etti (auch: -s) ⟨*it.*⟩ (Schach): Eröffnung mit einem od. mit beiden Springerbauern zur Vorbereitung eines Flankenangriffs der Läufer

fi|ant vgl. [2]fiat

Fi|as|co, der; -s, -s u. ...chi ⟨*germ.-it.;* »Flasche«⟩: mit Stroh umflochtene Flasche für ↑ Chianti

Fi|as|ko, das; -s, -s: **1.** Misserfolg, Reinfall. **2.** Zusammenbruch

[1]fi|at ⟨*lat.;* nach dem Schöpfungsspruch »fiat lux!« = es werde Licht, 1. Mose 1, 3⟩: es geschehe!

[2]fi|at (Med.): man verarbeite zu ... (auf Rezepten) (Abk.: f.)

Fi|at, das; -s, -s ⟨*lat.*⟩ (veraltet): Zustimmung, Genehmigung

fi|at jus|ti|tia, et pe|re|at mun|dus: »Das Recht muss seinen Gang gehen, und sollte die Welt darüber zugrunde gehen« (angeblicher Wahlspruch Kaiser Ferdinands I.)

[1]Fi|bel, die; -, -n ⟨*gr.-lat.*⟩: **1.** bebildertes Lesebuch für Schulanfänger. **2.** Lehrbuch, das das Grundwissen eines Fachgebietes vermittelt

[2]Fi|bel, die; -, -n ⟨*lat.*⟩: frühgeschichtliche Spange od. Nadel aus Metall zum Zusammenstecken der Kleidungsstücke

Fi|ber, die; -, -n ⟨*lat.*⟩: **1.** (Biol., Med.) [Muskel]faser. **2.** (ohne Plural) künstlich hergestellter Faserstoff

fi|b|ril|lär ⟨*lat.-nlat.*⟩ (Med.): aus Fibrillen bestehend; faserig

Fi|b|ril|le, die; -, -n (Med.): sehr feine Muskel- od. Nervenfaser

fi|b|ril|lie|ren: **1.** Papierrohstoff zerfasern u. mahlen. **2.** (Med.) (von einzelnen Fibrillen) regellos zucken

Fi|b|rin, das; -s, -e (Med.): Eiweißstoff des Blutes, der bei der Blutgerinnung aus Fibrinogen entsteht

Fi|b|ri|no|gen, das; -s ⟨*lat.-nlat.; gr.*⟩ (Med.): im Blut enthaltener Eiweißstoff; lösliche Vorstufe des Fibrins; Gerinnungsfaktor I

Fi|b|ri|no|ly|se, die; -, -n (Med.): Auflösung eines Fibringerinnsels durch Enzymeinwirkung

Fi|b|ri|no|ly|ti|kum, das; -s, ...ka (Med.): Arzneimittel zur Beseitigung frisch entstandener Blutgerinnsel

fi|b|ri|no|ly|tisch (Med.): die Fibrinolyse betreffend

fi|b|ri|nös ⟨*lat.-nlat.*⟩ (Med.): fibrinhaltig, fibrinreich (z. B. von krankhaften Ausscheidungen); mit Fibrinausscheidung verbunden

Fi|b|ro|ade|nom, das; -s, -e (Med.): gutartiger Tumor der Brustdrüse

Fi|b|ro|blast, der; -en, -en (meist Plural) ⟨*lat.; gr.*⟩ (Med.): Bildungszelle des Bindegewebes

Fi|b|ro|blas|tom, das; -s, -e (Med.): gutartige Geschwulst des Bindegewebes

Fi|b|ro|chon|drom, das; -s, -e (Med.): gutartige Knorpelgeschwulst

Fi|b|ro|elas|to|se, die; -, -n (Med.): übermäßiges Wachstum des Bindegewebes, verbunden mit vermehrter Elastinbildung

fi|b|ro|gen ⟨*lat.; gr.*⟩ (Med.): eine Fibrose auslösend

Fi|b|ro|in, das; -s ⟨*lat.*⟩: Eiweißstoff der Naturseide

Fi|b|ro|li|pom, das; -s, -e (Med.): gutartige Geschwulst aus Binde- u. Fettgewebe

Fi|b|rom, das; -s, -e (Med.): gutartige Geschwulst aus Bindegewebe

Fi|b|ro|ma|to|se, die; -, -n (Med.): **1.** geschwulstartige Wucherung des Bindegewebes. **2.** das gehäufte Auftreten von Fibromen

Fi|b|ro|my|al|gie, die; -, -n (Med.): chronische Erkrankung mit Muskel- und Sehnenschmerzen

Fi|b|ro|my|om, das; -s, -e ⟨*lat.; gr.*⟩ (Med.): gutartige Geschwulst aus Binde- u. Muskelgewebe

fi|b|rös ⟨*lat.-nlat.*⟩ (Med.): aus derbem Bindegewebe bestehend; faserreich

Fi|b|ro|sar|kom, das; -s, -e ⟨*lat.; gr.*⟩ (Med.): bösartige Form des Fibroms

Fi|b|ro|se, die; -, -n (Med.): krankhafte Vermehrung von Bindegewebe in Organen

Fi|b|ro|s|kop, das; -s, -e ⟨*lat.; gr.*⟩ (Med. früher): Gerät zum Beleuchten von Körperhöhlen. **fi|b|ro|tisch** (Med.): die Fibrose betreffend, mit Fibrose verbunden

Fi|b|ro|zyt, der; -en, -en (meist Plural) (Med.): spindelförmige Zelle im lockeren Bindegewebe

[1]Fi|bu|la, die; -, Fibuln ⟨*lat.*⟩: ↑ [2]Fibel

[2]Fi|bu|la, die; -, ...lae [...lɛ] (Med.): Wadenbein (hinter dem Schienbein gelegener Unterschenkelknochen)

Fi|ca|ria, die; -, ...iae [...i̯ɛ] ⟨*lat.*⟩: Scharbockskraut (Hahnenfußgewächs)

[1]Fiche [fi:ʃ], die; -, -s ⟨*lat.-vulgärlat.-frz.*⟩: **1.** Spielmarke. **2.** (veraltet) Pflock zum Lagerabstecken

[2]Fiche [fi:ʃ], das od. der; -s, -s ⟨*lat.-vulgärlat.-frz.-engl.*⟩: mit einer lichtempfindlichen Schicht überzogene Karte, auf der in Form fotografischer Verkleinerungen Daten von Originalen gespeichert sind, die mit speziellen Lesegeräten gelesen werden

[3]Fi|che ['fiʃ(ə)], die; -, -n ⟨*lat.-vulgärlat.-frz.*⟩ (schweiz.): Karteikarte

Fi|chu [fi'ʃy:], das; -s, -s ⟨*frz.*⟩: großes dreieckiges, auf der Brust gekreuztes Schultertuch, dessen Enden vorn od. auf dem Rücken verschlungen werden

Fi|cus, der; -, ...ci [...tsi] ⟨*lat.*⟩: Feigenbaum (Maulbeergewächs)

Fi|dei|kom|miss [fidei..., auch: 'fi:...], das; -es, -e ⟨*lat.*⟩ (Rechtsspr. früher): unveräußerliches u. unteilbares Vermögen einer Familie

Fi|de|is|mus, der; - ⟨*lat.-nlat.*⟩: **1.** (Philos.) erkenntnistheoretische Haltung, die den Glauben als einzige Erkenntnisgrundlage betrachtet u. ihn über die Vernunft setzt. **2.** evangelisch-reformierte Lehre, nach der nicht der Glaubensinhalt, sondern nur der Glaube an sich entscheidend sei. **Fi|de|ist,** der; -en, -en: Anhänger des Fideismus. **Fi|de|is|tin,** die; -, -nen: weibliche Form zu ↑Fideist. **fi|de|is|tisch:** den Fideismus betreffend

fi|del ‹*lat.;* »treu«›: lustig, heiter, gut gelaunt, vergnügt

Fi|del, die; -, -n ‹Herkunft unsicher›: Saiteninstrument des Mittelalters

Fi|de|lis|mo, der; -[s], **Fi|de|lis|mus,** der; - ‹nach dem kubanischen Ministerpräsidenten Fidel Castro (1927–2016)›: revolutionäre politische Bewegung in Kuba [u. Lateinamerika] auf marxistisch-leninistischer Grundlage; vgl. Castrismus. **Fi|de|list,** der; -en, -en: Anhänger Fidel Castros; Vertreter des Fidelismos. **Fi|de|lis|tin,** die; -, -nen: weibliche Form zu ↑Fidelist

Fi|de|li|tas, Fi|de|li|tät, die; - ‹*lat.*›: ↑Fidulität

Fi|des, die; -: im alten Rom das Treueverhältnis zwischen ↑¹Patron (1) u. Klient

Fi|di|bus, der; - u. -ses, - u. -se ‹Herkunft unsicher›: Holzspan od. gefalteter Papierstreifen zum Feuer- od. Pfeifeanzünden

Fi|du|li|tät, die; -, -en ‹*lat.*›: der inoffizielle, zwanglosere zweite Teil eines studentischen ↑Kommerses

Fi|duz, das (ugs. veraltend): in der Fügung **kein Fiduz zu etwas haben:** 1) keinen Mut zu etwas haben; 2) keine Lust zu etwas haben

Fi|du|zi|ant, der; -en, -en (Rechtswiss.): Treugeber bei einem ↑fiduziarischen Geschäft. **Fi|du|zi|an|tin,** die; -, -nen: weibliche Form zu ↑Fiduziant

Fi|du|zi|ar, der; -s, -e (Rechtswiss.): Treuhänder bei einem ↑fiduziarischen Geschäft. **Fi|du|zi|a|rin,** die; -, -nen: weibliche Form zu ↑Fiduziar

fi|du|zi|a|risch (Rechtswiss.): treuhänderisch; **fiduziarisches Geschäft:** Treuhandgeschäft, bei dem der Fiduziant dem Fiduziar ein Mehr an Rechten überträgt, als er selbst aus einer vorher getroffenen schuldrechtlichen Vereinbarung hat

fi|du|zit ‹aus lat. *fiducia sit* = vertraue darauf!›: Antwort des Studenten auf den Bruderschafts- u. Trinkzuruf »schmollis!«. **Fi|du|zit,** das; -: der Zuruf »fiduzit!«

Fiel|dis|tor, der; -s, ...oren ‹*engl.*›: Feldtransistor, bei dem das elektrische Feld den Stromfluss steuert

Field|re|search [ˈfiːldrisœːɐ̯tʃ], das; -[s], auch die; - ‹*engl.* »Feldforschung«› (Fachspr., bes. Soziol., Statistik): Verfahren in der Markt- u. Meinungsforschung zur Erhebung statistischen Materials durch persönliche Befragung od. durch Fragebogen (Ggs.: Deskresearch)

Field|spa|ni|el [...ʃpaːni̯əl, ...spɛni̯əl], der; -s, -s: kleiner englischer Jagdhund

Field|work [...wœːɐ̯k], das; -s (Soziol.): Verfahren in der Markt- u. Meinungsforschung zur Erhebung statistischen Materials durch persönliche Befragung von Testpersonen durch Interviewer. **Field|wor|ker** [...wœːɐ̯kɐ], der; -s, -: ↑Interviewer, der zur Erhebung statistischen Materials Befragungen durchführt. **Field|wor|ke|rin,** die; -, -nen: weibliche Form zu ↑Fieldworker

Fi|e|rant, der; -en, -en ‹*lat.-it.*› (bayr., österr.): Markthändler. **Fi|e|ran|tin,** die; -, -nen: weibliche Form zu ↑Fierant

fi|e|ro ‹*lat.-it.*› (Musik): stolz, wild, heftig (Vortragsanweisung)

Fi|es|ta, die; -, -s ‹*lat.-span.*›: spanisches [Volks]fest

fif|ty-fif|ty ‹*engl.;* »fünfzig-fünfzig«› (ugs.): in den Fügungen **fifty-fifty machen:** so teilen, dass jeder die Hälfte erhält; **fifty-fifty stehen/ausgehen:** unentschieden stehen/ausgehen

Fi|ga|ro, der; -[s], -s ‹nach der Bühnengestalt in Beaumarchais' Lustspiel »Der Barbier von Sevilla«›: **a)** (scherzh.) Friseur; **b)** (selten) gewitzter, redegewandter Mann

Fight [faɪ̯t], der; -s, -s ‹*engl.*›: **a)** Kampf, Wettkampf; harte Auseinandersetzung; **b)** Boxkampf. **figh|ten** [ˈfaɪ̯tn̩]: **a)** hart, verbissen kämpfen; **b)** (beim Boxen) ungestüm, den Schlagabtausch suchend kämpfen. **Figh|ter** [ˈfaɪ̯tɐ], der; -s, -: **a)** jmd., der fightet (a); Kämpfernatur; **b)** Boxer, der den Schlagabtausch u. eine ungestüme Kampfweise bevorzugt. **Figh|te|rin,** die; -, -nen: weibliche Form zu ↑Fighter

Fi|gur, die; -, -en ‹*lat.-frz.*›: **1.** Körperform, Gestalt, äußere Erscheinung eines Menschen im Hinblick auf ihre Proportioniertheit. **2.** [künstlerische] Darstellung eines menschlichen, tierischen od. abstrakten Körpers. **3.** Spielstein, bes. beim Schachspiel. **4. a)** [geometrisches] Gebilde aus Linien od. Flächen, Umrisszeichnung o. Ä.; **b)** Abbildung, die als Illustration einem Text beigegeben ist. **5. a)** (ugs.) Persönlichkeit, Person (in ihrer Wirkung auf ihre Umgebung, auf die Gesellschaft); **b)** Person, Mensch (meist männlichen Geschlechts), Typ (z. B. an der Theke standen ein paar Figuren); **c)** handelnde Person, Gestalt in einem Werk der Dichtung, einem Film o. Ä. **6.** in sich geschlossene [tänzerische] Bewegungsfolge, die Teil eines größeren Ganzen ist (beim Tanz, Eistanz, Kunstflug, Kunstreiten u. a.). **7.** (Musik) in sich geschlossene Tonfolge als schmückendes u. vielfach zugleich textausdeutendes Stilmittel. **8.** (Sprachwiss.) von der normalen Sprechweise abweichende sprachliche Form, die als Stilmittel eingesetzt wird; ↑Allegorie, ↑Anapher, ↑Chiasmus

Fi|gu|ra, die; - ‹*lat.*›: Bild, Figur; **wie Figura zeigt** (schweiz., sonst veraltend): wie klar vor Augen liegt, wie an diesem Beispiel klar zu erkennen ist

Fi|gu|ra ety|mo|lo|gi|ca, die; - -, ...rae [...rɛ] ...cae [...kɛ] ‹*lat.; gr.-lat.*› (Rhet., Stilkunde): Redefigur, bei der sich ein intransitives Verb mit einem Substantiv gleichen Stammes od. verwandter Bedeutung als Objekt verbindet (z. B. einen [schweren] Kampf kämpfen)

fi|gu|ral ‹*lat.-nlat.*›: mit Figuren versehen

Fi|gu|ra|li|tät, die; - (Kunstwiss.): figürliche Beschaffenheit, Form

Fi|gu|ral|mu|sik, die; -: mehrstim-

fiktiv

Dieses Beispiel ist nicht fiktiv, sondern hat sich tatsächlich so ereignet.
erdacht, erfunden
- und erzählt eine fiktive Geschichte über eine
- Zusammenhang zwischen fiktiver oder/und realer Gewalt …
- mehr als fiktive Figuren erfunden

Denn ob fiktiv oder real, das scheint hier kein Widerspruch.
Der Mensch besitzt die erstaunliche Fähigkeit, problemlos in fiktive Welten einzutauchen.
Es sollen hohe Geldsummen über fiktive Gesellschaften geflossen sein.

fiktional

Die fiktionalen TV-Serien zeigen ein völlig verzerrtes Bild der Berufswelt.
literarisch erdacht
- die fiktionale […] Literatur
- [mit] dokumentarischen und fiktionalen Elementen
- fiktionale Welt […] als

Der Autor hat sich hinter einer fiktionalen Maske verborgen.
Es sei auch nicht zwischen fiktionalen Geschichten und real motivierten Postings unterschieden worden.
Der Schritt von der fiktionalen Literatur zu fiktiven Büchern und ganzen Lebenswerken ist klein.

miger ↑kontrapunktischer Tonsatz in der Kirchenmusik des Mittelalters (Ggs.: gregorianischer Choral)

Fi|gu|rant, der; -en, -en ‹*lat.*›: **1.** (Ballett veraltet) Gruppentänzer im Gegensatz zum Solotänzer. **2.** (Theater veraltet) Statist, stumme [Neben]rolle. **3.** Nebenperson, Lückenbüßer. **Fi|gu|ran|tin,** die; -, -nen: weibliche Form zu ↑Figurant

Fi|gu|ra|ti|on, die; -, -en: **1.** (Musik) Auflösung einer Melodie od. eines Akkords in rhythmische [melodisch untereinander gleichartige] Notengruppen. **2.** (Kunstwiss.) **a)** figürliche Darstellung; **b)** Formgebilde; vgl. …ation/…ierung

fi|gu|ra|tiv: 1. a) grafisch od. als Figur wiedergebend od. wiedergegeben; **b)** (etwas Abstraktes) gegenständlich wiedergebend. **2.** (veraltend) figürlich (3)

Fi|gu|ren|ka|pi|tell, das; -s, -e (Archit.): ein mit Figuren geschmücktes ↑Kapitell [an romanischen Bauwerken]

fi|gu|rie|ren: 1. eine Rolle spielen; in Erscheinung treten. **2.** (Musik) einen Akkord mit einer Figuration versehen. **Fi|gu|rie|rung,** die; -, -en: ↑Figuration; vgl. …ation/…ierung

Fi|gu|ri|ne, die; -, -n ‹*lat.-it.-frz.*›: **1.** kleine Figur, kleine Statue. **2.** Nebenfigur auf [Landschafts]gemälden. **3.** Kostümzeichnung od. Modellbild für Theateraufführungen

fi|gür|lich ‹*lat.; dt.*›: **1.** in Bezug auf die Figur (1). **2.** (Kunstwiss.) eine Figur (2), Figuren (2) darstellend. **3.** (veraltend) in einem bildlichen, übertragenen Sinn gebraucht (von Wortbedeutungen)

Fikh [fɪk], das; - ‹*arab.*›: die Rechtswissenschaft des Islams

Fik|ti|on, die; -, -en ‹*lat.*›: **1.** etwas, was nur in der Vorstellung existiert; etwas Vorgestelltes, Erdachtes. **2.** (Philos.) bewusst gesetzte widerspruchsvolle od. falsche Annahme als methodisches Hilfsmittel bei der Lösung eines Problems

fik|ti|o|nal ‹*lat.-nlat.*›: auf einer Fiktion beruhend. **fik|ti|o|na|li|sie|ren:** als Fiktion darstellen. **Fik|ti|o|na|lis|mus,** der; - (Philos.): philosophische Theorie der Fiktionen

fik|tiv ‹*lat.-nlat.*›: eingebildet, erdichtet; angenommen, auf einer Fiktion (1) beruhend

fiktiv/fiktional *s. Kasten*

Fil-à-Fil [filaˈfil], das; - ‹*lat.-frz.;* »Faden an Faden«›: Kleiderstoff mit karoähnlichem Gewebebild

Fi|la|ge […ʒə], die; -, -n: **1.** das Zusammendrehen von Seidenfäden. **2.** das Abziehen der gezinkten Karten beim Falschspiel

Fi|la|ment, das; -s, -e ‹*lat.*›: **1.** (Bot.) Staubfaden der Blüte. **2.** (meist Plural; Astron.) dunkles, fadenförmiges Gebilde in der ↑Chromosphäre. **3.** auf chemisch-technischem Wege erzeugte, fast endlose Faser als Bestandteil von Garnen u. Kabeln. **4.** (Biochemie) fadenförmiges Gebilde aus Proteinen in einer Zelle

fi|la|men|tös ‹*lat.; lat.-frz.*›: fadenförmig

Fi|la|min, das; -s, -e ‹Kunstw. aus *Fila*ment u. Prote*in*› (Biochemie): ↑Aktin bindendes Protein, das bei der Vernetzung von ↑Filamenten (4) aus Aktin eine Rolle spielt

Fi|lan|da, die; -, …den ‹*lat.-it.*› (veraltet): Seidenspinnerei

Fi|la|ria, die; -, …iae […i̯ɛ] u. …ien (meist Plural) ‹*lat.-nlat.*› (Med., Zool.): Fadenwurm (Krankheitserreger)

Fi|la|ri|en|krank|heit, die; -, -en: ↑Filariose

fi|lar il tu|o|no ‹*it.*› (Musik): den Ton gleichmäßig ausströmen, sich entwickeln lassen (Vortragsanweisung bei Gesang u. Streichinstrumenten)

Fi|la|ri|o|se, die; -, -n ‹*lat.-nlat.*› (Med.): durch parasitische Fadenwürmer (Filarien) hervorgerufene Krankheit

File [fai̯l], das, auch: der; -s, -s ‹*lat.-frz.-engl.*› (EDV): engl. Bez. für: Datei

Fi|let [fiˈleː], das; -s, -s ‹*lat.-frz.*›: **1.** netzartig gewirkter Stoff. **2. a)** Handarbeitstechnik, bei der ein Gitterwerk aus quadratisch verknüpften Fäden hergestellt wird; **b)** Handarbeit, die durch Filet (2 a) entstanden ist. **3. a)** Lendenstück von Schlachtvieh u. Wild; **b)** Geflügelbrust[fleisch]; **c)** entgrätetes Rückenstück bei Fischen. **4.** Abnehmerwalze an der Auflockerungsmaschine (Krempel) in der Baumwollspinnerei

Fi|le|te, die; -, -n ‹*lat.-roman.*›: **a)** Stempel der Buchbinder mit bogenförmiger Prägefläche zum Aufdrucken von Goldverzierungen; **b)** mit der Filete (a) hergestellte Verzierung auf Bucheinbänden

fi|le|tie|ren, filieren: aus Fleisch Filetstücke herauslösen

Fi|let|spit|ze [fiˈle...], die; -, -n: Spitze mit geknüpftem Netzgrund

Fi|li|a|le, die; -, -n ‹*lat.-mlat.-frz.*›: Zweiggeschäft eines Unternehmens

Fi|li|al|ge|mein|de, die; -, -n: Gemeinde einer Filialkirche

Fi|li|al|ge|ne|ra|ti|on, die; -, -en (Genetik): direkte Nachkommen eines Elternpaares bzw. eines sich durch ↑Parthenogenese (2) fortpflanzenden Lebewesens

Fi|li|a|list, der; -en, -en: **1.** (Wirtsch.) Leiter einer Filiale. **2.** Seelsorger einer Filialgemeinde. **Fi|li|a|lis|tin,** die; -, -nen: weibliche Form zu ↑Filialist

Fi|li|al|kir|che, die; -, -n: von der Pfarrkirche der Hauptgemeinde aus betreute Kirche mit einer Filialgemeinde

Fi|li|al|pro|ku|ra, die; -, ...ren: ↑Prokura, die auf eine od. mehrere Filialen eines Unternehmens beschränkt ist

Fi|li|a|ti|on, die; -, -en ‹*lat.-nlat.*›: **1.** (Geneal.) [Nachweis der] Abstammung einer Person von einer anderen. **2.** (Rechtswiss.) legitime Abstammung eines Kindes von seinen Eltern. **3.** (Politik) Gliederung des Staatshaushaltsplanes. **4.** (Geschichte) Verhältnis von Mutter- u. Tochterkloster im Ordenswesen des Mittelalters

[1]Fi|li|bus|ter vgl. Flibustier

[2]Fi|li|bus|ter [...ˈbastɐ], der; -[s], - ‹*amerik.*›: im amerikanischen Senat von Minderheiten geübte Praktik, durch Marathonreden Parlamentsbeschlüsse zu verzögern od. zu verhindern

fi|lie|ren vgl. filetieren

fi|li|form ‹*lat.-nlat.*› (Med.): fadenförmig

fi|li|g|ran ‹*lat.-it.*›: aus Filigran bestehend; filigranähnliche Formen aufweisend; sehr fein, feingliedrig. **Fi|li|g|ran,** das; -s, -e, **Fi|li|g|ran|ar|beit,** die; -, -en: Goldschmiedearbeit aus feinem Gold-, Silber- od. versilbertem Kupferdraht

Fi|li|g|ran|glas, das; -es: durch eingeschmolzene, Gitter u. Muster bildende weiße Glasfäden verziertes Kunstglas; Fadenglas

Fi|li|g|ran|pa|pier, das; -s: feines Papier mit netz- od. linienförmigen Wasserzeichen

Fi|li|us, der; -, ...lii u. -se ‹*lat.*› (scherzh.): Sohn

Fil|ler, der; -s, - ‹*engl.*›: **1.** (Kosmetik) Stoff, der injiziert wird, um Faltenbildung zu vermeiden od. zu lindern. **2.** (Kochkunst) Flüssigkeit zum Auffüllen

Fil|lér [ˈfɪlɐ, auch: ˈfɪleːɐ̯], der; -[s], - ‹*ung.*›: (bis 1999) ungarische Münzeinheit

Film|gro|tes|ke, die; -, -n: ↑Groteskfilm

Film|mu|si|cal [...mjuːzɪkl̩], das; -s, -s: Film in der Art eines Musicals

Film noir [...ˈnoaːɐ̯], der; - - ‹*frz.*›: **a)** Gruppe von düsteren amerikanischen Kriminalfilmen der 1940er- u. 1950er-Jahre mit zwielichtigen Charakteren, zynischen Kommentaren des Protagonisten aus dem Off und starken Lichtkontrasten; **b)** zum Film noir (a) gehörender Film

fil|mo|gen: als Stoff für eine Verfilmung, eine filmische Darstellung geeignet

Fil|mo|gra|fie, Fil|mo|gra|phie, die; -, ...ien: Verzeichnis, Zusammenstellung aller Filme eines ↑Regisseurs, Schauspielers o. Ä.

Fil|mo|thek, die; -, -en ‹*germ.-engl.; gr.*›: ↑Kinemathek

Fi|lo, der; -s, -s ‹*lat.-it.*›: Art des Fechtangriffs, bei dem die angreifende Klinge die gegnerische aus der Stoßrichtung zu drängen sucht, indem sie an ihr entlanggleitet

Fi|lou [fiˈluː], der, auch: das; -s, -s ‹*engl.-frz.*› (scherzh.): jmd., der andere mit Schläue, Raffinesse [in harmloser Weise] zu übervorteilen versteht

Fils, der; -, - ‹*arab.*›: Währungseinheit im Irak u. verschiedenen arabischen Staaten

Fil|t|rat, das; -[e]s, -e ‹*mlat.*›: die bei der Filtration anfallende geklärte Flüssigkeit

Fil|t|ra|ti|on, die; -, -en: Verfahren zum Trennen von festen Stoffen u. Flüssigkeiten

fil|t|rie|ren ‹*germ.-mlat.*›: eine Flüssigkeit od. ein Gas von darin enthaltenen Bestandteilen mithilfe eines Filters trennen; filtern

Fil|t|rier|pa|pier, das; -s: ungeleimtes, saugfähiges Papier [in Trichterform] zum Filtrieren

Fi|lü|re, die; -, -n ‹*lat.-frz.*› (veraltet): Gewebe, Gespinst

Fil|zo|k|ra|tie, die; -, ...ien ‹*dt.; gr.*›: verfilzte, ineinander verflochtene Machtverhältnisse, die durch Begünstigung o. Ä. bei der Ämterverteilung zustande kommen. **fil|zo|kra|tisch:** auf Filzokratie beruhend

Fim|b|rie, die; -, -n ‹*lat.;* »Faden, Franse«› (Anat., Med.): **1.** fransenartige Gewebsbildung der Schleimhaut. **2.** fadenförmiger bakterieller Stoff, der das Anhaften an Epithelzellen ermöglicht. **3.** Nervengewebe im ↑Hippocampus (1)

Fim|bul|win|ter, der; -s ‹*altnord.*› (germ. Mythologie): dreijähriger schrecklicher Winter, der die Welt veröden lässt u. die Ragnarök einleitet

Fim|mel usw. vgl. Femel usw.

FINA, Fi|na, die; - ‹Abk. für *F*édération *I*nternationale de *Na*tation *Amateur*⟩: Internationaler Amateur-Schwimmverband

fi|nal ⟨*lat.*⟩: **1.** das Ende, den Schluss von etwas bildend. **2.** (Sprachwiss., Rechtswiss.) die Absicht, den Zweck betreffend, bestimmend od. kennzeichnend; **finale Konjunktion** (Sprachwiss.): den Zweck, die Absicht angebendes Bindewort (z. B. damit)

[1]**Fi|nal,** der; -s, -s (schweiz.): Finale (2)

[2]**Fi|nal** [ˈfai̯nl̩], das; -s, -s ⟨*lat.-engl.*⟩: engl. Bezeichnung für: Finale (2)

Fi|nal Cut [ˈfai̯nl̩ kat], der; - -s, - -s ⟨*engl.*⟩: die für die endgültige Form eines Films entscheidende Bearbeitungsstufe

Fi|nal De|cay [... dɪˈkeɪ̯], das; - -s: Zeit des Abfallens des Tons im Maximum bis zu einem vorbestimmbaren Niveau u. endgültiges Abfallen von diesem Niveau auf 0 nach Loslassen der Taste beim Synthesizer

Fi|na|le, das; -s, - ⟨*lat.-it.(-frz.)*⟩: **1.** glanzvoller, aufsehenerregender Abschluss von etwas; Ende, Schlussteil. **2. a)** Endkampf, Endspiel, Endrunde eines aus mehreren Teilen bestehenden sportlichen Wettbewerbs; **b)** Endspurt. **3.** (Musik) **a)** letzter (meist der vierte) Satz eines größeren Instrumentalwerkes; **b)** Schlussszene der einzelnen Akte eines musikalischen Bühnenwerkes

Fi|na|lis, die; -, ...les [...leːs] ⟨*lat.-mlat.*⟩ (Musik): die Tonart bestimmender Schlusston einer kirchentonalen Melodie

Fi|na|lis|mus, der; - ⟨*lat.-nlat.*⟩ (Philos.): philosophische Lehre, nach der alles Geschehen von Zwecken bestimmt ist bzw. zielstrebig verläuft

Fi|na|list, der; -en, -en ⟨*lat.-it.-frz.*⟩: Teilnehmer an einem Finale (2a). **Fi|na|lis|tin,** die; -, -nen: weibliche Form zu ↑Finalist

Fi|na|li|tät, die; -, -en ⟨*lat.*⟩: Bestimmung eines Geschehens od. einer Handlung nicht durch ihre Ursachen, sondern durch ihren Zweck; Zweckbestimmtheit (Ggs.: Kausalität)

Fi|nal|satz, der; -es, ...sätze (Sprachwiss.): Gliedsatz, der die Absicht, den Zweck eines Verhaltens angibt; Zwecksatz

Fi|nan|cial En|gi|nee|ring [fai̯ˈnænʃl ɛndʒɪˈnɪ̯ərɪŋ], das; - -[s] ⟨engl.⟩: Gesamtheit von umfassenden, auf den einzelnen Kunden zugeschnittenen Finanzierungs-, Beratungs- u. Betreuungsleistungen

Fi|nan|ci|er [...nɑ̃ˈsi̯eː] vgl. Financier

Fi|nanz, die; - ⟨*lat.-mlat.-frz.*⟩: **1.** Finanz-, Geldwesen. **2.** Gesamtheit der Fachleute des Bank- u. Geldwesens; Hochfinanz. **3.** (österr. ugs.) Finanzamt

Fi|nanz|aus|gleich, der; -[e]s: zweckmäßiger Ausgleich der anfallenden Einnahmen u. Ausgaben zwischen Bund, Ländern u. Gemeinden

Fi|nanz|de|ri|vat, das; -[e]s, -e (Wirtsch., Börsenw.): ↑Derivat (4)

Fi|nan|zen, die (Plural): **1.** Finanz-, Geldwesen. **2.** Einkünfte od. Vermögen des Staates, eines Landes, einer Körperschaft des öffentlichen Rechts u. Ä. **3.** (ugs.) Geld, das jmd. zur Verfügung hat

Fi|nan|zer, der; -s, - ⟨*lat.-mlat.-frz.-it.*⟩ (österr. ugs.): Zollbeamter

fi|nan|zi|ell ⟨französierende Bildung⟩: geldlich, wirtschaftlich

Fi|nan|zi|er [...ˈtsi̯eː], Financier [...nɑ̃ˈsi̯eː], der; -s, -s ⟨*lat.-mlat.-frz.*⟩: jmd., der über ein Vermögen verfügt u. damit bestimmte Dinge finanziert

fi|nan|zie|ren: **1.** die finanziellen Mittel für etwas, jmdn. zur Verfügung stellen. **2. a)** mithilfe eines Kredits kaufen, bezahlen; **b)** einen Kredit aufnehmen

Fi|nanz|in|ves|tor, der; -s, -en: Investor, der ein Unternehmen aufkauft (um eine möglichst hohe Wertsteigerung zu erzielen)

Fi|nanz|in|ves|to|rin, die; -, -nen: weibliche Form zu ↑Finanzinvestor

Fi|nanz|po|li|tik, die; -: **a)** Gesamtheit der finanzwirtschaftlichen Überlegungen u. Maßnahmen eines Staates; **b)** (Wirtsch.) Gesamtheit der Maßnahmen, die den finanziellen Sektor eines Unternehmens betreffen

Fi|nanz|pro|ku|ra|tur, die; -, -en ⟨*lat.*⟩ (österr.): Vertretung des Staates bei Gerichten und Behörden

Fi|nanz|wirt|schaft, die; -: Wirtschaft der öffentlichen Körperschaften, bes. des Bundes, der Länder u. Gemeinden

Fi|nanz|wis|sen|schaft, die; -: Gebiet der Wirtschaftswissenschaften, das die öffentliche Finanzwirtschaft zum Gegenstand hat

fi|nas|sie|ren ⟨*lat.-frz.*⟩: Ränke schmieden; Kniffe, Tricks, Kunstgriffe anwenden

Fi|nas|te|rid, das; -s ⟨Kunstw.⟩ (Med.): Mittel zur Behandlung von genetisch bedingtem Haarausfall u. gutartiger ↑Prostatahypertrophie

Fin|ca, die; -, -s ⟨*span.*⟩: Landhaus mit Garten; in Südamerika auch Landgut, ↑Hazienda

Fin de Si|è|cle [fɛ̃dˈsi̯ɛkl], das; - - - ⟨*frz.;* »Jahrhundertende«; nach dem gleichnamigen Lustspiel von Jouvenot u. Micard, 1888⟩: Bezeichnung für die Zeit des ausgehenden 19. Jh.s, die in Gesellschaft, bildender Kunst u. Literatur ausgeprägte Verfallserscheinungen wie Überfeinerung u. Ä. aufwies

Fi|ne, das; -s, -s ⟨*lat.-it.*⟩: Bezeichnung am Ende des ersten Teils eines Musikstücks, das bis zu dieser Stelle wiederholt werden soll

Fine|li|ner [ˈfai̯nlai̯nɐ], der; -s, - ⟨engl.⟩: Kugel- od. Faserschreiber mit besonders feiner Spitze

Fines Herbes [fiːnˈzɛrp], die (Plural) ⟨*frz.;* »feine Kräuter«⟩ (Gastron.): fein gehackte Kräuter [mit Champignons od. Trüffeln]

Fi|nes|se, die; -, -n ⟨*lat.-frz.*⟩: **1. a)** (meist Plural) Kunstgriff, Trick, besondere Technik in der Arbeitsweise; **b)** Schlauheit, Durchtriebenheit. **2.** (meist Plural) [dem neuesten Stand der Technik entsprechende] Besonderheit, Feinheit in der Beschaffenheit. **3.** (ohne Plural) reiches ↑Bukett (2) (von Weinen)

Fi|nette [fiˈnɛt], die; -: feiner Baumwollflanell mit angerauter linker Seite

Fin|ger|board [ˈfɪŋɡɐbɔːd], das; -s, -s ⟨*engl.*⟩: Skateboard im Miniaturformat, mit dem mithilfe der Finger Tricks u. Figuren ausgeführt werden

Fin|ger|food, Fin|ger-Food ['fɪŋɡɐfuːd] ⟨*engl.*⟩ das; -[s], -s (Plural selten): Speisen, die [auf Partys od. Empfängen] ohne Besteck [mit den Fingern] gegessen werden

Fin|ger|print, der; -s, -s ⟨*engl.*⟩ (Fachspr.): **1.** Fingerabdruck. **2.** Merkmal, das eine Person od. Sache eindeutig identifiziert

Fin|ger|prin|ting ['fɪŋɡɐprɪntɪŋ], das; -[s], -s (Plural selten): **1.** Methode, mit der die Identität einer Person od. Sache (z. B. eines Browsers, Betriebssystems) anhand bestimmter Merkmale eindeutig festgestellt werden kann. **2.** (EDV) Methode zur Zerlegung eines Datenobjekts [zwecks Komprimierung] in möglichst viele identische Teilabschnitte

fin|gie|ren ⟨*lat.*⟩: in einer bestimmten Absicht vorspiegeln, vortäuschen; erdichten

Fi|ni|me|ter, das; -s, - ⟨*lat.; gr.*⟩: Apparat, der bei Gasschutzgeräten zur Überwachung des Sauerstoffvorrats dient

Fi|nis, das; -, - ⟨*lat.;* »Ende«⟩: **1.** (veraltet) Schlussvermerk in Druckwerken. **2.** (ohne Artikel, ohne Plural) Schluss, Ende

Fi|nish ['fɪnɪʃ], das; -s, -[e]s ⟨*lat.-frz.-engl.*⟩: **1.** letzter Arbeitsgang, der einem Produkt die endgültige Form gibt; letzter Schliff, Vollendung. **2.** Endkampf, Endspurt; letzte entscheidende Phase eines sportlichen Wettkampfs

fi|ni|shen: bei einem Pferderennen im Finish dem Pferd die äußerste Leistung abverlangen

Fi|ni|sher [...ʃɐ], der; -s, - ⟨*engl.*⟩ (Sport): bei Laufwettbewerben Teilnehmer, der innerhalb des Zeitlimits ins Ziel einläuft. **Fi|ni|she|rin,** die; -, -nen: weibliche Form zu ↑Finisher

Fi|nis|sa|ge [...'saːʒə], die; -, -n ⟨*frz.*⟩: Veranstaltung zur Beendigung einer Kunstausstellung, Schließung einer Galerie o. Ä.

Fi|nis|seur [finɪ'søːɐ̯], der; -s, -e ⟨*lat.-frz.*⟩: Rennsportler mit starkem Endspurt. **Fi|nis|seu|rin** [...'søːrɪn], die; -, -nen: weibliche Form zu ↑Finisseur

fi|nit ⟨*lat.*⟩ (Sprachwiss.): bestimmt; **finite Form:** in Person u. Zahl bestimmte Verbform im Unterschied zum Infinitiv u. Partizip

Fi|ni|tis|mus, der; - ⟨*lat.-nlat.*⟩ (Philos.): Lehre von der Endlichkeit der Welt u. des Menschen

Fi|ni|tum, das; -s, ...ta: ↑finite Form

Finn-Din|gi, das; -s, -s ⟨*schwed.; Hindi-engl.;* »finnisches Dingi«⟩: kleines Einmannboot für den Rennsegelsport

fin|nisch-ug|risch: die Sprachfamilie betreffend, deren Sprecher heute auf der finnischen Halbinsel, im nordwestlichen Sibirien u. in der ungarischen Steppe beheimatet sind

Finn|mark, die; -, - ⟨*schwed.*⟩: frühere finnische Währungseinheit (Abk.: Fmk); vgl. Markka

fin|no|ug|risch vgl. finnisch-ugrisch. **Fin|no|ug|rist,** der; -en, -en: Wissenschaftler, Spezialist für finnisch-ugrische Sprachen

Fin|no|ug|ris|tik, die; -: Wissenschaft von den finnisch-ugrischen Sprachen. **Fin|no|ug|ris|tin,** die; -, -nen: weibliche Form zu ↑Finnougrist

finn|ug|risch usw. vgl. finnisch-ugrisch usw.

Fin|te, die; -, -n ⟨*lat.-it.*⟩: **1.** Vorwand, Täuschung, Scheinmanöver. **2. a)** Scheinhieb beim Boxen; Scheinhieb od. -stoß beim Fechten; **b)** angedeuteter Griff beim Ringen, der den Gegner täuschen soll

fin|tie|ren: eine Finte (2) ausführen

Fi|o|ret|te, die; -, -n ⟨*lat.-it.;* »Blümchen«⟩, **Fi|o|ri|tur,** die; -, -en (meist Plural) ⟨*it.*⟩ (Musik): Gesangsverzierung in Opernarien des 18. Jh.s

Fire|wall ['faɪ̯ɐwɔːl], die; -, -s u. der; -s, -s ⟨*engl.;* eigtl. »Brandmauer«⟩ (EDV): Sicherungssystem, das ein Netzwerk od. einen einzelnen Computer vor unerwünschtem Zugriff schützt

Fir|le|fanz, der; -es, -e ⟨Herkunft unsicher⟩ (ugs. abwertend): **1.** überflüssiges od. wertloses Zeug; Tand, Flitter. **2.** Unsinn, törichtes Zeug, Gerede, Gebaren. **3.** (selten) jmd., der nur Torheiten im Sinn hat, mit dem nicht viel anzufangen ist. **Fir|le|fan|ze|rei,** die; -, -en: törichtes Zeug, Unsinn

firm ⟨*lat.*⟩, österr. auch: ferm ⟨*lat.-it.*⟩: **in etwas firm sein:** [in einem bestimmten Fachgebiet, Bereich] sicher, sattelfest, beschlagen sein

Fir|ma, die; -, ...men ⟨*lat.-it.*⟩: **1. a)** kaufmännischer Betrieb, gewerbliches Unternehmen; **b)** (Wirtsch.) der ins Handelsregister eingetragene Name eines Unternehmens, Geschäfts o. Ä. (Abk.: Fa.). **2.** (ugs. abwertend) Sippschaft, Gesellschaft

Fir|ma|ment, das; -[e]s ⟨*lat.*⟩: der sichtbare Himmel, das Himmelsgewölbe

Fir|me|lung, die; -, -en: ↑Firmung

fir|men: jmdm. die Firmung erteilen

fir|men|in|tern: nur für den Bereich der betreffenden Firma bestimmt, nach außen geheim

fir|mie|ren ⟨*lat.-it.*⟩: (von Firmen o. Ä.) unter einem bestimmten Namen bestehen, einen bestimmten Namen führen [u. mit diesem unterzeichnen]

Fir|mung, die; -, -en: vom Bischof durch Salbung u. Handauflegen vollzogenes katholisches ↑Sakrament (a), das der Kräftigung im Glauben dienen soll

Firm|ware ['fœːɐ̯mwɛːɐ̯], die; -, -s (Plural selten) ⟨*engl.*⟩: zur ↑Hardware eines Computers gehörende, vom Hersteller auf Festwertspeicher abgelegte u. vom Benutzer nicht veränderbare Programme (4)

Fir|nis, der; -ses, -se ⟨*frz.*⟩: schnell trocknendes, farbloses Öl, das als Schutzanstrich auf etwas aufgetragen wird. **fir|nis|sen:** mit Firnis bestreichen

first class ['fœːɐ̯st 'klaːs] ⟨*engl.*⟩: der ersten Klasse, Spitzenklasse zugehörend, von hohem Standard. **First-Class-Ho|tel,** das; -s, -s: Hotel von gehobenem Standard; Luxushotel

First-Day-Co|ver [fœːɐ̯stdeɪ̯'kʌvə], der; -, - ⟨*engl.*⟩: Ersttagsbrief (Liebhaberstück für Briefmarkensammler)

First La|dy ['fœːɐ̯st 'leɪ̯di], die; - -, - Ladies ⟨*engl.*⟩: Frau eines Staatsoberhauptes

Firth [fəːθ], der; -, -es ['fəːθɪz] ⟨*altnord.-engl.*⟩: tief ins Landesinnere reichender, lang gestreckter Meeresarm in Schottland

Fisch|bur|ger, Fishburger ['fɪʃbœːɐ̯gɐ], der; -s, - ‹*engl.*›: mit einer Fischfrikadelle u. weiteren Zutaten belegtes Brötchen

Fi|sẹtt|holz, das; -es ‹Herkunft unsicher›: das einen gelben Farbstoff enthaltende Holz des Färbermaulbeerbaumes u. des Perückenstrauches

Fish|bur|ger ['fɪʃbœːɐ̯gɐ] vgl. Fischburger

Fish|eye ['fɪʃʔai̯], das; -s, -s ‹*engl.*›: fotografisches Objektiv mit extrem weitem Bildwinkel u. entsprechend kurzer Brennweite; Weitwinkel-, Fischaugenobjektiv

Fi|shing for Com|pli|ments ['fɪʃɪŋ fə 'kɔmplɪmənts], das; - - - ‹*engl.;* »nach Komplimenten angeln«›: auffallend bescheidene od. negative Selbstdarstellung [durch die andere sich zu einer positiven Reaktion od. zu Lob veranlasst sehen]

Fi|si|ma|tẹn|ten, die (Plural) ‹Herkunft unsicher› (ugs.): **1.** unernstes, albernes Verhalten. **2.** umständliches Gebaren. **3.** überflüssige Ausstattung

Fis|ka̲l, der; -s, -e ‹*lat.*› (veraltet): Amtsträger, der vor Gerichten die (vermögenswerten) Rechte des Kaisers od. eines Landesherrn zu vertreten hatte

Fis|ka|li̲|ne, der; -n, -n ‹*lat.-mlat.*›: (in merowingischer Zeit) Leibeigener am Hofe des Königs u. auf den königlichen Gütern

fis|ka̲|lisch: den Staat als Verwalter des Staatsvermögens betreffend

Fis|ka|lịs|mus, der; -: das Bestreben der staatlichen Finanzwirtschaft, die staatliche Verfügungsgewalt über das Volksvermögen übermäßig auszudehnen

Fis|ka|li|tä̲t, die; -, -en ‹*lat.*› (schweiz.): Steuersystem; Besteuerung

Fịs|kus, der; -, ...ken u. -se (Plural selten) ‹*lat.;* »Korb; Geldkorb«›: der Staat als Eigentümer des Staatsvermögens; Staatskasse

Fi|so̲|le, die; -, -n ‹*gr.-lat.-roman.*› (österr.): Frucht der grünen Gartenbohne

fis|si̲l ‹*lat.*›: spaltbar. **Fis|si|li|tä̲t,** die; - ‹*lat.-nlat.*›: Spaltbarkeit

¹Fis|si|o̲n, die; -, -en ‹*lat.*› (Biol.): Teilung einzelliger pflanzlicher u. tierischer Organismen in zwei gleiche Teile

²Fis|si|o̲n, die; -, -en ‹*lat.-engl.*›: **1.** (Kernphysik) Atomkernspaltung. **2.** (Biol.) Kern- bzw. Zellteilung bei Einzellern

Fis|su̲r, die; -, -en ‹*lat.*› (Med.): **1.** Riss, Schrunde, bes. der unelastisch gewordenen Haut od. Schleimhaut. **2.** Knochenriss

Fịs|tel, die; -, -n ‹*lat.;* »Röhre«›: **1.** (Med.) durch Gewebszerfall entstandener od. operativ angelegter röhrenförmiger Kanal, der ein Organ mit der Körperoberfläche od. einem anderen Organ verbindet. **2.** ↑Fistelstimme

Fịs|tel|stim|me, die; -, -n ‹*lat.; dt.*›: **1.** (Musik) die männliche Kopfstimme ohne Brustresonanz. **2.** unangenehm hohe Sprechstimme bei Männern

fịs|ten (Jargon): Fistfucking praktizieren. **Fịst|fu|cking** [...fakɪŋ], das; -s, -s ‹*engl.*›: sexuelle Praktik, bei der die Hand od. Faust in den After des Geschlechtspartners eingeführt wird

Fịs|tu|la, die; -, ...ae [...ɛ] ‹*lat.*›: **1.** Hirtenflöte, Panflöte. **2.** Orgelpfeife. **3.** vgl. Fistel (1)

fịt ‹*engl.-amerik.*›: **1.** in guter körperlicher Verfassung, sportlich durchtrainiert. **2.** leistungsfähig, kompetent, tüchtig

Fịt|ness, die; -: gute körperliche Verfassung, Leistungsfähigkeit (aufgrund eines planmäßigen sportlichen Trainings)

Fịt|ness|cen|ter, das; -s, -: mit Sportgeräten ausgestattete Einrichtung zur Erhaltung od. Verbesserung der körperlichen Leistungsfähigkeit

Fịt|ness|stu|dio, Fịt|ness-Stu|dio, das; -s, -s: ↑Fitnesscenter

Fịt|ness|trai|ning, das; -s, -s: sportliches Training zur Erhaltung od. Verbesserung der körperlichen Leistungsfähigkeit

fịt|ten: 1. (Technik) anpassen. **2.** (Schiffbau) einen Kiel auf Unebenheiten hin abtasten

Fịt|ting, das; -s, -s (meist Plural): Verbindungsstück bei Rohrleitungen

Fi|u|ma|ra, Fi|u|ma|re, die; -, ...re[n] ‹*lat.-it.*› (Geogr.): Flusslauf, der im regenlosen Sommer kaum od. kein Wasser führt

Five o'Clock ['fai̯vəˈklɔk], der; -, - -s ‹*engl.*›: Kurzform von ↑Five o'Clock Tea. **Five o'Clock Tea** [- - 'tiː], der; - - -, - - -s: Fünfuhrtee

Fives [fai̯vz], das; -: englisches Ballspiel, bei dem der gegen eine Wand geworfene Ball vom Gegner aufgefangen werden muss

fịx ‹*lat.;* »angeheftet, fest«›: **1.** fest, feststehend; **fixe Idee:** Zwangsvorstellung. **2.** (ugs.) **a)** geschickt, anstellig, gewandt, pfiffig; **b)** flink, schnell

Fị|xa: *Plural* von ↑Fixum

Fi|xa̲|ge [...ʒə], die; -, -n ‹*lat.-frz.*› (Fotogr.): fototechnisches Verfahren, bei dem das entwickelte Bild mithilfe von Chemikalien lichtbeständig gemacht wird

Fi|xa|teur [...'tøːɐ̯], der; -s, -e ‹*lat.-frz.*›: **1.** Mittel zum Haltbarmachen von Parfümdüften. **2.** Zerstäuber zum Auftragen eines Fixativs

Fi|xa|teur ex|terne [- ɛks'tɛrn], der; - -, -s -s [...(z)ɛks...] ‹*frz.*› (Med.): auf einer Extremität (1) befestigte Stäbe zur Stabilisierung von Knochenbrüchen

Fi|xa|ti|o̲n, die; -, -en ‹*lat.-nlat.*›: **1.** (Psychol.) gefühlsmäßige Bindung an jmdn., an etwas. **2.** (veraltet) Festigung; vgl. ...ation/...ierung. **3. a)** (Med.) das Fixieren eines Objekts mit den Augen; **b)** (Med., Psychol.) das Verweilen des Blickes auf einem bestimmten Punkt, einer bestimmten Stelle. **4.** (Med.) Methode zum Haltbarmachen von Untersuchungsmaterial. **5.** (Psychol.) Festhalten an bestimmten Glaubens- od. Verhaltensauffassungen. **6.** (Psychol.) Stehenbleiben auf einer früheren Entwicklungsstufe. **7.** (Med.) Fesselung eines Patienten in einer psychiatrischen Notsituation

Fi|xa|ti̲v, das; -s, -e: Mittel, das in verschiedenen Bereichen zum Festigen u. Härten verwendet wird

Fi|xa̲|tor, der; -s, ...to̲ren: ↑Fixateur (1)

fi|xen ‹*lat.-frz.-engl.*›: **1.** (Börsenw.) ein Spekulationsgeschäft tätigen in der Weise, dass man Papiere verkauft, die man noch nicht besitzt, von denen man aber hofft, sie vor

...fi|zie|ren

‹zu *lat.* facere, ...ficere u. ...fiacere »machen«›
Wortbildungselement mit der Bedeutung »machen«:
- elektrifizieren
- infizieren
- zertifizieren

Von Verben auf ...fizieren werden Substantive mit der Endung **...fizierung** (»das Machen, Herstellen«) abgeleitet, wie z. B. Mumifizierung, Personifizierung und Qualifizierung. Daneben gibt es die Endung **...fikation,** vermittelt über *lat. (→ nlat.)* ...ficatio, Gen. ...ficationis, wie z. B. in Desertifikation, Qualifikation und Spezifikation. Über Bedeutungsunterschiede zwischen ...fikation und ...fizierung, wie z. B. bei Klassifikation und Klassifizierung, gibt der Kasten ...ation/...ierung Auskunft.

dem Termin der Vertragserfüllung billiger, als man sie verkauft hat, zu bekommen. **2.** (ugs.) sich Drogen [ein]spritzen. **3.** (EDV) berichtigen, beheben

Fi|xer, der; -s, -: **1.** (Jargon) jmd., der harte Drogen (z. B. Opium od. Heroin) spritzt. **2.** Börsenspekulant, der auf eine erwartete Baisse hin Geschäfte tätigt. **Fi|xe|rin,** die; -, -nen: weibliche Form zu ↑Fixer

Fix|ge|schäft, das; -[e]s, -e ‹*lat.; dt.*› (Rechtswiss.): Kaufvertrag, bei dem die vereinbarte Leistung zu einem genau festgelegten Zeitpunkt erbracht werden muss

fi|xie|ren ‹*lat.-(frz.)*›: **1. a)** schriftlich niederlegen, in Wort od. Bild dokumentarisch festhalten; **b)** [schriftlich] festlegen, formulieren; verbindlich bestimmen. **2. a)** an einer Stelle befestigen, festmachen, -heften; **b)** (Gewichtheben) das Gewicht mit gestreckten Armen über dem Kopf halten u. damit die Beherrschung des Gewichts demonstrieren; **c)** (Ringen) den Gegner so festhalten, dass er sich nicht befreien kann. **3.** (Psychol., Verhaltensforschung) sich emotional an jmdn., etwas binden. **4. a)** die Augen fest auf ein Objekt richten, heften [um es genau zu erkennen]; **b)** in für den Betroffenen unangenehmer, irritierender Weise mit starrem Blick unverwandt ansehen, anstarren, mustern. **5.** (Fachspr.) **a)** (fotografisches Material) im Fixierbad lichtbeständig machen; **b)** etwas mit einem Fixativ behandeln; **c)** (pflanzliche od. organische Gewebeteile) zum Zwecke mikroskopischer Untersuchung o. Ä. mit geeigneten Stoffen haltbar machen. **6.** (Med.) einen Patienten in einer psychiatrischen Notsituation fesseln

Fi|xier|na|t|ron, das; -s, **Fi|xier|salz,** das; -es: Natriumthiosulfat, das in der Fotografie zum Fixieren verwendet wird

Fi|xie|rung, die; -, -en: **1.** das Fixieren, Fixiertwerden. **2.** Vorrichtung zur Befestigung von etwas

Fi|xing, das; -s, -s (Börsenw.): an der Börse zu einem bestimmten, regelmäßigen Zeitpunkt erfolgende Feststellung bestimmter Kurswerte

Fi|xis|mus, der; - (Geol.): wissenschaftliche Theorie, die besagt, dass die Erdkruste als Ganzes od. in ihren Teilen fest mit ihrem Untergrund verbunden ist (Ggs.: Mobilismus)

Fix|punkt, der; -[e]s, -e: fester Bezugspunkt für eine Messung, Beobachtung o. Ä.

Fix|stern, der; -[e]s, -e (Astron.): scheinbar unbeweglicher u. seine Lage zu anderen Sternen nicht verändernder, selbstleuchtender Stern

Fi|xum, das; -s, ...xa ‹*lat.*›: festes Gehalt, festes Einkommen

...fi|zie|ren *s. Kasten*

Fizz [fɪs], der; -[es], -e ‹*engl.*›: alkoholisches Mischgetränk mit Früchten od. Fruchtsäften

Fjäll ‹*schwed.*›, Fjell ‹*norw.*› der od. das; -s, -s: weite, baumlose Hochfläche in Skandinavien oberhalb der Waldgrenze

Fjärd, der; -[e]s, -e ‹*skand.*›: tief ins Land eingreifender Meeresarm an der schwedischen u. finnischen Küste; vgl. Fjord

Fjeld, der; -[e]s, -s ‹*norw.*› (veraltet): Fjell

Fjell vgl. Fjäll

Fjord, der; -[e]s, -e ‹*skand.*›: [an einer Steilküste] tief ins Landinnere hineinreichender, lang gestreckter Meeresarm

Fla|gel|lant, der; -en, -en (meist Plural) ‹*lat.;* »Geißler«›: **1.** (Geschichte) (im Mittelalter) Angehöriger religiöser Bruderschaften, die durch Selbstgeißelung Sündenvergebung erreichen wollen. **2.** (Med., Psychol.) Mensch, der in Züchtigung u. Geißelung sexuelle Erregung u. Befriedigung sucht. **Fla|gel|lan|tin,** die; -, -nen: weibliche Form zu ↑Flagellant (2)

Fla|gel|lan|tis|mus, der; - ‹*lat.-mlat.*› (Med., Psychol.): Trieb zur sexuellen Lustgewinnung durch Flagellation

Fla|gel|lat, der; -en, -en (meist Plural) ‹*lat.*› (Biol.): Einzeller mit einer od. mehreren Fortbewegungsgeißeln am Vorderende; Geißeltierchen

Fla|gel|la|ti|on, die; -, -en (Med., Psychol.): sexuelle Erregung u. Befriedigung durch aktive od. passive Geißelung mit einer Riemen- od. Strickpeitsche

Fla|gel|le vgl. Flagellum

Fla|gel|lo|ma|nie, die; - ‹*lat.; gr.*›: ↑Flagellantismus

Fla|gel|lum, das; -s, ...llen, Flagelle, die; -, -n ‹*lat.*›: **1.** (Biol.) Fortbewegungsorgan vieler einzelliger Tiere u. Pflanzen. **2.** (Med., Psychol.) Riemen- od. Strickpeitsche eines Flagellanten (2)

Fla|geo|lett [flaʒoˈlɛt], das; -s, -e od. -s ‹*lat.-vulgärlat.-frz.*› (Musik): **1.** besonders hohe Flöte, kleinster Typ der Schnabelflöte. **2.** Flötenton bei Streichinstrumenten, Harfen u. Gitarren. **3.** Flötenregister der Orgel

fla|g|rant ‹*lat.-frz.*›: deutlich u. offenkundig [im Gegensatz zu etwas stehend], ins Auge fallend; vgl. in flagranti

Flag|ship-Store, Flag|ship|store [ˈflæɡʃɪpstɔː], der; -s, -s ‹*engl.*›: repräsentatives Geschäft einer Kette, das durch Produkte, Design und Service die Philosophie der Marke vermitteln soll

Flair [flɛːɐ̯], das; -s ‹*lat.-frz.*›: **1.** die einen Menschen od. eine

Sache umgebende, als positiv empfundene persönliche Note, Atmosphäre, Fluidum. **2.** (bes. schweiz.) feiner Instinkt, Gespür

Fla|kon [fla'kõ:], der od. das; -s, -s ⟨*germ.-galloroman.-frz.*⟩: Glasfläschchen mit Stöpsel [zum Aufbewahren von Parfüm]

Flam|beau [flã'bo:], der; -s, -s ⟨*lat.-frz.*⟩: **a)** Fackel; **b)** mehrarmiger Leuchter mit hohem Fuß

Flam|bee [flã'be:], das; -s, -s ⟨*lat.-frz.*⟩: flambierte Speise

Flam|berg, der; -[e]s, -e ⟨*germ.-frz.*⟩ (Geschichte): mit beiden Händen zu führendes Landsknechtsschwert mit wellig geflammter Klinge; Flammenschwert

flam|bie|ren: 1. Speisen (z. B. Früchte, Eis o. Ä.) zur Geschmacksverfeinerung mit Alkohol übergießen, anzünden (u. brennend auftragen). **2.** (veraltet) absengen, abflammen

flam|bo|y|ant [flãbo̯a'jant]: **1. a)** flammend, geflammt; **b)** farbenprächtig, grell bunt. **2.** heftig, energisch. **Flam|bo|y|ant** [...'jã:], der; -s, -s (Bot.): in den Tropen u. Subtropen vorkommender, prächtig blühender Zierbaum

Flam|bo|y|ant|stil, der; -[e]s ⟨*lat.-frz.; lat.*⟩: der spätgotische Baustil in England u. Frankreich; Flammenstil

Flame [fleɪ̯m], die; -, -s, auch: das; -s, -s ⟨*lat.-afrz.-engl.*⟩: Wortgefecht, heftige Auseinandersetzung beim Chatten

Fla|men, der; -, ...mines [...ne:s] (meist Plural) ⟨*lat.*⟩ (Geschichte): eigener Priester eines einzelnen Gottes im Rom der Antike

Fla|men|co, der; -[s], -s ⟨*span.*⟩: **a)** andalusisches [Tanz]lied; **b)** stark rhythmisch bewegter Solo- od. Paartanz, der auf den Flamenco (a) getanzt wird

Fla|men|ga, Fla|men|go, Flamingo, der; -s, - ⟨*span.*⟩: Krepp in Leinwandbindung mit Querrippen u. glänzender Kette

Flame-out [fleɪ̯m'ʔaʊ̯t], der; -s, -s ⟨*engl.*⟩: durch Treibstoffmangel bedingter Ausfall eines Flugzeugstrahltriebwerks

Fla|min|go, der; -s, -s ⟨*span.*⟩: **1.** rosafarbener Wasserwatvogel. **2.** vgl. Flamenga

Fla|mi|sol, der; -s ⟨Kunstw.⟩: Krepp in Leinwandbindung mit Querrippen u. matter Kette

Flam|me|ri, der; -[s], -s ⟨*kelt.-engl.*⟩: kalte Süßspeise aus Milch, Zucker, Stärkeprodukten u. Früchten (die zum Servieren gestürzt wird)

Fla|nell, der; -s, -e ⟨*kelt.-engl.-frz.*⟩: [gestreiftes od. bedrucktes] gerautes Gewebe in Leinen- od. Köperbindung für Wäsche od. Oberbekleidung. **fla|nel|len:** aus Flanell

Fla|neur [fla'nø:ɐ̯], der; -s, -e ⟨*altisländ.-frz.*⟩: jmd., der flaniert

Flan|ger ['flændʒə], der; -s, - ⟨*engl.* ⟩: (Musik) elektronisches Gerät zum Verändern des Klangeffekts eines Instruments

fla|nie|ren: ohne bestimmtes Ziel langsam spazieren gehen

Flan|ken|erup|ti|on, die; -, -en (Geol.): an den Flanken eines Vulkans stattfindende Eruption

flan|kie|ren ⟨*germ.-frz.*⟩: zu beiden Seiten von etwas, jmdm. stehen, gehen; [schützend] begleiten; **flankierende Maßnahme:** zusätzliche, unterstützende Maßnahme zu einem Gesetz, einer politischen Entscheidung o. Ä.

Flan|king ['flɛŋkɪŋ], das; -[s] ⟨*engl.*⟩ (Mode): das Unbekleidetlassen der Fußknöchel

Flap [flɛp], das; -s, -s ⟨*engl.*⟩: an der Tragflächenunterseite von Flugzeugen anliegender klappenähnlicher Teil als Start- u. Landehilfe

Flap|per [flɛpɐ], der; -s, - ⟨*engl.*⟩: (in den 1920er-Jahren bes. in Nordamerika u. England) junge Frau mit sehr jungenhaftem u. emanzipiertem Auftreten

Flare [flɛ:ɐ̯], das; -s, -s ⟨*engl.*⟩ (Astron.): intensiver, stürmisch verlaufender Strahlungsausbruch in der Chromosphäre, der im Zusammenhang mit Sonnenflecken auftritt; chromosphärische Eruption

Flash [flɛʃ], der; -s, -s ⟨*engl.;* »Blitz«⟩: **1.** (Film) **a)** kurze Einblendung in eine längere Bildfolge; **b)** Rückblick, Rückblende. **2.** ↑Flashlight. **3.** (Jargon) Augenblick, in dem sich das gespritzte Rauschmittel mit dem Blut verbindet. **4.** (Rundfunk, Fernsehen, Zeitungswesen) Eil-, Kurzmeldung

Flash|back, Flash-back ['flɛʃbɛk], der od. das; -[s], -s: **1.** durch Konditionierung (1) bedingter Rauschzustand wie nach der Einnahme von Drogen, ohne dass eine Einnahme von Drogen erfolgte. **2.** (Psychol.) intensives Wiedererinnern von etwas Erlebtem, Vergangenem

fla|shen ['...n̩] ⟨*engl.*⟩: **1.** (ugs.) begeistern, in Rausch versetzen. **2.** (EDV) ROM-gespeicherte Software überschreiben

Flash|light [...laɪ̯t], das; -s, -s: **1.** aufeinanderfolgende Lichtblitze, aufblitzendes Licht (z. B. in Diskotheken). **2.** Anlage, die Flashlights (1) erzeugt

Flash|mob ['flɛʃmɔp], der; -s, -s ⟨*engl.*⟩: **1.** kurze, überraschende öffentliche Aktion einer größeren Menschenmenge, die sich über ein soziales Netzwerk dazu verabredet hat. **2.** sich zu einem Flashmob (1) zusammenfindende Menschenmenge

Flash|spei|cher, Flash-Spei|cher ['flɛʃ...], der; -s, - (EDV): schneller, nicht flüchtiger digitaler Speicherbaustein zum Lesen u. Schreiben

flat [flæt] ⟨*engl.*⟩ (Musik): engl. Bez. für das Erniedrigungszeichen in der Notenschrift (z. B. a flat [as])

Flat [flɛt], das; -s, -s (veraltend): [Klein]wohnung

Flat|rate ['flɛtreɪ̯t], die; -, -s, **Flat Rate,** die; - -, - -s ⟨*engl.*⟩: monatlicher Pauschalpreis für die Nutzung von Internet und/oder Telefon

Flat|rate|par|ty, Flat|rate-Par|ty, Flat-Rate-Par|ty, die; -, -s (salopp): öffentliche Feier, Party, bei der ein Eintrittspreis gezahlt werden muss, mit dem dann alle [alkoholischen] Getränke abgegolten sind

Flat-Screen-Mo|ni|tor [...skri:n...], der; -s, ...oren, auch: -e: Flachbildschirmmonitor

Flat|te|rie, die; -, ...ien ⟨*germ.-frz.*⟩ (veraltet): Schmeichelei

Flat|teur [...'tø:ɐ̯], der; -s, -e (veraltet): Schmeichler

flat|tie|ren (veraltet): schmeicheln

Fla|tu|lenz, die; -, -en ⟨*lat.-nlat.*⟩ (Med.): **1.** Gasbildung im Magen od. Darm, Blähsucht. **2.** Abgang von Blähungen

Fla|tus, der; -, - [...tu:s] ‹*lat.*› (Med.): Blähung

flau|tan|do, flau|ta|to ‹*it.*› (Musik): Vorschrift für Streicher, nahe am Griffbrett zu spielen, um eine flötenartige Klangfarbe zu erzielen

Flau|to, der; -, ...ti: [Block- od. Schnabel]flöte

Flau|to tra|ver|so, der; - -, ...ti ...si (Musik): Querflöte

Fla|von, das; -s, -e ‹*lat.-nlat.*›: ein gelblicher Pflanzenfarbstoff

Fla|vo|no|id, das; -[e]s, -e (meist Plural) ‹*lat.*› (Chemie): (in vielen pflanzlichen Lebensmitteln vorhandener) wasserlöslicher Pflanzenfarbstoff

Fleece [fli:s], das; - ‹*engl.*›: synthetisch hergestellter flauschiger Stoff mit gerauter Oberfläche

flek|tie|ren ‹*lat.*›: ein Wort in seinen grammatischen Formen abwandeln, beugen; ↑deklinieren od. ↑konjugieren; **flektierende Sprache** (Sprachwiss.): Sprache, die die Beziehungen der Wörter im Satz zumeist durch ↑Flexion der Wörter ausdrückt

flet|schern ‹nach dem amerik. Soziologen H. Fletcher›: Speisen langsam u. gründlich kauen

Fleur [flø:ɐ̯], die; -, -s ‹*lat.-frz.;* »Blume, Blüte«›: das Beste von etwas, Zierde, Glanz

Fleu|ret [flø're:] vgl. Florett

Fleu|rette [...'rɛt], die; - ‹*lat.-frz.*›: durchsichtiges Kunstseidengewebe mit Kreppeffekt

Fleu|rin, der; -s, -[s] ‹Kunstw.›: Verrechnungseinheit der internationalen Organisation der Blumengeschäfte

Fleu|ron [...'rõ:], der; -s, -s ‹*lat.-it.-frz.*›: **1.** Blumenverzierung [in der Baukunst u. im Buchdruck]. **2.** (Plural) zur Garnierung von Speisen verwendete ungesüßte Blätterteigstückchen

Fleu|te ['flø:tə] vgl. Flüte

fle|xi|bel ‹*lat.*›: **1.** biegsam, elastisch. **2.** beweglich, anpassungsfähig, geschmeidig. **3.** (Sprachwiss.) beugbar (von einem Wort, das man flektieren kann)

fle|xi|bi|li|sie|ren: flexibel (2) gestalten, machen

Fle|xi|bi|li|tät, die; -: **1.** Biegsamkeit. **2.** Fähigkeit des Menschen, sich wechselnden Situationen rasch anzupassen

Fle|xi|ble Re|s|ponse ['flɛksəbl̩ rɪs'pɔns], die; - - ‹*engl.;* »flexible Reaktion«› (Militär): (in der strategischen Planung der NATO) das Sichoffenhalten verschiedener, der jeweiligen Situation angepasster Möglichkeiten des Reagierens auf einen Angriff, das weder zeitlich noch von der Wahl der Mittel her für den Gegner kalkulierbar sein soll

Fle|xi|o|le®, die; -, -n ‹Kunstw.› (Med.): Tropfflasche od. -ampulle aus unzerbrechlichem Kunststoff [für flüssige Arzneimittel]

Fle|xi|on, die; -, -en: **1.** (Sprachwiss.) ↑Deklination od. ↑Konjugation eines Wortes. **2.** (Med.) Beugung, Abknickung von Körperorganen. **3.** ↑Flexur (2)

Fle|xi|ta|ri|er, der; -s, - ‹Kunstw.›: Person, die sich überwiegend vegetarisch ernährt, aber auch gelegentlich hochwertiges, biologisch produziertes Fleisch zu sich nimmt

Fle|xi|ta|ri|e|rin, die; -, -nen: weibliche Form zu ↑Flexitarier

Fle|xiv, das; -s, -e (Sprachwiss.): Flexionsmorphem; ↑Morphem, das zur Beugung eines Wortes verwendet wird

fle|xi|visch ‹*lat.-nlat.*› (Sprachwiss.): die Flexion (1) betreffend, Flexion zeigend

Fle|xo|druck, der; -[e]s (Druckw.): besonderes Druckverfahren, bei dem die flexiblen Druckformen auf dem Druckzylinder befestigt werden

Fle|xor, der; -s, ...oren (Med.): Muskel, der in einem Gelenk eine Beugung (Flexion [2]) auslösen kann

Fle|xur, die; -, -en ‹*lat.*›: **1.** (Med.) Biegung, gebogener Abschnitt eines Organs. **2.** (Geol.) bruchlose Verbiegung von Gesteinsschichten

Fli|bus|ti|er [...i̯ɐ], [1]Filibuster, der; -s, - ‹*engl.-frz.*› (Geschichte): Angehöriger einer westindischen Seeräubervereinigung in der zweiten Hälfte des 17. Jh.s

Flic, der; -s, -s ‹*frz.*› (ugs.): frz. Bez. für: Polizist

Flick|flack, der; -s, -s ‹*frz.;* »klipp, klapp«› (Sport): [in schneller Folge geturnter] Handstandüberschlag

Flie|boot, das; -s, -e ‹*niederl.*›: **a)** kleines Fischerboot; **b)** Beiboot

Flif|fis, der; -, - ‹Herkunft unsicher›: zweifacher Salto mit Schraube (beim Trampolinturnen)

Flight-Re|cor|der ['flaɪ̯trɪkɔ:dɐ], der; -s, - ‹engl.›: Flugschreiber, Flugdatenregistriergerät

Flip, der; -s, -s ‹*engl.*›: **1.** alkoholisches Mischgetränk mit Ei. **2.** ein Drehsprung im Eiskunstlauf

Flip|chart, Flip-Chart [...tʃart], das; -s, -s od. der; -s, -s od. die; -, -s: Gestell, auf dem ein großer Papierblock befestigt ist, dessen Blätter nach oben umgeschlagen werden können

Flip|flop, das; -s, -s, Flipflopschaltung, die; -, -en ‹*engl.; dt.*›: Kippschaltung in elektronischen Geräten

Flip|flops®, die (Plural) ‹*engl.*› (ugs.): badeschuhähnliche Sandalen

flip|pen vgl. flippern

Flip|per, der; -s, - ‹*engl.*›: Spielautomat, bei dem man eine Kugel möglichst lange auf dem abschüssigen Spielfeld halten muss

flip|pern: an einem Flipper spielen

Flip|pi, der; -s, -s (ugs.): außerhalb des normalen Lebens Stehender; jmd., der ausgeflippt ist

Flirt [flœ:ɐ̯t], der; -s, -s ‹*engl.*›: **1.** Bekundung von Zuneigung durch das Verhalten, durch Blicke u. Worte in scherzender, verspielter Form. **2.** unverbindliches Liebesabenteuer, Liebelei

flir|ten ['flœ:ɐ̯tn̩]: jmdm. durch sein Verhalten, durch Blicke u. Worte scherzend u. verspielt seine Zuneigung zu erkennen geben; in netter, harmloser Form ein Liebesverhältnis anzubahnen suchen

Float [flɔʊ̯t], der; -s, -s ‹*engl.*›: Summe der von Konten abgebuchten, aber noch nicht gutgeschriebenen Zahlungen im bargeldlosen Zahlungsverkehr

floa|ten ['flɔʊ̯tn̩] ‹*engl.*› (Wirtsch.): durch Freigabe des Wechselkurses schwanken

(vom Außenwert einer Währung)

Floa|ting, das; -s: durch die Freigabe des Wechselkurses eingeleitetes Schwanken des Außenwertes einer Währung in einem System fester Wechselkurse

Floa|ting-Line, Floa|ting|line [...laɪn], die; -, -s ⟨*engl.*⟩: untere Sicherheitsgrenze beim Floating, die für die Stabilität der einzelnen Währung einzuhalten ist

Flo|bert|ge|wehr, Flo|bert-Ge|wehr [auch: floˈbeːɐ̯..., ...ˈbɛːɐ̯...], das; -s, -e ⟨nach dem frz. Waffentechniker N. Flobert, 1819–1894⟩: Kleinkalibergewehr

Flock|print, der; -[s] ⟨*dt.; engl.*⟩ (Textilkunde): Flockdruck, bei dem das Muster durch aufgeklebten Faserstaub gebildet wird

Flo|con|né, der; -[s], -s ⟨*lat.-frz.*⟩: weicher Mantelstoff mit flockiger Außenseite

Flo|ka|ti, der; -[s], -s ⟨*ngr.*⟩: heller, schaffellartig zottiger Teppich [aus Schurwolle] in Art der griechischen Hirtenteppiche

Flok|ku|la|ti|on, die; -, -en ⟨*lat.-engl.*⟩: Zusammenballung u. Ausfällung [von Pigmentpartikeln]

Floor [flɔː], der; -s, -s ⟨*engl.*⟩: **1.** (an Produktenbörsen) abgegrenzter Raum, in dem sich die Makler zur Abwicklung von Termingeschäften zusammenfinden. **2.** (Börsenw.) vereinbarter Mindestzins bei zinsvariablen Anleihen. **3.** Tanzboden, Dancefloor (1)

Flop, der; -s, -s ⟨*engl.*⟩: **1.** Kurzform von ↑ Fosburyflop (b). **2.** Angelegenheit od. Sache, die keinen Anklang findet u. deshalb nicht den erwarteten [finanziellen] Erfolg bringt

flop|pen: **1.** im Fosburyflop springen. **2.** ein Misserfolg, Flop sein

Flop|py, die; -, -s: Kurzform von ↑ Floppy Disk

Flop|py Disk, Flop|py Disc, die; - -, - -s: beidseitig beschichtete, als Datenspeicher dienende Magnetplatte; Diskette

[1]Flor, der; -s, -e ⟨*lat.*⟩: **1. a)** Blumen-, Blütenfülle, Blütenpracht; **b)** Menge blühender [schöner] Blumen [der gleichen Art]; Fülle von Blüten [einer Pflanze]. **2.** Wohlstand, Gedeihen

[2]Flor, der; -s, -e, selten: Flöre ⟨*lat.-provenzal.-frz.-niederl.*⟩: **1. a)** feines, zartes, durchsichtiges Gewebe; **b)** Trauerflor; schwarzes Band, das als Zeichen der Trauer am Ärmel od. Rockaufschlag getragen wird. **2.** aufrecht stehende Faserenden bei Samt, Plüsch u. Teppichen

Flo|ra, die; -, ...ren ⟨*lat.;* nach der altitalischen Frühlingsgöttin⟩: **1. a)** Pflanzenwelt eines bestimmten Gebietes; **b)** Bestimmungsbuch für die Pflanzen eines bestimmten Gebietes. **2.** (Med.) Gesamtheit der Mikroorganismen in einem Organ (z. B. Darmflora)

flo|ral: **a)** mit Blumen, geblümt; **b)** Blüten betreffend, darstellend

Flo|re|al, der; -, -s ⟨*lat.-frz.;* »Blütenmonat«⟩: der achte Monat des französischen Revolutionskalenders (20. April bis 19. Mai)

Flo|ren|ele|ment, das; -[e]s, -e: Gruppe von Pflanzenarten, -gattungen usw., die bestimmte Gemeinsamkeiten besitzen, insbesondere Artengruppe etwa gleicher geografischer Verbreitung, die am Aufbau der Pflanzendecke eines bestimmten Gebietes beteiligt ist

Flo|ren|ti|ner, der; -s, - ⟨nach der it. Stadt Florenz⟩: **1.** Damenstrohhut mit breitem, schwingendem Rand. **2.** halbseitig mit Kuvertüre überzogenes Gebäckstück mit Honig u. Nüssen od. Mandeln

Flo|ren|ti|num, das; -s ⟨*nlat.*⟩ (veraltet): ↑ Promethium

Flo|res [...reːs], die (Plural) ⟨*lat.;* »Blumen, Blüten«⟩: **1.** getrocknete Blüten[teile] als Bestandteile von Drogen. **2.** in der Musik des Mittelalters Bezeichnung für gesungene, meist improvisierte Verzierungen

Flo|res|zenz, die; -, -en ⟨*lat.-nlat.*⟩ (Bot.): **a)** Blütezeit; **b)** Gesamtheit der Blüten einer Pflanze, Blütenstand

Flo|rett, das; -s, -e, Fleuret [fløˈreː], das; -s, -s ⟨*lat.-it.-frz.*⟩: Stoßwaffe zum Fechten

flo|ret|tie|ren: mit dem Florett fechten

Flo|rett|sei|de, die; -: Abfall der Naturseide

flo|rid ⟨*lat.-nlat.*⟩ (Med.): voll entwickelt, stark ausgeprägt, rasch fortschreitend (von Krankheiten)

flo|rie|ren ⟨*lat.*⟩: sich [geschäftlich] günstig entwickeln, gedeihen

Flo|ri|leg, das; -s, -e, **Flo|ri|le|gi|um,** das; -s, ...ien [...i̯ən] ⟨*lat.-mlat.;* »Blütenlese«⟩ (veraltet): **1.** ↑ Anthologie. **2. a)** (Geschichte) Auswahl aus den Werken von Schriftstellern der Antike; **b)** Sammlung von Redewendungen

Flo|rin, der; -s, -e u. -s: **a)** niederl. Gulden, mittelalterliche Goldmünze; **b)** [ˈflɔrɪn] ehemalige englische Silbermünze

Flo|rist, der; -en, -en ⟨*lat.-nlat.*⟩: **1.** Kenner u. Erforscher der ↑ Flora (1 a). **2.** Blumenbinder (Berufsbez.)

Flo|ris|tik, die; -: Zweig der Pflanzengeografie, der sich mit den verschiedenen Florengebieten der Erde befasst

Flo|ris|tin, die; -, -nen: weibliche Form zu ↑ Florist

flo|ris|tisch: die Flora od. die Floristik betreffend

Flor|post|pa|pier, das; -[e]s, -e ⟨zu ↑ [2]Flor⟩: dünnes, durchsichtiges, aber festes Papier für Luftpost u. a.

Flos|kel, die; -, -n ⟨*lat.;* »Blümchen«⟩: nichtssagende Redensart, formelhafte Redewendung

Flo|ta|ti|on, die; -, -en ⟨*engl.*⟩ (Technik): Aufbereitungsverfahren zur Anreicherung von Mineralien, Gesteinen u. chemischen Stoffen

flo|ta|tiv: die Flotation betreffend

flo|tie|ren (Technik): Erz aufbereiten

Flo|ti|gol, Flo|tol, das; -s, -e ⟨Kunstw.⟩: bei der Flotation zugesetztes Mittel, durch das die Oberflächenspannung herabgesetzt wird

Flot|te, die; -, -n ⟨*germ.-roman.*⟩: **1. a)** Gesamtheit der Schiffe eines Staates (Handels- od. Kriegsflotte); **b)** größerer [Kriegs]schiffsverband. **2.** Flüssigkeit, in der Textilien gebleicht, gefärbt od. imprägniert werden

flot|tie|ren: **1.** (bildungsspr., Fachspr.) schwimmen, schweben, schwanken; **flottierende Schuld** (Rechtswiss.): schwebende, nicht fundierte Schuld. **2.** (Textilind.) sich verwickeln (von Kettfäden in der Weberei); **flottierender Faden:** im Gewebe freiliegender Kett- od. Schussfaden. **3.** (Med.) sich in einer Flüssigkeit frei bewegen

Flot|til|le [auch: flɔˈtɪljə], die; -, -n ⟨*germ.-frz.-span.*⟩: Verband kleinerer Kriegsschiffe

Flow [floʊ], der; -s, -s ⟨*engl.*⟩: **1.** (Med.) Durchströmung, Durchfluss, bes. von Flüssigkeiten (z. B. Blut, Harn) durch entsprechende Gefäße des Körpers. **2.** (Psychol.) Zustand höchster Konzentration u. völliger Versunkenheit in eine Tätigkeit. **3.** (Musik) sprachlicher u. rhythmischer Fluss, mit dem Musiker, insbes. Rapper, ihre Texte reimen u. vortragen

Flow|chart [ˈfloʊ...], das; -s, -s ⟨*engl.*⟩ (EDV): engl. Bez. für: Flussdiagramm

Flo|w|er-Po|w|er, Flo|w|er|po|w|er [ˈflaʊɐpaʊɐ], die; - ⟨*engl.*⟩: Schlagwort der Hippies, die in der Konfrontation mit der bürgerlichen Gesellschaft Blumen als Symbol für ihr Ideal einer humanisierten Gesellschaft verwenden

Flu|at, das; -[e]s, -e ⟨Kurzw. für *Flu*orsilik*at*⟩: Mittel zur Härtung von Baustoffen gegen Verwitterung; Fluorsilikat

flu|a|tie|ren: mit Fluaten behandeln

Flud: ↑Fluid (2)

flu|id ⟨*lat.*⟩ (Chemie): flüssig, fließend. **Flu|id**, das; -s, -s, **Flu|id**, das; -s, -e: **1.** (Chemie, Kosmetik) flüssiges Mittel, Flüssigkeit. **2.** (Technik) Getriebeflüssigkeit, die Druckkräfte übertragen kann; Flud. **3.** (Strömungslehre) zusammenfassende Bez. für Flüssigkeiten, Gase und Plasmen (3)

Flu|i|da: *Plural* von ↑Fluidum

flu|i|dal ⟨*lat.-nlat.*⟩ (Geol.): Fließstrukturen aufweisend (vom Gefüge erstarrter Schmelzen)

Flu|i|dal|struk|tur, Flu|i|dal|tex|tur, die; -, -en (Geol.): Fließgefüge von Mineralien, die in Fließrichtung der ↑Lava erstarrt sind

Flu|i|dics, die (Plural) ⟨*lat.-engl.*⟩: nach den Gesetzen der Hydromechanik arbeitende Steuerelemente in technischen Geräten

Flu|i|dum, das; -s, ...da ⟨*lat.*⟩: besondere von einer Person od. Sache ausgehende Wirkung, die eine bestimmte [geistige] Atmosphäre schafft

Fluk|tu|a|ti|on, die; -, -en: **1.** Schwanken, Schwankung, Wechsel. **2.** (Med.) das mit dem Finger spürbare Schwappen einer Flüssigkeitsansammlung unter der Haut. **fluk|tu|ie|ren:** **1.** schnell wechseln, schwanken. **2.** (Med.) hin u. her schwappen (von abgekapselten Körperflüssigkeiten)

[1]**Flu|or,** das; -s ⟨*lat.*⟩: chem. Element; ein Nichtmetall (Zeichen: F)

[2]**Flu|or,** der; - (Med.): Ausfluss aus der Scheide u. der Gebärmutter

Flu|o|res|ce|in, Flu|o|res|cin, das; -s ⟨*lat.-nlat.*⟩: gelbroter Farbstoff, dessen verdünnte Lösung stark grün fluoresziert

Flu|o|res|zenz, die; -: Eigenschaft bestimmter Stoffe, bei Bestrahlung durch Licht-, Röntgen- od. Kathodenstrahlen selbst zu leuchten

Flu|o|res|zenz|mi|k|ro|s|kop, das; -s, -e: Mikroskop, bei dem das Präparat mit ultraviolettem Licht zum Fluoreszieren angeregt u. in diesem Licht betrachtet wird

flu|o|res|zie|ren: bei Bestrahlung (z. B. mit Licht) aufleuchten (von Stoffen)

Flu|o|rid, das; -[e]s, -e: Salz der Fluorwasserstoffsäure

flu|o|ri|die|ren, flu|o|rie|ren: **a)** (Chemie) Fluor in chemische Verbindungen einführen; **b)** etwas mit [1]Fluor anreichern (z. B. Trinkwasser)

Flu|o|rit [auch: ...ˈrɪt], der; -s, -e: ein Mineral (Flussspat)

flu|o|ro|gen ⟨*lat.; gr.*⟩: die Eigenschaft der Fluoreszenz besitzend; **fluorogene Gruppen:** organische Gruppen, die in fluoreszierenden Stoffen als Träger der Fluoreszenz angesehen werden

Flu|o|ro|me|ter, das; -s, -: Gerät zur Messung der Fluoreszenz. **Flu|o|ro|me|t|rie,** die; -: Fluoreszenzmessung. **flu|o|ro|me|t|risch:** durch Fluorometrie ermittelt

flu|o|ro|phor: ↑fluorogen; **fluorophore Gruppen:** ↑fluorogene Gruppen. **Flu|o|ro|phor,** der; -s, -e: Fluoreszenzträger

Flu|o|ro|se, die; -, -n (Med.): Gesundheitsprobleme, -schädigung durch Überdosierung von Fluor[verbindungen]

Flu|or|si|li|kat, das; -[e]s, -e: ↑Fluat

Flu|or|test, der; -s, -s: chemisches Verfahren zur Bestimmung des relativen Alters von Fossilien nach ihrem Fluorgehalt

Flush [flʌʃ], der, (auch:) das; -s, -s ⟨*engl.*⟩ (Med.): Hitzewallung mit Hautrötung

Flü|te, Fleute [ˈfløːtə], die; -, -n ⟨*niederl. (-frz.)*⟩: Dreimaster des 17. u. 18. Jh.s

Flut|ter [ˈflʌtə], das; -s ⟨*engl.;* »Flattern«⟩: bei der Tonwiedergabe auftretendes Zittern infolge ungleichmäßigen Laufes der rotierenden Teile von Plattenspielern, Kassettenrekordern o. Ä.

flu|vi|al, flu|vi|a|til ⟨*lat.*⟩ (Geol.): von fließendem Wasser abgetragen od. abgelagert

flu|vio|gla|zi|al ⟨*lat.-nlat.*⟩ (Geol.): von eiszeitlichem Schmelzwasser abgetragen od. abgelagert

Flu|vio|graf, Flu|vio|graph, der; -en, -en ⟨*lat.; gr.*⟩: selbstregistrierender Pegel

Flu|xi|on, die; -, -en ⟨*lat.;* »das Fließen«⟩ (Med.): Blutandrang

Flu|xi|o|nen|rech|nung, Flu|xi|ons|rech|nung, die; -: (von I. Newton verwendete Bezeichnung für) Differenzialrechnung

Flu|xus, der; - ⟨*lat.;* »das Fließen«⟩: **1.** (Med.) vermehrte, gesteigerte Flüssigkeitsabsonderung (z. B. von Blut oder Eiter). **2.** neodadaistische Kunstrichtung um 1960

Fly-by [ˈflaɪ̯ˈbaɪ̯], das; -s, -s ⟨*engl.;* »Vorbeiflug«⟩ (Raumfahrt): **a)** Steuermanöver eines Raumflugkörpers, bei dem die Freiflugbahn bei Annäherung an einen Planeten durch Ausnutzung von dessen Gravitation u. Bewegung verändert wird; **b)** Vorüberflug eines Raumflugkörpers an einem Planeten

Fly|er [ˈflaɪ̯ɐ], der; -s, - ⟨*engl.*⟩: **1.** Vorspinn-, Flügelspinnmaschine. **2.** Arbeiter an einer Vorspinnmaschine. **3.** Handzettel. **Fly|e|rin,** die; -, -nen: weibliche Form zu ↑Flyer (2)

Fly|ing Dutch|man [ˈflaɪ̯ɪŋ ˈdatʃmɛn], der; - -, - ...men [...mɛn] ⟨*engl.;* »fliegender Holländer«⟩: von zwei Personen zu segelndes Boot für den Rennsegelsport

Fly|ing Food, das; - -[s] ⟨*engl.*⟩: von Personal auf Platten servierte, im Stehen zu verzehrende kleine Häppchen

Fly|mo|bil [ˈflaɪ̯...], das; -s, -e ⟨*engl.;* Kurzw. für *fly*ing auto*mobile*⟩: Kleinflugzeug, das nach einfachem Umbau auch als Auto verwendet werden kann

Fly-over, Fly|over [flaɪ̯ˈʔoʊ̯vɐ, ˈflaɪ̯...], der; -s, -s: Straßenüberführung

fob, f. o. b. = free on board. **Fob|klau|sel,** die; -, -n: Klausel (1), die in der Bestimmung ↑ fob besteht

Fo|cac|cia [foˈkatʃa], die; -, -s u. Focacce ⟨*it.*⟩: italienisches Fladenbrot, das mit Olivenöl gebacken [u. beliebig belegt bzw. gefüllt] wird

Fo|cu|sing [ˈfoʊ̯kəsɪŋ], das; -s ⟨engl.⟩: psychotherapeutisches Verfahren der ↑ Introspektion, das der Aufdeckung unbewusster Konflikte u. Motivationen dient

fö|de|ral ⟨*lat.-frz.*⟩: ↑ föderativ

fö|de|ra|li|sie|ren: die Form einer Föderation geben

Fö|de|ra|lis|mus, der; -: das Streben nach Errichtung od. Erhaltung eines Bundesstaates mit weitgehender Eigenständigkeit der Einzelstaaten (Ggs.: Zentralismus). **Fö|de|ra|list,** der; -en, -en: Anhänger des Föderalismus. **Fö|de|ra|lis|tin,** die; -, -nen: weibliche Form zu ↑ Föderalist. **fö|de|ra|lis|tisch:** den Föderalismus erstrebend, fördernd, erhaltend

Fö|de|rat, der; -en, -en: Bündnispartner

Fö|de|ra|ti|on, die; -, -en ⟨*lat.*⟩: **a)** Verband; **b)** Verbindung, Bündnis [von Staaten]

fö|de|ra|tiv ⟨*lat.-frz.*⟩: bundesmäßig

Fö|de|ra|tiv|sys|tem, das; -s, -e: föderative Gliederung, Verfassung eines Staates

fö|de|rie|ren: sich verbünden. **Fö|de|rier|te,** der u. die; -n, -n (meist Plural): verbündeter Staat, verbündete Macht

Fog|ging, das; -s ⟨*engl.*⟩: das Einnebeln von dreidimensionalen Darstellungen auf dem Computerbildschirm zur besonderen Betonung bestimmter Einzelheiten

Fo|gosch, der; -s, -e ⟨*ung.*⟩ (österr.): Zander

Foie gras [ˈfo̯a ˈgra(:)], die; - -, -s - [fo̯a ˈgra:] ⟨*frz.*⟩: Gänsestopfleber

fo|kal ⟨*lat.-nlat.*⟩: **1.** den Brennpunkt betreffend, Brenn... **2.** (Med.) **a)** von einem infektiösen Krankheitsherd ausgehend, ihn betreffend; **b)** von einem bestimmten Hirnabschnitt ausgehend

Fo|kal|dis|tanz, die; -, -en (Physik): Brennweite

Fo|kal|in|fek|ti|on, die; -, -en (Med.): **1.** von einer Stelle im Körper ausgehende akute Infektion. **2.** chronische Entzündung, die auch Auswirkungen auf weiter entfernt liegende Teile des Körpers hat

Fo|ko|me|ter, das; -s, - ⟨*lat.; gr.*⟩ (Physik): Gerät zur Bestimmung der Brennweite

Fo|kus, der; -, -se ⟨*lat.*⟩: **1.** Brennpunkt. **2.** (Med.) Streuherd einer Infektion. **3.** (Med.) Gewebeveränderung in einem abgegrenzten Bereich, die auch Auswirkungen auf weiter entfernt liegende Stellen des Körpers haben kann. **4.** (bildungsspr.) Mittelpunkt des Interesses

fo|kus|sie|ren: 1. a) (Physik) optische Linsen ausrichten; **b)** etwas (z. B. Lichtstrahlen) auf einen zentralen Punkt richten. **2.** Strahlen, die aus geladenen Teilchen bestehen, durch geeignete elektrische od. magnetische Felder sammeln. **3.** (bildungsspr.) **a)** etw. in den Mittelpunkt des Interesses stellen; **b)** sich fokussieren: sein Hauptaugenmerk auf etw. richten, sich auf etw. konzentrieren

Fol|der [ˈfoʊ̯ldɐ], der; -s, - ⟨*germ.-engl.*⟩ (bes. Werbespr.): Faltblatt, Faltprospekt

¹Fo|lia ⟨*lat.*⟩: *Plural* von ↑ Folium

²Fo|lia, die; -, -s u. ...ien ⟨*span.*⟩: **a)** spanische Tanzmelodie im $^3/_4$-Takt; **b)** Variation über ein solches Tanzthema

Fo|li|ant, der; -en, -en ⟨*lat.-nlat.*⟩: **1.** (ugs.) großes, unhandliches [altes] Buch. **2.** Buch im Folioformat; vgl. Folio (1)

¹Fo|lie [...i̯ə], die; -, -n ⟨*lat.-vulgärlat.*⟩: **1.** aus Metall od. Kunststoff in Bahnen hergestelltes, sehr dünnes Material zum Bekleben od. Verpacken. **2.** (Druckw.) auf einer dünnen Haut aufgebrachte u. auf Buchdecken aufgepresste Farbschicht. **3.** Hintergrund (von dem sich etwas abhebt)

²Fo|lie [fɔˈli:], die; -, ...ien ⟨*frz.*⟩ (veraltet): Torheit, Narrheit, Tollheit

Fo|li|en: *Plural* von ↑ ¹Folie, ↑ Folio u. ↑ Folium

fo|li|ie|ren ⟨*lat.-nlat.*⟩: **1.** die Blätter eines Druckbogens nummerieren. **2.** etwas mit einer Folie unterlegen. **3.** (Wirtsch.) gegenüberliegende Bogenseiten gleich beziffern (in Geschäftsbüchern)

Fo|lin|säu|re vgl. Folsäure

fo|lio: auf dem Blatt [einer mittelalterlichen Handschrift] (Abk.: fol., z. B.: fol. 3 b). **Fo|lio,** das; -s, ...ien u. -s ⟨*lat.*⟩: **1.** (veraltet) Buchformat in der Größe eines halben Bogens (gewöhnlich mehr als 35 cm) (Abk.: Fol., fol.; Zeichen: 2°). **2.** Doppelseite des Geschäftsbuches

Fo|li|um, das; -s, ...ia u. ...ien (meist Plural) (Pharm.): bes. als Bestandteil von Drogen od. Heilmittel verwendetes Pflanzenblatt

Folk [foʊ̯k], der; -[s] ⟨*engl.*⟩: Kurzform von ↑ Folkmusic

Fol|ke|ting, das; -[s] ⟨*dän.*⟩: **a)** bis 1953 die zweite Kammer des dänischen Reichstags; **b)** ab 1953 das dänische Parlament

Fol|ke|vi|se, die; -, -r (meist Plural) ⟨*dän.;* »Volksweise«⟩: skandinavische Ballade des Mittelalters (13.–16. Jh.); vgl. Kämpevise

Fol|k|lo|re, die; - ⟨*engl.;* »Wissen des Volkes«⟩: **1. a)** Sammelbez. für die Volksüberlieferungen (z. B. Lied, Tracht, Brauchtum) als Gegenstand der Volkskunde; **b)** Volkskunde. **2. a)** Volkslied, -tanz u. -musik [als Gegenstand der Musikwissenschaft]; **b)** volkstümliche Musik in der Kunstmusik. **3.** Moderichtung, der volkstümliche Trachten u. bäuerliche

...fon, ...phon

⟨zu *gr.* phōnḗ »Laut, Ton; Stimme«⟩
Wortbildungselement mit der Bedeutung »Laut, Ton, Stimme; Sprache«

Das ph in ...phon kann generell durch f ersetzt werden:
- frankofon, auch: frankophon
- Megafon, auch: Megaphon
- polyfon, auch: polyphon
- Saxofon, auch: Saxophon
- Telefon

...fo|nie
auch: ...phonie
die; -, ...ien (meist ohne Plural)
⟨zu *gr.* phōnḗ »Laut, Ton; Stimme«⟩
Wortbildungselement mit der Bedeutung »Ton, Klang«

Das ph in ...phonie kann generell durch f ersetzt werden:
- Dodekafonie, auch: Dodekaphonie
- Kakofonie, auch: Kakophonie

Kleidung (auch anderer Länder) als Vorlage dienen

Fol|k|lo|ris|mus, der; -, ...men: Vermittlung und Vorführung von Folklore (1 a) zu kommerziellen Zwecken od. zur Selbstdarstellung von Minderheiten

Fol|k|lo|rist, der; -en, -en: Kenner der Folklore, Volkskundler

Fol|k|lo|ris|tik, die; -: Wissenschaft von den Volksüberlieferungen, bes. Volksliedforschung

Fol|k|lo|ris|tin, die; -, -nen: weibliche Form zu ↑Folklorist

fol|k|lo|ris|tisch: 1. die Folklore betreffend. **2.** volksliedhaft, nach Art der Volksmusik (von Werken der Kunstmusik). **3.** volkskundlich

Folk|mu|sic [ˈfɔʊ̯kmjuːzɪk], die; - ⟨*engl.*⟩: moderne Musik, die ihre Elemente aus der traditionellen Volksmusik bezieht, deren Textinhalte jedoch zeitgenössisch [u. zeitkritisch] sind

Folk|rock, der; -[s] ⟨*engl.*⟩: seit Mitte der 1960er-Jahre verbreitete Musikform, die durch Übertragung des Folksongs u. a. folkloristischer Formen auf die Rockmusik entstand

Folk|song, der; -s, -s ⟨*engl.;* »Volkslied«⟩: Lied in der Art u. im Stil eines Volkslieds

Fol|let|te, die; -, -n ⟨*frz.*⟩: großes Halstuch in Dreieckform in der Mode des 18. Jh.s

Fol|li|kel, der; -s, - ⟨*lat.;* »kleiner Ledersack, -schlauch«⟩ (Med.): **1.** Hohlraumstruktur in Blasenform (z. B. Haarbalg, Lymphknoten). **2.** Zellhülle des gereiften Eies im Eierstock

Fol|li|kel|epi|thel, das; -s, -e (Med.): Zellschicht, die die Eizelle im Eierstock umgibt

Fol|li|kel|hor|mon, das; -s, -e (Biol., Med. veraltend): weibliches Geschlechtshormon; Östrogen

Fol|li|kel|sprung, der; -s, ...sprünge (Biol., Med.): ↑Ovulation

fol|li|ku|lar, fol|li|ku|lär ⟨*lat.-nlat.*⟩ (Med.): **a)** follikelartig, schlauchartig; **b)** den Follikel betreffend; von einem Follikel ausgehend. **Fol|li|ku|li|tis,** die; -, ...itiden (Med.): Entzündung der Haarbälge

Fol|lo|w|er [ˈfɔlɔʊ̯ɐ], der; -s, -[s] ⟨*engl.*⟩: (in sozialen Netzwerken) regelmäßiger Empfänger von Nachrichten einer bestimmten Person, Institution o. Ä.. **Fol|lo|w|e|rin,** die; -, -nen: weibliche Form zu ↑Follower

Fol|low-up [fɔlɔʊ̯ˈap], das; -s, -s ⟨*engl.*⟩: Veranstaltung zum Auffrischen u. Vertiefen eines Seminarthemas, einer Weiterbildungsveranstaltung u. Ä.

Fol|säu|re, Folinsäure, die; - ⟨Kunstw.⟩: zum Vitamin-B-Komplex gehörendes Vitamin

Fo|ment, das; -[e]s, -e, **Fo|men|ta|ti|on,** die; -, -en ⟨*lat.*⟩ (Med. veraltet): warmer Umschlag um einen erkrankten Körperteil

...fon, ...phon *s. Kasten*

[1]Fon vgl. Phon

[2]Fon, das; -s: (bes. auf Briefbögen, Visitenkarten u. Ä.) Kurzform von ↑Telefon

fon..., Fon... *s. Kasten phono..., Phono...*

Fo|n|as|the|nie vgl. Phonasthenie

Fo|na|ti|on vgl. Phonation. **fo|na|to|risch** vgl. phonatorisch

fon|cé [fõˈseː] ⟨*lat.-frz.*⟩ (veraltet): dunkel (von einer Farbe)

Fond [fõː], der; -s, -s ⟨*lat.-frz.*⟩: **1.** Rücksitz im Auto. **2. a)** Hintergrund (z. B. eines Gemäldes od. einer Bühne); **b)** Stoffgrund, von dem sich ein Muster abhebt. **3.** Grundlage, Hauptsache. **4.** (Gastron.) beim Braten od. Dünsten zurückgebliebener Fleischsaft

Fon|da|co, der; -, ...chi u. -s ⟨*gr.-arab.-it.*⟩: Kaufhaus im Orient u. im Mittelmeergebiet

Fon|dant [fõˈdɑ̃ː], der, österr.: das; -s, -s ⟨*lat.-frz.;* »schmelzend«⟩: unter Zugabe von Farb- u. Geschmacksstoffen hergestellte Zuckermasse od. -ware

Fonds [fõː], der; - [fõː(s)], - [fõːs] ⟨*lat.-frz.*⟩: **1. a)** Geld- od. Vermögensreserve für bestimmte Zwecke; **b)** (in der sozialistischen Planwirtschaft) Gesamtheit der im gesellschaftlichen Interesse verwendbaren materiellen u. finanziellen Mittel eines sozialistischen Betriebes. **2.** Schuldverschreibungen öffentlicher Körperschaften

Fonds|ma|nage|ment [ˈfõːmɛnɪtʃmənt], das; -s, -s: Beirat, der für einen Fonds (z. B. einen Investmentfonds) die Anlageentscheidungen trifft. **Fonds|ma|na|ger** [ˈfõːmɛnɪdʒɐ], der; -s, -: Manager, der bei einem [Investment]fonds für die Geldanlage zuständig ist. **Fonds|ma|na|ge|rin,** die; -, -nen: weibliche Form zu ↑Fondsmanager

Fon|due [fõˈdyː, schweiz.: ˈfõdyː], das; -s, -s od. die; -, -s ⟨*lat.-frz.;* »geschmolzen«⟩: **a)** Schweizer Spezialgericht aus geschmolzenem Käse, in den Brotwürfel getaucht werden; **b)** Fleischgericht, bei dem das in Würfel geschnittene Fleisch am Tisch in heißem Öl gegart wird; Fleischfondue; **c) chinesisches Fondue:** Fleischfondue, bei dem statt des Öls Brühe verwendet wird

Fo|nem vgl. Phonem
Fo|ne|ma|tik usw. vgl. Phonematik usw.
Fo|ne|mik usw. vgl. Phonemik usw.
Fon|en|do|s|kop vgl. Phonendoskop
Fo|ne|tik usw. vgl. Phonetik usw.
Fo|ne|to|graf vgl. Phonetograph
Fo|n|i|a|ter usw. vgl. Phoniater usw.
Fo|n|i|a|te|rin vgl. Phoniaterin
Fo|nik vgl. Phonik
fo|nisch vgl. phonisch
Fo|nis|mus vgl. Phonismus
fo|no..., Fo|no... *s. Kasten phono..., Phono...*
Fo|no|dik|tat vgl. Phonodiktat
fo|no|gen vgl. phonogen
Fo|no|gno|mik vgl. Phonognomik
Fo|no|graf usw. vgl. Phonograph usw.
Fo|no|gramm vgl. Phonogramm
Fo|no|lith [auch: ...'lɪt] vgl. Phonolith
Fo|no|lo|ge usw. vgl. Phonologe usw.
Fo|no|me|ter usw. vgl. Phonometer usw.
Fo|no|pho|bie vgl. Phonophobie
Fo|no|ta|xie vgl. Phonotaxie
Fo|no|ta|xis vgl. Phonotaxis
Fo|no|thek vgl. Phonothek
Fo|no|ty|pis|tin vgl. Phonotypistin
Font, der; -s, -s ⟨*frz.-engl.;* »Schriftsatz«⟩ (EDV): Schriftsatzinventar [eines Textverarbeitungssystems]; Zeichensatz
Fon|tä|ne, die; -, -n ⟨*lat.-frz.*⟩: aufsteigender [Wasser]strahl (bes. eines Springbrunnens)
Fon|ta|nel|le, die; -, -n ⟨*lat.-mlat.-frz.*⟩ (Med.): Knochenlücke am Schädel von Neugeborenen
Fon|tan|ge [fõ'tã:ʒə], die; -, -n ⟨nach dem Namen einer frz. Herzogin⟩: hochgetürmte, mit Schmuck u. Bändern gezierte Haartracht des ausgehenden 17. Jh.s
Food|blog, Food-Blog ['fu:tblɔk], das, auch: der; -s, -s ⟨*engl.*⟩: ↑Blog über Kochen, Backen u. Fragen der Ernährung
Food|de|si|g|ner ['fu:ddizaɪ̯nɐ], der; -s, - ⟨*engl.*⟩: jmd., der beruflich Speisen für Fotos in Kochbüchern und Zeitschriften zubereitet und dekorativ anrichtet. **Food|de|si|g|ne|rin**, die; -, -nen: weibliche Form zu ↑Fooddesigner
Food|en|gi|nee|ring [...ʔɛndʒɪnɪə̯rɪŋ], das; -[s]: Herstellung von künstlichen Lebensmitteln
Foo|die ['fu:di], der; -s, -s ⟨*engl.*⟩ (ugs.): Person mit großem Interesse an gesunder Ernährung und hochwertigen selbst gemachten Speisen
Food|sha|ring, Food-Sha|ring ['fu:dʃɛ:rɪŋ], das; -[s] ⟨*engl.*⟩: organisierte kostenlose Weitergabe von Lebensmitteln zur Vermeidung von Lebensmittelverschwendung
Food|trend, Food-Trend ['fu:ttrɛnt], der; -s, -s: ↑Trend bei der Ernährung
Foot [fʊt], der; -, Feet [fi:t] (4 Feet od. Foot) ⟨*engl.*⟩: (britisches u. amerikanisches Längenmaß von $^1/_3$ Yard, geteilt in 12 Inches = 0,3048 m) (Abk.: ft)
Foot|ball ['fʊtbɔ:l], der; -[s]: in Amerika aus dem ↑Rugby entwickeltes Kampfspiel
Foot|can|dle [...kændl], die; -, -s (Physik): engl. u. amerik. physikalische Einheit der Beleuchtungsstärke (10,76 Lux)
Foo|ting ['fu:tɪŋ], das; -[s], -s: Dauerlaufgeschwindigkeit, bei der die Pulsfrequenz ständig bei 130/min liegt
Fo|ra: *Plural* von ↑Forum
Fo|ra|men, das; -s, - u. ...mina ⟨*lat.*⟩ (Med.): Loch, Lücke, Öffnung
Fo|ra|mi|ni|fe|re, die; -, -n (meist Plural) ⟨*lat.-nlat.*⟩: im Meer lebender Wurzelfüßer mit ein- od. mehrkammeriger Schale u. fadenförmigen Scheinfüßchen
Force [fɔrs], die; - ⟨*lat.-vulgärlat.-frz.*⟩ (veraltet): Stärke, Gewalt, Zwang
Force de Frappe [- də 'frap], die; - - - ⟨*frz.*⟩: die Gesamtheit der mit Atomwaffen eigener Herstellung ausgerüsteten französischen militärischen Einheiten
Force ma|jeure [- ma'ʒœ:r], die; - - ⟨*frz.*⟩ (veraltet): höhere Gewalt
For|ceps ['fɔrtsɛps] vgl. Forzeps
for|cie|ren [...'si:...] ⟨*lat.-vulgärlat.-frz.*⟩: etwas mit Nachdruck vorantreiben, beschleunigen, steigern. **for|ciert**: gewaltsam, erzwungen, gezwungen, unnatürlich; **forcierter Marsch** (veraltet): Eilmarsch. **For|cie|rung**, die; -, -en: das Forcieren
For|dis|mus, der; - ⟨*nlat.;* nach dem amerik. Großindustriellen H. Ford⟩: industriepolitische Konzeption der weitestgehenden Rationalisierung u. Standardisierung der Produktion
Fö|re, die; - ⟨*skand.*⟩: Eignung des Schnees zum [Ski]fahren; Geführigkeit
Fore|cad|die ['fɔ:kædi], der; -s, -s ⟨*engl.*⟩ (Golf): ↑Caddie (1), der den Flug des Balles beobachten soll od. der vorausgeschickt wird, um ein Zeichen zu geben, dass der Platz frei ist
Fore|cast [...ka:st], das od. der; -s, -s ⟨*engl.;* »Voraussage«⟩ (bes. Meteorol., Wirtsch.): Voraussage einer künftigen Entwicklung, des wahrscheinlichen Verlaufs von etw.
Fore|che|cking [...tʃɛkɪŋ], das; -s, -s ⟨*engl.*⟩ (Eishockey): das Stören des gegnerischen Angriffs in der Entwicklung, bes. bereits im gegnerischen Verteidigungsdrittel
Fore|hand [...hænd], die; -, -s, auch der; -[s], -s: Vorhandschlag im Tennis, Tischtennis, Federball und [Eis]hockey (Ggs.: Backhand)
Fo|reign Of|fice ['fɔrɪn 'ɔfɪs], das; - - ⟨*engl.*⟩: das britische Außenministerium
Fo|ren|sik, die; -, -en ⟨*lat.*⟩: **1.** Gerichtsmedizin. **2.** Klinik für psychisch kranke u. suchtkranke Straftäter/-innen. **3.** (EDV) Teilgebiet der Informationstechnologie, das sich mit Problemen befasst, die für die Rechtspflege von Bedeutung sind
Fo|ren|si|ker, der; -s, -: **1.** (Med.) Gerichtsmediziner. **2.** (EDV) IT-Fachmann, der sich mit Problemen der Informationstechnologie befasst, die für die Rechtspflege von Bedeutung sind. **Fo|ren|si|ke|rin**, die; -, -nen: weibliche Form zu Forensiker (1, 2). **fo|ren|sisch**: **1.** (veraltet) zur wortgewandten Rede gehörend, ↑rhetorisch. **2.** die Gerichtsverhandlung betreffend, gerichtlich; **forensische Chemie:** Teilgebiet der Chemie im Bereich der Rechtsmedizin, das sich mit dem Nachweis von Vergiftungen u. der Aufklärung von Verbrechen durch eine chemische Spurenanalyse beschäftigt; **forensische Pädagogik:** zusammenfassende Bez. für die Bereiche Kriminalpädagogik u.

formal	förmlich
Rein formal hatte die Aktion offenbar ihre Berechtigung. *der Form nach* – alle formalen Voraussetzungen erfüllen ... – aus formalen [...] Gründen [...] abgewiesen – inhaltlich [und] formal [...] sehr Dabei wollen sie ihren Teil der Hilfen auch formal besiegeln. Möglicherweise kann das formal legalisiert werden, es ist aber nicht legitim. Inhaltlich sei es wohl unproblematisch, formal aber nicht richtig gewesen.	Der Gewinn soll in naher Zukunft förmlich explodieren. *(nur) der Form nach, geradezu* – ein förmliches Ermittlungsverfahren [gegen ...] einleiten – platzt [...] förmlich aus allen Nähten – wurde [...] förmlich in der Luft zerrissen Ich muss den Fauxpas förmlich zurücknehmen. Vor der Ausreise muss noch förmlich ein Antrag gestellt werden. Die Halle bebte, während die Spannung förmlich zu greifen war.

Jugendstrafvollzug; **forensische Psychologie:** Psychologie, die sich mit den in der Gerichtspraxis auftretenden psychologischen Problemen befasst

For|fait [fɔrˈfɛ], das; -s, -s ⟨*frz.*⟩ (schweiz., bes. Sport): Zurückziehung einer Meldung, bes. für einen Sportwettbewerb

for|fai|tie|ren ⟨*lat.-frz.*⟩: (eine Forderung) nach überschlägiger Berechnung verkaufen. **For|fai|tie|rung,** die; -, -en: Art der Exportfinanzierung, bei der ein Exporteur Forderungen aus einem Exportgeschäft an ein Kreditinstitut verkauft

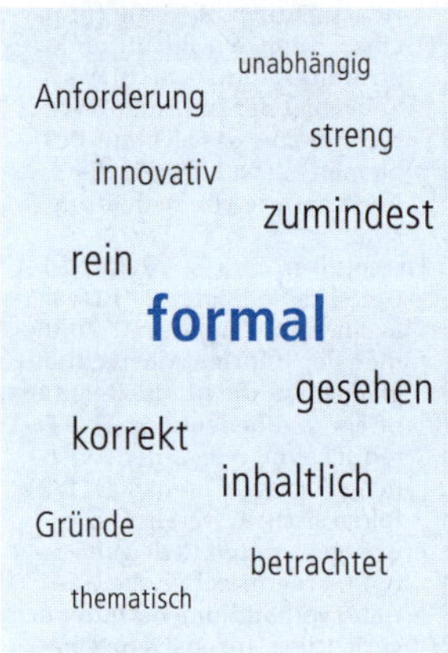

For|feit [ˈfɔːfɪt], das; -[s], -s ⟨*engl.;* »Strafe, Buße«⟩ (Kaufmannsspr.): Abstandssumme bei Vertragsrücktritt, Reuegeld

Fo|rint [bes. österr. auch: foˈrɪnt], der; -[s], -s, österr.: -e (aber: 10 -) ⟨*ung.*⟩: ungarische Währungseinheit (Abk.: Ft)

For|la|na, For|la|ne, Furlana, Furlane, die; -, ...nen ⟨*it.*⟩: alter, der ↑ Tarantella ähnlicher italienischer Volkstanz im $^6/_8$-($^6/_4$-)Takt

For|mag|gio [...ˈmadʒo], der; -[s] ⟨*lat.-vulgärlat.-it.;* eigtl. »Formkäse«⟩: it. Bez. für: Käse

for|mal ⟨*lat.*⟩: **1.** die äußere Form betreffend; auf die äußere Form, Anlage o. Ä. bezüglich. **2.** nur der Form nach [vorhanden], ohne eigentliche Entsprechung in der Wirklichkeit

formal/förmlich *s. Kasten*

For|mal, das; -s: kurz für ↑ Formaldehyd

for|mal|äs|the|tisch ⟨*lat.; gr.-nlat.*⟩: die reine Form eines Kunstwerks in Betracht ziehend

Form|al|de|hyd [auch: ...ˈhyːt], der, auch: das; -s, -e ⟨Kurzw. aus *nlat.* Acidum *form*icum »Ameisensäure« u. ↑ *Aldehyd*⟩: [zur Desinfektion von Räumen verwendetes] farbloses, stechend riechendes Gas

For|ma|lie [...i̯ə], die; -, -n (meist Plural) ⟨*lat.*⟩: Formalität, Förmlichkeit, Äußerlichkeit

For|ma|lin ®, das; -s ⟨Kunstw. aus ↑ *Formal*dehyd u. *-in*⟩: als Konservierungs- od. Desinfektionsmittel verwendete gesättigte Lösung von ↑ Formaldehyd in Wasser

for|ma|li|sie|ren ⟨*lat.-nlat.*⟩: **1.** etwas in bestimmte [strenge] Formen bringen; sich an gegebene Formen halten. **2.** ein [wissenschaftliches] Problem mithilfe von Formeln allgemein formulieren u. darstellen. **3. a)** zur bloßen bzw. festen, verbindlichen Form machen; **b)** (selten) sich formalisieren: zur bloßen bzw. festen, verbindlichen Form werden

For|ma|lis|mus, der; -, ...men: **1. a)** (ohne Plural) Bevorzugung der Form vor dem Inhalt, Überbetonung des rein Formalen, übertriebene Berücksichtigung von Äußerlichkeiten; **b)** etwas mechanisch Ausgeführtes; **c)** (ohne Plural; DDR abwertend) Vorwurf, die subjektive Kunstauffassung über den politisch-ideologischen Inhalt zu stellen u. somit im Widerspruch zum propagierten sozialistischen Realismus zu stehen. **2.** Auffassung der Mathematik als Wissenschaft von rein formalen ↑ Strukturen (1). **For|ma|list,** der; -en, -en: Anhänger des Formalismus. **For|ma|lis|tin,** die; -, -nen: weibliche Form zu ↑ Formalist. **for|ma|lis|tisch:** das Formale überbetonend

For|ma|li|tät, die; -, -en ⟨*lat.-mlat.*⟩: **1.** Förmlichkeit, Äußerlichkeit, Formsache. **2.** [amtliche] Vorschrift

for|ma|li|ter ⟨*lat.*⟩: der [äußeren] Form nach

for|mal|ju|ris|tisch: rein äußerlich genau dem Gesetz entsprechend

For|m|a|mid, das; -[e]s ⟨Kurzw. aus *nlat.* Acidum *form*icum »Ameisensäure« u. ↑ *Amid*⟩: als Lösungsmittel verwendete farblose Flüssigkeit, das ↑ Amid der Ameisensäure

For|mans, das; -, ...anzien u. ...antia ⟨*lat.*⟩: grammatisches Bildungselement; gebundenes Morphem (z. B. lieb*lich*) (Ggs.: Determinativ [2])

For|mant, der; -en, -en: **1.** (Sprachwiss.) ↑ Formans. **2.** (Akustik) einer der charakteristischen Teiltöne eines Lautes

For|man|tia, For|man|zi|en: *Plural* von ↑ Formans

formell	formal
Gilt aber nur formell, weil faktisch ein Verstoß gegen das Waffengesetz vorliegt. *der äußeren Form entsprechend* – aus formellen Gründen zurückgewiesen – ein formelles […] Ermittlungsverfahren eingeleitet … – eine formelle […] Entschuldigung für .. Den Verdacht hat er damit nur formell ausgeräumt. Die Leute treffen sich regelmäßig, sei es formell oder informell, und diskutieren. In der Partei hat er formell nichts mehr zu sagen.	Das mag formal richtig sein, zeigt aber, dass das Strafrecht zu verschärfen ist. *der Form nach* – das Verfahren wegen formaler Fehler einstellen – lediglich [um einen] formalen Akt – zumindest formal […] gleichgestellt Die Entsendung musste noch formal abgesegnet werden. Dies ist formal gesehen keine Steuererhöhung. Er weiß, dass dieser Rechtsweg formal kaum möglich ist.

For|mat, das; -[e]s, -e ‹»Geformtes; Genormtes«›: **1.** [genormtes] Größenverhältnis eines [Handels]gegenstandes nach Länge u. Breite (bes. bei Papierbogen). **2. a)** stark ausgeprägtes Persönlichkeitsbild; außergewöhnlicher Rang aufgrund der Persönlichkeit, bedeutender Fähigkeiten o. Ä.; **b)** besonderes Niveau, große Bedeutung. **3.** (Druckw.) aus den beim Schließen einer Buchdruckform zwischen die einzelnen Schriftkolumnen gelegten Eisen- od. Kunststoffstegen (Formatstegen) gebildeter Rahmen, der den gleichmäßigen Abstand der Druckseiten voneinander sichert

for|ma|tie|ren (EDV): **a)** Daten nach verbindlich vorgegebenen Vorschriften od. nach den Bedürfnissen des Benutzers anordnen u. zusammenstellen; **b)** einen Datenträger für die Aufnahme von Daten bereit machen. **For|ma|tie|rung,** die; -, -en: das Formatieren

For|ma|ti|on, die; -, -en ‹*lat.(-frz.)*›: **1.** Herausbildung durch Zusammenstellung. **2. a)** bestimmte Anordnung, Aufstellung, Verteilung; **b)** für einen bestimmten militärischen Zweck od. Auftrag gebildete Truppe, Gruppe, Verband. **3. a)** Gruppe, zu der man sich zusammengeschlossen hat; **b)** in bestimmter Weise strukturiertes, soziales, ökonomisches o. ä. Gebilde. **4.** Pflanzengesellschaft ohne Berücksichtigung der Artenzusammensetzung (z. B. Laubwald, Steppe). **5.** (Geol.) **a)** Zeitabschnitt in der Erdgeschichte, der sich hinsichtlich Fauna od. Flora von anderen unterscheidet; **b)** Folge von Gesteinsschichten, die sich in einem größeren erdgeschichtlichen Zeitraum gebildet hat

For|ma|ti|ons|flug, der; -es, ...flüge: **a)** Flug mehrerer Luftfahrzeuge in Formation (2 a); **b)** Flug von zwei od. mehreren Raumfahrzeugen auf gleichen od. ähnlichen Bahnen als Vorbereitung eines Rendezvousmanövers

For|ma|ti|ons|grup|pe, die; -, -n (Geol.): Gruppe einander nahestehender Formationen (5 a) (z. B. Trias, Jura u. Kreide)

For|ma|ti|ons|tanz, der; -es (Tanzsport): Tanz, bei dem acht Paare eine Formation (2a) bilden

for|ma|tiv ‹*lat.-nlat.*›: die Gestaltung betreffend, gestaltend. **For|ma|tiv,** das; -s, -e (Sprachwiss.): **1.** ↑Formans. **2.** kleinstes Element mit syntaktischer Funktion innerhalb einer Kette. **3.** Zeichenform, -gestalt (im Unterschied zum bezeichneten Inhalt)

Forme fruste [fɔrmˈfryst], die; - - ‹*frz.*› (Med.): nicht voll ausgeprägtes Krankheitsbild; milder Verlauf einer Krankheit

For|mel, die; -, -n ‹*lat.*›: **1.** fester sprachlicher Ausdruck, feste Formulierung für etwas Bestimmtes. **2.** Folge von Buchstaben, Zahlen od. Worten zur verkürzten Bez. eines mathematischen, chemischen od. physikalischen Sachverhalts (z. B. H_2O = Wasser). **3.** kurzer, knapper Satz od. Ausdruck, in dem sich ein gedanklicher Zusammenhang erhellend fassen lässt. **4.** durch eine Kommission des Internationalen Automobilverbandes od. durch einen Motorsportverband festgelegte Merkmale des Rennwagens einer bestimmten Klasse; Rennformel (z. B. Formel 1, 2, 3, V, Super-V)

For|mel|di|ät, die; - (Med.): kohlenhydrat- u. fettarmes Nährstoffkonzentrat mit definierter u. konstanter Zusammensetzung (zur Behandlung des Übergewichts)

for|mell ‹*lat.-frz.*›: **1. a)** dem Gesetz od. der Vorschrift nach, offiziell; **b)** bestimmten gesellschaftlichen Formen, den Regeln der Höflichkeit genau entsprechend. **2. a)** aufgrund festgelegter Ordnung, aber nur äußerlich, ohne eigentlichen Wert, um dem Anschein zu genügen; **b)** auf Distanz haltend, engeren persönlichen Kontakt meidend u. sich nur auf eine unverbindliche Umgangsform beschränkend

Kriegszustand
entschuldigen
rein
auflösen
beschließen
Anklage
formell
anerkennen
unabhängig
abgesegnet
beendet
aufheben
vollziehen

formell/formal *s. Kasten*

For|mel-1-Klas|se [...ˈʔaɪ̯ns...], die; -: Klasse von Rennwagen der Formel 1

For|mi|at, das; -[e]s, -e ⟨*lat.-nlat.*⟩: Salz der Ameisensäure
For|mi|ca|tio vgl. Formikatio
for|mi|da|bel ⟨*lat.-frz.*⟩: **1.** außergewöhnlich, erstaunlich; großartig. **2.** (veraltet) furchtbar
for|mie|ren ⟨*lat.(-frz.)*⟩: **1. a)** bilden, gestalten; **b)** sich formieren: sich zusammenschließen, sich nach einem bestimmten Plan organisieren. **2. a)** jmdn. od. etwas in einer bestimmten Reihenfolge aufstellen; **b)** sich formieren: sich in einer bestimmten Weise ordnen
For|mi|ka|ri|um, das; -s, ...ien ⟨*lat.-nlat.*⟩: zum Studium des Verhaltens der Tiere künstlich angelegtes Ameisennest
For|mi|ka|tio, die; - ⟨*lat.*⟩ (Med.): Hautjucken, Hautkribbeln; »Ameisenkribbeln«
förm|lich: 1. streng die gesellschaftlichen Formen beachtend. **2.** regelrecht; wahrhaft, geradezu

einladen
deklassieren
aufgedrängt
überschlagen
Antrag
Beschluss
förmlich
spüren
Verhandlung
überrannt
Entschuldigung
einleiten
explodieren

For|mol ®, das; -s ⟨Kunstw. aus *nlat.* Acidum *form*icum »Ameisensäure« u. ↑Alkoh*ol*⟩: ↑Formalin
form|sta|bil: gegen Druck, Wärme o. Ä. widerstandsfähig in der Form
For|mu|la|di|ät, die; - ⟨*lat.; gr.*⟩: ↑Formeldiät
For|mu|lar, das; -s, -e ⟨*lat.*⟩: [amtlicher] Vordruck; Formblatt, Muster
for|mu|lie|ren ⟨*lat.-frz.*⟩: **1.** in eine angemessene sprachliche Form bringen. **2.** festlegen, entwerfen. **For|mu|lie|rung,** die; -, -en: **1.** das Formulieren. **2.** etwas Formuliertes; in bestimmter Weise formulierter Text
For|myl, das; -s ⟨*lat.; gr.*⟩ (Chemie): Säurerest der Ameisensäure
For|nix, der; -, ...nices [...tseːs] ⟨*lat.*⟩ (Med.): **1.** Wölbung, gewölbter Teil eines Organs. **2.** Struktur im limbischen System des Großhirns
For|sy|thie [fɔrˈzyːtsi̯ə, auch: ...ti̯ə, österr., schweiz.: fɔrˈziːtsi̯ə], die; -, -n ⟨*nlat.;* nach dem engl. Botaniker Forsyth⟩: früh blühender Strauch (Ölbaumgewächs, Zierstrauch) mit leuchtend gelben, viergeteilten Blüten
Fort [foːɐ̯], das; -s, -s ⟨*lat.-frz.*⟩: abgeschlossenes, räumlich begrenztes Festungswerk
for|te ⟨*lat.-it.*⟩ (Musik): laut, stark, kräftig (Vortragsanweisung) (Abk.: f). **For|te,** das; -s, -s u. ...ti (Musik): große Lautstärke, starke Klangfülle
for|te|pi|a|no (Musik): laut u. sofort danach leise (Vortragsanweisung) (Abk.: fp). **For|te|pi|a|no,** das; -s, -s u. ...ni: **1.** (Musik) laute u. sofort danach leise Tonstärke. **2.** (veraltet) Klavier, ↑Pianoforte
For|tes: *Plural* von ↑Fortis
for|tes for|tu|na ad|ju|vat ⟨*lat.*⟩: den Mutigen hilft das Glück (lateinisches Sprichwort)
For|ti: *Plural* von ↑Forte
For|ti|fi|ka|ti|on, die; -, -en: **a)** Befestigung, Befestigungswerk; **b)** (ohne Plural) Befestigungskunst
for|ti|fi|ka|to|risch ⟨*lat.-nlat.*⟩: die Fortifikation betreffend
for|ti|fi|zie|ren: befestigen
For|tis, die; -, Fortes [...teːs] ⟨*lat.*⟩ (Sprachwiss.): mit großer Intensität gesprochener u. mit gespannten Artikulationsorganen gebildeter Konsonant (z. B. p, t, k) (Ggs.: [1]Lenis)
for|tis|si|mo ⟨*lat.-it.*⟩ (Musik): sehr laut, äußerst stark u. kräftig (Vortragsanweisung) (Abk.: ff). **For|tis|si|mo,** das; -s, -s u. ...mi (Musik): sehr große Lautstärke, sehr starke Klangfülle
For|tran, FORTRAN, das; -s ⟨Kurzw. für *engl. for*mula *tran*slator⟩ (EDV): bes. auf wissenschaftliche u. technische Aufgaben ausgerichtete Programmiersprache
For|tu|na, die; - ⟨*lat.;* röm. Glücksgöttin⟩: Erfolg, Glück
For|tune [...ˈtyːn], eingedeutscht: **For|tü|ne,** die; - ⟨*lat.-frz.*⟩: Glück, Erfolg
Fo|rum, das; -s, ...ren u. ...ra ⟨*lat.*⟩: **1.** geeigneter Personenkreis, der eine sachverständige Erörterung von Problemen od. Fragen garantiert. **2.** geeigneter Ort für etwas, Plattform. **3.** öffentliche Diskussion, Aussprache. **4.** Markt- u. Versammlungsplatz in den römischen Städten der Antike (bes. im alten Rom)
For|ward [ˈfoːɐ̯vɐt], der; -s, -s ⟨*engl.*⟩ (schweiz.; Fußball, Eishockey): Stürmer
for|zan|do vgl. sforzando
for|za|to vgl. sforzato
For|zeps, med.-fachspr.: Forceps [ˈfɔrtsɛps], die; -, ...zipes u. ...cipes [...tsipeːs] ⟨*lat.*⟩ (Med.): Geburtszange
Fos|bu|ry|flop, Fos|bu|ry-Flop [ˈfɔsbəriflɔp], der; -s, -s ⟨nach dem amerik. Leichtathleten R. Fosbury⟩: **a)** (ohne Plural) Hochsprungtechnik, bei der der Springer sich nach dem Absprung so dreht, dass er mit dem Rücken die Latte überquert; **b)** einzelner Sprung in dieser Technik
Fos|sa, die; -, Fossae [...ɛ] ⟨*lat.*⟩ (Med.): Grube, Vertiefung
Fo|ße, die; -, -n ⟨*lat.-frz.*⟩: Fehlfarbe, leere Karte (im Kartenspiel)
fos|sil ⟨*lat.;* »ausgegraben«⟩: **a)** urzeitlich; als Versteinerung erhalten (Ggs.: rezent [1 a]); **b)** in früheren Zeiten entstanden [u. von jüngeren Ablagerungen überlagert]. **Fos|sil,** das; -s, -ien: als Abdruck, Versteinerung o. Ä. erhaltener Überrest von Tieren od. Pflanzen aus früheren Epochen der Erdgeschichte
Fos|si|li|sa|ti|on, die; -, -en ⟨*lat.-nlat.*⟩: Vorgang des Entstehens von Fossilien. **fos|si|li|sie|ren:** versteinern, zu Fossilien werden
Fos|su|la, die; -, ...lae [...ɛ] ⟨*lat.*⟩ (Med.): Grübchen, kleine Vertiefung
fot..., Fot... vgl. foto..., Foto...
fö|tal vgl. fetal

fö|tid ⟨*lat.*⟩ (Med.): übel riechend, stinkend

Fo|to, das; -s, -s, schweiz. auch: die; -, -s: Kurzform von ↑Fotografie (2)

fo|to..., Fo|to...

vor Vokalen auch: fot..., Fot...
⟨zu *gr.* phōs, Gen. phōtós »Licht, Glanz, Helle; Sonnenlicht«⟩
Wortbildungselement mit der Bedeutung »Licht, durch Licht; Lichtbild«
Vor allem in allgemeinsprachlichen Wörtern wird das ph in photo..., Photo... meist durch f ersetzt:
- Fotoalbum
- Fotoapparat
- Fotomodell
- Fotomontage

Vielfach sind beide Schreibungen möglich, wobei die f-Schreibung überwiegt:
- fotografisch, auch: photographisch
- Fotometer, auch: Photometer

Auch fachsprachliche Wörter können generell mit f geschrieben werden:
- Fotochemie, auch: Photochemie
- fotophob, auch: photophob
- Fotosynthese, auch: Photosynthese
- Fototropismus, auch: Phototropismus

Fo|to|bio|lo|gie, Photobiologie [auch: ...ˈgiː], die; -: Teilgebiet der Biologie, auf dem man sich mit der Wirkung des Lichtes auf tierische u. pflanzliche Organismen befasst

fo|to|bio|lo|gisch, photobiologisch [auch: ...ˈloː...]: die Fotobiologie betreffend

Fo|to|che|mie, Photochemie [auch: ...ˈmiː], die; -: Teilgebiet der Chemie, das die chemischen Wirkungen des Lichtes erforscht

Fo|to|che|mi|gra|fie, Photochemigraphie [auch: ˈfoː...], die; -: Herstellung von Ätzungen aller Art im Lichtbildverfahren

fo|to|che|misch, photochemisch [auch: ...ˈçeː...]: chemische Reaktionen betreffend, die durch Licht bewirkt werden

fo|to|chrom, photochrom [...kr...]: ↑fototrop

Fo|to|col|la|ge, die; -, -n: aus einzelnen Fotografien zusammengesetzte Collage

Fo|to|de|sign [...diˈzaɪ̯n], das; -s: dem ↑Grafikdesign (1) zugerechneter Teil der angewandten Fotografie (z. B. in Mode, Werbung, Industrie)

Fo|to|ef|fekt, Photoeffekt, der; -[e]s, -e (Elektrot.): Austritt von Elektronen aus bestimmten Stoffen durch deren Bestrahlung mit Licht

Fo|to|elek|tri|zi|tät, Photoelektrizität [auch: ...ˈtɛːt], die; -: durch Licht hervorgerufene Elektrizität (beim Fotoeffekt)

Fo|to|elek|t|ron, Photoelektron, das; -s, ...onen: durch Licht ausgelöstes Elektron; vgl. Fotoeffekt

Fo|to|ele|ment, Photoelement, das; -[e]s, -e: elektrisches Element, Halbleiterelement, das (durch Ausnutzung des Fotoeffekts) Lichtenergie in elektrische Energie umwandelt

Fo|to|fi|nish [...fɪnɪʃ], das; -s, -s (Sport): Zieleinlauf, bei dem der Sieger nur durch Zielfotografie ermittelt werden kann

fo|to|gen, photogen ⟨*gr.-engl.*⟩: zum Filmen od. Fotografieren besonders geeignet, bildwirksam (bes. von Personen). **Fo|to|ge|ni|tät,** Photogenität, die; -: Bildwirksamkeit (z. B. eines Gesichts)

Fo|to|graf, Photograph, der; -en, -en ⟨*gr.-engl.*⟩: jmd., der [berufsmäßig] Fotografien macht. **Fo|to|gra|fie,** Photographie, die; -, ...ien: **1.** (ohne Plural) Verfahren zur Herstellung dauerhafter, durch elektromagnetische Strahlen od. Licht erzeugter Bilder. **2.** einzelnes Lichtbild, Foto. **fo|to|gra|fie|ren:** mit dem Fotoapparat Bilder machen. **Fo|to|gra|fin,** Photographin, die; -, -nen: weibliche Form zu ↑Fotograf. **fo|to|gra|fisch,** photographisch: **a)** mithilfe der Fotografie [erfolgend], die Fotografie betreffend; **b)** das Fotografieren betreffend

Fo|to|gramm, Photogramm, das; -s, -e ⟨*gr.-nlat.*⟩: nach fotografischem Verfahren gewonnenes Bild für Messzwecke, Messbild. **Fo|to|gram|me|t|rie,** Photogrammetrie, die; -: **a)** Verfahren zum Konstruieren von Grund- u. Aufrissen aus fotografischen Bildern von Gegenständen; **b)** (in der Messtechnik u. Kartografie) das Herstellen von Karten aus der Fotografie des darzustellenden Gebietes. **fo|to|gram|me|t|risch,** photogrammetrisch: durch Fotogrammetrie gewonnen

Fo|to|gra|vü|re, Photogravüre, die; -, -n: ↑Heliogravüre

Fo|to|han|dy, das; -s, -s: Handy mit integrierter Fotokamera

Fo|to|ko|pie, Photokopie, die; -, ...ien: fotografisch hergestellte Kopie eines Schriftstücks, einer Druckseite od. eines Bildes, Ablichtung. **fo|to|ko|pie|ren,** photokopieren: ein Schriftstück, eine Druckseite o. Ä. fotografisch vervielfältigen, ablichten

Fo|to|ly|se, Photolyse, die; -, -n ⟨*gr.-nlat.*⟩: mit der Fotosynthese einhergehende Zersetzung chemischer Verbindungen durch Licht

Fo|tom vgl. Photom

fo|to|me|cha|nisch, photomechanisch: unter Einsatz von Fotografie und Ätztechnik arbeitend

Fo|to|me|ter, Photometer, das; -s, -: Gerät, mit dem (durch Vergleich zweier Lichtquellen) die Lichtstärke gemessen wird. **Fo|to|me|t|rie,** Photometrie, die; -, ...ien: Verfahren zur Messung der Lichtstärke. **fo|to|me|t|risch,** photometrisch: die Lichtstärkemessung betreffend; mithilfe der Fotometrie erfolgend

Fo|to|mo|dell, das; -s, -e: fotogene Person, die als ↑Modell (8) für [Mode]fotos o. Ä. tätig ist

Fo|to|mon|ta|ge, die; -, -n: **1.** Zusammensetzung verschiedener Bildausschnitte zu einem neuen Gesamtbild. **2.** ein durch Fotomontage hergestelltes Bild

Fo|ton [auch: foˈtoːn] vgl. Photon

Fo|to|nik vgl. Photonik

Fo|to|ob|jek|tiv, das; -s, -e: Linsenkombination an Fotoapparaten zur Bilderzeugung

Fo|to|op|tik, die; -, -en: Kameraobjektiv

Fo|to|pe|ri|o|dis|mus, Photoperiodismus, der; - (Bot.): Einfluss der Tageslänge auf das Wachstum und die Entwicklung von Pflanzen (z. B. Blütenbildung)

fo|to|phil, photophil (Biol.): das

Leben im Licht bevorzugend (von Tieren u. Pflanzen) (Ggs.: fotophob)
fo|to|phob, photophob: **1.** (Med.) lichtscheu, -empfindlich (bei gesteigerter Reizbarkeit der Augen). **2.** (Biol.) das Licht meidend (von Tieren u. Pflanzen) (Ggs.: fotophil)
Fo|to|pho|bie, Photophobie, die; -, ...ien (Med.): gesteigerte, schmerzhafte Lichtempfindlichkeit der Augen (z. B. bei Entzündungen, Migräne)

Fo|to|phy|sio|lo|gie, Photophysiologie, die; -: die Wirkung des Lichts auf Entwicklung u. Lebensfunktionen der Pflanzen behandelndes Teilgebiet der ↑Physiologie
Fo|t|op|sie, Photopsie, die; - (Med.): Wahrnehmung von Lichtempfindungen ohne entsprechenden Auslöser (in Gestalt von Blitzen, Funken o. Ä., z. B. bei Reizung der Augen od. Störung der Sehbahnen); vgl. Phosphen
Fö|tor, der; -s ⟨*lat.*⟩ (Med.): übler Geruch
Fo|to|re|a|lis|mus, der; -: **1.** Stilrichtung in der [modernen] Malerei, bei der dem Maler Fotografien als Vorlagen für seine Bilder dienen. **2.** Stilrichtung in der künstlerischen Fotografie (1), die Welt kritisch-realistisch zu erfassen. **Fo|to|re|a|list**, der; -en, -en: Maler, der seine Bilder nach fotografischen Vorlagen malt. **Fo|to|re|a|lis|tin**, die; -, -nen: weibliche Form zu ↑Fotorealist
fo|to|re|a|lis|tisch: **1.** (Malerei) den ↑Fotorealismus (1) betreffend, ihm entsprechend. **2.** (EDV) mithilfe eines Computerprogramms grafisch erzeugt, aber einer Fotografie zum Verwechseln ähnlich
Fo|to|re|por|ta|ge, die; -, -n: Reportage, die ein Thema mit Fotos dokumentiert. **Fo|to|re|por|ter**, der; -s, -: Reporter, der für eine Zeitung o. Ä. fotografiert (Berufsbez.). **Fo|to|re|por|te|rin**, die; -, -nen: weibliche Form zu ↑Fotoreporter
Fo|to|sa|fa|ri, die; -, -s: [Gesellschafts]reise bes. nach Afrika, um Tiere zu beobachten u. zu fotografieren
Fo|to|set|ter, der; -s, -: ↑Intertype
Fo|to|shoo|ting [...ʃuːtɪŋ], das; -s, -s ⟨*engl.*⟩: Aufnahme, Anfertigung von Fotos für einen bestimmten Zweck (z. B. für eine Werbekampagne o. Ä.)
Fo|to|sphä|re, Photosphäre, die; - (Astron.): strahlende Gashülle der Sonne
Fo|to|syn|the|se, Photosynthese [auch: 'foː...], die; - (Biol.): Aufbau organischer Substanzen aus anorganischen Stoffen in Pflanzen mithilfe von Sonnenlicht; vgl. Assimilation (2)
fo|to|tak|tisch, phototaktisch (Biol.): die Fototaxis betreffend, auf ihr beruhend; sich durch einen Lichtreiz bewegend. **Fo|to|ta|xis**, Phototaxis, die; -, ...xen (Biol.): durch Lichtreize ausgelöste ↑²Taxis
Fo|to|thek, die; -, -en: geordnete Sammlung von Fotografien (2) od. Lichtbildern
Fo|to|the|ra|pie, Phototherapie [auch: 'foː...], die; -, ...ien (Med.): Behandlung von Krankheiten mit natürlicher od. künstlicher Lichtstrahlung; Lichtheilverfahren
Fo|to|to|po|gra|fie, Phototopographie, die; -: ↑Fotogrammetrie
fo|to|trop, phototrop: **1.** (Biol.) fototropisch. **2.** (Physik, Optik) sich unter Lichteinwirkung (UV-Licht) verfärbend (von Brillengläsern)
fo|to|troph, phototroph ⟨*gr.*⟩ (Biol.): Energie aus Licht gewinnend
Fo|to|tro|pie, Phototropie, die; - ⟨*gr.-nlat.*⟩: unter dem Einfluss von sichtbarem oder ultraviolettem Licht (z. B. Sonnenstrahlen) eintreffende ↑reversible (1) Farbänderung, Verfärbung
fo|to|tro|pisch, phototropisch (Biol.): den Fototropismus betreffend. **Fo|to|tro|pis|mus**, Phototropismus, der; -, ...men (Biol.): durch einseitigen Einfall von Licht hervorgerufene Veränderung der Wachstumsbewegung (zur Lichtquelle hin od. auch von ihr weg)
Fo|to|ty|pie, Phototypie, die; -, ...ien: **1.** (ohne Plural) Verfahren zur fotomechanischen Herstellung von Druckplatten. **2.** fotomechanisch hergestellte Druckplatte
Fo|to|vol|ta|ik, Photovoltaik, die; - ⟨↑Volt⟩: Teilgebiet der Elektronik bzw. der Energietechnik, das sich mit der Gewinnung von elektrischer Energie (bes. aus Sonnenenergie) befasst
fo|to|vol|ta|isch, photovoltaisch: die Fotovoltaik betreffend
Fo|to|zel|le, Photozelle, die; -, -n (Physik): Vorrichtung, die unter Ausnutzung des ↑Fotoeffektes Lichtschwankungen in Stromschwankungen umwandelt bzw. Strahlungsenergie in elektrische Energie
Fo|to|zin|ko|gra|fie, Photozinkographie, die; -, ...ien ⟨*gr.; dt.; gr.*⟩: Herstellung von Strichätzungen im Lichtbildverfahren
Fö|tus vgl. Fetus
fou|d|ro|y|ant [fudrọa'jɑ̃ː, ...jant] ⟨*lat.-frz.*⟩ (Med.): blitzartig entstehend, schnell u. heftig verlaufend (von Krankheiten)
foul [faʊ̯l] ⟨*engl.*⟩ (Sport): regelwidrig, gegen die Spielregeln verstoßend. **Foul**, das; -s, -s (Sport): regelwidrige Behinderung eines gegnerischen Spielers, Regelverstoß
¹Fou|lard [fu'laːr], der; -s, -s ⟨*lat.-vulgärlat.-frz.*⟩: **a)** Maschine zum Färben, ↑Appretieren u. ↑Imprägnieren von Geweben; **b)** leichtes [Kunst]seidengewebe mit kleinen Farbmustern (bes. für Krawatten u. Schals)
²Fou|lard, das; -s, -s (schweiz.): Halstuch aus Kunstseide
Fou|lar|dine [fular'diːn], die; -: bedrucktes, feinfädiges Baumwollgewebe in Atlasbindung (Webart)
Fou|lé [fu'leː], der; -[s], -s: weicher, kurz gerauter Wollstoff
fou|len ['faʊ̯lən] ⟨*engl.*⟩ (Sport): regelwidrig, unfair spielen
Fou|ling ['faʊ̯lɪŋ], das; -s ⟨*engl.*⟩: nachträgliche Veränderung von Farben, Lacken u. a. auf Holz od. Metall (z. B. durch den Einfluss von Bakterien, Pilzen od. Meeresorganismen)
Fou|ra|ge vgl. Furage
Four|gon [fʊr'gɔ̃ː], der; -s, -s ⟨*frz.; Herkunft unsicher*⟩: **1.** (veraltet) Packwagen, Vorratswagen. **2.** (schweiz.) Militärlastwagen. **3.** (österr. veraltet) Leichenwagen
Fou|rier [fu'riːɐ̯], der; -s, -e ⟨*frz.*⟩: **1. a)** (österr., schweiz.) für die Verpflegung u. das Rechnungswesen einer Einheit verantwortlicher Unteroffizier;

b) (schweiz.) dritthöchster Dienstgrad eines Unteroffiziers. **2.** ↑Furier

Four-Let|ter-Word, Four|let|ter-word ['fɔːlɛtəwœːɐ̯d], das; -s, -s ⟨*engl.;* »Vierbuchstabenwort«, nach *engl.* (to) fuck = ficken⟩: vulgäres [Schimpf]wort [aus dem Sexualbereich]

Four|ni|ture [fʊrni'tyːɐ̯], die; -, -n [...'tyːrən] ⟨*germ.-frz.*⟩: **1.** Speisezutat, bes. Kräuter u. Gewürze. **2.** Halbfabrikate u. Einzelteile zur Herstellung von Schmuckstücken

Four|rure [fʊ'ryːɐ̯], die; - ⟨*germ.-frz.*⟩ (veraltet): Pelzwerk

Fo̱|vea, die; -, ...eae [...eɛ] ⟨*lat.*⟩ (Anat.): flache Grube in Knochen, Geweben od. Organen

Fo|ve̱|o|la, die; -, ...lae [...lɛ] ⟨*lat.-nlat.*⟩ (Anat.): kleine Fovea

fow, f. o. w. = free on waggon

Fọx, der; -[es], -e ⟨*engl.*⟩: **1.** Kurzform von ↑Foxterrier. **2.** Kurzform von ↑Foxtrott

Fọx|hound [...haʊ̯nt], der; -s, -s ⟨*engl.;* »Fuchshund«⟩: schneller, großer englischer Jagdhund (bes. für Fuchsjagden)

Fọx|ter|ri|er [...iɐ], der; -s, -: rauhaariger englischer Jagdhund

Fọx|trott, der; -[e]s, -e u. -s ⟨*engl.;* »Fuchsschritt«⟩: Gesellschaftstanz im 4/4-Takt (um 1910 in den USA entstanden)

Fo|y|er [fo̯a'jeː], das; -s, -s ⟨*lat.-vulgärlat.-frz.*⟩: Wandelhalle, Wandelgang [im Theater]

Fra̱ ⟨Kurzform von ↑Frate⟩: Anrede und Bezeichnung italienischer Klosterbrüder (meist vor konsonantisch beginnenden Namen, z. B. Fra Bartolomeo)

Fra|cas [fra'ka], der; - ⟨*lat.-it.-frz.*⟩ (veraltet): Lärm, Getöse

Frạck, der; -[e]s, Fräcke, (ugs. auch:) -s ⟨*frz.-engl.*⟩: bei festlichen Anlässen od. von Kellnern u. Musikern als Berufskleidung getragene, vorn kurze, hinten mit langen, bis zu den Knien reichenden Rockschößen versehene, meist schwarze Jacke

fra|cken ['frɛkn̩] ⟨*engl.*⟩: mittels ↑Fracking gewinnen. **Fra|cking** ['frɛkɪŋ], das; -s ⟨*engl.*⟩ (Geol.): das Aufspalten von Gestein mit Chemikalien u. hohem Wasserdruck zur Gewinnung von Gas od. Erdöl

fra|gi̱l ⟨*lat.*⟩: zerbrechlich; zart. **Fra|gi|li|tä̱t,** die; -: Zartheit, Zerbrechlichkeit

Frag|mẹnt, das; -[e]s, -e: **1.** Bruchstück, Überrest. **2.** unvollständiges [literarisches] Werk. **3.** (Med.) Knochenbruchstück

frag|men|tä̱r (Biol., Med., sonst veraltend): fragmentarisch. **frag|men|ta̱|risch:** bruchstückhaft, unvollendet

Frag|men|ta|ti|o̱n, die; -, -en ⟨*lat.-nlat.*⟩ (Bot.): **1.** direkte Kernteilung (Durchschnürung des Kerns ohne genaue Chromosomenverteilung). **2.** ungeschlechtliche Vermehrung von Pflanzen aus Pflanzenteilen (z. B. durch Zerteilen der Mutterpflanze)

frag|men|ti̱e|ren: in Bruchstücke zerlegen. **Frag|men|ti̱e|rung,** die; -, -en: **1.** (veraltet) das Fragmentieren. **2.** (EDV) ungeordnete Zergliederung eines Speichers in Bereiche, die von Programmen od. Daten belegt sind

frais [frɛːs], **frai|se** ['frɛːzə] ⟨*lat.-vulgärlat.-frz.*⟩: erdbeerfarben

[1]**Fraise,** das; -, -: erdbeerfarbene Farbe

[2]**Frai|se** ['frɛːzə], Fräse, die; -, -n: **1.** im 16. u. 17. Jh. getragene Halskrause. **2.** Backenbart

frak|ta̱l ⟨*engl.-frz.-lat.*⟩: vielfältig gebrochen, stark gegliedert. **Frak|ta̱l,** das; -s, -e: komplexes geometrisches Gebilde, wie es ähnlich auch in der Natur vorkommt (z. B. das Adernetz der Lunge). **Frak|ta̱l|geo|me|t|rie,** die; - (Math.): Geometrie, die sich mit den Fraktalen befasst u. mit deren Hilfe z. B. komplexe Naturerscheinungen mathematisch erfasst u. am Computer simuliert werden können

Frak|ti|o̱n, die; -, -en ⟨*lat.-frz.*⟩: **1. a)** ↑organisatorische Gliederung im Parlament, in der alle Abgeordneten einer Partei od. befreundeter Parteien zusammengeschlossen sind; **b)** Zusammenschluss einer Sondergruppe innerhalb einer Organisation; **c)** (westösterr. amtl. veraltend, noch südtirol.) [einzeln gelegener] Ortsteil. **2.** (Chemie) bei einem Trenn- bzw. Reinigungsverfahren anfallender Teil eines Substanzgemischs

frak|ti|o|nẹll: a) eine Fraktion betreffend; **b)** eine Fraktion bildend

Frak|ti|o|ni̱e̱r|ap|pa|rat, der; -[e]s, -e (Chemie): Gerät zur Ausführung einer fraktionierten Destillation

frak|ti|o|ni̱e|ren (Chemie): Flüssigkeitsgemische aus Flüssigkeiten mit verschiedenem Siedepunkt durch Verdampfung isolieren. **Frak|ti|o|ni̱e|rung,** die; -, -en: **1.** Zusammenschluss zu Fraktionen (1a, b). **2.** (Chemie) Zerlegung eines chemischen Prozesses in mehrere Teilabschnitte

Frak|ti|o̱ns|chef, der; -s, -s: Vorsitzender einer ↑Fraktion (1 a). **Frak|ti|o̱ns|che|fin,** die; -, -nen: weibliche Form zu ↑Fraktionschef

Frak|ti|o̱ns|dis|zi|p|lin, die; -: politisch begründete Verpflichtung, sich bei wichtigen Entscheidungen der Mehrheitsentscheidung in der ↑Fraktion (1 a) zu unterwerfen

Frak|ti|o̱ns|zwang, der; -[e]s, ...zwänge: Verpflichtung eines bzw. einer Abgeordneten, seine bzw. ihre Stimme nur im Sinne der Fraktionsbeschlüsse abzugeben

Frak|tu̱r, die; -, -en ⟨*lat.;* »Bruch«⟩: **1.** (Med.) Knochenbruch. **2.** eine Druckschrift; **Fraktur reden:** deutlich u. unmissverständlich seine Meinung sagen

Fram|bö|si̱e, die; -, ...i̱en ⟨*frz.*⟩ (Med.): mit himbeerartig aussehendem Hautausschlag verbundene ansteckende Tropenkrankheit

[1]**Frame** [freːm], der; -n [...mən], -n [...mən] ⟨*engl.*⟩: Rahmen, Träger in Eisenbahnfahrzeugen

[2]**Frame** [freɪ̯m], der u. das; -s, -s: **1. a)** (Sprachwiss., EDV) besondere Datenstruktur für die begriffliche Repräsentation von Objekten u. stereotypen Situationen in Modellen künstlicher Intelligenz; **b)** (EDV) Bez. für einen rechteckigen Abschnitt eines Fensters, das von einem Browser im Internet angezeigt wird. **2.** Lernschritt innerhalb eines Lernprogramms

Frame|buf|fer ['freɪ̯mbʌfɐ], der; -s, - ⟨*engl.;* »Bildspeicher«⟩ (EDV): [sich auf der Grafikkarte befindender] Teil des RAM, der ein digitales Abbild des Monitorbildes zwischenspeichert

Frame|ra|te ['freɪ̯m...], die; -, -n ⟨*engl.; dt.*⟩ (EDV, Film, Fernsehen): Anzahl der Einzelbilder, die pro Zeiteinheit aufgenommen od. wiedergegeben werden; Bildfrequenz

Frame|set ['freɪ̯msɛt], das, auch der; -[s], -s ⟨*engl.*⟩ (EDV): durch Programmierung einer Website definierte Einteilung des Anzeigefensters eines Browsers in mehrere ↑ [2]Frames (1 b)

Fra|ming ['freɪ̯mɪŋ], das; -[s], -s (Plural selten): **1.** (EDV) Verwendung von ↑ [2]Frames (1 b) bei der Programmierung von Websites. **2.** (Soziol., Kommunikationswiss.) durch Medienproduzent od. -konsument erfolgende Einbettung eines Themas in einen subjektiven Deutungsrahmen

Fra|na, die; -, Frane ⟨*it.*⟩ (Geol.): Erdrutsch [im Apennin]

Franc [frɑ̃:], der; -, -s (aber: 100 -) ⟨*germ.-mlat.-frz.*⟩: **1.** Währungseinheit in der Schweiz u. verschiedenen afrikanischen Ländern (Abk.: fr, Plural: frs); **Schweizer Franc:** Abk.: sfr, Plural: sfrs. **2.** frühere Währungseinheit in Belgien, Frankreich u. Luxemburg; **französischer Franc:** Abk.: FF, frz. F; **belgischer Franc:** Abk.: bfr, Plural: bfrs; **Luxemburger Franc:** Abk.: lfr, Plural: lfrs

Fran|çai|se [frɑ̃'sɛ:z(ə)], die; -, -n: älterer französischer Tanz im $^6/_8$-Takt

Fran|çais fon|da|men|tal [frɑ̃sɛ fɔ̃damɑ̃'tal], das; - - ⟨*frz.*⟩ (Sprachwiss.): Grundwortschatz der französischen Sprache

[1]Fran|chi|se [frɑ̃'ʃi:zə], die; -, -n ⟨*germ.-mlat.-frz.*⟩: **1.** (veraltet) Freiheit, Freimütigkeit. **2.** Abgaben-, Zollfreiheit. **3.** Freibetrag, für den die Versicherung [bei Bagatellschäden] nicht eintritt

[2]Fran|chise ['frɛntʃaɪ̯s], das; - ⟨*germ.-mlat.-frz.-engl.*⟩: Vertriebsform im Einzelhandel, bei der ein Unternehmen seine Produkte durch Einzelhändler/-innen in Lizenz verkaufen lässt

Fran|chi|sing [...zɪŋ], das; -s: ↑ [2]Franchise

Fran|ci|um, das; -s ⟨*nlat.;* vom mlat. Namen Francia für Frankreich⟩: radioaktives Element aus der Gruppe der Alkalimetalle (Zeichen: Fr)

fran|co vgl. franko

Fra|ne: *Plural* von ↑ Frana

Fran|ka|tur, die; -, -en ⟨*germ.-mlat.-it.*⟩: **a)** das Freimachen einer Postsendung; **b)** die zur Frankatur (a) bestimmten Briefmarken

fran|kie|ren: Postsendungen freimachen

fran|ko, franco ⟨*germ.-mlat.-it.*⟩: portofrei für den Empfänger

fran|ko|fon, frankophon ⟨*germ.-mlat.; gr.*⟩: Französisch als Muttersprache sprechend; französischsprachig. **Fran|ko|fo|ne**, Frankophone, der u. die; -n, -n: jmd., der Französisch (als seine Muttersprache) spricht. **Fran|ko|fo|nie**, Frankophonie, die; -: Französischsprachigkeit

Fran|ko|ka|na|di|er, der; -s, -: Französisch sprechender Bewohner Kanadas. **Fran|ko|ka|na|di|e|rin**, die; -, -nen: weibliche Form zu ↑ Frankokanadier

fran|ko|man ⟨*germ.-mlat.; gr.*⟩: alles Französische übertrieben liebend u. nachahmend. **Fran|ko|ma|ne**, der; -n, -n: jmd., der übertrieben alles Französische liebt u. nachahmt. **Fran|ko|ma|nie**, die; -: übertriebene Nachahmung alles Französischen. **Fran|ko|ma|nin**, die; -, -nen: weibliche Form zu ↑ Frankomane

fran|ko|phil ⟨*germ.-mlat.; gr.*⟩: Frankreich, seinen Bewohnern u. seiner Kultur besonders aufgeschlossen gegenüberstehend. **Fran|ko|phi|lie**, die; -: Vorliebe für Frankreich, seine Bewohner u. seine Kultur

fran|ko|phob: Frankreich, seinen Bewohnern u. seiner Kultur ablehnend gegenüberstehend. **Fran|ko|pho|bie**, die; -: Abneigung gegen Frankreich, seine Bewohner u. seine Kultur

fran|ko|phon vgl. frankofon

Fran|ko|pho|ne vgl. Frankofone

Fran|ko|pho|nie vgl. Frankofonie

Frank|ti|reur [frɑ̃ti'rø:ɐ̯, auch: fraŋk...], der; -s, -e u. (bei frz. Ausspr.:) -s ⟨*frz.;* »Freischütze«⟩ (veraltet): Freischärler

Fran|zis|ka|ner, der; -s, - ⟨nach dem Ordensgründer Franziskus⟩: Angehöriger des vom heiligen Franz v. Assisi 1209/10 gegründeten Bettelordens (Erster Orden) (Abk.: O. F. M.); vgl. Kapuziner, Klarisse, Konventuale, Terziar

Fran|zis|ka|ner|bru|der, der; -s, ...brüder: Laienbruder des klösterlichen Dritten Ordens (↑ Terziar) des heiligen Franz

Fran|zis|ka|ne|rin, die; -, -nen: **1.** Angehörige des Zweiten Ordens des heiligen Franz, ↑ Klarisse. **2.** Angehörige des Dritten Ordens (vgl. Terziar), klösterlich lebende Schul- u. Missionsschwester

fran|zö|sie|ren: a) auf französische Art, nach französischem Geschmack gestalten; **b)** der französischen Sprache angleichen

frap|pant ⟨*germ.-frz.*⟩: verblüffend, treffend, überraschend

zwischen
Ähnlichkeit
Parallelen
ähneln
frappant
untervertreten
Unterschied
erinnern
Weise

[1]Frap|pé, Frappee [fra'pe:], der; -s, -s: Gewebe mit eingepresster Musterung

[2]Frap|pé, Frappee, das; -s, -s: ein mit klein geschlagenem Eis serviertes [alkoholisches] Getränk

[3]Frap|pé, Frappee, das; -s, -s (Ballett): leichtes, schnelles Anschlagen der Ferse des Spielbeins gegen das Standbein vor u. hinter dem Spann des Fußes

frap|pie|ren: 1. jmdn. überraschen, in Erstaunen versetzen. **2.** Wein od. Sekt in Eis kalt stellen

frap|pie|rend (bildungsspr.): frappant

Fras|ca|ti, der; -, - ⟨nach der it. Stadt⟩: italienischer Weißwein aus der Umgebung von Frascati

Frä|se vgl. [2]Fraise

Fra|te ⟨*lat.-it.*⟩: Anrede und Bezeichnung italienischer Klosterbrüder (meist vor vokalisch beginnenden Namen, z. B. Frate Elia, Frat' Antonio)

Fra|ter, der; -s, Fra|tres [...reːs] ‹*lat.*›: **1.** [Kloster]bruder vor der Priesterweihe; vgl. Pater. **2.** Laienbruder eines Mönchsordens (Abk.: Fr.)

Fra|ter|her|ren, die (Plural): katholische Schulgenossenschaft des späten Mittelalters, deren Gelehrtenschulen durch die der Jesuiten abgelöst wurden

Fra|ter|ni|sa|ti|on, die; -, -en ‹*lat.-frz.*›: Verbrüderung. **fra|ter|ni|sie|ren:** sich verbrüdern, vertraut werden

Fra|ter|ni|tät, die; - ‹*lat.*›: **1. a)** Brüderlichkeit; **b)** Verbrüderung. **2.** [kirchliche] Bruderschaft

Fra|ter|ni|té [...niˈteː], die; - ‹*lat.-frz.*›: Brüderlichkeit (eines der drei Schlagworte der Französischen Revolution); vgl. Égalité, Liberté

Fra|t|res: *Plural* von ↑Frater

Fra|t|res mi|no|res, die (Plural) ‹*lat.*›: ↑Franziskaner

Fra|wa|schi, die; -, -s ‹*awest.*›: im ↑Parsismus der persönliche Schutzgeist (auch die Seele) eines Menschen

Freak [friːk], der; -s, -s ‹*engl.-amerik.*›: **1.** jmd., der sich nicht ins normale bürgerliche Leben einfügt, der seine gesellschaftlichen Bindungen aufgegeben hat. **2.** jmd., der sich in übertriebener Weise für etwas begeistert. **frea|kig** [ˈfriː...]: in der Art eines Freaks, närrisch, unangepasst

free along|side ship [ˈfriː əˈlɔŋsaɪ̯d ˈʃɪp] ‹*engl.*›: frei längsseits Schiff (Klausel, die dem Verkäufer auferlegt, alle Kosten u. Risiken bis zur Übergabe der Ware an das Seeschiff zu tragen) (Abk.: f. a. s., fas)

Free|call, der; -s, -s, **Free Call,** der; - -s, - -s [ˈfrikɔːl] ‹*engl.*›: für den Anrufer kostenlose Rufnummer

Free|clim|ber, der; -s, -, **Free Climber,** der; - -s, - - [ˈfriːklaɪ̯mɐ] ‹*engl.*›: jmd., der Freeclimbing [als Sportart] betreibt. **Free|clim|be|rin,** die; -, -nen, **Free Clim|be|rin,** die; - -, - -nen: weibliche Form zu ↑Freeclimber. **Free|clim|bing,** das; -s, **Free Clim|bing,** das; - -s [...mɪŋ]: Bergsteigen ohne technische Hilfsmittel wie Steigeisen o. Ä. [aber mit Seilsicherung]; Freiklettern

Free|con|cert, das; -s, -s, **Free Concert,** das; - -s, - -s [ˈfriːkɔnsət, ˈfriː ˈkɔnsət] ‹*engl.*›: (bes. der Plattenwerbung dienendes) Rockkonzert, bei dem die Gruppen ohne Gage auftreten u. kein Eintritt erhoben wird

Free|dom-Ride [ˈfriːdəmraɪ̯d], der; -s, -s ‹*engl.*›: Form der Massendemonstration, bei der sich Demonstrationszüge sternförmig aus verschiedenen Richtungen zu einem bestimmten Ziel hin bewegen u. sich dort zu einer Massenkundgebung vereinigen

Free|float, der; -s, -s, **Free Float,** der; - -s, - -s [ˈfriːflɔʊ̯t, ˈfriː ˈflɔʊ̯t] ‹*engl.*› (Börsenw.): Anteil der Aktien einer Aktiengesellschaft, der nicht in festem Besitz ist und an der Börse frei gehandelt wird

Free Flow, der u. das; - -s, - -s, **Free|flow,** der u. das; -s, -s [ˈfriːflɔʊ̯] ‹*engl.;* »(Durch)fluss«›: **1.** (Plural selten) Selbstbedienung. **2.** Selbstbedienungsrestaurant

Free|ga|ner [friː...], der; -s, - ‹*engl.*›: Person, die sich (aus innerer Überzeugung) von weggeworfenen Lebensmitteln ernährt

Free|hold [ˈfriːhɔʊ̯ld], das; -s, -s ‹*engl.*›: lehnsfreier Grundbesitz in England. **Free|hol|der** [...hɔʊ̯ldɐ], der; -s, -s: lehnsfreier Grundeigentümer in England

Free Jazz [ˈfriː dʒæz], der; - -: auf freier Improvisation beruhendes Spielen von Jazzmusik

Free|lance [ˈfriːlaːns], der; -, -s [...sɪz]: ↑Freelancer

Free|lan|cer [ˈfriːlaːnsɐ], der; -s, - ‹*engl.*›: **a)** freier Musiker oder Künstler (ohne Bindung an ein bestimmtes Ensemble); **b)** freier Schriftsteller, freier Journalist; **c)** freier Mitarbeiter. **Free|lan|ce|rin,** die; -, -nen: weibliche Form zu ↑Freelancer

Free|mi|um [ˈfriːmiəm], das; -s, -s ‹Kunstw. aus *engl. free* u. *premium*›: **1.** (Jargon) Software, die als Grundversion kostenlos vertrieben wird u. kostenpflichtig um zusätzliche Funktionen erweitert werden kann. **2.** (ohne Art. u. Plural; Wirtsch.) Bez. für ein Geschäftsmodell, bei dem ein Unternehmen einen Teil seines Angebots [im Internet] kostenlos zur Verfügung stellt, um kostenpflichtige Zusatzleistungen zu verkaufen

free on air|craft [ˈfriː ɔn ˈɛ̯əkraːft] ‹*engl.*›: frei Flugzeug (Klausel, die besagt, dass der Verkäufer die Ware auf dem Flughafen bzw. am Flugzeug zu übergeben u. bis dahin alle Kosten u. Risiken zu tragen hat) (Abk.: f. o. a., foa)

free on board [ˈfriː ɔn ˈbɔːd]: frei an Bord (Klausel, die besagt, dass der Verkäufer die Ware auf dem Schiff zu übergeben u. bis dahin alle Kosten u. Risiken zu tragen hat) (Abk.: f. o. b., fob)

free on wag|gon [ˈfriː ɔn ˈwɛgən]: frei Waggon (Abk.: f. o. w., fow); vgl. free on board

Free|ri|ding, das; -s, **Free Ri|ding,** das; - -s [ˈfriːraɪ̯dɪŋ] ‹*engl.*›: ↑Freeskiing

Free|sie [...i̯ə], die; -, -n ‹*nlat.;* nach dem Kieler Arzt F. H. Th. Freese›: als Schnittblume (Schwertliliengewächs aus Südafrika) beliebte Zierpflanze mit großen, glockigen, duftenden Blüten

Free|ski|ing, das; -s, **Free Ski|ing,** das; - -s [ˈfriːskiːɪŋ] ‹*engl.*›: das Befahren von extrem steilen Hängen (abseits der Pisten) auf speziellen Skiern

Free|style, der; -[s], -s, **Free Style,** der; - -[s], - -s [ˈfriːstaɪ̯l] ‹*engl.*›: **1.** (ohne Plural) Trickskilaufen; vgl. [2]Trickski. **2.** (ohne Plural) freier Stil (4). **3.** etw. in freiem Stil Ausgeführtes (z. B. ein Musikstück)

F Free

Free-TV, das; -[s], **Free TV,** das; - -[s] ['fri:tivi:, -...'vi:] ⟨*engl.*⟩: kostenfrei zu empfangendes [Privat]fernsehen

Free-TV-Pre|mi|e|re, die; -, -n: erstmalige Ausstrahlung im Free-TV

Free|ware ['fri:wɛ:ɐ̯], die; -, -s (Plural selten) ⟨*engl.-amerik.*⟩: Software, die kostenlos abgegeben wird und beliebig kopiert, weitergegeben und verändert werden darf

F

Free

Freeze [fri:z], das; - ⟨*engl.*⟩: das Einfrieren aller atomaren Rüstung

Free|zer ['fri:zɐ], der; -s, - ⟨*engl.*⟩: **1.** Gerät zum Gefrieren und Lagern von Lebensmitteln. **2.** Gerät zur Speiseeisherstellung

Fre|gat|te, die; -, -n ⟨*roman.*⟩: schwer bewaffnetes, hauptsächlich zum Geleitschutz eingesetztes Kriegsschiff

Fre|gatt|vo|gel, der; -s, ...vögel: Raubvogel in tropischen Küstengebieten (Ruderfüßer)

Fre|mi|tus, der; - ⟨*lat.;* »Rauschen; Dröhnen«⟩ (Med.): beim Sprechen fühlbare, schwirrende Erschütterung des Brustkorbes über verdichteten Lungenteilen

French Dres|sing ['frɛntʃ -], das; - -s, - -s ⟨*engl.*⟩: ↑ Vinaigrette

French Kni|cker ['frɛntʃ 'nɪkə], der; - -s, - -s ⟨dt. Bildung aus *engl. French knickers* »französischer Schlüpfer«⟩: lose fallende Damenunterhose aus glänzendem Stoff, meist mit spitzenverzierten Beinen

fre|ne|tisch ⟨*gr.-lat.-frz.*⟩: stürmisch, rasend, tobend (bes. von Beifall, Applaus); vgl. aber phrenetisch

Fre|nu|lum, das; -s, ...la ⟨*lat.*⟩ (Med.): **1.** kleines Bändchen, kleine Haut-, Schleimhautfalte. **2.** die Eichel des männlichen Gliedes mit der Vorhaut verbindende Hautfalte; Vorhautbändchen

fre|quent ⟨*lat.*⟩: **1.** (veraltet) häufig, zahlreich. **2.** (Med.) beschleunigt (vom Puls). **3.** (Sprachwiss.) häufig vorkommend, häufig gebraucht

Fre|quen|ta ®, das; -[s] ⟨Kunstw.⟩: keramischer Isolierstoff der Hochfrequenztechnik

Fre|quen|tant, der; -en, -en ⟨*lat.*⟩ (veraltet): regelmäßiger Besucher. **Fre|quen|tan|tin,** die; -, -nen: weibliche Form zu ↑ Frequentant

Fre|quen|ta|ti|on, die; -, -en (veraltet): häufiges Besuchen

Fre|quen|ta|tiv, das; -s, -e, **Frequen|ta|ti|vum,** das; -s, ...va: ↑ Iterativ[um]

fre|quen|tie|ren: zahlreich besuchen, aufsuchen; häufig stark in Anspruch nehmen

Fre|quenz, die; -, -en ⟨»zahlreiches Vorhandensein«⟩: **1.** Höhe der Besucherzahl; Zustrom, Verkehrsdichte. **2.** (Physik) Schwingungs-, Periodenzahl von Wellen in der Sekunde. **3.** (Med.) Anzahl der Atemzüge od. der Herz- bzw. Pulsschläge in der Minute

Fre|quenz|mo|du|la|ti|on, die; -, -en (Funkw.): Änderung der Frequenz der Trägerwelle entsprechend dem Nachrichteninhalt (Abk.: FM)

Fre|quenz|mo|du|la|tor, der; -s, -en: Gerät zur Frequenzmodulation

Fres|ke, die; -, -n ⟨*germ.-it.-frz.*⟩: ↑ [1]Fresko

[1]**Fres|ko,** das; -s, ...ken ⟨*germ.-it.;* »frisch«⟩ (Kunstwiss.): auf frischem, noch feuchtem Putz ausgeführte Malerei

[2]**Fres|ko,** der; -s: poröses, raues Kammgarngewebe in Leinwandbindung

Fres|ko|ma|le|rei, die; -: Malerei auf feuchtem Putz (Ggs.: Seccomalerei)

Fres|nel|lin|se, Fres|nel-Lin|se [fre'nɛl...], die; -, -n ⟨nach A. J. Fresnel⟩: aus Teilstücken zusammengesetzte Linse für Beleuchtungszwecke

Fret, der; -s ⟨*niederl.-frz.*⟩: Schiffsfracht

Fre|teur [...'tø:ɐ̯], der; -s, -e: Reeder, der Frachtgeschäfte abschließt

fre|tie|ren: Frachtgeschäfte (für Schiffe) abschließen

Frett|chen, das; -s, -, **Frett,** das; -[e]s, -e ⟨*lat.-vulgärlat.-frz.-niederl.*⟩: für die Kaninchenjagd verwendeter blassgelber Iltis

fret|tie|ren: mit dem Frett[chen] jagen

fri|de|ri|zi|a|nisch ⟨zu Fridericus, der latinisierten Form von Friedrich⟩: auf die Zeit König Friedrichs II. von Preußen bezogen

Friend|ly Fire ['frɛndli 'fai̯ɐ], das; - -s ⟨*engl.;* »Angriff von Verbündeten«⟩: **1.** (Militär) versehentlicher Beschuss durch eigene Truppen. **2.** (Jargon) Kritik aus den eigenen Reihen

Fri|gen ®, das; -s ⟨Kunstw.⟩: eine als Kältemittel u. als Treibgas in Sprühdosen verwendete Kohlenwasserstoffverbindung

fri|gid, frigide ⟨*lat.*⟩: **1.** (Med. veraltend) sexuell nicht erregbar; orgasmusunfähig (von Frauen). **2.** (geh. veraltend) kühl, nüchtern

Fri|gi|da|ri|um, das; -s, ...ien ⟨*lat.*⟩: **1.** Abkühlungsraum in altrömischen Bädern. **2.** kaltes Gewächshaus

fri|gi|de vgl. frigid

Fri|gi|di|tät, die; -: (bei Frauen) mangelnde sexuelle Erregbarkeit, Unfähigkeit zum Orgasmus

Fri|go|ri|me|ter, das; -s, - ⟨*lat.; gr.*⟩ (Meteorol.): Gerät zum Bestimmen der Abkühlungsgröße (Wärmemenge, die ein Körper unter dem Einfluss bestimmter äußerer Bedingungen abgibt)

Fri|ka|del|le, die; -, -n ⟨*lat.-galloroman.-it.*⟩: gebratener Kloß aus Hackfleisch; deutsches Beefsteak, Bulette

Fri|kan|deau [...'do:], das; -s, -s ⟨*lat.-galloroman.-frz.*⟩ (Gastron.): zarter Fleischteil an der inneren Seite der Kalbskeule (Kalbsnuss)

Fri|kan|del|le, die; -, -n ⟨Mischbildung aus Frikadelle u. Frikandeau⟩: **1.** Schnitte aus gedämpftem Fleisch. **2.** ↑ Frikadelle

Fri|kas|see, das; -s, -s ⟨*frz.*⟩: Gericht aus zerkleinertem hellem, gekochtem Fleisch in einer hellen, leicht säuerlichen Soße

fri|kas|sie|ren: 1. als Frikassee zubereiten. **2.** (ugs.) verprügeln; übel zurichten

fri|ka|tiv ⟨*lat.-nlat.*⟩ (Sprachwiss.): durch Reibung hervorgebracht (von Lauten). **Fri|ka|tiv,** der; -s, -e (Sprachwiss.): Reibelaut (z. B. sch, f). **Fri|ka|ti|vum,** das; -s, ...iva (veraltet): Frikativ

Frik|tio|graf, Frik|tio|graph, der; -en, -en ⟨*lat.; gr.*⟩: physikalisches Gerät zur Messung der Reibung

Frik|ti|on, die; -, -en ⟨*lat.*⟩: **1.** Reibung. **2.** (Med.) **a)** Einreibung (z. B. mit Salben); **b)** eine Form der Massage (kreisförmig reibende Bewegung der Fingerspitzen). **3.** (Wirtsch.) Widerstand, Verzögerung, die der sofortigen Wiederherstellung des wirtschaftlichen Gleichgewichts beim Überwiegen von Angebot od. Nachfrage entgegensteht

Frik|ti|o̲ns|ka|lan|der, der; -s, -: Walzwerk zur ↑Satinage des Papiers

Fri|maire [fri'mɛːɐ̯], der; -[s], -s ⟨*germ.-frz.;* »Reifmonat«⟩: der dritte Monat im französischen Revolutionskalender (21. Nov. bis 20. Dez.)

Fris|bee® ['frɪsbi], das; -[s], -s ⟨*engl.*⟩: kleine, runde Wurfscheibe aus Plastik (Sportgerät)

Fri|sé [...'zeː], das; - ⟨*frz.*⟩: Kräusel- od. Frottierstoff aus [Kunst]seide

Fri|sée, der; -s, **Fri|sée|sa|lat,** der; -[e]s: Kopfsalat mit kraus gefiederten Blättern

Fri|seur [...'zøːɐ̯] ⟨französierende Bildung zu ↑frisieren⟩, Frisör, der; -s, -e: jmd., der anderen das Haar schneidet [u. frisiert]. **Fri|seu|rin** [...'zøːrɪn], Frisörin, die; -, -nen: weibliche Form zu ↑Friseur

Fri|seu|se [...'zøːzə], Frisöse, die; -, -n (ugs. abwertend): Friseurin

fri|si̲e|ren ⟨*frz.*⟩: **1.** jmdn. od. sich kämmen; jmdm. od. sich die Haare [kunstvoll] herrichten. **2. a)** (ugs.) Änderungen an etwas vornehmen, um dadurch einen ungünstigen Sachverhalt zu verschleiern, um etwas vorzutäuschen; **b)** die Leistung eines serienmäßig hergestellten Kfz-Motors durch nachträgliche Veränderungen steigern

Fri|sö̲r usw. vgl. Friseur usw.

Fri|su̲r, die; -, -en ⟨*nlat.* Bildung zu ↑frisieren⟩: **1.** Art und Weise, in der das Haar gekämmt, gelegt, gesteckt, geschnitten, frisiert ist. **2.** das Frisieren (2). **3.** gekräuselter Kleiderbesatz

Fri|teu|se [...'tøːzə], **fri|ti̲e|ren:** frühere Schreibung für ↑Fritteuse, ↑frittieren

Fri|til|la̲|ria, die; -, ...ien ⟨*lat.-nlat.*⟩: Kaiserkrone (Liliengewächs)

Frit|ta̲|te, die; -, -n ⟨*lat.-it.*⟩: in dünne Streifen geschnittener Eierkuchen als Suppeneinlage

Fri̲t|te, die; -, -n ⟨*lat.-frz.;* »Gebackenes«⟩: **1.** aus dem Glasur- od. Emaillegemenge hergestelltes Zwischenprodukt bei der Glasfabrikation. **2.** (Plural) Kurzbezeichnung für: Pommes frites

fri̲t|ten: 1. eine pulverförmige Mischung bis zum losen Aneinanderhaften der Teilchen erhitzen. **2.** (Geol.) sich durch Hitze verändern (von Sedimentgesteinen beim Emporsteigen von ↑Magma [1]). **3.** (ugs.) frittieren

Fri̲t|ter, der; -s, - ⟨*lat.-frz.-engl.*⟩: ↑Kohärer

Frit|teu|se [...'tøːzə], die; -, -n ⟨französierende Bildung zu ↑frittieren⟩: elektrisches Gerät zum Frittieren von Speisen

frit|ti̲e|ren ⟨*lat.-frz.*⟩ (Gastron.): Speisen od. Gebäck in heißem Fett schwimmend garen

Fri̲t|tung, die; -, -en (Geol.): das Umschmelzen von Sedimentgesteinen durch Hitzeeinwirkung von aufsteigendem ↑Magma (1)

Frit|tü̲|re, die; -, -n: **1.** heißes Fett- od. Ölbad zum Ausbacken von Speisen. **2.** eine in heißem Fett ausgebackene Speise. **3.** ↑Fritteuse

Fri|tü̲|re: frühere Schreibung für ↑Frittüre

fri|vo̲l ⟨*lat.-frz.*⟩: **1. a)** leichtfertig, bedenkenlos; **b)** das sittliche Empfinden, die geltenden Moralbegriffe verletzend; schamlos, frech. **2.** (veraltet) eitel, nichtig. **Fri|vo|li|tä̲t,** die; -, -en: **1. a)** Bedenkenlosigkeit, Leichtfertigkeit; **b)** Schamlosigkeit, Schlüpfrigkeit. **2.** (meist Plural) Schiffchenspitze, ↑Occhispitze (eine Handarbeit)

Frois|sé [fro̯a'seː], der od. das; -s, -s ⟨*frz.*⟩: künstlich geknittertes Gewebe

frois|si̲e|ren ⟨*lat.-frz.*⟩ (veraltet): kränken, verletzen

Fro|mage [frɔ'maːʒ], der; -, -s ⟨*lat.-vulgärlat.-frz.*⟩: frz. Bez. für Käse

Fro|mage de Brie [- də 'briː], der; - -, -s [fro'maːʒ] - - ⟨nach der frz. Landschaft Brie⟩: ein Weichkäse

Fron|de ['frõːdə], die; - ⟨*lat.-vulgärlat.-frz.*⟩: **1. a)** Oppositionspartei des französischen Hochadels im 17. Jh.; **b)** der Aufstand des französischen Hochadels gegen das absolutistische Königtum (1648–1653). **2.** scharfe politische Opposition, oppositionelle Gruppe innerhalb einer Partei od. einer Regierung

Fron|des|ze̲nz, die; - ⟨*lat.-nlat.*⟩ (Bot.): das Auswachsen gewisser Pflanzenorgane (z. B. Staubblätter) zu Laubblättern

Fron|deur [frõ'døːɐ̯], der; -s, -e ⟨*lat.-vulgärlat.-frz.*⟩: **1.** scharfer politischer Opponent u. Regierungsgegner. **2.** Anhänger der Fronde (1)

fron|di̲e|ren: 1. als Frondeur tätig sein. **2.** sich heftig gegen etwas auflehnen, sich widersetzen

fron|do̲s ⟨*lat.*⟩: zottenreich (z. B. von der Darmschleimhaut)

Fro̲ns, die; -, Frontes ⟨*lat.*⟩ (Anat., Med.): Stirn; Stirnbein

Fro̲nt, die; -, -en ⟨*lat.-frz.*⟩: **1. a)** Vorder-, Stirnseite; **b)** die ausgerichtete vordere Reihe einer angetretenen Truppe. **2.** Gefechtslinie, an der feindliche Streitkräfte miteinander in Feindberührung kommen; Kampfgebiet. **3.** geschlossene Einheit; Block. **4.** (meist Plural) Trennungslinie, gegensätzliche Einstellung. **5.** (Meteorol.) Grenzfläche zwischen Luftmassen von verschiedener Dichte u. Temperatur

fron|ta̲l ⟨*nlat.*⟩: **a)** an der Vorderseite befindlich, von der Vorderseite kommend, von vorn; **b)** unmittelbar nach vorn gerichtet; **c)** (Anat.) zur Stirn gehörend; stirnseitig

Fron|ta̲|le, das; -[s], ...lien ⟨*lat.*⟩: ↑Antependium

Fron|ta|li|tä̲t, die; - ⟨*lat.-nlat.*⟩: eine in der archaischen, ägyptischen u. vorderasiatischen Kunst beobachtete Gesetzmäßigkeit, nach der jeder menschliche Körper unabhängig von seiner Stellung od. Bewegung stets frontal dargestellt ist

Fron|ta̲l|zo|ne, die; -, -n (Meteorol.): Übergangsschicht zwischen kalten u. warmen Luftmassen in der ↑Troposphäre

Fro̲n|tex, die; - (meist o. Art.) ⟨Kurzw. aus *frz. front*ières *ext*érieures = Außengrenzen⟩: Behörde zum Schutz der EU-Außengrenzen, amtl. Europäische Agentur für die Grenz- u. Küstenwache

Fro̲nt|frau, die; -, -en: weibliche Form zu ↑Frontmann

Fron|ti|s|pi̲z [...'spiːts], das;

-es, -e ‹lat.-mlat.-frz.›: **1.** (Archit.) Giebeldreieck [über einem Gebäudevorsprung]. **2.** (Buchw.) Verzierung eines Buchtitelblattes

Front|loa|ding [...lɔʊ̯dɪŋ], das; -[s] ‹engl.› (Wirtsch.): Form der Produktentwicklung, bei der in einer frühen Phase mit digitalen Modellen die wesentlichen Grundstrukturen simuliert, analysiert u. festgelegt werden

Front|man [...mɛn], der; -[s], ...men [...men], **Front|mann,** der; -[e]s, ...männer u. ...leute ‹engl.›: Musiker einer Rockgruppe o. Ä., der bei Auftritten [als Sänger] im Vordergrund agiert

Front|of|fice [...ʔɔfɪs], das; -[s], -s ‹engl.› (Wirtsch.): Bezeichnung für Schalterhalle, Verkaufsräume, Kundenbetreuer o. Ä. eines Unternehmens (bes. einer Bank) (Ggs.: Backoffice)

Fron|to|ge|ne|se, die; -, -n ‹lat.-frz.; gr.› (Meteorol.): Bildung von Fronten (5)

Fron|to|ly|se, die; -, -n (Meteorol.): Auflösung von Fronten (5)

Fron|ton [frõ'tõ:], das; -s, -s ‹frz.›: ↑Frontispiz (1)

Fros|ter, der; -s, - ‹anglisierende Bildung zu *dt.* Frost›: Tiefkühlfach eines Kühlgeräts

Frot|ta|ge [...ʒə], die; -, -n ‹frz.›: **1. a)** (ohne Plural) grafisches Verfahren, bei dem Papier auf einen prägenden Untergrund (z. B. Holz) gedrückt wird, um dessen Struktur sichtbar zu machen, Durchreibung; **b)** Grafik, die diese Technik aufweist. **2.** (Med., Psychol.) Erzeugung sexueller Lustempfindungen durch Reiben der Genitalien am [bekleideten] Partner

Frot|tee ['frɔte, österr.: ...'te:], das od. der; -[s], -s ‹frz.›: stark saugfähiges [Baum]wollgewebe mit noppiger Oberfläche

Frot|teur [...'tø:ɐ̯], der; -s, -e: **1.** (Med., Psychol.) jmd., der durch Reiben der Genitalien am [bekleideten] Partner sexuelle Lustempfindung erlebt. **2.** (veraltet) Bohner[besen]

frot|tie|ren: 1. die Haut [nach einem Bad] mit Tüchern od. Bürsten [ab]reiben. **2.** (veraltet) bohnern

Frot|to|la, die; -, -s u. ...olen ‹it.›: weltliches Lied der zweiten Hälfte des 15. Jh.s u. des frühen 16. Jh.s [in Norditalien]

Frou|frou [fru'fru:], der od. das; -, -s ‹frz., lautmalende Bildung›: das Rascheln u. Knistern der eleganten (bes. für die Zeit um 1900 charakteristischen) weiblichen Unterkleidung

Fruc|to|se vgl. Fruktose

Fruc|tus, der; -, - [...tu:s] ‹lat.› (Pharm.): Frucht einer Pflanze, die ganz od. in Teilen medizinisch verwendet wird

fru|gal ‹lat.-frz.; »zu den Früchten gehörend, aus Früchten bestehend«›: einfach, bescheiden; nicht üppig (in Bezug auf die Lebensweise, bes. in Bezug auf Essen u. Trinken)

Fru|ga|li|tät, die; -: Einfachheit, Bescheidenheit

fru|gan ‹engl.›: ↑frutarisch. **Fru|ga|ner,** der; -s, -: ↑Frutarier. **Fru|ga|ne|rin,** die; -, -nen: weibliche Form zu ↑Fruganer

Fru|gi|vo|re, der; -n, -n (meist Plural) ‹lat.-nlat.›: ↑Fruktivore

Fruk|ti|dor [frʏkti'do:ɐ̯], der; -[s], -s ‹(lat.; gr.) frz.; »Fruchtmonat«›: der zwölfte Monat des französischen Revolutionskalenders (18. Aug. bis 16. Sept.)

Fruk|ti|fi|ka|ti|on, Fruk|ti|fi|zie|rung, die; -, -en ‹lat.›: **1.** (selten) Nutzbarmachung, Verwertung. **2.** (Bot.) Ausbildung von Fortpflanzungskörpern in besonderen Behältern (z. B. Ausbildung der Sporen bei Farnen); vgl. ...ation/...ierung. **fruk|ti|fi|zie|ren: 1.** (selten) aus etwas Nutzen ziehen. **2.** (Bot.) Früchte ansetzen od. ausbilden

Fruk|ti|fi|zie|rung vgl. Fruktifikation

Fruk|ti|vo|re, der; -n, -n (meist Plural) (Zool.): sich hauptsächlich von Früchten ernährendes Tier; Früchtefresser

Fruk|to|se, fachspr. auch: Fructose, die; - ‹lat.-nlat.›: Fruchtzucker

Frust, der; -[e]s, -e (ugs.): **1.** (ohne Plural) das Frustriertsein; Frustration. **2.** frustrierendes Erlebnis

fruste [frʏst] ‹lat.-it.-frz.› (Med.): unvollkommen, wenig ausgeprägt (von Symptomen einer Krankheit); vgl. Forme fruste

frus|ten (ugs.): ↑frustrieren

frus|t|ran ‹lat.›: **a)** (Med.) vergeblich, erfolglos; **frustrane Herzkontraktion** (Med.): das Zusammenziehen des Herzens, ohne dass Blut ausgeworfen wird; **b)** zur Frustration führend, Frustration bewirkend

Frus|t|ra|ti|on, die; -, -en ‹lat.› (Psychol.): Erlebnis einer wirklichen od. vermeintlichen Enttäuschung u. Zurücksetzung durch erzwungenen Verzicht od. versagte Befriedigung

Frus|t|ra|ti|ons|to|le|ranz, die; - (Psychol.): **a)** Umleitung einer Frustration in Wunschvorstellungen; [erlernbare] ↑Kompensation, ↑Sublimierung einer Frustration ohne Aggressionen od. Depressionen; **b)** Fähigkeit, frustrierende Erlebnisse längere Zeit auszuhalten

frus|t|ra|to|risch (selten): auf Täuschung bedacht

frus|t|rie|ren (Psychol.): jmds. Erwartung enttäuschen, jmdm. die Befriedigung eines Bedürfnisses versagen

Fru|ta|ri|er, der; -s, - ‹engl.›: Vegetarier, der sich aus ethischen Gründen nur von pflanzlichen Produkten ernährt, die ohne Beschädigung der Pflanze zu bekommen sind (Früchte, Nüsse u. Samen). **Fru|ta|ri|e|rin,** die; -, -nen: weibliche Form zu ↑Frutarier. **fru|ta|risch:** sich nur von pflanzlichen Produkten ernährend, die ohne Beschädigung der Pflanze gewonnen wurden

Frut|ti di Ma|re, die (Plural) ‹it.; »Früchte des Meeres«›: Meeresfrüchte (z. B. Muscheln)

FSN ‹Abk. für *engl. f*ull *s*ervice *n*etwork »Netzwerk mit vollem Service«›: Netzwerk, in dem der Benutzer eine Vielzahl von Diensten in Anspruch nehmen kann

Fuch|sie [...i̯ə], die; -, -n ‹nlat.; nach dem Botaniker L. Fuchs, 16. Jh.›: als Strauch wachsende Pflanze mit dunkelgrünen Blättern u. hängenden, mehrfarbigen (roten, rosa, weißen od. violetten) Blüten

Fuch|sin, das; -s ‹Kurzw. aus ↑*Fuchs*ie u. der Endung *-in*›: synthetisch hergestellter roter Farbstoff

fu|dit ‹lat.; »hat (es) gegossen«›: Aufschrift auf gegossenen Kunstwerken u. Glocken hinter dem Namen des Künstlers od. Gießers (Abk.: fud.)

Fu|e|ro, der; -[s], -s ⟨*lat.-span.;* »Forum«⟩: Gesetzessammlung, Grundgesetz, Satzung im spanischen Recht

Fu|fu, der; -[s], -s ⟨*westafrik.*⟩: westafrikanisches Gericht aus zu einem Brei gestampften gekochten Maniok- od. Jamsknollen, der zu kleinen Kugeln geformt u. mit einer stark gewürzten, öligen Suppe übergossen wird

fu|gal ⟨*lat.-it.-nlat.*⟩ (Musik): fugenartig, im Fugenstil

fu|ga|to ⟨*lat.-it.*⟩: fugenartig, frei nach der Fuge komponiert. **Fu|ga|to,** das; -s, -s u. ...ti (Musik): Fugenthema mit freien kontrapunktischen Umspielungen ohne die Gesetzmäßigkeit der Fuge

Fu|ga|zi|tät, die; -, -en ⟨*lat.*⟩ (Chemie): Aktivität gasförmiger Systeme

Fu|ge, die; -, -n ⟨*lat.-it.*⟩ (Musik): nach strengen Regeln durchkomponierte kontrapunktische Satzart (mit nacheinander in allen Stimmen durchgeführtem, fest geprägtem Thema)

Fu|get|te, Fu|ghet|ta, die; -, ...tten: nach Fugenregeln gebaute, aber in allen Teilen verkürzte kleine Fuge

fu|gie|ren (Musik): ein Thema fugenartig durchführen

Fu|gu, das; -[s], -s ⟨*jap.*⟩: japanisches Gericht aus Kugelfischen

Ful|gu|rant, der; -[s], **Ful|gu|ran|te,** die; - ⟨*lat.;* »glänzend«⟩: Atlasgewebe mit glänzender rechter Seite

Ful|gu|ra|ti|on, die; -, -en ⟨*lat.*⟩ (Med. früher): Anwendung von Hochfrequenzströmen zur Gewebsdurchtrennung (historische Form der Krebsbehandlung)

Ful|gu|rit [auch: ...'rɪt], der; -s, -e ⟨*lat.-nlat.*⟩: **1.** durch Blitzschlag röhrenförmig zusammengeschmolzene Sandkörner (Blitzröhre). **2.** ein Sprengstoff. **3.** ® Asbestzementbaustoff

Fu|li|go, die, (auch:) der; -[s], ...gines [...gine:s] ⟨*lat.;* »Ruß«⟩ (Med.): bräunlich schwarzer Belag der Mundhöhle bei schwer Fiebernden

Full Dress, der; - - ⟨*engl.;* »volle Kleidung«⟩: großer Gesellschaftsanzug, Gesellschaftskleidung

Ful|le|ren, das; -s, -e ⟨*engl.;* nach R. Buckminster Fuller⟩ (Chemie): künstlich hergestellte Form des Kohlenstoffs mit großen kugelartig geformten Molekülen

Full-HD-Auf|lö|sung ['fʊlha:'de:...], die; - ⟨*engl.*⟩: besonders hohe ↑HD-Auflösung bei einem Fernsehgerät, einem Display, einem digitalen Film o. Ä.

Full House ['fʊl 'haʊ̯s], das; - -, - -s [...'haʊ̯zɪs] ⟨»volles Haus«⟩: **1.** Kartenkombination beim ↑Poker. **2.** (ugs.) volles Haus; drangvolle Enge

Full Ser|vice [- 'sœ:ɐ̯vɪs], der; - -, - -s ['- 'sœ:ɐ̯vɪsɪs] ⟨»volle Dienstleistung«⟩: Kundendienst, der alle anfallenden Arbeiten übernimmt

Full Speed [- 'spi:d], der; - - ⟨»volle Geschwindigkeit«⟩: Höchstgeschwindigkeit

Full|time-Job, Full|time|job [...taɪmdʒɔp], der; -s, -s: Tätigkeit, Beschäftigung, die jmds. ganze Zeit beansprucht, ihn voll ausfüllt; Ganztagsarbeit

ful|ly fa|shioned ['fʊlɪ 'fæʃənd]: formgestrickt, formgearbeitet (von Kleidungsstücken)

ful|mi|nant ⟨*lat.*⟩: **1.** sich in seiner außergewöhnlichen Wirkung od. Qualität in auffallender Weise mitteilend; glänzend, großartig. **2.** (Med.) blitzartig auftretend, schnell u. heftig verlaufend (von Krankheiten)

Ful|mi|nat, das; -[e]s, -e ⟨*lat.-nlat.*⟩: hochexplosives Salz der Knallsäure

Fu|ma|ge [fy'ma:ʒə], die; -, -n ⟨*lat.-frz.;* »das Räuchern«⟩: Collage, bei der mit einer Kerzenflamme auf ein bemaltes Papier Rußspuren gezeichnet werden

Fu|ma|ro|le, die; -, -n ⟨*lat.-it.*⟩: das Ausströmen von Gas u. Wasserdampf aus Erdspalten in vulkanischen Gebieten

Fu|mé [fy'me:], der; -[s], -s ⟨*lat.-frz.*⟩: **1.** Rauch- od. Rußabdruck beim Stempelschneiden. **2.** erster Druck, Probeabzug eines Holzschnittes mit feiner Rußfarbe

Fu|moir [fy'mo̯a:ɐ̯], das; -s, -s ⟨*frz.*⟩ (veraltet): Rauchzimmer, Raucherabteil eines Zuges

Fun [fan], der; -s ⟨*engl.*⟩: Vergnügen, das eine bestimmte Handlung, ein Ereignis o. Ä. bereitet

Fun|board ['fanbɔ:ɐ̯t], das; -s, -s ⟨*engl.*⟩: bes. langes u. leichtes Segelsurfbrett

Func|tio|nal Food ['faŋkʃənəl 'fu:d], das; - -[s], - -s ⟨*engl.*⟩: **a)** (ohne Plural) Gesamtheit der Lebensmittel, die neben der Ernährung noch einen weiteren Zweck erfüllen (z. B. die Gesundheit fördern) sollen; **b)** zum Functional Food (a) zählendes Lebensmittel

Fun|da, die; -, ...dae [...dɛ] ⟨*lat.*⟩ (Med.): Bindenverband für Teilabdeckungen am Kopf

Fun|da|ment, das; -[e]s, -e ⟨*lat.*⟩: **1.** (Bauw.) Unterbau, Grundbau, Sockel. **2.** (Druckw.) die Druckform tragende Eisenplatte bei einer Buchdruckerschnellpresse. **3. a)** Grund, Grundlage; **b)** (Philos.) Grundbegriff, Grundlehre

fun|da|men|tal: grundlegend; schwerwiegend

Fun|da|men|tal|bass, der; -es (Musik): der ideelle Basston, der zwar die Harmonie aufbaut, aber nicht selbst erklingen muss

Fun|da|men|ta|lis|mus, der; - ⟨*lat.-nlat.(-engl.)*⟩: **1.** geistige Haltung, die durch kompromissloses Festhalten an [ideologischen, religiösen] Grundsätzen gekennzeichnet ist. **2.** eine streng bibelgläubige, theologische Richtung im Protestantismus in den USA, die sich gegen Bibelkritik u. moderne Naturwissenschaft wendet

Fun|da|men|ta|list, der; -en, -en: **1.** jmd., der kompromisslos an seinen [ideologischen, religiösen] Grundsätzen festhält. **2.** Anhänger, Vertreter des Fundamentalismus. **Fun|da|men|ta|lis|tin,** die; -, -nen: weibliche Form zu ↑Fundamentalist

fun|da|men|ta|lis|tisch: 1. den Fundamentalismus betreffend. **2.** die Fundamentalisten betreffend, ihnen eigen

Fun|da|men|tal|on|to|lo|gie, die; -: ↑Ontologie des menschlichen Daseins

Fun|da|men|tal|phi|lo|so|phie, die; -: Philosophie als Prinzipienlehre

Fun|da|men|tal|punkt, der; -[e]s, -e: ↑Fixpunkt

Fun|da|men|tal|theo|lo|gie, die; -: Untersuchung der Grundlagen, auf denen die katholische Lehre aufbaut; vgl. Apologetik

fun|da|men|tie|ren ‹*lat.-nlat.*›: ein Fundament (1) legen; gründen

Fun|da|ti|on, die; -, -en ‹*lat.*›: **1.** (schweiz.; Bauw.) Fundament[ierung]. **2.** [kirchliche] Stiftung

Fun|di, der; -s, -s (bes. Politikjargon): kurz für ↑Fundamentalist (1)

fun|die|ren ‹*lat.*; »den Grund legen (für etwas)«›: **1.** etwas mit dem nötigen Fundus (2) ausstatten, mit den nötigen Mitteln versehen. **2.** [be]gründen, untermauern (z. B. von Behauptungen)

Fund|rai|sing, Fund-Rai|sing [ˈfantrεɪ̯zɪŋ], das; -[s], -s ‹*engl.*›: das Beschaffen von Spenden [für wohltätige Zwecke]

Fun|dus, der; -, - ‹*lat.*; »Boden, Grund, Grundlage«›: **1.** [Abteilung mit der] Gesamtheit der Ausstattungsmittel in Theater u. Film. **2.** [geistiger] Grundstock, auf den man für seinen Bedarf zurückgreifen kann. **3.** (Med.) [Hinter]grund, Boden eines Hohlorgans. **4.** (Geschichte) Grund u. Boden; Grundstück

fu|ne|bre [fyˈnεbr(ə)] ‹*lat.-frz.*›, **fu|ne|ra|le** ‹*lat.-it.*› (Musik): traurig, ernst (Vortragsanweisung)

Fu|ne|ra|li|en, die (Plural) ‹*lat.*›: Feierlichkeiten bei einem Begräbnis

Fun|fact, Fun Fact, der od. das; -s, -s [ˈfanfækt] ‹engl.›: lustige, vergnügliche Tatsache über jmdn. od. etw.

Fünf|li|ber, der; -s, - ‹*dt.; lat.-frz.*› (schweiz. mdal.): Fünffrankenstück

Fun|fur [ˈfʌnfœːɐ̯], der; -s, -s ‹*engl.*›: Kleidungsstück aus einem od. mehreren weniger kostspieligen [Imitat]pelzen

Fun|gi: *Plural* von ↑Fungus

fun|gi|bel ‹*lat.-nlat.*›: **1.** (Rechtswiss.) austauschbar, ersetzbar; **fungible Sache** (Rechtswiss.): vertretbare Sache, d. h. eine bewegliche Sache, die im Verkehr nach Maß, Zahl u. Gewicht bestimmt zu werden pflegt. **2.** in beliebiger Funktion einsetzbar; ohne festgelegten Inhalt u. daher auf verschiedene Weise verwendbar

Fun|gi|bi|li|en, die (Plural): ↑fungibel (1)

Fun|gi|bi|li|tät, die; -: **1.** (Rechtswiss.) Austauschbarkeit, Ersetzbarkeit. **2.** die beliebige Einsetzbarkeit, Verwendbarkeit

fun|gie|ren ‹*lat.*›: eine bestimmte Funktion ausüben, eine bestimmte Aufgabe haben, zu etwas da sein

Fun|gi|s|ta|ti|kum, das; -s, ...ka ‹*lat.; gr.*› (Med.): Wachstum u. Vermehrung von [krankheitserregenden] Kleinpilzen hemmendes Mittel. **fun|gi|s|ta|tisch** (Med.): Wachstum u. Vermehrung von [krankheitserregenden] Kleinpilzen hemmend

fun|gi|zid ‹*lat.-nlat.*› (Med.): pilztötend (von chemischen Mitteln)

Fun|gi|zid, das; -[e]s, -e: im Garten- u. Weinbau verwendetes Mittel zur Bekämpfung Pflanzen schädigender Pilze

fun|gös ‹*lat.*› (Med.): schwammig (z. B. von Gewebe, von einer Entzündung)

Fun|go|si|tät, die; -, -en ‹*lat.-nlat.*› (Med.): schwammige Wucherung, pilzartiges Wachstum des Gewebes

Fun|gus, der; -, ...gi ‹*lat.*; »Erdschwamm«›: **1.** lat. Bez. für: Pilz. **2.** (Med.) schwammige Wucherung

Fu|ni: Kurzform von ↑Skifuni

Fu|ni|cu|laire [fynikʏˈlεːɐ̯], das od. der; -[s], -s ‹*lat.-frz.*› (bes. schweiz.): Drahtseilbahn

Fu|ni|cu|lus, der; -, ...li ‹*lat.*›: **1.** (Bot.) Stiel, durch den die Samenanlage mit dem Fruchtblatt verbunden ist. **2.** (Med.) Gewebestrang (z. B. Samenstrang, Nabelschnur)

fu|ni|ku|lär: einen Gewebestrang betreffend, zu einem Gewebestrang gehörend

Fu|ni|ku|lar|bahn, die; -, -en ‹*lat.-it.* od. *lat.-frz.*› (veraltet): Drahtseilbahn; vgl. Funiculaire

Fu|ni|ku|li|tis, die; -, ...itiden ‹*lat.-nlat.*› (Med.): Entzündung des Samenstrangs

Funk [faŋk], der; -s ‹*engl.-amerik.*›: **a)** bluesbetonte u. auf Elemente der Gospelmusik zurückgreifende Spielweise im Jazz; **b)** meist von Schwarzen in Amerika gespielte Popmusik, die eine Mischung aus Rock u. Jazz darstellt

Fun|kie [...i̯ə] ‹*nlat.*, nach dem dt. Apotheker H. Chr. Funck›: Gartenzierpflanze (Liliengewächs) mit weißen, blauen od. violetten Blütentrauben

fun|kig [ˈfaŋkɪç] ‹*engl.- amerik.*›: in der Art des ↑Funk

Funk|kol|leg, das; -s, -s u. -ien ‹*dt.; lat.*›: wissenschaftliche Vorlesungsreihe im Rundfunk als eine Form des Fernstudiums

Funk|tio|lekt, der; -[e]s, -e ‹*lat.; gr.*›: für eine bestimmte Funktion charakteristische, ihr angemessene Schreib- od. Sprechweise

Funk|ti|on, die; -, -en ‹*lat.*›: **1. a)** (ohne Plural) Tätigkeit, das Arbeiten (z. B. eines Organs, eines Geräts); **b)** Amt, Stellung (von Personen); **c)** [klar umrissene] Aufgabe innerhalb eines größeren Zusammenhanges, Rolle. **2.** (Math.) veränderliche Größe, die in ihrem Wert von einer anderen abhängig ist. **3.** (Musik) auf die drei wesentlichen Hauptakkorde ↑²Tonika, ↑Dominante (2) u. ↑Subdominante zurückgeführte harmonische Beziehung

funk|ti|o|nal ‹*lat.-nlat.*›: die Funktion betreffend, auf die Funktion bezogen, der Funktion entsprechend; vgl. ...al/...ell; **funktionale Grammatik** (Sprachwiss.): Richtung innerhalb der Sprachwissenschaft, die grammatische Formen nicht nur formal, sondern auch hinsichtlich ihrer Funktion im Satz untersucht; **funktionale Satzperspektive** (Sprachwiss.): Gliederung des Satzes nicht nach der formalen, sondern nach der informationstragenden Struktur

funktional/funktionell *s. Kasten Seite 393*

Funk|ti|o|nal, das; -s, -e (Math.): eine Funktion (2) mit beliebigem Definitionsbereich, deren Werte ↑komplexe od. ↑reelle Zahlen sind

funk|ti|o|na|li|sie|ren: dem Gesichtspunkt der Funktion entsprechend gestalten. **Funk|ti|o|na|li|sie|rung,** die; -, -en: das Funktionalisieren

Funk|ti|o|na|lis|mus, der; -: **1.** (Ar-

funktional	funktionell
Der Bau ist schlicht und funktional gehalten. *der Funktion nach* – funktional und ästhetisch ansprechend – die funktionalen und gestalterischen Anforderungen – ist [...] schlicht [und] funktional Der Innenraum des Autos wirkt aufgeräumt und funktional. Kunst muss nicht immer funktional sein. Ziel: bezahlbaren, funktionalen und sicheren Wohnraum zu kreieren.	Deshalb benötigen Kinder besonders funktionelle Kleidung. *bezogen auf die Leistung* – funktionelle [...] Architektur – ist funktionell [...] gestaltet – sowohl optisch als auch funktionell Nur was einfach, klar und funktionell daherkommt, erzielt auch Wirkung. Sie sollte ja nicht nur schön, sondern auch funktionell sein. Es ist schwer, den Kompromiss zwischen modisch, gesund und funktionell zu finden.

chit.) ausschließliche Berücksichtigung des Gebrauchszweckes bei der Gestaltung von Gebäuden unter Verzicht auf jede zweckfremde Formung. **2.** philosophische Lehre, die das Bewusstsein als Funktion der Sinnesorgane u. die Welt als Funktion des Ich betrachtet. **3.** Richtung in der Psychologie, die die Bedeutung psychischer Funktionen für die Anpassung des Organismus an die Umwelt betont

Funk|ti|o|na|list, der; -en, -en: Vertreter u. Verfechter des Funktionalismus. **Funk|ti|o|na|lis|tin,** die; -, -nen: weibliche Form zu ↑Funktionalist

funk|ti|o|na|lis|tisch: den Funktionalismus betreffend

Funk|ti|o|na|li|tät, die; -, -en: funktionale Beschaffenheit

Funk|ti|o|nal|stil, der; -[e]s, -e (Sprachwiss.): Verwendungsweise sprachlicher Mittel, die je nach gesellschaftlicher Tätigkeit od. sprachlich-kommunikativer Funktion differieren

Funk|ti|o|när, der; -s, -e ‹*lat.-frz.*›: offizieller Beauftragter eines wirtschaftlichen, sozialen od. politischen Verbandes od. einer Sportorganisation. **Funk|ti|o|nä|rin,** die; -, -nen: weibliche Form zu ↑Funktionär

funk|ti|o|nell: **1. a)** auf die Leistung bezogen, durch Leistung bedingt; **b)** wirksam; **c)** die Funktion (1 c) erfüllend, im Sinne der Funktion wirksam, die Funktion betreffend. **2.** die Beziehung eines Tones (Klanges) hinsichtlich der drei Hauptakkorde betreffend. **3.** (Med.) die Leistungsfähigkeit eines Organs betreffend; **funktionelle Erkrankung** (Med.): Zusammenkommen verschiedener Syndrome, ohne dass eine organische Entsprechung vorliegt; **funktionelle Gruppen** (Chemie): Atomgruppen in organischen Molekülen, bei denen charakteristische Reaktionen ablaufen können

Funk|ti|o|nen|the|o|rie, die; - (Math.): allgemeine Theorie der Funktionen (2)

funk|ti|o|nie|ren ‹*lat.-frz.*›: in [ordnungsgemäßem] Betrieb sein; reibungslos ablaufen; vorschriftsmäßig erfolgen

Funk|ti|ons|kreis, der; -es, -e (Verhaltensf.): rückgekoppelte funktionale Zuordnung einer bestimmten Verhaltensweise eines Tieres od. eines bestimmten Organs zu bestimmten Teilen seiner Umgebung

Funk|ti|ons|leis|te, die; -, -n (EDV): Aneinanderreihung von ↑Icons auf dem PC-Bild, bei deren Anklicken der Ablauf eines ↑Makros gestartet wird, um ein auf dem Icon in schriftlicher od. symbolischer Form dargestelltes Ergebnis zu erreichen

Funk|ti|ons|psy|cho|lo|gie, die; -: Wissenschaft von den Erscheinungen u. Funktionen der seelischen Erlebnisse

Funk|ti|ons|verb, das; -s, -en (Sprachwiss.): ein Verb, das in einer festen Verbindung mit einem Substantiv gebraucht wird, wobei das Substantiv den Inhalt der Wortverbindung bestimmt (z. B. in Verbindung *treten;* in Gang *bringen*)

Funk|ti|ons|verb|ge|fü|ge, das; -s, - (Sprachwiss.): Verbalform, die aus der festen Verbindung von Substantiv u. Funktionsverb besteht (z. B. *in Verbindung treten; in Betrieb sein*)

Funk|tiv, das; -s, -e ‹*lat.-nlat.*›: jedes der beiden Glieder einer Funktion (in der ↑Glossematik L. Hjelmslevs)

Funk|tor, der; -s, ...oren: **1.** (moderne Logik) ein Ausdruck, der einen anderen Ausdruck näher bestimmt. **2.** (Sprachwiss.) Ergänzung einer Leerstelle im Satz

fun|ky ['faŋki] ⟨*engl.; eigtl.* »irre«⟩: **1.** ↑funkig. **2.** (ugs.) modisch, toll

Fun|nel ['fanḷ], der; -s, -[s] ⟨engl.⟩ (Meteorol.): sichtbarer Teil einer rotierenden, trichterförmigen Luftsäule; Trichterwolke

Fun|sport ['fan...], der; -[e]s ⟨*engl.*⟩: Freizeitsportart ohne Leistungsdruck, bei der ↑Fun im Vordergrund steht (z. B. Inlineskating)

Fu|o|r|u|sci|to [fu̯oru'ʃi:to], der; -[s], ...ti ⟨*lat.-it.*⟩: italienischer politischer Flüchtling während der Zeit des ↑Risorgimento u. ↑Faschismus

Fu|ra|ge [fu'ra:ʒə], die; - ⟨*germ.-frz.*⟩ (Militär veraltet): **a)** Verpflegung für die Truppe; **b)** Futter für die Pferde. **fu|ra|gie|ren** (Militär veraltet): Furage beschaffen

Fu|ran, das; -s, -e ⟨*lat.*⟩ (Chemie): farblose, chloroformartig riechende, leicht entflammbare Flüssigkeit, die meist aus ↑Furfural gewonnen wird u. das Grundgerüst vieler heterozyklischer Verbindungen bildet

Fur|ca, die; -, ...cae [...tsɛ], Furka, die; -, ...ken ⟨*lat.;* »Gabel«⟩ (Zool.): letzter, gegabelter Hinterleibsteil mancher Krebse

Fur|fu|ral, das; -s ⟨*lat.*⟩ (Chemie): aus Pentosen enthaltenden landwirtschaftlichen Abfallstoffen (wie z. B. Kleie) gewonnene farblose, schleimhautreizende ölige Flüssigkeit, die u. a. als Lösungsmittel verwendet wird

Fu|ri|ant, der; -[s], -s ⟨*lat.-tschech.*⟩: böhmischer Nationaltanz im schnellen $^3/_4$-Takt mit scharfen rhythmischen Akzenten

fu|ri|bund ⟨*lat.*⟩ (Med. veraltet): rasend, tobsüchtig

Fu|rie [...ri̯ə], die; -, -n: **1.** römische Rachegöttin; vgl. Erinnye. **2.** rasende, wütende Frau

Fu|rier, der; -s, -e ⟨*germ.-frz.*⟩: **1.** der für Verpflegung u. Unterkunft einer Truppe sorgende Unteroffizier; vgl. Fourier. **2.** Rechnungsführer

fu|ri|os ⟨*lat.*⟩: **a)** wütend, hitzig; **b)** mitreißend, glänzend

fu|ri|o|so ⟨*lat.-it.*⟩ (Musik): wild, stürmisch, leidenschaftlich (Vortragsanweisung). **Fu|ri|o|so**, das; -s, -s u. ...si (Musik): Musikstück od. musikalischer Satz von wild-leidenschaftlichem Charakter

Fur|ka vgl. Furca

Fur|la|na usw. vgl. Forlana usw.

Fur|nier, das; -s, -e ⟨*germ.-frz.*⟩: dünnes Deckblatt (aus gutem, meist auch gut gemasertem Holz), das auf weniger wertvolles Holz aufgeleimt wird

fur|nie|ren: mit Furnier belegen

Fu|ror, der; -s ⟨*lat.*⟩: Wut, Raserei

Fu|ro|re, die; -, seltener: das; -s ⟨*lat.-it.*⟩: rasender Beifall; Leidenschaftlichkeit; **Furore machen:** Aufsehen erregen, Beifall erringen

Fu|ror po|e|ti|cus, der; - - ⟨*lat.; gr.-lat.*⟩: (nach antiker [platonischer] Auffassung) rauschhafter Zustand des inspirierten Dichters

Fu|ror teu|to|ni|cus, der; - - ⟨*lat.; germ.-lat.*⟩: germanisches bzw. deutsches Ungestüm

Fu|run|kel, der, (auch:) das; -s, - ⟨*lat.;* »kleiner Dieb«⟩ (Med.): eitrige Entzündung eines Haarbalgs u. seiner Talgdrüse; Eitergeschwür

Fu|run|ku|lo|se, die; -, -n ⟨*lat.-nlat.*⟩ (Med.): ausgedehnte Furunkelbildung

Fu|sa, die; -, ...ae [...zɛ] u. ...sen ⟨*lat.-it.*⟩: Achtelnote in der ↑Mensuralnotation

Fu|sa|ri|o|se, die; -, -n ⟨*lat.-nlat.*⟩ (Bot.): durch Fusarium erzeugte Pflanzenkrankheit

Fu|sa|ri|um, das; -s, ...ien (Bot.): ein Schlauchpilz (Pflanzenschädling)

fu|si|form ⟨*lat.*⟩ (Biol., Med.): lanzett- od. spindelförmig (von Bakterien)

Fü|si|lier, der; -s, -e ⟨*lat.-vulgärlat.-frz.*⟩ (schweiz., sonst veraltet): Infanterist

fü|si|lie|ren: standrechtlich erschießen

Fü|sil|la|de [fyzi'ja:də], die; -, -n (veraltet): standrechtliche [Massen]erschießung von Soldaten

Fu|sil|li, die (Plural) ⟨*it.*⟩: spiralig gedrehte Nudeln

Fu|si|on, die; -, -en ⟨*lat.;* »Gießen, Schmelzen«⟩: **1.** Vereinigung, Verschmelzung (z. B. zweier od. mehrerer Unternehmen od. politischer Organisationen). **2.** (Optik, Med.) Vereinigung der Bilder des rechten u. des linken Auges zu einem einzigen Bild

fu|si|o|nie|ren ⟨*lat.-nlat.*⟩: verschmelzen (von zwei od. mehreren [großen] Unternehmen). **Fu|si|o|nie|rung**, die; -, -en: das Fusionieren

Fu|si|ons|re|ak|tor, der; -s, -en (Physik): ↑Reaktor zur Energiegewinnung durch Atomkernfusion

Fu|sit [auch: ...'zɪt], der; -s, -e ⟨*lat.-nlat.*⟩: Steinkohle, deren einzelne Lagen aus verschieden zusammengesetztem Material bestehen

Fus|ta|ge [fʊs'ta:ʒə], Fastage [...'ta:ʒə], die; -, -n ⟨französierende Bildung⟩: **1.** Leergut. **2.** Preis für Leergut

Fus|ta|nel|la, die; -, ...llen ⟨*ngr.-it.*⟩: kurzer Männerrock der griechischen Nationaltracht

Fus|ti, die (Plural) ⟨*lat.-it.*⟩: [Vergütung für] Unreinheiten einer Ware

Fus|tik|holz, das; -es ⟨*arab.-roman.-engl.; dt.*⟩: tropische, zur Farbstoffgewinnung geeignete Holzart (Gelbholz)

Fu|su|ma, die; -, -s ⟨*jap.*⟩: undurchsichtige Schiebewand, die im japanischen Haus die einzelnen Räume voneinander trennt

Fu|thark ['fu:θark], das; -s, -e ⟨nach den ersten sechs Runenzeichen⟩: das älteste germanische Runenalphabet

fu|tie|ren ⟨*lat.-frz.*⟩ (schweiz.): sich futieren: sich um etwas nicht kümmern, sich über etwas hinwegsetzen

fu|til ⟨*lat.*⟩ (veraltet): nichtig, unbedeutend, läppisch. **Fu|ti|li|tät**, die; -, -en (veraltet): Nichtigkeit, Unbedeutendheit

Fu|ton, der; -s, -s ⟨*jap.*⟩: als Matratze dienende, relativ hart gepolsterte Matte eines japanischen Bettes

Fut|sal, der; -[s] ⟨*span.;* aus *fút*bol »Fußball« und *sala* »Halle«⟩: aus Südamerika stammende Form des Hallen- bzw. Kleinfeldfußballs

fut|schi|ka|to ⟨italianisierende Bil-

dung zu »futsch«) (meist scherzh.): verloren, nicht mehr da; vorbei
Fut|te|ral, das; -s, -e ⟨*germ.-mlat.*⟩: [eng] der Form angepasste Hülle für einen Gegenstand (z. B. für eine Brille)
Fu|tur, das; -s, -e ⟨*lat.*⟩: **1.** Zeitform, mit der ein verbales Geschehen od. Sein aus der Sicht des Sprechers als Vorhersage, Vermutung, als fester Entschluss, als Aufforderung o. Ä. charakterisiert wird. **2.** Verbform im Futur (1)
Fu|tu|ra, die; - (Druckw.): eine Schriftart
Fu|ture [ˈfjuːtʃɐ], der; -s, -s (meist Plural) ⟨*engl.;* eigtl. »Zukunft«⟩ (Börsenw.): standardisiertes Termingeschäft, das an Börsen gehandelt wird (bes. zur Absicherung von Wechselkurs-, Aktienkurs- od. Zinsänderungsrisiken)
fu|tu|risch (Sprachwiss.): **a)** das Futur betreffend; **b)** im Futur auftretend
Fu|tu|ris|mus, der; - ⟨*lat.-nlat.*⟩: von Italien ausgehende literarische, künstlerische u. politische Bewegung des beginnenden 20. Jh.s, die den völligen Bruch mit der Überlieferung u. ihren Traditionswerten forderte
Fu|tu|rist, der; -en, -en: Anhänger des Futurismus
Fu|tu|ris|tik, die; -: ↑Futurologie
Fu|tu|ris|tin, die; -, -nen: weibliche Form zu ↑Futurist
fu|tu|ris|tisch: a) zum Futurismus gehörend; **b)** zukunftsorientiert, -weisend
Fu|tu|ro|lo|ge, der; -n, -n ⟨*lat.; gr.*⟩: Wissenschaftler auf dem Gebiet der Futurologie. **Fu|tu|ro|lo|gie,** die; -, ...ien: moderne Wissenschaft, die sich mit den erwartbaren zukünftigen Entwicklungen auf technischem, wirtschaftlichem u. sozialem Gebiet beschäftigt. **Fu|tu|ro|lo|gin,** die; -, -nen: weibliche Form zu ↑Futurologe. **fu|tu|ro|lo|gisch:** die Futurologie betreffend
Fu|tu|rum, das; -s, ...ra ⟨*lat.*⟩ (veraltet): ↑Futur
Fu|tu|rum ex|akt|tum, das; - -, ...ra ...ta (Sprachwiss.): vollendetes Futur (z. B. er *wird gegangen sein*)
Fuz|zi, der; -s, -s ⟨nach der gleichnamigen Gestalt einer amerik. Westernserie⟩ (meist abwertend): [nicht ganz ernst zu nehmender] Mensch; komischer Typ
Fuz|zy|lo|gic, Fuz|zy-Lo|gic [ˈfazilɔdʒɪk], die; -: ↑Fuzzylogik
Fuz|zy|lo|gik [ˈfazi...], die; - (EDV): bei Systemen der künstlichen Intelligenz angewandte Methode der Nachahmung des menschlichen Denkens
Fyl|gja, die; -, ...jur ⟨*altnord.*⟩: der persönliche Schutzgeist eines Menschen in der altnordischen Religion (Folgegeist)
Fyl|ke, das; -[s], -r ⟨*norw.*⟩: norw. Bez. für: Provinz, Verwaltungsgebiet

G

Ga|bar|di|ne [ˈgabardiːn, auch: ...ˈdiːn], der; -s, -, auch: die; -, - [...ˈdiːnə] ⟨*frz.*⟩: Gewebe mit steil laufenden Schrägrippen (für Kleider, Mäntel u. Sportkleidung)
Gab|b|ro, der; -[s] ⟨*it.*⟩ (Geol.): ein Tiefengestein
Ga|bel|le, die; -, -n ⟨*arab.-it.-frz.*⟩: Steuer, Abgabe, bes. Salzsteuer in Frankreich 1341–1790
Ga|bi|o|ne, die; -, -n ⟨*it.*⟩: mit Steinen gefüllter quaderförmiger Drahtkorb (z. B. als Bauelement für Lärmschutzwände)
Ga|bun|vi|per, die; -, -n ⟨nach dem Staat Gabun⟩: in Zentralafrika lebende Giftschlange
Gad|get [ˈgɛdʒət], das; -s, -s ⟨*engl.*⟩: **1.** kleiner, raffinierter technischer Gegenstand (der auch für Spielereien geeignet ist). **2.** (EDV) Widget
Ga|do|li|nit [auch: ...ˈnɪt], der; -s, -e ⟨*nlat.;* nach dem finn. Chemiker J. Gadolin, 1760–1852⟩: ein Mineral
Ga|do|li|ni|um, das; -s: zu den seltenen Erdmetallen gehörendes chem. Element (Zeichen: Gd)
Ga|dul|ka, die; -, -s ⟨*bulgar.*⟩: Streichinstrument der Balkanvölker
Gag [gɛk], der; -s, -s ⟨*engl.*⟩: **1.** (im Theater, Film, Kabarett) [durch technische Tricks herbeigeführte] komische Situation, witziger Einfall. **2.** etwas, was als eine überraschende Besonderheit angesehen wird
ga|ga ⟨*frz.*⟩: **1.** (ugs.) nicht recht bei Verstand. **2.** [gaˈga] (veraltet) trottelig
Ga|ga|ku, das; -s ⟨*jap.*⟩: aus China übernommene Kammer-, Orchester- od. Chormusik am japanischen Kaiserhof (8.–12. Jh. n. Chr.)
Ga|gat, der; -[e]s, -e ⟨*gr.-lat.*⟩: als Schmuckstein verwendete Pechkohle
Ga|ge [ˈgaːʒə], die; -, -n ⟨*germ.-frz.*⟩: Bezahlung, Gehalt von Künstlern
Gag|ger [ˈgɛgɐ], der; -s, - ⟨*engl.-amerik.*⟩: ↑Gagman
Ga|gist [gaˈʒɪst], der; -en, -en: **1.** jmd., der Gage bezieht. **2.** (österr. veraltet) Angestellter des Staates od. des Militärs (in der österr.-ung. Monarchie). **Ga|gis|tin,** die; -, -nen: weibliche Form zu ↑Gagist (1)
Ga|g|li|ar|de [galˈjardə] vgl. Gaillarde
Gag|man [ˈgɛgmɛn], der; -[s], ...men [...men] ⟨*engl.*⟩: jmd., der Gags erfindet
Gah|nit [auch: ...ˈnɪt], der; -s, -e ⟨*nlat.;* nach dem schwed. Chemiker J. G. Gahn, 1745–1818⟩: dunkelgrünes bis schwarzes metamorphes Mineral
gaie|ment [geˈmãː] vgl. gaîment
Gail|lard [gaˈjaːr], der; -s, -s ⟨*frz.*⟩: frz. Bez. für: Bruder Lustig
Gail|lar|de, die; -, -n: **1.** (früher) lebhafter, gewöhnlich als Nachtanz zur ↑Pavane getanzter Springtanz im $^3/_4$-Takt. **2.** bestimmter Satz der ↑Suite (4) (bis etwa 1600)
Gail|lar|dia [gaˈjardi̯a], die; -, ...ien ⟨*nlat.;* nach dem frz. Botaniker Gaillard de Marentonneau⟩: Kokardenblume (Korbblütler; Zierstaude)
gaî|ment [geˈmãː] ⟨*germ.-provenzal.-frz.*⟩ (Musik): lustig, fröhlich, heiter (Vortragsanweisung)

gaio ['gai̯o] ⟨*germ.-provenzal.-frz.-it.*⟩: ↑gaîment

Gai|ta, die; -, -s ⟨*span.*⟩: Bez. für verschiedenartige spanische Blasinstrumente (z. B. Dudelsack aus Ziegenleder, Hirtenflöte)

Gaj|da ['gai̯da], die; -, -s ⟨*span.-türk.*⟩: türkische Sackpfeife

Gal, das; -s, - ⟨Kurzw. für Galilei, nach dem Namen des it. Naturforschers Galileo Galilei, 1564–1642⟩: ältere physikalische Einheit der Beschleunigung

Ga|la [auch: 'gala], die; -, -s ⟨*span.*⟩: **1.** (ohne Plural) für einen besonderen Anlass vorgeschriebene festliche Kleidung; großer Gesellschaftsanzug. **2.** (Geschichte) Hoftracht. **3.** Theater-, Opernaufführung, Auftritt von Unterhaltungskünstlern o. Ä. [in festlichem Rahmen]; Galavorstellung

Ga|la|bi|ja, die; -, -s ⟨*arab.*⟩: weites wollenes Gewand, das von den ärmeren Schichten der arabischsprachigen Bevölkerung des Vorderen Orients getragen wird

ga|lakt..., Ga|lakt... vgl. galakto..., Galakto...

Ga|lak|t|a|go|gum, das; -s, ...ga ⟨*gr.*⟩ (Med.): milchtreibendes Mittel für Wöchnerinnen

ga|lak|tisch ⟨*gr.-lat.*⟩: zum System der Milchstraße (↑Galaxis) gehörend; **galaktisches Rauschen:** im Ursprung nicht lokalisierbare Radiowellen aus dem Milchstraßensystem

ga|lak|to..., Ga|lak|to...

vor Vokalen auch: ga|lakt..., Galakt...
⟨*gr.* gála, Gen. gálaktos »Milch«⟩
Wortbildungselement mit der Bedeutung »Milch, milchartige Flüssigkeit; Milchstraße«:
– Galaktagogum
– Galaktometer
– Galaktorrhö
– Galaktostase
Die gleiche Bedeutung hat das Wortbildungselement **lakto..., Lakto...**, vor Vokalen lakt..., Lakt... Verwandt mit *gr.* gála, Gen. gálaktos, und vermittelt über *lat.* lac, Gen. lactis »Milch«, ist es Bestandteil vieler Fremdwörter, wie z. B. inlaktieren, Laktoflavin und Laktose.

Ga|lak|to|lo|gie, die; - ⟨*gr.-nlat.*⟩: Wissenschaft von der Zusammensetzung u. Beschaffenheit der Milch u. ihrer Verbesserung

Ga|lak|to|me|ter, das; -s, -: Messgerät zur Bestimmung des spezifischen Gewichts der Milch

Ga|lak|tor|rhö, die; -, -en (Med.): Milchabsonderung, die nach dem Stillen od. auch bei Hypophysenerkrankungen eintritt

Ga|lak|to|s|ä|mie, die; -, ...ien (Med.): angeborene Stoffwechselkrankheit des Säuglings, bei der die mit der Milch aufgenommene ↑Galaktose nicht in ↑Glukose umgewandelt werden kann

Ga|lak|to|se, die; -, -n: Bestandteil des Milchzuckers

Ga|lak|to|si|da|se, die; -, -n: Milchzucker spaltendes Enzym

Ga|lak|to|s|ta|se, die; -, -n (Med.): Milchstauung (z. B. bei Brustdrüsenentzündung od. Saugschwäche des Neugeborenen)

Ga|lak|to|s|u|rie, die; -, ...ien (Med.): das Auftreten von ↑Galaktose im Urin

Ga|lak|to|ze|le, die; -, -n (Med.): Milchzyste (der Brustdrüse); ↑Hydrozele mit milchigem Inhalt

Ga|la|lith® [auch: ...'lɪt], das; -s ⟨»Milchstein«⟩: harter, hornähnlicher, nicht brennbarer Kunststoff

Ga|lan, der; -s, -e ⟨*span.*⟩: **a)** (veraltet) Mann, der sich mit besonderer Höflichkeit, Zuvorkommenheit um eine Frau bemüht; **b)** (iron.) Liebhaber, Freund

ga|lant ⟨*frz.-span.*⟩: **a)** (veraltend) (von Männern) betont höflich u. gefällig gegenüber Frauen; **b)** ein Liebeserlebnis betreffend; amourös; vgl. Roman (b), Stil (2); **galante Dichtung:** geistreich-spielerische Gesellschaftspoesie als literarische Mode in Europa 1680–1720

Ga|lan|te|rie, die; -, ...ien ⟨*frz.*⟩ (veraltend): **a)** bes. höfliches, zuvorkommendes Verhalten gegenüber Frauen; **b)** galantes ↑Kompliment

Ga|lan|te|ri|en, die (Plural): ↑Galanteriewaren

Ga|lan|te|rie|wa|ren, die (Plural) (veraltet): Mode-, Putz-, Schmuckwaren; modisches Zubehör wie Tücher, Fächer usw.

Ga|lant|homme [...'tɔm], der; -s, -s: frz. Bez. für: Ehrenmann, Mann von feiner Lebensart

Ga|lan|ti|ne, die; -, -n ⟨*frz.*⟩: Pastete aus Fleisch od. Fisch, die mit Aspik überzogen ist u. kalt aufgeschnitten wird

Ga|la|xi|as, die; - ⟨*gr.*⟩ (veraltet): Milchstraße

Ga|la|xie, die; -, ...ien ⟨*gr.-lat.-mlat.*⟩ (Astron.): **a)** großes Sternsystem außerhalb der Milchstraße; **b)** Spiralnebel

Ga|la|xis, die; -, ...xien (Astron.): **a)** (ohne Plural) Milchstraße; **b)** ↑Galaxie

Gal|ban, Gal|ba|num, das; -s ⟨*semit.-gr.-lat.*⟩: Galbensaft (Heilmittel aus dem Milchsaft persischer Doldenblütler)

Ga|le|as|se, die; -, -n ⟨*gr.-mgr.-mlat.-it.*⟩, Galjass, die; -, -en ⟨*gr.-mgr.-mlat.-it.-frz.-niederl.*⟩: **1.** Küstenfrachtsegler mit Kiel u. plattem Heck, mit Großmast u. kleinem Besanmast (vgl. Besan). **2.** größere Galeere

Ga|lee|re, die; -, -n ⟨*gr.-mgr.-mlat.-it.*⟩: mittelalterliches zweimastiges Ruderschiff des Mittelmeerraums mit 25–50 Ruderbänken, meist von Sklaven, Sträflingen gerudert

Ga|le|nik, die; - ⟨nach dem gr. Arzt Galen (129–199 n. Chr.)⟩: Lehre von der Zubereitung u. Herstellung von Arzneimitteln

Ga|le|ni|kum, das; -s, ...ka ⟨*nlat.*⟩: in der Apotheke aus ↑Drogen (2) zubereitetes Arzneimittel (im Gegensatz zum chemischen Fabrikerzeugnis)

ga|le|nisch: aus Drogen (2) zubereitet; vgl. Galenikum

Ga|le|nit [auch: ...'nɪt], der; -s, -e ⟨*lat.-nlat.*⟩: Bleiglanz, wichtiges Bleierz

Ga|le|o|ne, Galione, die; -, -n ⟨*gr.-mgr.-mlat.-span.-niederl.*⟩: großes spanisches u. portugiesisches Kriegs- u. Handelssegelschiff des 15.–18. Jh.s mit 3 bis 4 Decks übereinander

Ga|le|ot, der; -en, -en ⟨*gr.-mgr.-mlat.-roman.*⟩: Galeerensklave

Ga|le|o|te, Galiote, die; -, -n, Galjot, die; -, -en: der ↑Galeasse (1) ähnliches kleineres Küstenfahrzeug

Ga|le|ra, die; -, -s ⟨*gr.-mgr.-mlat.-span.*⟩: größerer spanischer Planwagen als Transport- u. Reisefahrzeug

Ga|le|rie, die; -, ...ien ⟨*it.(-frz.)*⟩: **1.** (Archit.) **a)** mit Fenstern, Arkaden u. Ä. versehener Gang als Laufgang an der Fassade einer romanischen od. gotischen Kirche; **b)** umlaufender Gang, der auf der Innenhofseite um das Obergeschoss eines drei- od. vierflügeligen Schlosses, Palastes o. Ä. geführt ist; **c)** außen an Bauernhäusern angebrachter balkonartiger Umgang. **2.** (Archit.) in alten Schlössern ein mehrere Räume verbindender Gang od. ein großer lang gestreckter, für Festlichkeiten od. auch zum Aufhängen od. Aufstellen von Bildwerken benutzter Raum. **3. a)** kurz für Gemäldegalerie; **b)** Kunst-, insbes. Gemäldehandlung, die auch Ausstellungen veranstaltet. **4. a)** Empore [in einem Saal, Kirchenraum]; **b)** (veraltend) oberster Rang im Theater; **c)** (veraltend) das auf der Galerie (4a, b) sitzende Publikum. **5.** Orientteppich in der Form eines Läufers. **6.** (bes. österr., schweiz.) tunnelartiges Bauwerk an einem Berghang mit großen Öffnungen nach der Talseite. **7.** (Geschichte) mit Schießscharten versehener, bedeckter Gang im Mauerwerk einer Befestigungsanlage. **8.** [glasgedeckte] Passage o. Ä. mit Läden. **9.** (Seemannsspr. veraltend) um das Heck laufender Rundgang an [alten Segel]schiffen. **10.** (meist scherzh.) größere Anzahl gleichartiger Dinge, Personen (z. B. sie besitzt eine ganze Galerie schöner Hüte). **11.** (österr. veraltend) Unterwelt, Verbrecherwelt

Ga|le|rie|ton, der; -[e]s: durch ↑Oxidation des Öls entstandene dunkle, bräunliche Tönung alter Ölgemälde

Ga|le|rie|wald, der; -[e]s, ...wälder: schmaler Waldstreifen an Flüssen u. Seen afrikanischer Savannen u. Steppengebiete

Ga|le|rist, der; -en, -en: Besitzer einer Galerie (3 b). **Ga|le|ris|tin,** die; -, -nen: weibliche Form zu ↑Galerist

Ga|let|te, die; -, -n ⟨*frz.*⟩: flacher Kuchen [aus Blätterteig]

Gal|gant|wur|zel, die; -, -n ⟨*arab.-mlat.; dt.*⟩: zu Heilzwecken u. als Gewürz verwendete Wurzel eines ursprünglich südchinesischen Ingwergewächses

Ga|li|ma|thi|as, der od. das; - ⟨*frz.*⟩: sinnloses, verworrenes Gerede

Ga|li|on, das; -s, -s ⟨*gr.-mgr.-mlat.-span.-niederl.*⟩: Vorbau am Bug älterer Schiffe

Ga|li|o|ne vgl. Galeone

Ga|li|ons|fi|gur, die; -, -en: **1.** aus Holz geschnitzte Verzierung des Schiffsbugs (meist in Form einer Frauengestalt). **2.** zugkräftige, werbende Gestalt, Person an der Spitze einer Partei, Organisation, eines Verbands o. Ä.

Ga|li|o|te vgl. Galeote

Ga|li|pot [...ˈpoː], der; -s ⟨*frz.*⟩: frz. Bez. für: Fichtenharz

Ga|li|um, das; -s ⟨*gr.-lat.*⟩: Labkraut

Ga|li|va|te, die; -, -n ⟨*engl.*⟩ (früher): Transportschiff in Indien

Gal|jass vgl. Galeasse

Gal|jot vgl. Galeote

Gal|lat, das; -s, -e ⟨*lat.-nlat.*⟩ (Chemie): Salz der ↑Gallussäure

Gal|lé|glas [gaˈleː...], das; -es, ...gläser ⟨nach dem frz. Kunsthandwerker des Jugendstils E. Gallé, 1846–1904⟩: ein Kunstglas

Gal|le|ria, die; -, -s ⟨*it.*⟩ (Archit.): mehrere Räume od. Gebäudeteile verbindende hallenartige Konstruktion mit großen Glasflächen

Gal|lert [auch: ...ˈlɛrt], das; -s, -e, **Gal|ler|te,** die; -, -n ⟨*lat.-mlat.*⟩: steif gewordene, durchsichtige, gelatineartige Masse aus eingedickten pflanzlichen od. tierischen Säften

gal|ler|tig [auch: ˈgalɐtɪç]: aus Gallerte od. gallertähnlichem Stoff bestehend

Gal|li|ar|de [gaˈjardə] vgl. Gaillarde

gal|lie|ren ⟨*lat.-nlat.*⟩ (Färberei): ein Textilgewebe für die Aufnahme von Farbstoff mit Flüssigkeiten behandeln, die Tannin od. Galläpfelauszug enthalten

gal|li|ka|nisch ⟨*mlat.;* nach dem lat. Namen Gallia für Frankreich⟩: dem Gallikanismus entsprechend; **gallikanische Kirche:** mit Sonderrechten ausgestattete katholische Kirche in Frankreich vor 1789

Gal|li|ka|nis|mus, der; - ⟨*mlat.-frz.*⟩: **a)** französisches Staatskirchentum mit Sonderrechten gegenüber dem Papst (vor 1789); **b)** nationalkirchliche Bestrebungen in Frankreich bis 1789

Galionsfigur

Die Bezeichnung kam im 16. Jh. in der nordd. Seemannssprache auf. Der erste Bestandteil ist über mniederl. galjoen aus fr. galion entlehnt, das auf span. galeón (»großes Segelschiff, Galeone«) zurückgeht. Wie in den Herkunftssprachen schreibt sich die Galionsfigur mit nur einem -l-. Ebenso: Galeone, Galione.

gal|li|sie|ren ⟨*nlat.;* vom Namen des dt. Chemikers L. Gall, 1791–1863⟩: bei der Weinherstellung dem Traubensaft Zuckerlösung zusetzen, um den Säuregehalt abzubauen od. den Alkoholgehalt zu steigern

Gal|li|um, das; -s ⟨*lat.-nlat.*⟩: chem. Element; ein Metall (Zeichen: Ga)

Gal|li|zis|mus, der; -, ...men ⟨*lat.-nlat.*⟩: Übertragung einer für das Französische charakteristischen sprachlichen Erscheinung auf eine nicht französische Sprache im lexikalischen od. syntaktischen Bereich, sowohl fälschlicherweise als auch bewusst; vgl. Interferenz (3 c)

Gall|jam|bus, der; -, ...ben ⟨*gr.-lat.*⟩: antiker Vers aus ↑katalektischen ionischen ↑Tetrametern

Gal|lo|ma|nie, die; - ⟨*lat.; gr.*⟩: ↑Frankomanie

Gal|lon [ˈgælən], der od. das; -[s], -s ⟨*engl.-amerik.*⟩: ↑Gallone. **Gal|lo|ne,** die; -, -n ⟨*frz.-engl.*⟩: **a)** v. a. in Großbritannien verwendetes Hohlmaß (4,546 l) (Zeichen: gal, gall); **b)** amerikanisches Hohlmaß (Zeichen: gal, gall)

gal|lo|phil ⟨*lat.; gr.*⟩: ↑frankophil (Ggs.: gallophob). **Gal|lo|phi|lie,** die; -: ↑Frankophilie (Ggs.: Gallophobie)

gal|lo|phob: ↑frankophob (Ggs.: gallophil). **Gal|lo|pho|bie,** die; -: ↑Frankophobie (Ggs.: Gallophilie)

gal|lo|ro|ma|nisch ⟨*lat.-nlat.*⟩: das

Galloromanische betreffend.
Gal|lo|ro|ma|nisch, das; -[en]: aus dem Vulgärlatein hervorgegangener Teil des Westromanischen, der auf das ehemalige römische Gallien beschränkt ist u. die unmittelbare Vorstufe des Altprovenzalischen u. Altfranzösischen bildet
Gal|lo|way|rind ['gæləweɪ...], das; -[e]s, -er ‹nach der gleichnamigen schott. Landschaft›: robuste schottische Rinderrasse
Gal|lup|in|s|ti|tut, Gal|lup-In|s|ti|tut [auch: 'gɛləp...], das; -[e]s ‹nach seinem Begründer, dem amerik. Statistiker G. H. Gallup, 1901–1984›: amerikanisches Meinungsforschungsinstitut

Gal|lus|säu|re, die; - ‹*lat.-nlat.; dt.*›: in zahlreichen Pflanzenbestandteilen (z. B. Galläpfeln, Teeblättern, Rinden) vorkommende organische Säure
Gal|mei [auch: 'gal...], der; -[e]s, -e ‹*gr.-lat.-mlat.-frz.*› (Geol.): Zinkspat, wichtiges Zinkerz
Ga|lon [ga'lõ:], der; -s, -s ‹*frz.*›, **Ga|lo|ne,** die; -, -n ‹*frz.-it.*›: Tresse, Borte, Litze
ga|lo|nie|ren ‹*frz.*›: **a)** mit Galons besetzen; **b)** langhaarige, dichte Felle durch Dazwischensetzen schmaler Lederstreifen o. Ä. verlängern
Ga|lopp, der; -s, -s u. -e ‹*germ.-frz.(-it.)*›: **1.** Gangart, Sprunglauf des Pferdes. **2.** um 1825 aufgekommener schneller Rundtanz im 3/4-Takt
Ga|lop|pa|de, die; -, -n ‹*germ.-frz.*› (veraltet): ↑Galopp
Ga|lop|per, der; -s, - ‹*germ.-frz.-engl.*›: **a)** für Galopprennen gezüchtetes Pferd; **b)** Reiter eines Galopprennens
ga|lop|pie|ren ‹*germ.-frz.-it.*›: (von Pferden) im Sprunglauf gehen
ga|lop|pie|rend: sich schnell verschlimmernd, negativ entwickelnd (z. B. galoppierende Schwindsucht, eine galoppierende Geldentwertung)
Ga|lo|sche, die; -, -n ‹*frz.*›: (veraltet) Gummiüberschuh
Ga|lou|bet [galu'bɛ], der; -s, -s [...'bɛ(s)] ‹*provenzal.*›: provenzal. Einhandflöte mit 3 Grifflöchern
Gal|to|nie [...i̯ə], die; -, -n ‹*nlat.;* nach dem engl. Naturforscher u. Schriftsteller Sir Francis Galton, 1822–1911› (Bot.): südafrikanisches Liliengewächs mit hängenden, glockenförmigen Blüten
Gal|va|nik, die; - ‹*it.-nlat.;* nach dem it. Anatomen L. Galvani, 1737–1798›: ↑Galvanotechnik
Gal|va|ni|sa|ti|on, die; -, -en ‹*it.-nlat.*› (Med.): Anwendung des elektrischen Gleichstroms zu Heilzwecken
gal|va|nisch: auf der elektrolytischen Erzeugung von elektrischem Strom beruhend; **galvanische Hautreaktion** (Psychol. veraltet): Veränderung der elektrischen Leitfähigkeit, des Widerstandes der Haut (z. B. bei gefühlsmäßigen Reaktionen)
Gal|va|ni|seur [...'zø:ɐ̯], der; -s, -e ‹*it.-frz.*›: Facharbeiter für Galvanotechnik. **Gal|va|ni|seu|rin** [...'zø:rɪn], die; -, -nen: weibliche Form zu ↑Galvaniseur
gal|va|ni|sie|ren: durch Elektrolyse mit Metall überziehen. **Gal|va|ni|sie|rung,** die; -, -en: das Galvanisieren
Gal|va|nis|mus, der; - ‹*it.-nlat.*›: Lehre vom galvanischen Strom
Gal|va|no, das; -s, -s ‹*it.*›: auf galvanischem Wege hergestellte Abformung von einer ↑Autotypie, einer Strichätzung, einem Schriftsatz u. a.
Gal|va|no|gra|fie, Gal|va|no|gra|phie, die; - ‹*it.; gr.*›: Verfahren zur Herstellung von Kupferdruckplatten
Gal|va|no|kaus|tik, die - (Med.): das Ausbrennen kranken Gewebes mit dem Galvanokauter. **Gal|va|no|kau|ter,** der; -s, - (Med.): ärztliches Instrument mit einem durch galvanischen Strom erhitzten Platindraht zum Einsatz bei Operationen
Gal|va|no|kli|schee, das; -s, -s: ↑Galvanoplastik
Gal|va|no|me|ter, das; -s, -: elektromagnetisches Messinstrument für elektrischen Strom. **gal|va|no|me|t|risch:** mithilfe des Galvanometers erfolgend
Gal|va|no|nar|ko|se, die; -, -n: Narkoseverfahren, bei dem mithilfe von elektrischem Gleichstrom die Erregbarkeit des Rückenmarks vollständig ausgeschaltet wird
Gal|va|no|plas|tik, die; -: Verfahren zum Abformen von Gegenständen durch galvanisches Auftragen dicker, abziehbarer Metallschichten, wobei von den Originalen Wachs- od. andere Negative angefertigt werden, die dann in Kupfer, Nickel od. anderem Metall abgeformt werden können, wodurch z. B. Pressformen für die Schallplattenherstellung erzeugt, Druckplatten usw. hergestellt werden. **gal|va|no|plas|tisch:** die Galvanoplastik betreffend, auf ihr basierend
Gal|va|no|punk|tur, die; -, -en ‹*it.; lat.*› (Med.): elektrische Entfernung von Haaren
Gal|va|no|s|kop, das; -s, -e ‹*it.; gr.*›: elektrisches Messgerät
Gal|va|no|s|te|gie, die; -: galvanisches (elektrolytisches) Überziehen von Metallflächen mit Metallüberzügen
Gal|va|no|ta|xis, die; -, ...xen: durch elektrische Reize ausgelöste Bewegung bei Organismen, die positiv (zur Reizquelle hin) oder negativ (von der Reizquelle weg) verlaufen kann
Gal|va|no|tech|nik, die; -: Technik des ↑Galvanisierens
Gal|va|no|the|ra|pie, die; -, ...ien: ↑Galvanisation
Gal|va|no|tro|pis|mus, der; -, ...men: durch elektrischen Strom experimentell beeinflusste Wachstumsbewegung bei Pflanzen
Gal|va|no|ty|pie, die; - (veraltet): ↑Galvanoplastik

...gam

‹zu *gr.* gámos »Vermählung, Ehe«›
Wortbildungselement mit folgenden Bedeutungen:
I. *»Befruchtung, Bestäubung betreffend«:*
- autogam
- hydrogam

II. *»die Ehe betreffend«:*
- Misogam
- monogam
- polygam

Von gleicher Herkunft ist das Wortbildungselement für weibliche Substantive **...gamie** mit den Bedeutungen »Befruchtung, Bestäubung«, wie z. B. in Kleistogamie u. Xenogamie, sowie »Ehe«, wie z. B. in Bigamie u. Monogamie.

Ga|maa [dʒ...] vgl. Dschamaa
Ga|man|der, der; -s, - ⟨*gr.-mlat.*⟩: bes. auf kalkhaltigem Boden vorkommende Pflanze in vielen Arten, von denen einige als Heilpflanzen gelten; Teucrium (Gattung der Lippenblütler)
Ga|ma|sche, die; -, -n ⟨*arab.-span.-provenzal.-frz.*⟩: **a)** über Strumpf u. Schuh getragene [knöpfbare] Beinbekleidung aus Stoff od. Leder; **b)** aus Bändern gewickelte Beinbekleidung
Ga|ma|si|di|o|se, die; -, -n ⟨*nlat.*⟩: auf Menschen übertragbare Vogelmilbenkrätze
Gam|ba, die; -, -s ⟨*lat.-vulgärlat.-span.*⟩: span. Bez. für: Garnele, Krevette
Gam|ba|de [auch: gã'b...], die; -, -n ⟨*vulgärlat.-it.-frz.*⟩ (veraltet): **1. a)** Luftsprung; **b)** Kapriole, närrischer Einfall. **2.** schneller Entschluss
Gam|bang, das; -s, -s ⟨*indones.*⟩: im Gamelan verwendetes xylofonartiges Instrument
Gam|be, die; -, -n ⟨*vulgärlat.-it.*⟩: mit den Knien gehaltenes, sechssaitiges Streichinstrument des 16. bis 18. Jh.s; Viola da Gamba
Gam|bir, der; -s ⟨*malai.*⟩: als Gerb- u. Heilmittel verwendeter Saft eines ostasiatischen Kletterstrauches
Gam|bist, der; -en, -en ⟨*vulgärlat.-it.*⟩: Musiker, der Gambe spielt. **Gam|bis|tin,** die; -, -nen: weibliche Form zu ↑Gambist
Gam|bit, das; -s, -s ⟨*vulgärlat.-it.-span.*⟩: Schacheröffnung mit einem Bauernopfer zur Erlangung eines Stellungsvorteils
Game [geɪm, geːm], das; -s, -s ⟨*engl.;* »Spiel«⟩: **1.** [Computer]spiel. **2.** Spielgewinn beim Tennis
Game|boy® ['geːm..., 'geɪm...], der; -[s], -s ⟨*engl.*⟩: kleines elektronisches Spielgerät
Game|chan|ger, Game-Chan|ger [...tʃeɪndʒɐ], der; -s, - ⟨*engl.*⟩ (bes. Wirtsch.): jmd. od. etw., der bzw. das bisher geltende Regeln u. Mechanismen [grundlegend] verändert. **Game|chan|ge|rin, Game-Chan|ge|rin,** die; -, -nen: weibliche Form zu ↑Gamechanger
Ga|me|lan, Ga|me|lang, das; -s, -s ⟨*indones.*⟩: auf einheimischen Schlag-, Blas- u. Saiteninstrumenten spielendes Orchester auf Java u. Bali, das vor allem Schattenspiele musikalisch begleitet
Ga|me|lang vgl. Gamelan
Ga|mel|le, die; -, -n ⟨*lat.-span.-it.-frz.*⟩ (schweiz.): Koch- u. Essgeschirr der Soldaten
Game|pad ['geɪmpɛd], das; -s, -s ⟨*engl.*⟩ (EDV): verschiedene Tasten u. einen Joystick umfassendes Eingabegerät für Videospiele
Game|port, Game-Port ['geɪmpɔːt, 'geːm...], der; -s, -s ⟨*engl.*⟩ (EDV): Schnitt-, Anschlussstelle für eine Spielkonsole an einem Computer
Game|show, die; -, -s ⟨*engl.*⟩: Unterhaltungssendung im Fernsehen, in der bestimmte Spiele [um Preise, Gewinne] veranstaltet werden
Ga|met, der; -en, -en ⟨*gr.-nlat.*⟩ (Biol.): geschlechtlich differenzierte Fortpflanzungszelle von Pflanze, Tier u. Mensch
Ga|met|an|gio|ga|mie, die; - (Bot.): bei Pilzen vorkommende Art der Befruchtung, bei der die Gametangien verschmelzen, ohne Geschlechtszellen zu entlassen. **Ga|met|an|gi|um,** das; -s, ...ien: Pflanzenzelle, in der sich die Geschlechtszellen in Ein- od. Mehrzahl bilden
Ga|me|to|ga|mie, die; -, ...ien (Biol.): Vereinigung zweier verschiedengeschlechtiger Zellen
Ga|me|to|ge|ne|se, die; -, -n (Biol.): Entstehung der Gameten u. ihre Wanderung im Körper bis zur Befruchtung
Ga|me|to|pa|thie, die; -, ...ien (Med.): [durch fehlerhafte Meiose od. Spontanmutation entstandene] Über- od. Unterzahl von Chromosomen
Ga|me|to|phyt, der; -en, -en (Biol.): Pflanzengeneration, die sich geschlechtlich fortpflanzt (im Wechsel mit dem ↑Sporophyten)
Ga|me|to|zyt, der; -en, -en (Med.): noch undifferenzierte Zelle, aus der im Verlauf der Gametenbildung die Gameten hervorgehen
Ga|mi|fi|ca|tion [geɪmifi'keɪʃn̩], **Ga|mi|fi|ka|ti|on** [geɪmifɪkaˈtsi̯oːn] die; - ⟨engl.⟩ (bes. Werbespr., Wirtsch.): Übernahme spielerischer od. spieltypischer Elemente in eine nicht spielerische Situation; das Behandeln einer ernsthaften Aufgabe als Spiel (z. B. als Methode zur Erhöhung der Aufmerksamkeit)
Ga|min [ga'mɛ̃], der; -s, -s ⟨*frz.*⟩ (veraltet): Straßen-, Gassenjunge, Bursche
Ga|ming ['geɪmɪŋ], das; -s ⟨*engl.*⟩ (EDV): Bereich, Anwendung der Computerspiele
Gam|ma, das; -[s], -s ⟨*semit.-gr.*⟩: dritter Buchstabe des griechischen Alphabets (Γ, γ)
Gam|ma|as|t|ro|no|mie, die; -: vgl. Röntgenastronomie
Gam|ma|funk|ti|on, die; -: Verallgemeinerung des mathematischen Ausdrucks ↑Fakultät auf nicht natürliche Zahlen
Gam|ma|glo|bu|lin, das; -s (Med.): Eiweißbestandteil des Blutes, der die Antikörper darstellt (u. zur Vorbeugung u. Behandlung bei verschiedenen Krankheiten verwendet wird)
Gam|ma|me|tall, das; -s: Legierung aus Kupfer u. Zinn
Gam|ma|quant, γ-Quant, das; -s, -en: den ↑Gammastrahlen zugeordnetes Elementarteilchen
Gam|ma|rus, der; - ⟨*gr.-lat.*⟩: Flohkrebs
Gam|ma|spek|t|ro|me|ter, das; -s, -: Gerät zur Aufzeichnung der Linien eines Gammaspektrums. **Gam|ma|spek|t|rum,** das; -s, ...tren u. ...tra: Energiespektrum der Gammastrahlen
Gam|ma|strah|len, γ-Strah|len, die (Plural) ⟨*semit.-gr.-lat.; dt.*⟩ (Physik, Med.): vom Ehepaar Curie entdeckte radioaktive Strahlung, kurzwellige Röntgenstrahlen, die in der Strahlentherapie u. zur Prüfung von Werkstoffen eingesetzt werden
Gam|ma|zis|mus, der; - ⟨*semit.-gr.-lat.-nlat.*⟩: Schwierigkeit bei der Aussprache von g u. k, die fälschlich wie j, d od. t ausgesprochen werden (häufig in der Kindersprache, als Dialektfehler od. auch infolge Krankheit)

Gam|me, die; -, -n ⟨*gr.-lat.-frz.*⟩: Tonleiter; Skala
Ga|mo|ne, die (Plural) ⟨*gr.-nlat.*⟩: von den Geschlechtszellen abgegebene (für den Befruchtungsvorgang wichtige) chemische Stoffe
Ga|mont, der; -en, -en (Biol.): Abschnitt im Entwicklungszyklus einzelliger Tiere u. Pflanzen, in dem der einzellige Organismus durch Vielfachteilung Geschlechtszellen bildet
ga|mo|phob ⟨*gr.*⟩ (Fachspr.): ehescheu
ga|mo|trop ⟨*gr.*⟩ (Bot.): auf den Schutz der Geschlechtsorgane gerichtet; **gamotrope Bewegungen:** Bewegungen der Blüten zum Schutz od. zur Unterstützung der Geschlechtsorgane (z. B. Schließen vor Regenfällen)
Gam|p|so|dak|ty|lie, die; -, ...ien ⟨*gr.-nlat.*⟩ (Med.): Unfähigkeit, einen Finger zu strecken (besonders den kleinen)
Ga|nache [ga'naʃ], die; - ⟨*frz.*⟩: cremige Nachspeise, die hauptsächlich aus einer Mischung von süßer Sahne u. geriebener Schokolade hergestellt wird
Ga|na|sche, die; -, -n ⟨*gr.-it.-frz.*⟩: breiter Seitenteil des Pferdeunterkiefers
Gan|dha|ra|kunst [...'da:ra...], die; -: griechisch-buddhistische Kunst aus der Schule der in Afghanistan gelegenen Landschaft Gandhara
Gan|dhar|wa [...'da:r̯va], die (Plural) ⟨*sanskr.*⟩: Halbgötter (in Luft u. Wasser) des ↑Hinduismus
Ga|neff, der; -[s], -e u. -s ⟨*jidd.; aus der Gaunerspr.*⟩: ↑Ganove
Gang [gɛŋ], die; -, -s ⟨*engl.*⟩: organisierte Gruppe von [jungen] Menschen, die sich kriminell, gewalttätig verhält
Gan|g|li|en: *Plural* von Ganglion
Gan|g|li|en|blo|cker, der; -s, - ⟨*gr.-lat.; niederl.-frz.-dt.*⟩ (Med.): die Reizübertragung im ↑vegetativen (3) Nervensystem hemmendes Mittel
Gan|g|li|en|zel|le, die; -, -n: Nervenzelle
Gan|g|li|om, das; -s, -e (Med.): bösartige Geschwulst, die von Ganglien des ↑Sympathikus ihren Ausgang nimmt; Ganglienzelltumor
Gan|g|li|on, das; -s, ...ien ⟨*gr.-lat.*⟩ (Med.): **1.** Nervenknoten (Anhäufung von Nervenzellen). **2.** Überbein
Gan|g|li|o|ni|tis vgl. Ganglitis
Gan|g|li|o|ple|gi|kum, das; -s, ...ka (meist Plural) ⟨*gr.-nlat.*⟩ (Med.): ↑Ganglienblocker
Gan|g|li|tis, Ganglionitis, die; -, ...itiden (Med.): Entzündung der Ganglien
Gan|g|rän [gaŋ'grɛ:n], die; -, -en, auch das; -s, -e, selten: **Gan|g|rä|ne,** die; -, -n ⟨*gr.-lat.*⟩ (Med.): abgestorbenes, verwesendes Gewebe. **gan|g|rä|nes|zie|ren** ⟨*gr.-lat.-nlat.*⟩ (Med.): eine Gewebsnekrose ausbilden (meist infolge einer Minderdurchblutung)
gan|g|rä|nös (Med.): mit Gangränbildung einhergehend
Gang|spill, das; -[e]s, -e ⟨*niederl.*⟩: Ankerwinde
Gangs|ta-Rap, Gangs|ta|rap ['gæŋstəræp], der; -[s], -s ⟨*amerik.; engl.*⟩: **a)** (an der amerik. Westküste entstandener) Stil der Rapmusik mit besonders aggressiven Texten; **b)** Song im Stil des Gangsta-Rap (a)
Gangs|ter ['gɛŋstɐ], der; -s, - ⟨*engl.*⟩: (meist in einer Gruppe organisierter) [Schwer]verbrecher
Gang|way ['gæŋweɪ̯], die; -, -s ⟨*engl.*⟩: an ein Schiff od. Flugzeug heranzuschiebende, einem Steg od. einer Treppe ähnliche Vorrichtung, über die die Passagiere ein- u. aussteigen
Ga|no|blast, der; -en, -en (meist Plural) ⟨*gr.-nlat.*⟩ (Med.): Zahnschmelz bildende Zelle
Ga|no|i|den, die (Plural): Schmelzschupper (zusammenfassende Bez. für Störe, Hechte u. ↑Kaimanfische). **Ga|no|id|schup|pe,** die; -, -n ⟨*gr.-nlat.; dt.*⟩: rhombenförmige Fischschuppe (charakteristisch für die Ganoiden)
Ga|no|in, das; -s ⟨*gr.-nlat.*⟩: perlmutterglänzender Überzug der Ganoidschuppen
Ga|no|sis, die; -, ...osen ⟨*gr.;* »das Schmücken; der Glanz«⟩: Imprägnierung von Bildwerken aus Gips od. Marmor
Ga|no|ve, der; -n, -n ⟨*hebr.-jidd.; aus der Gaunerspr.*⟩ (ugs. abwertend): Verbrecher, Betrüger
Ga|ny|med [auch: ...'me:t], der; -[s], -e ⟨nach dem Mundschenk des Zeus in der gr. Sage⟩: junger Kellner, Diener
Ga|ra|ge [...ʒə], die; -, -n ⟨*germ.-frz.*⟩: **1.** Einstellraum für Kraftfahrzeuge. **2.** Autowerkstatt. **Ga|ra|gen|fir|ma,** die; -, ...men: kleines, mit geringem Startkapital gegründetes Unternehmen
ga|ra|gie|ren [...'ʒi:...]: (österr. u. schweiz.) in einer Garage einstellen
Ga|ra|gist [...'ʒɪst], der; -en, -en (schweiz.): Besitzer einer Autowerkstatt, Mechaniker. **Ga|ra|gis|tin,** die; -, -nen: weibliche Form zu ↑Garagist
Ga|ra|mond [...'mõ:], die; - ⟨nach dem frz. Stempelschneider Garamond, um 1480–1561⟩: eine Antiquadruckschrift; vgl. Garmond
Ga|rant, der; -en, -en ⟨*germ.-frz.*⟩: Person, Institution o. Ä., die (durch ihr Ansehen) Gewähr für die Sicherung, Erhaltung o. Ä. von etwas bietet
Ga|ran|tie, die; -, ...ien: **1.** Gewähr, Sicherheit. **2.** vom Hersteller schriftlich gegebene Zusicherung, innerhalb eines bestimmten begrenzten Zeitraums auftretende Defekte an einem gekauften Gegenstand kostenlos zu beheben. **3. a)** einen bestimmten Sachverhalt betreffende verbindliche Zusage, [vertraglich festgelegte] Sicherheit; **b)** (Bankw.) Haftungsbetrag, Sicherheit, Bürgschaft. **Ga|ran|tie|fonds** [...fõ:], der; -, - (Wirtsch.): geschlossener Fonds mit begrenzter Laufzeit und garantierter Auszahlung zu einem festgesetzten Zeitpunkt
ga|ran|tie|ren: bürgen, verbürgen, gewährleisten. **ga|ran|tiert** (ugs.): mit Sicherheit, bestimmt
Ga|ran|tin, die; -, -nen: weibliche Form zu ↑Garant
Gar|çon [gar'sõ:], der; -s, -s ⟨*germ.-frz.*⟩: **1.** frz. Bez. für: Kellner. **2.** (veraltet) junger Mann; Junggeselle. **Gar|çonne** [...'sɔn], die; -, -n [...nən]: **1.** (veraltet) knabenhaft wir-

kende Frau. **2.** (ohne Plural) knabenhafte Mode um 1925 u. wieder um 1950. **Gar|çon|ni|ère** [garsɔˈni̯ɛːr], die; -, -n [...rən] (österr.): Einzimmerwohnung

Gar|de, die; -, -n ⟨*germ.-frz.*⟩: **1.** Leibwache eines Fürsten. **2.** Kern-, Elitetruppe. **3.** Fastnachtsgarde; [meist friderizianisch] uniformierte, in Karnevalsvereinen organisierte [junge] Frauen u. Männer

Gar|de|du|korps [gard(ə)dyˈkoːɐ̯], das u. die; -, - ⟨*frz.*⟩: **1.** Leibgarde eines Monarchen. **2.** früher in Potsdam stationiertes Gardekavallerieregiment

Gar|de|korps [...koːɐ̯], das; -, -: Gesamtheit der ↑Garden (2)

Gar|de|man|ger [gard(ə)mãˈʒeː], der; -s, -s: **1.** (veraltet) Speisekammer. **2.** (Gastron.) Spezialkoch für kalte Speisen

Gar|de|nie [...i̯ə], die; -, -n ⟨*nlat.;* nach dem schott. Botaniker A. Garden, 1730?–1792⟩: immergrüner tropischer Strauch mit duftenden Blüten

Gar|den|par|ty, Gar|den-Par|ty [ˈgaːɐ̯dn̩paːɐ̯ti], die; -, -s ⟨*engl.*⟩: [sommerliches] Fest im Garten

Gar|de|ro|be, die; -, -n ⟨*germ.-frz.*⟩: **1.** [gesamte] Oberbekleidung, die jmd. besitzt od. gerade trägt. **2.** Kleiderablage[raum]. **3.** Ankleideraum (z. B. von Schauspielern)

Gar|de|ro|bi|er [...ˈbi̯eː], der; -s, -s (Theater): männliche Person, die im Theater Künstler ankleidet u. ihre Garderobe in Ordnung hält. **Gar|de|ro|bi|e|re,** die; -, -n: **1.** (Theater) weibliche Form zu ↑Garderobier. **2.** (veraltend) Garderobenfrau, Angestellte, die in der Garderobe tätig ist

gar|dez [garˈdeː] ⟨*frz.;* »schützen Sie (Ihre Dame)!«⟩: (bei privaten Schachpartien manchmal verwendeter) höflicher Hinweis auf die Bedrohung der Dame

Gar|di|ne, die; -, -n ⟨*lat.-frz.-niederl.*⟩: [durchsichtiger] Fenstervorhang

Gar|dist, der; -en, -en ⟨*germ.-frz.*⟩: Angehöriger der ↑Garde

gar|ga|ri|sie|ren ⟨*gr.-lat.-frz.*⟩ (Med. veraltet): gurgeln. **Gar|ga|ris|ma,** das; -s, -ta ⟨*gr.-lat.*⟩ (Med.): Gurgelmittel

Ga|rigue [gaˈriːg] vgl. Garrigue

Gar|mond [garˈmõː], die; - ⟨nach dem frz. Stempelschneider Garamond, um 1480–1561⟩ (südd., österr.): ↑[3]Korpus; vgl. Garamond

Gar|ne|le, die; -, -n ⟨*niederl.*⟩: (in verschiedenen Arten im Meer lebender) Krebs mit seitlich abgeflachtem Körper u. langem, kräftigem Hinterleib (z. B. Krabbe, ↑[2]Granat)

gar|ni vgl. Hotel garni

Gar|nier, das; -s: Boden- u. Seitenverkleidung der Laderäume eines Frachtschiffs

gar|nie|ren ⟨*germ.-frz.*⟩: **1. a)** mit Zubehör, Zutat versehen; **b)** schmücken, verzieren. **2.** mit Garnier versehen

Gar|ni|e|rit [auch: ...ˈrɪt], der; -s, -e ⟨*nlat.;* nach dem frz. Geologen J. Garnier (1839–1904)⟩: hellgrünes Mineral, das zur Nickelgewinnung dient

Gar|ni|son, die; -, -en ⟨*germ.-frz.*⟩: **1.** Standort militärischer Verbände u. ihrer Einrichtungen. **2.** Gesamtheit der Truppen eines gemeinsamen Standorts. **gar|ni|so|nie|ren:** in der Garnison [als Besatzung] liegen

Gar|ni|tur, die; -, -en: **1. a)** mehrere zu einem Ganzen gehörende Stücke (z. B. Wäsche-, Polster-, Schreibtischgarnitur); **die erste, zweite Garnitur** (ugs.): die besten, weniger guten Vertreter aus einer Gruppe; **b)** zu einem Eisenbahnzug zusammengestellte Wagen, die mehrere Fahrten gemeinsam machen. **2.** Verzierung, Besatz

Ga|rot|te vgl. Garrotte

Ga|rouil|le [gaˈruːjə], die; - ⟨*frz.*⟩: Wurzelrinde der Kermeseiche aus Algerien (als Gerbmittel)

Gar|rigue, Garigue [gaˈriːg], die; -, -s ⟨*provenzal.-frz.*⟩: strauchige, immergrüne Heide in Südfrankreich

Gar|rot|te, Ga|rot|te, die; -, -n ⟨*span.*⟩ (früher): Halseisen, Würgschraube zur Vollstreckung der Todesstrafe (in Spanien). **gar|rot|tie|ren:** mit der Garrotte erdrosseln

Ga|rúa, die; - ⟨*span.*⟩ (Meteorol.): dichter Küstennebel im Bereich des kalten Perustroms an der mittleren Westküste Südamerikas. **Ga|rúa|kli|ma,** das; -s: Klima im Einflussbereich kalter Meere

Gas|chro|ma|to|gra|fie, Gas|chro|ma|to|gra|phie, die; -, ...i̲en (Chemie): Verfahren zur Trennung gasförmiger Stoffe

Ga|sel, Gasele vgl. Ghasel

Ga|se|le vgl. Ghasele

ga|sie|ren ⟨*gr.-niederl.-nlat.*⟩: Garne durch Absengen über Gasflammen von Faserenden befreien

ga|si|fi|zie|ren ⟨*gr.-niederl.; lat.*⟩: für Gasbetrieb herrichten

Gas|ko|na|de, die; -, -n ⟨*frz.;* nach den Bewohnern der Gascogne⟩ (veraltet): Prahlerei, Aufschneiderei

Gas|ligh|ting [ˈgæslaɪ̯tɪŋ] ⟨engl.⟩ (Psychol.): Ausübung von psychischer Gewalt, durch die das Opfer manipuliert, desorientiert u. in seiner Realitäts- u. Selbstwahrnehmung stark verunsichert wird

Gas|ödem, das; -s, -e (Med.): durch Gasbrandbazillen hervorgerufene schwere Infektion

Ga|so|lin, das; -s ⟨Kurzw. aus engl. gas »Treibstoff« u. lat. oleum »Öl«⟩: Leichtbenzin

Ga|so|me|ter, der; -s, - ⟨*gr.-niederl.; gr.*⟩: Behälter für Leuchtgas

gastr..., Gastr... vgl. gastro..., Gastro...

Gas|t|räa, die; -, ...ä̲en ⟨*gr.-nlat.*⟩: hypothetisches Urdarmtier. **Gas|t|räa|the|o|rie,** die; -: von Haeckel aufgestellte Theorie über die Abstammung aller Tiere, die eine ↑Gastrulation durchlaufen, von einer gemeinsamen Urform, der Gasträa

gas|t|ral (Med.): zum Magen gehörend, den Magen betreffend

Gas|t|ral|gie, die; -, ...i̲en (Med.): Magenschmerzen

Gas|t|rek|ta|sie, die; -, ...i̲en (Med.): Magenerweiterung

Gas|t|rek|to|mie, die; -, ...i̲en (Med.): operative Entfernung des Magens

Gas|t|rin, das; -s (Med.): die Absonderung von Magensaft anregender hormonähnlicher Stoff

gas|t|risch (Med.): zum Magen gehörend, vom Magen ausgehend

Gas|t|ri|tis, die; -, ...iti̲den

(Med.): Magenschleimhautentzündung, Magenkatarrh. **Gas|t|ri|zis|mus,** der; - (Med.): Magenverstimmung

gas|t|ro..., Gas|t|ro...

vor Vokalen meist: gastr..., Gastr...
⟨*gr.* gastḗr, Gen. gastrós »Bauch, (gefüllter) Magen«⟩
Wortbildungselement mit der Bedeutung »den Magen(-Darm)-Bereich, den Bauch betreffend, bauchig«:
- Gastralgie
- Gastritis
- Gastromyzet
- Gastronomie
- Gastroskopie
- gastrosophisch

Gas|t|ro|ana|s|to|mo|se, die; -, -n (Med.): operative Verbindung zweier getrennter Magenabschnitte

Gas|t|ro|di|a|pha|nie, die; -, ...ien (Med.): Magendurchleuchtung

gas|t|ro|duo|de|nal ⟨*gr.; lat.*⟩ (Med.): Magen u. Zwölffingerdarm betreffend. **Gas|t|ro|duo|de|ni|tis,** die; -, ...itiden (Med.): Entzündung der Schleimhaut von Magen u. Zwölffingerdarm

Gas|t|ro|dy|nie, die; -, ...ien ⟨*gr.-nlat.*⟩ (Med.): Magenschmerzen, Magenkrampf; Gastralgie

gas|t|ro|en|te|risch (Med.): Magen u. Darm betreffend. **Gas|t|ro|en|te|ri|tis,** die; -, ...itiden (Med.): Entzündung von Magen u. [Dünn]darm

Gas|t|ro|en|te|ro|ko|li|tis, die; -, ...itiden (Med.): Entzündung des gesamten Verdauungskanals, vom Magen bis zum Dickdarm

Gas|t|ro|en|te|ro|lo|ge, der; -n, -n (Med.): Arzt mit speziellen Kenntnissen auf dem Gebiet der Magen- u. Darmkrankheiten. **Gas|t|ro|en|te|ro|lo|gie,** die; - (Med.): Wissenschaft von den Krankheiten des Magens u. Darms. **Gas|t|ro|en|te|ro|lo|gin,** die; -, -nen: weibliche Form zu ↑Gastroenterologe

Gas|t|ro|en|te|ro|pa|thie, die; -, ...ien (Med.): Magen- u. Darmleiden (meist nicht auf einer Entzündung beruhend)

Gas|t|ro|en|te|ro|s|to|mie, die; -, ...ien (Med.): operativ geschaffene Verbindung zwischen Magen u. Dünndarm

gas|t|ro|gen (Med.): vom Magen ausgehend

gas|t|ro|in|tes|ti|nal ⟨*gr.; lat.*⟩ (Med.): Magen u. Darm betreffend

Gas|t|ro|lith [auch: ...lɪt], der; -s u. -en, -e[n] ⟨*gr.-nlat.*⟩ (Med.): verschluckter Stein, der sich im Magen befindet; Magenstein

Gas|t|ro|lo|gie, die; - (Med.): Teilgebiet der ↑Gastroenterologie

Gas|t|ro|ly|se, die; -, -n (Med. veraltet): operatives Herauslösen des Magens aus Verwachsungssträngen

Gas|t|ro|ma|la|zie, die; -, ...ien (Med.): Selbstverdauung des Magens nach dem Tod

Gas|t|ro|mant, der; -en, -en ⟨*gr.*⟩: ↑Engastrimant

Gas|t|ro|me|ga|lie, die; -, ...ien ⟨*gr.-nlat.*⟩ (Med.): abnorme Vergrößerung des Magens

Gas|t|ro|my|zet, der; -en, -en (meist Plural): Bauchpilz (z. B. Bofist)

Gas|t|ro|nom, der; -en, -en ⟨*gr.-frz.*⟩: Gastwirt mit besonderen Kenntnissen auf dem Gebiet der Kochkunst. **Gas|t|ro|no|mie,** die; -: **1.** Gaststättengewerbe. **2.** feine Kochkunst. **Gas|t|ro|no|min,** die; -, -nen: weibliche Form zu ↑Gastronom. **gas|t|ro|no|misch: 1.** das Gaststättengewerbe betreffend. **2.** die feine Kochkunst betreffend

Gas|t|ro|pa|re|se, die; -, -n ⟨*gr.-nlat.*⟩ (Med.): Lähmung der Magenmuskulatur

Gas|t|ro|pa|thie, die; -, ...ien (Med.): [nicht durch Entzündung verursachtes] Magenleiden

Gas|t|ro|pe|xie, die; -, ...ien (Med.): Annähen des Magens an die Bauchwand (Therapie bei ↑Hiatushernie)

Gas|t|ro|plas|tik, die; -, -en (Med.): operative Wiederherstellung der Magenfunktionen

Gas|t|ro|ple|gie, die; -, ...ien ⟨»Magenlähmung«⟩ (Med.): Schwäche der Magenmuskulatur; Magenlähmung

Gas|t|ro|po|de, der; -n, -n (meist Plural) (Zool.): Schnecke als Gattungsbezeichnung (eine Klasse der Weichtiere od. ↑Mollusken)

Gas|t|ro|p|to|se, die; -, -n (Med.): Magensenkung

Gas|t|ror|rha|gie, die; -, ...ien (Med.): Magenbluten

Gas|t|ro|se, die; -, -n (veraltend; Med.): nicht entzündliche ↑organische (1 a) u. ↑funktionelle Veränderung des Magens

Gas|t|ro|s|kop, das; -s, -e (Med.): mit Spiegel versehenes, durch die Speiseröhre eingeführtes Metallrohr zur Untersuchung des Mageninneren. **Gas|t|ro|s|ko|pie,** die; -, ...ien (Med.): Magenspiegelung mit dem Gastroskop

Gas|t|ro|soph, der; -en, -en: Anhänger der Gastrosophie. **Gas|t|ro|so|phie,** die; -: Kunst, Tafelfreuden [weise] zu genießen. **Gas|t|ro|so|phin,** die; -, -nen: weibliche Form zu ↑Gastrosoph. **gas|t|ro|so|phisch:** Tafelfreuden [weise] genießend

Gas|t|ro|spas|mus, der; -, ...men (Med.): Magensteifung, -krampf, schmerzhafte Zusammenziehung des Magens

Gas|t|ro|s|to|mie, die; -, ...ien (Med.): operatives Anlegen einer Magenfistel (bes. zur künstlichen Ernährung)

Gas|t|ro|to|mie, die; -, ...ien (Med.): Magenschnitt, operative Öffnung des Magens

Gas|t|ro|tri|chen, die (Plural) (Zool.): mikroskopisch kleine, wurmähnliche, bewimperte Tiere (Wasserbewohner)

Gas|t|ro|zöl, das; -s, -e (Biol., Med.): Darmhöhle, der von Darm u. Magen umschlossene Hohlraum

Gas|t|ru|la, die; - (Zool.): zweischichtiger Becherkeim (als Entwicklungsstadium vielzelliger Tiere). **Gas|t|ru|la|ti|on,** die; -: Bildung der ↑Gastrula aus der ↑Blastula in der Entwicklung mehrzelliger Tiere

Gate [gɛɪt], das; -s, -s ⟨*engl.;* »Tor, Pol«⟩: **1.** (Physik) spezielle Elektrode zur Steuerung eines Elektronenstroms. **2.** Flugsteig auf Flughäfen

Gate|fold [ˈgɛɪtfɔʊ̯ld], das; -s, -s ⟨*engl.*⟩: Seite in einem Buch, einer Zeitschrift o. Ä., die größer ist als die anderen u. daher in die passende Form gefaltet ist

Gate|way ['geɪtweɪ], das; -s, -s ‹*engl.;* »Tor(weg)«› (EDV): Daten- bzw. Rechnernetze verbindende Soft- od. Hardware

Ga|thas, die (Plural) ‹*awest.*›: ältester Teil des ↑Awesta, von Zarathustra selbst stammende strophische Lieder

gat|tie|ren ‹*dt.,* mit romanisierender Endung›: Ausgangsstoffe für Gießereiprodukte (z. B. Roheisen, Stahlschrott, Gussbruch) in bestimmten Mengenverhältnissen fachgemäß mischen

Gau|chis|mus [go'ʃɪs...], der; - ‹*frz.-nlat.*›: (links von der Kommunistischen Partei Frankreichs stehende) linksradikale politische Bewegung, Ideologie in Frankreich. **Gau|chist,** der; -en, -en: Anhänger des Gauchismus. **Gau|chis|tin,** die; -, -nen: weibliche Form zu ↑Gauchist. **gau|chis|tisch:** den Gauchismus betreffend, dazu gehörend, darauf beruhend

Gau|cho ['gaʊtʃo], der; -[s], -s ‹*indian.-span.*›: berittener südamerikanischer Viehhirt

Gau|de|a|mus, das; - ‹*lat.;* eigentlich: Gaudeamus igitur »Freuen wir uns denn!«›: Name eines alten Studentenliedes

Gau|dee, die; -, -n (österr., oft abwertend): Vergnügung, Unterhaltung

Gau|di, die; -, auch: das; -s (ugs.): kurz für ↑Gaudium

gau|die|ren (veraltet): sich freuen. **Gau|di|um,** das; -s: großer Spaß, Belustigung, Vergnügen

Gau|f|ra|ge [go'fra:ʒə], die; -, -n ‹*frz.*›: Narbung od. Musterung von Papier u. Geweben. **Gau|f|ré** [go'fre:], das; -[s], -s: Gewebe mit eingepresstem Muster. **gau|f|rie|ren:** mit dem Gaufrierkalander prägen od. mustern

Gau|f|rier|ka|lan|der, der; -s, -: ↑Kalander zur Narbung od. Musterung von Papier u. Geweben

Gauge [geɪdʒ], das; - ‹*frz.-engl.*›: in der Strumpffabrikation Maß zur Angabe der Maschenzahl u. damit zur Feinheit des Erzeugnisses (Abk.: gg)

Gaul|lis|mus [go'lɪs...], der; - ‹*frz.-nlat.;* nach dem frz. Staatspräsidenten General Ch. de Gaulle, 1890–1970›: politische Bewegung, die eine autoritäre Staatsführung u. die führende Rolle Frankreichs in Europa zum Ziel hat. **Gaul|list,** der; -en, -en: Verfechter, Anhänger des Gaullismus. **Gaul|lis|tin,** die; -, -nen: weibliche Form zu ↑Gaullist. **gaul|lis|tisch:** den Gaullismus betreffend, zu ihm gehörend

Gault [gɔ:lt], der; -[e]s ‹*engl.*› (Geol.): zweitälteste Stufe der Kreide

Gaul|the|ria [gɔl...], die; -, ...ien ‹*nlat.;* nach dem frz.-kanad. Botaniker J.-F. Gaultier, 1708–1756›: Gattung der Erikagewächse, aus deren Blättern das als Heilmittel verwendete Gaultheriaöl gewonnen wird

Gaur, der; -[s], -[s] ‹*Hindi*›: indisches Wildrind

Ga|vi|al, der; -s, -e ‹*Hindi*›: Schnabelkrokodil

Ga|vot|te [ga'vɔt(ə)], die; -, -n ‹*provenzal.-frz.*›: **a)** Tanz im $^2/_2$- od. $^4/_4$-Takt mit $^2/_4$-Auftakt; **b)** auf die Sarabande folgender Satz der Suite (4)

gay [geɪ] ‹*engl.;* »fröhlich«› (Jargon): [offen u. selbstbewusst] homosexuell

Gay, der; -s, -s (Jargon): Homosexueller

Ga|ya Ci|en|cia ['ga:ja 'tsi̯entsi̯a], die; - - ‹*provenzal.;* »fröhliche Wissenschaft«›: Dichtung der Toulouser Meistersingerschule im 14. Jh. (vorwiegend Mariendichtung)

Ga|yal ['ga:jal, auch: ga'ja:l], der; -s, -s ‹*Hindi*›: hinterindisches, leicht zähmbares Wildrind (Haustierform des ↑Gaur)

Ga|ya|tri ['ga:ja...], die; - ‹sanskr.›: Metrum von 3 × 8 Silben

Ga|ze ['ga:zə], die; -, -n ‹*pers.-arab.-span.-frz.*›: **1.** [als Stickgrundlage verwendetes] weitmaschiges [gestärktes] Gewebe aus Baumwolle, Seide o. Ä. **2.** Verbandmull

Ga|zel|le, die; -, -n ‹*arab.-it.*›: Antilopenart der Steppengebiete Nordafrikas und Asiens

Ga|zet|te [auch: ga'zɛt(ə)], die; -, -n ‹*venez.-it.-frz.*› (oft iron.): Zeitung

Ga|zi, Ghasi [...z...], der; - ‹*arab.(-türk.);* »Kämpfer im Heiligen Krieg«›: Ehrentitel türkischer Herrscher

Gaz|pa|cho [gas'patʃo] ‹*span.*›: **a)** kalt angerichtete spanische Gemüsesuppe; **b)** als Brotbelag verwendetes Gericht aus Bröckchen eines in der Asche od. auf offenem Feuer gebackenen Eierkuchens

Ge|an|ti|kli|na|le vgl. Geoantiklinale

Ge|cko, der; -s, -s u. ...onen ‹*malai.-engl.*›: tropisches u. subtropisches eidechsenartiges Kriechtier

Ge|gen|kon|di|ti|o|nie|rung, die; -, -en ‹*dt.; lat.-nlat.*› (Psychol.): Lernvorgang mit dem Ergebnis der Umkehrung eines ↑konditionierten Verhaltens; vgl. Konditionierung (1)

Ge|gen|kul|tur, die; -, -en ‹*dt.; lat.*› (Soziol.): Kulturgruppierung, die in Ablehnung der bürgerlichen Gesellschaft eigene Kulturformen entwickelt; vgl. Subkultur

Ge|gen|re|for|ma|ti|on, die; - ‹*dt.; lat.*›: Gegenbewegung der katholischen Kirche gegen die ↑Reformation im 16. u. 17. Jh.

ge|han|di|capt, ge|han|di|kapt [gə'hɛndikɛpt] ‹*engl.*›: durch etwas behindert, benachteiligt; vgl. handicapen

Ge|hen|na, die; - ‹*hebr.-gr.-lat.;* nach Ge-Hinnom (= Tal Hinnoms) bei Jerusalem (urspr. wurden hier Menschenopfer dargebracht)›: frühjüdisch-neutestamentliche Bez. für: Hölle

Ge|in, das; -s ‹*gr.-nlat.*›: **1.** der schwarzbraune Hauptbestandteil der Ackererde. **2.** (Bot.) ↑Glykosid aus der Wurzel der Nelkenwurz

Gei|sa: *Plural* von ↑Geison

Gei|ser vgl. Geysir

Gei|sha ['ge:ʃa, auch: 'gaɪʃa], die; -, -s ‹*jap.-engl.*›: in Musik u. Tanz ausgebildete Gesellschafterin, die die Gäste in japanischen Teehäusern o. Ä. unterhält

Gei|son, das; -s, -s u. ...sa ‹*gr.*›:

Kranzgesims des antiken Tempels

Gei|to|no|ga|mie, die; - ⟨*gr.-nlat.*⟩ (Bot.): Übertragung von Blütenstaub zwischen Blüten, die auf derselben Pflanze stehen

Gel, das; -s, -e u. -s ⟨Kurzform von ↑*Gel*atine⟩: **1.** gallertartiger Niederschlag aus einer fein zerteilten Lösung. **2.** gallertartiges Kosmetikum

Ge|lar, das; -s ⟨Kunstw.⟩: dem ↑Agar-Agar ähnliches Präparat aus Ostseealgen

Ge|las|ma, das; -s, -ta u. ...men ⟨*gr.;* »das Lachen«⟩ (Med.): Lachkrampf

Ge|la|ti|ne [ʒe...], die; - ⟨*lat.-it.-frz.*⟩: geschmack- u. farblose, aus Knochen u. Häuten hergestellte leimartige Substanz, die vor allem zum Eindicken u. Binden von Speisen, aber auch in der pharmazeutischen u. Kosmetikindustrie Verwendung findet. **ge|la|ti|nie|ren:** **a)** zu Gelatine erstarren; **b)** eine fein zerteilte Lösung in Gelatine verwandeln. **ge|la|ti|nös:** gelatineartig

Ge|la|tit [auch: ...ˈtɪt], das; -s ⟨Kunstw.⟩: Gesteinssprengstoff

Gel|coat [ˈgeːlkɔʏt, engl.: ˈdʒelkɔʏt], das; -s ⟨*engl.*⟩: oberste Schicht der Außenhaut eines Bootes, das aus glasfaserverstärktem Kunststoff gebaut ist

Ge|lee [ʒeˈleː, ʒəˈleː], das od. der; -s, -s ⟨*lat.-vulgärlat.-frz.*⟩: **a)** süßer Brotaufstrich aus gallertartig eingedicktem Fruchtsaft; **b)** gallertartige, halbsteife Masse, z. B. aus Fleisch- od. Fischsaft; **c)** halbfeste, meist durchscheinende Substanz, die als Wirkstoffträger in der kosmetischen Industrie verwendet wird

Ge|lée ro|yale [ʒəlerwaˈjal], das; - - ⟨*frz.*⟩: Futtersaft für die Larven der Bienenköniginnen, der in der kosmetischen u. pharmazeutischen Industrie verwendet wird

Ge|li|di|um, das; -s ⟨*lat.*⟩: Gattung meist fiederig verzweigter Rotalgen mit in allen Meeren verbreiteten Arten

ge|lie|ren [ʒe..., ʒə...] ⟨*lat.-vulgärlat.-frz.*⟩: zu Gelee werden

Ge|li|frak|ti|on, die; -, -en ⟨*lat.-nlat.*⟩: Frostsprengung, durch Spaltenfrost verursachte Gesteinszerkleinerung

Ge|lo|lep|sie, Ge|lo|ple|gie, die; -, ...ien ⟨*gr.-nlat.*⟩ (Med.): mit Bewusstlosigkeit verbundenes, plötzliches Hinstürzen bei Affekterregungen (z. B. Lachkrampf)

Ge|lo|to|lo|gie, die; - ⟨*gr.*⟩: Wissenschaft vom Lachen; wissenschaftliche Erforschung des Lachens

Ge|lo|trip|sie, die; -, ...ien ⟨*lat.; gr.*⟩ (Med. veraltet): punktförmige Massage zur Behebung von Muskelhärten

Ge|ma|ra, die; - ⟨*aram.*⟩: zweiter Teil des ↑Talmuds, Erläuterung der ↑Mischna

Ge|ma|t|rie, die; - ⟨*gr.-hebr.*⟩: Deutung u. geheime Vertauschung von Wörtern mithilfe des Zahlenwertes ihrer Buchstaben (bes. in der ↑Kabbala)

Ge|mel|lus, der; -, ...lli, Geminus, der; -, ...ni ⟨*lat.*⟩ (Med.): Zwilling

Ge|mi|na|ta, die; -, ...ten: Doppelkonsonant, dessen Bestandteile auf zwei Sprechsilben verteilt werden (z. B. in it. freddo, gesprochen fred-do; im Deutschen nur noch orthografisches Mittel)

Ge|mi|na|ti|on, die; -, -en: **1.** Konsonantenverdoppelung; vgl. Geminata. **2.** ↑Epanalepse. **ge|mi|nie|ren:** einen Konsonanten od. ein Wort verdoppeln

Ge|mi|nus vgl. Gemellus

Gem|me, die; -, -n ⟨*lat.(-it.)*⟩: **1.** bes. im Altertum beliebter Edelstein mit vertieft od. erhaben eingeschnittenen Figuren. **2.** (Biol.) Brutkörper niederer Pflanzen (Form der ungeschlechtlichen Vermehrung)

Gem|mo|glyp|tik, die; - ⟨*lat.; gr.*⟩: ↑Glyptik

Gem|mo|lo|ge, der; -n, -n: Fachmann für Schmuck u. Edelsteine. **Gem|mo|lo|gie,** die; -: Edelsteinkunde. **Gem|mo|lo|gin,** die; -, -nen: weibliche Form zu ↑Gemmologe. **gem|mo|lo|gisch:** die Edelsteinkunde betreffend

Gem|mu|la, die; -, ...lae [...lɛ] ⟨*lat.*⟩ (Biol.): widerstandsfähiger Fortpflanzungskörper der Schwämme, der ein Überdauern ungünstiger Lebensverhältnisse ermöglicht

Gen, das; -s, -e ⟨*gr.*⟩: in den ↑Chromosomen lokalisierter Erbfaktor

...gen

⟨zu *gr.* gígnesthai »geboren werden, entstehen« u. ...genḗs »hervorbringend, verursachend; hervorgebracht, verursacht«⟩

Suffix mit folgenden Bedeutungen:

a) *»etwas erzeugend, bildend, liefernd«:*
- Allergen
- halluzinogen
- kanzerogen

b) *»hervorgebracht, ausgehend von ... «:*
- anthropogen
- endogen
- indigen

II. *»einer Sache angemessen, für etwas geeignet«:*
- fotogen
- telegen

Gen|ana|ly|se, die; -, -n: Analyse (2) von Genen zur Ermittlung der Erbanlagen

ge|nant [ʒe...] ⟨*germ.-frz.*⟩: **a)** lästig, unangenehm, peinlich; **b)** (landsch.) gehemmt u. unsicher, schüchtern; etwas als peinlich empfindend

Ge|nan|tin®, das; -s ⟨Kunstw.⟩: ↑Glysantin

Gen|bank, die; -, -en (Bot., Landwirtsch.): Einrichtung zur Sammlung, Erhaltung u. Nutzung des Genmaterials bestimmter Pflanzenarten

Gen|chip [...tʃɪp], der; -s, -s ⟨*gr.; engl.*⟩: ↑DNA-Chip

Gen|chi|r|ur|gie, die; -: ↑Genmanipulation

Gen|darm [ʒan..., auch: ʒã...], der; -en, -en ⟨*frz.*⟩: (österr., schweiz., sonst veraltet) Polizist (bes. auf dem Land eingesetzt). **Gen|dar|me|rie,** die; -, ...ien (österr., sonst veraltet): staatliche Polizei in Landbezirken

Gen|da|tei, die; -, -en: Sammlung von genetischen Daten

Gen|de|fekt, der; -[e]s, -e: Störung in der Struktur eines Gens

Gen|der [ˈdʒɛndɐ], das; -s ⟨*engl.;* »Geschlecht«⟩: Bez. für die Geschlechtsidentität des Menschen als soziale Kategorie (z. B. im Hinblick auf Selbstwahrnehmung, Selbstwertgefühl, Rollenverhalten)

gen|der|flu|id ⟨*engl.*⟩: **a)** eine sich zwischen den Geschlechtern bewegende Geschlechtsidentität besitzend; **b)** genderneutral (a)

Gen|der|gap, Gen|der-Gap [ˈdʒɛndɐgæp], der; -[s], -s ⟨*engl.;* »Geschlecht« u. »Lücke«⟩: **1.** (Soziol., Wirtsch., bes. österr.) signifikanter Unterschied zwischen den sozialen Geschlechtern im Hinblick auf Lebensbedingungen, Einkommen, Verhalten, Fähigkeiten, Interessen u. Ä. **2.** (Sprachwiss.) (bei Personenbezeichnungen) durch einen Unterstrich kenntlich gemachter Abstand zw. Wortstamm bzw. maskuliner Flexionsendung u. femininer Flexionsendung, der der sprachlichen Gleichbehandlung aller sozialen Geschlechter dienen soll (z. B. Bürger_innen, Lehrer_in)

Gen|der-Main|strea|ming, Gen|der-main|strea|ming [ˈdʒɛndɐmeɪ̯nstriːmɪŋ], das; -s ⟨*engl.*⟩: Verwirklichung der Gleichstellung von Mann und Frau unter Berücksichtigung der geschlechtsspezifischen Lebensbedingungen und Interessen

gen|dern [ˈdʒɛndɐn]: das Gender-Mainstreaming (auf etw.) anwenden

gen|der|neu|t|ral: **a)** kein Gender bevorzugend; **b)** keine Genderzugehörigkeit angebend, erkennen lassend

Gen|der-Pay-Gap [...(ˈ)peɪ̯...], der; -[s], -s od. das; -[s], -s, selten die; -, -s ⟨*engl.;* »Geschlecht«, »Bezahlung« u. »Lücke«⟩ (Soziol., Wirtsch.): signifikanter Unterschied zwischen den Geschlechtern im Hinblick auf Löhne u. Gehälter

gen|der|queer [ˈdʒɛndɐkviːɐ̯, ...kwɪɐ̯]: in der Geschlechtsidentität weder männlich noch weiblich

Gen|der|stu|dies [ˈdʒɛndɐstʌdiːz], die (Plural) ⟨*engl.* »Geschlechterforschung«⟩: Forschungsrichtung, die die Beziehungen zwischen den beiden Geschlechtern unter soziokulturellen Aspekten untersucht

Gen|di|a|g|nos|tik, die; -, -en (Med.): Erkennung und Bestimmung genetischer Veränderungen im menschlichen Erbgut, die mit Krankheiten in Verbindung stehen können

Gene [ʒɛːn], die; - ⟨*germ.-frz.*⟩ (veraltet): [selbst auferlegter] Zwang; Unbehagen, Unbequemlichkeit; vgl. sans gêne

Ge|nea|lo|ge, der; -n, -n ⟨*gr.*⟩: Forscher auf dem Gebiet der Genealogie. **Ge|nea|lo|gie,** die; -, ...ien: Wissenschaft von Ursprung, Folge u. Verwandtschaft der Geschlechter; Ahnenforschung. **Ge|nea|lo|gin,** die; -, -nen: weibliche Form zu ↑Genealoge. **ge|nea|lo|gisch:** die Genealogie betreffend

Ge|ne|ra [auch: ˈgeː...]: *Plural* von ↑Genus

Ge|ne|ral, der; -s, -e u. ...räle ⟨*lat.(-frz.)*⟩: **1. a)** (ohne Plural) [höchster] Dienstgrad der höchsten Rangordnung der Offiziere (bei Heer u. Luftwaffe); **b)** Offizier dieses Dienstgrades. **2. a)** oberster Vorsteher eines katholischen geistlichen Ordens od. einer ↑Kongregation; **b)** oberster Vorsteher der Heilsarmee

> **ge|ne|ral..., Ge|ne|ral...**
>
> ⟨*lat.* generalis »zur Gattung gehörend; allgemein«⟩
> *Wortbildungselement mit den Bedeutungen:*
> I. *»alles umfassend, alles und alle betreffend«:*
> – Generalamnestie
> – Generalstreik
> – generalüberholen
> II. *»oberste[r] Vertreter[in]; höchste Institution«:*
> – Generaldirektorin
> – Generalkonsul
> – Generalsekretariat
> – Generalsynode

Ge|ne|ral|ab|so|lu|ti|on, die; -, -en (kath. Rel.): **1.** sakramentale Lossprechung ohne Einzelbeichte (in Notfällen). **2.** vollkommener Ablass, Nachlass der Sündenstrafe in Verbindung mit den Sakramenten der Buße u. ↑Eucharistie (für Sterbende od. Ordensmitglieder)

Ge|ne|ral|ad|mi|ral, der; -s, -e u. ...räle: **1.** Offizier der Kriegsmarine im Range eines Generalobersten. **2.** (ohne Plural) Titel der ältesten Admirale (im 17. u. 18. Jh.)

Ge|ne|ral|agent, der; -en, -en: Hauptvertreter. **Ge|ne|ral|agen|tin,** die; -, -nen: weibliche Form zu ↑Generalagent. **Ge|ne|ral|agen|tur,** die; -, -en: Hauptgeschäftsstelle

Ge|ne|ral|am|nes|tie, die; -, ...ien: Amnestie für eine größere Anzahl von Personen

Ge|ne|ra|lat, das; -[e]s, -e ⟨*lat.-nlat.*⟩: **1.** Generalswürde. **2. a)** Amt eines katholischen Ordensgenerals; **b)** Amtssitz eines katholischen Ordensgenerals

Ge|ne|ral|bass, der; -es, ...bässe: unter einer Melodiestimme stehende fortlaufende Bassstimme mit den Ziffern der für die harmonische Begleitung zu greifenden Akkordtöne (in der Musik des 17. u. 18. Jh.s)

Ge|ne|ral|beich|te, die; -, -n: Beichte über das ganze Leben od. einen größeren Lebensabschnitt vor wichtigen persönlichen Entscheidungen

Ge|ne|ral|di|rek|tor, der; -s, -en: Leiter eines größeren Unternehmens od. einer größeren Institution. **Ge|ne|ral|di|rek|to|rin,** die; -, -nen: weibliche Form zu ↑Generaldirektor

Ge|ne|ra|le, das; -s, ...lien, auch: ...lia ⟨*lat.*⟩: allgemein Gültiges; allgemeine Angelegenheiten

Ge|ne|ral|gou|ver|ne|ment [...guvɛrnəmɑ̃], das; -s, -s: **1.** Statthalterschaft. **2.** größeres ↑Gouvernement. **Ge|ne|ral|gou|ver|neur** [...nøːɐ̯], der; -s, -e: **1.** Leiter eines Generalgouvernements. **2.** Statthalter

Ge|ne|ra|lia, Ge|ne|ra|li|en: *Plural* von ↑Generale

Ge|ne|ra|lin, die; -, -nen: weibliche Form zu ↑General (1b, 2b)

Ge|ne|ral|in|s|pek|teur [...tøːɐ̯], der; -s, -e: unmittelbar dem Verteidigungsminister unterstehender ranghöchster Soldat und höchster militärischer Repräsentant der Bundeswehr. **Ge|ne|ral|in|s|pek|ti|on,** die; -, -en: gründliche, umfassende ↑Inspektion (1)

Ge|ne|ral|in|ten|dant, der; -en, -en: Leiter mehrerer Theater, eines Staatstheaters od. einer Rundfunkanstalt. **Ge|ne|ral|in-**

ten|dan|tin, die; -, -nen: weibliche Form zu ↑Generalintendant

Ge|ne|ra|li|sa|ti|on, die; -, -en ‹*lat.-nlat.*›: **1.** ↑Generalisierung (2); vgl. ...ation/...ierung. **2.** (Geogr.) Vereinfachung bei der Verkleinerung einer Landkarte. **3.** (Philos.) Gewinnung des Allgemeinen, der allgemeinen Regel, des Begriffs, des Gesetzes durch ↑Induktion aus Einzelfällen

ge|ne|ra|li|sie|ren: verallgemeinern, aus Einzelfällen das Allgemeine (Begriff, Satz, Regel, Gesetz) gewinnen. **ge|ne|ra|li|siert** (Med.): über den ganzen Körper verbreitet (bes. von Hautkrankheiten)

Ge|ne|ra|li|sie|rung, die; -, -en: **1.** das Generalisieren; Verallgemeinerung. **2.** (Psychol.) Fähigkeit, eine ursprünglich an einen bestimmten Reiz gebundene Reaktion auch auf nur ähnliche Reize folgen zu lassen; vgl. ...ation/...ierung

Ge|ne|ra|lis|si|mus, der; -, ...mi u. -se ‹*lat.-it.*›: oberster Befehlshaber, Kommandierender

Ge|ne|ra|list, der; -en, -en: jmd., der in seinen Interessen nicht auf ein bestimmtes Gebiet festgelegt ist. **Ge|ne|ra|lis|tin,** die; -, -nen: weibliche Form zu ↑Generalist

Ge|ne|ra|li|tät, die; - ‹*lat.(-frz.)*›: **1.** Gesamtheit der Generale. **2.** (veraltet) Allgemeinheit

ge|ne|ra|li|ter ‹*lat.*›: im Allgemeinen, allgemein betrachtet

Ge|ne|ral|ka|pi|tel, das; -s, -: Versammlung der Oberen u. Bevollmächtigten eines katholischen Ordens, bes. zur Neuwahl des Vorstehers

Ge|ne|ral|klau|sel, die; -, -n: **1.** allgemeine, nicht mit bestimmten Tatbestandsmerkmalen versehene Rechtsbestimmung. **2.** Vereinbarung, Vorschrift o. Ä., die allen Einzelregelungen übergeordnet ist. **3.** Übertragung aller öffentlich-rechtlichen Streitigkeiten an die Verwaltungsgerichte (soweit vom Gesetz nichts anderes bestimmt ist)

Ge|ne|ral|kom|man|do, das; -s, -s: oberste Kommandostelle u. Verwaltungsbehörde eines Armeekorps

Ge|ne|ral|kon|gre|ga|ti|on, die; -, -en: Vollsitzung einer kirchlichen Körperschaft (z. B. ↑Konzil, ↑Synode)

Ge|ne|ral|kon|sul, der; -s, -n: ranghöchster ↑Konsul (2). **Ge|ne|ral|kon|su|lat,** das; -[e]s, -e: **a)** Amt eines Generalkonsuls; **b)** Sitz eines Generalkonsuls

Ge|ne|ral|leut|nant, der; -s, -s: **a)** (ohne Plural) zweithöchster Dienstgrad in der Rangordnung der Generale (bei Heer u. Luftwaffe); **b)** Inhaber dieses Dienstgrades

Ge|ne|ral|li|nie, die; -, -n: allgemein gültige Richtlinie

Ge|ne|ral|ma|jor, der; -s, -e: **a)** (ohne Plural) zweitniedrigster Dienstgrad in der Rangordnung der Generale (bei Heer u. Luftwaffe); **b)** Inhaber dieses Dienstgrades

Ge|ne|ral|mu|sik|di|rek|tor, der; -s, -en: **a)** erster Dirigent; **b)** (ohne Plural) Amt u. Titel des leitenden Dirigenten (z. B. eines Opernhauses) (Abk.: GMD)

Ge|ne|ral|par|don, der; -s, -s: **a)** (veraltet) allgemeiner Straferlass; **b)** pauschale Vergebung; Nachsicht gegenüber jmds. Verfehlungen

Ge|ne|ral|pau|se, die; -, -n: für alle Sing- u. Instrumentalstimmen geltende Pause (Abk.: GP)

Ge|ne|ral|prä|ven|ti|on, die; -, -en: allgemeine Abschreckung von der Neigung zur strafbaren Tat durch Strafandrohung

Ge|ne|ral|pro|be, die; -, -n: letzte Probe vor der ersten Aufführung eines Musik- od. Bühnenwerkes

Ge|ne|ral|pro|fos, der; -es u. -en, -e[n] (Geschichte): **1.** mit Polizeibefugnissen u. dem Recht über Leben u. Tod ausgestatteter Offizier (in den mittelalterlichen Söldnerheeren). **2.** Leiter der Militärpolizei in Österreich

Ge|ne|ral|pro|ku|ra|tor, der; -s, -en: Vertreter eines geistlichen Ordens beim ↑Vatikan

Ge|ne|ral|quar|tier|meis|ter, der; -s, -: **1.** (Geschichte) wichtigster ↑Adjutant des Feldherrn; engster Mitarbeiter des Generalstabschefs. **2.** Verantwortlicher für die Verpflegung aller Fronttruppen im 2. Weltkrieg

Ge|ne|ral|sa|nie|rung, die; -, -en: gründliche, komplette ↑Sanierung

Ge|ne|ral|se|kre|tär, der; -s, -e: mit ↑exekutiven Vollmachten ausgestatteter hoher amtlicher Vertreter [internationaler] politischer, militärischer u. ä. Vereinigungen (z. B. der UNO od. NATO). **Ge|ne|ral|se|kre|ta|ri|at,** das; -s, -e: Amt od. Sitz eines Generalsekretärs od. einer Generalsekretärin. **Ge|ne|ral|se|kre|tä|rin,** die; -, -nen: weibliche Form zu ↑Generalsekretär

Ge|ne|ral|staa|ten, die (Plural): **1.** das niederländische Parlament. **2.** (Geschichte) im 15. Jh. der vereinigte Landtag der niederländischen Provinzen. **3.** (Geschichte) 1593–1796 die Abgeordnetenversammlung der sieben niederländischen Nordprovinzen

Ge|ne|ral|staats|an|walt, der; -[e]s, ...wälte: oberster Staatsanwalt beim Oberlandesgericht

Ge|ne|ral|stab, der; -s, ...stäbe: zur Unterstützung des obersten militärischen Befehlshabers eingerichtetes zentrales Gremium, in dem besonders ausgebildete Offiziere (aller Ränge) die Organisation der militärischen Kriegsführung planen u. durchführen. **Ge|ne|ral|stäb|ler,** der; -s, -: Offizier im Generalstab

Ge|ne|ral|stän|de, die (Plural) (Geschichte): die französischen Reichsstände (Adel, Geistlichkeit u. Bürgertum)

Ge|ne|ral|streik, der; -s, -s: [politischen Zielen dienender] allgemeiner Streik der Arbeitnehmer eines Landes

Ge|ne|ral|su|per|in|ten|dent, der; -en, -en: dem Bischof od. ↑Präses rangmäßig entsprechende[r] Leiter[in] einer evangelischen Kirchenprovinz od. Landeskirche. **Ge|ne|ral|su|per|in|ten|den|tin,** die; -, -nen: weibliche Form zu ↑Generalsuperintendent

Ge|ne|ral|sy|n|o|de, die; -, -n: **1.** oberste ↑Synode der evangelischen Kirche. **2.** (veraltet) allgemeines ↑Konzil der römisch-katholischen Kirche

Ge|ne|ral|ver|trag, der; -[e]s: 1952 abgeschlossener Vertrag, der das Besatzungsstatut in der Bundesrepublik ablöste

Ge|ne|ral|vi|kar, der; -s, -e: Stellvertreter des katholischen [Erz]bischofs für die Verwaltungsaufgaben. **Ge|ne|ral|vi|ka|ri|at,** das; -s, -e: Verwaltungsbehörde einer katholischen ↑Diözese od. Erzdiözese

Ge|ne|ra|ti|a|nis|mus, der; - ‹*lat.-nlat.*›: Lehre im altchristlichen ↑Traduzianismus von der Entstehung der menschlichen Seele durch elterliche Zeugung

Ge|ne|ra|tio ae|qui|vo|ca [- ɛˈk-viːvoka], die; - - ‹*lat.;* »mehrdeutige Zeugung«›: Urzeugung (Hypothese von der Entstehung des Lebens auf der Erde ohne göttlichen Schöpfungsakt)

Ge|ne|ra|ti|on, die; -, -en: **1. a)** einzelnes Glied der Geschlechterfolge (Eltern, Kinder, Enkel usw.); vgl. Parentalgeneration u. Filialgeneration; **b)** in der Entwicklung einer Tier- od. Pflanzenart die zu einem Fortpflanzungs- od. Wachstumsprozess gehörenden Tiere bzw. Pflanzen. **2.** ungefähr die Lebenszeit eines Menschen umfassender Zeitraum. **3.** alle innerhalb eines bestimmten kleineren Zeitraumes geborenen Menschen, bes. im Hinblick auf ihre Ansichten zu Kultur, Moral u. ihre Gesinnung; **Generation X:** Altersgruppe der etwa 1965–1975 Geborenen, für die Orientierungslosigkeit, Desinteresse an Staat, Politik u. Ä. typisch sein soll. **4.** Gesamtheit der durch einen bestimmten Stand in der technischen Entwicklung o. Ä. gekennzeichneten Geräte

Ge|ne|ra|ti|o|nen|kon|flikt, Generationskonflikt, der; -[e]s, -e: Konflikt zwischen Angehörigen verschiedener Generationen, bes. zwischen Jugendlichen u. Erwachsenen, der aus den unterschiedlichen Auffassungen in bestimmten Lebensfragen erwächst

Ge|ne|ra|ti|o|nen|ver|trag, der; -[e]s: in der umlagefinanzierten Rentenversicherung geltender Grundsatz, dass die jeweils im Arbeitsleben stehende Generation die Altersbezüge der Rentner erarbeitet

Ge|ne|ra|ti|ons|kon|flikt vgl. Generationenkonflikt

Ge|ne|ra|ti|ons|wech|sel, der; -s, -: **1.** (Biol.) Wechsel zwischen geschlechtlicher u. ungeschlechtlicher Fortpflanzung bei Pflanzen u. wirbellosen Tieren. **2.** Ablösung von Angehörigen der älteren Generation durch Angehörige der jüngeren

Ge|ne|ra|tio pri|ma|ria ‹*lat.;* »ursprüngliche Zeugung«›, **Ge|ne|ra|tio spon|ta|nea** ‹»freiwillige Zeugung«› die; - -: ↑Generatio aequivoca

ge|ne|ra|tiv ‹*lat.-nlat.*›: **1.** (Biol.) die geschlechtliche Fortpflanzung betreffend. **2.** (Sprachwiss.) die Erzeugung komplexer sprachlicher Einheiten (z. B. von Sätzen) betreffend; **generative Grammatik:** die Sprache mit Mitteln der mathematischen Logik u. der Psychologie beschreibende Grammatiktheorie, die zu erklären sucht, wie es einem Sprecher möglich ist, aufgrund der unbewussten Beherrschung einer endlichen Menge von Regeln seiner Muttersprache eine unendliche Menge von Sätzen in dieser Sprache zu erzeugen u. zu verstehen

Ge|ne|ra|ti|vist, der; -en, -en: Vertreter der generativen Grammatik. **Ge|ne|ra|ti|vis|tin,** die; -, -nen: weibliche Form zu ↑Generativist

Ge|ne|ra|ti|vi|tät, die; -: Fortpflanzungs-, Zeugungskraft

Ge|ne|ra|tor, der; -s, ...oren ‹*lat.*›: **1.** Gerät zur Erzeugung einer elektrischen Spannung od. eines elektrischen Stroms. **2.** Schachtofen zur Erzeugung von Gas aus Kohle, Koks od. Holz

Ge|ne|ra|tor|gas, das; -es: Treibgas (Industriegas), das beim Durchblasen von Luft durch glühende Kohlen entsteht

ge|ne|rell ‹*lat.;* französierende Neubildung›: allgemein, allgemeingültig, im Allgemeinen, für viele Fälle derselben Art zutreffend (Ggs.: speziell)

ge|ne|rie|ren: a) hervorbringen, erzeugen, produzieren; **b)** (Sprachwiss.) sprachliche Äußerungen in Übereinstimmung mit einem grammatischen Regelsystem erzeugen, bilden; **c)** (EDV) durch ein Verarbeitungsprogramm automatisch erzeugen (z. B. Textelemente). **Ge|ne|rie|rung,** die; -: das Generieren

Ge|ne|ri|kum, das; -s, ...ka ‹*lat.-frz.-engl.*›: Arzneimittel, das einem als Markenzeichen eingetragenen Präparat gleicht, aber meist billiger angeboten wird

ge|ne|risch ‹*lat.-nlat.*›: **a)** das Geschlecht od. die Gattung betreffend; **b)** (Sprachwiss.) in allgemeingültigem Sinne gebraucht

Gé|ne|ro chi|co [ˈxenero ˈtʃiko], der; - - ‹*span.*›: (bes. in der 2. Hälfte des 19. Jh.s beliebte) volkstümliche einaktige spanische Komödie

ge|ne|rös [auch: ʒe...] ‹*lat.-frz.;* »von (guter) Art, Rasse«›: **a)** großzügig, nicht kleinlich im Geben, im Gewähren von etwas; **b)** edel, großmütig denkend u. handelnd; von großherziger Gesinnung [zeugend]

Gen|ero|si|on, die; -, -en (Biol.): der durch Aussterben von Arten bedingte Verlust genetischer Information

Ge|ne|ro|si|tät, die; -, -en: **a)** Freigebigkeit; **b)** Großmut

Ge|ne|se, die; -, -n ‹*gr.-lat.*› (bildungsspr., Fachspr.): Entstehung, Entwicklung [einer Krankheit]; entwicklungsgeschichtlicher Vorgang; vgl. Genesis. **Ge|ne|sis** [auch: ˈgeːn...], die; -: **1.** das Werden, Entstehen, Ursprung; vgl. Genese. **2.** das 1. Buch Mose mit der Schöpfungsgeschichte

Ge|n|eth|li|a|kon, das; -s, ...ka ‹*gr.*›: antikes Geburtstagsgedicht

Ge|ne|tic En|gi|nee|ring [dʒɪˈnɛtɪk ɛndʒɪˈnɪərɪŋ], das; - -[s] ‹engl.›: ↑Gentechnologie

Ge|ne|tik, die; - ‹*gr.-nlat.*›: Vererbungslehre. **Ge|ne|ti|ker,** der; -s, -: Wissenschaftler auf dem Gebiet der Genetik. **Ge|ne|ti|ke|rin,** die; -, -nen: weibliche Form zu ↑Genetiker. **ge|ne|tisch: a)** die Entstehung, Entwicklung der Lebewesen betreffend, entwicklungsgeschichtlich; **b)** auf der Genetik beruhend, zu ihr gehörend; **genetische Philologie:** Erforschung der [sprachlichen] Entstehung von Werken der Dichtkunst; **genetischer Code:** Schlüssel für die Übertragung genetischer ↑Information (1 a) von den ↑Nukleinsäuren auf die ↑Proteine beim Proteinaufbau; **genetischer Fingerabdruck:** Muster des persönlichen Erbgutes, das durch molekularbiologische Genanalyse gewonnen wird

Ge|ne|tiv, der; -s, -e (veraltet): ↑Genitiv

Ge|net|te [ʒəˈnɛt(ə), ʒe...], die; -, -s u. -n ⟨*arab.-span.-frz.*⟩: Ginsterkatze; Schleichkatze der afrikanischen Steppen (auch in Südfrankreich u. den Pyrenäen)

Ge|ne|ver [ʒeˈneːvɐ, ʒəˈn..., auch: geˈn...], der; -s, - ⟨*lat.-frz.*⟩: niederländischer Wacholderbranntwein

Gen|food [...fuːd], das; -[s] ⟨*gr.; engl.*⟩: Nahrungsmittel, z. B. Obst od. Gemüse, mit künstlich veränderter Genstruktur

ge|ni|al ⟨*lat.*⟩: **a)** hervorragend begabt; **b)** großartig, vollendet; vgl. ...isch/-. **ge|ni|a|lisch:** **a)** nach Art eines [1]Genies (2), genieähnlich; **b)** in oft exaltierter Weise das Konventionelle missachtend; vgl. ...isch/-

Ge|ni|a|li|tät, die; - ⟨*lat.-nlat.*⟩: überragende schöpferische Veranlagung

[1]**Ge|nie** [ʒeˈniː], das; -s, -s ⟨*lat.-frz.*⟩: **1.** überragende schöpferische Geisteskraft. **2.** hervorragend begabter, schöpferischer Mensch

[2]**Ge|nie** [ʒe...], die; -, -s (schweiz. ugs.): Kurzform von ↑Genietruppe

Ge|ni|en: *Plural* von ↑Genius

Ge|nie|of|fi|zier [ʒe...], der; -s, -e (schweiz.): Offizier der ↑Genietruppen

Ge|nie|pe|ri|o|de, die; -: zeitgenössische Bezeichnung der ↑Geniezeit

ge|nie|ren [ʒe...] ⟨*germ.-frz.*⟩: **a)** sich genieren: gehemmt sein, sich unsicher fühlen, sich schämen; **b)** stören, verlegen machen (z. B. ihre Anwesenheit genierte ihn)

Ge|nie|trup|pe [ʒe...], die; -, -n (schweiz.): technische Kriegstruppe, ↑Pioniere (eine der Truppengattungen, aus denen sich die schweizerische Armee zusammensetzt)

Ge|nie|we|sen, das; -s (schweiz.): militärisches Ingenieurwesen

Ge|nie|zeit, die; - (Literaturwiss.): die Sturm-und-Drang-Zeit (Zeitabschnitt der deutschen Literaturgeschichte von 1767 bis 1785)

Ge|nio|spas|mus, der; -, ...men ⟨*gr.*⟩ (Med.): genetisch bedingtes, affektverstärktes unwillkürliches Zittern von Kinn u. Unterlippe

Ge|ni|sa, Geniza [...za], die; -, -s ⟨*hebr.*⟩: Raum in der ↑Synagoge zur Aufbewahrung schadhaft gewordener Handschriften u. Kultgegenstände

Ge|nis|ta, die; - ⟨*lat.*⟩: Ginster (gelb blühender Strauch; Schmetterlingsblütler)

ge|ni|tal ⟨*lat.*⟩ (Med.): zu den Geschlechtsorganen gehörend, von ihnen ausgehend, sie betreffend; vgl. ...isch/-

Ge|ni|tal, Ge|ni|ta|le, das; -s, ...lien (meist Plural) (Med.): Geschlechtsorgan. **ge|ni|ta|lisch:** sich auf das Genitale beziehend, dazu gehörend; vgl. ...isch/-

Ge|ni|ta|li|tät, die; - (Psychol.): mit dem Eintreten des Menschen in die genitale Phase beginnende Stufe der Sexualität

Ge|ni|tiv, der; -s, -e ⟨*lat.*⟩: **1.** zweiter Fall, Wesfall (Abk.: Gen.). **2.** Wort, das im Genitiv (1) steht. **ge|ni|ti|visch:** zum Genitiv gehörend

Ge|ni|tiv|kom|po|si|tum, das; -s, ...ta: zusammengesetztes Substantiv, dessen Bestimmungswort aus einem Substantiv im Genitiv besteht (z. B.: *Bundes*kanzler)

Ge|ni|tiv|ob|jekt, das; -[e]s, -e: Ergänzung eines Verbs im Genitiv (z. B.: ich bedarf *seines Rates*)

Ge|ni|ti|vus de|fi|ni|ti|vus, Ge|ni|ti|vus ex|pli|ca|ti|vus, der; - -, ...vi ...vi: bestimmender, erklärender Genitiv (z. B.: das Vergehen *des Diebstahls* [Diebstahl = Vergehen])

Ge|ni|ti|vus ob|iec|ti|vus, der; - -, ...vi ...vi: Genitiv als Ziel einer Handlung (z. B.: der Entdecker *des Atoms* [er entdeckte das Atom])

Ge|ni|ti|vus par|ti|ti|vus, der; - -, ...vi ...vi: Genitiv als Teil eines übergeordneten Ganzen (z. B.: die Hälfte *seines Vermögens*)

Ge|ni|ti|vus pos|ses|si|vus, der; - -, ...vi ...vi: Genitiv des Besitzes, der Zugehörigkeit (z. B. das Haus *des Vaters*)

Ge|ni|ti|vus Qua|li|ta|tis, der; - -, ...vi -: Genitiv der Eigenschaft (z. B.: ein Mann *mittleren Alters*)

Ge|ni|ti|vus sub|iec|ti|vus, der; - -, ...vi ...vi: Genitiv als Subjekt eines Vorgangs (z. B.: die Ankunft *des Zuges* [der Zug kommt an])

Ge|ni|us, der; -, ...ien ⟨*lat.;* eigtl. »Erzeuger«⟩: **1.** (Geschichte) altrömischer Schutzgeist, göttliche Verkörperung des Wesens eines Menschen, einer Gemeinschaft, eines Ortes. **2. a)** (ohne Plural) schöpferische Kraft eines Menschen; **b)** schöpferisch begabter Mensch, [1]Genie (2). **3.** (meist Plural; Kunstwiss.) geflügelt dargestellte niedere Gottheit der römischen Mythologie

Ge|ni|us epi|de|mi|cus, der; - - (Med. selten): vorherrschender Charakter einer [gerade herrschenden] Epidemie

Ge|ni|us Lo|ci [- ...tsi], der; - -: [Schutz]geist eines Ortes; geistiges Klima, das an einem bestimmten Ort herrscht

Ge|ni|za [...za] vgl. Genisa

Gen|ma|ni|pu|la|ti|on, die; -, -en (Biol.; Med.): Manipulation am genetischen Material von Lebewesen in der Absicht, bestimmte Veränderungen herbeizuführen od. neue Kombinationen von Erbanlagen zu entwickeln. **gen|ma|ni|pu|liert:** gentechnisch verändert

Gen|mu|ta|ti|on, die; -, -en: erbliche Veränderung eines ↑Gens

gen|ne|ma|tisch (Sprachwiss.), **gen|ne|misch** ⟨*gr.-nlat.*⟩ (Sprachwiss. veraltet): Sprachlaute als akustische Erscheinung betreffend

Ge|no|gramm, das; -s, -e (Psychol.): einem Stammbaum ähnliche grafische Darstellung einer Familienkonstellation

Gen|öko|lo|gie, die; -: Lehre von den Beziehungen zwischen ↑Genetik u. ↑Ökologie

Ge|no|ko|pie, die; -, ...ien: die Ausprägung des gleichen Merkmals durch verschiedene Gene bzw. verschiedene Mutationen desselben Gens

Ge|nom, das; -s, -e ⟨*gr.-nlat.*⟩ (Biol.): **a)** Gesamtheit des in einer Zelle enthaltenen Erbguts; **b)** Gesamtheit des im Zellkern enthaltenen Erbguts

Ge|nom|ana|ly|se, die; -, -n: Entschlüsselung der im Genom codierten genetischen Information

ge|no|misch: das Genom betreffend; **genomische Prägung:** Ausbildung unterschiedlicher Phänotypen trotz gleichem Erbgut, verursacht durch eine [temporäre] Inaktivierung des väterlichen oder mütterlichen Allels

Ge|nom|mu|ta|ti|on, die; -, -en: erbliche Veränderung eines Genoms

Ge|nom|pro|jekt, das; -[e]s, -e: das Bestreben, das Genom eines Organismus umfassend aufzuklären (z. B. das Genom des Menschen)

ge|no|spe|zi|fisch: charakteristisch für das Erbgut

Ge|no|typ, der; -s, -en, Genotypus, der; -, ...pen: Gesamtheit der Erbfaktoren eines Lebewesens (Ggs.: Phänotyp). **ge|no|ty|pisch:** auf den Genotyp bezogen. **Ge|no|ty|pus** vgl. Genotyp

Ge|no|zid, der, auch: das; -[e]s, -e u. -ien ⟨*gr.; lat.*⟩: Völkermord

Gen|pool [...pu:l], der; -s, -s: Gesamtheit der genetischen Informationen einer ↑Population

Gen|re ['ʒɑ̃:rə], das; -s, -s ⟨*lat.-frz.*⟩: Gattung, Wesen, Art

Gen|re|bild, das; -[e]s, -er: Bild im Stil der Genremalerei

gen|re|haft: im Stil, in der Art der Genremalerei gestaltet

Gen|re|ma|le|rei, die; -: Malerei, die typische Zustände aus dem täglichen Leben einer bestimmten Berufsgruppe od. einer sozialen Klasse darstellt

Gen|re|ser|voir [...vo̯a:ɐ̯], das; -s, -e: in natürlichen Biotopen lebende Organismen (z. B. Wildpflanzen), die mit ihrer genetischen Vielfalt für die Züchtung neuer Nutzpflanzensorten unersetzlich sind

Gen|ro, der; - ⟨*jap.;* »Älteste«⟩ (Geschichte): vom japanischen Kaiser eingesetzter Staatsrat

Gens, die; -, Gentes [...te:s] ⟨*lat.;* »Geschlechtsverband, Sippe«⟩ (Geschichte): altrömischer Familienverband

Gen|sche|re, die; -, -n (Biochemie): Methode zur gezielten Durchtrennung u. Veränderung von DNA

Gen|tech|nik, die; -, -en (Plural selten): **1.** Technik der Erforschung u. Manipulation der Gene. **2.** ↑Gentechnologie. **gen|tech|nisch:** die Gentechnik betreffend

Gen|tech|no|lo|gie, die; -; ...ien: Teilgebiet der Molekularbiologie u. der Biotechnologie, das sich mit der Isolierung, Analyse u. Veränderung des genetischen Materials befasst. **gen|tech|no|lo|gisch:** die Gentechnologie betreffend

Gen|tech|pflan|ze, die; -, -n: Pflanze mit gentechnisch verändertem Erbgut

Gen|tes: *Plural* von ↑Gens

Gen|the|ra|pie, die; -, ...ien (Med.): Therapieform, bei der Nukleinsäuren in die Zellen eingebracht werden, um so durch Gendefekt[e] bedingte Krankheiten auszuschalten

Gen|ti|a|na, die; - ⟨*illyrisch-lat.*⟩: Enzian

gen|til [ʒɛn'ti:l, ʒɑ̃'ti:l] ⟨*lat.-frz.*⟩ (veraltet): fein, nett, wohlerzogen

Gen|ti|len, die (Plural) ⟨*lat.*⟩ (Geschichte): die Angehörigen der altrömischen Gentes; vgl. Gens

Gen|til|homme [ʒɑ̃ti'jɔm], der; -s, -s ⟨*lat.-frz.*⟩: frz. Bez. für Mann von vornehmer Gesinnung, Gentleman

Gen|t|le|man ['dʒɛntl̩mən], der; -s, ...men [...mən] ⟨*engl.*⟩: Mann von Lebensart u. Charakter; ↑Gentilhomme; vgl. Lady

gen|t|le|man|like [...laɪ̯k]: nach Art eines Gentlemans, vornehm, höchst anständig

Gen|t|le|man's Ag|ree|ment, Gen|t|le|men's Ag|ree|ment ['dʒɛntl̩mənz ə'gri:mənt], das; - -s, - -s: [diplomatisches] Übereinkommen ohne formalen Vertrag; Übereinkunft auf Treu u. Glauben

Gen|trans|fer, der; -s, -s: Übertragung einer zusätzlichen genetischen Information (in Form einer DNA) in den Kern einer Zelle

Gen|t|ri|fi|zie|rung, die; -, -en (Soziol.): Aufwertung eines Stadtteils durch Sanierung u. Umbau von Altbauten mit der Folge, dass die ursprünglichen Bewohner durch Besserverdienende verdrängt werden

Gen|t|ry ['dʒɛntri], die; - ⟨*lat.-frz.-engl.*⟩: niederer englischer Adel

Ge|nua, die; -, - ⟨nach dem erstmaligen Auftauchen dieses Segels 1927 bei einer Regatta in Genua⟩: großes, den Mast u. das Großsegel stark überlappendes Vorsegel

Ge|nua|cord, Ge|nua|samt, der; -[e]s ⟨nach der it. Stadt Genua⟩: Cordsamt zur Herstellung strapazierfähiger Hosen u. Jacken

ge|nu|in ⟨*lat.*⟩: **1.** echt, naturgemäß, rein, unverfälscht. **2.** (Med.; Psychol.) angeboren, erblich

Ge|nu re|cur|va|tum, das; - -, Genua recurvata ⟨*lat.*⟩ (Med.): überstreckbares Knie, das einen nach vorn offenen Winkel bildet

Ge|nus [auch: 'ge:nʊs], das; -, Genera ⟨*lat.*⟩: **1.** Art, Gattung. **2.** grammatisches Geschlecht

Ge|nus|kauf [auch: 'ge:...], der; -[e]s, ...käufe (Rechtswiss.): Kaufvertrag, bei dem nur die Gattungsmerkmale der zu liefernden Sache, nicht aber ihre Besonderheiten bestimmt werden

Ge|nus pro|xi|mum [auch: 'ge:... -], das; - -, Genera proxima: nächsthöherer Gattungsbegriff

Ge|nus Ver|bi [auch: 'ge:... -], das; - -, Genera Verbi (Sprachwiss.): Verhaltensrichtung des Verbs

geo|an|ti|kli|nal ⟨*gr.-nlat.*⟩: die Geoantiklinale betreffend. **Geo|an|ti|kli|na|le,** Geantiklinale, die; -, -n (Geol.): weiträumiges Aufwölbungsgebiet der Erdkruste

Geo|bio|lo|gie, die; -: Wissenschaft, die sich mit den Beziehungen zwischen ↑Geosphäre u. Menschen befasst. **geo|bio|lo|gisch:** die Geobiologie betreffend

Geo|bi|ont, der; -en, -en (Biol.): Lebewesen im Erdboden

Geo|blo|cking, das; -s ⟨*gr.; engl.*⟩ (EDV): Sperrung eines Internetangebotes für ein bestimmtes geografisches Gebiet

Geo|bo|ta|nik, die; -: Pflanzengeografie (Wissenschaft von der geografischen Verbreitung der Pflanzen). **geo|bo|ta|nisch:** die Geobotanik betreffend

Geo|cache [...kɛʃ], der; -, -s ⟨*engl.*⟩: im Rahmen des ↑Geocachings zu suchender Behälter mit weiterführenden Angaben, Gegenständen o. Ä.. **Geo|ca|ching** [...kɛʃɪŋ], das; -s ⟨*engl.*⟩: Spiel, bei dem in freiem Gelände versteckte Behälter mithilfe von GPS gesucht u. anschließend am selben Ort wieder versteckt werden

Geo|che|mie, die; -: Wissenschaft von der chemischen Zusammensetzung der Erde als Ganzes. **geo|che|misch:** die Geochemie betreffend

Geo|chro|no|lo|gie, die; - (Geol.): Wissenschaft von der absoluten geologischen Zeitrechnung

Geo|dä|sie, die; - ⟨*gr.*⟩: [Wissenschaft von der] Erdvermessung; Vermessungswesen. **Geo|dät,** der; -en, -en ⟨*gr.-nlat.*⟩: Landvermesser

Geo|dä|tin, die; -, -nen: weibliche Form zu ↑Geodät. **geo|dä|tisch:** die Geodäsie betreffend

Ge|o|de, die; -, -n ⟨*gr.-nlat.*⟩: **1.** (Geol.) Blasenhohlraum (Mandel) eines Ergussgesteins, der mit Kristallen gefüllt sein kann (z. B. Achatmandel). **2.** ↑Konkretion (3)

Geo|de|pres|si|on, die; -, -en ⟨*gr.-nlat.*⟩: ↑Geosynklinale

Geo|drei|eck®, das; -[e]s, -e ⟨Kunstw. aus ↑*Geo*metrie u. *Dreieck*⟩: mathematisches Hilfsmittel in Form eines (transparenten) Dreiecks zum Ausmessen u. Zeichnen von Winkeln, Parallelen o. Ä.

Geo|dy|na|mik, die; -: allgemeine Geologie, die die ↑exogenen (2) u. ↑endogenen (2) Kräfte behandelt

Geo|elek|t|rik [auch: ˈgeːo...], die; -: Teilgebiet der angewandten Geophysik, das sich mit der Erforschung der natürlichen elektr. Erdströme befasst u. diese od. künstlich erzeugte zur Lagerstättensuche benutzt

Geo|en|gi|nee|ring [...ɛndʒɪˈnɪə̯rɪŋ], das; -[s] ⟨engl.⟩: Methoden u. Technologien, die zur Beeinflussung des Klimasystems der Erde entwickelt u. eingesetzt werden

Geo|fak|tor, der; -s, ...toren (meist Plural): einer der in enger wechselseitiger Beziehung stehenden geografischen, geologischen, klimatischen sowie Boden u. Vegetation betreffenden Faktoren einer bestimmten Landschaft

Geo|fon, Geophon, das; -s, -e ⟨*gr.-nlat.*⟩: Instrument für geophysikalische Untersuchungen

Geo|frak|tur, die; -, -en (Geol.): alte, innerhalb der Erdgeschichte immer wieder aufbrechende Schwächezone der Erdkruste

geo|gen ⟨*gr.*⟩: die Entstehung der Erde betreffend. **Geo|ge|ne|se, Geo|ge|nie,** Geogonie, die; -: Wissenschaft von der Entstehung der Erde

Geo|glyph, der; -s, -e, **Geo|gly|phe,** die; -, -n ⟨*gr.*⟩: großflächige, durch Steine, Bäume, Wege, Straßen o. Ä. auf dem Erdboden gestaltete Figur, die bes. aus der Vogelperspektive sichtbar wird; Erdzeichnung

Geo|gno|sie, die; - ⟨*gr.-nlat.*⟩ (veraltet): Geologie. **geo|gnos|tisch** (veraltet): geologisch

Geo|go|nie vgl. Geogenese

Geo|graf, Geograph, der; -en, -en ⟨*gr.-lat.*⟩: Wissenschaftler auf dem Gebiet der Geografie. **Geo|gra|fie,** Geographie, die; -: Erdkunde. **Geo|gra|fin,** Geographin, die; -, -nen: weibliche Form zu ↑Geograf. **geo|gra|fisch,** geographisch: **a)** die Geografie betreffend, erdkundlich; **b)** die Lage, das Klima usw. eines Ortes, Gebietes betreffend; **c)** sich auf einen bestimmten Punkt der Erdoberfläche beziehend

Geo|id, das; -[e]s ⟨*gr.-nlat.*⟩: der von der tatsächlichen Erdgestalt abweichende theoretische Körper, dessen Oberfläche die Feldlinien der Schwerkraft überall im rechten Winkel schneidet

Geo|in|for|ma|tik, die; -: Gebiet der angewandten Informatik, das sich u. a. mit der elektronischen Erfassung, Analyse und Darstellung von Geodaten befasst

Geo|iso|ther|me, die; -, -n: Kurve, die Bereiche gleicher Temperatur des Erdinneren verbindet

geo|karp ⟨*gr.-nlat.*⟩: unter der Erde reifend (von Pflanzenfrüchten). **Geo|kar|pie,** die; -: das Reifen von Pflanzenfrüchten unter der Erde

Geo|ko|ro|na, die; -: überwiegend aus Wasserstoff bestehende Gashülle der Erde oberhalb 1000 km Höhe

Geo|kra|tie, die; -, ...ien ⟨*gr.-lat.*⟩ (Geol.): Erdperiode, in der die Festländer größere Ausdehnung haben als die Meere

Geo|lo|ge, der; -n, -n ⟨*gr.-nlat.*⟩: Wissenschaftler auf dem Gebiet der Geologie. **Geo|lo|gie,** die; -: Wissenschaft von der Entwicklung[sgeschichte] u. vom Bau der Erde. **Geo|lo|gin,** die; -, -nen: weibliche Form zu ↑Geologe. **geo|lo|gisch:** die Geologie betreffend; **geologische Formation:** bestimmter Zeitraum der Erdgeschichte

ge|o|ma|gne|tisch ⟨*gr.; lat.*⟩: durch Geomagnetismus bewirkt, auf Geomagnetismus beruhend

Geo|ma|g|ne|tis|mus, der; - ⟨*gr.; lat.*⟩: magnetische Erscheinungen eines Himmelskörpers, bes. der Erde

Geo|man|tie, Geo|man|tik, die; - ⟨*gr.-nlat.*⟩: Kunst (bes. der Chinesen u. Araber), aus Linien u. Figuren im Sand wahrzusagen

Geo|ma|tik, die; -: Wissenschaft von der Erfassung, Analyse und Verwaltung raumbezogener Daten und Prozesse

Geo|me|di|zin, die; -: Wissenschaft von den geografischen u. klimatischen Bedingtheiten der Krankheiten u. ihrer Verbreitung auf der Erde. **geo|me|di|zi|nisch:** die Geomedizin betreffend

Geo|me|ter, der; -s, - ⟨*gr.-lat.*⟩ (veraltet): ↑Geodät

Geo|me|t|rie, die; -, ...ien: Zweig der Mathematik, der sich mit den Gebilden der Ebene u. des Raumes befasst. **geo|me|t|risch:** die Geometrie betreffend, durch Begriffe der Geometrie darstellbar; **geometrischer Ort:** geometrisches Gebilde, dessen sämtliche Punkte die gleiche Bedingung erfüllen; **geometrischer Stil:** nach seiner Linienornamentik benannter Stil der gr. Vasenmalerei; **geometrisches Mittel:** n-te Wurzel aus dem Produkt von n Zahlen

Geo|mor|pho|lo|ge, der; -n, -n: Wissenschaftler auf dem Gebiet der Geomorphologie. **Geo|mor|pho|lo|gie,** die; - (Geol.):

Wissenschaft von den Formen der Erdoberfläche u. deren Veränderungen. **Geo|mor|pho|lo|gin,** die; -, -nen: weibliche Form zu ↑Geomorphologe. **geo|mor|pho|lo|gisch:** die Geomorphologie betreffend

Ge|o|nym, das; -s, -e ⟨*gr.-nlat.*⟩: Deckname, der aus einem geografischen Namen od. Hinweis besteht (z. B. Stendhal nach dem Ortsnamen Stendal)

Geo|öko|lo|gie, die; -: sich mit Funktionsweise, Verbreitung u. Zusammenhang der ↑Ökosysteme befassendes Forschungsgebiet der Geowissenschaften. **geo|öko|lo|gisch:** die Geoökologie betreffend

geo|pa|thisch (Med.): in Zusammenhang mit geografischen, geologischen, klimatischen, meteorologischen Bedingungen möglicherweise Krankheiten verursachend. **Geo|pha|gie,** die; -: **a)** (Völkerkunde) Sitte bei einigen Völkern, tonige od. fette Erde zu essen; **b)** (Med.) krankhafter Trieb, Erde zu essen

Geo|phon vgl. Geofon

Geo|phy|sik, die; -: Wissenschaft von den physikalischen Vorgängen u. Erscheinungen auf, über u. in der Erde. **geo|phy|si|ka|lisch:** die Geophysik betreffend

Geo|phy|si|ker, der; -s, -: Wissenschaftler auf dem Gebiet der Geophysik. **Geo|phy|si|ke|rin,** die; -, -nen: weibliche Form zu ↑Geophysiker

Geo|phyt, der; -en, -en (meist Plural) ⟨*gr.-nlat.*⟩ (Bot.): Erdpflanze, die Trocken- u. Kältezeiten mit unterirdischen Knospen überdauert

Geo|plas|tik, die; -, -en: räumliche Darstellung von Teilen der Erdoberfläche

Geo|po|li|tik, die; -: Wissenschaft von der Einwirkung geografischer Faktoren auf politische Vorgänge u. Kräfte. **geo|po|li|tisch:** die Geopolitik betreffend

Geo|po|ten|zi|al, Geo|po|ten|ti|al, das; -s: **1.** ↑Potenzial (2 b) der Schwerkraft der Erde; diejenige Energie, die nötig ist, um eine Masseneinheit gegen die Schwerkraft vom Meeresniveau bis zu einem bestimmten Punkt zu heben. **2.** Potenzial des elektrischen Feldes der Erde

Geo|psy|cho|lo|gie, die; -: Wissenschaft von der Beeinflussung der Psyche (1 a) durch Klima, Wetter, Jahreszeiten u. Landschaft. **geo|psy|cho|lo|gisch:** die Geopsychologie betreffend

Geo|raum, der; -[e]s, ...räume (Plural selten) (Geogr.): die Erde umhüllender, die Erdoberfläche u. ihr nahe Bereiche einschließender Raum; Erdhülle. **geo|räum|lich:** den Georaum betreffend

Geor|gette [ʒɔrˈʒɛt], der; -s, -s ⟨*frz.*⟩: Kurzform von ↑Crêpe Georgette

Ge|or|gi|ne, die; -, -n ⟨*nlat.;* nach dem russ. Botaniker J. G. Georgi, 1729–1802⟩: Seerosendahlie (ein Korbblütler)

Geo|sphä|re, die; -: Raum, in dem die Gesteinskruste der Erde, die Wasser- u. Lufthülle aneinandergrenzen

Geo|sta|tik, die; -: Erdgleichgewichtslehre

geo|sta|ti|o|när: immer über demselben Punkt des Erdäquators stehend u. dabei über dem Äquator mit der Erdrotation mitlaufend (von Satelliten)

geo|sta|tisch: die Geostatik betreffend

geo|st|ro|phisch ⟨*gr.-nlat.*⟩: **geostrophischer Wind** (Meteorol.): Wind in hohen Luftschichten bei geradlinigen ↑Isobaren

Geo|su|tur, die; -, -en: Geofraktur

geo|syn|kli|nal ⟨*gr.-nlat.*⟩ (Geol.): die Geosynklinale betreffend. **Geo|syn|kli|na|le, Geo|syn|kli|ne,** die; -, -n (Geol.): weiträumiges Senkungsgebiet der Erdkruste

Geo|tag [...tɛk], das; -s, -s ⟨*gr.-engl.*⟩ (EDV): Metatag, das die geografische Position eines digitalen Mediums (z. B. einer Webseite, eines Fotos od. Videos) angibt. **Geo|tag|ging** [...tɛgɪŋ], das; -s: räumliche Verortung eines digitalen Mediums mittels eines ↑Geotags

Geo|ta|xis, die; -, ...taxen: Orientierungsbewegung bestimmter Pflanzen u. Tiere, die in der Richtung durch die Erdschwerkraft bestimmt ist

Geo|tech|nik, die; -: Ingenieurgeologie

Geo|tek|to|nik, die; - (Geol.): Lehre von den allgemeinen Gesetzmäßigkeiten in der Entwicklung der gesamten Erdkruste

geo|tek|to|nisch: die Geotektonik betreffend

Geo|the|ra|pie [auch: ...ˈpiː], die; - (Med.): klimatische Heilbehandlung

geo|ther|mal: die Erdwärme betreffend

Geo|ther|mie, Geo|ther|mik, die; -: Wissenschaft von der Temperaturverteilung u. den Wärmeströmen innerhalb des Erdkörpers. **geo|ther|misch:** die Erdwärme betreffend; **geothermische Tiefenstufen:** Stufen der Wärmezunahme in der Erde (normal um 1 °C auf 33 m)

Geo|ther|mo|me|ter, das; -s, -: Messgerät zur Bestimmung der Temperatur in verschieden tiefen Erdschichten

Geo|top, der od. das; -s, -e ⟨*gr.*⟩: [räumlich begrenzter] Teil der Erdoberfläche mit geowissenschaftlich wertvollen Naturerscheinungen

geo|trop, geo|tro|pisch ⟨*gr.-nlat.*⟩: auf die Schwerkraft ansprechend (von Pflanzen)

Geo|tro|pis|mus, der; -, ...men: Erdwendigkeit; Vermögen der Pflanzen, sich in Richtung der Schwerkraft zu orientieren

Geo|tro|po|s|kop, das; -s, -e: ↑Gyroskop

Geo|tu|mor, der; -s, ...oren: ↑Geoantiklinale

Geo|wis|sen|schaf|ten, die (Plural): alle sich mit der Erforschung der Erde befassenden Wissenschaften

geo|zen|t|risch: **1.** auf die Erde als Mittelpunkt bezogen (Ggs.: heliozentrisch); **geozentrisches Weltsystem:** Weltsystem, das die Erde als Weltmittelpunkt betrachtet (z. B. bei Ptolemäus). **2.** auf den Erdmittelpunkt bezogen; vom Erdmittelpunkt aus gerechnet (z. B. der geozentrische Ort eines Gestirns)

Geo|zoo|lo|gie, die; -: Zoogeografie

geo|zoo|lo|gisch: die Geozoologie betreffend

geo|zy|k|lisch: den Umlauf der Erde um die Sonne betreffend

Ge|pard [auch: geˈpart], der; -s, auch: -en, -e, auch: -en ⟨*mlat.-*

frz.〉: sehr schlankes, hochbeiniges, schnelles katzenartiges Raubtier (in Indien u. Afrika)

Ge|phy|ro|pho|bie, die; -, ...ien 〈*gr.-nlat.*〉 (Med.): Angst vor dem Betreten einer Brücke

ger..., Ger... *s. Kasten geronto..., Geronto...*

Ge|r|a|go|ge, der; -n, -n: jmd., der auf dem Gebiet der Geragogik ausgebildet, tätig ist. **Ge|r|a|go|gik,** die; - 〈*gr.-nlat.*〉: Teilgebiet der Pädagogik, das sich mit Bildungsfragen u. -hilfen für ältere Menschen befasst. **Ge|r|a|go|gin,** die; -, -nen: weibliche Form zu ↑Geragoge

Ge|ra|nie, die; -, -n, **Ge|ra|ni|um,** das; -s, ...ien 〈*gr.-lat.*〉: Storchschnabel; Zierstaude mit zahlreichen Arten

Ge|ra|ni|ol, das; -s 〈Kurzw. aus ↑*Gerani*um u. ↑Alkoh*ol*〉: aromatische, in zahlreichen Pflanzenölen (z. B. Rosenöl) enthaltene Alkohollösung

Ge|ra|ni|um vgl. Geranie. **Ge|ra|ni|um|öl,** das; -s: ätherisches Öl mit feinem Rosenduft (aus Pelargonienblättern)

Ge|rant [ʒe...], der; -en, -en 〈*lat.-frz.*〉 (veraltet): Geschäftsführer, Herausgeber einer Zeitung od. Zeitschrift

Ger|be|ra, die; -, -[s] 〈*nlat.;* nach dem dt. Arzt u. Naturforscher T. Gerber, 1823–1891〉: margeritenähnliche Blume in roten u. gelben Farbtönen (Korbblütler)

ger|bu|lie|ren 〈*mlat.-it.*〉 (veraltet): aus trockener Ware Verunreinigungen auslesen. **Ger|bu|lur,** die; -, -en (veraltet): **1.** aus trockener Ware ausgelesene Verunreinigungen. **2.** Abzug wegen Verunreinigung der Ware

Ge|re|nuk, der; -[s], -s 〈*Somali*〉: eine Gazellenart (im Buschwald von Äthiopien bis Tansania)

Ge|r|i|a|ter, der; -s, - 〈*gr.-nlat.*〉: Arzt mit Spezialkenntnissen auf dem Gebiet der Geriatrie. **Ge|r|i|a|te|rin,** die; -, -nen: weibliche Form zu ↑Geriater

Ge|r|i|a|t|rie, die; - (Med.): Altersheilkunde; Zweig der Medizin, der sich mit den Krankheiten des alternden u. alten Menschen beschäftigt

Ge|r|i|a|t|ri|kum, das; -s, ...ka: Mittel zur Behandlung von Alterserscheinungen

ge|r|i|a|t|risch (Med.): die Geriatrie betreffend

ge|rie|ren, sich 〈*lat.*〉: sich benehmen, auftreten

Ger|ma|nia, die; - 〈*lat.*〉: Frauengestalt [im Waffenschmuck], die das ehemalige Deutsche Reich symbolisch verkörpert

Ger|ma|nin®, das; -s 〈*lat.-nlat.*〉: Mittel gegen die Schlafkrankheit

ger|ma|ni|sie|ren: der deutschen Sprache angleichen, anpassen

Ger|ma|nis|mus, der; -, ...men 〈*lat.-nlat.*〉 (Sprachwiss.): **1.** sprachliche Besonderheit des Deutschen. **2.** Entlehnung aus dem Deutschen [in eine andere Sprache]

Ger|ma|nist, der; -en, -en: **1.** jmd., der sich wissenschaftlich mit der Germanistik befasst. **2.** (veraltet) Jurist auf dem Gebiet des deutschen u. germanischen Rechts

Ger|ma|nis|tik, die; -: **1.** deutsche Sprach- u. Literaturwissenschaft, Deutschkunde im weiteren Sinne (einschließlich Volks- u. Altertumskunde). **2.** Wissenschaft von den germanischen Sprachen

Ger|ma|nis|tin, die; -, -nen: weibliche Form zu ↑Germanist (1)

ger|ma|nis|tisch: die Germanistik betreffend

Ger|ma|ni|um, das; -s: chem. Element; ein Metall (Zeichen: Ge)

ger|ma|no|phil 〈*lat.; gr.*〉: deutschfreundlich. **Ger|ma|no|phi|lie,** die; -: Deutschfreundlichkeit

ger|ma|no|phob 〈*lat.-gr.*〉: deutschfeindlich. **Ger|ma|no|pho|bie,** die; -: Deutschfeindlichkeit

ger|ma|no|typ 〈*lat.; gr.-lat.*〉 (Geol.): einen für Mitteldeutschland kennzeichnenden Typ der Gebirgsbildung betreffend, bei dem der orogene Druck nicht zur Faltung, sondern zur Bruchbildung führt

ger|mi|nal 〈*lat.-nlat.*〉: den Keim betreffend

Ger|mi|nal [ʒɛrmiˈnal], der; -[s], -s 〈*lat.-frz.;* »Keimmonat«〉: siebter Monat des französischen Revolutionskalenders (21. März bis 19. April)

Ger|mi|nal|drü|se, die; -, -n (meist Plural): Keim- od. Geschlechtsdrüse. **Ger|mi|na|lie,** die; -, -n (meist Plural) 〈*lat.-nlat.*〉: Germinaldrüse

Ger|mi|na|ti|on, die; -, -en 〈*lat.;* »das Sprossen«〉: Keimungsperiode der Pflanzen. **ger|mi|na|tiv** 〈*lat.-nlat.*〉: die Keimung betreffend

ge|ro..., Ge|ro... *s. Kasten geronto..., Geronto...*

Ge|ro|der|ma, das; -s, -ta 〈*gr.-nlat.*〉 (Med.): schlaffe, welke, runzlige Haut (insbesondere auf Hand- u. Fußrücken sowie Abdomen)

Ge|ro|hy|gi|e|ne, die; - (Med.): Hygiene im Alter

Ge|ront, der; -en, -en 〈*gr.*〉: Mitglied der ↑Gerusia

ge|ron|to..., Ge|ron|to...

〈zu *gr.* gérōn, Gen. gérontos »alter Mensch, Greis«〉

Wortbildungselement mit der Bedeutung »alte Menschen betreffend, auf Alter [u. Erfahrung] beruhend«:

- Gerontokratie
- gerontologisch
- Gerontopsychologie

Von verwandter Herkunft ist auch das Wortbildungselement **gero..., Gero...,** vor Vokalen auch: ger..., Ger..., mit der Bedeutung »das Alter betreffend; im Alter auftretend«. Vermittelt über *gr.* gẽras »hohes Alter«, ist es Bestandteil vieler Fremdwörter, wie z. B. in geriatrisch, Geroderma und Gerohygiene.

Ge|ron|to|kra|tie, die; -, -n 〈*gr.-nlat.*〉 (Geschichte, Völkerkunde): Herrschaft des Rates der Alten

Ge|ron|to|lo|ge, der; -n, -n: Forscher od. Arzt mit Spezialkenntnissen auf dem Gebiet der Gerontologie. **Ge|ron|to|lo|gie,** die; -: Fachgebiet, auf dem die Alterungsvorgänge beim Menschen unter biologischen, medizinischen, psychologischen u. sozialen Aspekten erforscht werden. **Ge|ron|to|lo|gin,** die; -, -nen: weibliche Form zu ↑Gerontologe. **ge|ron|to|lo|gisch:** die Gerontologie betreffend

Ge|ron|to|psy|cho|lo|gie, die; -: psychologische Disziplin, die sich mit der Erforschung der seelischen Begleiterscheinungen des Alterns befasst

Ge|ron|to|tech|nik, die; -: Technik,

die es älteren Menschen ermöglichen soll, trotz körperlicher Beeinträchtigungen (ohne fremde Hilfe) ihr gewohntes Leben zu führen

Ge|run|di|um, das; -s, ...dien ⟨*lat.*⟩: gebeugter Infinitiv des lateinischen Verbs (z. B. lat. *[ars] amandi* = [die Kunst] des Liebens)

ge|run|div ⟨*lat.-mlat.*⟩: ↑ gerundivisch; vgl. ...isch/-. **Ge|run|div,** das; -s, -e: Verbaladjektiv (a) mit passivischer Bedeutung im Futur, das die Notwendigkeit eines Tuns ausdrückt (z. B. lat. *laudandus* = »jmd., der gelobt werden muss«). **ge|run|di|visch:** das Gerundiv betreffend, in der Art des Gerundivs; vgl. ...isch/-. **Ge|run|di|vum,** das; -s, ...va: ↑ Gerundiv

Ge|ru|sia, Ge|ru|sie, die; - ⟨*gr.*⟩ (Geschichte): Rat der Alten (in Sparta)

Ge|sa|rol, das; -s ⟨Kunstw.⟩: ein Pflanzenschutzmittel gegen Insekten

Ge|sei|er, das; -s, **Ge|sei|re,** das; -s, **Ge|sei|res,** das; - ⟨*jidd.*⟩ (ugs.): wehleidiges Klagen, überflüssiges Gerede

Ge|span, der; -[e]s, -e ⟨*ung.*⟩ (Geschichte): Verwaltungsbeamter in Ungarn. **Ge|span|schaft,** die; -, -en (Geschichte): Grafschaft, Amt[sbereich] eines Gespans

Ges|so|pain|ting [ˈdʒɛsoʊpɛɪntɪŋ], das; -s ⟨*engl.*⟩: von englischen Malern des 19. Jh.s aufgenommene Maltechnik des Mittelalters, die eine Verbindung von Malerei u. Flachrelief darstellt

Ges|ta|gen, das; -s, -e (meist Plural) ⟨*lat.; gr.*⟩ (Biol., Med.): weibliches Keimdrüsenhormon des Corpus luteum, das der Vorbereitung u. Erhaltung der Schwangerschaft dient

Ges|ta|ti|on, die; -, -en ⟨*lat.-nlat.*⟩ (Med.): ↑ Gravidität

Ges|te [auch: ˈgɛstə], die; -, -n: Gebärde, die Rede begleitende Ausdrucksbewegung des Körpers, bes. der Arme u. Hände. **Ges|tik** [auch: ˈgɛs...], die; - ⟨*lat.-nlat.*⟩: Gesamtheit der Gesten als Ausdruck der Psyche

Ges|ti|ku|la|ti|on, die; -, -en ⟨*lat.*⟩: Gebärdenspiel, Gebärde[nsprache]. **ges|ti|ku|lie|ren:** Gebärden machen

Ges|ti|on, die; -, -en (Plural selten) ⟨*lat.*⟩: Führung, Verwaltung

ges|tisch [auch: ˈgɛs...]: die Gestik betreffend

Ges|to|se, die; -, -n ⟨*lat.-nlat.*⟩ (Med.): krankhafte Schwangerschaftsstörung

Ges|tus [auch: ˈgɛs...], der; - ⟨*lat.*⟩: **a)** Gestik; **b)** Ausdruck, geistiges Gebaren

Ge|ta, die; -, -s ⟨*jap.*⟩: japanische Holzsandale (mit einer zwischen der großen Zehe u. den übrigen Zehen durchgezogenen Schnur)

Get|ter, der; -s, - ⟨*engl.*⟩: Fangstoff zur Bindung von Gasen (bes. in Elektronenröhren zur Aufrechterhaltung des Vakuums verwendet). **get|tern:** durch Getter binden; mit einem Getter versehen. **Get|te|rung,** die; -, -en: Bindung von Gasen durch Getter

Get|to, Ghetto, das; -s, -s ⟨*it.*⟩: **a)** von den übrigen Vierteln der Stadt [durch Mauern usw.] abgetrenntes Wohnviertel, in dem die jüdische Bevölkerung (am Anfang freiwillig, später zwangsweise) lebte; **b)** Stadtbezirk, in dem diskriminierte Minderheiten, Ausländer od. auch privilegierte Bevölkerungsschichten zusammenleben; **c)** bestimmter Bereich od. Rahmen, aus dem man sich nicht entfernen kann

Get|to|blas|ter, Ghettoblaster [...bla:stɐ], der; -s, - ⟨*engl.*⟩: großer, besonders leistungsstarker Radiorekorder

get|to|i|sie|ren, ghettoisieren: **1.** zu einem Getto machen. **2.** in ein Getto bringen

Geu|se, der; -n, -n ⟨*frz.-niederl.;* »Bettler«⟩: niederländischer Freiheitskämpfer in der Zeit der spanischen Herrschaft (im 16. Jh.)

Gey|sir [ˈgaɪ̯zɪr], der; -s, -e ⟨*isländ.*⟩: durch Vulkanismus entstandene heiße Springquelle; vgl. Geiser

Gha|sel, das; -s, -e, Gasel, das; -s, -e, **Gha|se|le,** die; -, -n, Gasele, die; -, -n ⟨*arab.*⟩: [orientalische] Gedichtform mit wiederkehrenden gleichen od. »rührenden« Reimen; vgl. Bait

Gha|si [...z...] vgl. Gazi

Ghee [gi:], das; - ⟨*engl.-Hindi*⟩: in Indien zum Kochen verwendetes, aus Büffel- u. Kuhmilch hergestelltes butterschmalzähnliches Fett

Ghet|to usw. vgl. Getto usw.

Ghi|bel|li|ne, Gibelline, der; -n, -n ⟨*it.*⟩: Anhänger der Hohenstaufenkaiser in Italien, Gegner der Guelfen

Ghi|b|li, Gibli, der; - ⟨*arab.-it.*⟩: trockenheißer, Staub u. Sand führender Wüstenwind in Libyen (bes. an der Küste)

Ghost|town [ˈgoʊ̯sttaʊ̯n], die; -, -s ⟨*engl.;* eigtl. »Geisterstadt«⟩: von den Bewohnern verlassene Stadt od. Siedlung

Ghost|word [ˈgoʊ̯stwœ:ɐ̯d], das; -s, -s ⟨*engl.;* »Geisterwort«⟩: Wort, das seine Entstehung einem Schreib-, Druck- od. Aussprachefehler verdankt

Ghost|wri|ter [ˈgoʊ̯straɪ̯tɐ], der; -s, - ⟨*engl.;* »Geisterschreiber«⟩: Autor, der für eine andere Person schreibt u. nicht als Verfasser genannt wird. **Ghost|wri|te|rin,** die; -, -nen: weibliche Form zu ↑ Ghostwriter

Ghusl [ˈgʊsl̩], der; -[s], -[s] ⟨*arab.;* »Waschung«⟩: Ganzkörperwaschung zur Herstellung der rituellen Reinheit (im Islam)

G. I., der; - -, - -, **GI,** der; -[s], -[s] [dʒi:ˈʔaɪ̯] ⟨*amerik.*⟩ (ugs.): [einfacher] amerikanischer Soldat

Gial|lo [ˈdʒa...], der; -[s] ⟨it.⟩: gelber, polierter Kalkstein

Gi|ar|dia lam|b|lia ⟨nach dem frz. Biologen Alfred Mathieu Giard u. dem böhmischen Arzt Vilém Dušan Lambl⟩ (Med.): einzelliger Darmparasit bei Menschen u. Tieren, der [chronische] Durchfälle verursachen kann

Gi|aur, der; -s, -s, auch -en, -en ⟨*pers.-türk.*⟩: Ungläubiger (im Islam Bezeichnung für Nichtmuslime)

Gib|be|rel|lin, das; -s, -e (meist Plural) ⟨nach dem Pilz Gibberella fujikuroi⟩ (Bot.): Vertreter einer Gruppe von Pflanzenwuchsstoffen

Gib|bon, der; -s, -s ⟨*frz.*⟩: südostasiatischer schwanzloser Langarmaffe

Gib|bus, der; - ⟨*lat.*⟩ (Med.): Buckel

Gi|bel|li|ne vgl. Ghibelline

Gi|b|li vgl. Ghibli
Gien, das; -s, -e ⟨*lat.-afrz.-engl.-niederl.*⟩ (Seemannsspr.): schweres Takel. **gie|nen** (Seemannsspr.): mit dem Gien schleppen, heben
[1]**Gig,** das; -s, -s ⟨*engl.*⟩: Sportruderboot, Beiboot
[2]**Gig,** das; -s, -s (früher): leichter, offener zweirädriger Wagen
[3]**Gig,** der; -s, -s ⟨*engl.*⟩: bezahlter Auftritt einer Band od. eines Einzelmusikers in einem Konzert, einem [Nacht]lokal, einem Plattenstudio
Gi|ga|byte [...bait], das; -[s], -[s] ⟨*gr.; engl.*⟩ (EDV): 1024 Megabyte (= 1 073 741 824 Byte)
Gi|ga|elek|t|ro|nen|volt, das; - u. -[e]s, - ⟨*gr.*⟩ (Physik): eine Milliarde Elektronenvolt (Zeichen: GeV)
Gi|ga|hertz, das; -, - ⟨*gr.*⟩ (Physik): 1 Milliarde Hertz (Zeichen: GHz)
Gi|ga|li|ner [...lai...], der; -s, - ⟨*gr.-engl.*⟩: besonders langer u. schwerer Lastkraftwagen
Gi|gant, der; -en, -en ⟨*gr.-lat.*, nach den riesenhaften Söhnen der Gäa (= Erde) in der gr. Sage⟩: jmd., der riesig, hünenhaft, beeindruckend groß in seinen Ausmaßen u. in seiner [Leistungs]kraft ist. **gi|gan|tesk:** ins Riesenhafte übersteigert; übertrieben groß, riesig
Gi|g|an|th|ro|pus, der; -, ...pi ⟨*gr.-nlat.*⟩: Urmenschenform mit übergroßen Körpermaßen
Gi|gan|tik, die; - ⟨*gr.-nlat.*⟩: gigantisches Ausmaß; außerordentliche, beeindruckende Größe
Gi|gan|tin, die; -, -nen: weibliche Form zu ↑Gigant
gi|gan|tisch ⟨*gr.-lat.*⟩: riesenhaft, außerordentlich, von ungeheurer Größe
Gi|gan|tis|mus, der; -, ...men ⟨*gr.-nlat.*⟩: **1.** (Med.) krankhafter Riesenwuchs. **2.** Gesamtheit der Erscheinungsformen, in denen Gigantomanie offenbar wird
Gi|gan|to|gra|fie, Gi|gan|to|gra|phie, die; -, ...ien: Verfahren zur Vergrößerung von Bildern für Plakate durch Rasterübertragung
Gi|gan|to|ma|chie, die; - ⟨*gr.-lat.*⟩: der Kampf der Giganten gegen Zeus in der griechischen Mythologie (dargestellt im Fries am Pergamonaltar)
Gi|gan|to|ma|nie, die; -, ...ien: Sucht, Bestreben, alles ins Riesenhafte zu übersteigern, mit riesenhaften Ausmaßen zu gestalten (z. B. in der Baukunst). **gi|gan|to|ma|nisch:** die Gigantomanie betreffend, auf ihr beruhend
Gi|g|ath|lon, der; -s, -s ⟨*gr.*⟩ (Sport): (bes. in der Schweiz stattfindender) Mehrkampfwettbewerb aus Schwimmen, Mountainbike- u. Rennradfahren, Inlineskaten u. Laufen
Gi|go|lo ['ʒiːgolo, auch: 'ʒɪ...], der; -[s], -s ⟨*frz.*⟩: **1.** Eintänzer. **2.** (ugs.) jüngerer Mann, der sich von meist älteren Frauen aushalten lässt
Gi|got [ʒi'goː], das; -s, -s ⟨*frz.*⟩: **1.** (schweiz.) Hammelkeule. **2.** (Mode) keulenförmig nach oben erweiterter Ärmel (im 16. u. 19. Jh.)
Gigue [ʒiːg], die; -, -n ['ʒiːgn̩] u. -s ⟨*frz.-engl.-frz.*⟩ (Musik): **a)** nach 1600 entwickelter heiterer Schreittanz im Dreiertakt; **b)** seit dem 17. Jh. Satz einer Suite (4)
Gi|la|tier [auch: 'hiːlə...], das; -[e]s, -e ⟨*engl.;* nach dem Fluss Gila River in Arizona⟩: eine sehr giftige Krustenechse
Gil|den|so|zi|a|lis|mus, der; -: in England entstandene Lehre von der Verwirklichung des praktischen Sozialismus (Anfang des 20. Jh.s)
Gi|let [ʒi'leː], das; -s, -s ⟨*türk.-arab.-span.-frz.*⟩ (veraltet): Weste
Gim|mick, der, auch: das; -s, -s ⟨*engl.*⟩: überraschender, Aufmerksamkeit erregender, witziger Effekt, Gag (bes. in der Werbung)
Gin [dʒɪn], der; -s, -s (aber: 2 -) ⟨*lat.-frz.-niederl.-engl.*⟩: englischer Wacholderbranntwein
Gin|fizz, Gin-Fizz ['dʒɪnfɪs], der; -, - ⟨*engl.*⟩: Mixgetränk aus Gin, Mineralwasser, Zitrone u. Zucker
Gin|gan ['gɪŋgan], der; -s, -s ⟨*malai.*⟩: gemustertes Baumwollgewebe in Leinenbindung (eine Webart)
Gin|ger ['dʒɪndʒɐ], der; -[s], - ⟨*lat.-engl.*⟩: Ingwer
Gin|ger|ale, Gin|ger-Ale [...eɪl], das; -s, -s (aber: 2 -) ⟨*engl.*⟩: alkoholfreies Erfrischungsgetränk mit Ingwergeschmack
Gin|ger|beer, Gin|ger-Beer [...biːɐ̯], das; -s, -s (aber: 2 -) ⟨*engl.*⟩: Ingwerbier
Ging|ham ['gɪŋəm], der; -s, -s ⟨*malai.-engl.*⟩: ↑Gingan
Gin|gi|vi|tis [gɪŋgi...], die; -, ...itiden ⟨*lat.-nlat.*⟩ (Med.): Zahnfleischentzündung
Gink|go ['gɪŋko], **Gin|ko,** der; -s, -s ⟨*jap.*⟩: den Nadelhölzern verwandter, in Japan u. China heimischer Zierbaum mit fächerartigen Blättern
Gin|seng ['gɪnzɛŋ, auch: ʒ...], der; -s, -s ⟨*chin.*⟩: Wurzel eines ostasiatischen Araliengewächses (Anregungsmittel; Allheilmittel der Chinesen, das als lebensverlängernd gilt)
Gin To|nic [dʒɪn -], der; - -[s], - -s (aber: 2 - -): Gin mit Tonic [u. Zitronensaft o. Ä.]
gio|co|so [dʒo'koːzo] ⟨*lat.-it.*⟩ (Musik): scherzend, spaßhaft, fröhlich, lustig (Vortragsanweisung)
Gip|sy ['dʒɪpsɪ], der; -, -s ⟨*engl.*⟩: engl. Bez. für einen Angehörigen der Volksgruppe der Sinti u. Roma
Gi|pü|re, die; -, -n ⟨*germ.-frz.*⟩: Klöppelspitze aus Gimpen (mit Seide übersponnenen Baumwollfäden)
Gi|raf|fe, die; -, -n ⟨*arab.-it.*⟩: Säugetier der mittelafrikanischen Steppe mit 2 bis 3 m langem Hals (Wiederkäuer)
Gi|ral|geld [ʒ...], das; -[e]s, -er ⟨*gr.-lat.-it.; dt.*⟩: [Buch]geld des Giroverkehrs, des bargeldlosen Zahlungsverkehrs der Banken
Gi|ran|do|la [dʒi...], die; -, ...olen ⟨*gr.-lat.-it.*⟩, **Gi|ran|do|le** [ʒiran..., ʒirã...], die; -, -n ⟨*it.-frz.*⟩: **1.** Feuergarbe beim Feuerwerk. **2.** mehrarmiger Leuchter. **3.** mit Edelsteinen besetztes Ohrgehänge
Gi|rant [ʒi...], der; -en, -en ⟨*gr.-lat.-it.*⟩ (Wirtsch.): jmd., der einen Wechsel od. ein sonstiges Orderpapier durch Indossament überträgt
Gi|rar|di|hut [ʒi...], der; -[e]s, ...hüte ⟨nach dem Wiener Schauspieler A. Girardi, 1850–1918⟩: flacher Herrenstrohhut; vgl. Canotier
Gi|rat, der; -en, -en, **Gi|ra|tar,**

der; -s, -e [ʒi...] ⟨*gr.-lat.-it.*⟩ (Bankw.): jmd., für den bei der Übertragung eines Orderpapiers ein Indossament erteilt wurde

Gi|ri ['ʒi:ri]: *Plural* von ↑ [1]Giro

gi|rie|ren [ʒi...]: einen Wechsel od. ein sonstiges Orderpapier mit einem [1]Giro (2) versehen

Girl [gœ:ɐ̯l], das; -s, -s ⟨*engl.*⟩: **1.** Mädchen. **2.** einer Tanzgruppe, einem Ballett angehörende Tänzerin

Gir|lan|de, die; -, -n ⟨*it.-frz.*⟩: langes, meist in durchhängenden Bogen angeordnetes Gebinde aus Blumen, Blättern, Tannengrün o. Ä. od. aus buntem Papier zur Dekoration an Gebäuden, in Räumen usw.

Girl|band [...bænt], die; -, -s: ↑ Girlgroup

Girl|friend [...frɛnd], der; -[s], -s ⟨*engl.*⟩ (ugs.): **1.** Partnerin eines jungen Mannes. **2.** enge Freundin eines jungen Mädchens od. einer jüngeren Frau

Girl|group [...gru:p], die; -, -s: Popgruppe aus jungen, attraktiven Frauen [deren Bühnenshows bes. durch tänzerische Elemente geprägt sind]

Gir|lie ['gœ:ɐ̯li], das; -s, -s ⟨*engl.*⟩: unkonventionelle junge Frau mit mädchenhaft-selbstbewusstem, manchmal frechem Auftreten

Gir|lie|group [...gru:p], die; -, -s: Popgruppe aus jungen, attraktiven Frauen, deren Bühnenshow bes. durch tänzerische Elemente geprägt ist

Gir|lie|look [...lʊk], der; -s ⟨*engl.*⟩: bewusst mädchenhaftes Aussehen junger Frauen

Girl|po|w|er [...paʊ̯ɐ], die; - ⟨*engl.*⟩: Kraft, Stärke u. bes. stark ausgeprägtes Selbstbewusstsein junger Frauen

[1]Gi|ro ['ʒi:ro], das; -s, -s, österr. auch: Giri ⟨*gr.-lat.-it.;* »Kreis«⟩: **1.** Überweisung im bargeldlosen Zahlungsverkehr. **2.** Indossament; Vermerk, durch den ein Wechsel od. ein sonstiges Orderpapier auf einen anderen übertragen wird

[2]Gi|ro ['dʒi:ro], der; -s: Kurzform von ↑ Giro d'Italia

Gi|ro|bank ['ʒi:ro...], die; -, -en: Bank, die den Giroverkehr betreibt

Gi|ro|card® [...ka:ɐ̯t], die; -, -s ⟨eigentlich girocard®⟩ (bes. Bankw.): Debitkarte der Deutschen Kreditwirtschaft (seit 2007, vorher Electronic Cash)

Gi|ro d'Ita|lia ['dʒi:ro di'ta:li̯a], der; - -, Giri d'Italia ['dʒi:ri -]: Etappenrennen in Italien für Berufsfahrer im Radsport

Gi|ro|kas|se ['ʒi:ro...], die; -, -n: Girobank

Gi|ro|kon|to ['ʒi:ro...], das; -s, ...ten: Konto, über das Girogeschäfte durch Scheck od. Überweisung abgewickelt werden

Gi|ron|dist [ʒirõ'dɪst], der; -en, -en ⟨*frz.;* nach dem frz. Departement Gironde⟩: Anhänger der Gironde, des gemäßigten Flügels der Republikaner zur Zeit der Französischen Revolution

Gi|ro|scheck ['ʒi:ro...], der; -s, -s: Scheck, der durch Belastung des Girokontos des Ausstellers u. durch Gutschrift auf dem Konto des Zahlungsempfängers beglichen wird

Gi|ta|na [xi'ta:na], die; - ⟨*span.*⟩: Zigeunertanz mit Kastagnettenbegleitung

Gi|tar|re, die; -, -n ⟨*gr.-arab.-span.*⟩: sechssaitiges Zupfinstrument mit flachem Klangkörper, offenem Schallloch, Griffbrett u. 12 bis 22 Bünden

Gi|tar|rist, der; -en, -en: Musiker, der Gitarre spielt. **Gi|tar|ris|tin**, die; -, -nen: weibliche Form zu ↑ Gitarrist

gi|tar|ris|tisch: die Gitarre, das Gitarrenspiel betreffend

Giuo|co pi|a|no ['dʒʊo:ko -], das; - -, Giuochi piani ['dʒʊo:ki -] ⟨*lat.-it.*⟩: eine bestimmte Eröffnung im Schachspiel

gius|to ['dʒʊsto] ⟨*lat.-it.*⟩ (Musik): richtig, angemessen (Vortragsanweisung)

Give-away, Give|away ['gɪvəweɪ̯], das od. der; -s, -s ⟨*engl.*⟩ (Werbespr.): [kleines] Werbegeschenk, Gratisprobe

Giv|rine [ʒiv'ri:n], der; -[s] ⟨Kunstw. aus *frz. givre* »Raureif«⟩: kreppartiges Ripsgewebe für Damenmäntel

Gla|bel|la, die; -, ...llen ⟨*lat.-nlat.*⟩: **1.** als anthropologischer Messpunkt geltende unbehaarte Stelle zwischen den Augenbrauen. **2.** Kopfmittelstück der Trilobiten

[1]Glace [gla(:)s], die; -, -s [gla(:)s] ⟨*lat.-vulgärlat.-frz.;* »Eis, Gefrorenes«⟩: **a)** aus Zucker hergestellte Glasur; **b)** Gelee aus Fleischsaft

[2]Gla|ce ['glasə], die; -, -n ⟨*frz.*⟩ (schweiz.): Speiseeis, Gefrorenes

Gla|cé, Gla|cee [gla'se:], der; -[s], -s ⟨*frz.;* »Glanzie«⟩: **1.** glänzendes, ↑ changierendes Gewebe aus Naturseide od. Reyon. **2.** Glacéleder. **Gla|cé|le|der, Gla|cee|le|der**, das; -s, -: feines, weiches, glänzendes Leder aus Fellen von jungen Schafen od. Ziegen

gla|cie|ren [gla'si:rən]: **1.** (veraltet) zum Gefrieren bringen. **2.** (Gastron.) mit geleeartigem Fleischsaft überziehen, überglänzen

Gla|cis [gla'si:], das; - [gla'si:(s)], - [gla'si:s]: Erdaufschüttung vor einem Festungsgraben, die keinen toten Winkel entstehen lässt

Gla|di|a|tor, der; -s, ...oren ⟨*lat.*⟩: (im alten Rom) Fechter, Schwertkämpfer, der in Zirkusspielen auf Leben u. Tod gegen andere Gladiatoren od. gegen wilde Tiere kämpft

Gla|di|o|le, die; -, -n ⟨»kleines Schwert«⟩: als Schnittblume beliebte Gartenpflanze mit hohem Stiel, breiten, schwertförmigen Blättern u. trichterförmigen Blüten, die in einem dichten Blütenstand auf eine Seite ausgerichtet sind

gla|go|li|tisch ⟨*slaw.*⟩: altslawisch; **glagolitisches Alphabet:** auf die griechische Minuskel zurückgehendes altslawisches Alphabet, in dem kirchenslawische Texte geschrieben sind

Gla|go|li|za, die; -: die glagolitische Schrift

Gla|mour ['glæmɐ], der od. das; -s ⟨*engl.;* »Blendwerk, Zauber«⟩: blendender Glanz; auffällige, betörende Aufmachung

Gla|mour|girl, Gla|mour-Girl ['glæmɐgœ:ɐ̯l], das; -s, -s: Glamour ausstrahlende junge weibliche Person [der Filmbranche]

gla|mou|rös [glamu...]: bezaubernd aufgemacht; von äußerlicher, blendender Schönheit

Glam|ping ['glɛm...], das; -s ⟨*engl.* Kurzw. aus *gl*amorous u. *cam-*

ping›: Urlaub in luxuriös ausgestatteten Zelten, Wohnmobilen od. Lodges

Glam|rock, der; -[s], **Glam Rock,** der; - -[s] ['glæm...] ‹*engl.;* »glamouröser Rock«›: den Rhythmus betonende Richtung der Rockmusik, die in glitzernden [androgynen] Kostümen und mit glanzvollen Bühnenauftritten vorgetragen wird

Glan|del vgl. Glandula

Glan|des: *Plural* von ↑Glans

glan|do|trop ‹*lat.; gr.*› (Med.): auf das Sekretionsverhalten von Drüsen einwirkend

Glan|du|la, die; -, ...lae [...lɛ], Glandel, die; -, -n (veraltet) ‹*lat.*› (Med.): Drüse. **glan|du|lär** ‹*lat.-nlat.*› (Med.): zu einer Drüse gehörend

Glans, die; -, Glandes ‹*lat.*› (Med.): Eichel; vorderer verdickter Teil des Penis, der Klitoris

Glas|har|mo|ni|ka, die; -, -s u. ...ken ‹*dt.; gr.-lat.-nlat.*›: Instrument, bei dem eine Anzahl von drehbaren Glasschalen, mit feuchten Fingern berührt, zart klingende Töne erzeugt

gla|sie|ren ‹mit romanisierender Endung zu dt. *Glas* gebildet›: mit einer Glasur überziehen

Glas|nost, die; - ‹*russ.;* »Öffentlichkeit«›: Transparenz, bes. in Bezug auf die Zielsetzungen der Regierung (in der Sowjetunion gegen Ende des 20. Jh.s)

Gla|sur, die; -, -en: **1.** Zuckerguss. **2.** glasartige Masse als Überzug auf Tonwaren

Glau|ko|chro|it [...kro..., auch: ...'ɪt], der; -s, -e ‹*gr.-nlat.*›: ein Mineral

Glau|ko|dot, das; -[e]s, -e: ein Mineral

Glau|kom, das; -s, -e (Med.): grüner Star (Augenkrankheit)

Glau|ko|nit [auch: ...'nɪt], der; -s, -e: ein Mineral. **Glau|ko|nit|sand** [auch: ...'nɪt...], der; -[e]s (Geol.): Grünsand; Ablagerung im Schelfmeer

Glau|ko|phan, der; -s, -e: ein Mineral

Glä|ve [...fə] vgl. Gleve

gla|zi|al ‹*lat.*›: **a)** eiszeitlich; **b)** Eis, Gletscher betreffend. **Gla|zi|al,** das; -s, -e (Geol.): Eiszeit

Gla|zi|al|ero|si|on, die; -, -en (Geol.): die abtragende Wirkung eines Gletschers u. des Eises

Gla|zi|al|fau|na, die; -: Tierwelt der unvereisten Nachbargebiete der eiszeitlichen Gletscher

Gla|zi|al|flo|ra, die; -: Pflanzenwelt der unvereisten Nachbargebiete der eiszeitlichen Gletscher

Gla|zi|al|kos|mo|go|nie, die; -: Welteislehre; kosmogonische Hypothese, nach der durch den Zusammenprall von riesenhaften Eis- u. Glutmassen die Gestirne entstanden sein sollen

Gla|zi|al|re|likt, das; -[e]s, -e: durch die Eiszeit verdrängte Tier- od. Pflanzenart, die auch nach dem Rückzug der Gletscher in wärmeren Gebieten blieb

Gla|zi|al|zeit, die; -, -en: Glazial

gla|zi|är ‹*lat.-frz.*› (Geol.): im Umkreis eines Gletschers od. des Inlandeises entstanden

gla|zi|gen ‹*lat.; gr.*› (Geol.): unmittelbar vom Eis geschaffen

gla|zio|flu|vi|a|til (Geol.): während einer Eiszeit durch das Wirken eines Flusses entstanden

Gla|zio|lo|ge, der; -n, -n: Wissenschaftler auf dem Gebiet der Glaziologie. **Gla|zio|lo|gie,** die; -: Wissenschaft von der Entstehung u. Wirkung des Eises u. der Gletscher; Gletscherkunde. **Gla|zio|lo|gin,** die; -, -nen: weibliche Form zu ↑Glaziologe. **gla|zio|lo|gisch:** die Glaziologie betreffend

Gle|dit|schie [...ʃi̯ə], die; -, -n ‹*nlat.;* nach dem dt. Botaniker J. G. Gleditsch, 1714–1786›: Christusdorn; zu den Hülsenfrüchten gehörender akazienähnlicher Zierbaum mit dornigen Zweigen

Glee [gli:], der; -s, -s ‹*engl.*›: einfaches Lied für drei od. mehr Stimmen (meist Männerstimmen) ohne instrumentale Begleitung in der englischen Musik des 17. bis 19. Jh.s

Gle|fe vgl. Gleve

Glen|check ['glɛntʃɛk], der; -[s], -s ‹*engl.*›: [Woll]gewebe mit großer Karomusterung

Gle|ve [...fə], die; -, -n ‹*lat.-frz.*›: **1.** einschneidiges mittelalterliches Stangenschwert. **2.** kleinste Einheit der mittelalterlichen Ritterheere. **3.** (Heraldik) obere Hälfte einer Lilie

Glia, die; -: ↑Neuroglia

Gli|a|din, das; -s ‹*gr.-nlat.*›: einfacher Eiweißkörper im Getreidekorn

Glia|zel|le ‹*gr.; lat.*› (Med.): Zelle, die Teil eines stützenden u. elektrisch isolierenden Gerüsts für Nervenzellen ist

Gli|der ['glaɪ̯...], der; -s, - ‹*engl.*›: Lastensegler (ohne eigenen motorischen Antrieb)

Gli|ma, die; - ‹*isländ.*›: alte, noch heute übliche Form des Ringkampfes in Island

Gli|o|blas|tom, das; -s, -e ‹*gr.-nlat.*› (Med.): bösartiges Gliom des Großhirns. **Gli|om,** das; -s, -e (Med.): Tumor des Zentralnervensystems, der aus ↑Gliazellen besteht

Glis|sa|de, die; -, -n ‹*frz.*›: Gleitschritt in der Tanzkunst (im Bogen nach vorn od. hinten)

glis|san|do ‹*frz.-it.*› (Musik): **a)** schnell mit der Nagelseite des Fingers über die Klaviertasten gleitend; **b)** bei Saiteninstrumenten mit dem Finger auf einer Saite gleitend. **Glis|san|do,** das; -s, -s u. ...di (Musik): der Vorgang des Glissandospieles

Glis|son|schlin|ge ['glɪsən...], die; -, -n ‹nach dem engl. Anatomen Glisson (1597–1677)› (Med.): Zugvorrichtung zur Streckung der Wirbelsäule bei der Behandlung von Wirbelsäulenerkrankungen

glo|bal ‹*lat.-nlat.*›: **1.** auf die gesamte Erde bezüglich; weltumspannend. **2. a)** umfassend, gesamt; **b)** allgemein, ungefähr

Glo|bal Ban|king ['gloʊbl̩ 'bɛŋkɪŋ], das; - -[s] ‹*engl.*›: Gesamtheit von weltweit angewandten Strategien zur Abwicklung des Bankverkehrs

Glo|bal Call ['gloʊbl̩ 'kɔ:l], der; - -s, - -s ‹*engl.*›: internationale Fernverbindung; Auslandsgespräch

Glo|bal Cui|sine ['gloʊbl̩ 'kwizi:n], die; - ‹*engl.; frz.*›: internationale Küche mit Spezialitäten aus den verschiedensten Ländern

glo|ba|li|sie|ren: auf die ganze Erde ausdehnen. **Glo|ba|li|sie|rung,** die; -, -en: **a)** das Globalisieren; **b)** weltweite Verflechtung in den Bereichen Wirtschaft, Politik, Kultur u. a.

Glo|ba|lis|mus, der; - ‹*lat.-nlat.*›: global orientierte, ganzheitliche Denk- u. Handlungsweise

Glo|bal Mar|ke|ting ['glɔʊbl̩ 'maː...], das; - -[s] ‹*engl.*›: Gesamtheit von weltweit angewandten Strategien zur Erschließung u. Sicherung von Absatzmärkten

Glo|bal Play|er ['glɔʊbl̩ 'pleɪɐ], der; - -s, - -[s] ‹*engl.*›: **1.** Konzern, Unternehmen mit weltweitem Wirkungskreis, das sich an internationalen Produktions- u. Absatzmärkten ausrichtet. **2.** (Politik) Weltmacht

Glo|bal Sour|cing ['glɔʊbl̩ 'sɔːsɪŋ], das; - -s ‹Kunstw. aus *engl.* re*source* us*ing* »Nutzung von Quellen«›: Gesamtheit von weltweit angewandten Strategien zur Erschließung u. Nutzung von Rohstoffen u. Kapazitäten

Glo|bal|strah|lung, die; - (Meteorol.): Summe aus Sonnen- u. Himmelsstrahlung

Glo|be|trot|ter [auch: 'glɔʊp...], der; -s, - ‹*engl.*›: Weltenbummler. **Glo|be|trot|te|rin,** die; -, -nen: weibliche Form zu ↑Globetrotter

Glo|bi|ge|ri|ne, die; -, -n (meist Plural) ‹*lat.-nlat.*›: frei schwimmendes Meerestierchen, dessen Gehäuse aus mehreren [stachligen] Kugeln besteht

Glo|bi|ge|ri|nen|schlamm, der; -[e]s, -e u. ...schlämme: aus den Schalen der Globigerinen entstandenes kalkreiches Sediment in der Tiefsee

Glo|bin, das; -s, -e (Biol., Med.): Eiweißbestandteil des ↑Hämoglobins

Glo|bo|id, das; -s, -e ‹*lat.; gr.*›: **1.** (meist Plural; Biol.) glasiges Kügelchen, das bei der Bildung des ↑Aleurons entsteht. **2.** (Math.) Fläche, die von einem um eine beliebige Achse rotierenden Kreis erzeugt wird

Glo|bu|la|ria, die; -, ...ien ‹*lat.-nlat.*›: Kugelblume; niedrige, blau blühende Voralpen- u. Alpenpflanze

Glo|bu|lin, das; -s, -e (Med.; Biol.): wichtiger Eiweißkörper des menschlichen, tierischen u. pflanzlichen Organismus (vor allem in Blut, Milch, Eiern u. Pflanzensamen)

Glo|bu|lus, der; -, ...li ‹*lat.*› (Med.): kugelförmiges Arzneimittel

Glo|bus, der; - u. -ses, ...ben u. -se ‹»Kugel«›: Kugel mit dem Abbild der Erdoberfläche od. der scheinbaren Himmelskugel auf ihrer Oberfläche

Glo|chi|di|um [...x...], das; -s, ...ien ‹*gr.-nlat.*›: **1.** Larve der Flussmuschel. **2.** (meist Plural) borstenartiger Stachel bei Kaktusgewächsen

glo|me|ru|lär ‹*lat.-nlat.*›: den Glomerulus betreffend. **Glo|me|ru|lus,** der; -, ...li (Med.): kleines Knäuel aus Gefäßen u. Nerven [als Bestandteil der Nierenkörperchen]

Glo|mus, das; -, ...mera ‹*lat.*› (Med.): Knäuel, Knoten, Anschwellung, Geschwulst

[1]**Glo|ria,** die; - ‹*lat.*› (iron.): Ruhm, Herrlichkeit; **mit Glanz und Gloria** (ugs. iron.): ganz und gar

[2]**Glo|ria,** das; -s: (nach dem Anfangswort bezeichneter) Lobgesang in der christlichen Liturgie

[3]**Glo|ria,** das od. der; -s, -s (aber: 2 -) ‹Fantasiebezeichnung› (Gastron.): süßer, starker Kaffee, auf dem ein Löffel Kognak abgebrannt wird

Glo|ria in ex|cel|sis Deo: Ehre sei Gott in der Höhe (Anfangsworte des auch als »großes Gloria« od. »große Doxologie« bezeichneten Lobgesanges in der christlichen Liturgie; nach Lukas 2, 14)

Glo|ria Pa|t|ri et Fi|lio et Spi|ri|tui Sanc|to: Ehre sei dem Vater und dem Sohne und dem Heiligen Geiste (Anfangsworte des auch als »kleines Gloria« od. »kleine Doxologie« bezeichneten Lobgesanges in der christlichen Liturgie)

Glo|ria|sei|de, die; -: feiner Futter- u. Schirmstoff in Leinenbindung

Glo|rie [...ri̯ə], die; -, -n ‹*lat.*›: **1.** Ruhm, Herrlichkeit [Gottes]. **2.** Lichtkreis, Heiligenschein. **3.** helle, farbige Ringe um den Schatten eines Körpers (z. B. Flugzeug, Ballon) auf einer von Sonne od. Mond beschienenen Nebelwand od. Wolkenoberfläche, die durch Beugung des Lichts an den Wassertröpfchen od. Eiskristallen der Wolken entstehen. **Glo|ri|en|schein,** der; -s, -e: Heiligenschein

Glo|ri|et|te, die; -, -n ‹*lat.-frz.*›: offener Gartenpavillon im barocken od. klassizistischen Park

Glo|ri|fi|ka|ti|on, die; -, -en ‹*lat.*›: Verherrlichung; vgl. ...ation/...ierung, Glorifizierung. **glo|ri|fi|zie|ren:** verherrlichen. **Glo|ri|fi|zie|rung,** die; -, -en: das Glorifizieren; Verherrlichung; vgl. ...ation/...ierung

Glo|ri|o|le, die; -, -n: Heiligenschein

glo|ri|os: 1. glorreich, ruhmvoll, glanzvoll. **2.** (veraltet) großsprecherisch, prahlerisch

Glos|sa, die; - ‹*gr.-lat.*› (Med.): Zunge

Glos|s|al|gie, die; -, ...ien ‹*gr.*›: ↑Glossodynie

Gloss|an|th|rax, der; - ‹*gr.-nlat.*› (Tiermed.): Milzbrandkarbunkel der Zunge (bei Pferden u. Rindern)

Glos|sar, das; -s, -e ‹*gr.-lat.*›: **1.** Sammlung von Glossen (1). **2.** Wörterverzeichnis [mit Erklärungen]. **Glos|sa|ri|um,** das; -s, ...ien (veraltet): Glossar

Glos|sa|tor, der; -s, ...oren ‹*gr.-nlat.*›: Verfasser von Glossen (1, 4). **glos|sa|to|risch:** die Glossen (1, 4) betreffend

Glos|se [fachspr. auch: 'gloːsə], die; -, -n ‹*gr.-lat.;* »Zunge; Sprache«›: **1.** in alten Handschriften erscheinende Erläuterung eines der Erklärung bedürftigen Ausdrucks. **2. a)** spöttische Randbemerkung; **b)** kurzer Kommentar in Tageszeitungen mit [polemischer] Stellungnahme zu Tagesereignissen. **3.** spanische Gedichtform, bei der jede Zeile eines vorangestellten vierzeiligen Themas als jeweiliger Schlussvers von vier Strophen wiederkehrt. **4.** erläuternde Randbemerkung zu einer Gesetzesvorlage (im Mittelalter bes. die den Inhalt aufhellenden Anmerkungen im ↑Corpus Iuris Civilis)

Glos|sem, das; -s, -e ‹*gr.(-engl.)*›: **1.** (Sprachwiss.) (nach der Kopenhagener Schule) aus dem ↑Plerem u. dem ↑Kenem bestehende kleinste sprachliche Einheit, die nicht weiter analysierbar ist. **2.** (veraltet) ↑Glosse (1)

Glos|se|ma|tik, die; - ‹*gr.-nlat.*› (Sprachwiss.): Richtung des

↑Strukturalismus (1) der Kopenhagener Schule, bei der unter Einbeziehung formallogischer u. wissenschaftsmethodologischer Grundsätze die Ausdrucks- u. Inhaltsseite der Sprache untersucht wird

glos|sie|ren ‹*gr.-lat.*›: **1.** durch Glossen (1) erläutern. **2.** mit spöttischen Randbemerkungen versehen, begleiten

Glos|si|na, die; -, ...nae [...nɛ] ‹*gr.-nlat.*›: ↑Tsetsefliege

Glos|si|tis, die; -, ...itiden (Med.): Zungenentzündung

Glos|s|o|dy|nie, die; -, ...ien ‹*gr.-nlat.*› (Med.): brennender od. stechender Zungenschmerz

Glos|so|graf, Glossograph, der; -en, -en ‹*gr.*›: antiker od. mittelalterlicher Verfasser von Glossen (1)

Glos|so|gra|fie, Glossographie, die; -: das Erläutern durch Glossen (1) in der Antike u. im Mittelalter. **Glos|so|gra|fin**, Glossographin, die; -, -nen: weibliche Form zu ↑Glossograf

Glos|so|graph usw. vgl. Glossograf usw.

Glos|so|la|le, Glottolale, der u. die; -n, -n ‹*gr.-nlat.*›: Zungenredner[in]. **Glos|so|la|lie**, Glottolalie, die; -: **a)** Zungenreden, ekstatisches Reden in fremden Sprachen in der Urchristengemeinde (Apg. 2; 1. Kor. 14); **b)** (Psychol.) Hervorbringung von fremdartigen Sprachlauten u. Wortneubildungen, bes. in der ↑Ekstase

Glos|so|ple|gie, die; -, ...ien (Med.): Zungenlähmung

Glos|so|p|te|ris|flo|ra, die; - ‹*gr.; lat.*›: farnähnliche Flora des ↑Gondwanalandes (nach der das alte Festland rekonstruiert wurde)

Glos|so|p|to|se, die; -, -n ‹*gr.-nlat.*› (Med.): das Zurücksinken der Zunge bei tiefer Bewusstlosigkeit

Glos|so|s|chi|sis [...sç...], die; -, ...sen (Med.): Spaltzunge

Glos|so|spas|mus, der; - (Med.): Zungenkrampf

Glos|so|ze|le, die; -, -n (Med.): das Hervortreten der Zunge aus dem Mund bei krankhafter Zungenvergrößerung

glot|tal: durch die Stimmritze im Kehlkopf erzeugt (von Lauten).

Glot|tal, der; -s, -e: Kehlkopf-, Stimmritzenlaut

Glot|tis, die; -, Glottides [...'ti:de:s] ‹*gr.*›: **a)** aus den beiden Stimmbändern bestehendes Stimmorgan im Kehlkopf; **b)** Stimmritze zwischen den beiden Stimmbändern im Kehlkopf

Glot|tis|schlag, der; -[e]s, ...schläge: beim Gesang als harter, unschöner Tonansatz empfundener Knacklaut vor Vokalen

Glot|to|chro|no|lo|gie, die; - (Sprachwiss.): Wissensgebiet, das anhand etymologisch nachweisbarer Formen das Tempo sprachlicher Veränderungen u. die Trennungszeiten von miteinander verwandten Sprachen zu bestimmen sucht

glot|to|gon ‹*gr.-nlat.*›: den Ursprung der Sprache betreffend; vgl. ...isch/-. **Glot|to|go|nie**, die; - (veraltend): wissenschaftliche Erforschung der Entstehung einer Sprache, insbesondere ihrer formalen Ausdrucksmittel. **glot|to|go|nisch**: ↑glottogon; vgl. ...isch/-

Glot|to|la|le vgl. Glossolale. **Glot|to|la|lie** vgl. Glossolalie

Glo|xi|nie [...ni̯ə], die; -, -n ‹nach dem elsässischen Arzt B. P. Gloxin, † 1784›: **1.** aus Südbrasilien stammende Zierpflanze mit großen, glockenförmigen, leuchtenden Blüten. **2.** im tropischen Südamerika vorkommende Pflanze mit glocken- bis röhrenförmigen Blüten

Glu|ci|ni|um, das; -s ‹*gr.-nlat.*›: ursprüngliche Bezeichnung für ↑Beryllium

Glu|co|se vgl. Glukose. **Glu|co|sid** vgl. Glukosid

Glue-Snif|fing [glu:...], **Glue|snif|fing**, das; -[s] ‹*engl.*›: das ↑Sniffen von euphorisierend wirkenden Dämpfen, die in bestimmten Klebstoffen enthalten sind

Glu|ko|se, fachspr.: Glucose, die; - ‹*gr.*›: Traubenzucker. **Glu|ko|sid** vgl. Glykosid

Glu|ko|s|u|rie, die; -, ...ien (Med.): Ausscheidung von Traubenzucker im Harn

Glu|t|a|mat, das; -[e]s, -e ‹*lat.; gr.*›: Salz der Glutaminsäure

Glu|t|a|min, das; -s, -e: bes. im Pflanzenreich weitverbreitete, vor allem beim Keimen auftretende Aminosäure

Glu|t|a|min|säu|re, die; - ‹*lat.; gr.; dt.*› (Med.): in sehr vielen Eiweißstoffen enthaltene Aminosäure, die sich u. a. reichlich in der Hirnsubstanz findet u. daher therapeutisch zur Erhöhung der geistigen Leistungsfähigkeit verwendet wird

Glu|ta|thi|on, das; -s ‹Kunstw.› (Biochemie): in fast allen menschlichen, tierischen u. pflanzlichen Zellen vorkommendes atypisches Peptid aus drei Aminosäuren, das als Antioxidans wirkt

Glu|ten [auch: 'glu:tn̩], das; -s ‹*lat.*; »Leim«›: Eiweißstoff der Getreidekörner, der für die Backfähigkeit des Mehls wichtig ist; Kleber

Glu|tin, das; -s ‹*lat.-nlat.*›: Eiweißstoff (Hauptbestandteil der Gelatine)

Gly|ce|rid vgl. Glyzerid. **Gly|ce|rin** vgl. Glyzerin. **Gly|ce|rol**, das; -s, -e ‹*gr.-frz.-engl.*› (Chemie): Glyzerin

Gly|cin, das; -s: **1.** ↑Glykokoll. **2.** ® ein fotografischer Entwickler

Gly|k|ä|mie, die; - ‹*gr.-nlat.*› (Med.): normaler Zuckergehalt des Blutes

Gly|ko|cho|lie [...ço... oder: ...ko...], die; -: Auftreten von Zucker in der Gallenflüssigkeit

Gly|ko|gen, das; -s (Med.; Biol.): tierische Stärke, energiereiches Kohlehydrat in fast allen Körperzellen (bes. in Muskeln u. der Leber). **Gly|ko|ge|nie**, die; - (Biol., Med.): Aufbau des Glykogens in der Leber. **Gly|ko|ge|no|ly|se**, die; - (Biol., Med.): Abbau des Glykogens im Körper

Gly|ko|ge|no|se, die; -, -n (Med.): Glykogenspeicherkrankheit; [durch Enzymdefekte verursachte] Stoffwechselerkrankung im Kindesalter mit übermäßiger Ablagerung von Glykogen, bes. in Leber u. Niere

Gly|ko|koll, das; -s (Chemie): Aminoessigsäure, einfachste ↑Aminosäure; Leimsüß

Gly|kol, das; -s, -e ‹Kurzw. aus: *gr. glykýs* »süß« u. ↑Alkoh*ol*›: **1.** zweiwertiger giftiger Alkohol von süßem Geschmack. **2.** Äthylenglykol, ein Frostschutz- u. Desinfizierungsmittel

Gly|ko|l|säu|re, die; -: in der Gerberei verwendete Oxyessigsäure, die u. a. in unreifen Weintrauben vorkommt

Gly|ko|ly|se, die; -, -n ‹*gr.-nlat.*›: Aufspaltung des Traubenzuckers in Milchsäure

Gly|ko|neo|ge|nie, die; -: Zuckerneubildung aus Nichtzuckerstoffen

Gly|ko|ne|us, der; -, ...neen ‹*gr.-lat.*; nach dem altgr. Dichter Glykon (2. Jh. v. Chr.)›: achtsilbiges antikes Versmaß

Gly|ko|se, die; - ‹*gr.-nlat.*›: ältere Form für ↑Glukose

Gly|ko|sid, das; -[e]s, -e (meist Plural): Pflanzenstoff, der in Zucker u. a. Stoffe, bes. Alkohole, spaltbar ist. **gly|ko|si|disch:** in der Wendung **glykosidische Bindung:** chemische Bindung, die bei Glykosiden auftritt

Gly|ko|s|u|rie, die; -, ...ien (Med.): Ausscheidung von Zucker im Urin

Gly|o|xy|lat, das; -[e]s, -e: Salz der ↑Glyoxylsäure

Gly|o|xyl|säu|re, die; -: Säure, die bes. in jungen grünen Blättern u. unreifen Früchten vorkommt u. zur Synthese von Antibiotika, Pflanzenschutzmitteln u. Vanillin genutzt wird

Gly|phe vgl. Glypte. **Gly|phik,** die; - ‹*gr.-nlat.*› (veraltet): ↑Glyptik

Gly|pho|gra|fie, Gly|pho|gra|phie, die; -: ↑Glyptografie

Gly|pho|sat, das; -s (Chemie, Landwirtsch.): als ↑Herbizid verwendete chem. Verbindung aus der Gruppe der Phosphate

Glyp|te [auch: ˈgly:...], Glyphe, die; -, -n ‹*gr.*›: geschnittener Stein; Skulptur. **Glyp|tik,** die; -: die Kunst, mit Meißel od. Grabstichel in Stein od. Metall zu arbeiten; Steinschneidekunst; das Schneiden der Gemmen; vgl. Gemmoglyptik, Glyphik

Glyp|to|gra|fie, Glyp|to|gra|phie, die; - ‹*gr.-nlat.*›: Beschreibung der Glypten; Gemmenkunde

Glyp|to|thek, die; -, -en: Sammlung von Glypten

Gly|san|tin®, das; -s ‹Kunstw.›: Kühlerschutzmittel aus ↑Glykol u. ↑Glyzerin

Gly|ze|rid, fachspr. auch: Glycerid, das; -s, -e (Chemie): Ester des ↑Glyzerins

Gly|ze|rin, chem. fachspr.: Glycerin ‹*gr.-nlat.*› das; -s, -e: dreiwertiger, farbloser, sirupartiger Alkohol

Gly|zi|ne, Gly|zi|nie [...i̯ə], die; -, -n: sich in die Höhe windender Zierstrauch mit blauvioletten Blütentrauben; ↑Wistaria

Gly|zyr|rhi|zin, das; -s: Süßholzzucker; Glykosid mit farblosen, sehr süß schmeckenden Kristallen, die sich in heißem Wasser u. Alkohol lösen

G-Man [ˈdʒi:mæn], der; -[s], G-Men [...mɛn] ‹*engl.-amerik.*; Kurzw. für: *g*overnment *man*; »Regierungsmann«›: Sonderagent des FBI

Gna|tho|lo|gie, die; - ‹*gr.-nlat.*›: im Bereich der Zahnmedizin Lehre von der Kaufunktion, bes. von deren Wiederherstellung

Gna|tho|s|chi|sis [...sç...], die; -, ...sen ‹*gr.-nlat.*› (Med.): angeborene [Ober]kieferspalte

Gna|thos|to|men, die (Plural): alle Wirbeltiere mit Kiefern

Gnoc|chi [ˈnjɔki], die (Plural) ‹*it.*›: Klößchen aus Grieß, Mais, Kartoffeln u. Mehl, die in Salzwasser gegart in verschiedenen Zubereitungsarten als Vorspeise od. Beilage gereicht werden

Gnom, der; -en, -en, auch -s, -e ‹auf Paracelsus (1493–1541) zurückgehende Wortneuschöpfung, ohne sichere Deutung›: **a)** Kobold, Zwerg; **b)** (salopp diskriminierend) sehr kleiner Mensch

Gno|me, die; -, -n ‹*gr.-lat.*›: lehrhafter [Sinn-, Denk]spruch in Versform od. in Prosa; ↑Sentenz (1 b). **Gno|mi|ker,** der; -s, - ‹*gr.*›: Verfasser von Gnomen. **Gno|mi|ke|rin,** die; -, -nen: weibliche Form zu ↑Gnomiker

gno|misch: die Gnome betreffend, in der Art der Gnome; **gnomischer Aorist** (Sprachwiss.): in Gnomen zeitlos verwendeter ↑Aorist; **gnomisches Präsens** (Sprachwiss.): in Sprichwörtern u. Lehrsätzen zeitlos verwendetes Präsens (z. B. Gelegenheit *macht* Diebe)

Gno|mo|lo|gie, die; -, ...ien ‹*gr.*›: Sammlung von Weisheitssprüchen u. Anekdoten; vgl. Florileg. **gno|mo|lo|gisch:** die Gnomologie betreffend

Gno|mon, der; -s, ...mone ‹*gr.-lat.*›: senkrecht stehender Stab, dessen Schattenlänge zur Bestimmung der Sonnenhöhe gemessen wird (für Sonnenuhren). **gno|mo|nisch:** Zentral...; **gnomonische Projektion:** nicht winkeltreue ↑Zentralprojektion

Gno|seo|lo|gie, die; - ‹*gr.-nlat.*›: Erkenntnislehre, -theorie. **gno|seo|lo|gisch:** die Gnoseologie betreffend

Gno|sis, die; - ‹*gr.*›: [Gottes]erkenntnis; in der Schau Gottes erfahrene Welt des Übersinnlichen (hellenistische, jüdische u. bes. christliche Versuche der Spätantike, die im Glauben verborgenen Geheimnisse durch philosophische Spekulation zu erkennen u. so zur Erlösung vorzudringen); vgl. Gnostizismus, Pneumatiker

Gnos|tik, die; - ‹*gr.-lat.*› (veraltet): Lehre der Gnosis. **Gnos|ti|ker,** der; -s, -: Vertreter der Gnosis od. des Gnostizismus. **Gnos|ti|ke|rin,** die; -, -nen: weibliche Form zu ↑Gnostiker. **gnos|tisch:** die Gnosis od. den Gnostizismus betreffend

Gnos|ti|zis|mus, der; - ‹*gr.-nlat.*›: **1.** Gesamtheit aller religiösen Richtungen, die die Erlösung durch [philosophische] Erkenntnis Gottes u. der Welt suchen. **2.** ↑synkretistische religiöse Strömungen u. Sekten (↑Gnosis) der späten Antike

Gno|to|bio|lo|gie, die; - ‹*gr.-nlat.*›: Forschungsrichtung, die sich mit der keimfreien Aufzucht von Tieren für die Immunologie beschäftigt

Gnu, das; -s, -s ‹*hottentott.*›: süd- u. ostafrikanische Antilope

Go, das; - ‹*jap.*›: japanisches Brettspiel

Goal [bes. österr.: gɔʊ̯l, bes. schweiz.: go:l], das; -s, -s ‹*engl.*› (österr. und schweiz.): Tor, Treffer (im Sport). **Goal|get|ter,** der; -s, - ‹anglisierende Bildung zu *engl.* to get a goal »ein Tor schießen«› (Sport): besonders erfolgreicher Torschütze

Goal|lie, selten: **Goa|li** [bes. österr.: ˈgɔʊ̯li, schweiz.: ˈgo:li], der; -s, -s (bes. österr., schweiz.): Torwart

Goal|kee|per [...ki:pɐ], der; -s, -

⟨*engl.*⟩ (bes. österr., schweiz.): Torhüter

Go|be|let [gobəˈleː], der; -s, -s ⟨*frz.*⟩: Becher od. Pokal auf einem Fuß aus Gold, Silber od. Glas (vom Mittelalter bis zum 18. Jh.)

Go|be|lin [gobəˈlɛ̃ː], der; -s, -s ⟨*frz.;* nach der gleichnamigen frz. Färberfamilie⟩: Wandteppich mit eingewirkten Bildern. **Go|be|lin|ma|le|rei,** die; -: Nachahmung gewirkter Gobelins durch Malerei

Go|de, der; -n, -n ⟨*altnord.*⟩: Priester u. Gauvorsteher im alten Island u. in Skandinavien

Gode|mi|ché [goːtmiˈʃeː], der; -, -s ⟨*frz.*⟩: ↑Dildo

Go|det [goˈdɛ], das; -s, -s ⟨*frz.*⟩: in einem Kleidungsstück eingesetzter Keil

Go|d|ron [goˈdrɔ̃ː], das; -s, -s ⟨*frz.*⟩: ausgeschweifter Rand, Buckel an Metallgegenständen. **go|d|ron|nie|ren:** ausschweifen, fälteln

Goe|the|a|na, die (Plural) ⟨*nlat.*⟩: Werke von u. über Goethe

Go-go-Boy [ˈgoːgobɔɪ̯, ˈgoʊ̯goʊ̯...], der; -s, -s ⟨*engl.*⟩: Vortänzer in einer Diskothek o. Ä.

Go-go-Funds [ˈgoʊ̯goʊ̯fants], die (Plural) (Wirtsch.): besonders gewinnbringende Investmentfonds

Go-go-Girl [...gœːɐ̯l, ˈgoʊ̯goʊ̯...], das; -s, -s ⟨*engl.*⟩: Vortänzerin in einer Diskothek o. Ä.

Gog und Ma|gog: barbarisches Volk der Bibel, das in der Endzeit herrscht u. untergeht (Offenb. 20, 8; eigtl. der König Gog von Magog, Hesekiel 38 f.)

Goi, der; -[s], Gojim [auch: goˈjiːm] ⟨*hebr.*⟩: jüd. Bez. für Nichtjude

Go-in [goʊ̯...], das; -s, -s ⟨*engl.*⟩: [gewaltsames] Eindringen demonstrierender Gruppen in einen Raum od. ein Gebäude [um eine Diskussion zu erzwingen]

Go|ing-pu|b|lic [goʊ̯ɪŋˈpablɪk], das; -[s] ⟨*engl.*⟩ (Wirtsch.): Gang an die Börse als Aktiengesellschaft

Go|kart, der, auch das; -[s], -s ⟨*engl.;* »Laufwagen«⟩: niedriger, unverkleideter kleiner Sportrennwagen

Go|lat|sche vgl. Kolatsche

Gol|den De|li|cious [ˈgoʊ̯ldn̩ diˈlɪʃəs], der; - -, - - ⟨*engl.*⟩: mittelgroßer Apfel mit grüngoldgelber, bräunlich punktierter Schale

Gol|den Goal [- ˈgoʊ̯l], das; - -s, - -s ⟨*engl.;* »goldenes Tor«⟩ (Ballspiele): Spielentscheidung durch das erste gefallene Tor in einem zusätzlichen Spielabschnitt (z. B. beim Fußball)

Gol|den League [- ˈliːg], die; - - ⟨*engl.;* eigtl. »goldene Liga«⟩: Folge von jährlich ausgetragenen internationalen Leichtathletikwettbewerben in europäischen [Haupt]städten mit hohen Preisgeldern

Gol|den Re|t|rie|ver [- rɪˈtriːvə], der; - -s, - - ⟨*engl.*⟩: gelb- bzw. goldfarbener Jagdhund mit gewelltem (nicht gelocktem) Fell

Gol|den Twen|ties [ˈgoʊ̯ldən ˈtwɛntiːz], die (Plural) ⟨*engl.*⟩: die [Goldenen] Zwanzigerjahre des 20. Jh.s

Go|lem, der; -[s] ⟨*hebr.*⟩: durch Zauber zum Leben erweckte menschliche Tonfigur (↑Homunkulus) der jüdischen Sage

[1]**Golf,** der; -[e]s, -e ⟨*gr.-lat.-it.*⟩: größere Meeresbucht, Meerbusen

[2]**Golf,** das; -s ⟨*schott.-engl.*⟩: Rasenspiel mit Hartgummiball u. Schläger

gol|fen: [2]Golf spielen. **Gol|fer,** der; -s, -: Golfspieler. **Gol|fe|rin,** die; -, -nen: weibliche Form zu ↑Golfer

Gol|ga|tha, ökum.: **Gol|go|ta,** das; -[s] ⟨*hebr.-gr.-kirchenlat.;* nach der Kreuzigungsstätte Christi⟩: tiefster Schmerz, tiefstes Leid, das jmd. zu erleiden hat

Gol|gi-Ap|pa|rat, Gol|gi|ap|pa|rat [ˈgɔldʒi...], der; -[e]s ⟨nach dem it. Histologen C. Golgi, 1844–1926⟩: am Zellstoffwechsel beteiligte Lamellen- od. Bläschenstruktur in der tierischen u. menschlichen Zelle

Go|li|ard, Go|li|ar|de, der; ...den, ...den ⟨*frz.*⟩: umherziehender französischer Kleriker u. Scholar, bes. des 13. Jh.s; vgl. Vagant

Go|li|ath, der; -s, -s ⟨riesenhafter Vorkämpfer der Philister, 1. Sam. 17⟩: Mensch von riesenhafter Gestalt, Riese

Go|lil|la [goˈlɪlja], die; -, -s ⟨*span.*⟩: kleiner, runder, steifer Männerkragen des 17. Jh.s

Go-live [goʊ̯ˈlaɪ̯f], das, auch der; -[s], -s (EDV, Wirtsch.): Start des Betriebs (einer Software, einer Website o. Ä.) unter realen Bedingungen; Beginn des Regel-, Produktivbetriebs

Gon, das; -s, -e (aber: 5 -) ⟨*gr.*⟩ (Geodäsie): Einheit des [ebenen] Winkels (100. Teil eines rechten Winkels, auch Neugrad genannt) (Zeichen: gon)

Go|na|de, die; -, -n ⟨*gr.-nlat.*⟩ (Biol., Med.): Geschlechts-, Keimdrüse

go|na|do|trop (Biol., Med.): auf die Keimdrüsen wirkend (bes. von Hormonen). **Go|na|do|tro|pin,** das; -s, -e (Med.): die Keimdrüsenfunktion anregendes Hormon

Go|n|a|g|ra, das; -s ⟨*gr.-nlat.*⟩ (Med.): Kniegicht

Go|n|ar|th|ri|tis, Gonitis, die; -, ...itiden (Med.): Kniegelenkentzündung

Gon|del, die; -, -n ⟨*venez.-it.*⟩: **1.** langes, schmales venezianisches Boot. **2.** Korb am Ballon; Kabine an Luftschiff, Seilbahn, Riesenrad. **3.** längerer, von allen Seiten zugänglicher Verkaufsstand in einem Kaufhaus. **4.** Hängegefäß für Topfpflanzen. **5.** (landsch.) einem Hocker ähnlicher Stuhl mit niedrigen Armlehnen. **gon|deln** (ugs.): gemächlich fahren

Gon|do|let|ta, die; -, -s: kleines, meist überdachtes Boot (z. B. auf Parkseen)

Gon|do|li|e|ra, die; -, ...ren: italienisches Schifferlied im $^{6}/_{8}$- od. $^{12}/_{8}$-Takt (auch in die Kunstmusik übernommen)

Gon|do|li|e|re, der; -, ...ri: Führer einer Gondel (1)

Gond|wa|na|fau|na, die; - ⟨nach der ind. Provinz⟩: für das Gondwanaland typische Fauna

Gond|wa|na|flo|ra, die; -: für das Gondwanaland typische Flora; ↑Glossopterisflora

Gond|wa|na|land, das; -[e]s: großer Kontinent der Südhalbkugel im ↑Paläozoikum u. ↑Mesozoikum

Gon|fa|lo|ni|e|re, der; -s, ...ri ⟨*germ.-it.*⟩: in Italien bis 1859, in den Provinzhauptstädten des Kirchenstaates bis 1870 gebräuchliche Bezeichnung für das Stadtoberhaupt

Gong, der (selten: das); -s, -s ⟨*malai.-engl.*⟩: [an Schnüren aufgehängte, dickwandige] Metallscheibe, die einen dumpf hallenden Ton hervorbringt, wenn man sie mit einem Klöppel anschlägt. **gon|gen:** **a)** ertönen (vom Gong); **b)** den Gong schlagen

Gon|go|ris|mus, der; - ⟨*span.-nlat.;* nach dem span. Dichter Luis de Góngora y Argote, 1561–1627⟩: spanischer literarischer Stil des 17. Jh.s, der durch häufige Verwendung von Fremdwörtern, Nachbildungen der lateinischen Syntax, durch bewusst gesuchte u. überraschende Metaphern, rhetorische Figuren u. zahlreiche Anspielungen auf die antike Mythologie gekennzeichnet ist; vgl. Euphuismus, [1]Marinismus

Gon|go|rist, der; -en, -en: Vertreter des Gongorismus. **Gon|go|ris|tin,** die; -, -nen: weibliche Form zu ↑Gongorist

Go|ni|a|tit [auch: ...ˈtɪt], der; -en, -en ⟨*gr.-nlat.*⟩: versteinerter Kopffüßer (wichtig als Leitfossil im Silur)

Go|nio|me|ter, das; -s, -: **1.** Gerät zum Messen der Winkel zwischen [Kristall]flächen durch Anlegen zweier Schenkel. **2.** Winkelmesser für Schädel u. Knochen. **Go|nio|me|t|rie,** die; - (Math.): Winkelmessung; Teilgebiet der ↑Trigonometrie, das sich mit den Winkelfunktionen befasst. **go|nio|me|t|risch** (Math.): das Messen mit dem Goniometer; die Goniometrie betreffend: zur Goniometrie gehörend

Go|ni|tis vgl. Gonarthritis

Go|no|b|len|n|or|rhö, die; -, -en ⟨*gr.-nlat.*⟩ (Med.): eitrige, durch ↑Gonokokken hervorgerufene Bindehautentzündung; Augentripper

Go|no|cho|ris|mus [...ko...], der; - (Biol.): Getrenntgeschlechtigkeit. **Go|no|cho|ris|ten,** die (Plural): getrenntgeschlechtige Tiere

Go|no|kok|kus, der; -, ...kken (Med.): Bakterie, die als Erreger des Trippers gilt

Go|no|phor, das; -s, -en: männliches Geschlechtsindividuum bei Röhrenquallen

Go|nor|rhö, die; -, -en: Tripper (Geschlechtskrankheit)

go|nor|rho|isch: **a)** den Tripper betreffend; **b)** auf Tripper beruhend

good|bye [gʊdˈbaɪ̯] ⟨*engl.*⟩: englischer Gruß (= auf Wiedersehen!)

good for day [gʊd fə ˈdɛɪ̯] ⟨*engl.*⟩ (Börsenw.): nur für den jeweiligen Börsentag gültig

Goo|die, Goody [ˈgʊdi], das; -[s], -s ⟨*engl.*⟩: attraktive kostenlose Zugabe, zusätzlicher Anreiz [beim Kauf eines Produktes]

good till date [gʊd tɪl ˈdɛɪ̯t] ⟨*engl.*⟩ (Börsenw.): nur bis zum angegebenen Datum gültig

Good|will [ˈgʊdˈwɪl], der; -[s] ⟨*engl.*⟩: **a)** (Wirtsch.) ideeller Firmenwert, Geschäftswert; **b)** Ansehen, guter Ruf einer Institution o. Ä.; **c)** Wohlwollen, freundliche Gesinnung

Good|will|rei|se, die; -, -n ⟨*engl.; dt.*⟩: Reise eines Politikers, einer einflussreichen Persönlichkeit od. Gruppe, um freundschaftliche Beziehungen zu einem anderen Land od. das eigene Ansehen wiederherzustellen od. zu stärken

Good|will|tour, die; -, -en ⟨*engl.; frz.*⟩: ↑Goodwillreise

Goo|dy [ˈgʊdi] vgl. Goodie

goo|geln [ˈguːgl̩n] ⟨*engl.*⟩: mit Google® im Internet suchen, recherchieren. **Goo|gle®** [ˈguːgl̩], das; -[s] (meist ohne Artikel) ⟨*engl.*⟩: eine Internetsuchmaschine

Go|pak ⟨*russ.*⟩, Hopak ⟨*ukrainisch*⟩ der; -s, -s: bes. in der Ukraine u. in Weißrussland üblicher, schneller Tanz im $^2/_4$-Takt für einen od. mehrere Tänzer

gor|disch ⟨nach der antiken Stadt Gordion, wo nach der gr. Sage am Streitwagen des Königs Gordios ein als unentwirrbar geltender Knoten befestigt war, wobei dem die Herrschaft über Asien verheißen war, der ihn lösen konnte (Alexander der Große durchhieb ihn mit dem Schwert)⟩: **ein gordischer Knoten:** ein schwieriges Problem; **den gordischen Knoten durchhauen:** eine schwierige Aufgabe verblüffend einfach lösen

Gore|tex® [ˈgɔː...], das; - ⟨Kunstw.⟩: wasser- u. windundurchlässiges, atmungsaktives Gewebe für Jacken, Schuhe u. a.

Gor|go|nen|haupt, das; -[e]s, ...häupter ⟨nach dem weiblichen Ungeheuer Gorgo in der gr. Sage⟩: Unheil abwehrendes [weibliches] Schreckgesicht, bes. auf Waffen u. Geräten der Antike (z. B. auf der ↑Ägis)

Gor|gon|zo|la, der; -[s], -s ⟨*it.;* nach dem gleichnamigen it. Ort⟩: mit Schimmelpilzen durchsetzter italienischer Weichkäse

Go|ril|la, der; -s, -s ⟨*afrik.-gr.-engl.*⟩: **1.** größter Menschenaffe (in den Wäldern Äquatorialafrikas). **2.** (Jargon) Leibwächter von kräftig-robuster Statur

Go|rod|ki, die (Plural) ⟨*russ.*⟩: eine Art Kegelspiel in Russland

Go|sa|in, der; -s, -s ⟨*sanskr.-Hindi*⟩: in religiöser Meditation lebender Mensch in Indien

Gösch, die; -, -en ⟨*frz.-niederl.*⟩: **a)** kleine, rechteckige (an Feiertagen im Hafen gesetzte) Landesflagge; **b)** andersfarbige obere Ecke am Flaggenstock als Teil der Landesflagge

Go-slow [gɔʊ̯ˈslɔʊ̯], der od. das; -s, -s ⟨*engl.*⟩: Bummelstreik, Dienst nach Vorschrift [im Flugwesen]

Gos|pel, das od. der; -s, -s ⟨*engl.*⟩: ↑Gospelsong

Gos|pel|sän|ger, der; -s, -: Gospelsinger

Gos|pel|sän|ge|rin, die; -, -nen: weibliche Form zu ↑Gospelsänger

Gos|pel|sin|ger, der; -s, -[s]: jmd., der Gospelsongs vorträgt

Gos|pel|sin|ge|rin, die; -, -nen: weibliche Form zu ↑Gospelsinger

Gos|pel|song, der; -s, -s: etwa seit 1940 bestehende verstädterte Form des ↑Negrospirituals, bei der die jazzmäßigen Einflüsse zugunsten einer europäischen Musikalität zurückgedrängt sind

Gos|po|dar vgl. Hospodar

Gos|po|din, der; -s, ...da ⟨*russ.*⟩: Herr (russische Anrede)

Gos|sy|pi|um, das; - ⟨*gr.-lat.-nlat.*⟩: Malvengewächs, das die Baumwolle liefert

Got|cha [ˈgɔtʃɐ], das; -s ⟨*engl.-amerik.*⟩: ↑Paintball

Go|thic No|vel [ˈɡɔθɪk ˈnɔvl], die; --, --s ⟨*engl.*⟩: englische Variante des Schauerromans

Go|thic Re|vi|val [- rɪˈvaɪvl], das; --[s] ⟨*engl.;* vgl. Revival⟩: auf Formelemente der Gotik zurückgreifende Stilrichtung der Architektur u. des Kunstgewerbes in England im 18. u. 19. Jh.

Go|thic Rock, der; --[s]: Rockmusik mit ↑okkulten Texten u. auf der Bühne gezeigten Ritualen, bei der die Ausführenden meist in schwarzer Kleidung auftreten

G

Goth

Go|tik, die; - ⟨*frz.*⟩: **a)** europäischer Kunststil von der Mitte des 12. bis zum Ende des 15. Jh.s; **b)** Zeit des gotischen Stils

go|tisch: 1. den (germanischen) Stamm der Goten betreffend. **2.** die Gotik betreffend; **gotische Schrift** (Druckw.): (seit dem 12. Jh. aus der karolingischen ↑Minuskel gebildete) Schrift mit spitzbogiger Linienführung u. engem Zusammenschluss der Buchstaben. **3.** eine Faltungsphase der obersilurischen Gebirgsbildung betreffend

[1]**Go|tisch,** die; -: gotische Schrift

[2]**Go|tisch,** das; -[s]: gotische (1) Sprache. **Go|ti|sche,** das; -n: **a)** die gotische Sprache im Allgemeinen; **b)** das die Gotik Kennzeichnende

Go|ti|zis|mus, der; -, ...men ⟨*frz.-nlat.*⟩: **1.** (Sprachwiss.) Übertragung einer für das Gotische (a) charakteristischen sprachlichen Erscheinung auf eine nicht gotische Sprache. **2.** Nachahmung des gotischen (2) Stils. **go|ti|zis|tisch:** den gotischen (2) Stil nachahmend

Got|lan|di|um, das; -[s] ⟨*nlat.;* nach der schwed. Insel Gotland⟩: **a)** Unterabteilung des ↑Silurs (Obersilur); **b)** (Geol.) selbstständige erdgeschichtliche Formation (Silur)

Gou|ache [ɡu̯a(ː)ʃ], die; -, -n, Guasch, die; -, -en ⟨*lat.-it.-frz.*⟩: **1.** (ohne Plural) deckende Malerei mit Wasserfarben in Verbindung mit Bindemitteln u. Deckweiß, deren dicker Farbauftrag nach dem Trocknen eine dem ↑Pastell ähnliche Wirkung ergibt. **2.** Bild in der Technik der Gouache

Gou|da [ˈɡau̯da], der; -s, -s ⟨nach der niederl. Stadt Gouda⟩: ein [holländischer] Hartkäse

Gou|da|kä|se, der; -s, - ⟨*niederl.; dt.*⟩: vgl. Gouda

Gou|d|ron [ɡuˈdrõː], der (auch: das); -s ⟨*arab.-frz.*⟩: wasserdichter Anstrich

Gourde [ɡurd], der; -, -s [ɡurd] (aber: 10 -) ⟨*frz.*⟩: Währungseinheit auf Haiti (= 100 Centimes)

Gour|mand [ɡʊrˈmãː], der; -s, -s ⟨*frz.*⟩: jmd., der gern gut u. zugleich viel isst; Schlemmer

Gour|man|di|se [ɡʊrmãˈdiːzə], die; -, -n: besondere Delikatesse; Leckerbissen

Gour|met [ɡʊrˈmɛ, auch: ...ˈmeː], der; -s, -s: jmd., der ein Kenner von Speisen u. Getränken ist u. gern ausgesuchte Delikatessen isst; Feinschmecker; vgl. Gourmand

Gout [ɡuː], der; -s, -s ⟨*lat.-frz.*⟩: Geschmack, Wohlgefallen; vgl. Hautgout

gou|tie|ren [ɡuˈtiː...] ⟨»kosten, schmecken«⟩: Geschmack an etwas finden; gutheißen

Gou|ver|nan|te [ɡuvɛr...], die; -, -n ⟨*lat.-frz.*⟩: [altjüngferliche, bevormundende, belehrende] Erzieherin, Hauslehrerin. **gou|ver|nan|ten|haft:** in der Art einer Gouvernante

Gou|ver|ne|ment [ɡuvɛrnəˈmãː], das; -s, -s: **a)** Regierung; Verwaltung; **b)** Verwaltungsbezirk (militärischer od. ziviler Behörden). **gou|ver|ne|men|tal** (veraltet): regierungsfreundlich; Regierungs...

Gou|ver|neur [ɡuvɛrˈnøːɐ̯], der; -s, -e: **1.** Leiter eines Gouvernements; Statthalter (einer Kolonie). **2.** Befehlshaber einer größeren Festung. **3.** oberster Beamter eines Bundesstaates in den USA. **Gou|ver|neu|rin** [...ˈnøːrɪn], die; -, -nen: weibliche Form zu ↑Gouverneur

GPS [dʒiːpiːˈʔɛs, auch: ɡeːpeː...], das; - ⟨Abk. für *engl.* global positioning system »weltweites Standortbestimmungssystem«⟩: satellitengestütztes Navigationssystem, mit dem Positionen auf der Erde mit sehr großer Genauigkeit ermittelt werden können

Graaf-Fol|li|kel, Graaf|fol|li|kel, der; -s, - ⟨nach dem niederl. Anatomen R. de Graaf, 1641–1673⟩ (Biol., Med.): sprungreifes, das reife Ei enthaltendes Bläschen im Eierstock

Grab|ber [ˈɡræbə], der; -s, - ⟨*engl.*⟩: **1.** Gerät, das Daten von einer Videokamera erfasst u. in einem Computervideospeicher anlegt. **2.** (EDV) Software, die durch Ablegen auf einem Zwischenspeicher den momentanen Bildschirminhalt festhält

Gracht, die; -, -en ⟨niederl.⟩: schiffbarer Kanal in niederländischen Städten

Gra|ci|o|so [ɡras...], der; -s, -s ⟨*lat.-span.*⟩: die komische Person im spanischen Lustspiel (der lustige, seinen Herrn parodierende Bediente)

gra|da|tim ⟨*lat.*⟩ (veraltet): schritt-, stufenweise, nach und nach

Gra|da|ti|on, die; -, -en: **a)** Steigerung, stufenweise Erhöhung; Abstufung; **b)** Aneinanderreihung steigernder (vgl. Klimax [1]) od. abschwächender (vgl. Antiklimax) Ausdrucksmittel (z. B.: Goethe, *groß* als Forscher, *größer* als Dichter, *am größten* als Mensch)

Gra|di|ent, der; -en, -en: **1.** (Meteorol.) Gefälle (z. B. des Luftdrucks od. der Temperatur) auf einer bestimmten Strecke. **2.** (Math.) Steigungsmaß einer Funktion (2) in verschiedenen Richtungen (Abk.: grad). **Gra|di|en|te,** die; -, -n: von Gradienten gebildete Neigungslinie

Gra|di|en|ten|ver|fah|ren, das; -s, - (Math.): Verfahren der Optimierung einer nichtlinearen, differenzierbaren Funktion durch schrittweise Bewegung in Richtung des steilsten Abstiegs, d. h. des negativen ↑Gradienten (2)

Gra|di|ent|wind, der; -[e]s, -e (Meteorol.): Wind der freien Atmosphäre, der eigentlich in Richtung des Luftdruckgradienten weht, jedoch infolge der ↑Corioliskraft nahezu parallel zu den ↑Isobaren verläuft

gra|die|ren: verstärken, auf einen höheren Grad bringen, bes. Salzsolen in Gradierwerken allmählich (gradweise) konzentrieren. **Gra|die|rung,** die; -, -en: das Gradieren

Gra|dier|werk, das; -[e]s, -e: ho-

...gra|fie
auch: ...gra|phie
die; -, ...ien (teilweise ohne Plural)
⟨zu *gr.* gráphein »kerben, (ein)ritzen, schreiben, zeichnen« → ...graphía »das Schreiben, Beschreiben«⟩
Wortbildungselement mit der Bedeutung »das Schreiben, Beschreiben; das grafische od. fotografische Darstellen«:
- Biografie, auch: Biographie
- Fotografie, auch: Photographie
- Geografie, auch: Geographie
- Kalligrafie, auch: Kalligraphie

...graf
auch: ...graph
der; -en, -en, selten: das; -s, -e od. en
⟨zu *gr.* gráphein »kerben, (ein)ritzen, schreiben, zeichnen« → ...graphos »Schreiber; geschrieben« bzw. ...graphon »Geschriebenes«⟩
Wortbildungselement mit der Bedeutung »Schreiber; Beschreibender; Schrift, Geschriebenes«:
- Autobiograf, auch: Autobiograph
- Historiograf, auch: Historiograph
- Oszillograf, auch: Oszillograph
Die weibliche Form des Wortbildungselementes mit der Bedeutung »Schreiberin, Beschreibende« lautet ...grafin, auch: ...graphin, wie z. B. in Demografin, auch: Demographin, und Choreografin, auch: Choreographin.

grafo..., Grafo...
auch: grapho..., Grapho...
⟨zu *gr.* gráphein »kerben, (ein)ritzen, schreiben, zeichnen«⟩
Wortbildungselement mit der Bedeutung »Schrift, Geschriebenes; das Schreiben betreffend«:
- grafologisch, auch: graphologisch
- Grafomanie, auch: Graphomanie

hes, mit Reisig belegtes Holzgerüst, über das Sole herabrieselt, die durch erhöhte Verdunstung konzentriert wird (früher zur Salzgewinnung, heute noch in Kurorten zur Erzeugung salzhaltiger u. heilkräftiger Luft)

gra|du|al ⟨*lat.-mlat.*⟩: den Grad, Rang betreffend

Gra|du|a|le, das; -s, ...lien: **1.** kurzer Psalmgesang nach der ↑Epistel in der katholischen Messe (urspr. auf den Stufen des ↑²Ambos). **2.** liturgisches Gesangbuch mit den Messgesängen

Gra|du|al|lied, das; -[e]s, -er: anbetendes u. lobpreisendes Gemeindelied zwischen den Schriftlesungen im evangelischen Gottesdienst

Gra|du|al|psalm, der; -s, -en: ↑Graduale (1)

Gra|du|al|sys|tem, das; -s: Erbfolge nach dem Grade der Verwandtschaft zum Erblasser durch Eintritt der übrigen Erben der gleichen Ordnung in die Erbfolge eines ausfallenden Erben (gesetzlich geregelt für Erben vierter u. höherer Ordnung); vgl. Parentelsystem

Gra|du|a|ti|on, die; -, -en: Gradeinteilung auf Messgeräten, Messgefäßen u. dgl.; vgl. ...ation/...ierung

gra|du|ell ⟨*lat.-mlat.-frz.*⟩: grad-, stufenweise, allmählich

gra|du|ie|ren ⟨*lat.-mlat.*⟩: **1.** mit Graden versehen (z. B. ein Thermometer). **2. a)** einen akademischen Grad verleihen; **b)** einen akademischen Grad erwerben

gra|du|iert: a) mit einem akademischen Titel versehen; **b)** (veraltet) mit dem Abschlusszeugnis einer Fachhochschule versehen. **Gra|du|ier|te,** der u. die; -n, -n: Träger[in] eines akademischen Titels

Gra|du|ie|rung, die; -, -en: **a)** das Graduieren; **b)** ↑Graduation; vgl. ...ation/...ierung

Gra|dus ad Par|nas|sum, der; - - -, - [...du:s] - - ⟨*lat.;* »Stufe zum Parnass« (dem altgr. Musenberg u. Dichtersitz)⟩: **a)** (Geschichte) Titel von Werken, die in die lateinische od. griechische Verskunst einführen; **b)** (Musik) Titel von Etüdenwerken

Grae|cum [ˈgrɛː...], das; -s ⟨*gr.-lat.*⟩: durch eine Prüfung nachgewiesene Kenntnisse in der altgriechischen Sprache

¹Graf vgl. ¹Graph

²Graf vgl. ²Graph

...graf *s. Kasten ...grafie*

Gra|fem usw. vgl. Graphem usw.

Gra|feo|lo|gie usw. vgl. Grapheologie usw.

Graf|fi|a|to, Sgraffiato, der; -s, ...ti ⟨*germ.-it.*⟩: Verzierung von Tonwaren durch Anguss einer Farbschicht, in die ein Ornament eingegraben wird

Graf|fi|ti, das; -[s], -s ⟨*it.-engl.*⟩: ↑Graffito (c)

Graf|fi|to, der od. das; -[s], ...ti ⟨*it.;* »Schraffierung«⟩: **a)** in Stein geritzte Inschrift; **b)** in eine Marmorfliese eingeritzte zweifarbige ornamentale od. figurale Dekoration; **c)** (meist Plural) auf Wände, Mauern, Fassaden usw. meist mit Spray gesprühte, gespritzte od. gemalte [künstlerisch gestaltete] Parole od. Darstellung; vgl. Sgraffito

Gra|fie, Graphie, die; -, ...ien (Sprachwiss.): Schreibung, Schreibweise

...gra|fie *s. Kasten*

Gra|fik, Graphik, die; -, -en ⟨*gr.-lat.;* »Schreib-, Zeichenkunst«⟩: **1.** (ohne Plural) künstlerische, bes. zeichnerische Gestaltung von Flächen; Kunst u. Technik des Holzschnitts, Kupferstichs, der ↑Radierung, ↑Lithografie, Handzeichnung. 2. (ohne Plural) Gesamtheit von Erzeugnissen der Grafik (1), des grafischen Schaffens. 3. Werk der künstlerischen Grafik (z. B. Holzschnitt), einzelnes grafisches Blatt. 4. [virtuell erzeugte] Illustration; Schaubild

Gra|fik|de|sign, Graphikdesign [...dizaɪn], das; -s, -s ‹*gr.-lat.; engl.*›: **1.** (ohne Plural) Bereich der ↑Grafik (1), der mithilfe von Bild, Fotografie, Typografie u. Ä. bestimmte Informationsinhalte in eine Bildsprache bzw. visuelle Zeichen umsetzt (z. B. in Werbung, Informationssystemen, Gelegenheitsgrafik); Gebrauchsgrafik. **2.** einzelnes Werk des ↑Grafikdesigns (1), z. B. ein Plakat, Zeichentrickfilm, Bucheinband

Gra|fi|ker, Graphiker, der; -s, -: Künstler u. Techniker auf dem Gebiet der Grafik (1). **Gra|fi|ke|rin,** Graphikerin, die; -, -nen: weibliche Form zu ↑Grafiker

Gra|fik|kar|te, Graphikkarte, die; -, -n: spezielle Steckkarte zur Erstellung [farbiger] Grafiken auf dem Bildschirm eines Computers

Gra|fik|ta|blett, Graphiktablett, das; -[e]s, -s (auch: -e) ‹*engl.*› (EDV): Digitizer

...gra|fin *s. Kasten ...grafie*

gra|fisch, graphisch: **a)** die Grafik betreffend; **b)** durch Grafik dargestellt, mithilfe von Grafik erfolgend

Gra|fis|mus, Graphismus, der; -, ...men ‹*gr.-nlat.*› (Kunstwiss.): grafisches Gestaltungselement

Gra|fit, Graphit [auch: ...ˈfɪt], der; -s, -e ‹*gr.-nlat.*›: vielseitig in der Industrie verwendetes, weiches schwarzes Mineral aus reinem Kohlenstoff

gra|fi|tie|ren, graphitieren: mit Grafit überziehen

gra|fi|tisch, graphitisch [auch: ...ˈfɪ...]: aus Grafit bestehend

> **Graffito**
> Das aus dem Italienischen übernommene, meist im Plural *Graffiti* erscheinende Substantiv wird nicht, wie oft fälschlicherweise angenommen, mit *-tt-*, sondern mit *-ff-* geschrieben.

gra|fo..., Gra|fo... *s. Kasten ...grafie*

Gra|fo|lo|ge, Graphologe, der; -n, -n: Wissenschaftler auf dem Gebiet der Grafologie

Gra|fo|lo|gie, Graphologie, die; -: Wissenschaft von der Deutung der Handschrift als Ausdruck des Charakters. **Gra|fo|lo|gin,** Graphologin, die; -, -nen: weibliche Form zu ↑Grafologe. **gra|fo|lo|gisch,** graphologisch: die Grafologie betreffend

Gra|fo|ma|nie, Graphomanie, die; -: Schreibwut

Gra|fo|spas|mus, Graphospasmus, der; -, ...men (Med.): Schreibkrampf

Gra|fo|sta|tik, Graphostatik, die; -: zeichnerische Methode zur Lösung statischer Aufgaben

Gra|fo|thek, Graphothek, die; -, -en ‹Kunstw. aus *Grafo...* u. *...thek;* vgl. Bibliothek›: Kabinett (1 b), das grafische Originalblätter moderner Kunst ausleiht

Gra|fo|the|ra|pie, Graphotherapie, die; - (Psychol.): Schreibbewegungstherapie zur Behandlung von Schwächen beim Schreiben

Gra|ham|brot, das; -[e]s, -e ‹nach dem amerik. Arzt S. Graham (1794–1851), dem Verfechter einer auf Diät abgestellten Ernährungsreform›: ohne Gärung aus Weizenschrot hergestelltes Brot

¹Grain [greɪn], der; -s, -s (aber: 10 -) ‹*lat.-frz.-engl.;* »Korn«›: älteres Gewicht für feine Wiegungen (Gold, Silber, Diamanten u. Perlen)

²Grain [grɛ̃:], das; -s, -s ‹*lat.-frz.*›: bes. für Kleider verwendetes, zweischüssiges Ripsgewebe

grai|nie|ren [grɛ...] (Fachspr.): Papier, Karton, Pappe einseitig narben, aufrauen

Grä|ko|ma|ne, der; -n, -n ‹*gr.-nlat.*›: jmd., der mit einer Art von Besessenheit alles Griechische liebt, bewundert u. nachahmt. **Grä|ko|ma|nie,** die; -: Nachahmung alles Griechischen mit einer Art von Besessenheit. **Grä|ko|ma|nin,** die; -, -nen: weibliche Form zu ↑Gräkomane

Grä|kum vgl. Graecum

Gral, der; -s ‹*frz.*›: in der mittelalterlichen Dichtung (in Verbindung mit den Sagen des Artus- u. Parzivalkreises) wundertätiger Stein od. Gefäß mit heilender Wirkung, in dem Christi Blut aufgefangen worden sein soll

Gra|mi|ne|en, die (Plural) ‹*lat.*› (Bot.): Gräser

Gramm, das; -s, -[e] (aber: 5 -) ‹*gr.-lat.-frz.*›: ein Tausendstel der Masseeinheit Kilogramm (Zeichen: g)

Gramm|äqui|va|lent, das; -[e]s, -e ‹*gr.; lat.-nlat.*› (Chemie): Einheit der Stoffmenge; 1 Grammäquivalent ist die dem ↑Äquivalentgewicht zahlenmäßig entsprechende Grammmenge

Gram|mar School [ˈgræmə ˈsku:l], die; - -, - -s ‹engl.›: in Großbritannien u. Nordirland Bez. für (den deutschen Gymnasien entsprechende) Schulen, die das Hochschulstudium vorbereiten

Gram|ma|tik, die; -, -en ‹*gr.-lat.*›: **1. a)** Beschreibung der Struktur einer Sprache als Teil der Sprachwissenschaft; **inhaltsbezogene Grammatik:** primär auf das Feststellen der sprachlichen Inhalte abgestellte Grammatik; **b)** einer Sprache zugrunde liegendes Regelsystem. **2.** Werk, in dem Sprachregeln aufgezeichnet sind; Sprachlehre. **3.** gesetzmäßige Struktur von etwas (z. B. die - der Gefühle)

Gram|ma|ti|ka|li|sa|ti|on, die; -, -en ‹*gr.-lat.-nlat.*›: das Absinken eines Wortes mit selbstständigem Bedeutungsgehalt zu einem bloßen grammatischen Hilfsmittel (bes. bei den Bindewörtern); vgl. ...ation/...ierung

gram|ma|ti|ka|lisch: a) die Grammatik betreffend; vgl. grammatisch (a); **b)** sprachkundlich

gram|ma|ti|ka|li|sie|ren: der Grammatikalisation unterwerfen. **Gram|ma|ti|ka|li|sie|rung,** die; -, -en: **a)** das Grammatikalisieren; **b)** ↑Grammatikalisation; vgl. ...ation/...ierung

Gram|ma|ti|ka|li|tät, die; -: grammatikalische Korrektheit, Stimmigkeit der Segmente eines Satzes; vgl. Akzeptabilität (b)

Gram|ma|ti|ker, der; -s, - ‹*gr.-lat.*›: Wissenschaftler auf dem Gebiet der Grammatik. **Gram|ma|ti|ke|rin,** die; -, -nen: weibliche Form zu ↑Grammatiker

gram|ma|tisch: **a)** die Grammatik betreffend; vgl. grammatikalisch; **b)** der Grammatik gemäß; sprachrichtig; nicht ungrammatisch

Gram|ma|ti|zi|tät, die; -: das Grammatische in der Sprache

Gramm|atom, das; -s, -e: so viele Gramm eines chem. Elementes, wie dessen Atomgewicht angibt

Gram|ma|tur, die; -, -en (Fachspr.): Quadratmetergewicht; Gewicht von Papier, gerechnet in Gramm pro Quadratmeter

Gram|mem, das; -s, -e (Sprachwiss.): die aus ↑Episem u. ↑Tagmem bestehende kleinste grammatische Einheit

Gramm|ka|lo|rie vgl. Kalorie

Gramm|mol, Gramm-Mol, Grammmo|le|kül, Gramm-Mo|le|kül, das; -s, -e ⟨*gr.; lat.*⟩: Masse in Gramm, deren Zahlenwert gleich der relativen Molekülmasse ist

Gram|mo|fon, Gram|mo|phon®, das; -s, -e ⟨*gr.-nlat.*⟩: früher Plattenspieler

Gram|my ['græmi], der; -s, -s ⟨*amerik.*⟩: amerikanischer Schallplattenpreis

gram|ne|ga|tiv ⟨nach dem dän. Bakteriologen H. C. J. Gram, 1853–1938⟩ (Med.): nach dem gramschen Färbeverfahren sich rot färbend (von Bakterien); vgl. grampositiv

Gra|mo|la|ta, die; -, -s ⟨*it.*⟩: it. Bez. für: halbgefrorene Limonade

gram|po|si|tiv ⟨nach dem dän. Bakteriologen Gram⟩ (Med.): nach dem gramschen Färbeverfahren sich dunkelblau färbend (von Bakterien); vgl. gramnegativ

Gra|na, die (Plural) ⟨*lat.*⟩ (Biol.): farbstoffhaltige Körnchen in der farbstofflosen Grundsubstanz der ↑Chromatophoren

Gra|na|dil|le vgl. Grenadille

Gra|na|li|en, die (Plural) ⟨*lat.-nlat.*⟩: durch Granulieren (Körnen) gewonnene [Metall]körner

[1]**Gra|nat,** der; -[e]s, -e, (österr.:) der; -en, -en ⟨*lat.-mlat.*⟩: Mineral, das in mehreren Abarten u. verschiedenen Farben vorkommt

[2]**Gra|nat,** der; -[e]s, -e ⟨*niederl.*⟩: kleines Krebstier (Garnelenart)

Gra|nat|ap|fel, der; -s, ...äpfel ⟨*lat.; dt.*⟩: apfelähnliche Beerenfrucht des Granatbaumes

Gra|nat|baum, der; -[e]s, ...bäume: zu den Myrtenpflanzen gehörender Strauch od. Baum des Orients (auch eine Zierpflanzenart)

Gra|na|te, die; -, -n ⟨*lat.-it.*⟩: mit Sprengstoff gefülltes, explodierendes Geschoss

Grand [grã:, ugs. auch: graŋ], der; -s, -s ⟨*lat.-frz.*⟩: höchstes Spiel im Skat, bei dem nur die Buben Trumpf sind; **Grand Hand:** Grand aus der Hand, bei dem der Skat nicht aufgenommen werden darf (verdeckt bleibt)

Grand Cru [grã'kry:], der; - -, -s -s [grã'kry:(s)]: frz. Bez. für Weinlagen besonderer Qualität

Gran|de, der; -n, -n ⟨*lat.-span.*⟩: bis 1931 mit besonderen Privilegien u. Ehrenrechten verbundener Titel der Angehörigen des höchsten Adels in Spanien

Grande Ar|mée [grãdar'me:], die; - - ⟨*lat.-frz.*⟩: [die] Große Armee (Napoleons I.)

Grande Na|tion [grãdna'sjõ:], die; - -: (vor allem in Deutschland, Österreich und der Schweiz übliche, in Frankreich hingegen nicht verbreitete Bezeichnung) für das französische Volk

Gran|deur [grã'dø:ɐ̯], die; -: strahlende Größe; Großartigkeit

Gran|dez|za, die; - ⟨*lat.-span.*⟩: feierlich-hoheitsvolle Eleganz der Bewegung, des Auftretens

Grand Fleet ['grænd 'fli:t], die; - - ⟨*engl.*⟩: die im 1. Weltkrieg in der Nordsee eingesetzte englische Flotte

Grand-Gui|gnol [grãgin'jɔl], das; -, -s ⟨*frz.;* nach dem Namen des Pariser Theaters Le Grand-Guignol⟩: Theaterstück mit bewusst platt-abgeschmackter u. blutrünstiger, aber dennoch naiver Darstellungsweise

Grand|ho|tel ['grã:...], das; -s, -s ⟨*frz.*⟩: großes, komfortables Hotel

gran|dig ⟨*lat.-roman.*⟩ (mundartlich): groß, stark; großartig

gran|di|os ⟨*lat.-it.*⟩: großartig, überwältigend, erhaben. **Gran|di|o|si|tät,** die; -: Großartigkeit, überwältigende Pracht

gran|di|o|so (Musik): großartig, erhaben (Vortragsanweisung)

Grand Ju|ry ['grænd 'dʒu:ri], die; - - ⟨*engl.-amerik.*⟩: Gremium (a) im amerikanischen Strafprozessrecht, das die öffentliche Anklage auf Ablehnung od. Zulassung prüft

Grand Lit [grã'li:], das; - -, -s -s [grã'li:(s)] ⟨*frz.*⟩: breites Bett für zwei Personen

Grand Mal [grã'mal], das; - - ⟨*lat.-frz.*⟩ (Med.): epileptischer Anfall mit schweren Krämpfen, Bewusstlosigkeit u. Gedächtnisverlust (auch Haut Mal genannt)

Grand Mar|ni|er® [grãmar'nie:], der; - -[s] ⟨*frz.*⟩: Edellikör auf der Basis von Weinbrand mit Curaçaoorangen u. feinen Kräutern

Grand Old La|dy ['grænd 'oʊld 'leɪdi], die; - - -, - - Ladies ⟨*engl.;* »große alte Dame«⟩: älteste bedeutende weibliche Persönlichkeit auf einem bestimmten Gebiet

Grand Old Man ['grænd 'oʊld 'mæn], der; - - -, - - Men [- - 'mɛn] ⟨*engl.;* »großer alter Mann«⟩: älteste bedeutende männliche Persönlichkeit auf einem bestimmten Gebiet

Grand ou|vert ['grã:u'vɛ:ɐ̯, auch: ...u've:ɐ̯], der; - -[s], - -s [...u've:ɐ̯s od. ...u'vɛ:ɐ̯s] ⟨*frz.*⟩: (im Skat) Grand aus der Hand, bei dem der Spieler seine Karten offen hinlegen muss

Grand Prix ['grã: 'pri:], der; - - [- 'pri:], -s - [- 'pri:] ⟨*lat.-frz.*⟩: frz. Bez. für: großer Preis, Hauptpreis

Grand|sei|g|neur [grãsɛn'jø:ɐ̯], der; -s, -s u. -e ⟨*frz.*⟩: vornehmer, weltgewandter Mann

Grand Slam® ['grænd 'slæm], der; - -[s], - -s ⟨*engl.*⟩: Gewinn der Einzelwettbewerbe bei den internationalen Tennismeisterschaften von Großbritannien, Frankreich, Australien u. den USA innerhalb eines Jahres durch einen Spieler od. eine Spielerin

Grand-Tou|ris|me-Ren|nen [grãtu'rɪsmə...], das; -s, - ⟨*frz.; dt.*⟩: internationales Sportwagenrennen mit Wertungsläufen,

Rundrennen, Bergrennen u. ↑ [1]Rallyes
gra|nie|ren ‹*lat.-nlat.*›: **1.** die Platte beim Kupferstich aufrauen. **2.** Papier körnen, aufrauen. **3.** (selten) ↑ granulieren
Gra|nier|stahl, der; -s: bogenförmiges, mit gezähnter Schneide versehenes Stahlinstrument (»Wiege«), mit dem beim Kupferstich die Platte aufgeraut (»gewiegt«) wird
Gra|nit [auch: ...ˈnɪt], der; -s, -e ‹*lat.-it.*›: sehr hartes Gestein aus körnigen Teilen von Feldspat, Quarz u. Glimmer
Gra|ni|ta vgl. Gramolata
gra|ni|ten [auch: ...ˈnɪ...]: **1.** ↑ granitisch. **2.** hart wie Granit
Gra|ni|ti|sa|ti|on, die; -, -en ‹*lat.-it.-nlat.*›: Entstehung der verschiedenen ↑ Granite; vgl. ...ation/...ierung
gra|ni|tisch [auch: ...ˈnɪ...]: den Granit betreffend
Gra|ni|ti|sie|rung, die; -, -en: ↑ Granitisation
Gra|ni|tit [auch: ...ˈtɪt], der; -s, -e: eine Art des ↑ Granits, die hauptsächlich dunklen Glimmer enthält
Gra|nit|por|phyr, der; -s: eine Art des Granits mit großen Feldspatkristallen in der feinkörnigen Grundmasse
Gran|ny Smith [ˈgrɛni ˈsmɪθ], der; - -, - - ‹*engl.*›: glänzend grüner, saftiger, säuerlich schmeckender Apfel
Gra|no|di|o|rit [auch: ...ˈrɪt], der; -s, -e ‹*lat.; gr.*› (Geol.): ein kieselsäurereiches Tiefengestein
Gra|nu|la: *Plural* von ↑ Granulum
gra|nu|lär ‹*lat.-nlat.*›: ↑ granulös
Gra|nu|lar|atro|phie, die; -, ...ien ‹*lat.; gr.*› (Med.): ↑ Zirrhose
Gra|nu|la|ri|tät, die; -, -en (EDV): Anzahl von Untergliederungen eines Elements
Gra|nu|lat, das; -[e]s, -e ‹*lat.-nlat.*›: durch Granulieren in Körner zerkleinerte Substanz
Gra|nu|la|ti|on, die; -, -en: **1.** Herstellung u. Bildung einer körnigen [Oberflächen]struktur. **2.** körnige [Oberflächen]struktur; vgl. ...ation/...ierung
Gra|nu|la|ti|ons|ge|we|be, das; -s: **a)** (Med.) sich bei der Heilung von Wunden u. Geschwüren neu bildendes gefäßreiches Bindegewebe, das nach einiger Zeit in Narbengewebe übergeht; **b)** (Zahnmed.) Gewebe, das sich bei bestimmten Infektionen u. chronischen Entzündungen im Gewebsinneren bildet
Gra|nu|la|tor, der; -s, ...oren: Vorrichtung zum Granulieren (1)
Gra|nu|len, die (Plural): auf der nicht gleichmäßig hellen Oberfläche der Sonne als körnige Struktur sichtbare auf- u. absteigende Gasmassen, deren Anordnung sich innerhalb weniger Minuten ändert u. deren helle Elemente eine Ausdehnung von etwa 1 000 km haben
gra|nu|lie|ren: **1.** (Fachspr.) [an der Oberfläche] körnig machen, in körnige, gekörnte Form bringen. **2.** (Med.) Körnchen, Granulationsgewebe bilden. **gra|nu|liert** (Med.): körnig zusammengeschrumpft (z. B. bei Schrumpfniere)
Gra|nu|lie|rung, die; -, -en: **1.** das Granulieren; Granulation (1). **2.** (selten) ↑ Granulation (2); vgl. ...ation/...ierung
Gra|nu|lit [auch: ...ˈlɪt], der; -s, -e: Weißstein; hellfarbiger kristalliner Schiefer aus Quarz, Feldspat, Granat u. Rutil. **gra|nu|li|tisch** [auch: ...ˈlɪ...]: den Granulit betreffend
Gra|nu|lom, das; -s, -e (Med.): knotige Neubildung von Gewebe [als Reaktion auf eine Entzündung] (bes. an der Zahnwurzelspitze); vgl. Granulationsgewebe (b)
gra|nu|lo|ma|tös (Med.): mit der Bildung von Granulomen einhergehend; zu einer Granulomatose gehörend
Gra|nu|lo|ma|to|se, die; -, -n (Med.): Bildung zahlreicher Granulome; Erkrankung, die mit der Bildung von Granulomen einhergeht
Gra|nu|lo|me|t|rie, die; -: Gesamtheit der Methoden zur prozentualen Erfassung des Kornaufbaus von Sand, Kies, Böden od. Produkten der Grob- u. Feinzerkleinerung mithilfe von Sichtung, Siebung od. ↑ Sedimentation (1)
gra|nu|lös: körnig, gekörnt
Gra|nu|lo|se, die; -, -n: ↑ Trachom
Gra|nu|lo|zyt, der; -en, -en (meist Plural) ‹*lat.; gr.*› (Med.): weißes Blutkörperchen von körniger Struktur
Gra|nu|lo|zy|to|pe|nie, die; -, ...ien ‹*gr.*›: Mangel an Granulozyten im Blut als Krankheitssymptom
Gra|nu|lum, das; -s, ...la ‹*lat.*›: **1.** (Med.) Arzneimittel in Körnchenform; Arzneikügelchen. **2.** (Med.) Teilchen der mikroskopischen Kornstruktur der lebenden Zelle. **3.** (Med.) beim ↑ Trachom vorkommende körnige Bildung unter dem Oberlid. **4.** (Med.) Gewebeknötchen im Granulationsgewebe
Grape|fruit [ˈgrɛɪ̯pfruːt], die; -, -s ‹*engl.*›: große, runde Zitrusfrucht mit gelber Schale u. säuerlich-bitter schmeckendem Fruchtfleisch
[1]**Graph,** [1]Graf, der; -en, -en ‹*gr.*› (bes. Math.): grafische Darstellung, bes. von Relationen [von Funktionen] in Form von Punktmengen, bei denen gewisse Punktpaare durch Kurven (meist Strecken) verbunden sind
[2]**Graph,** [2]Graf, das; -s, -e (Sprachwiss.): Schriftzeichen, kleinste, nicht bedeutungskennzeichnende Einheit in schriftlichen Äußerungen
...graph *s. Kasten ...grafie*
Gra|phem, Grafem, das; -s, -e (Sprachwiss.): kleinstes bedeutungsunterscheidendes grafisches Symbol, das ein od. mehrere ↑ Phoneme wiedergibt
Gra|phe|ma|tik, Grafematik, die; - (Sprachwiss.): ↑ Graphemik. **gra|phe|ma|tisch,** grafematisch (Sprachwiss.): die Graphematik betreffend
Gra|phe|mik, Grafemik, die; - (Sprachwiss.): Wissenschaft von den Graphemen unter dem Aspekt ihrer Unterscheidungsmerkmale u. ihrer Stellung im Alphabet. **gra|phe|misch,** grafemisch (Sprachwiss.): die Graphemik betreffend
Gra|phen, das; -s, -e ‹Kunstw.›: zweidimensionale Modifikation (3) des Kohlenstoffs
Gra|pheo|lo|gie, Grafeologie, die; -: **1.** Wissenschaft von der Verschriftung von Sprache und von den Schreibsystemen. **2.** ↑ Graphemik
gra|pheo|lo|gisch, grafeologisch: die Grapheologie betreffend

Gra|phic No|vel [ˈgrɛfɪk ˈnɔvl̩], die; - -, - -s ‹*engl.-amerik.;* »illustrierter Roman«›: Comic im Buchformat, der eine abgeschlossene, thematisch komplexe Geschichte erzählt; Comicroman
Gra|phie vgl. Grafie
...gra|phie *s. Kasten ...grafie*
Gra|phik vgl. Grafik
Gra|phik|de|sign [...dizaɪn] vgl. Grafikdesign
Gra|phi|ker vgl. Grafiker
Gra|phi|ke|rin vgl. Grafikerin
Gra|phik|kar|te vgl. Grafikkarte
...gra|phin *s. Kasten ...grafie*
gra|phisch vgl. grafisch
Gra|phis|mus vgl. Grafismus
Gra|phit [auch: ...ˈfɪt] vgl. Grafit
gra|phi|tie|ren vgl. grafitieren
gra|phi|tisch [auch: ...ˈfɪ...] vgl. grafitisch
gra|pho..., Gra|pho... *s. Kasten ...grafie*
Gra|pho|lo|ge usw. vgl. Grafologe usw.
gra|pho|lo|gisch vgl. grafologisch
Gra|pho|ma|nie vgl. Grafomanie
Gra|pho|spas|mus vgl. Grafospasmus
Gra|pho|sta|tik vgl. Grafostatik
Gra|pho|thek vgl. Grafothek
Gra|pho|the|ra|pie vgl. Grafotherapie
Grap|pa, der; -s, -s od. die; -, -s ‹*it.*›: italienisches alkoholisches Getränk aus Trester (Traubenpressrückstände)
Grap|to|lith [auch: ...ˈlɪt], der; -s u. -en, -en ‹*gr.-nlat.*›: koloniebildendes, fossiles, sehr kleines Meerestier aus dem Silur
Grass, das; - ‹*engl.-amerik.;* »Gras«› (ugs. verhüllend): ↑Marihuana
Grass|board [...bɔːd], das; -s, -s ‹*engl.*›: spezielles Skateboard, das auch für das Surfen im Gelände geeignet ist
Grass|boar|ding, das; -s: das Surfen über Wiesen, Waldwege, Asphalt od. Schotter mit einem Grassboard
gras|sie|ren ‹*lat.*›: um sich greifen; wüten, sich ausbreiten (z. B. von Seuchen)
Gra|ti|al, das; -s, -e, **Gra|ti|a|le,** das; -s, ...lien ‹*lat.-mlat.*› (veraltet): **a)** Dankgebet; **b)** Geschenk (Trinkgeld)
Gra|ti|as, das; -, - ‹*lat.;* gratias agamus Deo = lasst uns Gott danken›: nach dem Anfangswort bezeichnetes (urspr. klösterliches) Dankgebet nach Tisch
Gra|ti|fi|ka|ti|on, die; -, -en ‹*lat.;* »Gefälligkeit«›: zusätzliches [Arbeits]entgelt zu besonderen Anlässen (z. B. zu Weihnachten)
gra|ti|fi|zie|ren (veraltend): als Sonderzuwendung zahlen
Gra|tin [graˈtɛ̃ː], das od. der; -s, -s ‹*frz.*›: überbackenes Gericht (z. B. Apfel-, Käse-, Kartoffelgratin)
Grä|ting, die; -, -e od. -s ‹*engl.;* »Gitterwerk«› (Seemannsspr.): Holz- od. Metallrost als Laufsteg auf Schiffen
gra|ti|nie|ren ‹*germ.-frz.*› (Gastron.): überbacken, bis eine braune Kruste entsteht; vgl. au gratin
gra|tis ‹*lat.*›: unentgeltlich, frei, unberechnet
Gra|tis|ak|tie, die; -, -n: neue Aktie, die statt einer ↑Dividende an den Aktionär ausgegeben wird
Gra|tu|lant, der; -en, -en: jmd., der jmdm. gratuliert. **Gra|tu|lan|tin,** die; -, -nen: weibliche Form zu ↑Gratulant
Gra|tu|la|ti|on, die; -, -en ‹*lat.*›: **1.** das Gratulieren. **2.** Glückwunsch
Gra|tu|la|ti|ons|cour [...kuːɐ̯], die; -, -en ‹*lat.; lat.-frz.*›: Glückwunschzeremoniell zu Ehren einer hochgestellten Persönlichkeit
gra|tu|lie|ren ‹*lat.*›: beglückwünschen, Glückwünsche aussprechen; Glück wünschen
Gra|va|men, das; -s, ...mina (meist Plural) ‹*lat.*›: Beschwerde, bes. die Vorwürfe gegen Kirche u. Klerus im 15. u. 16. Jh.
Gra|va|ti|on, die; -, -en (veraltet): Beschwerung, Belastung
gra|ve ‹*lat.-it.*› (Musik): schwer, feierlich, ernst (Vortragsanweisung). **Gra|ve,** das; -s, -s (Musik): langsamer Satz od. Satzteil von ernstem, schwerem, majestätischem Charakter seit dem frühen 17. Jh.
Gra|vet|ti|en [gravɛˈti̯ɛ̃ː], das; -[s] ‹nach der Felsnische La Gravette in Frankreich›: Kulturstufe der Jüngeren Altsteinzeit
Gra|veur [...ˈvøːɐ̯], der; -s, -e ‹*niederd.-niederl.-frz.*›: Metall-, Steinschneider, Stecher. **Gra|veu|rin** [...ˈvøːrɪn], die; -, -nen: weibliche Form zu ↑Graveur
gra|vid ‹*lat.;* »beschwert«› (Med.): schwanger. **Gra|vi|da,** die; -, ...dae [...dɛ] (Med.): schwangere Frau. **gra|vi|de** vgl. gravid
Gra|vi|di|tät, die; -, -en (Med.): Schwangerschaft
gra|vie|ren ‹*niederd.-niederl.-frz.*›: in Metall, Stein [ein]schneiden
gra|vie|rend ‹*lat.*›: ins Gewicht fallend, schwerwiegend u. sich möglicherweise nachteilig auswirkend
Gra|vie|rung, die; -, -en: **1.** das Gravieren. **2.** eingravierte Schrift, Verzierung o. Ä.
Gra|vi|me|ter, das; -s, - ‹*lat.; gr.*› (Geol.): Instrument zur Messung der Veränderlichkeit der Schwerkraft. **Gra|vi|me|t|rie,** die; -, ...ien: **1.** (Chemie) Messanalyse; Verfahren zur quantitativen Bestimmung von Elementen u. Gruppen in Stoffgemischen. **2.** (Geol.) Messung der Veränderlichkeit der Schwerkraft. **gra|vi|me|t|risch:** die Erdschwere betreffend
Gra|vis, der; -, - ‹*lat.*›: Betonungszeichen für den »schweren«, fallenden Ton (z. B. à); vgl. Accent grave
Gra|vi|sphä|re, die; -, -n ‹*lat.; gr.*›: Bereich des Weltraums, in dem die Schwerkraft eines Weltkörpers die Schwerkraft anderer Weltkörper überwiegt
Gra|vi|tät, die; - ‹*lat.*›: [steife] Würde, Gemessenheit im Gehaben
Gra|vi|ta|ti|on, die; - ‹*lat.-nlat.*›: Schwerkraft, Anziehungskraft, bes. die zwischen der Erde u. den in ihrer Nähe befindlichen Körpern
Gra|vi|ta|ti|ons|dif|fe|ren|zi|a|ti|on, Gravitationsdifferentiation, die; - (Geol.): das Absinken von Kristallen durch die Schwerkraft bei Erstarrung einer Schmelze
Gra|vi|ta|ti|ons|ener|gie, die; -: die durch die Schwerkraft aufbringbare Energie
Gra|vi|ta|ti|ons|kol|laps, der; -es, -e (Astron.): Zusammenfallen eines Sternes am Ende seiner Entwicklung, nachdem seine inneren Energiereserven aufgebraucht sind
Gra|vi|ta|ti|ons|kon|s|tan|te, die; -

graziös	grazil
Mit ihrem Tanzpartner wird sie mit graziöser Eleganz und viel Ausdruckskraft dahinschweben. *anmutig, leicht, zierlich* – anmutig […und] graziös – graziös […] tänzeln – sie so graziös über die […] Tennis-Courts liefen Die Bewegungen sind so graziös und fein, das ist bei uns nicht bekannt. Danach schwingen wir den Hang gefühlt graziös runter. Keine stöckelte graziöser über das Straßenpflaster als Carrie Bradshaw.	Zur perfekt grazil laufenden Italienerin werde ich leider nicht mehr werden. *zierlich, feingliedrig* – mit grazilen […] Bewegungen – wirkt wuchtig und grazil zugleich – eine/die grazile [junge] Dame, die … Es ist viel zu grazil gebaut, um einen Reiter zu tragen. Man geht gerade, wiegt die Hüften und schlägt grazil die Beine übereinander. Von der Loge aus schaute sich bereits der Zar die grazilen Bewegungen der Tänzer an.

(Physik, Astron.): Naturkonstante, die zahlenmäßig der Kraft entspricht, die zwei 1 g schwere punktförmige Massen in 1 cm Abstand aufeinander ausüben

gra|vi|tä|tisch ‹*lat.*›: ernst, würdevoll, gemessen

gra|vi|ta|tiv ‹*lat.-nlat.*› (bes. Physik): von der ↑Gravitation ausgehend

gra|vi|tie|ren ‹*lat.-nlat.*›: **a)** infolge der Schwerkraft auf einen Punkt hinstreben; **b)** sich zu etwas hingezogen fühlen

Gra|vi|ton, das; -s, ...onen: Feldquant; Elementarteilchen des Gravitationsfeldes; vgl. Quant

Gra|vur, die; -, -en ‹mit lat. Endung zu ↑Gravüre›: eingravierte Verzierung

Gra|vü|re, die; -, -n ‹*niederd.-niederl.-frz.*›: **1.** ↑Gravur. **2. a)** Erzeugnis der Gravierkunst (Kupfer-, Stahlstich); **b)** auf fotomechanischem Wege hergestellte Tiefdruckform; **c)** Druck von einer auf fotomechanischem Wege hergestellten Tiefdruckform

Gray [greɪ] ‹nach dem Namen des engl. Radiobiologen L. H. Gray, 1905–1965›: Maßeinheit der Energiedosis (Zeichen: Gy)

Gra|zie [...i̯ə], die; -, -n ‹*lat.*›: **1.** (ohne Plural) Anmut, Liebreiz. **2.** (meist Plural) eine der drei (den Chariten in der griechischen Mythologie entsprechenden) altrömischen Göttinnen der Anmut u. Schönheit

gra|zil ‹*lat.*›: fein gebildet, zartgliedrig, zierlich. **Gra|zi|li|tät,** die; -: feine Bildung, Zartgliedrigkeit, Zierlichkeit

gra|zi|ös ‹*lat.-frz.*›: anmutig, mit Grazie

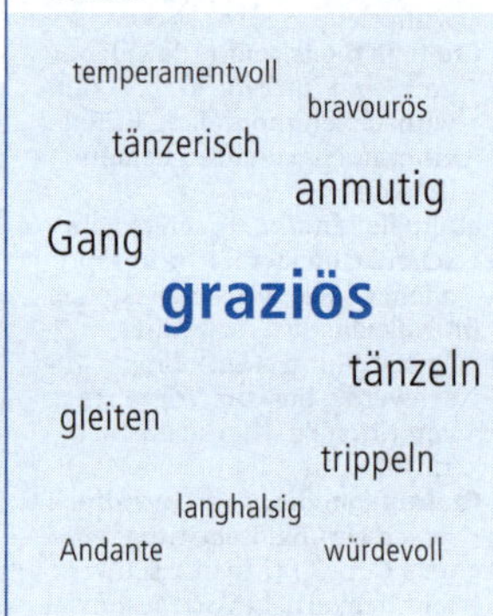

graziös/grazil *s. Kasten*

gra|zi|o|so ‹*lat.-it.*› (Musik): anmutig, mit Grazie (Vortragsanweisung). **Gra|zi|o|so,** das; -s, -s u. ...si (Musik): Satz von anmutigem, graziösem Charakter

grä|zi|sie|ren ‹*gr.-lat.*›: in [alt]griechische Sprachform bringen

Grä|zis|mus, der; -, ...men ‹*gr.-nlat.*›: altgriechische Spracheigentümlichkeit in einer nicht griechischen Sprache, bes. in der lateinischen; vgl. ...ismus/...istik

Grä|zist, der; -en, -en: jmd., der sich wissenschaftlich mit dem Altgriechischen befasst (z. B. Hochschullehrer, Student)

Grä|zis|tik, die; -: Wissenschaft von der altgriechischen Sprache [u. Kultur]; vgl. ...ismus/...istik

Grä|zis|tin, die; -, -nen: weibliche Form zu ↑Gräzist

grä|zis|tisch: a) das Gebiet des Altgriechischen betreffend; **b)** in der Art, nach dem Vorbild des Altgriechischen

Grä|zi|tät, die; - ‹*gr.-lat.*›: Wesen der altgriechischen Sprache, Sitte u. Kultur

Green [gri:n], das; -s, -s ‹*engl.;* eigtl. »grün«› (Golf): um das Loch herum kurz geschnittene Rasenfläche

Green|back [ˈgri:nbɛk], der; -[s], -s ‹*engl.-amerik.*›: **a)** amerikanische Schatzanweisung mit Banknotencharakter mit grünem Rückseitenaufdruck; **b)** (volkstümlich in den USA) US-Dollar-Note

Green|card [ˈgri:nka:ɐ̯t], die; -, -s, **Green Card,** die; - -, - -s ‹*engl.;* eigtl. »grüne Karte«›: **a)** Karte, die Ausländer in den USA benötigen, um legal eine Arbeitsstelle zu bekommen; **b)** Dokument, das Menschen aus Ländern außerhalb der Europäischen Union berechtigt, für eine begrenzte Zeit in Deutschland zu leben u. zu arbeiten

Green|fee, Green-Fee [ˈgri:nfi:], die; -, -s ‹*engl.*›: von einem Golfspieler auf fremdem Platz zu entrichtende Gebühr

Green|horn [ˈgri:nhɔ:ɐ̯n],

das; -s, -s ⟨*engl.*⟩: jmd., der auf einem für ihn neuen Gebiet zu arbeiten begonnen hat u. noch ohne einschlägige Erfahrungen ist; Neuling, Grünschnabel
Green|kee|per, Green-Kee|per [ˈgriːnkiːpɐ], der; -s, - ⟨*engl.*⟩: jmd., der eine Golfanlage in Ordnung hält
Green|peace [ˈgriːnpiːs] ⟨*engl.*⟩: internationale Umweltschutzorganisation
Green|wi|cher Zeit [ˈgrɪnɪdʒɐ-], die; - -: westeuropäische Zeit, bezogen auf den Nullmeridian, der durch Greenwich (Vorort von London) geht
Gre|ga|ri|ne, die; -, -n ⟨*lat.-nlat.*⟩ (Zool.): einzelliger tierischer Schmarotzer im Innern von wirbellosen Tieren
Grège [grɛːʃ], die; - ⟨*it.-frz.*⟩: Rohseide[nfaden] aus 3–8 Kokonfäden, die nur durch den Seidenleim zusammengehalten werden
Gre|go|ri|a|nik, die; - ⟨*nlat.*⟩: **a)** die Kunst des gregorianischen Gesangs; **b)** die den gregorianischen Choral betreffende Forschung
gre|go|ri|a|nisch: in den Fügungen **gregorianischer Choral** od. **Gesang:** einstimmiger, rhythmisch freier, unbegleiteter liturgischer Gesang der kath. Kirche (benannt nach Papst Gregor I., 590–604); **gregorianischer Kalender:** der von Papst Gregor XIII. 1582 eingeführte, noch heute gültige Kalender
gre|go|ri|a|ni|sie|ren: in der Manier des gregorianischen Gesangs komponieren
Gre|gors|mes|se, die; -: im Spätmittelalter häufige Darstellung in der bildenden Kunst, auf der Christus dem vor dem Altar knienden Papst Gregor I. erscheint
Gre|lots [grəˈloː], die (Plural) ⟨*frz.*⟩: [als Randverzierung angebrachte] plastische Posamentenstickerei in Form von Knötchen u. kleinen Schlingen
Gre|mi|a|le, das; -s, ...lien ⟨*lat.-mlat.*⟩: Schoßtuch des kath. Bischofs beim Messelesen
Gre|mi|um, das; -s, ...ien ⟨*lat.;* »ein Armvoll, Bündel«⟩: **a)** Gemeinschaft, beratende oder beschlussfassende Körperschaft; Ausschuss; **b)** (österr.) Berufsvereinigung
Gre|na|dier, der; -s, -e ⟨*lat.-it.-frz.;* »Handgranatenwerfer«⟩: **a)** Soldat der Infanterie (besonderer Regimenter); **b)** (ohne Plural) unterster Dienstgrad eines Teils der Infanterie
Gre|na|dil|le ⟨*lat.-span.-frz.*⟩, Granadille ⟨*lat.-span.*⟩ die; -, -n: essbare Frucht verschiedener Arten von Passionsblumen
Gre|na|din [grənaˈdɛ̃ː], das od. der; -s, -s ⟨*lat.-it.-frz.;* nach der span. Stadt Granada⟩: kleine gebratene Fleischschnitte
[1]**Gre|na|di|ne**, die; - ⟨*lat.-it.-frz.*⟩: Saft aus Granatäpfeln [Orangen u. Zitronen]
[2]**Gre|na|di|ne**, die; - ⟨*frz.*⟩: **a)** hart gedrehter Naturseidenzwirn; **b)** durchbrochenes Gewebe aus [2]Grenadine (a) in Leinenbindung (Webart)
Grey|hound [ˈgreɪhaʊnd], der; -[s], -s ⟨*engl.*⟩: **1.** englischer Windhund. **2.** Kurzform von ↑Greyhoundbus
Grey|hound|bus, der; -ses, -se: Omnibus einer amerikanischen Busliniengesellschaft (in den Vereinigten Staaten ein wichtiges öffentliches Verkehrsmittel im Überlandverkehr)
Gri|b|let|te, die; -, -n ⟨*frz.*⟩ (veraltet): kleine, gespickte Fleischschnitte
grie|chisch-ka|tho|lisch: 1. (auch:) griechisch-uniert: einer mit Rom ↑unierten orthodoxen Nationalkirche angehörend (die bei eigenen Gottesdienstformen in Lehre u. Verfassung den Papst anerkennt). **2.** (veraltet) ↑griechisch-orthodox
grie|chisch-or|tho|dox: der von Rom (seit 1054) getrennten morgenländischen od. Ostkirche od. einer ihrer ↑autokephalen Nationalkirchen angehörend
grie|chisch-rö|misch: 1. (beim Ringen) nur Griffe oberhalb der Gürtellinie gestattend. **2.** ↑griechisch-katholisch
grie|chisch-uni|ert: ↑griechisch-katholisch
Grieve [griːv] vgl. James Grieve
Grif|fon [grɪˈfɔ̃ː], der; -s, -s ⟨*frz.*⟩: als Jagd- od. Schutzhund gehaltener, kräftiger Vorstehhund mit rauem bis struppigem Fell
gri|g|nar|die|ren [grinjar...] ⟨nach dem frz. Chemiker Grignard, 1871–1935⟩: nach einem bestimmten Verfahren ↑Synthesen organischer Stoffe bilden
Grill, der; -s, -s ⟨*lat.-frz.-engl.*⟩: Bratrost
Gril|la|de [griˈjaːdə], die; -, -n ⟨*lat.-frz.*⟩: Grillgut; Rostbratenstück
gril|len ⟨*lat.-frz.-engl.*⟩: auf dem Grill rösten
Gril|let|te, die; -, -n (regional): gegrilltes Hacksteak
gril|lie|ren [grɪˈliːrən, auch: griˈjiːrən] (schweiz.): ↑grillen
Grill|room [ˈgrɪlruːm], der; -s, -s ⟨*engl.*⟩: Restaurant od. Speiseraum in einem Hotel, in dem hauptsächlich Grillgerichte [zubereitet u.] serviert werden
Gri|mas|se, die; -, -n ⟨*germ.-frz.*⟩: eine bestimmte innere Einstellung, Haltung o. Ä. durch verzerrte Züge wiedergebender Gesichtsausdruck; Fratze. **grimas|sie|ren:** das Gesicht verzerren, Fratzen schneiden
Grim|shaw [ˈgrɪmʃɔː], der; -[s], -s ⟨*engl.;* nach dem Namen des Entwicklers⟩: durch Lenkung erzwungene Verstellung eines [schwarzen] Langschrittlers (Dame, Turm o. Ä.) als thematische Idee in Schachaufgaben
Grin|go, der; -s, -s ⟨*gr.-lat.-span.;* »griechisch« (= unverständlich)⟩ (abwertend): jmd., der nicht romanischer Herkunft ist (in Südamerika)
Gri|ot [griˈoː], der; -s, -s ⟨*frz.*⟩: (bes. im nordwestlichen Afrika) einer eigenen Kaste angehörender fahrender Sänger u. Spaßmacher, der die mündliche Tradition bewahrt u. überliefert u. dem übernatürliche Kräfte zugeschrieben werden
Grip, der; -s ⟨*engl.;* »Griff«⟩: Griffigkeit, Bodenhaftung von Fahrzeugreifen
grip|pal (Med.): **a)** die Grippe betreffend; **b)** von einer Grippe herrührend; mit Fieber u. ↑Katarrh verbunden
Grip|pe, die; -, -n ⟨*germ.-frz.;* »Grille, Laune«⟩ (Med.): mit Fieber u. Katarrh verbundene [epidemisch auftretende] Virusinfektionskrankheit
Grip|pe|pneu|mo|nie, die; -, -n (Med.): gefährliche, durch Grippe hervorgerufene Lungenentzündung

grip|po|id: ↑grippös
grip|pös ⟨*germ.-frz.-nlat.*⟩ (Med.): grippeartig
Gri|saille [gri'zaj], die; -, -n [...'zajən] ⟨*germ.-frz.*⟩: **1. a)** Malerei in grauen (auch braunen od. grünen) Farbtönen; **b)** Gemälde in grauen (auch braunen od. grünen) Farbtönen. **2.** (ohne Plural) Seidenstoff aus schwarzem u. weißem Garn
Gri|set|te, die; -, -n ⟨*frz.;* »Kleid aus grauem Stoff« (wie es von den Näherinnen getragen wurde)⟩: **1. a)** junge [Pariser] Näherin, Putzmacherin; **b)** leichtlebige junge Frau. **2.** eine Pastetenart
Gri|son [gri'zõ:], der; -s, -s ⟨*frz.*⟩: in Mittel- u. Südamerika heimischer, einem Dachs ähnlicher Marder mit oberseits hellgrauem Fell
Grit, der; -s, -e ⟨*engl.*⟩: [Mühlen]sandstein
Grizz|ly|bär ['grɪsli...], der; -en, -en ⟨*engl.; dt.;* »grauer Bär«⟩: dunkelbrauner amerikanischer Bär (bis 2,30 m Körperlänge)
Groat [grɔʊt], der; -s, -s ⟨*engl.-lat.*⟩: [brit.] Silbermünze im Wert von 4 Pence
gro|bi|a|nisch ⟨*dt.-nlat.*⟩: in der Art eines Grobians; **grobianische Dichtung:** Dichtung des 15. u. 16. Jh.s, die grobes, unflätiges Verhalten (bes. bei Tisch) ironisch u. satirisch darstellt
Gro|bi|a|nis|mus, der; -: grobianische Dichtung
Grog, der; -s, -s ⟨*engl.;* vielleicht nach dem Spitznamen des engl. Admirals Vernon: »Old Grog«⟩: heißes Getränk aus Rum (auch Arrak od. Weinbrand), Zucker u. Wasser
grog|gy ⟨»vom Grog betrunken«⟩: schwer angeschlagen, nicht mehr zu etwas (z. B. zum Kämpfen) fähig
gro|li|e|resk ⟨*frz.;* nach dem frz. Bibliophilen Grolier de Servières, 1479–1565⟩: in der Art eines Grolierereinbandes (= Maroquin- od. Kalbsledereinband mit farbigen od. goldenen Verzierungen)
Groom [gru:m], der; -s, -s ⟨*engl.*⟩: **a)** engl. Bez. für Reitknecht; **b)** junger Diener, Page
Groo|ming ['gru:mɪŋ], das; -[s] (ohne Plural) ⟨engl.⟩: **1.** Körperpflege, bes. bei Tieren. **2.** gezielte Kontaktaufnahme eines od. einer Erwachsenen mit minderjährigen Personen in der Absicht, sie sexuell zu missbrauchen
Groove [gru:v], der; -s, -s ⟨*engl.*⟩: Art u. Weise, Musik in rhythmisch-melodischer Weise darzubieten, die innere Beteiligung, Anteilnahme erkennen lässt u. sich auf das Publikum überträgt
groo|ven ['gru:vn̩]: **1.** ein Instrument so spielen, dass man die innere Beteiligung erkennen kann, die sich auf das Publikum überträgt. **2.** so rhythmisch-melodisch u. mitreißend sein, dass es sich auf das Publikum überträgt
groo|vig ['gru:v...]: ↑Groove besitzend, mit Groove spielend, gespielt
Groo|ving ['gru:vɪŋ], das; -[s]: Herstellung einer aufgerauten Fahrbahn mit Rillen (auf Startpisten, Autobahnen)
groo|vy ['gru:vi] ⟨aus *engl.* (Jargon) groovy »mitreißend«⟩: **1.** den Groove betreffend. **2.** (ugs.) sehr gut, erstklassig
[1]**Gros** [gro:], das; -, - [gro:s] ⟨*lat.-frz.*⟩: überwiegender Teil einer Personengruppe
[2]**Gros,** das; -ses, -se (aber: 6 -) ⟨*lat.-frz.-niederl.*⟩: 12 Dutzend = 144 Stück
Groß|al|mo|se|nier [...i:r], der; -s, -e ⟨*dt.; gr.-mlat.*⟩: oberster Geistlicher (↑Almosenier) des ↑Klerus am französischen Hof (seit dem 15. Jh.)
Groß|dyn, das; -s ⟨*dt.; gr.*⟩: ↑Dyn
Gros|sesse ner|veuse [gro'sɛs nɛr'vø:z], die; - -, -s -s [gro'sɛs nɛr'vø:z] ⟨*frz.*⟩ (Med.): eingebildete Schwangerschaft
Groß|in|qui|si|tor, der; -s, -en ⟨*dt.; lat.*⟩: oberster Richter der spanischen ↑Inquisition
Gros|sist, der; -en, -en ⟨*lat.-frz.*⟩: Großhändler. **Gros|sis|tin,** die; -, -nen: weibliche Form zu ↑Grossist
Groß|koph|ta [...kɔfta], der; -s ⟨nach dem angeblichen Gründer der ägypt. Freimaurerei; Herkunft unsicher⟩: Leiter des von Cagliostro gestifteten Freimaurerbundes (um 1770)
Groß|kor|don [...dõ:], der; -s ⟨*dt.; frz.*⟩: höchste Klasse der Ritter- u. Verdienstorden
Groß|mo|gul, der; -s, -n ⟨*dt.; pers.-Hindi-port.-frz.*⟩: **1.** nordindischer Herrscher (16.–19. Jh.). **2.** (ohne Plural) einer der größten Diamanten
Groß|muf|ti, der; -[s], -s ⟨*dt.; arab.*⟩: Titel des Rechtsgelehrten (↑Mufti) Husaini von Jerusalem
Gros|so|han|del, der; -s ⟨*lat.-it.; dt.*⟩ (veraltet): Großhandel
gros|so mo|do ⟨*lat.*⟩: im Großen u. Ganzen
Gros|su|lar, der; -s, -e ⟨*germ.-frz.-nlat.*⟩: grüne u. gelbgrüne Abart des ↑[1]Granats
Groß|we|sir, der; -s, -e ⟨*dt.; arab.*⟩: **1.** (Geschichte) hoher islamischer Beamter, der nur dem Sultan unterstellt ist. **2.** (ohne Plural) Titel des türkischen Ministerpräsidenten (bis 1922)
Grosz [grɔʃ], der; -, -e ⟨*dt.-poln.*⟩: kleine polnische Währungseinheit (= 0,01 Zloty)
Gro|szy ['grɔʃə]: *Genitiv Plural* von ↑Grosz
gro|tesk ⟨*gr.-lat.-vulgärlat.-it.-frz.*⟩: **a)** durch eine Übersteigerung od. Verzerrung absonderlich, fantastisch wirkend; **b)** absurd, lächerlich. **Gro|tesk,** die; -: gleichmäßig starke Antiquaschrift ohne ↑Serifen
Gro|tes|ke, die; -, -n: **1.** fantastisch geformtes Tier- u. Pflanzenornament der Antike u. Renaissance. **2.** Erzählform, die Widersprüchliches, z. B. Komisches u. Grauenerregendes, verbindet. **3.** ↑Grotesktanz
Gro|tesk|film, der; -[e]s, -e: Lustspielfilm mit oft völlig sinnloser ↑Situationskomik (z. B. Pat u. Patachon)
Gro|tesk|tanz, der; -es, ...tänze: karikierender Tanz mit drastischen Übertreibungen u. verzerrenden Bewegungen
Grot|te, die; -, -n ⟨*gr.-lat.-vulgärlat.-it.*⟩: malerische, oft in Renaissance- u. Barockgärten künstlich gebildete Felsenhöhle
Grot|to, das; -s, ...ti (auch: -s): Tessiner Weinschenke
Ground|hos|tess ['graʊnt...], die; -, -en ⟨*engl.*⟩: Angestellte einer Fluggesellschaft, der die Betreuung der Fluggäste auf dem Flughafen obliegt
Ground Ze|ro ['graʊnd 'ziərɔʊ], der, auch: das; - -s (meist ohne

Artikel) ‹*engl.;* »(Boden)nullpunkt«›: Bezeichnung für das Gelände in New York, auf dem das bei den Terroranschlägen vom 11. September 2001 zerstörte World Trade Center stand

Grou|pie ['gru:pi], das; -s, -s ‹*engl.*›: meist weiblicher ↑Fan, der möglichst engen Kontakt mit seinem Idol sucht

Group|ware ['gru:pwɛ:ɐ̯], die; -, -s (Plural selten) ‹Analogiebildung zu ↑Software› (EDV): Software für eine bestimmte Benutzergruppe, die in einem Netzwerk (z. B. Intranet) an einem gemeinsamen Projekt arbeitet

Gro|w|er ['grɔʊ̯ɐ], der; -[s], - ‹*engl.;* eigtl. »Pflanzer«›: jmd., der [heimlich] Hanf anbaut, um daraus Haschisch od. Marihuana herzustellen

Growl [graʊ̯l], der od. das; -s, -s ‹*engl.*›: (im Jazz) spezieller Klangeffekt, bei dem vokale Ausdrucksmittel auf Instrumenten nachgeahmt werden

grụb|ben vgl. grubbern

Grụb|ber, der; -s, - ‹*engl.*›: mit starken Zinken versehenes landwirtschaftliches Gerät zur Bearbeitung, bes. Lockerung, des Bodens; vgl. Kultivator

grụb|bern, grubben: mit dem Grubber pflügen

Grụnd|bass, der; -es ‹*dt.; lat.-it.*›: **1.** Reihe der tiefsten Töne eines Musikwerkes als Grundlage seiner Harmonie. **2.** ↑Fundamentalbass

grun|di̲e̲|ren: auf etw. den ersten Anstrich, die erste Farb- od. Lackschicht als Untergrund auftragen

Grunge [grandʒ], der; - ‹*engl.-amerik.*›: **1.** Rockmusik, für die harte Gitarrenklänge u. eine lässige Vortragsweise typisch sind. **2.** Mode in Form bewusst unansehnlicher, schmuddeliger Kleidung

Grụpp, der; -s, -s ‹*it.-frz.*›: aus Geldrollen bestehendes, zur Versendung bestimmtes Paket

Grụp|pen|dy|na|mik, die; - ‹*dt.; gr.-lat.*› (Sozialpsychol.): **a)** koordiniertes Zusammenwirken, wechselseitige Steuerung des Verhaltens der Mitglieder einer Gruppe bzw. Verhältnis des Individuums zur Gruppe; **b)** Wissenschaft von der Gruppendynamik (a). **grụp|pen|dy|na|misch** (Sozialpsychol.): die Gruppendynamik betreffend, zu ihr gehörend

Grụp|pen|the|ra|pie, die; -, ...ien [...i:ən]: **a)** (Med.) gleichzeitige Behandlung mehrerer Patienten; **b)** (Psychol.) ↑psychotherapeutische Behandlung einer Gruppe von Patienten unter gruppendynamischen Aspekten

grup|pi̲e̲|ren: nach Gruppen, in Gruppen ordnen, wirkungsvoll zusammenstellen

Gru|si|cal ['gru:zɪkl̩], das; -s, -s ‹anglisierende Neubildung zu *gruseln* nach dem Vorbild von ↑Mus*ical*›: nach Art eines Musicals aufgemachter Gruselfilm

Gru|y|ère [gry'jɛ:r], der; -s: Hartkäse aus der gleichnamigen Schweizer Landschaft

Gruy|ère|kä|se, der; -s ‹*frz.; dt.*›: ↑Gruyère

GSM [ge:ʔɛs'ʔɛm] ‹Abk. für *engl. g*lobal *s*ystem for *m*obile communication›: internationaler Standard für digitale Funknetze; vgl. UMTS

G-String ['dʒi:strɪŋ], der; -s, -s ‹*engl.;* »G-Saite«›: oft von [Striptease]tänzerinnen als Slip getragenes Kleidungsstück, das aus einem nur die Geschlechtsteile bedeckenden Stoffstreifen besteht, der an einer um die Hüften geschlungenen Schnur befestigt ist

Gu|a|ca|mo|le [gu̯aka'mo:lə], die; -, -n u. -s ‹*indian.-span. (mittelamerik.);* »Avocadosoße«›: mexikanische Avocadopüreezubereitung

Gu|a|jạk|harz, das; -es, -e (Plural selten) ‹*indian.-span.; dt.*›: als Heilmittel verwendetes Harz des in Mittelamerika wachsenden Guajakbaumes

Gu|a|ja|ko̲l, das; -s ‹Kurzw. aus *Guajak* u. ↑Alkoh*ol*›: aromatischer Alkohol, der als ↑Antiseptikum u. ↑Expektorans verwendet wird

Gu|a|jạk|pro|be, die; -, -n (Med.): Untersuchung auf Blut in Stuhl, Urin und Magensaft

Gu|a|ja̲|ve, Guave, die; -, -n ‹*indian.-span.*›: tropische Frucht in Apfel- od. Birnenform

Gu|a|nạ|ko ‹*indian.-span.*›, Huanaco ‹*indian.*› das, älter: der; -s, -s: (in Südamerika lebendes) dem ↑[1]Lama ähnliches, zur Familie der Kamele gehörendes Tier mit langem, dichtem Fell

Gu|a|ni|di̲n, das; -s ‹*indian.-span.-nlat.*›: Imidoharnstoff; vgl. Imid

Gu|a|ni̲n, das; -s ‹Kunstw.› (Biochemie): Bestandteil der ↑Nukleinsäuren

Gu|a̲|no, der; -s ‹*indian.-span.*›: aus Exkrementen von Seevögeln bestehender organischer Dünger

Gu|a|ra̲|na [auch: ...ra'na], der u. das; -s, -s ‹*indian.-span.*›: koffeinhaltige getrocknete Paste aus den Samen eines im Amazonasgebiet heimischen Seifenbaumgewächses, die zu Getränken, Tonika o. Ä. verarbeitet wird

Gu|a|ra̲|ni, Gu|a|ra|nị́, der; -, -: Währungseinheit in Paraguay

Gu|ạr|dia ci|vil [- si'vil], die; - - ‹*span.*›: span. ↑Gendarmerie

Gu|ar|di|a̲n, der; -s, -e ‹*germ.-mlat.;* »Wächter«›: Vorsteher eines Konvents der ↑Franziskaner u. ↑Kapuziner

Gu|ar|ne̲|ri, die; -, -s, Gu|ar|ne̲|ri|us, die; -, ...rii: Geige aus der Werkstatt der Geigenbauerfamilie Guarneri aus Cremona

Gu|asch vgl. Gouache

Gu|a̲|ve vgl. Guajave

Gu|bẹr|ni|um, das; -s, ...ien (veraltet): ↑Gouvernement

Gu|dọk, der; -s, -s ‹*russ.* »Hupe, Sirene«›: altes russ. Streichinstrument mit 3 Saiten

Gu|d|scha|ra̲|ti [gudʒa'ra:ti] vgl. Gujarati

Gu|ẹl|fe [auch: 'gɛlfə], der; -n, -n ‹*germ.-it.;* »Welfe«› (Geschichte): Anhänger päpstlicher Politik, Gegner der ↑Gibellinen

[1]**Gue|ril|la** [ge'rɪlja], die; -, -s ‹*germ.-span.*›: **a)** Kleinkrieg, den irreguläre Einheiten der einheimischen Bevölkerung gegen eine Besatzungsmacht od. im Rahmen eines Bürgerkriegs führen; **b)** einen Kleinkrieg führende Einheit

[2]**Gue|ril|la,** der; -[s], -s (meist Plural): Angehöriger einer [1]Guerilla (b)

Gue|ril|le|ra [gerɪl'je:ra], die; -, -s ‹*span.*›: weibliche Form zu ↑Guerillero. **Gue|ril|le|ro** [...'je:ro], der; -s, -s ‹*germ.-*

span.): Untergrundkämpfer in Südamerika

Gu|er|ri|g|li|e|ro [gueril'je:ro], der; -, ...ri ‹*germ.-span.-it.*›: italienischer Partisan (des 2. Weltkriegs)

Guide [gid, engl.: gaɪd], der; -s, -s ‹*germ.-frz.(-engl.)*›: **1.** Reisebegleiter; jmd., der Touristen führt. **2.** Reiseführer, -handbuch

gu|i|do|nisch [gui...] ‹*it.; dt.*›: in der Fügung **guidonische Hand** (Musik): Guido von Arezzo (980–1050) zugeschriebene Darstellung der Solmisationssilben durch Zeigen auf bestimmte Stellen der offenen linken Hand zur optischen Festlegung einer Melodie

Gui|g|nol [gin'jɔl], der; -s, -s ‹*frz.*›: Kasperle des französischen Puppentheaters, Hanswurst des Lyoner Puppenspiels

Guild|hall ['gɪldhɔ:l], die; -, -s ‹*engl.;* »Gildenhalle«›: Rathaus in England (bes. in London)

Guil|loche [gi'jɔʃ, gɪl'jɔʃ], die; -, -n ‹*frz.*›: **1.** verschlungene Linienzeichnung auf Wertpapieren od. zur Verzierung auf Metall, Elfenbein, Holz. **2.** Werkzeug zum Anbringen verschlungener [Verzierungs]linien

Guil|lo|cheur [gijɔ'ʃø:ɐ̯, gɪljɔ...], der; -s, -e: Linienstecher. **Guil|lo|cheu|rin** [...'ʃø:rɪn], die; -, -nen: weibliche Form zu ↑Guillocheur

guil|lo|chie|ren [...'ʃi:...]: Guillochen stechen

Guil|lo|ti|ne [gijo..., gɪljo...], die; -, -n ‹nach dem frz. Arzt Guillotin, 1738–1814›: mit einem Fallbeil arbeitendes Hinrichtungsgerät. **guil|lo|ti|nie|ren:** durch die Guillotine hinrichten

Gui|nea ['gɪni], die; -, -s, **Gui|nee** [gi'ne:(ə)], die; -, ...een ‹*engl.(-frz.);* nach dem afrik. Staat Guinea, woher das Gold für die Prägung stammte›: **a)** frühere englische Goldmünze; **b)** frühere englische Rechnungseinheit von 21 Schilling

Guin|ness® ['gi...], das; -, - ‹nach dem irischen Brauereigründer A. Guinness, 1725–1803›: eine irische Biermarke

Guin|ness|buch, Guin|ness-Buch ['gɪ...], das; -[e]s, ...bücher ‹nach Guinness®; *dt.*›: Buch, das Rekorde u. Ä. verzeichnet

Gui|pure|spit|ze [gi'py:ɐ̯...], die; -, -n ‹*germ.-frz.; dt.*›: reliefartiger Spitzenstoff; vgl. Gipüre

Guir|lan|de [gɪr...] (veraltet): ↑Girlande

Gui|tar|re [gi...] vgl. Gitarre

Gu|ja|ra|ti, Gudscharati, das; -s ‹*Hindi*› [gudʒa'ra:ti]: moderne indische Sprache

Gu|lag, der; -[s] ‹Kurzw. aus *russ. G*lavnoe *U*pravlenije *La*gerej›: Hauptverwaltung des Straflagersystems in der Sowjetunion (1930–1955)

Gu|lasch [auch: 'gʊ...], das, auch: der; -[e]s, -e u. -s, (österr. nur:) das; -[e]s, -e ‹*ung.*›: scharf gewürztes Fleischgericht

Gu|lasch|ka|no|ne, die; -, -n (scherzh.): Feldküche

Gul|ly, der, auch: das; -s, -s ‹*lat.-frz.-engl.*›: in die Fahrbahndecke eingelassener abgedeckter kastenförmiger Schacht, durch den das Straßenabwasser in die Kanalisation abfließen kann

Gu|lyás [auch: 'gʊlaʃ]: ↑Gulasch

Gum|ma, das; -s, -ta u. Gummen ‹*ägypt.-gr.-lat.-nlat.*› (Med.): gummiartige Geschwulst im Tertiärstadium der Syphilis bzw. bei Hauttuberkulose u. Pilzerkrankungen der Haut

[1]**Gum|mi**, der u. das; -s, -[s] ‹*ägypt.-gr.-lat.*›: **a)** Vulkanisationsprodukt aus ↑Kautschuk; **b)** aus schmelzbaren Harzen gewonnener Klebstoff (z. B. ↑Gummiarabikum)

[2]**Gum|mi**, der, auch: das; -s, -s: **a)** Radiergummi; **b)** (ugs.) Kondom

[3]**Gum|mi**, das, auch der; -s, -s: Gummiband

Gum|mi|ara|bi|kum, das; -s ‹*nlat.*›: wasserlöslicher Milchsaft verschiedener Akazienarten, der für Klebstoff u. Bindemittel verwendet wird

Gum|mi|elas|ti|kum, das; -s ‹*nlat.*›: ↑Kautschuk

gum|mie|ren: a) mit einer Klebstoffschicht versehen; **b)** (ein Gewebe) mit Latex, Kunststoff wasserdicht machen

Gum|mie|rung, die; -, -en: **a)** das Gummieren; **b)** Beschichtung von Papier (z. B. Briefmarken) mit Klebstoff

Gum|mi|gutt, das; -s ‹*ägypt.-gr.-lat.; malai.*›: giftiges Harz ostindischer Bäume, das gelbe Aquarellfarbe liefert

Gum|mi|pa|ra|graf, Gum|mi|pa|ra|graph, der; -en, -en (ugs.): Paragraf, der so allgemein od. unbestimmt formuliert ist, dass er die verschiedensten Auslegungen zulässt

gum|mös ‹*ägypt.-gr.-lat.-nlat.*› (Med.): gummiartig, Gummen bildend

Gum|mo|se, die; -, -n (Bot.): krankhafter Harzfluss bei Steinobstgewächsen

Gun [gan], das od. der; -s, -s ‹*engl.-amerik.*› (Jargon): Spritze, mit der Rauschgift in die ↑Vene gespritzt wird

Gun|man ['gʌnmən], der; -s, ...men [...mən] ‹*engl.*›: bewaffneter Gangster, Killer

Gup|py, der; -s, -s ‹nach dem britisch-westindischen Naturforscher R. J. L. Guppy (19. Jh.)›: zu den Zahnkarpfen gehörender beliebter Aquarienfisch

Gur|de, die; -, -n ‹*lat.-frz.*›: Pilgerflasche im Mittelalter (aus getrocknetem Kürbis, dann auch aus Glas, Ton od. Metall)

Gur|kha [...ka], der; -[s], -[s] ‹*angloind.;* nach einem ostindischen Volk in Nepal›: Soldat einer nepalesischen Spezialtruppe in der indischen bzw. in der britischen Armee

Gu|ru, der; -s, -s ‹*Hindi*›: **a)** [als Verkörperung eines göttlichen Wesens verehrter] religiöser Lehrer im ↑Hinduismus; **b)** Idol; von einer Anhängerschaft als geistiger Führer verehrte u. anerkannte Persönlichkeit

Gus|la, die; -, -s u. ...len, Gusle, die; -, -s u. -n ‹*serb., kroat.*›: südslawisches Streichinstrument mit einer Rosshaarsaite, die über eine dem Tamburin ähnliche Felldecke gespannt ist

Gus|lar, der; -en, -en: Guslaspieler

Gus|le vgl. Gusla

Gus|li, die; -, -s ‹*russ.*›: im 18. Jh.

in Russland gebräuchliches harfenähnliches Klavichord mit 5 bis 32 Saiten

gus|ta|to|risch ⟨*lat.*⟩ (Med.): den Geschmackssinn betreffend

gus|tie|ren ⟨*lat.-it.*⟩: **1.** (ugs.) ↑goutieren. **2.** (österr.) kosten, prüfen

gus|ti|ös ⟨*lat.-it.*⟩ (österr.): appetitlich, appetitanregend (von Speisen)

Gus|to, der; -s, -s: Geschmack, Neigung

Gus|to|me|ter, das; -s, - ⟨*lat.; gr.*⟩ (Med.): Gerät zur Prüfung des Geschmackssinnes. **Gus|to|me|t|rie,** die; - (Med.): Prüfung des Geschmackssinnes

Gut|ta|per|cha, die; - od. das; -[s] ⟨*malai.*⟩: kautschukähnliches Produkt aus dem Milchsaft einiger Bäume Südostasiens, das früher vor allem als Isoliermittel verwendet wurde

Gut|ta|ti|on, die; -, -en ⟨*lat.-nlat.*⟩: Wasserausscheidung von Pflanzen durch ↑Hydathoden

Gut|ti, das; -s ⟨*malai.*⟩: ↑Gummigutt

gut|tie|ren ⟨*lat.-nlat.*⟩: Wasser ausscheiden (von Pflanzen)

Gut|ti|fe|ren, die (Plural) ⟨*malai.; lat.*⟩: Guttibaumgewächse, Pflanzenfamilie, zu der z. B. der Butterbaum gehört

Gut|ti|o|le®, die; -, -n ⟨*lat.*⟩ (Med.): Tropffläschchen

gut|tu|ral ⟨*lat.-nlat.*⟩ (Sprachwiss.): die Kehle betreffend. **Gut|tu|ral,** der; -s, -e (Sprachwiss.): Gaumen-, Kehllaut, zusammenfassende Bez. für ↑Palatal, ↑Velar u. ↑Labiovelar. **Gut|tu|ra|lis,** die; -, ...les [...le:s] (veraltet): Guttural

Gu|yot [gÿi'jo:], der; -s, -s ⟨nach dem amerik. Geografen u. Geologen schweizerischer Abstammung A. H. Guyot, 1807–1884⟩: tafelbergähnliche Tiefseekuppe

Gym|kha|na, das; -s, -s ⟨*anglo-ind.*⟩: Geschicklichkeitswettbewerb (bes. für Leichtathleten, Reiter, Wassersportler, Kraftwagenfahrer)

Gym|naes|t|ra|da [...nɛ...], die; -, -s ⟨*gr.; span.*⟩: internationales Turnfest (ohne Wettkämpfe) mit gymnastischen u. turnerischen Schaudarbietungen

gym|na|si|al ⟨*gr.-nlat.*⟩: das Gymnasium betreffend

Gym|na|si|arch, der; -en, -en ⟨*gr.-lat.*⟩: Leiter eines antiken Gymnasiums (2)

Gym|na|si|ast, der; -en, -en ⟨*gr.-nlat.*⟩: Schüler eines Gymnasiums (1). **Gym|na|si|as|tin,** die; -, -nen: weibliche Form zu ↑Gymnasiast

Gym|na|si|on [auch: ...'na:...], das; -s, ...ien: gr. Form von ↑Gymnasium (2)

Gym|na|si|um, das; -s, ...ien ⟨*gr.-lat.*⟩: **1. a)** zur Hochschulreife führende höhere Schule; **b)** höhere Schule mit Latein- und Griechischunterricht (humanistisches Gymnasium); **c)** Gebäude eines Gymnasiums (1 a). **2.** im Altertum, bes. in Griechenland, Übungs- u. Wettkampfanlage zur körperlichen Ertüchtigung der Jugend

Gym|nast, der; -en, -en ⟨*gr.*⟩: **1.** Trainer der Athleten in der altgriechischen Gymnastik. **2.** Lehrer der Heilgymnastik. **3.** jmd., der körperliche Bewegungsübungen ausführt

Gym|nas|tik, die; -, -en ⟨*gr.-nlat.*⟩: rhythmische Bewegungsübungen zu sportlichen Zwecken, zur Körperertüchtigung od. zur Heilung bestimmter Körperschäden. **Gym|nas|ti|ker,** der; -s, -: ↑Gymnast (3). **Gym|nas|ti|ke|rin,** die; -, -nen: weibliche Form zu ↑Gymnastiker

Gym|nas|tin, die; -, -nen: weibliche Form zu ↑Gymnast (2, 3)

gym|nas|tisch: die Gymnastik betreffend

gym|nas|ti|zie|ren: die Muskeln des Pferdes [u. Reiters] für höchste Anforderungen systematisch durchbilden

Gym|no|lo|gie, die; -: Lehre von den Körperübungen u. der Bewegungstherapie (Teilgebiet der Sportmedizin)

Gym|no|so|phist, der; -en, -en ⟨*gr.-lat.;* »nackter Weiser«⟩: indischer ↑Asket, bes. in der griechischen Literatur

Gym|no|sper|me, die; -, -n (meist Plural) ⟨*gr.-nlat.*⟩ (Bot.): nacktsamige Pflanze (deren Samen nicht von einem Fruchtknoten umschlossen sind)

Gy|nae|ce|um [...nɛ...], das; -s, ...ceen ⟨*gr.-nlat.*⟩: ↑Gynäzeum (2)

Gy|nä|kei|on, das; -s, ...eien ⟨*gr.*⟩: Frauengemach des altgriechischen Hauses

gy|nä|ko..., Gy|nä|ko...

⟨*gr.* gynḗ, Gen. gynaikós »Frau, Weib, Ehefrau«⟩
Wortbildungselement mit der Bedeutung »die Frau betreffend; weiblich«:
- gynäkologisch
- Gynäkophobie
- Gynäkospermium

Von gleicher Herkunft ist das Wortbildungselement **gyno..., Gyno...,** vor Vokalen meist gyn..., Gyn..., mit der Bedeutung »das weibliche Geschlecht betreffend; weiblich«. Es ist Bestandteil einiger Fremdwörter, wie z. B. in gynandrisch und Gynogenese.

Gy|nä|ko|kra|tie, die; -, ...ien ⟨»Frauenherrschaft«⟩: ↑Matriarchat

Gy|nä|ko|lo|ge, der; -n, -n ⟨*gr.-nlat.*⟩ (Med.): Frauenarzt, Wissenschaftler auf dem Gebiet der Frauenheilkunde. **Gy|nä|ko|lo|gie,** die; - (Med.): Frauenheilkunde. **Gy|nä|ko|lo|gin,** die; -, -nen: weibliche Form zu ↑Gynäkologe. **gy|nä|ko|lo|gisch** (Med.): die Frauenheilkunde betreffend

Gy|nä|ko|mas|tie, die; -, ...ien (Med.): weibliche Brustbildung bei Männern

Gy|nä|ko|pho|bie, die; -, ...ien (Psychol.): Abneigung gegen alles Weibliche

Gy|nä|ko|sper|mi|um, das; -s, ...ien: Samenfaden, der ein X-Chromosom enthält u. damit das Geschlecht als weiblich bestimmt

Gy|n|an|der, der; -s, -: Tier mit der Erscheinung des Gynandromorphismus

Gy|n|an|d|rie, die; -: **1.** (Bot.) Verwachsung der männlichen u. weiblichen Blütenorgane. **2.** (Zool.) Scheinzwittrigkeit bei Tieren (durch Auftreten von Merkmalen des andern Geschlechts). **3.** (Biol., Med.) Nebeneinander von weiblichen u. männlichen Geschlechtsmerkmalen bei einem Organismus. **gy|n|an|d|risch:** scheinzwitterartig (von Tieren)

Gy|n|an|d|ro|mor|phis|mus, der; -,

...men: **1.** (Biol.) bei Tieren auftretendes Scheinzwittertum. **2.** (Med.) ↑Gynandrie (3)

Gy|n|an|th|ro|pos, der; -, ...thropen u. ...poi (»Fraumann«) (veraltet): menschlicher Zwitter

Gy|n|a|t|re|sie, die; -, ...ien (Med.): angeborenes Fehlen der weiblichen Geschlechtsöffnung od. Verschluss der Mündungen einzelner Geschlechtsorgane

Gy|nä|ze|um, das; -s, ...een ⟨*gr.-lat.*⟩: **1.** ↑Gynäkeion. **2.** Gesamtheit der weiblichen Blütenorgane einer Pflanze

Gy|n|er|gen®, das; -s ⟨*(gr.; frz.) nlat.*⟩ (Med. veraltet): vielfach (z. B. in der ↑Gynäkologie, bei Migräne) verwendetes Präparat aus dem Mutterkorn

Gy|no|ga|met, der; -en, -en (meist Plural) ⟨*gr.-nlat.*⟩: Eizelle, weibliche Geschlechtszelle (Ggs.: Androgamet)

Gy|no|ge|ne|se, die; -, -n: Eientwicklung durch Scheinbefruchtung

Gy|no|phor, der; -s, -en (Bot.): Verlängerung der Blütenachse zwischen ↑Gynäzeum (2) u. Blütenhülle

Gy|nos|te|mi|um, das; -s, ...ien: Griffelsäule der Orchideenblüte

Gy|ro|bus, der; -ses, -se ⟨*gr.; lat.-frz.*⟩: bes. in der Schweiz verwendeter Bus (1), der durch Speicherung der kinetischen Energie seines rotierenden Schwungrades angetrieben wird

Gy|ro|ko|p|ter, Gy|ro|co|p|ter [auch: 'gy:ro...], der, -s, - ⟨engl.-gr.⟩: einem Helikopter ähnliches Fluggerät, dessen Rotor (3) passiv durch den Fahrtwind angetrieben wird u. das durch ein Propellertriebwerk Vorschub erhält

gy|ro|ma|g|ne|tisch ⟨*gr.-nlat.*⟩ (Physik): kreiselmagnetisch, auf der Wechselwirkung von Drehimpuls u. magnetischem Moment beruhend

Gy|ro|me|ter, das; -s, -: Drehungsmesser für Drehgeschwindigkeit, Tourenschreiber

Gy|ros, das; -, - ⟨*ngr.*⟩ (Gastron.): griechisches Gericht aus Schweine-, Rind-, Hammelfleisch, das an einem senkrecht stehenden Spieß gebraten u. dann portionsweise abgeschnitten wird

Gy|ro|s|kop, das; -s, -e: Messgerät für den Nachweis der Achsendrehung der Erde

Gy|ro|s|tat, der; -[e]s u. -en, -e[n] ⟨*gr.*⟩: Schwungrad in Schiffen zum Dämpfen von Schlingerbewegungen, Schiffskreisel

Gy|ro|va|ge, der; -n, -n ⟨*gr.; lat.*⟩ (veraltet): **a)** Landstreicher; **b)** Bettelmönch

Gy|rus, der; -, ...ri ⟨*gr.-lat.;* »Kreis«⟩ (Med.): Gehirnwindung

Gytt|ja, die; -, ...jen ⟨*schwed.*⟩ (Geol.): in Seen u. Mooren abgelagerter Faulschlamm organischer Herkunft

H

Ha|ba|ner, die (Plural) ⟨Herkunft unsicher⟩: Nachkommen deutscher Wiedertäufer des 16. Jh.s in der Slowakei u. in Siebenbürgen

Ha|ba|ne|ra, die; -, -s ⟨*span.;* vom Namen der kuban. Hauptstadt Havanna (*span.* La Habana)⟩: kubanischer (auch in Spanien heimischer) Tanz in ruhigem $^{2}/_{4}$-Takt

Ha|ba|ner|fa|yence [...fa'jɑ̃:s], die; -, -n (meist Plural): volkstümliche ↑Fayence, die bes. im 17. u. 18. Jh. von den ↑Habanern hergestellt wurde

Hab|da|la, die; -, -s ⟨*hebr.*⟩: vom jüdischen Hausherrn in der häuslichen Feier am Ausgang des ↑Sabbats od. eines Feiertags gesprochenes lobpreisendes Gebet

Ha|be|as Cor|pus ⟨*lat.;* »du habest den Körper«⟩: Anfangsworte des mittelalterlichen Haftbefehls

Ha|be|as-Cor|pus-Ak|te, Ha|be|as|kor|pus|ak|te, die; - ⟨*lat.*⟩: 1679 vom engl. Oberhaus erlassenes Gesetz zum Schutz der persönlichen Freiheit (kein Mensch darf ohne richterl. Haftbefehl verhaftet od. in Haft gehalten werden); rechtsstaatl. Prinzip (auch im Grundgesetz der Bundesrepublik verankert)

ha|be|mus Pa|pam ⟨*lat.;* »wir haben einen Papst«⟩: Ausruf von der Außenloggia der Peterskirche nach vollzogener Papstwahl

ha|bent sua fa|ta li|bel|li: »[auch] Bücher haben ihre Schicksale« (nach Terentianus Maurus)

ha|bil (veraltet): fähig, gewandt

ha|bil.: Abk. für: habilitatus = habilitiert (vgl. habilitieren [a]); Dr. habil. = doctor habilitatus: habilitierter Doktor

Ha|bi|li|tand, der; -en, -en ⟨*lat.-mlat.*⟩: jmd., der zur Habilitation zugelassen ist. **Ha|bi|li|tan|din,** die; -, -nen: weibliche Form zu ↑Habilitand

Ha|bi|li|ta|ti|on, die; -, -en: Erwerb der Lehrberechtigung an Hochschulen u. Universitäten durch Anfertigung einer schriftlichen Arbeit

ha|bi|li|ta|tus: mit Lehrberechtigung (an Hochschule u. Universität) (Abk.: habil.)

ha|bi|li|tie|ren: a) sich habilitieren: die Lehrberechtigung an einer Hochschule od. Universität erwerben; **b)** jmdm. die Lehrberechtigung erteilen

¹Ha|bit [auch: ha'bɪt, auch: 'ha:...], das, auch: der; -s, -s ⟨*lat.-frz.*⟩: **a)** Amtskleidung, Ordenstracht; **b)** (abwertend) Aufzug, Kleidung

²Ha|bit ['hɛbɪt], das, auch: der; -s, -s ⟨*lat.-frz.-engl.*⟩ (Psychol.): Gewohnheit, Erlerntes, Anerzogenes, Erworbenes

¹Ha|bi|tat, das; -s, -e ⟨*lat.*⟩: **a)** Standort, an dem eine Tier- od. Pflanzenart regelmäßig vorkommt; **b)** Wohnplatz von Ur- u. Frühmenschen

²Ha|bi|tat, das; -s, -e ⟨*lat.-engl.*⟩: **a)** Wohnstätte, Wohnraum, Wohnplatz; **b)** kapselförmige Unterwasserstation, in der die ↑Aquanauten wohnen können

Ha|bi|ta|ti|on, die; - ⟨*lat.*⟩: Wohnung; das Wohnen

ha|bi|tu|a|li|sie|ren ⟨*lat.-mlat.-nlat.*⟩ (Psychol., Soziol.): **1.** zur

Gewohnheit werden. **2.** zur Gewohnheit machen

Ha|bi|tu|a|li|sie|rung, die; -, -en (Psychol., Soziol.): das Habitualisieren

Ha|bi|tu|a|ti|on, die; -, -en ⟨*lat.*⟩: **a)** (Med., Psychol.) Gewöhnung; **b)** physische u. psychische Gewöhnung an Drogen

Ha|bi|tué [(h)abi'tye:], der; -s, -s ⟨*lat.-frz.*⟩: (schweiz., sonst veraltet) ständiger Besucher, Stammgast

ha|bi|tu|ell: 1. gewohnheitsmäßig; ständig. **2.** (Psychol.) verhaltenseigen; zur Gewohnheit geworden, zum Charakter gehörend; **habituelle Krankheit** (Med.): ständig vorkommende od. häufig wiederkehrende Krankheit

Ha|bi|tus, der; - ⟨*lat.*⟩: **1.** Erscheinung; Haltung; Gehaben. **2.** (Med.) Besonderheiten im Erscheinungsbild eines Menschen, die einen gewissen Schluss auf Krankheitsanlagen zulassen. **3.** Aussehen, Erscheinungsbild (von Tieren, Pflanzen u. Kristallen). **4.** (kath. Theologie) auf einer Disposition aufgebaute, erworbene sittliche Haltung, z. B. guter Habitus (Tugend), böser Habitus (Laster)

Ha|boob [hə'bu:b], **Ha|bub,** der; -[s] ⟨*arab.-engl.*⟩: Sandsturm in Nordafrika u. Indien

Ha|bu|tai, der; -[s], -[s] ⟨*jap.*⟩: zartes Gewebe aus Japanseide in Taftbindung (Webart); vgl. Japon

Há|ček ['ha:tʃɛk], Hatschek, das; -s, -s ⟨*tschech.;* »Häkchen«⟩: ↑diakritisches Zeichen in Form eines Häkchens, das, bes. in den slawischen Sprachen, einen Zischlaut od. einen stimmhaften Reibelaut angibt, z. B. tschech. č [tʃ], ž [ʒ]

Ha|ché [ha'ʃe:]: französische Schreibung für ↑Haschee

Ha|ci|en|da [a'si̯ɛnda] vgl. Hazienda

Ha|ci|en|de|ro [a'si̯ɛn...] vgl. Haziendero

¹Hack [hɛk], der; -[s], -s ⟨Kurzform von *engl.* hackney; »Kutschpferd«⟩: (keiner bestimmten Rasse angehörendes) Turnierpferd

²Hack [hɛk], der; -s, -s ⟨*engl.*⟩ (EDV-Jargon): Vorgang od. Ergebnis des Hackens; Hackerangriff

Ha|cka|thon ['hɛkə'tɔn], der; -[s], -s ⟨Kurzw. aus *hack*en u. ¹Mara*thon*⟩ (EDV): Workshop od. Wettbewerb von Programmierern und Programmiererinnen (zum Lösen einer best. Programmieraufgabe in einem vorgegebenen Zeitraum)

ha|cken ['hɛkn̩] ⟨*engl.*⟩: sich als Hacker betätigen

Ha|cker ['hɛkɐ], der; -s, - ⟨*engl.*⟩: jmd., der durch geschicktes Ausprobieren u. Anwenden verschiedener Programme unberechtigt in andere Computersysteme eindringt; vgl. Cracker (3)

Ha|cker|an|griff ['hɛkɐ...], der; -s, -e: Angriff auf ein Computersystem durch einen od. mehrere Hacker

Ha|cke|rin, die; -, -nen: weibliche Form zu ↑Hacker

Hack|ney ['hæknɪ], der; -[s], -s ⟨*engl.;*nach der Stadt Hackney (heute East London)⟩: ein Warmblutpferd, starkes, kurzbeiniges Reitpferd

Had|dock ['hædək], der; -[s], -s ⟨*engl.*⟩: kalt geräucherter Schellfisch ohne Kopf u. Gräten

Haddsch usw. vgl. Hadsch usw.

Ha|des, der; - ⟨nach dem gr. Gott der Unterwelt⟩: Unterwelt, Totenreich

Ha|dith, der, auch: das; -, -e ⟨*arab.;* »Rede; Bericht«⟩: Überlieferung angeblicher Aussprüche Mohammeds, Hauptquelle der islamischen Religion neben dem ↑Koran

Ha|d|rom, das; -s, -e ⟨*gr.-nlat.*⟩: leitendes u. speicherndes Element des Wasser leitenden Gefäßbündels bei Pflanzen (Holzfaser)

Ha|d|ron, das; -s, ...onen ⟨*gr.*⟩: Elementarteilchen, das starker Wechselwirkung mit anderen Elementarteilchen unterliegt

ha|d|ro|zen|t|risch ⟨*gr.-nlat.; gr.-lat.*⟩ (Bot.): konzentrisch um ein leitendes Gefäßbündel angeordnet

Hadsch, Haddsch, der; - ⟨*arab.*⟩: Wallfahrt nach Mekka zur ↑Kaaba, die jeder volljährige Muslim einmal unternehmen soll

Ha|d|schar, Haddschar, der; -s ⟨*arab.;* »Stein«⟩: schwarzer Stein an der ↑Kaaba, den die Mekkapilger küssen

Ha|d|schi, Haddschi, der; -s, -s ⟨*arab.-türk.*⟩: **1.** Mekkapilger. **2.** christlicher Jerusalempilger im Orient

Hae|m|an|thus [hɛ...], der; -, ...thi ⟨*gr.-nlat.*⟩: ein Narzissengewächs; Blutblume

haem..., Haem... vgl. hämo..., Hämo...

Hae|m|oc|cult-Test® [hɛ...], der; -[e]s, -s, auch -e ⟨*gr.; lat.; engl.*⟩ (Med.): Test zur Früherkennung von Darmkrebs, bei dem Stuhlproben auf das Vorhandensein von Blut untersucht werden

Ha|fis, der; - ⟨*arab.;* »Hüter, Bewahrer«⟩: Ehrentitel eines Mannes, der den ↑Koran auswendig weiß

Haf|ni|um, das; -s ⟨*nlat.;* von Hafnia, dem nlat. Namen für Kopenhagen⟩: chem. Element; ein Metall (Zeichen: Hf)

Haf|ta|ra, die; -, ...roth ⟨*hebr.;* »Abschluss«⟩: Lesung aus den Propheten beim jüdischen Gottesdienst als Abschluss des Wochenabschnitts; vgl. Parasche

Ha|ga|na, die; - ⟨*hebr.;* »Schutz, Verteidigung«⟩: jüdische militärische Organisation in Palästina zur Zeit des britischen Mandats (1920–48), aus der sich die reguläre Armee Israels entwickelte

Hag|ga|da, die; -, ...doth ⟨*hebr.;* »Erzählung«⟩: erbaulich-belehrende Erzählung biblischer Stoffe in der ↑talmudischen Literatur (Ggs.: Halacha)

Hag|gis ['hægɪs], der; -, - ⟨*schott.-engl.*⟩: in Schafsmagen gegarte Innereien des Schafs

Ha|gi|as|mos, der; - ⟨*gr.;* »Heiligung, Weihe«⟩: Wasserweihe der orthodoxen Kirche (zur Erinnerung an die Taufe Jesu)

Ha|gio|graf, Hagiograph, der; -en, -en ⟨*gr.-mlat.*⟩: Verfasser von Heiligenleben

Ha|gio|gra|fa, Ha|gio|gra|fen, Hagiographa, Hagiographen, die (Plural) ⟨*gr.;* »heilige Schriften«⟩: gr. Bez. des dritten Teils des Alten Testaments

Ha|gio|gra|fie, Hagiographie, die; -, ...ien ⟨*gr.-nlat.*⟩: Erforschung u. Beschreibung von Heiligenleben

Ha|gio|gra|fin, Hagiographin, die; -, -nen: weibliche Form zu ↑Hagiograf

ha|gio|gra|fisch, hagiographisch: die Hagiografie betreffend

Ha|gio|graph usw. vgl. Hagiograf usw.

Ha|gio|la|t|rie, die; -, ...ien: Verehrung der Heiligen

Ha|gio|lo|gie, die; -: Lehre von den Heiligen

Ha|gio|lo|gi|on, das; -, ...ien ⟨*gr.-mgr.*⟩: liturgisches Buch mit Lebensbeschreibungen der Heiligen in der orthodoxen Kirche

ha|gio|lo|gisch vgl. hagiografisch

Ha|gi|o|nym, das; -s, -e ⟨*gr.-nlat.*⟩: Deckname, der aus dem Namen eines Heiligen od. einer kirchlichen Persönlichkeit besteht

Hah|ni|um, das; -s ⟨*nlat.;* von den USA vorgeschlagene Bez. nach dem dt. Chemiker O. Hahn (1879–1968), dem Entdecker der Kernspaltung⟩: ehem. Name des chem. Elementes ↑Dubnium (Zeichen: Ha)

Hai, der; -[e]s, -e ⟨*altnord.-isländ.-niederl.*⟩: spindelförmiger, meist räuberischer Knorpelfisch

Hai|duck, Haiduk vgl. Heiduck

Haik, das od. der; -[s], -s ⟨*arab.*⟩: in Nordafrika mantelartiger Überwurf, bes. der Berber[frauen]

Hai|kai, das; -[s], -[s], **Hai|ku,** das, auch: der; -[s], -[s], Hokku, das; -[s], -[s] ⟨*jap.*⟩: aus drei Zeilen mit zusammen 17 Silben bestehende japanische Gedichtform

Hair|sty|list, Hair-Sty|list [ˈhɛːɐ̯staɪ̯lɪst], der; -en, -en ⟨*engl.*⟩: Friseur mit künstlerischem Anspruch. **Hair|sty|lis|tin,** die; -, -nen: weibliche Form zu ↑Hairstylist

Ha|i|ti|enne [haiˈti̯ɛn], die; - ⟨*frz.;* nach der Insel Haiti⟩: taftartiger Seidenrips

Ha|ji|me [ˈhadʒime] ⟨*jap.*⟩: Kommando des Kampfrichters (beim ↑Budo), mit dem er dazu auffordert, den Kampf zu beginnen

Ha|ka|ma, der; -[s], -s ⟨*jap.*⟩: schwarzer Hosenrock (beim ↑Aikido u. ↑Kendo)

[1]Ha|kim, der; -s, -s ⟨*arab.*⟩: Arzt; Weiser, Philosoph (im Orient)

[2]Ha|kim, der; -s, -s: Herrscher; Gouverneur; Richter (im Orient)

Ha|la|cha [...ˈxaː], die; -, ...choth ⟨*hebr.;* eigtl. »Weg«⟩: die Religionsgesetze umfassender Teil des Talmuds (Ggs.: Haggada). **ha|la|chisch:** die Halacha betreffend, ihr gemäß

ha|lal ⟨*arab.*⟩: nach islamischem Glauben erlaubt

Ha|la|li, das; -s, -[s] ⟨*frz.*⟩: Jagdruf am Ende einer Treibjagd

Halb|af|fix, das; -es, -e ⟨*dt.; lat.*⟩ (Sprachwiss.): als Wortbildungsmittel in der Art eines Präfixes od. Suffixes verwendetes, weitgehend noch als selbstständig empfundenes, wenn auch semantisch verblasstes Wort; Präfixoid od. Suffixoid (z. B. *stein-* in *stein*reich, *-geil* in erfolgs*geil*)

Halb|fa|b|ri|kat, das; -s, -e: zwischen Rohstoff u. Fertigerzeugnis stehendes ↑Produkt

Halb|fi|na|le, das; -s, - (Sport): vorletzte Spielrunde in einem sportlichen Wettbewerb (z. B. im Fußball)

Halb|for|mat, das; -s, -e (Fotogr.): ein Bildformat in der Größe 18 × 24 mm

Halb|nel|son, der; -[s], -[s] ⟨nach einem nordamerik. Sportler⟩ (Ringen): Nackenhebel (Spezialgriff), bei dem nur ein Arm eingesetzt wird

halb|part ⟨*dt.; lat.*⟩: zu gleichen Teilen

Halb|prä|fix, das; -es, -e: ↑Präfixoid; vgl. Halbaffix

Halb|suf|fix, das; -es, -e: ↑Suffixoid; vgl. Halbaffix

Halb|vo|kal, der; -s, -e (Sprachwiss.): **1.** unsilbisch gewordener, als ↑Konsonant gesprochener Vokal (z. B. j). **2.** unsilbischer ↑Vokal (z. B. das i in dem ↑Diphthong ai)

Ha|léř [ˈhalɛːrʃ], der; -, - (aber: 2 Haléře, 10 Haléřů) ⟨*dt.-tschech.*⟩: tschechische u. slowakische Münzeinheit

Half [haːf], der; -s, -s ⟨*engl.;* »halb«⟩ (österr.): Läufer in einer [Fuß]ballmannschaft

Hal|fa, die; - ⟨*arab.*⟩: ↑Esparto

Half|back [ˈhaːfbɛk], der; -s, -s ⟨*engl.*⟩ (schweiz.): ↑Half

Half|court [ˈhaːfkɔːt], der; -s, -s ⟨*engl.*⟩ (Tennis): zum Netz hin gelegener Teil des Spielfeldes

Half|pen|ny [ˈhɛɪ̯pni̯], der; -[s], -s: engl. Münze (0,5 p)

Half|pipe [ˈhaːfpaɪ̯p], die; -, -s ⟨*engl.*⟩: untere Hälfte einer waagerechten Röhre aus Holz, Beton o. Ä., in der Skateboarder, BMX-Radfahrer od. (bei Ausstattung mit einer Schneeoberfläche) Snowboarder üben u. Kunststücke ausführen können

Half-Price-Day [ˈhaːfpraɪ̯sdɛɪ̯], der; -s, -s ⟨*engl.*⟩: bestimmter Wochentag, an dem Kinovorstellungen zum halben Preis besucht werden können

Half|rei|he [ˈhaːf...] ⟨*engl.; dt.;* »Halbreihe«⟩ (österr.): Formation im Mittelfeld einer [Fuß]ballmannschaft

Half|time [ˈhaːftaɪ̯m], die; -, -s ⟨*engl.*⟩ (Sport): Halbzeit

Half|vol|ley [ˈhaːfvɔli], der; -s, -s, **Half|vol|ley|ball,** der; -[e]s, ...bälle (Tennis, Tischtennis): im Augenblick des Abprallens geschlagener Ball

Ha|lid, das; -[e]s, -e ⟨*gr.*⟩: ↑Halogenid

Ha|lis|te|re|se, die; - ⟨*gr.-nlat.*⟩ (Med.): Abnahme der Kalksalze in den Knochen, Knochenerweichung

Ha|lit [auch: ...ˈlɪt], der; -s, -e: **1.** Steinsalz (ein Mineral). **2.** Salzgestein

Ha|li|tus, der; - ⟨*lat.*⟩ (Med.): Hauch, Atem, Ausdünstung, Geruch

hal|ky|o|nisch vgl. alkyonisch

Hal|lel, das; -s ⟨*hebr.;* »preiset!«⟩: jüdischer Lobgesang an hohen Festtagen (Psalm 113–118)

hal|le|lu|ja, alleluja ⟨*hebr.-kirchenlat.*⟩: »lobet den Herrn«, (aus den Psalmen übernommener) gottesdienstlicher Freudenruf. **Hal|le|lu|ja,** Alleluja, das; -s, -s: liturgischer Freudengesang

Hal|li|gal|li (ugs.): ↑Hully-Gully (2)

Hal|lo|w|een [hɛloˈviːn], das; -[s], -s ⟨*engl.*⟩: Tag vor Allerheiligen (der bes. in den USA gefeiert wird)

Häll|rist|nin|gar vgl. Helleristninger

Hal|lu|zi|nant, der; -en, -en ⟨*lat.*⟩: jmd., der an Halluzinationen leidet. **Hal|lu|zi|nan|tin,** die; -,

-nen: weibliche Form zu ↑Halluzinant

Hal|lu|zi|na|ti|on, die; -, -en: Sinnestäuschung, Trugwahrnehmung; Wahrnehmungserlebnis, ohne dass der wahrgenommene Gegenstand in der Wirklichkeit existiert

hal|lu|zi|na|tiv, hal|lu|zi|na|to|risch ‹*lat.*›: auf Halluzination beruhend, in Form einer Halluzination

hal|lu|zi|nie|ren: a) eine Halluzination haben, einer Sinnestäuschung unterliegen; **b)** nicht Existierendes als existierend vortäuschen, sich vorstellen

hal|lu|zi|no|gen ‹*lat.; gr.*›: Halluzinationen hervorrufend, zu Halluzinationen führend. **Hal|lu|zi|no|gen,** das; -s, -e (Med.): Droge, die halluzinationsartige Erscheinungen hervorruft

Hal|ma, das; -s ‹*gr.;* »Sprung«›: ein Brettspiel für 2–4 Personen

hal|my|ro|gen ‹*gr.-nlat.*› (Geol.): aus dem Meerwasser ausgeschieden (z. B. von Salzlagerstätten)

Hal|my|ro|ly|se, die; - (Geol.): Verwitterung von Gestein auf dem Meeresgrund unter dem Einfluss von Meerwasser

Ha|lo, der; -[s], -s od. Halonen ‹*gr.-lat.*›: **1.** (Physik) Hof um eine Lichtquelle, hervorgerufen durch Reflexion, Beugung u. Brechung der Lichtstrahlen an kleinsten Teilchen. **2.** (Med.) Ring um die Augen. **3.** (Med.) Warzenhof

ha|lo|bi|ont ‹*gr.-nlat.*›: ↑halophil. **Ha|lo|bi|ont,** der; -en, -en (Biol.): Lebewesen, das vorzugsweise in salzreicher Umgebung gedeiht

Ha|lo|ef|fekt [auch: ˈhɛɪlɔʊ̯...], der; -[e]s, -e ‹(*gr.-lat.*) *engl.*› (Psychol.): kognitive Verzerrung, die durch das Schließen von bekannten Eigenschaften eines Menschen auf unbekannte entsteht, ohne dass es dafür einen Anhaltspunkt gibt

ha|lo|gen ‹*gr.*›: Salz bildend. **Ha|lo|gen,** das; -s, -e: Salzbildner; chem. Element, das ohne Beteiligung von Sauerstoff mit Metallen Salze bildet (z. B. Fluor, Chlor, Brom, Jod)

Ha|lo|ge|nid, das; -[e]s, -e: Verbindung aus einem Halogen u. einem chem. Element (meist Metall), Salz einer Halogenwasserstoffsäure

ha|lo|ge|nie|ren: ein Halogen in eine organische Verbindung einführen, Salz bilden

Ha|lo|gen|lam|pe, die; -, -n: sehr helle Glühlampe mit einer Füllung aus Edelgas, der eine geringe Menge von Halogen beigemischt ist

Ha|lo|gen|was|ser|stoff, der; -[e]s, -e: Kohlenwasserstoff, bei dem die Wasserstoffatome ganz od. teilweise durch Halogene ersetzt sind

Ha|lo|gen|was|ser|stoff|säure, die; -, -n: Säure, die aus einem Halogen u. Wasserstoff besteht (z. B. Salzsäure)

Ha|lo|id, das; -[e]s, -e: ↑Halogenid

Ha|lo|me|ter, das; -s, -: Messgerät zur Bestimmung der Konzentration von Salzlösungen

Ha|lo|nen: *Plural* von ↑Halo

ha|lo|niert ‹*gr.-lat.*› (Med.): von einem Hof umgeben, umrändert (z. B. vom Auge)

Ha|lo|pe|ge, die; -, -n ‹*gr.*›: kalte Salzquelle

ha|lo|phil ‹*gr.-nlat.*› (Biol.): salzreiche Umgebung bevorzugend (von Lebewesen)

Ha|lo|phyt, der; -en, -en: auf salzreichem Boden (vor allem an Meeresküsten) wachsende Pflanze; Salzpflanze

Ha|lo|ther|me, die; -, -n: warme Salzquelle

Ha|lo|tri|chit [auch: ...ˈçɪt], der; -s, -e: ein Mineral

ha|lo|xen (Biol.): salzreiche Umgebung als Lebensraum duldend (von Lebewesen)

Hal|te|re, die; -, -n ‹*gr.-lat.*›: **1.** [beim Weitsprung zur Steigerung des Schwunges benutztes] hantelartiges Stein- oder Metallgewicht (im alten Griechenland). **2.** (Zool.) zu einem Schwingkölbchen umgewandelter Flügel mancher Insekten

Ha|lun|ke, der; -n, -n ‹*tschech.;* urspr. »Henkersknecht«›: **a)** (abwertend) jmd., dessen Benehmen od. Tun als gemein od. hinterhältig angesehen wird; **b)** (scherzh.) kleiner, frecher Junge

Hal|wa, das; -[s] ‹*arab.*›: orientalische Süßigkeit aus einer flockigen Mischung von zerstoßenem Sesamsamen u. Honig od. Sirup

Häm, das; -s ‹*gr.;* »Blut«› (Biol., Med.): Farbstoffanteil im ↑Hämoglobin

häm..., Häm... vgl. hämo..., Hämo...

Ha|ma|da vgl. Hammada

Ha|ma|dan, der; -[s], -s ‹nach dem Namen der iran. Stadt›: handgeknüpfter Teppich [aus Kamelwolle] mit stilisierter Musterung

Ha|ma|dry|a|de, die; -, -n ‹*gr.-lat.*›: ↑Dryade

Häm|ag|glu|ti|na|ti|on, die; -, -en ‹*gr.; lat.*› (Med.): Zusammenballung, Verklumpung von roten Blutkörperchen. **Häm|ag|glu|ti|nin,** das; -s, -e (Med.): Schutzstoff des Serums, der eine ↑Agglutination von roten Blutkörperchen bewirkt

Häm|a|go|gum, das; -s, ...ga ‹*gr.-nlat.*› (Med.): Mittel, das Blutungen herbeiführt od. fördert

Hä|ma|l|ops, der; - ‹*gr.-nlat.*› (Med.): Hämophthalmus

Ha|mam, der; -[s], -s ‹*türk.*›: türkisches Bad

Ha|ma|me|lis, die; - ‹*gr.*›: haselnussähnliches Gewächs (in Amerika u. Asien), aus dessen Rinde ein zu pharmazeutischen u. kosmetischen Präparaten verwendeter Extrakt gewonnen wird u. dessen Äste als Wünschelruten verwendet werden; Zaubernuss

Ham and Eggs [ˈhæm ənd ˈɛgz], die (Plural) ‹*engl.;* »Schinken u. Eier«›: engl. Bez. für gebratene Schinken[speck]scheiben mit Spiegeleiern

Häm|an|gi|om, das; -s, -e ‹*gr.-nlat.*› (Med.): gutartige Blutgefäßgeschwulst, Blutschwamm

Häm|ar|th|ro|se, die; -, -n (Med.): Bluterguss in einem Gelenk

[1]Ha|mar|tie, die; - ‹*gr.*›: Irrtum, Sünde als Ursache für die Verwicklungen in der altgriechischen Tragödie (bei Aristoteles)

[2]Ha|mar|tie, die; -, ...ien (Med.): örtlicher Gewebsdefekt als Folge einer embryonalen Fehlentwicklung des Keimgewebes

Ha|mar|tom, das; -s, -e ‹*gr.-nlat.*› (Med.): gutartiger Gewebetumor, der durch eine ²Hamartie entstanden ist

Ha|mas [auch: haˈmaːs], die; - ‹*arab.*; »Eifer«›: radikale islamistische Widerstandsbewegung in den von Israel besetzten Gebieten

Ha|ma|sa, die; -, -s ‹*arab.*›: Titel berühmter arabischer Anthologien

hä|mat..., Hä|mat... vgl. hämo..., Hämo...

Hä|ma|te|in, das; -s: ↑Hämatoxylin

Hä|ma|t|e|me|sis, die; - ‹*gr.-nlat.*› (Med.): Blutbrechen (z. B. bei Magengeschwüren)

Hä|mat|hi|d|ro|se, Hä|ma|t|i|d|ro|se, die; - (Med.): ↑Hämidrose

Hä|ma|tin, das; -s (Med.): Produkt aus der Reaktion von Hämoglobin u. Salzsäure

Hä|ma|ti|non, das; -s: in der Antike häufig verwendete kupferhaltige rote Glasmasse

Hä|ma|tit [auch: ...ˈtɪt], der; -s, -e: wichtiges Eisenerz

hä|ma|to..., Hä|ma|to... *s. Kasten hämo..., Hämo...*

Hä|ma|to|blast, der; -en, -en (meist Plural) (Med.): ↑Hämoblast

Hä|ma|to|che|zie, die; -, ...ien ‹*gr.*› (Med.): frisches Blut im Stuhl; Blutstuhl

Hä|ma|to|chy|l|u|rie, die; -, ...ien (Med.): Auftreten von Blut u. Darmlymphe im Urin (infolge beschädigter Lymphbahnen bei ↑Filariose)

hä|ma|to|gen: 1. (Med.) aus dem Blut stammend. **2.** (Med.) blutbildend

Hä|ma|to|gramm, das; -s, -e (Med.): Blutbild; tabellarische Zusammenfassung der zur Beurteilung eines Blutbildes wichtigen Befunde; Blutanalyse

Hä|ma|to|i|din, das; -s: sich bei Blutaustritt aus Gefäßen bildender eisenfreier Farbstoff des ↑Hämoglobins

Hä|ma|to|kok|kus, der; -, ...kken (Biol.): Grünalgengattung, von der einige Arten rot gefärbte ↑Plastiden haben

Hä|ma|to|kol|pos, der; - (Med.): Ansammlung von Menstrualblut in der Scheide (bei Scheidenverschluss)

Hä|ma|to|ko|ni|en, die (Plural): ↑Hämokonien

Hä|ma|to|krit, der; -en, -en (Med.): prozentualer Anteil der Zellbestandteile am Gesamtvolumen des Blutes

Hä|ma|to|krit|wert, der; -[e]s, -e (Med.): prozentualer Volumenanteil der Blutzellen an der Gesamtblutmenge

Hä|ma|to|lo|ge, der; -n, -n (Med.): Arzt mit Spezialkenntnissen auf dem Gebiet der Blutkrankheiten. **Hä|ma|to|lo|gie,** die; - (Med.): Teilgebiet der Medizin, das sich mit dem Blut u. den Blutkrankheiten befasst. **Hä|ma|to|lo|gin,** die; -, -nen: weibliche Form zu ↑Hämatologe. **hä|ma|to|lo|gisch** (Med.): die Hämatologie betreffend

Hä|ma|tom, das; -s, -e (Med.): Ansammlung von Blut außerhalb der Blutbahn in den Weichteilen; Blutbeule, Bluterguss

Hä|ma|to|me|t|ra, die; - (Med.): Ansammlung von Menstrualblut in der Gebärmutter bei Verschluss des Muttermundes

Hä|ma|to|my|e|lie, die; -, ...ien (Med.): Rückenmarksblutung

Hä|ma|to|pha|ge, der; -n, -n (meist Plural) (Biol., Med.): blutsaugender Parasit (1)

Hä|ma|to|pho|bie, die; -, ...ien (Psychol.): krankhafte Angst vor Blut

Hä|ma|to|pneu|mo|tho|rax, der; -[es] (Med.): Bluterguss u. Luftansammlung im Brustfellraum

Hä|ma|to|po|e|se, die; - (Med.): Blutbildung, bes. Bildung der roten Blutkörperchen. **hä|ma|to|po|e|tisch** (Med.): blutbildend

Hä|ma|tor|rhö, die; -, -en (Med.): Blutsturz

hä|ma|tös (Med.): ein ↑Hämatom aufweisend; in der Art, Form eines Blutergusses

Hä|ma|to|se, die; -, -n (Med.): ↑Hämatopoese

Hä|ma|to|s|ko|pie, die; -, ...ien (Med.): spektroskopische Blutuntersuchung

Hä|ma|to|sper|mie, die; - (Med.): ↑Hämospermie

Hä|ma|to|tho|rax, der; -[es] (Med.): Bluterguss in der Brusthöhle

Hä|ma|to|to|xi|ko|se, die; -, -n (Med.): ↑Hämotoxikose

Hä|ma|to|xy|lin, das; -s: in der ↑Histologie zur Zellkernfärbung verwendeter Farbstoff aus dem Holz des südamerikanischen Blutholzbaumes

Hä|ma|to|ze|le, die; -, -n (Med.): Ansammlung von Blut in einer bereits existierenden Körperhöhle (z. B. als Folge einer Verletzung)

Hä|ma|to|ze|pha|lus, der; - (Med.): Bluterguss im Gehirn

Hä|ma|to|zo|on, das; -s, ...zoen (meist Plural) ‹*gr.-nlat.*› (Biol., Med.): tierische ↑Parasiten, die im Blut anderer Tiere od. des Menschen leben

Hä|ma|to|zyt, der; -en, -en (meist Plural) (Med.): ↑Hämozyt

Hä|ma|to|zy|to|ly|se, die; - (Med.): Auflösung der roten Blutkörperchen

Hä|ma|t|u|rie, die; -, ...ien (Med.): Ausscheidung nicht zerfallener (nicht aufgelöster) roter Blutkörperchen mit dem Urin

Ham|bur|ger [auch: ˈhɛmbœːɐ̯gɐ], der; -s, - ‹*dt.-amerik.*; nach der Stadt Hamburg›: aufgeschnittenes weiches, mit gebratenem Hackfleisch u. weiteren Zutaten belegtes Brötchen

Häm|hi|d|ro|se, Häm|hi|d|ro|sis, Hä|m|i|d|ro|se, Hä|m|i|d|ro|sis, die; - ‹*gr.*› (Med.): Absonderung rot gefärbten Schweißes; Blutschwitzen

...hä|mie vgl. ...ämie

Hä|mi|glo|bin, das; -s (Med.): ↑Methämoglobin

Hä|min, das; -s, -e (Med.): Porphyrin-Eisenkomplexsalz, ein Oxidationsprodukt des Häms

Ham|ma|da, Hamada, die; -, -s ‹*arab.*› (Geogr.): Stein- u. Felswüste, die dadurch entstanden ist, dass lockeres Gestein vom Wind weggetragen wurde

Ham|mal, der; -s, -s ‹*arab.*›: Lastträger im Vorderen Orient

Ham|mam, der; -[s], -s ‹*arab.*›: Badehaus im Vorderen Orient

Ham|ming|dis|tanz [ˈhæmɪŋ...], die; - ‹nach dem amerik. Informationstheoretiker R. W. Hamming (20. Jh.)› (EDV): für einen Code (1) charakteristische Größe, deren Maßzahl sich aus den unterschiedlich markierten Binärstellen von zwei Codewörtern ergibt

Ham|mond|or|gel [ˈhɛmənd...],

die; -, -n ‹nach dem amerik. Erfinder Hammond›: elektroakustische Orgel

hä|mo..., Hä|mo...

vor Vokalen meist: häm..., Häm...
‹zu *gr.* haĩma, Gen. haímatos »Blut«›
Wortbildungselement mit der Bedeutung »Blut; blutartig«:
- Hämarthrose
- Hämoglobin
- Hämophilie
- hämostatisch

Von gleicher Herkunft und Bedeutung ist auch das Wortbildungselement **hämato..., Hämato...**, vor Vokalen meist hämat..., Hämat... Es ist Bestandteil vieler Fremdwörter, wie z. B. in Hämatogramm, hämatologisch, Hämatom und Hämatophobie. Die gleiche Herkunft haben auch die im Kasten ...ämie aufgeführten Wortbildungselemente.

Hä|mo|blast, der; -en, -en (meist Plural) ‹*gr.-nlat.*› (Med.): blutbildende Zelle im Knochenmark
Hä|mo|chro|ma|to|se, die; -, -n (Med.): bräunliche Verfärbung von Haut u. Gewebe durch gesteigerte Ablagerung von Eisen od. ↑Hämosiderin; Eisenspeicherkrankheit
Hä|mo|chro|mo|me|ter, das; -s, -: ↑Hämometer
Hä|mo|dia|ly|se, die; -, -n (Med.): Reinigung des Blutes von krankhaften Bestandteilen (z. B. in der künstlichen Niere)
Hä|mo|di|lu|ti|on, die; -, -en (Med.): Verdünnung von Eigenblut zur späteren Transfusion
Hä|mo|dy|na|mik, die; -: Lehre von den physikalischen Grundlagen der Blutbewegung. **hä|mo|dy|na|misch:** die Bewegung des Blutes betreffend
Hä|mo|dy|na|mo|me|ter, das; -s, - (Med. früher): Instrument zur Messung des Blutdrucks. **Hä|mo|fil|t|ra|ti|on,** die; -, -en (Med.): Dialyseverfahren zur Reinigung des Blutes von ansonsten mit dem Urin ausgeschiedenen Substanzen [mithilfe eines kleinporigen Filters]
Hä|mo|glo|bin, das; -s ‹*gr.; lat.*› (Med.): Farbstoff der roten Blutkörperchen (Zeichen: Hb). **hä|mo|glo|bi|no|gen** ‹*gr.; lat.*› (Med.): aus Hämoglobin entstanden, Hämoglobin bildend
Hä|mo|glo|bi|no|me|ter, das; -s, -: ↑Hämometer
Hä|mo|glo|bi|n|u|rie, die; -, ...ien (Med.): Ausscheidung von rotem Blutfarbstoff im Harn
Hä|mo|gramm, das; -s, -e ‹*gr.-nlat.*› (Med.): tabellarische Zusammenfassung der zur Beurteilung eines Blutbildes wichtigen Befunde; Blutbild, Blutstatus
Hä|mo|ko|ni|en, die (Plural) (Med.): kleinste Kern- od. Fettteilchen im Blut
Hä|mo|lym|phe, die; -, -n (Biol.): Blutflüssigkeit wirbelloser Tiere mit offenem Blutgefäßsystem
Hä|mo|ly|se, die; -, -n (Med.): Auflösung der roten Blutkörperchen durch Austritt des roten Blutfarbstoffs
Hä|mo|ly|sin, das; -s, -e (Med.): bakterielles Toxin, das rote Blutkörperchen auflöst
hä|mo|ly|tisch (Med.): roten Blutfarbstoff auflösend, mit Hämolyse verbunden
Hä|mo|me|ter, das; -s, - (Med.): Gerät zur Bestimmung des Hämoglobingehaltes des Blutes
Hä|mo|pa|thie, die; -, ...ien (Med.): Krankheit des Blutes u. der Blut produzierenden Gewebe
Hä|mo|pe|ri|kard, das; -[e]s, -e (Med.): Bluterguss im Herzbeutel
Hä|mo|phi|lie, die; -, ...ien (Med.): Erbkrankheit, bei der die Blutgerinnung gestört ist; Bluterkrankheit
Hä|m|oph|thal|mus, der; - (Med.): Blutung in den Glaskörper des Auges aus Gefäßen des Strahlenkörpers od. der Netzhaut, auch in die Vorderkammer od. Regenbogenhaut; Hämalops
Hä|mo|p|toe, Hä|mo|p|ty|se, Hä|mo|p|ty|sis, die; - (Med.): Aushusten von Blut
Hä|mor|rha|gie, die; -, ...ien (Med.): Blutung. **hä|mor|rha|gisch** (Med.): zu Blutungen führend, mit ihnen zusammenhängend
hä|mor|rho|i|dal (Med.): die Hämorrhoiden betreffend, durch sie hervorgerufen. **Hä|mor|rho|i|de, Hä|mor|ri|de,** die; -, -n (meist Plural) ‹*gr.-lat.*› (Med.): knotenförmig hervortretende Erweiterung der Mastdarmvenen um den After herum. **Hä|mor|ri|de** vgl. Hämorrhoide
Hä|mo|si|de|rin, das; -s ‹*gr.-nlat.*› (Med.): wasserunlöslicher, eisenhaltiger Proteinkomplex, der aus sich auflösendem Blutfarbstoff entsteht. **Hä|mo|si|de|ro|se,** die; -, -n (Med.): vermehrte Ablagerung von Hämosiderin in inneren Organen
Hä|mo|sit, der; -en, -en (meist Plural) (Biol., Zool., Med.): Blutparasit
Hä|mo|spa|sie, die; - (Med.): [trockenes] Schröpfen (örtliche Ansaugung des Blutes in die Haut mittels einer luftleer gemachten Glas- od. Gummiglocke)
Hä|mo|sper|mie, die; - (Med.): Auftreten von Blut im Sperma
Hä|mo|spo|ri|di|um, das; -s, ...ien [...i̯ən] u. ...ia (meist Plural) (Biol., Med.): einzelliger Blutparasit
Hä|mo|s|ta|se, die; -, -n (Med.): **1.** Blutstockung. **2.** Blutstillung. **Hä|mo|s|ta|seo|lo|gie,** die; - (Med.): interdisziplinäre Wissenschaft, die sich mit der Physiologie u. Pathologie der Gerinnung, der Blutstillung, der Fibrinolyse u. der Gefäßwandung beschäftigt
Hä|mo|s|ta|ti|kum, das; -s, ...ka (Med.): Hämostyptikum. **hä|mo|s|ta|tisch:** ↑hämostyptisch
Hä|mo|s|typ|ti|kum, das; -s, ...ka (Med.): Medikament zur Förderung der Blutgerinnung. **hä|mo|s|typ|tisch** (Med.): blutstillend
Hä|mo|the|ra|pie [auch: ...ˈpiː], die; -, ...ien [...iːən] (Med.): **1.** Verabreichung von Blut od. Blutbestandteilen. **2.** Form der Reizkörpertherapie, bei der eine bestimmte Menge körpereigenes Blut nach Entnahme wieder in einen Muskel injiziert wird
Hä|mo|tho|rax, der; -[es] (Med.): ↑Hämatothorax
Hä|mo|to|xi|ko|se, die; -, -n (Med.): auf Vergiftung beruhende Schädigung im Blut bildenden Knochenmark
Hä|mo|to|xin, das; -s, -e (meist Plural) (Med.): die roten Blutkörperchen schädigendes bak-

terielles od. chemisches Blutgift

Hä|mo|zy|a|nin, das; -s (Biol.): blauer Blutfarbstoff mancher wirbellosen Tiere

Hä|mo|zyt, der; -en, -en (meist Plural) (Med.): Blutkörperchen

Hä|mo|zy|to|blast, der; -en, -en (meist Plural): Stammzelle der Hämozyten

Han vgl. [1]Chan

han|deln ['hɛndl̩n] ⟨*engl.*⟩ (ugs.): handhaben, gebrauchen, verfahren

Hand|held ['hɛnthɛlt], das; -s, -s: **a)** kleiner handlicher Computer; **b)** Handgerät zur Steuerung einer Anlage u. Ä.

Han|di|cap, Handikap ['hɛndikɛp], das; -s, -s ⟨*engl.*⟩: **1.** etwas, was für jmdn., etwas eine Behinderung od. ein Nachteil ist. **2.** (Sport) durch eine Vorgabe für den leistungsschwächeren Spieler, für das weniger leistungsfähige Pferd entstehender Ausgleich gegenüber dem Stärkeren

han|di|ca|pen, handikapen [...kɛpn̩]: **1.** eine Behinderung, einen Nachteil für jmdn., etwas darstellen. **2.** jmdm. ein Handicap auferlegen; vgl. gehandikapt

han|di|ca|pie|ren, handikapieren [hɛndika...] (schweiz.): handicapen

Han|di|cap|per, Handikapper [...kɛpɐ], der; -s, - (Sport): jmd., der bei Rennen mit der Festsetzung der Handicaps (2) beauftragt ist; Ausgleicher

Han|di|cap|pe|rin, Handikapperin [...kɛpərɪn], die; -, -nen: weibliche Form zu ↑Handicapper

Han|di|kap ['hɛndikɛp] usw. vgl. Handicap usw.

Hand|kom|mu|ni|on, die; -, -en ⟨*dt.; lat.*⟩: ↑Kommunion (1), bei der die ↑Hostie dem Gläubigen in die Hand gelegt wird

Hand|ling ['hɛ...], das; -[s] ⟨*germ.-engl.*⟩: Handhabung

Hand|ling-Fee, Hand|ling|fee [...fiː], die; -, -s (bes. Bankw.): Bearbeitungsgebühren

Hand|out, Hand-out ['hɛntʔaʊ̯t], das; -s, -s ⟨*engl.*⟩: ausgegebene Informationsunterlage, Informationsschrift (z. B. bei Tagungen, Sitzungen)

Hand|over, Hand-over ['hɛntʔɔʊ̯vɐ], das u. der; -[s], - (Plural selten) ⟨*engl.*⟩ (Telekommunikation): nahtlose Übergabe des Gesprächs mit einem Mobiltelefon von einer Funkzelle in eine andere

Hand|plant ['hændplɑːnt], der; -s, -s ⟨*engl.*⟩: Handstand beim Inlineskating und Snowboarden

Hands [hɛnts], das; -, - ⟨*germ.-engl.*⟩ (Fußball; österr.): Handspiel

Han|d|schar, Kandschar, der; -s, -e ⟨*arab.*⟩ (früher): im Vorderen Orient u. auf dem Balkan gebräuchliche, dolchartige Waffe

Hand|sha|king ['hændʃeɪ̯kɪŋ], das; -s, -s ⟨*engl.*; »Händeschütteln, Begrüßung«⟩ (EDV): Verfahren zur Datenübertragung, bei dem die beteiligten Datenstationen die Absendung u. den Empfang der Daten gegenseitig durch ein [vereinbartes] Signal bestätigen müssen, um weiterarbeiten zu können

Han|dy ['hɛndi], das; -s, -s ⟨anglisierende Bildung⟩: handliches Mobiltelefon

Han|dy|a|ner, der; -s, - (meist abwertend): jmd., der unablässig u. an allen Orten sein Handy benutzt. **Han|dy|a|ne|rin**, die; -, -nen: weibliche Form zu ↑Handyaner

Han|dy|app [...ʔɛp], die; -, -s ⟨*engl.*⟩: für ein Handy konzipierte ↑App

Han|dy|cam, die; -, -s ⟨*engl.*⟩: kleine, handliche Videokamera

Han|dy|man [...mɛn], der; -s, ...men [...mɛn]: Bastler, Heimwerker

Han|dy-TV, das; -[s] (ugs.): auf Handy zu empfangenes Fernsehen

Han|dy|vi|deo, das; -s, -s: mit der Kamera eines Mobiltelefons aufgenommener (kurzer) Videofilm

Ha|ne|fi|te, der; -n, -n (meist Plural) ⟨nach dem Gründer Abu Hanifa⟩: Anhänger einer der Rechtsschulen im sunnitischen Islam, die bes. in der Türkei, in Zentralasien, Afghanistan, Pakistan, Indien u. China verbreitet ist u. in der Auslegung des Moralgesetzes am großzügigsten verfährt

Han|gar [auch: ...'gaːɐ̯], der; -s, -s ⟨*germ.-frz.*⟩: Flugzeug-, Luftschiffhalle

Hang|over, Hang-over ['hæŋʔɔʊ̯vɐ], der; -s ⟨*engl.*⟩: Katerstimmung nach dem Genuss von Alkohol od. Drogen

Han|gul, der; -s, -s ⟨*Hindi*⟩: Kaschmirhirsch (nordindischer Hirsch mit fünfendigem Geweih)

Ha|ni|fe, der; -n, -n ⟨*arab.;* »Rechtgläubiger«⟩: nach dem Koran ein Gottsucher, der schon in vorislamischer Zeit den reinen Glauben bewahrt hat (z. B. Abraham)

Hank [hæŋk], das; -[s], -s ⟨*altnord.-engl.;* eigtl. »Strang, Knäuel«⟩: ein Längenmaß in der Spinnerei

Han|ni|bal ad por|tas!, fälschlich meist: **Han|ni|bal an|te por|tas!** ⟨*lat.;* »Hannibal an (vor) den Toren«; Schreckensruf der Römer im 2. Punischen Krieg⟩ (scherzh.): Achtung! Vorsicht! (es kommt gerade jmd., von dem etwas Unangenehmes o. Ä. zu erwarten ist)

Han|som ['hænzəm], der; -s, -s ⟨nach dem engl. Erfinder J. A. Hansom, 1803–1882⟩: zweirädrige englische Kutsche mit zwei Sitzplätzen u. Verdeck, bei der sich der Kutschbock erhöht hinter den Sitzen befindet

Han|ta|vi|rus, das; -, ...ren (meist Plural) ⟨*korean.; lat.*⟩ (Med.): Gruppe von Viren (1), die eine oft tödlich verlaufende Infektion (2) mit hämorrhagischem Fieber u. Nierenversagen hervorrufen

han|tie|ren ⟨*frz.-niederl.*⟩: (mit einem Gegenstand in der Hand) sichtbar, hörbar tätig, beschäftigt sein

Ha|num, die; - ⟨*türk.* u. *pers.;* »Dame«⟩: Höflichkeitsanrede an Frauen im Türkischen u. Persischen

Ha|o|ma, Hauma, der; - ⟨*awest.*⟩: heiliges Opfergetränk (Pflanzensaft) der ↑Parsen

Ha|o|ri, der; -[s], -s ⟨*jap.*⟩: über dem Kimono getragener knielanger Überwurf mit angeschnittenen Ärmeln

ha|pa|x|anth, ha|pa|x|an|thisch ⟨*gr.-nlat.*⟩ (Bot.): nur einmal blühend u. dann absterbend (von Pflanzen) (Ggs.: pollakanth)

Ha|pax|le|go|me|non, das; -s, ...mena ⟨*gr.*⟩: nur einmal belegtes, in seiner Bedeutung oft

nicht genau zu bestimmendes Wort einer [heute nicht mehr gesprochenen] Sprache
Ha|ph|al|ge|sie, die; - ⟨*gr.-nlat.*⟩ (Med.): übermäßige Schmerzempfindlichkeit der Haut bei jeder Berührung (z. B. bei ↑Hysterie)
ha|p|lo|dont ⟨*gr.-nlat.*⟩ (Biol.): wurzellos u. kegelförmig (von den Zähnen niederer Wirbeltiere u. einiger Nagetiere). **Ha|p|lo|dont,** der; -en, -en (Biol.): einfacher kegelförmiger Zahn
Ha|p|lo|gra|fie, Ha|p|lo|gra|phie, die; -, ...ien: fehlerhafte Auslassung eines von zwei gleichen od. ähnlichen Lauten od. Wortteilen in geschriebenen od. gedruckten Texten (Ggs.: Dittografie)
ha|p|lo|id (Biol.): nur einen einfachen Chromosomensatz aufweisend (Ggs.: diploid)
ha|p|lo|kau|lisch ⟨*gr.; lat.*⟩ (Bot.): einachsig (von Pflanzen, bei denen der Stängel mit einer Blüte abschließt)
Ha|p|lo|lo|gie, die; -, ...ien ⟨*gr.-nlat.*⟩ (Sprachwiss.): Verschmelzung zweier gleicher od. ähnlicher Silben (z. B. Zaube*rin* statt Zaubere*rin*, Ad*ap*tion statt Ad*apta*tion)
Ha|p|lont, der; -en, -en (Biol.): Lebewesen, dessen Zellen einen einfachen Chromosomensatz aufweisen
Ha|p|lo|pha|se, die; -, -n (Biol.): die beim geschlechtlichen Fortpflanzungsprozess regelmäßig auftretende Phase mit nur einem einfachen Chromosomensatz
ha|p|los|te|mon (Bot.): nur einen Staubblattkreis aufweisend (von Blüten)
Hap|pe|ning [ˈhɛpənɪŋ], das; -s, -s ⟨*engl.*⟩: [öffentliche] Veranstaltung von Künstlern, die – unter Einbeziehung des Publikums – ein künstlerisches Erlebnis [mit überraschender od. schockierender Wirkung] vermitteln will
Hap|pe|nist [hɛpə...], der; -en, -en: Künstler, der Happenings veranstaltet. **Hap|pe|nis|tin,** die; -, -nen: weibliche Form zu ↑Happenist
hap|py [ˈhɛpi] ⟨*engl.*⟩: in glückseliger, zufriedener Stimmung
Hap|py End [ˈhɛpi ˈɛnt, ˈhɛpiʔɛnt], das; - -[s], - -s, **Hap|py|end,** das; -[s], -s ⟨»glückliches Ende«⟩: [unerwarteter] glücklicher Ausgang eines Konflikts, einer Liebesgeschichte. **hap|py|en|den** (ugs.): [doch noch] einen glücklichen Ausgang nehmen, ein Happyend finden
Hap|py Few [ˈhɛpi ˈfjuː], die (Plural): glückliche Minderheit
Hap|py Hour [ˈhɛpi ˈaʊ̯ɐ], die; - -, - -s: festgesetzte Zeit, in der in bestimmten Lokalen die Getränke zu einem ermäßigten Preis angeboten werden
Hap|ten, das; -s, -e (meist Plural) ⟨*gr.*⟩ (Med.): organische, eiweißfreie Verbindung, die die Bildung von ↑Antikörpern im Körper verhindert, Halbantigen
Hap|te|re, die; -, -n (meist Plural) ⟨*gr.-nlat.*⟩: Haftorgan bei Pflanzen
Hap|tik, die; - (Psychol.): Lehre vom Tastsinn. **hap|tisch** ⟨*gr.;* »greifbar«⟩ (Med., Psychol.): den Tastsinn betreffend
Hap|to|nas|tie, die; -, ...ien ⟨*gr.-nlat.*⟩ (Bot.): durch Berührungsreiz ausgelöste Pflanzenbewegung
Hap|to|tro|pis|mus, der; -, ...men (Bot.): durch Berührungsreiz ausgelöste Krümmungsbewegung, bes. bei Kletterpflanzen
Ha|ra, die; - ⟨*jap.*⟩: aus Sträuchern u. Kräutern bestehende Vegetationsform in Japan, bes. auf Vulkanhängen
Ha|ra|ki|ri, das; -[s], -s ⟨*jap.*⟩: ritueller Selbstmord durch Bauchaufschlitzen (in Japan); Seppuku
ha|ram ⟨*arab.*⟩: nach islamischem Glauben verboten
Ha|ram [auch: ˈhaːram], der; -s, -s ⟨*arab.*⟩: heiliger, verbotener Bezirk im islamischen Orient
ha|ran|gie|ren ⟨*germ.-it.-frz.*⟩ (veraltet): **1. a)** eine langweilige, überflüssige Rede halten; **b)** jmdn. mit einer Rede, mit einer Unterhaltung langweilen. **2.** anreden, ansprechen
Ha|rap|pa|kul|tur, die; - ⟨nach dem zuerst erforschten Hauptausgrabeplatz Harappa (Pandschab, Pakistan)⟩: eine Hochkultur, die vom 4. bis Anfang des 2. Jahrtausends v. Chr. hauptsächlich im Industal verbreitet war
Ha|rass, der; -es, -e ⟨*frz.*⟩: Lattenkiste, Korb zum Verpacken von Lebensmitteln od. zerbrechlichen Waren wie Glas, Porzellan
Har|dan|ger|ar|beit, die; -, -en ⟨nach der norw. Landschaft Hardanger⟩: Durchbruchstickerei in grobem Gewebe mit quadratischer Musterung
Har|dan|ger|fie|del, die; -, -n: volkstümliches norwegisches Streichinstrument mit vier Griff- u. vier Resonanzsaiten
Hard|bop, der; -[s], -s, **Hard Bop,** der; - -[s], - -s ⟨*amerik.*⟩ (Musik): Jazzstil, der stilistisch eine Fortsetzung, gleichzeitig jedoch eine Glättung u. z. T. Vereinfachung des ↑Bebop darstellt
Hard|co|py [ˈhaːɐ̯tkɔpi], die; -, -s, **Hard Co|py,** die; - -, - -s ⟨*engl.;* »feste (im Sinne von gegenständliche) Kopie«⟩ (EDV): Ausdruck von im Computer gespeicherten Daten od. Texten über einen Drucker (Ggs.: Softcopy)
Hard|core [ˈhaːɐ̯tkɔːɐ̯], der; -s, -s ⟨*engl.;* »harter Kern«⟩: **1.** (Physik) harter innerer Kern von Elementarteilchen. **2.** besonders harte u. aggressive Richtung der Rockmusik. **3.** Kurzform von ↑Hardcoreporno
Hard|core|film vgl. Hardcoreporno
Hard|core|por|no, der; -s, -s: pornografischer Film, in dem geschlechtliche Vorgänge z. T. in Großaufnahme u. mit genauen physischen Details gezeigt werden
Hard|court, der; -s, -s, **Hard Court,** der; - -s, - -s [...kɔːt] ⟨*engl.*⟩ (Tennis): Hartplatz
Hard|co|ver [...kʌvɐ], das; -s, -s ⟨*engl.*⟩: Buch mit festem Einbanddeckel (Ggs.: Paperback)
Hard|disk, die; -, -s, Harddisc, die; -, -s, **Hard Disk,** die; - -, - -s, Hard Disc, die; - -, - -s (EDV): Festplatte
Hard|drink, der; -s, -s, **Hard Drink,** der; - -s, - -s: hochprozentiges alkoholisches Getränk (Ggs.: Softdrink)
Hard Drug [- drag], die; - -, - -s (Jargon): Rauschgift, das süchtig macht
Hard|edge [...ʔɛdʒ], die; - ⟨»harte Kante«⟩: Richtung in der modernen Malerei, die klare geo-

metrische Formen u. kontrastreiche Farben verwendet

Hard|li|ner [...laɪ̯nɐ], der; -s, - ⟨*engl.*⟩: Vertreter eines harten [politischen] Kurses

Hard|rock, der; -[s], **Hard Rock,** der; - -[s] (Musik): Stilrichtung der Rockmusik, für die eine sehr einfache harmonische u. rhythmische Struktur u. extreme Lautstärke kennzeichnend sind

Hard|sel|ling, das; -[s], **Hard Selling,** das; - -[s] [...sɛlɪŋ]: Anwendung von aggressiven Verkaufsmethoden

Hard Skill [ha:ɐ̯t skɪl], der od. das; - -s, - -s ⟨*engl.*⟩ (Wirtsch.): rein fachliche Qualifikation (Ggs.: Soft Skill)

Hard|stuff [...stʌf], der; -s, -s: starkes Rauschgift (z. B. Heroin, LSD)

Hard|top, das od. der; -s, -s ⟨*engl.*⟩: **1.** abnehmbares Verdeck von [Sport]wagen. **2.** Sportwagen mit einem Hardtop (1)

Hard|ware [...wɛ:ɐ̯], die; -, -s (Plural selten) ⟨*engl.;* »harte Ware«⟩ (EDV): Gesamtheit der technisch-physikalischen Teile eines Computers (Ggs.: Software)

Hard Word, das; - -s, - -s, **Hardword,** das; -s, -s [-ˈwœ:ɐ̯d, ...wœ:ɐ̯d] ⟨*engl.;* »schwieriges Wort«⟩ (Sprachwiss.): Wort, das aus dem einheimischen, angestammten Wortschatz nicht abgeleitet werden kann u. deshalb schwerer erlernbar ist u. dem Gedächtnis eher entfällt (z. B. engl. Mund »mouth«, mündlich »oral«)

Har|dy|brem|se [...di...], die; -, -n ⟨nach dem engl. Ingenieur J. G. Hardy⟩: Saugluftbremse für Eisenbahnfahrzeuge

Ha|rem, der; -s, -s ⟨*arab.-türk.;* »das Verbotene«⟩: **1.** (in den Ländern des Islams) abgetrennte Frauenabteilung der Wohnhäuser, zu der kein fremder Mann Zutritt hat. **2. a)** große Anzahl von Ehefrauen eines reichen orientalischen Mannes; **b)** alle im Harem (1) wohnenden Frauen

Hä|re|si|arch, der; -en, -en ⟨*gr.*⟩: Begründer u. geistliches Oberhaupt einer [altkirchlichen] Häresie

Hä|re|sie, die; -, ...i̯en ⟨*gr.-nlat.*⟩: von der offiziellen Kirchenmeinung abweichende Lehre, Irrlehre, Ketzerei

Hä|re|ti|ker, der; -s, - ⟨*gr.-lat.*⟩: jmd., der von der offiziellen Lehre abweicht; Ketzer. **Hä|re|ti|ke|rin,** die; -, -nen: weibliche Form zu ↑Häretiker

hä|re|tisch: vom Dogma abweichend, ketzerisch

Ha|ri|d|schan, Ha|ri|jan, der; -s, -s ⟨*sanskr.;* »Gotteskinder«⟩: Inder, der keiner Kaste angehört; vgl. Paria (1)

Ha|ris|sa, das; -[s] od. die; - ⟨arab.⟩: scharf gewürzte Soße aus Chili, Paprika, Koriander, Kümmel u. a.

Har|le|kin [...ki:n], der; -s, -e ⟨*frz.-it.-frz.*⟩: **1.** Hanswurst, Narrengestalt [der it. Bühne]. **2.** Bärenschmetterling (ein lebhaft gefärbter Nachtfalter). **3.** Sprungspinne. **4.** Zwergpinscher

Har|le|ki|na|de, die; -, -n (veraltend): Possenspiel

har|le|ki|nisch [auch: ...ˈki:...]: nach Art eines Harlekins, [lustig] wie ein Harlekin

Har|ma|ge|don vgl. Armageddon

Har|mat|tan, der; -s ⟨*afrik.*⟩ (Meteorol.): trockener, von der Sahara zur atlantischen Küste Afrikas wehender Nordostwind

Har|mo|nie, die; -, ...i̯en ⟨*gr.-lat.;* »Fügung«⟩: **1.** (Musik) wohltönender Zusammenklang mehrerer Töne od. Akkorde; schöner, angenehmer Klang. **2.** (Archit., bild. Kunst) ausgewogenes, ausgeglichenes, gesetzmäßiges Verhältnis der Teile zueinander; Ebenmaß. **3.** innere u. äußere Übereinstimmung; Einklang; Eintracht

Har|mo|nie|leh|re, die; -, -n: **a)** (ohne Plural) Teilgebiet der Musikwissenschaft, das sich mit den harmonischen Verbindungen von Tönen u. Akkorden im musikalischen Satz befasst; **b)** von einem Musikwissenschaftler od. Komponisten aufgestellte Theorie, die sich mit den harmonischen Verbindungen von Tönen u. Akkorden befasst

Har|mo|nie|mu|sik, die; -: **1.** nur durch Blasinstrumente ausgeführte Musik. **2.** aus Blasinstrumenten bestehendes ↑Orchester (1)

Har|mo|nie|or|ches|ter, das; -s, -: Blasorchester

har|mo|nie|ren: gut zu jmdm. od. zu etwas passen, ein als angenehm empfundenes Ganzes bilden; gut zusammenpassen, -klingen; miteinander übereinstimmen

Har|mo|nik, die; - (Musik): Lehre von der Harmonie (1)

Har|mo|ni|ka, die; -, -s u. ...ken ⟨*gr.-lat.-nlat.*⟩: Musikinstrument, dessen Metallzungen durch Luftzufuhr (durch den Mund bzw. einen Balg) in Schwingung versetzt werden (z. B. Mund-, Zieh- od. Handharmonika)

har|mo|ni|kal (Musik): den Gesetzen der Harmonie (1) folgend, entsprechend

Har|mo|ni|ka|tür, die; -, -en: besonders konstruierte Tür, die wie eine Ziehharmonika zusammengeschoben werden kann; Falttür

Har|mo|ni|ker, der; -s, - ⟨*gr.-lat.*⟩ (Musik): Musiktheoretiker im alten Griechenland

har|mo|nisch: 1. übereinstimmend, ausgeglichen, gut zusammenpassend. **2.** (Musik) den Harmoniegesetzen entsprechend; schön, angenehm klingend; **harmonische Teilung** (Math.): Teilung einer Strecke durch einen Punkt auf der Strecke u. einen außerhalb, sodass gleiche Teilungsverhältnisse entstehen

Har|mo|ni|sche, die; -n, -n (Physik): Schwingung, deren ↑Frequenz (2) ein ganzzahliges Vielfaches einer Grundschwingung ist

har|mo|ni|sie|ren ⟨*gr.-lat.-nlat.*⟩: **1.** (Musik) eine Melodie mit passenden Akkorden od. Figuren begleiten. **2.** in Einklang, in Übereinstimmung bringen, harmonisch gestalten. **Har|mo|ni|sie|rung,** die; -, -en: das Harmonisieren

har|mo|nis|tisch: 1. die gegenseitige Anpassung, Harmonisierung betreffend; nach einem Harmonisierungsplan in Einklang bringend. **2.** nach den Gesetzen der Harmonielehre gestaltet

Har|mo|ni|um, das; -s, ...i̯en od. -s:

Tasteninstrument, dessen Töne von saugluftbewegten Durchschlagzungen erzeugt werden
Har|mo|no|gramm, das; -s, -e (Wirtsch.): grafische Darstellung von zwei oder mehr voneinander abhängigen Arbeitsabläufen, als Hilfe zur Koordination
Har|most, der; -en, -en ⟨*gr.*⟩: Befehlshaber in den von Sparta nach dem Peloponnesischen Krieg besetzten Städten
Har|pa|gon, der; -s, -s ⟨*frz.;* Bühnengestalt von Molière⟩ (veraltet): Geizhals
Har|po|lith [auch: ...'lɪt], der; -s u. -en, -e[n] ⟨*gr.-nlat.*⟩ (Geol.): Sichelstock, konvex u. konkav gekrümmter subvulkanischer Gesteinskörper
Harp|si|chord ['hɑːpsɪkɔːd], das; -s, -s ⟨*spätlat.-frz.-engl.*⟩: engl. Bez. für: Cembalo
Har|pu|ne, die; -, -n ⟨*germ.-frz.-niederl.*⟩: **1.** bes. zum Fang von Fischen u. Meeressäugetieren benutzter Wurfspeer od. pfeilartiges Geschoss mit Widerhaken u. Leine. **2.** (Textiltechnik) an Webautomaten Hilfsmittel zum Einweben der Querfäden
Har|pu|nen|ka|no|ne, die; -, -n: kanonenartiges Gerät zum Abschießen von Harpunen
Har|pu|nier, der; -s, -e: Harpunenwerfer
har|pu|nie|ren: mit der Harpune fangen
Har|py|ie [...jə], die; -, -n ⟨*gr.-lat.*⟩: **1.** (meist Plural) Sturmdämon in Gestalt eines Mädchens mit Vogelflügeln in der gr. Mythologie. **2.** großer süd- und mittelamerik. Raubvogel. **3.** Jungfrauenadler; Wappentier, das den Oberkörper einer Frau hat
Har|ras [a'ra], der; - ⟨nach der frz. Stadt Arras⟩: ein leichtes Kammgarngewebe
Har|ris-Tweed ®, **Har|ris|tweed** ® ['hærɪs...], der; -s ⟨*engl.*⟩: handgesponnener und handgewebter ↑Tweed
Har|tal, das; -s ⟨Kunstw. aus *dt. hart* u. dem chem. Zeichen *Al* = Aluminium⟩: feste, leicht bearbeitbare Aluminiumlegierung
Har|te|beest, das; -s, -s ⟨*niederl.-afrikaans*⟩: Kuhantilope der südafrik. Steppe
Hart|schier, der; -s, -e, selten -s ⟨*lat.-it.;* »Bogenschütze«⟩: Leibwächter
Ha|ru|s|pex, der; -, -e u. Haruspizes [...tseːs] ⟨*lat.*⟩: jmd., der aus den Eingeweiden von Opfertieren wahrsagt (bei Etruskern u. Römern)
Ha|ru|s|pi|zi|um, das; -s, ...ien: Wahrsagung aus den Eingeweiden
Ha|sard, das; -s ⟨*arab.-span.-frz.*⟩: Hasardspiel
Ha|sar|deur [...'døːɐ̯], der; -s, -e (abwertend): jmd., der verantwortungslos handelt u. alles aufs Spiel setzt. **Ha|sar|deu|rin** [...'døːrɪn], die; -, -nen: weibliche Form zu ↑Hasardeur
ha|sar|die|ren: alles aufs Spiel setzen, wagen
Ha|sard|spiel, das; -[e]s, -e: **1.** Glücksspiel. **2.** Unternehmung, bei der jmd. ohne Rücksicht auf andere u. auf sich selbst alles aufs Spiel setzt
Hasch, das; -s (ugs.): kurz für ↑Haschisch
Ha|schee, das; -s, -s ⟨*germ.-frz.*⟩: Gericht aus fein gehacktem Fleisch
Ha|sche|mi|ten vgl. Haschimiden
ha|schen ⟨zu ↑Hasch⟩ (ugs.): Haschisch rauchen od. in anderer Form zu sich nehmen
Ha|scher, der; -s, - (ugs.): jmd., der hascht, der [gewohnheitsmäßig] Haschisch zu sich nimmt. **Ha|sche|rin,** die; -, -nen: weibliche Form zu ↑Hascher
ha|schie|ren ⟨*frz.*⟩: fein hacken, zu ↑Haschee verarbeiten
Ha|schi|mi|den, Haschemiten, die (Plural) ⟨*arab.*⟩: von Mohammed abstammende arabische Dynastie in Irak u. Jordanien
Ha|schisch, das, auch: der; -[s] ⟨*arab.*⟩: aus dem Blütenharz des indischen Hanfs gewonnenes Rauschgift
Hasch|joint, der; -s, -s ⟨*arab.; engl.*⟩ (ugs.): Haschischzigarette
Ha|se|lant, der; -en, -en ⟨*lat.-vulgärlat.-frz.*⟩ (veraltet): Spaßmacher, Narr
ha|se|lie|ren (veraltet): Possen machen; lärmen, toben
Hash|funk|ti|on ['hæʃ...], die; -, -en ⟨zu *engl. to hash* »fein hacken«⟩ (Math., EDV): Funktion, die eine größere Eingabemenge auf eine kleinere Zielmenge abbildet; Streuwertfunktion
Hash|tag ['hæʃtæg], das od. der; -s, -s ⟨*engl.*⟩ (EDV): mit einem vorangestellten Rautezeichen markiertes Schlüssel- od. Schlagwort in einem [elektronischen] Text
Hä|si|ta|ti|on, die; - ⟨*lat.*⟩ (veraltet): Zögern, Zaudern. **hä|si|tie|ren** ⟨»hängen bleiben«⟩ (veraltet): zögern, zaudern
Has|si|um, das; -s ⟨*nlat.;* nach Hassia »Hessen« (weil das Element dort entdeckt wurde)⟩: künstlich hergestelltes chem. Element, ein Transuran (Zeichen: Hs)
Ha|ter ['hɛɪ̯tɐ], der; -s, - ⟨*engl.*⟩: jmd., der öffentlich od. in sozialen Netzwerken Hass[botschaften] verbreitet. **Ha|te|rin** ['hɛɪ̯...], die; -, -nen: weibliche Form zu ↑Hater
Ha|t|schek vgl. Háček
Hat|trick ['hɛtrɪk], der; -s, -s ⟨*engl.*⟩ (Sport): **a)** dreimaliger Erfolg (in einer Meisterschaft o. Ä.); **b)** drei von einem Spieler in unmittelbarer Folge in einem Spielabschnitt erzielte Tore (im Fußball, Handball u. a.)
Hau|bit|ze, die; -, -n ⟨*tschech.;* »Steinschleuder«⟩: Flach- und Steilfeuergeschütz
Hau|ma vgl. Haoma
Hau|sa vgl. Haussa
hau|sie|ren ⟨zu *Haus* mit französierender Endung⟩: mit etwas handeln, indem man von Haus zu Haus geht u. Waren zum Kauf anbietet
Haus|sa, Hausa, das; - ⟨nach dem Volk im mittleren Sudan⟩: afrikanische Sprache, die in West- u. Zentralafrika als Verkehrssprache verwendet wird
Haus|se ['hoːs(ə), oːs], die; -, -n ⟨*lat.-vulgärlat.-frz.*⟩: **1. a)** allgemeiner Aufschwung [in der Wirtschaft]; **b)** Steigen der Börsenkurse (Ggs.: Baisse). **2.** Griff am unteren Bogenende bei Streichinstrumenten, Frosch
Haus|si|er [(h)o'si̯eː], der; -s, -s: Börsenspekulant, der mit Kurssteigerungen rechnet u. deshalb Wertpapiere ankauft (Ggs.: Baissier)
haus|sie|ren: im Kurswert steigen (von Wertpapieren)
Haus|to|ri|um, das; -s, ...ien (meist Plural) ⟨*lat.-nlat.*⟩: **1.** Saugwarze od. -wurzel

pflanzlicher Schmarotzer. **2.** (Bot.) zu einem Saugorgan umgewandelte Zelle im Embryosack der Samenpflanze, die Nährstoffe zum wachsenden ↑Embryo (2) leitet

Haut|bois [(h)o'bo̯a], die; -, - ‹*frz.*›: frz. Bez. für: Oboe

Haute Coif|fure [(h)o:tko̯a'fy:ɐ̯], die; - -: Frisierkunst, die für die Mode tonangebend ist (bes. in Paris u. Rom)

Haute Cou|ture [(h)o:tku'ty:ɐ̯], die; - -: Schneiderkunst, die für die elegante Mode tonangebend ist (bes. in Paris u. Rom). **Haute Cou|tu|ri|er** [(h)o:tkuty'ri̯e:], der; - -s, - -s: Modeschöpfer

Haute Cui|sine [(h)o:tky̆i'zi:n], die; - - ‹*frz.*› (Gastron.): gehobene [französische] Kochkunst

Haute|fi|nance [(h)o:tfi'nɑ̃:s], die; -: Hochfinanz; Finanzgruppe, die politische u. wirtschaftliche Macht besitzt

Haute|lisse [(h)o:t'lɪs], die; -, -n: **1.** Wand- oder Bildteppich, der mit senkrechter Kette gewebt ist. **2.** Webart mit senkrechter Kette

Haute|li̱sse|stuhl, der; -s, ...stühle: Webstuhl für Gobelins u. Teppiche, auf dem die Kette senkrecht läuft; Hochwebstuhl

Haute|ri|vi|en [(h)o:tri'vi̯ɛ̃:], das; -[s] ‹nach dem Ort Hauterive im Kanton Neuenburg (Schweiz)› (Geol.): Stufe der Unterkreide (Erdzeitalter)

Haute|vo|lee [(h)o:tvo'le:], die; - ‹*frz.*› (oft iron.): gesellschaftliche Oberschicht; die feine, bessere Gesellschaft

Haut|gout [o'gu:], der; -s: **1.** eigentümlich scharfer, würziger Geschmack u. Geruch, den das Fleisch von Wild nach dem Abhängen annimmt. **2.** Anrüchigkeit

Haut Mal [o'mal], das; - - (Med.): ↑Grand Mal

Haut|re|li|ef ['o:...], das; -s, -s u. -e: Hochrelief

Haut-Sau|ternes [oso'tɛrn], der; - ‹nach der südwestfrz. Stadt Sauternes›: weißer Bordeauxwein

Ha̱|va|mal, das; -s ‹*altnord.;* »Rede des Hohen«›: Sammlung von Lebensregeln in Sprüchen Odins (Teil der Edda)

[1]**Ha|va̱n|na,** der; -s ‹nach der kubanischen Stadt Havanna›: kubanische Tabaksorte

[2]**Ha|va̱n|na,** die; -, -s: Zigarre aus einer bestimmten kubanischen Tabaksorte

Ha|va|ri̱e, die; -, ...i̱en ‹*arab.-it.-frz.-niederl.*›: **1. a)** durch Unfall verursachter Schaden od. Beschädigung an Schiffen od. ihrer Ladung u. an Flugzeugen; **b)** (österr.) Schaden, Unfall bei einem Kraftfahrzeug. **2.** Beschädigung an Maschinen u. technischen Anlagen

ha|va|ri̱e|ren: a) durch eine Havarie (1a, 2) beschädigt werden; **b)** (österr.) einen Autounfall haben. **ha|va|ri̱ert: a)** durch Havarie (1a, 2) beschädigt; **b)** (österr.) durch einen Unfall beschädigt (von Kraftfahrzeugen)

Ha|va|ri̱st, der; -en, -en: **1.** Eigentümer eines havarierten Schiffes. **2.** beschädigtes Schiff. **Ha|va|ri̱s|tin,** die; -, -nen: weibliche Form zu ↑Havarist (1)

Ha̱|ve|lock, der; -s, -s ‹nach dem engl. General Sir Henry Havelock, 1795–1857›: langer ärmelloser Herrenmantel mit pelerinenartigem Umhang

ha̱ve, pi̱a a̱ni|ma ‹*lat.;* »sei gegrüßt, fromme Seele!«›: Inschrift auf Grabsteinen o. Ä.; vgl. Ave

Ha|ve|re̱i, die; -, -en: ↑Havarie

Ha|vers-Sys|tem ['hɛɪ̯vɐs...] ‹nach dem englischen Arzt Clopton Havers› (Med.): ↑Osteon

Ha|wa̱ii|gi|tar|re, die; -, -n ‹nach den Hawaii-Inseln›: große Gitarre mit leicht gewölbter Decke u. 6–8 Stahlsaiten

Haw|thorne-Ef|fekt, Haw|thorne|ef|fekt ['hɔ:θɔ:n...], der; -[e]s, -e ‹nach einer zwischen 1927 u. 1932 durchgeführten Untersuchung in den Hawthorne-Werken, Chicago› (Psychol., Soziol.): Einfluss, den die bloße Teilnahme an einem Experiment auf die Versuchsperson u. damit auf das Experimentsergebnis auszuüben vermag

Haze [hɛɪ̯z], der; -s [...zɪs] ‹*engl.;* »Dunst(schleier)«›: Smog, der durch unkontrollierte Brände, Brandrodungen od. Naturkatastrophen entsteht

Ha|zi|e̱n|da, die; -, -s, auch: ...den ‹*lat.-span.*›: Landgut, Farm, bes. in Süd- u. Mittelamerika

Ha|zi|en|de̱|ra, die; -, -s: weibliche Form zu ↑Haziendero. **Ha|zi|en|de̱|ro,** der; -s, -s: Besitzer einer Hazienda

HD-Auf|lö|sung [ha:'de:...], die; - ‹*engl.*›: hochauflösende Bildqualität bei ↑HDTV, einem Display, einem digitalen Film o. Ä.

HDTV [ha:de:te:'faʊ̯], das; -[s] ‹Abk. für *engl. h*igh *d*efinition *t*ele*v*ision›: hochauflösendes Fernsehen

Head [hɛd], der; -s, -s ‹*engl.;* eigtl. »Kopf«› (Sprachwiss.): Wort als Trägerelement einer [Satz]konstruktion

Head|ban|ging ['hɛdbɛŋɪŋ], das; -s ‹engl.›: heftiges rhythmisches Nach-vorne-Schleudern des Kopfes als eine Art Tanzbewegung beim Hardrock

Head|crash ['hɛdkræʃ], der; -s, -s ‹*engl.*› (EDV): Hardwareausfall infolge des Aufsetzens des Schreib-Lese-Kopfes auf die Festplatte

Hea|der ['hɛdɐ], der, selten das; -s, - (selten: -s) (EDV): Teil eines Datenpakets, in dem verschiedene Verwaltungsdaten (wie z. B. Adresse od. Paketstatus) enthalten sind

Head|hun|ter ['hɛdhantɐ], der; -s, - ‹*engl.;* »Kopfjäger«›: jmd., der Führungskräfte [durch gezielte Abwerbung] vermittelt. **Head|hun|te|rin,** die; -, -nen: weibliche Form zu ↑Headhunter

Head|hun|ting, das; -s: Vermittlung von Führungskräften

Head|line ['hɛdla̯ɪn], die; -, -s: Schlagzeile; Überschrift in einer Zeitung, Anzeige o. Ä.

Head|li|ner ['hɛdla̯ɪnɐ], der; -s, - ‹*engl.-amerik.*›: Person, Sache, die immer wieder in den Schlagzeilen der Zeitungen, auf Plakaten o. Ä. auftaucht

Head|quar|ter ['hɛdkwɔ:tɐ], das; -s, -s u. - ‹*engl.*›: **1.** Hauptquartier. **2.** Zentrale eines Großunternehmens od. einer Institution

Head|set ['hɛd...], das; -[s], -s ‹*engl.*›: am Kopf befestigtes technisches Gerät (z. B. Freisprechanlage für das Mobiltelefon)

Head-up-Dis|play ['hɛdʔapdɪsplɛɪ̯], das; -s, -s ‹*engl.*› (bes. Fachspr.): Anzeige in einem Fahrzeug, Flugzeug o. Ä., die

Informationen in das Sichtfeld der steuernden Person projiziert, sodass diese den Kopf nicht bewegen muss

Head|wri|ter ['hɛdraɪ̯tɐ], der; -s, - ⟨*engl.;* eigtl. »Hauptschreiber«⟩: Hauptautor (z. B. bei Fernsehserien). **Head|wri|te|rin,** die; -, -nen: weibliche Form zu ↑Headwriter

Health|food, Health-Food ['hɛlθfu:d], das; -[s] ⟨*engl.*⟩: gesundheitsfördernde Kost (ohne chemische Zusätze)

Hea|ring ['hi:rɪŋ], das; -s, -s ⟨*engl.*⟩: [öffentliche] Anhörung, Befragung von Sachverständigen, Betroffenen usw.

He|au|to|s|ko|pie, die; - (Psychol., Med.): visionäre od. halluzinatorische Wahrnehmung der eigenen Person als Doppelgänger; das Sich-selbst-Sehen

Hea|vi|side-Schicht, Hea|vi|side-schicht ['hɛvɪsaɪ̯d...], die; - ⟨nach dem engl. Physiker⟩: elektrisch leitende Schicht der Atmosphäre in etwa 100 km Höhe über dem Erdboden, die mittellange u. kurze elektrische Wellen reflektiert

Hea|vy Me|tal ['hɛvi 'mɛtl̩], das; - -[s] ⟨*engl.;* »Schwermetall«⟩, **Hea|vy Rock** ['hɛvi 'rɔk], der; - -[s] ⟨*engl.*⟩: aggressivere Variante des Hardrocks

Heb|do|ma|dar, der; -s, -e, **Heb|do|ma|da|ri|us,** der; -, ...ien ⟨*gr.-lat.*⟩: katholischer Geistlicher, der im ↑Kapitel (2a) od. Kloster den Wochendienst hat

He|b|os|te|o|to|mie, He|bo|to|mie, die; -, ...ien (Med. früher): ↑Pubeotomie

He|b|ra|i|cum, das; -s ⟨*gr.-lat.*⟩: durch eine Prüfung nachgewiesene Kenntnisse in der hebräischen Sprache, die bes. für das Theologiestudium erforderlich sind

He|b|ra|i|ka, die (Plural) ⟨*gr.-lat.*⟩: Werke über die hebräische Geschichte u. Kultur

He|b|ra|is|mus, der; -, ...men ⟨*nlat.*⟩: stilistisches u. syntaktisches Charakteristikum der hebräischen Sprache in einer anderen Sprache, bes. im griechischen Neuen Testament; vgl. ...ismus/...istik

He|b|ra|ist, der; -en, -en: jmd., der sich wissenschaftlich mit der hebräischen Geschichte u. Sprache beschäftigt. **He|b|ra|is|tik,** die; -: Wissenschaft von der hebräischen Sprache [u. Kultur], bes. als wissenschaftliche Beschäftigung christlicher Gelehrter mit der hebräischen Sprache des Alten Testaments; vgl. ...ismus/...istik. **He|b|ra|is|tin,** die; -, -nen: weibliche Form zu ↑Hebraist. **he|b|ra|is|tisch:** die Erforschung der hebräischen Sprache u. Kultur betreffend

Hedge|fonds, Hedge-Fonds ['hɛdʒfɔ̃:], der; -, - [...fɔ̃:s] ⟨engl.⟩: Investmentfonds mit hochspekulativer Anlagestrategie

Hedge|fund, Hedge-Fund ['hɛdʒfant], der; -s, -s (bes. schweiz.): engl. Bez. für ↑Hedgefonds

Hedge|ge|schäft ['hɛdʒ...], das; -[e]s, -e ⟨*engl.; dt.*⟩: besondere Art eines Warentermingeschäfts (z. B. Rohstoffeinkauf), das zur Absicherung gegen Preisschwankungen mit einem anderen, auf den gleichen Zeitpunkt terminierten Geschäft (z. B. Produktverkauf) gekoppelt wird

He|d|ging ['hɛdʒɪŋ], das; -s, -s ⟨*engl.*⟩: das Ergreifen von Maßnahmen zur Durchführung eines Hedgegeschäfts

He|do|nik, die; - ⟨*gr.*⟩: ↑Hedonismus. **He|do|ni|ker,** der; -s, -: ↑Hedonist. **He|do|ni|ke|rin,** die; -, -nen: weibliche Form zu ↑Hedoniker

he|do|nisch ⟨*gr.*⟩: **1.** (Wirtsch.) Qualitätsänderungen bei der Preisberechnung berücksichtigend. **2.** (Fachspr.) die Annehmbarkeit, Gefälligkeit eines Lebensmittels, z. B. seines Aussehens, Geruchs, Geschmacks, für die menschlichen Sinne betreffend

He|do|nis|mus, der; - ⟨*gr.-nlat.*⟩: in der Antike begründete philosophische Lehre, nach welcher das höchste ethische Prinzip das Streben nach Sinnenlust u. Genuss ist. **He|do|nist,** der; -en, -en: Vertreter der Lehre des Hedonismus. **He|do|nis|tin,** die; -, -nen: weibliche Form zu ↑Hedonist. **he|do|nis|tisch: 1.** den Hedonismus betreffend, auf ihm beruhend. **2.** (Psychol.) das Lustprinzip befolgend

He|d|ro|ze|le, die; -, -n ⟨*gr.-nlat.*⟩ (Med.): Bruch, der durch eine Lücke im Beckenboden zwischen After u. ↑Skrotum bzw. ↑Vagina (1 b) austritt

He|dsch|ra, die; - ⟨*arab.;* »Auswanderung«⟩: Übersiedlung Mohammeds im Jahre 622 von Mekka nach Medina (Beginn der islamischen Zeitrechnung)

He|ge|li|a|nis|mus, der; -: Gesamtheit der philosophischen Richtungen im Anschluss an Hegel

He|ge|mon, der; -en, -en ⟨*gr.*⟩: Fürst, der über andere Fürsten herrscht

he|ge|mo|ni|al ⟨*gr.-nlat.*⟩: **a)** die Vormachtstellung habend; **b)** die Vormachtstellung erstrebend

He|ge|mo|nie, die; -, ...ien ⟨*gr.;* »Oberbefehl«⟩: Vorherrschaft [eines Staates]; Vormachtstellung, Überlegenheit [kultureller, wirtschaftlicher, politischer u. a. Art]

He|ge|mo|ni|kon, das; - ⟨*gr.-lat.*⟩ (Philos.): (in der stoischen Lehre) der herrschende Teil der Seele, die Vernunft

he|ge|mo|nisch ⟨*gr.*⟩: die Hegemonie betreffend

He|gu|me|nos, der; -, ...oi ⟨*gr.*⟩, Igumen, der; -s, - ⟨*ngr.*⟩: Vorsteher eines orthodoxen Klosters

Hei|duck, Haiduck, Haiduk, der; -en, -en ⟨*ung.*⟩ (Geschichte): **1.** Angehöriger einer ungarischen Söldnertruppe im 15. u. 16. Jh., Freischärler zur Unterstützung Österreichs in den Türkenkriegen. **2.** (seit dem 18. Jh.) Diener eines Magnaten in Österreich-Ungarn

Heil|an|äs|the|sie, die; -, -n ⟨*dt.; gr.-nlat.*⟩ (Med. veraltet): ↑Neuraltherapie

Hei|mar|me|ne, die; - ⟨*gr.*⟩ (gr. Philosophie): das unausweichliche Verhängnis, Schicksal

Heim|trai|ner, der; -s, - ⟨*dt.; engl.*⟩: ↑Hometrainer

Hei|ti, das; -[s], -s ⟨*altnord.*⟩: in der altnordischen Dichtung die bildliche Umschreibung eines Begriffs durch eine einfache eingliedrige Benennung (z. B. »Renner« statt »Ross«)

He|ka|tom|be, die; -, -n ⟨*gr.-lat.*⟩: einem unheilvollen Ereignis o. Ä. zum Opfer gefallene, erschütternd große Zahl, Menge von Menschen

Hek|t|ar [auch: ...ˈtaːɐ̯], das, auch: der; -s, -e (aber: 2 -) ‹*(gr.; lat.) frz.*›: Flächen-, bes. Feldmaß (= 100 Ar = 10 000 Quadratmeter) (Zeichen: ha)
Hek|t|a|re, die; -, -n (schweiz.): Hektar
Hek|tik, die; - ‹*gr.-mlat.*›: **1.** übersteigerte Betriebsamkeit, fieberhafte Eile. **2.** (Med. veraltet) krankhafte Abmagerung mit fortschreitendem Kräfteverfall (bes. bei Schwindsucht)
Hek|ti|ker, der; -s, -: **1.** (ugs.) jmd., der voller Hektik (1) ist. **2.** (Med. veraltet) infolge einer schweren Krankheit mager gewordener Patient; Lungenschwindsüchtiger. **Hek|ti|ke|rin,** die; -, -nen: weibliche Form zu ↑Hektiker

hek|tisch: 1. fieberhaft-aufgeregt, von unruhig-nervöser Betriebsamkeit. **2.** (Med. veraltet) in Begleitung der Lungentuberkulose od. anderer schwerer Krankheiten auftretend; **hektische Röte:** [fleckige] Wangenröte des Schwindsüchtigen
Hek|to|graf, Hektograph, der; -en, -en ‹*gr.-nlat.*›: ein Vervielfältigungsgerät. **Hek|to|gra|fie,** Hektographie, die; -, ...ien: **1.** ein Vervielfältigungsverfahren. **2.** eine mit dem Hektografen hergestellte Vervielfältigung. **hek|to|gra|fie|ren,** hektographieren: [mit dem Hektografen] vervielfältigen
Hek|to|gramm [ˈhɛk...], das; -s, -e (aber: 2 -): 100 Gramm (Zeichen: hg)
Hek|to|graph usw. vgl. Hektograf usw.
Hek|to|li|ter [auch, österr. nur: ˈhɛk...], der, auch: das; -s, - ‹*gr.-frz.*›: 100 Liter (Zeichen: hl)
Hek|to|me|ter [auch: ˈhɛk...], der, früher fachspr. auch das; -s, -: 100 Meter (Zeichen: hm)
Hek|to|pas|cal [auch: ˈhɛk...], das; -s, -: 100 Pascal (Zeichen: hPa)
Hek|to|ster [auch: ˈhɛk...], der; -s, -e u. -s (aber: 2 -): Raummaß (bes. für Holz), 100 Kubikmeter
Hek|to|watt [auch: ˈhɛk...], das; -s, -: 100 Watt
He|ku|ba ‹*gr.-lat.*›: griechische mythologische Gestalt (Gemahlin des Königs Priamos, Mutter von Hektor); **jmdm. Hekuba sein, werden** (selten): jmdm. gleichgültig sein, werden; jmdn. nicht [mehr] interessieren (nach Shakespeares »Hamlet«, worin auf die Stelle bei Homer angespielt wird, wo Hektor zu seiner Gattin Andromache sagt, ihn bekümmere seiner Mutter Hekuba Leid weniger als das ihre)
He|lan|ca®, das; - ‹Kunstw.›: hochelastisches Kräuselgarn aus Nylon
Hel|fer|syn|drom (Psychol.): auf der Unfähigkeit, seine Bedürfnisse zu äußern, beruhende psychische Störung, die sich in einem übertriebenen Bedürfnis zu helfen zeigt
he|li..., He|li... vgl. helio..., Helio...
he|li|a|kisch ‹*gr.-lat.*›, helisch ‹*gr.-nlat.*›: zur Sonne gehörend; **helischer Aufgang:** Aufgang eines Sterns in der Morgendämmerung; **helischer Untergang:** Untergang eines Sterns in der Abenddämmerung
He|li|an|the|mum, das; -s, ...themen (Bot.): Sonnenröschen (Zierstaude mit zahlreichen Arten)
He|li|an|thus, der; -, ...then: Sonnenblume (Korbblütler mit großen Blüten)
He|li|ar®, das; -s, -e ‹Kunstw.›: fotografisches Objektiv
he|li|cal vgl. helikal
He|li|co|bac|ter Py|lo|ri [...koˈbak... -], das u. der; -s - ‹*nlat.-gr.; lat.-gr.*› (Med.): spiralförmiges Stäbchenbakterium, das als Hauptursache für Magen- od. Zwölffingerdarmgeschwüre angesehen wird
he|li|kal, helical ‹*gr.-lat.-nlat.*› (Fachspr.): die Form einer ↑Helix (3) besitzend; spiralförmig
He|li|kes [...keːs], die (Plural) ‹*gr.-lat.*›: Volutenranken des korinthischen ↑Kapitells, die nach innen eingerollt sind
He|li|ko|gy|re, die; -, -n ‹*gr.*› (Kristallografie): Schraubenachse; symmetrische Form der Kristallbildung
He|li|kon, das; -s, -s ‹*gr.-nlat.*›: Musikinstrument; Kontrabasstuba mit kreisrunden Windungen (bes. in der Militärmusik verwendet)
He|li|ko|p|ter, der; -s, - ‹*gr.-nlat.*›: Hubschrauber
he|lio..., He|lio..., vor Vokalen meist: **he|li..., He|li...**
He|lio|bio|lo|gie, die; -: Teilbereich der Biologie, bei dem man sich mit dem Einfluss der Sonne auf die ↑Biosphäre befasst. **he|lio|bio|lo|gisch:** die Heliobiologie betreffend
He|lio|dor, der; -s, -e ‹*gr.-nlat.*›: ein Mineral (Edelstein der Beryllgruppe)
He|lio|graf, Heliograph, der; -en, -en: **1.** astronomisches Fernrohr mit fotografischem Gerät für Aufnahmen von der Sonne. **2.** Blinkzeichengerät zur Nachrichtenübermittlung mithilfe des Sonnenlichts. **He|lio|gra|fie,** Heliographie, die; -, ...ien: **1.** (Druckw.) **a)** (ohne Plural) älteres Druckverfahren, das sich der Fotografie bedient; **b)** durch Heliografie (1 a) hergestellte Fotografie. **2.** (ohne Plural) (in der Antike und im Mittelalter) das Übermitteln von Nachrichten mithilfe des Sonnenlichts. **he|lio|gra|fisch,** heliographisch: den Heliografen betreffend
He|lio|graph usw. vgl. Heliograf usw.
He|lio|gra|vü|re, die; -, -n ‹*gr.-frz.*›: **1.** (ohne Plural) ein Tiefdruckverfahren zur hochwertigen Bildreproduktion auf fotografischer Grundlage. **2.** im Heliogravüreverfahren hergestellter Druck
He|lio|me|ter, das; -s, - ‹*gr.*›: Spezialfernrohr zur Bestimmung bes. kleiner Winkel zwischen zwei Gestirnen
he|lio|phil (Biol.): sonnenliebend (Ggs.: heliophob)
he|lio|phob (Biol.): den Sonnenschein meidend (Ggs.: heliophil)
He|li|o|sis, die; - (Med.): **1.** Sonnenstich, Übelkeit und Kopfschmerz infolge längerer Sonnenbestrahlung. **2.** Hitzschlag, Wärmestau im Körper
He|lio|s|kop, das; -s, -e (Astron.): Gerät zur direkten Sonnenbeobachtung, das die Strahlung abschwächt
He|lio|s|tat, der; -[e]s u. -en, -e[n] (Astron.): Gerät mit Uhrwerk u. Spiegel, das dem Sonnenlicht für Beobachtungszwecke stets die gleiche Richtung gibt
He|lio|the|ra|pie [auch: ...ˈpiː],

die; -, ...ien [...i:ən] (Med.): Heilbehandlung mit Sonnenlicht u. -wärme
he|lio|trop: **1.** von der Farbe des [1]Heliotrops (1). **2.** heliotropisch
[1]**He|lio|trop,** das; -s, -e: **1.** Sonnenwende, Zimmerpflanze, deren Blüten nach Vanille duften. **2.** (ohne Plural) blauviolette Farbe (nach den Blüten des Heliotrops). **3.** Sonnenspiegel zur Sichtbarmachung von Geländepunkten
[2]**He|lio|trop,** der; -s, -e: Edelstein (Abart des Quarzes)
He|lio|tro|pin, das; -s ⟨*gr.*⟩: organ. Verbindung, die zur Duftstoff- u. Seifenherstellung verwendet wird
he|lio|tro|pisch (veraltet): fototropisch, lichtwendig (von Pflanzen). **He|lio|tro|pis|mus,** der; - (veraltet): Fototropismus
he|lio|zen|t|risch: die Sonne als Weltmittelpunkt betrachtend (Ggs.: geozentrisch); **heliozentrisches Weltsystem:** von Kopernikus entdecktes u. aufgestelltes Planetensystem mit der Sonne als Weltmittelpunkt
He|lio|zo|on, das; -s, ...zoen (meist Plural) ⟨*gr.-nlat.*⟩: Sonnentierchen (einzelliges, wasserbewohnendes Lebewesen)
He|li|port, der; -s, -s ⟨*gr.-lat.;* Kurzw. aus ↑*Heli*kopter u. ↑Air*port*⟩: Landeplatz für Hubschrauber
he|lisch vgl. heliakisch
He|li|ski|ing [...ski:ɪŋ] ⟨Kunstw. aus *engl. heli*copter u. *skiing*⟩: Skilaufen auf Pisten, zu denen man sich mit einem Hubschrauber bringen lässt
He|li|um, das; -s: chem. Element; ein Edelgas (Zeichen: He)
He|li|um|ion, das; -s, -en: Ion des Heliumatoms
He|lix, die; -, ...ices [...tse:s] ⟨*gr.-lat.;* »spiralig Gewundenes«⟩: **1.** (Med.) der umgebogene Rand der menschlichen Ohrmuschel. **2.** (Zool.) Schnirkelschnecke (z. B. Weinbergschnecke). **3.** (Chemie) wendelförmige Molekülstruktur
He|li|zi|tät, die; - (Physik): Projektion des Spins eines Elementarteilchens auf seine Bewegungsrichtung
hel|ko|gen ⟨*gr.-nlat.*⟩ (Med.): aus einem Geschwür entstanden
Hel|ko|lo|gie, die; - (Med.): Wissenschaft u. Lehre von den Geschwüren
Hel|ko|ma, das; -[s], -ta ⟨*gr.*⟩ (Med.): Geschwür, Eiterung
Hel|ko|se, die; -, -n (Med.): Geschwürbildung
Hel|la|di|kum, das; -s ⟨*gr.-lat.*⟩: bronzezeitliche Kultur auf dem griechischen Festland
hel|la|disch: das Helladikum betreffend
Hel|le|bo|rus, der; -, ...ri ⟨*gr.-lat.*⟩ (Bot.): Vertreter der Gattung der Hahnenfußgewächse (mit Christrose u. Nieswurz)
hel|le|nisch ⟨*gr.*⟩: **a)** das antike Hellas (Griechenland) betreffend; **b)** griechisch (in Bezug auf den heutigen Staat)
hel|le|ni|sie|ren ⟨*gr.-nlat.*⟩: nach griechischem Vorbild gestalten; griechische Sprache u. Kultur nachahmen
Hel|le|nis|mus, der; -: **1.** Griechentum; (nach J. G. Droysen:) die Kulturepoche von Alexander dem Gr. bis Augustus (Verschmelzung des griechischen mit dem orientalischen Kulturgut). **2.** die griechische nachklassische Sprache dieser Epoche (Ggs.: Attizismus [1])
Hel|le|nist, der; -en, -en: **1.** jmd., der sich wissenschaftlich mit dem nachklassischen Griechentum befasst. **2.** (im Neuen Testament) Griechisch sprechender, zur hellenistischen Kultur neigender Jude der Spätantike
Hel|le|nis|tik, die; -: Wissenschaft, die sich mit der hellenischen Sprache u. Kultur befasst
Hel|le|nis|tin, die; -, -nen: weibliche Form zu ↑Hellenist (1)
hel|le|nis|tisch: den Hellenismus (1, 2) betreffend
Hel|le|no|phi|lie, die; -: Vorliebe für die hellenistische Kultur
Hel|le|rist|nin|ger, die (Plural) ⟨*norw.*⟩: Felsenzeichnungen, -bilder der Jungstein- u. Bronzezeit in Schweden u. Norwegen
Hel|min|th|a|go|gum, das; -s, ...ga ⟨*gr.-nlat.*⟩ (Med.): Mittel gegen Wurmkrankheiten
Hel|min|the, die; -, -n (meist Plural) (Med.): Eingeweidewurm
Hel|min|thi|a|sis, die; -, ...thiasen (Med.): durch Wurmbefall verursachte Erkrankung
Hel|min|tho|lo|gie, die; - (Med.): Wissenschaft von den Eingeweidewürmern
Hel|min|tho|se, die; -, -n (Med.): ↑Helminthiasis
He|lo|bi|ae, die (Plural) ⟨*gr.-nlat.*⟩ (Bot.): Pflanzenordnung der Sumpflilien (mit Froschlöffel, Wasserpest u. a.)
He|lo|dea vgl. Elodea
He|lo|des, die; - (Med.): Sumpffieber, Malaria
He|lo|phyt, der; -en, -en: Sumpfpflanze (unter Wasser wurzelnde, aber über die Wasseroberfläche herausragende Pflanze)
He|lot, der; -en, -en, **He|lo|te,** der; -n, -n ⟨*gr.*⟩: Staatssklave im alten Sparta
He|lo|tis|mus, der; - ⟨*gr.-nlat.*⟩: Ernährungssymbiose, aus der eine Art mehr Nutzen hat als die andere
Help, das; -s ⟨*engl.*⟩ (EDV): Einrichtung zur Unterstützung des richtigen Programmablaufs im Computer. **Help|desk, Help-Desk,** der, auch: das; -s, -s ⟨*engl.*⟩: telefonisch od. über Internet zur Verfügung stehender Informationsdienst
Hel|vet, Hel|ve|ti|en [hɛlveˈsjɛ̃:] ⟨*lat.-frz.*⟩ das; -s (Geol.): mittlere Stufe des ↑Miozäns (Erdzeitalter)
Hel|ve|ti|ka, die (Plural) ⟨*lat.*⟩: Werke über die Schweiz (= Helvetien)
hel|ve|tisch ⟨*lat.*⟩: schweizerisch; **Helvetische Konfession, Helvetisches Bekenntnis:** Bekenntnis[schriften] der evangelisch-reformierten Kirche von 1536 u. bes. 1562/66 (Abk.: H. B.)
Hel|ve|tis|mus, der; -, ...men ⟨*lat.-nlat.*⟩: eine innerhalb der deutschen Sprache nur in der Schweiz (= Helvetien) übliche sprachliche Ausdrucksweise (z. B. Blocher = Bohnerbesen)
He|man [ˈhi:mɛn], der; -s, Hemen [ˈhi:mɛn] ⟨*engl.*⟩: besonders männlich u. potent wirkender Mann
he|me|ra|di|a|phor ⟨*gr.*⟩: kulturindifferent, durch Kultureinflüsse weder beeinträchtigt noch begünstigt (von Lebewesen)
He|me|ra|l|o|pie, die; - ⟨*gr.-nlat.*⟩ (Med.): Nachtblindheit

He|me|ro|cal|lis, die; - ‹*gr.*›: Gattung der Taglilien

he|me|ro|phil ‹*gr.*›: kulturliebend (von Tieren und Pflanzen, die Kulturbereiche bevorzugen)

he|me|ro|phob: kulturmeidend (von Tieren und Pflanzen, die nur außerhalb des menschlichen Kulturbereichs optimal zu leben vermögen)

He|me|ro|phyt, der; -en, -en: Pflanze, die nur im menschlichen Kulturbereich richtig gedeiht

He|mi|al|gie, die; -, ...ien ‹*gr.-nlat.*› (Med.): Schmerz auf einer Körperseite (z. B. einseitiger Kopfschmerz, Migräne)

He|mi|an|äs|the|sie, die; -, ...ien ‹*gr.-nlat.*› (Med.): Empfindungslosigkeit einer Körperhälfte

He|mi|an|o|pie, He|mi|an|op|sie, Hemiopie, Hemiopsie, die; -, ...ien (Med.): Halbsichtigkeit, Ausfall einer Hälfte des Gesichtsfeldes

He|mi|ata|xie, die; -, ...ien (Med.): Bewegungsstörungen einer Körperhälfte

He|mi|atro|phie, die; -, ...ien (Med.): Schwund von Organen einer Körperhälfte

He|mi|e|d|rie, die; - (Mineral.): Kristallklasse, bei der nur die Hälfte der möglichen Flächen ausgebildet ist

He|mi|e|pes, der; -, - ‹*gr.*›: [unvollständiger] halber Hexameter

he|mi|fa|zi|al (Med.): halbseitig das Gesicht betreffend

He|mi|g|na|thie, die; -, ...ien ‹*gr.-nlat.*› (Med.): Fehlen od. Unterentwicklung einer Kieferhälfte

He|mi|kra|nie, die; -, ...ien ‹*gr.-lat.*›: Hemialgie

He|mi|kra|ni|o|se, die; -, -n (Med.): halbseitige Schädelvergrößerung (Fehlbildung)

He|mi|kryp|to|phyt, der; -en, -en (Bot.): Pflanze, deren Überwinterungsknospen am Erdboden od. an Erdsprossen sitzen (z. B. Erdbeeren, Alpenveilchen)

He|mi|me|lie, die; -, ...ien (Med.): angeborene ↑transversale Fehlbildung, bei der die Gliedmaßen einer Körperhälfte mehr od. weniger verkümmert sind

He|mi|me|ta|bo|len, die (Plural) (Zool.): Insekten mit unvollständiger Verwandlung. **He|mi|me|ta|bo|lie,** die; - (Zool.): Verwandlung der Insektenlarve zum fertigen Insekt ohne die sonst übliche Einschaltung eines Puppenstadiums

he|mi|morph (Mineral.): an zwei entgegengesetzten Enden verschieden ausgebildet (von Kristallen)

He|mi|mor|phit [auch: ...'fɪt], der; -s, -e: Kalamin

He|mi|o|le, die; -, -n (Musik): **1.** in der ↑Mensuralnotation die Einführung schwarzer Noten zu den seit dem 15. Jh. üblichen weißen (zum Ausdruck des Verhältnisses 2 : 3). **2.** das Umschlagen des zweimal dreiteiligen Taktes in den dreimal zweiteiligen Takt

He|mi|opie, Hemiopsie vgl. Hemianopie

He|mi|pa|re|se, die; -, -n ‹*gr.-nlat.*› (Med.): halbseitige leichte Lähmung

he|mi|pe|la|gisch: 1. dem 200–2700 m tiefen Meer entstammend (von Meeresablagerungen, z. B. Blauschlick). **2.** (Zool.) nicht immer frei schwimmend (von Wassertieren, die im Jungstadium das Wasser bewohnen und sich später am Meeresgrund ansiedeln)

He|mi|ple|gie, die; -, ...ien (Med.): Lähmung einer Körperseite (z. B. bei Schlaganfall); vgl. Monoplegie. **He|mi|ple|gi|ker,** der; -s, - (Med.): halbseitig Gelähmter. **He|mi|ple|gi|ke|rin,** die; -, -nen: weibliche Form zu ↑Hemiplegiker

He|mi|p|te|re, die; -, -n (meist Plural) (Zool.): Halbflügler (Insekten, z. B. Wanzen)

He|mi|spas|mus, der; -, ...men (Med.): halbseitiger Krampf

He|mi|sphä|re, die; -, -n ‹*gr.-lat.*›: **a)** eine der beiden bei einem gedachten Schnitt durch den Erdmittelpunkt entstehenden Hälften der Erde; Erdhälfte, Erdhalbkugel; **b)** Himmelshalbkugel; **c)** (Med.) rechte bzw. linke Hälfte des Großhirns u. des Kleinhirns. **he|mi|sphä|risch**: die Hemisphäre betreffend

He|mi|s|ti|chi|on ‹*gr.*›, **He|mi|s|ti|chi|um,** das; -s, ...ien ‹*gr.-lat.*›: Halbzeile eines Verses, Halb-, Kurzvers in der altgriechischen Metrik

He|mi|s|ti|cho|my|thie, die; - ‹*gr.-nlat.*›: aus Hemistichien bestehende Form des Dialogs im Versdrama; vgl. Stichomythie

He|mi|to|nie, die; -, ...ien ‹*gr.*› (Med.): halbseitiger Krampf mit schnellem Wechsel des Muskeltonus

he|mi|to|nisch (Musik): mit Halbtönen versehen

He|mi|zel|lu|lo|se, chem. fachspr.: Hemicellulose, die; -, -n: aus Polysacchariden zusammengesetzter Bestandteil der pflanzlichen Zellwand

he|mi|zy|k|lisch [auch: ...'tsʏk...]: kreisförmig od. spiralig (von der Anordnung der [Blüten]blätter bei Pflanzen)

Hem|lock|tan|ne, die; -, -n ‹*engl.; dt.*›: Tsuga

He|mo|a|n|op|sie, die; -, ...ien ‹*gr.*› (Med.): ↑Hemianopie

He|na|de, die; -, -n ‹*gr.*› (Philos.): Einheit im Gegensatz zur Vielheit, ↑Monade

Hen|de|ka|gon, das; -s, -e ‹*gr.-nlat.*›: Elfeck

Hen|de|ka|syl|la|bus, der; -, ...syllaben u. ...syllabi ‹*gr.-lat.*›: elfsilbiger Vers; vgl. Endecasillabo

Hen|di|a|dy|oin, das; -[s], -, seltener: **Hen|di|a|dys,** das; -, - ‹*gr.-mlat.;* »eins durch zwei«› (Stilkunde): **1.** die Ausdruckskraft verstärkende Verbindung zweier synonymer Substantive od. Verben (z. B. bitten und flehen). **2.** das bes. in der Antike beliebte Ersetzen eines Attributs durch eine reihende Verbindung mit »und« (z. B.: die Masse *und die hohen Berge* statt: die Masse *der hohen Berge*)

Hen|ding, die; -, -ar ‹*altnord.*›: Silbenreim der nordischen Skalddendichtung, zunächst als Binnenreim neben dem Stabreim, später Endreim (bei den isländischen Skalden)

He|nis|mus, der; - ‹*gr.-nlat.*› (Philos.): Weltdeutung von einem Urprinzip aus

Hen|na, das; -[s], auch die; - ‹*arab.*›: **1.** Kurzform von Hennastrauch (in Asien u. Afrika heimischer Strauch mit gelben bis ziegelroten Blüten). **2.** aus Blättern u. Stängeln des Hennastrauchs gewonnenes rotgelbes Färbemittel für kosmetische Zwecke

Hen|nin [eˈnɛ̃], der, auch: das; -s, -s ‹*frz.*›: (bis ins 15. Jh. von Frauen getragene) hohe, kegelförmige Haube, mit einem von der Spitze herabhängenden Schleier; burgundische Haube

He|no|the|is|mus, der; - ‹*gr.-nlat.*›: religiöse Haltung, die die Hingabe an nur einen Gott fordert, ohne allerdings die Existenz anderer Götter zu leugnen od. ihre Verehrung zu verbieten; vgl. Monotheismus. **he|no|the|is|tisch:** den Henotheismus betreffend

Hen|ri-deux-Stil [ãriˈdø...], der; -[e]s ‹*frz.*›: zweite Stilperiode der französischen Renaissance während der Regierung Heinrichs II. (1547–59)

Hen|ri|qua|t|re [ãriˈkatr(ə)], der; -[s] [...tr(ə)], -s [...tr(ə)]: nach Heinrich IV. von Frankreich benannter Spitzbart

Hen|ry [ˈhɛnri], das; -, - ‹nach dem amerik. Physiker J. Henry, 1797–1878›: Einheit der Induktivität u. des magnetischen Leitwerts (Zeichen: H)

He|or|to|lo|gie, die; - ‹*gr.-nlat.*›: die kirchlichen Feste betreffender Teil der ↑Liturgik. **He|or|to|lo|gi|um,** das; -s, ...ien: kirchlicher Festkalender

He|par, das; -s, Hepata ‹*gr.-lat.*› (Med.): Leber

He|pa|rin, das; -s ‹*gr.-nlat.*› (Med.): aus der Leber gewonnene, die Blutgerinnung hemmende Substanz

He|par|pro|be, die; -, -n: Verfahren zum Nachweis von Schwefel in Schwefelverbindungen

He|pa|t|al|gie, die; -, ...ien (Med.): Leberschmerz, Leberkolik. **he|pa|t|al|gisch** (Med.): die Hepatalgie betreffend; mit Leberschmerzen verbunden

He|pa|t|ar|gie, die; -, ...ien (Med.): Funktionsschwäche der Leber mit Bildung giftiger Stoffwechselprodukte

He|pa|ti|cae [...tsɛ], die (Plural) (Bot.): Lebermoose. **He|pa|ti|ka,** die; -, ...ken (Bot.): Leberblümchen

He|pa|ti|sa|ti|on, die; -, -en (Med.): leberähnliche Beschaffenheit der Lunge bei entzündlichen Veränderungen in der Lunge

he|pa|tisch ‹*gr.-lat.*› (Med.): **a)** zur Leber gehörend; **b)** die Leber betreffend

He|pa|ti|tis, die; -, ...itiden ‹*gr.-nlat.*› (Med.): Leberentzündung

He|pa|to|blas|tom, das; -s, -e ‹*gr.*› (Med.): [vor allem im Kindesalter vorkommender] Tumor der Leber

he|pa|to|gen ‹*gr.-nlat.*› (Med.): **1.** in der Leber gebildet (z. B. von der Gallenflüssigkeit). **2.** von der Leber ausgehend (von Krankheiten)

He|pa|to|gra|fie, He|pa|to|gra|phie, die; - (Med.): röntgenologische Darstellung der Leber nach Injektion von Kontrastmitteln

He|pa|to|lith [auch: ...ˈlɪt], der; -s u. -en, -e[n] (Med.): Gallenstein in den Gallengängen der Leber, Leberstein

He|pa|to|lo|ge, der; -n, -n (Med.): Arzt mit speziellen Kenntnissen auf dem Gebiet der Leberkrankheiten. **He|pa|to|lo|gie,** die; - (Med.): Lehre von der Leber (einschließlich der Gallenwege), ihren Funktionen u. Krankheiten. **He|pa|to|lo|gin,** die; -, -nen: weibliche Form zu ↑Hepatologe. **he|pa|to|lo|gisch:** die Hepatologie betreffend

He|pa|to|me|ga|lie, die; -, ...ien (Med.): Lebervergrößerung

He|pa|to|pan|k|re|as, das; - (Zool.): Anhangdrüse des Darms, die bei manchen Wirbellosen die Funktion der Leber u. Bauchspeicheldrüse gleichzeitig ausübt

He|pa|to|pa|thie, die; -, ...ien (Med.): Lebererkrankung

He|pa|to|phle|bi|tis, die; -, ...itiden (Med.): Entzündung der Venen in der Leber

He|pa|to|p|to|se, die; -, -n (Med.): Senkung der Leber; Wanderleber

He|pa|to|se, die; -, -n (Med.): Schädigung der Leber, die durch den Rückstau von Gallensaft entsteht u. zu Gelbsucht führen kann

He|pa|to|to|x|ä|mie, die; -, ...ien (Med.): Vergiftung durch Abbauprodukte, hauptsächlich Ammoniak, bei Leberversagen

He|pa|to|zyt, der; -en, -en (meist Plural) (Med.): Leberzelle

Heph|th|e|mi|me|res, die; -, - ‹*gr.*›: ↑Zäsur nach sieben Halbfüßen bzw. nach der ersten Hälfte des vierten Fußes im ↑Hexameter; vgl. Penthemimeres, Trithemimeres

Hep|ta|chord [...k...], der od. das; -[e]s, -e ‹*gr.-lat.*› (Musik): Folge von sieben ↑diatonischen Tonstufen (große Septime)

Hep|ta|gon, das; -s, -e: Siebeneck. **hep|ta|go|nal:** siebeneckig

Hep|t|a|me|ron, das; -s ‹*gr.-frz.*›: dem ↑Dekameron nachgebildete Erzählungen der »Sieben Tage« der Margarete von Navarra; vgl. Hexameron

Hep|ta|me|ter, der; -s, - ‹*gr.-nlat.*›: siebenfüßiger Vers

Hep|tan, das; -s, -e: Kohlenwasserstoff mit sieben Kohlenstoffatomen im Molekül

Hep|t|ar|chie, die; - (Geschichte): Staatenbund der sieben angelsächsischen Kleinkönigreiche (Essex, Sussex, Wessex, Northumberland, Ostanglien, Mercien, Kent)

Hep|ta|teuch, der; -[s] ‹*gr.-mlat.*›: die ersten sieben Bücher des Alten Testaments (1.–5. Buch Mose, Josua, Richter); vgl. Pentateuch

Hep|ta|to|nik, die; - ‹*gr.-nlat.*› (Musik): System der Siebentönigkeit

Hep|t|o|de, die; -, -n: Elektronenröhre mit sieben Elektroden

Hep|to|se, die; -, -n (meist Plural) (Biochemie): einfache Zuckerart mit sieben Sauerstoffatomen im Molekül

He|rai|on, Heräon, das; -s, -s ‹*gr.*›: Tempel, Heiligtum der gr. Göttin Hera, bes. in Olympia u. auf Samos

He|ra|k|li|de, der; -n, -n ‹*gr.-lat.*›: Nachkomme des Herakles

He|ra|k|li|te|er, der; -s, -: Schüler u. Anhänger des altgriechischen Philosophen Heraklit

He|ra|k|lith® [auch: ...ˈlɪt], der; -s ‹Kunstw.›: Material für Leichtbauplatten

He|ral|dik, die; - ‹*germ.-mlat.-frz.*›: Wappenkunde, Heroldskunst (von den ↑Herolden [2] entwickelt)

He|ral|di|ker, der; -s, -: Wappenforscher, -kundiger. **He|ral|di|ke|rin,** die; -, -nen: weibliche Form zu ↑Heraldiker

he|ral|disch: die Heraldik betreffend

He|rä|on vgl. Heraion

He|rat, der; -s, -s ‹nach dem Namen der afghanischen Stadt›: dichter, kurz geschorener Teppich in Rot od. Blau

He|ra|ti|mus|ter, das; -s, -: aus Rosetten, Blüten u. Blättern in geometrischer Anordnung bestehendes Teppichmuster
Her|ba|list, der; -en, -en ‹*lat.*›: Heilkundiger, der auf Kräuterheilkunde spezialisiert ist. **Her|ba|lis|tin,** die; -, -nen: weibliche Form zu ↑Herbalist
Her|bar, Her|ba|ri|um, das; -s, ...rien: systematisch angelegte Sammlung gepresster u. getrockneter Pflanzen u. Pflanzenteile
her|bi|kol, herbicol (Zool.): Kräuter bewohnend (von Tieren, die auf grünen Pflanzen leben)
her|bi|vor ‹*lat.-nlat.*›: kräuterfressend (von Tieren, die nur von pflanzlicher Nahrung leben). **Her|bi|vo|re,** der; -n, -n: Tier, das nur pflanzliche Nahrung zu sich nimmt
her|bi|zid: pflanzenvernichtend. **Her|bi|zid,** das; -s, -e: chem. Mittel zur Abtötung von Pflanzen
he|re|die|ren ‹*lat.*› (veraltet): erben
he|re|di|tär: 1. (Biol., Med.) erblich, die Vererbung betreffend. **2.** (Geschichte) auf Erbfolge beruhend; durch die Erbfolge legitimiert
He|re|di|tät, die; -, -en (veraltet): **1.** (Biol., Med.) Weitergabe von Merkmalen an die nächste Generation; Erblichkeit. **2.** (Rechtswiss.) Erbfolge
He|re|do|de|ge|ne|ra|ti|on, die; - ‹*lat.-nlat.*› (Med.): erbliche ↑Degeneration (2) von Nervenzellen in bestimmten Geschlechterfolgen (z. B. bei ↑Chorea Huntington)
He|re|do|pa|thie, die; -, ...ien ‹*lat.-gr.*› (Med.): Erbkrankheit
He|re|ke, der; -s, -s ‹nach einem Ort in der Türkei›: türkischer Knüpfteppich
He|ris, der; -, - ‹nach dem Ort Heris in Iran›: Sammelbezeichnung für verschiedenartige, handgeknüpfte Gebrauchsteppiche aus dem iranischen Aserbaidschan
Her|ko|ga|mie, die; - ‹*gr.-nlat.*› (Bot.): besondere Anordnung der Staubblätter u. Narben zur Verhinderung der Selbstbestäubung bei Pflanzen
Her|ku|les, der; -, -se ‹nach dem Halbgott der griechischen Sage›: Mensch mit großer Körperkraft
Her|ku|les|ar|beit, die; -, -en: anstrengende, schwere Arbeit
her|ku|lisch: riesenstark (wie Herkules)
Her|man|dad [span.: ɛrman'dað], die; - ‹*lat.-span.;* »Bruderschaft«›: **a)** im 13.–15. Jh. Bündnis kastilischer u. aragonesischer Städte gegen Übergriffe des Adels u. zur Wahrung des Landfriedens; **b)** seit dem 16. Jh. eine spanische Gendarmerie; **die heilige Hermandad** (veraltet iron.): die Polizei
Her|mä|on, das; -s ‹*gr.;* »Geschenk des Hermes«› (veraltet): Fund, Glücksfall
Her|m|a|ph|ro|dis|mus vgl. Hermaphroditismus. **Her|m|a|ph|ro|dit,** der; -en, -en ‹*gr.-lat.;* zum Zwitter gewordener Sohn der gr. Gottheiten Hermes u. Aphrodite› (Biol., Med.): Zwitter; Individuum (Mensch, Tier od. Pflanze) mit Geschlechtsmerkmalen von beiden Geschlechtern. **her|m|a|ph|ro|di|tisch** (Biol.; Med.): zweigeschlechtig; zwittrig. **Her|m|a|ph|ro|di|tis|mus,** Hermaphrodismus, der; - ‹*gr.-lat.-nlat.*› (Biol., Med.): Zweigeschlechtigkeit; Zwittrigkeit
Her|me, die; -, -n ‹*gr.-lat.*›: Pfeiler od. Säule, die mit einer Büste gekrönt ist (urspr. des Gottes Hermes)
Her|me|neu|tik, die; - ‹*gr.*›: **1.** wissenschaftliches Verfahren der Auslegung u. Erklärung von Texten, Kunstwerken od. Musikstücken. **2.** metaphysische Methode des Verstehens menschlichen Daseins (in der Existenzphilosophie)
Her|me|neu|ti|ker, der; -s, -: Wissenschaftler für hermeneutische Methoden und Verfahren. **Her|me|neu|ti|ke|rin,** die; -, -nen: weibliche Form zu ↑Hermeneutiker
her|me|neu|tisch: einen Text o. Ä. erklärend, auslegend
Her|me|tik, die; - ‹*gr.-nlat.-engl.*›: **1.** (veraltend) ↑Alchemie (1, 2) u. ↑Magie (1, 3). **2.** luftdichte ↑Apparatur
Her|me|ti|ker, der; -s, - ‹*gr.-nlat.*›: **1.** Anhänger des Hermes Trismegistos, des ägyptisch-spätantiken Gottes der Magie u. Alchemie. **2.** Schriftsteller mit vieldeutiger dunkler Ausdrucksweise (bes. in der alchemistischen, astrologischen u. magischen Literatur). **Her|me|ti|ke|rin,** die; -, -nen: weibliche Form zu ↑Hermetiker
her|me|tisch: 1. a) dicht verschlossen, sodass nichts ein- od. herausdringen kann (z. B. hermetisch verschlossene Ampullen); **b)** durch eine Maßnahme od. einen Vorgang so beschaffen, dass nichts od. niemand eindringen od. hinausgelangen kann (z. B. ein Gebäude hermetisch abriegeln). **2.** vieldeutig, dunkel, eine geheimnisvolle Ausdrucksweise bevorzugend; nach Art der Hermetiker; **hermetische Literatur:** philosophisch-okkultistische Literatur der Hermetiker (2)
her|me|ti|sie|ren: dicht verschließen, luft- u. wasserdicht machen
Her|me|tis|mus, der; -: **1.** Richtung der modernen italienischen Lyrik. **2.** Dunkelheit, Vieldeutigkeit der Aussage als Wesenszug der modernen Poesie
Her|mi|ta|ge [ɛrmi'ta:ʒ(ə)], der; - ‹*frz.*›: frz. Wein aus dem Anbaugebiet um die Gemeinde Tain-l'Hermitage im Rhonetal
Her|nia fe|mo|ra|lis, die ‹*lat.* › (Med.): Eingeweidebruch unterhalb des Leistenbandes; Schenkelhernie
Her|nie [...ni̯ə], die; -, -n ‹*lat.*›: **1.** (Med.) Eingeweidebruch. **2.** (Bot.) krankhafte Veränderungen an Kohlpflanzen (durch Algenpilze hervorgerufen)
Her|nio|to|mie, die; -, ...i̯en ‹*lat.; gr.*› (Med.): Operation zur Korrektur od. Entfernung eines Gewebebruchs
He|roa: Plur. von ↑Heroon
He|ro|en: *Plural* von ↑Heros
He|ro|en|kult, der; -[e]s, -e (Plural selten), **He|ro|en|kul|tus,** der; -, ...kulte (Plural selten): Heldenverehrung
He|ro|i|de, die; -, -n (meist Plural): Heldenbrief, von Ovid geschaffene Literaturgattung (Liebesbrief eines Heroen od. einer Heroin)
He|ro|ik, die; -: Heldenhaftigkeit
[1]**He|ro|in,** die; -, -nen ‹*gr.-lat.*›: **1.** Heldin. **2.** (Theater) Heroine
[2]**He|ro|in,** das; -s ‹*gr.-nlat.*›: aus ei-

nem weißen, pulverförmigen Morphinderivat bestehendes, sehr starkes, süchtig machendes Rauschgift

He|ro|i|ne, die; -, -n ⟨*gr.-lat.*⟩: Darstellerin einer Heldenrolle auf der Bühne

He|ro|i|nis|mus, der; - (Med.): Heroinsucht

he|ro|isch ⟨*gr.-lat.*⟩: heldenmütig, heldenhaft; **heroische Landschaft:** a) großes Landschaftsbild mit Gestalten der antiken Mythologie (17. Jh.); b) Bild, das eine dramatisch bewegte, monumentale Landschaft darstellt (19. Jh.); **heroischer Vers:** Vers des Epos

he|ro|i|sie|ren ⟨*gr.-lat.-nlat.*⟩: als Helden verherrlichen, zum Helden erheben. **He|ro|i|sie|rung,** die; -, -en: das Heroisieren, das Heroisiertwerden. **He|ro|is|mus,** der; -: Heldentum, Heldenmut

He|rold, der; -[e]s, -e ⟨*germ.-frz.*⟩: **1.** (früher) jmd., der eine Botschaft überbringt, der etwas verkündet. **2.** (früher) wappenkundiger Hofbeamter im Mittelalter

He|rolds|kunst, die; - (veraltet): Heraldik

He|rolds|li|te|ra|tur, die; -: mittelalterliche Literatur, in der die Beschreibung fürstlicher Wappen mit der Huldigung ihrer gegenwärtigen od. früheren Träger verbunden wird; Wappendichtung

He|rons|ball, der; -s, ...bälle ⟨nach dem altgr. Mathematiker Heron⟩: Gefäß mit Röhre, in dem Wasser mithilfe des Drucks zusammengepresster Luft hochgetragen od. ausgespritzt wird (z. B. ein Parfümzerstäuber)

He|ro|on, das; -s, ...roa ⟨*gr.*⟩: Grabmal u. Tempel eines Heros (1)

He|ros, der; -, ...oen ⟨*gr.-lat.*⟩: **1.** (in der gr. Mythologie) zwischen Göttern u. Menschen stehender Held, Halbgott, der im Leben große Taten vollbracht u. nach seinem Tod die Fähigkeit erlangt hat, den Menschen aus eigener Macht Hilfe zu leisten. **2.** heldenhafter Mann, Held

He|ro|s|t|rat, der; -en, -en ⟨nach dem Griechen Hēróstratos, der 356 v. Chr. den Artemistempel zu Ephesus in Brand steckte, um berühmt zu werden⟩ (bildungsspr.): Verbrecher aus Ruhmsucht. **He|ro|s|t|ra|tentum,** das; -s: durch Ruhmsucht motiviertes Verbrechertum. **he|ro|s|t|ra|tisch:** aus Ruhmsucht Verbrechen begehend

He|ro|tricks|ter [ˈhiːrɔʊ̯ˈtrɪkstɐ], der; -s, - ⟨*gr.-engl.;* »Held-Gauner«⟩: **1.** listiger, oft selbst betrogener Widersacher des Himmelsgottes in vielen Religionen. **2.** der Teufel im Märchen

Her|p|an|gi|na, die; -, ...nen ⟨*gr.-nlat.*⟩ (Med.): [hauptsächlich im Kindesalter auftretende] Entzündung der Mundhöhle [mit Bläschenbildung]

Her|pes, der; - ⟨*gr.-lat.*⟩ (Med.): Sammelbez. für Infektionen [mit Bläschenbildung], die durch verschiedene Herpesviren verursacht werden

Her|pes Zos|ter [auch: - ˈtsɔstɐ], der; - -, Zoster, der; -s ⟨*gr.-nlat.*⟩ (Med.): Viruserkrankung mit Hautbläschen in der Gürtelgegend; Gürtelrose

her|pe|ti|form ⟨*gr.; lat.*⟩ (Med.): mit der Bildung von Bläschen einhergehend; herpesartig

her|pe|tisch (Med.): **a)** den Herpes betreffend; **b)** die Charakteristika von Herpes aufweisend

Her|pe|to|lo|gie, die; - ⟨*gr.-nlat.*⟩ (Zool.): Kriechtierkunde (Wissenschaft von den ↑ Amphibien u. ↑ Reptilien)

Herz|beu|tel|tam|po|na|de, die; - ⟨*dt.; germ.-frz.*⟩ (Med.): Flüssigkeitsansammlung im Herzbeutel

Herz|in|farkt, der; -[e]s, -e ⟨*dt.; lat.-nlat.*⟩: ↑ Myokardinfarkt

Herz|in|suf|fi|zi|enz, die; - ⟨*dt.; lat.*⟩ (Med.): Herz[muskel]schwäche

her|zy|nisch ⟨nach dem lat. antiken Namen Hercynia silva »Herzynischer Wald« für das dt. Mittelgebirge⟩ (Geol.): parallel zum Harznordrand von NW nach SO verlaufend (von ↑ tektonischen Strukturen)

Hes|pe|re|tin, das; -s ⟨*gr.*⟩: zu den Flavonen gehörender Pflanzenfarbstoff

Hes|pe|ri|de, die; -, -n (meist Plural): **1.** weibliche Sagengestalt in der gr. Mythologie. **2.** (Biol.) Dickkopffalter

Hes|pe|ri|din, das; -s (Chemie, Med.): ↑ Flavonoid aus Orangenschalen, das gegen venöse Beinbeschwerden (Krampfadern) eingesetzt wird

Hes|pe|ri|en [...i̯ən], das; -s ⟨*gr.-lat.*⟩ (dichter.): in antiker Literatur Name Italiens, dann auch Spaniens

Hes|pe|ros, Hes|pe|rus, der; -: der Abendstern in der gr. Mythologie

Hes|si|an [ˈhɛsiən], das od. der; -s ⟨*engl.*⟩: grobes, naturfarbenes Jutegewebe in Leinenbindung für Säcke u. a.

He|sy|chas|mus [...ç...], der; - ⟨*gr.-nlat.*⟩: im orthodoxen Mönchtum der Ostkirche eine mystische Bewegung, die durch stille Konzentration das göttliche Licht (↑ Taborlicht) zu schauen sucht

He|sy|chast [...ç...], der; -en, -en: Anhänger des Hesychasmus

He|tä|re, die; -, -n ⟨*gr.;* »Gefährtin«⟩: **a)** in der Antike [hochgebildete, politisch einflussreiche] Freundin, Geliebte bedeutender Männer; **b)** ↑ Prostituierte

He|tä|rie, die; -, ...i̯en ⟨*gr.-lat.*⟩: [alt]gr. (meist geheime) politische Verbindung; **Hetärie der Befreundeten:** gr. Geheimbund zur Befreiung von den Türken

he|ter..., He|ter... vgl. hetero..., Hetero...

he|te|ro [auch: ˈhɛ...] ⟨*gr.*⟩: Kurzform von ↑ heterosexuell. **He|te|ro,** der; -s, -s u. die, -, -s: heterosexuelle Person (Ggs.: ²Homo)

he|te|ro..., He|te|ro...

vor Vokalen gelegentlich: he|ter..., He|ter...
⟨*gr.* héteros »der andere; anders«⟩
Präfix mit der Bedeutung »anders, fremd, ungleich, verschieden«:
- heterogen
- Heteronym
- heterosexuell

he|te|ro|blas|tisch: **1.** (Bot.) unterschiedlich ausgebildet (von Jugend- u. Folgeformen von Blättern). **2.** (Mineral.) unterschiedlich entwickelt (in Bezug auf die Korngröße bei metamorphen Gesteinen)

he|te|ro|chla|my|de|isch [...çla...] (Bot.): verschieden ausgebildet (von Blüten mit verschiedenartigen Blütenhüllblättern, d. h. mit einem Kelch u. andersfarbigen Kronenblättern)

He|te|ro|chro|mie [...kro...], die; -, ...ien (Biol., Med.): unterschiedliche Farbe beider Augen

He|te|ro|chro|mo|som, das; -s, -en (Biol., Med.): geschlechtsbestimmendes ↑Chromosom

He|te|ro|chy|lie [...çy...], die; - (Med.): wechselnder Salzsäuregehalt des Magensafts

he|te|ro|cy|c|lisch [auch: ...'tsʏk...] vgl. heterozyklisch

he|te|r|o|dont: **1.** mit verschieden gestalteten Zähnen (vom Gebiss der Säugetiere mit Schneide-, Eck- u. Backenzähnen) (Ggs.: homodont). **2.** Haupt- u. Nebenzähne besitzend (vom Schalenverschluss mancher Muscheln). **He|te|r|o|don|tie,** die; - (Biol.): das Ausgestattetsein mit verschieden gestalteten Zähnen (z. B. beim Gebiss des Menschen)

he|te|ro|dox ‹*gr.-mlat.*›: **1.** von der herrschenden Lehre abweichend (bes. Religions-, Wirtschaftslehre). **2.** (Schach) Schachprobleme betreffend, die nicht den normalen Spielbedingungen entsprechen, dem Märchenschach (vgl. Fairychess) angehörend. **He|te|ro|do|xie,** die; -, ...ien ‹*gr.*› (Rel.): Lehre, die von der offiziellen, kirchlichen abweicht

he|te|ro|dy|na|misch ‹*gr.-nlat.*› (Bot.): ungleichwertig in Bezug auf die Entwicklungstendenz (von zwittrigen Blüten, deren weibliche od. männliche Organe so kräftig entwickelt sind, dass sie äußerlich wie eingeschlechtige Blüten erscheinen)

he|te|ro|fon, heterophon: **1.** (Musik) im Charakter der Heterofonie. **2.** (Sprachwiss.) verschieden lautend, besonders bei gleicher Schreibung (z. B. *Rentier* [rɛn'tie:] = Rentner gegenüber *Rentier* ['rɛnti:ɐ̯] = Ren). **He|te|ro|fo|nie,** Heterophonie, die; - (Musik): auf der Grundlage eines bestimmten Themas improvisiertes Zusammenspiel von zwei od. mehr Stimmen, die tonlich u. rhythmisch völlig selbstständig spontan durch bestimmte Verzierungen vom Thema abweichen (Ggs.: Unisono)

he|te|ro|ga|me|tisch ‹*gr.-nlat.*› (Biol.): verschiedengeschlechtige ↑Gameten bildend

He|te|ro|ga|mie, die; -, ...ien (Soziol.): Ungleichartigkeit der Gatten bei der Partnerwahl (z. B. in Bezug auf Alter, Gesellschaftsklasse, Konfession) (Ggs.: Homogamie)

he|te|ro|gen: einer anderen Gattung angehörend; uneinheitlich, aus Ungleichartigem zusammengesetzt (Ggs.: homogen)

He|te|ro|ge|ne|se, die; - (Med.): anormale, gestörte Gewebebildung

He|te|ro|ge|ni|tät, die; -: Ungleichartigkeit, Verschiedenartigkeit, Uneinheitlichkeit (Ggs.: Homogenität)

He|te|ro|go|nie, die; -: **1.** (Philos.) die Entstehung aus Andersartigem (Ggs.: Homogonie). **2.** (Philos.) das Entstehen von anderen Wirkungen als den ursprünglich beabsichtigten, die wiederum neue Motive verursachen können (nach Wundt). **3.** (Biol.) besondere Form des ↑Generationswechsels bei Tieren (z. B. bei Wasserflöhen), wobei auf eine sich geschlechtlich fortpflanzende Generation eine andere, die sich aus unbefruchteten Eiern entwickelt, folgt

he|te|ro|grad: (in der Statistik) auf ↑quantitative Unterschiede gerichtet (Ggs.: homograd)

he|te|ro|graf, heterograph (Sprachwiss.): Heterografie aufweisend. **He|te|ro|gra|fie,** Heterographie, die; - (Sprachwiss.): **1.** unterschiedliche Schreibung von Wörtern mit gleicher Aussprache (z. B. viel – fiel). **2.** Verwendung gleicher Schriftzeichen für unterschiedliche Laute (z. B. *ch* im Deutschen für den Achlaut und den Ichlaut)

He|te|ro|gramm, das; -s, -e: Schreibweise mit andersartigen Schriftzeichen (z. B. Zahlzeichen anstelle des ausgeschriebenen Zahlworts)

He|te|ro|hyp|no|se, die; -, -n: Versenkung in ↑Hypnose durch Fremde (Ggs.: Autohypnose)

He|te|ro|kar|pie, die; - (Bot.): das Auftreten verschieden gestalteter Früchte bei einem Pflanzenindividuum

he|te|ro|klin (Bot.): sich durch Fremdbestäubung fortpflanzend (von Pflanzen)

He|te|ro|kli|sie, die; - (Sprachwiss.): ↑Deklination (1) eines ↑Substantivs mit wechselnden Stämmen (z. B. gr. *hēpar,* Genitiv: *hēpatos* »Leber«)

he|te|ro|kli|tisch ‹*gr.*› (Sprachwiss.): in den Deklinationsformen verschiedene Stämme aufweisend (von Substantiven)

He|te|ro|kli|ton, das; -s, ...ta ‹*gr.-lat.*› (Sprachwiss.): Nomen, das eine, mehrere od. alle Kasusformen nach mindestens zwei verschiedenen Deklinationstypen bildet oder bei dem sich verschiedene Stammformen zu einem Paradigma ergänzen, z. B. der Staat, des Staates (stark), die Staaten (schwach); vgl. Heteroklisie

he|te|ro|log (bes. Med.): **1.** abweichend, nicht übereinstimmend. **2.** artfremd; **heterologe Insemination:** künstliche Befruchtung mit nicht vom Partner stammendem Samen

he|te|ro|mer (Bot.): verschieden gegliedert (von Blüten, in deren verschiedenen Blattkreisen die Zahl der Glieder wechselt) (Ggs.: isomer). **He|te|ro|me|rie,** die; -: **1.** (Bot.) unterschiedliche Gliederung in Bezug auf die Blattkreise einer Blüte, die alle unterschiedlich viele Glieder aufweisen. **2.** (Med.) Form der Polygenie, bei der mehrere Gene für die Ausprägung einer Eigenschaft verantwortlich sind

He|te|ro|me|ta|bo|lie, die; -, ...ien (Biol.): schrittweise ↑Metamorphose bei Insekten ohne Puppenstadium

he|te|ro|morph ‹*gr.*› (Physik, Chemie): anders-, verschiedengestaltig; auf andere, verschiedene Weise gebildet, gestaltet. **He|te|ro|mor|phie,** die; -, **He|te|ro|mor|phis|mus,** der; - ‹*gr.-nlat.*›: **1.** (Chemie) Eigenschaft mancher Stoffe, verschiedene Kristallformen zu bilden. **2.** (Biol.) **a)** (bei einem Tierstock) das Auftreten heteromorpher Lebewesen innerhalb einer Art (z. B. Fress-, Geschlechts- u. Schwimmpolypen bei Nesseltieren); **b)** (bei einem Tierstaat) das Auftreten heteromorpher Lebewesen innerhalb einer Art (z. B. Königin, Arbeiterin, Soldat bei Ameisen); **c)** das Auftreten heteromorpher Lebewesen innerhalb einer Art (im ↑Generationswechsel)

He|te|ro|mor|ph|op|sie, die; -, ...ien (Med.): Wahrnehmungsstörung, bei der ein Gegenstand von jedem Auge anders wahrgenommen wird

He|te|ro|mor|pho|se, die; -, -n (Biol.): das Entstehen von Organen od. Organteilen an atypischer Stelle bei Regenerationsvorgängen (z. B. ein Bein anstelle eines Fühlers bei Krebsen)

he|te|ro|nom: 1. (Philos.) fremdgesetzlich, von fremden Gesetzen abhängend. **2.** (Zool.) ungleichwertig (von den einzelnen Abschnitten bei Gliedertieren, z. B. Insekten) (Ggs.: homonom). **He|te|ro|no|mie,** die; -: **1.** Fremdgesetzlichkeit, von außen her bezogene Gesetzgebung. **2.** (Philos.) Abhängigkeit von anderer als der eigenen sittl. Gesetzlichkeit (Ggs.: Autonomie [2]). **3.** (Zool.) Ungleichwertigkeit, Ungleichartigkeit (z. B. der einzelnen Abschnitte bei Gliedertieren) (Ggs.: Homonomie)

he|te|r|o|nym (Sprachwiss.): die Heteronymie (1, 2) betreffend. **He|te|r|o|nym,** das; -s, -e: **1.** Wort, das von einer anderen Wurzel (einem anderen Stamm) gebildet ist als das Wort, mit dem es (sachlich) eng zusammengehört, z. B. *Schwester – Bruder* im Gegensatz zu gr. *adelphḗ* »Schwester« – *adelphós* »Bruder«; vgl. Heteronymie (1). **2.** Wort, das in einer anderen Sprache, Mundart od. einem anderen Sprachsystem dasselbe bedeutet (z. B. dt. *Bruder* / frz. *frère*, südd. *Samstag* / nordd. *Sonnabend*). **He|te|r|o|ny|mie,** die; - ‹*gr.*› (Sprachwiss.): **1.** Bildung sachlich zusammengehörender Wörter von verschiedenen Wurzeln (Stämmen). **2.** das Vorhandensein mehrerer Wörter aus verschiedenen Sprachen, Mundarten od. Sprachsystemen bei gleichbleibender Bedeutung

he|te|ro|phag (Biol.): **1.** sowohl pflanzliche wie tierische Nahrung fressend (von Tieren). **2.** auf verschiedenen Wirtstieren od. Pflanzen schmarotzend (von Parasiten) (Ggs.: homophag)

He|te|ro|phe|mie, die; -: ↑Paraphasie

he|te|ro|phob: von ↑Heterophobie geprägt. **He|te|ro|pho|bie,** die; -, ...ien: **a)** (Soziol., Psychol.) ausgeprägte Abneigung gegen alles, was anders als man selbst geartet ist, was von der [gesellschaftlichen] Norm abweicht; **b)** (Psychol.) Angst vor dem anderen Geschlecht

he|te|ro|phon usw. vgl. heterofon usw.

He|te|ro|pho|rie, die; - ‹*gr.-nlat.*› (Med.): latentes Schielen, das auftritt, wenn das beidäugige Sehen aufgehoben ist

He|te|ro|phyl|lie, die; - (Bot.): das Auftreten verschieden gestalteter Laubblätter bei einem Pflanzenindividuum

He|te|ro|pla|sie, die; -, ...ien (Med.): untypisches Zell- od. Gewebewachstum, bes. bei bösartigen Tumoren

He|te|ro|plas|tik, die; -, -en (Med.): Transplantation von Gewebe auf einen Organismus einer anderen Art (z. B. Ersatz einer menschlichen Herzklappe durch die eines Schweins) (Ggs.: Homöoplastik)

he|te|ro|p|lo|id (Biol.): abweichend (von Zellen, deren Chromosomenzahl von der einer normalen, ↑diploiden Zelle abweicht)

he|te|ro|po|lar (Physik, Chemie): entgegengesetzt elektrisch geladen; **heteropolare Bindung:** Zusammenhalt zweier Molekülteile durch entgegengesetzte elektr. Ladung (Anziehung) beider Teile

He|te|ro|p|te|ra, He|te|ro|p|te|ren, die (Plural) (Zool.): Wanzen

He|te|ro|rhi|zie, die; - (Bot.): Verschiedenwurzeligkeit, das Auftreten verschiedenartiger Wurzeln mit verschiedenen Funktionen an einer Pflanze

He|te|ro|se|mie, die; -, ...ien (Sprachwiss.): abweichende, unterschiedliche Bedeutung des gleichen Wortes in verschiedenen Sprachsystemen (z. B. bedeutet *schnuddelig* im Obersächsischen *unsauber*, im Berlinischen *lecker*)

He|te|ro|se|xu|a|li|tät, die; - (Med., Psychol.): auf das andere Geschlecht gerichtetes Geschlechtsempfinden (Ggs.: Homosexualität). **he|te|ro|se|xu|ell** (Med., Psychol.): in seinem sexuellen Empfinden und Verhalten zum anderen Geschlecht hinneigend (Ggs.: homosexuell). **He|te|ro|se|xu|el|le,** der u. die; -n, -n: männliche bzw. weibliche heterosexuelle Person

He|te|ro|sis, die; - ‹*gr.*; »Veränderung«› (Biol.): das Auftreten einer im Vergleich zur Elterngeneration [in bestimmten Merkmalen] leistungsstärkeren ↑Filialgeneration

He|te|ro|s|ke|das|ti|zi|tät, die; -, -en ‹*gr.*› (Statistik): signifikante Ungleichheit in der Streuung der Ergebnisse von Stichproben in Bezug auf die einer Erhebung zugrunde liegende statistische Gesamtheit

He|te|ro|som, das; -s, -en ‹*gr.-nlat.*› (Biol.): ↑Heterochromosom

He|te|ro|sper|mie, die; - (Biol.): verschiedenartige Samenausbildung bei derselben Art (z. B. bei Schnecken)

He|te|ro|sphä|re, die; - (Meteorol.): oberer Bereich der Erdatmosphäre (etwa ab 120 km Höhe) (Ggs.: Homosphäre)

he|te|ro|spor ‹*gr.*; *dt.*› (Bot.): geschlechtlich differenzierte Sporen aufweisend. **He|te|ro|spo|rie,** die; - ‹*gr.-nlat.*› (Bot.): Ausbildung von geschlechtsspezifisch unterschiedlich großen Sporen

He|te|ro|ste|reo|typ, das; -s, -e ‹*gr.-engl.*› (Soziol.): Vorstellung, Vorurteil, das Mitglieder einer Gruppe od. Gemeinschaft von anderen Gruppen besitzen

He|te|ro|struk|tur, die; -, -en (Physik): Materialkombination aus verschiedenen chemisch verwandten Materialien mit gleicher od. ähnlicher Gitterstruktur (z. B. für elektronische Bauelemente)

He|te|ro|sty|lie, die; - ‹*gr.-nlat.*›

(Bot.): das Vorkommen mehrerer Blütentypen auf verschiedenen Pflanzenindividuen derselben Art (Ggs.: Homostylie)
He|te|ro|ta|xie, die; -, ...ien (Med.): spiegelbildliche Verlagerung der Eingeweide im Bauch
He|te|ro|te|leo|lo|gie, He|te|ro|te|lie, die; - (Philos.): Unterordnung unter fremde, durch anderes bestimmte Zwecke
he|te|ro|therm (Zool.): wechselwarm; die eigene Körpertemperatur der Temperatur der Umgebung angleichend (von Kriechtieren)
He|te|ro|to|nie, die; -, ...ien (Med. veraltet): ständiges Schwanken des Blutdrucks zwischen normalen u. erhöhten Werten

he|te|ro|top (Med.): an atypischer Stelle, am falschen Ort vorkommend od. entstehend
He|te|ro|to|pie, die; -, ...ien (Med.): Entstehung von regelgerecht funktionierendem Gewebe an einem anatomisch unüblichen Ort (z. B. von Knorpelgewebe im Hoden). **he|te|ro|to|pisch: 1.** (Geol.) in verschiedenen Räumen gebildet (von Gestein) (Ggs.: isotopisch). **2.** (Philos.) einen Ort bildend, der die Realisierung einer Utopie darstellt. **3.** (Med.) ↑heterotop
He|te|ro|trans|plan|ta|ti|on, die; -, -en (Med.): ↑Heteroplastik
he|te|ro|trop (Biol., Physik): ↑anisotrop
he|te|ro|troph (Biol.): in der Ernährung auf Körpersubstanz od. Stoffwechselprodukte anderer Organismen angewiesen (Ggs.: autotroph). **He|te|ro|tro|phie,** die; - (Biol.): Ernährung aus organischen Stoffen bei nicht grünen (heterotrophen) Pflanzen, Tieren und Menschen
he|te|ro|zerk (Zool.): ungleich ausgebildet (von der Schwanzflosse bei Haien und Stören)
He|te|ro|ze|te|sis, die; - (bes. Philos.): **1.** falsche Beweisführung mit beweisfremden Argumenten. **2.** verfängliche Frage mit verschiedenen Antwortmöglichkeiten
he|te|r|ö|zisch (Biol.): einen Wirtswechsel durchführend (von Parasiten)
he|te|ro|zy|got (Biol.): mischerbig, ungleicherbig (in Bezug auf die Erbanlagen von Eizellen od. Individuen, die durch Artkreuzung entstanden sind; z. B. rosa Blüte, entstanden aus einer roten u. einer weißen) (Ggs.: homozygot). **He|te|ro|zy|go|tie,** die; - (Biol.): Mischerbigkeit, Ungleicherbigkeit einer befruchteten Eizelle oder eines Individuums (Ggs.: Homozygotie)
he|te|ro|zy|k|lisch, chem. fachspr.: heterocyclisch [auch: ...'tsʏk...]: im Kohlenstoffring auch andere Atome (Heteroatome) enthaltend
He|thi|ter, ökum.: Hetiter, der; -s, -: Angehöriger eines indogermanischen Kulturvolkes in Kleinasien. **He|thi|te|rin,** Hetiterin, die; -, -nen: weibliche Form zu ↑Hethiter. **he|thi|tisch,** hetitisch: die Hethiter betreffend
He|thi|to|lo|ge, der; -n, -n ⟨*hebr.; gr.*⟩: Wissenschaftler auf dem Gebiet der Hethitologie. **He|thi|to|lo|gie,** die; -: Wissenschaft von den Hethitern u. den Sprachen u. Kulturen des alten Kleinasiens. **He|thi|to|lo|gin,** die; -, -nen: weibliche Form zu ↑Hethitologe
He|ti|ter usw. vgl. Hethiter usw.
Het|man, der; -s, -e (auch: -s) ⟨*dt.-slaw.;* »Hauptmann«⟩: **1.** Oberhaupt der Kosaken. **2.** in Polen (bis 1792) vom König eingesetzter Oberbefehlshaber
heu|re|ka ⟨*gr.;* »ich habe [es] gefunden« (angeblicher Ausruf des griechischen Mathematikers Archimedes bei der Entdeckung des hydrostatischen Grundgesetzes, d. h. des Auftriebs)⟩ (bildungsspr.): freudiger Ausruf bei Lösung eines schwierigen Problems
Heu|ris|tik, die; -, -en ⟨*gr.-nlat.*⟩: Lehre, Wissenschaft von den Verfahren, Probleme zu lösen; methodische Anleitung, Anweisung zur Gewinnung neuer Erkenntnisse. **heu|ris|tisch:** die Heuristik betreffend; **heuristisches Prinzip:** Arbeitshypothese als Hilfsmittel der Forschung; vorläufige Annahme zum Zweck des besseren Verständnisses eines Sachverhalts
He|vea, die; -, ...veae [...veɛ] u. ...veen ⟨*indian.-span.-nlat.*⟩ (Bot.): tropischer Baum, aus dem Kautschuk gewonnen wird
He|xa|chlor|zy|k|lo|he|xan, chem. fachspr.: Hexachlorcyklohexan, das; -s ⟨*gr.*⟩: eine Chlorkohlenwasserstoffverbindung, die besonders als Insektenbekämpfungsmittel verwendet wird
He|xa|chord [...'k...], der od. das; -[e]s, -e ⟨*gr.-lat.;* »sechssaitig, -stimmig«⟩ (Musik): Aufeinanderfolge von sechs Tönen der ↑diatonischen Tonleiter (nach G. v. Arezzo als Grundlage der ↑Solmisation benutzt)
he|xa|dak|tyl ⟨*gr.*⟩ (Med.): sechs Finger bzw. Zehen an einer Hand bzw. an einem Fuß aufweisend. **He|xa|dak|ty|lie,** die; - ⟨*gr.-nlat.*⟩ (Med.): Fehlbildung der Hand bzw. des Fußes mit sechs Fingern bzw. Zehen
He|xa|de|zi|mal|sys|tem, das; -s (Math., EDV): Zahlensystem mit der Grundzahl 16
he|xa|disch ⟨*gr.*⟩ (Math.): auf der Zahl sechs als Grundzahl aufbauend
He|xa|eder, das; -s, - ⟨*gr.-nlat.*⟩ (Math.): Sechsflächner, Würfel. **he|xa|ed|risch:** sechsflächig
He|xa|eme|ron, das; -s ⟨*gr.-lat.*⟩: Sechstagewerk der Schöpfung (1. Mose, 1 ff.); vgl. Hexameron
He|xa|gon, das; -s, -e: Sechseck. **he|xa|go|nal** ⟨*gr.-nlat.*⟩: sechseckig
He|xa|gramm, das; -s, -e: sechsstrahliger Stern aus zwei gekreuzten gleichseitigen Dreiecken; Sechsstern (Davidsstern der Juden)
he|xa|mer: sechsteilig, sechszählig (z. B. von Blüten)
He|xa|me|ron, das; -s, -s: Titel für Sammlungen von Novellen, die an sechs Tagen erzählt werden; vgl. Dekameron, Hexaemeron u. Heptameron; vgl. Dekameron, Heptameron, Hexaemeron
He|xa|me|ter, der; -s, - ⟨*gr.-lat.*⟩: aus sechs ↑Versfüßen (meist ↑Daktylen) bestehender epischer Vers (letzter Versfuß um eine Silbe gekürzt). **he|xa|me|t|risch** ⟨*gr.*⟩: in Hexametern verfasst, den Hexameter betreffend
He|x|a|min, das; -s ⟨*gr.-nlat.*⟩: hochexplosiver Sprengstoff
He|xan, das; -s, -e (Chemie): Kohlenwasserstoff mit sechs Koh-

lenstoffatomen, der sich leicht verflüchtigt (Bestandteil des Benzins u. des Petroleums)

he|x|an|gu|lär ‹*gr.; lat.*› (veraltet): sechswinklig

He|xa|p|la, die; - ‹*gr.*›: Ausgabe des Alten Testaments mit hebräischem Text, griechischer Umschrift u. vier griechischen Übersetzungen in sechs Spalten

he|xa|p|lo|id ‹*gr.-nlat.*› (Biol.): sechszählig; einen sechsfachen Chromosomensatz habend (von Zellen)

He|xa|po|de, der; -n, -n (meist Plural) ‹*gr.*›: Sechsfüßer; Insekt

He|xa|s|ty|los, der; -, ...stylen (Archit.): Tempel mit sechs Säulen [an der Vorderfront]

He|xa|teuch, der; -[s] ‹*gr.-nlat.*›: die ersten sechs Bücher des Alten Testaments (1.–5. Buch Mose, Buch Josua); vgl. Pentateuch

He|xis, die; - ‹*gr.*› (Philos.): das Haben, Beschaffenheit, Zustand (z. B. bei Aristoteles die Tugend als Hexis der Seele)

He|xit, der; -s, -e ‹*gr.-nlat.*› (Chemie): sechswertiger, der Hexose verwandter Alkohol

He|x|o|de, die; -, -n: Elektronenröhre mit sechs Elektroden

He|xo|gen, das; -s: hochexplosiver Sprengstoff

He|xo|se, die; -, -n (Chemie): ↑Monosaccharid mit sechs Kohlenstoffatomen im Molekül

He|xyl, das; -s: ↑Hexamin

hey [hɛɪ̯] ‹engl.› (ugs.): **1.** Zuruf, mit dem man jmds. Aufmerksamkeit zu erregen sucht. **2.** Ausruf des Erstaunens, der Empörung o. Ä. **3.** Grußformel

hi [haɪ̯] ‹*engl.*› (ugs.): Begrüßungsformel

Hi|at, der; -s, -e ‹*lat.*›: ↑Hiatus. **Hi|a|tus**, der; -, - [...tu:s] ‹*lat.*; »Kluft«›: **1.** (Med.) Öffnung od. Spalte, die von Organen, Leitungsbahnen od. Gefäßen durchzogen ist. **2.** (Sprachwiss.) **a)** das Aufeinanderfolgen zweier Vokale in der Fuge zwischen zwei Wörtern (z. B. sagt*e er*); **b)** das Aufeinanderfolgen zweier verschiedenen Silben angehörender Vokale im Wortinnern (z. B. K*oo*peration). **3.** (Geol.) zeitliche Lücke bei der ↑Sedimentation eines Gesteins. **4.** (Prähist.) Zeitraum ohne Funde; Fundlücke

Hi|a|tus|her|nie [...i̯ə], die; -, -n (Med.): Zwerchfellbruch

Hi|a|wa|tha [haɪ̯əˈwɔθə, auch: hiaˈva:ta], der; -[s], -s ‹*engl.*; sagenhafter nordamerik. Indianerhäuptling›: Gesellschaftstanz in den Zwanzigerjahren des 20. Jh.s

Hi|ber|na|kel, das; -s, -[n] ‹*lat.*; »Winterlager«› (Bot.): im Herbst gebildete Überwinterungsknospen zahlreicher Wasserpflanzen

hi|ber|nal: winterlich; den Winter, die Wintermonate betreffend

Hi|ber|na|ti|on, die; -, -en: **1.** (Biol.) Winterschlaf, Winterstarre. **2.** (Med.) aktiv herbeigeführte Reduktion des Energieumsatzes mit dem Ziel der endogenen Protektion von Geweben; vgl. Hypothermie. **3.** (EDV) Ruhezustand des Computers

Hi|ber|ni|sie|rung, die; -, -en (Med.): Hibernation (2)

Hi|bis|kus, der; -, ...ken ‹*gr.-lat.*›: Malvengewächs, das viele Arten von Ziersträuchern u. Sommerblumen aufweist; Eibisch

hic et nunc ‹*lat.*; »hier und jetzt«›: sofort, im Augenblick, augenblicklich, ohne Aufschub, auf der Stelle (in Bezug auf etwas, was getan werden bzw. geschehen soll oder ausgeführt wird)

[1]Hi|cko|ry, der; -s, -s, auch die; -, -s ‹*indian.-engl.*›: (in Nordamerika u. in China heimischer) Walnussbaum mit glatten, essbaren Nüssen u. wertvollem Holz

[2]Hi|cko|ry, das; -s: Holz des [1]Hickorys

hic Rho|dus, hic sal|ta ‹*lat.*; »Hier ist Rhodos, hier springe!«; nach einer äsopischen Fabel›: hier gilt es; hier zeige, was du kannst

Hi|dal|go, der; -s, -s ‹*span.*; eigtl. »Sohn von etwas, Sohn des Vermögens«›: **1.** (Geschichte) Mitglied des niederen iberischen Adels. **2.** frühere mexikanische Goldmünze

Hi|d|ra|de|ni|tis, Hidro[s]adenitis ‹*gr.-nlat.*› die; -, ...itiden (Med. veraltet): von den Talgdrüsen eines Terminalhaarfollikels ausgehende schmerzhafte Entzündung; Akne inversa

Hi|d|roa, die (Plural) (Med.): **a)** Schwitzbläschen; **b)** durch Sonnenlicht ausgelöste krankhafte Pusteln auf der Haut

Hi|d|ro[|s]|a|de|ni|tis vgl. Hidradenitis

Hi|d|ro|se, Hi|d|ro|sis, die; - (Med.): **1.** Schweißbildung u. -ausscheidung. **2.** Erkrankung der Haut infolge krankhafter Schweißabsonderung

Hi|d|ro|ti|kum, das; -s, ...ka (Med.): schweißtreibendes Mittel

hi|d|ro|tisch (Med.): die Fähigkeit besitzend, zu schwitzen

Hi|d|ro|zys|ten, die (Plural) (Med.): blasenartige Erweiterungen von Schweißdrüsen

Hi|dsch|ra vgl. Hedschra

hi|e|mal ‹*lat.*›: ↑hibernal

Hi|e|r|arch [hi..., auch: hi̯e...], der; -en, -en ‹*gr.*›: **1.** oberster Priester im antiken Griechenland. **2.** Mächtiger; in einer Hierarchie an der Spitze Stehender. **Hi|e|r|ar|chie** [hi..., selten: hi̯e...], die; -, ...i̯en: **1.** [pyramidenförmige] Rangordnung, Rangfolge, Über- u. Unterordnungsverhältnisse. **2.** Gesamtheit derer, die in der kirchlichen Rangordnung stehen. **hi|e|r|ar|chisch: 1.** einer pyramidenförmigen Rangordnung entsprechend, in der Art einer Hierarchie streng gegliedert. **2.** den Priesterstand u. seine Rangordnung betreffend. **hi|e|r|ar|chi|sie|ren** ‹*gr.-nlat.*›: in einer Hierarchie anordnen, abstufen

hi|e|ra|tisch [hi̯e...] ‹*gr.-lat.*›: **1.** priesterlich; heilige Gebräuche od. Heiligtümer betreffend; **hieratische Schrift:** von den Priestern vereinfachte Hieroglyphenschrift, die beim Übergang vom Stein zum Papyrus (als Schreibmaterial) entstand. **2.** (bes. in der archaischen griechischen od. in der byzantinischen Kunst) streng, starr

[1]Hi|e|ro|du|le [hi̯ero..., hiro...], der; -n, -n ‹*gr.-lat.*›: Tempelsklave des griechischen Altertums

[2]Hi|e|ro|du|le, die; -, -n: Tempelsklavin (des Altertums), die der Gottheit gehörte u. deren

Dienst u. a. in sakraler Prostitution bestand

Hi|e|ro|gly|phe [hiro..., selten: hiero...], die; -, -n ⟨*gr.*⟩: **1.** Zeichen der altägyptischen, altkretischen u. hethitischen Bilderschrift. **2.** (nur Plural; scherzh.) schwer od. nicht lesbare Schriftzeichen. **Hi|e|ro|gly|phik,** die; - ⟨*gr.-lat.*⟩: Wissenschaft von den Hieroglyphen (1). **hi|e|ro|gly|phisch: 1.** in der Art der Hieroglyphen. **2.** die Hieroglyphen betreffend

Hi|e|ro|gramm [hiro..., hiero...], das; -s, -e ⟨*gr.-nlat.;* »heilige Schrift«⟩: Zeichen einer geheimen altägyptischen Priesterschrift, die ungewöhnliche Hieroglyphen aufweist

Hi|e|ro|kra|tie [hiro..., hiero...], die; -, ...ien: Priesterherrschaft; Regierung eines Staates durch Priester (z. B. in Tibet vor der chinesischen Besetzung)

Hi|e|ro|mant, der; -en, -en: jmd., der aus Opfern (bes. geopferten Tieren) weissagt; vgl. Haruspex. **Hi|e|ro|man|tie,** die; -: Weissagung aus Opfern

Hi|e|ro|mo|na|chos [hiero..., hiro...], der; -, ...choi ⟨*gr.-mgr.*⟩: zum Priester geweihter Mönch in der orthodoxen Kirche

Hi|e|r|o|nym, das; -s, -e ⟨*gr.-nlat.*⟩: heiliger Name, der jmdm. beim Eintritt in eine Kultgemeinschaft gegeben wird. **Hi|e|r|o|nymie,** die; -: Namenswechsel beim Eintritt in eine Kultgemeinschaft

Hi|e|ro|phant, der; -en, -en ⟨*gr.-lat.*⟩: Oberpriester u. Lehrer der heiligen Bräuche, bes. in den ↑Eleusinischen Mysterien

Hi|e|ro|s|ko|pie, die; - ⟨*gr.*⟩: ↑Hieromantie

Hi-Fi, Hi|Fi, Hi|fi [ˈhaɪfi, auch: ˈhaɪfaɪ] = High Fidelity

Higgs-Bo|son, das; -s, -en ⟨nach dem brit. Physiker P. Higgs⟩ (Physik): elektrisch neutrales, schnell zerfallendes [hypothet.] Elementarteilchen

high [haɪ] ⟨*engl.*⟩ (Jargon): in einem rauschhaften Zustand, in begeisterter Hochstimmung (z. B. nach dem Genuss von Rauschgift)

High|ball [ˈhaɪbɔːl], der; -s, -s ⟨*engl.-amerik.*⟩: ↑Longdrink auf der Basis von Whisky

High|board [...bɔːd], das; -s, -s ⟨*engl.*⟩: halbhohes Möbelstück mit Schubfach- u. Vitrinenteil; vgl. Sideboard

High|brow [...braʊ], der; -[s], -s ⟨eigtl. »hohe Stirn«⟩: Intellektueller; jmd., der sich übertrieben intellektuell gibt; vgl. Egghead

High Church [- ˈtʃœːɐ̯tʃ], die; - -: Hochkirche; Richtung der englischen Staatskirche, die eine Vertiefung der liturgischen Formen anstrebt; vgl. Broad Church, Low Church

High End [- ˈɛnt], das; - -, - -s, **High|end,** das; -, -s: höchste Preis- u. Qualitätsstufe, bes. hinsichtlich der technischen Leistungsfähigkeit

High-End-Ge|rät, High|end|ge|rät, das; -[e]s, -e (Technik): Gerät, das in der Leistung u. im Preis im oberen Bereich liegt

High Fi|de|li|ty [- fiˈdɛliti], die; - - ⟨*engl.*⟩: hochgradige Klangtreue (Abk.: Hi-Fi)

High|fly|er [...flaɪɐ], der; -s, -, **High Fly|er,** der; - -s, - - ⟨eigtl. »Hochflieger«⟩ (Wirtsch.): **1.** [neu gegründetes] Unternehmen, das sich sehr schnell u. erfolgreich auf dem Markt durchsetzt. **2.** Aktie, die sehr schnell an Wert gewinnt

High Heels, High|heels [...hiːls], die (Plural): hochhackige Schuhe; Stöckelschuhe

High Im|pact [- ˈɪmpɛkt], der; - -s, - -s ⟨*engl.*⟩ (Sport): große körperliche Belastung

High|life [...laɪf], das; -[s], **High Life,** das; - -[s]: **1.** exklusives Leben neureicher Gesellschaftskreise. **2.** Hochstimmung, Ausgelassenheit

High|light [...laɪt], das; -[s], -s: **1.** Höhepunkt, Glanzpunkt eines [kulturellen] Ereignisses. **2.** (bild. Kunst) Lichteffekt auf Bildern od. Fotografien

high|ligh|ten [...laɪtn̩] (EDV): auf einem Bildschirm optisch hervorheben (z. B. durch Unterlegen einer Kontrastfarbe)

High Noon [- ˈnuːn], der; - -[s], - -s ⟨*amerik.*⟩: spannungsgeladene Atmosphäre (wie im gleichnamigen Wildwestfilm)

High Po|ten|tial [- pəˈtɛnʃl], der; - -s, - -s ⟨*engl.*⟩: überdurchschnittlich qualifizierte Nachwuchskraft

High|ri|ser [ˈhaɪraɪzɐ], der; -[s], - ⟨*engl.*⟩: Fahrrad od. Moped mit hohem, geteiltem Lenker u. Sattel mit Rückenlehne

High|school [...skuːl], die; -, -s ⟨*engl.-amerik.*⟩: amerik. Bez. für: höhere Schule

High Sno|bi|e|ty [- snɔˈbaɪəti], die; - - ⟨scherzh. Bildung aus *engl.-amerik. high, snob* u. *society*⟩: Gruppe der Gesellschaft, die durch entsprechende ↑snobistische Lebensführung Anspruch auf Zugehörigkeit zur High Society erhebt

High So|ci|e|ty [- səˈsaɪəti], die; - - ⟨*engl.*⟩: die vornehme Gesellschaft, die oberen Zehntausend

¹High|tech [ˈhaɪtɛk], der; -[s] ⟨Kunstw. aus *engl. high* style u. *tech*nology⟩: Stil der Innenarchitektur, bei dem industrielle Materialien u. Einrichtungsgegenstände für das Wohnen verwendet werden

²High|tech [ˈhaɪtɛk], das; -[s], auch: die; - ⟨*engl.* high tech, gekürzt aus high technology = Hochtechnologie⟩: Hochtechnologie, Spitzentechnologie. **High|tech|in|dus|t|rie,** die; -, -n: Industrie, die Produkte der Hochtechnologie herstellt

High|way [ˈhaɪwɛɪ], der; -s, -s: **1.** engl. Bez. für: Haupt-, Landstraße. **2.** amerik. Bez. für: Fernstraße

Hi|ja|cker [...dʒɛkɐ], der; -s, - ⟨*engl.*⟩: Flugzeugentführer. **Hi|ja|cke|rin,** die; -, -nen: weibliche Form zu ↑Hijacker

Hi|ja|cking [...dʒɛkɪŋ], das; -[s], -s: Flugzeugentführung

Hi|la: *Plural* von ↑Hilum

Hi|la|ri|tät, die; - ⟨*lat.*⟩ (veraltet): Heiterkeit, Fröhlichkeit

Hi|li: *Plural* von ↑Hilus

Hi|li|tis, die; -, ...itiden ⟨*lat.-nlat.*⟩ (Med.): Entzündung, die um den Lungenhilus lokalisiert ist

Hill|bil|ly, der; -s, -s ⟨*amerik.*⟩ (abwertend): Hinterwäldler [aus den Südstaaten der USA]

Hill|bil|ly|mu|sic, Hill|bil|ly-Mu|sic [...mjuːzɪk], **Hill|bil|li|mu|sik,** die; -: **1.** ländliche Musik der nordamerik. Südstaaten. **2.** kommerzialisierte volkstümliche Musik der Cowboys

Hi|lum, das; -s, ...la ⟨*lat.-nlat.*⟩ (Bot.): Nabel des Pflanzensamens; Stelle, an der der Samen angewachsen ist

Hi|lus, der; -, Hili (Med.): Ansatzstelle an einem Organ, an der Nerven od. Blutgefäße ein- od. austreten

Hi|ma|ti|on, das; -[s], ...ien ⟨*gr.*⟩: mantelartiger Überwurf der Griechen in der Antike, der aus einem rechteckigen Stück Wollstoff bestand

Hi|na|ja|na vgl. Hinayana

Hi|na|ya|na, Hi|na|ja|na, das; - ⟨*sanskr.;* »kleines Fahrzeug (der Erlösung)«⟩: strenge, nur mönchische Richtung des ↑Buddhismus; vgl. Mahayana, Vajrayana

Hin|di, das; - ⟨*pers.*⟩: Amtssprache in Indien

[1]**Hin|du,** der; -[s], -[s]: Anhänger des Hinduismus

[2]**Hin|du,** die; -, -[s], **Hin|du|frau,** die; -, -en: Anhängerin des Hinduismus

Hin|du|is|mus, der; - ⟨*pers.-nlat.*⟩: **1.** aus dem ↑Brahmanismus entwickelte indische Volksreligion. **2.** (selten) Brahmanismus. **hin|du|is|tisch:** den Hinduismus betreffend

Hink|jam|bus, der; -, ...ben ⟨*dt.; gr.-lat.*⟩: ↑Choliambus

Hi|obs|bot|schaft, die; -, -en ⟨nach der Gestalt des Hiob im Alten Testament⟩: Unglücksbotschaft

hip [hɪp] ⟨*engl.*⟩ (Jargon): **a)** [in modischer Hinsicht] auf dem Laufenden; zeitgemäß; **b)** modern; dem Modetrend entsprechend

Hip-Hop, Hip|hop, der; -s ⟨*engl.-amerik.*⟩: auf dem ↑Rap basierender, bes. zum Tanzen geeigneter Musikstil, der durch elektronisch erzeugte, stark rhythmisierte Musik [u. Texte, die vor allem das Leben der unteren sozialen Schichten in amerik. Großstädten widerspiegeln,] gekennzeichnet ist

Hip|p|an|th|ro|pie, die; -, ...ien ⟨*gr.-nlat.*⟩ (Psychol.; Med.): Wahnvorstellung, ein Pferd zu sein

Hip|p|arch, der; -en, -en ⟨*gr.*⟩: Befehlshaber der Reiterei in der griechischen Antike

Hip|pa|ri|on, das; -s, ...ien ⟨*gr.-nlat.*⟩ (Zool.): ausgestorbene dreizehige Vorform des heutigen Pferdes

Hip|p|i|a|t|rie, Hip|p|i|a|t|rik, die; - ⟨*gr.*⟩: Pferdeheilkunde

Hip|pie, der; -s, -s ⟨*amerik.*⟩: Anhänger einer bes. in den USA in der 2. Hälfte der 1960er-Jahre ausgebildeten, betont antibürgerlichen u. pazifistischen Lebensform; Blumenkind

Hip|pi|kon, das; -s, ...ka ⟨*gr.*⟩: altgriechisches Längenmaß (= 4 Stadien)

Hip|po|cam|pus, der; -, ...pi ⟨*gr.-lat.*⟩: **1.** (Anat.; Zool.) Teil des Großhirns bei Säugetieren u. beim Menschen; Ammonshorn. **2.** Seepferdchen (Fisch mit pferdekopfähnlichem Schädel); vgl. Hippokamp

Hip|po|drom, der od. (österr. nur:) das; -s, -e: **1.** (Geschichte) Pferde- und Wagenrennbahn. **2.** Reitbahn auf Jahrmärkten o. Ä.

Hip|po|gryph, der; -s u. -en, -e[n] ⟨*it.*⟩: von Ariost u. Bojardo (italienischen Dichtern der Renaissancezeit) erfundenes geflügeltes Fabeltier mit Pferdeleib u. Greifenkopf; bei neueren Dichtern ↑Pegasus

Hip|po|kamp, der; -en, -en ⟨*gr.-lat.*⟩: fischschwänziges Seepferd der antiken Sage; vgl. Hippocampus (2)

Hip|po|kra|ti|ker, der; -s, - ⟨nach dem altgr. Arzt Hippokrates⟩: Anhänger des altgriechischen Arztes Hippokrates u. seiner Schule

hip|po|kra|tisch: 1. auf den Arzt Hippokrates bezüglich, seiner Lehre gemäß; **hippokratischer Eid:** a) moralisch-ethische Grundlage des Arzttums (z. B. immer zum Wohle des Kranken zu handeln); b) (Geschichte) Schwur auf die Satzung der Ärztezunft; **hippokratisches Gesicht** (Med.): Gesichtsausdruck Schwerkranker u. Sterbender. **2.** den altgriechischen Mathematiker Hippokrates betreffend, seiner Lehre entsprechend; **hippokratische Möndchen:** zwei mondsichelförmige Flächen, die aus den drei Halbkreisen über den Seiten eines rechtwinkligen Dreiecks entstehen (die Flächen haben zusammen den gleichen Inhalt wie das Dreieck)

Hip|po|kra|tis|mus, der; - ⟨*gr.-nlat.*⟩: Lehre des altgriechischen Arztes Hippokrates

Hip|po|kre|ne, die; - ⟨*gr.-lat.;* »Rossquelle«⟩: Quelle der Inspiration für den Dichter im alten Griechenland (nach der Sage durch den Hufschlag des ↑Pegasus entstanden)

Hip|po|lo|ge, der; -n, -n ⟨*gr.-nlat.*⟩: Wissenschaftler auf dem Gebiet der Hippologie. **Hip|po|lo|gie,** die; -: wissenschaftliche Pferdekunde. **Hip|po|lo|gin,** die; -, -nen: weibliche Form zu ↑Hippologe. **hip|po|lo|gisch:** die Hippologie betreffend

Hip|po|ma|nes, das; -, - ⟨*gr.*⟩: gelbliche Masse auf der Stirn neugeborener Pferde od. Schleim aus der Scheide von Stuten (wurde im Altertum als ↑Aphrodisiakum verwendet)

Hip|po|nak|te|us, der; -, ...teen ⟨*gr.-lat.;* nach dem altgr. Dichter Hipponax⟩: antiker Vers, Sonderform des ↑Glykoneus

Hip|po|po|ta|mus, der; -, ...mi (Biol.): großes Fluss- od. Nilpferd (Paarhufer)

Hip|po|the|ra|peut [auch: ...ˈpɔɪ̯t], der; -en, -en: jmd., der eine Hippotherapie durchführt

Hip|po|the|ra|peu|tin [auch: ...ˈpɔɪ̯...], die; -, -nen: weibliche Form zu Hippotherapeut

hip|po|the|ra|peu|tisch: die Hippotherapie betreffend, darauf beruhend; mithilfe der Hippotherapie. **Hip|po|the|ra|pie,** die; -, ...ien (Med.): Reittherapie

Hip|pu|rit [auch: ...ˈrɪt], der; -en, -en ⟨*gr.-nlat.*⟩: fossile Muschel der Kreidezeit

Hip|pur|säu|re, die; - ⟨*gr.-nlat.; dt.*⟩: eine organische Säure, Stoffwechselprodukt von Pflanzenfressern

Hip|pus, der; - ⟨*gr.-nlat.*⟩ (Med.): plötzlich auftretende, rhythmische Schwankungen der Pupillenweite

[1]**Hips|ter,** der; -[s], - ⟨*engl.*⟩ (Jargon): **1.** (im Jargon der Jazzszene) Jazzmusiker/-in, -fan. **2.** zu einer Subkultur gehörender junger Mensch mit ausgefallener, nicht modischer Kleidung u. individualistischem Lebensstil

[2]**Hips|ter,** der; -[s], - ⟨*engl.* hip »Hüfte«⟩: auf der Hüfte sitzender Slip. **Hips|te|rin,** die; -, -nen: weibliche Form zu ↑[1]Hipster (1, 2)

Hi|ra|ga|na, das; -[s] od. die; - (häufig auch im Plural mit singularischer Bedeutung) ⟨*jap.*⟩: japanische Silbenschrift, die zur Darstellung grammatischer

Beugungsendungen verwendet wird; vgl. Katakana

Hir|su|ti|es, die; - ⟨*lat.-nlat.*⟩ (Med.): übermäßiges Wachstum langer Borstenhaare. **Hir|su|tis|mus,** der; - (Med.): abnormaler Haarwuchs bei Frauen (z. B. Bartwuchs od. Behaarung des Brust- od. Bauchraums)

Hi|ru|din, das; -[s] ⟨*lat.-nlat.*⟩: aus den Speicheldrüsen der Blutegel gewonnener, die Blutgerinnung hemmender Stoff

[1]**His|bol|lah,** die; - ⟨*arab.*⟩: Gruppe extremistischer, schiitischer Muslime, bes. im Libanon

[2]**His|bol|lah,** der; -s, -s: Anhänger der [1]Hisbollah

His|pa|na, die; -, -s ⟨*span.*⟩: weibliche Form von ↑Hispano

His|pa|ni|dad [ispani'ðað], die; - ⟨*span.*⟩: ↑Hispanität

his|pa|ni|sie|ren ⟨*lat.-nlat.*⟩: spanisch machen, gestalten

His|pa|nis|mus, der; -, ...men: fälschlicherweise oder bewusst vorgenommene Übertragung einer für die spanische Sprache charakteristischen Erscheinung auf eine nicht spanische Sprache im lexikalischen od. syntaktischen Bereich; vgl. Germanismus, Interferenz

His|pa|nist, der; -en, -en: jmd., der sich wissenschaftlich mit der Hispanistik befasst

His|pa|nis|tik, die; -: Wissenschaft von der spanischen Sprache u. Literatur (Teilgebiet der Romanistik [1])

His|pa|nis|tin, die; -, -nen: weibliche Form zu ↑Hispanist

His|pa|ni|tät, die; -: Spaniertum; das Bewusstsein aller Spanisch sprechenden Völker von ihrer gemeinsamen Kultur; vgl. Hispanidad

His|pa|no, der; -s, -s ⟨*span.*⟩: ↑Hispanoamerikaner

His|pa|no|ame|ri|ka|ner, der; -s, -: in den USA lebender Einwanderer aus den Spanisch sprechenden Ländern Lateinamerikas. **His|pa|no|ame|ri|ka|ne|rin,** die; -, -nen: weibliche Form zu ↑Hispanoamerikaner

his|pa|no|ame|ri|ka|nisch: die Hispanoamerikaner, Hispanoamerikanerinnen betreffend

His|pa|no|ame|ri|ka|nis|mus, der; -, ...men: sprachliche Besonderheit des in Lateinamerika gesprochenen Spanisch

His|pa|no|mo|res|ke, die; -, -n ⟨*lat.; span.*⟩: spanisch-maurische ↑Majolika mit Goldglanzüberzug (spätes Mittelalter u. Renaissance)

His|t|a|min, das; -s, -e ⟨Kurzw. aus ↑*Hist*idin u. ↑*Amin*⟩ (Med.): Gewebehormon, das u. a. an allergischen Reaktionen sowie an der Immunabwehr im Magen-Darm-Trakt u. im Zentralnervensystem beteiligt ist

His|ti|din, das; -s ⟨*gr.-nlat.*⟩ (Med.): als Baustein vieler Proteine vorkommende semiessenzielle Aminosäure

his|ti|o|id, histoid (Med.): gewebeähnlich, gewebeartig

His|ti|o|zyt, der; -en, -en (Med.): ortsständiger ↑Makrophage des Bindegewebes, der bei der Immunabwehr [bei chronischen Entzündungen] aktiv ist

His|to|che|mie, die; - ⟨*gr.; arab.-roman.*⟩: Wissenschaft vom chemischen Aufbau der Gewebe u. von den chemischen Vorgängen darin. **his|to|che|misch:** die Histochemie betreffend

his|to|gen ⟨*gr.-nlat.*⟩ (Med.): vom Gewebe herstammend

His|to|ge|ne|se, Histogenie, die; -: **1.** (Biol., Med.) Ausbildung von Organgewebe aus undifferenziertem Embryonalgewebe. **2.** (Med.) Entstehung von krankhaftem Gewebe bei Tumoren. **his|to|ge|ne|tisch** (Med.): die Histogenese (1) betreffend

His|to|gramm, das; -s, -e ⟨*gr.-lat.; gr.*⟩: grafische Darstellung einer Häufigkeitsverteilung in Form von Säulen, die den Häufigkeiten der Messwerte entsprechen

his|to|id vgl. histioid

His|to|lo|ge, der; -n, -n ⟨*gr.-nlat.*⟩ (Med.): Arzt u. Wissenschaftler auf dem Gebiet der Histologie. **His|to|lo|gie,** die; - (Med.): Wissenschaft von den Geweben des Körpers. **His|to|lo|gin,** die; -, -nen: weibliche Form zu ↑Histologe. **his|to|lo|gisch** (Med.): die Histologie betreffend, zu ihr gehörend

His|to|ly|se, die; - (Med.): Auflösung der Zellstruktur, Gewebeabbau (bei eitrigen Prozessen)

His|ton, das; -s, -e ⟨zu ↑histo-, Histo-⟩: zu den ↑Proteinen gehörender Eiweißkörper

His|to|pa|tho|lo|gie, die; -: Wissenschaft von den krankhaften Gewebeveränderungen

His|to|ra|dio|gra|fie, His|to|ra|dio|gra|phie, die; -, ...ien ⟨*gr.; lat.; gr.*⟩ (Med.): Röntgenaufnahme von mikroskopisch dünnen Gewebeschnitten bzw. Präparaten

His|to|rie [...i̯ə], die; -, -n: **1.** (ohne Plural) [Welt]geschichte. **2.** (ohne Plural; veraltet) Geschichtswissenschaft. **3.** (veraltet) [abenteuerliche, erdichtete] Erzählung; Bericht

His|to|ri|en|bi|bel, die; -, -n: im Mittelalter volkstümlich bebilderte Darstellung der biblischen Erzählungen

His|to|ri|en|ma|le|rei, die; -, -en ⟨*gr.-lat.; dt.*⟩: Geschichtsmalerei (bildliche Darstellung von Ereignissen aus der Geschichte, der ↑Mythologie u. der Dichtung)

His|to|rik, die; - ⟨*gr.-lat.*⟩: **a)** Geschichtswissenschaft; **b)** Lehre von der historischen Methode der Geschichtswissenschaft. **His|to|ri|ker,** der; -s, -: Geschichtsforscher, -kenner, -wissenschaftler. **His|to|ri|ke|rin,** die; -, -nen: weibliche Form zu ↑Historiker

His|to|rio|graf, Historiograph, der; -en, -en ⟨*gr.*⟩: Geschichtsschreiber. **His|to|rio|gra|fie,** Historiographie, die; -: Geschichtsschreibung. **His|to|rio|gra|fin,** Historiographin, die; -, -nen: weibliche Form zu ↑Historiograf

His|to|rio|lo|gie, die; - ⟨*gr.-nlat.*⟩: Studium und Kenntnis der Geschichte

his|to|risch ⟨*gr.-lat.*⟩: **1.** geschichtlich, der Geschichte gemäß, überliefert; bedeutungsvoll für die Geschichte. **2.** einer früheren Zeit, der Vergangenheit angehörend; **historischer Materialismus** (Philos.): die von Marx u. Engels begründete Lehre, nach der die Geschichte von den ökonomischen Verhältnissen bestimmt wird; **historisches Präsens:** Präsensform des Verbs, die zur Schilderung eines vergangenen Geschehens eingesetzt wird

his|to|ri|sie|ren ⟨*gr.-lat.-nlat.*⟩: in geschichtlicher Weise darstellen, geschichtliche Elemente in stärkerem Maße mit einbezie-

hen, Historisches stärker hervorheben, ein historisches Aussehen geben, in ein historisches Gewand kleiden
His|to|ris|mus, der; -, ...men: 1. (ohne Plural) eine Geschichtsbetrachtung, die alle Erscheinungen aus ihren geschichtlichen Bedingungen heraus zu verstehen u. zu erklären sucht. 2. Überbewertung des Geschichtlichen. 3. (Kunstwiss.) ↑Eklektizismus. **His|to|rist,** der; -en, -en: Vertreter des Historismus. **His|to|ris|tin,** die; -, -nen: weibliche Form zu ↑Historist. **his|to|ris|tisch:** a) den Historismus betreffend; b) in der Art des Historismus
His|to|ri|zis|mus, der; -, ...men: ↑Historismus (2)
His|to|ri|zi|tät, die; -: Geschichtlichkeit, Geschichtsbewusstsein
His|to|the|ra|pie, die; -, ...ien ‹*gr.-nlat.*›: ↑Organotherapie
His|t|ri|o|ne, der; -n, -n ‹*lat.*›: Schauspieler der im Rom der Antike. **his|tri|o|nisch** ‹*lat.*› (Med.): zu dramatischen Reaktionen neigend
Hit, der; -s, -s ‹*engl.*›: 1. etwas, was sehr erfolgreich, beliebt, begehrt ist, bes. ein Musikstück. 2. (Jargon) für einen Trip (2a) vorgesehene Menge von Rauschgift. 3. (EDV) Zugriff auf einen Server im Internet
Hitch|cock [ˈhɪtʃkɔk], der; -, -s ‹nach dem engl. Regisseur u. Autor Alfred Hitchcock (1899–1980)›: spannender, Angst u. Schauder hervorrufender Film [von Hitchcock]; Thriller
hitch|hi|ken [ˈhɪtʃhai̯kn̩] ‹*engl.*› (Jargon): Autos anhalten u. sich umsonst mitnehmen lassen
Hitch|hi|ker [...hai̯kɐ], der; -s, - (Jargon): jmd., der Autos anhält u. sich umsonst mitnehmen lässt. **Hitch|hi|ke|rin,** die; -, -nen: weibliche Form zu ↑Hitchhiker
Hit|lis|te, die; -, -n ‹*engl.*›: 1. Verzeichnis der (innerhalb eines bestimmten Zeitraums) beliebtesten od. meistverkauften Musikstücke. 2. Beliebtheitsskala; nach dem Grad der Beliebtheit geordnete Liste
Hit|pa|ra|de, die; -, -n: 1. ↑Hitliste. 2. Radio-, Fernsehsendung, in der Hits vorgestellt werden
HIV [ha:ʔi:ˈfau̯], das; -[s], -[s] (Plural selten) ‹Abk. für *engl. h*uman *i*mmunodeficiency *v*irus »menschliches Immundefektvirus«› (Med.): maßgeblicher Erreger von Aids
HIV-In|fek|ti|on, die; -, -en: Infektion mit den Erregern von Aids. **HIV-in|fi|ziert:** mit den Erregern von Aids infiziert
HIV-ne|ga|tiv (Med.): nicht mit dem HI-Virus infiziert
HIV-po|si|tiv (Med.): mit dem HI-Virus infiziert
Hoax [hɔu̯ks], der; -, -es [...ksɪs] ‹*engl.;* Schwindel›: in einem sozialen Netzwerk od. durch E-Mail verbreitete Falschmeldung
Hob|bock, der; -s, -s ‹wohl nach der engl. Firma *Hubbuck*›: Gefäß zum Versand von Fetten, Farben o. Ä.
Hob|by, das; -s, -s ‹*engl.*›: Beschäftigung, der man aus Freude an der Sache [u. zum Ausgleich für die Berufs- od. Tagesarbeit] in seiner Freizeit nachgeht
Hob|by|ist, der; -en, -en: jmd., der ein Hobby hat. **Hob|by|is|tin,** die; -, -nen: weibliche Form zu ↑Hobbyist
Ho|bo [ˈhɔu̯bɔu̯], der; -s, -[e]s ‹*amerik.*›: umherziehender Gelegenheitsarbeiter, Tramp in den USA, der das Land in Güterzügen als blinder Passagier durchreist
Ho|boe (veraltet): ↑Oboe
hoc an|no ‹*lat.*›: in diesem Jahre (Abk.: h. a.)
hoc est ‹*lat.*› (veraltet): das ist (Abk.: h. e.)
Hoche|pot [ɔʃˈpo:], das; -, -s [ɔʃˈpo:] ‹*frz.*› (Gastron.): Eintopf aus [Hammel]fleisch, Kartoffeln u. Gemüse
hoch|fre|quent ‹*dt.; lat.*› (Physik): aus dem Bereich der Hochfrequenz
Hoch|fre|quenz, die; -, -en: Gebiet der elektrischen Schwingungen oberhalb der Mittelfrequenz (etwa 20 000 Hertz) bis zum Gebiet der Höchstfrequenz (etwa ab 100 Millionen Hertz) (Abk.: HF)
Hoch|fre|quenz|tech|nik, die; -: Teilgebiet der Elektrotechnik, das sich mit der Erzeugung, Weiterleitung u. technischen Anwendung von hochfrequenten Wellen befasst
hoch|sti|li|sie|ren: einer Sache durch übertriebenes Lob, unverdiente Hervorhebung o. Ä. unangemessene Wichtigkeit od. übermäßigen Wert verleihen od. zu etwas Besserem machen, als sie in Wirklichkeit ist
Ho|ckey [...ke, auch: ...ki], das; -s ‹*engl.*›: zwischen zwei Mannschaften ausgetragenes Ballspiel, bei dem ein kleiner Ball nach bestimmten Regeln mit gekrümmten Schlägern in das gegnerische Tor zu spielen ist
hoc lo|co ‹*lat.*› (veraltet): hier, an diesem Ort (Abk.: h. l.)
Ho|de|ge|t|ria, die; -, ...trien ‹»Wegführerin«›: stehende Mutter Gottes (auch als Halbfigur) mit dem Kind auf dem linken Arm (byzantinischer Bildtypus)
Hodg|kin-Lym|phom, Hodg|kin|lym|phom [ˈhɔdʒkɪn...], das; -s, -e ‹nach dem englischen Arzt Thomas Hodgkin› (Med.): ↑Morbus Hodgkin
Ho|do|graf, Ho|do|graph, der; -en, -en ‹*gr.-nlat.*›: grafische Darstellung der Geschwindigkeitsvektoren bei einem Bewegungsablauf
Ho|do|me|ter, das; -s, -: Wegmesser, Schrittzähler
Ho|d|scha, der; -[s], -s ‹*pers.-türk.*›: 1. islam. [geistlicher] Lehrer. 2. (Plural) Zweig der ↑Ismailiten (unter dem ↑Aga Khan)
ho|fie|ren ‹dt.; urspr. »jmdm. den Hof machen«›: sich mit besonderer [unterwürfiger] Höflichkeit u. Dienstbarkeit um jmds. Gunst bemühen
Ho|jal|d|re [ɔˈxaldre], der; -[s], -s ‹*span.*›: spanischer Mürbeteigkuchen
Ho|ke|tus vgl. Hoquetus
Hok|ka|i|do [hɔˈkai̯do, auch: hoˈka:ido:], der; -s, -s ‹nach der jap. Insel Hokkaido›: runder, orangeroter Speisekürbis (ein Kürbisgewächs)
Ho|ku vgl. Haikai
Ho|kus|po|kus, der; - ‹*engl.*›: 1. Zauberformel der Taschenspieler. 2. etwas, bei dem hinter viel äußerem Aufwand nichts weiter steckt
ho|l|an|d|risch ‹*gr.*› (Biol., Med.):

(von Genen u. bestimmten Merkmalen) ausschließlich im männlichen Geschlecht, d. h. vom Vater auf den Sohn, vererbt werdend (Ggs.: hologyn)

Hol|ark|tis, die; - ‹*gr.-nlat.*›: pflanzen- u. tiergeografisches Gebiet, das die ganze nördliche gemäßigte u. kalte Zone bis zum nördlichen Wendekreis umfasst. **hol|ark|tisch:** die Holarktis betreffend

Hol|ding ['hɔʊ̯ldɪŋ], die; -, -s, **Hol|ding|ge|sell|schaft,** die; -, -en ‹*engl.*›: Gesellschaft, die nicht selbst produziert, die aber Aktien anderer Gesellschaften besitzt u. diese dadurch beeinflusst oder beherrscht

Hole [hɔʊ̯l], das; -s, -s ‹*engl.*; »Loch«› (Sport): Golfloch

Ho|li, das; - (meist o. Art.) ‹*Hindi*›: **1.** (Rel.) mehrtägiges hinduistisches Frühlingsfest, bei dem sich die Feiernden gegenseitig mit buntem Farbpulver bewerfen od. mit flüssigen Farben bespritzen. **2.** dem Holi (1) nachempfundene kommerzielle, einer Party ähnliche Veranstaltung ohne religiösen Hintergrund

Ho|li|days ['hɔlideɪ̯s], die (Plural) ‹*germ.-engl.*›: Ferien, Urlaub

Ho|lis|mus, der; - ‹*gr.-nlat.*› (Philos.): Lehre, die alle Erscheinungen des Lebens aus einem ganzheitlichen Prinzip ableitet. **ho|lis|tisch:** das Ganze betreffend

Holk vgl. Hulk

hol|le|ri|thie|ren ‹nach dem deutsch-amerik. Erfinder H. Hollerith, 1860–1929›: auf Hollerithkarten bringen

Hol|le|rith|kar|te, Hol|le|rith-Kar|te, die; -, -n (EDV früher): Karte, auf der Informationen durch bestimmte Lochungen festgehalten sind; Lochkarte

Hol|le|rith|ma|schi|ne, Hol|le|rith-Ma|schi|ne, die; -, -n (EDV früher): Lochkartenmaschine, in der Daten (für kaufmännische, statistische, wissenschaftliche Zwecke) sortiert u. gespeichert werden können

Hol|ly|wood|schau|kel ['hɔlɪvʊt...], die; -, -n ‹nach der amerik. Filmstadt›: Gartenmöbel in Form einer breiten, gepolsterten [u. überdachten] Bank, die frei aufgehängt ist u. wie eine Schaukel hin- u. herschwingen kann

Hol|mi|um, das; -s ‹*nlat.*; nach Holmia, dem latinisierten Namen der Stadt Stockholm›: chem. Element, ein Seltenerdmetall (Zeichen: Ho)

ho|lo|ark|tisch vgl. holarktisch

Ho|lo|caust, der; - u. -[e]s, -s ‹*gr.-lat.-engl.*›: Massenvernichtung menschlichen Lebens, bes. die der Juden während des Nationalsozialismus

Ho|lo|do|mor, der; -s (ohne Plural) ‹*ukrain.*› (Geschichte): opferreiche Hungersnot 1932 und 1933 in der Sowjetunion, bes. in der Ukraine

Ho|lo|e|der, der; -s, - ‹*gr.-nlat.*›: holoedrischer Kristall. **Ho|lo|e|d|rie,** die; -: Vollflächigkeit; volle Ausbildung aller Flächen eines Kristalls. **ho|lo|e|d|risch:** vollflächig (von Kristallen)

Ho|lo|en|zym, das; -s, -e: vollständiges, aus Apoenzym u. ↑Koenzym zusammengesetztes ↑Enzym

Ho|lo|fer|ment, das; -s, -e (veraltet): ↑Holoenzym

Ho|lo|gra|fie, Holographie, die; -, ...ien: **1.** Technik zur Speicherung u. Wiedergabe von Bildern in dreidimensionaler Struktur mithilfe von Laserstrahlen; **akustische Holografie:** aus den Echos von Schallwellen mithilfe von Laser erzeugtes räumliches Bild des den Schall reflektierenden Objekts. **2.** durch ↑Holografie (1) erzeugtes Bild

ho|lo|gra|fie|ren, holographieren: **1.** (veraltet) völlig eigenhändig schreiben. **2.** mit Holografie ausrüsten

ho|lo|gra|fisch, holographisch: **1.** (Rechtsspr.) eigenhändig geschrieben. **2.** mit der Technik der Holografie hergestellt

Ho|lo|gra|fon vgl. Holographon

Ho|lo|gramm, das; -s, -e: Speicherbild; dreidimensionale Aufnahme eines Gegenstandes, die bei der Holografie entsteht

Ho|lo|gra|phon, das; -s, ...pha, Holografon, das; -s, ...fa ‹*gr.*› (veraltet): eigenhändig geschriebene Urkunde

Ho|lo|gra|phum, das; -s, ...pha, Holografum, das; -s, ...fa ‹*gr.-lat.*› (veraltet): Holographon

ho|lo|gyn ‹*gr.*› (Biol., Med.): (von Genen u. bestimmten Merkmalen) so beschaffen, dass etwas ausschließlich von der Mutter auf die Tochter vererbt werden kann (Ggs.: holandrisch)

ho|lo|krin ‹*gr.-nlat.*› (Biol., Med.): Sekrete absondernd, in denen sich die Zellen der Drüse völlig aufgelöst haben (Ggs.: merokrin)

ho|lo|kris|tal|lin (Geol.): ganz kristallin (von Gesteinen)

Ho|lo|me|ta|bo|len, die (Plural) (Biol.): Insekten mit vollständiger ↑Metamorphose (2). **Ho|lo|me|ta|bo|lie,** die; - (Biol.): vollkommene ↑Metamorphose (2) in der Entwicklung der Insekten (unter Einschaltung eines Puppenstadiums)

Ho|lo|pa|ra|sit, der; -en, -en ‹*gr.-lat.*›: Vollschmarotzer; Pflanze ohne Blattgrün, die sämtliche Nährstoffe von der Wirtspflanze bezieht

ho|lo|phras|tisch ‹*gr.-lat.*›: aus einem Wort bestehend (von Sätzen); **holophrastische Rede:** Einwortsatz (z. B. *Komm!* od. *Feuer!*)

Ho|lo|si|de|rit [auch: ...'rɪt], der; -s, -e ‹*gr.-nlat.*›: ↑Meteorit, der ganz aus Nickeleisen besteht

Ho|lo|thu|rie [...i̯ə], die; -, -n ‹*gr.-lat.*› (Zool.): Seewalze od. Seegurke (Stachelhäuter des Atlantiks und des Mittelmeers)

ho|lo|tisch: ganz, völlig, vollständig

Ho|lo|to|pie, die; - ‹*gr.-nlat.*› (Med.): Lage eines Organs in Beziehung zum Gesamtkörper

Ho|lo|ty|pus, der; -, ...pen: in der zoologischen Nomenklatur das Einzelstück einer Tierart, nach dem diese erstmals wissenschaftlich beschrieben wurde

ho|lo|zän: zum Holozän gehörend, es betreffend. **Ho|lo|zän,** das; -s: jüngste Abteilung des ↑Quartärs

Hols|ter, das; -s, - ‹*mittelniederd.-niederl.-engl.*›: **1.** offene Ledertasche für eine griffbereit getragene Handfeuerwaffe. **2.** (Jägerspr.) Jagdtasche

hom..., Hom... vgl. homo..., Homo...

Ho|ma vgl. Haoma

Ho|m|a|t|ro|pin, das; -s ‹*gr.*› (Med.): dem ↑Atropin verwandter chemischer Stoff aus Mandelsäure u. Tropin (zur kurzfristigen Pupillenerweiterung)

Home|ban|king, Home-Ban|king ['hoʊ̯mbɛŋkɪŋ], das; -[s] ⟨*engl.*⟩: Abwicklung von Bankgeschäften über das Internet von zu Hause aus

Home|base, Home-Base [...beɪ̯s], die, auch: das; -, -s [...sɪz]: **1.** (Baseball) die Markierung (»Mal«) zwischen den beiden Schlägerboxen. **2.** (Sportjargon) die eigene Sportmannschaft. **3.** (Jargon) **a)** Heimatort bzw. Zuhause als Ruhe-, Rückzugsort; **b)** Ausgangspunkt, Ausgangsbasis

Home|care, Home-Care [...kɛːɐ̯], die; -, -s: Form der Kranken- u. Altenbetreuung, bei der die Patienten in der vertrauten häuslichen Umgebung versorgt werden

Home|com|pu|ter, Home-Com|pu|ter [...kɔmpjuːtɐ], der; -s, - (veraltend): PC

Home|dress, Home-Dress, der; - u. -es, -e, österr. auch die; -, -en ⟨*engl.*⟩: Hauskleid, Hausanzug

Home|figh|ter, Home-Figh|ter [...faɪ̯tɐ], der; -s, -: im heimischen Boxring, vor heimischem Publikum besonders starker u. erfolgreicher ↑Boxer

Home|land [...lɛnt], das; -[s], -s (meist Plural) (früher): in der Republik Südafrika den verschiedenen farbigen Bevölkerungsgruppen zugewiesenes Siedlungsgebiet

Home|lear|ning, Home-Lear|ning [...lœːɐ̯nɪŋ], das; -[s]: **a)** [durch Lernsoftware, Internet o. Ä. unterstütztes] Lernen von zu Hause aus; **b)** Homeschooling

Home|of|fice, Home-Of|fice ['hoʊ̯mʔɔfɪs], das; -, -s [...ʔɔfɪsɪs] ⟨engl.⟩: mit Rechner u. Kommunikationstechnik u. Ä. ausgestatteter Arbeitsplatz in der eigenen Wohnung

Home|page [...peɪ̯tʃ], die; -, -s [...dʒɪs] (EDV): **a)** über das Internet als grafische Darstellung abrufbare Datei, die als Ausgangspunkt zu den angebotenen Informationen einer Person, Firma od. Institution dient; Leitseite, Startseite; **b)** Gesamtheit der Dateien einer Person, Firma od. Institution, die von der Homepage (a) erreichbar sind

Home|plate, Home-Plate [...pleɪ̯t], das; -[s], -s (Baseball): ↑Homebase (1)

Ho|me|ri|de, der; -n, -n ⟨*gr.-lat.*⟩: **1.** Rhapsode, der die homerischen Gedichte vortrug. **2.** Angehöriger einer altgriechischen Rhapsodengilde auf der Insel Chios, die sich von Homer herleitete

ho|me|risch: von dem altgriechischen Dichter Homer stammend, zu seinem dichterischen Werk gehörend; typisch für den Dichter Homer, in seinen Werken häufig anzutreffen; **homerisches Gelächter:** schallendes Gelächter (nach Stellen bei Homer, wo von dem »unauslöschlichen Gelächter der seligen Götter« die Rede ist)

Ho|me|ris|mus, der; -, ...men: homerischer Ausdruck, homerisches Stilelement im Werk eines anderen Dichters

Home|rule ['hoʊ̯mruːl], die; - ⟨*engl.;* »Selbstregierung«⟩: Schlagwort der irischen Unabhängigkeitsbewegung

Home|run, Home-Run [...ran], der; -[s], -s (Baseball): Treffer, der es dem Schläger ermöglicht, nach Berühren des ersten, zweiten u. dritten Base das Schlagmal wieder zu erreichen

Home|schoo|ling, Home-Schoo|ling [...skuːlɪŋ], das; -[s] ⟨*engl.*⟩: den Unterricht in der Schule ersetzender Unterricht zu Hause

Home|shop|ping, Home-Shop|ping [...ʃɔpɪŋ], das; -s: Einkaufen per Bestellung von zu Hause aus (bes. über das ↑Internet)

Home|sit|ter [...zɪtɐ], der; -s, - ⟨Analogiebildung zu ↑Babysitter⟩: jmd., der das Haus des Hauseigentümers während dessen Abwesenheit bewohnt u. bewacht

Home|spun [...span], das od. der; -s, -s ⟨*engl.;* »hausgesponnen«⟩: grobfädiger, früher handgesponnener noppiger Wollstoff

Home|sto|ry, Home-Sto|ry [...'stɔ(ː)ri], die; -, -s: mit Fotos versehener Bericht in einer Zeitschrift o. Ä. über eine [prominente] Person in ihrem häuslichen, privaten Bereich

Home|trai|ner, Home-Trai|ner [...treɪ̯..., ...trɛː..., ...treː...], der; -s, -: Übungsgerät (z. B. stationäres Fahrrad od. Rudergerät) zum Konditions- u. Ausgleichstraining od. für heilgymnastische Zwecke

Home|wear [...wɛːɐ̯], die; -: **1.** Kleidung für zu Hause. **2.** Bezeichnung für Gegenstände im Wohnbereich (z. B. Kissen, Gardinen, Teppiche)

Ho|mi|let, der; -en, -en ⟨*gr.*⟩: **1.** Fachmann auf dem Gebiet der Homiletik. **2.** Prediger. **Ho|mi|le|tik,** die; -: Geschichte u. Theorie der Predigt. **Ho|mi|le|tin,** die; -, -nen: weibliche Form zu ↑Homilet. **ho|mi|le|tisch** ⟨*gr.-lat.*⟩: die Gestaltung der Predigt betreffend

Ho|mi|li|ar, das; -s, -e, seltener: **Ho|mi|li|a|ri|um,** das; -s, ...ien ⟨*gr.-lat.-mlat.*⟩: mittelalterliche Predigtsammlung

Ho|mi|lie, die; -, ...ien: erbauliche Bibelauslegung; Predigt über einen Abschnitt der Hl. Schrift

Ho|mi|lo|pa|thie, Ho|mi|lo|pho|bie, die; -, ...ien ⟨*gr.-nlat.*⟩ (Psychol. früher): krankhafte Angst beim Umgang mit Menschen, meist als Folge einer Isolierung

Ho|mi|nes: *Plural* von ↑ [1]Homo

Ho|mi|ni|de, Ho|mi|nid, der; ...den, ...den ⟨*lat.-nlat.*⟩ (Biol.): Angehöriger einer Ordnung von Lebewesen, die aus dem heutigen Menschen u. seinen Vorläufern sowie den Menschenaffen besteht

Ho|mi|ni|sa|ti|on, die; -: Menschwerdung (im Hinblick auf die Stammesgeschichte). **ho|mi|ni|sie|ren:** zum Menschen entwickeln

Ho|mi|nis|mus, der; -: philosophische Lehre, die alle Erkenntnis u. Wahrheit nur in Bezug auf den Menschen u. nicht an sich gelten lässt. **ho|mi|nis|tisch:** **1.** den Hominismus betreffend, auf ihm beruhend. **2.** auf den Menschen bezogen, nur für den Menschen geltend

Hom|mage [ɔ'maːʒ], die; -, -n [...ʒn̩] ⟨*lat.-frz.*⟩: Huldigung, Ehrerbietung; Hommage à ...: Huldigung für ...

Homme à Femmes [ɔma'fam], der; - - -, -s - - [ɔma'fam] ⟨*frz.;* »Mann für Frauen«⟩: Mann, der von Frauen geliebt wird, bei ihnen sehr beliebt ist; Frauentyp

Homme de Lett|res [ɔmdəˈlɛtr(ə)], der; - - -, -s - - [ɔmdə...] ‹*frz.*›: ↑Literat

Hom|mos, Hommus vgl. Hummus

ho|mo ‹*gr.*›: Kurzform von homosexuell (Ggs.: hetero)

[1]**Ho|mo,** der; -, ...mines [ˈhɔmineːs] ‹*lat.*› (Biol.): Frühform des Menschen; der Mensch selbst als Angehöriger einer Gattung der Hominiden

[2]**Ho|mo,** der; -s, -s ‹*gr.*› (ugs., meist abwertend): homosexueller Mann (Ggs.: Hetero)

ho|mo..., Ho|mo...

vor Vokalen gelegentlich: hom..., Hom...

‹*gr.* homós »gleich, in gleicher Weise, ebenso«›

Präfix mit der Bedeutung »gleich, gleichartig, entsprechend«:

- Homoerotik
- homogen
- Homonym

Ho|mö|ark|ton, das; -s, ...ta ‹*gr.-nlat.;* »ähnlich anfangend«› (Rhet.): Redefigur, bei der die Anfänge zweier aufeinanderfolgender Wörter gleich oder ähnlich lauten (z. B. *Mädchen mähen...*)

Ho|mo|chro|nie, die; -, ...ien (Geogr.; Meteorol.; Meereskunde): gleichzeitiges Auftreten od. Einsetzen einer Erscheinung an verschiedenen Punkten der Erde (z. B. gleichzeitiges Eintreten der Flut in räumlich getrennten Gebieten)

ho|m|o|dont (Biol.): mit gleichartigen Zähnen ausgestattet (vom Gebiss der Amphibien, Reptilien u. a. Wirbeltierklassen) (Ggs.: heterodont)

Ho|mo-Ehe, Ho|mo|ehe, die; -, -n ‹zusammengezogen aus Homosexuellenehe› (ugs.): **a)** Ehe zwischen zwei gleichgeschlechtlichen Personen; **b)** (in Deutschland bis 2017) eheähnliche Verbindung zweier gleichgeschlechtlicher Personen

Ho|mo|emo|ti|o|na|li|tät, die; -: das emotionale Sich-hingezogen-Fühlen zum gleichen Geschlecht

Ho|mo erec|tus, der; - -: Vertreter einer ausgestorbenen Art der Gattung [1]Homo

Ho|mo|erot, der; -en, -en: ↑Homoerotiker, ↑Homosexueller

Ho|mo|ero|tik, die; -: auf das eigene Geschlecht gerichtete Erotik; vgl. Homosexualität

Ho|mo|ero|ti|ker, der; -s, -: jmd., dessen erotisch-sexuelle Empfindungen auf Partner des gleichen Geschlechts gerichtet sind. **Ho|mo|ero|ti|ke|rin,** die; -, -nen: weibliche Form zu ↑Homoerotiker

ho|mo|ero|tisch: **a)** sich zum gleichen Geschlecht aufgrund sinnlich-ästhetischer Reize hingezogen fühlend; **b)** vgl. homosexuell

Ho|mo|ero|tis|mus, der; -: Empfindungsweise, deren libidinöse Wünsche gleichgeschlechtlich bezogen, aber oft so gut sublimiert sind, dass sie unbewusst, latent bleiben

Ho|mo Fa|ber, der; - - ‹*lat.;* »Verfertiger«›: der Mensch mit seiner Fähigkeit, für sich Werkzeuge und technische Hilfsmittel zur Bewältigung u. Kultivierung der Natur herzustellen

ho|mo|fon, homophon ‹*gr.*›: **1.** (Musik) gleichstimmig, melodiebetont, in der Kompositionsart der Homofonie (Ggs.: polyfon [2]). **2.** (Sprachwiss.) gleichlautend (von Wörtern od. Wortsilben); vgl. ...isch/-. **Ho|mo|fon,** Homophon, das; -s, -e (Sprachwiss.): Wort, das mit einem anderen gleich lautet, aber verschieden geschrieben wird (z. B. Lehre – Leere); vgl. Homograf, Homonym. **Ho|mo|fo|nie,** Homophonie, die; - (Musik): Satztechnik, bei der die Melodiestimme hervortritt, alle anderen Stimmen begleitend zurücktreten; vgl. Harmonie, Monodie (Ggs.: Polyfonie). **ho|mo|fo|nisch,** homophonisch: auf die Homofonie bezogen; vgl. ...isch/-

Ho|mo|ga|mie, die; -: **1.** (Bot.) gleichzeitige Reife von männlichen u. weiblichen Blütenorganen bei einer zwittrigen Blüte. **2.** (Soziol.) Gleichartigkeit der Gatten bei der Partnerwahl (z. B. in Bezug auf Alter, Klasse, Konfession) (Ggs.: Heterogamie)

ho|mo|gen: gleich[artig]; gleichmäßig aufgebaut, einheitlich, aus Gleichartigem zusammengesetzt (Ggs.: heterogen); **homogene Gleichung** (Math.): Gleichung, in der alle Glieder den gleichen Grad haben wie die Unbekannte u. auf einer Seite der Gleichung stehen (die andere Seite hat den Wert null)

ho|mo|ge|ni|sie|ren: **1.** (Chemie) nicht mischbare Flüssigkeiten (z. B. Fett u. Wasser) durch Zerkleinerung der Bestandteile mischen. **2.** Metall glühen, um ein gleichmäßiges Gefüge zu erhalten. **3.** (Physiol.) eine Suspension (2) aus Zellfragmenten u. sonstigen Biomolekülen [durch verschiedene physikalische Mechanismen] herstellen. **Ho|mo|ge|ni|sie|rung,** die; -, -en: Vermischung von verschiedenen Elementen oder Teilen

Ho|mo|ge|ni|tät, die; -: Gleichartigkeit, Einheitlichkeit, Geschlossenheit (Ggs.: Heterogenität)

Ho|mo|go|nie, die; - (Philos.): Entstehung aus Gleichartigem (Ggs.: Heterogonie)

ho|mo|grad (Statistik): auf qualitative Unterschiede gerichtet (Ggs.: heterograd)

Ho|mo|graf, Homograph, das; -s, -e (Sprachwiss.): Wort, das sich in der Aussprache von einem anderen gleich geschriebenen unterscheidet (z. B. Tenor »Haltung« neben Tenor »hohe Männerstimme«); vgl. Homonym (1 b)

Ho|mo|gramm, das; -s, -e: ↑Homograf

Ho|mo ha|bi|lis, der; - - ‹*lat.;* eigtl. »geschickter Mensch«›: Hominide, ausgestorbener Vorläufer des heutigen Menschen

ho|mo ho|mi|ni lu|pus ‹*lat.;* »der Mensch (ist) dem Menschen ein Wolf«›: der Mensch ist der gefährlichste Feind des Menschen (Grundprämisse der Staatstheorie des englischen Philosophen Th. Hobbes im »Leviathan«)

Ho|moi|o|nym vgl. Homöonym

ho|mo|log ‹*gr.*›: gleichliegend; übereinstimmend; entsprechend; **homologe Insemination** (Med.): künstliche Befruchtung mit vom Partner stammendem Samen; **homologe Organe** (Biol.): Organe von entwicklungsgeschichtlich gleicher Herkunft, aber mit verschiedener Funktion (z. B. Schwimmblase der Fische u. Lunge der Landwirbeltiere); **homologe Chromosomen** (Biol.): Chromosomen, die die gleichen Gene enthalten; **homologe Stücke** (Math.): sich entsprechende Punkte, Seiten oder Winkel in kongruenten oder ähnlichen geometrischen Figuren; **homologe Reihe** (Chemie): Gruppe chemisch nahe verwandter Verbindungen, für die sich eine allgemeine Reihenformel aufstellen lässt. **Ho|mo|log,** das; -s, -e: chemische Verbindung einer ↑homologen Reihe

Ho|mo|lo|ga|ti|on, die; -, -en: (vom Internationalen Automobil-Verband festgelegtes) Reglement, wonach ein Wagenmodell für Wettbewerbszwecke in bestimmter Mindeststückzahl gebaut sein muss, um in eine bestimmte Wettbewerbskategorie eingestuft zu werden

Ho|mo|lo|gie, die; -, ...ien: **1.** (stoische Lehre) Übereinstimmung des Handelns mit der Vernunft und damit mit der Natur. **2.** Übereinstimmung, Entsprechung von biologischen Organen hinsichtlich ihrer Entwicklungsgeschichte, nicht aber hinsichtlich der Funktion. **3.** Übereinstimmung von Instinkten und Verhaltensformen bei verschiedenen Tieren od. Tier u. Mensch

ho|mo|lo|gie|ren ⟨*gr.-nlat.*⟩: **1.** (Motorsport) den geltenden Regeln, Bestimmungen gemäß abnehmen, freigeben. **2.** (Skisport) eine Skirennstrecke nach bestimmten Normen anlegen

ho|mo|lo|gi|sie|ren ⟨*gr.*⟩ (Biol.): eine ↑Homologie (2) zwischen zwei Organen feststellen

Ho|mo|lo|gu|me|non, das; -s, ...mena (meist Plural) ⟨*gr.;* »das Übereinstimmende«⟩: unbestritten zum ↑[1]Kanon (5 a) gehörende Schrift des Neuen Testaments; vgl. Antilegomenon

Ho|mo lu|dens, der; - -: (als Typus gesehener) spielender u. dadurch schöpferischer Mensch

ho|mo|morph ⟨*gr.-nlat.*⟩ (Math.): Homomorphismus aufweisend (von algebraischen Strukturen). **Ho|mo|mor|phis|mus,** der; -, ...men (Math.): spezielle Abbildung einer ↑algebraischen Struktur in od. auf eine andere

ho|mo|nom (Zool.): gleichwertig (hinsichtlich der einzelnen Abschnitte bei Gliedertieren) (Ggs.: heteronom). **Ho|mo|no|mie,** die; - (Zool.): gleichartige Gliederung eines Tierkörpers mit gleichwertigen Segmenten (Ggs.: Heteronomie)

Ho|mo no|vus, der; - -: (im alten Rom) jmd., der neu in die obere Gesellschaftsschicht aufgestiegen ist; Emporkömmling

ho|m|o|nym ⟨*gr.-lat.*⟩ (Sprachwiss.): in Lautung u. Schreibung übereinstimmend, aber mit stark abweichender Bedeutung; ein Homonym darstellend; vgl. ...isch/-. **Ho|m|o|nym,** das; -s, -e: **1. a)** (Sprachwiss.) Wort, das ebenso wie ein anderes geschrieben u. gesprochen wird, aber verschiedene Bedeutung hat u. sich grammatisch, z. B. durch Genus, Plural, Konjugation, von diesem unterscheidet, z. B. der/das Gehalt; die Bänke/Banken; sieben (Verb)/sieben (Zahl); vgl. Homofon, Homograf; **b)** (früher) Wort, das ebenso wie ein anderes lautet u. geschrieben wird, aber einen deutlich anderen Inhalt [u. eine andere Herkunft] hat, z. B. Schloss (Türschloss u. Gebäude). **2.** (Literaturwiss.) Deckname, der aus einem klassischen Namen besteht (z. B. Cassandra = William Neil Connor)

Ho|m|o|ny|mie, die; -, ...ien (Sprachwiss.): die Beziehung zwischen Wörtern, die Homonyme sind. **ho|m|o|ny|misch:** auf die Homonymie bezogen; vgl. ...isch/-

Ho|mo oe|co|no|mi|cus [- øko...], der; - - (Psychol.; Soziol.): der ausschließlich von wirtschaftlichen Zweckmäßigkeitserwägungen geleitete Mensch; gelegentlich Bezeichnung des heutigen Menschen schlechthin

Ho|möo|me|ri|en, die (Plural) ⟨*gr.-lat.*⟩: gleichartige, qualitativ fest bestimmte ähnliche Teilchen der Urstoffe (bei dem altgriechischen Philosophen Anaxagoras)

ho|möo|morph ⟨*gr.-nlat.*⟩ (Med.): gleichgestaltig, von gleicher Form u. Struktur (von Organen bzw. Organteilen)

Ho|mö|o|nym, das; -s, -e: **1.** ähnlich lautendes Wort od. ähnlich lautender Name (z. B. Schmied – Schmidt). **2.** (Sprachwiss.) Wort, das mit einem anderen partiell synonym ist, das die gleiche Sache wie ein anderes bezeichnet, im Gefühlswert aber verschieden ist (z. B. Haupt/Kopf); vgl. Homonym

Ho|möo|path, der; -en, -en: homöopathisch behandelnder Arzt. **Ho|möo|pa|thie,** die; -: Heilverfahren, bei dem die Kranken mit solchen Mitteln in hoher Verdünnung behandelt werden, die in größerer Menge bei Gesunden ähnliche Krankheitserscheinungen hervorrufen (Ggs.: Allopathie). **Ho|möo|pa|thin,** die; -, -nen: weibliche Form zu ↑Homöopath. **ho|möo|pa|thisch:** die Homöopathie anwendend, betreffend

Ho|möo|pla|sie, die; - (Med.): organähnliche Neubildung

Ho|möo|plas|tik, Homoplastik, die; -, -en (Med.): operativer Ersatz verloren gegangenen Gewebes durch arteigenes (z. B. Verpflanzen von einem Menschen auf den anderen); vgl. Autoplastik (Ggs.: Heteroplastik)

ho|möo|po|lar: gleichartig elektrisch geladen; **homöopolare Bindung** (Physik): Zusammenhalt von Atomen in Molekülen, der nicht auf der Anziehung entgegengesetzter Ladung beruht

Ho|möo|pro|pho|ron, das; -s, ...ra ⟨*gr.-lat.*⟩ (Rhet.): Redefigur, bei der aufeinanderfolgende Wörter ähnlich od. gleich klingende Laute haben (z. B. O *du, die du die* Tugend liebst)

Ho|mö|o|p|to|ton, das; -s, ...ta ⟨»gleich deklinierend«⟩ (Rhet.): Redefigur, bei der ein Wort mit anderen aufeinanderfolgenden in der Kasusendung übereinstimmt (z. B. lat. omn*ibus* vir*ibus*)

Ho|mö|os|mie, die; - ⟨*gr.-nlat.*⟩ (Biol.): das Gleichbleiben des ↑osmotischen Druckes im Innern eines Organs bei schwankendem osmotischem Druck der Umgebung

Ho|möo|s|ta|se, die; -, -n, **Ho|möo|s|ta|sie,** die; -, ...ien, **Ho|möo|s|ta|sis,** die; -, ...sen (Med.): Gleichgewicht der physiologischen Körperfunktionen; Stabilität des Verhältnisses von Blutdruck, Körpertemperatur, pH-Wert des Blutes u. a.
Ho|möo|stat, der; -en, -en (Kybernetik): technisches System, das sich der Umwelt gegenüber in einem stabilen Zustand halten kann
ho|möo|sta|tisch (Med.): die Homöostase betreffend, dazu gehörend
Ho|möo|te|leu|ton, das; -s, ...ta ‹*gr.-lat.;* »ähnlich endend«›: Redefigur, bei der aufeinanderfolgende Wörter oder Wortgruppen gleich klingen (z. B. tr*au*, sch*au* [wem])

ho|möo|therm ‹*gr.-nlat.*›: warmblütig, gleichbleibend warm (von Tieren, deren Körpertemperatur bei schwankender Umwelttemperatur gleich bleibt, z. B. bei Vögeln u. Säugetieren) (Ggs.: poikilotherm). **Ho|möo|ther|mie,** die; - (Zool.): Warmblütigkeit
ho|möo|tisch ‹*gr.*›: in der Fügung **homöotisches Gen** (Biol.): Gen, das in der Entwicklung eines Organismus für die Ausbildung von Segmenten verantwortlich ist
ho|mo|phag ‹*gr.*›: **a)** nur pflanzliche od. nur tierische Nahrung fressend (von Tieren); **b)** (Biol.) auf nur einem Wirtsorganismus schmarotzend (von Parasiten) (Ggs.: heterophag)
ho|mo|phil: ↑homosexuell. **Ho|mo|phi|lie,** die; -: ↑Homosexualität
ho|mo|phob (Psychol.): eine starke [krankhafte] Abneigung gegen Homosexualität habend, zeigend. **Ho|mo|pho|bie,** die; -, ...ien (Psychol.): krankhafte Angst vor u. Abneigung gegen ↑Homosexualität
ho|mo|phon usw. vgl. homofon usw.
Ho|mo|pla|sie, die; -: falsche ↑Homologie (2); Übereinstimmung von Organen, die auf gleichartiger Anpassung an ähnliche Lebensbedingungen beruht
Ho|mo|plas|tik vgl. Homöoplastik
ho|m|or|gan ‹*gr.-nlat.*› (Sprachwiss.): mit dem gleichen Artikulationsorgan gebildet (von Lauten, z. B. b, p). **Ho|m|or|ga|ni|tät,** die; -: ↑Assimilation (1 b): Angleichung der Artikulation eines Lautes an die eines folgenden (z. B. mhd. *in*biʒ gegenüber nhd. I*m*biss)
Ho|mor|rhi|zie, die; - (Bot.): Bildung der ersten Wurzeln seitlich am Spross (Hauptwurzel wird nicht gebildet; bei Farnpflanzen) (Ggs.: Allorrhizie)
Ho|mo sa|pi|ens, der; - - ‹*lat.;* »vernunftbegabter Mensch«›: wissenschaftl. Bez. des heutigen Menschen
Ho|mo|seis|te, die; -, -n (meist Plural): Linie, die Orte gleichzeitiger Erschütterung an der Erdoberfläche (bei Erdbeben) verbindet
ho|mo|sem: ↑synonym
Ho|mo|se|xu|a|li|tät, die; - ‹*gr.; lat.-nlat.*›: sich auf das eigene Geschlecht richtendes Geschlechtsempfinden, gleichgeschlechtliche Liebe (Ggs.: Heterosexualität). **ho|mo|se|xu|ell:** **a)** gleichgeschlechtlich empfindend, zum eigenen Geschlecht hinneigend (Ggs.: heterosexuell); **b)** für Homosexuelle u. deren Interessen bestimmt (z. B. eine -e Bar, -e Bücher). **Ho|mo|se|xu|el|le,** der u. die; -n, -n: homosexuelle männliche bzw. weibliche Person
Ho|mo|s|ke|das|ti|zi|tät, die; -, -en (Statistik): Gleichheit bzw. nicht signifikante Ungleichheit in der Streuung der Ergebnisse von Stichproben in Bezug auf die der Erhebung zugrunde liegende statistische Gesamtheit
Ho|mo|sphä|re, die; - (Meteorol.): sich von den darüberliegenden Luftschichten abgrenzende untere Erdatmosphäre, die durch eine nahezu gleiche Zusammensetzung der Luft gekennzeichnet ist (Ggs.: Heterosphäre)
Ho|mo|s|ty|lie, die; - ‹*gr.-nlat.*› (Bot.): Blütenausbildung, bei der die Narben der Blüten aller Individuen einer Art immer auf der gleichen Höhe wie die Staubbeutel stehen (Ggs.: Heterostylie)
ho|mo|the|tisch vgl. synthetisch
Ho|mo|to|xi|ko|lo|gie, die; - ‹*lat.; gr.-nlat.*›: naturheilkundliche Lehre, die alle Krankheitserscheinungen im menschlichen Organismus auf die Wirkung von Homotoxinen zurückführt
Ho|mo|to|xin, das; -s, -e: auf den menschlichen Organismus wirkendes ↑Toxin
Ho|mo|trans|plan|ta|ti|on, die; -, -en ‹*gr.; lat.-nlat.*› (Med.): ↑Homöoplastik
Ho|mo|tro|pie, die; - ‹*gr.-nlat.*› (Fachspr.): das homoerotische, homosexuelle Hingewendetsein zum eigenen Geschlecht
Ho|mo|usie, die; - ‹*gr.;* »wesensgleich«›: Wesensgleichheit von Gott-Vater u. Gott-Sohn
Ho|mö|u|sie, die; - ‹»wesensähnlich«›: Wesensähnlichkeit zwischen Gott-Vater u. Gott-Sohn (Kompromissformel im Streit gegen den ↑Arianismus)
ho|mo|zen|t|risch ‹*gr.-nlat.*›: von einem Punkt ausgehend od. in einem Punkt zusammenlaufend (von Strahlenbündeln)
ho|mo|zy|got (Biol.): mit gleichen Erbanlagen versehen; reinerbig (von Individuen, bei denen gleichartige mütterliche u. väterliche Erbanlagen zusammentreffen) (Ggs.: heterozygot). **Ho|mo|zy|go|tie,** die; - (Biol.): Erbgleichheit von Organismen, die aus einer ↑Zygote von Keimzellen mit gleichen Erbfaktoren hervorgegangen sind (Ggs.: Heterozygotie)
Ho|mun|ku|lus, der; -, ...lusse od. ...li ‹*lat.;* »Menschlein«›: (nach alchemistischer Vorstellung) künstlich erzeugter Mensch
Ho|nan|sei|de, die; - ‹nach der chin. Provinz Honan›: Rohseide, Seidengewebe aus Tussahseide mit leichten Fadenverdickungen
ho|nen ‹*engl.*›: ziehschleifen (Verfahren zur Feinbearbeitung von zylindrischen Bohrungen, das die Oberfläche bei hoher Mess- u. Formgenauigkeit glättet)
ho|nett ‹*lat.-frz.*› (veraltend): anständig, ehrenhaft, rechtschaffen
Ho|ney [ˈhʌni], der; -[s], -s ‹*engl.;* »Honig«›: engl. Bez. für: Schätzchen, Liebling, Süße[r]
Ho|ney|moon [...mu:n], der; -s, -s ‹*engl.;* »Honigmond«›: Flitterwochen
ho|ni (auch: honni, honny) **soit qui mal y pense** [ɔnisoakimaliˈpɑ̃:s] ‹*frz.-engl.;* »verachtet sei, wer Arges dabei denkt«; Wahl-

spruch des Hosenbandordens, des höchsten englischen Ordens, der seine Stiftung angeblich einem galanten Zwischenfall verdankt⟩: nur ein Mensch, der etwas Schlechtes dabei denkt, wird hierbei etwas Anstößiges finden

Hon|ky|tonk [ˈhɔŋkɪtɔŋk], das; -[s], -s ⟨*amerik.*⟩: Bez. für kleine Kneipen in den Südstaaten der USA, in denen die unteren Bevölkerungsschichten verkehren

Hon|neur [(h)ɔˈnøːɐ̯], der; -s, -s ⟨*lat.-frz.*⟩: **1.** (meist Plural; veraltet) Ehrenbezeigung, Ehre; **die Honneurs machen: a)** die Gäste willkommen heißen (bei Empfängen); **b)** [in unterwürfiger Form] Ehrerbietungen erweisen. **2.** das Umwerfen der mittleren Kegelreihe beim Kegeln. **3.** (nur Plural) höchste Karten bei ↑Whist u. ↑Bridge

hon|ni soit qui mal y pense, hon|ny… vgl. honi soit qui mal y pense

ho|no|ra|bel ⟨*lat.*⟩ (veraltet): ehrenvoll, ehrbar

Ho|no|rant, der; -en, -en: jmd., der einen Wechsel anstelle des Bezogenen annimmt od. zahlt (vgl. honorieren; Intervention [2])

Ho|no|rar, das; -s, -e ⟨*lat.*; »Ehrensold«⟩: Vergütung für frei- od. nebenberufliche wissenschaftliche, künstlerische o. ä. Tätigkeit

Ho|no|rar|kon|sul, der; -s, -n: jmd., der das Konsularamt ehrenamtlich ausübt. **Ho|no|rar|kon|su|lin,** die; -, -nen: weibliche Form zu ↑Honorarkonsul

Ho|no|rar|pro|fes|sor, der; -s, -en: **a)** (ohne Plural) Ehrentitel für einen nicht beamteten Universitätsprofessor (Abk.: Hon.-Prof.); **b)** Träger dieses Titels. **Ho|no|rar|pro|fes|so|rin,** die; -, -nen: weibliche Form zu ↑Honorarprofessor

Ho|no|rat, der; -en, -en: jmd., für den ein Wechsel bezahlt wird; vgl. Intervention

Ho|no|ra|ti|or, der; …oren, …oren (meist Plural): **1.** angesehener Bürger, bes. in kleineren Orten. **2.** Person, die unentgeltlich Verwaltungsaufgaben übernimmt u. aufgrund ihres sozialen Status Einfluss ausübt

Ho|no|ra|ti|o|ren|de|mo|kra|tie, die; -: Demokratie (bes. im 19. Jh.), in der die Politiker vorwiegend dem Besitz- bzw. dem Bildungsbürgertum entstammten

Ho|no|ra|ti|o|ren|par|tei, die; -: (im 19. Jh. in Deutschland) politische Partei, deren Mitglieder od. maßgebliche Führungsgruppen vorwiegend dem Besitz- bzw. Bildungsbürgertum entstammten

ho|no|rie|ren ⟨»ehren; belohnen«⟩: **1.** ein Honorar zahlen; vergüten. **2.** anerkennen, würdigen, durch Gegenleistungen abgelten. **3.** (Wechselrecht) einen Wechsel annehmen, bezahlen

Ho|no|rie|rung, die; -, -en (Plural selten): das Honorieren, das Honoriertwerden

ho|no|rig: 1. ehrenhaft. **2.** freigebig

ho|no|ris cau|sa ⟨*lat.*⟩: ehrenhalber (Abk.: h. c.); **Doktor honoris causa:** Doktor ehrenhalber (z. B. Dr. phil. h. c.) (Abk.: Dr. h. c.)

Ho|no|ri|tät, die; -, -en: **1.** (ohne Plural) Ehrenhaftigkeit. **2.** Ehrenperson

Ho|nou|ra|ble [ˈɔnərəbl̩] ⟨*lat.-frz.-engl.*; »ehrenwert«⟩: Hochwohlgeboren (englischer Ehrentitel) (Abk.: Hon.)

[1]**Hon|ved** [ˈhɔnveːd], **Hon|véd** [ˈho…] der; -s, -s ⟨*ung.*; »Vaterlandsverteidiger«⟩: ungarischer (freiwilliger) Landwehrsoldat

[2]**Hon|ved, Hon|véd,** die; -: **a)** ungarisches Freiwilligenheer (gegen Österreich 1848–67); **b)** ungarische Landwehr (1867–1918); **c)** ungarische Armee (1919–45)

Hoo|die [ˈhʊdi], der od. das; -s, -s ⟨*engl.* hoodie, zu hood = Kapuze⟩: Sweatshirt, Jacke od. Pullover mit Kapuze

Hook [hʊk], der; -s, -s ⟨*engl.*⟩: **1. a)** (Boxen) Haken, Schlag; **b)** (Golf) Schlag, bei dem der Ball in einer der Schlaghand entgegengesetzten Kurve fliegt. **2.** hakenartiges Ansatzstück an Kunstarmen zum Greifen u. Halten

hoo|ken [ˈhʊkn̩]: einen Hook (1 b) spielen. **Hoo|ker** [ˈhʊkɐ], der; -s, -: **1.** Golfspieler, dessen Spezialität der Hook (1 b) ist. **2.** der zweite u. dritte Stürmer (beim ↑Rugby), der beim Gedränge in der vorderen Reihe steht

Hook|shot [ˈhʊkʃɔt], der; -s, -s: meist im Sprung ausgeführter Korbwurf (beim ↑Basketball [1]), bei dem der Ball mit seitlich ausgestrecktem Arm über dem Kopf aus dem Handgelenk geworfen wird

Hook|spin […spɪn], der; -s, -s: mit ↑Effet geschlagener Golfball

Hool [huːl], der; -s, -s ⟨engl.⟩ (ugs.): kurz für ↑Hooligan

Hoo|li|gan [ˈhuːlɪɡn̩], der; -s, -s ⟨*engl.*⟩: zu aggressivem, gewalttätigem Verhalten neigender Randalierer (bes. bei Massenveranstaltungen)

Hoo|li|ga|nis|mus, der; - ⟨*engl.-nlat.*⟩: Rowdytum

Hoo|te|nan|ny [ˈhuːtənæni], der od. das; -[s], -s ⟨*engl.*⟩: [improvisiertes] gemeinsames Volksliedersingen

Hop, der; -s, -s ⟨*engl.*⟩: in der Leichtathletik erster Sprung beim Dreisprung; vgl. Jump (1), Stepp (1)

Ho|pak vgl. Gopak

Ho|p|lit, der; -en, -en ⟨*gr.-lat.*; »Schildträger«⟩: schwer bewaffneter Fußsoldat im alten Griechenland

Ho|p|li|tes, der; -, …ten ⟨*nlat.*⟩ (Geol.): versteinerter ↑[1]Ammonit, der als eines der wichtigsten Leitfossilien der Kreidezeit gilt

Ho|que|tus, Hoketus, der; - ⟨*mlat.*⟩: Kompositionsart vom 12. bis 15. Jh. (Verteilung der Melodie auf verschiedene Stimmen, sodass bei Pausen der einen die andere die Melodie übernimmt)

[1]**Ho|ra,** Hore, die; -, Horen (meist Plural) ⟨*lat.*⟩: **a)** Gebetsstunde, bes. eine der acht Zeiten des Stundengebets in der katholischen Kirche; **b)** kirchliches Gebet zu verschiedenen Tageszeiten

[2]**Ho|ra,** die; -, -s ⟨*gr.*; »Reigen«⟩: **1.** jüdischer Volkstanz. **2. a)** rumänischer Volkstanz; **b)** ländliche Tanzveranstaltung mit rumänischen Volkstänzen

Ho|ra|ri|um, das; -s, …ien ⟨*lat.*⟩: Stundenbuch, Gebetbuch für Laien

Hor|de|in, das; -s ⟨*lat.-nlat.*⟩: Eiweißkörper in der Gerste

Hor|de|nin, das; -s: bes. in Malzkeimen enthaltenes Alkaloid, das in der Medizin als Herzanregungsmittel verwendet wird

Hor|de|o|lum, das; -s, ...la (Med.): Gerstenkorn; Drüsenabszess am Augenlid

Ho|re vgl. [1]Hora

Ho|ren, die (Plural) ⟨*gr.-lat.*⟩: 1. *Plural* von ↑[1]Hora. 2. griechische Göttinnen der Jahreszeiten u. der [sittlichen] Ordnung

Ho|ri|zont, der; -[e]s, -e ⟨*gr.-lat.;* »Grenzlinie; Gesichtskreis«⟩: 1. Begrenzungslinie zwischen dem Himmel u. der Erde; **natürlicher Horizont:** sichtbare Grenzlinie zwischen Himmel u. Erde; **künstlicher Horizont:** a) (Astron.) spiegelnde Fläche (z. B. Quecksilber) zur Bestimmung der Richtung zum Zenit; b) (Flugw.) [Gerät zur] Anzeige der Lage im Verhältnis zur Horizontlinie. 2. Gesichtskreis; geistiges Fassungsvermögen. 3. (Geol.) kleinste Einheit innerhalb einer ↑Formation (5), räumlich die kleinste Schichteinheit, zeitlich die kleinste Zeiteinheit. 4. Schnittgerade der vertikalen Zeichenebene mit der Ebene, die zur abzubildenden horizontalen Ebene parallel verläuft (in der Perspektive)

ho|ri|zon|tal ⟨*gr.-lat.-nlat.*⟩: waagerecht. **Ho|ri|zon|ta|le**, die; -, -n (drei -n, auch: -): 1. a) waagerechte Gerade; b) waagerechte Lage. 2. (salopp scherzh. veraltend) Prostituierte

Ho|ri|zon|tal|fre|quenz, die; -, -en (bes. EDV): Anzahl der in einer Sekunde übertragenen Zeilen

Ho|ri|zon|tal|in|ten|si|tät, die; -: Stärke des Erdmagnetfeldes in waagerechter Richtung

Ho|ri|zon|ta|li|tät, die; -: waagerechte Lage

Ho|ri|zon|tal|kon|zern, der; -s, -e: Konzern, der Unternehmen der gleichen Produktionsstufe umfasst (Ggs.: Vertikalkonzern)

Ho|ri|zon|tal|pen|del, das; -s, -: Pendel, das um eine nahezu vertikale Drehachse in einer nahezu horizontalen Ebene schwingt

ho|ri|zon|tie|ren: 1. (Geol.) die verschiedene Höhenlage eines Horizonts einmessen. 2. (Geodäsie) die Achsen von geodätischen Messinstrumenten in waagerechte u./od. senkrechte Lage bringen

hor|misch ⟨*gr.-engl.*⟩ (Psychol.): **hormische Psychologie:** Psychologie, die sich mit den Motivationen u. den dynamischen Aspekten des Verhaltens beschäftigt

Hor|mon, das; -s, -e ⟨*gr.-nlat.*⟩ (Med.): körpereigener, von den Drüsen mit innerer Sekretion gebildeter u. ins Blut abgegebener Wirkstoff, der biochemisch-physiologische Abläufe steuert u. koordiniert. **hor|mo|nal, hor|mo|nell** (Med.): aus Hormonen bestehend, auf sie bezüglich; vgl. ...al/...ell

Hor|mon|prä|pa|rat, das; -s, -e (Med.): aus Drüsen, Drüsenextrakten o. Ä. gewonnenes Arzneimittel, das z. B. bei fehlender od. unzureichender Produktion von Hormonen verwendet wird

Hor|mon|pro|duk|ti|on, die; -, -en (Physiol.): Produktion von Hormonen in innersekretorischen Drüsen, in Zellen u. Geweben

Hor|mon|the|ra|pie, die; -, ...ien: medizinische Behandlung mit Hormonpräparaten

Horn|back [ˈhɔːnbɛk], das od. der; -s, -s ⟨*engl.*⟩: verhornter Rücken einer Krokodilhaut, der durch Abschleifen eine besonders ausgeprägte Maserung zutage treten lässt u. hauptsächlich für Luxusartikel der Lederwarenindustrie verwendet wird

Hor|ni|to, der; -s, -s ⟨*span.*⟩: kegelförmige Aufwölbung über Austrittsstellen dünnflüssiger Lava

Horn|pipe [ˈhɔːnpaɪp], die; -, -s ⟨*engl.*⟩: 1. Schalmeienart. 2. alter Tanz im 3/4- oder 4/4-Takt

Ho|ro|log, das; -s, -e ⟨*gr.-lat.*⟩ (veraltet): Uhr

Ho|ro|lo|gi|on vgl. Horologium

Ho|ro|lo|gi|um, das; -s, ...ien ⟨*lat.*⟩: liturgisches Buch mit den Texten für die Stundengebete der orthodoxen Kirche

Ho|r|op|ter, der; -s ⟨*gr.-nlat.*⟩ (Med.): kreisförmige horizontale Linie, auf der alle Punkte liegen, die bei gegebener Augenstellung mit beiden Augen nur einfach gesehen werden

Ho|ro|s|kop, das; -s, -e ⟨*gr.-lat.;* »Stundenseher«⟩ (Astrol.): a) schematische Darstellung der Stellung der Gestirne zu einem bestimmten Zeitpunkt als Grundlage zur Schicksalsdeutung; b) Voraussage über kommende Ereignisse aufgrund von Sternkonstellationen; c) Aufzeichnung des Standes der Sterne bei der Geburt; Kosmogramm

ho|ro|s|ko|pie|ren ⟨*gr.-nlat.*⟩: ein Horoskop stellen

ho|ro|s|ko|pisch: das Horoskop betreffend, darauf beruhend

Hor|ra: ↑[2]Hora (1)

hor|rend ⟨*lat.*⟩: 1. (emotional) jedes normale Maß überschreitend, sodass es entsprechende Kritik hervorruft. 2. (veraltet) durch seinen geistigen Gehalt entsetzenerregend

hor|ri|bel (veraltet): 1. als Erlebnis, Mitteilung grauenerregend, grausig, furchtbar. 2. ↑horrend (1)

hor|ri|bi|le dic|tu ⟨*lat.*⟩: es ist furchtbar, dies sagen zu müssen; Gott seis geklagt

Hor|ri|bi|li|tät, die; -, -en (Plural selten) (veraltet): Schrecklichkeit, Furchtbarkeit

Hor|ror, der; -s: a) auf Erfahrung beruhender, schreckerfüllter Schauder, Abscheu, Widerwille [sich mit etwas zu befassen]; b) schreckerfüllter Zustand, in den jmd. durch etwas gerät

Hor|ror|film, der; -[e]s, -e: Film, dessen Thema u. Gestaltung bei den Zuschauenden Grauen u. Entsetzen erregen soll

Hor|ror|li|te|ra|tur, die; -: Literatur, in der Unheimliches, Gräueltaten u. Ä. dargestellt ist

Hor|ror|sze|na|rio, das; -s, -s: Vorstellung, die von der schlimmsten aller Möglichkeiten ausgeht

Hor|ror|trip, der; -s, -s: 1. a) Reise voller Schrecken; Schreckensfahrt; b) schrecklicher Vorgang; schreckliches Ereignis. 2. Rausch mit Angst- u. Panikgefühlen nach dem Genuss von starken Drogen

Hor|ror Va|cui [- ˈvaːkui], der; - - (Philos.): Angst vor der Leere (von Aristoteles ausgehende Annahme, die Natur sei überall um Auffüllung eines leeren Raumes bemüht)

hors con|cours [ɔrkõˈkuːr] ⟨*lat.-frz.*⟩: außer Wettbewerb

Hors|d'œu|v|re [ɔrˈdøːvr(ə)],

das; -s, -s ⟨*frz.*⟩: appetitanregendes kaltes od. warmes Vor- od. Beigericht
Horse [hɔːs], das; - ⟨*engl.;* »Pferd«; Tabuwort⟩ (Jargon): Heroin
Horse|po|w|er [ˈhɔːɐ̯spaʊ̯ɐ] (Technik veraltend): in Großbritannien u. Nordamerika verwendete Einheit der Leistung (= 745,7 Watt); Pferdestärke (Abk.: h. p., früher: HP)
hors-sol [ˈɔrsɔl] ⟨frz.⟩ (schweiz.): [von Pflanzen] in Nährlösung gezogen. **Hors-sol-Ge|mü|se** [ˈɔrsɔl...], das; -s, - (schweiz.): Gemüse, das in einer Nährlösung (und nicht in der Erde) gezogen wird
Hor|ta|ti̲v, der; -s, -e: ↑Adhortativ
Hor|te̲n|sie [...i̯ə], die; -, -n ⟨*nlat.,* nach Hortense Lepaute, der Reisegefährtin des frz. Botanikers Commerson, 18. Jh.⟩: als Strauch- u. Topfpflanze verbreitetes Steinbrechgewächs mit kleinen weißen, grünlichen, roten od. blauen Blüten in Rispen od. [kugeligen] doldenähnlichen Blütenständen
Hor|ti|kul|tu̲r, die; - ⟨*lat.*⟩: Gartenbau
Ho̲r|tu|lus A̲ni|mae [- ...mɛ], der od. das; - -, ...li - ⟨*lat.;* »Seelengärtlein«⟩: häufiger Titel von spätmittelalterlichen Gebetbüchern
ho|sa̲n|na vgl. hosianna
ho|si|a̲n|na, hosanna ⟨*hebr.-gr.-mlat.;* »hilf doch!«⟩: alttestamentlicher Gebets- u. Freudenruf, der in die christliche Liturgie übernommen wurde. **Ho|si|a̲n|na,** das; -[s], -[s]: mit dem ↑²Sanctus verbundener Teil des christlichen Gottesdienstes vor der ↑Eucharistie
Hos|pi|ta̲l, das; -s, -e u. ...tä̲ler ⟨*lat.*⟩: **1.** [kleineres] Krankenhaus. **2.** (veraltet) Armenhaus, Altersheim
hos|pi|ta|li|si̲e̲|ren ⟨*lat.-nlat.*⟩: **1.** (schweiz.) in ein Krankenhaus od. Pflegeheim einliefern. **2.** (Med., Psychol.) an Hospitalismus (1) leiden. **Hos|pi|ta|li|si̲e̲|rung,** die; -, -en: das Hospitalisieren; das Hospitalisiertwerden
Hos|pi|ta|li̲s|mus, der; - ⟨*lat.-nlat.*⟩: **1.** (Psychol., Päd.) das Auftreten von Entwicklungsstörungen u. -rückständen bei Kindern als Folge mangelnder Zuwendung, bes. bei Heimerziehung. **2.** (Med.) Infektion von Krankenhauspatienten od. -personal durch im Krankenhaus resistent gewordene Keime. **3.** (Med.) psychische u. physische Folgen eines Krankenhausaufenthalts bei Patienten
Hos|pi|ta|li|tä̲t, die; - ⟨*lat.*⟩ (veraltet): Gastfreundschaft
Hos|pi|ta|li̲|ter, der; -s, - ⟨*lat.-nlat.*⟩: Mitglied einer mittelalterlichen religiösen Genossenschaft (von Laienbrüdern, Mönchen od. Ordensrittern) für Krankenpflege
Hos|pi|ta̲nt, der; -en, -en ⟨*lat.*⟩: **a)** jmd., der hospitiert; **b)** unabhängiger od. einer kleinen Partei angehörender Abgeordneter, der als Gast Mitglied einer nahestehenden parlamentarischen Fraktion ist. **Hos|pi|ta̲n|tin,** die; -, -nen: weibliche Form zu ↑Hospitant
Hos|pi|ta̲nz, die; -, -en: **1. a)** (ohne Plural) das Hospitieren; **b)** Stelle als Hospitant/Hospitantin. **2.** (ohne Plural) Gastmitgliedschaft in einer parlamentarischen Fraktion
Hos|pi|ta|ti|o̲n, die; - (Päd.): das Teilnehmen am Unterricht u. der Besuch von pädagogischen Einrichtungen als Teil der praktischen pädagogischen Ausbildung
hos|pi|ti̲e̲|ren: sich als Gast an einer wissenschaftlichen, pädagogischen, kulturellen, politischen o. ä. Einrichtung aufhalten, um die innere Struktur derselben, ihre Arbeitsabläufe u. fachlichen Probleme kennenzulernen u. berufspraktische Erfahrung zu gewinnen
Hos|pi̲z, das; -es, -e: **1.** von Mönchen errichtete Unterkunft für Pilger od. wandernde Mönche im Mittelalter. **2.** Hotel od. Pension mit christlicher Hausordnung. **3.** Einrichtung zur Betreuung schwer kranker od. sterbender Menschen u. deren Angehöriger
Hos|po|da̲r, Gospodar, der; -s u. -en, -e[n] ⟨*slaw.;* »Herr«⟩ (Geschichte): slawischer Fürstentitel in einigen Ländern Südosteuropas
Host [hoʊ̯st], der; -s, -s ⟨*engl.;* »Gastgeber«⟩ (EDV): **1.** (in einem System von Computern od. Terminals) Zentralrechner mit permanenter Zugriffsmöglichkeit. **2.** Internetadresse
Host|com|pu|ter, Host-Com|pu|ter [ˈhoʊ̯st...], der; -s, - ⟨*engl.*⟩ (EDV): ↑Host (1)
hos|ten [ˈhoʊ̯stn̩] ⟨*engl.*⟩ (EDV): auf einem ↑Host (1) installieren, betreiben
Hos|te̲ss [auch: ˈhɔs...], die; -, -en ⟨*lat.-frz.-engl.;* »Gastgeberin«⟩: **1. a)** junge weibliche Person, die auf Messen, in Hotels o. Ä. zur Betreuung od. Beratung der Besucher, Gäste o. Ä. angestellt ist; **b)** Angestellte einer Fluggesellschaft, die im Flugzeug od. auf dem Flughafen die Reisenden betreut. **2.** (verhüll.) ↑Prostituierte, die ihre Dienste bes. über Zeitungsannoncen anbietet
Ho̲s|tie [...i̯ə], die; -, -n ⟨*lat.;* »Opfer, Opfertier«⟩: **a)** (in der katholischen Kirche) ¹Oblate (1 a), die zum Leib Christi geweiht u. in der Kommunion (1) an die Gläubigen ausgeteilt wird; **b)** (in der lutherischen Kirche) ¹Oblate (1 b), die als Abendmahlsbrot verwendet wird
hos|ti̲l ⟨*lat.*⟩ (veraltet): feindlich. **Hos|ti|li|tä̲t,** die; -, -en (veraltet): Feindseligkeit
Hos|ting [ˈhoʊ̯stɪŋ], das; -s, -s ⟨*engl.*⟩ (EDV): Dienstleistung, die darin besteht, dem Nutzer bestimmte das Internet betreffende Leistungen anzubieten. **Hos|ting|dienst,** der; -[e]s, -e: Internetdienst, der ↑Hosting anbietet
Ho̲t, der; -s ⟨*engl.*⟩: Kurzform von ↑Hot Jazz
Ho̲t Brines [- ˈbraɪ̯nz], die (Plural) ⟨*engl.*⟩ (Geol.): am Meeresboden austretende heiße Lösungen vulkanischen Ursprungs
Hotch|potch [ˈhɔtʃpɔtʃ], das; -, -es [...iz] ⟨*frz.-engl.*⟩: ↑Hochepot
Ho̲t|dog, der od. das; -s, -s, **Ho̲t Dog,** der od. das; - -s, - -s ⟨*engl.-amerik.*⟩: in ein aufgeschnittenes Brötchen gelegtes heißes Würstchen mit Ketchup o. Ä.
Ho|te̲l, das; -s, -s ⟨*lat.-frz.*⟩: Beherbergungs- u. Verpflegungsbetrieb gehobener Art mit einem gewissen Mindestkomfort
Ho|te̲l|di|rek|tor, der; -s, ...o̲ren:

1. Direktor, Leiter eines Hotels. 2. ↑Hotelier. **Ho|tel|di|rek|to|rin,** die; -, -nen: weibliche Form zu ↑Hoteldirektor

Ho|tel gar|ni, das; - -, -s -s [hoˈtɛl garˈniː] ‹*lat.-frz.; germ.-frz.*›: Hotel[betrieb], in dem es nur Frühstück gibt

Ho|te|li|er [...ˈli̯eː], der; -s, -s ‹*lat.-frz.*›: Eigentümer od. Pächter eines Hotels

Ho|tel|ket|te, die; -, -n ‹*lat.-frz.; dt.*›: Reihe von Hotels desselben Unternehmens

Ho|tel|le|rie, die; -: Gast-, Hotelgewerbe

Hot Jazz [- dʒæz], der; - - (Musik): Bez. für die frühen Jazzstile bis zum ↑[1]Swing (1 b)

H
Hote

Hot|key [...kiː], der; -s, -s, **Hot Key,** der; - -s, - -s ‹*engl.*› (EDV): Tastenkombination, mit dem bestimmte Steuerungsbefehle (z. B. das Öffnen oder Schließen einer Datei) gesendet oder Sonderzeichen erzeugt werden können

Hot|line [...lai̯n], die; -, -s ‹*engl.;* »heißer Draht«›: Telefonanschluss für raschen Service (z. B. von Computerfirmen)

Hot|list®, die; -, -s (Plural selten) ‹engl.›: seit 2009 jährlich gewählte Liste der zehn besten deutschsprachigen Bücher aus kleinen, meist jungen, von Konzernen unabhängigen Verlagen

Hot|melt, das; -s, -s ‹*engl.*›: zum Versiegeln u. Kleben verwendeter Werk- od. Klebstoff, der bei normaler Temperatur fest ist, aber beim Erwärmen in eine flüssige Schmelze übergeht

Hot|pants, Hot Pants [...pɛnts], die (Plural) ‹*engl.;* »heiße Hosen«›: von Frauen getragene kurze, eng anliegende, im Zuschnitt Shorts ähnliche Hose

Hot|spot [...spɔt], der; -s, -s, **Hot Spot,** der; - -s, - -s ‹*engl.;* »heiße Stelle«›: 1. (Biol.) einzelne Stelle od. Bereich eines ↑Gens, an dem bes. häufig ↑Mutationen (1) auftreten. 2. (Geol.) hypothetisch begrenzte Schmelzregion im Erdmantel unterhalb der ↑Lithosphäre. 3. (EDV) grafisch od. farblich hervorgehobener Punkt od. Text auf einer Bildschirmseite, der als ↑Hyperlink (b) dient. 4. Ort, der eine besondere Anziehungskraft ausübt, bes. viele Menschen anlockt. 5. Ort, an dem es einen öffentlichen drahtlosen Internetzugang gibt

hot|ten ‹*engl.*›: 1. (ugs.) zu Hot Jazz tanzen. 2. Hot Jazz spielen

Hot|to|nia, die; -, ...ien ‹*nlat.;* nach dem holländischen Botaniker Peter Hotton, † 1709›: als Zierpflanze für Aquarien u. Uferbepflanzungen verwendete Wasserprimel

Houppe|lande [upˈlɑ̃ːd], die; -, -s ‹*frz.*›: im 14. Jh. aufgekommenes langes, glockenförmig geschnittenes Obergewand des Mannes

Hour|di [ʊrˈdiː], der; -s, -s ‹*frz.*›: Hohlstein aus gebranntem Ton mit ein- od. zweireihiger Lochung, der bes. für Decken u. zwischen Stahlträgern verwendet wird

House [hau̯s], der; - (meist ohne Artikel) ‹*engl.;* »Haus«; nach der Diskothek »The Warehouse« in Chicago›: ↑Housemusic

House|kee|ping [ˈhau̯skiːpɪŋ], das; -[s] ‹*engl.*›: 1. (Hotelwesen) für Sauberkeit u. Ordnung (insbes. der Gästezimmer) zuständige Abteilung eines Hotels. 2. (EDV) Gesamtheit automatisierter Maßnahmen zur Aufrechterhaltung der Funktionstüchtigkeit eines IT-Systems. **House|mu|sic** [ˈhau̯smjuːzɪk], die; - ‹*engl.*›: Musikstil aus Nordamerika, der Funk- u. Soulelemente mit stark akzentuierten, aufrüttelnden Rhythmen verbindet

House of Com|mons [ˈhau̯s ɔf ˈkɔmәns], das; - - - ‹*engl.*›: britisches Unterhaus

House of Lords, das; - - - ‹»Haus der Lords«›: britisches Oberhaus

House-Run|ning, House|run|ning [ˈhau̯sranɪŋ], das; -s ‹*engl.*›: mit einem Seilsystem gesichert aufrecht eine Häuserfassade o. Ä. hinunterlaufen

Hous|se [ˈhʊsә] vgl. Husse

Ho|ver|board [ˈhɔvɐ...], das; -s, -s ‹engl.›: elektrisch angetriebenes, stehend zu fahrendes Rollbrett ohne Lenkstange, dessen zwei Räder parallel an den kurzen Enden angebracht sind

Ho|ver|craft® [ˈhɔvɐkraːft], das; -[s], -s ‹*engl.;* »Schwebefahrzeug«›: Luftkissenfahrzeug

Ho|wea, die; -, ...we̲en ‹*nlat.;* nach der austr. Lord-Howe-Insel› (Bot.): als Zierpflanze beliebtes Palmengewächs mit regelmäßig gefiederten Blättern

HPV [haːpeːˈfau̯], das; -[s], -[s] (Plural selten) ‹Abk. für *h*umanes *P*apilloma*v*irus› (Med.): 1. ↑Papillomavirus des Menschen, das Feigwarzen hervorruft. 2. sexuell übertragbare Infektion mit humanen Papillomaviren

HTML, das; - (meist ohne Artikel) ‹Abk. für *engl. H*yper*t*ext *M*ark-up *L*anguage› (EDV): normierte Auszeichnungssprache zur Beschreibung strukturierter Texte bes. für das Internet

Hu|a|na|co vgl. Guanako

Hub [hap], der; -s, -s ‹*engl.;* »Mittelpunkt«›: Knotenpunkt des internationalen Luftverkehrs

Hub|b|le|te|le|s|kop, Hub|b|le-Te|le|s|kop [ˈhʌbl̩...], das; -s, -e ‹nach dem amerik. Astronomen E. P. Hubble, 1889–1953›: besonders leistungsstarkes Weltraumteleskop zur Beobachtung lichtschwacher galaktischer Objekte

Hu|er|ta [ˈu̯ɛrta], die; -, -s ‹*lat.-span.;* »Garten«›: fruchtbare, künstlich bewässerte Ebene in Spanien

Hu|ge|not|te, der; -n, -n ‹*dt.-frz.;* »Eidgenosse«›: 1. Anhänger des Calvinismus in Frankreich. 2. Nachkomme eines zur Zeit der Verfolgung aus Frankreich geflohenen Calvinisten. **Hu|ge|not|tin,** die; -, -nen: weibliche Form zu ↑Hugenotte. **hu|ge|not|tisch:** die Hugenotten betreffend, zu ihnen gehörend

Hughes|te|le|graf, Hughes-Te|le|graf [ˈhjuːz...], der; -en, -en ‹nach dem engl. Physiker D. E. Hughes, 1831–1900›: Telegraf, der am Empfänger direkt Buchstaben druckt

hu|ius an|ni ‹*lat.*›: dieses Jahres (Abk.: h. a.)

hu|ius men|sis: dieses Monats (Abk.: h. m.)

Huk, die; -, -en ‹*niederl.*› (Seemannsspr.): Landzunge, die den geradlinigen Verlauf einer Küste unterbricht

human

Sie verwies auf die großen Verdienste der Kirchen für eine soziale und humane Welt.
menschlich, menschenwürdig
- auf humane Weise
- und humane [...] Arbeitsbedingungen
- und eine friedliche, [gerechte und] humane Lösung

Man würde dies auf humane Art und Weise machen.
Es ist auf jeden Fall nicht human, sondern für die meisten Tiere grausam.
Wer leistet da Widerstand gegen eine humane Lösung?

humanitär

Die Soldaten tragen dazu bei, dass Wiederaufbau und humanitäre Hilfe im Lande möglich sind.
wohltätig, menschenfreundlich
- als [...] humanitäre Aktion
- die aus humanitären [...] Gründen nicht abgeschoben werden können
- für Entwicklungszusammenarbeit und humanitäre Hilfe

Das Schiff soll humanitäre Hilfsgüter in die Region bringen.
Natürlich dürfen wir die humanitäre Komponente nicht aus den Augen verlieren.
Aber gleichzeitig bahnt sich in den Gebieten eine humanitäre Katastrophe an.

Hu|ka, die; -, -s ⟨*Hindi*⟩: orientalische Wasserpfeife

Huk|boot, das; -[e]s, -e ⟨*niederl.; dt.*⟩: kleines Beiboot des Hukers

Hu|ker, der; -s, - ⟨*niederl.*⟩: breites, flaches Segelschiff, das in der Hochseefischerei eingesetzt wurde

Huk|ka vgl. Huka

Hu|la, der; -s, -s ⟨*hawaiisch*⟩: [kultischer] Gemeinschaftstanz der Eingeborenen auf Hawaii

Hu|la-Hoop [...'hʊp, ...'hu:p], Hula-Hopp, das; -s, -s ⟨*hawaiisch; engl.*⟩: **a)** Hula-Hoop-Reifen; **b)** Reifenspiel, bei dem man einen Reifen um die Hüfte kreisen lässt

Hu|la-Hoop-Rei|fen [...'hʊp..., ...'hu:p...], der; -s, -: Reifen, den man durch kreisende Bewegungen des Körpers um die Hüften schwingen lässt

Hu|la-Hopp usw. vgl. Hula-Hoop usw.

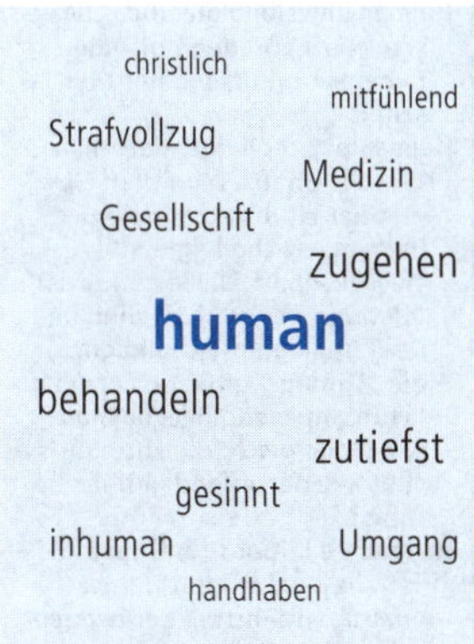

Hulk, Holk, die; -, -e[n] od. der; -[e]s, -e[n] ⟨*engl.*⟩: abgetakelter, für Kasernen- u. Magazinzwecke verwendeter Schiffskörper

Hul|ly-Gul|ly ['hali'gali], der; -[s], -s ⟨engl.⟩: **1.** in den Sechzigerjahren aufgekommener Tanz in einer Reihe od. im Kreis. **2.** (ohne Artikel, ohne Plural; ugs.) fröhliches, lärmendes Treiben; ausgelassene Stimmung

hu|man ⟨*lat.*⟩: **1. a)** die Menschenwürde achtend, menschenwürdig (Ggs.: inhuman); **b)** ohne Härte, nachsichtig im Umgang mit anderen. **2.** (bes. Med.) zum Menschen gehörend, ihn betreffend

human/humanitär *s. Kasten*

hu|man..., Hu|man...

⟨*lat.* humanus »irdisch; menschlich; menschenfreundlich; gebildet, kultiviert«⟩
Wortbildungselement mit der Bedeutung »den Menschen betreffend, zum Menschen gehörend«:
- humangenetisch
- Humanmedizin
- Humanwissenschaft

Hu|man|bio|lo|ge, der; -n, -n: Wissenschaftler auf dem Gebiet der Humanbiologie. **Hu|man|bio|lo|gie,** die; -: Teilgebiet der naturwissenschaftlichen Anthropologie, das sich mit der körperlichen Konstitution u. dem Verhalten des Menschen beschäftigt. **Hu|man|bio|lo|gin,** die; -, -nen: weibliche Form zu ↑Humanbiologe. **hu|man|bio|lo|gisch:** die Humanbiologie betreffend

Hu|man En|gi|nee|ring ['hju:mən ɛndʒɪ'nɪərɪŋ], das; - -[s] ⟨*engl.-amerik.*⟩ (Sozialpsychol.): Lehre von der Gestaltung von Arbeitsplätzen entsprechend den menschlichen Bedürfnissen u. wirtschaftlichen Erfordernissen

Hu|man|etho|lo|gie, die; -: Teilgebiet der Verhaltensforschung, das die Sitten u. Gebräuche eines Volkes od. den Charakter einzelner Menschen untersucht

Hu|man|ge|ne|tik, die; - ⟨*lat.; gr.-nlat.*⟩: Teilgebiet der Genetik, das sich mit den Erscheinungen der Vererbung beim Menschen, besonders mit der genetisch bedingten Variabilität, befasst. **Hu|man|ge|ne|ti|ker,** der; -s, -: Wissenschaftler auf dem Gebiet der Humangenetik. **Hu|man|ge|ne|ti|ke|rin,** die; -, -nen: weibliche Form zu ↑Humangenetiker. **hu|man|ge|ne|tisch:** die Humangenetik betreffend

Hu|ma|ni|o|ra, die (Plural) (veraltet): das griechisch-römische Altertum als Grundlage der Bildung u. als Lehr- u. Prüfungsfächer

hu|ma|ni|sie|ren ⟨*lat.-nlat.*⟩: (bes. in Bezug auf die Lebens- u. Arbeitsbedingungen des Menschen) humaner, menschenwürdiger, menschlicher, sozialer gestalten. **Hu|ma|ni|sie|rung,** die; -, -en: das Humanisieren

Hu|ma|nis|mus, der; -: **1.** (auf das Bildungsideal der griechisch-römischen Antike gegründetes) Denken u. Handeln im Bewusstsein der Würde des

humanistisch	human
Es sind jetzt schon fast zwei Generation, die von den Wurzeln humanistischer Bildung abgeschnitten sind. *nach dem Bildungsideal der Menschlichkeit* – kein/ein humanistisches Gymnasium [...] besucht – der humanistischen Tradition [...] verpflichtet – das humanistische Bildungsideal Gut, es mag an der humanistischen Ausrichtung des Gymnasiums gelegen haben. Und ein guter Mensch bin ich, weil ich humanistisch erzogen bin. Wir werden umgehend zu klassischen humanistischen Werten zurückfinden.	Sie verwies auf die großen Verdienste der Kirchen für eine soziale und humane Welt. *menschlich, menschenwürdig* – auf humane Weise – und humane [...] Arbeitsbedingungen – und eine friedliche, [gerechte und] humane Lösung Man würde dies auf humane Art und Weise machen. Es ist auf jeden Fall nicht human, sondern für die meisten Tiere grausam. Wer leistet da Widerstand gegen eine humane Lösung?

Menschen; Streben nach einer echten Menschlichkeit. **2.** literarische u. philologische Neuentdeckung u. Wiedererweckung der antiken Kultur, ihrer Sprachen, ihrer Kunst u. Geisteshaltung vom 13. bis zum 16. Jh.

Hu|ma|nist, der; -en, -en: **1.** jmd., der die Ideale des Humanismus (1) in seinem Denken u. Handeln zu verwirklichen sucht, vertritt. **2.** Vertreter des Humanismus (2). **3.** jmd., der über eine humanistische [Schul]bildung verfügt; Kenner der alten Sprachen. **Hu|ma|nis|tin,** die; -, -nen: weibliche Form zu ↑Humanist

hu|ma|nis|tisch: 1. a) im Sinne des Humanismus (1) handelnd; **b)** am klassischen Altertum orientiert. **2.** altsprachlich gebildet; **humanistisches Gymnasium:** höhere Schule mit vorwiegend altsprachlichen Lehrfächern

geschult
Bürgertum
Gebildete
Tradition
geprägt
Bildung
humanistisch
gesinnt
Werte
erziehen
Ideal
gebildet
orientieren

humanistisch/human *s. Kasten*

hu|ma|ni|tär: menschenfreundlich, wohltätig, speziell auf das Wohl des Menschen gerichtet

Militärintervention
Katastrophe
Intervention
Gründe
Hilfe
begründen
humanitär
motiviert
vertretbar
engagieren
intervenieren
Nothilfe
verbrämen

Hu|ma|ni|ta|ris|mus, der; -: menschenfreundliche Gesinnung, Denkhaltung

Hu|ma|ni|tas, die; - ‹*lat.*›: Menschlichkeit, Menschenliebe (als Grundlage des Denkens u. Handelns)

Hu|ma|ni|tät, die; -: vom Geist der Humanitas durchdrungene Haltung, Gesinnung; Menschlichkeit

Hu|man|ka|pi|tal, das; -s ‹nach *engl.* human capital »menschliches Kapital«›: Arbeitsvermögen, die Gesamtheit der wirtschaftlich verwertbaren Fähigkeiten, Kenntnisse u. Verhaltensweisen von Personen[gruppen]

Hu|man|me|di|zin, die; -: Teilbereich der Medizin, der sich mit den Menschen befasst (Ggs.: Tiermedizin). **Hu|man|me|di|zi|ner,** der; -s, -: Arzt der Humanmedizin. **Hu|man|me|di|zi|ne|rin,** die; -, -nen: weibliche Form zu ↑Humanmediziner. **hu|man|me|di|zi|nisch:** die Humanmedizin betreffend, auf ihr beruhend, zu ihr gehörend

hu|ma|no|id ‹*lat.-gr.*›: menschenähnlich (bes. von Robotern)

Hu|man|öko|lo|ge, der; -n, -n: Wissenschaftler auf dem Gebiet der Humanökologie. **Hu|man|öko|lo|gie,** die; -: Teilgebiet der Ökologie; Lehre von den Wechselbeziehungen des Menschen mit seiner belebten u. unbelebten Umwelt. **Hu|man|öko|lo|gin,** die; -, -nen: weibliche Form zu ↑Humanökologe. **hu|man|öko|lo|gisch:** die Humanökologie betreffend, auf ihr beruhend

hu|man|pa|tho|gen ‹*lat.; gr.-nlat.*›: fähig, beim Menschen Krankheiten hervorzurufen

Hu|man|phy|sio|lo|gie, die; -: Wissenschaft von den normalen Lebensvorgängen beim Menschen

Hu|man|psy|cho|lo|ge, der; -n, -n: Wissenschaftler auf dem Gebiet der Humanpsychologie. **Hu|man|psy|cho|lo|gie,** die; -: Wissenschaft, die sich mit der ↑Psyche (1) des Menschen befasst. **Hu|man|psy|cho|lo|gin,** die; -, -nen: weibliche Form zu ↑Humanpsychologe. **hu|man|psy|cho|lo|gisch:** die Humanpsychologie betreffend, auf ihr beruhend

Hu|man Re|la|tions ['hjuːmən rɪ'leɪʃənz], die (Plural) ‹*engl.-amerik.*›: Richtung der betrieblichen Personal- u. Sozialpolitik, die die Bedeutung der zwischenmenschlichen Beziehungen am Arbeitsplatz untersucht

Hu|man Re|sour|ces [- riˈsɔːɐ̯sɪs, - ...ˈzɔːɐ̯...], die (Plural) ⟨*engl.*⟩: alle [einem Unternehmen] zur Verfügung stehenden menschlichen Leistungspotenziale

Hu|man|wis|sen|schaft, die; -, -en (meist Plural): in den Bereich der Geisteswissenschaften gehörende Wissenschaft, die sich mit dem Menschen beschäftigt (z. B. Anthropologie, Soziologie, Psychologie)

Hum|bug, der; -s ⟨*engl.*⟩: etwas, was als unsinnig, töricht angesehen wird

Hu|me|ra|le, das; -s, ...lien u. ...lia ⟨*lat.-mlat.*⟩: **1.** in der Liturgie der Eucharistie (a) verwendetes Schultertuch des katholischen Priesters; Amikt. **2.** (Zool.) am Vorderende gelegener Hornschild des Bauchpanzers bei Schildkröten

Hu|me|rus, der; -, ...ri ⟨*lat.*⟩ (Med.): Oberarmknochen

hu|mid, hu|mi|de ⟨*lat.*⟩: feucht, nass; **humide Gebiete** (Meteorol.): Landstriche mit einer jährlichen Niederschlagsmenge von über 600 l/m². **Hu|mi|di|tät,** die; - ⟨*lat.-nlat.*⟩: Feuchtigkeit (in Bezug auf das Klima)

Hu|mi|dor, der; -s, -e ⟨*lat.-nlat.*⟩: Behälter mit konstanter [tropischer] Luftfeuchtigkeit zur Aufbewahrung od. Lagerung von Zigarren

Hu|mi|fi|ka|ti|on, die; - ⟨*lat.-nlat.*⟩: die meist im Boden stattfindende Umwandlung organischer Stoffe in Humus; das Vermodern; Humusbildung. **hu|mi|fi|zie|ren:** zu Humus umwandeln; vermodern. **Hu|mi|fi|zie|rung,** die; -: ↑Humifikation

hu|mil ⟨*lat.*⟩ (veraltet): niedrig; demütig. **hu|mi|li|ant** (veraltet): demütigend

Hu|mi|li|at, der; -en, -en (meist Plural): Anhänger einer Bußbewegung des 11. u. 12. Jh.s

Hu|mi|li|a|ti|on, die; -, -en (veraltet): Demütigung

Hu|mi|li|tät, die; - (veraltet): Demut

Hu|min|säu|re, die; -, -n ⟨*lat.-nlat.; dt.*⟩: aus Resten abgestorbener Lebewesen sich im Boden bildende Säure

Hu|min|stoff, der; -[e]s, -e ⟨*lat.-nlat.; dt.*⟩ (Biol.): braun-schwarz gefärbte, schwer zersetzbare, hochmolekulare Verbindung, die bei der Humifizierung tierischer od. pflanzlicher Überreste entsteht

Hu|mit [auch: ...ˈmɪt], der; -s, -e: ↑Humolith

Hum|mus, Hommos, Hommus, der u. das; - ⟨*arab.*⟩: mit Sesamsoße, Knoblauch, Zitronensaft u. Salz zubereitetes Kichererbsenpüree

Hu|mo|lith [auch: ...ˈlɪt], der; -s u. -en, -e[n] (Geol.): Humuskohle, ↑Sediment pflanzlicher Herkunft (z. B. Torf, Braunkohle)

¹**Hu|mor,** der; -s, -e ⟨*lat.-frz.-engl.*⟩: **1.** (ohne Plural) Fähigkeit eines Menschen, über bestimmte Dinge zu lachen. **2.** (Plural selten) sprachliche, künstlerische o. ä. Äußerung einer von ¹Humor (1) bestimmten Geisteshaltung; **schwarzer Humor:** Humor, der das Grauen, das Grauenhafte einbezieht

²**Hu|mor,** der; -s, -es ⟨*lat.*⟩ (Med.): Körperflüssigkeit; **Humor aquosus:** Kammerwasser [in den Augenkammern]

hu|mo|ral ⟨*lat.-nlat.*⟩ (Med.): den ²Humor, die Körperflüssigkeiten betreffend, auf sie bezüglich

Hu|mo|ral|di|a|g|nos|tik, die; -: medizinische Methode der Krankheitserkennung durch Untersuchung der Körperflüssigkeiten

Hu|mo|ral|pa|tho|lo|gie, die; -, ...ien: antike Lehre, nach der alle Krankheiten auf die fehlerhafte Zusammensetzung des Blutes u. anderer Körpersäfte zurückzuführen seien; Säftelehre; vgl. Solidarpathologie

Hu|mo|res|ke, die; -, -n ⟨*dt.* Bildung aus ↑¹Humor u. roman. Endung analog zu Groteske, Burleske⟩: **1.** kleine humoristische Erzählung. **2.** Musikstück von komischem od. erheiterndem Charakter

hu|mo|rig: launig, mit ↑¹Humor

Hu|mo|rist, der; -en, -en ⟨*lat.-frz.-engl.*⟩: **1.** Künstler, dessen Werke sich durch eine humoristische Behandlungsweise des Stoffes auszeichnen. **2.** Vortragskünstler, der witzige Sketche o. Ä. darbietet

Hu|mo|ris|ti|kum, das; -s, ...ka ⟨*nlat.*⟩: etwas Humorvolles

Hu|mo|ris|tin, die; -, -nen: weibliche Form zu ↑Humorist

hu|mo|ris|tisch: den ¹Humor betreffend; scherzhaft, launig, heiter

hu|mos ⟨*lat.-nlat.*⟩: reich an Humus

Hu|mu|lus, der; -: Hopfen (Hanfgewächs; Brauerei- u. Heilpflanze)

Hu|mus, der; - ⟨*lat.;* »Erde, Erdboden«⟩: fruchtbarer Bodenbestandteil von dunkelbrauner Färbung, der durch mikrobiologische u. biochemische Zersetzung abgestorbener pflanzlicher u. tierischer Substanz in einem ständigen Prozess entsteht

Hun|d|red|weight [ˈhʌndrədweɪ̯t], das; -[s], -s ⟨*engl.*⟩: englisches Handelsgewicht von etwa 51 kg (Abk.: cwt, cwt., eigtl. für *c*ent*w*eigh*t*)

Hun|ga|ri|kum, das; -s, ...ka (meist Plural) ⟨*nlat.*⟩: Werk über Ungarn

Hun|ga|ris|tik, die; -: ↑Hungarologie

Hun|ga|ro|lo|ge, der; -n, -n: Wissenschaftler auf dem Gebiet der Hungarologie. **Hun|ga|ro|lo|gie,** die; -: Wissenschaft von der ungarischen Sprache u. Literatur. **Hun|ga|ro|lo|gin,** die; -, -nen: weibliche Form zu ↑Hungarologe

Hun|ter [ˈhantɐ], der; -s, - ⟨*engl.*⟩: **1.** Jagdpferd. **2.** Jagdhund

Hur|dy-Gur|dy [ˈhœːɐ̯dɪgœːɐ̯dɪ], das; -s, -s (Musik): engl. Drehleier

Hu|ri, die; -, -s ⟨arab.⟩: schöne Jungfrau im Paradies des ↑Islams

Hur|ling [ˈhœːɐ̯lɪŋ], das; -s ⟨*engl.*⟩ (Sport): dem Hockey verwandtes, in Irland noch gespieltes Schlagballspiel

Hur|ri|kan [ˈharikn̩, selten: ˈhʊrikaːn], der; -s, -s u. (bei eingedeutschter Ausspr.:) -e ⟨*indian.-span.-engl.*⟩: Orkan; heftiger tropischer mittelamerikanischer Wirbelsturm

Hu|sar, der; -en, -en ⟨*lat.-mlat.-it.-serbokroat.-ung.*⟩ (Geschichte): Angehöriger der leichten Reiterei in ungarischer Nationaltracht

Hus|ky [ˈhaski], der; -s, -s ⟨*engl.*⟩:

Polarhund (mittelgroße, spitzähnliche Hunderasse)

Hus|le, die; -, -n ⟨*slaw.*⟩: altertümliche Geige der Lausitzer Wenden; vgl. Gusla

Hus|se, Housse [ˈhʊsə] die; -, -n ⟨*germ.-frz.;* »Schutzkleidung«⟩: dekorativer textiler Überwurf für Sitzmöbel

Hus|sit, der; -en, -en ⟨*nlat.;* nach dem tschech. Reformator Johannes Hus, 1370–1415⟩: Anhänger der religiös-sozialen Aufstandsbewegung im 15. u. 16. Jh. in Böhmen, die durch die Verbrennung des Reformators Hus auf dem Konzil zu Konstanz 1415 hervorgerufen wurde

Hus|si|tis|mus, der; -: Lehre u. Bewegung der Hussiten

Hustle [ˈhʌsl], der; -[s], -s ⟨*germ.-engl.*⟩: **a)** (in den 1970er-Jahren beliebter) Linientanz, bei dem die Tanzenden in Reihen stehen u. bestimmte Schrittfolgen ausführen; **b)** ↑ Discofox

Hust|ler [ˈhʌslə], der; -s, - ⟨*engl.*⟩: **1.** jmd., der Hustle tanzt. **2.** (Jargon) jmd., der auf kriminelle Weise [mit viel Mühe] sein Geld verdient; Betrüger, Gauner

Hwan [xvan], der; -[s], -[s] ⟨*korean.*⟩: südkorean. Währungseinheit (= 100 Chon)

Hy|a|de, die; -, -n ⟨*gr.;* Herkunft unsicher⟩: **1.** Nymphe in der griechischen Mythologie. **2.** (Plural; Astron.) Sternanhäufung im Sternbild Stier

hy|a|lin ⟨*gr.-lat.*⟩ (Med.): durchscheinend, glasartig, glasig. **Hy|a|lin,** das; -s, -e (Biol., Med.): glasige Eiweißmasse

Hy|a|li|no|se, die; -, -n ⟨*gr.-nlat.*⟩ (Med.): Ablagerung von Hyalin in Geweben u. an Gefäßwänden

Hy|a|lit [auch: ...ˈlɪt], der; -s, -e (Geol.): wie Glas glänzender Opal

Hy|a|li|tis, die; -, ...iti̱den (Med.): Entzündung des Glaskörpers im Innern des Auges

Hy|a|lo|gra|fie, Hy|a|lo|gra|phie, die; - (Kunstwiss.): **a)** (ohne Plural) Druckverfahren, bei dem eine Zeichnung in eine Glasplatte eingeritzt u. (zur Herstellung von Abzügen) durch Eintauchen in eine Säure eingeätzt wird; **b)** durch das Verfahren der Hyalografie (a) hergestelltes grafisches Blatt

hy|a|lo|id ⟨*gr.-lat.*⟩: **a)** glasartig; **b)** (Med.) den Glaskörper des Auges betreffend

hy|a|lo|klas|tisch: (von Gesteinen) aus zerbrochener glasiger Lava bestehend. **Hy|a|lo|klas|tit** [auch: ...ˈtɪt], der; -s, -e (Geol.): aus kantigen, splittrigen Bruchstücken erstarrter glasiger Lava bestehendes Gestein

Hy|a|lo|phan, der; -s, -e ⟨*gr.-nlat.*⟩: ein Mineral

hy|a|lo|pi|li|tisch ⟨*lat.*⟩ (Geol.): eigengestaltig ausgebildete Kristalle in einer glasigen Grundmasse aufweisend (von magmatischen Gesteinen)

Hy|a|lo|plas|ma, das; -s (Med.): flüssige, klare, fein granulierte Grundsubstanz des Zellplasmas

Hy|a|lu|ron|säu|re, die; - ⟨*gr.; dt.*⟩: Wasser bindende Substanz, die bes. als Bestandteil von Hautpflegemitteln verwendet wird

Hy|ä|ne, die; -, -n ⟨*gr.-lat.*⟩: (in Afrika u. Asien heimisches) nachtaktives hundeähnliches Raubtier, das sich vorwiegend von Aas ernährt

[1]**Hy|a|zinth,** der; -[e]s, -e ⟨*gr.-lat.*⟩: durchsichtiges, gelbrotes Mineral (Abart des Zirkons), das häufig als Schmuckstein verwendet wird

[2]**Hy|a|zinth,** der; -s, -e ⟨*gr.*⟩ (gr. Mythologie): schöner Jüngling, ein Liebling Apollos

Hy|a|zin|the, die; -, -n: winterharte Zwiebelpflanze mit stark duftenden, farbenprächtigen Blüten

[1]**hy|b|rid** ⟨*gr.*⟩: hochmütig, überheblich, übersteigert, vermessen

[2]**hy|b|rid** ⟨*lat.*⟩: gemischt, von zweierlei Herkunft, aus Verschiedenem zusammengesetzt; durch Kreuzung, Mischung entstanden; **hybride Bildung** (Sprachwiss.): Zwitterbildung, Mischbildung; zusammengesetztes od. abgeleitetes Wort, dessen Teile verschiedenen Sprachen angehören (z. B. Auto-mobil ⟨*gr.; lat.*⟩, Büro-kratie ⟨*frz.; gr.*⟩, Intelligenz-ler ⟨*lat.; dt.*⟩)

Hy|b|rid, das od. der; -[e]s, -e (bes. Fachspr.): **1.** Mischung; Gebilde aus zwei od. mehreren Komponenten. **2.** Hybridmotor, Hybridfahrzeug

Hy|b|rid-App [...ʔɛp], die; -, -s od. das; -s, -s ⟨*gr.; engl.*⟩: ↑ App, die auf mobilen Geräten mit unterschiedlichen Betriebssystemen eingesetzt werden kann u. dabei die Vorteile von ↑ nativen Apps u. ↑ Web-Apps vereint

Hy|b|rid|au|to, das; -s, -s: Auto mit einer Kombination aus verschiedenen Antriebsarten, bes. mit Verbrennungs- u. Elektromotor

Hy|b|ri|de, die; -, -n, auch der; -n, -n ⟨*lat.*⟩ (Biol.): aus Kreuzungen verschiedener Arten hervorgegangene Pflanze; aus Kreuzungen verschiedener Rassen hervorgegangenes Tier. **hy|b|ri|disch:** sich auf Mischung, Kreuzung beziehend, sie betreffend; vgl. ...isch/-

hy|b|ri|di|sie|ren (Biol.): kreuzen, um Hybriden zu züchten. **Hy|b|ri|di|sie|rung,** die; -, -en ⟨*lat.-nlat.*⟩ (Biol.): Artenkreuzung; Rassenkreuzung; Hybridzüchtung

Hy|b|ri|di|tät, die; -, -en: das Hybridsein, [2]hybride Mischform

Hy|b|rid|ra|ke|te, die; -, -n: Rakete, die zum Antrieb sowohl feste als auch flüssige Brennstoffe verwendet

Hy|b|rid|rech|ner, der; -s, - (EDV): elektronische Rechenanlage, die Informationen sowohl in analoger als auch in digitaler Form verarbeiten kann

Hy|b|rid|tech|nik, die; -: Verfahren zur Herstellung elektron. Schaltkreise aus Einzelbauelementen auf einer Trägersubstanz

Hy|b|ris, die; - ⟨*gr.*⟩: [in der Antike] frevelhafter Übermut, Selbstüberhebung (bes. gegen die Gottheit); Vermessenheit

Hy|d|ar|th|ro|se, Hydrarthrose, die; -, -n ⟨*gr.-nlat.*⟩ (Med.): krankhafte Ansammlung von Flüssigkeit in Gelenken; Gelenkerguss

Hy|d|a|tho|de, die; -, -n (meist Plural) (Bot.): Blattöffnung bei Pflanzen zur Abgabe von Wasser

Hy|d|a|to|cho|rie, die; -: ↑ Hydrochorie

hy|d|a|to|gen (Geol.): **1.** aus einer wässerigen Lösung gebildet (von Mineralien). **2.** durch Wasser zusammengeführt od. aus Wasser abgeschieden (von Schichtgesteinen). **3.** ↑ hydatopyrogen

hy|d|a|to|py|ro|gen (Geol.): aus einer mit Wasserdampf gesättigten Schmelze entstanden (von Gesteinen)

hydr..., Hydr... vgl. hydro..., Hydro...

Hy|d|ra, die; -, ...dren ‹*gr.-lat.*›: **1.** (in der gr. Mythologie von Herakles getötetes) neunköpfiges Seeungeheuer, dessen abgeschlagene Köpfe doppelt nachwuchsen. **2.** Süßwasserpolyp

hy|d|ra|go|gisch (Med.): (von Arzneimitteln) stark abführend. **Hy|d|ra|go|gum,** das; -s, ...ga ‹*gr.-nlat.*› (Med.): stark wirkendes, die Ausscheidung flüssigen Stuhls herbeiführendes Arzneimittel

Hy|d|rä|mie, die; -, ...ien (Med.): erhöhter Wassergehalt des Blutes

Hy|d|ram|ni|on, das; -s, ...ien (Med.): übermäßige Fruchtwassermenge

Hy|d|rant, der; -en, -en ‹*gr.-lat.*›: größere Zapfstelle zur Wasserentnahme aus Rohrleitungen

Hy|d|ranth, der; -en, -en (Zool.): Einzelpolyp eines Polypenstockes (z. B. bei Korallen)

Hy|d|ra|pul|per [...palpɐ], der; -s, - ‹*gr.; engl.*›: in der Papierherstellung Maschine zur Aufbereitung von Altpapier u. Rohstoffen

Hy|d|rar|gil|lit [auch: ...ˈlɪt], der; -s, -e: farbloses, weißes oder grünliches, glasig glänzendes Mineral, das besonders bei der Gewinnung von ↑ Aluminium u. zur Herstellung feuerfester Steine verwendet wird

Hy|d|rar|gy|ro|se, die; -, -n ‹*gr.-nlat.*› (Med.): durch eingeatmete Quecksilberdämpfe verursachte Vergiftung

Hy|d|rar|gy|rum, das; -s: chem. Element; Quecksilber (Zeichen: Hg)

Hy|d|rar|th|ro|se vgl. Hydarthrose

Hy|d|ra|sys|tem, das; -s: [verbotenes] Verkaufs- u. Finanzierungsverfahren nach dem Schneeballsystem

Hy|d|rat, das; -[e]s, -e ‹*gr.-nlat.*› (Chemie): Verbindung von Oxiden od. wasserfreien Säuren mit Wasser

Hy|d|ra|ta|ti|on, Hy|d|ra|ti|on, die; -, -en: **1.** (Chemie) Bildung von Hydraten. **2.** (Geol.) durch Absorption von Wasser verursachte Quellung u. Volumenvergrößerung von Mineralien u. die dadurch hervorgerufene Sprengung der Gesteine. **hy|d|ra|ti|sie|ren** (Chemie): Hydrate bilden

Hy|d|rau|lik, die; -, -en ‹*gr.-lat.*›: **1.** Theorie u. Wissenschaft von den Strömungen der Flüssigkeiten (z. B. im Wasserbau). **2.** Gesamtheit der Steuer-, Regel-, Antriebs- und Bremsvorrichtungen von Fahrzeugen, Flugzeugen od. Geräten, deren Kräfte mithilfe des Drucks einer Flüssigkeit erzeugt od. übertragen werden

Hy|d|rau|li|ker, der; -s, -: Fachmann, der sich mit der ↑ Hydraulik (1) befasst bzw. hydraulische Anlagen konstruiert

Hy|d|rau|li|ke|rin: weibliche Form zu ↑ Hydrauliker

hy|d|rau|lisch: mit Flüssigkeitsdruck arbeitend, mit Wasserantrieb; **hydraulische Bremse:** Vorrichtung zum Abbremsen rotierender Räder durch flüssigkeitsgefüllte Druckzylinder; **hydraulische Presse:** Flüssigkeitsdruckpresse; **hydraulischer Abbau:** Gold- und Silbergewinnung durch Wasserschwemmung; **hydraulischer Mörtel:** besondere Art von Mörtel, die auch unter Wasser härtet; **hydraulisches Gestänge:** Gestänge, bei dem die Druckübertragung durch eine Flüssigkeitssäule erfolgt; **hydraulisches Getriebe:** Getriebe, in dem Flüssigkeiten zur Übertragung von Kräften u. Bewegungen dienen; **hydraulische Zuschläge:** ↑ Hydraulite. **Hy|d|rau|lit** [auch: ...ˈlɪt], der; -[e]s, -e: Zusatzstoff zur Erhöhung der Bindefähigkeit von Baustoffen

Hy|d|ra|zi|de, die (Plural) ‹*gr.; gr.-frz.*›: Salze des Hydrazins. **Hy|d|ra|zin,** das; -s: chemische Verbindung von Stickstoff mit Wasserstoff (z. B. für Raketentreibstoffe)

Hy|d|ra|zin|gelb, das; -[s]: gelber Teerfarbstoff

Hy|d|ra|zo|ne, die (Plural): chemische Verbindungen von Hydrazin mit ↑ Aldehyden od. ↑ Ketonen

Hy|d|ra|zo|ver|bin|dung, die; -, -en: ↑ Hydrazin

Hy|d|ria, die; -, ...ien ‹*gr.-lat.*›: bauchiger altgriechischer Wasserkrug mit drei Henkeln

Hy|d|ri|a|t|rie, die; - ‹*gr.-nlat.*›: ↑ Hydrotherapie

Hy|d|rid, das; -[e]s, -e: chemische Verbindung des Wasserstoffs mit einem od. mehreren anderen chemischen Elementen metallischen od. nicht metallischen Charakters

hy|d|rie|ren (Chemie): Wasserstoff an ungesättigte Verbindungen anlagern

hy|d|ro..., Hy|d|ro...

vor Vokalen auch: hydr..., Hydr...
‹*gr.* hýdōr »Wasser, Regenwasser, Trinkwasser, Quellwasser«›
Wortbildungselement mit der Bedeutung »Wasser«:
- Hydrämie
- Hydrokultur
- Hydrologie
- hydrophil

Hy|d|ro|bi|en|schicht, die; -, -en (meist Plural) ‹*gr.; dt.*›: im Tertiär entstandener versteinerungsreicher, bituminöser Mergelschiefer im Oberrheingebiet

Hy|d|ro|bio|lo|ge, der; -n, -n: Wissenschaftler, der sich mit den im Wasser lebenden Organismen befasst. **Hy|d|ro|bio|lo|gie,** die; - ‹*gr.-nlat.*›: Teilgebiet der Biologie, das sich mit den im Wasser lebenden Organismen befasst. **Hy|d|ro|bio|lo|gin,** die; -, -nen: weibliche Form zu ↑ Hydrobiologe. **hy|d|ro|bio|lo|gisch:** die Hydrobiologie betreffend

Hy|d|ro|chi|non, das; -s ‹*gr.; indian.*›: stark reduzierende organische Verbindung, die als fotografischer Entwickler verwendet wird

Hy|d|ro|cho|rie, die; - ‹*gr.-nlat.*› (Bot.): Verbreitung von Pflanzenfrüchten u. -samen durch das Wasser

Hy|d|ro|co|p|ter vgl. Hydrokopter

Hy|d|ro|cor|ti|son vgl. Hydrokortison

Hy|d|ro|dy|na|mik, die; - (Physik): Wissenschaft von den Bewegungsgesetzen der Flüssigkeiten. **hy|d|ro|dy|na|misch:** sich

nach den Gesetzen der Hydrodynamik verhaltend
hy|d|ro|elek|t|risch ‹*gr.-lat.*› (Physik, Technik): elektrische Energie mit Wasserkraft erzeugend
Hy|d|ro|elek|t|ri|zi|tät, die; -: durch Wasserkraft erzeugte Elektrizität
Hy|d|ro|elek|t|ro|sta|ti|on, die; -, -en: Station, in der elektrische Energie durch Wasserkraft erzeugt wird
hy|d|ro|ener|ge|tisch ‹*gr.*›: vom Wasser angetrieben
Hy|d|ro|foil [ˈhaɪ̯drɔʏ̯fɔil], das; -[s], -s ‹engl.›: engl. Bez. für: Tragflächen-, Tragflügelboot
Hy|d|ro|fon, Hydrophon, das; -s, -e: Gerät zur Aufnahme der Schwingungen von Schallwellen bei ↑seismischen Messungen in Gewässern, auch zur Ortung von Fischschwärmen verwendet

hy|d|ro|gam (Bot.): (von Pflanzen) wasserblütig, die Pollen durch Wasser übertragend. **Hy|d|ro|ga|mie,** die; - (Bot.): Wasserblütigkeit; Bestäubung von Blüten unter Wasser bzw. Übertragung des Pollens durch Wasser
Hy|d|ro|gel, das; -s, -e ‹*gr.; lat.*›: aus wässriger ↑kolloidaler Lösung ausgeschiedener Stoff
Hy|d|ro|gen, Hy|d|ro|ge|ni|um ‹*gr.-nlat.*› das; -s: chem. Element; Wasserstoff (Zeichen: H)
Hy|d|ro|gen|bom|be, die; -, -n: Wasserstoffbombe
Hy|d|ro|gen|kar|bo|nat, chem. fachspr.: Hydrogencarbonat, das; -s, -e: doppeltkohlensaures Salz mit Säurewasserstoffrest
Hy|d|ro|gen|salz, das; -s, -e: Salz mit Säurewasserstoff im Molekül
Hy|d|ro|geo|gra|fie, Hy|d|ro|geo|gra|phie, die; -: Teilgebiet der Geografie, das sich mit der Verteilung des Wassers auf u. unter der Erde beschäftigt
Hy|d|ro|geo|lo|ge, der; -n, -n: Wissenschaftler auf dem Gebiet der Hydrogeologie. **Hy|d|ro|geo|lo|gie,** die; - (Geol.): Teilgebiet der angewandten Geologie, das sich mit dem Wasserhaushalt des Bodens u. der Wasserversorgung befasst. **Hy|d|ro|geo|lo|gin,** die; -, -nen: weibliche Form zu ↑Hydrogeologe. **hy|d|ro|geo|lo|gisch:** die Hydrogeologie betreffend; **hydrogeologische Karte:** Gewässerkarte, die die Grundwasserverhältnisse eines bestimmten Gebietes darstellt
Hy|d|ro|graf, Hydrograph, der; -en, -en ‹*gr.*›: Wissenschaftler auf dem Gebiet der Hydrografie. **Hy|d|ro|gra|fie,** Hydrographie, die; -: Teilgebiet der Hydrologie, das sich mit den Gewässern im natürlichen Wasserkreislauf zwischen dem Niederschlag auf das Festland u. dem Rückfluss ins Meer befasst; Gewässerkunde. **Hy|d|ro|gra|fin,** Hydrographin, die; -, -nen: weibliche Form zu ↑Hydrograf. **hy|d|ro|gra|fisch,** hydrographisch: die Hydrografie betreffend
Hy|d|ro|kar|bon|gas, das; -es, -e ‹*gr.; lat.; dt.*›: Schwelgas
Hy|d|ro|kar|pie, die; - ‹*gr.*› (Bot.): das Ausreifen von Früchten im Wasser
Hy|d|ro|ki|ne|ter, der; -s, -: Dampfstrahlapparat, der Kesselwasser durch Einführen von Dampf aus einem anderen Kessel erwärmt
Hy|d|ro|ko|p|ter, Hydrocopter [auch: ˈhyː...] der; -s, -: Fahrzeug, das mit einem Propeller angetrieben wird u. sowohl im Wasser als auch auf dem Eis eingesetzt werden kann
Hy|d|ro|kor|ti|son, fachspr.: Hydrocortison, das; -s (Med.): Hormon der Nebennierenrinde, das abbauende Stoffwechselprozesse aktiviert u. eine unterdrückende Wirkung auf das Immunsystem hat
Hy|d|ro|kul|tur, die; -, -en ‹*gr.; lat.*›: **1.** (ohne Plural) das Kultivieren von Nutz- u. Zierpflanzen in Behältern mit Nährlösung statt auf natürlichem Boden. **2.** Anlage, Bepflanzung, die mit Hydrokultur (1) betrieben wird
Hy|d|ro|la|se, die; -, -n (meist Plural) ‹*gr.*›: ↑Enzym, das Verbindungen durch Anlagerung von Wasser spaltet
Hy|d|ro|lo|ge, der; -n, -n: Wissenschaftler auf dem Gebiet der Hydrologie. **Hy|d|ro|lo|gie,** die; -: Wissenschaft vom Wasser, seinen Arten, Eigenschaften u. seinen Erscheinungsformen. **Hy|d|ro|lo|gin,** die; -, -nen: weibliche Form zu ↑Hydrologe. **hy|d|ro|lo|gisch:** die Hydrologie betreffend
Hy|d|ro|lo|gi|um, das; -s, ...ien: Wasseruhr (bis ins 17. Jh. in Gebrauch)
Hy|d|ro|ly|se, die; -, -n: Spaltung chemischer Verbindungen durch Wasser. **hy|dro|ly|sie|ren:** durch Hydrolyse spalten, zerlegen. **hy|d|ro|ly|tisch:** die Hydrolyse betreffend, auf sie bezogen
Hy|d|ro|man|tie, die; - ‹*gr.-lat.*›: Zukunftsdeutung aus Erscheinungen in u. auf glänzendem Wasser (bes. im Vorderen Orient)
Hy|d|ro|me|cha|nik, die; -: aus ↑Hydrodynamik u. ↑Hydrostatik bestehende Mechanik der Flüssigkeiten. **hy|d|ro|me|cha|nisch:** die Hydromechanik betreffend
Hy|d|ro|me|du|se, die; -, -n ‹*gr.-nlat.*›: Qualle aus der Gruppe der ↑Hydrozoen
Hy|d|ro|me|tal|l|ur|gie, die; -: [Technik der] Metallgewinnung aus wässrigen Metallsalzlösungen
Hy|d|ro|me|te|o|re, die (Plural): durch Verdichtung von Wasserdampf in der ↑Atmosphäre entstehende Niederschläge (z. B. Regen, Schnee, Tau). **Hy|d|ro|me|te|o|ro|lo|gie,** die; - (Meteorol.): Wissenschaft vom Verhalten des Wasserdampfs in der ↑Atmosphäre
Hy|d|ro|me|ter, das; -s, -: Gerät zur Messung der Geschwindigkeit fließenden Wassers, des Wasserstandes od. des spezifischen Gewichts von Wasser. **Hy|d|ro|me|t|rie,** die; -: Wassermessung. **hy|d|ro|me|t|risch:** die Flüssigkeitsmessung betreffend
Hy|d|ro|mi|k|ro|bio|lo|gie, die; - ‹*gr.*›: Teilgebiet der Hydrobiologie, das sich mit der Bedeutung von Bakterien, Pilzen u. Hefen für den Stoffhaushalt der Gewässer befasst
Hy|d|ro|mo|ni|tor, der; -s, ...oren, auch -e ‹*gr.; lat.*›: Gerät für Erdarbeiten mit Wasserstrahl
Hy|d|ro|mor|phie, die; -: besondere Ausbildung von Organen, die unter Wasser vorkommen (z. B. Stängel u. Blätter bei Wasserpflanzen)
Hy|d|ro|my|e|lie, die; -, ...ien ‹*gr.-nlat.*› (Med.): angeborene Er-

weiterung des mit Flüssigkeit gefüllten Zentralkanals im Rückenmark

hy|d|ro|na|li|sie|ren ‹Kunstw.›: mit ↑Hydronalium überziehen

Hy|d|ro|na|li|um, das; -s: eine wasserbeständige Aluminium-Magnesium-Legierung

Hy|d|ro|ne|ph|ro|se, die; -, -n ‹*gr.-nlat.*› (Med.): durch Harnstauung verursachte Erweiterung des Nierenbeckens (Sackniere, Stauungsniere)

Hy|d|ron|farb|stoff, der; -[e]s, -e ‹*gr.; dt.*›: Schwefelfarbstoff (z. B. Hydronblau)

Hy|d|ro|ny|mie, die; -: Gesamtheit der Gewässernamen; vorhandener Bestand an Namen von Gewässern, bes. von Flüssen

Hy|d|ro|path, der; -en, -en ‹*gr.-nlat.*›: Wasserheilkundiger. **Hy|d|ro|pa|thie,** die; -: **1.** (Med.) ↑Hydrotherapie. **2.** (Biol.) Eigenschaft von Molekülen, hydrophil (2), hydrophob (2) od. amphiphil zu sein. **Hy|d|ro|pa|thin,** die; -, -nen: weibliche Form zu ↑Hydropath. **hy|d|ro|pa|thisch** (Med.): auf die Wasserheilkunde bezogen, sie betreffend

Hy|d|ro|pe|ri|kard, das; -[e]s, -e, **Hy|d|ro|pe|ri|kar|di|um,** das; -s, ...ien (Med.): Ansammlung größerer Flüssigkeitsmengen im Herzbeutelraum

Hy|d|ro|phan, der; -s, -e: als Schmuckstein beliebter, milchiger, durch Wasserverlust getrübter Opal, der durch Wasseraufnahme vorübergehend durchscheinend wird

hy|d|ro|phil: 1. (Bot.; Zool.) im od. am Wasser lebend (von Pflanzen u. Tieren) (Ggs.: hydrophob [1]). **2.** (Chemie) Wasser, Feuchtigkeit anziehend, aufnehmend (Ggs.: hydrophob [2]). **Hy|d|ro|phi|lie,** die; - (Chemie): Eigenschaft von bestimmten Stoffen, Wasser anzuziehen; Bestreben, Wasser aufzunehmen

hy|d|ro|phob ‹*gr.-lat.*›: **1.** (Bot.; Zool.) trockene Lebensräume bevorzugend (von Pflanzen u. Tieren) (Ggs.: hydrophil [1]). **2.** (Chemie) Wasser, Feuchtigkeit abstoßend; nicht in Wasser löslich (Ggs.: hydrophil [2]). **Hy|d|ro|pho|bie,** die; -, ...ien: **1.** (Med.) krankhafte Wasserscheu bei Menschen u. Tieren, bes. als Begleitsymptom bei Tollwut. **2.** (Biol.) Bestreben bestimmter Pflanzen u. Tiere, das Wasser zu meiden

hy|d|ro|pho|bie|ren ‹*gr.-lat.-nlat.*›: (bes. Fassaden, Bauteile, Textilien) so ausrüsten, dass sie Wasser abweisen. **Hy|d|ro|pho|bie|rung,** die; -, -en (Plural selten): **1.** das Hydrophobieren. **2.** ↑Appretur, durch die Textilien wasserabweisend werden

Hy|d|ro|phon vgl. Hydrofon

Hy|d|ro|phor, der; -s, -e ‹*gr.-nlat.*›: Druckkessel in Wasserversorgungsanlagen u. Feuerspritzen

Hy|d|ro|pho|ren, die (Plural) ‹*gr.*›: Wasserträger/-innen (häufiges Motiv der griechischen Kunst)

Hy|d|ro|ph|thal|mus, der; -, ...mi ‹*gr.-nlat.;* »Wasserauge«› (Med.): angeborene Vergrößerung des Augapfels infolge übermäßiger Ansammlung von Flüssigkeit im Auge

Hy|d|ro|phyt, der; -en, -en (Bot.): Wasserpflanze

hy|d|ro|pi|gen (Med.): Wassersucht erzeugend (von Krankheiten)

hy|d|ro|pisch ‹*gr.-lat.*› (Med.): wassersüchtig, an Wassersucht leidend

Hy|d|ro|plan, der; -s, -e ‹*gr.-nlat.*›: **1.** Wasserflugzeug. **2.** Gleitboot

hy|d|ro|pneu|ma|tisch: gleichzeitig durch Luft u. Wasser angetrieben

Hy|d|ro|po|nik, die; -: ↑Hydrokultur. **hy|d|ro|po|nisch:** die Hydroponik betreffend

Hy|d|rops, der; -, **Hy|d|rop|sie,** die; -, ...ien ‹*gr.-nlat.*› (Med.): durch verschiedene Krankheiten verursachte Ansammlung seröser Flüssigkeit im Gewebe, in Gelenken od. in Körperhöhlen; Wassersucht

Hy|d|ro|pul|sa|tor, Hy|d|ro|pul|sor, der; -s, ...oren ‹*gr.; lat.*›: Pumpe, bei der ein Treibflüssigkeitsstrom die Pumpleistung erbringt

Hy|d|ror|rha|chie, die; -, ...ien: ↑Hydromyelie

Hy|d|ror|rhö, die -, -en ‹*gr.-nlat.*› (Med.): wässriger Ausfluss

Hy|d|ro|salz vgl. Hydrogensalz

Hy|d|ro|sol, das; -s, -e ‹*gr.; lat.*› (Chemie): kolloidale Lösung mit Wasser als Lösungsmittel

Hy|d|ro|sphä|re, die; - ‹*gr.-nlat.*›: aus den Meeren, den Binnengewässern, dem Grundwasser, dem in Eis gebundenen u. in der Atmosphäre vorhandenen Wasser bestehende Wasserhülle der Erde

Hy|d|ro|sta|tik, die; - ‹*gr.-nlat.*› (Physik): Wissenschaft von den Gleichgewichtszuständen bei ruhenden Flüssigkeiten

hy|d|ro|sta|tisch: sich nach den Gesetzen der Hydrostatik verhaltend; **hydrostatischer Druck:** in jeder Richtung gleich hoher Druck einer ruhenden Flüssigkeit gegen die von ihr berührten Flächen (z. B. gegen eine Gefäßwand); **hydrostatisches Paradoxon:** Phänomen, dass der Druck, den eine Flüssigkeit auf den Boden eines Gefäßes ausübt, weder von der Form des Gefäßes noch von der Menge der Flüssigkeit, sondern von der Höhe der über dem Boden des Gefäßes stehenden Flüssigkeit abhängt; **hydrostatische Waage** (Physik): Waage, bei der durch den Auftrieb einer Flüssigkeit sowohl das Gewicht der Flüssigkeit als auch das des Eintauchkörpers bestimmt werden kann

Hy|d|ro|tech|nik, die; - ‹*gr.*›: Technik des Wasserbaus. **hy|d|ro|tech|nisch:** die Hydrotechnik betreffend, auf ihr beruhend; mit den Mitteln der Hydrotechnik

hy|d|ro|the|ra|peu|tisch [auch: ˈhyːdro...] (Med.): zur Hydrotherapie gehörend. **Hy|d|ro|the|ra|pie,** die; -, ...ien (Med.): **1.** (ohne Plural) als Teilbereich der Medizin Lehre von der Heilbehandlung durch Anwendung von Wasser. **2.** Heilbehandlung durch Anwendung von Wasser in Form von Bädern, Waschungen, Güssen, Dämpfen o. Ä.

hy|d|ro|ther|mal: (von Erzen u. anderen Mineralien) aus verdünnten Lösungen ausgeschieden

Hy|d|ro|tho|rax, der; -[es] ‹*gr.; lat.*› (Med.): bei Herzinsuffizienz u. Brustfellentzündung auftretende Ansammlung seröser, wässriger Flüssigkeit in der Brusthöhle

Hy|d|ro|xid, Hydroxyd ‹*gr.*› das; -[e]s, -e: anorganische Verbindung mit einer od. mehreren funktionellen Hydroxylgruppen (OH⁻)

Hy|d|ro|xid|ion, Hydroxydion, das; -s, -en: in Hydroxiden enthaltenes einwertiges ↑Anion

hy|d|ro|xi|disch, hy|d|ro|xy|disch: (von chemischen Verbindungen) Hydroxide enthaltend

Hy|d|ro|xy|grup|pe, die; -, -n ‹*gr.; dt.*› (Chemie): OH-Gruppe (Wasserstoff-Sauerstoff-Gruppe) in chemischen Verbindungen

Hy|d|ro|xy|l|a|min, das; -s: farblose, anorganische, ↑hygroskopische, bei Erhitzung hochexplosive chem. Verbindung

Hy|d|ro|xyl|grup|pe, die; -, -n

Hy|d|ro|xy|lie|rung, die; -, -en ‹*gr.*›: chemische Reaktion, bei der eine oder mehrere ↑Hydroxygruppen in ein Molekül eingeführt werden

Hy|d|ro|ze|le, die; -, -n ‹*gr.-lat.*› (Med.): Ansammlung von Flüssigkeit in einer Zyste am Hoden od. am Samenstrang; Wasserbruch

Hy|d|ro|ze|pha|lus, der; -, ...alen od. ...li ‹*gr.-nlat.*› (Med.): krankhaft vergrößerter Schädel infolge übermäßiger Flüssigkeitsansammlung; Wasserkopf

Hy|d|ro|zo|on, das; -s, ...zoen (meist Plural): zu den Nesseltieren gehörendes, im Wasser lebendes Tier, das meist in Kolonien entweder am Grund festsitzt od. im Wasser umherschwimmt

Hy|d|ro|zy|k|lon, der; -s, -e (Technik): **a)** Vorrichtung zur Abwasserreinigung; **b)** Vorrichtung zur Aufbereitung von Erz

Hy|d|ru|rie, die; - (Med.): Ausscheidung stark verdünnten Urins durch die Nieren

Hy|e|to|graf, Hyetograph, der; -en, -en ‹*gr.-nlat.*› (Meteorol. veraltet): Gerät zur fortlaufenden Registrierung von Niederschlagsmengen. **Hy|e|to|gra|fie,** Hyetographie, die; - (Meteorol. veraltet): Messung der Menge u. Verteilung von Niederschlägen. **hy|e|to|gra|fisch,** hyetographisch (Meteorol. veraltet): die Niederschlagsverhältnisse auf der Erde betreffend

Hy|e|to|me|ter, das; -s, - (Meteorol. veraltet): Niederschlags-, Regenmesser

Hy|gi|e|ne, die; - ‹*gr.-nlat.*›: **1.** (Med.) Bereich der Medizin, der sich mit der Erhaltung u. Förderung der Gesundheit u. ihren natürlichen u. sozialen Vorbedingungen befasst; Gesundheitslehre. **2.** Gesamtheit der Maßnahmen in den verschiedenen Bereichen zur Erhaltung u. Hebung des Gesundheitsstandes u. zur Verhütung u. Bekämpfung von Krankheiten; Gesundheitspflege. **3.** Sauberkeit, Reinlichkeit; Maßnahmen zur Sauberhaltung

Hy|gi|e|ni|ker, der; -s, -: **1.** Mediziner auf dem Gebiet der Hygiene (1). **2.** Fachmann für einen Bereich der Hygiene (2). **Hy|gi|e|ni|ke|rin,** die; -, -nen: weibliche Form zu ↑Hygieniker

hy|gi|e|nisch: 1. die Hygiene (1, 2) betreffend, ihr entsprechend, auf ihr beruhend, zu ihr gehörend. **2.** hinsichtlich der Sauberkeit, Reinlichkeit einwandfrei; den Vorschriften über Sauberkeit entsprechend; sehr sauber

Hy|g|ro|cha|sie [...ça...], die; - ‹*gr.-nlat.*› (Bot.): das Sichöffnen von Fruchtständen bei Befeuchtung durch Regen od. Tau, das die Verbreitung der Sporen od. Samen ermöglicht

Hy|g|ro|graf, Hygrograph, der; -en, -en: ↑Hygrometer

Hy|g|ro|gramm, das; -s, -e ‹*gr.*› (Meteorol.): Aufzeichnung eines Hygrometers

Hy|g|rom, das; -s, -e ‹*gr.; nlat.*› (Med.): Wasser- od. Schleimgeschwulst in Schleimbeuteln u. Sehnenscheiden

Hy|g|ro|me|ter, das; -s, - ‹*gr.*› (Meteorol.): Luftfeuchtigkeitsmesser. **Hy|g|ro|me|t|rie,** die; - (Meteorol.): Luftfeuchtigkeitsmessung. **hy|g|ro|me|t|risch: a)** die Hygrometrie betreffend, zu ihr gehörend; **b)** mithilfe eines Hygrometers

Hy|g|ro|mor|phie, die; -: Ausgestaltung von Pflanzenteilen zur besseren Ableitung von Feuchtigkeit. **Hy|g|ro|mor|pho|se,** die; - (Bot.): Anpassung von Teilen feucht wachsender Pflanzen an die feuchte Umgebung

Hy|g|ro|nas|tie, die; - (Bot.): Krümmungsbewegungen von Pflanzen aufgrund von Veränderungen der Luftfeuchtigkeit

hy|g|ro|phil (Bot.): Feuchtigkeit, feuchte Standorte bevorzugend (von bestimmten Pflanzen). **Hy|g|ro|phi|lie,** die; - (Bot.): Vorliebe bestimmter Pflanzen für feuchte Standorte

Hy|g|ro|phyt, der; -en, -en (Bot.): an Standorten mit hoher Boden- u. Luftfeuchtigkeit wachsende Pflanze

Hy|g|ro|s|kop, das; -s, -e (Meteorol.): Gerät zur annäherungsweisen Bestimmung des Luftfeuchtigkeitsgehaltes. **Hy|grosko|pie,** die; -, ...ien, Hygroskopizität, die; -, -en (Plural selten) (Chemie): Fähigkeit mancher Stoffe, Luftfeuchtigkeit aufzunehmen u. an sich zu binden. **hy|g|ro|s|ko|pisch: 1.** (Chemie) Wasser an sich ziehend, bindend (von Stoffen). **2.** sich aufgrund von Quellung od. Entquellung bewegend (von toten Pflanzenteilen). **Hy|g|ro|s|ko|pi|zi|tät** vgl. Hygroskopie

Hy|g|ro|s|tat, der; -[e]s u. -en, -e[n]: Gerät zur Aufrechterhaltung der Luftfeuchtigkeit

Hy|g|ro|ta|xis, die; - (Biol.): Fähigkeit mancher Tiere (z. B. Schildkröten, Asseln), [über weite Entfernungen] Wasser bzw. das ihnen zuträgliche feuchte Milieu zu finden

Hy|läa, die; - ‹*gr.-nlat.*›: tropisches Regenwaldgebiet am Amazonas

Hy|le, die; - ‹*gr.-lat.;* »Gehölz, Wald; Stoff«›: Stoff, Materie; (nach Aristoteles) der formbare Urstoff

Hy|le|mor|phis|mus, Hylomorphismus, der; - ‹*gr.-nlat.*›: (von der Scholastik nach Aristoteles entwickelte) philosophische Lehre, nach der alle körperlichen Substanzen aus Stoff u. Form bestehen, eine Einheit von Form u. Materie darstellen

hy|lisch (Philos.): materiell, stofflich, körperlich

Hy|lo|mor|phis|mus vgl. Hylemorphismus

hy|lo|trop: bei gleicher chemischer Zusammensetzung in andere Formen überführbar. **Hy|lo|tro|pie,** die; -: Überführbarkeit eines Stoffes in einen anderen ohne Änderung der chemischen Zusammensetzung

Hy|lo|zo|is|mus, der; -: Lehre der ionischen Naturphilosophen von einem belebten Urstoff, der ↑Hyle, als der Substanz aller Dinge. **hy|lo|zo|is|tisch:** den Hylozoismus betreffend, auf ihm beruhend

[1]**Hy|men,** das, auch: der; -s, - ‹*gr.-lat.;* »Häutchen«› (Anat., Med.): [sichel- bis ringförmige] dünne Schleimhautfalte am Scheideneingang der Frau; Jungfernhäutchen

[2]**Hy|men,** der; -s, -, **Hy|me|nae|us,** der; -, ...aei, Hymenäus, der; -, ...aei ‹*gr.-lat.;* nach dem gr. Hochzeitsgott›: altgriechisches, der Braut von einem [Mädchen]chor gesungenes Hochzeitslied

hy|me|nal ‹*gr.-lat.-nlat.*› (Med.): zum [1]Hymen gehörend, es betreffend

Hy|me|nä|us vgl. [2]Hymen

Hy|me|ni|um, das; -s, ...ien ‹*gr.-nlat.*› (Bot.): Fruchtschicht der Schlauch- u. Ständerpilze

Hy|me|no|my|zet, der; -en, -en (meist Plural) (Bot.): Pilz aus der Ordnung der Ständerpilze

Hy|me|no|p|ter, der; -en, -en (meist Plural): Insekt aus der Ordnung der Hautflügler

Hym|nar, das; -s, -e u. -ien, **Hym|na|ri|um,** das; -s, ...ien ‹*gr.-lat.-mlat.*›: liturgisches Buch mit den kirchlichen Hymnen

Hym|ne, die; -, -n, Hymnus, der; -, ...nen ‹*gr.-lat.*›: **1.** feierlicher Festgesang; Lobgesang [für Gott], Weihelied. **2.** kirchliches od. geistliches Gesangs- u. Instrumentalwerk von betont feierlichem Ausdruck. **3.** (der Ode sehr ähnliches) feierliches Gedicht. **4.** Kurzform von ↑Nationalhymne

Hym|nik, die; - ‹*gr.-nlat.*›: Kunstform der Hymne. **Hym|ni|ker,** der; -s, -: Hymnendichter. **Hym|ni|ke|rin,** die; -, -nen: weibliche Form zu ↑Hymniker. **hym|nisch:** in der Form od. Art der Hymne abgefasst

Hym|no|de, der; -n, -n ‹*gr.*›: altgriechischer Verfasser u. Sänger von Hymnen

Hym|no|die, die; -: Hymnendichtung

Hym|no|graf, Hym|no|graph, der; -en, -en: altgriechischer Hymnenschreiber

Hym|no|lo|ge, der; -n, -n ‹*gr.-nlat.*›: Wissenschaftler auf dem Gebiet der Hymnologie. **Hym|no|lo|gie,** die; -: Wissenschaft von den [christlichen] Hymnen; Hymnenkunde. **Hym|no|lo|gin,** die; -, -nen: weibliche Form zu ↑Hymnologe. **hym|no|lo|gisch:** die Hymnologie betreffend

Hym|nus vgl. Hymne

Hy|os|cy|a|min, Hy|os|zy|a|min, das; -s ‹*gr.-nlat.*›: als Arzneimittel verwendetes ↑Alkaloid einiger Nachtschattengewächse

hyp..., Hyp... vgl. hypo..., Hypo...

hyp|a|bys|sisch ‹*gr.*› (Geol.): in geringer Tiefe zwischen schon festen Gesteinen erstarrt (von magmatischen Schmelzen)

Hyp|a|ci|di|tät, Hypazidität, die; -: ↑Subacidität

Hyp|a|ku|sis, die; - ‹*gr.-nlat.*› (Med.): Schwerhörigkeit

Hyp|al|bu|mi|no|se, die; - ‹*gr.; lat.*› (Med.): verminderter Eiweißgehalt des Blutes

Hyp|al|ga|tor, der; -s, ...oren ‹*gr.-nlat.*›: Narkosegerät

Hyp|al|ge|sie, die; - (Med.): verminderte Schmerzempfindlichkeit. **hyp|al|ge|tisch** (Med.): vermindert schmerzempfindlich

Hy|p|al|la|ge [hy'palage], die; - ‹*gr.;* »Vertauschung«›: **1.** ↑Enallage. **2.** ↑Metonymie. **3.** (Sprachwiss.) Vertauschung eines attributiven Genitivs mit einem attributiven Adjektiv u. umgekehrt (z. B. »jagdliche Ausdrücke« statt »Ausdrücke der Jagd«)

Hyp|äs|the|sie, die; -, ...ien ‹*gr.-nlat.*› (Med.): herabgesetzte Empfindlichkeit. **hyp|äs|the|tisch** (Med.): unterempfindlich für Berührungsreize

hyp|äth|ral ‹*gr.*› (Fachspr.): unter freiem Himmel, nicht überdacht

Hyp|äth|ral|tem|pel, der; -s, - ‹*gr.; lat.*›: großer antiker Tempel mit nicht überdachtem Innenraum

Hyp|a|zi|di|tät vgl. Hypacidität

Hype [haɪp], der; -s, -s ‹*engl.*›: **1.** Welle oberflächlicher Begeisterung; Rummel. **2. a)** besonders spektakuläre, mitreißende Werbung; **b)** zu Medienzwecken inszenierte Täuschung; Betrug

Hype-Event, Hype|event ['haɪp-ʔivɛnt], der od. das; -s, -s ‹*engl.*› (ugs.): großes Aufsehen erregendes Ereignis; Spektakel

hy|pen ['haɪpn̩] (ugs.): [eine Person od. Sache, ein Ereignis] groß herausbringen

hy|per..., Hy|per...

‹*gr.* hypér »über, über ... hinaus, über das Maß hinaus«›
Präfix mit der Bedeutung »über; übermäßig, über ... hinaus«:
- Hyperfunktion
- hyperkinetisch
- hyperkorrekt
- Hyperlink
- hypersensibel

Hy|per|aci|di|tät, Hyperazidität, die; - (Med.): ↑Superacidität

hy|per|ak|tiv ‹*gr.; lat.*› (bes. Med., Psychol., Päd.): einen übersteigerten Bewegungsdrang zeigend. **Hy|per|ak|ti|vi|tät,** die; - (bes. Med., Psychol., Päd.): übersteigerte Bewegungsaktivität

Hy|per|aku|sie, die; - ‹*gr.-nlat.*› (Med.): krankhaft verfeinertes Gehör infolge gesteigerter Erregbarkeit des Hörnervs

Hy|per|al|ge|sie, die; - ‹*gr.-nlat.*› (Med.): gesteigertes Schmerzempfinden. **hy|per|al|ge|tisch** (Med.): schmerzüberempfindlich

Hy|per|ämie, die; - ‹*gr.-nlat.*› (Med.): vermehrte Blutfülle in einem begrenzten Körperbezirk; Wallung. **hy|per|ämisch** (Med.): vermehrt durchblutet. **hy|per|ämi|sie|ren** (Med.): erhöhte Durchblutung bewirken

Hy|per|äs|the|sie, die; -, ...ien ‹*gr.-nlat.*› (Med.): Überempfindlichkeit, gesteigerte Erregbarkeit, bes. gesteigerte Empfindlichkeit der Haut gegen Berührungen. **hy|per|äs|the|tisch** (Med.): überempfindlich

Hy|per|azi|di|tät vgl. Hyperacidität

hy|per|bar ‹*gr.*›: (von Flüssigkeiten) ein größeres spezifisches Gewicht habend als eine andere Flüssigkeit (von Flüssigkeiten); **hyperbare Sauerstofftherapie** (Med.): Überdruckbeatmung eines Patienten mit reinem Sauerstoff

Hy|per|ba|sis, die; -, ...basen, **Hy|per|ba|ton,** das; -s, ...ta ‹*gr.-lat.*› (Rhet.): jede Abweichung von der üblichen Wortstellung

(z. B. wenn er ins Getümmel mich von Löwenkriegern reißt [Goethe])

Hy|pẹr|bel, die; -, -n ‹*gr.-lat.;* »Darüber-hinaus-Werfen«›: **1.** mathematischer Kegelschnitt, geometrischer Ort aller Punkte, die von zwei festen Punkten (Brennpunkten) gleichbleibende Differenz der Entfernungen haben. **2.** (Rhet.; Stilkunde) Übertreibung des Ausdrucks (z. B. himmelhoch)

Hy|pẹr|bel|funk|ti|on, die; -, -en (Math.): eine aus Summe od. Differenz zweier Exponentialfunktionen entwickelte Größe

Hy|per|bo̲|li|ker, der; -s, -: jmd., der zu Übertreibungen im Ausdruck neigt

Hy|per|bo̲|li|ke|rin, die; -, -nen: weibliche Form zu ↑Hyperboliker. **hy|per|bo̲|lisch: 1.** (Math.) hyperbelartig, hyperbelförmig, als Hyperbel darstellbar; **hyperbolische Geometrie:** ↑nicht euklidische Geometrie. **2.** (Rhet.) im Ausdruck übertreibend

Hy|per|bo|lo|i̲d, das; -[e]s, -e ‹*gr.-nlat.*› (Math.): Körper, der durch Drehung einer Hyperbel (1) um ihre Achse entsteht

Hy|per|bo|re̲|er, die (meist Plural) ‹*gr.-lat.*› (gr. Mythol.): ein Volk in Thrakien, bei dem sich der griechische Gott Apoll im Winter aufhielt

Hy|per|car [ˈhaɪ̯pɐkaːɐ̯], das; -s, -s ‹engl.›: bes. starker, schneller, straßentauglicher Sportwagen

Hy̲|per|cha|rak|te|ri|sie|rung, die; -, -en (Sprachwiss.): Charakterisierung durch mehr als nur ein Element (z. B. die dreifache Pluralkennzeichnung in *die Männer* [Artikel, Umlaut, -er-Endung])

Hy|per|chlor|hy|d|ri̲e, die; - ‹*gr.-nlat.*›: ↑Superacidität

Hy|per|cho|li̲e [...ç...], die; -, ...i̲en ‹*gr.-nlat.*› (Med.): krankhaft gesteigerte Gallensaftbildung

hy|per|chro̲m ‹*gr.-nlat.*› (Med.): einen erhöhten Hämoglobingehalt der ↑Erythrozyten aufweisend (Ggs.: hypochrom)

Hy|per|chro|ma|to̲|se, die; - (Med.): vermehrte ↑Pigmentation der Haut

Hy|per|chro|mi̲e, die; -, ...i̲en (Med.): vermehrter Farbstoffgehalt der roten Blutkörperchen (Ggs.: Hypochromie)

Hy|per|dak|ty|li̲e, die; -, ...i̲en ‹*gr.-nlat.*› (Med.): angeborene Fehlbildung der Hand od. des Fußes mit mehr als je fünf Fingern od. Zehen

Hy|per|du|li̲e, die; - ‹*gr.*› (kath. Kirche): Verehrung Marias als Gottesmutter (im Unterschied zur Anbetung, die nur Gott zukommt)

Hy|per|e̲me|sis, die; - ‹*gr.-nlat.*› (Med.): übermäßig starkes Erbrechen

Hy|per|er|gi̲e, die; -, ...i̲en ‹*gr.-nlat.;* Kurzw. aus *Hyper...* u. ↑All*ergie*› (Med.): allergische Überempfindlichkeit des Körpers gegen Antigene, u. a. Bakteriengifte

Hy|per|ero|si̲e, die; -, ...i̲en ‹*gr.-nlat.*› (Med.): Hypersexualität; Liebeswahn; vgl. Erotomanie

Hy̲|per|frag|ment, das; -[e]s, -e (Kernphysik): Atomkern, bei dem eines der normalerweise in ihm enthaltenen ↑Neutronen durch ein ↑Hyperon ersetzt ist

Hy̲|per|funk|ti|on, die; -, -en (Med.): Überfunktion, gesteigerte Tätigkeit eines Organs (Ggs.: Hypofunktion)

Hy|per|ga|lak|ti̲e, die; -, ...i̲en ‹*gr.-nlat.*› (Med.): übermäßige Milchabsonderung bei stillenden Frauen (Ggs.: Hypogalaktie)

Hy|per|ga|mi̲e, die; - (Soziol.): Heirat einer Frau aus einer niederen Schicht od. Kaste mit einem Mann aus einer höheren (Ggs.: Hypogamie)

Hy|per|ge|ni|ta|lịs|mus, der; - ‹*gr.; lat.-nlat.*› (Med.): übermäßige u. frühzeitige Entwicklung der Geschlechtsorgane

Hy|per|geu|si̲e, die; -, ...i̲en ‹*gr.-nlat.*› (Med.): abnorm verfeinerter Geschmackssinn (Ggs.: Hypogeusie)

Hy|per|glo|bu|li̲e vgl. Polyglobulie

Hy|per|gly|k|ä|mi̲e, die; -, ...i̲en ‹*gr.-nlat.*› (Med.): vermehrter Blutzuckergehalt (Ggs.: Hypoglykämie)

hy|per|go̲l, hy|per|go̲|lisch ‹*gr.; lat.-nlat.*›: spontan u. unter Flammenbildung miteinander reagierend (von zwei chemischen Substanzen); **hypergoler, hypergolischer Treibstoff:** [Raketen]treibstoff, der spontan zündet, wenn er mit einem Sauerstoffträger in Berührung kommt

Hy|per|he|do|ni̲e, die; - ‹*gr.-nlat.*› (Psychol.; Med.): krankhaft übersteigertes Lustgefühl

Hy|per|hi|d|ro̲|se, Hy|per|hi|d|ro̲|sis, Hy|per|id|ro̲|se, Hy|per|id|ro̲|sis, die; - ‹*gr.-nlat.*› (Med.): übermäßige, krankhaft vermehrte Schweißabsonderung; Ggs. ↑Hyphidrose

Hy|per|in|su|li|nịs|mus, der; - ‹*gr.; lat.-nlat.*› (Med.): vermehrte Insulinbildung u. dadurch bewirkte Senkung des Blutzuckers (Ggs.: Hypoinsulinismus)

Hy|per|in|vo|lu|ti|o̲n, die; -, -en ‹*gr.; lat.-nlat.*› (Med.): abnorm starke Rückbildung eines Organs

Hy|per|kal|z|ä|mi̲e, die; -, ...i̲en ‹*gr.; lat.; gr.*› (Med.): Erhöhung des Kalziumgehaltes des Blutes

Hy|per|kap|ni̲e, die; -, ...i̲en ‹*gr.-nlat.*› (Med.): erhöhter Kohlendioxidgehalt im Blut (Ggs.: Hypokapnie)

hy|per|ka|ta|lẹk|tisch ‹*gr.-lat.*›: Hyperkatalexe aufweisend (von Versen). **Hy|per|ka|ta|lẹ|xe,** die; -, -n ‹*gr.*›: die Verlängerung des Verses um eine od. mehrere Silben

Hy|per|ke|ra|to̲|se, die; -, -n ‹*gr.-nlat.*› (Med.): übermäßig starke Verhornung der Haut

Hy|per|ki|ne̲|se, die; -, -n ‹*gr.-nlat.*› (Med.): motorischer Reizzustand des Körpers mit Muskelzuckungen u. unwillkürlichen Bewegungen (Ggs.: Hypokinese). **hy|per|ki|ne̲|tisch** (Med.): die Hyperkinese betreffend; mit Muskelzuckungen u. unwillkürlichen Bewegungen einhergehend

Hy|per|ko|agu|la|bi|li|tä̲t, die; - ‹*gr.; lat.*› (Med.): erhöhte Gerinnbarkeit des Blutes

hy̲|per|kor|rekt ‹*gr.; lat.*›: **a)** übertrieben korrekt; **b) hyperkorrekte Bildung** (Sprachwiss.): irrtümlich nach dem Muster anderer standardsprachlich korrekter Formen gebildeter Ausdruck, den ein Mundartsprecher gebraucht, wenn er Standardsprache sprechen muss

Hy|per|kri|nie, die; -, ...ien ⟨*gr.-nlat.*⟩ (Med.): übermäßige Drüsenabsonderung (z. B. von Speichel)

hy|per|kri|tisch ⟨*gr.*⟩: überstreng, tadelsüchtig

Hy|per|kul|tur, die; - ⟨*gr.; lat.*⟩: übertriebene Verfeinerung; überfeinerte Kultur, Kultiviertheit

Hy|per|link [ˈhaɪ̯pɐlɪŋk], der; -[s], -s ⟨*gr.; engl.*⟩ (EDV): **a)** Verknüpfung eines elektron. Dokuments mit einer [anderen] Internetseite od. einer anderen Stelle des Dokuments; **b)** [hervorgehobenes] Text- oder Bildelement, das beim Anklicken einen Hyperlink (a) aktiviert

Hy|per|li|pi|d|ä|mie, die; -, -n ⟨*gr.-nlat.*⟩ (Med.): erhöhter Gehalt des Blutes an Fetten u./od. Cholesterin

Hy|per|mas|tie, die; -, ...ien ⟨*gr.*⟩ (Med.): abnorm starke Entwicklung der weiblichen Brust

Hy|per|me|dia [haɪ̯pɐ...], das; -[s] (meist ohne Artikel) ⟨zusammengezogen aus *Hyper*text u. Multi*media*⟩ (EDV): Multimedia unter dem Gesichtspunkt der durch Hyperlinks hergestellten netzartigen Verknüpfung von Text-, Bild-, Ton-, Grafik- u. Videoelementen

Hy|per|me|nor|rhö, die; -, -en, **Hy|per|me|nor|rhöe** [...ˈrøː], die; -, -n [...ˈøːən] ⟨*gr.-nlat.*⟩ (Med.): verstärkte Regelblutung (Ggs.: Hypomenorrhö)

Hy|per|me|ta|bo|lie, die; -, ...ien ⟨*gr.-nlat.*⟩ (Biol.): eine Form der ↑Holometabolie, wobei dem Puppenstadium ein Scheinpuppenstadium vorausgeht

Hy|per|me|ter, der; -s, - ⟨*gr.*⟩ (antike Metrik): Vers, dessen letzte, auf einen Vokal ausgehende überzählige Silbe mit der mit einem Vokal beginnenden Anfangssilbe des nächsten Verses durch ↑Elision des Vokals verbunden wird

Hy|per|me|t|rie, die; - ⟨*gr.-nlat.*⟩ (Med.): Bewegungsübermaß, das Hinausschießen der Bewegung über das angestrebte Ziel hinaus (bei einer Erkrankung des Kleinhirns)

hy|per|me|t|risch ⟨*gr.*⟩: in Hypermetern verfasst, den Hypermeter betreffend

Hy|per|me|t|ron, das; -s, ...tra: ↑Hypermeter

Hy|per|me|t|ro|pie, die; - ⟨*gr.-nlat.*⟩ (Med.): Hyperopie. **hy|per|me|t|ro|pisch** (Med.): weitsichtig (Ggs.: myop)

Hy|per|mne|sie, die; - ⟨*gr.-nlat.*⟩ (Med.): abnorm gesteigerte Gedächtnisleistung (z. B. in Hypnose) (Ggs.: Amnesie)

hy|per|mo|dern ⟨*gr.; lat.-frz.*⟩: übertrieben modern

hy|per|morph ⟨*gr.*⟩ (Biol.): das Merkmal verstärkt ausprägend (von einem ↑mutierten Gen) (Ggs.: hypomorph)

Hy|per|mo|ti|li|tät, die; - ⟨*gr.; lat.-nlat.*⟩ (Med.): ↑Hyperkinese

Hy|per|ne|ph|ri|tis, die; -, ...itiden ⟨*gr.-nlat.*⟩ (Med.): Entzündung der Nebennieren. **Hy|per|ne|ph|rom,** das; -s, -e (Med. veraltet): Nierentumor, dessen Gewebestruktur der des Nebennierengewebes ähnlich ist; Nierenzellkarzinom

hy|per|ner|vös [auch: ˈhyː...]: übertrieben nervös

Hy|per|odon|tie, die; - ⟨*gr.-nlat.*⟩ (Med.): das Vorhandensein von überzähligen Zähnen; vgl. Hypodontie

Hy|pe|ron, das; -s, ...onen ⟨*gr.-nlat.*⟩ (Kernphysik): Elementarteilchen, dessen Masse größer ist als die eines ↑Nukleons

Hy|per|ony|chie [...ˈçiː], die; -, ...ien ⟨*gr.-nlat.*⟩ (Med.): abnorm starke Nagelbildung an Händen u. Füßen

Hy|per|o|nym, das; -s, -e ⟨*gr.-nlat.*⟩ (Sprachwiss.): übergeordneter Begriff; Wort, Lexem, das in einer übergeordneten Beziehung zu einem bzw. mehreren anderen Wörtern, Lexemen steht, aber inhaltlich allgemeiner, weniger merkmalhaltig ist (z. B. *zu sich nehmen* zu *essen, Medikament* zu *Pille, Tablette, Dragee, Kapsel*); vgl. Superonym (Ggs.: Hyponym). **Hy|per|ony|mie,** die; -, ...ien (Sprachwiss.): in Übergeordnetheit sich ausdrückende semantische Relation, wie sie zwischen Hyperonym u. ↑Hyponym besteht (Ggs.: Hyponymie)

Hy|pe|ro|on, das; -s, ...roa ⟨*gr.*⟩: das obere Stockwerk des altgriechischen Hauses

Hy|per|opie, die; -, ...ien (Med.): Weitsichtigkeit (Ggs.: Myopie)

Hy|per|ore|xie, die; -, ...ien ⟨*gr.-nlat.*⟩ (Med.): verstärkter Appetit; Heißhunger

Hy|per|os|mie, die; - ⟨*gr.-nlat.*⟩ (Med.): abnorm gesteigertes Geruchsvermögen

Hy|per|os|to|se, die; -, -n ⟨*gr.-nlat.*⟩ (Med.): Wucherung des Knochengewebes

Hy|per|phy|sik, die; - ⟨*gr.-nlat.*⟩: Erklärung von Naturerscheinungen vom Übersinnlichen her. **hy|per|phy|sisch:** übernatürlich

Hy|per|pla|sie, die; -, ...ien ⟨*gr.-nlat.*⟩ (Med.; Biol.): Vergrößerung von Geweben u. Organen durch abnorme Vermehrung der Zellen; vgl. Hypertrophie (Ggs.: Hypoplasie). **hy|per|plas|tisch** (Med.; Biol.): Hyperplasie aufweisend

hy|per|py|re|tisch ⟨*gr.-nlat.*⟩ (Med.): sehr hohes Fieber habend. **Hy|per|py|re|xie,** die; - (Med.): sehr hohes Fieber

Hy|per|re|a|lis|mus, der; -: Richtung der zeitgenössischen Kunst

Hy|per|se|kre|ti|on, die; -, -en ⟨*gr.; lat.*⟩ (Med.): vermehrte Absonderung von Drüsensekret

hy|per|sen|si|bel ⟨*gr.; lat.*⟩: überaus sensibel (1, 2), empfindsam. **hy|per|sen|si|bi|li|sie|ren:** **1.** die Empfindlichkeit, Sensibilität stark erhöhen. **2.** (Fotogr.) die Empfindlichkeit von fotografischem Material durch bestimmte Maßnahmen vor der Belichtung erhöhen

Hy|per|se|xu|a|li|tät, die; - ⟨*gr.; lat.-nlat.*⟩ (Med.): übermäßig starker Geschlechtstrieb

Hy|per|so|mie, die; - ⟨*gr.-nlat.*⟩ (Med.): proportionierter Hochwuchs; Riesenwuchs; vgl. Gigantismus (1) (Ggs.: Hyposomie)

Hy|per|som|nie, die; - ⟨*gr.-nlat.*⟩ (Med.): krankhaft gesteigertes Schlafbedürfnis

hy|per|so|nisch ⟨*gr.; lat.*⟩: Überschallgeschwindigkeit betreffend

Hy|per|sper|mie, die; -, ...ien ⟨*gr.-nlat.*⟩ (Med.): vermehrte Samenbildung

Hy|per|ste|a|to|sis, die; -, ...osen

⟨*gr.-nlat.*⟩ (Med.): **1.** übermäßige Talgdrüsenausscheidung. **2.** ↑Adipositas

Hy|per|sthen, der; -s, -e ⟨*gr.-nlat.*⟩: ein Mineral

Hy|per|te|lie, die; - ⟨*gr.-nlat.*⟩ (Biol.): Überentwicklung eines Körperteils

Hy|per|ten|si|on, die; -, -en ⟨*gr.; lat.*⟩ (Med.): ↑Hypertonie

Hy|per|text [ˈhaɪ̯pɐ...], der; -[e]s, -e ⟨*gr.; (lat.-)engl.*⟩ (EDV): über Hyperlinks (a) verbundenes Netz von Text-, Bild-, Audiodateien u. Ä. [im Internet]

Hy|per|the|lie, die; -, ...ien ⟨*gr.-nlat.*⟩ (Med.): Ausbildung überzähliger Brustwarzen bei Frauen u. Männern; vgl. Polymastie

Hy|per|ther|mie, die; - ⟨*gr.-nlat.*⟩ (Med.): **1.** Wärmestauung im Körper, ungenügende Abfuhr der Körperwärme bei hoher Außentemperatur. **2.** sehr hohes Fieber. **3.** künstliche Überwärmung des Körpers zur Steigerung der Durchblutung (Ggs.: Hypothermie [2])

Hy|per|thy|mie, die; - ⟨*gr.-nlat.*⟩ (Psychol.): ungewöhnlich gehobene seelische Stimmung, erhöhte Betriebsamkeit (z. B. bei Manie)

Hy|per|thy|re|o|i|dis|mus, der; -, **Hy|per|thy|re|o|se,** die; - ⟨*gr.-nlat.*⟩ (Med.): Überfunktion der Schilddrüse (Ggs.: Hypothyreoidismus)

Hy|per|to|nie, die; -, ...ien ⟨*gr.-nlat.*⟩ (Med.): **1.** gesteigerte Muskelspannung (Ggs.: Hypotonie [1]). **2.** erhöhter Blutdruck (Ggs.: Hypotonie [2]). **3.** erhöhte Spannung im Augapfel (Ggs.: Hypotonie [3])

Hy|per|to|ni|ker, der; -s, - (Med.): jmd., der an zu hohem Blutdruck leidet (Ggs.: Hypotoniker). **Hy|per|to|ni|ke|rin,** die; -, -nen: weibliche Form zu ↑Hypertoniker

hy|per|to|nisch (Med.): **1.** Hypertonie zeigend (Ggs.: hypotonisch [1]). **2.** höheren ↑osmotischen Druck als eine Vergleichslösung besitzend (Ggs.: hypotonisch [2])

Hy|per|to|nus, der; - (Med.): **1.** kurzfristige Blutdruckerhöhung. **2.** ↑Hypertonie (2)

Hy|per|tri|cho|se, die; -, -n, **Hy|per|tri|cho|sis,** die; -, ...oses ⟨*gr.-nlat.*⟩ (Med.): abnorm vermehrte Körperbehaarung; vgl. Hirsutismus (Ggs.: Hypotrichose)

hy|per|troph ⟨*gr.-nlat.*⟩: **1.** (Med.) durch Zellenwachstum vergrößert (von Geweben u. Organen). **2.** überspannt, überzogen; vgl. ...isch/-. **Hy|per|tro|phie,** die; -, ...ien (Biol., Med.): übermäßige Vergrößerung von Geweben u. Organen infolge Vergrößerung der Zellen; vgl. Hyperplasie (Ggs.: Hypotrophie)

hy|per|tro|phiert vgl. hypertroph

hy|per|tro|phisch: ↑hypertroph; vgl. ...isch/-

Hy|per|ur|ba|nis|mus, der; -, ...men ⟨*gr.; lat.-nlat.*⟩ (Sprachwiss.): hyperkorrekte Bildung (↑hyperkorrekt [b])

Hy|per|uri|k|ä|mie, die; -, ...ien ⟨*gr.-nlat.*⟩ (Med.): [krankhaft] erhöhter Harnsäuregehalt im Blut

Hy|per|ven|ti|la|ti|on, die; - ⟨*gr.; lat.*⟩ (Med.): übermäßige Steigerung der Atmung, zu starke Beatmung der Lunge

Hy|per|vi|t|a|mi|no|se, die; - ⟨*gr.; lat.; gr.*⟩ (Med.): Gruppe von Symptomen, die bei übermäßiger Vitaminzufuhr auftreten (Ggs.: Hypovitaminose)

Hy|per|zy|k|lus [auch: ...ˈtsy..., ...ˈtsʏ...], der; -, ...len ⟨*gr.; gr.-lat.*⟩ (Biol.): zyklische Verknüpfung sich selbst reproduzierender Einzelzyklen

Hy|ph|ä|ma, das; -s, -ta ⟨*gr.-nlat.*⟩ (Med.): Bluterguss in der vorderen Augenkammer

Hy|ph|ä|re|se, die; -, -n ⟨*gr.*⟩ (Sprachwiss.): Ausstoßung eines kurzen Vokals vor einem anderen Vokal; vgl. Aphärese

Hy|phe, die; -, -n ⟨*gr.*⟩ (Bot.): Pilzfaden; fadenförmige, oft zellig gegliederte Grundstruktur der Pilze

Hy|ph|en, das; -[s], - ⟨*gr.-lat.;* »in eins (zusammen)«⟩: **1.** der bei einem Kompositum verwendete Bindestrich. **2.** in der antiken Grammatik die Zusammenziehung zweier Wörter zu einem ↑Kompositum

Hy|ph|i|d|ro|se, die; -, -n ⟨*gr.-nlat.*⟩ (Med.): verminderte Schweißabsonderung

hyp|na|gog, hyp|na|go|gisch ⟨*gr.-nlat.*⟩: **a)** zum Schlaf führend, einschläfernd; **b)** den Schlaf betreffend; vgl. ...isch/-

Hyp|na|go|gum, das; -s, ...ga (Med.): Hypnotikum

Hyp|nal|gie, die; -, ...ien ⟨*gr.-nlat.*⟩ (Med.): Schmerz, der nur im Schlaf auftritt

Hyp|no|ana|ly|se, die; - ⟨*gr.-nlat.*⟩ (Psychoanalyse): Psychoanalyse mit vorausgehender Hypnose

hyp|no|id ⟨*gr.*⟩ (Med., Psychol.): dem Schlaf bzw. der Hypnose ähnlich; traumähnlich (von Bewusstseinszuständen)

Hyp|no|lep|sie, die; -, -n (Med. veraltet): Schlafsucht; Narkolepsie

Hyp|no|nar|ko|se, die; -, -n (Med.): durch Hypnose geförderte od. eingeleitete Narkose

Hyp|no|pä|die, die; -: Erziehung od. Unterricht im Schlaf od. schlafähnlichen Zustand. **hyp|no|pä|disch:** die Hypnopädie betreffend, auf ihr beruhend

Hyp|no|se, die; -, -n (Med., Psychol.): schlafähnlicher, eingeschränkter Bewusstseinszustand, der vom Hypnotiseur durch Suggestion herbeigeführt werden kann u. in dem die Willens- u. teilweise auch die körperlichen Funktionen leicht zu beeinflussen sind

Hyp|no|sie, die; -, ...ien (Med.): **1.** Schlafkrankheit. **2.** krankhafte Schläfrigkeit

Hyp|no|the|ra|peut, der; -en, -en: jmd., der Hypnotherapie anwendet. **Hyp|no|the|ra|peu|tin,** die; -, -nen: weibliche Form zu ↑Hypnotherapeut. **Hyp|no|the|ra|pie,** die; -, ...ien: ↑Psychotherapie, bei der die Hypnose zu Hilfe genommen wird

Hyp|no|tik, die; -: Wissenschaft von der Hypnose

Hyp|no|ti|kum, das; -s, ...ka ⟨*gr.-lat.*⟩ (Med.): Schlafmittel

hyp|no|tisch: 1. a) zur Hypnose gehörend; **b)** zur Hypnose führend; einschläfernd. **2.** den Willen lähmend

Hyp|no|ti|seur [...ˈzøːɐ̯], der; -s, -e ⟨*gr.-lat.-frz.*⟩: jmd., der andere hypnotisieren kann. **Hyp|no|ti|seu|rin** [...ˈzøːrɪn], die; -, -nen: weibliche Form zu ↑Hypnotiseur

hyp|no|ti|sie|ren: in Hypnose versetzen

Hyp|no|ti|s|mus, der; - ⟨*gr.-nlat.*⟩: **1.** Wissenschaft von der Hypnose. **2.** Beeinflussung

hy|po..., Hy|po...

vor Vokalen meist: hyp..., Hyp...
⟨*gr.* hypó »darunter, unten, unterhalb«⟩
Präfix mit der Bedeutung »unter, darunter; unterhalb des Normalen«:
- Hypalgesie
- hypochondrisch
- Hypofunktion
- Hypotoniker

Hy|po|aci|di|tät [...ts...], **Hy|po|azi|di|tät,** die; - (Med.): ↑Subacidität

hy|po|al|l|er|gen ⟨*gr.*⟩ (Med.): kaum allergen; mit wenig allergenen Stoffen [versehen]

Hy|po|bro|mit, das; -s, -e (Chemie): Salz der unterbromigen Säure

Hy|po|chlo|r|ä|mie [...k...], die; -, ...ien ⟨*gr.-nlat.*⟩ (Med.): reduzierte Menge an Chloridionen im Blut (z. B. als Folge von übermäßigem Erbrechen)

Hy|po|chlor|hy|d|rie, die; -, ...ien (Med.): verminderte Salzsäureabsonderung des Magens

Hy|po|chlo|rit [auch: ...'rɪt], das; -s, -e (Chemie): Salz der unterchlorigen Säure

Hy|po|chon|der [...x...], der; -s, - ⟨*gr.-nlat.*⟩: Mensch, der aus ständiger Angst, krank zu sein od. zu werden, sich fortwährend selbst beobachtet u. schon geringfügige Beschwerden als Krankheitssymptome deutet; eingebildeter Kranker

Hy|po|chon|d|rie, die; -, ...ien (Med.): Gefühl einer körperlichen od. seelischen Krankheit ohne pathologische Grundlage. **hy|po|chon|d|risch** ⟨*gr.*⟩: an Hypochondrie leidend

hy|po|chrom [...k...] ⟨*gr.-nlat.*⟩ (Med.): einen zu geringen Hämoglobingehalt der Erythrozyten habend (Ggs.: hyperchrom). **Hy|po|chro|mie,** die; -, ...ien (Med.): Mangel an Blutfarbstoff (Ggs.: Hyperchromie)

Hy|po|chy|lie [...ç...], die; -, ...ien ⟨*gr.-nlat.*⟩ (Med.): verminderte Magensaftabsonderung

Hy|po|dak|ty|lie, die; -, ...ien ⟨*gr.-nlat.*⟩ (Med.): angeborenes Fehlen von Fingern od. Zehen

Hy|po|derm, das; -s, -e ⟨*gr.-nlat.*⟩ (Biol.): **1.** unter der Oberhaut gelegene Zellschicht bei Sprossen u. Wurzeln von Pflanzen. **2.** Lederhaut der Wirbeltiere. **3.** äußere einschichtige Haut der Gliederfüßer, die den Chitinpanzer ausscheidet. **hy|po|der|ma|tisch:** unter der Haut gelegen

Hy|po|doch|mi|us, der; -, ...ien ⟨*gr.-nlat.*⟩: antiker Versfuß, umgedrehter ↑Dochmius (– ∪ – ∪ –)

Hy|po|don|tie, die; -, ...ien ⟨*gr.-nlat.*⟩ (Med.): angeborenes Fehlen von Zähnen; vgl. Hyperodontie

Hy|po|drom, das; -s, -e ⟨*gr.-nlat.*⟩: überdachter Platz zum Spazierengehen

Hy|po|funk|ti|on, die; -, -en ⟨*gr.; lat.*⟩ (Med.): Unterfunktion, verminderte Tätigkeit, Arbeitsleistung eines Organs (Ggs.: Hyperfunktion)

hy|po|gä|isch ⟨*gr.-lat.*⟩: unterirdisch (von Keimblättern, die während der Keimung des Samens unter der Erde bleiben u. als Reservestoffbehälter dienen)

Hy|po|ga|lak|tie, die; -, ...ien ⟨*gr.-nlat.*⟩ (Med.): zu geringe Absonderung der Milchdrüsen in der Stillzeit, vorzeitig aufhörende Sekretion der Brustdrüsen; vgl. Agalaktie (Ggs.: Hypergalaktie)

Hy|po|ga|mie, die; - ⟨*gr.-nlat.*⟩ (Soziol.): Heirat einer Frau aus einer höheren Schicht od. Kaste mit einem Mann aus einer niederen (Ggs.: Hypergamie)

Hy|po|gas|t|ri|um, das; -s, ...ien ⟨*gr.-nlat.*⟩ (Med.): Unterleibsregion, Unterbauch

Hy|po|gä|um, das; -s, ...gäen ⟨*gr.-lat.*⟩: unterirdisches Gewölbe; Grabraum; unterirdischer Kultraum (z. B. in der persisch-römischen Mithrasreligion); vgl. Mithräum

Hy|po|ge|ni|ta|lis|mus, der; - ⟨*gr.; lat.-nlat.*⟩ (Med.): Unterentwicklung u. -funktion der Geschlechtsdrüsen u. -organe

Hy|po|geu|sie, die; -, ...ien ⟨*gr.-nlat.*⟩ (Med.): das Herabgesetztsein der Geschmacksempfindung, Geschmacksstörung (Ggs.: Hypergeusie)

Hy|po|gly|k|ä|mie, die; -, ...ien ⟨*gr.-nlat.*⟩ (Med.): abnorm geringer Zuckergehalt des Blutes (Ggs.: Hyperglykämie)

Hy|po|gna|thie, die; -, ...ien ⟨*gr.-nlat.*⟩ (Med.): Unterentwicklung des Unterkiefers

Hy|po|go|na|dis|mus, der; - ⟨*gr.-nlat.*⟩ (Med.): Unterentwicklung, verminderte Funktion der männlichen Geschlechtsdrüsen

hy|po|gyn ⟨*gr.-nlat.*⟩ (Bot.): unter dem Fruchtknoten stehend (von Blüten) (Ggs.: epigyn). **hy|po|gy|nisch** vgl. hypogyn

Hy|po|id|ge|trie|be, das; -s, - ⟨*gr.; dt.*⟩ (Technik): Kegelradgetriebe, dessen Wellen sich in geringem Abstand kreuzen

Hy|po|in|su|li|nis|mus, der; - ⟨*gr.; lat.-nlat.*⟩ (Med.): verminderte Insulinbildung u. dadurch bedingte Steigerung des Blutzuckergehalts (Ggs.: Hyperinsulinismus)

Hy|po|ka|li|ä|mie, die; -, ...ien ⟨*gr.; arab.; gr.*⟩ (Med.): verminderter Kaliumgehalt des Blutes

Hy|po|kal|z|ä|mie, die; -, ...ien ⟨*gr.; lat.; gr.*⟩ (Med.): herabgesetzter Kalziumgehalt des Blutes

Hy|po|kap|nie, die; -, ...ien ⟨*gr.-nlat.*⟩ (Med.): verminderter Kohlenstoffdioxidpartialdruck im arteriellen Blut (Ggs.: Hyperkapnie)

hy|po|kaus|tisch ⟨*gr.-lat.*⟩: durch Bodenheizung erwärmt. **Hy|po|kaus|tum,** das; -s, ...ten: antike Bodenheizanlage

Hy|po|kei|me|non, das; - ⟨*gr.*⟩: **1.** in der altgriechischen Philosophie das Zugrundeliegende, die Substanz. **2.** altgr. Bez. für das ↑Subjekt (Satzgegenstand)

Hy|po|ki|ne|se, die; -, -n ⟨*gr.-nlat.*⟩ (Med.): [dauerhafte] Einschränkung der Beweglichkeit [bei bestimmten Krankheiten] (Ggs.: Hyperkinese). **hy|po|ki|ne|tisch** (Med.): die Hypokinese betreffend, auf ihr beruhend; bewegungsarm

Hy|po|ko|ris|mus, der; -, ...men ⟨*gr.-nlat.*⟩: Veränderung eines Namens in eine Kurz- od. Koseform. **Hy|po|ko|ris|ti|kum,** das; -s, ...ka: Kosename, vertraute Kurzform eines Namens (z. B. *Fritz* statt Friedrich)

Hy|po|ko|tyl, das; -s, -e ⟨*gr.-nlat.*⟩ (Bot.): Keimstängel der Samen-

pflanzen, Übergang von der Wurzel zum Spross
Hy|po|kre|nal, das; -s ‹*gr.-nlat.*›: **1.** (Geogr.) unmittelbar unterhalb der Quelle liegender Abschnitt eines fließenden Gewässers. **2.** (Biol.) der Lebensraum im unmittelbar unterhalb der Quelle gelegenen Abschnitt eines fließenden Gewässers
Hy|po|kri|sie, die; -, ...ien ‹*gr.-lat.*›: Heuchelei, Verstellung
hy|po|kris|tal|lin ‹*gr.; gr.-lat.-mlat.*›: halbkristallin (von Gesteinen)
Hy|po|krit, der; -en, -en ‹*gr.-lat.*›: Heuchler. **hy|po|kri|tisch** (veraltet): scheinheilig, heuchlerisch
hy|po|lep|tisch ‹*gr.*› (veraltet): etwas dünn, fein, zart
Hy|po|lim|ni|on, das; -s, ...ien ‹*gr.-nlat.*› (Geogr.): Tiefenschicht eines Sees
Hy|po|li|thal, das; -s ‹*gr.-nlat.*› (Biol., Zool.): Lebensraum unter Steinen (z. B. für bestimmte Schnecken, Käfer, Asseln)
hy|po|lo|gisch ‹*gr.*›: unterhalb des Logischen liegend; **hypologisches Denken:** das vorsprachliche Denken des noch nicht sprachfähigen Kleinkindes u. der höheren Tiere
Hy|po|ma|nie, der; -, ...ien ‹*gr.-nlat.*› (Med.): abgeschwächte Form der Manie in Form von gehobener, heiterer Stimmungslage, Lebhaftigkeit, unter Umständen im Wechsel mit leicht depressiven Stimmungen
Hy|po|ma|ni|ker, der; -s, - (Med.): an Hypomanie Leidender. **Hy|po|ma|ni|ke|rin,** die; -, -nen: weibliche Form zu ↑Hypomaniker
hy|po|ma|nisch (Med.): an Hypomanie leidend
Hy|po|me|nor|rhö, die; -, -en ‹*gr.-nlat.*› (Med.): zu schwache Regelblutung (Ggs.: Hypermenorrhö)
Hy|po|m|ne|ma, das; -s, ...mnemata ‹*gr.-lat.*› (veraltet): Nachtrag, Zusatz; Bericht, Kommentar
Hy|po|m|ne|sie, die; -, ...ien ‹*gr.-nlat.*› (Med.): mangelhaftes Erinnerungsvermögen, Gedächtnis
Hy|po|mo|bi|li|tät vgl. Hypokinese
Hy|po|mo|ch|li|on, das; -s ‹*gr.*›: **1.** Unterstützungs- bzw. Drehpunkt eines Hebels. **2.** (Med.) Drehpunkt eines Gelenks
hy|po|morph ‹*gr.*› (Biol.): das Merkmal schwächer ausprägend (von einem ↑mutierten Gen) (Ggs.: hypermorph)
Hy|po|mo|ti|li|tät, die; - ‹*gr.; lat.-nlat.*› (Med.): ↑Hypokinese
Hy|po|nas|tie, die; - ‹*gr.-nlat.*› (Biol.): Krümmungsbewegung durch verstärktes Wachstum der Blattunterseite gegenüber der Blattoberseite bei Pflanzen
Hy|po|ni|t|rit, das; -s, -e (Chemie): Salz der untersalpetrigen Säure
Hy|p|o|nym, das; -s, -e ‹*gr.-lat.*› (Sprachwiss.): Wort, Lexem, das in einer untergeordneten Beziehung zu einem anderen Wort, Lexem steht, aber inhaltlich differenzierter, merkmalhaltiger ist (z. B. *essen* zu *zu sich nehmen, Tablette* zu *Medikament*) (Ggs.: Hyperonym). **Hy|p|o|ny|mie,** die; -, ...ien (Sprachwiss.): in Untergeordnetheit sich ausdrückende semantische Relation, wie sie zwischen Hyponym u. Hyperonym besteht (Ggs.: Hyperonymie)
Hy|po|phos|phit, das; -s, -e (Chemie): Salz der unterphosphorigen Säure
hy|po|phre|nisch ‹*gr.-nlat.*› (Med.): unterhalb des Zwerchfells gelegen
Hy|po|phy|se, die; -, -n ‹*gr.*›: **1.** (Med.) Hirnanhang[sdrüse]. **2.** (Bot.) Keimanschluss; Zelle, die im Pflanzensamen Embryo u. Embryoträger verbindet
Hy|po|pla|sie, die; -, ...ien ‹*gr.-nlat.*› (Biol., Med.): unvollkommene Anlage; Unterentwicklung von Geweben od. Organen. **hy|po|plas|tisch:** Hypoplasie zeigend
Hy|po|py|on, das; -s ‹*gr.-nlat.*› (Med.): Eiteransammlung in der vorderen Augenkammer
Hy|por|chem [...ç...], das; -s, -en, **Hy|por|che|ma,** das; -s, ...chemata ‹*gr.*›: altgriechisches Tanz- u. Chorlied
hy|po|sen|si|bi|li|sie|ren ‹lat.› (Med.): gegen Allergien unempfindlich machen
Hy|p|os|mie, die; - ‹*gr.-nlat.*› (Med.): vermindertes Geruchsvermögen (Ggs.: Hyperosmie)
hy|po|som ‹*gr.-nlat.*› (Med.): von zu kleinem Wuchs. **Hy|po|so|mie,** die; - (Med.): krankhaftes Zurückbleiben des Körperwachstums hinter dem Normalmaß (Kleinwuchs) (Ggs.: Hypersomie)
Hy|po|s|pa|die, die; -, ...ien ‹*gr.-nlat.*› (Med.): ↑ventrale (1) Harnröhrenmündung (angeborene Entwicklungsstörung der Harnröhre)
Hy|po|sper|mie, die; -, -n ‹*gr.-nlat.*› (Med.): verminderter Gehalt der Samenflüssigkeit an funktionstüchtigen Spermien
Hy|po|s|phag|ma, das; -s, ...mata ‹*gr.*› (Med.): flächenhafter Blutaustritt unter die Augenbindehaut
Hy|po|s|ta|se, die; -, -n ‹*gr.-lat.;* »Unterlage; Grundlage«›: **1.** (bes. Philos.) Verdinglichung, Vergegenständlichung eines bloß in Gedanken existierenden Begriffs. **2. a)** Personifizierung göttlicher Eigenschaften od. religiöser Vorstellungen zu einem eigenständigen göttlichen Wesen (z. B. die Erzengel in der Lehre Zarathustras); **b)** Wesensmerkmal einer personifizierten göttlichen Gestalt. **3.** (Med.) vermehrte Anfüllung tiefer liegender Körperteile mit Blut (z. B. bei Bettlägerigen in den hinteren unteren Lungenpartien). **4.** (Sprachwiss.) Verselbstständigung eines Wortes als Folge einer Veränderung der syntaktischen Funktion (z. B. der Übergang eines Substantivs im Genitiv zum Adverb wie *des Mittags* zu *mittags*). **5.** (Biol.) die Unterdrückung der Wirkung eines Gens durch ein anderes, das nicht zum gleichen Erbanlagenpaar gehört; vgl. Epistase
Hy|po|s|ta|sie vgl. Hypostase
hy|po|s|ta|sie|ren ‹*gr.-nlat.*›: **a)** verdinglichen, vergegenständlichen; **b)** personifizieren. **Hy|po|s|ta|sie|rung,** die; -, -en: ↑Hypostase (1)
Hy|po|s|ta|sis, die; -, ...asen: ↑Hypostase (5)
hy|po|s|ta|tisch: a) (bildungsspr.) vergegenständlichend, gegenständlich; **b)** (Med.) durch Hypostase hervorgerufen; **hypostatische Union:** Vereinigung göttlicher u. menschlicher Natur in der Person Christi zu einer einzigen ↑Hypostase (2 a)

Hy|po|s|the|nie, die; -, ...i̲en ⟨*gr.-nlat.*⟩: leichter Kräfteverfall

hy|po|s|to|ma̲|tisch ⟨*gr.-nlat.*⟩ (Bot.): nur auf der Unterseite Spaltöffnungen habend (von den Blättern vieler Laubbäume)

Hy|po̲|s|ty|lon, das; -s, ...la, **Hy|po̲|s|ty|los,** der; -, ...loi ⟨*gr.*⟩: gedeckter Säulengang; Säulenhalle; Tempel mit Säulengang

hy|po|ta̲k|tisch ⟨*gr.*⟩ (Sprachwiss.): der Hypotaxe (2) unterliegend, unterordnend (Ggs.: parataktisch)

Hy|po|ta̲|xe, die; -, -n: **1.** (Med.) Zustand herabgesetzter Willens- u. Handlungskontrolle, mittlerer Grad der Hypnose. **2.** (Sprachwiss.) Unterordnung, ↑Subordination von Satzgliedern od. Sätzen (z. B. *Mutters* Schwester; er sagte, *dass er krank sei*) (Ggs.: Parataxe). **Hy|po̲|ta|xis,** die; -, ...ta̲xen: ↑Hypotaxe (2)

Hy|po|ten|si|o̲n, die; -, -en ⟨*gr.; lat.*⟩ (Med.): ↑Hypotonie

hy|po|ten|si̲v: blutdrucksenkend (von Arzneimitteln)

Hy|po|te|nu̲|se, die; -, -n ⟨*gr.-lat.*⟩ (Math.): im rechtwinkligen Dreieck die dem rechten Winkel gegenüberliegende Seite

Hy|po|tha̲|la|mus, der; -, ...mi ⟨*gr.; gr.-lat.*⟩ (Med.): unter dem ↑Thalamus liegender Teil im Zwischenhirn

Hy|po|the̲k, die; -, -en ⟨*gr.-lat.;* »Unterlage; Unterpfand«⟩: **a)** (zu den Grundpfandrechten gehörendes) Recht an einem Grundstück, einem Wohnungseigentum o. Ä. zur Sicherung einer Geldforderung, das (im Gegensatz zur Grundschuld) mit dieser Forderung rechtlich verknüpft ist; **b)** durch eine Hypothek (a) entstandene finanzielle Belastung eines Grundstücks, eines Wohnungseigentums o. Ä.; **c)** durch eine Hypothek (a) gesicherte Geldmittel, die jmdm. zur Verfügung gestellt werden

Hy|po|the|ka̲r, der; -s, -e: Pfandgläubiger, dessen Forderung durch eine Hypothek (a) gesichert ist. **Hy|po|the|ka̲|rin,** die; -, -nen: weibliche Form zu ↑Hypothekar

hy|po|the|ka̲|risch: eine Hypothek betreffend

Hy|po|the|ka̲r|kre|dit, der; -[e]s, -e: durch Hypothek (a) gesicherter Kredit

Hy|po|the̲|ken|brief, der; -[e]s, -e: Urkunde, die die Rechte aus einer Hypothek (a) enthält

Hy|po|ther|mi̲e, die; -, ...i̲en ⟨*gr.-nlat.*⟩ (Med.): **1.** (ohne Plural) abnorm niedrige Körpertemperatur. **2.** künstliche Unterkühlung des Körpers zur Reduktion der Stoffwechsel- u. Lebensvorgänge im Organismus; Ggs. ↑Hyperthermie (3); vgl. Hibernation (2)

Hy|po|the̲|se, die; -, -n ⟨*gr.-lat.*⟩: **1. a)** zunächst unbewiesene Annahme von Gesetzlichkeiten od. Tatsachen mit dem Ziel, sie durch Beweise zu ↑verifizieren (1) od. zu ↑falsifizieren (1) (als Hilfsmittel für wissenschaftliche Erkenntnisse); Vorentwurf für eine Theorie; **b)** Unterstellung, unbewiesene Voraussetzung. **2.** Vordersatz eines hypothetischen Urteils (wenn A gilt, gilt auch B)

hy|po|the̲|tisch: nur angenommen, auf einer unbewiesenen Vermutung beruhend, fraglich, zweifelhaft; **hypothetischer Imperativ** (Philos.): nur unter gewissen Bedingungen notwendiges Sollen; vgl. kategorischer Imperativ; **hypothetisches Konstrukt:** gedankliche Hilfskonstruktion zur Beschreibung von Dingen od. Eigenschaften, die nicht konkret beobachtbar, sondern nur aus Beobachtbarem erschließbar sind

Hy|po|thy|re|o|i|di̲s|mus, der; -, **Hy|po|thy|re|o̲|se,** die; - ⟨*gr.-nlat.*⟩ (Med.): herabgesetzte Tätigkeit der Schilddrüse (Ggs.: Hyperthyreoidismus)

Hy|po|to|ni̲e, die; -, ...i̲en ⟨*gr.-nlat.*⟩ (Med.): **1.** herabgesetzte Muskelspannung (Ggs.: Hypertonie [1]). **2.** zu niedriger Blutdruck (Ggs.: Hypertonie [2]). **3.** Verminderung des Drucks im Auge (Ggs.: Hypertonie [3])

Hy|po|to̲|ni|ker, der; -s, - (Med.): jmd., der an zu niedrigem Blutdruck leidet (Ggs.: Hypertoniker). **Hy|po|to̲|ni|ke|rin,** die; -, -nen: weibliche Form zu ↑Hypotoniker

hy|po|to̲|nisch (Med.): **1.** die Hypotonie betreffend (Ggs.: hypertonisch [1]). **2.** geringeren osmotischen Druck besitzend als das Blut (von Lösungen) (Ggs.: hypertonisch [2])

Hy|po|tra|che̲|li|on [...x...], das; -s, ...ien ⟨*gr.*⟩ (Archit.): Säulenhals (unter dem ↑Kapitell befindlich)

Hy|po|tri|cho̲|se, die; -, -n, **Hy|po|tri|cho̲|sis,** die; -, ...o̲ses ⟨*gr.-nlat.*⟩ (Med.): abnorm geringer Haarwuchs, mangelhafte Behaarung des Körpers (Ggs.: Hypertrichose)

Hy|po|tro|phi̲e, die; -, ...i̲en ⟨*gr.-nlat.*⟩: **1.** (Med.) Schrumpfung des Gewebes durch Zellverkleinerung (Ggs.: Hypertrophie). **2.** Unterernährung

Hy|po|vi|t|a|mi|no̲|se, die; -, -n ⟨*gr.; lat.; gr.*⟩ (Med.): Vitaminmangelkrankheit (Ggs.: Hypervitaminose)

Hy|p|o|x|ä|mi̲e, die; -, ...i̲en ⟨*gr.-nlat.*⟩ (Med.): Sauerstoffmangel im Blut

Hy|p|o|xi̲e, die; - (Med.): Sauerstoffmangel in den Geweben

Hy|po|ze̲n|t|rum, das; -s, ...tren (Geol.): Erdbebenherd; Stelle im Erdinnern, von der ein Erdbeben ausgeht

Hy|po|zy|k|lo|i̲|de, die; -, -n ⟨*gr.-nlat.*⟩ (Math.): Kurve, die ein Peripheriepunkt eines Kreises beschreibt, wenn dieser Kreis auf der inneren Seite eines anderen, festen Kreises abrollt

Hyp|si|pho|bi̲e, die; -, ...i̲en ⟨*gr.-nlat.*⟩ (Med.): Höhenangst, Höhenschwindel

Hyp|si|ze|pha|li̲e, die; -, ...i̲en (Med.): Schädeldeformation (Turmschädel)

Hyp|so|me̲|ter, das; -s, -: Luftdruckmessgerät zur Höhenmessung. **Hyp|so|me|t|ri̲e,** die; -: Höhenmessung. **hyp|so|me̲|t|risch:** die Hypsometrie betreffend

Hyp|so|ther|mo|me̲|ter, das; -s, -: mit einem Hypsometer gekoppeltes Thermometer

Hys|te|r|al|gi̲e, die; -, ...i̲en ⟨*gr.-nlat.*⟩ (Med.): Gebärmutterschmerz

Hys|te|r|ek|to|mi̲e, die; -, ...i̲en (Med.): operative Entfernung der Gebärmutter

Hys|te|re̲|se, Hys|te|re̲|sis ⟨*gr.*⟩ die; -, ...re̲sen (Physik): das Anhalten einer Wirkung nach dem Wegfall der sie bedingenden Ursache; tritt als magnetische Hysterese (auch Trägheit od. Reibung genannt) auf

Hys|te|rie, die; -, ...ien ⟨*gr.-nlat.*⟩: **1.** (Med. veraltet) neurotische Störung mit labilem Affekt u. starkem Bedürfnis nach Anerkennung. **2.** (abwertend) [allgemeine] nervöse Aufgeregtheit, Erregtheit, Erregung, Überspanntheit

Hys|te|ri|ker, der; -s, - ⟨*gr.-lat.*⟩ (Med.): jmd., der Symptome der Hysterie in Charakter od. Verhalten zeigt. **Hys|te|ri|ke|rin,** die; -, -nen: weibliche Form zu ↑Hysteriker

hys|te|risch: 1. (Med. veraltet) auf Hysterie beruhend. **2.** (abwertend) zu nervöser Aufgeregtheit neigend, übertrieben leicht erregbar; übertrieben nervös, erregt; überspannt

hys|te|ri|sie|ren: hysterisch (2) machen

hys|te|ro|gen ⟨*gr.-nlat.*⟩ (Med.): **1.** auf hysterischen Ursachen beruhend. **2.** eine Hysterie auslösend

Hys|te|ro|gra|fie, Hysterographie, die; -, ...ien (Med.): röntgenologische Untersuchung u. Darstellung der Gebärmutter

Hys|te|ro|gramm, das; -s, -e (Med.): Röntgenbild der Gebärmutter

Hys|te|ro|gra|phie vgl. Hysterografie

hys|te|ro|id (Med.): hysterieähnlich

Hys|te|ro|lo|gie, die; -, ...ien ⟨*gr.*⟩: ↑Hysteron-Proteron (2)

Hys|te|ro|ma|nie, die; -, ...ien ⟨*gr.-nlat.*⟩: ↑Nymphomanie

Hys|te|ron-Pro|te|ron, das; -s, Hystera-Protera ⟨*gr.;* »das Spätere (ist) das Frühere«⟩: **1.** (Philos.) Scheinbeweis aus einem selbst erst zu beweisenden Satz. **2.** (Rhet.) Redefigur, bei der das begrifflich od. zeitlich Spätere zuerst steht (z. B. bei Vergil: Lasst uns sterben und uns in die Feinde stürzen!)

Hys|te|ro|p|to|se, die; - ⟨*gr.-nlat.*⟩ (Med.): Gebärmuttervorfall

Hys|te|ro|s|kop, das; -s, -e (Med.): ↑[1]Endoskop zur Untersuchung der Gebärmutterhöhle. **Hys|te|ro|s|ko|pie,** die; -, ...ien (Med.): Untersuchung der Gebärmutterhöhle mit einem Hysteroskop

Hys|te|ro|to|mie, die; -, ...ien (Med.): operative Öffnung der Gebärmutter, Gebärmutterschnitt

I

Iam|be usw. vgl. Jambe usw.

...i|a|t|rie

die; -
⟨*gr.* ...iatría »Heilkunde«⟩
Wortbildungselement mit der Bedeutung »Heilkunde«:
- Geriatrie
- Hippiatrie
- Pädiatrie
- Psychiatrie

...iater

der; -s, -
⟨*gr.* iatrós »Arzt, Wundarzt, Helfer«⟩
Wortbildungselement mit der Bedeutung »Arzt«:
- Geriater
- Pädiater
- Phoniater

Die weibliche Form des Wortbildungselementes lautet ...iaterin, wie z. B. in Psychiaterin.

Ia|t|rik, die; - ⟨*gr.*⟩ (Med.): Heilkunst, ärztliche Kunst. **ia|t|risch** (Med.): zur Heilkunst gehörend

Ia|t|ro|che|mie, die; - ⟨*gr.; arab.-roman.*⟩: von Paracelsus begründete [chemische] Heilkunst (im 16. u. 17. Jh.)

ia|t|ro|gen ⟨*gr.-nlat.*⟩ (Med.): durch ärztliche Einwirkung entstanden

Ia|t|ro|lo|gie, die; - (Med.): ärztliche Lehre, Lehre von der ärztlichen Heilkunst. **ia|t|ro|lo|gisch:** die Iatrologie betreffend

Ibe|ris, die; -, - ⟨*gr.-lat.*⟩: Schleifenblume (Kreuzblütler; Zierpflanze mit zahlreichen Arten)

ibe|risch: die Pyrenäenhalbinsel betreffend

Ibe|ro|ame|ri|ka ohne Artikel; -s (in Verbindung mit Attributen: das; -[s]): das von der Iberischen Halbinsel aus kolonisierte u. durch Sprache u. Kultur mit ihr verbundene Lateinamerika. **ibe|ro|ame|ri|ka|nisch: 1.** Iberoamerika betreffend. **2.** zwischen Spanien, Portugal u. Lateinamerika bestehend

ibi|dem [auch: ˈiːbi..., ˈɪb...] ⟨*lat.*⟩: ebenda, ebendort (Hinweiswort in wissenschaftlichen Werken zur Ersparung der wiederholten vollständigen Anführung eines bereits zitierten Buches) (Abk.: ib., ibd., ibid.)

Ibis, der; Ibisses, Ibisse ⟨*ägypt.-gr.-lat.*⟩: Storchvogel der Tropen u. Subtropen mit sichelförmigem Schnabel (heiliger Vogel der ägyptischen Göttin Isis)

Ibn ⟨*arab.*⟩: Sohn (Teil arabischer Personennamen, z. B. Ibn Saud, Ibn Al Farid)

Ib|rik, der od. das; -s, -s ⟨*pers.*⟩: [im Orient] Wasserkanne mit dünnem Hals u. ovalem Bauch

IC® = *I*nter*c*ity[zug]

IC-Ana|ly|se [iˈtseː...], die; -, -n ⟨Zusammensetzung aus der Abk. von *engl. I*mmediate *C*onstituents u. ↑Analyse⟩ (Sprachwiss.): Konstituentenanalyse

ICE® = *I*nter*c*ity*e*xpress[zug]

Ich|neu|mon, der od. das; -s, -e u. -s ⟨*gr.-lat.;* »Spürer«⟩: große, langhaarige, grünlich graue Schleichkatze mit langem Schwanz u. sehr kurzen Beinen

Ich|neu|mo|ni|den, die (Plural) ⟨*gr.-nlat.*⟩ (Zool.): Schlupfwespen

Ich|no|gramm, das; -s, -e (Med.): **1.** Aufzeichnung der Gehspur. **2.** Gipsabdruck des Fußes

Ichor [auch: ˈɪ...], der; -s ⟨*gr.*⟩: **1.** Blut der Götter (bei Homer). **2.** (Med.) **a)** Wundwasser; **b)** mit Eiter durchmischtes Blut. **3.** (Geol.) beim Absinken von Gesteinen in große Tiefen durch teilweises Aufschmelzen dieser Gesteine entstandene granitische Lösung

Ich|thyo|dont, der; -en, -en ⟨*gr.-nlat.*⟩: fossiler Fischzahn (früher als Amulett verwendet)

Ich|thy|ol®, das; -s ⟨*gr.; lat.*⟩: aus Ölschiefer mit fossilen Fischresten gewonnenes Mittel gegen Furunkel, rheumatische Beschwerden, Frostschäden u. a.

Ich|thyo|lith [auch: ...ˈlɪt], der; -s u. -en, -e[n] ⟨*gr.-nlat.*⟩: versteinerter Fisch[rest]

Ich|thyo|lo|ge, der; -n, -n: Wissenschaftler auf dem Gebiet der Ichthyologie. **Ich|thyo|lo|gie,** die; -: Wissenschaft von den Fischen; Fischkunde. **Ich|thyo|lo|gin,** die; -, -nen: weibliche Form zu ↑Ichthyologe. **ich|thyo|lo|gisch:** die Ichthyologie betreffend

Ich|thy|o|pha|ge, der; -n, -n (meist Plural) ⟨*gr.-lat.;* »Fischesser«⟩: Angehöriger von Küstenvölkern, die sich nur od. überwiegend von Fischen ernähren

Ich|thy|oph|thalm, der; -s, -e ⟨*gr.-nlat.*⟩: ein Mineral (Fischaugenstein)

Ich|thy|o|ph|thi|ri|us, der; -, ...ien (Zool.): Wimpertierchen, das eine gefährliche Fischkrankheit, bes. bei Aquarienfischen, verursacht

Ich|thy|o|p|te|ry|gi|um, das; -s (Biol.): Fischflossenskelett, aus dem sich das Fuß- u. Handskelett der übrigen Wirbeltiere ableitet

Ich|thyo|sau|ri|er [...i̯ɐ], der; -s, -, **Ich|thyo|sau|rus,** der; -, ...rier [...i̯ɐ]: Fischechse (ausgestorbenes Meereskriechtier der Jura- u. Kreidezeit)

Ich|thy|o|se, Ich|thy|o|sis, die; -, ...osen (Med.): Hautkrankheit mit übermäßiger Trockenheit, Abschuppung u. abnormer Verhornung der Haut; Fischschuppenkrankheit

Ich|thy|o|to|xin, das; -s, -e: im Blutserum des Aales enthaltenes Gift

Icing [ˈai̯sɪŋ], das; -s, -s ⟨*engl.-amerik.*⟩ (Eishockey): unerlaubter Weitschuss, Befreiungsschlag

Icon [ˈai̯kn̩], das; -s, -s ⟨*gr.-lat.-engl.;* »Bild«⟩ (EDV): grafisches Symbol für Anwendungsprogramme, Dateien u. Ä. auf dem Bildschirm

ICSI ⟨Abk. für *I*ntra*c*ytoplasmatische *S*permien*i*njektion⟩ (Med.): Befruchtung einer weiblichen Eizelle mit nur einem einzigen, über eine haarfeine Kanüle injizierten Spermium

Ic|te|rus vgl. Ikterus

Ic|tus vgl. Iktus

[1]Id, das; -[s], -e ⟨Kurzform von ↑*Id*ioplasma⟩ (Biol. veraltet): auf einem Chromosom zusammenliegende Gruppe von Determinanten (3)

[2]Id, das; -[s], - ⟨*arab.*⟩: mit der Fastenzeit ↑Ramadan in zeitlichem Zusammenhang stehendes höchstes islamisches Fest

[3]Id, das; -[s] ⟨*lat.*⟩ (Psychol.): (in der Tiefenpsychologie) das Unbewusste; Es

ID, Id [ai̯ˈdiː], die; -, -s: kurz für ↑Identifikationsnummer

Ida|red [ˈai̯dərɛt], der; -[s], -[s] ⟨Kurzw. aus *Ida*ho (Bundesstaat in den USA) u. *engl. red* »rot«⟩: mittelgroßer Tafelapfel mit leicht säuerlichem Fruchtfleisch

ide|a|gen, ideogen ⟨*gr.-nlat.*⟩ (Psychol.): durch Vorstellungen ausgelöst, aufgrund von Vorstellungsbildern

ide|al ⟨*gr.-lat.*⟩: **1.** den höchsten Vorstellungen entsprechend, vollkommen. **2.** nur gedacht, nur in der Vorstellung so vorhanden, der Idee entsprechend. **3.** (veraltet) ideell, geistig, vom Ideellen bestimmt; vgl. ...isch/-. **Ide|al,** das; -s, -e: **1.** jmd., etwas als Verkörperung von etwas Vollkommenem; Idealbild. **2.** als eine Art höchster Wert erkanntes Ziel; Idee, nach deren Verwirklichung man strebt

ide|a|lisch: einem Ideal entsprechend od. angenähert; vgl. ...isch/-

ide|a|li|sie|ren ⟨*gr.-lat.-frz.*⟩: jmdn., etwas vollkommener sehen, als die betreffende Person od. Sache ist; verklären, verschönern. **Ide|a|li|sie|rung,** die; -, -en: das Idealisieren, das Idealisiertwerden

Ide|a|lis|mus, der; - ⟨*gr.-lat.-nlat.*⟩: **1.** philosophische Anschauung, die die Welt u. das Sein als Idee, Geist, Vernunft, Bewusstsein bestimmt u. die Materie als deren Erscheinungsform versteht (Ggs.: Materialismus [1]). **2.** [mit Selbstaufopferung verbundenes] Streben nach Verwirklichung von Idealen ethischer u. ästhetischer Natur; durch Ideale bestimmte Weltanschauung, Lebensführung

Ide|a|list, der; -en, -en: **1.** Vertreter des ↑Idealismus (1) (Ggs.: Materialist [1]). **2.** jmd., der selbstlos, dabei aber auch die Wirklichkeit etwas außer Acht lassend, nach der Verwirklichung bestimmter Ideale (2) strebt (Ggs.: Realist [1]). **Ide|a|lis|tin,** die; -, -nen: weibliche Form zu ↑Idealist. **ide|a|lis|tisch:** **1.** in der Art des ↑Idealismus (1) (Ggs.: materialistisch [1]). **2.** an Ideale (2) glaubend u. nach deren Verwirklichung strebend, dabei aber die Wirklichkeit etwas außer Acht lassend (Ggs.: realistisch [1 a])

Ide|a|li|tät, die; -: **1.** das Sein als Idee od. Vorstellung, ideale Seinsweise. **2.** Seinsweise des Mathematischen, der Werte

ide|a|li|ter: idealerweise

Ide|al|kon|kur|renz, die; -, -en (Rechtswiss.): Tateinheit, Erfüllung mehrerer strafrechtlicher Tatbestände durch eine strafwürdige Handlung; vgl. Realkonkurrenz

Ide|al Spea|ker [ai̯ˈdiːəl ˈspiːkə], der; - -s, - -[s] ⟨*engl.*⟩ (Sprachwiss.): im Rahmen der generativen Grammatik entwickeltes Modell eines ↑idealen (2) Sprecher-Hörers, der eine Sprache perfekt beherrscht u. keine psychologisch bedingten Fehler macht

Ide|al|typ, der; -s, -en: Individuum, das ausschließlich alle die Merkmale aufweist, aufgrund deren es einer bestimmten Gruppe zuzuordnen ist. **ide|al|ty|pisch:** einem Idealtyp[us] entsprechend. **Ide|al|ty|pus,** der; -, ...pen: **a)** (Soziol.) Idealbild, das durch gedanklich einseitige Steigerung bestimmter Elemente der Wirklichkeit gewonnen wird; **b)** ↑Idealtyp

Ide|a|ti|on, die; -, -en: terminologische Bestimmung von Grundtermini der ↑Geometrie, der ↑Kinematik u. der ↑Dynamik (1)

Idee, die; -, Ideen ⟨*gr.-lat.(-frz.)*⟩: **1.** (Philos.) **a)** (in der Philosophie Platos) den Erscheinungen zugrunde liegender reiner Begriff der Dinge; **b)** Vorstellung, Begriff von etwas auf einer hohen Stufe der Abstraktion. **2.** Gedanke, der jmdn. in seinem Denken, Handeln bestimmt; Leitbild. **3.** schöpferischer Gedanke; guter Einfall; Vorstellung

Idée fixe [iˈdeː ˈfɪks], die; - -, -s -s [iˈdeː ˈfɪks] ⟨*frz.*⟩: **a)** Zwangsvorstellung; **b)** der über einem ganzen musikalischen Werk stehende Grundgedanke (z. B. in der Symphonie fantastique von H. Berlioz)

ide|ell ⟨französierende Bildung zu ↑ideal⟩: auf einer Idee beruhend, von ihr bestimmt; gedanklich, geistig

Ide|en|as|so|zi|a|ti|on, die; -, -en: unwillkürlich sich einstellende Vorstellungs- u. Gedankenverbindung

Ide|en|dra|ma, das; -s, ...men: Drama, dessen Handlung von einer allgemeingültigen Idee (Weltanschauung) bestimmt wird (z. B. Goethes »Pandora«)

Ide|en|flucht, die; - (Psychol.): krankhafte Beschleunigung u. Zusammenhanglosigkeit des Gedankenablaufs (z. B. als Symptom einer ↑manisch-depressiven Psychose)

[1]**idem** ⟨*lat.*⟩: derselbe (Hinweiswort in wissenschaftlichen Werken zur Ersparung der wiederholten vollen Angabe eines Autorennamens) (Abk.: id.)

[2]**idem:** dasselbe (Abk.: id.)

Iden, Idus [ˈiːduːs], die (Plural) ⟨*lat.*⟩: der 13. od. 15. Monatstag des altrömischen Kalenders; **die Iden/Idus des März:** 15. März (Tag der Ermordung Cäsars)

ident (österr.): identisch

Iden|ti|fi|ka|ti|on, die; -, -en ⟨*lat.-nlat.*⟩: **1.** das Identifizieren. **2.** (Psychol.) emotionales Sichgleichsetzen mit einer anderen Person od. Gruppe u. Übernahme ihrer Motive u. Ideale in das eigene Ich; vgl. ...ation/...ierung. **Iden|ti|fi|ka|ti|ons|num|mer:** Nummer, die eine exakte Zuordnung zu einem Menschen, einem Gegenstand od. einem Datensatz ermöglicht. **iden|ti|fi|zier|bar:** so beschaffen, dass man es identifizieren kann. **iden|ti|fi|zie|ren:** **1.** genau wiedererkennen; die Identität, Echtheit einer Person od. Sache feststellen. **2. a)** mit einem anderen als dasselbe betrachten, gleichsetzen; **b)** sich identifizieren: jmds. Anliegen o. Ä. zu seiner eigenen Sache machen; aus innerer Überzeugung ganz mit jmdm., etwas übereinstimmen; **c)** (sich identifizieren; Psychol.) sich mit einer anderen Person od. Gruppe emotional gleichsetzen u. ihre Motive u. Ideale in das eigene Ich übernehmen. **Iden|ti|fi|zie|rung,** die; -, -en: das Identifizieren; vgl. ...ation/...ierung

iden|tisch: ein u. dasselbe [bedeutend], völlig gleich; wesensgleich; gleichbedeutend; **identischer Reim:** Reim mit gleichem Reimwort; rührender Reim (z. B. freien/freien); **identische Zwillinge** (Med.): eineiige Zwillinge

iden|ti|tär: a) die Identität (b) betreffend; **b)** sich in Übereinstimmung mit dem eigenen Selbstbild, der eigenen Identität (b) befindend; **Iden|ti|tä|re Be|we|gung:** rechtsextreme, völkisch orientierte Gruppierung, die von einer geschlossenen, ethnisch homogenen Kultur in Europa ausgeht u. diese bedroht sieht

Iden|ti|tät, die; -, -en ⟨*lat.*⟩: **a)** vollkommene Gleichheit od. Übereinstimmung (in Bezug auf Dinge od. Personen); Wesensgleichheit; das Existieren von jmdm., etwas als ein Bestimmtes, Individuelles, Unverwechselbares; **b)** (Psychol.) die als »Selbst« erlebte innere Einheit der Person

Iden|ti|täts|aus|weis, der; -es, -e (bes. österr.): Personalausweis

Iden|ti|täts|kar|te, die; -, -n (österr. veraltet, schweiz.): Personalausweis

Iden|ti|täts|kri|se, die; -, -n (Psychol.): Krise im Erlebnis der Identität (1 b)

Iden|ti|täts|nach|weis, der; -es, -e (Wirtsch.): Nachweis, dass eine aus den Händen der Zollbehörde entlassene Ware, die aber noch mit Zoll belastet ist, unverändert wieder vorgeführt wird

Iden|ti|täts|pa|pie|re, die (Plural) (Rechtswiss.): Schriftstücke, die jmdn. als bestimmte Person od. als einen in einer bestimmten Angelegenheit Berechtigten ausweisen

Iden|ti|täts|phi|lo|so|phie, die; -: Philosophie, in der die Differenz von Denken u. Sein, Geist u. Natur, Subjekt u. Objekt aufgehoben ist (bei Parmenides, Spinoza, im deutschen Idealismus, bes. bei Schelling, der den Ausdruck geprägt hat)

ideo..., Ideo...

⟨*gr.* idéa »Erscheinung, Form, Plan, Urbild«⟩
Wortbildungselement mit der Bedeutung »Begriff, Idee, Vorstellung«:
- Ideogramm
- Ideologie
- ideomotorisch

ide|o|gen vgl. ideagen

Ideo|gra|fie, Ideographie, die; -, ...ien (Plural selten): aus Ideogrammen gebildete Schrift, Begriffsschrift. **ideo|gra|fisch,** ideographisch: die Ideografie betreffend

Ideo|gramm, das; -s, -e ⟨*gr.-nlat.*⟩: Schriftzeichen, das einen ganzen Begriff darstellt

Ideo|gra|phie usw. vgl. Ideografie usw.

Ideo|ki|ne|se, die; -, -n (Med., Psychol.): Bewegungstherapie, die bildhafte Vorstellungen einsetzt, um die Muskelkoordination zu verbessern

Ideo|kra|tis|mus, der; - (veraltet): Herrschaft der Vernunftbegriffe u. vernünftiger [Rechts]verhältnisse

Ideo|lo|ge, der; -n, -n: **1.** [exponierter] Vertreter od. Lehrer einer Ideologie. **2.** (veraltet) weltfremder Schwärmer, Träumer

Ideo|lo|gem, das; -s, -e: Gedankengebilde; Vorstellungswert

Ideo|lo|gie, die; -, ...ien ⟨*gr.-frz.;* »Lehre von den Ideen«⟩: **a)** an eine soziale Gruppe, eine Kultur o. Ä. gebundenes System von Weltanschauungen, Grundeinstellungen u. Wertungen; **b)** weltanschauliche Konzeption, in der Ideen (2) der Erreichung politischer u. wirtschaftlicher Ziele dienen

Ideo|lo|gie|kri|tik, die; -, -en: **a)** (Soziol.) das Aufzeigen der materiellen Bedingtheit einer Ideologie; **b)** Kritik der gesellschaftlichen ↑Prämissen bei der Textinterpretation

Ideo|lo|gin, die; -, -nen: weibliche Form zu ↑ Ideologe

ideo|lo|gisch: a) eine Ideologie betreffend; **b)** (veraltet) weltfremd, schwärmerisch

ideo|lo|gi|sie|ren: 1. mit einer bestimmten Ideologie durchdringen. **2.** zu einer Ideologie machen. **Ideo|lo|gi|sie|rung,** die; -, -en: das Ideologisieren

ideo|mo|to|risch ‹*gr.; lat.*› (Psychol.): ohne Mitwirkung des Willens, unbewusst ausgeführt, nur durch Vorstellungen ausgelöst (in Bezug auf Bewegungen od. Handlungen)

Ideo|re|al|ge|setz, das; -es ‹*gr.; lat.; dt.*› (Psychol.): für die Ausdruckskunde (Vorgänge der Nachahmung, Suggestion, Hypnose u. a.) bedeutsame Erscheinung, dass subjektive Erlebnisinhalte den Antrieb zu ihrer objektiven Verwirklichung einschließen

id est ‹*lat.*›: das ist, das heißt (Abk.: i. e.)

idio..., Idio...

‹*gr.* ídios »eigen, privat, persönlich«›
Wortbildungselement mit der Bedeutung »eigen, selbst, eigentümlich, besonders«:
- idiografisch
- Idiolatrie
- Idiofon
- idiosynkratisch

Idio|blast, der; -en, -en (meist Plural) ‹*gr.-nlat.*› (Biol.): Pflanzeneinzelzelle od. Zellgruppe von spezifischer Gestalt u. mit besonderer Funktion, die in einen größeren andersartigen Zellverband eingelagert ist

idio|chro|ma|tisch [...k...] (Geol.): eigenfarbig, ohne Färbung durch fremde Substanzen (in Bezug auf Mineralien) (Ggs.: allochromatisch)

Idio|fon, Idiophon, das; -s, -e: selbstklingendes Musikinstrument (Becken, Glocken)

idio|gra|fisch, idiographisch: das Eigentümliche, Einmalige, Singuläre beschreibend

Idio|gramm, das; -s, -e (Biol.): grafische Darstellung der einzelnen ↑ Chromosomen eines Chromosomensatzes

idio|gra|phisch vgl. idiografisch

Idio|ki|ne|se, die; -, -n (Biol. veraltet): [durch Umwelteinflüsse herbeigeführte] Veränderung des Erbguts

Idio|kra|sie, die; -, ...ien (Med., Psychol.): ↑ Idiosynkrasie

Idio|la|t|rie, die; -, ...ien: Selbstvergötterung, Selbstanbetung

Idio|lekt, der; -[e]s, -e ‹*gr.*› (Sprachwiss.): Sprachbesitz u. Sprachverhalten, Wortschatz u. Ausdrucksweise eines einzelnen Sprachteilhabers; vgl. Soziolekt. **idio|lek|tal** (Sprachwiss.): **a)** den Idiolekt betreffend; **b)** in der Art eines Idiolekts

Idi|om, das; -s, -e ‹*gr.-lat.-frz.*› (Sprachwiss.): **1.** die einer kleineren Gruppe od. einer sozialen Schicht eigentümliche Sprechweise od. Spracheigentümlichkeit (z. B. Mundart, Jargon). **2.** feste Wortverbindung, Redewendung (z. B. die Schwarze Kunst, ins Gras beißen)

Idio|ma|tik, die; - ‹*gr.-nlat.*›: **1.** Teilgebiet der Sprachwissenschaft, auf dem man sich mit den Idiomen (1) befasst. **2.** Gesamtbestand der Idiome (2) in einer Sprache. **idio|ma|tisch:** die Idiomatik betreffend; **idiomatischer Ausdruck:** Redewendung, deren Gesamtbedeutung nicht aus der Bedeutung der Einzelwörter erschlossen werden kann

idio|ma|ti|siert (Sprachwiss.): zu einem Idiom (2) geworden u. damit ohne semantisch-morphologische Durchsichtigkeit. **Idio|ma|ti|sie|rung,** die; -, -en (Sprachwiss.): [teilweiser] Verlust der semantisch-morphologischen Durchsichtigkeit eines Wortes od. einer Wortverbindung

idio|morph ‹*gr.-nlat.*› (Geol.): von eigenen echten Kristallflächen begrenzt (von Mineralien) (Ggs.: allotriomorph)

idio|pa|thisch (Med.): ohne erkennbare Ursache, selbstständig, unabhängig von anderen Krankheiten entstanden (von bestimmten Krankheitsbildern) (Ggs.: traumatisch [1])

Idio|phon vgl. Idiofon

Idio|plas|ma, das; -s (Biol. veraltet): Keimplasma, das Träger des Erbgutes ist

Idi|or|rhyth|mie, die; - ‹*gr.*›: freiere Form des orthodoxen Mönchstums; vgl. idiorrhythmische Klöster. **idi|or|rhyth|misch:** nach eigenem [Lebens]maß; **idiorrhythmische Klöster:** freiere Form des orthodoxen Klosterwesens, die dem Mönch, vom gemeinsamen Gottesdienst abgesehen, die private Gestaltung seines Lebens gestattet

Idio|som, das; -s, -en (meist Plural) ‹*gr.-nlat.*›: **1.** ↑ Chromosom. **2.** (Biol.) stark granulierte Plasmazone (vgl. Plasma [1]) um das ↑ Zentrosom

Idio|syn|kra|sie, die; -, ...ien: **1. a)** (Med.) [angeborene] Überempfindlichkeit gegen bestimmte Stoffe (z. B. Nahrungsmittel u. Reize); **b)** (Psychol.) besonders starke Abneigung od. Widerwillen gegenüber bestimmten Menschen, Tieren, Speisen, Dingen o. Ä. **2.** (bildungsspr.) Gesamtheit persönlicher Eigenheiten, Vorlieben und Abneigungen

idio|syn|kra|tisch: a) (Med.) überempfindlich gegen bestimmte Stoffe u. Reize; **b)** (Psychol.) von unüberwindlicher Abneigung erfüllt u. entsprechend auf jmdn., etwas reagierend

Idi|ot, der; -en, -en ‹*gr.-lat.;* »Privatmann, einfacher Mensch; ungeübter Laie, Stümper«›: **1.** (Med. veraltet) an Idiotie (1) leidender Mensch. **2. a)** (veraltet) Laie, Ungelehrter; **b)** (abwertend) Dummkopf

Idi|o|tie, die; -, ...ien ‹*gr.*›: **1.** (Med. veraltet) angeborener od. im frühen Kindesalter erworbener Intelligenzdefekt schwersten Grades; vgl. Debilität, Imbezillität. **2.** (abwertend) Dummheit, Einfältigkeit

Idi|o|ti|kon, das; -s, ...ken (auch: ...ka) ‹*gr.-nlat.*›: Mundartwörterbuch; auf eine Sprachlandschaft begrenztes Wörterbuch

Idi|o|tin, die; -, -nen: weibliche Form zu ↑ Idiot

idi|o|tisch ‹*gr.-lat.*›: **1.** (Med. veraltet) in schwerstem Grade geistig behindert. **2.** (ugs. abwertend) in ärgerlicher Weise unsinnig

Idi|o|tis|mus, der; -, ...men ‹*gr.-nlat.*›: **1.** (Med. veraltet) **a)** Idiotie (1); **b)** Äußerung der

Idiotie (1). **2.** (Sprachwiss.) kennzeichnender, eigentümlicher Ausdruck eines Idioms; Spracheigenheit

Idiot sa|vant [idjɔsaˈvɑ̃], der; - -, -s -s ‹*gr.-lat.-frz.*› (Med.): Person, die auf einem speziellen Gebiet überdurchschnittliche Fähigkeiten aufweist, sonst aber wenig intelligent ist

Idio|typ, der; -s, -en, Idiotypus, der; -, ...pen (Biol. veraltend): das gesamte (im Zellkern, den Mitochondrien und den Plastidien liegende) Erbgut einer Zelle; ↑Genom (a). **idio|ty|pisch** (Biol.): durch die Gesamtheit des Erbgutes festgelegt

Idio|va|ri|a|ti|on, die; -, -en ‹*gr.; lat.*› (Biol. veraltend): ↑Genmutation

Ido, das; -[s] ‹Kunstw.›: künstliche, aus dem ↑Esperanto weiterentwickelte Welthilfssprache

Ido|kras, der; -, -e ‹*gr.-nlat.*›: ein Mineral

Idol, das; -s, -e ‹*gr.-lat.;* »Gestalt, Bild; Trugbild, Götzenbild«›: **1. a)** jmd., etwas als Gegenstand bes. großer Verehrung, meist als Wunschbild Jugendlicher; **b)** (veraltend, abwertend) falsches Ideal; Leitbild, dessen Zugkraft im vordergründig Äußerlichen liegt. **2.** Gottes-, Götzenbild [in Menschengestalt]

Ido|la|t|rie, die; -, ...ien: Bilderverehrung, -anbetung, Götzendienst

ido|li|sie|ren ‹*gr.-lat.-nlat.*›: zum Idol (1) machen. **Ido|li|sie|rung**, die; -, -en: das Idolisieren

Ido|lo|la|t|rie vgl. Idolatrie

Ido|ne|i|tät, die; - ‹*lat.-mlat.*› (veraltet): **a)** Geeignetheit, Tauglichkeit; **b)** passender Zeitpunkt

Id|ri|a|lit [auch: ...ˈlɪt], der; -s, -e ‹*nlat.;* nach der slowen. Bergwerksstadt Idrija (it.: Idria)›: ein Mineral

Idsch|ma [ɪdʒ...], die; - ‹*arab.*›: Übereinstimmung der Gelehrten als Grundlage für die Deutung der islamischen Gesetze

Idsch|ti|had [ɪdʒ...], der; - ‹arab.›: im Islam das juristisch-theologische Prinzip zur individuellen Meinungsbildung in Rechtsfragen, die nicht im ↑Koran u. im ↑Hadith geklärt sind

Idus [ˈiːduːs] vgl. Iden

Idyll, das; -s, -e ‹*gr.-lat.;* »Bildchen«›: Bild, Zustand eines friedlichen u. einfachen Lebens in meist ländlicher Abgeschiedenheit

Idyl|le, die -, -n: **a)** Schilderung eines Idylls in Literatur (Vers, Prosa) u. bildender Kunst; **b)** ↑Idyll

Idyl|lik, die; -: idyllischer Charakter, idyllische Atmosphäre. **Idyl|li|ker**, der; -s, -: jmd., der einen Hang zum Idyll hat. **Idyl|li|ke|rin**, die; -, -nen: weibliche Form zu ↑Idylliker. **idyl|lisch: a)** das Idyll, die Idylle betreffend; **b)** beschaulich-friedlich

...ie|rung/...a|ti|on vgl. ...ation/...ierung

IFOR, Ifor, die; - ‹Kurzw. aus *Im*plementation *For*ce›: ehemals von der NATO aufgestellte Einsatztruppe für Bosnien u. Herzegowina

If|tar, der; -[s], -s ‹*arab.*› (islam. Rel.): abendliches Festessen zum Abschluss eines Fastentages im Ramadan; Fastenbrechen

Ige|lit® [auch: ...ˈlɪt], das; -s ‹Kunstw.›: polymeres Vinylchlorid (ein Kunststoff)

Ig|lu, der od. das; -s, -s ‹*eskim.*›: runde Schneehütte der Eskimos

Ig|ni|punk|tur, die; -, -en ‹*lat.-nlat.*› (Med.): das Aufstechen einer Zyste mit dem ↑Thermokauter (z. B. bei einer Zystenniere)

Ig|ni|t|ron, das; -s, ...one (auch: -s) ‹*lat.; gr.*›: als Gleichrichter (Gerät zur Umwandlung von Wechselstrom in Gleichstrom) für hohe Stromstärken verwendete Röhre mit Quecksilberkathode

ig|no|ra|mus et ig|no|ra|bi|mus ‹*lat.* »wir wissen (es) nicht u. werden (es auch) nicht wissen«›: Schlagwort für die Unlösbarkeit der Welträtsel

ig|no|rant (abwertend): von Unwissenheit, Kenntnislosigkeit zeugend. **Ig|no|rant**, der; -en, -en (abwertend): unwissender, kenntnisloser Mensch; Dummkopf. **Ig|no|ran|tin**, die; -, -nen: weibliche Form zu ↑Ignorant

Ig|no|ranz, die; - (abwertend): Unwissenheit, Dummheit

ig|no|rie|ren: nicht wissen wollen; absichtlich übersehen, nicht beachten

Ig|no|s|zenz, die; - (veraltet): Verzeihung. **ig|no|s|zie|ren** (veraltet): verzeihen

Igo, das; - ‹*jap.*›: ↑Go

Igu|a|na, die; -, ...nen ‹*indian.-span.*›: in tropischen Gebieten Amerikas vorkommender großer ↑Leguan mit sichelförmigem Kamm

Igu|a|n|o|don, das; -s, -s od. ...odonten ‹*indian.-span.; gr.*› (Biol.): urzeitlicher, pflanzenfressender ↑Dinosaurier

Igu|men vgl. Hegumenos

Ih|ram [ixˈraːm], der; -s, -s ‹*arab.*› (islam. Rel.): **1.** (ohne Plural) Zustand kultischer Reinheit, in dem der Muslim die rituellen Gebete zu verrichten hat u. den er auch auf der Pilgerfahrt nach Mekka einzuhalten hat. **2.** Bekleidung des nach Mekka pilgernden Muslims, die aus zwei langen weißen Baumwolltüchern besteht, die um Rücken u. linke Schulter bzw. um die Taille geschlungen werden

Ika|ko|pflau|me, die; -, -n ‹*indian.-span.; dt.*›: Goldpflaume, wohlschmeckende Steinfrucht eines Rosengewächses (tropisches Westafrika u. Amerika)

Ika|ri|er, der; -s, - ‹nach der gr. Sagengestalt Ikarus›: Angehöriger einer Artistengruppe, bei deren Vorführungen einer auf dem Rücken liegt u. mit den Füßen seine Partner in der Luft herumwirbelt

Ikat, das; -[s], **Ikat|tech|nik**, die; - ‹*malai.*›: vor allem in Indonesien, Indien, Mittel- u. Südamerika geübte Technik der Stoffmusterung, bei der Fadenteile od. Gewebeteile abgebunden werden, damit sie im Farbbad ihre ursprüngliche Farbe behalten

Ike|ba|na, das; -[s] ‹*jap.;* »lebendige Blumen«›: japanische Kunst des Blumensteckens, des künstlerischen, symbolischen Blumenarrangements

Ikon, das; -s, -e ‹*gr.*›: stilisierte Abbildung eines Gegenstandes; Zeichen, das mit dem Gegenstand, den es darstellt, Ähnlichkeit aufweist

Iko|ne, die; -, -n ⟨*gr.-mgr.-russ.;* »Bild«⟩: **1.** Kultbild, geweihtes Tafelbild der orthodoxen Kirche (thematisch u. formal streng an die Überlieferung gebunden). **2.** Person od. Sache als Verkörperung bestimmter Werte, Vorstellungen, eines bestimmten Lebensgefühls o. Ä.

iko|nisch: 1. in der Art der Ikonen. **2.** bildhaft, anschaulich

Iko|nis|mus, der; -, ...men: anschauliches Bild (z. B. in den natürlichen Sprachen)

Iko|no|du|le, der; -n, -n ⟨*gr.-nlat.*⟩: Bilderverehrer. **Iko|no|du|lie,** die; -: Bilderverehrung

Iko|no|graf, Ikonograph, der; -en, -en: **1.** Wissenschaftler auf dem Gebiet der Ikonografie. **2.** dem Storchschnabel ähnliche Vorrichtung zur Bildabzeichnung für ↑Lithografen. **Iko|no|gra|fie,** Ikonographie, die; -, ...ien ⟨*gr.-lat.*⟩: **1.** wissenschaftliche Bestimmung von Bildnissen des griechischen u. römischen Altertums. **2. a)** Beschreibung, Form- u. Inhaltsdeutung von [alten] Bildwerken; **b)** ↑Ikonologie. **Iko|no|gra|fin,** Ikonographin, die; -, -nen: weibliche Form zu ↑Ikonograf (1). **iko|no|gra|fisch,** ikonographisch: die Ikonografie betreffend

Iko|no|graph usw. vgl. Ikonograf usw.

Iko|no|klas|mus, der; -, ...men ⟨*gr.-nlat.*⟩: Bildersturm; Abschaffung u. Zerstörung von Heiligenbildern (bes. der Bilderstreit in der byzantinischen Kirche des 8. u. 9. Jh.s). **Iko|no|klast,** der; -en, -en ⟨*gr.-mgr.*⟩: Bilderstürmer, Anhänger des Ikonoklasmus. **iko|no|klas|tisch:** den Ikonoklasmus betreffend; bilderstürmerisch

Iko|no|la|t|rie, die; -, ...ien ⟨*gr.-nlat.*⟩: ↑Ikonodulie

Iko|no|lo|gie, die; -: Lehre vom Sinngehalt alter Bildwerke; vgl. Ikonografie (2 a)

Iko|no|me|ter, das; -s, -: Rahmensucher an einem fotografischen Apparat

Iko|no|s|kop, das; -s, -e: speichernde Fernsehaufnahmeröhre

Iko|no|s|tas, der; -, -e, **Iko|no|s|ta|se,** die; -, -n, **Iko|no|s|ta|sis,** die; -, ...asen ⟨*gr.-mgr.*⟩: dreitürige Bilderwand zwischen Gemeinde- u. Altarraum in orthodoxen Kirchen

Iko|sa|eder, das; -s, - ⟨*gr.-nlat.*⟩ (Math.): regelmäßiger Zwanzigflächner (von 20 gleichseitigen Dreiecken begrenzt)

Iko|si|te|t|ra|eder, das; -s, -: Kristallform aus 24 symmetrischen Vierecken

ik|te|risch ⟨*gr.-lat.*⟩ (Med.): die Gelbsucht betreffend; mit Gelbsucht behaftet, gelbsüchtig

Ik|te|rus, der; - (Med.): Gelbsucht

Ik|tus, der; -, - [...u:s] u. Ikten ⟨*lat.;* »Stoß, Schlag«⟩: **1.** (Sprachwiss.) [nachdrückliche] Betonung der Hebung im Vers; Versakzent. **2.** (Med.) plötzlich auftretendes, stark ausgeprägtes Krankheitssymptom (z. B. ein epileptischer Anfall). **3.** (Med.) Stoß, stoßförmige Erschütterung. **4.** (Med.) Insektenstich u. damit einhergehende allergische Reaktionen

Ilang-Ilang-Öl vgl. Ylang-Ylang-Öl

Il|chan [ɪlˈkaːn, ɪlˈxaːn], der; -s ⟨*mongol.-türk.*⟩ (Geschichte): Titel der mongolischen Herrscher in Persien (13. u. 14. Jh.)

Ilea: *Plural* von ↑Ileum

Ile|en: *Plural* von ↑Ileus

Ile|i|tis, die; -, ...itiden ⟨*lat.-nlat.*⟩ (Med.): Entzündung des Ileums

Ile|um, das; -s, Ilea ⟨*lat.-nlat.*⟩ (Med.): Krummdarm [↑distal des Leerdarms], unterer Teil des Dünndarms

Ile|us, der; -, Ileen [ˈiːleən] u. Ilei [ˈiːlei] ⟨*gr.-lat.*⟩ (Med.): Darmverschluss

Ilex, die (auch: der); -, - ⟨*lat.*⟩: Stechpalme

il|la|tiv [...ˈtiːf] ⟨*lat.-nlat.*⟩ (Sprachwiss. veraltet): folgernd, konsekutiv. **Il|la|tiv** [auch: ...ˈtiːf], der; -s, -e: **1.** (Sprachwiss.) Kasus zur Bezeichnung der Bewegung od. Richtung in etwas hinein (in den finnisch-ugrischen Sprachen). **2.** (Sprachwiss. veraltet) konsekutive Konjunktion (z. B. deshalb)

Il|la|tum, das; -s, ...ten u. ...ta (meist Plural) ⟨*lat.*⟩ (Rechtsspr. veraltet): von der Frau in die Ehe eingebrachtes Vermögen

il|le|gal ⟨*lat.-mlat.*⟩: gesetzwidrig, ungesetzlich, ohne behördliche Genehmigung (Ggs.: legal)

illegal/illegitim *s. Kasten Seite 490*

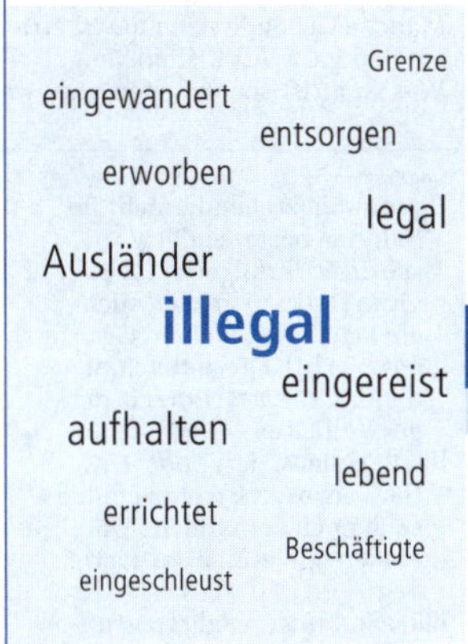

il|le|ga|li|sie|ren: gesetzwidrig machen, für ungesetzlich erklären

Il|le|ga|li|tät, die; -, -en: **1. a)** (ohne Plural) Ungesetzlichkeit, Gesetzwidrigkeit; **b)** illegaler Zustand, illegale Lebensweise. **2.** einzelne illegale Handlung

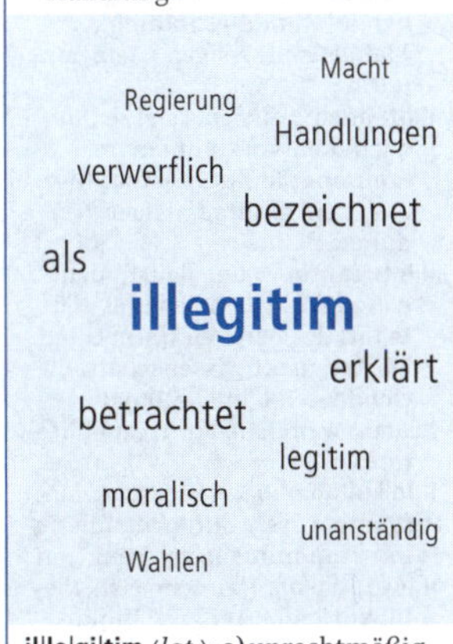

il|le|gi|tim ⟨*lat.*⟩: **a)** unrechtmäßig, im Widerspruch zur Rechts-

illegal	illegitim
Ihnen wird vorgeworfen, die russische Grenze illegal übertreten zu haben. *ungesetzlich, ohne Genehmigung* – in illegale Geschäfte [mit ...] verwickelt sein – Kampf gegen Kriminalität und illegale Einwanderung – wegen Steuerhinterziehung und illegaler [...] Parteienfinanzierung verantworten Jemand, der illegal hier ist, hat kein Aufenthaltsrecht und wird ohnehin abgeschoben. Manche Gebäude seien illegal errichtet worden und ein Refugium für Kriminelle. Was ist juristisch unbedenklich, was illegal?	Alles andere ist illegitim und durch die deutsche Verfassung nicht gedeckt. *unrechtmäßig* – [...] bezeichnete es als [absolut] illegitim, wenn ausländische ... – die illegitime [...] Herrschaft – moralisch verwerflich und daher verfassungsrechtlich illegitim Nicht alle Forderungen der Fluglotsen freilich sind illegitim. Die Geständnisse wurden für illegitim erklärt, da sie durch Folter erzwungen worden seien. Die Opposition erklärte die heutige Abstimmung für illegitim.

ordnung [stehend], nicht im Rahmen bestehender Vorschriften [erfolgend] (Ggs.: legitim [1 a]); **b)** (früher) nicht ehelich; außerehelich (Ggs.: legitim [1 b]). **Il|le|gi|ti|mi|tät,** die; - ⟨*lat.-nlat.*⟩: unrechtmäßiges Verhalten

Il|let|t|ris|mus, der; - ⟨*lat.-frz.*⟩ (bes. schweiz.): trotz Schulbesuch noch vorhandene Unfähigkeit, zu lesen u. zu schreiben

il|li|be|ral ⟨*lat.*⟩: engherzig, unduldsam. **Il|li|be|ra|li|tät,** die; -: Engherzigkeit, Unduldsamkeit

il|li|mi|tiert [auch: 'ɪl...] ⟨*lat.*⟩: unbegrenzt, unbeschränkt

Il|li|ni|um, das; -s ⟨*nlat.;* nach dem nordamerik. Bundesstaat Illinois⟩ (veraltet): ↑Promethium

il|li|quid ⟨*lat.-nlat.*⟩: [vorübergehend] zahlungsunfähig. **Il|li|qui|di|tät,** die; -: [vorübergehende] Zahlungsunfähigkeit, Mangel an flüssigen [Geld]mitteln

Il|lit [auch: ...'lɪt], der; -s, -e ⟨*nlat.;* nach dem Vorkommen im nordamerik. Bundesstaat Illinois⟩: ein glimmerartiges Tonmineral

il|li|te|rat ⟨*lat.*⟩: ungelehrt, nicht wissenschaftlich gebildet. **Il|li|te|rat,** der; -en, -en ⟨*lat.*⟩: Ungelehrter, nicht wissenschaftlich Gebildeter. **Il|li|te|ra|tin,** die; -, -nen: weibliche Form zu ↑Illiterat

Il|lo|ku|ti|on, die; -, -en ⟨*lat.-nlat.*⟩ (Sprachwiss.): Sprechhandlung mit kommunikativer Funktion

il|lo|ku|ti|o|när (Sprachwiss.): die Illokution betreffend; **illokutionärer Akt:** der Sprechakt im Hinblick auf seine ↑kommunikative Funktion (z. B. Aufforderung, Frage); ↑lokutionärer Akt, ↑perlokutionärer Akt

il|lo|ku|tiv: ↑illokutionär; **illokutiver Akt:** ↑illokutionärer Akt; **illokutiver Indikator:** Partikelwort od. kurze Phrase, die die Funktion hat, einen nicht eindeutigen Satz eindeutig zu machen (z. B.: du kannst *ja* noch überlegen [als Rat])

il|lo|y|al ['ɪloaja:l, auch: ...'ja:l] ⟨*lat.-frz.*⟩: **a)** den Staat, eine Instanz nicht respektierend (Ggs.: loyal [a]); **b)** vertragsbrüchig, gegen Treu und Glauben (Ggs.: loyal [b]); **c)** die Interessen der Gegenseite nicht achtend (Ggs.: loyal [b]). **Il|lo|ya|li|tät,** die; -, -en: illoyale Gesinnung, Verhaltensweise

Il|lu|mi|nat, der; -en, -en (meist Plural) ⟨*lat.;* »der Erleuchtete«⟩: Angehöriger einer geheimen Verbindung, bes. des Illuminatenordens

Il|lu|mi|na|ten|or|den, der; -s (Geschichte): aufklärerisch-freimaurerische geheime Gesellschaft des 18. Jh.s

Il|lu|mi|na|ti|on, die; -, -en ⟨*lat.(-frz.)*⟩: **1.** [farbige] Beleuchtung vor allem im Freien (von Gebäuden, Denkmälern). **2.** göttliche Erleuchtung des menschlichen Geistes (nach der theologischen Lehre Augustins). **3.** das Ausmalen von ↑Kodizes, Handschriften, Drucken mit ↑Lasurfarben

Il|lu|mi|na|tor, der; -s, ...oren ⟨*lat.-mlat.*⟩: Hersteller von Malereien in Handschriften u. Büchern des Mittelalters

il|lu|mi|nie|ren ⟨*lat.(-frz.)*⟩: **1.** festlich erleuchten. **2.** Handschriften ausmalen, Buchmalereien herstellen (von Künstlern des Mittelalters). **3.** erhellen

Il|lu|mi|nist, der; -en, -en ⟨*lat.-nlat.*⟩: ↑Illuminator

Il|lu|si|on, die; -, -en ⟨*lat.-frz.*⟩: **1.** beschönigende, dem Wunschdenken entsprechende Selbsttäuschung über einen in Wirklichkeit weniger positiven Sachverhalt. **2.** (Psychol.) falsche Wahrnehmung der Wirklichkeit (im Unterschied zur Halluzination). **3.** (Ästhetik) Täuschung durch die Wirkung des Kunstwerks, das Darstellung als Wirklichkeit erleben lässt

il|lu|si|o|när ⟨*lat.-nlat.*⟩: **1.** auf Illusionen beruhend. **2.** ↑illusionistisch (1)

il|lu|si|o|nie|ren ⟨*lat.-frz.*⟩: in jmdm. eine Illusion erwecken; jmdm. etwas vorgaukeln; täuschen

Il|lu|si|o|nis|mus, der; - ⟨*lat.-nlat.*⟩: **1.** die Objektivität der realen Welt, der Wahrheit, Schönheit, Sittlichkeit als Schein erklärende philosophische Anschauung. **2.** illusionistische [Bild]wirkung

Il|lu|si|o|nist, der; -en, -en: **1.** jmd., der sich Illusionen macht; Träumer. **2.** Zauberkünstler. **Il|lu|si|o|nis|tin,** die; -, -nen: weibliche Form zu ↑Illusionist

il|lu|si|o|nis|tisch: **1.** (bildende Kunst) durch die künstlerische Darstellung Scheinwirkungen erzeugend. **2.** ↑illusionär (1)

il|lu|so|risch ⟨*lat.-frz.*⟩: **a)** nur in der Illusion (1, 2) bestehend, trügerisch; **b)** vergeblich, sich erübrigend

il|lus|ter ⟨*lat.-frz.*⟩: glanzvoll, vornehm, erlaucht

Il|lus|t|ra|ti|on, die; -, -en ⟨*lat.*⟩: **a)** Bebilderung, erläuternde Bildbeigabe; **b)** Veranschaulichung, Erläuterung

il|lus|t|ra|tiv ⟨*lat.-nlat.*⟩: **a)** als ↑Illustration (a) dienend; mittels Illustration; **b)** veranschaulichend, erläuternd

Il|lus|t|ra|tor, der; -s, ...oren ⟨*lat.*⟩: Künstler, der ein Buch mit Bildern ausgestaltet. **Il|lus|t|ra|to|rin,** die; -, -nen: weibliche Form zu ↑Illustrator

il|lus|t|rie|ren: a) ein Buch mit Bildern ausgestalten, bebildern; **b)** veranschaulichen, erläutern

Il|lus|t|rier|te, die; -n, -n (zwei -, auch: -n): periodisch erscheinende Zeitschrift, die überwiegend Bildberichte u. Reportagen aus dem Zeitgeschehen veröffentlicht

Il|lus|t|rie|rung, die; -, -en: Vorgang des Illustrierens

il|lu|vi|al ⟨*lat.-nlat.*⟩ (Geol.): den Illuvialhorizont betreffend

Il|lu|vi|al|ho|ri|zont, der; -[e]s (Geol.): **a)** Unterboden; **b)** Ausfällungszone des Bodenprofils; **c)** Bodenschicht, in der bestimmte Stoffe aus einer anderen Schicht ausgeschieden werden

Il|ly|rist, der; -en, -en ⟨*lat.-nlat.*⟩: Wissenschaftler auf dem Gebiet der Illyristik

Il|ly|ris|tik, die; -: Wissenschaft, die sich mit den illyrischen Sprachresten im europäischen Namengut befasst

Il|ly|ris|tin, die; -, -nen: weibliche Form zu ↑Illyrist

Il|me|nit [auch: ...'nɪt], der; -s, -e ⟨*nlat.;* nach dem russ. Ilmengebirge⟩: ein Mineral (Titaneisen)

Image ['ɪmɪtʃ, 'ɪmɪdʒ], das; -[s], -s ['ɪmɪtʃ(s), 'ɪmɪdʒɪz] ⟨*lat.-frz.-engl.*⟩: Vorstellung, [positives] Bild, das ein Einzelner od. eine Gruppe von einer Einzelperson od. einer anderen Gruppe (od. einer Sache) hat; Persönlichkeits-, Charakterbild

Image|kam|pa|g|ne, die; -, -n: auf die Pflege des Image ausgerichtete ↑Kampagne (2)

Image|or|thi|kon, das; -s, ...one, (auch: -s) ⟨*lat.-frz.-engl.; gr.*⟩ (Fernseht. früher): speichernde elektronische Röhre für die Aufnahme von Fernsehbildern

ima|gi|na|bel ⟨*lat.-frz.-engl.*⟩ (Philos.): vorstellbar, erdenkbar

ima|gi|nal (Biol.): ein fertig ausgebildetes Insekt betreffend

Ima|gi|nal|sta|di|um, das; -s (Biol.): Stadium der Insekten nach Abschluss der ↑Metamorphose (2)

ima|gi|när ⟨*lat.-frz.;* »bildhaft«⟩: nur in der Vorstellung vorhanden, nicht wirklich, nicht ↑real (1); **imaginäre Zahl** (Math.): durch eine positive od. negative Zahl nicht darstellbare Größe, die durch das Vielfache von i (der Wurzel von −1) gegeben u. nicht auf ↑reelle Zahlen rückführbar ist

Ima|gi|na|ti|on, die; -, -en: Fantasie, Einbildungskraft, bildhaft anschauliches Denken

ima|gi|na|tiv ⟨*lat.-nlat.*⟩: auf Imagination beruhend; vorgestellt

ima|gi|nie|ren ⟨*lat.*⟩: sich vorstellen; bildlich, anschaulich machen; ersinnen

Ima|gis|mus, der; - ⟨*lat.-engl.*⟩: englisch-amerikanische lyrische Bewegung von etwa 1912–1917, die für die Lyrik den Wortschatz der Alltagssprache forderte u. dabei höchste Präzision u. Knappheit des Ausdrucks u. Genauigkeit des dichterischen Bildes erstrebte. **Ima|gist,** der; -en, -en: Vertreter des Imagismus. **Ima|gis|tin,** die; -, -nen: weibliche Form zu ↑Imagist. **ima|gis|tisch:** den Imagismus betreffend, zum Imagismus gehörend

Ima|go, die; -, ...gines [...gine:s] ⟨*lat.*⟩: **1.** (Psychol.) im Unterbewusstsein existierendes [Ideal]bild einer anderen Person der sozialen Umwelt. **2.** (Biol.) fertig ausgebildetes, geschlechtsreifes Insekt. **3.** (im antiken Rom) wächserne Totenmaske von Vorfahren, die im Atrium des Hauses aufgestellt wurde

Ima|go Dei, die; - - (»Ebenbild Gottes«): die Gottebenbildlichkeit des Menschen als christliche Lehre (1. Mose 1, 27)

Imam, der; -[s], -s u. -e ⟨*arab.;* »Vorsteher«⟩: **1. a)** Vorbeter in der ↑Moschee; **b)** (ohne Plural) Titel für verdiente Gelehrte des Islams. **2.** Prophet u. religiöses Oberhaupt der ↑Schiiten. **3.** (Geschichte) Titel der Herrscher von Nordjemen (bis 1962)

Ima|mit, der; -en, -en: Angehöriger der größten Gruppe der Schiiten

Iman, der; -[s] ⟨*arab.;* »der Glaube«⟩ (islam. Rel.): Glaube

Ima|ri|por|zel|lan, das; -s ⟨nach dem jap. Ausfuhrhafen Imari⟩: ↑Aritaporzellan

IMAX® ['aɪmɛks], das; - ⟨Kurzw. aus *I*magination *max*imum; *engl.*⟩: spezielle Form der Filmprojektion, bei der der Kinozuschauer sich durch das Bildformat, spezielle Linsen u. den Querlauf des Films als Handlungsbeteiligter fühlt

Im|ba|lance [ɪm'bæləns], die; -, -s [...sɪs] ⟨*engl.*⟩ (Chemie, Med.): Ungleichgewicht; gestörtes Gleichgewicht

im|be|zil, im|be|zill ⟨*lat.*⟩ (Med. veraltet): an einem Defekt der Intelligenz leidend. **Im|be|zil|li|tät,** die; - (Med. veraltet): angeborener od. frühzeitig erworbener Intelligenzdefekt mittleren Grades; vgl. Debilität, Idiotie (1)

im|bi|bie|ren ⟨*lat.;* »einsaugen«⟩: quellen (von Pflanzenteilen)

Im|bi|bi|ti|on, die; -, -en ⟨*lat.-nlat.*⟩: **1.** (Bot.) Quellen von Pflanzenteilen (z. B. Samen). **2.** (Geol.) Durchtränken von Gesteinen mit magnetischen Gasen od. wässrigen Lösungen. **3.** (Med.) Absorption von Flüssigkeiten im Gewebe

Im|b|ro|g|lio [ɪm'brɔljo], das; -s, ...li [...lji] u. -s ⟨*it.*⟩ (Musik): rhythmische Taktverwirrung durch Übereinanderschichtung mehrerer Stimmen in verschiedenen Taktarten

Imid, Imin ⟨Kunstw.⟩ das; -s, -e: chemische Verbindung, die die NH-Gruppe (Imido-, Iminogruppe) enthält

Imi|da|zol, das; -s ⟨Kunstw.⟩: eine fünfgliedrige ↑heterozyklische chem. Verbindung von basischem u. aromatischem Charakter mit zwei Stickstoffatomen im Ring

Imi|tat, das; -[e]s, -e ⟨*lat.*⟩: minderwertige Nachahmung; ↑Imitation (1 b)

Imi|ta|tio Chris|ti, die; - - (»Nachahmung Christi«; Titel eines lat. Erbauungsbuchs des 14. Jh.s): christliches Leben im

Gehorsam gegen das Evangelium (als Lebensideal, bes. in religiösen Gemeinschaften des 14. u. 15. Jh.s)

Imi|ta|ti|on, die; -, -en: **1. a)** das Nachahmen; Nachahmung; **b)** [minderwertige] Nachbildung eines wertvollen ↑Materials (1) od. eines Kunstgegenstandes. **2.** genaue Wiederholung eines musikalischen Themas in anderer Tonlage (in Kanon u. Fuge)

imi|ta|tiv: auf Imitation beruhend; nachahmend. **Imi|ta|tiv,** das; -s, -e (Sprachwiss.): Verb des Nachahmens (z. B. büffeln = arbeiten wie ein Büffel)

Imi|ta|tor, der; -s, ...oren: Nachahmer. **Imi|ta|to|rin,** die; -, -nen: weibliche Form zu ↑Imitator. **imi|ta|to|risch:** nachahmend

imi|tie|ren: **1.** nachahmen; nachbilden. **2.** (Musik) (ein Thema in einer anderen Stimme) wiederholen. **imi|tiert:** nachgeahmt, künstlich, unecht (bes. von Schmuck)

Im|ma|cu|la|ta, die; - ⟨*lat.;* »die Unbefleckte«, d. h. die unbefleckt Empfangene⟩: Beiname Marias in der katholischen Lehre

Im|ma|cu|la|ta Con|cep|tio, die; - -: die Unbefleckte Empfängnis [Mariens] (d. h. ihre Bewahrung vor der Erbsünde im Augenblick der Empfängnis durch ihre Mutter Anna)

im|ma|nent ⟨*lat.;* »darin bleibend«⟩: **1.** innewohnend, in etwas enthalten. **2.** die Grenzen möglicher Erfahrung nicht übersteigend, innerhalb dieser Grenzen liegend, bleibend; den Bereich des menschlichen Bewusstseins nicht überschreitend (Ggs.: transzendent [1])

Im|ma|nenz, die; - ⟨*lat.-nlat.*⟩: **1.** das, was innerhalb einer Grenze bleibt u. sie nicht überschreitet. **2.** (Philos.) **a)** Beschränkung auf das innerweltliche Sein; **b)** Einschränkung des Erkennens auf das Bewusstsein od. auf Erfahrung; vgl. Transzendenz

Im|ma|nenz|phi|lo|so|phie, die; -: Richtung der Philosophie, wonach alles Sein in das Bewusstsein verlegt ist u. nicht darüber hinausgeht

Im|ma|nu|el, der; -s ⟨*hebr.*⟩ (Rel.): symbolischer Name des Sohnes einer jungen Frau (bzw. Jungfrau), dessen Geburt Jesaja weissagt (Jesaja 7, 14); später bezogen auf Jesus Christus

Im|ma|te|ri|al|gü|ter|recht, das; -[e]s ⟨*lat.-nlat.; dt.*⟩ (Rechtswiss.): Recht, das jmdm. an seinen geistigen Gütern zusteht (z. B. Patentrecht)

Im|ma|te|ri|a|lis|mus, der; - ⟨*lat.-nlat.*⟩ (Philos.): Lehre, die die Materie als selbstständige Substanz leugnet u. dagegen ein geistig-seelisches Bewusstsein setzt

Im|ma|te|ri|a|li|tät [auch: 'ɪm...], die; -: unkörperliche Beschaffenheit, stoffloses Dasein

im|ma|te|ri|ell [auch: 'ɪm...] ⟨*lat.-frz.*⟩: unstofflich, unkörperlich; geistig (Ggs.: materiell [1])

Im|ma|t|ri|ku|la|ti|on, die; -, -en ⟨*lat.-mlat.*⟩: **1.** Einschreibung an einer Hochschule, Eintragung in die ↑Matrikel (1) (Ggs.: Exmatrikulation). **2.** (schweiz.) amtliche Zulassung eines Kraftfahrzeugs o. Ä.

im|ma|t|ri|ku|lie|ren: **1. a)** in die Matrikel (1) einer Hochschule aufnehmen (Ggs.: exmatrikulieren); **b)** sich immatrikulieren: seine Anmeldung im ↑Sekretariat (1) einer Universität abgeben (Ggs.: exmatrikulieren). **2.** (schweiz.) (ein Motorfahrzeug) anmelden

im|ma|tur ⟨*lat.*⟩ (Med.): sich im Jugendstadium vor der Geschlechtsreife befindend (von Organismen)

im|me|di|at ⟨*lat.*⟩ (veraltet): unmittelbar, ohne Zwischenschaltung einer anderen Instanz [dem Staatsoberhaupt unterstehend]

Im|me|di|at|ge|such, das; -[e]s, -e (Rechtsspr. früher): unmittelbar an die höchste Behörde gerichtetes Gesuch

im|me|di|a|ti|sie|ren ⟨*lat.-nlat.*⟩ (Geschichte): [reichs]unmittelbar machen (in Bezug auf Fürsten od. Städte bis 1806)

im|mens ⟨*lat.*⟩: staunens-, bewundernswert groß; unermesslich [groß]. **Im|men|si|tät,** die; - (veraltet): Unermesslichkeit, Unendlichkeit

im|men|su|ra|bel: unmessbar. **Im|men|su|ra|bi|li|tät,** die; - ⟨*lat.-nlat.*⟩: Unmessbarkeit

Im|mer|si|on, die; -, -en ⟨*lat.;* »Eintauchung«⟩: **1.** Einbetten eines Objekts in eine Flüssigkeit mit besonderen lichtbrechenden Eigenschaften (zur Untersuchung von Kristallformen u. in der Mikroskopie). **2.** Eintritt eines Himmelskörpers in den Schatten eines anderen. **3.** (Geol.) ↑Inundation. **4.** (Med.) Eintauchen des Körpers in Wasser. **5.** Methode des Fremdsprachenunterrichts, bei der die Schüler von Anfang an in großem Umfang in der Fremdsprache unterrichtet werden. **6.** (EDV) Eintauchen in eine virtuelle Umgebung

Im|mer|si|ons|tau|fe, die; -, -n: ältere (von den ↑Baptisten noch geübte) Form der christlichen Taufe durch Untertauchen des Täuflings; vgl. Aspersion

im|mer|siv: **1.** auf ↑Immersion (5) beruhend. **2.** (EDV) eine ↑Immersion (6) bewirkend

Im|mi|g|rant, der; -en, -en ⟨*lat.*⟩: Einwanderer (aus einem anderen Staat) (Ggs.: Emigrant). **Im|mi|g|ran|tin,** die; -, -nen: weibliche Form zu ↑Immigrant

Im|mi|g|ra|ti|on, die; -, -en ⟨*lat.-nlat.*⟩: **1.** Einwanderung (Ggs.: Emigration [1]). **2.** (Biol.) Form der ↑Gastrulation, bei der sich Zellen aus der Keimzellwand lösen, in das Innere des Keims wandern und dort die innere Zellwand ausbilden. **im|mi|g|rie|ren** ⟨*lat.*⟩: einwandern (Ggs.: emigrieren)

im|mi|nent ⟨*lat.*⟩ (bes. Med.): drohend, nahe bevorstehend

Im|mis|si|on, die; -, -en (meist Plural) ⟨*lat.*⟩: **1.** das Einwirken von Luftverunreinigungen, Schadstoffen, Lärm, Strahlen u. Ä. auf Menschen, Tiere, Pflanzen, Gebäude u. Ä. **2.** (veraltet) Einsetzung in ein Amt. **3.** Kurzform von ↑Immissionskonzentration

Im|mis|si|ons|kon|zen|t|ra|ti|on, die; -, -en: Menge eines verunreinigten Spurenstoffes, die in der Volumeneinheit (Kubikmeter) Luft enthalten ist

Im|mis|si|ons|schutz, der; -es: (gesetzlich festgelegter) Schutz vor Immissionen (1)

im|mo|bil [auch: ...'bi:l] ⟨*lat.*⟩: **1.** unbeweglich (Ggs.: mobil [1 a]). **2.** nicht für den Krieg bestimmt od. ausgerüstet, nicht kriegsbereit (in Bezug auf Truppen) (Ggs.: mobil [2])

Im|mo|bi|li|ar|kre|dit, der; -[e]s, -e ⟨*lat.-nlat.; lat.-it.*⟩: durch Grundbesitz abgesicherter Kredit

Im|mo|bi|li|ar|ver|si|che|rung, die; -, -en ⟨*lat.-nlat.; dt.*⟩: Gebäudeversicherung

Im|mo|bi|lie [...i̯ə], die; -, -n ⟨*lat.*⟩: unbeweglicher Besitz (z. B. Grundstück, Gebäude) (Ggs.: Mobilien [2])

Im|mo|bi|li|en|fonds [...fõ:], der; -, - [...fõ:s] (Wirtsch.): Fonds, der das Geld der Anleger in Immobilien investiert

Im|mo|bi|li|sa|ti|on, die; -, -en ⟨*lat.-nlat.*⟩: **a)** (Med.) Ruhigstellung von Gliedern od. Gelenken; **b)** Verlust der Beweglichkeit (in Bezug auf einen Körperteil); vgl. ...ation/...ierung

im|mo|bi|li|sie|ren (Med.): (ein Glied od. Gelenk) ruhig stellen. **Im|mo|bi|li|sie|rung,** die; -, -en (Med.): das Immobilisieren; vgl. ...ation/...ierung

Im|mo|bi|lis|mus, der; -: Unbeweglichkeit als geistige Haltung

Im|mo|bi|li|tät, die; - ⟨*lat.*⟩: Zustand der Unbeweglichkeit, bes. bei Truppen

im|mo|ra|lisch [auch: ...'ra:...] ⟨*lat.-nlat.*⟩ (Philos.): unmoralisch, unsittlich

Im|mo|ra|lis|mus, der; - (Philos.): Ablehnung der Verbindlichkeit moralischer Grundsätze u. Werte

Im|mo|ra|list, der; -en, -en: jmd., der die Geltung der herrschenden Moral leugnet. **Im|mo|ra|lis|tin,** die; -, -nen: weibliche Form zu ↑Immoralist

Im|mo|ra|li|tät, die; -: **a)** Unmoral, Unsittlichkeit; **b)** Gleichgültigkeit gegenüber moralischen Grundsätzen

im|mor|ta|li|sie|ren ⟨*lat.*⟩: (Gentechnik) dauerhaft, unsterblich machen (z. B. von Zellen)

Im|mor|ta|li|tät, die; - ⟨*lat.*⟩: Unsterblichkeit

Im|mor|tel|le, die; -, -n ⟨*lat.-frz.;* »Unsterbliche«⟩: Sommerblume mit strohtrockenen, gefüllten Blüten (Korbblütler); Strohblume

Im|mum Coe|li [- 'tsø:li], das; - - ⟨*lat.*⟩ (Astrol.): Schnittpunkt der ↑Ekliptik u. des unter dem Ortshorizont gelegenen Halbbogens des Ortsmeridians; Spitze des IV. Hauses; Himmelstiefe (Abk.: I. C.)

im|mun ⟨*lat.;* »frei von Leistungen«⟩: **1.** (Med.) für bestimmte Krankheiten unempfänglich, gegen Ansteckung gefeit. **2.** (Rechtswiss.) (als Angehöriger des diplomatischen Korps od. als Parlamentarier) vor Strafverfolgung geschützt

Im|mun|ant|wort, die; -, -en (Med.): Reaktion des Organismus auf als (zu Recht oder fälschlich) fremd erkannte Substanzen und Organismen

Im|mun|bio|lo|gie, die; -: Teilgebiet der Immunologie, das sich mit den Fragen ererbter od. erworbener Immunität, mit Abwehrreaktionen bei Organtransplantationen u. Ä. befasst. **im|mun|bio|lo|gisch:** die Immunbiologie betreffend

Im|mun|che|mie, die; -: Teilgebiet der Immunologie, das sich mit den chemischen u. biochemischen Grundlagen der Immunität (1) befasst

Im|mun|de|fekt, der; -[e]s, -e (Med.): angeborene od. erworbene Störung der ↑Immunität (1)

Im|mun|de|fi|zi|enz, die; -: ↑Immundefekt

Im|mun|ge|ne|tik, die; -: Teilgebiet der Immunologie, das sich mit den genetischen Systemen beschäftigt, die dem Immunsystem zugrunde liegen. **im|mun|ge|ne|tisch: a)** die Immungenetik betreffend, darauf beruhend; **b)** (Med.) die Entstehung einer ↑Immunität (1) betreffend

Im|mun|glo|bu|lin, das; -s, -e (Med.): Protein, das die Eigenschaften eines Antikörpers aufweist

im|mu|ni|sie|ren ⟨*lat.-nlat.*⟩: (gegen Bakterien u. Ä.) unempfindlich machen. **Im|mu|ni|sie|rung,** die; -, -en: Bewirkung von Immunität (1)

Im|mu|ni|tät, die; -, -en (Plural selten) ⟨*lat.*⟩: **1.** (Med.; Biol.) angeborene od. durch Impfung erworbene Unempfänglichkeit für Krankheitserreger od. deren ↑Toxine. **2.** verfassungsrechtlich garantierter Schutz vor Strafverfolgung (für Bundes- u. Landtagsabgeordnete); vgl. Indemnität. **3.** ↑Exterritorialität

Im|mun|kom|plex, der; -es, -e (Med.): Makromolekül, das aus Antigen- u. Antikörpermolekülen besteht

Im|mun|kör|per, der; -s, - (Med.): ↑Antikörper

im|mu|no|ge|ne|tisch vgl. immungenetisch

Im|mu|no|lo|ge, der; -n, -n ⟨*lat.; gr.*⟩ (Med.): Wissenschaftler auf dem Gebiet der Immunologie. **Im|mu|no|lo|gie,** die; - (Med.): Wissenschaft, die sich mit der Reaktion des Organismus auf das Eindringen körperfremder Substanzen befasst. **Im|mu|no|lo|gin,** die; -, -nen: weibliche Form zu ↑Immunologe. **im|mu|no|lo|gisch: a)** die Immunologie betreffend; **b)** die Immunität (1) betreffend

Im|mu|no|pa|thie, die; -, ...i̯en (Med.): Gesamtheit der durch ↑Immunantworten verursachten Krankheitserscheinungen; Immunkrankheit

Im|mu|no|sup|pres|si|on vgl. Immunsuppression. **im|mu|no|sup|pres|siv** vgl. immunsuppressiv

Im|mun|re|ak|ti|on, die; -, -en (Biol., Med.): Abwehrreaktion von Lebewesen gegenüber Krankheitserregern od. Giften

Im|mun|se|rum, das; -s, ...ra u. ...ren (Med.): spezifische Antikörper enthaltendes Blutserum

Im|mun|sup|pres|si|on, die; -, -en (Med.): Unterdrückung einer immunologischen (b) Reaktion (z. B. bei Transplantationen [1]). **im|mun|sup|pres|siv:** eine immunologische (b) Reaktion unterdrückend (z. B. in Bezug auf Arzneimittel)

Im|mun|sys|tem, das; -s, -e (Med.): für die Immunität (1) verantwortliches Abwehrsystem des Körpers

Im|mun|the|ra|pie, die; -, ...ien [...i:ən] (Med.): Behandlungsverfahren, das über eine Beeinflussung des Immunsystems wirkt

Im|mun|to|le|ranz, die; -, -en (Med.): das Fehlen bzw. die Verminderung einer Immunreaktion nach Verabreichen eines bestimmten Antigens

Im|mu|ta|bi|li|tät, die; - ⟨*lat.*⟩ (veraltet): Unveränderlichkeit

Im|pact [...pɛkt], der; -s, -s ⟨*lat.-engl.*⟩: **1.** (Golf) Moment, in dem der Schläger den Ball trifft. **2.** (Werbespr.) Stärke der von einer Werbemaßnahme ausgehenden Wirkung. **3.** Belastung, Wirkung

im|pair [ɛ̃ˈpɛːɐ̯] ⟨*lat.-frz.*⟩: (von den Zahlen beim Roulette) ungerade (Ggs.: pair)

Im|pakt, der; -s, -e ⟨*lat.-engl.*⟩: **1.** Meteoriteneinschlag. **2.** ↑Impact

im|pak|tiert ⟨*lat.-nlat.*⟩ (Med.): eingeklemmt, eingekeilt (z. B. von Zähnen)

Im|pak|tit [auch: ...ˈtɪt], der; -s, -e: Glasbildung, die mit einem Meteoriteneinschlag in Beziehung steht

Im|pa|la, die; -, -s ⟨*afrik.*⟩: (in den Steppen Afrikas heimische) kleine Antilope mit braunem Rücken, weißer Unterseite u. schwarzer Zeichnung auf den Fersen

Im|pa|ri|tät, die; - ⟨*lat.*⟩ (veraltet): Ungleichheit. **Im|pa|ri|täts|prin|zip,** das; -s (Wirtsch.): Grundsatz ordnungsgemäßer Buchführung, nach dem unrealisierte Gewinne u. Verluste ungleich behandelt werden

Im|passe [ɛ̃ˈpas], die; -, -s [ɛ̃ˈpas] ⟨*frz.*⟩ (veraltet): Ausweglosigkeit, Sackgasse

im|pas|tie|ren ⟨*it.*⟩ (Malerei): Farbe [mit dem Spachtel] dick auftragen

Im|pas|to, das; -s, -s u. ...sti (Malerei): dicker Farbauftrag auf einem Gemälde

Im|pa|ti|ens [...tsiɛns], die; - ⟨*lat.*⟩: Springkraut, Balsamine (beliebte Topfpflanze)

Im|peach|ment [ɪmˈpiːtʃmənt], das; -[s], -s ⟨*engl.*⟩: (in Großbritannien, in den USA) gegen einen hohen Staatsbeamten (vom Parlament bzw. vom Repräsentantenhaus) erhobene Anklage wegen Amtsmissbrauchs o. Ä., die im Falle der Verurteilung die Amtsenthebung zur Folge hat

Im|pe|danz, die; -, -en ⟨*lat.-nlat.*⟩ (Physik): elektrischer Scheinwiderstand; Wechselstromwiderstand eines Stromkreises

Im|pe|danz|re|lais: ↑Distanzrelais

Im|pe|di|ment, das; -[e]s, -e ⟨*lat.*⟩ (veraltet): rechtliches Hindernis (z. B. Ehehindernis)

im|pe|ne|t|ra|bel ⟨*lat.*⟩ (veraltet): undurchdringlich

im|pe|ra|tiv ⟨*lat.*⟩: befehlend, zwingend, bindend; **imperatives Mandat:** ↑Mandat (2), das den Abgeordneten an den Auftrag seiner Wähler bindet. **Im|pe|ra|tiv,** der; -s, -e: **1.** (Sprachwiss.) Befehlsform (z. B. geh!). **2.** (Philos.) Pflichtgebot; vgl. kategorischer Imperativ. **im|pe|ra|ti|visch** [auch: ˈɪm...]: in der Art des Imperativs (1); vgl. ...isch/-

Im|pe|ra|tor, der; -s, ...oren: **1.** im Rom der Antike Titel für den Oberfeldherrn. **2.** von Kaisern gebrauchter Titel zur Bezeichnung ihrer kaiserlichen Würde (Abk.: Imp.); **Imperator Rex:** Kaiser u. König (Titel z. B. Wilhelms II.) (Abk.: I. R.). **im|pe|ra|to|risch: 1.** den Imperator betreffend. **2.** in der Art eines Imperators, gebieterisch. **Im|pe|ra|t|rix,** die; -, ...rices [...ˈtriːtseːs]: weibliche Form zu ↑Imperator

im|per|fekt [auch: ...ˈfɛkt]: unvollkommen, unvollendet

Im|per|fekt, das; -s, -e ⟨*lat.*⟩: **1.** (ohne Plural) Zeitform, mit der ein verbales Geschehen od. Sein aus der Sicht des Sprechers als [unabgeschlossene, »unvollendete«] Vergangenheit charakterisiert wird. **2.** Verbform des Imperfekts (1), ↑Präteritum (z. B. er *rauchte, fuhr*)

im|per|fek|ti|bel ⟨*lat.-frz.*⟩ (veraltet): vervollkommnungsunfähig, unbildsam. **Im|per|fek|ti|bi|li|tät,** die; -: Unfähigkeit zur Vervollkommnung, Unbildsamkeit

Im|per|fek|ti|on, die; -, -en: **1.** (Musik) in der ↑Mensuralnotation durch das Notenbild angezeigte Verkürzung einer regulär dreizeitigen zu einer zweizeitigen Note. **2.** Unvollkommenheit

im|per|fek|tisch [auch: ...ˈfɛk...] ⟨*lat.*⟩: das Imperfekt betreffend. **im|per|fek|tiv** ⟨*lat.-nlat.*⟩: **1.** imperfektisch. **2.** unvollendet, einen Vorgang in seinem Verlauf darstellend; **imperfektive Aktionsart:** ↑Aktionsart eines Verbs, die das Sein od. Geschehen als zeitlich unbegrenzt, als unvollendet, als dauernd (durativ) kennzeichnet (z. B. *wachen*)

Im|per|fek|tum, das; -s, ...ta ⟨*lat.*⟩: ↑Imperfekt

im|per|fo|ra|bel ⟨*lat.-nlat.*⟩: undurchbohrbar

Im|per|fo|ra|ti|on, die; -, -en (Med. veraltet): angeborene Verwachsung einer Körperöffnung (z. B. des Afters); ↑Atresie

im|pe|ri|al ⟨*lat.*⟩: das Imperium betreffend; herrschaftlich, kaiserlich

[1]**Im|pe|ri|al,** das; -[s]: ein vor Einführung der DIN-Größen übliches Papierformat (57 × 78 cm)

[2]**Im|pe|ri|al,** der; -s, -e: **1.** frühere russische Goldmünze. **2.** kleine italienische Silbermünze (12.–15. Jh.)

[3]**Im|pe|ri|al,** die; - (veraltet): Schriftgrad von 9 ↑Cicero

Im|pe|ri|a|lis, der; -, - ⟨*lat.-mlat.*⟩: kleine it. Silbermünze (12.–15. Jh.)

Im|pe|ri|a|lis|mus, der; - ⟨*lat.-frz.*⟩: **1.** Bestrebung einer Großmacht, ihren politischen, militärischen u. wirtschaftlichen Macht- u. Einflussbereich ständig auszudehnen. **2.** (nach marxistischer Anschauung) die Endstufe des Kapitalismus mit Verflechtung der Industrie- u. Bankmonopole. **Im|pe|ri|a|list,** der; -en, -en: Vertreter des Imperialismus. **Im|pe|ri|a|lis|tin,** die; -, -nen: weibliche Form zu ↑Imperialist. **im|pe|ri|a|lis|tisch:** dem Imperialismus zugehörend

Im|pe|ri|um, das; -s, ...ien ⟨*lat.*⟩: **1.** [römisches] Kaiserreich; Weltreich, Weltmacht. **2.** sehr großer Herrschafts-, Macht- u. Einflussbereich

im|per|me|a|bel ⟨*lat.-nlat.*⟩ (Med.): undurchlässig. **Im|per|me|a|bi|li|tät,** die; - (Med.): Undurchlässigkeit

Im|per|so|na|le, das; -s, ...lia u. ...lien ⟨*lat.*⟩ (Sprachwiss.): unpersönliches Verb, das nur in der 3. Person Singular vorkommt (z. B. es *schneit*) (Ggs.: [1]Personale [1])

im|per|ti|nent ⟨*lat.;* »nicht dazu (zur Sache) gehörig«⟩: in herausfordernder Weise ungehörig, frech, unverschämt. **Im|per|ti|nenz,** die; -, -en ⟨*lat.-mlat.*⟩: **1.** (ohne Plural) dreiste Ungehörigkeit, Frechheit, Unverschämtheit. **2.** impertinente Äußerung, Handlung

im|per|zep|ti|bel ‹*lat.*› (Psychol. selten): nicht wahrnehmbar
im|pe|ti|gi|nös ‹*lat.*› (Med.): borkig, grindig
Im|pe|ti|go, die; -, ...gines (Med.): Eitergrind, -flechte; entzündliche [ansteckende] Hautkrankheit mit charakteristischer Blasen-, Pustel- u. Borkenbildung
im|pe|tu|o|so ‹*lat.-it.*› (Musik): stürmisch, ungestüm, heftig (Vortragsanweisung)
Im|pe|tus, der; - ‹*lat.*›: **a)** [innerer] Antrieb, Anstoß, Impuls; **b)** Schwung[kraft], Ungestüm
Im|pi|e|tät, die; - ‹*lat.*› (veraltet): Mangel an ↑Pietät; Gottlosigkeit, Lieblosigkeit
Im|plan|tat, das; -[e]s, -e ‹*lat.-nlat.*› (Med.): dem Körper eingepflanztes Gewebestück o. Ä.. **Im|plan|ta|ti|on,** die; -, -en (Med.): Einpflanzung von Gewebe (z. B. Haut), Organteilen (z. B. Zähnen) od. sonstigen Substanzen in den Körper; Organeinpflanzung. **im|plan|tie|ren** (Med.): eine Implantation vornehmen
Im|plan|to|lo|gie, die; - (Med.): Lehre von den [Möglichkeiten der] Implantationen
im|plau|si|bel ‹*lat.; lat.-frz.*›: unglaubhaft, nicht ↑plausibel
Im|ple|ment, das; -[e]s, -e ‹*lat.*› (veraltet): Ergänzung, Erfüllung [eines Vertrages]
im|ple|men|tie|ren ‹*lat.-engl.*› (EDV): (Software, Hardware o. Ä.) in ein bestehendes Computersystem einsetzen, einbauen u. so ein funktionsfähiges Programm erstellen. **Im|ple|men|tie|rung,** die; -, -en (EDV): das Implementieren, Implementiertwerden
Im|pli|kat, das; -[e]s, -e ‹*lat.*›: etwas, was in etwas anderes einbezogen ist. **Im|pli|ka|ti|on,** die; -, -en ‹*lat.;* »Verflechtung«›: **a)** Einbeziehung einer Sache in eine andere; **b)** (Philos.; Sprachwiss.) Bez. für die logische »Wenn-dann«-Beziehung
im|pli|zie|ren: einbeziehen, gleichzeitig beinhalten, bedeuten; mit enthalten
im|pli|zit: 1. mit enthaltend, mit gemeint, aber nicht ausdrücklich gesagt (Ggs.: explizit [a]). **2.** nicht aus sich selbst zu verstehen, sondern logisch zu erschließen. **3.** (Med.) als Anlage vorhanden
im|pli|zi|te: [unausgesprochen] mit inbegriffen, eingeschlossen
im|plo|die|ren ‹*lat.-nlat.*›: durch Implosion zerstört werden (z. B. die Bildröhre eines Fernsehers). **Im|plo|si|on,** die; -, -en: schlagartige Zertrümmerung eines Hohlkörpers durch äußeren Überdruck
Im|plo|siv, der; -s, -e, **Im|plo|siv|laut,** der; -[e]s, -e (Sprachwiss.): Verschlusslaut, bei dessen Artikulation der von innen nach außen drängende Luftstrom nicht unterbrochen wird (z. B. das b in »abputzen«)
Im|plu|vi|um, das; -s, ...ien u. ...ia ‹*lat.*›: (in altrömischen Häusern) rechteckiges Sammelbecken für Regenwasser im Fußboden des ↑Atriums (1)
im|pon|de|ra|bel ‹*lat.-nlat.*› (veraltet): unwägbar, unberechenbar
Im|pon|de|ra|bi|lie [...i̯ə], die; -, -n (meist Plural): Unwägbarkeit; Gefühls- u. Stimmungswert (Ggs.: Ponderabilien)
Im|pon|de|ra|bi|li|tät, die; -: Unwägbarkeit, Unberechenbarkeit
im|po|nie|ren ‹*lat.(-frz.)*›: **a)** Achtung einflößen, großen Eindruck machen; **b)** (veraltet) sich geltend machen
Im|po|nier|ge|ha|be, das; -s ‹*lat.(-frz.); dt.*› (Verhaltensforschung): von [männlichen] Tieren vor der Paarung od. einem Rivalen gegenüber gezeigtes kraftvolles Auftreten (mit gesträubten Federn, hochgestelltem Schwanz o. Ä.), das der Werbung od. Drohung dient
Im|port, der; -[e]s, -e ‹*lat.-frz.-engl.*›: **1.** Einfuhr. **2.** das Eingeführte (Ggs.: [1]Export)
im|por|tant ‹*lat.-frz.*› (veraltet): wichtig, bedeutsam. **Im|por|tanz,** die; -: Wichtigkeit, Bedeutsamkeit
Im|por|te, die; -, -n (meist Plural) ‹*lat.-frz.-engl.*›: **1.** Einfuhrware. **2.** (veraltend) im Ausland hergestellte Zigarre
Im|por|teur [...ˈtøːɐ̯], der; -s, -e ‹französierende Ableitung von ↑importieren›: Person, Firma, die etwas importiert. **Im|por|teu|rin** [...ˈtøːrɪn], die; -, -nen: weibliche Form zu ↑Importeur
im|por|tie|ren ‹*lat.(-frz.-engl.)*›: Waren aus dem Ausland einführen
im|por|tun ‹*lat.*› (selten): ungeeignet; ungelegen (Ggs.: opportun)
im|po|sant ‹*lat.-frz.*›: durch Größe, Bedeutsamkeit od. Ungewöhnlichkeit ins Auge fallend; einen bedeutenden Eindruck hinterlassend; eindrucksvoll, großartig, überwältigend. **Im|po|sanz,** die; -: überwältigende Größe, außergewöhnliche Bedeutsamkeit
im|pos|si|bel ‹*lat.*› (veraltet): unmöglich. **Im|pos|si|bi|li|tät,** die; -, -en (veraltet): Unmöglichkeit
Im|post, der; -[e]s ‹*lat.-mlat.*› (veraltet): Warensteuer
im|po|tent [auch: ...ˈtɛnt] ‹*lat.*›: **1. a)** (vom Mann) unfähig zum Geschlechtsverkehr; **b)** zeugungsunfähig; unfähig, Kinder zu bekommen, aufgrund der Unfruchtbarkeit des Mannes. **2.** nicht schöpferisch, leistungsschwach, unfähig, untüchtig. **Im|po|tenz** [auch: ...ˈtɛnts], die; -, -en: **1. a)** Unfähigkeit (des Mannes) zum Geschlechtsverkehr; **b)** Zeugungsunfähigkeit, Unfruchtbarkeit (des Mannes). **2.** Unvermögen, [künstlerische] Unfähigkeit
Im|prä|g|na|ti|on, die; -, -en ‹*lat.-vulgärlat.*›: **1.** (Geol.) feine Verteilung von Erdöl od. Erz auf Spalten od. in Poren eines Gesteins. **2.** (Med.) das Eindringen der Samenfäden in das reife Ei; Befruchtung. **3.** das Imprägnieren
im|prä|g|nie|ren ‹*lat.;* »schwängern«›: **1.** feste Stoffe mit einem Schutzmittel gegen Feuchtigkeit, Zerfall u. a. behandeln. **2.** Getränken (z. B. Sekt, Wein) unter Druck Kohlensäure zusetzen, um ihnen ↑moussierende Eigenschaften zu verleihen. **Im|prä|g|nie|rung,** die; -, -en: **a)** das Imprägnieren; **b)** durch Imprägnieren erreichter Zustand
im|prak|ti|ka|bel ‹*lat.; gr.-mlat.*›: undurchführbar, nicht anwendbar
Im|pre|sa|ria, die; -, ...rien: weibliche Form zu ↑Impresario
Im|pre|sa|ri|at, das; -s, -e: Geschäftsführung künstlerischer

Unternehmungen u. einzelner Künstler

Im|pre|sa|rio, der; -s, Plural -s u. ...ri, auch: ...rien ⟨*lat.-it.*⟩ (veraltend): Theater-, Konzertagent, der für einen Künstler die Verträge abschließt u. die Geschäfte führt

Im|pres|si|on, die; -, -en ⟨*lat.-frz.;* »Eindruck«⟩: **1.** Sinneseindruck, Empfindung, Wahrnehmung, Gefühlseindruck; jeder unmittelbar empfangene Bewusstseinsinhalt (bei Hume). **2. a)** (Anat.) Einbuchtung od. Vertiefung an Organen od. anderen Körperteilen; **b)** (Med.) durch Druck od. Stoß verursachte ↑ pathologische Eindellung eines Körperteils. **im|pres|si|o|na|bel** ⟨*lat.-nlat.*⟩: für Impressionen besonders empfänglich; erregbar, reizbar

Im|pres|si|o|nis|mus, der; - ⟨*lat.-frz.*⟩: Ende des 19. Jh.s entstandene Stilrichtung der bildenden Kunst, der Literatur u. der Musik, deren Vertreter persönliche Umwelteindrücke u. Stimmungen besonders in künstlerischen Kleinformen (Skizzen, Einaktern, Tonmalereien) wiedergeben. **Im|pres|si|o|nist,** der; -en, -en: Vertreter des Impressionismus. **Im|pres|si|o|nis|tin,** die; -, -nen: weibliche Form zu ↑ Impressionist. **im|pres|si|o|nis|tisch: a)** im Stil des Impressionismus gestaltet; **b)** den Impressionismus betreffend

Im|pres|sum, das; -s, ...ssen ⟨*lat.*⟩: Angabe über Verleger, Drucker, Redakteure u. a. in Zeitungen, Zeitschriften, Büchern u. Ä.

im|pri|ma|tur ⟨»es werde gedruckt«⟩: Vermerk des Autors od. Verlegers auf dem letzten Korrekturabzug, dass der Satz zum Druck freigegeben ist (Abk.: imp., impr.)

Im|pri|ma|tur, das; -s, **Im|pri|ma|tur,** die; -: **1.** Druckerlaubnis (allgemein). **2.** am Anfang od. Ende eines Werks vermerkte, nach katholischem Kirchenrecht erforderliche bischöfliche Druckerlaubnis für Bibelausgaben u. religiöse Schriften; vgl. approbatur

Im|pri|mé [ɛ̃priˈme:], der; -[s], -s ⟨*lat.-frz.*⟩: **1.** bedrucktes Seidengewebe mit ausdrucksvollem Muster. **2.** (Postw.) internationale Bez. für Drucksache

im|pri|mie|ren ⟨*lat.-nlat.*⟩: das Imprimatur erteilen

Im|print [auch: ˈɪm...], das od. der; -s, -s ⟨*lat.-frz.-engl.*⟩: **1.** nicht mehr eigenständiger Verlag, unter dessen Namen ein anderer Verlag weiterhin Bücher publiziert. **2.** vgl. Impressum

Im|prin|ting, das; -s ⟨*engl.;* »Abdruck«⟩ (Biol.): genetischer Mechanismus, durch den von den beiden Allelen eines Gens nur eines, entweder das väterliche od. mütterliche, zur Geltung kommt

Im|promp|tu [ɛ̃prɔ̃ˈty:], das; -s, -s ⟨*lat.-frz.*⟩: Komposition der Romantik, bes. für Klavier, in der Art einer Improvisation

Im|pro|pe|ri|en, die (Plural) ⟨*lat.;* »Vorwürfe«⟩: die Klagen des Gekreuzigten über das undankbare Volk Israel darstellende Gesänge der katholischen Karfreitagsliturgie

Im|pro|vi|sa|teur [...ˈtø:ɐ̯], der; -s, -e ⟨*lat.-frz.*⟩: jmd., der am Klavier [zur Unterhaltung] improvisiert. **Im|pro|vi|sa|teu|rin** [...ˈtø:rɪn], die; -, -nen: weibliche Form zu ↑ Improvisateur

Im|pro|vi|sa|ti|on, die; -, -en ⟨*lat.-it.*⟩: **1.** das Improvisieren; Kunst des Improvisierens. **2.** ohne Vorbereitung, aus dem Stegreif Dargebotenes; Stegreifschöpfung, [musikalische] Stegreiferfindung u. -darbietung

Im|pro|vi|sa|tor, der; -s, ...oren: jmd., der etwas aus dem Stegreif darbietet; Stegreifkünstler. **Im|pro|vi|sa|to|rin,** die; -, -nen: weibliche Form zu ↑ Improvisator. **im|pro|vi|sa|to|risch:** in der Art eines Improvisators

im|pro|vi|sie|ren: 1. etwas ohne Vorbereitung, aus dem Stegreif tun; mit einfachen Mitteln herstellen, verfertigen. **2. a)** Improvisationen (2) spielen; **b)** während der Darstellung auf der Bühne seinem Rollentext frei Erfundenes hinzufügen

Im|puls, der; -es, -e ⟨*lat.;* »Anstoß«⟩: **1. a)** Anstoß, Anregung; **b)** Antrieb, innere Regung. **2. a)** (Elektrot.) Strom- od. Spannungsstoß von relativ kurzer Dauer; **b)** (Med.) Anstoß, Erregung, die von den Nerven auf entsprechende Zellen, Muskeln o. Ä. übertragen wird. **3.** (Physik) **a)** Produkt aus Kraft u. Dauer eines Stoßes; **b)** Produkt aus Masse u. Geschwindigkeit eines Körpers

Im|puls|ge|ne|ra|tor, der; -s, -en: Gerät zur Erzeugung elektrischer Impulse in gleichmäßiger Folge

im|pul|siv ⟨*lat.-nlat.*⟩: aus einem plötzlichen, augenblicklichen Impuls heraus handelnd, einer Eingebung sogleich folgend, spontan. **Im|pul|si|vi|tät,** die; -: impulsives Wesen

Im|puls|tech|nik, die; -: Teilgebiet der ↑ Elektrotechnik, auf dem man sich mit der Erzeugung, Verbreitung u. Anwendung elektrischer Impulse befasst

Im|pu|ta|bi|li|tät, die; - ⟨*lat.-nlat.*⟩ (Rechtsspr. veraltet): moralische u. juristische Zurechnungsfähigkeit

Im|pu|ta|ti|on, die; -, -en ⟨*lat.*⟩: **1.** von Luther bes. betonter Grundbegriff der christlichen Rechtfertigungs- u. Gnadenlehre, nach der dem sündigen Menschen als Glaubendem die Gerechtigkeit Christi angerechnet u. zugesprochen wird. **2.** (veraltet) [ungerechtfertigte] Beschuldigung

im|pu|ta|tiv (veraltet): eine [ungerechtfertigte] Beschuldigung enthaltend; **imputative Rechtfertigung:** ↑ Imputation (1)

im|pu|tie|ren ⟨*lat.*⟩ (veraltet): [ungerechtfertigt] beschuldigen

in ⟨*engl.*⟩: in der Verbindung **in sein** (ugs.): a) im Brennpunkt des Interesses stehen, gefragt sein; b) sehr in Mode sein, von vielen begehrt sein, betrieben werden

in ab|sen|tia ⟨*lat.*⟩ (bes. Rechtsspr.): in jmds. Abwesenheit

in ab|s|t|rac|to ⟨*lat.*⟩: rein begrifflich, nur in der Vorstellung; vgl. abstrakt (Ggs.: in concreto)

In|aci|di|tät, Inazidität, die; - ⟨*lat.; nlat.*⟩ (Med.): ↑ Anacidität

in|ad|äquat [auch: ...ˈkva:t] ⟨*lat.-nlat.*⟩: unangemessen, nicht passend, nicht entsprechend (Ggs.: adäquat). **In|ad|äquat|heit,** die; -, -en: **a)** (ohne Plural) Unangemessenheit (Ggs.: Adäquatheit); **b)** etwas Unangemessenes; Beispiel, Fall von Unangemessenheit

in ae|ter|num [- ɛ...] ⟨*lat.*⟩: auf ewig

in|ak|ku|rat [auch: ...ˈraːt] ⟨*lat.-nlat.*⟩: ungenau, unsorgfältig

in|ak|tiv [auch: ...ˈtiːf] ⟨*lat.-nlat.*⟩: **1.** sich untätig, passiv verhaltend (Ggs.: aktiv [1 a]). **2. a)** außer Dienst; sich im Ruhestand befindend, verabschiedet, ohne Amt; **b)** (Studentenspr.) zur Verbindung in freierem Verhältnis stehend (Ggs.: aktiv [6]). **3. a)** (Chemie, Med.) chemisch od. therapeutisch durch besondere Einflüsse unwirksam; **b)** ruhend; vorübergehend keine Krankheitssymptome zeigend (in Bezug auf Krankheitsprozesse wie z. B. Lungentuberkulose)

In|ak|ti|ve, der; -n, -n: von den offiziellen Veranstaltungen weitgehend befreites Mitglied (älteren Semesters) einer studentischen Verbindung

in|ak|ti|vie|ren: 1. (selten) in den Ruhestand versetzen, von seinen [Amts]pflichten entbinden. **2.** (Med.) einem Mikroorganismus (z. B. einem Serum o. Ä.) durch bestimmte chemische od. physikalische Verfahren seine spezifische Wirksamkeit nehmen

In|ak|ti|vi|tät [auch: ...ˈtɛːt], die; -: **1.** Untätigkeit, passives Verhalten (Ggs.: Aktivität [1]). **2.** chemische Unwirksamkeit. **3.** (Med.) das Ruhen eines krankhaften Prozesses

in|ak|tu|ell [auch: ...ˈɛl]: nicht im augenblicklichen Interesse liegend, nicht zeitgemäß, nicht zeitnah (Ggs.: aktuell [1])

in|ak|zep|ta|bel [auch: ...ˈtaː...] ⟨*lat.-nlat.*⟩: unannehmbar. **In|ak|zep|ta|bi|li|tät** [auch: ...ˈtɛːt], die; -: Unannehmbarkeit

in al|bis [- ˈalbiːs] ⟨*lat.;* »in weißen (Bogen)«⟩ (veraltet): in Rohbogen, nicht gebunden (von Büchern); vgl. Dominica (in albis)

in|ali|e|na|bel ⟨*lat.-nlat.*⟩ (Rechtsspr. veraltet): unveräußerlich, nicht übertragbar

in|an ⟨*lat.*⟩ (Philos.): nichtig, leer, hohl, eitel (in der atomistischen Philosophie). **In|a|ni|tät,** die; -: Nichtigkeit, Leere

In|a|ni|ti|on, die; - ⟨*lat.-nlat.*⟩ (Med.): Abmagerung [auf unter 80 % des Normalgewichts] mit völliger Entkräftung u. Erschöpfung als Folge unzureichender Ernährung od. bei auszehrenden Krankheiten wie Tuberkulose

in|ap|pa|rent [auch: ...ˈrɛnt] ⟨*lat.-engl.*⟩ (Med.): nicht sichtbar, nicht wahrnehmbar (von Krankheiten) (Ggs.: apparent)

in|ap|pel|la|bel ⟨*lat.-nlat.*⟩ (veraltet): keine Möglichkeit mehr bietend, ein Rechtsmittel einzulegen, durch Berufung nicht anfechtbar (von gerichtlichen Entscheidungen)

In|ap|pe|tenz [auch: ...ˈtɛnts], die; - ⟨*lat.-nlat.*⟩ (Med.): fehlendes Verlangen (z. B. nach Nahrung)

In-App-Kauf [...ʔɛp...], der ⟨*engl.; dt.*⟩: Erwerb eines kostenpflichtigen Zusatzangebotes, einer Erweiterung o. Ä. innerhalb einer eigentlich kostenlosen App

in|äqual ⟨*lat.-nlat.*⟩ (veraltet): ungleich, verschieden (Ggs.: äqual)

in|ar|ti|ku|liert [auch: ...ˈliːɐ̯t] ⟨*lat.-nlat.*⟩: nicht artikuliert (vgl. artikulieren), ohne deutliche Gliederung gesprochen

In|au|gu|ral|dis|ser|ta|ti|on, die; -, -en ⟨*lat.-nlat.*⟩: wissenschaftliche Arbeit (↑ Dissertation) zur Erlangung der Doktorwürde

In|au|gu|ra|ti|on, die; -, -en ⟨*lat.*⟩: feierliche Einsetzung in ein hohes [politisches, akademisches] Amt, eine Würde

in|au|gu|rie|ren: a) in ein hohes [politisches, akademisches] Amt, eine Würde einsetzen; **b)** etwas Neues [feierlich] einführen, etwas ins Leben rufen, schaffen; **c)** (österr. selten) einweihen

In|azi|di|tät vgl. Inacidität

In|bet|ween [ɪnbɪˈtwiːn], der; -s, -s ⟨*engl.*⟩: halbdurchsichtiger, in seiner Dichte zwischen Gardinen- u. Vorhangstoff liegender Stoff zur Raumausstattung

in blan|ko ⟨*it.*⟩: unausgefüllt, leer (von Schecks o. Ä.)

in bond ⟨*engl.*⟩ (Wirtsch.): unverzollt, aber unter Zollaufsicht stehend (von gelagerten Waren)

In|bound [ˈɪnbaʊ̯nt], das; -s, -s ⟨*engl.*⟩: Entgegennahme eines [Kunden]anrufs (z. B. in einem Callcenter) (Ggs.: Outbound)

In|box, die; -, -en u. -es [...ɪs] ⟨*engl.*⟩ (EDV): elektronisches Posteingangsfach

in bre|vi ⟨*lat.*⟩ (veraltet): bald, in Kürze

In|bus®, der; -ses, -se ⟨Kunstw. für *In*nensechskantschlüssel [der Firma] *B*auer *u*nd *S*chaurte⟩: Werkzeug zum Anziehen od. Lockern von Schrauben mit Innensechskant

In|cen|tive [ɪnˈsɛntɪf], das; -s, -s ⟨*lat.-engl.*⟩: **a)** (Plural) durch wirtschaftspolitische (meist steuerliche) Maßnahmen ausgelöste Anreizeffekte zu erhöhter ↑ ökonomischer (a) Leistungsbereitschaft; **b)** von einem Unternehmen seinen Mitarbeitern angebotene Gratifikation, die zur Leistungssteigerung anreizen soll; **c)** ↑ Inzentiv

In|cen|tive|rei|se, die; -, -n: Reise, die ein Unternehmen bestimmten Mitarbeitern als Prämie od. als Anreiz zur Leistungssteigerung stiftet

Inch [ɪntʃ], der; -, -es [...tʃɪs] (4 Inch[es]) ⟨*engl.*⟩: Längeneinheit in Großbritannien u. den USA (= 2,54 cm) (Abk.: in.; Zeichen: ″)

in|cho|a|tiv [...k...] ⟨*lat.*⟩ (Sprachwiss.): bei Verben einen Beginn ausdrückend (z. B. erwachen). **In|cho|a|tiv,** das; -s, -e: Verb mit inchoativer Aktionsart. **In|cho|a|ti|vum,** das; -s, ...va: ↑ Inchoativ

in|chro|mie|ren [...k...] ⟨*gr.-nlat.*⟩: auf Metalle eine Oberflächenschutzschicht aus Chrom auf nicht galvanischem Wege aufbringen

in|ci|den|tell [...ts...] vgl. inzidentell

in|ci|dit [...ts...] ⟨*lat.*⟩: »(dies) hat geschnitten« (vor dem Namen des Stechers auf Kupferstichen) (Abk.: inc.)

in|ci|pit [...ts...] ⟨*lat.*⟩: »(es) beginnt« (am Anfang von Handschriften u. Frühdrucken) (Ggs.: explicit). **In|ci|pit,** das; -s, -s: **1.** Anfangsformel, Anfangsworte einer mittelalterlichen Handschrift od. eines Frühdruckes. **2.** (Musik) **a)** Bezeichnung eines Liedes, einer Arie mit den Anfangsworten ihres Textes; **b)** Anfangstakte

eines Musikstücks in einem thematischen Verzeichnis
in|clu|si|ve vgl. inklusive
In|co|ming ['ɪnkamɪŋ], das; -s ⟨*engl.;* eigtl. »Ankunft«⟩: organisierte Betreuung ausländischer Touristen an ihrem Urlaubsort
in con|cert [- 'kɔnsɐt] ⟨*engl.*⟩ (Werbespr.): **a)** in einem öffentlichen Konzert, in öffentlicher Veranstaltung [auftretend]; **b)** in einem Mitschnitt eines öffentlichen Konzerts (im Unterschied zu einer Studioaufnahme)
in con|cre|to ⟨*lat.*⟩: auf den vorliegenden Fall bezogen; im Einzelfall; in Wirklichkeit; vgl. konkret (Ggs.: in abstracto)
In|con|t|ro vgl. Inkontro
in con|tu|ma|ci|am ⟨*lat.;* »wegen Unbotmäßigkeit«⟩ (Rechtsspr. veraltet): in Abwesenheit des Angeklagten; **in contumaciam urteilen:** in (wegen, trotz) Abwesenheit des Beklagten ein Urteil fällen; **in contumaciam verurteilen:** gegen jmdn. wegen Nichterscheinens vor Gericht (trotz ergangener Vorladung) ein Versäumnisurteil fällen; ↑Kontumaz (1)

I

incl

in|cor|po|ra|ted [ɪn'kɔ:pərɛɪ̯tɪd] ⟨*engl.-amerik.*⟩: engl.-amerik. Bez. für: [als Aktiengesellschaft, im Handelsregister] eingetragen (Abk.: Inc.)
in cor|po|re ⟨*lat.*⟩: gemeinsam, alle zusammen
In|co|terms, die (Plural) ⟨Kurzw. aus *in*ternational *co*mmercial *terms; engl.*⟩ (Wirtsch.): Gesamtheit der im internationalen Handel üblichen Bedingungen für Lieferung, Beförderung, Abnahme u. Ä. von Waren
In|cro|ya|ble [ɛ̃kro̯a'ja:bl̩], der; -[s], -s [...bl̩] ⟨*lat.-frz.;* »der Unglaubliche«⟩ (scherzh.): **a)** großer, um 1800 in Frankreich getragener Zweispitz; **b)** stutzerhafter Träger eines großen Zweispitzes
In|cu|bus vgl. Inkubus
In|cus, der; -, Incudes [...'ku:de:s] ⟨*lat.*⟩ (Biol., Med.): Amboss, mittleres Knöchelchen des Gehörorgans
in|d|an|th|ren: (von gefärbten Textilien) licht- u. farbecht. **In|d|an|th|ren**®, das; -s, -e ⟨Kurzw. aus ↑*Ind*igo u. ↑*Anthr*az*en*⟩ (Chemie): licht- u. waschechter synthetischer Farbstoff für Textilien
in|de|bi|te ⟨*lat.*⟩ (Kaufmannsspr. veraltet): irrtümlich u. ohne rechtlichen Grund geleistet (von Zahlungen). **In|de|bi|tum,** das; -s, ...ta (Kaufmannsspr. veraltet): Zahlung, die irrtümlich u. ohne rechtlichen Grund geleistet wurde
in|de|ci|so [ɪnde'tʃi:zo] ⟨*lat.-it.*⟩ (Musik): unbestimmt (Vortragsanweisung)
in|de|fi|ni|bel ⟨*lat.*⟩: nicht definierbar, nicht begrifflich abgrenzbar; unerklärbar
in|de|fi|nit [auch: 'ɪn...] ⟨*lat.*⟩: unbestimmt; **indefinites Pronomen:** ↑Indefinitpronomen
In|de|fi|nit|pro|no|men, das; -s, - u. ...mina: unbestimmtes Fürwort (z. B. jemand, kein)
In|de|fi|ni|tum, das; -s, ...ta (selten): ↑Indefinitpronomen
in|de|kli|na|bel [auch: ...'na:...] ⟨*lat.*⟩ (Sprachwiss.): nicht beugbar (z. B. klasse: ein klasse Auto). **In|de|kli|na|bi|le,** das; -, ...bilia: indeklinables Wort
in|de|li|kat [auch: ...'ka:t] ⟨*lat.-frz.*⟩: unzart; unfein (Ggs.: delikat [2])
in|dem|ni|sie|ren ⟨*lat.-frz.*⟩ (Rechtsspr. veraltet): entschädigen, vergüten
In|dem|ni|tät, die; -: **1.** nachträgliche Billigung eines Regierungsaktes, den das Parlament zuvor [als verfassungswidrig] abgelehnt hatte. **2.** Straffreiheit der Abgeordneten in Bezug auf Äußerungen im Parlament
in|de|mons|t|ra|bel [auch: ...'tra:...] ⟨*lat.*⟩ (Philos.): nicht demonstrierbar, nicht beweisbar
In|dent|ge|schäft, das; -[e]s, -e ⟨*engl.; dt.*⟩: Exportgeschäft, das der Minderung des Risikos für den Exporteur, die Exporteurin dient
In|de|pen|dence Day [ɪndɪ'pɛnd(ə)ns deɪ̯], der; - - ⟨*engl.-amerik.*⟩: Unabhängigkeitstag der USA (4. Juli)
In|de|pen|dent, der; -en, -en (meist Plural) ⟨*lat.-frz.-engl.*⟩: **a)** Anhänger eines radikalen Puritanismus in England im 17. Jh.; **b)** ↑Kongregationalist
In|de|pen|dent La|bour Par|ty [ɪndɪ'pɛndənt 'lɛɪ̯bə 'pɑ:ti], die; - - - ⟨*engl.*⟩: **a)** Name der ↑Labour Party bis 1906; **b)** 1914 von der Labour Party abgespaltene Partei mit pazifistischer Einstellung
In|de|pen|denz, die; - ⟨*lat.-nlat.*⟩ (veraltet): Unabhängigkeit
in|de|ter|mi|na|bel [auch: 'ɪn...] ⟨*lat.*⟩ (Philos.): unbestimmt, unbestimmbar
In|de|ter|mi|na|ti|on [auch: 'ɪn...], die; - ⟨*lat.-nlat.*⟩: **1.** (Philos.) Unbestimmtheit. **2.** Unentschlossenheit
in|de|ter|mi|niert [auch: 'ɪn...] ⟨*lat.*⟩ (Philos.): unbestimmt, nicht festgelegt (abgegrenzt), frei
In|de|ter|mi|nis|mus, der; - ⟨*lat.-nlat.*⟩ (Philos.): Lehrmeinung, nach der ein Geschehen nicht od. nur bedingt durch Kausalität od. Naturgeschehen bestimmt ist (Ggs.: Determinismus [2])
In|dex, der; - u. -es, -e u. ...dizes, auch: ...dices [...ditse:s] ⟨*lat.;* »Anzeiger; Register, Verzeichnis«⟩: **1.** alphabetisches [Stichwort]verzeichnis (von Namen, Sachen, Orten u. a.). **2.** (Plural Indexe, Indices) Liste von Büchern, die nach päpstlichem Entscheid von den Gläubigen nicht gelesen werden durften; **auf dem Index stehen:** verboten sein (von Büchern). **3.** (Plural Indizes, Indices; Wirtsch.) statistischer Messwert, durch den eine Veränderung bestimmter wirtschaftlicher Tatbestände (z. B. Preisentwicklung in einem bestimmten Bereich) ausgedrückt wird. **4.** (Plural Indizes) **a)** (Math.) Buchstabe od. Zahl, die zur Kennzeichnung od. Unterscheidung gleichartiger Größen an diese (meist tiefer stehend) angehängt wird (z. B. a_1, a_2, a_3 od. allgemein a_i, a_n, a_l); **b)** (Lexikografie) hochgestellte Zahl, die ↑Homografen o. Ä. zum Zwecke der Unterscheidung vorangestellt wird. **5.** (Med.) Zeigefinger. **6.** Verhältnis der Schädelbreite zur Schädellänge in Prozenten (Messwert der ↑Anthropologie).

7. (EDV) besondere Datei od. Struktur einer Datenbank, die ein schnelles Auffinden bestimmter Daten ermöglicht

In|dex|fa|mi|lie, die; -, -n: Modellfamilie, nach deren Monatsverbrauch der Preisindex für die Lebenshaltung anhand eines sogenannten Warenkorbes berechnet wird

In|dex|fonds [...fõː], der; -, - [...fõːs] (Wirtsch.): Investmentfonds, der einen bestimmten Wertpapierindex (z. B. den DAX) nachbildet

in|de|xie|ren ‹*lat.-nlat.*› (selten): **1.** (Fachspr.) einen Index (1), eine Liste von Gegenständen od. Hinweisen anlegen; vgl. indizieren. **2.** indizieren (3). **In|de|xie|rung,** die; -, -en: **1.** das Indexieren, Indexiertwerden. **2.** (Wirtsch.) Dynamisierung (vgl. dynamisieren [b]) eines Betrages durch Knüpfung an eine Indexklausel

In|dex|klau|sel, die; -, -n: Wertsicherungsklausel, nach der die Höhe eines geschuldeten Betrages vom Preisindex der Lebenshaltung abhängig gemacht wird

In|dex|re|gis|ter, das; -s, - (EDV): Register (5) eines Prozessors, mit dessen Hilfe der Prozessor [2]Adressen (2) finden, bilden und verändern kann

In|dex|wäh|rung, die; -, -en ‹*lat.; dt.*›: Währung, die durch die Beeinflussung der Geld- u. Kreditmenge durch die Notenbank manipuliert wird

In|dex|zif|fer, die; -, -n: Ziffer, die die Veränderung von Zahlenwerten zum Ausdruck bringt (z. B. Preisindex)

in|de|zent [auch: ...ˈtsɛnt] ‹*lat.*›: nicht taktvoll, nicht feinfühlig (Ggs.: dezent). **In|de|zenz** [auch: ...ˈtsɛnts], die; -, -en: Mangel an Takt, Feinfühligkeit (Ggs.: Dezenz [1])

[1]In|di|a|ca® [...ka], das; -[s] ‹Kunstw.›: von den südamerikanischen Indianern stammendes, dem ↑Volleyball (1) verwandtes Mannschaftsspiel, bei dem anstelle des Balles eine [2]Indiaca verwendet wird

[2]In|di|a|ca, die; -, -s: für das [1]Indiaca verwendeter, mit Federn versehener Lederball mit elastischer Füllung

In|di|an, der; -s, -e ‹kurz für »indianischer Hahn«› (bes. österr.): Truthahn

In|di|a|na|po|lis|start, der; -[e]s, -s, selten: -e ‹nach der Rennstrecke in Indianapolis, der Hauptstadt des US-Bundesstaates Indiana› (Motorsport): Form des Starts bei Autorennen, bei der die Fahrzeuge nach einer Einlaufrunde im fliegenden Start über die Startlinie fahren

In|di|a|ner, der; -s, - ‹*lat.*›: **1.** Angehöriger der Ureinwohner Amerikas. **2.** (Jargon) Späher, Kundschafter in geheimdienstlichem Auftrag. **In|di|a|ne|rin,** die; -, -nen: weibliche Form zu ↑Indianer (1,2)

in|di|a|nisch: a) die Indianer betreffend; **b)** zu den Indianern gehörend. **In|di|a|nist,** der; -en, -en ‹*nlat.*›: Kenner, Erforscher der indianischen Sprachen u. Kulturen. **In|di|a|nis|tik,** die; -: Wissenschaft, die sich mit der Erforschung der indianischen Sprachen u. Kulturen beschäftigt. **In|di|a|nis|tin,** die; -, -nen: weibliche Form zu ↑Indianist

In|dian Sum|mer [ˈɪndiən ˈsamɐ], der; - -s ‹*engl.;* »Indianersommer«›: in Nordamerika mit großer Regelmäßigkeit Ende September u. Anfang Oktober auftretende Periode schönen Wetters

In|di|ca|tor, der; -s ‹*lat.-nlat.*›: Gattung der Honiganzeiger (spechtartige Vögel des afrikanischen Urwaldes)

[1]In|die [ˈɪndi], das; -s, -s ‹Kurzform von *engl.* independent »unabhängig«›: **a)** kleine, unabhängige Plattenfirma; **b)** unabhängiger Produzent von Musik, Filmen o. Ä.

[2]In|die, der; -s (meist ohne Artikel): den Rock- u. Popbereich erweiternder, alternativer, unkonventioneller Musikstil

in|dif|fe|rent [auch: ...ˈrɛnt] ‹*lat.*›: unbestimmt; gleichgültig, teilnahmslos, unentschieden; **indifferentes Gleichgewicht** (Mechanik): Gleichgewicht, bei dem eine Verschiebung die Energieverhältnisse nicht ändert; **indifferente Stoffe:** feste, flüssige od. gasförmige Substanzen, die entweder gar nicht od. unter extremen Bedingungen nur sehr geringfügig mit Chemikalien reagieren

In|dif|fe|ren|tis|mus, der; - ‹*lat.-nlat.*›: Gleichgültigkeit gegenüber bestimmten (bes. religiösen) Dingen, Meinungen, Lehren; Uninteressiertheit

In|dif|fe|renz [auch: ...ˈrɛnts], die; -, -en ‹*lat.*›: **1.** (ohne Plural; bildungsspr.) Gleichgültigkeit, Uninteressiertheit. **2.** (Chemie, Med.) (von chem. Stoffen [in Arzneimitteln]) Neutralität

in|di|gen ‹*lat.*›: eingeboren, einheimisch. **In|di|ge|nat,** das; -[e]s; -e ‹*lat.-nlat.*› (Rechtsspr. veraltet): **a)** Heimat-, Bürgerrecht; **b)** Staatsangehörigkeit

In|di|ges|ti|on, die; -, -en ‹*lat.*› (Med.): Verdauungsstörung

In|di|g|na|ti|on, die; - ‹*lat.*›: Unwille, Entrüstung. **in|di|g|nie|ren:** Unwillen, Entrüstung hervorrufen. **in|di|g|niert:** peinlich berührt, unwillig, entrüstet

In|di|g|ni|tät, die; -: **1.** (veraltet) Unwürdigkeit. **2.** (Rechtswiss.) Erbunwürdigkeit

In|di|go, der od. das; -s, -s ‹*gr.-lat.-span.*› (Chemie): ältester u. wichtigster organischer, heute synthetisch hergestellter tief dunkelblauer ↑[Küpen]farbstoff

In|di|go|blau, das; -[s]: ↑Indigo

in|di|go|id ‹*gr.-lat.-span.; gr.*›: indigoähnlich

In|di|go|lith [auch: ...ˈlɪt], der; -s u. -en, -e[n]: seltener, indigoblauer Turmalin

In|di|go|tin, das; -s ‹*nlat.*›: ↑Indigo

In|dik, der; -s ‹*gr.-lat.*›: Indischer Ozean

In|di|ka|ti|on, die; -, -en ‹*lat.*›: **1.** (Med.) aus der ärztlichen Diagnose sich ergebende Veranlassung, ein bestimmtes Heilverfahren anzuwenden, ein Medikament zu verabreichen; vgl. indizieren (Ggs.: Kontraindikation). **2.** (bes. Rechtsspr.) das Angezeigtsein eines Schwangerschaftsabbruchs aus unterschiedlichen Gründen; **kriminologische Indikation:** (bei Vergewaltigung); **embryopathische Indikation:** (wegen möglicher Schäden des Kindes); **medizinische Indikation:** (bei Gefahr für das Leben der Mutter); **soziale Indikation:** (bei einer Notlage)

In|di|ka|ti|o|nen|mo|dell, In|di|ka|ti|ons|mo|dell, das; -s, -e (Rechtsspr. früher): Modell zur Freigabe des Schwangerschaftsabbruchs unter bestimmten medizinisch-embryopathischen od. kriminologischen Voraussetzungen

1**In|di|ka|tiv,** der; -s, -e ‹*lat.*› (Sprachwiss.): Wirklichkeitsform des Verbs (z. B. *fährt*) (Abk.: Ind.; Ggs.: Konjunktiv)

2**In|di|ka|tiv,** das; -s, -s ‹*lat.-frz.*›: Erkennungsmelodie; bestimmtes Musikstück, das immer wiederkehrende Radio- u. Fernsehsendungen einleitet

in|di|ka|ti|visch [auch: ...ˈtiː...] (Sprachwiss.): den 1Indikativ betreffend, im 1Indikativ [stehend]

In|di|ka|tor, der; -s, ...oren ‹*lat.-nlat.*›: **1.** Umstand od. Merkmal, das als [beweiskräftiges] Anzeichen od. als Hinweis auf etwas anderes dient. **2.** (veraltet) Liste der ausleihbaren Bücher einer Bibliothek. **3.** Gerät zum Aufzeichnen des theoretischen Arbeitsverbrauches u. der ↑indizierten Leistung einer Maschine (z. B. Druckverlauf im Zylinder von Kolbenmaschinen). **4.** Stoff (z. B. Lackmus), der durch Farbwechsel eine bestimmte chemische Reaktion anzeigt

In|di|ka|t|rix, die; -: mathematisches Hilfsmittel zur Feststellung der Krümmung einer Fläche in einem ihrer Punkte

In|dik|ti|on, die; -, -en ‹*lat.;* »Ansage, Ankündigung«›: mittelalterliche Jahreszählung (Römerzinszahl) mit 15-jähriger Periode, von 312 n. Chr. an gerechnet (nach dem alle 15 Jahre aufgestellten römischen Steuerplan)

In|dio, der; -s, -s ‹*span.*›: süd- od. mittelamerikanischer Indianer

In|di|rect Rule [ɪndɪˈrɛkt ˈruːl], die; - - ‹*engl.*›: Herrschaftsprinzip der brit. Kolonialmacht, das die einheimischen Herrschaftsverhältnisse bestehen ließ, soweit sie sich brit. Kontrolle unterwarfen

in|di|rekt [auch: ...ˈrɛkt] ‹*lat.-mlat.*›: **1.** nicht durch eine unmittelbare Äußerung, Einflussnahme o. Ä.; nicht persönlich; über einen Umweg (Ggs.: direkt); **indirekte Rede:** abhängige Rede (z. B.: Er sagte, *er sei nach Hause gegangen*); **indirekte Steuer:** Steuer, die im Preis bestimmter Waren, bes. bei Genuss- u. Lebensmitteln, Mineralöl o. Ä. enthalten ist; **indirekte Wahl:** Wahl [der Abgeordneten, des Präsidenten] durch Wahlmänner. **2.** (in Bezug auf räumliche Beziehungen) nicht unmittelbar, nicht auf einem direkten Weg; **indirekte Beleuchtung:** Beleuchtung, bei der die Lichtquelle nicht sichtbar ist

in|dis|kret [auch: ...ˈkreːt]: ohne den gebotenen Takt od. die gebotene Zurückhaltung in Bezug auf die Privatsphäre eines anderen (Ggs.: diskret). **In|dis|kre|ti|on** [auch: ...ˈtsi̯oːn], die; -, -en: **a)** Mangel an Verschwiegenheit; Vertrauensbruch; **b)** Taktlosigkeit

in|dis|ku|ta|bel [auch: ...ˈtaː...] (abwertend): nicht der Erörterung wert (Ggs.: diskutabel)

in|dis|pen|sa|bel [auch: ...ˈzaː...] (veraltet): unerlässlich

in|dis|po|ni|bel [auch: ...ˈniː...]: **a)** nicht verfügbar; festgelegt; **b)** (selten) unveräußerlich

in|dis|po|niert: unpässlich; nicht zu etwas aufgelegt; in schlechter Verfassung. **In|dis|po|niert|heit,** die; -: Zustand des Indisponiertseins

In|dis|po|si|ti|on, die; -, -en: Unpässlichkeit; schlechte körperlich-seelische Verfassung

in|dis|pu|ta|bel [auch: ...ˈtaː...] ‹*lat.*› (veraltet): nicht strittig, unbestreitbar (Ggs.: disputabel)

In|dis|zi|p|lin [auch: ...ˈpliːn], die; - (selten): Mangel an Disziplin. **in|dis|zi|p|li|niert** [auch: ...ˈniːɐ̯t]: keine Disziplin haltend

In|di|um, das; -s ‹*nlat.;* von *lat.* indicum »Indigo«, wegen der zwei indigoblauen Linien im Spektrum des Indiums›: chem. Element; ein Metall (Zeichen: In)

In|di|vi|du|al|di|a|g|no|se, die; -, -n (Psychol.): Methode zur Erfassung der Persönlichkeit eines Menschen mithilfe von Tests sowie der ↑differenziellen u. Tiefenpsychologie

In|di|vi|du|al|dis|tanz, die; -, -en (Zool.): spezifischer Abstand, auf den sich Tiere bestimmter Arten (außer bei der Brutpflege) untereinander annähern

In|di|vi|du|al|ethik, die; -: **1.** Teilgebiet der ↑Ethik (1 a), das insbesondere die Pflichten des Einzelnen gegen sich selbst berücksichtigt. **2.** Ethik, in der der Wille od. die Bedürfnisse des Einzelnen als oberster Maßstab zur Bewertung von Handlungen angesehen werden

In|di|vi|du|a|li|sa|ti|on, die; -, -en ‹*lat.-nlat.*›: ↑Individualisierung; vgl. ...ation/...ierung

in|di|vi|du|a|li|sie|ren ‹*lat.-mlat.-frz.*›: die Individualität eines Gegenstandes bestimmen; das Besondere, Einzelne, Eigentümliche [einer Person, eines Falles] hervorheben. **In|di|vi|du|a|li|sie|rung,** die; -, -en: **a)** das Individualisieren; **b)** individualisierte Darstellung

In|di|vi|du|a|lis|mus, der; - ‹*lat.-mlat.-nlat.*›: **1.** (Philos.) Anschauung, die dem Individuum u. seinen Bedürfnissen den Vorrang vor der Gemeinschaft einräumt. **2.** Haltung eines Individualisten (2)

In|di|vi|du|a|list, der; -en, -en: **1.** Vertreter des ↑Individualismus (1). **2.** jmd., der einen ganz persönlichen, eigenwilligen Lebensstil entwickelt hat u. sich dadurch von anderen, ihren Verhaltens- u. Denkweisen abhebt. **In|di|vi|du|a|lis|tin,** die; -, -nen: weibliche Form zu ↑Individualist. **in|di|vi|du|a|lis|tisch:** **1.** dem Individualismus entsprechend. **2.** der Haltung, Eigenart eines Individualisten entsprechend

In|di|vi|du|a|li|tät, die; -, -en ‹*lat.-mlat.-frz.*›: **1.** (ohne Plural) persönliche Eigenart; Eigenartigkeit, Einzigartigkeit. **2.** Persönlichkeit

In|di|vi|du|al|pä|d|a|go|gik, die; -: individuelle Neigungen u. Fähigkeiten berücksichtigendes u. förderndes Erziehungsprinzip

In|di|vi|du|al|po|tenz, die; -, -en (Biol.): **1.** [sexuelle] Leistungsfähigkeit männlicher Individuen. **2.** Ausmaß der Erbtüchtigkeit eines Zuchttieres

In|di|vi|du|al|prä|ven|ti|on, die; -, -en: ↑ Spezialprävention

In|di|vi|du|al|psy|cho|lo|gie, die; -, ...ien: **1.** psychologische Forschungsrichtung, die sich mit dem Einzelwesen befasst. **2.** (von dem Psychiater u. Psychologen A. Adler entwickelte) Psychologie des Unbewussten, nach der der Hauptantrieb des menschlichen Handelns in sozialen Bedürfnissen u. damit in einem gewissen Streben nach Geltung u. Macht liegt. **in|di|vi|du|al|psy|cho|lo|gisch:** die Individualpsychologie betreffend

In|di|vi|du|al|sphä|re, die; -, -n: private Sphäre, persönlicher Bereich des Einzelnen

In|di|vi|du|al|tou|ris|mus, der; -: Tourismus, der sich auf den individuell reisenden Urlauber bezieht (Ggs.: Pauschaltourismus)

In|di|vi|du|al|ver|kehr, der; -s (Amtsspr.): mit Privatfahrzeugen abgewickelter Verkehr im Unterschied zum Verkehr mit öffentlichen Verkehrsmitteln

In|di|vi|du|a|ti|on, die; -, -en ⟨*lat.-nlat.*⟩ (Psychol.): Prozess der Selbstwerdung des Menschen, in dessen Verlauf sich das Bewusstsein der eigenen Individualität bzw. der Unterschiedenheit von anderen zunehmend verfestigt; vgl. ...ation/...ierung (Ggs.: Sozialisation)

in|di|vi|du|ell ⟨*lat.-mlat.-frz.*⟩: **1. a)** auf das Individuum (1), den einzelnen Menschen, seine Bedürfnisse, speziellen Verhältnisse u. Ä. zugeschnitten, ihnen angemessen, ihnen entsprechend; **b)** durch die Eigenart, Besonderheit u. Ä. der Einzelpersönlichkeit geprägt; je nach persönlicher Eigenart [verschieden]. **2.** [als persönliches Eigentum] einem Einzelnen gehörend, nicht gemeinschaftlich, öffentlich genutzt, verwendet, verbraucht. **3.** als Individuum (1), als Persönlichkeit zu respektieren; als Einzelpersönlichkeit in Erscheinung tretend, auffallend

In|di|vi|du|en: *Plural* von ↑ Individuum

in|di|vi|du|ie|ren: eine individuelle, akzentuierte [Persönlichkeits]struktur gewinnen. **In|di|vi|du|ie|rung,** die; -, -en: ↑ Individuation; vgl. ...ation/...ierung

In|di|vi|du|um, das; -s, ...duen ⟨*lat.*; »das Unteilbare«⟩: **1.** der Mensch als Einzelwesen [in seiner jeweiligen Besonderheit]. **2.** (abwertend) Mensch von zweifelhaftem Charakter; in irgendeiner Hinsicht negativ eingeschätzte Person. **3.** (Biol.) einzelnes pflanzliches od. tierisches Lebewesen [als Vertreter seiner Spezies]. **4.** (Chemie) kleinstes chemisches Teilchen jeglicher Art

In|diz, das; -es, -ien [...i̯ən] ⟨*lat.*; »Anzeige; Anzeichen«⟩: **1.** Hinweis, Anzeichen. **2.** (meist Plural; Rechtsspr.) Umstand, der mit großer Wahrscheinlichkeit auf einen bestimmten Sachverhalt (vor allem auf eine Täterschaft) schließen lässt; Tatumstand; Verdachtsmoment

In|di|zes: *Plural* von ↑ Index

in|di|zi|ell (Rechtsspr.): ein Indiz (2), Indizien betreffend

In|di|zi|en: *Plural* von ↑ Indiz. **In|di|zi|en|be|weis,** der; -es, -e (Rechtswiss.): Beweis, der sich nur auf zwingende Verdachtsmomente stützt

in|di|zie|ren: 1. anzeigen, auf etwas hinweisen. **2.** (bes. Med.) etw., bes. eine bestimmte Behandlung, Heilmethode o. Ä., als angezeigt erscheinen lassen. **3.** (von Druckwerken) auf den Index (2) setzen. **4. a)** zum Zwecke der Unterscheidung mit einer hochgestellten Zahl versehen (z. B. Homonyme); **b)** ↑ indexieren (1). **in|di|ziert: 1.** angezeigt, ratsam. **2.** (Med.) ein bestimmtes Heilverfahren nahelegend (Ggs.: kontraindiziert); **indizierte Leistung:** durch den Indikator (3) angezeigte, von der Maschine aufgenommene Leistung. **In|di|zie|rung,** die; -, -en: das Indizieren; vgl. ...ation/...ierung

In|di|zi|um, das; -s, ...ien (veraltet): ↑ Indiz

in|do|arisch: die von den ↑ Ariern hergeleiteten Völker Vorderindiens betreffend

In|do|eu|ro|pä|er, der; -s, -: ↑ Indogermane. **in|do|eu|ro|pä|isch:** ↑ indogermanisch

In|do|eu|ro|pä|ist, der; -en, -en: ↑ Indogermanist. **In|do|eu|ro|pä|is|tik,** die; -: ↑ Indogermanistik. **In|do|eu|ro|pä|is|tin,** die; -, -nen: weibliche Form zu ↑ Indoeuropäist

In|do|ger|ma|ne, der; -n, -n: Angehöriger eines der Völker, die das Indogermanische als Grundsprache haben. **in|do|ger|ma|nisch:** die Indogermanen od. das Indogermanische betreffend (Abk.: idg.). **In|do|ger|ma|ni|sche,** das; -n: erschlossene Grundsprache der Indogermanen (benannt nach den räumlich am weitesten voneinander entfernten Vertretern, den Indern im Südosten u. den Germanen im Nordwesten)

In|do|ger|ma|nist, der; -en, -en ⟨*nlat.*⟩: Wissenschaftler auf dem Gebiet der Indogermanistik. **In|do|ger|ma|nis|tik,** die; -: Wissenschaft, die die einzelnen Sprachfamilien des Indogermanischen u. die Kultur der Indogermanen erforscht. **In|do|ger|ma|nis|tin,** die; -, -nen: weibliche Form zu ↑ Indogermanist

In|dok|t|ri|na|ti|on, die; -, -en ⟨*lat.*⟩: [massive] psychologische Mittel nutzende Beeinflussung von Einzelnen od. ganzen Gruppen der Gesellschaft im Hinblick auf die Bildung einer bestimmten Meinung od. Einstellung; vgl. ...ation/...ierung. **in|dok|t|ri|na|tiv:** auf indoktrinierende Weise. **in|dok|t|ri|nie|ren:** in eine bestimmte Richtung drängen, beeinflussen. **In|dok|t|ri|nie|rung,** die; -, -en: das Indoktrinieren, Indoktriniertwerden

In|dol, das; -s ⟨Kurzw. aus *lat. indicum* »Indigo« u. dem fachspr. Suffix *...ol*⟩: chemische Verbindung, die bei Fäulnis von Eiweiß entsteht

in|do|lent [auch: ...'lɛnt] ⟨*lat.*⟩: **1.** geistig träge u. gleichgültig; keine Gemütsbewegung erkennen lassend. **2.** (Med.) **a)** schmerzunempfindlich; gleichgültig gegenüber Schmerzen; **b)** (vom Organismus od. von einzelnen Körperteilen) schmerzfrei; **c)** (von krankhaften Prozessen) keine Schmerzen verursachend. **In|do|lenz** [auch: ...'lɛnts], die; - (Med.): das Indolentsein

In|do|lo|ge, der; -n, -n ⟨*gr.-nlat.*⟩: Wissenschaftler auf dem Gebiet der Indologie. **In|do|lo|gie,** die; -: Wissenschaft von der indischen Sprache u. Kultur. **In|do|lo|gin,** die; -, -nen: weibliche Form zu ↑Indologe

in|door [ˈɪndɔːɐ̯] ‹*engl.;* »im Hause«›: innen, im Haus, in der Halle [befindlich, stattfindend] (z. B. von Veranstaltungen). **In|door|sport,** der; -[e]s: Gesamtheit der sportlichen Disziplinen, die in Hallen ausgetragen werden, z. B. Hallenfußball

in|do|pa|zi|fisch: um den Indischen u. Pazifischen Ozean gelegen

in|dos|sa|bel ‹*lat.-it.*› (Wirtsch.): durch Indossament übertragbar. **In|dos|sa|ment,** das; -[e]s, -e (Wirtsch.): Wechselübertragung, Wechselübertragungsvermerk

In|dos|sant, Indossent, der; -en, -en (Wirtsch.): jmd., der die Rechte an einem Wechsel auf einen anderen überträgt; Wechselüberschreiber. **In|dos|sat,** der; -en, -en, **In|dos|sa|tar,** der; -s, -e (Bankw.): durch Indossament ausgewiesener Wechselgläubiger

In|dos|sent vgl. Indossant

in|dos|sie|ren (Wirtsch.): einen Wechsel durch Indossament übertragen. **In|dos|so,** das; -s, -s u. ...ssi: Übertragungsvermerk eines Wechsels

In|d|ra ‹*sanskr.*›: Hauptgottheit der vedischen Religion, im Hinduismus Rachegott

In|d|ri, der; -s, -s ‹*madagassisch* eigtl. »sieh hin!« (fälschlich als Name des Tiers gedeutet)›: größte lebende Halbaffenart aus der Familie der Lemuren in den Wäldern Madagaskars

in du|bio ‹*lat.*›: im Zweifelsfall; **in dubio pro reo:** im Zweifelsfall für den Angeklagten (alter Rechtsgrundsatz, nach dem in Zweifelsfällen ein Angeklagter mangels Beweises freigesprochen werden soll)

In|duk|tanz, die; - ‹*lat.-nlat.*› (Elektrot.): ↑induktiver Widerstand

In|duk|ti|on, die; -, -en ‹*lat.;* »das Hineinführen«›: **1.** wissenschaftliche Methode, vom besonderen Einzelfall auf das Allgemeine, Gesetzmäßige zu schließen (Ggs.: Deduktion [a]). **2.** (Elektrot.) Erzeugung elektrischer Ströme u. Spannungen in elektrischen Leitern durch bewegte Magnetfelder. **3.** (Biol.) von einem bestimmten Keimteil ausgehende Wirkung, die einen anderen Teil des Keimes zu bestimmten Entwicklungsvorgängen zwingt. **4.** (Klimatechnik) das Mitreißen von vorhandener Luft durch einen in einen Lüftungsschacht o. Ä. eingeleiteten Luftstrom

In|duk|ti|ons|ap|pa|rat, der; -[e]s, -e ‹*lat.-nlat.*›: Transformator zur Erzeugung hoher Spannung, der durch Gleichstromimpulse betrieben wird

In|duk|ti|ons|krank|heit, die; -, -en (Med. veraltet): psychotische Störung eines zwar labilen, aber psychisch gesunden Menschen durch ständigen persönlichen Kontakt mit einem an einer Psychose Erkrankten (z. B. Übernahme der Wahnvorstellungen)

In|duk|ti|ons|ofen, der; -s, ...öfen (Technik): elektrischer Schmelzofen, Ofen für hohe Temperaturen, bei dem das Metall induktiv (2) geschmolzen wird

In|duk|ti|ons|strom, der; -[e]s, ...ströme: durch Induktion (2) erzeugter Strom

in|duk|tiv ‹*lat.*›: **1.** in der Art der Induktion (1) vom Einzelnen zum Allgemeinen hinführend (Ggs.: deduktiv). **2.** durch Induktion (2) wirkend od. entstehend; **induktiver Widerstand:** durch die Wirkung der Selbstinduktion bedingter Wechselstromwiderstand

In|duk|ti|vi|tät, die; -, -en ‹*lat.-nlat.*›: Verhältnis zwischen induzierter Spannung u. Änderung der Stromstärke pro Zeiteinheit

In|duk|tor, der; -s, ...oren: Induktionsapparat

in dul|ci ju|bi|lo ‹*lat.;* »in süßem Jubel«, Anfang eines mittelalterlichen Weihnachtsliedes mit gemischtem lateinischem u. deutschem Text (dt.: Nun singet u. seid froh!)› (ugs.): herrlich u. in Freuden

in|dul|gent ‹*lat.*›: nachsichtig. **In|dul|genz,** die; -, -en: **1.** (Rechtswiss.) Nachsicht. **2.** Straferlass (Rechtsw.). **3.** Ablass, Nachlass der zeitlichen Sündenstrafen

In|du|lin, das; -s, -s (meist Plural) ‹Kunstw.› (Chemie): blaugrauer Teerfarbstoff

In|dult, der od. das; -[e]s, -e ‹*lat.*›: **1.** Frist, Vergünstigung, die in bestimmten Fällen gewährt wird. **2.** (veraltet) Einräumung einer Frist, wenn der Schuldner in Verzug ist. **3.** (kath. Kirchenrecht) vorübergehende Befreiung von einer gesetzlichen Verpflichtung

in du|plo ‹*lat.*› (veraltet): in zweifacher Ausfertigung, doppelt

In|du|ra|ti|on, die; -, -en ‹*lat.-nlat.*› (Med.): Gewebe- od. Organverhärtung. **in|du|rie|ren** ‹*lat.*› (Med.): sich verhärten (in Bezug auf Haut, Muskeln od. Gewebe)

In|du|si, die; -, -s ‹Kurzw. für *in*duktive Zug*si*cherung› (Eisenbahn früher): durch Induktion (2) gesteuerte Sicherheitsvorrichtung zur automatischen Steuerung von Zügen

In|du|si|en|kalk, der; -[e]s ‹*lat.; dt.*›: Kalkbänke aus Röhren von Köcherfliegenlarven des Tertiärs

In|du|si|um, das; -s, ...ien ‹*lat.*› (Bot.): häutiger Auswuchs der Blattunterseite von Farnen, der die Sporangien überdeckt

In|dus|t|ri|al De|sign [ɪnˈdastriəl diˈzaɪ̯n], das; - -s ‹*lat.-engl.*›: Formgebung, bewusste Gestaltung von Gebrauchsgegenständen

In|dus|t|ri|al De|si|g|ner [- diˈzaɪ̯nɐ], der; - -s, - -: Formgestalter für Gebrauchsgegenstände. **Indus|t|ri|al De|si|g|ne|rin,** die; -, -nen: weibliche Form zu ↑Industrial Designer

In|dus|t|ri|al En|gi|neer [- ɛndʒɪˈnɪə̯], der; - -s, - -s ‹*lat.-engl.*›: jmd., der über Spezialkenntnisse auf dem Gebiet der Rationalisierung von Arbeitsprozessen in der Industrie verfügt

In|dus|t|ri|al En|gi|nee|ring [- ɛndʒɪˈnɪə̯rɪŋ], das; - -[s]: Wissenschaft u. Technik der Rationalisierung von Arbeitsprozessen in der Industrie

in|dus|t|ri|a|li|sie|ren ‹*lat.-frz.*›: **a)** mit Industrie versehen, Industrie ansiedeln; **b)** industrielle Herstellungsmethoden in einem Produktionsbereich, einem Betrieb o. Ä. einführen. **In|dus|t|ri|a|li|si̲e̲|rung,** die; -, -en: das Industrialisieren, Industrialisiertwerden

In|dus|t|ri|a|lis|mus, der; -: Prägung einer Volkswirtschaft durch die Industrie mit ihren Auswirkungen

In|dus|t|rie, die; -, ...i̯en (»Fleiß, Betriebsamkeit«): **1.** Wirtschaftszweig, der die Gesamtheit aller mit der Massenherstellung von Konsum- u. Produktionsgütern beschäftigten Fabrikationsbetriebe eines Gebietes erfasst. **2.** Gesamtheit der Fabrikationsbetriebe einer bestimmten Branche in einem Gebiet

In|dus|t|rie|ar|chäo|lo|gie, die; -: Erhaltung, Restaurierung, Erforschung von Objekten der Industrie (wie Bauwerke, Maschinen, Produkte industrieller Fertigung) mit den Methoden von Archäologie u. Denkmalschutz

In|dus|t|rie|de|sign [...dizaɪn], das; -s: ↑Industrial Design. **In|dus|t|rie|de|si|g|ner,** der; -s, -: ↑Industrial Designer

In|dus|t|rie|ka|pi|tän, der; -s, -e (ugs.): Leiter eines großen Industriebetriebes

In|dus|t|rie|kon|zern, der; -s, -e: Konzern, in dem mehrere Industriebetriebe zusammengeschlossen sind

in|dus|t|ri|ell: a) die Industrie betreffend; **b)** mithilfe der Industrie (1) hergestellt. **In|dus|t|ri|el|le,** der u. die; -n, -n: Unternehmer[in], Eigentümer[in] eines Industriebetriebs

In|dus|t|rie|ma|g|nat, der; -en, -en: Eigentümer großer, in Industriebetrieben investierter Kapitalien

In|dus|t|rie|ob|li|ga|ti|on, die; -, -en (meist Plural): Anleihe eines [Industrie]unternehmens

In|dus|t|rie|so|zio|lo|gie, die; -: Teilgebiet der Soziologie, das sich mit den Institutionen, Organisationen, Verhaltensmustern u. Einstellungen in Industriegesellschaften befasst. **in|dus|t|rie|so|zio|lo|gisch:** die Industriesoziologie betreffend

In|dus|t|rie|stan|dard, der; -s, -s: ohne offizielle Normierung von den meisten Herstellern eingehaltener technischer Standard bei Produkten

in|du|zie|ren ⟨*lat.*⟩: **1.** vom besonderen Einzelfall auf das Allgemeine, Gesetzmäßige schließen (Ggs.: deduzieren). **2.** (Elektrot.) elektrische Ströme u. Spannungen in elektrischen Leitern durch bewegte Magnetfelder erzeugen. **3.** (Fachspr.) bewirken, hervorrufen, auslösen; **induzierende Reaktion** (Chemie): Umsetzung von zwei Stoffen durch Vermittlung eines dritten Stoffes. **in|du|ziert: a)** von außen, von einem anderen Bereich herausgelöst, angeregt; **b)** (Med.) durch äußere Umstände herbeigeführt

In|dy|car [ˈɪndikɑː], der; -s, -s ⟨*engl.-amerik.*⟩: schwerer amerikanischer Rennwagen (der Formel-1-Klasse vergleichbar)

In-Ear-Kopf|hö|rer [...ʔiːɐ̯...], der (meist Plural) ⟨*engl.; dt.*⟩: Kopfhörer, dessen Lautsprecher in den äußeren Gehörgang gesteckt werden

In|edi|tum, das; -s, ...ta ⟨*lat.*⟩ (selten): noch nicht herausgegebene Schrift

in ef|fec|tu ⟨*lat.*⟩ (veraltet): in der Tat, wirklich

in|ef|fek|tiv [auch: ...ˈtiːf] ⟨*lat.-nlat.*⟩: wenig od. nicht wirksam (Ggs.: effektiv)

in ef|fi|gie [- ...i̯e] ⟨*lat.;* »im Bilde«⟩: bildlich; **in effigie hinrichten** (veraltet): an einer bildlichen Darstellung eines entflohenen Verbrechers dessen Hinrichtung symbolisch vollziehen

in|ef|fi|zi|ent [auch: ...ˈtsi̯ɛnt]: nicht wirksam, keine Wirkung habend, unwirtschaftlich (Ggs.: effizient). **In|ef|fi|zi|enz** [auch: ...ˈtsi̯ɛnts], die; -, -en: Unwirksamkeit, Wirkungslosigkeit, Unwirtschaftlichkeit (Ggs.: Effizienz)

in|egal [auch: ...ˈgaːl] ⟨*lat.-frz.*⟩ (selten): ungleich

in|ert ⟨*lat.*⟩ (veraltet): untätig, träge; unbeteiligt; **inerter Stoff** (Chemie): reaktionsträger Stoff, der sich an gewissen chemischen Vorgängen nicht beteiligt (z. B. Edelgase)

In|er|ti|al|sys|tem, das; -s, -e ⟨*lat.-nlat.; gr.-lat.*⟩ (Physik): Koordinatensystem, das sich geradlinig mit konstanter Geschwindigkeit bewegt

In|er|tie, die; - (Med.): Trägheit, Langsamkeit (z. B. eines Körperorgans hinsichtlich seiner Arbeitsleistung)

in|es|sen|zi|ell, inessentiell [auch: ...ˈtsi̯ɛl] (Philos.): nicht wesensmäßig, unwesentlich (Ggs.: essenziell)

In|es|siv, der; -s, -e ⟨*lat.-nlat.*⟩: Kasus in den finnisch-ugrischen Sprachen, der die Lage in etwas angibt

in|ex|akt [auch: ...ˈksakt] ⟨*lat.*⟩: ungenau

in|exis|tent [auch: ...ˈtɛnt] ⟨*lat.*⟩: nicht vorhanden, nicht bestehend (Ggs.: existent)

[1]**In|exis|tenz** [auch: ...ˈtɛnts], die; - ⟨*spätlat.* inex(s)istens »nicht vorhanden«⟩: das Nicht-vorhanden-Sein

[2]**In|exis|tenz** [auch: ...ˈtɛnts], die; - ⟨*spätlat.* inexsistens »darin vorhanden«⟩ (Philos.): das Enthaltensein in etwas

in|ex|plo|si|bel [auch: ...ˈziː...] ⟨*lat.-nlat.*⟩: nicht explodierend, ohne Anlage zum Explodieren

in ex|ten|so ⟨*lat.*⟩: ausführlich; vollständig

in ex|t|re|mis ⟨*lat.*⟩ (Med.): im Sterben [liegend]

in fac|to ⟨*lat.*⟩: in der Tat, in Wirklichkeit, wirklich

in|fal|li|bel ⟨*lat.-nlat.*⟩: unfehlbar (vom Papst). **In|fal|li|bi|list,** der; -en, -en: Anhänger des katholischen Unfehlbarkeitsdogmas. **In|fal|li|bi|lis|tin,** die; -, -nen: weibliche Form zu ↑Infallibilist. **In|fal|li|bi|li|tät,** die; -: Unfehlbarkeit des Papstes in Dingen der Glaubenslehre

in|fam ⟨*lat.;* »berüchtigt, verrufen«⟩: **1.** bösartig u. jmdm. auf durchtriebene, schändliche Weise schadend. **2.** (ugs.) **a)** in beeinträchtigender, schädigender Weise stark, z. B. infame Schmerzen; **b)** in beeinträchtigend, schädigend hohem Maße; sehr, z. B. es ist infam kalt. **In|fa|mie,** die; -, ...i̯en: **1. a)** (ohne Plural) infame Art, Niedertracht; **b)** infame Äußerung, Handlung o. Ä.; Unverschämtheit. **2.** (kath. Kirchenrecht) Verlust der kirchlichen Ehrenhaftigkeit

In|fant, der; -en, -en ⟨*lat.-span.;* »Kind, Knabe; Edelknabe«⟩

(Geschichte): Titel spanischer u. portugiesischer Prinzen

In|fan|te|rie [...t(ə)ri, auch: ...tə'ri:, ...'tri:], die; -, ...ien ⟨*lat.-it.(-frz.)*⟩: **a)** auf den Nahkampf spezialisierte Waffengattung der Kampftruppen, die die meist zu Fuß mit der Waffe in der Hand kämpfenden Soldaten umfasst; **b)** (ohne Plural) Soldaten der Infanterie (a). **In|fan|te|rist** [...t(ə)rɪst, auch: ...tə'rɪst, ...'trɪst], der; -en, -en: Soldat der Infanterie; Fußsoldat. **in|fan|te|ris|tisch**: zur Infanterie gehörend

in|fan|til ⟨*lat.*⟩: **a)** (abwertend) auf kindlicher Entwicklungsstufe stehen geblieben, geistig od. körperlich unterentwickelt; kindisch; **b)** (Fachspr.) der kindlichen Entwicklungsstufe entsprechend, einem Kind angemessen, kindlich. **in|fan|ti|li|sie|ren**: geistig unselbstständig, zum Kind machen; bevormunden. **In|fan|ti|li|sie|rung**, die; -, -en: **a)** das Infantilisieren; **b)** das Infantilwerden

In|fan|ti|lis|mus, der; -, ...men ⟨*lat.-nlat.*⟩: **1.** (ohne Plural; Med., Psychol.) körperliches, geistiges Stehenbleiben auf kindlicher Entwicklungsstufe. **2.** Äußerung, Merkmal des Infantilismus (1). **In|fan|ti|list**, der; -en, -en (Med., Psychol.): jmd., der auf der kindlichen Entwicklungsstufe stehen geblieben ist. **In|fan|ti|lis|tin**, die; -, -nen: weibliche Form zu ↑Infantilist

In|fan|ti|li|tät, die; - ⟨*lat.-mlat.*⟩: **a)** kindisches Wesen, Unreife; **b)** Kindlichkeit, kindliches Wesen

In|fan|tin, die; -, -nen: weibliche Form zu ↑Infant

in|fan|ti|zid ⟨*lat.-nlat.*⟩ (Fachspr.): den Kindesmord betreffend. **In|fan|ti|zid**, der; -[e]s, -e (Fachspr.): Kindesmord

In|farkt, der; -[e]s, -e ⟨*lat.-nlat.*⟩: (Med.) **a)** Absterben eines Gewebestücks od. Organteils nach längerer Blutleere infolge Gefäßverschlusses; **b)** plötzliche Unterbrechung der Blutzufuhr in den Herzkranzgefäßen; Herzinfarkt

In|farkt|per|sön|lich|keit, die; -, -en (Med.): jmd., der aufgrund seiner körperlich-psychischen Voraussetzungen zum Infarkt disponiert ist

in|far|zie|ren ⟨*lat.*⟩ (Med.): einen Infarkt hervorrufen

in|faust ⟨*lat.*⟩ (Med.): ungünstig (z. B. in Bezug auf den angenommenen Verlauf einer Krankheit)

In|fekt, der; -[e]s, -e (Med.): **1.** Infektionskrankheit. **2.** ↑Infektion (1)

In|fek|tio|lo|gie, die; - ⟨*lat.; gr.*⟩: Wissenschaft von den Infektionskrankheiten

In|fek|ti|on, die; -, -en ⟨*lat.*⟩ (Med.): **1.** Ansteckung [durch Krankheitserreger]. **2.** (ugs.) Infektionskrankheit, Entzündung. **3.** (Jargon) Infektionsabteilung (in einem Krankenhaus o. Ä.)

In|fek|ti|ons|psy|cho|se, die; -, -n (Med.): Psychose bei u. nach Infektionskrankheiten

in|fek|ti|ös ⟨*lat.-frz.*⟩ (Med.): ansteckend; auf Ansteckung beruhend. **In|fek|ti|o|si|tät**, die; - ⟨*lat.-nlat.*⟩ (Med.): Ansteckungsfähigkeit [eines Krankheitserregers]

In|fel vgl. Inful

In|fe|renz, die; -, -en ⟨*lat.*⟩: aufbereitetes Wissen, das aufgrund von logischen Schlussfolgerungen gewonnen wurde

in|fe|ri|or ⟨*lat.*⟩: **1.** untergeordnet. **2. a)** jmdm. unterlegen; **b)** (österr.) äußerst mittelmäßig (im Vergleich mit einem andern). **3.** minderwertig, gering. **In|fe|ri|o|ri|tät**, die; - ⟨*lat.-nlat.*⟩: **1.** untergeordnete Stellung. **2.** Unterlegenheit. **3.** Minderwertigkeit

in|fer|nal (seltener), **in|fer|na|lisch** ⟨*lat.; »unterirdisch«*⟩: **a)** höllisch, teuflisch; Vorstellungen von der Hölle weckend; **b)** schrecklich, unerträglich; vgl. ...isch/-. **In|fer|na|li|tät**, die; - ⟨*lat.-nlat.*⟩ (veraltet): teuflische Verruchtheit

In|fer|no, das; -s, -s ⟨*lat.-it.*⟩: **1.** Unterwelt, Hölle. **2. a)** schreckliches, unheilvolles Geschehen, von dem viele Menschen gleichzeitig betroffen sind; **b)** Ort eines schrecklichen, unheilvollen Geschehens; **c)** Zustand entsetzlicher Qualen von unvorstellbarem Ausmaß

in|fer|til ⟨*lat.*⟩ (Med.): **1.** unfähig zur Fortpflanzung. **2.** unfähig, eine Schwangerschaft auszutragen. **In|fer|ti|li|tät**, die; - (Med.): Unfruchtbarkeit

In|fi|bu|la|ti|on, die; -, -en ⟨*lat.; zu fibula »Nadel«*⟩: (aus rituellen Gründen) bei Männern das Fixieren der Vorhaut durch Draht od. das Einziehen eines Ringes bzw. bei Frauen das Vernähen od. Verklammern der Vulva, um so das Vollziehen des Geschlechtsverkehrs [bis zur Hochzeit] zu verhindern

In|fight ['ɪnfaɪt], der; -[s], -s, **In|figh|ting**, das; -[s], -s ⟨*engl.*⟩ (Boxsport): Nahkampf

In|fil|t|rant, der; -en, -en ⟨*lat.; germ.-mlat.*⟩: jmd., der zum Zwecke der ↑Infiltration (2) in eine Organisation eintritt. **In|fil|t|ran|tin**, die; -, -nen: weibliche Form zu ↑Infiltrant

In|fil|t|rat, das; -[e]s, -e (Med.): in normales Gewebe eingelagerte fremdartige, bes. krankheitserregende Zellen, Gewebe od. Flüssigkeiten. **In|fil|t|ra|ti|on**, die; -, -en: **1.** das Eindringen, Einsickern, Einströmen (z. B. von Flüssigkeiten). **2.** ideologische Unterwanderung; vgl. ...ation/...ierung. **3.** (Med.) das Eindringen fremdartiger, insbesondere krankheitserregender Substanzen in Zellen u. Gewebe. **4.** Injektion (1) einer Substanz unmittelbar ins Zielgewebe (z. B. das Einbringen lokaler Betäubungsmittel)

In|fil|t|ra|ti|ons|an|äs|the|sie, die; -, ...ien (Med.): örtliche Betäubung durch Einspritzungen

in|fil|t|ra|tiv: **1.** (Med.) sich in der Art einer Infiltration ausbreitend. **2.** auf eine Infiltration (2) abzielend, in der Art einer Infiltration (2) wirkend. **In|fil|t|ra|tor**, der; -s, ...oren ⟨*lat.-engl.*⟩: ↑Infiltrant. **In|fil|t|ra|to|rin**, die; -, -nen: weibliche Form zu ↑Infiltrator. **in|fil|t|rie|ren**: **1.** (Fachspr.) **a)** eindringen, einsickern; **b)** einflößen. **2.** in [fremdes] Staatsgebiet, in eine Organisation eindringen [lassen] u. ideologisch unterwandern. **In|fil|t|rie|rung**, die; -, -en: das Infiltrieren; vgl. ...ation/...ierung

In|fi|mum, das; -s, ...ma ⟨*lat.*⟩ (Math.): untere Grenze, größte untere Schranke einer Menge reeller Zahlen

in|fi|nit [auch: ...ˈniːt] ⟨*lat.*⟩ (Sprachwiss.): unbestimmt; **infinite Form:** Form des Verbs, die keine Person oder Zahl bezeichnet (z. B. erwachen [Infinitiv], erwachend [Partizip Präsens], erwacht [Partizip Perfekt])

In|fi|ni|tät, die; - ⟨*lat.*⟩: Unbestimmtheit, Unbegrenztheit

in|fi|ni|te|si|mal ⟨*lat.-nlat.*⟩ (Math.): zum Grenzwert hin unendlich klein werdend. **In|fi|ni|te|si|mal|rech|nung,** die; -: ↑Differenzial- u. ↑Integralrechnung

In|fi|ni|tis|mus, der; - (Philos.): Lehre von der Unendlichkeit der Welt, des Raumes u. der Zeit

In|fi|ni|tiv [auch: ...ˈtiːf], der; -s, -e ⟨*lat.*⟩: Grundform, Nennform, durch Person, Numerus u. Modus nicht näher bestimmte Verbform (z. B. wachen)

In|fi|ni|tiv|kon|junk|ti|on, die; -, -en: die im Deutschen vor dem Infinitiv stehende Konjunktion »zu«

In|fir|mi|tät, die; - ⟨*lat.*⟩ (Med.): Gebrechlichkeit

In|fix [auch: ɪnˈfɪks], das; -es, -e ⟨*lat.*⟩ (Sprachwiss.): in den Wortstamm eingefügtes Sprachelement (z. B. das n in *lat.* fundo [Präs.] gegenüber fudi [Perf.])

in|fi|zie|ren ⟨*lat.*⟩ (Med.): **a)** eine Krankheit, Krankheitserreger übertragen; anstecken; **b)** sich infizieren: Krankheitskeime aufnehmen, sich anstecken

in fla|g|ran|ti ⟨*lat.;* »in brennendem (Zustand)«⟩: auf frischer Tat

in|flam|ma|bel ⟨*lat.-mlat.*⟩: entzündbar. **In|flam|ma|bi|li|tät,** die; -: Entzündbarkeit, Brennbarkeit

In|flam|ma|ti|on, die; -, -en ⟨*lat.*⟩: **1.** (veraltet) Feuer, Brand. **2.** (Med.) Entzündung. **in|flam|ma|to|risch** (Med.): entzündlich, mit Entzündung verbunden; Entzündung hervorrufend. **in|flam|mie|ren** (veraltet): entflammen, in Begeisterung versetzen

in|fla|tie|ren ⟨*lat.-nlat.*⟩ (Wirtsch.): die Geldentwertung vorantreiben, durch eine Inflation entwerten

In|fla|ti|on, die; -, -en ⟨*lat.;* »das Sichaufblasen; das Aufschwellen«⟩: **1. a)** (Wirtsch.) anhaltende allgemeine Erhöhung des Preisniveaus u. dadurch bedingte Entwertung des Geldes (Ggs.: Deflation [1]); **b)** Zeit, in der eine Inflation (1 a) stattfindet. **2.** das Auftreten in allzu großer Menge; übermäßige Ausweitung. **in|fla|ti|o|när:** die Geldentwertung vorantreibend, auf eine Inflation hindeutend

in|fla|ti|o|nie|ren: ↑inflatieren. **In|fla|ti|o|nie|rung,** die; -, -en: das Inflationieren

In|fla|ti|o|nis|mus, der; -: Form der Wirtschaftspolitik, bei der die Wirtschaft durch Vermehrung des umlaufenden Geldes bei Vollbeschäftigung beeinflusst wird. **in|fla|ti|o|nis|tisch: 1.** den Inflationismus betreffend. **2.** ↑inflationär (Ggs.: deflationistisch)

in|fla|to|risch: 1. ↑inflationär. **2.** eine Inflation darstellend

in|fle|xi|bel [auch: ...ˈksiː...] ⟨*lat.*⟩: **1.** (selten) unbiegsam, unelastisch. **2.** (Sprachwiss. veraltet) nicht beugbar. **3.** nicht anpassungsfähig. **In|fle|xi|bi|le,** das; -s, ...bilia: inflexibles (2) Wort

In|fle|xi|bi|li|tät, die; - ⟨*lat.-nlat.*⟩: **1.** (selten) Unbiegsamkeit. **2.** starre Geisteshaltung; Unfähigkeit zu anpassungsfähigem Verhalten

In|flo|res|zenz, die; -, -en ⟨*lat.-nlat.*⟩ (Bot.): Blütenstand

in flo|ri|bus ⟨*lat.;* »in Blüten«⟩ (veraltet): in Blüte, im Wohlstand

In|flu|en|cer [ˈɪnfluənsɐ], der; -s, - ⟨engl.⟩: Person, die in sozialen Netzwerken bes. bekannt, einflussreich ist u. bestimmte Werbebotschaften, Auffassungen o. Ä. vermittelt. **In|flu|en|ce|rin** [...sərɪn], die; -, -nen: weibliche Form zu ↑Influencer

In|flu|enz, die; -, -en ⟨*lat.-mlat.;* »Einfluss«⟩: die Beeinflussung eines elektrisch ungeladenen Körpers durch die Annäherung eines geladenen (z. B. die Erzeugung von Magnetpolen in unmagnetisiertem Eisen durch die Annäherung eines Magnetpoles)

In|flu|en|za, die; - ⟨*lat.-mlat.-it.*⟩ (veraltend): ↑Grippe

in|flu|en|zie|ren ⟨*lat.-mlat.-nlat.*⟩: einen elektrisch ungeladenen Körper durch die Annäherung eines geladenen beeinflussen

In|flu|enz|ma|schi|ne, die; -, -n: Maschine zur Erzeugung hoher elektrischer Spannung

In|flu|enz|mi|ne, die; -, -n: ¹Mine (4), die durch die (elektrische od. magnetische) Beeinflussung eines sich nähernden Körpers explodiert

In|flux, der; -[e]s, -e ⟨*lat.*⟩ (Biol.): das Einfließen durch eine Zellmembran

In|flu|xus phy|si|cus, der; - - ⟨*lat.; gr.-lat.*⟩: **1.** Beeinflussung der Seele durch den Leib in der Scholastik. **2.** Wechselwirkung von Leib–Seele, Körper–Geist (17. u. 18. Jh.)

¹In|fo, das; -s, -s ⟨Kurzform von *Info*rmationsblatt⟩ (ugs.): über ein aktuelles Problem informierendes [Flug]blatt

²In|fo, die; -, -s (ugs.): kurz für ↑Information (1 a, 1 b)

In|fo|bahn, die; -, -en ⟨*lat.-engl.-amerik.; dt.*⟩: Hochgeschwindigkeits-Datenleitungen u. -Datennetze; ↑Datenhighway

In|fo|bro|ker [...broːkɐ, ...brɔykɐ], der; -s, - ⟨*lat.; engl.*⟩: Fachmann für die Vermittlung der neuesten Daten u. Informationen; Recherchedienstleister

In|fo|line [...lajn], die; -, -s ⟨*engl.*⟩: telefonischer Auskunftsdienst

in fo|lio ⟨*lat.*⟩: in Folioformat (von Büchern)

In|fo|mer|cial [...ˈmœːɐ̯ʃl̩], das; -s, -s ⟨Kurzw. aus *Info*rmation u. Com*mercial*⟩: Werbeblock innerhalb einer Fernsehsendung, in dem meist mehrere Produkte angeboten werden

In|fo|mo|bil [auch: ˈɪn...], das; -s, -e ⟨Kunstw. aus *Infor*mation u. Auto*mobil*⟩ (ugs.): Fahrzeug, meist Omnibus, als fahrbarer Informationsstand

In|fo|point [...pɔɪnt], der; -s, -s ⟨engl.⟩: Informationsschalter, -stelle; Auskunft

In|fo|post, die; - (Postw.): in größeren Mengen verschickte Postsendungen (z. B. Werbung, Kataloge); Massendrucksachen

in|for|mal [auch: ...ˈmaːl] ⟨*lat.*⟩ (bes. Soziol.): nicht auf vorgegebenen Regeln, Richtlinien beruhend, sondern sich spontan ergebend

In|for|ma|lis|mus, der; - ‹*lat.*›: ↑Informel

In|for|mand, der; -en, -en ‹»der zu Unterrichtende«›: **a)** jmd., der [im Rahmen einer praktischen Ausbildung] mit den Grundfragen eines bestimmten Tätigkeitsbereiches vertraut gemacht werden soll; **b)** Ingenieur, der sich in verschiedenen Abteilungen [über deren Aufgaben u. Arbeitsweise] informieren soll. **In|for|man|din,** die; -, -nen: weibliche Form zu ↑Informand

In|for|mant, der; -en, -en: jmd., der [geheime] Informationen liefert, Gewährsmann. **In|for|man|tin,** die; -, -nen: weibliche Form zu ↑Informant

In|for|ma|tik, die; - ‹*lat.-nlat.*›: Wissenschaft von der systematischen Verarbeitung von Informationen, insbes. mithilfe von Computern. **In|for|ma|ti|ker,** der; -s, -: Wissenschaftler, Fachmann auf dem Gebiet der Informatik. **In|for|ma|ti|ke|rin,** die; -, -nen: weibliche Form zu ↑Informatiker

In|for|ma|ti|on, die; -, -en ‹*lat.*›: **1. a)** Nachricht, Mitteilung, Hinweis; Auskunft; Belehrung, Aufklärung; **b)** Kurzform von Informationsstand. **2.** (Informationstheorie) **a)** Gehalt einer Nachricht, die aus Zeichen eines Codes (1) zusammengesetzt ist; **b)** als räumliche od. zeitliche Folge physikalischer Signale, die mit bestimmten Wahrscheinlichkeiten od. Häufigkeiten auftreten, sich zusammensetzende Mitteilung. **in|for|ma|ti|o|nell:** die Information betreffend

In|for|ma|tion-Re|t|rie|val [ɪnfəˈmeɪʃn̩rɪtriːvl̩], das; -s, -s ‹*engl.*› (EDV): Verfahren zum Auffinden von Informationen in großen Datenbeständen

In|for|ma|ti|ons|äs|the|tik, die; -: moderne ↑Ästhetik (1), die ästhetische Produkte als Summe informativer Zeichen betrachtet u. sie mit mathematisch-informationstheoretischen Mitteln beschreibt

In|for|ma|ti|ons|tech|no|lo|gie, die; -, -n: Technologie (2) der Gewinnung, Speicherung u. Verarbeitung von Informationen (Abk.: IT)

in|for|ma|ti|ons|the|o|re|tisch: die Informationstheorie betreffend. **In|for|ma|ti|ons|the|o|rie,** die; -: **1.** Forschungszweig der Psychologie, der die Abhängigkeit menschlicher Entscheidungen vom Umfang der für eine sichere Entscheidung erforderlichen Informationen zu ermitteln versucht. **2.** mathematische Theorie, die sich mit der quantitativen u. strukturellen Erforschung der Information (2) befasst; Theorie der elektronischen Nachrichtenübertragung

in|for|ma|tiv ‹*lat.-nlat.*›: belehrend; Einblicke, Aufklärung bietend, aufschlussreich; vgl. ...iv/...orisch

In|for|ma|tor, der; -s, ...oren ‹*lat.*›: jmd., der andere informiert (1), von dem andere Informationen beziehen. **In|for|ma|to|rin,** die; -, -nen: weibliche Form zu ↑Informator. **in|for|ma|to|risch** ‹*lat.-nlat.*›: dem Zwecke der Information dienend, einen allgemeinen Überblick verschaffend; vgl. ...iv/...orisch

In|for|mel [ɛ̃fɔrˈmɛl], das; - ‹*lat.-frz.*›: Richtung der modernen Malerei, die frei von allen Regeln unter Verwendung von Stofffetzen, Holz o. Ä. zu kühnen u. fantastischen Bildern gelangt

[1]**in|for|mell** ‹*lat.-frz.*› (selten): informatorisch, informierend

[2]**in|for|mell** [auch: ...ˈmɛl] ‹*lat.-frz.*›: ohne [formalen] Auftrag; ohne Formalitäten, nicht offiziell; **informelle Kunst:** ↑Informel; **informelle Gruppe:** sich spontan bildende Gruppe innerhalb einer festen Organisation

in|for|mie|ren ‹*lat.*›: **1.** Nachricht, Auskunft geben, in Kenntnis setzen; belehren. **2.** sich informieren: Auskünfte, Erkundigungen einziehen, sich unterrichten. **In|for|mie|rung,** die; -, -en: das Informieren (1, 2); vgl. ...ation/...ierung

In|fo|screen® [...skriːn], der; -s, -s ‹*lat.; engl.*›: [an Verkehrsknotenpunkten wie Fern-, S- u. U-Bahnhöfen installierter] digitaler Großbildschirm, der Informationen, Unterhaltung u. Werbung anzeigt

In|fo|tain|ment [...ˈteɪnmənt], das; -s ‹Kurzw. aus ↑*Info*rmation u. ↑Enter*tainment*›: durch Showelemente, -effekte aufgelockerte Vorstellung von Nachrichten, Fakten o. Ä. (z. B. bei einer Informationsveranstaltung, im Fernsehen od. in Nachschlagewerken)

In|fo|thek, die; -, -en ‹Kunstw.›: Informationsstand, an dem gespeicherte Informationen (z. B. zur Verkehrslage) abgerufen werden können

In|f|ra|grill®, der; -s, -s ‹Kunstw.›: Grill, der durch Infrarot erhitzt wird

in|f|ra|krus|tal ‹*lat.-nlat.*› (Geol.): unterhalb der Erdkruste befindlich

In|frak|ti|on, die; -, -en ‹*lat.-nlat.*› (Med.): Knickungsbruch ohne vollständige Durchtrennung der Knochenstruktur

in|f|ra|rot: zum Bereich des Infrarots gehörend. **In|f|ra|rot,** das; -[s] ‹*lat.; dt.*› (Physik): unsichtbare Wärmestrahlen, die im Spektrum zwischen dem roten Licht u. den kürzesten Radiowellen liegen. **In|f|ra|rot|film** [auch: ...ˈroːt...], der; -[e]s, -e: für infrarote Strahlen empfindlicher Film

In|f|ra|schall, der; -[e]s: Schall, dessen Frequenz unter 20 Hertz liegt (Ggs.: Ultraschall)

In|f|ra|struk|tur, die; -, -en ‹*lat.*›: **1.** notwendiger wirtschaftlicher u. organisatorischer Unterbau einer hoch entwickelten Wirtschaft (Verkehrsnetz, Arbeitskräfte u. a.). **2.** militärische Anlagen (Kasernen, Flugplätze usw.). **in|f|ra|struk|tu|rell:** die Infrastruktur betreffend

In|f|ra|test®, der; -[e]s, -s (auch: -e): **1.** Feststellen der Beliebtheit von Fernsehsendungen anhand der Messung der Einschaltquoten. **2.** (ohne Plural; meist ohne Artikel) deutsches Meinungs- u. Marktforschungsinstitut

In|ful, die; -, -n ‹*lat.*›: **1.** altrömische weiße Stirnbinde der Priester u. der kaiserlichen Statthalter. **2.** katholisches geistliches Würdezeichen; Mitra. **in|fu|liert: 1.** zum Tragen der Inful od. Mitra berechtigt, mit der Inful ausgezeichnet.

2. mit einer Mitra gekrönt (von geistlichen Wappen)

in|fun|die|ren ‹*lat.*; »hineingießen«› (Med.): eine Infusion vornehmen

In|fus, das; -es, -e (Med.): Aufguss, wässriger Pflanzenauszug

In|fu|si|on, die; -, -en (Med.): Einführung größerer Flüssigkeitsmengen (z. B. physiologische Kochsalzlösung) in den Organismus, bes. über die Blutwege (intravenös), über das Unterhautgewebe (subkutan) od. durch den After (rektal)

In|fu|si|ons|tier|chen, das; -s, -: ↑Infusorium

In|fu|so|ri|en|er|de, die; - ‹*lat.-nlat.; dt.*›: Kieselgur, ↑Diatomeenerde

In|fu|so|ri|um, das; -s, ...ien (meist Plural) ‹*lat.-nlat.*›: Aufgusstierchen (einzelliges Wimpertierchen)

In|fu|sum, das; -s, ...sa: ↑Infus

in ge|ne|re ‹*lat.*›: im Allgemeinen, allgemein

in|ge|ne|riert (Med. veraltet): angeboren

In|ge|ni|eur [ɪnʒeˈni̯øːɐ̯], der; -s, -e ‹*lat.-frz.*›: auf einer Hoch- od. Fachhochschule ausgebildeter Techniker; Abkürzungen: Ing., Dipl.-Ing., Dr.-Ing.

In|ge|ni|eur|geo|lo|ge, der; -n, -n: jmd., der in Ingenieurgeologie ausgebildet ist (Berufsbez.). **In|ge|ni|eur|geo|lo|gie,** die; -: Teilgebiet der angewandten Geologie, das die geologische Vorarbeit u. Beratung bei Bauingenieuraufgaben umfasst. **In|ge|ni|eur|geo|lo|gin,** die; -, -nen: weibliche Form zu ↑Ingenieurgeologe

In|ge|ni|eu|rin, die; -, -nen: weibliche Form zu ↑Ingenieur

in|ge|ni|eur|tech|nisch: die Arbeit des Ingenieurs betreffend, damit befasst

in|ge|ni|ös: erfinderisch, kunstvoll erdacht; scharfsinnig, geistreich

In|ge|ni|o|si|tät, die; -: **a)** Erfindungsgabe; **b)** Geist, Scharfsinn

In|ge|ni|um, das; -s, ...ien ‹*lat.*›: natürliche Begabung, [schöpferische] Geistesanlage, Erfindungskraft, Genie

In|ge|nu|i|tät, die; -: **1.** (Geschichte) Stand eines Freigeborenen, Freiheit. **2.** (veraltet) Freimut, Offenheit, Natürlichkeit im Benehmen

In|ge|renz, die; -, -en ‹*lat.-nlat.*›: **1.** (Rechtswiss.) strafbares Herbeiführen einer Gefahrenlage durch jmdn., der es dann unterlässt, die möglicherweise eintretende Schädigung abzuwenden (z. B. Unterlassung der Sicherung einer Straßenbaustelle). **2.** (veraltet) Einmischung; Einflussbereich, Wirkungskreis

In|ges|ta, die (Plural) ‹*lat.*› (Med.): aufgenommene Nahrung. **In|ges|ti|on,** die; -, -en (Plural selten) (Med.): Nahrungsaufnahme

in glo|bo ‹*lat.*›: im Ganzen; insgesamt

In|got [ˈɪŋɡɔt], der; -s, -s ‹*engl.*›: **1.** Form, in die Metall gegossen wird. **2.** Barren (z. B. Gold, Silber); [Stahl]block

In|grain|pa|pier [ɪnˈɡreɪ̯n...], das; -s ‹*lat.-frz.-engl.; gr.-lat.*›: Zeichenpapier von rauer Oberfläche mit farbigen od. schwarzen Wollfasern

In|gre|di|ens, das; -, ...ienzien (meist Plural), **In|gre|di|enz,** die; -, -en (meist Plural) ‹*lat.*; »Hineinkommendes«›: **1.** (Pharm., Gastron.) Zutat. **2.** Bestandteil (z. B. einer Arznei)

In|gre|mi|a|ti|on, die; -, -en ‹*lat.-mlat.*› (veraltet): Aufnahme in eine geistliche Körperschaft

In|g|res|pa|pier [ˈɛ̃ːɡr...], das; -s ‹nach dem frz. Maler Ingres (1780–1867)›: farbiges Papier für Kohle- u. Kreidezeichnungen

In|gress, der; -es, -e ‹*lat.*› (veraltet): Eingang, Zutritt

In|gres|si|on, die; -, -en (Geogr.): kleinräumige Meeresüberflutung des Festlandes

in|gres|siv [auch: ...ˈsiːf] ‹*lat.-nlat.*›: **1.** (Sprachwiss.) einen Beginn ausdrückend (in Bezug auf Verben; z. B. entzünden, erblassen) (Ggs.: egressiv [1]); **ingressive Aktionsart:** ↑inchoative Aktionsart; **ingressiver Aorist:** den Eintritt einer Handlung bezeichnender ↑Aorist. **2.** (Sprachwiss.) bei der Artikulation von Sprachlauten den Luftstrom von außen nach innen richtend (Ggs.: egressiv [2]). **In|gres|si|vum,** das; -s, ...va: Verb mit ingressiver Aktionsart

in gros|so ‹*lat.-it.*› (veraltend): ↑en gros

In|group [ˈɪnɡruːp], die; -, -s ‹*engl.*› (Soziol.): [soziale] Gruppe, zu der jmd. gehört u. der er sich innerlich stark verbunden fühlt (Ggs.: Outgroup)

in|gu|i|nal [ɪŋɡ...] ‹*lat.*› (Med.): zur Leistengegend gehörend

Ing|wä|o|nis|mus, der; -, ...men ‹*nlat.*› (Sprachwiss.): sprachlicher Einfluss des Nordseegermanischen (auf das Altsächsische)

Ing|wer, der; -s, - ‹*sanskr.-gr.-lat.*›: **1.** (ohne Plural) tropische u. subtropische Gewürzpflanze. **2.** (ohne Plural) **a)** essbarer, aromatischer, brennend scharf schmeckender Teil des Wurzelstocks des Ingwers (1); **b)** aus dem Wurzelstock der Ingwerpflanze gewonnenes aromatisches, brennend scharfes Gewürz. **3.** mit Ingweröl gewürzter Likör

In|ha|la|ti|on, die; -, -en ‹*lat.*› (Med.): Einatmung von Heilmitteln (z. B. in Form von Dämpfen). **in|ha|la|tiv** (Med.): die Inhalation betreffend, durch Inhalation bedingt. **In|ha|la|tor,** der; -s, ...oren ‹*lat.-nlat.*› (Med.): Inhalationsgerät. **In|ha|la|to|ri|um,** das; -s, ...ien (Med.): mit Inhalationsgeräten ausgestatteter Raum

In|ha|ler [ˈɪnheɪ̯lə], der; -s, - ‹*lat.-engl.*›: Inhalationsgerät, Inhalationsfläschchen

in|ha|lie|ren ‹*lat.*›: **a)** eine Inhalation vornehmen; **b)** (ugs.) [Zigaretten] über die Lunge rauchen

in|hä|rent ‹*lat.*› (Philos.): an etwas haftend, ihm innewohnend; das Zusammengehören von Ding u. Eigenschaft betreffend. **In|hä|renz,** die; - ‹*lat.-mlat.*› (Philos.): die Verknüpfung (das Anhaften) von Eigenschaften (↑Akzidenzien) mit den Dingen (↑Substanzen), zu denen sie gehören

in|hä|rie|ren ‹*lat.*› (Philos.): an etwas hängen, anhaften

in|hi|bie|ren ‹*lat.*›: **1.** hemmen (z. B. die Wirkung eines Enzyms). **2.** (veraltet) einer Sache Einhalt tun; verhindern

In|hi|bin, das; -s, -e ‹*lat.-nlat.*›:

1. (Med.) in Hoden bzw. Eierstöcken gebildetes Proteohormon, das die Freisetzung von follikelstimulierenden Hormonen stimuliert. 2. (Biol.) Stoff (z. B. im Speichel von Bienen), der auf die Entwicklung von Bakterien hemmend wirkt

In|hi|bi|ti|on, die; -, -en ‹*lat.*›: 1. a) Hemmung od. Unterdrückung der spezifischen Wirkung eines Stoffes (z. B. eines Enzyms) durch einen anderen Stoff; b) Gefühls-, Reaktionshemmung. 2. (veraltet) Einhalt, gerichtliches Verbot, einstweilige Verfügung

In|hi|bi|tor, der; -s ...oren ‹*lat.-nlat.*› (Chemie): Hemmstoff, der chemische Vorgänge einschränkt od. verhindert

in|hi|bi|to|risch: 1. (Rechtsspr. veraltet) verhindernd, verbietend (durch Gerichtsbeschluss). 2. (Biol., Med.) hemmend

in hoc sa|lus ‹*lat.*›: »in diesem (ist) Heil« (Auflösung der frühchristlichen Abkürzung des Namens Jesu in griechischer Form: IH[ΣOY]Σ) (Abk.: I. H. S., IHS)

in hoc si|g|no ‹*lat.;* eigtl.: in hoc signo vinces »in diesem Zeichen [wirst du siegen]«›: Inschrift eines Kreuzes, das nach der Legende dem römischen Kaiser Konstantin im Jahre 312 n. Chr. am Himmel erschien (Abk.: I. H. S., IHS)

in|ho|mo|gen [auch: ...ˈgeːn] ‹*lat.; gr.*›: nicht gleich[artig]; **inhomogene Gleichung:** Gleichung, bei der mindestens zwei Glieder verschiedenen Grades auftreten; ↑heterogen. **In|homo|ge|ni|tät** [auch: ˈɪn...], die; -: Ungleichartigkeit

in ho|no|rem ‹*lat.*›: zu Ehren

In|house|se|mi|nar [ˈɪnhaʊs...], das; -s, -e ‹*engl.; lat.*›: in einem Unternehmen, Betrieb stattfindende Schulung, Weiterbildungsveranstaltung

in|hu|man [auch: ...ˈmaːn] ‹*lat.*›: nicht menschenwürdig, unmenschlich (Ggs.: human [1 a]). **In|hu|ma|ni|tät** [auch: ˈɪn...], die; -, -en: Nichtachtung der Menschenwürde, Unmenschlichkeit (Ggs.: Humanität)

in in|fi|ni|tum vgl. ad infinitum

in in|te|g|rum ‹*lat.*›: in der Fügung **in integrum restituieren** (Rechtsspr. veraltet): in den vorigen [Rechts]stand wieder einsetzen, den früheren Rechtszustand wiederherstellen

in|in|tel|li|gi|bel ‹*lat.*› (veraltet): unverständlich, nicht erkennbar (Ggs.: intelligibel)

In|i|qui|tät, die; - ‹*lat.*› (veraltet): Unbilligkeit, Härte

in|i|ti|al ‹*lat.*›: anfänglich, beginnend

In|i|ti|al, das; -s, -e (seltener), **In|i|ti|a|le**, die; -, -n: großer, meist durch Verzierung u. Farbe ausgezeichneter Anfangsbuchstabe (in alten Büchern od. Handschriften)

in|i|ti|a|li|sie|ren: 1. bewirken, dass mit etw. begonnen wird. 2. (EDV) eine Initialisierung (2) durchführen

In|i|ti|a|li|sie|rung, die; -, -en: 1. das Initialisieren (1). 2. (EDV) das Herstellen eines bestimmten Anfangszustandes von Programmen o. Ä., das die Ausführung des Programmes möglich macht

In|i|ti|al|spreng|stoff, der; -s, -e: leicht entzündlicher Zündstoff, der einen schwer entzündlichen Sprengstoff zur Explosion bringt

In|i|ti|al|sta|di|um, das; -s, ...ien (Med.): Anfangsstadium eines Krankheitsverlaufs

In|i|ti|al|wort, das; -[e]s, ...wörter: ↑Akronym

In|i|ti|al|zel|len, die (Plural) (Bot.): unbegrenzt teilungs- u. wachstumsfähige Zellgruppe an der Spitze von Pflanzensprossen, aus denen sämtliche Zellen des ganzen Pflanzenkörpers hervorgehen

In|i|ti|al|zün|dung, die; -, -en: Sprengstoffexplosion mit Initialsprengstoff

In|i|ti|and, der; -en, -en: jmd., der in etwas eingeweiht werden soll; Anwärter für eine Initiation. **In|i|ti|an|din**, die; -, -nen: weibliche Form zu ↑Initiand

In|i|ti|ant, der; -en, -en: 1. jmd., der die Initiative (1 a) ergreift. 2. (schweiz.) jmd., der das Initiativrecht ausübt. **In|i|ti|an|tin**, die; -, -nen: weibliche Form zu ↑Initiant

In|i|ti|a|ti|on, die; -, -en: [durch bestimmte Bräuche geregelte] Aufnahme eines Neulings in eine Standes- od. Altersgemeinschaft, einen Geheimbund o. Ä., bes. die Einführung der Jugendlichen in den Kreis der Erwachsenen bei bestimmten Völkern; vgl. ...ation/...ierung

In|i|ti|a|ti|ons|ri|tus, der; -, ...ten (Völkerkunde): Brauch bei der Initiation

in|i|ti|a|tiv ‹*lat.-frz.*›: a) die Initiative (1 a) ergreifend; Anregungen gebend; erste Schritte in einer Angelegenheit unternehmend; b) Unternehmungsgeist besitzend

In|i|ti|a|tiv|an|trag, der; -[e]s, ...anträge: die parlamentarische Diskussion eines bestimmten Problems (z. B. einer Gesetzesvorlage) einleitender Antrag

In|i|ti|a|ti|ve, die; -, -n: 1. a) erster tätiger Anstoß zu einer Handlung, der Beginn einer Handlung; b) Entschlusskraft, Unternehmungsgeist. 2. Recht zur Einbringung einer Gesetzesvorlage (in der Volksvertretung). 3. (schweiz.) Volksbegehren

In|i|ti|a|tiv|recht, das; -[e]s, -e: das Recht, Gesetzentwürfe einzubringen (z. B. einer Fraktion, der Regierung)

In|i|ti|a|tor, der; -s, ...oren ‹*lat.*›: 1. jmd., der etwas veranlasst u. dafür verantwortlich ist; Urheber, Anreger. 2. (Chemie) Stoff, der bereits in geringer Konzentration eine chemische Reaktion einleitet. **In|i|ti|a|to|rin**, die; -, -nen: weibliche Form zu ↑Initiator (1). **in|i|ti|a|to|risch** ‹*lat.-nlat.*›: einleitend; veranlassend; anstiftend

In|i|ti|en, die (Plural) ‹*lat.*›: Anfänge, Anfangsgründe

in|i|ti|ie|ren: 1. a) den Anstoß geben; b) die Initiative (1 a) ergreifen. 2. [mit einem Ritual] in einen Kreis einführen, in eine Gemeinschaft aufnehmen; einweihen. **In|i|ti|ie|rung**, die; -, -en: das Initiieren; vgl. ...ation/...ierung

In|jek|ti|on, die; -, -en ‹*lat.*›: 1. (Med.) Einspritzung (intravenös, subkutan od. intramuskulär) von Flüssigkeiten in den Körper zu therapeutischen od. diagnostischen Zwecken. 2. (Med.) starke Füllung u. damit Sichtbarwerden kleinster

Blutgefäße im Auge bei Entzündungen. **3.** Einspritzung von Verfestigungsmitteln (z. B. Zement) in unfesten Bauuntergrund. **4.** (Geol.) das Eindringen ↑ magmatischer Schmelze in Fugen u. Spalten des Nebengesteins. **5.** (Physik) das Einbringen von [Elementar]teilchen (Ladungsträgern) in einen Halbleiterbereich von bestimmter elektrischer Leitfähigkeit bzw. in der Hochenergie- u. Kernphysik in einen Teilchenbeschleuniger

In|jek|ti|ons|me|ta|mor|pho|se, die; -, -n (Geol.): starke Injektion (4), die Mischgesteine erzeugt

in|jek|tiv (Math.): bei der Abbildung einer Menge verschiedenen Urbildern verschiedene Bildpunkte zuordnend

In|jek|tiv, der; -s, -e, **In|jek|tiv|laut,** der; -[e]s, -e (Sprachwiss.): Verschlusslaut, bei dem Luft in die Mundhöhle strömt (Ggs.: Ejektiv). **In|jek|to|ma|nie,** die; -: Sucht nach Injektionen (1), wobei der Akt des Einspritzens als Koitussymbol verstanden wird

In|jek|tor, der; -s, ...oren ⟨*lat.-nlat.*⟩: **1.** Pressluftzubringer in Saugpumpen. **2.** Dampfstrahlpumpe zur Speisung von Dampfkesseln

in|ji|zie|ren ⟨*lat.*⟩ (Med.): in den Körper einspritzen

in|jun|gie|ren ⟨*lat.*⟩ (veraltet): anbefehlen, zur Pflicht machen, einschärfen. **In|junk|ti|on,** die; -, -en (veraltet): Einschärfung, Vorschrift; Befehl

In|ju|ri|ant, der; -en, -en ⟨*lat.*⟩ (veraltet): Beleidiger, Ehrabschneider. **In|ju|ri|at,** der; -en, -en (veraltet): Beleidigter

In|ju|rie [...i̯ə], die; -, -n: Unrecht, Beleidigung durch Worte od. Taten

in|ju|ri|ie|ren (veraltet): beleidigen, jmdm. die Ehre abschneiden. **in|ju|ri|ös** (veraltet): beleidigend, ehrenrührig

In|ka, der; -[s], -[s] ⟨*Quechua* »[Gott]könig«⟩ (Geschichte): Angehöriger der ehemaligen indianischen Herrscher- u. Adelsschicht in Peru, bes. der König des Inkareiches

In|kan|ta|ti|on, die; -, -en ⟨*lat.*⟩ (Volkskunde): Bezauberung, Beschwörung [durch Zauberformeln o. Ä.]

In|kar|di|na|ti|on, die; -, -en ⟨*lat.-mlat.*⟩: Eingliederung eines katholischen Geistlichen in eine bestimmte Diözese od. einen Orden [nach voraufgegangener ↑ Exkardination]

in|kar|nat ⟨*lat.*⟩ (Malerei): fleischfarben. **In|kar|nat,** das; -[e]s (Malerei): fleischfarbener Ton (auf Gemälden). **In|kar|na|ti|on,** die; -, -en: **1.** Fleischwerdung, Menschwerdung eines göttlichen Wesens. **2.** Verkörperung. **in|kar|nie|ren,** sich: sich verkörpern. **in|kar|niert: 1.** fleischgeworden. **2.** verkörpert

In|kar|ze|ra|ti|on, die; -, -en ⟨*lat.-nlat.*⟩ (Med.): Einklemmung (z. B. eines Eingeweidebruches)

in|kar|ze|rie|ren (Med.): sich einklemmen (z. B. in Bezug auf einen Bruch)

In|kas|sant, der; -en, -en ⟨*lat.-it.*⟩ (österr.): Kassierer. **In|kas|san|tin,** die; -, -nen: weibliche Form zu ↑ Inkassant

In|kas|so, das; -s, -s, auch, österr. nur: ...ssi: Beitreibung, Einziehung fälliger Forderungen. **In|kas|so|bü|ro,** das; -s, -s: Unternehmen, das sich mit der Einziehung fälliger Forderungen befasst

In|kas|so|in|dos|sa|ment, das; -s, -e: Indossament mit dem Zweck, den Wechselbetrag durch den Indossatar auf Rechnung des Wechselinhabers einziehen zu lassen

In|kli|na|ti|on, die; -, -en ⟨*lat.*⟩: **1.** Neigung, Hang zu jmdm., etw.; Vorliebe für jmdn., etw.. **2.** (Geogr.) Neigung einer frei aufgehängten Magnetnadel zur Waagerechten. **3.** (Math.) Neigung zweier Ebenen od. einer Linie u. einer Ebene gegeneinander. **4.** (Astron.) Winkel, den eine Planeten- od. Kometenbahn mit der ↑ Ekliptik bildet. **in|kli|nie|ren** (veraltet): eine Neigung, Vorliebe für etwas haben

in|klu|die|ren ⟨*lat.*⟩ (Fachspr.): einschließen (Ggs.: exkludieren)

In|klu|sen, die (Plural) ⟨*lat.;* »Eingeschlossene«⟩ (Geschichte): Menschen, die sich zu Askese u. Gebet einschließen od. einmauern ließen

In|klu|si|on, die; -, -en: **1. a)** (Math.) (bes. in der Mengenlehre) die Beziehung des Enthaltenseins; **b)** (Mineral.) Einschluss von Fremdsubstanzen in Kristallen. **2. a)** (Soziol.) das Mit-einbezogen-Sein; gleichberechtigte Teilhabe an etw.; Ggs. ↑ Exklusion; **b)** (Päd.) gemeinsame Erziehung beeinträchtigter und nicht beeinträchtigter Kinder in Kindergärten und [Regel]schulen

In|klu|si|ons|kind, das; -[e]s, -er: Kind mit spezifischem Förderschwerpunkt, das gemeinsam mit Kindern ohne Förderschwerpunkt einen Kindergarten, eine Schule besucht

in|klu|siv: die Inklusion (2a, b) betreffend, ihr entsprechend

in|klu|si|ve ⟨*lat.-mlat.*⟩: einschließlich, inbegriffen (Abk.: inkl.; Ggs.: exklusive)

In|klu|siv|mie|te, die; -, -n (österr.): Miete einschließlich Nebenkosten

in|ko|g|ni|to ⟨*lat.-it.;* »unerkannt«⟩: unter fremdem Namen [auftretend, lebend]. **In|ko|g|ni|to,** das; -s, -s: Verheimlichung der Identität einer Person, das Auftreten unter fremdem Namen

in|ko|hä|rent [auch: ...ˈrɛnt] ⟨*lat.*⟩: unzusammenhängend (Ggs.: kohärent). **In|ko|hä|renz** [auch: ...ˈrɛnts], die; -, -en ⟨*lat.-nlat.*⟩: mangelnder Zusammenhang (Ggs.: Kohärenz [1])

in|ko|ha|tiv vgl. inchoativ

In|ko|lat, das; -s, -e ⟨*lat.*⟩: ↑ Indigenat

in|kom|men|su|ra|bel ⟨*lat.*⟩: nicht messbar; nicht vergleichbar; **inkommensurable Größen** (Math.): Größen, deren Verhältnis irrational ist. **In|kom|men|su|ra|bi|li|tät,** die; - ⟨*lat.-mlat.*⟩ (Physik): Unvergleichbarkeit von Stoffen mit Messwerten wegen fehlender zum Vergleich geeigneter Eigenschaften (Ggs.: Kommensurabilität)

in|kom|mo|die|ren ⟨*lat.*⟩ (veraltet): **a)** bemühen, Unbequemlichkeiten bereiten; belästigen; **b)** sich inkommodieren: sich Mühe, Umstände machen. **In|kom|mo|di|tät,** die; -, -en (veraltet): Unbequemlichkeit, Lästigkeit

in|kom|pa|ra|bel ⟨*lat.*⟩: **1.** (veraltet) unvergleichbar. **2.** (Sprachwiss.

veraltet) nicht steigerungsfähig (von Adjektiven). **In|kom|pa|ra|bi|le,** das; -s, ...bilia u....bilien (veraltet): inkomparables Adjektiv

in|kom|pa|ti|bel ‹*lat.-mlat.*›: nicht ↑kompatibel. **In|kom|pa|ti|bi|li|tät,** die; -, -en (bes. Fachspr.): **1.** das Inkompatibelsein. **2.** (Med.) Unverträglichkeit (verschiedener Medikamente od. Blutgruppen)

in|kom|pe|tent [auch: ...'tɛnt] ‹*lat.*›: **1. a)** (bes. Rechtsspr.) nicht zuständig, nicht befugt, eine Angelegenheit zu behandeln (Ggs.: kompetent); **b)** nicht maßgebend, nicht urteilsfähig, nicht über den nötigen Sachverstand verfügend (Ggs.: kompetent [1 a]). **2.** tektonisch verformbar (in Bezug auf Gesteine) (Ggs.: kompetent [2]). **In|kom|pe|tenz** [auch: ...'tɛnts], die; -, -en ‹*lat.-nlat.*›: **a)** das Nicht-zuständig-Sein, Nichtbefugnis (Ggs.: Kompetenz [1 b]); **b)** Unfähigkeit, Unvermögen

in|kom|plett [auch: ...'plɛt] ‹*lat.-frz.*›: unvollständig (Ggs.: komplett [1 a])

in|kom|pre|hen|si|bel ‹*lat.*› (veraltet): unbegreiflich (Ggs.: komprehensibel)

in|kom|pres|si|bel ‹*lat.-nlat.*› (Physik): nicht zusammenpressbar (von Körpern). **In|kom|pres|si|bi|li|tät,** die; - (Physik): Nichtzusammenpressbarkeit

in|kon|gru|ent [auch: ...'ɛnt] ‹*lat.*›: nicht übereinstimmend, nicht passend, nicht deckungsgleich (Ggs.: kongruent [2 a]). **In|kon|gru|enz** [auch: ...'ɛnts], die; -, -en: Nichtübereinstimmung, Nichtdeckung

in|kon|se|quent [auch: ...'kvɛnt] ‹*lat.*›: nicht folgerichtig; widersprüchlich [in seinem Verhalten] (Ggs.: konsequent). **In|kon|se|quenz** [auch: ...'kvɛnts], die; -, -en: mangelnde Folgerichtigkeit; Widersprüchlichkeit [in seinem Verhalten] (Ggs.: Konsequenz)

in|kon|sis|tent ‹*lat.-nlat.*›: **a)** keinen Bestand habend (Ggs.: konsistent); **b)** widersprüchlich, unzusammenhängend in der Gedankenführung (Ggs.: konsistent). **In|kon|sis|tenz** [auch: ...'tɛnts], die; -: **a)** Unbeständigkeit; **b)** Widersprüchlichkeit (Ggs.: Konsistenz [2])

in|kon|s|tant [auch: ...'stant] ‹*lat.*›: nicht feststehend, unbeständig (Ggs.: konstant). **In|kon|s|tanz** [...'stants], die; -: Unbeständigkeit

in|kon|ti|nent [auch: ...'nɛnt] ‹*lat.*› (Med.): Inkontinenz aufweisend. **In|kon|ti|nenz** [auch: ...'nɛnts], die; -, -en ‹*lat.*› (Med.): Unvermögen, Harn od. Stuhl willkürlich zurückzuhalten (Ggs.: Kontinenz [2])

In|kon|t|ro, das; -s, -s u. ...ri ‹*it.*›: Doppeltreffer, bei dem ein Fechter gegen die Regeln verstößt, sodass dem Gegner ein Treffer gutgeschrieben wird

in|kon|ve|na|bel [auch: ...'na:...] ‹*lat.-frz.*› (veraltet): unpassend, ungelegen; unschicklich (Ggs.: konvenabel)

in|kon|ve|ni|ent [auch: ...'ni̯ɛnt] ‹*lat.*› (veraltet): **1.** unpassend, unschicklich. **2.** unbequem. **In|kon|ve|ni|enz** [auch: ...'ni̯ɛnts], die; -, -en (veraltet): **1.** Ungehörigkeit, Unschicklichkeit (Ggs.: Konvenienz [2 b]). **2.** Unbequemlichkeit, Ungelegenheit (Ggs.: Konvenienz [2 a])

in|kon|ver|ti|bel [auch: ...'ti:...] ‹*lat.*›: **1.** (veraltet) unbekehrbar; unwandelbar. **2.** (Wirtsch.) nicht frei austauschbar (von Währungen)

In|k|o|nym [auch: 'ɪn...], das; -s, -e ‹*gr.*› (Sprachwiss.): ↑Kohyponym, das zu einem anderen Kohyponym in einer kontradiktorischen Beziehung steht (z. B. *Hahn* zu *Henne* unter dem ↑Hyperonym *Huhn*). **In|k|o|ny|mie** [auch: 'ɪn...], die; -, ...i̯en (Sprachwiss.): in Nebengeordnetheit sich ausdrückende semantische Relation, wie sie zwischen Inkonymen besteht

in|kon|zi|li|ant [auch: ...'li̯ant] ‹*lat.*›: nicht umgänglich; unverbindlich (Ggs.: konziliant). **In|kon|zi|li|anz** [auch: ...'li̯ants], die; -: mangelndes Entgegenkommen; Unverbindlichkeit (Ggs.: Konzilianz)

in|kon|zinn [auch: ...'tsɪn] ‹*lat.*›: (Rhet.; Stilkunde) ungleichmäßig, unharmonisch im Satzbau (Ggs.: konzinn). **In|kon|zin|ni|tät,** die; -: (Rhet., Stilkunde) Unebenmäßigkeit im Satzbau; Ggs. ↑Konzinnität

In|ko|or|di|na|ti|on [auch: ...'tsi̯o:n], die; -, -en ‹*lat.-nlat.*› (Med.): das Fehlen des Zusammenwirkens bei Bewegungsmuskeln. **in|ko|or|di|niert** [auch: ...'ni:ɐ̯t] (Med.): nicht aufeinander abgestimmt

in|kor|po|ral ‹*lat.*› (Med.): im Körper [befindlich]

In|kor|po|ra|ti|on, die; -, -en: **1.** (Med.) Aufnahme von körperfremden Bestandteilen in den Organismus. **2.** (Rechtswiss.) Eingemeindung; rechtliche Einverleibung eines Staates durch einen anderen Staat. **3.** Aufnahme in eine Körperschaft od. studentische Verbindung. **4.** (kath. Kirchenrecht) Angliederung (z. B. einer Pfarrei) an ein geistliches Stift, um dieses wirtschaftlich besserzustellen (bes. im Mittelalter); vgl. ...ation/...ierung

in|kor|po|rie|ren: 1. (bes. Med.) in den Körper eindringen lassen. **2.** (Rechtsspr.) eingemeinden, einen Staat in einen andern eingliedern. **3.** in eine Körperschaft od. studentische Verbindung aufnehmen. **4.** angliedern, eine ↑Inkorporation durchführen; **inkorporierende Sprachen:** indianische Sprachen, die das Objekt in das Verb aufnehmen. **In|kor|po|rie|rung,** die; -, -en: das Inkorporieren; vgl. ...ation/...ierung

in|kor|rekt [auch: ...'rɛkt] ‹*lat.*›: ungenau, unrichtig; fehlerhaft, unangemessen [im Benehmen]; unordentlich (Ggs.: korrekt). **In|kor|rekt|heit** [auch: ...'rɛkt...], die; -, -en: **1.** (ohne Plural) **a)** inkorrekte Art, Fehlerhaftigkeit (Ggs.: Korrektheit [1]); **b)** Unangemessenheit (Ggs.: Korrektheit [2]). **2. a)** Fehler, Unrichtigkeit (in einer Äußerung usw.); **b)** Beispiel, Fall inkorrekten Verhaltens

In|kre|ment, das; -[e]s, -e ‹*lat.;* »Zuwachs«› (Math.): Betrag, um den eine Größe zunimmt (Ggs.: Dekrement)

in|kre|men|tell ‹*lat.-frz.*› (Fachspr.): schrittweise erfolgend, aufeinander aufbauend

in|kre|men|tie|ren ‹*lat.*› (EDV): einen Zähler od. eine Programmgröße um einen Wert erhöhen (Ggs.: dekrementieren)

In|kret, das; -[e]s, -e ‹*lat.*› (Med.):

von den Blutdrüsen in den Körper abgegebener Stoff; ein Hormon; vgl. Exkret. **In|kre|ti|on,** die; - ⟨*lat.-nlat.*⟩ (Med.): innere Sekretion. **in|kre|to|risch** (Med.): der inneren Sekretion zugehörend, ihr dienend

in|kri|mi|nie|ren ⟨*lat.-mlat.*⟩ (Rechtswiss.): jmdn. [eines Verbrechens] beschuldigen, anschuldigen. **in|kri|mi|niert:** (als Verstoß, Vergehen o. Ä.) zur Last gelegt, zum Gegenstand einer Strafanzeige, einer öffentlichen Beschuldigung gemacht

In|krus|ta|ti|on, die; -, -en ⟨*lat.*⟩: **1.** (Kunstwiss.) farbige Verzierung von Flächen durch Einlagen (meist Stein in Stein). **2.** (Geol.) Krustenbildung durch chemische Ausscheidung (z. B. Wüstenlack). **3.** eingesetzter Besatzteil, Blende, Ornament; Inkrustierung (beim Schneiderhandwerk); vgl. ...ation/...ierung. **4.** (Med.) Einlagerung von kalkhaltigen Salzen im Gewebe od. auf Fremdkörpern. **in|krus|tie|ren: 1.** mit einer Inkrustation (1) verzieren. **2.** (Geol.) durch chemische Ausscheidung Krusten bilden. **3.** mit einer Inkrustation (3) versehen. **In|krus|tie|rung,** die; -, -en: Inkrustation (3); vgl. ...ation/...ierung

In|ku|ba|ti|on, die; -, -en: **1.** (Biol.) Bebrütung von Vogeleiern. **2.** (Med.) **a)** Vermehrung von Krankheitserregern im Körper; **b)** das Behandeln von Frühgeborenen in einem Brutkasten; **c)** verspätete Reaktion auf ein psychisches Trauma; **d)** Kurzform von ↑Inkubationszeit. **3.** (Geschichte) Tempelschlaf in der Antike (um Heilung od. Belehrung durch den Gott zu erfahren)

In|ku|ba|ti|ons|zeit, die; -, -en (Med.): Zeit von der Ansteckung bis zum Ausbruch einer Krankheit

In|ku|ba|tor, der; -s, ...oren: **1.** (Med.) Brutkasten für Frühgeburten. **2.** Behälter mit Bakterienkulturen. **3.** (Wirtsch.) Fördereinrichtung für neu gegründete Wirtschaftsunternehmen

in|ku|bie|ren ⟨*lat.*⟩: **1.** (Biol., Med.) eine Bakterienkultur bebrüten. **2.** (Med.) sich im Körper festsetzen (von Krankheitserregern). **3.** (Med.) ein Frühgeborenes in den ↑Inkubator (1) legen

In|ku|bus, der; -, Inkuben ⟨*lat.*⟩: **1. a)** nächtlicher Dämon, Alb im römischen Volksglauben; **b)** Teufel, der mit einer Hexe geschlechtlich verkehrt (im Volksglauben des Mittelalters). **2.** (ohne Plural; Med.) während des Schlafs auftretende Atembeklemmung mit Angstzuständen

in|ku|lant [auch: ...'lant] ⟨*lat.-nlat.*⟩: ungefällig (im Geschäftsverkehr), die Gewährung von Zahlungs- od. Lieferungserleichterungen ablehnend (Ggs.: kulant). **In|ku|lanz** [auch: ...'lants], die; -, -en: Ungefälligkeit (im Geschäftsverkehr) (Ggs.: Kulanz)

In|kul|pant, der; -en, -en ⟨*lat.*⟩ (Rechtsspr. veraltet): Ankläger, Beschuldiger

In|kul|pat, der; -en, en (Rechtsspr. veraltet): Angeklagter, Angeschuldigter

In|kul|tu|ra|ti|on, die; -, -en ⟨*lat.*⟩: **1.** das Eindringen einer Kultur in eine andere. **2.** (bei der Missionstätigkeit) Berücksichtigung der jeweiligen Eigenart der Kultur, in die das Christentum vermittelt wird

In|ku|na|bel, die; -, -n (meist Plural) ⟨*lat.;* »Windeln; Wiege«⟩: Wiegendruck, Frühdruck, Druck-Erzeugnis aus der Frühzeit des Buchdrucks (bis 1500)

in|ku|ra|bel [auch: ...'ra:...] ⟨*lat.*⟩ (Med.): unheilbar

in|ku|rant [auch: ...'rant] ⟨*lat.-frz.*⟩: **a)** nicht im Umlauf; **b)** schwer verkäuflich

In|kur|si|on, die; -, -en ⟨*lat.*⟩ (veraltet): Übergriff, Eingriff

In|kur|va|ti|on, die; -, -en ⟨*lat.*⟩ (veraltet): Krümmung

In|laid ['inlai̯t], der; -s, -e [...ai̯də] ⟨*engl.*⟩ (schweiz.): durchgemustertes Linoleum

In|lay ['ɪnlɛɪ̯], das; -s, -s ⟨*engl.;* »Einlegestück«⟩: aus Metall (z. B. Gold), Keramik od. Porzellan gegossene Zahnfüllung

In|li|ner ['ɪnlai̯nɐ], der; -s, - ⟨*engl.*⟩: **1.** ↑Inlineskater (1). **2.** ↑Inlineskater (2). **In|li|ne|rin,** die; -, -nen: weibliche Form zu ↑Inliner (2). **in|li|nern** ['ɪnlai̯nɐn] ⟨*engl.*⟩ (ugs.): auf Inlineskatern fahren

In|line|skate ['ɪnlai̯nskɛɪ̯t], der; -s, -s (meist Plural) ⟨*engl.*⟩: Rollschuh mit schmalen, in einer Linie hintereinander angeordneten Rollen

in|line|ska|ten [...skɛɪ̯tn̩] ⟨*engl.*⟩: auf Inlineskates laufen

In|line|ska|ter [...skɛɪ̯tɐ], der; -s, -: **1.** Rollschuh mit schmalen, hintereinander angeordneten Rollen. **2.** jmd., der mit Inlineskates läuft

In|line|ska|te|rin, die; -, -nen: weibliche Form zu ↑Inlineskater (2)

In|line|ska|ting [...skɛɪ̯tɪŋ], das; -s: Rollschuhlaufen mit Inlineskates

in ma|io|rem Dei glo|ri|am ⟨*lat.*⟩: ↑omnia ad maiorem Dei gloriam

in me|di|as res ⟨*lat.;* »mitten in die Dinge hinein«⟩: ohne Einleitung u. Umschweife zur Sache

in me|mo|ri|am ⟨*lat.*⟩: zum Gedächtnis, zum Andenken (z. B.: in memoriam des großen Staatsmannes; in memoriam Maria Theresia)

in na|tu|ra ⟨*lat.;* »in Natur«⟩: **1.** leibhaftig, wirklich, persönlich. **2.** (ugs.) in Waren, in Form von Naturalien

In|ne|ra|ti|on, die; -, -en ⟨*nlat.*⟩: ↑Internalisation

In|ner|va|ti|on, die; -, -en ⟨*lat.-nlat.*⟩: **1.** Versorgung von Geweben u. Organen mit Nerven. **2.** (Med.) Leitung der Reize durch die Nerven zu den Organen u. Geweben des Organismus. **in|ner|vie|ren: 1.** (Med.) mit Nerven od. Nervenreizen versehen. **2.** anregen

in|no|cen|te [ɪnoˈtʃɛntə] ⟨*lat.-it.;* »unschuldig«⟩ (Musik): anspruchslos; ursprünglich (Vortragsanweisung)

in no|mi|ne Dei ⟨*lat.*⟩: im Namen Gottes (unter Berufung auf Gott) (Abk.: I.N.D.)

in no|mi|ne Do|mi|ni ⟨*lat.*⟩: im Namen des Herrn (Eingangsformel alter Urkunden) (Abk.: I.N.D.)

In|no|va|ti|on, die; -, -en ⟨*lat.-nlat.*⟩: Einführung von etwas Neuem; Erneuerung, Neuerung

In|no|va|ti|ons|spross, der; -es, -e[n] ⟨*lat.-nlat.; dt.*⟩: Erneuerungsspross bei mehrjährigen Pflanzen; Jahrestrieb

in|no|va|tiv ‹*lat.-nlat.*›: Innovationen schaffend, beinhaltend; vgl. ...iv/...orisch. **In|no|va|ti|vi|tät,** die; - ‹*lat.-nlat.*›: Fähigkeit, Innovationen hervorzubringen bzw. innovative Lösungen zu finden

in|no|va|to|risch: Innovationen zum Ziel habend; vgl. ...iv/ ...orisch

in|no|vie|ren ‹*lat.*› (bes. Fachspr.): eine Innovation, Innovationen vornehmen

in nu|ce ‹*lat.;* »in der Nuss«›: im Kern; in Kürze, kurz u. bündig

In|nu|en|do, das; -s, -s ‹*lat.-engl.*›: versteckte Andeutung, Anspielung

in|of|fen|siv [auch: ...ˈziːf]: nicht angreifend, nicht angriffslustig (Ggs.: offensiv)

in|of|fi|zi|ell [auch: ...ˈtsi̯ɛl]: **1. a)** nicht in amtlichem, offiziellem Auftrag; nicht amtlich, außerdienstlich; **b)** einer amtlichen, offiziellen Stelle nicht bekannt, nicht von ihr bestätigt, anerkannt, nicht von ihr ausgehend (Ggs.: offiziell [1]). **2.** nicht förmlich, nicht feierlich, nicht in offiziellem Rahmen (Ggs.: offiziell [2])

in|of|fi|zi|ös [auch: ...ˈtsi̯øːs]: nicht von einer halbamtlichen Stelle veranlasst, beeinflusst, bestätigt

In|oku|la|ti|on, die; -, -en ‹*lat.*›: **1.** (Med.) gezieltes Einbringen von vermehrungsfähigen Erregern in den Organismus; Einimpfung (als vorbeugende u. therapeutische Maßnahme). **2.** (Med.) unbeabsichtigte Übertragung von Krankheitserregern bei Blutentnahmen, Injektionen od. Impfungen. **3.** (Biol., Med.) das Einbringen von Krankheitserregern, Gewebe, Zellmaterial in einen Organismus od. in Nährböden. **inoku|lie|ren: 1.** (Med.) eine Inokulation (1) vornehmen. **2.** (Med.) Krankheitserreger im Sinne einer Inokulation (2) übertragen

In|oku|lum, das; -s, ...la (Biol.; Pharm.): Impfkultur, Menge einer Reinkultur von Mikroorganismen, die zur Auf- und Weiterzucht verwendet werden

in|ope|ra|bel [auch: ...ˈraː...] (Med.): nicht operierbar; durch Operation nicht heilbar (Ggs.: operabel)

in|op|por|tun [auch: ...ˈtuːn] ‹*lat.*›: nicht angebracht, nicht zweckmäßig, unpassend (Ggs.: opportun). **In|op|por|tu|ni|tät** [auch: ...ˈtɛːt], die; -, -en: das Unangebrachtsein, Unzweckmäßigkeit, Ungünstigkeit (Ggs.: Opportunität)

in op|ti|ma for|ma ‹*lat.*›: in bester Form; einwandfrei; wie es sich gehört

Ino|sin, das; -s, -e ‹*gr.-nlat.*› (Chemie): kristallisierende Nukleinsäure, die in Fleisch, in Hefe u. a. enthalten ist

Ino|sit [auch: ...ˈzɪt], der; -s, -e ‹*gr.-nlat.*› (Chemie, Med.): intrazelluläres Signalmolekül in Eukaryonten; wichtiger Wirkstoff, vor allem Wuchsstoff der Hefe (kristalliner, leicht süßlich schmeckender u. in Wasser löslicher Stoff)

Ino|si|t|u|rie, Ino|s|u|rie, die; - (Med.): vermehrte Ausscheidung von Inosit im Urin

in|oxi|die|ren, in|oxy|die|ren ‹*lat.; gr.*›: eine Rostschutzschicht aus Oxiden auf eine Metalloberfläche aufbringen

in par|ti|bus in|fi|de|li|um ‹*lat.;* »im Gebiet der Ungläubigen«› (Geschichte): Zusatz zum Titel von Bischöfen in wieder heidnisch gewordenen Gebieten (Abk.: i. p. i.)

in pec|to|re ‹*lat.;* »in der Brust«›: unter Geheimhaltung (z. B. bei der Ernennung eines Kardinals, dessen Namen der Papst aus bestimmten [politischen] Gründen zunächst nicht bekannt gibt); vgl. in petto

in per|pe|tu|um ‹*lat.*›: auf immer, für ewige Zeiten

in per|so|na ‹*lat.*›: in Person, persönlich, selbst

in pet|to ‹*lat.-it.;* »in der Brust«›: beabsichtigt, geplant; **etwas in petto haben:** etwas im Sinne, bereit haben, etwas vorhaben, im Schilde führen

in ple|no ‹*lat.*›: in voller Versammlung; vollzählig; vgl. Plenum

in pon|ti|fi|ca|li|bus ‹*lat.;* »in priesterlichen Gewändern«› (scherzh.): im Festgewand, [höchst] feierlich

in pra|xi ‹*lat.; gr.-lat.*›: **a)** in der Praxis, im wirklichen Leben; tatsächlich; **b)** in der Rechtsprechung (im Gegensatz zur Rechtslehre); vgl. Praxis (1)

in punc|to ‹*lat.*›: in dem Punkt, hinsichtlich; **in puncto puncti [sexti]** (veraltet scherzh.): hinsichtlich [des sechsten Gebotes] der Keuschheit

In|put, der, auch: das; -s, -s ‹*engl.;* »Zugeführtes«›: **1.** (Wirtsch.) die in einem Produktionsbetrieb eingesetzten, aus anderen Teilbereichen der Wirtschaft bezogenen Produktionsmittel (Ggs.: Output [1]). **2.** (EDV) Eingabe von Daten in einen Computer (Ggs.: Output [2 b]). **3.** Anstoß, Beitrag von außen

In|put-Out|put-Ana|ly|se [...ˈaʊ̯t...], die; -, -n ‹*engl.*›: Methode zur Untersuchung der produktionsmäßigen Beziehungen zwischen den Teilbereichen der Wirtschaft

In|qui|lin, der; -en, -en (meist Plural) ‹*lat.*› (Zool.): Insekt, das in Körperhohlräumen od. Behausungen anderer Lebewesen als Mitbewohner lebt

In|qui|rent, der; -en, -en ‹*lat.*› (veraltet): Untersuchungsführer. **in|qui|rie|ren:** nachforschen; [gerichtlich] untersuchen, verhören

In|qui|sit, der; -en, -en (veraltet): Angeklagter

In|qui|si|ti|on, die; -, -en ‹»Untersuchung«›: **1.** (Geschichte) Untersuchung durch Institutionen der katholischen Kirche u. daraufhin durchgeführte staatliche Verfolgung der ↑Häretiker zur Reinerhaltung des Glaubens (bis ins 19. Jh., bes. während der Gegenreformation). **2.** ↑Inquisitionsprozess

In|qui|si|ti|ons|ma|xi|me, die; - (Rechtswiss.): strafprozessualer Grundsatz, nach dem der Richter selbst ein Strafverfahren einleitet

In|qui|si|ti|ons|pro|zess, der; -es, -e (Rechtswiss.): gerichtliche Eröffnung u. Durchführung eines Strafprozesses aufgrund der ↑Inquisitionsmaxime

In|qui|si|tor, der; -s, ...oren: **1.** (Geschichte) jmd., der ein Inquisitionsverfahren leitet od. anstrengt. **2.** [strenger] Untersuchungsrichter. **In|qui|si|to|rin,** die; -, -nen: weibliche Form zu

↑Inquisitor (2). **in|qui|si|to|risch** ⟨*lat.-nlat.*⟩: nach Art eines Inquisitors, peinlich ausfragend; vgl. ...iv/...orisch

In|ro, das; -s, -s ⟨*jap.*⟩: reich verziertes od. geschnitztes japanisches Döschen aus Elfenbein od. gelacktem Holz

in sal|do ⟨*lat.-it.*⟩ (veraltet): im Rest, im Rückstand

In|sa|li|va|ti|on, die; -, -en ⟨*lat.-nlat.*⟩ (Med.): Einspeichelung, Vermischung der aufgenommenen Speise mit Speichel, speziell beim Kauakt im Mund

in sal|vo ⟨*lat.*⟩ (veraltet): in Sicherheit

in|san ⟨*lat.*⟩ (Med. veraltet): geistig krank; nicht zurechnungsfähig. **In|sa|nia,** die; - (Med. veraltet): Unzurechnungsfähigkeit

in|sa|ti|a|bel ⟨*lat.*⟩ (veraltet): unersättlich

in|schal|lah ⟨*arab.*⟩: wenn Allah will (auf ein zukünftiges Ereignis bezogener Ausdruck in der muslimischen Welt)

In|sekt, das; -[e]s, -en ⟨*lat.*⟩: Kerbtier (geflügelter, Luft atmender Gliederfüßer)

In|sek|ta|ri|um, das; -s, ...ien ⟨*lat.-nlat.*⟩: der Aufzucht u. dem Studium von Insekten dienende Anlage

in|sek|ti|vor: insektenfressend

[1]**In|sek|ti|vo|re,** der; -n, -n (meist Plural): insektenfressendes Tier

[2]**In|sek|ti|vo|re,** die; -[n], -n (meist Plural): insektenfressende Pflanze

in|sek|ti|zid: insektenvernichtend (in Bezug auf chemische Mittel). **In|sek|ti|zid,** das; -s, -e: Insektenbekämpfungsmittel

In|sek|to|lo|ge, der; -n, -n ⟨*lat.; gr.*⟩: Insektenforscher. **In|sek|to|lo|gin,** die; -, -nen: weibliche Form zu ↑Insektologe

In|sel|hop|ping, das; -s ⟨*dt.; engl.*⟩: touristische Unternehmung, bei der nacheinander mehrere Inseln eines Archipels besucht werden

In|se|mi|na|ti|on, die; -, -en ⟨*lat.-nlat.*⟩ (Med., Zool.): künstliche Besamung, Samenübertragung; vgl. heterologe Insemination u. homologe Insemination

In|se|mi|na|tor, der; -s, ...oren (Landwirtsch.): Fachmann für künstliche Befruchtung bei Tieren. **In|se|mi|na|to|rin,** die; -, -nen: weibliche Form zu ↑Inseminator. **in|se|mi|nie|ren** (Med., Zool., Landwirtsch.): künstlich befruchten

in|sen|si|bel [auch: ...ˈziː...] ⟨*lat.*⟩ (Med.): unempfindlich gegenüber Schmerzen u. Reizen von außen. **In|sen|si|bi|li|tät** [auch: ...ˈtɛːt], die; - (Med.): Unempfindlichkeit gegenüber Schmerzen u. Reizen von außen

In|se|pa|rables [ɛ̃sepaˈrabl̩], die (Plural) ⟨*lat.-frz.;* »Unzertrennliche«⟩: kleine, kurzschwänzige Papageien (Käfigvögel)

in|se|quent [auch: ...ˈkvɛnt] ⟨*lat.*⟩ (Geol.): keine Beziehung zum Schichtenbau der Erde habend (in Bezug auf Flussläufe) (Ggs.: konsequent [3])

In|se|rat, das; -[e]s, -e ⟨*lat.-nlat.*⟩: Anzeige (in einer Zeitung, Zeitschrift o. Ä.)

In|se|rent, der; -en, -en ⟨*lat.*⟩: jmd., der ein Inserat aufgibt. **In|se|ren|tin,** die; -, -nen: weibliche Form zu ↑Inserent. **in|se|rie|ren: a)** ein Inserat aufgeben; **b)** durch ein Inserat anbieten, suchen, vermitteln

In|sert, das; -s, -s ⟨*lat.-engl.*⟩: **1.** (Film, Fernsehen) (dem Verständnis dienende od. Hintergrundinformationen liefernde) Einblendung in Form von Texten, Grafiken o. Ä. **2.** Inserat, bes. in einer Zeitschrift, in Verbindung mit einer beigehefteten Karte zum Anfordern weiterer Informationen od. zum Bestellen der angebotenen Ware. **3.** in einen Kunststoff zur Verstärkung eingelassenes Element

In|ser|ti|on, die; -, -en: **1.** das Aufgeben einer Anzeige. **2.** das Einfügen sprachlicher Einheiten in einen vorgegebenen Satz (als Verfahren zur Gewinnung von Kernsätzen). **3.** (Rechtswiss.) das Einfügen einer Urkunde in vollem Wortlaut in eine neue Urkunde als Form der Bestätigung, ↑Transsumierung. **4.** (Med.; Biol.; Bot.) Ansatz, Ansatzstelle (z. B. einer Sehne am Knochen, der Nabelschnur am Mutterkuchen od. eines Blattes am Spross). **5.** das Einfügen eines Chromosomenabschnittes in ein anderes Chromosom

In|ser|ti|ons|se|quenz, die; -, -en ⟨*lat.; lat.*⟩: kurzer, beweglicher Abschnitt der DNS, der kein Gen trägt

In|sert|tas|te, die; -, -n: Einfügentaste (auf der Computertastatur)

In|side [ˈɪnsaɪd], der; -[s], -s ⟨*engl.*⟩ (Fußball; schweiz. veraltet): Innenstürmer, Halbstürmer

In|si|der [ˈɪnsaɪdɐ], der; -s, -: jmd., der bestimmte Dinge, Vorgänge od. Verhältnisse als ein Dazugehörender, Eingeweihter kennt

In|si|der|han|del, der; -s (Börsenw.): illegales Börsengeschäft, das jmd. tätigt, der aufgrund seiner beruflichen Stellung über unternehmensinterne Informationen verfügt, die anderen noch nicht zugänglich sind

In|si|de|rin, die; -, -nen: weibliche Form zu ↑Insider

In|si|der|sto|ry [...ˈstɔ(ː)ri], die; -, -s: aus interner Sicht, von einem Beteiligten selbst verfasster Bericht

In|si|der|tipp, der; -s, -s: Geheimtipp

In|si|di|en [...i̯ən], die (Plural) ⟨*lat.*⟩ (veraltet): Nachstellungen

in|si|di|ös (Med.): heimtückisch, schleichend (von Krankheiten)

In|si|g|ne, das; -s, ...nien [...i̯ən] (meist Plural) ⟨*lat.;* »Abzeichen«⟩: Zeichen staatlicher od. ständischer Macht u. Würde (z. B. Krone, Rittersporen)

in|si|g|ni|fi|kant [auch: ...ˈkant] ⟨*lat.*⟩: unbedeutend, unwesentlich

In|si|mu|la|ti|on, die; -, -en ⟨*lat.*⟩ (veraltet): Verdächtigung, Anschuldigung. **in|si|mu|lie|ren** (veraltet): verdächtigen, anschuldigen

In|si|nu|ant, der; -en, -en ⟨*lat.*⟩ (veraltet): **1.** jmd., der Unterstellungen, Verdächtigungen äußert. **2.** jmd., der anderen etwas zuträgt, einflüstert. **3.** jmd., der sich bei anderen einschmeichelt. **In|si|nu|an|tin,** die; -, -nen: weibliche Form zu ↑Insinuant

In|si|nu|a|ti|on, die; -, -en (veraltet): **1. a)** Unterstellung, Verdächtigung; **b)** Einflüsterung, Zuträgerei; **c)** Einschmeichelung. **2.** (veraltet) Eingabe eines Schriftstückes an ein Gericht

inspirieren

Von der Mutter Natur haben sich schon viele Kreative inspirieren lassen.
anregen zu, kreativ werden lassen
– Dichter und Komponisten [...] inspiriert
– Designer [haben sich von der ...] inspirieren lassen
– seiner Oper [...] inspiriert worden sein
Der Designer ließ sich für das Möbelstück von Korallen inspirieren.
Der Fußball könne die Menschen aller Länder inspirieren.
Oder man lässt sich von Weltliteratur inspirieren.

inspizieren

Experte empfiehlt, die Atomanlagen alle zwei Monate zu inspizieren.
prüfend besichtigen
– ihre Waffenlager inspizieren zu lassen
– jederzeit [...] inspiziert werden können, sagte der ...
– näher [zu] inspizieren
Auch Solaranlagen oder Brücken lassen sich aus der Luft inspizieren.
Das Gericht wird das Gelände inspizieren.
Mein neuer Vermieter möchte meine Wohnung inspizieren.

In|si|nu|a|ti|ons|do|ku|ment, das; -[e]s, -e (veraltet): Bescheinigung über eine Insinuation (2)

in|si|nu|ie|ren: 1. a) unterstellen; **b)** einflüstern, zutragen. **2.** (veraltet) ein Schriftstück bei einem Gericht einreichen

in|si|pid, in|si|pi|de ‹*lat.*› (veraltet): schal, fade; albern, töricht

in|sis|tent ‹*lat.*› (selten): auf etwas bestehend, beharrlich, hartnäckig. **In|sis|tenz,** die; -: Beharrlichkeit, Hartnäckigkeit. **in|sis|tie|ren:** auf etwas bestehen, beharren (Ggs.: desistieren)

in si|tu ‹*lat.*›: **a)** (Med.) in der natürlichen, richtigen Lage (von Organen, Körperteilen, Geweben o. Ä.); vgl. Situs; **b)** (Archäol.) in originaler Lage (von ausgegrabenen Gegenständen, Fundstücken)

in|skri|bie|ren ‹*lat.*› (österr.): **a)** sich an einer Universität einschreiben; **b)** (ein Studienfach, eine Vorlesung, Übung o. Ä.) belegen. **In|skrip|ti|on,** die; -, -en (österr.): **a)** Einschreibung an einer Universität; **b)** Anmeldung zur Teilnahme an einer Vorlesung, Übung o. Ä.

In|so|la|ti|on, die; -, -en ‹*lat.-nlat.*›: **1.** (Meteorol.) Strahlung der Sonne auf die Erde, Sonneneinstrahlung. **2.** (Med.) Sonnenstich

in|so|lent [auch: ...ˈlɛnt] ‹*lat.*›: anmaßend, unverschämt. **In|so|lenz** [auch: ...ˈlɛnts], die; -, -en: Anmaßung, Unverschämtheit

in|so|lie|ren ‹*lat.-nlat.*› (veraltet): sich der Sonne aussetzen, sich sonnen; vgl. Insolation

in|so|lu|bel ‹*lat.*› (Chemie): unlöslich, unlösbar

in|sol|vent [auch: ˈɪn...] ‹*lat.-nlat.*› (Wirtsch.): zahlungsunfähig (Ggs.: solvent). **In|sol|venz** [auch: ˈɪn...], die; -, -en (Wirtsch.): Zahlungsunfähigkeit (Ggs.: Solvenz)

In|som|nie, die; - ‹*lat.*› (Med.): Schlafstörung (unterschiedlicher Ursache)

in spe [- ˈspe:] ‹*lat.;* »in der Hoffnung«›: zukünftig, baldig

In|s|pek|teur [...ˈtø:ɐ̯], der; -s, -e ‹*lat.-frz.*›: **1.** Leiter einer Inspektion (2). **2.** Dienststellung der ranghöchsten, Aufsicht führenden Offiziere der Teilstreitkräfte der Bundeswehr. **In|s|pek|teu|rin** [...ˈtø:rɪn], die; -, -nen: weibliche Form zu ↑Inspekteur

In|s|pek|ti|on, die; -, -en ‹*lat.;* »Besichtigung, Untersuchung«›: **1. a)** Prüfung, Kontrolle; **b)** regelmäßige Untersuchung u. Wartung eines Kraftfahrzeugs (gegebenenfalls mit Reparaturen). **2.** Behörde, der die Prüfung od. Aufsicht [über die Ausbildung der Truppen] obliegt

In|s|pek|tor, der; -s, ...oren: **1.** Verwaltungsbeamter auf der ersten Stufe des gehobenen Dienstes (bei Bund, Ländern u. Gemeinden). **2.** jmd., der etwas inspiziert, dessen Amt es ist, Inspektionen durchzuführen. **In|s|pek|to|rat,** das; -[e]s, -e (veraltet): Amt eines Inspektors. **In|s|pek|to|rin,** die; -, -nen: weibliche Form zu ↑Inspektor

In|s|pi|ra|ti|on, die; -, -en ‹*lat.;* »Einhauchung«›: **1.** schöpferischer Einfall, Gedanke; plötzliche Erkenntnis, erhellende Idee, die jmdn., bes. bei einer geistigen Tätigkeit, weiterführt; Erleuchtung, Eingebung. **2.** (ohne Plural; Med.) Einatmung; das Einsaugen der Atemluft (Ggs.: Exspiration). **in|s|pi|ra|tiv:** durch Inspiration wirkend; vgl. ...iv/...orisch

In|s|pi|ra|tor, der; -s, ...oren: jmd., der einen anderen inspiriert, zu etwas anregt. **In|s|pi|ra|to|rin,** die; -, -nen: weibliche Form zu ↑Inspirator

in|s|pi|ra|to|risch ‹*lat.-nlat.*›: **1.** ↑inspirativ. **2.** (Med.) die Inspiration (2) betreffend; vgl. ...iv/...orisch (Ggs.: exspiratorisch)

in|s|pi|rie|ren ‹*lat.*›: zu etwas anregen, animieren

inspirieren/inspizieren *s. Kasten*

In|s|pi|rier|te, der u. die; -n, -n: Anhänger[in] einer Sekte des 18. Jh.s, die an göttliche Eingebung bei einzelnen Mitgliedern glaubte

In|s|pi|zi|ent, der; -en, -en ‹*lat.*›: **1.** für den reibungslosen Ablauf von Proben und Aufführungen beim Theater oder von Sendungen beim Rundfunk und Fernsehen Verantwortlicher. **2.** Aufsicht führende Person. **In-**

s|pi|zi|en|tin, die; -, -nen: weibliche Form zu ↑ Inspizient

in|s|pi|zie|ren ⟨*lat.;* »besichtigen«⟩: be[auf]sichtigen; prüfen. **In|s|pi|zie|rung,** die; -, -en: genaue Prüfung

Abwasserkanal
Unglücksort
Kleinflugzeug
Inspektor
Kontrolleur
genauestens
inspizieren
Atomanlage
Gefangenenlager
Waffenlager
Atomenergiebehörde
einwilligen
Brandort

in|sta|bil [auch: ...ˈbiːl] ⟨*lat.*⟩: unbeständig (Ggs.: stabil); **instabiles Atom** (Physik): Atom, dessen Kern durch radioaktiven Prozess von selbst zerfällt; **instabile Schwingungen:** Flatterschwingungen bei Flugzeugtragflügeln; angefachte, durch äußere Einwirkung entstandene Schwingungen bei Hängebrücken u. Ä.. **In|sta|bi|li|tät,** die; -, -en (Plural selten): Unbeständigkeit, Veränderlichkeit, Unsicherheit

In|s|ta|gram® [ˈɪnstəgrɛm], das; -[s] ⟨meist o. Art.⟩ ⟨Kurzwort aus *engl.* instant camera = Sofortbildkamera u. telegram = Telegramm⟩ (EDV): Onlinedienst zum Bearbeiten u. zur gemeinsamen Nutzung von Fotos od. Videos. **In|s|ta|gram-Account, In|s|ta|gram|ac|count** [...ʔəkaʊ̯nt], der; -s, -s (EDV): ↑ Account bei Instagram®

In|s|tal|la|teur [...ˈtøːɐ̯], der; -s, -e ⟨französierende Bildung zu ↑ installieren⟩: Handwerker, der die technischen Anlagen eines Hauses (Rohre, Gas-, Elektroleitungen o. Ä.) verlegt, anschließt, repariert. **In|s|tal|la|teu|rin** [...ˈtøːrɪn], die; -, -nen: weibliche Form zu ↑ Installateur

In|s|tal|la|ti|on, die; -, -en ⟨*lat.-mlat.*⟩: **1. a)** Einbau, Anschluss (von technischen Anlagen); **b)** technische Anlage. **2.** (schweiz., sonst veraltet) Einweisung in ein [geistliches] Amt. **3.** (EDV) das Überspielen eines Computerprogramms auf die Festplatte

in|s|tal|lie|ren: 1. technische Anlagen einrichten, einbauen, anschließen. **2.** in ein [geistliches] Amt einweisen. **3.** (EDV) ein Computerprogramm auf die Festplatte überspielen. **4. a)** irgendwo einrichten, in etwas unterbringen; **b)** sich installieren: sich einrichten

in|s|tant [auch: ˈɪnstənt] ⟨*lat.-engl.*⟩: sofort [löslich], ohne Vorbereitung zur Verfügung (als nachgestelltes Attribut gebraucht: z. B. Kartoffelsuppe instant)

in|s|tan|tan ⟨*lat.-mlat.*⟩ (Fachspr.): unverzüglich einsetzend, sich sofort auswirkend, augenblicklich

In|s|tant|ge|tränk [auch: ˈɪnstənt...], das; -[e]s, -e ⟨*lat.-engl.; dt.*⟩: Getränk, das schnell aus einer pulverigen Substanz zubereitet werden kann. **in|s|tan|ti|sie|ren:** pulverförmige Extrakte herstellen

In|stant Mes|sa|ging [ˈɪnstn̩t ˈmɛsɪdʒɪŋ], das; - -s ⟨*engl.*⟩: sofortige Nachrichtenübermittlung im ↑ Chat

In|s|tanz, die; -, -en ⟨*lat.-mlat.*⟩: **1.** zuständige Stelle (bes. bei Behörden od. Gerichten). **2.** (Rechtsspr.) bestimmte Stufe eines gerichtlichen Verfahrens. **3.** (EDV) einzelne Anwendung eines mehrfach vorhandenen Programms o. Ä.

In|s|tan|zen|weg, der; -[e]s: Dienstweg

In|s|tan|zen|zug, der; -[e]s, ...züge (Rechtswiss.): Übergang einer Rechtssache an das nächsthöhere, zuständige Gericht

in|s|tan|zi|ie|ren (EDV): eine ↑ Instanz (3) erzeugen, als Instanz darstellen

in|sta|ti|o|när ⟨*lat.-nlat.*⟩: nichtgleichbleibend, schwankend, z. B. bei veränderlichen Stromröhren (Hydraulik)

in sta|tu nas|cen|di ⟨*lat.*⟩: im Zustand des Entstehens

in sta|tu quo ⟨*lat.*⟩: im gegenwärtigen Zustand, unverändert; vgl. Status quo. **in sta|tu quo an|te** ⟨*lat.*⟩: im früheren Zustand; vgl. Status quo ante

In|stau|ra|ti|on, die; -, -en ⟨*lat.*⟩ (veraltet): Erneuerung; Wiedereröffnung. **in|stau|rie|ren** (veraltet): erneuern

In|s|ta|walk [ˈɪnstəvɔːk, ˈɪnsta...], der; -s, -s ⟨Kurzw. aus Instagram und *engl.* walk = [Spazier]gang⟩ (Jargon): [gemeinsamer] Fotospaziergang, der auf Instagram dokumentiert werden soll

In|s|til|la|ti|on, die; -, -en ⟨*lat.*⟩ (Med.): Einträufelung; tropfenweise Verabreichung [von Arzneimitteln] unter die Haut, in die Blutbahn od. in Körperhöhlen. **in|s|til|lie|ren** (Med.): in den Organismus einträufeln

In|s|tinkt, der; -[e]s, -e ⟨*lat.-mlat.;* instinctus naturae »Anreizung der Natur, Naturtrieb«⟩: **1.** angeborene, keiner Übung bedürfende Verhaltensweise u. Reaktionsbereitschaft der Triebsphäre, meist im Interesse der Selbst- u. Arterhaltung (bes. bei Tieren). **2.** sicheres Gefühl für etwas. **in|s|tink|tiv** ⟨*lat.-frz.*⟩: **1.** instinktbedingt, durch den Instinkt geleitet. **2.** von einem Gefühl geleitet, gefühlsmäßig, unwillkürlich. **in|s|tink|tu|ell** (selten): ↑ instinktiv (1)

in|s|ti|tu|ie|ren ⟨*lat.*⟩: **1.** einrichten, errichten. **2.** (veraltet) anordnen, unterweisen; stiften

In|s|ti|tut, das; -[e]s, -e: **1. a)** Einrichtung, Anstalt, die [als Teil einer Hochschule] wissenschaftlichen Arbeiten, der Forschung, der Erziehung o. Ä. dient; **b)** Institutsgebäude. **2.** durch positives (gesetzlich verankertes) Recht geschaffenes Rechtsgebilde (z. B. Ehe, Familie, Eigentum o. Ä.)

In|s|ti|tu|ti|on, die; -, -en: **1.** einem bestimmten Bereich zugeordnete öffentliche [staatliche, kirchliche] Einrichtung, die dem Wohl od. Nutzen des Einzelnen od. der Allgemeinheit dient. **2.** (bes. Soziol.) bestimmten stabilen Mustern folgende Form menschlichen Zusammenlebens (z. B. Ehe). **3.** (veraltet) Einsetzung in ein [kirchl.] Amt

in|s|ti|tu|ti|o|na|li|sie|ren ⟨*lat.-*

nlat.⟩: **a)** in eine gesellschaftlich anerkannte, feste [starre] Form bringen; **b)** sich institutionalisieren: eine [gesellschaftlich anerkannte] feste [starre] Form annehmen; zu einer Institution (2) werden. **In|s|ti|tu|ti|o|na|li|sie|rung,** die; -: das Institutionalisieren

In|s|ti|tu|ti|o|na|lis|mus, der; -: sozialökonomische Lehre des amerikanischen Nationalökonomen u. Soziologen Th. Veblen (1857–1929)

in|s|ti|tu|ti|o|nell ⟨*lat.-frz.*⟩: **1.** die Institution betreffend; **institutionelle Garantie** (Rechtswiss.): Unantastbarkeit bestimmter Einrichtungen (z. B. der Ehe, der Familie o. Ä.). **2.** ein Institut (1a, 2) betreffend, zu einem Institut gehörend

in|s|t|ra|die|ren ⟨*lat.-it.*⟩: **1. a)** (veraltet) Soldaten in Marsch setzen; **b)** (veraltend) den Weg, auf dem eine Sendung befördert werden soll, festlegen. **2.** (schweiz.) über eine bestimmte Straße befördern, leiten. **In|s|t|ra|die|rung,** die; -, -en: das Instradieren

in|s|t|ru|ie|ren ⟨*lat.;* »herrichten; ausrüsten; unterweisen«⟩: **1.** in Kenntnis setzen; unterweisen, lehren, anleiten. **2.** (veraltet) eine Rechtssache zur Entscheidung vorbereiten

In|s|t|ruk|teur [...'tøːɐ̯], der; -s, -e ⟨*lat.-frz.*⟩: jmd., der andere unterrichtet, [zum Gebrauch von Maschinen, zur Auslegung von Vorschriften, Richtlinien o. Ä.] anleitet. **In|s|t|ruk|teu|rin** [...'tøːrɪn], die; -, -nen: weibliche Form zu ↑Instrukteur

In|s|t|ruk|ti|on, die; -, -en ⟨*lat.*⟩: Anleitung; Vorschrift, Richtschnur, Dienstanweisung

in|s|t|ruk|tiv ⟨*lat.-frz.*⟩: lehrreich, aufschlussreich

In|s|t|ruk|tiv, der; -s, -e ⟨*lat.-nlat.*⟩: finnisch-ugrischer Kasus zur Bezeichnung der Art und Weise

In|s|t|ruk|tor, der; -s, ...oren ⟨*lat.-mlat.*⟩: **1.** (veraltet) Lehrer; Erzieher (bes. von Einzelpersonen). **2.** (österr.) ↑Instrukteur. **In|s|t|ruk|to|rin,** die; -, -nen: weibliche Form zu ↑Instruktor

In|s|t|ru|ment, das; -[e]s, -e ⟨*lat.;* »Ausrüstung«⟩: **1.** Gerät, feines Werkzeug [für technische od. wissenschaftliche Arbeiten]. **2.** Kurzform von ↑Musikinstrument

in|s|t|ru|men|tal ⟨*lat.-nlat.*⟩: **1. a)** durch Musikinstrumente ausgeführt, Musikinstrumente betreffend (Ggs.: vokal); **b)** wie Instrumentalmusik klingend. **2.** als Mittel od. Werkzeug dienend. **3.** das Mittel od. Werkzeug bezeichnend; **instrumentale Konjunktion** (Sprachwiss.): das Mittel angebendes Bindewort (z. B. indem)

In|s|t|ru|men|tal, der; -s, -e (Sprachwiss.): das Mittel od. Werkzeug bezeichnender Kasus (im Deutschen weitgehend durch Präpositionalfall ersetzt, im Slawischen noch erhalten). **In|s|t|ru|men|ta|lis,** der; -, ...les: Instrumental

in|s|t|ru|men|ta|li|sie|ren: 1. [in der Unterhaltungsmusik] ein Gesangsstück zu einem Instrumentalstück umschreiben; vgl. instrumentieren (1 b). **2.** (für seine Zwecke) als Instrument benutzen. **In|s|t|ru|men|ta|li|sie|rung,** die; -, -en: **1.** (ohne Plural) Tendenz in der deutschen Gegenwartssprache, bestimmte Aussagen in die Form des ↑Instrumentals zu bringen (z. B. den Kunden *mit Waren* beliefern, statt: dem Kunden Waren liefern). **2.** das Instrumentalisieren

In|s|t|ru|men|ta|lis|mus, der; - (Philos.): amerikanische Ausprägung des ↑Pragmatismus, in der Denken u. Begriffsbildung (Logik, Ethik, Metaphysik) nur Werkzeuge zur Beherrschung von Natur u. Mensch sind

In|s|t|ru|men|ta|list, der; -en, -en: **1.** jmd., der [berufsmäßig] bes. in einem ↑Ensemble (1 b) ein Instrument spielt (Ggs.: Vokalist). **2.** Anhänger, Vertreter des Instrumentalismus. **In|s|t|ru|men|ta|lis|tin,** die; -, -nen: weibliche Form zu ↑Instrumentalist

In|s|t|ru|men|tal|mu|sik, die; -, -en: nur mit Instrumenten ausgeführte Musik (Ggs.: Vokalmusik)

In|s|t|ru|men|tal|satz, der; -es, ...sätze ⟨*lat.-nlat.; dt.*⟩: **1.** (Sprachwiss.) Adverbialsatz des Mittels od. Werkzeuges (z. B.: er vernichtete das Ungeziefer, *indem er es mit Gift besprühte*). **2.** (Musik) Satz einer instrumentalen Komposition

In|s|t|ru|men|tal|so|list, der; -en, -en: jmd., der innerhalb eines Orchesters, Ensembles o. Ä. ein Instrument als ↑Solist (a) spielt. **In|s|t|ru|men|tal|so|lis|tin,** die; -, -nen: weibliche Form zu ↑Instrumentalsolist

in|s|t|ru|men|ta|ri|sie|ren ⟨*lat.-nlat.*⟩: zu einem Instrumentarium (1) machen. **In|s|t|ru|men|ta|ri|sie|rung,** die; -, -en: das Instrumentarisieren

In|s|t|ru|men|ta|ri|um, das; -s, ...ien: **1.** alles, was zur Durchführung einer Tätigkeit o. Ä. gebraucht wird. **2.** Instrumentensammlung. **3.** Gesamtzahl der in einem Klangkörper für eine bestimmte musikalische Aufführung vorgesehenen Musikinstrumente

In|s|t|ru|men|ta|ti|on, die; -, -en: **a)** Besetzung der einzelnen Stimmen einer mehrstimmigen ↑Komposition (2 b) mit bestimmten Instrumenten (2) eines Orchesters zwecks bestimmter Klangwirkungen; **b)** Einrichtung einer (ursprünglich nicht für [verschiedene] Instrumente geschriebenen) Komposition für mehrere Instrumente, für ein Orchester; vgl. ...ation/...ierung

In|s|t|ru|men|ta|tiv, das; -s, -e: Verb des Benutzens (z. B. *hämmern* = »mit dem Hammer arbeiten«)

In|s|t|ru|men|ta|tor, der; -s, ...oren: jmd., der die ↑Instrumentation durchführt. **In|s|t|ru|men|ta|to|rin,** die; -, -nen: weibliche Form zu ↑Instrumentator

in|s|t|ru|men|ta|to|risch: die ↑Instrumentation betreffend

in|s|t|ru|men|tell: Instrumente (1) betreffend, mit Instrumenten versehen, unter Zuhilfenahme von Instrumenten; vgl. ...al/ ...ell

in|s|t|ru|men|tie|ren: 1. a) eine Komposition [nach der Klavierskizze] für die einzelnen Orchesterinstrumente ausarbeiten u. dabei bestimmte Klangvorstellungen realisieren; **b)** eine Komposition für Orchesterbesetzung umschreiben, eine Orchesterfassung von etwas herstellen. **2.** mit [technischen] Instrumenten ausstatten. **3.** (Med.) [während einer OP] die chirurgischen Instrumente anreichen. **In|s|t|ru|men|tie|rung,** die; -, -en: das Instrumentieren (1a, 2); vgl. ...ation/...ierung

In|sub|or|di|na|ti|on [auch: ˈɪn...], die; -, -en ⟨*lat.-nlat.*⟩: mangelnde Unterordnung; Ungehorsam gegenüber [militärischen] Vorgesetzten

In|su|da|ti|on, die; -, -en (Med.): das Eindringen von Flüssigkeiten, insbes. von Blutplasma, in die Gefäßwand

in|suf|fi|zi|ent [auch: ...ˈtsi̯ɛnt] ⟨*lat.*⟩: **1.** unzulänglich, unzureichend. **2.** (Med.) ungenügend, unzureichend, geschwächt (von der Funktion, Leistungsfähigkeit eines Organs). **In|suf|fi|zi|enz** [auch: ...ˈtsi̯ɛnts], die; -, -en: **1.** Unzulänglichkeit; Schwäche (Ggs.: Suffizienz [1]). **2.** (Med.) ungenügende Leistung, Schwäche eines Organs (Ggs.: Suffizienz [2]). **3.** (Rechtswiss.) Vermögenslage eines Schuldners, bei der die Gläubiger nicht ausreichend befriedigt werden können

In|su|la|ner, der; -s, - ⟨*lat.*⟩: Inselbewohner. **In|su|la|ne|rin,** die; -, -nen: weibliche Form zu ↑Insulaner

in|su|lar: die Insel od. Inseln betreffend; inselartig; Insel...

In|su|la|ri|tät, die; - ⟨*lat.-nlat.*⟩: Insellage, geografische Abgeschlossenheit

In|su|lin, das; -s, (Sorten) -e: **1.** Hormon der Bauchspeicheldrüse. **2.** Arzneimittel für Zuckerkranke

In|su|lin|de, die; - ⟨*lat.-niederl.;* geprägt vom niederl. Schriftsteller Multatuli, 1820–1887⟩: Name für die Inselwelt des Malaiischen Archipels

In|su|lin|pen, der; -s, -s ⟨*lat.; engl.*⟩: Gerät zur sicheren und wenig Schmerz verursachenden Injektion von Insulin (2)

In|su|lin|schock, der; -s, -s (Med.): bei Diabetikern durch hohe Insulingaben [nach Diätfehlern] ausgelöster Schock

In|sult, der; -[e]s, -e ⟨*lat.-mlat.*⟩: **1.** [schwere] Beleidigung, Beschimpfung. **2.** (Med.) Anfall (z. B. Schlaganfall). **in|sul|tie|ren:** [schwer] beleidigen, verhöhnen

in sum|ma ⟨*lat.*⟩: im Ganzen, insgesamt

In|sur|gent, der; -en, -en ⟨*lat.*⟩ (veraltend): Aufständischer. **In|sur|gen|tin,** die; -, -nen: weibliche Form zu ↑Insurgent. **in|sur|gie|ren** (veraltend): **1.** zum Aufstand reizen. **2.** einen Aufstand machen

In|sur|rek|ti|on, die; -, -en: Aufstand; Volkserhebung

in sus|pen|so ⟨*lat.*⟩ (veraltet): unentschieden, in der Schwebe

In|sze|na|tor, der; -s, ...oren ⟨*lat.; gr.-lat.-frz.*⟩ (selten): Leiter einer Inszenierung. **In|sze|na|to|rin,** die; -, -nen: weibliche Form zu ↑Inszenator. **in|sze|na|to|risch:** die Inszenierung betreffend

in|sze|nie|ren: 1. (ein Stück beim Theater, Fernsehen, einen Film) vorbereiten, bearbeiten, einstudieren, künstlerisch gestalten; bei einem Bühnenstück, Fernsehspiel, Film Regie führen. **2.** (oft abwertend) geschickt ins Werk setzen, organisieren, vorbereiten, einfädeln. **In|sze|nie|rung,** die; -, -en: **1.** das Inszenieren. **2.** inszeniertes Stück

In|ta|bu|la|ti|on, die; -, -en ⟨*lat.-nlat.*⟩: **1.** (veraltet) Einschreibung in eine Tabelle. **2.** (österr. Rechtsspr.) Eintragung ins Grundbuch. **in|ta|bu|lie|ren** (veraltet): [in eine Tabelle] eintragen

In|ta|g|lio [ɪnˈtaljo], das; -s, ...ien [...jən] ⟨*lat.-mlat.-it.*⟩: Gemme mit eingeschnittenen Figuren

in|takt ⟨*lat.*⟩: **a)** unversehrt, unberührt, heil; **b)** [voll] funktionsfähig, ohne Störungen funktionierend

In|tar|seur [...ˈzøːɐ̯], der; -s, -e ⟨französierende Bildung⟩: ↑Intarsiator. **In|tar|seu|rin** [...ˈzøːrɪn], die; -, -nen: weibliche Form zu ↑Intarseur

In|tar|sia, die; -, ...ien (meist Plural) ⟨*(lat.; arab.) it.*⟩: Einlegearbeit (andersfarbige Hölzer, Elfenbein, Metall usw. in Holz)

In|tar|si|a|tor, der; -s, ...oren ⟨*(lat.; arab.) it.-nlat.*⟩: Kunsthandwerker, Künstler, der Intarsien herstellt. **In|tar|si|a|to|rin,** die; -, -nen: weibliche Form zu ↑Intarsiator

In|tar|si|a|tur, die; -, -en ⟨*(lat.; arab.) it.*⟩ (selten): ↑Intarsia

In|tar|sie [...zi̯ə], die; -, -n: ↑Intarsia. **in|tar|sie|ren:** Intarsien herstellen

in|te|ger ⟨*lat.*⟩: **1.** unbescholten; ohne Makel; unbestechlich. **2.** (veraltet) neu; sauber, unversehrt

In|te|graf, Integraph, der; -en, -en ⟨*lat.; gr.*⟩ (früher): ein ↑Integriergerät

in|te|g|ral ⟨*lat.-mlat.*⟩: ein Ganzes ausmachend; für sich bestehend. **In|te|g|ral,** das; -s, -e: **1.** Rechensymbol der Integralrechnung (Zeichen: $\int$). **2.** mathematischer Summenausdruck über die ↑Differenziale eines endlichen od. unendlichen Bereiches

In|te|g|ral|glei|chung, die; -, -en ⟨*lat.-mlat.; dt.*⟩: mathematische Gleichung, bei der die Unbekannte in irgendeiner Form unter dem Integralzeichen auftritt

In|te|g|ral|helm, der; -[e]s, -e: mit einem durchsichtigen ↑Visier (1 b) zum Schutz des Gesichts versehener Sturzhelm für Motorradfahrer u. a., der infolge seiner Größe (im Unterschied zu anderen Sturzhelmen) auch Hals u. Kinnpartie schützt

In|te|g|ra|lis|mus, der; - ⟨*lat.-mlat.-nlat.*⟩: zeitweilige katholische Bestrebung, alle Lebensbereiche nach kirchlichen Maßstäben zu gestalten. **In|te|g|ra|list,** der; -en, -en: Anhänger des Integralismus. **In|te|g|ra|lis|tin,** die; -, -nen: weibliche Form zu ↑Integralist

In|te|g|ral|rech|nung, die; -: Teilgebiet der ↑Infinitesimalrechnung (Umkehrung der Differenzialrechnung)

In|te|g|rand, der; -en, -en ⟨*lat.*⟩ (Math.): das zu Integrierende, was unter dem Integralzeichen steht

In|te|graph vgl. Integraf

In|te|g|ra|ti|on, die; -, -en ⟨*lat.;* »Wiederherstellung eines Ganzen«⟩: **1.** [Wieder]herstellung einer Einheit [aus Differenziertem]; Vervollständigung. **2.** Einbeziehung, Eingliederung in ein größeres Ganzes (Ggs.: Desintegration [2]). **3.** Zustand, in dem sich etwas befindet, nachdem es integriert worden ist (Ggs.: Desintegration [2]). **4.** Berechnung eines Integrals (2); vgl. ...ation/...ierung

In|te|g|ra|ti|o|nist, der; -en, -en ⟨*lat.-nlat.*⟩: jmd., der sich für die Integration (2) (von Minderheiten) einsetzt. **In|te|g|ra|ti|o|nis|tin,** die; -, -nen: weibliche Form zu ↑Integrationist

in|te|g|ra|ti|o|nis|tisch: die Integration (1-3) zum Ziele habend, im Sinne der Integration

In|te|g|ra|ti|ons|fi|gur, die; -, -en (Plural selten) ⟨*lat; lat.-frz.*⟩: jmd., der die Fähigkeit hat, unterschiedliche politische Richtungen, gesellschaftliche Gruppierungen o. Ä. zu integrieren, zu vereinheitlichen

In|te|g|ra|ti|ons|leh|rer, der; -s, - ⟨*lat.; dt.*⟩ (bes. österr.): Lehrer für Klassen, in denen Kinder mit u. ohne Behinderung gemeinsam unterrichtet werden. **In|te|g|ra|ti|ons|leh|re|rin,** die; -, -nen: weibliche Form zu ↑Integrationslehrer

In|te|g|ra|ti|ons|pro|zess, der; -es, -e: Prozess der Integration (1, 2)

In|te|g|ra|ti|ons|zen|t|rum, das; -s, ...zentren: Institution, Zentrum, das der Integration von Zuwanderern u. Zuwanderinnen durch Förderung u. kulturellen Austausch dient

in|te|g|ra|tiv: eine Integration (1-3) darstellend, in der Art einer Integration, auf eine Integration hindeutend

In|te|g|ra|tor, der; -s, ...oren ⟨*lat.*⟩ (früher): math. Instrument zur zahlenmäßigen Darstellung von Infinitesimalrechnungen

In|te|g|rier|an|la|ge, die; -, -n ⟨*lat.; dt.*⟩ (früher): auf dem Dualsystem aufgebauter Integrator [größeren Ausmaßes]

in|te|g|rier|bar: so geartet, dass man es integrieren kann; fähig, integriert zu werden

in|te|g|rie|ren ⟨*lat.;* »wiederherstellen; ergänzen«⟩: **1. a)** in ein übergeordnetes Ganzes aufnehmen; **b)** sich integrieren: sich in ein übergeordnetes Ganzes einfügen. **2.** (Math.) ein Integral (2) berechnen

in|te|g|rie|rend: zu einem Ganzen notwendig gehörend; wesentlich, unerlässlich

In|te|g|rie|rer, der; -s, - (EDV): Rechenanlage, in der die Ausgangswerte u. das Ergebnis einer Rechenaufgabe als physikalische Größen dargestellt werden; Analogrechner

In|te|g|rier|ge|rät, das; -[e]s, -e ⟨*lat.; dt.*⟩ (früher): Gerät zur Bestimmung von Stammkurven, Flächeninhalten und Lösungen von Differenzialgleichungen

in|te|g|riert ⟨*lat.*⟩: durch Integration (1) entstanden, z. B. integrierte Gesamt[hoch]schule

In|te|g|rie|rung, die; -, -en: das Integrieren (2); vgl. ...ation/...ierung (Ggs.: Desintegrierung)

In|te|g|ri|me|ter, das; -s, - ⟨*lat.; gr.*⟩: spezielle Vorrichtung zur Lösung von Integralen (2)

In|te|g|ri|tät, die; - ⟨*lat.*⟩: **1.** Makellosigkeit, Unbescholtenheit, Unbestechlichkeit. **2.** (Rechtswiss.) Unverletzlichkeit [eines Staatsgebietes]

In|te|gu|ment, das; -s, -e ⟨*lat.;* »Bedeckung, Hülle«⟩: **1.** (Biol.) Gesamtheit der Hautschichten der Tiere u. des Menschen einschließlich der in der Haut gebildeten Haare, Federn, Stacheln, Kalkpanzer usw. **2.** (Bot.) Hülle um die Samenanlage bei Pflanzen. **In|te|gu|men|tum,** das; -s, ...ta: ↑Integument

In|tel|lec|tus ar|che|ty|pus, der; - - ⟨*lat.; gr.-lat.;* »urbildlicher Verstand«⟩ (Scholastik): das Urbild prägendes, göttliches, schauend-schaffendes Denken im Unterschied zum menschlichen, diskursiven Denken

In|tel|lekt, der; -[e]s ⟨*lat.;* »das Innewerden, Wahrnehmung; Erkenntnis(vermögen)«⟩: Fähigkeit, Vermögen, unter Einsatz des Denkens Erkenntnisse, Einsichten zu erlangen; Denk-, Erkenntnisvermögen; Verstand

in|tel|lek|tu|al (selten): vom Intellekt ausgehend, zum Intellekt gehörend; vgl. ...al/...ell

in|tel|lek|tu|a|li|sie|ren ⟨*lat.-nlat.*⟩: einer intellektuellen Betrachtung unterziehen

In|tel|lek|tu|a|lis|mus, der; -, ...men: **1.** philosophische Lehre, die dem Intellekt den Vorrang gibt. **2.** übermäßige Betonung des Verstandes; einseitig verstandesmäßiges Denken

in|tel|lek|tu|a|lis|tisch: die Bedeutung des Verstandes einseitig betonend

In|tel|lek|tu|a|li|tät, die; - ⟨*lat.*⟩: Verstandesmäßigkeit

in|tel|lek|tu|ell ⟨*lat.-frz.*⟩: **a)** den Intellekt betreffend; geistig-begrifflich; **b)** einseitig, betont verstandesmäßig; auf den Intellekt ausgerichtet; **c)** die Intellektuellen betreffend; vgl. ...al/...ell. **In|tel|lek|tu|el|le,** der u. die; -n, -n: **1.** jmd., der wissenschaftlich [od. künstlerisch] gebildet ist u. geistig arbeitet. **2.** [übermäßig] vom Verstand bestimmter Mensch

in|tel|li|gent ⟨*lat.*⟩: **a)** Intelligenz (1) besitzend; verständig; klug; begabt; **b)** (EDV) mit künstlicher Intelligenz arbeitend

In|tel|li|genz, die; -, -en: **1.** [besondere] geistige Fähigkeit; Klugheit; **künstliche Intelligenz** (EDV): Gebiet der Informatik, das menschliche Denk- und Erkennensprozesse in automatisierter Form nachzuahmen versucht. **2.** (ohne Plural) Schicht der wissenschaftlich Gebildeten. **3.** (meist Plural; veraltend) Vernunftwesen, mit Intelligenz (1) ausgestattetes Lebewesen

In|tel|li|genz|bes|tie [...tiə], die; -, -n: **a)** (ugs.) ungewöhnlich intelligenter Mensch; **b)** (abwertend) jmd., der seine Intelligenz zur Schau stellt

In|tel|li|genz|blatt, das; -[e]s, ...blätter ⟨*lat.; dt.*⟩: Nachrichten- u. Inseratenblatt des 18. u. 19. Jh.s (mit staatlichem Monopol für Inserate)

In|tel|li|gen|zi|ja, In|tel|li|gen|zia, die; - ⟨*lat.-russ.*⟩: **a)** alte russ. Bez. für die Gebildeten; **b)** russ. Bez. für: Intelligenz (2)

In|tel|li|genz|ler, der; -s, - (abwertend): Angehöriger der Intelligenz (2). **In|tel|li|genz|le|rin,** die; -, -nen: weibliche Form zu ↑Intelligenzler

In|tel|li|genz|quo|ti|ent, der; -en, -en: Maß für die allgemeine intellektuelle Leistungsfähigkeit, das sich aus dem Verhältnis von Intelligenzalter zum

Lebensalter (od. auch anderen vergleichbaren Größen) ergibt (Abk.: IQ)

In|tel|li|genz|test, der; -[e]s, -s (auch: -e): psychologischer Test zur Messung der Intelligenz (1)

in|tel|li|gi|bel (Philos.): nur durch den Intellekt u. nicht durch die sinnliche Wahrnehmung erkennbar; **intelligibler Charakter:** der freie Wille des Menschen als Ding an sich; der Charakter als Kausalität aus Freiheit (Kant); **intelligible Welt:** a) die nur geistig wahrnehmbare Ideenwelt Platos (Philo von Alexandrien); b) Gesamtheit des objektiv Geistigen, des nur Gedachten (Scholastik); c) die unerkennbare u. unerfahrbare Welt des Seienden an sich (Kant)

in|tel|li|go, ut cre|dam: ich gebrauche den Verstand, um zum Glauben zu kommen (zusammenfassende Formel für die Lehren P. Abälards, 1079–1142); vgl. credo, ut intelligam

In|ten|dant, der; -en, -en ‹*lat.-frz.*›: künstlerischer u. geschäftlicher Leiter eines Theaters, einer Rundfunk- od. Fernsehanstalt. **In|ten|dan|tin**, die; -, -nen: weibliche Form zu ↑Intendant

In|ten|dan|tur, die; -, -en (veraltet): **1.** Amt eines Intendanten. **2.** Verwaltungsbehörde eines Heeres

In|ten|danz, die; -, -en: **a)** Amt eines Intendanten; **b)** Büro eines Intendanten

in|ten|die|ren ‹*lat.*›: auf etwas hinzielen; beabsichtigen, anstreben, planen

In|ten|si|me|ter, das; -s, - ‹*lat.; gr.*› (Med.): Messgerät, bes. für Röntgenstrahlen

In|ten|si|on, die; -, -en ‹*lat.*›: **1.** Anspannung; Eifer; Kraft. **2.** (Logik) Sinn, Inhalt einer Aussage (Ggs.: [1]Extension [2]). **in|ten|si|o|nal: 1.** auf die Intension (2) bezogen (Ggs.: extensional [1]). **2.** (in der Mathematik) inhaltsgleich, obwohl äußerlich verschieden; vgl. extensional (2)

In|ten|si|tät, die; - ‹*lat.-nlat.*›: **1.** [konzentrierte] Stärke, Kraft, Wirksamkeit. **2.** (Physik) Maß für die Stärke einer Strahlung

In|ten|si|täts|ge|ni|tiv, der; -s, -e: ↑paronomastisch

in|ten|siv ‹*lat.-frz.*›: **1.** gründlich u. auf die betreffende Sache konzentriert; **intensive Aktionsart** (Sprachwiss.): ↑Aktionsart, die den größeren oder geringeren Grad, die Intensität eines Geschehens kennzeichnet (z. B. *schnitzen* = kräftig u. ausdauernd schneiden). **2.** stark, kräftig, durchdringend (in Bezug auf Sinneseindrücke). **3.** (Landwirtsch.) auf kleinen Flächen, aber mit verhältnismäßig großem Aufwand betrieben (Landwirtsch.) (Ggs.: extensiv [2])

in|ten|si|vie|ren ‹*lat.-frz.*›: verstärken, steigern; gründlicher durchführen. **In|ten|si|vie|rung**, die; -, -en (Plural selten): Steigerung der Intensität

In|ten|siv|kurs, der; -es, -e: ↑Kurs (2 a), bei dem Kenntnisse durch intensiven (1) Unterricht in vergleichsweise kurzer Zeit vermittelt werden

In|ten|siv|sta|ti|on, die; -, -en (Med.): Krankenhausstation zur Betreuung akut lebensgefährlich erkrankter Personen (z. B. bei Herzinfarkt) unter Anwendung bestimmter lebenserhaltender Sofortmaßnahmen (Sauerstoffzelt, Tropfinfusion, ständige ärztliche Überwachung)

In|ten|si|vum, das; -s, ...va ‹*nlat.*›: Verb mit intensiver Aktionsart

In|ten|ti|on, die; -, -en ‹*lat.*›: **1.** Absicht; Vorhaben; Anspannung geistiger Kräfte auf ein bestimmtes Ziel. **2.** (Med.) Wundheilung [durch spontane Verklebung ohne Eiterung]. **in|ten|ti|o|nal** ‹*lat.-nlat.*›: mit einer Intention (1) verknüpft, zielgerichtet, zweckbestimmt; vgl. ...al/...ell

In|ten|ti|o|na|lis|mus, der; -: philosophische Lehre, nach der jede Handlung nur nach ihrer Absicht, nicht nach ihrer Wirkung zu beurteilen ist

In|ten|ti|o|na|li|tät, die; - (Psychol.): Ausrichtung aller psychischen Akte auf ein reales od. ideales Ziel

in|ten|ti|o|nell: ↑intentional; vgl. ...al/...ell

In|ten|ti|ons|tre|mor, der; -s (Med.; Psychol.): krankhaftes Zittern bei Beginn u. Verlauf willkürlicher, gezielter Bewegungen

in|ter..., In|ter...

‹*lat.* inter »zwischen, unter, inmitten; während«›
Präfix mit der Bedeutung »zwischen« (lokal, temporal u. übertragen):
- interaktiv
- Intercity
- interdental
- Interesse
- interkontinental

In|ter|ac|tive Store [ɪntər'ɛktɪv-'stoːɐ̯], der; - -s, - -s ‹*engl.*›: Verkaufseinrichtung mit Erlebnisbereichen u. vielseitigen Zusatzangeboten

in|ter|agie|ren ‹*lat.-nlat.*› (Psychol., Soziol.): sich, agierend u. aufeinander reagierend, wechselseitig in seinem Verhalten beeinflussen (von Menschen, auch z. B. von Computersystemen, Medien usw. u. deren Benutzern)

In|ter|ak|ti|on, die; -, -en ‹*lat.-nlat.*› (Psychol., Soziol.): das Interagieren. **in|ter|ak|ti|o|nal**, interaktionell: auf Interaktion beruhend. **In|ter|ak|ti|o|na|lis|mus**, der; - (Psychol., Soziol.): Interaktionismus

in|ter|ak|ti|o|nell vgl. interaktional

In|ter|ak|ti|o|nis|mus, der; -: Theorie, die die gesellschaftlichen Beziehungen als Gesamtheit der Interaktionen zwischen Individuen u. Gruppen deutet

In|ter|ak|ti|ons|gram|ma|tik, die; - (Sprachwiss.): Forschungsrichtung der modernen Linguistik, die Sprechhandlungen im Hinblick auf ihren dialogischen u. interaktiven Charakter untersucht u. darstellt

in|ter|ak|tiv (bes. EDV): interagierend, zur Interaktion bereit, Interaktion ermöglichend. **In|ter|ak|ti|vi|tät**, die; - (bes. EDV): das Interaktivsein

in|ter|al|li|iert: mehrere Alliierte gemeinsam betreffend

In|ter|bri|ga|dist, der; -en, -en:

Angehöriger der internationalen antifaschistischen ↑Brigaden (1), die im spanischen Bürgerkrieg auf republikanischer Seite kämpften

In|ter|car|ri|er|ver|fah|ren [...ˈkɛriɐ...], das; -s ⟨*engl.; dt.*⟩: Verfahren zur Gewinnung des zum Fernsehbild gehörenden Tons im Fernsehempfänger

In|ter|ci|ty®, der; -[s], -s ⟨*engl.*⟩: Kurzform von ↑Intercityzug

In|ter|ci|ty|ex|press® [...ˈsɪti...], der; -es, -e: Kurzform von ↑Intercityexpresszug. **In|ter|ci|ty|ex|press|zug** [...ˈsɪti...], der; -[e]s, ...züge: besonders schneller Intercityzug (Abk.: ICE®)

In|ter|ci|ty|zug [...ˈsɪti...], der; -[e]s, ...züge: mit besonderem ↑Komfort ausgestatteter Schnellzug, der nur an wichtigen Bahnhöfen hält, günstige Anschlusszüge hat und daher kürzere Fahrzeiten ermöglicht (Abk.: IC®)

I

Inte

In|ter|crosse [...ˈkrɔs], das; - ⟨zusammengezogen aus *inter*national u. ↑La*crosse*⟩: aus ↑Lacrosse entwickeltes Mannschaftsspiel, bei dem der Hartgummiball durch einen weichen Gummiball ersetzt worden u. kein Körperkontakt erlaubt ist

in|ter|den|tal (Med.): zwischen den Zähnen gebildet od. liegend, den Zahnzwischenraum betreffend. **In|ter|den|tal,** der; -s, -e (Sprachwiss.): Zwischenzahnlaut, stimmloser od. stimmhafter ↑dentaler Reibelaut (z. B. th im Englischen). **In|ter|den|ta|lis,** die; -, ...les [...leːs] (Sprachwiss.): Interdental

in|ter|de|pen|dent ⟨*lat.-nlat.*⟩: voneinander abhängend. **In|ter|de|pen|denz,** die; -, -en: gegenseitige Abhängigkeit

In|ter|dikt, das; -[e]s, -e ⟨*lat.*⟩ (kath. Kirchenrecht): Verbot kirchlicher Amtshandlungen als Strafe für eine bestimmte Person od. einen bestimmten Bezirk

In|ter|dik|ti|on, die; -, -en (veraltet): Untersagung, Entmündigung

in|ter|dis|zi|p|li|när ⟨*lat.-nlat.*⟩: mehrere Disziplinen (2) umfassend, die Zusammenarbeit mehrerer Disziplinen betreffend; vgl. multidisziplinär. **In|ter|dis|zi|p|li|na|ri|tät,** die; -: Zusammenarbeit mehrerer Disziplinen (2)

in|ter|di|urn ⟨*lat.-nlat.*⟩ (veraltet): einen Tag lang; **interdiurne Veränderlichkeit** (Meteorol.): Mittelwert des Temperatur- od. Luftdruckunterschiedes zweier aufeinanderfolgender Tage

in|ter|di|zie|ren ⟨*lat.*⟩ (veraltet): **1.** untersagen, verbieten. **2.** entmündigen

in|te|r|es|sant ⟨*lat.-mlat.-frz.*⟩: **1.** geistige Teilnahme, Aufmerksamkeit erweckend; fesselnd. **2.** (Kaufmannsspr.) vorteilhaft

In|te|r|es|se, das; -s, -n ⟨*lat.-mlat.(-frz.)*⟩: **1.** (ohne Plural) geistige Anteilnahme, Aufmerksamkeit (Ggs.: Desinteresse). **2. a)** (meist Plural) Vorliebe, Neigung; **b)** Neigung zum Kauf. **3. a)** (meist Plural) Bestrebung, Absicht; **b)** das, woran jmdm. sehr gelegen ist, was für jmdn. od. etwas wichtig od. nützlich ist; Vorteil, Nutzen. **4.** (nur Plural; veraltet) Zinsen

In|te|r|es|sen|ge|mein|schaft, die; -, -en ⟨*lat.-mlat.(-frz.); dt.*⟩: **1.** Zusammenschluss mehrerer Personen, Gruppen o. Ä. zur Wahrung od. Förderung gemeinsamer Interessen. **2.** Zusammenschluss mehrerer selbstständig bleibender Unternehmen o. Ä. zur Wahrung wirtschaftlicher Interessen

In|te|r|es|sen|sphä|re, die; -, -n: Einflussgebiet eines Staates

In|te|r|es|sent, der; -en, -en ⟨*lat.-mlat.-nlat.*⟩: **a)** jmd., der an etwas Interesse zeigt, hat; **b)** potenzieller Käufer. **In|te|r|es|sen|tin,** die; -, -nen: weibliche Form zu ↑Interessent

in|te|r|es|sie|ren ⟨*lat.-mlat.(-frz.)*⟩: **1.** sich interessieren: **a)** Interesse zeigen, Anteilnahme bekunden; **b)** sich nach etwas erkundigen; etwas beabsichtigen, anstreben; an jmdm., an etwas interessiert sein (Interesse bekunden; haben wollen). **2.** (jmdn. interessieren) **a)** jmds. Interesse wecken; **b)** jmdn. zu gewinnen suchen

in|te|r|es|siert: [starken] Anteil nehmend; geistig aufgeschlossen; aufmerksam (Ggs.: desinteressiert)

In|te|r|es|siert|heit, die; -: das Interessiertsein an etwas, das Habenwollen, bekundetes Interesse; **materielle Interessiertheit:** (in sozialistischen Ländern) Interesse an der Verbesserung des eigenen Lebensstandards, das durch größere Leistungen befriedigt werden kann

In|ter|face [...fɛɪ̯s], das; -, -s [...sɪs] ⟨*engl.*⟩ (EDV): Schnittstelle; Übergangs- bzw. Verbindungsstelle zwischen Bauteilen, Schaltkreisen, Programmen, Rechnern od. Geräten. **in|ter|fa|cen** [...fɛɪ̯sn̩] (EDV): über eine bestimmte Schnittstelle mit dem Rechner kommunizieren (z. B. zur Identifikation)

in|ter|fas|zi|ku|lär ⟨*lat.-nlat.*⟩ (Bot.): den Kambiumstreifen innerhalb der Markstrahlen betreffend; vgl. Kambium

In|ter|fe|renz, die; -, -en ⟨*lat.-nlat.*⟩: **1.** (Physik) Überlagerung beim Zusammentreffen zweier od. mehrerer Wellenzüge. **2.** (Biol., Med.) Hemmung eines biologischen Vorgangs durch einen gleichzeitigen u. gleichartigen anderen (z. B. Hemmung des Chromosomenaustausches in der Nähe eines bereits erfolgten Chromosomenbruchs, einer Virusinfektion durch ein anderes Virus o. Ä.). **3.** (Sprachwiss.) **a)** Einwirkung eines sprachlichen Systems auf ein anderes, die durch die Ähnlichkeit von Strukturen verschiedener Sprachen od. durch die Vertrautheit mit verschiedenen Sprachen entsteht; **b)** falsche Analogie beim Erlernen einer Sprache von einem Element der Fremdsprache auf ein anderes (z. B. die Verwechslung ähnlich klingender Wörter); **c)** Verwechslung von ähnlich klingenden [u. semantisch verwandten] Wörtern innerhalb der eigenen Sprache. **4.** Erscheinung des ↑Interferierens, Überlagerung, Überschneidung

In|ter|fe|renz|er|schei|nung, die; -, -en (Physik, Sprachwiss.): auf Interferenz beruhende Erscheinung

In|ter|fe|renz|far|be, die; -, -n ⟨*lat.-nlat.; dt.*⟩: von Dicke u. Doppelbrechung eines Kristalls abhängige Farbe, die beim Licht-

durchgang durch eine Kristallplatte auftritt u. durch die Interferenz der beiden polarisierten Wellen bedingt ist
in|ter|fe|rie|ren ‹*lat.-nlat.*›: sich überlagern, überschneiden
In|ter|fe|ro|me|ter, das; -s, - ‹*lat.; gr.*›: Gerät, mit dem man unter Ausnutzung der Interferenz Messungen ausführt (z. B. die Messung von Wellenlängen, der Konzentration bei Gasen, Flüssigkeiten o. Ä.). **In|ter|fe|ro|me|t|rie,** die; -: Messverfahren mithilfe des ↑Interferometers. **in|ter|fe|ro|me|t|risch:** unter Ausnutzung der Interferenz messend
In|ter|fe|ron, das; -s, -e ‹*lat.-nlat.*› (Med.): von Körperzellen gebildeter Eiweißkörper, der als Abwehrsubstanz bei der ↑Interferenz (2) von Infektionen wirksam ist u. deshalb als Mittel zur Krebsbekämpfung angewendet wird
In|ter|fe|ri|kum, das; -s ‹*lat.-nlat.*›: Luftspalt zwischen den Polen eines Elektromagneten mit Eisenkern
in|ter|fo|li|ie|ren ‹*lat.-nlat.*› (Druckw.): hinter jeder Blattseite eines Buches ein leeres weißes Blatt folgen lassen, »durchschießen«
in|ter|frak|ti|o|nell: zwischen den Fraktionen bestehend (in Bezug auf Vereinbarungen), allen Fraktionen gemeinsam
in|ter|ga|lak|tisch (Astron.): zwischen den verschiedenen Milchstraßensystemen (vgl. Galaxie) gelegen
in|ter|gla|zi|al: zwischeneiszeitlich; warmzeitlich. **In|ter|gla|zi|al,** das; -s, -e, **In|ter|gla|zi|al|zeit,** die; -, -en: Zwischeneiszeit (Zeitraum zwischen zwei Eiszeiten)
in|ter|grup|pal ‹*lat.; dt.-nlat.*› (Soziol.): die Beziehungen u. Spannungen zwischen verschiedenen sozialen Gruppen betreffend
In|ter|ho|tel, das; -s, -s ‹Kunstw. aus ↑*inter*national und ↑*Hotel*›: gut ausgestattetes Hotel, bes. für ausländische Gäste (in der ehemaligen DDR)
In|te|ri|eur [ɛ̃teˈri̯øːɐ̯], das; -s, -s u. -e ‹*lat.-frz.*›: **1. a)** das Innere [eines Raumes]; **b)** die Ausstattung eines Innenraumes. **2.** einen Innenraum darstellendes Bild, bes. in der niederländischen Malerei des 17. Jh.s
In|te|rim, das; -s, -s ‹*lat.;* »inzwischen, einstweilen«›: **1.** Zwischenzeit. **2.** vorläufige Regelung, Übergangslösung (vor allem im politischen Bereich). **in|te|ri|mis|tisch** ‹*lat.-nlat.*›: vorläufig, einstweilig
In|te|rims|kon|to, das; -s, ...ten (auch: -s u. ...ti): Zwischenkonto; vorläufig eingerichtetes Konto, das zwischen endgültigen Konten eingeschaltet wird
In|te|rim|spra|che, die; - (Sprachwiss.): beim Erlernen einer Fremdsprache erreichter Entwicklungsstand zwischen Unkenntnis u. Beherrschung der zu erlernenden Sprache
in|ter|in|di|vi|du|ell (Psychol.): zwischen Individuen ablaufend, mehrere Individuen betreffend
In|ter|jek|ti|on, die; -, -en ‹*lat.;* »Dazwischenwurf«›: Ausrufe-, Empfindungswort (z. B.: au, bäh). **in|ter|jek|ti|o|nell:** die Interjektion betreffend, in der Art einer Interjektion, eine Interjektion darstellend
in|ter|ka|lar ‹*lat.*›: **1.** eingeschaltet (in Bezug auf Schaltjahre). **2.** (Bot.) auf bestimmte Zonen des Sprosses beschränkt (in Bezug auf das Streckungswachstum der Pflanzen). **In|ter|ka|la|re,** die (Plural) (Biol.): Zwischenknorpel im Fuß- u. Handskelett
In|ter|ka|lar|früch|te, In|ter|ka|la|ri|en [...ri̯ən], die (Plural): Einkünfte einer unbesetzten katholischen Kirchenpfründe
in|ter|kan|to|nal (schweiz.): zwischen den Kantonen bestehend, allgemein
in|ter|ka|te|go|ri|al: zwischen ↑Kategorien bestehend
In|ter|ko|lum|nie [...i̯ə], die; -, -n, **In|ter|ko|lum|ni|um,** das; -s, ...ien ‹*lat.*›: Abstand zwischen zwei Säulen eines antiken Tempels
in|ter|kom|mu|nal ‹*lat.-nlat.*›: zwischen Städten, Kommunen bestehend
In|ter|kom|mu|ni|on, die; - ‹»gegenseitige Gemeinschaft«›: Abendmahlsgemeinschaft zwischen Angehörigen verschiedener christlicher ↑Konfessionen (teilweise in der ↑ökumenischen Bewegung)
In|ter|kon|fes|si|o|na|lis|mus, der; -: das Streben nach Zusammenarbeit der christlichen ↑Konfessionen über bestehende Glaubensgegensätze hinweg, Bemühung um (bes. politische u. soziale) Zusammenarbeit zwischen ihnen
in|ter|kon|fes|si|o|nell: das Verhältnis verschiedener Konfessionen zueinander betreffend; über den Bereich einer Konfession hinausgehend; zwischenkirchlich
in|ter|kon|ti|nen|tal: a) zwischen zwei Kontinenten gelegen (in Bezug auf Mittelmeere); **b)** von einem Kontinent aus einen anderen erreichend (z. B.: interkontinentale Raketen)
In|ter|kon|ti|nen|tal|ra|ke|te, die; -, -n: landgestützte militärische Rakete mit großer Reichweite
in|ter|kos|tal (Med.): zwischen den Rippen liegend
In|ter|kos|tal|neu|r|al|gie, die; -, -n (Med.): ↑Neuralgie im Bereich der Zwischenrippennerven
in|ter|kra|ni|al (Med.): im Schädelinnern gelegen, vorkommend
in|ter|krus|tal ‹*lat.-nlat.*› (Geol.): in der Erdkruste gebildet od. liegend (von Gesteinen)
In|ter|kul|tu|ra|li|tät, die; -: **1.** Bewusstsein, das für die kulturelle, sprachliche od. religiöse Verschiedenheit der Mitglieder einer Gesellschaft besonders sensibilisiert ist [und auf den Respekt bzw. die Akzeptanz der Verschiedenheit ausgerichtet ist]. **2.** Wissenschaftszweig, der sich mit den individuellen und gesellschaftlichen Lebens- und Arbeitsbedingungen verschiedener Kulturen in der globalisierten Welt befasst
in|ter|kul|tu|rell: die Beziehungen zwischen den verschiedenen Kulturen betreffend
in|ter|kur|rent, in|ter|kur|rie|rend ‹*lat.*› (Med.): hinzukommend (z. B. von einer Krankheit, die zu einer anderen hinzukommt)
in|ter|li|ne|ar: zwischen die Zeilen des fremdsprachigen Urtextes geschrieben (von Übersetzungen, bes. in frühen mittelalterlichen Handschriften). **In|ter|li-**

ne|ar|glos|se, die; -, -n: interlineare ↑ Glosse (1)
In|ter|li|ne|ar|ver|si|on, die; -, -en: interlineare wörtliche Übersetzung
In|ter|lin|gua, die; - ⟨*lat.-nlat.*⟩: Welthilfssprache, die auf dem Latein u. den romanischen Sprachen fußt
in|ter|lin|gu|al: zwei od. mehrere Sprachen betreffend, zwei od. mehreren Sprachen gemeinsam
In|ter|lin|gue, die; -: neuerer Name für die Welthilfssprache ↑ Occidental
In|ter|lin|gu|ist, der; -en, -en: **1.** Wissenschaftler auf dem Gebiet der Interlinguistik. **2.** jmd., der Interlingua spricht. **In|ter|lin|gu|is|tik,** die; -: **1.** Plansprachenwissenschaft; Wissenschaft von den künstlichen Welthilfssprachen. **2.** die Mehrsprachigkeit, die Linguistik der Übersetzung, die Sozio- u. Psycholinguistik umfassender ↑ synchroner vergleichender Sprachwissenschaftszweig. **In|ter|lin|gu|is|tin,** die; -, -nen: weibliche Form zu ↑ Interlinguist. **in|ter|lin|gu|is|tisch:** die Interlinguistik betreffend
In|ter|lock|wa|re, die; -, -n ⟨*engl.; dt.*⟩: feinmaschige Rundstrickware für Herren- u. Damenwäsche
in|ter|lo|kal ⟨*lat.-nlat.*⟩: **1.** (Rechtsspr.) die Kollision (2) mehrerer Teilrechtsordnungen innerhalb eines Staates mit verschiedenen Rechtsgebieten betreffend. **2.** (selten) überörtlich
In|ter|lu|di|um, das; -s, ...ien ⟨*lat.-nlat.*⟩: musikalisches Zwischenspiel (bes. in der Orgelmusik)
In|ter|lu|ni|um, das; -s, ...ien ⟨*lat.*⟩: Zeit des Neumonds
In|ter|ma|xil|la|re, die; -, -n, **In|ter|ma|xil|lar|kno|chen,** der; -s, - ⟨*lat.-nlat.*⟩ (Med.): Zwischenkieferknochen
In|ter|mé|di|aire [ɛ̃tɛrme'di̯ɛːɐ̯], das; -, -s ⟨*lat.-frz.*⟩: eine Dressuraufgabe im internationalen Reitsport
in|ter|me|di|är ⟨*lat.-nlat.*⟩: in der Mitte liegend, dazwischen befindlich, ein Zwischenglied bildend; **intermediärer Stoffwechsel** (Med.): Zwischenstoffwechsel; Gesamtheit der Abbau- u. Umbauvorgänge der Stoffe im Körper nach ihrer Aufnahme; **intermediäres Gestein** (Geol.): neutrales, weder saures noch basisches Eruptivgestein
In|ter|me|di|ate|rei|fen [...'miːdi̯ət...], der; -s, - ⟨*lat.-engl.; dt.*⟩ (Motorsport): Reifen für teils nasse u. teils trockene Piste (2)
In|ter|me|din, das; -s ⟨*lat.-nlat.*⟩: Hormon, das den Farbwechsel bei Fischen u. Fröschen beeinflusst
In|ter|me|dio, das; -s, -s ⟨*lat.-it.*⟩, **In|ter|me|di|um,** das; -s, ...ien ⟨*lat.*⟩: kleines musikalisches Zwischenspiel (ursprünglich zur Erheiterung des Publikums bei Schauspielaufführungen, bei Fürstenhochzeiten o. Ä. Ende des 16. Jh.s)
in|ter|me|di|us ⟨*lat.*⟩ (Med.): in der Mitte liegend
In|ter|mem|bran|raum, der; -[e]s, ...räume (Biol.): zwischen äußerer u. innerer ↑ Membran (2) liegender Raum (z. B. bei Mitochondrien, Plastiden)
in|ter|mens|t|ru|al, in|ter|mens|t|ru|ell ⟨*lat.-nlat.*⟩ (Med.): zwischen zwei ↑ Menstruationen liegend, den Zeitraum zwischen zwei Menstruationen betreffend; vgl. ...al/...ell
In|ter|mens|t|ru|um, das; -s, ...trua (Med.): Zeitraum zwischen zwei ↑ Menstruationen
In|ter|mez|zo, das; -s, -s u. ...zzi ⟨*lat.-it.*⟩: **1. a)** Zwischenspiel im Drama, in der ernsten Oper; **b)** kürzeres Klavier- od. Orchesterstück. **2.** lustiger Zwischenfall; kleine, unbedeutende Begebenheit am Rande eines Geschehens
in|ter|mi|nis|te|ri|ell ⟨*lat.-mlat.-frz.*⟩: die Zusammenarbeit zwischen den einzelnen Ministerien betreffend
In|ter|mis|si|on, die; - ⟨*lat.*⟩ (Med.): symptomfreie od. -arme Zwischenzeit
in|ter|mit|tie|ren (Med.): [zeitweilig] zurücktreten (von Krankheitssymptomen). **in|ter|mit|tie|rend:** zeitweilig aussetzend, nachlassend; mit Unterbrechungen verlaufend, z. B. intermittierender Strom; intermittierendes Fieber; **intermittierendes Hinken** (Med.): zeitweiliges Hinken infolge von Schmerzen, die bei ungenügender Mehrdurchblutung während einer Mehrarbeit der Muskulatur, vor allem der Wadenmuskulatur, auftreten
in|ter|mo|dal ⟨*lat.; lat.-mlat.*⟩ (Verkehrsw.): die Kombination verschiedener Verkehrsträger (Straße, Schiene, Wasser, Luft) betreffend. **In|ter|mo|da|li|tät,** die; - (Verkehrsw.): Kombination verschiedener Verkehrsträger (Straße, Schiene, Wasser, Luft)
in|ter|mo|le|ku|lar (Chemie; Physik): zwischen den Molekülen bestehend, stattfindend
In|ter|mun|di|en, die (Plural) ⟨*lat.*⟩: die nach Epikur zwischen den unendlich vielen Welten liegenden, von Göttern bewohnten Zwischenräume
in|tern ⟨*lat.;* »inwendig«⟩: **1.** innerlich, inwendig. **2.** (Med.) die inneren Organe betreffend. **3.** nur den inneren, engsten Kreis einer Gruppe betreffend; im vertrauten Kreis erfolgend; nicht öffentlich. **4.** im Internat wohnend
In|ter|na: *Plural* von ↑ Internum
in|ter|nal: innerlich, verinnerlicht
In|ter|na|li|sa|ti|on, die; -, -en ⟨*lat.-engl.*⟩: ↑ Internalisierung; vgl. ...ation/...ierung. **in|ter|na|li|sie|ren** (Psychol.): Werte, Normen, Auffassungen o. Ä. übernehmen u. sich zu eigen machen; verinnerlichen. **In|ter|na|li|sie|rung,** die; -, -en: das Internalisieren; vgl. ...ation/...ierung
In|ter|nat, das; -[e]s, -e: **1.** [höhere] Lehranstalt, in der die Schüler zugleich wohnen u. verpflegt werden; vgl. Externat. **2.** an eine [höhere] Lehranstalt angeschlossenes Heim, in dem die Schüler wohnen u. verpflegt werden
in|ter|na|ti|o|nal [auch: 'ɪn...] ⟨*lat.-nlat.*⟩: **1.** zwischen mehreren Staaten bestehend. **2.** über den Rahmen eines Staates hinausgehend, nicht national begrenzt, überstaatlich, weltweit
[1]In|ter|na|ti|o|na|le, die; -, -n ⟨*lat.-nlat.*⟩: **1.** ⟨Kurzf. von »Internationale Arbeiterassoziation«⟩: Vereinigung von Sozialisten u. Kommunisten (I., II. u. III. Internationale) unter dem Kampfruf: »Proletarier aller

Länder, vereinigt euch!«. **2.** (ohne Plural) Kampflied der internationalen Arbeiterbewegung (»Wacht auf, Verdammte dieser Erde«)

²In|ter|na|ti|o|na|le, der u. die; -n, -n (Sport): jmd., der als Mitglied einer Nationalmannschaft internationale Wettkämpfe bestreitet

in|ter|na|ti|o|na|li|sie|ren ‹*lat.-nlat.*›: **1.** die Gebietshoheit eines Staates über ein bestimmtes Staatsgebiet zugunsten mehrerer Staaten od. der ganzen Völkerrechtsgemeinschaft beschränken. **2.** international (2) machen. **In|ter|na|ti|o|na|li|sie|rung,** die; -, -en: das Internationalisieren

In|ter|na|ti|o|na|lis|mus, der; -, ...men: **1.** (ohne Plural) das Streben nach zwischenstaatlichem Zusammenschluss. **2.** (Sprachwiss.) Wort, das in gleicher Bedeutung u. gleicher od. ähnlicher Form in verschiedenen Kultursprachen vorkommt (z. B. Container)

In|ter|na|ti|o|na|list, der; -en, -en: Anhänger des Internationalismus (1). **In|ter|na|ti|o|na|lis|tin,** die; -, -nen: weibliche Form zu ↑Internationalist

In|ter|na|ti|o|na|li|tät, die; -: Überstaatlichkeit

In|ter|ne, der u. die; -n, -n ‹*lat.*›: Schüler[in] eines Internats; vgl. Externe

In|ter|net, das; -s ‹Kurzw. aus *engl. inter*national u. *net*work »internationales Netzwerk«›: weltweiter Verbund von Computernetzen, in dem verschiedene Dienste (z. B. WWW, E-Mail) angeboten werden

In|ter|net|ad|res|se, die; -, -n: aus dem Namen einer Person, einer Firma o. Ä. sowie weiteren [standardisierten] Zeichen bestehende Angabe, unter der jmd. im Internet erreichbar ist

in|ter|net|af|fin: das Internet oft u. gern nutzend

In|ter|net|auk|ti|on, die; -, -en: Auktion, die mithilfe des Internets durchgeführt wird

In|ter|net|ban|king, das; -[s]: das Abwickeln von Bankgeschäften mithilfe des Internets

In|ter|net|blog, das, auch: der; -s, -s ‹zu engl. internet (Internet) u. blog, dies zusgez. aus: *web* (Web) u. *log*book = Logbuch› (EDV): Weblog

In|ter|net|ca|fé, das; -s, -s: Café, wo den Gästen Terminals zur Verfügung stehen, mit denen sie das Internet benutzen können

In|ter|net|dienst, der; -[e]s, -e: **1.** eine spezifische Funktion erfüllende, über Internet angebotene Dienstleistung (z. B. E-Mail, World Wide Web, Telefonie). **2.** Anbieter eines Internetdienstes (1)

in|ter|net|fä|hig: [technisch] so ausgestattet, dass eine Verbindung zum Internet hergestellt werden kann

In|ter|net|fo|rum, das; -s, ...ren (EDV): Diskussions- u. Informationsplattform im Internet

In|ter|net|gi|gant, der: einflussreiches Großunternehmen der Internetbranche. **In|ter|net|kon|zern,** der; -[e]s, -e: Konzern, dessen Geschäftsbereich im Internet liegt

In|ter|net|por|tal, das; -s, -e: Website, die so angelegt ist, dass man von ihr aus bequem auf eine Vielzahl von Informationen zu einem bestimmten Thema zugreifen kann

In|ter|net|pro|vi|der [...prɔˈvaɪ̯dɐ], der; -s, -: Anbieter von Internetdienstleistungen

In|ter|net|ra|dio, das; -s: über das Internet verbreiteter Hörfunk, z. T. ergänzt durch Videobilder

In|ter|net|sei|te, die; -, -n: einzelnes Dokument im Internet

In|ter|net|shop|ping, In|ter|net-Shop|ping [...ʃɔpɪŋ], das; -s: das Einkaufen durch Bestellung von Waren über das Internet

In|ter|net|sur|fen [...sœːɐ̯fn̩], das; -s: das Surfen (3a, 3b) im Internet

In|ter|net|te|le|fo|nie, die; -: Telefonieren mithilfe des Internets

In|ter|net-TV [...tiːviː], das; -s: Übertragung von Audio- u. Videosignalen (Fernsehprogrammen) über das Internet

In|ter|net|user, In|ter|net-User [...ˈjuːzɐ], der; -s, - ‹*engl.*› (Jargon): Internetnutzer. **In|ter|net|use|rin, In|ter|net-Use|rin,** die; -, -nen: weibliche Formen zu ↑Internetuser, Internet-User

In|ter|neu|ron, das; -s, ...one (auch: ...onen) (Biol., Med.): Nervenzelle [des Zentralnervensystems], die zwei od. mehrere andere Nervenzellen, insbes. sensorische u. motorische, miteinander verschaltet

in|ter|nie|ren ‹*lat.-frz.*›: **1. a)** Angehörige eines gegnerischen Staates während des Krieges in staatlichen Gewahrsam nehmen, in Lagern unterbringen; **b)** jmdn. in einem Lager festsetzen. **2.** einen Kranken isolieren, in einer geschlossenen Anstalt unterbringen

In|ter|nie|rung, die; -, -en: das Internieren, das Interniertwerden; das Interniertsein

In|ter|nie|rungs|la|ger, das; -s, -: Lager, in dem Zivilpersonen [während des Krieges] gefangen gehalten werden

In|ter|nist, der; -en, -en ‹*lat.-nlat.*›: **1.** (Med.) Facharzt für innere Krankheiten. **2.** (veraltet) ↑Interne. **In|ter|nis|tin,** die; -, -nen: weibliche Form zu ↑Internist (1). **in|ter|nis|tisch:** die innere Medizin betreffend

In|ter|no|di|um, das; -s, ...ien ‹*lat.*› (Bot.): zwischen zwei Blattansatzstellen od. Blattknoten liegender Sprossabschnitt einer Pflanze

In|ter|num, das; -s, ...na ‹*lat.*›: **1.** Gebiet, das einer bestimmten Person, Gruppe od. Behörde vorbehalten u. Dritten gegenüber abgeschlossen ist. **2.** (meist Plural) nur die eigenen inneren Verhältnisse angehende Angelegenheit

In|ter|nun|ti|us, der; -, ...ien ‹*lat.*›: diplomatischer Vertreter des Papstes in kleineren Staaten; vgl. Nuntius

In|ter|ope|ra|bi|li|tät, die; - (Fachspr.): Fähigkeit unterschiedlicher Systeme, möglichst nahtlos zusammenzuarbeiten

in|ter|or|bi|tal: zwischen den ↑Orbits befindlich; für den Raum zwischen den Orbits bestimmt

in|ter|oze|a|nisch: Weltmeere verbindend

in|ter|par|la|men|ta|risch: die Parlamente der einzelnen Staaten umfassend; **Interparlamentarische Union:** Vereinigung von Parlamentariern verschiedener Länder (Abk.: IPU)

In|ter|pel|lant, der; -en, -en ‹*lat.*›: Parlamentarier, der eine Interpellation (1) einbringt. **In|ter|pel|lan|tin,** die; -, -nen: weibliche Form zu ↑Interpellant

In|ter|pel|la|ti|on, die; -, -en (»Unterbrechung«): **1.** parlamentarische Anfrage an die Regierung. **2.** (veraltet; Rechtsspr.) **a)** Einrede; das Recht, die Erfüllung eines Anspruchs ganz od. teilweise zu verweigern; **b)** Einspruchsrecht gegen Versäumnisurteile, Vollstreckungsbefehle o. Ä.; **c)** Mahnung des Gläubigers an den Schuldner. **3.** (veraltet) Unterbrechung, Zwischenrede

in|ter|pel|lie|ren: 1. eine Interpellation einbringen. **2.** (veraltet) unterbrechen, dazwischenreden, ins Wort fallen

in|ter|per|so|nal, in|ter|per|so|nell: zwischen zwei od. mehreren Personen ablaufend, mehrere Personen betreffend; vgl. ...al/...ell

In|ter|pe|ti|o|lar|sti|pel, die; -, -n ‹*lat.*› (Bot.): Verwachsungsprodukt der Nebenblätter bei Pflanzen mit gegenständigen (einander gegenüberstehenden) Blättern

in|ter|pla|ne|tar, in|ter|pla|ne|ta|risch: zwischen den Planeten befindlich; vgl. ...isch/-

In|ter|plu|vi|al, das; -s, -e, **In|ter|plu|vi|al|zeit,** die; -, -en ‹*lat.-nlat.*›: regenärmere Zeit in den heutigen Tropen u. Subtropen während der ↑Interglazialzeiten

in|ter po|cu|la ‹*lat.;* »zwischen den Bechern«› (veraltet): beim Wein, beim Trinken

In|ter|pol, die; - ‹Kurzw. aus *Inter*nationale Kriminal*pol*izeiliche Organisation›: zentrale Stelle (mit Sitz in Paris) zur internationalen Koordination der Ermittlungsarbeit in der Verbrechensbekämpfung

In|ter|po|la|ti|on, die; -, -en ‹*lat.*›: **1.** (Math.) das Errechnen von Werten, die zwischen bekannten Werten einer ↑Funktion (2) liegen. **2.** spätere unberechtigte Einschaltung in den Text eines Werkes. **3.** (Fotogr.) Änderung [der Dichte] von Bildpunkten (u. damit bes. der Kontraste) durch die Berechnung benachbarter Bildpunkte

In|ter|po|la|tor, der; -s, ...oren: jmd., der eine Interpolation (2) vornimmt. **In|ter|po|la|to|rin,** die; -, -nen: weibliche Form zu ↑Interpolator

in|ter|po|lie|ren: 1. Werte zwischen bekannten Werten einer ↑Funktion (2) errechnen. **2.** eine Interpolation (2) vornehmen. **3.** (Fotogr.) eine Interpolation (3) vornehmen

in|ter|po|nie|ren ‹*lat.*› (veraltet): **1.** [etwas] vermitteln. **2.** ein Rechtsmittel [gegen einen Bescheid] einlegen

In|ter|po|si|ti|on, die; -, -en (Med.): **1.** Lagerung von Weichteilen zwischen Knochenbruchstücken. **2.** operative Einlagerung der Gebärmutter zwischen Blase u. vorderer Scheidenwand (bei Scheidenvorfall)

In|ter|pret, der; -en, -en ‹*lat.*›: **1.** jmd., der etwas interpretiert (1). **2.** Künstler, der Lieder od. andere Musikkompositionen einem Publikum vermittelt (z. B. Musiker, Sänger)

In|ter|pre|ta|ment, das; -[e]s, -e (Fachspr.): Deutungsmittel, Verständigungsmittel, Kommunikationsmittel

In|ter|pre|tant, der; -en, -en (Sprachwiss.): durch eine Zeichengestalt beim Interpreten erzeugter Gedanke

In|ter|pre|ta|ti|on, die; -, -en: **1.** Auslegung, Erklärung, Deutung [von Texten]. **2.** künstlerische Wiedergabe von Musik

In|ter|pre|ta|tio ro|ma|na, die; - - (Geschichte): **1.** Bezeichnung fremder Gottheiten mit Namen römischer Götter (z. B. Donar mit Jupiter). **2.** Deutung u. Übernahme germanischer religiöser Bräuche u. Vorstellungen durch die katholische Kirche

in|ter|pre|ta|tiv ‹*lat.-nlat.*›: auf Interpretation beruhend; erklärend, deutend, erhellend; vgl. ...iv/...orisch

In|ter|pre|ta|tor, der; -s, ...oren ‹*lat.*›: ↑Interpret (1). **In|ter|pre|ta|to|rin,** die; -, -nen: weibliche Form zu ↑Interpretator

in|ter|pre|ta|to|risch: den Interpreten, die Interpretation betreffend; vgl. ...iv/...orisch

In|ter|pre|ter [auch: ɪnˈtœːɐ̯prɪtɐ], der; -s, - ‹*lat.-engl.*› (EDV): ↑Programm (4), das die Anweisungen eines in einer anderen Programmiersprache geschriebenen Programms unmittelbar analysiert und ausführt

in|ter|pre|tie|ren: 1. [einen Text] auslegen, erklären, deuten. **2.** Musik künstlerisch wiedergeben

In|ter|pre|tin, die; -, -nen: weibliche Form zu ↑Interpret

In|ter|psy|cho|lo|gie, die; - (Psychol.): Psychologie der zwischenmenschlichen Beziehungen

in|ter|pun|gie|ren ‹*lat.*›: ↑interpunktieren. **in|ter|punk|tie|ren** ‹*lat.-nlat.*›: Satzzeichen setzen

In|ter|punk|ti|on, die; -, -en ‹*lat.*›: Setzung von Satzzeichen; Zeichensetzung

In|ter|ra|di|us, der; -, ...ien (meist Plural): Linie, welche den Winkel zwischen den Körperachsen strahlig symmetrischer Tiere halbiert

In|ter|re|gio®, der; -s, -s, **In|ter|re|gio|zug,** der; -[e]s, ...züge: **a)** (früher) in einem bestimmten Zeittakt [gewöhnlich alle zwei Stunden] verkehrender Schnellzug (Abk.: IR®); **b)** in einigen Staaten Europas eingesetzter Fernverkehrszug

in|ter|re|gi|o|nal ‹*lat.; spätlat.*›: zwei od. mehrere Regionen umfassend, miteinander verbindend; zwischen Beteiligten aus verschiedenen Regionen stattfindend

In|ter|re|g|num, das; -s, ...nen u. ...na ‹*lat.*›: **1.** Zwischenregierung, vorläufige Regierung. **2.** Zeitraum, in dem eine vorläufig eingesetzte Regierung die Regierungsgeschäfte wahrnimmt. **3.** (ohne Plural; Geschichte) die kaiserlose Zeit zwischen 1254 u. 1273

In|ter|re|na|lis|mus, der; - ‹*lat.-nlat.*› (Biol.; Med.): Beeinflussung von Körperbau u. Geschlechtsmerkmalen durch Überproduktion von Nebennierenhormonen

in|ter|ro|ga|tiv ‹*lat.*› (Sprachwiss.): fragend. **In|ter|ro|ga|tiv,** das; -s, -e: ↑Interrogativpronomen

In|ter|ro|ga|tiv|ad|verb, das; -s, ...bien: Frageumstandswort (z. B. wo?, wann?)

In|ter|ro|ga|tiv|pro|no|men, das; -s, - u. ...mina: fragendes Fürwort, Fragefürwort (z. B. wer?, welcher?)

In|ter|ro|ga|ti̲v|satz, der; -es, ...sätze: (direkter od. indirekter) Fragesatz (z. B.: *Wo warst du gestern?;* Er fragte mich, *wo ich gewesen sei*)
In|ter|ro|ga|ti̲|vum, das; -s, ...va: ↑Interrogativpronomen
In|ter|rup|ti|o̲n, die; -, -en ⟨*lat.*⟩: **1.** (Med.) [künstliche] Unterbrechung (z. B. einer Schwangerschaft od. des ↑Koitus). **2.** Unterbrechung; Störung
In|ter|ru̧p|tus, der; -, -: Kurzform von ↑Coitus interruptus
In|ter|sek|ti|o̲n, die; -, -en ⟨*lat.*⟩: Durchschnittsmenge zweier Mengen, deren Elemente in beiden Mengen vorkommen (z. B. bilden die Mengen »Frauen« u. »Ärzte« die Intersektion »Ärztinnen«)
In|ter|sek|ti|o|na|li|tä̲t, die; - ⟨amerik.-lat.⟩: Überschneidung u. Wechselwirkung mehrerer Formen von Diskriminierung bei einer Person
In|ter|sep|tum, das; -s, ...ta ⟨*lat.*⟩ (veraltet): ↑Septum
I̧n|ter|se|rie, die; -, -n ⟨*lat.-nlat.*⟩ (Motorsport): europäische Wettbewerbsserie mit Rundstreckenrennen für Sportwagen, zweisitzige Rennwagen o. Ä.
In|ter|sȩx [auch: ˈɪn...], das; -es, -e ⟨*lat.-nlat.*⟩ (Biol.): pflanzlicher od. tierischer Organismus, der die typischen Merkmale der Intersexualität zeigt
In|ter|se|xu|a|li|tä̲t, die; - (Biol.): das Vorkommen von männlichen u. weiblichen Geschlechtsmerkmalen in einem Individuum (3) [einer sonst getrenntgeschlechtigen Art]
in|ter|se|xu|ȩll (Biol.): Intersexualität aufweisend (von Individuen)
I̧n|ter|shop, der; -[s], -s u. ...läden ⟨Kunstw. aus ↑*inter*national u. ↑*Shop*⟩: früher in der DDR existierendes Geschäft (innerhalb einer Kette), in dem ausländische Waren u. Spitzenerzeugnisse aus der Produktion der DDR nur gegen frei konvertierbare Währung verkauft wurden
in|ter|spe|zi|fisch (Biol.): ↑Individuen (3) verschiedener Arten betreffend, zwischen ihnen stattfindend
in|ter|sta|di|a̲l ⟨*lat.-nlat.*⟩ (Geol.): die Ablagerungen während eines Interstadials betreffend. **In|ter|sta|di|a̲l,** das; -s, -e (Geol.): Wärmeschwankung während einer Glazialzeit
in|ter|stel|la̲r ⟨*lat.-nlat.*⟩: zwischen den Fixsternen befindlich; **interstellare Materie:** nicht genau lokalisierbare, wolkenartig verteilte Materie zwischen den Fixsternen
in|ter|sti|ti|ȩll ⟨*lat.-nlat.*⟩ (Biol., Med.): in den Zwischenräumen liegend (z. B. von Gewebe, Gewebeflüssigkeiten o. Ä.)
In|ter|sti̲|ti|um, das; -s, ...ien ⟨*lat.*⟩: **1.** Zwischenraum (z. B. zwischen Organen). **2.** (nur Plural; kath. Kirchenrecht) vorgeschriebene Zwischenzeit zwischen dem Empfang zweier geistlicher Weihen
in|ter|sub|jek|ti̲v (Psychol.): verschiedenen Personen gemeinsam, von verschiedenen Personen nachvollziehbar. **In|ter|sub|jek|ti|vi|tä̲t** [...v...], die; - (Psychol.): intersubjektive Beschaffenheit
in|ter|ter|ri|to|ri|a̲l: zwischenstaatlich (von Abkommen od. Vereinbarungen)
I̧n|ter|tex|tu|a|li|tät, die; - (Literaturwiss.): (engerer oder weiterer) Bezug von Texten aufeinander
In|ter|tri̲|go, die; -, ...gines [...ne:s] ⟨*lat.*⟩ (Med.): juckende, nässende Hautirritation, die v. a. in Hautfalten auftritt; Hautwolf
In|ter|tri|tu̲r, die; -, -en ⟨*lat.-nlat.*⟩ (veraltet): Abnutzung durch Reibung (z. B. bei Münzen)
in|ter|tro|chan|tä̲r ⟨*lat.; gr.*⟩ (Anat.): zwischen den beiden Rollhügeln (Knochenvorsprüngen) am Oberschenkelknochen liegend
I̧n|ter|type® [...taɪ̯p], die; -, -s, **I̧n|ter|type-Fo|to|set|ter,** der; -s, - ⟨*engl.*⟩: Lichtsetzmaschine mit auswechselbaren Linsensystemen, durch die die Schrifttype in verschiedenen Größen projiziert werden kann
in|ter|ur|ba̲n ⟨*lat.-nlat.;* »zwischenstädtisch«⟩ (veraltet): Überland
In|ter|usu̲|ri|um, das; -s, ...ien ⟨*lat.*⟩: Zwischenzinsen, die sich als Vorteil des Gläubigers bei vorzeitiger Leistung des Schuldners einer unverzinslichen Geldsumme ergeben
In|ter|va̧ll, das; -s, -e ⟨*lat.*⟩: **1.** Zeitabstand, Zeitspanne; Frist; Pause. **2.** (Musik) Abstand zweier zusammen od. nacheinander klingender Töne. **3.** (Med.) **a)** symptom- od. schmerzfreie Zwischenzeit im Verlauf einer Krankheit; **b)** Zeit zwischen den ↑Menstruationen. **4.** (Math.) der Bereich zwischen zwei Punkten einer Strecke od. Skala
in|ter|va̧l|lisch (Musik): das Intervall (2) betreffend
In|ter|va̧ll|trai|ning, das; -s, -s ⟨*lat.; engl.*⟩ (Sport): Trainingsmethode, bei der ein Trainingsprogramm stufenweise so durchgeführt wird, dass die einzelnen Übungen in einem bestimmten Rhythmus von kürzeren Entspannungspausen unterbrochen werden
in|ter|va|lu|ta̲|risch ⟨*lat.; lat.-it.*⟩: im Währungsaustausch stehend
In|ter|ve|ni|ȩnt, der; -en, -en ⟨*lat.*⟩: jmd., der sich in [Rechts]streitigkeiten [als Mittelsmann] einmischt
in|ter|ve|ni̲e̲|ren ⟨*lat.-frz.*⟩: **1.** dazwischentreten; vermitteln; sich einmischen (von einem Staat in die Verhältnisse eines anderen). **2.** (Rechtswiss.) einem Prozess beitreten, sich vermittelnd in eine Rechtssache einschalten. **3.** als hemmender Faktor in Erscheinung treten
In|ter|vȩnt, der; -en, -en ⟨*lat.-russ.*⟩: russ. Bez. für: kriegerischer ↑Intervenient
In|ter|ven|ti|o̲n, die; -, -en ⟨*lat.-frz.*⟩: **1.** Vermittlung; diplomatische, wirtschaftliche, militärische Einmischung eines Staates in die Verhältnisse eines anderen. **2.** (Wechselrecht) Ehreneintritt eines Dritten zum Schutze eines Rückgriffschuldners; ↑Honorant, ↑Honorat. **3.** Maßnahme zur Verhinderung von Kursrückgängen bestimmter ↑Effekten
in|ter|ven|ti|o|nȩll (Med.): (von diagnostischen od. therapeutischen Verfahren) gezielt in das Körpergewebe eingreifend
In|ter|ven|ti|o|ni̧s|mus, der; - ⟨*lat.-nlat.*⟩: [unsystematisches] Ein-

greifen des Staates in die [private] Wirtschaft

In|ter|ven|ti|o|nist, der; -en, -en: Anhänger des Interventionismus. **In|ter|ven|ti|o|nis|tin,** die; -, -nen: weibliche Form zu ↑Interventionist

in|ter|ven|ti|o|nis|tisch: den Interventionismus betreffend

In|ter|ven|ti|ons|kla|ge, die; -, -n (Rechtswiss.): Klage gegen eine Zwangsvollstreckung, die nicht vom Schuldner selbst, sondern von einem Dritten erhoben wird

in|ter|ven|tiv (veraltet): dazwischentretend, vermittelnd

In|ter|ver|si|on, die; -, -en ⟨*lat.*⟩: ↑Interlinearversion

in|ter|ver|te|b|ral ⟨*lat.-nlat.*⟩ (Med.): zwischen den Wirbeln liegend

In|ter|view [ˈɪntɐvjuː, auch: ...ˈvjuː], das; -s, -s ⟨*lat.-frz.-engl.*⟩: **1.** von Berichterstatter/-innen von Presse, Rundfunk od. Fernsehen vorgenommene Befragung einer meist bekannten Persönlichkeit zu bestimmten Themen od. zur eigenen Person. **2. a)** (Soziol.) gezielte Befragung beliebiger od. ausgewählter Personen zu statistischen Zwecken; **b)** (Med., Psychol.) ↑methodische (2) Befragung eines Patienten / einer Patientin zur Aufnahme einer ↑Anamnese u. zur Diagnose

in|ter|vie|w|en [...ˈvjuːən, auch: ˈɪn...]: **1.** mit jmdm. ein Interview führen. **2.** (ugs.) jmdn. in einer bestimmten Angelegenheit befragen, ausfragen

In|ter|vie|w|er [...ˈvjuːɐ, auch: ˈɪn...], der; -s, -: jmd., der mit jmdm. ein Interview führt. **In|ter|vie|w|e|rin,** die; -, -nen: weibliche Form zu ↑Interviewer

In|ter|vi|si|on, die; - ⟨Kurzw. aus ↑*inter*national u. ↑Tele*vision*⟩ (früher): Zusammenschluss osteuropäischer Fernsehanstalten zum Zwecke des Austausches von Fernsehprogrammen; vgl. Eurovision

in|ter|ze|die|ren ⟨*lat.*⟩ (veraltend): dazwischentreten (zwischen Schuldner u. Gläubiger); sich verbürgen, für jmdn. eintreten

in|ter|zel|lu|lar, in|ter|zel|lu|lär ⟨*lat.-nlat.*⟩ (Biol., Med.): zwischen den Zellen gelegen. **In|ter|zel|lu|la|re,** die; -, -n (meist Plural) (Biol., Med.): Zwischenzellraum

In|ter|zep|ti|on, die; -, -en ⟨*lat.*⟩: **1.** Verdunstungsverlust bei Niederschlägen durch Abgabe von Feuchtigkeit an die Außenluft, bes. im Wald. **2.** (Rechtsspr. veraltet) Wegnahme, Unterschlagung

In|ter|zes|si|on, die; -, -en ⟨*lat.*⟩: **1.** das Eintreten für die Schuld eines anderen (z. B. Bürgschaftsübernahme). **2.** (veraltet) ↑Intervention (1)

in|ter|zo|nal: zwischen zwei Bereichen (z. B. von Vereinbarungen, Verbindungen o. Ä.)

In|ter|zo|nen|tur|nier, das; -s, -e: Schachturnier der Sieger u. Bestplatzierten aus den einzelnen Zonenturnieren zur Ermittlung der Teilnehmer am ↑Kandidatenturnier

in|tes|ta|bel ⟨*lat.*⟩ (Rechtswiss.): unfähig, ein Testament zu machen od. als Zeuge aufzutreten

In|tes|tat|er|be, der; -n, -n ⟨*lat.; dt.*⟩: gesetzlicher Erbe eines Erblassers, der kein Testament hinterlassen hat

In|tes|tat|erb|fol|ge, die; -: gesetzliche Erbfolge

In|tes|tat|er|bin, die; -, -nen: weibliche Form zu ↑Intestaterbe

in|tes|ti|nal ⟨*lat.-nlat.*⟩ (Med.): zum Darmkanal gehörend

In|tes|ti|num, das; -, ...nen u. ...na ⟨*lat.*⟩ (Med.): Darmkanal, Eingeweide

In|thro|ni|sa|ti|on, die; -, -en ⟨*(lat.; gr.-)mlat.*⟩: **a)** Thronerhebung eines Monarchen; **b)** feierliche Einsetzung eines neuen Abtes, Bischofs od. Papstes; vgl. ...ation/...ierung. **in|thro|ni|sie|ren:** **a)** einen Monarchen auf den Thron erheben; **b)** einen neuen Abt, Bischof od. Papst feierlich einsetzen. **In|thro|ni|sie|rung,** die; -, -en: ↑Inthronisation; vgl. ...ation/...ierung

In|ti, der; -[s], -s (aber: 5 -) ⟨*indian.*⟩: frühere Währungseinheit in Peru

In|ti|fa|da, die; - ⟨*arab.;* »Aufstand, Erhebung«⟩: palästinensischer Widerstand in den von Israel besetzten Gebieten

in|tim ⟨*lat.;* »innerst; vertrautest«⟩: **1.** innig; vertraut, eng [befreundet]. **2. a)** (verhüll.) sexuell; **mit jmdm. intim sein:** mit jmdm. geschlechtlich verkehren; **b)** den Bereich der Geschlechtsorgane betreffend. **3.** ganz persönlich, verborgen, geheim. **4.** gemütlich, anheimelnd. **5.** genau, bis ins Innerste

[1]In|ti|ma, die; -, ...mä: **1.** (Med.) innerste Haut der Gefäße. **2.** (veraltend) Vertraute; [eng] Befreundete, Busenfreundin

[2]In|ti|ma, die (Plural): intime Einzelheiten

In|ti|ma|ti|on, die; -, -en (veraltet): gerichtliche Ankündigung, Aufforderung, Vorladung

In|tim|feind, der; -[e]s, -e ⟨lat.; dt.⟩: Person, die jmd. gut kennt u. zu der er aufgrund einer unüberbrückbaren geistigen Gegnerschaft, Konkurrenz auf einem bestimmten Gebiet o. Ä. in einem besonders feindseligen, ablehnenden Verhältnis steht. **In|tim|fein|din,** die; -, -nen: weibliche Form zu ↑Intimfeind

In|tim|fri|sur, die; -, -en ⟨*lat.; nlat.*⟩: Frisur der Schamhaare [u. der Achselhaare]

In|tim|hy|gi|e|ne, die; -: Körperpflege im Bereich der Geschlechtsteile

In|ti|mi: *Plural* von ↑Intimus

In|ti|mi|da|ti|on, die; -, -en ⟨*lat.-nlat.*⟩ (veraltet): Einschüchterung. **in|ti|mi|die|ren** (veraltet): einschüchtern; Furcht, Schrecken einjagen; abschrecken

in|ti|mis|tisch ⟨*lat.-nlat.*⟩: [sehr] auf das Intime, Private bezogen

In|ti|mi|tät, die; -, -en ⟨*lat.-nlat.*⟩: **1. a)** (ohne Plural) vertrautes, intimes Verhältnis; Vertrautheit; **b)** Vertraulichkeit; vertrauliche Angelegenheit. **2.** (meist Plural) sexuelle, erotische Handlung, Berührung, Äußerung. **3.** (ohne Plural) gemütliche, intime Atmosphäre. **4.** (ohne Plural) ↑Intimsphäre

In|tim|schmuck, der; -[e]s, -e (Plural selten) ⟨*lat.; dt.*⟩: an den Geschlechtsteilen getragener, meist durch ↑Piercing befestigter Schmuck

In|tim|sphä|re, die; -: innerster persönlicher Bereich

In|tim|spray, der od. das; -s, -s ⟨*lat.; engl.*⟩: Deodorant für den Intimbereich

In|ti|mus, der; -, ...mi ⟨*lat.*⟩: Vertrauter; [eng] Befreundeter, Busenfreund

In|ti|ne, die; -, -n ⟨*lat.-nlat.*⟩ (Bot.): innere Zellwand der Sporen der Moose u. Farnpflanzen u. der Pollenkörner der Blütenpflanzen (Ggs.: Exine)

In|ti|tu|la|ti|on, die; -, -en ⟨*lat.-nlat.*⟩ (veraltet): Betitelung, Überschrift

in|to|le|ra|bel ⟨*lat.*⟩ (veraltet): unerträglich; unleidlich, unausstehlich

in|to|le|rant ⟨*lat.-frz.*⟩: **1.** unduldsam; [eine andere Meinung, Haltung, Weltanschauung] auf keinen Fall gelten lassend (Ggs.: tolerant [1]). **2.** (Med.) bestimmte Stoffe (bes. Nahrungsmittel od. Alkohol) nicht vertragend

In|to|le|ranz, die; -, -en: **1.** Unduldsamkeit (gegenüber einer anderen Meinung, Haltung, Weltanschauung usw.) (Ggs.: Toleranz [1]). **2.** (Med.) auf Unverträglichkeit beruhende Abneigung des Organismus gegen bestimmte Stoffe (bes. gegen bestimmte Nahrungsmittel od. Alkohol); mangelnde Widerstandsfähigkeit des Organismus gegen schädigende äußere Einwirkungen (Ggs.: Toleranz [2])

In|to|na|ti|on, die; -, -en ⟨*lat.-mlat.*; »Einstimmung«⟩: **1.** (Sprachwiss.) Veränderung des Tones nach Höhe u. Stärke beim Sprechen von Silben od. ganzen Sätzen; Tongebung. **2.** (in der Gregorianik) vom Priester, Vorsänger od. Kantor gesungene Anfangsworte eines liturgischen Gesangs, der dann vom Chor od. von der Gemeinde weitergeführt wird. **3.** (Musik) präludierende Einleitung in größeren Tonsätzen; kurzes Orgelvorspiel. **4.** (Musik) Art der Tongebung bei Sängern u. Instrumentalisten, z. B. eine reine, unsaubere, weiche Intonation. **5.** (Musik) im Instrumentenbau, bes. bei Orgeln, der Ausgleich der Töne u. ihrer Klangfarben

in|to|na|to|risch (Sprachwiss.): die Intonation (1) betreffend, darauf beruhend

In|to|nem, das; -s, -e ⟨*lat.; gr.*⟩ (Sprachwiss.): Einzelsegment aus der Tonkurve, in der ein gesprochener Textabschnitt verläuft

in|to|nie|ren ⟨*lat.*⟩: **1.** (Physiol.) beim Sprechen od. Singen die Stimme auf eine bestimmte Tonhöhe einstellen. **2. a)** anstimmen, etwas zu singen od. zu spielen beginnen; **b)** den Ton angeben; **c)** Töne mit der Stimme od. auf einem Instrument in einer bestimmten Tongebung hervorbringen

in to|to ⟨*lat.*⟩: im Ganzen; insgesamt, vollständig

In|tou|rist [ˈɪntu...], die od. der; - (oft ohne Artikel gebraucht) ⟨*russ.*⟩ (früher): staatliches sowjetisches Reisebüro mit Vertretungen im Ausland

In|to|xi|ka|ti|on, die; -, -en ⟨*gr.-nlat.*⟩ (Med.): Vergiftung; schädigende Einwirkung von Giftstoffen auf den Organismus

in|t|ra..., In|t|ra...

⟨*lat.* intra »innerhalb, in ... hinein; binnen, während«⟩
Präfix mit der Bedeutung »innerhalb«:
- intralingual
- intramuskulär
- Intranet
- intravenös

in|t|ra|ab|do|mi|nal, in|t|ra|ab|do|mi|nell (Med.): innerhalb des Bauchraums gelegen od. erfolgend; vgl. ...al/...ell

in|t|ra|al|ve|o|lar (Med.): innerhalb der ↑Alveolen liegend

In|t|ra|bi|li|tät, die; - ⟨*lat.-nlat.*⟩ (Biol.): Eintritt von Stoffen in das Zellplasma (vgl. Plasma) durch die äußere Plasmahaut

In|t|ra|da, Entrada, die; -, ...den: ↑Intrade

In|t|ra|day|han|del [...ˈdeɪ...], der; -s ⟨*lat.-engl.; dt.*⟩ (Börsenw.): Kauf u. Verkauf von Wertpapieren od. Devisen innerhalb eines Börsentages

In|t|ra|de, die; -, -n ⟨*lat.-it.*⟩ (Musik): festliches, feierliches Eröffnungs- od. Einleitungsstück (z. B. der Suite)

in|t|ra|glu|tä|al ⟨*lat.-nlat.*⟩ (Med.): in den großen Gesäßmuskel erfolgend (z. B. von Injektionen); innerhalb des großen Gesäßmuskels [gelegen]

in|t|ra|grup|pal ⟨*lat.; dt.-nlat.*⟩ (Soziol.): die Beziehungen u. Spannungen innerhalb einer sozialen Gruppe betreffend

in|t|ra|in|di|vi|du|ell (Psychol.): innerhalb eines Individuums ablaufend

in|t|ra|kar|di|al (Med.): innerhalb des Herzens gelegen, unmittelbar ins Herz hinein erfolgend

in|t|ra|kon|ti|nen|tal (Geol.): in einen Kontinent eingesenkt (von Einbruchs- u. Ingressionsmeeren)

in|t|ra|kra|ni|ell ⟨*lat.; gr.-nlat.*⟩ (Med.): innerhalb des Schädels lokalisiert (z. B. von Tumoren)

in|t|ra|krus|tal ⟨*lat.-nlat.*⟩: ↑interkrustal

in|t|ra|ku|tan ⟨*lat.-nlat.*⟩ (Med.): in der Haut [gelegen]; in die Haut hinein (z. B. von Injektionen)

in|t|ra le|gem ⟨*lat.*⟩ (Rechtswiss.): innerhalb, im Rahmen des Gesetzes (Ggs.: contra legem)

in|t|ra|lin|gu|al: innersprachlich, innerhalb einer Sprache auftretend (Ggs.: extralingual)

in|t|ra|lum|bal (Med.): im Lendenwirbelkanal [gelegen], in ihn hinein erfolgend

in|t|ra|mer|ku|ri|ell ⟨*lat.-nlat.*⟩: innerhalb der vom Planeten Merkur beschriebenen Bahn befindlich

in|t|ra|mo|le|ku|lar (Chemie): sich innerhalb der Moleküle vollziehend

in|t|ra|mon|tan (Geol.): im Gebirge eingesenkt (von Becken)

in|t|ra|mun|dan ⟨*lat.*⟩ (Philos.): innerhalb dieser Welt, innerweltlich (Ggs.: extramundan)

in|t|ra|mu|ral ⟨*lat.-nlat.*⟩ (Med.): innerhalb der Wand eines Hohlorgans gelegen

in|t|ra mu|ros ⟨*lat.*; »innerhalb der Mauern«⟩: nicht öffentlich, geheim

in|t|ra|mus|ku|lär (Med.): im Innern eines Muskels gelegen; ins Innere des Muskels hinein erfolgend (von Injektionen) (Abk.: i. m.)

In|t|ra|net, das; -s, -s ⟨*lat.; engl.*⟩: betriebsinternes Computernetzwerk, das mit Internettechnologie arbeitet

in|tran|si|gent ⟨*lat.-nlat.*⟩: unversöhnlich, zu keinen Konzessionen od. Kompromissen bereit (bes. in der Politik). **In-**

tran|si|gent, der; -en, -en: 1. starr an seinen Prinzipien festhaltender Parteimann. 2. (Plural) extreme politische Parteien. **In|tran|si|gen|tin**, die; -, -nen: weibliche Form zu ↑Intransigent (1). **In|tran|si|genz**, die; -: Unversöhnlichkeit; mangelnde Bereitschaft zu Konzessionen

in|tran|si|tiv ‹*lat.*› (Sprachwiss.): (von bestimmten Verben) nicht zielend; kein Akkusativobjekt nach sich ziehend u. kein persönliches Passiv bildend (z. B. danken) (Ggs.: transitiv). **In|tran|si|tiv**, das; -s, -e: intransitives Verb. **In|tran|si|ti|vum**, das; -s, ...va: ↑Intransitiv

in|trans|pa|rent ‹*lat.*›: 1. undurchsichtig, nicht lichtdurchlässig. 2. undurchschaubar [u. zur Skepsis Anlass gebend]. **In|trans|pa|renz**, die; -, -en ‹*lat.*›: fehlende Transparenz (u. daraus folgende Skepsis), Undurchschaubarkeit

in|t|ra|oku|lar (Med.): innerhalb des Auges gelegen (z. B. von Tumoren od. Fremdkörpern)

in|t|ra|oral (Med.): in die Mundhöhle hinein erfolgend; innerhalb der Mundhöhle

in|t|ra|os|sär ‹*lat.-nlat.*› (Med.): innerhalb des Knochens

in|t|ra par|tum ‹*lat.*› (Med.): während der Geburt

in|t|ra|pe|ri|to|ne|al (Med.): innerhalb des Bauchfellraumes gelegen bzw. erfolgend

in|t|ra|per|so|nal, in|t|ra|per|so|nell: innerhalb einer Person ablaufend, stattfindend; nur eine Person betreffend; vgl. ...al/...ell

in|t|ra|pleu|ral (Med.): innerhalb der Pleurahöhle (vgl. Pleura) gelegen bzw. erfolgend

in|t|ra|psy|chisch (Psychol.): innerhalb der eigenen Psyche stattfindend, sich abspielend

in|t|ra|pul|mo|nal (Med.): innerhalb des Lungengewebes liegend

in|tra|spe|zi|fisch (Biol.): ↑Individuen (3) der gleichen Art betreffend, zwischen ihnen stattfindend (Ggs.: interspezifisch)

in|t|ra|sub|jek|tiv (Psychol.): innerhalb des einzelnen Subjekts bleibend

in|t|ra|tel|lu|risch: 1. (Astron.) innerhalb der von der Erde beschriebenen Bahn befindlich. 2. (Geol.) im Erdkörper liegend od. entstehend

in|t|ra|tho|ra|kal (Med.): innerhalb der Brusthöhle gelegen

in|t|ra|ute|rin (Med.): innerhalb der Gebärmutter liegend bzw. erfolgend (Ggs.: extrauterin)

In|t|ra|ute|rin|pes|sar, das; -s, -e (Med.): in die Gebärmutter eingelegtes ↑Pessar

in|t|ra|va|gi|nal (Med.): innerhalb der Scheide gelegen

in|t|ra|va|sal ‹*lat.-nlat.*› (Med.): innerhalb der Blutgefäße gelegen

in|t|ra|ve|nös (Med.): innerhalb einer Vene gelegen bzw. vorkommend; in die Vene hinein erfolgend (von Injektionen) (Abk.: i. v.)

in|t|ra|vi|tal (Med.): während des Lebens vorkommend, auftretend

in|t|ra|zel|lu|lar, in|t|ra|zel|lu|lär (Biol., Med.): innerhalb der Zelle[n] gelegen

in|t|ri|gant ‹*lat.-it.-frz.*›: ständig auf Intrigen sinnend; ränkesüchtig, hinterlistig. **In|t|ri|gant**, der; -en, -en: jmd., der intrigiert; Ränkeschmied. **In|t|ri|gan|tin**, die; -, -nen: weibliche Form zu ↑Intrigant. **In|t|ri|ganz**, die; -: intrigantes Verhalten

In|t|ri|ge, die; -, -n: hinterlistig angelegte Verwicklung, Ränkespiel

in|t|ri|gie|ren: Ränke schmieden, hinterlistig Verwicklungen inszenieren, einen gegen den anderen ausspielen

in|t|ri|kat ‹*lat.*› (veraltet): verwickelt, verworren; heikel; verfänglich

in|t|rin|sisch ‹*lat.-frz.-engl.*› (Psychol.): von innen her, aus eigenem Antrieb durch Interesse an der Sache erfolgend, durch in der Sache liegende Anreize bedingt (Ggs.: extrinsisch); **intrinsische Motivation**: durch die von einer Aufgabe ausgehenden Anreize bedingte ↑Motivation (1)

in tri|plo ‹*lat.*› (selten): [in] dreifach[er Ausfertigung]; vgl. Triplum

In|t|ro, das; -s, -s ‹*lat.-engl.*›: a) einleitender Musiktitel; b) Vorbemerkung, einleitender Artikel einer Zeitschrift o. Ä.

in|t|ro..., In|t|ro...

‹*lat.* intro »hinein«›
Präfix mit der Bedeutung »hinein, nach innen«:
- introduzieren
- Introspektion
- introvertiert

In|t|ro|duk|ti|on, die; -, -en ‹*lat.*›: 1. (veraltet) Einleitung, Einführung. 2. a) freier Einleitungssatz vor dem Hauptsatz einer Sonate, einer Sinfonie od. eines Konzerts; b) erste Gesangsnummer einer Oper. **in|t|ro|du|zie|ren**: einleiten, einführen

In|t|ro|du|zi|o|ne, die; -, ...ni ‹*lat.-it.*›: ↑Introduktion (2)

In|t|ro|i|tis, die; -, ...iti̱den ‹*lat.-nlat.*› (Med.): Entzündung des Scheideneinganges

In|t|ro|i|tus, der; -, - ‹*lat.*›: 1. (Med.) Eingang in ein Hohlorgan des Körpers (z. B. Scheideneingang). 2. a) Eingangsgesang [im Wechsel mit Psalmversen] in der Messe; b) [im Wechsel gesungene] Eingangsworte od. Eingangslied im evangelischen Gottesdienst

In|t|ro|jek|ti|on, die; -, -en ‹*lat.-nlat.*› (Psychol.): unbewusste Einbeziehung fremder Anschauungen, Motive o. Ä. in das eigene Ich, in den subjektiven Interessenkreis. **in|t|ro|ji|zie|ren** (Psychol.): fremde Anschauungen, Ideale o. Ä. in die eigenen einbeziehen

In|t|ro|mis|si|on, die; -, -en ‹*lat.-nlat.*›: das Intromittieren. **in|t|ro|mit|tie|ren**: a) hineinstecken, hineinschieben; b) (Med.) eindringen

in|t|rors ‹*lat.*› (Bot.): nach innen gewendet (von Staubbeuteln, die der Blütenachse zugewendet sind) (Ggs.: extrors)

In|t|ro|s|pek|ti|on, die; -, -en ‹*lat.-nlat.*; »Hineinsehen«› (Psychol.): Selbstbeobachtung; Beobachtung der eigenen seelischen Vorgänge zum Zwecke psychologischer Selbsterkenntnis

in|t|ro|s|pek|tiv (Psychol.): auf dem Weg der Innenschau, der

psychologischen Selbsterkenntnis
In|t|ro|ver|si|on, die; -, -en ‹*lat.-nlat.*› (Psychol.): Konzentration des Interesses von der Außenwelt weg auf innerseelische Vorgänge; nach innen gerichtete Haltung od. Einstellung (Ggs.: Extraversion)
in|t|ro|ver|siv (Psychol.): zur Introversion fähig (in Verbindung mit einer gewissen Extraversion)
in|t|ro|ver|tiert (Psychol.): nach innen gewandt, zur Innenverarbeitung der Erlebnisse veranlagt (Ggs.: extravertiert)
In|t|ru|der, der; -s, -[s] ‹*lat.-engl.*›: militärisches Schutz- u. Aufklärungsflugzeug, speziell im Schnellwarndienst zur Unterstützung von Flugzeugträgern
in|t|ru|die|ren ‹*lat.-nlat.*› (Geol.): eindringen (von Schmelzen in Gestein)
In|t|ru|si|on, die; -, -en: (Geol.) Vorgang, bei dem Magma zwischen die Gesteine der Erdkruste eindringt u. erstarrt
in|t|ru|siv (Geol.): durch Intrusion entstanden
In|t|ru|si|va, die (Plural): ↑Intrusivgestein
In|t|ru|siv|ge|stein, das; -s, -e (Geol.): Tiefengestein (in der Erdkruste erstarrtes Magma)
In|tu|ba|ti|on, die; -, -en ‹*lat.-nlat.*› (Med.): das Einführen eines [Kunststoff]rohrs vom Mund aus über den Kehlkopf in die Luftröhre zum Beatmen (für eine Vollnarkose od. bei der Versorgung Schwerverletzter). **in|tu|bie|ren** (Med.): eine Intubation vornehmen
In|tu|i|ti|on, die; -, -en ‹*lat.-mlat.*›: **a)** das unmittelbare, nicht diskursive, nicht auf Reflexion beruhende Erkennen, Erfassen eines Sachverhalts od. eines komplizierten Vorgangs; **b)** Eingebung, [plötzliches] ahnendes Erfassen
In|tu|i|ti|o|nis|mus, der; - ‹*lat.-mlat.-nlat.*›: **1.** (Ethik) Lehre, die der Intuition den Vorrang vor der Reflexion, vor dem diskursiven Denken gibt. **2.** bei der Begründung der Mathematik entwickelte Theorie, die mathematische Existenz mit Konstruierbarkeit gleichsetzt. **3.** (Ethik) Lehre von der urspr. Gewissheit des Unterschiedes von Gut u. Böse. **in|tu|i|ti|o|nis|tisch:** den Intuitionismus betreffend
in|tu|i|tiv ‹*lat.-mlat.*›: **a)** auf Intuition (a) beruhend (Ggs.: diskursiv); **b)** mit Intuition (b)
In|tu|mes|zenz (Med.), **In|tur|ges|zenz,** die; -, -en ‹*lat.-nlat.*› (Med. selten): Anschwellung; Größenzunahme eines Körpers
in|tus ‹*lat.*›: innen, inwendig; **etwas intus haben** (ugs.): etwas begriffen haben; sich etwas einverleibt haben, etwas gegessen od. getrunken haben
In|tus|krus|ta|ti|on, die; -, -en (Geol.): ↑Fossilisation toter Organismen durch Ausfüllen mit mineralischen Stoffen
In|tus|sus|zep|ti|on, die; -, -en: **1.** (Biol.) Einlagerung neuer Teilchen zwischen bereits vorhandene (besondere Form des Pflanzenwachstums) (Ggs.: Apposition [2]). **2.** (Med.) Einstülpung eines Darmabschnitts in einen anderen (an der Längsachse)
Inu|it: *Plural* von ↑Inuk
Inuk, der; -s, Inuit ‹*eskim.;* »Mensch«›: Selbstbezeichnung der Eskimos, bes. in Kanada, Nordalaska u. Grönland
Inu|la, die; -, ...lae [...lɛ] ‹*gr.-lat.*›: Alant; Vertreter der Gattung der Korbblütler mit zahlreichen Arten von Gewürz- u. Heilkräutern
Inu|lin, das; -s ‹*gr.-lat.-nlat.*› (Med.): aus gewissen Pflanzenknollen (z. B. den Wurzeln von Löwenzahn, Alant, Dahlie) gewonnenes ↑Kohlenhydrat, das als Diätzucker für Zuckerkranke verwendet wird
In|un|da|ti|on, die; -, -en ‹*lat.*› (Geogr.): völlige Überflutung großer Teile des Festlandes durch das Meer od. einen Fluss
In|un|da|ti|ons|ge|biet, das; -[e]s, -e (Geogr.): Hochflutbett eines seichten Stromes
In|unk|ti|on, die; -, -en ‹*lat.*› (Med.): Einreibung (von Arzneimitteln in flüssiger od. Salbenform)
in usum Del|phi|ni: ↑ad usum Delphini
in|va|die|ren ‹*lat.*› (selten): in fremdes Gebiet einfallen; vgl. Invasion
In|va|gi|na|ti|on, die; -, -en ‹*lat.-nlat.*›: **1.** (Med.) Darmeinstülpung. **2.** (Biol., Med.) Einstülpungsvorgang (in der Keimesentwicklung) mit Ausbildung der ↑dorsalen (1 a) u. der ↑ventralen (1) Urmundlippe
in|va|lid, in|va|li|de ‹*lat.-frz.*›: arbeits-, dienst-, erwerbsunfähig (infolge einer Verwundung, eines Unfalles, einer Krankheit o. Ä.)
In|va|li|da|ti|on, die; -, -en (veraltet): Ungültigmachung
In|va|li|de, der u. die; -n, -n: Arbeits-, Dienst-, Erwerbsunfähige[r] (infolge von Unfall, Verwundung, Krankheit o. Ä.)
in|va|li|die|ren (veraltet): ungültig machen, umstoßen
in|va|li|di|sie|ren: 1. für invalide erklären. **2.** jmdm. eine Alters- od. Arbeitsunfähigkeitsrente gewähren
In|va|li|di|tät, die; -, -en: [dauernde] erhebliche Beeinträchtigung der Arbeits-, Dienst-, Erwerbsfähigkeit
In|var®, das; -s ‹Kunstw. aus *engl. invar*iable› (Chemie): Eisen-Nickel-Legierung, die bes. zur Herstellung unempfindlicher Messgeräte verwendet wird
in|va|ri|a|bel [auch: ɪnvaˈri̯a:...] ‹*lat.-nlat.*›: unveränderlich; **invariable Erdschicht** (Geol.): Erdschicht, in der sich die Temperaturschwankungen der Erdoberfläche nicht mehr auswirken
in|va|ri|ant [auch: ...ˈri̯ant]: unveränderlich (von Messgrößen in der Mathematik). **In|va|ri|an|te,** die; -, -n (Math.): Größe, die bei Eintritt gewisser Veränderungen unveränderlich bleibt
In|va|ri|an|ten|the|o|rie, die; -: mathematische Theorie, die die [geometrischen] Größen untersucht, die bei einzelnen ↑Transformationen unverändert bleiben
In|va|ri|anz [auch: ...ri̯ˈants], die; -: Unveränderlichkeit (z. B. von Größen in der Mathematik)
In|var|stahl®, der; -[e]s ‹Kunstw.›: Eisen-Nickel-Legierung mit sehr niedrigem Wärmeausdehnungskoeffizienten
In|va|si|on, die; -, -en ‹*lat.-frz.*›: **1.** Einfall; feindliches Einrücken von Truppen in fremdes

Gebiet; vgl. Evasion (1). **2.** (Med.) das Eindringen von Krankheitserregern in die Blutbahn

In|va|si|ons|bio|lo|gie, die; -: Forschungsrichtung der ↑Ökologie, die sich mit dem Einwanderungsprozess fremder Pflanzen- u. Tierarten in ein neues Ökosystem befasst

in|va|siv (Med.): in das umgebende Bindegewebe wuchernd hineinwachsend (von Krebszellen)

In|va|sor, der; -s, ...oren (meist Plural) ⟨*lat.*⟩: Eroberer; eindringender Feind. **In|va|so|rin,** die; -, -nen: weibliche Form zu ↑Invasor

In|vek|ti|ve, die; -, -n ⟨*lat.*⟩: Schmährede od. -schrift; beleidigende Äußerung; Beleidigung

in|ve|nit ⟨*lat.*⟩: hat [es] erfunden (auf grafischen Blättern vor dem Namen des Künstlers, der die Originalzeichnung schuf) (Abk.: inv.)

In|ven|tar, das; -s, -e: **1.** Gesamtheit der zu einem Betrieb, Unternehmen, Haus, Hof o. Ä. gehörenden Einrichtungsgegenstände u. Vermögenswerte (einschließlich Schulden). **2.** Verzeichnis des Besitzstandes eines Unternehmens, Betriebes, Hauses [das neben der ↑Bilanz jährlich zu erstellen ist]. **3.** Verzeichnis der Vermögensgegenstände u./od. Verbindlichkeiten aus einem Nachlass

In|ven|ta|ri|sa|ti|on, die; -, -en ⟨*lat.-nlat.*⟩: Bestandsaufnahme [des Inventars]; vgl. ...ation/...ierung

In|ven|ta|ri|sa|tor, der; -s, ...oren: mit einer Bestandsaufnahme betraute Person. **In|ven|ta|ri|sa|to|rin,** die; -, -nen: weibliche Form zu ↑Inventarisator

in|ven|ta|ri|sie|ren: ein Inventar, den Bestand von etwas aufnehmen. **In|ven|ta|ri|sie|rung,** die; -, -en: das Inventarisieren; vgl. ...ation/...ierung

In|ven|ta|ri|um, das; -s, ...ien ⟨*lat.*⟩ (veraltet): Inventar

in|ven|tie|ren ⟨*lat.-nlat.*⟩ (veraltet): **1.** erfinden. **2.** Bestandsaufnahme machen

In|ven|ti|on, die; -, -en ⟨*lat.*⟩: **1.** (veraltet) Erfindung. **2.** kleines zwei- od. dreistimmiges Klavierstück in kontrapunktisch imitierendem Satzbau mit nur einem zugrunde liegenden Thema

In|ven|tor, der; -s, ...oren: Erfinder, Urheber. **In|ven|to|rin,** die; -, -nen: weibliche Form zu ↑Inventor

In|ven|tur, die; -, -en ⟨*lat.-mlat.*⟩: Bestandsaufnahme der Vermögensteile u. Schulden eines Unternehmens zu einem bestimmten Zeitpunkt durch Zählen, Messen o. Ä. anlässlich der Erstellung der ↑Bilanz; vgl. Skontro

in ver|ba ma|gis|t|ri vgl. jurare in verba magistri

in|vers ⟨*lat.*⟩: umgekehrt; **inverse Funktion** (Math.): durch Vertauschung der unabhängigen u. der abhängigen Variablen gewonnene Umkehrfunktion der ursprünglichen Funktion

In|ver|si|on, die; -, -en ⟨»Umkehrung«⟩: **1.** (bildungsspr., Fachspr.) Umkehrung, Umdrehung, Umwandlung. **2.** (Sprachwiss.) Umkehrung der üblichen Wortstellung (Subjekt–Prädikat), d. h. die Stellung Prädikat–Subjekt. **3.** (Chemie) Umwandlung von Rohrzucker in ein Gemisch aus Traubenzucker u. Fruchtzucker. **4.** (Meteorol.) Temperaturumkehr an einer Sperrschicht, an der die normalerweise mit der Höhe abnehmende Temperatur sprunghaft zunimmt. **5.** (Biol.) Form der Chromosomenmutation, bei der ein herausgebrochenes Teilstück sich unter Drehung um 180° wieder an der bisherigen Stelle einfügt. **6.** (Math.) Berechnung der inversen Funktion (Umkehrfunktion). **7. a)** (Fachspr. veraltet) Umkehrung des Geschlechtstriebs; vgl. Homosexualität; **b)** (Med.) Umlagerung od. Umstülpung eines Organs (z. B. der Eingeweide od. der Gebärmutter); **c)** (Med.) Bewegung des Fußes mit Auswärtsdrehung, Heranziehen u. Beugung des Fußes zur Fußsohle hin. **8.** (Musik) Umkehrung der Notenfolge der Intervalle. **9.** (Geol.) Reliefumkehr; durch unterschiedliche Widerstandsfähigkeit der Gesteine hervorgerufene Nichtübereinstimmung von ↑tektonischem Bau u. Landschaftsbild, sodass z. B. eine geologische Grabenzone landschaftlich als Erhebung erscheint. **10.** (Biol., Med.) defekter Aufbau der Netzhaut (bei Wirbeltieren)

In|vert, der u. das; -s, -s ⟨*lat.-frz.-engl.*⟩: Saltosprung, Überschlag beim ↑Freestyle

In|ver|ta|se, die; -, -n: ↑Saccharase

In|ver|te|b|rat, der; -en, -en (meist Plural): ↑Evertebrat

In|ver|ter, der; -s, - ⟨*lat.-engl.*⟩: **1.** (Technik) logische Schaltung, die ein digitales Signal in sein Gegenteil verkehrt. **2.** (Elektrot.) Gerät zur Umwandlung von Gleichstrom in Wechselstrom; Wechselrichter. **3.** (ugs.) Achterbahn, bei der die Züge unter den Schienen angebracht sind

in|ver|tie|ren ⟨*lat.*⟩: umkehren, umstellen, eine Inversion vornehmen. **in|ver|tiert: 1.** umgekehrt. **2.** (Med. veraltend) zum eigenen Geschlecht hin empfindend; vgl. homosexuell

In|ver|tin, das; -s: ↑Saccharase

In|vert|zu|cker, der; -s ⟨*lat.; dt.*⟩: das bei der ↑Inversion (3) entstehende Gemisch aus Traubenzucker u. Fruchtzucker (z. B. im Bienenhonig)

in|ves|tie|ren ⟨*lat.;* »einkleiden«⟩: **1.** mit den Zeichen der Amtswürde bekleiden, in ein Amt einsetzen; vgl. Investitur (1 b). **2. a)** Kapital langfristig in Sachgütern anlegen; **b)** etwas auf jmdn./etwas [in reichem Maße] verwenden. **In|ves|tie|rung,** die; -, -en: das Investieren (2); vgl. Investition

In|ves|ti|ga|ti|on, die; -, -en ⟨*lat.*⟩: Untersuchung, Nachforschung

in|ves|ti|ga|tiv ⟨*lat.-engl.*⟩: nach-, ausforschend; enthüllend, aufdeckend

In|ves|ti|ga|tor, der; -s, ...oren ⟨*lat.*⟩: jmd., der investigiert. **In|ves|ti|ga|to|rin,** die; -, -nen: weibliche Form zu ↑Investigator

in|ves|ti|gie|ren: nachforschen, nachspüren, untersuchen

In|ves|ti|ti|on, die; -, -en ⟨*lat.-nlat.*⟩: **1.** langfristige Anlage von Kapital in Sachwerten. **2.** Aufwendung, Geldausgabe

In|ves|ti|ti|o̱ns|gü|ter, die (Plural): Güter, die der ↑Produktion dienen (z. B. Maschinen, Fahrzeuge, Werkhallen)

In|ves|ti|tu̱r, die; -, -en ⟨*lat.-mlat.*⟩: **1. a)** Einweisung in ein niederes geistliches Amt (katholisches Pfarramt); **b)** im Mittelalter feierliche Belehnung mit dem Bischofsamt durch den König. **2.** abschließender Akt der Eigentumsübertragung (im älteren deutschen Recht). **3.** Bestätigung des Ministerpräsidenten durch die Nationalversammlung (in Frankreich)

in|ves|ti̱v: als Investition, in Form von Investitionen, zur produktiven Verwendung (Ggs.: konsumtiv)

In|ves|ti̱v|lohn, der; -[e]s, ...löhne ⟨*lat.-nlat.; dt.*⟩: als Spareinlage gebundener Teil des Arbeitnehmerlohnes (z. B. in Form von Belegschaftsaktien)

In|vẹst|ment [...mənt], das; -s, -s ⟨*lat.-engl.*⟩: Kapitalanlage in Investmentzertifikaten

In|vẹst|ment|ban|ker [auch: ...bɛŋkɐ], der; -s, -: Bankfachmann, der im Investmentgeschäft tätig ist. **In|vẹst|ment|ban|ke|rin** [auch: ...bɛŋkə...], die; -, -nen: weibliche Form zu ↑Investmentbanker

In|vẹst|ment|ban|king [...bæŋkɪŋ], das; -[s] ⟨*lat.-engl.; engl.*⟩: Bez. für alle Bankgeschäfte, die sich auf die Platzierung u. den Handel mit Wertpapieren o. Ä. beziehen

In|vẹst|ment|club [...k...], der; -s, -s: Zusammenschluss von Sparern mit dem Ziel, für gemeinsame Rechnung Börsengeschäfte durchzuführen

In|vẹst|ment|fonds [...fõ:], der; -, -[...fõ:s] (Wirtsch.): Sondervermögen einer Kapitalanlagegesellschaft, das in Wertpapieren od. Grundstücken angelegt wird

In|vẹst|ment|ge|schäft, das; -[e]s, -e: durch Investmentgesellschaften getätigtes Geschäft (z. B. Anlage von Kapital in Wertpapieren, Immobilien, Verwaltung des Kapitals im Auftrag der Anleger)

In|vẹst|ment|pa|pier, das; -s, -e: ↑Investmentzertifikat

In|vẹst|ment|trust [...trast], der; -s, -s: Investmentgesellschaft; Kapitalanlage- u. Beteiligungsgesellschaft, die Investmentgeschäfte betreibt

In|vẹst|ment|zer|ti|fi|kat, das; -[e]s, -e: Schein über einen Anteil am Vermögen eines Investmentfonds

In|vẹs|tor, der; -s, ...o̱ren ⟨*lat.-nlat.*⟩: Kapitalanleger. **In|ves|to̱|rin,** die; -, -nen: weibliche Form zu ↑Investor

In|vẹs|tor-Re|la|tions [...rɪˈleɪʃənz], die (Plural) ⟨*engl.*⟩: Pflege der Beziehungen einer Aktiengesellschaft zu ihren Aktionären

In|ve|te|ra|ti|o̱n, die; -, -en ⟨*lat.*⟩ (Rechtsspr. veraltet): Verjährung. **in|ve|te|ri̱e|ren** (Rechtsspr. veraltet): verjähren

in vi̱|no ve̱|ri|tas ⟨*lat.;* »im Wein [ist] Wahrheit«⟩: jmd., der etwas getrunken hat, spricht Wahrheiten aus, die er im nüchternen Zustand sonst eher für sich behält

In|vi|ta|to̱|ri|um, das; -s, ...ien ⟨*lat.-mlat.*⟩: Einleitungsgesang der ↑Matutin mit der Aufforderung zum Gebet (Psalm 95)

in|vi|ti̱e|ren ⟨*lat.*⟩ (veraltet): **1.** einladen, zu Gast bitten. **2.** ersuchen

in vi̱|t|ro ⟨*lat.;* »im Glas«⟩: im Reagenzglas [durchgeführt] (von wissenschaftlichen Versuchen); vgl. aber: in vivo

In-vi̱|t|ro-Fer|ti|li|sa|ti|on, die; -, -en: künstlich herbeigeführte Verschmelzung einer menschlichen Eizelle mit einer Samenzelle außerhalb des Körpers der Frau (Abk.: IVF)

in vi̱|vo ⟨*lat.;* »im Leben«⟩: am lebenden Objekt [beobachtet od. durchgeführt] (von wissenschaftlichen Versuchen); vgl. aber: in vitro

In|vo|ka|ti|o̱n, die; -, -en ⟨*lat.*⟩: Anrufung Gottes [u. der Heiligen] (z. B. am Anfang von mittelalterlichen Urkunden)

In|vo|ka̱|vit ⟨*lat.;* nach dem alten ↑Introitus des Gottesdienstes, Psalm 91, 15, »er hat (mich) angerufen«⟩ (ev. Kirche): der erste Sonntag der Fastenzeit

In|vo|lu|ti|o̱n, die; -, -en ⟨*lat.;* »Windung«⟩: **1.** (Math.) Darstellung des Verhältnisses zwischen Punkten, Geraden od. Ebenen in der ↑projektiven Geometrie. **2.** (Med.) normale Rückbildung eines Organs, das nur für einen bestimmten Zeitraum aktiv ist (z. B. der Gebärmutter nach der Entbindung). **3.** (Soziol.) **a)** Verfall eines sozialen Organismus; **b)** Rückentwicklung demokratischer Systeme u. Formen in vor- od. antidemokratische

In|volve|ment [...ˈvɔlvmənt], das; -s ⟨engl.⟩: zum aktiven Mitmachen anregende Form der Beteiligung, Einbeziehung einer Person

in|vol|vi̱e|ren: 1. einschließen, einbegreifen, enthalten (den Sinn eines Ausdrucks). **2.** an etwas beteiligen, in etwas verwickeln; vgl. evolvieren

In|zẹns, der; -es, -e ⟨*lat.*⟩, **In|zen|sa|ti|o̱n,** die; -, -en ⟨*lat.-nlat.*⟩ (kath. Kirche): das Beräuchern mit Weihrauch. **in|zen|si̱e|ren** ⟨*lat.-mlat.*⟩: mit Weihrauch beräuchern

In|zen|so̱|ri|um, das; -s, ...ien (veraltet): Räucherfass

in|zen|ti̱v ⟨*lat.-engl.*⟩: anspornend, anreizend, antreibend. **In|zen|ti̱v,** das; -s, -e ⟨*lat.*⟩: Anreiz, Ansporn

In|zẹst, der; -[e]s, -e ⟨*lat.*⟩: **a)** (Med.) sexuelle Beziehungen zwischen engsten Blutsverwandten; **b)** Paarung von eng verwandten Tieren

in|zes|tu|ö̱s ⟨*lat.-frz.*⟩: einen Inzest bedeutend, in der Art eines Inzests

In|zẹst|zucht, die; - ⟨*lat.; dt.*⟩: **1.** bei Tieren die Paarung nächster Blutsverwandter zur Herauszüchtung reiner Linien. **2.** züchterisch vorgenommene Selbstbestäubung bei fremdbestäubenden Pflanzen

in|zi|dẹnt ⟨*lat.*⟩ (Rechtsspr.): im Verlauf einer Angelegenheit nebenbei auffallend; zufällig

in|zi|den|tell: 1. (bes. fachspr.) beiläufig, unwillkürlich erfolgend, nicht zielgerichtet (z. B. von Lernvorgängen). **2.** überwiegend auf die Details einer Sache gerichtet

in|zi|dẹn|ter: beiläufig, am Rande

In|zi|dẹnz, die; -, -en ⟨*lat.-mlat.*⟩: **1.** (veraltet) das Eintreten (eines Ereignisses), Vorfall. **2.** (Geom.) Eigenschaft, gemeinsame Punkte zu besitzen; Beziehung zwischen einem Punkt u. einer Geraden, wobei der Punkt auf der Geraden liegt bzw. die Gerade durch den Punkt geht. **3.** (Med.) Anzahl der neu auftretenden Erkrankungen in einem bestimmten Zeitraum. **4.** (Wirtsch.) Wirkung finanzpolitischer Maßnahmen auf die Einkommensverteilung

in|zi|die|ren ‹*lat.*› (Med.): einen Einschnitt machen

in|zi|pi|ent ‹*lat.*› (Med.): beginnend

In|zi|si|on, die; -, -en ‹*lat.*›: **1.** (Med.) operativer Einschnitt, Öffnung (z. B. eines Abszesses). **2.** (Völkerkunde) Beschneidung. **3.** (Metrik) Zäsur (2), bes. des Pentameters

In|zi|siv, der; -s, -en, **In|zi|si|vus,** der; -, ...vi ‹*lat.-nlat.*› (Med.): Schneidezahn

In|zi|sur, die; -, -en ‹*lat.*› (Anat.): Einschnitt, Einbuchtung an Knochen u. Organen des menschlichen u. tierischen Körpers

Iod vgl. Jod

Io|dat vgl. Jodat

Io|did vgl. Jodid

Ion [auch: ˈiːɔn], das; -s, Ionen ‹*gr.;* »Gehendes, Wanderndes«› (Physik, Chemie): elektrisch geladenes Atom od. Molekül

Io|nen|hy|d|ra|ta|ti|on, Io|nen|hy|d|ra|ti|on, die; -: Anlagerung von Wassermolekülen an Ionen

Io|nen|re|ak|ti|on, die; -, -en: chemische Reaktion, deren Triebkraft durch die Anwesenheit von Ionen beeinflusst wird

Io|nen|strah|len, die (Plural): aus [rasch bewegten] geladenen materiellen Teilchen (Ionen) bestehende Strahlen

Io|nen|the|ra|pie, die; - (Med.): Heilmethode zur Beeinflussung des Ionenhaushalts des menschlichen Körpers

Io|ni|cus, der; -, ...ci [...tsi], Ioniker, der; -s, - ‹*gr.-lat.*›: antiker Versfuß (rhythmische Einheit); **Ionicus a maiore:** Ionicus mit meist zwei Längen u. zwei Kürzen (– – ˘ ˘); **Ionicus a minore:** Ionicus mit meist zwei Kürzen u. zwei Längen (˘ ˘ – –)

...i|on/...ie|rung vgl. ...ation/...ierung

Io|ni|sa|ti|on, die; -, -en ‹*gr.-nlat.*› (Physik, Chemie): Versetzung von Atomen od. Molekülen in elektrisch geladenen Zustand

Io|ni|sa|tor, der; -s, ...oren: Gerät, das Ionisation bewirkt

[1]io|nisch: aus Ionen bestehend, sie betreffend

[2]io|nisch ‹*gr.-lat.*›: den altgriechischen Dialekt u. die Kunst der Ionier betreffend; **ionischer Dimeter:** aus zwei Ionici bestehendes antikes Versmaß

Io|nisch, das; -, **Io|ni|sche,** das; -n: altgriechische (ionische) Tonart; in der alten Kirchenmusik die dem heutigen C-Dur entsprechende Tonart

io|ni|sie|ren ‹*gr.-nlat.*› (Physik, Chemie): Ionisation bewirken. **Io|ni|sie|rung,** die; -, -en: das Ionisieren; vgl. ...ation/...ierung

Io|ni|um, das; -s: radioaktives Zerfallsprodukt des Urans, Ordnungszahl 90 (Zeichen: Io)

Io|no|me|ter, das; -s, -: Messgerät zur Bestimmung der Ionisation eines Gases (meist der Luft), um Rückschlüsse auf vorhandene Strahlung zu ziehen

Io|non vgl. Jonon

Io|no|pho|re|se, die; -, -n: ↑Iontophorese

Io|no|sphä|re, die; -, -n ‹*gr.-nlat.*›: durch eine hohe Ionendichte gekennzeichnete Schicht der Atmosphäre eines Planeten, bes. der Erde

Ion|to|pho|re|se, die; -, -n ‹*gr.-nlat.; gr.*› (Med.): Einführung von Ionen mithilfe des ↑galvanischen Stroms durch die Haut in den Körper zu therapeutischen Zwecken (bes. bei Erkrankungen des Bewegungsapparates)

Io|ta vgl. [1]Jota

Io|ta|zis|mus vgl. Jotazismus

Io|vi op|ti|mo ma|xi|mo ‹*lat.*›: Jupiter, dem Besten u. Größten (Eingangsformel römischer Weihinschriften) (Abk.: I. O. M.); vgl. Deo optimo maximo

iPad®, I-Pad [ˈaɪ̯pɛd], das; -[s], -s (geb. nach ↑iPod zu *engl.* pad »(Schreib)block«): ein ↑Tablet-PC mit berührungsempfindlichem Bildschirm der Firma Apple

IP-Ad|res|se [aɪ̯ˈpiː...], die; -, -n ‹*engl.;* Abk. für *I*nternet-*P*rotocol-*A*dresse›: normierte Ziffernfolge, über die jeder Rechner in einem Netzwerk (z. B. im Internet) eindeutig identifiziert wird

Ipe|ka|ku|an|ha [...ˈkuanja], die; - ‹*indian.-port.*›: Brechwurz; Wurzel einer südamerikanischen Pflanze (Husten- u. Brechmittel)

iPhone®, I-Phone [ˈaɪ̯fɔʊ̯n], das; -[s], -s (geb. nach ↑iPod zu *engl.* phone »Telefon«): ein Mobiltelefon der Firma Apple

IPO [aɪ̯piːˈʔɔʊ̯], das, auch: der; -[s], -s ‹Abk. für *engl. i*nitial *pu*blic *o*ffering›: Börsengang eines Unternehmens

iPod®, I-Pod [ˈaɪ̯pɔt], der; -[s], -s ‹aus »i« für *engl. i*nternet (oder: *i*nformation) u. pod »Gehäuse, Hülle«›: MP3-Player der Firma Apple

Ip|pon, der; -[s], -[s] ‹*jap.*›: die kampfentscheidende Wertung im Judo

Ip|sa|ti|on, die; -, -en ‹*lat.-nlat.*›: Selbstbefriedigung, Onanie

ip|se fe|cit ‹*lat.*›: er hat [es] selbst gemacht (auf Kunstwerken vor od. hinter der Signatur des Künstlers) (Abk.: i. f.)

Ip|sis|mus, der; -, ...men: ↑Ipsation

ip|sis|si|ma ver|ba: völlig die eigenen Worte (einer Person, die sie gesprochen hat)

ip|so fac|to ‹»durch die Tat selbst«›: Rechtsformel, die besagt, dass die Folgen einer Tat von selbst eintreten

ip|so ju|re ‹»durch das Recht selbst«›: Rechtsformel, die besagt, dass die Rechtsfolgen einer Tat von selbst eintreten

IQ [iːˈkuː, auch: aɪ̯ˈkjuː], der; -[s], -[s]: ↑Intelligenzquotient

IQ-Test, der; -[e]s, -s (auch: -e): Test zur Feststellung des Intelligenzquotienten

Ira|de, der od. das; -s, -n ‹*arab.-türk.;* »Wille«› (Geschichte): Erlass des Sultans (der Kabinettsorder des absoluten Herrschers entsprechend)

ira|nisch: den Iran, die Iraner betreffend; zum Iran gehörend, aus dem Iran stammend; **iranische Sprachen:** Sprachen der von den ↑Ariern (1) hergeleiteten Völker auf dem iranischen Hochland

Ira|nist, der; -en, -en ‹*nlat.*›: Wissenschaftler auf dem Gebiet der Iranistik

Ira|nis|tik, die; -: Wissenschaft von den iranischen Sprachen u. Kulturen

Ira|nis|tin, die; -, -nen: weibliche Form zu ↑Iranist

Ir|bis, der; -ses, -se ⟨*mongol.-russ.*⟩: Schneeleopard (in den Hochgebirgen Zentralasiens)

Ire|nik, die; - ⟨*gr.*⟩: das Bemühen um eine friedliche interkonfessionelle Auseinandersetzung mit dem Ziel der Aussöhnung. **ire|nisch:** friedliebend, friedfertig

Iri|d|ek|to|mie, die; -, ...ien ⟨*gr.-nlat.*⟩ (Med.): Ausschneidung [eines Teils] der Regenbogenhaut des Auges (z. B. bei Staroperationen)

Iri|di|um, das; -s: chem. Element; ein Edelmetall (Zeichen: Ir)

Iri|do|lo|ge, der; -n, -n: naturheilkundlicher Augendiagnostiker. **Iri|do|lo|gie,** die; -: naturheilkundliche Augendiagnostik. **Iri|do|lo|gin,** die; -, -nen: weibliche Form zu ↑Iridologe

Iri|do|to|mie, die; -, ...ien (Med.): ↑Iridektomie

Iris, die; -, - ⟨*gr.-lat.*; »Regenbogen«⟩: **1.** (Meteorol.) Regenbogen. **2.** (Plural auch: Iriden od. Irides [iˈriːdeːs]; Med.) Regenbogenhaut des Auges. **3.** Schwertlilie

Iris|blen|de, die; -, -n (Fotogr.): verstellbare Blende, deren Öffnung in der Größe kontinuierlich verändert werden kann

Iris|di|a|g|no|se, die; -: ↑Iridologie

Irish Cof|fee [ˈaɪ̯rɪʃ ˈkɔfi], der; - -[s], - -s ⟨*engl.*⟩: Kaffee mit einem Schuss Whiskey u. Schlagsahne

Irish Cream [- ˈkriːm], der od. die; - -, - -s ⟨*engl.*⟩: Likör aus Sahne u. Whiskey

Irish Stew [- ˈstjuː], das; - -[s], - -s ⟨*engl.*⟩: Eintopfgericht aus Weißkraut mit Hammelfleisch u. a.

iri|sie|ren ⟨*gr.-lat.-nlat.*⟩: in Regenbogenfarben schillern; **irisierende Wolken** (Meteorol.): Wolken, deren Ränder perlmutterfarbene Lichterscheinungen zeigen

Iris|scan|ner [...skɛnɐ], der; -s, - ⟨*lat.; engl.*⟩ (EDV): Scanner, der die Identität einer Person an den Augen ermittelt (z. B. bei Grenzkontrollen)

Iri|tis, die; -, ...itiden (Med.): Regenbogenhautentzündung

Iro|nie, die; -, ...ien (Plural selten) ⟨*gr.-lat.*⟩: **a)** feiner, verdeckter Spott, mit dem man etwas dadurch zu treffen sucht, dass man es unter dem auffälligen Schein der eigenen Billigung lächerlich macht; **b)** paradoxe Konstellation, die einem als frivoles Spiel einer höheren Macht erscheint (z. B. eine Ironie des Schicksals, der Geschichte)

Iro|ni|ker, der; -s, -: Mensch mit ironischer Geisteshaltung. **Iro|ni|ke|rin,** die; -, -nen: weibliche Form zu ↑Ironiker

iro|nisch: voller Ironie; mit feinem, verstecktem Spott; durch übertriebene Zustimmung seine Kritik zum Ausdruck bringend

iro|ni|sie|ren ⟨*gr.-lat.-frz.*⟩: einer ironischen Betrachtung unterziehen

Iron|man® [ˈaɪ̯ənmɛn], der; -s ⟨*engl.*; »eiserner Mann«⟩: Triathlonwettkampf über die volle Distanz von 3,8 km Schwimmen, 180 km Radfahren und 42,195 km Laufen

Irons [ˈaɪ̯əns], die (Plural) ⟨*engl.*⟩: [Golf]schläger aus Metall

Iro|nym, das; -s, -e ⟨*gr.-nlat.*⟩: ironische Wendung als Deckname (z. B.: Von einem sehr Klugen)

Ir|ra|di|a|ti|on, die; -, -en ⟨*lat.-nlat.*⟩: **1. a)** (Med.) das Ausstrahlen von Erregung od. Schmerzen auf die Umgebung der gereizten Nerven; **b)** optische Täuschung, durch die ein heller Fleck auf dunklem Grund dem Auge größer erscheint als ein dunkler Fleck auf hellem Grund. **2.** (Wirtsch., Psychol.) das Assoziieren einer Eigenschaft eines Produktes mit einer anderen, davon unabhängigen (z. B. die Farbe Dunkelblau bei Duschgels mit der Duftnote männlich-herb). **3.** Überbelichtung von fotografischen Platten

ir|ra|di|ie|ren ⟨*lat.*⟩: ausstrahlen, als eine Irradiation (1 a) wirken

ir|ra|ti|o|nal [auch: ...ˈnaːl] ⟨*lat.*⟩: **a)** mit dem Verstand nicht fassbar, dem logischen Denken nicht zugänglich; **b)** vernunftwidrig; **c) irrationale Zahlen** (Math.): alle Zahlen, die sich nicht durch Brüche ganzer Zahlen ausdrücken lassen

Ir|ra|ti|o|na|lis|mus, der; -, ...men ⟨*lat.-nlat.*⟩: **1.** (ohne Plural) Vorrang des Gefühlsmäßigen vor der Verstandeserkenntnis. **2.** (ohne Plural) metaphysische Lehre, nach der Wesen u. Ursprung der Welt dem Verstand (der Ratio) unzugänglich sind. **3.** irrationale Verhaltensweise, Geschehen o. Ä.

Ir|ra|ti|o|na|li|tät, die; -: die Eigenschaft des Irrationalen

ir|ra|ti|o|nell [auch: ...ˈnɛl]: dem Verstand nicht zugänglich, außerhalb des Rationalen; vgl. ...al/...ell

ir|re|al: nicht wirklich, unwirklich (Ggs.: real [2]). **Ir|re|al,** der; -s, -e: ↑Irrealis. **Ir|re|a|lis,** der; -, ...les [...leːs]: ↑Modus des unerfüllbaren Wunsches, einer als unwirklich hingestellten Annahme (z. B.: Wenn ich ein Vöglein *wär ...*, *Hättest* du es doch nicht getan!)

Ir|re|a|li|tät, die; -, -en: die Nicht- od. Unwirklichkeit (Ggs.: Realität)

Ir|re|den|ta, die; -, ...ten ⟨*lat.-it.*⟩: **1.** politische Unabhängigkeitsbewegung, die den Anschluss abgetrennter Gebiete an das Mutterland anstrebt. **2.** (ohne Plural) italienische Unabhängigkeitsbewegung im 19. Jh.

Ir|re|den|tis|mus, der; - ⟨*lat.-it.-nlat.*⟩: Geisteshaltung der Irredenta. **Ir|re|den|tist,** der; -en, -en: Angehöriger der Irredenta, Verfechter des Irredentismus. **Ir|re|den|tis|tin,** die; -, -nen: weibliche Form zu ↑Irredentist. **ir|re|den|tis|tisch:** den Irredentismus betreffend

ir|re|duk|ti|bel [auch: ...ˈtiː...] ⟨*lat.-nlat.*⟩: nicht zurückführbar, nicht wiederherstellbar

ir|re|du|zi|bel [auch: ...ˈtsiː...] (Math.; Philos.): nicht zurückführbar, nicht ableitbar (Ggs.: reduzibel). **Ir|re|du|zi|bi|li|tät,** die; - (Math., Philos.): Nichtableitbarkeit

ir|re|gu|lär [auch: ...ˈlɛːɐ̯]: **1. a)** nicht regelgemäß, nicht der Regel entsprechend; **b)** nicht dem Gesetz entsprechend, ungesetzlich, regelwidrig (Ggs.: regulär); **irreguläre Truppen:** außerhalb des regulären Heeres aufgebotene Verbände (Freikorps, Partisanen o. Ä.). **2.** vom Empfang der katholischen geistlichen Weihen ausgeschlossen. **Ir|re|gu|lä|re,**

der u. die; -n, -n: Angehörige/-r irregulärer Truppen

Ir|re|gu|la|ri|tät, die; -, -en: **1. a)** Regellosigkeit; mangelnde Gesetzmäßigkeit (Ggs.: Regularität [a]); **b)** (Sprachwiss.) vom üblichen Sprachgebrauch abweichende Erscheinung (Ggs.: Regularität [b]). **2.** (kath. Kirchenrecht) kirchenrechtliches Hindernis, das vom Empfang der geistlichen Weihen ausschließt

ir|re|le|vant [auch: ...'vant]: unerheblich, belanglos (Ggs.: relevant). **Ir|re|le|vanz** [auch: ...'vants], die; -, -en: Unwichtigkeit, Bedeutungslosigkeit (Ggs.: Relevanz)

ir|re|li|gi|ös [auch: ...'gi̯øːs] ⟨*lat.*⟩: nicht religiös (2). **Ir|re|li|gi|o|si|tät** [auch: 'ɪr...], die; -: irreligiöse Einstellung (Ggs.: Religiosität)

ir|re|pa|ra|bel [auch: ...'raː...] ⟨*lat.*⟩: **a)** sich nicht durch eine Reparatur instand setzen lassend; **b)** sich nicht ersetzen, beheben lassend; **c)** (Med.) nicht heilbar, in der Funktion nicht wiederherzustellen. **Ir|re|pa|ra|bi|li|tät,** die; -: Unmöglichkeit, einen Schaden, Fehler o. Ä. wieder auszugleichen

ir|re|po|ni|bel [auch: ...'niː...] (Med.): nicht wieder in die normale Lage zurückzubringen (z. B. von Gelenken) (Ggs.: reponibel)

ir|re|s|pi|ra|bel [auch: ...'raː...] ⟨*lat.*⟩ (Med.): nicht atembar, zum Einatmen untauglich

ir|re|ver|si|bel [auch: ...'ziː...] ⟨*lat.-frz.*⟩: nicht umkehrbar, nicht rückgängig zu machen (Ggs.: reversibel [1]). **Ir|re|ver|si|bi|li|tät** [auch: 'ɪr...], die; -: Unumkehrbarkeit (Ggs.: Reversibilität)

ir|re|vi|si|bel [auch: ...'ziː...] (veraltet): nicht mit Rechtsmitteln anfechtbar (in Bezug auf Urteile) (Ggs.: revisibel)

Ir|ri|ga|ti|on, die; -, -en ⟨*lat.;* »Bewässerung«⟩: **1.** (Med.) Ausspülung (bes. des Darms bei Verstopfung), Einlauf. **2.** (Fachspr. selten) Bewässerung

Ir|ri|ga|tor, der; -s, ...oren (Med.): Spülapparat (z. B. für Spülungen des Dickdarms)

ir|ri|gie|ren (selten): bewässern

ir|ri|ta|bel ⟨*lat.*⟩ (bes. Med.): reizbar, erregbar, empfindlich (z. B. von Nerven). **Ir|ri|ta|bi|li|tät,** die; - (bes. Med.): Reizbarkeit, Empfindlichkeit (z. B. eines Gewebes)

Ir|ri|ta|ti|on, die; -, -en: **a)** auf jmdn., etwas ausgeübter Reiz, Reizung; **b)** das Erregtsein; **c)** Verwirrung, Zustand der Verunsichertheit. **ir|ri|tie|ren:** **a)** [auf]reizen, erregen; **b)** unsicher machen, verwirren, beunruhigen, beirren; **c)** stören, lästig sein; **d)** (veraltend) ärgern

Ir|vin|gi|a|ner, der; -s, -: fälschliche Bez. für: Angehöriger einer katholisch-apostolischen Gemeinde. **Ir|vin|gi|a|ne|rin,** die; -, -nen: weibliche Form zu ↑Irvingianer. **Ir|vin|gi|a|nis|mus,** der; - ⟨*nlat.*⟩: Lehre der Irvingianer

is..., Is... vgl. iso..., Iso...

Isa|bel|le, die; -, -n ⟨angeblich nach der Farbe des Hemdes, das die span. Erzherzogin Isabelle von 1601 bis 1604 getragen haben soll⟩: Pferd mit isabellfarbenem Fell u. gleichfarbenem od. hellerem Mähnen- u. Schweifhaar. **isa|bell|far|ben, isa|bell|far|big:** graugelb

ISAF, Isaf, die; - ⟨Kurzw. aus *In*ternational *S*ecurity *A*ssistance *F*orce⟩: internationale Schutztruppe [in Afghanistan]

Is|a|go|ge, die; -, -n ⟨*gr.-lat.*⟩: in der Antike Einführung in eine Wissenschaft. **Is|a|go|gik,** die; - ⟨*gr.*⟩: Kunst der Einführung in eine Wissenschaft, bes. die Lehre von der Entstehung der biblischen Bücher

Is|a|kus|te, die; -, -n ⟨*gr.-nlat.*⟩: Verbindungslinie zwischen Orten gleicher Schallstärke (bei Erdbeben)

Is|al|lo|ba|re, die; -, -n ⟨*gr.-nlat.*⟩ (Meteorol.): Linie, die Orte gleicher Luftdruckveränderung verbindet

Is|al|lo|ther|me, die; -, -n (Meteorol.): Linie, die Orte gleicher Temperaturveränderung verbindet

Is|a|na|ba|se, die; -, -n ⟨*gr.-nlat.*⟩: Verbindungslinie zwischen Orten gleicher Hebung (bei tektonischer Bewegung der Erdkruste)

Is|a|ne|mo|ne, die; -, -n ⟨*gr.-nlat.*⟩ (Meteorol.): Linie, die Orte verbindet, an denen gleiche Windgeschwindigkeit herrscht

Is|a|no|ma|le, die; -, -n ⟨*gr.-nlat.*⟩ (Meteorol.): Linie, die Orte verbindet, deren Abweichung von einem Normalwert gleich ist

ISA-Sys|tem, das; -s: die von der *I*nternational Federation of the National *S*tandardizing *A*ssociations festgelegten Normzahlen, Toleranzen, Passungen bei einander zugeordneten Maschinenteilen

Isa|tin, das; -s ⟨*gr.-lat.-nlat.*⟩: bei der Oxidation von Indigo mit Salpetersäure entstehendes Zwischen- u. Ausgangsprodukt in der pharmazeutischen u. Farbstoffindustrie

Isa|tis, die; - ⟨*gr.-lat.*⟩ (Bot.): Gattung der Kreuzblütler; Waid

Is|ba, die; -, Isbi ⟨*russ.*⟩: russische Bezeichnung für Holzhaus, Blockhütte (bes. der Bauern)

ISBN: Abk. für *engl. I*nternational *S*tandard *B*ook *N*umber (mehrstellige Nummer, die seit 1973 jedes Buch erhält)

...isch/-

Bei Adjektiven aus fremden Sprachen konkurrieren des Öfteren endungslose Adjektive mit solchen, die auf ...isch enden:
- genial/genialisch
- ideal/idealisch

Dabei haben die endungslosen Adjektive mehr die Qualität eines Eigenschaftswortes:
- antik
- sentimental

Die selteneren, auf ...isch endenden Relativadjektive drücken hingegen eine Beziehung (Zugehörigkeit, Vergleichsbildung, Gleichsetzung) aus:
- antikisch
- sentimentalisch

Is|ch|ä|mie, die; -, ...ien ⟨*gr.-nlat.*⟩ (Med.): örtliche Blutleere, mangelnde Versorgung einzelner Organe mit Blut. **is|ch|ä|misch** (Med.): schlecht bzw. nicht durchblutet

Ische, die; -, -n ⟨*hebr.-jidd.*⟩ (ugs. veraltend, heute oft als diskriminierend empfunden): junge Frau (aus der Sicht eines jungen Mannes)

Is|chi|a|di|kus [ɪsˈçi̯aː..., ɪˈʃi̯a...], der; -, ...izi (Plural selten) ⟨*gr.-*

...is|mus/...is|tik

Zuweilen konkurrieren die beiden Suffixe für abstrakte Substantive und stehen ohne Bedeutungsunterschied nebeneinander:
- Alpinismus/Alpinistik

Im Allgemeinen zeigen sich aber Bedeutungsnuancen:

...ismus	...istik
der; -, ...ismen (häufig ohne Plural)	die; -, -en (häufig ohne Plural)
⟨*gr.* ...ismos → *(n)lat.* ...ismus (→ *engl.* ...ism und *frz.* ...isme)⟩	⟨*gr.* ...istiké (téchne) → *(n)lat.* ...istica (→ *frz.* ...istique)⟩
Suffix, das eine Strömung, Tendenz, Geisteshaltung oder eine Erscheinung selbst bezeichnet:	*Suffix, das auf eine übergeordnete Ebene verweist, die die Theorie, die Lehre oder Wissenschaft von etwas meint:*
– Darwinismus – Journalismus – Realismus – Tourismus	– Arabistik – Essayistik – Publizistik – Touristik

lat.⟩ (Med.): Ischias-, Hüftnerv.
is|chi|a|disch [auch: ɪˈʃi̯a...] (Med.): den Ischias (1) betreffend

Is|chi|al|gie [ɪsçi̯al..., auch: ɪʃi̯al...], die; -, ...i̯en ⟨*gr.-nlat.*⟩ (Med.): Ischias (1)

Is|chi|as [auch: ˈɪsçi̯as], der od. das, fachspr.: die; - ⟨*gr.-lat.*⟩ (Med.): **1.** Kompressionsschmerz in Bereichen des Ischiasnervs; Hüftschmerzen; Hexenschuss. **2.** (nur: der) Kurzform von Ischiasnerv. **Ischi|um** [ˈɪʃi̯ʊm], das; -s, ...ia (Med.): Sitzbein

Is|ch|u|rie [ɪsç...], die; -, ...i̯en ⟨*gr.-nlat.*⟩ (Med.): Harnverhaltung; Unmöglichkeit, Harn zu entleeren

ISDN, das; - ⟨Abk. für *engl. i*ntegrated *s*ervices *d*igital *n*etwork »Dienste integrierendes digitales Netz«⟩: digitales Telekommunikationsnetz, das mehrere Telekommunikationsdienste (Telefonie, Fax, Datenübertragung etc.) integriert

is|en|trop, is|en|tro|pisch ⟨*gr.-nlat.*⟩: bei gleichbleibender ↑Entropie verlaufend (von thermodynamischen Prozessen)

Is|fa|han, Ispahan, der; -[s], -s ⟨nach der iran. Stadt Isfahan (früher: Ispahan)⟩: feiner, handgeknüpfter Teppich mit Blüten-, Ranken- od. Arabeskenmusterung auf meist beigefarbenem Grund

ISIN, die; -, - ⟨Abk. für *engl. i*nternational *s*ecurities *i*dentification *n*umber⟩: internationale Kennnummer für Wertpapiere

Is|lam [auch: ˈɪslam], der; -[s] ⟨*arab.;* »Hingabe [an Gott]«⟩: auf die im Koran niedergelegte Verkündigung des arabischen Propheten Mohammed (um 570–632) zurückgehende monotheistische Religion

Is|la|mi|sa|ti|on, die; -, -en ⟨*arab.-nlat.*⟩: Bekehrung zum Islam; vgl. ...ation/...ierung

is|la|misch: zum Islam gehörend

is|la|mi|sie|ren: zum Islam bekehren; unter die Herrschaft des Islams bringen. **Is|la|mi|sie|rung**, die; -, -en: das Islamisieren; vgl. ...ation/...ierung

Is|la|mis|mus, der; - ⟨*arab.-nlat.*⟩: dem islamischen Fundamentalismus zugrunde liegende Ideologie. **Is|la|mist**, der; -en, -en: **1.** Anhänger des Islamismus. **2.** (selten) jmd., der den Islam wissenschaftlich erforscht. **Is|la|mis|tin**, die; -, -nen: weibliche Form zu ↑Islamist. **is|la|mis|tisch**: den Islamismus betreffend, von ihm geprägt

Is|lam|kon|fe|renz, die; -, -en: (als langfristiger Dialog angelegte) wiederholt stattfindende Konferenz (1) von Vertreterinnen u. Vertretern aus der Politik u. den islamischen Verbänden sowie von nicht organisierten Musliminnen u. Muslimen zum Islam in Deutschland

Is|la|mo|pho|bie, die; -: Abneigung gegen den Islam [u. seine Anhänger]; negative, feindliche Einstellung gegenüber Muslimen

Is|ma|e|lit, der; -en, -en ⟨nach Ismael, dem Sohn Abrahams, der nach Isaaks Geburt mit seiner Mutter Hagar verstoßen wurde⟩: **a)** Angehöriger alttestamentlicher nordarabischer Stämme, die Ismael als ihren Stammvater ansehen; **b)** ↑Ismailit

Is|ma|i|lit, der; -en, -en ⟨nach Ismail († 760), einem Nachkommen Mohammeds⟩: Angehöriger einer ↑schiitischen Glaubensgemeinschaft, in der nur sieben ↑Imame (2), als letzter Ismail, anerkannt werden

Is|mus, der; -, Ismen: abwertende Bez. für eine bloße Theorie, ein Gedankengebäude, eine von den vielen auf ...ismus endenden Richtungen in Wissenschaft, Kunst o. Ä., von Lehrmeinungen u. Systemen

...is|mus/...is|tik *s. Kasten*

ISO, die; - ⟨Kurzw. für *I*nternational *O*rganization for *S*tandardization⟩: Internationale Normierungsorganisation

iso..., Iso...

vor Vokalen meist: is..., Is...
⟨*gr.* ísos »ähnlich, entsprechend, gleich«⟩
Präfix mit der Bedeutung »gleich«:
- Isanabase
- Isobare
- Isoglosse
- isometrisch
- isotonisch

Iso|am|p|li|tu|de, die; -, -n (Meteorol.): Linie, die Orte verbindet, an denen gleiche mittlere Temperaturschwankungen bestehen

iso|bar ⟨*gr.-nlat.*⟩: **1.** (in Bezug auf

Atomkerne) gleiche Nukleonenzahl bei verschiedener Protonen- u. Neutronenzahl besitzend. **2.** (Physik) gleichen Druck habend; **isobarer Vorgang** (Physik): ohne Druckänderung verlaufender Vorgang. **Iso|bar,** das; -s, -e: Atomkern mit isobaren Eigenschaften

Iso|ba|re, die; -, -n: Verbindungslinie zwischen Orten, an denen gleicher Luftdruck herrscht

Iso|ba|se, die; -, -n ⟨*gr.-nlat.*⟩: ↑Isanabase

Iso|ba|the, die; -, -n ⟨*gr.-nlat.*⟩: Verbindungslinie zwischen Punkten, an denen gleiche Wassertiefe herrscht

Iso|bu|tan, das; -s: gesättigter Kohlenwasserstoff; farbloses, brennbares Gas

Iso|chas|me [...ç...], die; -, -n ⟨*gr.-nlat.*⟩ (Meteorol.): Verbindungslinie zwischen Orten gleich häufigen Auftretens von Polarlicht

Iso|chi|me|ne, die; -, -n ⟨*gr.-nlat.*⟩ (Meteorol.): Verbindungslinie zwischen Orten gleicher mittlerer Wintertemperatur

iso|chor ⟨*gr.-nlat.*⟩: gleiches Volumen habend; **isochorer Prozess:** Vorgang ohne Änderung des Volumens

iso|chrom ⟨*gr-nlat.*⟩: ↑isochromatisch

Iso|chro|ma|sie, die; -: gleiche Farbempfindlichkeit, Farbtonrichtigkeit, bes. bei fotografischen Emulsionen

iso|chro|ma|tisch: verschiedene Farben gleich behandelnd, für alle Spektralfarben gleich empfindlich, farbtonrichtig; **isochromatische Platte:** für den gesamten Spektralbereich gleich empfindliche fotografische Platte

iso|chron ⟨*gr.-nlat.*⟩ (Physik): gleich lange dauernd. **Iso|chrone,** die; -, -n: Verbindungslinie zwischen Orten gleichzeitigen Auftretens bestimmter Erscheinungen (z. B. einer Erdbebenwelle)

Iso|chro|nis|mus, der; -: Eigenschaft von Schwingsystemen bei Uhren, dass die Schwingungsdauer von Störungen unabhängig ist

iso|cy|c|lisch vgl. isozyklisch

is|o|dont ⟨*gr.-nlat.*⟩: ↑homodont

Iso|drink, der; -s, -s ⟨*gr.; engl.*⟩: isotonisches Getränk, das vor allem zur Regeneration nach dem Sport getrunken wird

Iso|dy|na|me, die; -, -n ⟨*gr.-nlat.*⟩: Verbindungslinie zwischen Orten, an denen gleiche magnetische Stärke herrscht

Iso|dy|ne, die; -, -n (Physik): Linie, die Punkte gleicher Kraft verbindet

iso|elek|t|risch: die gleiche Anzahl positiver wie negativer Ladungen aufweisend (bei ↑amphoteren ↑Elektrolyten); **isoelektrischer Punkt:** bei organischen ↑Kolloiden auf der Kurve, die den Ladungsüberschuss der positiven Wasserstoffionen angibt, der Punkt, bei dem durch Zugabe von Laugen od. Säuren die negativen Ionen die freien Wasserstoffionen gerade neutralisieren

Iso|fo|ne, Isophone, die; -, -n ⟨*gr.-nlat.*⟩ (Sprachwiss.): Linie auf Sprachkarten, die die geografische Verbreitung bestimmter Lauterscheinungen verzeichnet

Iso|ga|met, der; -en, -en ⟨*gr.-nlat.*⟩ (Biol.): männliche od. weibliche Geschlechtszelle ohne geschlechtsspezifische Merkmale

Iso|ga|mie, die; -, ...ien (Biol.): Vereinigung gleich gestalteter Geschlechtszellen

iso|gen ⟨*gr.-nlat.*⟩: (in Bezug auf pflanzliche od. tierische Organismen) genetisch identisch

Iso|geo|ther|me, die; -, -n ⟨*gr.-nlat.*⟩ (Meteorol.): Verbindungslinie zwischen Orten, an denen gleiche Erdbodentemperatur herrscht

Iso|glos|se, die; -, -n ⟨*gr.-nlat.*⟩ (Sprachwiss.): auf Sprachkarten Linie, die Gebiete gleichen Wortgebrauchs begrenzt

Iso|glu|co|se vgl. Isoglukose

Iso|glu|ko|se, fachspr.: Isoglucose, die; -, -n: Mischung aus Glukose u. Fruktose

Iso|gon, das; -s, -e ⟨*gr.-nlat.*⟩: regelmäßiges Vieleck. **iso|go|nal:** winkelgetreu (bes. bei geometrischen Figuren u. bei Landkarten), gleichwinklig. **Iso|go|na|li|tät,** die; -: Winkeltreue (bes. bei Landkarten)

Iso|go|ne, die; -, -n (Meteorol.): Verbindungslinie zwischen Orten gleicher ↑Deklination (3) od. gleichen Windes

Iso|ha|li|ne, die; -, -n ⟨*gr.-nlat.*⟩ (Geol.): Verbindungslinie zwischen Orten gleichen Salzgehalts

Iso|he|lie [...li̯ə], die; -, -n ⟨*gr.-nlat.*⟩ (Meteorol.): Verbindungslinie zwischen Orten mit gleich langer Sonnenbestrahlung

Iso|hy|e|te, die; -, -n ⟨*gr.-nlat.*⟩ (Meteorol.): Verbindungslinie zwischen Orten mit gleicher Niederschlagsmenge

Iso|hyp|se, die; -, -n ⟨*gr.-nlat.*⟩ (Geogr.): Verbindungslinie zwischen Orten gleicher Meereshöhe

Iso|ke|pha|lie, die; - ⟨*gr.-nlat.*⟩: gleiche Kopfhöhe aller Gestalten eines Gemäldes od. Reliefs

Iso|ke|rau|ne, die; -, -n ⟨*gr.-nlat.*⟩ (Meteorol.): Verbindungslinie zwischen Orten gleicher Häufigkeit, Stärke od. der Gleichzeitigkeit von Gewittern

iso|kli|nal ⟨*gr.-nlat.*⟩ (Geol.): nach der gleichen Richtung einfallend

Iso|kli|nal|fal|te, die; -, -n (Geol.): Gesteinsfalte, deren beide Schenkel gleich geneigt sind

Iso|kli|ne, die; -, -n (Geogr.): Verbindungslinie zwischen Orten gleicher ↑Inklination (2)

Iso|ko|lon, das; -s, ...la ⟨*gr.*⟩ (antike Rhet.): Satzteil, der innerhalb einer Periode mit anderen koordinierten Satzteilen in der Länge gleich ist; vgl. Kolon (2)

Iso|kry|me, die; -, -n ⟨*gr.-nlat.*⟩: **1.** (Meteorol.) Verbindungslinie zwischen Orten mit gleichzeitiger Eisbildung auf Gewässern. **2.** Verbindungslinie zwischen Orten gleicher Minimaltemperatur

Iso|lar|plat|te, die; -, -n ⟨*lat.-it.-frz.-nlat.; dt.*⟩: lichthoffreie fotografische Platte

Iso|la|ti|on, die; -, -en ⟨*lat.-it.-frz.*⟩: **1.** Absonderung, Getrennthaltung [von Infektionskranken, psychisch Auffälligen od. Häftlingen]. **2. a)** Vereinzelung, Vereinsamung (eines Individuums innerhalb einer Gruppe); Abkapselung; **b)** Abgeschnittenheit eines Gebietes (vom Verkehr, von der Kultur o. Ä.). **3. a)** Verhinderung des Durchgangs von Strömen (Gas,

Wärme, Elektrizität, Wasser u. a.) mittels nicht leitender Stoffe; **b)** (Technik) Isoliermaterial; vgl. ...ation/...ierung

Iso|la|ti|o|nis|mus, der; - ⟨*lat.-it.-frz.-nlat.*⟩: politische Tendenz, sich vom Ausland abzuschließen u. staatliche Eigeninteressen zu betonen. **Iso|la|ti|o|nist,** der; -en, -en: Verfechter des Isolationismus. **Iso|la|ti|o|nis|tin,** die; -, -nen: weibliche Form zu ↑Isolationist. **iso|la|ti|o|nis|tisch:** den Isolationismus betreffend, dem Isolationismus entsprechend

Iso|la|ti|ons|haft, die; -: Haft, bei der die Kontakte des Häftlings zur Außenwelt eingeschränkt od. unterbunden werden

iso|la|tiv ⟨*lat.-it.-frz.*⟩: eine Isolation (1-3) darstellend, beinhaltend

Iso|la|tor, der; -s, ...oren: **1.** Stoff, der Energieströme schlecht od. gar nicht leitet. **2. a)** Material zum Abdichten, Isolieren; **b)** zur Verhinderung von Kurzschlüssen o. Ä. verwendetes Material als Umhüllung u. Stütze für unter Spannung stehende elektrische Leitungen

Iso|le|xe, die; -, -n ⟨*gr.-nlat.*⟩: ↑Isoglosse

iso|lie|ren ⟨*lat.-it.-frz.*⟩: **1.** absondern; vereinzeln; abschließen; **isolierende Sprache:** Sprache, die die Beziehungen der Wörter im Satz nur durch die Wortstellung ausdrückt (z. B. das Chinesische); **isolierte Bildung:** von einer Gruppe od. einer bestimmten Funktion losgelöste, erstarrte sprachliche Form (z. B. verschollen; lebt nicht mehr als 2. Partizip zu »verschallen«, sondern ist zum Adjektiv geworden). **2.** (Med.) Infizierte von Nichtinfizierten getrennt halten. **3.** (Schach) eine Figur von ihren Mitstreitkräften abschneiden. **4.** (Technik) einen ↑Isolator anbringen

Iso|lier|mat|te, die; -, -n: beim Schlafen im Freien verwendete dünne Unterlage

Iso|lier|sta|ti|on, die; -, -en: Abteilung eines Krankenhauses, in der Patienten mit Infektionskrankheiten, seltener auch psychisch Kranke untergebracht werden

Iso|lie|rung, die; -, -en: **a)** das Isolieren; **b)** ↑Isolation (3 b); vgl. ...ation/...ierung

Iso|li|nie, die; -, -n: Linie auf geografischen, meteorologischen u. sonstigen Karten, die Punkte gleicher Wertung od. gleicher Erscheinungen verbindet

iso|ma|g|ne|tisch: gleiche erdmagnetische Werte aufweisend; **isomagnetische Kurve:** Verbindungslinie zwischen isomagnetischen Punkten

Iso|malt, der u. das; -s ⟨*gr.-nlat.*⟩: ein Zuckeraustauschstoff

iso|mer ⟨*gr.;* »von gleichen Teilen«⟩: **1.** (Bot.) gleich gegliedert in Bezug auf die Blattkreise einer Blüte, die alle gleich viele Glieder aufweisen (Ggs.: heteromer). **2.** (Chemie) die Eigenschaft der Isomeren aufweisend. **Iso|mer,** das; -s, -e (meist Plural), **Iso|me|re,** das; -n, -n (meist Plural): **1.** chem. Verbindung, die sich trotz der gleichen Anzahl gleichartiger Atome im Molekül durch deren Anordnung von einer entsprechenden anderen Verbindung hinsichtlich ihrer chem. u. physikalischen Eigenschaften unterscheidet. **2.** Atomkern, der die gleiche Anzahl Protonen u. Neutronen wie ein anderer Atomkern hat, aber unterschiedliche kernphysikalische Eigenschaften aufweist

Iso|me|rie, die; -, ...ien ⟨*gr.-nlat.*⟩: **1.** (Bot.) gleiche Gliederung in Bezug auf die Blattkreise einer Blüte, die alle gleich viele Glieder aufweisen. **2.** die Verhaltensweise der Isomeren

Iso|me|ri|sa|ti|on, Isomerisierung, die; -, -en: das ↑Isomerisieren; vgl. ...ation/...ierung

iso|me|ri|sie|ren (Chemie): eine chemische Verbindung in eine andere von gleicher Summenformel u. gleicher Molekülgröße umwandeln

Iso|me|ri|sie|rung vgl. Isomerisation

iso|me|sisch ⟨*gr.*⟩ (Geol.): im gleichen ↑[1]Medium (3) gebildet (in Bezug auf Gesteine)

Iso|me|t|rie, die; -, ...ien ⟨*gr.;* »gleiches Maß«⟩: **1.** Längengleichheit, Längentreue, bes. bei Landkarten. **2.** (Biol.) mit dem Gesamtwachstum übereinstimmendes, gleichmäßig verlaufendes Wachstum von Organen od. Organsystemen (Ggs.: Allometrie). **Iso|me|t|rik,** die; -: isometrisches Muskeltraining. **iso|me|t|risch:** die gleiche Längenausdehnung beibehaltend; **isometrisches Muskeltraining:** rationelle Methode des Krafttrainings, bei der die Muskulatur ohne Änderung der Längenausdehnung angespannt wird; **isometrisches Wachstum:** ↑Isometrie (2)

iso|me|t|rop ⟨*gr.-nlat.*⟩ (Med.): (auf beiden Augen) gleichsichtig. **Iso|me|t|ro|pie,** die; - (Med.): gleiche Sehkraft auf beiden Augen

iso|morph ⟨*gr.-nlat.*⟩: **1.** (Physik, Chemie) von gleicher Gestalt (bes. bei Kristallen). **2.** (Math.) in der algebraischen Struktur einen Isomorphismus enthaltend. **3.** (Sprachwiss.) die gleiche sprachliche Struktur (die gleiche Anzahl von Konstituenten mit den gleichen Beziehungen zueinander, z. B. unbezähmbar, unverlierbar) aufweisend. **Iso|mor|phie,** die; -, ...ien: isomorpher Zustand

Iso|mor|phis|mus, der; -, ...men: **1.** Eigenschaft gewisser chemischer Stoffe, gemeinsam dieselben Kristalle (Mischkristalle) zu bilden. **2.** (Math.) spezielle, umkehrbar eindeutige Abbildung einer algebraischen Struktur auf eine andere

Iso|ne|phe, die; -, -n ⟨*gr.-nlat.*⟩ (Meteorol.): Verbindungslinie zwischen Orten mit gleich starker Bewölkung

Iso|no|mie, die; - ⟨*gr.*⟩ (veraltet): **a)** Gleichheit vor dem Gesetz; **b)** [politische] Gleichberechtigung

Iso|om|b|re, die; -, -n ⟨*gr.-nlat.*⟩ (Meteorol.): Verbindungslinie zwischen Orten mit gleicher Wasserverdunstung

Iso|pa|ge, die; -, -n ⟨*gr.-nlat.*⟩ (Meteorol.): Verbindungslinie zwischen Orten mit zeitlich gleich langer Eisbildung auf Gewässern

Iso|pa|thie, die; - ⟨*gr.-nlat.*⟩ (Med.): Behandlung, bei der der Krankheitserreger selbst als Heilmittel verwendet wird (z. B. Antikörper, Vakzine)

iso|pe|ri|me|t|risch ⟨*gr.-nlat.*⟩ (Math.): (von Flächen u. Körpern) von gleichem Ausmaß

Iso|perm, das; -s ‹*gr.; lat.*› (Physik): magnetisches Material mit möglichst konstanter ↑Permeabilität bei verschiedenen Magnetfeldstärken

Iso|pha|ne, die; -, -n ‹*gr.-nlat.*› (Meteorol.): Verbindungslinie zwischen Orten mit gleichem Vegetationsbeginn

Iso|pho|ne vgl. Isofone

is|o|pisch ‹*gr.-nlat.*› (Geol.): in der gleichen Fazies vorkommend (in Bezug auf Gesteine)

Iso|ple|the, die; -, -n ‹*gr.-nlat.*› (Meteorol.): Verbindungslinie zwischen Orten mit gleichen Zahlenwerten, die hauptsächlich zur grafischen Darstellung der täglichen u. jährlichen Temperaturänderungen dient

Iso|po|de, der; -n, -n (meist Plural) ‹*gr.-nlat.*›: Assel

Iso|p|ren®, das; -s ‹Kunstw.›: flüssiger, ungesättigter Kohlenwasserstoff

Iso|p|te|ra, die (Plural) ‹*gr.-nlat.*›: ↑Termiten

Iso|quan|te, die; -, -n ‹*gr.; lat.*›: grafische Darstellung des Verhältnisses der einzelnen für die Produktion notwendigen Faktoren (z. B. Arbeit, Boden, Kapital) zur Feststellung u. Planung von Produktmenge, Kosten u. a.

iso|rhyth|misch ‹*gr.*› (Musik): **a)** unabhängig von Tonhöhe u. Text rhythmisch sich wiederholend (in Kompositionen des ausgehenden Mittelalters); **b)** in allen Stimmen eines Satzes rhythmisch gleichbleibend (in kontrapunktischen Sätzen)

Isor|rha|chie [...xi̯ə], die; -, -n ‹*gr.-nlat.*›: Verbindungslinie zwischen Orten mit gleichzeitigem Fluteintritt

Iso|seis|te, die; -, -n ‹*gr.-nlat.*›: Verbindungslinie zwischen Orten mit gleicher Erdbebenstärke

Iso|s|kop, das; -s, -e ‹*gr.-nlat.*›: Bildaufnahmevorrichtung beim Fernsehen

is|os|mo|tisch: ↑isotonisch

Iso|spin, der; -s, -s ‹*gr.; engl.*› (Physik): Quantenzahl zur Klassifizierung von Elementarteilchen

Iso|s|ta|sie, die; - ‹*gr.-nlat.*›: Gleichgewichtszustand zwischen einzelnen Krustenstücken der Erdrinde u. der darunter befindlichen unteren Zone der Erdkruste. **iso|s|ta|tisch:** die Isostasie betreffend

Iso|ta|lan|to|se, die; -, -n ‹*gr.-nlat.*› (Meteorol.): Verbindungslinie zwischen Orten mit gleicher jährlicher Temperaturschwankung

Iso|the|re, die; -, -n ‹*gr.-nlat.*› (Meteorol.): Verbindungslinie zwischen Orten mit gleich starker Sommersonnenbestrahlung

iso|therm ‹*gr.-nlat.*› (Meteorol.): gleiche Temperatur habend; **isothermer Vorgang:** Vorgang, der ohne Temperaturveränderung verläuft. **Iso|ther|me,** die; -, -n (Meteorol.): Verbindungslinie zwischen Orten mit gleicher Temperatur. **Iso|ther|mie,** die; -, ...i̯en: **1.** (Meteorol.) gleichbleibende Temperaturverteilung. **2.** (Med.) Erhaltung der normalen Körpertemperatur

Iso|to|mie, die; - ‹*gr.-nlat.*›: gleichmäßiges Wachstum der Triebe einer ↑dichotomen Verzweigung bei Pflanzen

Iso|ton, das; -s, -e (meist Plural) ‹*gr.-nlat.*› (Kernphysik): Atomkern, der die gleiche Anzahl Neutronen wie ein anderer, aber eine von diesem verschiedene Protonenzahl enthält. **Iso|to|nie,** die; -: (Physik) Konstanz des ↑osmotischen Drucks der Körperflüssigkeiten. **iso|to|nisch:** gleichen ↑osmotischen Druck habend (in Bezug auf Lösungen)

iso|top ‹*gr.-nlat.*›: gleiche Kernladungszahl, gleiche chemische Eigenschaften, aber verschiedene Masse besitzend; vgl. ...isch/-. **Iso|top,** das; -s, -e (meist Plural): Atom od. Atomkern, der sich von einem andern des gleichen chemischen Elements nur in seiner Massenzahl unterscheidet

Iso|to|pen|di|a|g|nos|tik, die; - (Med.): Verwendung von radioaktiven Isotopen zu medizinisch-diagnostischen Zwecken

Iso|to|pen|the|ra|pie, die; -, ...ien (Med.): Verwendung von radioaktiven Isotopen zu therapeutischen Zwecken

Iso|to|pie, die; -: **1. a)** isotoper Zustand; **b)** das Vorkommen von Isotopen. **2.** (Sprachwiss.) Einheitlichkeit von Rede u. Realitätsebene. **iso|to|pisch** (Geol.): im gleichen Raum gebildet (in Bezug auf Gesteine); vgl. ...isch/- (Ggs.: heterotopisch)

Iso|t|ron, das; -s, ...trone, auch: -s ‹*gr.-nlat.*›: Gerät zur Isotopentrennung, das die unterschiedliche Geschwindigkeit verschiedener Isotope gleicher Bewegungsenergie ausnutzt

iso|trop ‹*gr.*› (Physik): nach allen Richtungen hin gleiche Eigenschaften aufweisend (Ggs.: anisotrop). **Iso|tro|pie,** die; - ‹*gr.-nlat.*›: isotrope Eigenschaft

Iso|ty|pie, die; - ‹*gr.-nlat.*› (Chemie): Übereinstimmung von Stoffen in Bezug auf Zusammensetzung u. Kristallgitter, ohne dass sie Mischkristalle miteinander bilden können

iso|zy|k|lisch ‹*gr.-nlat.*›, chem. fachspr.: **iso|cy|c|lisch:** als organisch-chemische Verbindung ringförmig angeordnete Moleküle aufweisend, wobei im Ring nur Kohlenstoffatome auftreten

Is|pa|han vgl. Isfahan

ISS [engl.: ˈaɪ̯əsəs] ‹Abk. für *engl. International Space Station* »Internationale Raumstation«›: Name einer [permanent] bemannten Raumstation mit internationaler Beteiligung

Isth|mi|en, die (Plural) ‹*gr.-lat.*›: in der Antike auf dem Isthmus von Korinth zu Ehren des Poseidon alle zwei Jahre veranstaltete panhellenistische Spiele mit sportlichen Wettkämpfen u. Wettbewerben in Musik, Vortrag u. Malerei

Isth|mus, der; -, ...men: **1.** Landenge (z. B. die von Korinth od. Sues). **2.** (Plural ...mi od. ...men; Anat.) enger Durchgang, verengte Stelle, schmale Verbindung [zwischen zwei Hohlräumen]

IT [aɪ̯ˈtiː] ‹Abk. für *engl. information technology*›: ↑Informationstechnologie

Ita|ko|lu|mit [auch: ...ˈmɪt], der; -s, -e ‹nach dem bras. Berg Pico Itacolomi›: Gelenksandstein aus verzahnten, nicht verwachsenen Quarzkörnern

Ita|la, die; - ‹*lat.*›: **a)** wichtiger Typ unter den ältesten der Vulgata vorausgehenden lateinischen Bibelübersetzungen;

I Isop

...iv/...o|risch

Gelegentlich konkurrieren die beiden Adjektivsuffixe und stehen ohne Bedeutungsunterschied nebeneinander:
– regenerativ/regeneratorisch
Im Allgemeinen zeigen sich aber Bedeutungsnuancen:

...iv	...orisch
⟨*lat.* ...ivus (→*frz.* ...if bzw. ...ive)⟩ *Suffix für Adjektive, die eine Eigenschaft bezeichnen, die beabsichtigt sein kann, aber nicht muss:* – argumentativ – exekutiv – informativ – innovativ – provokativ	⟨*lat.* ...orius⟩ *seltener verwendetes Suffix für Adjektive, die den im Basiswort enthaltenen Inhalt bewusst zum Ziel haben:* – informatorisch – innovatorisch – provokatorisch

b) fälschliche Bezeichnung für ↑Vetus Latina

ita|li|a|ni|sie|ren, italienisieren: a) auf italienische Art, nach italienischem Geschmack gestalten; b) der italienischen Sprache angleichen

Ita|li|a|nis|mus, der; -, ...men: 1. Übertragung einer für das Italienische charakteristischen sprachlichen Erscheinung auf eine nicht italienische Sprache. 2. Entlehnung aus dem Italienischen (z. B. in der deutschen Schriftsprache in Südtirol). **Ita|li|a|nist,** der; -en, -en: Romanist, der sich auf die italienische Sprache u. Literatur spezialisiert hat. **Ita|li|a|nis|tin,** die; -, -nen: weibliche Form zu ↑Italianist. **ita|li|a|nis|tisch:** das Gebiet der italienischen Sprache u. Literatur betreffend

ita|li|e|ni|sie|ren vgl. italianisieren

Ita|li|enne [...'li̯ɛn], die; - ⟨*lat.-frz.*⟩: Antiqua mit fetten Querstrichen; Schriftart

Ita|lique [...'lik], die; -: frz. Bez. für: Kursiv

ita|lisch: das antike Italien betreffend

Ita|lo|wes|tern, der; -[s], -: Western mit besonderen, durch italienische Regisseure entwickelten Stilmerkmalen

iTAN, die; -, -s ⟨Abk. für *i*ndizierte *T*rans*a*ktions*n*ummer⟩ (Bankw.): in einer Liste verzeichnete, nicht frei wählbare Codenummer (TAN), zu deren Eingabe die Bank im Onlinebanking bei Abschluss einer Transaktion auffordert

Ita|zis|mus, der; - ⟨*gr.-nlat.*⟩: Aussprache des [alt]griechischen Eta wie langes i; vgl. Etazismus

IT-Bran|che, die; -, -n: den Bereich der ↑IT umfassende Branche

item ⟨*lat.*⟩ (veraltet): ebenso, desgleichen, ferner (Abk.: it.)

[1]Item, das; -s, -s ⟨*lat.*⟩ (veraltet): das Fernere, Weitere; weiterer [Frage]punkt

[2]Item ['ai̯tm̩], das, auch der; -s, -s ⟨*lat.-engl.*⟩: 1. (Fachspr.) a) etwas einzeln Aufgeführtes; Einzelangabe, Posten, Bestandteil, Element, Einheit; b) einzelne Aufgabe innerhalb eines Tests. 2. (Psychol.) Reiz, der eine spezifische Reaktion zur Folge hat

ite, mis|sa est ⟨*lat.;* »geht, (die gottesdienstliche Versammlung) ist entlassen!«⟩: Schlussworte der katholischen Messfeier (ursprünglich zur Entlassung der ↑Katechumenen vor dem Abendmahl); vgl. Messe

Ite|ra|ti|on, die; -, -en ⟨*lat.;* »Wiederholung«⟩: 1. (Math.) wiederholte Anwendung des gleichen Prozesses auf bereits gewonnene Zwischenwerte. 2. a) (Sprachwiss.) Verdoppelung einer Silbe od. eines Wortes (z. B. soso); b) (Rhet., Stilkunde) Wiederholung eines Wortes od. einer Wortgruppe im Satz. 3. (Psychol.) zwanghafte u. gleichförmige ständige Wiederholung von Wörtern, Sätzen u. einfachen Bewegungen

ite|ra|tiv: 1. wiederholend; **iterative Aktionsart:** Aktionsart, die eine häufige Wiederholung von Vorgängen ausdrückt (z. B. sticheln = immer wieder stechen). 2. (Math.) sich schrittweise in wiederholten Rechengängen der exakten Lösung annähernd. **Ite|ra|tiv,** das; -s, -e: Verb mit iterativer Aktionsart. **Ite|ra|ti|vum,** das; -s, ...va: Verb mit iterativer Aktionsart

Ite|ra|tor, der; -s, ...oren ⟨*(lat.-nlat.) engl.*⟩ (EDV): (in einem Programm) Zeiger, der die Elemente einer Menge od. Liste durchläuft u. auf sie zugreift

ite|rie|ren: wiederholen, eine Iteration (1) vornehmen

It-Girl, das; -s, -s ⟨*engl.;* mit Bezug auf die Hauptdarstellerin des amerik. Films »It«⟩: junge od. jüngere Frau, die durch ihr häufiges öffentliches Auftreten in Gesellschaft prominenter Personen u. ihre starke Medienpräsenz einer breiten Öffentlichkeit bekannt ist

Ithy|phal|li|cus, der; -, ...ci [...tsi] ⟨*gr.-lat.*⟩: dem Dionysoskult entstammender dreifüßiger trochäischer Kurzvers der Antike

ithy|phal|lisch: (von antiken Götterbildern) mit aufgerecktem männlichem Glied (als Sinnbild der Fruchtbarkeit)

Iti|ne|rar, das; -s, -e, **Iti|ne|ra|ri|um,** das; -s, ...ien ⟨*lat.*⟩: 1. Straßen- und Stationenverzeichnis der römischen Kaiserzeit mit Angaben über Wegstrecken u. a. 2. Verzeichnis der Wegeaufnahmen bei Forschungsreisen

...iv/...o|risch *s. Kasten*

IVF, die; -, - = In-vitro-Fertilisation

Iw|rit, Iw|rith, das; -[s] ⟨*neuhebr.*⟩: Neuhebräisch; Amtssprache in Israel

ixo|thym ‹*gr.-nlat.*› (Psychol.): von schwerfälligem Temperament, beharrlich. **Ixo|thy|mie,** die; - (Psychol.): schwerfälliges, beharrliches Temperament

J

Jab [dʒɛp], der; -s, -s ‹*engl.*› (Boxen): kurzer, hakenartiger Schlag

Ja|bo|ran|di|blatt [auch: ʒ...], das; -[e]s, ...blätter (meist Plural) ‹*indian.-port.; dt.*›: giftiges Blatt brasilianischer Sträucher, aus dem ↑Pilokarpin gewonnen wird

Ja|bot [ʒaˈboː], das; -s, -s ‹*frz.*›: am Kragen befestigte Spitzen- od. Seidenrüsche (früher zum Verdecken des vorderen Verschlusses an Damenblusen, im 18. Jh. an Männerhemden)

Jacht, Yacht [j...] die; -, -en ‹*niederl.*›: leichtes, schnelles (Sport- od. Vergnügungs)schiff

Ja|cket|kro|ne [ˈdʒɛkɪt...], die; -, -n ‹*engl.; dt.*› (Med.): Zahnmantelkrone aus Porzellan od. Kunstharz

Ja|ckett [ʒa...], das; -s, -s, seltener: -e ‹*frz.*›: Jacke als Teil eines Herrenanzugs

Jack|pot [ˈdʒɛkpɔt], der; -s, -s ‹*engl.*›: **1.** Grundeinsatz beim Kauf von Pokerkarten. **2.** (bei Toto, Lotto) bes. hohe Gewinnquote, die dadurch entsteht, dass es in dem vorausgegangenen Spiel od. den vorausgegangenen Spielen keinen Gewinner gegeben hat

Jack|stag [ˈdʒɛk...], das; -[e]s, -e[n] ‹*engl.; niederd.*›: Schiene zum Festmachen von Segeln

Ja|co|net, Ja|con|net, Jakonett [ˈʒakɔnɛt, auch: ...ˈnɛt], der; -[s], -s ‹*engl.*›: weicher baumwollener Futterstoff

Jac|quard [ʒaˈkaːɐ̯], der; -[s], -s ‹nach dem Erfinder dieses Webverfahrens, dem frz. Seidenweber Jacquard, 1752–1834›: Gewebe, dessen Musterung mithilfe von Lochkarten (sogenannten Jacquardkarten) hergestellt wird

Jac|que|rie [ʒakə...], die; - ‹*lat.-frz.;* nach dem Spitznamen *Jacques Bonhomme* für den frz. Bauern›: Bauernaufstand in Frankreich im 14. Jh.

Ja|cuz|zi® [auch: dʒəˈkuːzi], der; -[s], -s ‹nach dem Namen der amerik. Herstellerfirma›: [für therapeutische Zwecke genutzter] Whirlpool

ja|de ‹*lat.-span.-frz.*›: blassgrün

Ja|de, die; -: blassgrüner, durchscheinender Schmuckstein

Ja|de|it [auch: ...ˈɪt], der; -s, -e: weißlich grünes, dichtes, körniges bis faseriges Mineral, das in der Jungsteinzeit zu geschliffenen Beilen u. Äxten verarbeitet wurde und das als Schmuckstein verwendet wird

ja|den: aus Jade bestehend

j'adoube [ʒaˈdub] ‹*frz.;* »ich stelle zurecht«›: international gebräuchlicher Schachausdruck, der besagt, dass man eine berührte Schachfigur nicht ziehen, sondern nur an den richtigen Platz stellen will

Jad Wa|schem [jat vaˈʃɛm] vgl. Yad Vashem

Jaf|fa|ap|fel|si|ne, Jaf|fa-Ap|fel|si|ne, die; -, -n ‹nach dem Ausfuhrhafen Jaffa, Teil der Stadt Tel Aviv-Jaffa in Israel›: im Vorderen Orient angebaute Apfelsine mit heller Schale

Ja|gu|ar, der; -s, -e ‹*indian.-port.*›: dem Leoparden sehr ähnliches südamerikanisches Raubtier

Jah|ve, ökum.: Jahwe ‹*hebr.*›: Name Gottes im Alten Testament

Jah|vist, ökum.: Jahwist, der; -en ‹*hebr.-nlat.*›: **1.** eine der Quellenschriften des ↑Pentateuchs (nach ihrem Gebrauch von ↑Jahve für Gott). **2.** Autor des Jahvisten (1)

Jah|we vgl. Jahve

Jah|wist vgl. Jahvist

Jak vgl. Yak

[1]**Ja|ka|ran|da,** die; -, -s ‹*indian.-port.*›: in den Tropen heimisches, als Zimmerpflanze gehaltenes Gewächs mit blauen od. violetten Blüten

[2]**Ja|ka|ran|da,** das; -s, -s, **Ja|ka|ran|da|holz,** das; -es, ...hölzer ‹*indian.-port.; dt.*›: ↑Palisander

Ja|ko, der; -s, -s ‹*frz.*›: Graupapagei

Ja|ko|bi, das; - (meist ohne Artikel) ‹nach dem Apostel Jakobus d. Ä.›: Jakobstag (25. Juli), an dem nach altem Brauch die Ernte beginnt

Ja|ko|bi|ner, der; -s, - ‹nach dem Dominikanerkloster St. Jakob in Paris›: **1.** Mitglied des radikalsten u. wichtigsten politischen Klubs während der Französischen Revolution. **2.** (selten) französischer Angehöriger des Dominikanerordens

Ja|ko|bi|ner|müt|ze, die; -, -n: als Freiheitssymbol getragene rote Wollmütze der Jakobiner (1)

ja|ko|bi|nisch: **a)** zu den Jakobinern gehörend; **b)** die Jakobiner betreffend

Ja|ko|bi|nis|mus, der; -: Bez. für die von den ↑Jakobinern (1) vertretenen Ansichten

Ja|ko|bit, der; -en, -en ‹nach dem Bischof Jakob Baradäus, 6. Jh.›: **1.** Anhänger der syrischen ↑monophysitischen Nationalkirche. **2.** (bes. in Schottland) Anhänger des 1688 aus England vertriebenen Königs Jakob II. u. seiner Nachkommen

Ja|ko|nett [ˈʒakɔnɛt, auch: ...ˈnɛt] vgl. Jaconet

Jak|ta|ti|on, die; - ‹*lat.*› (Med.): **a)** unwillkürliches Gliederzucken, unruhiges Hin- u. Herwälzen bei schweren Erkrankungen; **b)** plötzlich einsetzende Schleuderbewegung von Körperteilen

Ja|la|pe, die; -, -n ‹*span.;* nach der mex. Stadt Jalapa›: tropisches Windengewächs, das ein als Abführmittel verwendetes Harz liefert

Ja|leo [xa...], der; -[s], -s ‹*span.*›: lebhafter spanischer Tanz im $^3/_8$-Takt

Ja|lon [ʒaˈlõː], der; -s, -s ‹*frz.*›: Absteckpfahl, Messlatte, Fluchtstab (für Vermessungen)

Ja|lou|set|te [ʒalu...], die; -, -n: Jalousie aus Leichtmetall- od. Kunststofflamellen

Ja|lou|sie, die; -, ...ien ‹*gr.-lat.-vulgärlat.-frz.*›: Vorrichtung am Fenster, die meist aus Querleisten zusammengesetzt ist u. teilweise od. als Ganzes heruntergelassen wird

Ja|lou|sie|schwel|ler, der; -s, - ⟨*gr.-lat.-vulgärlat.-frz.; dt.*⟩: Schwellwerk der Orgel, das eine Schwellung od. Dämpfung des Tons ermöglicht

Jam [dʒæm], das; -s, -s, auch: die; -, -s ⟨*engl.*⟩: engl. Bez. für Marmelade

Ja|mai|ka|ko|a|li|ti|on, Ja|mai-ka-Ko|a|li|ti|on, die; -, -en ⟨nach den Farben Schwarz, Gelb und Grün der Nationalflagge Jamaikas⟩ (Politik): Koalition aus den Fraktionen von FDP und Bündnis 90/Die Grünen mit CDU/CSU [od. CDU od. CSU]

Ja|mai|ka|pfef|fer, Ja|mai|ka-Pfef-fer ⟨nach der Antilleninsel, dem wichtigsten Herkunftsland⟩ der; -s: ↑Piment

Ja|mai|ka|rum, Ja|mai|ka-Rum, der; -s: auf Jamaika od. einer anderen Antilleninsel aus vergorenem Zuckerrohrsaft durch mehrmaliges Destillieren hergestellter hochprozentiger Rum

Jam|be, die; -, -n: ↑Jambus

Jam|be|le|gus, der; -, ...gi ⟨*gr.-lat.*⟩: aus einem ↑Jambus u. einem ↑Hemiepes bestehendes antikes Versmaß

Jam|ben: *Plural* von ↑Jambus

Jam|bi|ker, der; -s, -: Dichter, der vorwiegend Verse in Jamben schreibt

jam|bisch: den Jambus betreffend, nach der Art des Jambus

Jam|bo|graf, Jam|bo|graph, der; -en, -en: Vertreter der altgriechischen Jambendichtung

Jam|bo|ree [dʒɛmbəˈriː], das; -s, -s ⟨*engl.*⟩: **1.** internationales Pfadfindertreffen. **2.** Zusammenkunft zu einer Tanz- od. Unterhaltungsveranstaltung

Jam|bus, der; -, ...ben ⟨*gr.-lat.*⟩: Versfuß aus einer kurzen (unbetonten) u. einer langen (betonten) Silbe (◡–)

Jam|bu|se, die; -, -n ⟨*angloind.*⟩: apfel- od. aprikosenartige Frucht tropischer Obstbäume

James Grieve [ˈdʒɛi̯mz ˈgriːv], der; - -, - - ⟨*engl.;* nach dem Namen des Züchters⟩: mittelgroßer, hellgelb u. hellrot geflammter saftiger Tafelapfel

jam|men [ˈdʒɛmən] ⟨*engl.*⟩: eine ↑Jamsession veranstalten

Jam|ses|sion, Jam-Ses|sion [ˈdʒɛmsɛʃn̩], die; -, -s ⟨*engl.*⟩: zwanglose Zusammenkunft von [Jazz]musikern, bei der aus dem Stegreif gespielt wird (auch als Programmteil von Jazzkonzerten)

Jams|wur|zel, die; -, -n ⟨*afrik.-port.-engl.; dt.*⟩: **a)** in tropischen Gebieten angebaute kletternde Pflanze mit essbaren Wurzelknollen; **b)** der Kartoffel ähnliche, sehr große Knolle der Jamswurzel (a), die in tropischen Gebieten ein wichtiges Nahrungsmittel ist

Jang vgl. Yang

Jan|ga|da [auch: ʒaŋ...], die; -, -s ⟨*tamil.-port.*⟩: aus mehreren zusammengebundenen Baumstämmen bestehendes Floßboot, das bes. von den Fischern Nordostbrasiliens benutzt wird

Jan|ga|dei|ro [...ˈdeːro], der; -[s], -s: zur Besatzung einer Jangada gehörender Fischer

Ja|ni|t|schar, der; -en, -en ⟨*türk.;* »neue Streitmacht«⟩: Soldat einer Kerntruppe des osmanischen Sultans (14.–17. Jh.)

Ja|ni|t|scha|ren|mu|sik, die; -, -en ⟨*türk.; dt.*⟩: **1.** [türkische] Militärmusik mit Trommeln, Becken, Triangel und Schellenbaum. **2.** charakteristisches Instrumentarium der Janitscharenmusik (1)

Jan Maat, der; - -[e]s, - -e u. - -en, **Jan|maat,** der; -[e]s, -e u. -en ⟨*niederl.*⟩ (scherzh.): Matrose

Jan|se|nis|mus, der; - ⟨*nlat.;* nach dem niederl. Theologen Cornelius Jansen, 1585–1638⟩: romfeindliche, auf Augustin zurückgreifende katholisch-theologische Richtung des 17.–18. Jh.s in Frankreich. **Jan|se|nist,** der; -en, -en: Anhänger des Jansenismus. **Jan|se|nis|tin,** die; -, -nen: weibliche Form zu ↑Jansenist. **jan|se|nis|tisch:** den Jansenismus betreffend

Ja|nu|ar, der; -[s], -e ⟨*lat.;* nach dem röm. Gott der Tür, Janus, der gleichzeitig Ein- u. Ausgang, Beginn u. Ende bedeutet u. mit einem zweigesichtigen Kopf, der vorwärts u. rückwärts blickt, dargestellt wird⟩: erster Monat im Jahr (Abk.: Jan.)

Ja|nus|ge|sicht, das; -[e]s, -er: ↑Januskopf

Ja|nus|kopf, der; -[e]s, ...köpfe ⟨*lat.; dt.*⟩: Kopf mit zwei in entgegengesetzter Richtung blickenden Gesichtern (oft als Sinnbild des Zwiespalts)

Ja|pa|no|lo|ge, der; -n, -n ⟨*jap.; gr.*⟩: Wissenschaftler auf dem Gebiet der Japanologie. **Ja|pa|no|lo|gie,** die; -: Wissenschaft von der japanischen Sprache u. Literatur. **Ja|pa|no|lo|gin,** die; -, -nen: weibliche Form zu ↑Japanologe. **ja|pa|no|lo|gisch:** die Japanologie betreffend

Ja|pan|pa|pier, das; -s, -e: weiches, biegsames, handgeschöpftes Papier, das aus Bastfasern jap. Pflanzen hergestellt wird

Ja|phe|ti|to|lo|gie, die; - ⟨nach Japhet, dem dritten Sohn Noahs u. Stammvater bes. der kleinasiatischen Völker⟩: (heute als widerlegt geltende) wissenschaftliche Anschauung des russischen Sprachwissenschaftlers N. Marr von einer vorindogermanischen (japhetitischen) Sprachfamilie, aus der sich die indogermanischen u. kaukasischen Sprachen sowie das Baskische entwickelt hat

Ja|pon [ʒaˈpõː], der; -[s], -s ⟨*frz.;* »Japan«⟩: Gewebe in Taftbindung aus Japanseide

Ja|po|nis|mus, der; - ⟨*frz.-nlat.*⟩: stark ausgeprägtes Interesse an jap. Kultur u. deren Einfluss auf Kunst u. Kunstgewerbe in Europa Ende des 19., Anfang des 20. Jh.s

Jar|di|ni|e|re [ʒar..., auch: ...ˈni̯ɛːrə], die; -, -n ⟨*germ.-frz.*⟩: Schale für Blumenpflanzen

Jar|gon [ʒarˈgõː], der; -s, -s ⟨*frz.*⟩: **a)** umgangssprachlich geprägte Sondersprache einer Berufsgruppe od. einer sozialen Gruppe; **b)** (abwertend) saloppe, ungepflegte Ausdrucksweise

Jarl, der; -s, -s ⟨*altnord.*⟩: **1.** normannischer Edelmann. **2.** Statthalter in Skandinavien (im Mittelalter)

Jar|mul|ke, die; -, -s u. ...ka ⟨*poln.-jidd.*⟩: Samtkäppchen der Juden

Ja|ro|wi|sa|ti|on, die; -, -en ⟨*russ.-nlat.*⟩: künstliche Kältebehandlung von Samen u. Keimlingen, um eine Entwicklungsbeschleunigung zu erzielen. **ja|ro|wi|sie|ren:** Saatgut einer künstlichen Kältebehandlung aussetzen

Jasch|mạk, der; -[s], -s ⟨*türk.*⟩: Kopfschleier muslimischer Frauen

Jas|mịn, der; -s, -e ⟨*pers.-arab.-span.*⟩: **1.** zu den Ölbaumgewächsen gehörender Zierstrauch mit stark duftenden Blüten. **2.** zu den Steinbrechgewächsen gehörender Zierstrauch mit stark duftenden Blüten; Falscher Jasmin, Pfeifenstrauch

Jas|pẹ|garn, das; -[e]s, -e ⟨*semit.-gr.-lat.-frz.; dt.*⟩: aus zwei od. drei verschiedenfarbigen Vorgarnen gesponnenes Garn

Jas|per|wa|re [ˈdʒɛspɐ...], die; -, -n ⟨*semit.-gr.-lat.-frz.-engl.; dt.*⟩: farbiges [mit weißen Reliefs verziertes] englisches Steingut aus Töpferton u. pulverisiertem Feuerstein

jas|pie|ren ⟨*semit.-gr.-lat.-frz.*⟩: etwas wie Jaspis mustern, sprenkeln; **jaspierter Stoff:** aus Jaspégarn hergestellter Woll- u. Baumwollstoff mit marmoriertem Aussehen

J

Jasc

Jạs|pis, der; - u. -ses, -se ⟨*semit.-gr.-lat.*⟩: undurchsichtiges, intensiv grau, bläulich, gelb, rot od. braun gefärbtes, zum Teil gebändertes Mineral, das als Schmuckstein verwendet wird

Jas|tịk, Yastik [j...], der; -[s], -s ⟨*türk.;* »Polster«⟩: kleiner orientalischer Gebrauchsteppich, der meist als Vorleger od. Sitzbelag verwendet wird

Ja|ta|gan, der; -s, -e ⟨*türk.*⟩: früher im Orient als Hauptwaffe der Janitscharen verbreiteter Säbel mit s-förmiger Klinge

Ja|t|ro|che|mie vgl. Iatrochemie

Jau|se, die; -, -n ⟨*slowen.*⟩ (österr.): Zwischenmahlzeit, Vesper

jau|sen (seltener für): ↑jausnen

jaus|nen (österr.): **a)** eine Jause einnehmen; **b)** (etwas Bestimmtes) zur Jause essen, trinken

Ja|va®, das; -[s] (meist ohne Artikel) (EDV): eine systemunabhängige Programmiersprache, bes. für Anwendungen im Internet

Jazz [dʒæz, dʒɛs, auch: jats], der; - ⟨*amerik.*⟩: **a)** aus der Volksmusik der nordamerikanischen Afroamerikaner entstandene Musik mit charakteristischen Rhythmusinstrumenten u. mit Bläsergruppen; **b)** Musik im Stil des Jazz (a)

Jazz|band [ˈdʒæzbænd, ˈdʒɛsbɛnt], die; -, -s: aus zwei Instrumentalgruppen (mit rhythmischer u. melodischer Funktion) bestehende Band, die Jazz spielt

Jazz|dance [ˈdʒæzdɑːns], der; -: in den USA zu Jazzmusik entstandener Tanzstil afroamerik. Ursprungs

jaz|zen [ˈdʒɛsn̩, auch: ˈjatsn̩]: Jazzmusik spielen. **Jaz|zer**, der; -s, -: Jazzmusiker. **Jaz|ze|rin**, die; -, -nen: weibliche Form zu ↑Jazzer

Jazz|gym|nas|tik [ˈdʒɛs...], die; -: Gymnastik zu Jazzmusik od. anderer moderner Musik

jaz|zig [ˈdʒɛsɪç, auch: ˈjatsɪç] (ugs.): wie Jazz wirkend, den Jazz nachahmend

jaz|zo|id [jatso...] ⟨*amerik.; gr.*⟩: dem Jazz ähnlich, in der Art des Jazz

Jazz|rock [ˈdʒæz..., dʒɛs...], der; -s: Musikstil der 1970er-Jahre, bei dem Elemente des Jazz u. des [2]Rocks miteinander verschmolzen sind

Jean Po|tage [ʒɑ̃pɔˈtaːʒ] ⟨*frz.;* »Hans Suppe«⟩: frz. Bez. für: Hanswurst

[1]**Jeans** [dʒiːns], die; -, - ⟨*amerik.*⟩: **a)** saloppe Hose [aus Baumwollstoff] im Stil der Bluejeans; **b)** Kurzform von ↑Bluejeans

[2]**Jeans**, das; - (ugs.): verwaschener blauer Farbton, der der Farbe der ↑Bluejeans entspricht

Jeep® [dʒiːp], der; -s, -s ⟨*amerik.*⟩: (bes. als Militärfahrzeug, aber auch in Land- u. Forstwirtschaft usw. gebrauchtes) kleineres, meist offenes, geländegängiges Fahrzeug mit starkem Motor u. Vierradantrieb

Je|ho|va ⟨*hebr.*⟩: alte, aber unrichtige Lesung für ↑Jahve (entstanden durch Vermischung mit den im hebr. Text dazugeschriebenen Vokalzeichen von ↑Adonai, dem Ersatzwort für den aus religiöser Scheu vermiedenen Gottesnamen)

Je|ju|ni|tis, die; -, ...itiden ⟨*lat.-nlat.*⟩ (Med.): Entzündung des zum Dünndarm gehörenden Leerdarms

je|mi|ne ⟨entstellt aus *lat.* Jẹsu dọmine »o Herr Jesus!«⟩: du lieber Himmel! (Schreckensruf)

Jẹn vgl. Yen

je|nisch ⟨*Romani;* »klug, gescheit«⟩: wandernde Volksstämme betreffend; **jenische Sprache** (Sprachwiss.): Rotwelsch, Gaunersprache

Je|re|mi|a|de, die; -, -n ⟨nach dem biblischen Propheten Jeremia⟩: Klagelied, Jammerrede

Je|rez [ˈçeːrɛs, x...], der; - ⟨nach der span. Stadt Jerez de la Frontera⟩: alkoholreicher, bernsteingelber Süßwein

Je|ri|cho|ro|se, Je|ri|cho-Ro|se, die; -, -n: Pflanze des Mittelmeerraums, die bei Trockenheit ihre Zweige nach innen rollt, sodass ein kugeliges Gebilde entsteht, das sich erst bei Feuchtigkeit wieder entrollt

Jerk [dʒœːɐ̯k], der; -[s], -s ⟨*engl.*⟩ (Golf): scharf ausgeführter Schlag, bei dem der Schläger in dem Moment, in dem er den Ball trifft, plötzlich abgebremst wird

[1]**Jer|sey** [ˈdʒœːɐ̯zi, ˈdʒœrzi], der; -[s], -s: feinmaschig gewirkter od. gestrickter Kleiderstoff aus Wolle, Baumwolle od. Chemiefasern

[2]**Jer|sey**, das; -s, -s: eng anliegendes Hemd aus Trikot

Je|schi|wa, die; -, -s od. ...wot ⟨*hebr.*⟩: höhere Talmudschule zur Ausbildung der Gelehrten u. Rabbiner

Je|si|de, Jezide [...z...] der; -n, -n ⟨*kurdisch*⟩: Angehöriger einer überwiegend Jesidisch sprechenden ethnisch-religiösen Minderheit. **Je|si|din**, Jezidin [...z...] die; -, -nen: weibliche Form zu ↑Jeside. **je|si|disch**, jezidisch: die Jesiden betreffend, zu ihnen gehörend

je|su|a|nisch: auf Jesus bezüglich, zurückgehend

Je|su|it, der; -en, -en ⟨*nlat.*⟩: **1.** Angehöriger des Jesuitenordens. **2.** Mensch, der trickreich u. oft wortverdrehend zu argumentieren versteht (als Schimpfwort)

Je|su|i|ten|dich|tung, die; -, -en (Plural selten): (vom 16. bis 18. Jh.) hauptsächlich in lateinischer Sprache verfasste Dichtungen (bes. Dramen u. geistliche Lieder) von Angehörigen des Jesuitenordens

Je|su|i|ten|dra|ma, das; -s, ...men: **a)** (ohne Plural) von Angehörigen des Jesuitenordens geschaffene Dramendichtung aus der Zeit der Gegenreformation (16. u. 17. Jh.); **b)** zur Jesuitendichtung gehörendes Drama

Je|su|i|ten|ge|ne|ral, der; -s, -e u. ...räle: oberster Ordensgeistlicher der Jesuiten

Je|su|i|ten|or|den, der; -s: vom hl. Ignatius v. Loyola 1534 gegründeter Orden (Abk.: SJ [= Societas Jesu])

Je|su|i|ten|stil, der; -[e]s ⟨*nlat.; lat.*⟩: prunkvolle Form des Barocks, bes. in südamerikanischen Kirchen des 17. Jh.s

Je|su|i|ten|tum, das; -s: Geist u. Wesen des Jesuitenordens

je|su|i|tisch: **1.** die Jesuiten betreffend. **2.** einem Jesuiten (2) entsprechend

Je|su|i|tis|mus, der; -: **1.** Jesuitentum. **2.** Wesens-, Verhaltensart eines Jesuiten (2)

Je|sus Ho|mi|num Sal|va|tor: Jesus, Erlöser der Menschen (Deutung des latinisierten Monogramms Christi) (Abk.: IHS.)

Je|sus Na|za|re|nus Rex Ju|dae|o|rum ⟨*lat.*⟩: Jesus von Nazareth, König der Juden (Inschrift am Kreuz; nach Joh. 19, 19) (Abk.: I. N. R. I.)

Je|sus Peo|ple ['dʒi:zəs 'pi:pl̩], die (Plural) ⟨*engl.*⟩: Angehörige der Jesus-People-Bewegung

Je|sus-Peo|ple-Be|we|gung, die; -: in den 1960er- und 1970er-Jahren in Amerika und Europa unter Jugendlichen verbreitete ekstatisch-religiöse Bewegung

¹Jet vgl. Jett

²Jet [dʒɛt], der; -[s], -s ⟨*engl.*⟩: durch ein Strahltriebwerk angetriebenes Flugzeug, Düsenflugzeug

Jet|bag ['dʒɛtbɛk], der; -s, -s ⟨*engl.*⟩: stromlinienförmiger Dachgepäckträger für Pkws

Jet|lag ['dʒɛtlæg], der; -s, -s: Störung des biologischen Rhythmus aufgrund der mit weiten Flugreisen verbundenen Zeitunterschiede

Jet|li|ner ['dʒɛtlaɪnɐ], der; -s, - ⟨*engl.*⟩: Düsenverkehrsflugzeug

Je|ton [ʒə'tõ:], der; -s, -s ⟨*lat.-vulgärlat.-frz.*⟩: **a)** Spielmünze, Spielmarke; **b)** einer Münze ähnliche Marke, mit deren Hilfe ein Automat o. Ä. bedient werden kann; **c)** Rechenpfennig

Jet|pack ['dʒɛtpɛk], das od. der; -s, -s ⟨*engl.*⟩: auf dem Rücken befestigtes Fluggerät, mit dem eine einzelne Person [für kurze Zeit] fliegen kann

Jet|pi|lot ['dʒɛt...], der; -en, -en: Pilot eines ²Jets. **Jet|pi|lo|tin,** die; -, -nen: weibliche Form zu ↑Jetpilot

Jet|schwung, der; -[e]s, ...schwünge: Drehschwung beim Skifahren, der durch Vorschieben der Füße vor den Körper (beim Tiefgehen) eingeleitet wird u. fahrtbeschleunigend wirkt

Jet|set ['dʒɛtsɛt], der; -[s], -s ⟨*engl.*⟩: internationale Gesellschaftsschicht, die über genügend Geld verfügt, um sich – unter Benutzung eines [Privat]jets – mehr od. weniger häufig an den verschiedensten exklusiven Urlaubsorten od. entsprechenden Treffpunkten zu vergnügen

Jet|ski® ['dʒɛt...], der; -[s], -[s], auch: -er ⟨*engl.*⟩: sitzend od. stehend zu fahrendes, mit einer Lenkstange versehenes motorisiertes Einmannwasserfahrzeug

Jet|stream ['dʒɛtstri:m], der; -s, -s ⟨»Strahlstrom«⟩: **1.** (Meteorol.) starker Luftstrom in der Tropo- od. Stratosphäre. **2.** Gegenstromanlage (z. B. in [Hallen]bädern)

Jett [dʒɛt, auch: jɛt], ¹Jet, das; -[e]s ⟨*gr.-lat.-frz.-engl.*⟩: als Schmuckstein verwendete Pechkohle; Gagat

Jet|ta|to|re [dʒɛta...], der; -, ...ri ⟨*lat.-it.*⟩: it. Bez. für: Mensch mit dem bösen Blick

jet|ten ['dʒɛtn̩] ⟨*engl.*⟩: **a)** mit einem ²Jet fliegen; **b)** mit dem ²Jet an einen bestimmten Ort bringen [lassen]; **c)** einen Flug machen (von einem ²Jet gesagt)

Jeu [ʒø:], das; -s, -s ⟨*lat.-frz.*⟩: Spiel, Kartenspiel. **jeu|en** (veraltet): das Glücksspiel betreiben

Jeu|nesse do|rée [ʒœnɛsdɔ're:], die; - - ⟨*lat.-frz.*⟩: zur begüterten Oberschicht gehörende Jugendliche, deren Leben durch Luxus u. Amüsement gekennzeichnet ist

Jeu|nesses Mu|si|cales [ʒø'nɛs myzi'kal], die (Plural): Organisation der an der Musik interessierten Jugend (1940 in Belgien entstanden)

Jeux flo|raux [ʒøflɔ'ro], die (Plural) ⟨*lat.-frz.;* »Blumenspiele«⟩: jährlich in Toulouse (Frankreich) veranstaltete Dichterwettkämpfe (seit 1323)

Je|wel|box ['dʒu:əl...], die; -, -en ⟨*engl.*⟩: durchsichtiges Plastikbehältnis als Schutzhülle für CDs u. DVDs

Je|zi|de [...z...] usw. vgl. Jeside usw.

Jid|dist, der; -en, -en ⟨*nlat.*⟩: Wissenschaftler auf dem Gebiet der Jiddistik

Jid|dis|tik, die; -: jiddische Sprach- u. Literaturwissenschaft

Jid|dis|tin, die; -, -nen: weibliche Form zu ↑Jiddist

Jig|ger ['dʒɪgɐ], der; -s, -[s] ⟨*engl.*⟩: **1.** Golfschläger für den Annäherungsschlag. **2.** Segel am hintersten Mast eines Viermasters

Ji|me|nes [çi'me:nɛs], der; - ⟨*span.*⟩: likörähnlicher spanischer Süßwein

Jin vgl. Yin

Jin|gle ['dʒɪŋgl̩], der; -[s], -s ⟨*engl.*⟩: kurze, einprägsame Melodie, Tonfolge (z. B. als Bestandteil eines Werbespots)

Jin|go ['dʒɪŋgo], der; -s, -s ⟨*engl.*⟩. **Jin|go|is|mus,** der; -: engl. Bez. für: Chauvinismus. **Jin|go|is|tin,** die; -, -nen: weibliche Form zu ↑Jingo

Jir|mi|lik, der; -s, -s ⟨*türk.*⟩ (Geschichte): türkische Silbermünze

Jit|ter ['dʒɪtɐ], der; -s, - ⟨*engl.;* eigtl. »das Zittern«⟩: **1.** Vibration od. Bildschwankung auf dem Computermonitor. **2.** (Elektronik) Verzerrung, die durch mangelhafte Signalsynchronisierung hervorgerufen wird

Jit|ter|bug ['dʒɪtɐbak], der; -[s], -[s] ⟨*amerik.*⟩: um 1920 in Amerika entstandener Jazztanz

Jiu-Jit|su ['dʒi:u'dʒɪtsu]: ältere Bez. für: ↑Ju-Jutsu

Jive [dʒaɪv], der; -[s], -[s] ⟨*amerik.*⟩: **1.** eine Art Swingmusik. **2.** gemäßigte Form des Jitterbug als Turniertanz

Job [dʒɔp], der; -s, -s ⟨*engl.-amerik.*⟩: **1.** (ugs.) **a)** [Gelegenheits]arbeit, vorübergehende einträgliche Beschäftigung,

Verdienstmöglichkeit; **b)** Arbeitsplatz, Stellung. **2.** (EDV) bestimmte Aufgabenstellung für den Computer

jọb|ben [ˈdʒ...] (ugs.): einen Job (1 a) haben

Jọb|ber, der; -s, -: **1.** (ugs.) jmd., der jobbt. **2. a)** (Börsenw.) Händler an der Londoner Börse, der nur in eigenem Namen Geschäfte abschließen darf; **b)** (Börsenw. veraltend) Börsenspekulant. **3.** (ugs. abwertend) skrupelloser Geschäftemacher. **Jọb|be|rin,** die; -, -nen: weibliche Form zu ↑Jobber

jọb|bern (veraltend): sich als Jobber (2) betätigen

Jọb|cen|ter, Jọb-Cen|ter, das; -s, -: aus einem Zusammenschluss von Arbeitsagenturen u. Sozialämtern bestehende Einrichtung zur Betreuung von Arbeitslosengeld-II-Empfänger/-innen

Jo|bel|jahr, das; -[e]s, -e ⟨zu *hebr.* yôvel »Widderhorn« (das zu Beginn geblasen wurde)⟩: nach 3. Mose 25, 8 ff. alle 50 Jahre von den Juden zu feierndes Jahr mit Schuldenerlass, Freilassung der israelitischen Sklaven u. Rückgabe von verkauftem Boden; vgl. Jubeljahr

Job|en|large|ment [ˈdʒɔpʔɪnla:dʒmənt], das; -s ⟨*engl.;* »Arbeitserweiterung«⟩: Übernahme von bisher getrennt ausgeführten, ungefähr gleichwertigen Arbeitsaufgaben durch nur einen Beschäftigten

Job|en|rich|ment [...ʔɪnrɪtʃmənt], das; -s ⟨»Arbeitsbereicherung«⟩: Zusammenfassung von bisher getrennt ausgeführten Arbeitsaufgaben zu einem neuen Arbeitsbereich

Jọb|floa|ter, Job-Floa|ter [...flɔʊ̯tɐ], der; -s, - ⟨*engl.*⟩: Finanzierungshilfe für kleine und mittlere Unternehmen, die Arbeitslose dauerhaft einstellen

Jọb|hop|per, Jọb-Hop|per [...hɔpɐ], der; -s, -: jmd., der häufig seine Stelle wechselt [um Karriere zu machen]. **Jọb|hop|pe|rin, Jọb-Hop|pe|rin,** die; -, -nen: weibliche Form zu ↑Jobhopper

Jọb|hop|ping, Jọb-Hop|ping [...hɔpɪŋ], das; -s: häufig u. in kürzeren Abständen vorgenommener Stellungs-, Firmenwechsel [um sich in höhere Positionen zu bringen]

Jọb|kil|ler, der; -s, - (Jargon): etwas, das Arbeitsplätze überflüssig macht, beseitigt

Jọb|ma|schi|ne, die; -, -n (Jargon): etwas (z. B. ein Unternehmen, eine Branche od. ein Land), das Arbeitsplätze schafft

Jọb|ro|ta|tion [...rɔʊ̯teɪʃn̩], die; -, -s: (von einem Mitarbeiter zum Zweck der Vorbereitung auf eine Führungsaufgabe) das Durchlaufen der verschiedensten Arbeitsbereiche eines Unternehmens

Jọb|sha|ring [...ʃɛ:rɪŋ], das; -[s] ⟨*engl.*⟩: Aufteilung eines Vollzeitarbeitsplatzes unter zwei od. mehreren Personen

Jọb|ti|cket, das; -s, -s: zu einem günstigen Tarif überlassene Dauerkarte zur Benutzung öffentlicher Verkehrsmittel für Beschäftigte einer Firma

Jo|cket|te [dʒɔˈkɛtə], die; -, -n ⟨*engl.*⟩: weiblicher Jockey

Jo|ckey [ˈdʒɔke, ˈdʒɔki], der; -s, -s ⟨*engl.*⟩: berufsmäßiger Rennreiter

Jod, fachspr.: Iod, das; -[e]s ⟨*gr.-frz.*⟩: chemisches Element, das weiche, dunkelgraue, metallisch glänzende Kristalle bildet, die bei Raumtemperatur bereits ein wenig ↑sublimieren (Zeichen: J bzw. I)

Jod|ak|ne, die; -: Hautausschlag bei Menschen, die gegen Jod überempfindlich sind

Jo|dat, fachspr. auch: Iodat, das; -[e]s, -e ⟨*gr.-frz.-nlat.*⟩: Salz der Jodsäure

Jodh|pur [ˈdʒɔdpu:ɐ̯], die; -, -s, **Jọdh|pur|ho|se,** die; -, -n ⟨*engl.;* nach der ind. Stadt⟩: oben weite, von den Knien an enge Reithose

Jo|did, fachspr.: Iodid, das; -[e]s, -e: Salz der Jodwasserstoffsäure

jo|die|ren: a) Jodate, Jodite zusetzen (z. B. bei Speisesalz); **b)** (Med.) mit Jod bestreichen (z. B. eine Operationsstelle)

Jo|dis|mus, der; - (Med.): Jodvergiftung mit Auftreten von Reizerscheinungen (Fieber, Bindehautentzündung u. a.) nach längerem Gebrauch von Jod

Jo|dit [auch: ...ˈdɪt], das; -s, -e: ein Mineral (Silberjodid)

Jo|do, das; - ⟨*jap.;* »Reich ohne Makel«⟩: ideales Reich der Wiedergeburt im ↑Buddhismus des ↑Mahayana

Jo|do|form, das; -s ⟨Kunstw. aus ↑*Jod* u. ↑*Formyl*⟩ (Med.): früher verwendetes Mittel zur Wunddesinfektion

Jo|do|me|t|rie, die; - ⟨*gr.-frz.; gr.*⟩: Bestimmung von Stoffen mithilfe von Jod

Jod|zahl, die; -, -en: Kennzahl für den Gehalt an ungesättigten Fettsäuren im Fett (Abk.: JZ)

jog|gen [ˈdʒɔgn̩] ⟨*engl.*⟩: ↑Jogging betreiben

Jọg|ger, der; -s, -: jmd., der joggt. **Jọg|ge|rin,** die; -, -nen: weibliche Form zu ↑Jogger

Jọg|ging, das; -s: Fitnesstraining, bei dem man entspannt in mäßigem Tempo läuft

Jo|ghurt, Jo|gurt, der, bes. österr. u. schweiz. auch das; -[s], -[s], österr. seltener auch: die; -, -[s] ⟨*türk.*⟩: durch Zusetzen bestimmter Milchsäurebakterien gewonnene Art Sauermilch

Jo|han|ni[s], das; - (meist ohne Artikel) ⟨nach Johannes dem Täufer⟩: Johannistag (24. Juni)

Jo|han|nis|brot, das; -[e]s, -e: getrocknete Schotenfrucht des im Mittelmeergebiet heimischen Johannisbrotbaumes

Jo|han|nis|trieb, der; -[e]s, -e: **1.** (Bot.) der zweite Trieb vieler Holzgewächse im Juni/Juli. **2.** (ohne Plural; scherzh.) neuerliches, gesteigertes Bedürfnis nach Sex bei Männern im vorgerückten Alter

Jo|han|ni|ter, der; -s, -: Angehöriger des Johanniterordens

Jo|han|ni|ter|kreuz, das; -es, -e: achtspitziges [weißes Ordens]kreuz [der Johanniter]; vgl. Malteserkreuz

Jo|han|ni|ter|or|den, der; -s: um 1100 in Jerusalem ursprünglich zur Pflege kranker Pilger gegründeter geistlicher Ritterorden

John Bull [ˈdʒɔn ˈbʊl] ⟨*engl.;* »Hans Stier«⟩ (scherzh.): Spitzname des typischen Engländers, des englischen Volkes

Joint [dʒɔɪ̯nt], der; -s, -s ⟨*engl.*⟩: selbst gedrehte Zigarette, deren Tabak mit Haschisch od. Marihuana vermischt ist

Joint Ven|ture [...ˈvɛntʃɐ], das; - -[s], - -s ⟨*engl.-amerik.*⟩

(Wirtsch.): vorübergehender od. dauernder Zusammenschluss von Unternehmen zum Zweck der gemeinsamen Ausführung von Projekten
Jo-Jo, Yo-Yo [jo'jo:, auch: 'jo:jo], das; -s, -s ⟨*amerik.*⟩: Geschicklichkeitsspiel mit elastischer Schnur u. daran befestigten Holzscheiben
Jo|jo|ba, die; -, -s ⟨*mex.*⟩: ein Buchsbaumgewächs
Jo-Jo-Ef|fekt, Yo-Yo-Effekt, der; -[e]s, -e: die Erscheinung, dass sich ein abwärts gerichteter Trend an seinem Tiefpunkt automatisch in sein Gegenteil verkehrt (z. B. Gewichtsab- u. -wiederzunahme bei Diäten)
Joke [dʒo:k], der; -s, -s ⟨*lat.-frz.-engl.*⟩ (ugs.): Witz, spaßige Geschichte
Jo|ker ['dʒo:kɐ], der; -s, - ⟨*lat.-engl.*⟩: **1.** für jede andere Karte einsetzbare zusätzliche Spielkarte mit der Abbildung eines Narren. **2.** Option bei [Quiz]spielen, bei der der Spielende [einmalig] eine Hilfe in Anspruch nehmen darf
jo|kos ⟨*lat.*⟩ (bildungsspr. veraltet): scherzhaft, spaßig
Jo|kus, der; -, -se (ugs.): Scherz, Spaß
Jom Kip|pur, der; - - ⟨*hebr.*⟩: Versöhnungstag (höchstes jüdisches Fest)
Jo|na|than, der; -s, - ⟨nach dem amerik. Juristen Jonathan Hasbrouck⟩: Winterapfel mit matt glänzender, gelb bis purpurrot gefleckter Schale
Jon|g|lage [ʒɔŋ'(g)la:ʒ], die; -, -n ⟨französisierende Bildung zu ↑jonglieren⟩: Darbietung, Trick eines Jongleurs, einer Jongleurin
Jon|g|leur [ʒɔŋ(g)'lø:ɐ̯, auch: ʒõ-'glø:ɐ̯], der; -s, -e ⟨*lat.-frz.*⟩: **1.** Artist, Geschicklichkeitskünstler im Jonglieren (1). **2.** Spielmann u. Possenreißer des Mittelalters. **3.** (Kunstkraftsport) jmd., der die Sportart des Jonglierens (2) ausübt. **Jon|g|leu|rin** [...'(g)lø:rɪn], die; -, -nen, **Jon|gleu|se** [...'(g)lø:zə], die; -, -n: weibliche Form zu ↑Jongleur. **jon|g|lie|ren: 1.** mit artistischem Können mehrere Gegenstände gleichzeitig spielerisch werfen u. auffangen. **2.** (Kunstkraftsport) mit Gewichten o. Ä. bestimmte Geschicklichkeitsübungen ausführen. **3.** [in verblüffender Weise] überaus geschickt mit jmdm., etwas umgehen
Jo|ni|kus vgl. Ionicus
Jo|non, das; -s ⟨*gr.-nlat.*⟩: nach Veilchen riechender Duftstoff
Jo|ru|ri ['dʒo:...], das; -[s] ⟨*jap.*⟩: altes japanisches Puppenspiel
Jo|se|phi|nis|mus, der; - ⟨*nlat.;* nach Kaiser Joseph II., 1741–1790⟩: aufgeklärte katholische Staatskirchenpolitik im Österreich des 18. u. 19. Jh.s, die auch noch die Staatsauffassung der österreichischen Beamten u. Offiziere des 19. Jh.s bestimmte
Jot, das; -, - ⟨*semit.-gr.-lat.*⟩: zehnter Buchstabe des deutschen Alphabets
[1]**Jo|ta,** Iota, das; -[s], -s: neunter Buchstabe des griechischen Alphabets: Ι, ι; **kein Jota:** nicht das Geringste
[2]**Jo|ta** ['xɔta], die; -, -s ⟨*span.*⟩: schneller spanischer Tanz im $^3/_8$- od. $^3/_4$-Takt mit Kastagnettenbegleitung
Jo|ta|zis|mus, Iotazismus, der; - ⟨*gr.-nlat.*⟩: ↑Itazismus
Joule [von DIN u. anderen Organisationen festgelegte Ausspr. nur: dʒu:l, sonst auch: ʒu:l, dʒaʊ̯l], das; -[s], - ⟨nach dem engl. Physiker J. P. Joule, 1818–1889⟩ (Physik): Einheit für die Arbeit, Energie u. Wärmemenge (z. B. für den Energieumsatz des Körpers; 1 cal = 4,186 Joule) (Zeichen: J)
Jour [ʒu:ɐ̯], der; -s, -s ⟨*lat.-vulgärlat.-frz.*⟩ (veraltend): [Wochen]tag, an dem regelmäßig Gäste empfangen werden
Jour fixe [...'fɪks], der; - -, -s -s [...'fɪks]: **1.** für ein regelmäßiges Treffen fest vereinbarter Tag. **2.** (veraltet) Tag, an dem jmd. Dienst hat, mit Dienst an der Reihe ist; vgl. auch ↑du jour u. ↑à jour
Jour|nail|le [ʒʊr'naljə, auch: ...'naɪ̯...], die; - (veraltend abwertend): verantwortungslose, verleumderische Presse u. ihre Journalisten
Jour|nal [ʒʊr...], das; -s, -e: **1.** (veraltet) [Tages]zeitung. **2.** (geh. veraltend) bebilderte Zeitschrift unterhaltenden od. informierenden Inhalts. **3.** (veraltend) Tagebuch. **4.** Schiffstagebuch. **5.** (Wirtsch.) in der Buchführung neben dem Hauptbuch zu führendes Tagebuch
Jour|na|lis|mus, der; -: **1. a)** Tätigkeit des Journalisten; **b)** journalistische Berichterstattung. **2.** Zeitungs-, Pressewesen; vgl. ...ismus/...istik
Jour|na|list, der; -en, -en: jmd., der als freier Mitarbeiter, als Auslandskorrespondent od. Mitglied einer Redaktion Artikel o. Ä. für Zeitungen od. andere Medien verfasst bzw. redigiert od. der als Fotograf Bildberichte liefert
Jour|na|lis|tik, die; -: **1.** den Journalismus beinhaltendes Studienfach. **2.** (geh., selten) Bericht, Arbeit aus der Feder eines Journalisten
Jour|na|lis|tin, die; -, -nen: weibliche Form zu ↑Journalist
jour|na|lis|tisch: a) die Journalistik betreffend; **b)** in der Art des Journalismus (1)
jo|vi|al ⟨*lat.-mlat.*⟩: [einem niedriger Stehenden gegenüber] betont wohlwollend u. partnerschaftlich auftretend; leutselig. **Jo|vi|a|li|tät,** die; -: joviale Art, joviales Wesen, Leutseligkeit
jo|vi|a|nisch ⟨*lat.-nlat.*⟩: den Planeten Jupiter betreffend, zu ihm gehörend
Joy|ri|ding ['dʒɔɪ̯raɪ̯dɪŋ], das; -s ⟨*engl.*⟩: waghalsiges Autofahren mit überhöhter Geschwindigkeit u. riskanten Überholmanövern
Joy|stick [...stɪk], der; -s, -s ⟨*engl.*⟩: [Vorrichtung mit] Steuerhebel für Computerspiele
JPEG ['dʒɛɪ̯pɛg], das; -s, -s ⟨Abk. für die Entwicklergruppe Joint Photographic Experts Group⟩ (EDV): ein Verfahren zur Datenkomprimierung
Ju|an vgl. Yuan
Ju|bel|jahr ⟨*hebr.-vulgärlat.; dt.*⟩: **1.** ↑Jobeljahr. **2.** heiliges Jahr mit besonderen Ablässen in der katholischen Kirche (alle 25 Jahre); **alle Jubeljahre:** selten
Ju|bi|lar, der; -s, -e ⟨*(hebr.-)vulgärlat.-mlat.*⟩: Gefeierter; jmd., der ein Jubiläum begeht. **Ju|bi|la|rin,** die; -, -nen: weibliche Form zu ↑Jubilar
Ju|bi|la|te ⟨*lat.-vulgärlat.;* nach dem alten ↑Introitus des Gottesdienstes, Psalm 66, 1,

»Jauchzet (Gott, alle Lande)!«⟩ (ev. Kirche): dritter Sonntag nach Ostern

Ju|bi|la|tio, Ju|bi|la|ti|on, die; -: im gregorianischen Choral eine jubelnde, auf einem Vokal (z. B. auf der letzten Silbe des Alleluja) gesungene Tonfolge

Ju|bi|lä|um, das; -s, ...äen ⟨*(hebr.-)lat.-vulgärlat.*⟩: festlich begangener Jahrestag eines bestimmten Ereignisses

Ju|bi|lee [ˈdʒuːbɪliː], das; -[s], -s ⟨*lat.-vulgärlat.-frz.-engl.*⟩: religiöser Hymnengesang der Afroamerikaner

ju|bi|lie|ren ⟨*lat.*⟩: **1.** jubeln, frohlocken. **2.** (österr., sonst scherzh.) ein Jubiläum feiern

Ju|bi|lus, der; - ⟨*lat.-vulgärlat.-mlat.*⟩: ↑Jubilatio

juch|ten ⟨*russ.*⟩: aus Juchtenleder [gefertigt]. **Juch|ten,** der od. das; -s: **1.** feines [Kalbs]leder, das mit Birkenteeröl wasserdicht gemacht wird u. dadurch seinen besonderen Geruch erhält. **2.** aus Birkenteeröl gewonnenes Parfüm mit dem charakteristischen Duft des Juchtenleders

Ju|da|i|ka, die (Plural) ⟨*hebr.-gr.-lat.*⟩: **a)** jüdische Schriften; **b)** Bücher, Sammelobjekte der jüdischen Kultur u. Religion

ju|da|i|sie|ren: jüdisch machen, unter jüdischen Einfluss bringen. **Ju|da|i|sie|rung,** die; -, -en: das Judaisieren, Judaisiertwerden

Ju|da|is|mus, der; -: judenchristliche gesetzestreue Richtung im Urchristentum; jüdische Religion, Judentum

Ju|da|is|tik, die; - ⟨*nlat.*⟩: Wissenschaft von der jüdischen Religion, Geschichte u. Kultur. **ju|da|is|tisch:** die Judaistik betreffend

Ju|das, der; -, -se ⟨nach Judas Ischariot im Neuen Testament⟩: jmd., der treulos an jmdm. handelt, ihn verrät

Ju|di|ka ⟨*lat.;* nach dem alten ↑Introitus des Gottesdienstes, Psalm 43, 1, »Richte (mich, Gott)!«⟩ (ev. Kirche): vorletzter Sonntag vor Ostern

Ju|di|kat, das; -[e]s, -e (veraltet): Rechtsspruch, richterlicher Entscheid

Ju|di|ka|ti|on, die; -, -en (Rechtsspr. veraltet): richterliche Untersuchung, Beurteilung, Aburteilung

Ju|di|ka|ti|ve, die; -, -n ⟨*lat.-nlat.*⟩: richterliche Gewalt im Staat (Ggs.: Exekutive, Legislative)

ju|di|ka|to|risch ⟨*lat.*⟩ (Rechtsspr. veraltend): richterlich

Ju|di|ka|tur, die; -, -en ⟨*lat.-nlat.*⟩: Rechtsprechung

Ju|di|kum, das; -s ⟨eigtl. Judicum liber »Buch der Richter«⟩: siebentes Buch des Alten Testaments

Ju|diz, das; -es, ...ien: ↑Judizium

ju|di|zi|ell: die Rechtsprechung betreffend, richterlich

ju|di|zie|ren ⟨*lat.*⟩ (Rechtsspr.): Recht sprechen; gerichtlich urteilen, entscheiden

Ju|di|zi|um, das; -s, ...ien: auf langjährige Gerichtspraxis gegründetes Vermögen der Rechtsfindung

Ju|do, das; -[s] ⟨*jap.*⟩: sportliche Form des ↑Ju-Jutsu mit festen Regeln. **Ju|do|gi,** der; -: Wettkampfkleidung beim Judo. **Ju|do|ka,** der; -[s], -[s] u. die; -, -[s]: jmd., der Judo als Sport betreibt

Jug [dʒak], der; -[s], -s ⟨*engl.-amerik.*⟩: einfaches Blasinstrument der afroamerikanischen Folklore (irdener Krug mit engem Hals)

Ju|ga, das; -[s] ⟨*sanskr.*⟩: in der indischen Lehre von den Weltzeitaltern einer der vier Abschnitte der ↑Kalpa

ju|gu|lar ⟨*lat.-nlat.*⟩ (Med.): das Jugulum betreffend

Ju|gu|lum, das; -s, ...la ⟨*lat.*⟩ (Med.): Drosselgrube, natürliche Einsenkung an der Vorderseite des Halses zwischen den Halsmuskeln, der Schultermuskulatur u. dem Schlüsselbein

Juice [dʒuːs], der od. das; -, -s [...sɪs] ⟨*lat.-frz.-engl.*⟩: Obst-, Gemüsesaft

Ju|ju, der; -s, -s ⟨afrik.⟩: in Westafrika weit verbreitete Bez. für Fetische u. Masken mit magischer Kraft

Ju|ju|be, die; -, -n ⟨*gr.-lat.-frz.*⟩: **1.** Gattung der Kreuzdorngewächse, Sträucher u. Bäume mit dornigen Zweigen u. mit Steinfrüchten. **2.** Brustbeere, Frucht der Kreuzdorngewächse

Ju-Jut|su, das; -[s] ⟨*jap.*⟩: in Japan entwickelte Technik der Selbstverteidigung ohne Waffen od. Gewalt; vgl. Judo, Kendo

Juke|box [ˈdʒuːk...], die; -, Plural -es [...sɪs, auch ...sɪz] od. -en ⟨*engl.*⟩: Musikautomat, der nach Einwurf entsprechender Geldmünzen durch Tastendruck gewählte Musikstücke spielt

Jul, das; -[s] ⟨*altnord.*⟩: **a)** (Geschichte) germanisches Fest der Wintersonnenwende; **b)** (in Skandinavien) Weihnachtsfest

Jul|bock, der; -[e]s, ...böcke ⟨*schwed.*⟩: in Skandinavien bei weihnachtlichen Umzügen auftretende, mit Fellen u. einem gehörnten Ziegenkopf maskierte Gestalt (oft als kleine Nachbildung aus Stroh od. in Form von Gebäck)

Ju|lep [ˈdʒuːlɛp], das od. der; -[s], -s ⟨*pers.-arab.-frz.-engl.*⟩: in Großbritannien u. Amerika beliebtes [alkoholisches] Erfrischungsgetränk mit Pfefferminzgeschmack

Ju|li, der; -[s], -s (Plural selten) ⟨*lat.;* nach Julius Cäsar⟩: siebenter Monat im Jahr

ju|li|a|nisch: julianischer Kalender: der von Julius Cäsar eingeführte Kalender

Ju|li|enne [ʒyˈli̯ɛn], die; - ⟨*frz.*⟩ (Gastron.): in schmale Streifen geschnittenes Gemüse (od. Fleisch) als Suppeneinlage

Ju|li|us|turm, der; -[e]s ⟨nach einem Turm der früheren Zitadelle in Spandau, in dem sich bis 1914 ein Teil der von Frankreich an das Deutsche Reich gezahlten Kriegsentschädigung befand⟩: vom Staat angesparte, als Reserve zurückgelegte Gelder

Jul|klapp, der; -s ⟨*altnord.*⟩: [scherzhaft mehrfach verpacktes] kleines Weihnachtsgeschenk, das man im Rahmen einer Feier von einem unbekannten Geber erhält

Jum|bo, der; -s, -s: Kurzform von ↑Jumbojet. **Jum|bo|jet, Jumbo-Jet** [ˈdʒʊmbodʒɛt], der; -[s], -s ⟨*engl.-amerik.;* »Düsenriese«⟩: Großraumflugzeug

Ju|me|la|ge [ʒyməˈlaːʃ], die; -, -n [...ʒn̩] ⟨*frz.*⟩: Städtepartnerschaft zwischen Städten verschiedener Länder

Jump [dʒamp], der; -[s], -s ⟨*engl.-amerik.*⟩: **1.** (Leichtathletik)

dritter Sprung beim Dreisprung (vgl. Hop, Stepp). **2.** (ohne Plural) in Harlem entwickelter Jazzstil

jum|pen [ˈdʒampn̩] ⟨*engl.*⟩ (ugs.): springen

Jum|per [auch: ˈdʒampɐ, bes. südd., österr.: ˈdʒɛmpɐ], der; -s, - ⟨*engl.*⟩: gestricktes, gewirktes, blusen-, pulloverähnliches Kleidungsstück [für Damen]

Jump|suit [ˈdʒampsjuːt], der; -s, -s ⟨*engl.*⟩: einteiliger Hosenanzug

jun|gie|ren ⟨*lat.*⟩ (veraltet): verbinden, zusammenlegen

Jun|gle [ˈdʒaŋl̩], der; -s ⟨*engl.;* eigtl. »Dschungel«⟩: eine Form der Technomusik mit Rap- u. Reggaeeinflüssen

Jun|gle|stil, der; -[e]s ⟨*engl.-amerik.*⟩: Spielweise mit Dämpfern o. Ä. zur Erzeugung von Groll- oder Brummeffekten bei den Blasinstrumenten im Jazz

Ju|ni, der; -[s], -s (Plural selten) ⟨*lat.;* nach der altröm. Göttin Juno⟩: der 6. Monat des Jahres

ju|ni|or ⟨*lat.;* »jünger«⟩: der, selten auch die Jüngere (nur unflektiert hinter dem Personennamen, z. B. Krause junior) (Abk.: jr. u. jun.; Ggs.: senior)

Ju|ni|or, der; -s, ...oren: **1.** (ugs.) **a)** (ohne Plural) jüngerer Teilhaber, bes. Sohn eines Firmeninhabers; **b)** Sohn (im Verhältnis zum Vater). **2.** junger Sportler im Alter von 18 (u. je nach Sportart) bis 20, 21 od. 23 Jahren. **3.** Jugendlicher, Heranwachsender

Ju|ni|o|rat, das; -[e]s, -e: ↑Minorat

Ju|ni|or|chef, der; -s, -s: Sohn des Geschäftsinhabers. **Ju|ni|or|chef|fin**, die; -, -nen: weibliche Form zu ↑Juniorchef

Ju|ni|o|rin, die; -, -nen: weibliche Form zu ↑Junior (1a, 2)

Ju|ni|or|part|ner, der; -s, - (Wirtsch.): mit weniger Rechten ausgestatteter [jüngerer] Geschäftspartner. **Ju|ni|or|part|ne|rin**, die; -, -nen: weibliche Form zu ↑Juniorpartner

Ju|ni|or|pro|fes|sur, die; -, -en: Professur an einer Hochschule, die jüngeren Wissenschaftler/-innen ohne Habilitation eine akademische Laufbahn ermöglichen soll

Ju|ni|pe|rus, der; -, - ⟨*lat.*⟩ (Bot.): Wacholder (über die ganze Erde verbreitetes Zypressengewächs)

Junk-Art [ˈdʒaŋkʔaːɐ̯t], die; - ⟨*engl.*⟩: moderne Kunstrichtung, bei der vor allem Abfälle als Materialien für Bilder u. Plastiken verwendet werden

Junk|bond, Junk-Bond [ˈdʒʌŋk...], der; -s, -s ⟨*engl.*⟩ (Börsenw.): hochverzinsliche Anleihe von Schuldnern mit geringer Bonität

Junk|food, Junk-Food [...ˈfuːd] das; -[s]: Nahrung von geringem Nährwert, aber von hoher Kalorienzahl (z. B. Süßigkeiten, Pommes frites)

Jun|kie [ˈdʒaŋki], der; -s, -s ⟨*engl.*⟩: in fortgeschrittenem Stadium drogenabhängige Person

Junk|mail, Junk-Mail [ˈdʒaŋkmɛɪ̯l], die; -, -s ⟨*engl.*⟩: unerwünscht eingehende E-Mail meist werbenden Inhalts; Spam

Junk|tim, das; -s, -s ⟨*lat.;* »vereinigt«⟩ (Politik): wegen innerer Zusammengehörigkeit notwendige Verbindung zwischen zwei Verträgen od. Gesetzesvorlagen. **junk|ti|mie|ren** (bes. österr.): in einem Junktim verknüpfen, festlegen

Junk|tor, der; -s, ...oren (Logik, Sprachwiss.): (durch bestimmte Zeichen wiedergegebene) logische Partikel, durch die bestimmte Aussagen zu einer neuen Aussage verbunden werden (z. B. *und, oder*)

Junk|tur, die; -, -en: **1.** (veraltet) Verbindung, Fuge. **2.** (Med.) Verbindung zwischen benachbarten Knochen des Skeletts (z. B. Gelenk, Knorpel). **3.** (Sprachwiss.) Grenze zwischen zwei aufeinanderfolgenden sprachlichen Einheiten, die in Form einer Sprechpause deutlich wird (z. B. bei ver-eisen statt verreisen)

ju|no|nisch ⟨nach der altröm. Göttin Juno⟩ (geh.): wie eine Juno, von stattlicher, erhabener Schönheit

Jun|ta [ˈxʊnta, auch: ˈjʊnta], die; -, ...ten ⟨*lat.-span.;* »Vereinigung; Versammlung«⟩: **1.** Regierungsausschuss, bes. in Spanien, Portugal u. Lateinamerika. **2.** Kurzform von ↑Militärjunta

Jupe [ʒyp], die; -, -s und der, seltener das; -s, -s ⟨*arab.-it.-frz.*⟩: **1.** (schweiz.) Damenrock. **2.** (veraltet) knöchellanger Damenunterrock; vgl. Jupon (1)

Ju|pi|ter|lam|pe®, die; -, -n ⟨nach der Berliner Firma »Jupiterlicht«⟩: sehr starke elektrische Bogenlampe für Film- u. Fernsehaufnahmen

Ju|pon [ʒyˈpɔ̃ː], der; -[s], -s ⟨*arab.-it.-frz.*⟩: **1.** (früher) eleganter, knöchellanger Damenunterrock. **2.** (schweiz.) Unterrock

[1]**Ju|ra** (ohne Artikel) ⟨*lat.;* »die Rechte«⟩: Rechtswissenschaft; vgl. [1]Jus

[2]**Ju|ra**, der; -s ⟨nach dem frz.-schweiz.-südd. Gebirge⟩ (Geol.): erdgeschichtliche Formation des ↑Mesozoikums, die ↑Lias, ↑[2]Dogger u. ↑Malm umfasst

Ju|ra|for|ma|ti|on, die; -: ↑[2]Jura

Ju|ra|ment, der; -s, -e ⟨Kurzw. aus [2]*Jura* u. [1]*Zement*⟩: Kunststein aus Kalkzement u. Schlackenrückständen von Ölschiefer

ju|ra no|vit cu|ria ⟨*lat.;* »das Gericht kennt das (anzuwendende) Recht«⟩: alte, im deutschen Zivilprozess gültige Rechtsformel, die besagt, dass das geltende Recht dem Gericht von den streitenden Parteien nicht vorgetragen werden muss, es sei denn, dass es sich um dem Gericht unbekanntes fremdes (ausländisches) Recht handelt

ju|ra|re in ver|ba ma|gis|t|ri ⟨»auf des Meisters Worte schwören«; nach Horaz⟩: die Meinung eines anderen nachbeten

ju|ras|sisch ⟨*frz.*⟩: **a)** zum [2]Jura gehörend; **b)** aus dem Juragebirge stammend

ju|ri|disch: juristisch

ju|rie|ren: **a)** Werke für eine Ausstellung, Filmfestspiele o. Ä. zusammenstellen; **b)** in einer Jury (1) mitwirken. **Ju|rie|rung**, die; -, -en: das Jurieren

Ju|ris|dik|ti|on, die; -, -en: **1.** weltliche u. geistliche Gerichtsbarkeit, Rechtsprechung. **2.** Vollmacht, Recht des Klerus zur Leitung der Mitglieder der Kirche (mit den Funktionen Gesetzgebung, Rechtsprechung, Verwaltung)

Ju|ris|pru|denz, die; -: Rechtswissenschaft

Ju|rist, der; -en, -en ⟨*lat.-mlat.*⟩: jmd., der Rechtswissenschaften studiert hat bzw. auf diesem Gebiet arbeitet

Ju|ris|te|rei, die; - ⟨dt. Bildung zu ↑Jurist⟩ (scherzh.): Rechtswissenschaft

Ju|ris|tik, die; - ⟨*lat.-nlat.*⟩: Rechtswissenschaft

Ju|ris|tin, die; -, -nen: weibliche Form zu ↑Jurist

ju|ris|tisch ⟨*lat.-mlat.*⟩: **a)** die Rechtswissenschaft, die Rechtsprechung betreffend; **b)** den Vorschriften der Rechtswissenschaft, Rechtsprechung genau entsprechend, ihre Mittel anwendend; **c)** die Juristen betreffend, zu ihnen gehörend; **juristische Person** (Rechtsspr.): mit der Rechtsfähigkeit einer natürlichen Person, eines Individuums ausgestattete Organisation (Körperschaft, Anstalt, Stiftung)

Ju|ror, der; -s, ...oren ⟨*lat.-engl.*⟩: Mitglied einer Jury. **Ju|ro|rin,** die; -, -nen: weibliche Form zu ↑Juror

Jur|te, die; -, -n ⟨*türk.*⟩: runde Filzhütte mittelasiatischer Nomaden

Jü|rük vgl. Yürük

Ju|ry [ʒyˈriː, auch: ˈʒyːri], die; -, -s ⟨*lat.-frz.-engl.(-frz.)*⟩: **1. a)** Kollegium von Sachverständigen als Preisrichter bei sportlichen, künstlerischen Wettbewerben, bei Quizveranstaltungen o. Ä.; **b)** Kollegium von Fachleuten, das Werke für eine Ausstellung, für Filmfestspiele o. Ä. auswählt. **2.** (in angelsächsischen Ländern) Versammlung, Kollegium der Geschworenen bei Prozessen des Schwurgerichts

ju|ry|frei: nicht von Fachleuten zusammengestellt

[1]**Jus,** das; - ⟨*lat.*⟩ (österr.): ↑[1]Jura; **Jus Gentium:** Völkerrecht; **Jus Sanguinis:** Rechtsprinzip, wonach die Staatsangehörigkeit des Kindes derjenigen der Eltern bzw. eines Elternteils folgt; **Jus Soli:** Rechtsprinzip, wonach ein Kind die Staatsangehörigkeit jenes Staates erhält, auf dessen Staatsgebiet es geboren wird

[2]**Jus** [ʒyː], die; - (auch, bes. südd. u. schweiz.: das; - u. bes. schweiz.: der; -) ⟨*lat.-frz.*⟩: **1.** Fleischsaft, Bratensaft. **2.** (schweiz.) Fruchtsaft, Gemüsesaft

Jus di|vi|num, das; - -: göttliches Recht; auf menschliches Verhalten bezogener göttlicher Wille

Jus na|tu|ra|le, das; - -: Naturrecht

Jus pri|mae Noc|tis, das; - - -: im Mittelalter gelegentlich bezeugtes Recht des Grundherrn auf die erste Nacht mit der Frau eines neu vermählten Hörigen, Leibeigenen

Jus|siv [auch: ...ˈsiːf], der; -s, -e ⟨*lat.-nlat.*⟩ (Sprachwiss.): imperativisch gebrauchter Konjunktiv (z. B. er lebe hoch!)

just ⟨*lat.*⟩: eben, gerade (in Bezug auf eine Situation in gewissem Sinne passend)

Jus|ta|ge [jʊˈstaːʒə], die; -, -n ⟨*frz.*⟩: ↑Justierung

jus|ta|ment ⟨*lat.-frz.*⟩: (veraltend, noch scherzh.) [nun] gerade

Juste|mi|li|eu [ʒystmiˈljø], das; - ⟨*frz.;* »die rechte Mitte«; nach 1830 Schlagwort für die den Ausgleich suchende, kompromissbereite Politik von Louis Philippe von Frankreich⟩ (bildungsspr. selten): laue Gesinnung

just for fun [dʒʌst fə ˈfʌn] ⟨*engl.*⟩ (ugs.): nur zum eigenen Vergnügen, nur zum Spaß

jus|tie|ren ⟨*lat.-mlat.;* »berichtigen«⟩: **1.** Geräte od. Maschinen, bei denen es auf genaue Einstellung ankommt, vor Gebrauch einstellen. **2.** (Druckw.) **a)** Druckstöcke auf Schrifthöhe u. Winkelständigkeit bringen; **b)** Fahnensatz auf Seitenhöhe bringen (umbrechen). **3.** das gesetzlich vorgeschriebene Gewicht einer Münze kontrollieren

Jus|tie|rer, der; -s, -: jmd., der beruflich mit dem Justieren von etwas beschäftigt ist. **Jus|tie|re|rin,** die; -, -nen: weibliche Form zu ↑Justierer

Jus|tie|rung, die; -, -en: das ↑Justieren (1, 2 u. 3)

Jus|tier|waa|ge, die; -, -n ⟨*lat.-mlat.; dt.*⟩: Münzkontrollwaage

Jus|ti|fi|ka|ti|on, die; -, -en ⟨*lat.*⟩: **1.** Rechtfertigung. **2.** ↑Justifikatur

Jus|ti|fi|ka|tur, die; -, -en ⟨*lat.-nlat.*⟩: Rechnungsgenehmigung nach erfolgter Prüfung

jus|ti|fi|zie|ren: 1. rechtfertigen. **2.** eine Rechnung nach Prüfung genehmigen

just in time [dʒʌst ɪn ˈtaɪm] ⟨*engl.;* »gerade zur Zeit, rechtzeitig«⟩ (Wirtsch.): zeitlich aufeinander abgestimmt, gleichzeitig

Just-in-time-Pro|duk|ti|on, die; - ⟨*engl.; dt.*⟩ (Wirtsch.): Produktionsprinzip, bei dem Zuliefer- u. Produktionstermine genau aufeinander abgestimmt werden, um Lagerkosten zu vermeiden

Jus|ti|tia, die; - ⟨*lat.*⟩: **a)** römische Göttin der Gerechtigkeit; **b)** Verkörperung, Personifizierung, Sinnbild der Gerechtigkeit

jus|ti|ti|a|bel usw. vgl. justiziabel usw.

Jus|ti|ti|a|ri|us, der; -, ...ien (veraltet): ↑Justiziar

Jus|tiz, die; -: **1.** Rechtswesen, -pflege; Rechtsprechung. **2.** Behörde, Gesamtheit der Behörden, die für die Ausübung der Justiz (1), für Einhaltung der Rechtsordnung verantwortlich ist, sie gewährleistet

jus|ti|zi|a|bel, justitiabel ⟨*lat.-mlat.*⟩: vom Gericht abzuurteilen, richterlicher Entscheidung zu unterwerfen

Jus|ti|zi|ar, Justitiar, der; -s, -e: **1.** ständiger, für alle Rechtsangelegenheiten zuständiger Mitarbeiter eines Unternehmens, einer Behörde o. Ä. **2.** (Geschichte) in der Patrimonialgerichtsbarkeit Gerichtsherr, Gerichtsverwalter

Jus|ti|zi|a|ri|at, Justitiariat, das; -[e]s, -e: Amt des ↑Justiziars (1, 2)

Jus|ti|zi|a|rin, Justitiarin, die; -, -nen: weibliche Form zu ↑Justiziar

jus|ti|zi|ell, justitiell: die Justiz betreffend

Jus|ti|zi|um, Justitium, das; -s, ...ien ⟨*lat.*⟩: Unterbrechung der Rechtspflege durch Krieg od. höhere Gewalt

Jus|tiz|mi|nis|te|ri|um, das; -s, ...ien: für die ↑Justiz zuständiges Ministerium

Jus|tiz|mord, der; -[e]s, -e ⟨*lat.; dt.*⟩: (emotional) Hinrichtung eines Unschuldigen aufgrund eines fehlerhaften Gerichtsurteils

Ju|te, die; - ⟨*bengal.-engl.*⟩: **1.** Gattung der Lindengewächse mit zahlreichen tropischen Arten. **2.** Bastfaser der Jutepflanzen

ju|ve|na|lisch ⟨nach dem röm. Satiriker Juvenal⟩: beißend, spöttisch, satirisch

ju|ve|na|li|sie|ren ⟨*lat.-nlat.*⟩ (selten): am Stil, Geschmack der Jugend orientieren. **Ju|ve|na|li|sie|rung,** die; -, -en: Orientierung am Stil, Geschmack der Jugend

Ju|ve|nat, das; -[e]s, -e (früher): katholisches Schülerheim; Internatsschule, bes. für jmdn., der in einen Orden eintreten will

ju|ve|nil ⟨*lat.*⟩: **1.** jugendlich, für junge Menschen charakteristisch. **2.** (Geol.) direkt aus dem Erdinnern stammend, aufgestiegen; vgl. vados

Ju|ve|ni|lis|mus, der; - ⟨*lat.-nlat.*⟩: **1.** Entwicklungsstufe des Jugendstadiums. **2.** (Psychol.) Form seelischer Undifferenziertheit, bei der die seelische Entwicklung auf einer jugendlichen Stufe stehen geblieben ist

Ju|ve|ni|li|tät, die; - ⟨*lat.*⟩: Jugendlichkeit

Ju|ve|nil|was|ser, das; -s ⟨*lat.; dt.*⟩: ↑juveniles (2) Wasser

[1]Ju|wel, das (auch: der) -s, -en (meist Plural) ⟨*lat.-vulgärlat.-frz.-niederl.*⟩: Edelstein, Schmuckstück

[2]Ju|wel, das; -s, -e: Person od. Sache, die für jmdn. besonders wertvoll ist

Ju|we|lier, der; -s, -e ⟨*lat.-vulgärlat.-frz.-niederl.*⟩: jmd., der [als ausgebildeter Goldschmied, Uhrmacher o. Ä.] mit Schmuckwaren u. Ä. handelt. **Ju|we|lie|rin,** die; -, -nen: weibliche Form zu ↑Juwelier

Jux, der; -es, -e ⟨durch Entstellung aus *lat. iocus* = »Scherz« entstanden⟩ (ugs.): Scherz, Spaß, Ulk. **ju|xen** (ugs.): Spaß machen

Jux|ta, österr.: Juxte, die; -, -n ⟨*lat.-nlat.*⟩: meist an der linken Seite von kleinen Wertpapieren (Lottozetteln) befindlicher Kontrollstreifen

Jux|ta|kom|po|si|tum, das; -s, ...ta: ↑Juxtapositum

Jux|ta|po|si|ti|on, die; -, -en: **1.** (Sprachwiss.) **a)** Zusammenrückung der Glieder einer syntaktischen Fügung als besondere Form der Wortbildung; vgl. Juxtapositum; **b)** bloße Nebeneinanderstellung im Ggs. zur Komposition (4) (z. B. engl. *football game* = »Fußballspiel«). **2.** Ausbildung von zwei miteinander verwachsenen Kristallen, die eine Fläche gemeinsam haben

Jux|ta|po|si|tum, das; -s, ...ta (Sprachwiss.): durch ↑Juxtaposition (1 a) entstandene Zusammensetzung (z. B. Dreikäsehoch, jahrelang)

Jux|te vgl. Juxta

K

Ka|a|ba, die; - ⟨*arab.;* »Würfel«⟩: Steinbau in der großen Moschee von Mekka, Hauptheiligtum des Islams, Ziel der Mekkapilger; vgl. Hadsch, Hadschar

Ka|ba|che, Ka|ba|cke, die; -, -n ⟨*russ.*⟩: **a)** primitive Hütte; **b)** anrüchige Kneipe

Ka|ba|le, die; -, -n ⟨*hebr.-frz.*⟩ (veraltet): Intrige

ka|ba|lie|ren, ka|ba|li|sie|ren (veraltet): intrigieren

Ka|ba|list, der; -en, -en (veraltet): heimtückischer Gegner, ↑Intrigant; vgl. aber: Kabbalist. **Ka|ba|lis|tin,** die; -, -nen: weibliche Form zu ↑Kabalist

Ka|ban vgl. Caban

Ka|ba|nos|si, Cabanossi, die; -, - ⟨Herkunft unsicher⟩: stark gewürzte, grobe, geräucherte Brühwurst

Ka|ba|rett [kaba'rɛt, auch: 'ka..., ...'re:], das; -s, -s u. (bei eingedeutschter Ausspr. auch:) -e, auch, bes. österr.: Cabaret [kaba're:, auch: 'kabare], das; -s, -s ⟨*lat.-frz.*⟩: **1.** (ohne Plural) Kleinkunst in Form von Sketchen u. Chansons, die in parodistischer, witziger Weise politische Zustände od. aktuelle Ereignisse kritisieren. **2. a)** Kleinkunstbühne; **b)** Ensemble, das Kabarett (1) macht. **3.** (veraltet) [drehbare] mit kleinen Fächern od. Schüsselchen versehene Salat- od. Speiseplatte

Ka|ba|ret|ti|er [...'te:], der; -s, -s: Leiter eines Kabaretts (2)

Ka|ba|ret|tist, der; -en, -en: Künstler des Kabaretts (1). **Ka|ba|ret|tis|tin,** die; -, -nen: weibliche Form zu ↑Kabarettist. **ka|ba|ret|tis|tisch:** in der Art des Kabaretts (1)

Kab|ba|la [auch: ...'la], die; - ⟨*hebr.;* »Überlieferung«⟩: **a)** stark mit Buchstaben- und Zahlendeutung arbeitende jüdische Geheimlehre und Mystik vor allem im Mittelalter; **b)** esoterische u. theosophische Bewegung im Judentum

Kab|ba|list, der; -en, -en ⟨*hebr.-nlat.*⟩: Anhänger der Kabbala; vgl. aber: Kabalist

Kab|ba|lis|tik, die; -: Lehre der Kabbala, bes. ↑Magie mit Buchstaben u. Zahlen

Kab|ba|lis|tin, die; -, -nen: weibliche Form zu ↑Kabbalist

kab|ba|lis|tisch: a) auf die Kabbala bezüglich; **b)** [für Uneingeweihte] unverständlich

Ka|bel|jau, der; -s, -e u. -s ⟨*niederl.*⟩: (bes. im Nordatlantik heimischer) großer, olivgrün gefleckter Raubfisch

Ka|bi|ne, die; -, -n ⟨*lat.-provenzal.-frz.-engl.(-frz.)*⟩: **1. a)** Wohn- u. Schlafraum für Passagiere auf größeren [Fahrgast]schiffen; **b)** Raum, in dem in einem Flugzeug die Passagiere untergebracht werden. **2. a)** kleiner, abgeteilter Raum zum Aus- u. Ankleiden; Bade-, Umkleidekabine; **b)** kleiner, abgeteilter Raum, kleines Häuschen für bestimmte Tätigkeiten, Verrichtungen einzelner Personen. **3.** Gondel einer Seilbahn o. Ä.

Ka|bi|nett, das; -s, -e ⟨*frz.;* »kleines Gemach, Nebenzimmer«⟩: **1. a)** (veraltet) abgeschlossener Beratungs- u. Arbeitsraum (bes. an Fürstenhöfen); **b)** kleinerer Museumsraum [für besonders wertvolle Objekte];

c) (österr.) kleines, einfenstriges Zimmer. **2. a)** Kollegium der die Regierungsgeschäfte eines Staates führenden Minister; **b)** (veraltet) engster Beraterkreis eines Fürsten. **3.** (regional) Lehr- u. Beratungszentrum; Fachunterrichtsraum. **4.** (nach dem deutschen Weingesetz) Wein der ersten Kategorie der Qualitätsweine mit Prädikat

Ka|bi|nett|for|mat, das; -[e]s (früher): Format von fotografischen Platten

Ka|bi|nett|ma|le|rei, die; - ‹*frz.; dt.*›: Verfahren der Glasmalerei, bei dem mit Schmelzfarbe gearbeitet wird

Ka|bi|nett|schei|be, die; -, -n: in der Kabinettmalerei runde od. viereckige Glasscheibe mit Darstellung eines Wappens od. einer Szene

Ka|bi|netts|fra|ge, die; -, -n: Vertrauensfrage, die das Kabinett an das Parlament richtet u. von deren positiver od. negativer Beantwortung das Verbleiben der Regierung im Amt abhängt

Ka|bi|netts|jus|tiz, die; -: **a)** (Geschichte) Rechtsprechung od. Einflussnahme auf die Justiz durch einen Herrscher; **b)** [unzulässige] Einwirkung der Regierung auf die Rechtsprechung; vgl. Amnestie

Ka|bi|netts|or|der, die; -, -n (veraltet): [unmittelbarer] Befehl des Fürsten

Ka|bi|nett|stück, das; -[e]s, -e ‹*frz.; dt.*›: **1.** (veraltet) besonders wertvoller, in seiner Art einmaliger Gegenstand; Prunkstück. **2.** besonders geschicktes, erfolgreiches Vorgehen, Handeln

Ka|bi|nett|wein, der; -s, -e: ↑Kabinett (4)

Ka|bis, der; - ‹*lat.-mlat.*› (südd., schweiz.): Kohl; vgl. Kappes (1)

Ka|bo|ta|ge [...ˈtaːʒə], die; - ‹*lat.-span.-frz.*›: die meist den Bewohnern eines Landes vorbehaltene Beförderung von Gütern u. Personen innerhalb des Landes od. Hoheitsgebiets (z. B. Küstenschifffahrt, Binnenflugverkehr). **ka|bo|tie|ren:** (im Rahmen bestimmter Abkommen) Güter od. Personen innerhalb eines Landes od. Hoheitsgebiets befördern

Ka|b|ri|o|lett [...ˈlɛt, auch, österr. nur: ...ˈleː], das; -s, -s ‹*lat.-it.-frz.*› (veraltet): leichter, zweirädriger Einspänner

Ka|bu|ki, das; - ‹*jap.*›: im 17. Jh. aus Singtanzpantomimen entstandenes japanisches Volkstheater in übersteigert realistischem Stil

Ka|ch|ek|ti|ker, der; -s, - ‹*gr.-lat.*› (Med.): an Kachexie leidender, hinfälliger Mensch. **Ka|ch|ek|ti|ke|rin,** die; -, -nen: weibliche Form zu ↑Kachektiker. **ka|ch|ek|tisch** (Med.): an Kachexie leidend, hinfällig

Ka|ch|e|xie, die; -, ...ien (Med.): mit allgemeiner Schwäche u. Blutarmut verbundener starker Kräfteverfall [als Begleiterscheinung schwerer Krankheiten]

Ka|da|ver, der; -s, - ‹*lat.;* »gefallener (tot daliegender) Körper«›: toter, in Verwesung übergehender Tierkörper; Aas

Ka|da|ver|ge|hor|sam, der; -s ‹*lat.; dt.*› (abwertend): blinder, willenloser Gehorsam unter völliger Aufgabe der eigenen Persönlichkeit

Ka|da|ve|rin, Cadaverin, das; -s ‹*lat.-nlat.*›: zu den Leichengiften zählendes biogenes Amin, das von Bakterien im Darm u. bei der Eiweißzersetzung in Leichen gebildet wird

Ka|da|ver|mehl, das; -[e]s ‹*lat.; dt.*›: Knochen- od. Fleischrückstände verendeter Tiere, die als Futter od. Dünger verwendet werden

Kad|disch, das; -s ‹*aram.*›: jüdisches Gebet, das bes. für das Seelenheil Verstorbener während des Trauerjahres gesprochen wird

Ka|denz, die; -, -en ‹*lat.-vulgärlat.-it.*›: **1.** (Musik) Akkordfolge als Abschluss od. Gliederung eines Musikstücks. **2.** (Musik) improvisierte od. [vom Komponisten] ausgeschriebene solistische Paraphrasierung eines Themas am Schluss [einzelner Sätze] eines Konzerts, die dem Künstler die Möglichkeit bietet, sein virtuoses Können zu zeigen. **3.** (Sprachwiss.) das Abfallen der Stimme. **4.** (Verslehre) metrische Form des Versschlusses. **5.** (Waffent.) Feuergeschwindigkeit. **ka|den|zie|ren** (Musik): **a)** durch eine Kadenz (1) zu einem harmonischen Abschluss leiten; **b)** eine Kadenz (3) ausführen

[1]Ka|der, der, (schweiz.:) das; -s, - ‹*lat.-it.-frz.*›: **1.** aus Offizieren u. Unteroffizieren bestehende Kerngruppe eines Heeres. **2.** Stamm von Sportlern, die für ein Spiel, einen Wettkampf infrage kommen

[2]Ka|der, der; -s, - ‹*lat.-it.-frz.-russ.*›: **1.** Gruppe von Personen mit wichtigen Funktionen in Partei, Wirtschaft, Staat o. Ä. (bes. in den ehemaligen sozialistischen Staaten). **2.** Angehöriger, Mitglied eines [1]Kaders (2)

Ka|der|ar|mee, die; -, -n: ↑Armee (a), die in Friedenszeiten nur aus [1]Kadern (1) besteht u. im Kriegsfalle mit Wehrpflichtigen aufgefüllt wird

Ka|der|par|tie, die; -, -n: bestimmte Partie im ↑Billard

[1]Ka|dett, der; -en, -en ‹*lat.-provenzal.-frz.*›: **1.** (Geschichte) Zögling eines militärischen Internats für Offiziersanwärter. **2.** (schweiz.) Mitglied einer [Schul]organisation für vormilitärischen Unterricht. **3.** (ugs.) Bursche, Kerl

[2]Ka|dett, der; -s, -s: blau-weiß od. schwarz-weiß gestreiftes Baumwollgewebe für Berufskleidung

[3]Ka|dett, der; -en, -en ‹*russ.;* nach den Anfangsbuchstaben *K* u. *D* der russischen Konstitutionellen Demokratischen (Partei)› (Geschichte): Mitglied einer russischen Partei (1905–1917) mit dem Ziel einer konstitutionellen Monarchie

Ka|det|ten|korps [...koːɐ̯], das; - [...koːɐ̯(s)], - [...koːɐ̯s] (früher): Gesamtheit der Zöglinge der Kadettenanstalten eines Landes

Ka|di, der; -s, -s ‹*arab.;* »Richter«›: **1.** Richter in islamischen Ländern. **2.** (ugs.) richterliche Instanz, Gericht

kad|mie|ren, verkadmen ‹*gr.-lat.-nlat.*›: Metalle zum Schutz gegen ↑Korrosion auf ↑galvanischem Wege mit einer Kadmiumschicht überziehen. **Kad|mie|rung,** die; -, -en: Vorgang des Kadmierens

Kad|mi|um, chem. fachspr.: Cadmium, das; -s: chem. Element; ein Metall (Zeichen: Cd)

ka|duk ‹*lat.*› (veraltet): hinfällig, gebrechlich, verfallen
ka|du|zie|ren ‹*lat.-nlat.*› (Rechtswiss.): geleistete Einlagen für verfallen erklären. **Ka|du|zie|rung,** die; -, -en (Rechtswiss.): Verfallserklärung hinsichtlich bereits geleisteter Einlagen eines Aktionärs od. Gesellschafters, der mit seinen satzungsgemäßen Einzahlungen im Verzug ist
Kaf, das od. der; -[s] ‹*arab.*›: nach islamischen Anschauungen legendäres Gebirge als Grenze der Erde u. Sitz der Götter u. Dämonen
Kaff, das; -s, Plur. -s u. Käffer ‹*Rotwelsch*› (Gaunerspr.; ugs. abwertend): abgelegene Ortschaft, langweiliger kleiner Ort
Kaf|fee [auch, österr. nur: ka'fe:], der; -s, -s ‹*arab.-türk.-it.-frz.*›: **1.** Kaffeepflanze, Kaffeestrauch. **2. a)** bohnenförmige Samen des Kaffeestrauchs; **b)** geröstete [gemahlene] Kaffeebohnen. **3.** aus den Kaffeebohnen bereitetes, anregendes, leicht bitter schmeckendes Getränk. **4. a)** kleine Zwischenmahlzeit am Nachmittag, bei der Kaffee getrunken wird; **b)** Morgenkaffee, Frühstück
Kaf|fee-Ex|trakt, Kaf|fee|ex|trakt, der; -[e]s, -e: pulverisierter, [gefrier]getrockneter Auszug aus starkem Kaffeeaufguss
Kaf|fee|sie|der, der; -s, - ‹*arab.-türk.-it.-frz.; dt.*› (österr. amtl., sonst meist scherzh. od. abwertend): Besitzer eines Kaffeehauses
Kaf|fee|sur|ro|gat, das; -[e]s, -e: Kaffee-Ersatz
Kaf|fe|in, das; -s ‹(*arab.-türk.-frz.-nlat.*) *engl.*›: ↑Koffein
Kaf|fer, der; -s, - ‹*hebr.-jidd.;* »Bauer«› (oft als diskriminierend empfundenes Schimpfwort): jmd., der (nach Ansicht des Sprechers) dumm, ungebildet o. Ä. ist
Ka|fil|ler, der; -s, - ‹*hebr.-jidd.*› (Gaunerspr.): Schinder, Abdecker. **Ka|fil|le|rei,** die; -, -en (Gaunerspr.): Abdeckerei
Ka|fir, der; -s, -n ‹*arab.*› (abwertend; im Islam): jmd., der nicht dem islamischen Glauben angehört
kaf|ka|esk ‹nach dem österr. Schriftsteller F. Kafka, 1883 bis 1924›: in der Art der Schilderungen Kafkas; auf rätselvolle Weise unheimlich, bedrohlich
Kaf|tan, der; -s, -e ‹*pers.-arab.-türk.-slaw.;* »[militär.] Obergewand«›: **1.** langes [orientalisches] Obergewand mit langen [weiten] Ärmeln, das oft mit einer breiten Schärpe zusammengehalten od. mit kleinen Knöpfen über der Brust geschlossen wird. **2.** (ugs.) langes, weites Kleidungsstück
Ka|gu, der; -s, -s ‹*polynes.*›: Kranichvogel mit hellschiefergrauem Gefieder, der in den Gebirgswäldern Neukaledoniens lebt
Ka|gu|ra, der; -s, -s ‹*jap.*›: jap. Tanz beim schintoistischen Kult
Kai, der; -s, -s, **Quai** [ke:, auch: kɛ(:)], der od. das; -s, -s ‹*gall.-frz.-niederl.*›: durch Mauern befestigtes Ufer im Bereich eines Hafens zum Beladen u. Löschen von Schiffen
Kai|man, der; -s, -e ‹*indian.-span.*›: (bes. im tropischen Südamerika vorkommender) Alligator
Kai|man|fisch, der; -[e]s, -e ‹*indian.-span.; dt.*›: hechtartiger Knochenfisch mit ↑Ganoidschuppen, dessen Kiefer zu einer Krokodilschnauze verlängert ist
Kai|nit [auch: ...'nɪt], der; -s, -e ‹*gr.-nlat.*›: weißliches, gelbliches od. rötliches, leicht wasserlösliches Mineral, das gemahlen als Kalidünger verwendet wird
Kains|mal ['kai̯ns..., auch: 'ka:ɪns...], das; -[e]s, -e ‹nach 1. Mose 4, 15: Zeichen, das Kain nach dem Brudermord an Abel erhalten haben soll u. das ihn als nur von Gott zu Richtenden kennzeichnen sollte›: Schuld, die jmdm. gleichsam an der Stirn geschrieben steht
Kains|zei|chen, das; -s, -: ↑Kainsmal
kai|ro|phob ‹*gr.*› (Med.; Psychol.): Situationsangst empfindend. **Kai|ro|pho|bie,** die; -, ...ien (Med.; Psychol.): Situationsangst
Kai|ros, der; -, ...roi [...'rɔy̆]: **1.** (Philos.) günstiger Zeitpunkt, entscheidender Augenblick. **2.** (Rel.) Zeitpunkt der Entscheidung (z. B. zwischen Glauben u. Unglauben)
Kai|zen [...zɛn], das; - ‹*jap.;* »Verbesserung«›: Unternehmensführungskonzept aus Japan, das darin besteht, einen kontinuierlichen Verbesserungsprozess in Gang zu halten
Ka|jak, das, auch der; -s, -s ‹*eskim.*›: **a)** schmales, einsitziges Männerboot der Eskimos; vgl. Umiak; **b)** ein- od. mehrsitziges Sportpaddelboot, das mit Doppelpaddel vorwärtsbewegt wird
Ka|jal, das; -[s] ‹*sanskr.*›: als Kosmetikum zum Umranden der Augen verwendete [schwarze] Farbe
Ka|je, die; -, -n ‹*niederl.*› (nordd.): [Schutz]deich, Uferbefestigung
Ka|je|put|baum, der; -[e]s, ...bäume ‹*malai.; dt.*›: ein Myrtengewächs in Indonesien u. Australien, dessen Öl in der Medizin und Parfümerie verwendet wird
ka|jo|lie|ren [kaʒ...] ‹*frz.*› (veraltet): schmeicheln, liebkosen
Ka|jü|te, die; -, -n ‹*niederd.,* weitere Herkunft unsicher›: Wohn- u. Schlafraum auf Booten u. Schiffen
Ka|ka|du [auch: ...'du:], der; -s, -s ‹*malai.-niederl.*›: (bes. in Australien heimischer) großer Papagei mit weißem, schwarzem od. rosenrotem Gefieder, einem kräftigen Schnabel u. einem Schopf aus Federn auf dem Kopf
Ka|kao [...'kaʊ̯, auch: ...'ka:o], der; -s, -s ‹*mex.-span.*›: **1.** Kakaobaum, -pflanze. **2.** Samen des Kakaobaumes. **3.** aus gemahlenen Kakaobohnen hergestelltes Pulver. **4.** aus Kakaopulver, Milch u. Zucker bereitetes Getränk; **jmdn. durch den Kakao ziehen** (ugs.): spöttisch-abfällig über jmdn. reden
Ka|ke, der; -, - ‹*jap.*›: Wurfausführung (beim Judo)
Ka|ke|mo|no, das; -s, -s ‹*jap.*›: japanisches Gemälde im Hochformat auf einer Rolle aus Seide od. Papier; vgl. Makimono
Ka|ker|lak, der; -s u. -en, -en, **Ka|ker|la|ke,** die; -, -n ‹Herkunft unsicher›: **1.** Küchenschabe. **2.** (von Tieren) lichtempfindlicher Albino (2 a)

ka|ki, khaki: erdfarben

[1]**Ka|ki,** [1]Khaki, das; -[s] ⟨*pers.-Hindi-engl.*⟩: Erdfarbe, Erdbraun

[2]**Ka|ki,** [2]Khaki, der; -[s]: gelbbrauner Stoff [für die Tropenuniform]

Ka|ki|baum, der; -s, ...bäume ⟨*jap.; dt.*⟩: ein ostasiatisches Ebenholzgewächs mit tomatenähnlichen Früchten

Ka|ki|rit [auch: ...ˈrɪt], der; -s, -e ⟨*nlat.;* nach dem See Kakir in Nordschweden⟩ (Geol.): durch Erdbewegungen stark zerklüftetes Gestein

Kak|ke [...keː], die; - ⟨*jap.*⟩: ↑Beriberi

Ka|ko|dyl|ver|bin|dung, die; -, -en (meist Plural) ⟨*gr.; dt.*⟩ (Chemie): übel riechende organische Verbindung des Arsens

Ka|ko|fo|nie, Kakophonie, die; -, ...ien ⟨*gr.*⟩: **1.** (Sprachwiss.) schlecht klingende Folge von Lauten (Ggs.: Eufonie). **2.** (Musik) Missklang, ↑Dissonanz. **Ka|ko|fo|ni|ker,** Kakophoniker, der; -s, -: ein Komponist, der häufig die ↑Kakofonie (1) anwendet. **Ka|ko|fo|ni|ke|rin,** Kakophonikerin, die; -, -nen: weibliche Form zu ↑Kakofoniker, Kakophoniker. **ka|ko|fo|nisch,** kakophonisch: die Kakofonie betreffend, misstönend, schlecht klingend

Ka|ko|geu|sie, die; -, ...ien ⟨*gr.-nlat.*⟩ (Med.): übler Geschmack im Mund

Ka|ko|pho|nie usw. vgl. Kakofonie usw.

Ka|k|os|mie, die; - (Med.): subjektive Empfindung eines tatsächlich [nicht] vorhandenen üblen Geruchs

Ka|ko|s|to|mie, die; - ⟨*gr.-nlat.*⟩ (Med.): übler Mundgeruch

Kak|ta|ze|en, die (Plural) ⟨*gr.-lat.-nlat.*⟩ (Bot.): Kaktusgewächse

Kak|tee, die; -, -n: ↑Kaktus

Kak|tus, der; - (ugs. u. österr. auch: -ses), ...teen (ugs. u. österr. auch: -se) ⟨*gr.-lat.*⟩: (in vielen Arten in Trockengebieten vorkommende) meist säulen- od. kugelförmige Pflanze, die in ihrem verdickten Stamm Wasser speichert u. meist Dornen trägt

ka|ku|mi|nal ⟨*lat.-nlat.*⟩ (veraltet): ↑retroflex. **Ka|ku|mi|nal,** der; -s, -e: ↑Retroflex

Ka|la-Azar, die; - ⟨*Hindi;* »schwarze Krankheit«⟩ (Med.): schwere tropische Infektionskrankheit, die mit Fieber, Schwellung von Leber u. Milz u. allgemeinem Kräfteverfall einhergeht; viszerale Leishmaniose

Ka|la|bas|se vgl. Kalebasse

Ka|la|b|re|ser, der; -s, - ⟨nach der it. Landschaft Kalabrien⟩: Filzhut mit breiter Krempe u. nach oben spitz zulaufendem Kopfteil

Ka|la|mai|ka, die; -, ...ken ⟨*slaw.*⟩: slawisch-ungarischer Nationaltanz im $^2/_4$-Takt

Ka|la|ma|ri|en, die (Plural) ⟨*gr.-nlat.*⟩: mit den ↑Kalamiten verwandte ↑fossile Schachtelhalme

Ka|la|min, der; -s ⟨*gr.-lat.-mlat.*⟩: Zinkspat

Ka|la|mit, der; -en, -en (meist Plural) ⟨*gr.-nlat.*⟩: ausgestorbener baumhoher Schachtelhalm des ↑Karbons

Ka|la|mi|tät, die; -, -en ⟨*lat.*⟩: **1.** [schlimme] Verlegenheit, missliche Lage. **2.** (Biol.) durch Schädlinge, Hagel, Sturm o. Ä. hervorgerufener schwerer Schaden in Pflanzenkulturen

Ka|la|mos, der; -, ...moi [...mɔɪ̯] ⟨*gr.*⟩: Rohrfeder (aus Schilfrohr), mit der man im Altertum auf Papyrus u. Pergament schrieb

Ka|lan|choe [...çoe], die; -, -n ⟨*chin.-frz.*⟩ (Bot.): zu den Dickblattgewächsen gehörende Pflanze mit weißen, gelben od. roten Blüten

Ka|lan|der, der; -s, - ⟨*frz.*⟩: Maschine mit verschiedenen Walzen zum Glätten od. Prägen von Stoff, Papier, Folie o. Ä.. **kalan|dern, ka|lan|d|rie|ren** ⟨*frz.*⟩: einen Werkstoff mit dem Kalander bearbeiten

Ka|lands|brü|der, die (Plural) ⟨*lat.-mlat.; dt.;* nach lat. *calendae* = »erster Tag eines Monats«⟩: religiös-soziale Bruderschaften des 13.–16. Jh.s, die sich am Monatsersten versammelten

Ka|la|sche, die; -, -n ⟨*russ.*⟩ (landsch.): [Tracht] Prügel. **ka|la|schen** (landsch.): prügeln

Ka|lasch|ni|kow, die; -, -s ⟨nach dem sowjetischen Konstrukteur M. T. Kalaschnikow, * 1919⟩: ein sowjetisches Sturmgewehr

Ka|la|si|ris, die; -, - ⟨*ägypt.-gr.*⟩: (im alten Ägypten u. in Griechenland getragenes) langes Gewand für Männer u. Frauen

Ka|la|thos, der; -, ...thoi [...tɔɪ̯] ⟨*gr.*⟩: **1.** (im antiken Griechenland) aus Weiden geflochtener, an einen Lilienkelch erinnernder Korb. **2.** Kopfschmuck, bes. der weiblichen griechischen Gottheiten. **3.** (Kunstwiss.) Kernstück des korinthischen ↑Kapitells

Ka|lau|er, der; -s, - ⟨aus frz. *calembour* = »Wortspiel«, in Anlehnung an den Namen der Stadt Calau bei Cottbus umgebildet⟩: nicht sehr geistreicher, meist auf einem Wortspiel beruhender Witz. **ka|lau|ern:** Kalauer erzählen

Kal|da|ri|um, Caldarium, das; -s, ...ien ⟨*lat.;* »Warmzelle«⟩: **1.** altrömisches Warmwasserbad. **2.** (veraltet) warmes Gewächshaus

Kal|dau|ne, die; -, -n (meist Plural) ⟨*lat.-mlat.*⟩: **a)** (landsch.) Stück der Innereien, bes. vom Rind; **b)** (salopp) Stück der Eingeweide des Menschen

Kal|de|ra vgl. Caldera

Ka|le|bas|se, Kalabasse, die; -, -n ⟨*arab.-span.-frz.*⟩: dickbauchiges, aus einem Flaschenkürbis od. der Frucht des Kalebassenbaumes hergestelltes Gefäß mit langem Hals

Ka|le|bas|sen|baum, der; -[e]s, ...bäume: tropischer Baum mit sehr großen, hartschaligen Früchten

Ka|le|do|ni|den, die (Plural) ⟨*nlat.;* nach dem lat. Namen Caledonia für Nordschottland⟩ (Geol.): die im älteren Paläozoikum entstandenen Gebirge, die sich innerhalb Europas vor allem vom Westen der Skandinavischen Halbinsel bis nach Schottland u. Irland erstrecken

ka|le|do|nisch (Geol.): die Kaledoniden u. die Zeit ihrer Herausbildung betreffend

Ka|lei|do|s|kop, das; -s, -e ⟨*gr.-nlat.;* eigtl. »Schönbildschauer«⟩: **1.** fernrohrähnliches Spielzeug, bei dem sich beim Drehen bunte Glassteinchen zu verschiedenen Mustern u. Bildern anordnen. **2.** lebendig-bunte [Bilder]folge, bunter Wechsel. **ka|lei|do|s|ko|pisch:**

1. das Kaleidoskop betreffend. 2. in bunter Folge, ständig wechselnd (z. B. von Bildern od. Eindrücken)

Ka|lei|ka, das; -[s] ‹*poln.*› (landsch. ugs.): Aufheben, Umstand

ka|len|da|risch ‹*lat.*›: nach dem Kalender. **Ka|len|da|ri|um,** das; -s, ...ien: 1. Verzeichnis kirchlicher Gedenk- u. Festtage. 2. [Termin]kalender. 3. altrömisches Verzeichnis von Zinsen, die am Ersten des Monats fällig waren

Ka|len|den, Calendae [...dɛ], die (Plural): erster Tag des altrömischen Monats

Ka|le|sche, die; -, -n ‹*poln.*›: leicht gebaute Kutsche mit zusammenklappbarem Verdeck

Ka|le|va|la, Ka|le|wa|la, das; - ‹*finn.*›: finnisches Nationalepos

Kal|fak|ter, der; -s, -, **Kal|fak|tor,** der; -s, ...oren ‹*lat.-mlat.;* »Einheizer«›: 1. **a)** (veraltend, oft leicht abwertend) jmd., der für jmdn. verschiedenste untergeordnete Hilfsdienste verrichtet; **b)** (oft abwertend) Gefangener, der in der Strafanstalt den Gefängniswärtern Hilfsdienste leistet. 2. (landsch. abwertend) jmd., der andere aushorcht

kal|fa|tern ‹*arab.-mgr.-roman.-niederl.*› (Seemannsspr.): (die hölzernen Wände, das Deck eines Schiffes) in den Fugen mit Werg u. Teer od. Kitt abdichten

Ka|li, das; -s, -s ‹*arab.*›: 1. bes. als Dünge- u. Ätzmittel verwendetes, natürlich vorkommendes Kalisalz. 2. Kurzf. von Kalium[verbindungen]

Ka|li|an, Kaliun, der od. das; -s, -e ‹*pers.*›: persische Wasserpfeife

Ka|li|ban, der; -s, -e ‹nach Caliban, einer Gestalt in Shakespeares Drama »Tempest« (»Sturm«)›: roher, grobschlächtiger, primitiver Mensch

Ka|li|ber, das; -s, - ‹*gr.-arab.-frz.*›: 1. **a)** innerer Durchmesser von Rohren u. Bohrungen; **b)** äußerer Durchmesser eines Geschosses. 2. Gerät zum Messen des inneren od. äußeren Durchmessers an Werkstücken. 3. **a)** Form eines Uhrwerks; **b)** Durchmesser eines Uhrgehäuses. 4. Aussparung, Abstand zwischen zwei Walzen bei einem Walzwerk. 5. (ugs.) Art, Schlag, Sorte

Ka|li|ber|maß, das; -es, -e ‹*gr.-arab.-frz.; dt.*›: ↑Kaliber (1 b)

Ka|li|b|ra|ti|on, die; -, -en: 1. Messung des Kalibers (1 a). 2. das Überprüfen von Messinstrumenten auf die Korrektheit der von ihnen gemessenen Werte hin. 3. das Ausrichten von Werkstücken auf ein genaues Maß; vgl. ...ation/...ierung

Ka|li|b|reur [...ˈbrøːɐ̯], der; -s, -e: jmd., der eine Kalibration vornimmt. **Ka|li|b|reu|rin** [...ˈbrøːrɪn], die; -, -nen: weibliche Form zu ↑Kalibreur

ka|li|b|rie|ren: 1. das Kaliber (1 a) bestimmen, messen. 2. Werkstücke auf ein genaues Maß bringen, ausrichten. 3. Messinstrumente eichen, prüfen u. mit der Norm in Übereinstimmung bringen. **Ka|li|b|rie|rung,** die; -, -en: ↑Kalibration; vgl. ...ation/...ierung

Ka|lif, der; -en, -en ‹*arab.;* »Nachfolger, Stellvertreter«›: **a)** (ohne Plural) Bez. für den Nachfolger des Propheten Mohammed als Oberhaupt der muslimischen Gemeinschaft; **b)** Träger des Titels Kalif (a)

Ka|li|fat, das; -[e]s, -e ‹*arab.-nlat.*› (Geschichte): Amt, Herrschaft, Reich eines Kalifen

Ka|li|ko, der; -s, -s ‹*frz.-niederl.;* nach der ostindischen Stadt Kalikut = Kalkutta›: feines, dichtes Baumwollgewebe (bes. für Bucheinbände)

Ka|li|lau|ge, die; -, -n ‹*arab.; dt.*›: durch Lösung von Kaliumhydroxid in Wasser entstehende farblose, ätzende Flüssigkeit, die bes. in der Waschmittel- u. Farbindustrie verwendet wird

Ka|li|sal|pe|ter, der; -s: bes. als Düngemittel u. bei der Herstellung von Feuerwerkskörpern, Glas u. Porzellan verwendetes Salz der Salpetersäure

Ka|li|salz, das; -es, -e (meist Plural) ‹*arab.; dt.*›: Doppelsalz od. Gemisch von Verbindungen des Kaliums, Kalziums, Magnesiums u. Natriums, das bes. als Düngemittel u. als Rohstoff in der chemischen Industrie verwendet wird

Ka|li|um, das; -s ‹*arab.-nlat.*›: chem. Element; ein Alkalimetall, das in der Natur nur in Verbindungen vorkommt (Zeichen: K)

Ka|li|um|bro|mid, das; -[e]s, -e: halogenhaltiges Kaliumsalz, das in der Pharmazie für Beruhigungsmittel u. in der Fototechnik als Zusatz zu Entwicklern verwendet wird

Ka|li|um|car|bo|nat vgl. Kaliumkarbonat

Ka|li|um|chlo|rat, das; -s, -e: aus Kalium und Chlorsäure entstehendes Salz, das bes. bei der Herstellung von Zündholzköpfen, Feuerwerkskörpern u. Ä. verwendet wird

Ka|li|um|chlo|rid, das; -[e]s, -e: chemische Verbindung aus Kalium mit Chlor, die bes. zur Herstellung von Kalidüngemitteln verwendet wird

Ka|li|um|hy|d|ro|xid, Ka|li|um|hy|d|ro|xyd, das; -[e]s, -e: durch Elektrolyse der Lösung von Kaliumchlorid entstehendes Hydroxid, das eine harte weiße Masse bildet, die stark Wasser anzieht u. sich in Wasser zu Kalilauge löst

Ka|li|um|kar|bo|nat®, chem. fachspr.: Kaliumcarbonat, das; -[e]s, -e: aus Kalium u. Kohlensäure entstehendes Salz, das ein weißes, leicht in Wasser lösliches Pulver bildet u. u. a. zur Herstellung von Seifen u. Glas verwendet wird; Pottasche

Ka|li|um|ni|t|rat, das; -[e]s, -e: ↑Kalisalpeter

Ka|li|um|per|man|ga|nat, das; -[e]s, -e: dunkelviolett glänzende, Kristalle bildende chemische Verbindung, die bes. als Desinfektions- u. Bleichmittel, zum Beizen von Holz u. Ä. verwendet wird

Ka|li|um|sul|fat, das; -[e]s, -e: als Düngemittel verwendetes Salz aus Kalium u. Schwefelsäure

Ka|li|um|zy|a|nid, das; -s: ↑Zyankali

Ka|li|un vgl. Kalian

Ka|lix|ti|ner, der; -s, - (meist Plural) ‹*lat.-nlat.*› (Geschichte): Anhänger der gemäßigten Richtung der Hussiten, die 1420 den Laienkelch beim Abendmahl forderten; vgl. Utraquist

Kal|kant, der; -en, -en ‹*lat.*› (veraltet): jmd., der an der Orgel den Blasebalg tritt

Kal|ka|ri|u|rie, die; -, ...ien ‹*lat.; gr.*› (Med.): vermehrte Ausscheidung von Kalksalzen im Urin

Kalk|o|o|lith [...li:t, auch: lɪt], der; -s u. -en, -e[n] (Geol.): Gestein aus fischrogenartigem, körnigem Kalk u. kalkigem Bindemittel

Kalk|sal|pe|ter, der; -s ‹*lat.*› (Chemie): durch Auflösen von Kalkstein in Salpetersäure gewonnenes Stickstoffdüngemittel

[1]**Kal|kül**, das, auch: der; -s, -e ‹*lat.-frz.*›: etwas im Voraus abschätzende, einschätzende Berechnung, Überlegung

[2]**Kal|kül**, der; -s, -e (Math.): durch ein System von Regeln festgelegte Methode, mit deren Hilfe bestimmte mathematische Probleme systematisch behandelt u. automatisch gelöst werden können (z. B. Verfahren zur Auflösung linearer u. quadratischer Gleichungen)

K
Kalk

Kal|ku|la|ti|on, die; -, -en ‹*lat.;* »Berechnung«›: **1.** Kostenermittlung, [Kosten]voranschlag. **2.** in Bezug auf etwas angestellte Überlegung; Schätzung

Kal|ku|la|tor, der; -s, ...oren: **1.** Angestellter des betrieblichen Rechnungswesens. **2.** (EDV) [im Internet bereitgestelltes] Progamm, mit dem Rechenoperationen ausgeführt werden können. **Kal|ku|la|to|rin**, die; -, -nen: weibliche Form zu Kalkulator (1). **kal|ku|la|to|risch**: rechnungsmäßig

kal|ku|lie|ren: **1.** [be]rechnen, veranschlagen. **2.** abschätzen, überlegen

Kal|la vgl. Calla

Kal|le, die; -, -n ‹*hebr.-jidd.*› (Gaunerspr.): **1. a)** Braut; **b)** Geliebte. **2.** Prostituierte

Kal|li|graf, Kalligraph, der; -en, -en ‹*gr.*›: Schönschreiber. **Kal|li|gra|fie**, Kalligraphie, die; -, ...ien: **1.** (ohne Plural) Schönschreibkunst. **2.** kalligrafisches Werk. **Kal|li|gra|fin**, Kalligraphin, die; -, -nen: weibliche Form zu ↑Kalligraf. **kal|li|gra|fisch**, kalligraphisch: die Kalligrafie betreffend

kal|lös ‹*lat.-nlat.*›: **1.** von ↑Kallus (1) überzogen. **2.** (Med.) durch einen ↑Kallus (2 a) bedingt; schwielig

Kal|lo|se, die; - (Bot.): zelluloseähnlicher pflanzlicher Stoff, der den Stoffaustausch zwischen benachbarten Zellen od. zwischen Pflanze u. Außenwelt verhindert

Kal|lus, der; -, -se ‹*lat.*›: **1.** (Bot.) an Wundrändern von Pflanzen durch vermehrte Teilung entstehendes Gewebe. **2.** (Med.) **a)** Schwiele; **b)** nach Knochenbrüchen neu gebildetes Gewebe

Kal|mar, der; -s, ...are ‹*gr.-lat.-frz.*›: zehnarmiger Tintenfisch

Kal|me, die; -, -n ‹*gr.-vulgärlat.-it.-frz.*›: völlige Windstille

Kal|men|gür|tel, der; -s ‹*gr.-vulgärlat.-it.-frz.; dt.*› (Meteorol.): Gebiet schwacher, veränderlicher Winde u. häufiger Windstillen [über den Meeren]

Kal|men|zo|ne, die; - (Meteorol.): Zone völliger Windstille in der Nähe des Äquators

kal|mie|ren: beruhigen, besänftigen

Kal|muck, der; -[e]s, -e ‹nach dem westmongolischen Volk der Kalmücken›: beidseitig gerautes, tuchartiges [Baum]wollgewebe

Kal|mus, der; -, -se ‹*gr.-lat.*›: ein Aronstabgewächs (Zierstaude u. Heilpflanze)

Ka|lo|bio|tik, die; - ‹*gr.*›: die im antiken Griechenland geübte Kunst, ein der sinnlichen u. geistigen Natur des Menschen entsprechendes harmonisches Leben zu führen

Ka|loi|ka|ga|thoi [...lɔi̯...], die (Plural): die Angehörigen der Oberschicht im antiken Griechenland

Ka|lo|ka|ga|thie, die; -: körperliche u. geistige Vollkommenheit als Bildungsideal im antiken Griechenland

Ka|lo|mel, das; -s ‹*gr.-frz.*›: Quecksilber-I-Chlorid (ein Mineral)

Ka|lo|rie ‹*lat.-nlat.*›, Grammkalorie, die; -, ...ien: **1.** frühere physikalische Einheit der Wärme. **2.** (meist Plural) frühere Einheit für den Energiewert (Nährwert) von Lebensmitteln

ka|lo|ri|en|re|du|ziert: (von Lebensmitteln) einen deutlich geringeren physiologischen Brennwert besitzend, als ihn Produkte derselben Art üblicherweise haben

Ka|lo|ri|fer, der; -s, -s u. -en ‹»Wärmeträger«› (veraltet): Heißluftofen

Ka|lo|rik, die; -: Wärmelehre

Ka|lo|ri|me|ter, das; -s, - ‹*lat.; gr.*›: Gerät zur Bestimmung von Wärmemengen, die durch chemische od. physikalische Veränderungen abgegeben od. aufgenommen werden. **Ka|lo|ri|me|t|rie**, die; -: Lehre von der Messung von Wärmemengen. **ka|lo|ri|me|t|risch**: die Wärmemessung betreffend; **kalorimetrisches Gerät:** ↑Kalorimeter

ka|lo|risch ‹*lat.-nlat.*›: die Wärme betreffend; **kalorische Maschine:** ↑Generator mit Wärmeantrieb

ka|lo|ri|sie|ren, chem. fachspr.: calorisieren: auf Metallen eine Schutzschicht durch Glühen in Aluminiumpulver herstellen

Ka|lot|te, die; -, -n ‹*frz.*›: **1.** (Math.) gekrümmte Fläche eines Kugelabschnitts. **2.** (Architekt.) flache Kuppel. **3.** (Med.) Knochen, der das Gehirn umgibt; Schädeldach. **4.** Käppchen katholischer Geistlicher. **5.** wattierte Kappe unter Helmen. **6.** anliegende Kopfbedeckung der Frauen im 16. Jh.

Kal|pa, der; -[s] ‹*sanskr.*›: größter Zeitabschnitt in der indischen Lehre von den Weltzeitaltern

Kal|pak, Kolpak, der; -s, -s ‹*türk.*›: **1. a)** tatarische Lammfellmütze; **b)** Filzmütze der Armenier. **2.** [Tuchzipfel an der] Husarenmütze

Kalt|kaus|tik, die; - ‹*dt; gr.*› (Med.): Verfahren in der Chirurgie zur ↑Elektrotomie od. ↑Elektrokoagulation von Geweben mittels hochfrequenter Ströme, bei dem die aktive Elektrode nicht erwärmt wird

Ka|lum|bin, das; -s ‹*Bantuspr.-nlat.*› (Pharm.): Bitterstoff der Kolombowurzel

Ka|lu|met, Calumet [auch: kaly'mɛ], das; -s, -s ‹*gr.-lat.-frz.*›: Friedenspfeife der nordamerikanischen Indianer

Ka|lum|ni|ant, der; -en, -en ‹*lat.*› (veraltet): Verleumder. **Ka|lum|ni|an|tin**, die; -, -nen: weibliche Form zu ↑Kalumniant

Ka|lup|pe, die; -, -n ‹*tschech.*› (landsch.): baufälliges, altes Haus

Kal|va, die; -, ...ven ‹*lat.*›: ↑Kalotte (3)

Kal|va|ri|en|berg, der; -[e]s, -e ⟨*lat.; dt.*⟩: (bes. an katholischen Wallfahrtsorten als Nachbildung Golgathas) hügelartige Erhöhung mit plastischer Darstellung einer Kreuzigungsgruppe, zu der Kreuzwegstationen hinaufführen

Kal|vill, der; -s, -en (fachspr.: -), **Kal|vil|le,** die; -, -n ⟨*frz.*⟩: feiner, aromatischer Tafelapfel

Ka|lym, der; -s, -s ⟨*turkotatar.*⟩: Brautkaufpreis bei den Kirgisenstämmen

Ka|lyp|t|ra, die; -, ...tren ⟨*gr.;* »Hülle, Decke«⟩ (Bot.): **1.** Wurzelhaube der Farn- u. Samenpflanzen. **2.** Hülle der Sporenkapsel bei Laubmoosen

Ka|lyp|t|ro|gen, das; -s ⟨*gr.-nlat.*⟩ (Bot.): Gewebeschicht, aus der sich die ↑Kalyptra (1) entwickelt

Kal|ze|o|la|rie [...i̯ə], Calceolaria, die; -, ...rien ⟨*lat.-nlat.*⟩: Pantoffelblume (Zimmerpflanze mit pantoffelförmigen Blüten)

kal|zi|fi|zie|ren ⟨*nlat.*⟩: Kalke bilden, verkalken

kal|zi|fug ⟨*lat.-nlat.*⟩: kalkhaltigen Boden meidend (von Pflanzen) (Ggs.: kalziphil)

Kal|zi|na|ti|on, chem. fachspr.: Calcination, die; - (Chemie): **a)** Zersetzung einer chemischen Verbindung durch Erhitzen; **b)** das Austreiben von Wasser aus Kristallen; **c)** Umwandlung in kalkähnliche Substanz. **kal|zi|nie|ren,** chem. fachspr.: calcinieren (Chemie): aus einer chemischen Verbindung durch Erhitzen Wasser od. Kohlendioxid austreiben

Kal|zi|no|se, die; -, -n (Med.): Verkalkung von Gewebe infolge vermehrter Ablagerung von Kalksalzen

kal|zi|phil ⟨*lat.; gr.*⟩: kalkhaltigen Boden bevorzugend (von Pflanzen) (Ggs.: kalzifug)

Kal|zit [auch: ...ˈtsɪt], chem. fachspr.: Calcit ⟨*lat.-nlat.*⟩ der; -s, -e: Kalkspat

Kal|zi|um, chem. fachspr.: Calcium, das; -s: chem. Element; ein Metall (Zeichen: Ca)

Kal|zi|um|bro|mid, das; -[e]s, chem. fachspr.: Calciumbromid, das; -[e]s, Bromkalzium, das; -s: eine Bromverbindung

Kal|zi|um|chlo|rid, chem. fachspr.: Calciumchlorid, das; -[e]s: u. a. als Trockenmittel, Frostschutzmittel, in der Medizin verwendete Verbindung aus Kalzium u. Chlor

Kal|zi|um|hy|d|ro|xid, chem. fachspr.: Calziumhydroxid, **Kal|zi|um|hy|d|ro|xyd,** das; -[e]s: gelöschter Kalk

Kal|zi|um|kar|bid, chem. fachspr.: Calciumcarbid: ↑Karbid

Kal|zi|um|kar|bo|nat, chem. fachspr.: Calciumcarbonat, das; -[e]s, -e: (kohlensaurer) Kalk

Kal|zi|um|oxid, chem. fachspr.: Calziumoxid, **Kal|zi|um|oxyd,** das; -[e]s: gebrannter Kalk, Ätzkalk

Kal|zi|um|phos|phat, chem. fachspr.: Calciumphosphat, das; -[e]s, -e: u. a. als Düngemittel verwendetes Kalziumsalz der Phosphorsäure

Kal|zi|um|sul|fat, chem. fachspr.: Calciumsulfat, das; -[e]s, -e: (in Form von Gips, Anhydrit, Alabaster vorkommendes) Kalziumsalz der Schwefelsäure

Ka|mal|du|len|ser, der; -s, - (meist Plural) ⟨nach dem Kloster Camaldoli bei Arezzo⟩: Angehöriger eines katholischen Ordens

Ka|man|gah [...ˈdʒaː], die; -, -s ⟨*arab.*⟩: in Vorderasien u. Nordafrika verbreitetes Streichinstrument; Kemantsche

Ka|ma|ra|de|rie vgl. Kameraderie

Ka|ma|res|va|sen, die (Plural) ⟨nach dem Fundort Kamares auf der Insel Kreta⟩: schwarz- od. braungrundig glasierte, bunte Keramikgefäße aus minoischer Zeit (um 2000 v. Chr.)

Ka|ma|ril|la [kamaˈrɪlja, auch: ...ˈrɪla], die; -, ...llen ⟨*lat.-span.;* »Kämmerchen«⟩: Hofpartei od. ↑Clique (a) in unmittelbarer Umgebung eines Herrschers, die auf diesen einen unkontrollierbaren Einfluss ausübt

Ka|ma|su|t|ra, das; -[s] ⟨*sanskr.*⟩: ind. Lehrbuch der Erotik

kam|bi|al, cambial ⟨*gall.-lat.-mlat.-it.*⟩ (veraltet): den Kambio betreffend, sich auf diesen beziehend

kam|bie|ren, cambieren (veraltet): Wechselgeschäfte betreiben

Kam|bio, Cambio, der; -s, ...bi od. -s (Bankw. veraltet): Wechsel

Kam|bi|um, das; -s, ...ien ⟨*gall.-lat.-mlat.-nlat.*⟩ (Bot.): ein teilungsfähig bleibendes Pflanzengewebe

Kam|b|rik [ˈkambrɪk, auch: ˈkeɪ̯mbrɪk], der; -s ⟨nach der frz. Stadt Cambrai⟩: ein feinfädiges Zellwoll- od. Makogewebe

kam|b|risch ⟨*nlat.;* nach dem kelt.-mlat. Namen Cambria für Nordwales⟩: das Kambrium betreffend. **Kam|b|ri|um,** das; -s (Geol.): älteste Stufe des ↑Paläozoikums

Ka|mee, die; -, -n ⟨*it.-frz.*⟩: [Edel]stein mit erhabener figürlicher Darstellung

Ka|mel, das; -[e]s, -e ⟨*semit.-gr.-lat.*⟩: **1. a)** (in Wüsten- u. Steppengebieten beheimatetes) großes Säugetier mit einem od. zwei Höckern, das als Last- u. Reittier verwendet u. dessen zottiges Haar für Wolle genutzt wird; **b)** Trampeltier. **2.** (derb) jmd., der sich dumm verhalten hat

Ka|me|lie [...i̯ə], die; -, -n ⟨*nlat.;* nach dem aus Mähren stammenden Jesuiten G. J. Camel, 1661–1706⟩: eine Zierpflanze mit immergrünen, ledrigen Blättern u. roten bis weißen, rosenähnlichen Blüten

[1]**Ka|me|lott,** der; -s, -e: **1.** feines Kammgarngewebe. **2.** [Halb]seidengewebe in Taftbindung (Webart)

Ka|me|ra, die; -, -s ⟨Kurzform von Camera obscura⟩: **1.** Aufnahmegerät für Filme u. Fernsehübertragungen; vgl. Camera obscura. **2.** Fotoapparat

Ka|me|ra|de|rie, die; - ⟨*gr.-lat.-it.-frz.*⟩ (meist abwertend): in entsprechenden Verhaltensweisen anderen bewusst vor Augen geführte Kameradschaft, Cliquengeist

Ka|me|ra|lis|mus, der; - (Geschichte): Lehre von der ertragreichsten Gestaltung der Staatseinkünfte; vgl. ...ismus/...istik

Ka|me|ra|list, der; -en, -en: **1.** Fachmann auf dem Gebiet der Kameralistik (2). **2.** (Geschichte) Beamter einer fürstlichen Kammer

Ka|me|ra|lis|tik, die; -: **1.** (veraltet) Finanzwissenschaft. **2.** auf den Nachweis von Einnahmen u. Ausgaben sowie den Vergleich mit dem Haushaltsplan ausgerichtete Rechnungsführung; vgl. ...ismus/...istik

Ka|me|ra|lis|tin, die; -, -nen: weibliche Form zu ↑Kameralist (1)
ka|me|ra|lis|tisch: staatswirtschaftlich, staatswissenschaftlich
Ka|me|ral|wis|sen|schaft, die; -: ↑Kameralismus
Ka|me|ra|re|kor|der, Kamerarecorder, der; -s, -: Videoaufzeichnungsgerät, das Videokamera u. Videorekorder zusammen in einem Gehäuse enthält
[1]**Ka|me|ru|ner** [auch: ...'ruː...], die; -, - ‹nach dem afrik. Land Kamerun› (landsch.): Erdnuss
[2]**Ka|me|ru|ner** [auch: ...'ruː...], der; -s, - (landsch.): in Fett gebackenes, auf einer Seite mit Zucker bestreutes Hefegebäck (in der Form einer Acht ähnlich)
Ka|mes [auch: kɛɪmz], die (Plural) ‹*engl.*› (Geol.): Hügelgelände aus Sand u. Geröll von eiszeitlicher Herkunft
Ka|mi, der; -, - (meist Plural) ‹*jap.;* »Gott«›: schintoistische Gottheit

ka|mie|ren, kaminieren ‹*it.*› (Fechten): die gegnerische Klinge umgehen
Ka|mi|ka|ze, der; -[s], -[s] ‹*jap.*›: japanischer Flieger im 2. Weltkrieg, der sich mit seinem Bomber auf das feindliche Ziel stürzte u. dabei sein eigenes Leben opferte
Ka|mi|lav|ki|on [...'laf...], das; -s, ...ien [...i̯ən] ‹*gr.-ngr.*›: randloser zylinderförmiger Hut der orthodoxen Geistlichen
Ka|mil|le, die; -, -n ‹*gr.-lat.-mlat.*›: eine Heilpflanze
Ka|mil|li|a|ner, der; -s, - ‹nach dem Vornamen des Ordensgründers Camillo de Lellis, 1550–1614›: Angehöriger des Kamillianerordens
Ka|mil|li|a|ner|or|den, der; -s: 1582 gegründeter katholischer Krankenpflegeorden
Ka|min, der, schweiz. meist: das; -s, -e ‹*gr.-lat.*›: **1.** offene Feuerstelle in Wohnräumen. **2.** (Alpinistik) steile, enge Felsenspalte. **3.** (landsch.) Schornstein
[1]**ka|mi|nie|ren** (Alpinistik): im ↑Kamin (2), zwischen überhängenden Felsen klettern
[2]**ka|mi|nie|ren** vgl. kamieren
Ka|min|kleid, das; -s, -er ‹*gr.-lat.; dt.*›: Kleid mit langem Wollrock
Ka|mi|sar|de, der; -n, -n ‹*frz.;* »Hemden-, Kittelträger«› (Geschichte): Angehöriger einer Gruppe von hugenottischen Bauern in den französischen Cevennen, die sich gegen Ludwig XIV. erhoben
Ka|mi|shi|bai [...ʃ...], das; - ‹*jap.;* »Papiertheaterspiel«›: japanische Form des Erzähltheaters, bei dem die Handlung durch Bildtafeln in einem bühnenähnlichen Rahmen dargestellt wird
Ka|mi|sol, das; -s, -e ‹*frz.*› (veraltet): [Trachten]jacke; Unterjacke, Mieder
Ka|mö|ne, die; -, -n ‹*lat.*›: italische Quellnymphe, Muse
Ka|mor|ra vgl. Camorra
Kamp, der; -[e]s, Kämpe ‹*lat.*›: **1.** (landsch.) eingefriedetes Feld; Grasplatz; Feldstück. **2.** (Forstwirtsch.) [eingezäunte] kleinere Baumschule
Kam|pa|g|ne [kam'panjə], die; -, -n ‹*lat.-it.-frz.*›: **1.** (veraltet) militärischer Feldzug. **2.** gemeinschaftliche, groß angelegte, aber zeitlich begrenzte ↑Aktion, Aktivität in Bezug auf jmdn., etwas
Kam|pa|ni|le, der; -[s], -[s] ‹*lat.-it.*›: frei stehender Glockenturm [in Italien]
Kam|pan|je, die; -, -n ‹*lat.-it.-frz.-niederl.*›: in früherer Zeit der hintere Aufbau auf dem Schiffsoberdeck
Kam|pa|nu|la vgl. Campanula
Kam|pe|sche|holz, Campecheholz [kam'pɛtʃe...] das; -es, ...hölzer ‹nach dem Staat Campeche in Mexiko›: ↑Hämatoxylin lieferndes Blauholz (Holz eines tropischen Baumes)
Käm|pe|vi|se, die; -, -r (meist Plural) ‹*dän.;* »Heldengedicht«›: epische, lyrische u. dramatische altdänische u. altschwedische Ballade in Dialog- u. Kehrreimform (13. u. 14. Jh.), Gattung der ↑Folkevise
Kamp|fer, der; -s ‹*sanskr.-arab.-mlat.*›: aus dem Holz des in Japan, China u. auf Taiwan vorkommenden Kampferbaums destillierte, auch synthetisch hergestellte harzartige Verbindung, die bes. in Medizin u. chemischer Industrie verwendet wird
kam|pie|ren ‹*lat.-it.-frz.*›: **a)** an einem bestimmten Ort (im Freien) für einige Zeit sein Lager aufschlagen, sich lagern; **b)** (ugs.) irgendwo behelfsmäßig untergebracht sein, wohnen, eine notdürftige Unterkunft haben
Kam|pong, der od. das; -s, -s ‹*malai.*›: malaiische Dorfsiedlung
kam|py|lo|trop ‹*gr.-nlat.*› (Bot.): im Verhältnis zum ↑Funiculus in verschiedener Weise gekrümmt (von der Achse einer Samenanlage)
Kam|sin, Chamsin [ka...], der; -s, -e ‹*arab.*› (Geogr.): trockenheißer Sandwind in der ägyptischen Wüste; vgl. Ghibli, Gibli, Schirokko
Ka|mut®, der; -s ‹*ägypt.-amerik.*›: eine Weizenart, die bereits im alten Ägypten angebaut wurde
Ka|na|da|bal|sam, der; -s ‹nach dem Staat in Nordamerika›: farbloses Harz nordamerikanischer Tannen, das zum Verkitten optischer Linsen u. als Einschlussmittel für mikroskopische Präparate dient
Ka|na|di|er, der; -s, -: **1.** offenes, [in halb kniender Haltung] mit einseitigem Paddel fortbewegtes Sportboot [mit gerundeten Steven]. **2.** (österr. veraltend) Polstersessel
Ka|nail|le, Canaille [ka'naljə, auch: ...'naɪj(ə)], die; -, -n ‹*lat.-it.-frz.*›: **1.** (abwertend) schurkischer Mensch. **2.** (ohne Plural; veraltet abwertend) Gesindel; Pack
Ka|na|ke, der; -n, -n u. -r ‹*polynes.;* »Mensch«›: **1.** (Plural: -n) Ureinwohner Polynesiens u. der Südsee. **2.** [meist: ka'nakə] (diskriminierendes Schimpfwort) Ausländer, Migrant. **3.** [meist: ka'nakə] (diskriminierendes Schimpfwort) verachtenswerter, hassenswerter Mensch
Ka|nal, der; -s, ...äle ‹*semit.-gr.-lat.-it.*›: **1. a)** künstlicher Wasserlauf als Verbindungsweg für Schiffe zwischen Flüssen od. Meeren; **b)** [unterirdischer] Graben zum Ableiten von Abwässern. **2.** (Med.) röhrenförmiger Durchgang. **3.** (Technik) bestimmter Frequenzbereich eines Senders
Ka|na|li|sa|ti|on, die; -, -en: **1. a)** System von [unterirdi-

schen] Rohrleitungen u. Kanälen zum Abführen der Abwässer; **b)** der Bau von [unterirdischen] Rohrleitungen u. Kanälen zum Abführen der Abwässer. **2.** Ausbau von Flüssen zu schiffbaren Wasserstraßen; vgl. ...ation/...ierung

ka|na|li|sie|ren: **1.** (eine Ortschaft, einen Betrieb o. Ä.) mit einer Kanalisation (1 a) versehen. **2.** (einen Fluss) schiffbar machen. **3.** gezielt lenken, in eine bestimmte Richtung leiten (z. B. von politischen od. geistigen Bewegungen)

Ka|na|li|sie|rung, die; -, -en: **1.** ↑Kanalisation. **2.** gezielte Lenkung (z. B. von politischen od. geistigen Bewegungen); vgl. ...ation/...ierung

Ka|na|my|cin, das; -s ⟨Kunstw.⟩: ein ↑Antibiotikum

Ka|na|pee, Canapé [ˈkanape, österr.: ...ˈpeː], das; -s, -s ⟨*gr.-lat.-mlat.-frz.*⟩: **1.** (veraltet) Sofa mit Rücken- u. Seitenlehne. **2.** (meist Plural) pikant belegtes u. garniertes [getoastetes] Weißbrothäppchen

Ka|na|ri, der; -s, - ⟨*frz.;* nach den Kanarischen Inseln⟩ (südd., österr. ugs.): Kanarienvogel. **Ka|na|rie** [...iə], die; -, -n (fachspr.): Kanarienvogel

Ka|nas|ter, der; -s, - ⟨*gr.-span.*⟩ (veraltet): Knaster

Kan|da|har-Ren|nen, Kan|da|har|ren|nen, das; -s, - ⟨nach dem engl. Lord F. R. of Kandahar, 1832–1914⟩: ein jährlich stattfindendes alpines Skirennen

Kan|da|re, die; -, -n ⟨*ung.*⟩: Gebissstange im Maul des Pferdes

Kan|de|la|ber, der; -s, - ⟨*lat.-frz.*⟩: **a)** mehrarmiger Leuchter für Lampen od. Kerzen; **b)** mehrarmiger, säulenartiger Ständer für die Straßenbeleuchtung

Kan|del|zu|cker, der; -s (landsch.): Kandis[zucker]

Kan|di|dat, der; -en, -en ⟨*lat.;* »weiß Gekleideter«⟩: **1.** jmd., der sich um etwas, z. B. um ein Amt, bewirbt. **2. a)** Student höheren Semesters, der sich auf sein Examen vorbereitet; **b)** Prüfling

Kan|di|da|ten|tur|nier, das; -s, -e: Turnier der im ↑Interzonenturnier bestplatzierten Spieler zur Ermittlung des Herausforderers des jeweiligen Schachweltmeisters

Kan|di|da|tin, die; -, -nen: weibliche Form zu ↑Kandidat

Kan|di|da|tur, die; -, -en ⟨*lat.-nlat.*⟩: Anwartschaft, das Kandidieren

kan|di|die|ren: sich (z. B. um ein Amt) bewerben

kan|die|ren ⟨*arab.-it.-frz.*⟩: (Früchte) mit einer Zuckerlösung überziehen u. dadurch haltbar machen

Kan|dis, der; - ⟨*arab.-it.*⟩, **Kan|dis|zu|cker,** der; -s: in großen Stücken an Fäden auskristallisierter Zucker

Kan|di|ten, die (Plural) (österr.): kandierte Früchte

Kan|d|schar vgl. Handschar

Kan|d|schur, der; -[s] ⟨*tibet.;* »übersetztes Wort (Buddhas)«⟩: die heilige Schrift des ↑Lamaismus; vgl. Tandschur

Ka|neel, der; -s, -e ⟨*sumer.-babylon.-gr.-lat.-mlat.-frz.*⟩: hochwertige Zimtsorte

Ka|ne|pho|re, die; -, -n (meist Plural) ⟨*gr.-lat.*⟩: (im antiken Griechenland) aus vornehmer Familie stammende Jungfrau, die bei religiösen Festen u. Umzügen geweihtes Gerät im Korb auf dem Kopf trägt

Ka|ne|vas, der; - u. -ses, - u. -se ⟨*frz.*⟩: **1.** leinwandbindiges, gitterartiges Gewebe für Handarbeiten. **2.** (in der italienischen Stegreifkomödie) Einteilung des Stoffs in Akte u. Szenenbilder. **ka|ne|vas|sen:** aus Kanevas (1)

Kang, der od. das; -s, -s ⟨*chin.*⟩: **1.** altchinesisches Halsbrett zur Kennzeichnung u. Bestrafung eines Verbrechers. **2.** gemauerte, von außen heizbare Schlafbank in nordchinesischen Häusern

Kan|ga|roo|ing [ˈkæŋgəruːɪŋ], das; -s ⟨*engl.*⟩: intensiven Hautkontakt herstellendes Liegen eines Neu-, Frühgeborenen od. Säuglings auf der Brust der Mutter, des Vaters

Kän|gu|ru, das; -s, -s ⟨*austr.*⟩: australisches Springbeuteltier mit sehr langen Hinterbeinen

Ka|ni|den, die (Plural) ⟨*lat.-nlat.*⟩: zusammenfassende Bez. für: Hunde u. hundeartige Tiere (z. B. Fuchs, Schakal, Wolf)

Ka|nin, das; -s, -e ⟨*iber.-lat.-frz.*⟩: Fell der Wild- u. Hauskaninchen

Ka|nis|ter, der; -s, - ⟨*sumer.-babylon.-gr.-lat.-engl.*⟩: tragbarer Behälter für Flüssigkeiten

Kan|k|ro|id, das; -[e]s, -e ⟨*lat.; gr.*⟩ (veraltet): Spinaliom

kan|k|rös vgl. kanzerös

Kan|na vgl. Canna

Kan|nä, Cannae [...nɛ], das; -, - ⟨nach der Schlacht bei Cannae, in der Hannibal 216 v. Chr. ein Römerheer völlig vernichtete⟩: katastrophale Niederlage; vgl. kannensisch

Kan|na|bi|nol, das; -s ⟨*lat.-nlat.*⟩ (Chemie): wichtigster Bestandteil des ↑Haschischs

kan|ne|lie|ren ⟨*sumer.-babylon.-gr.-lat.-frz.*⟩: [eine Säule] mit senkrechten Rillen versehen. **Kan|ne|lie|rung,** die; -, -en: **1.** (Geol.) Rinnen- u. Furchenbildung auf der Oberfläche von Kalk- u. Sandsteinen (verursacht durch Wasser od. Wind). **2.** Gestaltung der Oberfläche einer Säule od. eines Pfeilers mit ↑Kannelüren

Kän|nel|koh|le, Cannelkohle [ˈkɛnl...], die; - ⟨*engl.; dt.*⟩: eine Steinkohlenart

Kan|ne|lü|re, die; -, -n ⟨*sumer.-babylon.-gr.-lat.-frz.*⟩: senkrechte Rille am Säulenschaft

kan|nen|sisch ⟨zu ↑Kannä⟩: in der Fügung **kannensische Niederlage:** völlige Niederlage, Vernichtung

Kan|ni|ba|le, der; -n, -n ⟨*span.;* nach dem Stammesnamen der Kariben⟩: **1.** Menschenfresser. **2.** roher, ungesitteter Mensch. **Kan|ni|ba|lin,** die; -, -nen: weibliche Form zu ↑Kannibale. **kan|ni|ba|lisch:** **1.** in der Art eines Kannibalen. **2.** roh, grausam, ungesittet. **3.** (ugs.) überaus, sehr

kan|ni|ba|li|sie|ren ⟨*span.-nlat.*⟩: **1.** (Zool.) Kannibalismus (2) hervorrufen. **2.** (Jargon) einer Sache in hohem Maße schaden. **Kan|ni|ba|lis|mus,** der; - ⟨*span.-nlat.*⟩: **1.** Menschenfresserei. **2.** das Fressen von Tieren der eigenen Art. **3.** unmenschliche Rohheit

Kan|nu|schi, der; -, - ⟨*jap.*⟩: schintoistischer Priester

[1]Ka|non, der; -s, -s ⟨*semit.-gr.-alban.*⟩: **1.** Richtschnur, Leitfaden. **2.** Gesamtheit der für ein bestimmtes [Fach]gebiet geltenden Regeln u. Vereinbarungen. **3.** (Musik) Musikstück, bei dem verschiedene Stimmen in bestimmten Abständen nacheinander mit derselben Melodie einsetzen. **4.** [von den alexandrinischen Grammatikern aufgestelltes] Verzeichnis mustergültiger Schriftsteller [der Antike]. **5. a)** unabänderliche Liste der von einer Religionsgemeinschaft anerkannten Schriften; **b)** die im [1]Kanon (5 a) enthaltenen Schriften. **6.** (Plural: -es [...e:s]) Einzelbestimmung des katholischen Kirchenrechts. **7.** Hochgebet der Eucharistie in der katholischen Liturgie. **8.** (ohne Plural) kirchenamtliches Verzeichnis der Heiligen. **9.** Regel von den [richtigen] Proportionen (z. B. in der bildenden Kunst). **10.** (Geschichte) jährlicher Grundzins, Abgabe des Lehnsmannes an den Lehnsherrn. **11.** (Math.) allgemeine Lösung einer mathematischen Aufgabe, nach der dann besondere Probleme gelöst werden können. **12.** (Astron.) **a)** Tafel für die Bewegungen der Himmelskörper; **b)** Zusammenstellung aller Mond- und Sonnenfinsternisse

[2]**Ka|non,** die; - (Druckw. veraltet): ein Schriftgrad

Ka|no|na|de, die; -, -n ⟨*sumer.-babylon.-gr.-lat.-it.-frz.*⟩: [anhaltendes] Geschützfeuer, Trommelfeuer

Ka|no|ne, die; -, -n ⟨*sumer.-babylon.-gr.-lat.-it.*⟩: **1.** [schweres] Geschütz. **2.** (ugs.) jmd., der auf seinem Gebiet Bedeutendes leistet, [Sport]größe; **unter aller Kanone** (ugs.): sehr schlecht, unter aller Kritik. **3.** (salopp scherzh.) ↑Revolver (1)

Ka|no|nen|boot, das; -[e]s, -e: kleines Kriegsschiff im Küstendienst od. auf Binnengewässern

Ka|no|nen|fut|ter, das; -s (ugs. abwertend): im Krieg sinnlos u. gewissenlos geopferte Soldaten

Ka|no|nes [...nɔne:s]: *Plural* von ↑[1]Kanon (6)

Ka|no|nier, der; -s, -e ⟨*sumer.-babylon.-gr.-lat.-it.-frz.*⟩: Soldat, der ein Geschütz bedient. **ka|no|nie|ren: 1.** (veraltet) mit Kanonen [be]schießen. **2.** (ugs.) einen kraftvollen Schuss auf das Tor abgeben (z. B. Fuß-, Handball)

Ka|no|nik, die; - ⟨*sumer.-babylon.-gr.-lat.*⟩: Name der Logik bei Epikur

Ka|no|ni|kat, das; -[e]s, -e ⟨*sumer.-babylon.-gr.-lat.-nlat.*⟩: Amt u. Würde eines Kanonikers

Ka|no|ni|ker, der; -s, -, **Ka|no|ni|kus,** der; -, ...ker ⟨*sumer.-babylon.-gr.-lat.*⟩: Mitglied eines ↑Kapitels (2), ↑Chorherr (1)

Ka|no|ni|sa|ti|on, die; -, -en ⟨*sumer.-babylon.-gr.-lat.-mlat.*⟩ (kath. Rel.): Aufnahme in den ↑[1]Kanon (8); Heiligsprechung

Ka|no|ni|sa|ti|ons|kon|gre|ga|ti|on, die; -: ↑Kurienkongregation für die Heilig- u. Seligsprechungsprozesse

ka|no|nisch ⟨*sumer.-babylon.-gr.-lat.*⟩: **1.** als Vorbild dienend. **2.** (kath. Rel.) den kirchlichen [Rechts]bestimmungen gemäß. **3.** (Musik) den ↑[1]Kanon (3) betreffend, ihm entsprechend, nach den musikalischen Gesetzen des Kanons gestaltet

ka|no|ni|sie|ren ⟨*sumer.-babylon.-gr.-lat.-mlat.*⟩: **1.** in den [1]Kanon (8) aufnehmen, heiligsprechen. **2. a)** zum [1]Kanon machen; **b)** in eine Liste mustergültiger Autoren, Werke aufnehmen

Ka|no|nis|se, die; -, -n, **Ka|no|nis|sin,** die; -, -nen ⟨*sumer.-babylon.-gr.-lat.-mlat.*⟩: Stiftsdame; vgl. Chorfrau (2)

Ka|no|nist, der; -en, -en ⟨*sumer.-babylon.-gr.-lat.-nlat.*⟩: Lehrer des kanonischen (2) Rechts

Ka|no|nis|tik, die; -: Lehre vom kanonischen (2) Recht

Ka|non|ta|feln, die (Plural): **1.** reich ausgemalte Tafeln mit Abschnittsnummern u. ↑Konkordanzen in Evangelienbüchern des Mittelalters. **2.** (kath. Rel.) drei früher auf dem Altar aufgestellte Tafeln mit bestimmten unveränderlichen Texten aus der Messe; vgl. [1]Kanon (7)

Ka|no|pe, die; -, -n ⟨nach der altägypt. Stadt Kanobos⟩: **1.** dickbauchiger altägyptischer Krug mit Deckel in Form eines Menschen- od. Tierkopfes zur Bestattung von Eingeweiden mumifizierter Toter. **2.** etruskische Urne

Kä|no|phy|ti|kum, das; -s ⟨*gr.-nlat.*⟩ (Geol.): Oberkreide, ↑Tertiär u. ↑Quartär umfassender, durch neuzeitliche Pflanzenentwicklung gekennzeichneter Abschnitt der Erdgeschichte

Kä|no|zo|i|kum, das; -s ⟨*gr.-nlat.*⟩ (Geol.): ↑Tertiär u. ↑Quartär umfassende erdgeschichtliche Neuzeit. **kä|no|zo|isch:** das Känozoikum betreffend

kan|ta|bel ⟨*spätlat.-it.*⟩ (Musik): gesanglich vorgetragen; sangbar

Kan|ta|bi|le, das; -, - (Musik): ernstes, getragenes Tonstück

Kan|ta|bi|li|tät, die; - ⟨*lat.-it.-nlat.*⟩ (Musik): Sangbarkeit, gesanglicher Ausdruck, melodische Schönheit

Kan|ta|la, die; - ⟨*nlat.;* Herkunft unbekannt⟩: Pflanzenfaser einer mexikanischen ↑Agave (für Taue u. Bindfäden verwendet)

Kan|tar, der od. das; -s, -e (aber: 2 Kantar) ⟨*lat.-mgr.-arab.*⟩: heute nicht mehr gebräuchliches Handelsgewicht Italiens u. der östlichen Mittelmeerländer; vgl. Cantaro

[1]**Kan|ta|te, Can|ta|te** ⟨*lat.;* nach dem alten Introitus, Psalm 98, 1, »Singet (dem Herrn ein neues Lied)«⟩: vierter Sonntag nach Ostern

[2]**Kan|ta|te,** das; -, -n ⟨*lat.*⟩: am Sonntag [1]Kantate abgehaltene jährliche Zusammenkunft der deutschen Buchhändler

[3]**Kan|ta|te,** die; -, -n ⟨*lat.-it.*⟩ (Musik): mehrteiliges, vorwiegend lyrisches Gesangsstück im ↑monodischen Stil für Solisten od. Chor mit Instrumentalbegleitung

Kan|te|le, die; -, -n ⟨*finn.*⟩: ein finnisches Zupfinstrument mit 5 bis 30 Saiten

Kan|ter [auch: ˈkɛntɐ], der; -s, - ⟨*engl.;* Kurzform vom Namen der engl. Stadt Canterbury⟩ (Reiten): kurzer, leichter Galopp. **kan|tern** (Pferdesport): kurz u. leicht galoppieren

Kan|ter|sieg, der; -s, -e: müheloser [hoher] Sieg (bei Sportwettkämpfen)

Kan|tha|ri|de, der; -n, -n (meist Plural) ⟨*gr.-lat.*⟩: Weichkäfer;

Käfer mit weichen Flügeldecken (z. B. Spanische Fliege)

Kan|tha|ri|din, Cantharidin, das; -s ⟨*gr.-lat.-nlat.*⟩: Drüsenabsonderung der Ölkäfer u. Spanischen Fliegen (früher zur Herstellung von Blasen ziehenden Pflastern verwendet)

Kan|tha|ros, der; -, ...roi ⟨*gr.-lat.*⟩: altgriechischer weitbauchiger, doppelhenkliger Becher

Kan|ti|le|ne, die; -, -n ⟨*lat.-it.*⟩ (Musik): gesangartige, meist getragene Melodie

Kan|til|le [auch: ...'tɪljə], die; -, -n ⟨*sumer.-babylon.-gr.-lat.-roman.*⟩: schraubenförmig gedrehter, vergoldeter od. versilberter Draht zur Herstellung von Borten u. Tressen

Kan|ti|ne, die; -, -n ⟨*gall.-it.-frz.*⟩: Speiseraum in Betrieben, Kasernen u. Ä.

Kan|ti|neur [...'nøːɐ̯], der; -s, -e (österr.): Kantinenwirt. **Kan|ti|ni|er** [...'ni̯eː], der; -s, -s (ugs. scherzh.): Kantinenwirt

Kan|ton, der; -s, -e ⟨*lat.-it.-frz.*⟩: **1.** Bundesland der Schweiz (Abk.: Kt.). **2.** Bezirk, Kreis. **3.** (Geschichte) Wehrverwaltungsbezirk (in Preußen). **kan|to|nal:** den Kanton betreffend, zu einem Kanton gehörend

Kan|to|ne|se, der; -n, -n (schweiz.): ↑ Partikularist

Kan|to|ni|e|re, die; -, -n ⟨*lat.-it.*⟩: Straßenwärterhaus in den italienischen Alpen

kan|to|nie|ren ⟨*lat.-it.-frz.*⟩ (veraltet): Truppen unterbringen, in Standorte legen

Kan|to|nist, der; -en, -en (veraltet): ausgehobener Rekrut; **unsicherer Kantonist** (ugs.): unzuverlässiger Mensch. **Kan|to|nis|tin,** die; -, -nen: weibliche Form zu ↑ Kantonist

Kan|ton|ne|ment [kantɔnə'mã:, schweizerisch: ...'mɛnt], das; -s, -s u. (schweiz.:) -e (schweiz., sonst veraltet): **a)** Bezirk, in dem Truppen ↑ kantoniert werden; **b)** Truppenunterkunft

Kan|ton|sys|tem, das; -s (Geschichte): militärisches System in Preußen, das das Land in Kantone (3) gliedert

Kan|tor, der; -s, ...oren ⟨*lat.*; »Sänger«⟩: **1.** Vorsänger u. Leiter der ↑ Schola im ↑ gregorianischen Choral. **2.** Leiter des Kirchenchors, Organist, Dirigent der Kirchenmusik

Kan|to|rat, das; -[e]s, -e ⟨*lat.-mlat.*⟩: Amt[szeit] eines Kantors, einer Kantorin

Kan|to|rei, die; -, -en: **1.** evangelischer Kirchenchor. **2.** kleine Singgemeinschaft, Schulchor. **3.** Singbruderschaft, Gesangschor [mit nur geistlichen Mitgliedern] im Mittelalter. **4.** fürstliche Kapellinstitution im 15. u. 16. Jh.

Kan|to|rin, die; -, -nen: weibliche Form zu ↑ Kantor (2)

Kant|schu, der; -s, -s ⟨*türk.-slaw.*⟩: Riemenpeitsche

Kan|tus, der; -, -se ⟨*lat.*⟩ (Studentenspr.): Gesang; vgl. Cantus

Ka|nu [auch, österr. nur: ka'nuː], das; -s, -s ⟨*karib.-span.-frz.-engl.*⟩: **1.** als Boot benutzter ausgehöhlter Baumstamm. **2.** ↑ Kajak; ↑ Kanadier (1)

Ka|nü|le, die; -, -n ⟨*sumer.-babylon.-gr.-lat.-frz.*⟩ (Med.): **1.** Röhrchen zum Einführen od. Ableiten von Luft od. Flüssigkeiten. **2.** Hohlnadel an einer Injektionsspritze

[1]Ka|nun, der; -s, -s ⟨*semit.-gr.-arab.*⟩: vorderorientalische Brettzither mit trapezförmigem Schallkasten u. 24–26 dreichörigen Saiten

[2]Ka|nun, der; -s ⟨*semit.-gr.-alban.*⟩: Bez. für das albanische Gewohnheitsrecht

Ka|nut, Knut, der; -s, -e ⟨*lat.*⟩: isländischer Strandläufer (eine Schnepfenart)

Ka|nu|te, der; -n, -n ⟨*karib.-span.-frz.-engl.*⟩ (Sport): Kanufahrer. **Ka|nu|tin,** die; -, -nen: weibliche Form zu ↑ Kanute

Kan|zel|la|ri|at, das; -[e]s, -e ⟨*lat.-mlat.*⟩ (veraltet): **1.** Kanzlerwürde. **2.** Kanzleistube

Kan|zel|le, die; -, -n: **1.** Chorschranke in der altchristlichen Kirche. **2.** der die Zunge enthaltende Kanal beim Harmonium, bei Hand- u. Mundharmonika. **3.** die den Wind verteilende Abteilung der Windlade bei der Orgel

kan|zel|lie|ren (veraltet): Geschriebenes mit gitterförmig sich kreuzenden Strichen (xxx) ungültig machen

kan|ze|ro|gen ⟨*lat.*; *gr.*⟩ (Med.): Krebs erzeugend. **Kan|ze|ro|ge|ni|tät,** die; - (Med.): kanzerogene Eigenschaft von Substanzen

Kan|ze|ro|lo|ge, der; -n, -n (Med. veraltet): Facharzt für Kanzerologie; Onkologe. **Kan|ze|ro|lo|gie,** die; - (Med.): Lehre von der Erkennung u. Behandlung bösartiger ↑ Tumoren. **Kan|ze|ro|lo|gin,** die; -, -nen: weibliche Form zu ↑ Kanzerologe

Kan|ze|ro|pho|bie, die; -, ...i̯en (Med.): Furcht, an Krebs erkrankt zu sein

kan|ze|rös ⟨*lat.*⟩ (Med.): krebsartig

Kanz|lei, die; -, -en ⟨*lat.-mlat.*⟩: Büro [eines Rechtsanwalts od. einer Behörde]

Kanz|lei|for|mat, das; -[e]s: ein früher übliches Papierformat (33 × 42 cm)

Kanz|lei|stil, der; -[e]s: die altertümliche u. schwerfällige Sprache der Kanzleien; Amtssprache

Kanz|list, der; -en, -en (veraltet): Schreiber, Angestellter in einer Kanzlei

Kan|zo|ne, die; -, -n ⟨*lat.-it.*⟩: **1.** eine romanische Gedichtform. **2.** leichtes, heiteres, empfindungsvolles Lied. **3.** (Musik) kontrapunktisch gesetzter A-cappella-Chorgesang im 14. u. 15. Jh.. **4.** (Musik) seit dem 16. Jh. liedartige Instrumentalkomposition für Orgel, Laute, Klavier u. kleine Streicherbesetzung

Kan|zo|net|ta, Kan|zo|net|te, die; -, ...ten (Musik): kleines Gesangs- od. Instrumentalstück

Ka|o|lin, das; -s, -e ⟨*chin.-frz.*; nach dem chin. Berg Kaoling⟩: weicher, formbarer Ton, der durch Zersetzung von Feldspaten entstanden ist; Porzellanerde. **ka|o|li|ni|sie|ren:** Kaolin bilden

Ka|o|li|nit [auch: ...'nɪt], der; -s, -e ⟨*nlat.*⟩: Hauptbestandteil des Kaolins

Kap, das; -s, -s ⟨*lat.-vulgärlat.-provenzal.-frz.-niederl.*⟩: Vorgebirge; vorspringender Teil einer Felsenküste

ka|pa|bel ⟨*lat.-frz.*⟩ (veraltet, aber noch landsch.): befähigt, fähig

Ka|paun, der; -s, -e ⟨*lat.-vulgärlat.-frz.*⟩: kastrierter Masthahn. **ka|pau|nen, ka|pau|ni|sie|ren:** (einen Hahn) kastrieren

Ka|pa|zi|tanz, die; -, -en ⟨*lat.*⟩

(Elektrot.): Wechselstromwiderstand einer ↑Kapazität (1 b)
Ka|pa|zi|tät, die; -, -en: **1.** (ohne Plural) **a)** Fassungs- od. Speicherungsvermögen eines technischen Geräts od. Bauteils; **b)** ↑Kondensator (1) od. ähnlich wirkendes Element einer elektrischen Schaltung. **2. a)** Produktions- od. Leistungsvermögen einer Maschine od. Fabrik; **b)** (meist Plural) Produktionsstätte u. Gesamtheit aller Einrichtungen u. Arbeitskräfte, die zur Herstellung von Industriegütern zur Verfügung stehen. **3. a)** räumliches Fassungsvermögen [eines Gebäudes]; **b)** geistiges Leistungs- od. Fassungsvermögen. **4.** hervorragender Fachmann
ka|pa|zi|ta|tiv ‹*lat.-nlat.*›: ↑kapazitiv; **kapazitativer Widerstand** (Elektrot.): Wechselstromwiderstand eines Kondensators
Ka|pa|zi|täts|re|ser|ve, die; -, -n: freie, unausgenutzte Betriebskapazität
ka|pa|zi|tiv ‹*lat.-engl.*›: **a)** die Kapazität eines Kondensators betreffend; **b)** die Kapazität (2, 3) betreffend
Ka|pee ‹mit französierender Endung zu ↑kapieren gebildet› (ugs.): **schwer von Kapee sein:** begriffsstutzig sein
Ka|pe|lan, der; -s, -e ‹*lat.-mlat.-provenzal.-frz.*›: kleiner Lachsfisch des nördlichen Atlantischen Ozeans
[1]Ka|pel|le, die; -, -n ‹*lat.-mlat.*›: **1.** kleines [privates] Gotteshaus ohne Gemeinde. **2.** abgeteilter Raum für Gottesdienste in einer Kirche od. einem Wohngebäude
[2]Ka|pel|le, die; -, -n ‹*lat.-mlat.-it.*›: **a)** (im Mittelalter) ein Sängerchor in der Kirche, der die reine Gesangsmusik pflegte; vgl. a cappella; **b)** Musikergruppe, Instrumentalorchester
[3]Ka|pel|le, Kupelle, die; -, -n ‹*lat.-mlat.-frz.*›: Tiegel aus Knochenasche zum Untersuchen von silberhaltigem Blei, in dem das Silber nach dem Schmelzen des Bleis zurückbleibt
ka|pel|lie|ren, kupellieren: Silber mithilfe der [3]Kapelle von Blei trennen
Ka|pell|meis|ter, der; -s, -: **a)** Leiter einer [2]Kapelle (b), eines Orchesters; **b)** nach dem ↑[General]musikdirektor rangierender Orchesterdirigent. **Ka|pell|meis|te|rin,** die; -, -nen: weibliche Form zu ↑Kapellmeister
[1]Ka|per, die; -, -n (meist Plural) ‹*gr.-lat.-roman.*›: [in Essig eingemachte] Blütenknospe des Kapernstrauches (ein Gewürz)
[2]Ka|per, der; -s, - ‹*lat.-niederl.*› (Geschichte): **1.** Schiff, das (im Seekrieg) feindliche Handelsschiffe erbeutet. **2.** Freibeuter, Seeräuber. **Ka|per|brief,** der; -s, -e (Geschichte): staatliche Vollmacht, die einen privaten Unternehmer zur Erbeutung von feindlichen Handelsschiffen (im Seekrieg) ermächtigt
Ka|pe|rei, die; -, -en (Geschichte): das Erbeuten feindlicher Handelsschiffe durch private Unternehmer aufgrund des Kaperbriefes
ka|pern: 1. a) (ein [Handels]schiff) auf See erbeuten; **b)** (ein Flugzeug, einen Zug o. Ä.) in seine Gewalt bringen u. entführen. **2.** (ugs.) **a)** jmdn. [wider dessen Willen] für etwas gewinnen; **b)** sich einer Sache bemächtigen
ka|pie|ren ‹*lat.*› (ugs.): begreifen, verstehen
ka|pil|lar ‹*lat.*› (Med.): haarfein (z. B. von Blutgefäßen)
Ka|pil|lar|ana|ly|se, die; -, -n (Chemie): chemische Analyse, bei der die Geschwindigkeiten u. Erscheinungen beim Aufsteigen von Lösungen in senkrecht aufgehängten Filterpapierstreifen zur Trennung u. Unterscheidung benutzt werden
Ka|pil|la|re, die; -, -n: **1.** (Biol.; Med.) Haargefäß, kleinstes Blutgefäß. **2.** (Physik) ein Röhrchen mit sehr kleinem Querschnitt
Ka|pil|la|ri|tät, die; - ‹*lat.-nlat.*› (Physik): das Verhalten von Flüssigkeiten in engen Röhren
Ka|pil|lar|mi|k|ro|s|ko|pie, Ka|pil|la|ro|s|ko|pie, die; - (Med.): mikroskopische Untersuchung der feinsten Blutgefäße der Haut am lebenden Menschen
Ka|pil|lär|si|rup, der; -s: ein Stärkesirup, bes. zur Herstellung billiger Zuckerwaren
Ka|pil|li|ti|um, das; -s, ...ien ‹*lat.;* »Haarwerk«›: **1.** (Bot.) röhren- od. fadenartiges Gerüstwerk in den Fruchtkörpern von Schleimpilzen. **2.** (Med.) Gesamtheit der Kopfhaare
ka|pi|tal ‹*lat.*›: **a)** von solcher Art, dass die betreffende Person od. Sache alles Vergleichbare übersteigt; **b)** (Jägerspr.) außerordentlich groß, stark
Ka|pi|tal, das; -s, -e u., österr. nur, -ien [...i̯ən] ‹*lat.-it.*›: **1. a)** (ohne Plural) alle Geld- u. Sachwerte, die zu einer Produktion verwendet werden, die Gewinn abwirft; **b)** Wert des Vermögens eines Unternehmens; Vermögen[sstamm]. **2. a)** verfügbare Geldsumme, die bei entsprechendem Einsatz Gewinn erbringt; **Kapital aus etwas schlagen:** Nutzen, Gewinn aus etwas ziehen; **b)** verfügbarer kleinerer Betrag an Bargeld. **3.** (ohne Plural) Gesamtheit der kapitalkräftigen Unternehmen [eines Landes]. **4.** (Buchw.) gewebtes [buntes] Band, das vom Buchbinder an die Ober- u. Unterkante des Buchblockrückens geklebt wird
Ka|pi|täl vgl. Kapitell
Ka|pi|tal|band, Kaptalband: ↑Kapital (4)
Ka|pi|täl|chen, das; -s, - ‹*lat.; dt.*› (Druckw.): Großbuchstabe in der Größe der kleinen Buchstaben
Ka|pi|ta|le, die; -, -n ‹*lat.-frz.*›: **1.** (veraltet) Hauptstadt. **2.** Majuskelschrift
Ka|pi|tal|ex|port, der; -[e]s, -e: ↑[1]Export von Kapital (1) ins Ausland
Ka|pi|tal|flucht, die; -: das Fortbringen von Kapital (1) ins Ausland bei politischer ↑Instabilität, ungünstigen Steuergesetzen u. Ä.
Ka|pi|ta|lis, die; - ‹*lat.*›: altrömische Monumentalschrift [auf Bauwerken]
Ka|pi|ta|li|sa|ti|on, die; -, -en ‹*lat.-nlat.*›: Umwandlung eines laufenden Ertrags od. einer Rente in einen einmaligen Kapitalbetrag; vgl. ...ation/...ierung. **ka|pi|ta|li|sie|ren:** in eine Geldsumme umwandeln. **Ka|pi|ta|li|sie|rung,** die; -, -en: ↑Kapitalisation
Ka|pi|ta|lis|mus, der; -: Wirtschaftssystem, das auf dem

K Kapa

freien Unternehmertum basiert u. dessen treibende Kraft das Gewinnstreben Einzelner ist, während die Arbeiter keinen Besitzanteil an den Produktionsmitteln haben. **Ka|pi|ta|list,** der; -en, -en: **1.** Kapitalbesitzer. **2.** Person, deren Einkommen überwiegend aus Zinsen, Renten od. Gewinnen besteht. **3.** (ugs. abwertend) jmd., der über viel Geld verfügt. **Ka|pi|ta|lis|tin,** die; -, -nen: weibliche Form zu ↑Kapitalist. **ka|pi|ta|lis|tisch:** den Kapitalismus betreffend

Ka|pi|tal|ma|g|nat, der; -en, -en: Eigentümer großer Kapitalien

Ka|pi|tal|ver|bre|chen, das; -s, -: besonders schwere Straftat (z. B. Mord)

Ka|pi|tän, der; -s, -e ‹*lat.-it.(-frz.)*›: **1.** Kommandant eines Schiffes; **Kapitän zur See:** Seeoffizier im Range eines Obersten. **2.** Kommandant eines Flugzeugs; Chefpilot. **3.** Anführer, Spielführer einer Sportmannschaft. **Ka|pi|tä|nin,** die; -, -nen: weibliche Form zu ↑Kapitän

Ka|pi|tän|leut|nant, der; -s, -s (selten: -e): Offizier der Bundesmarine im Range eines Hauptmanns

Ka|pi|täns|pa|tent, das; -[e]s, -e: amtliches Zeugnis, das jmdn. zur Führung eines Schiffes berechtigt

Ka|pi|tel, das; -s, - ‹*lat.;* »Köpfchen; Hauptabschnitt«›: **1.** Hauptstück, Abschnitt in einem Schrift- od. Druckwerk (Abk.: Kap.). **2. a)** Körperschaft der Geistlichen einer Dom- od. Stiftskirche od. eines Kirchenbezirks (Landkapitel); **b)** Versammlung eines [geistlichen] Ordens

ka|pi|tel|fest: a) über genaue Kenntnisse in etwas verfügend u. daher bei entsprechenden Fragen o. Ä. ganz sicher; **b)** bibelfest

Ka|pi|tell, das; -s, -e ‹»Köpfchen«›: oberer Abschluss einer Säule, eines Pfeilers od. ↑Pilasters

ka|pi|teln (landsch.): jmdn. zurechtweisen, schelten

Ka|pi|tel|saal, der; -[e]s, ...säle: Sitzungssaal im Kloster

Ka|pi|tol, das; -s: **1.** (Geschichte) Stadtburg im alten Rom, Sitz des ↑Senats (1). **2.** Sitz des amerikanischen ↑Senats (2); Parlamentsgebäude der Vereinigten Staaten in Washington

Ka|pi|tu|lant, der; -en, -en ‹*lat.-mlat.*›: **1.** (veraltet) Soldat, der sich verpflichtet, über die gesetzliche Dienstzeit hinaus zu dienen. **2.** jmd., der vor Schwierigkeiten [leicht, schnell] kapituliert (2). **Ka|pi|tu|lan|tin,** die; -, -nen: weibliche Form zu ↑Kapitulant (2)

Ka|pi|tu|lar, der; -s, -e: Mitglied eines Kapitels (2 a) (z. B. Domherr)

Ka|pi|tu|la|ri|en, die (Plural) (Geschichte): Gesetze u. Verordnungen der fränkischen Könige

Ka|pi|tu|la|ti|on, die; -, -en ‹*lat.-mlat.-frz.*›: **1. a)** das Kapitulieren (1); **b)** Vertrag über die Kapitulation (1 a). **2.** resignierendes Nachgeben, Aufgeben. **3.** (veraltet) Vertrag, der den Dienst eines Soldaten verlängert. **ka|pi|tu|lie|ren: 1.** sich dem Feind ergeben; sich für besiegt erklären u. sich dem Gegner unterwerfen. **2.** (angesichts einer Sache) resignierend aufgeben, nachgeben, die Waffen strecken. **3.** (veraltet) eine Kapitulation (3) abschließen

Kap|la|ken, Kapplaken, das; -s, - ‹*niederl.-niederd.*› (Seemannsspr. veraltet): Sondervergütung für den Schiffskapitän über das vertraglich vereinbarte Entgelt hinaus

Ka|p|lan, der; -s, ...läne ‹*lat.-mlat.;* »Kapellengeistlicher«›: **a)** dem Pfarrer untergeordneter katholischer Geistlicher; **b)** Geistlicher mit besonderen Aufgaben (z. B. in einem Krankenhaus od. beim Heer)

Ka|p|lan-Tur|bi|ne, Ka|p|lan|tur|bi|ne, die; -, -n ‹nach dem österr. Ingenieur V. Kaplan, † 1934› (Technik): eine Wasserturbine mit verstellbaren Laufschaufeln

Ka|po, der; -s, -s ‹Kurzform von *frz. caporal* = »Hauptmann, Anführer; Korporal«›: **1.** (Soldatenspr.) Unteroffizier. **2.** (Jargon) Häftling eines Straf- od. Konzentrationslagers, der die Aufsicht über andere Häftlinge führt

Ka|po|das|ter, der; -s, - ‹*it.*›: ein über alle Saiten reichender, auf dem Griffbrett sitzender verschiebbarer Bund bei Lauten u. Gitarren; vgl. Capotasto

Ka|pok [auch: ˈkaː...], der; -s ‹*malai.*›: Samenfaser des Kapokbaums (ein Füllmaterial für Polster). **Ka|pok|baum** [auch: ˈkaː...], der; -[e]s, ...bäume: Baum der tropischen Regenwälder mit hoch reichenden, verzweigten Wurzeln und großen Samenkapseln

Ka|pon|ni|e|re, der; -, -n ‹*lat.-span.-it.-frz.*› (veraltet): bombensicherer Gang in einer Festung

ka|po|res ‹*hebr.-jidd.*› (ugs.): entzwei, kaputt

Ka|po|si|sar|kom, das; -s, -e ‹nach dem österr.-ung. Dermatologen M. Kaposi, 1837–1902› (Med.): ein (bei Aidspatienten häufig auftretender) Hautkrebs

Ka|pot|te, die; -, -n ‹*lat.-provenzal.-frz.*›, **Ka|pott|hut,** der; -s, ...hüte: im 19. Jh. u. um 1900 modischer, unter dem Kinn gebundener kleiner, hoch sitzender Damenhut

Ka|po|vaz, die; - ‹Kurzw. aus *ka*pazitätsorientierte *va*riable Arbeitszeit›: Teilzeitarbeitsmodell, bei dem die Arbeitszeit innerhalb eines festgelegten Rahmens je nach Arbeitsanfall im Unternehmen schwankt

Kap|pa, das; -[s], -s ‹*gr.*›: zehnter Buchstabe des griechischen Alphabets (Κ, κ)

Kap|pes, Kappus, der; - ‹*lat.-mlat.*›: **1.** (landsch.) Weißkohl. **2.** (landsch. ugs.) **a)** dummes Zeug, törichtes Geschwätz; **Kappes/Kappus reden:** Unsinn reden; **b)** unbrauchbare Pfuscharbeit

Kapp|la|ken vgl. Kaplaken

Kap|pus vgl. Kappes

Ka|p|ri|ce [kaˈpriːsə] vgl. Caprice

Ka|p|ri|fi|ka|ti|on, die; - ‹*lat.*›: ein Verfahren zur Verbesserung der Befruchtungsbedingungen beim Feigenbaum

Ka|p|ri|fo|li|a|ze|en, die (Plural) ‹*lat.-nlat.*›: eine Pflanzenfamilie (Geißblattgewächse; z. B. Holunder, Schneeball)

Ka|p|ri|o|le, die; -, -n ‹*lat.-it.;* »Bocksprung«›: **1.** Luftsprung. **2.** launenhafter, toller Einfall; übermütiger Streich. **3.** ein Sprung in der Reitkunst. **ka|p|ri|o|len:** Kapriolen machen

Ka|p|ri|ze vgl. Kaprice

ka|p|ri|zie|ren, sich ⟨*lat.-it.-frz.*⟩: eigensinnig auf etwas bestehen; sich auf etwas festlegen

ka|p|ri|zi|ös: launenhaft, eigenwillig

Ka|p|riz|pols|ter, der; -s, *Plur.* ...pölster *und* -: (österr. ugs. veraltet) kleines Kissen

Ka|p|ro|lak|tam, chem. fachspr.: Caprolactam, das; -s ⟨*lat.; gr.*⟩ (Chemie): fester, weißer Stoff, der als Ausgangsmaterial für Kunststoffe dient

Ka|p|ro|nat, chem. fachspr.: Capronat, das; -[e]s, -e ⟨*lat.; gr.*⟩ (Chemie): ↑Ester der ↑Kapronsäure, der zur Herstellung von Fruchtessenzen verwendet wird

Ka|p|ron|säu|re, chem. fachspr.: Capronsäure, die; -, -n ⟨*lat.; gr.; dt.*⟩: gesättigte Fettsäure von ranzigem Geruch

Ka|p|ro|ti|nen|kalk, der; -s ⟨*lat.*⟩: Kalkstein der alpinen Kreideformation mit Resten der Muschelgattung der Kaprotinen

Kap|sid, das; -s, -e ⟨Kunstw.⟩ (Biol.): aus Proteinbausteinen aufgebaute Hülle eines Virusgenoms

Kap|si|kum, das; -s ⟨*lat.-nlat.*⟩: aus den Schoten eines mittelamerikanischen Strauchs gewonnenes scharfes Gewürz (spanischer Pfeffer)

Kap|tal, das; -s, -e: ↑Kapitalband

Kap|tal|band vgl. Kapitalband

kap|ta|len ⟨*lat.-nlat.*⟩: ein ↑Kapitalband anbringen

Kap|ta|ti|on, die; -, -en ⟨*lat.*⟩ (veraltet): Erschleichung; Erbschleicherei

kap|ta|tiv: etwas besitzen, sich aneignen wollend; vgl. ...iv/...orisch

kap|ta|to|risch (veraltet): erschleichend; vgl. ...iv/...orisch; **kaptatorische Verfügung** (Rechtswiss.): auf eine Gegenleistung des Bedachten zielende testamentarische Verfügung

Kap|ti|on, die; -, -en (veraltet): verfängliche Art zu fragen; verfänglicher Trugschluss, Fehlschluss

kap|ti|ös (veraltet): verfänglich

Kap|ti|va|ti|on, die; -, -en (veraltet): Gefangennahme. **kap|ti|vie|ren** (veraltet): **a)** gefangen nehmen; **b)** für sich gewinnen

Kap|ti|vi|tät, die; - (veraltet): Gefangenschaft

Kap|tur, die; -, -en (veraltet): Beschlagnahme, Aneignung eines feindlichen Schiffes

Ka|pu, das; -, -s ⟨*türk.;* »Pforte«⟩ (früher): Amtsgebäude in der Türkei

Ka|pus|ta, Ka|pus|ter, der; -s ⟨*slaw.*⟩ (ostd.): Kohl

Ka|put, der; -s, -e ⟨*lat.-roman.*⟩ (schweiz.): [Soldaten]mantel

ka|putt ⟨*frz.*⟩ (ugs.): **a)** entzwei, zerbrochen; **b)** verloren, bankrott [im Spiel]; **c)** in Unordnung, aus der Ordnung gekommen; **kaputt sein:** a) matt, erschöpft sein; b) aufgrund körperlicher od. seelischer Zerrüttung od. wegen schlechter sozialer Bedingungen sich nicht mehr den gesellschaftlichen Anforderungen u. Zwängen unterwerfen können

Ka|pu|ze, die; -, -n ⟨*lat.-it.*⟩: an einen Mantel od. eine Jacke angearbeitete Kopfbedeckung, die sich ganz über den Kopf ziehen lässt

Ka|pu|zi|na|de, die; -, -n ⟨*lat.-it.-frz.*⟩ (veraltet): Kapuzinerpredigt, [derbe] Strafpredigt

Ka|pu|zi|ner, der; -s, - ⟨*lat.-it.*⟩: **1.** Angehöriger eines katholischen Ordens (Abk.: O. F. M. Cap., OFMCap). **2.** (österr.) ↑Kaffee (3) mit etwas Milch. **3.** Kapuzineraffe. **4.** (landsch.) Birkenröhrling. **Ka|pu|zi|ne|rin,** die; -, -nen: Angehörige des weiblichen Zweigs des Kapuzinerordens

Kap|wein, der; -[e]s, -e: südafrikanischer Wein aus der Kapprovinz

Ka|ra|bach, Ka|ra|bagh [...x], der; -[s], -s: handgeknüpfter, meist rot- od. blaugrundiger, vielfach gemusterter Orientteppich aus der gleichnamigen Landschaft in Aserbaidschan

Ka|ra|bi|ner, der; -s, - ⟨*frz.*⟩: **1.** kurzes Gewehr. **2.** (österr.) Karabinerhaken

Ka|ra|bi|ner|ha|ken, der; -s, -: federnder Verschlusshaken

Ka|ra|bi|ni|er [...ˈni̯eː], der; -s, -s: **1.** [mit einem Karabiner (1) ausgerüsteter] Reiter. **2.** Jäger zu Fuß

Ka|ra|bi|ni|e|re vgl. Carabiniere

Ka|ra|bu|ran, der; -s ⟨*turkotatar.*⟩ (Meteorol.): anhaltender Sommersandsturm in Turkestan

Ka|ra|cho, Caracho, das; -s ⟨*span.;* »Penis«⟩ (ugs.): große Geschwindigkeit, Rasanz; **mit Karacho:** mit großer Geschwindigkeit, mit Schwung

Ka|rä|er, der; -s, - ⟨*hebr.;* »Schriftkundiger«⟩: Angehöriger einer [ost]jüdischen Sekte (seit dem 8. Jh.), die den ↑Talmud verwirft

Ka|raf|fe, die; -, -n ⟨*arab.-span.-it.-frz.*⟩: geschliffene, bauchige Glasflasche [mit Glasstöpsel]

Ka|raf|fi|ne, die; -, -n (veraltet): kleine Karaffe

Ka|ra|gös, der; - ⟨*türk.*⟩: **a)** Hanswurst im türkisch-arabischen Schattenspiel; **b)** das nach dem Karagös (a) benannte Schauspiel

Ka|ra|it, der; -en, -en ⟨*hebr.-nlat.*⟩: ↑Karäer

Ka|ra|kal, der; -s, -s ⟨*türk.-roman.*⟩: Wüstenluchs Afrikas u. Vorderasiens

Ka|ra|kul|schaf, das; -s, -e ⟨nach einem See im Hochland von Pamir⟩: Fettschwanzschaf, dessen Lämmer den Persianerpelz liefern

Ka|ra|man, der; -s, -e ⟨nach der türk. Stadt Karaman⟩: **a)** Knüpfteppich mit großformatigen geometrischen Mustern; **b)** aus schmalen ↑Kelims (a) zusammengenähter Teppich

Ka|ram|bo|la|ge [...ʒə], die; -, -n ⟨*frz.*⟩: **1.** Zusammenstoß, Zusammenprall. **2.** das Anstoßen des Spielballes an die beiden anderen Bälle im Billardspiel. **3.** Zusammenstoß zweier od. mehrerer Spieler bei Sportwettkämpfen

Ka|ram|bo|la|ge|bil|lard, das; -s: besondere Art des Billardspiels

¹Ka|ram|bo|le, die; -, -n: der Spielball (roter Ball) im Billardspiel

²Ka|ram|bo|le, die; -, -n ⟨*malai.-port.*⟩: sternförmig gerippte, gelbgrüne Frucht mit hohem Vitamin-C-Gehalt (in Brasilien, der Karibik u. im südpazifischen Raum)

ka|ram|bo|lie|ren ⟨*frz.*⟩: **1.** zusammenstoßen. **2.** im Billardspiel mit dem Spielball die beiden anderen Bälle treffen

ka|ra|mell ⟨*gr.-lat.-span.-frz.*⟩: bräunlich gelb. **Ka|ra|mell,** der; -s: gebrannter Zucker

Ka|ra|mẹll|bon|bon, der od. das; -s, -s: aus Karamell u. Milch od. Sahne hergestellte bonbonartige, weich-zähe Süßigkeit

Ka|ra|mẹl|le, die; -, -n (meist Plural): ↑Karamellbonbon

ka|ra|mel|lie|ren: (von Zucker) zu Karamell werden, sich bräunen

ka|ra|mel|li|sie|ren: **1.** Zucker zu Karamell brennen. **2.** Speisen (bes. Früchte) mit gebranntem Zucker übergießen od. in Zucker rösten

Ka|ra|o|ke, das; -[s] ‹*jap.;* »leeres Orchester«›: **1.** Form der Unterhaltung, bei der jeweils ein Teilnehmer, eine Teilnehmerin zum rein instrumentalen Playback eines Liedes live singt. **2.** für Karaoke (1) geeignete Musikaufnahme

Ka|rat, das; -[e]s, -e (aber: 2 -) ‹*gr.-arab.-mlat.-frz.;* nach dem Samen des Johannisbrotbaums›: **1.** Einheit für die Gewichtsbestimmung von Edelsteinen (1 Karat = etwa 205 mg, 1 metrisches Karat = 200 mg). **2.** Maß der Feinheit einer Goldlegierung (reines Gold = 24 Karat)

Ka|ra|te, das; -[s] ‹*jap.;* »leere Hand«›: System waffenloser Selbstverteidigung

Ka|ra|te|ka, der; -[s], -[s] u. die; -, -[s]: jmd., der Karate als Sport betreibt

Ka|rau|sche, die; -, -n ‹*russ.-lit.*›: ein karpfenartiger Fisch

Ka|ra|vẹl|le, die; -, -n ‹*gr.-lat.-port.-frz.-niederl.*›: ein mittelalterliches Segelschiff (14.–16. Jh.)

Ka|ra|wa|ne, die; -, -n ‹*pers.-it.*›: **1.** durch unbewohnte Gebiete [Asiens od. Afrikas] ziehende Gruppe von Reisenden, Kaufleuten, Forschern o. Ä. **2.** größere Anzahl von Personen od. Fahrzeugen, die sich in einem langen Zug fortbewegen

Ka|ra|wan|se|rei, die; -, -en: Unterkunft für Karawanen (1)

Kar|b|a|mid, das; -[e]s ‹Kurzw. aus *Karbo*nyl u. ↑*Amid*›: Harnstoff

Kar|bat|sche, die; -, -n ‹*türk.-ung.-tschech.*›: Riemenpeitsche. **kar|bat|schen:** mit der Karbatsche schlagen

Kar|b|a|zol, chem. fachspr.: Carbazol, das; -s ‹*lat.; gr.-frz.; arab.*›: eine organische Verbindung, die als wichtiges Ausgangsmittel zur Herstellung von Kunststoffen dient

Kar|bid, chem. fachspr.: Carbid, das; -[e]s, -e ‹*lat.-nlat.*›: **1.** (ohne Plural) Kalziumkarbid (ein wichtiger Rohstoff der chemischen Industrie). **2.** chemische Verbindung aus Kohlenstoff u. einem Metall od. Bor (Borkarbid) od. Silicium (Siliciumkarbid). **kar|bi|disch:** die Eigenschaften eines Karbids aufweisend

Kar|bi|nol, das; -s: ↑Methylalkohol

Kar|bo|hy|d|ra|se, die; -, -n ‹*lat.; gr.*›: Kohlenhydrat spaltendes Enzym

Kar|bo|id, das; -[e]s, -e (Technik): zusammengepresste u. scharf gebrannte Mischung aus Grafit und Speckstein

Kar|bol, das; -s (ugs.): ↑Karbolsäure

Kar|bo|li|ne|um, Carbolineum, das; -s ‹*lat.-nlat.*›: ein Imprägnierungs- u. Schädlingsbekämpfungsmittel für Holz u. Bäume

Kar|bol|säu|re, die; -: ↑Phenol

Kar|bon, das; -s (Geol.): erdgeschichtliche Formation des ↑Paläozoikums

Kar|bo|na|de, die; -, -n ‹*lat.-it.-frz.*›: **1.** (landsch.) Kotelett, [gebratenes] Rippenstück. **2.** (österr., sonst veraltet) Frikadelle

Kar|bo|na|do, der; -s, -s ‹*lat.-span.*›: [1]Karbonat

Kar|bo|na|ro, der; -s, ...ri ‹*lat.-it.;* »Köhler«›: Mitglied einer geheimen politischen Gesellschaft in Italien (Anfang des 19. Jh.s) mit dem Ziel der Befreiung von der französischen Herrschaft

[1]**Kar|bo|nat,** der; -[e]s, -e ‹*lat.-nlat.*›: grauschwarze Abart des Diamanten

[2]**Kar|bo|nat,** chem. fachspr.: Carbonat, das; -[e]s, -e: kohlensaures Salz

kar|bo|na|tisch: von [2]Karbonat abgeleitet, [2]Karbonat enthaltend

Kar|bo|ni|sa|ti|on, die; -, -en: **1.** (Med.) Verbrennung vierten Grades, schwerster Grad eines Hitzeschadens; Verkohlung. **2.** Umwandlung in [2]Karbonat

kar|bo|nisch: das ↑Karbon betreffend

kar|bo|ni|sie|ren: **1. a)** verkohlen lassen; **b)** in [2]Karbonat umwandeln. **2.** Zellulosereste in Wolle durch Schwefelsäure od. andere Chemikalien zerstören

kar|bo|ni|t|rie|ren: durch einen bestimmten chemischen Prozess härten

Kar|bon|säu|re, die; -, -n (Chemie): Säure, die eine bestimmte organische Gruppe mit einem leicht abzuspaltenden Wasserstoffatom enthält

Kar|bo|rund, das; -[e]s, Carborundum ®, das; -s ‹Kunstw. aus *lat.* carbo »Kohle« u. ↑Korund›: ein Schleifmittel

Kar|bo|xyl|grup|pe, chem. fachspr.: Carboxylgruppe, die; -, -n ‹*lat.; gr.; dt.*› (Chemie): in den Karbonsäuren enthaltene, aus einem Kohlenstoffatom, zwei Sauerstoffatomen u. einem Wasserstoffatom bestehende funktionelle Gruppe

kar|bo|zy|k|lisch, chem. fachspr.: carbocyclisch [auch: ...'tsʏk...]: Kohlenstoffringe enthaltend

Kar|bun|kel, der; -s, - ‹*lat.*› (Med.): Ansammlung dicht beieinanderliegender ↑Furunkel

kar|bu|rie|ren ‹*lat.-nlat.*›: die Leuchtkraft von Gasgemischen durch Zusatz von Ölgas heraufsetzen

Kar|da|mom, der od. das; -s, -e[n] ‹*gr.-lat.*›: reife Samen indischer u. afrikanischer Ingwergewächse, die als Gewürz verwendet werden

Kar|dan|an|trieb, der; -s ‹nach dem it. Erfinder Cardano, † 1576›: Antrieb über ein Kardangelenk

Kar|dan|ge|lenk, das; -s, -e: Verbindungsstück zweier Wellen, das durch wechselnde Knickung Kraftübertragung unter einem Winkel gestattet

kar|da|nisch: in den Fügungen **kardanische Aufhängung:** nach allen Seiten drehbare Aufhängung für Lampen, Kompasse u. a., die ein Schwanken der aufgehängten Körper ausschließt; **kardanische Formel** (Math.): mathematischer Ausdruck zur Lösung kubischer Gleichungen

Kar|dan|wel|le, die; -, -n: Antriebswelle mit Kardangelenk für Kraftfahrzeuge

Kar|dät|sche, die; -, -n ‹*lat.-vulgärlat.-it.*›: **1.** grobe Pferdebürste. **2.** (Weberei veraltet) Wollkamm. **kar|dät|schen:** (Pferde) striegeln

Kar|de, die; -, -n ‹*lat.-vulgärlat.*›: **1.** (Spinnerei) Maschine zum Aufteilen von Faserbüscheln u. -flocken. **2.** eine distelähnliche, krautige Pflanze mit scharf zugespitzten Spreublättern

Kar|deel, das; -s, -e ‹*gr.-lat.-frz.-niederl.*› (Seemannsspr.): Strang eines starken Taus, einer Trosse

kar|den, kardieren ‹*lat.-nlat.*›: rauen, kämmen (von Wolle)

kar|di..., Kar|di... vgl. kardio..., Kardio...

Kar|dia, die; - ‹*gr.*› (Med.): **1.** Magenmund. **2.** Herz

Kar|di|a|kum, das; -s, ...ka ‹*gr.-nlat.*› (Med.): Medikament, das eine Wirkung auf das Herz ausübt

kar|di|al (Med.): das Herz betreffend, von ihm ausgehend

Kar|di|al|gie, die; -, ...ien ‹*gr.*› (Med.): **1.** vom Herzen ausgehende Schmerzen. **2.** ↑Kardiospasmus

kar|die|ren vgl. karden

kar|di|nal ‹*lat.-mlat.*›: grundlegend, hauptsächlich

Kar|di|nal, der; -s, ...näle: **1.** (kath. Rel.) höchster katholischer Würdenträger nach dem Papst. **2.** zu den ↑Tangaren gehörender, häufig als Stubenvogel gehaltener Singvogel. **3.** eine Art ↑Bowle, meist mit Pomeranzen[schalen] angesetzt

Kar|di|na|lat, das; -[e]s, -e: Amt u. Würde eines Kardinals (1)

Kar|di|na|le, das; -[s], ...lia (veraltet): Kardinalzahl

Kar|di|nal|pro|tek|tor, der; -s, -en: mit der geistlichen Schutzherrschaft über einen Orden od. eine katholische Einrichtung beauftragter Kardinal (1)

Kar|di|nal|punkt, der; -[e]s, -e: **1.** Hauptpunkt. **2.** (nur Plural; Biol.) durch Temperatur, Nährstoffangebot u. a. bestimmtes Minimum, Maximum u. Optimum von Stoffwechsel, Wachstum o. Ä. von Organismen

Kar|di|nals|kol|le|gi|um, das; -s, ...ien: Körperschaft der katholischen Kardinäle

Kar|di|nals|kon|gre|ga|ti|on, die; -: ↑Kurienkongregation

Kar|di|nal|staats|se|kre|tär, der; -s, -e: erster Berater des Papstes, bes. in politischen Fragen

Kar|di|nal|tu|gend, die; -, -en (meist Plural): eine der vier wichtigsten Tugenden der christlichen Sittenlehre u. der philosophischen Ethik (Weisheit, Gerechtigkeit, Besonnenheit, Tapferkeit)

Kar|di|nal|vi|kar, der; -s, -e: Stellvertreter des Papstes als Bischof von Rom

Kar|di|nal|zahl, die; -, -en: Grundzahl, ganze Zahl (z. B. zwei, zehn)

Kar|di|nal|zei|chen, das; -s, -: wichtiges Zeichen innerhalb eines bestimmten Zeichensystems (z. B. innerhalb der Tierkreiszeichen)

kar|dio..., Kar|dio...

vor Vokalen gelegentlich: kardi..., Kar|di...
‹zu *gr.* kardía »Herz; Seele«›
Wortbildungselement mit der Bedeutung »Herz«:
- Kardialgie
- Kardiogramm
- kardiologisch

Kar|dio|graf, Kardiograph, der; -en, -en (Med.): **1.** Gerät zur Aufzeichnung eines Kardiogramms (2). **2.** Elektrokardiograf. **Kar|dio|gra|fie,** Kardiographie, die; -, ...ien (Med.): **1.** ↑Elektrokardiografie. **2.** Verfahren, die Aktionsströme des Herzens grafisch darzustellen

Kar|dio|gramm, das; -s, -e ‹*gr.-nlat.*› (Med.): **1.** ↑Elektrokardiogramm. **2.** grafische Darstellung der elektrischen Herzaktivität

Kar|dio|graph usw. vgl. Kardiograf usw.

Kar|di|o|i|de, die; -, -n (Math.): eine Form der ↑Epizykloide (Herzkurve)

Kar|dio|lo|ge, der; -n, -n (Med.): Facharzt auf dem Gebiet der Kardiologie; Herzspezialist. **Kar|dio|lo|gie,** die; - (Med.): Teilgebiet der Medizin, das sich mit der Funktion u. den Erkrankungen des Herzens befasst. **Kar|dio|lo|gin,** die; -, -nen: weibliche Form zu ↑Kardiologe

Kar|di|o|ly|se, die; -, -n (Med.): **a)** operative Ablösung der knöchernen Brustwand bei Herzbeutelverwachsungen; **b)** Lösung des Herzens bei Verwachsungen mit benachbarten Strukturen

Kar|dio|me|ga|lie, die; -, ...ien (Med.): Herzvergrößerung

Kar|dio|pa|thie, die; -, ...ien (Med.): Herzleiden, Herzerkrankung

Kar|di|o|ple|gie, die; -, ...ien (Med.): **1.** spontaner Herzstillstand. **2.** künstlich herbeigeführter Herzstillstand [zur Reduktion des Sauerstoffverbrauchs bei Operationen am offenen Herzen]

Kar|di|o|p|to|se, die; -, -n (Med.): Senkung des Herzens ohne krankhaften organischen Befund (Wanderherz)

Kar|dio|spas|mus, der; -, ...men (Med.): Krampf der Mageneingangsmuskulatur

Kar|di|o|thy|mie, die; -, ...ien (Med.): funktionelle Herzstörung ohne organische Veränderung des Herzens (Herzneurose)

Kar|dio|to|ko|graf, Kardiotokograph, der; -en, -en (Med.): Gerät zum ↑Registrieren (1b) der kindlichen Herztöne u. der Wehen während des Geburtsvorgangs

Kar|dio|to|ko|gra|fie, Kardiotokographie, die; -, -n (Med.): Aufzeichnung der kindlichen Herztöne u. der Wehen vor u. bei einer Geburt

Kar|dio|to|ko|graph usw. vgl. Kardiotokograf usw.

kar|dio|vas|ku|lär ‹*gr.; lat.-nlat.*› (Med.): Herz u. Gefäße betreffend

Kar|di|tis, die; -, ...itiden (Med.): Entzündung des Herzens

Kar|do|ne, die; -, -n ‹*lat.-spätlat.-it.*›: (als Gemüse angebaute) der ↑Artischocke ähnliche Pflanze, deren Blattstiele u. Rippen gegessen werden

Ka|renz, die; -, -en ‹*lat.;* »Nichthaben, Entbehren«›: **1.** Karenzzeit. **2.** (Med.) Enthaltsamkeit, Verzicht (z. B. auf bestimmte Nahrungsmittel)

ka|ren|zie|ren (österr.): für unbezahlten Urlaub freistellen

Ka|renz|jahr, das; -[e]s, -e (kath. Kirchenrecht): Jahr, in dem ein neuer Pfründeninhaber auf seine Einkünfte ganz od. teilweise verzichten muss. **Ka|renz|ur|laub,** der; -[e]s, -e (österr.): **a)** unbezahlter Urlaub; **b)** vollständige od. teilweise berufliche Freistellung, die Mütter od. wahlweise Väter nach der Geburt eines Kindes beanspruchen können; Elternzeit

Ka|renz|zeit, die; -, -en: Wartezeit, Sperrfrist, bes. in der Krankenversicherung

ka|res|sie|ren ‹*lat.-it.-frz.*› (landsch., sonst veraltet): **a)** liebkosen, schmeicheln; **b)** eine [geheime] Liebschaft haben

Ka|ret|te, Ka|rett|schild|krö|te, die; -, -n ‹*span.-frz.*›: eine Meeresschildkröte

Ka|rez|za, die; - ‹*lat.-it.*›: ↑Koitus, bei dem Orgasmus u. Samenerguss vermieden werden

Kar|fi|ol, der; -s ‹*it.*› (südd., österr.): Blumenkohl

Kar|fun|kel, der; -s, - ‹*lat.*›: **1.** feurig roter Edelstein (z. B. ↑[1]Granat, ↑Rubin). **2.** ↑Karbunkel

Kar|ga|deur [...ˈdøːɐ̯] ‹*gall.-lat.-vulgärlat.-span.-frz.*›, **Kar|ga|dor** ‹*gall.-lat.-vulgärlat.-span.*› der; -s, -e: Begleiter einer Schiffsladung, der den Transport der Ladung bis zur Übergabe an den Empfänger zu überwachen hat

Ka|ri|bu, das, auch der; -s, -s ‹*indian.-frz.*›: nordamerikanisches Ren

ka|rie|ren ‹*lat.-frz.*›: mit Würfelzeichnung mustern, kästeln. **ka|riert: 1.** gewürfelt, gekästelt (Papier, Stoff). **2.** (ugs. abwertend) wirr, ohne erkennbaren Sinn

Ka|ri|es, fachspr. auch: Caries, die; - ‹*lat.;* »Morschheit, Fäulnis«›: **1.** (Zahnmed.) akuter od. chronischer Zerfall der harten Substanz der Zähne; Zahnkaries. **2.** (Med.) entzündliche Erkrankung des Knochens mit Zerstörung von Knochengewebe, bes. bei Knochentuberkulose

Ka|ri|es|pro|phy|la|xe, die; -, -n (Zahnmed.): vorbeugende Maßnahme zur Verhinderung von Karies

ka|ri|ka|tiv ‹*gall.-lat.-vulgärlat.-it.*›: in der Art einer Karikatur, verzerrt komisch

Ka|ri|ka|tur, die; -, -en ‹*it.;* »Überladung«›: **1. a)** komisch übertreibende Zeichnung o. Ä., die eine Person, eine Sache od. ein Ereignis durch humoristische od. satirische Hervorhebung u. Überbetonung bestimmter charakteristischer Merkmale der Lächerlichkeit preisgibt; **b)** das Karikieren; Kunst der Karikatur (1 a). **2.** Zerr-, Spottbild. **ka|ri|ka|tu|resk:** karikaturartig

Ka|ri|ka|tu|rist, der; -en, -en: Karikaturenzeichner. **Ka|ri|ka|tu|ris|tin,** die; -, -nen: weibliche Form zu ↑Karikaturist. **ka|ri|ka|tu|ris|tisch:** in der Art einer Karikatur

ka|ri|kie|ren: verzerren, zur Karikatur machen, als Karikatur darstellen

Ka|rinth vgl. Karn

ka|rio|gen ‹*lat.; gr.*› (Med.): Karies hervorrufend

ka|ri|ös ‹*lat.*› (Med.): von ↑Karies befallen

> **Charisma**
> Das Substantiv stammt aus dem Griechischen und wird trotz seiner Aussprache mit *[k-]* wie das Herkunftswort mit *Ch-* geschrieben.

Ka|ri|tas, die; - ‹*lat.*›: [christliche] Nächstenliebe, Wohltätigkeit; vgl. Caritas, Fides. **ka|ri|ta|tiv,** caritativ ‹*lat.-nlat.*›: von Nächstenliebe bestimmt, mildtätig

kar|jo|len vgl. karriolen

Kar|kas|se, die; -, -n ‹*frz.;* »Gerippe«›: **1.** (früher) Geschoss mit einem Gerippe aus Eisenringen u. brennbarer Füllung zum Beschießen von Häusern. **2.** Unterbau [eines Gummireifens]. **3.** (Gastron.) nach dem Loslösen des Fleisches übrig gebliebenes Gerippe von Geflügel, Wild od. Fisch

Kar|list, der; -en, -en: Anhänger einer ehemaligen spanischen Partei (seit 1833), die in den sogenannten Karlistenkriegen die Thronansprüche der drei Prätendenten mit Namen Carlos verfocht

Kar|ma, das; -s, -s ‹*sanskr.*› (Rel.): im Buddhismus das die Form der Wiedergeburten eines Menschen bestimmende Handeln bzw. das durch ein früheres Handeln bedingte gegenwärtige Schicksal

Kar|ma|mar|ga, der; -s: im ↑Hinduismus der »Weg der Tat« zur glücklichen Wiedergeburt nach dem Tode

Kar|man, das; -s: vgl. Karma

Kar|me|lit, der; -en, -en, **Kar|me|li|ter,** der; -s, - ‹nach dem Berg Karmel im Norden Israels›: Angehöriger eines katholischen Mönchsordens

Kar|me|li|ter|geist, der; -[e]s: ein Heilkräuterdestillat

Kar|me|li|te|rin, Kar|me|li|tin, die; -, -nen: Angehörige des weiblichen Zweiges der Karmeliten

Kar|men vgl. Carmen

Kar|me|sin ‹*pers.-arab.-roman.*›, **Kar|min** ‹*frz.*› das; -s: roter Farbstoff

kar|mi|na|tiv ‹*lat.-nlat.*› (Med.): blähungstreibend

Kar|mi|na|ti|vum, das; -s, ...va (Med.): Mittel gegen Blähungen aus pflanzlichen Stoffen

kar|mo|sie|ren ‹*arab.*›: einen Edelstein mit weiteren kleinen Steinen umranden

Karn, Karinth, das; -s ‹nach dem nlat. Namen Carinthia für Kärnten› (Geol.): eine Stufe der alpinen ↑Trias (1)

Kar|nal|lit [auch: ...ˈlɪt] vgl. Carnallit

Kar|nat, das; -[e]s, **Kar|na|ti|on,** die; -: vgl. Inkarnat

Kar|nau|ba|wachs, das; -es ‹*indian.-port.; dt.*›: wertvolles Pflanzenwachs einer brasilianischen Palme (das für Kerzen, Bohnerwachs u. a. verwendet wird)

Kar|ne|ol, der; -s, -e ‹*lat.-it.*›: ein Schmuckstein

Kar|ne|val, der; -s, -e u. -s ‹*it.*›: Fastnacht, Fastnachtszeit. **kar|ne|va|lesk** ‹*it.*›: aus dem Karneval stammend, in der Art des Karnevals

Kar|ne|va|list, der; -en, -en: aktiver Teilnehmer am Karneval, bes. Vortragender (Büttenredner, Sänger usw.) bei Karnevalsveranstaltungen. **Kar|ne|va|lis|tin,** die; -, -nen: weibliche Form zu ↑Karnevalist. **kar|ne|va|lis|tisch:** den Karneval betreffend

Kar|nies, das; -es, -e ‹*roman.*› (Archit.): Kranzleiste od. Gesims mit s-förmigem Querschnitt

Kar|nie|se, Karnische, die; -, -n (österr.): Vorhangstange
Kar|ni|fi|ka|ti|on, die; - ⟨*lat.-nlat.*⟩ (Med.): Umwandlung von entzündlichem Lungengewebe in Bindegewebe anstelle einer normalerweise erfolgenden Rückbildung
kar|nisch: zum Karn gehörend, im Karn entstanden; **karnische Stufe:** ↑Karn
Kar|ni|sche vgl. Karniese
kar|ni|vor ⟨*lat.*⟩ (Biol.): fleischfressend (von bestimmten Tieren u. Pflanzen)
[1]**Kar|ni|vo|re**, der; -n, -n (Zool.): fleischfressendes Tier, vor allem Raubtier
[2]**Kar|ni|vo|re**, die; -[n], -n: fleischfressende Pflanze
Ka|ro, das; -s, -s ⟨*lat.-galloroman.-frz.*⟩: **1.** Raute, [auf der Spitze stehendes] Viereck. **2.** durch ein rotes Karo (1) gekennzeichnete Spielkarte
Ka|ro|shi [...ʃi], Karoschi, der; -[s] ⟨*jap.*⟩: Tod durch Überarbeitung (mit dem japanischen Arbeitssystem u. -ethos zusammenhängendes Phänomen)

Ka|ros|se, die; -, -n ⟨*gall.-lat.-it.-frz.*⟩: von Pferden gezogener Prunkwagen; Staatskutsche
Ka|ros|se|rie, die; -, ...ien: Wagenoberbau, -aufbau [von Kraftwagen]
Ka|ros|seur [...ˈsøːɐ̯], der; -s, -e (österr.): Karosseriebauer. **Ka|ros|seu|rin** [...ˈsøːrɪn], die; -, -nen: weibliche Form zu ↑Karosseur
Ka|ros|si|er [...ˈsi̯eː], der; -s, -s: **1.** (veraltet) Kutschpferd. **2.** Karosseriebauer; Karosserieentwerfer
ka|ros|sie|ren: [ein Auto] mit einer Karosserie versehen
Ka|ro|ti|de vgl. Karotis
Ka|ro|tin, fachspr.: Carotin, das; -s, -e ⟨*gr.-lat.-nlat.*⟩: ein [pflanzlicher] Farbstoff als Vorstufe des Vitamins A
Ka|ro|ti|no|id, chem. fachspr.: Carotinoid, das; -[e]s, -e ⟨*gr.-lat.-nlat.; gr.*⟩: in organischen Fetten vorkommender gelbroter Farbstoff
Ka|ro|tis, die; -, ...tiden, Karotide, die; -, -n ⟨*gr.*⟩ (Med.): Kopf-, Halsschlagader
Ka|rot|te, die; -, -n ⟨*gr.-lat.-frz.-niederl.*⟩: **1.** Mohrrübe. **2.** (landsch.) Rote Rübe, Rote Bete. **3.** Bündel von ausgerippten, gebeizten Tabakblättern
Ka|rot|tie|ren, das; -s ⟨*gr.-lat.-frz.*⟩: **1.** das Entfernen der Rippen aus den Tabakblättern. **2.** eine besondere Art des Verteidigungsspiels beim Billard
Kar|pal|tun|nel, der; -s, - (Plural selten) ⟨*lat.; engl.*⟩ (Med.): Kanal im Bereich der Handwurzelknochen, der von Nerven u. Sehnen durchzogen wird
Karpal|tunnel|syn|drom, das; -s, -e (Med.): Schädigung des Endastes eines bestimmten Nervs in Höhe des Karpaltunnels, bes. durch Druckwirkung, mit anschließendem Schwund der Daumenballenmuskulatur
Kar|pell, das; -s, -e, **Kar|pel|lum**, das; -s, ...pella ⟨*gr.-nlat.*⟩ (Bot.): Fruchtblatt
Kar|pen|ter|brem|se vgl. Carpenterbremse
Kar|po|gon, das; -s, -e ⟨*gr.-nlat.*⟩ (Bot.): weibliches Geschlechtsorgan der Rotalgen
Kar|po|lith [auch: ...ˈlɪt], der; -s u. -en, -e[n] (veraltet): Versteinerung von Früchten u. Samen
Kar|po|lo|gie, die; -: Teilgebiet der Botanik, das sich mit den Pflanzenfrüchten befasst
Kar|po|pha|ge, der; -n, -n: ↑Fruktivore
Kar|po|phor, der; -s, -e (Bot.): Fruchtträger auf dem Blütenstiel der Doldenblütler
Kar|po|so|ma, das; -s, ...men u. -ta (Bot.): Fruchtkörper
Kar|ra|geen, **Kar|ra|gheen**, das; -[s] ⟨nach dem irischen Ort Carragheen⟩: Irländisches Moos (getrocknete Rotalgen, die als Heilmittel verwendet werden)
Kar|ree, das; -s, -s ⟨*lat.-frz.*⟩: **1.** Viereck. **2.** (Gastron.) gebratenes od. gedämpftes Rippenstück vom Kalb, Schwein od. Hammel. **3.** eine Schliffform für ↑[1]Diamanten
Kar|re|te, die; -, -n ⟨*gall.-lat.-mlat.-it.*⟩ (landsch., bes. ostmitteld.): schlechter Wagen
Kar|ret|te, die; -, -n: **1.** (schweiz.) Schubkarren; zweirädriger Karren. **2.** schmalspuriges, geländegängiges Transport- u. Zugmittel der Gebirgstruppen
Kar|ri|e|re, die; -, -n ⟨*gall.-lat.-provenzal.-frz.;* »Rennbahn; Laufbahn«⟩: **1.** schnellste Gangart des Pferdes. **2.** [bedeutende, erfolgreiche] Laufbahn
Kar|ri|e|re|frau, die; -, -en (auch abwertend): Frau, die beruflich eine wichtige Stellung innehat u. auf eine erfolgreiche Laufbahn bedacht ist
Kar|ri|e|ris|mus, der; - (abwertend): rücksichtsloses Karrierestreben
Kar|ri|e|rist, der; -en, -en ⟨*nlat.*⟩ (abwertend): rücksichtsloser Karrieremacher. **Kar|ri|e|ris|tin**, die; -, -nen: weibliche Form zu ↑Karrierist. **kar|ri|e|ris|tisch**: nach Art eines Karrieristen
Kar|ri|ol, das; -s, -s, **Kar|ri|o|le**, die; -, -n ⟨*gall.-lat.-mlat.-it.-frz.*⟩: **1.** leichtes, zweirädriges Fuhrwerk mit Kasten. **2.** (veraltet) Briefpostwagen. **kar|ri|o|len: 1.** (veraltet) mit der Briefpost fahren. **2.** (landsch. ugs.) herumfahren, unsinnig fahren
Kar|ru|for|ma|ti|on, die; - ⟨nach einer Steppenlandschaft in Südafrika⟩ (Geol.): mächtige Schichtenfolge in Südafrika vom Alter der oberen Karbon- bis unteren Juraformation
Karst, der; -[e]s, -e ⟨nach der Hochfläche nordöstlich von Triest⟩ (Geol.): durch die Wirkung von Oberflächen- u. Grundwasser in löslichen Gesteinen (Kalk, Gips) entstehende typische Oberflächenform
Kart, der; -[s], -s ⟨*engl.-amerik.*⟩: kurz für ↑Gokart
Kar|tät|sche, die; -, -n ⟨*ägypt.-gr.-lat.-it.(-frz.-engl.)*⟩: **1.** (Geschichte) mit Bleikugeln gefülltes Artilleriegeschoss. **2.** (Bauw.) ein Brett zum Verreiben des Putzes. **kar|tät|schen: 1.** mit Kartätschen (1) schießen. **2.** den Putz mit der Kartätsche (2) verreiben
Kar|tau|ne, die; -, -n ⟨*lat.-it.*⟩: ein schweres Geschütz des 16. u. 17. Jh.s
Kar|tau|se, die; -, -n ⟨nach dem südfrz. Kloster Chartreuse⟩: Kloster (mit Einzelhäusern) der Kartäusermönche
Kar|täu|ser, der; -s, -: **1.** Angehöriger eines katholischen Einsiedlerordens (Abk.: O. Cart., OCart). **2.** (ohne Plural) Kräuterlikör in der Art des ↑[1]Chartreuse. **Kar|täu|se|rin**, die; -,

-nen: weibliche Form zu ↑Kartäuser (1)
Kar|täu|ser|kat|ze, die; -, -n: Katze mit gedrungenem Körper, rundem Kopf u. dichtem seidigem Haar in Blautönen
Kar|tell, das; -s, -e ⟨*ägypt.-gr.-lat.-it.-frz.*⟩: **1.** Zusammenschluss bes. von wirtschaftlichen Unternehmen (die rechtlich u. wirtschaftlich weitgehend selbstständig bleiben). **2.** Zusammenschluss von studentischen Verbindungen mit gleicher Zielsetzung. **3.** befristetes Bündnis mehrerer Parteien [im Wahlkampf]
Kar|tel|lant, der; -en, -en (Wirtsch.): Unternehmen, das einem Kartell angehört. **Kar|tel|lan|tin,** die; -, -nen (selten): weibliche Form zu ↑Kartellant. **kar|tel|lie|ren:** in Kartellen zusammenfassen
Kar|tell|trä|ger, der; -s, - (Geschichte): Überbringer einer Herausforderung zum ↑Duell mit Waffen
Kar|ten|slot [...slɔt], der; -[s], -s ⟨*dt.; engl.*⟩ (EDV): Steckplatz, ↑Slot (1) für eine digitale Karte (z. B. eine Speicherkarte)
kar|te|si|a|nisch, cartesianisch, kartesisch, cartesisch ⟨*nlat.;* nach dem latinisierten Namen des frz. Philosophen Descartes »Cartesius«⟩: von Descartes eingeführt, nach ihm benannt
Kar|te|si|a|nis|mus, Cartesianismus, der; -: die Philosophie von Descartes u. seinen Nachfolgern, die durch Selbstgewissheit des Bewusstseins, Leib-Seele-Dualismus u. mathematischen Rationalismus gekennzeichnet ist
kar|te|sisch vgl. kartesianisch
Kar|tha|min, chem. fachspr.: Carthamin, das; -s ⟨*arab.-nlat.*⟩: roter Farbstoff, der aus der Färberdistel gewonnen wird
kar|tie|ren ⟨*ägypt.-gr.-lat.-frz.*⟩: **1.** (Geogr.) auf einer Karte darstellen (ein vermessenes Gebiet o. Ä.). **2.** in eine Kartei einordnen
kar|ti|la|gi|när ⟨*lat.*⟩ (Med.): knorpelig
Kar|ting, das; -s ⟨*engl.-amerik.*⟩: das Ausüben des Gokartsports
Kar|to|graf, Kartograph, der; -en, -en: Zeichner od. wissenschaftlicher Bearbeiter einer Landkarte. **Kar|to|gra|fie,** Kartographie, die; -: Wissenschaft u. Technik von der Herstellung von Land- u. Seekarten. **kar|to|gra|fie|ren,** kartographieren: auf Karten aufnehmen, kartografisch darstellen. **Kar|to|gra|fin,** Kartographin, die; -, -nen: weibliche Form zu ↑Kartograf. **kar|to|gra|fisch,** kartographisch: die Kartografie betreffend
Kar|to|gramm, das; -s, -e ⟨*ägypt.-gr.-lat.-frz.; gr.*⟩ (Geogr.): Darstellung ↑statistischer Daten auf Landkarten
Kar|to|graph usw. vgl. Kartograf usw.
Kar|to|man|tie, die; -: das Kartenlegen
Kar|to|me|ter, das; -s, -: Kurvenmesser. **Kar|to|me|t|rie,** die; -: das Übertragen geometrischer Größen (Längen, Flächen, Winkel) auf Karten. **kar|to|me|t|risch:** die Kartometrie betreffend
Kar|ton [...'tõ:, ...'tɔŋ, auch, bes. südd., österr.: ...'to:n], der; -s, -s u. (bei nicht nasalierter Aussprache): -e (aber: 5 - Seife) ⟨*ägypt.-gr.-lat.-it.-frz.*⟩: **1.** [leichte] Pappe, Steifpapier. **2.** Schachtel aus [leichter] Pappe. **3.** Ersatzblatt, das nachträglich für ein fehlerhaftes Blatt in ein Buch eingefügt wird. **4.** Vorzeichnung zu einem [Wand]gemälde
Kar|to|na|ge [...'na:ʒə], die; -, -n: **1.** Pappverpackung. **2.** Einbandart, bei der Deckel u. Rücken eines Buches nur aus starkem Karton bestehen
kar|to|nie|ren: [ein Buch] in Pappe [leicht] einbinden, steif heften. **kar|to|niert:** in Karton geheftet (Abk.: kart.)
Kar|to|thek, die; -, -en ⟨*ägypt.-gr.-lat.-frz.; gr.*⟩: Kartei, Zettelkasten
Kar|tu|sche, die; -, -n ⟨*ägypt.-gr.-lat.-it.-frz.*⟩: **1.** (Kunstwiss.) (bes. während der Zeit der Renaissance u. des Barocks) aus einer schildartigen Fläche (zur Aufnahme von Inschriften, Wappen, ↑Initialen o. Ä.) u. einem ornamental geschmückten Rahmen bestehende Verzierung. **2.** (Archäol.) ovale Umrahmung der Königsnamen in altägyptischen Hieroglypheninschriften. **3.** bes. dicht verschließbarer Behälter für bestimmte Stoffe (z. B. für Toner, Gas). **4.** (Militär) Metallhülse für die Pulverladung, Hülse mit Pulver als Treibladung von Artilleriegeschossen. **5.** (Militär veraltet) Patronentasche berittener Truppen
Ka|ru|be, die; -, -n ⟨*arab.-mlat.-frz.*⟩: Johannisbrot
Ka|run|kel, die; -, -n ⟨*lat.;* »Stückchen Fleisch«⟩ (Med.): von der Haut od. Schleimhaut ausgehende kleine Warze aus gefäßreichem Bindegewebe
Ka|rus|sell, das; -s, -s u. -e ⟨*it.-frz.*⟩: auf Jahrmärkten od. Volksfesten aufgestellte, sich im Kreis drehende große, runde Bahn mit verschiedenartigen Aufbauten oder mit aufgehängten Sitzen für Fahrgäste, bes. Kinder
Ka|ry|a|ti|de, die; -, -n ⟨*gr.-lat.*⟩: weibliche Statue mit langem Gewand, die anstelle einer Säule das Gebälk eines Bauwerks trägt (in der Architektur der Antike); vgl. Atlant
Ka|ryo|ga|mie, die; -, ...ien ⟨*gr.-nlat.*⟩ (Biol.): Verschmelzung zweier Zellkerne
Ka|ryo|gramm, das; -s, -e (Biol.): grafische Darstellung eines vollständigen Chromosomensatzes, bei der die ↑Chromosomen nach Größe geordnet u. fortlaufend nummeriert sind
Ka|ryo|ki|ne|se, die; -, -n: ↑Mitose. **ka|ryo|ki|ne|tisch:** ↑mitotisch
Ka|ryo|lo|gie, die; - (Biol.): Wissenschaft vom Zellkern, bes. von den in ihm enthaltenen ↑Chromosomen
Ka|ryo|lym|phe, die; -, -n (Biol.): Grundsubstanz des Zellkerns, Kernsaft
Ka|ry|o|ly|se, die; -, -n (Biol.): **1.** scheinbares Verschwinden des Zellkerns bei der Kernteilung. **2.** Auflösung des Zellkerns (z. B. nach dem Absterben der Zelle)
ka|ryo|phag (Med.): den Zellkern zerstörend
Ka|ryo|plas|ma, das; -s (Biol.): Kernplasma
Ka|ry|op|se, die; -, -n (Bot.): Frucht der Gräser
Kar|zer, der; -s, - ⟨*lat.*⟩ (Geschichte): **1.** Arrestraum in Uni-

versitäten u. Gymnasien. **2.** (ohne Plural) Haftstrafe an Universitäten u. Gymnasien; Arrest

kar|zi|no..., Kar|zi|no...

(zu *gr.* karkínos »Krebs«) *Wortbildungselement mit der Bedeutung »krebsartig, den Krebs (als Krankheit) betreffend«:*
- karzinogen
- Karzinologe
- Karzinophobie

Die gleiche Bedeutung hat **kanzero..., Kanzero...** (zu *lat.* cancer »Krebs; Krebsgeschwür« [verwandt mit *gr.* karkínos]) in Fremdwörtern wie kanzerogen und Kanzerologie.

kar|zi|no|gen vgl. kanzerogen. **Kar|zi|no|gen,** das; -s, -e (Med.): Substanz, Strahlung o. Ä., von der eine Krebs erzeugende Wirkung ausgeht

Kar|zi|no|id, das; -[e]s, -e (Med.): **1.** Tumor des ↑neuroendokrinen Gewebes. **2.** ↑abortiver Hautkrebs

Kar|zi|no|lo|ge, der; -n, -n (Med.): Spezialist für Krebskrankheiten; Krebsforscher. **Kar|zi|no|lo|gie,** die; -: **1.** (Med.) Wissenschaft von den Krebserkrankungen, ihrer Entstehung, Bekämpfung u. Behandlung. **2.** (Zool.) Lehre von den Krebsen. **Kar|zi|no|lo|gin,** die; -, -nen: weibliche Form zu ↑Karzinologe. **kar|zi|no|lo|gisch** (Med.): die Karzinologie betreffend

Kar|zi|nom, das; -s, -e *(gr.-lat.)* (Med.): maligne Neubildung der Deckschicht, meistens vom Platten- od. Drüsenepithel ausgehend (Abk.: Ca.). **kar|zi|no|ma|tös** *(gr.-lat.-nlat.)* (Med.): krebsartig, von Krebs befallen

Kar|zi|no|pho|bie, die; -, ...ien (Med., Psychol.): krankhafte Angst, an Krebs zu erkranken bzw. erkrankt zu sein

Kar|zi|no|sar|kom, das; -s, -e (Med.): Geschwulst aus karzinomatösem u. sarkomatösem Gewebe

Kar|zi|no|se, die; -, -n *(gr.-nlat.)* (Med.): [durch diffuse Metastasierung] über den ganzen Körper verbreitete Krebsbildung

Ka|sach, Kasak, der; -[s], -s (nach dem mittelasiatischen Nomadenvolk der Kasachen): handgeknüpfter kaukasischer Gebrauchsteppich mit fast ausschließlich geometrischen Musterformen

Ka|sack, der; -s, -s *(frz.)*: dreiviertellange Damenbluse, die über Rock od. langer Hose getragen wird

Ka|sak vgl. Kasach

Ka|sa|t|schok, der; -s, -s *(russ.)*: ein russischer Volkstanz

Kas|bah, Kasba, die; -, -s od. Ksabi *(arab.)*: **1.** Sultansschloss in Marokko. **2.** arabisches Viertel in nordafrikanischen Städten

Kasch, der; -s, **Ka|scha,** die; - *(russ.)*: [Buchweizen]grütze

Käsch, das; -[s], -[s] od. -e (Herkunft unsicher): ostasiatische, bes. chinesische Nichtedelmetallmünze

Ka|schan vgl. Keschan

Ka|sche|lott, der; -s, -e *(port.-frz.)*: Pottwal

Ka|schem|me, die; -, -n *(Romani)* (abwertend): zweifelhaftes, schlechtes Lokal mit fragwürdigen Gästen

Ka|scheur [...ˈʃøːɐ̯], der; -s, -e *(lat.-galloroman.-frz.)* (Theater): jmd., der plastische Teile der Bühnendekoration (mithilfe von Holz, Pappe, Gips o. Ä.) herstellt (Berufsbez.). **Ka|scheu|rin** [...ˈʃørɪn], die; -, -nen: weibliche Form zu ↑Kascheur

ka|schie|ren: 1. so darstellen, verändern, dass eine positivere Wirkung erzielt wird, bestimmte Mängel nicht erkennbar, nicht sichtbar werden; verhüllen, verbergen, verheimlichen. **2.** (Theater) plastische Teile mithilfe von Leinwand, Papier u. Leim od. Gips herstellen. **3.** (Druckw.) [Bucheinband]pappe mit buntem od. bedrucktem Papier überkleben. **4.** zwei Gewebe mithilfe eines Klebstoffs miteinander verbinden

Ka|schier|pa|pier, das; -s *(lat.-galloroman.-frz.; gr.-lat.)*: Schmuckpapier zum Überkleben von Pappe, Karton usw.

Ka|schi|ri, das; - *(indian.)*: aus den Wurzelknollen des ↑Manioks gewonnenes berauschendes Getränk der Indianer

Kasch|mir, der; -s, -e *(frz.,* nach der Himalajalandschaft): feines Kammgarngewebe in Köper- od. Atlasbindung (eine Webart)

Ka|scho|long, der; -s, -s *(mongol.-frz.)*: ein Halbedelstein (Abart des Opals [1])

Ka|schott vgl. Cachot

Ka|schu|be, der; -n, -n (nach einem westslawischen Volksstamm) (landsch.): bäurischer Mensch, Hinterwäldler

Ka|se|in, chem. fachspr.: Casein, das; -s, -e *(lat.-nlat.)*: wichtigster Eiweißbestandteil der Milch

Ka|sel, die; -, -n, Casula, die; -, ...lae [...lɛ] *(lat.-mlat.)*: seidenes Messgewand, das über den anderen Gewändern zu tragen ist

Ka|se|mat|te, die; -, -n *(gr.-mgr.-it.-frz.)*: **1.** (Militär) gegen feindlichen Beschuss gesicherter Raum in Festungen. **2.** durch Panzerwände geschützter Geschützraum eines Kriegsschiffes

ka|se|mat|tie|ren (veraltet): [eine Festung, ein Schiff] mit Kasematten versehen

Ka|ser|ne, die; -, -n *(lat.-vulgärlat.-provenzal.-frz.)*: Gebäude zur ortsfesten u. ständigen Unterbringung von Soldaten, einer militärischen Einheit; Truppenunterkunft in Friedenszeiten

Ka|ser|ne|ment [...ˈmɑ̃ː], das; -s, -s *(frz.)*: **1.** Gesamtheit der zum Bereich einer Kaserne gehörenden Gebäude. **2.** (veraltet) das Kasernieren

ka|ser|nie|ren: [Truppen] in Kasernen unterbringen. **Ka|ser|nie|rung,** die; -, -en: das Kasernieren

Ka|sha® [ˈkaʃa], der; -[s], -s (wahrscheinlich eine verstümmelte Wortbildung aus Kaschmir): weicher, dem ↑Kaschmir ähnlicher Kleiderstoff

Ka|si|no vgl. Casino

Kas|ka|de, die; -, -n *(lat.-vulgärlat.-it.-frz.)*: **1.** [künstlicher] stufenförmiger Wasserfall. **2.** wagemutiger Sprung in der Artistik (z. B. Salto mortale). **3.** Anordnung hintereinandergeschalteter, gleichartiger Gefäße (in der chemischen Technik). **4.** ↑Kaskadenschaltung

Kas|ka|den|bat|te|rie, die; -, -n: hintereinandergeschaltete Batterien, die bes. für ↑Kondensatoren verwendet werden

Kas|ka̲|den|ge|ne|ra|tor, der; -s, -en (Elektrot.): Gerät zur Erzeugung elektrischer Hochspannung durch eine Reihenschaltung von ↑Kondensatoren (1) u. Gleichrichtern

Kas|ka̲|den|schal|tung, die; -, -en (Elektrot.): Reihenschaltung gleichgearteter Teile (z. B. ↑Generatoren)

Kas|ka|deur, Cascadeur [...ˈdøːɐ̯], der; -s, -e: Artist, der Kaskaden (2) ausführt. **Kas|ka|deu|rin,** Cascadeurin [...ˈdøːrɪn], die; -, -nen: weibliche Form zu ↑Kaskadeur

kas|ka|di̲e|ren ⟨*lat.-vulgärlat.-it.-frz.*⟩ (Technik): gleichartige Bauelemente, Module stufenförmig nacheinander anordnen, hintereinanderschalten

Kas|ka|rill|rin|de, die; - ⟨*span.; dt.*⟩: ein (angenehm riechendes) westindisches Gewürz

Kas|ke̩tt, das; -s, -e ⟨*lat.-vulgärlat.-span.-frz.*⟩ (veraltet): einfacher Visierhelm, leichter Lederhelm

[1]**Ka̩s|ko,** der; -s, -s ⟨*lat.-vulgärlat.-span.*⟩: **1.** Schiffsrumpf. **2.** Fahrzeug (im Unterschied zur Ladung). **3.** Spielart des ↑Lombers

[2]**Ka̩s|ko,** die; -, -s: Kurzform von ↑Kaskoversicherung

Ka̩s|ko|ver|si|che|rung, die; -, -en: Versicherung gegen Schäden an Beförderungsmitteln des Versicherungsnehmers

Ka̩s|sa, die; -, ...ssen ⟨*lat.-it.*⟩ (österr.): Kasse; vgl. per cassa

Ka̩s|sa|ge|schäft, das; -s, -e: Geschäft, das sofort od. kurzfristig erfüllt werden soll (bes. im Börsenverkehr)

Ka̩s|sa|kurs, der; -es, -e: Kurs der ↑per cassa gehandelten Wertpapiere an der Börse

Kas|sa̲n|d|ra, die; -, ...dren ⟨nach der Seherin Kassandra in der gr. Sage⟩: weibliche Person, die gegenüber etwas Bevorstehendem eine pessimistische Grundhaltung zeigt u. davor warnt

Kas|sa̲n|d|ra|ruf, der; -[e]s, -e: Unheil kündende Warnung

[1]**Kas|sa|ti|o̲n,** die; -, -en ⟨*lat.-nlat.*⟩: **1.** Ungültigkeitserklärung (von Urkunden). **2.** Aufhebung eines Gerichtsurteils durch die nächsthöhere Instanz. **3.** (veraltet) bedingungslose Entlassung aus dem Militärdienst od. aus dem Beamtenverhältnis; vgl. ...ation/...ierung

[2]**Kas|sa|ti|o̲n,** die; -, -en ⟨Herkunft unsicher⟩: mehrsätziges Tonwerk für mehrere Instrumente in der Musik des 18. Jh.s

Kas|sa|ti|o̲ns|hof, der; -[e]s, ...höfe: oberster Gerichtshof in manchen Ländern (z. B. Belgien, Frankreich)

kas|sa|to̲|risch: die ↑[1]Kassation betreffend; **kassatorische Klausel:** a) (Rechtswiss.) Vertragsklausel, die das Recht des Gläubigers, vom Vertrag zurückzutreten, für den Fall gewährleistet, dass der Schuldner seine Verbindlichkeiten nicht erfüllt; b) die Vereinbarung der Fälligkeit der Gesamtschuld bei teilweisem Verzug (z. B. bei Teilzahlungsgeschäften)

Kas|sa̲|ve, die; -, -n, **Kas|sa̲|wa,** die; -, -s ⟨*indian.-span.*⟩: ↑Maniok

Ka̩s|sa|zah|lung, die; -, -en ⟨*lat.-it.; dt.*⟩: Barzahlung

Ka̩s|se, die; -, -n ⟨*lat.-it.*⟩: **1.** verschließbarer Behälter zur Aufbewahrung von Geld. **2.** (ohne Plural) zur Verfügung stehendes Geld, Barmittel. **3.** Zahlungsraum, Bankschalter, an dem Geld aus- od. einbezahlt wird. **4.** (ugs.) **a)** Sparkasse, Bank; **b)** Krankenkasse; vgl. Kassa

Kas|se|ro̲l|le, die; -, -n ⟨*vulgärlat.-provenzal.-frz.*⟩: flacher Topf mit Stiel od. Henkeln zum Kochen u. Schmoren

Kas|se̩t|te, die; -, -n ⟨*lat.-it.-frz.*⟩: **1.** verschließbares Holz- od. Metallkästchen zur Aufbewahrung von Geld u. Wertsachen. **2.** flache, feste Schutzhülle für Bücher, Schallplatten o. Ä. **3.** (Fotogr.) lichtundurchlässiger Behälter in einem Fotoapparat od. in einer Kamera, in den der Film od. die Fotoplatte eingelegt wird. **4.** (Archit.) vertieftes Feld [in der Zimmerdecke]. **5.** Magnetband u. zwei kleine Spulen, die fest in ein kleines, flaches, rechteckiges Gehäuse aus Kunststoff eingebaut sind

Kas|se̩t|ten|deck, das; -s, -s: Teil einer Stereoanlage, mit dem Kassetten (5) bespielt od. abgespielt werden können

Kas|se̩t|ten|de|cke, die; -, -n: in Kassetten (4) aufgeteilte Zimmerdecke

Kas|se̩t|ten|re|kor|der, Kas|se̩t|ten|re|cor|der, der; -s, -: Tonbandgerät, bei dem für Aufnahme u. Wiedergabe Kassetten (5) verwendet werden

kas|set|ti̲e|ren: die Decke eines Raums mit Kassetten (4) versehen, täfeln

Ka̩s|sia, Kassie [...i̯ə], die; -, ...ien ⟨*semit.-gr.-lat.*⟩: eine Heil- u. Gewürzpflanze

Kas|si̲|ber, der; -s, - ⟨*hebr.-jidd.*⟩ (Gaunerspr.): heimliches Schreiben od. unerlaubte schriftliche Mitteilung eines Häftlings an einen anderen od. an Außenstehende

Kas|si̲|de, die; -, -n ⟨*arab.*⟩: arabische Gedichtgattung

Ka̩s|sie [...i̯ə] vgl. Kassia

Kas|si̲er, der; -s, -e ⟨*lat.-it.*⟩ (südd., österr., schweiz.): ↑Kassierer

[1]**kas|si̲e|ren** ⟨*lat.-it.*⟩: **1.** Geld einnehmen, einziehen, einsammeln. **2.** (ugs.) **a)** etwas an sich nehmen; **b)** etwas hinnehmen; **c)** jmdn. gefangen nehmen

[2]**kas|si̲e|ren** ⟨*lat.*⟩: **a)** jmdn. seines Amtes entheben, jmdn. aus seinem Dienst entlassen; **b)** etwas für ungültig erklären, ein Gerichtsurteil aufheben

Kas|si̲e|rer, der; -s, - ⟨*lat.-it.*⟩: Angestellter eines Unternehmens od. Vereins, der die Kasse führt. **Kas|si̲e|re|rin,** die; -, -nen: weibliche Form zu ↑Kassierer

Kas|si̲e|rin, die; -, -nen (südd., österr., schweiz.): weibliche Form zu ↑Kassier

Kas|si̲e|rung, die; -, -en: **1.** ↑[1]Kassation. **2.** das Einziehen von Geldbeträgen; vgl. ...ation/...ierung

Kas|si|ne̩tt vgl. Cassinet

Kas|si|o|pe̲i|um vgl. Cassiopeium

Kas|si|te|ri̲t [auch: ...ˈrɪt], der; -s, -e ⟨*gr.-nlat.*⟩: Zinnerz

Kas|ta|g|net|te [...tanˈjɛtə], die; -, -n ⟨*gr.-lat.-span.(-frz.)*⟩: kleines Rhythmusinstrument aus zwei ausgehöhlten Hartholzschälchen, die durch ein über den Daumen od. die Mittelhand gestreiftes Band gehalten und mit den Fingern gegeneinandergeschlagen werden

kas|ta̲|lisch ⟨nach der gr. Nymphe Kastalia⟩: **kastalische Quelle:** (bes. in hellenistischer Zeit)

Sinnbild für dichterische Begeisterung
Kas|ta|nie [...i̯ə], die; -, -n ⟨*gr.-lat.*⟩: **1.** Edelkastanie. **2.** Rosskastanie. **3.** Frucht von Edel- od. Rosskastanie. **4.** (Jägerspr.) Wulst von Haaren an den Hinterläufen des Wildes
Kas|te, die; -, -n ⟨*lat.-port.-frz.*⟩: **1.** Gruppe innerhalb der hinduistischen Gesellschaftsordnung. **2.** (abwertend) sich gegenüber anderen Gruppen streng absondernde Gesellschaftsschicht [deren Angehörige ein übertriebenes Standesbewusstsein pflegen]
Kas|tell, das; -s, -e ⟨*lat.*⟩: **1.** (Geschichte) **a)** militärische Befestigungsanlage; **b)** Burg, Schloss. **2.** (veraltet) Aufbau auf dem Vorder- und Hinterdeck eines Kriegsschiffes
Kas|tel|lan, der; -s, -e ⟨*lat.-mlat.*⟩: **1.** (Geschichte) Burg-, Schlossvogt. **2.** Aufsichtsbeamter in Schlössern u. öffentlichen Gebäuden. **Kas|tel|la|nei,** die; -, -en: Schlossverwaltung. **Kas|tel|la|nin,** die; -, -nen: weibliche Form zu ↑ Kastellan (2)

Kas|ti|ga|ti|on, die; -, -en ⟨*lat.*⟩ (veraltet): Züchtigung
Kas|ti|ga|tor, der; -s, ...oren (Geschichte): Korrektor in der Frühzeit des Buchdrucks
[1]**Kas|tor,** der; -[s] ⟨*gr.-lat.*⟩: weiches, langhaariges, aus hochwertiger Wolle gewebtes Tuch
[2]**Kas|tor** ⟨einer der Zwillingsbrüder Kastor und Pollux, Helden der gr. Sage⟩: in der Wendung **wie Kastor und Pollux sein** (veraltend): eng befreundet, unzertrennlich sein (von Männern)
Kas|tor|öl, das; -[e]s ⟨*gr.-lat.; dt.*⟩: Handelsbezeichnung für Rizinusöl
Kas|t|rat, der; -en, -en ⟨*lat.-it.*⟩: **1.** (veraltet) kastrierter Mann. **2.** (Musik) in der Jugend kastrierter Sänger mit hoher, umfangreicher Sopran- od. Altstimme (im 17. u. 18. Jh.)
Kas|t|ra|ti|on, die; -, -en ⟨*lat.*⟩: **1.** (Med.) Ausschaltung od. Entfernung der Keimdrüsen (Hoden od. Eierstöcke) bei Menschen u. Tieren; Verschneidung; **chemische Kastration:** Ausschaltung des Geschlechtstriebs durch Injektion bestimmter, den Geschlechtstrieb hemmender Präparate. **2.** (Fachspr.) Entfernung der Staubblätter bei Pflanzen (aus züchterischen Gründen)
Kas|t|ra|ti|ons|angst, die; -, ...ängste (Psychol.): in der Kindheit durch den Vergleich mit Mädchen auftretende Angst von Jungen, ihren Penis zu verlieren
Kas|t|ra|ti|ons|kom|plex, der; -es, -e (Plural selten) (Psychol.): Gesamtheit der Fantasien u. Ängste, die sich um den Begriff der Kastration (1) gruppieren
kas|t|rie|ren (Fachspr.): eine Kastration vornehmen; **kastrierte Ausgabe** (ugs. scherzh.): ↑ Editio castigata
ka|su|al ⟨*lat.*⟩ (veraltet): zufällig, nicht voraussehbar
Ka|su|a|li|en, die (Plural) ⟨»Zufälligkeiten«⟩: **1.** (selten) nicht vorhersehbare Ereignisse. **2.** geistliche Amtshandlungen aus besonderem Anlass (Taufe, Trauung u. a.)
Ka|su|a|lis|mus, der; - ⟨*lat.-nlat.*⟩ (Philos.): [altgr.] philosophische Lehre, nach der die Welt durch Zufall entstanden ist u. sich zufällig entwickelt hat
Ka|su|ar, der; -s, -e ⟨*malai.-niederl.*⟩: Straußvogel Australiens
Ka|su|a|ri|ne, Casuarina, die; -, ...nen ⟨*malai.-niederl.-nlat.*⟩: Baum od. Strauch Indonesiens u. Australiens mit federartigen Zweigen, der Hartholz u. Gerbrinde liefert
ka|su|ell ⟨*lat.-frz.*⟩: den Kasus betreffend
Ka|su|ist, der; -en, -en ⟨*lat.-nlat.*⟩: **1.** Vertreter der Kasuistik. **2.** jmd., der spitzfindig argumentiert; Wortverdreher, Haarspalter
Ka|su|is|tik, die; -: **1.** Teil der Sittenlehre, der für mögliche Fälle des praktischen Lebens im Voraus anhand eines Systems von Geboten das rechte Verhalten bestimmt (bei den Stoikern u. in der katholischen Moraltheologie). **2.** (Rechtswiss.) Versuch u. Methode einer Rechtsfindung, die nicht von allgemeinen, umfassenden, sondern spezifischen, für möglichst viele Einzelfälle gesetzlich geregelten Tatbeständen ausgeht. **3.** (Med.) Beschreibung von Krankheitsfällen (bezüglich eines best. Fachgebietes). **4.** spitzfindige Argumentation; Wortverdreherei, Haarspalterei
Ka|su|is|tin, die; -, -nen: weibliche Form zu ↑ Kasuist
ka|su|is|tisch: 1. Grundsätze bzw. Methoden der Kasuistik (1, 2) befolgend. **2.** spitzfindig argumentierend, haarspalterisch
Ka|sus, der; -, - [...zu:s] ⟨*lat.*⟩: **1.** Fall, Vorkommnis. **2.** (Sprachwiss.) Fall, Beugungsfall (z. B. Dativ, Akkusativ); vgl. Casus
Ka|sus|gram|ma|tik, die; - (Sprachwiss.): grammatische Theorie, die den einfachen Satz als eine Verbindung von Verb u. einer od. mehreren Nominalphrasen interpretiert, von denen jede aufgrund bestimmter Relationen zwischen den Kasus an das Verb gebunden ist
Ka|sus|syn|kre|tis|mus, der; - (Sprachwiss.): Zusammenfall zweier od. mehrerer Fälle (Kasus) in einer Form, z. B. Patienten (Gen., Dat., Akk. Sing. u. in allen Fällen des Plurals)
[1]**Kat,** das; -[s] ⟨*arab.*⟩: aus den Blättern eines afrikanischen Baums gewonnenes Rauschgift
[2]**Kat,** der; -[s], -s: **1.** Kurzform von ↑ Katalysator (2). **2.** Kurzform von ↑ Katalysatorauto
Ka|ta, das; -[s] ⟨*jap.*⟩ (Budo): stilisierte Form des Kampfes gegen einen od. mehrere imaginäre Gegner, festgelegte Serie von Techniken
ka|ta|ba|tisch ⟨*gr.*⟩ (Meteorol.): absteigend, abfallend (von Winden) (Ggs.: anabatisch)
ka|ta|bol ⟨*gr.-nlat.*⟩ (Biol.; Med.): den Abbaustoffwechsel betreffend. **Ka|ta|bo|lie,** die; -, **Ka|ta|bo|lis|mus,** der; - (Biol., Med.): Abbau der Stoffe im Körper durch den Stoffwechsel (Ggs.: Anabolismus)
Ka|ta|bo|th|re vgl. Katavothre
Ka|ta|chre|se [...ç...], **Ka|ta|chre|sis** [auch: ...ˈta:...], die; -, ...chresen ⟨*gr.;* »Missbrauch«⟩: **1.** (Rhet.; Stilkunde) verblasste Bildlichkeit, gelöschte ↑ Metapher (z. B. Bein des Tisches). **2.** (Rhet., Stilkunde) Bildbruch, d. h. Vermengung von nicht zusammengehörenden ↑ Metaphern (z. B. das schlägt dem Fass die Krone ins Gesicht). **ka|ta|chres|tisch:** in Form einer Katachrese

Ka|ta|dyn|ver|fah|ren, das; -s ⟨*gr.; dt.*⟩: Wasserentkeimung mithilfe fein verteilten Silbers

Ka|ta|falk, der; -s, -e ⟨*(gr.; lat.) vulgärlat.-it.-frz.*⟩: schwarz verhängtes Gestell, auf dem der Sarg während der Trauerfeierlichkeit steht

Ka|ta|ka|na, das; -[s], - od. die; -, - (häufig auch im Plural mit singularischer Bedeutung) ⟨*jap.*⟩: japanische Silbenschrift, die auf bestimmte Anwendungsbereiche begrenzt ist; vgl. Hiragana

Ka|ta|kaus|tik, die; - ⟨*gr.-nlat.*⟩ (Optik): die beim Einfall von parallelem Licht auf einen Hohlspiegel entstehende Brennfläche, die im Idealfall ein Brennpunkt ist. **ka|ta|kaus|tisch:** einbrennend; **katakaustische Fläche** (Optik): Brennfläche eines Hohlspiegels

Ka|ta|kla|se, die; -, -n ⟨*gr.*⟩ (Geol.): das Zerbrechen u. Zerreiben einzelner Mineralkomponenten eines Gesteins durch ↑tektonische Kräfte

Ka|ta|klas|struk|tur, die; -, -en ⟨*gr.; lat.*⟩ (Geol.): kataklastische ↑Struktur (1) eines Gesteins

ka|ta|klas|tisch: die ↑Kataklase betreffend

Ka|ta|klys|men|the|o|rie, die; - ⟨*gr.*⟩ (Geol.): geologische Theorie, die die Unterschiede der Tier- u. Pflanzenwelt der verschiedenen Erdzeitalter als Folge von Vernichtung u. Neuschöpfung erklärt

Ka|ta|klys|mus, der; -, ...men ⟨*gr.-lat.*⟩ (Geol.): erdgeschichtliche Katastrophe; plötzliche Vernichtung, Zerstörung. **ka|ta|klys|tisch:** den Kataklysmus betreffend; vernichtend, zerstörend

Ka|ta|kom|be, die; -, -n (meist Plural) ⟨*lat.-it.*⟩: (in frühchristlicher Zeit) unterirdische Anlage zur Beisetzung von Toten

ka|ta|krot ⟨*gr.*⟩ (Med.): einen nicht natürlichen, zusätzlichen Pulsschlag aufzeigend. **Ka|ta|kro|tie,** die; - (Med.): zusätzlicher Pulsschlag; ↑Extrasystole

Kat|akus|tik, die; - ⟨*gr.-nlat.*⟩: Lehre vom ↑Echo (1)

Ka|tal, das; -s ⟨Kunstw. zu ↑Katalyse⟩ (Chemie): Maßeinheit der Enzymaktivität, katalytisch wirkende Menge eines Katalysators (1) od. Enzyms, die in einer Sekunde die Umwandlung von einem Mol Substrat bewirkt (Zeichen: kat)

Ka|ta|la|se, die; -, -n ⟨*gr.-nlat.*⟩: ↑Enzym, das das Zellgift Wasserstoffperoxid durch Spaltung in Wasser u. Sauerstoff unschädlich macht

Ka|ta|lek|ten, die (Plural) ⟨*gr.*⟩ (veraltet): ↑Fragmente alter Werke

ka|ta|lek|tisch ⟨*gr.-lat.*⟩ (antike Metrik): mit einem unvollständigen Versfuß endend

Ka|ta|lep|sie, die; -, ...ien ⟨*gr.*⟩ (Med.): das Verbleiben in einer starren Körperhaltung mit maximaler Muskelanspannung. **ka|ta|lep|tisch** ⟨*gr.-lat.*⟩ (Med.): in einer unnatürlichen Körperhaltung unter maximalem Muskeltonus verharrend (z. B. bei Schizophrenie [1] od. Enzephalitis); **kataleptische Totenstarre:** seltene Art der Totenstarre bereits bei Eintritt des Todes

Ka|ta|le|xe, Ka|ta|le|xis [auch: ...'lɛ], die; -, ...lexen ⟨*gr.-lat.*⟩ (antike Metrik): Unvollständigkeit des letzten Versfußes

Ka|ta|log, der; -[e]s, -e ⟨*gr.-lat.*⟩: [nach einem bestimmten System angelegtes] Verzeichnis (z. B. für Bücher, für eine Ausstellung). **ka|ta|lo|gi|sie|ren** ⟨*gr.-lat.-nlat.*⟩: **a)** zu einem Katalog zusammenstellen; **b)** in einen Katalog aufnehmen

Ka|tal|pa, Ka|tal|pe, die; -, ...pen ⟨*indian.-nlat.*⟩ (Bot.): Zierstrauch mit kastanienähnlichen Blättern; Trompetenbaum

Ka|ta|ly|sa|tor, der; -s, ...oren ⟨*gr.-nlat.*⟩: **1.** (Chemie) Stoff, der durch seine Anwesenheit chemische Reaktionen herbeiführt od. in ihrem Verlauf beeinflusst, selbst aber unverändert bleibt. **2.** Vorrichtung in Kraftfahrzeugen, mit deren Hilfe das Abgas von umweltschädlichen Stoffen gereinigt wird

Ka|ta|ly|sa|tor|au|to, das; -s, -s: mit einem ↑Katalysator (2) ausgestatteter Pkw

Ka|ta|ly|se, die; -, -n ⟨*gr.-lat.*⟩ (Chemie): Herbeiführung, Beschleunigung od. Verlangsamung einer Stoffumsetzung durch einen Katalysator. **ka|ta|ly|sie|ren** ⟨*gr.-nlat.*⟩: eine chemische Reaktion durch einen Katalysator herbeiführen, verlangsamen od. beschleunigen. **ka|ta|ly|tisch:** durch eine Katalyse od. einen ↑Katalysator (1) bewirkt

Ka|ta|lyt|ofen, der; -s, ...öfen ⟨*gr.; dt.*⟩: kleiner Sicherheitsofen für feuergefährdete Räume (Garagen usw.), in dem Benzin od. Öl katalytisch ohne Flamme verbrannt wird

Ka|ta|ma|ran, der; -s, -e ⟨*tamil.-engl.*⟩: **a)** schnelles, offenes Segelboot mit Doppelrumpf; **b)** Boot mit doppeltem Rumpf

Ka|ta|me|ni|en, die (Plural) ⟨*gr.*⟩ (Med. veraltet): ↑Menstruation

Ka|ta|m|ne|se, die; -, -n ⟨*gr.-nlat.*⟩ (Med.): abschließender Krankenbericht eines Arztes

Ka|ta|pha|sie, die; - ⟨*gr.-nlat.*⟩ (Med.): Sprachstörung mit mechanischer Wiederholung der gleichen Wörter od. Sätze

Ka|ta|pher, die; -, -n ⟨*gr.*⟩: Wort, dessen Bezugswort erst an späterer Stelle im Text folgt (z. B. *Er* erwachte; *Karl* hatte schlecht geschlafen)

Ka|ta|pho|re|se, die; -, -n ⟨*gr.-nlat.*⟩: ↑Elektrophorese positiv geladener Teilchen in Richtung der ↑Kathode

ka|ta|pho|risch (Rhet.; Stilkunde): vorausweisend (von sprachlichen Formen)

Ka|ta|phrakt, der; -en, -en ⟨*gr.-lat.*⟩: schwer gepanzerter Reiter auf gepanzertem Pferd in den Reiterheeren der Antike

Ka|ta|pla|sie, die; -, ...ien ⟨*gr.-nlat.*⟩ (Med.): rückläufige Umbildung eines Körpergewebes unter gleichzeitiger Herabsetzung der Differenzierung

Ka|ta|plas|ma, das; -s, ...men ⟨*gr.-lat.*⟩ (Med.): heißer Breiumschlag zur Schmerzlinderung (bei ↑Koliken)

ka|ta|plek|tisch ⟨*gr.*⟩ (Med.): vor Schreck starr, gelähmt. **Ka|ta|ple|xie,** die; -, ...ien (Med.): [mit körperlichem Zusammensinken verbundene] Schrecklähmung; Schreckstarre

Ka|ta|pult, das, auch: der; -[e]s, -e ⟨*gr.-lat.*⟩: **1.** Wurf-, Schleudermaschine im Altertum. **2.** gabelförmige Schleuder mit zwei Gummibändern, mit der Kinder Steine o. Ä. schleudern od. schießen. **3.** Schleudervorrichtung zum Starten von Flugzeugen; Startschleuder

Ka|ta|pult|flug|zeug, das; -[e]s, -e: für den Katapultstart geeignetes Flugzeug

ka|ta|pul|tie|ren ⟨*gr.-lat.-nlat.*⟩: [mit einem Katapult] wegschnellen, [weg]schleudern

¹**Ka|ta|rakt,** der; -[e]s, -e ⟨*gr.-lat.*⟩: **a)** Stromschnelle; **b)** Wasserfall

²**Ka|ta|rakt,** die; -, -e (Med.): Trübung der Augenlinse; grauer Star

Ka|ta|rak|ta, Cataracta, die; -, ...ten (Med.): ²Katarakt

Ka|tarrh, der; -s, -e ⟨*gr.-lat.;* eigtl. »Herabfluss«⟩ (Med.): Schleimhautentzündung [der Atmungsorgane] mit meist reichlichen Absonderungen

ka|tar|rha|lisch ⟨*gr.-lat.-nlat.*⟩ (Med.): zum Erscheinungsbild eines Katarrhs gehörend

Ka|ta|s|ta|se, Ka|ta|s|ta|sis, die; -, ...stasen ⟨*gr.*⟩: Höhepunkt, Vollendung der Verwicklung vor der ↑Katastrophe (2) im [antiken] Drama

Ka|ta|s|ter, der (österr. nur so) od. das; -s, - ⟨*it.*⟩: amtliches Grundstücksverzeichnis, das als Unterlage für die Bemessung der Grundsteuer geführt wird

Ka|tas|te|ris|mus, der; - ⟨*gr.-nlat.*⟩: alter Glaube, nach dem Tiere u. Menschen [nach dem Tode] in Sterne verwandelt werden können u. als neues Sternbild am Himmel erscheinen

Ka|ta|s|t|ral|ge|mein|de, die; -, -n ⟨*it.; dt.*⟩ (österr.): in einem Grundbuch zusammengefasste Verwaltungseinheit, Steuergemeinde

Ka|ta|s|t|ral|joch, das; -s, -e (österr. Amtsspr.): ein Feldmaß (= 5 755 m²)

ka|ta|s|t|rie|ren ⟨*it.*⟩: in ein ↑Kataster eintragen

ka|ta|s|t|ro|phal ⟨*gr.-lat.-nlat.*⟩: einer Katastrophe gleichkommend; verhängnisvoll, entsetzlich, furchtbar, schlimm

Ka|ta|s|t|ro|phe, die; -, -n ⟨*gr.-lat.;* »Umkehr, Wendung«⟩: **1.** Unglück von großen Ausmaßen u. entsetzlichen Folgen. **2.** entscheidende Wendung [zum Schlimmen] als Schlusshandlung im [antiken] Drama

Ka|ta|s|t|ro|phen|me|di|zin, die; -: Einsatz von Ärzten, Geräten usw. im Falle einer [atomaren] Katastrophe

Ka|ta|s|t|ro|phen|the|o|rie, die; -: **1.** Theorie über die Entstehung der Planeten. **2.** ↑Kataklysmentheorie

Ka|ta|s|t|ro|phen|tou|ris|mus, der; - (abwertend): das gezielte Anreisen von Schaulustigen bei Unglücksfällen größeren Ausmaßes, Naturkatastrophen u. Ä.

ka|ta|s|t|ro|phisch: unheilvoll, verhängnisvoll

Ka|ta|syl|lo|gis|mus, der; -, ...men ⟨*gr.-nlat.*⟩ (Logik): Gegenschluss, Gegenbeweis

Ka|ta|ther|mo|me|ter, das; -s, - ⟨*gr.-nlat.*⟩: Gerät für raumklimatische Messungen

ka|ta|thym ⟨*gr.-nlat.*⟩ (Psychol.; Med.): affektbedingt, wunschbedingt, durch Wahnvorstellungen entstanden. **Ka|ta|thy|mie,** die; -, ...ien (Psychol.; Med.): Beeinflussung des Denkens, Wahrnehmens od. Erlebens durch affektbedingte u. gefühlsmäßige Einflüsse

Ka|ta|to|nie, die; -, ...ien ⟨*gr.-nlat.*⟩ (Med.): Form der Schizophrenie mit Krampfzuständen der Muskulatur u. mit Wahnideen

Ka|ta|to|ni|ker, der; -s, - (Med.): jmd., der an Katatonie leidet. **Ka|ta|to|ni|ke|rin,** die; -, -nen: weibliche Form zu ↑Katatoniker. **ka|ta|to|nisch** (Med.): die Katatonie betreffend

Ka|ta|vo|th|re, die; -, -n ⟨*gr.-ngr.*⟩: Schluckloch in Karstgebieten; vgl. Ponor

Ka|ta|wert, der; -[e]s, -e ⟨*gr.; dt.*⟩ (Technik): Maß für die in der Temperatur eines Raumes auftretende Kühlwirkung, die sich aus Raumlufttemperatur u. Luftgeschwindigkeit ergibt

Ka|ta|zo|ne, die; -, -n ⟨*gr.-nlat.*⟩ (Geol.): unterste Tiefenzone bei der ↑Metamorphose (4) der Gesteine

Ka|te|che|se, die; -, -n ⟨*gr.-lat.;* »mündlicher Unterricht«⟩: **a)** die Vermittlung der christlichen Botschaft [an Ungetaufte]; **b)** Religionsunterricht

Ka|te|chet, der; -en, -en ⟨*gr.-nlat.*⟩: Religionslehrer, bes. für die kirchliche Christenlehre außerhalb der Schule

Ka|te|che|tik, die; -: die wissenschaftliche Theorie der Katechese

Ka|te|che|tin, die; -, -nen: weibliche Form zu ↑Katechet

ka|te|che|tisch: die kirchliche Unterweisung betreffend

Ka|te|chin, das; -s, -e ⟨*gr.*⟩ (Med.): Stoff, der bestimmte Hormone in ihrer Wirkung hemmt

Ka|te|chi|sa|ti|on, die; -, -en: ↑Katechese

ka|te|chi|sie|ren: [Religions]unterricht erteilen

Ka|te|chis|mus, der; -, ...men ⟨*gr.-mlat.*⟩: **1.** Lehrbuch für den christlichen Glaubensunterricht. **2.** Glaubensunterricht für die ↑Katechumenen (1). **Ka|te|chist,** der; -en, -en: einheimischer Laienhelfer in der katholischen Heidenmission. **Ka|te|chis|tin,** die; -, -nen: weibliche Form zu ↑Katechist

Ka|te|chu, das; -[s], -s ⟨*malai.-port.*⟩: ↑Gambir

Ka|te|chu|me|nat, das, fachspr. auch: der; -[e]s ⟨*gr.-nlat.*⟩: **a)** die Vorbereitung der [erwachsenen] Taufbewerber; **b)** kirchliche Stellung der Taufbewerber während des Katechumenats (a); **c)** kirchlicher Glaubensunterricht in Gemeinde, Schule u. Elternhaus

Ka|te|chu|me|ne [auch: ...ˈçu...], der; -n, -n ⟨*gr.-mlat.*⟩: **1.** [erwachsener] Taufbewerber im Vorbereitungsunterricht. **2.** Konfirmand, bes. im 1. Jahr des Konfirmandenunterrichts. **Ka|te|chu|me|nin,** die; -, -nen: weibliche Form zu ↑Katechumene

ka|te|go|ri|al ⟨*gr.-nlat.*⟩: in Kategorienart; Kategorien betreffend; vgl. ...al/...ell

normativ
unterschieden
fassen
verschieden
Differenz
kategorial
bestimmen
Unterschied
keine
Rahmen
Schichtung
zwischen

Katheder	Katheter
Hinweise vom Katheder der Besserwisserei haben in deutscher Sprache wenig Chancen auf Gehör. *Lehrerpult, Lehrstuhl* – steht er hinter vor/am/auf dem Katheder und ... – Katheder [...] Vorlesungen – Welt von Klassenzimmer und Katheder Wessen Kassen sich zuverlässig füllen, der kann risikolos Monologe vom Katheder halten. Die Durststrecke des Hochschullehrers vom Einreichen der Akten bis zum Erreichen des Katheders. Katheter und Katheder sollte man nicht verwechseln.	Der Herzschrittmacher wird per Katheter in das Herz eingesetzt. *röhrenförmiges medizinisches Gerät zur Einführung in Organe* – Katheter [...] einen kleinen [...] Ballon – einen/ein Katheter [in ...] eingeführt und ... – mit einem Katheter in das/ins Herz Die Katheter werden entweder am Bauch, Bein oder Po eingeführt. An der Spitze des Katheters befindet sich ein aufblasbarer Ballon. Diese Behandlung wird mithilfe eines Katheters durchgeführt.

Ka|te|go|rie, die; -, ...ien ⟨*gr.-lat.;* »Grundaussage«⟩: **1.** Gruppe, in die jmd. od. etwas eingeordnet wird; Klasse, Gattung. **2.** (Philos.) (nach Aristoteles) eine der zehn möglichen Arten von Aussagen über einen realen Gegenstand; Aussageweise. **3.** (Philos.) eines der ↑Prädikamente der scholastischen Logik u. Ontologie. **4.** (Philos.) einer der zwölf reinen Verstandesbegriffe Kants, die die Erkenntnis u. denkende Erfassung von Wahrnehmungsinhalten erst ermöglichen

ka|te|go|ri|ell: 1. kategorial. **2.** ↑kategorisch

ka|te|go|risch: 1. keinen Widerspruch duldend; bestimmt, mit Nachdruck. **2.** einfach aussagend, behauptend; **kategorisches Urteil:** einfache, nicht an Bedingungen geknüpfte Aussage (A ist B). **3.** unbedingt gültig; **kategorischer Imperativ** (Philos.): unbedingt gültiges ethisches Gesetz, Pflichtgebot; vgl. hypothetischer Imperativ

ka|te|go|ri|sie|ren ⟨*gr.-nlat.*⟩: etwas nach Kategorien (1) ordnen, einordnen. **Ka|te|go|ri|sie|rung,** die; -, -en: das Kategorisieren, Einordnen nach Kategorien (1)

Ka|te|ne, die; -, -n (meist Plural) ⟨*lat.;* »Kette, Reihe«⟩: Sammlung von Auslegungen der Kirchenväter zu Bibelstellen

Ka|te|no|id, das; -[e]s, -e ⟨*lat.; gr.*⟩ (Math.): Drehfläche, deren ↑Meridiane Kettenlinien (parabelähnliche Kurven) sind

kat|e|xo|chen [...ˈxeːn] ⟨*gr.*⟩: vorzugsweise; schlechthin, im eigentlichen Sinne

Kat|fisch, der; -[e]s, -e ⟨*engl.; dt.*⟩: Seewolf

Kat|gut [auch: ˈkɛtgat], das; -s ⟨*engl.*⟩ (Med.): chirurgischer Nähfaden aus tierischen Darmsaiten (ursprünglich aus Katzendarm) od. aus synthetischen Fasern, der sich im Körper auflöst

Ka|tha|ka|li, das; -[s] ⟨*sanskr.-Malayalam*⟩: klassische ind. Tanzdarbietung mit Poesie, Gesang u. tänzerischer pantomimischer Darstellung

Ka|tha|rer [auch: ˈka(ː)...], der; -s, - (meist Plural) ⟨*gr.-mlat.;* »der Reine«⟩: Angehöriger verschiedener mittelalterlicher strenger Sekten, bes. der ↑Albigenser. **Ka|tha|re|rin,** die; -, -nen: weibliche Form zu ↑Katharer

ka|tha|rob ⟨*gr.-nlat.*⟩ (Biol.): nicht durch Abfallstoffe verunreinigt (z. B. von Gewässern)

Ka|tha|ro|bie [...i̯ə], die; -, -n (meist Plural), **Ka|tha|ro|bi|ont,** der; -en, -en (meist Plural) (Biol.): in sauberem, nicht schlammigem Wasser lebender Organismus (Ggs.: Saprobie)

Ka|thar|sis [ˈka(ː)..., auch: ...ˈtar...], die; - ⟨*gr.;* »(kultische) Reinigung«⟩: **1.** (Literaturwiss.) Läuterung der Seele von Leidenschaften als Wirkung des [antiken] Trauerspiels. **2.** (Psychol.) das Sichbefreien von seelischen Konflikten u. inneren Spannungen durch eine emotionale Abreaktion. **ka|thar|tisch:** die Katharsis betreffend

Ka|the|der, das od. der; -s, - ⟨*gr.-lat.(-mlat.)*⟩: **1.** [Lehrer]pult, Podium. **2.** (selten) Lehrstuhl [eines Hochschullehrers]; vgl. ex cathedra

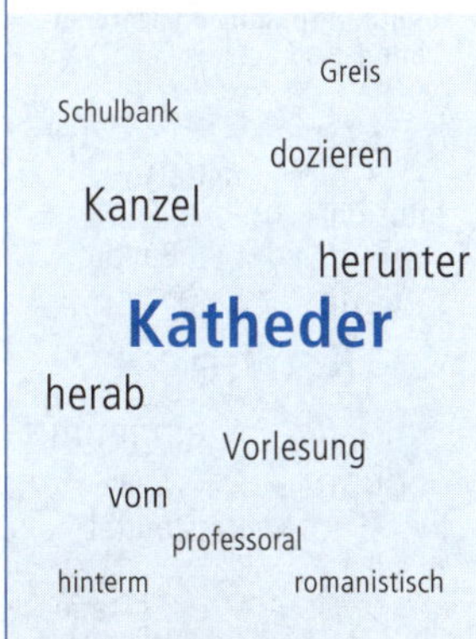

Katheder/Katheter *s. Kasten*

Ka|the|der|blü|te, die; -, -n (scherzh.): Stilblüte eines Lehrers od. Dozenten im Unterricht

Ka|the|der|so|zi|a|lis|mus, der; - (Geschichte): Richtung innerhalb der deutschen Volkswirtschaftslehre am Ende des 19. Jh.s mit sozialreformerischen Zielen, die das Eingreifen des Staates in das soziale Leben forderte, um die Klassengegensätze abzubauen. **Ka|the|der|so|zi|a|list,** der; -en, -en: Vertreter des Kathedersozialismus. **Ka|the|der|so|zi|a|lis|tin,** die; -, -nen: weibliche Form zu ↑Kathedersozialist

Ka|the|d|ra|le, die; -, -n ⟨*gr.-lat.-mlat.*⟩: **a)** [erz]bischöfliche Hauptkirche, bes. in Spanien, Frankreich u. England; **b)** ↑^{1}Dom, Münster

Ka|the|d|ral|ent|schei|dung, die; -, -en: eine Unfehlbarkeit beanspruchende Lehrentscheidung des Papstes; vgl. ex cathedra

Ka|the|d|ral|glas, das; -es: undurchsichtiges Schmuckglas

Ka|th|ep|sin, das; -s ⟨*gr.-nlat.*⟩ (Med.; Biol.): Eiweiß spaltendes ↑Enzym

Ka|the|te, die; -, -n ⟨*gr.-lat.*⟩ (Math.): eine der beiden Seiten eines rechtwinkligen Dreiecks, die die Schenkel des rechten Winkels bilden (vgl. Hypotenuse)

Ka|the|ter, der; -s, - (Med.): Röhrchen zur Einführung in Körperorgane (z. B. in die Harnblase) zu deren Entleerung, Füllung, Spülung od. Untersuchung

ka|the|te|ri|sie|ren ⟨*gr.-nlat.*⟩ (Med.): einen Katheter in Körperorgane einführen

Ka|the|te|ris|mus, der; -, ...men (Med.): Einführung eines Katheters

ka|the|tern (Med.): ↑katheterisieren

Ka|the|to|me|ter, das; -s, -: optisches Gerät zum Messen kleiner Höhenunterschiede

Ka|tho|de, fachspr. auch: Katode, die; -, -n ⟨*gr.-engl.*⟩: Elektrode, die ^{1}Elektronen abgibt (Ggs.: Anode)

Ka|tho|den|fall, fachspr. auch: Katodenfall, der; -s, ...fälle: Spannungsabfall an der Kathode bei Gasentladungsröhren

Ka|tho|den|strahl, fachspr. auch: Katodenstrahl, der; -s, -en (meist Plural): Elektronenstrahl, der von der Kathode ausgeht

Ka|tho|den|strahl|os|zil|lo|graf, Ka|tho|den|strahl|os|zil|lo|graph, fachspr. auch: Katodenstrahloszillograf, Katodenstrahloszillograph, der; -en, -en: Gerät, das auf einem Fluoreszenzschirm Formen von elektrischen Schwingungen anzeigt

Ka|tho|den|zer|stäu|bung, fachspr. auch: Katodenzerstäubung, die; -, -en: Bildung feinster Metallschichten auf der ↑Anode durch Zerstäuben des Kathodenmaterials im Hochvakuum

ka|tho|disch, fachspr. auch: katodisch: die Kathode betreffend, an ihr erfolgend

Ka|tho|do|fon, Ka|tho|do|phon, das; -s, -e ⟨*gr.-nlat.*⟩: veraltetes, heute durch das Mikrofon ersetztes Gerät zur Umwandlung von Schall in elektrischen Strom (beim Tonfilm)

Ka|tho|le, der; -n, -n ⟨*gr.-nlat.*⟩ (ugs.): Katholik; vgl. Evangele

Ka|tho|lik, der; -en, -en ⟨*gr.-mlat.*⟩: Angehöriger der katholischen Kirche. **Ka|tho|li|kin,** die; -, -nen: weibliche Form zu ↑Katholik

Ka|tho|li|kos, der; - ⟨*gr.-mgr.*⟩: Titel des Oberhauptes einer unabhängigen orientalischen Nationalkirche (z. B. der armenischen)

ka|tho|lisch ⟨*gr.-mlat.;* »das Ganze, alle betreffend; allgemein«⟩: **1.** zur katholischen Kirche gehörend; die katholische Kirche betreffend. **2.** allgemein, [die ganze Erde] umfassend (von der Kirche Christi); **Katholische Aktion:** Laienbewegung in kirchlichem Auftrag, die katholisches Gedankengut im weltanschaulichen, sozialen u. politischen Bereich verbreitet; **katholische Briefe:** die nicht an bestimmte Empfänger gerichteten neutestamentlichen Briefe des Jakobus, Petrus, Johannes u. Judas

ka|tho|lisch-apos|to|lisch: einer im 19. Jh. in England gegründeten, endzeitlich geprägten Sekte angehörend

ka|tho|li|sie|ren ⟨*gr.-mlat.-nlat.*⟩: **a)** für die katholische Kirche gewinnen; **b)** zum Katholizismus neigen

Ka|tho|li|zis|mus, der; -: Geist u. Lehre des katholischen Glaubens

Ka|tho|li|zi|tät, die; -: Rechtgläubigkeit im Sinne der katholischen Kirche

Ka|tho|lyt, fachspr. auch: Katolyt, der; -s od. -en, -e[n] ⟨Kurzw. aus ↑*Katho*de u. ↑Elektro*lyt*⟩ (Physik): der ↑Elektrolyt im Kathodenraum (bei Verwendung von zwei getrennten Elektrolyten)

ka|ti|li|na|risch ⟨*lat.-nlat.;* nach dem röm. Verschwörer Catilina, etwa 108–62 v. Chr.⟩: in der Fügung **katilinarische Existenz:** heruntergekommener, zu verzweifelten Schritten neigender Mensch, der nichts mehr zu verlieren hat

Kat|ion, das; -s, -en ⟨*gr.-nlat.*⟩: positiv geladenes Ion, das bei der ↑Elektrolyse zur Kathode wandert

Ka|to|de usw. vgl. Kathode usw.

ka|to|gen ⟨*gr.-nlat.*⟩ (Geol.): von oben nach unten entstanden (von der Ablagerung der Sedimentgesteine)

ka|to|ha|lin ⟨*gr.-nlat.*⟩ (Geogr.): im Salzgehalt nach der Tiefe zunehmend (von Meeren)

Ka|to|lyt vgl. Katholyt

ka|to|nisch ⟨nach dem für seine Sittenstrenge bekannten röm. Zensor Cato, † 46 v. Chr.⟩: **katonische Strenge:** unnachsichtige Strenge

Ka|t|op|t|rik, die; - ⟨*gr.*⟩ (veraltet): Lehre von der Lichtreflexion (vgl. Reflexion [1]). **ka|t|op|t|risch:** die Katoptrik betreffend

Ka|tor|ga, die; - ⟨*russ.*⟩: russ. Bez. für die mit schwerster körperlicher Arbeit verbundene Deportation in entlegene Landesteile

ka|to|therm ⟨*gr.-nlat.*⟩: mit zunehmender Wassertiefe wärmer werdend (Ggs.: anotherm). **Ka|to|ther|mie,** die; -: Zunahme der

Wassertemperatur in den Tiefenzonen stehender Gewässer u. der Meere (Ggs.: Anothermie)

Kat|ta, der; -[s], -s ‹*spätlat.*›: ein Halbaffe, eine Lemurenart (bes. auf Madagaskar)

Kat|tun, der; -s, -e ‹*arab.-niederl.*›: einfarbiges od. buntes Baumwollgewebe in Leinwandbindung (sehr feste Webart). **kat|tu|nen:** aus Kattun bestehend

Kat|zoff, Kat|zuff, der; -s, -s ‹*hebr.-jidd.*› (landsch.): Fleischer

kau|dal ‹*lat.-nlat.*›: **1.** (Med.) nach dem unteren Körperende od. nach dem unteren Ende eines Organs zu gelegen (von Organen od. Körperteilen; Lagebezeichnung). **2.** (Biol.) in der Schwanzregion gelegen

kau|di|nisch ‹*lat.;* nach der altitalischen Stadt Caudium, wo 321 v. Chr. ein geschlagenes röm. Heer waffenlos unter einem aus Speeren gebildeten Joch hindurchgehen musste›: in der Fügung **kaudinisches Joch:** tiefe Demütigung, Erniedrigung

Kau|ka|sist, der; -en, -en ‹*gr.-lat.-nlat.*›: jmd., der sich wissenschaftlich mit den kaukasischen Sprachen u. Literaturen befasst

Kau|ka|sis|tik, die; -: Wissenschaft von den kaukasischen Sprachen u. Literaturen

Kau|ka|sis|tin, die; -, -nen: weibliche Form zu ↑Kaukasist

kau|li|flor ‹*lat.-nlat.*› (Bot.): unmittelbar am Stamm der Pflanze ansetzend (von Blüten). **Kau|li|flo|rie,** die; - (Bot.): das Ansetzen der Blüten unmittelbar am Stamm (z. B. beim Kakaobaum)

Kau|lom, das; -s, -e (Bot. veraltet): Sprossachse bei Pflanzen

Kau|ma|zit [auch: ...'tsɪt], der; -s, -e ‹*gr.-nlat.*›: Braunkohlenkoks

Kau|ri, die; -, -s ‹*Hindi*›: Porzellanschnecke des Indischen Ozeans, die [in vorgeschichtlicher Zeit] als Schmuck od. Zahlungsmittel verwendet wurde

kau|sal ‹*lat.*›: ursächlich, das Verhältnis Ursache – Wirkung betreffend, dem Kausalgesetz entsprechend; **kausale Konjunktion** (Sprachwiss.): begründendes Bindewort (z. B. weil)

Kau|sal|ad|verb, das; -s, -ien (Sprachwiss.): ↑Adverb, das eine Begründung bezeichnet (z. B. »deshalb«)

Kau|sal|ana|ly|se, die; -, -n (Logik, Philos.): Analyse, durch die die kausalen Zusammenhänge erforscht werden. **kau|sal|a|na|ly|tisch:** die Kausalanalyse betreffend, von ihr ausgehend

Kau|sal|be|stim|mung, die; -, -en (Sprachwiss.): Umstandsangabe des Grundes; Begründungsangabe (z. B. aus Liebe)

Kau|sal|ge|setz, das; -es: Grundsatz, nach dem für jedes Geschehen notwendig eine Ursache angenommen werden muss

Kau|s|al|gie, die; -, ...ien ‹*gr.-nlat.*› (Med.): durch Nervenverletzung hervorgerufener brennender Schmerz

Kau|sa|lis, der; -, ...les [...le:s] ‹*lat.-spätlat.*› (Sprachwiss.): **1.** (ohne Plural) Kasus in bestimmten Sprachen, der die Ursache od. den Grund einer Handlung angibt. **2.** Wort, das im Kausalis (1) steht

Kau|sa|li|tät, die; -, -en ‹*lat.-nlat.*›: Zusammenhang von Ursache und Wirkung (Ggs.: Finalität)

Kau|sa|li|täts|ge|setz, das; -es, **Kau|sa|li|täts|prin|zip,** das; -s: ↑Kausalgesetz

Kau|sa|li|täts|the|o|rie, die; - (Rechtswiss.): ↑Adäquanztheorie, ↑Äquivalenztheorie (1)

Kau|sal|kon|junk|ti|on, die; -, -en (Sprachwiss.): begründende ↑Konjunktion (1) (z. B. »weil«)

Kau|sal|ne|xus, der; -, - [...ksu:s]: ursächlicher Zusammenhang, Verknüpfung von Ursache u. Wirkung

Kau|sal|prin|zip, das; -s (bes. Philos., Logik): Forderung, dass jeder Vorgang genau durch seine Ursachen vorauszubestimmen ist

Kau|sal|satz, der; -es, ...sätze (Sprachwiss.): Adverbialsatz (Umstandssatz) des Grundes

Kau|sal|the|ra|pie, die; -, ...ien [...i:ən] (Med.): Behandlung der eigentlichen Ursache einer Krankheit u. nicht nur ihrer Symptome

kau|sa|tiv [auch: ...'ti:f] (Sprachwiss.): das Veranlassen ausdrückend, bewirkend. **Kau|sa|tiv** [auch: ...'ti:f], das; -s, -e ‹*lat.*› (Sprachwiss.): Verb des Veranlassens (z. B. fällen = fallen machen). **Kau|sa|ti|vum,** das; -s, ...va (veraltet): ↑Kausativ

kau|sie|ren ‹*lat.-frz.*› (veraltet): verursachen

kaus|ti|fi|zie|ren ‹*gr.; lat.*› (Chemie): milde Alkalien (vgl. Alkali) in ätzende überführen

Kaus|tik, die; -, -en ‹*gr.-nlat.*›: **1.** (Optik) Brennfläche einer Linse; vgl. Katakaustik. **2.** (Med.) ↑Kauterisation

Kaus|ti|kum, das; -s, ...ka ‹*gr.-lat.*› (Med.; Chemie): Ätzmittel zum Verschorfen schlecht heilender Wunden

kaus|tisch: a) (Chemie) scharf, ätzend (Ggs.: akaustisch); **kaustische Alkalien** (Chemie): Ätzalkalien (↑Alkali); **b)** sarkastisch, spöttisch

Kaus|to|bio|lith [auch: ...'lɪt], der; -s u. -en, -e[n] (meist Plural) ‹*gr.-nlat.*› (Geol.): aus fossilen Organismen bestehendes, brennbares Produkt (z. B. Torf, Kohle)

Kau|tel, die; -, -en ‹*lat.*›: **1.** (Rechtswiss.) Vorkehrung, Absicherung, [vertraglicher] Vorbehalt. **2.** (nur Plural; Med.) Vorsichtsmaßregeln (zur Vermeidung von Gesundheitsschäden bei der Behandlung)

Kau|ter, der; -s, - ‹*gr.-lat.*› (Med.): [chirurgisches] Instrument zum Zerstören von Gewebe, Schneiden von Tumoren u. Stillen von Blutungen

Kau|te|ri|sa|ti|on, die; -, -en ‹*gr.-nlat.*› (Med.): Gewebszerstörung durch Brenn- od. Ätzmittel. **kau|te|ri|sie|ren** (Med.): durch Hitze od. Chemikalien zerstören od. verätzen

Kau|te|ri|um, das; -s, ...ien ‹*gr.-lat.*›: **1.** (Chemie) Ätzmittel. **2.** (Med.) Brenneisen

Kau|ti|on, die; -, -en ‹*lat.;* »Behutsamkeit, Vorsicht«›: Bürgschaft; Sicherheitsleistung in Form einer Geldhinterlegung (z. B. beim Mieten einer Wohnung od. bei der Freilassung von Untersuchungsgefangenen)

kau|t|schie|ren vgl. kautschutieren

Kau|t|schuk, der; -s, -e: Milchsaft

des Kautschukbaumes (Rohstoff für die Gummiherstellung)

kau|t|schu|tie|ren: **a)** mit Kautschuk überziehen; **b)** aus Kautschuk herstellen

Ka|val, der; -s, -s ⟨*lat.-it.*⟩: eine Spielkarte im ↑Tarock

Ka|va|lett, das; -s, -s u. -en (österr. Soldatenspr. veraltet): einfaches Bettgestell

Ka|va|lier, der; -s, -e ⟨*lat.-it.-frz.;* »Reiter«, »Ritter«⟩: **1.** Mann, der bes. Frauen gegenüber höflich-hilfsbereit, zuvorkommend ist (u. auf diese Weise für sich einnimmt). **2.** (scherzh., veraltet) Freund, Begleiter eines Mädchens od. einer Frau. **3.** (Geschichte) Edelmann

Ka|va|lier|per|s|pek|ti|ve, die; -, -n: Form der schiefen ↑Parallelprojektion

Ka|va|liers|de|likt, das; -[e]s, -e ⟨*lat.-it.; lat.*⟩: [strafbare] Handlung, die von der Gesellschaft, von der Umwelt als nicht ehrenrührig, als nicht sehr schlimm angesehen wird

Ka|va|lier[s]|start, der; -s, -s: scharfes, schnelles Anfahren mit Vollgas (z. B. an einer Verkehrsampel)

Ka|val|ka|de, die; -, -n (veraltend): prachtvoller Reiteraufzug, Pferdeschau

Ka|val|le|rie [auch: ...ˈriː], die; -, ...ien: Reiterei; Reitertruppe

Ka|val|le|rist [auch: ...ˈrɪst], der; -en, -en: Angehöriger der Reitertruppe

Ka|va|ti|ne, die; -, -n ⟨*lat.-it.*⟩ (Musik): **a)** Sologesangsstück in der Oper von einfachem, liedmäßigem Charakter; **b)** liedartiger Instrumentalsatz

Ka|ve|ling, die; -, -en ⟨*niederl.*⟩ (Wirtsch.): Mindestmenge, die ein Käufer auf einer Auktion erwerben muss

Ka|vents|mann, der; -[e]s, ...männer ⟨*lat.-mlat.; dt.*⟩: **1.** (landsch.) durch seine Größe beeindruckendes Exemplar von etwas. **2.** (Seemannsspr.) sehr hoher Wellenberg

Ka|ver|ne, die; -, -n ⟨*lat.*⟩: **1.** [künstlich angelegter] unterirdischer Hohlraum. **2.** (Med.) durch Gewebseinschmelzung entstandener Hohlraum im Körpergewebe, bes. in tuberkulösen Lungen

ka|ver|ni|kol ⟨*lat.-nlat.*⟩ (Zool.): Höhlen bewohnend (von Tieren)

Ka|ver|nom, das; -s, -e (Med.): Geschwulst aus Blutgefäßen; Blutschwamm

ka|ver|nös: **1.** (Med.) **a)** Kavernen aufweisend, schwammig (von krankem Gewebe); **b)** zu einem Hohlraum gehörend (z. B. von Organen). **2.** (Geol.) reich an Hohlräumen (von Gesteinsarten)

Ka|vi|ar, der; -s, -e ⟨*türk.-it.*⟩: mit Salz konservierter Rogen verschiedener Störarten

Ka|vi|tät, die; -, -en ⟨*lat.*⟩ (Anat.): Hohlraum

Ka|vi|ta|ti|on, die; -, -en ⟨*lat.-nlat.*⟩ (Technik): Hohlraumbildung [in sehr rasch strömenden Flüssigkeiten]

Ka|wa, die; - ⟨*polynes.*⟩: säuerlich-erfrischendes, stark berauschendes Getränk der Polynesier, das aus der Wurzel eines Pfeffergewächses hergestellt wird

Ka|wass, Ka|was|se, der; ...ssen, ...ssen ⟨*arab.-türk.*⟩: **1.** (Geschichte) Ehrenwächter (für Diplomaten) in der Türkei. **2.** Wächter u. Bote einer Gesandtschaft im Vorderen Orient

Ka|wi, das; -[s] ⟨*sanskr.-javan.*⟩: alte, stark vom ↑Sanskrit beeinflusste Literatursprache Javas

Ka|wir, Kewir, die; - ⟨*pers.*⟩: Salzwüste im Iran

Kaw|ja, das; - ⟨*sanskr.*⟩: literarisch anspruchsvolle Form der klassischen indischen Dichtung (v. a. Lyrik, Kunstroman und Kunstepos)

Kay|se|ri [ˈkai̯...], der; -[s], -s ⟨nach der türk. Stadt⟩: einfacher, kleinformatiger Teppich mittlerer Qualität

Ka|zi|ke, der; -n, -n ⟨*indian.-span.*⟩: **a)** (Geschichte) Häuptling bei den Indianern Süd- u. Mittelamerikas; **b)** Titel eines indianischen Ortsvorstehers

Ka|zoo [kəˈzuː], das; -[s], -s ⟨*amerik.*⟩: primitives Rohrblasinstrument

Kea, der; -s, -s ⟨*maorisch*⟩: neuseeländischer Papagei

Ke|bab, Ke|bap [auch: ˈkeː...], der; -s, -s ⟨*arab.-türk.*⟩: [süd]osteuropäisches u. orientalisches Gericht aus kleinen, am Spieß gebratenen [Hammel]fleischstückchen

Keep [kiːp], der; -s, -s ⟨*engl.*⟩: Wehr- u. Wohnturm der englisch-normannischen Baukunst

Kee|per [ˈkiːpɐ], der; -s, - ⟨*engl.*⟩ (Sport): ↑Goalkeeper

keep smi|ling [ˈkiːp ˈsmai̯lɪŋ] ⟨»höre nicht auf zu lächeln«⟩: nimms leicht; immer nur lächeln. **Keep|smi|ling,** das; -: auch unter widrigen Umständen optimistische Lebensanschauung

Ke|fi|je, die; -, -s u. -n ⟨*arab.*⟩: ↑Kufija

Ke|fir, der; -s ⟨*tatar.*⟩: ein aus Kuhmilch (in Russland ursprünglich aus Stutenmilch) durch Gärung gewonnenes Getränk mit säuerlichem, prickelndem Geschmack u. geringem Alkoholgehalt

Kei|me|lie [...i̯ə] vgl. Zimelie

Kei|rin [ˈkeɪ...], das; -[s] ⟨*jap.*⟩ (Radsport): Bahnwettbewerb hinter Schrittmachermaschinen mit anschließendem freiem Endspurt

Keks, der od. das; - u. -es, - u. -e, (österr.:) das; -[es], -[e] ⟨*engl.*⟩: **1. a)** (ohne Plural) kleines trockenes Feingebäck; **b)** einzelner Keks (1 a). **2.** (salopp) Kopf

Kelch|kom|mu|ni|on, die; -, -en ⟨*dt.; lat.*⟩: das Trinken von ↑konsekriertem Wein bei Messe od. Abendmahl

Ke|lek, Kellek, das; -s, -s ⟨*pers.-türk.*⟩: im Orient verwendetes Floß, das von aufgeblasenen Tierbälgen getragen wird

Ke|lim, Kilim, der; -[s], -[s] ⟨*türk.*⟩: **a)** orientalischer Wandbehang od. Teppich mit gleichem Aussehen auf Vorder- u. Rückseite; **b)** der gewebte Teppichrand

Ke|lim|stich, der; -[e]s, -e: schräger Flachstich, verwendet für Wandbehänge, Teppiche u. a.

Kel|lek vgl. Kelek

Kel|li|on, das; -s, Kellien ⟨*lat.-mgr.*⟩: kleines Kloster der orthodoxen Kirche; vgl. Cella (2 b)

Ke|lo|id, das; -[e]s, -e ⟨*gr.-nlat.*⟩ (Med.): strang- od. plattenförmiger Hautwulst; Wulstnarbe

Ke|lo|i|do|se, die; - (Med.): angeborene Neigung der Haut zur Bildung von Keloiden

Ke|lo|to|mie, die; -, ...ien (Med.

selten): Bruchoperation; Herniotomie

Kelp, das; -s ‹*engl.*›: zur Gewinnung von Jod verwendete Asche von Seetang

[1]**Kelt**, der; -[e]s, -e ‹*lat.*›: vorgeschichtliches Beil aus der Bronzezeit

[2]**Kelt**, der; -s ‹*gäl.-engl.*›: grober, schwarzer Wollstoff aus Schottland

Kel|tist, der; -en, -en ‹*lat.-nlat.*›: ↑Keltologe. **Kel|tis|tik**, die; -: ↑Keltologie. **Kel|tis|tin**, die; -, -nen: weibliche Form zu ↑Keltist

Kel|to|lo|ge, der; -n, -n ‹*lat.; gr.*›: jmd., der sich wissenschaftlich mit den keltischen Sprachen u. Literaturen befasst. **Kel|to|lo|gie**, die; -: Wissenschaft von den keltischen Sprachen u. Literaturen. **Kel|to|lo|gin**, die; -, -nen: weibliche Form zu ↑Keltologe. **kel|to|lo|gisch**: die Keltologie betreffend

Kel|vin, das; -[s], - ‹nach dem engl. Physiker Lord Kelvin, 1824–1907›: Gradeinheit auf der Kelvinskala (Zeichen: K)

Kel|vin|ska|la, Kel|vin-Ska|la, die; -: Temperaturskala, deren Nullpunkt (0 K) der absolute Nullpunkt (−273,16 °C) ist

Ke|ma|lis|mus, der; - ‹*nlat.;* nach dem türk. Präsidenten Kemal Atatürk, 1880–1938›: von Kemal Atatürk begründete politische Richtung in der Türkei mit dem Ziel der Europäisierung von Wirtschaft u. Technik. **Ke|ma|list**, der; -en, -en: Anhänger des Kemalismus. **Ke|ma|lis|tin**, die; -, -nen: weibliche Form zu ↑Kemalist. **ke|ma|lis|tisch**: den Kemalismus betreffend

Ke|mant|sche, die; -, -n ‹*pers.*›: ↑Kamangah

Kem|po, das; - ‹*jap.*›: als Vorläufer des Karate geltende, traditionelle Art des chinesischen Boxens, bei der Fußtritte erlaubt sind

Ken, das; -, - ‹*jap.*›: Verwaltungsbezirk, ↑Präfektur (a) in Japan

Ken|do, das; -[s] ‹*jap.*›: **1.** japanische Form des Schwertkampfs, die als sportliche Fechtkunst u. zugleich Selbstverteidigungskunst mit zusammengebundenen, elastischen Bambusstäben ausgeführt wird, wobei nur die geschützten Körperstellen des Gegners getroffen werden dürfen. **2.** (Geschichte) Fechtkunst der ↑Samurai (in der Feudalzeit Japans)

Ken|do|ka, der; -[s], -[s]u. die; -, -[s]: jmd., der Kendo (1) als Sport betreibt

Ke|nem, das; -s, -e ‹*gr.*› (Sprachwiss.): kleinste Einheit auf der Ebene der Form des Ausdrucks (in der Kopenhagener Schule)

Ken|nel, der; -s, - ‹*lat.-vulgärlat.-frz.-engl.*›: Hundezwinger [für die zur ↑Parforcejagd dressierte Meute]

Ken|nel|ly-Hea|vi|side-Schicht [ˈkɛn(ə)liˈhɛvisaid...] vgl. Heaviside-Schicht

Ken|ning, die; -, -ar, auch: -e ‹*altnord.*›: die bildliche Umschreibung eines Begriffes durch eine mehrgliedrige Benennung in der altgermanischen Dichtung (z. B. »Tosen der Pfeile« für »Kampf«)

Ke|no|kar|pie, die; - ‹*gr.*› (Bot.): das Ausbilden von Früchten ohne od. mit taubem Samen

Ke|no|sis [auch: ˈkɛ...], die; - ‹*gr.-mlat.;* »Entleerung«›: theologische Auffassung, dass Christus bei der Menschwerdung auf die Ausübung seiner göttlichen Eigenschaften verzichtet habe (Philipper 2, 6 ff.)

Ke|no|taph, Zenotaph, das; -s, -e ‹*gr.-lat.*›: ein leeres Grabmal zur Erinnerung an einen Toten, der an anderer Stelle begraben ist

Ke|no|ti|ker, der; -s, -: theologischer Vertreter der Lehre von der Kenosis. **Ke|no|ti|ke|rin**, die; -, -nen: weibliche Form zu ↑Kenotiker

Ken|taur vgl. Zentaur

Ken|tum|spra|che, die; -, -n ‹*lat.; dt.;* nach der k-Aussprache des Anlauts in lat. *centum* = »hundert«› (Sprachwiss.): Sprache aus der westindogermanischen Gruppe des ↑Indogermanischen, in der sich bestimmte Verschlusslaute (bes. g u. k) erhalten haben (Ggs.: Satemsprache)

Ken|zan [...zan], der; -s, -s ‹*jap.*›: Metall- od. Kunststoffplatte mit Stacheln zum Befestigen von Blumengestecken; Blumenigel

Ke|pha|l|al|gie, die; -, ...ien ‹*gr.*› (Med.): Kopfschmerz

Ke|phal|hä|ma|tom, das; -s, -e (Med.): vgl. Zephalhämatom

Ke|pha|lo|graf, Ke|pha|lo|graph, der; -en, -en ‹*gr.-nlat.*›: Gerät zur Aufzeichnung der Schädelform

Ke|pha|lo|me|t|rie, die; -: Schädelmessung

Ke|pha|lon, das; -s, -s u. ...la (Med. veraltet): abnorm großer Kopf; ↑Makrozephalie. **Ke|pha|lo|nie**, die; -: ↑Makrozephalie

Ke|pha|lo|po|de, der; -n, -n (meist Plural) (Zool.): Tintenfisch (eine Gruppe der Weichtiere)

Ke|pha|lo|to|mie, die; -, ...ien (Med. veraltet): geburtshilfliche Operation, ↑Kraniotomie (2)

Ke|pha|lo|ze|le, die; -, -n: ↑Enzephalozele

Ke|ra|bau, der; -s, -s ‹*asiat.*›: indischer Wasserbüffel

Ke|ra|lo|gie®, die; - ‹*gr.*›: (Produktserie zur) Bekämpfung von Haar- u. Kopfhautschäden

Ke|ra|mik, die; -, -en ‹*gr.-frz.*›: **1.** (ohne Plural) **a)** Erzeugnisse aus gebranntem Ton (Steingut, Majoliken, Porzellan usw.); **b)** gebrannter Ton als Grundmaterial für die Herstellung von Steingut, Porzellan u. Majoliken; **c)** Technik der Keramikherstellung. **2.** einzelnes Erzeugnis aus gebranntem Ton

Ke|ra|mi|ker, der; -s, -: Angehöriger eines der Berufe, die sich mit der Herstellung u. Bearbeitung keramischer Erzeugnisse befassen (Berufsbez.). **Ke|ra|mi|ke|rin**, die; -, -nen: weibliche Form zu ↑Keramiker

ke|ra|misch: zur Keramik gehörend, sie betreffend

Ke|ra|tin, das; -s, -e ‹*gr.-nlat.*›: Hornstoff; schwefelhaltiger Eiweißkörper in Haut, Haar u. Nägeln

Ke|ra|ti|tis, die; -, ...itiden (Med.): Hornhautentzündung des Auges

Ke|ra|to|glo|bus, der; - ‹*gr.; lat.*› (Med.): kugelige Vorwölbung der Hornhaut mit Ausdünnung

Ke|ra|to|ko|nus, der; - ‹*gr.-nlat.*› (Med.): kegelförmige Vorwölbung der Hornhaut

Ke|ra|tom, das; -s, -e (Med.): Horngeschwulst der Haut

Ke|ra|to|ma|la|zie, die; -, ...ien

(Med.): Entzündung der Augenhornhaut mit allmählicher Hornhauterweichung
Ke|ra|to|me|ter, das; -s, - (Med.): Apparat zur Messung der Oberflächenkrümmung der Hornhaut
Ke|ra|to|phyr, der; -s, -e (Geol.): ein Ergussgestein
Ke|ra|to|plas|tik, die; - (Med.): Hornhauttransplantation
Ke|ra|to|se, die; -, -n (Med.): Verhornungsstörung der Haut
Ke|ra|to|s|kop, das; -s, -e (Med.): optisches Instrument zur Bestimmung der Krümmung der Augenhornhaut
Ke|r|ek|ta|sie, die; -: ↑Keratokonus
Ke|ren, die (Plural) ‹*gr.*›: dämonische Wesen der griechischen Mythologie, die Verderben bringen
Ker|man, Kirman, der; -[s], -s ‹nach der iran. Stadt›: wertvoller handgeknüpfter Teppich, meist mit einem charakteristischen rautenförmig gegliederten Ranken- od. Blumenmuster
Ker|nel [ˈkœːɐ̯nl̩], der; -s, -s ‹*engl.;* »Kern«› (EDV): zentraler Bestandteil eines Betriebssystems, der Prozesse, Daten u. Geräte verwaltet u. unmittelbar auf die Hardware zugreift
Ker|nel|mo|dul, das; -s, -e (EDV): Computerprogramm, das vom Kernel als Erweiterung für best. Aufgaben geladen u. wieder entladen wird
Ker|nel|ver|si|on, die; -, -en (EDV): ↑Version (2) eines Kernels
Ker|nit [auch: ...ˈnɪt], der; -s, -e ‹nach dem Ort Kern in Kalifornien (USA)›: borhaltiges Mineral
Kern|phy|sik, die; - ‹*dt.; gr.-lat.*›: Teilgebiet der Physik, das Aufbau u. Eigenschaften der Atomkerne untersucht
Kern|re|ak|ti|on, die; -, -en ‹*dt.; lat.-nlat.(-frz.)*›: Umwandlung des Atomkerns durch Stöße von [Elementar]teilchen
Kern|re|ak|tor, der; -s, -en: ↑Reaktor
Kern|spin, der; -s, -s ‹*dt.; engl.*›: Drehimpuls (vgl. Spin) des Atomkerns
Kern|spin|to|mo|graf, Kern|spin|to|mo|graph, der; -en, -en (Med.): Gerät für eine ↑Kernspintomografie (1)
Kern|spin|to|mo|gra|fie, Kern|spin|to|mo|gra|phie, die; - (Med.): **1.** ↑Tomografie mithilfe elektromagnetischer Wellen, die eine dreidimensionale Darstellung von Körperschichten ermöglicht. **2.** Kernspintomogramm
Kern|spin|to|mo|gramm, das; -s, -e (Med.): durch Kernspintomografie (1) erzeugtes Diagnosebild
Ke|ro|gen, das; -s, -e ‹*gr.-nlat.*› (Mineral.): organische Substanz der Ölschiefer
Ke|ro|plas|tik vgl. Zeroplastik
Ke|ro|sin, das; -s, -e: der im Erdöl vorkommende Petroleumanteil, der bes. als Treibstoff für Flugzeug- u. Raketentriebwerke verwendet wird
Kerr-Ef|fekt, Kerr|ef|fekt, der; -[e]s ‹nach dem engl. Physiker J. Kerr, 1824–1907›: unter der Einwirkung eines elektrischen Feldes auftretende Doppelbrechung von Lichtstrahlen
Ker|rie [...i̯ə], die; -, -n ‹*nlat.;* nach dem engl. Botaniker W. Kerr, † 1814›: Ranunkelstrauch; Goldnessel (ein Zierstrauch der Rosengewächse)
Ker|san|tit [auch: ...ˈtɪt], der; -s, -e ‹*nlat.;* nach dem Fundort Kersanton in der Bretagne› (Geol.): ein Ergussgestein
Ke|rub vgl. Cherub
Ke|ryg|ma, das; -s ‹*gr.*› (Theol.): Verkündigung, bes. des ↑Evangeliums. **ke|ryg|ma|tisch:** zur Verkündigung gehörend; predigend
Ke|ry|kei|on, das; -s, ...keia: Heroldsstab; vgl. Caduceus
Ke|schan, Kaschan, der; -[s], -s ‹nach der iran. Stadt›: fein geknüpfter Woll- od. Seidenteppich mit reicher Musterung
Ket|ch|up [ˈkɛtʃap], der od. das; -[s], -s ‹*malai.-engl.*›: pikante, dickflüssige [Tomaten]soße
Ke|ten, das; -s ‹Kunstw. zu ↑Keton›: chem. Verbindung, in deren Molekülen eine Ketogruppe durch eine Doppelbindung mit einem weiteren Kohlenstoffatom verbunden ist
Ke|to|grup|pe, die; -, -n: ↑Carbonylgruppe
Ke|to|lid, das; -[e]s, -e ‹Kunstw.› (Med.): Antibiotikum mit einer Ketogruppe (bes. zur Behandlung von Atemwegserkrankungen)
Ke|ton, das; -s, -e ‹von Azeton hergeleitet›: organische Verbindung mit einer od. mehreren CO-Gruppen, die an Kohlenwasserstoffreste gebunden sind
Ke|to|n|u|rie, die; -, ...i̯en ‹*lat.; gr.*› (Med.): ↑Azetonurie
Ke|to|se, die; -, -n ‹Kurzw. aus *Keton* u. *-ose*›: **1.** (Tiermed.) vermehrte Bildung von Azeton im Blut; vgl. Azetonämie. **2.** einfacher Zucker mit einer CO-Gruppe (Ketogruppe)
Ketsch, die; -, -en ‹*engl.*› (Sport): zweimastiges Segelboot
Ket|schua vgl. Quechua
Kett|car®, der od. das; -s, -s ‹*dt.; engl.*›: mit ↑Pedalen (1) über eine Kette angetriebenes Kinderfahrzeug
Ke|tu|bim, die (Plural) ‹*hebr.;* »Schriften«›: hebr. Bez. für: Hagiografa
Ke|wir vgl. Kawir
Key-Ac|coun|ter [ˈkiː(ʔ)əkau̯ntɐ], der; -s, - ‹*engl.*› (Wirtsch.): ↑Key-Account-Manager. **Key-Ac|coun|te|rin,** die; -, -nen: weibliche Form zu ↑Key-Accounter
Key-Ac|count-Ma|nage|ment [...mɛnɪtʃmənt], das; -s, -s ‹*engl.*› (Wirtsch.): Management, das für den Kontakt zu Partnerunternehmen u. Großkunden zuständig ist
Key-Ac|count-Ma|na|ger [...mɛnɪdʒɐ], der; -s, -: jmd., der als leitende Persönlichkeit im ↑Key-Account-Management tätig ist. **Key-Ac|count-Ma|na|ge|rin,** die; -, -nen: weibliche Form zu ↑Key-Account-Manager
Key|board [ˈkiːbɔːɐ̯t], das; -s, -s ‹*engl.*›: Tasteninstrument (z. B. elektronische Orgel, ↑Synthesizer). **Key|boar|der** [ˈkiːbɔːɐ̯dɐ], der; -s, -: jmd., der Keyboard spielt. **Key|boar|de|rin,** die; -, -nen: weibliche Form zu ↑Keyboarder
Key|frame [ˈkiːfrɛi̯m], der u. das; -s, -s (Film): Rahmenbild für ↑Animationen (1), das grob die Bewegungssequenzen vorgibt u. als Orientierung für Zwischenbilder dient

Key|log|ger ['ki:lɔgɐ], der; -s, - (EDV): Soft- od. Hardware, die die Tastatureingaben an einem Computer aufzeichnet

Keyne|si|a|ner [ke:nz..., keɪ̯nz...], der; -s, -: Anhänger des Keynesianismus. **Keyne|si|a|ne|rin,** die; -, -nen: weibliche Form zu ↑Keynesianer. **keyne|si|a|nisch:** dem ↑Keynesianismus folgend, an ihm orientiert

Keyne|si|a|nis|mus [ke:nz..., keɪ̯nz...], der; - ‹nach dem brit. Volkswirtschaftler J. M. Keynes, 1883–1946›: wirtschaftstheoretische u. -politische Konzeption, die das ökonomische Denken nach dem 2. Weltkrieg lange Zeit geprägt hat

Key|ser|ver ['ki:sœ:ɐ̯vɐ], der; -s, - ‹*engl.*› (EDV): Server (1), auf dem für die asymmetrische Verschlüsselung notwendige öffentliche Schlüssel zugänglich sind; Schlüsselserver

Key|vi|su|al ['ki:vɪʒuəl, 'k...'v...], das; -s, -s ‹*engl.*› (Werbespr.): optisches Zeichen, Motiv als Schlüsselreiz

kha|ki vgl. kaki

[1]Kha|ki vgl. [1]Kaki

[2]Kha|ki vgl. [2]Kaki

Khan, [2]Chan [ka:n, xa:n] der; -s, -e ‹*mongol.-türk.*› (Geschichte): **1.** mongolisch-türkischer Herrschertitel. **2.** Statthalter im 16. Jh. in Persien

Kha|nat, das; -[e]s, -e ‹*türk.-nlat.*›: **a)** Amt eines Khans; **b)** Land eines Khans

Khe|di|ve, der; -s u. -n, -n ‹*pers.-türk.;* »Herr«› (Geschichte): Titel des Vizekönigs von Ägypten (bis 1914)

Khi|pu vgl. Quipu

Ki|ang, der; -s, -s ‹*tibet.*›: tibetischer Halbesel

Kib|buz, der; -, -im u. -e ‹*hebr.*›: Gemeinschaftssiedlung in Israel. **Kib|buz|nik,** der; -s, -s: Mitglied eines Kibbuz

Ki|bit|ka, die; -, -s, **Ki|bit|ke,** die; -, -n ‹*russ.*›: **1.** Filzzelt asiatischer Nomadenstämme. **2.** russischer Bretterwagen. **3.** russischer Schlitten mit einem Mattendach

Ki|b|la, die; - ‹*arab.*›: die Richtung nach Mekka, in die sich die Muslime beim Gebet wenden

Kick, der; -s, -s ‹*engl.*›: **1. a)** Tritt, Stoß (beim Fußball); **b)** [An]stoß. **2. a)** (salopp) [Nerven]kitzel, Erregung, rauschhafter Zustand; **b)** durch ↑Drogen (1) hervorgerufene Hochstimmung

Kick-and-rush, Kick-and-Rush [...ənd'rʌʃ], der od. das; - ‹aus *engl.* to kick and to rush »schießen und stürmen«› (Fußball): planloses Nach-vorn-Spielen des Balls (bes. im britischen u. irischen Fußball)

Kick-back, Kick|back [kɪk'bɛk], der; -[s], -s ‹*engl.-amerik.*› (Jargon): Rabatt o. Ä., der offiziell gewährt wird, aber an den Auftraggeber od. den Auftragsvermittler fließt

Kick|board [...bɔ:ɐ̯t], das; -s, -s ‹*engl.*›: Kombination aus Skateboard u. Tretroller mit schmaler Stehfläche, teilweise mit zwei Vorder- od. Hinterrädern sowie Lenkstange [u. Bremse], bes. als schnelles Fortbewegungsmittel auf Asphaltflächen

Kick|bo|xen, das; -s: Kampfsportart, bei der die Gegner sowohl boxen als auch mit bloßen Füßen treten

Kick-down, Kick|down [...'daʊ̯n], der od. das; -s, -s ‹*engl.*›: plötzliches kräftiges Durchtreten des Gaspedals (zum raschen Beschleunigen)

ki|cken (ugs.): Fußball spielen. **Ki|cker,** der; -s, -[s] (ugs.): Fußballspieler. **Ki|cke|rin,** die; -, -nen: weibliche Form zu ↑Kicker

Kick-off, Kick|off [auch: ...'ʔɔf], der; -[s], -s: **a)** (schweiz.) Beginn, Anstoß beim Fußballspiel; **b)** Startschuss für ein Projekt, Vorhaben

Kick|star|ter, der; -s, -: Anlasser bei Motorrädern in Form eines Fußhebels

Kick|xia, die; -, ...ien ‹*nlat.;* nach dem belg. Botaniker J. Kickx, 1775–1831›: baumartiges Hundsgiftgewächs der westafrikanischen Tropenwälder, das Kautschuk liefert

Kid, das; -s, -s ‹*engl.*›: **1.** feines Kalb-, Ziegen-, Schafleder. **2.** (Plural) Handschuhe aus Kid (1). **3.** (meist Plural) Kind, Jugendliche/-r

Kid|die, Kid|dy, das; -s, -s (meist Plural) ‹*engl.*› (ugs.): Jugendliche/-r, Kind

Kid|dusch, der; -, -im ‹*hebr.*›: jüdisches Gebet am Sabbat od. Feiertag

kid|nap|pen ['kɪtnɛpn̩] ‹*engl.*›: einen Menschen entführen [um Lösegeld zu erpressen]. **Kid|nap|per,** der; -s, -: jmd., der kidnappt. **Kid|nap|pe|rin,** die; -, -nen: weibliche Form zu ↑Kidnapper. **Kid|nap|ping,** das; -s, -s: Entführung eines Menschen

Kid|ney|boh|ne ['kɪtni...], die; -, -n ‹*engl.; dt.;* »Nierenbohne« (nach Form und Farbe)›: mittelgroße, dunkelrote, nierenförmige Hülsenfrucht, die ursprünglich aus Amerika stammt u. als Nahrungsmittel kultiviert wird

Kie|sel|gal|mei, der; -s ‹*dt.; gr.-lat.-mlat.-frz.*›: ↑Kalamin

Kie|se|rit [auch: ...'rɪt], der; -s, -e ‹*nlat.;* nach dem dt. Naturforscher D. G. Kieser, 1779–1862›: ein Mineral (ein Kalisalz)

Kiez, der; -es, -e ‹*slaw.*›: **1.** (landsch.) Fischersiedlung, -hütte. **2. a)** (landsch.) abgesonderter Ortsteil; **b)** (Jargon) Stadtviertel, in dem ↑Prostituierte u. Strichjungen ihrem Gewerbe nachgehen; Strich

Kif, der; -[s] ‹*arab.-amerik.*› (Jargon): tabakähnliche Mischung von getrockneten Hanfblättern; ↑Haschisch, ↑Marihuana

kif|fen (Jargon): Haschisch od. Marihuana rauchen. **Kif|fer,** der; -s, - (Jargon): jmd., der Haschisch od. Marihuana raucht. **Kif|fe|rin,** die; -, -nen: weibliche Form zu ↑Kiffer

Ki|ku|mon, das; - ‹*jap.;* »Chrysanthemenwappen«›: kaiserliches Wappen von Japan, eine 16-blättrige Chrysanthemenblüte

[1]Ki|ku|yu, der u. die; -, - (selten: -s) (meist Plural) ‹*Bantuspr.*›: Angehöriger einer bantusprachigen ethnischen Gruppe im ostafrikanischen Kenia

[2]Ki|ku|yu, das; - ‹*Bantuspr.*›: in Kenia gesprochene Bantusprache

Ki|lim vgl. Kelim

[1]kil|len ‹*engl.*› (ugs.): **1.** töten. **2.** verhindern, zunichte machen, vernichten

[2]kil|len ‹*engl.*› (Seemannsspr.): leicht flattern (von Segeln)

Kil|ler, der; -s, - (ugs.): jmd., der [in fremdem Auftrag] jmdn.

tötet. **Kil|le|rin,** die; -, -nen: weibliche Form zu ↑Killer

Kil|ler|sa|tel|lit, der; -en, -en: ↑Satellit (3), der die Aufgabe hat, andere Flugkörper im All zu zerstören

Kil|ler|zel|le, die; -, -n (meist Plural) ‹*engl.*› (Biol., Med.): zum Immunsystem gehörende Zelle, die veränderte Zellen des Körpers zerstört

Kiln, der; -[e]s, -e ‹*engl.*› (Hüttenw.): Schachtofen zur Holzverkohlung od. Metallgewinnung

Ki|lo, das; -s, -s (aber: 5 -): Kurzform von ↑Kilogramm

Ki|lo...

‹zu *gr.* chílioi »Tausende« →*frz.* kilo... »tausend(mal)«›

I. *Vorsatz vor naturwissenschaftlich-technischen Einheiten mit der Bedeutung »das Tausendfache der genannten Einheit« (Zeichen: k):*
- Kilogramm
- Kilometer
- Kilowatt

II. *Vorsatz vor binären Einheiten in der Datenverarbeitung mit der Bedeutung »das 2^{10}-Fache [= 1 024] der genannten Einheit« (Zeichen: k):*
- Kilobit
- Kilobyte

Ki|lo|bit, das; -[s], -[s] (EDV): Einheit von 1024 ↑Bit (2^{10} Bit) (Zeichen: KBit, kBit)

Ki|lo|byte [...bait], das; -[s], -[s] (EDV): Einheit von 1024 ↑Byte (2^{10} Byte) (Zeichen: KByte, kByte)

Ki|lo|gramm, das; -s, -e (aber: 5 -): Einheit der Masse; 1000 Gramm (das Tausendfache der Einheit Gramm) (Zeichen: kg)

Ki|lo|gramm|ka|lo|rie, die; -, -n (veraltet): ↑Kilokalorie

Ki|lo|hertz, das; -, - ‹nach dem dt. Physiker H. Hertz, 1857–1894› (Physik): 1 000 Hertz (das Tausendfache der Frequenzeinheit Hertz) (Zeichen: kHz)

Ki|lo|joule [...dʒu:l, auch: ...ʒu:l, ...dʒaʊl], das; -[s], - (Physik): 1 000 Joule (das Tausendfache der Energieeinheit Joule) (Zeichen: kJ)

Ki|lo|ka|lo|rie, die; -, -n (Physik): 1 000 Kalorien (das Tausendfache der früheren Energieeinheit Kalorie) (Zeichen: kcal)

Ki|lo|me|ter, der; -s, - (Physik): 1000 Meter (das Tausendfache der Längeneinheit Meter) (Zeichen: km)

ki|lo|me|t|rie|ren: [Straßen, Flüsse usw.] mit Kilometersteinen versehen

Ki|lo|pond, das; -s, - (veraltend): 1000 Pond (das Tausendfache der früheren Krafteinheit Pond) (Zeichen: kp)

Ki|lo|pond|me|ter, das; -s, - (veraltend): Einheit des Kraftmoments, der Arbeit u. der Energie (Zeichen: kpm)

Ki|lo|volt, das; - u. -[e]s, - (Physik): 1 000 Volt (das Tausendfache der elektrischen Spannungseinheit Volt) (Zeichen: kV)

Ki|lo|volt|am|pere [auch: ...'pe:ɐ̯], das; -[s], -: 1000 Voltampere (das Tausendfache der elektrischen Leistungseinheit Voltampere) (Zeichen: kVA)

Ki|lo|watt, das; -s, - (Physik): 1 000 Watt (das Tausendfache der elektrischen Leistungseinheit Watt) (Zeichen: kW)

Ki|lo|watt|stun|de [auch: ...'vat...], die; -, -n (Physik): Leistung an elektrischer Energie (2) von einem Kilowatt während einer Stunde (Zeichen: kWh)

Kilt, der; -[e]s, -s ‹*skand.-engl.*›: **a)** bunt karierter schottischer Faltenrock für Männer; **b)** karierter Faltenrock für Damen

Kim|ber|lit [auch: ...'lɪt], der; -s, -e ‹*nlat.;* nach der Stadt Kimberley in Südafrika› (Geol.): diamantenhaltiger vulkanischer Tuff

Kim|chi ['kɪmtʃi], der od. das; -[s] ‹*chin.-korean.*›: **1.** auf Gärung basierende Art der Zubereitung von Gemüse in Korea. **2.** durch Kimchi (1) zubereitetes Gemüse

Kim|me|ridge [...rɪdʒ], das; - ‹nach dem Ort in Südengland› (Geol.): Name für einen Teil des Oberen ↑²Juras (in Norddeutschland, England u. Frankreich)

kim|me|risch ‹nach dem früher in Südrussland ansässigen Stamm der Kimmerier› (Geol.): die beiden ältesten Faltungsphasen der Alpen u. anderer Hochgebirge betreffend

Ki|mo|no [auch: 'kɪ... oder: ki'mo:no], der; -s, -s ‹*jap.*›: kaftanartiges japanisches Gewand für Männer u. Frauen mit angeschnittenen Ärmeln

Kin, das; -, - ‹*chin.*›: chin. Sammelbez. für 5- bis 25-saitige zitherartige Saiteninstrumente

Ki|na, das; -[s], -[s] ‹melanes.›: Währungseinheit in Papua-Neuguinea (Zeichen: K)

Ki|nä|de, der; -n, -n ‹*gr.-lat.*›: ↑Päderast

Ki|na|se, die; -, -n ‹*gr.*› (Biochemie): Stoff, der die Wirksamkeit eines ↑Enzyms steigert

Ki|n|äs|the|sie, die; - ‹*gr.-nlat.*› (Med., Zool.): Fähigkeit, Bewegungen der Körperteile unbewusst zu kontrollieren u. zu steuern

Ki|n|äs|the|tik, die; - (Med., Zool.): Lehre von der Kinästhesie. **ki|n|äs|the|tisch** (Med., Zool.): die Kinästhesie betreffend

Ki|ne|gramm®, das; -s, -e, als Markenname nur: **Ki|ne|gram®,** das; -s, -s: (zum Schutz vor Fälschung angebrachtes) siegelartiges Bild, dessen Größe u. Farbton sich je nach Lichteinfall ändern

Ki|nem, das; -s, -e ‹Kunstw.›: **a)** kleinste Einheit nicht verbaler Kommunikation, z. B. Kopfnicken; **b)** kleinste Einheit der Gebärdensprache

Ki|ne|ma|thek, die; -, -en: **a)** Sammlung wissenschaftlicher od. künstlerisch wertvoller Filme; **b)** Raum od. Gebäude, in dem eine Filmsammlung aufbewahrt wird

Ki|ne|ma|tik (Physik): Teil der ↑Mechanik (1); Bewegungslehre; Phoronomie (1). **Ki|ne|ma|ti|ker,** der; -s, - (Physik): Fachmann auf dem Gebiet der Kinematik. **Ki|ne|ma|ti|kerin,** die; -, -nen: weibliche Form zu ↑Kinematiker. **ki|ne|ma|tisch:** die Kinematik betreffend; sich aus der Bewegung ergebend

Ki|ne|ma|to|graf, Kinematograph, der; -en, -en ‹*gr.-frz.*›: der erste Apparat zur Aufnahme u. Wiedergabe bewegter Bilder

Ki|ne|ma|to|gra|fie, Kinematographie, die; -: **1.** (Geschichte) Verfahren zur Aufnahme u. Wiedergabe von bewegten Bil-

dern. **2.** Filmkunst, Filmindustrie. **ki|ne|ma|to|gra|fisch,** kinematographisch: die Kinematografie betreffend
Ki|ne|ma|to|graph usw. vgl. Kinematograf usw.
Ki|ne|s|i|a|t|rik vgl. Kinesiotherapie
Ki|ne|sik, die; -: Wissenschaft, die sich mit der Erforschung ↑nonverbaler Kommunikation befasst
Ki|ne|sio|lo|ge, der; -n, -n: Fachmann auf dem Gebiet der Kinesiologie. **Ki|ne|sio|lo|gie,** die; -: **1.** (Med.) Lehre von der ↑Physiologie der Bewegungsabläufe u. den damit zusammenhängenden Fragen. **2.** Verfahren in der Naturheilkunde, dessen Untersuchungs- u. Behandlungsgegenstand die Muskulatur ist. **Ki|ne|sio|lo|gin,** die; -, -nen: weibliche Form zu ↑Kinesiologe
ki|ne|sio|lo|gisch: die Kinesiologie betreffend
Ki|ne|sio|tape, Ki|ne|sio-Tape [...tɛɪ̯p], das, auch: der; -[s], -s: Verbandsmaterial zum Anlegen eines Tapeverbands
Ki|ne|sio|the|ra|pie, die; -, ...i̲en ⟨*gr.-nlat.*⟩ (Med.): Heilgymnastik, Bewegungstherapie
ki|ne|sisch: die Kinesik betreffend
Ki|ne|tik, die; -: **1.** (Physik) Lehre von der Bewegung durch Kräfte. **2.** (Kunstwiss.) Richtung der modernen Kunst, in der mit beweglichen Objekten, Bewegungen, Spiegelungen von Licht o. Ä. optisch variable Erscheinungsbilder erzeugt werden
Ki|ne|tin, das; -s, -e (Biochemie): Umwandlungsprodukt der ↑Desoxyribonukleinsäure, das starken Einfluss auf die Zellteilung hat
ki|ne|tisch: bewegend, auf die Bewegung bezogen; **kinetische Energie** (Physik): Bewegungsenergie; **kinetische Kunst:** ↑Kinetik (2)
Ki|ne|tit [auch: ...ˈtɪt], das; -s: ein Sprengstoff
Ki|ne|to|fon, Kinetophon, das; -s, -e: erster Apparat zur gleichzeitigen Bild- u. Tonwiedergabe beim Vorführen eines Films
Ki|ne|to|gra|fie, Ki|ne|to|gra|phie, die; -: eine Art der Choreografie
Ki|ne|to|phon vgl. Kinetofon
Ki|ne|to|se, die; -, -n (Med.): [durch eine Störung des Gleichgewichtssinns hervorgerufene] Reaktion des Körpers auf ungewohnte Bewegungsmuster (z. B. See- u. Luftkrankheit)
Ki|ne|to|s|kop, das; -s, -e: ein kinematografisches Aufnahme- u. Betrachtungsgerät
[1]**King,** der od. das; -[s], - ⟨*chin.*⟩: aus meist 16 aufgehängten Klingsteinen bestehendes chinesisches Schlaginstrument
[2]**King,** der; -[s], -s ⟨*engl.;* »König«⟩ (ugs.): jmd., der in einer Gruppe, in seiner Umgebung als Anführer gilt, bei den anderen das größte Ansehen genießt
King|size [...saɪ̯z], die, auch: das; - ⟨*engl.;* »Königsformat«⟩: Großformat, Überlänge (von Zigaretten)
Ki|nin, das; -s, -e (meist Plural) ⟨*gr.*⟩ (Biochemie): aus ↑Aminosäuren zusammengesetzte Substanz im pflanzlichen, tierischen u. menschlichen Organismus
Ki|no, das; -s, -s ⟨Kurzw. für ↑*Kinematograf*⟩: **1.** Filmtheater, Lichtspielhaus. **2.** Filmvorführung, Vorstellung im Kino. **3.** (ohne Plural) Film als Massenmedium, als Institution
Ki|non|glas®, das; -es ⟨Kunstw.⟩: nicht splitterndes Sicherheitsglas
Kin|topp, der od. das; -s, -s u. ...töppe ⟨Kurzw. für: *Kinematograph*⟩ (ugs. veraltend, noch scherzh.): Kino
Ki|o|ni|tis, die; -, ...iti̲den ⟨*gr.-nlat.*⟩ (Med.): Entzündung des Gaumenzäpfchens
Ki|osk [auch: ki̯ɔsk], der; -[e]s, -e ⟨*pers.-türk.-frz.*⟩: **1.** Verkaufshäuschen [für Zeitungen, Getränke usw.]. **2.** orientalisches Gartenhäuschen. **3.** erkerartiger Vorbau vor den oberen Räumen orientalischer Paläste
Ki|osk|ter|mi|nal, der, auch: das; -s, -s: Informationseinrichtung mit Computern u. [Groß]bildschirmen an öffentlichen Standorten, z. B. auf Bahnhöfen, Messen u. Ä.
Kip|pa, Kip|pah, die; -, ...po̲t ⟨*hebr.;* »Kappe«⟩: kleine, flache Kopfbedeckung der jüdischen Männer, die während religiöser Handlungen getragen wird
Kip|per, der; -[s], -[s] ⟨*engl.*⟩: gepökelter, geräucherter Hering
kip|pis ⟨*finn.*⟩: prost!
Kips, das; -es, -e (meist Plural) ⟨*engl.*⟩: getrocknete Haut des ↑Zebus
Kir, der; -[s], -s (aber: 3 -) ⟨nach dem Bürgermeister von Dijon, Felix Kir, 1876–1968⟩: aus Johannisbeerlikör u. trockenem Weißwein bestehendes alkoholisches Getränk
Kir|chen|fa|b|rik, die; -, -en ⟨*gr.-dt.; lat.-frz.*⟩: Stiftungsvermögen einer katholischen Kirche, das dem Bau u. der Erhaltung der Kirche dient
Kir|ke vgl. Circe
Kir|man vgl. Kerman
Kir ro|y|al [- ro̯aˈja:l], der; - -[s], -s -s (aber: 3 - -): Getränk aus Johannisbeerlikör und Champagner
Kis|met, das; -s ⟨*arab.-türk.;* »Zugeteiltes«⟩: das dem Menschen von Allah zugeteilte Los (zentraler Begriff der islamischen Religion)
Kis|wa, die; -, -s ⟨*arab.*⟩: kostbares Tuch aus schwarzem Brokat, das während der großen Wallfahrt die ↑Kaaba in Mekka bedeckt
Kit, das od. der; -[s], -s ⟨*engl.*⟩: Satz bestimmter zusammengehöriger Dinge; Set
Kit|che|nette [kɪtʃəˈnɛt], die; -, -s ⟨*engl.*⟩: Kochnische, sehr kleine Küche
Kite [kaɪ̯t], der; -s, -s ⟨*engl.*⟩ (Sport): großer Lenkdrachen, der bei verschiedenen Sportarten, besonders beim Kitesurfen, als Antrieb genutzt wird
ki|ten [ˈkaɪ̯tn̩] ⟨*engl.*⟩: mit Lenkdrachen surfen
Ki|ter, der; -s, -: Kitesurfer. **Ki|terin,** die; -, -nen: weibliche Form zu ↑Kiter
Kite|sai|ling [ˈkaɪ̯tse:lɪŋ], das; -s ⟨*engl.*⟩: das Fahren auf speziellen Skiern hinter einem Lenkdrachen über Schnee- und Eisflächen
Kite|ska|ting [...ske:tɪŋ], das; -s ⟨*engl.*⟩: das Fahren auf einem speziellen Skateboard hinter einem Lenkdrachen über Asphaltflächen

Kite|sur|fen [...sœːɐ̯fn̩], das; -s: das Surfen über das Wasser mit einem Surfboard u. einem an zwei Seilen geführten Lenkdrachen

Kịt|fuchs, Kittfuchs, der; -es, ...füchse ‹*engl.; dt.*›: kleiner, in den Wüsten Nordamerikas lebender Fuchs mit großen Ohren

Ki|tha|ra, die; -, -s u. ...aren ‹*gr.-lat.*›: bedeutendstes altgriechisches 4- bis 18-saitiges Zupfinstrument mit kastenförmigem [1]Korpus (5)

Ki|tha|rịs|tik, die; - ‹*gr.*›: Lehre des altgriechischen Kitharaspiels

Ki|tha|r|ö|de, der; -n, -n: Kitharaspieler u. -sänger im antiken Griechenland

Ki|tha|r|o|die, die; -: Kitharaspiel als Gesangsbegleitung im antiken Griechenland

Kịt|ta, die; -, -s ‹*gr.*›: Vertreter einer Gruppe elsterartiger Vögel

Kịtt|fuchs vgl. Kitfuchs

Ki|va [...va], die; -, -s: Bez. für eingetiefte runde od. rechteckige Kultstätte der Puebloindianer im Südwesten der USA

[1]**Ki|wi,** der; -s, -s ‹*maorisch*›: **1.** auf Neuseeland beheimateter flugunfähiger Vogel. **2.** (ugs.) Neuseeländer

[2]**Ki|wi,** die; -, -s ‹*engl.*›: länglich runde, behaarte Frucht mit saftigem, säuerlichem, glasigem Fruchtfleisch; chinesische Stachelbeere

Kjọ̈k|ken|möd|din|ger vgl. Kökkenmöddinger

Klạ|ber|jasch, das; -s, **Klạ|ber|jass,** das; -es, **Klạ|b|ri|as,** das; - ‹*jidd.*›: ein altes Kartenspiel

Kla|do|die [...i̯ə], die; -, -n (meist Plural) ‹*gr.-nlat.*›: blattartig verbreiterte Sprossachse, die der ↑Fotosynthese dient; vgl. Phyllokladium

Kla|do|nie [...i̯ə], die; -, -n: Rentierflechte

Kla|do|ze|re, die; -, -n (meist Plural): Wasserfloh

Kla|mọt|te, die; -, -n ‹*Rotwelsch*›: **1.** (landsch.) größerer Stein. **2.** (salopp) **a)** wertloser Gegenstand, minderwertiges Stück; **b)** (meist Plural) [altes] Kleidungsstück. **3.** (Jargon) **a)** längst vergessenes u. wieder an die Öffentlichkeit gebrachtes Theaterstück, Lied, Buch o. Ä.; **b)** anspruchsloses Theaterstück

Klan vgl. Clan

klan|des|tin ‹*lat.*›: heimlich; **klandestine Ehe:** eine nicht nach ↑kanonischer Vorschrift vor zwei Zeugen geschlossene u. daher kirchlich ungültige Ehe

Kla|rẹtt, der; -s, -s ‹*lat.-mlat.-frz.*›: ein mit Gewürzen versetzter Rotwein

kla|rie|ren ‹*lat.*› (Seemannsspr.): **1.** klarmachen, einsatzbereit machen. **2.** beim Ein- u. Auslaufen eines Schiffes die Zollformalitäten erledigen

Kla|ri|nẹt|te, die; -, -n ‹*lat.-it.(-frz.)*›: ein Holzblasinstrument

Kla|ri|net|tịst, der; -en, -en: jmd., der [berufsmäßig] Klarinette spielt. **Kla|ri|net|tịs|tin,** die; -, -nen: weibliche Form zu ↑Klarinettist

Kla|rịs|se, die; -, -n, **Kla|rịs|sin,** die; -, -nen ‹*lat.-frz.;* nach der hl. Klara v. Assisi›: Angehörige des 1212 gegründeten Klarissenordens, des zweiten (weiblichen) Ordens der ↑Franziskaner

Klas|sem, das; -s, -e ‹*lat.-nlat.*› (Sprachwiss.): **1.** semantisches Merkmal, durch das eine ganze Gruppe von Wörtern erfasst wird (z. B. bei den Substantiven »Lebewesen« od. »Sachen«). **2.** das Gemeinsame aller möglichen Positionseinnehmer einer Leerstelle (z. B. »Verb« in: Die Kinder ... im Garten)

Klas|se|ment [...ˈmãː, schweiz. auch: ...ˈmɛnt], das; -s, -s ‹*lat.-frz.*›: **1.** Einteilung; Ordnung. **2.** (Sport) Rangliste, Reihenfolge

klas|sie|ren: 1. (Bergmannsspr.) Fördergut (z. B. Steinkohle) nach der Größe aussortieren. **2.** nach bestimmten Merkmalen einer Klasse zuordnen

Klas|si|fi|ka|ti|on, die; -, -en ‹*lat.-nlat.*›: **1.** das Klassifizieren. **2.** das Klassifizierte; vgl. ...ation/...ierung

Klas|si|fi|ka|tor, der; -s, ...oren: **a)** jmd., der od. etw., das etwas klassifiziert; **b)** (Bibliothekswesen veraltet) Sachkatalogbearbeiter. **Klas|si|fi|ka|to|rin,** die; -, -nen: weibliche Form zu ↑Klassifikator. **klas|si|fi|ka|to|risch:** die Klassifikation betreffend

klas|si|fi|zie|ren: 1. jmdn. od. etwas (z. B. Tiere, Pflanzen) in Klassen einteilen, einordnen. **2.** jmdn. od. etwas als etwas abstempeln. **Klas|si|fi|zie|rung,** die; -, -en: das Klassifizieren; Klassifikation; vgl. ...ation/...ierung

Klạs|sik, die; -: **1.** Kultur u. Kunst der griechisch-römischen Antike. **2.** Epoche, die sich Kultur u. Kunst der Antike zum Vorbild genommen hat. **3.** Epoche kultureller Höchstleistungen eines Volkes, die über ihre Zeit hinaus Maßstäbe setzt. **Klạs|si|ker,** der; -s, - ‹*lat.*›: **1.** Vertreter der Klassik (1, 2). **2.** Künstler, Schriftsteller, Wissenschaftler, der allgemein anerkannte, richtungsweisende Arbeit auf seinem Gebiet geleistet hat. **3.** Sache, die ↑klassisch (3) ist. **4.** Gegenstand, der ↑klassisch (4) ist. **5.** (Radsport) traditionelles Eintagesrennen, das stets auf [nahezu] gleichem Kurs ausgetragen wird (z. B. Mailand–San Remo). **Klạs|si|ke|rin,** die; -, -nen: weibliche Form zu ↑Klassiker (1, 2)

klạs|sisch: 1. die [antike] Klassik betreffend, z. B. klassische Sprachen (Griechisch u. Latein). **2. a)** die Merkmale der Klassik tragend (z. B. von einem Kunstwerk, einem Bauwerk); **b)** vollkommen, ausgewogen in Form u. Inhalt, ausgereift, Maßstäbe setzend (von Kunstwerken, wissenschaftlichen Leistungen o. Ä.). **3.** altbewährt, seit Langem verwendet. **4.** mustergültig, zeitlos (in Bezug auf Form od. Aussehen). **5.** (ugs.) klasse, toll

Klas|sịs|mus, der; - (Soziol.): Diskriminierung od. Vorurteile gegenüber einer Person od. Personen aufgrund einer [vermuteten] Zugehörigkeit zu od. Herkunft aus einer best. [niedrigeren] sozialen Klasse. **klas|sịs|tisch:** den Klassismus betreffend, von ihm geprägt

Klas|si|zịs|mus, der; -, ...men ‹*lat.-nlat.*›: **1.** Nachahmung eines klassischen [antiken] Vorbildes (bes. in der Literatur des 16. u. 17. Jh.s). **2.** Baustil, der in Anlehnung an die Antike die Strenge der Gliederung u. die

Gesetzmäßigkeit der Verhältnisse betont. **3.** europäischer Kunststil etwa von 1770 bis 1830. **klas|si|zis|tisch: a)** den Klassizismus betreffend, zum Klassizismus gehörend; **b)** die Antike [ohne Originalität] nachahmend

Klas|si|zi|tät, die; - (veraltet): Mustergültigkeit

klas|tisch ‹*gr.-nlat.*› (Geol.): aus den Trümmern anderer Gesteine stammend (von Sedimentgestein)

Klau|se, die; -, -n ‹*lat.-mlat.*›: **1.** Klosterzelle; Einsiedelei; weltabgeschiedene Behausung. **2.** enger Raum, kleines [Studier]zimmer. **3. a)** Engpass, Schlucht (bes. in den Alpen); **b)** enger Taldurchbruch durch eine ↑Antiklinale; vgl. Klus. **4.** Frucht der Windengewächse u. Lippenblütler. **5.** Damm zum Aufstauen von Bach-, Flusswasser, das bei Bedarf abgelassen wird u. dadurch die Holzflößerei ermöglicht; Klausdamm

Klau|sel, die; -, -n ‹*lat.*; »Schluss; Schlusssatz, -formel; Gesetzesformel«›: **1.** (Rechtswiss.) vertraglicher Vorbehalt, Sondervereinbarung. **2.** metrische Gestaltung des Satzschlusses [in der antiken Kunstprosa]. **3.** (Musik) formelhafter, melodischer Schluss; vgl. Kadenz

Klau|si|lie [...i̯ə], die; -, -n (meist Plural) ‹*lat.-nlat.*› (Zool.): Schnecke mit einem Verschlussmechanismus aus beweglichen Schließblättchen; Schließmundschnecke

Klaus|ner, der; -s, - ‹*lat.-mlat.*›: Bewohner einer ↑Klause (1); Einsiedler. **Klaus|ne|rin,** die; -, -nen: weibliche Form zu ↑Klausner

Klaus|t|ra|ti|on, die; -, -en ‹*lat.*›, **Klaus|t|ro|phi|lie,** die; -, ...ien ‹*lat.; gr.*› (Psychol.): krankhafter Drang, sich einzuschließen, abzusondern; Hang zur Einsamkeit

Klaus|t|ro|pho|bie, die; -, ...ien (Psychol.): krankhafte Angst vor Aufenthalt in geschlossenen Räumen

klaus|t|ro|pho|bisch: an Klaustrophobie leidend

klau|su|lie|ren: in Klauseln fassen, bringen; verklausulieren

Klau|sur, die; -, -en ‹*lat.*›: **1.** (ohne Plural) Einsamkeit, Abgeschlossenheit. **2.** Bereich eines Klosters, der nur für einen bestimmten Personenkreis zugänglich ist. **3.** ↑Klausurarbeit. **4.** ↑Klausurtagung

Klau|sur|ar|beit, die; -, -en: unter Aufsicht zu schreibende Prüfungsarbeit

Klau|sur|ta|gung, die; -, -en: Tagung unter Ausschluss der Öffentlichkeit

Kla|vi|a|tur, die; -, -en ‹*lat.-mlat.-frz.-nlat.*›: Gesamtheit der dem Spiel dienenden Tasten bei Klavier, Orgel u. Harmonium

Kla|vi|chord [...'k...], das; -[e]s, -e ‹*lat.; gr.-lat.*›: im 12. Jh. entstandenes Tasteninstrument, dessen waagerecht liegende Saiten mit einem Metallplättchen angeschlagen werden (Vorläufer des Klaviers)

Kla|vi|ci|the|ri|um, das; -s, ...rien ‹*lat.; gr.-nlat.*›: ein Harfenklavier des 16. Jh.s (Vorläufer des ↑Pianinos)

Kla|vier, das; -s, -e ‹*lat.-mlat.-frz.*›: **1.** Musikinstrument mit schwarzen u. weißen Tasten zum Anschlagen der senkrecht zur Tastatur gespannten Saiten. **2.** (Fachspr.) (allgemein für) Tasteninstrument mit Klaviatur (z. B. Tafelklavier, Flügel)

kla|vie|ren (ugs.): an etwas herumfingern

kla|vie|ris|tisch ‹*lat.-frz.-nlat.*›: **a)** für das Klavier gedacht; **b)** die Technik des Klavierspiels betreffend, ihr gemäß

Kla|vier|quar|tett, das; -[e]s, -e: **a)** Komposition für drei Streichinstrumente u. Klavier; **b)** die vier Ausführenden eines Klavierquartetts (a)

Kla|vier|quin|tett, das; -[e]s, -e: **a)** Komposition für vier Streichinstrumente u. Klavier; **b)** die fünf Ausführenden eines Klavierquintetts (a)

Kla|vier|trio, das; -s, -s: **a)** Komposition für zwei Streichinstrumente u. Klavier; **b)** die drei Ausführenden eines Klaviertrios (a)

Kla|vi|kel, das; -s, - ‹*lat.*› (veraltet): ↑Klavikula. **Kla|vi|ku|la,** fachspr.: Clavicula, die; -, ...lae [...lɛ] ‹*lat.*› (Med.): Schlüsselbein. **kla|vi|ku|lar** (Med.): die Klavikula betreffend

Kla|vi|zim|bel, das; -s, -: ↑Clavicembalo

Kla|vus: ↑Clavus (2)

Kleck|so|gra|fie, Kleck|so|gra|phie, die; -, ...ien ‹*dt.; gr.*› (Psychol.): eines von mehreren aus Klecksen erzeugten, keinen Sinn enthaltenden Bildern einer Reihe, die bei bestimmten Persönlichkeitstests von der Testperson gedeutet werden müssen

Klein|kli|ma, das; -s, -s u. ...mate ‹*dt.; gr.-lat.*›: ↑Mikroklima

kleis|to|gam ‹*gr.-nlat.*› (Bot.): sich in geschlossenem Zustand selbst bestäubend (von Blüten) (Ggs.: chasmogam). **Kleis|to|ga|mie,** die; - (Bot.): Selbstbestäubung geschlossener Blüten (Ggs.: Chasmogamie)

Kle|ma|tis, fachspr.: Clematis, die; -, - ‹*gr.-lat.*›: Kletterpflanze mit stark duftenden Blüten; Waldrebe

Kle|men|ti|ne vgl. Clementine

Kleph|te, der; -n, -n ‹*gr.-ngr.*; »Räuber«›: griechischer Freischärler im Kampf gegen die türkische Herrschaft

Kleph|ten|lie|der, die (Plural): die Abenteuer der Klephten behandelnde lyrisch-epische Gesänge

Klep|s|y|d|ra, die; -, ...ydren ‹*gr.-lat.*› (veraltet): Wasseruhr

Klep|to|kra|tie, die; -, ...ien ‹gr.›: persönliche Bereicherung durch Ausnutzen gesellschaftlicher Privilegien

Klep|to|ma|ne, der; -n, -n ‹*gr.-nlat.*› (Psychol.): jmd., der an Kleptomanie leidet. **Klep|to|ma|nie,** die; -, ...ien (Med., Psychol.): zwanghafter Trieb zum Stehlen ohne Bereicherungsabsicht. **Klep|to|ma|nin,** die; -, -nen: weibliche Form zu ↑Kleptomane. **klep|to|ma|nisch** (Psychol.): die Kleptomanie betreffend

Klep|to|pho|bie, die; -, ...ien (Med., Psychol.): krankhafte Furcht, zu stehlen od. bestohlen zu werden

kle|ri|kal ‹*gr.-lat.*›: **a)** dem Stand der katholischen Geistlichen angehörend, zu ihm gehörend (Ggs.: laikal); **b)** in der Gesinnung konsequent den Standpunkt des katholischen Priesterstandes vertretend; Ansprüche des Klerus fördernd, unterstützend

Kle|ri|ka|le, der u. die; -n, -n: jmd., der zur Anhängerschaft der katholischen Geistlichkeit gehört

Kle|ri|kal|fa|schis|mus, der; -: von ↑Klerikalismus u. ↑Faschismus geprägte politische Richtung

Kle|ri|ka|lis|mus, der; - ‹*gr.-lat.-nlat.*›: das Bestreben der [katholischen] Kirche, ihren Einflussbereich auf Staat u. Gesellschaft auszudehnen. **kle|ri|ka|lis|tisch** (abwertend): ausgeprägt klerikale (b) Tendenzen vertretend u. zeigend

Kle|ri|ker, der; -s, - ‹*gr.-lat.*›: Angehöriger des Klerus

Kle|ri|sei, die; - ‹*gr.-lat.-mlat.*› (veraltet): Klerus

Kle|rus, der; - ‹*gr.-lat.*›: katholische Geistlichkeit, Priesterschaft, -stand

¹Klez|mer [ˈklɛs...], die; - od. der; -s ‹*hebr.-jidd.-amerik.*›: aus Osteuropa stammende traditionelle jüdische Instrumentalmusik

²Klez|mer, der; -s, -: Musiker, der ¹Klezmer spielt

Kli|ent, der; -en, -en ‹*lat.;* »der Hörige«›: **1.** Bürger mit wenigen Rechten im alten Rom, der einem ↑¹Patron (1) zu Dienst verpflichtet war. **2.** Auftraggeber, Kunde bestimmter freiberuflich tätiger Personen od. bestimmter Einrichtungen

Kli|en|tel, die; -, -en: **1.** Gesamtheit der ↑Klienten (2) und Klientinnen. **2.** Gesamtheit der von einem ↑¹Patron (1) abhängigen Bürger

Kli|en|te|lis|mus, der; -: an Gruppeninteressen orientierte Politik

kli|en|te|lis|tisch (Politik): von ↑Klientelismus geprägt

Kli|en|tin, die; -, -nen: weibliche Form zu ↑Klient (2)

kli|ent|zen|t|riert, klientenzentriert ‹*lat.-engl.*› (Psychol.): (bes. in der Psychotherapie) auf den Klienten ausgerichtet, nach seinen Bedürfnissen; **klient[en]zentrierte Therapie:** Gesprächstherapie; Therapieform, bei der sich der Therapeut sehr zurückhält, um es dem Klienten zu ermöglichen, seine Probleme selbst zu lösen

Kli|ma, das; -s, -ta, (selten:) -s, bes. fachspr.: ...mate ‹*gr.-lat.*›: **1. a)** (Meteorol.) der für ein bestimmtes geografisches Gebiet charakteristische Ablauf der Witterung; **b)** künstlich hergestellte Luft-, Wärme- u. Feuchtigkeitsverhältnisse in einem Raum. **2.** durch bestimmte Ereignisse od. Umstände hervorgerufene Atmosphäre od. Beziehungen zwischen Personen, Gruppen, Staaten o. Ä.

Kli|ma|an|la|ge, die; -, -n: Vorrichtung zur automatischen Regulierung der Frischluftzufuhr, der Lufttemperatur u. -feuchtigkeit in geschlossenen Räumen

Kli|ma|dia|gramm, das; -s, -e: Darstellung von gemessenen Klimawerten in Form eines Diagramms

Kli|ma|ele|men|te, die (Plural): klimabestimmende Witterungsbedingungen (z. B. Temperatur, Luftfeuchtigkeit)

Kli|ma|fak|tor, der; -s, -en: die Klimaelemente bedingende geografische Beschaffenheit eines Ortes (z. B. Höhenlage, Lage zum Meer)

Kli|ma|geo|gra|fie, Kli|ma|geo|gra|phie, die; -: Wissenschaft u. Lehre von den klimatischen Erscheinungen unter geografischen Gesichtspunkten

Kli|ma|kri|se, die; -, -n (Plural selten): durch den vom Menschen durch den Ausstoß von Treibhausgasen verursachten Klimawandel ausgelöste ökologische, wirtschaftliche, soziale od. humanitäre Krise (1)

kli|mak|te|risch ‹*gr.-lat.*› (Med.): durch die Wechseljahre bedingt, sie betreffend

Kli|mak|te|ri|um, das; -s ‹*gr.-nlat.*› (Med.): Wechseljahre [der Frau]; vgl. Klimax (2)

Kli|ma|te: *Plural* von ↑Klima

Kli|ma|the|ra|pie, die; -, ...ien (Med.): eine Kurbehandlung, bei der die bestimmten klimatischen Verhältnisse einer Gegend für die Behandlung von Krankheiten eingesetzt werden

kli|ma|tisch ‹*gr.-lat.-nlat.*›: das Klima betreffend

kli|ma|ti|sie|ren: a) in einen Raum od. ein Gebäude eine Klimaanlage einbauen; **b)** Temperatur, Luftzufuhr u. -feuchtigkeit [in geschlossenen Räumen] künstlich beeinflussen u. regeln

Kli|ma|to|gra|fie, Kli|ma|to|gra|phie, die; - ‹*gr.-nlat.*›: Beschreibung der klimatischen Verhältnisse auf der Erde

Kli|ma|to|lo|ge, der; -n, -n: Fachmann auf dem Gebiet der ↑Klimatologie

Kli|ma|to|lo|gie, die; -: vergleichende Wissenschaft der klimatischen Verhältnisse auf der Erde

Kli|ma|to|lo|gin, die; -, -nen: weibliche Form zu ↑Klimatologe

Kli|ma|to|the|ra|pie, die; -, ...ien: ↑Klimatherapie

Kli|max, die; -, -e ‹*gr.-lat.*›: **1.** (Rhet., Stilkunde) Steigerung des Ausdrucks, Übergang vom weniger Wichtigen zum Wichtigeren; vgl. Gradation (Ggs.: Antiklimax). **2.** (Med.) ↑Klimakterium. **3.** (Bot.) Endzustand der Boden- u. Vegetationsentwicklung in einem bestimmten Gebiet. **4.** (bildungsspr.) Höhepunkt

Kli|nik, die; -, -en: **1.** [großes] Krankenhaus [das auf die Behandlung bestimmter Krankheiten usw. spezialisiert ist]. **2.** (ohne Plural; Med.) praktischer Unterricht im Krankenhaus [für Medizinstudierende]

Kli|ni|ker, der; -s, - (Med.): **1.** in einer Klinik (1) tätiger u. lehrender Arzt. **2.** Medizinstudent in den klinischen Semestern. **Kli|ni|ke|rin,** die; -, -nen: weibliche Form zu ↑Kliniker

Kli|ni|kum, das; -s, ...ka u. ...ken ‹*gr.-nlat.*›: **1.** (ohne Plural; Med.) Hauptteil der praktischen ärztlichen Ausbildung in einem Krankenhaus. **2.** Zusammenschluss der [Universitäts]kliniken unter einheitlicher Leitung

kli|nisch (Med.): **1. a)** die Klinik betreffend; **b)** die klinischen Semester betreffend. **2.** durch ärztliche Untersuchung feststellbar od. festgestellt

Kli|no|chlor, das; -s, -e ‹*gr.-nlat.*›: ein Mineral

Kli|no|graf, Kli|no|graph, der; -en, -en (Geogr.): Messinstrument für Neigungsvorgänge der Erdoberfläche

Kli|no|ke|pha|lie, die; -, ...ien (Med.): eine angeborene Schädeldeformierung; Sattelkopf

Kli|no|me|ter, das; -s, -: **1.** Neigungsmesser für Schiffe u. Flugzeuge. **2.** Neigungsmesser im Geologenkompass zur Messung des Einfallens von Gesteinen

Kli|no|mo|bil, Clinomobil, das; -s, -e ‹*gr.; lat.*›: Rettungswagen, in dem Operationen durchgeführt werden können

Kli|no|s|tat, der; -[e]s u. -en, -e[n]: Apparat mit einer kreisenden Scheibe zur Ausschaltung einseitiger Schwerkraftwirkung für pflanzenphysiologische Untersuchungen

Klipp vgl. [1]Clip

Klip|per, der; -s, - ‹*engl.*› (früher): schnelles Segelschiff für den Transport verderblicher Waren

Klips, der; -es, -e ‹*engl.*›: **1.** Schmuckstück zum Festklemmen (z. B. Ohrklips). **2.** Klammer zum Befestigen des Haares beim Eindrehen

Kli|schee, das; -s, -s ‹*frz.*›: **1. a)** mittels ↑Stereotypie (1) od. ↑Galvanoplastik hergestellte Vervielfältigung eines Druckstockes; **b)** Druckstock. **2. a)** unschöpferische Nachbildung, Abklatsch; **b)** eingefahrene, überkommene Vorstellung; **c)** abgedroschene Redewendung

kli|schie|ren: 1. ein Klischee (1 a) herstellen. **2.** (abwertend) **a)** talentlos etwas nachahmen; **b)** etwas in ein Klischee zwängen, klischeehaft darstellen

Kli|scho|graf, Kli|scho|graph, der; -en, -en ‹*frz.; gr.*› (Druckw.): elektrische Graviermaschine für Druckstöcke

Klis|ter, der; -s ‹Kunstw.›: weiches Skiwachs, das zum Fahren im Firnschnee aufgetragen wird

Klis|tier, das; -s, -e ‹*gr.-lat.;* »Spülung, Reinigung«› (Med.): Einbringen einer Flüssigkeit [ggf. mit Zusätzen] über den Anus in den Darm; Darmeinlauf, -spülung. **klis|tie|ren** (Med.): ein Klistier geben

kli|to|ral ‹*gr.*›: die Klitoris betreffend

Kli|to|ris, die; -, - u. ...orides (Med.): schwellfähiges weibliches Geschlechtsorgan; Kitzler

Kli|to|ris|mus, der; - ‹*gr.-nlat.*› (Med.): übermäßige Entwicklung der Klitoris

Kli|vie [...i̯ə] vgl. Clivia

Klo, das; -s, -s (ugs.): Kurzform von ↑Klosett (1, 2)

Klo|a|ke, die; -, -n ‹*lat.*›: **1.** [unterirdischer] Abzugskanal für Abwässer; Senkgrube. **2.** (Zool.) gemeinsamer Ausführungsgang für den Darm, die Harnblase u. die Geschlechtsorgane bei Reptilien u. einigen niederen Säugetieren

Klo|bas|se, Klo|bas|si, die; -, ...ssen ‹*slaw.*› (österr.): eine grobe, gewürzte Wurst

Klon, der; -s, -e ‹*gr.-engl.*› (Biol.): durch Klonen entstandenes Lebewesen. **klo|nal** (Biol.): einen Klon betreffend, mit ihm zusammenhängend

klo|nen (Biol.): durch künstlich herbeigeführte ungeschlechtliche Vermehrung genetisch identische Exemplare von Lebewesen erzeugen

Klo|ni: *Plural* von ↑Klonus

klo|nie|ren: ein einzelnes Gen aus einer Zelle isolieren und weiterverarbeiten; vgl. klonen

klo|nisch ‹*gr.-nlat.*› (Med.): schüttelnd, krampfhaft zuckend (von Muskeln) (Ggs.: [1]tonisch [2])

Klo|nus, der; -, ...ni (Med.): krampfartige Zuckungen infolge rasch aufeinanderfolgender Muskelzusammenziehungen; Schüttelkrampf

Klo|sett, das; -s, -s, (auch:) -e ‹*lat.-frz.-engl.*›: **1.** Toilettenraum. **2.** Toilettenbecken

Klo|tho|i|de, die; -, -n ‹*gr.-nlat.*›: **a)** (Math.) Spiralkurve mit immer kleiner werdendem Krümmungsradius; **b)** der Übergangsbogen zwischen einer Geraden u. einer Krümmung im modernen Straßenbau

Klub, Club, der; -s, -s ‹*altnord.-engl.*›: **1. a)** [geschlossene] Vereinigung mit politischen, geschäftlichen, sportlichen od. anderen Zielen; **b)** Gruppe von Leuten, die sich amüsieren; Clique; **c)** Gebäude, Räume eines Klubs (1 a). **2. a)** Lokal, in dem regelmäßig [Jazz]musiker auftreten; **b)** Disco

Klub|gar|ni|tur, Clubgarnitur, die; -, -en: Gruppe von [gepolsterten] Sitzmöbeln

Klu|ni|a|zen|ser, der; -s, - ‹nach dem ostfrz. Kloster Cluny› (Geschichte): Mönch, der der ↑Kongregation (1) von Cluny, einer auf der Benediktinerregel fußenden [mönchisch-]kirchlichen Reformbewegung des 11./12. Jh.s, angehört. **klu|ni|a|zen|sisch:** die Kluniazenser u. ihre Reformen betreffend

Klus, die; -, -en ‹*lat.-mlat.*› (schweiz.): Engpass, Schlucht; vgl. Klause (3 b)

Klü|se, die; -, -n ‹*lat.-niederl.*› (Seemannsspr.): Öffnung im Schiffsbug für [Anker]ketten u. Taue

Klu|sil, der; -s, -e ‹*lat.*› (Sprachwiss.): Verschlusslaut

Klü|ver, der; -s, - ‹*niederl.*›: ein dreieckiges Vorsegel. **Klü|ver|baum,** der; -[e]s, ...bäume: den Bugspriet verlängernder [umklappbarer] Mastbaum

Klys|ma, das; -s, ...men ‹*gr.-lat.*› (Med.): ↑Klistier

Kly|so|pomp|sprit|ze, die; -, -n ‹*gr.; frz.; dt.*› (Med.): Spritze zur Darm- u. Scheidenausspülung

Klys|t|ron, das; -s, ...one, (auch:) -s ‹*gr.-nlat.*›: eine hauptsächlich als Senderöhre verwendete Elektronenröhre zur Erzeugung u. Verstärkung von Mikrowellen

Knas|ter, der; -s, - ‹*gr.-span.-niederl.;* »Korb«›: **1.** (veraltet) guter Tabak, der in Körben gehandelt wurde. **2.** (ugs. abwertend) schlechter Tabak

Knaus-Ogi|no-Me|tho|de, die; - ‹nach den Gynäkologen H. Knaus (1892–1970, Österreicher) u. K. Ogino (1882–1975, Japaner)› (Med.): für Empfängnisverhütung u. Familienplanung anwendbare, auf der Berechnung des Eisprungs basierende Methode zur Bestimmung der fruchtbaren u. unfruchtbaren Tage einer Frau

Knau|tie [...i̯ə], die; -, -n ‹*nlat.;* nach dem dt. Arzt u. Botaniker Chr. Knaut, 1654–1716›: Witwenblume, ein violett blühendes, heilkräftiges Kraut (Kardengewächs)

Knave [neɪv], der; -s, -s ‹*engl.*›: engl. Bez. für Bube, Schelm; Bube im Kartenspiel

Knes|set, Knes|seth, die; - ‹*hebr.;* »Versammlung«›: das Parlament in Israel

Kni|cker|bo|cker [auch: ˈnɪkɐ...], die (Plural) ‹*engl.*›: unter dem Knie mit einem Bund geschlossene u. dadurch überfallende, halblange sportliche Hose

Knight [naɪ̯t], der; -s, -s ⟨*engl.*; »Ritter«⟩: die nicht erbliche, unterste Stufe des englischen Adels

Knights of La|bor [ˈnaɪ̯ts ɔf ˈleɪ̯bɐ], die (Plural) ⟨*engl.-amerik.*; »Ritter der Arbeit«⟩ (Geschichte): 1869 gegründeter Geheimbund, der den ersten Versuch einer Gewerkschaftsorganisation in Nordamerika darstellte

Knit|wear [ˈnɪtwɛːɐ̯], die; -, (auch:) der od. das; -[s] ⟨*engl.*⟩: modische Strickkleidung

Kno|chen|ze|ment, der; -[e]s, -e (Med.): schnell härtender Kunststoff, der zur Befestigung von Endoprothesen in den Knochenmarkskanal eingebracht wird

knock-down, knock|down [nɔkˈdaʊ̯n] ⟨*engl.*⟩ (Boxen): niedergeschlagen, aber nicht kampfunfähig. **Knock-down, Knockdown**, der; -[s], -s (Boxen): einfacher Niederschlag

knock-out, knock|out [...ˈʔaʊ̯t] (Boxen): kampfunfähig nach einem Niederschlag (Abk.: k. o.). **Knock-out, Knock|out**, der; -[s], -s (Boxen): Kampfunfähigkeit bewirkender Niederschlag (Abk.: K. o.). **Knock|ou|ter**, der; -s, -: ↑Boxer (1), der seine Gegner meist durch einen K. o. besiegt. **Knock|ou|te|rin**, die; -, -nen: weibliche Form zu ↑Knockouter

Know-how, Know|how [noʊ̯ˈhaʊ̯], das; -[s] ⟨*engl.*⟩: auf Forschung u. Erfahrung beruhendes Wissen, wie man eine Sache praktisch verwirklicht, anwendet

Know|ledge [ˈnɔlɪdʒ], das; -[s] ⟨*engl.*⟩: engl. Bez. für: Wissen

Know|ledge-Ma|nage|ment, Know|ledge|ma|nage|ment [ˈnɔlɪtʃmɛnɪtʃmənt], das; -s ⟨*engl.*⟩: Strategien zur optimalen Nutzung des gesammelten Wissens, der Erfahrungen u. Ideen der Mitarbeiter eines Unternehmens

Knut vgl. Kanut

Knu|te, die; -, -n ⟨*germ.-russ.*; »Knotenpeitsche«⟩: Peitsche aus Lederriemen. **knu|ten**: knechten, unterdrücken, tyrannisieren

ko..., Ko... vgl. kon..., Kon...

k. o. [kaːˈʔoː] vgl. knock-out.

K. o., der; -[s], -[s]: ↑Knockout

Ko|ad|ap|ta|ti|on [auch: ...ˈtsi̯oːn], die; -, -en ⟨*lat.-nlat.*⟩: **1.** (Genetik) gesteigerte körperliche Anpassung eines Lebewesens an abgeänderte Umweltbedingungen aufgrund einer günstigen Genkombination. **2.** (Biol.) Mitveränderung von nicht unmittelbar betroffenen Organen bei der Veränderung von Umweltbedingungen

Ko|ad|ju|tor, Ko-Ad|ju|tor vgl. Co-Adjutor

Ko|agu|lans, das; -, ...lanti̯a u. ...lanzien (meist Plural) ⟨*lat.*⟩ (Med.): die Blutgerinnung förderndes od. beschleunigendes Mittel

Ko|agu|la|se, die; -, -n (Med.): ↑Enzym, das die Blutgerinnung einleitet bzw. beschleunigt

Ko|agu|lat, das; -[e]s, -e (Chemie): aus einer ↑kolloidalen Lösung ausgeflockter Stoff (z. B. Eiweißgerinnsel)

Ko|agu|la|ti|on, die; -, -en: **1.** (Chemie) Ausflockung, Gerinnung eines Stoffes aus einer ↑kolloidalen Lösung. **2.** (Med.) in der Operationstechnik angewendetes Verfahren zur Blutstillung. **ko|agu|lie|ren** (Chemie): ausflocken, gerinnen [lassen]. **Ko|agu|lum**, fachspr. auch: Coagulum, das; -s, ...la (Med.): Blutgerinnsel außerhalb des Gefäßlumens

Ko|a|la, der; -s, -s ⟨*austr.*⟩: in Australien auf Bäumen lebender kleiner Beutelbär (ein Beuteltier)

Ko|a|les|zenz, die; -, -en ⟨*lat.*⟩ (veraltet): innere Vereinigung, Verwachsung

ko|a|lie|ren, ko|a|li|sie|ren ⟨*lat.-mlat.-engl.-frz.*⟩: **a)** verbinden; sich verbünden; **b)** mit jmdm. eine Koalition eingehen, bilden

Ko|a|li|ti|on, die; -, -en: Vereinigung, Bündnis mehrerer Parteien od. Staaten zur Durchsetzung ihrer Ziele

Ko|a|li|ti|o|när, der; -s, -e (meist Plural): Angehöriger einer Koalition. **Ko|a|li|ti|o|nä|rin**, die; -, -nen: weibliche Form zu ↑Koalitionär

Ko|a|li|ti|ons|krieg, der; -[e]s, -e: **1.** (Plural; Geschichte) die Kriege der verbündeten europäischen Monarchien gegen das revolutionäre Frankreich von 1792 bis 1807. **2.** die gemeinsame Kriegführung mehrerer Staaten mit einem od. mehreren anderen

Ko|a|li|ti|ons|par|tei, die; -, -en: die Partei, die zusammen mit einer anderen eine Koalition bildet

Ko|a|li|ti|ons|recht, das; -[e]s, -e: das den Bürgern eines Staates verfassungsmäßig garantierte Recht, sich zur Wahrung ihrer Interessen mit anderen zusammenzuschließen

Ko|a|li|ti|ons|re|gie|rung, die; -, -en: von mehreren Parteien gebildete Regierung

Ko|an, das; -[s] ⟨jap.⟩: im jap. Zenbuddhismus Bez. für die der Vernunft unzugänglichen Aussprüche, Fragen u. Antworten der Zenmeister

ko|ä|tan ⟨*lat.*⟩ (veraltet): gleichaltrig, gleichzeitig. **Ko|ä|tan**, der; -en, -en (veraltet): Alters-, Zeitgenosse, Schulkamerad

Ko-Au|tor usw. vgl. Co-Autor usw.

ko|axi|al ⟨*lat.-nlat.*⟩: mit gleicher Achse

Ko|axi|al|ka|bel, das; -s, -: aus einem zylindrischen inneren u. einem rohrförmigen äußeren Leiter bestehendes elektrisches Kabel

Ko|a|zer|vat, das; -[e]s, -e ⟨*lat.*⟩ (Chemie): ein im Schwebezustand zwischen ↑kolloidaler Lösung u. Ausfällung befindlicher Stoff, meist im Anfangsstadium bei der Bildung hochpolymerer ↑Kolloide

Ko|balt, chem. fachspr.: Cobalt, das; -[e]s ⟨*nlat.*; scherzhafte Umbildung aus *dt.* Kobold⟩: chem. Element; ein Metall (Zeichen: Co)

Ko|balt|glanz, der; -es, **Ko|bal|tin**, der; -s: wichtiges Kobalterz

Ko|balt|ka|no|ne, die; -, -n (Med.): Apparat zur Bestrahlung bösartiger Tumoren mit radioaktivem Kobalt

Ko|b|ra, die; -, -s ⟨*lat.-port.*⟩: südasiatische Brillenschlange

Ko|chie [...xi̯ə], die; -, -n ⟨*nlat.*; nach dem dt. Botaniker W. D. J. Koch, 1771–1849⟩: Gattung der Gänsefußgewächse (darunter z. B. die Sommerzypresse)

Ko|da vgl. Coda

Kode [ko:t] vgl. Code

Ko|de|in vgl. Codein

Ko|dex, der; -es u. -, -e u. ...dizes [...ditse:s], Codex, der; -, ...dices [...ditse:s] ⟨*lat.*⟩: **1.** Sammlung von Gesetzen, Handschriften usw. **2.** [ungeschriebene] Regeln des Handelns, des Verhaltens, an denen sich eine [gesellschaftliche] Gruppe orientiert. **3.** eine mit Wachs überzogene hölzerne Schreibtafel der Antike, mit anderen zu einer Art Buch vereinigt

Ko|di|ak|bär, der; -en, -en ⟨nach Kodiak Island, einer Insel im Golf von Alaska⟩ (Zool.): in Alaska vorkommender großer Bär (zu den Braunbären gehörend)

ko|die|ren usw. vgl. codieren usw.

Ko|di|fi|ka|ti|on, die; -, -en ⟨*lat.-nlat.*⟩: **a)** systematische Erfassung aller Fakten, Normen usw. eines bestimmten Gebietes, z. B. des Rechts; **b)** Gesetzessammlung; vgl. ...ation/...ierung

Ko|di|fi|ka|tor, der; -s, ...oren: jmd., der eine Kodifikation zusammenstellt. **Ko|di|fi|ka|to|rin,** die; -, -nen: weibliche Form zu ↑Kodifikator

ko|di|fi|zie|ren: a) eine Kodifikation (a) zusammenstellen; **b)** systematisch erfassen. **Ko|di|fi|zie|rung,** die; -, -en: das Kodifizieren; vgl. ...ation/...ierung

Ko|di|ko|lo|gie, die; - ⟨*lat.-frz.-engl.*⟩: Handschriftenkunde

Ko|di|zill, das; -s, -e ⟨*lat.*⟩: **1.** Handschreiben des römischen Kaisers. **2.** (veraltet; Rechtsspr.) **a)** privatschriftlicher Zusatz zu einem Testament; **b)** [vor Zeugen zustande gekommene] letzte Verfügung

Kod|öl, das; -s ⟨*engl.; dt.*⟩: Lebertran, der aus dem ↑Kabeljau gewonnen wird

Ko|d|schi|ki, der; -, Kojiki ['ko:dʒiki], der ⟨*jap.;* »Geschichte der Begebenheiten im Altertum«⟩: die wichtigste Quellenschrift des ↑Schintoismus, zugleich das älteste japanische Sprachdenkmal (712 n. Chr.)

Ko|edi|ti|on [auch: ...'tsi̯o:n], die; -, -en ⟨*lat.*⟩: **a)** ↑Edition (1 a) eines Werkes von zwei od. mehreren Herausgebern; **b)** gleichzeitige ↑Edition (1 a) eines Werkes von zwei od. mehreren Verlagen

Ko|edu|ka|ti|on [auch: ...'tsi̯o:n], die; - ⟨*engl.*⟩: Gemeinschaftserziehung von Jungen u. Mädchen in Schulen u. Internaten. **ko|edu|ka|tiv:** zur Koedukation gehörend

Ko|ef|fi|zi|ent, der; -en, -en ⟨*lat.-nlat.*⟩: **1.** (Math.) Multiplikator einer veränderlichen Größe einer ↑Funktion (2). **2.** kennzeichnende Größe für bestimmte physikalische od. technische Verhaltensweisen

Ko|en|zym [auch: ...'tsy:m], das; -s, -e ⟨*lat.; gr.*⟩: spezifische Wirkungsgruppe eines ↑Enzyms, die zusammen mit dem ↑Apoenzym das vollständige Enzym bildet

ko|er|zi|bel ⟨*lat.-nlat.*⟩: verflüssigbar (von Gasen)

Ko|er|zi|tiv|feld|stär|ke, die; - ⟨*lat.-nlat.; dt.*⟩: Fähigkeit eines Stoffes, der Magnetisierung zu widerstehen od. die einmal angenommene Magnetisierung zu behalten

Ko|er|zi|tiv|kraft vgl. Koerzitivfeldstärke

ko|exis|tent [auch: ...'tɛnt] ⟨*lat.*⟩: nebeneinander bestehend. **Ko|exis|tenz** [auch: ...'tɛnts], die; - ⟨*lat.-frz.*⟩: das gleichzeitige Vorhandensein, das Nebeneinanderbestehen, z. B. von unterschiedlichen geistigen, religiösen, politischen od. gesellschaftlichen Systemen

ko|exis|tie|ren: zusammen da sein, nebeneinander bestehen

Ko|fer|ment [auch: ...'mɛnt], das; -s, -e ⟨*lat.-nlat.*⟩ (veraltet): Koenzym

Ko|fer|men|ta|ti|on, fachspr. auch: Cofermentation [auch: ...'tsi̯o:n], die; -, -en ⟨*lat.*⟩: gemeinsame Vergärung von Tierexkrementen mit Pflanzen od. organischen Abfällen in Biogasanlagen

Kof|fe|in, Coffein, das; -s ⟨*arab.-türk.-engl.-nlat.*⟩: in Kaffee, Tee u. Kolanüssen (vgl. [1]Kola) enthaltenes ↑Alkaloid

Kof|fe|i|nis|mus, der; - (Med.): **1.** Koffeinvergiftung. **2.** Koffeinsüchtigkeit

Kof|fin|na|gel vgl. Coffeynagel

Köf|te, die; -, - u. das; -[s], - ⟨*türk.*⟩: gegrilltes od. gebratenes Hackfleischbällchen

Ko|g|nak ['kɔnjak], der; -s, -s (aber: 2 -): Weinbrand; vgl. Cognac

Ko|g|nat, der; -en, -en (meist Plural) ⟨*lat.*⟩ (Rechtswiss.): Blutsverwandter, der nicht ↑Agnat ist

Ko|g|na|ti|on, die; - (Rechtswiss.): Blutsverwandtschaft

ko|g|na|tisch (Rechtswiss.): den od. die Kognaten betreffend; **kognatische Erbfolge:** Gleichberechtigung der Geschlechter bei der Thronfolge

Ko|g|ni|ti|on, die; -, -en ⟨*lat.*⟩: (Päd., Psychol.) Gesamtheit aller Prozesse, die mit dem Wahrnehmen u. Erkennen zusammenhängen

ko|g|ni|tiv [auch: 'kɔ...] ⟨*lat.-nlat.*⟩ (bes. Psychol.): die Erkenntnis betreffend; erkenntnismäßig; **kognitive Entwicklung:** Entwicklung all der Funktionen beim Kind, die zum Wahrnehmen eines Gegenstandes od. zum Wissen über ihn beitragen

ko|g|ni|ti|vis|tisch (Päd., Psychol.): kognitive Theorien betreffend

Ko|g|no|men, das; -s, - u. ...mina ⟨*lat.*⟩: dem römischen Vor- u. Geschlechtsnamen beigegebener Name (z. B. Gaius Iulius *Caesar*); ↑Nomen gentile, ↑Pränomen

Ko|go, das; -[s], -s ⟨*jap.*⟩: kunstvolle, kleine japanische Dose für Räucherwerk, meist Töpfer- od. Lackarbeit

Ko|ha|bi|ta|ti|on, die; -, -en ⟨*lat.(-frz.)*⟩: **1.** (Med.) Geschlechtsverkehr. **2.** (in Frankreich) Zusammenarbeit des Staatspräsidenten mit einer Regierung einer anderen politischen Richtung. **ko|ha|bi|tie|ren** ⟨*lat.*⟩ (Med.): Geschlechtsverkehr ausüben

ko|hä|rent ⟨*lat.*⟩ (Psychol., Päd.): zusammenhängend; **kohärentes Licht** (Physik): Lichtbündel von gleicher Wellenlänge

Kohärenz	Konsistenz
Wenig Kohärenz, also Abstimmung innerhalb der EU, gibt es in vielen Bereichen. *Zusammenhang* – der inneren [...] Kohärenz [...] der – Kohärenz herzustellen – mangelnde [...] Kohärenz der ... Hier wurden taktische Überlegungen vor pädagogische Kohärenz gestellt. Die Kohärenz ist ein wichtiger Teil der Kultur. Zusammenarbeit aller Ressorts und Verbesserung der Kohärenz sei ein wichtiges Anliegen.	In der Praxis ist indessen diese theoretische Konsistenz kaum durchzuhalten. *Dichte, Beschaffenheit, Widerspruchsfreiheit* – Aussehen, [Geruch], Geschmack und Konsistenz – bis die gewünschte Konsistenz erreicht ist – die innere [...] Konsistenz Bewertet werden vor allem das Aussehen, die Konsistenz, der Geruch und natürlich der Geschmack. Das ließen sie köcheln, bis es die passende Konsistenz hatte. Die Konsistenz des Schnees entscheidet über die Qualität der Spur.

u. Schwingungsart. **Ko|hä|rẹnz,** die; -: **1.** Zusammenhang. **2.** (Physik) Eigenschaft von Lichtbündeln, die die gleiche Wellenlänge u. Schwingungsart haben

K
Kohä

Kohärenz/Konsistenz *s. Kasten*

Ko|hä|rẹnz|fak|tor, der; -s, -en (Psychol.): die durch räumliche Nachbarschaft, Ähnlichkeit, Symmetrie o. ä. Faktoren bewirkte Vereinigung von Einzelempfindungen zu einem Gestaltzusammenhang; Wahrnehmung von der Zusammengehörigkeit von Details

Ko|hä|rẹnz|prin|zip, das; -s (Philos.): Grundsatz von dem Zusammenhang alles Seienden

Ko|hä|rer, der; -s, - ⟨*lat.-engl.*⟩: früher verwendeter Apparat zum Nachweis elektrischer Wellen

ko|hä|rie|ren ⟨*lat.*⟩: zusammenhängen, Kohäsion zeigen

Ko|hä|si|on, die; -, -en ⟨*lat.-nlat.*⟩: der innere Zusammenhalt der Moleküle eines Körpers

ko|hä|siv: zusammenhaltend

Ko|hẹ|leth, der; - ⟨*hebr.*⟩: hebr. Bez. für ↑Ekklesiastes

ko|hi|bie|ren ⟨*lat.*⟩ (veraltet): zurückhalten, mäßigen. **Ko|hi|bi|ti|on,** die; -, -en (veraltet): Zurückhaltung, Mäßigung

Koh|le|hy|d|rat vgl. Kohlenhydrat

Koh|len|di|oxid, Koh|len|di|oxyd, das; -s ⟨*dt.; gr.-nlat.*⟩: farb-, geruch- u. geschmackloses Gas, das z. B. bei der vollständigen Verbrennung kohlenstoffhaltiger Brennstoffe entsteht (Zeichen: CO_2)

Koh|len|hy|d|rat, Kohlehydrat, das; -[e]s, -e ⟨*dt.; gr.-nlat.*⟩ (Chemie): aus Kohlenstoff, Sauerstoff u. Wasserstoff zusammengesetzte organische Verbindung (z. B. Stärke, Zellulose, Zucker)

Koh|len|mọ|n|o|xid, Koh|len|mọ|n|o|xyd, das; -s ⟨*dt.; gr.-nlat.*⟩: farb- u. geruchloses, sehr giftiges Gas, das bei der Verbrennung kohlenstoffhaltiger Stoffe entsteht (Zeichen: CO)

Ko|hor|ta|ti|on, die; -, -en ⟨*lat.*⟩ (veraltet): Ermahnung, Ermunterung

ko|hor|ta|tiv ⟨*lat.-nlat.*⟩ (veraltet): ermahnend. **Ko|hor|ta|tiv,** der; -s, -e (Sprachwiss.): Gebrauchsweise des ↑Konjunktivs zum Ausdruck einer Aufforderung an die eigene Person, z. B. lat. *eamus* = »gehen wir!«

Ko|họr|te, die; -, -n ⟨*lat.*⟩: **1.** (Geschichte) den zehnten Teil einer römischen Legion umfassende Einheit. **2. a)** (Soziol., Med.) eine nach bestimmten Kriterien ausgewählte Personengruppe, deren Entwicklung u. Veränderung in einem bestimmten Zeitablauf soziologisch untersucht wird; **b)** (Tiermed.) nach bestimmten Kriterien (z. B. gleiche Abstammung) zusammengestellte Gruppe von Tieren. **3.** Schar, Gruppe (von gemeinsam auftretenden, agierenden Personen)

Ko|họr|ten|ana|ly|se, die; -, -n (Soziol.): Untersuchung [von Teilen] der Bevölkerung, bei der Entwicklungen u. Veränderungen von Gruppen, die dieselben zeitlichen Merkmale (z. B. gleiches Geburtsdatum) tragen, untersucht u. verglichen werden

Ko|hy|pe|r|o|nym [auch: ...'ny:m], das; -s, -e ⟨*lat.; gr.-nlat.*⟩ (Sprachwiss.): ein ↑Hyperonym, das anderen Hyperonymen auf einer ↑hierarchischen Stufe gleichgeordnet ist u. mit diesen gemeinsam ↑Hyponymen übergeordnet ist (z. B. Arzneimittel u. Medikament zu Tablette, Kapsel u. Pille). **Ko|hy|pe|r|o|ny|mie** [auch: ...'mi:], die; - (Sprachwiss.): in Nebengeordnetheit sich ausdrückende semantische Relation, wie sie zwischen Kohyperonymen besteht

Ko|hy|p|o|nym [auch: ...'ny:m], das; -s, -e ⟨*lat.; gr.-nlat.*⟩ (Sprachwiss.): ↑Hyponym, das anderen Hyponymen auf einer ↑hierarchischen Stufe gleichgeordnet u. mit diesen gemeinsam einem ↑Hyperonym untergeordnet ist (z. B. »Junge« u. »Mädchen« zu »Kind«). **Ko|hy|p|o|ny|mie** [auch: ...'mi:], die; - (Sprachwiss.): in Nebengeordnetheit sich ausdrückende semantische Relation, wie sie

zwischen Kohyponymen besteht
Koi, der; -s, -s ‹*jap.*›: als Zierfisch in vielen Farbkombinationen gezüchteter japanischer Karpfen
Koi|me|sis, die; -, ...mesen ‹*gr.*›: **1.** (ohne Plural) [das Fest von] Mariä Tod u. Himmelsaufnahme in der orthodoxen Kirche. **2.** Darstellung des Mariendodes in der bildenden Kunst
Koi|ne [kɔyˈneː], die; -, Koinai ‹*gr.*›: **1.** (ohne Plural) griechische Umgangssprache im Zeitalter des Hellenismus. **2.** (Sprachwiss.) eine durch Einebnung von Dialektunterschieden entstandene Sprache
Koi|non [kɔy...], das; -s, Koina (Geschichte): **a)** berufliche, politische od. sakrale Vereinigung im Griechenland der Antike; **b)** Bundesstaat, [Stadt]staatenbund in hellenistischer Zeit (z. B. der Äolische Bund)
ko|in|zi|dent ‹*lat.-nlat.*›: zusammenfallend; einander deckend. **Ko|in|zi|denz,** die; -, -en: das Zusammentreffen, der Zusammenfall (z. B. zweier Ereignisse), gleichzeitiges Auftreten (z. B. mehrerer Krankheiten bei einer Person)
ko|in|zi|die|ren: zusammenfallen, einander decken
ko|i|tie|ren ‹*lat.-nlat.*› (Med.): [mit jmdm.] den Geschlechtsverkehr vollziehen
Ko|i|tus, in lat. Fügungen: Coitus, der; -, - [...tuːs] ‹*lat.*› (Med.): geschlechtliche, genitale Vereinigung; Geschlechtsakt; Beischlaf; vgl. Coitus
Ko|je, die; -, -n ‹*lat.-niederl.*›: **1. a)** (Seemannsspr.) fest eingebautes Bett [auf Schiffen]; **b)** (ugs. scherzh.) Bett. **2.** Raum zur Aufbewahrung von Segeln. **3.** Ausstellungsstand
Ko|ji|ki [ˈkoːdʒiki] vgl. Kodschiki
Ko|jo|te, Coyote, der; -n, -n ‹*mex.-span.*›: **1.** nordamerikanischer Präriewolf. **2.** Schuft (Schimpfwort)
Ko|ka, die; -, - ‹*indian.-span.*›, Kokastrauch, der; -[e]s, ...sträucher: in Peru u. Bolivien vorkommender Strauch, aus dessen Blättern Kokain gewonnen wird
Ko|ka|in, das; -s ‹*indian.-span.-nlat.*›: aus den Blättern des Kokastrauches gewonnenes ↑ Alkaloid (ein Rauschgift u. Betäubungsmittel)
Ko|ka|i|nis|mus, der; - (Med.): **1.** Kokainsucht. **2.** Kokainvergiftung. **Ko|ka|i|nist,** der; -en, -en: jmd., der an Kokainismus leidet. **Ko|ka|i|nis|tin,** die; -, -nen: weibliche Form zu ↑ Kokainist
Ko|kar|de, die; -, -n ‹*frz.*›: rosettenförmiges od. rundes Hoheitszeichen in den Landes- od. Stadtfarben an Kopfbedeckungen von Uniformen od. an Militärflugzeugen
Ko|kar|zi|no|gen, das; -s, -e ‹*nlat.*› (Med.): Substanz, die in Zusammenhang mit einem Karzinogen Krebs hervorruft, ohne selbst karzinogen zu sein
Ko|ka|strauch vgl. Koka
ko|ken ‹*engl.*›: [1]Koks (1) herstellen
Ko|ker, der; -s, -: Arbeiter in einer Kokerei. **Ko|ke|rei,** die; -, -en: Betrieb zur Herstellung von [1]Koks (1)
ko|kett ‹*frz.*›: [von eitel-selbstgefälligem Wesen u.] bestrebt, die Aufmerksamkeit anderer zu erregen u. ihnen zu gefallen. **Ko|ket|te,** die; -, -n: Frau, die darauf bedacht ist, auf Männer zu wirken
Ko|ket|te|rie, die; -, ...ien: **1.** kokette Art. **2.** das Kokettieren
ko|ket|tie|ren: **1.** sich jmdm. gegenüber kokett benehmen, um erotisches Interesse zu erregen. **2.** mit etwas nur spielen, sich nicht wirklich darauf einlassen. **3.** auf etwas im Zusammenhang mit der eigenen Person hinweisen, um sich damit interessant zu machen, eine bestimmte Reaktion hervorzurufen
Ko|kil|le, die; -, -n ‹*frz.*› (Hüttentechnik): metallische, wiederholt verwendbare Gießform
Kok|ke, die; -, -n, Kokkus, der; -, ...ken (meist Plural) ‹*gr.-lat.*› (Med.): Kugelbakterie
Kok|kels|kör|ner, die (Plural) ‹*gr.-lat.-nlat.; dt.*› (Bot.): giftige Früchte eines südostasiatischen Schlingstrauchs
Kök|ken|möd|din|ger, Kjökkenmöddinger, die (Plural) ‹*dän.;* »Küchenabfälle«›: (in Dänemark) Abfallhaufen der Steinzeitmenschen aus Muschelschalen, Kohlenresten u. a.
Kok|ko|lith [auch: ...ˈlɪt], der; -s u. -en, -e[n] ‹*gr.-nlat.*› (Geol.): in Sedimenten der Tiefsee vorkommendes kleines rundes Kalkplättchen aus dem Panzer einer Geißelalge
Kok|ko|sphä|re, die; -, -n (Geol.): kugelartig geformte Zusammenballung aus Kokkolithen
Kok|kus vgl. Kokke
Ko|kon [koˈkõː, auch: koˈkɔŋ, österr.: koˈkoːn], der; -s, -s ‹*provenzal.-frz.*›: Hülle um die Eier od. die Puppen verschiedener Insekten (aus der z. B. beim Seidenspinner die Seide gewonnen wird)
Ko|ko|sette [...ˈzɛt], das; -s ‹*span.-frz.*› (österr.): geraspeltes Kokosmark
Ko|kos|pal|me, die; -, -n ‹*span.; lat.*›: in Asien beheimatete Palme von hohem Nutzwert, deren große, braune Früchte eine sehr harte, mit einer Faserschicht bedeckte Schale besitzen und im Innern eine milchige Flüssigkeit sowie eine weiße, fleischige Schicht enthalten
Ko|kot|te, die; -, -n ‹*frz.*›: **1.** (veraltet) Frau von einer gewissen Eleganz u. mit guten Umgangsformen, die mit Männern sexuell verkehrt u. sich von ihnen aushalten lässt. **2.** Schmortopf aus Ton, Glas
[1]Koks, der; -es, -e ‹*engl.*›: **1.** durch Erhitzen unter Luftabschluss gewonnener Brennstoff aus Stein- od. Braunkohle. **2.** (ohne Plural; salopp scherzh.) [zur Verfügung stehendes] Geld
[2]Koks, der, (auch:) das; -es ‹Kurzform von ↑ Kokain› (Jargon): Kokain
[3]Koks, der; -[es], -e ‹*jidd.*› (ugs.): steifer Hut, ↑ Melone (2)
[4]Koks, der; -, - ‹Herkunft unsicher›: **1.** (ohne Plural; ugs.) Unsinn. **2.** (landsch.) ein Glas Rum mit Würfelzucker
Kok-Sa|ghys [...saˈgʏs], der; -, - ‹*turkotatar.*›: russische Kautschukpflanze, Abart des Löwenzahns
kok|sen (Jargon): Kokain nehmen. **Kok|ser,** der; -s, - (Jargon): jmd., der Kokain nimmt. **Kok|se|rin,** die; -, -nen: weibliche Form zu ↑ Kokser
Kok|zi|die [...di̯ə], die; -, -n (meist Plural) ‹*gr.-nlat.*›: parasitisches

Sporentierchen (Krankheitserreger bei Tieren u. Menschen)
Kok|zi|di|o|se, die; -, -n (Tiermed.): durch Kokzidien hervorgerufene Krankheit (z. B. die Leberkokzidiose der Kaninchen)
kol..., Kol... vgl. kon..., Kon...
[1]**Ko|la,** die; - ‹*afrik.*›: der ↑Koffein enthaltende Samen des Kolastrauches; Kolanuss
[2]**Ko|la:** *Plural* von ↑Kolon
Ko|la|ni, Colani, der; -s, -s ‹Herkunft unsicher›: (bei der Marine getragenes) hüftlanges ↑Jackett aus dickem, dunkelblauem Wollstoff
Ko|lat|sche, die; -, -n ‹*tschech.-poln.*› (österr.): kleiner, gefüllter Hefekuchen
Ko|la|tur, die; -, -en ‹*lat.*› (veraltet): [durch ein Tuch] durchgeseihte Flüssigkeit; vgl. kolieren
Kol|chi|zin, fachspr. auch: Colchicin, das; -s ‹*gr.-nlat.*› (Biol., Med.): giftiges, die Zellkernteilung hemmendes ↑Alkaloid der Herbstzeitlose, das Erbgut verändern kann (ein Gicht- u. Rheumamittel)
Kol|chos, der, (auch:) das; -, ...ose, **Kol|cho|se,** die; -, -n ‹*russ.;* Kurzw. aus *kol*lektiwnoje *chos*jaistwo = Kollektivwirtschaft›: landwirtschaftliche Produktionsgenossenschaft (in der Sowjetunion, heute u. a. in Russland)
Ko|le|da, die; -, -s ‹*lat.-slaw.*›: in den slawischen Sprachen Bez. für das Weihnachtsfest u. das dazugehörende Brauchtum
Ko|le|o|p|ter vgl. Coleopter
Ko|le|o|p|te|re, die; -, -n (meist Plural) ‹*gr.-nlat.*› (Zool.): Käfer
Ko|le|o|p|te|ro|lo|ge, der; -n, -n: Wissenschaftler auf dem Gebiet der Koleopterologie. **Ko|le|o|p|te|ro|lo|gie,** die; -: Teilgebiet der Zoologie, auf dem man sich mit den Käfern befasst. **Ko|le|o|p|te|ro|lo|gin,** die; -, -nen: weibliche Form zu ↑Koleopterologe. **ko|le|o|p|te|ro|lo|gisch:** die Koleopterologie betreffend, auf ihr beruhend
Ko|le|o|p|ti|le, die; -, -n (Bot.): Schutzorgan für das aufgehende erste Blatt eines Grases; Sprossscheide
Ko|le|o|p|to|se, die; -, -n (Med.): das Heraustreten der Scheide aus der ↑Vulva; Scheidenvorfall
Ko|le|or|rhi|za, die; -, ...zen (Bot.): Hülle um die Keimwurzel der Gräser; Wurzelscheide
Ko|li|bak|te|rie [...i̯ə], die; -, -n (meist Plural) ‹*gr.*› (Med.): Darmbakterie bei Mensch u. Tier, außerhalb des Darms Krankheitserreger
Ko|li|b|ri, der; -s, -s ‹*karib.-frz.*›: in Amerika vorkommender kleiner Vogel mit buntem, metallisch glänzendem Gefieder
ko|lie|ren ‹*lat.*› (veraltet): [durch]seihen; vgl. Kolatur
Ko|lik [auch: koˈliːk], die; -, -en ‹*gr.-lat.*› (Med.): krampfartig auftretender Schmerz im Leib u. seinen Organen (z. B. Magen-, Darm-, Nierenkolik)
Ko|lins|ki, der; -s, -s ‹*russ.*›: Pelz des sibirischen Feuerwiesels
Ko|li|tis, die; -, ...iti̯den ‹*gr.-nlat.*› (Med.): Entzündung des Dickdarms
Ko|li|u|rie, die; -, ...i̯en (Med.): Ausscheidung von Kolibakterien im Urin
Kol|ko|thar, der; -s, -e ‹*arab.-span.-mlat.*›: rotes Eisenoxid
Kol|la, die; - ‹*gr.*› (Chemie, Med.): Leim
kol|la|bes|zie|ren ‹*lat.*› (Med.): körperlich verfallen
kol|la|bie|ren: 1. (Med.) einen Kollaps (1 a) erleiden, plötzlich schwach werden, verfallen. **2.** (Astron.) in sich zusammenfallen (von Sternen in der Endphase ihrer Entwicklung)
Kol|la|bo|ra|teur [...ˈtøːɐ̯], der; -s, -e ‹*lat.-frz.*›: Angehöriger eines von feindlichen Truppen besetzten Gebiets, der mit dem Feind zusammenarbeitet. **Kol|la|bo|ra|teu|rin** [...ˈtøːrɪn], die; -, -nen: weibliche Form zu ↑Kollaborateur
Kol|la|bo|ra|ti|on, die; -, -en: aktive Unterstützung einer feindlichen Besatzungsmacht gegen die eigenen Landsleute
kol|la|bo|rie|ren ‹*lat.-frz.*›: **1.** mit einer feindlichen Besatzungsmacht gegen die eigenen Landsleute zusammenarbeiten. **2.** zusammenarbeiten
kol|la|gen ‹*gr.-nlat.*› (Biol., Med.): aus Kollagenen bestehend. **Kol|la|gen,** das; -s, -e (Biol.): leimartiger, stark quellender Eiweißkörper in Bindegewebe, Sehnen, Knorpeln, Knochen
Kol|la|ge|na|se, die; -, -n (Biol., Med.): ↑Enzym, das Kollagene u. deren Abbauprodukte spaltet
Kol|la|ge|no|se, die; -, -n (Med.): eine der Krankheiten, bei denen sich das kollagenhaltige Gewebe verändert (z. B. Rheumatismus)
Kol|laps [auch: ...ˈlaps], der; -es, -e ‹*lat.-mlat.;* »Zusammenbruch«›: **1.** (Med.) **a)** plötzlicher Schwächeanfall infolge Kreislaufversagens; **b)** plötzliches Zusammenfallen der Hohlraumstruktur eines Organs od. Organteils. **2.** starkes Schwinden des Holzes senkrecht zur Faserrichtung während der Trocknung. **3.** (Astron.) Endphase der Sternentwicklung, bei der der Stern unter dem Einfluss der eigenen Gravitation in sich zusammenfällt. **4.** [wirtschaftlicher] Zusammenbruch. **Kol|lap|sus,** der; -, ...pse (Med. veraltet): ↑Kollaps (1 a)
Kol|lar, das; -s, -e ‹*lat.-mlat.*›: steifer Halskragen, bes. des katholischen Geistlichen
Kol|l|ar|gol vgl. Collargol
kol|la|te|ral ‹*lat.-nlat.*› (Bot.): seitlich angeordnet (von den Leitbündeln, den strangartigen Gewebebündeln, in denen die Stoffleitung der Pflanzen vor sich geht)
Kol|la|te|ra|le, die; -n, -n, **Kol|la|te|ral|ge|fäß,** das; -es, -e (Med.): Querverbindung zwischen Blutgefäßen, die das gleiche Gebiet versorgen; Umgehungsgefäß
Kol|la|te|ral|scha|den, der; -s, ...schäden (Militär verhüll.): bei einer militärischen Aktion in Kauf genommener schwerer Schaden, bes. der Tod von Zivilisten
Kol|la|te|ral|ver|wand|te, der u. die; -n, -n (veraltet): Verwandte[r] einer Seitenlinie
Kol|la|ti|on, die; -, -en ‹*lat.*›: **1.** Vergleich einer Abschrift mit der Urschrift zur Prüfung der Richtigkeit. **2. a)** Prüfung der Bogen in der Buchbinderei auf Vollzähligkeit; **b)** Prüfung antiquarischer Bücher auf Vollständigkeit. **3.** Übertragung eines frei gewordenen Kirchenamtes, bes. einer Pfarrei. **4. a)** [erlaubte] kleine Erfri-

schung an katholischen Fasttagen od. für einen Gast im Kloster; **b)** (veraltend, noch landsch.) kleine Zwischenmahlzeit, Imbiss. **5.** (Rechtsspr. veraltet) Hinzufügung der Vorausleistungen des Erblassers [an einen Erben] zu dem Gesamtnachlass

kol|la|ti|o|nie|ren ⟨*lat.-nlat.*⟩: **1.** [eine Abschrift mit der Urschrift] vergleichen. **2.** auf seine Richtigkeit u. Vollständigkeit prüfen. **3.** (veraltet) einen kleinen Imbiss einnehmen

Kol|la|tor, der; -s, ...oren ⟨*lat.*⟩: Inhaber der Kollatur (z. B. der katholische Bischof)

Kol|la|tur, die; -, -en ⟨*lat.-nlat.*⟩: das Recht zur Verleihung eines Kirchenamtes

Kol|lau|da|ti|on, die; -, -en (schweiz.): Kollaudierung; vgl. ...ation/...ierung. **kol|lau|die|ren** (österr., schweiz.): [ein Gebäude] amtlich prüfen u. die Übergabe an seine Bestimmung genehmigen. **Kol|lau|die|rung,** die; -, -en ⟨*lat.*⟩ (österr., schweiz.): amtliche Prüfung u. Schlussgenehmigung eines Bauwerks; vgl. ...ation/...ierung

Kol|leg, das; -s, -s u. (selten:) -ien [...i̯ən] ⟨*lat.*⟩: **1. a)** (veraltend) Vorlesung[sstunde] an einer Hochschule; **b)** Fernunterricht im Medienverbund (z. B. Telekolleg). **2. a)** kirchliche Studienanstalt für katholische Theologen; **b)** Schule [mit ↑Internat] der Jesuiten. **3.** Kollegium

Kol|le|ga, der; -[s], -s (veraltet, noch iron.): Kollege (1 a)

Kol|le|ge, der; -n, -n ⟨»Mitabgeordneter«⟩: **1. a)** jmd., der mit anderen zusammen im gleichen Betrieb od. im gleichen Beruf tätig ist; **b)** jmd., der mit anderen zusammen der gleichen Einrichtung, Organisation (z. B. der Gewerkschaft) angehört; **c)** Klassen-, Schulkamerad. **2.** saloppe Anrede an einen Unbekannten, nicht mit Namen Bekannten

kol|le|gi|al: 1. freundschaftlich, hilfsbereit (wie ein guter Kollege). **2. a)** durch ein Kollegium erfolgend; **b)** nach Art eines Kollegiums zusammengesetzt

Kol|le|gi|al|ge|richt, das; -[e]s, -e: Gericht, dessen Entscheidungen von mehreren Richtern gemeinsam gefällt werden

Kol|le|gi|a|li|tät, die; - ⟨*lat.-nlat.*⟩: gutes Einvernehmen unter Kollegen, kollegiales Verhalten, kollegiale Einstellung

Kol|le|gi|al|sys|tem, das; -s: gemeinsame Verwaltung u. Beschlussfassung [von gleichberechtigten Personen in einer Behörde]

Kol|le|gi|at, der; -en, -en ⟨*lat.*⟩: **1. a)** jmd., der ein ↑Kolleg (2 a) besucht; **b)** Teilnehmer an einem Kolleg (1 b) (z. B. Funk- od. Telekolleg). **2.** Stiftsgenosse

Kol|le|gi|at|ka|pi|tel, das; -s, -: Körperschaft der Weltgeistlichen (↑Kanoniker) an einer Kollegiatkirche (Stiftskirche)

Kol|le|gin, die; -, -nen: weibliche Form zu ↑Kollege

Kol|le|gi|um, das; -s, ...ien: Gruppe von Personen mit gleichem Amt od. Beruf

Kol|lek|ta|ne|en [auch: ...taˈneːən], die (Plural) ⟨*lat.*⟩ (veraltet): Sammlung von Auszügen aus literarischen od. wissenschaftlichen Werken

Kol|lek|te, die; -, -n ⟨*lat.-mlat.*⟩: **1.** Sammlung freiwilliger Spenden [während u. nach einem Gottesdienst]. **2.** kurzes Altargebet

Kol|lek|teur [...ˈtøːɐ̯], der; -s, -e ⟨*lat.-frz.*⟩ (veraltet): **a)** Lotterieeinnehmer; **b)** jmd., der für wohltätige Zwecke sammelt. **Kol|lek|teu|rin** [...ˈtøːrɪn], die; -, -nen: weibliche Form zu ↑Kollekteur

Kol|lek|ti|on, die; -, -en: **a)** Mustersammlung von Waren, bes. der neuesten Modelle der Textilbranche; **b)** für einen bestimmten Zweck zusammengestellte Sammlung, Auswahl

kol|lek|tiv ⟨*lat.*⟩: **a)** gemeinschaftlich; **b)** alle Beteiligten betreffend, erfassend; umfassend

Kol|lek|tiv, das; -s, -e (auch: -s) ⟨*lat.(-russ.)*⟩: **1. a)** Gruppe, in der Menschen zusammen leben [u. in der die Persönlichkeit des Einzelnen von untergeordneter Bedeutung ist]; **b)** Gruppe, in der die Menschen zusammen arbeiten; Team. **2.** Grundbegriff der kommunistischen Gesellschaftstheorie zur Bezeichnung einer von gemeinsamen Zielvorstellungen u. Überzeugungen getragenen Arbeits- u. Interessengemeinschaft. **3.** (Statistik) beliebig große Gesamtheit von Messwerten, Zähldaten, die an eindeutig gegeneinander abgrenzbaren Exemplaren einer statistischen Menge zu beobachten sind. **4.** (Physik) Gesamtheit von Teilchen, deren Bewegungen infolge ihrer gegenseitigen Wechselwirkung mehr od. weniger stark korreliert sind

kol|lek|ti|vie|ren ⟨*lat.-russ.*⟩: Privateigentum in Gemeineigentum überführen. **Kol|lek|ti|vie|rung,** die; -, -en: Überführung privater Produktionsmittel in Gemeinwirtschaften

Kol|lek|tiv|im|pro|vi|sa|ti|on, die; -, -en: gemeinsames Stegreifspiel im Jazz

Kol|lek|ti|vis|mus, der; -: **1.** Anschauung, die mit Nachdruck den Vorrang des gesellschaftlichen Ganzen vor dem Individuum betont u. Letzterem jedes Eigenrecht abspricht. **2.** kollektive Wirtschaftslenkung mit Vergesellschaftung des Privateigentums. **Kol|lek|ti|vist,** der; -en, -en: Anhänger des Kollektivismus. **Kol|lek|ti|vis|tin,** die; -, -nen: weibliche Form zu ↑Kollektivist. **kol|lek|ti|vis|tisch**: den Kollektivismus betreffend; im Sinne des Kollektivismus

Kol|lek|ti|vi|tät, die; -: **1.** Gemeinschaftlichkeit. **2.** Gemeinschaft

Kol|lek|tiv|suf|fix, das; -es, -e (Sprachwiss.): ↑Suffix, das typisch für eine Sammelbezeichnung ist (z. B.: -schaft)

Kol|lek|ti|vum, das; -s, ...va u. ...ven ⟨*lat.*⟩ (Sprachwiss.): Sammelbezeichnung (z. B. Herde, Gebirge)

Kol|lek|tiv|ver|trag, der; -[e]s, ...verträge ⟨*lat.; dt.*⟩: **1.** Vertrag zwischen Gewerkschaften u. Arbeitgeberverbänden zur gemeinsamen Regelung der arbeitsrechtlichen Probleme zwischen Arbeitgeber u. Arbeitnehmer (Tarifvertrag). **2.** (Völkerrecht) Vertrag zwischen mehreren Staaten

Kol|lek|tiv|wirt|schaft, die; - (veraltet): landwirtschaftliche Produktionsgenossenschaft, bes. in der Sowjetunion

Kol|lek|tiv|zug, der; -[e]s, ...züge (Musik): Registerzug der Orgel zum gleichzeitigen Erklingenlassen mehrerer Stimmen

Kol|lek|tor, der; -s, ...oren ⟨*lat.-nlat.*⟩: **1.** (Elektrot.) auf der Welle einer elektrischen Maschine (1) aufsitzendes Bauteil für die Stromzufuhr od. -aufnahme. **2.** (Physik) Vorrichtung, in der [unter Ausnutzung der Sonnenstrahlung] Strahlungsenergie gesammelt wird. **3.** Sammler

Kol|lek|tur, die; -, -en (österr. Amtsspr., sonst veraltet): [Lotto]geschäftsstelle

Kol|l|em|bo|le, der; -n, -n (meist Plural) ⟨*gr.-nlat.*⟩ (Zool.): ein flügelloses Insekt; Springschwanz

Kol|l|en|chym, das; -s, -e (Bot.): Festigungsgewebe der Pflanzen

Kol|l|e|te|re, die; -, -n (Bot.): pflanzliches Drüsenorgan auf den Winterknospen vieler Holzgewächse

Kol|lett, das; -s, -e ⟨*lat.-frz.*⟩ (veraltet): Reitjacke

[1]**Kol|li:** *Plural* von ↑Kollo

[2]**Kol|li,** das; -s, -, auch: -s ⟨*it.*⟩ (österr.): ↑Kollo

kol|li|die|ren ⟨*lat.*⟩: **1.** (von Fahrzeugen) zusammenstoßen. **2.** (von Interessen, Ansprüchen, Rechten, Pflichten o. Ä.) nicht zu vereinbaren sein

Kol|li|ma|ti|on, die; -, -en ⟨*lat.-nlat.*⟩: das Zusammenfallen von zwei Linien an einem Messgerät (z. B. beim Einstellen eines Fernrohrs)

Kol|li|ma|tor, der; -s, ...oren: **1.** Vorrichtung in optischen Geräten, mit der ein unendlich entferntes Ziel in endlichem Abstand dargestellt wird. **2.** (Kernphysik) Vorrichtung, mit der aus einem [Teilchen]strahl ein Bündel mit bestimmtem Raumwinkel ausgeblendet wird

kol|li|ne|ar: einander entsprechende gerade Linien zeigend [bei der ↑Projektion (3) geometrischer Figuren]. **Kol|li|ne|ar,** das; -s, -e (Fotogr.): ein symmetrisches Objektiv

Kol|li|ne|a|ti|on, die; -, -en (Math.): ↑kollineare Abbildung zweier geometrischer Figuren aufeinander

Kol|li|qua|ti|on, die; -, -en ⟨*lat.*⟩ (Med.): Einschmelzung, Verflüssigung von Gewebe (bes. des Gehirns) bei Entzündungen u. Nekrosen

Kol|li|si|on, die; -, -en ⟨*lat.*⟩: **1.** Zusammenstoß von Fahrzeugen. **2.** Widerstreit [nicht miteinander vereinbarer Interessen, Rechte u. Pflichten]

Kol|lo, das; -s, -s u. ...li ⟨*it.*⟩: Frachtstück, Warenballen; vgl. [1]Kolli

Kol|lo|di|um, das; -s ⟨*gr.-nlat.*⟩: zähflüssige Lösung von ↑Nitrozellulose in Alkohol u. Äther (z. B. zum Verschließen von Wunden verwendet)

kol|lo|id, kolloidal: fein zerteilt (von Stoffen). **Kol|lo|id,** das; -[e]s, -e (Chemie): Stoff, der sich in feinster, mikroskopisch nicht mehr erkennbarer Verteilung in einer Flüssigkeit od. einem Gas befindet

kol|lo|i|dal vgl. kolloid

Kol|lo|id|che|mie, die; -: ↑physikalische Chemie, die sich mit den besonderen Eigenschaften der Kolloide befasst

Kol|lo|id|re|ak|ti|on, die; -, -en (Med.): der Diagnostik dienende Methode zur Untersuchung von Blut u. Rückenmarksflüssigkeit

Kol|lo|ka|bi|li|tät, die; -, -en ⟨*lat.-nlat.*⟩ (Sprachwiss.): Fähigkeit zur Kollokation (2)

Kol|lo|ka|ti|on, die; -, -en ⟨*lat.*⟩: (Sprachwiss.) **a)** inhaltliche Kombinierbarkeit sprachlicher Einheiten miteinander (z. B.: Biene + summen; dick + Buch; aber nicht: dick + Haus); **b)** Zusammenfall, gemeinsames Vorkommen verschiedener Inhalte in einer lexikalischen Einheit (z. B. engl. *to swim* u. *to float* in deutsch *schwimmen*)

Kol|lo|ka|tor, der; -s, ...oren: Teil einer Kollokation (a)

kol|lo|kie|ren: a) inhaltlich zusammenpassende sprachliche Einheiten miteinander verbinden; **b)** (zusammen mit einem anderen sprachlichen Inhalt) in einer einzigen lexikalischen Einheit enthalten sein; vgl. Kollokation (b)

Kol|lo|ne|ma, das; -s, -ta ⟨*gr.-nlat.*⟩: ↑Myxom

kol|lo|qui|al ⟨*lat.-engl.*⟩ (Sprachwiss.): wie im Gespräch üblich, für die Redeweise im Gespräch charakteristisch. **Kol|lo|qui|a|lis|mus,** der; -, ...men (Sprachwiss.): kolloquialer Ausdruck

Kol|lo|qui|um, das; -s, ...ien ⟨*lat.*⟩: **1. a)** wissenschaftliches Gespräch [zwischen Fachleuten]; **b)** kleinere Einzelprüfung an einer Hochschule (bes. über eine einzelne Vorlesung). **2.** Zusammenkunft, Beratung von Wissenschaftlern od. Politikern über spezielle Probleme

kol|lu|die|ren ⟨*lat.*⟩ (Rechtsspr.): sich zur Täuschung eines Dritten mit jmdm. absprechen

Kol|lum|kar|zi|nom, das; -s, -e ⟨*lat.; gr.*⟩ (Med.): Gebärmutterhalskrebs

Kol|lu|si|on, die; -, -en ⟨*lat.*⟩: **1. a)** (Rechtsspr., Wirtsch.) geheime, betrügerische Verabredung, sittenwidrige Absprache; **b)** (Rechtsspr.) Verdunkelung, Verschleierung (z. B. wichtigen Beweismaterials einer Straftat). **2.** (Psychol.) unbewusstes, die Partnerwahl bestimmendes gemeinsames Grundmotiv eines Paares. **kol|lu|siv:** auf Kollusion beruhend

Kol|ma|ta|ge [...ˈtaːʒə], die; -, -n: ↑Kolmation

kol|ma|tie|ren ⟨*lat.-it.-frz.*⟩: Gelände mit sinkstoffhaltigem Wasser überfluten. **Kol|ma|ti|on,** die; -, -en: künstliche Geländeerhöhung durch Überschwemmung des Gebiets mit sinkstoffhaltigem Wasser; Auflandung

Kol Ni|d|re, das; - - ⟨*hebr.;* »alle Gelübde«⟩: Name u. Anfangswort des jüdischen Synagogengebets am Vorabend des Versöhnungstages (↑Jom Kippur)

Ko|lo, der; -s, -s ⟨*slaw.;* »Rad«⟩: **1.** auf dem Balkan verbreiteter Kettenreigentanz in schnellem $^{2}/_{4}$-Takt. **2.** Nationaltanz der Serben

Ko|lo|bom, das; -s, -e ⟨*gr.*⟩ (Med.): angeborene Spaltbildung, bes. im Bereich der Regenbogenhaut, der Augenlider od. des Gaumens

Ko|lom|bi|ne, Kolumbine, die; -, -n ⟨*lat.-it.;* »Täubchen«⟩: weibliche Hauptfigur der ↑Commedia dell'Arte

Ko|lom|bo|wur|zel, die; -, -n ⟨nach

Colombo, der Hauptstadt von Sri Lanka⟩: die Wurzel eines in Ostasien vorkommenden Mondsamengewächses; ein Heilmittel gegen Verdauungsstörungen

Ko|lo|me|t|rie, die; - ⟨*gr.*⟩: Zerlegung fortlaufend geschriebener Gedichte od. Texte in Kola (↑Kolon [2])

Ko|lon, das; -s, -s u. ...la ⟨*gr.-lat.;* »Körperglied; gliedartiges Gebilde; Satzglied«⟩: **1.** (veraltet) Doppelpunkt. **2.** (antike Metrik u. Rhet.) auf der Atempause beruhende rhythmische Sprecheinheit in Vers u. Prosa. **3.** (Med.) ein Teil des Dickdarms; Grimmdarm

Ko|lo|nat, das (auch: der); -[e]s, -e ⟨*lat.*⟩: **1.** Gebundenheit der Pächter an ihr Land in der römischen Kaiserzeit; Grundhörigkeit. **2.** Erbzinsgut

Ko|lo|ne, der; -n, -n: **1.** persönlich freier, aber [erblich] an seinen Landbesitz gebundener Pächter in der römischen Kaiserzeit. **2.** Erbzinsbauer

Ko|lo|nel, die; - ⟨*lat.-it.-frz.*⟩ (Druckw.): Schriftgrad von sieben Punkt (etwa 2,5 mm Schrifthöhe)

ko|lo|ni|al ⟨*lat.-frz.*⟩: **1. a)** aus den Kolonien stammend; **b)** die Kolonien betreffend. **2.** (Biol.; von Tieren od. Pflanzen) in enger, natürlicher Gemeinschaft lebend

ko|lo|ni|a|li|sie|ren: in koloniale Abhängigkeit bringen

Ko|lo|ni|a|lis|mus, der; - ⟨*nlat.*⟩: **1.** (abwertend) System der politischen Unterdrückung u. wirtschaftlichen Ausbeutung von abhängig gemachten Völkern durch politisch u. wirtschaftlich einflussreiche Staaten. **2.** (Geschichte) auf Erwerb u. Ausbau von [überseeischen] Besitzungen ausgerichtete Politik eines Staates. **Ko|lo|ni|a|list,** der; -en, -en: Anhänger des Kolonialismus. **Ko|lo|ni|a|lis|tin,** die; -, -nen: weibliche Form zu ↑Kolonialist. **ko|lo|ni|a|lis|tisch:** dem Kolonialismus entsprechend, nach seinen ↑Prinzipien vorgehend

Ko|lo|ni|al|stil, der; -[e]s: vom Stil des kolonisierenden Landes geprägter Wohn- u. Baustil des kolonisierten Landes

Ko|lo|ni|al|wa|ren, die (Plural) (veraltet): Lebens- u. Genussmittel [aus Übersee]

Ko|lo|nie, die; -, ...ien ⟨*lat.*⟩: **1.** auswärtige Besitzung eines Staates, die politisch u. wirtschaftlich von ihm abhängig ist. **2.** Gruppe von Personen gleicher Nationalität, die im Ausland [am gleichen Ort] lebt u. dort das Brauchtum u. die Traditionen des eigenen Landes pflegt. **3.** (Biol.) häufig mit Arbeitsteilung verbundener Zusammenschluss ein- od. mehrzelliger pflanzlicher od. tierischer Individuen einer Art zu mehr od. weniger lockeren Verbänden. **4. a)** Siedlung; **b)** (Geschichte) römische od. griechische Siedlung in eroberten Gebieten. **5.** Lager (z. B. Ferienlager)

Ko|lo|ni|sa|ti|on, die; -, -en ⟨*lat.-frz.* u. *engl.*⟩: **1.** Gründung, Entwicklung [u. wirtschaftliche Ausbeutung] von Kolonien. **2.** wirtschaftliche Entwicklung rückständiger Gebiete des eigenen Staates (innere Kolonisation); vgl. ...ation/...ierung

Ko|lo|ni|sa|tor, der; -s, ...oren ⟨Substantivbildung zu ↑kolonisieren⟩: **1.** jmd., der führend an der Gründung u. Entwicklung von Kolonien (1) beteiligt ist. **2.** jmd., der kolonisiert (2). **Ko|lo|ni|sa|to|rin,** die; -, -nen: weibliche Form zu ↑Kolonisator. **ko|lo|ni|sa|to|risch:** die Kolonisation betreffend

ko|lo|ni|sie|ren ⟨*lat.-frz.* u. *engl.*⟩: **1.** zu einer Kolonie (1) machen. **2.** urbar machen, besiedeln u. wirtschaftlich erschließen. **Ko|lo|ni|sie|rung,** die; -, -en: das Kolonisieren; vgl. ...ation/...ierung

Ko|lo|nist, der; -en, -en ⟨*lat.-engl.*⟩: **1. a)** europäischer Siedler in einer Kolonie (1); **b)** jmd., der in einer Kolonie wohnt; **c)** jmd., der kolonisiert. **2.** (Bot.) ↑Adventivpflanze. **Ko|lo|nis|tin,** die; -, -nen: weibliche Form zu ↑Kolonist (1)

Ko|lon|kar|zi|nom, das; -s, -e (Med.): Dickdarmkrebs, häufigste Form des Darmkrebses

Ko|lon|na|de, die; -, -n ⟨*lat.-it.-frz.*⟩: Säulengang, -halle

Ko|lon|ne, die; -, -n ⟨*lat.-frz.*⟩: **1. a)** in langer Formation marschierende Truppe, sich fortbewegende Gruppe von Menschen; **die fünfte Kolonne:** ein Spionage- u. Sabotagetrupp; **b)** lange Formation in gleichmäßigen Abständen hintereinanderfahrender [militärischer] Fahrzeuge; **c)** für bestimmte Arbeiten im Freien zusammengestellter Trupp. **2.** senkrechte Reihe untereinandergeschriebener Zahlen, Zeichen od. Wörter [einer Tabelle]. **3.** (Druckw.) Druckspalte, Kolumne. **4.** (Chemie) zur Destillation von Stoffen verwendeter säulen- od. turmartiger Apparat. **5. a)** Wettkampfgemeinschaft im Kunstkraftsport; **b)** bestimmte Darbietung einer Kolonne (5 a)

Ko|lo|phon, der; -s, -e ⟨*gr.*⟩: **1.** (veraltet) Gipfel, Abschluss; Schlussstein. **2.** Schlussformel mittelalterlicher Handschriften u. Frühdrucke mit Angaben über Verfasser, Druckort u. Druckjahr; vgl. Impressum

Ko|lo|pho|ni|um, das; -s ⟨nach der altgr. Stadt Kolophon⟩: ein Harzprodukt (z. B. als Geigenharz verwendet)

Ko|lo|p|to|se, die; -, -n ⟨*gr.-nlat.*⟩ (Med.): Senkung des Dickdarms

Ko|lo|quin|te, die; -, -n ⟨*gr.-lat.-mlat.*⟩: Frucht einer subtropischen Kürbispflanze, die Öl liefert u. als Heilmittel verwendet wird

Ko|lo|ra|do|kä|fer, der; -s, - ⟨nach dem US-Staat Colorado⟩: der aus Nordamerika eingeschleppte Kartoffelkäfer

Ko|lo|ra|ti|on, die; -, -en: **1.** das Kolorieren. **2.** Haarfärbemittel

Ko|lo|ra|tur, die; -, -en ⟨*lat.-it.*⟩: Ausschmückung u. Verzierung einer Melodie mit einer Reihe umspielender Töne

Ko|lo|ra|tur|so|p|ran, der; -s, -e: **a)** für hohe Sopranlage geeignete geschmeidige u. bewegliche Frauenstimme; **b)** Sängerin mit dieser Stimmlage

ko|lo|rek|tal (Med.): ↑Kolon (3) u. ↑Rektum betreffend

ko|lo|rie|ren ⟨*lat.(-it.)*⟩: **1.** mit Farben ausmalen (z. B. Holzschnitte). **2.** eine Komposition mit Verzierungen versehen (15. u. 16. Jh.)

Ko|lo|ri|me|ter, das; -s, - ⟨*lat.; gr.*⟩:

Gerät zur Bestimmung von Farbtönen
Ko|lo|ri|me|t|rie, die; -: 1. (Chemie) Bestimmung der Konzentration einer Lösung durch Messung ihrer Farbintensität. 2. (Astron.) Temperaturbestimmung der Gestirne durch Vergleich von künstlich gefärbten Lichtquellen mit der Farbe der Gestirne. **ko|lo|ri|me|t|risch:** a) das Verfahren der Kolorimetrie anwendend; b) die Kolorimetrie (1) betreffend
Ko|lo|ris|mus, der; - ⟨*lat.-nlat.*⟩ (Kunstwiss.): die einseitige Betonung der Farbe in der Malerei (z. B. im Impressionismus)
Ko|lo|rist, der; -en, -en: a) jmd., der Zeichnungen od. Drucke farbig ausmalt; b) Maler, der den Schwerpunkt auf das Kolorit (1) legt. **Ko|lo|ris|tik,** die; -: System der Farbgebung. **Ko|lo|ris|tin,** die; -, -nen: weibliche Form zu ↑Kolorist. **ko|lo|ris|tisch:** die Farbgebung betreffend

K
Kolo

Ko|lo|rit [auch: ...ˈrɪt], das; -[e]s, -e ⟨*lat.-it.*⟩: 1. a) farbige Gestaltung od. Wirkung eines Gemäldes; b) Farbgebung; Farbwirkung. 2. (Musik) die durch Instrumentation u. Harmonik bedingte Klangfarbe. 3. (ohne Plural) eigentümliche Atmosphäre, Stil. 4. (Med.) Farbe der Haut, die z. B. von der Temperatur, der Durchblutung, der Pigmentierung u. den Ablagerungen bei Erkrankungen beeinflusst wird
Ko|lo|s|kop, das; -s, -e ⟨*gr.*⟩ (Med.): Gerät zur direkten Untersuchung des Dickdarms u. des terminalen ↑Ileums. **Ko|lo|s|ko|pie,** die; -, ...ien (Med.): Untersuchung des Dickdarms mit dem Koloskop
Ko|loss, der; -es, -e ⟨*gr.-lat.*⟩: a) (Geschichte) Riesenstandbild; b) etwas, jmd. von gewaltigem Ausmaß; eine Person von außergewöhnlicher Körperfülle
ko|los|sal ⟨*gr.-lat.-frz.*⟩: a) riesig, gewaltig; Riesen...; b) (ugs.) sehr groß, von ungewöhnlichem Ausmaß; c) (ugs.) äußerst, ungewöhnlich; vgl. ...isch/-. **ko|los|sa|lisch** (veraltet): kolossal; vgl. ...isch/-
Ko|los|sa|li|tät, die; - (selten): das Kolossale einer Person od. Sache; riesenhaftes Ausmaß
Ko|los|sal|ord|nung, die; -, -en (Archit.): mehrere (meist zwei) Geschosse einer Fassade übergreifende Säulenordnung
Ko|lo|s|to|mie, die; -, ...ien ⟨*gr.-nlat.*⟩ (Med.): das Anlegen einer Dickdarmfistel; vgl. Fistel
Ko|los|t|ral|milch, die; - ⟨*lat.-nlat.; dt.*⟩, **Ko|los|t|rum,** das; -s ⟨*lat.*⟩ (Med.): Sekret der weiblichen Brustdrüsen, das bereits vor u. noch unmittelbar nach der Geburt abgesondert wird u. sich von der eigentlichen Milch unterscheidet
Ko|lo|to|mie, die; -, ...ien ⟨*gr.-nlat.*⟩ (Med.): operative Öffnung des Dickdarms [zur Anlegung eines künstlichen Afters]
Kol|pak vgl. Kalpak
Kol|pi|tis, die; -, ...itiden ⟨*gr.-nlat.*⟩ (Med.): Entzündung der weiblichen Scheide
Kol|po|k|lei|sis, die; - (Med.): operativer Verschluss der Scheide
Kol|por|ta|ge [...ˈtaːʒə, österr.: ...ˈtaːʃ], die; -, -n ⟨*lat.-frz.*⟩: 1. literarisch minderwertiger, auf billige Wirkung abzielender Bericht. 2. Verbreitung von Gerüchten. 3. (veraltet) [Hausierer]handel mit Kolportageliteratur
Kol|por|ta|ge|li|te|ra|tur, die; -: billige, literarisch wertlose [Unterhaltungs]literatur; Hintertreppen-, Schundliteratur
Kol|por|teur [...ˈtøːɐ̯], der; -s, -e: 1. jmd., der Gerüchte verbreitet. 2. a) (veraltet) jmd., der mit Büchern od. Zeitschriften hausieren geht; b) (österr.) Zeitungsausträger. **Kol|por|teu|rin** [...ˈtøːrɪn], die; -, -nen: weibliche Form zu ↑Kolporteur
kol|por|tie|ren: 1. Gerüchte verbreiten. 2. (veraltet) von Haus zu Haus gehen u. Waren anbieten
Kol|pos, der; - ⟨*gr.*⟩: über dem Gürtel des ↑Chitons entstehender Faltenbausch
Kol|po|s|kop, das; -s, -e ⟨*gr.-nlat.*⟩ (Med.): vergrößerndes Spiegelgerät zur Untersuchung des Scheideninnern. **Kol|po|s|ko|pie,** die; -, ...ien (Med.): Untersuchung der Scheide[nschleimhaut] mit dem Kolposkop
[1]Kol|ter, das; -s, - ⟨*lat.-frz.*⟩ (landsch.): Messer vor der Pflugschar
[2]Kol|ter, die; -, -n ⟨*lat.-frz.*⟩ (landsch.): [gesteppte Bett]decke
Ko|lum|ba|ri|um, das; -s, ...ien ⟨*lat.;* »Taubenhaus«⟩: 1. (Geschichte) römische Grabkammer der Kaiserzeit mit Wandnischen für Aschenurnen. 2. Urnenhalle eines Friedhofs
Ko|lum|bi|ne vgl. Kolombine
Ko|lum|bit [k..., auch: ...ˈbɪt] vgl. Columbit
Ko|lu|mel|la, die; -, ...llen ⟨*lat.;* »kleine Säule«⟩: 1. (Bot.) Säulchen steriler Zellen in den Sporen bildenden Organen einiger Pilze u. Moose. 2. (Zool.) Kalksäule bei Korallentieren. 3. (Zool.) säulenförmiger Knochen im Mittelohr vieler Wirbeltiere
Ko|lum|ne, die; -, -n ⟨lat., »Säule«⟩: 1. (Druckw.) Satzspalte. 2. von stets demselben [prominenten] Journalisten verfasster, regelmäßig an bestimmter Stelle einer Zeitung od. Zeitschrift veröffentlichter Meinungsbeitrag
Ko|lum|nen|ti|tel, der; -s, -: Überschrift über einer Buchseite
Ko|lum|nist, der; -en, -en ⟨*lat.-nlat.*⟩: jmd., der Kolumnen (2) schreibt. **Ko|lum|nis|tin,** die; -, -nen: weibliche Form zu ↑Kolumnist
kom..., Kom... vgl. kon..., Kon...
[1]Ko|ma, das; -s, -s u. -ta ⟨*gr.;* »tiefer Schlaf«⟩ (Med.): tiefste, durch keine äußeren Reize zu unterbrechende Bewusstlosigkeit
[2]Ko|ma, die; -, -s ⟨*gr.-lat.;* »Haar«⟩: 1. (Astron.) Nebelhülle um den Kern eines Kometen. 2. (Optik) Linsenfehler, durch den auf der Bildfläche eine kometenschweifähnliche Abbildung statt eines Punktes entsteht
ko|ma|tös ⟨*gr.-nlat.*⟩ (Med.): in tiefster Bewusstlosigkeit befindlich; vgl. [1]Koma
kom|bat|tant ⟨*lat.-vulgärlat.-frz.*⟩ (selten): kämpferisch. **Kom|bat|tant,** der; -en, -en: 1. [Mit]kämpfer, Kampfteilnehmer. 2. Angehöriger der Kampftruppen, die nach dem Völkerrecht zur Durchführung von Kampfhandlungen allein berechtigt sind

Kom|bi, der; -[s], -s: **1.** Kurzform von ↑Kombiwagen. **2.** (schweiz.) Kurzform von ↑Kombischrank

Kom|bi|nat, das; -[e]s, -e ‹*lat.-russ.*›: (in sozialistischen Ländern üblicher) Großbetrieb, in dem Betriebe produktionsmäßig eng zusammengehörender Industriezweige zusammengeschlossen sind

[1]**Kom|bi|na|ti|on,** die; -, -en ‹*lat.*›: **1.** Verbindung, [geistige] Verknüpfung; Zusammenstellung. **2.** in der Farbe aufeinander abgestimmte u. zusammen zu tragende Kleidungsstücke. **3. a)** planmäßiges Zusammenspiel [im Fußball]; **b)** aus mehreren Disziplinen bestehender Wettkampf; **nordische Kombination:** Sprunglauf u. 15-km-Langlauf als Skiwettbewerb. **4.** Schlussfolgerung, Vermutung. **5.** (Math.) willkürliche Zusammenstellung einer bestimmten Anzahl aus gegebenen Dingen; vgl. Kombinatorik (2)

[2]**Kom|bi|na|ti|on** [auch: kɔmbiˈneɪʃn̩], die; -, -en u. (bei engl. Ausspr.:) -s ‹*lat.-frz.-engl.*›: einteiliger [Schutz-, Arbeits]anzug [der Sportflieger, Renn- od. Motorradfahrer]

Kom|bi|na|ti|ons|leh|re vgl. Kombinatorik

Kom|bi|na|ti|ons|ton, der; -s, ...töne (Musik, Physik): schwach hörbarer Ton, der durch das gleichzeitige Erklingen zweier kräftiger Töne entsteht, deren Tonhöhen nicht zu nahe beisammenliegen

kom|bi|na|tiv ‹*lat.-nlat.*›: gedanklich verbindend, verknüpfend

Kom|bi|na|to|rik, Kombinationslehre, die; -: **1.** [Begriffs]aufbau nach bestimmten Regeln. **2.** (Math.) Teilgebiet der Mathematik, das sich mit den Anordnungsmöglichkeiten gegebener Dinge (Elemente) befasst

kom|bi|na|to|risch: die [1]Kombination (1) od. Kombinatorik betreffend; **kombinatorischer Lautwandel:** von einem Nachbarlaut abhängiger Lautwandel eines Lauts (z. B. beim Umlaut, der durch ein i od. j der folgenden Silbe hervorgerufen wird: ahd. *gast* »Gast« – *gesti* »Gäste«)

Kom|bi|ne [auch engl.: ...ˈbaɪn], die; -, -n u. (bei engl. Ausspr.:) -s (DDR, ostd. Landwirtsch.), Combine [kɔmˈbaɪn], die; -, -s ‹*engl.-russ.*›: landwirtschaftliche [Ernte]maschine, die verschiedene Arbeitsgänge gleichzeitig ausführt (z. B. Mähdrescher)

kom|bi|nie|ren ‹*lat.*›: **1.** [gedanklich] miteinander verknüpfen. **2.** schlussfolgern. **3.** [im Fußball] planmäßig zusammenspielen

Kom|bi|nier|te, der; -n, -n: jmd., der die nordische Kombination läuft

Kom|bi|schrank, der; -[e]s, ...schränke ‹*lat.; dt.*›: Mehrzweckschrank

Kom|bi|wa|gen, der; -s, -: kombinierter Liefer- u. Personenwagen

Kom|bu|cha, der; -s ‹Herkunft unsicher; vielleicht *jap.*›: **1.** (auch: die; -) aus Meeresalgen gewonnener Teepilz. **2.** (auch: das; -s) mit Kombucha (1) vergorener Tee

kom|bus|ti|bel ‹*lat.-nlat.*› (veraltet): leicht verbrennbar. **Kom|bus|ti|bi|li|en,** die (Plural): Brennstoffe

Kom|bus|ti|on, die; -, -en ‹*spätlat.*› (Med.): Verbrennung

Ko|me|do, der; -s, ...onen ‹*lat.*›: **1.** (veraltet) Fresser, Schlemmer. **2.** (meist Plural; Med.) Mitesser

ko|mes|ti|bel (veraltet): genießbar, essbar. **Ko|mes|ti|bi|li|en,** die (Plural): Esswaren, Lebensmittel

Ko|met, der; -en, -en ‹*gr.-lat.*› (Astron.): Schweif-, Haarstern mit ↑elliptischer od. ↑parabolischer Bahn im Sonnensystem

ko|me|tar: von [einem] Kometen stammend, durch [einen] Kometen bedingt

Kom|fort [...ˈfoːɐ̯], der; -s ‹*lat.-frz.-engl.*›: luxuriöse Ausstattung (z. B. einer Wohnung), behagliche Einrichtung; Annehmlichkeiten; Bequemlichkeit

kom|for|ta|bel: behaglich, wohnlich; mit allen Bequemlichkeiten des modernen Lebensstandards ausgestattet

Kom|for|ta|bel, der; -s, -[s] (veraltet): Einspännerdroschke

Ko|mik, die; - ‹*gr.-lat.-frz.*›: die einer Situation od. Handlung innewohnende od. davon ausgehende erheiternde, belustigende Wirkung

Ko|mi|ker, der; -s, -: **1. a)** Vortragskünstler, der sein Publikum durch das, was er darstellt, u. durch die Art, wie er es darstellt, erheitert; **b)** Darsteller komischer Rollen auf der Bühne, im Film, im Fernsehen. **2.** Schimpfwort. **Ko|mi|ke|rin,** die; -, nen: weibliche Form zu ↑Komiker

Ko|m|in|form, das; -s ‹Kurzw. aus: *kom*munistisches *Inform*ationsbüro› (Geschichte): zum Zwecke des Erfahrungsaustausches unter den kommunistischen Parteien u. zu deren Koordinierung eingerichtetes Informationsbüro in den Jahren 1947–1956

Ko|m|in|tern, die; - ‹Kurzw. aus: *kom*munistische *Intern*ationale› (Geschichte): Vereinigung aller kommunistischen Parteien in den Jahren 1919–1943

ko|misch ‹*gr.-lat.-frz.*›: **1.** zum Lachen reizend, belustigend. **2.** eigenartig, sonderbar

Ko|mi|tat, das (auch: der); -[e]s, -e ‹*lat.-mlat.*›: **1.** (Geschichte) Begleitung; [feierliches] Geleit [für einen die Universität verlassenden Studenten]. **2.** (Geschichte) Verwaltungsbezirk in Ungarn; vgl. Gespanschaft. **3.** (Geschichte) Grafschaft

Ko|mi|ta|tiv, der; -s, -e ‹*lat.-nlat.*› (Sprachwiss.): Kasus in den finnisch-ugrischen Sprachen, der die Begleitung durch eine Person od. Sache bezeichnet

Ko|mi|tee, das; -s, -s ‹*lat.-engl.-frz.*›: **a)** [leitender] Ausschuss; **b)** Gruppe von Personen, die mit der Vorbereitung, Organisation u. Durchführung einer Veranstaltung betraut ist

Ko|mi|ti|en, die (Plural) ‹*lat.*›: Bürgerschaftsversammlungen im alten Rom

Kom|ma, das; -s, -s u. -ta ‹*gr.-lat.*; »Schlag; Abschnitt, Einschnitt«›: **1. a)** Satzzeichen, das den Ablauf der Rede u. bes. den Satzbau kennzeichnet, indem es u. a. Haupt- u. Gliedsatz trennt, Einschübe u. Zusätze kenntlich macht u. Aufzählungen von Wörtern u. Wortgruppen unterteilt; **b)** Zeichen, das bei der Ziffernschreibung die Dezimalstellen abtrennt. **2.** (antike Metrik u. Rhet.) Untergliederung des ↑Kolons (2). **3.** (Musik) über der fünften Notenlinie stehendes Phrasierungszeichen (Bogenende od. Atempause). **4.** kleiner Unterschied zwischen den Schwingungszahlen beinahe gleich hoher Töne

Kom|ma|ba|zil|lus, der; -, ...llen (Med.): Erreger der asiatischen ↑Cholera

Kom|man|dant, der; -en, -en ⟨*lat.-vulgärlat.-frz.*⟩: **1.** Befehlshaber [einer Festung, eines Schiffs usw.]. **2.** (österr., schweiz.) Kommandeur. **Kom|man|dan|tin,** die; -, -nen: weibliche Form zu ↑Kommandant

Kom|man|dan|tur, die; -, -en ⟨*nlat.*⟩: **1.** Amt des Befehlshabers einer Truppenabteilung (vom Bataillon bis zur Division). **2.** Dienstgebäude eines Kommandanten

Kom|man|deur [...ˈdøːɐ̯], der; -s, -e ⟨*lat.-vulgärlat.-frz.*⟩: Befehlshaber eines größeren Truppenteils (vom Bataillon bis zur Division). **Kom|man|deu|rin** [...ˈdøːrɪn], die; -, -nen: weibliche Form zu ↑Kommandeur

kom|man|die|ren: **1. a)** befehligen; **b)** an einen bestimmten Ort beordern, dienstlich versetzen; **c)** etwas [im Befehlston] anordnen, ein Kommando geben. **2.** (ugs.) Befehle erteilen, den Befehlston anschlagen

Kom|man|di|tär, der; -s, -e ⟨*lat.-it.-frz.*⟩ (schweiz.): Kommanditist. **Kom|man|di|tä|rin,** die; -, -nen: weibliche Form zu ↑Kommanditär

Kom|man|di|te, die; -, -n: **1.** (veraltet) Kommanditgesellschaft. **2.** Zweiggeschäft, Niederlassung

Kom|man|dit|ge|sell|schaft, die; -, -en: Handelsgesellschaft, die unter gemeinschaftlicher Firma ein Handelsgewerbe betreibt u. bei der einer od. mehrere Gesellschafter persönlich haften u. mindestens einer der Gesellschafter nur mit seiner Einlage haftet (Abk.: KG)

Kom|man|di|tist, der; -en, -en (Wirtsch.): Gesellschafter einer ↑Kommanditgesellschaft, dessen Haftung auf seine Einlage beschränkt ist. **Kom|man|di|tis|tin,** die; -, -nen: weibliche Form zu ↑Kommanditist

Kom|man|do, das; -s, -s (österr. auch: ...den) ⟨*lat.-it.*⟩: **1.** (ohne Plural) Befehlsgewalt. **2. a)** Befehl[swort]; **b)** befohlener Auftrag; **c)** vereinbarte Wortfolge, die als Startsignal dient. **3.** [militärische] Abteilung, die zur Erledigung eines Sonderauftrags zusammengestellt wird

Kom|man|do|zen|t|ra|le, die; -, -n: [militärische] Führungsstelle, von der aus Kommandos gegeben werden

Kom|mas|sa|ti|on, die; -, -en ⟨*lat.; gr.-lat.-nlat.*⟩: Flurbereinigung; Grundstückszusammenlegung. **kom|mas|sie|ren:** Grundstücke zusammenlegen

Kom|me|mo|ra|ti|on, die; -, -en ⟨*lat.*⟩: **1.** (veraltet) Erwähnung, Gedächtnis, Andenken. **2.** Gedächtnis, Fürbitte in der katholischen Messe; kirchliche Gedächtnisfeier (z. B. Allerseelen). **kom|me|mo|rie|ren** (veraltet): erwähnen, gedenken

Kom|men|de, die; -, -n ⟨*lat.-mlat.*⟩: **1.** ohne Amtsverpflichtung übertragene kirchliche Pfründe. **2.** Verwaltungsbezirk od. Ordenshaus der ↑Johanniter od. des Deutschherrenordens

kom|men|sal ⟨*lat.-mlat.-nlat.*⟩ (Biol.): als Kommensale lebend. **Kom|men|sa|le,** der; -n, -n (meist Plural) (Biol.): Organismus, der sich von der Nahrung eines (artfremden) Wirtsorganismus ernährt, ohne ihm dabei zu schaden. **Kom|men|sa|lis|mus,** der; - (Biol.): das Leben als Kommensale

kom|men|su|ra|bel ⟨*lat.*⟩: mit gleichem Maß messbar; vergleichbar (Ggs.: inkommensurabel). **Kom|men|su|ra|bi|li|tät,** die; - ⟨*lat.-nlat.*⟩ (Math.; Physik): Messbarkeit mit gleichem Maß; Vergleichbarkeit (Ggs.: Inkommensurabilität)

Kom|ment [kɔˈmãː], der; -s, -s ⟨*lat.-vulgärlat.-frz.;* »wie«⟩ (Verbindungsw.): Brauch, Sitte, Regel [des studentischen Lebens]

Kom|men|tar, der; -s, -e ⟨*lat.*⟩: **1. a)** mit Erläuterungen u. kritischen Anmerkungen versehenes Zusatzwerk zu einem Druckwerk (bes. zu einem Gesetzestext, einer Dichtung od. einer wissenschaftlichen Abhandlung); **b)** kritische Stellungnahme in Presse, Radio od. Fernsehen zu aktuellen Tagesereignissen. **2.** (ugs.) [persönliche] An-, Bemerkung, Stellungnahme

Kom|men|tar|funk|ti|on, die; -, -en (EDV): Funktion auf Internetseiten, die es Nutzern ermöglicht, zu einen Text, einem bestimmten Thema o. Ä. eine persönliche öffentliche Stellungnahme abzugeben. **kom|men|ta|risch:** in Form eines Kommentars (1 b) [abgefasst]

Kom|men|ta|ti|on, die; -, -en (veraltet): Sammlung von gelehrten Schriften meist kritischen Inhalts

Kom|men|ta|tor, der; -s, ...oren: **1.** Verfasser eines Kommentars (1 b). **2.** ↑Postglossator. **Kom|men|ta|to|rin,** die; -, -nen: weibliche Form zu ↑Kommentator

kom|men|tie|ren: **a)** ein Druckwerk (bes. einen Gesetzestext od. eine wissenschaftliche Abhandlung) mit erläuternden u. kritischen Anmerkungen versehen; **b)** in einem Kommentar (1 b) zu aktuellen Tagesereignissen Stellung nehmen; **c)** eine Anmerkung zu etwas machen

Kom|ment|kampf [kɔˈmãː...], der; -[e]s, ...kämpfe ⟨*lat.-vulgärlat.-frz.; dt.*⟩ (Verhaltensf.): nach festen Regeln ablaufende Art des Kampfes unter Artgenossen, die ernsthafte Verletzungen der Kampfpartner ausschließt (bei bestimmten Tierarten)

Kom|mers, der; -es, -e ⟨*lat.-frz.*⟩ (Verbindungsw.): Trinkabend in festlichem Rahmen

Kom|mers|buch, das; -[e]s, ...bücher (Verbindungsw.): Sammlung festlicher u. geselliger Studentenlieder

kom|mer|sie|ren (Verbindungsw. veraltet): an einem Kommers teilnehmen

Kom|merz, der; -es: **1.** Wirtschaft, Handel u. Verkehr. **2.** wirtschaftliches, auf Gewinn bedachtes Interesse

kom|mer|zi|a|li|sie|ren: 1. öffentliche Schulden in privatwirtschaftliche umwandeln. **2.** kulturelle Werte wirtschaftlichen Interessen unterordnen, dem Gewinnstreben dienstbar machen. **Kom|mer|zi|a|li|sie|rung,** die; -: das Kommerzialisieren

Kom|mer|zi|a|lis|mus, der; -: nur auf die Erzielung eines möglichst großen Gewinns gerichtetes wirtschaftliches Handeln

Kom|mer|zi|al|rat, der; -[e]s, ...räte (österr.): ↑Kommerzienrat (Abk.: Komm.-Rat, KR)

Kom|mer|zi|al|rä|tin, die; -, -nen: weibliche Form zu ↑Kommerzialrat (Abk.: Komm.-Rätin, KR)

kom|mer|zi|ell: 1. Wirtschaft u. Handel betreffend, auf ihnen beruhend. **2.** Geschäftsinteressen wahrnehmend, auf Gewinn bedacht

Kom|mer|zi|en|rat, der; -[e]s, ...räte (früher): **a)** Titel für Großkaufleute u. Industrielle; **b)** Träger dieses Titels. **Kom|mer|zi|en|rä|tin,** die; -: Ehefrau des Kommerzienrates (b)

Kom|mi|li|to|ne, der; -n, -n ‹*lat.;* »Mitsoldat, Waffenbruder«› (Studentenspr.): Studienkollege. **Kom|mi|li|to|nin,** die; -, -nen: weibliche Form zu ↑Kommilitone

Kom|mis [kɔˈmiː], der; - [...ˈmiː(s)], - [...ˈmiːs] ‹*lat.-frz.*› (veraltet): Handlungsgehilfe

Kom|miss, der; -es ‹*lat.*› (ugs. veraltend): Militär[dienst]

Kom|mis|sar, der; -s, -e ‹*lat.-mlat.*›: **a)** [vom Staat] Beauftragter; **b)** Dienstrangbezeichnung [für Polizeibeamte]

Kom|mis|sär, der; -s, -e ‹*lat.-frz.*› (landsch.): Kommissar

Kom|mis|sa|ri|at, das; -[e]s, -e ‹*lat.-mlat.-nlat.*›: **1.** Amt[szimmer] eines Kommissars. **2.** (österr.) Polizeidienststelle

Kom|mis|sa|rin, die; -, -nen: weibliche Form zu ↑Kommissar

Kom|mis|sä|rin, die; -, -nen: weibliche Form zu ↑Kommissär

kom|mis|sa|risch: vorübergehend, vertretungsweise [ein Amt verwaltend]

Kom|mis|si|on, die; -, -en ‹*lat.-mlat.*›: **1.** Ausschuss [von beauftragten Personen]. **2.** (veraltet) Auftrag; **in Kommission:** im eigenen Namen für fremde Rechnung ausgeführt (von einem Auftrag)

Kom|mis|si|o|när, der; -s, -e ‹*lat.-mlat.-frz.*›: jmd., der gewerbsmäßig Waren od. Wertpapiere in eigenem Namen für fremde Rechnung ankauft od. verkauft. **Kom|mis|si|o|nä|rin,** die; -, -nen: weibliche Form zu ↑Kommissionär

kom|mis|si|o|nie|ren: 1. (österr.) [ein Gebäude] durch eine staatliche Kommission prüfen u. für die Übergabe an seine Bestimmung freigeben. **2.** (Wirtsch.) manuell nach vorgegebenen Aufträgen Güter u. Waren zusammenstellen

Kom|mis|si|ons|buch|han|del, der; -s: Zwischenbuchhandel [zwischen Verlag u. ↑Sortiment (2)]

Kom|mis|siv|de|likt, das; -[e]s, -e ‹*lat.-nlat.; lat.*› (Rechtsspr. veraltet): strafbare Handlung im Gegensatz zur strafbaren Unterlassung

Kom|mis|so|ri|um, das; -s, ...ien ‹*lat.*› (veraltet): **1.** Geschäftsauftrag. **2.** Sendung. **3.** Vollmacht[sbrief]

Kom|mis|sur, die; -, -en (Anat.): **1.** Querverbindung zwischen ↑symmetrischen (3) Teilen des ↑Zentralnervensystems, bes. zwischen den beiden ↑Hemisphären (c) des Großhirns. **2.** Verbindung zwischen Weichteilen im Bereich der Organe

Kom|mit|tent, der; -en, -en: Auftraggeber eines Kommissionärs

kom|mit|tie|ren: einen Kommissionär beauftragen, bevollmächtigen

Kom|mit|tiv, das; -s, -e ‹*lat.-nlat.*› (Rechtsspr. veraltet): Vollmachtschreiben

kom|mod ‹*lat.-frz.*› (geh.): bequem, angenehm

Kom|mo|de, die; -, -n: Möbelstück mit mehreren Schubladen

Kom|mo|di|tät, die; -, -en (veraltet, noch landsch.): **1.** Bequemlichkeit. **2.** Toilette[nbecken]

Kom|mo|do|re, der; -[s], -n u. -s ‹*lat.-frz.-engl.*›: **1.** Geschwaderführer (bei Marine u. Luftwaffe). **2.** erprobter ältester Kapitän bei großen Schifffahrtslinien

Kom|moi: *Plural* von ↑Kommos

Kom|mos, der; -, ...moi ‹*gr.*›: **1.** im Wechselgesang vorgetragenes Klagelied in der altgriechischen Tragödie. **2.** Wechselrede zwischen Chor u. Schauspieler in der altgriechischen Tragödie

Kom|mo|tio, Kom|mo|ti|on, die; -, ...tionen ‹*lat.*› (Med.): **1.** durch eine stumpfe Gewalteinwirkung hervorgerufene Erschütterung von Organen. **2.** Gehirnerschütterung

kom|mun ‹*lat.*›: gemeinschaftlich, gemein

kom|mu|nal: eine Gemeinde od. die Gemeinden betreffend, Gemeinde..., gemeindeeigen

kom|mu|na|li|sie|ren ‹*lat.-nlat.*›: Privatunternehmen in Gemeindebesitz u. -verwaltung überführen

Kom|mu|nal|ob|li|ga|ti|on, die; -, -en: von einer Gemeinde aufgenommene öffentliche Anleihe

Kom|mu|nal|po|li|tik, die; -: die Belange einer Gemeinde betreffende Politik

Kom|mu|nal|wahl, die; -, -en: Wahl der Gemeindevertretungen (z. B. des Stadtrats)

Kom|mu|nar|de, der; -n, -n ‹*lat.-frz.*›: **1.** Mitglied einer Kommune (4). **2.** Anhänger der Pariser Kommune. **Kom|mu|nar|din,** die; -, -nen: weibliche Form zu ↑Kommunarde (1)

Kom|mu|ne, die; -, -n ‹*lat.-vulgärlat.-frz.*›: **1.** Gemeinde als unterste Verwaltungseinheit. **2.** (ohne Plural; Geschichte) Pariser Gemeinderat während der Französischen Revolution u. von März bis Mai 1871. **3.** (ohne Plural; veraltet abwertend) Kommunisten. **4.** Wohngemeinschaft, die bürgerliche Vorstellungen hinsichtlich Eigentum, Leistung, Konkurrenz und Moral ablehnt

Kom|mu|ni|kant, der; -en, -en ‹*lat.*›: **1.** (kath. Rel.) jmd., der [zum ersten Mal] kommuniziert (3). **2.** (Sprachwiss.; Soziol.) Gesprächsteilnehmer, Teilhaber an einer ↑Kommunikation (1). **Kom|mu|ni|kan|tin,** die; -, -nen: weibliche Form zu ↑Kommunikant

Kom|mu|ni|ka|ti|on, die; -, -en: **1.** (ohne Plural) Verständigung untereinander, Umgang, Verkehr. **2.** Verbindung, Zusammenhang

Kom|mu|ni|ka|ti|ons|for|schung, die; -: Forschungsrichtung, die Probleme der ↑ Kommunikation (1) unter den verschiedensten wissenschaftlichen Gesichtspunkten (z. B. soziologischer od. linguistischer Art) untersucht

Kom|mu|ni|ka|ti|ons|sa|tel|lit, der; -en, -en: der Nachrichtenübermittlung dienender ↑ Satellit (3)

Kom|mu|ni|ka|ti|ons|trai|ning, das; -s: das Erlernen u. Üben, mit anderen Menschen zu kommunizieren (1), umzugehen

Kom|mu|ni|ka|ti|ons|zen|t|rum, das; -s, ...ren: zentraler Begegnungsort von Menschen u. Gruppen

kom|mu|ni|ka|tiv ⟨*lat.-nlat.*⟩: **a)** mitteilbar, mitteilsam; **b)** auf die Kommunikation bezogen, die Kommunikation betreffend; **kommunikative Kompetenz** (Sprachwiss.): Fähigkeit eines Sprachteilhabers, [neue] Redesituationen zu bewältigen

Kom|mu|ni|ka|tor, der; -s, ...oren: jmd., der leicht, mühelos mit anderen ins Gespräch kommt, leicht, mühelos mit anderen kommuniziert

Kom|mu|ni|ka|to|rin, die; -, -nen: weibliche Form zu ↑ Kommunikator

Kom|mu|ni|on, die; -, -en ⟨*lat.*⟩ (kath. Kirche): **1.** Gemeinschaft der Gläubigen in der Feier des heiligen Abendmahls; vgl. Eucharistie (b). **2.** der [erste] Empfang des Abendmahls

Kom|mu|ni|qué [kɔmyniˈke:, auch: kɔmu...], das; -s, -s ⟨*lat.-frz.*⟩: **a)** [regierungs]amtliche Mitteilung (z. B. über Sitzungen, Vertragsabschlüsse); **b)** Denkschrift

Kom|mu|nis|mus, der; - ⟨*lat.-engl.-frz.*⟩: **1.** nach Karl Marx die auf den Sozialismus folgende Entwicklungsstufe, in der alle Produktionsmittel u. Erzeugnisse in das gemeinsame Eigentum aller Staatsbürger übergehen u. in der alle sozialen Gegensätze aufgehoben sind. **2.** politische Richtung, Bewegung, die sich gegen den ↑ Kapitalismus wendet u. eine zentral gelenkte Wirtschafts- u. Sozialordnung verficht

Kom|mu|nist, der; -en, -en: **a)** Vertreter, Anhänger des Kommunismus; **b)** Mitglied einer kommunistischen Partei. **Kom|mu|nis|tin,** die; -, -nen: weibliche Form zu ↑ Kommunist

kom|mu|nis|tisch: a) den Kommunismus u. seine Grundsätze betreffend; **b)** auf den Grundsätzen des Kommunismus aufbauend, basierend

Kom|mu|ni|ta|ris|mus, der; - ⟨*lat.-amerik.*⟩: (von den USA ausgehende) politische Bewegung, die bes. Gemeinsinn u. soziale Tugenden in den Vordergrund stellt u. eine auf das Gemeinwohl orientierte Erneuerung gesellschaftlicher Institutionen anstrebt. **kom|mu|ni|ta|ris|tisch: a)** den Kommunitarismus betreffend, zum Kommunitarismus gehörend; **b)** den Grundsätzen des Kommunitarismus entsprechend

Kom|mu|ni|tät, die; -, -en ⟨*lat.*⟩: **1.** Gemeinschaft, Gemeingut. **2.** (veraltet) Ort, an dem sich bes. Studenten zum Essen versammeln. **3.** ordensähnliche evangelische Bruderschaft mit besonderen religiösen od. missionarischen Aufgaben

kom|mu|ni|zie|ren: 1. a) sich verständigen, miteinander sprechen; **b)** mitteilen. **2.** zusammenhängen, in Verbindung stehen; **kommunizierende Röhren** (Physik): unten miteinander verbundene u. oben offene Röhren od. Gefäße, in denen eine Flüssigkeit gleich hoch steht. **3.** (kath. Rel.) das Altarsakrament empfangen, zur Kommunion gehen

kom|mu|ta|bel ⟨*lat.*⟩: veränderlich; vertauschbar

Kom|mu|ta|ti|on, die; -, -en: **1. a)** (Math.) Umstellbarkeit, Vertauschbarkeit von Größen; **b)** (Sprachwiss.) Ersetzen einer sprachlichen Einheit (z. B. eines Buchstabens) durch eine andere u. Untersuchung der dadurch bewirkten Veränderung (z. B. der Bedeutung). **2.** (Astron.) Winkel zweier Geraden, die von der Sonne zur Erde u. zu einem anderen Planeten gehen. **3.** ↑ Kommutierung

kom|mu|ta|tiv ⟨*lat.-nlat.*⟩: **1.** (Math., Sprachwiss.) umstellbar, vertauschbar (von mathematischen Größen u. sprachlichen Einheiten); vgl. Kommutation (1 a). **2. a)** die ↑ Kommutation (2) betreffend; **b)** die Kommutierung betreffend

Kom|mu|ta|tor, der; -s, ...oren (Elektrot.): Stromwender, ↑ Kollektor (1)

kom|mu|tie|ren ⟨*lat.*⟩: **1.** (Math., Sprachwiss.) Größen umstellen, miteinander vertauschen. **2.** die Richtung des elektrischen Stroms ändern. **Kom|mu|tie|rung,** die; -: Umkehrung der Stromrichtung

Ko|mö|di|ant, der; -en, -en ⟨*gr.-lat.-it.(-engl.)*⟩: **1.** Schauspieler. **2.** (abwertend) jmd., der anderen etwas vorzumachen versucht; Heuchler. **Ko|mö|di|an|tin,** die; -, -nen: weibliche Form zu ↑ Komödiant. **ko|mö|di|an|tisch:** zum Wesen des Komödianten gehörend; schauspielerisch [begabt]

Ko|mö|die [...i̯ə], die; -, -n ⟨*gr.-lat.*⟩: **1. a)** (ohne Plural) dramatische Gattung, in der menschliche Schwächen dargestellt u. [scheinbare] Konflikte heiter-überlegen gelöst werden; **b)** Bühnenstück mit heiterem Inhalt (Ggs.: Tragödie [1 b]). **2.** kleines Theater, in dem vorwiegend Komödien gespielt werden. **3.** (ohne Plural) unechtes, theatralisches Gebaren, Heuchelei, Verstellung

Ko|mo|do|wa|ran, der; -s, -e: größte, auf der Insel Komodo noch lebende Echse

Ko|mon|dor, der; -s, -e ⟨*ung.*⟩: ungarischer Hirtenhund mit zottigem, schnurartig verfilztem dichtem weißem Fell

Ko|mor|bi|di|tät, die; - (Med.): Auftreten von zwei oder mehreren ursächlich nicht zwingend zusammenhängenden, diagnostisch differenzierbaren Erkrankungen

Kom|pa|g|nie [...paˈni:] vgl. Kompanie

Kom|pa|g|non [kɔmpanˈjõ:, ˈkɔmpanjõ, auch: ˈkɔmpanjɔŋ], der; -s, -s ⟨*lat.-vulgärlat.-frz.*⟩: Gesellschafter, Teilhaber, Mitinhaber eines Geschäfts od. eines Handelsunternehmens

kom|pakt ⟨*lat.-frz.*⟩: **1.** (ugs.) massig, gedrungen. **2.** undurchdringlich, dicht, fest. **3.** gedrängt, kurz gefasst, das Wesentliche zusammenfügend

Kom|pakt|an|la|ge, die; -, -n: fest zusammengebaute Stereoanlage mit dem nötigen Zubehör

Kom|pak|tat, der od. das; -[e]s, -e[n] ⟨*lat.-nlat.*⟩ (veraltet): Vertrag (z. B. Prager Kompaktaten von 1433)

Kom|pa|nie, die; -, ...ien ⟨*lat.-vulgärlat.-it.* u. *frz.*⟩: **1.** (veraltet) Handelsgesellschaft (Abk.: Cie., Co.). **2.** Truppeneinheit von 100 bis 250 Mann innerhalb eines ↑Bataillons (Abk.: Komp.). **3.** große Balletttruppe

kom|pa|ra|bel ⟨*lat.*⟩: vergleichbar. **Kom|pa|ra|bi|li|tät,** die; - ⟨*lat.-nlat.*⟩: Vergleichbarkeit

Kom|pa|ra|ti|on, die; -, -en ⟨*lat.*⟩: **1.** das Vergleichen. **2.** (Sprachwiss.) Steigerung des Adjektivs, Adverbs

Kom|pa|ra|tist, der; -en, -en ⟨*lat.-nlat.*⟩: vergleichender Literaturwissenschaftler. **Kom|pa|ra|tis|tik,** die; -: **1.** vergleichende Literatur- od. Sprachwissenschaft. **2.** ↑Komparativistik. **Kom|pa|ra|tis|tin,** die; -, -nen: weibliche Form zu ↑Komparatist. **kom|pa|ra|tis|tisch: a)** die Komparatistik betreffend; **b)** mit den Methoden der Komparatistik arbeitend

kom|pa|ra|tiv [auch: ...'ti:f] ⟨*lat.*⟩: **1.** (Philos.) auf Vergleichung beruhend. **2.** (Sprachwiss.) **a)** vergleichend (von der Untersuchung zweier od. mehrerer Sprachen); **b)** steigernd. **Kom|pa|ra|tiv** [auch: ...'ti:f], der; -s, -e (Sprachwiss.): Steigerungsstufe, Höherstufe, Mehrstufe

Kom|pa|ra|ti|vis|tik, die; - ⟨*lat.-nlat.*⟩ (seltener): Teilgebiet der Sprachwissenschaft, das sich mit der gegenüberstellend-vergleichenden Untersuchung von zwei od. mehreren Sprachen befasst

Kom|pa|ra|tiv|satz [auch: ...'ti:f...], der; -es, ...sätze ⟨*lat.-nlat.; dt.*⟩: Vergleichssatz, Konjunktionalsatz, der einen Vergleich enthält (z. B.: Eva ist größer, als ihre Schwester es im gleichen Alter war)

Kom|pa|ra|tor, der; -s, ...oren ⟨*lat.*⟩: **1.** Gerät zum Vergleich u. zur genauen Messung von Längenmaßen. **2.** (Astron.) Gerät zur Feststellung von Lage- u. Helligkeitsveränderungen bestimmter Sterne. **3.** (Elektrot.) ein elektrischer ↑Kompensator (1)

Kom|pa|rent, der; -en, -en ⟨*lat.*⟩ (veraltet): jmd., der vor einer Behörde, einem Gericht erscheint. **Kom|pa|renz,** die; - ⟨*lat.-nlat.*⟩ (veraltet): das Erscheinen vor Gericht

[1]kom|pa|rie|ren ⟨*lat.* comparere »erscheinen«⟩ (veraltet): vor Gericht erscheinen

[2]kom|pa|rie|ren ⟨*lat.* comparare »vergleichen«⟩: **a)** (veraltet) vergleichen; **b)** (Sprachwiss.) die Komparation (2) anwenden; steigern

Kom|pa|ri|ti|on, die; - ⟨*lat.-nlat.*⟩: ↑Komparenz

Kom|par|se, der; -n, -n ⟨*lat.-it.*⟩: jmd., der als stumme Figur bei einem Film od. auch einem Theaterstück mitwirkt. **Kom|par|se|rie,** die; -, ...ien: Gesamtheit der Komparsen; ↑Statisterie. **Kom|par|sin,** die; -, -nen: weibliche Form zu ↑Komparse

Kom|par|ti|ment, das; -s, -e ⟨*lat.-mlat.*⟩ (veraltet): **1.** abgeteiltes Feld. **2.** [Zug]abteil

Kom|pass, der; -es, -e ⟨*lat.-vulgärlat.-it.*⟩: Gerät zur Feststellung der Himmelsrichtung

kom|pa|ti|bel ⟨*lat.-frz.(-engl.)*⟩: **1.** (Sprachwiss.) syntaktisch-semantisch anschließbar (von ↑Lexemen [im Satz]). **2.** miteinander vereinbar, zusammenpassend. **3.** (von Hard- u. Softwarekomponenten) austauschbar, zu einem System zusammensetzbar. **4.** (Med.) miteinander vereinbar, verträglich (von Medikamenten od. Blutgruppen)

Kom|pa|ti|bi|li|tät, die; -, -en: **1.** Vereinbarkeit [zweier Ämter in einer Person]. **2.** Austauschbarkeit, Vereinbarkeit verschiedener Systeme (z. B. das Benutzen eines Programms auf einem anderen Computermodell). **3.** (Sprachwiss.) syntaktisch-semantische Anschließbarkeit, Kombinierbarkeit von ↑Lexemen [im Satz]. **4.** (Med.) Verträglichkeit verschiedener ↑Medikamente od. Blutgruppen

Kom|pa|t|ri|ot, der; -en, -en ⟨(*lat.; gr.-spätlat.-frz.) nlat.*⟩ (veraltet): Landsmann

Kom|pa|t|ro|nat, das; -[e]s, -e ⟨*lat.-nlat.*⟩ (Kirchenrecht): gemeinsames ↑Patronat (2) mehrerer Personen

kom|pen|di|a|risch ⟨*lat.*⟩: ↑kompendiös

kom|pen|di|ös (veraltet): das Kompendium betreffend, in der Art eines Kompendiums; zusammengefasst, gedrängt

Kom|pen|di|um, das; -s, ...ien ⟨lat.; »Ersparnis, Abkürzung«⟩: Abriss, kurz gefasstes Lehrbuch

Kom|pen|sa|ti|on, die; -, -en: **1.** Ausgleich, Aufhebung von Wirkungen einander entgegenstehender Ursachen. **2.** (Rechtswiss.) **a)** Aufrechnung; **b)** Schuldaufwiegung im Falle wechselseitiger Täterschaft (bei Beleidigung u. leichter Körperverletzung), meist als strafmildernd od. strafbefreiend gewertet. **3.** (Psychol.) das Streben nach Ersatzbefriedigung als Ausgleich von Minderwertigkeitsgefühlen. **4.** (Med.) Ausgleich einer durch krankhafte Organveränderungen gestörten Funktion eines Organs durch den Organismus selbst od. durch Medikamente

Kom|pen|sa|tor, der; -s, ...oren ⟨*lat.-nlat.*⟩: **1.** (Optik) Gerät zur Messung einer elektrischen Spannung od. einer Lichtintensität. **2.** (Technik) Vorrichtung zum Ausgleichen (z. B. Zwischenglied bei Rohrleitungen zum Ausgleich der durch Temperaturwechsel hervorgerufenen Längenänderung)

Kom|pen|sa|to|rik, die; -: kompensatorische Erziehung. **kom|pen|sa|to|risch:** ausgleichend; **kompensatorische Erziehung** (Päd., Psychol.): [vor der Einschulung einsetzende] Förderungsmaßnahmen, die bei Kindern auftretende sprachliche, ↑kognitive, ↑emotionale od. soziale Entwicklungsrückstände ausgleichen od. mildern sollen

kom|pen|sie|ren ⟨*lat.*⟩: **1.** die Wirkungen einander entgegenstehender Ursachen ausgleichen. **2.** (Rechtswiss.) bei wechselseitigem Verschulden die Strafe ausgleichen. **3.** (Psychol.) Minderwertigkeitsgefühle durch Vorstellungen od. Handlungen ausgleichen, die das Bewusstsein der Vollwertigkeit erzeugen. **4.** (Med.) Funktionsstörungen eines Organs od. ihre Folgen ausgleichen

kom|pe|tent ⟨*lat.*⟩: **1. a)** sachverständig, fähig (Ggs.: inkompetent [1 b]); **kompetenter Sprecher** (Sprachwiss.): Sprecher, der fähig ist, in seiner Muttersprache beliebig viele Sätze zu bilden u. zu verstehen; **b)** zuständig, maßgebend, befugt (Ggs.: inkompetent [1 a]). **2.** (Geol.) tektonisch wenig verformbar (von Gesteinen) (Ggs.: inkompetent [2])

Kom|pe|tenz, die; -, -en: **1. a)** Vermögen, Fähigkeit (Ggs.: Inkompetenz [b]); **b)** Zuständigkeit, Befugnis (Ggs.: Inkompetenz [a]). **2.** (ohne Plural; Sprachwiss.) [idealisierte] Fähigkeit des Sprechers einer Sprache, mit einer begrenzten Anzahl von Elementen u. Regeln eine unbegrenzte Zahl von Äußerungen zu bilden u. zu verstehen sowie über die sprachliche Richtigkeit von Äußerungen zu entscheiden. **3.** (Biol.) zeitlich begrenzte Reaktionsbereitschaft von Zellen gegenüber einem bestimmten Entwicklungsreiz. **4.** (kath. Kirchenrecht) zum Unterhalt eines Klerikers nötige, nicht pfändbare Mittel

Kom|pe|tenz|kom|pe|tenz, die; -, -en (Rechtswiss.): **1.** (ohne Plural) das Recht eines Bundesstaates, seine Zuständigkeiten durch Verfassungsänderung auf Kosten der Gliedstaaten zu erweitern. **2.** gerichtliche Entscheidung über die Zulässigkeit eines Rechtsstreites

Kom|pe|tenz|kon|flikt, der; -[e]s, -e (Rechtswiss.): Zuständigkeitsstreit zwischen Gerichten od. Verwaltungsbehörden

kom|pe|ti|tiv ⟨*lat.-nlat.*⟩: **1.** zuständig, maßgebend. **2.** auf Wettbewerb ausgerichtet; sich mitbewerbend. **3.** (Med.) eine notwendige Ergänzung fordernd (z. B. von Reaktionen, die zu ihrem Ablauf ein weiteres ↑Reagens erfordern); **kompetitive Hemmung:** Enzymhemmung, die durch das Konkurrieren eines Agonisten u. eines Antagonisten um die Besetzung eines Rezeptors entsteht

Kom|pi|la|ti|on, die; -, -en ⟨*lat.*⟩: **1.** Zusammenstellung, Zusammentragen mehrerer [wissenschaftlicher] Quellen. **2. a)** unschöpferisches Abschreiben aus mehreren Schriften; **b)** durch Zusammentragen unverarbeiteten Stoffes entstandene Schrift (ohne wissenschaftlichen Wert)

Kom|pi|la|tor, der; -s, ...oren: Verfasser einer Kompilation. **Kom|pi|la|to|rin,** die; -, -nen: weibliche Form zu ↑Kompilator. **kom|pi|la|to|risch:** auf Kompilation beruhend, aus Teilen verschiedener Werke zusammengeschrieben

kom|pi|lie|ren: 1. [unverarbeiteten] Stoff zu einer Schrift [ohne wissenschaftlichen Wert] zusammentragen. **2.** (EDV) von einer höheren Programmiersprache in die Maschinensprache eines Computers übersetzen

kom|pla|nar ⟨*lat.*⟩ (Math.): in der gleichen Ebene liegend (z. B. von ↑Vektoren)

Kom|pla|na|ti|on, die; -, -en (Math.): Berechnung des Flächeninhalts von [gekrümmten] Oberflächen

Kom|ple|ment, das; -[e]s, -e ⟨*lat.*⟩: **1.** Ergänzung. **2.** (Math.) Komplementärmenge, Differenzmenge von zwei Mengen. **3.** (Med.) Teil des Immunsystems, der der Beseitigung von zellulären Antigenen dient

kom|ple|men|tär ⟨*lat.-frz.*⟩: sich gegenseitig ergänzend; **komplementäre Distribution** (Sprachwiss.): das Vorkommen eines sprachlichen Elements in einer Umgebung, in der ein anderes nicht erscheinen kann u. umgekehrt

Kom|ple|men|tär, der; -s, -e: **1.** persönlich haftender Gesellschafter einer ↑Kommanditgesellschaft. **2.** (DDR) Eigentümer einer privaten Firma, die mit Staatsbeteiligung arbeitet

Kom|ple|men|tär|far|be, die; -, -n ⟨*lat.-frz.; dt.*⟩: Farbe, die eine andere Farbe, mit der sie gemischt wird, je nach Mischungsverhältnis zu Weiß od. fast zu Schwarz ergänzt; Ergänzungsfarbe

Kom|ple|men|tär|ge|ne, die (Plural) (Genetik): ↑Gene, die voneinander abhängen u. nur gemeinsam wirken

Kom|ple|men|tä|rin, die; -, -nen: weibliche Form zu ↑Komplementär

Kom|ple|men|ta|ri|tät, die; -, -en ⟨*lat.-nlat.*⟩: **1.** (Biol.; Chemie) wechselseitige Entsprechung der Struktur zweier Größen. **2.** (Physik) Beziehung zwischen Messgrößen im Bereich der Quantenmechanik, die besagt, dass diese Messgrößen nicht gleichzeitig gemessen werden können. **3.** (Sprachwiss.) semantisches Gegensatzverhältnis

Kom|ple|men|tär|win|kel, der; -s, - ⟨*lat.-frz.; dt.*⟩: ↑Komplementwinkel

Kom|ple|men|ta|ti|on, die; -, -en (Genetik): das Ausgleichen von Erbgutschäden durch Kombination von ↑Genomen; vgl. ...ation/...ierung. **kom|ple|men|tie|ren:** ergänzen. **Kom|ple|men|tie|rung,** die; -, -en: **a)** das Komplementieren; **b)** ↑Komplementation; vgl. ...ation/...ierung

Kom|ple|ment|win|kel, der; -s, - ⟨*lat.; dt.*⟩ (Math.): Ergänzungswinkel, der einen gegebenen Winkel zu 90° ergänzt

Kom|ple|nym, das; -s, -e (Sprachwiss.): Gegensatzwort zu einem bestimmten Wort, das durch Hinzusetzen einer Negation zu diesem synonym wird (z. B. nicht verheiratet, ledig). **Kom|ple|ny|mie,** die; -: semantische Relation, wie sie zwischen Komplenymen besteht

[1]**Kom|plet,** die; -, -e ⟨*lat.-mlat.*⟩: Abendgebet als Schluss der katholischen kirchlichen Tageszeiten

[2]**Kom|plet** [kɔmˈpleː, auch: kõˈpleː], das; -[s], -s ⟨*lat.-frz.*⟩: Mantel (od. Jacke) u. Kleid aus gleichem Stoff

kom|ple|tiv ⟨*lat.*⟩ (Sprachwiss.): ergänzend

Kom|ple|to|ri|um, das; -s, ...ien ⟨*lat.-mlat.*⟩: **1.** (veraltet) Ergänzungsvorschrift (zu einem Gesetz). **2.** ↑[1]Komplet

kom|plett ⟨*lat.-frz.*⟩: **1. a)** vollständig, abgeschlossen; **b)** ganz, gesamt, vollzählig; **c)** (ugs.) ganz

u. gar, absolut. **2.** (österr. veraltend) voll, besetzt. **kom|plet|tie|ren:** etwas vervollständigen; auffüllen, ergänzen

Kom|plet|tie|rung, die; -, -en: das Komplettieren, das Komplettiertwerden

kom|plex ⟨*lat.*⟩: **a)** vielschichtig; viele, sehr verschiedene Dinge umfassend; **b)** zusammenhängend; **c)** allseitig, alles umfassend; **komplexe Integration** (Math.): Integration (4) einer Funktion längs eines Weges in der gaußschen Ebene; **komplexe Zahl** (Math.): Zahl, die nur als Summe aus einer ↑imaginären u. einer ↑reellen Zahl darstellbar ist

Kom|plex, der; -es, -e: **1.** Zusammenfassung, Verknüpfung von verschiedenen Teilen zu einem geschlossenen Ganzen. **2.** Gebiet, Bereich. **3.** Gruppe, [Gebäude]block. **4.** (Psychol.) **a)** Einheit aus unbewussten, mit starken Gefühlen verbundene Vorstellungen u. Gedanken, die das Verhalten prägt; **b)** seelisch bedrückende negative Einschätzung der eigenen Person. **5.** (Chemie) chemische Vereinigung mehrerer Atome zu einer Gruppe, die freie ↑Valenzen (1) hat u. andere Reaktionen zeigen kann als das ihre Art bestimmende ↑Ion

Kom|plex|au|ge, das; -s, -n ⟨*lat.; dt.*⟩: ↑Facettenauge

Kom|plex|bri|ga|de, die; -, -n: (DDR) Gruppe von Arbeitern unterschiedlicher Berufe, die gemeinsam an einem Produktionsauftrag arbeiten

Kom|plex|che|mie, die; -: Chemie der Komplexe (5)

Kom|ple|xi|on, die; -, -en: **1.** (veraltet) Zusammenfassung. **2.** (Anthropol.) zusammenfassende Bez. für Augen-, Haar- u. Hautfarbe eines Menschen

Kom|ple|xi|tät, die; - ⟨*lat.-nlat.*⟩: **1.** Vielschichtigkeit. **2.** Gesamtheit aller Merkmale, Möglichkeiten (z. B. eines Begriffs, Zustandes)

Kom|ple|xi|täts|the|o|rie, die; -: Forschungsgebiet der Mathematik, in dem man sich mit dem Rechenaufwand (der Komplexität) von Algorithmen befasst

Kom|plex|me|tho|de, die; -: Unterrichtsmethode, die den gesamten Unterricht um bestimmte Sachgebiete (Arbeit, Natur usw.) zu ordnen sucht

Kom|ple|xo|me|t|rie, die; -, ...ien ⟨*lat.; gr.*⟩ (Chemie): maßanalytisches Verfahren zur mengenmäßigen Bestimmung von Metallionen durch Bildung von Komplexen (5)

Kom|ple|xo|ne ®, die (Plural) (Chemie): Verbindungen, die mit Metallionen Koordinationsverbindungen bilden

Kom|pli|ka|ti|on, die; -, -en ⟨*lat.*⟩: **1.** Schwierigkeit, Verwicklung; [plötzlich eintretende] Erschwerung. **2.** (Med.) ungünstige Beeinflussung od. Verschlimmerung eines normalerweise überschaubaren Krankheitszustandes, eines chirurgischen Eingriffs od. eines biologischen Prozesses durch einen unvorhergesehenen Umstand

Kom|pli|ment, das; -[e]s, -e ⟨*lat.-span.-frz.*⟩: **1.** höfliche Redensart, Schmeichelei. **2.** (veraltet) **a)** Gruß; **b)** Verbeugung

kom|pli|men|tie|ren (veraltet): **1.** jmdn. willkommen heißen. **2.** jmdn. mit höflichen Gesten u. Redensarten irgendwohin geleiten

Kom|pli|ze, der; -n, -n ⟨*lat.-frz.*⟩ (abwertend): jmd., der an einer Straftat beteiligt ist; Mittäter, Helfershelfer

kom|pli|zie|ren ⟨*lat.*⟩: verwickeln; erschweren. **kom|pli|ziert:** schwierig, verwickelt; umständlich

Kom|pli|zin, die; -, -nen: weibliche Form zu ↑Komplize

Kom|plott, das, (ugs. auch:) der; -[e]s, -e ⟨*frz.*⟩: Verabredung zu einer gemeinsamen Straftat; Anschlag, Verschwörung

kom|plot|tie|ren (veraltet): ein Komplott anzetteln

Kom|po|nen|te, die; -, -n ⟨*lat.*⟩: **a)** Teilkraft; **b)** Bestandteil eines Ganzen

Kom|po|nen|ten|ana|ly|se, die; -, -n (Sprachwiss.): Beschreibung der Bestandteile einer sprachlichen Einheit u. des Aufbaus ihrer verschiedenen Kombinationen, bes. im Inhaltsbereich

kom|po|nie|ren: 1. [ein Kunstwerk nach bestimmten Gesetzen] aufbauen, gestalten. **2.** ein musikalisches Werk schaffen. **3.** etwas aus Einzelteilen zusammensetzen, gliedern

Kom|po|nist, der; -en, -en ⟨*lat.-nlat.*⟩: jmd., der ein musikalisches Werk komponiert. **Kom|po|nis|tin,** die; -, -nen: weibliche Form zu ↑Komponist

Kom|po|sit, das; -s, -s od. -e, Composite ['kɔmpəzɪt], das; -s, -s ⟨*lat.-frz.-engl.*⟩ (Zahnmed.): zahnfarbenes Füllungsmaterial aus Kunststoff u. Glas, das schichtweise aufgetragen wird

Kom|po|si|ta: *Plural* von ↑Kompositum

[1]Kom|po|si|te, die; -, -n (meist Plural) ⟨*lat.-nlat.*⟩: Pflanze mit Blüten, die zu korbförmigen Blütenständen vereinigt sind (Korbblütler)

Kom|po|si|ten: *Plural* von ↑[1]Komposite u. ↑Kompositum

Kom|po|si|teur [...'tøːɐ̯], der; -s, -e ⟨*lat.-frz.*⟩ (veraltet): Komponist. **Kom|po|si|teu|rin** [...'tøːrɪn], die; -, -nen: weibliche Form zu ↑Kompositeur

Kom|po|si|ti|on, die; -, -en ⟨*lat.*⟩: **1.** Zusammensetzung, -stellung [von Dingen] aus Einzelteilen. **2. a)** (ohne Plural) das Komponieren eines Musikstücks; **b)** Musikwerk. **3.** Aufbau eines Kunstwerks (z. B. eines Gemäldes, eines Romans). **4.** (Sprachwiss.) **a)** das Zusammensetzen eines Wortes aus mehreren freien ↑Morphemen (als Art od. Vorgang der Wortbildung); **b)** Ergebnis der Komposition (4 a), Kompositum. **5.** (veraltet) gütliche Beilegung eines Rechtsstreites; Lösegeld, Sühnegeld

kom|po|si|ti|o|nell: ↑kompositorisch

Kom|po|sit|ka|pi|tell, das; -s, -e (Archit.): römische Form des ↑Kapitells

kom|po|si|to|risch ⟨*lat.-nlat.*⟩: **1.** die Komposition [eines Musikwerks] betreffend. **2.** gestalterisch

Kom|po|si|tum, das; -s, ...ta u. ...siten ⟨*lat.*⟩ (Sprachwiss.): zusammengesetztes Wort, Zusammensetzung (Ggs.: Simplex)

kom|pos|si|bel ⟨*lat.-mlat.*⟩ (Philos.): zusammensetzbar, vereinbar. **Kom|pos|si|bi|li|tät,** die; -

(Philos.): Zusammensetzbarkeit, mögliche Vereinbarkeit zweier Dinge

Kom|post [auch: ˈkɔm...], der; -[e]s, -e ⟨*lat.-mlat.-frz.*⟩: als Dünger verwendetes Produkt aus mit Erde vermischten pflanzlichen od. tierischen Abfällen. **kom|pos|tie|ren: 1.** zu Kompost verarbeiten. **2.** mit Kompost düngen

Kom|pott, das; -[e]s, -e ⟨*lat.-vulgärlat.-frz.*⟩: gekochtes Obst, das als Nachtisch od. zu bestimmten Gerichten gegessen wird

kom|pre|hen|si|bel ⟨*lat.*⟩ (veraltet): begreifbar (Ggs.: inkomprehensibel)

Kom|pre|hen|si|on, die; - (Philos.): Zusammenfassung, Vereinigung von Mannigfaltigem zu einer Einheit

kom|press ⟨*lat.*⟩: **1.** (veraltet) eng, dicht, zusammengedrängt. **2. a)** (Druckw.) ohne Durchschuss; **b)** (von Satzzeichen u. Ä.) ohne vorangehendes u./od. folgendes Leerzeichen [gesetzt]

K

Komp

Kom|pres|se, die; -, -n ⟨*lat.-frz.*⟩ (Med.): **1.** feuchter Umschlag. **2.** zusammengelegtes Mullstück zur Wundabdeckung

kom|pres|si|bel ⟨*lat.-nlat.*⟩ (Physik): zusammendrückbar, verdichtbar (z. B. von Flüssigkeiten, Gasen). **Kom|pres|si|bi|li|tät,** die; - (Physik): Zusammendrückbarkeit, Verdichtbarkeit

Kom|pres|si|on, die; -, -en ⟨*lat.*⟩: **1.** (Physik) Zusammenpressung (z. B. von Gasen, Dämpfen). **2.** (Med.) **a)** Quetschung eines Körperorgans od. einer Körperstelle durch mechanische Einwirkung; **b)** mechanische Abdrückung eines blutenden Gefäßes. **3.** (Skisport) Teil einer Abfahrtsstrecke, bei dem der aus einem Steilhang kommende Fahrer in ein flaches Teilstück hineingepresst wird

Kom|pres|si|ons|dia|gramm, das; -s, -e ⟨*lat.; gr.-lat.*⟩: grafische Wiedergabe der in den einzelnen ↑Zylindern (2) eines Motors gemessenen Kompression (1)

Kom|pres|sor, der; -s, ...oren ⟨*lat.-nlat.*⟩ (Technik): Apparat zum Verdichten von Gasen od. Dämpfen

Kom|pres|so|ri|um, das; -s, ...ien (Med.): Gerät zur Kompression (2 b) eines blutenden Gefäßes

kom|pri|mier|bar ⟨*lat.; dt.*⟩: zusammenpressbar

kom|pri|mie|ren ⟨*lat.*⟩: **a)** zusammenpressen; **b)** verdichten; **c)** (EDV) in eine weniger Speicherplatz erfordernde Form bringen

kom|pri|miert: in gedrängter Kürze dargestellt, nur das Wesentliche enthaltend

Kom|pro|miss, der, (selten:) das; -es, -e ⟨*lat.*⟩: Übereinkunft durch gegenseitige Zugeständnisse

Kom|pro|miss|ler, der; -s, - (abwertend): jmd., der zu schnell bereit ist, Kompromisse zu schließen. **Kom|pro|miss|le|rin,** die; -, -nen: weibliche Form zu ↑Kompromissler

kom|pro|miss|los: ohne Kompromisse, nicht zu Kompromissen bereit. **Kom|pro|miss|lo|sig|keit,** die; -: kompromisslose Haltung

kom|pro|mit|tie|ren ⟨*lat.-frz.*⟩: seinem eigenen od. dem Ansehen eines anderen durch ein entsprechendes Verhalten empfindlich schaden; jmdn., sich bloßstellen. **Kom|pro|mit|tie|rung,** die; -, -en: das Kompromittieren; Bloßstellung

komp|ta|bel ⟨*lat.-frz.*⟩ (Rechtsspr. veraltet): verantwortlich, rechenschaftspflichtig

Komp|ta|bi|li|tät, die; -: Verantwortlichkeit, Rechenschaftspflicht [in Bezug auf die Verwaltung öffentlicher Stellen]

Komp|tant|ge|schäft [kõˈtã:...], **Kon|tant|ge|schäft,** das; -[e]s, -e (veraltend): Kassageschäft

Kom|pul|sa|ti|on, die; -, -en ⟨*lat.*⟩: ↑Kompulsion. **Kom|pul|si|on,** die; -, -en (Rechtsspr. veraltet): Nötigung, Zwang

kom|pul|siv ⟨*lat.-nlat.*⟩ (Rechtsspr. veraltet): nötigend, zwingend

Kom|pul|so|ri|um, das; -s, ...ien ⟨*lat.*⟩ (veraltet): Mahnschreiben [eines übergeordneten Gerichts an ein untergeordnetes zur Beschleunigung einer Rechtssache]

Kom|pu|ta|ti|on, die; -, -en ⟨*lat.*⟩ (veraltet): Überschlag, Berechnung

Kom|pu|tis|tik, Computistik, die; - ⟨*lat.-nlat.*⟩: Wissenschaft von der Kalenderberechnung (im Mittelalter)

Kom|so|mol, der; - ⟨*russ.;* Kurzw. aus *Kom*munistitscheski *So*jus *Mol*odjoschi⟩: kommunistische Jugendorganisation in der ehemaligen UdSSR. **Kom|so|mol|ze,** der; -n, -n: Mitglied des Komsomol. **Kom|so|mol|zin,** die; -, -nen: weibliche Form zu ↑Komsomolze

Kom|tess, Kom|tes|se [beide auch: kõˈtɛs], die; -, ...essen ⟨*lat.-frz.*⟩: unverheiratete Tochter eines Grafen

Kom|tur, der; -s, -e ⟨*lat.-mlat.-frz.*⟩: **1.** (Geschichte) Ordensritter als Leiter einer Komturei. **2.** Inhaber eines Komturkreuzes

Kom|tu|rei, die; -, -en (Geschichte): Verwaltungsbezirk od. Ordenshaus eines geistlichen Ritterordens

Kom|tur|kreuz, das; -es, -e ⟨*lat.-nlat.-frz.; dt.*⟩: Halskreuz eines Verdienstordens

kon..., Kon...

vor b, m, p angeglichen zu: kom..., Kom..., vor l zu: kol..., Kol..., vor r zu: kor..., Kor..., vor Vokalen und h zu: ko..., Ko..., fach- und fremdsprachlich auch: con..., Con..., co..., Co..., col..., Col..., com..., Com..., cor..., Cor... ⟨*lat.* com... → con... »zusammen, mit, völlig«⟩

Präfix mit der Bedeutung »zusammen, mit«:

- kohäsiv
- Kollekte
- komplex
- konfrontieren
- korrekt

Von gleicher Herkunft ist auch das Wortbildungselement **ko..., Ko...** bzw. **co..., Co...** Vermittelt über *engl.* co..., ist es in der Bedeutung »zusammen mit, gemeinsam, Zweit...« Bestandteil vieler Fremdwörter, wie z. B. koaxial, Koeffizient, Kooperation und Co-Autor, Co-Pilot, Co-Produzent.

Ko|nak, der; -s, -e ⟨*türk.*⟩: Palast, Amtsgebäude in der Türkei

Ko|na|ti|on, die; -, -en ⟨*lat.-engl.*⟩ (Psychol.): zielgerichtete ↑Aktivität (1), Trieb, Antrieb, Streben. **ko|na|ti̱v:** strebend, antriebhaft

Ko̱n|au|tor vgl. Co-Autor

Ko̱n|au|to|rin vgl. Co-Autorin

kon|axi|a̱l vgl. koaxial

Ko̱n|cha, Concha, die; -, -s u. ...chen ⟨*gr.-lat.*⟩: **1.** (in frühchristlichen u. mittelalterlichen Kirchen) halbkreisförmige ↑Apsis. **2.** (Med.) muschelähnlicher Teil eines Organs

Ko̱n|che, die; -, -n: **1.** ↑Koncha (1). **2.** bei der Schokoladenherstellung verwendeter muschelförmiger Trog

kon|chi̱e|ren ⟨*gr.-lat.-frz.*⟩: Schokoladenmasse in der Konche (2) einer Wärmebehandlung aussetzen

Kon|chi|fe̱|re, die; -, -n (meist Plural) ⟨*gr.-lat.; lat.*⟩: Weichtier mit einheitlicher Schale

kon|chi|fo̱rm (bes. Kunstwiss.): muschelförmig

Kon|cho|i̱|de, die; -, -n ⟨*gr.-nlat.*⟩ (Math.): Muschellinie, Kurve vierter Ordnung

Kon|cho|lo̱|ge usw. vgl. Konchyliologe usw.

Kon|cho|s|ko̱p, das; -s, -e (Med.): Spiegelinstrument zur Untersuchung der Nasenmuscheln; Nasenspiegel

Kon|chy̱|lie [...i̯ə], die; -, -n (meist Plural) ⟨*gr.-lat.*⟩: Schale der Weichtiere

Kon|chy|lio|lo̱|ge, der; -n, -n ⟨*gr.-nlat.*⟩: Wissenschaftler, der auf dem Gebiet der Konchyliologie arbeitet. **Kon|chy|lio|lo|gi̱e,** die; -: Teilgebiet der ↑Malakologie, das sich mit der Untersuchung von Weichtierschalen befasst. **Kon|chy|lio|lo̱|gin,** die; -, -nen: weibliche Form zu ↑Konchyliologe. **kon|chy|lio|lo̱|gisch:** die Konchyliologie betreffend

Kon|dem|na|ti|o̱n, die; -, -en ⟨*lat.*⟩: **1.** (veraltet) Verurteilung, Verdammung. **2.** (Seerecht) Erklärung eines Sachverständigen, durch die festgestellt wird, dass ein durch ↑Kollision (1), Brand, Strandung o. Ä. beschädigtes Schiff nicht mehr repariert werden kann, sich eine Reparatur nicht mehr lohnt. **kon|dem|ni̱e|ren:** **1.** (veraltet) jmdn. verdammen, verurteilen. **2.** (Seerecht) eine Kondemnation (2) herausgeben

Kon|den|sa̱t, das; -[e]s, -e ⟨*lat.*⟩ (Physik): bei der Kondensation (1) entstandene Flüssigkeit

Kon|den|sa|ti|o̱n, die; -, -en: **1.** (Physik) Verdichtung von Gas od. Dampf zu Flüssigkeit durch Druck od. Abkühlung. **2.** (Chemie) chemische Reaktion, bei der sich zwei Moleküle unter Austritt eines chemisch einfachen Stoffes (z. B. Wasser) zu einem größeren Molekül vereinigen

Kon|den|sa|ti|o̱ns|kern, der; -[e]s, -e ⟨*lat.; dt.*⟩ (bes. Meteorol.): feinstes Teilchen, Ausgangspunkt für die Kondensation (1) von Wasserdampf in der Atmosphäre

Kon|den|sa|ti|o̱ns|ni|veau, das; -s (Meteorol.): Höhenschicht, bei der die Kondensation (1) von Wasserdampf einsetzt

Kon|den|sa|ti|o̱ns|punkt, der; -[e]s: Temperatur, bei der sich Dampf verflüssigt; Taupunkt

Kon|den|sa̱|tor, der; -s, ...o̱ren ⟨*lat.-nlat.;* »Verdichter«⟩: **1.** (Elektrot.) Gerät zur Speicherung elektrischer Ladungen. **2.** Anlage zur Kondensation (1) von Dämpfen; Verflüssiger

kon|den|si̱e|ren ⟨*lat.*⟩: **1. a)** Gase od. Dämpfe durch Druck od. Abkühlung verflüssigen; **b)** aus dem gas- od. dampfförmigen in einen flüssigen Zustand übergehen, sich verflüssigen. **2.** eine Flüssigkeit durch Verdampfen eindicken; **kondensierte Ringe:** chemische Verbindungen, bei denen zwei od. mehrere Ringe gemeinsame Atome haben; **kondensierte Systeme:** organische Stoffe, deren Moleküle mehrere Benzolringe enthalten, von denen je zwei zwei nebeneinanderliegende Kohlenstoffatome gemeinsam haben

Kon|de̱ns|milch, die; - ⟨*lat.; dt.*⟩: durch Wasserentzug eingedickte, in kleinere Gefäße abgefüllte [sterilisierte] Milch

Kon|de̱n|sor, der; -s, ...o̱ren ⟨*lat.-nlat.*⟩: ein System von Linsen in optischen Apparaten, mit dem ein Objekt möglichst hell ausgeleuchtet werden kann

Kon|de̱ns|strei|fen, der; -s, -: schmaler, weißer, wolkenähnlicher Streifen am Himmel, der sich durch Kondensation (1) von Wasserdampf in den Abgasen eines Flugzeugs bilden kann

Kon|des|zen|de̱nz, die; -, -en ⟨*lat.*⟩: **a)** Herablassung, Nachgiebigkeit; **b)** (im theologischen Sprachgebrauch) gnädige Herablassung Gottes zu den Menschen in der Gestalt Jesu Christi

Kon|dik|ti|o̱n, die; -, -en ⟨*lat.*⟩ (Rechtsspr.): Klage auf Rückgabe einer nicht rechtmäßig erworbenen Sache

kon|di̱|tern ⟨*lat.*⟩: **1.** (landsch.) [häufig] Konditoreien besuchen. **2.** (ugs.) Feinbackwaren herstellen

Kon|di|ti|o̱n, die; -, -en ⟨*lat.*⟩: **1.** (meist Plural) Geschäftsbedingung (Lieferungs- u. Zahlungsbedingung). **2.** (ohne Plural) **a)** körperlich-seelische Gesamtverfassung eines Menschen; **b)** körperliche Leistungsfähigkeit; Ausdauer (bes. eines Sportlers / einer Sportlerin). **3.** (veraltet) Stellung, Dienst [eines/einer Angestellten]

kon|di|ti|o|na̱l (Sprachwiss.): eine Bedingung angebend; bedingend (z. B. von Konjunktionen: *falls* er kommt ...); vgl. ...al/...ell. **Kon|di|ti|o|na̱l,** der; -s, -e, **Kon|di|ti|o|na̱|lis,** der; -, ...les [...le:s] (Sprachwiss.): Modus der Bedingung (z. B.: ich *würde* kommen, wenn ...)

Kon|di|ti|o|na|li̱s|mus, Konditionismus, der; - ⟨*lat.-nlat.*⟩ (Philos.): philosophische Richtung, die den Begriff der Ursache durch den der Bedingung ersetzt

Kon|di|ti|o|na|li|tä̱t, die; -, -en ⟨*lat.-nlat.*⟩ (Wirtsch.): **1.** (ohne Plural) (bei einer Staatsschuldenkrise od. in der Entwicklungshilfe) Erteilung von Auflagen bei der Gewährung von Krediten od. Zahlungen. **2.** (meist Plural) im Rahmen der ↑Konditionalität (1) erteilte Auflage

Kon|di|ti|o|na̱l|satz, der; -es, ...sätze (Sprachwiss.): Adverbialsatz der Bedingung (z. B.: *wenn das wahr ist,* dann ...)

kon|di|ti|o|ne̱ll: die Kondition (2 b) betreffend; vgl. ...al/...ell

Kon|di|ti|o̱|nen|kar|tell, das; -s, -e

(Wirtsch.): ↑Kartell, bei dem sich die Abmachungen zwischen den teilnehmenden Unternehmern auf die Verpflichtung zur Einhaltung gleicher Liefer- u. Zahlungsbedingungen beziehen

kon|di|ti|o|nie|ren: 1. (veraltet) in Stellung sein, in Diensten stehen. 2. gereinigtes Getreide für die Vermahlung vorbereiten. 3. den Feuchtigkeitsgrad von Textilrohstoffen ermitteln. 4. Ausgangsrohstoffen vor der Verarbeitung bestimmte Eigenschaften verleihen. 5. (Psychol.) bewirken, dass eine Reaktion auch dann eintritt, wenn an die Stelle des ursprünglich auslösenden Reizes ein anderer tritt. **kon|di|ti|o|niert:** 1. bedingt; beschaffen (von Waren). 2. (Psychol.) bestimmte Reaktionen bedingend (von Reizen). **Kon|di|ti|o|nie|rung,** die; -, -en: 1. (Psychol.) das Ausbilden bedingter Reaktionen bei Mensch od. Tier, wobei eine Reaktion auch dann eintritt, wenn anstelle des ursprünglichen Auslösereizes ein zunächst neutraler Reiz tritt; vgl. Gegenkonditionierung. 2. Behandlung des Getreides vor dem Mahlen mit Feuchtigkeit u. Wärme. 3. Ermittlung des Feuchtigkeitsgrades von Textilrohstoffen

Kon|di|ti|o|nis|mus vgl. Konditionalismus

Kon|di|ti|ons|trai|ning, das; -s: auf die Verbesserung der ↑Kondition (2b) ausgerichtetes Training

Kon|di|tor, der; -s, ...oren ⟨*lat.;* »Hersteller würziger Speisen«⟩: Feinbäcker. **Kon|di|to|rei,** die; -, -en: 1. Betrieb, der Feinbackwaren herstellt u. verkauft u. zu dem oft ein Café gehört. 2. (ohne Plural) das Herstellen von Feingebäck. **Kon|di|to|rin** [auch: ...ˈdi:...], die; -, -nen: weibliche Form zu ↑Konditor

kon|di|zie|ren (Rechtswiss.): (eine nicht rechtmäßig erworbene Sache) zurückfordern; vgl. Kondiktion

Kon|do, das; -s, -s ⟨*jap.;* »goldene Halle«⟩: zentrales Gebäude im japanischen buddhistischen Tempel, in dem Kultbilder oder -statuen stehen, die umschritten werden können

Kon|do|lenz, die; -, -en ⟨*lat.-nlat.*⟩: Beileid; Beileidsbezeigung

kon|do|lie|ren ⟨*lat.*⟩: sein Beileid aussprechen

Kon|dom, das od. der; -s, -e, (selten:) -s ⟨*engl.;* Herkunft unsicher⟩: dünne Hülle aus vulkanisiertem Gummi für das männliche Glied zur Empfängnisverhütung sowie zum Schutz gegen Geschlechtskrankheiten

Kon|do|mi|nat, das od. der; -[e]s, -e, **Kon|do|mi|ni|um,** das; -s, ...ien ⟨*lat.-nlat.*⟩: a) Herrschaft mehrerer Staaten über dasselbe Gebiet; b) Gebiet, das unter der Herrschaft mehrerer Staaten steht

Kon|dor, der; -s, -e ⟨*indian.-span.*⟩: sehr großer in Südamerika heimischer Geier

Kon|dot|ti|e|re, der; -s, ...ri ⟨*lat.-it.*⟩: Söldnerführer im 14. u. 15. Jh. in Italien

Kon|du|i|te [auch: kõˈdyi:tə], die; - ⟨*lat.-frz.*⟩ (veraltet): Führung, Betragen

Kon|dukt, der; -[e]s, -e ⟨*lat.*⟩ (veraltend): [feierliches] Geleit, Gefolge [bei Begräbnissen]

Kon|duk|tanz, die; - ⟨*lat.-nlat.*⟩ (Elektrot.): Wirkleitwert

Kon|duk|teur [...ˈtøːɐ̯, schweiz.: ˈkɔn...], der; -s, -e ⟨*lat.-frz.*⟩ (schweiz., sonst veraltet): [Straßen-, Eisenbahn]schaffner

Kon|duk|to|me|t|rie, die; - ⟨*lat.; gr.*⟩ (Chemie): Verfahren zur Bestimmung der Zusammensetzung chemischer Verbindungen durch Messung der sich ändernden Leitfähigkeit. **kon|duk|to|me|t|risch:** die Konduktometrie betreffend, auf ihr beruhend

Kon|duk|tor, der; -s, ...oren ⟨*lat.*⟩: 1. Hauptleiter der Elektrisiermaschine. 2. (Med.) selbst gesund bleibender Überträger einer Erbkrankheit (z. B. Frauen bei der Übertragung der Bluterkrankheit, an der nur Männer erkranken)

Kon|duk|tus vgl. Conductus

Kon|du|ran|go [...ŋgo], die; -, -s ⟨*indian.-span.*⟩: südamerikanischer Strauch, dessen Rinde ein bitteres Magenmittel liefert

Kon|dy|lom, das; -s, -e ⟨*gr.-lat.*⟩ (Med.): nässende ↑Papel in der Genitalgegend

Ko|nen: *Plural* von ↑Konus

Kon|fa|bu|la|ti|on, die; -, -en ⟨*lat.*⟩ (Psychol.): das Füllen von Gedächtnislücken durch frei erfundene Begebenheiten. **kon|fa|bu|lie|ren** (Psychol.): erfundene Erlebnisse als selbst erlebt darstellen

Kon|fekt, das; -[e]s, -e ⟨*lat.-mlat.;* »Zubereitetes«⟩: 1. feine Zuckerwaren, Pralinen. 2. (südd., österr., schweiz.) Teegebäck

Kon|fek|ti|on, die; -, -en ⟨*lat.-frz.*⟩: 1. fabrikmäßige Serienherstellung von Kleidungsstücken. 2. in Konfektion (1) hergestellte Kleidung. 3. Bekleidungsindustrie

Kon|fek|ti|o|när, der; -s, -e: jmd., der Konfektion (2) entwirft, herstellt. **Kon|fek|ti|o|nä|rin,** die; -, -nen: weibliche Form zu ↑Konfektionär

kon|fek|ti|o|nie|ren: 1. serien-, fabrikmäßig herstellen. 2. die letzte Stufe eines Produktionsprozesses ausführen, die letzten Arbeitsgänge durchführen (z. B. Bücher zum Versand fertig machen, verpacken). **Kon|fek|ti|o|nie|rung,** die; -, -en: 1. das Konfektionieren. 2. konfektionierte Ware

Kon|fe|renz, die; -, -en ⟨*lat.-mlat.*⟩: 1. Sitzung; Besprechung; Tagung. 2. beratschlagende Versammlung. 3. kartellartiger Zusammenschluss von Reedereien im Überseegeschäft

Kon|fe|renz|schal|tung, die; -, -en ⟨*lat.-mlat.; dt.*⟩: drahtlose od. telefonische Zusammenschaltung verschiedener Teilnehmer (an verschiedenen Orten), bei der jeder mit allen in Kontakt treten kann

kon|fe|rie|ren ⟨*lat.-frz.*⟩: 1. mit jmdm. verhandeln, über etwas [in größerem Kreis] beraten. 2. bei einer Veranstaltung als ↑Conférencier arbeiten

Kon|fes|si|on, die; -, -en ⟨*lat.*⟩: 1. [christliche] Glaubensgemeinschaft; Gesamtheit der Menschen, die zu der gleichen Glaubensgemeinschaft gehören. 2. literarische Zusammenfassung von Glaubenssätzen; vgl. Confessio (1 b). 3. a) christliches [Glaubens]bekenntnis; b) Geständnis, [Sünden]bekenntnis

kon|fes|si|o|na|li|sie|ren: die Besonderheiten einer Konfession (1) in allen Bereichen des Lebens, der Kirche, der Theologie durchsetzen

Kon|fes|si|o|na|lis|mus, der; -: [übermäßige] Betonung der eigenen Konfession. **kon|fes|si|o|na|lis|tisch:** den Konfessionalismus betreffend; eng kirchlich denkend

kon|fes|si|o|nell: zu einer Konfession gehörend

Kon|fes|si|ons|schu|le, die; -, -n ⟨*lat.; dt.*⟩: Bekenntnisschule, in der der Unterricht im Geiste einer bestimmten Konfession, bes. der katholischen, gestaltet wird (Ggs.: Simultanschule)

Kon|fet|ti, das; -[s] ⟨*lat.-mlat.-it.*⟩: **1.** bunte Papierblättchen, die bes. bei Faschingsveranstaltungen geworfen werden. **2.** (österr. veraltet) Zuckergebäck, Süßigkeiten

Kon|fet|ti|pa|ra|de, die; -, -n: (bes. in Amerika) Umzug, bei dem eine Persönlichkeit des öffentlichen Lebens gefeiert wird u. bei dem große Mengen von Konfetti geworfen werden

Kon|fi|dent, der; -en, -en ⟨*lat.-frz.*⟩: **1.** (veraltet) Vertrauter, Freund. **2.** (österr.) [Polizei]spitzel

kon|fi|den|ti|ell vgl. konfidenziell

Kon|fi|den|tin, die; -, -nen: weibliche Form zu ↑Konfident

Kon|fi|denz, die; -, -en (veraltend): **1.** Vertrauen. **2.** vertrauliche Mitteilung

kon|fi|den|zi|ell, konfidentiell (veraltend): vertraulich (von Briefen, Mitteilungen)

Kon|fi|gu|ra|ti|on, die; -, -en ⟨*lat.*⟩: **1.** (veraltet) Gestaltung, Gestalt. **2.** (Med.) **a)** äußere Form, Gestalt od. Aufbau eines Organs od. Körperteils; **b)** Verformung (z. B. des kindlichen Schädels bei der Geburt). **3.** ↑Aspekt (2). **4.** (Chemie) die dreidimensionale, räumliche Anordnung der Atome um ein Zentralatom. **5.** (Psychol.) Anordnung u. wechselseitige Beziehung verschiedener Einzelerlebnisse in einem zusammenhängenden Sachverhalt. **6.** (Sprachwiss.) **a)** geordnete Menge bes. von semantischen Merkmalen; **b)** Gruppe syntaktisch verbundener Wörter. **7.** (Astron., Astrol.) bestimmte Stellung der Planeten. **8.** (EDV) konkrete Zusammenstellung einer Rechenanlage aus Zentraleinheit[en], Ein- u. Ausgabegeräten u. Speichergeräten sowie deren Vernetzungsstruktur; Auswahl, Zusammenstellung und Verknüpfung der Software für einen Rechner, eine Rechenanlage

Kon|fi|gu|ra|tor, der; -s, ...oren ⟨*lat.-nlat.*⟩ (EDV): Website eines Herstellers, auf der der Kunde die Ausstattung eines Produkts, z. B. eines Autos, nach eigenem Wunsch zusammenstellen kann

kon|fi|gu|rie|ren: **1.** (veraltet) gestalten. **2.** (fachspr.) verformen. **3.** (EDV) einen Computer für eine konkrete Aufgabenstellung od. Problemlösung einrichten

Kon|fi|na|ti|on, die; -, -en ⟨*lat.-nlat.*⟩ (veraltet): **1.** Einteilung in bestimmte Bezirke. **2.** Hausarrest; gerichtliche Aufenthalts- bzw. Wohnbeschränkung auf einen bestimmten Bezirk. **kon|fi|nie|ren** (veraltet): **1.** in bestimmte Bezirke einteilen. **2.** den Aufenthalt einer Person durch gerichtliche Anordnung auf einen bestimmten Ort beschränken

Kon|fi|ni|tät, die; - (veraltet): Grenznachbarschaft

Kon|fi|ni|um, das; -s, ...ien ⟨*lat.*⟩ (veraltet): **1.** Grenze; Grenzland. **2.** (Geschichte) die österreichischen Grenzgebiete in Südtirol

Kon|fir|mand, der; -en, -en ⟨*lat.;* »der zu Bestärkende«⟩: jmd., der konfirmiert wird. **Kon|fir|man|din,** die; -, -nen: weibliche Form zu ↑Konfirmand

Kon|fir|ma|ti|on, die; -, -en: feierliche Aufnahme junger evangelischer Christen in die Gemeinde der Erwachsenen. **kon|fir|mie|ren:** einen evangelischen Jugendlichen nach vorbereitendem Unterricht feierlich in die Gemeinde der Erwachsenen aufnehmen

Kon|fi|se|rie [auch: kõ...] usw. vgl. Confiserie usw. . **Kon|fi|seur** [...'zø:ɐ̯] usw. vgl. Confiseur usw.

Kon|fis|kat, das; -[e]s, -e (meist Plural) ⟨*lat.*⟩ (Tiermed.): **1.** nicht zum Verzehr geeigneter Teil von Schlachttieren; Schlachtabfall. **2.** Geschlechtsteil eines ungeborenen Tieres

Kon|fis|ka|ti|on, die; -, -en: entschädigungslose staatliche Enteignung einer Person od. Gruppe

kon|fis|ka|to|risch: eine Konfiskation betreffend, darauf beruhend; in der Art einer Konfiskation

kon|fis|zie|ren: etwas [von Staats wegen, gerichtlich] einziehen, beschlagnahmen

Kon|fi|tent, der; -en, -en ⟨*lat.*⟩ (veraltet): Beichtender, Beichtkind. **Kon|fi|ten|tin,** die; -, -nen: weibliche Form zu ↑Konfitent

Kon|fi|tü|re, die; -, -n ⟨*lat.-frz.*⟩: aus nur einer Obstsorte hergestellte Marmelade [mit ganzen Früchten od. Fruchtstücken]

Kon|fix, das; -es, -e ⟨*lat.-nlat.*⟩ (Sprachwiss.): aus einer Verkürzung od. Kurzform entstandenes, nicht selbstständiges Wortbildungselement (z. B. bio[logischer] Rhythmus = *Bio*rhythmus)

Kon|fla|g|ra|ti|on, die; -, -en ⟨*lat.*⟩ (veraltet): Feuersbrunst, Brand

kon|fli|gie|ren ⟨*lat.*⟩: mit etwas in Konflikt geraten

Kon|flikt, der; -[e]s, -e ⟨*lat.;* »Zusammenstoß«⟩: **1. a)** [bewaffnete, militärische] Auseinandersetzung zwischen Staaten; **b)** Streit, Zerwürfnis. **2.** Widerstreit der Motive, Zwiespalt

kon|flik|tär: einen Konflikt enthaltend, voller Konflikte

kon|flik|tiv: einen Konflikt in sich bergend, Konflikte erzeugend

Kon|flikt|kom|mis|si|on, die; -, -en (DDR): außergerichtliche Schiedskommission in Betrieben u. staatlichen Verwaltungen

Kon|flu|enz, die; -, -en ⟨*lat.*⟩ (Geol.): Zusammenfluss zweier Gletscher (Ggs.: Diffluenz)

kon|flu|ie|ren (Med.): zusammenfließen, sich vereinigen (z. B. von Blutgefäßen)

Kon|flux, der; -es, -e: ↑Konfluenz

Kon|fö|de|ra|ti|on, die; -, -en ⟨*lat.;* »Bündnis«⟩: Staatenbund

kon|fö|de|rie|ren, sich: sich verbünden; **die Konföderierten Staaten von Amerika** (Geschichte): die 1861 von den USA abgefallenen u. dann wie-

der zur Rückkehr gezwungenen Südstaaten der USA
Kon|fö|de|rier|te, der u. die; -n, -n: (Geschichte) Anhänger/-in der Südstaaten im Sezessionskrieg
kon|fo|kal ⟨*lat.-nlat.*⟩ (Physik): mit gleichen Brennpunkten
kon|form ⟨*lat.;* »gleichförmig, ähnlich«⟩: **1.** einig, übereinstimmend (in den Ansichten); **mit etwas konform gehen:** mit etwas einig gehen, übereinstimmen. **2.** (Math.) winkel-, maßstabgetreu (von Abbildungen)
Kon|for|ma|ti|on, die; -, -en ⟨*lat.-engl.*⟩ (Chemie): eine der verschiedenen räumlichen Anordnungsmöglichkeiten der ↑Atome eines ↑Moleküls, die sich durch Drehung um eine einfache Achse ergeben
kon|for|mie|ren (veraltet): anpassen, einfügen, übereinstimmend machen
Kon|for|mis|mus, der; - ⟨*lat.-engl.*⟩: Haltung, die durch Angleichung der eigenen Einstellung an die herrschende Meinung gekennzeichnet ist (Ggs.: Nonkonformismus). **Kon|for|mist,** der; -en, -en: **1.** jmd., der seine eigene Einstellung der herrschenden Meinung angleicht (Ggs.: Nonkonformist [1]). **2.** Anhänger der anglikanischen Staatskirche (Ggs.: Nonkonformist [2]). **Kon|for|mis|tin,** die; -, -nen: weibliche Form zu ↑Konformist. **kon|for|mis|tisch: 1.** den Konformismus betreffend, ihm entsprechend (Ggs.: nonkonformistisch [1]). **2.** im Sinne der anglikanischen Staatskirche denkend od. handelnd (Ggs.: nonkonformistisch [2])
Kon|for|mi|tät, die; - ⟨*lat.-mlat.*⟩: **1. a)** Übereinstimmung mit der Einstellung anderer (Ggs.: Nonkonformität); **b)** (Soziol.) das Gleichgerichtetsein des Verhaltens einer Person mit dem einer Gruppe als Ergebnis der ↑Sozialisation. **2.** (Math.) Winkel- u. Maßstabtreue einer Abbildung
Kon|fra|ter, der; -s, ...fratres [...re:s] ⟨*lat.-mlat.;* »Mitbruder«⟩: Amtsbrüder innerhalb der katholischen Geistlichkeit
Kon|fra|ter|ni|tät, die; -, -en (veraltet): Bruderschaft innerhalb der katholischen Geistlichkeit
Kon|fron|ta|ti|on, die; -, -en ⟨*lat.-mlat.*⟩: **1.** Gegenüberstellung von einander widersprechenden Meinungen, Sachverhalten od. Personengruppen. **2.** [politische] Auseinandersetzung zwischen Gegnern. **3.** (Sprachwiss.) ↑synchronischer Vergleich von zwei Sprachzuständen, der das Ziel hat, die Unterschiede u. die Gemeinsamkeiten von zwei untersuchten Sprachen im Hinblick auf den Fremdsprachenunterricht festzustellen
Kon|fron|ta|ti|ons|kurs, der; -es: Verhaltensweise, Vorgehen o. Ä., bei dem man eine Konfrontation (2), einen Konflikt in Kauf nimmt
kon|fron|ta|tiv: ↑komparativ (2 a), ↑kontrastiv
kon|fron|tie|ren: a) jmdn. jmdm. anderen gegenüberstellen, bes. um etwas aufzuklären; **b)** jmdn. in eine Situation bringen, die ihn zur Auseinandersetzung mit etwas Unangenehmem zwingt; **c)** als ↑Kontrast (1), zum Vergleich einander gegenüberstellen
kon|fun|die|ren ⟨*lat.*⟩ (veraltet): vermengen, verwirren
kon|fus ⟨*lat.;* »ineinandergegossen«⟩: verwirrt, verworren; wirr (im Kopf), durcheinander
Kon|fu|si|on, die; -, -en: **1.** Verwirrung, Zerstreutheit; Unklarheit. **2.** (Rechtswiss.) das Erlöschen eines Rechtes, wenn Berechtigung u. Verpflichtung in einer Person zusammenfallen (z. B. durch Kauf)
Kon|fu|ta|ti|on, die; -, -en ⟨*lat.*⟩ (Rechtsspr. veraltet): Widerlegung, Überführung
Kon|fu|zi|a|ner, der; -s, - ⟨*nlat.;* nach dem chin. Philosophen Konfuzius, etwa 551 bis etwa 470 v. Chr.⟩: Anhänger der Lehren des Konfuzius. **Kon|fu|zi|a|ne|rin,** die; -, -nen: weibliche Form zu ↑Konfuzianer
kon|fu|zi|a|nisch: nach Art des Konfuzius gehalten
Kon|fu|zi|a|nis|mus, der; -: auf dem Leben u. der Lehre des Konfuzius beruhende, weltanschauliche (ethische) Grundhaltung; zwischen dem 2. Jh. v. Chr. und dem 3. Jh. n. Chr. offizielle Staatsdoktrin in China. **kon|fu|zi|a|nis|tisch:** den Konfuzianismus betreffend
kon|ge|ni|al ⟨*lat.-nlat.*⟩: **1.** geistig oder künstlerisch [einem genialen Menschen] ebenbürtig. **2.** geistig oder künstlerisch dem hohen Niveau [eines genialen Werks] angemessen. **Kon|ge|ni|a|li|tät,** die; -: Gleichrangigkeit hinsichtlich der Interpretation eines [genialen] Werks
kon|ge|ni|tal ⟨*lat.-nlat.*⟩ (Med.): angeboren; aufgrund einer Erbanlage bei der Geburt vorhanden (z. B. von Erbkrankheiten)
Kon|ges|ti|on, die; -, -en ⟨*lat.;* »Aufhäufung«⟩ (Med.): lokaler Blutandrang (z. B. bei Entzündungen)
kon|ges|tiv ⟨*lat.-nlat.*⟩ (Med.): Blutandrang bewirkend
Kon|glo|ba|ti|on, die; -, -en ⟨*lat.*⟩ (Zool.): Anhäufung von Individuen einer Art aufgrund bestimmter örtlicher Gegebenheiten
Kon|glo|me|rat, das; -[e]s, -e ⟨*lat.-frz.*⟩: **1.** Zusammenballung, Gemisch. **2.** (Geol.) Sedimentgestein aus gerundeten, durch ein Bindemittel verfestigten Gesteinstrümmern
kon|glo|me|ra|tisch (Geol.): das Gesteinsgefüge eines Konglomerats (2) betreffend
Kon|glo|me|rat|tu|mor, der; -s, -en (Med.): durch eine entzündliche Verwachsung verschiedener Organe entstandene Geschwulst
Kon|glu|ti|nat, das; -[e]s, -e ⟨*lat.*⟩ (selten): ↑Konglomerat
Kon|glu|ti|na|ti|on, die; -, -en (Med.): Verklebung [von roten Blutkörperchen]; Agglutination (3)
kon|glu|ti|nie|ren (Med.): zusammenballen, verkleben; agglutinieren
Kon|go|rot, das; -[s] ⟨nach dem Namen des afrik. Flusses⟩: ↑Azofarbstoff, der als ↑Indikator (4) für Säuren u. Basen (früher auch als Textilfarbstoff) verwendet wird
Kon|gre|ga|ti|on, die; -, -en ⟨*lat.*⟩: **1.** kirchliche Vereinigung [mit einfacher Mönchsregel] für bestimmte kirchliche Aufgaben. **2.** engerer Verband von Klöstern innerhalb eines

Mönchsordens. 3. ↑Kardinalskongregation. 4. (veraltet) Vereinigung, Versammlung

Kon|gre|ga|ti|o|na|lis|mus, der; - ‹*lat.-engl.*›: reformiert-kalvinistische religiöse Bewegung in England u. Nordamerika, die eine übergeordnete Kirchenstruktur ablehnt. **Kon|gre|ga|ti|o|na|list,** der; -en, -en: Angehöriger einer englisch-nordamerikanischen Kirchengemeinschaft. **Kon|gre|ga|ti|o|na|lis|tin,** die; -, -nen: weibliche Form zu ↑Kongregationalist. **kon|gre|ga|ti|o|na|lis|tisch:** den Kongregationalismus betreffend

Kon|gre|ga|ti|o|nist, der; -en, -en ‹*lat.-nlat.*›: Mitglied einer Kongregation. **Kon|gre|ga|ti|o|nis|tin,** die; -, -nen: weibliche Form zu ↑Kongregationist

kon|gre|gie|ren: sich versammeln, vereinigen

Kon|gress, der; -es, -e ‹*lat.;* »Zusammenkunft; Gesellschaft«›: **1.** [größere] fachliche od. politische Versammlung, Tagung. **2.** (ohne Plural) aus ↑Senat (2) u. ↑Repräsentantenhaus bestehendes Parlament in den USA

Kon|gress|zen|t|rum, das; -s, ...ren ‹*lat; gr.-lat.*›: **1.** Stadt, in der bedeutende Kongresse (1) stattfinden. **2.** für Kongresse (1) eingerichteter Gebäudekomplex mit großen Sälen, Restaurants, Hotels usw. **3.** Zentrum, zentrale Stelle eines in verschiedenen Gebäuden bzw. Sälen stattfindenden Kongresses (1)

kon|gru|ent ‹*lat.*›: **1.** übereinstimmend (von Ansichten) (Ggs.: disgruent). **2.** (Math.) **a)** deckungsgleich (von geometrischen Figuren); **b)** übereinstimmend (von zwei Zahlen, die, durch eine dritte geteilt, gleiche Reste liefern) (Ggs.: inkongruent)

Kon|gru|enz, die; -, -en: **1.** Übereinstimmung. **2.** (Math.) **a)** Deckungsgleichheit; **b)** Übereinstimmung; vgl. kongruent (2 b). **3.** (Sprachwiss.) **a)** formale Übereinstimmung zusammengehöriger Teile im Satz in ↑Kasus (2), ↑Numerus (3), ↑Genus (2) u. ↑Person (5); **b)** inhaltlich sinnvolle Vereinbarkeit des ↑Verbs mit anderen Satzgliedern

kon|gru|ie|ren: übereinstimmen, sich decken

Ko|ni|die [...i̯ə], die; -, -n (meist Plural) ‹*gr.-nlat.*›: durch Abschnürung entstehende Fortpflanzungszelle vieler Pilze

Ko|ni|fe|re, die; -, -n (meist Plural) ‹*lat.;* »Zapfen tragend«›: Nadelholzgewächs

Kö|nigs|bait, das; -[s], -s ‹*dt.; arab.*›: erstes gereimtes Verspaar des ↑Gasels

Ko|ni|in, das; -s ‹*gr.-nlat.*›: giftiges ↑Alkaloid aus den unreifen Früchten des Gefleckten Schierlings

Ko|ni|ma|harz, das; -es ‹*indian.; dt.*›: weihrauchartiges Harz eines südamerikanischen Baumes

Ko|ni|me|ter, das; -s, - ‹*gr.; gr.-lat.-frz.*›: Apparat zur Bestimmung des Staubgehalts in der Luft

Ko|ni|o|se, die; -, -n ‹*gr.-nlat.*› (Med.): durch Staubeinlagerung entstandene Erkrankung (z. B. Staublunge)

Ko|ni|o|to|mie, die; -, ...i̯en ‹*gr.-lat.*› (Med.): operative Durchtrennung des Bandes zwischen Ring- u. Schildknorpel am Kehlkopf als Notoperation bei Erstickungsgefahr

ko|nisch ‹*gr.-nlat.*›: kegelförmig; **konische Projektion** (Math.): Kartenprojektion auf eine Kegeloberfläche

Ko|ni|zi|tät, die; -, -en (Math.): Kegelförmigkeit, Kegelähnlichkeit

Kon|jek|tur, die; -, -en: **1.** (veraltet) Vermutung. **2.** mutmaßlich richtige Lesart; Textverbesserung bei schlecht überlieferten Texten

kon|jek|tu|ral: die Konjektur betreffend, auf einer Konjektur beruhend

Kon|jek|tu|ral|kri|tik, die; -: philologische Kritik, die Konjekturen (2) anbringt u. prüft

kon|ji|zie|ren: **1.** (veraltet) vermuten. **2.** Konjekturen (2) anbringen

kon|ju|gal ‹*lat.*› (veraltet): ehelich

Kon|ju|ga|te, die; -, -n (meist Plural) (Biol.): Jochalge

Kon|ju|ga|ti|on, die; -, -en ‹lat.; »Verbindung; Beugung«›: **1.** (Sprachwiss.) Abwandlung, Beugung des Verbs nach ↑Person (5), ↑Numerus (3), ↑Tempus, ↑Modus (2) u. a.; vgl. Deklination. **2.** (Biol.) **a)** vorübergehende Vereinigung zweier Wimpertierchen, die mit Kernaustausch verbunden ist; **b)** Vereinigung der gleich gestalteten Geschlechtszellen von Konjugaten

kon|ju|gie|ren: **1.** (Sprachwiss.) ein Verb beugen; vgl. deklinieren. **2.** (veraltet) verbinden. **kon|ju|giert:** **1.** (Math.) zusammengehörend, einander zugeordnet (z. B. von Zahlen, Punkten, Geraden); **konjugierter Durchmesser** (Math.): Durchmesser von Kegelschnitten, der durch die Halbierungspunkte aller Sehnen geht, die zu einem anderen Durchmesser parallel sind. **2.** (Chemie) mit Doppelbindungen abwechselnd (von einfachen Bindungen)

Kon|junkt, das; -s, -e ‹*lat.*› (Sprachwiss.): Teil des Satzes, der mit anderen Satzelementen zusammen auftreten kann (Ggs.: [1]Adjunkt)

Kon|junk|ti|on, die; -, -en ‹*lat.;* »Verbindung; Bindewort«›: **1.** (Sprachwiss.) neben- od. unterordnendes Bindewort (z. B. und, obwohl). **2.** (Astrol.) das Zusammentreffen mehrerer Planeten im gleichen Tierkreiszeichen. **3.** (Astron.) Stellung zweier Gestirne im gleichen Längengrad. **4.** (Logik) Verknüpfung zweier od. mehrerer Aussagen durch den ↑Konjunktor »und«

kon|junk|ti|o|nal ‹*lat.-nlat.*›: die ↑Konjunktion (1) betreffend, durch sie ausgedrückt

Kon|junk|ti|o|nal|ad|verb, das; -s, ...ien: ↑Adverb, das auch die Funktion einer ↑Konjunktion (1) erfüllen kann (z. B. trotzdem: er hat *trotzdem* [Adv.] geraucht; er kennt die Gefahr, *trotzdem* [Konj.] will er es tun)

Kon|junk|ti|o|nal|satz, der; -es, ...sätze: durch eine Konjunktion (1) eingeleiteter Gliedsatz (z. B.: er weiß nicht, *dass Maria und Klaus verreist sind*)

kon|junk|tiv [auch: ...ˈtiːf] ‹*lat.*›: verbindend (Ggs.: disjunk-

konkav	konvex
Die offene, konkave Seite der Kelle muss immer nach oben zeigen. *nach innen gewölbt* – konkav [nach] unten – Flächen konvex oder konkav – Linsen [...] konkave [...] konvexe Die Palette reicht von konvex gewölbtem Bild bis hin zu konkav, nach innen gekrümmtem Bild. Solarkocher sind konkave Sammelschirme für Sonnenstrahlen. Die Blätter sind leicht konkav, ähnlich wie ein Löffel.	Der Deckel soll nicht konvex geformt, sondern leicht nach innen gewandt sein. *nach außen gewölbt* – Karneol: Vorderseite schwach konvex, Rückseite flach nach hinten abgeschrägt – konvexen [...] Linsen – Selbstporträt im konvexen Spiegel ... Armaturenträger und Mitteltunnel sowie die konvex gewölbte Mittelkonsole sind schlank ausgefallen. Die deutlich konvex ausgewölbte Gepäckraumklappe ist Gegenpol zur flachen Front. Es war ein altes Haus mit konvex nach außen gewölbten Fensterscheiben.

tiv [a]); **konjunktives Urteil** (Philos.): Satz mit Subjekt u. mehreren Prädikaten (Formel: X = A + B). **Kon|junk|tiv,** der; -s, -e (Sprachwiss.): Aussageweise der Vorstellung; Möglichkeitsform (sie sagte, sie *sei* verreist) (Abk.: Konj.; Ggs.: [1]Indikativ)

Kon|junk|ti|va, die; -, ...vä (Med.): Bindehaut des Auges

kon|junk|ti|visch [auch: ...'ti:...]: den Konjunktiv betreffend, auf ihn bezogen

Kon|junk|ti|vi|tis, die; -, ...itiden ⟨*lat.-nlat.*⟩ (Med.): Bindehautentzündung des Auges

Kon|junk|tor, der; -s (Logik): die logische Partikel »und« zur Herstellung einer ↑Konjunktion (4) (Zeichen: ∧)

Kon|junk|tur, die; -, -en ⟨*lat.-mlat.*⟩ (Wirtsch.): **a)** Wirtschaftslage, -entwicklung; vgl. Depression (3), Prosperität; **b)** Wirtschaftsaufschwung (Hochkonjunktur)

kon|junk|tu|rell: die wirtschaftliche Gesamtlage u. ihre Entwicklungstendenz betreffend

Kon|junk|tur|in|di|ka|tor, der; -s, -en (Wirtsch.): Kennzahl, die den Zustand u. die Entwicklung der gesamtwirtschaftlichen Konjunktur abbilden soll

Kon|junk|tur|kri|se, die; -, -n: Verschlechterung der Wirtschaftslage, Verlangsamung der wirtschaftlichen Entwicklung

Kon|ju|rant, der; -en, -en ⟨*lat.*⟩ (veraltet): Verschworener. **Kon|ju|ran|tin,** die; -, -nen: weibliche Form zu ↑Konjurant

Kon|ju|ra|ti|on, die; -, -en (veraltet): Verschwörung

Kon|ka|te|na|ti|on, die; -, -en ⟨*lat.*⟩ (EDV, Sprachwiss.): Verkettung von Zeichen od. Zeichenketten

kon|kav ⟨*lat.;* »hohlrund, gewölbt«⟩ (Physik): hohl, vertieft, nach innen gewölbt (z. B. von Linsen od. Spiegeln) (Ggs.: konvex)

Waldmann geformt
gekrümmt
geschliffen
gebogen
hohl
konkav
konvex
gewölbt
geschwungen
oval
wölben gerundet

konkav/konvex *s. Kasten*

Kon|ka|vi|tät, die; -: Wölbung nach innen (Ggs.: Konvexität)

Kon|kav|spie|gel, der; -s, -: Hohlspiegel

Kon|kla|ve, das; -s, -n ⟨*lat.*⟩: **a)** streng abgeschlossener Versammlungsort der Kardinäle bei einer Papstwahl; **b)** Kardinalsversammlung zur Papstwahl

kon|klu|dent ⟨*lat.*⟩ (bes. Philos.): eine Schlussfolgerung zulassend; schlüssig; **konkludentes Verhalten** (Rechtswiss.): eine ausdrückliche Willenserklärung rechtswirksam ersetzendes, schlüssiges Verhalten

kon|klu|die|ren (Philos.): etwas aus etwas folgern, einen Schluss ziehen. **Kon|klu|si|on,** die; -, -en (Philos.): Schluss, Folgerung, Schlusssatz im ↑Syllogismus

kon|klu|siv ⟨*lat.-nlat.*⟩: **1.** (Philos.) folgernd. **2.** (Sprachwiss.) den allmählichen Abschluss eines Geschehens von Verben kennzeichnend (z. B. verklingen, verblühen)

Kon|ko|mi|tanz, die; - ⟨*lat.-mlat.;* »Begleitung«⟩: **1.** (Sprachwiss.) das gemeinsame Vorkommen von sprachlichen Elementen verschiedener Klassen, das obligatorisch (z. B. etwas bekommen), fakultativ (z. B. [etwas] rauchen) oder nie (z. B. kommen) stattfindet. **2.** Lehre, nach der Christus mit Fleisch u. Blut in jeder der beiden konsekrierten Gestalten Brot u. Wein zugegen ist

kon|kor|dant ⟨*lat.*⟩: **1.** übereinstimmend. **2.** (Geol.) gleichlaufend übereinander gelagert (von Gesteinsschichten)

Kon|kor|danz, die; -, -en ⟨*lat.; mlat.*⟩: **1. a)** alphabetisches Verzeichnis von Wörtern od. Sachen zum Vergleich ihres Vorkommens u. Sinngehaltes an verschiedenen Stellen eines Buches (bes. als Bibelkonkordanz); **b)** Vergleichstabelle von Seitenzahlen verschiedener Ausgaben eines Werkes. **2.** (Geol.) gleichlaufende Lagerung mehrerer Gesteinsschichten übereinander. **3.** (Biol.) die Übereinstimmung in Bezug auf ein bestimmtes Merkmal (z. B. von Zwillingen). **4.** (Druckw.) ein Schriftgrad (Einheit von 4 ↑Cicero). **5.** (Sprachwiss.) Ausdruck grammatischer Zusammenhänge durch formal gleiche Elemente, bes. durch ↑Präfixe (in bestimmten Sprachen)

Kon|kor|dat, das; -[e]s, -e: **1.** Vertrag zwischen einem Staat u. dem Vatikan. **2.** (schweiz.) Vertrag zwischen Kantonen

Kon|kor|dia, die; -: Eintracht, Einigkeit

Kon|kor|di|en|buch, das; -[e]s ⟨*lat.; dt.*⟩: am weitesten verbreitete Sammlung lutherischer Bekenntnisschriften

Kon|kor|di|en|for|mel, die; -: letzte, allgemein anerkannte lutherische Bekenntnisschrift von 1577

Kon|kre|ment, das; -[e]s, -e ⟨*lat.;* »Zusammenhäufung«⟩ (Med.): vorwiegend aus Salzen bestehendes, krankhaftes, festes Gebilde, das in Körperhöhlen bzw. ableitenden Systemen entsteht (z. B. Nierensteine)

kon|kret ⟨*lat.;* »zusammengewachsen«⟩: **1.** als etwas sinnlich, anschaulich Gegebenes erfahrbar; **konkrete Kunst:** Richtung der modernen Kunst, bes. der Malerei, deren bildnerische Elemente nur sich selbst bedeuten wollen; **konkrete Literatur:** Richtung der modernen Literatur, die versucht, mit sprachlichen Mitteln, losgelöst von syntaktischen Zusammenhängen, rein visuell od. akustisch eine Aussage zu gestalten; **konkrete Musik:** Richtung der modernen Musik, bei der Geräusche aus dem täglichen Leben in elektronischer Verarbeitung im Vordergrund stehen. **2.** im Einzelnen genau erklärt, genau dargelegt, tatsächlich. **3.** gerade anstehend, im Augenblick so gegeben

Kon|kre|ti|on, die; -, -en: **1.** Vergegenständlichung. **2.** (Med.) Verklebung, Verwachsung. **3.** (Geol.) knolliger, kugeliger mineralischer Körper in Gesteinen

kon|kre|ti|sie|ren ⟨*lat.-nlat.*⟩: im Einzelnen ausführen, näher bestimmen, deutlich machen. **Kon|kre|ti|sie|rung,** die; -, -en: **1.** das Konkretisieren. **2.** durch Konkretisieren entstandener Begriff. **3.** (Rechtswiss.) Umwandlung einer Gattungs- in eine Stückschuld

Kon|kre|tum, das; -s, ...ta ⟨*lat.*⟩ (Sprachwiss.): Substantiv, das etwas Gegenständliches bezeichnet (z. B. Tisch) (Ggs.: Abstraktum)

Kon|ku|bi|nat, das; -[e]s, -e ⟨*lat.*⟩: **1.** (Rechtswiss.) eheähnliche Gemeinschaft ohne Eheschließung. **2.** in der römischen Kaiserzeit eine gesetzlich erlaubte außereheliche Verbindung zwischen Personen, die eine bürgerliche Ehe nicht eingehen durften

Kon|ku|bi|ne, die; -, -n ⟨»Beischläferin«⟩: **1.** (veraltet) im Konkubinat lebende Frau. **2.** (veraltet abwertend) Geliebte

Kon|ku|pis|zenz, die; - ⟨*lat.*⟩ (Philos., Theol.): sinnliche Begehrlichkeit, Begehrlichkeit des Menschen

Kon|kur|rent, der; -en, -en ⟨*lat.*⟩: **1.** jmd., der auf einem bestimmten Gebiet mit jmdm. konkurriert; Rivale (im geschäftlichen Bereich, in einer sportlichen Disziplin o. Ä.). **2.** (Plural; kath. Liturgie) zwei Feste, die auf aufeinanderfolgende Tage fallen. **Kon|kur|ren|tin,** die; -, -nen: weibliche Form zu ↑Konkurrent (1)

Kon|kur|renz, die; -, -en ⟨*lat.-mlat.*⟩: **1.** (ohne Plural) das Konkurrieren, bes. im wirtschaftlichen Bereich. **2.** auf einem bestimmten Gebiet, bes. in einer sportlichen Disziplin, stattfindender Wettkampf, Wettbewerb; **außer Konkurrenz:** außerhalb der offiziellen Wertung. **3.** (ohne Plural) jmds. Konkurrent[en]

kon|kur|ren|zie|ren ⟨*lat.-nlat.*⟩ (südd., österr., schweiz.): mit jmdm. konkurrieren, jmdm. Konkurrenz machen, jmds. Konkurrent sein

Kon|kur|renz|klau|sel, die; -: vertraglich vereinbartes Wettbewerbsverbot

kon|kur|rie|ren ⟨*lat.;* »zusammenlaufen, -treffen, aufeinanderstoßen«⟩: mit anderen in Wettbewerb treten; sich gleichzeitig mit anderen um etwas bewerben

Kon|kurs, der; -es, -e ⟨*lat.*⟩: **1.** Zahlungsunfähigkeit, Zahlungseinstellung einer Firma. **2.** (bes. österr., schweiz. Rechtsspr.) gerichtliches Vollstreckungsverfahren zur gleichmäßigen u. gleichzeitigen Befriedigung aller Gläubiger eines Unternehmens, das die Zahlungen eingestellt hat; Insolvenz. **kon|kur|sit** (schweiz.): zahlungsunfähig, insolvent. **Kon|kur|sit,** der; -en, -en (schweiz. Rechtsspr.): zahlungsunfähiger Schuldner in einem ↑Konkurs (2). **Kon|kur|si|tin,** die; -, -nen: weibliche Form von ↑Konkursit

kon|na|tal ⟨*lat.-nlat.*⟩ (Med.): angeboren (von Krankheiten od. Schädigungen)

Kon|nek|ti|o|nis|mus ⟨*lat.-nlat.*⟩: Forschungsrichtung der Neuroinformatik, die sich mit der Entwicklung künstlicher neuronaler Netze zur Simulierung von künstlicher Intelligenz befasst

Kon|nek|tiv, das; -s, -e ⟨*lat.-nlat.*⟩ (Biol., Med.): Verbindungsglied (z. B. zwischen Pflanzenteilen od. Nervensträngen)

Kon|nek|ti|vi|tät, die; -, -en (Plural selten) ⟨*lat.-engl.*⟩ (EDV): Fähigkeit von Betriebssystemen, zw. einem Computer u. Netzwerken, bes. dem Internet, eine Verbindung herzustellen

Kon|nek|tor, der; -s, -oren ⟨*lat.-engl.*⟩: **1.** (EDV) Symbol in Flussdiagrammen (grafische Darstellungen von Arbeitsabläufen), das auf die Stelle verweist, an der der Programmablauf fortgesetzt werden soll. **2.** (Sprachwiss.) für den Textzusammenhang wichtiges Verknüpfungselement

Kon|ne|ta|bel, der; -s, -s ⟨*lat.-frz.*⟩ (Geschichte): Oberfeldherr des französischen Königs

Kon|nex, der; -es, -e ⟨*lat.;* »Verflechtung, Verknüpfung«⟩: **1.** zwischen Dingen bestehende Zusammenhänge; Verbindung. **2.** persönlicher Kontakt

Kon|ne|xi|on, die; -, -en ⟨*lat.-frz.*⟩: **1.** (meist Plural) einflussreiche, vorteilhafte Bekanntschaft, Beziehung. **2.** (Sprachwiss.) Beziehung zwischen regierendem u. regiertem Element eines Satzes (in der ↑Dependenzgrammatik)

Kon|ne|xi|tät, die; - ⟨*lat.-nlat.*⟩ (Rechtswiss.): **a)** innerer Zusammenhang mehrerer [Straf]rechtsfälle als Voraussetzung für die Zusammenfassung in einem Gerichtsverfahren; **b)** innere Abhängigkeit der auf demselben Rechtsverhältnis beruhenden wechselseitigen Ansprüche von Gläubiger u. Schuldner

Kon|ne|xi|täts|prin|zip, das; -s (Rechtswiss.): Verpflichtung einer staatlichen Ebene, für finanziellen Ausgleich zu sorgen, wenn sie Aufgaben an eine andere Ebene überträgt

kon|ni|vent ‹*lat.*›: **1.** (veraltet) nachsichtig, duldsam. **2.** (Rechtswiss.) Amtsdelikte untergebener od. beaufsichtigter Personen bewusst duldend od. dazu verleitend (von Vorgesetzten, Aufsichtsbeamten)

Kon|ni|venz, die; -, -en: **1.** Nachsichtigkeit, Duldsamkeit. **2.** (Rechtswiss.) ↑konniventes (2) Verhalten, konnivente Handlung

kon|ni|vie|ren (veraltet): dulden, Nachsicht üben

Kon|nos|se|ment, das; -[e]s, -e ‹*lat.-it.*›: Frachtbrief

Kon|no|tat, das; -s, -e ‹*lat.*› (Sprachwiss.): **1.** vom Sprecher bezeichneter Begriffsinhalt (im Gegensatz zu den entsprechenden Gegenständen in der außersprachlichen Wirklichkeit) (Ggs.: Denotat [1]). **2.** konnotative [Neben]bedeutung (Ggs.: Denotat [2])

Kon|no|ta|ti|on, die; -, -en: **1.** (Logik) Begriffsinhalt (im Gegensatz zum Umfang). **2.** (Sprachwiss.) **a)** assoziative, emotionale, stilistische, wertende [Neben]bedeutung (Ggs.: Denotation [2 a]); **b)** Beziehung zwischen Zeichen u. Zeichenbenutzer (Ggs.: Denotation [2 b])

kon|no|ta|tiv [auch: 'kɔn...] (Sprachwiss.): die assoziative, emotionale, stilistische, wertende [Neben]bedeutung, Begleitvorstellung eines sprachlichen Zeichens betreffend (Ggs.: denotativ)

kon|nu|bi|al ‹*lat.*› (Rechtsspr. veraltet): die Ehe betreffend. **Kon|nu|bi|um,** das; -s, ...ien (Rechtsspr. veraltet): Ehe[gemeinschaft]

Ko|no|id, das; -[e]s, -e ‹*gr.-nlat.*› (Math.): kegelähnlicher Körper, der z. B. durch ↑Rotation (1) einer Kurve um ihre Achse entsteht

Ko|no|pe|um, das; -s, ...een ‹*gr.-nlat.*›: Vorhang zur Verhüllung des Altartabernakels

Kon|quis|ta|dor, der; -en, -en ‹*lat.-span.*› (Geschichte): Teilnehmer an der spanischen Eroberung Südamerikas im 16. Jh.

Kon|rek|tor, der; -s, ...oren ‹*lat.-nlat.*›: Stellvertreter des Rektors [einer Grund-, Haupt- od. Realschule]. **Kon|rek|to|rin,** die; -, -nen: weibliche Form zu ↑Konrektor

Kon|san|gu|i|ni|tät, die; - ‹*lat.*› (veraltet): Blutsverwandtschaft

Kon|seil [kõ'sɛj], der; -s, -s ‹*lat.-frz.*› (veraltet): Staats-, Ministerrat, Ratsversammlung; Beratung; vgl. Conseil

Kon|se|k|rant, der; -en, -en ‹*lat.*› (kath. Kirche): jmd., der eine Konsekration vornimmt

Kon|se|k|ra|ti|on, die; -, -en: **1.** (kath. Rel.) liturgische Weihe einer Person od. Sache. **2.** (kath. Rel.) liturgische Weihe von Brot u. Wein durch Verwandlung in Leib u. Blut Christi; vgl. Transsubstantiation. **3.** (Geschichte) die Vergöttlichung des verstorbenen Kaisers in der römischen Kaiserzeit

Kon|se|k|ra|ti|ons|mün|ze, die; -, -n (Geschichte): bei der Konsekration (3) eines römischen Kaisers geprägte Münze

kon|se|k|rie|ren: (durch Konsekration [1, 2]) liturgisch weihen

kon|se|ku|tiv [auch: ...'ti:f] ‹*lat.-nlat.*›: **1.** zeitlich folgend; **konsekutives Dolmetschen:** zeitlich nachgetragenes Dolmetschen. **2.** (Philos.) aus einem konstitutiven Begriffsmerkmal folgend, abgeleitet. **3.** (Sprachwiss.) die Folge kennzeichnend, angebend

Kon|se|ku|tiv|satz, der; -es, ...sätze (Sprachwiss.): Nebensatz, der die Folge (Wirkung) des im übergeordneten Satz genannten Sachverhalts angibt (z. B.: er ist so krank, *dass er zum Arzt muss*)

Kon|se|mes|ter, das; -s, - ‹*lat.*›: Kommilitone, Kommilitonin (Student[in] im gleichen Semester)

Kon|sens, der; -es, -e ‹*lat.*›: **a)** (veraltet) Zustimmung, Einwilligung; **b)** Übereinstimmung der Meinungen; vgl. Consensus (Ggs.: Dissens)

Kon|sen|su|al|kon|trakt, der; -[e]s, -e ‹*lat.-nlat.; lat.*› (Rechtswiss.): der (allgemein übliche) durch beiderseitige Willenserklärungen rechtswirksam werdende Vertrag

kon|sen|su|ell ‹*lat.-nlat.*› (Med., sonst veraltet): [sinngemäß] übereinstimmend

Kon|sen|sus, der; -, - [...zu:s]: ↑Konsens

kon|sen|tie|ren ‹*lat.*› (veraltet): **1.** mit jmdm. übereinstimmen; einig sein. **2.** (Rechtswiss.) genehmigen

kon|se|quent ‹*lat.*›: **1.** folgerichtig, logisch zwingend. **2. a)** unbeirrbar, fest entschlossen; **b)** beharrlich, immer, jedes Mal. **3.** (Geol.) der Abdachung eines Gebietes od. einer ↑tektonischen Linie folgend (von Flüssen) (Ggs.: insequent)

Kon|se|quenz, die; -, -en: **1.** (ohne Plural) **a)** Folgerichtigkeit; **b)** Zielstrebigkeit, Beharrlichkeit. **2.** (meist Plural) Folge, Aus-, Nachwirkung

Kon|ser|va|ti|on, die; -, -en ‹*lat.*› (veraltet): Erhaltung, Instandhaltung

Kon|ser|va|tis|mus vgl. Konservativismus

kon|ser|va|tiv [auch: 'kɔ...] ‹*lat.-mlat.-engl.*›: **1.** am Hergebrachten festhaltend, auf Überliefertem beharrend, bes. im politischen Leben. **2.** althergebracht, bisher üblich. **3.** (Med.) erhaltend, bewahrend (im Sinne der Schonung u. Erhaltung eines verletzten Organs, im Gegensatz zu operativer Behandlung). **4.** politisch dem Konservativismus zugehörend, ihm eigen. **Kon|ser|va|ti|ve,** der u. die; -n, -n: Anhänger[in] des Konservativismus, einer konservativen Partei

Kon|ser|va|ti|vis|mus, Konservatismus, der; -, ...men ‹*lat.-nlat.*›: **1. a)** [politische] Anschauung, die sich am Hergebrachten, Überlieferten orientiert; **b)** [politische] Anschauung, Grundhaltung, die auf weitgehende Erhaltung der bestehenden Ordnung gerichtet ist. **2.** konservative politische Bewegung[en], Parteien o. Ä.

Kon|ser|va|ti|vi|tät, die; -: konservative (1) Haltung, Art, Beschaffenheit, konservativer Charakter

Kon|ser|va|tor, der; -s, ...oren ⟨*lat.*⟩: mit der Erhaltung von Kunstwerken, Kulturdenkmälern o. Ä. betrauter Beamter, insbesondere beamteter Kunsthistoriker. **Kon|ser|va|to|rin,** die; -, -nen: weibliche Form zu ↑Konservator. **kon|ser|va|to|risch** ⟨*lat.-nlat.*⟩: **1.** die Bewahrung u. Erhaltung von Kunstwerken betreffend. **2.** das Konservatorium betreffend

Kon|ser|va|to|rist, der; -en, -en: Schüler eines Konservatoriums. **Kon|ser|va|to|ris|tin,** die; -, -nen: weibliche Form zu ↑Konservatorist. **kon|ser|va|to|ris|tisch:** ↑konservatorisch (2)

Kon|ser|va|to|ri|um, das; -s, ...ien ⟨*lat.-it.*⟩: Musik[hoch]schule für die Ausbildung von Musikern

Kon|ser|ve, die; -, -n ⟨*lat.-mlat.*⟩: **1. a)** Konservenbüchse od. -glas mit (durch Sterilisierung haltbar gemachten) Lebensmitteln o. Ä.; **b)** in einer Konservenbüchse od. einem Konservenglas enthaltenes konserviertes Lebensmittel o. Ä. **2.** Aufzeichnung auf Bild- u. Tonträger. **3.** (Med.) Blutkonserve (steril abgefülltes, mit gerinnungshemmenden Flüssigkeiten versetztes Blut für Blutübertragungen)

kon|ser|vie|ren ⟨*lat.*⟩: **1.** (bes. Lebensmittel) durch spezielle Behandlung haltbar machen. **2.** durch besondere Behandlung, Pflege erhalten, bewahren. **Kon|ser|vie|rung,** die; -, -en: **1.** Haltbarmachung von Gegenständen aller Art, bes. von Lebensmitteln. **2.** Erhaltung u. Sicherung eines bestimmten Zustandes eines Kunstwerkes oder Baudenkmals

kon|si|de|ra|bel ⟨*lat.-frz.*⟩ (veraltet): beachtlich, ansehnlich

Kon|si|g|nant, der; -en, -en ⟨*lat.*⟩: Versender von Konsignationsgut. **Kon|si|g|nan|tin,** die; -, -nen: weibliche Form zu ↑Konsignant

Kon|si|g|na|tar, Kon|si|g|na|tär, der; -s, -e ⟨*lat.-nlat.*⟩: Empfänger [von Waren zum Weiterverkauf], bes. im Überseehandel. **Kon|si|g|na|ta|rin, Kon|si|g|na|tä|rin,** die; -, -nen: weibliche Form zu ↑Konsignatar

Kon|si|g|na|ti|on, die; -, -en ⟨*lat.*⟩: **1.** (bes. im Überseehandel) Kommissionsgeschäfte; Warenübergabe, -übersendung an einen ↑Kommissionär. **2.** (veraltet) Niederschrift, Aufzeichnung. **kon|si|g|nie|ren** (Wirtsch.): als Auftraggeber Waren an einen Konsignatär übergeben, übersenden (bes. im Überseehandel)

Kon|sil, das; -s, -e (bes. Med.): ↑Konsilium

Kon|si|li|ar|arzt, der; -es, ...ärzte (Med.), Konsiliarius, der; -, ...rii ⟨*lat.*⟩ (Med. veraltend): vom behandelnden Arzt zur Beratung in einem unklaren Krankheitsfall hinzugezogener zweiter Arzt. **Kon|si|li|ar|ärz|tin,** die; -, -nen: weibliche Form zu ↑Konsiliararzt

Kon|si|li|um, das; -s, ...ien (bes. Med.): **1.** Beratung [mehrerer Ärzte meist aus verschiedenen Fachbereichen über einen Krankheitsfall]. **2.** schriftliche Anfrage für eine Begutachtung durch einen Konsiliararzt

kon|sis|tent ⟨*lat.*⟩: **1. a)** dicht, fest od. zäh zusammenhängend; **b)** dickflüssig, von festem Zusammenhalt, in sich ↑stabil (1), beständig. **2.** (Logik) widerspruchsfrei (Ggs.: inkonsistent)

Kon|sis|tenz, die; - ⟨*lat.-nlat.*⟩: **1. a)** (Chemie) Grad u. Art des Zusammenhalts eines Stoffes; **b)** konsistente Beschaffenheit. **2.** strenger gedanklicher Zusammenhang; Widerspruchslosigkeit, Stringenz (Ggs.: Inkonsistenz [b])

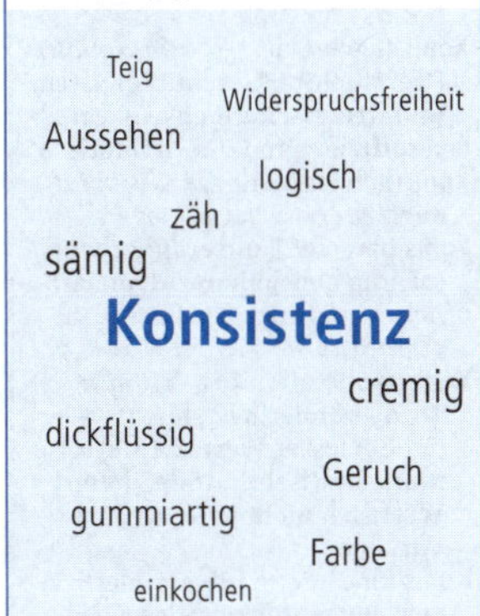

kon|sis|to|ri|al: das Konsistorium betreffend

Kon|sis|to|ri|al|rat, der; -[e]s, ...räte ⟨*lat.-mlat.; dt.*⟩: [Amtstitel für ein] Mitglied des Konsistoriums (2) einer konsistorial verfassten evangelischen Landeskirche

Kon|sis|to|ri|um, das; -s, ...ien ⟨*lat.*⟩: **1. a)** Plenarversammlung der Kardinäle unter Vorsitz des Papstes; **b)** Verwaltungsbehörde einer Diözese (in Österreich). **2.** oberste Verwaltungsbehörde einer evangelischen Landeskirche

kon|skri|bie|ren ⟨*lat.;* »verzeichnen; in eine Liste eintragen«⟩ (früher): zum Wehrdienst einberufen. **Kon|skrip|ti|on,** die; -, -en (früher): das Konskribieren

¹Kon|sol, der; -s, -s (meist Plural) ⟨*lat.-engl.*⟩: englischer Staatsschuldschein

²Kon|sol, das; -s, -e ⟨*lat.-frz.*⟩ (landsch.): ↑Konsole (2)

Kon|so|la|ti|on, die; -, -en ⟨*lat.*⟩ (veraltet): Trost, Beruhigung

Kon|so|le, die; -, -n ⟨*frz.*⟩: **1.** (Archit.) Vorsprung (als Teil einer Wand, Mauer), der etwas trägt od. auf dem etwas aufgestellt werden kann. **2.** Wandbord, -brett; an der Wand angebrachtes tischartiges Möbel mit zwei Beinen (für Vasen, Uhren o. Ä.). **3.** (EDV) Ein- u. Ausgabegerät, Steuerpult am Computer, Anschlussmöglichkeit an ein Fernsehgerät

Kon|so|li|da|ti|on, die; -, -en ⟨*lat.(-frz.)*⟩: **1.** Festigung, Sicherung. **2.** (Wirtsch.) **a)** Umwandlung kurzfristiger Staatsschulden in Anleihen; **b)** Vereinigung unterschiedlicher Staatsanleihen zu einer einheitlichen Anleihe; **c)** Senkung der Nettoneuverschuldung (eines Staates). **3.** (Med.) **a)** Stillstand eines Krankheitsprozesses (z. B. einer Tuberkulose); **b)** Verknöcherung des sich bei Knochenbrüchen neu bildenden Gewebes. **4.** (Geol.) Versteifung von Teilen der Erdkruste durch Zusammenpressung u. Faltung sowie durch Eindringen von ↑Magma (1). **kon|so|li|die|ren:** **1.** [sich] in seinem Bestand festigen. **2.** (Wirtsch.) durch ↑Konsolidation (2) umwandeln od. zusammenlegen. **Kon|so|li-**

K Kons

die|rung, die; -, -en: 1. ↑Konsolidation; vgl. ...ation/...ierung. 2. (Med.) a) Verknöcherung des Gewebes, das sich nach einem Knochenbruch neu gebildet hat; b) Stillstand eines Krankheitsprozesses (z. B. bei der Lungentuberkulose). **Kon|so|li|die|rungs|pha|se**, die; -, -n: Zeitraum, in dem sich etwas konsolidiert

Kon|som|mee vgl. Consommé

kon|so|nant ⟨*lat.*⟩: 1. (veraltet) einstimmig, übereinstimmend. 2. (Musik) harmonisch zusammenklingend. 3. (Akustik) mitklingend, -schwingend

Kon|so|nant, der; -en, -en (Sprachwiss.): Laut, bei dessen ↑Artikulation (1b) der Atemstrom gehemmt od. eingeengt wird; Mitlaut (z. B. d, m) (Ggs.: Vokal). **kon|so|nan|tisch**: [einen] Konsonanten betreffend, damit gebildet

Kon|so|nan|tis|mus, der; - ⟨*lat.-nlat.*⟩ (Sprachwiss.): System, Funktion der Konsonanten

K

Kons

Kon|so|nanz, die; -, -en ⟨*lat.*⟩: 1. Konsonantenverbindung, -häufung. 2. (Musik) konsonanter Gleichklang von Tönen

kon|so|nie|ren: zusammen-, mitklingen; **konsonierende Geräusche** (Med.): durch Resonanz verstärkte Rasselgeräusche

Kon|sor|te, der; -n, -n ⟨*lat.*; »Genosse«⟩: 1. Mitglied eines Konsortiums. 2. (Plural; abwertend) die Mitbeteiligten (bei Streichen, nicht einwandfreien Geschäften o. Ä.)

Kon|sor|ti|al|bank, die; -, -en ⟨*lat.-nlat.; dt.*⟩: Mitgliedsbank eines Konsortiums

Kon|sor|ti|al|füh|rung, die; -, -en (Wirtsch.): Leitung u. Abwicklung der Geschäfte eines ↑Konsortiums durch ein beauftragtes Mitglied

Kon|sor|ti|al|ge|schäft, das; -[e]s, -e: gemeinsames Finanz- od. Handelsgeschäft mehrerer Unternehmen

Kon|sor|ti|al|quo|te, die; -, -n ⟨*lat.-nlat.; lat.-mlat.*⟩: der dem einzelnen Mitglied eines Konsortiums zustehende Teil des Gesamtgewinns

Kon|sor|ti|um, das; -s, ...ien ⟨*lat.*⟩: vorübergehender Zusammenschluss von Unternehmen, bes. Banken, zur gemeinsamen Durchführung eines größeren Geschäfts

Kon|so|zi|a|ti|on, die; -, -en ⟨*lat.*⟩ (Sprachwiss.): sprachlicher u. sachlicher Zusammenhang, in dem ein Wort üblicherweise erscheint

Kon|s|pekt, der; -[e]s, -e ⟨*lat.*⟩: Zusammenfassung, Inhaltsangabe, -übersicht. **kon|s|pek|tie|ren**: einen Konspekt anfertigen

kon|s|pe|zi|fisch ⟨*lat.*⟩ (Biol.): derselben Art angehörend

Kon|s|pi|ku|i|tät, die; - ⟨*lat.-nlat.*⟩ (veraltet): Anschaulichkeit, Klarheit

Kon|s|pi|rant, der; -en, -en ⟨*lat.*⟩ (veraltet): [politischer] Verschwörer. **Kon|s|pi|ran|tin**, die; -, -nen: weibliche Form zu ↑Konspirant

Kon|s|pi|ra|teur [...ˈtøːɐ̯], der; -s, -e ⟨*lat.-frz.*⟩ (selten): [politischer] Verschwörer. **Kon|s|pi|ra|teu|rin** [...ˈtøːrɪn], die; -, -nen: weibliche Form zu ↑Konspirateur

Kon|s|pi|ra|ti|on, die; -, -en: Verschwörung

kon|s|pi|ra|tiv ⟨*lat.-nlat.*⟩: a) [politisch] eine Verschwörung bezweckend, anstrebend; b) zu einer Verschwörung, in den Zusammenhang einer Verschwörung gehörend

Kon|s|pi|ra|tor, der; -s, ...oren ⟨*lat.-mlat.*⟩ (veraltet): [politischer] Verschwörer

kon|s|pi|rie|ren ⟨*lat.*⟩: sich verschwören (bes. zur Erreichung politischer Ziele)

[1]**Kon|s|ta|b|ler**, der; -s, - ⟨*lat.-mlat.*⟩ (Geschichte): Geschützmeister (auf Kriegsschiffen usw.), Unteroffiziersgrad der Artillerie

[2]**Kon|s|ta|b|ler**, der; -s, - ⟨*lat.-mlat.-engl.*⟩ (veraltet): Polizist

kon|s|tant ⟨*lat.*⟩: unveränderlich; ständig gleichbleibend; beharrlich; **konstante Größe:** ↑Konstante (2)

Kon|s|tan|te, die; -[n], -n ⟨*lat.*⟩: 1. unveränderliche, feste Größe; fester Wert. 2. (Math.) mathematische Größe, deren Wert sich nicht ändert (Ggs.: Variable)

Kon|s|tanz, die; -: Unveränderlichkeit, Beständigkeit; das Konstantbleiben

kon|s|ta|tie|ren ⟨*lat.-frz.*⟩: [eine Tatsache] feststellen, bemerken

Kon|s|tel|la|ti|on, die; -, -en ⟨*lat.*⟩: 1. das Zusammentreffen bestimmter Umstände u. die daraus resultierende Lage. 2. (Astron.) Planetenstand, Stellung der Gestirne zueinander

Kon|s|ter|na|ti|on, die; -, -en ⟨*lat.*⟩: Bestürzung. **kon|s|ter|nie|ren**: bestürzt, fassungslos machen. **kon|s|ter|niert**: bestürzt, fassungslos

Kon|s|ti|pa|ti|on, die; -, -en ⟨*lat.*⟩ (Med.): Verstopfung

Kon|s|ti|tu|an|te vgl. Constituante

Kon|s|ti|tu|ens, das; -, ...enzien ⟨*lat.*⟩: konstitutiver, wesentlicher [Bestand]teil, Zug

Kon|s|ti|tu|en|te, die; -, -n (Sprachwiss.): sprachliche Einheit, die Teil einer größeren, komplexeren Einheit ist

Kon|s|ti|tu|en|ten|ana|ly|se, die; -, -n (Sprachwiss.): Zerlegung in [syntaktische] Konstituenten (z. B. in Nominalphrase u. Verbalphrase)

Kon|s|ti|tu|en|ten|struk|tur|gram|ma|tik, die; -, - (Sprachwiss.): Grammatik, die die Struktur komplexer sprachlicher Einheiten mithilfe der Konstituentenanalyse beschreibt; vgl. Phrasenstrukturgrammatik

kon|s|ti|tu|ie|ren ⟨*lat.-frz.*⟩: 1. a) gründen, ins Leben rufen; **konstituierende Versammlung:** verfassunggebende Versammlung; ↑Constituante; b) für etw. konstitutiv, grundlegend sein; etw. begründen. 2. sich konstituieren: [zur Gründung zusammentreten u.] die eigene Organisationsform, Geschäftsordnung o. Ä. festlegen; sich bilden, zusammenschließen u. festen Bestand gewinnen. **Kon|s|ti|tu|ie|rung**, die; -, -en: das [Sich]konstituieren

Kon|s|ti|tut, das; -[e]s, -e ⟨*lat.*⟩ (Rechtsspr. veraltet): festgesetzter, erneuerter Vertrag

Kon|s|ti|tu|ti|on, die; -, -en: 1. a) allgemeine, bes. körperliche Verfassung; b) (bes. Med.) Körperbau. 2. (Politik) Verfassung; Satzung. 3. (kath. Kirche) a) Erlass eines Papstes bzw. Konzils; b) Statut, Satzung (eines klösterlichen Verbandes).

4. (Chemie) Aufbau, Struktur eines Moleküls

Kon|s|ti|tu|ti|o|na|lis|mus, der; - ⟨*lat.-nlat.*⟩ (Politik): **1.** Staatsform, bei der Rechte u. Pflichten der Staatsgewalt u. der Bürger in einer Verfassung festgelegt sind. **2.** für den Konstitutionalismus (1) eintretende Lehre

kon|s|ti|tu|ti|o|nell ⟨*lat.-frz.*⟩: **1.** (Rechtswiss.) verfassungsmäßig; an die Verfassung gebunden. **2.** (Med.) anlagebedingt

Kon|s|ti|tu|ti|ons|for|mel, die; -, -n: ↑Strukturformel

Kon|s|ti|tu|ti|ons|typ, der; -s, -en (Med., Psychol.): eine der Grundformen des menschlichen Körperbaus [u. die ihm zuzuordnenden psychischen Eigenheiten]

kon|s|ti|tu|tiv ⟨*lat.-nlat.*⟩: als wesentliche Bedingung den Bestand von etwas ermöglichend, das Bild der Gesamterscheinung bestimmend

Kon|s|t|rik|ti|on, die; -, -en ⟨*lat.*⟩: **1.** (Med.) Zusammenziehung (eines Muskels). **2.** (Biol.) Einschnürung an bestimmten Stellen der Chromosomen

Kon|s|t|rik|tor, der; -s, ...oren ⟨*lat.-nlat.*⟩ (Med.): Schließmuskel

kon|s|t|rin|gie|ren ⟨*lat.*⟩ (Med.): zusammenziehen

kon|s|t|ru|ie|ren ⟨*lat.*⟩: **1. a)** Form u. [Zusammen]bau eines technischen Objektes durch Ausarbeitung des Entwurfs, durch technische Berechnungen, Überlegungen usw. maßgebend gestalten; **b)** (bes. Math., Logik) mithilfe vorgeschriebener Operationen herleiten; **c)** eine geometrische Figur mithilfe bestimmter Zeichengeräte zeichnen; **d)** (Sprachwiss.) nach den Regeln der Grammatik bilden. **2. a)** gedanklich, begrifflich, logisch aufbauen, herstellen; **b)** (abwertend) weitgehend gedanklich, theoretisch mithilfe von Annahmen u. daher künstlich, in gezwungener Weise aufbauen, herstellen

Kon|s|t|rukt, das; -[e]s, -e u. -s: Arbeitshypothese od. gedankliche Hilfskonstruktion für die Beschreibung erschlossener Phänomene

Kon|s|t|ruk|teur [...'tøːɐ̯], der; -s, -e ⟨*lat.-frz.*⟩: Fachmann (bes. Ingenieur, Techniker), der technische Objekte konstruiert. **Kon|s|t|ruk|teu|rin** [...'tøːrɪn], die; -, -nen: weibliche Form zu ↑Konstrukteur

Kon|s|t|ruk|ti|on, die; -, -en ⟨*lat.*⟩: **1.** Bauart (z. B. eines Gebäudes, einer Maschine). **2.** (Math.) geometrische Darstellung einer Figur mithilfe gegebener Größen. **3.** (Sprachwiss.) nach den syntaktischen Regeln vorgenommene Zusammenordnung von Wörtern od. Satzgliedern zu einem Satz od. einer Fügung. **4.** (Philos.) **a)** Darstellung von Begriffen in der Anschauung; **b)** Aufbau eines der Erfahrung vorausgehenden Begriffssystems. **5.** wirklichkeitsfremder Gedankengang. **6. a)** (ohne Plural) das Entwerfen, die Entwicklung; **b)** Entwurf, Plan

kon|s|t|ruk|tiv ⟨*lat.-nlat.*⟩: **1.** die Konstruktion (1) betreffend. **2.** auf die Erhaltung, Stärkung u. Erweiterung des Bestehenden gerichtet; aufbauend, einen brauchbaren Beitrag liefernd; **konstruktives Misstrauensvotum:** Misstrauensvotum gegen den Bundeskanzler od. die Bundeskanzlerin, das nur durch die Wahl eines Nachfolgers od. einer Nachfolgerin wirksam wird

Kon|s|t|ruk|ti|vis|mus, der; -: **1.** (Kunstwiss.) Kunst[richtung], bei der die geometrisch-technische Konstruktion wichtigstes Gestaltungsprinzip ist. **2.** (Wissensch., Philos.) Lehre, die ein herleitendes, methodisch konstruierendes Vorgehen vertritt u. darauf basierend verschiedene, u. a. erkenntnistheoretische Schlüsse zieht

Kon|s|t|ruk|ti|vist, der; -en, -en: Vertreter des Konstruktivismus. **Kon|s|t|ruk|ti|vis|tin,** die; -, -nen: weibliche Form zu ↑Konstruktivist. **kon|s|t|ruk|ti|vis|tisch:** in der Art des Konstruktivismus

Kon|s|t|ruk|ti|vi|tät, die; - ⟨*lat.-nlat.*⟩: konstruktive (2) Beschaffenheit, konstruktive Haltung

Kon|sub|s|tan|ti|a|ti|on, die; - ⟨*lat.-mlat.*⟩: (nach Luther) die Verbindung der realen Gegenwart Christi mit Brot u. Wein beim Abendmahl

Kon|sul, der; -s, -n ⟨*lat.*⟩: **1.** (Geschichte) einer der beiden auf Zeit gewählten obersten Beamten der römischen Republik. **2.** mit der Wahrnehmung bestimmter [wirtschaftlicher] Interessen u. der Interessen von Staatsbürgern des Heimatstaates beauftragter (halbdiplomatischer) offizieller Vertreter eines Staates im Ausland

Kon|su|lar|agent, der; -en, -en ⟨*lat.; lat.-it.*⟩: Bevollmächtigter eines Konsuls. **Kon|su|lar|agen|tin,** die; -, -nen: weibliche Form zu ↑Konsularagent

kon|su|la|risch ⟨*lat.*⟩: **a)** den Konsul betreffend; **b)** das Konsulat betreffend

Kon|su|lar|korps [...koːɐ̯], das; - ...koːɐ̯(s), - ...koːɐ̯s ⟨*lat.; lat.-frz.*⟩: Gesamtheit aller ausländischen Konsuln (2) in einem bestimmten Bereich (z. B. in einer Stadt)

Kon|su|lat, das; -[e]s, -e: **a)** (ohne Plural) Amt[szeit] eines Konsuls; **b)** Dienststelle eines Konsuls

Kon|su|lent, der; -en, -en: **1.** (veraltet) [Rechts]berater, Anwalt. **2.** (österr., schweiz.) Berater einer Firma, Behörde o. Ä.. **Kon|su|len|tin,** die; -, -nen (österr., schweiz.): weibliche Form zu ↑Konsulent (2)

Kon|su|lin, die; -, -nen: **1.** weibliche Form zu ↑Konsul (2). **2.** (veraltet) Frau eines Konsuls (2)

Kon|sult, das; -[e]s, -e (veraltet): Beschluss

Kon|sul|tant, der; -en, -en: fachmännischer Berater, Gutachter. **Kon|sul|tan|tin,** die; -, -nen: weibliche Form zu ↑Konsultant

Kon|sul|ta|ti|on, die; -, -en: **1.** Untersuchung u. Beratung [durch einen Arzt]. **2.** gemeinsame Beratung von Regierungen od. von Vertragspartnern. **3.** (regional) Beratung durch einen Wissenschaftler od. Fachmann; vgl. ...ation/...ierung

kon|sul|ta|tiv ⟨*lat.-nlat.*⟩: beratend

kon|sul|tie|ren ⟨*lat.*⟩: **1.** bei jmdm. [wissenschaftlichen, bes. ärztlichen] Rat einholen, jmdn. zurate ziehen. **2.** (mit Bündnispartnern) beratende Gespräche führen, sich besprechen, beratschlagen. **Kon|sul|tie|rung,** die; -, -en: **a)** das Konsultieren;

b) das Konsultiertwerden; vgl. ...ation/...ierung

Kon|sul|tor, der; -s, ...oren: **1.** wissenschaftlicher Berater einer Kardinalskongregation. **2.** Geistlicher, der von einem Bischof als Berater in die Verwaltung einer Diözese ohne Domkapitel berufen wird

[1]**Kon|sum,** der; -s ⟨*lat.-it.*⟩: **1.** Verbrauch (bes. von Nahrungs-, Genussmitteln); Verzehr, Genuss. **2.** ↑Konsumtion (1)

[2]**Kon|sum** [ˈkɔnzu:m, ...zʊm, kɔnˈzu:m], der; -s, -s ⟨urspr. kurz für: Konsumverein⟩: **1.** (ohne Plural; veraltet) Konsumverein. **2.** Laden einer Konsumgenossenschaft, eines Konsumvereins

Kon|sum|ar|ti|kel, der; -s, -: für den ↑[1]Konsum bestimmter, der Erhaltung od. Hebung eines gewissen Lebensstandards dienender Gegenstand

Kon|su|ma|ti|on, die; -, -en (österr., schweiz.): Verzehr, Zeche

Kon|su|ment, der; -en, -en: Käufer, Verbraucher

Kon|su|men|ten|kre|dit, der; -[e]s, -e: Kredit zum Erwerb von Konsumgütern (in der Regel als Teilzahlungskredit vergeben)

Kon|su|men|tin, die; -, -nen: weibliche Form zu ↑Konsument

Kon|su|me|ris|mus, der; - ⟨*lat.-amerik.*⟩: organisierter Schutz der Verbraucherinteressen

kon|su|mie|ren: Konsumgüter, bes. Verbrauchsgüter, verbrauchen

Kon|su|mis|mus, der; - ⟨*lat.-nlat.*⟩: in fortschrittlichen industriellen Gesellschaften ausgeprägte Lebenshaltung, die durch die intensive Werbung darauf ausgerichtet ist, ihr Bedürfnis nach neuen Konsumgütern stets zu befriedigen, und somit zu einem permamenten Verbrauch anregt

kon|sum|ori|en|tiert: einseitig auf den Erwerb von Konsumgütern ausgerichtet, nur nach Genuss strebend

Kon|sump|ti|on usw. vgl. Konsumtion usw.

kon|sump|tiv vgl. konsumtiv

Kon|sum|ter|ror, der; -s (emotional abwertend): durch die Werbung ausgeübter Druck, der den Verbraucher zur fortgesetzten Steigerung seines Konsums antreibt

Kon|sum|ti|bi|li|en, die (Plural) ⟨*lat.-nlat.*⟩ (veraltet): Verbrauchsgüter

Kon|sum|ti|on, Konsumption, die; -, -en ⟨*lat.*⟩: **1.** Verbrauch von Wirtschaftsgütern. **2.** (Rechtswiss.) das Aufgehen eines einfachen [strafrechtlichen] Tatbestandes in einem übergeordneten, umfassenderen. **3.** (Med.) körperliche Auszehrung

kon|sum|tiv, konsumptiv ⟨*lat.-nlat.*⟩: **1.** für den Verbrauch bestimmt (Ggs.: investiv). **2.** (Med.) zur Konsumtion (3), Auszehrung führend

Kon|szi|en|ti|a|lis|mus, der; - ⟨*lat.-nlat.*⟩ (Philos.): Lehre, nach der die Gegenstände der Erkenntnis nur als Bewusstseinsinhalte existieren

Kon|ta|gi|on, die; -, -en ⟨*lat.*⟩ (Med.): Ansteckung, Infektion. **kon|ta|gi|ös** (Med.): ansteckend. **Kon|ta|gi|o|si|tät,** die; - ⟨*lat.-nlat.*⟩ (Med.): kontagiöse Beschaffenheit

Kon|ta|gi|um, das; -s, ...ien ⟨*lat.*⟩: **1.** (Med.) der bei der Ansteckung durch Krankheitserreger wirksame Stoff. **2.** (veraltet) Ansteckung

Kon|ta|ki|on, das; -s, ...ien ⟨*gr.-mgr.*⟩: frühe Form der byzantinischen Hymnendichtung

Kon|takt, der; -[e]s, -e ⟨*lat.*⟩: **1.** Verbindung, die jmd. (einmal od. in bestimmten Abständen wieder) für eine kurze Dauer herstellt; Fühlung. **2.** Berührung. **3.** (Elektrot.) **a)** Berührung, durch die eine Strom führende Verbindung hergestellt wird; **b)** Übergangsstelle, Kontaktstelle für den Strom; Verbindungsteil zur Herstellung des elektrischen Kontakts

Kon|takt|ad|res|se, die; -, -n: Anschrift, über die man mit einer Person, Organisation, Gruppe o. Ä. Kontakt aufnehmen kann

Kon|takt|al|l|er|gie, die; -, ...ien [...i:ən] ⟨*lat.; gr.-nlat.*⟩ (Med.): durch Kontakt (2) mit einem bestimmten Allergen hervorgerufene Allergie

Kon|takt|bör|se, die; -, -n ⟨*lat.; niederl.*⟩: [virtueller] Ort, an dem Kontakte geknüpft werden können

Kon|takt|der|ma|ti|tis, die; -, ...itiden ⟨*lat.-gr.*⟩ (Med.): krankhafte Hautreaktion durch Berührung mit hautschädigenden Stoffen

kon|tak|ten ⟨*lat.-engl.-amerik.*⟩ (Wirtsch.): als Kontakter tätig sein, neue Geschäftsbeziehungen einleiten

Kon|tak|ter, der; -s, -: Angestellter einer Werbeagentur, der den Kontakt zu den Auftraggebern hält. **Kon|tak|te|rin,** die; -, -nen: weibliche Form zu ↑Kontakter

Kon|takt|frau, die; -, -en: weibliche Form zu ↑Kontaktmann

kon|tak|tie|ren ⟨*lat.-nlat.*⟩: (mit jmdm.) Kontakt aufnehmen, unterhalten

Kon|takt|in|sek|ti|zid, das; -s, -e: gegen Insekten eingesetztes Kontaktgift

Kon|takt|lin|se, die; -, -n (meist Plural): dünne, die Brille ersetzende, durchsichtige, kleine Kunststoffschale, die unmittelbar auf die Hornhaut des Auges gesetzt wird

Kon|takt|mann, der; -[e]s, ...männer: Verbindungsmann, Kontakter

Kon|takt|me|ta|mor|pho|se, die; -, -n (Geol.): Umbildung des Nachbargesteins durch aufsteigendes Magma

Kon|takt|per|son, die; -, -en: **1.** (Med.) jmd., der mit dem Träger od. der Quelle einer Infektion direkten od. indirekten Kontakt hat u. damit ansteckungsverdächtig ist. **2.** jmd., zu dem man Kontakt aufnehmen kann

Kon|takt|stu|di|um, das; -s, ...ien: weiterbildendes zusätzliches Studium, durch das bes. der Kontakt mit der Entwicklung der Wissenschaften hergestellt bzw. aufrechterhalten wird

Kon|ta|mi|na|ti|on, die; -, -en ⟨*lat.*⟩: **1.** (Sprachwiss.) die Verschmelzung, Vermengung von Wörtern od. Fügungen, die zu einer Kontaminationsform führt (z. B. *Gebäulichkeiten* aus Gebäude und Baulichkeiten). **2.** Verschmutzung, Verunreinigung. **3.** Verunreinigung von Kernbrennstoff mit Neutronen absorbierenden Spaltprodukten (Ggs.: Dekontamination). **kon|ta|mi|nie|ren:** **1.** eine Kontamination (1) vornehmen. **2.** verschmutzen, verunreinigen, verseuchen. **3.** Kernbrennstoff mit Neutronen absorbierenden Spaltprodukten verunreinigen (Ggs.: dekontaminieren). **Kon|ta|mi|nie|rung,** die; -, -en: das Kontaminieren, Kontaminiertwerden

kon|tant ⟨*lat.-it.*⟩ (Kaufmannsspr.): bar

Kon|tan|ten, die (Plural): **1.** ausländische Münzen, die nicht als Zahlungsmittel, sondern als Ware gehandelt werden. **2.** Bargeld

Kon|tant|ge|schäft vgl. Komptantgeschäft

Kon|tem|p|la|ti|on, die; -, -en ⟨*lat.*⟩: **a)** (Rel.) innere Sammlung u. religiöse Betrachtung; Versenkung; **b)** beschauliches Nachdenken u. geistiges Sichversenken in etwas. **kon|tem|p|la|tiv:** beschaulich, besinnlich. **kon|tem|p|lie|ren:** sich der Kontemplation (b) hingeben

kon|tem|po|rär ⟨*lat.-nlat.*⟩: zeitgenössisch

Kon|ten: *Plural* von ↑Konto

Kon|te|nance [kõtəˈnɑ̃ːs] vgl. Contenance

Kon|ten|plan, der; -[e]s, ...pläne: systematische Gliederung der Konten der Buchführung eines Unternehmens

Kon|ten|ten, die (Plural) ⟨*lat.*⟩: Ladeverzeichnisse der Seeschiffe

kon|ten|tie|ren ⟨*lat.-frz.*⟩ (veraltet): [einen Gläubiger] zufriedenstellen

Kon|ten|tiv|ver|band, der; -[e]s, ...verbände ⟨*lat.-nlat.; dt.*⟩ (Med.): ruhig stellender, steifer Stützverband (bei Knochenbrüchen)

Kon|ter, der; -s, - ⟨*lat.-frz.-engl.*⟩: **1.** (Ringen) Griff, mit dem ein Ringer einen gegnerischen Angriff unterbindet u. seinerseits angreift. **2.** (Ballspiele) schneller Gegenangriff, nachdem ein Angriff des Gegners abgewehrt werden konnte. **3.** (Turnen) Pendelschwung zur Verlagerung des Körperschwerpunkts bei Griff- u. Positionswechsel am Stufenbarren. **4.** (Boxen) aus der Verteidigung heraus geführter Gegenschlag. **5.** Äußerung od. Handlung, mit der jmd. etwas ↑kontert (2)

Kon|ter|ad|mi|ral, der; -s, -e, auch: ...äle: **a)** (ohne Plural) dritthöchster Offiziersdienstgrad der Marine; **b)** Offizier mit dem Dienstgrad Konteradmiral

kon|ter|agie|ren: gegen jmd. od. etwas agieren (a)

Kon|ter|ban|de, die; - ⟨*it.-frz.*⟩: **1.** (veraltet) für eine Krieg führende Macht bestimmte kriegswichtige Güter, die verbotenerweise von neutralen Schiffen mitgeführt werden. **2.** (veraltet) Schmuggelware

Kon|ter|fei [auch: ...ˈfai̯], das; -s, -s ⟨*lat.-frz.*⟩ (veraltet, aber noch scherzh.): Bild[nis], Abbild, Porträt. **kon|ter|fei|en** [auch: ...ˈfai̯ən] (veraltet, aber noch scherzh.): abbilden, porträtieren

Kon|ter|ga|lopp, der; -, -s, (auch:) -e (Reiten): Außengalopp, d. h. beim Reiten auf der rechten Hand Linksgalopp und umgekehrt

kon|ter|ka|rie|ren: hintertreiben, durchkreuzen

Kon|ter|mi|ne, die; -, -n: **1. a)** durchkreuzende, hintertreibende Maßnahme; Gegenmaßnahme; **b)** (Börsenw.) Spekulation, bei der das Fallen der Kurse erwartet wird. **2.** (Geschichte) Mine der Belagerten zur Abwehr der feindlichen Minen. **kon|ter|mi|nie|ren: 1. a)** hintertreiben; Gegenmaßnahmen ergreifen; **b)** auf das Fallen der Börsenkurse spekulieren. **2.** (Geschichte) eine Gegenmine legen

kon|tern ⟨*lat.-frz.-engl.*⟩: **1.** (Sport) **a)** den Gegner im Angriff abfangen u. aus der Verteidigung heraus selbst angreifen; **b)** einen ↑Konter (3) ausführen. **2.** sich aktiv zur Wehr setzen, schlagfertig erwidern, entgegnen. **3.** (Druckw.) ein Druckbild umkehren. **4.** (Technik) eine Mutter auf einem Schraubengewinde durch Aufschrauben einer Kontermutter im Gegensinn fest anziehen

Kon|ter|part, der; -s, -s ⟨engl.⟩: **1.** passendes Gegenstück, Ergänzung. **2.** Gegenspieler, Kontrahent

Kon|ter|re|vo|lu|ti|on, die; -, -en: **1.** Gegenrevolution. **2. a)** (marxistisch) antikommunistische Revolution od. Opposition; **b)** (ohne Plural) Gesamtheit von Kräften, Personen, die die Konterrevolution (2 a) anstreben

kon|ter|re|vo|lu|ti|o|när: die Konterrevolution betreffend, bezweckend, anstrebend. **Kon|ter|re|vo|lu|ti|o|när,** der; -s, -e: jmd., der auf [eine] Konterrevolution hinarbeitet od. an ihr beteiligt ist. **Kon|ter|re|vo|lu|ti|o|nä|rin,** die; -, -nen: weibliche Form zu ↑Konterrevolutionär

Kon|ter|tanz vgl. Kontretanz

kon|tes|ta|bel ⟨*lat.-nlat.*⟩ (Rechtsspr. veraltet): strittig, umstritten, anfechtbar

Kon|tes|ta|ti|on, die; -, -en ⟨*lat.*⟩: **1.** das Infragestellen von bestehenden Herrschafts- u. Gesellschaftsstrukturen. **2.** (Rechtswiss.) **a)** Bezeugung; **b)** Streit, Bestreitung, Anfechtung. **kon|tes|tie|ren** (Rechtswiss.): **a)** durch Zeugen, Zeugnis bestätigen; **b)** bestreiten, anfechten

Kon|text [auch: ...ˈtɛkst], der; -[e]s, -e ⟨*lat.*⟩: **1.** (Sprachwiss.) **a)** der umgebende Text einer sprachlichen Einheit; ↑Kotext; **b)** (relativ selbstständiges) Text- od. Redestück; **c)** der inhaltliche (Gedanken-, Sinn)zusammenhang, in dem eine Äußerung steht, u. der Sach- u. Situationszusammenhang, aus dem heraus sie verstanden werden muss. **2.** Zusammenhang

Kon|text|glos|se, die; -, -n: in den Text [einer Handschrift] eingefügte Glosse

kon|tex|tu|al: ↑kontextuell; vgl. ...al/...ell

kon|tex|tu|a|li|sie|ren: 1. (Sprachwiss.) eine sprachliche Äußerung unter Berücksichtigung ihres [sprachlichen] Kontexts (1 a, c) interpretieren. **2.** (bildungsspr.) etw., jmdn. durch Einbindung in einen [zeitlichen, politischen, ökonomischen, soziokulturellen usw.] Kontext (2) interpretieren

Kon|tex|tu|a|li|sie|rung, die; -, -en: das ↑Kontextualisieren

Kon|tex|tu|a|lis|mus, der; - (Sprachwiss.): Richtung innerhalb des Strukturalismus, die beim Beschreiben der Sprachverwendung außer dem sprachlichen bes. den situativen Kontext berücksichtigt

kon|tex|tu|ell ‹*lat.-nlat.*›: den Kontext betreffend; vgl. ...al/ ...ell

Kon|tex|tur, die; -, -en (veraltet): Verbindung, Zusammenhang

Kon|ti: *Plural* von ↑Konto

kon|tie|ren ‹*lat.-it.*›: für die Verbuchung eines Belegs das entsprechende Konto bestimmen [u. den Beleg verbuchen]. **Kon|tie|rung,** die; -, -en: das Kontieren

Kon|ti|gu|i|tät, die; - ‹*lat.-mlat.;* »Berührung«›: **1.** (veraltet) Angrenzung, Berührung. **2.** (Psychol.) zeitliches Zusammentreffen (z. B. von Reiz u. Reaktion)

kon|ti|nent ‹lat.› (Med.): ↑Kontinenz (2) aufweisend (Ggs.: inkontinent)

Kon|ti|nent [auch: kɔntiˈnɛnt], der; -[e]s, -e ‹*lat.*›: **1.** (ohne Plural) [europäisches] Festland. **2.** Erdteil. **kon|ti|nen|tal** ‹*lat.-nlat.*›: den Kontinent betreffend, zu ihm gehörend, ihm eigentümlich; festländisch

K kont

Kon|ti|nen|tal|drift, die; - ‹*lat.-nlat.; dt.*›: ↑Epirogenese

Kon|ti|nen|ta|li|tät, die; - ‹*lat.-nlat.*› (Meteorol.): Einfluss einer größeren Festlandmasse auf das Klima

Kon|ti|nen|tal|kli|ma, das; -s: typisches Klima im Innern großer Landmassen (im Gegensatz zum Seeklima charakterisiert durch größere Temperaturschwankungen u. weniger Niederschläge)

Kon|ti|nenz, die; - ‹*lat.*›: **1.** (selten) Enthaltsamkeit. **2.** (Med.) Fähigkeit, Harn od. Stuhl zurückzuhalten (Ggs.: Inkontinenz)

kon|tin|gent ‹*lat.*›: zufällig; wirklich od. möglich, aber nicht [wesens]notwendig; Kontingenz (1) aufweisend, beinhaltend

Kon|tin|gent, das; -[e]s, -e ‹*lat.(-frz.)*›: **1.** anteilmäßig zu erbringende od. zu erwartende Leistung, Menge, Anzahl. **2.** Truppenkontingent

kon|tin|gen|tie|ren ‹*lat.-nlat.*›: durch Beschränkung auf Kontingente (1) einteilen, in Umfang od. Menge begrenzen

Kon|tin|gen|tie|rung, die; -, -en: die Einteilung, Zuteilung

Kon|tin|genz, die; -, -en: **1. a)** (ohne Plural; Philos.) das Kontingentsein; kontingente Beschaffenheit; **b)** (Logik) Möglichkeit u. gleichzeitige Nichtnotwendigkeit (einer Aussage). **2.** (Statistik; Psychol.) die Häufigkeit bzw. der Grad der Wahrscheinlichkeit des gemeinsamen Auftretens zweier Sachverhalte, Merkmale usw.

Kon|ti|nu|a|ti|on, die; -, -en ‹*lat.*› (Verlagsw., sonst veraltet): Fortsetzung [einer Lieferung]. **kon|ti|nu|ie|ren** (veraltet): **1.** fortsetzen; fortfahren. **2.** fortdauern

kon|ti|nu|ier|lich: stetig, fortdauernd, unaufhörlich, durchlaufend (Ggs.: diskontinuierlich)

Kon|ti|nu|i|tät, die; -, -en: lückenloser Zusammenhang, Stetigkeit, Fortdauer; ununterbrochener, gleichmäßiger Fortgang von etwas (Ggs.: Diskontinuität [1])

Kon|ti|nuo vgl. Continuo

Kon|ti|nu|um, das; -s, ...nua u. ...nuen: kontinuierlich, lückenlos Zusammenhängendes

Kon|to, das; -s, ...ten, (selten:) -s u. ...ti ‹*lat.-it.*›: **1.** von einem Unternehmen, bes. einer Bank, für einen Kunden im Rahmen längerer gegenseitiger Geschäftsbeziehungen geführte laufende Gegenüberstellung u. Abrechnung von Ein- u. Ausgängen bzw. Gut- u. Lastschriften; vgl. a conto, per conto. **3.** (EDV) Account

Kon|to|kor|rent, das; -s, -e: **1.** im Rahmen einer dauernden Geschäftsverbindung vereinbarte periodische Abrechnung[sweise], bei der die beiderseitigen Leistungen laufend in Form eines Kontos verbucht werden. **2.** (ohne Plural) der die Personenkonten, d. h. die Konten der Debitoren u. der Kreditoren, umfassende Bereich der Buchführung. **3.** Hilfsbuch der doppelten Buchführung mit den Konten der Kunden u. Lieferanten

Kon|tor, das; -s, -e ‹*lat.-frz.-niederl.*›: **1.** Niederlassung eines Handelsunternehmens im Ausland. **2.** (DDR) Handelszentrale als Mittler zwischen Industrie u. Einzelhandel. **3.** (veraltet) Büro eines Kaufmanns, einer Firma

Kon|to|rist, der; -en, -en: kaufmännischer Angestellter, der einfachere Verwaltungsarbeiten erledigt. **Kon|to|ris|tin,** die; -, -nen: weibliche Form zu ↑Kontorist

Kon|tor|si|on, die; -, -en ‹*lat.-nlat.*› (Med.): Verdrehung eines Gliedes od. Gelenkes, die zu einer Zerrung od. Verstauchung führen kann

Kon|tor|si|o|nist, der; -en, -en: Schlangenmensch. **Kon|tor|si|o|nis|tin,** die; -, -nen: weibliche Form zu ↑Kontorsionist

kon|tort ‹*lat.*› (Bot.): gedreht, geschraubt (von Blumenblättern)

kon|t|ra, contra ‹*lat.*›: gegen, entgegengesetzt. **Kon|t|ra,** Contra, das; -s, -s: Ansage beim Kartenspiel, die in die Punktwertung eingeht; **jmdm. Kontra geben:** jmdm. energisch widersprechen, gegen jmds. Meinung Stellung nehmen

kon|t|ra..., Kon|t|ra...

‹*lat.* contra »gegen; gegenüber; wider; dagegen«›
Präfix mit der Bedeutung »gegen, entgegengesetzt [wirkend]«:
- Kontradiktion
- kontraindiziert
- kontraproduktiv
- Kontrazeption

Kon|t|ra|bass, der; -es, ...bässe (Musik): einem Violoncello ähnliches, jedoch größeres u. tiefer gestimmtes Streichinstrument. **Kon|t|ra|bas|sist,** der; -en, -en: Musiker, der Kontrabass spielt. **Kon|t|ra|bas|sis|tin,** die; -, -nen: weibliche Form zu ↑Kontrabassist

Kon|t|ra|dik|ti|on, die; -, -en (Philos.): Widerspruch

kon|t|ra|dik|to|risch (Philos.): sich widersprechend, sich gegenseitig aufhebend (von zwei Aussagen)

Kon|t|ra|fa|gott, das; -s, -e (Musik): eine Oktave tiefer als das Fagott stehendes Holzblasinstrument

kon|t|ra|fak|tisch: der Realität, Wirklichkeit nicht entsprechend, nicht wirklich gegeben

Kon|t|ra|fak|tur, die; -, -en ‹*lat.-nlat.*›: geistliche Nachdichtung eines weltlichen Liedes (u. umgekehrt) unter Beibehaltung der Melodie

Kon|tra|ha|ge [...'ha:ʒə], die; -, -n ‹mit französischer Endung zu ↑kontrahieren (3) gebildet› (Studentenspr. früher): Verabredung eines Duells

Kon|tra|hent, der; -en, -en ‹*lat.*›: **1.** (Rechtswiss.) Vertragspartner. **2.** Gegner in einem Streit od. Wettkampf. **Kon|tra|hen|tin,** die; -, -nen: weibliche Form zu ↑Kontrahent

kon|tra|hie|ren: 1. (Rechtswiss.) einen Vertrag schließen. **2. a)** (Med.) sich zusammenziehen (z. B. von einem Muskel); **b)** das Zusammenziehen von Muskeln bewirken. **3.** (Studentenspr. früher) jmdn. zum Duell fordern. **4.** (Fechten) einen gegnerischen Stoß abwehren u. seinerseits angreifen

Kon|tra|hie|rungs|zwang, der; -[e]s (Rechtswiss.): gesetzliche Verpflichtung zum Abschluss eines Vertrages

Kon|t|ra|in|di|ka|ti|on, die; -, -en (Med.): Umstand, der die [fortgesetzte] Anwendung einer an sich zweckmäßigen od. notwendigen ärztlichen Maßnahme verbietet (Ggs.: Indikation). **kon|t|ra|in|di|ziert** (Med.): aus bestimmten Gründen nicht anwendbar (von therapeutischen Maßnahmen) (Ggs.: indiziert [2])

kon|t|ra|kon|flik|tär ‹*lat.-nlat.*›: einem Konflikt entgegenwirkend; problemlösend

kon|trakt ‹*lat.*› (veraltet): zusammengezogen, verkrümmt, gelähmt

Kon|trakt, der; -[e]s, -e: Vertrag, Abmachung; Handelsabkommen

kon|trak|til ‹*lat.-nlat.*› (Med.): fähig, sich zusammenzuziehen. **Kon|trak|ti|li|tät,** die; - (Med.): Fähigkeit, sich zusammenzuziehen

Kon|trak|ti|on, die; -, -en ‹*lat.*›: **1.** (Med.) das Sichzusammenziehen (bes. von Muskeln). **2.** (Wirtsch.) Verminderung der in einer Volkswirtschaft vorhandenen Geld- u. Kreditmenge. **3.** (Sprachwiss.) Zusammenziehung zweier od. mehrerer Vokale zu einem Vokal od. Diphthong, oft unter Ausfall eines dazwischenstehenden Konsonanten (z. B. bei »nein« aus: ni-ein). **4.** (Geol.) Schrumpfung der Erdkruste durch Abkühlung od. Austrocknung. **5.** (Physik) Zusammenziehung, Verringerung des Volumens, der Länge od. des Querschnitts eines Körpers (z. B. durch Abkühlung). **6.** (Sport) Abwehr eines gegnerischen Angriffs beim Fechten durch einen eigenen Angriff bei gleichzeitiger Deckung der Blöße

kon|trak|tiv: die Kontraktion (2) betreffend, auf ihr beruhend

Kon|trak|tur, die; -, -en ‹*lat.*› (Med.): **1.** bleibende Einschränkung der Beweglichkeit eines Gelenks; Versteifung. **2.** dauernde Verkürzung u. Schrumpfung von Weichteilen (z. B. der Haut nach Verbrennungen)

Kon|t|ra|ok|ta|ve, die; -, -n ‹*lat.; lat.-mlat.*›: Oktave von C' bis H', die nur von bestimmten Instrumenten erreicht wird

Kon|t|ra|po|si|ti|on, die; -, -en ‹*lat.-mlat.*› (Logik): **1.** Ableitung einer negativen Aussage aus einer positiven. **2.** Formel der traditionellen Logik (alle A sind B, folglich: kein Nicht-B ist A)

Kon|t|ra|post, der; -[e]s, -e ‹*lat.-it.;* »Gegenstück«›: der harmonische Ausgleich in der künstlerischen Gestaltung des stehenden menschlichen Körpers durch Unterscheidung von tragendem Stand- u. Spielbein u. entsprechender Hebung bzw. Senkung der Schulter

kon|t|ra|pro|duk|tiv: bestimmten Interessen zuwiderlaufend; ein gewünschtes Ergebnis verhindernd

Kon|t|ra|punkt, der; -[e]s, -e ‹*lat.-mlat.;* »Note gegen Note«›: **1.** (Musik) Technik des musikalischen Satzes, in der mehrere Stimmen gleichberechtigt nebeneinanderher geführt werden. **2.** etwas, was einen Gegenpol zu etwas anderem bildet

kon|t|ra|punk|tie|ren: eine Handlung begleiten, etwas parallel zu etwas anderem tun o. Ä.. **kon|t|ra|punk|tie|rend** (Musik): den gegenüber anderen Stimmen selbstständigen Stimmverlauf betreffend

Kon|t|ra|punk|tik, die; - ‹*lat.-mlat.-nlat.*› (Musik): die Lehre des Kontrapunktes; die Kunst kontrapunktischer Stimmführung. **Kon|t|ra|punk|ti|ker,** der; -s, - (Musik): Komponist, der die Technik des Kontrapunkts (1) verwendet. **Kon|t|ra|punk|ti|ke|rin,** die; -, -nen: weibliche Form zu ↑Kontrapunktiker. **kon|t|ra|punk|tisch, kon|t|ra|punk|tis|tisch** (Musik): den Kontrapunkt betreffend

kon|t|rär ‹*lat.-frz.*›: gegensätzlich; entgegengesetzt

Kon|t|ra|ri|e|tät, die; -, -en ‹*lat.*› (veraltet): Hindernis, Unannehmlichkeit

Kon|t|ra|ri|pos|te, die; -, -n ‹*lat.; lat.-it.-frz.*› (Fechten): Gegenschlag auf eine abgewehrte Riposte

Kon|t|ra|si|g|na|tur, die; -, -en: Gegenzeichnung. **kon|t|ra|si|g|nie|ren:** gegenzeichnen

Kon|t|rast, der; -[e]s, -e ‹*lat.-vulgärlat.-it.*›: **1.** starker, ins Auge springender Gegensatz; auffallender Unterschied. **2. a)** (Fotogr.) Unterschied in der Helligkeit der hellen u. dunklen Partien eines Bildes; **b)** (Elektronik) Hell-Dunkel-Abstimmung auf einem Bildschirm, Display (1) u. Ä.

kon|t|ras|tie|ren ‹*lat.-vulgärlat.-it.-frz.*›: **1.** einen augenfälligen Kontrast zu etwas bilden; sich von etwas abheben. **2.** (zu etwas) einen Kontrast schaffen

kon|t|ras|tiv: vergleichend, gegenüberstellend

Kon|t|rast|mit|tel, das; -s, - (Med.): Stoff, der, vor einer Röntgenuntersuchung in den Körper eingebracht, auf dem Röntgenbild in Kontrast zu dem zu untersuchenden Gewebe erscheint

Kon|t|rast|pro|gramm, das; -[e]s, -e: Rundfunk- od. Fernsehprogramm, das eine Alternative zu einem oder mehreren anderen bietet

Kon|t|ra|sub|jekt, das; -[e]s, -e (Musik): die kontrapunktische Stimme, in die bei der Fuge der erste Themeneinsatz mündet

Kon|t|ra|ve|ni|ent, der; -en, -en ‹*lat.*› (Rechtsspr. veraltet): jmd., der einer Verordnung od. Abmachung zuwiderhandelt

kon|t|ra|ve|nie|ren (Rechtsspr.

veraltet): ordnungs-, gesetz-, vertragswidrig handeln

Kon|t|ra|ven|ti|on, die; -, -en ‹*lat.-nlat.*› (Rechtsspr. veraltet): Gesetzes-, Vertragsbruch

Kon|t|ra|zep|ti|on, die; - (Med.): Empfängnisverhütung

kon|t|ra|zep|tiv (Med.): empfängnisverhütend. **Kon|t|ra|zep|tiv,** das; -s, -e, **Kon|t|ra|zep|ti|vum,** das; -s, ...va (Med.): empfängnisverhütendes Mittel

Kon|t|re|ban|dist [kɔntʀe...], der; -en, -en ‹*it.-frz.*› (veraltet): jmd., der ↑Konterbande (2) einschmuggelt

Kon|t|re|tanz [ˈkɔntʀe...], Contretanz [ˈkɔ̃trə...] der; -es, ...tänze ‹*frz.*›: alter Gesellschaftstanz, bei dem jeweils vier Paare bestimmte Figuren miteinander ausführen; vgl. Contredanse

Kon|tri|bu|ent, der; -en, -en ‹*lat.*› (veraltet): Steuerpflichtiger, Steuerzahler

kon|tri|bu|ie|ren (veraltet): **1.** Steuern entrichten. **2.** beitragen, behilflich sein

Kon|tri|bu|ti|on, die; -, -en: **1.** (veraltet) für den Unterhalt der Besatzungstruppen erhobener Beitrag im besetzten Gebiet. **2.** von der Bevölkerung eines besetzten Gebietes erhobene Zahlung. **3.** (veraltet) Beitrag (zu einer gemeinsamen Sache)

kon|t|rie|ren ‹*lat.-nlat.*›: beim Kartenspielen Kontra geben

Kon|t|ri|ti|on, die; -, -en ‹*lat.*› (kath. Kirche): vollkommene Reue als Voraussetzung für die Absolution

Kon|t|ri|ti|o|nis|mus, der; - ‹*lat.-nlat.*›: katholische Lehre von der Notwendigkeit der echten Reue als Voraussetzung für die Gültigkeit des Bußsakramentes; vgl. Attritionismus

Kon|t|rol|le, die; -, -n ‹*lat.-frz.*›: **1.** Aufsicht, Überwachung; Überprüfung. **2.** Herrschaft, Gewalt

Kon|t|rol|ler, der; -s, - ‹*lat.-frz.-engl.*›: Steuerschalter an Elektromotoren

Kon|t|rol|leur [...ˈløːɐ̯], der; -s, -e ‹*lat.-frz.*›: jmd., der eine Kontrollfunktion ausübt. **Kon|t|rol|leu|rin** [...ˈløːrɪn], die; -, -nen: weibliche Form zu ↑Kontrolleur

kon|t|rol|lie|ren: 1. jmdn., etwas überwachen. **2.** etwas unter seinem Einflussbereich haben, beherrschen (einen Markt u. a.)

Kon|t|roll|kom|mis|si|on, die; -, -en: zur Überwachung der Einhaltung bestimmter Verpflichtungen eingesetzter Ausschuss

Kon|t|rol|lor, der; -s, -e ‹*lat.-frz.-it.*› (österr.): Kontrolleur. **Kon|t|rol|lo|rin,** die; -, -nen: weibliche Form zu ↑Kontrollor

kon|t|ro|vers ‹*lat.*›: **a)** [einander] entgegengesetzt; **b)** strittig; **c)** umstritten. **Kon|t|ro|ver|se,** die; -, -n: Meinungsverschiedenheit, Auseinandersetzung (um eine Sachfrage)

kon|t|ro|ver|si|ell (österr.): kontrovers

Kon|tu|maz [...ts], die; - ‹*lat.*›: **1.** (Rechtsspr. veraltet) das Nichterscheinen vor Gericht; vgl. in contumaciam. **2.** (österr. Amtsspr. veraltet) Quarantäne

Kon|tu|ma|zi|al|be|scheid, der; -[e]s, -e ‹*lat.; dt.*› (Rechtsspr. veraltet): in Abwesenheit des Beklagten ergangener Bescheid

kon|tu|ma|zie|ren ‹*lat.-nlat.*› (Rechtsspr. veraltet): gegen jmdn. ein Versäumnisurteil fällen

kon|tun|die|ren ‹*lat.*› (Med.): quetschen (z. B. Gewebe); vgl. Kontusion

Kon|tur, die; -, -en, (fachspr. auch:) der; -s, -en (meist Plural) ‹(*lat.; gr.-lat.) vulgärlat.-it.-frz.*›: Linie, durch die etwas begrenzt ist; Umriss[linie]. **kon|tu|rie|ren:** in Umrissen zeichnen

Kon|tu|si|on, die; -, -en ‹*lat.*› (Med.): Quetschung; vgl. kontundieren

Kon|ur|ba|ti|on vgl. Conurbation

Ko|nus, der; -, -se (Technik auch: ...nen) ‹*gr.-lat.;* »Pinienzapfen; Kegel«›: **1.** (Math.) Körper von der Form eines Kegels od. Kegelstumpfs. **2.** (Druckw.) bei Drucktypen die Seitenflächen des das Schriftbild tragenden Oberteils

Kon|va|les|zent, der; -en, -en ‹*lat.*› (Med. selten): ↑Rekonvaleszent. **Kon|va|les|zen|tin,** die; -, -nen: weibliche Form zu ↑Konvaleszent

Kon|va|les|zenz, die; -, -en (Plural selten): **1.** (Med. selten) ↑Rekonvaleszenz. **2.** (Rechtswiss.) das nachträgliche Gültigwerden eines Rechtsgeschäfts

kon|va|les|zie|ren (Med. selten): ↑rekonvaleszieren

Kon|va|li|da|ti|on, die; -, -en ‹*lat.*›: Gültigmachung einer [noch] nicht gültigen Ehe nach dem katholischen Kirchenrecht

Kon|va|ri|e|tät, die; -, -en ‹*lat.-nlat.*› (Bot.): Gruppe von Vertretern einer Tier-, Pflanzenart mit sehr ähnlichen, für die Züchtung bedeutsamen Merkmalen

Kon|vek|ti|on, die; -, -en ‹*lat.*›: **1.** (Physik) Mitführung von Energie od. elektrischer Ladung durch die kleinsten Teilchen einer Strömung. **2.** (Meteorol.) vertikale Luftbewegung (Ggs.: Advektion [1]). **3.** vertikale Bewegung von Wassermassen der Weltmeere (Ggs.: Advektion [2]). **4.** (Physik) Strömungsbewegung in einem flüssigen od. gasförmigen Medium. **5.** (Med.) Transport der Atemgase über den Weg Blut – Lunge od. umgekehrt. **kon|vek|tiv** ‹*lat.-nlat.*› (Meteorol.): durch Konvektion bewirkt; auf die Konvektion bezogen

Kon|vek|tor, der; -s, ...oren: Heizkörper, der die Luft durch Bewegung erwärmt

kon|ve|na|bel ‹*lat.-frz.*› (veraltet): **1.** schicklich. **2.** gelegen, passend, bequem (Ggs.: inkonvenabel)

Kon|ve|ni|at, das; -s, -s ‹*lat.;* »er (der Klerus) komme zusammen«›: Zusammenkunft der katholischen Geistlichen eines ↑Dechanats

Kon|ve|ni|enz, die; -, -en (veraltend): **1.** ↑Kompatibilität (3). **2. a)** Bequemlichkeit, Annehmlichkeit (Ggs.: Inkonvenienz [2]); **b)** das Schickliche, Erlaubte (Ggs.: Inkonvenienz [1]). **kon|ve|nie|ren** (veraltend): zusagen, gefallen, passen; annehmbar sein

Kon|vent, der; -[e]s, -e: **1. a)** Versammlung der stimmberechtigten Mitglieder eines Klosters; **b)** Gesamtheit der Mitglieder eines Klosters; Kloster[gemeinschaft]; **c)** Zusammenkunft von evangelischen Pfarrer/-innen zum Zweck der Weiterbildung, der Beratung u. Ä. **2.** wöchentliche Zusammenkunft der [aktiven] Mitglieder einer Studentenverbindung. **3.** (ohne Plural; Geschichte) Volksvertretung in der Französischen Revolution

Kon|ven|ti|kel, das; -s, - (veraltet): **a)** [heimliche] Zusammenkunft; **b)** Zusammenkunft von Angehörigen außerkirchlicher religiöser Gemeinschaften

Kon|ven|ti|on, die; -, -en ⟨*lat.-frz.*⟩: **1.** Übereinkunft, Abkommen, [völkerrechtlicher] Vertrag. **2.** Regeln des Umgangs, des sozialen Verhaltens, die für die Gesellschaft als Verhaltensnorm gelten. **3.** Regel (beim Fechten mit Florett od. Säbel)

kon|ven|ti|o|nal ⟨*lat.-frz.-nlat.*⟩: die Konvention (1) betreffend; vgl. ...al/...ell, konventionell

kon|ven|ti|o|na|li|sie|ren: zur Konvention (2) erheben. **kon|ven|ti|o|na|li|siert:** im Herkömmlichen verankert, sich in eingefahrenen Bahnen bewegend

Kon|ven|ti|o|na|lis|mus, der; - (Philos.): philosophische Richtung im 19. Jh., die den auf rein zweckmäßiger Vereinbarung beruhenden Charakter von geometrischen Axiomen, Begriffen, Definitionen betont

Kon|ven|ti|o|na|li|tät, die; -: **1.** ↑ Arbitrarität. **2.** konventionelle Art

Kon|ven|ti|o|nal|stra|fe, die; -, -n (Rechtswiss.): (bei Vertragsschluss vereinbarte) Geldsumme od. anderweitige Leistung, die ein Vertragspartner erbringen muss, wenn er die vertraglich vereinbarte Leistung nicht zum festgelegten Zeitpunkt od. in der festgelegten Weise erfüllt hat

kon|ven|ti|o|nell ⟨*lat.-frz.*⟩: **1. a)** den gesellschaftlichen Konventionen entsprechend; **b)** förmlich, steif. **2.** (bes. Technik, Militär) herkömmlich, hergebracht (bes. im Gegensatz zu atomar, biologisch, chemisch)

Kon|vents|mes|se, die; -, -n ⟨*lat.-dt.*⟩ (kath. Kirche): Feier der Messe mit Chorgebet in einem Kloster od. Stift

Kon|ven|tu|a|le, der; -n, -n ⟨*lat.-mlat.*⟩: **1.** stimmberechtigtes Klostermitglied. **2.** Angehöriger eines Zweiges des Franziskanerordens. **Kon|ven|tu|a|lin,** die; -, -nen: Angehörige eines Zweiges des Franziskanerordens

kon|ver|gent ⟨*lat.-mlat.*⟩: sich einander annähernd, übereinstimmend; vgl. konvergierend (Ggs.: divergent)

Kon|ver|genz, die; -, -en: **1.** Annäherung, Übereinstimmung von Meinungen, Zielen u. Ä. (Ggs.: Divergenz). **2.** (Biol.) Ausbildung ähnlicher Merkmale hinsichtlich Gestalt u. Organen bei genetisch verschiedenen Lebewesen, meist durch Anpassung an gleiche Umweltbedingungen. **3.** (Med.) gegensinnige Bewegung der Augen nach innen beim Sehen in unmittelbarer Nähe. **4.** (Math.) Vorhandensein einer Annäherung od. eines Grenzwertes konvergenter Linien u. Reihen (Ggs.: Divergenz). **5.** (Physik) das Sichschneiden von Lichtstrahlen (Ggs.: Divergenz). **6.** (Psychol.) das Zusammenwirken von Anlage u. Umwelt als Prinzip der psychischen Entwicklung. **7.** Zusammentreffen von verschiedenen Strömungen des Meerwassers. **8.** das Auftreten von gleichen od. ähnlichen Oberflächenformen in unterschiedlichen Klimazonen

Kon|ver|genz|kri|te|ri|um, das; -s, ...ien: **1.** (Wirtsch.) Bedingung für die Teilnahme an der Europäischen Wirtschafts- u. Währungsunion. **2.** (Math.) Angabe von Bedingungen, unter denen vor allem eine Reihe einen Grenzwert besitzt; vgl. Konvergenz (4)

Kon|ver|genz|the|o|rie, die; - (Politik): Theorie, die eine allmähliche Annäherung kapitalistischer u. sozialistischer Industriestaaten annimmt

kon|ver|gie|ren: a) sich nähern, einander näher kommen, zusammenlaufen; **b)** demselben Ziel zustreben; übereinstimmen (Ggs.: divergieren). **kon|ver|gie|rend:** zusammenlaufend; vgl. konvergent (Ggs.: divergierend)

kon|vers ⟨*lat.-engl.*⟩ (Sprachwiss.): umgekehrt, gegenteilig; eine Konversion (2 b) darstellend

Kon|ver|sa|ti|on, die; -, -en ⟨*lat.-frz.*⟩: [geselliges, leichtes] Gespräch, Plauderei

Kon|ver|sa|ti|ons|le|xi|kon, das; -s, ...ka (auch: ...ken): alphabetisch geordnetes Nachschlagewerk zur raschen Information über alle Gebiete des Wissens; Enzyklopädie

Kon|ver|sa|ti|ons|stück, das; -[e]s, -e: [in der höheren Gesellschaft spielendes] Unterhaltungsstück, dessen Wirkung bes. auf geistvollen Dialogen beruht

[1]**Kon|ver|se,** der; -n, -n ⟨*lat.*⟩: Laienbruder eines katholischen Mönchsordens

[2]**Kon|ver|se,** die; -, -n (Sprachwiss.): Begriff, Satz, der zu einem anderen konvers ist

kon|ver|sie|ren ⟨*lat.-frz.*⟩ (veraltet): sich unterhalten

Kon|ver|si|on, die; -, -en ⟨*lat.*⟩: **1.** der Übertritt von einer Konfession zu einer anderen. **2.** (Sprachwiss.) **a)** Übergang von einer Wortart in eine andere ohne formale Veränderung (z. B. Dank – dank); **b)** Gegensätzlichkeit der Bedeutung, die sich ergibt, wenn ein Vorgang von zwei verschiedenen Standpunkten aus betrachtet wird (z. B.: der Lehrer *gibt* dem Schüler ein Buch – der Schüler *erhält* vom Lehrer ein Buch). **3.** (Rechtswiss.) sinngemäße, der Absicht der Vertragspartner entsprechende Umdeutung eines nichtigen Rechtsgeschäftes. **4.** (Bankw.) Schuldumwandlung zur Erlangung günstigerer Bedingungen. **5.** (Psychol.) **a)** grundlegende Einstellungs- od. Meinungsänderung; **b)** Umwandlung unbewältigter starker Erlebnisse in körperliche Symptome. **6.** (Kernphysik) Erzeugung neuer spaltbarer Stoffe in einem Reaktor. **7.** (Logik) Veränderung einer Aussage durch Vertauschen von Subjekt u. Prädikat. **8.** Umwandlung von militärischer in zivile Nutzung. **9.** Konvertierung (3)

Kon|ver|ter, der; -s, - ⟨*lat.-frz.-engl.*⟩: **1.** (Technik) Gerät, mit dem Wechselspannungen bestimmter Frequenzen umgeformt werden können. **2.** (Fotogr.) Linsensystem, das zwischen Objektiv u. Kamera geschaltet wird, wodurch sich die Brennweite verlängert. **3.** (Hüttenw.) ein kippbares birnen- od. kastenförmiges Gefäß für die Stahlerzeugung u. Kupfergewinnung. **4.** (Kernphysik) Reaktor, in dem nicht spaltbares in spaltbares Material verwandelt wird. **5.** (EDV) Gerät od. Programm zum Umwandeln von Daten

kon|ver|ti|bel ⟨*lat.-frz.*⟩ (Wirtsch.): frei austauschbar; vgl. Konvertibilität

Kon|ver|ti|bi|li|tät, Kon|ver|tier|bar|keit, die; - (Wirtsch.): die freie Austauschbarkeit der Währungen verschiedener Länder zum jeweiligen Wechselkurs

kon|ver|tie|ren ⟨*lat.(-frz.)*⟩: **1.** inländische gegen ausländische Währung tauschen u. umgekehrt. **2.** zu einem anderen Glauben übertreten. **3.** (EDV) **a)** Informationen von einem Datenträger auf einen anderen übertragen; **b)** Daten von einem Format in ein anderes umwandeln

Kon|ver|tie|rung, die; -, -en: **1.** ↑Konversion (3, 4). **2.** das Konvertieren; das Konvertiertwerden. **3.** (Chemie) Verfahren zur Herstellung von Wasserstoff durch Umsetzung von Kohlenmonoxid mit Wasserdampf

Kon|ver|tit, der; -en, -en ⟨*lat.-engl.*⟩: jmd., der zu einem anderen Glauben übergetreten ist. **Kon|ver|ti|tin,** die; -, -nen: weibliche Form zu ↑Konvertit

gebogen
krümmen
geschliffen
gewölbt
flach
konkav
konvex
abgeschrägt
Vorderseite
Rückseite
wölben
Karneol
Oberseite

kon|vex ⟨*lat.*⟩ (Physik): erhaben, nach außen gewölbt (z. B. von Spiegeln od. Linsen) (Ggs.: konkav). **Kon|ve|xi|tät,** die; - (Physik): Wölbung nach außen (z. B. von Linsen) (Ggs.: Konkavität)

Kon|vikt, das; -[e]s, -e ⟨*lat.*⟩: **1.** Stift, Wohnheim für Theologiestudenten. **2.** (österr.) Schülerheim, katholisches Internat

Kon|vik|tu|a|le, der; -n, -n ⟨*lat.-nlat.*⟩ (veraltet): Angehöriger eines Konvikts

kon|vi|vi|al (veraltet): gesellig, heiter. **Kon|vi|vi|a|li|tät,** die; - (veraltet): Geselligkeit, Fröhlichkeit

Kon|vi|vi|um, das; -s, ...ien (veraltet): [Fest]gelage

Kon|voi [...'vɔɪ̯, auch: 'kɔn...], der; -s, -s ⟨*lat.-vulgärlat.-frz.-engl.*⟩: Geleitzug (bes. von Autos od. Schiffen); Fahrzeugkolonne

Kon|vo|ka|ti|on, die; -, -en ⟨*lat.*⟩ (veraltet): das Einberufen, Zusammenrufen der Mitglieder (von Körperschaften)

Kon|vo|lut, das; -[e]s, -e ⟨*lat.*⟩: **1. a)** Bündel von verschiedenen Schriftstücken od. Drucksachen; **b)** Sammelband, Sammelmappe. **2.** (Med.) Knäuel (z. B. von Darmschlingen)

Kon|vo|lu|te, die; -, -n: ↑Volute

Kon|vul|si|on, die; -, -en ⟨*lat.*⟩ (Med.): Auftreten [1]tonisch (2)-klonischer Krämpfe, die sich schnell abwechseln; Schüttelkrampf

kon|vul|siv, kon|vul|si|visch ⟨*lat.-nlat.*⟩ (Med.): krampfhaft zuckend, krampfartig

Ko|nya, der; -[s], -s ⟨nach der türk. Stadt⟩: Gebetsteppich mit streng stilisierter Musterung

kon|ze|die|ren ⟨*lat.*⟩: zugestehen; erlauben; einräumen

Kon|ze|le|b|rant, der; -en, -en ⟨*lat.*⟩ (kath. Kirche): Geistlicher, der mit anderen Geistlichen die Eucharistie feiert

Kon|ze|le|b|ra|ti|on, die; -, -en, Concelebratio, die; -, ...tiones [...ne:s] ⟨*lat.-mlat.*⟩ (kath. Kirche): die Feier der Eucharistie durch mehrere Geistliche gemeinsam. **kon|ze|le|b|rie|ren:** gemeinsam mit anderen Geistlichen die Eucharistie feiern

Kon|zen|t|rat, das; -[e]s, -e ⟨*(lat.; gr.-lat.) frz.-nlat.*⟩: **1. a)** angereicherter Stoff, hochprozentige Lösung; **b)** hochprozentiger Pflanzen- od. Fruchtauszug. **2.** Zusammenfassung

Kon|zen|t|ra|ti|on, die; -, -en ⟨*(lat.; gr.-lat.) frz.*⟩: **1.** Zusammenballung [wirtschaftlicher od. militärischer Kräfte] (Ggs.: Dekonzentration). **2.** (ohne Plural) geistige Sammlung, Anspannung, höchste Aufmerksamkeit. **3.** (ohne Plural) gezielte Lenkung auf etwas hin. **4.** (Chemie) Gehalt einer Lösung an gelöstem Stoff

Kon|zen|t|ra|ti|ons|la|ger, das; -s, -: **1.** Bez. für nationalsozialistische Sammellager für politische Gegner, Zwangsarbeitslager u. Stätten der Massenvernichtung von als minderwertig erachteten Menschen, bes. von Juden (Abk.: KZ). **2.** Massenlager, das Elemente des Arbeits-, Internierungs- u. Kriegsgefangenenlagers sowie des Gefängnisses u. Gettos vereinigt (Abk.: KZ)

kon|zen|t|ra|tiv (Fachspr.): die Konzentration (2) betreffend

kon|zen|t|rie|ren: 1. [wirtschaftliche od. militärische Kräfte] zusammenziehen, -ballen (Ggs.: dekonzentrieren). **2.** etwas verstärkt auf etwas od. jmdn. ausrichten. **3.** sich konzentrieren: sich [geistig] sammeln, anspannen. **4.** (Chemie) anreichern, gehaltreich machen. **kon|zen|t|riert: 1.** gesammelt, aufmerksam. **2.** (Chemie) einen gelösten Stoff in großer Menge enthaltend; angereichert

kon|zen|t|risch ⟨*(lat.; gr.-lat.-) mlat.*⟩: **1.** (Math.) einen gemeinsamen Mittelpunkt habend (von Kreisen). **2.** um einen gemeinsamen Mittelpunkt herum angeordnet, auf einen [Mittel]punkt hinstrebend

Kon|zen|t|ri|zi|tät, die; - ⟨*nlat.*⟩: Gemeinsamkeit des Mittelpunkts

Kon|zept, das; -[e]s, -e ⟨*lat.*⟩: **1.** [stichwortartiger] Entwurf einer Rede od. eines Textes. **2.** Plan, Programm

Kon|zept|al|bum, das; -s, ...ben (Musik): Langspielplatte od. CD, die nicht eine bestimmte Anzahl verschiedener, jedes für sich abgeschlossener Lieder enthält, sondern ein

Thema, eine Idee in voneinander abhängigen Kompositionen behandelt

Kon|zep|ti|on, die; -, -en ⟨*lat.*⟩: **1.** geistiger, künstlerischer Einfall; Entwurf eines Werkes. **2.** klar umrissene Grundvorstellung, Leitprogramm, gedanklicher Entwurf. **3.** (Biol., Med.) Befruchtung der Eizelle; Schwangerschaftseintritt, Empfängnis

kon|zep|ti|o|nell: die Konzeption betreffend

kon|zep|ti|o|nie|ren: **1.** eine ↑Konzeption (1, 2) für etwas machen. **2.** (von einer bestimmten Vorstellung, Idee ausgehend) etwas planen, entwerfen, entwickeln. **Kon|zep|ti|o|nie|rung,** die; -, -en: Entwicklung, Erarbeitung einer Konzeption

Kon|zep|tis|mus, der; - ⟨*lat.-nlat.*⟩ (Literaturwiss.): literarische Stilrichtung des spanischen Barocks; vgl. Konzetti

Kon|zept|kunst, die; -: ↑Concept-Art

kon|zep|tu|a|li|sie|ren: ein Konzept (2) entwerfen, als Konzept (2) gestalten

Kon|zep|tu|a|lis|mus, der; - (Philos.): Lehre der Scholastik, nach der das Allgemeine (vgl. Universalien) nicht bloß Wort, sondern Begriff u. selbstständiges Denkgebilde sei

kon|zep|tu|ell: ein Konzept (2) aufweisend

Kon|zern, der; -[e]s, -e ⟨*lat.-mlat.-frz.-engl.*⟩ (Wirtsch.): Zusammenschluss von Unternehmen, die eine wirtschaftliche Einheit bilden, ohne dabei ihre rechtliche Selbstständigkeit aufzugeben. **kon|zer|nie|ren** (Wirtsch.): zu einem Konzern zusammenschließen

Kon|zert, das; -[e]s, -e ⟨*lat.-it.;* »Wettstreit (der Stimmen)«⟩: **1.** öffentliche Musikaufführung. **2.** Komposition für Solo u. Orchester. **3.** (ohne Plural) Zusammenwirken verschiedener Faktoren od. [politischer] Kräfte

Kon|zert|agen|tur, die; -, -en ⟨*lat.-it.; nlat.*⟩: Agentur, die Künstlern Konzerte vermittelt

kon|zer|tant: konzertmäßig, in Konzertform; **konzertante Sinfonie:** Konzert mit mehreren solistisch auftretenden Instrumenten od. Instrumentengruppen

Kon|zer|tan|te vgl. Concertante

Kon|zer|ta|ti|on, die; -, -en ⟨*frz.*⟩: **1.** (Politik) Absprache zum Zweck eines gemeinsamen, abgestimmten Vorgehens; Übereinkunft. **2.** (veraltet) (an Schulen der Jesuiten gepflegter) Wettstreit unter Schülern im Hinblick auf schulische Kenntnisse oder die Fähigkeit, zu diskutieren

Kon|zert|etü|de, die; -, -n: solistisches Musikstück mit technischen Schwierigkeiten

kon|zer|tie|ren: **1.** ein Konzert geben. **2.** (veraltet) etwas verabreden, besprechen. **kon|zer|tiert** ⟨*lat.-engl.*⟩: verabredet, aufeinander abgestimmt, übereinstimmend; **konzertierte Aktion** (Wirtsch.): das Zusammenwirken verschiedener Gruppen (Gewerkschaften, Unternehmerverbände u. Ä.) zur Erreichung eines bestimmten Zieles

Kon|zer|ti|na, die; -, -s ⟨*lat.-it.-frz.-engl.*⟩: Handharmonika mit sechseckigem od. quadratischem Gehäuse

Kon|zes|si|on, die; -, -en ⟨*lat.*⟩: **1.** (meist Plural) Zugeständnis, Entgegenkommen. **2.** (Rechtswiss.) **a)** befristete behördliche Genehmigung zur Ausübung eines konzessionspflichtigen Gewerbes; **b)** dem Staat vorbehaltenes Recht, ein Gebiet zu erschließen, dessen Bodenschätze auszubeuten. **Kon|zes|si|o|när,** der; -s, -e ⟨*lat.-nlat.*⟩: Inhaber einer Konzession. **Kon|zes|si|o|nä|rin,** die; -, -nen: weibliche Form zu ↑Konzessionär

kon|zes|si|o|nie|ren: eine Konzession erteilen, behördlich genehmigen

kon|zes|siv ⟨*lat.*⟩ (Sprachwiss.): einräumend; **konzessive Konjunktion:** einräumendes Bindewort (z. B. obgleich)

Kon|zes|siv|satz, der; -es, ...sätze (Sprachwiss.): Adverbialsatz der Einräumung (z. B.: *obwohl es regnete,* ging er spazieren)

Kon|zet|ti, die (Plural) ⟨*lat.-it.*⟩ (Literaturwiss.): witzige Einfälle in zugespitztem, gekünsteltem Stil, bes. in der Literatur der italienischen Spätrenaissance; vgl. Konzeptismus

konzedieren
Das von *lat.* concedere mit der ursprünglichen Bedeutung »beiseitetreten« abgeleitete Verb wird mit *-e-* in der zweiten Silbe geschrieben.
Vgl. aber: konzipieren, Konzipierung usw.

Kon|zil, das; -s, -e u. -ien ⟨*lat.*⟩: **1.** Versammlung von Bischöfen u. anderen hohen Vertretern der katholischen Kirche zur Erledigung wichtiger kirchlicher Angelegenheiten; vgl. ökumenisch. **2.** aus Professoren, Vertretern von Studenten u. nicht akademischen Bediensteten einer Hochschule gebildetes Gremium, das bestimmte Entscheidungsbefugnisse hat

kon|zi|li|ant ⟨*lat.-frz.*⟩: umgänglich, verbindlich, freundlich; versöhnlich. **Kon|zi|li|anz,** die; -: Umgänglichkeit, Verbindlichkeit, freundliches Entgegenkommen

kon|zi|li|ar, kon|zi|li|a|risch: **a)** zu einem Konzil gehörend; **b)** einem Konzil entsprechend; vgl. ...isch/-

Kon|zi|li|a|ris|mus, der; - ⟨*lat.-nlat.*⟩ (kath. Kirchenrecht): vom ↑Episkopalismus vertretene Theorie, dass die Rechtmäßigkeit u. Geltung der Beschlüsse eines Konzils nicht von der Zustimmung des Papstes abhängig seien

Kon|zi|li|a|ti|on, die; -, -en ⟨*lat.*⟩ (veraltet): Versöhnung, Vereinigung [verschiedener Meinungen]

Kon|zi|li|en: *Plural* von ↑Konzil

kon|zi|lie|ren (veraltet): [verschiedene Meinungen] vereinigen; versöhnen

kon|zinn ⟨*lat.*⟩: (Rhet., Stilkunde) syntaktisch gleich gebaut, harmonisch zusammengefügt, abgerundet (Ggs.: inkonzinn)

Kon|zin|ni|tät, die; -: (Rhet., Stilkunde) gleichartige syntaktische Konstruktion gleichwertiger Sätze (Ggs.: Inkonzinnität)

Kon|zi|pi|ent, der; -en, -en ⟨*lat.*⟩: **1.** (veraltet) Verfasser eines Schriftstücks. **2.** (österr.) Jurist [zur Ausbildung] in einem Anwaltsbüro. **Kon|zi|pi|en|tin,** die; -, -nen: weibliche Form zu ↑Konzipient

kon|zi|pie|ren: 1. a) ein schriftliches Konzept (1) für etwas machen; **b)** (von einer bestimmten Vorstellung, Idee ausgehend) etwas planen, entwerfen, entwickeln. **2.** (Med.) schwanger werden. **Kon|zi|pie|rung,** die; -, -en: das Konzipieren (1)

Kon|zi|pist, der; -en, -en ⟨*lat.-nlat.*⟩ (österr. veraltet): niederer Beamter, der ein Konzept (1) entwirft; vgl. Konzipient

kon|zis ⟨*lat.*⟩ (Rhet., Stilkunde): kurz, gedrängt

Koo|ka|bur|ra [ˈkʊkəbʌrə], der; -s, -s ⟨*austr.-engl.*⟩: Rieseneisvogel in Australien, Tasmanien u. Neuguinea; Lachender Hans

Ko|ok|kur|renz, die; -, -en ⟨*lat.*⟩ (Sprachwiss.): das Miteinandervorkommen sprachlicher Einheiten in derselben Umgebung (z. B. im Satz)

Ko|ope|ra|teur [...ˈtøːɐ̯], der; -s, -e ⟨*lat.-frz.*⟩: Wirtschaftspartner, Unternehmenspartner. **Ko|ope|ra|teu|rin** [...ˈtøːrɪn], die; -, -nen: weibliche Form zu ↑Kooperateur

Ko|ope|ra|ti|on, die; -, -en ⟨*lat.*⟩: Zusammenarbeit verschiedener Partner

ko|ope|ra|tiv ⟨*lat.-nlat.*⟩: zusammenarbeitend, gemeinsam

Ko|ope|ra|tiv, das; -s, -e, **Ko|ope|ra|ti|ve,** die; -, -n ⟨*lat.-frz.-russ.*⟩ (bes. DDR): Genossenschaft

Ko|ope|ra|tor, der; -s, ...oren ⟨*lat.*⟩: **1.** (veraltet) Mitarbeiter. **2.** (landsch. u. österr.) katholischer Hilfsgeistlicher

ko|ope|rie|ren: [auf wirtschaftlichem od. politischem Gebiet] zusammenarbeiten

Ko|op|ta|ti|on, die; -, -en ⟨*lat.*⟩: nachträgliche Hinzuwahl neuer Mitglieder in eine Körperschaft durch die dieser Körperschaft bereits angehörenden Mitglieder

ko|op|ta|tiv: die Kooptation betreffend

ko|op|tie|ren: jmdn. durch eine Nachwahl noch in eine Körperschaft aufnehmen

Ko|op|ti|on, die; -, -en: ↑Kooptation

Ko|or|di|na|te, die; -, -n ⟨*lat.-nlat.*⟩: **1.** (meist Plural; Math., Geogr.) Zahl, die die Lage eines Punktes in der Ebene u. im Raum angibt. **2.** (nur Plural; Math.) ↑Abszisse u. ↑Ordinate

Ko|or|di|na|ten|sys|tem, das; -s, -e (Math.): mathematisches System, in dem mithilfe von Koordinaten die Lage eines Punktes od. eines geometrischen Gebildes in der Ebene od. im Raum festgelegt wird

Ko|or|di|na|ti|on, die; -, -en: **1.** gegenseitiges Abstimmen verschiedener Dinge, Faktoren od. Vorgänge. **2.** (Sprachwiss.) Neben-, Beiordnung von Satzgliedern od. Sätzen (Ggs.: Subordination [2]). **3.** (Med.) das harmonische Zusammenwirken der bei einer Bewegung tätigen Muskeln. **4.** (Chemie) Zusammensetzung u. Aufbau von chemischen Verbindungen höherer Ordnung

ko|or|di|na|tiv: die Koordination betreffend

Ko|or|di|na|tor, der; -s, ...oren: jmd., der etwas aufeinander abstimmt, etwas mit etwas in Einklang bringt. **Ko|or|di|na|to|rin,** die; -, -nen: weibliche Form zu ↑Koordinator

ko|or|di|nie|ren ⟨*lat.-mlat.*⟩: mehrere Dinge od. Vorgänge aufeinander abstimmen; **koordinierende Konjunktion** (Sprachwiss.): nebenordnendes Bindewort (z. B. *und*)

Öffentlichkeitsarbeit
Hilfsorganisation
optimal
untereinander
besser
Vorgehen
koordinieren
Wirtschaftspolitik
Aktivität
Hilfsaktion
Hilfsmaßnahme
überwachen
Finanzpolitik

Ko|pa|i|va|bal|sam, der; -s ⟨*indian.-span.-engl.; hebr.-gr.-lat.*⟩: Harz des tropischen Kopaivabaumes, das in der Lackverarbeitung u. als Heilmittel verwendet wird

Ko|pal, der; -s, -e ⟨*indian.-span.*⟩: ein Harz verschiedener tropischer Bäume, das für Lacke verwendet wird

Ko|pe|ke, die; -, -n ⟨*russ.*⟩: russische u. ukrainische Münzeinheit (Abk.: Kop.)

Ko|pe|po|de, der; -n, -n ⟨*gr.-nlat.*⟩ (Zool.): ein schalenloses Krebstier; Ruderfußkrebs

Kö|per, der; -s, - ⟨*niederl.*⟩: Gewebe in Köperbindung (Webart)

ko|per|ni|ka|nisch ⟨nach dem Astronomen N. Kopernikus, 1473–1543⟩: die Lehre des Kopernikus betreffend, auf ihr beruhend; **kopernikanisches Weltsystem:** ↑heliozentrisches Weltsystem

Ko|pho|sis, die; - ⟨*gr.*⟩ (Med.): [völlige] Taubheit

Koph|ta, der; -[s], -s ⟨Herkunft unsicher⟩ (Geschichte): ägyptischer Magier; vgl. Großkophta. **koph|tisch:** den Kophta betreffend

Ko|pi|al|buch, das; -[e]s, ...bücher ⟨*lat.-nlat.; dt.*⟩ (Geschichte): Sammlung von Urkundenabschriften

Ko|pi|a|li|en, die (Plural) ⟨*lat.-nlat.*⟩ (veraltet): Abschreibegebühren

Ko|pi|a|tur, die; -, -en (veraltet): das Abschreiben

Ko|pie [österr.: ˈkoːpi̯ə], die; -, ...ien [österr.: ˈkoː...] ⟨*lat.*⟩: **1. a)** Abschrift, Durchschrift, originalgetreue Wiedergabe eines geschriebenen Textes; **b)** ↑Fotokopie. **2.** Nachbildung, Nachgestaltung [eines Kunstwerks]. **3. a)** durch Belichten hergestelltes Bild von einem Negativ; **b)** fotografisch hergestelltes Doppel eines Films

ko|pie|ren ⟨*lat.-mlat.*⟩: **1. a)** etwas in Zweitausfertigung, eine Kopie (1 a) von etwas herstellen; **b)** eine Fotokopie von etwas machen. **2.** [ein Kunstwerk] nachbilden. **3. a)** eine Kopie (3 a) herstellen; **b)** von einem Negativfilm einen Positivfilm herstellen

Ko|pie|rer, der; -s, - (ugs.): Gerät, mit dem Fotokopien gemacht werden

ko|pier|ge|schützt (EDV): mit einem Kopierschutz versehen

Ko|pier|schutz, der; -es ⟨*lat.; dt.*⟩ (EDV): Programm zur Verhinderung unautorisierten Kopierens von Software

Ko|pier|stift, der; -[e]s, -e: Schreibstift mit einer Mine, die wasserlösliche Farbstoffe enthält u. nicht wegradiert werden kann

Ko|pi|lot usw. vgl. Co-Pilot usw.

Ko-Pi|lot. Ko|pi|lo|tin usw. vgl. Co-Pilotin usw.

Ko|pi|o|pie, die; - ⟨*gr.-nlat.*⟩ (Med.): Sehschwäche, Erschöpfung der Augen infolge Überanstrengung

ko|pi|ös ⟨*lat.-frz.*⟩ (Med.): reichlich, massenhaft

Ko|pist, der; -en, -en ⟨*lat.-mlat.*⟩: jmd., der eine Kopie anfertigt. **Ko|pis|tin,** die; -, -nen: weibliche Form zu ↑Kopist

Kop|pa, das; -[s], -s ⟨*gr.*⟩: Buchstabe im ältesten griechischen Alphabet: Ϙ, ϙ, ϟ

Ko|p|ra, die; - ⟨*tamil.-port.*⟩: zerkleinerte u. getrocknete Kokosnusskerne

Ko|p|rä|mie, die; -, ...ien ⟨*gr.-nlat.*⟩ (Med.): durch lang dauernde Verstopfung verursachte Selbstvergiftung des Körpers

Ko|prä|senz, die; - ⟨*lat.-engl.*⟩ (Sprachwiss.): gemeinsames, gleichzeitiges Auftreten sprachlicher Elemente, z. B. das gleichzeitige Vorhandensein von veralteten u. veraltenden Wörtern neben Wörtern der modernen Gegenwartssprache

Ko|p|re|me|sis, die; - ⟨*gr.*⟩ (Med.): Koterbrechen (bei Darmverschluss)

Ko|pro|duk|ti|on, die; -, -en ⟨*lat.; lat.-frz.*⟩: Gemeinschaftsherstellung, bes. beim Film

Ko|pro|du|zent usw. vgl. Co-Produzent usw. . **Ko|pro|du|zen|tin** usw. vgl. Co-Produzentin usw.

ko|pro|du|zie|ren: mit jmd. anderem zusammen etwas herstellen (bes. einen Film)

ko|p|ro|gen ⟨*gr.-nlat.*⟩ (Med.): vom Kot stammend, durch Kot verursacht

Ko|p|ro|la|lie, die; - (Psychol.): krankhafte Neigung zum Aussprechen unanständiger, obszöner Wörter (meist aus dem analen Bereich)

Ko|p|ro|lith [auch: ...ˈlɪt], der; -s u. -en, -e[n]: **1.** (Med.) ↑Konkrement aus verhärtetem Kot u. Mineralsalzen im unteren Verdauungstrakt. **2.** (Geol.) versteinerter Kot urweltlicher Tiere

Ko|p|rom, das; -s, -e (Med.): Scheingeschwulst in Form einer Ansammlung verhärteten Kots im Darm

ko|p|ro|phag (Biol.): Kot essend. **Ko|p|ro|pha|ge,** der; -n, -n (Biol.): Lebewesen, das sich von den Exkrementen anderer Tiere ernährt; Kotfresser

Ko|p|ro|pha|gie, die; - (Med.): das Essen von Kot bei bestimmten psychischen Erkrankungen

ko|p|ro|phil (Biol.): vorzugsweise auf Kot (Dung) lebend

Ko|p|ro|pho|bie, die; - (Med., Psychol.): [krankhafte] Angst vor der Berührung von Fäkalien, oft auch Angst vor Schmerz u. Ansteckung

Ko|p|ro|s|ta|se, die; -, -n (Med.): Kotstauung, Verstopfung

Kops, der; -es, -e ⟨*engl.*⟩ (Spinnerei): Spinnhülse mit aufgewundenem Garn, Garnkörper, Kötzer

Kop|te, der; -n, -n ⟨*gr.-arab.*⟩: Angehöriger der christlichen Kirche in Ägypten. **Kop|tin,** die; -, -nen: weibliche Form zu ↑Kopte. **kop|tisch: a)** zur christlichen Kirche Ägyptens, zu den Kopten gehörend; **b)** die jüngste Stufe des Ägyptischen, die Sprache der Kopten betreffend

Kop|to|lo|ge, der; -n, -n: Wissenschaftler auf dem Gebiet der Koptologie. **Kop|to|lo|gie,** die; -: Wissenschaft von der koptischen Sprache u. Literatur. **Kop|to|lo|gin,** die; -, -nen: weibliche Form zu ↑Koptologe

Ko|pu|la, die; -, -s u. ...lae [...lɛ] ⟨*lat.;* »Band«⟩: **1.** ↑Kopulation (2). **2. a)** (Sprachwiss.) Verbform, die die Verbindung zwischen Subjekt u. Prädikativ (Prädikatsnomen) herstellt; **b)** (Logik) Glied, das Subjekt und Prädikat zu einer Aussage verbindet

Ko|pu|la|ti|on, die; -, -en: **1.** (Rechtsspr. veraltet) Trauung, eheliche Verbindung. **2.** (Biol.) Verschmelzung der verschiedengeschlechtigen Geschlechtszellen bei der Befruchtung. **3.** (Gartenbau) Veredlung von Pflanzen, bei der das schräg geschnittene Edelreis mit der schräg geschnittenen Unterlage genau aufeinandergepasst wird. **4.** ↑Koitus

ko|pu|la|tiv (Sprachwiss.): verbindend, anreihend; **kopulative Konjunktion:** anreihendes Bindewort (z. B. und, auch)

Ko|pu|la|tiv|kom|po|si|tum, das; -s, ...ta, **Ko|pu|la|ti|vum,** das; -s, ...va: ↑Additionswort

ko|pu|lie|ren: 1. (Biol.) miteinander verschmelzen (von Geschlechtszellen bei der Befruchtung). **2.** Pflanzen veredeln. **3.** (Rechtsspr. veraltet) jmdn. trauen. **4.** ↑koitieren

kor..., Kor... vgl. kon..., Kon...

Ko|rah, ökum.: Korach ⟨nach dem in 4. Mose 16, 1 ff. genannten Enkel des Levi Korah⟩: **eine Rotte Korah:** eine zügellose Horde

Ko|ral|le, die; -, -n ⟨*gr.-lat.-frz.*⟩: **1.** koloniebildendes Hohltier tropischer Meere. **2.** das als Schmuck verwendete [rote] Kalkskelett der Koralle (1). **ko|ral|len: a)** aus Korallen bestehend; **b)** korallenrot

Ko|ral|lin, das; -s ⟨*gr.-lat.-frz.-nlat.*⟩: roter Farbstoff

ko|ral|lo|gen ⟨*gr.-lat.-frz.; gr.*⟩ (Geol.): aus Ablagerungen von ↑Korallen (1) gebildet (von Gesteinsschichten)

ko|ram ⟨*lat.;* »vor aller Augen, offen«⟩: öffentlich; **jmdn. koram nehmen** (veraltet): jmdn. scharf tadeln

ko|ra|mie|ren ⟨*lat.-nlat.*⟩ (veraltet): zur Rede stellen

Ko|ran, der; -[s], -e ⟨*arab.;* »Lesung«⟩: Sammlung der Offenbarungen Mohammeds, das heilige Buch des Islams (7. Jh. n. Chr.)

ko|ran|zen vgl. kuranzen

Kord vgl. Cord

Kor|dax, der; - ⟨*gr.-lat.*⟩: grotesk-ausgelassener Verkleidungstanz des Männerchores in der antiken Komödie

Kor|de, die; -, -n ⟨*gr.-lat.-frz.*⟩ (veraltet): schnurartiger Besatz

Kor|del, die; -, -n: **1.** (landsch.) Bindfaden. **2.** (österr.) ↑Korde

Kor|de|latsch, der; -[e]s, -e ⟨*it.*⟩: kurzes italienisches Krummschwert im Mittelalter

kor|di|al ⟨*lat.-mlat.*⟩ (veraltet):

herzlich; vertraulich. **Kor|di|a|li|tät,** die; -, -en (veraltet): Herzlichkeit, Freundlichkeit

kor|die|ren ‹*gr.-lat.-frz.*›: **1.** feine schraubenförmige Linien in Gold- u. Silberdraht einarbeiten. **2.** Griffe an Werkzeugen zur besseren Handhabung aufrauen

Kor|di|e|rit [auch: ...ˈrɪt], der; -s, -e ‹*nlat.;* nach dem frz. Geologen Cordier, 1777–1861›: ein kristallines Mineral (ein Edelstein)

Kor|dit, der; -s ‹*gr.-lat.-frz.-engl.*›: fadenförmiges, rauchschwaches Schießpulver

Kor|don [...ˈdõː, bes. südd., österr.: ...ˈdoːn], der; -s, -s u. (bes. südd., österr.:) -e [kɔrˈdoːnə] ‹*gr.-lat.-frz.;* »Schnur, Seil; Reihe«›: **1.** Postenkette, polizeiliche od. militärische Absperrung. **2.** Ordensband. **3.** Spalierbaum

Kor|do|nett|sei|de, die; - ‹*gr.-lat.-frz.; dt.*›: schnurartig gedrehte Handarbeits- u. Knopflochseide

Kor|du|an, das; -s ‹nach der span. Stadt Córdoba›: weiches, saffianähnliches Leder

Ko|re, die; -, -n ‹*gr.;* »Mädchen«›: bekleidete Mädchenfigur der [archaischen] griechischen Kunst

Ko|re|fe|rat vgl. Korreferat

Ko|re|fe|rent vgl. Korreferent

Ko|re|fe|ren|tin vgl. Korreferentin

ko|re|fe|rie|ren vgl. korreferieren

Ko|re|gis|seur usw. vgl. Co-Regisseur usw. . **Ko|re|gis|seu|rin** usw. vgl. Co-Regisseurin usw.

Ko|ri|an|der, der; -s, - ‹*gr.-lat.*›: **a)** Gewürzpflanze des Mittelmeerraums; **b)** aus den Samenkörnern des Korianders (a) gewonnenes Gewürz

Ko|ri|an|do|li, das; -[s], - ‹*gr.-lat.-it.*› (österr. veraltet): ↑Konfetti

Ko|rin|the, die; -, -n ‹nach der gr. Stadt Korinth›: kleine, getrocknete, kernlose Weinbeere

Kor|mo|phyt, der; -en, -en (meist Plural) ‹*gr.-nlat.*›: in Wurzel, Stängel u. Blätter gegliederte Farn- od. Samenpflanze (Sprosspflanze)

Kor|mo|ran [österr.: ˈkɔr...], der; -s, -e ‹*lat.-frz.*›: großer, meist schwarzgrüner Schwimmvogel

Kor|mus, der; - ‹*gr.-nlat.*› (Bot.): in Wurzel, Sprossachse od. Stängel u. Blätter gegliederter Pflanzenkörper (Ggs.: Thallus)

Kor|nak, der; -s, -s ‹*singhal.-port.-frz.*›: [indischer] Elefantenführer

Kor|nea vgl. Cornea

kor|ne|al ‹*lat.-nlat.*› (Med.): die ↑Cornea betreffend

Kor|ne|al|kon|takt|scha|le, die; -, -n (regional): Kontaktlinse

Kor|nel|kir|sche, die; -, -n ‹*lat.; dt.*›: ein Zier- u. Heckenstrauch mit gelben Doldenblüten u. essbaren Früchten

[1]**Kor|nett,** der; -[e]s, -e u. -s ‹*lat.-frz.*› (veraltet): Fähnrich [bei der Reiterei]

[2]**Kor|nett,** das; -[e]s, -e u. -s (Musik): **1.** Orgelregister. **2.** ein kleines Horn mit Ventilen

Kor|net|tist, der; -en, -en: jmd., der [2]Kornett (2) spielt. **Kor|net|tis|tin,** die; -, -nen: weibliche Form zu ↑Kornettist

Ko|roi: *Plural* von ↑Koros

Ko|rol|la, Korolle, die; -, ...llen ‹*gr.-lat.*› (Bot.): Gesamtheit der Blütenblätter einer Blüte (Blumenkrone)

Ko|rol|lar, das; -s, -e, **Ko|rol|la|ri|um,** das; -s, ...ien ‹»Kränzchen; Zugabe«› (Logik): Satz, der aus einem bewiesenen Satz folgt, von ihm abgeleitet wird

Ko|rol|le vgl. Korolla

Ko|ro|man|del|holz, das; -es ‹nach dem vorderindischen Küstenstrich Koromandel›: wertvolles Holz eines vorderindischen Baumes

Ko|ro|na, die; -, ...nen ‹*gr.-lat.;* »Kranz, Krone«›: **1.** (bild. Kunst) Heiligenschein an einer Figur. **2.** (Astron.) [bei totaler Sonnenfinsternis sichtbarer] Strahlenkranz der Sonne. **3. a)** (ugs. veraltend) [fröhliche] Runde, [Zuhörer]kreis; **b)** (ugs. abwertend) Horde

ko|ro|nar (Med.): zu den Herzkranzgefäßen gehörend, von ihnen ausgehend

Ko|ro|nar|an|gio|gra|fie, Ko|ro|nar|an|gio|gra|phie, die; -, ...ien (Med.): ↑Angiografie der Herzkranzgefäße

Ko|ro|nar|ge|fäß, das; -es, -e (meist Plural) ‹*gr.-lat.; dt.*› (Med.): Blutgefäß des Herzens (Kranzgefäß)

Ko|ro|nar|in|suf|fi|zi|enz, die; -, -en ‹*gr.-lat.; lat.*› (Med.): Unterversorgung des Herzmuskels mit Sauerstoff [aufgrund mangelhafter Blutversorgung durch die Koronararterien]

Ko|ro|nar|skle|ro|se, die; - (Med.): Verkalkung der den Herzmuskel versorgenden Koronargefäße

Ko|ro|nis, die; -, ...nides [...nideːs] ‹*gr.-lat.;* »Krümmung«›: in altgriechischen Wörtern das Zeichen für ↑Krase (z. B. gr. *tàmá* für *tà emá* »das Meine«)

Ko|ro|no|graf, Ko|ro|no|graph, der; -en, -en ‹*gr.-lat.; gr.*›: Fernrohr zum Beobachten u. Fotografieren der Korona (2)

Ko|ros, der; -, Koroi ‹*gr.*›: Statue eines nackten Jünglings in der [archaischen] griechischen Kunst

Kör|per|scan|ner [...skɛnɐ], der; -s, -: bei Sicherheitskontrollen eingesetztes Gerät, das den Körper u. am Körper getragene Gegenstände auf einem Bildschirm [in Form eines schematisierten Bildes] anzeigt

Kor|po|ra: *Plural* von ↑[2]Korpus

Kor|po|ral, der; -s, -e (auch: ...äle) ‹*lat.-it.-frz.*›: **1.** (veraltet) Führer einer Korporalschaft; Unteroffizier. **2.** (schweiz.) niederster Unteroffiziersgrad

Kor|po|ra|le, das; -s, ...lien ‹*lat.-mlat.;* »Leibtuch«›: quadratisches od. rechteckiges Leinentuch als Unterlage für Hostie u. Hostienteller in der katholischen Liturgie

Kor|po|ral|schaft, die; -, -en ‹*lat.-it.-frz.; dt.*› (veraltet): Unterabteilung der Kompanie im inneren Dienst

Kor|po|ra|ti|on, die; -, -en ‹*lat.-mlat.-engl.*›: **1.** Körperschaft, Innung, juristische Person. **2.** Studentenverbindung

Kor|po|ra|tis|mus, der; -, ...men (Politik): Beteiligung gesellschaftlicher Gruppen an politischen Entscheidungsprozessen

kor|po|ra|tiv: 1. körperschaftlich; geschlossen. **2.** eine Studentenverbindung betreffend

Kor|po|ra|ti|vis|mus, der; - ⟨*nlat.*⟩: politisches Bestreben, den Staat durch Schaffung von berufsständischen Korporationen (1) zu erneuern

kor|po|riert ⟨*lat.*⟩: einer Korporation (2) angehörend

Korps, Corps [koːɐ̯], das; - [koːɐ̯(s)], - [koːɐ̯s] ⟨*lat.-frz.*⟩: **1.** größerer Truppenverband. **2.** studentische Verbindung

Korps|geist, Corpsgeist ['koːɐ̯...], der; -[e]s: **1.** Gemeinschafts-, Standesbewusstsein. **2.** Standeshochmut

Korps|stu|dent, Corpsstudent [koːɐ̯...], der; -en, -en: Student, der einem Korps (2) angehört

Brillenträger
groß
Täter
muskulös
beschrieben
korpulent
Meter
Personenbeschreibung
Figur
ungepflegt
Statur
schulterlang
Glatze

kor|pu|lent ⟨*lat.*⟩: beleibt, wohlgenährt. **Kor|pu|lenz,** die; -: Beleibtheit, Wohlgenährtheit

korpulent/opulent *s. Kasten Seite 801*

[1]**Kor|pus,** der; -, -se ⟨*lat.*⟩: **1.** (ugs. scherzh.) Körper. **2.** (bild. Kunst) der Leib Christi am Kreuz. **3.** (ohne Plural) das massive, hinsichtlich Holz od. Farbe einheitliche Grundteil ohne die Einsatzteile [bei Möbeln]. **4.** (schweiz.) Ladentisch; [Büro]möbel mit Fächern od. Schubladen, dessen Deckfläche als Ablage od. Arbeitstisch dient. **5.** (auch: das ohne Plural; Musik) Klangkörper eines Musikinstruments, bes. eines Saiteninstruments

[2]**Kor|pus,** das; -, ...pora: **1.** Belegsammlung von Texten od. Schriften [aus dem Mittelalter od. der Antike]. **2.** einer wissenschaftlichen [Sprach]analyse zugrunde liegendes Material, repräsentative Sprachprobe

[3]**Kor|pus,** die; - (Druckw. veraltet): Schriftgrad von 10 Punkt (ungefähr 3,7 mm Schrifthöhe)

Kor|pus De|lik|ti vgl. Corpus Delicti

Kor|pus Ju|ris vgl. Corpus Iuris

Kor|pus|kel, das; -s, -n (fachspr. auch: die; -, -n) ⟨*lat.;* »Körperchen«⟩ (Physik): kleinstes Teilchen der Materie; Elementarteilchen

kor|pus|ku|lar ⟨*lat.-nlat.*⟩ (Physik): die Korpuskeln betreffend

Kor|pus|ku|lar|the|o|rie, die; - (Geschichte): Theorie, die davon ausgeht, dass das Licht aus ↑Korpuskeln besteht

Kor|ral, der; -s, -e ⟨*span.*⟩: [Fang]gehege für wilde Tiere

Kor|ra|si|on, die; -, -en ⟨*lat.-nlat.*⟩: Abschleifung von Gesteinen durch windbewegten Sand

kor|re|al ⟨*spätlat.*⟩: **a)** (veraltet) mitschuldig; **b)** (Rechtswiss.) zusammen mit einem anderen Schuldner zu einer Leistung verpflichtet

Kor|re|fe|rat [auch: ...'raːt], auch, bes. österr.,: Koreferat, das; -[e]s, -e ⟨*lat.-nlat.*⟩: zweiter Bericht; Nebenbericht [zu dem gleichen wissenschaftlichen Thema]

Kor|re|fe|rent [auch: ...'rɛnt], bes. österr.: Koreferent, der; -en, -en: **a)** jmd., der ein Korreferat hält; **b)** zweiter Gutachter [bei der Beurteilung einer wissenschaftlichen Arbeit]. **Kor|re|fe|ren|tin** [auch: ...'rɛn...], bes. österr.: Koreferentin, die; -, -nen: weibliche Form zu ↑Korreferent

Kor|re|fe|renz [auch: ...'rɛnts], die; -, -en: ↑Referenzidentität

kor|re|fe|rie|ren [auch: ...'riː...], bes. österr.: **ko|re|fe|rie|ren:** **a)** ein Korreferat halten; **b)** als zweiter Gutachter berichten

Kor|re|gi|dor [kɔrɛxi'doːɐ̯] vgl. Corregidor

kor|rekt ⟨*lat.*⟩: richtig, fehlerfrei; einwandfrei (Ggs.: inkorrekt). **Kor|rekt|heit,** die; -, -en: **1.** Richtigkeit (Ggs.: Inkorrektheit [1 a]). **2.** einwandfreies Benehmen (Ggs.: Inkorrektheit [1 b])

Kor|rek|ti|on, die; -, -en (veraltet): Besserung; Verbesserung; Regelung. **kor|rek|ti|o|nie|ren** (schweiz.): korrigieren; regulieren

kor|rek|tiv ⟨*lat.-nlat.*⟩ (veraltet): bessernd; zurechtweisend. **Kor|rek|tiv,** das; -s, -e: etwas, was dazu dienen kann, Missstände, Mängel, Gegensätzlichkeiten, Ungleichheiten o. Ä. auszugleichen

Kor|rek|tor, der; -s, ...oren ⟨*lat.*⟩: **1.** jmd., der beruflich Schriftsätze auf Fehler hin durchsieht. **2.** (Geschichte) Aufsichtsbeamter der römischen Kaiserzeit. **3.** jmd., der eine Prüfungsarbeit korrigiert u. benotet

Kor|rek|to|rat, das; -[e]s, -e: Abteilung, in der Korrektoren u. Korrektorinnen arbeiten. **Kor|rek|to|rin,** die; -, -nen: weibliche Form zu ↑Korrektor (1, 3)

Kor|rek|tur, die; -, -en: **a)** Verbesserung, [Druck]berichtigung; **b)** schriftliche Berichtigung

kor|re|lat, kor|re|la|tiv ⟨*lat.-mlat.*⟩: sich gegenseitig bedingend. **Kor|re|lat,** das; -[e]s, -e: **1.** etwas, was etwas anderem als Ergänzung, ergänzende Entsprechung zugeordnet ist. **2.** (Sprachwiss.) Wort, das mit einem anderen in bedeutungsmäßiger od. grammatischer Beziehung steht (z. B. Gatte–Gattin, Rechte–Pflichten; darauf [bestehen], dass ...). **3.** (Math.) eine bestimmte Art mathematischer Größen, die in der Ausgleichs- u. Fehlerrechnung auftreten

Kor|re|la|ti|on, die; -, -en (»Wechselbeziehung«): **1.** wechselseitige Beziehung. **2.** (Math.) Zusammenhang zwischen statistischen Ergebnissen, die durch Wahrscheinlichkeitsrechnung ermittelt werden. **3.** (Med.) Wechselbeziehung zwischen verschiedenen Organen od. Organteilen. **Kor|re|la|ti|ons|ana|ly|se,** die; -, -n: Zweig der math. Statistik mit Untersuchungen über ↑stochastische Zusammenhänge

Kor|re|la|ti|ons|ko|ef|fi|zi|ent, der; -en, -en (Statistik): Maß für die wechselseitige Beziehung zwischen zwei zufälligen Größen

kor|re|la|tiv vgl. korrelat

Kor|re|la|ti|vis|mus, der; - ⟨*nlat.*⟩ (Philos.): Erkenntnistheorie, nach der Subjekt u. Erkenntnisobjekt in Wechselbeziehung stehen

kor|re|lie|ren: einander bedingen, miteinander in [Wechsel]beziehung stehen

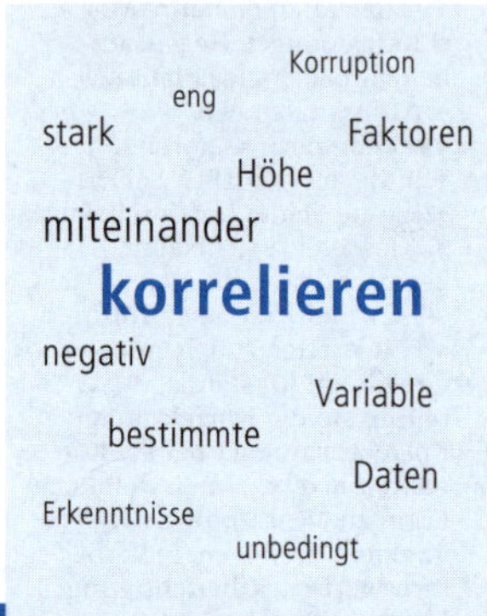

kor|re|pe|tie|ren ⟨*lat.-nlat.*⟩ (Musik): [Solo]partien für Gesang, ein Instrument od. Ballett mit Klavierbegleitung einstudieren. **Kor|re|pe|ti|ti|on,** die; -, -en (Musik): Einübung einer Gesangspartie vom Klavier aus

Kor|re|pe|ti|tor, der; -s, ...oren (Musik): Musiker, der korrepetiert. **Kor|re|pe|ti|to|rin,** die; -, -nen: weibliche Form zu ↑Korrepetitor

kor|re|s|pek|tiv ⟨*lat.-nlat.*⟩ (Rechtsspr.): gemeinschaftlich. **Kor|re|s|pek|ti|vi|tät,** die; - (veraltet): Gemeinschaftlichkeit

Kor|re|s|pon|dent, der; -en, -en ⟨*lat.-mlat.*⟩: **1.** Journalist, der [aus dem Ausland] regelmäßig aktuelle Berichte für Presse, Rundfunk od. Fernsehen liefert. **2. a)** Angestellter eines Betriebs, der den kaufmännischen Schriftwechsel führt; **b)** (veraltet) Briefpartner. **Kor|re|s|pon|den|tin,** die; -, -nen: weibliche Form zu ↑Korrespondent

Kor|re|s|pon|dent|ree|der, der; -s, -: Geschäftsführer einer Reederei mit beschränkter Vertretungsmacht

Kor|re|s|pon|denz, die; -, -en: **1.** Briefwechsel, Schriftverkehr. **2.** (veraltet) Übereinstimmung

Kor|re|s|pon|denz|bü|ro, das; -s, -s: Agentur, die Berichte, Nachrichten, Bilder u. a. für die Presse sammelt

Kor|re|s|pon|denz|kar|te, die; -, -n (österr. veraltet): Postkarte

Kor|re|s|pon|denz|trai|ning, das; -s: Schulungskurs für präzises Formulieren

kor|re|s|pon|die|ren ⟨*lat.-mlat.-frz.*⟩: **1.** in Briefverkehr stehen. **2.** übereinstimmen, entsprechen

Kor|ri|dor, der; -s, -e ⟨*lat.-it.*⟩: **1.** [Wohnungs]flur, Gang. **2.** schmaler Gebietsstreifen, der durch das Hoheitsgebiet eines fremden Staates führt

Kor|ri|gend, der; -en, -en ⟨*lat.*⟩ (veraltet): Sträfling

Kor|ri|gen|da, die (Plural): Druckfehler, Fehlerverzeichnis

Kor|ri|gens, das; -, ...gentia u. ...genzien (meist Plural) (Pharm.): geschmackverbessernder Zusatz in Arzneien

kor|ri|gi|bel ⟨*lat.-nlat.*⟩ (veraltet): korrigierbar

kor|ri|gie|ren ⟨*lat.*⟩: etwas berichtigen; verbessern

Kor|ro|bo|ri, der; -[s], -s ⟨*austr.-engl.*⟩: [Kriegs]tanz der australischen Ureinwohner mit Lied- u. Trommelbegleitung

kor|ro|die|ren: angreifen, zerstören; der Korrosion unterliegen

Kor|ro|si|on, die; -, -en ⟨*lat.-mlat.*⟩: **1.** chemische Veränderung im Material an der Oberfläche fester Körper (z. B. von Gesteinen u. Metallen). **2.** (Geol.) Wiederauflösung von früh ausgeschiedenen Mineralien durch die Schmelze. **3.** (Med.) durch Entzündung od. Ätzmittel hervorgerufene Zerstörung von Körpergewebe

kor|ro|siv: 1. angreifend, zerstörend. **2.** durch ↑Korrosion hervorgerufen

kor|rum|pie|ren ⟨*lat.*⟩: **a)** bestechen; **b)** moralisch verderben. **kor|rum|piert:** nur schwer od. nicht mehr zu entziffern (von Stellen in alten Texten u. Handschriften); verderbt

kor|rupt: a) bestechlich; **b)** moralisch verdorben

Kor|rup|tel, die; -, -en: (von alten Texten u. Handschriften) verderbte Textstelle

Kor|rup|ti|on, die; -, -en: **a)** Bestechung, Bestechlichkeit; **b)** moralischer Verfall

Kor|sa|ge [...ʒə], die; -, -n ⟨*lat.-frz.*⟩: auf Figur gearbeitetes, versteiftes Oberteil eines Kleides

Kor|sak, der; -s, -s ⟨*russ.*⟩: kleiner, kurzohriger Steppenfuchs

Kor|sar, der; -en, -en ⟨*lat.-mlat.-it.*⟩ (Geschichte): **1. a)** Seeräuber; **b)** Seeräuberschiff. **2.** Zweimannjolle mit Vor- u. Großsegel

Kor|se|lett, das; -s, -s (auch: -e) ⟨*lat.-frz.*⟩: leichteres Korsett (1)

Kor|sett, das; -s, -s (auch: -e): **1.** mit Stäbchen versehenes u. mit Schnürung od. Gummieinsätzen ausgestattetes Mieder. **2.** (Med.) Stützvorrichtung für die Wirbelsäule

Kor|so, der; -s, -s ⟨*lat.-it.*⟩: **1.** Umzug, festliche Demonstrationsfahrt. **2.** große, breite Straße für Umzüge. **3.** (Geschichte) Wettrennen von Pferden ohne Reiter

Kor|tex, der; -[es], -e u. ...tizes [...titse:s] ⟨*lat.*⟩ (Med.): **1.** äußere Zellschicht eines Organs. **2.** Hirnrinde

kor|ti|kal ⟨*lat.-nlat.*⟩: **1.** (Med.) von der Hirnrinde ausgehend, in der Hirnrinde sitzend; **kortikale Zentren:** wichtige Teile der Hirnrinde, in denen z. B. Hör- u. Sehzentrum liegen. **2.** (Biol., Med.) die äußere Zellschicht von Organen betreffend

Kor|ti|ko|s|te|ron, fachspr.: Corticosteron, das; -s ⟨Kunstw.⟩ (Med.): Hormon der Nebennierenrinde

kor|ti|ko|trop, fachspr. meist: corticotrop ⟨gr.⟩ (Med.): auf die Nebennierenrinde einwirkend. **Kor|ti|ko|tro|pin,** fachspr. meist: Corticotropin, das; -s, -e (Med.): Hormon, das im Vorderlappen der Hirnanhangsdrüse gebildet wird u. die Funktion der Nebennierenrinde reguliert

Kor|tin, das; -s, -e (meist Plural) ⟨Kunstw.⟩ (Med.): Sammelbez. für die in der Nebennierenrinde synthetisierten Hormone

Kor|ti|son, fachspr.: Cortison, das; -s ⟨Kunstw.⟩ (Med.): [Präparat aus dem] Hormon der Nebennierenrinde

Ko|ru|na, die; -, - ⟨*tschech.* u. *slowak.*⟩: tschech. bzw. slowak. Krone, Währungseinheit

Ko|rund, der; -[e]s, -e ⟨*tamil.-nlat.*⟩: ein sehr hartes Mineral

Kor|vet|te, die; -, -n ⟨*frz.*⟩: 1. a) leichtes Kriegsschiff; b) (veraltet) Segelkriegsschiff. 2. (Sport) Sprung in den Handstand

Kor|vet|ten|ka|pi|tän, der; -s, -e: Marineoffizier im Majorsrang

Ko|ry|bant, der; -en, -en ⟨*gr.-lat.*⟩ (Geschichte): Priester der phrygischen Muttergöttin Kybele. **ko|ry|ban|tisch:** wild begeistert; ausgelassen tobend

Ko|ry|da|lis, die; -, - ⟨*gr.-nlat.*⟩: Lerchensporn (Zierstaude)

Ko|ry|o|phyl|lie, die; - (Bot.): abnorme Blattbildung

[1]**Ko|ry|phäe,** die; -, -n ⟨*gr.-lat.-frz.;* »an der Spitze Stehender«⟩: 1. jmd., der auf seinem Gebiet durch außergewöhnliche Leistungen hervortritt. 2. (Ballett; bes. österr.) erste Solotänzerin

[2]**Ko|ry|phäe,** der; -n, -n ⟨*gr.*⟩: Chorführer im antiken Drama

Ko|ry|za, die; - ⟨*gr.-lat.*⟩ (Med.): Schnupfen, Entzündung der Nasenschleimhaut

Ko|sak, der; -en, -en ⟨*russ.*⟩ (Geschichte): Angehöriger der militärisch organisierten Grenzbevölkerung im zaristischen Russland

Ko|sa|kin: weibliche Form zu ↑Kosak

Ko|sche|nil|le [...'nɪljə], die; -, -n ⟨*span.-frz.*⟩: 1. Weibchen der Scharlachschildlaus. 2. (ohne Plural) karminroter Farbstoff

ko|scher ⟨*hebr.-jidd.*⟩: 1. den jüdischen Speisegesetzen gemäß. 2. (ugs.) in Ordnung, einwandfrei

Ko|se|kans, der; -, - (auch: ...nten) ⟨*lat.-nlat.*⟩ (Math.): Kehrwert des ↑Sinus (1) im rechtwinkligen Dreieck (Zeichen: cosec)

Ko|si|nus, der; -, - u. -se ⟨*lat.-nlat.*⟩ (Math.): Verhältnis von Ankathete zu Hypotenuse im rechtwinkligen Dreieck (Zeichen: cos)

Kos|me|tik, die; - ⟨*gr.-frz.*⟩: 1. Körper- u. Schönheitspflege. 2. nur oberflächlich vorgenommene Ausbesserung, die nicht den Kern der Sache trifft

Kos|me|ti|ker, der; -s, -: männliche Form von ↑Kosmetikerin. **Kos|me|ti|ke|rin,** die; -, -nen: weibliche Fachkraft für Kosmetik (1) (Berufsbez.)

Kos|me|ti|kum, das; -s, ...ka (meist Plural) ⟨*gr.-nlat.*⟩: Mittel zur Körper- u. Schönheitspflege

kos|me|tisch ⟨*gr.-frz.*⟩: 1. a) die Kosmetik (1) betreffend; b) mithilfe der Kosmetik (1) [gepflegt]; c) der Verschönerung dienend, sie bewirkend; **kosmetische Chirurgie:** Teilgebiet der Chirurgie, bei dem [als entstellend empfundene] körperliche Mängel od. Verunstaltungen operativ behoben od. vermindert werden. 2. nur oberflächlich [vorgenommen], ohne den eigentlichen Missstand aufzuheben od. ohne etwas von Grund aus wirklich zu verändern

Kos|me|to|lo|ge, der; -n, -n ⟨*gr.-nlat.*⟩: Fachmann auf dem Gebiet der Kosmetologie. **Kos|me|to|lo|gie,** die; -: Lehre von der Körper- u. Schönheitspflege. **Kos|me|to|lo|gin,** die; -, -nen: weibliche Form zu ↑Kosmetologe

kos|misch ⟨*gr.-lat.*⟩: 1. das Weltall betreffend, aus ihm stammend. 2. weltumfassend, unermesslich, unendlich

kos|mo..., Kos|mo...

⟨zu *gr.* kósmos »Ordnung; Weltordnung, Weltall, Welt« (→ *russ.* kosmo... »Welt, Weltall«)⟩
Wortbildungselement mit der Bedeutung »Welt, Weltraum; die Welt, den Weltraum betreffend«:
- Kosmobiologie
- Kosmologie
- Kosmonaut
- kosmopolitisch

Kos|mo|bio|lo|ge, der; -n, -n: Wissenschaftler auf dem Gebiet der Kosmobiologie. **Kos|mo|bio|lo|gie,** die; -: Wissenschaftsbereich, in dem die Lebensbedingungen im Weltraum sowie die Einflüsse des Weltraums auf irdische Lebenserscheinungen untersucht werden. **Kos|mo|bio|lo|gin,** die; -, -nen: weibliche Form zu ↑Kosmobiologe. **kos|mo|bio|lo|gisch:** die Kosmobiologie betreffend

Kos|mo|che|mie, die; -: Wissenschaft, die das Vorkommen u. die Verteilung chemischer Elemente im Weltraum untersucht

Kos|mo|drom, das; -s, -e ⟨*gr.-russ.*⟩: (bes. in Russland) Startplatz für Weltraumraketen

Kos|mo|go|nie, die; -, ...ien ⟨*gr.*⟩: 1. [mythische Lehre von der] Entstehung der Welt. 2. wissenschaftliche Theorienbildung über die Entstehung des Weltalls. **kos|mo|go|nisch:** die Kosmogonie betreffend

Kos|mo|graf, Kosmograph, der; -en, -en ⟨*gr.-lat.*⟩: Verfasser einer ↑Kosmografie. **Kos|mo|gra|fie,** Kosmographie, die; -, ...ien: 1. (veraltet) Beschreibung der Entstehung u. Entwicklung des Kosmos. 2. (im Mittelalter) ↑Geografie. **kos|mo|gra|fisch,** kosmographisch: die Kosmografie betreffend

Kos|mo|gramm, das; -s, -e: ↑Horoskop

Kos|mo|graph usw. vgl. Kosmograf usw.

Kos|mo|kra|tor, der; -s ⟨*gr.*⟩: (in der Kunst) Christus als Weltbeherrscher, auf einer Weltkugel thronend

Kos|mo|lo|gie, die; -, ...ien: Lehre von der Entstehung u. Entwicklung des Weltalls. **kos|mo|lo|gisch:** die Kosmologie betreffend

Kos|mo|me|di|zin, die; -: Teilgebiet der Medizin, auf dem der Einfluss der veränderten Lebensbedingungen während eines Raumflugs auf den menschlichen Organismus untersucht wird

Kos|mo|naut, der; -en, -en ⟨*gr.-russ.*⟩: (bes. in Russland) Weltraumfahrer, Teilnehmer an einem Raumfahrtunternehmen; vgl. Astronaut. **Kos|mo|nau|tik,** die; -: ↑Astronautik. **Kos|mo|nau|tin,** die; -, -nen: weibliche Form zu ↑Kosmonaut. **kos|mo|nau|tisch:** die Kosmonautik betreffend; vgl. astronautisch

Kos|mo|po|lit, der; -en, -en ⟨*gr.*⟩: 1. Weltbürger. 2. Vertreter des Kosmopolitismus (2). 3. Tier- od. Pflanzenart, die über die ganze Erde verbreitet ist. **Kos|mo|po|li|tin,** die; -, -nen: weibliche Form zu ↑Kosmopolit (1, 2). **kos|mo|po|li|tisch:** die Anschauung des Kosmopolitismus (1, 2) vertretend

Kos|mo|po|li|tis|mus, der; - ⟨*gr.-nlat.*⟩: **1.** Weltbürgertum. **2.** (kommunistisch abwertend) Weltanschauung, die das Streben der imperialistischen Großmächte nach Weltherrschaft mit dem Vorwand begründet, der Nationalstaat, der Patriotismus usw. sei in der gegenwärtigen Epoche historisch überholt

Kos|mos, der; - ⟨*gr.*⟩: **a)** Weltraum, Weltall; **b)** [die] Welt [als geordnetes Ganzes]

Kos|mo|so|phie, die; - ⟨*gr.-nlat.*⟩ (Philos.): Weltweisheit

Kos|mo|the|is|mus, der; - (Philos.): philosophische Anschauung, die Gott u. Welt als Einheit begreift

Kos|mo|t|ron [auch: ...'tro:n], das; -s, ...trone (auch: -s): Gerät zur Erzeugung äußerst energiereicher Partikelstrahlungen (Teilchenbeschleuniger)

Ko|so|blü|ten, die (Plural) ⟨*äthiopisch; dt.*⟩: Blüten des ostafrikanischen Kosobaums (Wurmmittel)

kos|tal ⟨*lat.-nlat.*⟩ (Med.): zu den Rippen gehörend, sie betreffend

Kos|tal|at|mung, die; - (Med.): Atmung, bei der sich beim Ein- u. Ausatmen der Brustkorb hebt u. senkt

Kos|to|to|mie, die; -, ...ien ⟨*lat.; gr.*⟩ (Med.): Rippenresektion; operative Durchtrennung der Rippen

Kos|tüm, das; -[e]s, -e ⟨*lat.-it.-frz.*⟩: **1.** [historische] Kleidung, Tracht. **2.** aus Rock u. Jacke bestehende Damenkleidung. **3. a)** zur Ausstattung eines Theaterstückes nötige Kleidung; **b)** Verkleidung für ein Maskenfest

Kos|tü|mi|er [...'mi̯e:], der; -s, -s (veraltend): Theaterschneider, Garderobenaufseher. **Kos|tü|mi|e|re** [...'li̯ɛ:rə], die; -, -n (veraltend): weibliche Form zu ↑Kostümier

kos|tü|mie|ren: [für ein Maskenfest] verkleiden

Ko|sub|s|t|rat, fachspr. meist: **Co|sub|s|t|rat,** das; -[e]s, -e ⟨*lat.*⟩: **1.** Rohstoff, der bei der ↑Kofermentation einem anderen zugesetzt wird. **2.** Nicht-Eiweiß-Molekül, dessen Umsetzung durch ein Enzym an die Umsetzung eines ↑Substrats (5) gekoppelt ist

Ko|tan|gens, der; -, - ⟨*lat.-nlat.*⟩ (Math.): Kehrwert des ↑Tangens im rechtwinkligen Dreieck (Zeichen: cot, cotg, ctg)

Ko|tau, der; -s, -s ⟨*chin.*⟩: demütige Ehrerweisung, Verbeugung

¹Ko|te, die; -, -n ⟨*lat.-frz.*⟩: Geländepunkt [einer Karte], dessen Höhenlage genau vermessen ist

²Ko|te, die; -, -n ⟨*finn.*⟩: kegelförmiges Zelt der ↑Samen

³Ko|te, die; -, -n ⟨*niederd.*⟩ (landsch.): Hütte

Ko|te|lett [kɔt'lɛt, 'kɔtlɛt], das; -s, -s (selten: -e) ⟨*lat.-frz.*⟩: Rippenstück vom Kalb, Schwein, Lamm od. Hammel

Ko|te|let|ten, die (meist Plural): Haare an beiden Seiten des Gesichts neben den Ohren

Ko|te|rie, die; -, ...ien ⟨*frz.*⟩ (abwertend): Kaste; Klüngel; Sippschaft

Ko|text, der; -[e]s, -e ⟨*lat.*⟩ (Sprachwiss.): der umgebende Text einer sprachlichen Einheit; ↑Kontext (1 a)

Ko|thurn, der; -s, -e ⟨*gr.-lat.*⟩: **1.** Bühnenschuh der Schauspieler mit hoher Sohle (im antiken Trauerspiel); vgl. Soccus. **2.** erhabener, pathetischer Stil

ko|tie|ren ⟨*lat.-frz.*⟩: **1.** ein Wertpapier zur Notierung an der Börse zulassen. **2.** (veraltet) die Höhe eines Geländepunktes messen; vgl. ¹Kote, nivellieren. **Ko|tie|rung,** die; -, -en: Zulassung eines Wertpapiers zur amtlichen Notierung an der Börse

Ko|til|lon ['kɔtɪljɔ̃, auch: ...'jɔ̃:], der; -s, -s ⟨*germ.-frz.*⟩ (veraltet): Gesellschaftsspiel in Tanzform

Ko|tin|ga, die; -, -s ⟨*indian.-span.*⟩: farbenprächtiger, in Mittel- u. Südamerika beheimateter Vogel

Ko|to, die; -, -s ⟨*jap.*⟩: 6- od. 13-saitiges zitherähnliches japanisches Musikinstrument

Ko|ton [ko'tɔ̃:], der; -s, -s ⟨*arab.-frz.*⟩: Baumwolle; vgl. Cotton. **ko|to|ni|sie|ren:** Bastfasern durch chemische Behandlung die Beschaffenheit von Baumwolle geben

Ko|to|rin|de, die; - ⟨*indian.-port.; dt.*⟩: Rinde eines bolivianischen Baumes, die früher als Heilmittel verwendet wurde

Ko|t|schin|chi|na|huhn, das; -[e]s, ...hühner ⟨nach dem früheren Namen für den Süden Vietnams, Kotschinchina⟩: [in England gezüchtetes] großes u. kräftiges Huhn

Ko|ty|le|do|ne, die; -, -n ⟨*gr.-lat.*⟩ (Biol.): **1.** Keimblatt der Samenpflanze. **2.** Zotte der tierischen Embryohülle

Ko|ty|lo|sau|ri|er, der; -s, -, **Ko|ty|lo|sau|rus,** der; -, ...rier ⟨*gr.-nlat.*⟩: ausgestorbenes Reptil der Trias- u. Permzeit

Ko|va|ri|an|ten|phä|no|men, das; -s ⟨*lat.; gr.*⟩ (Psychol.): Täuschung in der Wahrnehmung von Raum u. Tiefe

Ko|va|ri|anz [auch: ...'ri̯ants], die; -, -en: **1.** (Physik) Unveränderlichkeit der Form bestimmter physikalischer Gleichungen bei bestimmten Rechenvorgängen. **2.** (Statistik) Maß für die gegenseitige Abhängigkeit zweier Größen

Ko|x|al|gie, die; -, ...ien ⟨*lat.; gr.*⟩ (Med.): Schmerz im Hüftgelenk od. im Bereich der Hüfte

Ko|xi|tis, die; -, ...itiden ⟨*lat.-nlat.*⟩ (Med.): Entzündung des Hüftgelenks

Kraal vgl. Kral

kra|cken [auch: 'krɛkn̩] vgl. cracken

Krä|cker, der; -s, - (meist Plural): ↑Cracker (1, 2)

Kra|ke, der; -n, -n, (ugs. auch:) die; -, -n ⟨*norw.*⟩: ein Riesentintenfisch

Kra|ke|lee [krakə'le:] vgl. Craquelé

kra|ke|lie|ren ⟨*frz.*⟩: die Glasur von Keramiken od. die Oberfläche von Gläsern mit ↑Craquelés (2) versehen

Kra|ke|lü|re, die; -, -n: feiner Riss, der durch Austrocknung der Farben u. des Firnisses auf Gemälden entsteht

Kra|ko|wi|ak, der; -s, -s ⟨*poln.;* »Krakauer (Tanz)«⟩: polnischer Nationaltanz im $^{2}/_{4}$-Takt mit Betonungswechsel von Ferse u. Stiefelspitze

Kra|ku|se, der; -n, -n: Angehöriger einer 1812 in Krakau gebildeten Truppe polnischer leichter Reiter

Kral, der; -s, -e (auch: -s) ⟨*port.-afrikaans*⟩: Runddorf afrikanischer Stämme

...kra|tie

die; -, ...ien (teilweise ohne Plural)
⟨zu *gr.* krateīn »herrschen, Macht haben, vorherrschen« → ...kratía bzw. ...kráteia »Herrschaft einer Gruppe, herrschende Gruppe«⟩
Wortbildungselement, das eine bestimmte Herrschaftsform oder Verhaltensweise kennzeichnet:
- Aristokratie
- Bürokratie
- Demokratie
- Plutokratie
- Theokratie

...krat

der; -en, -en
⟨zu *gr.* krateīn »herrschen, Macht haben, vorherrschend« und ...kratḗs »herrschend«⟩
Wortbildungselement mit der Bedeutung »Anhänger, Vertreter der entsprechenden Herrschaftsform oder Verhaltensweise«:
- Aristokrat
- Demokrat
- Technokrat

Die weibliche Form des Wortbildungselementes lautet ...kratin, wie z. B. in Aristokratin und Bürokratin.

[1]**Kram|pus,** der; -, ...pi ⟨*dt.-mlat.*⟩ (Med.): Muskelkrampf

[2]**Kram|pus,** der; -[ses], -se ⟨Herkunft unsicher⟩ (bes. österr.): Begleiter des ↑Nikolaus (1)

kra|ni|al ⟨*gr.-nlat.*⟩ (Med.): **a)** zum Kopf gehörend; **b)** kopfwärts gelegen

Kra|nio|klast, der; -en, -en (Med.): zangenartiges Instrument zur Schädelzertrümmerung bei der ↑Embryotomie

Kra|nio|lo|gie, die; - (Med.): Lehre vom Schädelbau. **kra|nio|lo|gisch** (Med.): zur Kraniologie gehörend

Kra|nio|me|ter, das; -s, - (Med.): Instrument zur Schädelmessung. **Kra|nio|me|t|rie,** die; -, ...ien (Med.): Schädelmessung. **kra|nio|me|t|risch** (Med.): die Kraniometrie betreffend

Kra|nio|neu|r|al|gie, die; -, ...ien (Med.): ↑Neuralgie der Kopfhautnerven

Kra|nio|phor, der; -s, -e (Med.): Vorrichtung zum Festhalten des Schädels bei der Schädelmessung

Kra|nio|skle|ro|se, die; -, -n (Med.): Verformung des Schädels durch Verdickung der Knochen

Kra|ni|o|s|tat, der; -[e]s u. -en, -e u. -en (Med.): ↑Kraniophor

Kra|nio|ste|no|se, die; -, -n (Med.): Schädeldeformation durch vorzeitigen Verschluss der Schädelnähte

Kra|ni|os|to|se, die; -, -n (Med.): Schädeldeformierung infolge einer vorzeitigen Nahtverknöcherung am Schädel

Kra|ni|o|ta|bes, die; - ⟨*gr.; lat.*⟩ (Med.): rachitische Erweichung des Schädelbeins

Kra|ni|o|te, der; -n, -n (meist Plural) ⟨*gr.-nlat.*⟩: Wirbeltier mit Schädel; vgl. Akranier

Kra|nio|to|mie, die; -, ...ien (Med.): **1.** das Zerschneiden des Schädels beim toten Kind im Mutterleib. **2.** operative Öffnung des Schädels

Kra|ni|um, fachspr.: Cranium, das; -[s], ...ia ⟨*gr.-mlat.*⟩: knöcherner Schädel bei Mensch u. Wirbeltieren

krap|pen ⟨*niederl.*⟩: Geweben Glanz verleihen; vgl. appretieren

Kra|se, Kra|sis, die; -, Krasen ⟨*gr.-lat.;* »Mischung«⟩: in der altgriechischen Grammatik die Zusammenziehung zweier aufeinanderfolgender Wörter, deren erstes auf einen Vokal ausgeht u. deren zweites mit einem Vokal beginnt, in ein einziges Wort; vgl. Koronis

Kras|pe|do|te, die; -, -n (meist Plural) ⟨*gr.-nlat.*⟩: durch Knospung entstandene Quallenform

Kras|su|la|ze|en, die (Plural) ⟨*lat.-nlat.*⟩: Dickblattgewächse (z. B. Fetthenne, Hauswurz)

...krat *s. Kasten ...kratie*

[1]**Kra|ter,** der; -s, - ⟨*gr.-lat.*⟩: **1.** trichter- od. kesselförmige Öffnung eines Vulkans. **2.** trichter- od. kesselförmige Vertiefung im Erd- od. Mondboden

[2]**Kra|ter,** der; -s, -e ⟨*gr.*⟩: altgriechischer Krug, in dem Wein mit Wasser gemischt wurde

...kra|tie *s. Kasten*

kra|ti|ku|lie|ren ⟨*lat.-nlat.*⟩: eine Figur mithilfe eines darübergelegten Gitters ausmessen, übertragen, verkleinern, vergrößern

...kra|tin *s. Kasten ...kratie*

Kra|to|gen vgl. Kraton

Kra|ton, Kratogen, das; -s ⟨*gr.-nlat.*⟩ (Geol.): verfestigter Teil der Erdkruste, der auf tektonische Beanspruchung nur noch mit Bruchbildung u. nicht mit Faltung reagiert

Kraul, das; -[s] ⟨*altnord.-engl.*⟩: Schwimmstil, bei dem die Arme lang gezogene Schaufelbewegungen zu einem rhythmischen Wechselschlag der Beine ausführen

krau|len: im Kraulstil schwimmen

Krau|ler, der; -s, -: jmd., der im Kraulstil schwimmt. **Krau|le|rin,** die; -, -nen: weibliche Form zu ↑Krauler

Kra|wat|te, die; -, -n ⟨*dt.-frz.;* nach einer Mundartform *Krawat* für »Kroate«⟩: **1. a)** Schlips; **b)** kleiner, schmaler Pelzkragen. **2.** (Sport) unerlaubter Würgegriff beim griechisch-römischen Ringkampf. **3.** (Med.) Verband od. Stütze in Form einer Halskrause

Kra|y|on [krɛˈjõː], der; -s, -s ⟨*lat.-frz.*⟩ (veraltet): **1.** [Dreh]bleistift. **2.** Kreide

Kra|y|on|ma|nier, die; -: ein Radierverfahren nach Art einer Kreide- od. Rötelzeichnung

kra|y|on|nie|ren [krɛjɔn...] (veraltet): mit Kreide od. einem [Kohle]stift [ab]zeichnen

Kre|as, das; - ⟨*breton.-afrz.-span.*⟩: ungebleichte Leinwand

Kre|a|ti|a|nis|mus, der; - ⟨*lat.-nlat.*⟩: christliche Lehre, die besagt, dass Gott jede einzelne Menschenseele aus dem Nichts erschaffe

Kre|a|tin, das; -s ⟨*gr.-nlat.*⟩ (Biol.; Med.): Stoffwechselprodukt des Eiweißes im Blut u. in der Muskulatur der Wirbeltiere u. des Menschen

Kre|a|ti|nin, das; -s (Med.): über die Niere mit dem Urin ausgeschiedene Form von Kreatin

Kre|a|ti|on, die; -, -en ‹*lat.(-frz.)*›: **1.** Modeschöpfung, Modell[kleid]. **2.** (veraltet) Schöpfung, Erschaffung. **3.** (veraltet) Wahl, Ernennung

Kre|a|ti|o|nis|mus, der; - ‹*lat.-engl.*›: (bes. in den USA verbreitetes) Festhalten an einer wortwörtlichen Auslegung des biblischen Schöpfungsberichts

kre|a|tiv ‹*lat.-nlat.*›: schöpferisch, Ideen habend u. diese gestalterisch verwirklichend

Kre|a|ti|vi|tät, die; -: **1.** das Schöpferische; Schöpferkraft. **2.** (Sprachwiss.) die Kompetenz, neue, nie zuvor gehörte Sätze zu bilden u. zu verstehen

Kre|a|tor, der; -s, ...oren ‹*lat.*› (veraltet): Schöpfer. **Kre|a|to|rin,** die; -, -nen: weibliche Form zu ↑Kreator

Kre|a|tur, die; -, -en ‹*lat.-mlat.*›: **1.** [Lebe]wesen, Geschöpf. **2. a)** bedauernswerter, verachtenswerter Mensch; **b)** Günstling, willenloses, gehorsames Werkzeug eines anderen. **kre|a|tür|lich:** dem Geschöpf eigen, für ein Lebewesen typisch

K
Krea

Kre|denz, die; -, -en ‹*lat.-mlat.-it.*› (veraltet): Anrichte, Anrichteschrank. **kre|den|zen:** [ein Getränk] feierlich anbieten, darreichen, einschenken, auftischen

¹Kre|dit [auch: ...ˈdɪt], der; -[e]s, -e ‹*lat.-it.-frz.*›: **1.** Vertrauen in die Fähigkeit und Bereitschaft einer Person od. eines Unternehmens, bestehende Verbindlichkeiten ordnungsgemäß u. zum richtigen Zeitpunkt zu begleichen. **2. a)** die einer Person od. einem Unternehmen kurz- od. langfristig zur Verfügung stehenden fremden Geldmittel oder Sachgüter; **b)** (ohne Plural) gewährter Zahlungsaufschub; Stundung

²Kre|dit, das; -s, -s ‹*lat.*›: Kontoseite (Habenseite), auf der das Guthaben verzeichnet ist (Ggs.: Debet)

kre|di|tär ‹*lat.-it.-frz.*›: das Kreditwesen, ¹Kredite (2) betreffend

kre|di|tie|ren ‹*lat.-it.-frz.*›: **a)** ↑¹Kredit (2a) geben; **b)** gutschreiben

Kre|dit|in|s|ti|tut, das; -[e]s, -e: Unternehmen, das überwiegend Bankgeschäfte betreibt, z. B. Banken u. Sparkassen

Kre|di|tiv, das; -s, -e: Vollmacht, Beglaubigungsschreiben

Kre|di|tor [österr.: ...ˈdiː...], der; -s, ...oren ‹*lat.*›: Gläubiger

Kre|di|to|ren|kon|to, das; -s, ...ten (auch:) -s u. ...ti: Konto, auf dem die Verbindlichkeiten in Bezug auf Lieferungen u. Leistungen verbucht werden

kre|di|to|risch: ein Guthaben, Anspruch auf Zahlungen habend; **kreditorisch geführtes Konto:** Konto, das dauerhaft im Plus ist

Kre|dit|pla|fond [...fõː], der; -s, -s: einem öffentlichen Schuldner eingeräumter Kreditbetrag

Kre|do vgl. Credo

Kre|du|li|tät, die; - (veraltet): Leichtgläubigkeit

kre|ie|ren ‹*lat.(-frz.)*›: **1.** eine neue Linie, einen neuen [Mode]stil schaffen, gestalten, erfinden. **2.** als Eigenes, eigene, persönliche Prägung o. Ä. hervorbringen. **3.** (Theater) eine Rolle als Erste[r] spielen. **4.** einen Kardinal ernennen

Kre|ma|ti|on, die; -, -en ‹*lat.*›: Einäscherung [von Leichen]

Kre|ma|to|ri|um, das; -s, ...ien ‹*lat.-nlat.*›: Einäscherungsanstalt, Anlage zur Feuerbestattung

kre|mie|ren ‹*lat.*› (schweiz., sonst veraltet): einäschern, Leichen verbrennen

Kreml [auch: ˈkreːml̩], der; -[s], - ‹*russ.*›: **1.** Stadtteil in russischen Städten. **2.** (ohne Plural) **a)** Sitz der Regierung in Russland; **b)** die Regierung Russlands

Kren, der; -[e]s ‹*slaw.*› (südd., bes. österr.): Meerrettich

kre|ne|lie|ren ‹*vulgärlat.-frz.*› (Geschichte): [eine Burg] mit Zinnen versehen

Kre|no|the|ra|pie, die; - ‹*gr.*› (Med.): ↑Balneotherapie

Kre|o|don, das; -s, ...onten ‹*gr.-nlat.*›: ausgestorbenes Urraubtier

¹Kre|o|le, der; -n, -n ‹*lat.-port.-span.-frz.*›: **1.** Nachkomme weißer romanischer Einwanderer in Südamerika (weißer Kreole). **2.** Nachkomme von schwarzen Sklaven [in Brasilien] (schwarzer Kreole)

²Kre|o|le vgl. Creole

¹Kre|o|lin, die; -, -nen: weibliche Form zu ↑¹Kreole

²Kre|o|lin ®, das; -s ‹*nlat.*›: ein aus Teerölen gewonnenes Desinfektionsmittel

Kre|o|pha|ge, der; -n, -n ‹*gr.*›: ↑¹Karnivore, ²Karnivore

Kre|o|sot, das; -[e]s ‹*gr.-nlat.*›: ein aus Holzteer destilliertes Räucher- u. Arzneimittel

Kre|o|so|tal, das; -s: Kohlensäureester des Kreosots (Arzneimittel)

Kre|pe|line [krɛp(ə)ˈliːn], die; -, -s ‹*lat.-frz.*›: leichtes wollenes Kreppgewebe

Kre|pi|do|ma, das; -s ‹*gr.*›: Stufenunterbau des altgriechischen Tempels

kre|pie|ren ‹*lat.-it.*›: **1.** bersten, platzen, zerspringen (von Sprenggeschossen). **2.** (ugs.) sterben; verenden

Kre|pis, die; - ‹*gr.*›: ↑Krepidoma

Kre|pi|ta|ti|on, die; -, -en ‹*lat.*; »das Knarren«› (Med.): **1.** Knisterrasseln; besondere Geräusche bei beginnender Lungenentzündung. **2.** Knirschen, das durch das Aneinanderreiben von Knochenbruchenden sowie von Sehnen u. Sehnenscheiden bei entzündlichen Veränderungen entsteht

Krep|lach, der; -[s], - ‹*jidd.*›: dreieckige, mit Gehacktem od. Käse gefüllte Teigtasche (in der Suppe od. als Beilage)

Kre|pon [kreˈpõː], der; -s, -s ‹*lat.-frz.*›: ein Kreppgewebe. **kre|po|nie|ren** vgl. krepponieren

¹Krepp, der; -s, -s u. -e, ¹Crêpe [krɛp], der; -[s], -s: Gewebe mit welliger od. gekräuselter Oberfläche

²Krepp vgl. ²Crêpe

krep|pen: 1. (Textilfasergewebe) durch spezielle Behandlung zu Krepp verarbeiten. **2.** (Papier) kräuseln

krep|po|nie|ren: ↑kreppen (1)

Kre|sol, das; -s, -e ‹Kunstw.›: ein aus Teer destilliertes Desinfektionsmittel

Kres|zenz, die; -, -en ‹*lat.*; »Wachstum«›: **1. a)** Herkunft [edler Weine], Wachstum; **b)** Rebsorte; **c)** (früher) Qualitätsbezeichnung für naturreine, ungezuckerte Weine. **2.** (veraltet) Ertrag

kre|ta|ze|isch, kre|ta|zisch ‹*lat.*›

(Geol.): zur Kreideformation gehörend, sie betreffend

Kre|te, die; -, -n ⟨*lat.-frz.*⟩ (schweiz.): [Gelände]kamm, Grat

Kre|thi und Ple|thi ⟨nach den Kretern u. Philistern in der Söldnertruppe des biblischen Königs David⟩ (abwertend): jedermann, alle Welt

Kre|ti|kus, der; -, ...izi ⟨*gr.-lat.*⟩: ein antiker Versfuß (rhythmische Einheit: –◡–)

Kre|tin [kreˈtɛ̃ː], der; -s, -s ⟨*gr.-lat.-frz.*⟩: **1.** (Med. veraltend) jmd., der an Kretinismus leidet. **2.** (ugs. abwertend) Dummkopf. **Kre|ti|nis|mus,** der; - ⟨*gr.-lat.-frz.-nlat.*⟩ (Med. veraltend): auf Unterfunktion der Schilddrüse beruhendes Zurückbleiben der körperlichen u. geistigen Entwicklung

kre|ti|no|id ⟨*gr.-lat.-frz.; gr.*⟩ (Med.): kretinähnlich, wie ein Kretin

Kre|ti|zi: *Plural* von ↑Kretikus

Kre|ton, der; -s, -e ⟨*frz.*⟩ (österr.): ↑Cretonne

Kre|tonne [kreˈtɔn] vgl. Cretonne

Kret|scham, Kret|schem, der; -s, -e ⟨*slaw.*⟩ (landsch., sonst veraltet): Gastwirtschaft

Kretsch|mer, der; -s, - (landsch.): Wirt

Kre|vet|te, Crevette, die; -, -n ⟨*lat.-frz.*⟩: Garnelenart; vgl. Garnele

Kri|cket, das; -s, -s ⟨*engl.*⟩: englisches Schlagballspiel

Kri|da, die; - ⟨*lat.-mlat.*⟩ (österr. Rechtsspr.): Konkursvergehen

Kri|dar, Kri|da|tar, der; -s, -e ⟨*nlat.*⟩ (österr.): Konkursschuldner

Kri|ko|to|mie, die; -, ...ien ⟨*gr.-nlat.*⟩ (Med.): operative Spaltung des Ringknorpels der Luftröhre bei drohender Erstickung

Krill, der od. das; -[e]s ⟨*norw.-engl.*⟩: (bes. in den Polarmeeren auftretendes) eiweißreiches tierisches ↑Plankton (vor allem winzige Krebse u. Schnecken)

Kri|mi [auch: ˈkriːmi], der; -s, -s ⟨Kurzform von *Krimi*nalfilm od. *Krimi*nalroman⟩: **1.** Kriminalfilm. **2.** Kriminalroman

kri|mi|nal ⟨*lat.*⟩ (veraltet): strafrechtlich; vgl. ...al/...ell. **Kri|mi|nal,** das; -s, -e (österr. veraltend): Strafanstalt, Zuchthaus

Kri|mi|na|le, der; -n, -n, **Kri|mi|na|ler,** der; -s, - (ugs.): Kriminalbeamter. **Kri|mi|na|le|rin,** die; -, -nen: weibliche Form zu ↑Kriminaler

Kri|mi|nal|film, der; -[e]s, -e: ein Film, der die Aufdeckung u. Aufklärung eines Verbrechens (meist eines Mordes) schildert; Kurzw.: Krimi

Kri|mi|nal|ge|richt, das; -[e]s, -e ⟨*lat.; dt.*⟩ (veraltet): Strafgericht, Strafkammer

kri|mi|na|li|sie|ren: 1. kriminell werden lassen, machen, in die Kriminalität (a) treiben. **2.** als kriminell erscheinen lassen, hinstellen. **Kri|mi|na|li|sie|rung,** die; -, -en ⟨*lat.-nlat.*⟩: **a)** das Kriminalisieren; **b)** das Kriminalisiertwerden

Kri|mi|na|list, der; -en, -en: **1.** Professor für Strafrecht an einer Universität; Strafrechtler. **2.** Beamter, Sachverständiger der Kriminalpolizei. **Kri|mi|na|lis|tik,** die; -: (als Teilbereich der Kriminologie) Wissenschaft, Lehre von der Aufklärung u. Verhinderung von Verbrechen. **Kri|mi|na|lis|tin,** die; -, -nen: weibliche Form zu ↑Kriminalist. **kri|mi|na|lis|tisch:** die Kriminalistik betreffend, die Mittel der Kriminalistik anwendend

Kri|mi|na|li|tät, die; -: **a)** Straffälligkeit; **b)** Umfang der strafbaren Handlungen, die in einem bestimmten Gebiet innerhalb eines bestimmten Zeitraums [von einer bestimmten Tätergruppe] begangen werden

Kri|mi|nal|pä|d|a|go|gik, die; -: ↑Pädagogik, die im Strafvollzug die ↑Resozialisierung in den Vordergrund stellt; forensische Pädagogik

Kri|mi|nal|po|li|zei, die; -, -en (Plural selten): die mit der Verhütung, Aufklärung u. Bekämpfung von Verbrechen od. Vergehen beauftragte Polizei; Kurzw.: Kripo

Kri|mi|nal|pro|zess, der; -es, -e (veraltet): Strafprozess

Kri|mi|nal|psy|cho|lo|gie, die; -, ...ien: forensische Psychologie

Kri|mi|nal|ro|man, der; -s, -e: Roman, bei dem ein Verbrechen u. seine Aufklärung im Mittelpunkt stehen; Kurzw.: Krimi

Kri|mi|nal|so|zio|lo|gie, die; -: Zweig der Kriminologie, der die Umweltbedingtheit von Tat u. Täter erforscht

Kri|mi|nal|tech|nik, die; -: Teilgebiet der Kriminalistik, das alle mit technischen Mitteln durchführbaren Untersuchungen (z. B. Spurensicherung) zur Aufklärung einer Straftat umfasst

kri|mi|nell ⟨*lat.-frz.*⟩: **1. a)** straffällig; **b)** strafbar, verbrecherisch. **2.** (ugs.) sich an der Grenze des Erlaubten bewegend; rücksichtslos, unverantwortlich, schlimm; vgl. ...al/...ell. **Kri|mi|nel|le,** der u. die; -n, -n (abwertend): Person, die ein Verbrechen begangen hat

kri|mi|no|gen ⟨*lat.; gr.*⟩: zu Verbrechen führend, sie hervorrufend

Kri|mi|no|lo|ge, der; -n, -n: Wissenschaftler, Fachmann auf dem Gebiet der Kriminologie. **Kri|mi|no|lo|gie,** die; -: Wissenschaft, die Ursachen u. Erscheinungsformen von Verbrechen untersucht u. sich mit der Verhinderung, Aufklärung u. Bekämpfung von Verbrechen befasst. **Kri|mi|no|lo|gin,** die; -, -nen: weibliche Form zu ↑Kriminologe. **kri|mi|no|lo|gisch: a)** die Kriminologie u. ihre Methoden betreffend; **b)** mit den Methoden, Mitteln der Kriminologie arbeitend

Krim|mer, der; -s, - ⟨nach der Halbinsel Krim⟩: **1.** Fell des ↑Karakulschafs. **2.** das Fell des ↑Karakulschafs nachahmendes Wollgewebe

Krim|sekt, der; -[e]s: aus Weinen der Halbinsel Krim hergestellter Schaumwein

Krim|ste|cher, der; -s, - ⟨nach dessen Aufkommen im Krimkrieg⟩ (veraltet): Feldstecher

Kri|no|i|de, der; -n, -n (meist Plural) ⟨*gr.-nlat.*⟩ (Zool.): Haarstern od. Seelilie

Kri|no|li|ne, die; -, -n ⟨*lat.-it.-frz.*⟩: um die Mitte des 19. Jh.s getragener Reifrock

Kri|po, die; -, -s (Plural selten): kurz für ↑Kriminalpolizei

Kris, der; -es, -e ⟨*malai.*⟩: Dolch der Malaien

Kri|se, Krisis, die; -, ...sen ⟨*gr.-lat.(-frz.)*⟩: **1.** Entscheidungssituation, Wende-, Höhepunkt einer gefährlichen Entwicklung. **2.** gefährliche Situation.

3. (Med.) **a)** schneller Fieberabfall als Wendepunkt einer Infektionskrankheit; **b)** (meist Plural) plötzlich auftretende heftige Schmerzanfälle im Bereich verschiedener Körperorgane od. -regionen

kri|seln: nur unpersönlich **es kriselt:** es gibt Anzeichen für eine bevorstehende Krise

Kri|sis vgl. Krise

[1]**Kris|tall,** der; -s, -e ⟨*gr.-lat.-mlat.*⟩: fester, regelmäßig geformter, von ebenen Flächen begrenzter Körper

[2]**Kris|tall,** das; -s: **a)** geschliffenes Glas; **b)** Gegenstände aus geschliffenem Glas

kris|tal|len ⟨*gr.-lat.-mlat.*⟩: **1.** aus, von Kristallglas. **2.** kristallklar, wie Kristall

kris|tal|lin, kris|tal|li|nisch ⟨*gr.-lat.*⟩: aus vielen kleinen, unvollkommen ausgebildeten [1]Kristallen bestehend (z. B. Granit); **kristalline u. kristallinische Schiefer** (Geol.): durch ↑ Metamorphose (4) veränderte Erguss- u. Absatzgesteine

Kris|tal|li|sa|ti|on, die; -, -en ⟨*gr.-lat.-frz.*⟩ (Chemie): der Prozess, Zeitpunkt des Kristallisierens eines Stoffes

kris|tal|lisch: ↑ kristallin

kris|tal|li|sie|ren: [1]Kristalle bilden

Kris|tal|lit [auch: ...'lɪt], der; -s, -e ⟨*gr.-lat.-nlat.*⟩: mikroskopisch kleiner [1]Kristall ohne deutlich ausgeprägte Oberflächenformen

Kris|tal|lo|blas|te|se, die; - ⟨*gr.-nlat.*⟩ (Geol.): Entstehung des typischen Gefüges der kristallinen Schiefer. **kris|tal|lo|blas|tisch** (Geol.): durch Um- od. Neukristallisation der Minerale gebildet (von Gesteinsgefügen)

Kris|tal|lo|gra|fie, Kristallographie, die; -: Wissenschaft von den chemischen u. physikalischen Eigenschaften der Kristalle. **kris|tal|lo|gra|fisch,** kristallographisch: die Kristallografie betreffend

Kris|tal|lo|gra|phie usw. vgl. Kristallografie usw.

Kris|tal|lo|id, das; -[e]s, -e: ein kristallähnlicher Körper od. ein Stoff mit kristallähnlicher Struktur

Kris|tal|lo|man|tie, die; - (Parapsychol.): das Hervorrufen subjektiv wahrnehmbarer Bilder auf transparenten Flächen durch längeres Fixieren von Kristallen, glänzenden Gegenständen, Spiegelflächen zum Zweck des Hellsehens

Kris|ti|a|nia, der; -s, -s ⟨ehemaliger Name der norw. Hauptstadt Oslo⟩ (veraltet): Querschwung beim Skilauf

Kris|to|ba|lit [auch: ...'lɪt] vgl. Cristobalit

Kri|te|ri|um, das; -s, ...ien ⟨*gr.-nlat.*⟩: **1.** Prüfstein, unterscheidendes Merkmal, Kennzeichen. **2.** (Sport) **a)** Wettbewerb, bei dem keine Meisterschaft ausgetragen, sondern nur ein Sieger ermittelt wird; **b)** Straßenradrennen auf einem Rundkurs, bei dem der Sieger durch die Ergebnisse einzelner Wertungen nach Punkten ermittelt wird

Kri|tik [auch: ...'tɪk], die; -, -en ⟨*gr.-lat.-frz.*⟩: **1.** [wissenschaftliche, künstlerische] Beurteilung, Begutachtung, Bewertung. **2.** Beanstandung, Tadel. **3. a)** kritische (1 a) Beurteilung, Besprechung einer künstlerischen Leistung, eines wissenschaftlichen, literarischen, künstlerischen Werkes (in einer Zeitung, im Rundfunk o. Ä.); **b)** (ohne Plural) Gesamtheit der kritischen Betrachter

kri|ti|ka|bel: der Kritik (1, 2) unterworfen, zu unterwerfen

Kri|ti|ka|li|tät, die; -, -en: (Kernphysik) das Kritischwerden eines ↑ Reaktors, bei dem eine eingetretene Kettenreaktion nicht abreißt

Kri|ti|kas|ter, der; -s, - ⟨*gr.-lat.-nlat.*⟩ (abwertend): Nörgler, kleinlicher Kritiker

Kri|ti|ker, der; -s, - ⟨*gr.-lat.*⟩: **1.** Beurteiler. **2.** jmd., der beruflich Besprechungen von neu herausgebrachten Büchern, Theaterstücken o. Ä. verfasst. **3.** jmd., der eine Person tadelt od. etwas beanstandet. **Kri|ti|ke|rin,** die; -, -nen: weibliche Form zu ↑ Kritiker

Kri|ti|kus, der; -, -se (abwertend): Kritiker

kri|tisch ⟨*gr.-lat.(-frz.)*⟩: **1. a)** nach präzisen [wissenschaftlichen od. künstlerischen] Maßstäben prüfend u. beurteilend, genau abwägend; **b)** eine negative Beurteilung enthaltend, missbilligend. **2.** schwierig, bedenklich, gefährlich. **3.** entscheidend. **4.** wissenschaftlich erläuternd; **kritische Ausgabe:** wissenschaftliche Ausgabe eines Originaltextes mit Angabe der Textvarianten u. der Textgeschichte; **kritischer Apparat:** Gesamtheit der einer Textausgabe beigegebenen textkritischen Anmerkungen (zu verschiedenen Lesarten, zur Textgeschichte usw.). **5.** (Kernphysik) nicht abreißend (von einer Kettenreaktion im ↑ Reaktor)

kri|ti|sie|ren ⟨*gr.-lat.-frz.*⟩: **1.** beanstanden, bemängeln, tadeln. **2.** als Kritiker beurteilen

Kri|ti|zis|mus, der; - ⟨*gr.-lat.-nlat.*⟩: **1.** (Philos.) von Kant eingeführtes wissenschaftlich-philosophisches Verfahren, vor der Aufstellung eines philosophischen od. ideologischen Systems die Möglichkeit, Gültigkeit u. Gesetzmäßigkeit sowie die Grenzen des menschlichen Erkenntnisvermögens zu kennzeichnen. **2.** starker Hang zu kritisieren

Kri|ti|zist, der; -en, -en: Vertreter des Kritizismus (1). **Kri|ti|zis|tin,** die; -, -nen: weibliche Form zu ↑ Kritizist

Kro|cket [auch: krɔ'kɛt], das; -s, -s ⟨*engl.*⟩: englisches Rasenspiel. **kro|cket|tie|ren, kro|ckie|ren:** Holzkugeln (im Krocketspiel) wegschlagen

Kroe|poek ['kru:pu:k], der; -[s] ⟨*indones.*⟩: indonesische Fladenspezialität aus gemahlenen Garnelen u. ↑ Tapioka (kleine, in Fett gebackene Plättchen als Beilage zur indonesischen Reistafel u. zu anderen Gerichten)

Kro|kant, der; -s ⟨*frz.*⟩: **a)** aus zerkleinerten Mandeln od. Nüssen u. karamellisiertem Zucker hergestellte knusprige Masse; **b)** Konfekt, Pralinen aus Krokant (a)

Kro|ket|te, die; -, -n (meist Plural): in Fett ausgebackenes Klößchen od. Röllchen aus Kartoffelbrei od. zerkleinertem Fleisch u. a.

Kro|ki, schweiz. meist: Croquis [kro'ki:] das; -s, -s ⟨*frz.*⟩: Plan, einfache Geländezeichnung. **kro|kie|ren:** ein Kroki zeichnen

Kro|ko, das; -[s], -s: kurz für Krokodilleder

Kro|ko|dil, das; -s, -e ‹*gr.-lat.*›: im Wasser lebendes Kriechtier (zahlreiche, bis 10 m lange Arten)

Kro|kus, der; -, - u. -se ‹*gr.-lat.*›: früh blühende Gartenpflanze (Schwertliliengewächs)

Krom|lech, Cromlech [...lɛk, auch: ˈkroːm..., ...lɛç], der; -s, -e u. -s ‹*kelt.*›: jungsteinzeitliche kreisförmige Steinsetzung; Kultstätte

Kro|mo, das; -[s] ‹*javan.*›: Sprache der Oberschicht auf der Sundainsel Java (Ggs.: Ngoko)

Kro|ne, die; -, -n ‹*gr.-lat.*›: Währungseinheit in verschiedenen europäischen Ländern

Kro|ni|de, der; -n, -n ‹*gr.*; nach Kronos, dem Vater des Zeus›: **1.** Nachkomme (Sohn) des Kronos. **2.** (ohne Plural) Beiname des obersten griechischen Gottes Zeus

Krö|sus, der; - u. -ses, -se ‹*gr.-lat.*; nach dem letzten König von Lydien im 6. Jh. v. Chr.›: sehr reicher Mann

Kro|ta|lin, das; -s ‹*lat.-nlat.*›: Gift bestimmter Klapperschlangen, das in der Medizin Anwendung findet

Kro|ton, der; -s, -s ‹*gr.*›: ostasiatisches Wolfsmilchgewächs

Kro|ton|öl, das; -[e]s ‹*gr.; dt.*›: aus den Samen des ↑Krotons gewonnenes Abführmittel

Kro|ze|tin, das; -s ‹*gr.-lat.-nlat.*›: aus dem Krozin gewonnener ziegelroter Farbstoff

Kro|zin, das; -s: gelber Safranfarbstoff

krud, kru|de ‹*lat.*›: **1. a)** roh (von Nahrungsmitteln); **b)** unverdaulich. **2.** roh, unfein (Ausdrucksweise, Benehmen)

Kru|de|li|tät, die; -: Grausamkeit

Kru|di|tät, die; -, -en: **a)** (ohne Plural) das Grob-, Derb-, Plumpsein; Rohheit; **b)** grober, derber Ausdruck; rohe, rücksichtslose Handlung; Grobheit

Krupp, der; -s ‹*engl.-frz.*› (Med.): akute Entzündung der Kehlkopfschleimhaut mit Atemwegsverengung bei Diphtherie

Krup|pa|de, die; -, -n ‹*germ.-it.-frz.*›: eine Reitfigur der Hohen Schule

krup|pös ‹*engl.-frz.*› (Med.): kruppartig (von Husten); vgl. Krupp

kru|ral ‹*lat.*› (Med.): zum [Unter]schenkel gehörend, ihn betreffend; Schenkel...

Krus|ka®, die; - ‹*schwed.*›: aus verschiedenen Getreidesorten bestehende Grütze (Diätmittel)

Krus|ta|de, die; -, -n (meist Plural) ‹*lat.-it.-frz.*›: eine Pastete

Krus|ta|zee, die; -, ...een (meist Plural) ‹*lat.-nlat.*›: Krebstier (Krustentier)

Krux, die; -, Crux, die; -, Cruces [ˈkruːtseːs] ‹*lat.*; »Kreuz«›: **a)** (ohne Plural) Last, Kummer, Leid; **b)** Schwierigkeit

Kru|zi|a|ner, der; -s, - ‹*lat.-nlat.*›: **a)** Schüler der Kreuzschule in Dresden; **b)** Mitglied des Dresdener Kreuzchors

Kru|zi|fe|re, die; -, -n (meist Plural) (Bot.): Kreuzblütler

Kru|zi|fix [auch: ...ˈfɪks], das; -es, -e ‹*lat.-mlat.*›: plastische Darstellung des gekreuzigten Christus am Kreuz

Kru|zi|fi|xus, der; -: die Figur des Gekreuzigten in der bildenden Kunst

Kry|al, das; -s ‹*gr.-nlat.*› (Biol.): Lebensraum von Biozönosen im Bereich von Gletschern u. Gletscherabflüssen

Kry|äs|the|sie, die; - (Med.): Überempfindlichkeit gegen Kälte

kryo..., Kryo...

‹zu *gr.* krýos »Eiskälte, Frost, Schauder«›
Wortbildungselement mit der Bedeutung »Kälte, Frost«:
- Kryochemie
- kryophil
- Kryotechnik
- Kryotherapie

Kryo|bio|lo|gie [auch: ...ˈgiː], die; -: Teilgebiet der Biologie, das sich mit der Einwirkung sehr tiefer Temperaturen auf Organismen o. Ä. befasst

Kryo|chi|r|ur|gie, die; - (Med.): Anwendung der Kältetechnik in der Chirurgie; Kältechirurgie

Kryo|flo|ra, die; -: Algenflora, die sich auf längere Zeit unveränderten Altschneedecken im Hochgebirge oder auf Eis in Polarregionen entwickeln kann

Kryo|ge|nik, die; - ‹*gr.-engl.*› (Physik): Forschungszweig, der sich mit den physikalischen Erscheinungen im Bereich tiefer Temperaturen befasst

Kryo|gen|tank, der; -s, -s, (seltener auch:) -e: wärmeisolierter Behälter zum Transport verflüssigter, auf sehr niedrige Temperaturen gekühlter Gase

Kryo|ko|nit [auch: ...ˈnɪt], der; -s, -e: auf Gletschern durch Wind abgelagerter dunkelfarbiger Staub, der infolge seiner größeren Wärmeabsorption das Gletschereis schmelzen lässt

Kryo|kon|ser|vie|rung, die; -, -en (Med.): das Einfrieren u. Lagern von Teilen des Organismus

Kryo|lith [auch: ...ˈlɪt], der; -s u. -en, -e[n]: ein Mineral

Kryo|ma|g|net [auch: ...ˈgneːt], der; -en, -en u. -es, -e (Physik): mit flüssigem Wasserstoff gekühlter ↑Elektromagnet

Kryo|me|ter, das; -s, - (Physik): Thermometer für tiefe Temperaturen

Kry|on, das; -s (Biol.): Biozönose im Bereich von Gletschern u. Gletscherabflüssen

kryo|phil ‹*gr.*› (Biol.): Kälte liebend

Kryo|skal|pell [auch: ...ˈpɛl], das; -s, -e (Med.): in der Kryochirurgie verwendetes ↑Skalpell

Kry|o|s|kop, das; -s, -e: Messgerät zur Bestimmung der ↑Molekülmasse. **Kry|o|s|ko|pie**, die; -: Bestimmung der ↑Molekülmasse durch Messung der Gefrierpunkterniedrigung

Kryo|sphä|re, die; - (Geol.): die die Erde bedeckenden Eismassen

Kry|o|s|tat, der; -[e]s u. -en, -e[n]: ↑Thermostat für tiefe Temperaturen

Kryo|tech|nik [auch: ...ˈtɛç...], die; -: Tieftemperaturtechnik

Kryo|the|ra|pie [auch: ...ˈpiː], die; -, ...ien [...iːən] (Med.): Anwendung von Kälte zu therapeutischen Zwecken (lokal od. systemisch)

Kryo|t|ron, das; -s, ...one, (auch:) -s (EDV): Schaltelement [in ↑Computern]

Kryo|tur|ba|ti|on, die; -, -en ‹*gr.-lat.*› (Geol.): Bodenbewegung,

K
Kryo

die im Bereich des Frostbodens bei wechselndem Frost in der oberen Bodenschicht vor sich geht

Kry|o|zön, das; -s (Biol.): ↑Kryon

krypt..., Krypt... vgl. krypto..., Krypto...

Kryp|ta, die; -, ...ten ‹*gr.-lat.*›: unterirdische Grabanlage unter dem Chor alter romanischer od. gotischer Kirchen

Krypt|äs|the|sie, die; - ‹*gr.-nlat.*; »Wahrnehmung von Verborgenem«› (Parapsychol.): hochgradig verfeinerte Wahrnehmung; außersinnliche Wahrnehmung; vgl. Kryptoskopie

Kryp|te, die; -, -n (meist Plural) (Med.): Einbuchtung in Form einer Schleimhautsenkung (z. B. bei den Gaumenmandeln od. in der Dickdarmschleimhaut)

kryp|tisch: unklar in seiner Ausdrucksweise oder Darstellung u. deshalb schwer zu deuten, dem Verständnis Schwierigkeiten bereitend

kryp|to..., Kryp|to...

vor Vokalen meist: krypt-, Krypt- ‹zu *gr.* kryptós »verborgen, heimlich, geheim«›
Wortbildungselement mit der Bedeutung »geheim, verborgen«:
- Kryptästhesie
- Kryptogramm
- kryptomer
- Kryptonym
- Kryptovulkanismus

Kryp|to|cal|vi|nist, der; -en, -en (Geschichte): Anhänger der Theologie Melanchthons im 16. Jh., die in der Abendmahlslehre den Calvinisten zuneigte. **Kryp|to|cal|vi|nis|tin,** die; -, -nen: weibliche Form zu ↑Kryptocalvinist

Kryp|to|chip [...ˈtʃɪp], der; -s, -s: Chip (3), der besonders sicher gegen unberechtigte Entschlüsselung ist

Kryp|to|ga|me, die; -, -n (meist Plural) ‹*gr.-nlat.*›: blütenlose Pflanze, Sporenpflanze (z. B. Farn, Alge) (Ggs.: Phanerogame)

kryp|to|gen, kryp|to|ge|ne|tisch (Med.): von unbekanntem Ursprung (bei Krankheiten)

Kryp|to|graf, Kryptograph, der; -en, -en (veraltet): Gerät zur Herstellung von Geheimschriften (für den telegrafischen Verkehr)

Kryp|to|gra|fie, Kryptographie, die; -, ...ien: **1.** (Psychol.) absichtslos entstandene Kritzelzeichnung bei Erwachsenen. **2.** (veraltet) Geheimschrift. **3.** (Informatik) Verschlüsselung u. Entschlüsselung von Informationen

Kryp|to|gramm, das; -s, -e: **1.** ein Text, aus dessen Worten sich durch einige besonders gekennzeichnete Buchstaben eine neue Angabe entnehmen lässt (z. B. eine Jahreszahl, eine Nachricht). **2.** (veraltet) Geheimtext

Kryp|to|graph usw. vgl. Kryptograf usw.

Kryp|to|han|dy [...hɛndi], das; -s, -s ‹*gr.; dt.*›: abhörsicheres Mobiltelefon

kryp|to|kris|tal|lin, kryp|to|kris|tal|li|nisch (Geol.): erst bei mikroskopischer Untersuchung als kristallinisch erkennbar

Kryp|to|lo|gie, die; -: Teilgebiet der Informatik, das sich mit der Verschlüsselung von Daten (zum Zweck der sicheren Übertragung) befasst. **kryp|to|lo|gisch:** die Kryptologie betreffend

kryp|to|mer (Geol.): ohne Vergrößerung nicht erkennbar (von den Bestandteilen eines Gesteins) (Ggs.: phaneromer)

[1]**Kryp|to|me|rie,** die; -, ...ien ‹*gr.-nlat.*› (Biol.): das Verborgenbleiben einer Erbanlage

[2]**Kryp|to|me|rie** [...iə], die; -, -n (Bot.): japanische Zeder

Kryp|ton [auch: ...ˈtoːn], das; -s ‹*gr.-engl.*›: chem. Element; ein Edelgas (Zeichen: Kr)

Kryp|ton|lam|pe, die; -, -n: mit Krypton gefüllte Glühlampe mit starker Leuchtkraft

Kryp|t|o|nym, das; -s, -e: Verfassername, dessen Buchstaben in Wörtern bzw. Sätzen verborgen sind od. der nur aus den Anfangsbuchstaben bzw. -silben besteht

kryp|t|orch (Med.): an Kryptorchismus leidend. **Kryp|t|or|chis|mus,** der; -, ...men (Med.): das Verbleiben eines od. beider Hoden in der Bauchhöhle od. im Leistenkanal, das Ausbleiben der normalen Verlagerung der Hoden in den Hodensack

Kryp|to|s|kop, das; -s, -e (Med. früher): tragbarer Röntgenapparat für eine Behandlung außerhalb des Röntgenraums (heute nicht mehr zugelassen)

Kryp|to|s|ko|pie, die; - (Parapsychol.): Wahrnehmung in der Nähe befindlicher verborgener Gegenstände; vgl. Kryptästhesie (Ggs.: Teleskopie [2])

Kryp|to|sper|mie, die; -, ...ien (Med.): das Vorhandensein einer extrem weit unter der Norm liegenden Anzahl von Spermien im Ejakulat

Kryp|to|vul|ka|nis|mus, der; - (Geol.): vulkanische Erscheinungen unterhalb der Erdoberfläche

Kryp|to|wäh|rung, die; -, -en ‹*gr.; dt.*›: auf einem kryptografischen System beruhende Währung

Kryp|to|xan|thin, das; -s: in verschiedenen pflanzlichen u. tierischen Substanzen vorkommender gelbroter Farbstoff, der eine Vorstufe des Vitamins A darstellt

Kryp|to|zo|i|kum, das; -s (Geol.): ↑Präkambrium

Chrysantheme

Das mit *[k-]* ausgesprochene Substantiv folgt in seiner für das Deutsche ungewöhnlichen Schreibweise dem griechischen Herkunftswort.

Ksa|bi: *Plural* von ↑Kasbah

Ksar, das; -s, Ksur ‹*berberisch*›: rechteckig angelegte, mit einer Mauer umgebene Berbersiedlung

Ksha|t|ri|ja, der; -s, -s ‹*sanskr.*› (Geschichte): Angehöriger der adligen Kriegerkaste in Indien

KS-Gram|ma|tik [ˈkaːˈʔɛs...], die; -: kurz für ↑Konstituentenstrukturgrammatik

Ksur: *Plural* von ↑Ksar

Kte|ni|di|um, das; -s, ...ien ‹*gr.-nlat.*› (Zool.): Atmungsorgan vieler Weichtiere; Kammkieme

Kte|no|id|schup|pe, die; -, -n ‹*gr.-nlat; dt.*› (Zool.): Kammschuppe vieler Fische

Kte|no|pho|re, die; -, -n (meist Plural) ‹*gr.-nlat.*› (Zool.): Rippenqualle (Gruppe der Hohltiere)

Ku|ba|tur, die; -, -en ‹*gr.-lat.-nlat.*› (Math.): **1.** Erhebung zur dritten ↑Potenz (4). **2.** Berechnung des Rauminhalts von [Rotations]körpern

Kub|ba, die; -, -s od. ...bben ‹*arab.*›: **1.** Kuppel. **2.** überwölbter Grabbau in der islamischen Baukunst

Ku|be|be, die; -, -n ‹*arab.-mlat.-frz.*›: getrocknete Frucht eines indonesischen Pfeffergewächses

Ku|ben: *Plural* von ↑Kubus

ku|bie|ren ‹*gr.-lat.-nlat.*›: **1.** (Forstwirtsch.) den Rauminhalt eines Baumstammes aus Länge u. Durchmesser ermitteln. **2.** (Math.) eine Zahl in die dritte Potenz erheben

Ku|bik|de|zi|me|ter, der, früher fachspr. auch das; -s, - (Math.): dem Rauminhalt eines Würfels mit einer Kantenlänge von 1 Dezimeter entsprechendes Raummaß (Zeichen: dm^3)

Ku|bi|kel, das; -s, - ‹*lat.*› (veraltet): [Schlaf]zimmer

Ku|bik|ki|lo|me|ter, der; -s, - (Math.): dem Rauminhalt eines Würfels mit einer Kantenlänge von 1 Kilometer entsprechendes Raummaß (Zeichen: km^3)

Ku|bik|maß, das; -es, -e (Math.): Raummaß

Ku|bik|me|ter, der, früher fachspr. auch das; -s, - (Math.): dem Rauminhalt eines Würfels mit einer Kantenlänge von 1 Meter entsprechendes Raummaß (Zeichen: m^3)

Ku|bik|mil|li|me|ter, der, früher fachspr. auch das; -s, - (Math.): dem Rauminhalt eines Würfels mit einer Kantenlänge von 1 Millimeter entsprechendes Raummaß (Zeichen: mm^3)

Ku|bik|wur|zel, die; -, -n (Math.): dritte Wurzel

Ku|bik|zahl, die; -, -en (Math.): als dritte Potenz einer natürlichen Zahl darstellbare Zahl

Ku|bik|zen|ti|me|ter, der, früher fachspr. auch das; -s, - (Math.): dem Rauminhalt eines Würfels mit einer Kantenlänge von 1 Zentimeter entsprechendes Raummaß (Zeichen: cm^3)

ku|bisch: a) würfelförmig; **b)** (Math.) in die dritte Potenz erhoben

Ku|bis|mus, der; - ‹*gr.-lat.-nlat.*› (Kunstwiss.): Kunstrichtung in der Malerei u. Plastik Anfang des 20. Jh.s, bei der die Landschaften u. Figuren in geometrische Formen (wie Zylinder, Kugel, Kegel) aufgelöst sind. **Ku|bist,** der; -en, -en: Vertreter des Kubismus. **Ku|bis|tin,** die; -, -nen: weibliche Form zu ↑Kubist. **ku|bis|tisch: a)** im Stil des Kubismus [gemalt]; **b)** den Kubismus betreffend

ku|bi|tal ‹*lat.*›: **a)** zum Ellbogen gehörend; **b)** (Med.) den Ellbogen betreffend

Ku|bus, der; -, ...ben ‹*gr.-lat.*›: **a)** Würfel; **b)** (Math.) dritte Potenz

Ku|cker|sit [auch: ...ˈzɪt], der; -s ‹*nlat.*; nach dem Fundort Kuckers in Estland›: stark bituminöser Schiefer im ↑Silur von Estland

Ku|du, der; -s, -s ‹*afrik.*›: eine afrikanische ↑Antilope

Kuff, die; -, -e ‹*niederd.*›: früher verbreitetes ostfriesisches Küstenfahrzeug mit geringem Tiefgang

Ku|fi|ja, die; -, -s ‹*arab.*›: quadratisches Kopftuch der Araber aus weißer, rot od. schwarz gemusterter Baumwolle; Palästinensertuch

ku|fisch ‹nach der Stadt Al Kufa im Irak›: in der Fügung **kufische Schrift:** in Koranhandschriften u. auf Münzen bis ins 10. Jh., später noch in Inschriften verwendete arabische Schrift, die durch gerade Strichführung u. das Fehlen differenzierender Punkte gekennzeichnet ist

Ku|ge, der; -, - ‹*jap.*›: Angehöriger des jap. Hofadels, Familie dieses Hofadels

Ku|gu|ar, der; -s, -e ‹*indian.-port.-frz.*›: ↑Puma

Ku|ja|wi|ak, der; -s, -s ‹*poln.*; nach dem poln. Landstrich Kujawien›: polnischer Tanz in langsamem $^3/_4$-Takt

Ku|jon, der; -s, -e ‹*lat.-vulgärlat.-it.-frz.*› (veraltet abwertend): Schuft, Quäler. **ku|jo|nie|ren** (ugs. veraltend abwertend): [bei der Arbeit] unwürdig behandeln, schikanieren, böswillig peinigen

Ku-Klux-Klan [selten: ˈkjuːklʌksˈklæn], der; -[s] ‹*engl.*›: (1865 gegründeter) terroristischer Geheimbund in den USA

Kuk|sa, die; -, -s ‹*finn.*›: Tasse aus [Wurzel]holz

Ku|kul|le, die; -, -n ‹*lat.-mlat.*›: **a)** kapuzenartige Kopfbedeckung bei Mönchen der orthodoxen Kirche; **b)** weites Obergewand der Benediktiner u. anderer katholischer Orden beim Chorgebet

Ku|ku|mer, die; -, -n ‹*lat.*› (landsch.): Gurke

Ku|ku|ruz [auch: ˈkuː...], der; -[es] ‹*slaw.*› (landsch., bes. österr.): Mais

Ku|la, der; -[s], -s ‹nach dem türk. Ort Kula›: elfenbeinfarbener Gebetsteppich mit vielfarbigem Muster

Ku|lak, der; -en, -en ‹*russ.*› (Geschichte): Großbauer im zaristischen Russland

Ku|lan, der; -s, -e ‹*kirg.*›: asiatischer Wildesel

Ku|la|ni vgl. Kolani

ku|lant ‹*lat.-frz.*›: gefällig, entgegenkommend, großzügig (im Geschäftsverkehr). **Ku|lanz,** die; -: Entgegenkommen, Großzügigkeit (im Geschäftsverkehr)

Kü|las|se, die; -, -n ‹*lat.-it.-frz.*›: Unterseite von Brillanten

Kul|do|s|kop, Culdoskop, das; -s, -e ‹*frz.; gr.*› (Med.): ↑Douglasskop. **Kul|do|s|ko|pie,** Culdoskopie, die; -, ...ien (Med.): ↑Douglasskopie

Ku|li, der; -s, -s ‹*Hindi-angloind.*›: **a)** Tagelöhner in [Süd]ostasien; **b)** (rücksichtslos) ausgenutzter, ausgebeuteter Arbeiter

Ku|lier|wa|re, die; -, -n ‹*lat.-frz.; dt.*›: Maschenware mit waagerecht laufendem Faden

Ku|li|na|rik, die; - ‹*lat.*›: Kochkunst

ku|li|na|risch ‹*lat.*›: **a)** auf die [feine] Küche, die Kochkunst bezogen; **b)** (leicht abwertend) ohne Anstrengung geistigen Genuss verschaffend, ausschließlich dem Genuss dienend

Ku|lis|se, die; -, -n ‹*lat.-frz.*›: **1.** (meist Plural) bewegliche Dekorationswand auf einer Theaterbühne; Bühnendekoration. **2. a)** Hintergrund; **b)** vorgetäuschte Wirklichkeit,

Schein. **3.** äußerer Rahmen einer Veranstaltung. **4. a)** nicht amtlicher Börsenmarkt; **b)** Personen, die sich auf eigene Rechnung am Börsenverkehr beteiligen. **5.** (Technik) Hebel mit verschiebbarem Drehpunkt

Kul|la|ni vgl. Kolani

¹Kulm, der od. das; -[e]s, -e ⟨*slaw. u. roman.*⟩: abgerundete [Berg]kuppe

²Kulm, das; -s ⟨*engl.*⟩ (Geol.): sandig-schiefrige ↑Fazies (1) des unteren ↑Karbons

Kul|mi|na|ti|on, die; -, -en ⟨*lat.-frz.*⟩: **1.** (bildungsspr.) Erreichung des Höhe-, Gipfelpunktes [einer Laufbahn]. **2.** (Astron.) Durchgang eines Gestirns durch den ↑Meridian (2) im höchsten od. tiefsten Punkt seiner Bahn

Kul|mi|na|ti|ons|punkt, der; -[e]s, -e: **1.** (bildungsspr.) Höhepunkt [einer Laufbahn od. Entwicklung]. **2.** (Astron.) höchster od. tiefster Stand eines Gestirns (beim Durchgang durch den ↑Meridian [2])

kul|mi|nie|ren: seinen Höhepunkt erreichen

kul|misch ⟨*engl.*⟩: das ²Kulm betreffend

Kult, der; -[e]s, -e, Kultus, der; -, Kulte ⟨*lat.;* »Pflege«⟩: **1.** an feste Vollzugsformen gebundene Religionsausübung einer Gemeinschaft. **2. a)** übertriebene Verehrung für eine bestimmte Person; **b)** übertriebene Sorgfalt für einen Gegenstand

Kul|te|ra|nist, der; -en, -en ⟨*lat.-nlat.*⟩: Vertreter des Kultismus. **Kul|te|ra|nis|tin,** die; -, -nen: weibliche Form zu ↑Kulteranist

kul|tig (ugs.): bei einer bestimmten Gruppe, Anhängerschaft hohes Ansehen genießend

kul|tisch ⟨*lat.*⟩: den Kult betreffend, zum Kult gehörend

Kul|tis|mus, der; - ⟨*lat.-nlat.*⟩: ↑Gongorismus

Kul|ti|va|tor, der; -s, ...oren: ↑Grubber

kul|ti|vie|ren ⟨*lat.-frz.*⟩: **1. a)** (Land) bearbeiten, urbar machen; **b)** Kulturpflanzen anbauen. **2. a)** sorgsam pflegen; **b)** auf eine höhere Stufe bringen, verfeinern. **3.** mit dem Kultivator bearbeiten

kul|ti|viert: gebildet; verfeinert, gepflegt; von vornehmer Lebensart. **Kul|ti|viert|heit,** die; -: das Kultiviertsein, kultivierte Art

Kult|sta|tus, der; -, - ⟨*lat.*⟩: Zustand großer allgemeiner Popularität

Kul|tur, die; -, -en ⟨*lat.*⟩: **1.** (ohne Plural) Gesamtheit der geistigen u. künstlerischen Lebensäußerungen einer Gemeinschaft, eines Volkes. **2.** (ohne Plural) feine Lebensart, Erziehung u. Bildung. **3.** (Biol., Med.) Zucht von Bakterien u. anderen Lebewesen auf Nährböden. **4.** (Landwirtsch., Gartenbau) Nutzung, Pflege u. Bebauung von Ackerboden. **5.** (Landwirtsch.) junger Bestand von Forstpflanzen. **6.** (ohne Plural) das Kultivieren (1)

kul|tu|ral: die Kultur (1) in ihrem Vorhandensein an sich betreffend; vgl. ...al/...ell

kul|tu|ra|lis|tisch: auf die Kultur (1) ausgerichtet, abgestellt

Kul|tu|ral|ver|fah|ren, das; -s ⟨*lat.-nlat.; dt.*⟩: Verfahren zur unmittelbaren Bekämpfung der Reblaus in den Weinbergen

Kul|tur|an|th|ro|po|lo|gie, die; -, ...ien: Richtung der Anthropologie, die über die Erforschung der Kulturgüter zu allgemeinen Aussagen über den Menschen als kulturfähiges Wesen zu gelangen sucht

Kul|tur|at|ta|ché, der; -s, -s ⟨*lat.-frz.*⟩: für kulturelle Belange zuständiger ↑Attaché (2) einer Auslandsvertretung. **Kul|tur|at|ta|chée,** die; -, -n: weibliche Form zu ↑Kulturattaché

Kul|tur|ba|nau|se, der; -n, -n (abwertend): jmd. ohne Kunstverständnis

kul|tu|rell: die Kultur (1) u. ihre Erscheinungsformen betreffend; vgl. ...al/...ell

Kul|tur|en|sem|b|le [...ãsã:bl̩], das; -s, -s (regional veraltend): [Volksmusik u. Volkstanz pflegende] Gruppe von Laienkünstlern

Kul|tur|film, der; -[e]s, -e ⟨*lat.; engl.*⟩: der Allgemeinbildung dienender, kürzerer dokumentarischer od. künstlerischer Film

Kul|tur|flüch|ter, der; -s, - ⟨*lat.; dt.*⟩ (Biol.): Tier- od. Pflanzenart, die aus einer Kulturlandschaft verschwindet (Ggs.: Kulturfolger)

Kul|tur|fol|ger, der; -s, - ⟨*lat.; dt.*⟩ (Biol.): Tier- od. Pflanzenart, die sich in einer Kulturlandschaft ansiedelt (Ggs.: Kulturflüchter)

Kul|tur|fonds [...fõ:], der; - [...fõ:s], - [...fõ:s] ⟨*lat.; lat.-frz.*⟩: Fonds zur Finanzierung kultureller Belange

kul|tur|his|to|risch: kulturgeschichtlich

Kul|tu|ris|tik, die; -: Bodybuilding (bes. ehemalige DDR)

kul|tür|lich: der Kultur (1) entsprechend, gemäß

Kul|tur|mor|pho|lo|gie, die; -: (von L. Frobenius begründete) völkerkundliche Richtung, die die eigengesetzliche Entwicklung der Völkerkulturen erforscht

Kul|tur|pes|si|mis|mus, der; -: Abwendung vom zivilisatorischen Fortschritt, der als Zerfalls- od. Zerstörungsprozess einer Kultur kritisiert wird

Kul|tur|phi|lo|so|phie, die; -: Zweig der Philosophie, der sich mit den allgemeinen Erscheinungen der Kultur u. den in ihr wirksamen Entwicklungs- u. Ordnungsgesetzen befasst

Kul|tur|po|li|tik, die; -: Tätigkeit des Staates od. anderer Institutionen zur Förderung von Bildung, Wissenschaft u. Kunst

Kul|tur|psy|cho|lo|gie, die; -: Teilgebiet der Psychologie, das sich mit den seelischen Kräften befasst, die der Entwicklung von Kulturen u. Kulturkreisen zugrunde liegen

Kul|tur|re|vo|lu|ti|on, die; -, -en: **1.** (marx.) Revolution im kulturellen Bereich mit dem Ziel der Herausbildung einer sozialistischen Kultur. **2.** (ohne Plural) (zwischen 1966 u. 1976) politisch-ideologische Kampagne in China, die gegen Denk- u. Lebensweisen traditioneller Prägung u. deren Vertreter gerichtet war

Kul|tur|schock, der; -[e]s, -s (Soziol.): schreckhaftes Erleben (beim unmittelbaren Kontakt mit einer fremden Kultur) der Andersartigkeit der durch die fremde Kultur erlebbaren Realität

Kul|tur|so|zio|lo|gie, die; -: Teilgebiet der Soziologie, das sich mit einer soziologischen Untersuchung u. Betrachtung der Geschichte u. der Phänomene der Kultur (1) befasst

Kul|tur|spon|so|ring, das; -s: [meist] finanzielle Förderung von Kunst u. Kultur, z. B. durch Unternehmen, die dafür Werbungs- o. ä. Zwecken dienende Gegenleistungen erhalten

Kul|tur|step|pe, die; -, -n: Landschaft, die zugunsten eines großflächigen Getreide- od. Hackfrüchteanbaus durch Abholzung des Waldes um ihren natürlichen Tier- u. Pflanzenbestand gebracht wurde

Kul|tus vgl. Kult

Kul|tus|kon|gre|ga|ti|on, die; -: ↑Kurienkongregation für die Liturgie der römisch-katholischen Kirche

Kul|tus|mi|nis|ter, der; -s, -: Leiter des ↑Kultusministeriums. **Kul|tus|mi|nis|te|rin,** die; -, -nen: weibliche Form zu ↑Kultusminister. **Kul|tus|mi|nis|te|ri|um,** das; -s, ...ien: für kulturelle Angelegenheiten, Bildung und Erziehung zuständiges Ministerium

Ku|ma|rin, fachspr. auch: Cumarin, das; -s ⟨*indian.-port.-frz.*⟩: ein [pflanzlicher] Duftstoff

Ku|ma|ron, fachspr. auch: Cumaron, das; -s ⟨*indian.-port.-frz.-nlat.*⟩: eine chemische Verbindung

Kum|pan, der; -s, -e ⟨*lat.-vulgärlat.-frz.;* »Brotgenosse«⟩: **a)** (ugs.) Kamerad, Begleiter, Gefährte; **b)** (ugs. abwertend) Mittäter, Helfer

Kum|pa|nei, die; -, -en: **1.** (ugs. abwertend) Gruppe, Zusammenschluss von ↑Kumpanen. **2.** (ohne Plural) kameradschaftliches Zusammengehörigkeitsgefühl, Freundschaft unter Kumpanen

Kum|pa|nin, die; -, -nen: weibliche Form zu ↑Kumpan

Kum|pel, der; -s, - (ugs.: -s): **1.** Bergmann. **2.** (ugs.) [Arbeits]kamerad, Freund

Kum|quat [...kvat], die; -, -s ⟨*chin.*⟩: kleine eiförmige bis kugelige Frucht verschiedener in Ostasien, Nord- u. Südafrika sowie in Amerika kultivierter Rautengewächse; Zwergorange

Ku|mu|la|ti|on, die; -, -en ⟨*lat.*⟩: **1.** Anhäufung. **2.** (Med.) Anhäufung von Substanzen im Organismus

ku|mu|la|tiv ⟨*lat.-nlat.*⟩: [an]häufend

ku|mu|lie|ren ⟨*lat.*⟩: **a)** [an]häufen; **b)** einem Wahlkandidaten mehrere Stimmen geben

Ku|mu|lo|nim|bus, fachspr.: Cumulonimbus, der; -, -se ⟨*lat.-nlat.*⟩ (Meteorol.): Gewitterwolke, mächtig aufgetürmte Haufenwolke (Abk.: Cb)

Ku|mu|lus, fachspr.: Cumulus, der; -, ...li (Meteorol.): Haufenwolke (Abk.: Cu)

Ku|mys, Ku|myss, der; - ⟨*russ.*⟩: alkoholhaltiges Getränk aus vergorener Stutenmilch, das bes. in Innerasien verbreitet ist

Ku|na, die; -, -s: kroatische Währungseinheit (Abk.: HRK)

ku|ne|i|form ⟨*lat.-nlat.*⟩ (Med.): keilförmig, zugespitzt

Kü|net|te, die; -, -n ⟨*lat.-it.-frz.*⟩ (Geschichte): Abzugsgraben auf der Sohle eines Festungsgrabens

Kung-Fu, das; -[s] ⟨*chin.*⟩: Form der Selbstverteidigung

Kunk|ta|tor vgl. Cunctator

Kun|ni|lin|gus vgl. Cunnilingus

Ku|o|min|tang, die; - ⟨*chin.*⟩: demokratisch-nationale Partei Taiwans

Ku|pal, das; -s ⟨Kurzw. aus *Kupfer* u. ↑*Al*uminium⟩: kupferplattiertes Reinaluminium

Kü|pe, die; -, -n ⟨*lat.*⟩: **1.** (landsch.) Färbebad, -kessel. **2.** Lösung eines ↑Küpenfarbstoffs

Ku|pel|le vgl. ³Kapelle

ku|pel|lie|ren vgl. kapellieren

Kü|pen|farb|stoff, der; -[e]s, -e: wasch- u. lichtechter, auf Gewebefasern gut haftender Farbstoff

Kup|fer|vi|t|ri|ol, das; -s: Kupfersulfat (vgl. Sulfat) in Form blauer Kristalle

Ku|pi|di|tät, die; - ⟨*lat.*⟩: Begierde, Lüsternheit

Ku|pi|do, Cupido, die; - (veraltet): sinnliche Begierde, Verlangen

ku|pie|ren ⟨*frz.*⟩: **1.** (veraltet) **a)** abschneiden; **b)** lochen, knipsen. **2.** durch Schneiden kürzen, stutzen (z. B. bei Pflanzen, bei Hunden u. Pferden). **3.** (Med.) einen Krankheitsprozess aufhalten od. unterdrücken

Ku|pol|ofen, der; -s, ...öfen ⟨*lat.-it.; dt.*⟩: Schmelzofen zur Herstellung von Gusseisen

Ku|pon [kuˈpɔŋ, auch: kuˈpõ:, ...ˈpo:n] vgl. Coupon

Kup|pel, die; -, -n ⟨*lat.-it.*⟩: [halbkugelförmige] Überdachung eines größeren Raumes

Ku|p|ris|mus, der; - ⟨*lat.-nlat.*⟩ (Med.): Kupfervergiftung

Ku|pu|la vgl. Cupula

Kur, die; -, -en ⟨*lat.;* »Sorge, Pflege«⟩: ein unter ärztlicher Aufsicht durchgeführtes Heilverfahren; Heilbehandlung; Pflege

ku|ra|bel (Med.): heilbar (von Krankheiten)

Ku|rand, der; -en, -en (Med. veraltet): **a)** der einem Arzt zur Behandlung anvertraute Patient; **b)** Pflegling. **Ku|ran|din,** die; -, -nen: weibliche Form zu ↑Kurand

ku|rant, courant [ku...] ⟨*lat.-frz.*⟩ (veraltet): gangbar, gängig, umlaufend (Abk.: crt.)

¹Ku|rant, das; -[e]s, -e, Courant [kuˈrã], das; -s, -s ⟨*lat.-frz.*⟩ (veraltet): Währungsmünze, deren Materialwert dem aufgedruckten Geldwert entspricht

²Ku|rant, der; -en, -en ⟨*lat.*⟩ (schweiz. veraltet): Kurgast. **Ku|ran|tin,** die; -, -nen (schweiz. veraltet): w. Form zu ↑²Kurant

ku|ran|zen, koranzen ⟨*lat.-mlat.*⟩ (veraltet): schikanieren, quälen

Ku|ra|re, fachspr.: Curare, das; -[s] ⟨*indian.-span.*⟩ (Med., Pharm.): zu [tödlichen] Lähmungen führendes alkaloides indianisches Pfeilgift, das früher als Mittel bei Narkosen zur Muskelerschlaffung verwendet wurde

Ku|ra|rin vgl. Curarin

Kü|rass, der; -es, -e ⟨*lat.-it.-frz.*⟩ (Geschichte): Brustharnisch. **Kü|ras|sier,** der; -s, -e (Geschichte): Reiter mit Kürass; schwerer Reiter

Ku|rat, der; -en, -en ⟨*lat.-mlat.*⟩: **a)** Hilfsgeistlicher mit eigenem Seelsorgebezirk; **b)** geistlicher Betreuer von Pfadfindergruppen o. Ä.

Ku|ra|tel, die; -, -en (österr., sonst veraltend): Pflegschaft, Vormundschaft; **unter Kuratel**

stehen (ugs.): unter [strenger] Aufsicht, Kontrolle stehen

Ku|ra|tie, die; -, ...ien ⟨*nlat.*⟩: mit der Pfarrei lose verbundener Außenbezirk eines Kuraten

ku|ra|tie|ren: als Kurator (4) od. Kuratorin betreuen

ku|ra|tiv (Med.): heilend

Ku|ra|tor, der; -s, ...oren ⟨*lat.*⟩: **1.** (veraltet) Vormund, Pfleger. **2.** Verwalter [einer Stiftung]. **3.** Staatsbeamter in der Universitätsverwaltung zur Verwaltung des Vermögens u. zur Wahrnehmung der Rechtsgeschäfte. **4.** (wissenschaftlicher) Leiter eines Museums, einer zoologischen Sammlung, einer Ausstellung o. Ä.. **Ku|ra|to|rin,** die; -, -nen: weibliche Form zu ↑Kurator. **ku|ra|to|risch:** von jmdm. als Kurator[in], von einem Kuratorium ausgehend

Ku|ra|to|ri|um, das; -s, ...ien: **1.** Aufsichtsbehörde (von öffentlichen Körperschaften od. privaten Institutionen). **2.** Behörde eines Kurators (3)

Ku|ra|tus, der; -, ...ten u. ...ti ⟨*lat.-mlat.*⟩ (veraltet): Kurat

Kur|bet|te, die; -, -n ⟨*lat.-vulgärlat.-frz.*⟩ (Sport): Bogensprung, Aufeinanderfolge mehrerer rhythmischer Sprünge (von Pferden in der Hohen Schule). **kur|bet|tie|ren** (Sport): eine Kurbette ausführen

Kü|ret|ta|ge, Curettage [...ˈtaːʒə], die; -, -n ⟨*lat.-frz.*⟩ (Med.): Ausschabung bzw. Auskratzung der Gebärmutter zu therapeutischen od. diagnostischen Zwecken. **Kü|ret|te,** Curette [ky...], die; -, -n (Med.): **a)** löffelartiges Instrument zur Ausschabung der Gebärmutter; **b)** (Med.) Instrument zur Beseitigung hartnäckiger Ablagerungen unter dem Zahnfleischrand. **kü|ret|tie|ren,** curettieren (Med.): (die Gebärmutter) mit der Kürette ausschaben, auskratzen

Kur|gan, der; -s, -e ⟨*türk.-russ.*⟩: Hügelgrab in Osteuropa

ku|ri|al ⟨*lat.-mlat.*⟩: zur päpstlichen Kurie gehörend

Ku|ri|a|le, die; -: Schreibschrift der ↑Kurie (1) im frühen Mittelalter

Ku|ri|a|len, die (Plural): die geistlichen u. weltlichen Beamten der päpstlichen Kurie

Ku|ri|a|li|en, die (Plural) (Geschichte): die im Kurialstil überlieferten Formeln von Titel, Anrede u. Schluss in den Briefen der ehemaligen Kanzleien

Ku|ri|a|lis|mus, der; - ⟨*lat.-nlat.*⟩: katholische kirchenrechtliche Richtung, die der päpstlichen Kurie die oberste Gewalt zuspricht; vgl. Papalismus (Ggs.: Episkopalismus). **Ku|ri|a|list,** der; -en, -en: Vertreter des Kurialismus

Ku|ri|al|stil, der; -[e]s (veraltet): Kanzleistil

Ku|ri|at|stim|me, die; - ⟨*lat.; dt.*⟩ (Geschichte): Gesamtstimme von mehreren Stimmberechtigten eines Kollegiums

Ku|rie [...iə], die; -, -n ⟨*lat.*⟩: **1.** [Sitz der] päpstliche[n] Zentralbehörden; päpstlicher Hof. **2.** (Geschichte) eine der 30 Körperschaften, in die die altrömische Bürgerschaft aufgeteilt war

Ku|ri|en|kar|di|nal, der; -s, ...äle: an der Kurie (1) tätiger Kardinal als Mitglied od. Leiter einer ↑Kardinalskongregation od. einer päpstlichen Behörde

Ku|ri|en|kon|gre|ga|ti|on, die; -: oberste Behörde der römischen ↑Kurie (1), in der seit 1967 außer Kardinälen auch Diözesanbischöfe Mitglieder sind; vgl. Kardinalskongregation

Ku|rier, der; -s, -e ⟨*lat.-it.-frz.*⟩: **a)** jmd., der im Auftrag, im [diplomatischen] Dienst des Staates, beim Militär o. Ä. wichtige Nachrichten, Informationen überbringt; **b)** jmd., der als [Eil]bote eines Kurierdienstes Briefe od. Pakete zustellt

ku|rie|ren ⟨*lat.*⟩: [durch ärztliche Behandlung] von einer Krankheit heilen, gesundheitlich wiederherstellen

Ku|rie|rin, die; -, -nen: weibliche Form zu ↑Kurier

ku|ri|os ⟨*lat.(-frz.)*⟩: auf unverständliche, ungereimte, fast spaßig anmutende Weise sonderbar, merkwürdig

Ku|ri|o|si|tät, die; -, -en: **1.** (ohne Plural) das Kuriossein; Sonderbarkeit, Merkwürdigkeit. **2.** kuriose Sache; etwas, was merkwürdig ist, vom Normalen abweicht

Ku|ri|o|si|tä|ten|ka|bi|nett, das; -s, -e: [Museums]raum mit einer Sammlung kurioser Dinge

Ku|ri|o|sum, das; -s, ...sa ⟨*lat.*⟩: kuriose Sache, Angelegenheit, Situation

Kur|ku|ma, Curcuma, die; -, ...umen ⟨*arab.-nlat.*⟩: Gelbwurzel, gelber ↑Ingwer

Kur|ku|ma|pa|pier, das; -s: mit Kurkumin getränktes Fließpapier zum Nachweis von Laugen

Kur|ku|min, das; -s: aus der Kurkumawurzel gewonnener gelber Farbstoff

Ku|ros, der; -, ...roi ⟨*gr.*⟩: ↑Koros

Kur|ren|da|ner, der; -s, - ⟨*lat.-nlat.*⟩: Mitglied einer Kurrende (1). **Kur|ren|de,** die; -, -n: **1. a)** (Geschichte) Schülerchor, der vor den Häusern, bei Begräbnissen u. Ä. gegen eine Entlohnung geistliche Lieder singt; **b)** evangelischer Jugend- od. Studentenchor. **2.** (veraltet) Rundschreiben

kur|rent (österr.): in deutscher Schrift

Kur|rent|schrift, die; - ⟨*lat.; dt.*⟩: früher benutzte handschriftliche Form der sogenannten deutschen Schrift

Kur|ri|ku|lum, das; -s, ...la ⟨*lat.*⟩ (veraltet): Laufbahn, Lebenslauf; vgl. Curriculum, Curriculum Vitae

Kurs, der; -es, -e ⟨*lat.(-it., frz.* u. *niederl.)*⟩: **1. a)** Fahrtrichtung, Reiseroute; **b)** Rennstrecke. **2. a)** zusammengehörende Folge von Unterrichtsstunden, Vorträgen o. Ä.; Lehrgang; **b)** Gesamtheit der Teilnehmer eines Kurses (2 a). **3.** Preis, zu dem Wertpapiere, Devisen u. Ä. an der Börse gehandelt werden

Kur|sant, der; -en, -en (regional): Kursteilnehmer. **Kur|san|tin,** die; -, -nen: weibliche Form zu ↑Kursant

Kur|se: *Plural* von ↑Kurs u. ↑Kursus

kur|sie|ren ⟨*lat.*⟩: umlaufen, im Umlauf sein, die Runde machen

kur|siv ⟨*lat.-mlat.*⟩: schräg (von Schreib- u. Druckschrift). **Kur|si|ve,** die; -, -n: schräg liegende Druckschrift

Kurs|kor|rek|tur, die; -, -en: Änderung, Korrektur des Kurses (1 a)

kur|so|risch *(lat.)*: fortlaufend, nicht unterbrochen, hintereinander, rasch; **kursorische Lektüre:** schnelles Lesen eines Textes, das einen raschen Überblick verschaffen soll

Kur|sus, der; -, Kurse *(lat.-mlat.)*: ↑Kurs (2)

Kur|ta|ge [...ˈta:ʒə] vgl. Courtage

Kur|ta|xe, die; -, -n: Gebühr, die ein Gast in Erholungs- od. Kurorten zahlen muss

Kur|ti|ne, die; -, -n *(lat.-mlat.-frz.)*: **1.** (Geschichte) Teil des Hauptwalls einer Festung. **2.** (österr., sonst veraltet) Mittelvorhang auf der Bühne

Kur|ti|san, der; -s, -e *(lat.-it.-frz.)* (veraltet): Höfling, Liebhaber. **Kur|ti|sa|ne,** die; -, -n (Geschichte): Geliebte eines Adligen [am Hof]; Halbweltdame

Ku|ru, der od. das; -s (aus *papuanisch* kuru »zittern«) (Med.): (vorwiegend in Neuguinea vorkommende) durch ↑Prionen hervorgerufene, tödlich verlaufende Krankheit des Zentralnervensystems, die durch Schüttelbewegungen des ganzen Körpers charakterisiert ist

ku|ru|lisch *(lat.; dt.)*: in der Fügung **kurulischer Stuhl:** Amtssessel der höchsten altrömischen Beamten

Ku|ruş [...ˈʊʃ], der; -, - *(türk.;* »Groschen«): Münzeinheit in der Türkei

Kur|va|tur, die; -, -en *(lat.)*: **1.** (Med.) Krümmung, gekrümmter Teil eines Organs. **2.** (Archit.) geringfügige Krümmung des Stufenbaus u. des Gebälks beim klassischen griechischen Tempel

Kur|ve [auch: ...fə], die; -, -n: **1.** [Straßen-, Fahrbahn]krümmung. **2.** gekrümmte Linie als Darstellung mathematischer od. statistischer Größen. **3.** Bogen, Bogenlinie; Wendung

kur|ven [auch: ...f...] (ugs.): in Kurven [kreuz u. quer] fahren

Kur|ven|dis|kus|si|on [auch: ...f...], die; -, -en (Math.): rechnerische Untersuchung mit grafischer Darstellung einer ↑Kurve (2) u. ihrer Eigenschaften

Kur|ven|li|ne|al [auch: ...f...], das; -s, -e (Math.): Zeichengerät mit vorgeschnittenen Kurven (z. B. ↑Parabel, ↑Hyperbel) od. Kurventeilen

kur|vig [auch: ...f...] *(lat.)*: **1.** gekrümmt, gebogen. **2.** kurvenreich

kur|vi|li|ne|ar *(lat.)*: krummlinig

Kur|vi|me|ter, das; -s, - *(lat.; gr.)*: **a)** (Math.) Gerät zum Messen der Bogenlänge einer Kurve; **b)** (Geogr.) Gerät zur Entfernungsmessung auf Landkarten

Kur|vi|me|t|rie, die; - (Math., Geogr.): Kurvenmessung, Entfernungsmessung mithilfe eines ↑Kurvimeters. **kur|vi|me|t|risch** (Math.; Geogr.): auf die Kurvimetrie bezogen

Ku|si|ne vgl. Cousine

[1]Kus|kus, der; -, - (Herkunft unsicher): Gattung der Beuteltiere in Australien u. Indonesien

[2]Kus|kus vgl. Couscous

Kus|so|blü|ten, die (Plural) *(äthiopisch; dt.)*: ↑Kosoblüten

[1]Kus|to|de, die; -, -n (lat.): **1.** (Geschichte) Kennzeichen der einzelnen Lagen einer Handschrift. **2.** ↑Kustos (3)

[2]Kus|to|de, der; -n, -n: ↑Kustos (1)

Kus|to|dia, die; -, ...ien (kath. Rel.): Behälter zur Aufbewahrung der Hostie

Kus|to|die, die; -, ...ien: kleineres Ordensgebiet der ↑Franziskaner

Kus|to|din, die; -, -nen: weibliche Form zu ↑[2]Kustode

Kus|tos, der; -, ...toden (»Wächter, Aufseher«): **1.** wissenschaftlicher Sachbearbeiter an Museen u. Bibliotheken. **2.** (veraltet) Küster, Kirchendiener. **3.** (meist Plural; Geschichte) Zahl, Silbe od. Wort am Kopf od. am Fuß einer Buchseite zur Verbindung mit der kommenden Seite; vgl. [1]Kustode

ku|tan *(lat.-nlat.)* (Med.): zur Haut gehörend, sie betreffend

Ku|tan|re|ak|ti|on, die; -, -en (Med.): [mit Quaddelbildung verbundene] Rötung der Haut als Reaktion auf einen künstlichen Reiz (z. B. auf Einreibung od. Einspritzung zu diagnostischen Zwecken, bes. zur Feststellung von Tuberkulose)

Ku|ti|ku|la, die; -, -s u. ...lä, Cuticula, die; -, -s u. ...lae *(lat.)* (Biol.): dünnes Häutchen über der äußeren Zellschicht bei Pflanzen u. Tieren; vgl. Pellicula

Ku|tin, das; -s (Bot.): wachsartiger, wasserundurchlässiger Überzug auf Blättern u. Sprossen

Ku|tis, Cutis, die; -: **1.** Lederhaut der Wirbeltiere. **2.** nachträglich verkorktes Pflanzengewebe (z. B. an Wurzeln)

Ku|tis|re|ak|ti|on, die; -, -en (Med.): ↑Kutanreaktion

Kut|ter, der; -s, - *(engl.;* »(Wogen)schneider«): **1. a)** einmastiges Segelfahrzeug; **b)** Jacht mit einer Kuttertakelung. **2.** motorgetriebenes Fischereifahrzeug. **3.** Rettungs-, Beiboot eines Kriegsschiffes

Ku|vasz [ˈkʊvas, ung.: ˈkuvɔs], der; -, - *(ung.)*: ungarischer Hirtenhund mit Hängeohren u. weichem, weißem Fell

Kü|ve|la|ge [...ˈla:ʒə], die; -, -n *(lat.-frz.)* (Bergbau): Ausbau eines wasserdichten Schachts mit gusseisernen Ringen. **kü|ve|lie|ren** (Bergbau): einen wasserdichten Schacht mit gusseisernen Ringen ausbauen. **Kü|ve|lie|rung,** die; -, -en: ↑Küvelage

Ku|vert [kuˈve:ɐ̯, kuˈvɛ:ɐ̯, auch: kuˈvɛrt], das; -s u. (bei dt. Ausspr.:) -[e]s, -s u. (bei dt. Ausspr.:) -e *(lat.-frz.)*: **1.** Briefumschlag. **2.** (veraltet) [Tafel]gedeck für eine Person

ku|ver|tie|ren: mit einem [Brief]umschlag versehen

Ku|ver|tü|re, die; -, -n: Überzugmasse für Gebäck od. Pralinen aus Kakao, Kakaobutter u. Zucker

Kü|vet|te, die; -, -n *(lat.-frz.)*: **1.** (veraltet) kleines Gefäß. **2.** ↑Künette. **3.** (veraltet) Innendeckel der Taschenuhr

ku|v|rie|ren *(lat.-frz.)* (veraltet): bedecken, verbergen

Kux, der; -es, -e *(tschech.-mlat.)*: Wertpapier über den Anteil an einer bergrechtlichen Gewerkschaft

Kwass, der; -es *(russ.)*: russisches alkoholisches Getränk aus gegorenem Brot, Mehl, Malz u. a.

Ky|a|ni|sa|ti|on, die; -, -en *(nlat.;* nach dem engl. Erfinder J. H. Kyan, 1774–1850): ein Verfahren zur Veredelung von Holz durch Imprägnieren mit einer Sublimatlösung. **ky|a|ni|sie|ren:**

Holz durch Imprägnieren veredeln

Kyat [tʃat, kjat], der; -[s], -[s] ⟨birman.⟩: Währungseinheit in Myanmar

Ky̲|a|thos, der; -, - ⟨*gr.*⟩: antikes Schöpfgefäß, mit dem der Mundschenk den Wein aus dem Mischkrug in den Becher schöpfte, ähnlich einer Tasse mit einem über den Rand hochgezogenen Henkel

Ky|ber|ne̲|tik, die; - ⟨*gr.;* »Steuermannskunst«⟩: **1.** wissenschaftliche Forschungsrichtung, die Systeme verschiedenster Art (z. B. biologische, technische, soziologische Systeme) auf selbsttätige Regelungs- u. Steuerungsmechanismen hin untersucht. **2.** (ev. Rel.) Lehre von der Kirchen- u. Gemeindeleitung

Ky|ber|ne̲|ti|ker, der; -s, -: Wissenschaftler der Fachrichtung Kybernetik (1). **Ky|ber|ne̲|ti|ke|rin,** die; -, -nen: weibliche Form zu ↑Kybernetiker

ky|ber|ne̲|tisch: die Kybernetik betreffend

Ky|e̲m, das; -s, -e ⟨*gr.*⟩ (Med.): die befruchtete Eizelle im Gesamtverlauf ihrer Entwicklungsstadien vom ↑Embryo bis zum ↑Fetus

Ky|e|ma|to|ge|ne̲|se, die; -, -n: Embryogenese

Ky|e|ma|to|pa|thi̲e, die; -, ...i̲en: Embryopathie

Ky̲|k|li|ker [auch: ˈkʏk...] vgl. Zykliker

Ky|k|lo̲p vgl. Zyklop

Ky̲|ma, das; -s, -s, **Ky|ma̲|ti|on,** das; -s, -s u. ...ien ⟨*gr.-lat.*⟩: Zierleiste mit stilisierten Eiformen (bes. am Gesims griechischer Tempel)

Ky|mo|gra̲f, der; -en, -en, Kymograph, der; -en, -en, Kymographion, das; -s, ...ien (Med.): Gerät zur mechanischen Aufzeichnung von rhythmischen Bewegungen (z. B. des Pulsschlags)

Ky|mo|gra|fi̲e, Kymographie, die; - (Med.): Röntgenverfahren zur Darstellung von Organbewegungen. **ky|mo|gra|fi̲e|ren,** kymographieren (Med.): eine Kymografie durchführen

Ky|mo|gra̲mm, das; -s, -e ⟨*gr.-nlat.*⟩ (Med.): Röntgenbild von sich bewegenden Organen

Ky|mo|gra̲ph usw. vgl. Kymograf usw.

Ky|ne|ge̲|tik usw. vgl. Zynegetik usw.

Ky̲|ni|ker, der; -s, - ⟨*gr.*⟩ (Geschichte): Angehöriger einer antiken Philosophenschule, die Bedürfnislosigkeit u. Selbstgenügsamkeit forderte; vgl. Zyniker. **ky̲|nisch**: die [Philosophie der] Kyniker betreffend. **Ky|ni̲s|mus,** der; - ⟨*gr.-spätlat.*⟩: Lebensanschauung der Kyniker

Ky|no|lo̲|ge, der; -n, -n ⟨*gr.-nlat.*⟩: Hundezüchter; Hundekenner. **Ky|no|lo|gi̲e,** die; -: Lehre von Zucht, Dressur u. den Krankheiten der Hunde. **Ky|no|lo̲|gin,** die; -, -nen: weibliche Form zu ↑Kynologe

Ky|n|o|re|xi̲a, die; - (Med.): Heißhunger

Ky|o̲|to|pro|to|koll, Ky|o̲|to-Pro|to|koll, das; -s (Politik): in Kyoto 1997 beschlossene u. 2005 in Kraft getretene internationale Übereinkunft zum Klimaschutz

Ky|pho̲|se, die; -, -n ⟨*gr.*⟩ (Med.): Wirbelsäulenverkrümmung nach hinten. **ky|pho̲|tisch** (Med.): eine Kyphose aufweisend, an Kyphose leidend

Ky|re|na̲|i|ker, der; -s, - ⟨nach der antiken nordafrik. Stadt Kyrene⟩ (Geschichte): Angehöriger der von Aristipp von Kyrene um 380 v. Chr. gegründeten, den ↑Hedonismus lehrenden Philosophenschule

Ky̲|rie [...iə], das; -, -s ⟨*gr.*⟩: Kurzform von ↑Kyrieeleison. **Ky|rie|elei|son** [...eʔeˈlɛi̯..., ...eˈlai̯...], das; -s, -s: Bittruf [als Teil der musikalischen Messe]

Ky̲|rie elei|son [...e eˈlɛi̯..., -eˈlai̯...], **Ky|ri|eleis**: Herr, erbarme dich! (Bittruf in der Messe u. im lutherischen u. unierten Hauptgottesdienst; vgl. Leis)

ky|ri̲l|lisch, cyrillisch, zyrillisch ⟨nach dem Slawenapostel Kyrill, 826–869⟩: auf das nach Kyrill benannte Alphabet verschiedener slawischer Sprachen bezogen

Ky|ri̲l|li|za, die; -: kyrillische Schrift

Kyu [kjuː], der; -s, -s ⟨*jap.;* »vorherig(e Stufe)«⟩: in sechs Leistungsgrade eingeteilte Rangstufe der Anfänger in den Budosportarten

Ky|u̲|do, das; -[s] ⟨*jap.;* »Weg des Bogens«⟩: japanische Form des Bogenschießens auf ein 28 m entferntes Ziel

Ky|u|do̲|ka, der; -[s], -[s] u. die; -, -[s]: jmd., der Kyudo als Sport betreibt

KZ [ka(ː)ˈtsɛt], das; -[s], -[s]: Abk. für ↑Konzentrationslager

L

L ⟨Abk. für *engl.* large⟩ = large: groß (Kleidergröße)

la ⟨*it.*⟩: Silbe, auf die man beim Solmisieren den Ton a singt; vgl. Solmisation

La Ba̲m|ba, der; - -s, - -s ⟨*port.*⟩: ein Modetanz in lateinamerikanischem Rhythmus

La̲|ba|rum, das; -s ⟨*lat.*⟩: **1.** die von dem römischen Kaiser Konstantin im Jahr 312 n. Chr. eingeführte spätrömische Kaiserstandarte mit dem ↑Christusmonogramm. **2.** Christusmonogramm

La̲b|da|num vgl. Ladanum

La|bel [ˈlɛi̯bl̩, ˈleːbl̩], das; -s, -s ⟨*engl.*⟩: **1. a)** [Klebe]etikett (z. B. zur Kennzeichnung von Waren); **b)** Produktlinie einer Firma; Marke; **c)** kategorisierende Benennung, Schlagwort. **2. a)** Etikett einer Schallplatte; **b)** Firma, die Schallplatten, CDs u. dergleichen herstellt und vertreibt. **3.** (EDV) Markierung eines Programmbeginns

La|be|ling [ˈlɛi̯b(ə)lɪŋ, ˈleː...], das; -[s], -s ⟨*engl.*⟩: Warenauszeichnung

La|bel|sys|tem [ˈlɛi̯bl̩..., ˈleːbl̩...], das; -s: in den USA entstandene u. hauptsächlich dort angewendete Art des indirekten wirtschaftlichen Boykotts

La|ber|da̲n, der; -s, -e ⟨*niederl.*⟩: eingesalzener Kabeljau aus Norwegen

La̲|bia: *Plural* von ↑Labium

la|bi|al ‹*lat.-mlat.*›: **1.** (Med.) zu den Lippen gehörend, sie betreffend. **2.** (Sprachwiss.) mit den Lippen gebildet (von Lauten). **La|bi|al,** der; -s, -e: mithilfe der Lippen gebildeter ↑Konsonant (z. B. b); vgl. bilabial, labioapikal, labiodental, Labiovelar. **La|bi|a|lis,** die; -, ...les [...le:s]: ↑Labial

la|bi|a|li|sie|ren ‹*lat.-mlat.-nlat.*›: (von Lauten) zusätzlich zur eigentlichen Artikulation mit Rundung der Lippen sprechen

La|bi|al|laut, der; -[e]s, -e: ↑Labial

La|bi|al|pfei|fe, die; -, -n: Orgelpfeife, bei der der Ton durch Reibung des Luftstroms an der scharfkantigen Schneide des Labiums erzeugt wird (Ggs.: Lingualpfeife)

La|bi|a|te, die; -, -n (meist Plural) ‹*lat.-nlat.*› (Bot.): Lippenblütler

La|bi|en: *Plural* von ↑Labium

la|bil ‹*lat.;* »leicht gleitend«›: **1.** schwankend, leicht aus dem Gleichgewicht kommend, veränderlich (in Bezug auf eine Konstruktion, auf Wetter, Gesundheit) (Ggs.: stabil [1]). **2.** (Med.) unsicher, schwach, leicht zu beeinflussen (von Menschen) (Ggs.: stabil [2])

la|bi|li|sie|ren: labil machen, labil werden lassen. **La|bi|li|sie|rung,** die; -: das Labilisieren, Labilmachen

La|bi|li|tät, die; -, -en ‹*lat.-nlat.*›: **1.** leichte Wandelbarkeit, Beeinflussbarkeit, Schwäche (Ggs.: Stabilität [1]). **2.** (Meteorol.) uneinheitliche Luftbewegung

la|bio|api|kal ‹*lat.-nlat.*› (Sprachwiss.): mit Lippen u. Zungenspitze gebildet (von Lauten)

la|bio|den|tal: 1. (Sprachwiss.) mit der gegen die oberen Zähne gepressten Unterlippe gebildet (von Lauten). **2.** (Med.) zu den Lippen u. den Zähnen gehörend. **La|bio|den|tal,** der; -s, -e (Sprachwiss.): Laut, der mithilfe der gegen die oberen Zähne gepressten Unterlippe gebildet wird; Lippenzahnlaut (z. B. f, w)

La|bio|den|ta|lis, die; -, ...les [...le:s]: ↑Labiodental

la|bio|ve|lar: (von Lauten) mit Lippen u. hinterem Gaumen gleichzeitig gebildet. **La|bio|velar,** der; -s, -e (Sprachwiss.): Laut, der mit Lippen u. Gaumen zugleich gebildet wird; Lippengaumenlaut (z. B. in der afrikanischen Ewesprache)

La|bi|um, das; -s, ...ien u. ...ia ‹*lat.*›: **1.** (Med.) Lippe. **2.** (Med.) **a)** »Schamlippe«, Hautfalte mit Fettgewebe am Eingang der Scheide; **b)** lippenförmiger Rand (z. B. eines Hohlorgans). **3. a)** Unterlippe der Insektenmundwerkzeuge; **b)** (Biol.) Lippe der ↑Labiaten. **4.** (bei ↑Labialpfeifen u. [Block]flöten) Teil, der die Luftaustrittsspalte nach oben und unten begrenzt u. damit die Qualität des Tons entscheidend bestimmt

La|bor [ostösterr., schweiz.: ˈla:bo:ɐ̯], das; -s, -s, auch: -e ‹Kurzform von *Labor*atorium›: Arbeitsstätte für naturwissenschaftliche, technische od. medizinische Arbeiten, Untersuchungen, Versuche o. Ä.

La|bo|rant, der; -en, -en ‹*lat.*›: Fachkraft in Labors u. Apotheken. **La|bo|ran|tin,** die; -, -nen: weibliche Form zu ↑Laborant

La|bo|ra|to|ri|um, das; -s, ...ien ‹*lat.-mlat.*›: ↑Labor

La|bor|di|a|g|nos|tik, die; -, -en: Methodik der Krankheitserkennung mithilfe von Laboruntersuchungen

la|bo|rie|ren ‹*lat.*› (ugs.): **1.** sich mit der Herstellung von etwas abmühen. **2.** an einer Krankheit o. Ä. leiden und sie ohne rechten Erfolg zu heilen suchen

la|bo|ri|ös (veraltet): arbeitsam, fleißig

La Bos|tel|la, die; - -, - -s ‹Herkunft unsicher›: in einer Gruppe getanzter Modetanz in lateinamerikanischem Rhythmus, bei dem man mit den Händen klatscht

La|bour Par|ty [ˈleɪ̯bə ˈpɑ:ti], die; - - ‹*lat.-engl.*›: die englische Arbeiterpartei; vgl. Independent Labour Party

La|bour|par|tei, La|bour-Par|tei [ˈleɪ̯bɐ...], die; - ‹*lat.-engl.; dt.*›: ↑Labour Party

La|b|ra|dor, der; -s, -e ‹*nlat.;* nach der nordamerik. Halbinsel›: **1.** Labradorit. **2.** großer Jagdhund (eine Hunderasse)

La|b|ra|do|rit [auch: ...ˈrɪt], der; -s, -e: Abart des Feldspats (Schmuckstein)

La|b|rum, das; -s, ...bren u. ...bra ‹*lat.*›: **1.** (Med.) Lippe. **2.** (Biol.) Oberlippe der Insektenmundwerkzeuge

Labs|kaus, das; - ‹*engl.*›: seemännisches Eintopfgericht aus Fleisch [u. Fisch] mit Kartoffeln u. Salzgurken

La|by|rinth, das; -[e]s, -e ‹*gr.-lat.*›: **1.** Irrgang, -garten. **2.** undurchdringbares Wirrsal, Durcheinander. **3.** (Anat.) Innenohr. **labyrin|thisch:** wie in einem Labyrinth; verschlungen gebaut

La|by|rin|thi|tis, die; -, ...itiden ‹*nlat.*› (Med.): Entzündung des Innenohrs

La|by|rin|th|o|don, das; -s, ...odonten: ausgestorbenes gepanzertes Kriechtier

La|by|rinth|or|gan, das; -s: Kiemenhöhle oberhalb der blutgefäßreichen Kammer, die bei Labyrinthfischen als Atmungsorgan dient

Lac|ca|se vgl. Lakkase

La|cer|na [...ts...], die; -, ...nen ‹*lat.*›: über der ↑Toga getragener Umhang der Römer

La|cet|band [laˈse:...], das; -[e]s, ...bänder ‹*lat.-frz.; dt.*›: schmales Flechtband für Verzierungen

la|cie|ren [...s...] ‹*lat.-frz.*› (selten): **a)** schnüren, einschnüren; **b)** mit Band durchflechten

La|cis [laˈsi:], das; -, - ‹*frz.*›: netzartiges Gewebe

la|ckie|ren ‹*sanskr.-pers.-arab.-it.*›: **1.** mit Lack überziehen. **2.** (salopp) hintergehen, hereinlegen

La|ckie|rer, der; -s, -: Facharbeiter, der lackiert, z. B. Autolackierer (Berufsbez.). **La|ckie|re|rin,** die; -, -nen: weibliche Form zu ↑Lackierer

Lack|mus, das od. der; - ‹*niederl.*›: aus einer Flechtenart (der Lackmusflechte) gewonnener blauer Farbstoff, der als chemischer ↑Indikator (4) verwendbar ist (reagiert in Säuren rot, in Laugen blau)

Lack|mus|pa|pier, das; -s, -e (Chemie): mit Lackmustinktur getränktes Papier, das zur Erkennung von Säuren u. Laugen dient

Lack|mus|test, der; -[e]s, -s: **1.** mithilfe von Lackmus[papier] durchgeführter Test zur Prüfung des pH-Wertes einer Lösung. **2.** Nagelprobe

La|c|ri|ma Chris|ti, La|c|ri|mae

Chris|ti [...mɛ -], der; - -, - - ⟨*lat.;* »Träne[n] Christi«⟩: alkoholreicher, goldfarbener od. roter, süßer Wein von den Hängen des Vesuvs

La|c|ri|mo|sa, das; - ⟨*lat.*⟩ (Musik): Anfangswort u. Bezeichnung der in einer Molltonart komponierten 10. Strophe des ↑Dies Irae in der Totenmesse

la|c|ri|mo|so (Musik): klagend, traurig (Vortragsanweisung)

La|c|rosse [laˈkrɔs], das; - ⟨*frz.*⟩: dem Hockey verwandtes amerikanisches Mannschaftsspiel, bei dem ein Gummiball mit Schlägern in die Tore geschleudert wird

Lac|tam, Laktam, das; -s, -e ⟨*lat.; gr.*⟩: durch Wasserabspaltung aus bestimmten Aminosäuren entstehendes ↑Amid

Lac|tat, Laktat, das; -s, -e ⟨*lat.-nlat.*⟩ (Chemie): Salz der Milchsäure

Lac|to|se vgl. Laktose

La|da|num, das; -s ⟨*gr.-lat.*⟩: aus Zistrosen gewonnene weiche Harzmasse (vor allem für Räucherpulver u. Parfüme)

lä|die|ren ⟨*lat.*⟩: in einer das Aussehen beeinträchtigenden Weise beschädigen, verletzen

La|dik, der; -[s], -s ⟨nach einem anatolischen Ort⟩: rot- od. blaugrundiger Gebetsteppich

La|din, das; -[s] ⟨nach den Ladinern, Angehörigen eines rätoroman. Volksteils in Südtirol⟩: Ladinisch

[1]**La|di|no,** der; -s, -s (meist Plural) ⟨*lat.-span.*⟩ (teilweise als diskriminierend empfunden): Mischling von Weißen u. Indianern in Mexiko u. Mittelamerika

[2]**La|di|no,** das; -s: jüdisch-spanische Sprache

La|dy [ˈleːɪdi], die; -, -s ⟨*engl.*⟩: **1.** (ohne Plural) Titel der Frau des ↑Peers. **2.** Trägerin des Titels Lady (1). **3.** Dame. **4.** Kurzform von ↑Lady Mary Jane

La|dy|boy [...bɔɪ], der; -s, -s: ↑Transvestit

La|dy|kil|ler, der; -s, - ⟨*engl.-amerik.*⟩ (scherzh.): Frauenheld, Verführer

la|dy|like [ˈleɪdilaɪk] ⟨*engl.*⟩: nach Art einer Lady; damenhaft

La|dy Ma|ry Jane [- ˈmɛərɪ ˈdʒeɪn], die; - - - ⟨*engl.*⟩ (verhüll.): Marihuana

La|dy|shave [ˈleɪdɪʃeɪv], der; -s, -s ⟨*engl.*⟩: Rasierapparat für Frauen

Lae|sio enor|mis [ˈlɛ... -], die; - - ⟨*lat.;* »übermäßige Verletzung«⟩ (österr. Rechtsspr.): Rechtsgrundsatz, nach dem ein Kauf rückgängig gemacht werden kann, wenn der Preis das Doppelte des Wertes einer Ware überschreitet

Lae|te [ˈlɛːtə], der; -n, -n od. ...ti ⟨*lat.*⟩ (Geschichte): römischer Militärkolonist, meist germanischer Kriegsgefangener, der zum Kriegsdienst unter römischem Kommando verpflichtet war

La|fet|te, die; -, -n ⟨*lat.-frz.*⟩: [fahrbares] Untergestell eines Geschützes. **la|fet|tie|ren** (veraltet): ein Geschütz auf eine Lafette bringen

Lag [læg], der; -[s], -s ⟨*engl.;* »Verzögerung«⟩: zeitliche Verschiebung zwischen dem Beginn eines wirtschaftlichen Ereignisses und seinen Folgen, z. B. Lohnlag

La|gan [ˈlægn̩], Ligan [ˈlaɪgn̩], das; -s ⟨*engl.*⟩: Schiffsgut, das versenkt, aber durch eine Boje gekennzeichnet wird, damit es später wieder geborgen werden kann

Lagg, der; -s ⟨*schwed.*⟩: grabenförmiger, der Entwässerung dienender Rand von Hochmooren

La|g|oph|thal|mus, der; - ⟨*gr.-nlat.*⟩ (Med.): unvollständiger Lidschluss; Hasenauge

la|g|ri|man|do, la|g|ri|mo|so ⟨*lat.-it.*⟩: ↑lacrimoso

Lag|ting, das; -[s] ⟨*norw.*⟩: norwegisches Oberhaus

La|gu|ne, die; -, -n ⟨*lat.-it.*⟩: **1.** durch eine Reihe von Sandinseln od. durch eine Nehrung vom offenen Meer abgetrenntes Flachwassergebiet vor einer Küste. **2.** von Korallenriffen umgebene Wasserfläche eines Atolls

La|har, der; -s, -s ⟨*malai.*⟩ (Geol.): bei Vulkanausbrüchen austretender Schlammstrom aus Asche u. Wasser

Lah|ma|cun [ˈla(x)madʒuːn, ...dʒʊn], das; -s, -s u. die; -, -s ⟨arab.-türk.⟩: mit einer würzigen Hackfleischmischung bestrichenes dünnes Fladenbrot, das zusammengerollt und aus der Hand gegessen wird

Lai [laɪ, frz.: lɛ], das; -[s], -s ⟨*gall.-frz.*⟩: **1.** gereimte Kurzerzählung in der altfranzösischen Literatur. **2.** Instrumentalstück in der altfranzösischen Musik. **3.** (formal dem Leich entsprechendes) liedhaftes Gedicht in der altfranzösischen Literatur

Laie, der; -n, -n ⟨*gr.-lat.-roman.;* »zum Volk gehörend; gemein; Nichtgeistlicher«⟩: **1.** Nichtfachmann; Außenstehender. **2.** Nichtkleriker

Lai|en|apo|s|to|lat, das, fachspr. auch: der; -[e]s (kath. Kirche): Teilnahme von Laien an den Aufgaben der Kirche, ↑Apostolat (b) der Laien

Lai|en|kelch, der; -[e]s (kath. Kirche): dem Laien gewährtes Trinken vom konsekrierten Wein beim Abendmahl

Lai|en|pries|ter, der; -s, - (veraltet): Weltpriester (katholischer Pfarrer im Unterschied zum katholischen Ordenspriester)

la|i|kal: den ↑Laien (2) betreffend (Ggs.: klerikal [a])

Lais: *Plural* von ↑Lai

la|i|sie|ren ⟨*gr.-lat.-roman.*⟩ (kath. Kirche): einen Kleriker in den Laienstand zurücksetzen. **La|i|sie|rung,** die; -, -en: das Laisieren; das Laisiertwerden

Laisse [lɛːs], die; -, -s [lɛːs] ⟨*lat.-frz.*⟩: durch ↑Assonanz verbundene Strophe des altfranzösischen Heldenepos

Lais|ser-al|ler [lɛseaˈleː], **Laisser-faire** [lɛseˈfɛːr], das; -: **1.** (veraltet) das Sich-gehen-Lassen; Ungezwungenheit, Ungebundenheit. **2.** das Gewährenlassen; Nichteinmischung

Lais|ser-pas|ser [lɛsepaˈseː], das; -: ↑Laisser-aller

lais|sez faire, lais|sez al|ler [lɛseˈfɛːr, lɛˈseaˈleː], **lais|sez faire, lais|sez pas|ser** [- -, - paˈseː]: **1.** Schlagwort des wirtschaftlichen Liberalismus (bes. des 19. Jh.s), nach dem sich die von staatlichen Eingriffen freie Wirtschaft am besten entwickelt. **2.** Schlagwort für das Gewährenlassen (z. B. in der Kindererziehung)

Lais|sez-pas|ser [lɛsepaˈseː], der; -, - (veraltet): Passierschein

La|i|zis|mus, der; - ⟨*gr.-nlat.*⟩: weltanschauliche Richtung, die die radikale Trennung von Kirche und Staat fordert. **La|i|zist,** der; -en, -en: Anhänger, Vertreter des Laizismus. **La|i|zis|tin,** die; -, -nen: weibliche Form zu ↑Laizist. **la|i|zis|tisch: 1.** den Laizismus betreffend. **2.** das Laientum in der katholischen Kirche betonend

La|i|zi|tät, die; -: Zugehörigkeit zum Laizismus

La|kai, der; -en, -en ‹*frz.*›: **1.** (früher) herrschaftlicher, fürstlicher Diener [in Livree]. **2.** (abwertend) Mensch, der sich willfährig für die Interessen anderer gebrauchen lässt; Kriecher

Lak|ka|se, Laccase, die; - ‹*sanskr.-pers.-arab.-it.-nlat.*›: ↑Enzym, das den gelben Milchsaft der (zu den Wolfsmilchgewächsen zählenden) Lackbäume zum tiefschwarzen Japanlack oxidiert

Lak|ko|lith [auch: ...ˈlɪt], der; -s u. -en, -e[n] ‹*gr.-nlat.*› (Geol.): ein Tiefengesteinskörper; in relativ flachem Untergrund stecken gebliebenes ↑Magma (1)

La|ko|da, der; -[s], -s ‹nach dem Gebiet auf einer Inselgruppe im Beringmeer›: kostbarer, kurz geschorener Seal (Robbenfell)

La|ko|nie, La|ko|nik ‹*gr.*› die; -: lakonische Art des Ausdrucks; Kürze, Einfachheit

la|ko|nisch: kurz, einfach [u. treffend], ohne zusätzliche Erläuterungen

La|ko|nis|mus, der; -, ...men ‹*gr.-nlat.*›: **1.** (ohne Plural) ↑Lakonik. **2.** lakonischer Ausdruck, lakonische Aussage

La|k|ritz vgl. Lakritze

La|k|rit|ze, die; -, -n, landsch.: Lakritz, der, auch: das; -es, -e ‹*gr.-lat.-mlat.*›: aus einer süß schmeckenden, schwarzen Masse bestehende Süßigkeit, die aus eingedicktem Saft von Süßholz hergestellt ist

Laksch|mi, die; - ‹aus gleichbed. *sanskr.* lakṣmí, eigtl. »Merkmal, Glück, Reichtum«›: ind. Göttin des Glückes, der Liebe u. der Schönheit, Gattin des Wischnu

lakt..., Lakt... *s. Kasten galakto..., Galakto...*

Lak|t|a|ci|d|ä|mie, die; -, ...ien ‹*lat.; gr.*› (Med.): Auftreten von Milchsäure im Blut

Lak|t|a|go|gum, das; -s, ...ga (Med.): ↑Galaktagogum

Lak|t|al|bu|min, das; -s, -e ‹*lat.-nlat.*›: in Kuhmilch enthaltener, biologisch hochwertiger Eiweißstoff; Milcheiweiß

Lak|tam vgl. Lactam

Lak|ta|se, die; -, -n: ↑Galaktosidase

Lak|tat vgl. Lactat

Lak|ta|ti|on, die; -, -en ‹*lat.*› (Biol., Med.): **a)** Milchabsonderung aus der Brustdrüse; **b)** das Stillen, Zeit des Stillens. **lak|tie|ren** (Biol., Med.): **a)** Milch absondern; **b)** stillen

Lak|ti|zi|ni|en, die (Plural) ‹*lat.-mlat.*›: Milch u. Milchprodukte, deren Genuss an Fasttagen erlaubt ist

lak|to..., Lak|to... *s. Kasten galakto..., Galakto...*

Lak|to|den|si|me|ter, das; -s, - ‹*lat.; gr.*›: Gerät zur Bestimmung des spezifischen Gewichtes der Milch, woraus der Fettgehalt errechnet werden kann

Lak|to|fla|vin, das; -s ‹*lat.-nlat.*›: Vitamin B_2

Lak|to|glo|bu|lin, das; -s, -e (Biol., Med.): in Kuhmilch nur in geringen Mengen enthaltener Eiweißstoff

Lak|to|me|ter, das; -s, - ‹*lat.; gr.*›: ↑Laktodensimeter

Lak|to|se, fachspr. auch: Lactose, die; - ‹*lat.-nlat.*›: Milchzucker (Zucker der Säugetier- u. Muttermilch)

lak|to|se|in|to|le|rant (Med.): eine Laktoseintoleranz aufweisend

Lak|to|se|in|to|le|ranz, die; - (Med.): Unfähigkeit, Milchzucker zu verdauen; Unverträglichkeit gegenüber Milchzucker

Lak|to|s|kop, das; -s, -e ‹*lat.; gr.*›: Gerät zur Prüfung der Milch nach ihrer Durchsichtigkeit

Lak|to|s|u|rie, die; -, ...ien (Med.): Auftreten von Milchzucker im Harn (nicht krankhaft bei Schwangeren u. Wöchnerinnen)

lak|to|trop (Med.): auf die Milchabsonderung gerichtet

lak|to|ve|ge|ta|bil ‹*spätlat.*›: aus Milch und Milchprodukten, Gemüse und Obst bestehend; einen Überschuss an basischen Stoffen enthaltend

Lak|to|ve|ge|ta|ri|er, der; -s, -: Anhänger des ↑Laktovegetarismus. **Lak|to|ve|ge|ta|ri|e|rin:** weibliche Form zu ↑Laktovegetarier. **Lak|to|ve|ge|ta|ris|mus,** der; -: Ernährung mit laktovegetabiler Kost

La|ku|na, die; -, ...nae [...nɛ] ‹*lat.*›: ↑Lakune (1)

la|ku|när ‹*lat.-nlat.*› (Med., Biol.): Ausbuchtungen enthaltend, Gewebelücken bildend; höhlenartig, buchtig; schwammig

La|ku|ne, die; -, -n ‹*lat.*›: **1.** (Sprachwiss.) Lücke in einem Text. **2.** (Med.) Vertiefung, Ausbuchtung (z. B. an der Oberfläche von Organen); Muskel- od. Gefäßlücke

la|kus|t|risch ‹*lat.-nlat.*› (Geol., Biol.): in Seen sich bildend od. vorkommend (von Gesteinen u. Lebewesen)

La|lo|pho|bie, die; -, ...ien (Med.): Furcht vor dem Sprechen (z. B. bei Stotterern)

[1]**La|ma,** das; -s, -s ‹*peruan.-span.*›: **1.** in Südamerika heimisches, als Haustier gehaltenes (aus dem ↑Guanako gezüchtetes) höckerloses Kamel. **2.** flanellartiger Futter- od. Mantelstoff aus [Baum]wolle

[2]**La|ma,** der; -[s], -s ‹*tibet.;* »der Obere«›: buddhistischer Priester, Mönch in Tibet u. der Mongolei

La|ma|is|mus, der; - ‹*tibet.-nlat.*›: Form des ↑Buddhismus in Tibet u. der Mongolei. **La|ma|ist,** der; -en, -en: Anhänger des Lamaismus. **La|ma|is|tin,** die; -, -nen: weibliche Form zu ↑Lamaist. **la|ma|is|tisch:** den Lamaismus betreffend, auf ihm beruhend, ihm angehörend

La|mäng, die; - ‹*lat.-frz.;* zusammengezogen aus *frz.* la main »die Hand«› (scherzh.): Hand;

aus der Lamäng: unvorbereitet u. mit Leichtigkeit

La|man|tin, der; -s, -e ⟨*indian.-span.-frz.*⟩: Seekuh im tropischen Amerika, deren Fleisch, Fett u. Fell wirtschaftlich verwertet werden

La|mar|ckis|mus, der; - ⟨*nlat.;* nach dem Begründer, dem frz. Naturforscher J. B. de Lamarck, 1744–1829⟩: Hypothese Lamarcks über die Entstehung neuer Arten durch funktionelle Anpassung, die vererbbar sein soll. **la|mar|ckis|tisch:** der Hypothese Lamarcks folgend

Lam|ba|da, der; -[s], -s ⟨*port.*⟩: aus Brasilien stammender Modetanz in lateinamerikanischem Rhythmus

Lamb|da, das; -[s], -s ⟨*gr.*⟩: elfter Buchstabe des gr. Alphabets (Λ, λ)

Lamb|da|naht, die; - ⟨*gr.; dt.*⟩ (Anat.): Schädelnaht zwischen Hinterhauptsbein u. beiden Scheitelbeinen

Lamb|da|son|de, die; -, -n (Kfz-Technik): Messfühler im Auspuffsystem von Verbrennungsmotoren mit Katalysator (2), mit dem der Restsauerstoffgehalt im Abgas ermittelt wird

Lamb|da|zis|mus, der; - ⟨*gr.-nlat.*⟩ (Med.): Sprachfehler mit erschwerter, oft fehlerhafter Aussprache des r als l

Lam|beth|walk [ˈlæmbəθwɔːk], der; -s ⟨*engl.;* nach dem Londoner Stadtteil Lambeth⟩: (etwa 1938 in Mode gekommener) englischer Gesellschaftstanz

Lam|b|li|a|sis, Lambliose, die; - ⟨*nlat.;* nach dem tschech. Arzt W. Lambl, 1824–1895⟩ (Med.): durch Lamblien hervorgerufene Entzündung der Darmwand, der Gallenblase u. der Gallenwege

Lam|b|lie [...iə], die; -, -n (meist Plural) (Med.): im Zwölffingerdarm, im Dünndarm u. in den Gallenwegen vorkommender Parasit; Giardia lamblia

Lam|b|li|o|se vgl. Lambliasis

Lam|b|re|quin [lãbrəˈkɛ̃ː], der; -s, -s ⟨*frz.*⟩: **1.** (veraltet, noch österr.) drapierter Querbehang an Fenstern, Türen u. a. **2.** (Archit.) im Barock übliche Nachbildung eines Vorhanges, Querbehanges o. Ä. aus Bronze, Holz, meist aus Stein od. Stuck als Zierde von Gebäudeteilen

Lam|b|ris [lãˈbriː], die; -, - u. ...ien ⟨*lat.-roman.-frz.*⟩: untere Wandverkleidung aus Holz, Marmor od. Stuck

Lam|b|rus|co, der; -[s], -[s] ⟨*lat.-it.*⟩: süßer, leicht schäumender italienischer Rotwein

Lamb|skin [ˈlæmskɪn], das; -[s], -s ⟨*engl.;* »Lammfell«⟩: Lammfellimitation aus Plüsch

Lambs|wool [ˈlæmzwʊl], die; -: **1.** weiche Lamm-, Schafwolle. **2.** feine Strickware aus Lamm-, Schafwolle

la|mé [laˈmeː], **la|mee** ⟨*lat.-frz.*⟩: mit Lamé durchwirkt. **La|mé, La|mee,** der; -[s], -s: Gewebe aus Metallfäden, die mit [Kunst]seide übersponnen sind

la|mel|lar ⟨*lat.-nlat.*⟩: streifig, schichtig, in Lamellen (1) angeordnet. **La|mel|le,** die; -, -n (meist Plural) ⟨*lat.-frz.*⟩: **1.** eines der strahlenförmig stehenden Blättchen an der Unterseite des Hutes der Blätterpilze. **2. a)** schmale, dünne Platte, Scheibe (bes. als Glied einer Schicht, Reihe); **b)** Glied, Rippe eines Heizkörpers

La|mel|li|bran|chi|a|ta, die (Plural) ⟨*lat.; gr.*⟩: zusammenfassende systematische Bez. für: Muscheln

la|mel|lie|ren: lamellenartig formen, lamellenförmig gestalten

La|mel|li|po|di|um, das; -s, ...ien ⟨*lat.; gr.-nlat.*⟩ (Biol.): flache, breite Form eines ↑Pseudopodiums am Vordersaum mancher Einzeller

la|mel|lös ⟨*lat.-frz.*⟩ (Med.; Biol.): aus Lamellen bestehend

la|men|ta|bel ⟨*lat.*⟩: beklagenswert, kläglich, jämmerlich

la|men|ta|bi|le: ↑lamentoso

La|men|ta|ti|on, die; -, -en: **1.** (veraltet) Gejammer, weinerliches, jammerndes Klagen. **2.** (nur Plural) **a)** Klagelieder Jeremias im Alten Testament; **b)** bei den katholischen Stundengebeten der Karwoche aus den Klageliedern Jeremias verlesene Abschnitte

la|men|tie|ren: 1. (ugs. abwertend) laut klagen, jammern. **2.** (landsch.) jammernd um etwas betteln

La|men|to, das; -s, -s ⟨*lat.-it.*⟩: **1.** (abwertend) Klage, Gejammer. **2.** (Plural auch: ...ti) Musikstück von schmerzlich-leidenschaftlichem Charakter

la|men|to|so (Musik): wehklagend, traurig (Vortragsanweisung)

La|met|ta, das; -s ⟨*lat.-it.*⟩: **1.** aus schmalen, dünnen, glitzernden Metallstreifen bestehender Christbaumschmuck. **2.** (ugs. abwertend) Orden, Uniformschnüre, Schulterstücke usw.

La|mia, die; -, ...ien ⟨*gr.-lat.*⟩: weibliches Schreckgespenst des [alt]griechischen Volksglaubens, das Kinder raubt

La|mi|na, die; -, ...nae [...nɛ] ⟨*lat.*⟩: **1.** (Bot.) Blattspreite, -fläche. **2.** (Plural auch: -s; Anat.) plattenförmige Gewebsschicht, Knochenplatte (z. B. innere u. äußere Platte des Schädeldaches)

la|mi|nal ⟨*lat.-nlat.*⟩ (Bot.): auf der Innenfläche des Fruchtblattes entspringend, flächenständig (in Bezug auf die Samenanlage)

la|mi|nar: gleichmäßig schichtweise gleitend

La|mi|na|ria, die; -, ...ien: zu den Braunalgen gehörender Blatttang

La|mi|nat, das; -[e]s, -e ⟨*lat.-nlat.*⟩: mit Kunstharz als Bindemittel imprägnierter Schichtpressstoff (z. B. für wetterfeste Verkleidungen, Isolierplatten)

La|mi|n|ek|to|mie, die; -, ...ien ⟨*lat.; gr.*⟩ (Med.): operative Entfernung des hinteren Teiles eines Wirbelbogens

la|mi|nie|ren ⟨*lat.-frz.*⟩: **1.** das Material strecken, um die Fasern längs zu richten (in der Spinnerei). **2.** [Werkstoffe] mit einer Schicht überziehen

La|mi|nin, das; -s, -e ⟨*lat.*⟩ (Med.): Glykoprotein des Bindegewebes, das aus drei verschiedenen Proteinketten zusammengesetzt ist; wesentlicher Bestandteil der Basalmembran

La|mi|um, das; -s ⟨*gr.-lat.*⟩: Taubnessel

[1]Lam|pa|da|ri|us, der; -, ...ien ⟨*gr.-lat.*⟩: aus mehreren Armen bestehendes Lampengestell (im alten Rom)

[2]Lam|pa|da|ri|us, der; -, ...rii: (in der Antike) Sklave, der seinem Herrn nachts die Fackel vorantrug

Lam|pas, der; -, - ⟨*frz.*⟩: schweres,

dichtes, gemustertes Damastgewebe als Möbelbezug

Lam|pa|sen, die (Plural): breite Streifen an [Uniform]hosen

Lam|pi|on ['lampi̯ɔŋ, ...'pi̯ɔ̃:, österr.: ...'pi̯o:n], der, seltener das; -s, -s ⟨*gr.-lat.-vulgärlat.-it.-frz.*⟩: Laterne aus Papier, dünnem Stoff o. Ä.

Lam|p|re|te, die; -, -n ⟨*mlat.*⟩: Meeresneunauge (beliebter Speisefisch)

Lam|p|ro|phyr, der; -s, -e ⟨*gr.-nlat.*⟩ (Geol.): dunkles, häufig feinkörniges Ganggestein (↑Eruptivgestein als Ausfüllung von Spalten in der Erdrinde)

LAN, das; -[s], -s ⟨Kurzw. für engl. *L*ocal *A*rea *N*etwork⟩ (EDV): Computernetzwerk innerhalb eines räumlich begrenzten Bereichs; vgl. LAN-Party

Län, das; -, -[s] ⟨*schwed.*⟩: schwed. Bez. für: Regierungsbezirk

La|na|me|ter, Lanometer, das; -s, - ⟨*lat.; gr.*⟩: Gerät zur Bestimmung der Feinheit eines Wollhaares

Lan|ça|de [lã'sa:də], die; -, -n ⟨*lat.-frz.*⟩: Sprung des Pferdes aus der ↑Levade nach vorn (Figur der Hohen Schule)

Lan|ci|er [...'si̯e:], der; -s, -s: **1.** (Geschichte) Lanzenreiter, Ulan. **2.** ein alter Gesellschaftstanz

lan|cie|ren [lã'si:...]: **1.** auf geschickte Weise bewirken, dass etwas in die Öffentlichkeit gelangt, dass etwas bekannt wird. **2.** geschickt an eine gewünschte Stelle, auf einen vorteilhaften Posten bringen, zu Ansehen, Anerkennung verhelfen

Lan|cier|rohr, das; -[e]s, -e (veraltet): Abschussvorrichtung für Torpedos

lan|ciert: (von Stoffen, Geweben) so gemustert, dass die Figuren durch die ganze Stoffbreite hindurchgehen

Land-Art, Land|art ['lɛnt?a:ɐ̯t], die; - ⟨*amerik.*⟩: moderne Kunstrichtung, bei der Aktionen im Freien, die künstliche Veränderung einer Landschaft (z. B. durch Ziehen von Furchen, Aufstellen von Gegenständen o. Ä.) im Mittelpunkt stehen

Land|grab|bing, Land-Grab|bing ['lɛntgrɛbɪŋ], das; -s ⟨*engl.*⟩: massenhafter, oft betrügerischer od. gewaltsam durchgesetzter Aufkauf von Grundstücken, Landwirtschaftsflächen o. Ä.

Land Ro|ver®, der; - -[s], - -, **Land|ro|ver**, der; -[s], - ['lɛndrɔu̯vɐ] ⟨*engl.*⟩: geländegängiges Kraftfahrzeug mit Allradantrieb

Lands|mål ['lantsmo:l], das; -[s] ⟨*norw.;* »Landessprache«⟩ (veraltet): ↑Nynorsk

Lands|ting, das; -[s] ⟨*dän.*⟩: bis 1953 der Senat des dänischen Reichstags

Lan|ga|ge [lã'gaʒ(ə)], die; - ⟨*frz.*⟩ (Sprachwiss.): Vermögen der Menschen, Sprache zu lernen u. zu gebrauchen; Begriff der menschlichen Redetätigkeit schlechthin (nach F. de Saussure, 1857–1913)

Lan|get|te, die; -, -n ⟨*lat.-frz.*⟩: **1.** dichter Schlingenstich als Randbefestigung von Zacken- u. Bogenkanten. **2.** Trennungswand zwischen zwei Schornsteinen. **lan|get|tie|ren**: mit Langetten (1) festigen u. verzieren

Lán|gos ['la:ŋgoʃ], das od. der; -, - ⟨*ung.*⟩: mit etwas Süßem oder Herzhaftem serviertes ungarisches Schmalzgebäck

Langue ['lã:gə], die; - ⟨*lat.-frz.*⟩ (Sprachwiss.): die Sprache als grammatisches u. lexikalisches System (nach F. de Saussure, 1857–1913) (Ggs.: [1]Parole)

lan|gu|en|do, lan|gu|en|te, languido ⟨*lat.-it.*⟩ (Musik): schmachtend (Vortragsanweisung)

Lan|guettes [lã'gɛt], die (Plural) ⟨*lat.-frz.*⟩ (Musik veraltet): Zungen (einseitig befestigte, dünne, elastische Blättchen) an den Rohrpfeifen der Orgel

lan|gu|i|do vgl. languendo

Lan|gus|te, die; -, -n ⟨*lat.-vulgärlat.-provenzal.-frz.*⟩: scherenloser Panzerkrebs des Mittelmeers u. des Atlantischen Ozeans

La|ni|tal|fa|ser, die; -, -n ⟨*lat.-nlat.; dt.*⟩: [in Italien] aus ↑Kasein hergestellter Spinnstoff

La|no|lin, das; -s ⟨*lat.-nlat.*⟩: in Schafwolle enthaltenes, gereinigtes Fett (Wollfett), das z. B. als Salbengrundlage dient

La|no|me|ter vgl. Lanameter

LAN-Par|ty, die; -, -s: Veranstaltung, bei der die Teilnehmenden mithilfe eines ↑LANs gemeinsam Computerspiele spielen

Lan|ta|na, die; - ⟨*nlat.*⟩: Wandelröschen

Lan|than, das; -s ⟨*gr.-nlat.*⟩: chem. Element; ein Metall (Zeichen: La)

Lan|tha|nid, das; -[e]s, -e (veraltet): ↑Lanthanoid

Lan|tha|nit [auch: ...'nɪt], der; -s, -e: ein Mineral

Lan|tha|no|id, das; -[e]s, -e: zu den seltenen Erden gehörendes unedles Metall

La|nu|go, die; -, ...gines [...ne:s] ⟨*lat.*⟩ (Med.): Wollhaarflaum des ↑Fetus in der zweiten Hälfte der Schwangerschaft, der kurz vor od. bald nach der Geburt verloren geht

Lan|yard ['lɛnjət, ...ja:ɐ̯t], der od. das; -[s], -s ⟨*frz.-engl.*⟩: längeres, um den Hals zu legendes Band, an dem Schlüssel, Ausweise o. Ä. befestigt werden können

Lan|zett|bo|gen, der; -s, - ⟨*lat.-frz.; dt.*⟩: sehr schmaler Spitzbogen, bes. der englischen Gotik

Lan|zet|te, die; -, -n ⟨*lat.-frz.*⟩ (Med.): zweischneidiges kleines Operationsmesser

Lan|zett|fens|ter, das; -s, - ⟨*lat.-fr; dt.*⟩: langes, schmales Fenster der englischen Frühgotik

Lan|zett|fisch, der; -[e]s, -e: ↑Amphioxus

lan|zi|nie|ren ⟨*lat.-frz.*⟩ (Med.): plötzlich u. heftig zu schmerzen beginnen

La|o|gai, das; -s, -[s] ⟨*chin.*⟩: Lager in China, in dem politisch Andersdenkende und andere nicht erwünschte Personengruppen inhaftiert, zur Arbeit gezwungen [und gefoltert] werden

La Ola, die; - -, - -s (meist ohne Artikel) ⟨*span.;* »die Welle«⟩: durch abwechselndes Aufstehen und Sichniedersetzen der Zuschauer einer Sportveranstaltung in einem Stadion aus Begeisterung o. Ä. hervorgerufene Bewegung, die den Eindruck einer großen, im Stadion umlaufenden Welle entstehen lässt

La|pa|cho|tee [la'patʃo...], der; -s, -s ⟨*indian. (südamerik.); chin.*⟩: aus Südamerika stammender, aus der Rinde des Lapachobaumes gewonnener Tee, der als entzündungshemmend gilt

La|pa|ro|s|kop, das; -s, -e ‹*gr.-nlat.*› (Med.): ↑[1]Endoskop zur Untersuchung der Bauchhöhle. **La|pa|ro|s|ko|pie**, die; -, ...ien (Med.): Untersuchung der Bauchhöhle mit dem Laparoskop

La|pa|ro|to|mie, die; -, ...ien (Med.): operative Öffnung der Bauchhöhle; Bauchschnitt

La|pa|ro|ze|le, die; -, -n (Med.): Bauchbruch (mit Hervortreten der Eingeweide)

la|pi|dar ‹*lat.*; »in Stein gehauen«›: knapp [formuliert], ohne weitere Erläuterungen, kurz u. bündig

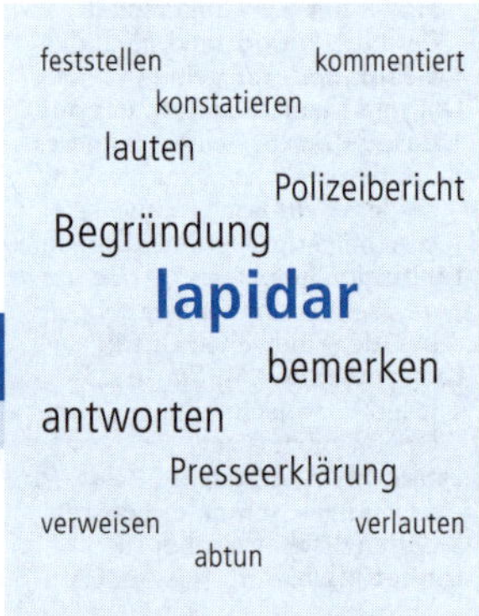

La|pi|där, der; -s, -e: Schleif- u. Poliergerät (z. B. eines Uhrmachers)

La|pi|da|ri|um, das; -s, ...ien: Steinsammlung

La|pi|dar|schrift, die; -: ↑Versalschrift ohne Verzierung

La|pi|des [...de:s]: *Plural* von ↑Lapis

La|pil|li, Rapilli, die (Plural) ‹*lat.-it.*› (Geol.): hasel- bis walnussgroße Lavabröckchen, die bei einem Vulkanausbruch herausgeschleudert werden

La|pi|ne, die; - ‹*lat.-frz.*› (Med.): [ursprünglich] Kuhpockenimpfstoff, der mittels Tierpassage über Kaninchen in seiner ↑humanpathogenen Wirkung abgeschwächt wurde; Kaninchenpockenimpfstoff

La|pis, der; -, ...ides [...de:s] ‹*lat.*›: lat. Bez. für: Stein. **La|pis|la|zu|li**, der; -, - ‹(*lat.; pers.-arab.*) *mlat.*›: ↑Lasurit, blauer Schmuckstein

Lap|pa|lie [...i̯ə], die; -, -n ‹*dt.-nlat.*› (abwertend): höchst unbedeutende Sache, Angelegenheit; Nichtigkeit, Belanglosigkeit

Lap|so|lo|gie, die; - ‹*lat.; gr.*›: Teilgebiet der angewandten ↑Linguistik, das sich mit Fehlerbeschreibung, -bewertung, -behebung hauptsächlich auf dem Gebiet der fremdsprachlichen ↑Didaktik (1) befasst

Lap|sus, der; -, - [...su:s] ‹*lat.*›: Fehlleistung, Versehen, Schnitzer

Lap|sus Ca|la|mi, der; - -, - [...su:s] -: Schreibfehler

Lap|sus Lin|gu|ae [- ...ɛ], der; - -, - [...su:s] -: das Sichversprechen

Lap|sus Me|mo|ri|ae [- ...ɛ], der; - -, - [...su:s] -: Gedächtnisfehler

Lap|top [ˈlɛp...], der, auch: das; -s, -s ‹*engl.*›: flacher, tragbarer PC

Lar, der; -s, -en ‹*malai.*›: hinterindischer Langarmaffe mit weißen Händen

la|ra|misch ‹nach den Laramie Mountains (Gebirge in den USA)›: die Laramie Mountains betreffend; **laramische Phase:** Alpenfaltung zwischen Kreide u. ↑Tertiär

La|ren, die (Plural) ‹*lat.*›: altrömische Schutzgeister, bes. von Haus u. Familie

lar|gan|do: ↑allargando

[1]**large** [larʒ(ə)] ‹*lat.-frz.*› (bes. schweiz.): großzügig, weitherzig

[2]**large** [la:ɐ̯dʒ] ‹*lat.-frz.-engl.*›: groß (Kleidergröße) (Abk.: L)

Lar|gesse [larˈʒɛs], die; - ‹*lat.-frz.*›: Freigebigkeit, Weitherzigkeit

lar|ghet|to ‹*lat.-it.*› (Musik): etwas breit, etwas gedehnt, langsam (Vortragsanweisung). **Lar|ghet|to**, das; -s, -s u. ...tti: larghetto gespieltes Musikstück

Lar|ghi: *Plural* von ↑Largo

lar|go (Musik): breit, gedehnt, im langsamsten Zeitmaß (Vortragsanweisung); **largo assai** od. **largo di molto:** sehr langsam, schleppend; **largo ma non troppo:** nicht allzu langsam; **un poco largo:** ein wenig breit. **Lar|go**, das; -s, -s (auch: ...ghi): largo gespieltes Musikstück

la|ri|fa|ri ‹scherzhafte Bildung aus den Solmisationssilben: la, re, fa› (ugs. abwertend): oberflächlich, nachlässig. **La|ri|fa|ri**, das; -s (ugs. abwertend): Geschwätz, Unsinn

lar|mo|y|ant [larmo̯aˈjant] ‹*lat.-frz.*›: sentimental-weinerlich; mit allzu viel Gefühl [u. Selbstmitleid]. **Lar|mo|y|anz**, die; -: Weinerlichkeit, Rührseligkeit

Lar|nax, die; -, ...nakes [...ke:s] ‹*gr.*› (Archäol.): kleinerer ↑Sarkophag, Urne

L'art pour l'art [larpurˈla:r], das; - - - ‹*frz.*; »die Kunst für die Kunst«›: Kunst als Selbstzweck; Kunst, die keine bestimmte Absicht u. keinen gesellschaftlichen Zweck verfolgt

lar|val ‹*lat.*› (Biol.): die Tierlarve betreffend; im Larvenstadium befindlich

Lar|ve [ˈlarfə], die; -, -n: **1.** (Zool.) Tierlarve; Jugendform vieler Tiere, die in Gestalt [u. Lebensweise] vom ausgewachsenen Tier stark abweicht. **2. a)** (veraltend, noch landsch.) Gesichtsmaske; **b)** (abwertend) Gesicht. **3.** (veraltet) Gespenst; böser Geist eines Verstorbenen

lar|vie|ren [...ˈvi:...] (veraltet): verstecken, verbergen. **lar|viert** (Med.): versteckt, verkappt, ohne typische Merkmale verlaufend

La|ryn|gal, der; -s, -e ‹*gr.-nlat.*› (Sprachwiss.): Kehlkopflaut. **La|ryn|ga|lis**, die; -, ...les [...le:s]: (veraltet): ↑Laryngal

La|ryn|gal|the|o|rie, die; - (Sprachwiss.): Theorie, die den Nachweis von Laryngalen im Indogermanischen zu erbringen versucht

la|ryn|ge|al (Med.): den ↑Larynx betreffend, zu ihm gehörend

La|ryn|g|ek|to|mie, die; -, ...ien (Med.): operative Entfernung des Kehlkopfs

La|ryn|gen: *Plural* von ↑Larynx

La|ryn|gi|tis, die; -, ...itiden (Med.): Kehlkopfentzündung

La|ryn|go|lo|ge, der; -n, -n: Facharzt für Kehlkopfleiden. **La|ryn|go|lo|gie**, die; - (Med.): Teilgebiet der Medizin, das sich mit dem Kehlkopf u. seinen Krankheiten befasst. **La|ryn|go|lo|gin**, die; -, -nen: weibliche Form zu ↑Laryngologe

La|ryn|go|s|kop, das; -s, -e (Med.): **a)** ebener Spiegel an einem Stiel zur indirekten Betrachtung des Kehlkopfs; Kehlkopfspiegel; **b)** röhrenförmiges Instrument mit Lichtquelle zur direkten Betrachtung des Kehlkopfs; Kehlkopfspatel. **La|ryn|go|s|ko|pie,** die; -, ...i̯en (Med.): Untersuchung des Kehlkopfs mit dem Laryngoskop; Kehlkopfspiegelung. **la|ryn|go|s|ko|pisch** (Med.): das Laryngoskop (a), die Laryngoskopie betreffend

La|ryn|go|spas|mus, der; -, ...men (Med.): schmerzhafter Krampf im Bereich der ↑Glottis; Glottiskrampf, Stimmritzenkrampf

La|ryn|go|ste|no|se, die; -, -n (Med.): krankhafte Verengung des Kehlkopfs

La|ryn|go|s|to|mie, die; -, ...i̯en (Med.): operatives Anlegen einer künstlichen Kehlkopffistel (eines röhrenförmigen Kanals) durch Spaltung des Kehlkopfs in der Mittellinie

La|ryn|go|to|mie, die; -, ...i̯en ‹*gr.-lat.*› (Med.): operatives Öffnen des Kehlkopfs; Kehlkopfschnitt

La|ryn|go|ze|le, die; -, -n ‹*gr.-nlat.*› (Med.): meist angeborene, lufthaltige Ausbuchtung der Kehlkopfwandung; Blähhals

La|rynx, der; -, Laryngen ‹*gr.*› (Anat.): Kehlkopf

La|rynx|kar|zi|nom, das; -s, -e ‹*gr.; gr.-lat.*› (Med.): Kehlkopfkrebs

La|sa|g|ne [laˈzanjə], die; -, -n ‹*gr.-lat.-vulgärlat.-it.*› (Gastron.): Auflaufgericht, bei dem Platten aus Nudelteig abwechselnd mit einer Hackfleischmasse, Tomaten od. anderen Zutaten geschichtet u. mit Käse überbacken sind

La|ser [ˈlɛɪ̯zɐ, ˈleːzɐ], der; -s, - ‹*engl.;* Kurzw. aus *l*ight *a*mplification by *s*timulated *e*mission of *r*adiation = Lichtverstärkung durch angeregte Aussendung von Strahlung›: **1.** (Physik) Gerät zur Verstärkung von Licht einer bestimmten Wellenlänge bzw. zur Erzeugung eines scharf gebündelten Strahls ↑kohärenten Lichts. **2.** Einmannjolle für den Rennsegelsport (Kennzeichen: stilisierter Laserstrahl)

La|ser|chi|r|ur|gie, die; - ‹*engl.; gr.-lat.*›: Chirurgie (1), die mit Laserstrahlen arbeitet

La|ser|di|o|de, die; -, -n: als Laser im nahen Infrarot arbeitende Halbleiterdiode zur Lichterzeugung u. -verstärkung

La|ser|disc [...dɪsk], die; -, -s ‹*engl.*›: mit Videos bespielte Compact Disc (heute durch die DVD verdrängt)

La|ser|drom, das; -s, -e ‹*engl.; gr.*›: Spielstätte, in der die Spieler aus Pistolen Laserstrahlen auf ihre jeweiligen Gegner abfeuern, um sie aktionsunfähig zu machen

La|ser|ka|no|ne, die; -, -n: Gerät, das einen Laserstrahl aussendet

La|ser|me|di|zin, die; -: Behandlung von Krankheiten mit Laserstrahlen

la|sern [ˈleːzɐn] ‹*engl.*› (Med.): mit Laserstrahl behandeln

La|ser|pis|to|le, die; -, -n ‹*engl.; tschech.*›: **1.** mobiles Gerät, mit dem ein Strichkode auf Distanz gelesen werden kann. **2.** mobiles Gerät zur Geschwindigkeitsmessung von Kraftfahrzeugen im Straßenverkehr. **3.** Waffe in Science-Fiction-Filmen

La|ser|poin|ter [...pɔi̯ntɐ], der; -s, - ‹*engl.*›: Lasergerät, mit dem ein farbiger Lichtpunkt zur Hervorhebung bestimmter Stellen auf Projektionen (1) erzeugt werden kann

La|ser|prin|ter, der; -s, - (bes. EDV): Drucker, der mit Laserstrahl arbeitet

La|ser|scan|ner [...skɛnɐ], der; -s, -: ↑Scanner, der einen Laserstrahl für die Abtastung verwendet

La|ser|spek|t|ro|s|ko|pie, die; -: Gesamtheit der spektroskopischen Verfahren, die mit Laser (1) als Lichtquelle arbeiten

La|ser|strahl, der; -s, -en ‹*engl.; dt.*›: von einem Laser (1) erzeugter Lichtstrahl

la|sie|ren ‹*pers.-arab.-mlat.*›: **a)** (ein Bild) mit durchsichtigen Farben übermalen; **b)** (bes. Holz) mit einer durchsichtigen Schicht überziehen

La|sik, LASIK®, die; - ‹Kurzw. aus *las*erassistierte *I*n-situ-*K*eratomileusis› (Med.): Verfahren zur Behandlung der Kurzsichtigkeit mithilfe der Laserchirurgie

Lä|si|on, die; -, -en ‹*lat.*›: **1.** (Med.) Verletzung od. Störung der Funktion eines Organs od. Körperglieds. **2.** ↑Laesio enormis

Las|kar, der; -s, ...karen ‹*anglo-ind.*› (veraltet): ostindischer Matrose, Soldat

Las|sa|fie|ber, das; -s ‹nach dem Ort Lassa in Nigeria› (Med.): durch ein Virus hervorgerufene, sehr ansteckende Erkrankung mit hohem Fieber, Gelenkschmerzen, Mund- u. Gaumengeschwüren u. anderen Symptomen

Las|si, der od. das; -[s], -s ‹*Hindi*›: indisches Getränk aus Joghurt

Las|so, das (österr. nur so) od. (seltener) der; -s, -s ‹*lat.-span.*›: Wurfschlinge zum [Ein]fangen von Tieren

Las|ta|die [...i̯ə, auch: ...ˈdiː], die; -, -n [...i̯ən, auch: ...ˈdiːən] ‹*germ.-mlat.*› (Geschichte): Ladeplatz [für Schiffe]

last, but not least [ˈlaːst bʌt nɔt ˈliːst]: ↑last, not least

Las|tex®, das; - ‹Kunstw.›: elastisches Gewebe aus Gummifäden, die mit Kunstseiden- od. Chemiefasern umsponnen sind

Las|ting, der; -s, -s ‹*engl.*›: damastartiger Stoff, bes. für Möbel, Schuhe o. Ä.

Last-mi|nute-An|ge|bot, Last-Mi|nute-An|ge|bot [ˈlaːstˈmɪnɪt...], das; -[e]s, -e ‹*engl.; dt.*›: kurzfristiges Angebot von Reiseveranstaltern, Fluggesellschaften u. Ä., um für frei gebliebene Plätze gegen Preisnachlass noch Interessenten zu gewinnen

last, not least [ˈlaːst nɔt ˈliːst] ‹*engl.;* »als Letzter (bzw. Letztes), nicht Geringster (bzw. Geringstes)«›: in der Reihenfolge zuletzt, aber nicht in der Bedeutung; nicht zu vergessen

La|sur, die; -, -en ‹*pers.-arab.-mlat.*›: Farb-, Lackschicht, die den Untergrund durchscheinen lässt

Lä|sur, die; -, -en ‹*lat.*›: [kleinerer] Schaden, [kleinere] Beschädigung (bes. eines Buches)

La|sur|far|be, die; -, -n: durchsichtige Farbe zum Übermalen von Bildern

La|su|rit [auch: ...ˈrɪt], der; -s, -e ‹*pers.-arab.-mlat.-nlat.*›: tiefblaues, mitunter grünliches od. violettes, feinkörniges, an Kalkstein gebundenes Mineral; Lapislazuli

La|sur|stein, der; -[e]s, -e: ↑Lapislazuli

las|zi̱v ‹*lat.*›: in einer an Anstößigkeit grenzenden Weise sinnlich, schwül-erotisch, schlüpfrig. **Las|zi|vi|tä̱t,** die; -: laszives Wesen, laszive Art

La̱|tah, das; - ‹*malai.*›: bes. bei Malaien auftretende Anfälle krankhafter Verhaltensstörung

Lä|ta̱|re ‹*lat.;* nach dem alten ↑Introitus des Gottesdienstes, Jesaja 66, 10: »Freue dich (Jerusalem)!«›: vierter Sonntag der Passionszeit

La-Tène-Stil, fachspr. auch: **La|tène|stil** [la'tɛ:n...], der; -[e]s ‹nach dem Schweizer Fundort La Tène› (Archäol.): in der La-Tène-Zeit entstandene Stilrichtung der bildenden Kunst, die durch stilisierte pflanzliche u. abstrakte Ornamentik, Tiergestalten u. menschliche Maskenköpfe gekennzeichnet ist

La-Tène-Zeit, fachspr. auch: **La|tène|zeit** [...'tɛ:n...] die; -: zweiter Abschnitt der europäischen Eisenzeit

Late-Night-Show ['leɪtnaɪtʃoʊ], die; -, -s ‹*engl.-amerik.*›: Veranstaltung, Unterhaltungssendung, die am späten Abend beginnt bzw. stattfindet

la|tẹnt ‹*lat.(-frz.)*›: **1.** versteckt, verborgen; [der Möglichkeit nach] vorhanden, aber [noch] nicht in Erscheinung tretend, nicht offenkundig. **2.** (Med.) ohne typische Merkmale vorhanden, nicht gleich erkennbar, kaum od. nicht in Erscheinung tretend (von Krankheiten od. Krankheitssymptomen). **3.** (Fotogr.) unsichtbar, unentwickelt

La|tẹnz, die; - ‹*lat.-nlat.*›: **1.** (Med.) zeitweiliges Verborgensein, unbemerktes Vorhandensein einer Krankheit. **2.** (Physiol.) durch die Nervenleitung bedingte Zeit zwischen Reizeinwirkung u. Reaktion. **3.** (Fachspr.) Zeit zwischen einem Ereignis u. der darauf folgenden Reaktion; Verzögerungszeit. **4.** Versteckheit, Verborgenheit

La|tẹnz|ei, das; -[e]s, -er: Winterei vieler niederer Süßwassertiere (Würmer u. Krebse), das im Gegensatz zum Sommerei dotterreich u. durch eine Hülle geschützt ist

La|tẹnz|pe|ri|o|de, die; -, -n (Psychol.): Ruhepause in der sexuellen Entwicklung des Menschen zwischen dem 6. u. 10. Lebensjahr

La|tẹnz|zeit, die; -, -en: **1.** (Med.) ↑Inkubationszeit. **2.** (ohne Plural; Physiol.) Latenz (2)

la|te|ra̱l ‹*lat.*›: **1.** seitlich, seitwärts [gelegen]; **laterales Denken:** Denken, das alle Seiten eines Problems einzuschließen sucht, wobei auch unorthodoxe, beim logischen Denken oft unbeachtete oder ignorierte Methoden angewendet werden. **2.** (Med.) von der Mittellinie eines Organs abgewandt, an der Seite gelegen

La|te|ra̱l, der; -s, -e (Sprachwiss.): Laut, bei dem die Luft nicht durch die Mitte, sondern auf einer od. beiden Seiten des Mundes entweicht (z. B. l)

La|te|ra̱l|in|farkt, der; -[e]s, -e (Med.): ↑Infarkt im Bereich der Vorder- u. Hinterwand der linken Herzkammer

la|te|ra|li|si̱e̱|ren (Med.): nach der Seite verlagern, verschieben

La|te|ra|li|tä̱t, die; - (Psychol.): das Vorherrschen, die Dominanz einer Körperseite (z. B. Rechts- od. Linkshändigkeit)

La|te|ra̱l|laut, der; -[e]s, -e: ↑Lateral

La|te|ra̱l|plan, der; -[e]s, ...pläne (Seew.): Fläche des Längsschnittes des Schiffsteils, der unter Wasser liegt

La|te|ra̱l|skle|ro|se, die; -, -n (Med.): ↑Sklerose der Seitenstränge des Rückenmarks

La|te|ra̱n, der; -s ‹nach der Familie der Laterani aus der röm. Kaiserzeit›: außerhalb der Vatikanstadt gelegener ehemaliger päpstlicher Palast in Rom mit ↑Basilika u. Museum

La|te|ra̱n|kon|zil, das; -s, -e u. -ien, **La|te|ra̱n|sy|n|o|de,** die; -, -n (Geschichte): (zwischen 1123–1512) im Lateran abgehaltenes allgemeines ökumenisches Konzil

La|te|ri|sa|ti|o̱n, die; -, -en ‹*lat.-nlat.*›: ↑Laterisierung; vgl. ...ation/...ierung. **La|te|ri|si̱e̱|rung,** die; -, -en: Entstehung von Laterit; vgl. ...ation/...ierung

La|te|ri̱t [auch: ...'rɪt], der; -s, -e: roter Verwitterungsboden in den Tropen u. Subtropen

La|tẹr|na ma̱|gi|ca, die; - -, ...nae ...cae [...nɛ ...kɛ] ‹*gr.-lat.;* »Zauberlaterne«›: **1.** einfachster (im 17. Jh. erfundener) Projektionsapparat. **2.** Form der Bühnenaufführung (Ballettdarbietung) in Kombination mit vielfältiger Projektion von Filmen u. Diapositiven auf [variable] Bildwände

La|tẹr|ne, die; -, -n ‹*gr.-lat.-vulgärlat.*›: **1.** durch ein Gehäuse aus Glas, Papier o. Ä. geschützte [tragbare] Lampe. **2.** (Archit.) auf die Scheitelöffnung einer Kuppel gesetztes, von Fenstern durchbrochenes Türmchen

La̱|tex, der; -, ...tizes [...tse:s] ‹*gr.-lat.*›: Milchsaft einiger tropischer Pflanzen, aus dem ↑Kautschuk, Klebstoff u. a. hergestellt wird u. der zur Imprägnierung dient

la|te|xi̱e̱|ren: mit einer aus Latex hergestellten Substanz beschichten, bestreichen, überziehen

La|th|raea [...'trɛa], die; - ‹*gr.-nlat.*›: Schuppenwurz; eine schmarotzende Pflanze auf Haselsträuchern u. Erlen

La|thy|rịs|mus, der; - ‹*gr.-nlat.*› (Med.): Vergiftung durch die als Futterpflanze angebaute Erbsenart Lathyrus (Platterbse)

La|ti|fụn|di|en|wirt|schaft, die; - ‹*lat.; dt.*›: Bewirtschaftung eines Großgrundbesitzes durch abhängige Bauern in Abwesenheit des Besitzers (z. B. in Südamerika)

La|ti|fụn|di|um, das; -s, ...ien ‹*lat.*›: **1.** (Geschichte) von Sklaven bewirtschaftetes Landgut im Römischen Reich. **2.** (Plural) Liegenschaften, großer Land- od. Forstbesitz

La|ti|me̱|ria, die; - ‹*nlat.;* nach der Entdeckerin Courtenay-Latimer›: einzige noch lebende, zu den Quastenflossern zählende Fischart (die als ausgestorben galt, aber 1938 wiederentdeckt wurde)

La|ti̱|na, die; -, -s ‹*lat.-span.-amerik.*›: weibliche Form zu ↑Latino

la|ti|ni|si̱e̱|ren ‹*lat.*›: in lateinische Sprachform bringen; der lateinischen Sprachart angleichen

La|ti|nịs|mus, der; -, ...men ‹*lat.-mlat.*›: Entlehnung aus dem Lateinischen; dem Lateinischen eigentümlicher Ausdruck in einer nicht lateinischen Sprache.

La|ti|nist, der; -en, -en: männliche Person, die sich wissenschaftlich mit der lateinischen Sprache u. Literatur befasst. **La|ti|nis|tin,** die; -, -nen: weibliche Form zu ↑Latinist

La|ti|ni|tät, die; - ‹*lat.*›: **a)** klassische, mustergültige lateinische Schreibweise; **b)** klassisches lateinisches Schrifttum

La|tin Lo|ver, der; - -[s], - -[s], **La|tin|lo|ver,** der; -[s], -[s] [ˈlɛtɪn ˈlavɐ, auch: ˈlɛtɪnlavɐ] ‹*engl.*›: feuriger südländischer Liebhaber

La|ti|no, der; -s, -s ‹*lat.-span.-amerik.*›: ↑Hispanoamerikaner

La|tin Rock, der; - -[s], **La|tin|rock** [ˈlætɪnrɔk], der; -(s) ‹*engl.*›: Stilrichtung der Rockmusik, die Elemente der lateinamerikanischen Musik (Tanzrhythmen, Instrumente) aufgreift

La|ti|num, das; -s: durch eine Prüfung nachgewiesene Kenntnisse in der lateinischen Sprache

La|ti|tü|de, die; -, -n ‹*lat.-frz.*›: **1.** geografische Breite. **2.** (veraltet) Weite, Spielraum

la|ti|tu|di|nal ‹*lat.-nlat.*›: den Breitengrad betreffend

La|ti|tu|di|na|ri|er, der; -s, -: **1.** Anhänger des Latitudinarismus. **2.** (veraltet) jmd., der nicht allzu strenge Grundsätze hat, der duldsam, tolerant ist. **La|ti|tu|di|na|ri|e|rin,** die; -, -nen: weibliche Form zu ↑Latitudinarier

La|ti|tu|di|na|ris|mus, der; -: (im 17. Jh. entstandene) Richtung der anglikanischen Kirche, die durch ihre konfessionelle Toleranz u. ihre Offenheit gegenüber den Erkenntnissen der modernen Wissenschaft gekennzeichnet ist

La|ti|zes [...tseːs]: *Plural* von ↑Latex

La|t|rie, die; - ‹*gr.-lat.;* »Dienst«› (kath. Rel.): Gott u. Christus allein zustehende Verehrung, Anbetung

La|t|ri|ne, die; -, -n ‹*lat.*›: primitive Toilette; Senkgrube

La|t|ri|nen|pa|ro|le, die; -, -n (ugs. veraltend abwertend): Gerücht; nicht verbürgte Information

Lat|te mac|chi|a|to [- ...ˈki̯aː...], der u. die; - -, - -[s] ‹*it.*›: Kaffeegetränk aus heißer, aufgeschäumter Milch und Espresso

La|tus, das; -, - ‹*lat.;* »Seite«› (veraltet): Gesamtbetrag einer Seite, der auf die folgende zu übertragen ist; Übertragssumme

Lau|da, die; -, ...de ‹*lat.-it.*›: im Mittelalter in Italien ein volkstümlicher geistlicher Lobgesang

lau|da|bel ‹*lat.*›: löblich, lobenswert

Lau|da|num, das; -s ‹*semit.-gr.-lat.-nlat.*›: Lösung von Opium in Alkohol; Opiumtinktur (ein Beruhigungs- u. Schmerzmittel)

Lau|da|tio, die; -, ...ones [...neːs] u. ...onen ‹*lat.*›: anlässlich einer Preisverleihung o. Ä. gehaltene Rede, in der die Leistungen u. Verdienste des Preisträgers hervorgehoben werden

Lau|da|ti|on, die; -, -en: Lobrede

Lau|da|tor, der; -s, ...oren: jmd., der eine Laudatio hält; Redner bei einer Preisverleihung. **Lau|da|to|rin,** die; -, -nen: weibliche Form zu ↑Laudator

Lau|de, die; -, ...di ‹*lat.-it.*›: **1.** ↑Lauda. **2.** *Plural* von ↑Lauda

Lau|de|mi|um, das; -s, ...ien ‹*lat.-mlat.*› (Geschichte): Abgabe an den Lehnsherrn

Lau|des [...deːs], die (Plural) ‹»Lobgesänge«›: im katholischen ↑Brevier enthaltenes Morgengebet

Lau|di: *Plural* von ↑Laude

lau|die|ren ‹*lat.*› (veraltet): **1.** loben. **2.** (Rechtswiss.) [dem Gericht] einen Zeugen vorschlagen, benennen

Lau|dist, der; -en, -en ‹*lat.-nlat.*›: Hymnen- u. Psalmensänger des 13.–16. Jh.s

Launch [lɔːntʃ], der od. das; -[e]s, -[e]s ‹*engl.*› (Werbespr.): Einführung eines neu entwickelten Produktes auf dem Markt

laun|chen [ˈlɔːntʃn̩]: auf dem Markt einführen (von neuen Produkten); lancieren

Laun|cher [ˈlɔːntʃɐ], der u. das; -s, - ‹*engl.*›: Abschussvorrichtung, bes. für Raketen

Lau|ra, Lawra, die; -, ...ren ‹*gr.-mgr.;* »enge Gasse«›: **1.** Eremitensiedlung der Ostkirche. **2.** bedeutendes ↑zönobitisches Kloster

Lau|ra|sia, die; - ‹Kurzw. aus *Laurentia* u. *lat. Asia* »Asien«›: Urkontinent auf der Nordhalbkugel (Nordamerika, Europa, Nordasien)

Lau|rat, das; -s, -e ‹*lat.-nlat.*› (Chemie): Salz der Laurinsäure, einer Fettsäure

Lau|re|at, der; -en, -en ‹*lat.*›: **a)** (Geschichte) mit dem Lorbeerkranz gekrönter Dichter; vgl. Poeta laureatus; **b)** jmd., der einen Preis erhält, dem eine besondere Auszeichnung zuteilwird; Preisträger. **Lau|re|a|tin,** die; -, -nen: weibliche Form zu ↑Laureat (b)

Lau|ren|tia, die; - ‹*nlat.;* vom latinisierten Namen des Sankt-Lorenz-Stromes› (Geol.): altes Festland in Kanada u. Grönland

lau|ren|tisch: die Laurentia betreffend; **laurentische Faltung, laurentische Gebirgsbildung, laurentische Revolution** (Geol.): Hochgebirgsbildung am Ende des ↑Archaikums

lau|re|ta|nisch ‹*nlat.;* nach dem it. Wallfahrtsort Loreto›: aus Loreto; **Lauretanische Litanei:** im 16. Jh. in Loreto entstandene Marienlitanei

Lau|rus, der; - u. -ses, - u. -se ‹*lat.*›: Lorbeerbaum

Lau|tal, das; -s ‹Kunstw.›: Aluminium-Kupfer-Legierung von großer Festigkeit

Lau|te|nist, der; -en, -en ‹*mlat.*›: jmd., der [als Berufsmusiker] Laute spielt; Lautenspieler. **Lau|te|nis|tin,** die; -, -nen: weibliche Form zu ↑Lautenist

La|va, die; -, Laven ‹*it.*› (Geol.): bei Vulkanausbrüchen an die Erdoberfläche tretender Schmelzfluss u. das daraus durch Erstarrung hervorgehende Gestein

La|va|bel, der; -s ‹*lat.-frz.*›: feinfädiges, waschbares Kreppgewebe in Leinwandbindung (Webart)

La|va|bo, das; -[s], -s ‹*lat.;* »ich werde waschen«; nach Psalm 26, 6›: **1.** Handwaschung des Priesters in der katholischen Liturgie. **2.** vom Priester bei der Handwaschung verwendetes Waschbecken mit Kanne. **3.** [ˈlaː...] (schweiz.) Waschbecken

La|ven: *Plural* von ↑Lava

la|ven|del ‹*lat.-mlat.-it.*›: [blau]violett (wie die Blüte des Lavendels)

¹La|ven|del, der; -s, -: Heil- u. Gewürzpflanze, die auch für Parfüme verwendet wird

²La|ven|del, das; -s: mit Lavendelöl hergestelltes Parfüm; Lavendelwasser

³La|ven|del, das; -s, -: (bei Schwarz-Weiß-Filmen lavendelblaue) Kopie vom Negativfilmstreifen des Originals, die zur Herstellung von weiteren Negativen dient

¹la|vie|ren ‹*lat.-it.*›: **a)** die Konturen einer [farbigen] Tuschzeichnung mit wassergefülltem Pinsel verwischen; **b)** eine Zeichnung kolorieren, mit verlaufenden Farbflächen arbeiten

²la|vie|ren ‹*niederl.*›: **1.** (auch: sich lavieren) mit Geschick Schwierigkeiten überwinden, vorsichtig zu Werke gehen, sich durch Schwierigkeiten hindurchwinden. **2.** (Seemannsspr. veraltet) gegen den Wind kreuzen

La|vi|pe|di|um, das; -s, ...ien ‹*lat.-nlat.*› (Med.): Fußbad

lä|vo|gyr ‹*gr.-lat.; gr.*› (Physik; Chemie): die Ebene ↑polarisierten (2 b) Lichts nach links drehend (Zeichen: l; Ggs.: dextrogyr)

La|voir [laˈvo̯aːɐ̯], das; -s, -s ‹*lat.-frz.*› (österr., sonst veraltet): Waschbecken, -schüssel

Lä|vo|kar|die, die; -, ...ien ‹*lat.; gr.*› (Med.): Lage eines mit seiner Spitze nach links zeigenden Herzens

La|vor [auch: ...f...], das; -s, -e ‹*lat.-frz.*› (südd.): Lavoir, Waschbecken

Lä|vu|lo|se, die; - ‹*gr.-lat.-nlat.*› (veraltet): Fruchtzucker

Law and Or|der [ˈlɔː ənd ˈɔːɐ̯dɐ] ‹*engl.;* »Gesetz und Ordnung«› (oft abwertend): Schlagwort, das die Bekämpfung von Kriminalität u. Gewalt durch drastische Gesetze und harte Polizeimaßnahmen fordert

La|wi|ne, die; -, -n ‹*lat.-mlat.-ladinisch*›: an Hängen niedergehende Schnee- od. Eismassen

Lawn|bow|ling, Lawn-Bow|ling [ˈlɔːnbo̯ʊlɪŋ], das; -s ‹*engl.*›: Bowling (1) auf Rasenplätzen

Lawn|ten|nis, Lawn-Ten|nis [ˈlɔːn...], das; - ‹*engl.*›: Tennis auf Rasenplätzen

Law|ra vgl. Laura

Law|ren|ci|um [lɔˈrɛ...], das; -s ‹*nlat.;* nach dem amerik. Physiker E. O. Lawrence, 1901–1958›: künstlich hergestelltes chem. Element; ein Transuran (Zeichen: Lr)

lax ‹*lat.*›: nachlässig, ohne feste Grundsätze, nicht streng auf etwas achtend

La|xans, das; -, ...antia u. ...anzien, **La|xa|tiv**, das; -s, -e, **La|xa|ti|vum**, das; -s, ...va (Med.): Abführmittel von verhältnismäßig milder Wirkung

la|xie|ren (Med.): abführen

La|xis|mus, der; - ‹*lat.-nlat.*›: von der Kirche verurteilte Richtung der katholischen Moraltheologie, die Handlungen auch dann für erlaubt hält, wenn nur eine geringe Wahrscheinlichkeit für das Erlaubtsein dieser Handlungen spricht

Lay|er [ˈlɛɪ̯ɐ], der; -s, - ‹*engl.*› (EDV): einzelne Ebene in einem CAD-Programm, Grafik- od. Bildbearbeitungsprogramm, einem Softwaresystem o. Ä.

Lay|out, Lay-out [lɛɪ̯ˈʔaʊ̯t, ˈlɛɪ̯...], das; -s, -s ‹*engl.*›: **1.** Text- u. Bildgestaltung einer Seite bzw. eines Buches. **2.** skizzenhaft angelegter Entwurf von Text- u. Bildgestaltung eines Werbemittels (z. B. Anzeige, Plakat) od. einer Publikation (z. B. Zeitschrift, Buch). **3.** (Elektronik) Schema für die Anordnung der Bauelemente einer Schaltung

lay|outen [lɛɪ̯ˈʔaʊ̯tn̩, ˈlɛɪ̯...]: ein Layout entwerfen. **Lay|ou|ter**, der; -s, -: jmd., der Layouts entwirft. **Lay|ou|te|rin**, die; -, -nen: weibliche Form zu ↑Layouter

lay|ou|tie|ren [leːaʊ̯...] ‹*engl.-nlat.*›: **a)** ein Layout [am Bildschirm] erstellen; **b)** [Texte] in ein Layout einfließen lassen

La|za|rett, das; -[e]s, -e ‹*venez.-it.-frz.;* als Wortbildung beeinflusst von dem Namen der biblischen Gestalt des Lazarus›: Krankenanstalt für verwundete od. erkrankte Soldaten; Militärkrankenhaus

La|za|rist, der; -en, -en ‹nach dem Mutterhaus Saint-Lazare in Paris›: Angehöriger einer katholischen Kongregation von Missionspriestern; vgl. Vinzentiner

La|za|rus, der; -[ses], -se ‹*mlat.*› (ugs.): bedauernswerter Mensch

La|ze|ra|ti|on, die; -, -en ‹*lat.*› (Med.): Einriss, Zerreißung [von Körpergewebe]. **la|ze|rie|ren** (Med.): einreißen

La|zer|te, die; -, -n ‹*lat.*›: Eidechse

La|zu|lith [auch: ...ˈlɪt], der; -s, -e ‹*nlat.*›: himmelblaues bis bläulich weißes Mineral; Blauspat

Laz|za|ro|ne, der; -[n] u. -s, -n u. ...ni ‹*mlat.-it.*›: Armer, Bettler in Neapel

LBO = Leveraged Buy-out

LBS = Location-based Services

LCD [ɛltseːˈdeː], das; -s, -s, auch: die; -, -s ‹Abk. für *engl. l*iquid *c*rystal *d*isplay›: Flüssigkristallanzeige

Lea|ching [ˈliːtʃɪŋ], das; -s ‹*engl.*› (Bergbau): Erzlaugung, [biologisches] Abbauverfahren für nur schwach metallhaltige Erze

Lead [liːd], das; -[s] ‹*engl.*›: **1.** Führungsstimme in einer [Jazz]band (z. B. Trompete). **2.** (Wirtsch.) das Vorauseilen, der Vorsprung bestimmter Werte vor anderen im Konjunkturverlauf. **3.** Anfang, Beginn, [kurz zusammenfassende] Einleitung zu einer Veröffentlichung od. Rede

Lea|der [ˈliːdɐ], der; -s, -: **1.** Kurzform von ↑Bandleader (2). **2.** Spitzenreiter (beim Sport). **Lea|de|rin**, die; -, -nen: weibliche Form zu ↑Leader (1)

Lea|der|ship [...ʃɪp], die; -, -s od. das; -[s], -s ‹*engl.*›: Führung; Gesamtheit der Führungsqualitäten

Lead|gi|tar|re, die; -, -n: elektrische Gitarre, auf der die Melodie gespielt wird; vgl. Rhythmusgitarre

Lead|gi|tar|rist, der; -en, -en: jmd., der die Leadgitarre spielt. **Lead|gi|tar|ris|tin**, die; -, -nen: weibliche Form zu ↑Leadgitarrist

lea|ken [ˈliː...] ‹*engl.*›: als geheim eingestufte, brisante Dokumente [im Internet] veröffentlichen

Lean Ma|nage|ment [ˈliːn ˈmɛnɪtʃmənt], das; - -s, - -s ‹*engl.*› (Wirtsch.): Unternehmensführung nach einem Konzept, das auf die zielgerichtete Gestaltung der wirtschaftlichen Aktivitäten u. den Abbau unnötiger Kosten ausgerichtet ist

Lean Pro|duc|tion [- prəˈdakʃn̩], die; - - ‹*engl.*› (Wirtsch.): Fertigung von Industrieerzeugnissen bei weitgehender Einspa-

legal	legitim
Dann wären Dumpinglöhne von drei bis vier Euro legal, kritisierte die Ministerin. *gesetzesgemäß* – 1000/Tausend ganz legale Steuertricks – auf legale Weise […] Geld […] verdienen – für die legale […] Einwanderung Das Ehepaar war überzeugt davon, dass damals alles legal ablief. Musiktitel können jetzt auch legal im Internet heruntergeladen werden. War dieser Polizeieinsatz legal?	Das Gericht stellte fest, der Wunsch, ein jüngeres Publikum zu erreichen, sei legitim. *rechtmäßig, berechtigt* – als […] legitim betrachtet werden/wird – als Akt legitimer Selbstverteidigung – als/ein legitimes […] Mittel der … Die Unabhängigkeitserklärung des Kosovo sei demnach nicht legitim. Ist es legitim, die Würde des Menschen ökonomisch zu relativieren? Persönlich gegen Abtreibung zu sein, ist absolut legitim.

rung von Arbeitskräften, Kosten u. Material (z. B. durch Automation)

Lear|jet® [ˈliːɐ̯dʒɛt], der; -[s], -s ⟨*amerik.*⟩: ein Geschäftsflugzeug

Lear|ning by Do|ing [ˈlœːɐ̯nɪŋ baɪ̯ ˈduːɪŋ], das; - - - ⟨*engl.;* eigtl. »Lernen durch Tun«⟩: Lernen durch selbstständiges Handeln, durch unmittelbares Anwenden

Lear|ning on the Job [- ɔn ðə ˈdʒɔb], das; - - - - ⟨*engl.*⟩: Lernen durch Berufstätigkeit

lea|sen [ˈliːzn̩] ⟨*engl.*⟩: (im Leasingverfahren) mieten, pachten

Lea|sing, das; -s, -s (Wirtsch.): Vermietung von [Investitions]gütern, bes. von Industrieanlagen, wobei die Mietzahlungen bei einem eventuellen späteren Kauf angerechnet werden können

Least-Cost-Rou|ter [ˈliːstkɔstruːtə], der; -s, - ⟨*engl.;* »Wegweiser zum niedrigsten Preis«⟩: elektronisches Gerät, das automatisch den günstigsten Call-by-Call-Anbieter für Telefongespräche auswählt

Le|ci|thin vgl. Lezithin

Le|cka|ge [lɛˈkaːʒə], die; -, -n ⟨aus *Leck* u. *frz. -age*⟩: **1.** Gewichtsverlust durch Verdunsten od. Aussickern aufgrund einer undichten Stelle. **2.** Leck

Le|clan|ché-Ele|ment [ləklɑ̃ˈʃeː...], das; -[e]s, -e ⟨nach dem frz. Chemiker G. Leclanché, 1839–1882⟩: ↑galvanisches Element (das in bestimmter Form z. B. auch in Taschenlampenbatterien verwendet wird)

Lec|tin vgl. Lektin

Lec|tis|ter|ni|um, das; -s, ...ien ⟨*lat.*⟩ (Geschichte): Göttermahlzeit des altrömischen Kultes, bei der den auf Polstern ruhenden Götterbildern Speisen vorgesetzt wurden

lec|to|ri sa|lu|tem ⟨*lat.;* »dem Leser Heil!«⟩: Formel zur Begrüßung des Lesers in alten Schriften (Abk.: L. S.)

Lec|tu|rer [ˈlɛktʃərə], der; -s, - ⟨*lat.-frz.-engl.*⟩: Hochschuldozent in angloamerik. Bildungssystemen

LED [ɛlʔeːˈdeː], die; -, -s ⟨Abk. für *engl.* Light *E*mitting *D*iode⟩: (als Kontrollanzeige verwendete) Leuchtdiode. **LED-Licht,** das; -[e]s, -er: **1.** von einer LED-Lampe ausgehende Helligkeit. **2.** LED-Lampe

le|ga|bi|le: ↑legato

le|gal ⟨*lat.*⟩: gesetzlich [erlaubt], dem Gesetz gemäß (Ggs.: illegal)

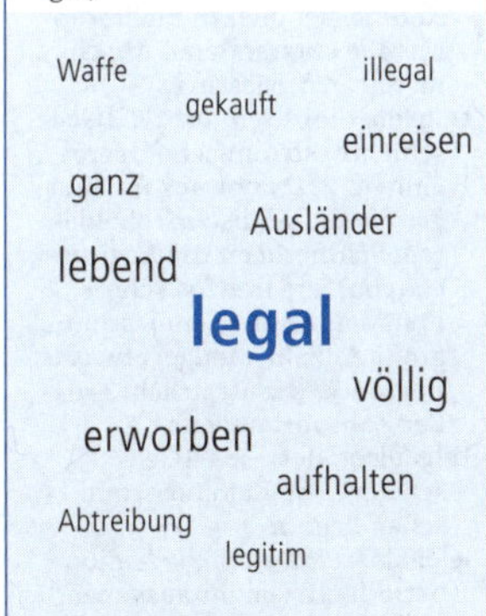

legal/legitim *s. Kasten*

Le|gal|de|fi|ni|ti|on, die; -, -en: durch ein Gesetz gegebene Begriffsbestimmung

Le|gal|in|ter|pre|ta|ti|on, die; -, -en: Erläuterung eines Rechtssatzes durch den Gesetzgeber selbst; im Gesetz formulierte Auslegung einer [anderen] gesetzlichen Vorschrift

Le|ga|li|sa|ti|on, die; -, -en ⟨*lat.-nlat.*⟩: Beglaubigung [von Urkunden]. **le|ga|li|sie|ren: 1.** [Urkunden] amtlich beglaubigen. **2.** legal machen

Le|ga|lis|mus, der; -: strikte Befolgung des Gesetzes, starres Festhalten an Paragrafen u. Vorschriften. **le|ga|lis|tisch: a)** an Paragrafen u. Vorschriften kleinlich festhaltend; **b)** auf Legalismus beruhend

Le|ga|li|tät, die; - ⟨*lat.-mlat.*⟩: Gesetzmäßigkeit; die Bindung der Staatsbürger u. der Staatsgewalt an das geltende Recht

Le|ga|li|täts|ma|xi|me, die; -, -n, **Le|ga|li|täts|prin|zip,** das; -s, -ien: Pflicht der Staatsanwaltschaft zur Verfolgung aller strafbaren Handlungen

le|g|as|then ⟨*lat.; gr.*⟩ (Med., Psychol.): ↑legasthenisch. **Le|g|as|the|nie,** die; -, ...ien (Plural selten) ⟨lat.-gr.; »Leseschwäche«⟩ (Psychol.; Med.): mangelhafte Fähigkeit, Wörter, zusammenhängende Texte zu lesen od. zu schreiben. **Le|g|as|the|ni|ker,** der; -s, - (Med., Psychol.): jmd., der an Legasthenie leidet. **Le|g|as|the|ni|ke|rin,** die; -, -nen: weibliche Form zu ↑Legastheniker. **le|g|as|the|nisch** (Med., Psychol.): die Legasthenie betreffend, an Legasthenie leidend

¹Le|gat, der; -en, -en ⟨*lat.*⟩: **1.** (Geschichte) **a)** im alten Rom Gesandter [des Senats]; Gehilfe eines Feldherrn u. Statthalters; **b)** in der römischen Kaiserzeit Unterfeldherr u. Statthalter in kaiserlichen Provinzen. **2.** (kath. Rel.) päpstlicher Gesandter (meist ein Kardinal) bei besonderen Anlässen

[2]**Le|gat,** das; -[e]s, -e: Vermächtnis; Zuwendung einzelner Vermögensgegenstände durch letztwillige Verfügung

Le|ga|tar, der; -s, -e: jmd., der ein ↑[2]Legat erhält; Vermächtnisnehmer. **Le|ga|ta|rin,** die; -, -nen: weibliche Form zu ↑Legatar

Le|ga|ti|on, die; -, -en: **1.** [päpstliche] Gesandtschaft. **2.** Provinz des früheren Kirchenstaates

le|ga|tis|si|mo ⟨*lat.-it.*⟩ (Musik): äußerst gebunden (Vortragsanweisung)

le|ga|to (Musik): gebunden (Vortragsanweisung) (Abk.: leg.); **ben legato** (Musik): gut, sehr gebunden (Vortragsanweisung). **Le|ga|to,** das; -s, -s u. ...ti (Musik): gebundenes Spiel

le|ge ar|tis ⟨*lat.*⟩: vorschriftsmäßig, nach den Regeln der [ärztlichen] Kunst (Abk.: l. a.)

Le|gen|da au|rea, die; - - ⟨*lat.-mlat.*⟩: Legendensammlung des Jacobus a Voragine († 1298), ein Erbauungsbuch des Mittelalters

le|gen|dar (veraltet): ↑legendär

Le|gen|dar, das; -s, -e: Legendenbuch; Sammlung von Heiligenleben, bes. zur Lesung in der ↑Mette

le|gen|där: 1. legendenhaft, sagenhaft. **2.** unwahrscheinlich, unglaublich, fantastisch

le|gen|da|risch: a) eine Legende betreffend, zur Legende gehörend; **b)** nach Art der Legenden; **c)** Legenden enthaltend (z. B. von einem Bericht mit historischem Kern)

Le|gen|da|ri|um, das; -s, ...ien (veraltend): ↑Legendar

Le|gen|de, die; -, -n ⟨»zu Lesendes«⟩: **1. a)** kurze, erbauliche religiöse Erzählung über Leben und Tod od. auch über das Martyrium von Heiligen; **b)** Person od. Sache, die so bekannt geworden ist, dass sich bereits zahlreiche Legenden (2) um sie gebildet haben; Mythos (2). **2.** sagenhafte, unglaubwürdige Geschichte od. Erzählung. **3.** (Musik) episch-lyrisches Tonstück, ursprünglich die Heiligenlegenden behandelnd. **4.** Erklärung der (in einer Landkarte, einer Abbildung o. Ä.) verwendeten Zeichen; Zeichenerklärung. **5.** Umschrift auf einer Münze

le|ger [le'ʒeːɐ̯, le'ʒɛːɐ̯] ⟨*lat.-vulgärlat.-frz.*⟩: **a)** lässig, zwanglos (in Bezug auf Benehmen u. Haltung); **b)** bequem, leicht (in Bezug auf die Kleidung); **c)** nachlässig, oberflächlich (in Bezug auf die Ausführung von etwas)

Le|ges [...geːs]: *Plural* von ↑Lex

leg|gia|d|ra|men|te [lɛdʒa...], **leg|gia|d|ro** [lɛ'dʒaː...] ⟨*lat.-it.*⟩, **leg|gie|ro** [lɛ'dʒeːro] ⟨*lat.-frz.-it.*⟩ (Musik): leicht, anmutig, spielerisch, ungezwungen, perlend (Vortragsanweisung)

Leg|gings, Leg|gins, die (Plural) ⟨*engl.*⟩: **1.** aus Leder hergestelltes, einer Hose ähnliches Kleidungsstück der nordamerikanischen Indianer. **2.** einer Strumpfhose ohne Füßlinge ähnliches Kleidungsstück

Leg|horn, das; -s, -[s] (landsch. auch: ...hörner) ⟨*engl.;* vom engl. Namen der it. Stadt Livorno⟩: Huhn einer weitverbreiteten weißen od. braunen Rasse mit hoher Legeleistung

[1]**le|gie|ren** ⟨*lat.*⟩ (veraltet): ein [2]Legat aussetzen

[2]**le|gie|ren** ⟨*lat.-it.*⟩: **1.** eine Legierung herstellen. **2.** Suppen u. Soßen mit Ei od. Mehl eindicken

Le|gie|rung, die; -, -en: durch Zusammenschmelzen mehrerer Metalle entstandenes Mischmetall (z. B. Messing)

Le|gi|on, die; -, -en ⟨*lat.*⟩: **1.** (Geschichte) altrömische Heereseinheit. **2.** Truppe aus freiwilligen [fremdländischen] Soldaten; Söldnerheer; **die Legion** (Jargon): die französische Fremdenlegion. **3.** unbestimmt große Anzahl, Menge; **etwas ist Legion:** etwas ist in sehr großer Zahl vorhanden

Le|gi|o|nar, der; -s, -e (Geschichte): Soldat einer römischen Legion

le|gi|o|när ⟨*lat.-frz.*⟩: die Legion betreffend, von ihr ausgehend

Le|gi|o|när, der; -s, -e: Mitglied einer Legion (2), z. B. der französischen Fremdenlegion

Le|gi|o|närs|krank|heit, die; - ⟨nach dem ersten Auftreten 1976 bei einem Legionärstreffen in den USA⟩ (Med.): Infektionskrankheit mit starkem Fieber, Anzeichen einer Lungenentzündung od. schweren Grippe

Le|gis|la|ti|on, die; - ⟨*lat.*⟩: ↑Legislatur

le|gis|la|tiv ⟨*lat.-nlat.*⟩: gesetzgebend; vgl. -iv/-orisch. **Le|gis|la|ti|ve,** die; -, -n: **a)** gesetzgebende Gewalt, Gesetzgebung; vgl. Exekutive; **b)** (veraltet) gesetzgebende Versammlung

le|gis|la|to|risch: gesetzgeberisch; vgl. ...iv/...orisch

Le|gis|la|tur, die; -, -en: **a)** Gesetzgebung; **b)** (veraltet) gesetzgebende Versammlung

Le|gis|la|tur|pe|ri|o|de, die; -, -n: Gesetzgebungsperiode, Wahlperiode; Amtsdauer einer [gesetzgebenden] Volksvertretung

Le|gis|mus, der; - ⟨*lat.-nlat.*⟩ (veraltet): starres Festhalten am Gesetz. **Le|gist,** der; -en, -en ⟨*lat.-mlat.;* »Rechtskundiger«⟩: **1.** (Geschichte) Kenner des römischen Rechts. **2.** (bes. österr.) Verfasser von Gesetzestexten. **Le|gis|tin,** die; -, -nen: weibliche Form zu ↑Legist. **le|gis|tisch** ⟨*lat.-nlat.*⟩: das Gesetz betreffend, gesetzlich

le|gi|tim ⟨*lat.*⟩: **1. a)** rechtmäßig, gesetzlich anerkannt (Ggs.: illegitim [a]); **b)** ehelich (von Kindern) (Ggs.: illegitim [b]). **2.** berechtigt, begründet; allgemein anerkannt, vertretbar

bezeichnet
absolut
Rechte
anerkennen
Interesse
völlig
legitim
durchaus
vollkommen
erachten
legal
Folter
völkerrechtlich

Le|gi|ti|ma|ti|on, die; -, -en ⟨*lat.-frz.*⟩: **1.** Beglaubigung; [Rechts]ausweis. **2.** Berechtigung. **3.** Ehelichkeitserklärung (für ein vorher uneheliches Kind); vgl. ...ation/...ierung

Le|gi|ti|ma|ti|ons|pa|pier,

das; -s, -e: dem Nachweis einer Berechtigung dienendes Papier, Dokument

le|gi|ti|mie|ren ‹*lat.-mlat.(-frz.)*›: **1. a)** beglaubigen; **b)** für gesetzmäßig erklären. **2.** ein Kind für ehelich erklären. **3.** sich legitimieren: sich ausweisen. **4.** jmdn. berechtigen. **Le|gi|ti|mie|rung,** die; -, -en: das Legitimieren; vgl. ...ation/...ierung

Le|gi|ti|mis|mus, der; - ‹*nlat.*›: Lehre von der Unabsetzbarkeit des angestammten Herrscherhauses. **Le|gi|ti|mist,** der; -en, -en: **1.** Anhänger des Legitimismus. **2.** Vertreter des monarchischen Legitimitätsprinzips (z. B. in Frankreich um 1830 die Anhänger der Bourbonen). **Le|gi|ti|mis|tin,** die; -, -nen: weibliche Form zu ↑Legitimist. **le|gi|ti|mis|tisch: a)** den Legitimismus betreffend; **b)** den Legitimisten (2) betreffend

Le|gi|ti|mi|tät, die; - ‹*lat.-frz.*›: Rechtmäßigkeit einer Staatsgewalt; Übereinstimmung mit der [demokratischen od. dynastischen] Verfassung; Gesetzmäßigkeit [eines Besitzes, Anspruchs]

Le|gi|ti|mi|täts|prin|zip, das; -s: innere Rechtfertigung der Gesetzmäßigkeit einer monarchischen od. demokratischen Regierungsform

Le|gu|an [auch: 'le:...], der; -s, -e ‹*karib.-span.*›: tropische Baumeidechse mit gezacktem Rückenkamm

Le|gu|men, das; -s, - ‹*lat.;* »Hülsenfrucht«›: Frucht der Hülsenfrüchtler

Le|gu|min, das; -s ‹*lat.-nlat.*›: Eiweiß der Hülsenfrüchte

Le|gu|mi|no|se, die; -, -n (meist Plural): Hülsenfrüchtler (z. B. Mimose, Erbse, Bohne, Erdnuss)

Leg|war|mer ['lɛgwɔ:ɐ̯mɐ], der; -s, -[s] (meist Plural) ‹*engl.;* »Beinwärmer«›: von den Knöcheln bis zu den Knien reichender [Woll]strumpf ohne Füßling

Lei: *Plural* von ↑Leu

Leicht|ath|let, der; -en, -en ‹*dt.; gr.-lat.*›: Sportler, der Leichtathletik treibt. **Leicht|ath|le|tik,** die; -: die Disziplinen Laufen, Gehen, Springen, Werfen, Stoßen umfassender Sport; vgl. Schwerathletik. **Leicht|ath|le|tin,** die; -, -nen: weibliche Form zu ↑Leichtathlet

lei|po|gram|ma|tisch ‹*gr.*›: einen bestimmten Buchstaben nicht aufweisend (bezogen auf Texte, bei denen der Dichter aus literarischer Spielerei einen Buchstaben, meist das r, vermieden hat)

Leis, der; - u. -es, -e[n] ‹aus: Kyrieleis, ↑Kyrie eleison›: geistliches Volkslied des Mittelalters mit dem Kehrreim »Kyrieleis«

Leish|ma|nia [laɪʃ...], die; -, ...ien ‹*nlat.;* nach dem engl. Arzt Leishman, 1865–1926› (Biol., Med.): verschiedene Krankheiten übertragendes Geißeltierchen

Leish|ma|ni|o|se, die; -, -n (Med.): durch Leishmanien hervorgerufene [vorwiegend] tropische Krankheit

Leit|fos|sil, das; -s, -ien ‹*dt.; lat.*› (Geol.): für einen bestimmten geologischen Zeitabschnitt charakteristisches ↑Fossil

Lek, der; -, - ‹*alban.*›: albanische Währungseinheit

Lek|tin (Biol., Med.), Lectin (Med.) das; -s, -e (meist Plural) ‹*lat.*›: in Pflanzen u. Tieren vorkommender biosynthetischer Schutzstoff, der normale, aber auch entartete Zellen u. Bakterien ↑agglutiniert (1)

Lek|ti|on, die; -, -en ‹*lat.*›: **1.** Unterrichtsstunde. **2.** Lernpensum, -abschnitt. **3.** Zurechtweisung, Verweis. **4.** liturgische [Bibel]lesung im christlichen Gottesdienst

Lek|ti|o|nar, das; -s, -e u. -ien, **Lek|ti|o|na|ri|um,** das; -s, ...ien ‹*lat.-mlat.*› (Rel.): **1.** liturgisches Buch mit den Bibelabschnitten für den christlichen Gottesdienst. **2.** Lesepult, an dem die Verlesung der nach der kirchlichen Ordnung vorgeschriebenen Bibelabschnitte vorgenommen wird

Lek|tor, der; -s, ...oren ‹*lat.;* »Leser, Vorleser«›: **1.** Sprachlehrer für praktische Übungen an einer Hochschule. **2.** Mitarbeiter eines Verlags, der Manuskripte prüft u. bearbeitet, Autoren betreut, Projekte vorschlägt u. a. **3. a)** (früher) zweiter Grad der katholischen niederen Weihen; **b)** Gemeindemitglied, das während der [1]Messe (1) od. im Gottesdienst [liturgische] Texte vorliest

Lek|to|rat, das; -[e]s, -e ‹*lat.-mlat.*›: **1.** Lehrauftrag eines Lektors (1)/einer Lektorin. **2.** [Verlags]abteilung, in der Lektoren (2) u. Lektorinnen arbeiten

lek|to|rie|ren ‹*lat.-nlat.*›: als Lektor (2)/Lektorin ein Manuskript prüfen

Lek|to|rin, die; -, -nen: weibliche Form zu ↑Lektor

Lek|tü|re, die; -, -n ‹*lat.-mlat.-frz.*›: **1.** Lesestoff. **2.** (ohne Plural) das Lesen

Le|ky|thos, die; -, ...ythen ‹*gr.-lat.*›: altgriechischer, als Ölgefäß dienender Henkelkrug aus Ton mit schlankem Hals

Le-Mans-Start [lə'mɑ̃...], der; -[e]s, -s ‹nach der frz. Stadt Le Mans› (Motorsport früher): Start bei Autorennen, bei dem die Fahrer quer über die Fahrbahn zu ihrem Wagen (mit abgestelltem Motor) laufen

Lem|ma, das; -s, -ta ‹*gr.-lat.*›: **1.** Stichwort in einem Nachschlagewerk (Wörterbuch, Lexikon). **2.** (veraltet) Überschrift, Motto als Inhaltsanzeige eines Werkes. **3. a)** (Math.; Logik) Hilfssatz, der in einer Beweisführung gebraucht wird; **b)** (gr. Philos.) Vordersatz eines Schlusses. **lem|ma|ti|sie|ren** ‹*gr.-lat.-nlat.*›: **1.** zum Stichwort (in einem Nachschlagewerk) machen. **2.** mit Stichwörtern versehen [u. entsprechend ordnen]

Lem|ming, der; -s, -e ‹*dän.*›: zu den Wühlmäusen gehörendes Nagetier

Lem|nis|ka|te, die; -, -n ‹*gr.-lat.*›: ebene algebraische Kurve vierter Ordnung von der Form einer liegenden Acht

Lem|pi|ra, die; -, -s (aber: 5 -) ‹*indian.-span.;* nach dem Namen eines Indianerhäuptlings›: Währungseinheit in Honduras

Le|mur, der; -en, -en, **Le|mu|re,** der; -n, -n (meist Plural) ‹*lat.*›: **1.** (nach altröm. Glauben) Geist eines Verstorbenen; Gespenst. **2.** (auf Madagaskar heimischer) Halbaffe mit dichtem, weichem Fell, langem Schwanz u. langen Hinterbeinen

le|mu|ren|haft: gespenstisch

Le|mu|ria, die; - ‹*lat.-nlat.*› (Geol.): früher zur Deutung der

Verbreitung der Lemuren (2) für die Triaszeit vermutete Landmasse zwischen Vorderindien u. Madagaskar

le|mu|risch: a) zu den Lemuren (1) gehörend; **b)** ↑ lemurenhaft

Le|nä|en, die (Plural) ⟨*gr.*⟩: Fest im alten Athen zu Ehren des Gottes Dionysos mit Aufführungen von Tragödien u. Komödien

Le|nes [...ne:s]: *Plural* von ↑ [1]Lenis

le|ni|ens ⟨*lat.*⟩ (Med.): lindernd, mild (z. B. von Salben)

Le|nie|rung, die; - ⟨»Milderung«⟩: Schwächung von Konsonanten, bes. in den keltischen Sprachen

Le|ni|nis|mus, der; - ⟨*nlat.*⟩: der von Lenin (1870–1924) beeinflusste u. geprägte ↑ Marxismus. **Le|ni|nist,** der; -en, -en: Anhänger, Vertreter des Leninismus. **Le|ni|nis|tin,** die; -, -nen: weibliche Form zu ↑ Leninist. **le|ni|nis|tisch:** den Leninismus betreffend, im Sinne des Leninismus

[1]**Le|nis,** die; -, Lenes [...ne:s] ⟨*lat.*⟩ (Sprachwiss.): mit schwachem Druck u. ungespannten Artikulationsorganen gebildeter Laut (z. B. b, w) (Ggs.: Fortis)

[2]**Le|nis,** der; -, -: ↑ Spiritus lenis

le|ni|sie|ren ⟨*lat.*⟩ (Sprachwiss.): stimmlose Konsonanten zu stimmhaften erweichen

le|ni|tiv (Med., Pharm.): ↑ leniens. **Le|ni|ti|vum,** das; -s, ...va ⟨*lat.-nlat.*⟩ (Med.): mildes Abführmittel

len|ta|men|te ⟨*lat.-it.*⟩ (Musik): langsam (Vortragsanweisung)

len|tan|do, slentando (Musik): nachlassend, zögernd, nach u. nach langsamer (Vortragsanweisung). **Len|tan|do,** das; -s, -s u. ...di: nachlassendes, zögerndes, nach u. nach langsamer werdendes Zeitmaß

lente|ment [lãt'mã] ⟨*lat.-frz.*⟩ (Musik): langsam (Vortragsanweisung)

Len|ti|go, die; -, ...tigines [...ne:s] ⟨*lat.*⟩ (Med.): kleines, rundliches, braunes bis tiefschwarzes, etwas vorspringendes Muttermal

len|ti|ku|lar, len|ti|ku|lär (Med.): **1.** linsenförmig. **2.** zur Linse des Auges gehörend

Len|ti|ku|la|ris|wol|ke, die; -, -n ⟨*lat.; dt.*⟩ (Meteorol.): linsenförmige Wolke

Len|ti|zel|len, die (Plural) ⟨*lat.-nlat.*⟩: dem Gasaustausch dienende, nach außen warzenförmige Erhebungen bildende Kanäle in der Korkschicht von Holzgewächsen

len|to ⟨*lat.-it.*⟩ (Musik): langsam; **lento assai, lento di molto:** sehr langsam; **non lento:** nicht zu langsam, nicht schleppend (Vortragsanweisungen). **Len|to,** das; -s, -s u. ...ti: langsames, gedehntes Zeitmaß

Len|to|form, die; -, -en (Sprachwiss.): beim langsamen Sprechen verwendete volle Form (z. B. *ob es* statt *ob's*)

Le|o|ni|den, die (Plural) ⟨*lat.-nlat.*⟩: im November sichtbarer periodischer Meteorstrom

[1]**le|o|ni|nisch** ⟨nach einem mittelalterlichen Dichter namens Leo od. nach einem Papst Leo⟩: in der Fügung **leoninischer Vers:** Hexameter od. Pentameter, dessen Mitte u. Versende sich reimen

[2]**le|o|ni|nisch** ⟨»zum Löwen gehörend«; nach einer Fabel Äsops⟩: in der Fügung **leoninischer Vertrag:** Vertrag, bei dem der eine Partner allen Nutzen hat

le|o|nisch ⟨nach der span. Stadt León⟩: mit Metallfäden umwickelt od. umsponnen

Le|on|to|po|di|um, das; -[s] ⟨*gr.-nlat.*⟩: Edelweiß

Le|o|pard, der; -en, -en ⟨*lat.*⟩: asiatische u. afrikanische Großkatze mit meist fahlgelbem bis rötlich gelbem Fell mit schwarzen Ringelflecken

Le|o|tard [li:ə'ta:ɐt], das; -s, -s ⟨*engl.*⟩: einteiliges, eng anliegendes [ärmelloses] Trikot (für Artisten o. Ä.)

le|pi|do|blas|tisch ⟨*gr.*⟩: (von Gesteinen) aus blättchen- od. schuppenförmigem Material aufgebaut

Le|pi|do|den|d|ron, das; -s, ...ren ⟨*gr.-nlat.*⟩: (ausgestorbener, bes. im Karbon häufiger) Baum; Schuppenbaum

Le|pi|do|lith [auch: ...'lɪt], der; -s u. -en, -e[n]: in schuppiger od. blättriger Form vorkommendes zartrotes, weißes od. graues Mineral

Le|pi|do|me|lan, der; -s, -e: tiefschwarzer, eisenreicher Glimmer

Le|pi|do|p|te|ren, die (Plural): Schmetterlinge

Le|pi|do|p|te|ro|lo|ge, der; -n, -n: Fachmann, Wissenschaftler auf dem Gebiet der Lepidopterologie. **Le|pi|do|p|te|ro|lo|gie,** die; -: Schmetterlingskunde. **Le|pi|do|p|te|ro|lo|gin,** die; -, -nen: weibliche Form zu ↑ Lepidopterologe

Le|po|rel|lo, das, auch: der; -s, -s ⟨nach einer Operngestalt bei Mozart⟩: Kurzform von ↑ Leporelloalbum

Le|po|rel|lo|al|bum, das; -s, ...ben: harmonikaartig zusammenzufaltende Bilderreihe (z. B. Ansichtskartenreihe, Bilderbuch)

Le|p|ra, die; - ⟨*gr.-lat.*⟩ (Med.): in den Tropen u. Subtropen verbreitete Infektionskrankheit, die bes. zu entstellenden Veränderungen der Haut führt; Aussatz

Le|p|rom, das; -s, -e ⟨*gr.-nlat.*⟩ (Med.): Knotenbildung bei Lepra; Lepraknoten

le|p|ros, le|p|rös ⟨*gr.-lat.*⟩ (Med.): an Lepra leidend, aussätzig

Le|p|ro|so|ri|um, das; -s, ...ien ⟨*gr.-vulgärlat.*⟩ (Med. veraltet): **1.** Krankenhaus zur Pflege Leprakranker. **2.** Siedlung, Dorf od. Kolonie, in der Leprakranke isoliert sind u. medizinisch versorgt werden

Lep|ta: *Plural* von ↑ [1]Lepton

Lep|tin, das; -s ⟨*gr.-nlat.*⟩ (Med.): von den Fettzellen gebildetes Protein, das die Körpertemperatur erhöht u. die Nahrungsaufnahme vermindert

Lep|to|me|nin|gi|tis, die; -, ...itiden (Med.): Entzündung der weichen Hirnhaut

Lep|to|me|ninx, die; - (Med.): weiche Hirn- bzw. Rückenmarkshaut

[1]**Lep|ton,** das; -s, Lepta ⟨*gr.*⟩: **1.** frühere Münzeinheit in Griechenland. **2. a)** sehr kleines altgriechisches Gewicht; **b)** kleine altgriechische Münze

[2]**Lep|ton,** das; -s, ...onen ⟨*gr.-nlat.*⟩ (Physik): Elementarteilchen mit halbzahligem Spin

lep|to|som (Med.): schmal-, schlankwüchsig. **Lep|to|so|me,** der u. die; -n, -n (Med.): Mensch mit schlankem Körperbau u. schmalen, längeren, zartknochigen Gliedmaßen

Lep|to|s|pi|re, die; -, -n (Med.): Krankheiten auslösende Schraubenbakterie

Lep|to|s|pi|ro|se, die; -, -n (Med.): durch Leptospiren hervorgerufene meldepflichtige Infektionskrankheit

Les|be, die; -, -n ‹gekürzt aus Lesbierin› (Eigenbezeichnung; ugs.): lesbische Frau

Les|bi|a|nis|mus, der; - ‹*nlat.*; nach der Insel Lesbos›: ↑Homosexualität bei Frauen

Les|bi|e|rin, die; -, -nen: lesbische Frau

les|bisch: (in Bezug auf Frauen) homosexuell; **lesbische Liebe:** Homosexualität bei Frauen

Les|gin|ka, die; -, -s ‹*russ.*›: kaukasischer Tanz

Les|ley ['lɛzlɪ], **Les|lie,** das; -s, -s ‹*engl.*›: (bes. bei moderner Unterhaltungsmusik verwendetes) hauptsächlich durch Schallumlenkung mithilfe rotierender Lautsprecher od. einer um einen Lautsprecher rotierenden Trommel bewirktes Vibrato

Les|te, der; - ‹*span.*›: warmer Wüstenwind aus der Sahara in Richtung der Kanarischen Inseln

les|to ‹*it.*› (Musik): flink, behände (Vortragsanweisung)

Let, das; -[s], -s ‹*engl.*›: Netzball nach einem Aufschlag (bes. beim [Tisch]tennis)

le|tal ‹*lat.*› (Med.): zum Tode führend, tödlich, todbringend

Le|tal|do|sis, die; -, ...sen (Med.): bestimmte Menge schädigender Substanzen, die tödlich ist

Le|tal|fak|tor, der; -s, -en (Med.): Mutation, die zum Tod des Embryos (seltener auch des geborenen Kindes od. des Trägers vor Erreichen der Geschlechtsreife) führt

Le|ta|li|tät, die; - ‹*lat.-nlat.*› (Med.): Wahrscheinlichkeit, an einer Krankheit zu sterben

Le|thar|gie, die; - ‹*gr.-lat.*›: **1.** (Med.) krankheitsbedingte Schlafsucht mit Bewusstseinsstörungen (z. B. bei Vergiftungen). **2.** körperliche u. seelische Trägheit; Gleichgültigkeit, Teilnahmslosigkeit. **le|thar|gisch:** **1.** (bildungsspr.) schlafsüchtig. **2.** (Med.) körperlich u. seelisch träge; leidenschaftslos, teilnahmslos, gleichgültig

Le|the, die; - ‹Unterweltsfluss der gr. Sage› (dichter.): Vergessenheitstrank, Vergessenheit

Let|kiss, der; -, - ‹*finn.-engl.*›: Modetanz der späten 1960er-Jahre mit folkloristischem Charakter

Let|ter, die; -, -n ‹*lat.-frz.*›: **1.** Druckbuchstabe. **2.** Drucktype

Let|ter of In|tent, der; - - -, -s - - ‹*engl.*›: unverbindliche Absichtserklärung zwischen Käufer und Verkäufer im Vorfeld eines Vertragsabschlusses (Abk.: LOI)

Let|ter|set|druck, der; -[e]s (Druckw.): Hochdruckverfahren, bei dem der Abdruck zunächst auf einem Gummizylinder u. von hier auf das Papier erfolgt

Let|t|ris|me [lɛ'trɪsm(ə)], **Let|t|ris|mus,** der; - ‹*frz.*›: (1945 in Paris gegründete) literarische Bewegung, für die in Weiterführung des ↑Dadaismus u. des ↑Surrealismus Dichtung nur im Klang willkürlich aneinandergereihter Vokale u. Konsonanten bestand. **Let|t|rist,** der; -en, -en: Vertreter, Anhänger des Lettrismus. **Let|t|ris|tin,** die; -, -nen: weibliche Form zu ↑Lettrist. **let|t|ris|tisch:** den Lettrismus betreffend; in der Art des Lettrismus

Leu, der; -, Lei ‹*lat.-rumän.*; »Löwe«›: rumänische Währungseinheit

Leu|cit [auch: ...'tsɪt], der; -s, -e: graues od. weißes, zu den Feldspatvertretern gehörendes Mineral

leuk..., Leuk... vgl. leuko..., Leuko...

Leu|k|ä|mie, die; -, ...ien ‹*gr.-nlat.*; »Weißblütigkeit«› (Med.): Sammelbez. für bösartige Erkrankungen des blutbildenden u. lymphatischen Systems mit Überproduktion von weißen Blutkörperchen; Blutkrebs. **leu|k|ä|misch** (Med.): **a)** die Leukämie betreffend; zum Krankheitsbild der Leukämie gehörend; **b)** an Leukämie leidend

leu|ko..., Leu|ko...

‹zu *gr.* leukós »klar, blank, glänzend; weiß«›
Wortbildungselement mit der Bedeutung »weiß, glänzend«:
- Leukämie
- leukoderm
- Leukometer
- Leukozyt

Leu|ko|ba|se, die; -, -n ‹*gr.-nlat.*›: chemische Verbindung zur Herstellung künstlicher Farbstoffe

leu|ko|derm (Med.): (von der Haut) pigmentarm, hellhäutig (Ggs.: melanoderm). **Leu|ko|derm,** das; -s, ...men (Med.): das Auftreten rundlicher weißer Flecken in der Haut

leu|ko|krat (Geol.): überwiegend helle Bestandteile (wie Quarz, Feldspat u. a.) aufweisend u. deshalb hell erscheinend (von bestimmten Erstarrungsgesteinen) (Ggs.: melanokrat)

Leu|ko|ly|sin, das; -s, -e (meist Plural) (Med.): Substanz, die den Abbau u. die Auflösung der weißen Blutkörperchen bewirkt

Leu|kom, das; -s, -e (Med.): weiße Narbe auf der Hornhaut des Auges

Leu|ko|me|l|al|gie, die; -, ...ien (Med.): anfallsweises Auftreten von Kälte u. Blässe der Haut

Leu|ko|me|ter, das; -s, - (Technik): Messgerät zur Bestimmung des Reflexionsgrades heller Objekte bzw. Stoffe

Leu|k|o|ny|chie, die; -, ...ien (Med.): [teilweise] Weißfärbung der Nägel

Leu|ko|pa|thie, die; -, ...ien (Med.): ↑Albinismus

Leu|ko|pe|de|se, die; -, -n: ↑Diapedese

Leu|ko|pe|nie, die; -, ...ien (Med.): krankhafte Verminderung der weißen Blutkörperchen

Leu|ko|pla|kie, die; -, ...ien (Med.): das Auftreten weißlicher Flecke, Verdickungen an der Schleimhaut

[1]Leu|ko|plast, der; -en, -en ‹*gr.-nlat.*›: farbloser Bestandteil der pflanzlichen Zelle

[2]Leu|ko|plast®, das; -[e]s, -e: Zinkoxid enthaltendes Heftpflaster ohne Mullauflage

Leu|ko|po|e|se, die; - ‹*gr.-nlat.*› (Med.): Bildung weißer Blutkörperchen. **leu|ko|po|e|tisch** (Med.): die Leukopoese betreffend; weiße Blutkörperchen bildend

Leu|kor|rhö, die; -, -en (Med.): Übermaß an weißlichem Scheidensekret. **leu|kor|rhö|isch** (Med.): die Leukorrhö betreffend

Leu|ko|se, die; -, -n (Med.): Sammelbez. für die verschiedenen Formen der Leukämie

Leu|ko|to|mie, die; -, ...ien (Med. früher): heute nicht mehr üblicher operativer Eingriff in die weiße Gehirnsubstanz bei bestimmten psychiatrischen Erkrankungen

Leu|ko|to|xin, das; -s, -e (Med.): Bakteriengift, das die Funktion der Leukozyten hemmt od. aufhebt

Leu|ko|tri|cho|se, die; - (Med.): das Weißwerden der Haare

Leu|ko|tri|en, das; -s, -e (meist Plural) ‹*gr.*› (Biochemie, Med.): Hormon, das in ↑Leukozyten synthetisiert wird u. eine Gruppe mit drei Doppelbindungen im Molekül aufweist

Leu|ko|zyt, der; -en, -en (meist Plural) (Med.): weißes Blutkörperchen. **Leu|ko|zy|to|se,** die; -, -n (Med.): krankhafte Vermehrung der weißen Blutkörperchen (insbesondere bei Infektionen)

Leu|ko|zy|t|u|rie, die; -, ...ien (Med.): Ausscheidung weißer Blutkörperchen mit dem Urin

Leut|nant, der; -s, -s (selten: -e) ‹*lat.-mlat.-frz.*›: Offizier der untersten Rangstufe (Abk.: Lt.). **Leut|nan|tin,** die; -, -nen: weibliche Form zu ↑Leutnant

Leu|zis|mus, der; - ‹*gr.-nlat.*›: unerwünschte Weißfärbung des Haarkleides bei Hunden, wobei im Unterschied zum Albinismus die Augen normal gefärbt bleiben

Leu|zi|to|e|der, das; -s, -: ↑Ikositetraeder

Le|va|de, die; -, -n ‹*lat.-frz.*›: das Sichaufrichten des Pferdes auf der Hinterhand als Figur der hohen Schule

Le|val|loi|si|en [ləvaloa'zi̯ɛ̃:], das; -[s] ‹*frz.;* nach Levallois-Perret, einer Pariser Vorstadt›: Stufe der Altsteinzeit

Le|van|te, die; - ‹*lat.-it.*› (veraltet): die Mittelmeerländer östlich von Italien

Le|van|ti|ne, die; -: dichtes Gewebe aus Chemiefasern in Köperbindung, bes. für Steppdeckenbezüge, als Futter- u. Kleiderstoff

Le|van|ti|ner, der; -s, - (Geschichte): in der ↑Levante geborener u. aufgewachsener Abkömmling dort ansässiger Europäer. **Le|van|ti|ne|rin,** die; -, -nen: weibliche Form zu ↑Levantiner

le|van|ti|nisch: die Levante od. die Levantiner/-innen betreffend

Le|va|tor, der; -s, ...oren ‹*lat.*› (Anat., Med.): Muskel mit Hebefunktion; Hebemuskel

Le|vee, die; -, -s ‹*lat.-frz.*› (veraltet): Aushebung von Rekruten

Le|vel ['lɛvl̩], der u. das; -s, -[s] ‹*lat.-engl.*›: erreichtes Niveau, Leistungsstand, Rang, Stufe

Le|vel|ler ['lɛvəlɐ], der; -s, -s (meist Plural) ‹*engl.;* »Gleichmacher«›: Angehöriger einer radikalen demokratischen Gruppe (zur Zeit Cromwells) mit dem Streben nach völliger bürgerlicher u. religiöser Freiheit

Le|ver [lə've:], das; -s, -s ‹*lat.-frz.*› (Geschichte): Audienz am Morgen, Morgenempfang bei einem Fürsten

Le|ve|raged Buy-out ['li:vərɪddʒd 'baɪ̯aʊ̯t], das od. der; -s, -s ‹*engl.*› (Wirtsch.): kreditfinanzierter Kauf eines Unternehmens durch eine Investorengruppe (Abk.: LBO)

Le|ver|sze|ne [lə've:...], die; -, -n: das Erwachen u. Aufstehen am Morgen darstellende Szene in der Komödie

Le|vi|a|than, ökum.: **Le|vi|a|tan** [auch: ...'ta:n], der; -s, -e [...'ta:nə] ‹*hebr.-mlat.*›: **1.** (ohne Plural) Ungeheuer (Drache) der altorientalischen Mythologie (auch im Alten Testament). **2.** (ohne Plural) Symbol für den allmächtigen Staat bei dem englischen Philosophen Hobbes (17. Jh.). **3.** (Textilwesen) Waschmaschine für die Entfettung u. Reinigung von Wolle

Le|vi|rat, das; -[e]s, -e, **Le|vi|rats|ehe,** die; -, -n ‹*lat.-nlat.; dt.*›: Ehe eines Mannes mit der Frau seines kinderlos verstorbenen Bruders (um einen Erben für den Verstorbenen zu zeugen; im Alten Testament u. in bestimmten Kulturen)

Le|vit, der; -en, -en ‹*hebr.-gr.-mlat.;* nach dem jüd. Stamm Levi›: **1.** Tempeldiener im Alten Testament. **2.** (nur Plural; kath. Kirche früher) Diakon u. Subdiakon als Assistenten des Priesters beim feierlichen Hochamt

Le|vi|ta|ti|on, die; -, -en ‹*lat.-nlat.*› (Parapsychol.): freies Schweben eines Körpers im Raum (als Traumerlebnis od. als parapsychologische Erscheinung)

Le|vi|ten ‹*hebr.-gr.-mlat.;* nach dem jüd. Stamm Levi›: in der Wendung **jmdm. die Leviten lesen** (ugs.): jmdn. wegen seines tadelnswerten Verhaltens zur Rede stellen u. ihn mit Nachdruck auf seine Pflichten usw. hinweisen (ursprünglich nach den Verhaltensvorschriften des Levitikus)

le|vi|tie|ren ‹*lat.-nlat.*› (Parapsychol.): **a)** sich erheben lassen, frei schweben lassen; **b)** sich erheben u. frei schweben

Le|vi|ti|kus, der; -: lat. Bez. des 3. Buches Mose im Alten Testament

le|vi|tisch: auf die Leviten (1, 2) bezüglich

Le|vit|town ['lɛvɪttaʊ̯n], die; -, -s (meist Plural) ‹nach der nach A. S. Levitt benannten Stadt Levittown im Bundesstaat New York›: in den Außenbezirken amerikanischer Großstädte errichtete, große Wohnsiedlung aus einheitlichen Fertighäusern

Lev|koie [lɛf'kɔɪ̯ə], die; -, -n ‹*gr.-ngr.*› (älter für): Levkoje. **Lev|ko|je,** die; -, -n: Pflanze mit länglichen, blassgrünen Blättern u. weiß bis violett gefärbten, meist stark duftenden Blüten in Trauben

Lew, der; -[s], Lewa ‹*lat.-bulgar.*›: bulgarische Währungseinheit

Le|wi|sit [auch: lui...], das; -s, -e ‹nach dem amerik. Chemiker W. L. Lewis, 1878–1943›: flüssiger chemischer Kampfstoff, der schmerzhafte Hautrötungen mit Blasenbildung verursacht

Lex, die; -, Leges ['le:ge:s] ‹*lat.*›: aus bestimmtem Anlass erlassenes Gesetz, das (unter Anspielung auf die römische Gesetzgebung) mit dem Namen des Antragstellers od. der betreffenden Sache versehen wird (z. B. Lex Heinze)

Le|xem, das; -s, -e ‹*gr.-russ.*› (Sprachwiss.): Einheit des Wortschatzes, die die begriffliche Bedeutung trägt

Le|xe|ma|tik, die; -: Lehre von den Lexemen. **le|xe|ma|tisch:** die Lexematik betreffend

Lex ge|ne|ra|lis, die; - -, Leges

...les ['le:ge:s ...le:s] ⟨*lat.*⟩: allgemeines Gesetz; vgl. Lex specialis

le|xi|gra|fisch, le|xi|gra|phisch ⟨*gr.-nlat.*⟩ (selten): ↑lexikografisch

Le|xik, die; -: Wortschatz einer Sprache

Le|xi|ka: *Plural* von ↑Lexikon

le|xi|kal vgl. lexikalisch

le|xi|ka|lisch, seltener: lexikal: **a)** das Wörterbuch betreffend; **b)** die Untersuchung von isolierten Wörtern ohne Berücksichtigung des Textzusammenhangs betreffend; vgl. ...isch/-

le|xi|ka|li|sie|ren (Sprachwiss.): als ein neues Lexem festlegen, zum festen inhaltlich-begrifflichen Bestandteil der Sprache machen. **Le|xi|ka|li|sie|rung,** die; -, -en (Sprachwiss.): **a)** das Lexikalisieren; **b)** lexikalisiertes Wort

Le|xi|ken: *Plural* von ↑Lexikon

Le|xi|ko|graf, Lexikograph, der; -en, -en ⟨*gr.*⟩: Verfasser, Bearbeiter [einzelner Artikel] eines Wörterbuchs od. Lexikons. **Le|xi|ko|gra|fie,** Lexikographie, die; -: [Wissenschaft von der] Aufzeichnung u. Erklärung des Wortschatzes in Form eines Wörterbuchs. **Le|xi|ko|gra|fin,** Lexikographin, die; -, -nen: weibliche Form zu ↑Lexikograf. **le|xi|ko|gra|fisch,** lexikographisch: die Lexikografie betreffend

Le|xi|ko|graph usw. vgl. Lexikograf usw.

Le|xi|ko|lo|ge, der; -n, -n ⟨*gr.-nlat.*⟩: Wissenschaftler auf dem Gebiet der Lexikologie. **Le|xi|ko|lo|gie,** die; -: Bereich der Sprachwissenschaft, der sich mit der Erforschung des Wortschatzes (bes. mit der Struktur des Wortschatzes) befasst [u. die theoretischen Grundlagen für die Lexikografie schafft]. **Le|xi|ko|lo|gin,** die; -, -nen: weibliche Form zu ↑Lexikologe. **le|xi|ko|lo|gisch:** die Lexikologie betreffend

Le|xi|kon, das; -s, ...ka, auch: ...ken ⟨*gr.*⟩: **1.** nach Stichwörtern alphabetisch geordnetes Nachschlagewerk für alle Wissensgebiete od. für ein bestimmtes Sachgebiet. **2.** (veraltet) Wörterbuch. **3.** (Sprachwiss.) **a)** Gesamtheit der selbstständigen bedeutungstragenden Einheiten einer Sprache; Wortschatz im Unterschied zur Grammatik einer Sprache; **b)** (in der generativen Grammatik) Sammlung der Lexikoneinträge einer Sprache

Le|xi|kon|for|mat, das; -[e]s, -e, **Le|xi|kon|ok|tav,** das; -s ⟨*gr.; lat.*⟩: bei Lexika übliches Buchformat von etwa 25 bis 30 cm (Abk.: Lex.-8°)

Le|xi|ko|sta|tis|tik, die; -: **a)** Erforschung der Sprache in Bezug auf die Häufigkeit des Gebrauchs einzelner Wörter u. Ä.; Sprachstatistik; **b)** (selten) ↑Glottochronologie

Le|xi|ko|thek, die; -, -en: Sammlung von verschiedenen Lexika

le|xisch: die Lexik betreffend

Le|xo|thek, die; -, -en: in Rechenanlagen gespeichertes, in Morpheme zerlegtes Wortmaterial, das nach verschiedenen Gesichtspunkten abgerufen, sortiert u. ausgedruckt werden kann

Lex spe|ci|a|lis [- ...ts...], die; - -, Leges ...les ['le:ge:s ...le:s] ⟨*lat.*⟩: Sondergesetz (das Vorrang hat vor der Lex generalis)

Lex.-8° = Lexikonformat, Lexikonoktav

Le|zi|thin, fachspr.: Lecithin, das; -s, -e ⟨*gr.-nlat.*⟩: als Bestandteil aller Zellen wichtiger, phosphorhaltiger, fettähnlicher Stoff

L'hom|b|re ['lɔ̃:brə] vgl. Lomber

Li|ai|son [liɛ'zɔ̃:, bes. südd., österr.: ...'zo:n], die; -, -s, bes. südd., österr.: ...onen [...'zo:nən] ⟨*lat.-frz.*⟩: **1.** (veraltend) Liebesverhältnis, Liebschaft. **2.** im Französischen das Aussprechen eines sonst stummen Konsonanten am Wortende vor einem vokalisch beginnenden Wort. **3.** (Gastron.) Mischung aus Ei, Sahne u. Butter od. Mehl, Fleischbrühe u. a. zur Herstellung von Soßen, Cremes o. Ä.

Li|a|ne, die; -, -n ⟨*frz.*⟩: bes. für tropische Regenwälder charakteristische Schlingpflanze, die an Bäumen o. Ä. emporklettert u. häufig herabhängende, sehr starke Ausläufer bildet

Li|as, der od. die; - ⟨*(alt)frz.-engl.-frz.*⟩ (Geol.): älteste Abteilung des ↑²Jura

Li|ba|ti|on, die; -, -en ⟨*lat.*⟩ (Geschichte): [altrömische] Trankspende für die Götter u. die Verstorbenen

Li|bell, das; -s, -e ⟨*lat.;* »Büchlein«⟩: **1.** (Geschichte) gerichtliche Klageschrift im alten Rom. **2.** Schmähschrift, Streitschrift

Li|bel|le, die; -, -n ⟨*lat.;* »kleine Waage«⟩: **1.** am Wasser lebendes größeres Insekt mit schlankem Körper u. 2 Paar schillernden Flügeln. **2.** Hilfseinrichtung an [Mess]instrumenten zur genauen Horizontal- od. Vertikalstellung. **3.** Haarspange bestimmter Art

¹li|bel|lie|ren ⟨*lat.-nlat.*⟩: mit der Libelle (2) nachmessen

²li|bel|lie|ren ⟨*lat.-nlat.*⟩ (veraltet): eine Klageschrift verfassen u. bei einer Behörde einreichen

Li|bel|list, der; -en, -en: Verfasser eines Libells (2). **Li|bel|lis|tin,** die; -, -nen: weibliche Form zu ↑Libellist

Li|ber, der; -, Libri ⟨*lat.*⟩: lat. Bez. für: Buch

li|be|ral ⟨*lat.(-frz.)*⟩: **1.** dem Einzelnen wenige Einschränkungen auferlegend, die Selbstverantwortung des Individuums unterstützend, freiheitlich. **2.** die Weltanschauung des Liberalismus (1) betreffend, sie vertretend. **3.** eine den Liberalismus (1) vertretende Partei betreffend, zu ihr gehörend. **Li|be|ra|le,** der u. die; -n, -n: Anhänger/-in einer liberalen (3) Partei, des Liberalismus (1)

li|be|ra|li|sie|ren ⟨*lat.-nlat.*⟩: **1.** von Einschränkungen befreien; liberal (1) gestalten. **2.** (Wirtsch.) stufenweise Einfuhrverbote u. -kontingente im Außenhandel beseitigen

Li|be|ra|lis|mus, der; -: **1.** im Individualismus wurzelnde, im 19. Jh. in politischer, wirtschaftlicher u. gesellschaftlicher Hinsicht entscheidend prägende Denkrichtung u. Lebensform, die Freiheit, Autonomie, Verantwortung u. freie Entfaltung der Persönlichkeit vertritt u. staatliche Eingriffe auf ein Minimum beschränkt sehen will. **2.** liberales (1) Wesen, liberaler Zustand. **Li|be|ra|list,** der; -en, -en: Anhänger, Verfechter des Liberalismus (1). **Li|be|ra|lis|tin,** die; -, -nen: weibliche Form zu ↑Liberalist. **li|be-**

ra|lis|tisch: **a)** den Liberalismus betreffend, auf ihm beruhend; freiheitlich im Sinne des Liberalismus; **b)** extrem liberal

Li|be|ra|li|tät, die; - ‹*lat.*›: liberales (1) Wesen, Denken; liberale Gesinnung

Li|be|ra|li|um Ar|ti|um Ma|gis|ter [-...ts... -], der; - - -: Magister der freien Künste (Titel mittelalterlicher Universitätslehrer)

Li|be|ro, der; -[s], -s ‹*lat.-it.;* »der Freie«› (Fußball): Abwehrspieler ohne unmittelbaren Gegenspieler, der sich aber ins Angriffsspiel einschalten kann

Li|ber pon|ti|fi|ca|lis, der; - - ‹*lat.*›: Papstbuch (mittelalterliche Sammlung der ältesten Papstbiografien)

li|ber|tär ‹*lat.-frz.*›: extrem freiheitlich; anarchistisch

Li|ber|tät, die; -, -en: (Geschichte) ständische Freiheit

Li|ber|té [...'te:], die; -: Freiheit (eines der drei Schlagworte der Französischen Revolution); vgl. Égalité, Fraternité. **Li|ber|tin** [...'tɛ̃:], der; -s, -s (veraltet): **1.** Freigeist. **2.** ausschweifend lebender Mensch, Wüstling

Li|ber|ti|na|ge [...ʒə], die; -, -n: Ausschweifung, Zügellosigkeit

Li|ber|ti|nis|mus, der; - ‹*lat.-nlat.*›: Zügellosigkeit

Li|ber|ty, der; -[s] ‹*lat.-frz.-engl.;* »Freiheit«; nach dem Namen einer Londoner Textilfirma›: feines atlasbindiges Gewebe aus Naturseide od. Chemiefasern

Li|be|rum Ar|bi|t|ri|um, das; - - ‹*lat.*› (Philos.): Willens- u. Wahlfreiheit

li|bi|di|ni|sie|ren ‹*lat.-nlat.*› (Med.; Psychol.): ganz auf die Libido ausrichten

li|bi|di|nös ‹*lat.*› (Med.; Psychol.): auf die Libido bezogen, die sexuelle Lust betreffend

Li|bi|do [auch: li'bi:do], die; - (Med.; Psychol.): auf sexuelle Befriedigung gerichteter Trieb

Li|b|ra, die; -, -[s] ‹*lat.*›: **1.** altrömisches Gewichtsmaß. **2.** früheres Gewichtsmaß in Spanien, Portugal u. Brasilien

Li|b|ra|ri|us, der; -, ...rii ‹*lat.*›: (im alten Rom) Bücherabschreiber [u. Buchhändler]

Li|b|ra|ti|on, die; -, -en ‹*lat.*› (Astron.): auf der Ungleichförmigkeit der Bahnbewegungen des Mondes, optischen Effekten o. Ä. beruhende, scheinbare teilweise Drehbewegung des Mondes um die eigene Achse nach beiden Seiten

Li|b|res|so, das; -[s], -s ‹*lat.-it.*›: in Österreich Kaffeehaus mit Büchern, Zeitungen u. Zeitschriften

li|b|ret|ti|sie|ren: in die Form eines Librettos bringen

Li|b|ret|tist, der; -en, -en: Verfasser eines Librettos. **Li|b|ret|tis|tin,** die; -, -nen: weibliche Form zu ↑Librettist

Li|b|ret|to, das; -s, -s u. ...tti: Text[buch] von Opern, Operetten, Singspielen, Oratorien

Li|b|ri: *Plural* von ↑Liber

Li|chen ['li:çe:n], der; -s ‹*gr.-lat.*› (Med.): Hautflechte; Knötchenflechte

Li|che|ni|fi|ka|ti|on, die; -, -en (Med.): Vergröberung u. Verdickung der Haut, Vertiefung der Hautfurchen mit teilweisem Auftreten von Knötchen

Li|che|nin, das; -s, -e ‹*gr.-lat.-nlat.*› (Bot.): zelluloseähnlicher Stoff in den Zellwänden der Flechten

Li|che|ni|sa|ti|on, die; -, -en: ↑Lichenifikation

li|che|no|id ‹*gr.-nlat.*› (Med.; Biol.): flechtenartig, flechtenähnlich

Li|che|no|lo|ge, der; -n, -n: Wissenschaftler auf dem Gebiet der Lichenologie. **Li|che|no|lo|gie,** die; -: Spezialgebiet der Botanik, das sich mit den Flechten befasst; Flechtenkunde. **Li|che|no|lo|gin,** die; -, -nen: weibliche Form zu ↑Lichenologe

Li|che|no|me|t|rie, die; -: Verfahren zur Altersbestimmung von geologischen Ablagerungen (z. B. Moränen) sowie von vor- u. frühgeschichtl. Steinbauwerken mithilfe von Flechten

Li|cker, der; -s, - ‹*engl.*›: Fettemulsion, mit der Leder nach dem Gerben eingefettet wird. **li|ckern:** Leder nach dem Gerben mit Licker einfetten

Li|do, der; -s, -s (auch: Lidi) ‹*lat.-it.*›: schmaler, lang gestreckter Landstreifen vor einer Küste; Nehrung zwischen Lagune u. offenem Meer

Li|en [auch: li̯e:n], der; -s, Lienes ‹*lat.*› (Med.): Milz. **li|e|nal** ‹*lat.-nlat.*› (Med.): die Milz betreffend, zu ihr gehörend

Li|e|ni|tis, die; -, ...iti̲den (Med.): Milzentzündung

Li|en|te|rie, die; - ‹*gr.-lat.*› (Med.): Durchfall mit Abgang unverdauter Speisereste

Li|er|ne, die; -, -n ‹*frz.*› (Archit.): Neben- od. Zwischenrippe zur Teilung der Laibungsfläche eines Kreuzgewölbes

Li|eue [li̯ø:], die; -, -s ‹*gall.-lat.-frz.*›: altes französisches Längenmaß

Life|hack ['laɪ̯fhɛk], der; -s, -s ‹*engl.*›: (über das Internet, als Videoclip weitergegebener) einfacher, hilfreicher Tipp für den Alltag

Life-Is|land, Life|is|land ['laɪ̯fʔaɪ̯lənd], das; -[s], -s ‹*engl.;* »Lebensinsel«› (Med.): sterile Umgebung, in der Patienten für einige Zeit untergebracht werden, wenn ihre körpereigenen Abwehrreaktionen nicht mehr funktionieren; Patientenisolator; Sterilbetteinheit

Life|ja|cket [...dʒɛkɪt], das; -s, -s ‹*engl.;* »Schwimmweste«›: ↑Lifevest

Life|style [...staɪ̯l], der; -[s], -s ‹*engl.*›: Lebensstil; [moderne] charakteristische Art u. Weise, das Leben zu gestalten

Life-Sup|port-Sys|tem [...sə'pɔ:t...], das; -s ‹*engl.*› (Raumfahrt): System zur Erhaltung des menschlichen Lebens in einer zum Leben nicht geeigneten Umgebung

Life|time|sport [...taɪ̯m...], der; -[e]s ‹*engl.*›: Sportart, die von Menschen jeder Altersstufe ausgeübt werden kann

Life|vest, die; -, -s ‹*engl.*›: aufblasbare Schwimmweste als Schutz vor dem Ertrinken

[1]Lift, der; -[e]s, -e u. -s ‹*altnord.-engl.*›: **1.** Fahrstuhl, Aufzug. **2.** (Plural nur: -e) Skilift, Sessellift

[2]Lift, der od. das; -s, -s: kosmetische Operation zur Straffung der [Gesichts]haut

Lift|boy, der; -s, -s ‹*engl.*›: [junger] Fahrstuhlführer

lif|ten: **1.** einen ↑[2]Lift durchführen. **2.** mit dem Skilift fahren, den Skilift benutzen. **3.** in die Höhe heben, wuchten

Lif|ter, der; -s, -: Person, Unternehmung, die einen [1]Lift (2) betreibt

Lif|ting, das; -s, -s: **1.** [2]Lift.

2. (Leichtathletik) Übung, bei der die Fersen vom Boden abfedern u. die Fußspitzen auf dem Boden bleiben

Lift|van [...vɛn], der; -[s], -s ⟨*engl.-amerik.*⟩: Spezialmöbelwagen für Umzüge nach Übersee ohne Umladung

Li̲ga, die; -, ...gen ⟨*lat.-span.*⟩: 1. Bund, Bündnis (bes. der kath. Fürsten im 16. u. 17. Jh.). 2. (Sport) Wettkampfklasse, die mehrere Vereinsmannschaften eines bestimmten Gebietes zusammenfasst

Li|ga̲|de, die; -, -n ⟨*lat.-it.-span.*⟩ (Fechten): das Zur-Seite-Drücken der gegnerischen Klinge

Li|ga|mẹnt, das; -[e]s, -e, **Li|ga|mẹn|tum**, das; -s, ...ta ⟨*lat.*⟩ (Anat., Med.): festes, sehnenähnliches Band aus Bindegewebe zur Verbindung beweglicher Teile des Knochensystems, bes. an Gelenken

Li|gan [ˈlaɪ̯gn̩] vgl. Lagan

Li|gạnd, der; -en, -en ⟨*lat.*⟩: Atom, Molekül od. Ion, das in einer chemischen Verbindung höherer Ordnung dem zentralen Atom od. Ion angelagert ist

Li|ga̲|se, die; -, -n: Enzym, das eine Verknüpfung von zwei Molekülen katalysiert

li|ga̲|to: ↑legato

Li|ga|tu̲r, die; -, -en: 1. a) (Druckw.) Buchstabenverbindung auf einer Drucktype (z. B. ff, æ); b) das Zusammenziehen von Buchstaben in der Schrift (das ein flüssigeres Schreiben ermöglicht). 2. (Musik) a) Zusammenfassung mehrerer (auf einer Silbe gesungener) Noten zu Notengruppen in der Mensuralmusik des 13. bis 16. Jh.s; b) das Zusammenbinden zweier Noten gleicher Tonhöhe mit dem Haltebogen zu einem Ton über einen Takt od. einen betonten Taktteil hinweg (zur Darstellung einer Synkope 3). 3. (Med.) Unterbindung von Blutgefäßen mithilfe einer Naht (z. B. bei einer Operation)

Li̲|gen: *Plural* von ↑Liga

Li̲|ger, der; -s, - ⟨Kunstw. aus *engl. lion* = Löwe u. *tiger* = Tiger⟩ (Zool.): Bastard aus der Kreuzung eines Löwenmännchens mit einem Tigerweibchen; vgl. Tigon

light [laɪ̯t] ⟨*engl.;* »leicht«⟩: (in Bezug auf Nahrungs- u. Genussmittel) weniger unerwünschte, belastende o. ä. Inhaltsstoffe enthaltend

Light|pen, Light-Pen [ˈlaɪ̯tpɛn], der; -s, -s ⟨*engl.;* eigtl. »Lichtgriffel«⟩: Lichtstift zur direkten Eingabe am Computerbildschirm

Light|show, die; -, -s ⟨*engl.*⟩: a) Darbietung von Lichteffekten und anderen optischen Effekten zur Verstärkung der Wirkung von Popmusiktiteln (bei Konzerten, Tanzveranstaltungen, in Diskotheken usw.); b) Anlage, die eine Lightshow (a) liefert

Light|ver|si|on, die; -, -en ⟨*engl.; lat.*⟩: Version (2) eines Produktes od. einer Idee, die auf die wichtigsten Bestandteile beschränkt ist; reduzierte Fassung

li|gie̲|ren ⟨*lat.-it.*⟩: 1. (Fechten) die gegnerische Klinge zur Seite drücken. 2. (Med.) anbinden, zusammenbinden (von Blutgefäßen)

Li|gịst, der; -en, -en ⟨*lat.-span.-nlat.*⟩: Angehöriger einer Liga (2). **Li|gịs|tin**, die; -, -nen: weibliche Form zu ↑Ligist. **li|gịs|tisch**: zur Liga gehörend

Li|g|na̲n, das; -s, -e: ↑Phytohormon, das bes. in Leinsamen, Hülsenfrüchten u. Vollkorngetreide enthalten ist

li|g|ni|ko̲l ⟨*lat.*⟩: in Holz lebend (z. B. von Holzwespen, Bockkäfern)

Li|g|ni|kul|tu̲r, die; -, -en ⟨*lat.-nlat.*⟩: Holzanbau außerhalb des Waldes

Li|g|nin, das; -s, -e: Verholzung bewirkender, farbloser, fester Stoff; Holzstoff

Li|g|ni̲t [auch: ...ˈnɪt], der; -s, -e: 1. junge Braunkohle mit noch sichtbarer Holzstruktur. 2. Xylit (2)

li|g|ni|vo̲r: Holz fressend; sich von Holz ernährend. **Li|g|ni|vo̲|re**, der; -n, -n: zu den Pflanzenfressern gehörendes Tier, das an od. in Holz lebt u. sich von Holz ernährt; Xylophage

Li|g|no̲|se, die; -: 1. ↑Zellulose. 2. früher gebräuchlicher Sprengstoff aus Nitroglyzerin u. nitriertem Holzmehl

Li|g|ro|i̲n, das; -s ⟨Kunstw.⟩: als Verdünnungs- od. Lösungsmittel verwendetes Leichtöl, das Bestandteil des Erdöls ist

Ligue [liːg], die; -, -s [lig] ⟨*lat.-it.-frz.*⟩: ↑Liga (1)

Li̲|gu|la, die; -, ...lae [...lɛ] ⟨*lat.*⟩: 1. bei vielen Gräsern der Sprossachse eng anliegendes, dünnes, durchsichtiges Blättchen, Blatthäutchen. 2. Riemenwurm; Bandwurm bei Fischen u. Vögeln

Li|gu|o|ri|a̲|ner, der; -s, - ⟨nach dem heiligen Alfons von Liguori⟩: ↑Redemptorist

Li|gụs|ter, der; -s, - ⟨*lat.*⟩: häufig in Zierhecken angepflanzter Strauch mit weißen Blütenrispen u. schwarzen Beeren

li|ie̲|ren, sich ⟨*lat.-frz.*⟩: a) ein Liebesverhältnis mit jmdm. beginnen; b) eine Geschäftsverbindung eingehen; mit jmdm. [geschäftlich] zusammenarbeiten. **Li|ie̲r|te**, der u. die; -n, -n (veraltet): Vertraute[r]. **Li|ie̲|rung**, die; -, -en: enge [geschäftliche] Verbindung

Like [laɪ̯k], der; -[s], -s ⟨*engl.*⟩ (Jargon): online abgegebene positive Bewertung [in einem sozialen Netzwerk]

Like|li|hood [ˈlaɪ̯klihʊt], die; - ⟨*engl.;* »Wahrscheinlichkeit«⟩ (Statistik): Maß, das die Wahrscheinlichkeit verschiedener unbekannter Werte eines Parameters (1) angibt

li|ken [ˈlaɪ̯kn̩] ⟨*engl.*⟩: [in einem sozialen Netzwerk] im Internet eine Schaltfläche anklicken, um eine positive Bewertung abzugeben

Li|kö̲r, der; -s, -e ⟨*lat.-frz.*⟩: süßes alkoholisches Getränk aus Branntwein mit Zucker[lösung] u. aromatischen Geschmacksträgern

Lịk|tor, der; -s, ...o̲ren ⟨*lat.*⟩ (Geschichte): Amtsdiener als Begleiter hoher Beamter im alten Rom, Träger der ↑Faszes

Lik|to̲|ren|bün|del, das; -s, -: ↑Faszes

Li̲|kud|block, Li̲|kud-Block, der; -[e]s ⟨*hebr.;* »Einigung, Zusammenfassung«⟩: Bündnis von fünf Parteien in Israel

li̲|la ⟨*sanskr.-pers.-arab.-span.-frz.*⟩: 1. fliederblau, hellviolett. 2. (ugs.) mittelmäßig. **Li̲|la**, das; -[s], -[s]: lila Farbe

Li|li|a|ze̲e, die; -, -n ⟨*lat.*⟩ (Bot.): Liliengewächs

Li|lie [...i̯ə], die; -, -n: stark duftende Gartenpflanze mit schmalen Blättern u. trichterförmigen Blüten in vielen Arten

Li|li|put (ohne Artikel) -s ⟨nach »Lilliput«, dem Zwergenland in »Gullivers Reisen« von J. Swift, 1667–1745⟩: Märchenland, dessen Bewohner winzig klein sind. **Li|li|pu|ta|ner,** der; -s, -: **1.** (diskriminierend) kleinwüchsiger Mensch. **2.** Bewohner von Liliput

Li|li|pu|ta|ne|rin, die; -, -nen: weibliche Form zu ↑Liliputaner. **li|li|pu|ta|nisch: 1.** zu Liliput gehörend. **2.** winzig klein

Li|ma|ko|lo|gie, die; - ⟨*gr.-nlat.*⟩ (veraltet): [Nackt]schneckenkunde

Li|man, der; -s, -e ⟨*gr.-türk.-russ.*⟩: lagunenartiger Strandsee an der Küste des Schwarzen u. des Kaspischen Meeres

Lim|ba, das; -[s] ⟨*afrik.*⟩: aus dem tropischen Westafrika stammendes gelbbraunes bis grünlich braunes Holz, das häufig als Furnierholz verwendet wird

Lim|bi: *Plural* von ↑Limbus

lim|bisch: in der Fügung **limbisches System** (Med.): Randgebiet zwischen Großhirn u. Gehirnstamm, das die hormonale Steuerung u. das vegetative Nervensystem beeinflusst u. von dem gefühlsmäßige Reaktionen auf Umweltreize ausgehen

Lim|bo, der; -s, -s ⟨*karib.*⟩: akrobatischer Tanz westindischer Herkunft, bei dem sich der/die Tanzende rückwärts beugt u. mit schiebenden Tanzschritten unter einer Querstange hindurchbewegt, die nach jedem gelungenen Durchgang niedriger gestellt wird

Lim|bus, der; -, ...bi ⟨*lat.;* »Rand«⟩: **1.** (ohne Plural) nach traditioneller, heute weitgehend aufgegebener katholischer Lehre die Vorhölle als Aufenthaltsort der vorchristlichen Gerechten u. der ungetauft gestorbenen Kinder. **2.** (Bot.) oberer, nicht verwachsener Teil einer Blüte. **3.** (Technik) Gradkreis, Teilkreis an Winkelmessinstrumenten

Li|me|rick, der; -[s], -s ⟨*engl.;* nach der gleichnamigen irischen Stadt⟩: **1.** nach festliegendem Reimschema verfasstes fünfzeiliges Gedicht von ironischem od. grotesk-komischem Inhalt. **2.** in der Mode des 17. Jh.s Handschuh aus dem Fell ungeborener Kälber

Li|mes, der; -, - ⟨*lat.*⟩: **1.** (Plural: Limites; Geschichte) von den Römern angelegter Grenzwall. **2.** (Plural auch: Limites; Math.) mathematischer Grenzwert, dem eine Zahlenfolge zustrebt (Zeichen: lim)

Li|met|ta vgl. Limette

Li|met|te, die; -, -n ⟨*pers.-arab.-provenzal.-frz.-nlat.*⟩: dünnschalige westindische Zitrone

li|mi|kol ⟨*lat.*⟩ (Biol.): im Schlamm lebend (von Tieren)

Li|mit, das; -s, -s, auch: -e ⟨*lat.-frz.-engl.*⟩: **1.** Grenze, die räumlich, zeitlich, mengen- od. geschwindigkeitsmäßig nicht über- bzw. unterschritten werden darf. **2.** (Wirtsch.) obere od. untere Preisgrenze (für ein Geschäft). **3. a)** (Sport) für die Qualifikation festgelegte Mindestleistung; **b)** (Boxen) Grenze der jeweiligen Gewichtsklasse

Li|mi|ta|ti|on, die; -, -en ⟨*lat.*⟩: Begrenzung, Einschränkung

li|mi|ta|tiv ⟨*lat.-nlat.*⟩: begrenzend, einschränkend; **limitatives Urteil** (Philos.): Satz, der der Form nach bejahend, dem Inhalt nach verneinend ist

Li|mi|te [auch: ˈlɪmitə], die; -, -n ⟨*lat.-frz.*⟩ (schweiz.): Limit

li|mi|ted [ˈlɪmɪtɪd] ⟨*lat.-frz.-engl.*⟩ (Wirtsch.): Zusatz bei Handelsgesellschaften mit beschränkter Haftung in Großbritannien (Abk.: Ltd., lim., Lim. od. Ld.)

Li|mi|ted Edi|tion [- ɪˈdɪʃn̩], die; - -, - -s ⟨*engl.*⟩: begrenzte Auflage (Vermerk auf Produkten, z. B. auf Büchern)

Li|mi|ted Or|der, die; - -, - -s: ↑Limitorder

li|mi|tie|ren ⟨*lat.*⟩: begrenzen, einschränken

Li|mit|or|der, Li|mit-Or|der, die; -, -s ⟨*lat.-frz.-engl.*⟩ (Börsenw.): Kauf- od. Verkaufsauftrag, bei dem eine obere od. untere Preisgrenze angegeben wird

lim|ni|kol ⟨*gr.; lat.-nlat.*⟩ (Biol.): im Süßwasser lebend (von Organismen)

Lim|ni|me|ter, das; -s, - ⟨*gr.-nlat.*⟩: Pegel zum Messen u. selbstständigen Aufzeichnen des Wasserstandes (z. B. eines Sees)

lim|nisch: 1. (Biol.) im Süßwasser lebend od. entstanden (von Pflanzen u. Tieren); vgl. marin (2) (Ggs.: terrestrisch [2 a]). **2.** (Geol.) in Süßwasser abgelagert (von Kohlenlagern)

Lim|no|graf, Limnograph, der; -en, -en: ↑Limnimeter

Lim|no|gramm, das; -s, -e: Aufzeichnung des Wasserstandes durch ein Limnimeter

Lim|no|graph vgl. Limnograf

Lim|no|lo|ge, der; -n, -n: Wissenschaftler auf dem Gebiet der Limnologie. **Lim|no|lo|gie,** die; -: Seenkunde. **Lim|no|lo|gin,** die; -, -nen: weibliche Form zu ↑Limnologe. **lim|no|lo|gisch:** die Limnologie betreffend; auf Binnengewässer bezogen

Lim|no|plank|ton, das; -s: das ↑Plankton des Süßwassers

Li|mo|na|de, die; -, -n ⟨*pers.-arab.(-it.)-frz.*⟩: alkoholfreies Getränk aus Obstsaft, -sirup od. künstlicher Essenz, Zucker u. Wasser, meist mit Zusatz von Kohlensäure

Li|mo|ne, die; -, -n ⟨*pers.-arab.-it.*⟩: **1.** (selten) Zitrone (b). **2.** ↑Limette

Li|mo|nel|le, die; -, -n: ↑Limette

Li|mo|nen, das; -s, -e ⟨*pers.-arab.-it.-nlat.*⟩: zitronenartig riechender flüssiger Kohlenwasserstoff, der in vielen ätherischen Ölen enthalten ist

Li|mo|nit [auch: ...ˈnɪt], der; -s, -e ⟨*gr.-nlat.*⟩: Brauneisenstein

li|mos, li|mös ⟨*lat.-nlat.*⟩ (Biol.): schlammig, sumpfig

Li|mo|si|ner Email, das; - -s ⟨nach der frz. Stadt Limoges⟩: ein (bes. im 15. u. 16. Jh.) in Limoges hergestelltes Maleremail

Li|mou|si|ne [limu...], die; -, -n ⟨*frz.;* nach der frz. Landschaft Limousin⟩: Personenwagen mit festem Verdeck

lim|pid ⟨*lat.-frz.*⟩: durchscheinend, hell, durchsichtig, klar

Li|na|lo|ol, das; -s, -e ⟨*engl.*⟩: nach Maiglöckchen riechender Alkohol, der in zahlreichen ätherischen Ölen vorkommt

Lin|c|rus|ta vgl. Linkrusta

Lin|dan, das; -s ⟨Kunstw.⟩: Handelsname für ein Insektizid

Li|neage [ˈlɪnɪɪdʒ], die od. das; -, -s ⟨*lat.-engl.*⟩: soziale

Einheit, deren Angehörige alle von einem gemeinsamen Ahnen abstammen u. meist an einem Ort wohnen

li|ne|al: ↑linealisch

Li|ne|al, das; -s, -e ‹*lat.-mlat.*›: meist mit einer Messskala versehenes Gerät zum Ziehen von Geraden

li|ne|a|lisch: (von Blättern) lang u. mit parallelen Rändern

Li|ne|a|ment, das; -[e]s, -e ‹*lat.;* »Federstrich«›: **1.** Linie in der Hand od. im Gesicht; Handlinie, Gesichtszug. **2.** (bildende Kunst) Gesamtheit von gezeichneten od. sich abzeichnenden Linien in ihrer besonderen Anordnung, in ihrem eigentümlichen Verlauf. **3.** (Geol.) Erdnaht, tief greifende Bewegungsfläche der Erdkruste

li|ne|ar ‹*lat.*›: **1.** geradlinig, linienförmig. **2.** (Wirtsch.) für alle in gleicher Weise erfolgend; gleichmäßig, gleichbleibend (z. B. Steuersenkung). **3.** (Musik) den gleichzeitigen Verlauf selbstständiger Melodien, Stimmen in den Vordergrund stellend

Li|ne|ar|erup|ti|on, die; -, -en (Geol.): von Erdspalten ausgehende vulkanische Tätigkeit

Li|ne|a|ri|tät, die; - ‹*lat.-nlat.*› (Fachspr.): lineare Beschaffenheit

Li|ne|ar|mo|tor, der; -s, -en: Elektromotor, bei dem sich der eine Motorteil gegenüber dem anderen unter dem Einfluss elektromagnetischer Kräfte geradlinig verschiebt, sodass eine geradlinige Bewegung bzw. ein Vortrieb erzeugt wird

Li|ne|ar|or|na|men|tik, die; -: ausschließlich aus Linien bestehende Verzierung bes. der griechischen Vasen in der Zeit der geometrischen Kunst

Li|ne|ar|per|s|pek|ti|ve, die; -: geometrisch angelegte Perspektivenwirkung eines Bildes

Li|ne|a|tur, die; -, -en: **1.** Linierung (z. B. in einem Schulheft). **2.** Linienführung (z. B. einer Zeichnung)

Li|ner [ˈlaɪ̯nɐ], der; -s, - ‹*engl.*›: **1.** Überseedampfer, Linienschiff. **2.** Linien-, Passagierflugzeug

Li|net|te, die; - ‹*lat.-frz.*›: veredelter ↑Linon

Lin|ga, Lin|gam ‹*sanskr.*› das; -[s], -s: ↑Phallus als Sinnbild Schiwas, des indischen Gottes der Zeugungskraft

Lin|gam|kult, der; -[e]s, -e: ↑Phalluskult

Linge [lɛ̃:ʒ], die; - ‹*lat.-frz.*› (schweiz.): Wäsche. **Lin|ge|rie** [lɛ̃ʒəˈri:], die; -, ...ien: **1.** Unter- u. Nachtwäsche für Damen. **2.** (schweiz.) **a)** Wäschekammer; **b)** betriebsinterne Wäscherei; **c)** Wäschegeschäft

Lin|gua fran|ca, die; - - ‹*lat.-it.*›: **a)** mit arabischen Elementen vermischte romanische, vorwiegend italienische Verkehrssprache des MA.s bes. für Handel u. Seefahrt im östlichen Mittelmeer; **b)** Verkehrssprache eines großen, verschiedene mehrsprachige Länder umfassenden Raumes (z. B. Englisch als internationale Verkehrssprache)

Lin|gua ge|ral [- ʒeˈral], die; - - ‹*lat.-port.;* »allgemeine Sprache«›: **1.** portugiesische Schriftsprache. **2.** Verkehrssprache zwischen den europäischen Siedlern Brasiliens u. den Indianerstämmen, bes. den Tupi

lin|gu|al ‹*lat.-mlat.*› (Med.): **a)** die Zunge betreffend; **b)** zur Zunge gehörend. **Lin|gu|al**, der; -s, -e (Sprachwiss.): mit der Zunge gebildeter Laut; Zungenlaut (z. B. das Zungen-R). **Lin|gu|a|lis**, die; -, ...les [...le:s] (veraltet): Lingual

Lin|gu|al|laut, der; -[e]s, -e: ↑Lingual

Lin|gu|al|pfei|fe, die; -, -n: Orgelpfeife, bei der der Ton mithilfe eines im Luftstrom schwingenden Metallblättchens erzeugt wird; Zungenpfeife (Ggs.: Labialpfeife)

Lin|gu|ist, der; -en, -en ‹*lat.-nlat.*›: Sprachwissenschaftler. **Lin|gu|is|tik**, die; -: Sprachwissenschaft, bes. der modernen Prägung. **Lin|gu|is|tin**, die; -, -nen: weibliche Form zu ↑Linguist. **lin|gu|is|tisch**: sprachwissenschaftlich

lin|gu|is|ti|sie|ren: zu stark unter linguistischen Gesichtspunkten betrachten, behandeln. **Lin|gu|is|ti|sie|rung**, die; -, -en: das Linguistisieren

Li|nie [...i̯ə], die; -, -n ‹*lat.;* »Leine, Schnur; (mit einer Schnur gezogene gerade) Linie«›: **1. a)** längerer (gezeichneter od. sich abzeichnender) Strich; **b)** (Math.) zusammenhängendes, eindimensionales geometrisches Gebilde ohne Querausdehnung; **c)** (Sport) Markierungslinie, Begrenzungslinie; **d)** (Druckw.) Metallstreifen mit Druckbild zum Drucken einer Linie (1 b); **e)** (früher) kleines Längenmaß (zwischen 2 u. 2¹/₄ mm). **2.** Umriss[linie], Umrissform, -gestalt. **3. a)** gedachte, angenommene Linie (1 a), die etwas verbindet (z. B. die Linie Freiburg–Basel); **b)** (ohne Plural; Seemannsspr.) ↑Äquator (1); **c)** Fechtlinie; Klingenlage, bei der der gestreckte Waffenarm u. die Klinge eine gerade Linie (3 a) bilden u. die Klingenspitze auf die gültige Trefffläche zeigt; **d)** einer der acht senkrechten, ein Feld breiten Abschnitte des Schachbretts. **4.** Reihe. **5.** (Militär) **a)** Front (2), Kampfgebiet mit den Stellungen der auf einer Seite kämpfenden Truppen; **b)** in gleichmäßigen Abständen nebeneinander aufgestellte Truppen; **c)** (ohne Plural) Truppe[n] des stehenden Heeres. **6. a)** von [öffentlichen] Verkehrsmitteln regelmäßig befahrene, beflogene Verkehrsstrecke zwischen bestimmten Orten, Punkten; **b)** die Verkehrsmittel, Fahrzeuge einer bestimmten Linie (6 a). **7.** Verwandtschaftszweig. **8.** allgemeine Richtung, die bei einem Vorhaben, Verhalten usw. eingeschlagen, befolgt wird

li|nie|ren (österr. nur so), liniieren: mit Linien versehen, Linien ziehen. **Li|nie|rung** (österr.), Liniierung, die; -, -en: das Linienziehen, das Versehen mit Linien

li|ni|ie|ren usw. vgl. linieren usw.

Li|ni|ment, das; -[e]s, -e ‹*lat.*› (Med.): [dick]flüssiges Einreibemittel

Link, der, seltener das; -[s], -s ‹*engl.;* »(Binde)glied«› (EDV): **1.** Kurzform von ↑Hyperlink (b). **2.** feste Kabelverbindung, die zwei Vermittlungsstellen miteinander verbindet

lin|ken (EDV): ein arbeitsfähiges

Gesamtprogramm aus Programmteilen erzeugen
Lin|ker, der; -s, -[s] ⟨*engl.*⟩ (EDV): Programm, das mehrere Programme oder Programmteile zu einem arbeitsfähigen Programm verbindet
Lin|k|rus|ta, Lincrusta, die; - ⟨Kunstw.⟩: dicke abwaschbare Papiertapete
Links|ex|t|re|mis|mus, der; - ⟨*dt.; lat.-nlat.*⟩: extrem sozialistische od. kommunistische Haltung u. Richtung. **Links|ex|t|re|mist,** der; -en, -en: Anhänger, Vertreter des Linksextremismus. **Links|ex|t|re|mis|tin,** die; -, -nen: weibliche Form zu ↑Linksextremist. **links|ex|t|re|mis|tisch:** den Linksextremismus betreffend
lin|nésch ⟨nach dem schwed. Naturforscher C. von Linné, 1707–1778⟩: in der Fügung **linnésches, Linné'sches System** (Bot.): System, worin das Pflanzenreich nach den Merkmalen der Blüte eingeteilt ist
Li|no|fil, das; -s ⟨*lat.-nlat.*⟩: aus Flachsabfällen hergestelltes Garn
Li|n|o|len|säu|re, die; - ⟨*lat.-nlat.; dt.*⟩: dreifach ungesättigte Fettsäure, die vor allem in trocknenden pflanzlichen Ölen vorkommt
Li|n|o|le|um [auch: lino'le:ʊm], das; -s ⟨*lat.-engl.*⟩: [Fußboden]belag aus starkem Jutegewebe, auf das eine Masse aus Leinöl, Kork, Harzen aufgepresst ist
Li|n|ol|säu|re, die; -, -n ⟨*lat.-nlat.; dt.*⟩: (u. a. in Leinöl enthaltene) ungesättigte Fettsäure
Li|n|ol|schnitt, der; -[e]s, -e: **1.** (ohne Plural) grafische Technik, bei der die Darstellung in eine Linoleumplatte geschnitten wird. **2.** Abzug in der Technik des Linolschnitts (1)
Li|non [li'nõ:, auch: 'lɪnɔn], der; -[s], -s ⟨*lat.-frz.*⟩: Baumwollgewebe in Leinwandbindung mit Leinenausrüstung
Li|no|type® ['lai̯notai̯p], die; -, -s ⟨*engl.*⟩ (Druckw.): Setz- u. Zeilengießmaschine
Lin|ters, die (Plural) ⟨*lat.-engl.*⟩: (zum Verspinnen zu kurze) Fasern des Baumwollsamens
Li|nux®, das; - ⟨Kunstw. aus *Linus* Torvalds' UNIX⟩: freies Betriebssystem, das UNIX ähnlich ist
Li|o|der|ma, das; -s ⟨*gr.-nlat.*⟩ (Med.): angeborene od. als Folge einer Krankheit entstandene dünne, glänzende, trockene Haut mit Schwund des Unterhautgewebes; Glanzhaut
Li|on ['lai̯ən], der; -s, -s ⟨*engl.*⟩: Mitglied des Lions Clubs
Li|ons Club ['lai̯ənz 'klʌb], der; - -s, - -s ⟨*engl.*⟩: **1.** (ohne Plural) ↑Lions International. **2.** zu Lions International gehörender örtlicher Klub
Li|ons In|ter|na|tio|nal [- ɪntə'næʃ(ə)nl̩], der; - -: karitativ tätige, um internationale Verständigung bemühte Vereinigung führender Persönlichkeiten des öffentlichen Lebens
Li|p|a|ci|d|ä|mie, Lipazidämie, die; -, ...i̯en ⟨*gr.; lat.*⟩ (Med.): krankhafte Erhöhung des Fettsäuregehaltes im Blut
Li|p|a|ci|d|u|rie, Lipazidurie, die; -, ...i̯en (Med.): vermehrte Ausscheidung von Fettsäuren mit dem Harn
Li|p|ä|mie, die; -, ...i̯en ⟨*gr.-nlat.*⟩ (Med.): Vermehrung des Fettgehaltes im Blut. **li|p|ä|misch** (Med.): die Lipämie betreffend, mit einer Lipämie einhergehend; fettblütig
Li|pa|rit [auch: ...'rɪt], der; -s, -e ⟨*nlat.;* vom Namen der Liparischen Inseln⟩: graues, gelblich grünes od. rötliches junges vulkanisches Gestein
Li|pa|se, die; -, -n ⟨*gr.-nlat.*⟩: Fett spaltendes ↑Enzym
Li|p|a|zi|d|ä|mie vgl. Lipacidämie
Li|p|a|zi|d|u|rie vgl. Lipacidurie
Lip|gloss, das od. der; -[es], -[e] ⟨*engl.;* »Lippenglanz«⟩: Kosmetikmittel, das den Lippen Glanz verleiht
Li|pid, das; -[e]s, -e ⟨*gr.-nlat.*⟩ (Chemie): **a)** (meist Plural) Fett od. fettähnliche Substanz; **b)** (nur Plural) Sammelbezeichnung für alle Fette u. ↑Lipoide
Li|pi|do|se, die; - (Med.): Störung des Fettstoffwechsels
Li|piz|za|ner, der; -s, - ⟨nach dem (heute slowenischen) Gestüt Lipizza (Lipica) bei Triest⟩: edles Warmblutpferd, meist Schimmel, mit etwas gedrungenem Körper, breiter Brust u. kurzen, starken Beinen
Li|po|chrom, das; -s, -e (meist Plural) ⟨*gr.-nlat.*⟩: organischer gelber od. roter Fettfarbstoff
Li|po|dys|tro|phie, die; -, ...i̯en (Med.): generalisiert od. lokal auftretende Veränderung des Unterhautfettgewebes, die auf Stoffwechselstörungen beruht
li|po|gram|ma|tisch vgl. leipogrammatisch
li|po|id ⟨*gr.-nlat.*⟩: fettähnlich. **Li|po|id,** das; -s, -e (Chemie; Biol.): **a)** (meist Plural) lebenswichtige, in tierischen u. pflanzlichen Zellen vorkommende fettähnliche Substanz; **b)** (Plural) Sammelbezeichnung für die uneinheitliche Gruppe fettähnlicher organischer Substanzen
Li|po|i|do|se, die; -, -n (Med.): krankhafte Einlagerung von Lipoiden in den Geweben
Li|po|ly|se, die; -, -n (Biochemie; Med.): Fettspaltung, Fettverdauung
Li|pom, das; -s, -e, **Li|po|ma,** das; -s, -ta (Med.): Fettgeschwulst, gutartige, geschwulstartige Neubildung aus Fettgewebe
Li|po|ma|to|se, die; -, -n (Med.): Fettsucht, gutartige Fettgeschwulstbildungen, vor allem im Unterhautfettgewebe
li|po|phil: **1.** (Chemie) in Fett löslich (Ggs.: lipophob). **2.** (Med.) zu übermäßigem Fettansatz neigend
Li|po|phi|lie, die; -, ...i̯en (Med.): Neigung zu übermäßigem Fettansatz
li|po|phob (Chemie): in Fett nicht löslich (Ggs.: lipophil [1])
Li|po|plast, der; -en, -en (meist Plural) (Med.): Fettgewebe bildende Zelle
Li|po|pro|te|id, das; -[e]s, -e (Chemie): Verbindung aus Eiweißstoff u. Lipoid (hochmolekulare Substanz)
Li|po|pro|te|in, das; -s, -e: ↑Lipoproteid
Li|po|suk|ti|on, die; -, -en (Med.): Fettabsaugung
Li|po|ze|le, die; -, -n (Med.): Fettbruch; Bruch, der Fett od. Fettgewebe enthält
Lip|s|a|no|thek, die; -, -en ⟨*gr.-nlat.*⟩: ↑Reliquiar
Lip|si, der; -s, -s ⟨von *Lipsia,* dem

nlat. Namen der Stadt Leipzig, dem Entstehungsort›: Gesellschaftstanz im 6/4-Takt

Li|p|u|rie, die; -, ...ien ‹*gr.-nlat.*› (Med.): krankhaftes Auftreten von Fett im Harn

Li|que|fak|ti|on, die; -, -en ‹*lat.-mlat.*› (Chemie): Verflüssigung; Überführung eines festen Stoffes in flüssige Form

Li|ques|zenz, die; - ‹*lat.-nlat.*› (Chemie): das Flüssigsein. **li|ques|zie|ren** ‹*lat.*› (Chemie): flüssig werden, schmelzen

li|quet: es ist klar, erwiesen

li|quid, liquide: **1.** (Chemie) flüssig. **2.** (Wirtsch.) **a)** verfügbar; **b)** zahlungsfähig. **3.** (Sprachwiss.) die Eigenschaften einer Liquida aufweisend. **Li|quid,** der; -s, -e: ↑Liquida

Li|qui|da, die; -, ...dä u. ...quiden (Sprachwiss.): Fließlaut; Laut, der sowohl ↑Konsonant wie ↑Sonant sein kann (z. B. r, l, [m, n])

Li|qui|da|ti|on, die; -, -en ‹*lat.-mlat.-roman.*›: **1.** Abwicklung der Rechtsgeschäfte einer aufgelösten Handelsgesellschaft. **2.** Abwicklung von Börsengeschäften. **3.** Kostenrechnung freier Berufe (z. B. eines Arztes). **4.** Beilegung eines Konflikts; Liquidierung. **5. a)** Beseitigung, Liquidierung; **b)** Tötung, Ermordung, Hinrichtung eines Menschen; Liquidierung; vgl. ...ation/...ierung

Li|qui|da|tor, der; -s ...oren ‹*lat.-nlat.*›: **1.** jmd., der eine Liquidation (1) durchführt. **2.** jmd., der einen anderen umbringt, liquidiert (5b). **Li|qui|da|to|rin,** die; -, -nen: weibliche Form zu ↑Liquidator

li|qui|de vgl. liquid

Li|qui|den: *Plural* von ↑Liquida

li|qui|die|ren ‹*lat.-mlat.-it.*›: **1.** eine Gesellschaft, ein Geschäft auflösen. **2.** eine Forderung in Rechnung stellen (von freien Berufen). **3.** Sachwerte in Geld umwandeln. **4.** einen Konflikt beilegen. **5. a)** beseitigen, abschaffen; **b)** hinrichten lassen, beseitigen, umbringen. **Li|qui|die|rung,** die; -, -en: das Liquidieren

Li|qui|di|tät, die; - ‹*lat.-roman.*›: **1.** durch Geld od. Tauschmittel vertretene Verfügungsmacht über Bedarfsgüter. **2.** Möglichkeit, Sachgegenstände des Vermögens schnell in Geld umzuwandeln. **3.** Fähigkeit eines Unternehmens, seine Zahlungsverpflichtungen fristgerecht zu erfüllen; Zahlungsfähigkeit

Li|quor, der; -, ...ores ‹*lat.*›: **1.** (Med.) seröse Körperflüssigkeit. **2.** (Med.) Körperflüssigkeit, die das Zentralnervensystem (Gehirn u. Rückenmark) umgibt. **3.** (Pharm.) flüssiges Arzneimittel (Abk.: Liq.)

¹Li|ra, die; -, ...ren ‹*gr.-lat.-it.*›: birnenförmige, einsaitige Geige des Mittelalters; **Lira da Braccio** [- - ˈbratʃo]: Vorgängerin der Geige mit fünf Griff- u. zwei Bordunsaiten (Armhaltung); **Lira da Gamba:** celloähnliches Streichinstrument mit 9 bis 13 Spiel- u. zwei Bordunsaiten (Kniehaltung)

²Li|ra, die; -, Lire ‹*lat.-it.*›: frühere italienische Währungseinheit (Abk.: L., Lit.)

³Li|ra, die; -, - ‹*lat.-it.-türk.*›: türkische Währungseinheit (Abk.: TL)

li|ri|co ‹*gr.-lat.-it.*› (Musik): lyrisch (Vortragsanweisung)

Li|se|ne, die; -, -n ‹zu Lisiere›: pfeilerartiger, wenig hervortretender Mauerstreifen ohne Kapitell u. Basis (bes. an romanischen Gebäuden)

Lis|seu|se [lɪˈsøːzə], die; -, -n ‹*frz.*›: in der Kammgarnspinnerei Maschine zum Strecken, Waschen u. Trocknen des Spinngutes. **lis|sie|ren:** Spinngut mithilfe der Lisseuse nachwaschen, trocknen u. glätten

Lis|te|ria, die; -, ...rien u. ...riae [...ɪ̯ɛ] ‹nach dem brit. Chirurgen J. Lister, 1827–1912› (Med.): in der Natur (z. B. in Fäkalien) weitverbreitete, krankheitserregende Bakterie. **Lis|te|ri|o|se,** die; -, -n (Med.): durch Listerien hervorgerufene, auf den Menschen übertragbare Infektionskrankheit

l'is|tes|so tem|po, lo stesso tempo ‹*it.*› (Musik): dasselbe Zeitmaß, im selben Tempo wie zuvor

Lis|ting, das; -s, -s ‹*engl.*› (Börsenw.): Zulassung von Wertpapieren zum Börsenhandel

Li|ta|nei, die; -, -en ‹*gr.-mlat.*›: **1.** im Wechsel gesungenes Fürbitten- u. Anrufungsgebet des christlichen Gottesdienstes (z. B. die ↑Lauretanische Litanei). **2.** (abwertend) eintöniges Gerede; endlose Aufzählung

Li|ter [auch: ˈlɪ...], der (schweiz. nur so; auch:) das; -s, - ‹*gr.-mlat.-frz.*›: Hohlmaß; 1 Kubikdezimeter (Zeichen: l)

Li|te|ra, die; -, -s u. ...rä ‹*lat.*›: **1.** Buchstabe (Abk.: Lit. od. lit.). **2.** auf Effekten, Banknoten, Kassenscheinen usw. aufgedruckter Buchstabe zur Kennzeichnung verschiedener ↑Emissionen (1)

Li|te|ral, das; -s, -e ‹*lat.-engl.*› (EDV): (in einer Programmiersprache) Zeichenfolge, die der Darstellung des Wertes eines Datentyps (z. B. Ganzzahl, Gleitkommazahl, String) dient

Li|te|ral|sinn, der; -[e]s ‹*lat.; dt.*›: buchstäblicher Sinn einer Textstelle, bes. in der Bibel

Li|te|rar|his|to|ri|ker, der; -s, -: ↑Literaturhistoriker. **Li|te|rar|his|to|ri|ke|rin,** die; -, -nen: weibliche Form zu ↑Literarhistoriker. **li|te|rar|his|to|risch:** die Literaturgeschichte betreffend

li|te|ra|risch ‹*lat.*›: **1.** die Literatur (1) betreffend, schriftstellerisch. **2.** [vordergründig] symbolisierend, mit allzu viel Bildungsgut befrachtet (z. B. von einem [modernen] Gemälde)

Li|te|rar|kri|tik, die; -, -en: **a)** literaturwissenschaftliches Verfahren bes. der biblischen ↑Exegese, mit dem die verschiedenen Quellen eines Textes isoliert werden, um die Geschichte seiner Entstehung zu rekonstruieren; **b)** ↑Literaturkritik. **li|te|rar|kri|tisch:** ↑literaturkritisch

Li|te|ra|rum Hu|ma|ni|o|rum Doc|tor, Litterarum Humaniorum Doctor ‹*lat.*›: Doktor der Literaturwissenschaft in England (Abk.: L. H. D.)

Li|te|rat, der; -en, -en: Schriftsteller. **Li|te|ra|tin,** die; -, -nen: weibliche Form zu ↑Literat

Li|te|ra|tor, der; -s, ...oren (veraltet): Schriftsteller, Gelehrter

Li|te|ra|tur, die; -, -en: **1.** schöngeistiges Schrifttum. **2.** Gesamtbestand aller Schriftwerke eines Volkes. **3.** (ohne Plural) Fachschrifttum eines bestimmten Bereichs; Schriftennachweise

Li|te|ra|tur|äs|the|tik, die; -: Lehre von den Formen u. Gesetzen der schönen Literatur. **li|te|ra|tur|äs|the|tisch:** die Literaturästhetik betreffend, zu ihr gehörend, auf ihr beruhend

Li|te|ra|tur|his|to|ri|ker, der; -s, - ⟨*lat.; gr.-lat.*⟩: Wissenschaftler auf dem Gebiet der Literaturgeschichte. **Li|te|ra|tur|his|to|ri|ke|rin,** die; -, -nen: weibliche Form zu ↑Literaturhistoriker. **li|te|ra|tur|his|to|risch:** literaturgeschichtlich

Li|te|ra|tur|kri|tik, die; -, -en: wissenschaftliche Beurteilung des Schrifttums. **li|te|ra|tur|kri|tisch:** die Literaturkritik betreffend, auf ihr beruhend

Li|te|ra|tur|so|zio|lo|gie, die; -: Wissenschaft von der Wechselwirkung zwischen Literatur (1) u. Gesellschaft. **li|te|ra|tur|so|zio|lo|gisch:** die Literatursoziologie betreffend

Li|te|ra|tur|spra|che, die; -: **1.** in der Literatur (1) verwendete Sprache, die oft (z. B. durch Stilisierung) von der Gemeinsprache abweicht. **2.** (Sprachwiss.) ↑Standardsprache

Li|tew|ka, die; -, ...ken ⟨*poln.*⟩ (früher): bequemer, weicher Uniformrock mit Umlegekragen

lith..., Lith... vgl. litho..., Litho...

...lith *s. Kasten litho..., Litho...*

Li|th|a|go|gum, das; -s, ...ga ⟨*gr.-nlat.*⟩ (Med.): Medikament, das die Ausschwemmung von Gallen-, Blasen- od. Nierensteinen herbeiführt

Li|th|er|gol, das; -s, -e ⟨*gr.; arab.*⟩: Raketentreibstoff

Li|thi|a|sis, die; -, ...iasen (Med.): Steinleiden; Steinbildung in inneren Organen wie Niere, Galle od. Blase

Li|thi|kum, das; -s, ...ka: ↑Lithagogum

Li|thi|um [...ts..., auch: ...t...], das; -s: chem. Element; ein Metall (Zeichen: Li)

Li|thi|um-Io|nen-Ak|ku|mu|la|tor ['li:ts..., auch: 'li:t...], der; -s, -en (Technik): elektrochemischer ↑Akkumulator (1) auf der Basis von Atomen des Lithiums u. Ionen bestimmter anderer Metalle. **Li|thi|um-Io|nen-Bat|te|rie,** die; -, -n (Technik): ↑Lithium-Ionen-Akkumulator

Li|tho [auch: 'lɪto], das; -s, -s: Kurzform von ↑Lithografie (2)

li|tho..., Li|tho...

vor Vokalen: lith..., Lith...
⟨zu *gr.* líthos »Stein, Felsen«⟩
Wortbildungselement mit der Bedeutung »Stein, Gestein«:
- Lithagogum
- lithografisch
- Lithosphäre

...lith

der; -s und -en, -e[n]
⟨zu *gr.* líthos »Stein, Felsen«⟩
Wortbildungselement mit der Bedeutung »Stein, Mineral«:
- Cholelith
- Eolith
- Megalith

...lithikum

das; -s
⟨zu *gr.* líthos »Stein, Felsen«; *lat.* ...icum⟩
Wortbildungselement mit der Bedeutung »Steinzeit«:
- Eolithikum
- Neolithikum
- Paläolithikum

li|tho|gen ⟨*gr.-nlat.*⟩: **1.** aus Gesteinen entstanden; **lithogene Schmelze** (Geol.): Aufschmelzung aus der Granitschale der Erdkruste. **2.** (Med.) zur Bildung von ↑Konkrementen, Steinen führend; steinbildend

Li|tho|ge|ne|se, die; -, -n (Geol.): Gesamtheit der Vorgänge bei der Entstehung von Sedimentgesteinen wie Verwitterung, Abtragung, Umlagerung, ↑Sedimentation u. ↑Diagenese

Li|tho|gly|phik vgl. Lithoglyptik

Li|tho|glyp|tik, Lithoglyphik: Steinschneidekunst

Li|tho|graf, Li|tho|graph, der; -en, -en: **1.** in der Lithografie, im Flachdruckverfahren ausgebildeter Drucker. **2.** jmd., der Steinzeichnungen, Lithografien (2) herstellt

Li|tho|gra|fie, Lithographie, die; -, ...ien: **1. a)** (ohne Plural) [Verfahren zur] Herstellung von Platten für den Steindruck, für das Flachdruckverfahren; **b)** Originalplatte für Stein- od. Flachdruck. **2.** grafisches Kunstblatt in Steindruck; Steinzeichnung; Kurzform: Litho. **li|tho|gra|fie|ren,** lithographieren: **1.** in Steindruck wiedergeben, im Flachdruckverfahren arbeiten. **2.** Steinzeichnungen, Lithografien (2) herstellen, auf Stein zeichnen

Li|tho|gra|fin, Lithographin, die; -, -nen: weibliche Form zu ↑Lithograf

li|tho|gra|fisch, lithographisch: im Steindruckverfahren hergestellt, zum Steindruck gehörend

Li|tho|graph vgl. Lithograf

Li|tho|klast, der; -en, -en (Med.): Instrument zur Zertrümmerung von Blasensteinen

Li|tho|la|pa|xie, die; -, ...ien (Med.): Beseitigung von Steintrümmern aus der Blase

Li|tho|lo|ge, der; -n, -n: Wissenschaftler auf dem Gebiet der Lithologie. **Li|tho|lo|gie,** die; -: Gesteinskunde, bes. in Bezug auf Sedimentgesteine; vgl. Petrografie. **Li|tho|lo|gin,** die; -, -nen: weibliche Form zu ↑Lithologe. **li|tho|lo|gisch:** die Lithologie betreffend, auf ihr beruhend

Li|tho|ly|se, die; -, -n (Med.): Auflösung von Nieren-, Gallensteinen usw. durch Arzneimittel

Li|tho|pä|di|on, das; -s, ...ia u. ...ien ⟨»Steinkind«⟩ (Biol., Med.): verkalkte Leibesfrucht bei Mensch u. Tier

li|tho|phag (Zool.): sich [unter Abgabe von Gestein auflösender Säure] in Gestein einbohrend (von Tieren, z. B. Bohrmuschel, Seeigel)

Li|tho|pha|nie, die; -, ...ien: reliefartig in eine Platte aus dünnem Porzellan eingepresste bildliche Darstellung

li|tho|phil: 1. (Zool.) auf Gestein als Untergrund angewiesen (von Tieren). **2.** im Wesentlichen die Erdkruste bildend u. mit großer ↑Affinität zu Sauerstoff (von Elementen wie Natrium, Aluminium, Silicium, von Alkalien u. a.)

Li|tho|phy|sen, die (Plural) (Geol.): vulkanische Gesteine mit besonderer Struktur (oft mit Hohlräumen)

Li|tho|phyt, der; -en, -en (meist Plural): Pflanze, die eine Felsoberfläche besiedelt

Li|tho|po|ne, die; -, -n: lichtechte,

gut deckende weiße Anstrichfarbe

Li|tho|sphä|re, die; - (Geol.): bis in 100 km Tiefe reichende Gesteinshülle der Erde

Li|tho|to|mie, die; -, ...ien (Med.): operative Entfernung von Steinen

Li|tho|trip|sie, die; -, ...ien (Med.): Zertrümmerung von Steinen in Hohlorganen (Gallenblase, Nieren, Harnleiter, Blase) durch verschiedene Verfahren (chemisch, endoskopisch, mit Stoßwellen)

Li|tho|trip|tor, der; -s, ...oren (Med.): ↑Lithoklast

Li|th|ur|gik, die; -: Lehre von der Verwendung u. Verarbeitung von Gesteinen u. Mineralien

Li|ti|gant, der; -en, -en ‹*lat.*› (veraltet): jmd., der vor Gericht einen Rechtsstreit führt

Li|ti|ga|ti|on, die; -, -en (veraltet): Rechtsstreit. **li|ti|gie|ren** (veraltet): einen Rechtsstreit führen

Li|tis|pen|denz, die; - ‹*lat.-nlat.*› (veraltet): mit der Klageerhebung eintretende Zugehörigkeit eines Streitfalls zur Entscheidungsbefugnis eines bestimmten Gerichts; Rechtshängigkeit (eines Streitfalls)

li|to|ral ‹*lat.*› (Geogr.): die Küsten-, Ufer-, Strandzone betreffend. **Li|to|ral,** das; -s, -e (Geogr.): Küsten-, Ufer-, Strandzone. **Li|to|ra|le,** das; -s, -s ‹*lat.-it.*›: Küstenland

Li|to|ral|fau|na, die; -, ...nen: Tierwelt der Uferregion u. Gezeitenzone

Li|to|ral|flo|ra, die; -, ...ren: Pflanzenwelt der Uferregion u. Gezeitenzone

Li|to|ri|na, fachspr. auch: Littorina, die; -, ...nen ‹*lat.-nlat.*›: Uferschnecke (am Strand der Nord- u. Ostsee häufig)

Li|to|ri|na|meer, das; -[e]s (Geol.): geologisches Stadium der Ostsee in der Litorinazeit

Li|to|ri|na|zeit, die; - (Geol.): Zeitraum zwischen 5500 u. 2000 v. Chr.

Li|to|ri|nel|len|kalk, der; -[e]s ‹*lat.-nlat.; dt.;* nach der darin vorkommenden Schneckengattung Litorinella› (veraltet): ↑Hydrobienschichten

Li|to|ri|nen: *Plural* von ↑Litorina

Li|to|tes [auch: liˈtɔ...], die; -, - ‹*gr.-lat.*› (Rhet.; Stilkunde): Redefigur, die durch doppelte Verneinung od. durch Verneinung des Gegenteils eine vorsichtige Behauptung ausdrückt u. die dadurch eine (oft ironisierende) Hervorhebung des Gesagten bewirkt (z. B. nicht der schlechteste [= ein guter] Lehrer; nicht unwahrscheinlich = ziemlich wahrscheinlich; er ist nicht ohne Talent = er hat Talent)

Lit|schi, die; -, -s ‹*chin.*›, **Lit|schi|pflau|me,** die; -, -n ‹*chin.; dt.*›: pflaumengroße, wohlschmeckende Frucht (mit dünner rauer Schale u. weißem, saftigem Fleisch) eines in China beheimateten Baumes

Lit|te|ra|rum Hu|ma|ni|o|rum Doc|tor vgl. Literarum Humaniorum Doctor

Lit|te|ring, das; - ‹*engl.*›: **a)** das ungeordnete Wegwerfen von Verpackungen ohne vorheriges Sortieren; **b)** das Wegwerfen von Müll in die Umgebung

Lit|to|ri|na vgl. Litorina

Lit|t|re|i|tis, die; -, ...itiden ‹*nlat.;* nach dem frz. Arzt Alexis Littre, 1658–1725› (Med.): Entzündung der Schleimdrüsen der Harnröhre

Li|tu|a|nist, der; -en, -en ‹*lat.-nlat.*›: Sprachwissenschaftler, der sich auf Lituanistik spezialisiert hat. **Li|tu|a|nis|tik,** die; -: Wissenschaft von der litauischen Sprache u. Literatur. **Li|tu|a|nis|tin,** die; -, -nen: weibliche Form zu ↑Lituanist. **li|tu|a|nis|tisch:** die Lituanistik betreffend, zu ihr gehörend

Li|tui [...tui]: *Plural* von ↑Lituus

Li|turg, der; -en, -en, **Li|tur|ge,** der; -n, -n ‹*gr.-mlat.*›: der den Gottesdienst, bes. die Liturgie, haltende Geistliche (im Unterschied zum Prediger)

Li|tur|gie, die; -, ...ien ‹»öffentlicher Dienst«›: **a)** amtliche od. gewohnheitsrechtliche Form des Gottesdienstes; **b)** in der evangelischen Kirche am Altar [im Wechselgesang] mit der Gemeinde gehaltener Teil des Gottesdienstes

Li|tur|gik, die; -: Theorie u. Geschichte der Liturgie

Li|tur|gin, die; -, -nen: weibliche Form zu ↑Liturg

li|tur|gisch: den Gottesdienst, die Liturgie betreffend, zu ihr gehörend; **liturgisches Jahr:** in bestimmte Festkreise (Fest mit seiner Vorbereitungszeit u. Ausklangszeit) eingeteiltes, am 1. Adventssonntag beginnendes Jahr; Kirchenjahr

Li|tu|us, der; -, Litui ‹*lat.*› (Geschichte): **1.** Krummstab der ↑Auguren. **2.** altrömisches Militär- u. Signalinstrument mit Kesselmundstück. **3.** im 16. u. 17. Jh. Krummhorn (Blasinstrument)

live [laɪ̯f] ‹*engl.*›: **a)** direkt, original (von Rundfunk- od. Fernsehübertragungen); **b)** unmittelbar, in realer Anwesenheit, persönlich

Live|act, Live Act [ˈlaɪ̯fʔɛkt], der; -s, -s ‹*engl.; lat.-engl.*› (Jargon): musikalische Vorstellung, bei der die Sänger, Musiker live singen, spielen usw.; direkter, persönlicher Auftritt

Live|blog, das, auch: der; -s, -s ‹*engl.*›: in Echtzeit geführtes Weblog

Live|fo|to|gra|fie, Live-Fo|to|gra|fie, Live|pho|to|gra|phie, Live-Pho|to|gra|phie, die; - ‹*engl.; gr.-engl.*›: bes. bei Bildjournalisten übliche Art des Fotografierens, bei der es weniger auf die technische Vollkommenheit als auf die Aussage des Bildes ankommt

Live|sen|dung, Live-Sen|dung, die; -, -en ‹*engl.; dt.*›: Sendung, die unmittelbar vom Ort der Aufnahme aus gesendet wird; Originalübertragung, Direktsendung

Live|show [...ʃɔʊ̯], die; -, -s ‹*engl.*›: **1. a)** live (a) ausgestrahlte, revueartige Unterhaltungssendung mit ↑Jazz, ↑Pop (2) u. Humor; **b)** Bühnenshow, bes. in der Popmusik. **2. a)** ↑Peepshow; **b)** Vorführung sexueller Handlungen auf der Bühne (z. B. eines Nachtlokals)

Live|stream [ˈlaɪ̯fstriːm], der; -s, -s ‹*engl.*›: mittels Streaming (1) in Echtzeit übertragene Fernseh- od. Rundfunksendung (die auch zeitversetzt angehört bzw. angesehen werden kann). **Live|strea|ming** [ˈlaɪ̯fstriːmɪŋ], das; -[s] (EDV): Streaming

Live|ti|cker, der; -s, - ‹*engl.*›: ↑Newsticker, bes. mit Sportnachrichten

Live|tra|cking, das; -[s] ⟨*engl.*⟩: das Tracken in Echtzeit

Live|ware [...wɛːɐ̯], die; - ⟨Analogiebildung zu Hardware, Software u. Ä.⟩ (Jargon): Personal, das in der Datenverarbeitung tätig ist

li|vid, li|vi|de ⟨*lat.*⟩: (Med.) bläulich, blassblau, fahl (bezogen auf die Färbung von Haut u. Schleimhäuten, bes. der Lippen)

Li|v|re, der od. das; -[s], -s (aber: 6 -) ⟨*lat.-frz.*⟩: **1.** altes französisches Gewichtsmaß. **2.** frühere französische Währungseinheit, Rechnungsmünze (bis zum Ende des 18. Jh.s)

Li|v|ree [liˈvreː], die; -, ...een ⟨*lat.-mlat.-frz.*⟩: uniformartige Dienerkleidung. **li|v|riert:** Livree tragend

Li|wan, der; -s, -e ⟨*pers.*⟩: **1.** nach dem Hof zu offener, überwölbter Raum mit anschließenden kleinen, geschlossenen Zimmern (orientalische Bauform des arabischen Hauses). **2.** Moschee mit vier auf einen Hof sich öffnenden Hallen in der als Schule dienenden persischen Sonderform der ↑Medrese (2)

Li|wan|ze, die; -, -n (meist Plural) ⟨*tschech.*⟩ (Gastron.): beidseitig gebackenes Hefeplätzchen [das mit Pflaumenmus bestrichen u. mit Zucker bestreut wird]

Li|zen|ti|at usw. vgl. [1]Lizenziat usw.

Li|zenz, die; -, -en ⟨*lat.*⟩: [behördliche] Erlaubnis, Genehmigung

[1]**Li|zen|zi|at,** Lizentiat, das; -[e]s, -e ⟨*lat.-mlat.*⟩: akademischer Grad (vor allem in der Schweiz, z. B. Lizenziat der Theologie)

[2]**Li|zen|zi|at,** Lizentiat, der; -en, -en: Inhaber eines Lizenziatstitels (Abk.: Lic. [theol.], [in der Schweiz] lic. phil.)

Li|zen|zi|a|tin, Lizentiatin, die; -, -nen: weibliche Form zu ↑[2]Lizenziat

li|zen|zie|ren ⟨*lat.-nlat.*⟩: Lizenz erteilen. **Li|zen|zie|rung,** die; -, -en: das Lizenzieren

li|zen|zi|ös: frei, ungebunden; zügellos

Li|zenz|spie|ler, der; -s, -: Fußballspieler, der auf der Basis einer vom Deutschen Fußballbund erteilten Spielerlizenz als Angestellter seines Vereins gegen feste monatliche Vergütung (u. zusätzliche Prämien) in der Fußballbundesliga spielberechtigt ist. **Li|zenz|spie|le|rin,** die; -, -nen: weibliche Form zu ↑Lizenzspieler

Li|zi|tant, der; -en, -en ⟨*lat.*⟩ (veraltend): jmd., der bei Versteigerungen bietet; Meistbietender. **Li|zi|tan|tin,** die; -, -nen: weibliche Form zu ↑Lizitant

Li|zi|ta|ti|on, die; -, -en (fachspr.): Versteigerung

li|zi|tie|ren: versteigern

Ljo|da|hattr, der; -, - ⟨*altnord.*⟩: Strophenform der Edda

Lla|ne|ra [lja...], die; -, -s ⟨*lat.-span.*⟩: weibliche Form zu ↑Llanero. **Lla|ne|ro,** der; -s, -s: Bewohner eines Llanos

Lla|no [ˈljaːno], der; -s, -s (meist Plural): baumlose od. baumarme Ebene in den lateinamerikanischen Tropen u. Subtropen

Loa, die; -, -s ⟨*lat.-span.;* »Lob«⟩ (Literaturwiss.): **1.** [mit einem Lob des Autors, des Publikums o. Ä.] verbundenes Vorspiel, kurze dramatische Dichtung vor dem eigentlichen Schauspiel in älteren spanischen Dramen. **2.** kurzes spanisches Drama, das eine berühmte Person od. ein glückliches Ereignis feiert

Load [lɔʊ̯d], die; -, -s ⟨*germ.-engl.*⟩: **1.** altes britisches Maß, bes. Hohlmaß unterschiedlicher Größe. **2.** (Jargon) für einen Rauschzustand benötigte Dosis eines Rauschgiftes

Load|ba|lan|cing [ˈlɔʊ̯dbɛlənsɪŋ], das; -[s] ⟨*engl.*⟩ (EDV): Verteilung von Arbeitslasten auf mehrere parallel arbeitende Systeme

Loa|fer [ˈlɔʊ̯fɐ], der; -s, - ⟨*engl.;* eigtl. »Faulenzer, Müßiggänger«⟩: nach dem Schnitt des Mokassins gefertigter Lederschuh mit flachem Absatz

Lob, der; -[s], -s ⟨*engl.*⟩: **1.** (Tennis, Badminton) hoch über den am Netz angreifenden Gegner hinweggeschlagener Ball. **2.** (Volleyball) angetäuschter Schmetterschlag, der an den am Netz verteidigenden Spielern vorbei od. hoch über sie hinwegfliegt

lo|bär ⟨*gr.-nlat.*⟩ (Med.): einen Organlappen (z. B. der Lunge) betreffend

lob|ben ⟨*engl.*⟩ (Tennis, Badminton, Volleyball): einen ↑Lob schlagen

Lob|by, die; -, -s ⟨*germ.-mlat.-engl.*⟩: **1.** Wandelhalle im [britischen, amerikanischen] Parlamentsgebäude, in der die Abgeordneten mit Wählern u. Interessengruppen zusammentreffen. **2.** Interessengruppe, die [in der Lobby (1)] versucht, die Entscheidung von Abgeordneten zu beeinflussen [u. die diese ihrerseits unterstützt]. **3.** Vestibül, Hotelhalle

Lob|by|ing, das; -s, -s: Beeinflussung von Abgeordneten durch Interessen[gruppen]

Lob|by|is|mus, der; -: [ständiger] Versuch, Gepflogenheit, Zustand der Beeinflussung von Abgeordneten durch Interessengruppen. **Lob|by|ist,** der; -en, -en: jmd., der Abgeordnete für seine Interessen zu gewinnen sucht. **Lob|by|is|tin,** die; -, -nen: weibliche Form zu ↑Lobbyist

Lo|b|ek|to|mie, die; -, ...ien ⟨*gr.-nlat.*⟩ (Med.): operative Entfernung eines Organlappens (z. B. eines Lungenlappens)

Lo|be|lie [...i̯ə], die; -, -n ⟨*nlat.;* nach dem flandrischen Botaniker M. de l'Obel, 1538–1616⟩: niedrige, buschige Pflanze mit zahlreichen blauen, seltener violetten od. weißen Blüten

Lo|be|lin, das; -s (Pharm.): aus der Lobelie gewonnenes ↑Alkaloid, das die Atemtätigkeit anregt

Lo|bi: *Plural* von ↑Lobus

Lo|bo|to|mie, die; -, ...ien ⟨*gr.-nlat.*⟩ (Med.): ↑Leukotomie

Lobs|ter, der; -s, - ⟨*engl.*⟩ (Gastron.): engl. Bez. für: Hummer

lo|bu|lär ⟨*gr.-nlat.*⟩ (Med.): einzelne Läppchen eines Lobus betreffend

Lo|bu|lär|pneu|mo|nie, die; -, ...ien (Med.): ↑fibrinöse Entzündung eines Lungenlappens

Lo|bus, der; -, Lobi ⟨*gr.-lat.*⟩: **1.** (Med.) Lappen eines Organs. **2.** (Geol.) zungenartige Ausbuchtung des Eisrandes von Gletschern od. Inlandeismassen

Lo|cal|host, der; -[s], -s, **Lo|cal Host,** der; - -[s], - -s [ˈlɔʊ̯kl...] ⟨*engl.*⟩ (EDV): (in einem Netzwerk) Bezeichnung für einen Computer, Server o. Ä., wenn dieser von sich selbst adressiert wird

Lo|ca|tion [loˈkeɪʃn̩], die; -, -s ⟨*lat.-engl.*⟩ (Jargon): **1.** Örtlichkeit, Lokalität. **2.** (Film) Drehort im Freien

Lo|ca|tion-based Ser|vi|ces [loˈkeɪʃn̩bɛɪst ˈsœːɐ̯vɪsɪs], die (Plural) ⟨*engl.*⟩: standortbezogene Dienste bei Mobiltelefonen (z. B. Routenplaner, Wetter- u. Verkehrsinformationen) (Abk.: LBS)

Loch [engl.: lɔk], der; -[s], -s ⟨*schott.*⟩: Binnensee, ↑Fjord in Schottland

Lo|chi|en, die (Plural) ⟨*gr.*⟩ (Med.): Absonderung der Gebärmutter während der ersten Tage nach einer Entbindung; Wochenfluss

Lo|chio|me|t|ra, die; -, ...tren ⟨*gr.-nlat.*⟩ (Med.): Stauung der Lochien, des Wochenflusses in der Gebärmutter

Lock|down, Lock-down [...ˈdaʊ̯n], der; -s, -s ⟨*engl.*⟩: Ausgangssperre; Abriegelung

Lo|cking, das; -[s] ⟨*amerik.*⟩: **1.** [dynamischer] Tanzstil mit großen, teilweise übertriebenen [u. komisch aussehenden] Bewegungen. **2.** (EDV) das Sperren des Zugriffs auf ein Objekt (eine Datei, Datenbank o. Ä.), mit der sich ein Prozess den alleinigen Schreibzugriff od. einen koordinierten Lesezugriff darauf sichert

Lock-up-Pe|ri|o|de [...ˈʔap...], die; -, -n ⟨*engl.; gr.-lat.*⟩ (Börsenw.): Zeitabschnitt nach einem Börsengang, in dem die bisherigen Anteilseigner keine Aktien verkaufen dürfen

lo|co [auch: ˈlɔko] ⟨*lat.*⟩: **1.** (Kaufmannsspr.) am Ort, hier; greifbar, vorrätig. **2.** (Musik) **a)** die Noten sind wieder in der gewöhnlichen Tonhöhe zu spielen (Aufhebung eines vorangegangenen Oktavenzeichens); vgl. ottava; **b)** wieder in gewöhnlichen Lagen zu spielen (bei Streichinstrumenten Aufhebung einer vorangegangenen abweichenden Lagenbezeichnung)

lo|co ci|ta|to: an der angeführten Stelle (eines Buches) (Abk.: l. c.); vgl. citato loco

lo|co lau|da|to (selten): ↑loco citato (Abk.: l. l.)

lo|co si|gil|li: anstatt des Siegels (auf Abschriften) (Abk.: l. s. od. L. S.)

Lo|cus amoe|nus [- aˈmøː...], der; - -, Loci amoeni (Literaturwiss.): aus bestimmten Elementen zusammengesetztes Bild einer lieblichen Landschaft als literarischer Topos, bes. der Idylle

Lo|cus com|mu|nis, der; - -, Loci communes [- ...neːs]: Gemeinplatz, bekannte Tatsache, allgemein verständliche Redensart

Lodge [lɔdʒ], die; -, -s [...dʒɪs] ⟨*germ.-mlat.-afrz.-engl.*⟩: **1.** (veraltet) Hütte, Wohnung eines Pförtners. **2.** Ferienhotel, Anlage mit Ferienwohnungen

Lo|di|cu|lae [...lɛ], die (Plural) ⟨*lat.;* »kleine gewebte Decken«⟩ (Bot.): zwei kleine Schuppen am Grund der Einzelblüten von Gräsern, die als Schwellkörper das Öffnen der Blüte regulieren

Loft ⟨*engl.*⟩: **1.** (das, selten: der; -[s], -s) aus der Etage einer Fabrik o. Ä. umgebaute Großraumwohnung. **2.** (der; -[s]) Neigungsgrad der Schlagfläche eines Golfschlägers

Loft|jazz [...dʒæz], der; -: in alten Industrieanlagen, Fabriken o. Ä. (ohne Konzertveranstalter) zu Gehör gebrachter [avantgardistischer] Jazz

Log, das; -s, -e, Logge, die; -, -n ⟨*engl.*⟩ (Seew.): Fahrgeschwindigkeitsmesser eines Schiffes

log..., Log... vgl. ...logie

lo|g|a|ö|disch ⟨*gr.-mlat.*⟩: **logaödische Verse** (veraltet): ↑äolische (2) Versmaße

Lo|g|a|rith|mand, der; -en, -en ⟨*gr.-nlat.*⟩ (Math.): zu logarithmierende Zahl; ↑Numerus (2) zum Logarithmus

Lo|g|a|rith|men|ta|fel, die; -, -n ⟨*gr.-nlat.; lat.-roman.-dt.*⟩ (Math.): tabellenartige Sammlung der ↑Mantissen (2) der Logarithmen

lo|g|a|rith|mie|ren ⟨*gr.-nlat.*⟩ (Math.): **a)** mit Logarithmen rechnen; **b)** den Logarithmus berechnen

lo|g|a|rith|misch (Math.): den Logarithmus betreffend, auf einem Logarithmus beruhend, ihn anwendend; **logarithmisches Dekrement** (Math., Physik): den Abklingvorgang gedämpfter freier Schwingungen kennzeichnende Größe

Lo|g|a|rith|mus, der; -, ...men (Math.): Zahl, mit der man eine andere Zahl, die ↑Basis (4 c), ↑potenzieren (3) muss, um eine vorgegebene Zahl, den ↑Numerus (2), zu erhalten (Abk.: log); **Logarithmus naturalis:** Logarithmus, bei dem die Basis die Konstante e (e = 2,71828) ist; natürlicher Logarithmus (Abk.: ln); **dekadischer Logarithmus:** Logarithmus mit der Basis 10, briggsscher Logarithmus; **dyadischer Logarithmus:** Logarithmus mit der Basis 2; Zweierlogarithmus (Abk.: ld)

Lo|g|as|the|nie, die; -, ...ien ⟨*gr.-nlat.*⟩ (Med.): Gedächtnisstörung, die sich in Sprachstörungen, vor allem im Vergessen von Wörtern äußert

Log|buch, das; -[e]s, ...bücher ⟨*engl.; dt.*⟩: Schiffstagebuch

Lo|ge [ˈloːʒə], die; -, -n ⟨*germ.-mlat.-frz.(-engl.)*⟩: **1.** kleiner, abgeteilter Raum mit mehreren Sitzplätzen im Theater. **2.** Pförtnerraum. **3. a)** geheime Gesellschaft; Vereinigung von Freimaurern; **b)** Versammlungsort einer geheimen Gesellschaft, einer Vereinigung von Freimaurern

...lo|ge *s. Kasten ...logie*

Lo|ge|ment [loʒəˈmãː], das; -s, -s ⟨*germ.-frz.*⟩: **1.** (veraltet) Wohnung, Bleibe. **2.** (Geschichte) Verteidigungsanlage auf [noch nicht ganz] genommenen Festungsanlagen (z. B. Breschen)

Lo|gen|bru|der, der; -s, ...brüder ⟨*germ.-frz.(-engl.); dt.*⟩: Mitglied einer Freimaurerloge; Freimaurer

Log|file [...faɪ̯l], das; -s, -s ⟨*engl.*⟩ (EDV): Datei zur Erfassung der Zugriffsdaten einer Website

Log|gast, der; -[e]s, -en ⟨*engl.; dt.*⟩ (Seew.): Matrose, der das ↑Log bedient

Log|ge vgl. Log

log|gen ⟨*engl.*⟩ (Seew.): die Fahrgeschwindigkeit eines Schiffes mit dem ↑Log messen

Log|ger, der; -s, - ⟨*niederl.*⟩: kleineres Küsten[segel]fahrzeug zum Fischfang

Log|gia [ˈlɔdʒa, ˈlɔdʒi̯a], die; -, -s od. ...ien ⟨*germ.-frz.-it.;* »Laube«⟩: **1.** (Archit.) Bogengang; gewölbte, von Pfeilern od. Säulen getragene, ein- od. mehrseitig offene Bogenhalle,

...lo|gie
die; -, ...ien (häufig ohne Plural)
⟨zu *gr.* lógos »Wort, Rede, das Sprechen; wissenschaftliche Untersuchung; Vernunft« →...logía »Lehre, Kunde, Wissenschaft«⟩
Wortbildungselement mit der Bedeutung »Lehre, Kunde, Wissenschaft«:
- Ägyptologie
- Ethnologie
- Mythologie
- Önologie

...loge
der; -n, -n
⟨zu *gr.* lógos »Wort, Rede, das Sprechen; wissenschaftliche Untersuchung; Vernunft«⟩
Wortbildungselement mit der Bedeutung »Kundiger, Forscher, Wissenschaftler«:
- Geologe
- Kriminologe
- Ornithologe
- Psychologe

Die weibliche Form des Wortbildungselementes lautet ...login, wie z. B. in Biologin und Ökotrophologin.

logo..., Logo...
vor Vokalen auch: log..., Log...
⟨zu *gr.* lógos »Wort, Rede, das Sprechen; wissenschaftliche Untersuchung; Vernunft«⟩
Wortbildungselement mit der Bedeutung »Wort, Rede, Vernunft«:
- Logasthenie
- Logopädin
- logozentrisch

die meist vor das Erdgeschoss gebaut od. auch selbstständiger Bau ist. **2.** nach einer Seite offener, überdeckter, kaum od. gar nicht vorspringender Raum im [Ober]geschoss eines Hauses

Log|glas, das; -es, ...gläser ⟨*engl.; dt.*⟩: Sanduhr zum Loggen

Lo|gi|cal [ˈlɔdʒɪkl̩], das; -s, -s ⟨*gr.-engl.*⟩: nach den Gesetzen der ↑Logik (1 b) aufgebautes Rätsel

...lo|gie *s. Kasten*

lo|gie|ren [loˈʒiː...] ⟨*germ.-frz.*⟩: **1.** [vorübergehend] wohnen. **2.** (veraltet) beherbergen, unterbringen

Lo|gik, die; -, -en ⟨*gr.-lat.*⟩: **1. a)** (Philos.) Lehre, Wissenschaft von der Struktur, den Formen u. Gesetzen des Denkens; Lehre vom folgerichtigen Denken, vom richtigen Schließen aufgrund gegebener Aussagen; **b)** folgerichtiges, schlüssiges Denken, Folgerichtigkeit des Denkens. **2. a)** Fähigkeit, folgerichtig zu denken; **b)** Zwangsläufigkeit; zwingende, notwendige Folgerung

Lo|gik|chip [...tʃɪp], der; -s, -s (EDV): Chip (3), der Informationen verarbeitet u. nicht nur speichert

Lo|gi|ker, der; -s, -: **1.** Wissenschaftler auf dem Gebiet der Logik (1a). **2.** Mensch mit scharfem, klarem Verstand

Lo|gi|ke|rin, die; -, -nen: weibliche Form zu ↑Logiker

Log-in, Log|in [lɔgˈʔɪn], das, auch der; -[s], -s ⟨*engl.*⟩ (EDV): das Sichanmelden in einem Computer, in einem Netzwerk u. Ä.

...lo|gin *s. Kasten ...logie*

Lo|gi|on, das; -[s], ...ien ⟨*gr.*⟩ (Theol.): überlieferter Ausspruch, Wort Jesu Christi

Lo|gis [loˈʒiː], das; - [...ʒiː(s)], - [loˈʒiːs] ⟨*germ.-frz.*⟩: **1.** Wohnung, Bleibe. **2.** (Seemannsspr.) Mannschaftsraum auf Schiffen

lo|gisch ⟨*gr.-lat.*⟩: **1.** die Logik (1a) betreffend. **2.** denkrichtig, folgerichtig, schlüssig. **3.** (ugs.) natürlich, selbstverständlich, klar

lo|gi|sie|ren ⟨*gr.-lat.-nlat.*⟩: der Vernunft, der Erkenntnis zugänglich machen

Lo|gis|ma, das; -s, Logismata ⟨*gr.*⟩: (nach A. von Pauler) eines der letzten Elemente, aus denen sich Wahrheiten zusammensetzen

Lo|gis|mus, der; -, ...men ⟨*gr.-nlat.*⟩ (Philos.): **1.** Vernunftschluss. **2.** (ohne Plural) Theorie, Lehre von der logischen Ordnung der Welt

[1]Lo|gis|tik, die; -, -en ⟨*gr.*⟩: ↑mathematische Logik

[2]Lo|gis|tik, die; -, -en ⟨*gr.-lat.-frz.-(engl.)*⟩: **1.** Versorgung der Truppe; militärisches Nachschubwesen. **2.** (Wirtsch.) Beschaffung, Lagerung u. Transport von Materialien u. Produkten

Lo|gis|ti|ker, der; -s, - ⟨*gr.-lat.-nlat.*⟩: **1.** Vertreter der [1]Logistik. **2.** Fachmann, Spezialist auf dem Gebiet der [2]Logistik. **Lo|gis|ti|ke|rin,** die; -, -nen: weibliche Form zu ↑Logistiker

lo|gis|tisch: die [1]Logistik (1, 2) betreffend, auf ihr beruhend

Lo|gi|zis|mus, der; -: **1.** Bevorzugung der logischen Argumentation gegenüber der psychologischen (z. B. innerhalb einer bestimmten wissenschaftlichen Richtung). **2.** Rückführung der mathematischen Begriffe u. Methoden auf eine allgemeine Logik. **3.** (abwertend) Überbewertung der Logik

Lo|gi|zis|tik, die; - (abwertend): ↑Logizismus (3). **lo|gi|zis|tisch: 1.** den Logizismus (1) betreffend; auf der Bevorzugung des Logischen gegenüber dem Psychologischen beruhend. **2.** den Logizismus (2) betreffend, zu ihm gehörend, auf ihm beruhend. **3.** (abwertend) überspitzt logisch, haarspalterisch

Lo|gi|zi|tät, die; - (Philos.): das Logische an einer Sache, an einem Sachverhalt; der logische Charakter; Denkrichtigkeit (Ggs.: Faktizität)

lo|go (ugs.): ↑logisch (3)

Lo|go, der od. das; -s, -s ⟨*engl.;*

Kurzw. für: logotype›: Marken-, Firmenzeichen
lo|go…, Lo|go… *s. Kasten …logie*
Lo|go|graf, Logograph, der; -en, -en: frühgriechischer Geschichtsschreiber; Prosaschriftsteller der ältesten griechischen Literatur; **rhetorischer Logograf:** im Athen der Antike Person, die Reden zum Vortrag bei Gericht für die Bürger entwarf (die ihre Sache stets selbst vertreten mussten). **Lo|go|gra|fie,** Logographie, die; -: aus Logogrammen gebildete Schrift. **lo|go|gra|fisch,** logographisch: die Logografie betreffend
Lo|go|gramm, das; -s, -e: Schriftzeichen für eine bedeutungstragende Einheit eines Wortes
Lo|go|graph usw. vgl. Logograf usw.
Lo|go|griph, der; -s u. -en, -e[n] ‹*gr.-nlat.*›: Buchstabenrätsel, bei dem durch Wegnehmen, Hinzufügen od. Ändern eines Buchstabens ein neues Wort entsteht
Lo|goi: *Plural* von ↑Logos
Lo|go|klo|nie, die; - (Psychol.; Med.): krankhaftes Wiederholen von Wort- od. Satzenden
Lo|go|kra|tie, die; -: Herrschaft der Vernunft in der Gesellschaft
Lo|go|ma|chie, die; - ‹*gr.*› (Philos.): Wortstreit, Haarspalterei
Lo|go|neu|ro|se ‹*gr.-nlat.*› (Med.): Sprachstörung, deren Ursache im Zentralnervensystem liegt bzw. die neurologisch bedingt ist
Lo|go|pä|de, der; -n, -n (Med., Psychol.): Spezialist auf dem Gebiet der Logopädie. **Lo|go|pä|die,** die; - (Med., Psychol.): Fachgebiet, das sich mit der Prävention, Diagnostik u. Therapie von Artikulations- u. Schluckstörungen [des Sprechapparates] beschäftigt; Sprachheilkunde. **Lo|go|pä|din,** die; -, -nen: weibliche Form zu ↑Logopäde. **lo|go|pä|disch** (Med., Psychol.): die Logopädie betreffend, auf ihr beruhend
Lo|go|pa|thie, die; -, …ien (Med.): eine Sprachstörung, der zentralnervöse Veränderungen zugrunde liegen
Lo|gor|rhö, die; -, -en (Med.): krankhafte Geschwätzigkeit.
lo|gor|rho|isch (Med.): die Logorrhö betreffend, an ihr leidend
Lo|gos, der; -, Logoi (Plural selten) ‹*gr.-lat.*›: **1.** (Philos.) menschliche Rede, sinnvolles Wort. **2.** (Philos.) logisches Urteil; Begriff. **3.** (Philos.) menschliche Vernunft, umfassender Sinn. **4.** (ohne Plural; Theol.) Offenbarung, Wille Gottes u. Mensch gewordenes Wort Gottes in der Person Jesu. **5.** (ohne Plural; Theol.) Gott, Vernunft Gottes als Weltschöpfungskraft. **6.** (ohne Plural; Philos.) göttliche Vernunft, Weltvernunft
lo|go|the|ra|peu|tisch: die Logotherapie betreffend, auf ihr beruhend. **Lo|go|the|ra|pie,** die; -, …ien ‹*gr.-nlat.*› (Psychol.): psychotherapeutische Behandlung von Neurosen durch methodische Einbeziehung des Geistigen u. Hinführung bzw. Ausrichtung des Klienten auf sein Selbst, seine personale Existenz
Lo|go|ty|pe, die; -, -n: (früher in der Setzerei beim Handsatz verwendete) Drucktype mit häufig vorkommender Buchstabenverbindung
Log-out, Log|out [lɔɡˈʔaʊ̯t], das, auch der; -[s], -s ‹*engl.*› (EDV): das Sichabmelden aus einem Computer, Netzwerk u. Ä.
lo|go|zen|t|risch: dem Geist im Sinne der ordnenden Weltvernunft vor dem Leben den Vorrang gebend (Ggs.: biozentrisch)
Lo|han, der; -[s], -s ‹*sanskr.-chin.*›: als Gott verehrter buddhistischer Heiliger der höchsten Stufe
Lohn|dum|ping […dam…], das; -s ‹*dt.; engl.*›: Zahlung von Löhnen, die deutlich unter dem Tarif liegen
LOI, der; -, -[s]: Abk. für: ↑Letter of Intent
Loi|pe, die; -, -n ‹*skand.*› (Skisport): Langlaufbahn, -spur
Lo|ja Dschir|ga, die; - ‹*Paschtu;* »große Ratsversammlung«›: traditionelle große Ratsversammlung in Afghanistan
Lok, die; -, -s: Kurzform von ↑Lokomotive
lo|kal ‹*lat.-frz.*›: **1.** örtlich. **2.** örtlich beschränkt. **Lo|kal,** das; -[e]s, -e: **1.** Gaststätte, Restaurant, [Gast]wirtschaft. **2.** Raum, in dem Zusammenkünfte, Versammlungen o. Ä. stattfinden
Lo|kal|an|äs|the|sie, die; -, …ien (Med.): örtliche Betäubung
Lo|kal|der|by, das; -s, -s: [Fußball]spiel zweier Ortsrivalen
Lo|kal|far|be, die; -, -n: die einem Gegenstand eigentümliche Farbe, wenn sie auf dem Bild nicht durch Schattierungen od. Anpassung an die Farben der Umgebung verändert wird
Lo|ka|lis, der; -, …les […leːs] ‹*lat.*› (veraltet): Lokativ
Lo|ka|li|sa|ti|on, die; -, -en ‹*lat.-frz.*›: **1.** Ortsbestimmung, Zuordnung zu einer bestimmten Stelle. **2.** Niederlassung, Ansammlung an einem bestimmten Ort, Platz. **lo|ka|li|sie|ren:** **1.** örtlich beschränken, eingrenzen. **2.** örtlich bestimmen, festlegen, zuordnen. **Lo|ka|li|sie|rung,** die; -, -en: das Lokalisieren (1, 2)
Lo|ka|li|tät, die; -, -en: Örtlichkeit; Raum
Lo|kal|ko|lo|rit, das; -[e]s, -e: besondere ↑Atmosphäre (3) einer Stadt od. Landschaft
Lo|kal|ma|ta|dor, der; -s, -e (bes. Sport): örtliche Berühmtheit, erfolgreicher u. gefeierter Held in einem Ort, in einem begrenzten Gebiet. **Lo|kal|ma|ta|do|rin,** die; -, -nen: weibliche Form zu ↑Lokalmatador
Lo|kal|pa|t|ri|o|tis|mus, der; -: starke od. übertriebene Liebe zur engeren Heimat, zur Vaterstadt o. Ä.
Lo|kal|re|dak|ti|on, die; -, -en: **a)** ↑Redaktion (2a) einer Zeitung, die die Lokalnachrichten bearbeitet; **b)** Geschäftsstelle einer Zeitung, die für die Erstellung der Lokalseite verantwortlich ist
Lo|kal|satz, der; -es, …sätze (Sprachwiss.): Adverbialsatz des Ortes (z. B.: ich gehe, *wohin du gehst*)
Lo|kal|ter|min, der; -s, -e: Gerichtstermin, der am Tatort, am Ort des fraglichen Geschehens abgehalten wird
Lo|ka|ti|on, die; -, -en ‹*lat.*›: **1.** (veraltet) Platz-, Rangbestimmung. **2.** moderne Wohnsiedlung. **3.** Bohrstelle (bei der Erdölförderung). **4.** Ort, Standort

Lo|ka|tiv, der; -s, -e ⟨*lat.-nlat.*⟩ (Sprachwiss.): den Ort ausdrückender ↑Kasus; Ortsfall (z. B. gr. *oíkoi* = zu Hause)
Lo|ka|tor, der; -s, ...oren ⟨*lat.*⟩: **1.** (Geschichte) im Mittelalter ein im Auftrag seines Landesherrn [Kolonisations]land verteilender Ritter. **2.** (veraltet) Vermieter, Verpächter
lo|ko vgl. loco
Lo|ko|ge|schäft, das; -[e]s, -e ⟨*lat.; dt.*⟩ (Wirtsch.): Geschäft über sofort verfügbare Ware (Ggs.: Distanzgeschäft)
Lo|ko|mo|bil, das; -s, -e, **Lo|ko|mo|bi|le,** die; -, -n ⟨*lat.-nlat.*⟩ (veraltet): fahrbare Dampf-, Kraftmaschine
Lo|ko|mo|ti|on, die; -, -en (Med.): der menschliche Gang; Bewegung von einer Stelle zur anderen
Lo|ko|mo|ti|ve, die; -, -n ⟨*lat.-engl.*⟩: Fahrzeug auf Schienen zum Ziehen der Eisenbahnwagen; Kurzform: Lok
lo|ko|mo|to|risch ⟨*lat.-nlat.*⟩ (Med.): die Fortbewegung, den Gang betreffend
Lo|ko|wa|re, die; -, -n ⟨*lat.; dt.*⟩: sofort verfügbare, am Ort befindliche Ware
lo|ku|li|zid ⟨*lat.-nlat.*⟩ (Bot.): entlang der Mittellinie der Fruchtblätter aufspringend (von Kapselfrüchten)
[1]**Lo|kus,** der; -, Lozi ⟨*lat.*⟩ (veraltet): Platz, Ort, Stelle
[2]**Lo|kus,** der; - u. -ses, -se (ugs.): Toilette (2)
Lo|ku|ti|on, die; -, -en ⟨*lat.*⟩: **a)** Redewendung, Redensart; **b)** Redestil, Ausdrucksweise
lo|ku|ti|o|när (Sprachwiss.): die Lokution betreffend; **lokutionärer Akt:** der Sprechakt im Hinblick auf Artikulation, Konstruktion u. Logik der Aussage; ↑illokutionärer Akt, ↑perlokutionärer Akt
lo|ku|tiv: vgl. lokutionär; **lokutiver Akt:** ↑lokutionärer Akt
Lo|li|ta, die; -, -s ⟨nach dem Kosenamen der Heldin im gleichnamigen Roman von V. Nabokov, 1899–1977⟩: Mädchen, das seinem Alter nach noch fast ein Kind, körperlich aber schon entwickelt ist u. zugleich unschuldig u. raffiniert, naiv u. verführerisch wirkt; Kindfrau
Lol|lar|de, der; -n, -n ⟨*niederl.-engl.*⟩: **1.** Mitglied der Alexianer (Kongregation von Laienbrüdern). **2.** Anhänger des englischen Vorreformators Wyclif (14. Jh.)
Lol|lo ros|so, auch: **Lol|lo ros|sa,** der; - -s ⟨*it.*⟩: italienische Salatsorte mit rötlich geränderten, krausen Blättern
Lom|bard, der od. das; -[e]s, -e ⟨*it.-frz.;* vom Namen der Lombardei⟩ (Wirtsch.): Kredit gegen Verpfändung beweglicher Sachen (Wertpapiere, Waren)
Lom|bar|de, der; -n, -n (meist Plural) ⟨*it.*⟩: oberitalienischer Geldwechsler im ausgehenden Mittelalter
Lom|bard|ge|schäft, das; -[e]s, -e ⟨*it.-frz.; dt.*⟩: ↑Lombard
lom|bar|die|ren ⟨*it.-frz.*⟩ (Wirtsch.): Wertpapiere od. Waren bankmäßig beleihen
Lom|bard|satz, der; -es, ...sätze ⟨*it.-frz.; dt.*⟩ (Wirtsch.): von der Notenbank festgesetzter Zinsfuß für Lombardgeschäfte; vgl. Diskontsatz
Lom|ber, das; -s ⟨*lat.-span.-frz.*⟩: Kartenspiel
Lon|ga, die; -, ...gae [...gɛ] u. ...gen ⟨*lat.*⟩ (Musik): zweitlängster Notenwert der ↑Ars nova des 14. Jh.s
Lon|gä|vi|tät, die; - (Med.): Langlebigkeit
Long|board [...bɔːɐ̯t], das; -s, -s ⟨*engl.*⟩: **1.** längeres Skateboard. **2.** längeres Surfbrett
Long|drink, der; -s, -s, **Long Drink,** der; - -s, - -s ⟨*engl.*⟩: neben Alkohol vor allem Soda, Fruchtsaft o. Ä. enthaltendes Mixgetränk
Lon|ge [ˈlõːʒə], die; -, -n ⟨*lat.-frz.*⟩: **a)** (Reitsport) sehr lange Laufleine für Pferde; **b)** an einem Sicherheitsgurt befestigte Leine zum Abfangen von Stürzen bei gefährlichen Übungen beim Turnen od. beim Schwimmunterricht. **lon|gie|ren** [...ʒ...]: ein Pferd an der Longe laufen lassen
Lon|gi|me|t|rie, die; - ⟨*lat.; gr.*⟩: Längenmessung
lon|gi|tu|di|nal ⟨*lat.-nlat.*⟩: **a)** in der Längsrichtung verlaufend, längs gerichtet; **b)** die geografische Länge betreffend
Lon|gi|tu|di|nal|schwin|gung, die; -, -en (Physik): Schwingung, die entlang einer ausgezeichneten Richtung verläuft (Ggs.: Transversalschwingung).
Lon|gi|tu|di|nal|wel|le, die; -, -n: Welle, bei der die Schwingungsrichtung der Teilchen übereinstimmt mit der Richtung, in der sie sich ausbreitet
long|line [...laɪ̯n] ⟨*lat.-engl.-amerik.*⟩ (Tennis): an der Seitenlinie entlang. **Long|line,** der; -[s], -s (Tennis): entlang der Seitenlinie gespielter Ball
Long|list, die; -, -s ⟨*engl.*⟩: erste, größere Auswahlliste [für einen Wettbewerb], aus der dann eine engere Auswahl (Shortlist) getroffen wird
Long|sel|ler, der; -s, - ⟨*engl.*⟩: Buch, das über einen langen Zeitraum gut verkauft wird; vgl. Steadyseller
Long|shirt [...ʃœːɐ̯t], das; -s, -s ⟨*engl.*⟩: lang geschnittenes, kragenloses Shirt
Long|ton [...tʌn], die; -, -s: Gewichtseinheit in Großbritannien u. den USA (= 1016,05 kg)
Look [lʊk], der; -s, -s ⟨*engl.;* »Aussehen«⟩: Modestil, Modeerscheinung; Aussehen, Note
Look|alike [ˈlʊkəlaɪ̯k], der; -s, -s u. die; -, -s: Doppelgänger/-in [einer prominenten Person]
Loop [luːp], der; -[s], -s ⟨*engl.;* »Schleife, Schlinge«⟩: **1.** (EDV) Programmschleife, Folge von Programmteilen, die mehrfach durchlaufen werden können. **2.** (Musik) kurzes, ständig wiederkehrendes Motiv im ↑Rap
loo|pen [ˈluːpn̩] ⟨*engl.*⟩: einen Looping ausführen
Loop|garn [ˈluːp...], das; -[e]s, -e ⟨*engl.; dt.*⟩: Garn mit Schlingen (die beim Zwirnen von einem ohne Spannung laufenden Faden gebildet werden)
Loo|ping [ˈluːpɪŋ], der (auch: das); -s, -s: senkrechter Schleifenflug, Überschlag (beim Kunstflug)
lo|ph|o|dont ⟨*gr.-nlat.*⟩ (Zool.): statt einzelner Höcker zusammenhängende, gekrümmte Kämme od. Leisten tragend (von den Backenzähnen vieler pflanzenfressender Säugetiere)
Lo|quat, die; -, -s ⟨*chin.*⟩: aus China stammendes baumförmiges Rosengewächs mit essbaren Früchten
Lo|qua|zi|tät, die; - ⟨*lat.*⟩ (Med.): Geschwätzigkeit

Lor|bass, der; -es, -e ‹*lit.*› (landsch.): Lümmel, Taugenichts

Lord, der; -s, -s ‹*engl.*›: **1.** (ohne Plural) Titel für einen Vertreter des hohen englischen Adels. **2.** Träger des Titels Lord (1)

Lord Chan|cel|lor [- ˈtʃɑːnsələ], der; - -[s], - -s ‹*engl.; lat.-frz.-engl.*›, **Lord|kanz|ler**, der; -s, - ‹*engl.; lat.-spätlat.-dt.*›: höchster englischer Staatsbeamter; Präsident des Oberhauses u. des Obersten Gerichtshofes

Lord May|or [- ˈmɛːɐ], der; - -[s], - -s: Oberbürgermeister bestimmter Großstädte im britischen Commonwealth

Lor|do|se, die; -, -n ‹*gr.*› (Med.): Verkrümmung der Wirbelsäule nach vorn. **lor|do|tisch** (Med.): zur Lordose gehörend, mit Lordose einhergehend

Lord|ship [...ʃɪp], die; - ‹*engl.*›: **1.** Lordschaft (Rang bzw. Titel, auch Anrede eines Lords). **2.** Herrschaftsgebiet eines Lords

Lo|ret|te, die; -, -n ‹*frz.*› (veraltet): Lebedame (bes. im Paris des 19. Jh.s)

Lor|g|net|te [lɔrnˈjɛtə], die; -, -n ‹*frz.*›: bügellose, an einem Stiel vor die Augen zu haltende Brille. **lor|g|net|tie|ren** (veraltet): durch die Lorgnette betrachten; scharf mustern

Lor|g|non [lɔrˈnjõː], das; -s, -s: **a)** früher übliches Stieleinglas; **b)** Lorgnette, früher übliche Stielbrille

¹Lo|ri, der; -s, -s ‹*malai.-engl.*›: farbenprächtiger, langflügeliger Papagei

²Lo|ri, der; -s, -s ‹*frz.;* Herkunft unsicher›: schwanzloser Halbaffe

Lorm|al|pha|bet, Lorm-Al|pha|bet, das; -[e]s: von Hieronymus Lorm für hör- und sehbehinderte Menschen entwickelte Handtastensprache

lor|men: das Lormalphabet benutzen

Lo|ro|kon|to, das; -s, ...ten (auch: -s u. ...ti) ‹*it.*›: das bei einer Bank geführte Konto einer anderen Bank

lo|sen [ˈluːzn̩] ‹*engl.*› (ugs.): erfolglos bleiben; vgl. ablosen. **Loser** [ˈluːzɐ], der; -s, - ‹*engl.*›: Verlierer, Versager

Lost, der; -[e]s ‹Kunstw.›: chemischer Kampfstoff; Senfgas

lo stes|so tem|po vgl. l'istesso tempo

Lost Ge|ne|ra|tion [ˈlɔst dʒɛnəˈrɛɪ̯ʃən], die; - - ‹*engl.;* »verlorene Generation«; von der amerik. Schriftstellerin Gertrude Stein (1874–1946) geprägte Bezeichnung›: **a)** Gruppe der jungen, durch das Erlebnis des 1. Weltkriegs desillusionierten und pessimistisch gestimmten amerikanischen Schriftsteller der Zwanzigerjahre; **b)** junge amerikanische u. europäische Generation nach dem 1. Weltkrieg

Lot, das; -s, -s ‹*engl.*›: [vom Händler angebotene] Zusammenstellung von Briefmarken

Lo|ti|on [auch: ˈlɔʊ̯ʃn̩], die; -, -en u. (bei engl. Ausspr.:) -s ‹*lat.-frz.(-engl.)*›: flüssiges Kosmetikum zur Reinigung u. Pflege der Haut

Lo|tos, der; -, - ‹*gr.-lat.*›, **Lo|tos-blu|me**, die; -, -n ‹*gr.-lat.; dt.*›: Wasserrose mit weißen, rosa od. hellblauen Blüten

Lo|tos|säu|le, die; -, -n: altägyptische Säule mit einem stilisierten Pflanzenkapitell

Lo|tos|sitz, der; -es: Sitzhaltung, bei der die Oberschenkel gegrätscht u. die Füße über Kreuz auf den Oberschenkeln liegen

Lot|te|rie, die; -, ...ien ‹*germ.-niederl.*›: **1.** Zahlenglücksspiel, bei dem Lose gekauft od. gezogen werden. **2.** Verlosung. **3.** Kartenglücksspiel. **4.** Lotteriespiel, riskantes Handeln mit Inkaufnahme aller Eventualitäten

Lot|te|rie|kol|lek|ti|on, die; -, -en (veraltet): Lotterieeinnahme

Lot|to, das; -s, -s ‹*germ.-frz.-it.*›: **1.** Glücksspiel, bei dem man auf Zahlen wettet, die bei der jeweiligen Ziehung als Gewinnzahlen ausgelost werden; Zahlenlotterie. **2.** Gesellschaftsspiel, bei dem Karten mit Zahlen od. Bildern durch dazugehörige Karten bedeckt werden müssen

Lot|to|kol|lek|tur, die; -, -en (österr. veraltend): Geschäftsstelle für das Lottospiel

Lo|tus, der; -, - ‹*gr.-lat.*›: **1.** Hornklee. **2.** ↑ Lotos

Lou|is [ˈluːi], der; -, - [ˈluːis] ‹frz. Name für Ludwig› (ugs.): Zuhälter

Lou|is|dor [luiˈdoːɐ̯], der; -[s], -e u. -s (aber: 5 -) ‹*frz.;* nach Ludwig XIII., 1601–1643›: französische Goldmünze, die zuerst unter Ludwig XIII. geprägt wurde

Lou|i|sette [...ˈzɛt], die; -, -n: erste Bez. für die ↑ Guillotine

Lou|is-qua|torze [...kaˈtɔrz], das; -: französischer Kunststil zur Zeit Ludwigs XIV. (französisches Barock)

Lou|is-quinze [...ˈkɛ̃ːz], das; -: dem deutschen Rokoko vergleichbarer französischer Kunststil zur Zeit Ludwigs XV.

Lou|is-seize [...ˈsɛːz], das; -: französischer Kunststil zur Zeit Ludwigs XVI.

Lou|is-treize [...ˈtrɛːz], das; -: französischer Kunststil zur Zeit Ludwigs XIII.

Lounge [laʊ̯ndʒ], die; -, -s [ˈlaʊ̯ndʒɪs] ‹*engl.*›: **1.** Gesellschaftsraum in Hotels o. Ä.; Hotelhalle. **2.** Bar, Klub mit anheimelnder Atmosphäre. **3.** luxuriös ausgestatteter Aufenthaltsraum auf Flughäfen, in Bahnhöfen, großen Stadien o. Ä.

Loup de Mer [luːdəˈmɛːɐ̯], der; -s [luː] - -, -s [luː] - - ‹*frz.*›: Wolfsbarsch

Loure [luːɐ̯], die; -, -n [ˈluːrən] ‹*frz.*›: Tanz mit merklicher Hervorhebung des Taktanfangs im $^6/_4$-Takt od. $^3/_8$-Takt

love [lʌv] ‹*engl.*›: engl. Bez. im Tennis für: null, zu null

Love-in [lʌvˈɪn], das; -s, -s ‹*engl.*›: (vor allem in den 1960er-Jahren) aus einer Protesthaltung hervorgegangene Veranstaltung jugendlicher Gruppen, bei der es zu öffentlichen erotisch-sexuellen Handlungen kommt

Love|pa|rade ®, Love-Pa|rade [ˈlʌvpərɛɪ̯d], die; -, -s (früher): [farbenfroher, turbulenter] Umzug der Raverinnen u. Raver mit Musik u. Tanz

Lo|ver [ˈlavɐ], der; -s, -[s]: Freund u. Liebhaber; Liebespartner

Love|sto|ry [ˈlʌv...], die; -, -s: Liebesgeschichte

Low|board [ˈlɔʊ̯bɔːɐ̯t], das; -s, -s ‹*engl.*›: sehr niedriges ↑ Sideboard

Low-Bud|get-Pro|duk|ti|on [lɔʊ̯ˈbadʒɪt...], die; -, -en ‹*engl.; lat.-frz.*›: mit geringen finanziellen Mitteln produzierter Film

Low Church [ˈlɔʊ̯ ˈtʃœːɐ̯tʃ], die; - ‹*engl.*›: vom ↑ Methodismus beeinflusste Richtung in der

loyal

Er gilt als einer seiner loyalsten Berater.
verlässlich, Vereinbarungen und soziale Regeln einhaltend
– gelten als ehrlich [humorvoll/und] loyal verlässlich/intelligent
– ein sehr loyaler [...] Mensch
– sich immer [sehr] loyal gegenüber [...] verhalten
Sie ist sicher, dass sie sich auf ihre loyalen Anhänger verlassen kann.
Die Partner sollten loyal sein, füreinander da sein und einander vertrauen.
Ich bin sehr loyal und ehrlich.

legal

Dann wären Dumpinglöhne von drei bis vier Euro legal, kritisierte die Ministerin.
gesetzesgemäß
– 1000/Tausend ganz legale Steuertricks
– auf legale Weise [...] Geld [...] verdienen
– für die legale [...] Einwanderung
Das Ehepaar war überzeugt davon, dass damals alles legal ablief.
Musiktitel können jetzt auch legal im Internet heruntergeladen werden.
War dieser Polizeieinsatz legal?

↑anglikanischen Kirche; vgl. Broad Church, High Church

Low-Cost-Car|ri|er [ˈlɔʊ̯(ˈ)kɔst...], der; -s, - ‹*engl.*›: Billigfluglinie

Low-Fat-Di|ät, Low|fat|di|ät [ˈlɔʊ̯(ˈ)fɛt...], die; -, -en ‹engl.; gr.›: Diät, bei der man möglichst wenig Fett zu sich nimmt

Low Im|pact [ˈlɔʊ̯ ˈɪmpɛkt], der; -s, - -s ‹*engl.*›: geringe Belastung, schwächere Wirkung

lo|xo|drom ‹*gr.-nlat.*› (Math.): die Längenkreise (vgl. auch Meridian) einer Kugel bzw. der Erdkugel unter gleichem Winkel schneidend (von gedachten Kurven auf einer Kugel bzw. auf der Erdkugel). **Lo|xo|dro|me,** die; -, -n (Math.): Kurve, die loxodrom ist. **lo|xo|dro|misch** (veraltet): loxodrom

lo|xo|go|nal: schiefwinklig

Lo|x|oph|thal|mus, der; - (Med. selten): Strabismus; das Schielen

lo|y|al [lo̯aˈjaːl] ‹*lat.-frz.*›: **a)** zur Regierung, zum Vorgesetzten stehend; die Gesetze, die Regierungsform respektierend; gesetzes-, regierungstreu (Ggs.: disloyal, illoyal [a]); **b)** die Interessen anderer achtend; vertragstreu; anständig, redlich (Ggs.: illoyal [b])

loyal/legal *s. Kasten*

Lo|ya|list, der; -en, -en: jmd., der loyal (a) ist, regierungstreu, gesetzestreu handelt. **Lo|ya|lis|tin,** die; -, -nen: weibliche Form zu ↑Loyalist

Lo|ya|li|tät, die; -, -en: **a)** Treue gegenüber der herrschenden Gewalt, der Regierung, dem Vorgesetzten; Gesetzes-, Regierungstreue; **b)** Vertragstreue; Achtung vor den Interessen anderer; Anständigkeit, Redlichkeit

Lo|ya|li|täts|kon|flikt, der; -s, -e: innerer Konflikt, der dadurch entsteht, dass die betroffene Person zwei unterschiedlichen u. sich gegenseitig ausschließenden Anforderungen gerecht werden will

lo|zie|ren ‹*lat.*› (veraltet): **1.** an einen Ort setzen od. stellen, einordnen. **2.** verpachten

LSD, das; -[s] ‹Abk. für *Lys*erg*s*äure*d*iäthylamid›: aus Bestandteilen des Mutterkorns gewonnenes Rauschgift, das bewusstseinsverändernd wirkt

Lu|b|ri|ka|ti|on, die; - ‹*lat.*› (Med.): bei sexueller Erregung durch Sekrete bewirkte Gleitfähigkeit der Scheide

Lu|ci|dol® ‹*lat.-nlat.*›: Bleichmittel für pflanzliche Öle und Fette

Lu|ci|fer vgl. Luzifer

Lu|cky Lo|ser [ˈlʌkɪ ˈluːzɐ], der; - -s, - - (meist Plural) ‹*engl.;* eigtl. »glücklicher Verlierer«› (Sport): [punkt]bester Verlierer in einem Ausscheidungswettkampf, der noch das Finale erreicht

Lud|dit, der; -en, -en (meist Plural) ‹*engl.;* angeblich nach einem engl. Arbeiter Lud[d]›: (in England in der 1. Hälfte des 19. Jh.s) aufrührerischer Arbeiter, der aus Furcht vor Arbeitslosigkeit [Textil]maschinen zerstört. **Lud|di|tin,** die; -, -nen: weibliche Form zu ↑Luddit

Lu|dus, der; -, Ludi ‹*lat.*›: **1.** öffentliches Fest- u. Schauspiel im Rom der Antike. **2.** mittelalterliches geistliches Drama. **3.** lat. Bez. für: Elementarschule

Lu|es, die; - ‹*lat.;* »Seuche, Pest«› (Med.): Syphilis

lu|e|tisch ‹*lat.-nlat.*› (Med.): syphilitisch

Luf|fa, die; -, -s ‹*arab.-span.-nlat.*›: kürbisartige Pflanze, aus deren schwammartiger Frucht die Luffaschwämme hergestellt werden

Lü|gen|de|tek|tor, der; -s, -en ‹*dt.; lat.-engl.*›: Registriergerät zur Feststellung unwillkürlicher körperlicher Reaktionen, die möglicherweise Rückschlüsse auf den Wahrheitsgehalt von gemachten Aussagen zulassen

Lug|ger vgl. Logger

lu|gu|ber ‹*lat.-frz.*›: traurig, düster

lu|gu|b|re ‹*lat.-it.*› (Musik): klagend, traurig

Lu|i|ker, der; -s, - ‹*lat.-nlat.*› (Med.): an Syphilis Erkrankter. **Lu|i|ke|rin,** die; -, -nen: weibliche Form zu ↑Luiker

lu|isch (Med.): ↑luetisch

Lu|i|si|ne, die; - ‹*frz.*›: weiches Gewebe aus reiner Seide in Taftbindung (Webart)

Lu|kar|ne, die; -, -n ‹*frz.*›: **1.** (Archit.) Dacherker mit verziertem Giebelfenster (bes. in der Schlossbaukunst der französischen Spätgotik). **2.** (landsch.) Dachfenster, -luke

lu|k|ra|tiv ⟨*lat.*⟩: gewinnbringend, einträglich

lu|k|rie|ren (österr., sonst veraltet): gewinnen, einen Gewinn bei etwas machen

Lu|ku|b|ra|ti|on, die; -, -en ⟨*lat.*⟩ (veraltet): [wissenschaftliches] Arbeiten bei Nacht

lu|ku|lent (veraltet): lichtvoll, klar

lu|kul|lisch ⟨*lat.;* nach dem röm. Feldherrn Lucullus⟩: üppig, erlesen (von Speisen)

Lu|kul|lus, der; -, -se: Schlemmer

Lul|la|by [ˈlʌləbaɪ̯], das; -s, -s ⟨*engl.*⟩: engl. Bez. für: Wiegenlied, Schlaflied

Lu|ma|chel|le [...ˈʃɛlə], die; -, -n ⟨*gr.-lat.-it.-frz.*⟩ (Geol.): aus Muschel- u. Schneckenschalenresten zusammengesetzter Kalkstein mit großen Poren

Lumb, der; -s, -e ⟨*schwed.-engl.*⟩: lang gestreckter, hellgrauer Barschfisch im arktischen Atlantik

Lum|ba|go, die; - ⟨*lat.*⟩ (Med.): Rückenschmerzen v. a. bei degenerativen Lendenwirbelsäulenerkrankungen; Hexenschuss

lum|bal ⟨*lat.-nlat.*⟩ (Med.): zu den Lenden gehörend, sie betreffend

Lum|bal|an|äs|the|sie, die; -, -n (Med.): örtliche Betäubung durch Einspritzungen in den Wirbelkanal der Lendengegend

Lum|b|al|gie, die; -, ...ien ⟨*lat.; gr.*⟩ (Med.): Rückenschmerzen im Bereich der Lendenwirbelsäule; Hexenschuss

Lum|bal|punk|ti|on, die; -, -en (Med.): ↑Punktion des Lendenwirbelkanals

Lum|ber [ˈlʌmbɐ], der; -s, -: Kurzform von ↑Lumberjack

Lum|ber|jack [...dʒɛk], der; -s, -s ⟨*engl.-amerik.;* »Holzfäller«⟩: Jacke aus Leder, Cord o. Ä., meist mit Reißverschluss, mit engem Taillenschluss u. Bund an den Ärmeln

Lu|men, das; -s, - u. Lumina ⟨*lat.;* »Licht«⟩: **1.** (veraltet scherzh.) kluger Mensch, Könner, hervorragender Kopf. **2.** (Biol., Med.) Hohlraum eines röhrenförmigen Körperorgans (z. B. eines Blutgefäßes od. des Darms). **3.** (Biol., Med.) innerer Durchmesser eines röhrenförmig hohlen Organs. **4.** (Physik) Einheit des Lichtstroms (Zeichen: lm)

Lu|men na|tu|ra|le, das; - - (Philos.): das natürliche Licht der Vernunft im Unterschied zum göttlichen; das menschlich-endliche Erkenntnisvermögen mit seiner Abhängigkeit vom »übernatürlichen Licht« der göttlichen Offenbarung

Lu|mie [...mi̯ə], die; -, -n ⟨*pers.-arab.-it.*⟩: im Mittelmeergebiet beheimatete, meist nur noch als Schmuckbaum angepflanzte Zitrusfrucht; süße Zitronenart

Lu|mi|nal®, das; -s ⟨Kunstw.⟩: Schlafmittel; Mittel gegen Epilepsie u. andere Krankheiten

Lu|mi|nanz, die; - (Fachspr.): Helligkeitsinformation des Videosignals

Lu|mi|nanz|si|g|nal, das; -s, -e: das beim Farbfernsehen zur Übertragung der Helligkeitswerte ausgestrahlte Signal

Lu|mi|nes|zenz, die; -, -en ⟨*lat.-nlat.*⟩: das Leuchten eines Stoffes ohne gleichzeitige Temperaturerhöhung; kaltes Leuchten (z. B. von Phosphor im Dunkeln). **lu|mi|nes|zie|ren:** ohne gleichzeitige Temperaturerhöhung leuchten

Lu|mi|neux [lymiˈnøː], der; - ⟨*lat.-frz.*⟩: glanzreicher Kleider- od. Futterstoff in Taftbindung (Webart)

Lu|mi|no|gra|fie, Lu|mi|no|gra|phie, die; - ⟨*lat.; gr.*⟩: Verfahren zur Herstellung fotografischer Kopien mithilfe von Leuchtstofffolien als Lichtquelle

Lu|mi|no|phor, der; -s, -e: Masse, Substanz, die durch Bestrahlen mit Licht lange Zeit im Dunkeln leuchtet

lu|mi|nös ⟨*lat.-frz.*⟩ (veraltet): hell, lichtvoll, leuchtend

Lu|mi|no|si|tät, die; - (Kernphysik): Kenngröße für Teilchenprozesse der Kern- bzw. Elementarteilchenphysik

Lum|me, die; -, -n ⟨*nord.*⟩: auf steilen Felsen der Nordmeerinseln lebender arktischer Seevogel mit kurzen Flügeln

Lum|pa|zi|us, der; -, -se ⟨mit latinisierender Endung zu »Lump« gebildet⟩ (scherzh. veraltend): Lump

Lum|pa|zi|va|ga|bun|dus, der; -, -se u. ...di ⟨nach der Titelgestalt einer Posse von Nestroy⟩: Landstreicher, Herumtreiber

Lum|pen|pro|le|ta|ri|at, das; -[e]s, -e (marxistische Theorie): unterste Gesellschaftsschicht (im kapitalistischen Gesellschaftssystem), die unfähig ist zum politischen Kampf, da sie kein Klassenbewusstsein entwickelt hat

Lu|na (meist ohne Artikel); -s; mit Artikel: die; - ⟨*lat.*⟩: (dichter.) Mond

lu|nar (Astron.): den Mond betreffend, zu ihm gehörend, von ihm ausgehend

Lu|na|ria, die; - ⟨*nlat.*⟩ (Bot.): eine Gattung der Kreuzblütler; Silberblatt

lu|na|risch (veraltet): ↑lunar

Lu|na|ri|um, das; -s, ...ien ⟨*lat.-nlat.*⟩: Gerät zur Veranschaulichung der Mondbewegung

Lu|nar|or|bit, der; -s, -s (Astron.): Umlaufbahn um den Mond

Lu|na|ti|ker, der; -s, - ⟨*lat.*⟩ (Med.): Mondsüchtiger. **Lu|na|ti|ke|rin,** die; -, -nen: weibliche Form zu ↑Lunatiker

Lu|na|ti|on, die; -, -en ⟨*lat.-nlat.*⟩: Mondumlauf von Neumond zu Neumond

lu|na|tisch ⟨*lat.*⟩ (Med.): mondsüchtig, ↑somnambul. **Lu|na|tis|mus,** der; - ⟨*lat.-nlat.*⟩ (Med.): Mondsüchtigkeit, ↑Somnambulismus, Nachtwandeln bei Vollmond

Lunch [lanʃ, lantʃ], der; -[e]s u. -, -[e]s u. -e ⟨*engl.*⟩: (in den angelsächsischen Ländern) kleinere, leichte Mahlzeit in der Mittagszeit. **lun|chen** [ˈlanʃn̩, ˈlantʃn̩]: den Lunch einnehmen

lynchen
Das aus dem amerikanischen Englisch entlehnte Verb wird wie in der Herkunftssprache mit *-y-* geschrieben.

Lunch|pa|ket [ˈlanʃ..., ˈlantʃ...], das; -[e]s, -e: kleines Paket mit Verpflegung für die Teilnehmer an einem Ausflug o. Ä.

Lun|dist [lœ̃ˈdɪst], der; -en, -en ⟨*lat.-vulgärlat.-frz.*⟩ (veraltet): Herausgeber einer Montagszeitung

Lü|net|te, die; -, -n ⟨*lat.-frz.;* »Möndchen«⟩: **1.** (Archit.) Bogenfeld als Abschluss über Türen od. Fenstern od. als Bekrönung eines Rechtecks. **2.** (veraltet) Grundrissform im Festungsbau bei Schanzen u. Forts. **3.** verstellbare Vorrichtung an Drehmaschinen, Setzstock bei der Metallverarbeitung zur Unterstützung langer Werkstücke

lun|go ⟨*lat.-it.*⟩ (Musik): lang gehalten (Vortragsanweisung)

lu|ni|so|lar ⟨*lat.-nlat.*⟩: den Mond- u. Sonnenlauf betreffend, von Mond u. Sonne ausgehend

Lu|ni|so|lar|prä|zes|si|on, die; -: das durch die Anziehung von Sonne u. Mond bewirkte Fortschreiten der Tagundnachtgleiche-Punkte der Erde auf der ↑ Ekliptik

Lu|no|lo|gie, die; - ⟨*lat.*⟩: Wissenschaft von der Beschaffenheit des Mondes

Lu|no|naut, der; -en, -en ⟨*lat.-gr.*⟩: für einen Mondflug eingesetzter Astronaut. **Lu|no|nau|tin,** die; -, -nen: weibliche Form zu ↑ Lunonaut

Lu|nu|la, die; -, ...lae [...lɛ] u. ...nulen ⟨*lat.*⟩: **1.** halbmondförmiger [Hals]schmuck aus der Bronzezeit. **2.** glasumschlossener Hostienbehälter in der Monstranz. **3.** (Med.) halbmondförmiges weißliches Feld am hinteren Nagelwall

lu|nu|lar ⟨*lat.-nlat.*⟩: halbmondförmig

Lu|pa|nar, das; -s, -e ⟨*lat.*⟩: altrömisches Bordell

Lu|per|ka|li|en, die (Plural) ⟨*lat.*⟩: altrömisches Fest, urspr. zu Ehren des Hirtengottes Faun, das später zur Reinigungs- u. Fruchtbarkeitsfeier wurde

Lu|pi|ne, die; -, -n ⟨*lat.-nlat.*⟩: Pflanze mit meist gefingerten Blättern u. ährigen Blüten

Lu|pi|no|se, die; -, -n (Tiermed.): Futtermittelvergiftung mit schwerer Erkrankung der Leber bei Wiederkäuern [infolge Fütterung mit bitteren Lupinen]

lu|pös ⟨*lat.-nlat.*⟩ (Med.): an Lupus erkrankt, leidend

Lu|pu|lin, das; -s: bei der Bierbrauerei u. als Beruhigungsmittel in der Medizin verwendeter Bitterstoff der Hopfenpflanze

Lu|pus, der; -, -[se] ⟨*lat.;* »Wolf«⟩ (Med.): **1. Lupus erythematodes:** Autoimmunerkrankung, von der v. a. die Haut befallen wird; Schmetterlingsflechte. **2. Lupus vulgaris:** meist chronisch verlaufende tuberkulöse Hautflechte mit entstellender Narbenbildung

Lu|pus in Fa|bu|la, der; - - - ⟨»der Wolf in der Fabel«⟩: wenn man vom Teufel spricht, ist er nicht weit! (Ausruf, wenn jemand kommt, von dem man gerade gesprochen hat)

Lu|re, die; -, -n ⟨*nord.*⟩: altes nordisches hornähnliches Blasinstrument

Lu|rex®, das; - ⟨Kunstw.⟩: mit metallisierten Fasern hergestelltes Garn, Gewebe, Gewirk

lur|ken ['lœːɐ̯...] ⟨*engl.;* »auf der Lauer liegen«⟩: Artikel, Nachrichten (z. B. einer Onlinekonferenz) empfangen u. lesen, ohne sich an der Diskussion zu beteiligen. **Lur|ker,** der; -s, -: jmd., der lurkt. **Lur|ke|rin:** weibliche Form zu ↑ Lurker

lu|sin|gan|do ⟨*germ.-provenzal.-it.*⟩ (Musik): schmeichelnd, gefällig, gleitend, zart, spielerisch (Vortragsanweisung)

Lu|si|ta|nis|mus, der; -, ...men ⟨*lat.*⟩ (veraltet): Übertragung einer für das Portugiesische bzw. Brasilianische typischen Erscheinung auf eine nicht portugiesische bzw. nicht brasilianische Sprache

Lu|si|ta|nis|tik, die; -: Wissenschaft von der portugiesischen bzw. brasilianischen Sprache u. Literatur

Lu|si|ta|no, der; -, -s ⟨*lat.-port.*⟩: eine portugiesische Pferderasse; ein Pferd dieser Rasse

Lus|ter, der; -s, - ⟨*lat.-it.-frz.*⟩ (österr.): ↑ Lüster

Lüs|ter, der; -s, -: **1.** Kronleuchter. **2.** Glanzüberzug auf Glas-, Ton-, Porzellanwaren. **3.** in der Lederfabrikation (u. bei der Pelzveredlung) verwendetes Appreturmittel, das die Leuchtkraft der Farben erhöht u. einen leichten Glanz verleiht. **4.** glänzendes, etwas steifes [Halb]wollgewebe

Lüs|ter|far|be, die; -, -n: zur Herstellung des Lüsters (2) verwendete Farbe, die wenig Metall enthält

Lus|t|ra: *Plural* von ↑ Lustrum

Lus|t|ra|ti|on, die; -, -en ⟨*lat.*⟩: **1.** (Rel.) feierliche kultische Reinigung [durch Sühneopfer]. **2.** (veraltet) Durchsicht, Musterung, Prüfung

lus|t|ra|tiv ⟨*lat.-nlat.*⟩ (Rel.): kultische Reinheit bewirkend

Lus|t|ren: *Plural* von ↑ Lustrum

lus|t|rie|ren ⟨*lat.*⟩: **1.** (Rel.) feierlich reinigen. **2.** (veraltet) durchsehen, mustern, prüfen

lüs|t|rie|ren ⟨*lat.-it.-frz.*⟩: Baumwoll- u. Leinengarne fest u. glänzend machen

Lüs|t|ri|ne, die; -: stark glänzendes Hutfutter in Taftbindung (Webart)

Lus|t|rum, das; -s, ...ren u. ...ra ⟨*lat.*⟩: **1.** (Geschichte) altrömisches Reinigungs- u. Sühneopfer, das alle fünf Jahre stattfand. **2.** Zeitraum von fünf Jahren

Lu|te|in, das; -s ⟨*lat.-nlat.*⟩: gelber Farbstoff in Pflanzenblättern u. im Eidotter

lu|te|i|ni|sie|ren ⟨*lat.*⟩: **luteinisierendes Hormon:** Sexualhormon, das bei der Frau den Eisprung und die Bildung des Gelbkörpers fördert

Lu|te|i|ni|sie|rung, die; -, -en: Bildung des Gelbkörpers nach dem Eisprung

Lu|te|i|nom vgl. Luteom

Lu|te|o|lin, das; -s: gelber Pflanzenfarbstoff der Reseda u. des Fingerhuts

Lu|te|om, Luteinom, das; -s, -e (Med.): gutartige ↑ Zyste (1) am Eierstock

Lu|te|o|t|ro|pin, das; -s, -e (Med.): Sexualhormon beider Geschlechter

Lu|te|ti|um, das; -s ⟨*nlat.;* nach Lutetia, dem lat. Namen von Paris⟩: chem. Element; Metall (Zeichen: Lu); vgl. Cassiopeium

Lu|t|ro|pho|ros, der; -, ...ren ⟨*gr.*⟩: schlankes Kultgefäß der griechischen Antike mit zwei od. drei Henkeln

lut|tu|o|so ⟨*lat.-it.*⟩ (Musik): schmerzvoll, traurig (Vortragsanweisung)

Lux, das; -, - ⟨*lat.*⟩ (Physik): Einheit der Beleuchtungsstärke (Zeichen: lx)

Lu|xa|ti|on, die; -, -en ⟨*lat.*⟩ (Med.): Verrenkung, Ausrenkung eines Gelenks; vgl. Distorsion (1). **lu|xie|ren** (Med.): verrenken, ausrenken

Lux|me|ter, das; -s, - ‹*lat.; gr.*›: Messgerät für den Lichtstrom; Beleuchtungsmesser

Lux|se|kun|de, die; -, -n: fotometrische Einheit der Belichtung (Zeichen: lx s)

Lu|xu|ria, die; - ‹*lat.;* »Zügellosigkeit, Übermut«› (Rechtswiss.): bewusste Fahrlässigkeit

lu|xu|rie|ren ‹*lat.-nlat.*›: **1.** üppig, reichlich vorhanden sein; schwelgen. **2.** (Bot.) sich in Wuchs od. Vitalität im Vergleich zur Elterngeneration steigern (von Pflanzenbastarden)

lu|xu|ri|ös ‹*lat.*›: sehr komfortabel ausgestattet; üppig, verschwenderisch; kostbar, prunkvoll

Lu|xus, der; -: kostspieliger Aufwand, der den normalen Rahmen [der Lebenshaltung] übersteigt; nicht notwendiger, nur zum Vergnügen betriebener Aufwand; Pracht, verschwenderische Fülle

Lu|xus|li|ner [...laɪ̯nɐ], der; -s, -: im Liniendienst eingesetztes Luxusschiff; Schiff, das viel Komfort bietet

Lu|zer|ne, die; -, -n ‹*lat.-vulgärlat.-provenzal.-frz.*›: zur Familie der Schmetterlingsblütler zählende wichtige Futterpflanze mit meist blauen, violetten od. gelben Blüten

lu|zid ‹*lat.*›: **1.** hell; durchsichtig. **2.** klar, verständlich. **Lu|zi|di|tät,** die; -: **1.** Helle, Durchsichtigkeit. **2.** Klarheit, Verständlichkeit. **3.** (Psychol.) hoher Grad der Wachheit; Klarheit des Bewusstseins

Lu|zi|fer, kirchenlat.: Lucifer, der; -s (meist o. Art.): Teufel, Satan

Lu|zi|fe|rin, das; -s: Leuchtstoff vieler Tiere u. Pflanzen

lu|zi|fe|risch: teuflisch

Lu|zi|me|ter, das; -s, - ‹*lat.; gr.*› (Meteorol. veraltet): Gerät zur Messung der auf die Erde treffenden Sonnenstrahlen

Ly|a|se, die; -, -n ‹*gr.-nlat.*› (Chemie): Enzym, das organische Stoffe aufspaltet

Ly|chee [ˈlɪtʃi] vgl. Litschi

Ly|co|pin vgl. Lykopin

Ly|co|po|di|um vgl. Lykopodium

Ly|c|ra® [auch: ˈlaɪ̯kra], das; -s ‹Kunstw.›: hochelastische Kunstfaser

Lyd|dit, das; -s ‹*engl.-nlat.;* nach der engl. Stadt Lydd›: Sprengstoff aus ↑Pikrinsäure

ly|disch ‹nach der Landschaft Lydien›: das antike kleinasiatische Lydien betreffend; **lydische Tonart** (Musik): a) altgriechische Tonart; b) zu den authentischen vier ersten Tonreihen gehörende, auf f stehende Tonleiter der Kirchentonarten des Mittelalters. **Ly|di|sche,** das; -n (Musik): **1.** altgriechische Tonart. **2.** Kirchentonart

Ly|dit, der; -s, -e ‹*gr.-nlat.*›: (dem Erkennen der Echtheit von Gold- u. Silberlegierungen dienender) schwarzer Kieselschiefer

Ly|ko|ma|nie, die; - ‹*gr.-nlat.*› (Med., Psychol.): [im Mittelalter verbreitete] Wahnvorstellung, in einen Werwolf od. in ein anderes wildes Tier verwandelt zu sein

Ly|ko|pin, chem. fachspr.: Lycopin, das; -s ‹*gr.-ngr.*›: tief gelbroter pflanzlicher Farbstoff aus der Gruppe der ↑Karotinoide (bes. in Tomaten, Paprika, Hagebutten)

Ly|ko|po|di|um, das; -s, ...ien: **1.** Vertreter einer Klasse Farnpflanzen; Bärlapp. **2.** aus den Sporen von Bärlapparten hergestelltes Pulver, das als Streupulver bei der Pillenherstellung u. technisch (als Blitzpulver bei Feuerwerkskörpern) verwendet wird

Ly|k|o|re|xie, die; -, ...ien (Med.): krankhaft gesteigerter Appetit; Heißhunger

Lyme|ar|th|ri|tis [ˈlaɪ̯m...], die; -, ...itiden ‹nach dem Ort Lyme in Connecticut, USA, wo die Krankheit zuerst diagnostiziert wurde› (Med.): durch eine bestimmte Zeckenart übertragene Erkrankung der großen Gelenke, bes. des Kniegelenks

Lymph|ade|nie vgl. Lymphadenose

Lymph|ade|ni|tis, die; -, ...itiden (Med.): Lymphknotenentzündung

Lymph|ade|nom, das; -s, -e, Lymphom, das; -s, -e, Lymphoma, das; -s, -ta (Med.): durch unterschiedliche Ursachen bedingte Vergrößerung von Lymphknoten

Lymph|ade|no|se, die; -, -n, (veraltet): Lymphadenie, die; -, ...ien ‹*gr.-nlat.*› (Med.): **1.** Lymphknotenschwellung, -wucherung. **2.** chronisch lymphatische Leukämie

Lymph|an|gi|om, das; -s, -e (Med.): [selten vorkommender] gutartiger Tumor der Lymphgefäße

Lym|ph|an|gi|tis, die; -, ...itiden (Med.): Lymphgefäßentzündung

lym|pha|tisch (Med.): auf Lymphe, Lymphknötchen, -drüsen bezüglich, sie betreffend

Lym|pha|tis|mus, der; -, ...men (Med.): auf bes. ausgeprägter Reaktionsbereitschaft des lymphatischen Systems beruhender krankhafter Zustand mit blassem Aussehen, träger Atmung, Neigung zu Drüsen- u. Schleimhautentzündungen, Milzschwellung u. chronischen Schwellungen der lymphatischen Organe

Lymph|drai|na|ge, Lymph|drä|nage [...drɛnaːʒə], die; -, -n ‹*gr.-lat.; engl.-frz.*› (Med.): Massage, bei der krankhaft gestaute Lymphgefäße ausgestrichen werden

Lym|phe, die; -, -n ‹*gr.-lat.*› (Med.): hellgelbe, eiweißhaltige, für den Stoffaustausch der Gewebe wichtige Körperflüssigkeit in eigenem Gefäßsystem u. in Gewebsspalten

lym|pho|gen ‹*gr.-lat.; gr.*› (Med.): lymphatischen Ursprungs, auf dem Lymphwege entstanden (z. B. von einer Infektion)

Lym|pho|gra|fie, Lymphographie, die; -, ...ien (Med.): röntgenologische Darstellung von Lymphbahnen u. Lymphknoten

Lym|pho|gra|nu|lo|ma|to|se, die; -, -n ‹*gr.-lat.; lat.-nlat.*› (Med.): ↑Morbus Hodgkin

Lym|pho|gra|phie vgl. Lymphografie

lym|pho|id ‹*gr.-nlat.*› (Med.): lymphartig, lymphähnlich (bezogen auf die Beschaffenheit von Zellen u. Flüssigkeiten)

Lym|pho|i|do|zyt, der; -en, -en (meist Plural) (Med.): den Lymphozyten ähnliche Zelle im

Blut, die eigentlich eine noch unausgereifte Knochenmarkzelle ist (z. B. bei Leukämie)

Lym|phom, Lym|pho|ma vgl. Lymphadenom

Lym|pho|pe|nie, die; -, ...ien (Med.): krankhafte Verminderung der Zahl der Lymphozyten im Blut

Lym|pho|po|e|se, die; - (Med.): **a)** Bildung der zellarmen Lymphe in den Gewebsspalten; **b)** Ausbildung u. Entwicklung der Lymphozyten im lymphatischen Gewebe der Lymphknoten, der ↑Tonsillen u. der Milz

Lym|pho|s|ta|se, die; -, -n (Med.): Lymphstauung

Lym|pho|zyt, der; -en, -en (meist Plural) (Med.): im lymphatischen Gewebe entstehendes, außer im Blut auch in der Lymphe u. im Knochenmark vorkommendes weißes Blutkörperchen

Lym|pho|zy|to|se, die; -, -n (Med.): [krankhafte] Vermehrung der Lymphozyten im Blut

lyn|chen [auch: 'lɪnçn] ⟨*engl.;* wahrscheinlich nach dem nordamerik. Pflanzer u. Friedensrichter Charles Lynch⟩: (jmdn.) für eine [als Unrecht empfundene] Tat ohne Urteil eines Gerichts grausam misshandeln od. töten

Lynch|jus|tiz, die; -: das Lynchen; grausame Misshandlung od. Tötung eines Menschen [durch eine aufgebrachte Volksmenge]

Ly|o|ner ['li̯o:...], die; -, - ⟨nach der frz. Stadt Lyon⟩, **Ly|o|ner Wurst,** die; - -, - Würste: rosa Brühwurst von gehobener Qualität (aus Schweinefleisch)

lyo|phil ⟨*gr.-nlat.*⟩ (Chemie): Lösungsmittel aufnehmend, leicht löslich (Ggs.: lyophob)

Ly|o|phi|li|sa|ti|on, die; -, -en (Technik): Verfahren zur Haltbarmachung bestimmter Güter (Lebensmittel, Medikamente u. a.), die in gefrorenem Zustand im Vakuum getrocknet werden; Gefriertrocknung

lyo|phob (Chemie): kein Lösungsmittel aufnehmend, schwer löslich (Ggs.: lyophil)

Ly|pe|ma|nie, die; - ⟨*gr.-nlat.*⟩ (Psychol.): meist auf neurotischen Störungen beruhende übermäßige Traurigkeit; Melancholie

Ly|ra, die; -, ...ren ⟨*gr.-lat.*⟩: **1.** altgriechisches, der ↑Kithara ähnliches Zupfinstrument mit fünf bis sieben Saiten. **2.** ↑Viella (2), Drehleier (10. Jh.). **3.** Streichinstrument, Vorgängerin der Violine (16. Jh.); vgl. Viola da Braccio. **4.** dem Schellenbaum ähnliches Glockenspiel der Militärkapellen. **5.** in Lyraform gebaute Gitarre mit sechs Saiten u. einem od. zwei Schalllöchern; Lyragitarre (frühes 19. Jh.)

Ly|ri|den, die (Plural) ⟨*gr.-lat.-nlat.*⟩: im April regelmäßig zu beobachtender Sternschnuppenschwarm

Ly|rik, die; - ⟨*gr.-lat.-frz.*⟩: Dichtungsgattung, in der subjektives Erleben, Gefühle, Stimmungen usw. od. Reflexionen mit den Formmitteln von Reim, Rhythmus, Metrik, Takt, Vers, Strophe u. a. ausgedrückt werden. **Ly|ri|ker,** der; -s, -: Dichter, der Lyrik schreibt. **Ly|ri|ke|rin,** die; -, -nen: weibliche Form zu ↑Lyriker. **ly|risch: 1. a)** die Lyrik betreffend, zu ihr gehörend; **b)** in der Art von Lyrik, mit stimmungsvollem, gefühlsbetontem Grundton. **2.** (Musik) weich, von schönem Schmelz u. daher für gefühlsbetonten Gesang geeignet (auf die Gesangsstimme bezogen). **3.** gefühl-, stimmungsvoll

ly|ri|sie|ren ⟨*gr.-nlat.*⟩: dichterisch od. musikalisch [übertrieben] stimmungsvoll gestalten

Ly|ris|mus, der; -, ...men: [übertrieben] stimmungsvolle, gefühlsbetonte dichterische od. musikalische Gestaltung, Darbietung

Ly|se vgl. Lysis

...ly|se

die; -, -n (teilweise ohne Plural) ⟨zu *gr.* lýein »(auf)lösen; trennen« → lýsis »das (Auf)lösen«⟩ *Wortbildungselement mit der Bedeutung »Lösung, Auflösung«:*
- Analyse
- Dialyse
- Hydrolyse

ly|si|gen ⟨*gr.-nlat.*⟩ (Biol., Med.): durch Auflösung entstanden (z. B. von Gewebslücken)

Ly|si|me|ter, das; -s, -: Gerät für wasser- u. landwirtschaftswissenschaftliche Untersuchungen zur Messung des Niederschlags, zur Bestimmung von Boden- u. Pflanzenverdunstung

Ly|sin, das; -s, -e (meist Plural) (Med.): essenzielle Aminosäure mit großer Bedeutung für die Proteinsynthese u. damit für viele Körperfunktionen u. das Immunsystem

Ly|sis, Lyse (Med.) die; -, ...sen ⟨*gr.;* »Auflösung«⟩: **1.** (Med.) allmählicher Fieberabfall. **2.** (Med.) Auflösung von Zellen (z. B. von Bakterien, Blutkörperchen). **3.** (Psychol.) Zerfall der Persönlichkeit

Ly|so|form®, das; -s ⟨Kunstw.⟩: Desinfektionsmittel

Ly|sol®, das; -s: Kresolseifenlösung (Desinfektionsmittel); vgl. Kresol

Ly|so|som, das; -s, -en (meist Plural) ⟨*gr.-nlat.*⟩ (Biol., Med.): Zellbläschen mit Enzymen, die bei Freiwerden die Zelle auflösen

Ly|so|typ, der; -s, -en ⟨*gr.*⟩ (Med.): Bakterienstamm, der sich durch seine Reaktion auf bestimmte ↑Bakteriophagen von anderen (des gleichen Typs) unterscheiden lässt. **Ly|so|ty|pie,** die; -, ...ien (Med.): Testverfahren, Bakterienstämme in Lysotypen zu trennen

Ly|so|zym, das; -s, -e (Med.): Bakterien tötender Stoff in Drüsenabsonderungen (Tränen, Speichel u. a.)

Lys|sa, die; - ⟨*gr.-lat.*⟩ (Med.): Tollwut; auf Menschen übertragbare Viruskrankheit bei Tieren

Lys|so|pho|bie, die; - ⟨*gr.-nlat.*⟩ (Med., Psychol.): krankhafte Angst, an Tollwut zu erkranken bzw. erkrankt zu sein

ly|tisch ⟨*gr.*⟩ (Med.): **1.** allmählich sinkend, abfallend (vom Fieber). **2.** zersetzend, auflösend

ly|ze|al ⟨*gr.-nlat.*⟩ (veraltet): zum Lyzeum gehörend; das Lyzeum betreffend

Ly|ze|um, das; -s, ...een ⟨*gr.-lat.*⟩ (veraltet): höhere Lehranstalt für Mädchen

M

M ‹Abk. für *engl. m*edium› = medium (1): mittelgroß (Kleidergröße)
M'... ['mɛk..., engl.: 'mæk..., vor dem Namen, wenn unbetont: mə(k)...] vgl. ²Mac...
M. A. = Magister Artium; Magistra Artium; Master of Arts
Mä|an|der, der; -s, - ‹nach dem kleinasiatischen Fluss›: **1.** (meist Plural) [Reihe von] Windung[en] od. Schleife[n] (z. T. mit Gleit- u. Prallhängen) von Fluss- oder Bachläufen; Flussschlinge[n]. **2.** rechtwinklig od. spiralenförmig geschwungenes Zierband (bes. auf Keramiken)
mä|an|dern, mä|an|d|rie|ren: 1. sich schlangenförmig bewegen (von Flüssen u. Bächen). **2.** Mäander als Verzierung auf Gegenständen anbringen
mä|an|d|risch: in Mäanderform
¹Mac, der; -s, -s: kurz für ↑ Maquereau
²Mac..., M'..., Mc... ['mɛk..., engl.: 'mæk..., vor dem Namen, wenn unbetont: mə(k)...] ‹*schott.;* »Sohn des ...«›: Präfix in schottischen (auch irischen) patronymischen Familiennamen (z. B.: McIntosh ['mɛkɪntɔʃ, 'mækɪntɔʃ], M'Donald [mək'dɔnəld], MacGregor [mə'grɛgə])
Ma|ca|da|mia [...k...], die; -, ...ien ‹nach dem austr. Naturforscher J. Macadam, 1827–1865›: aus Australien stammende Baumart, die die Macadamianüsse liefert
Ma|ca|ron [maka'rɔ̃:], das; -s, -s ‹*frz.*›: gefülltes Plätzchen aus Mandelmehl, Eiweiß u. Zucker
mac|ca|ro|nisch vgl. makkaronisch
Mac|chia ['makja], **Mac|chie** ['makjə], die; -, ...ien ‹*lat.-it.*›: charakteristischer immergrüner Buschwald des Mittelmeergebietes; vgl. Maquis
Ma|che|te [auch: ma'tʃe:tə], die; -, -n ‹*span.*›: großes südamerikanisches Buschmesser
Ma|che|tik [...x...], die; - ‹*gr.*› (Sport veraltet): Gefechts-, Kampflehre
Ma|chi|a|vel|lis|mus [makia...], der; - ‹*nlat.;* nach dem it. Staatsmann Machiavelli, 1469–1527›: politische Lehre u. Praxis, die der Politik den Vorrang vor der Moral gibt; durch keine Bedenken gehemmte Machtpolitik. **Ma|chi|a|vel|list,** der; -en, -en: Anhänger des Machiavellismus. **Ma|chi|a|vel|lis|tin,** die; -, -nen: weibliche Form zu ↑ Machiavellist. **ma|chi|a|vel|lis|tisch:** nach der Lehre Machiavellis, im Sinne des Machiavellismus
Ma|chi|che [ma'tʃitʃə, bras.: ma'ʃiʃi], der; -s, -s ‹*port.*›: dem Twostepp ähnlicher, mäßig schneller südamerikanischer Tanz im ⁴/₄-Takt (um 1890 vorübergehend Gesellschaftstanz)
Ma|chi|na|ti|on [...x...], die; -, -en ‹*lat.*›: **1.** (veraltet) listiger Anschlag, Kniff. **2.** (Plural; geh.) Ränke, Machenschaften, Winkelzüge. **ma|chi|nie|ren** (veraltet): Intrigen spinnen
Ma|chis|mo [ma'tʃismo], der; -[s] ‹*lat.-span.*›: übersteigertes Männlichkeitsgefühl; Männlichkeitswahn, Betonung der männlichen Überlegenheit
Ma|cho ['matʃo], der; -s, -s (ugs.): sich übertrieben männlich gebender Mann
¹Ma|chor|ka, der; -[s], -[s] ‹*russ.*›: grob geschnittener russischer Bauerntabak
²Ma|chor|ka, die; -, -s: Zigarette aus ¹Machorka
Mach|sor, der; -s, -s u. ...rim ‹*hebr.*›: jüdisches Gebetbuch für die Festtage
ma|chul|le ‹*hebr.-jidd.*›: **1.** bankrott, pleite. **2.** (landsch.) ermüdet, erschöpft
Ma|cis ['matsɪs] vgl. Mazis
Ma|ck|in|tosh ['mækɪntɔʃ], der; -[s], -s ‹*engl.;* nach dem schott. Chemiker Ch. Macintosh, † 1843›: **1.** mit Kautschuk imprägnierter Baumwollstoff. **2.** Regenmantel aus beschichtetem Baumwollstoff
Mac|lea|ya [mak'le:a, ...'laja], die; -, ...yen ‹*nlat.;* nach dem engl. Entomologen A. MacLeay, † 1848›: ostasiatische Mohnpflanze (Zierstrauch)
Ma|c|ra|mé vgl. Makramee
Ma|dam, die; -, -s u. -en ‹*lat.-frz.*›: **1.** (veraltet, aber noch ugs.) Hausherrin, gnädige Frau. **2.** (scherzh.) [dickliche, behäbige] Frau. **3.** (landsch. scherzh.) Ehefrau
Ma|dame [ma'dam]: französische Anrede für eine Frau, etwa dem deutschen »gnädige Frau« entsprechend; als Anrede ohne Artikel (Abk.: Mme;); Plural: Mesdames [me'dam] (Abk.: Mmes)
Ma|da|po|lam [auch: ...'la:m], der; -s, -s ‹nach der gleichnamigen Vorstadt der ind. Stadt Narsapur›: glatter, weich ausgerüsteter Baumwollstoff für Wäsche
Ma|da|ro|se, die; -, -n ‹*gr.*› (Med.): Lidrandentzündung mit Verlust der Wimpern
made in ... ['meɪd ɪn ...] ‹*engl.;* »hergestellt in ...«›: Aufdruck auf Waren in Verbindung mit dem jeweiligen Herstellungsland (z. B.: made in Italy = hergestellt in Italien)
Ma|dei|ra [ma'de:ra], Madera, der; -[s], -[s] ‹nach der port. Insel›: ein Süßwein
Ma|dei|ra|sti|cke|rei, Maderastickerei, die; -, -en: auf der Insel Madeira hergestellte Durchbruchstickerei in Leinen od. Batist
Ma|de|lung-Syn|d|rom, das; -s ‹nach dem deutschen Arzt Otto Wilhelm Madelung›: gutartige massive Zunahme des Fettgewebes an Hals, Kinn u. Nacken; Fetthals
Ma|de|moi|selle [mad(ə)moa'zɛl] ‹*lat.-galloroman.-frz.*›: französische Anrede für: Fräulein; als Anrede ohne Artikel (Abk.: Mlle); Plural: Mesdemoiselles [medəmoa'zɛl] (Abk.: Mlles)
Ma|de|ra usw. vgl. Madeira usw.
Ma|di|jo, das; -[s] ‹*javan.*›: aus Bestandteilen des ↑ Kromo u. des ↑ Ngoko gemischte Sprache des javanischen Bürgertums
Ma|di|son ['mɛdɪsn̩], der; -s, -s ‹*engl.*›: 1962 aufgekommener Modetanz im ⁴/₄-Takt
ma|d|ja|ri|sie|ren [madja...] vgl. magyarisieren
Ma|don|na, die; -, ...nnen ‹*lat.-it.;* »meine Herrin«›: **a)** (ohne Plural) die Gottesmutter Maria;

b) die Darstellung der Gottesmutter [mit dem Kinde]
Ma|d|ras, der; - ‹nach der ind. Stadt›: 1. feinfädiger, gitterartiger Gardinenstoff mit eingewebter Musterung. 2. Baumwollgewebe mit großzügiger Karomusterung (für Hemden, Blusen, Strandkleidung o. Ä.)
Ma|d|re|po|ra|rie [...iə], **Ma|d|re|po|re,** die; -, -n ‹*(lat.; gr.) it.-frz.*› (Zool.): Steinkoralle
Ma|d|re|po|ren|plat|te, die; -, -n (Zool.): siebartige Kalkplatte auf der Rückenseite von Seesternen u. Seeigeln
Ma|d|ri|gal, das; -s, -e ‹*it.*›: 1. aus der italienischen Schäferdichtung entwickeltes Gedicht in zunächst freier, dann festerer Form. 2. (Musik) a) meist zwei- bis dreistimmiger Gesang des 14. Jh.s; b) vier- od. mehrstimmiges weltliches Lied mit reichen Klangeffekten im 16. u. 17. Jh.
Ma|d|ri|gal|chor, der; -s, ...chöre (Musik): Chor in kleiner Besetzung
ma|d|ri|ga|lesk vgl. madrigalistisch
Ma|d|ri|ga|let|to, das; -s, -s u. ...tti ‹*it.*›: kurzes, einfaches Madrigal (2 b)
Ma|d|ri|ga|lis|mus, der; -s ‹*it.-nlat.*›: ↑Madrigalstil
Ma|d|ri|ga|list, der; -en, -en: Komponist eines Madrigals (2 b), Vertreter des Madrigalstils
Ma|d|ri|ga|lis|tik, die; -: Kunst der Madrigalkomposition
ma|d|ri|ga|lis|tisch, madrigalesk ‹*it.*›: das Madrigal betreffend, im Madrigalstil, nach der Art des Madrigals komponiert
Ma|d|ri|gal|ko|mö|die [...i̯ə], die; -, -n: nach Inhalt u. Anlage der Komödie aufgebautes Madrigal (2 b)
Ma|d|ri|ga|lon, das; -s, -e: mehr als 15 Zeilen umfassendes Madrigal (1)
Ma|d|ri|gal|stil, der; -[e]s: mehrstimmiger, die Singstimme artikulierender Kompositionsstil (seit dem frühen 16. Jh.)
Ma|du|ra|fuß, der; -es ‹nach der ind. Stadt Madura›: durch verschiedene Pilzarten hervorgerufene Fußkrankheit mit Knotenbildung u. chronischen Geschwüren (in Indien u. im Orient auftretend)

Mae|di [ˈmɛːdi] (ohne Artikel) ‹*isländ.-engl.;* eigtl. »Kurzatmigkeit«›: durch Viren verursachte, meldepflichtige, tödlich verlaufende chronische Lungenentzündung der Schafe
Ma|es|tà, die; - ‹*lat.-it.*›: it. Bez. für die Darstellung der inmitten von Engeln u. Heiligen thronenden Maria (bes. im 12. u. 13. Jh.)
ma|es|to|so (Musik): feierlich, würdevoll, gemessen (Vortragsanweisung). **Ma|es|to|so,** das; -s, -s u. ...si: feierliches, getragenes Musikstück
Ma|es|t|ra|le, der; -s: ↑Mistral
Ma|es|t|ro, der; -s, -s u. ...stri ‹»Meister«›: a) großer Musiker od. Komponist; b) Musiklehrer; **Maestro al Cembalo:** jmd., der vom Cembalo aus, Generalbass spielend, die Kapelle leitet
Mä|eu|tik, die; - ‹*gr.;* »Hebammenkunst«›: die sokratische Methode, durch geschicktes Fragen die im Partner schlummernden, ihm aber nicht bewussten richtigen Antworten u. Einsichten heraufzuholen. **mä|eu|tisch:** die Mäeutik betreffend
Ma|fia, die; -, -s ‹*arab.-it.;* eigtl. »Anmaßung«›: erpresserische Geheimorganisation (ursprünglich in Sizilien)
ma|fi|os, ma|fi|ös: die Mafia betreffend, zu ihr gehörend; nach Art der Mafia
Ma|fi|o|so, der; -s, ...si: Angehöriger der Mafia
Ma|fi|o|te, der; -n, -n: ↑Mafioso
ma|fisch ‹Kunstw. aus ↑*Ma*gnesium u. *lat. f*errum »Eisen«›: ↑femisch
Ma|ga|zin, das; -s, -e ‹*arab.-it.(-frz.* u. *-engl.)*›: 1. Vorratshaus. 2. Lagerraum [für Bücher]. 3. Laden. 4. periodisch erscheinende, reich bebilderte, unterhaltende Zeitschrift. 5. Rundfunk- od. Fernsehsendung, die über politische, wirtschaftliche, gesellschaftliche o. ä. Themen u. Ereignisse informiert. 6. Aufbewahrungs- u. Vorführkasten für Diapositive, in dem die Diapositive einzeln eingesteckt sind. 7. abnehmbares, lichtfest verschließbares Rückteil einer Kamera, das den Film enthält u. schnellen Wechsel des Films ermöglicht. 8. Patronenkammer in [automatischen] Gewehren u. Pistolen
Ma|ga|zin|balg, der; -[e]s, ...bälge: durch kleinere sog. Schöpfbälge gefüllter, der Speicherung der Luft dienender Balg bei Orgel u. Harmonium
Ma|ga|zi|ner, der; -s, - (schweiz.): Magazinarbeiter. **Ma|ga|zi|ne|rin,** die; -, -nen: weibliche Form zu ↑Magaziner
Ma|ga|zi|neur [...ˈnøːɐ̯], der; -s, -e ‹französierende Ableitung von Magazin› (österr.): Magazin-, Lagerverwalter
ma|ga|zi|nie|ren: 1. einspeichern, lagern. 2. gedrängt zusammenstellen
Mag|da|lé|ni|en [...leˈni̯ɛ̃ː], das; -s ‹*frz.;* nach dem frz. Fundort, der Höhle La Madeleine›: Stufe der jüngeren Altsteinzeit
Ma|gen|ta, das; -s ‹*it.;* nach einem Ort in Italien›: Anilinrot
Mag|gid, der; -s, -im ‹*hebr.*›: 1. Prediger, bes. im östlichen Judentum. 2. jüd. Ehrentitel
Mag|gio|la|ta [madʒo...], die; -, ...te ‹*lat.-it.*›: Mailied im Stil eines ↑Madrigals (16. Jh.)
mag|gio|re [maˈdʒoːrə]: Bez. für die große Terz der Durtonart (Ggs.: minore). **Mag|gio|re,** das; -s, -s: Durteil eines Molltonstückes
Ma|gh|reb, der; -[s] ‹*arab.;* »Westen«›: Tunesien, Nordalgerien u. Marokko umfassender westlicher Teil der arabischen Welt. **ma|gh|re|bi|nisch:** zum Maghreb gehörend
Ma|gie, die; - ‹*pers.-gr.-lat.*›: 1. Zauberkunst, Geheimkunst, die sich übersinnliche Kräfte dienstbar zu machen sucht (in vielen Religionen). 2. Trickkunst des Zauberers im Varieté. 3. Zauberkraft, Zauber
Ma|gi|er, Magiker, der; -s, -: 1. [persisch-medischer] Zauberpriester. 2. Zauberer, [berufsmäßiger] Zauberkünstler. **Ma|gi|e|rin,** die; -, -nen: weibliche Form zu ↑Magier
Ma|gi|ker vgl. Magier
ma|gisch: 1. die Magie (1) betreffend. 2. zauberhaft, geheimnisvoll bannend
Ma|gis|ter, der; -s, - ‹*lat.;* »Meister«›: 1. a) in einigen Hochschulfächern verliehener akademischer Grad, gleichwertig

mit einem Diplom; **b)** (Geschichte) zum Unterricht an Universitäten berechtigender akademischer Grad. **2.** (scherzh., veraltet) Lehrer

Ma|gis|ter Ar|ti|um [- 'artsi̯ʊm], der; -[s] -, - - ‹*lat.;* »Meister der (freien) Künste«›: in den geisteswissenschaftlichen Hochschulfächern deutscher Universitäten verliehener Grad (Abk.: M. A.); vgl. Master of Arts

Ma|gis|t|ra, die; -, ...trae [...trɛ]: weibliche Form zu ↑Magister

Ma|gis|t|ra Ar|ti|um [- 'artsi̯ʊm], die; - -, ...ae [...trɛ] -: weibliche Form zu ↑Magister Artium (Abk.: M. A.)

ma|gis|t|ral: 1. (Med., Pharm. veraltet) nach ärztlicher Vorschrift bereitet (von Arzneien). **2.** (bes. schweiz.) beeindruckend, bedeutend, herausragend, meisterhaft

Ma|gis|t|ra|le, die; -, -n ‹*lat.-nlat.*›: Hauptverkehrslinie, -straße [in einer Großstadt]

[1]Ma|gis|t|rat, der; -[e]s, -e ‹*lat.*›: **1. a)** hoher altrömischer Beamter (z. B. Konsul, Prätor usw.); **b)** öffentliches Amt im alten Rom. **2.** Stadtverwaltung (in einigen Städten)

[2]Ma|gis|t|rat, der; -en, -en (schweiz.): Mitglied der Regierung od. Inhaber eines sonstigen hohen Amtes

Ma|gis|t|ra|tur, die; -, -en ‹*lat.-nlat.*› (veraltet): behördliche Würde, obrigkeitliches Amt

Mag|ma, das; -s, ...men ‹*gr.-lat.*›: **1.** (Geol.) heiße natürliche Gesteinsschmelze im od. aus dem Erdinnern, aus der Erstarrungsgesteine entstehen. **2.** (Med.) knetbare Masse, Brei

mag|ma|tisch ‹*gr.-nlat.*›: aus dem Magma (1) kommend (z. B. von Gasen bei Vulkanausbrüchen)

Mag|ma|tis|mus, der; - (Geol.): Bez. für alle mit dem Magma (1) zusammenhängenden Vorgänge

Mag|ma|tit [auch: ... 'tɪt], der; -s, -e: Erstarrungsgestein

mag|ma|to|gen: durch Anreicherung in einer Restschmelze entstanden (von Erzlagerstätten)

Ma|g|na Char|ta, die; - - ‹*lat.*›: **1.** englisches [Grund]gesetz von 1215, in dem der König dem Adel grundlegende Freiheitsrechte garantiert. **2.** Grundgesetz, Verfassung, Satzung

ma|g|na cum lau|de ‹*lat.;* »mit großem Lob«›: sehr gut (zweitbestes Prädikat bei der Doktorprüfung)

Ma|g|na|li|um, das; -s ‹Kunstw.›: eine Magnesium-Aluminium-Legierung

Ma|g|na Ma|ter, die; - - ‹*lat.*›: Große Mutter, Muttergottheit (Beiname der phrygischen Göttin Kybele)

Ma|g|nat, der; -en, -en ‹*lat.-mlat.*›: **1.** Inhaber [Branchen beherrschender] wirtschaftlicher Macht (z. B. Zeitungsmagnat, Ölmagnat). **2.** (Geschichte) hoher Adliger (bes. in Polen u. Ungarn)

Ma|g|ne|sia, die; - ‹*gr.-mlat.;* nach der altgr. Landschaft›: Magnesiumoxid [in Form von weißem Pulver], das vor allem als Mittel gegen Magenübersäuerung u. zum Trockenhalten der Handflächen beim Geräteturnen gebraucht wird; vgl. biserierte Magnesia

Ma|g|ne|sit [auch: ...'zɪt], der; -s, -e ‹*gr.-nlat.*›: ein Mineral

Ma|g|ne|sit|stein, der; -[e]s, -e: feuerfester Stein

Ma|g|ne|si|um, das; -s: chem. Element; ein Metall (Zeichen: Mg)

Ma|g|ne|si|um|chlo|rid, das; -s, -e: farbloses Salz, das im Meerwasser u. in Salzseen vorkommt

Ma|g|net, der; -en, -en u. -es, -e ‹*gr.-lat.*›: **1. a)** Eisen- od. Stahlstück, das andere ↑ferromagnetische Stoffe anzieht; **b)** Elektromagnet. **2.** anziehende Person, reizvoller Gegenstand, Ort

Ma|g|net|auf|zeich|nung, die; -, -en: Aufzeichnung von Rundfunksendungen od. Fernsehbildern auf magnetischem (2) Wege

Ma|g|net|band, das; -[e]s, ...bänder: mit einer magnetisierbaren Schicht versehenes Band, auf dem Informationen in Form magnetischer Aufzeichnungen gespeichert werden

Ma|g|ne|tik, die; -: Lehre vom Verhalten der Materie im magnetischen Feld

ma|g|ne|tisch: 1. die Eigenschaften eines Magneten (1 a); ↑ferromagnetische Stoffe anziehend. **2.** auf der Wirkung eines Magneten (1) beruhend, durch einen Magneten bewirkt. **3.** unwiderstehlich, auf geheimnisvolle Weise anziehend

Ma|g|ne|ti|seur [...'zøːɐ̯], der; -s, -e: ↑Magnetopath. **Ma|g|ne|ti|seu|rin** [...'zørɪn], die; -, -nen: weibliche Form zu ↑Magnetiseur

ma|g|ne|ti|sie|ren: magnetisch (1) machen

Ma|g|ne|tis|mus, der; -, ...men ‹*gr.-lat.-nlat.*›: **1.** Fähigkeit eines Stoffes, Eisen od. andere ↑ferromagnetische Stoffe anzuziehen. **2.** Wissenschaft von den magnetischen Erscheinungen. **3.** ↑Mesmerismus

Ma|g|ne|tit [auch: ...'tɪt], der; -s, -e: wichtiges Eisenerz

Ma|g|net|kies, der; -es: Eisenerz, oft nickelhaltig

Ma|g|ne|to|fon, Magnetophon®, das; -s, -e: ein Tonbandgerät

Ma|g|ne|to|graf, Magnetograph, der; -en, -en: Apparat zur selbsttätigen Aufzeichnung erdmagnetischer Schwankungen

Ma|g|ne|to|gramm, das; -s, -e: Aufzeichnung der zeitlichen Schwankung des Magnetfeldes der Erde an einem festen Ort

Ma|g|ne|to|graph vgl. Magnetograf

ma|g|ne|to|ka|lo|risch: in der Wendung **magnetokalorischer Effekt:** von magnetischen Zustandsänderungen der Materie herrührende Temperaturänderung

Ma|g|ne|to|me|ter, das; -s, -: Instrument zur Messung magnetischer Feldstärke u. des Erdmagnetismus

Ma|g|ne|ton, das; -s, -s (aber: 2 -) (Kernphysik): Einheit des magnetischen Moments

Ma|g|ne|to|op|tik, die; -: Wissenschaft von den optischen Erscheinungen, die durch die Einwirkung eines magnetischen Feldes auf Licht entstehen

Ma|g|ne|to|path, der; -en, -en: mit Magnetismus behandelnder Heilkundiger. **Ma|g|ne|to|pa|thie,** die; - ‹*gr.-nlat.*›: Heilwirkung durch magnetische Kräfte. **Ma|g|ne|to|pa|thin,** die; -, -nen: weibliche Form zu ↑Magnetopath

Ma|g|ne|to|phon® vgl. Magnetofon

Ma|g|ne|to|sphä|re, die; -: Teil der die Erde umgebenden Atmosphäre, in dem die ↑ [1]Elektronen u. ↑ Ionen durch das Magnetfeld der Erde beeinflusst werden

Ma|g|net|re|so|nanz|to|mo|graf, Ma|g|net|re|so|nanz|to|mo|graph, der; -en, -en (Med.): Gerät für eine Magnetresonanztomografie (1). **Ma|gnet|re|so|nanz|to|mo|gra|fie, Ma|gnet|re|so|nanz|to|mo|gra|phie,** die; - (Med.): **1.** Kernspintomografie (Abk.: MRT). **2.** Kernspintomogramm (Abk.: MRT)

Ma|g|ne|t|ron, das; -s, ...one u. -s ‹Kurzw. aus ↑ *Magnet* u. ↑ [1]Elek*tron*›: eine Elektronenröhre, die magnetische Energie verwendet (für hohe Impulsleistungen)

Ma|g|net|ton|ge|rät, das; -[e]s, -e: Tonbandgerät

ma|g|ni|fik [manji...] ‹*lat.-frz.*› (veraltet): herrlich, prächtig, großartig

Ma|g|ni|fi|ka, die; -, ...kae [...kɛ]: weibliche Form zu ↑ Magnifikus

Ma|g|ni|fi|kat [mag...], das; -s, -s ‹*lat.*›: **1. a)** (ohne Plural) Lobgesang Marias (Lukas 1, 46–55) nach seinem Anfangswort in der lateinischen Bibel (Teil der katholischen Vesper); **b)** auf den Text von Magnifikat (1 a) komponiertes Chorwerk. **2.** (landsch. veraltet) katholisches Gesangbuch

Ma|g|ni|fi|kus, der; -, ...fizi (veraltet): Rektor einer Hochschule; vgl. Rector magnificus

Ma|g|ni|fi|zen|tis|si|mus, der; -, ...mi: ↑ Rector magnificentissimus

Ma|g|ni|fi|zenz, die; -, -en: **a)** (ohne Plural) Titel für Hochschulrektor[inn]en u. a.; **b)** Träger[in] dieses Titels; als Anrede: Euer, Eure (Abk.: Ew.) Magnifizenz

Ma|g|ni|fi|zi: *Plural* von ↑ Magnifikus

Ma|g|ni|mat, das; -[e]s ‹Kunstw.›: zur Herstellung von Münzen verwendeter dreischichtiger Werkstoff

Ma|g|ni|sia vgl. Magnesia

Ma|g|ni|tu|de, die; -, -n ‹*lat.*›: Maß für die Stärke von Erdbeben

Ma|g|ni|tu|do, die; -: Maß für die Helligkeit eines Gestirns (Abk.: mag.)

Ma|g|no|lie [...i̯ə], die; -, -n ‹*nlat.;* nach dem frz. Botaniker Pierre Magnol, 1638–1715›: früh blühender Zierbaum (aus Japan u. China) mit tulpenförmigen Blüten

Ma|g|num, die; -, ...gna ‹*lat.*›: **1.** Wein- od. Sektflasche mit doppeltem Fassungsvermögen (1,5 l). **2.** (Waffentechnik) spezielle Patrone mit verstärkter Ladung

Ma|got, der; -s, -s ‹*hebr.-frz.*›: in Nordafrika heimischer, zu den Makaken gehörender Affe

Ma|gus, der; -, ...gi ‹*pers.-gr.-lat.*›: ↑ Magier (2)

ma|g|ya|ri|sie|ren, madjarisieren [madja...] ‹*ung.-nlat.*›: ungarisch machen, gestalten

Ma|ha|bha|ra|ta [...'ba:rata], das; - ‹*sanskr.*›: altindisches Nationalepos, zugleich religiöses Gesetzbuch des Hinduismus; vgl. Bhagawadgita

Ma|ha|go|ni, das; -s ‹*indian.-engl.*›: wertvolles, rotbraunes, hartes Holz

Ma|ha|go|ni|baum, der; -[e]s, ...bäume: zu den Zedrachgewächsen gehörender Baum (liefert das echte Mahagoniholz)

Ma|ha|ja|na vgl. Mahayana

Ma|hal, der; -s, -s ‹nach dem iran. Ort Mahallat›: Perserteppich minderer bis mittlerer Qualität aus dem Gebiet um Mahallat

Ma|ha|ra|d|scha [auch: ...'radʒa], der; -[s], -s ‹*sanskr.*›: **a)** (ohne Plural) Titel eines indischen Großfürsten; **b)** Träger dieses Titels. **Ma|ha|ra|ni,** die; -, -s: **a)** (ohne Plural) Titel für die Frau eines Maharadschas; **b)** Trägerin dieses Titels

Ma|ha|ri|schi, der; -[s], -s ‹*Hindi*›: **a)** (ohne Plural) Ehrentitel für einen geistig-religiösen Führer in Indien; **b)** Träger dieses Titels

Ma|hat|ma, der; -s, -s ‹*sanskr.;* »große Seele«›: indischer Ehrentitel für geistig hochstehende Männer (z. B. Gandhi), die oft göttlich verehrt werden

Ma|ha|ya|na, Mahajana, das; - ‹*sanskr.;* »großes Fahrzeug (der Erlösung)«›: freie, durch Nächstenliebe auch den Laien Erlösung verheißende Richtung des Buddhismus; vgl. Hinayana, Wadschrajana

Mah|di ['maxdi, auch: 'ma:...], der; -[s], -s ‹*arab.*›: von den Muslimen erwarteter letzter Prophet, Glaubens- u. Welterneuerer

Mah|dist, der; -en, -en: Anhänger des sudanesischen Derwischs Muhammad Ahmad, der sich 1881 zum Mahdi erklärte u. den zur Beseitigung der britisch-ägyptischen Fremdherrschaft führenden »Mahdiaufstand« anführte

Mah-Jongg®, Ma-Jongg [ma-'dʒɔŋ], das; -s, -s ‹*chin.*›: chinesisches Gesellschaftsspiel

Ma|hoî|t|res [ma'o̯a:trə], die (Plural) ‹*frz.*›: Schulterpolster an der Männerkleidung des 15. Jh.s

Ma|ho|nie [...i̯ə], die; -, -n ‹*nlat.;* nach dem amerik. Gärtner B. MacMahon, 1775–1816›: Zierstrauch mit gefiederten Blättern u. gelben Blüten

Ma|hut, der; -s, -s ‹*sanskr.-Hindi-engl.*›: ostindischer Elefantenführer

Mai, der; -[e]s u. - (dichter. auch: -en), -e ‹*lat.*›: fünfter Monat im Jahr

Mai|den ['meɪdn], das; -[s], - ‹*engl.*› (Sport): auf der Rennbahn unerprobtes Pferd

Mai|kong, der; -s, -s ‹*indian.-port.*›: südamerikanischer Wildhund

Mail [meɪl], die; -, -s, auch, bes. südd., österr., schweiz.: das; -s, -s ‹*engl.;* »Post«›: Kurzform von ↑ E-Mail (1, 2)

Mail|bomb, die; -, -s ‹*engl.*›, **Mail|bom|be,** die; -, -n ['meɪl...] (Jargon): die Mailbox eines Benutzers überflutende Menge nutzloser Daten, die den Absturz des Computers verursachen. **Mail|bom|bing** ['meɪl...], das; -s (Jargon): das Verschicken von Mailbombs

Mail|box, die; -, -en ‹*engl.;* »Briefkasten«› (EDV): Datei zur Speicherung und zum Austausch von Nachrichten

mai|len ['meɪlən] ‹*engl.*›: etwas als ↑ E-Mail senden

Mai|ling ['meɪlɪŋ], das; -s, -s ‹*engl.*›: **a)** (ohne Plural) Versenden von Werbung, Informationsmaterial o. Ä. per Post od. E-Mail; **b)** per Post od. E-Mail versendetes Werbe-, Informationsmaterial o. Ä.

Mai|ling|lis|te, die; -, -n: E-Mail-Adressenliste im Internet für das Versenden u. Empfangen von Beiträgen

Mail|or|der [ˈmɛɪ̯lʔɔːdɐ], die; -, -s ⟨*engl.*⟩: postalisch od. elektronisch erfolgende Bestellung von Waren [im Versandhandel]

Main|board [ˈmɛɪ̯nbɔːɐ̯t], das; -s, -s ⟨*engl.*⟩ (EDV): ↑Motherboard

Main|li|ner [ˈmɛɪ̯nlaɪ̯nɐ], der; -s, - ⟨*engl.*⟩: Drogenabhängiger, der sich Rauschgift injiziert. **Main|li|ning,** das; -s: das Injizieren von Rauschgift

Main|stream [ˈmɛɪ̯nstriːm], der; -s ⟨*engl.;* »Hauptstrom«⟩: **1.** stark vom Swing beeinflusste Form des modernen Jazz. **2.** (oft abwertend) vorherrschende Richtung (z. B. in der Gesellschaftspolitik, im Kulturleben, in der Musik)

Maire [mɛːɐ̯], der; -s, -s ⟨*lat.-frz.*⟩: Bürgermeister in Frankreich. **Mai|rie** [mɛ...], die; -, ...i̯en: Bürgermeisterei in Frankreich

Mais, der; -es, -e ⟨*indian.-span.*⟩: wichtige Getreidepflanze

Mai|so|nette, Mai|son|nette, die; -, -s ⟨*frz.*⟩ [mɛzɔˈnɛt]: zweistöckige Wohnung in einem [Hoch]haus

Maî|t|re de Plai|sir [ˈmɛːtrə də plɛˈziːɐ̯], der; - - -, -s [ˈmɛːtrə] - - ⟨*frz.*⟩ (scherzh., veraltet): jmd., der bei einer Veranstaltung das Unterhaltungsprogramm arrangiert u. leitet, der bei einem Fest für die Unterhaltung der Gäste sorgt

Mai|t|res|se vgl. Mätresse

Mai|t|re|ya, der; - ⟨*sanskr.*⟩: nach buddhistischer Lehre der für die Zukunft erwartete ↑Buddha

Mai|ze|na®, das; -s ⟨Kunstw.⟩: Maisstärkepuder

Ma|ja, die; - ⟨*sanskr.;* »Trugbild«⟩: die als Blendwerk angesehene Erscheinungswelt (als verschleierte Schönheit dargestellt) in der ↑vedischen u. ↑brahmanischen Philosophie

Ma|jes|tas Do|mi|ni, die; - - ⟨*lat.;* »Herrlichkeit des Herrn«⟩ (bildende Kunst): [frontale] Darstellung des thronenden Christus

Ma|jes|tät, die; -, -en: **1.** (ohne Plural) Herrlichkeit, Erhabenheit. **2.** Titel u. Anrede von Kaisern u. Königen. **ma|jes|tä|tisch:** herrlich, erhaben; hoheitsvoll

ma|jeur [maˈʒøːɐ̯] ⟨*lat.-frz.*⟩ (Musik): frz. Bez. für: Dur (Ggs.: mineur)

Ma|jo|li|ka, die; -, ...ken u. -s ⟨*it.;* nach der span. Insel Mallorca⟩: Töpferware mit Zinnglasur; vgl. Fayence

Ma-Jongg [maˈdʒɔŋ] vgl. Mah-Jongg

ma|jor [ˈmɛɪ̯dʒɐ] ⟨*lat.-engl.;* »größer«⟩ (Musik): engl. Bez. für: ↑Dur (Ggs.: minor)

¹Ma|jor, der; -s, -e ⟨*lat.-span.*⟩: Offizier, der im Rang über dem Hauptmann steht

²Ma|jor, der; - ⟨eigtl. major terminus; *lat.*⟩ (Logik): der größere, weitere Begriff im ↑Syllogismus

Ma|jo|ran [auch: ...ˈraːn], der; -s, -e ⟨*mlat.*⟩: **a)** Gewürz- u. Heilpflanze (Lippenblütler); **b)** als Gewürz verwendete, getrocknete Blätter des Majorans (a)

Ma|jo|rat, das; -[e]s, -e ⟨*lat.-mlat.*⟩ (Rechtswiss.): **1.** Vorrecht des Ältesten auf das Erbgut; Ältestenrecht. **2.** nach dem Ältestenrecht zu vererbendes Gut; vgl. Juniorat, Minorat

Ma|jor|do|mus, der; -, - ⟨»Hausmeier«⟩ (Geschichte): oberster Hofbeamter, Befehlshaber des Heeres (unter den fränkischen Königen)

ma|jo|renn (Rechtsspr. veraltet): volljährig, mündig (Ggs.: minorenn). **Ma|jo|ren|ni|tät,** die; - (Rechtsspr. veraltet): Volljährigkeit, Mündigkeit (Ggs.: Minorennität)

Ma|jo|rette [...ˈrɛt], die; -, -s u. -n [...tn̩] ⟨*frz.*⟩: junge Frau in Uniform, die bei festlichen Umzügen paradiert

Ma|jo|rin, die; -, -nen: **1.** weibliche Form zu ↑¹Major. **2.** weibliches Mitglied der Heilsarmee im Rang eines ¹Majors. **3.** (veraltet) Frau eines ¹Majors

ma|jo|ri|sie|ren ⟨*lat.-nlat.*⟩: überstimmen, durch Stimmenmehrheit zwingen

Ma|jo|rist, der; -en, -en: Inhaber der höheren Weihen (vom Subdiakon aufwärts) im katholischen Klerus

Ma|jo|ri|tät, die; -, -en ⟨*lat.-mlat.-frz.*⟩: [Stimmen]mehrheit (Ggs.: Minorität)

Ma|jo|ri|täts|prin|zip, das; -s: Grundsatz, dass bei Abstimmungen u. Wahlen die Mehrheit der Stimmen entscheidet

Ma|jo|ri|täts|wahl, die; -, -en: Mehrheitswahl, nach der die Mehrheit den Kandidaten wählt, die Stimmen der Minderheit[en] hingegen unberücksichtigt bleiben

Ma|jorz, der; -es ⟨gebildet nach Proporz⟩ (schweiz.): ↑Majoritätswahl

Ma|jus|kel, die; -, -n ⟨*lat.*⟩: Großbuchstabe; vgl. Versal (Ggs.: Minuskel)

ma|ka|ber ⟨*frz.;* weitere Herkunft unsicher, vielleicht aus dem Semit.⟩: **a)** (durch eine bestimmte Beziehung zum Tod) unheimlich, Grauen hervorrufend; **b)** mit Tod u. Vergänglichkeit Scherz treibend

Ma|ka|ber|tanz, der; -es, ...tänze: ↑Danse macabre

Ma|ka|dam, der od. das; -s, -e ⟨nach dem schott. Straßenbauingenieur McAdam, 1756–1836⟩: Straßenbelag, in dem sich zahlreiche Hohlräume befinden

Ma|kak [auch: maˈka(:)k], der; -s u. -en, -en [maˈka(:)kn̩] ⟨*afrik.-port.-frz.*⟩: meerkatzenartiger Affe (zahlreiche Arten in Asien, bes. in Japan)

Ma|ka|me, die; -, -n ⟨*arab.*⟩: **1.** kunstvolle alte arabische Stegreifdichtung. **2.** (Geschichte) **a)** im Orient ein Podium, auf dem die höfischen Sänger standen; **b)** Gesang der höfischen Sänger im Orient; vgl. Maqam

¹Ma|kao, der; -s, -s ⟨*Hindi-port.*⟩: ein zu den Aras gehörender Papagei

²Ma|kao [auch: maˈkaʊ̯], das; -s ⟨nach der port. Kolonie⟩: Glücksspiel mit Würfeln u. Karten

Ma|ka|ris|mus, der; -, ...men (meist Plural) ⟨*gr.-nlat.*⟩: Seligpreisung (altgr. u. biblische Stilform, bes. in der Bergpredigt)

Make-up ['meɪkʔap], das; -s, -s ⟨*engl.;* »Aufmachung«⟩: **1.** Verschönerung des Gesichts mit kosmetischen Mitteln. **2.** kosmetisches Mittel; Creme zum Tönen u./od. Glätten der Haut

Ma|ki, der; -s, -s ⟨*madagassisch-frz.*⟩: ↑Lemure (2)

Ma|kie [...i̯ə], die; - ⟨*jap.*⟩: Dekorationsart der japanischen Lackkunst

Ma|ki|mo|no, das; -[s], -s ⟨*jap.*⟩: Bildrolle im Querformat (in der ostasiatischen Kunst)

Ma|king-of [meɪkɪŋ'ʔɔf], das; -[s], -s ⟨*engl.*⟩: [filmischer] Bericht über die Entstehung eines Films

Mak|ka|bi, der; -[s], -s ⟨*hebr.*⟩: Name jüdischer Sportvereinigungen

Mak|ka|bi|a|de, die; -, -n ⟨*hebr.-nlat.*⟩: in vierjährigem Zyklus stattfindender jüdischer Sportwettkampf nach Art der Olympiade

Mak|ka|lu|be, die; -, -n ⟨*it.*⟩: durch Erdgas aufgeworfener Schlammkegel (in Erdölgebieten)

Mak|ka|ro|ni, die (Plural) ⟨*it.*⟩: röhrenförmige Nudeln aus Hartweizengrieß

mak|ka|ro|nisch: makkaronische Dichtung: scherzhafte Dichtung, in die lateinisch deklinierte Wörter einer anderen Sprache eingestreut sind (z. B.: totschlago vos sofortissime, nisi vos benehmitis bene, B. von Münchhausen; *it.* poesia maccaronica; »Knödeldichtung«)

Ma|ko, der od. das; -[s], -s ⟨nach Mako Bey, dem Hauptförderer des ägypt. Baumwollanbaus⟩: **1.** ägyptische Baumwolle. **2.** Gewebe aus Mako (1)

Ma|ko|ré [...'re:], das; -s ⟨*frz.*⟩: rotbraunes Hartholz des afrikanischen Birnbaums

makr..., Makr... vgl. makro..., Makro...

Ma|k|ra|mee, das; -[s], -s ⟨*arab.-türk.-it.*⟩: **a)** (ohne Plural) ursprünglich arabische Knüpftechnik, bei der gedrehte Fäden mit Fransen zu kunstvollen Mustern miteinander verknüpft werden; **b)** Knüpfarbeit in Makramee (a)

Ma|k|re|le, die; -, -n ⟨*niederl.*⟩: bis 35 cm langer Speisefisch des Mittelmeergebiets, des Atlantiks u. nordischer Gewässer

Ma|k|ren|ze|pha|lie, die; -, ...i̯en ⟨*gr.; nlat.*⟩ (Med.): ↑Megalenzephalie

Ma|k|ro, der od. das; -s, -s (EDV): Kurzform von ↑Makrobefehl

ma|k|ro..., Ma|k|ro...

vor Vokalen auch: makr..., Makr...
⟨*gr.* makrós »groß, hoch, tief, fern, lange dauernd, weit«⟩
Wortbildungselement mit den Bedeutungen:
a) *»lang, groß, im Großen«:*
– Makroklima
– Makrokosmos
– makroökonomisch
– Makrostruktur
b) *»groß, größer als normal«:*
– Makrenzephalie
– Makromolekül
– makrozephal

Ma|k|ro|ana|ly|se, die; -, -n (Chemie): chemische Analyse, bei der Substanzmengen im Grammbereich (0,5–10 g) eingesetzt werden (Ggs.: Mikroanalyse)

Ma|k|ro|äs|the|sie, die; -, ...i̯en (Med.): Empfindungsstörung, bei der Gegenstände größer wahrgenommen werden, als sie sind

Ma|k|ro|auf|nah|me, die; -, -n: ↑Makrofotografie (2)

Ma|k|ro|be|fehl, der; -[e]s, -e ⟨*engl.; dt.*⟩ (EDV): zu einer Einheit zusammengefasste Folge von Befehlen

Ma|k|ro|bio|se, die; - ⟨*gr.-nlat.*⟩ (Med.): Langlebigkeit eines Organismus; vgl. Longävität

Ma|k|ro|bi|o|tik, die; -: **1.** (Med.) Kunst, das Leben zu verlängern. **2.** spezielle, hauptsächlich auf Getreide u. Gemüse basierende Ernährungsweise. **ma|k|ro|bi|o|tisch:** die Makrobiotik betreffend; **makrobiotische Kost:** Kost, die sich hauptsächlich aus Getreide u. Gemüse zusammensetzt

Ma|k|ro|chei|lie, die; -, ...i̯en (Med.): abnorme Verdickung der Lippen

Ma|k|ro|chei|rie, die; -, ...i̯en (Med.): abnorme Größe der Hände

Ma|k|ro|dak|ty|lie, die; -, ...i̯en (Med.): abnorme Größe der Finger

Ma|k|ro|evo|lu|ti|on [auch: 'ma:kro...], die; -, -en (Biol.): bedeutsamer Evolutionsschritt, der einen neuen Zweig des Stammbaums entstehen lassen kann; vgl. Makromutation (Ggs.: Mikroevolution)

Ma|k|ro|fau|na [auch: ...'fau̯na], die; -, ...nen (Biol.): die Arten der Tierwelt, die mit bloßem Auge sichtbar sind (Ggs.: Mikrofauna)

Ma|k|ro|fo|to|gra|fie, Makrophotographie, die; -, ...i̯en: **1.** (ohne Plural) fotografisches Aufnehmen im Nahbereich mit vergrößernder Abbildung. **2.** Nahaufnahme; Aufnahme in natürlicher Größe

Ma|k|ro|ga|met, Ma|k|ro|ga|me|to|zyt [auch: 'ma:kro...], der; -en, -en (Biol.): größere u. unbeweglichere weibliche Geschlechtszelle bei niederen Lebewesen (Ggs.: Mikrogamet)

Ma|k|ro|glos|sie, die; -, ...i̯en (Med.): Vergrößerung der Zunge

Ma|k|ro|kli|ma, das; -s, -s u. ...mate: Großklima

ma|k|ro|kos|misch [auch: 'ma:kro...]: den Makrokosmos betreffend (Ggs.: mikrokosmisch). **Ma|k|ro|kos|mos,** der; -: das Weltall (Ggs.: Mikrokosmos)

ma|k|ro|kris|tal|lin: grobkristallin (von Gesteinen)

Ma|k|ro|lin|gu|is|tik [auch: 'ma:kro...], die; -: Gesamtbereich der Wissenschaft von der Sprache; vgl. Metalinguistik, Mikrolinguistik

Ma|k|ro|me|lie, die; -, ...i̯en (Med.): übermäßige Vergrößerung der Gliedmaßen; Riesenwuchs (Ggs.: Mikromelie)

Ma|k|ro|me|re, die; -, -n (meist Plural): dotterreiche, große Furchungszelle bei tierischen Embryonen (Ggs.: Mikromere)

Ma|k|ro|mo|le|kül [auch: ...'ky:l], das; -s, -e: ein aus tausend od. mehr Atomen aufgebautes Molekül

ma|k|ro|mo|le|ku|lar [auch: 'ma:kro...]: aus Makromolekülen bestehend

Ma|k|ro|mu|ta|ti|on [auch:

ˈmaːkro...], die; -, -en: Erbänderung als Folge eines strukturellen Chromosomenumbaus, die sprunghaft zu neuen Arten führt; vgl. Makroevolution

Ma|k|ro|ne, die; -, -n ‹*it.-frz.*›: Gebäck aus Mandeln, Zucker u. Eiweiß

Ma|k|ro|nu|k|le|us, der; -, ...lei ‹*gr.; lat.*› (Biol.): Großkern der Wimpertierchen (regelt den Ablauf des Stoffwechsels)

Ma|k|ro|öko|no|mie [auch: ...ˈmiː], die; - ‹*gr.-nlat.*› (Wirtsch.): Teilgebiet der Wirtschaftstheorie, dessen Gegenstand die Untersuchung gesamtwirtschaftlicher Zusammenhänge ist (Ggs.: Mikroökonomie). **ma|k|ro|öko|no|misch** [auch: ...ˈnoː...]: die Makroökonomie betreffend (Ggs.: mikroökonomisch)

Ma|k|ro|pha|ge, der; -n, -n (Med.): großer ↑Phagozyt

Ma|k|ro|pho|to|gra|phie vgl. Makrofotografie

Ma|k|ro|phy|sik [auch: ˈmaːkro...], die; -: die Teilbereiche der Physik, die den atomaren Aufbau der Materie nicht in ihre Betrachtungen einbeziehen (Ggs.: Mikrophysik)

Ma|k|ro|phyt [auch: ˈmaːkro...], der; -en, -en (meist Plural) (Biol.): mit dem bloßen Auge sichtbarer pflanzlicher Organismus (Ggs.: Mikrophyt)

Ma|k|ro|pla|sie, die; - (Med.): übermäßige Entwicklung von Körperteilen

Ma|k|ro|po|de, der; -n, -n: Paradiesfisch, ein zu den Labyrinthfischen gehörender Aquarienfisch

ma|k|ro|pru|den|zi|ell, makroprudentiell [auch: ...ˈtsi̯ɛl] ‹*lat.*› (Finanzw.): auf die Stabilität des gesamten Finanzsystems gerichtet (Ggs.: mikroprudenziell)

Ma|k|rop|sie, die; -, ...i̯en (Med.): Sehstörung, bei der die Gegenstände größer erscheinen, als sie in Wirklichkeit sind (Ggs.: Mikropsie)

ma|k|ro|seis|misch: ohne Instrumente wahrnehmbar (von starken Erdbeben)

ma|k|ro|s|ko|pisch: ohne optische Hilfsmittel, mit bloßem Auge erkennbar (Ggs.: mikroskopisch [1])

Ma|k|ros|mat, der; -en, -en: gut witterndes Säugetier (Ggs.: Mikrosmat)

Ma|k|ro|so|mie, die; -, ...i̯en (Med.): übermäßige Größe einzelner Körperteile od. Organe; Riesenwuchs; vgl. Gigantismus (1) (Ggs.: Mikrosomie); **fetale Makrosomie:** zu hohes Gewicht bzw. unverhältnismäßige Größe bei einem Neugeborenen (über dem 95. Perzentil)

Ma|k|ro|so|zio|lo|gie [auch: ˈmaː...], die; -: Soziologie gesamtgesellschaftlicher Gebilde (Ggs.: Mikrosoziologie)

Ma|k|ro|spo|re, die; -, -n (meist Plural): große weibliche Spore einiger Farnpflanzen

Ma|k|ro|sto|ma, das; -s, -ta (Med.): angeborene Fehlbildung mit seitlicher Erweiterung der Mundspalte

Ma|k|ro|struk|tur, die; -, -en: ohne optische Hilfsmittel erkennbare Struktur (z. B. von pflanzlichen Geweben)

Ma|k|ro|the|o|rie, die; -, -n: Teilbereich der wirtschaftswissenschaftlichen Theorie, dessen Erkenntnisobjekt die gesamte Volkswirtschaft darstellt (Ggs.: Mikrotheorie)

Ma|k|ro|tie, die; -, ...i̯en (Med.): abnorme Größe der Ohren (Ggs.: Mikrotie)

Ma|k|ro|vi|rus, der (auch: das); -, ...viren (EDV): sich per ↑E-Mail verbreitender Computervirus

Ma|k|ro|ze|pha|lie, die; -, ...i̯en (Med.): abnorme (1) Vergrößerung des Kopfes (Ggs.: Mikrozephalie)

Ma|k|ro|zyt, der; -en, -en (Med.): übergroße Form roter Blutkörperchen (z. B. als Folge bestimmter Erkrankungen)

Ma|k|ru|lie, die; -, ...i̯en (Med.): Wucherung des Zahnfleisches

Mak|su|ra, die; -, -s ‹*arab.*›: abgeteilter Raum in einer Moschee

Ma|ku|ba, der; -s ‹*frz.;* nach einem Bezirk der Insel Martinique›: ein Schnupftabak

Ma|ku|la|tur, die; -, -en ‹*lat.-mlat.*›: **a)** beim Druck schadhaft gewordene u. fehlerhafte Bogen; Fehldruck; **b)** Altpapier; Abfall der Papierindustrie; **Makulatur reden** (ugs. veraltet): Unsinn, dummes Zeug reden. **ma|ku|lie|ren** ‹*lat.*›: zu Makulatur machen, einstampfen

Ma|la: *Plural* von ↑Malum

Ma|la|chit [auch: ...ˈxɪt], der; -s, -e ‹*gr.-nlat.*›: ein schwärzlich grünes Mineral; Schmuckstein

ma|lad, ma|la|de ‹*lat.-vulgärlat.-frz.*› (ugs. veraltend): [leicht] krank u. sich entsprechend lustlos, unwohl, elend fühlend

ma|la fi|de ‹*lat.*›: in böser Absicht; trotz besseren Wissens; vgl. bona fide

Ma|la|ga, der; -s, -s ‹nach der span. Provinz›: südspanischer brauner Süßwein

Ma|la|gue|ña [malaˈgɛnja], die; -, -s (Musik): spanischer Tanz im 3/2-Takt mit einem ostinaten Thema, über dem der Sänger frei improvisieren kann

Ma|lai|se [maˈlɛːzə], die; -, -n, (schweiz.) das; -s, - ‹*lat.-frz.*›: **1.** Übelkeit, Übelbefinden; Unbehagen. **2.** Unglück, Widrigkeit, ungünstiger Umstand, Misere

Ma|la|ja|lam vgl. Malayalam

Ma|la|kie vgl. Malazie

Ma|la|ko|lo|ge, der; -n, -n ‹*gr.-nlat.*›: Wissenschaftler, der sich auf Malakologie spezialisiert hat. **Ma|la|ko|lo|gie,** die; -: Teilgebiet der Zoologie, das sich mit den Muscheln, Schnecken u. a. befasst; Weichtierkunde. **Ma|la|ko|lo|gin,** die; -, -nen: weibliche Form zu ↑Malakologe. **ma|la|ko|lo|gisch:** die Weichtierkunde betreffend

Ma|la|ko|phi|le, die; -, -n (meist Plural): Pflanze, deren Blüten durch Schnecken bestäubt werden

Ma|la|ko|s|t|ra|ke, der; -n, -n: Ringelkrebs, ein hoch entwickeltes Krebstier

Ma|la|ko|zoo|lo|gie, die; -: ↑Malakologie

Ma|la|ko|zo|on, das; -s, ...zoen (meist Plural) (veraltet): Weichtier

mal-à-pro|pos [malaproˈpoː] ‹*frz.*› (veraltet): ungelegen, zur Unzeit

Ma|la|ria, die; - ‹*lat.-it.*›: Sumpffieber, Wechselfieber. **Ma|la|ria|lo|gie,** die; -: Erforschung der Malaria

Ma|la|ya|lam, Malajalam, das; -: eine drawidische Sprache in Südindien

Ma|la|zie, die; -, ...i̯en ‹*gr.-nlat.*› (Med.): Erweichung, Auflösung der Struktur eines Organs od. Gewebes (z. B. der Knochen)

ma|le|dei|en ‹*lat.*› (veraltet): verwünschen; vgl. vermaledeien
Ma|le|dik|ti|on, die; -, -en (veraltet): Verleumdung, Schmähung
Ma|le|dik|to|lo|gie, die; - ‹*lat.; gr.-nlat.*›: Wissenschaft, Lehre von den Schimpfwörtern
Ma|le|di|ven|nuss, die; -, ...nüsse ‹nach den Inseln im Indischen Ozean›: ↑Seychellennuss
ma|le|di|zie|ren ‹*lat.*› (veraltet): verwünschen
Ma|le|fi|kant, der; -en, -en ‹*lat.-nlat.*› (veraltet): Missetäter, Übeltäter. **Ma|le|fi|kan|tin,** die; -, -nen: weibliche Form zu ↑Malefikant
Ma|le|fi|kus, der; -, - u. ...fizi ‹*lat.*›: **1.** ↑Malefikant. **2.** (Astrol.) ein Unheil bringender Planet
Ma|le|fiz, das; -es, -e: **1.** (veraltet) Missetat, Verbrechen. **2.** (landsch.) Strafgericht
Ma|le|fi|zer, der; -s, -, **Ma|le|fiz|kerl,** der; -s, -e u. -s (landsch.): **1.** jmd., über den man sich ärgert, auf den man wütend ist. **2.** Draufgänger
Ma|le|par|tus, der; - ‹*nlat.*›: Wohnung des Fuchses in der Tierfabel
Ma|ler|email, das; -s, -s ‹*dt.; germ.-frz.*›: Schmelzmalerei, wobei eine mit einer Schmelzschicht überzogene Kupferplatte den Malgrund bildet
Ma|le|sche, die; -, -n ‹*frz.* malaise; vgl. Malaise› (nordd.): Unannehmlichkeit
Mal|heur [ma'lø:ɐ̯], das; -s, -e u. -s ‹*lat.-frz.*›: **1.** (veraltet) Unglück, Unfall. **2.** (ugs.) Pech; kleines Unglück, [peinliches] Missgeschick
mal|ho|nett (veraltet): unfein, unredlich
Ma|li|ce [ma'li:sə], die; -, -n (veraltet): **1.** Bosheit. **2.** boshafte Äußerung
ma|li|g|ne ‹*lat.*› (Med.): bösartig (z. B. von Gewebsveränderungen) (Ggs.: benigne). **Ma|li|g|ni|tät,** die; - (Med.): Bösartigkeit (z. B. einer Geschwulst) (Ggs.: Benignität)
Ma|li|g|nom, das; -s, -e (Med.): bösartige Geschwulst
Ma|li|mo, das; -s, -s ‹Kunstw.; nach dem dt. Erfinder H. *Ma*uersberger (1909–1982) aus *Li*mbach/Sachsen u. ↑*Mo*lton›: in Nähwirktechnik hergestelltes Gewebe (z. B. für Dekorations- u. Haustextilien)
Ma|lines [ma'lin], die (Plural) ‹nach dem frz. Namen für die niederl. Stadt Mechelen›: Klöppelspitzen mit Blumenmuster. **Ma|li|nois** [...'no̯a], der; -, - ‹*frz.;* vgl. ↑Malines›: Schäferhund einer belgischen Rasse
ma|li|zi|ös ‹*lat.-frz.*›: arglistig, hämisch, boshaft
mal|kon|tent (veraltet, noch landsch.): unzufrieden, missvergnügt
mall ‹*niederl.*›: **1.** (Seew.) gedreht, verdreht (vom Wind). **2.** (landsch. ugs.) töricht, von Sinnen, verrückt
[1]**Mall,** das; -[e]s, -e ‹*niederl.*› (Seew.): Muster, Modell für Schiffsteile; Spantenschablone
[2]**Mall** [mɔ:l], die; -, -s ‹*engl.*›: (bes. in den USA) Einkaufszentrum
[1]**mal|len** ‹*niederl.*› (Seew.): nach dem [1]Mall behauen; messen
[2]**mal|len** ‹*niederl.*› (Seew.): umlaufen, umspringen (vom Wind)
mal|le|o|lar ‹*lat.*› (Med.): zum Knöchel gehörend
Mal|le|us, der; -, ...lei: **1.** (ohne Plural) auf den Menschen übertragbare ↑Zoonose; Rotzkrankheit. **2.** (Med.) Hammer, eines der drei Gehörknöchelchen
Malm, der; -[e]s ‹*engl.*› (Geol.): die obere Abteilung des Juras (in Süddeutschland: Weißer Jura)
Mal|mi|g|nat|te [...mɪn'jatə], die; -, -n ‹*it.*›: Giftspinne der Mittelmeerländer
Mal|nu|t|ri|ti|on, die; - ‹*lat.*› (Med.): Mangelernährung
Ma|l|oc|chio [ma'lɔki̯o], der; -s, -s u. ...occhi [...ɔki] ‹*lat.-it.*›: böser Blick; vgl. Jettatore
Ma|lo|che [auch: ma'lɔ...], die; - ‹*hebr.-jidd.*› (ugs.): [schwere] Arbeit. **ma|lo|chen** (ugs.): schwer arbeiten, schuften
Ma|lo|cher [auch: ma'lɔ...], der; -s, - (ugs.): Arbeiter. **Ma|lo|che|rin,** die; -, -nen: weibliche Form zu ↑Malocher
Ma|lon|säu|re, die; - ‹*gr.-lat.-nlat.; dt.*› (Chemie): organische Säure, die bei der Oxidation von Apfelsäure entsteht
Ma|los|sol, der; -s ‹*russ.*›: schwach gesalzener Kaviar
mal|pro|per ‹*lat.-frz.*› (veraltet, noch landsch.): unsauber, unordentlich
Mal|ta|se, die; -, -n ‹*germ.-nlat.*›: Enzym, das Malzzucker in Traubenzucker spaltet
Mal|te|ser, der; -s, - ‹nach der Mittelmeerinsel Malta›: **1.** Angehöriger des katholischen Zweigs der Johanniter, deren Sitz 1530 bis 1798 Malta war. **2.** weißer Schoßhund mit langhaarigem Fell
Mal|te|ser|kreuz, das; -es, -e: **1.** vgl. Johanniterkreuz. **2.** Schaltteil in der Form eines achtspitzigen Kreuzes am Projektor zur ruckweisen Fortbewegung des Films
Mal|thu|si|a|ner, der; -s, - ‹*nlat.;* nach dem engl. Nationalökonomen Malthus, 1766–1834›: Anhänger des Malthusianismus. **Mal|thu|si|a|nis|mus,** der; - (Geschichte): wirtschaftspolitische Bewegung, die die theoretischen Erkenntnisse des Engländers Malthus (die Bevölkerung wächst tendenziell schneller als der Bodenertrag) auf die Wirklichkeit anzuwenden suchte. **mal|thu|si|a|nis|tisch:** den Malthusianismus betreffend
Mal|tin, das; -s ‹*germ.-nlat.*› (veraltet): ↑Amylase
Mal|to|se, die; -: Malzzucker
mal|t|rä|tie|ren ‹*lat.-frz.*›: misshandeln, quälen
Malt|whis|ky ['mɔ:lt...], der; -s, -s ‹*engl.*›: Malzwhisky
Ma|lum, das; -s, ...la ‹*lat.;* »das Schlechte«› (Med.): Krankheit, Übel
Ma|lus, der; - u. -ses, - u. -se: **1.** nachträglicher Prämienzuschlag bei Häufung von Schadensfällen in der Kraftfahrzeugversicherung. **2.** zum Ausgleich für eine bessere Ausgangsposition erteilter Punktnachteil (Ggs.: Bonus [2])
Mal|va|sier, der; -s, - ‹nach dem it. Namen Malvasia für die gr. Stadt Monemvassia›: likörartig süßer u. schwerer Weißwein
Mal|ve, die; -, -n ‹*lat.-it.*›: Käsepappel, eine krautige Heil- u. Zierpflanze
Mal|ware [...wɛ:ɐ̯], die; -, -s ‹*engl.;* Kurzw. aus *mal*icious soft*ware*›: Sammelbez. für Programme, die in Computersysteme eindringen u. Störungen od. Schäden verursachen (z. B. ein ↑Computervirus)

Ma|ma [veraltend, geh.: ...'maː], die; -, -s ⟨*frz.*⟩ (ugs.): Mutter
Mam|ba, die; -, -s ⟨*Zulu*⟩: eine afrikanische Giftschlange
Mam|bo, der; -[s], -s, auch: die; -, -s ⟨*kreol.*⟩: mäßig schneller lateinamerikanischer Tanz im $^4/_4$-Takt
[1]**Ma|me|luck,** der; -en, -en ⟨*arab.-it.*⟩: Sklave; Leibwächter orientalischer Herrscher
[2]**Ma|me|luck,** der; -en, -en (Geschichte): **1.** Angehöriger eines ägyptischen Herrschergeschlechts (13.–16. Jh.). **2.** Militärsklave islamischer Herrscher
Ma|mil|la, die; -, ...lae [...lɛ] ⟨*lat.*⟩ (Anat., Med.): ↑Mamille
Ma|mil|la|ria vgl. Mammillaria
Ma|mil|le, die; -, -n (Anat.; Med.): Brustwarze
Mam|ma, die; -, ...mae [...mɛ] ⟨*lat.*⟩: **1.** (Med.) weibliche Brust, Brustdrüse. **2.** (Biol.) Zitze der Säugetiere. **Mam|ma|kar|zi|nom,** das; -s, -e (Med.): Brustkrebs
Mam|ma|lia, die (Plural) ⟨*lat.-nlat.*⟩: Säugetiere
Mam|ma|lo|ge, der; -n, -n: Wissenschaftler auf dem Gebiet der Mammalogie. **Mam|ma|lo|gie,** die; -: Teilgebiet der Zoologie, auf dem man sich mit den Säugetieren befasst. **Mam|ma|lo|gin,** die; -, -nen: weibliche Form zu ↑Mammaloge
Mam|ma|tus|wol|ke, die; -, -n ⟨*lat.; dt.*⟩ (Meteorol.): während od. nach Gewittern auftretende Wolke mit abwärts gerichteten, beutelförmigen Quellungen
Mam|mil|la|ria, Mamillaria, die; -, ...ien ⟨*lat.-nlat.*⟩: Warzenkaktus (mexikanische Kakteengattung)
Mam|mo|gra|fie, Mam|mo|gra|phie, die; -, ...ien ⟨*lat.; gr.*⟩ (Med.): röntgendiagnostische Methode zur Untersuchung der weiblichen Brust (vor allem zur Feststellung bösartiger Geschwülste)
Mam|mo|gra|fie-Scree|ning, Mam|mo|gra|fie|scree|ning, Mam|mo|gra|phie-Scree|ning, Mam|mo|gra|phie|scree|ning, das (Med.): Reihenuntersuchung der weiblichen Brust mittels Röntgendiagnostik zur Brustkrebs-Früherkennung
Mam|mon, der; -s ⟨*aram.-gr.-lat.*⟩ (meist abwertend): Geld als etwas, was begehrt, wonach gestrebt wird
Mam|mo|nis|mus, der; - ⟨*aram.-gr.-nlat.*⟩: Geldgier, Geldherrschaft
Mam|mo|plas|tik, die; -, -en ⟨*gr.-lat.*⟩ (Med.): plastische Operation der weiblichen Brust
Mam|mut, das; -s, -e u. -s ⟨*russ.-frz.*⟩: ausgestorbene Elefantenart der Eiszeit mit langhaarigem Fell u. langen gebogenen Stoßzähnen
Mam|mut|baum, der; -[e]s, ...bäume: ↑Sequoia
Mam|sell, die; -, -en u. -s ⟨*lat.-galloroman.-frz.*⟩: **1.** Angestellte im Gaststättengewerbe. **2.** (veraltet) Hausgehilfin. **3.** (veraltend) Hauswirtschafterin auf einem Gutshof
Man, der od. das; -s, -s (aber: 2 -) ⟨*pers.*⟩: altes persisches Gewicht
Ma|na, das; -s ⟨*polynes.*⟩: (nach der Vorstellung der Südseeinsulaner) eine geheimnisvolle, übernatürliche Kraft in Menschen, Tieren u. Dingen, die Außergewöhnliches bewirkt; vgl. Orenda
Mä|na|de, die; -, -n ⟨*gr.-lat.*⟩: sich wild gebärdende, rasende weibliche Person
Ma|nage|ment ['mɛnɪtʃmənt], das; -s, -s ⟨*lat.-it.-engl.*⟩: **1.** Leitung, Führung eines Unternehmens, die Planung, Grundsatzentscheidungen o. Ä. umfasst; Betriebsführung. **2.** Gesamtheit der Führungskräfte in einem Großunternehmen o. Ä.
Ma|nage|ment-Buy-in [...baɪ̯'ɪn], der u. das; -s, -s (Wirtsch.): Übernahme einer Firma durch externe Manager
Ma|nage|ment-Buy-out, Ma|nage|ment-Buy|out [...baɪ̯ʔaʊ̯t], das od. der; -s, -s (Wirtsch.): Übernahme einer Firma durch die eigene Geschäftsleitung
ma|na|gen ['mɛnɪdʒn̩]: **1.** (ugs.) leiten, zustande bringen, geschickt bewerkstelligen, organisieren. **2.** (einen Berufssportler, Künstler o. Ä.) betreuen
Ma|na|ger ['mɛnɪdʒɐ], der; -s, -: **1.** mit weitgehender Verfügungsgewalt, Entscheidungsbefugnis ausgestattete leitende Persönlichkeit [eines großen Unternehmens]. **2.** Betreuer (eines Berufssportlers, Künstlers o. Ä.). **Ma|na|ge|rin,** die; -, -nen: weibliche Form zu ↑Manager
Ma|na|ger|krank|heit, die; -: Erkrankung des Herz-Kreislauf-Systems infolge dauernder körperlicher u. psychischer Überbeanspruchung u. dadurch verursachter vegetativer Störungen (bes. bei Menschen in verantwortlicher Stellung)
Ma|nas, das; - ⟨*sanskr.*⟩: in der ind. Philosophie die aus feiner Materie bestehende Denksubstanz
Ma|na|ti, der; -s, -s ⟨*karib.-span.*⟩: ↑Lamantin
man|can|do ⟨*lat.-it.*⟩ (Musik): abnehmend, die Lautstärke zurücknehmend (Vortragsanweisung)
Man|ches|ter ['mɛntʃɛstɐ, man'ʃɛstɐ], der; -s ⟨nach der engl. Stadt⟩: kräftiger Cordsamt
Man|ches|ter|tum, das; -s: Richtung des extremen wirtschaftspolitischen Liberalismus mit der Forderung nach völliger Freiheit der Wirtschaft
Man|chon [mɑ̃'ʃɔ̃ː], der; -s, -s ⟨*lat.-frz.*⟩: Filzüberzug der Quetschwalze bei Papiermaschinen
Man|dä|er, die (Plural) ⟨*aram.*⟩: Mitglieder einer alten ↑gnostischen Täufersekte, die einen Erlöser aus dem Lichtreich erwartet (im Irak u. im Iran heute noch verbreitet). **man|dä|isch:** die [Lehre u. Sprache der] Mandäer betreffend
Man|da|la, das; -s, -s ⟨*sanskr.*⟩: **1.** mystisches Kreis- od. Vieleckbild in den indischen Religionen, ein Hilfsmittel zur Meditation. **2.** (Psychol.) Traumbild od. von Patienten angefertigte bildliche Darstellung als Symbol der Selbstfindung (nach C. G. Jung)
Man|dant, der; -en, -en ⟨*lat.*⟩: Klient (bes. eines Rechtsanwalts), Kunde, Auftraggeber. **Man|dan|tin,** die; -, -nen: weibliche Form zu ↑Mandant
[1]**Man|da|rin,** der; -s, -e ⟨*sanskr.-malai.-port.*⟩ (Geschichte): europäischer Name für hohe Beamte des ehemaligen chinesischen Kaiserreichs
[2]**Man|da|rin** [auch: ...'riːn], das; -[s]: Hochchinesisch (Standardsprache Chinas)
Man|da|ri|ne, die; -, -n ⟨*sanskr.-*

malai.-port.-span.-frz.›: kleine apfelsinenähnliche Zitrusfrucht von süßem Geschmack

Man|da|rin|en|te, die; -, -n ‹*sanskr.-malai.-port-; dt.*›: buntfarbige Ente Ostasiens

Man|dat, das; -[e]s, -e ‹*lat.*›: **1.** (Rechtswiss.) Auftrag, jmdn. juristisch zu vertreten. **2.** (Politik) Amt eines gewählten Abgeordneten mit Sitz u. Stimme im Parlament. **3.** (Politik) in Treuhand von einem Staat verwaltetes Gebiet. **4.** (Geschichte) Erlass, Auftrag an einen Untergebenen

Man|da|tar, der; -s, -e ‹*lat.-mlat.*›: **1.** jmd., der im Auftrag, kraft Vollmacht eines anderen handelt (z. B. ein Rechtsanwalt). **2.** (österr.) Abgeordneter. **Man|da|ta|rin,** die; -, -nen: weibliche Form zu ↑Mandatar

man|da|tie|ren ‹*lat.-nlat.*› (Rechtsspr. veraltet): jmdn. beauftragen, bevollmächtigen

Man|da|tor, der; -s, ...oren (Geschichte): Reichsbote im Byzantinischen Reich

Man|dats|ge|biet, das; -[e]s, -e: durch einen fremden Staat verwaltetes Gebiet

Man|da|tum, das; -s, ...ta (kath. Kirche): Zeremonie der Fußwaschung in der Gründonnerstagsliturgie

Man|di|bel, die; -, -n (meist Plural) ‹*lat.*› (Biol.): Oberkiefer, erstes Mundgliedmaßenteil der Gliederfüßer

Man|di|bu|la, die; -, ...lae [...lɛ] (Med.): Unterkiefer. **man|di|bu|lar, man|di|bu|lär** ‹*lat.-nlat.*› (Med.): zum Unterkiefer gehörend

Man|di|bu|la|re, das; -, -n: **1.** knorpeliger Unterkiefer der Haifische. **2.** Unterkiefer der Wirbeltiere

Man|di|o|ka, die; - ‹*indian.-span.*›: ↑Maniok

Man|do|la, die; -, ...len ‹*gr.-lat.-it.*›: eine Oktave tiefer als die Mandoline klingendes Zupfinstrument

Man|do|li|ne, die; -, -n ‹*gr.-lat.-it.-frz.*›: kleine Mandola; lautenähnliches Zupfinstrument mit stark gewölbtem, kürbisähnlichem Schallkörper u. vier Doppelsaiten, das mit einem ↑Plektron gespielt wird

Man|do|lon|cel|lo [...ˈtʃɛlo], das; -s, -s u. ...lli: Tenormandoline

Man|do|lo|ne, der; -s, -s u. ...ni ‹*gr.-lat.-it.*›: Bassmandoline

Man|do|ra, die; -, ...ren: **1.** ↑Mandola. **2.** kleine Laute mit 4 bis 24 Saiten (bis zum 19. Jh.)

Man|dor|la, die; -, ...dorlen ‹*gr.-lat.-it.*› (bildende Kunst): mandelförmiger Heiligenschein um die ganze Figur (bei Christus- u. Mariendarstellungen)

Man|d|ra|go|ra, Man|d|ra|go|re, die; -, ...oren ‹*gr.-lat.*›: stängelloses Nachtschattengewächs mit großen Blättern u. glockigen Blüten

Man|d|rill, der; -s, -e ‹*engl.*›: meerkatzenartiger Affe Westafrikas mit meist buntfarbigem Gesicht

Man|d|rin [mɑ̃ˈdrɛ̃ː], der; -s, -s ‹*frz.*› (Med.): **1.** Einlagedraht oder -stab in Kanülen zur Verhinderung von Verstopfungen. **2.** fester Führungsstab zum Einführen für biegsame Katheter

...ma|ne *s. Kasten ...manie*

Ma|ne|ge [...ʒə], die; -, -n ‹*lat.-it.-frz.*›: runde Fläche für Darbietungen im Zirkus, in einer Reitschule

Ma|nen, die (Plural) ‹*lat.*›: gute Geister der Toten im altrömischen Glauben

Man|ga, das od. der; -s, -[s] ‹*jap.*›: aus Japan stammender handlungsreicher Comic, der durch besondere grafische Effekte gekennzeichnet ist

Man|ga|be, die; -, -n ‹*afrik.*›: langschwänzige, meerkatzenartige Affenart Afrikas

Man|ga|la, das; -[s], -s ‹*sanskr.*›: Bez. für günstige Vorzeichen, Handlungen u. Ereignisse, die eine vorteilhafte Beeinflussung des Schicksals zur Folge haben (im alten Indien)

Man|ga|lit|za, das; -s, -s ‹ung.›: Wollschwein

Man|gan, das; -s ‹*gr.-lat.-mlat.-it.-frz.*›: chem. Element; ein Metall (Zeichen: Mn)

Man|ga|nat, das; -s, -e: Salz der Mangansäure

Man|ga|nin®, das; -s: für elektrische Widerstände verwendete Kupfer-Mangan-Nickel-Legierung

Man|ga|nit [auch: ...ˈnɪt], der; -s, -e: ein Mineral

Man|g|le|baum, der; -[e]s, ...bäume ‹*indian.-span.; dt.*›: dauerhaftes Holz liefernder Baum der amerikanischen u. westafrikanischen ↑Mangroven

Man|go, die; -, -s, selten: ...onen ‹*tamil.-port.*›: längliche, grüne bis rotgelbe, saftige, wohlschmeckende Frucht des Mangobaumes

Man|go|baum, der; -[e]s, ...bäume: tropischer Obstbaum mit wohlschmeckenden Früchten

Man|gos|tan|baum, der; -[e]s, ...bäume ‹*malai.; dt.*›: tropischer Obstbaum mit apfelgroßen Früchten, von denen die weiße Samenschale und die Kerne essbar sind

Man|g|ro|ve, die; -, -n ‹(*indian.-span.; engl.) engl.*›: immergrüner Laubwald in Meeresbuchten u. Flussmündungen tropischer Gebiete

Man|g|ro|ve|küs|te, Man|g|ro|ven|küs|te, die; -, -n: mit Mangrove bestandene Küste

Man|gus|te, die; -, -n ‹*Marathi-port.-frz.*›: südostasiatische Schleichkatze

ma|ni|a|bel ‹*lat.-frz.*› (veraltet): leicht zu handhaben, handlich

Ma|ni|ac [ˈmeɪ̯nɪ̯ɛk], der; -s, -s ‹(*gr.-mlat.-)engl.*›: Person mit einer besonders starken, zuweilen krankhaft übersteigerten Leidenschaft für eine Sache. **ma|ni|a|ka|lisch** ‹*gr.-nlat.*› (veraltet): manisch

Ma|ni|chä|er, der; -s, - ‹nach dem pers. Religionsstifter Mani (3. Jh. n. Chr.)›: **1.** Anhänger des Manichäismus. **2.** (veraltet) drängender Gläubiger

ma|ni|chä|isch: a) den Manichäismus betreffend; **b)** die Lehre des Manichäismus vertretend

Ma|ni|chä|is|mus, der; - ‹*nlat.*›: von Mani gestiftete, dualistische Weltreligion

Ma|nie, die; -, ...ien ‹*gr.-lat.*›: **1.** krankhaft übersteigerte Leidenschaft. **2.** (Psychol.) Phase der manisch-depressiven Psychose mit abnorm heiterem Gemütszustand, Enthemmung u. Triebsteigerung

...ma|nie *s. Kasten Seite 687*

Ma|nier, die; -, -en ‹*lat.-galloroman.-frz.*›: **1.** (ohne Plural) **a)** Art u. Weise, Eigenart; Stil [eines Künstlers]; **b)** (abwertend) Künstelei, Manieriert-

...ma|nie

die; -, ...ien (häufig ohne Plural)
⟨zu *gr.* maínesthai »rasen, toben« u. ...manía »Raserei, Begeisterung« → *spätlat.* ...mania⟩
Wortbildungselement mit den Bedeutungen:
a) *»Sucht; krankhafte Leidenschaft«:*
- Kleptomanie
- Nymphomanie
b) *»übertriebene Vorliebe für etwas«:*
- Frankomanie
- Gräkomanie

...man
⟨zu *gr.* manikós »rasend, überspannt«⟩
Wortbildungselement mit den Bedeutungen:
a) *»süchtig; eine krankhafte Leidenschaft besitzend«:*
- egoman
- nymphoman
b) *»übertrieben nachahmend«:*
- frankoman

...mane
der; -n, -n
⟨zu *gr.* manikós »rasend, überspannt«⟩
Wortbildungselement mit den Bedeutungen:
a) *»von einer [krankhaften] Leidenschaft Geprägter«:*
- Bibliomane
- Pyromane
b) *»übertrieben Nachahmender«:*
- Gräkomane
Die weibliche Form des Wortbildungselementes ist in einigen Fällen ebenfalls ...mane, wie z. B. in Dipsomane. Meistens lautet sie jedoch ...manin, wie z. B. in Egomanin.

heit. **2.** (meist Plural) Umgangsform, Sitte, Benehmen. **3.** (Musik) Verzierung

Ma|ni|e|ra gre|ca, die; - - ⟨*it.;* »griechischer Kunststil«⟩: byzantinisch geprägte italienische Malerei, bes. des 13. Jh.s

ma|nie|riert ⟨*lat.-galloroman.-frz.*⟩ (abwertend): gekünstelt, unnatürlich. **Ma|nie|riert|heit,** die; -, -en (abwertend): Geziertheit, Künstelei, unnatürliches Ausdrucksverhalten

Ma|nie|ris|mus, der; -, ...men ⟨*lat.-galloroman.-frz.-nlat.*⟩: **1.** (ohne Plural; Kunstwiss.) Stilbegriff für die Kunst der Zeit zwischen Renaissance u. Barock. **2.** (ohne Plural; Literaturwiss.) Stil der Übergangsphase zwischen Renaissance u. Barock. **3.** (ohne Plural) Epoche des Manierismus (1, 2) von etwa 1520 bis 1580. **4.** (ohne Plural) in verschiedenen Epochen (z. B. Hellenismus, Romantik, Jugendstil) dominierender gegenklassischer Stil. **5.** manieriertes Verhalten, manierierte Ausdrucksweise

Ma|nie|rist, der; -en, -en: Vertreter des Manierismus. **Ma|nie|ris|tin,** die; -, -nen: weibliche Form zu ↑Manierist

ma|nie|ris|tisch: in der Art des Manierismus

ma|nier|lich ⟨*lat.-galloroman.-frz.; dt.*⟩: **1.** den guten Manieren entsprechend, wohlerzogen; sich als Kind od. Jugendlicher so benehmend, wie es die Erwachsenen im Allgemeinen erwarten. **2.** (ugs.) so beschaffen, dass sich daran eigentlich nichts aussetzen lässt; ganz gut, recht akzeptabel

ma|ni|fest ⟨*lat.*⟩: **1.** offenbar, offenkundig. **2.** (Med.) im Laufe der Zeit deutlich erkennbar (von Krankheiten u. Ä.)

Ma|ni|fest, das; -[e]s, -e ⟨*lat.-mlat.*⟩: **1.** Grundsatzerklärung, Programm [einer Partei, Kunst- od. Literaturrichtung, politischen Organisation]; **Kommunistisches Manifest:** von K. Marx u. F. Engels verfasstes Grundsatzprogramm für den »Bund der Kommunisten« (1848). **2.** Verzeichnis der Güter auf einem Schiff

Ma|ni|fes|tant, der; -en, -en ⟨*lat.*⟩ (veraltet): **1.** Teilnehmer an einer Kundgebung. **2.** (Rechtswiss.) jmd., der den Offenbarungseid leistet. **Ma|ni|fes|tan|tin,** die; -, -nen: weibliche Form zu ↑Manifestant

Ma|ni|fes|ta|ti|on, die; -, -en: **1.** das Offenbar-, Sichtbarwerden. **2.** (Rechtswiss.) Offenlegung, Darlegung; Bekundung. **3.** (Med.) das Erkennbarwerden (von latenten Krankheiten, Erbanlagen u. Ä.)

Ma|ni|fes|ta|ti|ons|eid, der; -[e]s, -e (Rechtsspr., veraltet): Offenbarungseid

ma|ni|fes|tie|ren: **1. a)** offenbaren; kundgeben, bekunden; **b)** sich manifestieren: offenbar, sichtbar werden. **2.** (veraltet) den Offenbarungseid leisten

Ma|ni|hot, der; -s, -s ⟨*indian.-frz.*⟩: zu den tropischen Wolfsmilchgewächsen gehörende Pflanze (z. B. Kautschukpflanzen u. bes. ↑Maniok)

Ma|ni|kü|re, die; -, -n ⟨*lat.-frz.*⟩: **1.** (ohne Plural) Hand-, bes. Nagelpflege. **2.** Kosmetikerin od. Friseurin mit einer Zusatzausbildung in Maniküre (1). **3.** Necessaire für die Geräte zur Nagelpflege

ma|ni|kü|ren: die Hände (bes. die Nägel) pflegen

Ma|ni|la|hanf, Ma|ni|la-Hanf, der; -[e]s ⟨nach der Hafenstadt Manila⟩: Spinnfaser der philippinischen Faserbanane; Abaka

[1]**Ma|nil|le** [maˈnɪljə], die; -, -n ⟨*lat.-span.-frz.*⟩: zweithöchste Trumpfkarte in verschiedenen Kartenspielen

[2]**Ma|nil|le,** die; -, -n ⟨*lat.-span.*⟩ (veraltet): Armband

...ma|nin *s. Kasten ...manie*

Ma|ni|ok, der; -s, -s ⟨*indian.-span.-frz.*⟩: tropische Kulturpflanze, aus deren Wurzelknollen die ↑Tapioka gewonnen wird

Ma|ni|pel, der; -s, - ⟨*lat.*⟩: **1.** (Geschichte) Unterabteilung der römischen ↑Kohorte. **2.** (auch: die; -, -n) am linken Unterarm getragenes gesticktes Band des katholischen Messgewandes

Ma|ni|pu|lant, der; -en, -en ⟨*lat.-frz.*⟩: **1.** Manipulator (1); Person od. Einrichtung, die durch direkte od. unterschwellige Beeinflussung bestimmte [soziale] Verhaltensweisen auslöst od. steuert. **2.** (österr. Amtsspr. veraltend) Hilfskraft, Amtshelfer. **Ma|ni|pu|lan|tin,** die; -, -nen: weibliche Form zu ↑Manipulant

Ma|ni|pu|la|ti|on, die; -, -en: **1.** bewusster u. gezielter Einfluss auf Menschen ohne deren Wissen u. oft gegen deren Willen (z. B. mithilfe der Werbung). **2.** absichtliche Verfälschung von Informationen durch Auswahl, Zusätze od. Auslassungen. **3.** (meist Plural) Machenschaft, undurchsichtiger Kniff. **4.** Handhabung, Verfahren. **5.** das Anpassen der Ware an die Bedürfnisse des Verbrauchers durch Sortieren, Mischen, Veredeln (z. B. bei Tabak). **6. a)** (veraltet) Handbewegung, Hantierung; **b)** (Med.) kunstgerechter u. geschickter Handgriff; vgl. ...ation/...ierung

ma|ni|pu|la|tiv: auf Manipulation beruhend; durch Manipulation entstanden

Ma|ni|pu|la|tor, der; -s, ...oren: **1.** jemand, der andere zu seinem eigenen Vorteil lenkt oder beeinflusst. **2.** Vorrichtung zur Handhabung von etw. aus größerem Abstand od. hinter Schutzwänden. **3.** (veraltend) Zauberkünstler, Jongleur, Taschenspieler. **Ma|ni|pu|la|to|rin,** die; -, -nen: weibliche Form zu ↑Manipulator (1, 3)

ma|ni|pu|la|to|risch: beeinflussend, lenkend

ma|ni|pu|lier|bar: sich manipulieren lassend

ma|ni|pu|lie|ren: **1.** Menschen bewusst u. gezielt beeinflussen od. lenken. **2.** Informationen verfälschen od. bewusst ungenau wiedergeben. **3. a)** (veraltet) etwas handhaben, betasten, sich an etwas zu schaffen machen; **b)** etwas geschickt handhaben, kunstgerecht damit umgehen. **4.** mit etwas hantieren; **manipulierte Währung** (Bankw.): staatlich gesteuerte Währung, bei der die ausgegebene Geldmenge nach den jeweiligen wirtschaftlichen Erfordernissen reguliert wird u. an keine Deckung durch Gold, Silber u. a. gebunden ist

Ma|ni|pu|lie|rer, der; -s, -: ↑Manipulator (1). **Ma|ni|pu|lie|re|rin,** die; -, -nen: weibliche Form zu ↑Manipulierer

Ma|ni|pu|lie|rung, die; -, -en: ↑Manipulation (1, 2); vgl. ...ation/...ierung

Ma|nis, die; -, - ⟨*lat.-nlat.*⟩: chinesisches Schuppentier

ma|nisch ⟨*gr.*⟩: **1.** (Psychol.) für die ↑Manie (2) kennzeichnend; krankhaft heiter; erregt. **2.** einer ↑Manie (1) entspringend; krankhaft übersteigert

ma|nisch-de|pres|siv ⟨*gr.; lat.*⟩ (Psychol.): abwechselnd krankhaft heiter u. schwermütig

Ma|nis|mus, der; - ⟨*lat.-nlat.*⟩ (Völkerkunde): Ahnenkult, Totenverehrung

Ma|ni|tu, der; -[s] ⟨*indian.*⟩: die allem innewohnende, unpersönliche, auch als Geist personifizierte Macht des indianischen Glaubens

Man|kal|la, Man|ka|la, das; -s, -s ⟨*arab.*⟩: afrikanisches und asiatisches Brettspiel

man|kie|ren ⟨*lat.-it.-frz.*⟩ (veraltet, noch landsch.): fehlen, mangeln; verfehlen

Man|ko, das; -s, -s ⟨*lat.-it.*⟩: **1.** Fehlbetrag. **2.** Fehler, Unzulänglichkeit, Mangel

Man|na, die; - ⟨*hebr.-gr.-lat.*⟩: **1.** (Altes Testament) vom Himmel gefallene Nahrung für die Israeliten in der Wüste nach ihrem Auszug aus Ägypten. **2.** bestimmter essbarer Stoff (z. B. der süße Saft der Mannaesche, die Ausscheidung der Mannaschildlaus auf Tamarisken). **3.** Nahrung, die jmdm. auf wundersame Weise zuteilwird

Man|ne|quin [...kɛ̃, auch: ...ˈkɛ̃:], das, selten: der; -s, -s ⟨*niederl.-frz.;* »Männchen«⟩: **1.** weibliche Person, die Kleider vorführt. **2.** lebensechte Schaufensterpuppe. **3.** (veraltet) Gliederpuppe

Man|nit [auch: ...ˈnɪt], der; -s, -e ⟨*hebr.-gr.-lat.-nlat.*⟩: in der Natur weitverbreiteter sechswertiger, kristalliner Alkohol, der für Kunstharze u. Heilmittel verwendet wird

Man|no|se, die; -: in Apfelsinenschalen vorkommender Zucker

ma|no des|t|ra, destra mano ⟨*lat.-it.*⟩ (Musik): mit der rechten Hand [zu spielen] (Abk.: m. d., d. m.)

Ma|no|me|ter, das; -s, - ⟨*gr.-frz.*⟩: **1.** (Physik) Druckmesser für Gase u. Flüssigkeiten. **2.** (salopp) (als Ausruf des Erstaunens, des Unwillens) Mann!; Menschenskind!

Ma|no|me|t|rie, die; -: Druckmesstechnik

ma|no|me|t|risch: mit dem Manometer gemessen

ma non tan|to ⟨*it.*⟩ (Musik): aber nicht so sehr (Vortragsanweisung)

ma non trop|po ⟨*it.*⟩ (Musik): aber nicht zu sehr (Vortragsanweisung)

Ma|nor [ˈmænə], das; -s, -s ⟨*lat.-engl.*⟩: **a)** engl. Grundherrschaft; **b)** Landgut, Herrenhaus

ma|no si|nis|t|ra, sinistra mano ⟨*lat.-it.*⟩ (Musik): mit der linken Hand [zu spielen] (Abk.: m. s., s. m.)

Ma|no|s|tat, der; -[e]s u. -en, -e[n] ⟨*gr.*⟩: Druckregler

Ma|nö|ver, das; -s, - ⟨*lat.-vulgärlat.-frz.*⟩: **1.** (Militär) **a)** größere Truppen-, Flottenübung unter kriegsmäßigen Bedingungen; **b)** taktische Truppenbewegung. **2.** Bewegung, die mit einem Schiff, Flugzeug, Auto o. Ä. ausgeführt wird. **3.** Scheinmaßnahme, Kniff, Ablenkungs-, Täuschungsversuch

Ma|nö|ver|kri|tik, die; -, -en: kritische Besprechung der Erfahrungen und Ergebnisse [nach einem Manöver (1 a)]

ma|nö|v|rie|ren: **1.** ein Manöver (1 b) durchführen. **2.** eine Sache od. ein Fahrzeug (Schiff, Flugzeug, Raumschiff, Auto) geschickt lenken od. bewegen. **3.** Kunstgriffe anwenden, um sich od. jmdn. in eine bestimmte Situation zu bringen

Man|po|w|er [ˈmænpaʊɐ], die; -

⟨*engl.*⟩ (Jargon): Personal; Arbeitskräfte
manque [mɑ̃:k] ⟨*lat.-it.-frz.*⟩: die Zahlen 1–18 betreffend (in Bezug auf eine Gewinnmöglichkeit beim Roulette)
Manque [mɑ̃:k], die; -: depressiver Zustand, der durch Drogenmangel hervorgerufen wird
Man|sar|de, die; -, -n ⟨*frz.;* nach dem frz. Baumeister J. Hardouin-Mansart, 1646–1708⟩: **1.** für Wohnzwecke ausgebautes Dachgeschoss, -zimmer. **2.** mit Heißluft beheizte Vorrichtung zum Trocknen bedruckter Gewebe (in der Stoffdruckerei)
Man|schet|te, die; -, -n ⟨*lat.-frz.;* »Ärmelchen«⟩: **1.** [steifer] Ärmelabschluss an Herrenhemden od. langärmeligen Damenblusen; **Manschetten haben** (ugs. veraltet): Angst haben. **2.** Papierkrause für Blumentöpfe. **3.** unerlaubter Würgegriff beim Ringkampf. **4.** (Technik) Dichtungsring aus Gummi, Leder od. Kunststoff mit eingestülptem Rand
Man|su|be, die; -, -n ⟨*arab.*⟩: in Arabien geschaffene, im Mittelalter u. in der frühen Neuzeit besonders in Europa weiterentwickelte Vorform des modernen Schachproblems
Man|teau [mɑ̃'to:], der; -s, -s ⟨*lat.-frz.*⟩: frz. Bez. für: Mantel
Man|tel|let|ta, die; -, ...tten ⟨*lat.-it.*⟩: vorn offenes, knielanges Gewand katholischer Prälaten, das nach dem Rang in Farbe u. Stoff verschieden ist
Man|tel|lo|ne, der; -s, -s: langer, ärmelloser Mantel der päpstlichen Geheim- u. Ehrenkämmerer mit herabhängendem langem Streifen an beiden Schultern
Man|tik, die; - ⟨*gr.-lat.*⟩: Seher-, Wahrsagekunst
¹Man|til|le [man'tɪl(j)ə], die; -, -n ⟨*lat.-span.*⟩: Schleier- od. Spitzentuch der traditionellen Festkleidung der Spanierin
²Man|til|le [mɑ̃'ti:j(ə)], die; -, -n ⟨*lat.-frz.*⟩: **a)** vgl. Fichu; **b)** halblanger Damenmantel
Man|ti|nell, das; -s, -s ⟨*lat.-it.*⟩: Bande des Billardtisches
Man|tis, die; -, - ⟨*gr.*⟩: Gattung der Fangheuschrecken, zu der u. a. die Gottesanbeterin gehört
man|tisch ⟨*gr.*⟩: die Mantik betreffend
Man|tis|se, die; -, -n ⟨*lat.*⟩: **1.** (veraltet) Zugabe, Anhängsel. **2.** (Math.) Ziffern des ↑Logarithmus hinter dem Komma
Man|t|ra, das; -s, -s ⟨*sanskr.*⟩: als wirkungskräftig geltender religiöser Spruch, magische Formel der Inder
Man|t|ra|ya|na, Man|t|ra|ja|na, das; - ⟨»Spruchfahrzeug«⟩: buddhistische Richtung, die die Erlösung durch ständige Wiederholung der Mantras sucht (z. B. im Lamaismus)
¹Ma|nu|al, das; -s, -e, Manuale, das; -[s], -[n] ⟨*lat.*⟩: **1.** Handklaviatur der Orgel. **2.** (veraltet) Handbuch, Tagebuch
²Ma|nu|al ['mɛnjuəl], das; -s, -s ⟨*lat.-engl.:*⟩ (bes. EDV): ausführliche Bedienungsanleitung; Handbuch
Ma|nu|a|le vgl. ¹Manual
ma|nu|a|li|ter ⟨*lat.*⟩: auf dem ¹Manual zu spielen (bei der Orgel)
Ma|nu|b|ri|um, das; -s, ...ien ⟨»Handhabe, Griff«⟩: Knopf od. Griff in den Registerzügen der Orgel
ma|nu|ell ⟨*lat.-frz.*⟩: die Hände, die Tätigkeit der Hände betreffend; mit der Hand, von Hand
Ma|nu|fakt, das; -[e]s, -e ⟨*lat.-nlat.*⟩ (veraltet): Erzeugnis menschlicher Handarbeit
Ma|nu|fak|tur, die; -, -en ⟨*lat.-frz.(-engl.)*⟩: **1.** (veraltet) Handarbeit. **2.** (Geschichte) vorindustrieller gewerblicher Großbetrieb mit Handarbeit. **3.** (veraltet) Web- u. Wirkwaren. **4.** in Handarbeit hergestelltes Industrieerzeugnis
ma|nu|fak|tu|rie|ren (veraltet): anfertigen, verarbeiten
Ma|nu|fak|tu|rist, der; -en, -en (früher): **1.** Leiter einer ↑Manufaktur (2). **2.** Händler mit Manufakturwaren
Ma|nu|fak|tur|wa|ren, die (Plural): Meterwaren, Textilwaren, die nach der Maßangabe des Käufers geschnitten u. verkauft werden
Ma|nul, der; -s, -s ⟨*mongol.*⟩: in Steppen Zentralasiens heimische Art der Kleinkatzen
ma|nu pro|p|ria ⟨*lat.*⟩: eigenhändig (Abk.: m. p.)
Ma|nus, das; -, - (österr., schweiz.): kurz für ↑Manuskript (2, 3)
Ma|nu|skript, das; -[e]s, -e ⟨*lat.-mlat.*⟩: **1.** Handschrift, handschriftliches Buch der Antike und des Mittelalters. **2.** Niederschrift eines literarischen, wissenschaftlichen o. ä. Textes als Vorlage für den Setzer (Abk.: Ms. od. Mskr., Plur.: Mss.). **3.** vollständige od. stichwortartige Ausarbeitung eines Vortrags, einer Vorlesung, Rede u. Ä.
ma|nus ma|num la|vat ⟨*lat.*⟩: eine Hand wäscht die andere
Ma|nus mor|tua, die; - - (veraltet): Tote Hand (Bezeichnung der Kirche im Vermögensrecht, da sie erworbenes Vermögen nicht veräußern durfte)
Man|za|nil|la [mantsa'nɪlja, auch: mansa...], der; -s, -s ⟨*span.*⟩: südspanischer Weißwein
Man|za|nil|lo|baum [...'nɪljo...], der; -[e]s ⟨*span.; dt.*⟩, **Man|zi|nel|la** [...'nɛlja], die; - ⟨*span.*⟩: mittelamerikanisches Wolfsmilchgewächs mit giftigem Milchsaft
Mao|is|mus, der; - ⟨nach dem chin. Staatsmann Mao Tse-tung, 1893–1976⟩: politische Ideologie, die streng dem Konzept des chinesischen Kommunismus folgt. **Mao|ist,** der; -en, -en: jmd., der die Ideologie des Maoismus vertritt. **Mao|is|tin,** die; -, -nen: weibliche Form zu ↑Maoist. **mao|is|tisch:** den Maoismus betreffend; zum Maoismus gehörend
Mao-Look, Mao|look [...lʊk] der; -s: aus einem Anzug mit hochgeschlossener, einfacher [blauer] Jacke bestehende Kleidung
¹Ma|o|ri [auch: 'maʊri], der; -[s], -[s] u. die; -, -[s] ⟨*polynes.*⟩: Angehörige/-r eines polynesischen Volkes auf Neuseeland
²Ma|o|ri, das; -: Sprache der ¹Maoris
Ma|pai, die; - ⟨*hebr.;* Kurzw. aus *M*iflegeth *P*oale Erez *I*srael⟩: gemäßigte sozialistische Partei Israels
Ma|pam, die; - ⟨*hebr.;* Kurzw. aus *M*iflegeth *P*oalim *M*euhedet⟩: vereinigte Arbeiterpartei Israels
Ma|pho|ri|on, das; -s, ...ien ⟨*ngr.*⟩: blaues od. purpurfarbenes, Kopf u. Oberkörper bedecken-

des Umschlagtuch in byzantinischen Darstellungen der Madonna

Map|pa, die; - ‹*lat.;* »Vortuch«› (veraltet): **1.** Altartuch in der katholischen Kirche. **2.** Schultertuch des ↑Akolythen. **3.** Landkarte

map|pen [ˈmæpn̩] (Fachspr.): mittels Mapping aufeinander abbilden od. berechnen

Map|peur [...ˈpøːɐ̯], der; -s, -e ‹*lat.-frz.*› (veraltet): Landkartenzeichner. **map|pie|ren:** topografisch-kartografisch aufnehmen. **Map|ping** [ˈmæpɪŋ], das; -s, -s ‹engl.›: **1.** (EDV) Verfahren zum Berechnen von ↑Texturen (5) beim Erstellen von Computergrafiken. **2.** (EDV) Aufeinanderabbilden von Datenelementen aus zwei verschiedenen Datenmodellen. **3.** (Math., Naturwiss.) Abbildung einer Menge auf einer anderen

Ma|qam [maˈkaːm], der; -, -en od. ...amat ‹*arab.*› (Musik): **a)** Melodiemodell auf 17 Stufen im arabischen Tonsystem; vgl. Makame; **b)** liedartiger Zyklus, der das Maqam (a) variiert

Ma|que|reau [makəˈroː], der; -, -s ‹*lat.-frz.*› (Jargon): Zuhälter

Ma|quet|te [maˈkɛtə], die; -, -n ‹*frz.*›: Skizze, Entwurf, Modell

Ma|quil|la|ge [makiˈjaːʒə], die; - ‹*frz.*›: **1.** frz. Bez. für ↑Make-up (1, 2). **2.** ertastbares Kenntlichmachen von Spielkarten

Ma|quis [maˈkiː], der; - ‹*lat.-it.-frz.;* »Gestrüpp, Unterholz«›: **1.** französische Widerstandsorganisation im Zweiten Weltkrieg. **2.** frz. Bez. für ↑Macchia

Ma|qui|sard [makiˈzaːɐ̯], der; -, -s u. -en [...ˈzardn̩]: Angehöriger des Maquis (1)

Ma|ra, die; -, -s ‹*indian.-span.*›: hasengroße Meerschweinchenart der Pampas in Argentinien

Ma|ra|bu, der; -s, -s ‹*arab.-port.-frz.*›: tropische Storchenart mit kropfartigem Kehlsack

Ma|ra|but, der; - u. -[e]s, -[s] ‹*arab.-port.*›: islamischer Einsiedler od. Heiliger

Ma|ra|cu|ja, die; -, -s ‹*indian.-port.*›: essbare Frucht der Passionsblume

Ma|rae, die; -, -[s] ‹*polynes.*›: polynesische Kultstätte in Form einer Stufenpyramide mit Plattform für Götterbilder

Ma|ral, der; -s, ...ale ‹*pers.*›: kaukasische Hirschart

Ma|ra|na|tha ‹*aram.*›: unser Herr, komm! (1. Kor. 16, 22; liturgischer Bekenntnisruf in der urchristlichen Abendmahlsfeier)

Ma|ra|ne vgl. Marrane

Ma|rä|ne, die; -, -n ‹*slaw.*›: in den Seen Nordostdeutschlands lebender Lachsfisch

Ma|ran|ta, Ma|ran|te, die; -, ...ten ‹*nlat.;* nach dem venez. Botaniker B. Maranta, 1500–1571›: Pfeilwurz (ein Bananengewächs; die Wurzeln der westindischen Art liefern ↑Arrowroot; Zimmerpflanze)

ma|ran|tisch, marastisch ‹*gr.*› (Med.): verfallend, schwindend (von körperlichen u. geistigen Kräften)

Ma|ras|chi|no [...ˈkiːno], der; -s, -s ‹*lat.-it.*›: aus [dalmatinischen Maraska]kirschen hergestellter farbloser Likör

Ma|ras|mus, der; -, ...men ‹*gr.-nlat.*› (Med.): allgemeiner geistig-körperlicher Kräfteverfall (basierend auf einem durch Unterernährung bedingten Abbau von Körperfett u. Muskulatur); **Marasmus senilis:** Kräfteverfall im Greisenalter; Altersschwäche

ma|ras|tisch vgl. marantisch

Ma|ra|thi, das; - ‹*sanskr.*›: westindische Sprache

¹Ma|ra|thon [auch: ˈmaː...], der; -s, -s ‹nach dem gr. Ort, von dem aus ein Läufer die Nachricht vom Sieg der Griechen über die Perser (490 v. Chr.) nach Athen brachte u. dort tot zusammenbrach›: ↑Marathonlauf

²Ma|ra|thon [auch: ˈmaː...], der, auch: das; -s, -s (ugs.): etwas übermäßig lange Dauerndes u. dadurch Anstrengendes

Ma|ra|thon|lauf [auch: ˈmaː...], der; -[e]s, ...läufe ‹*gr.; dt.*›: Langstreckenlauf über 42,195 km (olympische Disziplin)

Ma|ra|ve|di, der; -, -s ‹*span.*›: alte spanische [Gold]münze

Mar|ble|wood [ˈmaːblwʊd], das; -[s] ‹*engl.*›: Handelsbezeichnung für Ebenholz

Marc [maːr], der; -s ‹*frz.*›: starker Branntwein aus den Rückständen der Weintrauben beim Keltern

mar|can|do ‹*germ.-it.*›: ↑marcato

mar|ca|tis|si|mo: in verstärktem Maße ↑marcato

mar|ca|to (Musik): markiert, scharf hervorgehoben, betont (Vortragsanweisung)

Mar|che|sa [...ˈkeːza], die; -, -s od. ...sen ‹*germ.-it.*›: **a)** (ohne Plural) hoher italienischer Adelstitel; **b)** Trägerin dieses Titels. **Mar|che|se** [...ˈkeːzə], der; -, -n: **a)** (ohne Plural) hoher italienischer Adelstitel; **b)** Träger dieses Titels

Mar|ching Band, die; - -, - -s, **Mar|ching|band,** die; -, -s [ˈmɑːtʃɪŋbænd] ‹*engl.*›: Marschkapelle

Mar|cia [ˈmartʃa], die; -, -s ‹*germ.-it.*› (Musik): Marsch. **Mar|cia fu|ne|bre** [- fyˈnɛbrə], die; - -, -s -s (Musik): Trauermarsch

mar|cia|le [marˈtʃaːlə] (Musik): marschmäßig (Vortragsanweisung)

Mar|ci|o|ni|te, der; -n, -n ‹nach dem Sektengründer Marcion›: Anhänger einer bedeutenden gnostischen Sekte (2.–4. Jh.), die das Alte Testament verwarf

Mar|co|ni|an|ten|ne, die; -, -n ‹nach dem Erfinder G. Marconi, 1874–1937›: einfachste Form einer geerdeten Sendeantenne

Mar|dell, der; -s, -e, **Mar|del|le,** die; -, -n ‹Herkunft unsicher›: **1.** durch den Tagebau von Erz entstandene kleinere Mulde. **2.** Unterbau von prähistorischen Wohnungen, Aufbewahrungsraum für Vorräte

Ma|re, das; -, - od. ...ria ‹*lat.;* »Meer«›: als dunkle Fläche erscheinende große Ebene auf dem Mond u. auf dem Mars

Ma|rel|le vgl. Morelle

Ma|rem|men, die (Plural) ‹*lat.-it.*›: sumpfige, heute zum Teil in Kulturland umgewandelte Küstengegend in Mittelitalien

Ma|rend, das; -s, -i ‹*lat.-it.-rätoroman.*› (schweiz.): Zwischenmahlzeit

ma|ren|go ‹nach dem oberit. Ort Marengo›: grau od. braun mit weißen Pünktchen (von Stoff). **Ma|ren|go,** der; -s: grau melierter Kammgarnstoff für Mäntel u. Kostüme

Ma|reo|graf, Ma|reo|graph, der; -en, -en ‹*lat.; gr.*›: selbstregistrierender Flutmesser, Schreibpegel

Mar|ga, der; - ⟨*sanskr.*⟩: Weg, der zur spirituellen Entwicklung u. Erlösung des Menschen führt (im Hinduismus)

Mar|ga|ri|ne, die; -, (Sorten) -n ⟨*gr.-frz.*⟩: streichfähiges, butterähnliches Speisefett aus tierischen u. pflanzlichen od. rein pflanzlichen Fetten

Mar|ga|rit [auch: ...ˈrɪt], der; -s, -e ⟨*gr.*⟩: ein weißes bis rötliches, gelbes od. perlgraues Mineral

Mar|ge [ˈmarʒə], die; -, -n ⟨*lat.-frz.*⟩: **1.** Abstand, Spielraum, Spanne. **2.** (Wirtsch.) Unterschied zwischen Selbstkosten u. Verkaufspreisen; Handelsspanne. **3.** (Wirtsch.) Preisunterschied für dieselbe Ware od. dasselbe Wertpapier an verschiedenen Orten. **4.** (Wirtsch.) Abstand zwischen Ausgabekurs u. Tageskurs eines Wertpapiers. **5.** (Wirtsch.) Bareinzahlung bei Wertpapierkäufen auf Kredit, die an verschiedenen Börsen zur Sicherung der Forderungen aus Termingeschäften zu hinterlegen ist. **6.** Risikospanne; Unterschied zwischen dem Wert eines Pfandes u. dem darauf gewährten Vorschuss

Mar|ge|ri|te, die; -, -n ⟨*gr.-lat.-frz.*⟩ (Bot.): [Wiesen]blume mit sternförmigem weißem Blütenstand

Mar|gin [ˈmɑːdʒɪn], die; -, -s ⟨*engl.*⟩: ↑Marge (5)

mar|gi|nal ⟨*lat.-mlat.*⟩: **1.** am Rande liegend; nicht unmittelbar wichtig; geringfügig. **2.** (Psychol., Soziol.) in einer Grenzstellung befindlich; nicht fest einem bestimmten Bereich zuzuordnen. **3.** (Bot.) randständig, am Rande eines Fruchtblattes gelegen (von Samenanlagen)

Mar|gi|nal|ana|ly|se, die; -, -n (Wirtsch.): Untersuchung der Auswirkung einer geringfügigen Veränderung einer od. mehrerer Variablen auf bestimmte ökonomische Größen mithilfe der Differenzialrechnung; Grenzanalyse

Mar|gi|na|le, das; -s, ...lien (meist Plural): ↑Marginalie (1)

Mar|gi|nal|exis|tenz, die; -, -en (Soziol.): Übergangszustand, in dem jmd. der einen von zwei sozialen Gruppen od. Gesellschaftsformen nicht mehr ganz, der anderen hingegen noch nicht angehört; Randpersönlichkeit

Mar|gi|nal|glos|se, die; -, -n: an den Rand der Seite geschriebene ↑Glosse (1)

Mar|gi|na|lie [...i̯ə], die; -, -n (meist Plural): **1.** Anmerkung am Rande einer Handschrift od. eines Buches. **2.** (Rechtswiss.) Randtitel bei Gesetzeserlassen

mar|gi|na|li|sie|ren: 1. mit Marginalien versehen. **2.** [politisch] ins Abseits schieben. **Mar|gi|na|li|sie|rung,** die; -, -en: das Marginalisieren

Mar|gi|na|lis|mus, der; -: volkswirtschaftliche Theorie, die mit Grenzwerten u. nicht mit absoluten Größen arbeitet

Mar|gi|na|li|tät, die; - (Soziol.): Existenz am Rande einer sozialen Gruppe, Klasse od. Schicht

Ma|ri|a|ge [...ʒə], die; -, -n ⟨*lat.-frz.*⟩: **1.** (veraltet) Heirat, Ehe. **2.** das Zusammentreffen von König u. Dame in der Hand eines Spielers (bei verschiedenen Kartenspielen). **3.** Kartenspiel, das mit 32 Karten gespielt wird

ma|ri|a|nisch ⟨*hebr.-gr.-mlat.*⟩: die Gottesmutter Maria betreffend; **marianische Theologie:** ↑Mariologie; **marianische Antifon:** in der katholischen Liturgie Lobgesang zu Ehren Marias; **Marianische Kongregation:** nach Geschlecht, Alter u. Berufsständen gegliederte katholische Vereinigung mit besonderer Verehrung Marias

Ma|ri|a|nis|ten, die (Plural) ⟨*hebr.-gr.-nlat.*⟩: Schul- u. Missionsbrüder einer (1817 in Frankreich gegründeten) ↑Kongregation Mariä (Abk.: SM)

Ma|ri|a|vit, der; -en, -en ⟨*hebr.-gr.-lat.-poln.*⟩: Angehöriger einer romfreien katholischen Sekte in Polen, die in sozialer Arbeit dem Leben Marias nacheifern will

Ma|ri|hu|a|na, das; -s ⟨*mex.-span.*⟩: aus getrockneten Blättern, Stängeln u. Blüten des indischen Hanfs hergestelltes Rauschgift

Ma|ril|le, die; -, -n (landsch., bes. österr.): Aprikose

Ma|rim|ba, die; -, -s ⟨*afrik.-span.*⟩: (bes. in Guatemala beliebtes) dem Xylofon ähnliches, ursprünglich aus Afrika stammendes Musikinstrument

Ma|rim|ba|fon, Ma|rim|ba|phon, das; -s, -e ⟨*afrik.-span.; gr.*⟩: Xylofon mit Resonatoren

ma|rin ⟨*lat.*⟩: **1.** zum Meer gehörend. **2.** aus dem Meer stammend, im Meer lebend (Ggs.: terrestrisch [2 b], limnisch [1])

Ma|ri|na, die; -, -s ⟨*lat.-it.-engl.*⟩: Jachthafen, Motorboothafen

Ma|ri|na|de, die; -, -n ⟨*lat.-frz.*⟩: **1.** aus Öl, Essig u. Gewürzen hergestellte Beize zum Einlegen von Fleisch u. Fisch od. für Salate. **2.** in eine gewürzte Soße eingelegte Fische od. Fischteile

Ma|ri|ne, die; -, -n: **1.** Seewesen eines Staates; Flottenwesen. **2.** Kriegsflotte, Flotte. **3.** (Kunstwiss.) bildliche Darstellung des Meeres, der Küste od. des Hafens; Seestück

ma|ri|ne|blau: dunkelblau. **Ma|ri|ne|look** [...lʊk], der; -s: an der Marinekleidung orientierte Mode in den Farben Blau u. Weiß

Ma|ri|ner, der; -s, - (ugs. scherzh.): Matrose, Marinesoldat

Ma|ri|ni|è|re [...ˈni̯ɛːrə], die; -, -n ⟨*lat.-frz.*⟩: locker fallende Damenbluse, Matrosenbluse

ma|ri|nie|ren: in eine Marinade (1) einlegen od. damit beträufeln

¹Ma|ri|nis|mus, der; - ⟨*lat.-nlat.*⟩ (selten): das Streben eines Staates, eine starke Seemacht zu werden

²Ma|ri|nis|mus, der; - ⟨*nlat.;* nach dem it. Dichter Marino, 1569–1625⟩: literarische Ausprägung des Manierismus (2) in Italien

Ma|ri|nist, der; -en, -en: Vertreter des ²Marinismus. **Ma|ri|nis|tin,** die; -, -nen: weibliche Form zu ↑Marinist

ma|rin|mar|gi|nal ⟨*lat.-nlat.*⟩ (Geol.): in Meeresbuchten sich absetzend (von Salzlagern)

Ma|rio|la|t|rie, die; - ⟨*hebr.-gr.-lat.; gr.*⟩: Marienverehrung

Ma|rio|lo|ge, der; -n, -n: Vertreter der Mariologie. **Ma|rio|lo|gie,** die; -: katholisch-theologische Lehre von der Gottesmutter. **Ma|rio|lo|gin,** die; -, -nen: weibliche Form zu ↑Mariologe. **ma|rio|lo|gisch:** die Mariologie betreffend

Ma|ri|o|net|te, die; -, -n ⟨*hebr.-gr.-lat.-frz.;* »Mariechen«⟩: **1.** an Fäden od. Drähten aufgehängte u. dadurch bewegliche Gliederpuppe. **2.** willenloses Geschöpf; ein Mensch, der einem anderen als Werkzeug dient

Ma|ri|o|net|ten|re|gie|rung, die; -, -en (abwertend): von einem fremden Staat eingesetzte u. von ihm abhängige Regierung eines Landes

Ma|rist, der; -en, -en (meist Plural) ⟨*hebr.-gr.-lat.-nlat.*⟩: Priester einer [1824 in Frankreich gegründeten] ↑Kongregation zur Mission in der Südsee

ma|ri|tim ⟨*lat.*⟩: **1.** das Meer betreffend; **maritimes Klima:** Seeklima. **2.** das Seewesen betreffend

Mar|jell, die; -, -en, **Mar|jell|chen,** das; -s, - ⟨*lit.*⟩ (ostpreußisch): Mädchen

mar|kant ⟨*germ.-it.-frz.*⟩: stark ausgeprägt

Mar|ka|sit [auch: ...ˈzɪt], der; -s, -e ⟨*arab.-mlat.-frz.*⟩: metallisch glänzendes, gelbes, oft bunt anlaufendes Mineral

Mar|ker [auch: ˈmaːɐ̯kɐ], der; -s, -[s] ⟨*engl.*⟩: **1.** (Sprachwiss.) **a)** Merkmal eines sprachlichen Elements, dessen Vorhandensein mit + u. dessen Fehlen mit – gekennzeichnet wird; **b)** Darstellung der Konstituentenstruktur in einem ↑Stemma; **c)** Darstellung der Reihenfolge von Transformationsregeln. **2.** (Biol.) genetisches Merkmal bei Viren. **3.** Stift zum Markieren (1). **4.** (Med.) biologische Substanz (z. B. Protein, Hormon), deren Vorhandensein im Körper auf einen Krankheitszustand hindeutet

Mar|ke|ten|der, der; -s, - ⟨*lat.-it.*⟩ (früher): die Truppe bei Manövern u. im Krieg begleitender Händler. **Mar|ke|ten|de|rin,** die; -, -nen: weibliche Form zu ↑Marketender

mar|ke|ten|dern (scherzh., veraltet): Marketenderware zum Verkauf anbieten, weniger wertvolle Dinge des Alltagsgebrauchs verkaufen

Mar|ke|ten|der|wa|re, die; -, -n ⟨*lat.-it.; dt.*⟩ (veraltend): für den Bedarf der Soldaten zum Verkauf stehende Lebens- u. Genussmittel, Gebrauchsgegenstände

Mar|ke|te|rie, die; -, ...ien ⟨*germ.-it.-frz.*⟩: Einlegearbeit, bei der figürliche Darstellungen od. Ornamente aus Furnierblättern zusammengesetzt u. auf eine Grundfläche aufgeleimt werden

Mar|ke|ting [auch: ˈmaːɐ̯kɪtɪŋ], das; -[s] ⟨*lat.-frz.-engl.*⟩ (Wirtsch.): Ausrichtung der Teilbereiche eines Unternehmens auf die Förderung des Absatzes durch Werbung, durch Steuerung der eigenen Produktion u. a.

Mar|ke|ting|ma|na|ger [...mɛnɪdʒɐ], der; -s, - (Wirtsch.): in einem Unternehmen für das Marketing verantwortlicher Manager

Mar|ke|ting|mix, der; -[es], -e, auch: das; -[es], -es (Wirtsch.): Kombination verschiedener Maßnahmen zur Absatzförderung im Hinblick auf eine bestimmte Zielsetzung

mar|ke|ting|ori|en|tiert (Wirtsch.): das Marketing berücksichtigend

Mar|ke|ting-Re|search, Mar|ke|ting|re|search [...risœːɐ̯tʃ], das; -[s], auch die; - (Wirtsch.): Absatzforschung

Mar|ket|ma|ker [...mɛɪ̯kɐ], der; -[s], -[s] ⟨*engl.*⟩ (Wirtsch.): die Preise bestimmender Wertpapierhändler

Mar|keur [...ˈkøːɐ̯] vgl. Markör

mar|kie|ren ⟨*germ.-it.-frz.*⟩: **1.** bezeichnen, kennzeichnen, kenntlich machen. **2. a)** hervorheben, betonen; **b)** sich markieren: sich deutlich abzeichnen. **3.** (österr.) entwerten (von Fahrkarten). **4.** (Gastron.) ein Gericht vorbereiten. **5.** etwas [nur] andeuten (z. B. auf einer [Theater]probe). **6.** (Sport) einen Treffer erzielen. **7.** (Sport) in einer bestimmten Art u. Weise decken. **8.** (ugs.) vortäuschen; so tun, als ob

mar|kiert: mit einem Marker (1 a) versehen

Mar|kie|rung, die; -, -en: Kennzeichnung; [Kenn]zeichen; Einkerbung

Mar|ki|se, die; -, -n ⟨*germ.-frz.*⟩: **1.** Sonnendach, Schutzdach, -vorhang aus festem Stoff. **2.** länglicher Diamantenschliff

Mar|ki|set|te vgl. Marquisette

Mark|ka, die; -, - (aber: 10 Markkaa [...ka]) ⟨*germ.-finn.*⟩: frühere finnische Währungseinheit (Abk.: mk); vgl. Finnmark

Mar|kör, Markeur [...ˈkøːɐ̯], der; -s, -e ⟨*germ.-it.-frz.*⟩: **1.** Schiedsrichter, Punktezähler beim Billardspiel. **2.** (österr. veraltet) Kellner. **3.** (Landwirtsch.) Furchenzieher (Gerät zur Anzeichnung der Reihen, in denen angepflanzt od. ausgesät wird)

Markt|lea|der, der; -s, - (schweiz.): Marktführer. **Markt|lea|de|rin,** die; -, -nen: weibliche Form von ↑Marktleader

Mar|ly, der; - ⟨nach der frz. Stadt Marly-le-Roi⟩: gazeartiges [Baumwoll]gewebe

Mar|me|la|de, die; -, -n ⟨*gr.-lat.-port.;* »Quittenmus«⟩: **1.** Brotaufstrich aus mit Zucker eingekochtem Fruchtmark bzw. eingekochten reifen Früchten. **2.** (nach einer Verordnung der Europäischen Union) süßer Brotaufstrich aus Zitrusfrüchten

Mar|mor, der; -s, -e ⟨*gr.-lat.*⟩: weißes od. farbiges, häufig geädertes, sehr hartes Kalkgestein, das bes. in der Bildhauerei u. als Baumaterial verwendet wird

mar|mo|rie|ren: marmorartig bemalen, ädern

mar|morn: aus Marmor

Mar|mot|te, die; -, -n ⟨*frz.*⟩: Murmeltier der Alpen u. Karpaten

Ma|ro|cain [...ˈkɛ̃ː], der od. das; -s, -s: ↑Crêpe marocain

ma|rod ⟨*frz.*⟩ (österr. ugs.): leicht krank

ma|ro|de: 1. (Soldatenspr. veraltet) marschunfähig, wegmüde. **2.** (veraltend, aber noch landsch.) erschöpft, ermattet, von großer Anstrengung müde. **3.** heruntergekommen, ruiniert, abgewirtschaftet

Ma|ro|deur [...ˈdøːɐ̯], der; -s, -e: plündernder Nachzügler einer Truppe

ma|ro|die|ren: [als Nachzügler einer Truppe] plündern

Ma|ron, das; -s ⟨*it.-frz.*⟩: Kastanienbraun

¹Ma|ro|ne, die; -, -n u. bes. südd.,

österr.: ...ni ⟨*frz.-it.*⟩: [geröstete] essbare Edelkastanie

[2]**Ma|ro|ne,** die; -, -n ⟨nach der braunen Farbe⟩: essbarer Röhrenpilz mit dunkelbraunem Hut

Ma|ro|nen|pilz, der; -es, -e ⟨*it.; dt.*⟩: ↑ [2]Marone

Ma|ro|ni, die; -, - (südd., österr.): ↑ [1]Marone

Ma|ro|nit, der; -en, -en (meist Plural) ⟨nach dem hl. Maro, † vor 423⟩: Angehöriger der mit Rom unierten syrisch-christlichen Kirche im Libanon. **ma|ro|ni|tisch:** die Maroniten betreffend

Ma|ro|quin [...ˈkɛ̃ː], der, auch das; -s ⟨*frz.;* »marokkanisch«⟩: feines, genarbtes Ziegenleder

Ma|rot|te, die; -, -n ⟨*hebr.-gr.-lat.-frz.*⟩: Schrulle, wunderliche Neigung, merkwürdige Idee

Mar|quess [ˈmarkvɪs], der; -, - ⟨*germ.-frz.-engl.*⟩: **1.** (ohne Plural) englischer Adelstitel. **2.** Träger dieses Titels

Mar|que|te|rie [marke...] vgl. Marketerie

Mar|quis [...ˈkiː], der; - [...kiː(s)], - [...kiːs] ⟨*germ.-frz.;* »Markgraf«⟩: **1.** (ohne Plural) französischer Adelstitel. **2.** Träger dieses Titels. **Mar|qui|sat,** das; -[e]s, -e: **1.** Würde eines Marquis. **2.** Gebiet eines Marquis. **Mar|qui|se,** die; -, -n ⟨»Markgräfin«⟩: **1.** (ohne Plural) weibliche Form zu ↑ Marquis. **2.** Ehefrau eines Marquis

Mar|qui|set|te [...ki...], Markisette, die; -, auch: der; -s: gazeartiges Gardinengewebe

Mar|ra|ne, Marane, der; -n, -n (meist Plural) ⟨*arab.-span.*⟩: Schimpfname für die im 15. Jh. zwangsweise getauften, z. T. heimlich mosaisch gebliebenen spanischen Juden

Mar|ris|mus, der; - ⟨nach dem russ. Sprachwissenschaftler N. J. Marr, 1865–1934⟩: Richtung in der Sprachwissenschaft; vgl. Japhetitologie

Ma|ro|ni (schweiz.): ↑ Maroni

Mars, der; -, -e (auch die; -, -en) ⟨*niederd.*⟩ (Seemannsspr.): Plattform zur Führung u. Befestigung der Marsstenge

Mar|sa|la, der; -[s], -s ⟨nach der sizilian. Stadt⟩: goldgelber Süßwein

Mar|seil|lai|se [...sɛˈjɛːz(ə)], die; - ⟨nach der frz. Stadt Marseille⟩: französische Nationalhymne (1792 entstandenes Marschlied der Französischen Revolution)

Mar|shall|plan [ˈmarʃal..., auch: ˈmaːɐ̯ʃl̩...], der; -[e]s ⟨nach dem früheren amerik. Außenminister Marshall, 1880–1959⟩: amerikanisches [wirtschaftliches] Hilfsprogramm für die westeuropäischen Staaten nach dem Zweiten Weltkrieg

Marsh|mal|low [ˈmaːɐ̯ʃmɛlo], das; -s, -s ⟨*engl.*⟩: weiche Süßigkeit aus Zucker, Eiweiß, Gelatine u. a.

Mar|su|pi|a|li|er, der; -s, - (meist Plural) ⟨*gr.-lat.-nlat.*⟩ (Zool.): Beuteltier

mar|te|lé [...ˈleː] vgl. martellando

Mar|te|lé vgl. Martellato

mar|tel|lan|do ⟨*lat.-vulgärlat.-it.*⟩, **mar|tel|la|to** ⟨*lat.-vulgärlat.-it.*⟩, martelé [...ˈleː] ⟨*lat.-vulgärlat.-frz.;* »hämmernd, gehämmert«⟩ (Musik): mit fest gestrichenem, an der Bogenspitze drückendem Bogen (Vortragsanweisung für Streichinstrumente). **Mar|tel|la|to,** das; -s, -s u. ...ti ⟨*lat.-vulgärlat.-it.*⟩, Martelé, das; -s, -s ⟨*lat.-vulgärlat.-frz.*⟩ (Musik): gehämmertes, scharf akzentuiertes od. fest gestrichenes Spiel

Mar|tel|le|ment [...ˈmɑ̃ː], das; -s, -s: **1.** (veraltet) ↑ Mordent. **2.** (Musik) Tonwiederholung auf der Harfe

mar|ti|a|lisch ⟨*lat.*⟩: kriegerisch; grimmig, wild, verwegen

Mar|tin|gal, das; -s, -e ⟨*frz.*⟩ (Reiten): zwischen den Vorderbeinen des Pferdes durchlaufender Hilfszügel

Mär|ty|rer, der; -s, - ⟨*gr.-lat.*⟩: jmd., der wegen seines Glaubens oder seiner Überzeugung Verfolgungen, körperliche Leiden, den Tod auf sich nimmt. **Mär|ty|re|rin, Mär|ty|rin,** die; -, -nen: weibliche Formen zu ↑ Märtyrer

Mar|ty|ri|um, das; -s, ...ien: **1.** Opfertod, schweres Leiden [um des Glaubens oder der Überzeugung willen]. **2.** Grab[kirche] eines christlichen Märtyrers

Mar|ty|ro|lo|gi|um, das; -s, ...ien ⟨*gr.-mlat.*⟩: liturgisches Buch mit Verzeichnis der Märtyrer u. Heiligen u. ihrer Feste mit beigefügter Lebensbeschreibung; **Martyrologium Romanum:** amtliches Märtyrerbuch der römisch-katholischen Kirche (seit 1584)

Ma|run|ke, die; -, -n ⟨*lat.-slaw.*⟩ (ostmitteld.): gelbe Pflaume, Eierpflaume

Ma|ruts, die (Plural) ⟨*sanskr.*⟩: Sturmgeister der vedischen Religion, Begleiter des Gottes Indra

Mar|xis|mus, der; -, ...men ⟨*nlat.*⟩: **1.** (ohne Plural) von Karl Marx u. Friedrich Engels entwickeltes System von philosophischen, politisch-sozialen und ökonomischen Lehren. **2.** aus dem marxistischen Jargon stammendes sprachliches od. stilistisches Element in gesprochenen od. geschriebenen Texten

Mar|xis|mus-Le|ni|nis|mus, der; -: von Lenin weiterentwickelter Marxismus (1)

Mar|xist, der; -en, -en: Vertreter u. Anhänger des Marxismus (1). **Mar|xis|tin,** die; -, -nen: weibliche Form zu ↑ Marxist

Mar|xis|tin-Le|ni|nis|tin, die; -, Marxistinnen-Leninistinnen: weibliche Form zu ↑ Marxist-Leninist

mar|xis|tisch: **a)** den Marxismus (1) betreffend; **b)** im Sinne des Marxismus (1)

mar|xis|tisch-le|ni|nis|tisch: den Marxismus-Leninismus betreffend

Mar|xist-Le|ni|nist, der; des Marxisten-Leninisten, die Marxisten-Leninisten: Vertreter, Anhänger des Marxismus-Leninismus

Mar|xo|lo|gie, die; - (veraltend, meist scherzh. od. abwertend): Wissenschaft, die sich mit dem Marxismus beschäftigt

Ma|ry Jane [ˈmɛə̯rɪ ˈdʒɛɪ̯n], die; - - ⟨*engl.*⟩ (ugs. verhüllend): Marihuana

März, der; -[es] (dichter. auch: -en), -e ⟨lat.⟩: dritter Monat im Jahr

Mar|zi|pan [auch: ...ˈpaːn], das (selten: der); -s, -e ⟨*it.*⟩: weiche Masse aus Mandeln, Aromastoffen u. Zucker

[1]**Mas|ca|ra,** die; -, -s ⟨*span.-engl.*⟩: Wimperntusche

[2]**Mas|ca|ra,** der; -, -s: Stift od. Bürste zum Auftragen von Wimperntusche

Mas|car|po|ne, der; -[s] ⟨*it.*⟩: aus

Molke hergestellter italienischer Frischkäse

Ma|schad [mæʃˈ(h)æd] vgl. Maschhad

ma|sch|al|lah ⟨*arab.*⟩: bewundernder od. zustimmender Ausruf der Muslime

Ma|schans|ker, der; -s, - ⟨*tschech.*⟩ (österr.): Borsdorfer ↑Renette, eine Apfelsorte

Masch|had, Maschad [mæʃˈ(h)æd], Mesched, Meschhed, der; -[s], -s: handgeknüpfter Orientteppich aus der Gegend um die iranische Provinzhauptstadt Maschhad

Ma|schi|ne, die; -, -n ⟨*gr.-lat.-frz.*⟩: **1.** Gerät mit beweglichen Teilen, das Arbeitsgänge selbstständig verrichtet u. damit menschliche od. tierische Arbeitskraft einspart. **2. a)** Motorrad; **b)** Flugzeug; **c)** Rennwagen; **d)** Schreibmaschine; **e)** (ugs.) Computer, Rechner. **3.** (salopp) große, dicke [weibliche] Person

ma|schi|nell ⟨französierende Ableitung von ↑Maschine⟩: maschinenmäßig; mit einer Maschine [hergestellt]

Ma|schi|nen|code [...ko:t], der; -s, -s (EDV): der Code (1) für die maschineninterne, d. h. von der Zentraleinheit eines Computers unmittelbar verarbeitbare Darstellung von Ziffern, Buchstaben u. Sonderzeichen

ma|schi|nen|les|bar (EDV): für einen Computer o. Ä. lesbar

Ma|schi|nen|mo|dell, das; -s, -e: Vorstellung vom maschinenartigen psychophysischen Funktionieren des Menschen

Ma|schi|nen|re|vi|si|on, die; -, -en (Druckw.): Überprüfung der Druckbogen vor Druckbeginn auf die richtige Ausführung der letzten Korrektur

Ma|schi|nen|te|le|graf, Ma|schi|nen|te|le|graph, der; -en, -en: Signalapparat, bes. auf Schiffen, zur Befehlsübermittlung von der Kommandostelle zum Maschinenraum

Ma|schi|nen|the|o|rie, die; - (Philos.): auf Descartes zurückgehende Auffassung von den Lebewesen als seelenlosen Automaten

Ma|schi|ne|rie, die; -, ...ien ⟨französierende Ableitung von ↑Maschine⟩: **1.** maschinelle Einrichtung. **2.** System von automatisch ablaufenden Vorgängen, in die einzugreifen schwer od. unmöglich ist

ma|schi|nie|ren: bei der Pelzveredelung die zarten Grannen des Fells abscheren

Ma|schi|nis|mus, der; - (Philos.): auf der ↑Maschinentheorie beruhender, alle Lebewesen als Maschine auffassender Materialismus

Ma|schi|nist, der; -en, -en: **1.** jmd., der fachkundig Maschinen bedient u. überwacht. **2.** auf Schiffen der für Inbetriebsetzung, Instandhaltung u. Reparaturen an der Maschine Verantwortliche. **3.** Vertreter des Maschinismus. **Ma|schi|nis|tin,** die; -, -nen: weibliche Form zu ↑Maschinist (1, 2)

Masch|rik, der; -[s] ⟨*arab;* »Ort des Sonnenaufgangs«⟩: der Osten der arab. Welt (einschließlich Ägyptens)

Mas|con [ˈmæskən], das; -s, -s ⟨Kurzw. aus *engl. mass con*centration »Massenkonzentration«⟩: Gebiet mit Schwereanomalien auf dem Mond

Mas|d|schid, Mesdschid, der od. das; -[s], -s ⟨*arab.;* »Haus, wo man sich niederwirft«⟩: kleine Moschee

Ma|ser [ˈmɛɪ̯zɐ], der; -s, - ⟨*engl.;* Kurzw. aus: *m*icrowave *a*mplification by *s*timulated *e*mission of *r*adiation = Kurzwellenverstärkung durch angeregte Aussendung von Strahlung⟩ (Physik): Gerät zur Verstärkung bzw. Erzeugung von Mikrowellen

Ma|shie [ˈmɛʃi, engl.: ˈmæʃi], der; -s, -s ⟨*engl.*⟩: mit Eisenkopf versehener Golfschläger (für Annäherungsschläge)

Mas|ka|rill, der; -[s], -e ⟨*span.*⟩: typisierte Figur der älteren spanischen Komödie (Bedienter, der sich als Marquis verkleidet)

Mas|ka|ron, der; -s, -e ⟨*it.-frz.*⟩: Menschen- od. Fratzengesicht als Ornament in der Baukunst (bes. im Barock)

Mas|ke, die; -, -n ⟨*it.-frz.;* Bedeutung 7: *engl.*⟩: **1. a)** Gesichtsform aus Holz, Leder, Pappe, Metall als Requisit des Theaters, Tanzes, der Magie zur Veränderung des Gesichts; **b)** (Sport) beim Fechten u. Eishockey Gesichtsschutz aus festem, unzerbrechlichem Material; **c)** (Med.) bei der Narkose ein Mund u. Nase bedeckendes Gerät, mit dem Gase (z. B. Sauerstoff) eingeatmet werden. **2.** maskierte, verkleidete Person. **3. a)** einer bestimmten Rolle entsprechende Verkleidung u. entsprechendes Geschminktsein eines Schauspielers; **b)** (bes. Fernsehen) Schminkraum. **4.** (Fotogr.) Schablone zum Abdecken eines Negativs beim Belichten od. Kopieren. **5.** (Fotogr.) halbdurchlässiger, selektiver Filter zur Farb- u. Tonwertkorrektur bei der Reproduktion von Fotografien. **6.** Verstellung, Vortäuschung. **7.** eine Art Schablone, die auf den Computerbildschirm abgerufen werden kann und in die Daten eingetragen werden

Mas|ke|ra|de, die; -, -n ⟨*it.-frz.* (u. *-span.*)⟩: **1.** (veraltend) Verkleidung. **2.** Kostüm-, Maskenfest. **3.** Heuchelei, Vortäuschung

mas|kie|ren ⟨*it.-frz.*⟩: **1.** verkleiden, eine Maske umbinden. **2.** verdecken, verbergen. **3.** (Gastron.) angerichtete Speisen mit einer Soße, Glasur o. Ä. überziehen

Mas|kie|rung, die; -, -en: **1.** (Chemie) Bildung von chemischen Komplexen, um eine Ionenart quantitativ bestimmen zu können. **2.** Ton- u. Farbwertkorrektur mithilfe von Masken (5). **3.** (Zool.) Tarnung, Schutztracht mithilfe von Steinchen, Schmutz od. Pflanzenteilen bei Tieren. **4.** (EDV) Unterdrückung einer Aufforderung zur Unterbrechung eines Programms mithilfe einer Maske (7)

Mas|kott|chen, das; -s, -, **Mas|kot|te,** die; -, -n ⟨*provenzal.-frz.*⟩: Talisman (Anhänger, Puppe u. a.), der Glück bringen soll

mas|ku|lin [auch: ˈma...] ⟨*lat.*⟩: **a)** für den Mann charakteristisch; männlich (in Bezug auf Menschen); **b)** das Männliche betonend, hervorhebend (in Bezug auf die äußere Erscheinung); **c)** als Frau männliche Züge habend, nicht weiblich; **d)** (Sprachwiss.) mit männlichem Genus (Abk.: m); vgl.

...isch/-. **mas|ku|li|nisch** (Biol., Med., Sprachwiss., veraltend): männlichen Geschlechts (Abk.: m); vgl. ...isch/-

Mas|ku|li|ni|sie|rung, die; -, -en: **1.** (Med.) Vermännlichung der Frau im äußeren Erscheinungsbild. **2.** (Biol.) Vermännlichung weiblicher Tiere

Mas|ku|li|num, das; -s, ...na (Sprachwiss.): **a)** männliches Geschlecht eines Substantivs; **b)** männliches Substantiv (z. B. der Wagen) (Abk.: M., Mask.)

Ma|so|chis|mus, der; -, ...men ‹*nlat.;* nach dem österr. Schriftsteller Sacher-Masoch, 1836–1895›: **1.** (ohne Plural) das Empfinden von sexueller Erregung durch Erleiden von körperlichen od. seelischen Misshandlungen. **2.** masochistische Handlung; vgl. Sadismus. **Ma|so|chist,** der; -en, -en: jmd., der durch Erleiden von Misshandlungen sexuelle Erregung empfindet. **Ma|so|chis|tin,** die; -, -nen: weibliche Form zu ↑Masochist. **ma|so|chis|tisch:** den Masochismus betreffend

Ma|so|ra usw. vgl. Massora usw.

Mas|sa, der; -s, -s ‹verstümmelt aus *engl.* master, eigtl. »Meister«›: früher von den schwarzen Sklaven Nordamerikas verwendete Bez. für: Herr

Mas|sa|ge [...ʒə], die; -, -n ‹*arab.-frz.*›: Behandlung des Körpergewebes mit den Händen (durch Kneten, Klopfen, Streichen u. Ä.) od. mit mechanischen Apparaten zur Lockerung u. Kräftigung der Muskeln sowie zur Förderung der Durchblutung o. Ä.

Mas|sa|ge|sa|lon, der; -s, -s: **1.** (veraltend) Praxis eines ↑Masseurs, einer ↑Masseurin. **2.** (verhüll.) einem Bordell ähnliche, meist nicht offiziell geführte Einrichtung, in der bes. masturbatorische Praktiken angeboten werden

Mas|sa|ker, das; -s, - ‹*frz.*›: Gemetzel, Blutbad, Massenmord

mas|sa|k|rie|ren: **1.** niedermetzeln, grausam umbringen. **2.** (ugs., meist scherzh.) quälen

Maß|ana|ly|se, die; -, -n ‹*dt.; gr.-mlat.*› (Chemie): Verfahren, durch ↑Titration die Zusammensetzung von Lösungen zu ermitteln

Mas|se|be, die; -, -n ‹*hebr.*›: aufgerichteter Malstein (urspr. als Behausung einer kanaanischen Gottheit) im Jordanland

[1]Mas|sel, der, österr. das; -s ‹*hebr.-jidd.-Gaunerspr.*›: Glück

[2]Mas|sel, die; -, -n ‹*lat.-it.*›: durch Gießen in einer entsprechenden Form hergestellter, plattenförmiger Metallblock

Mas|sen|de|fekt, der; -[e]s, -e (Physik): Betrag, um den die Masse eines Atomkerns kleiner ist als die Summe der Massen seiner Bausteine

Mas|sen|hys|te|rie, die; -, -n [...i:ən]: unkontrollierte, teils ekstatisch od. panikartige Erregung u. Reaktion bei einer großen Anzahl von Menschen, bes. bei Menschen in Massenansammlungen

Mas|sen|kom|mu|ni|ka|ti|ons|mit|tel, das; -s, -: ↑Massenmedium

Mas|sen|me|di|um, das; -s, ...dien (meist Plural): auf große Massen ausgerichteter Vermittler von Information u. Kulturgut (z. B. Presse, Film, Funk, Fernsehen)

Mas|sen|psy|cho|lo|gie, die; -: Teilgebiet der Psychologie, das sich mit den Reaktionen des Einzelnen auf die Masse u. mit den Verhaltensweisen der Masse beschäftigt

Mas|sen|spek|t|ro|graf, Mas|sen|spek|t|ro|graph, der; -en, -en (Physik): Gerät zur Zerlegung eines Isotopengemischs in die der Masse nach sich unterscheidenden Bestandteile u. zur Bestimmung der Massen selbst

Mas|sen|spek|t|ro|me|ter, das; -s, - (Physik): Gerät zur Bestimmung der Häufigkeit der in einem Isotopengemisch vorhandenen einzelnen Massen

Mas|se|ter, der; -s, - ‹*gr.*› (Med.): Kaumuskel

Mas|set|te, die; -, -n ‹*it.*› (österr.): Eintrittskartenblock, aus dem die perforierten Eintrittskarten herausgerissen werden

Mas|seur [...ˈsøːɐ̯], der; -s, -e ‹*arab.-frz.*›: jmd., der berufsmäßig Massagen verabreicht. **Mas|seu|rin** [...ˈsøːrɪn], die; -, -nen: weibliche Form zu ↑Masseur

Mas|seu|se [...ˈsøːzə], die; -, -n: **1.** weibliche Form zu ↑Masseur. **2.** (verhüll.) Prostituierte, bes. in einem Massagesalon (2)

[1]mas|sie|ren ‹*arab.-frz.*›: jmdn. mit einer Massage behandeln

[2]mas|sie|ren ‹*gr.-lat.-frz.*›: **1.** Truppen zusammenziehen. **2.** verstärken

mas|siv: **1.** ganz aus ein u. demselben Material, nicht hohl. **2.** fest, wuchtig. **3.** stark, grob, heftig; in bedrohlicher u. unangenehmer Weise erfolgend (z. B. massiven Druck auf jmdn. ausüben). **Mas|siv,** das; -s, -e: **1.** Gebirgsstock, geschlossene Gebirgseinheit. **2.** (Geol.) durch Hebung u. Abtragung freigelegte Masse alter Gesteine

Mas|siv|bau, der; -[e]s: Bauweise, bei der fast ausschließlich Naturstein, Ziegelstein od. Beton verwendet wird

Mas|si|vi|tät, die; -: Wucht, Nachdruck; Derbheit

Mas|so|ra, die; - ‹*hebr.;* »Überlieferung«›: [jüdische] Textkritik des Alten Testaments; Gesamtheit textkritischer Rand- od. Schlussbemerkungen in alttestamentlichen Handschriften

Mas|so|ret, der; -en, -en: mit der Massora befasster jüdischer Schriftgelehrter u. Textkritiker. **mas|so|re|tisch:** die Massoreten betreffend; **massoretischer Text:** von den Massoreten festgelegter alttestamentlicher Text

Mas|ta|ba, die; -, -s u. ...taben ‹*arab.*›: altägyptischer Grabbau (Schachtgrab mit flachem Lehm- od. Steinhügel u. Kammern)

Mas|t|al|gie, die; -, ...ien (Med.): ↑Mastodynie

Mas|ter *s. Kasten Seite 696*

Mas|ter, der; -s, - ‹*lat.-frz.-engl.*›: **1.** englische Anrede für: junger Herr. **2.** akademischer Grad; vgl. Kasten Master. **3.** (bes. EDV) Einheit bei elektronisch gesteuerten Anlagen, die gegenüber dem ↑Slave vorrangige Zugriffsrechte hat. **4.** Anführer bei Parforcejagden. **5.** engl.-amerik. Bez. für Schallplattenmatrize

Mas|te|ring, das; -[s], -s (Plural selten) ‹*engl.*›: **1.** [künstlerische] Endbearbeitung einer Tonaufnahme. **2.** Herstellung einer Kopie des Originals eines Datenträgers (z. B. CD, DVD),

Mas|ter

der; -s, -
⟨engl., »Meister«⟩
(formelle engl. Anrede für einen Jungen, der noch nicht alt genug ist, um mit »Mister« angesprochen zu werden; akadem. Grad; Leiter bei Parforcejagden)
Im deutschsprachigen Raum vergebene Mastergrade und die zugehörigen Abkürzungen in Auswahl:
- Master of Advanced Studies [- - ət'va:ntst 'stadi:s] (Abschluss eines in unterschiedlichen Fachgebieten angebotenen Aufbaustudiengangs; *Abk.* MAS, z. B. Sophie Berger MAS)
- Master of Arts [- - 'a:ɐ̯ts] (Abschluss in den Geistes-, Sozial- od. Wirtschaftswissenschaften; *Abk.* M. A.)
- Master of Business Administration [- - 'bɪznɪs ɛtmɪnɪs'trɛɪ̯ʃn̩] (Abschluss eines Aufbaustudiengangs für Manager; *Abk.* MBA)
- Master of Business and Engineering [- - 'bɪznɪs ɛnt ɛndʒi'ni:rɪŋ] (Abschluss eines Aufbaustudiengangs zur Verbindung wirtschaftlicher u. technischer Kenntnisse; *Abk.* MBE)
- Master of Business Law [- - 'bɪznɪs 'lɔ:] (Abschluss eines Aufbaustudiengangs in Wirtschaftsrecht; *Abk.* M. B. L.)
- Master of Education [- - ɛdju'kɛɪ̯ʃn̩] (Abschluss für das Grund-, Haupt- u. Realschullehramt; *Abk.* M. Ed.)
- Master of Engineering [- - ɛndʒi'ni:rɪŋ] (Abschluss in den Ingenieurwissenschaften; *Abk.* M. Eng.)
- Master in/of European Studies [- - juro'pi:ən 'stadi:s] (Abschluss eines interdisziplinären Aufbaustudiengangs mit besonderem Bezug zur EU; *Abk.* M. E. S.)
- Master of International Business [- - ɪntɐ'nɛʃənl̩ 'bɪznɪs] (Abschluss eines Aufbaustudiengangs für internationales Management; *Abk.* MIB)
- Master of Laws [- - 'lɔ:s] (Abschluss eines rechtswissenschaftlichen Aufbaustudiengangs; *Abk.* LL. M.)
- Master in Psychoanalytic Observational Studies [- - sa̯ɪkoʔɛnə'lɪtɪk ɔpzə'vɛɪ̯ʃənl̩'stadi:s] (Abschluss eines Aufbaustudiengangs in psychoanalytischer Pädagogik; *Abk.* MPOS)
- Master of Public Health [- - 'pablɪk 'hɛlθ] (Abschluss eines Aufbaustudiengangs in den Gesundheitswissenschaften; *Abk.* MPH)
- Master of Science [- - 'sa̯ɪəns] (Abschluss in den Natur-, Ingenieur- od. Wirtschaftswissenschaften; *Abk.* M. Sc.)

die als Vorlage für die weitere Vervielfältigung dient
Mas|ter of Arts ['ma:stɐ ɔf 'a:ɐ̯ts], der; -[s] - -, - - -: akademischer Grad in den Geisteswissenschaften (Abk.: M. A.); vgl. Magister Artium. **Mas|ter of Sci|ence** ['ma:stɐ ɔf 'sa̯ɪəns], der; -[s] - -, - - -: akademischer Grad, bes. in den Naturwissenschaften (Abk.: M. Sc.)
Mas|ters ['mɑ:stəz], das; -, - ⟨*lat.-frz.-engl.*⟩ (Sport): Turnier von besonderer Wertigkeit
Mas|ter|the|sis, die; -, ...thesen, **Mas|ter-The|sis**, die; -, ...-Thesen (bes. österr.): wissenschaftliche Arbeit als Abschluss des Masterstudiums; Masterarbeit
Mas|tiff, der; -s, -s ⟨*lat.-vulgärlat.-frz.-engl.*⟩: doggenartiger Hund (englische Hunderasse)
Mas|ti|go|pho|ren, die (Plural) ⟨*gr.-nlat.*⟩: Geißeltierchen
Mas|tik, der; -s ⟨*gr.-lat.-frz.*⟩ (Seew.): eine Art Kitt
Mas|ti|ka|tor, der; -s, ...oren ⟨*gr.-lat.-nlat.*⟩: Knetmaschine
mas|ti|ka|to|risch (Med.): den Kauakt betreffend
Mas|ti|tis, die; -, ...itiden ⟨*gr.-nlat.*⟩ (Med.): Brustdrüsenentzündung
Mas|tix, der; -[es] ⟨*gr.-lat.*⟩: **1.** Harz des Mastixbaumes, das für Pflaster, Kaumittel, Lacke u. a. verwendet wird. **2.** Gemisch aus Bitumen u. Gesteinsmehl, das als Straßenbelag verwendet wird
Mas|t|o|don, das; -s, ...donten ⟨*gr.-nlat.*⟩: ausgestorbene Elefantenart des Tertiärs
Mas|t|o|dy|nie, die; -, ...ien (Med.): Schwellung u. Schmerzhaftigkeit der weiblichen Brüste vor der Monatsblutung
mas|to|id (Med.): von der Form einer Brustwarze; einer Brustwarze ähnlich
Mas|to|i|di|tis, die; -, ...itiden (Med.): Entzündung der Schleimhäute am Warzenfortsatz des Schläfenbeins
Mas|to|mys, die; -, - ⟨*gr.*⟩: afrikanische Ratte (wichtiges Versuchstier in der Krebsforschung)
Mas|to|pa|thie, die; - (Med.): Erkrankung der Brust mit Ausbildung von Zysten u. Bindegewebswucherungen
Mas|to|p|to|se, die; -, -n (Med.): Hängebrust
Mas|tur|ba|ti|on, die; -, -en ⟨*lat.-nlat.*⟩: **1.** geschlechtliche Selbstbefriedigung; Onanie. **2.** geschlechtliche Befriedigung eines anderen durch manuelle Reizung der Geschlechtsorgane
mas|tur|ba|to|risch: die Masturbation betreffend, auf ihr beruhend
mas|tur|bie|ren ⟨*lat.*⟩: **1.** sich selbst geschlechtlich befriedigen; onanieren. **2.** bei jmdm. die Masturbation (2) ausüben
Ma|sut, das; -[e]s ⟨*turkotatar.-russ.*⟩: hochsiedender Destillationsrückstand des Erdöls sowie Produkt der Hochtemperaturpyrolyse, das für Heizöl od. als Schmiermittel verwendet wird
Ma|ta|dor, der; -s (auch: -en), -e (auch: -en) ⟨*lat.-span.*⟩: **1.** Stierkämpfer, der dem Stier den Todesstoß versetzt. **2.** wichtigster Mann, Hauptperson. **Ma|ta|do|rin**, die; -, -nen: weibliche Form zu ↑Matador
Ma|ta|ma|ta, die; -, -s ⟨*indian.-port.*⟩: langhalsige südamerikanische Süßwasserschildkröte
Ma|ta|pan, der; -, -e ⟨*venez.*⟩ (Geschichte): venezianische Groschenmünze aus Silber
Match [mɛtʃ], das, schweiz. der; -[e]s, Plur. -[e]s, auch -e ⟨*engl.*⟩:

sportlicher Wettkampf in Form eines Spiels
Ma̤tcha [...tʃa], der; -[s], -s ⟨*jap.*⟩: sehr fein gemahlener grüner Tee
Match|ball [ˈmɛtʃ...], der; -[e]s, ...bälle (Badminton, Tennis, Tischtennis): über den Sieg entscheidender Ball
Match|beu|tel, der; -s, -: ein größerer, für Sport u. Wanderung geeigneter Beutel, den man über die Schulter hängen kann
Matched Groups, Matched|groups [ˈmætʃd ˈgruːps, ˈmætʃdgruːps], die (Plural) ⟨»zugeordnete Gruppen«⟩ (Psychol.): jeweils in bestimmten Punkten (Alter, Ausbildung, Intelligenz) übereinstimmende Gruppen von Individuen (psychologische Testmethode)
Mat|ching [ˈmɛtʃɪŋ], das; -s, -s ⟨*engl.*⟩: **1.** (Personalwesen) Verfahren zur Auswahl von Bewerbern auf eine zu besetzende Stelle. **2.** Zuordnungs- u. Auswahlverfahren bei der Partnervermittlung, der Vermittlung von Interessenten für best. Angebote o. Ä.
Match|plan [ˈmɛtʃ...], der; -[e]s, ...pläne (bes. Fußball): [vom Trainer festgelegte] Strategie für ein Spiel
Match|sack [ˈmɛtʃ...], der; -[e]s, ...säcke: ↑Matchbeutel
Match|stra|fe, die; -, -n (Eishockey): Feldverweis für die gesamte Spieldauer
Match-Tie|break, Match-Tie-Break, Match|tie|break, der od. das; -s, -s (Tennis): Tiebreak nach einem Spielstand von 1:1 Sätzen
Match|win|ner, der; -s, - ⟨*engl.*⟩: **1.** Spieler in einem Mannschaftsspiel, der die Entscheidung für einen Sieg herbeiführt. **2. a)** den Verlauf des Spiels entscheidend beeinflussender Spielzug; **b)** spielentscheidender Punkt. **Match|win|ne|rin,** die; -, -nen: weibliche Form von ↑Matchwinner
¹Ma|te, der; - ⟨*indian.-span.*⟩: aus den gerösteten, koffeinhaltigen Blättern der Matepflanze zubereiteter Tee
²Ma|te, die; -, -n: südamerikanisches Stechpalmengewächs; Matepflanze
Ma|te|las|sé [...ˈseː], der; -[s], -s ⟨*arab.-it.-frz.;* »gepolstert«⟩: Gewebe mit plastischer, reliefartiger Musterung
Ma|te|lot [...ˈloː], der; -s, -s ⟨*niederl.-frz.*⟩: zum Matrosenanzug getragener runder Hut mit Band u. gerollter Krempe
Ma|te|lote [...ˈlɔt], die; -, -s: Fischragout mit scharfer Weißweinsoße
Ma̲|ter, die; -, -n ⟨*lat.;* »Mutter«⟩ (Druckw.): **1.** ↑Matrize. **2.** eine Art Papptafel, in die der Satz zum nachfolgenden Guss der Druckplatte abgeformt ist
Ma̲|ter do|lo|ro̲|sa, die; - - ⟨»schmerzensreiche Mutter«⟩ (Kunstwiss.; Rel.): Darstellung Marias in ihrem Schmerz über die Leiden ihres Sohnes; vgl. Pieta
ma|te|ri|a̲l ⟨*lat.*⟩: **1.** stofflich, sich auf einen Stoff beziehend, als Material gegeben; vgl. materiell (1). **2.** (Philos.) inhaltlich, sich auf den Inhalt beziehend; vgl. ...al/...ell. **Ma|te|ri|a̲l,** das; -s, -ien ⟨*lat.-mlat.;* »zur Materie Gehörendes; Rohstoff«⟩: **1.** Stoff, Werkstoff, Rohstoff, aus dem etwas besteht, gefertigt wird. **2.** Hilfsmittel, Gegenstände, die für eine bestimmte Arbeit, für die Herstellung von etwas, als Ausrüstung o. Ä. benötigt werden. **3.** [schriftliche] Angaben, Unterlagen, Belege, Nachweise o. Ä.
ma|te|ri|a̲l|in|ten|siv: viel Material erfordernd
Ma|te|ri|a|li|sa|ti|o̲n, die; -, -en ⟨*lat.-nlat.*⟩: **1.** (Physik) Umwandlung von [Strahlungs]energie in materielle Teilchen mit Ruhemasse. **2.** (Parapsychol.) Bildung körperhafter Gebilde in Abhängigkeit von einem ¹Medium (4). **ma|te|ri|a|li|si̲e̲|ren:** (Parapsychol.) eine Materialisation (2) bewirken
Ma|te|ri|a|li̲s|mus, der; - ⟨*lat.-frz.*⟩: **1.** philosophische Lehre, die die ganze Wirklichkeit (einschließlich Seele, Geist, Denken) auf Kräfte od. Bedingungen der Materie zurückführt; vgl. dialektischer Materialismus (Ggs.: Idealismus). **2.** Streben nach bloßem Lebensgenuss ohne ethische Ziele u. Ideale. **Ma|te|ri|a|li̲st,** der; -en, -en: **1.** Vertreter u. Anhänger des philosophischen Materialismus (Ggs.: Idealist [1]). **2.** für höhere geistige Dinge wenig interessierter, nur auf eigenen Nutzen u. Vorteil bedachter Mensch. **Ma|te|ri|a|li̲s|tin,** die; -, -nen: weibliche Form zu ↑Materialist. **ma|te|ri|a|li̲s|tisch: 1.** den Materialismus betreffend (Ggs.: idealistisch [1]). **2.** nur auf eigenen Nutzen u. Vorteil bedacht
Ma|te|ri|a|li|tä̲t, die; -: Stofflichkeit, Körperlichkeit, das Bestehen aus Materie (Ggs.: Spiritualität)
Ma|te|ri|a̲l|kon|s|tan|te, die; -, -n (Physik): feste Größe, die vom Material (1) eines untersuchten Körpers abhängt (z. B. die Dichte)
Ma|te̲|rie, die; -, -n ⟨*lat.*⟩: **1.** (ohne Plural; Physik) Stoff, Substanz, unabhängig vom Aggregatzustand. **2.** Gegenstand, Gebiet [einer Untersuchung]. **3.** Urstoff, Ungeformtes. **4.** (Philos.) die außerhalb unseres Bewusstseins vorhandene Wirklichkeit im Gegensatz zum Geist. **5.** Inhalt, Substanz im Gegensatz zur Form
ma|te|ri|e̲ll ⟨*lat.-frz.*⟩: **1.** stofflich, körperlich greifbar; die Materie betreffend (Ggs.: immateriell). **2.** auf Besitz, auf Gewinn bedacht. **3.** finanziell, wirtschaftlich; vgl. ...al/...ell
¹ma̲|tern ⟨*lat.*⟩ (Druckw.): von einem Satz Matern herstellen
²ma|te̲rn (Med.): zur Mutter gehörend, mütterlich
ma|ter|ni|si̲e̲rt ⟨*lat.-frz.*⟩ (Med.): dem Mütterlichen angeglichen; **maternisierte Milch:** Milch, die in ihrer Zusammensetzung der Muttermilch gleicht
Ma|ter|ni|tä̲t, die; - ⟨*lat.-nlat.*⟩ (Med.): Mutterschaft
Ma̲|te|tee, der; -s: ↑¹Mate
Ma|the|ma|ti̲k [auch: ...ˈtɪk, österr.: ...ˈmatɪk], die; - ⟨*gr.-lat.*⟩: Wissenschaft von den Raum- u. Zahlengrößen. **Ma|the|ma̲|ti|ker,** der; -s, -: Wissenschaftler auf dem Gebiet der Mathematik. **Ma|the|ma̲|ti|ke|rin,** die; -, -nen: weibliche Form zu ↑Mathematiker. **ma|the|ma̲|tisch:** die Mathematik betreffend; **mathe-**

matische Logik: Behandlung der logischen Gesetze mithilfe von mathematischen Symbolen u. Methoden

ma|the|ma|ti|sie|ren: [in verstärktem Maß] mit mathematischen Methoden behandeln od. untersuchen. **Ma|the|ma|ti|sie|rung,** die; -, -en: [verstärkte] Anwendung mathematischer Methoden in wissenschaftlichen Untersuchungen

Ma|the|ma|ti|zis|mus, der; - ‹*gr.-nlat.*›: Tendenz, alle Vorgänge der Wirklichkeit, die Wissenschaft u. besonders die Logik in mathematischen Formeln wiedergeben

Ma|thu|ra|kunst [ˈmæθʊrɑ:...], die; - ‹nach der Bildhauerschule der nordindischen Stadt Mathura›: Ikonografie u. Stilistik prägende Richtung der indischen Plastik in den ersten Jahrhunderten n. Chr. mit Skulpturen u. Terrakotten verschiedener religiöser Bestimmung

Ma|ti|nee, die; -, ...een ‹*lat.-frz.*›: **1.** am Vormittag stattfindende künstlerische Veranstaltung. **2.** (veraltet) eleganter Morgenrock

Mat|jes|he|ring, der; -s, -e ‹*niederl.;* »Mädchenhering«›: gesalzener, junger Hering (ohne Milch od. Rogen)

Ma|t|rat|ze, die; -, -n ‹*arab.-roman.*›: Bettpolster aus Rosshaar, Seegras, Wolle od. Schaumstoff; federnder Betteinsatz

Mä|t|res|se, die; -, -n ‹*lat.-frz.*›: **1.** (Geschichte) Geliebte eines Fürsten. **2.** (abwertend) Geliebte, bes. eines verheirateten Mannes

ma|t|ri|ar|chal, ma|t|ri|ar|cha|lisch ‹*(lat.; gr.) nlat.*›: das Matriarchat betreffend, darauf beruhend

Ma|t|ri|ar|chat, das; -[e]s, -e: Gesellschaftsordnung, bei der die Frau eine bevorzugte Stellung in Staat u. Familie innehat u. bei der in Erbfolge u. sozialer Stellung die weibliche Linie ausschlaggebend ist; vgl. Avunkulat, Matrilokalität (Ggs.: Patriarchat [2])

Ma|t|ri|ar|chin, die; -, -nen: ältestes weibliches Mitglied einer Familie od. eines Familienverbandes, das als Familienoberhaupt die größte Autorität besitzt

Ma|t|ri|ca|ria, die; - ‹*lat.-nlat.*›: wissenschaftliche Bez. der ↑ Kamille

Ma|t|rik, die; -, -en ‹*lat.*› (österr.): ↑ Matrikel (2). **Ma|t|ri|kel,** die; -, -n: **1.** Verzeichnis von Personen (z. B. der Studenten an einer Universität); vgl. Immatrikulation. **2.** (österr.) Personenstandsregister

ma|t|ri|li|ne|al, ma|t|ri|li|ne|ar: in der Erbfolge der mütterlichen Linie folgend; vgl. patrilinear (Ggs.: patrilineal)

Ma|t|ri|lo|ka|li|tät, die; - ‹*lat.-nlat.*›: Übersiedlung des Mannes mit der Heirat an den Wohnort seiner Frau

ma|t|ri|mo|ni|al, ma|t|ri|mo|ni|ell ‹*lat.*› (Rechtsspr. veraltend): zur Ehe gehörend; ehelich

Ma|t|ri|osch|ka vgl. Matroschka

Ma|t|rix, die; -, Matrizes, auch: Matrices [...tse:s] u. Matrizen ‹*lat.;* »Muttertier; Gebärmutter; Quelle, Ursache«›: **1.** (Biol.) **a)** Keimschicht, aus der etwas (z. B. das Nagelbett) entsteht; **b)** Hülle der ↑ Chromosomen. **2. a)** (Math.) rechteckiges Schema von Zahlen, für das bestimmte Rechenregeln gelten; **b)** (EDV) System, das zusammengehörende Einzelfaktoren darstellt. **3.** (Mineral.) das natürliche Material (Gestein), in dem Mineralien eingebettet sind

Ma|t|rix|or|ga|ni|sa|ti|on, die; -, -en ‹*lat.; gr.-lat.*›: Strukturform, bei der sich eine nach Fachabteilungen gegliederte u. eine nach Objekten bzw. Projekten gegliederte Organisation überlappen (in der betrieblichen Organisationslehre)

Ma|t|rix|satz, der; -es, ...sätze ‹*lat.; dt.*› (Sprachwiss.): übergeordneter Satz in einem komplexen Satz

Ma|t|ri|ze, die; -, -n ‹*lat.-frz.*›: **1.** (Druckw.) **a)** bei der Setzmaschine die in einem Metallkörper befindliche Hohlform zum Erzeugen der Druckbuchstaben; **b)** die von einem Druckstock zur Anfertigung eines ↑ Galvanos hergestellte [Wachs]form. **2.** bei der Formung eines Werkstücks derjenige Teil des Werkzeugs, in dessen Hohlform der Stempel eindringt

Ma|t|ri|zes: *Plural* von ↑ Matrix

Ma|tr|josch|ka vgl. Matroschka

Ma|t|ro|ne, die; -, -n ‹*lat.*›: **a)** ältere, Gesetztheit u. Würde ausstrahlende Frau; **b)** (abwertend) ältere, füllige Frau

Ma|t|ro|ny|mi|kon vgl. Metronymikon

Ma|t|ro|sch|ka, seltener: Matrioschka, Matrjoschka, die; -, -s ‹*russ.*›: aus zwei Teilen zusammengesetzte Figur mit aufgemalter Darstellung einer weiblichen Person, die in ihrem hohlen Inneren mehrere kleinere Exemplare der gleichen Form in Größenabstufungen enthält; Puppe in der Puppe

Ma|t|ro|se, der; -n, -n ‹*niederl.-frz.-niederl.*›: Seemann

Ma|t|ro|sin, die; -, -nen: weibliche Form zu ↑ Matrose

Matt, das; -s, -s ‹*arab.-roman.*›: das Ende einer Schachpartie bedeutende Stellung, bei der die Bedrohung des Königs durch keinen Zug mehr abgewendet werden kann

mat|tie|ren ‹*arab.-roman.-frz.*›: matt, glanzlos machen

Mat|toir [maˈto̯a:ɐ̯], das; -s, -s: Stahlstab mit gerauter u. mit kleinen Spitzen besetzter Aufsatzfläche für den Kupferstich

Ma|tur, die; - (schweiz.), Maturum, das; -s (veraltet) ‹*lat.*›: ↑ Abitur, Reifeprüfung. **Ma|tu|ra,** die; - (österr., schweiz.): Reifeprüfung

Ma|tu|rand, der; -en, -en (schweiz.): Abiturient. **Ma|tu|ran|din,** die; -, -nen: weibliche Form zu ↑ Maturand

Ma|tu|rant, der; -en, -en (österr.): jmd., der die Reifeprüfung gemacht hat od. in der Reifeprüfung steht. **Ma|tu|ran|tin,** die; -, -nen: weibliche Form zu ↑ Maturant

ma|tu|rie|ren (österr.): die Matura, die Reifeprüfung ablegen

Ma|tu|ri|tas prae|cox [- ˈprɛ:...], die; - - (Med.; Psychol.): [sexuelle] Frühreife

Ma|tu|ri|tät, die; -: **1.** (veraltet) Reife[zustand]. **2.** (schweiz.) Abitur; Hochschulreife

Ma|tu|rum vgl. Matur

Ma|tu|tin, die; -, -e[n] ‹*lat.*›: nächtliches Stundengebet; vgl.

Mette. **ma|tu|ti|nal** (veraltet): früh, morgendlich

Mat|ze, die; -, -n, **Mat|zen,** der; -s, - ⟨*hebr.*⟩: ungesäuertes Fladenbrot, wie es die Juden während der Passahzeit essen

¹Mau-Mau, die (Plural) ⟨*afrik.*⟩: Geheimbund in Kenia

²Mau-Mau, das; -[s] ⟨Herkunft unsicher⟩: Kartenspiel, bei dem in der Farbe od. im Kartenwert bedient werden muss u. derjenige gewonnen hat, der als Erster alle Karten ausgespielt hat

Mau|res|ke vgl. Moreske

Mau|ri|ner, der; -s, - (meist Plural) ⟨nach dem hl. Maurus von Subiaco⟩: Angehöriger der französischen benediktinischen ↑Kongregation im 17./18. Jh., deren Mitglieder bedeutende Leistungen in der ↑Patristik und katholischen Kirchengeschichte vollbrachten

Mau|schel, der; -s, - ⟨*hebr.-jidd.;* »Moses«⟩ (veraltet spöttisch, heute oft als diskriminierend empfunden): [armer] Jude

Mau|schel|be|te [...bɛ:tə], die; -, -n ⟨*hebr.-jidd.; lat.-vulgärlat.-frz.*⟩: doppelter Strafeinsatz beim Mauscheln; vgl. bête

mau|scheln ⟨*hebr.-jidd.*⟩ (heute oft als diskriminierend empfunden): **1. a)** unter der Hand in undurchsichtiger Weise Vorteile aushandeln, begünstigende Vereinbarungen treffen, Geschäfte machen; **b)** beim [Karten]spiel betrügen. **2.** Mauscheln spielen. **3. a)** Jiddisch sprechen; **b)** undeutlich sprechen

Mau|scheln, das; -s: Kartenspiel für 3–6 Personen

Maus|klick, der; -s, -s ⟨*dt.; engl.*⟩ (EDV): das Anklicken mit der Maus, wodurch ein Prozess aktiviert wird

Mau|so|le|um, das; -s, ...een ⟨*gr.-lat.;* nach dem altkarischen König Mausolos, † um 353 v. Chr.⟩: monumentales Grabmal in Form eines Bauwerks

Maus|pad [...pɛd] ⟨*dt.; engl.*⟩, **Mouse|pad** ⟨*engl.*⟩ das; -s, -s (EDV): Unterlage, auf der die Maus bewegt wird

mauve [mo:f] ⟨*lat.-frz.*⟩: malvenfarbig

Mau|ve|in [move'i:n], das; -s ⟨*lat.-frz.-nlat.*⟩: ein Anilinfarbstoff

ma|xi ⟨*lat.;* Analogiebildung zu ↑mini⟩: knöchellang (von Röcken, Kleidern od. Mänteln) (Ggs.: mini)

¹Ma|xi, das; -s, -s: **1.** (ohne Plural) **a)** knöchellange Kleidung; **b)** (von Röcken, Kleidern, Mänteln) Länge bis zu den Knöcheln. **2.** (ugs.) knöchellanges Kleid

²Ma|xi, der; -s, -s (ugs.): knöchellanger Rock, Mantel usw.

³Ma|xi, die; -, -s: Kurzform von ↑Maxi-CD

Ma|xi-CD, die; -s, -[s]: CD mit nur einem od. nur wenigen Titeln, bes. der Popmusik

Ma|xil|la, die; -, ...llae [...lɛ] ⟨*lat.*⟩ (Med.): Oberkiefer[knochen]. **ma|xil|lar, ma|xil|lär** (Med.): zum Oberkiefer gehörend

Ma|xil|len, die (Plural) (Zool.): als Unterkiefer dienende Mundwerkzeuge der Gliederfüßer

Ma|xi|ma, die; -, ...mae [...mɛ] u. ...men ⟨*lat.*⟩: längste gebräuchliche Note der Mensuralmusik (im Zeitwert von 8 ganzen Noten)

ma|xi|mal ⟨*lat.-nlat.*⟩: **a)** sehr groß, größt..., höchst...; **b)** höchstens

Ma|xi|mal|do|sis, die; -, ...sen (Med.): höchste Dosis einer Arznei, die vom Arzt gegeben werden darf

ma|xi|ma|li|sie|ren: bis zum Höchstmöglichen, aufs Äußerste steigern

Ma|xi|ma|list, der; -en, -en: **1.** jmd., der das Äußerste fordert. **2.** Sozialist, der die sofortige Machtübernahme der revolutionären Kräfte fordert. **Ma|xi|ma|lis|tin,** die; -, -nen: weibliche Form zu ↑Maximalist

Ma|xi|mal|pro|fit, der; -[e]s, -e: der höchste Gewinn, der erreichbar ist

Ma|xi|me, die; -, -n ⟨*lat.-mlat.(-frz.)*⟩: Leitsatz

ma|xi|mie|ren: systematisch bis zum Höchstwert steigern. **Ma|xi|mie|rung,** die; -, -en: das Maximieren

Ma|xi|mum, das; -s, ...ma ⟨*lat.*⟩: **1.** (Plural selten) größtes Maß, Höchstmaß (Ggs.: Minimum [1]). **2. a)** (Math.) oberer Extremwert (Ggs.: Minimum [2 a]); **b)** (Meteorol.) höchster Wert (bes. der Temperatur) eines Tages, einer Woche usw. od. einer Beobachtungsreihe (Ggs.: Minimum [2 b]). **3.** (Meteorol.) Kern eines Hochdruckgebiets (Ggs.: Minimum [3])

Ma|xi|mum-Mi|ni|mum-Ther|mo|me|ter, das; -s, -: Thermometer, das die tiefste u. die höchste gemessene Temperatur festhält

Max|well ['mækswəl], das; -, - ⟨nach dem brit. Physiker, 1831–1879⟩ (Physik): Einheit des magnetischen Flusses im elektromagnetischen ↑CGS-System (Zeichen: M)

Ma|ya, die; - ⟨*sanskr.*⟩: ↑Maja

May|day ['meɪdeɪ] ⟨verkürzt aus *frz.* venez m'aider »helfen Sie mir«⟩: internationaler Notruf im Funksprechverkehr

Ma|yon|nai|se [majɔ'nɛ:zə, majo...], die; -, -n ⟨*frz.;* nach der Stadt Mahón auf Menorca⟩: kalte, dickliche Soße aus Eigelb, Öl u. Gewürzen

Ma|y|or ['meə, auch: mɛ:ɐ̯], der; -s, -s ⟨*lat.-frz.-engl.*⟩: Bürgermeister in Großbritannien u. in den USA

MAZ, die; - ⟨Kurzw. für *M*agnetbild*a*uf*z*eichnung⟩: Vorrichtung zur Aufzeichnung von Fernsehbildern auf Magnetband

ma|za|rin|blau [maza'rɛ̃:...] ⟨*frz.; dt.*⟩: hellblau mit leichtem Rotstich

Maz|da|is|mus [mas...], der; - ⟨*awest.-nlat.;* nach dem pers. Gottesnamen Ahura Mazda⟩: von Zarathustra gestiftete altpersische Religion. **Maz|da|ist,** der; -en, -en: Anhänger des Mazdaismus. **Maz|da|is|tin,** die; -, -nen: weibliche Form zu ↑Mazdaist

Maz|daz|nan [masdas'na:n], das, auch: der; -s ⟨*awest.*⟩: (von O. Hanisch um 1900 begründete) auf der Lehre Zarathustras fußende Heilsbewegung

Mä|zen, der; -s, -e ⟨*lat.;* nach Maecenas (dem Vertrauten des Kaisers Augustus), einem besonderen Gönner der Dichter Horaz u. Vergil⟩: vermögender Privatmann, der Künstler/-innen od. Sportler/-innen bzw. Kunst, Kultur od. Sport mit finanziellen Mitteln fördert

Mä|ze|na|ten|tum, das; -[e]s: freigebige, gönnerhafte Kunstpflege, -freundschaft

Mä|ze|na|tin vgl. Mäzenin

mä|ze|na|tisch: nach Art eines Mäzens, sich als Mäzen gebend

Mä|ze|nin, Mäzenatin, die; -, -nen: weibliche Formen zu ↑Mäzen

Ma|ze|ral, das; -s, -e (meist Plural) ‹*lat.-nlat.*›: Gefügebestandteil der Kohle

Ma|ze|rat, das; -[e]s, -e ‹*lat.*›: Auszug aus Kräutern od. Gewürzen

Ma|ze|ra|ti|on, die; -, -en: **1.** (Med.; Biol.) Aufweichung pflanzlicher od. tierischer Gewebe bei längerem Kontakt mit Flüssigkeiten. **2.** (Biol.) mikroskopisches Präparationsverfahren zur Isolierung von Gewebsanteilen (z. B. von einzelnen Zellen) unter Erhaltung der Zellstruktur. **3.** (Biol.; Chemie) Gewinnung von Drogenextrakten durch Ziehenlassen von Pflanzenteilen in Wasser od. Alkohol bei Normaltemperatur

ma|ze|rie|ren: eine Mazeration (2, 3) durchführen

Ma|zis, der; -, **Ma|zis|blü|te,** die; -, -n ‹*lat.-frz.*›: getrocknete Samenhülle der Muskatnuss (als Gewürz u. Heilmittel verwendet)

Ma|zu|rek [maˈzuːrɛk], der; -s, -s: Mazurka

Ma|zur|ka [maˈzʊrka], die; -, ...ken u. -s ‹*poln.*›: polnischer Nationaltanz im $^3/_4$- od. $^3/_8$-Takt

Maz|ze, Maz|zen vgl. Matze

MBA [ɛmbiːˈʔeɪ], der; -[s] ‹Abk. für *engl. M*aster of *B*usiness *A*dministration›: international anerkannter akademischer Abschluss eines Aufbaustudiengangs für Manager

MBI, das od. der; -s, -s (Wirtsch.): ↑Management-Buy-in

MBO, das od. der; -s, -s (Wirtsch.): ↑Management-Buy-out

Mc... [ˈmɛk..., engl.: ˈmæk..., vor dem Namen, wenn unbetont: mə(k)...] vgl. ²Mac...

Mc|Car|thy|is|mus [məkaːɐ̯θiˈɪsmʊs], der; - ‹nach dem amerik. Politiker McCarthy (1909–1957)›: zu Beginn der 1950er-Jahre in den USA betriebene Verfolgung von Kommunisten u. Linksintellektuellen

McDo|nal|di|sie|rung [mɛkˈdɔnəld...], die; - ‹*engl.-nlat.;* nach der Restaurantkette der McDonald's Corp.›: Bez. für den Trend moderner Gesellschaften, weltweit immer mehr Bereiche u. Prozesse zu vereinheitlichen u. zu standardisieren

Mc-Job [mɛkˈdʒɔp], der; -s, -s ‹*engl.-amerik.*› (ugs.): schlecht bezahlter, ungesicherter Arbeitsplatz

M-Com|merce [ˈɛmkɔmœːɐ̯s], der; - ‹kurz für *engl. m*obile *commerce* »mobiler Handel«›: elektronischer Handel mithilfe von mobilen, internetfähigen Geräten, z. B. WAP-Handys

MDAX® [ˈɛmdaks], der; - ‹Abk. für *engl. m*idcap »mittlere Kapitalisierung« u. ↑*DAX*›: Aufstellung der Durchschnittskurse von siebzig Aktien mittelgroßer deutscher Unternehmen

mea cul|pa ‹*lat.*›: »[durch] meine Schuld!« (Ausruf aus dem lat. Sündenbekenntnis, dem ↑Confiteor)

Me|a|to|mie, die; -, ...ien ‹*lat.; gr.*› (Med.): operative Erweiterung eines Körperkanals, -gangs (z. B. Harnröhrenschlitzung in der Urologie)

Me|cha|nik, die; -, -en ‹*gr.-lat.*›: **1.** (ohne Plural) Wissenschaft von der Bewegung der Körper unter dem Einfluss äußerer Kräfte od. Wechselwirkungen. **2.** Getriebe, Triebwerk, Räderwerk. **3.** automatisch ablaufender, selbsttätiger Prozess

Me|cha|ni|ker, der; -s, -: Handwerker od. Facharbeiter, der Maschinen, technische Geräte o. Ä. zusammenbaut, prüft, instand hält u. repariert. **Me|cha|ni|ke|rin,** die; -, -nen: weibliche Form zu ↑Mechaniker

Me|cha|ni|sa|tor, der; -s, ...oren: technische Fachkraft in der sozialistischen Land- u. Forstwirtschaft. **Me|cha|ni|sa|to|rin,** die; -, -nen: weibliche Form zu ↑Mechanisator

me|cha|nisch: 1. den Gesetzen der Mechanik entsprechend. **2.** maschinenmäßig, von Maschinen angetrieben. **3.** gewohnheitsmäßig, unwillkürlich, unbewusst [ablaufend]. **4.** ohne Nachdenken [ablaufend], kein Nachdenken erfordernd

me|cha|ni|sie|ren ‹*gr.-lat.-frz.*›: auf mechanischen Ablauf, Betrieb umstellen

Me|cha|nis|mus, der; -, ...men: **1.** Getriebe, Triebwerk, sich bewegende Einrichtung zur Kraftübertragung. **2.** [selbsttätiger] Ablauf (z. B. von ineinandergreifenden Vorgängen in einer Behörde od. Körperschaft); Zusammenhang od. Geschehen, das gesetzmäßig u. wie selbstverständlich abläuft. **3.** (Philos.) Richtung der Naturphilosophie, die Natur, Naturgeschehen od. auch Leben u. Verhalten rein mechanisch bzw. kausal erklärt

Me|cha|nist, der; -en, -en: Vertreter des Mechanismus (3). **Me|cha|nis|tin,** die; -, -nen: weibliche Form zu ↑Mechanist. **me|cha|nis|tisch: 1.** den Mechanismus (3) betreffend. **2.** [nur] auf mechanischen Ursachen beruhend

Me|cha|ni|zis|mus, der; -: ↑Mechanismus (3). **Me|cha|ni|zist,** der; -en, -en: ↑Mechanist. **Me|cha|ni|zis|tin,** die; -, -nen: weibliche Form zu ↑Mechanizist. **me|cha|ni|zis|tisch:** ↑mechanistisch (1)

Me|cha|no|re|zep|to|ren, die (Plural) (Biol.): mechanische Sinne

Me|cha|no|the|ra|pie [auch: ...ˈpiː], die; - (Med.): Therapie mithilfe mechanischer Einwirkung auf den Körper (bes. Massage, Krankengymnastik o. Ä.)

Me|cha|t|ro|nik, die; - ‹Kunstw. aus *Mecha*nik u. Elek*tronik*›: interdisziplinäres Gebiet der Ingenieurwissenschaften, das der Ergänzung u. Erweiterung mechanischer Systeme durch Sensoren u. Mikrorechner zum Herstellen intelligenter Produkte dient. **Me|cha|t|ro|ni|ker,** der; -s, -: Fachmann auf dem Gebiet der Mechatronik. **Me|cha|t|ro|ni|ke|rin,** die; -, -nen: weibliche Form zu ↑Mechatroniker. **me|cha|t|ro|nisch:** die Mechatronik betreffend, auf ihr beruhend

Mèche [mɛʃ], Mesche, die; -, -n ‹*frz.*› (österr.): gefärbte Haarsträhne. **mè|chen** [ˈmeː...], meschen (österr.): Farbstreifen ins Haar färben

Me|chi|ta|rist, der; -en, -en (meist Plural) ‹*nlat.;* nach dem armen. Priester Mechitar, 1676–1749›: armenische ↑Kongregation von Benediktinern (heute in Venedig u. Wien)

me|chul|le [...ç...] vgl. machulle

Me|dail|le [meˈdaljə], die; -, -n ‹*gr.-lat.-vulgärlat.-it.-frz.*›: runde od. ovale Plakette mit Inschrift od. figürlicher Darstellung als Auszeichnung für besondere Leistungen od. zum Andenken an eine Person od. ein Geschehen

Me|dail|leur [...ˈjøːɐ̯], der; -s, -e: **a)** Künstler, der Medaillen vom Entwurf bis zur Vollendung herstellt; **b)** Handwerker, der Medaillen nach künstlerischem Modell gießt od. prägt. **Me|dail|leu|rin** [...ˈjørɪn], die; -, -nen: weibliche Form zu ↑Medailleur

me|dail|lie|ren [...ˈjiː...] (selten): mit einer Medaille auszeichnen

Me|dail|lon [...dalˈjõː], das; -s, -s: **1.** (an einem Kettchen getragene) kleine, flache Kapsel, die ein Bild od. ein Andenken enthält. **2.** (Kunstwiss.) rundes od. ovales [in etwas eingearbeitetes] Relief od. Bild[nis]. **3.** (Gastron.) kleine, runde od. ovale kurz gebratene Fleisch-, Fischscheibe (bes. vom Filetstück)

Me̱|dia, die; -, ...diä u. ...dien ⟨*lat.*⟩: **1.** (Sprachwiss.) stimmhafter ↑Explosivlaut (z. B. b); Ggs. ↑Tenuis. **2.** (Med.) mittlere Schicht der Gefäßwand (von Arterien, Venen u. Lymphgefäßen). **3.** *Plural* von ↑[1]Medium

Me̱|dia|ana|ly|se, die; -, -n: Untersuchung von Werbeträgern in Bezug auf deren gezielte Anwendung

Me̱|dia|for|schung, die; -: systematische Untersuchungen über den Einsatz u. die Wirkung von Werbeträgern (z. B. Hörfunk, Fernsehen)

Me̱|dia|kom|bi|na|ti|on, die; -, -en: Heranziehung verschiedener Medien für eine Werbung

me|di|a̱l: **1.** das [1]Medium (2) betreffend. **2.** (Med.) in der Mitte liegend, die Mitte bildend. **3.** den Kräften u. Fähigkeiten eines [1]Mediums (4) entsprechend. **4.** von den [1]Medien (5) ausgehend, zu ihnen gehörend

Me|di|a̱l, das; -s, -e: Spiegellinsenfernrohr zum Beobachten astronomischer Objekte

me|di|a|li|si̱e|ren ⟨*lat.-nlat.*⟩: **1.** durch den Einsatz, die Nutzung von Medien prägen. **2.** in den Medien thematisieren, durch Medien vermitteln. **3.** (Med.) zur Körpermitte hin verlagern. **Me|di|a|li|si̱e|rung**, die; -, -en (Plural selten): das Medialisieren

Me|dia|man [ˈmiːdi̯əmæn], der; -, ...men [...mən], **Me̱|dia|mann**, der; -[e]s, ...männer ⟨*engl.-amerik.*⟩: Fachmann für Auswahl u. Einsatz von Werbemitteln

me|di|a̱n (Anat.): in der Mitte[llinie] eines Körpers od. Organs gelegen

Me|di|a̱n, der; -s, -e (Statistik): Medianwert

Me|di|a̱|ne, die; -, -n: **1.** Seitenhalbierende eines Dreiecks. **2.** Verbindungslinie von einer Ecke eines Tetraeders zum Schwerpunkt der gegenüberliegenden Seite

Me|di|a̱n|ebe|ne, die; -, -n (Anat.): durch die Körpermitte verlaufende Symmetrieebene des menschlichen Körpers

Me|di|a̱n|te, die; -, -n ⟨*lat.-it.*⟩ (Musik): **1.** dritte Stufe einer Tonleiter. **2.** über der Mediante (1) errichteter Dreiklang

Me|di|a̱n|wert, der; -[e]s, -e (Statistik): Zentralwert

me|di|a̱t ⟨*lat.-frz.*⟩ (veraltet): mittelbar

Me|di|a|teur [...ˈtøːɐ̯], der; -s, -e (veraltet): in einem Streit zwischen zwei od. mehreren Mächten vermittelnder Staat

Me|dia|the̱k, die; -, -en ⟨*lat.; gr.*⟩: meist als Abteilung in öffentlichen Büchereien bereitgestellte Sammlung audiovisueller [1]Medien (5) zur Weiterbildung

Me|di|a|ti|o̱n, die; -, -en: **1.** Vermittlung eines Staates in einem Streit zwischen anderen Mächten. **2.** aussöhnende Vermittlung bei persönlichen od. sozialen Konflikten (z. B. zwischen Scheidungswilligen)

me|di|a|ti|si̱e|ren (Geschichte): »mittelbar« machen; bisher unmittelbar dem Reich unterstehende Herrschaften od. Besitzungen (z. B. Reichsstädte) der Landeshoheit unterwerfen. **Me|di|a|ti|si̱e|rung**, die; -: **1.** (Geschichte) das Mediatisieren. **2.** (oft abwertend) die zunehmende Ausbreitung der [elektronischen] Medien in allen wirtschaftlichen, politischen u. gesellschaftlichen Bereichen

Me|di|a̱|tor, der; -s, ...o̱ren ⟨*lat.-mlat.*⟩: **1.** (Med., Physiol.) Botenstoff, der an einem Zielorgan eine spezifische Reaktion (z. B. Schock, Allergie) hervorruft. **2. a)** (veraltet) Vermittler, Schlichter; **b)** (Fachspr.) jmd., der berufsmäßig Mediation (2) betreibt (z. B. bei sozialen Konflikten u. Eheproblemen). **Me|di|a|to̱|rin**, die; -, -nen: weibliche Form zu ↑Mediator (2).

me|di|a|to̱|risch: vermittelnd

me|di|ä|va̱l ⟨*lat.-nlat.*⟩: mittelalterlich. **Me|di|ä|va̱l**, die; -: Antiqua, bei der die einzelnen Letternteile nahezu gleich sind

Me|di|ä|vịst, der; -en, -en: Wissenschaftler auf dem Gebiet der Mediävistik. **Me|di|ä|vis|tik**, die; -: Wissenschaft von der Geschichte, Kunst, Literatur usw. des europäischen Mittelalters. **Me|di|ä|vịs|tin**, die; -, -nen: weibliche Form zu ↑Mediävist

Me̱|di|en: *Plural* von ↑[1]Medium u. ↑Media

Me̱|di|en|di|dak|tik, die; -: Didaktik der als Unterrichtshilfsmittel eingesetzten Medien. **me̱|di|en|di|dak|tisch**: didaktisch im Rahmen der Mediendidaktik

Me̱|di|en|kon|zern, der; -[e]s, -e: Zusammenschluss mehrerer im Bereich der [1]Medien (5 a) tätigen Unternehmen

Me̱|di|en|pä|d|a|go|gik, die; -: Pädagogik der Massenmedien, ihres Einsatzes als Bildungsmittel u. des kritischen Verhaltens ihnen gegenüber

Me̱|di|en|prä|senz, die; -: erwünschte Präsenz in den Medien

Me̱|di|en|ver|bund, der; -[e]s: Kombination verschiedener Kommunikationsmittel unter einer Organisation

Me|di|ka|mẹnt, das; -[e]s, -e ⟨*lat.*⟩: Mittel, das in bestimmter Dosierung der Heilung von Krankheiten, der Vorbeugung od. der Diagnose dient; Arzneimittel. **me|di|ka|men|ti̱e|ren** (Med.): Medikamente verabreichen, verordnen. **me|di|ka|men|tö̱s** (Med.): mithilfe von Medikamenten

Me|di|kạs|ter, der; -s, - ⟨*lat.-nlat.*⟩ (veraltet abwertend): Kurpfuscher, Quacksalber

Me|di|ka|ti|o̱n, die; -, -en ⟨*lat.*⟩ (Med.): Verordnung, Verabreichung, Anwendung eines Medikaments (einschließlich Auswahl u. Dosierung)

Me̱|di|kus, der; -, Me̱dizi (scherzhaft): Arzt

Me|di̱|na, die; -, -s ⟨*arab.* »Stadt«⟩: Altstadt nordafrik. Städte

me̱|dio ⟨*lat.-it.*⟩ (veraltet): zum

[Zeitpunkt des] Medio. **Me|dio,** der; -[s], -s (veraltet): Monatsmitte (15. des Monats oder, falls dieser ein Samstag, Sonntag oder Feiertag ist, der nachfolgende Werktag)

Me|dio|garn, das; -[e]s, -e: mittelfest gedrehtes Baumwollgarn

me|di|o|ker ⟨*lat.-frz.*⟩: mittelmäßig. **Me|di|o|k|ri|tät,** die; -, -en: Mittelmäßigkeit. **Me|dio|thek** vgl. Mediathek

Me|dio|wech|sel, der; -s, - (Wirtsch.): in der Mitte eines Monats fälliger Wechsel

Me|di|ta|ti|on, die; -, -en ⟨*lat.*⟩: **1.** (bildungsspr.) [sinnende] Betrachtung. **2.** (Rel., Psychol., Philos.) mystische, kontemplative Versenkung. **me|di|ta|tiv:** die Meditation betreffend

me|di|ter|ran ⟨*lat.*⟩: dem Mittelmeerraum angehörend, eigen

me|di|tie|ren ⟨*lat.*⟩: **1.** nachsinnen, nachdenken; Betrachtungen anstellen. **2.** sich der Meditation (2) hingeben

me|di|um [ˈmiːdi̯əm] ⟨*lat.-engl.*⟩: **1.** mittelgroß (Kleidergröße) (Abk.: M). **2.** (Gastron.) [auch: ˈmeːdi̯ʊm] nicht ganz durchgebraten (von Fleisch)

M
Medi

¹Me|di|um, das; -s, ...ien u. ...ia ⟨*lat.;* »Mitte«⟩: **1.** (Plural selten auch: ...ia) vermittelndes Element. **2.** (Plural ...ia; selten; Sprachwiss.) Mittelform zwischen ¹Aktiv u. Passiv (bes. im Griechischen; im Deutschen reflexiv ausgedrückt). **3.** (Plural ...ien; Physik; Chemie) Träger bestimmter physikalischer od. chemischer Vorgänge. **4.** (Plural ...ien) **a)** (Parapsychol.) jmd., der für Verbindungen zum übersinnlichen Bereich besonders befähigt ist; **b)** jmd., an dem sich aufgrund seiner körperlichen, seelischen Beschaffenheit Experimente, bes. Hypnoseversuche, durchführen lassen. **5. a)** (Plural selten auch: ...ia meist Plural) Einrichtung, organisatorischer u. technischer Apparat für die Vermittlung von Meinungen, Informationen od. Kulturgütern; eines der Massenmedien Film, Funk, Fernsehen, Presse; **b)** (Plural selten auch: ...ia meist Plural) Unterrichts[hilfs]mittel, das der Vermittlung von Information u. Bildung dient; **c)** (Plural meist ...ia meist Plural) für die Werbung benutztes Kommunikationsmittel, Werbeträger

²Me|di|um, die; - ⟨*lat.-engl.-amerik.*⟩: genormter Schriftgrad für die Schreibmaschine u. den Computer

Me|di|um Coe|li [- ˈtsøːli], das; - - ⟨*lat.*⟩ (Astrol.): Himmelsmitte, Zenit, Spitze des zehnten Hauses; der Punkt der ↑Ekliptik, der in dem zu untersuchenden Zeitpunkt der Geburt o. Ä. kulminiert (Abk.: M. C.)

Me|di|u|mis|mus, der; - ⟨*lat.-nlat.*⟩: Bez. aller mit einem ¹Medium (4) zusammenhängenden Erscheinungen. **me|di|u|mis|tisch:** den Mediumismus betreffend

Me|di|us, der; - ⟨*lat.*⟩: Begriff, der die Prämissen des ↑Syllogismus verknüpft u. nicht in den Schlusssatz des Syllogismus eingeht

Me|di|zi: *Plural* von ↑Medikus

Me|di|zin, die; -, -en ⟨*lat.*⟩: **1.** (ohne Plural) Wissenschaft vom gesunden u. kranken Organismus des Menschen, von seinen Krankheiten, ihrer Verhütung u. Heilung. **2.** [flüssiges] Medikament. **me|di|zi|nal:** zur Medizin gehörend, die Medizin betreffend; medizinisch verwendet

Me|di|zin|ball, der; -[e]s, ...bälle (Sport): großer, schwerer, nicht elastischer Lederball

Me|di|zi|ner, der; -s, -: jmd., der Medizin studiert [hat]. **Me|di|zi|ne|rin,** die; -, -nen: weibliche Form zu ↑Mediziner

Me|di|zin|ethik, die; -: wissenschaftliche Disziplin, die sich mit ethischen Fragen in der Medizin befasst. **me|di|zin|ethisch:** die Medizinethik betreffend

me|di|zi|nie|ren: ärztlich behandeln

me|di|zi|nisch: **a)** die Medizin betreffend, dazu gehörend; **b)** nach den Gesichtspunkten der Medizin [hergestellt]

me|di|zi|nisch-tech|nisch: die Medizin (1) in Verbindung mit der Technik betreffend; **medizinisch-technischer Assistent, medizinisch-technische Assistentin:** jmd., der durch praktisch-wissenschaftliche Arbeit (z. B. im Labor) die Tätigkeit eines Arztes, einer Ärztin o. Ä. unterstützt (Berufsbez.) (Abk.: MTA)

Me|di|zin|mann, der; -[e]s, ...männer: (bei vielen indigenen Völkern) eine Art Arzt u. Priester, der sich der Magie bedient

Med|ley [ˈmɛdli], das; -s, -s ⟨*lat.-mlat.-afrz.-engl.*⟩: Potpourri

Me|doc, der; -s, -s ⟨nach der frz. Landschaft⟩: französischer Rotwein

Me|d|re|se, Me|d|res|se, die; -, -n ⟨*arab.-türk.*⟩: **1.** islamische juristisch-theologische Hochschule. **2.** Koranschule einer Moschee; vgl. Liwan (2)

Me|dul|la, die; - ⟨*lat.*⟩ (Med.): Mark (z. B. Knochenmark); **Medulla oblongata:** verlängertes Rückenmark. **me|dul|lär** (Med.): auf das Mark bezüglich, zu ihm gehörend

Me|du|se, die; -, -n ⟨*gr.-lat.;* nach der Medusa, einem weiblichen Ungeheuer der gr. Sage⟩: Qualle

Me|du|sen|blick, der; -[e]s, -e: fürchterlicher, schreckenerregender Blick

Me|du|sen|haupt, das; -[e]s: **1.** vgl. Medusenblick. **2.** (Med.) Geflecht von Krampfadern im Bereich des Nabels

me|du|sisch: von, in der Art der Medusa

Mee|ting [ˈmiːtɪŋ], das; -s, -s ⟨*engl.*⟩: **1.** offizielle Zusammenkunft zweier od. mehrerer Personen zur Erörterung von Problemen u. Fachfragen. **2.** Sportveranstaltung [in kleinerem Rahmen]

meets [miːts] ⟨*engl.*⟩: in der Fügung **etwas/jemand meets etwas/jemanden** (Jargon): etwas trifft, stößt auf etwas; jemand begegnet jemandem, trifft mit jemandem, etwas zusammen

me|fi|tisch vgl. mephitisch

meg..., Meg... vgl. mega..., Mega...

me|ga..., Me|ga... *s. Kasten Seite 703*

Me|ga|bit [auch: ˈmɛ...], das; -[s], -[s] (EDV): Einheit von 1 048 576 ↑Bit (= 2^{20} Bit) (Zeichen: MBit)

Me|ga|byte [...baɪ̯t, ˈmɛ...], das; -[s], -[s] (EDV): Einheit von

me|ga..., Me|ga...

vor Vokalen auch: meg..., Meg...
⟨zu *gr.* mégas »groß«⟩
Wortbildungselement mit der Bedeutung »groß, lang, mächtig, bedeutend«:
- Megalith
- Meganthropus
- Megafon

In *umgangssprachlicher Bedeutung* heißt mega..., Mega... außerdem »völlig; ganz und gar, außerordentlich«, wie z. B. in mega-out, megaerfolgreich, Megastar.

Me|ga...
I. *Vorsatz vor naturwissenschaftlich-technischen Einheiten mit der Bedeutung »das Millionenfache der genannten Einheit« (Zeichen: M):*
- Megahertz
- Megawatt

II. *Vorsatz vor binären Einheiten in der Datenverarbeitung mit der Bedeutung »das 2^{20}-Fache [2^{20} = 1 048 576] der genannten Einheit« (Zeichen: M):*
- Megabit
- Megabyte

1 048 576 ↑ Byte (= 2^{20} Byte) (Zeichen: MB, MByte)

Me|ga|ci|ty, die; -, -s: Stadt mit mehr als 10 Millionen Einwohnern

Me|ga|elek|t|ron|volt [auch: ˈmɛ...], das; -s, -: 1 Million ↑ Elektronvolt (Zeichen: MeV)

Me|ga|fon, Megaphon, das; -s, -e: Sprachrohr [mit elektrischem Verstärker]

Me|ga|hertz [auch: ˈmɛ...], das; -, - ⟨nach dem dt. Physiker H. Hertz, 1857–1894⟩: 1 Million Hertz (Zeichen: MHz)

me|ga-in ⟨*gr.; engl.*⟩: **mega-in sein** (ugs.): besonders, sehr gefragt, begehrt sein

Me|ga|l|en|ze|pha|lie, die; -, ...ien ⟨*gr.-nlat.*⟩ (Med.): abnorme Vergrößerung des Gehirns

Me|ga|lith [auch: ...ˈlɪt], der; -s u. -en, -e[n] ⟨»großer Stein«⟩: großer, roher Steinblock vorgeschichtlicher Grabbauten

Me|ga|lith|grab [auch: ...ˈlɪt...], das; -[e]s, ...gräber: vorgeschichtliches Großsteingrab

Me|ga|li|thi|ker [auch: ...ˈlɪ...], der; -s, -: Träger der Megalithkultur

me|ga|li|thisch [auch: ...ˈlɪ...]: aus großen Steinen bestehend

Me|ga|lith|kul|tur [auch: ...ˈlɪt...], die; -, -en: Kultur der Jungsteinzeit, für die Megalithgräber u. der Ornamentstil der Keramik typisch sind

Me|ga|lo|blast, der; -en, -en (meist Plural) (Med.): abnorm große, kernhaltige Vorstufe der roten Blutkörperchen

me|ga|lo|man, megalomanisch (Psychol.): größenwahnsinnig. **Me|ga|lo|ma|nie,** die; -, ...ien (Psychol.): Größenwahn

me|ga|lo|ma|nisch vgl. megaloman

Me|ga|lo|po|le, Me|ga|lo|po|lis, die; -, ...polen ⟨*gr.-engl.-amerik.*⟩: Zusammenballung von benachbarten Großstädten; Riesenstadt

Me|ga|l|op|sie, die; -, ...ien (Med.): ↑ Makropsie

Me|ga|lo|ze|pha|lie, die; -, ...ien: ↑ Makrozephalie

Me|ga|lo|zyt, der; -en, -en (meist Plural), auch: **Me|ga|lo|zy|te,** die; -, -n (meist Plural) (Med.): abnorm großes rotes Blutkörperchen

Me|g|an|th|ro|pus, der; -, ...pi: Lebewesen aus der Übergangsstufe von Tier u. Mensch

Me|ga|ohm [auch: ˈmɛ...], Megohm, das; -, - ⟨nach dem dt. Physiker G. S. Ohm, 1789–1854⟩: 1 Million Ohm (Zeichen: MΩ)

me|ga-out [...ʔaut] ⟨*gr.; engl.*⟩: **mega-out sein** (ugs.): überhaupt, absolut nicht mehr gefragt, begehrt sein

Me|ga|phon vgl. Megafon

Me|gä|re, die; -, -n ⟨*gr.-lat.*⟩: wütende, böse Frau

Me|ga|ri|ker, der; -s, - ⟨*gr.-lat.*⟩ (Geschichte): Angehöriger der von dem Sokratesschüler Eukleides von Megara (450–380 v. Chr.) gegründeten Philosophenschule

Me|ga|ron, das; -s, ...ra ⟨*gr.*⟩: mit einer Vorhalle verbundener Hauptraum des altgriechischen Hauses (mit Herd als Mittelpunkt)

Me|ga|sel|ler, der; -s, - ⟨*gr.; engl.*⟩ (ugs.): überaus erfolgreicher Bestseller

Me|ga|star, der; -s, -s ⟨*gr.; engl.*⟩: überaus beliebter, bekannter Star

Me|ga|the|ri|um, das; -s, ...ien ⟨*gr.-nlat.*⟩: ausgestorbenes Riesenfaultier

me|ga|therm (Bot.): warme Standorte bevorzugend (von Pflanzen)

Me|ga|ton|ne [auch: ˈmɛ...], die; -, -n: 1 Million Tonnen

Me|ga|ure|ter, der; -s, - (Med.): stark erweiterter Harnleiter

Me|ga|volt [auch: ˈmɛ...], das; - u. -[e]s, - ⟨nach dem it. Physiker A. Volta, 1745–1827⟩: 1 Million ↑ Volt (Zeichen: MV)

Me|ga|watt [auch: ˈmɛ...], das; -, - ⟨nach dem engl. Ingenieur J. Watt, 1736–1819⟩: 1 Million Watt (Zeichen: MW)

Me|gil|loth, die (Plural) ⟨*hebr.;* »Rollen«⟩: Sammelbez. der 5 alttestamentlichen Schriften Hohes Lied, Ruth, Klagelieder, Prediger Salomo, Esther, die an jüdischen Festen verlesen werden

Meg|ohm vgl. Megaohm

Me|ha|ri, das; -s, -s ⟨*arab.-frz.*⟩: schnelles Reitdromedar in Nordafrika

Mehn|di, das; -[s], -s ⟨*Hindi*⟩: aus Indien stammende, mit Hennafarbe aufgetragene Hautmalerei

Mei|o|se, die; -, -n ⟨*gr.;* »Verringern, Verkleinern«⟩ (Biol.): in zwei unterschiedlichen Prozessen verlaufende Reduktion des bei der Befruchtung verdoppelten Bestandes an Chromosomen um die Hälfte, um so ihre Zahl pro Zelle konstant zu halten (bei der Zellteilung); Reduktionsteilung; Reifeteilung

Mei|ran, der; -s, -e ⟨*mlat.*⟩: ↑ Majoran

Meis|je, das; -s, -s ⟨*niederl.;* Verkleinerung von *meid* = Mädchen⟩: holländisches Mädchen

Meit|ne|ri|um, das; -s ⟨nach der österr.-schwed. Physikerin Lise Meitner, 1878–1968⟩: chem.

Element; ein Transuran (Zeichen: Mt)

Mei|u|ros, der; -, ...roi [...reu] ⟨*gr.*⟩, **Mei|u|rus,** der; -, ...ri ⟨*gr.-nlat.*⟩: ↑Hexameter mit gekürzter vorletzter Silbe

Mek|ka, das; -s, -s ⟨*arab.;* nach der heiligen Stadt des Islams⟩: Platz, Ort, der ein Zentrum für etwas Bestimmtes ist u. darum eine große Anziehungskraft ausübt

Me|ko|ni|um, das; -s ⟨*gr.-lat.*⟩: **1.** (Med.) erste Darmentleerungen des Neugeborenen; Kindspech. **2.** (Zool.) erste Darmausscheidung des aus der Puppe geschlüpften Insekts. **3.** (veraltet) Opium

Me|la|ju|ku|na, das; -[s] ⟨*malai.*⟩: die klassische malaiische Schriftsprache

Me|la|min, das; -s ⟨Kunstw.⟩: technisch vielfach verwertbares Kunstharz

Me|lä|na, die; - ⟨*gr.-nlat.*⟩ (Med.): Teerstuhl; Ausscheidung von [dunklem] Blut aus dem Darm (verursacht z. B. durch einen Tumor); **Meläna spuria:** (bei Neugeborenen) Ausscheidung von Blut aus dem Darm (verursacht z. B. durch Verschlucken mütterlichen Bluts)

Me|la|n|ä|mie, die; -, ...ien (Med.): das Auftreten von dunklen Pigmentkörperchen in Leber, Milz, Nieren, Knochenmark u. Hirnrinde

Me|lan|cho|lie [melaŋko'li:], die; -, ...ien ⟨*gr.-lat.*⟩: von großer Niedergeschlagenheit, Traurigkeit od. Depressivität gekennzeichneter Gemütszustand

Me|lan|cho|li|ker, der; -s, -: (nach dem von Hippokrates aufgestellten Temperamentstyp) jmd., der zu Depressivität u. Schwermütigkeit neigt. **Me|lan|cho|li|ke|rin,** die; -, -nen: weibliche Form zu ↑Melancholiker

me|lan|cho|lisch: schwermütig, niedergedrückt, trübsinnig; vgl. cholerisch, phlegmatisch, sanguinisch

Me|lan|ge [me'lã:ʒə], die; -, -n ⟨*lat.-vulgärlat.-frz.*⟩: **1.** Mischung, Gemisch. **2.** (österr.) Milchkaffee, der zur Hälfte aus Milch besteht. **3.** aus verschiedenfarbigen Fasern hergestelltes Garn

Me|la|nin, das; -s, -e ⟨*gr.-nlat.*⟩ (Biol.): vom Organismus gebildeter gelblicher bis brauner od. schwarzer Farbstoff (bewirkt die Färbung von Haaren, Haut u. anderen Organen)

Me|la|nis|mus, der; -, ...men: ↑Melanose

Me|la|nit [auch: ...'nɪt], der; -s, -e: bräunlich schwarzer Granat

Me|la|no, der; -s, -s ⟨*gr.-nlat.;* »Schwärzling«; Analogiebildung zu ↑Albino⟩ (Zool.): Tier mit stark ausgebildeter schwärzlicher Pigmentierung

me|la|no|derm (Med.): dunkelhäutig, dunkle Flecken bildend (von Hautveränderungen) (Ggs.: leukoderm). **Me|la|no|der|mie,** die; -, ...ien (Med.): krankhafte Dunkelfärbung der Haut

Me|la|no|glos|sie, die; -, ...ien (Med.): krankhafte Schwarzfärbung der Zunge

me|la|no|krat (Geol.): überwiegend dunkle Bestandteile aufweisend u. daher dunkel erscheinend (von Erstarrungsgesteinen, z. B. Basalt) (Ggs.: leukokrat)

Me|la|nom, das; -s, -e (Med.): **malignes Melanom:** bösartige braune bis schwärzliche, an Haut u. Schleimhäuten auftretende Geschwulst; **benignes juveniles Melanom:** gutartiger Hauttumor (vorwiegend bei Kindern u. Jugendlichen)

Me|la|no|pho|re, die; -, -n (meist Plural) (Biol.): Melanin enthaltende Zelle in der Haut von Kaltblütern

Me|la|no|se, die; -, -n (Med.): [im Zusammenhang mit inneren Krankheiten] an Haut u. Schleimhäuten auftretende Dunkelfärbung der Haut

Me|la|no|t|ro|pin, das; -s (Biol., Med.): Hormon des Hypophysenmittellappens, das bei Fischen u. Amphibien Verdunkelung der Haut bewirkt u. beim Menschen als Neuromodulator an verschiedenen Regulationsprozessen beteiligt ist (Gegenspieler des ↑Melatonins)

Me|la|no|zyt, der; -en, -en (meist Plural) (Med.): Zelle, in der Melanin gebildet wird. **me|la|no|zy|tär** (Med.): einen Melanozyten betreffend, in der Art von Melanozyten

Me|la|no|zy|tom, das; -s, -e (Med.): grau-schwarz gefärbter, seltener u. meist gutartiger Tumor, bes. im Bereich der Hirnhäute, des Auges od. der Haut

Me|la|n|u|rie, die; -, ...ien (Med.): Ausscheidung melaninhaltigen Urins

Me|lan|za|ni, die; -, - ⟨*it.*⟩ (österr.): Aubergine

Me|la|phyr, der; -s, -e ⟨*gr.-frz.*⟩ (Geol.): [grünlich] schwarzes Ergussgestein

Me|las, der; -, - ⟨nach der Stadt Milas in Anatolien⟩: in Kleinasien hergestellter [Gebets]teppich

Me|las|ma, das; -s, ...men u. -ta ⟨*gr.*⟩ (Med.): Hautkrankheit mit Bildung schwärzlicher Flecken

Me|las|se, die; -, -n ⟨*lat.-span.-frz.*⟩: bei der Zuckergewinnung anfallender, zähflüssiger brauner Rückstand

Me|la|to|nin, das; -s ⟨*gr.-nlat.*⟩: **a)** Hormon, das bei Säugetieren (einschließlich des Menschen) die Schilddrüsenfunktion hemmt u. den Stoffwechsel senkt; **b)** Hormon der Zirbeldrüse, das bei Amphibien Aufhellung der Haut bewirkt (Gegenspieler des ↑Melanotropins)

Mel|chit, der; -en, -en (meist Plural) ⟨*syr.*⟩: Angehöriger der syrischen, ägyptischen u. palästinensischen Christenheit mit byzantinischer Liturgie. **Mel|chi|tin,** die; -, -nen: weibliche Form zu ↑Melchit

me|lie|ren ⟨*lat.-vulgärlat.-frz.*⟩: mischen, mengen. **me|liert:** **a)** aus verschiedenen Farben gemischt (z. B. von Wolle od. Stoffen); **b)** (vom Haar) leicht ergraut

Me|lik, die; - ⟨*gr.*⟩: gesungene Lyrik

Me|li|lith [auch: ...'lɪt], der; -s, -e ⟨*gr.-nlat.*⟩: gelbes, braunes od. graues Mineral

Me|li|nit [auch: ...'nɪt], der; -s ⟨*gr.-nlat.*⟩: Pikrinsäure enthaltender Explosivstoff

Me|li|o|ra|ti|on, die; -, -en ⟨*lat.*⟩: **1.** (veraltet) Verbesserung. **2.** Verbesserung des Bodens

me|li|o|ra|tiv ⟨*lat.-nlat.*⟩ (Sprachwiss.): einen positiven Bedeutungswandel erfahrend (von Wörtern). **Me|li|o|ra|ti|vum,** das; -s, ...va (Sprachwiss.): Wort, das einen positiven Bedeutungswandel erfahren hat

M Meiu

(z. B. *mhd.* marschalc »Pferdeknecht« zu *nhd.* Marschall »hoher militärischer Rang«); vgl. Pejorativum

me|li|o|rie|ren: [Ackerland] verbessern

Me|lis, der; - ⟨*gr.-nlat.*⟩: weißer Zucker verschiedener Zuckersorten

me|lisch ⟨*gr.*⟩ (Musik): liedhaft

Me|lis|ma, das; -s, ...men (Musik): melodische Verzierung, Koloratur

Me|lis|ma|tik, die; - ⟨*gr.-nlat.*⟩ (Musik): Kunst der melodischen Verzierung (beim Gesang). **me|lis|ma|tisch:** koloraturhaft ausgeziert

me|lis|misch (Musik): ↑melodisch

Me|lis|se, die; -, -n ⟨*gr.-lat.-mlat.*⟩: (zu den Lippenblütlern gehörende) Pflanze mit unscheinbaren weißen Blüten u. zitronenähnlich duftenden Blättern, die als Heil- u. Gewürzpflanze verwendet wird

Mel|lah, das; -s ⟨Herkunft unsicher, vielleicht aus dem Arab.⟩: jüdisches Wohnviertel in arabischen Städten (v. a. in Marokko)

Mel|lit [auch: ...'lɪt], der; -s, -e ⟨*lat.-nlat.*⟩: ein honigfarbenes, körniges Mineral (ein Aluminiumsalz)

Me|lo|die, die; -, ...ien ⟨*gr.-lat.*⟩: **a)** singbare, sich nach Höhe od. Tiefe ändernde, abgeschlossene u. geordnete Tonfolge; **b)** Weise; Vertonung (eines Liedes); **c)** einzelnes [in einen größeren Rahmen gehörendes] Musikstück, Gesangsstück

Me|lo|die|in|s|t|ru|ment, das; -s, -e: Instrument, das die Melodie (in einer Jazzband) führt

Me|lo|dik, die; - ⟨*gr.-nlat.*⟩: **1.** Lehre von der Melodie. **2.** die melodischen Merkmale eines Musikstücks

Me|lo|di|ker, der; -s, -: Schöpfer melodischer Tonfolgen. **Me|lo|di|ke|rin,** die; -, -nen: weibliche Form zu ↑Melodiker

Me|lo|di|on, das; -s, -s: Tasteninstrument mit harmonikaartigem Ton

me|lo|di|ös ⟨*gr.-lat.-frz.*⟩: wohlklingend; reich an klanglichen Nuancen

me|lo|disch ⟨*gr.-lat.*⟩: von einem dem Ohr angenehmen Klang; harmonisch klingend

Me|lo|dist, der; -en, -en ⟨*gr.-nlat.*⟩: Verfasser von Melodien für Kirchenlieder. **Me|lo|dis|tin,** die; -, -nen: weibliche Form zu ↑Melodist

Me|lo|dram, das; -s, -en: **1.** (Musik) einzelner melodramatischer Teil einer Bühnenmusik od. Oper. **2.** ↑Melodrama

Me|lo|dra|ma, das; -s, ...men ⟨*gr.-frz.*⟩: **1.** (Literaturwiss., Musik) Schauspiel mit untermalender Musik (mit Pathos deklamiert). **2.** (Theater, Film; oft abwertend) Schauspiel mit rührenden od. schaurigen Effekten, oft mittelalterlichen od. orientalischen Schauplätzen (in pathetischer Inszenierung)

Me|lo|dra|ma|tik, die; -: das Theatralische, (übertrieben) Pathetische (in einem Verhalten, in einer Situation)

me|lo|dra|ma|tisch: in der Art eines Melodramas

Me|lo|fon, Melophon, das; -s, -e ⟨*gr.-nlat.*⟩: sehr großes Akkordeon mit chromatischer Skala für jede Hand

Me|lo|ma|ne, der; -n, -n: Musikbesessener, sich für Musik Ereifernder

Me|lo|ma|nie, die; -: Musikbesessenheit. **Me|lo|ma|nin,** die; -, -nen: weibliche Form zu ↑Melomane

Me|lo|mi|mik, die; -: Versuch, den Inhalt eines Musikstücks durch Mimik (od. Tanz) wiederzugeben

Me|lo|ne, die; -, -n ⟨*gr.-lat.-it.(-frz.)*⟩: **1. a)** (zu den Kürbisgewächsen gehörende) Pflanze mit großen kugeligen, saftreichen Früchten; **b)** Frucht der Melone (1 a). **2.** (ugs. scherzh.) runder steifer Hut; vgl. Bowler

Me|lo|nen|baum, der; -[e]s, ...bäume: (in tropischen Ländern kultivierter) Baum, an dessen Spitze die ↑Papayas (2) wachsen

Me|lo|phon vgl. Melofon

Me|lo|pö|ie, die; - ⟨*gr.*⟩: **1.** im antiken Griechenland die Kunst, ein ↑Melos (1) zu verfertigen. **2.** (Musik) Lehre vom Bau der Melodien

Me|los, das; - ⟨*gr.-lat.*⟩: **1.** gesangliches Element in der Musik; Melodie (im Unterschied zum Rhythmus). **2. a)** (Sprachwiss.) Sprachmelodie; **b)** klangliche Gestalt einer Dichtung

Me|lo|s|chi|se, die; -, -n ⟨*gr.-nlat.*⟩ (Med.): angeborene Spaltbildung des Gesichts; Wangenspalte

Me|lo|ty|pie, die; - ⟨*gr.-nlat.*⟩: Notendruck in Buchdrucklettern

Mel|ton ['mɛltən], der; -[s], -s ⟨nach der engl. Stadt Melton Mowbray⟩: weicher Kammgarnstoff in Köperbindung (eine Webart) mit leicht verfilzter Oberfläche

[1]**Mem,** das; -s, -e ⟨gr.⟩ (Psychol., Soziol., Biol.): (in best. Theorien) kleinste selbstständige Einheit des Bewusstseins, der kulturellen Evolution; Gedanke

[2]**Mem** [meːm] vgl. Meme

Mem|ber of Par|lia|ment ['mɛmbər əv 'pɑːləmənt], das; - - -, -s - - ⟨*engl.*⟩: Mitglied des britischen Unterhauses (Abk.: M. P.)

Mem|b|ra: *Plural* von ↑Membrum

Mem|b|ran, Mem|b|ra|ne, die; -, ...nen ⟨*lat.*⟩: **1.** (Technik) dünnes Blättchen aus Metall, Papier o. Ä., das durch seine Schwingungsfähigkeit geeignet ist, Schallwellen zu übertragen. **2.** (Biol.) dünnes, feines Häutchen, das trennende od. abgrenzende Funktion hat. **3.** (Chemie, Physik) dünne Haut, die die Funktion eines Filters hat

Mem|b|ra|no|fon, Mem|b|ra|no|phon, das; -s, -e ⟨*lat.; gr.*⟩: jedes Musikinstrument, dessen Töne durch Erregung einer gespannten Membran erzeugt werden (z. B. Trommel)

Mem|b|rum, das; -s, ...bra ⟨*lat.*⟩ (Med.): [Körper]glied, Extremität

Meme [miːm], das; -s, -s, auch: [2]Mem [meːm], das; -s, -e ⟨*engl.*⟩: (interessantes od. witziges) Bild, Video o. Ä., das in sozialen Netzwerken schnell u. weit verbreitet wird

Me|men|to, das; -s, -s ⟨*lat.*⟩: **1.** Fürbitte, Bitte um Fürsprache in der katholischen Messe. **2.** Mahnung

Me|men|to mo|ri, das; - -, - - ⟨»gedenke des Sterbens!«⟩: etwas, was an den Tod gemahnt

Me|mo, das; -s, -s: **1.** kurz für ↑Memorandum. **2.** Merkzettel

Me|moire [me'mo̯aːɐ̯], das; -s, -s ⟨*lat.-frz.*⟩: Denkschrift, Eingabe

Me|moi|ren [meˈmo̯aːrən], die (Plural): Denkwürdigkeiten; Lebenserinnerungen [in denen neben der Mitteilung des persönlichen Entwicklungsganges ein besonderes Gewicht auf die Darstellung der zeitgeschichtlichen Ereignisse gelegt wird]; vgl. Autobiografie

me|mo|ra|bel ‹*lat.*› (veraltet): denkwürdig. **Me|mo|ra|bi|li|en,** die (Plural): Denkwürdigkeiten, Erinnerungen

Me|mo|ran|dum, das; -s, ...den u. ...da: Denkschrift

[1]**Me|mo|ri|al,** das; -s, -e u. -ien ‹*lat.*› (veraltet): Tagebuch, Merkbuch

[2]**Me|mo|ri|al** [məˈmɔ(ː)riəl], das; -s, -s ‹*lat.-engl.*›: **1.** [sportliche] Veranstaltung zum Gedenken an einen Verstorbenen. **2.** Denkmal

me|mo|rie|ren: a) (veraltend) auswendig lernen; **b)** (selten) wieder ins Gedächnis rufen, an etwas erinnern

Me|mo|rier|stoff, der; -[e]s, -e (veraltend): Lernstoff

Me|mo|ry® [...ri], das; -s, -s: Gesellschaftsspiel, bei dem man mit Bildern, Symbolen o. Ä. bedruckte, jeweils doppelt vorhandene Karten einzeln aufdeckt, um aus der Erinnerung das Gegenstück wiederzufinden

Me|mo|ry|stick® [...stɪk], der; -s, -s ‹*engl.;* »Gedächtnis« u. »Stab«› (EDV): kleinformatiger digitaler Datenspeicher

[1]**Mem|phis,** die; - ‹nach der altägypt. Stadt›: eine Druckschrift

[2]**Mem|phis,** der; -, - ‹nach der nordamerik. Stadt›: **1.** Modetanz der 1960er-Jahre, bei dem die Tanzenden in einer Reihe stehen u. gemeinsam verschiedene Figuren tanzen. **2.** Designstilrichtung der 1980er-Jahre

Me|na|ge [meˈnaːʒə], die; -, -n ‹*lat.-galloroman.-frz.;* »Haushaltung«›: **1.** Tischgestell für Essig, Öl, Pfeffer u. a. **2.** (veraltet) Haushalt, [sparsame] Wirtschaft. **3.** (österr.) [militärische] Verpflegung

Mé|nage-à-trois [mena:ʒaˈtro̯a], die; - - -, -s-à-trois ‹*frz.;* eigtl. »Haushalt zu dritt«›: Dreiecksverhältnis

Me|na|ge|rie, die; -, ...ien (veraltend): Tierschau, Tiergehege

me|na|gie|ren [...ˈʒiːrən]: **1.** (veraltet) sich selbst verköstigen. **2.** (österr.) Essen in Empfang nehmen (beim Militär). **3.** sich menagieren: sich mäßigen

Me|n|ar|che, die; - ‹*gr.-nlat.*› (Med.): Zeitpunkt des ersten Eintritts der Regelblutung; vgl. Menopause

Me|nä|um, das; -s, ...äen ‹*gr.-nlat.*›: liturgisches Monatsbuch der orthodoxen Kirche mit den Texten für jeden Tag des unveränderlichen Festzyklus

Men|de|le|vi|um, das; -s ‹*nlat.;* nach dem russ. Chemiker D. Mendelejew, 1834–1907›: chem. Element; ein Transuran (Zeichen: Md)

Men|de|lis|mus, der; - ‹*nlat.;* nach dem Augustinerabt u. Biologen J. G. Mendel, 1822–1884›: Richtung der Vererbungslehre, die sich auf die mendelschen Gesetze beruft

Men|di|kant, der; -en, -en ‹*lat.*›: Angehöriger eines Bettelordens. **Men|di|kan|tin,** die; -, -nen: weibliche Form zu ↑Mendikant

Me|nes|t|rel, der; -s, -s ‹*lat.-provenzal.-frz.*›: altprovenzalischer u. altfranzösischer Spielmann, fahrender Musikant; vgl. Minstrel

Me|ne|te|kel, das; -s, - ‹*aram.;* nach der Geisterschrift für den babylonischen König Belsazar (Daniel 5, 25)›: geheimnisvolles Anzeichen eines drohenden Unheils. **me|ne|te|keln** (ugs.): sich in düsteren Prophezeiungen ergehen; unken

Men|ha|den [menˈheːdn̩], der; -s, -s ‹*indian.-engl.*›: heringsähnlicher Speisefisch Nordamerikas

Men|hir, der; -s, -e ‹*breton.-frz.*›: aufrecht stehender [unbehauener] Stein aus vorgeschichtlicher Zeit

me|nin|ge|al ‹*gr.-nlat.*› (Med.): die Hirnhäute betreffend

Me|nin|gen: *Plural* von ↑Meninx

Me|nin|ge|om vgl. Meningiom

Me|nin|ges: *Plural* von ↑Meninx

Me|nin|gi|om, Meningeom, Meningom, das; -s, -e (Med.): langsam wachsende Geschwulst der Hirnhäute (meist gutartiger Tumor)

Me|nin|gis|mus, der; -, ...men (Med.): Nackensteifheit, die unterschiedliche Ursachen haben kann, z. B. Hirnhautentzündung, Blutung im Schädel od. Reizung der Nervenwurzel an der Halswirbelsäule

Me|nin|gi|tis, die; -, ...itiden (Med.): Hirnhautentzündung

Me|nin|go|en|ze|pha|li|tis, die; -, ...itiden (Med.): Form der ↑Meningitis, bei der die Gehirnsubstanz in Mitleidenschaft gezogen ist

Me|nin|go|kok|ke, die; -, -n (meist Plural) (Med.): gramnegatives Bakterium, Erreger der epidemischen Meningitis

Me|nin|gom vgl. Meningiom

Me|nin|go|my|e|li|tis, die; -, ...itiden (Med.): Entzündung des Rückenmarks u. seiner Häute

Me|nin|go|ze|le, die; -, -n (Med.): Hirn[haut]bruch

Me|ninx, die; -, ...ninges u. ...ningen ‹*gr.*› (Med.): Hirn- bzw. Rückenmarkshaut

Me|nis|ken|glas, das; -es, ...gläser: sichelförmig (im Querschnitt) geschliffenes Brillenglas

Me|nis|kus, der; -, ...ken ‹*gr.-nlat.;* »Möndchen«›: **1.** (Med.) scheibenförmiger, im Knie halbmondförmiger Knorpel im Gelenk. **2.** gekrümmte Oberfläche einer Flüssigkeit in einer Röhre. **3.** Linse mit zwei nach derselben Seite gekrümmten Linsenflächen

Men|jou|bart [ˈmɛnʒu...], der; -[e]s, ...bärte, **Men|jou|bärt|chen,** das; -s, - ‹nach dem amerik.-frz. Filmschauspieler A. Menjou, 1890–1963›: schmaler, gestutzter Schnurrbart

Men|ni|ge, die; - ‹*iber.-lat.*›: rote Malerfarbe aus Bleioxid, die als Schutzanstrich gegen Rost verwendet wird

Men|no|nit, der; -en, -en ‹nach dem Westfriesen Menno Simons, 1496–1561›: Anhänger einer evangelischen Freikirche, die die Erwachsenentaufe pflegt u. Wehrdienst u. Eidesleistung ablehnt. **Men|no|ni|tin,** die; -, -nen: weibliche Form zu ↑Mennonit

me|no ‹*lat.-it.*› (Musik): weniger (Vortragsanweisung)

Me|no|lo|gi|on, das; -s, ...ien ‹*gr.-mgr.*›: nach Monaten geordnetes liturgisches Buch der orthodoxen Kirche mit Lebensbeschreibungen der Heiligen jedes Monats

Me|no|pau|se, die; -, -n ‹*gr.-nlat.*› (Med.): das Aufhören der Monatsblutung in den Wechseljahren der Frau; vgl. Menarche

Me|no|ra, die; -, - ‹*hebr.*›: siebenarmiger Leuchter der jüdischen Liturgie

Me|nor|rha|gie, die; -, ...ien ‹*gr.-nlat.*› (Med.): abnorm starke u. lang anhaltende Monatsblutung

Me|nor|rhö, die; -, -en (Med.): ↑Menstruation. **me|nor|rhö|isch** (Med.): die Monatsblutung betreffend

Me|no|s|ta|se, die; -, -n (Med.): das Ausbleiben der Monatsblutung

Men|sa, die; -, -s u. ...sen ‹*lat.*›: **1.** (kath. Kirche) Altartisch. **2.** kantinenähnliche Einrichtung in einer Hochschule od. Universität, wo Studenten verbilligt essen können

Men|sa aca|de|mi|ca, die; - -, ...sae ...cae [...zɛ ...tsɛ] (veraltet): Mensa (2)

Men|sal|gut, das; -[e]s, ...güter ‹*lat.; dt.*›: Kirchenvermögen eines katholischen Bischofs od. ↑Kapitels (2a) zur persönlichen Nutzung

Men|sche|wik, der; -en, -en u. -i ‹*russ.*›: Vertreter des Menschewismus. **Men|sche|wi|kin,** die; -, -nen: weibliche Form zu ↑Menschewik

Men|sche|wis|mus, der; - ‹*russ.-nlat.*› (Geschichte): gemäßigter russischer Sozialismus

Men|sche|wist, der; -en, -en: ↑Menschewik. **Men|sche|wis|tin,** die; -, -nen: weibliche Form zu ↑Menschewist. **men|sche|wis|tisch:** den Menschewismus betreffend

Men|sel, Mensul, die; -, -n ‹*lat.;* »kleiner Tisch«› (Geogr. veraltet): Messtisch

men|sen|die|cken ‹nach der amerik. Ärztin B. Mensendieck, 1864–1957›: eine bestimmte, bes. dem Körper der Frau angepasste Gymnastik betreiben

Men|ses [...ze:s], die; -, - (meist Plural) ‹*lat.*› (Med.): Monatsblutung

men|sis cur|ren|tis (veraltet): [des] laufenden Monats (Abk.: m. c.)

mens sa|na in cor|po|re sa|no ‹*lat.;* Zitat aus den Satiren des altröm. Dichters Juvenal›: ein gesunder Geist soll in einem gesunden Körper wohnen

Mens|t|rua: *Plural* von ↑Menstruum

mens|t|ru|al ‹*lat.*› (Med.): zur Menstruation gehörend. **Mens|t|ru|a|ti|on,** die; -, -en ‹*lat.-nlat.*› (Med.): Monatsblutung, Regel. **mens|t|ru|ell** (Med.): die Monatsblutung betreffend. **mens|t|ru|ie|ren** ‹*lat.*› (Med.): die Monatsblutung haben

Mens|t|ru|um, das; -s, ...strua: pharmazeutisches Lösungs- u. Extraktionsmittel

men|su|al (veraltet): monatlich

Men|sul vgl. Mensel

Men|sur, die; -, -en ‹*lat.;* »das Messen, das Maß«›: **1.** (Fechten) Abstand der beiden Fechter. **2.** (Verbindungswesen) studentischer Zweikampf mit Schläger od. Säbel. **3.** (Musik) **a)** Maß, das (in der ↑Mensuralnotation) die Geltungsdauer der einzelnen Notenwerte untereinander bestimmt; **b)** Maßverhältnis bei Musikinstrumenten (z. B. Anordnung der Löcher bei Blasinstrumenten). **4.** (Chemie) Messzylinder, Messglas

men|su|ra|bel: messbar. **Men|su|ra|bi|li|tät,** die; - ‹*lat.-nlat.*›: Messbarkeit

men|su|ral ‹*lat.*›: **a)** zum Messen gehörend; **b)** zum Messen dienend

Men|su|ral|mu|sik, die; - (Musik): die in Mensuralnotation aufgezeichnete mehrstimmige Musik des 13.–16. Jh.s

Men|su|ral|no|ta|ti|on, die; -: im 13. Jh. entwickelte Notenschrift, die im Gegensatz zur älteren Notenschrift auch die Tondauer mit rhythmisch differenzierten Noten- u. Pausenzeichen angibt (Ggs.: Choralnotation)

men|su|riert (Musik): abgemessen, in Maßverhältnissen bestehend

¹men|tal ‹*lat.-nlat.*› (Med.): zum Kinn gehörend

²men|tal ‹*lat.-mlat.*›: **1.** den Bereich des Verstandes betreffend; geistig, gedanklich. **2.** (veraltet) in Gedanken, heimlich

Men|ta|lis|mus, der; - ‹*lat.-mlat.-nlat.*›: psychologisch-philosophische Richtung, die theoretische Modelle des Denkvorgangs erstellt u. so die Prinzipien der Organisation des menschlichen Geistes zu erklären versucht, Handlungen als das Ergebnis ²mentaler (1) Vorgänge ansieht. **men|ta|lis|tisch:** den Mentalismus betreffend, zu ihm gehörend

Men|ta|li|tät, die; -, -en ‹*lat.-mlat.-engl.*›: Geistes- u. Gemütsart; besondere Art des Denkens u. Fühlens

Men|tal|re|ser|va|ti|on, die; -, -en (Rechtswiss.): stiller Vorbehalt

Men|tal|sug|ges|ti|on, die; -, -en (Parapsychol.): Gedankenübertragung auf außersinnlichem Weg

¹Men|tee [mɛnˈtiː], der; -[s], -s ‹engl.›: jmd., der von einem Mentor betreut wird. **²Men|tee,** die; -, -s: weibliche Form zu ↑¹Mentee

Men|thol, das; -s ‹*lat.-nlat.*›: aus dem ätherischen Öl der Pfefferminze gewonnene, weiße kristalline Substanz

Men|ti|zid, der, auch: das; -[e]s, -e: Gehirnwäsche

Men|tor, der; -s, ...oren ‹*gr.;* nach dem Lehrer des Telemach, des Sohnes des Odysseus›: **a)** Fürsprecher, Förderer, erfahrener Berater; **b)** (veraltet) [Haus]lehrer, [Prinzen]erzieher; **c)** erfahrener Pädagoge, der Studenten, Lehramtskandidaten während ihres Schulpraktikums betreut. **Men|to|rin,** die; -, -nen: weibliche Form zu ↑Mentor

Men|to|ring [auch: ˈmɛntərɪŋ], das; -[s], -s ‹*engl.*›: Beratung u. Unterstützung durch erfahrene Fach- od. Führungskräfte

Men|tum, das; -s, ...ta ‹*lat.*›: **1.** (Med.) Kinn des Menschen. **2.** (Zool.) Teil der Unterlippe der Insekten

Me|nu [meˈnyː] ‹*lat.-frz.*› (schweiz.): Menü

Me|nü, das; -s, -s: **1.** Speisenfolge; aus mehreren Gängen bestehende Mahlzeit. **2.** (EDV, Elektronik) auf einem Bildschirm od. Display (1) angebotene Programmauswahl [u. deren systematische Abfolge]

Me|nu|ett, das; -[e]s, -e, auch: -s: **1.** aus Frankreich stammender, mäßig schneller Tanz im

$^3/_4$-Takt. **2.** meist der dritte Satz in einer Sonate od. Sinfonie

Me|phis|to, der; -[s], -s ‹nach der Gestalt in Goethes Faust›: jmd., der seine geistige Überlegenheit in zynisch-teuflischer Weise zeigt u. zur Geltung bringt. **me|phis|to|phe|lisch:** teuflisch, voll boshafter List

Mer|cal|li|ska|la, Mer|cal|li-Ska|la, die; - ‹nach dem it. Vulkanologen G. Mercalli, 1850–1914›: zwölfstufige Skala, mit der die Stärke eines Erdbebens nach seinen Auswirkungen an der Erdoberfläche gemessen wird

Mer|ca|tor|pro|jek|ti|on, Mer|ca|tor-Pro|jek|ti|on, die; -, -en ‹nach dem niederl. Geografen G. Mercator, 1512–1594› (Geogr.): winkeltreuer Kartennetzentwurf mit rechtwinklig sich schneidenden Längen- u. Breitenkreisen

Mer|ce|rie [mɛrsə..., schweiz.: ˈmɛr...], die; -, ...ien ‹*lat.-frz.*› (schweiz.): **1.** (ohne Plural) Kurzwaren. **2.** Kurzwarenhandlung

Mer|ce|ri|sa|ti|on vgl. Merzerisation

Mer|chan|di|ser [ˈmœːɐ̯tʃən-daɪ̯zɐ], der; -s, - ‹*lat.-frz.-engl.-amerik.*› (Wirtsch.): Angestellter eines Unternehmens, der für die Verkaufsförderung zuständig ist

M
Meph

Mer|chan|di|sing [...daɪ̯zɪŋ], das; -[s]: **a)** Gesamtheit der verkaufsfördernden Maßnahmen des Herstellers einer Ware; **b)** Vermarktung aller mit einem bestimmten Film in Zusammenhang stehenden Produkte

Mer|chant Ad|ven|tu|rers [ˈmœːɐ̯tʃənt ədˈvɛntʃərəz], die (Plural) ‹*engl.*› (Geschichte): im 14. Jh. entstandene englische Kaufmannsgilde

Mer|chant Bank [ˈmœːɐ̯tʃənt ˈbæŋk], die; - -, - -s ‹*engl.;* merchant bank›: private Spezialbank vor allem in Großbritannien, die neben Bank- auch Handelsgeschäfte betreibt; Handelsbank

mer|ci [mɛrˈsiː] ‹*lat.-frz.*›: danke!

mer|de ‹*lat.-frz.*›: Scheiße! (Ausruf der Enttäuschung o. Ä.)

Me|re|dith, der; -s, -s ‹nach dem Namen eines Engländers, der Schachprobleme erfand› (Problemschach): Sammelname für alle [orthodoxen] Schachprobleme mit 8 bis 12 Steinen

Mer|ger [ˈmœːɐ̯dʒɐ], der; -s, -[s] ‹*engl.*› (Wirtsch.): Zusammenschluss von Firmen; Fusion

Me|ri|di|an, der; -s, -e ‹*lat.*›: **1.** (Astron.) durch Zenit, Südpunkt, Nadir u. Nordpunkt gehender größter Kreis an der Himmelskugel; Mittagskreis. **2.** (Geogr.) von Pol zu Pol verlaufender, senkrecht zum Äquator stehender Halbkreis, der die geografische Länge angibt

Me|ri|di|an|kreis, der; -es, -e: astronomisches Messinstrument zur Ortsbestimmung von Gestirnen

me|ri|di|o|nal: den Längenkreis betreffend

Me|ri|di|o|na|li|tät, die; - ‹*lat.-nlat.*› (Geogr.): südliche Lage od. Richtung

Me|rin|ge, die; -, -n, **Me|rin|gel,** das; -s, - ‹schweiz.›, **Me|ringue** [məˈrɛ̃ːg], die; -, -s, schweiz. auch: das; -s, -s ‹*frz.*›: Gebäck aus Eischnee u. Zucker

Me|ri|no, der; -s, -s ‹*span.*›: **1.** Merinoschaf, krauswolliges Schaf (eine Kreuzung nordafrikanischer u. spanischer Rassen). **2.** Kleiderstoff in Köperbindung aus Merinowolle. **3.** fein gekräuselte, weiche Wolle des Merinoschafs

Me|ris|tem, das; -s, -e ‹*gr.-nlat.*› (Bot.): pflanzliches Bildungsgewebe, das durch fortgesetzte Zweiteilungen neue Gewebe liefert. **me|ris|te|ma|tisch** (Bot.): teilungsfähig (von pflanzlichem Gewebe)

Me|ris|tom, das; -s, -e (Med.): ↑Zytoblastom

Me|ri|ten: *Plural* von ↑Meritum

me|ri|tie|ren ‹*lat.-frz.*› (veraltet): verdienen, sich verdient machen

Me|ri|to|kra|tie, die; -, ...ien ‹*lat.; gr.*›: Verdienstadel; gesellschaftliche Vorherrschaft einer durch Leistung u. Verdienst ausgezeichneten Bevölkerungsschicht. **me|ri|to|kra|tisch:** die Meritokratie betreffend

me|ri|to|risch ‹lat.›: **1.** (veraltet) verdienstlich. **2.** (Wirtsch.) aufgrund seines Nutzens eine stärkere Nachfrage als vorhanden verdienend

Me|ri|tum, das; -s, ...iten (meist Plural): das Verdienst

mer|kan|til, mer|kan|ti|lisch ‹*lat.-it.-frz.*›: kaufmännisch, den Handel betreffend

Mer|kan|ti|lis|mus, der; - (Geschichte): Wirtschaftspolitik im Zeitalter des ↑Absolutismus, die den Außenhandel u. damit die Industrie förderte, um den nationalen Reichtum u. die Macht des Staates zu vergrößern

Mer|kan|ti|list, der; -en, -en: Vertreter des Merkantilismus. **Mer|kan|ti|lis|tin,** die; -, -nen: weibliche Form zu ↑Merkantilist. **mer|kan|ti|lis|tisch:** dem Merkantilismus entsprechend, auf seinem System beruhend

Mer|kan|til|sys|tem, das; -s: ↑Merkantilismus

Mer|kap|tan, das; -s, -e ‹*mlat.-nlat.*›: alkoholartige chemische Verbindung, die u. a. zur Arzneiherstellung verwendet wird

Mer|kur, der od. das; -s ‹*lat.;* nach dem Planeten, der seinerseits nach dem altröm. Gott des Handels benannt ist›: [alchemistische] Bez. für: Quecksilber

mer|ku|ri|al ‹*lat.-nlat.;* nach dem altröm. Handelsgott Merkur› (veraltet): kaufmännisch; geschäftstüchtig

Mer|ku|ri|a|lis|mus, der; - ‹*lat.-nlat.*›: Quecksilbervergiftung

mer|ku|risch: ↑merkurial

Mer|kur|stab, der; -[e]s, ...stäbe: geflügelter, schlangenumwundener Stab des altröm. Gottes Merkur als Sinnbild des Handels

Mer|lan, der; -s, -e ‹*lat.-frz.*›: Schellfischart (ein Speisefisch)

Mer|lette [mɛrˈlɛt], die; -, -s ‹*frz.;* eigtl. »Amselweibchen«› (bes. frz. Heraldik): auf Wappen vorkommender amsel-, schwalben- od. entenartiger Vogel, von der Seite u. ohne Krallen und Schnabel abgebildet

[1]**Mer|lin,** der; -s, -e ‹*germ.-frz.-engl.*›: Zwergfalke in Nord- u. Osteuropa

[2]**Mer|lin** [auch: ˈmɛr...], der; -s, -e ‹*frz.;* nach dem Seher u. Zauberer der Artussage›: Zauberer

[1]**Mer|lot** [mɛrˈloː], die; - ‹*frz.*›: französische hochwertige Rebsorte, aus der Rotweine hergestellt werden. [2]**Mer|lot,** der; -[s], -s: aus [1]Merlot hergestellter tiefroter, vollmundiger Rotwein

me|ro|bla̱s|tisch ‹*gr.*›: nur teilweise gefurcht (von Eizellen, ihrer Plasmamasse)

Me|ro|ga|mi̱e, die; - (Biol.): Befruchtung durch Verschmelzung von Keimzellen, die aus der Vielfachteilung eines Individuums hervorgegangen sind

Me|ro|go|ni̱e, die; -, ...i̱en (Biol.): experimentell erreichbare Besamung kernloser Eiteilstücke mit einem Spermium

me|ro|kri̱n (Biol.; Med.): einen Teil des Zellinhaltes als Sekret abgebend; teilsezernierend (von Drüsen) (Ggs.: holokrin)

Me|ro|ze̱|le, die; -, -n ‹*gr.-nlat.*› (Med.): Schenkelbruch

Me|ro|zo|i̱t, der; -en, -en ‹*gr.*› (Biol.; Med.): **a)** im Verlauf des Entwicklungszyklus vieler Sporentierchen entstehender ↑Agamet; **b)** Agamet der Malariaerreger, die ins Blut des Menschen geschwemmt werden u. die roten Blutkörperchen befallen

Mer|veil|leux [...vɛˈjøː], der; -: glänzender [Futter]stoff aus [Kunst]seide in Atlasbindung (eine Webart)

Me|ry|zi̱s|mus, der; -, ...men ‹*gr.-nlat.*› (Med.): erneutes Verschlucken von Speisen, die sich bereits im Magen befanden u. infolge einer Magenfunktionsstörung durch die Speiseröhre in den Mund zurückbefördert wurden (bes. bei Säuglingen)

Mer|ze|ri|sa|ti|o̱n, die; -, -en ‹*engl.-nlat.;* nach dem engl. Erfinder J. Mercer, 1791–1866›: das Veredeln und Glänzendmachen von Baumwolle. **mer|ze|ri|si̱e|ren:** Baumwolle veredeln

mes..., Mes... vgl. meso..., Meso...

Me̱|sa, die; - ‹*span.;* »Tisch, Tafel«›: span., auch im spanischsprachigen Amerika u. in den USA übliche Bez. für Tafelberg

Me|s|al|li|ance [mezaˈli̯ãːs], die; -, -n [...sn̩] ‹*frz.*›: **1.** (bes. früher) nicht standesgemäße Ehe; Ehe zwischen Partnern ungleicher sozialer Herkunft. **2.** unglückliche, unebenbürtige Verbindung od. Freundschaft

Mes|ca|li̱n vgl. Meskalin

me|scha̱nt ‹*frz.*› (landsch.): boshaft, ungezogen, niederträchtig

Me̱|sche vgl. Mèche

Me|sche̱d vgl. Maschhad

me̱|schen vgl. mèchen

Mesch|he̱d vgl. Maschhad

me|schu̱g|ge ‹*hebr.-jidd.*› (ugs.): verrückt

Mes|dames [meˈdam]: *Plural* von ↑Madame. **Mes|de|moi|selles** [med(ə)mo̯aˈzɛl]: *Plural* von ↑Mademoiselle

Me̱s|d|schid vgl. Masdschid

Me|s|em|b|ri|a̱n|the|mum, das; -s ‹*gr.-nlat.*›: Mittagsblume (eine Zierpflanze aus Südafrika)

Me|s|en|chy̱m, das; -s, -e (Med.; Biol.): einzelliges Gewebe, aus dem sich die Formen des Stützgewebes entwickeln; embryonales Bindegewebe. **me|s|en|chy|ma̱l** (Med.; Biol.): das Mesenchym betreffend

Me|s|en|te̱|ri|um, das; -s (Med.): Gewebestruktur, die Gefäße u. Nerven enthält u. als Aufhängevorrichtung für den Dünndarm funktioniert

mes|en|ze|pha̱l (Med.): das Mittelhirn betreffend

Mes|en|ze|pha|li̱|tis, die; -, ...iti̱den (Med.): Entzündung des Mittelhirns

Mes|en|ze̱|pha|lon, das; -s (Med.): Mittelhirn; Hirnabschnitt zwischen Hinterhirn und Zwischenhirn

Me|se̱|ta, die; -, ...ten ‹*span.*›: span. Bez. für: Hochebene

Mes|ka̱l, der; -s ‹*indian.-span.*›: Agavenbranntwein

Mes|ka|li̱n, Mescalin, das; -s ‹*indian.-span.-nlat.*›: Alkaloid einer mexikanischen Kaktee, Rauschmittel

Me̱s|mer, Messmer, der; -s, - ‹*mlat.*› (schweiz.): ↑Mesner. **Me̱s|me|rin,** Messmerin, die; -, -nen: weibliche Form zu ↑Mesmer

Mes|me|ri̱s|mus, der; - ‹*nlat.;* nach dem dt. Arzt F. Mesmer, 1734–1815›: Lehre von der Heilkraft des Magnetismus, aus der die Hypnosetherapie entwickelt wurde

Me̱s|ner, Messner, der; -s, - ‹*mlat.*›: [katholischer] Kirchendiener. **Me̱s|ne|rin,** Messnerin, die; -, -nen: weibliche Form zu ↑Mesner

me|so..., Me|so...

vor Vokalen auch: mes..., Mes... ‹zu *gr.* mésos »mitten; Mitte«›
Wortbildungselement mit der Bedeutung »mittlere(r), in der Mitte zwischen mehreren Dingen befindlich«:
- Mesenzephalon
- Mesoderm
- mesolithisch
- Mesozoikum

Me|so|de̱rm, das; -s, -e ‹*gr.-nlat.*› (Med.; Biol.): mittleres Keimblatt in der menschlichen u. tierischen Embryonalentwicklung. **me|so|der|ma̱l** (Med.; Biol.): das Mesoderm betreffend; aus dem Mesoderm hervorgehend (von Organen u. Geweben)

Me̱|so|eu|ro|pa (Geol.): der nach der ↑variskischen Gebirgsbildung versteifte Teil Europas

Me|so|ga̱s|t|ri|um, das; -s ‹*gr.-nlat.*›: **1.** (Med.; Biol.) Mittelbauchgegend. **2.** (Med.) Gewebestruktur, die Gefäße u. Nerven enthält u. als Aufhängevorrichtung des Magens fungiert

Me|so|ka̱rp, das; -s, -e, **Me|so|ka̱r|pi|um,** das; -s, ...ien (Bot.): Mittelschicht der Fruchtwand bei Pflanzen (z. B. das fleischige Gewebe der Steinfrüchte); vgl. Endokarp, Exokarp

Me̱|so|kli|ma, das; -s, -s u. ...ma̱te: Klima eines kleineren Landschaftsausschnittes (z. B. eines Hanges, Waldrandes); Kleinklima

Me|so|ko̱|lon, das; -s, ...la (Med.): Gewebestruktur, die Gefäße u. Nerven enthält u. als Aufhängevorrichtung für den Dickdarm fungiert

Me|so|li̱|thi|kum [auch: ...ˈlɪ...], das; -s (Geol.): Mittelsteinzeit. **me|so|li̱|thisch:** die Mittelsteinzeit betreffend

Me|so|me|ri̱e, die; -; ...i̱en (Chemie): Erscheinung, dass die in einem organischen Molekül vorliegenden Bindungsverhältnisse nicht durch eine einzige

Strukturformel dargestellt werden können

Me|so|me|t|ri|um, das; -s: 1. (Med.) breites Mutterband beiderseits der Gebärmutter. 2. (selten) mittlere muskuläre Wandschicht der Gebärmutter

me|so|morph (Med.): die Mesomorphie betreffend, ihr entsprechend. **Me|so|mor|phie,** die; - ‹*gr.-nlat.*› (Med. veraltet): Konstitution eines bestimmten Menschentyps, der ungefähr dem Athletiker entspricht; vgl. Ektomorphie, Endomorphie

Me|son, das; -s, ...onen (meist Plural) (Physik): unstabiles Elementarteilchen, dessen Masse geringer ist als die eines ↑Protons, jedoch größer als die eines ↑[2]Leptons

Me|so|ne|ph|ros, der; - (Biol., Med.): Urniere (bei Säugetier u. Mensch als Embryonalniere in Funktion)

Me|so|nyk|ti|kon, das; -s, ...ka ‹*gr.*›: mitternächtlicher Gottesdienst in der Ostkirche

Me|so|pau|se, die; -: obere Grenze der Mesosphäre

Me|so|phyll, das; -s, -en: zwischen der oberen u. unteren ↑Epidermis gelegenes Gewebe des Pflanzenblattes

Me|so|phyt, der; -en, -en: Pflanze, die Böden mittleren Feuchtigkeitsgrades bevorzugt

Me|so|phy|ti|kum, das; -s: das Mittelalter der Entwicklung der Pflanzenwelt im Verlauf der Erdgeschichte

Me|so|si|de|rit [auch: ...ˈrɪt], der; -s, -e ‹*gr.-nlat.*›: Meteorstein aus Silikaten u. Nickeleisen

Me|so|sphä|re, die; - (Meteorol.): Schicht der Erdatmosphäre in etwa 50 bis 80 Kilometer Höhe

Me|sos|te|ni|um, das; -s (Med. veraltet): ↑Mesenterium

Me|so|s|ti|chon, das; -s, ...chen u. ...cha ‹*gr.*›: Gedicht, bei dem die an bestimmter Stelle in der Versmitte stehenden Buchstaben, von oben nach unten gelesen, ein Wort od. einen Satz ergeben; vgl. Akrostichon, Telestichon

Me|so|tes, die; - ‹*gr.*; »die Mitte«› (Philos.): vernünftige Mitte zwischen zwei Extremen menschlichen Verhaltens (z. B. Tapferkeit zwischen Feigheit u. Tollkühnheit)

Me|so|thel, das; -s, -e u. -ien, **Me|so|the|li|um,** das; -s, ...lien ‹*gr.-nlat.*› (Med.): aus dem Mesoderm hervorgehende Deckzellenschicht, die bes. Brust- u. Bauchhöhle auskleidet

Me|so|tho|ri|um, das; -s ‹*(gr.; altnord.) nlat.*› (Physik): Zerfallsprodukt des ↑Thoriums (Zeichen: MsTh)

Me|so|t|ron, das; -s, ...onen ‹*gr.-nlat.*›: ↑Meson

me|so|typ (Geol.): weder sehr hell noch sehr dunkel aussehend (von Erstarrungsgesteinen)

Me|so|ze|pha|lie, die; - (Med.): mittelhohe Kopfform

Me|so|zo|en: *Plural* von ↑Mesozoon

Me|so|zo|i|kum, das; -s: das erdgeschichtliche Mittelalter (umfasst ↑Trias [1], ↑[2]Jura, Kreide). **me|so|zo|isch:** das Mesozoikum betreffend

Me|so|zo|ne, die; - (Geol.): mittlere Tiefenzone bei der ↑Metamorphose (4) der Gesteine

Me|so|zo|on, das; -s, ...zoen (meist Plural) (Biol.): einfach gebautes mehrzelliges Tier, das in Körper- u. Fortpflanzungszellen differenziert ist (meist als Parasit lebend)

Mes|sa di Vo|ce [- - ˈvoːtʃə], das; - - - ‹*lat.-it.*›: ↑Messa Voce

Mes|sage [ˈmɛsɪdʒ, ...sɪtʃ], die; -, -s [...dʒɪs] ‹*lat.-mlat.-engl.*›: 1. Mitteilung, Nachricht, Information, die durch die Verbindung von Zeichen ausgedrückt u. vom Sender zum Empfänger übertragen wird. 2. Gehalt, Aussage, Botschaft (z. B. eines Kunstwerkes)

Mes|sa|ging [ˈmɛsɪdʒɪŋ], das; -s, -s (Plural selten) ‹*engl.*›: Kurzform von ↑Instant Messaging

Mes|sa|li|na, die; -, ...nen ‹*lat.*; nach der wegen ihrer Sittenlosigkeit u. Grausamkeit berüchtigten Frau des röm. Kaisers Claudius› (veraltet): genusssüchtige, zügellose Frau

Mes|sa|li|ne, die; - ‹*lat.-frz.*›: glänzender [Kunst]seidenatlas für Futter u. Besatz

Mes|sa Vo|ce [- ˈvoːtʃə], das; - - ‹*lat.-it.*› (Musik): allmähliches An- u. Abschwellen des Tones (Zeichen: < >)

[1]Mes|se, die; -, -n ‹*lat.-mlat.*; nach der Schlussformel ↑ite, *missa est*›: 1. katholischer Gottesdienst mit Feier der Eucharistie. 2. geistliche Komposition als Vertonung der liturgischen Bestandteile der [1]Messe (1). 3. a) große [internationale] Ausstellung von Warenmustern eines od. mehrerer Wirtschaftszweige; b) (landsch. ugs.) Jahrmarkt, Kirmes

[2]Mes|se, die; -, -n ‹*lat.-vulgärlat.-frz.-engl.*›: 1. Tischgenossenschaft von [Unter]offizieren auf [Kriegs]schiffen. 2. Speise- u. Aufenthaltsraum eines [Kriegs]schiffs; Schiffskantine

Mes|sen|ger|dienst [ˈmɛsɪndʒɐ...], der ‹*engl.*› (EDV): Onlinedienst für Smartphones, über den Sofortnachrichten verschickt u. empfangen werden können

Mes|si|a|de, die; -, -n ‹*hebr.-gr.-mlat.-nlat.*›: geistliche Dichtung, die das Leben u. Leiden Jesu Christi (des Messias) schildert

mes|si|a|nisch: auf den Messias, den Messianismus bezüglich. **Mes|si|a|nis|mus,** der; -: geistige Bewegung, die die religiöse od. politische Erlösung von einem Messias erwartet

Mes|si|a|nist, der; -en, -en: Anhänger des Messianismus. **Mes|si|a|nis|tin,** die; -, -nen: weibliche Form zu ↑Messianist

Mes|si|as, der; -, -se ‹*hebr.-gr.-mlat.*; »der Gesalbte«›: 1. (ohne Plural) der im Alten Testament verheißene Heilskönig, in der christlichen Religion auf Jesus von Nazareth bezogen. 2. Befreier, Erlöser aus religiöser, sozialer o. ä. Unterdrückung

Mes|si|dor, der; -[s], -s ‹*(lat.; gr.) frz.*; »Erntemonat«›: der zehnte Monat (19. Juni bis 18. Juli) im Kalender der Französischen Revolution

Mes|sie, der; -s, -s ‹*engl.*› (Jargon): Person, deren Wohnung chaotisch, unordentlich u. voll mit nutzlosen Dingen ist

Mes|sieurs [mɛˈsi̯øː]: *Plural* von ↑Monsieur

Mes|sing, das; -s ‹Herkunft unsicher›: Kupfer-Zink-Legierung. **mes|sin|gen:** aus Messing [bestehend]

Mess|ka|non, der; -s, -s: ↑[1]Kanon (7)

Mess|mer usw. vgl. Mesmer usw.

Mess|ner vgl. Mesner
Mess|ne|rin vgl. Mesnerin
Mes|so|lan, Mesulan, der; -s ⟨*it.*⟩ (veraltet): Stoff aus Leinengarn u. Schafwolle
Mess|sti|pen|di|um, das; -s, ...dien: Geldspende od. Stiftung, die den katholischen Priester verpflichtet, für ein Anliegen des Spenders [1]Messen (1) zu lesen
Mes|ti|ze, der; -n, -n ⟨*lat.-span.*⟩ (häufig diskriminierend): Nachkomme eines weißen u. eines indianischen Elternteils (bes. in Lateinamerika). **Mes|ti|zin,** die; -, -nen: weibliche Form zu ↑Mestize
mes|to ⟨*lat.-it.*⟩ (Musik): traurig, betrübt (Vortragsanweisung)
Me|su|lan vgl. Messolan
Me|su|sa, die; - ⟨*hebr.;* »Pfosten«⟩: kleine Schriftrolle in einer Kapsel am Türpfosten jüdischer Häuser mit den Schriftworten 5. Mose 6, 4–9 und 11, 13–21
met..., Met... vgl. meta..., Meta...

me|ta..., Me|ta...

vor Vokalen und h: met..., Met... ⟨*gr.* metá »inmitten, zwischen, hinter, nach«⟩
Präfix mit den Bedeutungen:
I. *»zwischen, inmitten, nach, nachher, später, ver... (im Sinne der Umwandlung, des Wechsels)«:*
- Metamorphose, metaphysisch
- Methämoglobin, metonymisch

II. *»auf einer höheren Stufe, Ebene befindlich; übergeordnet, hinter etwas stehend«:*
- Metakommunikation
- metasprachlich

Me|ta|ana|ly|se, die; -, -n ⟨*gr.-mlat.*⟩: zusammenfassende quantitative Analyse der Ergebnisse anderer Untersuchungen
Me|ta|ball [...bɔːl], der; -s, -s ⟨*gr.; engl.*⟩: (EDV) natürlich wirkendes grafisches Objekt, das einen dehnbaren dreidimensionalen Ball darstellt oder mehrere Bälle, die ineinander übergehen
Me|ta|ba|sis, die; -, ...basen ⟨*gr.-nlat.*⟩ (Logik): Gedankensprung, [unzulässiger] Denkschritt [im Beweis] auf ein fremdes Gebiet
Me|ta|bi|o|se, die; -, -n ⟨*gr.-nlat.*⟩: Form der ↑Symbiose; Zusammenleben zweier Organismen, bei dem nur ein Teil Vorteile hat
Me|ta|blas|te|se, die; - ⟨*gr.-nlat.*⟩ (Geol.): Vorgang bei der Metamorphose (4), bei dem eine Neu- u. Umkristallisation eines Gesteinskomplexes stattfindet, wobei das schieferartige Ausgangsmaterial ein granitartiges Gefüge erhält
me|ta|bol vgl. metabolisch
Me|ta|bo|lie, die; -, ...ien ⟨*gr.;* »Veränderung«⟩: **1.** (Biol.) Formveränderung bei Einzellern. **2.** (Zool.) Gestaltveränderung bei Insekten während der Embryonalentwicklung; vgl. Hemimetabolie, Holometabolie, Metamorphose (2). **3.** (Biol., Med.) Veränderung eines Organismus, die auf Stoffwechsel beruht
me|ta|bo|lisch, metabol: **1.** (Biol.) veränderlich (z. B. in Bezug auf die Gestalt von Einzellern). **2.** (Med.; Biol.) im Stoffwechselprozess entstanden
me|ta|bo|li|sie|ren ⟨gr.-nlat.⟩ (Biol., Med.): verstoffwechseln. **Me|ta|bo|li|sie|rung,** die; -, -en (Biol., Med.): das Metabolisieren
Me|ta|bo|lis|mus, der; - ⟨*gr.-nlat.*⟩: **1.** Umwandlung, Veränderung. **2.** (Med.; Biol.) Stoffwechsel
Me|ta|bo|lit [auch: ...ˈlɪt], der; -en, -en (Biol.; Med.): Zwischenprodukt des Zellstoffwechsels
Me|ta|chro|nis|mus [...kro...], der; -, ...men ⟨*gr.-nlat.*⟩: irrtümliche Einordnung eines Ereignisses in eine zu späte Zeit; vgl. Anachronismus
Me|ta|da|ten (Plural) ⟨*gr.; lat.*⟩: Daten, die anderen Daten übergeordnet sind
Me|ta|dy|ne, die; -, -n ⟨*gr.-nlat.*⟩: Gleichstromgenerator in Sonderbauweise für Konstantstromerzeugung
Me|ta|file [...faɪl], das; -s, -s ⟨*gr.; engl.*⟩ (EDV): eine Datei, die andere Dateien enthält od. definiert
Me|ta|ga|la|xis, die; - ⟨*gr.*⟩ (Astron.): hypothetisches System, dem das Milchstraßensystem u. viele andere Sternsysteme angehören
me|ta|gam ⟨*gr.-nlat.*⟩ (Med.; Biol.): nach der Befruchtung erfolgend (z. B. von der Festlegung des Geschlechts)
Me|ta|ge|ne|se, die; -, -n ⟨*gr.-nlat.*⟩: ↑Generationswechsel bei Tieren u. Pflanzen. **me|ta|ge|ne|tisch:** die Metagenese betreffend
Me|ta|ge|schäft, das; -[e]s, -e ⟨*lat.-it.; dt.*⟩: vertragliche Vereinbarung zwischen zwei Partnern, nach der Gewinn u. Verlust aus Geschäften, die die Vertragspartner abschließen, aufgeteilt werden
Me|ta|g|nom, der; -en, -en ⟨*gr.-nlat.*⟩ (Parapsychol.): Mittler bei okkulten Phänomenen. **Me|ta|g|no|mie,** die; - (Parapsychol.): Fähigkeit zur Wahrnehmung von Phänomenen, die der normalen sinnlichen Wahrnehmung nicht zugänglich sind; Gedankenlesekunst
Me|ta|gy|nie, die; - ⟨*gr.-nlat.*⟩ (Bot.): das frühere Geschlechtsreifwerden der männlichen Blüten bei einer eingeschlechtigen Pflanze (Ggs.: Metandrie)
Me|ta|in|for|ma|ti|on, die; -, -en ⟨*gr.; lat.*⟩: Information, die anderer Information übergeordnet ist
me|ta|kar|pal ⟨*gr.-nlat.*⟩ (Med.): zur Mittelhand gehörend, sie betreffend
Me|ta|kom|mu|ni|ka|ti|on [auch: ˈmɛ...], die; - ⟨*gr.-nlat.*⟩: **a)** über die verbale Verständigung hinausgehende Kommunikation (z. B. Gesten, Mimik); **b)** Kommunikation über einzelne Ausdrücke, Aussagen od. die Kommunikation selbst
Me|ta|kri|tik, die; -, -en ⟨*gr.-nlat.*⟩ (Philos.): auf die Kritik folgende u. sachlich über sie hinausgehende Kritik; Kritik der Kritik
Me|tal [ˈmɛtl̩], das; -[s] ⟨*gr.-lat.-engl.*⟩: Kurzform von ↑Heavy Metal
Me|ta|lep|se, Me|ta|lep|sis, die; -, ...epsen ⟨*gr.*⟩ (Rhet.): rhetorische Figur (Art der ↑Metonymie), bei der das Nachfolgende mit dem Vorhergehenden vertauscht wird (z. B. »Grab« statt »Tod«) od. ein mehrdeutiges Wort durch das Synonym zu einer im Kontext (1 a) nicht gemeinten Bedeutung ersetzt wird (z. B. »Geschickter« [zu »geschickt, gewandt, fähig«] statt »Gesandter« [zu »senden«])

Me|ta|lim|ni|on, das; -s, ...ien ⟨*gr.-nlat.*⟩ (Geogr.): Wasserschicht, in der die Temperatur sprunghaft absinkt (von Seen)

Me|ta|lin|gu|is|tik ['mɛ...], die; - ⟨*gr.-nlat.*⟩: Teil der Linguistik, der sich mit den Beziehungen der Sprache zu außersprachlichen Phänomenen (z. B. zur Kultur, Gesellschaft) beschäftigt u. der untersucht, inwieweit die Muttersprache die Art des Erfassens der Wirklichkeit bestimmt; vgl. Linguistik, Makrolinguistik

Me|tall, das; -[e]s, -e ⟨*gr.-lat.*⟩: chemischer Grundstoff, der sich durch charakteristischen Glanz, Undurchsichtigkeit, Legierbarkeit u. gute Fähigkeit, Wärme u. Elektrizität zu leiten, auszeichnet

Me|tall|de|tek|tor, der; -s, -en (Technik): Metallsuchgerät, elektr. Gerät zur Feststellung metallischer Gegenstände in nicht metallischer Umgebung. **me|tal|len:** aus Metall [bestehend]

Me|tal|ler, der; -s, - (ugs.): kurz für: Metallarbeiter [als Gewerkschaftsangehöriger]. **Me|tal|le|rin,** die; -, -nen: weibliche Form zu ↑Metaller

M
Meta

me|tal|lic [...lɪk] ⟨*gr.-lat.-engl.*⟩: metallisch schimmernd u. dabei von einem stumpfen, nicht leuchtenden Glanz

Me|tal|li|sa|ti|on, die; -, -en ⟨*gr.-lat.-nlat.*⟩: **1.** ↑Metallisierung; vgl. ...ation/...ierung. **2.** Vererzung (beim Vorgang der Gesteinsbildung)

Me|tal|li|sa|tor, der; -s, ...oren: Spritzpistole zum Aufbringen von Metallüberzügen

me|tal|lisch ⟨*gr.-lat.*⟩: **1.** aus Metall bestehend, die Eigenschaften eines Metalls besitzend. **2. a)** hart klingend, im Klang hell u. durchdringend; **b)** in seinem optischen Eindruck wie Metall, an Metall erinnernd; metallartig

mé|tal|li|sé [metali'ze:] ⟨*gr.-lat.-frz.*⟩: ↑metallic

me|tal|li|sie|ren ⟨*gr.-nlat.*⟩: einen Gegenstand mit einer widerstandsfähigen metallischen Schicht überziehen. **Me|tal|li|sie|rung,** die; -, -en: das Überziehen eines Gegenstandes mit Metall; vgl. ...ation/...ierung

Me|tal|lis|mus, der; -: Theorie, die den Geldwert aus dem Stoff- od. Metallwert des Geldes zu erklären versucht

Me|tal|lo|chro|mie, die; - ⟨*gr.-nlat.*⟩: Färbung von Metallen im galvanischen Verfahren

Me|tal|lo|fon, Metallophon, das; -s, -e: mit einem Hammer geschlagenes, aus aufeinander abgestimmten Metallplatten bestehendes Glockenspiel

Me|tal|lo|ge, der; -n, -n: Fachwissenschaftler auf dem Gebiet der Metallogie

Me|tal|lo|ge|ne|se, die; -: Bildung von Erzlagerstätten in bestimmten Räumen der Erdkruste

Me|tal|lo|gie, die; -: Wissenschaft vom Aufbau, von den Eigenschaften u. Verarbeitungsmöglichkeiten der Metalle. **Me|tal|lo|gin,** die; -, -nen: weibliche Form zu ↑Metalloge

Me|tal|lo|graf, Metallograph, der; -en, -en: Spezialist auf dem Gebiet der Metallografie. **Me|tal|lo|gra|fie,** Metallographie, die; -: Teilgebiet der Metallogie, auf dem mit mikroskopischen Methoden Aufbau, Struktur u. Eigenschaften der Metalle untersucht werden

Me|tal|lo|gra|fin, Metallographin, die; -, -nen: weibliche Form zu ↑Metallograf

Me|tal|lo|graph usw. vgl. Metallograf usw.

Me|tal|lo|id, das; -[e]s, -e (veraltet): chem. Element, das kein Metall ist

Me|tal|lo|phon vgl. Metallofon

Me|tall|oxid, Me|tall|oxyd, das; -s, -e: Verbindung eines Metalls mit Sauerstoff

Me|tal|l|urg, Me|tal|l|ur|ge, der; ...gen, ...gen: Fachwissenschaftler der Metallurgie

Me|tal|l|ur|gie, die; -: Hüttenkunde; Wissenschaft vom Ausschmelzen der Metalle aus Erzen, von der Metallreinigung, -veredlung u. (im weiteren Sinne) -verarbeitung

Me|tal|l|ur|gin, die; -, -nen: weibliche Form zu ↑Metallurg

me|tal|l|ur|gisch: die Metallurgie betreffend; Hütten...

Me|ta|ma|te|ri|al, das; -s, ...ien ⟨*gr.; lat.-mlat.*⟩ (bes. Physik, Technik): künstlich hergestelltes Material mit besonderer Struktur, dessen Eigenschaften in der Natur nicht vorkommen

Me|ta|ma|the|ma|tik, die; - ⟨*gr.-nlat.*⟩: mathematische Theorie, mit der die Mathematik selbst untersucht wird

me|ta|mer ⟨*gr.-nlat.*⟩ (Biol.): in hintereinanderliegende, gleichartige Abschnitte gegliedert; die Metamerie betreffend

Me|ta|me|ren, die (Plural): gleichartige Körperabschnitte in der Längsachse des Tierkörpers

Me|ta|me|rie, die; -: **1.** Gliederung des Tierkörpers in hintereinanderliegende Abschnitte mit sich wiederholenden Organen. **2.** Eigenschaft spektral unterschiedlicher Farbreize, die gleiche Farbempfindung auszulösen

Me|ta|me|ta|spra|che, die; -, -n ⟨*gr.; dt.*⟩: Sprache, in der eine ↑Metasprache (als ↑Objektsprache) beschrieben wird

Me|ta|mo|dell, das; -s, -e: übergeordnetes ↑Modell (7), das einen best. Aspekt eines anderes Modells u. seiner Bildung beschreibt

me|ta|morph, me|ta|mor|phisch ⟨*gr.-nlat.*⟩: die Gestalt, den Zustand wandelnd

Me|ta|mor|phis|mus, der; -, ...men: ↑Metamorphose

Me|ta|mor|phit [auch: ...'fɪt], der; -s, -e (meist Plural) (Geol.): durch Metamorphose (4) entstandenes Gestein

Me|ta|mor|ph|op|sie, die; -, ...ien (Med.): Sehstörung, bei der die Gegenstände verzerrt gesehen werden (z. B. ↑Mikropsie, ↑Makropsie, ↑Achromatopsie, ↑Chromatopsie)

Me|ta|mor|pho|se, die; -, -n ⟨*gr.-lat.*⟩: **1.** Umgestaltung, Verwandlung. **2.** (Zool.) Entwicklung vom Ei zum geschlechtsreifen Tier durch Einschaltung gesondert gestalteter, selbstständiger Larvenstadien (bes. bei Insekten). **3.** (Bot.) Umwandlung der Grundform pflanzlicher Organe in Anpassung an die Funktion. **4.** (Geol.) Umwandlung, die ein Gestein durch Druck, Temperatur u. Bewegung in der Erdkruste erleidet. **5.** (nur Plural; Musik) Variationen. **6.** (gr. Mythol.) Verwandlung von Menschen in Tiere, Pflanzen, Steine o. Ä.

me|ta|mor|pho|sie|ren ‹*gr.-lat.-nlat.*›: verwandeln, umwandeln; die Gestalt ändern

Me|t|an|d|rie, die; - ‹*gr.-nlat.*› (Bot.): das spätere Geschlechtsreifwerden der männlichen Blüten bei einer eingeschlechtigen Pflanze (Ggs.: Metagynie)

Me|ta|ne|ph|ros, der; - ‹*gr.-nlat.*› (Biol., Med.): Nachniere od. Dauerniere (entsteht aus dem ↑Mesonephros u. bildet die dritte u. letzte Stufe im Entwicklungsgang des Harnapparates)

me|ta|no|ei|te ‹*gr.*›: Kehrt (euern Sinn) um! Tut Buße! (nach den Predigten Johannes' des Täufers u. Jesu, Matth. 3, 2; 4, 17)

me|ta|no|e|tisch (Philos.): das Denken übersteigend, nicht mehr denkbar

Me|ta|noia [...nɔi̯a], die; - ‹»das Umdenken«›: **1.** (Rel.) innere Umkehr, Buße. **2.** (Philos.) Änderung der eigenen Lebensauffassung, Gewinnung einer neuen Weltsicht. **3.** in der orthodoxen Kirche Kniebeugung mit Verneigung bis zur Erde

me|ta|öko|no|misch ‹*gr.-nlat.*›: außerwirtschaftlich

Me|ta|or|ga|nis|mus, der; -, ...men ‹*gr.-nlat.*› (Parapsychol.): Verkörperung von Seelenkräften

Me|ta|pe|let, die; -, ...plot ‹*hebr.*›: Erzieherin u. Kindergärtnerin in einem ↑Kibbuz

Me|ta|pha|se, die; -, -n ‹*gr.-nlat.*› (Biol.): Stadium der Kernteilung mit Anordnung der Chromosomen zu einer Kernplatte

Me|ta|pher, die; -, -n ‹*gr.-lat.*› (Sprachwiss.): sprachlicher Ausdruck, bei dem ein Wort, eine Wortgruppe aus seinem eigentlichen Bedeutungszusammenhang in einen anderen übertragen wird, ohne dass ein direkter Vergleich zwischen Bezeichnendem u. Bezeichnetem vorliegt; bildhafte Übertragung (z. B. das Haupt der Familie)

Me|ta|pho|rik, die; -: das Vorkommen, der Gebrauch von Metaphern [als Stilmittel]. **me|ta|pho|risch: a)** die Metapher betreffend; **b)** bildlich, übertragen [gebraucht]

me|ta|pho|ri|sie|ren: in Form einer Metapher, metaphorisch darstellen

Me|ta|phra|se, die; -, -n ‹*gr.-lat.*›: **1.** (Literaturwiss.) umschreibende Übertragung einer Versdichtung in Prosa. **2.** (Stilkunde) erläuternde Wiederholung eines Wortes durch ein ↑Synonym

me|ta|phras|tisch: 1. die Metaphrase betreffend. **2.** umschreibend

Me|ta|phy|la|xe, die; -, -n ‹*gr.-nlat.;* Analogiebildung zu ↑Prophylaxe› (Med.): Nachbehandlung eines Patienten nach überstandener Krankheit als vorbeugende Maßnahme gegen mögliche Rückfallerkrankungen

Me|ta|phy|se, die; -, -n ‹*gr.-nlat.*› (Med.): Wachstumszone der Röhrenknochen

Me|ta|phy|sik, die; -: **1.** (Philos.) **a)** philosophische Disziplin od. Lehre, die das hinter der sinnlich erfahrbaren, natürlichen Welt Liegende, die letzten Gründe u. Zusammenhänge des Seins behandelt; **b)** die Metaphysik (1 a) darstellendes Werk. **2.** (Philos.) der ↑Dialektik entgegengesetzte Denkweise, die die Erscheinungen als isoliert u. als unveränderlich betrachtet (im Marxismus)

Me|ta|phy|si|ker, der; -s, -: Vertreter der Metaphysik. **Me|ta|phy|si|ke|rin,** die; -, -nen: weibliche Form zu ↑Metaphysiker

me|ta|phy|sisch: 1. (Philos.) zur Metaphysik (1a) gehörend; überempirisch, jede mögliche Erfahrung überschreitend. **2.** die Metaphysik (2) betreffend; undialektisch

Me|ta|pla|sie, die; -, ...ien ‹*gr.-nlat.*› (Med.; Biol.): Umwandlung eines Gewebes in ein anderes, das dem gleichen Mutterboden entstammt (z. B. als Folge von Gewebsreizungen)

Me|ta|plas|mus, der; -, ...men ‹*gr.-lat.*› (Sprachwiss.): Umbildung von Wortformen aus Gründen des Wohlklangs, der Metrik u. a. (z. B. durch ↑Apokope). **me|ta|plas|tisch:** den Metaplasmus betreffend

Me|ta|psy|chik, die; - ‹*gr.-nlat.*›: ↑Parapsychologie. **me|ta|psy|chisch:** die Metapsychik betreffend

Me|ta|psy|cho|lo|gie [auch: 'mɛ..., ...'gi:], die; -, ...i̯en: **1.** (von S. Freud gewählte Bezeichnung für die von ihm begründete) psychologische Lehre in ihrer ausschließlich theoretischen Dimension. **2.** ↑Parapsychologie

Me|ta|säu|re [auch: 'mɛ...], die; -, -n ‹*gr.; dt.*›: wasserärmste Form einer Säure

Me|ta|se|quo|ia, Me|ta|se|quo|ie, die; -, ...ien ‹*gr.; indian.-nlat.*›: chinesischer Mammutbaum

Me|ta|som, das; -s, -e ‹*gr.-nlat.*› (Geol.): fester Bestandteil eines Gesteins (bei seiner Zerlegung durch Hitze)

me|ta|so|ma|tisch (Geol.): durch Metasomatose entstehend. **Me|ta|so|ma|to|se,** die; - (Geol.): Umwandlung eines Gesteins durch Austausch von Bestandteilen (bei Zufuhr von Lösungen und Dämpfen)

Me|ta|spra|che [auch: 'mɛ...], die; -, -n ‹*gr.; dt.*› (Sprachwiss., Informatik, Math.): wissenschaftliche, terminologische Beschreibung der natürlichen Sprache; Sprache od. Symbolsystem, das dazu dient, Sprache od. ein Symbolsystem zu beschreiben od. zu analysieren; vgl. Metametasprache, Objektsprache. **me|ta|sprach|lich:** die Metasprache betreffend, auf ihr beruhend

me|ta|sta|bil ‹*gr.; lat*› (Physik): durch Verzögerungserscheinung noch in einem Zustand befindlich, der den äußeren Bedingungen nicht mehr entspricht

Me|ta|s|ta|se, die; -, -n ‹*gr.;* »Umstellung; Veränderung«›: **1.** (Med.) Tochtergeschwulst; durch Verschleppung von Geschwulstkeimen an vom Ursprungsort entfernt gelegene Körperstellen entstandener Tumor (z. B. bei Krebs). **2.** (antike Rhet.) Redefigur, mit der der Redner die Verantwortung für eine Sache auf eine andere Person überträgt

me|ta|s|ta|sie|ren ‹*gr.-nlat.*› (Med.): Tochtergeschwülste bilden. **Me|tas|ta|sie|rung,** die; -, -en (Med.): Bildung von Metastasen

me|ta|s|ta|tisch (Med.): über die Blutbahn od. die Lymphgefäße an eine andere Körperstelle verschleppt (von Tumoren o. Ä.)

M meta

Me|ta|tag [...tɛk], das; -s, -s ⟨*gr.-engl.*⟩ (EDV): ↑Tag (1) im Kopf eines HTML- od. SGML-Dokuments, das von Browsern nicht angezeigte, jedoch von Suchmaschinen erfasste übergeordnete Informationen, z. B. Schlagwörter, enthält
Me|ta|tekt, das; -[e]s, -e ⟨*gr.-nlat.*⟩ (Geol.): flüssiger Bestandteil eines Gesteins (bei seiner Zerlegung durch hohe Temperatur). **Me|ta|te|xis,** die; - (Geol.): Vorgang der Zerlegung eines Gesteins in feste u. flüssige Teile (bei hohen Temperaturen)
Me|ta|the|o|rie, die; -, -n ⟨*gr.*⟩: wissenschaftliche Theorie, die ihrerseits eine Theorie zum Gegenstand hat; vgl. Metasprache
Me|ta|the|se, Me|ta|the|sis, die; -, ...esen ⟨*gr.-lat.*⟩ (Sprachwiss.): Lautumstellung in einem Wort, auch bei Entlehnung in eine andere Sprache (z. B. Wepse–Wespe, Born–Bronn)
Me|ta|to|nie, die; -, ...ien ⟨*gr.-nlat.*⟩: Wechsel der Intonation (z. B. in slawischen Sprachen)
Me|ta|tro|pis|mus, der; - ⟨*gr.-nlat.;* »Umkehrung«⟩ (Psychol.): anderes geschlechtliches Empfinden od. Gefühlsleben, d. h. Verschiebung od. Vertauschung der Rollen von Mann u. Frau
Me|ta|xa®, der; -[s], -s (aber: 2 -) ⟨*gr.*⟩: milder, aromatischer Branntwein aus Griechenland
me|ta|zen|t|risch ⟨*gr.-nlat.*⟩: das Metazentrum betreffend, sich auf das Metazentrum beziehend; schwankend
Me|ta|zen|t|rum, das; -s, ...ren (Schiffbau): der für die Stabilität wichtige Schnittpunkt der Auftriebsrichtung mit der vertikalen Symmetrieachse eines geneigten Schiffes
me|ta|zo|isch: echte Gewebe bildend (bei vielzelligen Tieren)
Me|ta|zo|on, das; -s, ...zoen (meist Plural) ⟨*gr.-nlat.*⟩: vielzelliges Tier, das echte Gewebe bildet (Ggs.: Protozoon)
Me|t|em|psy|cho|se, die; -, -n ⟨*gr.-lat.*⟩: Seelenwanderung
Me|te|or, der (selten: das); -s, ...ore ⟨*gr.;* »Himmels-, Lufterscheinung«⟩: Lichterscheinung (Feuerkugel), die durch in die Erdatmosphäre eindringende kosmische Partikeln hervorgerufen wird

me|te|o|risch (Meteorol.): die Lufterscheinungen u. Luftverhältnisse betreffend; **meteorische Blüte:** Blüte, deren Öffnung von den Wetterverhältnissen abhängt
Me|te|o|ris|mus, der; -, ...men ⟨*gr.-nlat.*⟩ (Med.): Darmblähungen, Blähbauch
Me|te|o|rit [auch: ...ˈrɪt], der; -en u. -s, -e[n]: in die Erdatmosphäre eindringender kosmischer Körper. **me|te|o|ri|tisch** [auch: ...ˈrɪ...]: **1.** von einem Meteor stammend. **2.** von einem Meteoriten stammend
Me|te|o|ro|graf, Meteorograph, der; -en, -en (Meteorol.): Gerät zur gleichzeitigen Messung mehrerer Witterungselemente
Me|te|o|ro|gramm, das; -s, -e: Messergebnis eines Meteorografen
Me|te|o|ro|graph vgl. Meteorograf
Me|te|o|ro|lo|ge, der; -n, -n: Wissenschaftler, zu dessen Arbeitsbereich die Erforschung des Wetters u. des Klimas gehört
Me|te|o|ro|lo|gie, die; - ⟨*gr.*⟩: Wetterkunde; Wissenschaft von der Erdatmosphäre u. dem sich in ihr abspielenden Wettergeschehen
Me|te|o|ro|lo|gin, die; -, -nen: weibliche Form zu ↑Meteorologe
me|te|o|ro|lo|gisch: die Meteorologie betreffend
Me|te|o|ro|path, der; -en, -en (Med.): jmd., dessen körperliches Befinden in übermäßiger Weise von Witterungseinflüssen bestimmt wird. **Me|te|o|ro|pa|thin,** die; -, -nen: weibliche Form zu ↑Meteoropath
Me|te|o|ro|pa|tho|lo|gie, die; - (Med.): Zweig der ↑Pathologie, der sich mit den Einflüssen des Wetters auf die Funktionen des kranken Organismus befasst
Me|te|o|ro|phy|sio|lo|gie, die; -: Wissenschaft, die die Einflüsse des Wettergeschehens auf die Funktionen des pflanzlichen, tierischen u. menschlichen Organismus erforscht
me|te|o|ro|trop ⟨*gr.-nlat.*⟩ (Med.): wetter-, klimabedingt. **Me|te|o|ro|tro|pis|mus,** der; - (Med.): durch Wetterfühligkeit bedingter Krankheitszustand
Me|ter, der, früher fachspr. auch das; -s, - ⟨*gr.-lat.-frz.*⟩: Längenmaß (Zeichen: m)
...me|ter *s. Kasten ...metrie*
Me|ter|kon|ven|ti|on [...v...], die; -: internationale Übereinkunft über genaueste Anfertigung u. Überprüfung der Urmaße (1875 in Paris)
Me|ter|se|kun|de, die; -, -n: Geschwindigkeit in Metern je Sekunde (Zeichen: m/s, älter auch: m/sec)
Meth [mɛθ], das; -: kurz für ↑Crystal Meth
Me|tha|don, das; -s ⟨Kurzw. aus *engl.* di*meth*yl*a*mino- u. *d*iphenyl u. heptan*one*⟩ (Chemie, Med.): synthetisches ↑Derivat (3) des Morphins (als Ersatzdroge für Heroinabhängige)
Met|hä|mo|glo|bin, das; -s ⟨*gr.; lat.*⟩ (Med., Biol.): Derivat des roten Blutfarbstoffs Hämoglobin, das vorübergehend keinen Sauerstoff mehr binden kann
Met|hä|mo|glo|bi|n|ä|mie, die; -, ...ien ⟨*gr.; lat.; gr.*⟩ (Med.): erhöhte Konzentration von Methämoglobin im Blut, die zu Sauerstoffmangel sowie innerem Ersticken [und unbehandelt damit zum Tod] führen kann
Me|than, das; -s ⟨*gr.-nlat.*⟩: farbloses, geruchloses u. brennbares Gas, einfachster gesättigter Kohlenwasserstoff (bes. als Heizgas verwendet). **me|tha|no|gen:** (von Lebewesen) Methan im Stoffwechsel bildend
Me|tha|no|gen, das; -s, -e ⟨*gr.-nlat.*⟩ (Biol.): Lebewesen, das Methan im Stoffwechsel bildet
Me|tha|no|ge|ne|se, die; -, -n (Plural selten) (Biochemie): Bildung von Methan im Stoffwechsel eines Lebewesens
Me|tha|nol, das; -s ⟨Kurzw. aus *Methan* u. ↑Alkoh*ol*⟩: ↑Methylalkohol
Me|th|e|xis, die; - ⟨*gr.;* »Teilnahme«⟩ (Philos.): Verhältnis der Einzeldinge der Sinnenwelt (Abbild) zu ihren Ideen (Urbild; Zentralbegriff bei Plato)
Me|thi|o|nin, das; -s ⟨Kunstw.⟩ (Biol., Med.): schwefelhaltige Aminosäure, die für viele physiologische Prozesse notwendig ist u. vielfache Heilwirkung hat
Me|thod-Ac|ting [ˈmɛθədʔɛktɪŋ],

Methode	Methodik
Neue wissenschaftliche Methoden bringen Licht ins Dunkel. *begründete Verfahrensweise* – mit/den herkömmlichen [...] Methoden [... nicht ...] werden kann – neue [... und] Methoden [... zu] entwickeln, um – werden [...] verschiedene Methoden verwendet Den Rücken zu massieren ist eine uralte Methode, die sofort Wirkung zeigt. Die Methode ist wissenschaftlich fundiert, ihre Wirksamkeit wird laufend überprüft. Dieser populistische Aktionismus hat in der Politik Methode.	Durch eine standardisierte Methodik sind die Ergebnisse vergleichbar. *wissenschaftlich basierte Vorgehensweise* – die projektbezogene Methodik, [die] Programmgestaltung – die wissenschaftliche [...] Methodik und ... – die Methodik so zu verfeinern, dass Doch welche Methodik ist am besten geeignet? Eine detaillierte Beschreibung der Methodik findet sich in der Studie. Eine klare Methodik sei erkennbar gewesen.

das; -s ⟨*amerik.*⟩: Art der Schauspielerei, bei der die Schauspieler sich auf sich selbst konzentrieren, auf eigene Erfahrungen zurückgreifen

Me|tho|de, die; -, -n ⟨*gr.-lat.*⟩: **1.** auf einem Regelsystem aufbauendes Verfahren, das zur Erlangung von [wissenschaftlichen] Erkenntnissen od. praktischen Ergebnissen dient. **2.** Art u. Weise eines Vorgehens

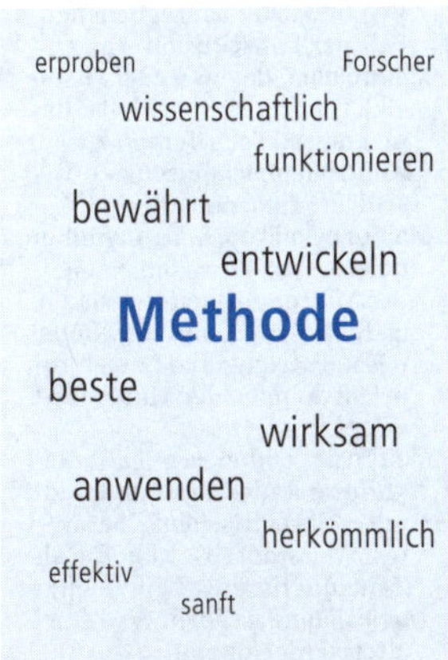

Methode/Methodik *s. Kasten*

Mé|thode cham|pe|noise, die; - - ⟨*frz.*⟩: Bez. für die klassische Methode der Schaumweinzubereitung durch Flaschengärung

Me|tho|dik, die; -, -en: **1.** Wissenschaft von den Verfahrensweisen der Wissenschaften. **2.** (ohne Plural) Unterrichtsmethode; Wissenschaft vom planmäßigen Vorgehen beim Unterrichten. **3.** in der Art des Vorgehens festgelegte Arbeitsweise

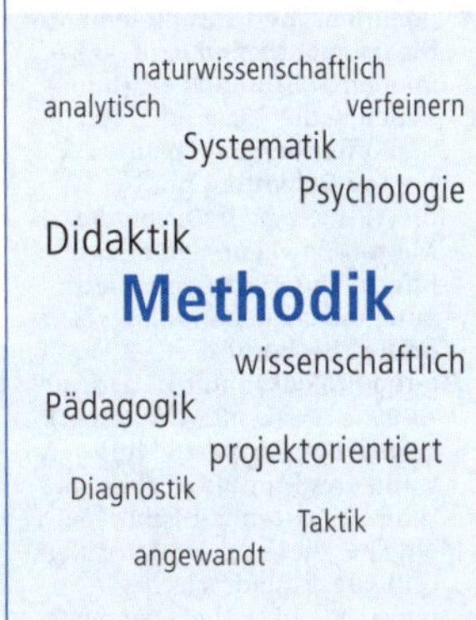

Me|tho|di|ker, der; -s, -: **1.** planmäßig Verfahrender. **2.** Begründer einer Forschungsrichtung. **Me|tho|di|ke|rin,** die; -, -nen: weibliche Form zu ↑Methodiker

me|tho|disch: 1. die Methode (1) betreffend. **2.** planmäßig, überlegt, durchdacht, schrittweise

me|tho|di|sie|ren ⟨*lat.-nlat.*⟩: eine Methode in etwas hineinbringen

Me|tho|dis|mus, der; - ⟨*gr.-lat.-engl.*⟩: aus dem Anglikanismus im 18. Jh. hervorgegangene evangelische Erweckungsbewegung mit religiösen Übungen u. bedeutender Sozialarbeit. **Me|tho|dist,** der; -en, -en: Mitglied einer Methodistenkirche; vgl. Wesleyaner. **Me|tho|dis|tin,** die; -, -nen: weibliche Form zu ↑Methodist. **me|tho|dis|tisch:** **a)** den Methodismus betreffend; **b)** in der Art des Methodismus denkend

Me|tho|do|lo|gie, die; -, ...ien ⟨*gr.-nlat.*⟩: Methodenlehre, Theorie der wissenschaftlichen Methoden; vgl. Methodik (1). **me|tho|do|lo|gisch:** zur Methodenlehre gehörend

Me|tho|tre|xat, das; -[e]s: Substanz, die die Wirkung der Folsäure hemmt und zur Behandlung von Krebs und Autoimmunerkrankungen eingesetzt wird

Me|thu|sa|lem, der; -[s], -s ⟨nach der biblischen Gestalt in 1. Mose 5, 25 ff.⟩: **1.** sehr alter Mann. **2.** sehr große Champagnerflasche [mit 6 l Inhalt]

Me|thyl, das; -s ⟨*gr.-nlat.*⟩: einwertiger Methanrest in zahlreichen organisch-chemischen Verbindungen

Me|thyl|al|ko|hol, der; -s, (Fachspr.:) -e: Methanol, Holzgeist, einfachster Alkohol; farblose, brennend schmeckende, sehr giftige Flüssigkeit

Me|thy|l|a|min, das; -s, -e: einfachste organische ↑[1]Base, ein brennbares Gas

Me|thy|len, das; -s ⟨*gr.-nlat.*⟩: eine frei nicht vorkommende, zweiwertige Atomgruppe (CH_2)

Me|thy|len|blau, das; -[s] ⟨*gr.-nlat.; dt.*⟩: ein synthetischer Farbstoff

me|thy|lie|ren ⟨*gr.-nlat.*⟩ (Chemie): Methyl in eine organische Verbindung einführen. **Me|thy|lie|rung,** die; -, -en: das Methylieren

Me|ti|er [meˈti̯eː], das; -s, -s ⟨*lat.-frz.*⟩: bestimmte berufliche o. ä. Tätigkeit als jmds. Aufgabe, die er bzw. sie durch die Beherrschung der dabei erforderlichen Fertigkeiten erfüllt

Me|tist, der; -en, -en ⟨*lat.-it.*⟩:

...me|t|rie

die; -, ...i̱en (häufig ohne Plural)
⟨zu *gr.* metreĩn »messen, ausmessen; bemessen; prüfen« → ...metría »(Ver)messung«⟩
Wortbildungselement mit der Bedeutung »[Ver]messung«:
- Audiometrie
- Chronometrie
- Geometrie
- Symmetrie

...meter

das; -s, -
⟨*gr.* métron »Maß; Silbenmaß, Versmaß«⟩
Wortbildungselement mit der Bedeutung »Messgerät«:
- Amperemeter
- Barometer
- Chronometer
- Kalorimeter
- Thermometer

Von gleicher Herkunft ist auch das Wortbildungselement ...meter (der; -s, -) in der Bedeutung »ein Maß Enthaltendes, Messendes« wie z. B. in Hexameter und Parameter.

Teilnehmer an einem ↑Metageschäft. **Me|ti̱s|tin,** die; -, -nen: weibliche Form zu ↑Metist

Me|t|ö̱|ke, der; -n, -n ⟨*gr.-lat.*⟩: ortsansässiger Fremder ohne politische Rechte (in den altgriechischen Stadtstaaten)

me|to̱|nisch ⟨nach dem altgr. Mathematiker Meton (von Athen)⟩: **metonischer Zyklus:** alter Kalenderzyklus (Zeitraum von 19 Jahren), der der Berechnung des christlichen Osterdatums zugrunde liegt

Me|t|o|no|ma|si̱e, die; -, ...i̱en ⟨*gr.;* »Umbenennung«⟩: Veränderung eines Eigennamens durch Übersetzung in eine fremde Sprache (z. B. Schwarzerd, gr. = Melanchthon)

Me|t|o|ny|mi̱e, die; -, ...i̱en ⟨*gr.;* »Namensvertauschung«⟩: übertragener Gebrauch eines Wortes od. einer Fügung für einen verwandten Begriff (z. B. Stahl für »Dolch«, Jung u. Alt für »alle«). **me|t|o|ny̱|misch:** die Metonymie betreffend; nach Art der Metonymie

Me|Too ['mi:'tu:]

ohne Artikel
*Der Name einer Initiative gegen sexuellen Missbrauch wurde nach dem Hashtag # metoo zu engl. me too = »***ich** *habe es (sexuellen Missbrauch)* **auch** *erlebt« gebildet. Die Eigenschreibung lautet auch metoo.*
Schreibung häufiger Zusammensetzungen:
- Me-too-Bewegung od. MeToo-Bewegung
- Me-too-Debatte od. MeToo-Debatte

Me-too-Be|we|gung ['mi:'tu:...], die; - ⟨*engl.; dt.*⟩: Bewegung von Menschen, bes. Frauen, die im beruflichen Umfeld sexuellen Missbrauch erlitten haben u. die Täter od. Täterinnen öffentlich anklagen. **Me-too-De|bat|te** ['mi:'tu:...], die; -, -n ⟨*engl.; frz.*⟩: von der Me-too-Bewegung angeregte öffentliche Auseinandersetzung um sexuellen Missbrauch im Beruf

Me-too-Pro|dukt ['mitu:...], das; -[e]s, -e ⟨engl.; lat.⟩ (Wirtsch.): geringfügig variierte ↑Imitation eines Produktes zum Sparen von Kosten u. Risiko

Me|t|o̱|pe, die; -, -n ⟨*gr.-lat.*⟩: abgeteilte, fast quadratische, bemalte od. mit Reliefs verzierte Platte aus gebranntem Ton od. Stein als Teil des Gebälks beim dorischen Tempel

Me̱|t|ra, Me̱|t|ren: *Plural* von ↑Metrum

...me|t|ri̱e *s. Kasten*

Me̱|t|rik, die; -, -en ⟨*gr.-lat.*⟩: **1. a)** Verslehre; Lehre von den Gesetzmäßigkeiten des Versbaus u. den Versmaßen; **b)** Verskunst. **2.** (Musik) Lehre vom Takt u. von der Taktbetonung

Me̱|t|ri|ker, der; -s, -: Fachmann auf dem Gebiet der Metrik. **Me̱|t|ri|ke|rin,** die; -, -nen: weibliche Form zu ↑Metriker

me̱|t|risch: 1. die Metrik betreffend. **2.** auf den ↑Meter als Längeneinheit bezogen; **metrisches System:** urspr. auf dem Meter, dann auf Meter u. Kilogramm beruhendes Maß- u. Gewichtssystem

Me|t|ri̱|tis, die; -, ...iti̱den ⟨*gr.-nlat.*⟩ (Med.): Entzündung der Muskulatur der Gebärmutter

Me̱|t|ro, die; -, -s ⟨*gr.-lat.-frz.*⟩: Untergrundbahn (bes. in Paris u. Moskau)

Me|t|ro|lo|gi̱e, die; - ⟨*gr.*⟩: Maß- u. Gewichtskunde. **me|t|ro|lo̱|gisch:** die Metrologie betreffend

Me|t|ro|ma|ni̱e, die; - ⟨*gr.-nlat.*⟩ (Med.): ↑Nymphomanie

me|t|ro|mo̱rph ⟨*gr.-nlat.*⟩ (Med., Psychol.): von ausgeglichener [Körper]konstitution

Me|t|ro|no̱m, das; -s, -e ⟨*gr.*⟩ (Musik): Gerät mit einer Skala, das im eingestellten Tempo zur Kontrolle mechanisch den Takt schlägt; Taktmesser

Me|t|ro|ny|mi|kon, Matronymikon, das; -s, ...ka ⟨*gr.*⟩: vom Namen der Mutter abgeleiteter Name (z. B. Niobide: Sohn der Niobe) (Ggs.: Patronymikon). **me|t|ro|ny̱|misch:** nach der Mutter benannt

Me|t|ro|po̱|le, die; -, -n ⟨*gr.-lat.;* »Mutterstadt«⟩: **a)** Hauptstadt mit weltstädtischem Charakter; Weltstadt; **b)** Stadt, die als Zentrum für etwas gilt. **Me|t|ro̱|po|lis,** die; -, ...po̱len ⟨*gr.:*⟩ (veraltet): ↑Metropole

Me|t|ro|po|li̱t, der; -en, -en: **a)** katholischer Erzbischof; **b)** in der orthodoxen Kirche Bischof als Leiter einer Kirchenprovinz. **me|t|ro|po|li|ta̱n:** dem Metropoliten zustehend

Me|t|ro|po|li|tan® [metrəˈpɔlɪtən], der; -s, -s ⟨*gr.-lat.-engl.*⟩: im Verkehr zwischen Großstädten eingesetzter komfortabler Geschäftsreisezug mit umfassenden Serviceleistungen

Me|t|ro|po|li|ta̱n|kir|che, die; -, -n

⟨*gr.-lat.; gr.-dt.*⟩: Hauptkirche eines Metropoliten
Me|t|ro|pol|re|gi|on, die; -, -en: Ballungsgebiet
Me|t|ro|p|to|se, die; -, -n ⟨*gr.-nlat.*⟩ (Med.): Gebärmuttervorfall
Me|t|ro|ra|pid, der; -[s] ⟨Kurzw. aus ↑Metropole u. ↑rapid⟩: eine [für den Einsatz im Ruhrgebiet geplante] Magnetschwebebahn
Me|t|ror|rha|gie, die; -, ...ien (Med.): Blutung aus der Gebärmutter außerhalb der Menstruation
me|t|ro|se|xu|ell ⟨zu *engl.* metrosexual, zusammengezogen aus: *metro*politan »großstädtisch« u. hetero*sexual* »heterosexuell«⟩: als heterosexueller Mann bestimmte, sonst eher als feminin angesehene Interessen kultivierend
Me|t|rum, das; -s, ...tren u. (älter:) ...tra ⟨*gr.-lat.*⟩: **1.** Versmaß, metrisches Schema. **2.** (Musik) **a)** Zeitmaß, ↑¹Tempo (3); **b)** Taktart (z. B. ³/₄-Takt)
Met|ta|ge [...ʒə], die; -, -n ⟨*lat.-frz.*⟩ (Druckw.): Umbruch (Anordnung des Drucksatzes zu Seiten) [in einer Zeitungsdruckerei]
Met|te, die; -, -n ⟨*lat.-roman.*⟩: Nacht- od. Frühgottesdienst; nächtliches Gebet (Teil des ↑Breviers); vgl. Matutin
Met|teur [...ˈtøːɐ̯], der; -s, -e ⟨*lat.-frz.*⟩ (Druckw.): Schriftsetzer, der beim Bleisatz die Spalten zu Seiten umbricht u. druckfertig machte. **Met|teu|rin** [...ˈtøːrɪn], die; -, -nen: weibliche Form zu ↑Metteur
Meu|b|le|ment [møbləˈmãː], das; -s, -s ⟨*lat.-mlat.-frz.*⟩ (veraltet): Zimmer-, Wohnungseinrichtung
Mez|za|ma|jo|li|ka, die; -, ...ken u. -s ⟨*it.*⟩: eine Art ↑Fayence, bei der Bemalung u. Glasur in verschiedenen Arbeitsgängen angebracht werden; Halbmajolika
Mez|za|nin, das, auch der; -s, -e ⟨*lat.-it.-frz.*⟩: niedriges Zwischengeschoss, meist zwischen Erdgeschoss u. erstem Obergeschoss od. unmittelbar unter dem Dach (bes. in der Baukunst der Renaissance u. des Barocks)
mez|za vo|ce [- ˈvoːtʃə] ⟨*lat.-it.*⟩ (Musik): (Vortragsanweisung) mit halber Stimme (Abk.: m. v.)
mez|zo|for|te (Musik): halblaut, mittelstark (Abk.: mf). **Mez|zo|for|te,** das; -s, -s u. ...ti (Musik): halblautes Spiel
Mez|zo|gior|no [...ˈdʒɔrno], der; - ⟨*it.*; »Mittag«⟩: der Teil Italiens südlich von Rom, einschließlich Siziliens
mez|zo|pi|a|no (Musik): halbleise (Vortragsanweisung) (Abk.: mp). **Mez|zo|pi|a|no,** das; -s, -s u. ...ni (Musik): halbleises Spiel
Mez|zo|so|p|ran, der; -s, -e: **a)** Stimmlage zwischen Sopran u. Alt; **b)** Mezzosopransängerin
Mez|zo|tin|to, das; -[s], -s u. ...ti: **a)** Schabkunst, Technik des Kupferstichs (bes. im 17. Jh.); **b)** Produkt dieser Technik
mi ⟨*it.*⟩: Silbe, auf die beim Solmisieren der Ton e gesungen wird; vgl. Solmisation
mi|a|ro|li|tisch [auch: ...ˈlɪ...] ⟨*it.; gr.*⟩ (Geol.): drusigen (d. h. mit kleinen Hohlräumen durchsetzten) Granit betreffend
Mi|as|ma, das; -s, ...men ⟨*gr.*; »Besudelung, Verunreinigung«⟩: früher angenommene giftige Ausdünstung des Bodens. **mi|as|ma|tisch** (Biol., Med.): giftig, ansteckend
mi|c|ro..., Mi|c|ro... vgl. mikro..., Mikro...
Mi|c|ro|burst [ˈmai̯krɔʊ̯bœːɐ̯st], der; -[s], -s ⟨*engl.-amerik.*⟩ (Flugw.): den Start- od. Landevorgang von Flugzeugen gefährdende Fallbö
Mi|c|ro|fa|ser® vgl. Mikrofaser
Mi|c|ro|need|ling [ˈmai̯kroniːdlɪŋ], das; -s, -s ⟨*engl.*⟩ (Kosmetik): Behandlung best. ästhetischer Hautprobleme mittels sehr feiner Nadelstiche
Mi|c|ro|pay|ment [ˈmai̯kropeɪ̯mənt], das; -s, -s ⟨*engl.*⟩: [System für die] Zahlung kleiner Beträge im Internet
Mi|cro|site [ˈmai̯krɔʊ̯sai̯t], die; -, -s ⟨*engl.*⟩ (EDV): einfach aufgebaute Internetseite mit wenigen Menüpunkten (auf der über ein begrenztes Themenfeld informiert wird)
Mi|das|oh|ren, die (Plural) ⟨nach dem gr. Sagenkönig Midas⟩: Eselsohren
Middle|ware [ˈmɪdl̩wɛːɐ̯], die; -, -s ⟨*engl.*⟩ (EDV): Software für den Datenaustausch zwischen Anwendungsprogrammen, die unter verschiedenen Betriebssystemen od. in heterogenen Netzen arbeiten
Mid|gard, der; - ⟨*altnord.*⟩ (nord. Mythologie): von den Menschen bewohnte Welt; die Erde
Mid|gard|schlan|ge, die; -: im Weltmeer lebendes Ungeheuer, das Midgard umschlingt (Sinnbild für das die Erde umgebende Meer)
mi|di ⟨vermutlich Fantasiebildung zu *engl.* middle »Mitte« in Analogie zu ↑mini⟩: halblang, wadenlang (auf Kleider, Röcke od. Mäntel bezogen)
¹Mi|di, das; -s, -s: **a)** halblange Kleidung; **b)** Länge, die bis zur Mitte der Waden reicht (von Mänteln, Kleidern, Röcken)
²Mi|di, der; -s, -s: Rock, der bis zur Mitte der Waden reicht
Mi|di|job, der; -s, -s: Beschäftigungsverhältnis mit teilweise verringerten Sozialabgaben, bei dem das monatliche Entgelt eine bestimmte Summe nicht übersteigt, jedoch höher als beim Minijob ist
Mi|di|nette [...ˈnɛt], die; -, -n ⟨*frz.*⟩: **1.** Pariser Modistin, Näherin. **2.** (veraltet) leichtlebiges Mädchen
Mid|life-Cri|sis, Mid|life|cri|sis [ˈmɪdlai̯fkrai̯sɪs], die; - ⟨*engl.-amerik.*⟩: Phase in der Lebensmitte [des Mannes], in der der Betroffene sein bisheriges Leben kritisch überdenkt, gefühlsmäßig in Zweifel zieht
Mi|d|rasch, der; -, ...schim ⟨*hebr.*; »Forschung«⟩: **1.** Auslegung des Alten Testaments nach den Regeln der jüdischen Schriftgelehrten. **2.** Sammlung von Auslegungen der Hl. Schrift
Mid|ship|man [...ʃɪpmən], der; -s, ...men [...mən] ⟨*engl.*⟩: **a)** in der britischen Marine unterster Rang eines Seeoffiziers; **b)** in der amerikanischen Marine Seeoffiziersanwärter
Mi|fe|gy|ne®, die; - ⟨Kunstw.⟩: Medikament zur Auslösung einer Fehlgeburt
Mig|ma|tit [auch: ...ˈtɪt], der; -s, -e ⟨*gr.-nlat.*⟩ (Geol.): ein Mischgestein
Mi|g|non [mɪnˈjõː, ˈmɪnjõ], der; -s, -s ⟨*frz.*⟩ (veraltet): **1.** Liebling, Günstling. **2.** Kolonel
Mi|g|no|nette [...joˈnɛt], die; -, -s: **1.** schmale, feine Spitze aus

Zwirn. **2.** klein gemusterter Kattun

Mi|g|non|fas|sung, die; -, -en: Fassung für kleine Glühlampen

Mi|g|non|zel|le, die; -, -n: dünne, kleine, längliche Batterie

Mi|g|rä|ne, die; -, -n ‹*gr.-lat.-frz.*› (Med.): anfallsweise auftretender, meist einseitiger, u. a. mit Sehstörungen u. Erbrechen verbundener heftiger Kopfschmerz

Mi|g|rant, der; -en, -en ‹*lat.*›: **1.** (Zool.) ab- od. eingewandertes Tier. **2.** jmd., der eine Migration (2) vornimmt. **Mi|g|ran|tin,** die; -, -nen: weibliche Form zu ↑Migrant (2). **mi|g|ran|tisch:** Migranten, Migrantinnen betreffend, zu ihnen gehörend, durch sie geprägt

Mi|g|ra|ti|on, die; -, -en: **1.** (Zool.) **a)** dauerhafte Abwanderung od. dauerhafte Einwanderung einzelner Tiere od. einer Population in eine andere Population der gleichen Art; **b)** Wirtswechsel bei verschiedenen niederen Tieren, die von einer Pflanzenart auf eine andere übergehen. **2.** (Soziol.) Wanderung, Bewegung von Individuen od. Gruppen im geografischen od. sozialen Raum, die mit einem Wechsel des Wohnsitzes verbunden ist. **3.** das Wandern von Erdöl u. Erdgas vom Mutter- zum Speichergestein. **4.** (EDV) das Migrieren (2) von Daten, z. B. in ein anderes Betriebssystem

Mi|g|ra|ti|ons|pakt, der; -[e]s, -e (Politik): internationales Flüchtlingsabkommen (bes. das Abkommen der Vereinten Nationen zur globalen Migration)

mi|g|ra|to|risch ‹*lat.-nlat.*›: wandernd, durch Wanderung übertragen

mi|g|rie|ren ‹*lat.*›: **1. a)** (Biol.) wandern (z. B. von tierischen Parasiten [1]); **b)** emigrieren, auswandern. **2.** (EDV) Daten in ein anderes Betriebssystem o. Ä. überführen

Mih|rab [mɪˈxra:p], der; -[s], -s ‹*arab.*›: die nach Mekka weisende Gebetsnische in der Moschee

Mijn|heer [məˈne:ɐ̯], der; -s, -s ‹*niederl.*; »mein Herr«›: **a)** (ohne Artikel) niederländische Anrede eines Herrn; **b)** (scherzh.) Niederländer

Mi|ka, die, auch: der; - ‹*lat.*› (Geol.): Glimmer

¹Mi|ka|do, das; -s, -s ‹*jap.*; »erhabene Pforte«›: Geschicklichkeitsspiel mit dünnen, langen Holzstäbchen

²Mi|ka|do, der; -s, -s: **1.** (Geschichte) Bezeichnung für den Kaiser von Japan; vgl. Tenno. **2.** das Hauptstäbchen im Mikadospiel

mikr…, Mikr… vgl. mikro…, Mikro…

Mi|k|rat, das; -[e]s, -e ‹Kunstw.›: sehr stark verkleinerte Wiedergabe eines Schriftstücks (etwa im Verhältnis 1:200)

Mi|k|ren|ze|pha|lie, die; -, …ien ‹*gr.-nlat.*› (Med.): abnorm geringe Größe des Gehirns

¹Mi|k|ro, das; -s, -s: Kurzform von ↑Mikrofon

²Mi|k|ro, die; -: genormter kleinster Schriftgrad für Schreibmaschinen

mi|k|ro…, Mi|k|ro…

vor Vokalen meist: mikr…, Mikr…, bes. fachspr. auch: mi|cro…, Mi|c|ro…
‹*gr.* mikrós »klein, kurz, schwächlich, gering«›
Wortbildungselement mit den Bedeutungen:
a) *»klein, fein, gering«:*
- Mikrofaser
- Mikroklima
- Mikrokosmos
- mikroskopisch

b) *»klein, kleiner als normal, sehr klein«:*
- Mikrenzephalie
- Mikrochip
- mikrosoziologisch

Mi|k|ro…
Vorsatz vor naturwissenschaftlich-technischen Einheiten mit der Bedeutung »ein Millionstel der genannten Einheit« (Zeichen: μ):
- Mikrofarad
- Mikrometer

Mi|k|ro|ana|ly|se [auch: …ˈly:…], die; -, -n: chemische Untersuchung mit kleinsten Stoffmengen (Ggs.: Makroanalyse)

Mi|k|ro|be, die; -, -n (meist Plural) ‹*gr.-frz.*›: Mikroorganismus. **mi|k|ro|bi|ell** ‹*gr.-nlat.*› (Biol., Med.): durch Mikroben hervorgerufen od. erzeugt

Mi|k|ro|bio|lo|ge, der; -n, -n: Wissenschaftler auf dem Gebiet der Mikrobiologie. **Mi|k|ro|bio|lo|gie,** die; -: Wissenschaftszweig, der sich mit der Erforschung der Mikroorganismen befasst. **Mi|k|ro|bio|lo|gin,** die; -, -nen: weibliche Form zu ↑Mikrobiologe

Mi|k|ro|bi|om, das ‹*gr.*› (Biol.): als komplexe Lebensgemeinschaft verstandene Gesamtheit der Mikroorganismen, die ein Lebewesen besiedeln

Mi|k|ro|bi|on, das; -s, …ien (meist Plural): ↑Mikrobe

mi|k|ro|bi|zid (Med.): Mikroben abtötend; entkeimend. **Mi|k|ro|bi|zid,** das; -[e]s, -e (Med.): Mittel zur Abtötung von Mikroben

Mi|k|ro|blast, der; -en, -en (Med.): [kernhaltige Vorstufe des] Mikrozyt[en]

Mi|k|ro|chei|lie, die; -, …ien (Med.): abnorm geringe Größe der Lippen

Mi|k|ro|che|mie, die; -: Zweig der Chemie, der mit mikroanalytischen Methoden arbeitet; vgl. Mikroanalyse

Mi|k|ro|chip […tʃɪp], der; -s, -s: miniaturisierter ↑Chip (3)

Mi|k|ro|chi|r|ur|gie, die; - (Med.): Spezialgebiet der Chirurgie, das sich mit Operationen (z. B. Augenoperationen) unter dem Mikroskop befasst

Mi|k|ro|code […ko:t], der; -s, -s (EDV): kleines Programm (4) in Maschinensprache, mit dem Art u. Ablauf der elementaren Operationen eines Prozessors gesteuert werden

Mi|k|ro|com|pu|ter, der; -s, -: in extrem miniaturisierter Bauweise hergestellter Computer

Mi|k|ro|con|t|rol|ler […kəntrɔ͜ʊlɐ], der; -s, - ‹*gr.; lat.-engl.*›: Mikroprozessorsystem, das eigenständig bestimmte Aufgaben, bes. Mess- u. Steuerungsfunktionen, ausführen kann

Mi|k|ro|elek|t|ro|nik, die; -: Zweig der ↑Elektronik, der sich mit Entwurf u. Herstellung von integrierten elektronischen Schaltungen mit hoher Dichte befasst. **mi|k|ro|elek|t|ro|nisch:** die Mikroelektronik betreffend, zu ihr gehörend

Mi|k|ro|evo|lu|ti|on, die; -, -en

(Biol.): Evolution, die kurzzeitig u. in kleinen Schritten vor sich geht; vgl. Mikromutation (Ggs.: Makroevolution)

Mi|k|ro|fa|rad, das; -[s], - (Physik): ein millionstel Farad (Zeichen: µF)

Mi|k|ro|fa|ser, die; -, -n: Kunstfaser mit feinsten Strukturen, die zu leichten, wärme- u. feuchtigkeitsregulierenden Stoffen verarbeitet wird

Mi|k|ro|fau|na, die; -, ...nen (Biol.): Kleintierwelt (Ggs.: Makrofauna)

Mi|k|ro|fiche [...fi:ʃ], das od. der; -s, -s ‹*gr.; frz.*›: Mikrofilm mit reihenweise angeordneten Mikrokopien

Mi|k|ro|film, der; -[e]s, -e ‹*gr.-nlat.*›: Film mit Mikrokopien

Mi|k|ro|fon, Mikrophon, das; -s, -e ‹*gr.-nlat.*›: Gerät, durch das Töne, Geräusche u. Ä. auf Tonträger, über Lautsprecher u. Ä. übertragen werden können

mi|k|ro|fo|nisch, mikrophonisch: **1.** zum Mikrofon gehörend, das Mikrofon betreffend. **2.** eine bestimmte Art von Störgeräuschen hervorbringend, von ihnen begleitet

Mi|k|ro|fo|to|gra|fie, Mikrophotographie, die; -, -n: **1.** (ohne Plural) fotografisches Aufnehmen mithilfe eines Mikroskops. **2.** fotografisch aufgenommenes Bild eines kleinen Objekts mithilfe eines Mikroskops

Mi|k|ro|fo|to|ko|pie, die; -, -n: ↑Mikrokopie

Mi|k|ro|ga|met, der; -en, -en (Biol.): die kleinere u. beweglichere männliche Geschlechtszelle bei niederen Lebewesen (Ggs.: Makrogamet)

Mi|k|ro|ge|nie, die; -, ...ien (Med.): abnorm geringe Größe des Unterkiefers

Mi|k|ro|gramm, das; -s, -e: ein millionstel Gramm (Zeichen: µg)

Mi|k|ro|kern, der; -s, -e (EDV): ↑Mikrokernel

Mi|k|ro|ker|nel [...kœ:ɐ̯nl̩, auch: ˈmaɪ̯krɔʊ̯...], der; -s, -s ‹*engl.*› (EDV): reduzierter Kern eines Betriebssystems, der nur den Zugriff auf die Hardware sowie die Kommunikation weiterer Komponenten des Betriebssystems verwaltet

Mi|k|ro|kli|ma, das; -s, -s u. ...mate (Plural selten) (Meteorol.): **1.** ↑Mesoklima. **2.** Klima der bodennahen Luftschicht

Mi|k|ro|kli|ma|to|lo|gie, die; -: Wissenschaft vom Mikroklima

Mi|k|ro|kok|kus, der; -, ...kken (meist Plural) (Biol., Med.): grampositive, in der Regel nicht pathogene kugelförmige Bakterie

Mi|k|ro|ko|pie, die; -, ...ien: stark verkleinerte, nur mit Lupe o. Ä. lesbare fotografische Reproduktion von Schrift- od. Bilddokumenten. **mi|k|ro|ko|pie|ren:** eine Mikrokopie anfertigen

mi|k|ro|kos|misch: zum Mikrokosmos gehörend (Ggs.: makrokosmisch). **Mi|k|ro|kos|mos, Mi|k|ro|kos|mus,** der; - ‹*gr.-mlat.*›: **1.** (Biol.) die Welt der Kleinlebewesen. **2.** die Welt des Menschen als verkleinertes Abbild des Universums (Ggs.: Makrokosmos)

mi|k|ro|kris|tal|lin: (von Gesteinen) aus sehr kleinen Kristallen bestehend

Mi|k|ro|lin|gu|is|tik, die; -: Teil der ↑Makrolinguistik, der sich mit der Beschreibung des Sprachsystems selbst befasst; vgl. Metalinguistik

Mi|k|ro|lith [auch: ...ˈlɪt], der; -s u. -en, -e[n] ‹*gr.-nlat.*›: **1.** mit dem bloßen Auge nicht erkennbarer, winziger Kristall. **2.** Feuersteingerät der Jungsteinzeit

Mi|k|ro|ma|nie, die; -, ...ien (Med.): übertriebenes Minderwertigkeitsgefühl

Mi|k|ro|ma|ni|pu|la|tor, der; -s, ...oren ‹*gr.; lat.-nlat.*›: Gerät zur Ausführung von Feinstbewegungen [bei Operationen]

Mi|k|ro|me|lie, die; -, ...ien ‹*gr.-nlat.*› (Med.): abnorm geringe Größe der Gliedmaßen (Ggs.: Makromelie)

Mi|k|ro|me|re, die -, -n (meist Plural): kleine Furchungszelle (ohne Dotter) bei tierischen Embryonen (Ggs.: Makromere)

Mi|k|ro|me|te|o|rit, der; -s u. -en, -e[n]: sehr kleiner ↑Meteorit ($^{1}/_{1000}$ mm Durchmesser)

¹Mi|k|ro|me|ter, das; -s, -: ein Feinmessgerät

²Mi|k|ro|me|ter, der, früher fachspr. auch das; -s, -: ein millionstel Meter (Zeichen: µm)

mi|k|ro|me|t|risch: das ¹Mikrometer betreffend

Mi|k|ro|mu|ta|ti|on, die; -, -en: ↑Mutation, die nur ein ↑Gen betrifft; Kleinmutation

Mi|k|ron, das; -s, - (veraltet): ²Mikrometer (Zeichen: µ)

Mi|k|ro|nu|k|le|us, der; -, ...klei [...ei] ‹*gr.; lat.*› (Biol.): Klein- od. Geschlechtskern der Wimpertierchen (regelt die geschlechtliche Fortpflanzung)

Mi|k|ro|öko|no|mie [auch: ...ˈmi:], die; - ‹*gr.-nlat.*› (Wirtsch.): Teilgebiet der Wirtschaftstheorie, dessen Gegenstand die Untersuchung einzelner wirtschaftlicher Phänomene ist (Ggs.: Makroökonomie). **mi|k|ro|öko|no|misch** [auch: ...ˈno:...]: die Mikroökonomie betreffend (Ggs.: makroökonomisch)

Mi|k|ro|or|ga|nis|mus, der; -, ...men (meist Plural) (Biol.): pflanzlicher u. tierischer Organismus des mikroskopisch sichtbaren Bereiches

Mi|k|ro|pa|lä|on|to|lo|gie, die; -: Zweig der ↑Paläontologie, der mikroskopisch kleine pflanzliche u. tierische ↑Fossilien untersucht

Mi|k|ro|pha|ge, der; -n, -n (Med., Zool.): Granulozyt zur Phagozytose kleiner Teilchen

Mi|k|ro|phon vgl. Mikrofon

mi|k|ro|pho|nisch vgl. mikrofonisch

Mi|k|ro|pho|to|gra|phie vgl. Mikrofotografie

Mi|k|roph|thal|mus, der; -, ...mi (Med.): angeborene krankhafte Kleinheit des Auges

Mi|k|ro|phyll, das; -s, -en (Bot.): kleines, ungegliedertes Blättchen

Mi|k|ro|phy|sik, die; -: Physik der Moleküle u. Atome (Ggs.: Makrophysik). **mi|k|ro|phy|si|ka|lisch:** die Mikrophysik betreffend

Mi|k|ro|phyt, der; -en, -en (meist Plural) (Biol., Med.): pflanzlicher Mikroorganismus (z. B. Pilze, Algen, Bakterien) (Ggs.: Makrophyt)

Mi|k|ro|plas|tik, das; -s ‹meist o. Art.›: durch Zerfallsprozesse entstandene od. als Bestandteil best. Produkte in großer Zahl hergestellte, weniger als 5 Millimeter große Kunststoffteilchen

Mi|k|ro|po|ly|fo|nie, Mi|k|ro|po|ly|pho|nie, die; - ‹von G. Ligeti geprägt› (Musik): das Erzeugen von sehr feinen polyfonen (2)

Klangfeldern (in einem Zwischenbereich zwischen Klang u. Geräusch)

Mi|k|ro|port, das; -s, -s ⟨*engl.*⟩: kleines schnurloses, am Oberkörper od. am Kopf getragenes Mikrofon

Mi|k|ro|prä|pa|rat, das; -[e]s, -e (Bot., Zool.): zur mikroskopischen Untersuchung angefertigtes botanisches od. zoologisches Präparat

Mi|k|ro|pro|zes|sor, der; -s, -en (EDV): standardisierter Baustein eines Computers, der Rechen- u. Steuerfunktion in sich vereint

mi|k|ro|pru|den|zi|ell, mikroprudentiell ⟨*lat.*⟩ (Finanzw.): auf die Stabilität einzelner Finanzinstitute gerichtet (Ggs.: makroprudenziell)

Mi|k|ro|p|sie, die -, ...ien ⟨*gr.-nlat.*⟩ (Med.): Sehstörung, bei der die Gegenstände kleiner wahrgenommen werden, als sie sind (Ggs.: Makropsie)

Mi|k|ro|py|le, die; -, -n: **1.** (Bot.) kleiner Kanal der Samenanlage, durch den der Pollenschlauch zur Befruchtung eindringt. **2.** kleine Öffnung in der Eihülle, durch die bei der Befruchtung der Samenfaden eindringt u./od. die der Eiernährung dient

Mi|k|ro|ra|dio|me|ter, das; -s, -: Messgerät für kleinste Strahlungsmengen

mi|k|ro|seis|misch: nur mit Messinstrumenten wahrnehmbar (von Erdbeben)

Mi|k|ro|s|kop, das; -s, -e ⟨*gr.*⟩: optisches Vergrößerungsgerät; Gerät, mit dem man sehr kleine Objekte vergrößert sehen kann. **Mi|k|ro|s|ko|pie**, die; -: Verwendung des Mikroskops zu wissenschaftlichen Untersuchungen

mi|k|ro|s|ko|pie|ren ⟨*gr.-nlat.*⟩: mit dem Mikroskop arbeiten

mi|k|ro|s|ko|pisch: **1.** nur durch das Mikroskop erkennbar. **2.** verschwindend klein, winzig. **3.** die Mikroskopie betreffend, mithilfe des Mikroskops

Mi|k|ros|mat, der; -en, -en: schlecht witterndes Säugetier (Ggs.: Makrosmat)

Mi|k|ro|som, das; -s, -en (meist Plural) (Biol.): kleinstes lichtbrechendes Körnchen im Zellplasma (↑ Ribosom u. ↑ Lysosom)

Mi|k|ro|so|mie, die; - (Med.): Zwergwuchs (Ggs.: Makrosomie)

Mi|k|ro|so|zio|lo|gie, die; -: Teilbereich der ↑ Soziologie, in dem kleinste soziologische Gebilde unabhängig von gesamtgesellschaftlichen Zusammenhängen untersucht werden (Ggs.: Makrosoziologie). **mi|k|ro|so|zio|lo|gisch**: die Mikrosoziologie betreffend, auf ihr beruhend

Mi|k|ro|spo|re, die; -, -n (meist Plural): **a)** kleine männliche Spore einiger Farnpflanzen; **b)** Pollenkorn der Blütenpflanzen

Mi|k|ro|spo|rie, die; -, ...ien ⟨*gr.-lat.*⟩ (Med.): Pilzinfektion der Haut (häufig der Kopfhaut)

Mi|k|ro|s|to|mie, die; -, ...ien (Med.): angeborene Kleinheit des Mundes

Mi|k|ro|struk|tur, die; -, -en: **a)** Feinstruktur; **b)** mikroskopisch feine, nur mit optischen Hilfsmitteln erkennbare Struktur

Mi|k|ro|struk|tur|tech|nik, die; -, -en (Physik): ↑ Mikrotechnik

Mi|k|ro|ta|si|me|ter, das; -s, - (Elektrot., Physik): Gerät zur Registrierung von Längen- u. Druckänderungen u. der damit bewirkten Änderung des elektrischen Widerstandes

Mi|k|ro|tech|nik, die; - (Physik): Bez. für technische Verfahren zur Herstellung von Strukturen mit Abmessungen im Mikrometerbereich

Mi|k|ro|the|o|rie, die; -, -n: Teilbereich der wirtschaftswissenschaftlichen Theorie, dessen Erkenntnisobjekt die Einzelgebiete der Volkswirtschaft od. einzelne Wirtschaftseinheiten sind (Ggs.: Makrotheorie)

Mi|k|ro|the|ra|pie, die; -, ...ien (Med.): lokal stark eingegrenzte Behandlung od. Operation

Mi|k|ro|tie, die; -, ...ien (Med.): abnorme Kleinheit der Ohrmuschel (Ggs.: Makrotie)

Mi|k|ro|tom, der od. das; -s, -e (Biol., Med.): Präzisionsgerät zur Herstellung feinster Schnitte für mikroskopische Untersuchungen

Mi|k|ro|to|p|o|nym, das; -s, -e: Flurname. **Mi|k|ro|to|p|o|ny|mie**, die; -: die Gesamtheit der Flurnamen [eines bestimmten Gebietes]

Mi|k|ro|t|ron, das; -s, -s od. ...one: Kreisbeschleuniger für ↑ [1]Elektronen

Mi|k|ro|tu|bu|li, die (Plural) ⟨*lat.*⟩ (Biol.): nur elektronenmikroskopisch sichtbare, röhrenförmige Plasmastrukturen in fast allen Zellen mit echtem Zellkern

Mi|k|ro|ver|meh|rung, die; -: Verfahren der Pflanzenvermehrung aus Sprossspitzen od. Bildungsgewebe

Mi|k|ro|wel|le, die; -, -n: **1.** (meist Plural; Elektrotechnik) elektromagnetische Welle mit einer Länge zwischen 10 cm u. 1 mm, die bes. in der Radartechnik, zur Wärmeerzeugung u. Ä. eingesetzt wird. **2.** (ohne Plural; Med.) Bestrahlung mit Mikrowellen. **3.** (ugs.) Kurzform von ↑ Mikrowellenherd

Mi|k|ro|wel|len|herd, der; -[e]s, -e: Gerät bes. zum Auftauen u. Erwärmen von Speisen in wenigen Minuten mithilfe von Mikrowellen

Mi|k|ro|zen|sus [auch: ...'tsɛn...], der; -, - [...zu:s] ⟨*gr.; lat.*⟩: statistische Repräsentativerhebung der Bevölkerung u. des Erwerbslebens

Mi|k|ro|ze|pha|lie, die; -, ...ien (Med.): abnorme (1) Kleinheit des Kopfes (Abflachung des Hinterschädels u. fliehende Stirn) (Ggs.: Makrozephalie)

Mi|k|ro|zir|ku|la|ti|on, die; -, -en (Med.): Durchblutung der ↑ Kapillaren

Mi|k|ro|zyt, der; -en, -en (meist Plural) (Med.): abnorm kleines rotes Blutkörperchen (z. B. bei ↑ Anämie)

Mik|ti|on, die; -, -en ⟨*lat.*⟩ (Med.): Harnlassen

Mik|we, die; -, Mikwaot u. -n ⟨*hebr.*⟩: jüdisches Ritualbad

Mi|lan [auch: ...'la:n], der; -s, -e ⟨*lat.-vulgärlat.-provenzal.-frz.*⟩: weitverbreitete Greifvogelgattung mit gegabeltem Schwanz

Mi|la|ne|se, der; -s, -n ⟨nach der it. Stadt Milano (Mailand)⟩: maschenfeste, sehr feine Wirkware

Mi|las, der; -, -: handgeknüpfter,

militärisch	militaristisch
Eine militärische Lösung sei wegen des Verlusts von Menschenleben das letzte Mittel. *das Militär betreffend, krigerisch* – auch mit militärischen [...] Mitteln [...] durchzusetzen – einen/einem militärischen Schlag gegen den Irak – notfalls [...] Androhung militärischer Gewalt Das Fotografieren von militärischen Objekten ist verboten. Der Präsident wurde mit militärischen Ehren empfangen. Das System zerstöre das militärische Gleichgewicht in Europa.	Ziel ist es, der militaristischen Kultur in Staat und Gesellschaft eine lebbare Alternative entgegenzusetzen. *überzogen militärisch gesinnt* – das militaristische [... korrupte ...] Regime – ... Völkerhass [bekunden] militaristische Propaganda [...] Kriegshetze – sowie für militaristische [...] faschistische revanchistische und ... Der Vertrag ist undemokratisch, neoliberal und militaristisch. Ich dachte, zumindest seien wir heute weniger chauvinistisch und militaristisch. Dazu gehört wesentlich eine aggressive militaristische Agenda.

sehr bunter Gebetsteppich aus der türkischen Stadt Milâs

Mi|les glo|ri|o|sus, der; - - ‹*lat.;* »ruhmrediger Soldat« (Titelheld eines Lustspiels von Plautus)›: Aufschneider, Prahlhans

Mile|stone [ˈmaɪ̯lstɔʊ̯n], der; -s, -s ‹*engl.;* eigtl. »Meilenstein«›: wichtiger Einschnitt, [Wende]punkt o. Ä. in einer Entwicklung od. bei einem Vorhaben

Milf, MILF [mɪlf], die; -, -s ‹Abk. für *engl. mom/mother I'd like to fuck* = Mutter, die ich gern ficken möchte› (Jargon vulg.): sexuell attraktive reifere, erfahrene Frau

mi|li|ar ‹*lat.*› (Med.): hirsekorngroß (z. B. von ↑Tuberkeln [2])

Mi|li|a|ria, die (Plural) ‹*lat.-nlat.*› (Med.): mit Flüssigkeit gefüllte Hautbläschen, die bei starkem Schwitzen im Gefolge von fieberhaften Erkrankungen auftreten; Frieselausschlag

Mi|li|ar|tu|ber|ku|lo|se, die; -, -n (Med.): Form der Tuberkulose, bei der sich diese im ganzen Körper verbreitet

Mi|li|eu [miˈli̯øː], das; -s, -s ‹*lat.-frz.*›: **1.** [soziales] Umfeld, Umgebung. **2.** Lebensraum von Pflanzen, Tieren, Kleinstlebewesen u. Ä. **3.** (österr. veraltend) kleine Tischdecke. **4.** (bes. schweiz.) **a)** Welt der Prostituierten; **b)** Stadtteil, Straße, wo Prostituierte ihren Wirkungskreis haben

Mi|li|eu|the|o|rie, die; - (Psychol.): Theorie, nach der das Milieu im Gegensatz zum Ererbten der allein entscheidende Faktor für die seelische u. charakterliche Entwicklung des Menschen sei

mi|li|tant ‹*lat.*›: mit kriegerischen Mitteln für eine Überzeugung kämpfend; streitbar. **Mi|li|tanz,** die; -: militantes Verhalten, militante Einstellung

¹Mi|li|tär, das; -s ‹*lat.-frz.*›: **1.** Heerwesen, Gesamtheit der Soldaten eines Landes. **2.** (eine bestimmte Anzahl von) Soldaten

²Mi|li|tär, der; -s, -s (meist Plural): hoher Offizier

Mi|li|tär|aka|de|mie, die; -, -n: ↑Akademie (2) zur Aus- u. Weiterbildung von Soldaten u. Beamten der Militärverwaltung

Mi|li|tär|at|ta|ché [...ʃeː], der; -s, -s ‹*lat.-frz.; frz.*›: einer diplomatischen Vertretung zugeteilter Offizier

Mi|li|tär|ba|sis, die; -, ...basen: Ort od. Gelände als Stützpunkt militärischer Operationen

Mi|li|tär|dik|ta|tur, die; -, -en: ↑Diktatur, in der ²Militärs die Herrschaft innehaben

Mi|li|tär|dok|t|rin, die; -, -en: Gesamtkonzept für die militärische Planung eines Staates bzw. eines Militärbündnisses

Mi|li|tär|es|kor|te, die; -, -n: von ¹Militär (2) gebildete ↑Eskorte

Mi|li|tär|geo|gra|fie, Mi|li|tär|geo|gra|phie, die; -: Zweig der Geografie u. der Militärwissenschaft, der sich mit der Verwendung geografischer Kenntnisse für militärische Zwecke befasst

Mi|li|ta|ria, die (Plural) ‹*lat.*›: **1.** (veraltet) Heeresangelegenheiten. **2. a)** Sammelobjekte verschiedenster Art aus dem militärischen Bereich; **b)** Bücher über das Militärwesen

mi|li|tä|risch ‹*lat.-frz.*›: **1.** das ¹Militär betreffend; vgl. zivil (1). **2. a)** schneidig, forsch, soldatisch; **b)** streng geordnet

militärisch/militaristisch *s. Kasten*

mi|li|ta|ri|sie|ren: militärische Anlagen errichten, Truppen aufstellen, das Heerwesen [eines Landes] organisieren

Mi|li|ta|ris|mus, der; -, ...men ‹*lat.-frz.-nlat.*›: Zustand des Übergewichts militärischer Grundsätze, Ziele u. Wertvorstellungen in der Politik eines Staates u. die Übertragung militärischer Prinzipien auf alle Lebensbereiche

Mi|li|ta|rist, der; -en, -en: Anhänger des Militarismus. **Mi|li|ta-**

M **Mili**

rịs|tin, die; -, -nen: weibliche Form zu ↑Militarist

mi|li|ta|rịs|tisch: **a)** im Geist des Militarismus; **b)** den Militarismus betreffend

deutschnational
revanchistisch
Militarismus
antidemokratisch
Militarist
militaristisch
imperialistisch
sexistisch
angehaucht
pazifistisch
unsozial

Mi|li|tär|jun|ta [...xʊnta, auch: ...jʊnta], die; -, ...ten ⟨*lat.-frz.; lat.-span.*⟩: Regierung von Offizieren, die meist durch einen militärischen Handstreich, durch Putsch an die Macht gekommen sind; vgl. Junta

Mi|li|tär|kon|ven|ti|on, die; -, -en ⟨*lat.-frz.*⟩: militärische zwischenstaatliche Vereinbarung

Mi|li|tär|mis|si|on, die; -, -en: **a)** ins Ausland entsandte Gruppe von Offizieren, die andere Staaten in militärischen Fragen beraten; **b)** Gebäude, in dem sich eine Militärmission (a) befindet

Mi|li|tär|per|s|pek|ti|ve, die; -: Form der ↑Axonometrie, bei der die Grundrissebene unverzerrt dargestellt wird

Mi|li|tär|po|li|zei, die; -: militärischer Verband mit polizeilicher Funktion

Mi|li|tär|re|gime, das; -s, -, auch: -s: ↑Militärdiktatur

Mi|li|tär|tri|bu|nal, das; -s, -e: Militärgericht zur Aburteilung militärischer Straftaten

Mi|li|ta|ry [ˈmɪlɪtəri], die; -, -s ⟨*lat.-frz.-engl.*⟩: reitsportliche Vielseitigkeitsprüfung (bestehend aus Dressurprüfung, Geländeritt u. Jagdspringen)

Mi|li|ta|ry Po|lice [ˈmɪlɪtərɪ pəˈliːs], die; - - ⟨*engl.*⟩: Militärpolizei (der britischen od. der US-Streitkräfte) (Abk.: MP)

Mi|li|um, das; -s, ...ien (meist Plural) ⟨*lat.*⟩ (Med.): Hautgrieß

Mi|liz, die; -, -en ⟨*lat.*⟩: **1. a)** (Geschichte) Heer; **b)** Streitkräfte, deren Angehörige eine nur kurzfristige militärische Ausbildung haben u. erst im Kriegsfall einberufen werden. **2.** (bes. in einigen [ehemals] sozialistischen Staaten) Polizei mit halbmilitärischem Charakter. **Mi|li|zi|o|när,** der; -s, -e: Angehöriger einer Miliz. **Mi|li|zi|o|nä|rin,** die; -, -nen: weibliche Form zu ↑Milizionär

Mịlk|shake [...ʃeɪk], der; -s, -s ⟨*engl.*⟩: Milchmixgetränk

[1]Mịl|le, das; -, - ⟨*lat.*⟩: Tausend (Abk.: M)

[2]Mịl|le, die; -, - (meist Plural) (ugs.): tausend Euro

Mil|le|fi|o|ri|glas, das; -es ⟨*lat.-it.; dt.*⟩: vielfarbiges, blumenartig gemustertes Kunstglas

[1]Mille|fleurs [mɪlˈflœːɐ̯], der; -, - ⟨*lat.-frz.;* »tausend Blumen«⟩: Stoff mit Streublumenmusterung

[2]Mille|fleurs, das; -: Streublumenmuster

mil|le|nar ⟨*lat.*⟩ (selten): tausendfach, -fältig

Mil|le|na|rịs|mus, der; - ⟨*lat.-nlat.*⟩: ↑Chiliasmus

Mil|len|ni|al [mɪˈlɛni̯əl], der; -s, -s u. die; -, -s (meist Plural) ⟨*engl.*⟩ (Soziol.): jmd., der etwa zw. 1980 u. 2000 geboren wurde (u. damit einer in bestimmter Hinsicht als zusammengehörig verstandenen Personengruppe angehört)

Mil|lẹn|ni|um, das; -s, ...ien: **1.** Jahrtausend. **2.** das Tausendjährige Reich der Offenbarung Johannis (20, 2 ff.); vgl. Chiliasmus

Mille|points [mɪlˈpo̯ɛ̃ː], der od. das; - ⟨*lat.-frz.;* »tausend Punkte«⟩: mit regelmäßig angeordneten Punkten gemusterter Stoff

Mịl|li|am|pere [...ʔampeːɐ̯], das; -[s], -: Einheit kleiner elektrischer Stromstärken; ein tausendstel ↑Ampere (Zeichen: mA)

Mịl|li|am|pere|me|ter [auch: ...ˈmeː...], das; -s, -: Gerät zur Messung geringer Stromstärken

Mil|li|ar|där, der; -s, -e ⟨*lat.-frz.*⟩: Besitzer eines Vermögens von einer Milliarde od. mehr. **Mil|li|ar|dä|rin,** die; -, -nen: weibliche Form zu ↑Milliardär

Mil|li|ar|de, die; -, -n: 1 000 Millionen (Abk.: Md., Mrd. u. Mia.)

Mil|li|ards|tel, das; -s, -: der milliardste Teil

Mịl|li|bar, das; -s, -s (aber: 2 -) (veraltend): Einheit für den Luftdruck, $^1/_{1000}$ Bar (Zeichen: mbar)

Mịl|li|gramm, das; -s, -e (aber: 2 -): $^1/_{1000}$ Gramm (Zeichen: mg)

Mịl|li|li|ter, der, auch: das; -s, -: $^1/_{1000}$ Liter (Zeichen: ml)

Mil|lime [miˈliːm], der; -[s], -s (aber: 5 -) ⟨*frz.-arab.*⟩: Münzeinheit in Tunesien (1 000 Millime = 1 Dinar)

Mịl|li|me|ter [auch: ...ˈmeːtɐ], der, früher fachspr. auch das; -s, -: $^1/_{1000}$ Meter (Zeichen: mm)

Mil|li|on, die; -, -en ⟨*lat.-it.*⟩: 1 000 mal 1 000 (Abk.: Mill. u. Mio.)

Mil|li|o|när, der; -s, -e ⟨*lat.-it.-frz.*⟩: Besitzer eines Vermögens von einer Million od. mehr. **Mil|li|o|nä|rin,** die; -, -nen: weibliche Form zu ↑Millionär

Mil|li|ons|tel, Mil|li|on|tel, das, schweiz. meist: der; -s, -: der millionste Teil

Mịl|li|se|kun|de, die; -, -n: eine tausendstel Sekunde (Zeichen: ms)

Mi|lọn|ga, die; -, -s u. der; -[s], -s ⟨*span.*⟩: argentin. Volkstanz im $^2/_4$-Takt, der im Tango aufging

Mil|reis, das; -, - ⟨*lat.-port.*⟩ (Geschichte): Währungseinheit in Portugal u. Brasilien (= 1 000 Reis)

Mi|me, der; -n, -n ⟨*gr.-lat.*⟩: Schauspieler; vgl. Mimus

mi|men (ugs.): **a)** ein Gefühl o. Ä. zeigen, das in Wirklichkeit nicht vorhanden ist; vortäuschen; **b)** so tun, als ob man jmd., etwas sei

Mi|men: *Plural* von ↑Mime u. ↑Mimus

Mi|me|o|graf, Mi|me|o|graph, der; -en, -en: (von Edison erfundener) Vervielfältigungsapparat

Mi|me|se, Mimesis, die; -, ...esen ⟨*gr.*⟩: **1.** nachahmende Darstellung der Natur im Bereich der Kunst (nach Plato, Aristoteles). **2.** (antike Rhet.) **a)** spottende Wiederholung der Rede eines anderen; **b)** Nachahmung eines Charakters dadurch, dass man der betreffenden Person Worte in den Mund legt, die den Charakter besonders gut kennzeichnen. **3.** (Biol.; nur Mimese) Schutztracht mancher Tiere, die sich vor allem in der Färbung ihrer Umgebung anpassen können; vgl. Mimikry

Mi|me|sie, die; -, ...ien ‹*gr.-nlat.*›: Nachahmung einer höheren Symmetrie (bei Kristallzwillingen)

Mi|me|sis vgl. Mimese

Mi|me|te|sit [auch: ...ˈzɪt], der; -s, -e: ein Mineral

mi|me|tisch ‹*gr.-lat.*›: **1.** die Mimese betreffend; nachahmend, nachäffend. **2.** die Mimesie betreffend, durch Mimesie ausgezeichnet

Mi|m|i|am|ben, die (Plural): [dialogische] in Choliamben geschriebene komische od. satirische Gedichte

Mi|mik, die; -: Gebärden- u. Mienenspiel des Gesichts [des Schauspielers] als Nachahmung fremden od. als Ausdruck eigenen seelischen Erlebens

Mi|mi|ker, der; -s, -: ↑Mimus (1)

Mi|mi|k|ry [...ri], die; - ‹*gr.-lat.-engl.;* »Nachahmung«›: **1.** Selbstschutz von Tieren, der dadurch erreicht wird, dass das Tier die Gestalt, die Färbung, Zeichnung wehrhafterer od. nicht genießbarer Tiere täuschend nachahmt. **2.** der Täuschung u. dem Selbstschutz dienende Anpassung[sgabe]

Mi|min, die; -, -nen: weibliche Form zu ↑Mime

mi|misch ‹*gr.-lat.*›: **a)** die Mimik betreffend; **b)** den Mimen betreffend; **c)** schauspielerisch, von Gebärden begleitet

Mi|mo|dram, Mi|mo|dra|ma, das; -s, ...men ‹*gr.-nlat.*›: **1.** (Literaturwiss.) ohne Worte, nur mithilfe der Mimik aufgeführtes Drama. **2.** (veraltet) Schaustellung von Kunstreitern usw.

Mi|mo|se, die; -, -n ‹*gr.-lat.-nlat.*›: **1.** hoher Baum mit gefiederten Blättern, dessen gelbe Blüten wie kleine Kugeln an Rispen hängen; Silberakazie. **2.** (im tropischen Brasilien) als großer Strauch wachsende, rosaviolett blühende Pflanze, die ihre gefiederten Blätter bei der geringsten Erschütterung abwärtsklappt; Sinnpflanze. **3.** überempfindlicher, leicht zu kränkender Mensch

mi|mo|sen|haft: überaus empfindlich, verletzlich; verschüchtert

Mi|mus, der; -, ...men ‹*gr.-lat.*›: **1.** Darsteller in Mimen; vgl. Mimus (2). **2.** in der Antike [improvisierte] derb-komische Szene aus dem täglichen Leben auf der Bühne. **3.** (ohne Plural) ↑Mimik

Mi|na|rett, das; -s, -e u. -s ‹*arab.-türk.-frz.*›: schlanker Turm einer Moschee (zum Ausrufen der Gebetsstunden)

Min|bar, Mim|bar, der; -s, -s ‹*arab.*›: Predigtkanzel in der Moschee

Min|cha, die; - ‹*hebr.;* »Gabe«›: **1.** unblutiges Opfer im Alten Testament. **2.** jüdisches Nachmittagsgebet

Mind|map, Mind-Map [ˈmaɪ̯ntmɛp], die; -, -s od. das; -s, -s ‹*engl.*›: als Ergebnis des Mindmappings gewonnene grafische Darstellung

Mind|map|ping, Mind-Map|ping [ˈmaɪ̯ntmɛpɪŋ], das; -s ‹*engl.*›: Methode, Gedanken in Form von Schlagwörtern od. Bildern aufzuzeichnen, zu sammeln, zu ordnen u. zu gliedern

¹Mi|ne, die; -, -n ‹*kelt.-mlat.-frz.*›: **1.** unterirdischer Gang. **2.** Bergwerk; unterirdisches Erzvorkommen. **3.** stäbchenförmige Bleistift-, Kugelschreibereinlage. **4.** gegen Personen, Landfahrzeuge u. Schiffe einsetzbarer Sprengkörper, der meist massenweise im Gelände bzw. im Wasser verlegt wird

²Mi|ne, die; -, -n ‹*gr.-lat.*›: **1.** altgriechische Gewichtseinheit. **2.** altgriechische Münze

Mi|ne|ral, das; -s, -e u. -ien ‹*kelt.-mlat.*›: jeder anorganische, chemisch u. physikalisch einheitliche u. natürlich gebildete Stoff der Erdkruste

Mi|ne|ral|fa|zi|es, die; -, - [...e:s] (Geol.): gleichförmige Ausbildung von Gesteinen verschiedener Herkunft

Mi|ne|ra|li|sa|ti|on, die; -, -en ‹*kelt.-mlat.-frz.-nlat.*› (Geol.): Vorgang der Mineralbildung; ↑Mineralisierung; vgl. ...ation/...ierung

Mi|ne|ra|li|sa|tor, der; -s, ...toren (Geol.): verdunstender Bestandteil einer Gesteinsschmelze

mi|ne|ra|lisch: a) aus Mineralien entstanden; **b)** Mineralien enthaltend

mi|ne|ra|li|sie|ren: Mineralbildung bewirken; zum Mineral werden. **Mi|ne|ra|li|sie|rung,** die; -, -en: Umwandlung von organischer in anorganische Substanz; ↑Mineralisation; vgl. ...ation/...ierung

Mi|ne|ral|ma|le|rei, die; -, -en: Herstellung von wetterfesten Fresken u. Ölgemälden mit Mineralfarben

Mi|ne|ra|lo|ge, der; -n, -n ‹*kelt.-mlat.-frz.; gr.*›: Kenner u. Erforscher der Mineralien u. Gesteine

Mi|ne|ra|lo|gie, die; -: Wissenschaft von der Zusammensetzung der Mineralien u. Gesteine, ihrem Vorkommen u. ihren Lagerstätten

Mi|ne|ra|lo|gin, die; -, -nen: weibliche Form zu ↑Mineraloge

mi|ne|ra|lo|gisch: die Mineralogie betreffend

Mi|ne|ral|öl, das; -s, -e: durch ↑Destillation (1) von Erdöl erzeugter Kohlenwasserstoff (z. B. Heizöl, Benzin, Bitumen)

Mi|ne|ral|quel|le, die; -, -n: Quelle, in deren Wasser eine bestimmte Menge an Mineralsalz od. Kohlensäure gelöst ist

Mi|ne|ral|salz, das; -es, -e: ↑anorganisches Salz, das sowohl in der Natur vorkommt als auch künstlich hergestellt wird

Mi|ne|ral|säu|re, die; -, -n (Chemie): anorganische Säure (z. B. Phosphor-, Schwefelsäure)

Mi|ne|ral|was|ser, das; -s, ...wässer: **1.** Wasser, dem Mineralsalze u./od. Kohlensäure zugesetzt wurden. **2.** Wasser einer Mineralquelle

mi|ne|ro|gen ‹*lat.-mlat.-frz.; gr.*›: aus anorganischen Bestandteilen entstanden

Mi|nes|t|ra, die; -, ...ren ‹*it.*›: **1.** (österr.) Kohlsuppe. **2.** ↑Minestrone

Mi|nes|t|ro|ne, die; -, -n: italienische Gemüsesuppe mit Reis u. Parmesankäse

Mi|net|te, die; -, -n ‹*kelt.-mlat.-frz.*›: **1.** dunkelgraues, in gangförmiger Lagerung auftretendes Gestein. **2.** eisenhaltige, abbauwürdige Schichten des

Mittleren ↑ ²Juras in Lothringen u. Luxemburg

mi|neur [miˈnøːɐ̯] ⟨*lat.-frz.*⟩ (Musik): frz. Bez. für ↑ ¹Moll (Ggs.: majeur)

Mi|neur [miˈnøːɐ̯], der; -s, -e ⟨*kelt.-mlat.-frz.*⟩: **1.** Tunnelbauer. **2.** (Militär veraltet) im Minenbau ausgebildeter Pionier (1)

mi|ni ⟨*lat.-it.-frz.-engl.;* Kurzform von *engl.* miniature⟩: sehr kurz, [weit] oberhalb des Knies endend (auf Kleider, Röcke od. Mäntel bezogen); vgl. midi (Ggs.: maxi)

¹Mi|ni, das; -s, -s: **1.** (ohne Plural) **a)** [weit] oberhalb des Knies endende, sehr kurze Kleidung; **b)** (von Röcken, Kleidern, Mänteln) Länge, die [weit] oberhalb des Knies endet. **2.** (ugs.) Kleid, das [weit] oberhalb des Knies endet; Minikleid

²Mi|ni, der; -s, -s (ugs.): Rock, der [weit] oberhalb des Knies endet; Minirock

Mi|ni|a|tor, der; -s, ...oren ⟨*lat.-it.-nlat.*⟩: Handschriften-, Buchmaler. **Mi|ni|a|to|rin,** die; -, -nen: weibliche Form zu ↑ Miniator

Mi|ni|a|tur, die; -, -en ⟨*lat.-it.*⟩: **1. a)** Bild od. Zeichnung als Illustration einer [alten] Handschrift od. eines Buches; **b)** zierliche Kleinmalerei, kleines Bild[nis]. **2.** Schachproblem, das aus höchstens 7 Figuren gefügt ist

mi|ni|a|tu|ri|sie|ren: verkleinern (bes. von elektronischen Bauelementen). **Mi|ni|a|tu|ri|sie|rung,** die; -, -en: Verkleinerung, Kleinbauweise (z. B. von elektronischen Anlagen, Kameras u. Ä.)

Mi|ni|bi|ki|ni, der; -s, -s: äußerst knapper, den Körper nur so wenig wie möglich bedeckender ↑ Bikini

Mi|ni|break [...breɪk], das; -s, -s (Tennis): Gewinn eines Punkts im Tiebreak gegen den aufschlagenden Spieler

Mi|ni|car, der; -s, -s ⟨*engl.*⟩: **1.** Kleintaxi. **2.** selbst gebasteltes Fahrzeug ohne Motor [mit dem Wettbewerbe ausgetragen werden]

Mi|ni|com|pu|ter, der; -s, -: Kleinstrechner

Mi|ni|disc® [...dɪsk], die; -, -s: beiderseits bespielbarer, CD-ähnlicher Tonträger mit kleinem Durchmesser (Abk.: MD)

mi|nie|ren ⟨*kelt.-mlat.-frz.*⟩: unterirdische Gänge, Stollen anlegen; vgl. ¹Mine (1)

Mi|ni|golf, das; -s ⟨*lat.; schott.*⟩ (Sport): Kleingolf, Bahnengolf

Mi|ni|job, der; -s, -s: geringfügiges Beschäftigungsverhältnis, bei dem das monatliche Entgelt eine bestimmte Summe nicht übersteigt od. das auf eine bestimmte Zahl von Arbeitstagen im Jahr begrenzt ist

Mi|ni|ki|ni, der; -s, -s: Badebekleidung ohne Oberteil für Damen

mi|nim ⟨*lat.*⟩ (veraltet): geringfügig, minimal

¹Mi|ni|ma, die; -, ...ae [...ɛ] u. ...men: kleiner Notenwert der Mensuralmusik (entspricht der halben Taktnote)

²Mi|ni|ma [auch: ˈmiː...]: *Plural* von ↑ Minimum

mi|ni|mal ⟨*lat.-nlat.*⟩: **a)** sehr klein, sehr wenig, niedrigst; **b)** mindestens

Chirurgie
Änderung
maximal
Unterschied
abweichend
Chance
minimal
invasiv
Operationsmethode
variiert
Erfolgschance
Vorsprung
Überlebenschance

Mi|ni|mal, das; -s, -e: Kurzform von ↑ Minimalproblem

Mi|ni|mal Art [ˈmɪnɪməl ˈaːɐ̯t], die; - ⟨*engl.*⟩: amerikanische Kunstrichtung, die Formen u. Farbe auf die einfachsten Elemente reduziert

mi|ni|mal|in|va|siv ⟨*lat.-nlat.*⟩ (Med.): mit kleinstmöglichem Aufwand eingreifend; **minimalinvasive Chirurgie:** Durchführung operativer Eingriffe ohne größere Schnitte zur Öffnung von Körperhöhlen

mi|ni|ma|li|sie|ren: a) so klein wie möglich machen, sehr stark reduzieren, vereinfachen; **b)** abwerten, gering schätzen

Mi|ni|ma|li|sie|rung, die; -, -en: Vereinfachung; Reduzierung auf die elementaren Bestandteile

Mi|ni|ma|list, der; -en, -en (Kunstwiss.): Vertreter der ↑ Minimal Art. **Mi|ni|ma|lis|tin,** die; -, -nen: weibliche Form zu ↑ Minimalist

mi|ni|ma|lis|tisch: 1. die Minimal Art bzw. die Minimal Music betreffend. **2.** geringfügig; in [bewusst] geringem Ausmaß; sich wenig bemühend

karg
kontrastreich
Natürlichkeit
gestylt
Stil
minimalistisch
anmuten
Design
konstruktivistisch
spröde
puristisch
instrumentiert

Mi|ni|mal|kon|sens, der; -es, -e: Konsens auf einer Basis, die trotz unterschiedlicher Weltanschauung od. politischer Richtung als kleinstmögliche Grundlage für ein gemeinsames Handeln dienen kann

Mi|ni|mal Mu|sic [ˈmɪnɪməl ˈmjuːzɪk], die; - - ⟨*engl.*⟩: Musikrichtung, die mit unaufhörlicher Wiederholung u. geringster ↑ Variation einfachster Klänge arbeitet

Mi|ni|mal|paar, das; -[e]s, -e (Sprachwiss.): zwei sonst gleiche sprachliche Einheiten, die durch ein einziges, den Bedeutungsunterschied bewirkendes Merkmal unterschieden sind (z. B. *tot/rot*)

Mi|ni|mal|pro|b|lem, das; -s, -e: Schachproblem, bei dem eine Seite außer dem König nur noch eine Figur zur Verfügung hat

Mi|ni|max® [auch: ˈmɪni...], der; -, -e ⟨Kunstw.⟩: ein Feuerlöscher

Mi|ni|max|prin|zip, das; -s: spieltheoretisches Prinzip der Vorsicht, das dem Spieler denjenigen Gewinn garantiert, den er unter Berücksichtigung der für ihn ungünstigsten Reaktionen des Gegners in jedem Fall erzielen kann

Mi|ni|max|the|o|rem, das; -s: mathematischer Lehrsatz der Spieltheorie, nach dem Spieler nur dann ihren eigenen Anteil am Gesamtergebnis maximieren können, wenn sie den des Gegners zu minimieren vermögen

mi|ni|mie|ren: so weit wie möglich verringern, verkleinern. **Mi|ni|mie|rung,** die; -, -en: Verringerung, Verkleinerung

Mi|ni|mum [auch: ˈmiːni...], das; -s, ...ma ⟨*lat.;* »das Geringste, Mindeste«⟩: **1.** (Plural selten) geringstes, niedrigstes Maß; Mindestmaß (Ggs.: Maximum [1]). **2. a)** (Math.) unterer Extremwert (Ggs.: Maximum [2 a]); **b)** (Meteorol.) niedrigster Wert (bes. der Temperatur) eines Tages, einer Woche usw. od. einer Beobachtungsreihe (Ggs.: Maximum [2 b]). **3.** (Meteorol.) Kern eines Tiefdruckgebiets

Mi|ni|mum|ther|mo|me|ter [auch: ˈmiːni...], das; -s, -: ↑Thermometer, mit dem der niedrigste Wert zwischen zwei Messungen festgestellt wird

Mi|ni|mum vi|si|bi|le [- v..., auch: ˈmɪni... -], das; - -, ...ma ...bilia ⟨*nlat.*⟩ (Psychol.): kleinster, gerade noch empfindbarer Sehreiz

Mi|ni|pil|le, die; -, -n: ↑Antibabypille mit sehr geringer Hormonmenge

Mi|ni|rock, der; -[e]s, ...röcke: sehr kurzer Rock

Mi|ni|ski, der; -s, - u. -er: äußerst kurzer ↑Ski für Anfänger im Skilaufen

Mi|nis|ter, der; -s, - ⟨*lat.-frz.;* »Diener«⟩: Mitglied der Regierung eines Staates od. Landes, das einen bestimmten Geschäftsbereich verwaltet

mi|nis|te|ri|al: von einem Ministerium ausgehend, zu ihm gehörend; vgl. ...al/...ell

Mi|nis|te|ri|al|di|rek|tor, der; -s, -en: Abteilungsleiter in einem Ministerium. **Mi|nis|te|ri|al|di|rek|to|rin,** die; -, -nen: weibliche Form zu ↑Ministerialdirektor

Mi|nis|te|ri|al|di|ri|gent, der; -en, -en: Unterabteilungsleiter, Referatsleiter in einem Ministerium. **Mi|nis|te|ri|al|di|ri|gen|tin,** die; -, -nen: weibliche Form zu ↑Ministerialdirigent

Mi|nis|te|ri|a|le, der; -n, -n: Angehöriger des mittelalterlichen Dienstadels

Mi|nis|te|ri|a|li|tät, die; - ⟨*lat.-nlat.*⟩: der mittelalterliche Dienstadel

mi|nis|te|ri|ell ⟨*lat.-mlat.-frz.*⟩: **a)** einen Minister betreffend; **b)** ein Ministerium betreffend; vgl. ...al/...ell

Mi|nis|te|rin, die; -, -nen: weibliche Form zu ↑Minister

Mi|nis|te|ri|um, das; -s, ...ien ⟨*lat.-frz.*⟩: höchste Verwaltungsbehörde eines Staates od. Landes mit einem bestimmten Aufgabenbereich (Wirtschaft, Justiz u. a.)

Mi|nis|ter|prä|si|dent, der; -en, -en: **1.** Leiter einer Landesregierung. **2.** Leiter der Regierung in bestimmten Staaten. **Mi|nis|ter|prä|si|den|tin,** die; -, -nen: weibliche Form zu ↑Ministerpräsident

mi|nis|t|ra|bel ⟨*lat.-nlat.*⟩: befähigt, Minister zu werden

Mi|nis|t|rant, der; -en, -en ⟨*lat.*⟩: katholischer Messdiener. **Mi|nis|t|ran|tin,** die; -, -nen: weibliche Form zu ↑Ministrant

mi|nis|t|rie|ren: bei der Messe dienen

Mi|ni|to|w|er [...taʊ̯ɐ], der; -[s], -: halbhohes Standgehäuse für einen Computer

Mi|ni|um, das; -s ⟨*lat.*⟩: Mennige

Mi|ni|van [...væn], der; -s, -s: äußerlich relativ klein dimensionierter Van

Mink, der; -s, -e ⟨*engl.*⟩: nordamerikanische Marderart; Nerz

mi|no|isch ⟨nach dem kretischen Sagenkönig Minos⟩: die Kultur Kretas von etwa 3000 bis 1200 v. Chr. (vor der Besiedlung durch griechische Stämme) betreffend

mi|nor [ˈmaɪ̯nə] ⟨*lat.-engl.;* »kleiner, geringer«⟩ (Musik): engl. Bez. für ↑¹Moll

Mi|nor, der; - ⟨*lat.*⟩ (Logik): der »kleinere, engere Begriff« im ↑Syllogismus

Mi|no|rat, das; -[e]s, -e ⟨*lat.-nlat.*⟩: **1.** Vorrecht des Jüngsten auf das Erbgut; Jüngstenrecht. **2.** (Rechtswiss.) nach dem Jüngstenrecht zu vererbendes Gut; vgl. Majorat

mi|no|re ⟨*lat.-it.*⟩: it. Bez. für ↑¹Moll (Ggs.: maggiore)

Mi|no|re, das; -s, -s: Molltonart; Mittelteil in Moll eines Tonsatzes in Dur

mi|no|renn ⟨*lat.-mlat.*⟩ (veraltet): minderjährig, unmündig (Ggs.: majorenn)

Mi|no|ren|ni|tät, die; - (Rechtsspr. veraltet): Minderjährigkeit, Unmündigkeit (Ggs.: Majorennität)

Mi|no|rist, der; -en, -en ⟨*lat.-nlat.*⟩: katholischer Kleriker der niederen Weihegrade

Mi|no|rit, der; -en, -en ⟨»Geringerer«⟩: ↑Franziskaner, insbesondere Angehöriger des Zweiges der ↑Konventualen (2)

Mi|no|ri|tät, die; -, -en ⟨*lat.-mlat.-frz.*⟩: Minderzahl, Minderheit (Ggs.: Majorität)

Mi|no|ri|tin, die; -, -nen: Angehörige eines weiblichen Zweiges der Minoriten

Mi|nor|ka, das; -[s], -s ⟨nach der Insel Menorca⟩: englische Hühnerrasse spanischen Ursprungs

Mins|t|rel, der; -s, -s ⟨*lat.-frz.-engl.*⟩: **1.** mittelalterlicher Spielmann u. Sänger in England im Dienste eines Adligen; vgl. Menestrel. **2.** fahrender Musiker od. Sänger im 18. u. 19. Jh. in den USA

mint ⟨*engl.*⟩: von einem blassen, leicht blaustichigen Grün

Mint|so|ße, die; -, -n ⟨*engl.*⟩ (Gastron.): würzige (bes. in England beliebte) Soße aus Grüner Minze

Mi|nu|end, der; -en, -en ⟨*lat.*⟩: Zahl, von der etwas abgezogen werden soll

Mi|nu|et|to, das; -s, -s u. ...tti ⟨*lat.-it.*⟩: it. Bez. für ↑Menuett

mi|nus ⟨*lat.*⟩: **1.** (Math.) weniger (Zeichen: –). **2.** unter dem Gefrierpunkt liegend. **3.** (Elektrot.) negativ. **4.** (Wirtsch.) abzüglich

Mi|nus, das; -, -: **1.** Verlust, Fehlbetrag. **2.** Mangel, Nachteil

Mi|nus|kel, die; -, -n: Kleinbuchstabe (Ggs.: Majuskel)

Mi|nus|mann, der; -[e]s, ...männer (ugs. abwertend): Mann mit dominant negativen Eigenschaften

Mi|nus|typ, der; -s, -en (ugs. abwertend): Person mit dominant negativen Eigenschaften

Mi|nus|zins, der (meist Plural) (Bankw.): Negativzins

Mi|nu|te, die; -, -n ⟨*lat.-mlat.*⟩: **1.** der sechzigste Teil einer Stunde (Abk.: Min.; Zeichen: min (für die Uhrzeit: min od. m). **2.** (Math.) der sechzigste Teil eines Grades (Zeichen: ′)

mi|nu|ti|ös [minuˈtsi̯øːs], minuziös ⟨*lat.-frz.*⟩: **1.** peinlich genau, äußerst gründlich. **2.** (veraltet) kleinlich

mi|nüt|lich, mi|nut|lich: jede Minute

Mi|nu|zi|en, die (Plural) ⟨*lat.*⟩ (veraltet): Kleinigkeiten, Nichtigkeiten

Mi|nu|zi|en|stift, der; -[e]s, -e: Aufstecknadel für Insektensammlungen

mi|nu|zi|ös vgl. minutiös

Mi|o|sis, die; -, ...sen ⟨*gr.-nlat.*⟩ (Med.): Pupillenverengung

Mi|o|ti|kum, das; -s, ...ka (Med.): pupillenverengendes Mittel. **mi|o|tisch** (Med.): pupillenverengend

mio|zän ⟨*gr.-nlat.*⟩: das Miozän betreffend. **Mio|zän**, das; -s (Geol.): zweitjüngste Abteilung des ↑Tertiärs

Mi-par|ti, das; - ⟨*lat.-frz.;* »halb geteilt«⟩: »geteilte Tracht«; [Männer]kleidung des Mittelalters mit in Farbe u. Form verschiedener rechter u. linker Seite

¹Mir, der; -s ⟨*russ.*⟩: (bis 1917) russische Dorfgemeinschaft; Gemeinschaftsbesitz einer Dorfgemeinde

²Mir, der; -[s], -s ⟨*pers.*⟩: kostbarer persischer Teppich mit dem Palmwedelmuster ↑Miri

Mi|ra|bel|le, die; -, -n ⟨*frz.*⟩: gelbe, kleinfruchtige, süße Pflaume[nart]

mi|ra|bi|le dic|tu ⟨*lat.;* »wundersam zu sagen«⟩: kaum zu glauben

Mi|ra|bi|li|en, die (Plural) (veraltet): Wunderdinge

Mi|ra|bi|lit, der; -s: Glaubersalz; kristallisiertes Natriumsulfat

Mi|rage [miˈraːʒ], die; -, -n ⟨*lat.-frz.*⟩: **a)** (Meteorol.) Luftspiegelung; **b)** (veraltet) leichter Selbstbetrug, Selbsttäuschung

Mi|ra|kel, das; -s, - ⟨*lat.*⟩: **1.** Wunder, wunderbare Begebenheit; Gebetserhörung (an Wallfahrtsorten). **2.** mittelalterliches Drama über Marien- u. Heiligenwunder; Mirakelspiel

mi|ra|ku|lös (veraltet): durch ein Wunder bewirkt

Mi|ra|stern, der; -[e]s, -e ⟨nach dem Stern Mira⟩: Stern, dessen Helligkeitsperiode zwischen 80 und 1 000 Tagen liegt

Mir|ban|öl, das; -[e]s ⟨*fr; dt.*⟩: nach Bittermandelöl riechende, sehr giftige aromatische Nitroverbindung

Mi|re, die; -, -n ⟨*lat.-frz.*⟩: Meridianmarke zur Einstellung des Fernrohrs in Meridianrichtung

Mi|ri, das; -[s] ⟨*pers.*⟩: [Teppich]muster, bestehend aus regelmäßig angeordneten, an der Spitze geknickten Palmblättern

Mir|za, der; -[s], -s ⟨*pers.;* »Fürstensohn«⟩: persischer Ehrentitel (vor dem Namen »Herr«; hinter dem Namen »Prinz«)

Mi|s|an|d|rie, die; - ⟨*gr.*⟩ (Psychol., Med.): krankhafter Männerhass (von Frauen)

Mi|s|an|th|rop, der; -en, -en: Menschenfeind, -hasser (Ggs.: Philanthrop). **Mi|s|an|th|ro|pie**, die; -: Menschenhass, -scheu (Ggs.: Philanthropie). **Mi|s|an|th|ro|pin**, die; -, -nen: weibliche Form zu ↑Misanthrop. **mi|s|an|th|ro|pisch**: menschenfeindlich, menschenscheu (Ggs.: philanthropisch)

Mis|cel|la|nea, die (Plural) ⟨*lat.*⟩: ↑Miszellaneen

Misch|na, die; - ⟨*hebr.;* »Unterweisung«⟩: Sammlung der jüdischen Gesetzeslehre aus dem 2. Jh. n. Chr. (Grundlage des ↑Talmuds)

Misch|po|che, Misch|po|ke, die; - ⟨*hebr.-jidd.*⟩ (ugs. abwertend): **a)** jmds. Familie, Verwandtschaft; **b)** üble Gesellschaft; Gruppe von unangenehmen Leuten

Mi|se, die; -, -n ⟨*lat.-frz.*⟩: **1.** einmalige Prämie bei der Lebensversicherung. **2.** Spieleinsatz beim Glücksspiel

Mise en Scène [mizɑ̃ˈsɛn], die; - - -, -s - - [mizɑ̃ˈsɛn] ⟨*frz.*⟩ (selten): Inszenierung

mi|se|ra|bel ⟨*lat.-frz.*⟩: **a)** auf ärgerliche Weise sehr schlecht; **b)** erbärmlich; **c)** moralisch minderwertig, niederträchtig, gemein

Mi|se|re, die; -, -n: Elend, Unglück, Notsituation, -lage

Mi|se|re|or, das; -[s] ⟨*lat.;* »ich erbarme mich«⟩: katholische Organisation, die mit einem jährlichen Fastenopfer der deutschen Katholiken den Menschen in den Entwicklungsländern helfen will (seit 1959)

Mi|se|re|re, das; -s ⟨»erbarme dich!«⟩: **1.** Anfang und Bezeichnung des 51. Psalms (Bußpsalm) in der ↑Vulgata. **2.** (Med.) Koterbrechen bei Darmverschluss

Mi|se|ri|cor|di|as Do|mi|ni ⟨nach dem alten ↑Introitus des Gottesdienstes, Psalm 89,2: »die Barmherzigkeit des Herrn«⟩: zweiter Sonntag nach Ostern

Mi|se|ri|kor|die [...i̯ə], die; -, -n: [mit Schnitzereien versehener] Vorsprung an den Klappsitzen des Chorgestühls als Stütze während des Stehens

Mi|se|ri|kor|di|en|bild, das; -[e]s, -er (bildende Kunst): Darstellung Christi als Schmerzensmann

Mi|so, das; -s, -s ⟨*jap.*⟩: Paste aus fermentierten ↑Sojabohnen

Mi|so|gam, der; -s u. -en, -e[n] ⟨*gr.*⟩ (Med., Psychol.): Ehefeind. **Mi|so|ga|mie**, die; - (Med., Psychol.): [krankhafte] Abneigung od. Hass gegen die Ehe; Ehescheu

Mi|so|gyn, der; -s u. -en, -e[n] (Med., Psychol.): Frauenfeind. **Mi|so|gy|nie**, die; -: **1.** (Med., Psychol.) krankhafter Hass von Männern gegenüber Frauen. **2.** Frauen entgegengebrachte Verachtung, Geringschätzung; Frauenfeindlichkeit

Mi|so|lo|gie, die; - (Philos.): Hass gegen den ↑Logos; Abneigung gegen vernünftige, sachliche Auseinandersetzung

Mi|so|pä|die, die; -, ...ien ⟨*gr.-nlat.*⟩ (Med., Psychol.): krankhafter Hass gegen [die eigenen] Kinder

Mis|rach, der; - ⟨*hebr.*⟩: jüd. Bez. der Himmelsrichtung, zu der man sich beim Gebet hinwendet

Mis|ra|chi, die; - ⟨*hebr.*⟩: bes. in den USA verbreitete Organisation orthodoxer Zionisten

Miss, die; -, -es ⟨*lat.-frz.-engl.*⟩:

M Minu

1. (ohne Artikel) englische Anrede für eine (meist unverheiratete) Frau. 2. (veraltet) aus England stammende Erzieherin. 3. Schönheitskönigin (häufig in Verbindung mit einem Länder- od. Ortsnamen, z. B. Miss Germany)

Mis|sa, die; -, ...ae [...ɛ] ⟨*lat.-mlat.*⟩: kirchenlat. Bez. der [1]Messe (1)

[1]**Mis|sal**, das; -s, -e, Missale, das; -s, -n u. ...alien ⟨*lat.-mlat.*⟩: Messbuch

[2]**Mis|sal**, die; - (Druckw.): Schriftgrad von 48 Punkt (ungefähr 20 mm Schrifthöhe)

Mis|sa|le vgl. [1]Missal

Mis|sa lec|ta, die; - -, ...ae [...ɛ] ...ae [...ɛ]: stille od. Lesemesse

Mis|sa|le Ro|ma|num, das; - -: amtliches Messbuch der römisch-katholischen Kirche

Mis|sa pon|ti|fi|ca|lis, die; - -, ...ae [...ɛ] -: ↑Pontifikalamt

Mis|sa so|lem|nis, die; - -, ...ae [...ɛ] -: feierliches Hochamt

Missed Ab|or|tion [ˈmɪsd əˈbɔ:ʃn], die; - -, - -s ⟨*engl.*⟩ (Med.): Verbleiben einer toten, unreifen Frucht über längere Zeit in der Gebärmutter

Mis|ses: *Plural* von ↑Miss

Mis|sile [ˈmɪsaɪl, auch: ˈmɪsl̩], das; -s, -s ⟨*engl.*⟩ (Militär): Flugkörpergeschoss

Mis|sing Link, das, auch der; - -s, - -s ⟨*engl.*; »fehlendes Glied«⟩ (Biol.): [noch] nicht nachgewiesene Übergangsform in der stammesgeschichtlichen Entwicklung

Mis|sio ca|no|ni|ca, die; - - ⟨*mlat.*⟩ (kath. Kirchenrecht): kirchliche Ermächtigung zur Erteilung des Religionsunterrichts

Mis|si|on, die; -, -en ⟨*lat.-mlat.*⟩: 1. Sendung, [ehrenvoller] Auftrag, innere Aufgabe. 2. Verbreitung einer religiösen Lehre unter Andersgläubigen; **innere Mission:** religiöse Erneuerung u. Sozialarbeit im eigenen Volk. 3. [ins Ausland] entsandte Person[engruppe] mit besonderem Auftrag (z. B. Abschluss eines Vertrages). 4. diplomatische Vertretung eines Staates im Ausland

Mis|si|o|nar, österr. nur: **Mis|si|o|när**, der; -s, -e ⟨*lat.-nlat.*⟩: in der [christlichen] Mission (2) tätiger Geistlicher od. Laie; Glaubensbote. **Mis|si|o|na|rin**, österr. nur: **Mis|si|o|nä|rin**, die; -, -nen: weibliche Form zu ↑Missionar.

mis|si|o|na|risch: die Mission (2) betreffend; auf Bekehrung hinzielend

mis|si|o|nie|ren: eine (bes. die christliche) Glaubenslehre verbreiten

Mis|si|ons|chef, der; -s, -s: **a)** Leiter einer diplomatischen Vertretung im Ausland; vgl. Mission (4); **b)** ↑Chef de Mission

Mis|sou|ri|sy|n|o|de [...ˈsu:...], die; - ⟨nach dem nordamerik. Bundesstaat Missouri⟩: streng lutherische Freikirche deutscher Herkunft in den USA

Mist, der; -s, -e ⟨*engl.*⟩ (Seew.): leichter Nebel

Mis|ter ⟨*lat.-frz.-engl.*⟩: engl. Anrede für einen Mann (Abk.: Mr)

mis|te|ri|o|sa|men|te, mis|te|ri|o|so ⟨*gr.-lat.-it.*⟩ (Musik): geheimnisvoll (Vortragsanweisung)

mis|tig ⟨*engl.*⟩ (Seew.): neblig

Mist|puf|fers [...pafəz], die (Plural) ⟨*engl.*⟩: scheinbar aus großer Entfernung kommende dumpfe Knallgeräusche unbekannter Herkunft, die man an Küsten wahrnimmt

Mis|t|ral, der; -s, -e ⟨*lat.-provenzal.-frz.*⟩: kalter Nord[west]wind im Rhonetal, in der Provence u. an der französischen Mittelmeerküste

mi|su|ra|to ⟨*lat.-it.*⟩ (Musik): gemessen, wieder streng im Takt (Vortragsanweisung)

Mis|zel|la|ne|en [auch: ...ˈla:neən], **Mis|zel|len**, die (Plural) ⟨*lat.*⟩: kleine Aufsätze verschiedenen Inhalts; Vermischtes, bes. in wissenschaftlichen Zeitschriften

Mi|tel|la, die; -, ...llen ⟨*gr.-lat.*⟩: Dreieckstuch; um den Nacken geschlungenes Tragetuch für den Arm zur Ruhigstellung bei Unterarm- u. Handverletzungen

Mi|th|rä|um, das; -s, ...räen ⟨*pers.-gr.-nlat.*⟩: unterirdischer Kultraum des altpersischen Rechts- u. Lichtgottes Mithra[s] (vielfach im römischen Heeresgebiet an Rhein u. Donau)

Mi|th|ri|da|tis|mus, der; - ⟨nach König Mithridates VI., um 132–63 v. Chr.⟩ (Med.): Gewöhnung an Gift[e] durch Einnehmen derselben [in allmählich größer werdender Menge]

Mi|ti|gans, das; -, ...anzien u. ...antia [...tsi̯a] ⟨*lat.*⟩: 1. (Med.) Linderungs-, Beruhigungsmittel. 2. (nur Plural; Rechtsspr. veraltet) mildernde Umstände

Mi|ti|ga|ti|on, die; -, -en: 1. (Fachspr.) Abschwächung, Milderung. 2. (Rechtsspr. veraltet) Strafminderung

mi|to|chon|dri|al (Med.): die Mitochondrien betreffend

Mi|to|chon|d|ri|um [...x...], das; -s, ...ien ⟨*gr.-nlat.*⟩ (Biol.): faden- od. kugelförmiges Gebilde in menschlichen, tierischen u. pflanzlichen Zellen, das der Atmung u. dem Stoffwechsel der Zelle dient

mi|ton|nie|ren ⟨*frz.*⟩: langsam in einer Flüssigkeit kochen lassen

Mi|to|se, die; -, -n ⟨*gr.-nlat.*⟩ (Biol.): Zellkernteilung mit Längsspaltung der Chromosomen; indirekte Zellkernteilung (Ggs.: Amitose)

Mi|to|se|gift, das; -[e]s, -e (Biol.): Stoff, der den normalen Verlauf der Kernteilung stört (z. B. ↑Kolchizin)

mi|to|tisch (Biol.): die Zellkernteilung betreffend

Mi|t|ra, die; -, ...ren ⟨*gr.-lat.*⟩: 1. Kopfbedeckung hoher katholischer Geistlicher; Bischofsmütze. 2. mützenartige Kopfbedeckung altorientalischer Herrscher. 3. **a)** bei den Griechen u. Römern Stirnbinde der Frauen; **b)** metallener Leibgurt der Krieger. 4. (Med.) haubenartiger Kopfverband

Mi|t|rail|leu|se [mitra(l)ˈjø:zə], die; -, -n ⟨*frz.*⟩: französisches Salvengeschütz (1870–1871), Vorläufer des Maschinengewehrs

mi|t|ral ⟨*gr.-lat.-nlat.*⟩: 1. (Med.) sich auf die Mitralklappe beziehend. 2. von haubenförmiger Gestalt

Mi|t|ral|klap|pe, die; -, -n (Med.): zweizipfelige Herzklappe zwischen linkem Vorhof u. linker Kammer; Biskuspidalklappe

Mi|t|ro|pa, die; - ⟨Kunstw.⟩: Mitteleuropäische Schlaf- und Speisewagen-Aktiengesellschaft

Mitz|wa, die; -, ...woth od. -s ⟨*hebr.*⟩: gute, gottgefällige Tat

Mix, der; -[es], -e ‹*lat.-frz.-engl.*›: Gemisch, spezielle Mischung

Mixed [mɪkst], das; -[s], -[s] ‹*lat.-frz.-engl.*›: gemischtes Doppel (aus je einem Spieler u. einer Spielerin auf jeder Seite) im Tennis, Tischtennis u. Badminton

Mixed Drink, der; - -[s], - -s, **Mixed|drink,** der; -[s], -s [ˈmɪkst ˈdrɪŋk, ˈmɪkstdrɪŋk] ‹*engl.*›: alkoholisches Mischgetränk

Mixed Eco|no|my [ˈmɪkst ɪˈkɔnəmɪ], die; - - ‹*engl.*›: Form der [Markt]wirtschaft, die neben der wettbewerblichen Selbststeuerung auch durch Lenkungsmaßnahmen u. Verhandlungen zwischen Interessengruppen gekennzeichnet ist

Mixed Grill, der; - -[s], - -s, **Mixed|grill,** der; -[s], -s [ˈmɪkst ˈgrɪl, ˈmɪkstgrɪl] ‹*engl.*› (Gastron.): Gericht aus verschiedenen gegrillten Fleischstücken [u. kleinen Würstchen]

Mixed Me|dia [ˈmɪkst ˈmiːdi̯ə], die (Plural) ‹*engl.*›: Kombination verschiedener Medien, bes. für künstlerische Zwecke

Mixed-Me|dia-Show [...ʃoʊ̯], die; -, -s: ↑Multimediashow

Mixed Pi|ck|les, Mixed|pi|ck|les [ˈmɪkst ˈpɪkl̩s, auch: ˈmɪkstpɪkl̩s], Mixpickles [ˈmɪkspɪkl̩s] die (Plural) ‹*engl.*›: in Essig eingelegte Stückchen verschiedener Gemüsesorten, bes. Gurken

mi|xen ‹*lat.-frz.-engl.*›: **1.** (bes. Getränke) mischen. **2.** die auf verschiedene Bänder aufgenommenen akustischen Elemente eines Films (Sprache, Musik, Geräusche) aufeinander abstimmen u. auf eine Tonspur überspielen. **3.** Speisen mit einem elektrischen Küchengerät zerkleinern u. mischen. **4.** (Eishockey) den Puck mit dem Schläger schnell hin u. her schieben

Mi|xer, der; -s, -: **1.** jmd., der [in einer Bar] alkoholische Getränke mischt. **2. a)** Tontechniker, der getrennt aufgenommene akustische Elemente eines Films auf eine Tonspur überspielt; **b)** Gerät zum Mixen (2). **3.** (bei der Zubereitung von Getränken, Speisen gebrauchtes) elektrisches Gerät zum Zerkleinern u. Vermischen. **Mi|xe|rin,** die; -, -nen: weibliche Form zu ↑Mixer (1, 2 a)

Mi|xo|ly|disch, Mi|xo|ly|di|sche, das; ...schen ‹*gr.;* nach der kleinasiatischen Landschaft Lydien› (Musik): **a)** altgriechische Tonart; **b)** 7. Kirchentonart (g-g') des Mittelalters

Mi|xo|s|ko|pie, die; - (Med.): sexuelle Lust u. Befriedigung beim Betrachten des Koitus anderer; vgl. Voyeur

Mix|pi|ck|les [ˈmɪkspɪkl̩s] vgl. Mixed Pickles

Mix|ti|on, die; -, -en ‹*lat.*› (veraltet): Mischung

Mix|tum com|po|si|tum, das; - -, ...ta ...ta: Durcheinander, buntes Gemisch

Mix|tur, die; -, -en: **1.** Mischung; flüssige Arzneimischung. **2.** (Musik) Orgelregister, das auf jeder Taste mehrere Pfeifen in Oktaven, Terzen, Quinten, auch Septimen ertönen lässt

Mi|zell vgl. Mizelle

Mi|zel|le, die; -, -n, seltener: Mizell, das; -s, -e ‹*lat.-nlat.*› (Chemie): aus vielen Molekülen aufgebautes Kolloid

Mne|me, die; - ‹*gr.*› (Med.; Psychol.): Gedächtnis; Erinnerung, Fähigkeit lebender Substanz, für die Lebensvorgänge wichtige Information zu speichern

Mne|mis|mus, der; - ‹*gr.-nlat.*›: Lehre, dass alle lebende Substanz eine Mneme habe, die die vitalen Funktionen steuere

Mne|mo|nik, die; - ‹*gr.*›: ↑Mnemotechnik. **Mne|mo|ni|ker,** der; -s, -: ↑Mnemotechniker. **Mne|mo|ni|ke|rin,** die; -, -nen: weibliche Form zu ↑Mnemoniker. **mne|mo|nisch:** ↑mnemotechnisch

Mne|mo|tech|nik [auch: ...ˈtɛç...], die; -, -en: Technik, Verfahren, sich etwas leichter einzuprägen, seine Gedächtnisleistung zu steigern, z. B. durch systematische Übung od. Lernhilfen (wie z. B. Merkverse). **Mne|mo|tech|ni|ker** [auch: ...ˈtɛç...], der; -s, -: jmd., der die Mnemotechnik beherrscht. **Mne|mo|tech|ni|ke|rin,** die; -, -nen: weibliche Form zu ↑Mnemotechniker. **mne|mo|tech|nisch** [auch: ...tɛç...]: die Mnemotechnik betreffend

mnes|tisch (Med., Psychol.): die Mneme betreffend

Moa, der; -[s], -s ‹*maorisch*›: ausgestorbener, sehr großer, straußenähnlicher neuseeländischer Laufvogel (bis 3,50 m hoch)

Moa|holz, das; -es: aus Neuseeland eingeführtes, sehr hartes Holz

Mo|ai, der; -[s], -[s] ‹*polynes.*›: steinerne Kolossalfigur auf der Osterinsel im Pazifik

Mob, der; -s, -s ‹*lat.-engl.*› (abwertend): **1.** Pöbel. **2.** kriminelle Bande, organisiertes Verbrechertum

mob|ben ‹*engl.*›: (einen Kollegen, eine Kollegin) ständig schikanieren, quälen, verletzen [mit der Absicht, ihn zur Aufgabe seines Arbeitsplatzes zu veranlassen]. **Mob|bing,** das; -[s]: das Mobben

Mö|bel, das; -s, - ‹*lat.-mlat.-frz.;* »bewegliches Gut«›: **1. a)** Einrichtungsgegenstand für Wohn- u. Arbeitsräume; **b)** (nur Plural) Einrichtung, Mobiliar. **2.** (ohne Plural; ugs.) ungefüger Gegenstand

mo|bil ‹*lat.-frz.*›: **1. a)** beweglich, nicht an einen festen Standort gebunden (Ggs.: immobil [1]); **b)** den Wohnsitz u. Arbeitsplatz häufig wechselnd; **c)** (EDV) auf Mobiltelefone u. andere transportable Endgeräte bezogen, durch sie erfolgend, für sie entwickelt od. geeignet. **2.** für den Krieg bestimmt od. ausgerüstet; einsatzbereit (Ggs.: immobil [2]). **3.** (ugs.) wohlauf, gesund; lebendig, munter; **mobiles Buch:** Loseblattsammlung

Mo|bil, das; -s, -e (ugs.): Fahrzeug, Auto

Mo|bil|com|pu|ter, der; -s, - (EDV): **a)** tragbarer Computer (z. B. ein Notebook); **b)** für den Einbau in Fahrzeuge konstruierter Computer

mo|bi|le [...le] ‹*lat.-it.*› (Musik): beweglich, nicht steif (Vortragsanweisung)

Mo|bi|le, das; -s, -s ‹*lat.-mlat.-engl.*›: hängend befestigtes Gebilde aus [Metall]plättchen, Stäben, Figuren u. Drähten, das durch Luftzug, Warmluft od. Anstoßen in Bewegung gerät

Mo|bile Ban|king, das; - -[s], **Mo|bile|ban|king,** das; -[s] [ˈmoʊ̯baɪ̯l(ˈ)bɛŋkɪŋ] ‹*engl.*›: Abwicklung von Bankgeschäften über das Internet mithilfe von Smartphones

Mo|bil|funk, der; -s: Funk zwischen mobilen od. zwischen mobilen u. festen Stationen

Mo|bi|li|ar, das; -s, -e ⟨*lat.-mlat.-nlat.*⟩: Gesamtheit der Möbel u. sonstigen Einrichtungsgegenstände [einer Wohnung]

Mo|bi|li|ar|kre|dit, der; -[e]s, -e: Kredit gegen Verpfändung beweglicher Sachen

Mo|bi|li|en, die (Plural) ⟨*lat.-mlat.*⟩: **1.** Hausrat, Möbel. **2.** (Wirtsch.) bewegliche Güter (Ggs.: Immobilie)

Mo|bi|li|sa|ti|on, die; -, -en ⟨*lat.-frz.*⟩: **1.** (Med.) das Mobilisieren (3 a). **2.** ↑ Mobilmachung (Ggs.: Demobilisation [a]). **3.** das Mobilisieren (4); vgl. ...ation/...ierung

Mo|bi|li|sa|tor, der; -s, ...oren ⟨*lat.-nlat.*⟩: Faktor, der eine mobilisierende Wirkung auf jemanden, etwas ausübt

mo|bi|li|sie|ren: **1.** (Militär) mobilmachen (Ggs.: demobilisieren [a]). **2.** (Wirtsch.) beweglich, zu Geld machen. **3.** **a)** (Med.) auf operativem Weg ein Gelenk, ein Organ, einen Körperteil [wieder] beweglich machen; **b)** ein Gelenk, ein Organ, einen Körperteil durch [Bewegungs]therapie o. Ä. [wieder] beweglich machen. **4.** **a)** in Bewegung versetzen, zum Handeln veranlassen; **b)** rege, wirksam machen; aktivieren

Mo|bi|li|sie|rung, die; -, -en: **1.** (Biol.) Aktivierung von Lebensvorgängen. **2.** Umwandlung von in Aktien o. Ä. gebundenem Kapital in Geldvermögen. **3.** ↑ Mobilmachung (Ggs.: Demobilisierung). **4.** das Mobilisieren (3, 4); vgl. ...ation/...ierung

Mo|bi|lis|mus, der; - (Geol.): Theorie, dass die Erdkruste auf dem sie unterlagernden Untergrund frei beweglich ist (Ggs.: Fixismus)

Mo|bi|list, der; -en, -en (ugs. scherzh.): Autofahrer. **Mo|bi|lis|tin,** die; -, -nen: weibliche Form zu ↑ Mobilist

Mo|bi|li|tät, die; - ⟨*lat.*⟩: **1.** (geistige) Beweglichkeit. **2.** Beweglichkeit von Individuen od. Gruppen innerhalb der Gesellschaft. **3.** (Bevölkerungsstatistik) Häufigkeit des Wohnsitzwechsels einer Person

Mo|bi|li|täts|ga|ran|tie, die; -, -n: Garantie, die beim Ausfall eines Fahrzeugs o. Ä. das weitere Fortkommen gewährleistet

Mo|bi|li|täts|kon|zept, das; -[e]s, -e (Verkehrsw.): Programm zur Gestaltung u. Entwicklung des öffentlichen Verkehrs

mo|bil|ma|chen: die Streitkräfte u. den Staat auf das Eintreten in einen Krieg vorbereiten. **Mo|bil|ma|chung,** die; -, -en: Vorbereitung auf einen bevorstehenden Krieg durch Einberufung der Reserve u. Aufstellung neuer Truppenteile

Mo|bil|sta|ti|on, die; -, -en: Sprechfunkanlage im Auto, mobile (1 c) ↑ Station beim Funksprech- bzw. Funktelefonverkehr

Mo|bil|te|le|fon, das; -s, -e: (innerhalb eines bestimmten Gebiets) von praktisch jedem beliebigen Ort aus benutzbares Funktelefon

mö|b|lie|ren ⟨*lat.-mlat.-frz.*⟩: mit Hausrat einrichten, ausstatten

Mobs|ter, der; -s, - ⟨*lat.-engl.-amerik.*⟩: Gangster, Bandit

Moc|ca dou|ble [- ˈduːbl̩], der; - -, -s -s [ˈmɔka ˈduːbl̩] ⟨*frz.*⟩ (Gastron.): doppelter Mokka

[1]**Mo|cha** [...xa, auch: ...ka], der; - ⟨nach der jemenitischen Hafenstadt Mokka (Mocha) am Roten Meer⟩: Abart des Quarzes

[2]**Mo|cha** [...xa, auch: ...ka], das; -s: auf der Narbenseite abgeschliffenes, samtartiges Glacéleder

Mock|tur|tle|sup|pe [...tœrtl̩...], die; -, -n ⟨*engl.; dt.*⟩: unechte Schildkrötensuppe (aus Kalbskopf hergestellt)

Mo|cku|men|ta|ry [mɔkjuˈmɛntəri], die, der od. das; -[s], -s ⟨*engl.*⟩ (Film, Fernsehen): [parodistischer] Film, der den Anschein erwecken soll, ein echter Dokumentarfilm zu sein

Mod, der; -s, -s (meist Plural) ⟨*engl.*⟩: Angehöriger einer Gruppe männlicher Jugendlicher, die den Musikstil der 1960er-Jahre u. als Kleidung Anzug u. Krawatte bevorzugen

mo|dal ⟨*lat.-mlat.*⟩: **1.** (Philos.; Sprachwiss.) den Modus (1) betreffend, die Art u. Weise bezeichnend; **modale Konjunktion** (Sprachwiss.): die Art und Weise bestimmendes Bindewort (z. B. wie, indem); **modale Persönlichkeit** (Soziol.): Persönlichkeit mit Verhaltensweisen, die typisch für den Kulturkreis sind, dem sie angehört. **2.** (Musik) in Modalnotation notiert, sie betreffend

Mo|dal|ad|verb, das; -s, -ien (Sprachwiss.): Adverb der Art u. Weise (z. B.: kopfüber)

Mo|dal|be|stim|mung, die; -, -en (Sprachwiss.): Umstandsbestimmung der Art u. Weise (z. B. sie malt *ausdrucksvoll*)

Mo|da|lis|mus, der; - ⟨*lat.-mlat.-nlat.*⟩: altkirchliche, der Lehre von der ↑ Trinität widersprechende Anschauung, die Christus nur als Erscheinungsform Gottes sieht (Zweig des ↑ Monarchianismus)

Mo|da|li|tät, die; -, -en: **1.** (Philos.; Sprachwiss.) Art u. Weise [des Seins, des Denkens]. **2.** (meist Plural) Art u. Weise der Aus- u. Durchführung eines Vertrages, Beschlusses o. Ä.

Mo|dal|lo|gik, die; -: Zweig der formalen Logik

Mo|dal|no|ta|ti|on, die; - (Musik): Notenschrift des 12. u. 13. Jh.s, Vorstufe der ↑ Mensuralnotation

Mo|dal|satz, der; -es, ...sätze (Sprachwiss.): Adverbialsatz der Art u. Weise (z. B.: ich half ihm, *indem ich ihm Geld schickte*)

Mo|dal|verb, das; -s, -en (Sprachwiss.): Verb, das in Verbindung mit einem reinen Infinitiv ein anderes Sein od. Geschehen modifiziert (z. B.: er *will* kommen)

mode [moːt] ⟨*lat.-frz.-engl.*⟩: bräunlich

[1]**Mo|de,** die; -, -n ⟨*lat.-frz.*⟩: **1.** **a)** Brauch, Sitte zu einem bestimmten Zeitpunkt; **b)** Tages-, Zeitgeschmack. **2.** die zu einem bestimmten Zeitpunkt bevorzugte Art, sich zu kleiden od. zu frisieren. **3.** (meist Plural) dem herrschenden Zeitgeschmack entsprechende od. ihn bestimmende Kleidung

[2]**Mo|de,** die; -, -n ⟨*lat.-engl.*⟩ (Elektrot.): Schwingungsform elektromagnetischer Wellen, insbesondere in Hohlleitern

[1]**Mo|del,** der; -s, -, Modul, der; -s, -n ⟨*lat.*⟩: **1.** Halbmesser

des unteren Teils einer antiken Säule (Maßeinheit zur Bestimmung architektonischer Verhältnisse, bes. in der Antike u. Renaissance). **2.** Hohlform für die Herstellung von Gebäck od. zum Formen von Butter. **3.** erhabene Druckform für Stoff- u. Tapetendruck. **4.** Stick- u. Wirkmuster

²**Mo|del,** das; -s, -s ⟨*lat.-vulgärlat.-it.-engl.*⟩: Mannequin, Fotomodell

Mo|dell, das; -s, -e ⟨*lat.-vulgärlat.-it.*⟩: **1.** Muster, Vorbild. **2.** Entwurf od. Nachbildung in kleinerem Maßstab (z. B. eines Bauwerks). **3.** [Holz]form zur Herstellung der Gussform. **4.** Kleidungsstück, das eine Einzelanfertigung ist. **5.** Mensch od. Gegenstand als Vorbild für ein Werk der bildenden Kunst. **6.** Typ, Ausführungsart eines Fabrikats. **7.** vereinfachte Darstellung der Funktion eines Gegenstands od. des Ablaufs eines Sachverhalts, die eine Untersuchung od. Erforschung erleichtert od. erst möglich macht. **8.** Mannequin; vgl. ²Model. **9.** (verhüll.) ↑Callgirl

Mo|del|la|ge [...ˈlaːʒə], die; -, -n ⟨*lat.-vulgärlat.-it.-frz.*⟩: modellierend formende Bearbeitung, Gestaltung

Mo|del|leur [...ˈløːɐ̯], der; -s, -e: ↑Modellierer. **Mo|del|leu|rin** [...ˈløːrɪn], die; -, -nen: weibliche Form zu ↑Modelleur

mo|del|lie|ren ⟨*lat.-vulgärlat.-it.*⟩: [eine Plastik] formen, ein Modell herstellen. **Mo|del|lie|rer,** der; -s, -: Former, Musterformer. **Mo|del|lie|re|rin,** die; -, -nen: weibliche Form zu ↑Modellierer

mo|del|lig: in der Art eines Modells (von Kleidungsstücken)

Mo|del|list, der; -en, -en: ↑Modellierer. **Mo|del|lis|tin,** die; -, -nen: weibliche Form zu ↑Modellist

¹**mo|deln** ⟨*lat.*⟩: gestalten, in eine Form bringen

²**mo|deln** ⟨*lat.-vulgärlat.-it.-engl.*⟩: als ²Model arbeiten

Mo|dem, der, auch: das; -s, -s ⟨Kurzw. aus *engl. mo*dulator u. *dem*odulator⟩: Gerät zur Übertragung von Daten über Fernsprechleitungen

Mo|de|ra|men, das; -s, - u. ...mina: **1.** (veraltet) Mäßigung. **2.** gewähltes Vorstandskollegium einer reformierten ↑Synode

mo|de|rat: gemäßigt, maßvoll

Mo|de|ra|ti|on, die; -, -en: **1.** (veraltet) Mäßigung; Gleichmut. **2.** Leitung u. Redaktion einer Rundfunk- od. Fernsehsendung

mo|de|ra|to ⟨*lat.-it.*⟩ (Musik): (Vortragsanweisung) gemäßigt, mäßig schnell (Abk.: mod.). **Mo|de|ra|to,** das; -s, -s u. ...ti (Musik): Musikstück in mäßig schnellem Zeitmaß

Mo|de|ra|tor, der; -s, ...oren ⟨*lat.*⟩: **1.** [leitender] Redakteur einer Rundfunk- od. Fernsehanstalt, der durch eine Sendung führt u. dabei die einzelnen Programmpunkte ankündigt, erläutert u. kommentiert. **2.** (Kernphysik) Stoff, der Neutronen hoher Energie abbremst. **3.** Vorsteher eines Moderamens (2). **Mo|de|ra|to|rin,** die; -, -nen: weibliche Form zu ↑Moderator (1)

mo|de|rie|ren: **1.** (eine Rundfunk- od. Fernsehsendung) mit einleitenden u. verbindenden Worten versehen. **2.** (veraltet, aber noch landsch.) mäßigen

mo|dern ⟨*lat.-frz.*⟩: **1.** der ¹Mode entsprechend. **2.** neuzeitlich, -artig

Mo|der|ne, die; -: **1.** moderne Richtung in Literatur, Musik u. Kunst. **2.** die jetzige Zeit u. ihr Geist

mo|der|ni|sie|ren: **1.** der gegenwärtigen ¹Mode entsprechend umgestalten, umändern (von Kleidungsstücken o. Ä.). **2.** nach neuesten technischen od. wissenschaftlichen Erkenntnissen ausstatten od. verändern

Mo|der|nis|mus, der; -, ...men ⟨*lat.-frz.-nlat.*⟩: **1.** (ohne Plural) Bejahung des Modernen; Streben nach Modernität [in Kunst u. Literatur]. **2.** (ohne Plural) liberal-wissenschaftliche Reformbewegung in der katholischen Kirche (1907 von Pius X. verurteilt). **3.** modernes Stilelement

Mo|der|nist, der; -en, -en: Anhänger des Modernismus (1, 2). **Mo|der|nis|tin,** die; -, -nen: weibliche Form zu ↑Modernist

mo|der|nis|tisch: zum Modernismus gehörend; sich modern gebend

Mo|der|ni|tät, die; -, -en: **1.** (ohne Plural) neuzeitliches Verhalten, Gepräge. **2.** Neuheit

Mo|dern Jazz [ˈmɔdən ˈdʒæz], der; - - ⟨*engl.*⟩: Stilrichtung des Jazz, etwa seit 1945

mo|dest ⟨*lat.*⟩ (veraltet): bescheiden, sittsam

Mo|di: *Plural* von ↑Modus

Mo|di|fi|ka|ti|on, die; -, -en: **1.** Abwandlung, Veränderung, Einschränkung. **2.** (Biol.) das Abgewandelte, Veränderte, die durch äußere Faktoren bedingte nicht erbliche Änderung bei Pflanzen, Tieren od. Menschen. **3.** (Chemie) durch die Kristallstruktur bedingte Zustandsform, in der ein Stoff vorkommt

Mo|di|fi|ka|tor, der; -s, ...oren: **1.** etwas, das abschwächende od. verstärkende Wirkung hat. **2.** (Biol.) Gen, das nur modifizierend (verstärkend od. abschwächend) auf die Wirkung anderer Gene Einfluss nimmt

mo|di|fi|zie|ren: einschränken, abändern; abwandeln; **modifizierendes Verb** (Sprachwiss.): Verb, das ein durch einen Infinitiv mit »zu« ausgedrücktes Sein od. Geschehen modifiziert (z. B.: er *pflegt* lange zu schlafen)

mo|disch ⟨*lat.-frz.*⟩: nach der Mode

Mo|dist, der; -en, -en: **1.** Schreibkünstler des Spätmittelalters. **2.** Hutmacher. **3.** (veraltet) Modewarenhändler. **Mo|dis|tin,** die; -, -nen: weibliche Form zu ↑Modist (2)

Mo|dul vgl. ¹Model

¹**Mo|dul,** der; -s, -n ⟨*lat.*⟩: **1.** vgl. ¹Model. **2.** (Math.) **a)** (in verschiedenen Zusammenhängen) zugrunde liegendes Verhältnis, zugrunde liegende Verhältniszahl; **b)** ↑Divisor (natürliche Zahl), in Bezug auf den zwei ganze Zahlen ↑kongruent (2 b) sind, d. h. bei der ↑Division (1) den gleichen Rest ergeben; **c)** absoluter Betrag einer ↑komplexen Zahl. **3. a)** (Physik, Technik) (in verschiedenen Zusammenhängen) ↑Materialkonstante (z. B. Elastizitätsmodul); **b)** (Technik) Maß für die Berechnung der Zahngröße bei Zahnrädern

²**Mo|dul,** das; -s, -e ⟨*lat.-engl.*⟩: **1.** (bes. Elektrot.) austauschba-

res, komplexes Teil eines Geräts od. einer Maschine, das eine geschlossene Funktionseinheit bildet. **2.** (Informatik) eine sich aus mehreren Elementen zusammensetzende Einheit innerhalb eines Gesamtsystems, die jederzeit ausgetauscht werden kann

mo|du|lar ‹*lat.-engl.*›: **1.** in der Art eines ²Moduls (1); wie ein Bauelement beschaffen. **2.** das ↑²Modul betreffend

mo|du|la|ri|sie|ren: (ein Programm) in Module gliedern. **Mo|du|la|ri|sie|rung,** die; -, -en: die Gliederung (eines Programms) in einzelne Module

Mo|du|la|ti|on, die; -, -en ‹*lat.*›: **1.** Beeinflussung einer Trägerfrequenz zum Zwecke der Übertragung von Nachrichten auf Drahtleitungen od. auf drahtlosem Weg. **2.** (Musik) Übergang von einer Tonart in die andere. **3.** (Musik) das Abstimmen von Tonstärke u. Klangfarbe im Musikvortrag (z. B. beim Gesang)

Mo|du|la|tor, der; -s, ...oren ‹*lat.-nlat.*›: Gerät zur Modulation (1)

mo|du|la|to|risch: die Modulation betreffend

mo|du|lie|ren ‹*lat.*›: **1.** abwandeln. **2.** (eine Frequenz) zum Zwecke der Nachrichtenübermittlung beeinflussen. **3.** in eine andere Tonart übergehen

Mo|du|lor, der; -s ‹*nlat.*› (Archit.): von Le Corbusier entwickeltes Proportionsschema, das die Proportionen des menschlichen Körpers auf Bauten überträgt

Mo|dul|tech|nik, die; - (Elektrot.): Methode der Miniaturisierung elektronischer Geräte mithilfe von ↑²Modulen (1)

Mo|dus [auch: 'mɔ...], der; -, ...di: **1.** Art u. Weise [des Geschehens od. Seins]. **2.** (Sprachwiss.) grammatische Kategorie des Verbs zum Ausdruck der Modalität (1) (z. B. Indikativ, Konjunktiv, Imperativ). **3.** (Musik) **a)** Kirchentonart; **b)** eine von sechs rhythmischen Grundformen (in Modalnotation aufgezeichneter) mehrstimmiger Musik des 13. Jh.s; **c)** (in der Mensuralnotation) Verhältnis zwischen Maxima u. Longa od. zwischen Longa u. Brevis. **4.** (Statistik) in einer Reihe am häufigsten vorkommender Wert

Mo|dus Ope|ran|di, der; - -, ...di -: Art u. Weise des Handelns, Tätigwerdens

Mo|dus Pro|ce|den|di, der; - -, ...di -: Verfahrens-, Vorgehensweise

Mo|dus Vi|ven|di, der; - -, ...di -: Form eines erträglichen Zusammenlebens zweier od. mehrerer Parteien ohne Rechtsgrundlage od. völlige Übereinstimmung

¹Moel|lon [mo̯a'lõ:], der; -s, -s ‹*frz.*› (selten): quaderartig behauener Bruchstein

²Moel|lon [mo̯a'lõ:], das; -s ‹*frz.*›: ↑Degras

Mo|fa, das; -s, -s ‹Kurzw. aus *Mo*tor*fa*hrrad›: Kleinkraftrad mit geringer Höchstgeschwindigkeit (bis 25 km/h) u. Pedalstart

Mo|fet|te, die; -, -n ‹*germ.-it.-frz.*› (Geol.): Stelle der Erdoberfläche, an der Kohlensäure vulkanischen Ursprungs ausströmt

Mo|gi|fo|nie, Mogiphonie, die; -, ...ien (Med.): Schwäche bzw. Versagen der Stimme bei gewohnheitsmäßiger Überanstrengung

Mo|gi|gra|fie, Mo|gi|gra|phie, die; -, ...ien ‹*gr.-nlat.*› (Med.): Krampf der am Schreibvorgang beteiligten Muskeln; Schreibkrampf

Mo|gi|la|lie, die; -, ...ien (Med.): erschwertes Aussprechen bestimmter Laute

Mo|gi|pho|nie vgl. Mogifonie

Mo|gul, der; -s, -n ‹*pers.*› (Geschichte): muslimische Herrscherdynastie mongolischer Herkunft in Indien (1526–1857)

Mo|hair, der; -s, -e ‹*arab.-it.-engl.*›: **1.** Wolle der Angoraziege. **2.** Stoff aus der Wolle der Angoraziege

Mo|ha|lim: *Plural* von ↑Mohel

Mo|ham|me|da|ner, der; -s, - ‹nach dem Stifter des Islams, Mohammed, um 570–632 n. Chr.› (ugs. veraltet): ↑Muslim. **Mo|ham|me|da|ne|rin,** die; -, -nen: weibliche Form zu ↑Mohammedaner

mo|ham|me|da|nisch: **1.** zu Mohammed u. seiner Lehre gehörend. **2.** veraltende Bez. für ↑islamisch

Mo|ham|me|da|nis|mus, der; -: veraltete Bez. für ↑Islam

Mo|hel, der; -s, ...halim ‹*hebr.*›: (im jüdischen Ritus) jmd., der die Beschneidung vornimmt

Mo|hi|ka|ner: in der Fügung **der letzte Mohikaner** od. **der Letzte** od. **letzte der Mohikaner** (ugs. scherzh.): jmd., der von vielen übrig geblieben ist; etwas, was von vielem übrig geblieben ist; der od. das Letzte ‹nach dem 1826 erschienenen Roman »The last of the Mohicans« von J. F. Cooper›

Moi|ra, die; -, ...ren ‹*gr.*›: **1.** (ohne Plural) das nach griechischem Glauben Göttern u. Menschen zugeteilte Schicksal. **2.** (meist Plural) eine der drei altgr. Schicksalsgöttinnen (Klotho, Lachesis, Atropos)

Moi|ré [mo̯a're:], das; -[s], -s ‹*arab.-it.-engl.-frz.*›: **1.** (auch: *der*) Stoff mit Wasserlinienmusterung (hervorgerufen durch Lichtreflexe). **2.** (Druckw.) fehlerhafte Musterung beim Mehrfarbendruck, z. B. wenn mehrere Rasterplatten übereinander gedruckt werden. **3.** bei der Überlagerung von Streifengittern auftretende [unruhige] Bildmusterung (z. B. auf dem Fernsehbildschirm)

Moi|ren: *Plural* von ↑Moira

moi|rie|ren [mo̯a...] ‹*arab.-it.-engl.-frz.*›: Geweben ein schillerndes Aussehen geben; flammen; vgl. Moiré (1)

Mois|tu|ri|zer ['mɔi̯stʃəraɪ̯zɐ], der; -s, - u. -s ‹*lat.-frz.-engl.*›: ↑Moisturizing Cream

Mois|tu|ri|zing Cream, die; - -, - -s, **Mois|tu|ri|zing|cream,** die; -, -s ['mɔi̯stʃəraɪ̯zɪŋ 'kri:m, 'mɔi̯...]: Feuchtigkeitscreme

Mo|ji|to [mo'xi:to], der; -[s], -s ‹*span.*›: Cocktail aus weißem Rum, Minzeblättern, Limettensaft, Rohrzucker u. Sodawasser

mo|kant ‹*frz.*›: spöttisch

Mo|kas|sin [auch: 'mɔk...], der; -s, -s u. -e ‹*indian.-engl.*›: **1.** [farbig gestickter] absatzloser Wildlederschuh der nordamerikanischen Indianer. **2.** modischer [Haus]schuh in der Art eines indianischen Mokassins

Mo|ke|rie, die; -, ...ien ‹*frz.*› (veraltet): Spottlust

Mo|kett, Moquette [mo'kɛt]

der; -s ‹*frz.*›: Möbelplüsch aus [Baum]wolle

Mo|kick, das; -s, -s ‹Kurzw. aus *Mo*ped u. *Kick*starter›: Kleinkraftrad mit Kickstarter anstelle von Tretkurbeln (Höchstgeschwindigkeit von 40 km/h); vgl. Moped

mo|kie|ren, sich ‹*frz.*›: sich abfällig od. spöttisch äußern, sich lustig machen

Mok|ka, der; -s, -s ‹*engl.;* nach dem jemenitischen Hafen Mokka›: **1.** eine Kaffeesorte. **2.** starkes Kaffeegetränk

Mok|sha, Mok|scha [...ʃa] ‹*sanskr.;* »Erlösung«›: eines der vier Lebensziele eines Hindu (das Streben nach Erlösung)

Mol, das; -s, -e (aber: 1000 -) (Chemie): Menge eines chemisch einheitlichen Stoffes, die seiner relativen ↑Molekülmasse in Gramm entspricht (Einheit der molaren Masse)

Mo|la|li|tät, die; - (Chemie): Maßangabe der Konzentration von Lösungen in Mol je Kilogramm

mo|lar ‹*lat.-nlat.*›: das Mol betreffend; je 1 Mol; **molare Lösung:** ↑Molarlösung

Mo|lar, der; -s, (auch:) -en, -en ‹*lat.*› (Med.): Mahlzahn, Backenzahn

Mo|la|ri|tät, die; - ‹*lat.-nlat.*› (Chemie): Gehalt einer Lösung an chemisch wirksamer Substanz in Mol je Liter

Mo|lar|lö|sung, die; -, -en: Lösung, die 1 Mol einer chemischen Substanz in 1 Liter enthält

Mo|las|se, die; - ‹*lat.-frz.*› (Geol.): **1.** aus dem Tertiär stammende kalkige od. sandige Schichten im Alpenvorland. **2.** weicher, lockerer Sandstein im Alpenrandgebiet, bes. in der Schweiz

Mol|da|vit [auch: ...ˈvɪt], der; -s, -e ‹*nlat.;* nach den Fundorten an der Moldau›: ein glasiges Gestein (wahrscheinlich ein Glasmeteorit); vgl. Tektit

mol|den ‹*engl.*› (Textilkunde): unter Hitze u. Druck nahtlos formen (von Büstenhalterkörbchen)

Mo|le|kel, die; -, -n (österr. auch das; -s, -): ältere Bez. für ↑Molekül

Mo|lek|t|ro|nik, die; - ‹Kunstw. aus *molek*ular u. Elek*tronik*›: ↑Molekularelektronik

Mo|le|kül, das; -s, -e ‹*lat.-frz.*›: kleinste Einheit einer chemischen Verbindung, die noch die charakteristischen Eigenschaften dieser Verbindung aufweist

mo|le|ku|lar: die Moleküle betreffend

Mo|le|ku|lar|bio|lo|ge, der; -n, -n: Wissenschaftler auf dem Gebiet der Molekularbiologie. **Mo|le|ku|lar|bio|lo|gie,** die; -: Forschungszweig der Biologie, der sich mit den chemisch-physikalischen Eigenschaften organischer Verbindungen im lebenden Organismus beschäftigt. **Mo|le|ku|lar|bio|lo|gin,** die; -, -nen: weibliche Form zu ↑Molekularbiologe

Mo|le|ku|lar|elek|t|ro|nik, die; - (Elektrot.): Teilgebiet der Elektronik, das mit Halbleitern kleiner Größe arbeitet

Mo|le|ku|lar|gas|t|ro|no|mie, die; -: Kochkunst, die Erkenntnisse über biochemische u. physikalisch-chemische Prozesse berücksichtigt

Mo|le|ku|lar|ge|ne|tik, die; -: Teilgebiet der Genetik u. der Molekularbiologie, das sich mit den Zusammenhängen zwischen der Vererbung u. den chemisch-physikalischen Eigenschaften der Gene beschäftigt

Mo|le|ku|lar|ge|wicht, das; -[e]s, -e: ältere Bez. für ↑Molekülmasse

Mo|le|ku|lar|kü|che, die; -: Molekulargastronomie

Mo|le|kül|de|sign [...diˈzaɪn], das; -s: Entwicklung chemischer Substanzen mithilfe des Computers, indem die zu erwartenden Eigenschaften und Wirkungen einer Substanz anhand der Molekülstruktur berechnet werden

Mo|le|kül|mas|se, die; -, -n: Masse eines Moleküls (Summe der Massen der in einem bestimmten Molekül vorhandenen Atome)

Mole|skin [ˈmoːlskɪn, auch: ˈmɔʊl...], der od. das; -[s], -s ‹*engl.;* »Maulwurfsfell«›: ein dichtes Baumwollgewebe in Atlasbindung; Englischleder

Mo|les|ten, die (Plural) ‹*lat.*› (landsch., sonst veraltet): Beschwerden; Belästigungen. **mo|les|tie|ren** (landsch., sonst veraltet): belästigen

Mo|le|t|ro|nik, die; - ‹Kurzw. aus *mole*kular u. Elek*tronik*›: ↑Molekularelektronik

Mo|let|te, die; -, -n ‹*lat.-frz.*›: kleine Stahlwalze, deren erhabene Mustergravur in die eigentliche Kupferdruckwelle eingepresst wird; Rändelrad; Prägewalze

Mo|li: *Plural* von ↑Molo

Mo|li|nis|mus, der; - ‹*nlat.;* nach dem span. Jesuiten Luis de Molina, 1535–1600›: katholisch-theologische Richtung, nach der göttliche Gnade u. menschliche Willensfreiheit sich nicht ausschließen, sondern zusammenwirken sollen

[1]**Moll,** das; -[s] ‹*lat.-mlat.*› (Musik): Tongeschlecht aller Tonarten mit einem Halbton zwischen der zweiten u. dritten Stufe, sodass der Dreiklang der Tonika mit einer kleinen Terz beginnt (Ggs.: Dur)

[2]**Moll,** der; -[e]s, -e u. -s: ↑Molton

Mol|lus|ke, die; -, -n (meist Plural) ‹*lat.-nlat.*›: Weichtier (Muscheln, Schnecken, Tintenfische u. Käferschnecken)

Mol|lus|ki|zid, das; -s, -e: Schnecken tötendes Pestizid

Mo|lo, der; -s, Moli ‹*lat.-it.*› (österr.): Mole, Hafendamm

Mo|loch [auch: ˈmɔ...], der; -s, -e ‹*hebr.-gr.*›: grausame Macht, die immer wieder Opfer fordert u. alles zu verschlingen droht

Mo|lo|ka|ne, der; -n, -n ‹*russ.*› (Geschichte): Angehöriger einer urchristlichen Glaubensgemeinschaft, die im 18. Jh. in Russland entstand

Mo|los|ser, der; -s, - ‹*gr.-lat.;* nach dem alten illyrischen Volksstamm›: antiker Kampf- u. Hirtenhund

Mo|los|sus, der; -, ...ssi: antiker Versfuß

Mo|lo|tow|cock|tail, Mo|lo|tow-Cock|tail [...tɔf...], der; -s, -s ‹nach dem sowjet. Außenminister W. M. Molotow, 1890–1986›: mit Benzin [u. Phosphor] gefüllte Flasche, die als einfache Handgranate verwendet wird

mol|to, di molto ‹*lat.-it.*› (Musik): viel, sehr (Vortragsanweisung); **molto adagio/adagio [di] molto:** sehr langsam

Mol|ton, der; -s, -s ‹*frz.*›: weiche, doppelseitig geraute Baumwollware in Köperbindung

Mol|to|pren®, das; -s, -e ‹Kunstw.›: sehr leichter, druckfester, schaumartiger Kunststoff

mo|lum ‹*hebr.-Gaunerspr.*› (landsch.): in der Wendung **molum sein:** betrunken sein

Mol|vo|lu|men, das; -s, - u. ...mina ‹*lat.-nlat.*› (Chemie): Volumen, das von einem Mol eines Stoffes eingenommen wird

Mo|lyb|dän, das; -s ‹*gr.-lat.-nlat.*›: chem. Element; ein Metall (Zeichen: Mo)

Mo|lyb|dän|car|bid vgl. Molybdänkarbid

Mo|lyb|dän|glanz, der; -es, **Mo|lyb|dä|nit** [auch: ...ˈnɪt], der; -s, -e: ein Mineral

Mo|lyb|dän|kar|bid, chem. fachspr.: Molybdäncarbid, das; -[e]s, -e: Verbindung aus Molybdän u. Kohlenstoff, die in geringem Umfang zur Herstellung gesinterter Hartmetalle verwendet wird

[1]**Mo|ment**, der; -[e]s, -e ‹*lat.-frz.*›: **1.** Augenblick, Zeitpunkt. **2.** kurze Zeitspanne

[2]**Mo|ment**, das; -[e]s, -e ‹*lat.;* »Bewegung, Bewegkraft«›: **1.** ausschlaggebender Umstand; Merkmal; Gesichtspunkt; **erregendes Moment:** Szene im Drama, die zum Höhepunkt des Konflikts hinleitet. **2.** (Physik) Produkt aus zwei physikalischen Größen, von denen eine meist eine Kraft ist

mo|men|tan: augenblicklich, vorübergehend

Mo|men|tan|laut, der; -[e]s, -e (Sprachwiss.): Verschlusslaut mit nur ganz kurz währender Sprengung (z. B. *p*)

Mo|ment mu|si|cal [mɔmɑ̃myziˈkal], das; - -, -s ...caux [- ...ˈko] ‹*frz.*› (Musik): kleineres, lyrisches [Klavier]stück ohne festgelegte Form; liedhaftes Charakterstück

Mo|men|tum, das; -s ‹*lat.*›: Schwung, Auftrieb

Mom|me, die; -, -n ‹*jap.*›: japanisches [Seiden]gewicht

mon..., Mon... vgl. mono..., Mono...

Mo|na|de, die; -, -n ‹*gr.-lat.*›: **1.** (ohne Plural; Philos.) das Einfache, nicht Zusammengesetzte, Unteilbare. **2.** (meist Plural; Philos.) eine der letzten, in sich geschlossenen, vollendeten, nicht mehr auflösbaren Ureinheiten, aus denen die Weltsubstanz zusammengesetzt ist

mo|na|disch: 1. eine ↑Monade darstellend, ihr gleichend. **2.** (EDV) nur ein Argument verlangend (von Operatoren)

Mo|na|dis|mus, der; - ‹*gr.-lat.-nlat.*›: ↑Monadologie

Mo|nad|nock [məˈnædnɔk], der; -s, -s ‹nach einem Berg in den USA› (Geol.): Gesteinskomplex, der der Verwitterung gegenüber widerstandsfähig ist; Härtling

Mo|na|do|lo|gie, die; - ‹*gr.-nlat.*›: Lehre von den ↑Monaden. **mo|na|do|lo|gisch:** die Monadologie betreffend

Mo|n|arch, der; -en, -en ‹*gr.-mlat.*›: legitimer [Allein]herrscher (z. B. Kaiser od. König) in einem Staat mit entsprechender Verfassung

Mo|n|ar|chi|a|ner, der; -s, -: Anhänger des Monarchianismus. **Mo|n|ar|chi|a|nis|mus**, der; - ‹*gr.-mlat.-nlat.*›: altkirchliche Lehre, die die Einheit Gottes vertrat u. Christus als vergöttlichten Menschen od. als bloße Erscheinungsform Gottes ansah

Mo|n|ar|chie, die; -, ...ien ‹*gr.-lat.;* »Alleinherrschaft«›: **a)** (ohne Plural) Staatsform mit einem/einer durch Herkunft legitimierten Herrscher/-in an der Spitze; **b)** Staat mit der Monarchie (a) als Staatsform

Mo|n|ar|chin, die; -, -nen: weibliche Form zu ↑Monarch

mo|n|ar|chisch ‹*gr.-mlat.*›: **a)** eine Monarchin/einen Monarchen betreffend; **b)** die Monarchie betreffend

Mo|n|ar|chis|mus, der; - ‹*gr.-nlat.*›: ideologische Rechtfertigung der Monarchie. **Mo|n|ar|chist**, der; -en, -en: Anhänger des Monarchismus, der Monarchie. **Mo|n|ar|chis|tin**, die; -, -nen: weibliche Form zu ↑Monarchist. **mo|n|ar|chis|tisch:** den Monarchismus betreffend

Mo|n|ar|th|ri|tis, die; -, ...itiden ‹*gr.-nlat.*› (Med.): auf ein einzelnes Gelenk beschränkte Entzündung

mo|n|ar|ti|ku|lär (Med.): nur ein Gelenk betreffend

Mo|nas|te|ri|um, das; -s, ...ien ‹*gr.-lat.*›: lat. Bez. für: Kloster, Klosterkirche, Münster

mo|nas|tisch: mönchisch, klösterlich

mo|n|au|ral ‹*gr.; lat.*›: **1.** (Med., Technik) ein Ohr bzw. das Gehör auf einer Seite betreffend. **2.** (Elektronik) einkanalig (von der Tonaufnahme u. Tonwiedergabe bei Tonträgern) (Ggs.: binaural [2], stereofonisch)

Mo|n|a|xo|ni|er, die (Plural) ‹*gr.-nlat.*› (Biol.): Kieselschwämme mit einachsigen Kieselnadeln

Mo|n|a|zit [auch: ...ˈtsɪt], der; -s, -e: glänzendes, hellgelbes bis dunkelbraunes Mineral

Mon|da|min®, das; -s ‹*indian.-engl.*›: zum Kochen u. Backen verwendeter Puder aus Maisstärke

mon|dän ‹*lat.-frz.*›: eine extravagante Eleganz zeigend, zur Schau tragend

mon|di|al: weltweit, weltumspannend. **Mon|di|al**, das; -s ‹*lat.-nlat.*›: künstliche Weltsprache

mon dieu [mõˈdjøː] ‹*frz.*›: mein Gott! (Ausruf der Bestürzung o. Ä.)

Mo|nem, das; -s, -e ‹*gr.*› (Sprachwiss.): kleinste bedeutungstragende Spracheinheit

mo|n|e|pi|gra|fisch, **mo|n|e|pi|gra|phisch** ‹*gr.*›: (von Münzen) nur Schrift aufweisend

Mo|ne|re, die; -, -n (meist Plural) ‹*gr.-nlat.*›: **1.** (veraltet) Organismus ohne Zellkern. **2.** (Biol.) Entwicklungsstadium bei Einzellern, in dem kein Zellkern erkennbar ist

Mo|n|er|gol, das; -s, -e ‹Kunstw.›: fester od. flüssiger Raketentreibstoff, der aus Brennstoff u. Oxidator besteht u. zur Reaktion keiner weiteren Partner bedarf

mo|ne|tär ‹*lat.*›: geldlich; die Finanzen betreffend

Mo|ne|ta|ris|mus, der; -: Theorie in den Wirtschaftswissenschaften, die besagt, dass in einer Volkswirtschaft der Geldmenge (d. h. der Menge des umlaufenden Bar- u. ↑Giralgeldes) überragende Bedeutung beigemessen werden muss u. deshalb die Wirtschaft primär über die Geldmenge zu steuern ist. **Mo|ne|ta|rist**, der; -en, -en: Vertreter, Anhänger des Monetarismus. **Mo|ne|ta|ris|tin**, die; -,

-nen: weibliche Form zu ↑Monetarist. **mo|ne|ta|ris|tisch**: den Monetarismus betreffend

Mo|ne|tar|sys|tem, das; -s, -e: Währungssystem

Mo|ne|ten, die (Plural) ‹*lat.*› (ugs.): Geld

mo|ne|ti|sie|ren ‹*lat.-nlat.*›: in Geld umwandeln. **Mo|ne|ti|sie|rung,** die; -: Umwandlung in Geld

Mo|ney|ma|ker [ˈmʌnimeɪ̯kɐ], der; -s, - ‹*engl.;* »Geldmacher«› (ugs. abwertend): cleverer Geschäftsmann, Großverdiener

Mon|go|le, der; -n, -n ‹*mongol.*›: Einwohner der Mongolei

mon|go|lid ‹*mongol.; gr.*› (Anthropol. veraltet): Merkmale der Mongoliden aufweisend. **Mon|go|li|de,** der u. die; -n, -n (Anthropol. veraltet): Angehörige/-r der hauptsächlich in Asien, Indonesien, Ozeanien u. der Arktis verbreiteten Bevölkerungsgruppe

Mon|go|lin, die; -, -nen: weibliche Form zu ↑Mongole

mon|go|lisch: a) die Mongolei, die Mongolen betreffend, zu ihnen gehörend; **b)** in einer der Sprachen der Mongolen [verfasst]

M

mone

Mon|go|lis|mus, der; - ‹*mongol.-nlat.*› (veraltet, heute diskriminierend): ↑Downsyndrom (Die Bezeichnung *Mongolismus* ist veraltet und gilt heute als diskriminierend. Die moderne Bezeichnung ist *Downsyndrom;* fachsprachlich wird auch *Trisomie 21* verwendet.)

Mon|go|lis|tik, die; -: wissenschaftliche Erforschung der mongolischen Sprachen u. Kulturen

mon|go|lo|id ‹*mongol.; gr.*›: **1.** den Mongolen ähnlich. **2.** (veraltend, heute diskriminierend) Symptome des ↑Downsyndroms aufweisend. **Mon|go|lo|i|de,** der u. die; -n, -n: Angehörige[r] eines nicht [rein] mongoliden Menschentypus mit den für Mongolide typischen Gesichtsmerkmalen

Mo|nier|bau|wei|se [...ˈni̯eː...], die; - ‹nach dem Erfinder des Stahlbetons, dem frz. Gärtner J. Monier, 1823–1906›: Bauweise mit Stahlbeton

mo|nie|ren ‹*lat.*›: etwas bemängeln, beanstanden

Mo|ni|lia, die; - ‹*lat.-nlat.*›: Schlauchpilz, der als Erreger verschiedener Pflanzenkrankheiten gilt

Mo|nis|mus, der; - ‹*gr.-nlat.*› (Philos.): philosophisch-religiöse Lehre von der Existenz nur eines einheitlichen Grundprinzips des Seins (Ggs.: Dualismus [2]). **Mo|nist,** der; -en, -en: Vertreter des Monismus. **Mo|nis|tin,** die; -, -nen: weibliche Form zu ↑Monist. **mo|nis|tisch**: den Monismus betreffend

Mo|ni|ta: *Plural* von ↑Monitum

Mo|ni|teur [...ˈtøːɐ̯], der; -s, -e ‹*lat.-frz.;* »Ratgeber«›: Anzeiger (Titel französischer Zeitungen)

Mo|ni|tor, der; -s, -e (auch: ...oren) ‹*lat.-engl.*›: **1.** Kontrollbildschirm beim Fernsehen für Redakteure, Sprecher u. Kommentatoren, die das Bild kommentieren. **2. a)** Kontrollgerät zur Überwachung elektronischer Anlagen; **b)** (Med.) Kontrollgerät zur Überwachung der Herztätigkeit o. Ä. bei gefährdeten Patienten; **c)** Bildschirm eines Personal Computers o. Ä. **3.** (Kernphysik) einfaches Strahlennachweis- u. -messgerät. **4.** (Bergbau) Gerät zur Gewinnung von lockerem Gestein mittels Druckwasserspülung. **5.** (Plural meist -en; veraltet) Aufseher. **6.** veralteter Panzerschiffstyp

Mo|ni|to|ring [auch: ˈmɔnitərɪŋ], das; -s, -s ‹*engl.*›: [Dauer]beobachtung [eines bestimmten Systems]

Mo|ni|to|ri|um, das; -s, ...ien ‹*lat.-mlat.*› (Rechtsspr. veraltet): Mahnschreiben

Mo|ni|tum, das; -s, ...ta ‹*lat.-nlat.*›: Mahnung, Rüge, Beanstandung

mo|no: Kurzform von ↑monofon. **Mo|no,** das; -s: Kurzform von ↑Monofonie

mo|no..., Mo|no...

vor Vokalen meist: mon..., Mon... ‹*gr.* mónos »allein, einzeln, einzig«›
Präfix mit der Bedeutung »allein, einzeln, einmalig«:
- monaural
- monochromatisch
- Monogamie
- monokausal
- Monokultur

Mo|no|cha|si|um [...ˈçaː... oder: ...ˈxaː...], das; -s, ...ien ‹*gr.-nlat.*› (Bot.): Form der Verzweigung des Pflanzensprosses, bei der ein einziger Seitenzweig jeweils die Verzweigung fortsetzt

Mo|no|chla|my|de|en [...ç...], die (Plural) (Bot.): zweikeimblättrige Blütenpflanzen ohne Blütenblätter od. mit unscheinbaren kelchblattartigen Blütenblättern

Mo|no|chord [...k...], das; -s, -e ‹*gr.-lat.*› (Musik): Instrument zur Ton- u. Intervallmessung, das aus einer über einen Resonanzkasten gespannten Saite besteht

mo|no|chrom ‹*gr.-nlat.*›: einfarbig. **Mo|no|chrom,** das; -s, -en: einfarbiges Gemälde

Mo|no|chro|ma|sie, die; - (Med.): völlige Farbenblindheit

[1]**Mo|no|chro|mat,** das od. der; -[e]s, -e ‹*gr.-nlat.*› (Physik): Objektiv, das nur mit Licht einer bestimmten Wellenlänge verwendet werden kann

[2]**Mo|no|chro|mat,** der; -en, -en (Med.): jmd., der völlig farbenblind ist

mo|no|chro|ma|tisch ‹*gr.-nlat.*› (Physik): einfarbig, zu nur einer Spektrallinie gehörend

Mo|no|chro|ma|tor, der; -s, ...oren (Physik): Gerät zur Gewinnung einfarbigen Lichtes

Mo|no|chro|mie, die; -: Einfarbigkeit

mo|no|co|lor (österr.): von einer Partei gebildet

Mo|no|coque [...ˈkɔk], das; -[s], -s ‹*engl.*›: bestimmte Schalenkonstruktion, bes. in Rennwagen, die das Chassis u. den Rahmen ersetzt

mo|no|cy|c|lisch vgl. monozyklisch

Mo|n|o|die, die; -, ...ien ‹*gr.-lat.*› (Musik): **1.** einstimmiger Gesang. **2.** Sologesang mit Generalbassbegleitung. **mo|n|o|disch** (Musik): **a)** die Monodie betreffend; **b)** im Stil der Monodie; einstimmig

Mo|no|di|s|ti|chon, das; -s, ...chen ‹*gr.-nlat.*›: aus einem einzigen Distichon bestehendes Gedicht

Mo|no|dra|ma, das; -s, ...men: Einpersonenstück

mo|no|fil ‹*gr.; lat.*›: aus einer einzigen [langen] Faser bestehend (Ggs.: multifil). **Mo|no|fil,** das; -[s]: aus einer einzigen Faser

bestehender vollsynthetischer Faden
mo|no|fon, monophon: einkanalig (in Bezug auf die Schallübertragung). **Mo|no|fo|nie,** Monophonie, die; -: einkanalige Schallübertragung
mo|no|gam ⟨*gr.-nlat.*⟩: **a)** von der Anlage her auf nur einen Geschlechtspartner bezogen; **b)** (Völkerkunde) nur die Einehe kennend. **Mo|no|ga|mie,** die; -: Zusammenleben mit nur einem Partner (Ggs.: Polygamie [1 b]). **mo|no|ga|misch: a)** die Monogamie betreffend; **b)** ↑ monogam; vgl. ...isch/-
Mo|no|ga|ta|ri, das; -, - ⟨*jap.*⟩: klassische jap. Erzählungsliteratur, die aus mündlicher Tradition entwickelt wurde
mo|no|gen: 1. durch nur ein Gen bestimmt (von einem Erbvorgang) (Ggs.: polygen [1]). **2.** aus einer einmaligen Ursache entstanden; **monogener Vulkan:** durch einen einzigen Ausbruch entstandener Vulkan
Mo|no|ge|ne|se, Mo|no|ge|ne|sis, die; -: **1.** biologische Theorie von der Herleitung jeder gegebenen Gruppe von Lebewesen aus je einer gemeinsamen Urform (Stammform) (Ggs.: Polygenese). **2.** (Biol.) ungeschlechtliche Fortpflanzung
Mo|no|ge|ne|ti|ker, der; -s, -: Vertreter u. Anhänger der Monogenese (1). **Mo|no|ge|ne|ti|ke|rin,** die; -, -nen: weibliche Form zu ↑ Monogenetiker. **mo|no|ge|ne|tisch:** aus einer Urform entstanden
Mo|no|ge|nie, die; -, ...ien (Biol.): **1.** (bei bestimmten Tieren als Sonderfall) Hervorbringung nur männlicher od. nur weiblicher Nachkommen. **2.** die Erscheinung, dass an der Ausbildung eines Merkmals eines Phänotypus nur ein Gen beteiligt ist (Ggs.: Polygenie)
Mo|no|ge|nis|mus, der; -: **1.** Monogenese (1). **2.** Lehre der katholischen Theologie, nach der alle Menschen auf einen gemeinsamen Stammvater (Adam) zurückgehen (Ggs.: Polygenismus [2])
mo|no|glott: nur eine Sprache sprechend
Mo|no|go|nie, die; -, ...ien: ↑ Monogenese (2)
Mo|no|gra|fie, Monographie, die; -, ...ien: größere, wissenschaftliche Einzeldarstellung. **mo|no|gra|fisch,** monographisch: ein einzelnes Problem od. eine einzelne Persönlichkeit untersuchend od. darstellend
Mo|no|gramm, das; -s, -e ⟨*gr.-lat.*⟩: Namenszeichen, meist aus den Anfangsbuchstaben von Vor- u. Familiennamen bestehend
mo|no|gram|mie|ren: als Signatur nur mit einem Monogramm versehen
Mo|no|gram|mist, der; -en, -en ⟨*gr.-nlat.*⟩: Künstler, von dem nur die Anfangsbuchstaben des Namens bekannt sind. **Mo|no|gram|mis|tin,** die; -, -nen: weibliche Form zu ↑ Monogrammist
Mo|no|gra|phie usw. vgl. Monografie usw.
mo|no|hy|b|rid ⟨*gr.; lat.*⟩ (Biol.): von Eltern abstammend, die sich nur in einem Merkmal unterscheiden (von tierischen od. pflanzlichen Kreuzungsprodukten) (Ggs.: polyhybrid). **Mo|no|hy|b|ri|de,** der; -n, -n (Biol.): Bastard, dessen Eltern sich nur in einem Merkmal unterscheiden (Ggs.: Polyhybride)
Mo|no|ide|is|mus, der; - ⟨*gr.-nlat.;* »Einideenherrschaft«⟩: **1.** (Psychol.) Beherrschtsein von einem einzigen Gedankenkomplex (Ggs.: Polyideismus). **2.** halluzinatorische Einengung des Bewusstseins in der Hypnose
mo|no|kau|sal: sich auf nur eine Grundlage stützend; auf nur einen Grund zurückgehend
Mo|n|o|kel, das; -s, - ⟨*(gr.; lat.) lat.-frz.*⟩: Einglas; Korrekturlinse für ein Auge, die durch die Muskulatur der Augenlider gehalten wird
mo|no|klin ⟨*gr.-nlat.*⟩: **1.** die Kristallform eines Kristallsystems betreffend, bei dem eine Kristallachse schiefwinklig zu den beiden anderen, zueinander senkrechten Achsen steht. **2.** (Bot.) zweigeschlechtig (von Blüten). **Mo|no|kli|ne,** die; -n, -n (Geol.): nach einer Richtung geneigtes Gesteinspaket
mo|no|klo|nal (Biol.): auf nur einen ↑ Klon zurückgehend u. deshalb identisch aufgebaut (von Zellen)
Mo|no|ko|ty|le|do|ne, die; -, -n (Bot.): einkeimblättrige Pflanze
Mo|no|kra|tie, die; -, ...ien: Alleinherrschaft; Herrschaft einer/eines Einzelnen. **mo|no|kra|tisch:** die Monokratie betreffend; **monokratisches System:** die Leitung eines Amtes durch eine(n) Einzelne(n), die/der mit alleinigem Entscheidungsrecht ausgestattet ist
mo|n|o|ku|lar ⟨*(gr.; lat.) lat.-nlat.*⟩ (Med.): **a)** mit [nur] einem Auge; **b)** für [nur] ein Auge
Mo|no|kul|tur, die; -, -en ⟨*gr.; lat.*⟩: Form der landwirtschaftlichen Bodennutzung, bei der nur eine Nutzpflanze angebaut wird
mo|no|la|te|ral (Med.): einseitig
Mo|no|la|t|rie, die; - ⟨*gr.-nlat.*⟩: Verehrung nur eines Gottes
mo|no|lin|gu|al: nur eine Sprache sprechend; ↑ monoglott
mo|no|lith [auch: ...ˈlɪt]: ↑ monolithisch; vgl. ...isch/-
Mo|no|lith, der; -s od. -en, -e[n]: Säule, Denkmal aus einem einzigen Steinblock. **mo|no|li|thisch: 1.** aus nur einem Stein bestehend; **monolithische Bauweise:** fugenlose Bauweise (z. B. Betonguss- od. Ziegelbauweise) im Ggs. zur Montagebauweise. **2.** aus sehr kleinen elektronischen Bauelementen untrennbar zusammengesetzt; vgl. ...isch/-
Mo|no|log, der; -[e]s, -e ⟨*gr.-frz.*⟩: **a)** laut geführtes Selbstgespräch einer Figur auf der Bühne; **b)** [längere] Rede, die jmd. während eines Gesprächs hält (Ggs.: Dialog [a]). **mo|no|lo|gisch:** in der Form eines Monologs
mo|no|lo|gi|sie|ren: innerhalb eines Gesprächs für längere Zeit allein reden
Mo|no|lo|gist, der; -en, -en ⟨*gr.-frz.-nlat.*⟩ (Theater): Monologsprecher. **Mo|no|lo|gis|tin,** die; -, -nen: weibliche Form zu ↑ Monologist
Mo|nom, das; -s, -e ⟨*gr.-nlat.*⟩ (Math.): eingliedrige Zahlengröße
mo|no|man (Psychol. veraltet): an einer Zwangsvorstellung leidend. **Mo|no|ma|ne,** der; -n, -n: jmd., der an Monomanie leidet. **Mo|no|ma|nie,** die; -, ...ien (Psychol. veraltet): krankhaftes Geprägtsein von einer Zwangsvor-

stellung od. einer Wahnidee (im Sinne von Einzelwahn versus Wahnsinn). **Mo|no|ma|nin,** die; -, -nen: weibliche Form zu ↑Monomane. **mo|no|ma|nisch:** ↑monoman

mo|no|mer (Chemie): aus einzelnen, voneinander getrennten, selbstständigen Molekülen bestehend (Ggs.: polymer). **Mo|no|mer,** das; -s, -e, **Mo|no|me|re,** das; -n, -n (Chemie): Stoff, dessen Moleküle monomer sind

Mo|no|me|tal|lis|mus, der; -: Währungssystem, in dem nur ein Währungsmetall als gesetzliches Zahlungsmittel anerkannt ist

Mo|no|me|ter, der; -s, - ‹*gr.-lat.*› (antike Metrik): aus nur einem Metrum (1) bestehende metrische Einheit, die selbstständig nur als Satzschluss verwendet wird

mo|no|misch ‹*gr.-nlat.*› (Math.): eingliedrig

mo|no|morph (Bot.): gleichartig, gleich gestaltet (in Bezug auf Blüten u. Gewebe)

Mo|no|nom, das; -s, -e: ↑Monom. **mo|no|no|misch** vgl. monomisch

M
Mono

Mo|no|nu|k|le|o|se, die; -, -n ‹*gr.-lat.*› (Med.): Überzahl einkerniger Zellen im Blutbild, gutartige Infektion meist der Drüsen

mo|no|phag (Biol.): **1.** (von Tieren) hinsichtlich der Ernährung auf nur eine Pflanzen- od. Tierart spezialisiert (Ggs.: polyphag). **2.** (von schmarotzenden Pflanzen) auf nur eine Wirtspflanze spezialisiert. **Mo|no|pha|ge,** der; -n, -n (meist Plural) (Biol.): Tier, das in seiner Ernährung monophag (1) ist (Ggs.: Polyphage [1])

Mo|no|pha|gie, die; - (Biol.): Beschränkung in der Nahrungswahl auf eine Pflanzen- od. Tierart

Mo|no|phar|ma|kon, das; -s, ...ka (Med.): aus einem einzigen Wirkstoff hergestelltes Arzneimittel

Mo|no|pha|sie, die; - (Psychol.): Sprachstörung mit Beschränkung des Wortschatzes auf eine Silbe, einen Satz od. ein Wort

Mo|no|pho|bie, die; -, ...ien (Psychol.): Angst vor dem Alleinsein

mo|no|phon usw. vgl. monofon usw.

Mo|n|oph|thal|mie, die; - (Med.): Einäugigkeit

Mo|no|ph|thong, der; -[e]s, -e ‹*gr.*› (Sprachwiss.): einfacher Vokal (z. B. a, i) (Ggs.: Diphthong)

mo|no|ph|thon|gie|ren ‹*gr.-nlat.*›: **a)** einen Diphthong in einen Monophthong umbilden; **b)** (von Diphthongen) zum Monophthong werden (Ggs.: diphthongieren)

mo|no|ph|thon|gisch: a) einen Monophthong enthaltend; **b)** als Monophthong [gesprochen] (Ggs.: diphthongisch)

mo|no|ph|thon|gi|sie|ren: ↑monophthongieren

mo|no|phy|le|tisch (Biol.): einstämmig; von einer Urform abstammend (Ggs.: polyphyletisch). **Mo|no|phy|le|tis|mus,** der; -, **Mo|no|phy|lie,** die; -: ↑Monogenese (1)

Mo|no|phy|o|dont, der; -en, -en (Biol.): Säugetier, bei dem kein Zahnwechsel stattfindet. **Mo|no|phy|o|don|tie,** die; - (Med.): einmalige Zahnung

Mo|no|phy|sit, der; -en, -en (meist Plural): Anhänger des Monophysitismus. **mo|no|phy|si|tisch:** den Monophysitismus betreffend, ihm entsprechend. **Mo|no|phy|si|tis|mus,** der; -: altkirchliche Lehre, nach der die zwei Naturen Christi zu einer neuen gottmenschlichen Natur verbunden sind

Mo|no|plan, der; -s, -e (Flugw. veraltet): Eindecker

Mo|no|ple|gie, die; -, ...ien (Med.): Lähmung eines einzelnen Gliedes od. Gliedabschnittes

Mo|no|po|die, die; -, ...ien ‹*gr.*›: aus nur einem Versfuß bestehender Takt in einem Vers. **mo|no|po|disch** ‹*gr.-lat.*›: aus nur einem Versfuß bestehend; **monopodischer Vers:** Vers, dessen Monopodien gleichmäßiges Gewicht der Hebungen haben

Mo|no|po|di|um, das; -s ‹*gr.-nlat.*› (Bot.): einheitliche echte Hauptachse bei pflanzlichen Verzweigungen (Ggs.: Sympodium)

Mo|no|pol, das; -s, -e ‹*gr.-lat.*›: **1.** Vorrecht, alleiniger Anspruch, alleiniges Recht, bes. auf Herstellung u. Verkauf eines bestimmten Produktes. **2.** marktbeherrschendes Unternehmen od. Unternehmensgruppe, die auf einem Markt als alleiniger Anbieter od. Nachfrager auftritt u. damit die Preise diktieren kann

mo|no|po|li|sie|ren ‹*gr.-lat.-nlat.*›: ein Monopol aufbauen, die Entwicklung von Monopolen vorantreiben

Mo|no|po|lis|mus, der; -: auf Marktbeherrschung gerichtetes wirtschaftspolitisches Streben. **Mo|no|po|list,** der; -en, -en: Inhaber eines monopolistischen Unternehmens. **Mo|no|po|lis|tin,** die; -, -nen: weibliche Form zu ↑Monopolist. **mo|no|po|lis|tisch:** auf Marktbeherrschung und Höchstgewinnerzielung ausgehend

Mo|no|pol|ka|pi|tal, das; -s (abwertend): **1.** in Monopolen (2) arbeitendes Kapital. **2.** Gesamtheit monopolistischer Unternehmungen

Mo|no|pol|ka|pi|ta|lis|mus, der; - (abwertend): Entwicklungsepoche des Kapitalismus, die durch Unternehmenszusammenschlüsse mit monopolähnlichen Merkmalen gekennzeichnet ist

Mo|no|pol|ka|pi|ta|list, der; -en, -en (abwertend): Eigentümer eines marktbeherrschenden [Industrie]unternehmens. **Mo|no|pol|ka|pi|ta|lis|tin,** die; -, -nen: weibliche Form zu ↑Monopolkapitalist

mo|no|pol|ka|pi|ta|lis|tisch (abwertend): den Monopolkapitalismus betreffend

Mo|no|po|ly®, das; -: Gesellschaftsspiel, bei dem mithilfe von Würfeln, Spielgeld, Anteilscheinen u. Ä. Grundstücksspekulation simuliert wird

Mo|no|pos|to, der; -s, -s ‹(*gr.; lat.) it.*› (Automobilsport): einsitziger Rennwagen mit unverkleideten Rädern

Mo|n|op|son, das; -s, -e ‹*gr.-nlat.*›: Marktform, bei der ein Nachfrager vielen Anbietern gegenübersteht

Mo|no|psy|chis|mus, der; - ‹*gr.-nlat.;* »Einseelenlehre«› (Philos.): Lehre von Averroes, nach der es nur eine einzige überindividuelle Seele gibt

Mo|no|p|te|ros, der; -, ...eren ‹*gr.-*

lat.›: von einer Säulenreihe umgebener, kleiner, runder Tempel [der Antike]

Mo|no|rail [ˈmɔnərɛɪ̯l], die; -, -s ‹*gr.-engl.*›: Einschienenbahn

Mo|no|sac|cha|rid, Mo|no|sa|cha|rid, das; -[e]s, -e [...zaxa...]: einfach gebauter Zucker (z. B. ↑Glukose)

Mo|no|se, die; -, -n ‹*gr.-nlat.*›: ↑Monosaccharid

mo|no|sem (Sprachwiss.): nur eine Bedeutung habend (von Wörtern) (Ggs.: polysem)

mo|no|se|man|tisch: ↑monosem

Mo|no|se|mie, die; - (Sprachwiss.): **1.** das Vorhandensein nur einer Bedeutung bei einem Wort (Ggs.: Polysemie). **2.** durch Monosemierung [im Kontext] erreichte Eindeutigkeit zwischen einem sprachlichen Zeichen (Wort) u. einer zugehörigen Bedeutung

mo|no|se|mie|ren: (durch den sprachlichen od. situativen Kontext) monosem machen

Mo|no|s|kop, das; -s, -e: Fernsehprüfrohr

Mo|no|som, das; -s, -en: einzeln bleibendes Chromosom im diploiden Zellkern

Mo|no|sper|mie, die; -, ...i̯en: Besamung einer Eizelle durch nur eine männliche Geschlechtszelle (Ggs.: Polyspermie)

mo|no|sta|bil: einen stabilen Zustand besitzend (von elektronischen Schaltungen)

Mo|no|s|ti|cha: *Plural* von ↑Monostichon

mo|no|s|ti|chisch: das Monostichon betreffend; aus metrisch gleichen Einzelversen bestehend (in Bezug auf Gedichte) (Ggs.: distichisch). **mo|no|s|ti|chi|tisch:** ↑monostichisch

Mo|no|s|ti|chon, das; -s, ...cha ‹*gr.*› (Metrik): einzelner Vers

Mo|no|struk|tur [auch: ˈmoː...], die; -, -en ‹*gr.; lat.*›: Dominanz eines bestimmten Industrie- od. Dienstleistungszweiges in der Wirtschaft [eines Landes]

mo|no|syl|la|bisch: einsilbig (von Wörtern). **Mo|no|syl|la|bum,** das; -s, ...ba ‹*gr.-nlat.*› (Sprachwiss.): einsilbiges Wort

Mo|no|syn|de|ta: *Plural* von ↑Monosyndeton

mo|no|syn|de|tisch (Sprachwiss.): in der Art eines Monosyndetons

Mo|no|syn|de|ton, das; -s, ...ta (Sprachwiss.): Reihe von Satzteilen, bei der vor dem letzten Glied eine Konjunktion steht

Mo|no|the|is|mus, der; -: Glaube an einen einzigen Gott. **Mo|no|the|ist,** der; -en, -en: Bekenner des Monotheismus; jmd., der nur an einen Gott glaubt. **Mo|no|the|is|tin,** die; -, -nen: weibliche Form zu ↑Monotheist. **mo|no|the|is|tisch:** an einen einzigen Gott glaubend

Mo|no|the|let, der; -en, -en ‹*gr.-nlat.*›: Vertreter des Monotheletismus. **Mo|no|the|le|tis|mus,** der; - ‹*gr.-nlat.*›: altchristliche Sektenlehre, die in Christus zwei unvereinigte Naturen, aber nur einen gottmenschlichen Willen wirksam glaubte

mo|no|the|ma|tisch: nur ein einzelnes Thema beinhaltend, bearbeitend, behandelnd

Mo|no|the|ra|pie, die; -, ...i̯en (Med.): Behandlung einer Krankheit mit einem einzigen Arzneimittel

mo|no|ton ‹*gr.-lat.-frz.*›: gleichförmig, ermüdend-eintönig; **monotone Funktion** (Math.): eine entweder dauernd steigende od. dauernd fallende Funktion. **Mo|no|to|nie,** die; -, ...i̯en: Gleichförmigkeit, Eintönigkeit

Mo|no|to|no|me|ter, das; -s, - ‹*gr.-nlat.*› (Psychol. früher): Gerät zur Untersuchung der Auswirkung eintöniger, ermüdend wirkender Arbeit

Mo|no|t|re|men, die (Plural): Kloakentiere

mo|no|trop ‹*gr.-lat.*› (Biol.): beschränkt anpassungsfähig. **Mo|no|tro|pie,** die; - ‹*gr.-nlat.*› (Chemie): nur in einer Richtung mögliche Umwandelbarkeit der Zustandsform eines Stoffes in eine andere

Mo|no|type® [...taɪ̯p], die; -, -s ‹*gr.-engl.*› (Druckw.): Gieß- u. Setzmaschine für Einzelbuchstaben

Mo|no|ty|pie, die; -, ...i̯en ‹*gr.-nlat.*›: **1.** (Kunstwiss.) grafisches Verfahren, das nur einen Abdruck gestattet. **2.** im Monotypieverfahren hergestellte Reproduktion

mo|no|va|lent ‹*gr.; lat.*› (Chemie): einwertig

Mo|n|o|xid, Mo|n|o|xyd, das; -[e]s, -e: Oxid, das ein Sauerstoffatom enthält

Mo|n|ö|zie, die; - ‹*gr.-nlat.*› (Bot.): das Vorkommen männlicher u. weiblicher Blüten auf einem Pflanzenindividuum; Einhäusigkeit. **mo|n|ö|zisch** (Bot.): männliche u. weibliche Blüten auf einem Pflanzenindividuum aufweisend; einhäusig

mo|no|zy|got (Biol., Med.): aus einer einzigen befruchteten Eizelle stammend; eineiig (von Mehrlingen)

mo|no|zy|k|lisch, monocyclisch: nur einen Ring im Molekül aufweisend (von organischen chemischen Verbindungen) (Ggs.: polyzyklisch)

Mo|no|zyt, der; -en, -en (meist Plural) (Med.): größtes weißes Blutkörperchen. **Mo|no|zy|to|se,** die; -, -n (Med.): krankhafte Vermehrung der Monozyten (z. B. bei Malaria)

Mon|roe|dok|t|rin [mənˈrɔʊ̯..., ˈmɔnro...], die; - ‹*amerik.;* nach dem amerik. Präsidenten Monroe, 1758–1831›: in der amerikanischen Außenpolitik des 19. u. frühen 20. Jh.s geltender Grundsatz der gegenseitigen Nichteinmischung

Mon|sei|g|neur [mõsɛnˈjøːɐ̯], der; -s, -e u. -s ‹*lat.-frz.*›: **1.** (ohne Plural) Titel u. Anrede hoher Geistlicher, Adliger u. hochgestellter Personen (in Frankreich) (Abk.: Mgr.). **2.** Träger dieses Titels (Abk.: Mgr.)

Mon|si|eur [məˈsi̯øː], der; -[s], Messieurs [mɛˈsi̯øː] ‹»mein Herr«›: frz. Bez. für Herr; als Anrede ohne Artikel (Abk.: M., Plural: MM.)

Mon|si|g|no|re [mɔnsɪnˈjoːrə], der; -[s], ...ri ‹*lat.-it.;* »mein Herr«›: **1.** (ohne Plural) Titel u. Anrede von Prälaten der kath. Kirche (Abk.: Mgr., Msgr.). **2.** Träger dieses Titels (Abk.: Msgr.)

Mons|ter, das; -s, - ‹*lat.-frz.-engl.*›: Ungeheuer

Mons|te|ra, die; -, ...rae [...rɛ] ‹*nlat.;* Herkunft unsicher›: ↑Philodendron

Mons|ter|film, der; -[e]s, -e: **1.** meist überlanger, mit sehr großem Aufwand gedrehter Film. **2.** Film, der von ↑Monstern handelt

Mons|ter|truck [...trak], der; -s, -s

〈*engl.*〉: **1.** für spezielle Shows, Stunts o. Ä. umgebautes Fahrzeug mit übergroßen Reifen und bes. starkem Motor. **2.** (abwertend) sehr großer Lkw
Mons|t|ra: *Plural* von ↑Monstrum
Mons|t|ranz, die; -, -en 〈*lat.-mlat.*〉: kostbares Behältnis zum Tragen u. Zeigen der geweihten Hostie
Mons|t|ren: *Plural* von ↑Monstrum
mons|t|rös 〈*lat.(-frz.)*〉: (meist abwertend) ungeheuerlich. **Mons|t|ro|si|tät,** die; -, -en: Ungeheuerlichkeit
Mons|t|rum, das; -s, ...ren u. ...ra: **1.** Monster, Ungeheuer. **2.** großer, unförmiger Gegenstand; Ungetüm
Mon|sun, der; -s, -e 〈*arab.-port.-engl.*〉: **a)** jahreszeitlich wechselnder Wind in Asien; **b)** die Sommerregenzeit [in Süd- u. Ostasien]. **mon|su|nisch:** den Monsun betreffend, vom Monsun beeinflusst
Mon|ta|ge [...ʒə, auch: mõ..., österr.: ...'taːʃ], die; -, -n 〈*lat.-vulgärlat.-frz.*〉: **1. a)** Zusammensetzen [einer Maschine, technischen Anlage] aus vorgefertigten Teilen zum fertigen Produkt; **b)** das Aufstellen u. Anschließen [einer Maschine] zur Inbetriebnahme. **2.** Kunstwerk (Literatur, Musik, bildende Kunst), das aus ursprünglich nicht zusammengehörenden Einzelteilen zu einer neuen Einheit zusammengesetzt ist. **3. a)** künstlerischer Aufbau eines Films aus einzelnen Bild- u. Handlungseinheiten; **b)** der zur letzten bildwirksamen Gestaltung eines Films notwendige Feinschnitt mit den technischen Mitteln der Ein- u. Überblendung und der Mehrfachbelichtung
Mon|ta|g|nard [mõta'njaːɐ̯], der; -s, -s 〈nach den höher gelegenen Plätzen in der verfassunggebenden Versammlung〉: Mitglied der Bergpartei während der Französischen Revolution
Mon|ta|gue-Gram|ma|tik, Mon|ta|gue|gram|ma|tik ['mɔntəgjuː...], die; - 〈nach dem Sprachwissenschaftler R. Montague, 1932–1971〉: grammatisches Modell zur Beschreibung natürlicher Sprachen auf mathematisch-logischer Basis
mon|tan 〈*lat.*〉: Bergbau und Hüttenwesen betreffend
Mon|tan|ge|sell|schaft, die; -, -en: Handelsgesellschaft, die den Bergbau betreibt
Mon|tan|in|dus|t|rie, die; -, -n: Gesamtheit der bergbaulichen Industrieunternehmen
Mon|ta|nis|mus, der; - 〈*lat.-nlat.*; nach dem Begründer Montanus, † vor 179〉: schwärmerische, sittenstrenge christliche Bewegung in Kleinasien (2.–8. Jh.)
[1]**Mon|ta|nist,** der; -en, -en 〈*lat.-nlat.*〉: Fachmann im Bergbau u. Hüttenwesen
[2]**Mon|ta|nist,** der; -en, -en: Anhänger des Montanismus
Mon|ta|nis|tin, die; -, -nen: weibliche Form zu ↑[1]Montanist
mon|ta|nis|tisch 〈*lat.-nlat.*〉: ↑montan
Mon|tan|uni|on, die; - (früher): Europäische Gemeinschaft für Kohle und Stahl
Mon|tan|wachs, das; -es 〈*lat.; dt.*〉: ↑Bitumen der Braunkohle
Mont|bre|tie [mõ'breːtsi̯ə], die; -, -n 〈*nlat.*; nach dem frz. Naturforscher A. F. E. C. de Montbret, † 1801〉: (zu den Schwertlilien gehörende) in Südafrika heimische Pflanze mit ährenförmigem Blütenstand
Mon|tes|so|ri|schu|le, die; -, -n 〈nach der Begründerin des pädagogischen Konzepts, Maria Montessori, 1870–1952〉: Schule mit einem reformpädagogischen Bildungsangebot
Mon|teur [...'tøːɐ̯, auch: mõ...], der; -s, -e 〈*lat.-vulgärlat.-frz.*〉: Montagefacharbeiter. **Mon|teu|rin** [...'tøːrɪn], die; -, -nen: weibliche Form zu ↑Monteur
Mont|gol|fi|e|re [mõgɔl...], die; -, -n 〈*frz.*; nach den Erfindern, den Brüdern Montgolfier, 18. Jh.〉: Heißluftballon
mon|tie|ren 〈*lat.-vulgärlat.-frz.*〉: **1.** eine Maschine o. Ä. aus Einzelteilen zusammensetzen u. betriebsbereit machen. **2.** etwas an einer bestimmten Stelle mit technischen Hilfsmitteln anbringen; installieren. **3.** etwas aus nicht zusammengehörenden Einzelteilen zusammensetzen, um einen künstlerischen Effekt zu erzielen. **4.** einen Edelstein fassen. **Mon|tie|rung,** die; -, -en (veraltet): Uniform
Mon|tur, die; -, -en: **1.** (veraltet) Uniform, Dienstkleidung. **2.** (ugs., oft scherzh.) Kleidung, bes. als Ausrüstung für einen bestimmten Zweck. **3.** Unterbau für eine Perücke. **4.** Fassung für Edelsteine
Mo|nu|ment, das; -[e]s, -e 〈*lat.*〉: **1.** [großes] Denkmal. **2.** [wichtiges] Zeichen der Vergangenheit; Erinnerungszeichen
mo|nu|men|tal: **1.** denkmalartig. **2.** gewaltig, großartig. **Mo|nu|men|ta|li|tät,** die; - 〈*lat.-nlat.*〉: eindrucksvolle Größe, Großartigkeit
Mood|board, Mood-Board ['muːd...], das; -s, -s 〈engl.; »Stimmungstafel«〉: bes. in Kommunikations- od. Designberufen zu Präsentationszwecken verwendete [digitale] Tafel
Moon|boot® ['muːnbuːt], der; -s, -s (meist Plural) 〈*engl.*〉: dick gefütterter Winterstiefel [aus synthetischem Material]
Mop: frühere Schreibung für: ↑Mopp
Mo|ped, das; -s, -s 〈Kurzw. aus *Mo*torvelozi*ped* od. *Mo*tor u. *Ped*al〉: Kleinkraftrad mit geringem Hubraum u. begrenzter Höchstgeschwindigkeit
Mopp, der; -s, -s 〈*engl.*〉: Staubbesen mit [ölgetränkten] Fransen. **mop|pen** 〈*engl.*〉: mit dem Mopp sauber machen
Mo|quette [mo'kɛt] vgl. Mokett
[1]**Mo|ra,** die; - 〈*it.*〉: italienisches Fingerspiel
[2]**Mo|ra,** More, die; -, Moren 〈*lat.*; »das Verweilen; Verzögerung«〉: **1.** kleinste Zeiteinheit im Verstakt, der Dauer einer kurzen Silbe entsprechend. **2.** (veraltet) [Zahlungs-, Weisungs]verzug
Mo|ral, die; -, -en 〈*lat.-frz.*〉: **1.** (Plural selten) Gesamtheit von ethisch-sittlichen Normen, Grundsätzen, Werten, die das zwischenmenschliche Verhalten in einer Gesellschaft regulieren, die von ihr als verbindlich akzeptiert werden. **2.** (ohne Plural) Stimmung, Kampfgeist. **3.** (Plural selten) philosophische Lehre von der Sittlichkeit. **4.** (Plural selten) das sittliche Verhalten eines Einzelnen od.

einer Gruppe. **5.** (ohne Plural) lehrreiche Nutzanwendung

Mo|ral|co|dex vgl. Moralkodex

mo|ra|lin ‹*nlat.*›, moralinsauer ‹*nlat.; dt.*›: heuchlerisch moralisch (3)

Mo|ra|lin, das; -s ‹*nlat.*›: heuchlerische Entrüstung in moralischen Dingen; enge, spießbürgerliche Sittlichkeitsauffassung

mo|ra|lin|sau|er vgl. moralin

mo|ra|lisch ‹*lat.-frz.*›: **1.** der Moral (1) entsprechend, sie befolgend; im Einklang mit den [eigenen] Moralgesetzen stehend. **2.** die Moral (3) betreffend. **3.** sittenstreng, tugendhaft. **4.** eine Moral (5) enthaltend. **5.** (veraltet) geistig, nur gedanklich, nicht körperlich

mo|ra|li|sie|ren: 1. moralische (1) Überlegungen anstellen. **2.** die Moral (2, 4) verbessern. **3.** sich für sittliche Dinge ereifern

Mo|ra|lis|mus, der; - ‹*nlat.*›: **1.** Haltung, die die Moral (1) als verbindliche Grundlage des zwischenmenschlichen Verhaltens anerkennt. **2.** [übertreibende] Beurteilung der Moral (1) als alleiniger Maßstab für das zwischenmenschliche Verhalten. **Mo|ra|list,** der; -en, -en: **1.** Vertreter des Moralismus (1); Moralphilosoph. **2.** (oft abwertend) jmd., der alle Dinge in übertriebener Weise moralisierend beurteilt. **Mo|ra|lis|tin,** die; -, -nen: weibliche Form zu ↑Moralist. **mo|ra|lis|tisch:** den Moralismus betreffend, ihm gemäß handelnd

Mo|ra|li|tät, die; -, -en ‹*lat.-frz.*›: **1.** (ohne Plural) moralische Haltung, moralisches Bewusstsein; sittliches Empfinden, Verhalten; Sittlichkeit. **2.** (Literaturwiss.) mittelalterliches Drama von ausgeprägt lehrhafter Tendenz mit Personifizierung u. Allegorisierung abstrakter Begriffe wie Tugend, Laster, Leben, Tod o. Ä.

Mo|ral|ko|dex, der; -[es], -e u. ...dizes [...tse:s], **Mo|ral|co|dex,** der; -, ...dices [...tse:s]: ↑Kodex (2) moralischen Verhaltens

Mo|ral|phi|lo|so|phie, die; -: philosophische Lehre von den Grundlagen u. dem Wesen der Sittlichkeit; Ethik

Mo|ral|prin|zip, das; -s, -ien [...i̯ən] (Philos.): oberster Grundsatz der Sittlichkeit, des sittlichen Verhaltens

Mo|ral|psy|cho|lo|gie, die; -: Teilgebiet der Psychologie, das sich mit dem sittlichen Verhalten, der Entwicklung u. dem Versagen von sittlichem Bewusstsein bei Individuen, sozialen u. kulturellen Gruppen befasst

Mo|ral|theo|lo|gie, die; -, ...ien [...i:ən]: Disziplin der katholischen Theologie, die sich mit dem sittlichen Verhalten des Menschen angesichts der in der Bibel geoffenbarten Heilsordnung befasst

Mo|rä|ne, die; -, -n ‹*frz.*›: von einem Gletscher bewegte u. abgelagerte Masse von Gestein, Geröll

Mo|rast, der; -[e]s, -e u. Moräste ‹*germ.-frz.-niederd.*›: **a)** schlammiges Stück Land, Sumpfland; **b)** (ohne Plural) schlammiger Boden; Schlamm. **mo|ras|tig:** voll von Morast, feuchtem Schmutz, Schlamm; schlammig, sumpfig

Mo|ra|to|ri|um, das; -s, ...ien ‹*lat.-mlat.*›: gesetzlich angeordneter od. [vertraglich] vereinbarter Aufschub

Mor|bi: *Plural* von ↑Morbus

mor|bid ‹*lat.-frz.*›: **1.** (Med.) kränklich, krankhaft (in Bezug auf den körperlichen Zustand). **2.** im Verfall begriffen; brüchig (im Hinblick auf den inneren, moralischen Zustand)

Mor|bi|dez|za, die; - ‹*lat.-it.*› (veraltet): Weichheit, Weichlichkeit (in der Malerei)

Mor|bi|di|tät, die; - ‹*lat.-nlat.*›: **1.** morbider Zustand. **2.** (Med.) Häufigkeit der Erkrankungen innerhalb einer Bevölkerungsgruppe

Mor|bil|li, die (Plural) ‹*lat.*› (Med.): Masern

mor|bi|phor ‹*lat.; gr.*› (Med.): ansteckend; Krankheiten übertragend

Mor|bo|si|tät, die; - ‹*lat.*› (Med.): Kränklichkeit

Mor|bus, der; -, ...bi (Med.): Krankheit. **Mor|bus Ba|se|dow** [-ˈba:zədo], der; - - (Med.): Autoimmunerkrankung der Schilddrüse, die mit deren Überfunktion, Kropfbildung u. Hervortreten der Augäpfel einhergehen kann. **Mor|bus Bech|te|rew,** der; - - (Med.): fortschreitende Versteifung u. Krümmung der Wirbelsäule infolge einer chronischen Entzündung

Morbus Crohn, der; - - ‹nach dem amerik. Arzt B. B. Crohn [1884–1984]› (Med.): chronische, in Schüben verlaufende Entzündung des Dünndarms

Mor|bus Hodg|kin, der; - - ‹nach dem englischen Arzt Thomas Hodgkin›: bösartiger Tumor der Lymphknoten; Lymphogranulomatose, Hodgkin-Lymphom

Mor|bus sa|cer, der; - - ‹lat., eigtl. = heilige Krankheit, weil die Epilepsie als Zeichen des Besessenseins von einer göttlichen od. dämonischen Macht gedeutet wurde› (Med. veraltet): Epilepsie

Mor|cel|le|ment [...sɛləˈmɑ̃:], das; -s ‹*lat.-frz.*› (Med.): Zerstückelung sehr großer Tumoren (z. B. bei einer vaginalen Hysterektomie)

Mor|dant [...ˈdɑ̃:], der; -s, -s u. die; -, -s (meist Plural) ‹*lat.-frz.*› (Grafik): Ätzmittel, ätzende Paste, die mit dem Pinsel auf die Platte aufgetragen wird

Mor|da|zi|tät, die; - ‹*lat.;* »Bissigkeit«› (Chemie): Ätzkraft

Mor|dent, der; -s, -e ‹*lat.-it.;* »Beißer«› (Musik): musikalische Verzierung, die aus einfachem od. mehrfachem Wechsel einer Note mit ihrer unteren Nebennote besteht; Pralltriller

Mo|re vgl. ²Mora

Mo|re geo|me|t|ri|co, die; - - ‹*lat.; gr.-lat.;* »nach der Art der Geometrie«› (Philos.): philosophische Methode der Deduktion von Sätzen aus Prinzipien u. Axiomen nach Art der Mathematik

Mo|rel|le, Marelle, die; -, -n ‹*roman.*›: eine bes. in Südosteuropa angepflanzte Sauerkirschenart; Süßweichsel

Mo|ren: *Plural* von ↑²Mora

mo|ren|do ‹*lat.-it.*› (Musik): verhauchend (Vortragsanweisung). **Mo|ren|do,** das; -s, -s u. ...di (Musik): leise werdendes, verhauchendes Spiel

Mo|res [...re:s], die (Plural) ‹*lat.;* »[gute] Sitten«›: in der Wendung **jmdn. Mores lehren** (ugs.): jmdn. energisch zurechtweisen

Mo|res|ca vgl. Morisca

Mo|res|ke, Maureske, die; -, -n ⟨*gr.-lat.-span.-frz.*⟩: aus der islamischen Kunst übernommenes Flächenornament aus schematischen Linien u. stilisierten Pflanzen

mor|ga|na|tisch ⟨*mlat.*⟩: in der Wendung **morganatische Ehe** (Rechtsspr. früher): nicht standesgemäße Ehe

Morgue [mɔrg], die; -, -n [...gn̩] ⟨*germ.-frz.*⟩: Leichenschauhaus [in Paris]

Mo|ria, die; - ⟨*gr.*⟩ (Psychol.): heitere Geschwätzigkeit

mo|ri|bund ⟨*lat.*⟩ (Med.): im Sterben liegend; sterbend; dem Tode geweiht

Mo|rin, das; -s ⟨*lat.;* zu morus »Maulbeerbaum« (mit »Gelbholz« wird das Holz des Färbermaulbeerbaums bezeichnet)⟩: zu den ↑Flavonen zählender gelber Naturfarbstoff, der aus Gelbholz gewonnen wird

Mo|ri|nell, der; -s, -e ⟨*span.*⟩: Schnepfenvogel in Schottland u. Skandinavien

Mo|rio-Mus|kat, der; -[s], -s u. -e ⟨nach dem dt. Züchter P. Morio⟩: **a)** (ohne Plural) Rebsorte aus einer Kreuzung zwischen Silvaner u. weißem Burgunder, die einen Wein mit muskatähnlichem Bukett liefert; **b)** Wein dieser Rebsorte

Mo|ri|on, der; -s ⟨*gr.-lat.*⟩: dunkelbrauner bis fast schwarzer Bergkristall

Mo|ris|ca, Moresca, die; - ⟨*gr.-lat.-span.;* »Maurentanz«⟩: (vom 15. bis 17. Jh. in Europa verbreiteter) maurischer, Sarazenenkämpfe schildernder, mäßig schneller, mit Schellen an den Füßen getanzter Tanz

Mo|ris|ke, der; -n, -n (meist Plural): nach der arabischen Herrschaft in Spanien zurückgebliebener Maure, der [nach außen hin] Christ war

Mor|mo|ne, der; -n, -n ⟨nach dem Buch Mormon des Stifters Joseph Smith, 1805–1844⟩: Angehöriger einer chiliastischen Religionsgemeinschaft in Nordamerika (Kirche Jesu Christi der Heiligen der letzten Tage). **Mor|mo|nin,** die; -, -nen: weibliche Form zu ↑Mormone

mo|ros ⟨*lat.*⟩ (veraltet): mürrisch, verdrießlich. **Mo|ro|si|tät,** die; - (veraltet): Grämlichkeit, Verdrießlichkeit

Morph, das; -s, -e (Sprachwiss.): kleinstes bedeutungstragendes Bauelement der gesprochenen Sprache

Mor|ph|al|la|xis, die; - ⟨*gr.-nlat.*⟩ (Biol.): Ersatz verloren gegangener Körperteile durch Umbildung u. Verlagerung bereits vorhandener Teile

Mor|phe, die; - ⟨*gr.*⟩: Gestalt, Form, Aussehen, Eidos (1)

Mor|phem, das; -s, -e ⟨*gr.-nlat.*⟩ (Sprachwiss.): kleinste bedeutungstragende Gestalteinheit in der Sprache, kleinstes sprachliches Zeichen; **freies Morphem:** isoliert auftretendes Morphem als eigenes Wort (z. B. Tür, gut); **gebundenes Morphem:** Morphem, das nur zusammen mit anderen Morphemen auftritt (z. B. aus- in *aus*fahren, -en in Frau*en*)

Mor|phe|ma|tik, die; -: Wissenschaft von den Morphemen. **mor|phe|ma|tisch:** das Morphem betreffend

Mor|phe|mik, die; -: ↑Morphematik

mor|phen ⟨*gr.-engl.*⟩ (ugs.): Morphing betreiben

Mor|pheus ⟨*gr.-lat.*⟩: griechischer Gott des Schlafes; **in Morpheus' Armen:** in wohltuendem Schlaf

Mor|phin, das; -s, -e ⟨*gr.-nlat.;* nach dem gr. Gott Morpheus⟩ (Chemie, Med.): aus Opium gewonnene Droge, die in der Medizin bes. als schmerzlinderndes Mittel eingesetzt wird

Mor|phing, das; -s ⟨*gr.-engl.*⟩: (bes. in der Werbung angewandtes) computergestütztes Verfahren, eine Gestalt, ein Bild o. Ä. übergangslos in ein anderes wechseln zu lassen

Mor|phi|nis|mus, der; - ⟨*gr.-nlat.*⟩ (Med.): Morphiumsucht. **Mor|phi|nist,** der; -en, -en: Morphiumsüchtiger. **Mor|phi|nis|tin,** die; -, -nen: weibliche Form zu ↑Morphinist

Mor|phi|um, das; -s (allgemeinsprachlich): ↑Morphin

Mor|pho|fo|nem vgl. Morphophonem

Mor|pho|fo|no|lo|gie vgl. Morphophonologie

Mor|pho|ge|ne|se, Mor|pho|ge|ne|sis, die; -, ...nesen (Biol.): Ausgestaltung und Entwicklung von Organen od. Geweben eines pflanzlichen od. tierischen Organismus. **mor|pho|ge|ne|tisch** (Biol.): die Morphogenese betreffend. **Mor|pho|ge|nie,** die; -, ...ien: ↑Morphogenese

Mor|pho|gra|fie, Morphographie, die; - (veraltet): Gestaltenbeschreibung und -wissenschaft, bes. von der Erdoberfläche. **mor|pho|gra|fisch, mor|pho|gra|phisch** (veraltet): gestaltbeschreibend

Mor|pho|gra|phie vgl. Morphografie

Mor|pho|lo|ge, der; -n, -n: **1.** Wissenschaftler auf dem Gebiet der Morphologie. **2.** ↑Geomorphologe. **Mor|pho|lo|gie,** die; -: **1.** (bes. Philos.) Wissenschaft von den Gestalten u. Formen. **2.** (Biol., Med.) Wissenschaft von der Gestalt u. dem Bau des Menschen, der Tiere u. Pflanzen. **3.** (Sprachwiss.) Wissenschaft von den Formveränderungen, denen die Wörter durch Deklination (1) u. Konjugation (1) unterliegen; Formenlehre. **4.** ↑Geomorphologie. **5.** Teilgebiet der Soziologie, das sich mit der Struktur der Gesellschaft (z. B. Bevölkerungsdichte, Geschlecht, Alter, Berufe u. Ä.) befasst. **Mor|pho|lo|gin,** die; -, -nen: weibliche Form zu ↑Morphologe. **mor|pho|lo|gisch:** die Morphologie betreffend, auf ihr beruhend, zu ihr gehörend; die äußere Gestalt, Form, den Bau betreffend; der Form nach

Mor|pho|me|t|rie, die; -, ...ien: **1.** Ausmessung der äußeren Form (z. B. von Körpern, Organen). **2.** Teilgebiet der Geomorphologie mit der Aufgabe, die Formen der Erdoberfläche durch genaue Messungen zu erfassen. **mor|pho|me|t|risch** (Geol.): durch Messungen erfasst (von Geröllen)

Mor|pho|nem, das; -s, -e: Variation eines Phonems, das im gleichen Morphem bei unterschiedlicher Umgebung auftaucht (z. B. i/a/u in b*i*nden, b*a*nd, geb*u*nden)

Mor|pho|no|lo|gie, die; -: Teilgebiet der Linguistik, das sich mit den Beziehungen zwischen

Phonologie u. Morphologie befasst

Mor|pho|pho|nem, Morphofonem, das; -s, -e: Morphonem

Mor|pho|pho|no|lo|gie, Morphofonologie, die; -: Morphonologie

mor|pho|syn|tak|tisch: die Morphosyntax betreffend. **Mor|pho|syn|tax,** die; - (Sprachwiss.): Syntax der äußeren Form eines Satzes (Ggs.: Nomosyntax)

Mor|se|al|pha|bet, Mor|se-Al|pha|bet ‹nach dem amerik. Erfinder S. Morse, 1791–1872› das; -[e]s, -e: dem Alphabet entsprechende Folge von Zeichen, die beim Morsen verwendet werden u. aus Kombinationen von Punkten u. Strichen bzw. kurzen u. langen Stromimpulsen bestehen

Mor|se|ap|pa|rat, Mor|se-Ap|pa|rat, der; -[e]s, -e: Gerät zur telegrafischen Übermittlung von Nachrichten mithilfe von Zeichen des Morsealphabets

Mor|sel|le, die; -, -n ‹*lat.-frz.*› (veraltet): aus Zuckermasse gegossenes Täfelchen mit Schokolade, Mandeln u. a.

mor|sen ‹nach dem amerik. Erfinder S. Morse, 1791–1872›: **1.** den Morseapparat bedienen. **2.** unter Verwendung des Morsealphabets hörbare od. sichtbare Zeichen geben

Mor|ta|del|la, die; -, -s ‹*gr.-lat.-it.*›: dickere Brühwurst aus Schweine- u. Kalbfleisch

Mor|ta|li|tät, die; -, -en ‹*lat.*› (Med.): Sterblichkeit, Sterblichkeitsziffer; Verhältnis der Zahl der Todesfälle zur Gesamtzahl der berücksichtigten Personen

Mor|ti|fi|ka|ti|on, die; -, -en: **1.** (veraltet) Kränkung. **2.** Abtötung [der Begierden in der Askese]. **3.** (Med.) Absterben von Organen od. Geweben. **4.** (Rechtsspr. veraltet) Ungültigkeitserklärung; Tilgung. **mor|ti|fi|zie|ren:** **1.** (veraltet) demütigen, beleidigen. **2.** kasteien. **3.** absterben [lassen], abtöten. **4.** (veraltet) tilgen, für ungültig erklären

Mor|tu|a|ri|um, das; -s, ...ien: **1.** im Mittelalter beim Tod eines Hörigen von den Erben zu entrichtender Betrag. **2.** Bestattungsort

Mo|ru|la, die; -, ...lae [...lɛ] ‹*lat.-nlat.*› (Biol.): maulbeerähnlicher, kugeliger Zellhaufen, der nach mehreren Furchungsteilungen aus der befruchteten Eizelle entsteht

Mo|sa|ik, das; -s, -en (auch: -e) ‹*gr.-lat.-mlat.-it.-frz.*›: **1.** aus kleinen, bunten Steinen od. Glassplittern zusammengesetztes Bild, Ornament zur Verzierung von Fußböden, Wänden, Gewölben. **2.** eine aus vielen kleinen Teilen zusammengesetzte Einheit

Mo|sa|ik|glas, das; -es: antikes ↑Millefioriglas

Mo|sa|ik|gold, das; -es: ↑Musivgold

mo|sa|isch ‹*hebr.-gr.-nlat.;* nach Moses, dem Stifter der israelitischen Religion›: jüdisch, israelitisch (in Bezug auf die Religion des Alten Testaments). **Mo|sa|is|mus,** der; - (veraltet): Judentum

Mo|sa|ist, der; -en, -en (veraltet): ↑Mosaizist. **mo|sa|is|tisch:** Mosaiken betreffend

Mo|sa|i|zist, der; -en, -en ‹*gr.-lat.-mlat.-it.-frz.-nlat.*›: Künstler, der mit Musivgold arbeitet od. Mosaiken herstellt. **Mo|sa|i|zis|tin,** die; -, -nen: weibliche Form zu ↑Mosaizist

Mo|schaw, der; -s, ...wim ‹*hebr.*›: Genossenschaftssiedlung von Kleinbauern mit Privatbesitz in Israel

Mo|schee, die; -, ...scheen ‹*arab.-span.-it.-frz.*›: islamisches Gotteshaus, das ein Zentrum des religiösen u. politischen Lebens der Muslime darstellt

Mo|schus, der; - ‹*sanskr.-pers.-gr.-lat.*›: Duftstoff aus der Moschusdrüse der männlichen Moschustiere

Mo|schus|tier, das; -[e]s, -e: geweihlose, kleine Hirschart Zentralasiens

Mo|ses, der; -, - ‹*hebr.-gr.-lat.;* nach dem Stifter der israelitischen Religion›: **1.** (seemännisch spöttisch) jüngstes Besatzungsmitglied an Bord; Schiffsjunge. **2.** Beiboot einer Jacht, kleinstes Boot

Mos|ki|to, der; -s, -s (meist Plural) ‹*lat.-span.*›: **1.** tropische Stechmücke, die gefährliche Krankheiten (z. B. Malaria) übertragen kann. **2.** (Fachspr., sonst selten) Stechmücke

Mos|lem vgl. Muslim

Mos|le|min, selten: Moslime, die; -, -n (veraltend): weibliche Formen zu ↑Moslem

mos|le|misch vgl. muslimisch

Mos|li|me vgl. Moslemin

mos|so ‹*lat.-it.*› (Musik): bewegt, lebhaft (Vortragsanweisung); **molto mosso:** sehr viel schneller; **più mosso:** etwas schneller

Mo|tel [auch: moˈtɛl], das; -s, -s ‹*amerik.* Kurzw. für *mot*orists hot*el*›: an Autobahnen o. Ä. gelegenes Hotel [für Autoreisende]

Mo|tet|te, die; -, -n ‹*lat.-vulgärlat.-it.*›: in mehrere Teile gegliederter mehrstimmiger Chorgesang [ohne Instrumentalbegleitung]

Mo|tet|ten|pas|si|on, die; -, -en: im Motettenstil vertonte Passionserzählung

Mo|ther|board [ˈmaðɐbɔːɐ̯t], das; -s, -s ‹*engl.*› (EDV): Platine (1) eines Computers, auf der alle wesentlichen Bauteile angeordnet sind (z. B. Prozessor, Speicherelemente, Ein- u. Ausgabeeinheiten)

Mo|ti|li|tät, die; - ‹*lat.-nlat.*›: **1.** (Med.) Gesamtheit der nicht bewusst gesteuerten Bewegungen des menschlichen Körpers u. seiner Organe (Ggs.: Motorik [1]). **2.** (Biol.) Bewegungsvermögen von Organismen u. Zellorganellen

Mo|ti|on, die; -, -en ‹*lat.-frz.*›: **1.** (veraltet) [Leibes]bewegung. **2.** (schweiz.) schriftlicher Antrag in einem Parlament. **3.** (Sprachwiss.) Bildung weiblicher Personenbezeichnungen aus den männlichen mit einem Suffix, z. B. »Freundin« zu »Freund«. **4.** (Fechten) Faustlage

Mo|ti|o|när, der; -s, -e (schweiz.): jmd., der eine Motion (2) einreicht. **Mo|ti|o|nä|rin,** die; -, -nen: weibliche Form zu ↑Motionär

Mo|tion-Pic|ture, Mo|tion|pic|ture [ˈmoʊʃənˈpɪktʃə], das; -[s], -s ‹*lat.-frz.-engl.*›: engl. Bez. für: Film, Spielfilm

Mo|tiv, das; -s, -e ‹*lat.-mlat.(-frz.)*›: **1.** Beweggrund, Antrieb, Ursache; Leitgedanke. **2.** (bildende Kunst, Literaturwiss.) Gegenstand einer künstlerischen Darstellung; Vorlage. **3.** (Musik) kleinste, gestaltbildende musikalische Einheit [innerhalb eines Themas]

Mo|ti|va|ti|on, die; -, -en ⟨*lat.-mlat.-nlat.*⟩: **1.** (Psychol., Päd.) Summe der Beweggründe, die jmds. Entscheidung, Handlung beeinflussen. **2.** (Sprachwiss.) Durchschaubarkeit einer Wortbildung in Bezug auf die Teile, aus denen sie zusammengesetzt ist. **3.** das Motiviertsein; vgl. ...ation/...ierung (Ggs.: Demotivation [2])

mo|ti|va|ti|o|nal (Psychol., Päd.): das Motiv (1) betreffend

Mo|ti|va|ti|ons|psy|cho|lo|gie, die; -: Teilgebiet der Psychologie, das sich mit den Bedürfnissen, Motiven und Motivationen des Menschen und deren Auswirkungen auf sein Verhalten beschäftigt

Mo|ti|va|tor, der; -s, ...oren: Person od. Sache, die motiviert. **Mo|ti|va|to|rin,** die; -, -nen: weibliche Form zu ↑Motivator

Mo|tiv|for|schung, die; -, -en: Teil der Marktforschung, der die Motive für das Verhalten u. Handeln [der Käufer] untersucht

mo|ti|vie|ren ⟨*lat.-mlat.-frz.*⟩: **1.** begründen. **2.** zu etwas anregen, veranlassen (Ggs.: demotivieren). **mo|ti|viert: 1.** starken Antrieb zu etwas habend; großes Interesse zeigend, etwas zu tun. **2.** (Sprachwiss.) in der formalen od. inhaltlichen Beschaffenheit durchschaubar, aus sich selbst heraus verständlich (von Wörtern) (Ggs.: arbiträr). **Mo|ti|vie|rung,** die; -, -en: das Motivieren; vgl. ...ation/...ierung

Mo|ti|vik, die; - ⟨*lat.-mlat.-nlat.*⟩ (Musik): Kunst der Motivverarbeitung in einem Tonwerk. **mo|ti|visch: a)** das Motiv betreffend; **b)** die Motivik betreffend

Mo|to, das; -s, -s ⟨*lat.-frz.*⟩ (schweiz.): kurz für Motorrad

Mo|to|ball, der; -s ⟨*frz.*⟩: Fußballspiel auf Motorrädern; Motorradfußball

Mo|to|cross, Mo|to-Cross, das; -, -e ⟨*engl.*⟩: Gelände-, Vielseitigkeitsprüfung für Motorradsportler; vgl. Autocross

Mo|to|drom, das; -s, -e ⟨*(lat.; gr.) frz.*⟩: Rennstrecke (Rundkurs) für Motorsportveranstaltungen

Mo|to|lo|ge, der; -n, -n ⟨*lat.; gr.-nlat.*⟩ (Med.): Fachmann auf dem Gebiet der ↑Motologie. **Mo|to|lo|gie,** die; - (Med.): Lehre vom Zusammenhang zwischen Bewegung u. Psyche. **Mo|to|lo|gin,** die; -, -nen: weibliche Form zu ↑Motologe

Mo|to|päd|a|go|gik, die; - ⟨*lat.; gr.*⟩: Arbeitsgebiet der Pädagogik, das sich mit Bewegungstherapie hirngeschädigter Kinder befasst

Mo|tor, der; -s, ...oren ⟨*lat.;* »Beweger«⟩: **1.** [moˈto:ɐ̯] (Plur. auch: ...ore) Maschine, die Kraft erzeugt u. etwas in Bewegung setzt. **2.** Kraft, die etwas antreibt; jmd., der etwas voranbringt

Mo|tor|cor|tex, der; -[es], -e u. ...tizes ⟨*lat.; lat.*⟩ (Med.): Bereich der Hirnrinde, der Bewegungen steuert

Mo|to|rik, die; - ⟨*lat.-nlat.*⟩: **1.** (Med.) Gesamtheit der aktiven, vom Gehirn aus gesteuerten, koordinierten Bewegungen des menschlichen Körpers (Ggs.: Motilität). **2.** (Med.) Lehre von den Funktionen der Bewegung des menschlichen Körpers u. seiner Organe. **3.** die Gesamtheit von [gleichförmigen, regelmäßigen] Bewegungsabläufen

Mo|to|ri|ker, der; -s, - (Psychol.): jmd., dessen Persönlichkeit von einer auffallenden Motorik geprägt ist. **Mo|to|ri|ke|rin,** die; -, -nen: weibliche Form zu ↑Motoriker

mo|to|risch ⟨*lat.*⟩: **1. a)** den Motor betreffend, im Hinblick auf den Motor; **b)** von einem Motor angetrieben. **2.** (Med.) die Motorik (1) betreffend, auf ihr beruhend, ihr dienend. **3.** gleichförmig, mit nur geringen Schwankungen ablaufend (von Bewegungsabläufen, Rhythmen o. Ä.)

mo|to|ri|sie|ren ⟨*lat.-frz.*⟩: **1.** auf Maschinen od. Motorfahrzeuge umstellen; mit Maschinen od. Motorfahrzeugen ausrüsten. **2.** (ugs.) sich motorisieren: sich ein Kraftfahrzeug anschaffen. **3.** in etwas einen Motor einbauen, mit einem Motor versehen. **Mo|to|ri|sie|rung,** die; -, -en: das Motorisieren (1, 3)

Mo|t|ro|nic, die; - ⟨Kurzw. aus *Mo*tor u. Elek*tronik*⟩: elektronisch gesteuerte Benzineinspritzung u. Zündung bei Verbrennungsmotoren

Mot|to, das; -s, -s ⟨*lat.-vulgärlat.-it.*⟩: Denk-, Wahl-, Leitspruch; Kennwort

Mo|tu|pro|p|rio, das; -s, -s ⟨*lat.;* »aus eigenem Antrieb«⟩: (nicht auf Eingaben beruhender) päpstlicher Erlass

Mouche [muʃ], die; -, -s [muʃ] ⟨*frz.;* »Fliege«⟩: **1.** Schönheitspflästerchen. **2.** Treffer in den absoluten Mittelpunkt der Zielscheibe beim Schießen

Mouches vo|lantes [muʃvɔˈlɑ̃:t], die (Plural) ⟨*frz.;* »fliegende Mücken«⟩ (Med.): Sehstörung, bei der gegen einen hellen Hintergrund kleine schwarze Flecken gesehen werden

mouil|lie|ren [muˈji:...] ⟨*lat.-vulgärlat.-frz.*⟩: bestimmte Konsonanten mithilfe von j erweichen (z. B. l in brillant [= brɪlˈjant]). **Mouil|lie|rung,** die; -, -en: das Mouillieren; das Mouilliertwerden

Mou|la|ge [muˈla:ʒə], der; -, -s (auch die; -, -n) ⟨*lat.-frz.*⟩ (Med.): aus Wachs, Gips o. Ä. hergestelltes [farbiges] Modell eines Organs, des Körpers od. eines Körperteils

Mou|li|na|ge [muliˈna:ʒə], die; - ⟨*lat.-frz.*⟩ (veraltet): Zwirnen der Seide

Mou|li|né [...ˈne:], der; -s, -s: **1.** Zwirn aus verschiedenfarbigen Garnen. **2.** gesprenkeltes Gewebe aus Mouliné (1). **mou|li|nie|ren:** Seidenfäden zwirnen

Mound [maʊ̯nt, engl.: maʊ̯nd], der; -s, -s ⟨*engl.*⟩: vorgeschichtlicher indianischer Erdwall als Grabhügel, Verteidigungsanlage od. Kultstätte in Nordamerika

Mount [maʊ̯nt, engl.: maʊ̯nt], der; -s, -s ⟨*engl.*⟩: engl. Bez. für: Berg

Moun|tain|bike [ˈmaʊ̯ntn̩baɪ̯k], das; -s, -s ⟨*engl.;* »Bergfahrrad«⟩: Fahrrad für Gelände- bzw. Gebirgsfahrten. **moun|tain|bi|ken:** mit dem Mountainbike fahren. **Moun|tain|bi|ker,** der; -s, -: jmd., der Mountainbike fährt. **Moun|tain|bi|ke|rin,** die; -, -nen: weibliche Form zu ↑Mountainbiker

moun|ten [ˈmaʊ̯ntn̩] sw. V.; hat ⟨*engl.*⟩ (EDV): (ein Dateisystem) an einer best. Stelle in einem Betriebssystem verfügbar machen

Mouse [maʊ̯s], die; -, -s [...sɪz] ⟨*engl.*⟩ (EDV): engl. Bez. für: Maus (Zeige- u. Eingabegerät, das mit einer Hand auf einer Unterlage verschoben werden kann)

Mouse|over, Mouse-over [ˈmaʊ̯s-ʔɔʊ̯vɐ, ...ˈʔɔʊ̯...], das u. der; -[s], - ⟨*engl.*⟩ (EDV): [das Bewegen des Mauszeigers über ein] verdecktes Pop-up-Fenster

Mouse|pad [ˈmaʊ̯spɛd, engl.: ˈmaʊ̯spæd] vgl. Mauspad

Mous|sa|ka [mʊ...], die; -, -s ⟨*ngr.*⟩: Auflauf aus Hackfleisch, Auberginen u. a.

Mousse [mus], die; -, -s [mus] ⟨*frz.;* »Schaum«⟩: **a)** kalte Vorspeise aus püriertem Fleisch o. Ä.; **b)** schaumartige Süßspeise

Mousse au Cho|co|lat [musoʃokoˈla], die; - - -, -s - - [mus...ˈla]: mit Schokolade hergestellte Mousse (b)

Mous|se|line [mʊs(ə)ˈliːn] vgl. Musselin

Mous|se|ron [mʊsəˈrõː] vgl. Musseron

Mous|seux [mʊˈsøː], der; -, - ⟨*frz.*⟩: Schaumwein

mous|sie|ren: perlen, in Bläschen schäumen (von Wein, Sekt)

Mous|té|ri|en [mʊsteˈri̯ɛ̃ː], das; -[s] ⟨*frz.;* nach dem frz. Fundort Le Moustier⟩: Kulturstufe der Älteren Altsteinzeit

Move [muːf], der; -s, -s ⟨*engl.;* »Bewegung«⟩: **1.** Bewegung, fester Bewegungsablauf beim Tanzen (bes. im Breakdance). **2.** (EDV) Schritt zur Steuerung spezieller Features (3) bei Computerspielen

Mo|vens, das; - ⟨*lat.*⟩: Beweggrund

Mo|vie [ˈmuːvi], das; -[s], -s, auch: der; -[s], -s ⟨*lat.-frz.-engl.(-amerik.)*⟩: engl. Bez. für: Unterhaltungsfilm, Kino

mo|vie|ren ⟨*lat.*⟩ (Sprachwiss.): **a)** eine weibliche Personenbezeichnung o. Ä. von einer männlichen Form bilden; **b)** ein Adjektiv nach dem Geschlecht des zugehörigen Substantivs beugen. **Mo|vie|rung,** die; -, -en: das Movieren

Mo|vi|men|to, das; -s, ...ti ⟨*lat.-it.*⟩ (Musik): it. Bez. für: Zeitmaß, Tempo

Mo|xa, die; -, ...xen ⟨*jap.-engl.* u. *frz.* u. *span.*⟩: **1.** (in Ostasien, bes. in Japan) als Brennkraut verwendete Beifußwolle. **2.** ↑Moxibustion

Mo|xi|bus|ti|on, die; -, -en ⟨*jap.; lat.*⟩: ostasiatische Heilmethode, die durch Einbrennen von Moxa (1) in bestimmte Hautstellen eine Erhöhung der allgemeinen Abwehrreaktion bewirkt

Moz|ara|ber, die (Plural) ⟨*arab.-span.*⟩: die unter arabischer Herrschaft lebenden spanischen Christen der Maurenzeit (711–1492). **moz|ara|bisch:** die Mozaraber betreffend

Mo|zet|ta vgl. Mozzetta

Moz|za|rel|la, der; -s, -s ⟨*it.*⟩: ein italienischer Frischkäse

Moz|zet|ta, Mozetta, die; -, ...tten ⟨*it.*⟩: vorn geknöpfter Schulterkragen mit kleiner Kapuze für hohe katholische Geistliche

MP3, das; -[s], -s ⟨*engl.;* mp3 = Dateiendung für das Datenformat *MP*EG Audio Layer *3*⟩ (EDV): **1.** meistverwendetes Dateiformat für komprimierte Audiodateien. **2.** Datei im Format MP3. **MP3-Play|er** [...plɛɪ̯ɐ], der; -s, - ⟨*engl.*⟩: kleines tragbares Gerät zur Wiedergabe von Audiodateien im MP3-Format

M. Sc. [ˈɛmʔɛsˈsiː], der; - = Master of Science

MS-DOS®, das; - ⟨Kurzw. aus *engl. M*icro*S*oft *D*isc *O*perating *S*ystem⟩ (EDV): [in den 1980er- und 1990er-Jahren übliches] Betriebssystem für Personal Computer

[1]**MTA,** der; -[s], -[s]: medizinisch-technischer Assistent

[2]**MTA,** die; -, -[s]: medizinisch-technische Assistentin

mTAN [ˈɛmtan], die; -, -s ⟨Abk. für *m*obile *T*ransaktions*n*ummer⟩: von der Bank per SMS an den Nutzer übermittelte, nur für eine bestimmte Transaktion gültige ↑TAN

Much|tar, der; -s, -s ⟨*arab.-türk.*⟩: türkischer Gemeinde-, Ortsvorsteher

Muck|ra|ker [ˈmʌkreɪ̯kə], der; -s, -[s] ⟨*engl.-amerik.*⟩: Journalist od. Schriftsteller (bes. in den USA zu Beginn des 20. Jh.s), der soziale, politische, ökonomische Missstände aufdeckt u. an die Öffentlichkeit bringt

Mu|cor, der; - ⟨*lat.*⟩: ein Schimmelpilz (z. B. auf Brot)

MUD [mjuːd], das; -[s], -s ⟨Kurzw. aus *engl. m*ulti *u*ser *d*ungeon »Verlies für viele Benutzer« (in Anlehnung an den Titel eines Computerspiels)⟩: Fantasyspiel im Internet, an dem mehrere Spieler teilnehmen können

Mu|de|jar|stil [muˈdɛxar...], der; -[e]s ⟨nach den Mudejaren, arab. Künstlern u. Handwerkern⟩: auf maurischem u. gotischem Formengut basierender spanischer Kunststil (12.–16. Jh.)

Mud|head [ˈmjuːdhɛd], der; -s, -s ⟨*engl.*⟩ (abwertend, scherzh.): jmd., der [fast] nur Computerspiele im Kopf hat; vgl. MUD

Mu|dir, der; -s, -e ⟨*arab.(-türk.)*⟩: **1.** Leiter eines Verwaltungsbezirks (in Ägypten). **2.** Beamtentitel in der Türkei. **Mu|di|ri|je,** die; -, -n u. -s: Verwaltungsgebiet, Provinz (in Ägypten)

Mud|ja|hed [...dʒ...] vgl. Mudschahed

Mud|lumps [ˈmʌdlʌmps], die (Plural) ⟨*engl.*⟩: Schlammvulkane im Mississippidelta

Mu|d|ra, die; -, -s ⟨*sanskr.*⟩: magisch-symbolische Finger- u. Handstellung in buddhistischen u. hinduistischen Kulten

Mu|d|scha|hed, Mudjahed, Mujahed [...dʒ...], der; -, -din ⟨*arab.;* »Kämpfer«⟩: im Dschihad kämpfender Muslim

Mu|ez|zin [auch, österr. nur: ˈmuːɛ...], der; -s, -s ⟨*arab.*⟩ (islam. Rel.): Ausrufer, der vom Minarett die Zeiten zum Gebet verkündet

Muf|fin [ˈmafɪn], der; -s, -s ⟨*engl.*⟩: in einem kleinen Förmchen gebackenes Kleingebäck

Muf|f|lon, der; -s, -s ⟨*it.-frz.*⟩: braunes Wildschaf mit großen, quer geringelten, nach hinten gebogenen od. kurzen, nach oben gerichteten Hörnern (auf Sardinien, Korsika)

Muf|ti, der; -[s], -s ⟨*arab.*⟩: islamischer Rechtsgelehrter und Gutachter; vgl. par ordre du mufti

Mug|gel [auch: ˈmagl̩], der; -s, -s ⟨*engl.;* nach den Harry-Potter-Romanen von J. K. Rowling; zu *engl.* mug, »Trottel, dumme Person«⟩: Person, die nicht in etw. eingeweiht ist, die von bestimmten Dingen keine Kenntnis hat

Mu|ja|hed [...dʒ...] vgl. Mudschahed

Mu|ko|i|de, die (Plural) ⟨*lat.; gr.*⟩ (Med.): den ↑Muzinen ähnliche Schleimstoffe

mu|ko|pu|ru|lent ⟨*lat.-nlat.*⟩ (Med.): schleimig-eitrig

mu|kös ⟨*lat.*⟩ (Med.): schleimig

Mu|ko|sa, die; -, ...sen (Med.): Schleimhaut

Mu|ko|vis|zi|do|se, die; -, -n ⟨*lat.-nlat.*⟩ (Med.): Erbkrankheit mit Funktionsstörungen der Sekrete produzierenden Drüsen

Mu|ko|ze|le, die; -, -n ⟨*lat.; gr.*⟩ (Med.): Schleimansammlung in einer Zyste

mu|la|tie|ren (österr.): an einem Mulatschag teilnehmen; ausgiebig feiern

Mu|la|t|schag, der; -s, -s ⟨*ung.;* »Belustigung«⟩ (ostösterr.): ausgelassenes Fest [bei dem am Schluss Geschirr zertrümmert wird]

Mu|lat|te, der; -n, -n ⟨*lat.-span.*⟩ (oft als diskriminierend empfunden): Nachkomme eines weißen u. eines schwarzen Elternteils. **Mu|lat|tin,** die; -, -nen: weibliche Form zu ↑Mulatte

Mu|le|ta, die; -, -s ⟨*lat.-span.*⟩: rotes Tuch der Stierkämpfer

Mu|li, das (auch: der); -s, -[s] ⟨*lat.*⟩ (südd., österr.): Kreuzung zwischen Esel u. Pferd; bes. Maultier; vgl. Mulus (1)

Mul|lah, der; -s, -s ⟨*arab.-pers.-türk.*⟩: **1. a)** (ohne Plural) Titel der untersten Stufe der ↑schiitischen Geistlichen; **b)** Träger dieses Titels. **2. a)** (ohne Plural) von ↑Sunniten für islamische Würdenträger u. Gelehrte gebrauchte Ehrenbezeichnung; **b)** Träger dieser Ehrenbezeichnung

Mul|ti, der; -s, -s ⟨zu ↑*multi*national (b)⟩ (ugs.): multinationaler Konzern

mul|ti..., Mul|ti...

⟨*lat.* multus »viel, zahlreich, reichlich, groß«⟩
Präfix mit der Bedeutung »viel, vielfach, mehrfach«:
- multifaktoriell
- multifunktional
- multikulturell
- Multimedia
- Multimillionär

Mul|ti|chan|nel-... [...ˈtʃænl̩]

⟨*lat.; engl.*⟩
»mehrere, herkömmliche und neue Vertriebswege oder Medien nutzend«:
- Multichannel-Handel
- Multichannel-Lösung
- Multichannel-Marketing

mul|ti|di|men|si|o|nal: mehrere Dimensionen umfassend; vielschichtig. **Mul|ti|di|men|si|o|na|li|tät,** die; - (Psychol., Soziol.): Vielschichtigkeit

mul|ti|dis|zi|p|li|när: sehr viele Disziplinen (2 a) umfassend, die Zusammenarbeit vieler Disziplinen betreffend; vgl. interdisziplinär

mul|ti|fak|to|ri|ell: durch viele Faktoren, Einflüsse bedingt

mul|ti|fil: aus mehreren [miteinander verdrehten] einzelnen Fasern bestehend; vgl. monofil. **Mul|ti|fil,** das; -[s]: aus mehreren Fasern bestehender vollsynthetischer Faden; vgl. Monofil

mul|ti|funk|ti|o|nal: vielen Funktionen gerecht werdend

Mul|ti|funk|ti|ons|dis|play, das; -s, -s: multifunktionales Display (1)

Mul|ti|k|lon, der; -s, -e ⟨Kurzw. aus *multi...* u. [2]*Zyklon*⟩ (Technik): aus mehreren nebeneinander angeordneten [2]Zyklonen bestehendes Gerät zur Entstaubung von Gasen

Mul|ti|ko|p|ter, Multicopter, der; -s, - ⟨*engl.*⟩: unbemanntes leichtes, ferngesteuertes Fluggerät mit vier od. mehr horizontal rotierenden Propellern

mul|ti|kul|ti (ugs.): Kurzform von ↑multikulturell. **Mul|ti|kul|ti,** das; -, - (ugs.): das Vorhandensein von Einflüssen mehrerer Kulturen; kulturelle Vielfalt

mul|ti|kul|tu|rell: viele Kulturen umfassend, beinhaltend

mul|ti|la|te|ral ⟨*lat.-nlat.*⟩: mehrseitig, mehrere Seiten betreffend. **Mul|ti|la|te|ra|lis|mus,** der; -: System einer vielfach verknüpften Weltwirtschaft mit allseitig geöffneten Märkten

mul|ti|lin|gu|al: a) mehrsprachig; **b)** mehrsprachige Äußerungen, Mehrsprachigkeit betreffend, darauf bezogen. **Mul|ti|lin|gu|a|lis|mus, Mul|ti|lin|gu|is|mus,** der; -: Mehrsprachigkeit, Vielsprachigkeit (von Personengruppen, Büchern u. Ä.); vgl. Bilinguismus

Mul|ti|me|dia, das; -[s] (meist ohne Artikel) ⟨*lat.-engl.*⟩: das Zusammenwirken, die gleichzeitige Anwendung von verschiedenen Medien (Texten, Bildern, Animationen, Tönen) [mithilfe von Computern]. **mul|ti|me|di|al: a)** viele Medien betreffend, berücksichtigend; für viele Medien bestimmt; aus vielen Medien bestehend, zusammengesetzt; **b)** den Bereich, die Technik o. Ä. von Multimedia betreffend

Mul|ti|me|dia-PC, der; -[s], -[s]: PC, der multimediale Anwendungen ermöglicht

Mul|ti|me|dia|show [...ʃoʊ], die; -, -s: Veranstaltung, Vorstellung, bei der verschiedene Kunstarten u. ihre Mischformen unter Einbeziehung der verschiedensten Medien in Abfolge od. auch gleichzeitig dargeboten werden

Mul|ti|me|dia|sys|tem, das; -s, -e: Informations- u. Unterrichtssystem, das mehrere Medien (z. B. Fernsehen, Dias, Bücher) gleichzeitig verwendet

Mul|ti|me|ter, das; -s, -: Messgerät mit mehreren Messbereichen

Mul|ti|mil|li|o|när, der; -s, -e: mehrfacher Millionär. **Mul|ti|mil|li|o|nä|rin,** die; -, -nen: weibliche Form zu ↑Multimillionär

mul|ti|mo|dal: 1. die Multimodalität (1) betreffend, auf ihr beruhend. **2.** (Sprachwiss.) die Multimodalität (2) betreffend; auf verschiedenen Formen, Medien der Informationsübermittlung beruhend

Mul|ti|mo|da|li|tät, die; -: **1.** Vorgehensweise, bei der verschiedene Modi, Verfahren, Methoden berücksichtigt od. kombiniert werden. **2.** (Sprachwiss.) Informationsübermittlung über verschiedene Symbolsysteme wie Schrift, Bild od. Ton, die kombiniert od. als Alternativen angeboten werden (z. B. Buch u. Hörbuch)

mul|ti|mor|bid ⟨lat.⟩ (Med.): an mehreren Krankheiten zugleich leidend. **Mul|ti|mor|bi|di|tät,** die; - (Med.): gleichzeitiges Bestehen mehrerer Krankheiten bei einem Patienten

mul|ti|na|ti|o|nal: a) aus vielen Nationen bestehend (von Vereinigungen); **b)** in vielen Staaten vertreten (z. B. von einem Industrieunternehmen)

mul|ti|nu|k|le|ar (Biol.): vielkernig, viele Kerne enthaltend (z. B. von Zellen)

Mul|ti|pack, das (auch: der); -s, -s ‹*lat.-engl.*›: Verpackung, die mehrere Waren der gleichen Art enthält u. als Einheit verkauft wird

Mul|ti|pa|ra, die; -, ...paren ‹*lat.-nlat.*›: ↑Pluripara

mul|ti|pel ‹*lat.*›: **1.** (Psychol.) vielfältig; **multiple Persönlichkeit:** Persönlichkeit, in der anscheinend Erlebnis- u. Verhaltenssysteme mehrfach vorhanden sind. **2.** (Med.) an vielen Stellen am od. im Körper auftretend; **Multiple od. multiple Sklerose:** Erkrankung des Gehirns u. Rückenmarks unter Bildung zahlreicher Verhärtungsherde in den Nervenbahnen

Mul|ti|p|le, das; -s, -s ‹*frz.*›: ein modernes Kunstwerk (Plastik, Grafik), das auf industriellem Wege serienmäßig hergestellt wird

Mul|ti|ple-Choice-Ver|fah|ren [ˈmaltɪpl̩ˈtʃɔɪ̯s...], das; -s, - ‹*engl.; dt.*› (Psychol., Päd.): Prüfungsmethode od. Test, bei dem der Prüfling unter mehreren vorgegebenen Antworten die richtige[n] erkennen muss

Mul|ti|plett, das; -s, -s ‹*lat.-engl.*›: Folge eng benachbarter Werte einer messbaren physikalischen Größe (z. B. in der Spektroskopie eine Gruppe dicht beieinanderliegender Spektrallinien)

mul|ti|plex (veraltet): vielfältig. **Mul|ti|plex,** das; -[es], -e ‹*engl.*›: großes Kinozentrum

Mul|ti|plex|be|trieb, der; -s (ohne Plural): **1.** Betrieb von Systemen zur Nachrichtenübertragung mit mehrfacher Nutzung jedes Kanals. **2.** Multiplexkino

Mul|ti|p|le|xer, der; -s, - ‹*engl.*› (EDV): Gerät, das Signale von mehreren Eingangsleitungen auf eine Ausgangsleitung überträgt

Mul|ti|ple|xing, das; -[s] ‹*engl.*›: vgl. Multiplexverfahren

Mul|ti|plex|ver|fah|ren, das; -s, - ‹*lat.; dt.*›: gleichzeitige Übertragung von mehreren Nachrichten über denselben Sender

Mul|ti|pli|er [ˈmaltɪplaɪ̯ɐ], der; -s, - ‹*lat.-engl.*› (Physik): Sekundärelektronenvervielfacher, ein Gerät zur Verstärkung schwacher, durch Lichteinfall ausgelöster Elektronenströme

Mul|ti|pli|kand, der; -en, -en ‹*lat.*›: Zahl, die mit einer anderen multipliziert werden soll

Mul|ti|pli|ka|ti|on, die; -, -en: **a)** Vervielfachung einer Zahl um eine andere (Ggs.: Division [1]); **b)** Vervielfältigung

mul|ti|pli|ka|tiv: die Multiplikation betreffend

Mul|ti|pli|ka|ti|vum, das; -s, ...va: Zahlwort, das angibt, wievielmal etw. vorkommt; Wiederholungs-, Vervielfältigungszahlwort (z. B. zweimal, dreifach)

Mul|ti|pli|ka|tor, der; -s, ...oren: **1.** Zahl, mit der eine vorgegebene Zahl multipliziert werden soll. **2.** Person, Einrichtung, die Wissen od. Informationen weitergibt u. dadurch zu deren Verbreitung beiträgt

Mul|ti|pli|ka|tor|ana|ly|se, die; -, -n: Untersuchung der durch eine Investition hervorgerufenen Zunahme des Gesamteinkommens einer Volkswirtschaft

mul|ti|pli|zie|ren: 1. (Math.) um eine bestimmte Zahl vervielfachen, malnehmen (Ggs.: dividieren). **2. a)** vervielfältigen, [steigernd] zunehmen lassen, vermehren; **b)** sich multiplizieren: sich steigern; zunehmen

Mul|ti|pli|zi|tät, die; -, -en: mehrfaches Vorkommen, Vorhandensein

Mul|ti|plum, das; -s, ...pla (veraltet): Vielfaches, Mehrfaches

Mul|ti|pol, der; -s, -e: aus mehreren ↑Dipolen bestehende Anordnung elektrischer od. magnetischer Ladungen. **mul|ti|po|lar:** mehrpolig

Mul|ti|pro|ces|sing [mʌltɪˈprɔʊ̯sɛ...], das; -[s] ‹*engl.*› (EDV): gleichzeitige Bearbeitung eines Programms (4) durch mehrere miteinander verbundene Computer

Mul|ti|pro|gram|ming [...grɛmɪŋ, maltɪˈprɔʊ̯...], das; -[s] ‹*engl.*›: ↑Multitasking (1)

mul|ti|re|sis|tent (Med.): gegenüber einer Vielzahl von Stoffen widerstandsfähig

Mul|ti|ta|lent, das; -[e]s, -e: ein vielseitig begabter Mensch

Mul|ti|tas|king [...ta:s..., mʊlti-ˈta:s..., auch: maltɪˈta:skɪŋ], das; -[s]: **1.** (EDV) gleichzeitiges Abarbeiten mehrerer Tasks (2) in einem Computer. **2.** gleichzeitiges Verrichten mehrerer Tätigkeiten

mul|ti|tas|king|fä|hig: die Fähigkeit besitzend, mehrere Aufgaben gleichzeitig zu bewältigen

mul|ti|va|lent ‹*lat.-nlat.*› (Psychol.): mehr-, vielwertig (von Tests, die mehrere Lösungen zulassen). **Mul|ti|va|lenz,** die; -, -en (Psychol.): Mehrwertigkeit von psychischen Eigenschaften, Schriftmerkmalen, Tests

mul|ti|va|ri|at ‹*lat.-engl.*›: mehrere Variablen (1) betreffend

Mul|ti|ver|sum, das; -s ‹Analogiebildung zu ↑Universum›: das Weltall, sofern es als eine nicht auf eine Einheit zurückführbare Vielheit betrachtet wird

Mul|ti|vi|b|ra|tor, der; -s, ...oren ‹*lat.*›: elektrische Schaltung mit zwei steuerbaren Schaltelementen, von denen jeweils eines Strom führt

Mul|ti|vi|si|on, die; -: Technik der gleichzeitigen Projektion (1) von Dias auf eine Leinwand, wobei jedes Dia entweder ein eigenes Motiv (2) od. einen Bildausschnitt darstellen kann. **Mul|ti|vi|si|ons|show,** die; -, -s: größere Veranstaltung, bei der die Technik der Multivision zum Einsatz kommt

Mul|ti|zet®, das; -[e]s, -e (Elektrot.): Vielfachmessgerät

mul|tum, non mul|ta ‹*lat.*›: »viel (= ein Gesamtes), nicht vielerlei (viele Einzelheiten)«, d. h. Gründlichkeit, nicht Oberflächlichkeit

Mu|lun|gu, der; - ‹*Bantuspr.;* »der da oben«›: ostafrikanische Gottesbezeichnung (urspr. ↑Mana)

Mu|lus, der; -, Muli ‹*lat.*›: **1.** lat. Bez. für: Maulesel, -tier; vgl. Muli. **2.** (scherzh. veraltet) Abiturient vor Beginn des Studiums

Mu|mie, die; -, -n ‹*pers.-arab.-it.*›: durch Einbalsamieren usw. vor Verwesung geschützter Leichnam

Mu|mi|en|por|t|rät, das; -s, -s: (bes. vom 1. bis 4. Jh. in Ägypten) das Gesicht der Mumie bedeckendes, auf Holz od. Leinwand gemaltes Porträt

Mu|mi|fi|ka|ti|on, die; -, -en ⟨*pers.-arab.-it.; lat.; nlat.*⟩: **1.** ↑Mumifizierung. **2.** (Med.) Austrocknung abgestorbener Gewebeteile an der Luft; vgl. ...ation/...ierung. **mu|mi|fi|zie|ren: 1.** einbalsamieren. **2.** (Med.) eintrocknen lassen, absterben lassen (bes. Gewebe). **Mu|mi|fi|zie|rung,** die; -, -en: Einbalsamierung; vgl. ...ation/...ierung

Mum|my ['mʌmi], der; -s, -s ⟨*engl.;* »Mumie«⟩: Auftraggeber eines ↑Ghostwriters

Mumps, der (landsch. auch: die); - ⟨*engl.*⟩ (Med.): generalisierte Virusinfektion der Speicheldrüsen [mit schmerzhaften Schwellungen]; Ziegenpeter

Mun|da: *Plural* von ↑Mundum

mun|dan ⟨*lat.*⟩ (veraltet): weltlich, auf das Weltganze bezüglich

Mun|dan|as|t|ro|lo|gie, die; -: Zweig der Astrologie, der sich mit dem Schicksal von Völkern, Nationen o. Ä. befasst u. Prognosen sowohl politischer od. sozialpsychologischer als auch natur- u. umweltbezogener Art fällt

Mun|da|ti|on, die; -, -en (veraltet): Reinigung, Säuberung. **mun|dieren** (veraltet): ins Reine schreiben; reinigen

Mun|di|um, das; -s, ...ien u. ...ia ⟨*germ.-mlat.*⟩: Schutzverpflichtung, -gewalt im frühen deutschen Recht

Mun|do|lin|gue, die; - ⟨Kunstw.⟩: von Lott 1890 aufgestellte Welthilfssprache

Mun|dum, das; -s, Munda ⟨*lat.*⟩ (veraltet): Reinschrift

Mun|dus, der; -: Welt, Weltall, Weltordnung; **Mundus archetypus:** urbildliche Welt; **Mundus intelligibilis:** die geistige, nur mit der Vernunft erfassbare Welt (der Ideen); **Mundus sensibilis** (Philos.): die sinnlich wahrnehmbare Welt

mun|dus vult de|ci|pi: »die Welt will betrogen sein« (nach Sebastian Brant)

[1]**Mun|go,** der; -[s], -s ⟨*tamil.-engl.*⟩: bräunliche, silbergrau gesprenkelte Schleichkatze in Afrika u. Asien

[2]**Mun|go,** der; -[s], -s ⟨*engl.*⟩: Garn, Gewebe aus Reißwolle

Mu|ni|ti|on, die; - ⟨*lat.-frz.*⟩: das aus Geschossen, Sprengladungen, Zünd- u. Leuchtspursätzen bestehende Schießmaterial für Feuerwaffen. **mu|ni|ti|onie|ren:** mit Munition versehen, ausrüsten

Mu|ni|ti|ons|de|pot [...po:], das; -s, -s: Depot, in dem Munition gelagert wird

mu|ni|zi|pal ⟨*lat.*⟩: städtisch

mu|ni|zi|pa|li|sie|ren ⟨*lat.-nlat.*⟩ (veraltet): einer Stadt od. Gemeinde eine Verfassung geben

Mu|ni|zi|pa|li|tät, die; -, -en (veraltet): Stadtobrigkeit

Mu|ni|zi|pi|um, das; -s, ...ien ⟨*lat.*⟩: **1.** (Geschichte) altrömische Landstadt. **2.** (veraltet) Stadtverwaltung

Munt|jak, der; -s, -s ⟨*javan.-engl.*⟩ (Zool.): im tropischen Südasien lebender Hirsch mit rotbraunem Rücken, weißem Bauch u. kleinem Geweih

Mup|pet® ['mapət], der; -s, -s (meist Plural) ⟨*engl.*⟩: Puppenfigur in der brit. Comedyserie »Muppet Show«

Mu|rä|ne, die; -, -n ⟨*gr.-lat.*⟩: aalartiger Knochenfisch, bes. in [sub]tropischen Meeren

mu|ri|a|tisch ⟨*lat.*⟩: kochsalzhaltig (von Quellen)

Mu|ring, die; -, -e ⟨*engl.*⟩ (Seew.): Vorrichtung zum Verankern mit zwei Ankern

Mur|ky|bäs|se, die (Plural) ⟨*engl.; lat.-it.*⟩ (Musik): Akkordbrechungen in der Bassstimme, meist in Oktavschritten (Brillen- od. Trommelbässe)

Mur|phys Ge|setz ['mœ:ɐ̯fi:s -] ⟨nach *engl.* »Murphy's Law« (erfundener Personenname)⟩: angenommene Gesetzmäßigkeit, nach der alles misslingt, was misslingen kann

Mu|sa, die; - ⟨*arab.-nlat.*⟩: Banane (z. B. die philippinische Faserbanane)

Mu|sa|fa|ser, die; -, -n: ↑Manilahanf

Mu|s|a|get, der; -en, -en ⟨*gr.-lat.;* »Musen[an]führer«, Beiname des gr. Gottes Apollo⟩ (veraltet): Musenfreund; Gönner der Künste u. Wissenschaften

Mus|ca|det [myska'dɛ], der; -[s], -s [myska'dɛ(s)] ⟨*frz.*⟩: leichter, trockener, würziger Weißwein aus der Gegend um die französische Stadt Nantes

Mu|sche vgl. Mouche

Mu|schik [auch: mʊ'ʃɪk], der; -s, -s ⟨*russ.*⟩: Bauer im zaristischen Russland

Mu|schir, Mü|schir, der; -s, -e ⟨*arab.-türk.*⟩: **1.** (Geschichte) hoher türkischer Beamter. **2.** türkischer Feldmarschall

Musch|ko|te, der; -n, -n ⟨entstellt aus ↑Musketier⟩ (Soldatenspr. abwertend): Fußsoldat

Mu|se, die; -, -n ⟨*gr.-lat.*⟩ (gr. Mythologie): eine von neun Schwestern als Schutzgöttinnen der Künste

mu|se|al ⟨*gr.-lat.-nlat.*⟩: **1.** zum, ins Museum gehörend, Museums... **2.** (ugs.) veraltet, verstaubt, unzeitgemäß

Mu|se|en: *Plural* von ↑Museum

Mu|sel|man, der; -en, -en ⟨*arab.-pers.-türk.-it.*⟩ (veraltet): ↑Muslim. **Mu|sel|ma|nin** [auch: ...'ma:...], die; -, -nen: weibliche Form zu ↑Muselman. **mu|sel|manisch** [auch: ...'ma:...] (veraltet): muslimisch

Mu|sen|al|ma|nach, der; -s, -e ⟨*gr.-lat.; mlat.-niederl.*⟩: im 18. u. 19. Jh. jährlich erschienene Sammlung bisher ungedruckter Gedichte usw.

Mu|seo|lo|ge, der; -n, -n ⟨*gr.-lat.; gr.*⟩: Fachmann auf dem Gebiet der Museumswissenschaft. **Museo|lo|gie,** die; -: Museumskunde. **Mu|seo|lo|gin,** die; -, -nen: weibliche Form zu ↑Museologe

Mu|sette [my'zɛt], die; -, -s od. -n ⟨*frz.*⟩ (Musik): **1.** frz. Bez. für: Dudelsack. **2.** mäßig schneller Tanz im Dreiertakt mit liegendem Bass (den Dudelsack nachahmend). **3.** Zwischensatz der Gavotte. **4.** kleines Tanz- u. Unterhaltungsorchester mit Akkordeon

Mu|se|um, das; -s, Museen ⟨*gr.-lat.*⟩: Ausstellungsgebäude für Kunstgegenstände u. wissenschaftliche od. technische Sammlungen

Mu|se|ums|pä|d|a|go|ge, der; -n, -n ⟨*gr.-lat.; gr.-lat.*⟩: jmd., der in der Museumspädagogik tätig ist. **Muse|ums|pä|d|a|go|gik,** die; - ⟨*gr.-lat.; gr.*⟩: auf Kinder u. Erwachsene bezogene pädagogische Arbeit im Museum. **Mu|se|ums|pä|d|a|go|gin,** die; -, -nen: weibliche Form zu ↑Museumspädagoge

Mu|sher ['mʌʃə], der; -[s], -[s] ⟨*engl.*⟩: Schlittenhundeführer

Mu|si|ca, die; - ⟨*gr.-lat.*⟩: Musik, Tonkunst; **Musica antiqua:** alte Musik; **Musica mensurata:** ↑Mensuralmusik; **Musica mundana/celestis:** himmlische, sphärische Musik; **Musica nova:** neue Musik; **Musica sacra:** Kirchenmusik; **Musica viva:** moderne Musik

Mu|si|cal ['mju:zɪkl̩], das; -s, -s ⟨*gr.-lat.-mlat.-frz.-engl.-amerik.*⟩: populäres Musiktheater, das Elemente des Dramas, der Operette, Revue u. des Varietés miteinander verbindet

Mu|si|cal|clown, der; -s, -s: Clown, der vorwiegend mit grotesken Musikdarbietungen unterhält

Mu|sic|box ['mju:zɪk...], die; -, -en u. -es [...ɪs] ⟨*amerik.*⟩: ↑Musikbox

Mu|sic-on-De|mand [...dɪ'ma:nd], das; - ⟨*engl.;* eigtl. »Musik auf Anforderung«⟩: das individuelle Anfordern u. Zusammenstellen von Musiktiteln, die vom Anbieter eines Musikarchivs auf CD od. per Internet geliefert werden

mu|si̱ert ⟨*gr.-lat.-nlat.*⟩: ↑musisch

Mu|si̱k, die; -, -en ⟨*gr.-lat.-frz.*⟩: **1.** (ohne Plural) die Kunst, Töne in melodischer, harmonischer u. rhythmischer Ordnung zu einem Ganzen zu fügen; Tonkunst. **2.** Kunstwerk, bei dem Töne u. Rhythmus eine Einheit bilden

Mu|si̱k|aka|de|mie, die; -, -n: Musikhochschule

Mu|si|ka̱|li|en, die (Plural) ⟨*gr.-lat.-mlat.*⟩: (urspr. in Kupfer gestochene, seit 1755 gedruckte) Musikwerke

mu|si|ka̱|lisch: 1. die Musik betreffend; tonkünstlerisch. **2.** musikbegabt, Musik liebend. **3.** klangvoll; wie Musik wirkend

textlich Feier
Unterhaltung
Gottesdienst
Umrahmung
begabt
musikalisch
bereichern
Leitung
umsetzen
unterlegt
gestalten
szenisch

Mu|si|ka|li|tä̱t, die; -: **1. a)** musikalisches Empfinden; **b)** Musikbegabung. **2.** Wirkung wie Musik (2)

Mu|si|kạnt, der; -en, -en ⟨mit latinisierender Endung zu ↑Musik gebildet⟩: Musiker, der zum Tanz, zu Umzügen u. Ä. aufspielt. **Mu|si|kạn|tin,** die; -, -nen: weibliche Form zu ↑Musikant. **mu|si|kạn|tisch:** musizierfreudig, musikliebhaberisch

Mu|si̱k|au|to|mat, der; -en, -en: **a)** Apparat, der mit mechanischer Antriebsvorrichtung ein od. mehrere Musikstücke abspielt; **b)** ↑Musikbox

Mu|si̱k|box, die; -, -en ⟨*amerik.*⟩: Automat (bes. in Gaststätten), der gegen Geldeinwurf nach freier Wahl Musikstücke (meist Schlager) abspielt

Mu|si̱k|di|rek|tor, der; -s, -en: staatlicher od. städtischer Dirigent u. Betreuer musikalischer Aufführungen u. des Musikwesens (Abk.: MD). **Mu|si̱k|di|rek|to|rin,** die; -, -nen: weibliche Form zu ↑Musikdirektor

Mu|si̱k|dra|ma, das; -s, ...men: Oper mit besonderem Akzent auf dem Dramatischen (bes. die Opern Richard Wagners)

Mu̱|si|ker, der; -s, - ⟨*gr.-lat.*⟩: **a)** jmd., der beruflich Musik, eine Tätigkeit im musikalischen Bereich ausübt; **b)** Mitglied eines Orchesters; Orchestermusiker. **Mu̱|si|ke|rin,** die; -, -nen: weibliche Form zu ↑Musiker

Mu|si̱k|in|s|t|ru|ment, das; -[e]s, -e: Gerät zum Hervorbringen von Tönen u. Klängen, zum Musikmachen

Mu|si̱k|kas|set|te, die; -, -n: Kassette (5), auf der Musik aufgenommen ist

Mu|si̱k|korps [...ko:ɐ̯], das; - [...ko:ɐ̯(s)], - [...ko:ɐ̯s]: Blasorchester als militärische Einheit

Mu|si|ko|lo̱|ge, der; -n, -n ⟨*gr.-lat.; gr.*⟩: Musikgelehrter, Musikwissenschaftler. **Mu|si|ko|lo|gi̱e,** die; -: Musikwissenschaft. **Mu|si|ko|lo̱|gin,** die; -, -nen: weibliche Form zu ↑Musikologe. **mu|si|ko|lo̱|gisch:** musikwissenschaftlich

Mu|si|ko|ma̱|ne, der u. die; -n, -n: Musikbesessene[r]

Mu|si̱k|pä|d|a|go|ge, der; -n, -n: **a)** Pädagoge (a), der Musikunterricht erteilt; **b)** Wissenschaftler auf dem Gebiet der Musikpädagogik. **Mu|si̱k|pä|d|a|go|gik,** die; -, -en: Wissenschaft von der Erziehung im Bereich der Musik. **Mu|si̱k|pä|d|a|go|gin,** die; -, -nen: weibliche Form zu ↑Musikpädagoge

Mu|si̱k|the|o|rie, die; -, ...ien: **a)** begriffliche Erfassung u. systematische Darstellung musikalischer Sachverhalte; **b)** Musiktheorie (a) als Lehrfach, das allgemeine Musiklehre, Harmonielehre, Kontrapunkt und Formenlehre umfasst

Mu|si̱k|the|ra|pie, die; -, ...ien (Psychol.): Anwendung musikalischer Mittel zu psychotherapeutischen Zwecken

Mu̱|si|kus, der; -, ...sizi ⟨*gr.-lat.*⟩ (veraltet, noch scherzh. od. iron.): Musiker

Mu|sique con|crète [myzikkõ'krɛt], die; - - ⟨*frz.*⟩: konkrete Musik; vgl. konkret (3)

mu̱|sisch ⟨*gr.-lat.*⟩: **1.** die schönen Künste betreffend. **2.** künstlerisch [begabt], kunstempfänglich

naturwissenschaftlich
Gymnasium
interessiert
orientiert
begabt
musisch
Zweig
sprachlich
erzogen
veranlagt
kreativ
hochgebildet
Bereich

M
Musi

Mu|si̱v|ar|beit, die; -, -en ⟨*gr.-lat.; dt.*⟩: ↑Mosaik

Mu|si̱v|gold, das; -es: goldglänzendes, schuppiges Pulver, das bes. früher in der Malerei für bronzene Farbtöne u. zur Vergoldung von Spiegel- u. Bilderrahmen verwendet wurde

mu|si̱|visch ⟨*gr.-lat.*⟩: eingelegt (von Glassplittern od. Steinen)

Mu|si̱v|sil|ber, das; -s ⟨*gr.-lat.; dt.*⟩: Legierung aus Zinn, Wismut u. Quecksilber zum Bronzieren

Mu̱|si|zi: *Plural* von ↑Musikus

muskulös	muskulär
Frauen wollen eher schlank sein, Männer meistens muskulös. *mit starken Muskeln* – durchtrainierter muskulöser Körper – eine muskulöse […] Figur und … – junge […] muskulöse […] Männer Er nahm sie in seine starken, muskulösen Arme und küsste sie voll Leidenschaft. Durch das Training ist mein Körper muskulöser geworden. Sein Körper ist schlank und zugleich muskulös.	Beide Spieler plagen muskuläre Probleme im Oberschenkel. *die Muskeln betreffend* – Oberschenkel […] laboriert […] muskulären Problemen – plagen […] muskuläre Probleme im Oberschenkel und – wegen muskulärer Probleme […] abbrechen Auch sie klagt über muskuläre Probleme im Oberschenkel. Außerdem machen ihm muskuläre Probleme zu schaffen. Wir müssen sehen, wie sich seine muskuläre Verletzung entwickelt.

mu|si|zie|ren ⟨*gr.-lat.*⟩: [mit jmdm. zusammen] Musik machen, spielen, zu Gehör bringen; eine Musik darbieten

Mus|ka|rin, das; -s ⟨*lat.-nlat.*⟩: Gift des Fliegenpilzes

Mus|kat, der; -[e]s, -e ⟨*sanskr.-pers.-gr.-lat.-mlat.-frz.*⟩: als Gewürz verwendeter Samenkern der Muskatfrucht

Mus|kat|blü|te, die; -, -n: als Gewürz verwendete Samenhülle der Muskatfrucht

Mus|ka|te, die; -, -n (veraltet): ↑Muskatnuss

Mus|ka|tel|ler, der; -s, - ⟨*sanskr.-pers.-gr.-lat.-mlat.-it.*⟩: **1.** (ohne Plural) Traubensorte mit Muskatgeschmack. **2.** [süßer] Wein aus der Muskatellertraube

Mus|kat|nuss, die; -, ...nüsse: getrockneter [als Gewürz verwendeter] Samenkern der Muskatfrucht

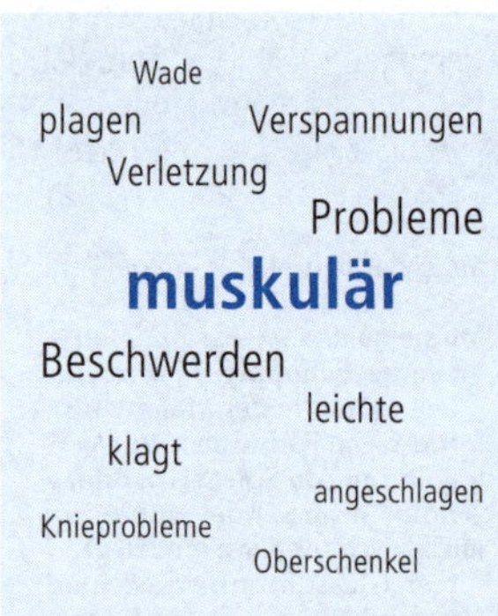

Mus|kel, der; -s, -n ⟨*lat.*⟩: aus zusammenziehbaren Faserbündeln bestehender Teil des menschlichen u. tierischen Körpers, der der Bewegung von Gliedmaßen u. Körperteilen dient

Mus|ke|te, die; -, -n ⟨*lat.-it.-frz.*⟩ (Geschichte): schwere Handfeuerwaffe

Mus|ke|tier, der; -s, -e ⟨»Musketenschütze«⟩ (Geschichte): [mit einer Muskete bewaffneter] Fußsoldat; vgl. Muschkote

Mus|ko|vit, Mus|ko|wit [auch: ...'vɪt], der; -s, -e ⟨von *nlat.* Muscovia = Russland⟩: heller Glimmer

mus|ku|lär ⟨*lat.-nlat.*⟩ (Med.): zu den Muskeln gehörend, die Muskulatur betreffend

Mus|ku|la|tur, die; -, -en: Muskelgefüge, Gesamtheit der Muskeln eines Körpers od. Organs

mus|ku|lös ⟨*lat.; frz.*⟩: mit starken Muskeln versehen, äußerst kräftig

muskulös/muskulär *s. Kasten*

Mus|ku|lo|si|tät, die; -: Muskelstärke

Mus|lim, der; -[s], -e u. -s, veraltend: Moslem, der; -s, -s ⟨*arab.*⟩: Anhänger des Islams. **Mus|li|ma,** die; -, -s u. (selten:) ...men, **Mus|li|me,** die; -, -n, **Mus|li|min,** die; -, -nen: weibliche Formen zu ↑Muslim. **mus|li|misch,** veraltend: moslemisch: die Muslime, ihren Glauben, ihren Herrschaftsbereich betreffend

Mus|se|lin, schweiz.: Mousseline [mʊs(ə)'li:n], der; -s, -e ⟨*it.-frz.;* vom it. Namen der Stadt Mossul am Tigris⟩: feines, locker gewebtes [Baum]wollgewebe. **mus|se|li|nen:** aus Musselin bestehend

Mus|se|ron [mʊsə'rɔ̃:], der; -s, -s ⟨*vulgärlat.-frz.*⟩: nach Knoblauch riechender Pilz zum Würzen von Soßen

Mus|tang, der; -s, -s ⟨*span.-engl.*⟩: wild lebendes Präriepferd in Nordamerika

Must-have ['masthæv, mast'hɛv], das; -[s], -s ⟨*engl.*⟩: Gegenstand, den man besitzen sollte, um als modern o. ä. zu gelten

mu|ta ⟨*lat.;* »verändere!«⟩ (Musik): Anweisung für das Umstimmen bei den transponierenden Blasinstrumenten u. Pauken

Mu|ta, die; -, ...tä ⟨*lat.*⟩ (Sprachwiss. veraltet): Explosiv-, Verschlusslaut; vgl. Explosiv, Klusil; **Muta cum Liquida** (Sprachwiss.): Verbindung von Verschluss- u. Fließlaut

mu|ta|bel ⟨*lat.*⟩: veränderlich; wandelbar. **Mu|ta|bi|li|tät,** die; -: Unbeständigkeit, Veränderlichkeit

mu|ta|gen ⟨*lat.; gr.*⟩: Mutationen auslösend. **Mu|ta|gen,** das; -s, -e (meist Plural) (Biol.): chemischer od. physikalischer Faktor, der Mutationen (1) auslöst. **Mu|ta|ge|ni|tät,** die; -: die Fähigkeit [eines chemischen od. physikalischen Stoffes], Mutationen (1) auszulösen

Mu|tant, der; -en, -en ⟨*lat.*⟩: **1.** Junge, der mutiert (2). **2.** ↑ Mutante. **Mu|tan|te,** die; -, -n: durch Mutation (1) verändertes Individuum

Mu|ta|ti|on, die; -, -en: **1.** (Biol.) spontane od. künstlich erzeugte Veränderung im Erbgefüge. **2.** (Med.) Stimmbruch (bei Eintritt der Pubertät). **3.** (veraltet) Änderung, Wandlung. **Mu|ta|ti|ons|ra|te,** die; -, -n (Biol.): die Häufigkeit, mit der eine Mutation (1) spontan auftritt od. erzeugt werden kann

mu|ta|tis mu|tan|dis: mit den nötigen Abänderungen (Abk.: m. m.)

mu|ta|tiv ⟨*lat.-nlat.*⟩ (Biol.): sich spontan ändernd

Mu|ta|zi|li|ten, die (Plural) ⟨*arab.-nlat.*⟩: Anhänger einer philosophischen Richtung des Islams im 8. Jh.

Mu|ta|zis|mus, der; - ⟨*lat.-nlat.*⟩ (Med.): ↑ Mutismus

mu|tie|ren ⟨*lat.*⟩: **1.** (Biol.) sich spontan im Erbgefüge ändern. **2.** (Med.) sich im Stimmwechsel befinden. **3.** sich ändern, wandeln

Mu|ti|la|ti|on, die; -, -en ⟨*lat.*⟩ (Med.): Verstümmelung; das Absterben von Geweben u. Körperteilen [im Bereich der Extremitäten]. **mu|ti|lie|ren** (Med.): verstümmeln

Mu|tis|mus, der; - ⟨*lat.-nlat.*⟩ (Med.): meist psychisch bedingte, länger andauernde [selektive] Sprechhemmung trotz intakten Sprachvermögens u. ohne organischen Defekt. **Mu|tist,** der; -en, -en (Med.): jmd., der an Mutismus leidet. **Mu|tis|tin,** die; -, -nen: weibliche Form zu ↑ Mutist. **mu|tis|tisch** (Med.): in der Art des Mutismus, stumm

Mu|ti|tät, die; - (Med.): Stummheit

Mu|ton, das; -s, -s ⟨*lat.; gr.*⟩ (Biol.): kleinster Chromosomenabschnitt, der durch eine Mutation verändert werden kann

Mu|to|s|kop, das; -s, -e ⟨*lat.; gr.*⟩: Guckkasten, in dem durch eine bestimmte Bildanordnung Bewegungsvorgänge vorgetäuscht werden

mu|tu|al, mutuell ⟨*lat.-nlat.*⟩: gegenseitig, wechselseitig

Mu|tu|a|lis|mus, der; -: **1.** (Biol.) Form der Lebensgemeinschaft zwischen Tieren od. zwischen Pflanzen mit gegenseitigem Nutzen. **2.** System des utopischen Sozialismus von Proudhon. **3.** (Wirtsch.) finanzwissenschaftliche Hypothese, nach der bei relativ gleicher steuerlicher Belastung jeder Steuerzahler auch solche Geldopfer auf sich nehmen würde, von denen andere einen Nutzen haben

Mu|tu|a|li|tät, die; -, -en: Gegenseitigkeit, Wechselseitigkeit

mu|tu|ell vgl. mutual

Mu|tu|lus, der; -, ...li ⟨*lat.*⟩: Dielenkopf; plattenförmige Verzierung an der Unterseite des Kranzgesimses dorischer Tempel

Mu|zak [ˈmjuːzɛk], die; - ⟨*engl.*⟩ (Jargon): [anspruchslose, gefällige] Hintergrundmusik für Büros, Einkaufszentren, Flughäfen o. Ä.

Mu|zin, das; -s, -e (meist Plural) ⟨*lat.-nlat.*⟩ (Biol., Med.): Schleimstoff (makromolekulare Glykoproteine), der von Hautdrüsen od. Schleimhäuten abgesondert wird

My, das; -[s], -s ⟨*gr.*⟩: **1.** zwölfter Buchstabe des griechischen Alphabets; **M, μ. 2.** Kurzform von ↑ Mikron

my..., My... vgl. myo..., Myo...

My|al|gie, die; -, ...ien ⟨*gr.-nlat.*⟩ (Med.): Muskelschmerz

My|as|the|nie, die; -, ...ien (Med.): krankhafte Muskelschwäche, die sich unter Belastung verstärkt

My|ato|nie, die; -, ...ien (Med.): [angeborene] Muskelerschlaffung

My|d|ri|a|se, die; -, -n ⟨*gr.*⟩ (Med.): Pupillenerweiterung. **My|d|ri|a|ti|kum,** das; -s, ...ka ⟨*gr.-nlat.*⟩ (Med.): Arzneimittel, das die Pupillen erweitert

My|e|l|a|s|the|nie, die; -, ...ien ⟨*gr.-nlat.*⟩ (Med.): vom Rückenmark ausgehende Nervenschwäche

My|e|lin, das; -s (Anat.): die Nervenfasern umhüllende fettreiche Substanz

My|e|li|tis, die; -, ...itiden (Med.): Rückenmarksentzündung

My|e|lo|en|ze|pha|li|tis, die; -, ...itiden (Med.): Entzündung des Gehirns u. des Rückenmarks

my|e|lo|gen (Med.): vom Knochenmark ausgehend

My|e|lo|gra|fie, My|e|lo|gra|phie, die; -, ...ien (Med.): [mit Kontrastmitteln erfolgende] röntgenologische Darstellung des Wirbelkanals

my|e|lo|id, my|e|lo|isch (Med.): das Knochenmark betreffend, von ihm ausgehend

My|e|lom, das; -s, -e (Med.): Krebserkrankung des Knochenmarks

My|e|lo|ma|la|zie, die; -, ...ien (Med.): Rückenmarkserweichung

My|e|lo|ma|to|se, die; -, -n (Med.): zahlreiches Auftreten bösartiger Myelome

My|e|lo|me|nin|gi|tis, die; -, ...itiden (Med.): Entzündung des Rückenmarks u. seiner Häute

My|e|lo|pa|thie, die; -, ...ien (Med.): **1.** Knochenmarkserkrankung. **2.** Rückenmarkserkrankung

My|e|lo|se, die; -, -n (Med.): Wucherung des Knochenmarks, bes. bei Leukämie; **funikuläre Myelose:** Degeneration der Rückenmarkstrukturen, die durch einen Mangel an Vitamin B 12 ausgelöst wird

My|i|a|se, die; -, -n ⟨*gr.-nlat.*⟩ (Med.): Madenkrankheit, Madenfraß; durch Fliegenmaden verursachte Krankheit

My|i|tis, die; -, ...itiden ⟨*gr.-nlat.*⟩ (Med.): ↑ Myositis

my|ke|nisch ⟨nach der altgr. Ruinenstätte Mykenä⟩: die griechische Kultur der Bronzezeit betreffend

My|ke|tis|mus, der; - ⟨*gr.-nlat.*⟩ (Med.): ↑ Myzetismus

My|ko|bak|te|ri|o|se, die; -, -n (Med.): durch Mykobakterien hervorgerufene Erkrankung beim Menschen u. vielen Tierarten

My|ko|bak|te|ri|um, das; -s, ...rien (Med.): Gattung grampositiver Bakterien, zu denen die Erreger von Lepra und Tuberkulose gehören

My|ko|i|ne, die (Plural) (Med.): aus Pilzen gewonnene Antibiotika

My|ko|lo|ge, der; -n, -n: Wissenschaftler, der auf dem Gebiet der Mykologie arbeitet. **My|ko|lo|gie,** die; -: **1.** (Biol.) Pilzkunde. **2.** (Med.) Wissenschaft von den Mykosen. **My|ko|lo|gin,** die; -, -nen: weibliche Form zu ↑Mykologe. **my|ko|lo|gisch:** die Mykologie od. die Pilzkrankheiten betreffend

My|ko|plas|men, die (Plural): kleinste frei lebende Bakterien ohne Zellwand (und ohne feste Gestalt)

My|kor|rhi|za, die; -, ...zen (Bot.): Lebensgemeinschaft zwischen den Wurzeln von Blütenpflanzen u. Pilzen

My|ko|se, die; -, -n (Med.): jede durch [niedere] Pilze hervorgerufene Krankheit

My|ko|to|xin, das; -s, -e (Biol., Med.): von Schimmelpilzen erzeugter Giftstoff

My|la|dy [mɪˈleːdi, mɪˈlɛɪ̯di] ⟨*engl.*⟩: (in Großbritannien, veraltend) Anrede an eine Trägerin des Titels Lady (1)

My|lo|nit [auch: ...ˈnɪt], der; -s, -e ⟨*gr.-nlat.*⟩ (Geol.): durch Druck an ↑tektonischen Bewegungsflächen zerriebenes u. wieder verfestigtes Gestein

my|lo|ni|tisch [auch: ...ˈnɪt...] (Geol.): die Struktur eines zerriebenen Gesteins betreffend

my|lo|ni|ti|sie|ren (Geol.): durch ↑tektonische Kräfte zu feinen Bruchstücken zerreiben (von Gesteinen)

My|lord [mɪˈlɔrt, mɪˈlɔːd] ⟨*engl.*⟩: **1.** (in Großbritannien, veraltend) Anrede an einen Träger des Titels Lord (1). **2.** (in Großbritannien) Anrede an einen Richter

Myn|heer [məˈneːɐ̯] vgl. Mijnheer

myo..., Myo...

vor Vokalen meist: my..., My...
⟨*gr.* mỹs, Gen. myós »Maus; Muskel«⟩
Wortbildungselement mit der Bedeutung »Muskel«:
- Myalgie
- Myofibrille
- Myokardinfarkt
- myomorph

Myo|blast, der; -en, -en (meist Plural) ⟨*gr.-nlat.*⟩ (Med.): Bildungszelle der Muskelfasern

Myo|car|di|um vgl. Myokard

Myo|chrom, das; -s (Med.): ↑Myoglobin

Myo|dy|nie, die; -, ...ien (Med.): Muskelschmerz

myo|elek|t|risch: (von Prothesen) mit einer Batterie betrieben und durch die Kontraktion eines Muskels in Bewegung gesetzt

Myo|fi|b|ril|le, die; -, -n ⟨*gr.; lat.-frz.*⟩ (Med.): zusammenziehbare Faser des Muskelgewebes

Myo|ge|lo|se, die; -, -n ⟨*gr.; lat.-nlat.*⟩ (Med.): das Auftreten von Verhärtungen in den Muskeln

myo|gen ⟨*gr.-nlat.*⟩ (Med.): vom Muskel ausgehend

Myo|glo|bin, das; -s ⟨*gr.; lat.-nlat.*⟩ (Med.): Sauerstoff bindendes Protein des Muskels

Myo|graf, Myograph, der; -en, -en: Gerät, das die Zuckungen eines Muskels in Kurvenform aufzeichnet

Myo|gramm, das; -s, -e: mithilfe eines Myografen aufgezeichnetes Kurvenbild der Muskelzuckungen

Myo|graph vgl. Myograf

Myo|kard, das; -[e]s, -e, fachspr.: Myocardium, das; -s, ...dia, Myokardium, das; -s, ...dia ⟨*gr.-nlat.*⟩ (Med.): [mittlere] Muskelschicht, Wandschicht des Herzens, Herzmuskel

Myo|kar|die, die; -, ...ien, Myokardose, die; -, -n (Med.): nicht entzündliche Erkrankung des Herzmuskels, die z. B. zu Kreislaufstörungen führen kann

Myo|kard|in|farkt, der; -[e]s, -e (Med.): Herzinfarkt

Myo|kar|di|tis, die; -, ...itiden (Med.): Herzmuskelentzündung

Myo|kar|di|um vgl. Myokard

Myo|kar|do|se vgl. Myokardie

Myo|klo|nie, die; -, ...ien (Med.): unwillkürliche Muskelzuckungen als Begleiterscheinung vieler neurologischer Erkrankungen; Schüttelkrampf

Myo|klo|nus, der; -, ...ni: vgl. Myoklonie

Myo|ky|mie, die; -, ...ien ⟨»Muskelwogen«⟩ (Med.): langsam verlaufende Muskelzuckungen

Myo|lo|gie, die; - (Med.): Wissenschaft von den Muskeln, ihren Krankheiten u. deren Behandlung

My|om, das; -s, -e (Med.): gutartige Geschwulst des Muskelgewebes

Myo|me|re, die; -, -n (Med.): Muskelabschnitt

Myo|me|t|ri|um, das; -s, ...ien (Med.): Muskelschicht der Gebärmutterwand

myo|morph (Med.): muskelfaserig

My|on, das; -s, ...onen ⟨*gr.*⟩: **1.** (Physik) zur Klasse der ↑²Leptonen gehörendes Elementarteilchen. **2.** (Med.) kleinste Funktionseinheit eines Muskels, bestehend aus einer Nervenfaser mit Muskelfasern

My|o|ni|um, das; -s, ...ien (Physik): Atom, das aus einem positiven Myon (als Kern) u. einem Elektron besteht

my|op, myopisch ⟨*gr.*⟩ (Med.): kurzsichtig (Ggs.: hypermetropisch)

Myo|pa|ra|ly|se, die; -, -n ⟨*gr.-nlat.*⟩ (Med.): Muskellähmung

Myo|pa|thie, die; -, ...ien (Med.): Muskelerkrankung. **myo|pa|thisch** (Med.): auf Myopathie beruhend

My|o|pe, der od. die; -n, -n ⟨*gr.*⟩: Kurzsichtige[r]. **My|o|pie,** die; -, ...ien (Med.): Kurzsichtigkeit (Ggs.: Hypermetropie). **my|o|pisch** vgl. myop

My|or|rhe|xis, die; - ⟨*gr.-nlat.*⟩ (Med.): Muskelzerreißung

My|o|sin, das; -s (Med.): Muskeleiweiß (das zusammen mit anderen Substanzen die kontraktile Einheit eines Muskels bildet)

My|o|si|tis, die; -, ...itiden (Med.): Muskelentzündung

Myo|skle|ro|se, die; -, -n (Med.): Muskelverhärtung

My|o|s|o|tis, die; - ⟨»Mäuseohr«⟩ (Bot.): Vergissmeinnicht

Myo|spas|mus, der; -, ...men (Med.): Muskelkrampf

Myo|to|mie, die; -, ...ien (Med.): operative Muskeldurchtrennung

Myo|to|nie, die; -, ...ien (Med.): lang dauernde Muskelspannung; Muskelkrampf

myo|trop (Med.): auf Muskeln einwirkend

My|ri|a|de, die; -, -n ⟨*gr.-lat.*⟩: **1.** (nur Plural) Unzahl, unzählig große Menge. **2.** Anzahl von 10 000

mythisch	mystisch
Die Erzählungen sind mythisch, umweht vom Zweifel am Wahrheitsgehalt. *ins Reich der Mythen gehörend, fast unwirklich* – zu einem mythischen Ort stilisiert – schon […] fast mythische Bedeutung – der … als […] mythisches Wesen Die schiere Macht der Felsen lädt diesen Ort mythisch auf. Viele Menschen berichten von Begegnungen mit den mythischen Wesen. Ob sich hinter den mythischen Helden Odysseus ein historisches Vorbild verbirgt?	geheimnisvoll, dunkel *Die Ureinwohner dort glauben bis heute an mystische Wesen.* – eine/die mystische […] Erfahrung – mystische religiöse […] Bedeutung – mystischen Ort […] geheimnisvollen … Die Augen sind Spiegel unserer Seele, heißt es etwas mystisch. Sie schreibt dem Vorfall eine mystische Bedeutung zu. Die Besucher genießen die mystische Atmosphäre.

My|ria|gramm, das; -s, -e (aber: 2 -): 10 000 Gramm
My|ria|me|ter, der; -s, -: Zehnkilometerstein, der alle zehntausend Meter rechts u. links des Rheins zwischen Basel u. Rotterdam angebracht ist
My|ria|po|de, veraltet: Myriopode, der; -n, -n (meist Plural) (Zool.): Tausendfüßler
My|rin|g|ek|to|mie, die; -, ...ien ⟨*gr.-nlat.*⟩ (Med.): operative Entfernung [eines Teiles] des Trommelfells
My|rin|gi|tis, die; -, ...itiden (Med.): Trommelfellentzündung
My|rin|g|o|to|mie, die; -, ...ien (Med.): ↑Parazentese
My|rio|phyl|lum, das; -s, ...llen ⟨*gr.-nlat.*⟩: Tausendblatt (Wasserpflanze Mitteleuropas, bekannte Aquarienpflanze)
My|rio|po|de vgl. Myriapode
My|ris|tin|säu|re, die; -, -n ⟨*gr.-nlat.; dt.*⟩ (Chemie): organische Säure, die in verschiedenen tierischen u. pflanzlichen Fetten vorkommt
Myr|me|kia, die (Plural) ⟨*gr.-nlat.*⟩ (Med.): meist schmerzhaft-entzündliche Warzen an Handfläche u. Fußsohlen
Myr|me|ko|cho|rie, die; - (Bot.): Ausbreitung von Pflanzensamen durch Ameisen (z. B. bei der Wolfsmilch)
Myr|me|ko|lo|ge, der; -n, -n: Wissenschaftler, der sich mit der Myrmekologie befasst. **Myr|me|ko|lo|gie,** die; -: Teilgebiet der Zoologie, das sich mit den Ameisen befasst. **Myr|me|ko|lo|gin,** die; -, -nen: weibliche Form zu ↑Myrmekologe. **myr|me|ko|lo|gisch:** ameisenkundlich
Myr|me|ko|phi|le, der; -n, -n (meist Plural): Ameisengast; Gliederfüßer, der in Ameisennestern lebt (z. B. Wurzellaus). **Myr|me|ko|phi|lie,** die; -: das Zusammenleben (vgl. Symbiose) mit Ameisen (z. B. bei Myrmekophilen u. Myrmekophyten)
Myr|me|ko|phyt, der; -en, -en (meist Plural) (Biol.): Pflanze, die Ameisen zu gegenseitigem Nutzen aufnimmt
My|ro|ba|la|ne, die; -, -n ⟨*gr.-lat.*⟩: gerbstoffreiche Frucht vorderindischer Holzgewächse
Myr|rhe, die; -, -n ⟨*semit.-gr.-lat.*⟩: aus nordafrikanischen Bäumen gewonnenes Harz, das als Räuchermittel u. für Arzneien verwendet wird
Myr|rhen|öl, das; -s ⟨*semit.-gr.-lat.; dt.*⟩: aus Myrrhe gewonnenes aromatisches Öl
Myr|rhen|tink|tur, die; -, -en: alkoholischer Auszug aus Myrrhe zur Zahnfleischbehandlung
Myr|te, die; -, -n ⟨*semit.-gr.-lat.*⟩: immergrüner Baum od. Strauch des Mittelmeergebietes u. Südamerikas, dessen weiß blühende Zweige oft als Brautschmuck verwendet werden
My|so|pho|bie, die; -, ...ien ⟨*gr.-nlat.*⟩ (Med.): **a)** krankhafte Angst vor Beschmutzung bzw. vor Berührung mit vermeintlich beschmutzenden Gegenständen; **b)** krankhafte Angst, sich durch Bakterien, Viren o. Ä. anzustecken
Mys|t|a|gog, Mys|t|a|go|ge, der; ...gen, ...gen ⟨*gr.-lat.*⟩: Priester der Antike, der in die Mysterien einführte
Mys|te, der; -n, -n: Eingeweihter eines Mysterienkults
Mys|te|ri|en, die (Plural): griechische u. römische Geheimkulte der Antike, die nur Eingeweihten zugänglich waren u. ein persönliches Verhältnis zu der verehrten Gottheit vermitteln wollten
Mys|te|ri|en|spiel, das; -s, -e: mittelalterliches geistliches Drama
mys|te|ri|ös ⟨*gr.-lat.-frz.*⟩: geheimnisvoll; rätselhaft, dunkel

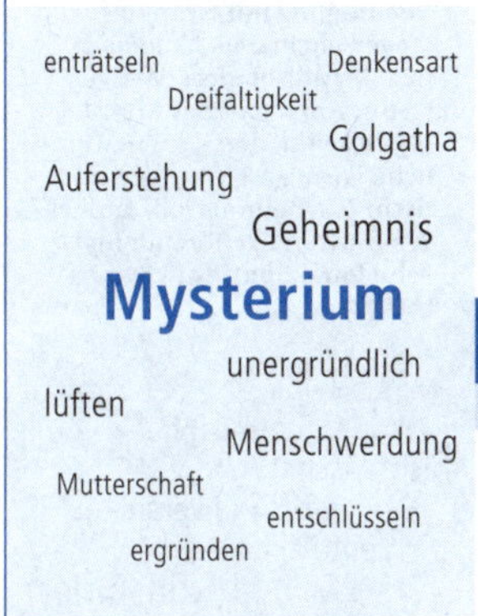

Mys|te|ri|um, das; -s, ...ien ⟨*gr.-lat.*⟩: **1.** [religiöses] Geheimnis; Geheimlehre (vgl. Mysterien); **Mysterium tremendum:** die erschauern machende Wirkung des Göttlichen (↑Numen) in der Religion. **2.** ↑Mysterienspiel
Mys|te|ry [ˈmɪst(ə)ri], die; -, -s od. das; -s, -s (meist ohne Artikel) ⟨*lat.-engl.;* »Rätsel, Geheimnis«⟩: [Fernseh]film, Roman o. Ä. mit geheimnisvoller, schauriger Darstellung von mysteriösen, meist nicht mit natürlichen Phänomenen erklärbaren Verbrechen
Mys|ti|fi|ka|ti|on, die; -, -en ⟨(*gr.-lat.-*)*frz.*⟩: Täuschung, Vorspiegelung. **mys|ti|fi|zie|ren:** **1.** ein geheimnisvolles Ge-

Mythos

Um die Kultur der Maya ranken sich zahlreiche Mythen.
sagenhafte Geschichte
– ranken [sich] Mythen [und] Legenden, die ...
– Mythos [und] Realität
– in alten Mythen [wimmelte es von] Göttern
Immer war Kap Hoorn Bedrohung und Mythos.
Finde es super, dass dieser Artikel über einige Mythen aufklärt.
Sind christliche Geschichten Mythen?

Mysterium

Das Mysterium der Eucharistie zu begreifen fällt schwer.
(religiöses) Geheimnis
– und das/dem Mysterium von Golgatha
– das Mysterium des/menschlichen Lebens
– wohl immer ein Mysterium [...] bleiben
Und versucht, das Mysterium Frau zu ergründen.
Jesu Tod und Auferstehung ist das zentrale Mysterium des Christentums.
Ob ich das Mysterium lüften kann, das sich im Inneren verbirgt?

präge geben, mystisch machen. **2.** (veraltet) täuschen, vorspiegeln

Mys|tik, die; - ‹*gr.-lat.-mlat.;* »Geheimlehre«›: besondere Form der Religiosität, bei der der Mensch durch Hingabe u. Versenkung zu persönlicher Vereinigung mit Gott zu gelangen sucht; vgl. Unio mystica. **Mys|ti|ker,** der; -s, -: Vertreter, Anhänger der Mystik. **Mys|ti|ke|rin,** die; -, -nen: weibliche Form zu ↑Mystiker. **mys|tisch: 1.** geheimnisvoll, dunkel. **2.** zur Mystik gehörend; **mystische Partizipation:** ↑Sympathie (2)

Mys|ti|zis|mus, der; -, ...men ‹*gr.-lat.-nlat.*›: **1.** (ohne Plural) Wunderglaube; [Glaubens]schwärmerei. **2.** schwärmerischer Gedanke. **mys|ti|zis|tisch:** wundergläubig; schwärmerisch

My|the, die; -, -n ‹*gr.-lat.*›: ↑Mythos (1)

my|thisch ‹*gr.*›: dem Mythos angehörend; sagenhaft, erdichtet

mythisch/mystisch *s. Kasten Seite 751*

my|thi|sie|ren: mythologisieren

My|tho|graf, Mythograph, der; -en, -en: jmd., der Mythen aufschreibt und sammelt. **My|tho|gra|fin,** Mythographin, die; -, -nen: weibliche Form zu ↑Mythograf

My|tho|graph usw. vgl. Mythograf usw.

My|tho|lo|ge, der; -n, -n ‹*gr.*›: Wissenschaftler, Forscher auf dem Gebiet der Mythologie (2)

My|tho|lo|gem, das; -s, -e: mythologisches Element innerhalb einer Mythologie; abgrenzbare, in sich abgeschlossene mythologische Aussage. **My|tho|lo|gie,** die; -, ...ien: **1.** [systematisch verknüpfte] Gesamtheit der mythischen Überlieferungen eines Volkes. **2.** wissenschaftliche Erforschung u. Darstellung der Mythen. **My|tho|lo|gin,** die; -, -nen: weibliche Form zu ↑Mythologe. **my|tho|lo|gisch:** auf die Mythen bezogen, sie betreffend

my|tho|lo|gi|sie|ren ‹*gr.-nlat.*›: in mythischer Form darstellen od. mythologisch erklären

My|tho|ma|nie, die; -, ...ien (Med.): krankhafte Lügensucht (z. B. bei Psychopathen)

My|thos, My|thus, der; -, ...then ‹*gr.-lat.*›: **1.** überlieferte Dichtung, Sage, Erzählung o. Ä. aus der Vorzeit eines Volkes (die sich bes. mit Göttern, Dämonen, der Entstehung der Welt, der Erschaffung des Menschen befasst). **2.** Person, Sache, Begebenheit, die (aus meist verschwommenen, irrationalen Vorstellungen heraus) glorifiziert wird, legendären Charakter hat. **3.** falsche Vorstellung

Mythos/Mysterium *s. Kasten*

My|ti|lus, die; - ‹*gr.-lat.*›: Miesmuschel; essbare Muschel der nordeuropäischen Meere

My|xo|bak|te|ri|en, die (Plural) ‹*gr.-nlat.*›: kleine, zellwand- u. geißellose Stäbchen, die sich gleitend bewegen können; koloniebildende Bakterien auf Erdboden u. Mist; Schleimbakterien

Myx|ödem, das; -s, -e (Med.): auf einer Unterfunktion der Schilddrüse beruhende Erkrankung mit heftigen Hautanschwellungen u. a. Symptomen. **myx|ö|de|ma|tös** (Med.): ein Myxödem betreffend, mit einem Myxödem zusammenhängend

My|xom, das; -s, -e (Med.): gutartige Geschwulst aus Schleimgewebe

my|xo|ma|tös (Med.): myxomartig

My|xo|ma|to|se, die; -, -n (Tiermed.): seuchenhaft auftretende, tödlich verlaufende Viruskrankheit bei Hasen u. Kaninchen

My|xo|my|zet, der; -en, -en: Schleimpilz; niederer Pilz

My|xo|sar|kom, das; -s, -e (Med.): bösartige Schleimgewebsgeschwulst

My|zel, My|ze|li|um, das; -s, ...lien ⟨*gr.-nlat.*⟩: Gesamtheit der Pilzfäden eines Pilzes

My|zet, der; -en, -en (selten): Pilz

My|ze|tis|mus, der; -, ...men (Med.): Pilzvergiftung

My|ze|to|lo|gie, die; -: ↑Mykologie

My|ze|tom, das; -s, -e: **1.** (Biol.) Organ (od. Zellgruppe) bei Tieren, das Mikroorganismen als ↑Symbionten aufnimmt. **2.** (Med.) durch Pilze od. Bakterien hervorgerufene geschwulstartige chronische [Weichteil]infektion

N

Na|bob, der; -s, -s ⟨*Hindi-engl.*⟩: **1.** Provinzgouverneur in Indien. **2.** reicher Mann

Nach|mo|der|ne, die; - ⟨*dt.; lat.-frz.*⟩: ↑Postmoderne

Na|dir [auch: 'na:...], der; -s ⟨*arab.*⟩ (Astron.): Fußpunkt; dem Zenit genau gegenüberliegender Punkt an der Himmelskugel

Nae|vus ['nɛ:vʊs], der; -, Naevi ⟨*lat.*⟩ (Med.): Mal, Muttermal

NAFTA, die; - ⟨Kurzw. aus *engl. North American Free Trade Agreement*⟩: Freihandelsabkommen zwischen den USA, Kanada u. Mexiko

Na|gai|ka, die; -, -s ⟨*russ.*⟩: aus Lederstreifen geflochtene Peitsche der Kosaken u. Tataren

Na|ga|na, die; - ⟨*afrik.*⟩ (Tiermed.): durch die Tsetsefliege übertragene, oft seuchenartige, fiebrige Krankheit bei Haustieren (bes. Rindern u. anderen Huftieren) in Afrika

Na|gu|a|lis|mus, der; - ⟨*aztek.; gr.-lat.-nlat.*⟩: (bes. in Zentralamerika verbreiteter) Glaube an einen meist als Tier od. Pflanze vorgestellten persönlichen Schutzgeist, den sich ein Individuum während der Pubertätsweihen in der Einsamkeit durch Fasten u. Gebete erwirbt u. mit dem es sich in schicksalhafter Simultanexistenz verbunden fühlt

Na|hie, Na|hi|je, die; -, -s ⟨*arab.-türk.*⟩: untergeordneter Verwaltungsbezirk in der Türkei

Na|hur, der; -s, -s ⟨*Hindi*⟩ (Zool.): Halbschaf aus den Hochländern Zentralasiens mit in der Jugend blaugrauem, später graubraunem Fell; Blauschaf

na|iv ⟨*lat.-frz.*⟩: **1. a)** von kindlich unbefangener, direkter u. unkritischer Gemüts-, Denkart [zeugend]; treuherzige Arglosigkeit beweisend; **b)** wenig Erfahrung, Sachkenntnis od. Urteilsvermögen erkennen lassend u. entsprechend einfältig [wirkend]. **2.** (Literaturwiss.) in vollem Einklang mit Natur u. Wirklichkeit stehend (Ggs.: sentimentalisch [b])

Na|i|ve, die; -n, -n (aber: 2 -): Darstellerin jugendlich-naiver Mädchengestalten (Rollenfach beim Theater)

Na|i|vi|tät, die; -: **1.** Natürlichkeit, Unbefangenheit, Offenheit; Treuherzigkeit, Kindlichkeit, Arglosigkeit. **2.** Einfalt; Leichtgläubigkeit

Na|ja, die; -, -s ⟨*sanskr.-Hindi-nlat.*⟩: Giftnatter (Kobra, Königshutschlange u. a.)

Na|ja|de, die; -, -n ⟨*gr.-lat.*⟩: **1.** in Quellen u. Gewässern wohnende Nymphe des altgriechischen Volksglaubens. **2.** (Zool.) Flussmuschel (z. B. Teichmuschel, Flussperlmuschel)

Na|la|na|ne, die; - ⟨*Bantuspr.*⟩ (Med.): Schlafkrankheit, ↑Trypanosomiasis

Na|liw|ka, die; -, ...ki ⟨*russ.*⟩: leichter russischer Fruchtbranntwein

Na|maz [na'ma:s], **Na|mas,** das; - ⟨*sanskr.-pers.-türk.*⟩: täglich fünfmal zu verrichtendes Stundengebet der Muslime; vgl. ²Salat

Name|drop|ping ['nɛɪm...], das; -s, -s ⟨*engl.*⟩: das Erwähnen bekannter Persönlichkeiten, um den Anschein zu erwecken, sie zu kennen

Na|mur [na'my:ɐ̯], das; -s ⟨nach der belgischen Provinz⟩ (Geol.): untere Stufe des Oberkarbons

Nan|d|ro|lon, das; -s ⟨Kunstw.⟩: ein synthetisches Steroid, das (als unerlaubtes Dopingmittel) zur Vermehrung der Muskelmasse eingesetzt wird

Nan|du, der; -s, -s ⟨*indian.-span.*⟩: straußenähnlicher flugunfähiger Laufvogel, der in den Steppen u. Savannen Südamerikas lebt

Nä|nie [...iə], die; -, -n ⟨*lat.*⟩: altrömische Totenklage; Trauergesang

Na|nis|mus, der; - ⟨*gr.-lat.-nlat.*⟩ (Biol., Med.): Zwergwuchs

Nan|king, der; -s, -e u. -s ⟨nach der chin. Stadt⟩: glattes, dichtes, meist als Futter verwendetes Baumwollgewebe

Nan|no|plank|ton, das; -s ⟨*gr.-nlat.*⟩ (Biol.): durch Zentrifugieren des Wassers gewonnenes feinstes Plankton

Nan|ny ['nɛni], die; -, -s ⟨*engl.*⟩: engl. Bez. für: Kindermädchen

Na|no|fa|rad, das; -[s], -: ein milliardstel ↑Farad (Zeichen: nF)

Na|no|gramm, das; -s, -e: ein milliardstel Gramm (Zeichen: ng)

Na|no|me|ter, der, früher fachspr. auch das; -s, -: ein milliardstel Meter (Zeichen: nm)

na|no|ska|lig: im Größenbereich zwischen 1 und 100 Nanometern liegend

Na|no|so|mie, die; - ⟨*gr.-nlat.*⟩ (Med.): ↑Nanismus

Na|no|tech|no|lo|gie, die; -; ...ien: Technologie, die sich mit Strukturen u. Prozessen im Nanometerbereich befasst

Na|os, der; - ⟨*gr.*⟩: **1.** Hauptraum

im altgriechischen Tempel, in dem das Götter- od. Kultbild stand; vgl. Cella. 2. Hauptraum für die Gläubigen in der orthodoxen Kirche; vgl. Pronaos

Na|palm®, das; -s ‹Kurzw. aus *Na*phtensäure u. ↑*Palm*itinsäure›: hochwirksamer Füllstoff für Benzinbrandbomben

Na|palm|bom|be, die; -, -n: mit Napalm gefüllte Brandbombe, die bei der Explosion extrem hohe Temperaturen (über 2000 °C) erzeugt u. dadurch große zerstörerische Wirkung hat

Naph|tha, das; -s od. die; - ‹*pers.-gr.-lat.*›: **1.** (veraltet) Roherdöl. **2.** Schwerbenzin als wichtiger Rohstoff für die petrochemische Industrie

Naph|tha|lin, das; -s ‹*pers.-gr.-lat.-nlat.*›: aus Steinkohlenteer gewonnener bizyklischer aromatischer Kohlenwasserstoff, der u. a. als Ausgangsmaterial für Lösungsmittel, Farb-, Kunststoffe, Weichmacher sowie als stark riechendes Mottenvernichtungs- u. Desinfektionsmittel dient

Naph|the|ne, die (Plural): Kohlenwasserstoffe, die Hauptbestandteil des galizischen u. kaukasischen Erdöls sind

Naph|tho|le, die (Plural): aromatische Alkohole zur Herstellung künstlicher Farb- u. Riechstoffe

Na|po|le|on|dor, der; -s, -e (aber: 5 -) ‹*frz.*›: 20-Franc-Stück in Gold, das unter Napoleon I. u. Napoleon III. geprägt wurde

Na|po|le|o|ni|de, der; -n, -n ‹*frz.-nlat.*›: Abkömmling der Familie Napoleons

na|po|le|o|nisch: **a)** Napoleon betreffend, wie Napoleon (beschaffen, handelnd); **b)** auf die Zeit Napoleons bezogen

Na|po|li|tain [...ˈtɛ̃ː], das; -s, -s ‹*frz.;* nach der it. Stadt Napoli (Neapel)›: Schokoladentäfelchen

Na|po|li|taine [...ˈtɛːn], die; -: feinfädiges, dem Flanell ähnliches Wollgewebe

Nap|pa, das; -[s], -s, **Nap|pa|le|der**, das; -s, - ‹nach der kalifornischen Stadt Napa›: durch Nachgerbung mit pflanzlichen Gerbstoffen od. mit Chromsalz waschbar gemachtes u. immer durchgefärbtes Glacéleder, vor allem aus Schaf- u. Ziegenfellen

nap|pie|ren ‹*frz.*›: ↑maskieren (3)

Nar|co|tin vgl. Narkotin

Nar|de, die; -, -n ‹*semit.-gr.-lat.*›: **a)** eine der wohlriechenden Pflanzen, Pflanzenwurzeln o. Ä., die schon im Altertum für Salböle verwendet wurden, z. B. Indische Narde; **b)** Öl od. Salbe aus der Narde (a)

Nar|gi|leh [auch: ...ˈgiːle], das; -s, -s ‹*pers.*›: orientalische Wasserpfeife zum Rauchen

Na|ris, die; -, Nares (meist Plural) ‹*lat.*› (Anat.): eine der beiden Nasenöffnungen, die den Eingang zur Nasenhöhle bilden; Nasenloch

Nar|ko|ana|ly|se, die; -, -n ‹*gr.-nlat.*› (Med.): unter Narkose des Patienten durchgeführte Psychoanalyse

Nar|ko|lep|sie, die; -, ...ien (Med.): meist kurz dauernder, unvermittelt u. anfallartig auftretender Schlafdrang, der häufig auf Störungen des Zentralnervensystems beruht

Nar|ko|lo|gie, die; - (Med. veraltet): Lehre von der Schmerzbetäubung; ↑Anästhesiologie

Nar|ko|ma|ne, der; -n, -n (Med.): jmd., der an Narkomanie leidet. **Nar|ko|ma|nie**, die; - (Med.): krankhaftes Verlangen nach Schlaf- od. Betäubungsmitteln; Rauschgiftsucht. **Nar|ko|ma|nin**, die; -, -nen: weibliche Form zu ↑Narkomane

Nar|ko|se, die; -, -n ‹*gr.;* »Erstarrung«› (Med.): allgemeine Betäubung des Organismus mit zentraler Schmerz- u. Bewusstseinsausschaltung durch Zufuhr von Betäubungsmitteln

Nar|ko|ti|kum, das; -s, ...ka ‹*gr.-nlat.*›: Betäubungsmittel; Rauschmittel

Nar|ko|tin, chem. fachspr.: Narcotin, das; -s: den Hustenreiz stillendes Mittel mit nur geringer narkotischer Wirkung, ein Hauptalkaloid des Opiums

nar|ko|tisch ‹*gr.*› (Med.): betäubend, berauschend

Nar|ko|ti|seur [...ˈzøːɐ̯], der; -s, -e ‹mit französierender Endung zu narkotisieren gebildet› (veraltet): jmd., bes. ein Arzt, der eine Narkose durchführt. **nar|ko|ti|sie|ren** ‹*gr.-nlat.*› (Med.): betäuben, unter Narkose setzen

Nar|ko|tis|mus, der; -: Sucht nach Narkosemitteln

Na|rod|na|ja Wol|ja, die; - - ‹*russ.*›: russische Geheimorganisation, die um 1880 im Geiste der Narodniki den Agrarsozialismus vertrat

Na|rod|ni|ki, die (Plural): Anhänger einer russischen Bewegung in der zweiten Hälfte des 19. Jh.s, die eine soziale Erneuerung Russlands durch das Bauerntum u. den Übergang zum Agrarkommunismus (vgl. [1]Mir) erhoffte

Nar|ra|ti|on, die; -, -en ‹*lat.*› (veraltet): Erzählung, Bericht

nar|ra|tiv (Sprachwiss.): erzählend, in erzählender Form darstellend

Nar|ra|tiv, das; -[e]s, -e: [verbindende] sinnstiftende Erzählung

Nar|ra|ti|vik, die; - (Sprachwiss.): Forschungsbereich, bei dem man sich mit der Kunst des Erzählens (als Darstellungsform), der Struktur von (literarischen) Erzählungen befasst

Nar|ra|tor, der; -s, ...oren (Literaturwiss.): Erzähler

nar|ra|to|risch (Literaturwiss.): den Erzähler, die Erzählung betreffend; erzählerisch

Nar|thex, der; -, ...thizes ‹*gr.*›: schmale Binnenvorhalle der altchristlichen u. byzantinischen ↑Basiliken

Nar|wal, der; -[e]s, -e ‹*nord.*›: 4,5 bis 6,6 m langer, grauweißer, dunkelbraun gefleckter Gründelwal der Arktis; Einhornwal

Nar|ziss, der; - u. -es, -e ‹*gr.-lat.;* schöner Jüngling der gr. Sage, der sich in sein Spiegelbild verliebte›: ganz auf sich selbst bezogener Mensch; jmd., der sich selbst bewundert u. liebt

Nar|zis|se, die; -, -n: als Zier- u. Schnittpflanze beliebte, in etwa 30 Arten vorkommende, meist stark duftende Zwiebelpflanze

Nar|ziss|mus, der; - ‹*gr.-lat.-nlat.*›: [krankhafte] Selbstliebe, Selbstbewunderung, Ichbezogenheit; vgl. Autoerotik

Nar|zisst, der; -en, -en: jmd., der [erotisch] nur auf sich selbst bezogen, zu sich hingewandt ist. **Nar|ziss|tin**, die; -, -nen: weibliche Form zu ↑Narzisst.

national	**nationalistisch**
Ihr Einzugsgebiet ist aber immer nur national, regional oder lokal. *auf die eigenen Nation bezogen* – an nationalen und internationalen Wettkämpfen ... – auf europäischer [...] nationaler und regionaler Ebene – Kultur [...] einer nationalen [...] Identität Bei den nationalen Wahlen wurde weitgehend bürgerlich gewählt. Das Gesetz sei unabdingbar im Interesse der nationalen Sicherheit. Die Arbeiterklasse war national definiert und die Solidarität international.	Die Reden und Slogans von nationalistischen Politikern gleichen sich. *übersteigert national denkend* – der extrem nationalistischen Radikalen – die Mobilisierung nationalistischer Gefühle herhalten ... – mit nationalistischen und ausländerfeindlichen Parolen Mehrere rechts bis stramm nationalistisch ausgerichtete Organisationen haben sich angekündigt. Das Problem rechter Populisten ist, dass sie nationalistisch oder rassistisch argumentieren. Ist das Wecken nationalistischer Gefühle ein Nährboden für die nächste Katastrophe?

nar|ziss|tisch: **a)** eigensüchtig, voller Eigenliebe; **b)** den Narzissmus betreffend, auf ihm beruhend

NASA, die; - ⟨Kurzw. aus *amerik.* *N*ational *A*eronautics and *S*pace *A*dministration⟩: nationale Luft- u. Raumfahrtbehörde der USA

na|sal ⟨*lat.-nlat.*⟩: **1.** (Med.) zur Nase gehörend, die Nase betreffend. **2. a)** (Sprachwiss.) als Nasal ausgesprochen; **b)** [unbeabsichtigt] näselnd (z. B. von jmds. Aussprache, Stimme). **Na|sal,** der; -s, -e (Sprachwiss.): Konsonant od. Vokal, bei dessen Aussprache die Luft [zum Teil] durch die Nase entweicht; Nasenlaut (z. B. m, ng; frz. on [õ])

na|sa|lie|ren (Sprachwiss.): einen Laut durch die Nase, nasal aussprechen. **Na|sa|lie|rung,** die; -, -en (Sprachwiss.): Aussprache eines Lautes durch die Nase, als Nasal

Na|sal|laut, der; -[e]s, -e ⟨*lat.-nlat.; dt.*⟩: ↑Nasal

Na|sal|vo|kal, der; -s, -e (Sprachwiss.): nasalierter Vokal (z. B. o in Bon [bõ:])

[1]**NASDAQ®** [ˈnɛsdɛk], die; - ⟨Kurzw. aus *engl.* *N*ational *A*ssociation of *S*ecurities *D*ealers *A*utomated *Q*uotations System⟩: in den USA betriebene elektronische Börse

[2]**NASDAQ®** [ˈnɛsdɛk], der; -[s]: Aktienindex der an der [1]NASDAQ gehandelten Aktien

Na|shi [ˈnaʃi], die; -, -s ⟨Herkunft ungeklärt⟩: aus Ostasien stammende apfelförmige Frucht mit frischem, birnenähnlichem Geschmack

Na|si|go|reng, das; -[s], -s ⟨*malai.*⟩: indonesisches Reisgericht

Na|si|rä|er, der; -s, - ⟨*hebr.-gr.*⟩: (im Alten Testament) Israelit, der ein besonderes Gelübde der Enthaltsamkeit abgelegt hat (4. Mose 6)

Na|so|bem, das; -s, -e ⟨aus nasus = latinisierte Form von »Nase« u. *gr.* bema »Schritt, Gang«⟩: (von Christian Morgenstern erdachtes) Fabeltier (in den »Galgenliedern«), das auf seinen Nasen schreitet

Nas|tie, die; - ⟨*gr.-nlat.*⟩ (Bot.): durch Reiz ausgelöste Bewegung von Organen festgewachsener Pflanzen ohne Beziehung zur Richtung des Reizes; vgl. Chemonastie

nas|zie|rend ⟨*lat.*⟩: entstehend, im Werden begriffen (bes. von chemischen Stoffen)

Nas|zi|tu|rus, der; -, ...ri (Rechtswiss.): die grundsätzlich noch nicht rechtsfähige, aber bereits erbfähige ungeborene Leibesfrucht

Na|ta|li|ci|um, das; -s, ...ien ⟨»Geburtstag«⟩: Heiligenfest, Todestag eines Märtyrers (als Tag seiner Geburt zum ewigen Leben)

Na|ta|li|tät, die; - ⟨*lat.-nlat.*⟩: Geburtenhäufigkeit (Zahl der lebend Geborenen auf je 1000 Einwohner im Jahr)

Na|ti|on, die; -, -en ⟨*lat.(-frz.)*⟩: **1.** große, meist geschlossen siedelnde Gemeinschaft von Menschen mit gleicher Abstammung, Geschichte, Sprache, Kultur. **2.** Staat, Staatswesen

na|ti|o|nal ⟨*lat.-frz.*⟩: **a)** zur Nation gehörend, sie betreffend, für sie charakteristisch; **b)** überwiegend die Interessen der eigenen Nation vertretend; vaterländisch

national/nationalistisch *s. Kasten*

Na|ti|o|nal|bank, die; -, -en: zentrale Notenbank eines Staates

Na|ti|o|na|le, das; -s, - (österr.): **a)** Personalangaben (Name, Alter, Wohnort u. a.); **b)** Formular, Fragebogen für die Personalangaben

Na|ti|o|nal|epos, das; -, ...epen: Heldenepos eines Volkes, dessen Grundhaltung ihm besonders wesensgemäß zu sein scheint

Na|ti|o|nal|gar|de, die; -, -n: **1.** (ohne Plural) die 1789 gegründete, nach dem Krieg 1870/71 wieder aufgelöste französische Bürgerwehr. **2.** die Miliz der US-Einzelstaaten (zugleich Reserve der US-Streitkräfte)

Na|ti|o|nal|hym|ne, die; -, -n:

[meist bei feierlichen Anlässen gespieltes oder gesungenes] Lied als Ausdruck des Nationalbewusstseins eines Volkes

na|ti|o|na|li|sie|ren: 1. [einen Wirtschaftszweig] verstaatlichen, zum Nationaleigentum erklären. 2. die Staatsangehörigkeit verleihen, ↑naturalisieren (1), einbürgern

Na|ti|o|na|li|sie|rung, die; -, -en: 1. Verstaatlichung. 2. Verleihung der Staatsangehörigkeit, ↑Naturalisation (1)

Na|ti|o|na|lis|mus, der; -, ...men: **a)** (abwertend) starkes, meist intolerantes, übersteigertes Nationalbewusstsein, das Macht u. Größe der eigenen Nation als höchsten Wert erachtet; **b)** erwachendes Selbstbewusstsein einer Nation mit dem Bestreben, einen eigenen Staat zu bilden. **Na|ti|o|na|list,** der; -en, -en: jmd., der nationalistisch eingestellt ist; Verfechter des Nationalismus. **Na|ti|o|na|lis|tin,** die; -, -nen: weibliche Form zu ↑Nationalist. **na|ti|o|na|lis|tisch** (abwertend): den Nationalismus (a) betreffend, aus ihm erwachsend, für ihn charakteristisch, im Sinne des Nationalismus

motivieren
patriotisch
antisemitisch
chauvinistisch
ausgerichtet
gesinnt
nationalistisch
Partei
Tendenz
orientiert
autoritär
rassistisch
geprägt

Na|ti|o|na|li|tät, die; -, -en: 1. Volks- od. Staatszugehörigkeit. 2. Volksgruppe in einem Staat; nationale Minderheit

Na|ti|o|na|li|tä|ten|staat, der; -[e]s, -en: Vielvölkerstaat; Staat, dessen Bevölkerung aus mehreren (weitgehend eigenständigen) nationalen Gruppen besteht; vgl. Nationalstaat

Na|ti|o|na|li|täts|prin|zip, das; -s: (bes. im 19. Jh. erhobene) Forderung, dass jede Nation in einem Staat vereint sein solle

Na|ti|o|nal|kir|che, die; -, -n: auf den Bereich einer Nation begrenzte, rechtlich selbstständige Kirche (z. B. die ↑autokephalen Kirchen des Ostens)

na|ti|o|nal|kon|ser|va|tiv: die Kombination von national ausgerichteten und konservativen Ideen betreffend

Na|ti|o|nal|kon|vent, der; -[e]s: die 1792 in Frankreich gewählte Volksvertretung

na|ti|o|nal|li|be|ral: der Nationalliberalen Partei (von 1867 bis 1918) angehörend, sie betreffend, ihr Gedankengut vertretend

Na|ti|o|nal|öko|no|mie, die; -: Volkswirtschaftslehre

Na|ti|o|nal|rat, der; -[e]s, ...räte: 1. in Österreich u. in der Schweiz Volksvertretung, Abgeordnetenhaus des Parlaments. 2. in Österreich u. in der Schweiz Mitglied der Volksvertretung. **Na|ti|o|nal|rä|tin,** die; -, -nen: weibliche Form zu ↑Nationalrat (2)

Na|ti|o|nal|so|zi|a|lis|mus, der; -: (nach dem 1. Weltkrieg in Deutschland aufgekommene) extrem nationalistische, imperialistische u. rassistische Bewegung [u. die darauf basierende faschistische Herrschaft in Deutschland von 1933 bis 1945]. **Na|ti|o|nal|so|zi|a|list,** der; -en, -en: **a)** Anhänger des Nationalsozialismus; **b)** Mitglied der Nationalsozialistischen Deutschen Arbeiterpartei. **Na|ti|o|nal|so|zi|a|lis|tin,** die; -, -nen: weibliche Form zu ↑Nationalsozialist. **na|ti|o|nal|so|zi|a|lis|tisch:** den Nationalsozialismus betreffend, für ihn charakteristisch, auf ihm beruhend

Na|ti|o|nal|staat, der; -[e]s, -en: Staat, dessen Bürger [überwiegend] einer Nation angehören; vgl. Nationalitätenstaat

Na|ti|o|nal|team, das; -s, -s: Auswahl der besten Sportler, Sportlerinnen eines Landes in einer Sportart für internationale Wettkämpfe

Na|ti|o|nal|trai|ner [...trɛ:...], der; -s, - (Sport): Trainer einer Nationalmannschaft

Na|tis, die; -, Nates ['na:te:s] (meist Plural) ‹*lat.*› (Anat.): Gesäßbacke

na|tiv ‹*lat.*›: 1. (Chemie; Med.) natürlich, unverändert, im natürlichen Zustand befindlich (z. B. von Eiweißstoffen). 2. (Med.) angeboren. 3. (Sprachwiss.) einheimisch, nicht entlehnt

[1]**Na|tive** ['nɛɪ̯tɪv], der; -s, -s ‹*lat.-engl.*›: Ureinwohner der britischen Kolonien

[2]**Na|tive,** die; -, -s: nicht in Austernbänken gezüchtete Auster

Na|tive Spea|ker [- 'spi:kɐ], der; - -s, - - ‹*engl.*›: jmd., der eine Sprache als Muttersprache spricht; Muttersprachler

Na|ti|vis|mus, der; - ‹*lat.-nlat.*›: 1. (Psychol.) Theorie, nach der dem Menschen Vorstellungen, Begriffe, Grundeinsichten, bes. Raum- u. Zeitvorstellungen, angeboren sind. 2. betontes Festhalten an bestimmten Elementen der eigenen Kultur infolge ihrer Bedrohung durch eine überlegene fremde Kultur. **Na|ti|vist,** der; -en, -en: Vertreter des Nativismus. **Na|ti|vis|tin,** die; -, -nen: weibliche Form zu ↑Nativist. **na|ti|vis|tisch:** 1. den Nativismus betreffend, zu ihm gehörend, auf ihm beruhend. 2. (Med.; Biol.) angeboren; auf Vererbung beruhend

Na|ti|vi|tät, die; -, -en ‹*lat.*›: 1. (veraltet) Geburtsstunde, Geburt. 2. (Astrol.) Stand der Gestirne bei der Geburt u. das angeblich dadurch vorbestimmte Schicksal

Na|ti|vi|täts|stil, der; -[e]s: mittelalterliche Zeitbestimmung mit dem Jahresanfang am 25. Dezember (Geburtsfest Christi)

NATO, Na|to, die; - ‹Kurzw. aus *engl.* North Atlantic Treaty Organization›: westliches Verteidigungsbündnis

Na|t|ri|um, das; -s ‹*ägypt.-arab.-nlat.*›: chem. Element; ein Alkalimetall (Zeichen: Na)

Na|t|ri|um|car|bo|nat vgl. Natriumkarbonat

Na|t|ri|um|chlo|rid, das; -[e]s: Kochsalz

Na|t|ri|um|kar|bo|nat, chem. fachspr.: Natriumcarbonat, das; -[e]s: ↑Soda

Na|t|ri|um|salz, das; -es, -e: Salz des Natriums

Na|tri|u|re|se, die; -, -n ‹*ägypt.-arab.-nlat.; gr.-lat.*› (Med.): Ausscheidung von Natrium mit dem Harn. **na|tri|u|re|tisch** (Med.): die Natriurese betreffend

Na|t|ro|lith [auch: ...ˈlɪt], der; -s u. -en, -e[n] ‹*ägypt.-arab.; gr.*›: häufig vorkommendes Mineral aus der Gruppe der ↑Zeolithe

Na|t|ron, das; -s ‹*ägypt.-arab.*›: in Back- u. Brausepulver u. als Mittel gegen Übersäuerung des Magens verwendetes Natriumsalz der Kohlensäure

Na|t|schal|nik, der; -s, -s ‹*russ.*›: russ. Bez. für: Chef, Vorgesetzter, Leiter

Nat|té [naˈteː], der; -[s], -s ‹*lat.-frz.;* »geflochten«›: poröses Gewebe aus [Baum]wolle mit flechtwerkartiger Musterung

Na|tur, die; -, -en ‹*lat.*›: **1.** (ohne Plural) Gesamtheit dessen, was an organischen u. anorganischen Erscheinungen ohne Zutun des Menschen existiert od. sich entwickelt; Stoff, Substanz, Materie in allen Erscheinungsformen. **2.** (ohne Plural) [Gesamtheit der] Pflanzen, Tiere, Gewässer u. Gesteine als Teil der Erdoberfläche od. eines bestimmten Gebietes [das nicht od. nur wenig von Menschen besiedelt od. umgestaltet ist]. **3. a)** [auf Veranlagung beruhende] geistige, seelische, körperliche od. biologische Eigentümlichkeit, Besonderheit, Eigenart von [bestimmten] Menschen od. Tieren, die ihr spontanes Verhalten o. Ä. entscheidend prägt; **b)** Mensch im Hinblick auf eine bestimmte, typische Eigenschaft, Eigenart. **4.** (ohne Plural) einer Sache o. Ä. eigentümliche Beschaffenheit. **5.** (ohne Plural) natürliche, ursprüngliche Beschaffenheit, natürlicher Zustand von etwas

na|tu|ral (selten): ↑naturell

Na|tu|ra|li|en, die (Plural): **1.** Naturprodukte; Lebensmittel, Waren, Rohstoffe (meist im Hinblick auf ihre Verwendbarkeit als Zahlungsmittel). **2.** (selten) Gegenstände einer naturwissenschaftlichen Sammlung

Na|tu|ra|li|en|ka|bi|nett, das; -s, -e (veraltet): naturwissenschaftliche Sammlung von Gesteinen, Versteinerungen, Tierpräparaten usw.

Na|tu|ra|li|sa|ti|on, die; -, -en ‹*lat.-frz.*›: **1.** (Rechtswiss.) Einbürgerung eines Ausländers in einen Staatsverband. **2.** (Biol.) allmähliche Anpassung von Pflanzen u. Tieren in ihnen ursprünglich fremden Lebensräumen. **3.** (seltener) das Naturalisieren (3)

na|tu|ra|li|sie|ren: 1. ausländischen Mitbürgern die Staatsbürgerrechte verleihen. **2.** (Biol.) sich in ursprünglich fremden Lebensräumen anpassen (von Pflanzen u. Tieren). **3.** (seltener) naturgetreu präparieren (z. B. die Tierköpfe bei Fellen). **Na|tu|ra|li|sie|rung,** die; -, -en: ↑Naturalisation; vgl. ...ation/...ierung

Na|tu|ra|lis|mus, der; -, ...men ‹*lat.-nlat.*›: **1. a)** (ohne Plural) Wirklichkeitstreue, -nähe in der Darstellung (bes. in Literatur u. Kunst); **b)** Wirklichkeitstreue aufweisender, naturalistischer Zug (z. B. eines Kunstwerks). **2.** (ohne Plural) philosophische, religiöse Weltanschauung, nach der alles aus der Natur u. diese allein aus sich selbst erklärbar ist. **3.** eine möglichst genaue Wiedergabe der Wirklichkeit (bes. auch des Hässlichen u. des Elends) anstrebender, naturgetreu abbildender u. auf jegliche Stilisierung verzichtender Kunststil, bes. die gesamteuropäische literarische Richtung von etwa 1880 bis 1900

Na|tu|ra|list, der; -en, -en: Vertreter des Naturalismus (3)

Na|tu|ra|lis|tik, die; -: ↑Naturalismus (1 a)

Na|tu|ra|lis|tin, die; -, -nen: weibliche Form zu ↑Naturalist

na|tu|ra|lis|tisch: a) den Naturalismus (3) betreffend; **b)** (bes. von künstlerischen Darstellungen) naturgetreu, wirklichkeitsnah

Na|tu|ral|lohn, der; -[e]s, ...löhne ‹*lat.; dt.*›: Arbeitsentgelt in Form von Naturalien

Na|tu|ral|ob|li|ga|ti|on, die; -, -en: nicht [mehr] einklagbarer Rechtsanspruch (z. B. Spiel-, Wettschuld, verjährte Forderung)

Na|tu|ral|re|gis|ter, das; -s, -: in der landwirtschaftlichen Buchführung das Buch zur Eintragung der Hofvorräte u. des Viehstandes

Na|tu|ral|re|s|ti|tu|ti|on, die; -, -en (Rechtswiss.): Wiederherstellung des vor Eintritt eines Schadens bestehenden Zustandes (grundsätzliche Form des Schadenersatzes)

Na|tu|ra na|tu|rans, die; - - (Philos.): schaffende Natur (oft gleichbedeutend mit Gott, bes. bei Spinoza) (Ggs.: Natura naturata)

Na|tu|ra na|tu|ra|ta, die; - - (Philos.): geschaffene Natur (oft gleichbedeutend mit der Welt, bes. bei Spinoza) (Ggs.: Natura naturans)

Na|tu|r|ath|lon, der; -s, -s ‹*gr.*›: Veranstaltung, die Naturerlebnis und Sport verbindet und in für den Naturschutz bedeutsamen Regionen stattfindet

na|ture [naˈtyːɐ̯] ‹*frz.*› (Gastron.): natürlich, ohne Zusätze

na|tu|rell ‹*lat.-frz.*›: **1.** natürlich; ungefärbt, unbearbeitet. **2.** (Gastron.) ohne besondere Zutaten zubereitet

Na|tu|rell, das; -s, -e: Veranlagung, Wesensart

na|tur|iden|tisch: natürlichen Stoffen angenähert, wie sie beschaffen; **naturidentische Aromastoffe:** Aromastoffe, die denselben chem. Aufbau wie natürliche haben, aber synthetisch hergestellt werden

Na|tu|ris|mus, der; - ‹*lat.-nlat.*›: ↑Nudismus

Na|tu|rist, der; -en, -en: ↑Nudist. **Na|tu|ris|tin,** die; -, -nen: weibliche Form zu ↑Naturist. **na|tu|ris|tisch:** ↑nudistisch

Na|tur|phi|lo|so|phie, die; -: Gesamtheit der philosophischen, erkenntniskritischen, metaphysischen Versuche u. Bemühungen, die Natur zu interpretieren u. zu einem Gesamtbild ihres Wesens zu kommen

Na|tur|recht, das; -[e]s, -e: Recht, das unabhängig von der gesetzlich fixierten Rechtsauffassung eines bestimmten Staates o. Ä. in der Vernunft des Menschen begründet ist

Na|tur|ta|lent, das; -[e]s, -e: **1.** (ohne Plural) außergewöhnliche Begabung. **2.** (ugs.) jmd., der von Natur aus eine besondere Begabung, Veranlagung, ein Talent zu etwas hat

Na|tur|the|a|ter, das; -s, -: Freilichtbühne, Theater mit den natürlichen Kulissen einer meist eindrucksvollen Landschaft

Na|tur|ton, der; -[e]s, ...töne (meist Plural) (Musik): Oberton; ohne Verkürzung od. Verlängerung (durch Klappen, Ventile od. Schalllöcher) des Schallrohrs hervorgebrachter Ton bei Blasinstrumenten

Nau|arch, der; -en, -en ⟨*gr.-lat.*⟩: Flottenführer im alten Griechenland

Nau|ma|chie, die; -, ...ien (Geschichte): **1.** Seeschlacht im alten Griechenland. **2.** Gladiatorenkampf in Form einer Seeschlacht in den altrömischen Amphitheatern

Nau|p|li|us, der; -, ...ien (Zool.): Larve im ursprünglichen Stadium der Krebstiere

Na|u|ra, die; -, -s ⟨*arab.*⟩: in Mesopotamien verwendetes Wasserschöpfrad

Nau|sea, die; - ⟨*gr.-lat.*⟩ (Med.): Übelkeit, Brechreiz, vor allem im Zusammenhang mit einer Narkose od. ↑Kinetose; Seekrankheit

Nau|te, die; - ⟨*hebr.-jidd.*⟩: in jüdischen Familien am Purimfest gegessenes Konfekt aus Mohn, Nüssen u. Honig

Nau|tik, die; - ⟨*gr.-lat.*⟩: **1.** Schifffahrtskunde. **2.** Kunst, Fähigkeit, ein Schiff zu führen

Nau|ti|ker, der; -s, -: Seemann, der in der Führung eines Schiffes Erfahrung besitzt

Nau|ti|lus, der; -, - u. -se: im Indischen u. Pazifischen Ozean in 60–600 m Tiefe am Boden lebender Tintenfisch mit schneckenähnlichem Gehäuse

nau|tisch: die Nautik betreffend, zu ihr gehörend

Na|vel ['na:vl̩, 'nɛɪ̯vl̩], die; -, -s ⟨*engl.;* eigtl. »Nabel«⟩: kernlose Orange mit nabelförmiger Nebenfrucht

Na|vi, das; -s, -s (ugs.): Navigationsgerät, -system

Na|vi|cert ['nɛvɪsœ:ɐ̯t], das; -s, -s ⟨*lat.-engl.*⟩: von Konsulaten einer [Krieg führenden] Nation ausgestelltes Unbedenklichkeitszeugnis für neutrale [Handels]schiffe

Na|vi|cu|la, die; -, ...lae [...lɛ] ⟨*lat.*⟩: Gefäß zur Aufbewahrung des Weihrauchs

Na|vi|ga|teur [...'tø:ɐ̯], der; -s, -e ⟨*lat.-frz.*⟩: Seemann, der die Navigation beherrscht

Na|vi|ga|ti|on, die; - ⟨*lat.;* »Schifffahrt«⟩: bei Schiffen, Luft- u. Raumfahrzeugen Gesamtheit der Maßnahmen zur Bestimmung des Standorts u. zur Einhaltung des gewählten Kurses

Na|vi|ga|ti|ons|ak|te, die; -: Gesetzessammlung zum Schutz der eigenen Schifffahrt (England im 17. Jh.)

Na|vi|ga|ti|ons|sys|tem, das; -s, -e: Einrichtung, die die Bestimmung der Fahrzeugposition sowie eine Orientierungshilfe od. Zielführung ermöglicht

Na|vi|ga|tor, der; -s, ...oren ⟨*lat.;* »Schiffer, Seemann«⟩: Mitglied der Flugzeugbesatzung, das für die Navigation verantwortlich ist. **Na|vi|ga|to|rin,** die; -, -nen: weibliche Form zu ↑Navigator

na|vi|ga|to|risch: die Navigation betreffend, mit ihr zusammenhängend

na|vi|gie|ren: bei einem Schiff od. Flugzeug die Navigation durchführen

Nä|vus vgl. Naevus

Na|vy ['nɛɪ̯vɪ], die; - ⟨*lat.-afrz.-engl.*⟩: Kriegsmarine, Flotte

Nax, der; - ⟨Kurzw. für *Na*turakt*i*eninde*x*⟩: Index von zwanzig weltweit ausgewählten Aktien, deren Unternehmen eine Vorreiterrolle bei der Verbesserung der Ökobilanz spielen

Nay [naɪ̯], der; -s, -s ⟨*pers.-arab.*⟩: im Iran u. in den arabischen Ländern gespieltes flötenähnliches Blasinstrument

Na|za|rä|er, Nazoräer, der; -s, - ⟨*hebr.-gr.-lat.*⟩: **1.** (ohne Plural) Beiname Jesu (Matth. 2, 23 u. a.); vgl. Nazarener (1). **2.** zu den ersten Christen Gehörender (Apg. 24, 5); vgl. Nazarener (2). **3.** zu den syrischen Judenchristen Gehörender

Na|za|re|ner, der; -s, - ⟨nach der Stadt Nazareth in Galiläa⟩: **1.** (ohne Plural) Beiname Jesu (Markus 1, 24); vgl. Nazaräer (1). **2.** Nazaräer, Anhänger Jesu (Apg. 24, 5); vgl. Nazaräer (2). **3.** Angehöriger einer adventistischen Sekte des 19. Jh.s in Südwestdeutschland u. der Schweiz. **4.** Angehöriger einer Gruppe deutscher romantischer Künstler, die eine Erneuerung christlicher Kunst im Sinne der Kunst des Mittelalters anstrebte

na|za|re|nisch: a) in der Art der Nazarener (4); **b)** die Nazarener (4) betreffend, zu ihnen gehörend

Na|zi, der; -s, -s (abwertend): kurz für ↑Nationalsozialist (a)

Na|zis|mus, der; - ⟨*nlat.*⟩ (abwertend): Nationalsozialismus. **na|zis|tisch** (abwertend): nationalsozialistisch

Na|zo|rä|er vgl. Nazaräer

n-di|men|si|o|nal ⟨*lat.-nlat.*⟩ (Math.): eine beliebige Anzahl von Dimensionen betreffend

'Ndran|ghe|ta ['ndraŋgeta], die; - ⟨*it.*⟩: erpresserische Geheimorganisation in Kalabrien

Near Bank ['nɪə̯ 'bæŋk], die; -, - -s (meist Plural) ⟨*engl.*⟩: banknahes Institut, das Finanzdienstleistungen, aber keine Bankgeschäfte im engeren Sinne anbietet (z. B. Versicherungs-, Anlageberatungsgesellschaft)

Ne|ark|tis, die; - ⟨*gr.-nlat.*⟩: tiergeografisches Gebiet, das Nordamerika u. Mexiko umfasst. **ne|ark|tisch:** die Nearktis betreffend; **nearktische Region:** ↑Nearktis

Ne|ar|th|ro|se, die; -, -n (Med.): **1.** anormale Neubildung einer gelenkartigen Verbindung zwischen zwei Knochen od. Knochenstücken; Neogelenk. **2.** operative Neubildung eines Gelenks (z. B. Gelenkprothesen)

neb|bich ⟨Herkunft unsicher⟩: **1.** (Gaunerspr.) leider, schade. **2.** (ugs. veraltet) nun wenn schon!, was macht das!. **Neb|bich,** der; -s, -e (selten: -s) ⟨*jidd.*⟩ (ugs. abwertend veraltet): jmd., der als unbedeutend, unwichtig o. Ä. angesehen wird

Ne|bi|im, die (Plural) ⟨*hebr.;* »Propheten«⟩: **1.** alttestamentliche Propheten, z. T. mit ↑ekstatischen Zügen. **2.** im hebräischen ↑[1]Kanon zweiter Teil des Alten Testaments

ne bis in idem ⟨*lat.;* »nicht zweimal gegen dasselbe«⟩ (Rechtswiss.): in einer Strafsache, die materiell rechtskräftig abgeurteilt ist, darf kein neues Verfahren eröffnet werden (Verfahrensgrundsatz des Strafrechts)

Ne|bu|lar|hy|po|the|se, die; - ‹*lat.-nlat.; gr.*›: von Kant aufgestellte Hypothese über die Entstehung des Sonnensystems aus einem Urnebel

ne|bu|los, ne|bu|lös ‹*lat.*›: unklar, undurchsichtig, dunkel, verworren, geheimnisvoll

Ne|ces|saire [nesɛˈsɛːɐ̯], das; -s, -s ‹*lat.-frz.;* »Notwendiges«›: Täschchen, Beutel o. Ä. für Toiletten-, Nähutensilien u. a.

Neck, der; -s, -s ‹*engl.*› (Geol.): durch Abtragung freigelegter vulkanischer Schlot (Durchschlagsröhre)

Ne|cking, das; -[s], -s ‹*engl.-amerik.*›: Austausch von Zärtlichkeiten, Liebkosungen (Vorstufe des ↑Pettings, bes. bei heranwachsenden Jugendlichen)

Need [niːd], das; -s ‹*engl.*› (Psychol.): Gesamtheit der auf die Umwelt bezogenen inneren Spannungslagen von Bedürfnissen, Antrieben, subjektiven Wünschen u. Haltungen

Ne|fas, das; - ‹*lat.*›: in der römischen Antike das von den Göttern Verbotene; vgl. per nefas (Ggs.: Fas)

Ne|ga|ti|on, die; -, -en ‹*lat.*›: **1.** Verneinung; Ablehnung einer Aussage (Ggs.: Affirmation). **2.** Verneinungswort (z. B. nicht)

ne|ga|tiv [auch: negaˈtiːf]: **1. a)** verneinend, ablehnend (Ggs.: positiv [1 a]); **b)** ergebnislos; ungünstig, schlecht (Ggs.: positiv [1 b]). **2.** (Math.) kleiner als null (Zeichen: −). **3.** (Fotogr.) das Negativ betreffend; in der Helligkeit, in den Farben gegenüber dem Original vertauscht (Ggs.: positiv [3]). **4.** (Physik) eine der beiden Formen elektrischer Ladung betreffend, bezeichnend (Ggs.: positiv [5]). **5.** (Med.) nicht für das Bestehen einer Krankheit sprechend, keinen krankhaften Befund zeigend (Ggs.: positiv [5])

Ne|ga|tiv [auch: negaˈtiːf], das; -s, -e (Fotogr.): fotografisches Bild, das gegenüber der Vorlage od. dem Aufnahmeobjekt umgekehrte Helligkeits- od. Farbenverhältnisse aufweist u. aus dem das ↑²Positiv (2) entsteht

Ne|ga|tiv|bi|lanz, die; -, -en: negative Bilanz; Bilanz, in der die Verluste überwiegen

Ne|ga|tiv|druck, der; -[e]s, -e: **1.** (ohne Plural) Druckverfahren, bei dem Schrift od. Zeichnung dadurch sichtbar wird, dass ihre Umgebung mit Farbe bedruckt wird, sie selbst jedoch ausgespart bleibt. **2.** im Hochdruck hergestelltes gedrucktes Werk, Bild

Ne|ga|ti|ve, die; -, -n (veraltet): Verneinung, Ablehnung

ne|ga|ti|vie|ren: schlechtmachen

Ne|ga|tiv|image [...ɪmɪtʃ, engl.: ...ˈɪmɪdʒ], das; -[s], -s: durch negativ auffallendes Verhalten entstandenes Image

Ne|ga|ti|vis|mus, der; - ‹*lat.-nlat.*› (Psychol.): **1.** ablehnende Haltung, negative Einstellung, Grundhaltung, meist als Trotzverhalten Jugendlicher in einer bestimmten Entwicklungsphase. **2.** krankhafte Widerstandshaltung bei gleichzeitiger innerer Gleichgültigkeit

ne|ga|ti|vis|tisch (Psychol.): aus Grundsatz ablehnend

Ne|ga|ti|vi|tät, die; - (selten): verneinendes, ablehnendes Verhalten

Ne|ga|tiv|lis|te, die; -: Verzeichnis der Arzneimittel, deren Kosten von der gesetzlichen Krankenversicherung nicht übernommen werden

Ne|ga|tiv|spi|ra|le, die; -, -n: sich ständig steigernde Entwicklung zum Ungünstigen, Nachteiligen, Schlechten hin

Ne|ga|tiv|steu|er, die; -, -n (Wirtsch.): Zahlung des Staates an Bürger [mit geringem Einkommen]

Ne|ga|ti|vum, das; -s, ...va: etwas, was an einer Sache als negativ (1 b), ungünstig, schlecht empfunden wird; etwas Negatives (Ggs.: Positivum)

Ne|ga|tor, der; -s, ...oren (Logik): logischer ↑Junktor, durch den das Ergebnis der Negation symbolisiert werden kann (Zeichen: ¬, auch: ~)

Ne|g|en|tro|pie, die; -, ...ien ‹*lat.; gr.-nlat.*› (Informationst.): mittlerer Informationsgehalt einer Informationsquelle; negative ↑Entropie (2)

ne|gie|ren ‹*lat.*›: **1. a)** ablehnen, verneinen; **b)** bestreiten. **2.** mit einer Negation (2) versehen. **Ne|gie|rung,** die; -, -en: **a)** Verneinung, Bestreitung; **b)** das Negiertwerden

Ne|g|lek|ti|on, die; -, -en ‹*lat.*› (veraltet): Vernachlässigung

Ne|g|li|gé, schweiz. auch: **Né|g|li|gé** [...ˈʒeː], das; -s, -s ‹*frz.*›: **a)** (veraltend) zarter, oft durchsichtiger Überwurfmantel, meist passend zur Damennachtwäsche; **b)** spärlich bekleidendes, verführerisches [transparentes] Damen-Nachthemd

ne|g|li|geant [...ˈʒant]: unachtsam, sorglos, nachlässig

ne|g|li|gen|te [...ˈdʒɛntə] ‹*lat.-it.*› (Musik): nachlässig, flüchtig darüber hinhuschend (Vortragsanweisung)

Ne|g|li|genz [auch: ...ˈʒɛnts], die; -, -en ‹*lat.-frz.*›: Unachtsamkeit, Nachlässigkeit, Sorglosigkeit

ne|g|li|gie|ren [...ˈʒiː...]: vernachlässigen

ne|go|zi|a|bel ‹*lat.-roman.*› (Wirtsch.): handelsfähig (von Waren, Wertpapieren)

Ne|go|zi|ant, der; -en, -en (veraltet): Kaufmann, Geschäftsmann. **Ne|go|zi|an|tin,** die; -, -nen: weibliche Form zu ↑Negoziant

Ne|go|zi|a|ti|on, die; -, -en (Wirtsch.): **1.** Verkauf von Wertpapieren durch feste Übernahme dieser Wertpapiere durch eine Bank od. ein Bankenkonsortium. **2.** Begebung, Verkauf, Verwertung eines Wechsels durch Weitergabe

ne|go|zi|ie|ren (Wirtsch.): Handel treiben, Wechsel begeben

ne|g|rid ‹*lat.-span.-nlat.*› (Anthropol. veraltet): zum Menschentypus der Negriden gehörend. **Ne|g|ri|de,** der u. die; -n, -n (Anthropol. veraltet): Angehörige[r] des auf dem afrikanischen Kontinent beheimateten Menschentypus, der durch bestimmte äußere Merkmale (z. B. dunkelbraune Haut) gekennzeichnet ist

Ne|g|ril|le, der; -n, -n ‹*lat.-span.*›: ↑Pygmäe

Ne|g|ri|to, der; -[s], -[s]: Angehöriger eines kleinwüchsigen

Menschentyps auf den Philippinen, Andamanen u. auf Malakka

Ne|g|ri|tude [negri'ty:d], die; - ‹*lat.-frz.*›: aus der Rückbesinnung der Afrikaner u. Afroamerikaner auf afrikanische Kulturtraditionen erwachsene philosophische u. politische Ideologie, die mit der Forderung nach [kultureller] Eigenständigkeit vor allem der Französisch sprechenden Länder Afrikas verbunden ist

ne|g|ro|id ‹*lat.-span.; gr.*› (Anthropol. veraltet): den Negriden ähnliche Merkmale aufweisend. **Ne|g|ro|i|de,** der u. die; -n, -n (Anthropol. veraltet): Angehörige[r] eines negroiden Menschentypus

Ne|g|ro|spi|ri|tu|al ['ni:groʊspɪrɪtjʊəl], das, auch: der; -s, -s ‹*lat.-engl.-amerik.*› (veraltet): ²Spiritual

¹Ne|gus, der; -, - u. -se ‹*amharisch*›: **a)** (ohne Plural) abessinischer Herrschertitel; **b)** Herrscher, Kaiser von Äthiopien

²Ne|gus ['ni:gəs], der; - ‹nach dem Namen eines engl. Obersten›: in England beliebtes punschartiges Getränk

Ne|k|ro|bi|o|se, die; -, -n ‹*gr.-nlat.*› (Biol., Med.): allmähliches Absterben von Geweben, von Zellen im Organismus (als natürlicher od. pathologischer Vorgang)

Ne|k|ro|kaus|tie, die; -, ...ien: Leichenverbrennung

Ne|k|ro|log, der; -[e]s, -e: mit einem kurzen Lebensabriss verbundener Nachruf auf einen Verstorbenen

Ne|k|ro|lo|gie, die; -: Lehre u. statistische Erfassung der Todesursachen; Todesstatistik

Ne|k|ro|lo|gi|um, das; -s, ...ien: kalenderartiges Verzeichnis der Toten einer mittelalterlichen kirchlichen Gemeinschaft zur Verwendung in der liturgischen Fürbitte, für die jährliche Gedächtnisfeier o. Ä.

Ne|k|ro|ma|nie, die; -, ...ien (Psychol.): ↑Nekrophilie

Ne|k|ro|mant, der; -en, -en ‹*gr.-lat.*›: Toten-, Geisterbeschwörer (bes. des Altertums). **Ne|k|ro|man|tie,** die; -: Weissagung durch Geister- u. Totenbeschwörung. **Ne|k|ro|man|tin,** die; -, -nen: weibliche Form zu ↑Nekromant

Ne|k|ro|phi|lie, die; -, ...ien ‹*gr.-nlat.*› (Med., Psychol.): auf Leichen gerichtetes sexuelles Verlangen

Ne|k|ro|pho|bie, die; -, ...ien (Med., Psychol.): krankhafte Angst vor dem Tod od. vor Toten

Ne|k|ro|pie vgl. Nekropsie

Ne|k|ro|po|le, Ne|k|ro|po|lis, die; -, ...polen ‹*gr.;* »Totenstadt«›: großes Gräberfeld des Altertums, der vorgeschichtlichen Zeit

Ne|k|rop|sie, die; -, ...ien ‹*gr.-nlat.*› (Med.): Totenschau, Leichenöffnung

Ne|k|ro|se, die; -, -n ‹*gr.-lat.*› (Med.): örtlicher Gewebstod, Absterben von Zellen, Gewebs- od. Organbezirken als pathologische Reaktion auf bestimmte Einwirkungen

Ne|k|ro|s|ko|pie, die; -, ...ien ‹*gr.-nlat.*›: ↑Nekropsie

Ne|k|ro|sper|mie, die; -, ...ien (Med.): Zeugungsunfähigkeit infolge von Abgestorbensein od. Funktionsunfähigkeit der männlichen Samenzellen

ne|k|ro|tisch (Med.): (von Gewebe) abgestorben, brandig

Ne|k|ro|to|mie, die; -, ...ien (Med.): ↑Sequestrotomie

Nek|tar, der; -s, -e ‹*gr.-lat.*›: **1.** (ohne Plural) ewige Jugend spendender Göttertrank der griechischen Sage. **2.** (Biol.) von einem ↑Nektarium ausgeschiedene Zuckerlösung zur Anlockung von Insekten. **3.** (Fachspr.) Getränk aus zu Mus zerdrücktem, gezuckertem u. mit Wasser [u. Säure] verdünntem Fruchtfleisch

Nek|ta|ri|en: *Plural* von ↑Nektarium

Nek|ta|ri|ne, die; -, -n ‹*gr.-lat.-nlat.*›: glatthäutiger Pfirsich mit leicht herauslösbarem Stein (eine Abart des Pfirsichs)

Nek|ta|ri|ni|en, die (Plural): bunte u. schillernde, bis 20 cm große tropische Singvögel Afrikas und Asiens, deren Zunge zum Saugorgan umgewandelt ist, mit dem Nektar u. Insekten vom Grund der Blüten aufgesammelt werden können; Nektarvögel, Honigsauger

nek|ta|risch ‹*gr.-lat.*› (dichter. veraltet): süß wie Nektar; göttlich

Nek|ta|ri|um, das; -s, ...ien ‹*gr.-lat.-nlat.*› (Biol.): Honigdrüse im Bereich der Blüte, seltener der Blätter, die der Anlockung von Insekten und anderen Tieren für die Bestäubung dient

nek|tarn ‹*gr.-lat.*›: ↑nektarisch

Nek|ti|on, die; -, -en (Sprachwiss.): Verbindung mehrerer gleichartiger Satzteile od. Sätze durch Nektive (z. B. Hund und Katze [sind Haustiere])

Nek|tiv, das; -s, -e (Sprachwiss.): koordinierende Konjunktion (z. B. Hund *und* Katze)

Nek|ton, das; -s ‹*gr.;* »Schwimmendes«› (Biol.): das ↑Pelagial (2) bewohnende Organismen mit großer Eigenbewegung; Gesamtheit der sich im Wasser aktiv bewegenden Tiere. **nek|to|nisch** (Biol.): das Nekton betreffend, zu ihm gehörend

Ne|ky|ia, die; -, ...yien [ne'ky:jən] ‹*gr.*›: Totenbeschwörung, Totenopfer (Untertitel des 11. Gesangs der homerischen Odyssee nach dem Besuch des Odysseus im Hades)

Ne|ky|man|tie, die; - ‹*gr.-lat.*›: ↑Nekromantie

Ne|la|na|ne, die; - ‹*Bantuspr.*› (Med.): ↑Nalanane

Nel|son, der; -[s], -[s] ‹*engl.,* vielleicht nach einem Personennamen› (Sport): Nackenhebel beim Ringen

Ne|ma|t|hel|min|then, die (Plural) ‹*gr.-nlat.*› (Zool. veraltet): Schlauchwürmer, Rundwürmer, Hohlwürmer (z. B. Rädertiere, Fadenwürmer, Igelwürmer)

Ne|ma|ti|zid, Nematozid, das; -[e]s, -e: Bekämpfungsmittel für Fadenwürmer

Ne|ma|to|de, der; -n, -n (meist Plural) (Zool.): Fadenwurm (z. B. Spulwurm, Trichine)

Ne|ma|to|zid vgl. Nematizid

NEMAX®, der; - ‹Kurzw. aus *Ne*uer-*Ma*rkt-Inde*x*› (früher): Aufstellung der errechneten Durchschnittskurse der Aktien junger, wachstumsorientierter Unternehmen aus Zukunftsbranchen (z. B. Biotechnologie, Multimedia, Telekommunikation); Nachfolger ↑TecDAX

Ne|mec|t|ro|dyn, das; -s, -e ‹nach dem Konstrukteur Nemec› (Med.): Gerät für die therapeutische Anwendung von Interferenzströmen (gekreuzte Wechselströme mittlerer, gering unterschiedlicher Frequenz), wobei die zu behandelnde Körperstelle in zwei getrennte Stromkreise gebracht wird

Ne|me|sis [auch: 'nɛ...], die; - ‹*gr.-lat.;* gr. Göttin›: ausgleichende, vergeltende, strafende Gerechtigkeit

neo..., Neo...

‹*gr.* néos »neu, frisch, zart, jung«›
Wortbildungselement mit den Bedeutungen:
a) *»neu, jung«:*
- Neolithikum
- Neologismus
b) *»in erneuerter Form, weiterentwickelt; wieder aufgelebt«:*
- Neoklassizismus
- neonazistisch

Neo|dar|wi|nis|mus, der; - ‹*gr.; nlat.*›: **1.** (auf Weismann zurückgehende) Abstammungslehre, die sich im Wesentlichen auf die darwinistische Theorie stützt. **2.** (Biol.) moderne Abstammungslehre, die das Auftreten neuer Arten durch Mutationen in Verbindung mit natürlicher Auslese zu erklären versucht

Neo|dym, das; -s ‹*gr.-nlat.*›: chem. Element; ein Metall der seltenen Erden (Zeichen: Nd)

Neo|dy|na|tor, der; -s, ...oren (Med.): Gerät für die therapeutische Anwendung diadynamischer Ströme (Wechselströme, die in modulierbarer Form einem in seiner Intensität frei einstellbaren Gleichstrom überlagert sind)

Neo|fa|schis|mus, der; -: rechtsradikale Bewegung, die in Zielsetzung u. Ideologie an die Epoche des Faschismus anknüpft

Neo|fa|schist, der; -en, -en: Vertreter des Neofaschismus. **Neo|fa|schis|tin,** die; -, -nen: weibliche Form zu ↑Neofaschist

neo|fa|schis|tisch: den Neofaschismus betreffend, zu ihm gehörend

Neo|gen, das; -s (Geol.): Jungtertiär (umfasst ↑Miozän u. ↑Pliozän)

Neo|go|tik, die; -: Stil der Kunst und Architektur des 19. Jahrhunderts, der an die Gotik anknüpfte. **neo|go|tisch:** die Neogotik betreffend

Neo|klas|sik, die; -: **1.** Gruppe von liberalen ökonomischen Theorien in der zweiten Hälfte des 19. Jh.s, die in der Regel von rationalem wirtschaftlichen Handeln u. einem vollkommenen Markt ausgehen. **2.** Genre der Dark-Wave-Musik, das durch verschiedene Stilmittel u. Komponisten der Romantik, der Alten Musik od. der Neuen Musik inspiriert ist

Neo|klas|si|zis|mus, der; -: sich bes. in kolossalen Säulenordnungen ausdrückende formalistische u. historisierende Tendenzen in der Architektur des 20. Jh.s. **neo|klas|si|zis|tisch:** den Neoklassizismus betreffend

Neo|ko|lo|ni|a|lis|mus, der; -: Politik entwickelter Industrienationen, ehemalige Kolonien, Entwicklungsländer wirtschaftlich u. politisch abhängig zu halten

Neo|kom, Neo|ko|mi|um, das; -s ‹nach dem nlat. Namen Neocom(i)um für Neuenburg i. d. Schweiz› (Geol.): älterer Teil der unteren Kreideformation

Neo|kom|mu|nis|mus, der; -: politische Bewegung, die im 21. Jahrhundert an die kommunistischen Systeme der Vergangenheit anknüpft. **Neo|kom|mu|nist,** der; -en, -en: Anhänger des Neokommunismus. **Neo|kom|mu|nis|tin,** die; -, -nen: w. Form zu ↑Neokommunist

neo|kon|ser|va|tiv: den Neokonservativismus betreffend, für ihn charakteristisch, auf ihm beruhend. **Neo|kon|ser|va|ti|ve,** der u. die; -n, -n: jmd., der dem Neokonservativismus anhängt, seine Ideen vertritt. **Neo|kon|ser|va|ti|vis|mus,** der; -: politische Richtung [bes. in den USA], die liberale, konservative und sozialistische Ideen und Traditionen in sich vereint

Neo|la|mar|ckis|mus, der; -: Abstammungslehre, die sich auf die unbewiesene Annahme der Vererbung erworbener Eigenschaften stützt

neo|li|be|ral: den Neoliberalismus betreffend, seine Ideen vertretend. **Neo|li|be|ra|le,** der u. die; -n, -n: Person, die dem Neoliberalismus anhängt, seine Ideen vertritt. **Neo|li|be|ra|lis|mus,** der; -: wirtschaftspolitisches u. sozialphilos. Konzept für eine Wirtschaftsordnung, die alles über den freien Wettbewerb steuert

Neo|lin|gu|is|tik, die; -: (von dem italienischen Sprachwissenschaftler Bartoli begründete) linguistische Richtung, die sich gegen die starren, ausnahmslosen Gesetze der junggrammatischen Schule richtet

Neo|li|thi|ker [auch: ...'lɪt...], der; -s, -: Mensch des Neolithikums. **Neo|li|thi|kum** [auch: ...'lɪ...], das; -s: Jungsteinzeit; Epoche des vorgeschichtlichen Menschen, deren Beginn meist mit dem Beginn produktiver Nahrungserzeugung (Haustiere, Kulturpflanzen) gleichgesetzt wird. **neo|li|thisch** [auch: ...'lɪ...]: das Neolithikum betreffend, zu ihm gehörend

Neo|lo|gie, die; -, ...ien: **1.** Neuerung, bes. auf religiösem od. sprachlichem Gebiet. **2.** (ohne Plural) aufklärerische Richtung der evangelischen Theologie des 18. Jh.s, die die kirchliche Überlieferung rein historisch deutet, ohne die Offenbarung selbst zu leugnen. **neo|lo|gisch: 1.** Neuerungen, bes. auf religiösem od. sprachlichem Gebiet betreffend. **2.** aufklärerisch im Sinne der Neologie (2)

Neo|lo|gis|mus, der; -, ...men (Sprachwiss.): [in den allgemeinen Gebrauch übergegangene] sprachliche Neuprägung (Neuwort od. Neubedeutung)

Neo|mar|xis|mus, der; -: Gesamtheit der wissenschaftlichen u. literarischen Versuche, die marxistische Theorie angesichts der veränderten wirtschaftlichen u. politischen Gegebenheiten neu zu überdenken

Neo|mor|ta|li|tät, die; -: Frühsterblichkeit der Säuglinge (in den ersten zehn Lebenstagen)

Neo|myst, der; -en, -en ⟨*gr.;* »neu eingeweiht«⟩ (veraltet): neu geweihter katholischer Priester

Ne|on, das; -s ⟨*gr.;* »das Neue«⟩: chem. Element; ein Edelgas (Zeichen: Ne)

Neo|na|to|lo|ge, der; -n, -n: Kinderarzt, der bes. Neugeborene behandelt u. medizinisch betreut. **Neo|na|to|lo|gie,** die; - (Med.): Zweig der Medizin, der sich bes. mit der Physiologie u. Pathologie (1) Neugeborener befasst. **Neo|na|to|lo|gin,** die; -, -nen: weibliche Form zu ↑Neonatologe. **neo|na|to|lo|gisch** (Med.): die Neonatologie betreffend

Neo|na|zi, der; -s, -s: ↑Neonazist

Neo|na|zis|mus, der; -: rechtsradikale Bewegung (nach 1945) zur Wiederbelebung des Nationalsozialismus

Neo|na|zist, der; -en, -en: Anhänger des Neonazismus. **Neo|na|zis|tin,** die; -, -nen: weibliche Form zu ↑Neonazist

neo|na|zis|tisch: den Neonazismus betreffend, zu ihm gehörend

Ne|on|fisch, der; -[e]s, -e (Zool.): sehr kleiner Fisch mit einem schillernden Streifen auf beiden Körperseiten (beliebter Aquarienfisch)

Ne|on|röh|re, die; -, -n: mit Neon gefüllte Leuchtröhre

Neo|phyt, der; -en, -en ⟨*gr.-lat.;* »neu gepflanzt«⟩: **1. a)** in der alten Kirche durch die Taufe in die christliche Gemeinschaft neu Aufgenommener; **b)** in bestimmte Geheimbünde neu Aufgenommener. **2.** (Bot.) Pflanze, die sich in historischer Zeit in bestimmten, ihr ursprünglich fremden Gebieten eingebürgert hat

Neo|phy|ti|kum, das; -s ⟨*gr.-nlat.*⟩: ↑Känozoikum

Neo|plas|ma, das; -s, ...men (Med.): Neubildung von Gewebe in Form einer [bösartigen] Geschwulst

Neo|plas|ti|zis|mus, der; -: (von dem niederländischen Maler P. Mondrian [1872–1944] entwickelte) Stilrichtung in der modernen Malerei, die Formen u. Farben auf eine Horizontal-vertikal-Beziehung reduziert

Neo|pren, das; -s, -e ⟨Kunstw.⟩: stark wärmeisolierender synthetischer Kautschuk (z. B. für Taucheranzüge). **Neo|pren|an|zug,** der; -[e]s, ...züge: (u. a. von Tauchern, Schwimmern, Surfern benutzter) vor Kälte schützender Anzug aus Neopren

Neo|psy|cho|ana|ly|se, die; -: von H. Schultz-Hencke unter Verwendung jungscher u. adlerscher Thesen in Abwandlung der freudschen Lehre entwickeltes tiefenpsychologisches System, das neben den biologischen Antrieben bes. die kulturellen u. sozialen Komponenten als Konflikt- u. Neurosestoffe betont

Neo|re|a|lis|mus, der; -: ↑Neoverismus

Neo|s|to|mie, die; -, ...ien (Med.): Herstellung einer künstlichen Verbindung zwischen zwei Organen od. zwischen einem Organ u. der Körperoberfläche

Neo|te|nie, die; - ⟨*gr.-nlat.*⟩: **1.** (Med.) unvollkommener Entwicklungszustand eines Organs. **2.** (Med.) Theorie (nach Lodewijk Bolk), nach der der Mensch ein in seiner Entwicklung verzögerter Affe ist. **3.** (Biol.) Eintritt der Geschlechtsreife im Larvenstadium

Neo|te|ri|ker, der; -s, - ⟨*gr.-lat.*⟩: Angehöriger eines Dichterkreises im alten Rom (1. Jh. v. Chr.), der einen neuen literarischen Stil vertrat

neo|te|risch (veraltet): **a)** neuartig; **b)** neuerungssüchtig

Neo|tro|pis, die; - ⟨*gr.-nlat.*⟩: tier- u. pflanzengeografisches Gebiet, das Zentral- u. Südamerika (ausgenommen die zentralen Hochflächen) umfasst. **neo|tro|pisch:** zu den Tropen der Neuen Welt gehörend, die Neotropis betreffend; **neotropische Region:** ↑Neotropis

Ne|ot|tia, die; - ⟨*gr.;* »Nest«⟩: Nestwurz (Orchideenart in schattigen Wäldern)

Neo|ve|ris|mus, der; - ⟨*gr.; lat.-nlat.*⟩: nach dem 2. Weltkrieg bes. von Italien ausgehende Stilrichtung des modernen Films u. der Literatur mit der Tendenz zur sachlichen u. formal-realistischen Erneuerung der vom ↑Verismo vorgezeichneten Gegebenheiten u. Ausdrucksmöglichkeiten

Neo|vi|ta|lis|mus, der; - (Biol.): auf den Biologen Hans Driesch zurückgehende Lehre von der Eigengesetzlichkeit des Lebendigen

Neo|zo|i|kum, das; -s ⟨*gr.-nlat.*⟩: ↑Känozoikum. **neo|zo|isch:** ↑känozoisch

Neo|zo|on, das; -s, ...zoen (meist Plural) ⟨*gr.-nlat.*⟩: Tierart, die in ein Gebiet, wo sie nicht schon immer vorkam, eingeführt (z. B. das Kaninchen nach Australien) od. unabsichtlich eingeschleppt wurde

Ne|pen|thes, die; -, - ⟨*gr.-lat.*⟩: Kannenpflanze (fleischfressende Pflanze des tropischen Regenwaldes)

Ne|per, das; -s, - ⟨nach dem schott. Mathematiker John Napier, 1550–1617⟩: Einheit zur Kennzeichnung des logarithmierten Verhältnisses zweier gleichartiger physikalischer Größen (häufig als Pegel od. Maß bezeichnet) (Zeichen: Np)

Ne|phe|lin, der; -s, -e ⟨*gr.-nlat.*⟩: farblos-durchsichtiges bis weißes od. graues Mineral

Ne|phe|li|nit [auch: ...ˈnɪt], der; -s, -e: basaltähnliches Ergussgestein

Ne|phe|li|um, das; -s, ...ien: javanischer Baum, der Nutzholz und essbare Früchte liefert

Ne|phe|lo|me|ter, das; -s, - (Chemie): optisches Gerät zur Messung der Trübung von Flüssigkeiten od. Gasen. **Ne|phe|lo|me|t|rie,** die; - (Chemie): Messung der Trübung von Flüssigkeiten od. Gasen

Ne|phe|l|op|sie, die; - (Med.): Sehstörung mit Wahrnehmung verschwommener, nebliger Bilder infolge Trübung der Hornhaut, der Linse od. des Glaskörpers des Auges; Nebelsehen

ne|phisch (Meteorol.): Wolken betreffend

Ne|pho|graf, Ne|pho|graph, der; -en, -en (Meteorol.): Gerät, das die verschiedenen Arten u. die Dichte der Bewölkung fotografisch aufzeichnet

Ne|pho|me|ter, das; -s, - (Meteorol.): Gerät zur unmittelbaren

Bestimmung der Wolkendichte u. -geschwindigkeit

Ne|pho|s|kop, das; -s, -e (Meteorol.): Gerät zur Bestimmung der Zugrichtung u. -geschwindigkeit von Wolken

Ne|ph|ral|gie, die; -, ...ien ‹*gr.-nlat.*› (Med.): Nierenschmerz

Ne|ph|rek|to|mie, die; -, ...ien (Med.): operative Entfernung einer Niere

Ne|ph|ri|di|um, das; -s, ...ien: Ausscheidungsorgan in Form einer gewundenen Röhre mit einer Mündung nach außen, das mit der Leibeshöhle durch einen Flimmertrichter verbunden ist (bei vielen wirbellosen Tieren, bes. bei Ringelwürmern, Weichtieren u. im ↑Mesonephros der Wirbeltiere)

Ne|ph|rit [auch: ...'frɪt], der; -s, -e: lauchgrüner bis graugrüner, durchscheinender, aus wirr durcheinandergeflochtenen Mineralfasern zusammengesetzter Stein, der zu Schmuck- u. kleinen Kunstgegenständen verarbeitet wird u. in vorgeschichtlicher Zeit als Material für Waffen u. Geräte diente

Ne|ph|ri|tis, die; -, ...itiden ‹*gr.-lat.*› (Med.): Nierenentzündung

ne|ph|ro|gen ‹*gr.-nlat.*› (Med.): von den Nieren ausgehend

Ne|ph|ro|le|pis, die; -: als Zierpflanze beliebter tropischer und subtropischer Tüpfelfarn; Nierenschuppenfarn

Ne|ph|ro|lith [auch: ...'lɪt], der; -s od. -en, -e[n] (Med.): Nierenstein

Ne|ph|ro|li|thi|a|se, Ne|ph|ro|li|thi|a|sis, die; -, ...iasen (Med.): Bildung von Nierensteinen u. dadurch verursachte Erkrankung

Ne|ph|ro|li|tho|to|mie, die; -, ...ien (Med.): operative Entfernung von Nierensteinen

Ne|ph|ro|lo|ge, der; -n, -n (Med.): Facharzt für Nierenkrankheiten

Ne|ph|ro|lo|gie, die; - (Med.): Wissenschaft von den Nierenkrankheiten. **Ne|ph|ro|lo|gin,** die; -, -nen: weibliche Form zu ↑Nephrologe

ne|ph|ro|lo|gisch (Med.): die Nierenkrankheiten betreffend, für sie charakteristisch

Ne|ph|rom, das; -s, -e (Med. veraltet): [bösartige] Nierengeschwulst

Ne|ph|ro|pa|thie, die; -, ...ien (Med.): Nierenerkrankung

Ne|ph|ro|ph|thi|se, Ne|ph|ro|ph|thi|sis, die; -, ...sen (Med. veraltet): Nierentuberkulose

Ne|ph|ro|p|to|se, die; -, -n (Med.): abnorme Beweglichkeit u. Abwärtsverlagerung der Nieren; Nierensenkung, Senkniere, Wanderniere

Ne|ph|ro|py|e|li|tis, die; -, ...itiden (Med.): Nierenbeckenentzündung

Ne|ph|ror|rha|gie, die; -, ...ien (Med.): Blutung in der Niere; Nierenbluten

Ne|ph|ro|se, die; -, -n (Med.): nicht entzündliche Nierenerkrankung mit Gewebeschädigung

Ne|ph|ro|skle|ro|se, die; -, -n (Med.): von den kleinen Nierengefäßen ausgehende Erkrankung der Nieren mit nachfolgender Verhärtung u. Schrumpfung des Nierengewebes (u. eventuellen Nierenfunktionsstörungen); Nierenschrumpfung, Schrumpfniere

Ne|ph|ro|s|to|mie, die; -, ...ien (Med.): Anlegung einer Nierenfistel zur Ableitung des Urins nach außen

Ne|ph|ro|to|mie, die; -, ...ien (Med.): operative Öffnung der Niere

Ne|po|te, der; -n, -n ‹*lat.*› (veraltet): **1.** Neffe. **2.** Enkel. **3.** Vetter. **4.** Verwandter

ne|po|ti|sie|ren ‹*lat.-nlat.*› (veraltet): Verwandte begünstigen

Ne|po|tis|mus, der; -: Vetternwirtschaft, bes. bei den Päpsten der Renaissancezeit

ne|po|tis|tisch: den Nepotismus betreffend; durch Nepotismus begünstigt

nep|tu|nisch ‹*lat.;* nach dem röm. Meeresgott Neptun›: den Meeresgott Neptun betreffend; **neptunisches Gestein** (Geol. veraltet): Sedimentgestein

Nep|tu|nis|mus, der; - ‹*lat.-nlat.*› (Geol.): widerlegte geologische Hypothese, die sämtliche Gesteine (auch die vulkanischen) als Ablagerungen im Wasser erklärt

Nep|tu|nist, der; -en, -en: Verfechter des Neptunismus

Nep|tu|ni|um, das; -s: radioaktives chem. Element, ein ↑Transuran (Zeichen: Np)

Nerd [nœːɐ̯t], der; -s, -s ‹*engl.;* »Schwachkopf«› (Jargon abwertend): sehr intelligenter, aber sozial isolierter Computerfan

Ne|re|i|de, die; -, -n (meist Plural) ‹*gr.-lat.;* »Tochter des (Meeresgottes) Nereus«›: **1.** Meernymphe der griechischen Sage. **2.** (Zool.) Vertreter der Familie der vielborstigen Würmer

Ne|ri|ti|de, die; -, -n (meist Plural) ‹*gr.-nlat.*› (Zool.): Vertreter der Familie der Süßwasserschnecken; Schwimmschnecke

ne|ri|tisch: 1. in erwachsenem Zustand auf dem Meeresboden u. im Larvenstadium im freien Wasser lebend (von Tieren der Küstenregion). **2.** den Raum u. die Absatzgesteine der Flachmeere betreffend

Ne|ro|li|öl, das; -[e]s, (Sorten) -e ‹*it.; dt.*›: angenehm riechendes, für Parfüme, Liköre, Feinbackwaren verwendetes Blütenöl der Pomeranze

Ner ta|mid, das; - - ‹*hebr.*› (Rel.): in jeder Synagoge ununterbrochen brennende Lampe

Nerv, der; -s (fachspr. auch: -en), -en ‹*lat.(-engl.)*›: **1.** Blattader oder -rippe. **2.** rippenartige Versteifung, Ader der Insektenflügel. **3.** (Med.) aus parallel angeordneten Fasern bestehender, in einer Bindegewebshülle liegender Strang, der der Reizleitung zwischen Gehirn, Rückenmark u. Körperorgan od. -teil dient. **4.** (Plural) nervliche Konstitution, psychische Verfassung. **5.** Kernpunkt; kritische Stelle

ner|val [...'vaːl] (Med.): die Nerventätigkeit betreffend, durch die Nervenfunktion bewirkt; nervlich

Ner|va|tur, die; -, -en ‹*lat.-nlat.*›: **1.** Blattaderung. **2.** Aderung der Insektenflügel

ner|ven [...fn̩] (ugs.): **a)** jmdm. auf die Nerven gehen; **b)** nervlich strapazieren, anstrengen; an die Nerven gehen; **c)** hartnäckig bedrängen; jmdm. in zermürbender Weise zusetzen

ner|vig [...fɪç, auch: ...vɪç]: **1.** sehnig, kraftvoll. **2.** (ugs.) äußerst

nervös	nervlich
Die Passagiere werfen sich nervöse und flüchtige Blicke zu. *aufgeregt, zerfahren* – bin […] total nervös gesteht – reagiert […] zunehmend nervös auf/und den – Sie wirken fahrig […] nervös und angespannt Je näher der Termin rückt, desto nervöser wird er. Die nervöse Reaktion der Finanzmärkte war vorherzusehen. Alsbald machen nervöse Blicke einiger Nachbarn die Runde.	Die nervliche Belastung in diesem Job ist extrem. *bezüglich der Nerven* – dass er nervlich sehr angespannt war – die nervliche Belastung […] enorm – Ich bin nervlich am Ende Und eine gewisse nervliche Belastung kam auch noch dazu. Es kann auch mentale und nervliche Gründe haben. Meine Tochter ist in der fünften Klasse nervlich zusammengebrochen.

lästig werdend, aufreibend, unangenehm

Ner|vi|num, das; -s, ...na (Med.; Pharm.): Arzneimittel, das auf das Nervensystem einwirkt

nerv|lich: das Nervensystem betreffend

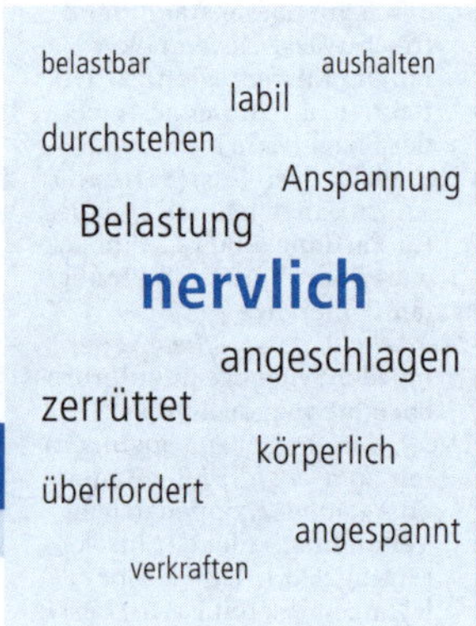

ner|vös ‹*lat.(-frz.* u. *engl.)*›: **1.** (Med.) ↑nerval. **2. a)** unruhig, leicht reizbar, aufgeregt; **b)** fahrig, zerfahren

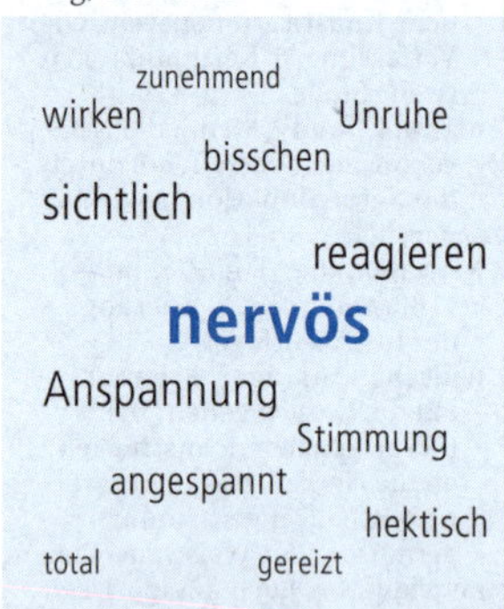

nervös/nervlich *s. Kasten*

Ner|vo|si|tät, die; -, -en: **1.** (ohne Plural) nervöser (2) Zustand, nervöse Art. **2.** einzelne nervöse Äußerung, Handlung. **3.** (veraltend) ↑Neurasthenie

Ner|vus, der; -, ...vi ‹*lat.*› (Med.): Nerv

Ner|vus ab|du|cens, der; - -: sechster Gehirnnerv; vgl. Abduzens

Ner|vus Pro|ban|di, der; - - (selten): eigentlicher entscheidender Beweisgrund

Ner|vus Re|rum, der; - -: **1.** Triebfeder, Hauptsache. **2.** (scherzh.) Geld als Zielpunkt allen Strebens, als wichtige Grundlage

Nes|ca|fé®, der; -s, -s ‹Kurzw. für den Namen der Schweizer Firma *Nestlé* u. *frz. café* »Kaffee«›: löslicher Kaffeeextrakt in Pulverform

Nes|chi [ˈnɛski], das od. die; - ‹*arab.*›: arabische Schreibschrift

Nes|sus|ge|wand, das; -[e]s, ...gewänder ‹nach dem vergifteten Gewand des Herakles in der gr. Sage›: Verderben bringende Gabe

Nes|tor, der; -s, ...oren ‹*gr.-lat.;* kluger u. redegewandter gr. Held der Ilias u. der Odyssee, der drei Menschenalter gelebt haben soll›: herausragender ältester Vertreter einer Wissenschaft, eines [künstlerischen] Faches; Ältester eines bestimmten Kreises

Nes|to|ri|a|ner, der; -s, - ‹*nlat.*›: Anhänger der Lehre des Patriarchen Nestorius v. Konstantinopel († um 451) u. einer von dieser Lehre bestimmten Kirche. **Nes|to|ri|a|nis|mus,** der; -: von der Kirche verworfene Lehre des Nestorius, die die göttliche u. menschliche Natur in Christus für unverbunden hielt u. in Maria nur die Christusgebärerin, nicht aber die Gottesgebärerin sah

Nes|to|rin, die; -, -nen: weibliche Form zu ↑Nestor

Net, das; -s ‹*engl.;* »Netz«›: Kurzform von ↑Internet

Net|ball [ˈnɛtbɔːl], der; -s ‹*engl.*›: ein aus dem Basketball entwickeltes Ballspiel für Mannschaften mit sieben Spielerinnen

Net|book [...bʊk], das; -s, -s ‹*engl.*›: kleinformatiges Notebook

Ne|ti|quet|te [...ˈkɛtə], die; - ‹Kurzw. aus *engl. net* »Netz« u. *etiquette* »Etikette«›: Gesamtheit der Regeln für soziales Kommunikationsverhalten im Internet

Ne|ti|zen [ˈnɛtɪzn̩], der; -[s], -s ‹Kunstw. aus *engl. net* und *citizen*›: Person, die das Internet aktiv [u. verantwortungsvoll] nutzt; Netzbürger

Ne|ti|zens [ˈnɛtɪzn̩s], die (Plural) ‹Kurzw. aus *engl. net* u. *citizens* »Bürger, Einwohner«›: Gesamtheit aller Teilnehmer, die gemeinsam im Internet kommunizieren

Net|su|ke [auch: ˈnɛtske], das; -[s], -[s] ‹*jap.*›: kunstvoll gefertigte Zierknöpfe, die in Japan zum Tragen von Kleingerät an einer unter dem Gürtel durchgezogenen Schnur benutzt werden

Net|sur|fen [...sœːɐ̯fn̩], das; - ‹*engl.*› (Jargon): Surfen (3 a) im Internet. **Net|sur|fer** [...sœːɐ̯fɐ], der; -s, -: jmd., der (ziellos) im Internet surft. **Net|sur|fing** [...sœːɐ̯fɪŋ], das; -s: das Netsurfen

Net|ting, das; -s ‹*engl.*› (Börsenw.): Verfahren zur Minimierung des Risikos, indem Forderungen u. Verbindlichkeiten gegeneinander aufgerechnet werden

net|to ‹*lat.-it.*› (Wirtsch.; Handel): rein, nach Abzug, ohne Verpackung

Net|to...

‹*lat.* nitidus »glänzend; sauber« → *it.* netto »gereinigt, unvermischt«›
Wortbildungselement auf dem Gebiet der Wirtschaft u. des Handels mit der Bedeutung »rein, nach Abzug (der Kosten); ohne Verpackung«:
- Nettogewicht
- Nettopreis
- Nettosozialprodukt

Ggs. ↑ Brutto...

net|to à point [- - ˈpo̯ɛ̃ː] ‹*lat.-it.; lat.-frz.*›: **1.** (Bankw.) in Form von Bezahlung (einer geschuldeten Summe) durch mehrere nach dem Wunsch des Gläubigers auszustellende Teilwechsel od. andere Schuldurkunden, die zusammen der geschuldeten Summe entsprechen. **2.** (Kaufmannsspr.) unter Einberechnung der Spesen in eine Hauptsumme (im Gegensatz zur Erhöhung der Hauptsumme um die Spesen)

net|to cas|sa ‹*lat.-it.*›: bar u. ohne jeden Abzug

Net|to|ge|wicht, das; -[e]s, -e: Reingewicht einer Ware ohne Verpackung

Net|to|preis, der; -es, -e: Preis einer Ware ohne MwSt., von dem kein Abzug mehr möglich ist

Net|to|re|gis|ter|ton|ne, die; -, -n: Raummaß im Seewesen zur Bestimmung des Schiffsraumes, der für die Ladung zur Verfügung steht (Abk.: NRT)

Net|to|so|zi|al|pro|dukt, das; -[e]s, -e: Bruttosozialprodukt abzüglich der Abschreibungen

Net|work [ˈnɛtwœːɐ̯k], das; -[s], -s ‹*engl.;* eigtl. »Netzwerk«›: **1.** Rundfunkverbundsystem durch Zusammenschalten mehrerer Sender. **2.** (EDV) Datenverbundsystem zwischen mehreren, voneinander unabhängigen Geräten

net|wor|ken: ein soziales Netzwerk aufbauen, pflegen

Net|wor|ker, der; -s, -: Netzwerker. **Net|wor|ke|rin,** die; -, -nen: weibliche Form zu ↑ Networker

Net|wor|king [...wœːɐ̯kɪŋ], das; -s ‹*engl.*›: das Knüpfen u. Pflegen von Kontakten, die dem Austausch von Informationen [u. dem beruflichen Fortkommen] dienen

Netz|neu|tra|li|tät, die; - (EDV): von jedem Internetanbieter zu gewährender uneingeschränkter Zugang zu allen Internetangeboten

neu|apo|s|to|lisch: einer aus den katholisch-apostolischen Gemeinden hervorgegangenen Religionsgemeinschaft angehörend, deren Bekenntnis entsprechend

Neu|me, die; -, -n (meist Plural) ‹*gr.-mlat.*›: vor der Erfindung der Notenschrift im Mittelalter übliches Notenhilfszeichen

neu|mie|ren ‹*gr.-mlat.-nlat.*›: eine Musik in Neumen niederschreiben; einen Text mit Neumen versehen

Neu|mi|nu|te, die; -, -n ‹*dt.; lat.*› (Math.): hundertster Teil eines ↑ Gons

Neu|pla|to|nis|mus, der; -: an die Philosophie Platons anknüpfende philosophische Strömung des 3. bis 6. Jh.s n. Chr.

neur..., Neur... vgl. neuro..., Neuro...

neu|ral ‹*gr.-nlat.*› (Med.): einen Nerv, die Nerven betreffend, vom Nervensystem ausgehend

Neu|r|al|gie, die; -, ...ien ‹*gr.-nlat.*› (Med.): in Anfällen auftretender Schmerz im Ausbreitungsgebiet bestimmter Nerven ohne nachweisbare entzündliche Veränderungen od. Störung der Sensibilität (2)

Neu|r|al|gi|ker, der; -s, - (Med.): an Neuralgie Leidender. **Neu|r|al|gi|ke|rin,** die; -, -nen: weibliche Form zu ↑ Neuralgiker

neu|r|al|gisch: **1.** (Med.) auf Neuralgie beruhend, für sie charakteristisch. **2.** sehr problematisch, kritisch

Neu|ral|leis|te, die; -, -n: embryonales Gewebe, aus dem sich u. a. ↑ Neuronen entwickeln

Neu|ral|pa|tho|lo|gie, die; - (Med.): wissenschaftliche Theorie, nach der die krankhaften Veränderungen im Organismus vom Nervensystem ausgehen

Neu|ral|the|ra|peut, der; -en, -en: jmd., der Neuraltherapie anwendet. **Neu|ral|the|ra|peu|tin,** die; -, -nen: weibliche Form zu ↑ Neuraltherapeut

Neu|ral|the|ra|pie, die; - (Med.): [wissenschaftlich nicht anerkannte] Behandlungsmethode zur Beeinflussung von Krankheiten bzw. zur Ausschaltung von Störherden durch Einwirkung auf das örtliche Nervensystem

Neu|r|a|s|the|nie, die; -, ...ien (Med. veraltend): **1.** (ohne Plural) leichte Erregbarkeit des Nervensystems infolge Überforderung; Nervenschwäche. **2.** Zustand nervöser Erschöpfung

Neu|r|a|s|the|ni|ker, der; -s, - (Med.): an Neurasthenie Leidender. **Neu|r|a|s|the|ni|ke|rin,** die; -, -nen: weibliche Form zu ↑ Neurastheniker

neu|r|a|s|the|nisch (Med.): **1.** die Neurasthenie betreffend, auf ihr beruhend. **2.** nervenschwach

Neu|r|ek|to|mie, die; -, ...ien (Med.): operative Entfernung (Herausschneiden) eines Nervs od. Nervenstücks

Neu|r|e|x|ai|re|se, die; -, -n (Med.): operative Entfernung (Herausreißen od. Herausdrehen) eines schmerzüberempfindlichen, erkrankten Nervs

neu|ri..., Neu|ri... vgl. neuro..., Neuro...

Neu|ri|lemm, Neu|ri|lem|ma, das; -s, ...lemmen (Biol., Med.): aus Bindegewebe bestehende Hülle der Nervenfasern; Nervenscheide

Neu|rin, das; -s: starkes Fäulnisgift

Neu|ri|nom, das; -s, -e (Med.): von den Zellen der Nervenscheide ausgehende, meist gutartige Nervenfasergeschwulst

Neu|rit, der; -en, -en (Med.; Biol.): oft lang ausgezogener, der Reizleitung dienender Fortsatz der Nervenzellen

Neu|ri|tis, die; -, ...itiden (Med.): akute od. chronische Erkrankung der peripheren Nerven mit entzündlichen Veränderungen, häufig auch mit degenerativen Veränderungen des betroffenen Gewebes u. Ausfallserscheinungen (wie partiellen Lähmungen); Nervenentzündung. **neu|ri|tisch** (Med.): auf einer Neuritis beruhend, das Krankheitsbild einer Neuritis zeigend

neu|ro..., Neu|ro...

selten: neu|ri..., Neu|ri..., vor Vokalen auch: neur..., Neur...
⟨*gr.* neũron »Sehne, Faser, Nerv«⟩
Wortbildungselement mit der Bedeutung »Nerv; Nervengewebe; Nervensystem«:
– neuralgisch
– Neurinom
– Neurophysiologie

Neu|ro|ana|to|mie, die; - (Med.): Anatomie der Nerven bzw. des Nervensystems

Neu|ro|bio|lo|gie, die; -: interdisziplinäre Forschungsrichtung, die sich die Aufklärung von Struktur u. Funktion des Nervensystems zum Ziel gesetzt hat

Neu|ro|bio|nik, die; -: interdisziplinäres Forschungsgebiet, das sich mit dem Ersatz bzw. der Stimulation bestimmter Nervenfunktionen durch mikroelektronische Implantate befasst

Neu|ro|blast, der; -en, -en ⟨*gr.-nlat.*⟩ (Med.; Biol.): unausgereifte Nervenzelle (Vorstufe der Nervenzellen)

Neu|ro|blas|tom, das; -s, -e (Med.): **1.** Geschwulst aus Neuroblasten. **2.** ↑Neurom. **3.** v. a. im Kindesalter auftretender bösartiger Tumor

Neu|ro|che|mie, die; - (Med.): Wissenschaft von den chemischen Vorgängen, die in Nervenzellen ablaufen u. die Erregungsleitung auslösen

Neu|ro|chip [...tʃɪp], der; -s, -s ⟨*gr.; engl.*⟩: Chip (3), der ähnlich wie eine Nervenzelle des menschlichen Gehirns funktioniert

Neu|ro|chi|r|urg, der; -en, -en ⟨*gr.*⟩: Facharzt auf dem Gebiet der Neurochirurgie. **Neu|ro|chi|r|ur|gie,** die; -, ...ien: Spezialgebiet der Chirurgie, das alle operativen Eingriffe am Zentralnervensystem umfasst. **Neu|ro|chi|r|ur|gin,** die; -, -nen: weibliche Form zu ↑Neurochirurg. **neu|ro|chi|r|ur|gisch:** die Neurochirurgie betreffend, mit den Mitteln der Neurochirurgie

Neu|ro|cra|ni|um vgl. Neurokranium

neu|ro|de|ge|ne|ra|tiv (Med.): Nervengewebe zerstörend; die Degeneration (1) von Nervengewebe betreffend

Neu|ro|der|ma|to|se, die; -, -n (Med.): durch eine Störung des Nervensystems bedingte Hauterkrankung

Neu|ro|der|mi|ti|ker, der; -s, -: jmd., der an Neurodermitis leidet

Neu|ro|der|mi|ti|ke|rin, die; -, -nen: weibliche Form von Neurodermitiker

Neu|ro|der|mi|tis, die; -, ...itiden (Med.): zu den Ekzemen zählende entzündliche, chronische Hauterkrankung mit Bläschenbildung u. ↑Lichenifikation

neu|ro|en|do|krin (Med.): die Sekretion von Botenstoffen (Hormonen) aus dem Nervengewebe betreffend

Neu|ro|epi|thel, das; -s, -e (Med.): ↑epithelialer Zellverband aus Sinneszellen

Neu|ro|fi|b|ril|le, die; -, -n (meist Plural) (Med.; Biol.): feinste Nervenfaser

neu|ro|gen (Med.): von den Nerven ausgehend

Neu|ro|ge|ne|se, die; -, -n: Bildung von Nervenzellen

Neu|ro|g|lia, die; - (Med.; Biol.): bindegewebige Stützsubstanz des Zentralnervensystems

Neu|ro|hor|mon, das; -s, -e (Med.): hormonartiger, körpereigener Wirkstoff (Gewebshormon) des vegetativen Nervensystems, der für die Reizweiterleitung von Bedeutung ist (z. B. Adrenalin)

Neu|ro|im|mu|no|lo|gie, die; -: Teilgebiet der Medizin, das sich mit den Mechanismen der Immunregelung im Zentralnervensystem befasst

Neu|ro|in|for|ma|tik, die; -: Arbeitsgebiet der Informatik, das die menschlichen Gehirnstrukturen für die Computertechnik zu nutzen sucht

Neu|ro|kra|ni|um, fachspr.: Neurocranium, das; -s, ...ia (Anat.): Teil des Schädels, der das Gehirn umschließt

Neu|ro|lemm, Neu|ro|lem|ma vgl. Neurilemm

Neu|ro|lep|ti|kum, das; -s, ...ka (meist Plural) (Med., Pharm.): zur Behandlung von Psychosen angewandtes Arzneimittel, das die motorische Aktivität hemmt, Erregung u. Aggressivität dämpft u. das vegetative Nervensystem beeinflusst

Neu|ro|lin|gu|is|tik, die; -: Wissenschaft von den biologisch-neurologischen Grundlagen der Sprachfähigkeit sowie deren Störungen und Behandlung; Sprachpathologie. **neu|ro|lin|gu|is|tisch:** die Neurolinguistik betreffend; **neurolinguistisches Programmieren:** psychotherapeutisches Verfahren zur Veränderung menschlichen Verhaltens mit dem Ziel, positives Empfinden u. bestimmte Fähigkeiten zu mobilisieren u. negative Gefühle durch positive Erfahrungen zu ersetzen (Abk.: NLP)

Neu|ro|lo|ge, der; -n, -n: Facharzt auf dem Gebiet der Neurologie (2); Nervenarzt. **Neu|ro|lo|gie,** die; -: **1.** Wissenschaft von Aufbau u. Funktion des Nervensystems. **2.** Wissenschaft von den Nervenkrankheiten, ihrer Entstehung u. Behandlung. **Neu|ro|lo|gin,** die; -, -nen: weibliche Form zu ↑Neurologe. **neu|ro|lo|gisch: 1.** Aufbau u. Funktion des Nervensystems betreffend, zur Neurologie (1) gehörend, auf ihr beruhend. **2.** die Nervenkrankheiten betreffend; zur Neurologie (2) gehörend, auf ihr beruhend

Neu|rom, das; -s, -e (Med.): aus einer Wucherung der Nervenfasern u. -zellen entstandene Geschwulst

Neu|ro|mar|ke|ting, das; -[s]: Anwendung neurowissenschaftlicher Erkenntnisse zur Optimierung des Marketings von Produkten

Neu|ro|mo|du|la|tor, der; -s, ...oren (Med.): körpereigene od. von extern zugeführte Substanz (z. B. Medikament, Droge), die die Erregungsbereitschaft der Neuronen erhöhen od. herabsetzen kann

Neu|ron, das; -s, ...one (auch: ...onen) (Biol., Med.): Nerveneinheit, Nervenzelle mit Fortsätzen

neu|ro|nal (Biol., Med.): ein Neuron betreffend, von einem Neuron ausgehend

Neu|ro|pä|d|i|a|t|rie, die; -: Teilgebiet der ↑Pädiatrie, das sich mit nervalen Vorgängen u. Nervenkrankheiten befasst

Neu|ro|pa|thie, die; -, ...ien (Med.): Nervenleiden, -krankheit, bes. anlagebedingte Anfälligkeit des Organismus für Störungen im Bereich des vegetativen Nervensystems

Neu|ro|pa|tho|lo|ge, der; -n, -n: Arzt mit Spezialkenntnissen auf dem Gebiet der Neuropathologie; Nervenarzt. **Neu|ro|pa|tho|lo|gie,** die; -, ...ien: Teilgebiet der ↑Pathologie, das sich mit den krankhaften Vorgängen u. Veränderungen des Nervensystems u. mit den Nervenkrankheiten befasst. **Neu|ro|pa|tho|lo|gin,** die; -, -nen: weibliche Form zu ↑Neuropathologe. **neu|ro|pa|tho|lo|gisch:** die Neuropathologie betreffend, zu ihr gehörend

Neu|ro|phy|sio|lo|ge, der; -n, -n: Wissenschaftler auf dem Gebiet der Neurophysiologie. **Neu|ro|phy|sio|lo|gie,** die; -: ↑Physiologie des Nervensystems. **Neu|ro|phy|sio|lo|gin,** die; -, -nen: weibliche Form zu ↑Neurophysiologe. **neu|ro|phy|sio|lo|gisch:** die Neurophysiologie betreffend, zu ihr gehörend

Neu|ro|ple|gi|kum, das; -s, ...ka (meist Plural) (veraltet): ↑Neuroleptikum

neu|ro|psy|chisch (Psychol.): den Zusammenhang zwischen nervalen u. psychischen Vorgängen betreffend; für seelisch gehalten (von Nervenvorgängen)

Neu|ro|psy|cho|lo|ge, der; -n, -n: Wissenschaftler auf dem Gebiet der Neuropsychologie. **Neu|ro|psy|cho|lo|gie,** die; -: Teilgebiet der Psychologie, das sich mit den Zusammenhängen von Nervensystem u. psychischen Vorgängen befasst. **Neu|ro|psy|cho|lo|gin,** die; -, -nen: weibliche Form zu ↑Neuropsychologe

Neu|ro|p|te|ren, die (Plural) (Zool.): Netzflügler

Neu|ro|re|ti|ni|tis, die; -, ...itiden ⟨*gr.; lat.-nlat.*⟩ (Med.): Entzündung der Sehnerven und der Netzhaut des Auges

Neu|ro|se, die; -, -n ⟨*gr.-nlat.*⟩ (Med., Psychol.): hauptsächlich durch unverarbeitete seelische Konflikte mit der Umwelt entstandene krankhafte, aber heilbare Verhaltensanomalie mit seelischen Ausnahmezuständen u. verschiedenen körperlichen Funktionsstörungen ohne organische Ursachen

Neu|ro|se|kret, das; -[e]s, -e (Biol.): hormonales Sekret von Nervenzellen. **Neu|ro|se|kre|ti|on,** die; -, -en (Biol., Med.): Absonderung hormonaler Stoffe aus Nervenzellen (bei den meisten Wirbeltiergruppen u. beim Menschen)

Neu|ro|ti|ker, der; -s, - (Med.): jmd., der an einer Neurose leidet. **Neu|ro|ti|ke|rin,** die; -, -nen: weibliche Form zu ↑Neurotiker

Neu|ro|ti|sa|ti|on, die; - (Med.): **1.** operative Einpflanzung eines Nervs in einen gelähmten Muskel. **2.** Regeneration, Neubildung eines durchtrennten Nervs

neu|ro|tisch (Med., Psychol.): **a)** auf einer Neurose beruhend, im Zusammenhang mit ihr stehend; **b)** an einer Neurose leidend

neu|ro|ti|sie|ren: eine Neurose hervorrufen

Neu|ro|ti|zis|mus, der; - ⟨*gr.-nlat.*⟩ (Med., Psychol.): Gesamtverfassung, die durch emotionale Labilität, Schüchternheit u. Gehemmtheit charakterisiert ist

Neu|ro|to|mie, die; -, ...ien (Med.): Nervendurchtrennung (zur Schmerzausschaltung, bes. bei einer Neuralgie)

Neu|ro|to|nie, die; -, ...ien (Med.): therapeutische Nervendehnung, -lockerung (bes. zur Schmerzlinderung, z. B. bei Ischias)

Neu|ro|to|xi|ko|se, die; -, -n (Med.): auf Gifteinwirkung beruhende Schädigung des Nervensystems

Neu|ro|to|xin, das; -s, -e (Med.): Stoff (z. B. Bakteriengift), der eine schädigende Wirkung auf das Nervensystem hat; Nervengift. **neu|ro|to|xisch** (Med.): das Nervensystem schädigend (von bestimmten Stoffen)

Neu|ro|trans|mit|ter [auch: ˈnɔy̯ro...], der; -s, - (meist Plural) (Med.): chemische Substanz, die einen Nervenimpuls im Nervensystem weiterleitet; ↑Transmitter (2)

Neu|ro|trip|sie, die; -, ...ien (Med.): Nervenquetschung, Druckschädigung eines Nervs durch Unfall, Prothesen o. Ä.

neu|ro|trop (Med.): auf Nerven gerichtet, das Nervensystem beeinflussend

Neu|ro|wis|sen|schaft, die; -, -en (meist Plural): Wissenschaft, die sich mit Nervenzellen od. dem Nervensystem befasst. **neu|ro|wis|sen|schaft|lich:** die Neurowissenschaften betreffend

Neus|ton, das; -s ⟨*gr.;* »das Schwimmende«⟩ (Biol.): Gesamtheit mikroskopisch kleiner Lebewesen auf dem Oberflächenhäutchen stehender Gewässer (z. B. die sogenannten Wasserblüten)

Neu|t|ra: *Plural* von ↑Neutrum

neu|t|ral ⟨*lat.-mlat.*⟩: **1. a)** unparteiisch, unabhängig, nicht an eine Interessengruppe, Partei o. Ä. gebunden; **b)** keinem Staatenbündnis angehörend; nicht an einem Krieg, Konflikt o. Ä. zwischen anderen Staaten teilnehmend. **2.** (Sprachwiss.) sächlich, sächlichen Geschlechts. **3.** [nicht auffällig u. daher] zu allem passend, nicht einseitig festgelegt (z. B. von einer Farbe). **4. a)** (Chemie) weder basisch noch sauer reagierend (z. B. von einer Lösung); **b)** (Chemie, Physik) weder positiv noch negativ reagierend, geladen (z. B. von Elementarteilchen)

Neu|t|ra|li|sa|ti|on, die; -, -en ⟨*lat.-frz.*⟩: **1.** ↑Neutralisierung (1). **2.** (Chemie) Aufhebung der Säurewirkung durch Zugabe von Basen u. umgekehrt. **3.** Aufhebung, gegenseitige Auslöschung von Spannungen, Kräften, Ladungen u. a. **4.** (Sport) vorübergehende Unterbrechung eines Wettkampfs, bei der die Wertung ausgesetzt wird; vgl. ...ation/...ierung

neu|t|ra|li|sie|ren: **1.** unwirksam machen, eine Wirkung, einen Einfluss aufheben, ausschalten. **2.** (Rechtswiss.) einen Staat durch Vertrag zur Neutralität verpflichten. **3.** (Militär) ein [Grenz]gebiet von militärischen Anlagen u. Truppen räumen, frei machen. 4. (Chemie) bewirken, dass eine Lösung weder basisch noch sauer reagiert. 5. (Physik) Spannungen, Kräfte, Ladungen u. a. aufheben, gegenseitig auslöschen. 6. (Sport) einen Wettkampf unterbrechen u. die Wertung aussetzen

Neu|t|ra|li|sie|rung, die; -, -en: 1. Aufhebung einer Wirkung, eines Einflusses. 2. (Rechtswiss.) einem Staat durch Vertrag auferlegte Verpflichtung zur Neutralität bei kriegerischen Auseinandersetzungen. 3. (Militär) Räumung bestimmter [Grenz]gebiete von militärischen Anlagen u. Truppen; vgl. ...ation/...ierung

Neu|t|ra|lis|mus, der; - ⟨*lat.-nlat.*⟩: Grundsatz der Nichteinmischung in fremde Angelegenheiten (vor allem in der Politik). **Neu|t|ra|list,** der; -en, -en: Verfechter und Vertreter des Neutralismus. **Neu|t|ra|lis|tin,** die; -, -nen: weibliche Form zu ↑Neutralist. **neu|t|ra|lis|tisch:** zum Neutralismus gehörend, den Grundsätzen des Neutralismus folgend

Neu|t|ra|li|tät, die; - ⟨*lat.-mlat.*⟩: a) unparteiische Haltung, Nichteinmischung, Nichtbeteiligung; b) Nichtbeteiligung eines Staates an einem Krieg od. Konflikt

Neu|t|ren: *Plural* von ↑Neutrum

Neu|t|ri|no, das; -s, -s ⟨*lat.-it.*⟩ (Physik): masseloses Elementarteilchen ohne elektrische Ladung

Neu|t|ron, das; -s, ...onen ⟨*lat.-nlat.*⟩ (Physik): Elementarteilchen ohne elektrische Ladung als Baustein des Atomkerns (Zeichen: n)

Neu|t|ro|nen|bom|be vgl. Neutronenwaffe

Neu|t|ro|nen|waf|fe, die; -, -n: Kernwaffe, die bei verhältnismäßig geringer Sprengwirkung eine extrem starke Neutronenstrahlung auslöst u. dadurch bes. Lebewesen schädigt od. tötet, Objekte dagegen weitgehend unbeschädigt lässt

neu|t|ro|phil ⟨*lat.; gr.*⟩ (Med.): mit chemisch neutralen Stoffen leicht färbbar

Neu|t|ro|phi|lie, die; -, ...ien (Med.): übermäßige Vermehrung der neutrophilen weißen Blutkörperchen

Neu|t|rum, das; -s, ...tra, auch: ...tren ⟨*lat.;* »keines von beiden«⟩ (Sprachwiss.): a) sächliches Geschlecht eines Substantivs; b) sächliches Substantiv (z. B. das Kind) (Abk.: n., N., Neutr.)

Ne|veu [nəˈvøː], der; -s, -s ⟨*lat.-frz.*⟩ (scherzh., veraltet): Neffe

New Age [ˈnjuː ˈeɪtʃ], das; - - ⟨*engl.*⟩: neues Zeitalter als Inbegriff eines von verschiedenen Forschungsrichtungen u. alternativen Bewegungen vertretenen neuen integralen Weltbildes

New|bie [ˈnjuː...], der; -[s], -s ⟨*engl.*⟩ (Jargon): Anfänger/-in, Neuling (in Bezug auf Computerprogramme, Internet, Newsgroups u. Ä.)

New|co|mer [ˈnjuːkamɐ], der; -s, -: jmd., der noch nicht lange bekannt, etwas, was noch neu ist [aber schon einen gewissen Erfolg hat]; Neuling

New Deal [ˈnjuː ˈdiːl], der; - -: wirtschafts- u. sozialpolitisches Reformprogramm des ehemaligen amerikanischen Präsidenten F. D. Roosevelt

New Eco|no|my [ˈnjuː ɪˈkɔnəmi], die; - - ⟨*engl.*⟩: Wirtschaftsbereich, der im Gegensatz zur ↑Old Economy junge, wachstumsorientierte Unternehmen aus Zukunftsbranchen (z. B. Biotechnologie, Informationstechnologie, Multimedia) umfasst u. für den u. a. neue Formen des Marktverhaltens (z. B. E-Business) charakteristisch sind

New Look [ˈnjuː ˈlʊk], der od. das; - -[s] ⟨*engl.;* »neues Aussehen«⟩: neue Linie, neuer Stil (z. B. in der Mode)

New-Or|leans-Jazz [njuˈɔːlɪənzdʒæz, auch: ...ɔːˈliːnz...], der; -: frühester, improvisierender Jazzstil der nordamerikanischen Afroamerikaner in u. um New Orleans; vgl. Chicago Jazz

New|roz, das; - ⟨*kurdisch;* eigtl. »neuer Tag«⟩: kurdisches Neujahrsfest (21. März)

News [njuːs], die (Plural) ⟨*engl.*⟩: [sensationelle] Neuigkeiten, Nachrichten, Meldungen (häufig als Name englischer Zeitungen)

News|desk [ˈnjuːsdɛsk], der od. das; -[s], -s ⟨*engl.*⟩: Koordinations- u. Produktionszentrale einer Medienredaktion, in der die Beiträge ressortübergreifend zusammenlaufen u. eines od. mehrere Medien gestaltet werden

News|flow [ˈnjuːsflɔʊ̯], der; -s, -s ⟨*engl.*⟩ (Börsenw.): Abfolge von wirtschaftlich relevanten Nachrichten rund um eines od. mehrere börsennotierte Unternehmen

News|group [ˈnjuːsgruːp], die; -, -s ⟨*engl.*⟩: Diskussionsforum im Internet zu einem bestimmten Thema

News|let|ter [ˈnjuːslɛtɐ], der; -s, -s u. - ⟨*engl.;* »Rundschreiben«⟩: als E-Mail an einen Abonnentenkreis verschicktes, regelmäßig erscheinendes Informationsschreiben

News|room [ˈnjuːsruːm], der; -s, -s ⟨*engl.*⟩: Raum in einer Redaktion, in dem die eingehenden Nachrichten zentral bearbeitet werden

News|ti|cker [ˈnjuːs...], der; -s, - ⟨*engl.*⟩: 1. vollautomatischer Fernschreiber zum Empfang von Nachrichten [der Presseagenturen]. 2. Spalte einer Homepage od. Lauftext auf dem Fernsehbildschirm mit Kurznachrichten, die ständig aktualisiert werden

New|ton [ˈnjuːtn̩], das; -s, - ⟨nach dem engl. Physiker I. Newton, 1643–1727⟩: physikalische Krafteinheit (Zeichen: N)

New Wave [ˈnjuː ˈweɪ̯v], der; - - ⟨*engl.*⟩: neue Richtung in der ↑Rockmusik, die durch einfachere Formen (z. B. in der Instrumentierung, im Arrangement), durch Verzicht auf Perfektion u. durch zeitgemäße Texte gekennzeichnet ist

New Work [ˈnjuː ˈwœːɐ̯k], das od. die; - - ⟨*engl.*⟩: Sammelbezeichnung für moderne u. flexible Formen der [Büro]arbeit bzw. der Arbeitsorganisation (z. B. ↑Telearbeit)

Ne|xus, der; -, - [...suːs] ⟨*lat.*⟩: Zusammenhang, Verbindung, Verflechtung

Ne|zes|si|tät, die; -, -en ⟨*lat.*⟩ (veraltet): Notwendigkeit

NFC [ʔɛnʔɛfˈtseː], das; - ‹Abk. für *engl. near field* communication »Nahbereichskommunikation«›: Funkstandard für das sichere Bezahlen per Handy durch Datenübertragung mit einer Reichweite von wenigen Zentimetern

NFC-Chip, der; -s, -s ‹*zu engl. near field communication* »Nahfeld-Kommunikation«›: Chip zum kontaktlosen Datenaustausch auf kurzer Distanz

NGO [ɛndʒiːˈʔɔʊ̯], die; -, -s ‹Kurzw. für *engl. non-governmental organization*›: Nichtregierungsorganisation, nicht staatliche Organisation in den unterschiedlichsten Politikbereichen

Ngo|ko, das; -[s] ‹*javan.*›: Sprache der Unterschicht auf der Sundainsel Java (Ggs.: Kromo)

Ni|a|cin [...ˈtsiːn], das; -s ‹Kunstw.›: ↑ Nikotinsäure

Nib|ble [ˈnɪbl̩], das; -[s], -[s] ‹*engl.*; eigtl. »Happen«› (EDV): die Hälfte eines ↑ Bytes, d. h. eine Gruppe von vier ↑ Bits (1 a)

Ni|b|lick, der; -s, -s ‹*engl.*›: schwerer Golfschläger mit Eisenkopf

Ni|cae|num [niˈtsɛː...] vgl. Nizänum

nicht eu|k|li|disch, nicht|eu|k|li|disch (Math.): **nicht euklidische Geometrie:** Geometrie, die sich in ihrem axiomatischen Aufbau von der Geometrie des Euklid bes. dadurch unterscheidet, dass sie das ↑ Parallelenaxiom nicht anerkennt

Nick, der; -s, -s: Kurzform von ↑ Nickname

Ni|cki, der; -[s], -s ‹nach der Kurzform von Nikolaus›: Pullover aus plüschartigem [Baumwoll]material

Nick|na|me [auch: ˈnɪkneɪ̯m], der; -ns, -n u. (bei engl. Ausspr.:) -[s], -s ‹*engl.*›: selbst gewähltes Pseudonym, unter dem jmd. im Internet (z. B. in Chatrooms od. Internetforen) auftritt

Ni|col [engl.: ˈnɪkəl], das; -s, -s ‹nach dem engl. Physiker W. Nicol, 1768–1851› (Optik): aus zwei geeignet geschliffenen Teilprismen aus Kalkspat zusammengesetzter ↑ Polarisator des Lichts; Polarisationsprisma

Ni|co|tin vgl. Nikotin

Ni|da|men|tal|drü|se, die; -, -n (meist Plural) ‹*lat.-nlat.; dt.*› (Zool.): Drüse bei den weiblichen Tieren vieler Kopffüßer, deren klebriges Sekret zur Umhüllung u. Befestigung der Eier dient

Ni|da|ti|on, die; - ‹*lat.-nlat.*› (Med.; Biol.): das Sicheinbetten eines befruchteten Eies in der Gebärmutterschleimhaut

Ni|da|ti|ons|hem|mer, der; -s, - (Med.): Empfängnisverhütungsmittel, dessen Wirkung darin besteht, eine Einnistung der befruchteten Eizelle in die Gebärmutterschleimhaut (Nidation) zu verhindern

Nie|der|fre|quenz, die; -, -en: Bereich der elektrischen Schwingungen unterhalb der Mittelfrequenz (5 000–10 000 Hertz)

ni|el|lie|ren [ni̯ɛ...] ‹*lat.-it.*› (Kunstwiss.): in Metall (meist Silber od. Gold) gravierte Zeichnungen mit Niello (1) ausfüllen. **Ni|el|lo,** das; -[s], -s u. ...llen, bei Kunstwerken auch: ...lli (Kunstwiss.): **1.** Masse u. a. aus Blei, Kupfer u. Schwefel, die zum Ausfüllen einer in Metall eingravierten Zeichnung dient u. die sich als schwarze od. schwärzliche Verzierung von dem Metall abhebt. **2.** mit Niello (1) bearbeitete Metallzeichnung, mit Niello (1) verzierter Metallgegenstand (meist aus Silber od. Gold). **3.** Abdruck einer zur Aufnahme von Niello (1) bestimmten gravierten Platte auf Papier

Ni|fe [...fə, auch: ...fe], das; - ‹Kurzw. aus *Nickel* u. *lat. ferrum* »Eisen«› (Geol.): wahrscheinlich aus Nickel u. Eisen bestehender Erdkern

Ni|fe|kern, der; -[e]s (Geol.): ↑ Nife

Night|club [ˈnaɪ̯tklʌb], der; -s, -s ‹*engl.*›: Nachtbar, Nachtlokal

Night|li|ner [...laɪ̯nɐ], der; -s, - ‹*engl.*›: Bus od. Bahn im Nachtverkehr

Night|ska|ting [...skeɪ̯tɪŋ], das; -s, -s ‹*engl.*›: gemeinsames Inlineskaten bei Nacht

Ni|g|ro|mant, der; -en, -en ‹*lat.; gr.*›: Zauberer, Wahrsager, Magier. **Ni|g|ro|man|tie,** die; -: schwarze Kunst, Magie, Zauberei. **Ni|g|ro|man|tin,** die; -, -nen: weibliche Form zu ↑ Nigromant

Ni|g|ro|sin, das; -s, -e ‹*lat.-nlat.*›: violetter bis blauschwarzer synthetischer Farbstoff zum Färben von Papier, Leder, Kunststoffen u. a.

Ni|hi|lis|mus, der; - ‹*lat.-nlat.*›: **a)** [philosophische] Anschauung, Überzeugung von der Nichtigkeit alles Bestehenden, Seienden; **b)** weltanschauliche Haltung, die alle positiven Zielsetzungen, Ideale, Werte ablehnt; völlige Verneinung aller Normen, Werte, Ziele. **Ni|hi|list,** der; -en, -en: Vertreter des Nihilismus; jmd., der nihilistisch eingestellt ist. **Ni|hi|lis|tin,** die; -, -nen: weibliche Form zu ↑ Nihilist. **ni|hi|lis|tisch: a)** in der Art des Nihilismus; **b)** alle positiven Zielsetzungen, Ideale, Werte, Normen bedingungslos ablehnend

ni|hil ob|s|tat ‹*lat.*; »es steht nichts im Wege«›: Unbedenklichkeitsformel der katholischen Kirche für die Erteilung der Druckerlaubnis od. der ↑ Missio canonica; vgl. Imprimatur (2)

Ni|hon|gi, der; - ‹*jap.*; »Annalen von Nihon (Japan)«›: erste japanische Reichsgeschichte, Quellenschrift des ↑ Schintoismus (720 n. Chr.); vgl. Kodschiki

Nik|kei-In|dex [ˈnɪkeɪ̯...], der; - ‹nach dem Namen eines jap. Zeitungsverlages› (Wirtsch.): Aufstellung der errechneten Durchschnittskurse von 225 an der Börse in Tokio notierten Aktien

Ni|kol vgl. Nicol

Ni|ko|laus [auch: ˈniːko...], der; -[es], ...läuse, selten -e ‹nach einem als Heiligem verehrten Bischof von Myra›: **1.** als hl. Nikolaus verkleidete Person. **2.** (ohne Plural) mit bestimmten Bräuchen verbundener Tag des hl. Nikolaus (6. Dezember); Nikolaustag. **3.** Geschenk [für Kinder] zum Nikolaustag

Ni|ko|lo, der; -s, -s ‹*gr.-it.*› (österr.): ↑ Nikolaus

Ni|ko|tin, chem. fachspr.: Nicotin, das; -s ‹*frz.*, nach dem frz. Gelehrten J. Nicot, um 1530 bis 1600›: in den Wurzeln der Tabakpflanze gebildetes ↑ Alkaloid, das sich in den Blättern ablagert u. beim Tabakrauchen als [anregendes] Genussmittel dient

Ni|ko|ti|nis|mus, der; - ‹*frz.-nlat.*›:

durch übermäßige Aufnahme von Nikotin hervorgerufene Erkrankung des Nervensystems; Nikotinvergiftung

Ni|ko|tin|säu|re, die; - (Biochemie): Bestandteil des Vitamin-B_2-Komplexes

Nik|ta|ti|on, Nik|ti|ta|ti|on, die; - ⟨*lat.-nlat.*⟩ (Med.): durch eine schnelle Folge von Zuckungen gekennzeichneter Krampf im Augenlid; Blinzelkrampf

Nil|gau, der; -[e]s, -e ⟨*Hindi*⟩: in Indien heimische Antilope

Nim|bo|stra|tus, der; -, ...ti ⟨*lat.-nlat.*⟩ (Meteorol.): sehr große, tief hängende Regenwolke

Nim|bus, der; -, -se ⟨*lat.-mlat.*⟩: **1.** Heiligenschein, Gloriole. **2.** besonderes Ansehen, glanzvoller Ruhm. **3.** (veraltet) ↑Nimbostratus

Nim|rod, der; -s, -e ⟨*hebr.;* nach der biblischen Gestalt⟩: großer, leidenschaftlicher Jäger

Nine-to-five- [naɪntʊˈfaɪf] ⟨*engl.*⟩ (oft leicht abwertend): drückt in Bildungen mit Substantiven aus, dass etw. zwischen 9 und 17 Uhr stattfindet od. sich auf diesen Zeitraum bezieht

Nin|ja, der; -[s], -[s] ⟨*jap.;* »Spion, Kundschafter«⟩: in Geheimbünden organisierter Krieger der japanischen Feudalzeit, der sich spezieller Waffen u. eines besonderen Kampfstils bediente

Ni|ño [ˈninjɔ] vgl. El Niño

Ni|no|flex®, der od. das; -es, -e ⟨Kunstw.⟩: ein wasserdichtes, luftdurchlässiges Gewebe (bes. für Regenmäntel)

Ni|ob, Niobium, das; -s ⟨*nlat.;* nach der gr. Sagengestalt Niobe⟩: chem. Element; hellgraues, glänzendes Metall, das sich gut walzen u. schmieden lässt (Zeichen: Nb)

Ni|o|bi|de, der; -n, -n u. die; -, -n: Abkömmling der Niobe

Ni|o|bit [auch: ...ˈbɪt], der; -s, -e: ein Niob enthaltendes Mineral, schwarz glänzendes Metall; Columbit

Ni|o|bi|um vgl. Niob

Ni|ph|a|b|le|p|sie, die; -, ...ien ⟨*gr.-nlat.*⟩ (Med.): Schneeblindheit

Nip|pes [auch: nɪps, nɪp], der; - ⟨*frz.*⟩: kleine Gegenstände, Figuren [aus Porzellan], die zur Zierde aufgestellt werden

Nir|wa|na, das; -[s] ⟨*sanskr.;* »Erlöschen, Verwehen«⟩: (im Buddhismus) Endziel des Lebens als Zustand völliger Ruhe

Ni|san, der; - ⟨*hebr.*⟩: siebenter Monat im jüdischen Kalender (März/April)

Ni|ton, das; -s ⟨*lat.-nlat.*⟩ (veraltet): ↑Radon

Ni|t|rat, das; -[e]s, -e ⟨*ägypt.-gr.-lat.-nlat.*⟩: häufig als Oxidations- u. Düngemittel verwendetes Salz der Salpetersäure

Ni|t|rid, das; -[e]s, -e: chemische Verbindung von Stickstoff mit einem Metall

ni|t|rie|ren (Chemie, Technik): organische Substanzen mit Salpetersäure od. Gemischen aus konzentrierter Salpeter- u. Schwefelsäure behandeln, bes. zur Gewinnung von Sprengstoffen, Farbstoffen, Heilmitteln

Ni|t|ri|fi|ka|ti|on, die; -, -en ⟨*ägypt.-gr.-lat.-nlat.*⟩: Bildung von Salpeter durch Oxidation, die von Bakterien im Boden bewirkt wird. **ni|t|ri|fi|zie|ren:** durch Oxidation Salpeter im Boden bilden

Ni|t|ril, das; -s, -e ⟨*ägypt.-gr.-lat.-nlat.*⟩: organische Verbindung mit einer Zyangruppe

Ni|t|rit [auch: ...ˈtrɪt], das; -s, -e: farbloses, in Wasser meist leicht lösliches Salz der salpetrigen Säure

Ni|t|ro|bak|te|rie, die; -, -n (meist Plural) ⟨*ägypt.-gr.-lat.-nlat.; gr.-lat.*⟩ (Chemie, Landwirtsch.): Bakterie, die das Ammoniak des Ackerbodens in Nitrit bzw. Nitrat verwandelt

Ni|t|ro|ben|zol, das; -s (Chemie): giftige aromatische Nitroverbindung mit Bittermandelgeruch, Zwischenprodukt bei der Anilin- u. Farbenherstellung

Ni|t|ro|cel|lu|lo|se vgl. Nitrozellulose

Ni|t|ro|ge|la|ti|ne [auch: ...ʒelaˈtiːnə], die; -: Sprenggelatine, brisanter Sprengstoff (wirksamer Bestandteil des Dynamits)

Ni|t|ro|gen, Nitrogenium, das; -s ⟨*ägypt.-gr.-lat.-nlat.; gr.-nlat.*⟩: chem. Element; Stickstoff (Zeichen: N)

Ni|tro|ge|na|se, die; - ⟨*ägypt.-gr.-lat.-nlat.; gr.*⟩: Multienzymkomplex der luftstickstoffbindenden Bakterien

Ni|t|ro|ge|ni|um vgl. Nitrogen

Ni|t|ro|gly|ce|rin [auch: ...ˈriːn] vgl. Nitroglyzerin

Ni|t|ro|gly|ze|rin, chem. fachspr.: Nitroglycerin [auch: ...ˈriːn], das; -s: ölige, farblose bis gelbliche, geruchlose Flüssigkeit, die als brisanter Sprengstoff in Sprenggelatine und Dynamit verarbeitet und in der Medizin als gefäßerweiterndes Arzneimittel verwendet wird

Ni|t|ro|grup|pe, die; -: als Bestandteil zahlreicher organischer Verbindungen auftretende einwertige Gruppe, die ein Stickstoff- und zwei Sauerstoffatome enthält

Ni|t|ro|pen|ta, das; -[s] ⟨Kunstw.⟩: brisanter Explosivstoff mit extrem hoher Detonationsgeschwindigkeit

ni|t|ro|phil ⟨*ägypt.-gr.-lat.-nlat.; gr.*⟩ (Bot.): Nitrate speichernd u. auf nitratreichem Boden besonders gut wachsend (von bestimmten Pflanzen)

Ni|t|ro|phos|ka®, die; - ⟨Kunstw.⟩: Stickstoff, Phosphor u. Kalium enthaltendes Düngemittel

Ni|t|ro|phos|phat, das; -[e]s, -e: Stickstoff, Phosphor, Kali u. Kalk enthaltendes Düngemittel

ni|t|ros ⟨*ägypt.-gr.-lat.*⟩: Stickoxid enthaltend

Ni|t|ro|s|a|min, das; -s, -e: bestimmte Stickstoffverbindung, die u. a. beim Räuchern, Rösten entsteht u. die krebserregend sein kann

Ni|t|ro|se, die; -: nitrose Schwefelsäure

Ni|t|ro|zel|lu|lo|se, früher chem. fachspr.: Nitrocellulose, die; - ⟨*ägypt.-gr.-lat.; lat.-nlat.*⟩: durch Nitrieren von Zellulose hergestellte, weiße, faserige Masse, die beim Entzünden sehr rasch verbrennt u. für die Herstellung von Lacken u. Zelluloid od. für Sprengstoffe verwendet wird

Ni|t|rum, das; -s ⟨*ägypt.-gr.-lat.*⟩ (veraltet): ↑Salpeter

ni|t|sche|wo ⟨*russ.*⟩ (ugs. scherzh.): macht nichts!; hat nichts zu bedeuten

ni|val ⟨*lat.*⟩ (Meteorol.): in fester Form von Schnee, Eis, Eisregen geprägt (von Niederschlägen). **Ni|val,** das; -s, -: Gebiet mit dauernder od. langfristiger Schnee- od. Eisdecke

Ni|val|or|ga|nis|mus, der; -, ...men (meist Plural) (Biol.): Tier od.

Pflanze aus Gebieten mit ständiger Schnee- od. Eisdecke

Ni|veau [ni'vo:], das; -s, -s ⟨*lat.-vulgärlat.-frz.*⟩: **1.** waagerechte, ebene Fläche in bestimmter Höhe. **2.** Stufe in einer Skala bestimmter Werte, auf der sich etwas bewegt. **3.** geistiger Rang; Stand, Grad, Stufe der bildungsmäßigen, künstlerischen o. ä. Ausprägung. **4.** feine Wasserwaage an geodätischen u. astronomischen Instrumenten. **5.** Gesamtbild einer persönlich gestalteten, ausdruckskräftigen Handschrift (in der Grafologie)

Ni|veau|flä|che, die; -, -n (Math.): Fläche, die auf gleicher Höhe liegende Punkte verbindet

ni|veau|frei (Verkehrsw.): sich nicht auf dem gleichen Niveau (1) befindend, kreuzend

Ni|veau|li|nie, die; -, -n (Geogr.): ↑ Isohypse, Höhenlinie

ni|veau|los: sich auf einem niedrigen Niveau (3) bewegend; geistig anspruchslos

Ni|veau|re|gu|lie|rung, die; -: das Einhalten der Bodenfreiheit bei Personen- u. Lastkraftwagen durch eine mechanisch od. elektronisch geregelte Federung

Ni|vel|le|ment [nivɛl(ə)'mɑ̃:], das; -s, -s: **1.** Einebnung, Ausgleichung. **2.** (Geodäsie) **a)** Messung u. Bestimmung von Höhenunterschieden im Gelände mithilfe des Nivelliergeräts; **b)** Ergebnis des Nivellements (2 a)

ni|vel|lie|ren: 1. (Unterschiede) durch Ausgleichung aufheben, mildern. **2.** Höhenunterschiede mithilfe eines Nivelliergeräts bestimmen. **3.** ebnen, planieren

Ni|vel|lier|ge|rät, das; -[e]s, -e: Gerät für die nivellitische Höhenmessung

ni|vel|li|tisch: das Nivellement (2) betreffend; mithilfe eines Nivelliergeräts erfolgend

Ni|vo|me|ter, das; -s, - ⟨*lat.; gr.*⟩ (Meteorol.): Gerät zur Messung der Dichte gefallenen Schnees

Ni|vose [ni'vo:s], der; -, -s ⟨*lat.-frz.;* »Schneemonat«⟩: (im Kalender der Französischen Revolution) vierter Monat des Jahres (21. Dez. bis 19. Jan.)

Ni|zä|num, Nicaenum [ni'tsɛ:...], **Ni|zä|um,** das; -s ⟨*nlat.;* nach der kleinasiatischen Stadt Nizäa, heute Iznik⟩: auf dem ersten allgemeinen Konzil zu Nizäa 325 n. Chr. angenommenes und 381 in Konstantinopel fortgebildetes zweites ↑ ökumenisches Glaubensbekenntnis

No, das; - ⟨*jap.*⟩: ↑ No-Spiel

no|bel ⟨*lat.-frz.*⟩: **1.** in bewundernswerter Weise großmütig, edel [gesinnt], menschlich vornehm. **2.** elegant [wirkend]; luxuriös. **3.** (ugs.) freigebig, großzügig

No|bel|gar|de, die; - (Geschichte): aus Adligen gebildete päpstliche Ehrenwache

No|be|li|um, das; -s ⟨*nlat.;* nach dem schwed. Chemiker A. Nobel, 1833–1896⟩: chem. Element; ↑ Transuran (Zeichen: No)

No|bel|preis, der; -es, -e: von dem schwed. Chemiker A. Nobel gestifteter, jährlich für hervorragende kulturelle u. wissenschaftliche Leistungen auf verschiedenen Gebieten verliehener Geldpreis

No|bi|les [...le:s], die (Plural) ⟨*lat.*⟩ (Geschichte): Angehörige der Nobilität im alten Rom

No|bi|li, die (Plural) ⟨*lat.-it.*⟩ (Geschichte): Angehörige der adligen Geschlechter in den ehemaligen italienischen Freistaaten

No|bi|li|tät, die; - ⟨*lat.*⟩: Amtsadel im alten Rom

No|bi|li|ta|ti|on, die; -, -en ⟨*lat.-nlat.*⟩: Adelung. **no|bi|li|tie|ren** ⟨*lat.*⟩: adeln. **No|bi|li|tie|rung,** die; -, -en: ↑ Nobilitation; vgl. ...ation/...ierung

No|bi|li|ty [noʊ'bɪlɪtɪ], die; - ⟨*lat.-engl.*⟩: Hochadel Großbritanniens

No|b|les|se [auch: nɔ'blɛs], die; -, -n ⟨*lat.-frz.*⟩: **1.** (veraltet) Adel; adlige, vornehme Gesellschaft. **2.** (ohne Plural) edle Gesinnung, Vornehmheit, vornehmes Benehmen

no|b|lesse ob|lige [nɔblɛsɔ'bli:ʒ] ⟨»Adel verpflichtet«⟩: eine höhere gesellschaftliche Stellung verpflichtet zu Verhaltensweisen, die von anderen nicht unbedingt erwartet werden

No|bo|dy ['noʊbədi], der; -[s], -s ⟨*engl.*⟩: jmd., der unbedeutend, [noch] ein Niemand ist

No|ce|bo, das; -s, -s ⟨*lat.*⟩ (Med.): Placebo, das eine negative Wirkung hat

Nock, das; -[e]s, -e, auch: die; -, -en ⟨*niederl.*⟩ (Seew.): **1.** äußerstes Ende eines Rundholzes, einer Spiere. **2.** seitlich hervorragender Teil einer Schiffsbrücke

Noc|ti|lu|ca, die; - ⟨*lat.*⟩: im Oberflächenwasser der Meere lebende, das Meeresleuchten verursachende, 1–2 mm große Geißeltierchenart mit rundem, ungepanzertem Körper

Noc|turne [nɔk'tʏrn], die; -, -s ⟨*lat.-frz.*⟩ (Musik): **1.** elegisches od. träumerisches Charakterstück in einem Satz (für Klavier). **2.** (selten) ↑ Notturno

noc|tur|nus ⟨*lat.*⟩ (Med.): nächtlich, nachts auftretend (bes. von Schmerzen u. Krankheitserscheinungen)

No|di: *Plural* von ↑ Nodus

no|dös ⟨*lat.*⟩ (Med.): knotig, mit Knötchenbildung

No|du|la|ti|on, die; -, -en ⟨*lat.-nlat.*⟩ (Med.): Knötchenbildung

No|du|lus, der; -, ...li ⟨*lat.-nlat.;* »kleiner Knoten«⟩ (Med.): **a)** knötchenförmiges Gebilde im Körper; **b)** krankhafte knötchenförmige Gewebsverdickung

No|dus, der; -, ...di: **1.** (Med.) Knoten (z. B. Lymphknoten). **2.** (Bot.) oft knotig verdickte Ansatzstelle des Blattes. **3.** Knauf am Schaft eines Gerätes (z. B. eines Kelchs)

No|ël [nɔ'ɛl], der; - ⟨*lat.-frz.;* »Weihnachten«⟩: französisches mundartliches Weihnachtslied, -spiel

No|em, das; -s, -e ⟨*gr.;* »Gedanke, Sinn«⟩ (Sprachwiss.): kleinste begriffliche Einheit; kleinstes Bedeutungselement eines ↑ Semems

No|e|ma, das; -s, Noemata: **1.** Gegenstand des Denkens; Gedanke. **2.** (in der Phänomenologie) Inhalt eines Gedankens im Unterschied zum Denkvorgang

No|e|ma|tik, die; - ⟨*gr.-nlat.*⟩: Theorie, die die Beziehungen der Noeme untereinander sowie ihre Kombinationsmöglichkeiten zum Gegenstand hat

No|e|sis, die; -: **1.** geistige Tätigkeit, das Denken. **2.** Denkvorgang im Unterschied zum Inhalt eines Gedankens (in der Phänomenologie)

No|e|tik, die; - ⟨*gr.-nlat.*⟩: Lehre

vom Denken, vom Erkennen geistiger Gegenstände. **no|e|tisch:** 1. die Noetik betreffend. 2. die Noesis betreffend

no fu|ture [ˈnɔʊ̯ ˈfjuːtʃɐ] ‹*engl.;* »keine Zukunft«›: Schlagwort meist arbeitsloser Jugendlicher als Ausdruck der Hoffnungslosigkeit

No-Fu|ture-Ge|ne|ra|tion, die; - ‹*engl.*›: junge Generation ohne Zukunftsaussichten, Jugend ohne Berufserwartungen (bes. in den 1980er-Jahren)

No-Go [ˈnɔʊ̯(ˈ)gɔʊ̯], das; -, -s ‹*engl.*›: **1.** (Wirtschaftsjargon) [im Risikomanagement] Nichterfüllung eines Kriteriums; Stopp. **2.** (ugs.) Verbot; Tabu

No-go-Area [ˈnɔʊ̯(ˈ)gɔʊ̯ʔɛə̯riə], die; -, -s ‹*engl.*›: als gefährlich angesehenes Gebiet, in dem staatliche Ordnung u. Sicherheit nicht gewährleistet sind

Noir [no̯aːɐ̯], das; -s ‹*lat.-frz.;* »schwarz«›: Schwarz als Farbe u. Gewinnmöglichkeit beim Roulette

no iron [ˈnɔʊ̯ ˈai̯ən] ‹*engl.;* »nicht bügeln«›: bügelfrei (als Hinweis in Kleidungsstücken)

Noise [nɔi̯z], der; - ‹*lat.-afrz.-engl.;* »Lärm«›: stilisierte Form des Punkrocks

N noet

Noi|sette [no̯aˈzɛt], die; -, -s ‹*lat.-frz.*›: **1.** Kurzform von ↑Noisetteschokolade. **2.** (meist Plural) rundes Fleischstück aus der Keule von bestimmten Schlachttieren

Noi|sette|scho|ko|la|de, die; -, -n: Milchschokolade mit fein gemahlenen Haselnüssen

Nok|t|am|bu|lis|mus, der; - ‹*lat.-nlat.*› (Med.): Nachtwandeln, Schlafwandeln; Somnambulismus

Nok|tụrn, die; -, -en ‹*lat.-mlat.*›: Teil der ↑Matutin im katholischen Breviergebet

Nok|tụr|ne, die; -, -n ‹*lat.-frz.*›: ↑Nocturne

no̱|lens vo̱|lens ‹*lat.;* »nicht wollend wollend«›: wohl od. übel

No|li|me|tạn|ge|re, das; -, - ‹*lat.;* »rühr mich nicht an«›: **1.** Darstellung der biblischen Szene, in der der auferstandene Jesus Maria Magdalena erscheint. **2.** Springkraut, dessen Früchte den Samen bei Berührung ausschleudern

No̱|ma, das; -s, -s u. die; -, No̱mae [...mɛ] ‹*gr.*› (Med.): brandiges Absterben der Wangen bei unterernährten od. durch Krankheit geschwächten Kindern

No|ma̱|de, der; -n, -n ‹*gr.-lat.;* »Viehherden weidend u. mit ihnen umherziehend«›: Angehöriger eines [Hirten]volkes, das innerhalb eines begrenzten Gebietes umherzieht. **No|ma̱|din,** die; -, -nen: weibliche Form zu ↑Nomade. **no|ma̱|disch:** die Nomaden betreffend; zu den Nomaden gehörend

no|ma|di|si̱e|ren ‹*gr.-lat.-nlat.*›: **a)** als Nomade leben, umherziehen; **b)** zu Nomaden machen

No|ma|dịs|mus, der; -: **1.** nomadische Wirtschafts-, Gesellschafts- und Lebensform. **2.** [durch Nahrungssuche u. arteigenen Bewegungstrieb bedingte] ständige [Gruppen]wanderungen von Tierarten

No̱-Mas|ke, die; -, -n: Maske der Schauspieler im ↑No-Spiel

Nom de Guerre [nõd(ə)ˈgɛːr], der; - - -, -s [nõ...] - - ‹*frz.;* »Kriegsname«›: frz. Bez. für: Deck-, Künstler-, auch Spottname

Nom de Plume [nõd(ə)ˈplyːm], der; - - -, -s [nõ...] - - ‹*frz.* »(Schreib)federname«›: frz. Bez. für: Schriftstellerdeckname

No̱|men, das; -s, - u. ...mina ‹*lat.*› (Sprachwiss.): **1.** Substantiv. **2.** deklinierbares Wort, das weder Pronomen noch Artikel ist (zusammenfassende Bez. für Substantiv u. Adjektiv)

No̱|men Ạc|ti, das; - -, Nomina -: von einem Verb abgeleitetes Substantiv, das das Ergebnis eines Geschehens bezeichnet (z. B. *Bruch* zu *brechen*)

No̱|men Ac|ti|o̱|nis, das; - -, Nomina -: von einem Verb abgeleitetes Substantiv, das ein Geschehen bezeichnet (z. B. *Schlaf* zu *schlafen*)

No̱|men Agẹn|tis, das; - -, Nomina -: von einem Verb abgeleitetes Substantiv, das das [handelnde] Subjekt eines Geschehens bezeichnet (z. B. *Läufer* zu *laufen*)

no̱|men est o̱men ‹*lat.*›: der Name deutet schon darauf hin

No̱|men gen|ti̱|le, das; - -, Nomina gentilia: (in der Antike) [an zweiter Stelle stehender] Geschlechtsname der Römer (z. B. Gaius *Julius* Caesar)

No̱|men In|s|t|ru|mẹn|ti, das; - -, Nomina -: von einem Verb abgeleitetes Substantiv, das ein Gerät od. Werkzeug, das Mittel einer Tätigkeit bezeichnet (z. B. *Bohrer* zu *bohren*)

No|men|kla̱|tor, der; -s, ...o̱ren ‹*(lat.; gr.) lat.*›: **1.** Verzeichnis der für ein bestimmtes Fachgebiet, einen bestimmten Wissenschaftszweig gültigen Namen u. Bezeichnungen. **2.** (Geschichte) altrömischer Sklave, der seinem Herrn die Namen seiner Sklaven, Besucher usw. anzugeben hatte

no|men|kla|to̱|risch: den Nomenklator u. die Nomenklatur betreffend

No|men|kla|tu̱r, die; -, -en ‹»Namenverzeichnis«›: System der Namen u. Fachbezeichnungen, die für ein bestimmtes Fachgebiet, einen bestimmten Wissenschaftszweig o. Ä. [allgemeine] Gültigkeit haben

No|men|kla|tu̱|ra, die; - ‹*(lat.-gr.; lat.) russ.*›: **1.** Verzeichnis der wichtigsten Führungspositionen (in der Sowjetunion). **2.** herrschende Klasse

No̱|men Pa|ti|ẹn|tis, das; - -, Nomina -: Substantiv mit passivischer Bedeutung (z. B. *Hammer* = Werkzeug, mit dem *gehämmert* wird)

No̱|men post|ver|ba̱|le, das; - -, Nomina postverbalia: Substantiv, das von einem Verb [rück]gebildet ist (z. B. *Kauf* von *kaufen*)

No̱|men pro̱|p|ri|um, das; - -, Nomina propria: Eigenname

No̱|men Qua|li|ta̱|tis, das; - -, Nomina -: Substantiv, das einen Zustand od. eine Eigenschaft bezeichnet (z. B. Hitze)

...no|mie

die; -, ...i̱en (häufig ohne Plural) ‹zu *gr.* némein »teilen, zuteilen; verwalten« → ...nómos »verwaltend« → ...nomía›

Wortbildungselement mit der Bedeutung »Lehre von ...; Gesetz, Gesetzlichkeit«:

- Astronomie
- Ergonomie
- Heteronomie
- Ökonomie
- Taxonomie

nominal	nominell
Zumindest nominal, also vor Abzug der Inflation. *dem Nennwert nach* – Anleihen im Wert/Volumen von nominal […] Millionen Euro – verkaufte Titel im Volumen/Umfang von nominal […] Millionen – fünfjähriger Laufzeit […] nominal […] Prozent/ und effektiv Die Einkommen steigen ja auch jedes Jahr, zumindest nominal. Die Kosten werden hier nur nominal betrachtet. Für das erste Quartal ergibt sich ein nominaler Zuwachs von 3,1 Prozent.	Sie starteten mit ihrer nominell besten Mannschaft in die Partie. *dem Namen, der Form nach* – als nominelles Staatsoberhaupt – drei nominelle Stürmer – einen nominellen […] Rückgang um/von … Die nominellen Preise sind gesenkt worden. Ab nächstem Jahr werden die Gehälter wieder steigen, allerdings nur nominell. Spätestens in den Play-offs geht es gegen nominell stärkere Gegner.

No|mi|na: *Plural* von ↑Nomen

no|mi|nal ⟨*lat.-frz.*⟩: **1. a)** (Sprachwiss.) das Nomen (2) betreffend, mit einem Nomen (2) gebildet; **b)** substantivisch. **2.** (Wirtsch.) zum Nennwert; vgl. …al/…ell

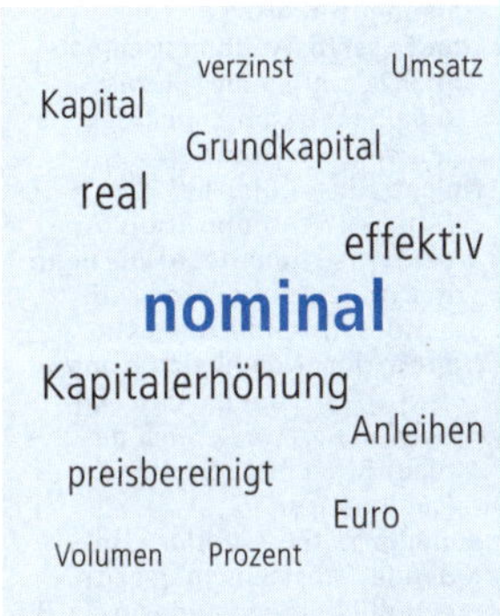

nominal/nominell *s. Kasten*

No|mi|nal|ab|s|trak|tum, das; -s, …ta: ↑Abstraktum, das von einem Nomen (2) abgeleitet ist (z. B. *Schwärze* zu *schwarz*)

No|mi|nal|de|fi|ni|ti|on, die; -, -en (Philos.): Angabe der Bedeutung eines Wortes, einer Bezeichnung (Ggs.: Realdefinition)

No|mi|na|le, die; -, -n (Wirtsch.): Nominalwert [einer Münze]

No|mi|nal|ein|kom|men, das; -s, - (Wirtsch.): in Form einer bestimmten Summe angegebenes Einkommen, dessen Höhe allein nichts über seine Kaufkraft aussagt (Ggs.: Realeinkommen)

No|mi|nal|form, die; -, -en: (adjektivisch od. substantivisch verwendete) infinite Form eines Verbs (z. B. erwachend)

no|mi|na|li|sie|ren: 1. ↑substantivieren. **2.** einen ganzen Satz in eine Nominalphrase verwandeln (z. B. der Hund bellt – das Bellen des Hundes)

No|mi|na|lis|mus, der; - ⟨*lat.-nlat.*⟩: **1.** (Philos.) Denkrichtung, nach der die Begriffe nur als Namen, Bezeichnungen für einzelne Erscheinungen der Wirklichkeit fungieren, d. h. als Allgemeinbegriffe nur im Denken existieren u. keine Entsprechungen in der Realität haben. **2.** (Wirtsch.) volkswirtschaftliche Theorie, nach der das Geld einen Wert nur symbolisiert. **No|mi|na|list,** der; -en, -en: Vertreter des Nominalismus. **No|mi|na|lis|tin,** die; -, -nen: weibliche Form zu ↑Nominalist. **no|mi|na|lis|tisch:** den Nominalismus betreffend, auf ihm beruhend, zu ihm gehörend

No|mi|nal|ka|pi|tal, das; -s, -e u. österr. nur: -ien (Wirtsch.): **a)** Grundkapital einer Aktiengesellschaft; **b)** Stammkapital einer Gesellschaft mit beschränkter Haftung

No|mi|nal|ka|ta|log, der; -[e]s, -e (Bibliothekswesen veraltend): nach Autoren [und Titeln] alphabetisch geordneter Katalog einer Bibliothek (Ggs.: Realkatalog)

No|mi|nal|kom|po|si|tum, das; -s, …ta (Sprachwiss.): Kompositum mit einem Nomen (1) als letztem Bestandteil (z. B. Wassereimer, Frischwasser)

No|mi|nal|phra|se, die; -, -n: Wortgruppe in einem Satz mit einem Nomen (2) als Kernglied

No|mi|nal|prä|fix, das; -es, -e: Präfix, das vor ein Nomen (2) tritt (z. B. Ur-, ur- in Urbild, uralt)

No|mi|nal|satz, der; -es, …sätze: **a)** aus einem od. mehreren Nomina bestehender Satz ohne Verb (z. B. Viel Feind', viel Ehr'!); **b)** Satz, dessen Prädikat aus Kopula u. Prädikatsnomen besteht (z. B. er ist Bäcker)

No|mi|nal|stil, der; -[e]s: Stil, der durch Häufung von Substantiven gekennzeichnet ist (Ggs.: Verbalstil)

No|mi|nal|wert, der; -[e]s, -e (Wirtsch.): der auf Münzen, Banknoten, Wertpapieren usw. in Zahlen od. Worten angegebene Nennwert

No|mi|na|ti|on, die; -, -en: **1. a)** (kath. Kirchenrecht) Ernennung der bischöflichen Beamten; **b)** (Geschichte) Benennung eines Bewerbers für das Bischofsamt durch die Landesregierung. **2.** (veraltet) Nominierung; vgl. …ation/…ierung

No|mi|na|tiv, der; -s, -e (Sprachwiss.): **1.** (ohne Plural) Kasus, in dem vor allem die den Kern eines grammatischen Subjekts bildenden deklinierbaren Wörter stehen u. dessen [singularische] Formen als Grundformen der deklinierbaren Wörter gelten; Werfall, erster Fall (Abk.: Nom.). **2.** Wort, das im Nominativ (1) steht. **no|mi|na|ti|visch:** den Nominativ betreffend; im Nominativ stehend

No|mi|na|tor, der; -s, …oren ⟨*lat.*⟩: (Logik, Philos.) sprachlicher Ausdruck, der genau eine Entsprechung in der außersprachlichen Welt hat und nicht eine Gruppe von Individuen bezeichnet

N
Nomi

no|mi|nell: 1. [nur] dem Namen nach [bestehend], vorgeblich. **2.** ↑ nominal (2); vgl. ...al/...ell

Sturmreihe
Einzelhandelsumsatz
Führer
real
verbündet
zumindest
nominell
faktisch
Oberhaupt
schwächer
Handelsforschung
Rückgang
gleich bleiben

no|mi|nie|ren ‹*lat.*›: zur Wahl, für ein Amt, für die Teilnahme an etwas namentlich vorschlagen, ernennen. **No|mi|nie|rung,** die; -, -en: das Vorschlagen eines Kandidaten, Ernennung; vgl. ...ation/...ierung

No|mis|mus, der; - ‹*gr.-nlat.*›: Bindung an Gesetze, Gesetzlichkeit, bes. die vom alttestamentlichen Gesetz bestimmte Haltung der strengen Juden u. mancher christlicher Gemeinschaften

No|mo|gra|fie, Nomographie, die; -: Teilgebiet der Mathematik, das die verschiedenen Verfahren zur Aufstellung von Nomogrammen u. deren Anwendung zum Gegenstand hat. **no|mo|gra|fisch,** nomographisch: die Nomografie betreffend, zu ihr gehörend, auf ihr beruhend

No|mo|gramm, das; -s, -e ‹*gr.-nlat.*› (Math.): Schaubild, Zeichnung als Hilfsmittel zum grafischen Rechnen

No|mo|gra|phie usw. vgl. Nomografie usw.

No|mo|kra|tie, die; -, ...ien (Rechtswiss.): Ausübung der Herrschaft nach [geschriebenen] Gesetzen (Ggs.: Autokratie)

No|mo|lo|gie, die; -: **1.** (veraltet) Lehre von den Gesetzen, der Gesetzgebung. **2.** (Philos.) Lehre von den Denkgesetzen

No|mos, der; -, ...moi ‹*gr.*›: **1.** (Philos.) menschliche Ordnung, von Menschen gesetztes Recht (im Unterschied zum Naturrecht, göttlichen Recht). **2.** (Musik) nach festen, urspr. für kultische Zwecke entwickelten Modellen, Regeln komponierte [gesungene] Weise der altgriechischen Musik

no|mo|syn|tak|tisch: die Nomosyntax betreffend. **No|mo|syn|tax,** die; - (Sprachwiss.): Syntax des Inhalts eines Satzes (Ggs.: Morphosyntax)

No|mo|the|sie, die; -, ...ien (Rechtsspr. veraltet): Gesetzgebung. **No|mo|thet,** der; -en, -en (Rechtsspr. veraltet): Gesetzgeber. **no|mo|the|tisch: 1.** (Rechtsspr. veraltet) gesetzgebend. **2.** (von wissenschaftlichen Aussagen) auf die Aufstellung von Gesetzen, auf die Auffindung von Gesetzmäßigkeiten zielend

Non, die; -, -en ‹*lat.-mlat.*›: ↑ None (1)

No|na|gon, das; -s, -e ‹*lat.; gr.*›: Neuneck. **no|na|go|nal:** von der Form eines Nonagons

No-Name-Pro|dukt, No|name|pro|dukt [ˈnoʊ̯ˈneɪm...], das; -[e]s, -e ‹*engl.; lat.*›: neutral verpackte Ware ohne Marken- od. Firmenzeichen; Ware einer wenig bekannten Marke

No|na|ri|me, die; -, -n ‹*(lat.; germ.-frz.) it.*›: neunzeilige, d. h. um eine Zeile erweiterte ↑ Stanze

Non-Banks, Non|banks [ˈnɔn(ˈ)bɛŋks], die (Plural) ‹*engl.*›: Unternehmen des Nichtbankenbereichs, die auch Finanzdienstleistungen anbieten (z. B. Warenhausketten)

Non-Book-Ab|tei|lung, Non|book|ab|tei|lung, die; -, -en: einer Buchhandlung angeschlossene Abteilung, in der CDs, Spiele, Kunstblätter o. Ä. verkauft werden

Non-Book-Ar|ti|kel, Non|book|ar|ti|kel, der; -s, - (meist Plural): in einer Buchhandlung angebotener Artikel, der kein Buch ist (z. B. Spiele, CDs)

Non|cha|lance [nõʃaˈlã:s], die; - ‹*lat.-frz.*›: Nachlässigkeit; formlose Ungezwungenheit, Lässigkeit, Unbekümmertheit. **non|cha|lant** [...ˈlã:, bei attributivem Gebrauch: ...ˈlant]: nachlässig; formlos ungezwungen, lässig

Non-Co|ope|ra|tion, Non|co|ope|ra|tion [ˈnɔnkɔʊ̯ʔɔpə(ˈ)reɪʃən], die; - ‹*engl.;* »Nichtzusammenarbeit«›: Kampfesweise Gandhis, mit der er durch Verweigerung der Zusammenarbeit mit den britischen Behörden u. durch Boykott britischer Einrichtungen die Unabhängigkeit Indiens zu erreichen suchte

No|ne, die; -, -n ‹*lat.-mlat.*›: **1.** Teil des katholischen Stundengebets (zur neunten Tagesstunde = 15 Uhr). **2.** (Musik) **a)** neunter Ton einer diatonischen Tonleiter vom Grundton aus; **b)** Intervall (2) von neun diatonischen Tonstufen

No|nen, die (Plural) ‹*lat.*›: im altrömischen Kalender der neunte Tag vor den ↑ Iden

No|nen|ak|kord, der; -[e]s, -e (Musik): aus vier Terzen bestehender Akkord

Non-Es|sen|tials, Non|es|sen|tials [nɔnʔɛˈsɛnʃl̩s], die (Plural) ‹*engl.*› (Wirtsch.): nicht lebensnotwendige Güter

No|nett, das; -[e]s, -e ‹*lat.-it.*› (Musik): **a)** Komposition für neun Instrumente; **b)** aus neun Instrumentalsolisten bestehendes Ensemble

Non-Fic|tion, Non|fic|tion [(ˈ)nɔnˈfɪkʃn̩], die; -, auch: das; -[s] ‹*engl.-amerik.*›: Bereich des nicht Erdachten, Sach- od. Fachliteratur

non|fi|gu|ra|tiv ‹*lat.-nlat.*› (bildende Kunst): nicht gegenständlich; gegenstandslos (z. B. von Malerei)

Non-Food, Non|food [ˈnɔn(ˈ)fu:d], das; -[s], -s (Plural selten) ‹*engl.*›: Kurzform von ↑ Non-Food-Artikel

Non-Food-Ab|tei|lung, Non|food|ab|tei|lung, die; -, -en ‹*engl.; dt.*›: Abteilung in einem Supermarkt, in der Artikel, die keine Lebensmittel sind, angeboten werden

Non-Food-Ar|ti|kel, Non|food|ar|ti|kel, der; -s, - (meist Plural): Artikel, der nicht zur Kategorie der Lebensmittel gehört (z. B. Elektrogeräte)

No|ni|us, der; -, ...ien u. -se ‹*nlat.;* latinisierter Name des port. Mathematikers Nuñez, 1492–1577›: verschiebbarer Messstabzusatz, der die Ablesung von Zehnteln der Einheiten des eigentlichen Messstabes ermöglicht

Non|kon|for|mis|mus, der; - ‹*lat.-engl.*›: individualistische Haltung in politischen, weltanschaulichen, religiösen u. sozialen Fragen (Ggs.: Konformismus). **Non|kon|for|mist,** der; -en, -en: **1.** jmd., der sich in seiner politischen, weltanschaulichen, religiösen, sozialen Einstellung nicht nach der herrschenden Meinung richtet (Ggs.: Konformist [1]). **2.** Anhänger britischer protestantischer Kirchen (die die Staatskirche ablehnen) (Ggs.: Konformist [2]). **Non|kon|for|mis|tin,** die; -, -nen: weibliche Form zu ↑Nonkonformist. **non|kon|for|mis|tisch: 1.** auf Nonkonformismus beruhend; seine eigene Einstellung nicht nach der herrschenden Meinung richtend (Ggs.: konformistisch [1]). **2.** im Sinne eines Nonkonformisten (2) denkend od. handelnd (Ggs.: konformistisch [2])

Non|kon|for|mi|tät, die; -: **1.** Nichtübereinstimmung; mangelnde Anpassung (Ggs.: Konformität [1 a]). **2.** ↑Nonkonformismus

non li|quet ‹*lat.;* »es ist nicht klar«› (Rechtswiss.): Feststellung, dass eine Behauptung od. ein Sachverhalt unklar u. nicht durch Beweis od. Gegenbeweis erhellt ist

non mul|ta, sed mul|tum ‹*lat.*›: ↑multum, non multa

No|n|o|de, die; -, -n ‹*lat.; gr.*›: Elektronenröhre mit neun Elektroden

non olet ‹*lat.;* »es (das Geld) stinkt nicht«›: man sieht es dem Geld nicht an, auf welche [unsaubere] Weise es verdient wird

Non-Pa|per, Non|pa|per [ˈnɔn(ˈ)peɪpɐ], das; -s, -[s] ‹*engl.*› (Politik): nicht sanktionierte u. daher offiziell nicht zitierfähige Veröffentlichung

Non|pa|reille [nõpaˈrɛːj], die; -, -s ‹*lat.-frz.*›: **1.** (Druckw.) Schriftgrad von 6 Punkt. **2.** kleine, farbige Zuckerkörner zum Bestreuen von Backwerk o. Ä. **3.** (veraltet) leichtes Wollgewebe

Non|plus|ul|t|ra, das; - ‹*lat.*›: Unübertreffbares, Unvergleichliches

non pos|su|mus ‹*lat.;* »wir können nicht«›: Weigerungsformel der römischen Kurie (1) gegenüber der weltlichen Macht

Non-Pro|fit-Or|ga|ni|sa|ti|on, Non|pro|fit|or|ga|ni|sa|ti|on, die; -, -en ‹*engl.; gr.-lat.-frz.*›: ohne Gewinnerzielungsabsicht agierende Organisation bzw. Institution (z. B. Gewerkschaft, Sportverein, Bildungseinrichtung)

Non|pro|li|fe|ra|tion [nɔnprolɪfəˈreɪʃn̩], die; - ‹*(lat.-engl.) amerik.*›: Nichtweitergabe von Atomwaffen

non scho|lae, sed vi|tae dis|ci|mus [- ˈsçoːlɛ - - -, - ˈskoːlɛ - - -] ‹*lat.;* »nicht für die Schule, sondern für das Leben lernen wir«›: was man lernt, lernt man für sich selbst (meist so umgekehrt zitiert nach einer Briefstelle des Seneca); vgl. non vitae, sed scholae discimus

Non|sens, der; - u. -es ‹*lat.-engl.*›: Unsinn; absurde, unlogische Gedankenverbindung

non|stop ‹*engl.*›: ohne Unterbrechung, ohne Pause

Non|stop-Flug, Non|stop|flug, der; -[e]s, ...flüge ‹*engl.; dt.*›: Flug ohne Zwischenlandung

Non|stop-Ki|no, Non|stop|ki|no, das; -s, -s: Kino mit fortlaufenden Vorführungen und durchgehendem Einlass

non tan|to ‹*it.*›: ↑ma non tanto

non trop|po ‹*it.*›: ↑ma non troppo

Non|usus, der; - ‹*lat.-nlat.*› (Rechtsspr. veraltet): Verzicht auf die Inanspruchnahme eines Rechts

Non|va|leur [nõvaˈløːɐ̯], der; -s, -s ‹*lat.-frz.*›: **1.** (Wirtsch.) **a)** [fast] wertloses Wertpapier; **b)** Investition, die keine Rendite abwirft. **2. a)** (Plural auch: -e; veraltend) unfähiger Mensch; Versager; **b)** etwas Wertloses, Unnützes

non|ver|bal ‹*lat.*›: nicht mithilfe der Sprache; **nonverbale Kommunikation:** zwischenmenschliche Verbindung, Verständigung durch Gestik, Mimik od. andere optische Zeichen

non vi|tae, sed scho|lae dis|ci|mus [- - - ˈsçoːlɛ, auch: ˈskoːlɛ -] ‹*lat.;* »nicht für das Leben, sondern für die Schule lernen wir (leider)«›: originaler Wortlaut der meist belehrend »non scholae, sed vitae discimus« zitierten Briefstelle bei Seneca

no|o|gen ‹*gr.-nlat.*› (Psychol. früher): ein geistiges Problem, eine existenzielle Krise o. Ä. zur Ursache habend (von Neurosen)

Noo|lo|gie, die; - ‹*gr.-nlat.*› (Philos.): philosophische Lehre, die eine selbstständige, von materiellen u. psychischen Momenten unabhängige Existenz des Geistes annimmt. **noo|lo|gisch** (Philos.): die Noologie, die selbstständige Existenz des Geistes betreffend. **Noo|lo|gist,** der; -en, -en (Philos.): Philosoph, der die Vernunft als Quelle der Erkenntnis annimmt. **Noo|lo|gis|tin,** die; -, -nen: weibliche Form zu ↑Noologist

Noo|psy|che, die; - (Psychol.): intellektuelle Seite des Seelenlebens (Ggs.: Thymopsyche)

Noor, das; -[e]s, -e ‹*dän.*› (landsch.): Haff; flaches Gewässer, das durch einen Kanal mit dem Meer verbunden ist

Nor, das; -s ‹Kurzform von *Noricum*, dem lat. Namen für das Ostalpenland› (Geol.): mittlere Stufe der alpinen ↑Trias (1)

Nor|ad|re|na|lin, das; -s: Hormon der Nebenniere u. Neurotransmitter, das u. a. gefäßverengend u. somit blutdrucksteigernd wirkt

Nord|at|lan|tik|pakt, der; -[e]s ‹*dt.; gr.-lat.; lat.*›: ↑NATO

Nor|dic Wal|king [- ˈwɔːkɪŋ], das; - -[s] ‹*engl.*›: ↑Walking mit hüfthohen Stöcken

Nor|dis|tik, die; - ‹*dt.-nlat.*›: Wissenschaft von den nordischen Sprachen u. Literaturen

Norm, die; -, -en ‹*gr.-etrusk.-lat.;* »Winkelmaß; Richtschnur, Regel«›: **1.** (meist Plural) allgemein anerkannte, als verbindlich geltende Regel für das Zusammenleben der Menschen. **2.** eigentlich übliche, den Erwartungen entsprechende Beschaffenheit, Größe o. Ä.; Durchschnitt. **3. a)** festgesetzte, vom Arbeitnehmer geforderte Arbeitsleistung; **b)** in der ehemaligen DDR als Richtwert geltendes Maß des für die Produktion von Gütern notwendigen Aufwands an Arbeit, Material u. Arbeitsmitteln. **4.** (Sport) als Voraussetzung zur Teilnahme an einem Wettkampf [für einen Sportverband] vorgeschriebene Mindestleistung. 5. (in Wirtschaft, Industrie, Technik, Wissenschaft) Vorschrift, Regel, Richtlinien o. Ä. für die Herstellung von Produkten, die Durchführung von Verfahren, die Anwendung von Fachtermini o. Ä. 6. (Druckw.) klein auf den unteren Rand der ersten Seite eines Druckbogens gedruckter Titel [u. Verfassername] eines Buches [in verkürzter od. verschlüsselter Form]

norm|acid ⟨*gr.-etrusk.-lat.; lat.*⟩ (Med.): einen normalen Säuregehalt aufweisend (bes. vom Magensaft). **Nor|m|aci|di|tät,** Normazidität, die; - (Med.): normaler Säurewert einer Lösung (bes. des Magensaftes)

nor|mal: 1. a) der Norm entsprechend; vorschriftsmäßig; **b)** so [beschaffen, geartet], wie es sich die allgemeine Meinung als das Übliche, Richtige vorstellt; **c)** (ugs.) normalerweise. **2.** (veraltet) in [geistiger] Entwicklung u. Wachstum keine ins Auge fallenden Abweichungen aufweisend; geistig [u. körperlich] gesund

Nor|mal, das; -s, -e: **1.** mit besonderer Genauigkeit hergestellter Maßstab, der zur Kontrolle für andere verwendet wird. **2.** (meist ohne Artikel; ohne Plural) Kurzform von ↑Normalbenzin

Nor|mal|ben|zin, das; -s: Benzin mit geringerer Klopffestigkeit, mit niedrigerer Oktanzahl

Nor|ma|le, die; -[n], -n (fachspr.: 2 -) (Math.): auf einer Ebene od. Kurve in einem vorgegebenen Punkt errichtete Senkrechte; Tangentenlot

Nor|ma|li|en, die (Plural): **1.** Grundformen; Regeln, Vorschriften. **2.** (Technik) nach bestimmten Systemen vereinheitlichte Bauelemente für den Bau von Formen u. Werkzeugen

nor|ma|li|sie|ren ⟨*gr.-etrusk.-lat.-frz.*⟩: **1.** wieder normal gestalten, auf ein normales Maß zurückführen. **2.** sich normalisieren: wieder normal (1 b) werden, wieder in einen normalen Zustand zurückkehren

Nor|ma|li|tät, die; -: **1.** normale Beschaffenheit, normaler Zustand. **2.** (selten) Vorschriftsmäßigkeit

Nor|mal|null, das; -s: festgelegte Höhe, auf die sich die Höhenmessungen beziehen (Abk.: N. N., NN)

Nor|mal|ton, der; -[e]s (Musik): Kammerton, Stimmton a

nor|ma|tiv: als Norm (1) geltend, maßgebend, als Richtschnur dienend. **Nor|ma|tiv,** das; -s, -e (regional): aufgrund von Erfahrung gewonnene, besonderen Erfordernissen entsprechende Regel, Anweisung, Vorschrift

Nor|ma|ti|ve, die; -, -n: Grundbestimmung, grundlegende Festsetzung

Nor|ma|ti|vis|mus, der; - ⟨*nlat.*⟩ (Philos.): Theorie vom Vorrang des als Norm (1) Geltenden, des Sollens vor dem Sein, der praktischen Vernunft vor der theoretischen

Nor|ma|ti|vi|tät, die; -, -en: **a)** das Normativsein; **b)** normative Wirkung

Nor|m|azi|di|tät vgl. Normacidität

Norm|blatt, das; -[e]s, ...blätter: (vom Deutschen Institut für Normung herausgegebenes) Verzeichnis mit normativen Festlegungen

nor|men: (zur Vereinheitlichung) für etwas eine Norm aufstellen

Nor|men|kon|t|roll|kla|ge, die; -, -n (Rechtswiss.): Klage der Bundes- od. einer Landesregierung od. eines Drittels der Mitglieder des Bundestages beim Bundesverfassungsgericht zur grundsätzlichen Klärung der Vereinbarkeit von Bundes- od. Landesrecht mit dem Grundgesetz einerseits od. von Bundesrecht mit Landesrecht andererseits

nor|mie|ren ⟨*gr.-etrusk.-lat.-frz.*⟩: **a)** vereinheitlichen, nach einem einheitlichen Schema, in einer bestimmten Weise festlegen, regeln; **b)** normen. **Nor|mie|rung,** die; -, -en: das Normieren

nor|mig (selten): ↑normativ

Nor|mo|blast, der; -en, -en (meist Plural) ⟨*gr.-etrusk.-lat.; gr.*⟩ (Med.): kernhaltige Vorstufe eines roten Blutkörperchens von der ungefähren Größe u. Reife eines normalen roten Blutkörperchens

Nor|mo|sper|mie, die; - (Med.): normaler Gehalt der Samenflüssigkeit an funktionstüchtigen Spermien

Nor|mo|zyt, der; -en, -en (Med.): hinsichtlich Gestalt, Größe u. Farbe normales rotes Blutkörperchen

Nor|mung, die; -, -en: einheitliche Gestaltung, Festsetzung [als Norm (1)]

Nor|ne, die; -, -n (meist Plural) ⟨*altnord.*⟩: Schicksalsgöttin in der nordischen Mythologie

North [nɔːθ] ⟨*engl.*⟩: engl. Bez. für Norden (Abk.: N)

Nor|ther [ˈnɔːðɐ], der; -s, -: **1.** heftiger, kalter Nordwind in Nord- u. Mittelamerika. **2.** heißer, trockener Wüstenwind an der Südküste Australiens

Nor|ton|ge|trie|be, Nor|ton-Ge|trie|be, das; -s, - ⟨nach dem brit. Erfinder W. P. Norton (19. Jh.)⟩ (Technik): bes. bei Werkzeugmaschinen verwendetes Zahnradstufengetriebe; Leitspindelgetriebe

Nose [nɔʊ̯z], die; -, -s [ˈnɔʊ̯zɪz] ⟨*engl.;* »Nase«⟩: vorderes, nach oben gebogenes Ende des Snowboards

No|se|an, der; -s, -e ⟨*nlat.;* nach dem dt. Geologen K. W. Nose, † 1835⟩: zu den Feldspaten gehörendes Mineral

No|sel|ler, der; -s, - ⟨Analogiebildung zu ↑Bestseller⟩: etwas, was schlecht od. gar nicht zu verkaufen ist; Ladenhüter

No|se|ma|seu|che, die; - ⟨*gr.; dt.*⟩: durch das Sporentierchen Nosema hervorgerufene seuchenartige Insektenkrankheit (bes. der Bienen)

No|so|de, die; -, -n ⟨*gr.*⟩: Arzneimittel, das aus erkrankten Organen, Eiter o. Ä. hergestellt u. in Verdünnungen zur Behandlung des jeweils gleichen Leidens als Impfung od. zur homöopathischen Therapie angewendet wird

No|so|gra|fie, No|so|gra|phie, die; - ⟨*gr.-nlat.*⟩ (Med.): Krankheitsbeschreibung

No|so|lo|gie, die; -, ...ien (Med.): Krankheitslehre; systematische Einordnung u. Beschreibung der Krankheiten. **no|so|lo|gisch** (Med.): die Nosologie betreffend; Krankheiten systematisch beschreibend

No|so|ma|nie, die; -, ...ien (Med., Psychol.): wahnhafte Einbildung, an einer Krankheit zu leiden

No|so|pho|bie, die; -, ...ien (Med., Psychol.): krankhafte Angst, krank zu sein od. zu werden

No-Spiel, das; -[e]s, -e ⟨*jap.; dt.*⟩: streng stilisiertes japanisches Bühnenspiel mit Musik, Tanz, Gesang u. Pantomime

nos|t|al|gi|co [nɔs'taldʒiko] ⟨*gr.-it.*⟩ (Musik): sehnsüchtig

Nos|t|al|gie, die; -, ...ien ⟨*gr.-nlat.*⟩: **1.** von unbestimmter Sehnsucht erfüllte Gestimmtheit, die sich in der Rückwendung zu früheren, in der Erinnerung sich verklärenden Zeiten, Erlebnissen, Erscheinungen in Kunst, Musik, Mode u. a. äußert. **2.** (Med. veraltet) [krank machendes] Heimweh. **Nos|t|al|gi|ker,** der; -s, -: jmd., der sich der Nostalgie überlässt, der nostalgisch gestimmt ist. **Nos|t|al|gi|ke|rin,** die; -, -nen: weibliche Form zu ↑Nostalgiker. **nos|t|al|gisch: 1.** die Nostalgie (1) betreffend, zu ihr gehörend; verklärend vergangenheitsbezogen. **2.** (Med. veraltet) an Nostalgie (2) leidend

Nos|t|ri|fi|ka|ti|on, die; -, -en ⟨*lat.-nlat.*⟩: **1.** (Rechtswiss.) Einbürgerung, Erteilung der [Bürger]rechte. **2.** Anerkennung eines ausländischen Examens, Diploms. **nos|t|ri|fi|zie|ren: 1.** einbürgern. **2.** ein ausländisches Examen, Diplom anerkennen

Nos|t|ro|kon|to, das; -s, ...ten (auch: -s od. ...ti) ⟨*lat.-it.*⟩: Konto, das eine Bank bei einer anderen Bank als Kunde unterhält

No|ta, die; -, -s ⟨*lat.*⟩ (veraltet): **1.** Rechnung. **2.** (Wirtsch.) Auftrag. **3.** Zeichen, Anmerkung, Notiz

no|ta|bel ⟨*lat.-frz.*⟩ (veraltet): bemerkenswert, merkwürdig

No|ta|beln, die (Plural) (Geschichte): die durch Bildung, Rang u. Vermögen ausgezeichneten Mitglieder der bürgerlichen Oberschicht in Frankreich

no|ta|be|ne ⟨*lat.;* »merke wohl!«⟩: übrigens (Abk.: NB). **No|ta|be|ne,** das; -[s], -[s]: Merkzeichen, Vermerk

No|ta|bi|li|tät, die; -, -en ⟨*lat.-frz.*⟩ (veraltet): **1.** (ohne Plural) Vornehmheit. **2.** (meist Plural) vornehme, berühmte Persönlichkeit

No|t|al|gie, die; -, ...ien ⟨*gr.-nlat.*⟩ (Med.): Rückenschmerz

No|ta|phi|lie, die; - ⟨*lat.-gr.*⟩: Papiergeldkunde, das Sammeln von Papiergeld

No|ta pun|ta|ta, die; - -, ...tae ...tae [...tɛ ...tɛ] ⟨*lat.-it.*⟩: punktierte Note

No|ta qua|d|ra|ta, die; - -, ...tae ...tae, **No|ta qua|d|ri|quar|ta,** die; - -, ...tae ...tae [...tɛ ...tɛ] ⟨*lat.-mlat.*⟩: viereckiges Notenzeichen der ↑Choralnotation

No|tar, der; -s, -e ⟨*lat.*⟩: staatlich vereidigter Volljurist, zu dessen Aufgabenkreis die Beglaubigung u. Beurkundung von Rechtsgeschäften gehört

No|ta|ri|at, das; -[e]s, -e: **a)** Amt einer Notarin/eines Notars; **b)** Büro einer Notarin/eines Notars

no|ta|ri|ell, selten: notarisch (Rechtswiss.): von einem Notar ausgefertigt u. beglaubigt

No|ta|rin, die; -, -nen: weibliche Form zu ↑Notar

no|ta|risch vgl. notariell

No|ta Ro|ma|na, die; - -, ...tae ...nae [...tɛ ...nɛ] ⟨*lat.-mlat.*⟩: ↑Nota quadrata

No|tat, das; -[e]s, -e: niedergeschriebene Bemerkung; Aufzeichnung, Notiz (1)

No|ta|ti|on, die; -, -en: **1.** (Musik) das Aufzeichnen von Musik in Notenschrift. **2.** das Aufzeichnen der einzelnen Züge einer Schachpartie. **3.** System von Zeichen od. Symbolen einer Metasprache

Note|book ['noʊtbʊk], das; -s, -s ⟨*engl.;* »Notizbuch«⟩: tragbarer, leichter Computer, bei dem Bildschirm, Tastatur, Laufwerk usw. in das aufklappbare Gehäuse integriert sind

Note|pad [...pæd], das; -s, -s ⟨*engl.;* »Notizblock«⟩: kleiner Computer vom Format eines Notizblocks, der zur Speicherung von Notizen, Adressen, Terminen o. Ä. dient

Notes [noʊts], die (Plural) ⟨*engl.;* eigtl. »Notizen«⟩ (Bankw.): Bez. für verschiedene Arten kurz- bis mittelfristiger Anleihen, die häufig in einer Summe rückzahlbar sind

Note sen|sible [nɔtsɑ̃'si:bl̩], die; - -, -s -s [nɔtsɑ̃'si:bl] ⟨*lat.-frz.;* »empfindliche Note«⟩ (Musik): Leitton

No|tho|sau|ri|er, der; -s, -, **No|tho|sau|rus,** der; -, ...rier ⟨*gr.-nlat.*⟩: ausgestorbenes Meeresreptil der Trias (1)

no|tie|ren ⟨*lat.(-mlat.)*⟩: **1. a)** aufzeichnen, schriftlich vermerken, aufschreiben; **b)** vormerken. **2.** (Musik) in Notenschrift schreiben. **3.** (Wirtsch.) **a)** den offiziellen Kurs eines Wertpapiers an der Börse, den Preis einer Ware feststellen bzw. festsetzen; **b)** einen bestimmten Börsenkurs haben, erhalten. **No|tie|rung,** die; -, -en: **1. a)** das Aufzeichnen, schriftliche Vermerken; **b)** das Vormerken. **2.** (Musik) Aufzeichnen von Musik in Notenschrift. **3.** (Wirtsch.) Feststellung bzw. Festsetzung von Kursen od. Warenpreisen [an der Börse]

No|ti|fi|ka|ti|on, die; -, -en ⟨*lat.-mlat.*⟩: **1.** (veraltet) Anzeige, Benachrichtigung. **2.** offizielle Benachrichtigung, die mit bestimmten Rechtsfolgen verbunden ist; Übergabe einer diplomatischen Note. **no|ti|fi|zie|ren** ⟨*lat.*⟩ (veraltet): anzeigen, benachrichtigen. **No|ti|fi|zie|rung,** die; -, -en: ↑Notifikation

No|tio, die; -, ...iones [...'o:ne:s], **No|ti|on,** die; -, -en ⟨*lat.;* »das Kennenlernen; Kenntnis; Begriff«⟩ (Philos.): Begriff, Gedanke

No|ti|o|nes com|mu|nes [...ne:s ...ne:s], die (Plural) (Philos.): dem Menschen angeborene u. daher allen Menschen gemeinsame Begriffe u. Vorstellungen (im Stoizismus)

no|ti|o|nie|ren ⟨*lat.-nlat.*⟩ (österr.): einer Behörde zur Kenntnis bringen

No|tiz, die; -, -en ⟨*lat.*⟩: **1.** Aufzeichnung, Vermerk. **2.** Nachricht, Meldung, Anzeige. **3.** (Kaufmannsspr.) Notierung (3), Preisfeststellung; **Notiz von jmdm., etwas nehmen:** jmdm., einer Sache Beachtung schenken

No|to|gäa, No|to|gä|is, die; - ⟨*gr.-nlat.*⟩: Tierwelt der australischen Region

No|to|ri|e|tät, die; - ⟨*lat.-mlat.*⟩ (veraltet): das Offenkundigsein

no|to|risch ⟨*lat.*⟩: **1.** offenkundig, allbekannt. **2.** für eine negative

Eigenschaft, Gewohnheit bekannt

No|t|re-Dame [nɔtrəˈdam], die; - ‹*frz.;* »unsere Herrin«›: **1.** frz. Bez. für: Jungfrau Maria. **2.** Name französischer Kirchen

Not|tu̱r|no, das; -s, -s u. ...ni ‹*lat.-it.*› (Musik): **1. a)** stimmungsvolles Musikstück in mehreren Sätzen (für eine nächtliche Aufführung im Freien); **b)** einem Ständchen ähnliches Musikstück für eine od. mehrere Singstimmen [mit Begleitung]. **2.** (selten) Nocturne (1)

Nou|gat [ˈnuː...] vgl. Nugat

Nous [nuːs] vgl. Nus

Nou|veau Ro|man [nuvorɔˈmɑ̃ː], der; - - ‹*frz.;* »neuer Roman«› (Literaturwiss.): nach 1945 in Frankreich entstandene experimentelle Form des Romans (a), die unter Verzicht auf den allwissenden Erzähler die distanzierte Beschreibung einer eigengesetzlichen Welt in den Vordergrund stellt

Nou|veau|té [nuvoˈteː], die; -, -s ‹*lat.-frz.*›: Neuheit, Neuigkeit [in der Mode]

Nou|velle Cui|sine [nuˈvɛl kÿiˈziːn], die; - - ‹*frz.*› (Gastron.): Art der Kochkunst, die bes. die Verwendung frischer Ware bei kurzen Garzeiten vorsieht

N
Notr

¹No̱|va, die; -, ...vas (fachspr.: ...vae [...vɛ]), selten auch ...vä u. ...ven ‹*lat.*› (Astron.): Stern, der kurzfristig durch innere Explosionen hell aufleuchtet

²No̱|va: 1. *Plural* von ↑Novum. **2.** (Plural) Neuerscheinungen des Buchhandels

No|va|ti|a̱|ner, der; -s, - (meist Plural) ‹nach dem röm. Presbyter Novatian (3. Jh.)›: Anhänger einer sittenstrengen, altchristlichen Glaubensgemeinschaft. **No|va|ti|a̱|ne|rin,** die; -, -nen: weibliche Form zu ↑Novatianer

No|va|ti|o̱n, die; -, -en ‹*lat.;* »Erneuerung«› (Rechtswiss.): Schuldumwandlung, Aufhebung eines bestehenden Schuldverhältnisses durch Schaffung eines neuen

No|ve|cen|to [noveˈtʃɛnto], das; -[s] ‹*lat.-it.*›: **1.** it. Bez. für: 20. Jh. (bes. in der Kunstwissenschaft). **2.** 1923 hervorgetretene, in Mailand gegründete italienische Künstlergruppe

No|vel Food, das; - -[s], - -s, **No|vel|food,** das; -[s], -s [ˈnɔvl̩ ˈfuːd, ˈnɔvl̩...] ‹*engl.*›: neue, zum Teil mit gentechnischen Hilfsmitteln entwickelte Lebensmittel, die noch nicht allgemein verbreitet sind. **No|vel-Food-Ver|ord|nung,** die; -: EU-Verordnung zur Kennzeichnungspflicht gentechnisch veränderter Lebensmittel

No|vẹl|le, die; -, -n ‹*lat.(-it.)*›: **1.** (ohne Plural) Erzählung kürzeren od. mittleren Umfangs, die von einem einzelnen Ereignis handelt u. deren geradliniger Handlungsablauf auf ein Ziel hinführt. **2.** (Rechtswiss.) abändernder od. ergänzender Nachtrag zu einem Gesetz

¹No|vel|lẹt|te, die; -, -n ‹*lat.-it.*›: kleine Novelle (1)

²No|vel|lẹt|te, die; -, -n ‹von R. Schumann 1838 nach dem Namen der engl. Sängerin C. Novello geprägt› (Musik): Charakterstück mit mehreren aneinandergereihten [heiteren] Themen

no|vel|li̱e̱|ren ‹*lat.-it.*› (Rechtswiss.): ein Gesetz[buch] mit Novellen (2) versehen

No|vel|lịst, der; -en, -en: Schriftsteller, der Novellen verfasst. **No|vel|lịs|tik,** die; -: **1.** Kunst der Novelle (1). **2.** Gesamtheit der novellistischen Dichtung. **No|vel|lịs|tin,** die; -, -nen: weibliche Form zu ↑Novellist. **no|vel|lịs|tisch:** die Novelle (1), die Novellistik (1) betreffend; in der Art der Novelle, der Novellistik

No|vẹm|ber, der; -[s], - ‹*lat.*›: elfter Monat im Jahr (Abk.: Nov.)

No|ven|di|a̱|le, das; -, -n ‹*lat.-it.;* »neuntägig«›: die neuntägige Trauerfeier (im Petersdom in Rom) für einen verstorbenen Papst

No|ve̱|ne, die; -, -n ‹*lat.-mlat.*›: neuntägige katholische Andacht (als Vorbereitung auf ein Fest od. für ein besonderes Anliegen der od. des Gläubigen)

No|vi|a̱l, das; -[s] ‹Kunstw.›: (1928 von dem dän. Sprachwissenschaftler Jespersen ausgearbeitete) Welthilfssprache

No̱|vi|lon®, das u. der; -s ‹*Kunstw.*› (schweiz.): Bez. für verschiedene [Boden]beläge aus Kunststoff

No|vi|lu̱|ni|um, das; -s, ...ien ‹*lat.;* »Neumond«› (Astron.): das erste Sichtbarwerden der Mondsichel nach Neumond; Neulicht

No|vi|tä̱t, die; -, -en: **1.** Neuerscheinung; Neuheit (von Büchern, Theaterstücken, von Modeerscheinungen u. a.). **2.** (veraltet) Neuigkeit

¹No|vi̱|ze, der; -n, -n ‹»Neuling«› (kath. Kirche): Mann, der in einem Kloster eine Vorbereitungszeit verbringt, bevor er die Gelübde ablegt

²No|vi̱|ze vgl. Novizin

No|vi|zi|a̱t, das; -[e]s, -e ‹*lat.-nlat.*›: **1.** Vorbereitungs-, Probezeit der Noviz[inn]en; Dienst, den die Noviz[inn]en versehen. **2.** Wohn- u. Ausbildungsstätte für die Noviz[inn]en

No|vi̱|zin, die; -, -nen, **²No|vi̱|ze,** die; -, -n ‹*lat.*›: weibliche Formen zu ↑¹Novize

No|vo|ca|i̱n®, das; -s ‹Kunstw. aus *lat. nov*us »neu« u. *Cocain*›: ältere Bez. für ↑Procain

No̱|vum, das; -s, Nova ‹*lat.;* »Neues«›: Neuheit; neu hinzukommende Tatsache; etwas nie Dagewesenes

Nọ|xe, die; -, -n ‹*lat.;* »Schaden«› (Med.): Stoff od. Umstand, der eine schädigende Wirkung auf den Organismus ausübt

No|xi̱n, das; -s, -e (meist Plural) ‹*lat.-nlat.*› (Med.): im Organismus zugrunde gegangener körpereigener Eiweißstoff, der eine starke Toxizität entwickelt

No|zi|zep|ti|o̱n, die; -, -en ‹*lat.-nlat.*› (Med.): Wahrnehmung eines Schmerzreizes

Nu|an|ce [nyˈɑ̃ːsə, österr.: nyˈɑ̃ːs], die; -, -n ‹*lat.-frz.*›: **1.** feiner gradueller Unterschied. **2.** Kleinigkeit. **3.** (innerhalb eines Kunstwerks o. Ä.) besonders fein gestaltete Einzelheit; Feinheit

nu|an|cie|ren [nyɑ̃ˈsiː...]: **a)** sehr fein graduell abstufen; **b)** in seinen Feinheiten, feinen Unterschieden erfassen, darstellen. **nu|an|ci̱ert: 1.** äußerst differenziert, subtil. **2.** pointiert

Nu|be̱|ku|la, die; -, ...lä ‹*lat.;* »kleine Wolke«› (Med.): **1.** leichte Hornhauttrübung. **2.** zu Boden sinkende wolkige Trübung in stehendem Harn

Nu̱|buk, das; - ‹*engl.*›: (bes. Kalb- od. Rind)leder, das aufgrund entsprechender Bearbeitung eine samtartige Oberfläche hat

Nu|cel|lus, der; -, ...lli ‹*lat.-nlat.*› (Bot.): Kern der Samenanlage bei Blütenpflanzen

Nu|d|ging ['nadʒɪŋ], das; -s ‹*engl.*› (Politik, Wirtsch.): vorsichtige Einflussnahme auf politische, wirtschaftliche o. ä. Entscheidungen von Menschen

Nu|dis|mus, der; - ‹*lat.-nlat.*›: Freikörperkultur; Lebensanschauung, nach der der gemeinsame Aufenthalt von Angehörigen beider Geschlechter im Freien mit nacktem Körper der physischen u. psychischen Gesundung dient. **Nu|dist**, der; -en, -en: Anhänger des Nudismus. **Nu|dis|tin**, die; -, -nen: weibliche Form zu ↑Nudist. **nu|dis|tisch**: den Nudismus betreffend, zum Nudismus gehörend

nu|dis ver|bis ‹*lat.*›: mit nackten, dürren Worten

Nu|di|tät, die; -, -en: **1.** (ohne Plural) Nacktheit. **2.** (meist Plural) Darstellung eines nackten Körpers (als sexueller Anreiz)

Nu|gat, Nougat ['nu:...], der od. das; -s, -s ‹*lat.-galloroman.-provenzal.-frz.*›: aus fein zerkleinerten gerösteten Nüssen, Zucker u. Kakao zubereitete Masse (als Süßware bzw. als Füllung von Süßwaren)

Nug|get ['nagɪt], das; -[s], -s ‹*engl.*›: natürlicher Goldklumpen

nu|k|le|ar ‹*lat.-nlat.*›: **a)** den Atomkern betreffend, Kern...; **b)** mit der Kernenergie zusammenhängend, durch Kernenergie erfolgend; **c)** Atom-, Kernwaffen betreffend; **nukleare Waffen:** Waffen, deren Wirkung auf Kernspaltung od. Kernverschmelzung beruht

Nu|k|le|ar|me|di|zin, die; -: Teilgebiet der Medizin, das sich mit der Anwendung radioaktiver Stoffe für die Erkennung u. Behandlung von Krankheiten befasst

Nu|k|le|a|se, die; -, -n (Chemie): Nukleinsäuren spaltendes Enzym

Nu|k|le|in, das; -s, -e: ↑Nukleoproteid

Nu|k|le|in|säu|re, die; -, -n (Biochemie): bes. im Zellkern u. in den Ribosomen vorkommende, aus Nukleotiden aufgebaute polymere (2) Verbindung, die als Grundsubstanz der Vererbung fungiert

Nu|k|le|o|ge|ne|se, die; -: Bildung der im Weltall vorhandenen Elemente durch Kernreaktionen

Nu|k|le|o|id, das; -[e]s, -e (meist Plural) ‹*lat.; gr.*›: dem Zellkern entsprechendes Äquivalent bei einfachen Bakterienzellen

Nu|k|le|o|le, die; -, -n, **Nu|k|le|o|lus**, der; -, ...li u. ...olen ‹*lat.;* »kleiner Kern«›: Kernkörperchen des Zellkerns

Nu|k|le|on, das; -s, ...onen ‹*lat.-nlat.*›: Baustein des Atomkerns (Proton od. Neutron)

Nu|k|le|o|nik, die; -: Wissenschaft von den Atomkernen

nu|k|leo|phil ‹*lat.; gr.*› (Chemie): zur Anlagerung von Atomen mit Elektronenpaarlücken neigend

Nu|k|leo|pro|te|id, das; -[e]s, -e ‹*lat.; gr.*›: Eiweißverbindung des Zellkerns

Nu|k|leo|som, das; -s, -en (Biol.): Grundbaustein des ↑Chromatins

Nu|k|le|o|tid, das; -[e]s, -e (meist Plural): aus einem Phosphatrest, [Desoxy]ribose u. einem basischen Bestandteil zusammengesetzte chemische Verbindung

Nu|k|le|us, der; -, ...ei [...e-i] ‹*lat.;* »[Frucht]kern«›: **1.** (Biol.) Zellkern. **2.** (Anat., Physiol.) Nervenkern. **3.** steinzeitlicher [Feuer]steinblock, von dem Stücke zur Herstellung von Werkzeugen abgeschlagen wurden. **4.** (Sprachwiss.) Kern, Kernglied einer sprachlich zusammengehörenden Einheit

Nu|k|lid, das; -[e]s, -e: durch bestimmte Ordnungs- u. Massenzahl gekennzeichnete Art von Atomen

nul|la poe|na si|ne le|ge [- 'pø:na - -] ‹*lat.;* »keine Strafe ohne Gesetz«›: Grundsatz des Strafrechts, nach dem bei der Festsetzung einer Strafe nur ein bereits zur Tatzeit geltendes Gesetz angewendet werden darf

Null|di|ät, die; -, -en (Med.): Fasten, bei dem man nur Wasser, Mineralstoffe u. Vitamine zu sich nimmt, um abzunehmen

Nul|li|fi|ka|ti|on, die; -, -en ‹*lat.(-engl.)*› (Rechtswiss.): gesetzliche Aufhebung, Ungültigkeitserklärung. **nul|li|fi|zie|ren** (Rechtswiss.): für ungültig erklären, aufheben

Null|in|s|t|ru|ment, das; -[e]s, -e (Elektrot.): elektrisches Messgerät, bei dem der Wert null auf der Mitte der Skala liegt

Nul|li|pa|ra, die; -, ...aren ‹*lat.-nlat.*› (Med.): Frau, die noch kein Kind geboren hat

Nul|li|tät, die; -, -en ‹*lat.-mlat.*›: **a)** Nichtigkeit; Ungültigkeit; **b)** Wertlosigkeit

Null|me|ri|di|an, der; -s: durch Greenwich verlaufender Meridian, von dem aus die Meridiane nach Ost u. West von 0° bis 180° gezählt werden

Null|mor|phem, das; -s, -e (Sprachwiss.): inhaltlich vorhandenes, aber lautlich nicht ausgedrücktes Morphem (z. B. bei der Bildung des Genitivs Singular Femininum)

Null|ni|veau [...vo:], das; -s, -s: Höhenlage, von der aus kartografische Messungen vorgenommen werden

Null|ode, die; -, -n ‹*lat.-it.; gr.*› (Elektrot.): elektrodenlose Röhre

Null ou|vert [- u'vɛ:ɐ̯, auch: - u've:ɐ̯], der (selten: das); - -[s] [- u'vɛ:ɐ̯(s)], - -s [- u'vɛ:ɐ̯s] ‹*lat.; frz.*›: (beim Skat) Spiel, bei dem der od. die Spielende keinen Stich machen darf und seine od. ihre Karten offen auf den Tisch legen muss

Null|ta|rif, der; -[e]s, -e: kostenlose Gewährung bestimmter, üblicherweise nicht unentgeltlicher Leistungen

Nul|lum, das; -s ‹*lat.*› (Rechtswiss.): etwas Gegenstandsloses, Wirkungsloses

nul|lum cri|men si|ne le|ge ‹*lat.;* »kein Verbrechen ohne Gesetz«›: strafrechtlicher Grundsatz, nach dem eine Tat nur dann bestraft werden kann, wenn ihre Strafbarkeit bereits gesetzlich bestimmt war

Nu|men, das; -s ‹*lat.*›: göttliches Wesen als wirkende Kraft

Nu|me|ra|le, das; -s, ...lien u. ...lia ‹*lat.*› (Sprachwiss.): Zahlwort

Nu|me|ri: **1.** *Plural* von ↑Numerus. **2.** (Plural) viertes Buch Mose (nach der zu Anfang beschriebenen Volkszählung)

nu|me|risch ‹*lat.-nlat.*›: **a)** zahlenmäßig, der Zahl nach; **b)** unter Verwendung von [bestimmten] Zahlen, Ziffern erfolgend; **c)** (EDV) sich nur aus Ziffern zusammensetzend

Nu|me|ro, das; -s, -s ⟨*lat.-it.*⟩ (veraltet): Nummer (in Verbindung mit einer Zahl) (Abk.: No.)

Nu|me|ro|lo|gie, die; -: meist mystische Zahlenlehre (im Bereich des Aberglaubens)

Nu|me|rus [auch: ˈnʊ...], der; -, ...ri ⟨*lat.*⟩: **1.** Zahl; **Numerus currens** (veraltet): laufende Nummer, mit der ein neu eingehendes Buch in der Bibliothek versehen wird. **2.** (Math.) Zahl, zu der der Logarithmus gesucht wird. **3.** (Sprachwiss.) Zahlform des Nomens (2) od. Verbs (Singular, Plural, Dual). **4.** (Rhet., Stilkunde) Bau eines Satzes in Bezug auf Gliederung, Länge od. Kürze der Wörter, Verteilung der betonten od. unbetonten Wörter, in Bezug auf die Klausel (2) u. die Pausen, d. h. die Verteilung des gesamten Sprachstoffes im Satz

Nu|me|rus clau|sus, der; - -: zahlenmäßig beschränkte Zulassung (bes. zum Studium)

nu|mi|nos ⟨*lat.-nlat.*⟩: göttlich, in der Art des Numinosen. **Nu|mi|no|se,** das; -n: das Göttliche als unbegreifliche, zugleich Vertrauen u. Schauer erweckende Macht

Nu|mis|ma|tik, die; - ⟨*gr.-lat.-nlat.*⟩: Münzkunde. **Nu|mis|ma|ti|ker,** der; -s, -: jmd., der sich [wissenschaftlich] mit der Numismatik beschäftigt; Münzkundiger; Münzsammler. **Nu|mis|ma|ti|ke|rin,** die; -, -nen: weibliche Form zu ↑Numismatiker. **nu|mis|ma|tisch:** die Numismatik betreffend, zu ihr gehörend; münzkundlich

Num|mer, die; -, -n ⟨*lat.-it.*⟩: **1.** zur Kennzeichnung dienende Ziffer, Zahl; Kennzahl (z. B. für das Telefon, für die Schuhgröße, für das Heft einer Zeitschrift) (Abk.: Nr., Plural: Nrn.); vgl. Numero. **2.** spaßige, unbekümmert-dreiste Person, Witzbold. **3. a)** einzelne Darbietung im Zirkus, Kabarett, Varieté; **b)** (ugs.) einzelnes Musikstück der Unterhaltungsmusik. **4.** (ugs.) Geschlechtsakt

num|me|rie|ren: beziffern, mit fortlaufenden Ziffern versehen

num|me|risch vgl. numerisch

Num|mern|kon|to, das; -s, ...ten, (auch:) -s, ...ti: Konto, das nicht auf den Namen des Inhabers lautet, sondern nur durch eine Nummer (1) gekennzeichnet ist

Num|mu|lit [auch: ...ˈlɪt], der; -s u. -en, -e[n] ⟨*lat.-nlat.*⟩ (Geol.): versteinerter Wurzelfüßer im ↑Eozän mit Kalkgehäuse

Nu|na|tak, der; -s, -s u. -[e]r ⟨*eskim.*⟩ (Geogr.): Bergspitze, die aus dem Inlandeis, aus Gletschern hervorragt

Nun|cha|ku [...ˈtʃaku], das; -s, -s ⟨*jap.*⟩: asiatische Waffe aus zwei mit einer Schnur od. Kette verbundenen Holzstäben

Nun|ti|ant, der; -en, -en ⟨*lat.*⟩ (veraltet): jmd., der eine Anzeige erstattet; vgl. Denunziant. **Nun|ti|an|tin,** die; -, -nen: weibliche Form zu ↑Nuntiant

Nun|ti|at, der; -en, -en (veraltet): [vor Gericht] Angezeigter; vgl. Denunziat

Nun|ti|a|ti|on, die; -, -en (veraltet): Anklage, Anzeige; vgl. Denunziation

Nun|ti|a|tur, die; -, -en ⟨*lat.-nlat.*⟩: **a)** Amt eines Nuntius; **b)** Sitz eines Nuntius

Nun|ti|us, der; -, ...ien ⟨*lat.;* »Bote«⟩: ständiger diplomatischer Vertreter des Papstes bei einer Staatsregierung (im Botschafterrang)

nup|ti|al ⟨*lat.*⟩ (veraltet): ehelich, hochzeitlich

Nup|tu|ri|en|ten, die (Plural) (veraltet): Brautleute

Nu|ra|ghe, Nu|ra|ge [...g...], die; -, -n, fachspr. auch: der; -n, -n ⟨*it.*⟩: turmartiger, aus großen Steinblöcken ohne Mörtel errichteter Rundbau aus der Jungsteinzeit u. der Bronzezeit, bes. auf Sardinien

Nurse [nœːɐ̯s], die; -, -s [...sɪs] u. -n [...sn̩] ⟨*lat.-frz.-engl.*⟩ (veraltet): Kinderpflegerin

Nus, Nous [nuːs], der; - ⟨*gr.-spätlat.*⟩ (Philos.): **a)** (in der antiken Metaphysik) Geist, Vernunft (als höchster Teil der Seele); **b)** ↑Demiurg

Nu|ta|ti|on, die; -, -en ⟨*lat.;* »das Schwanken«⟩: **1.** (Bot.) selbsttätige, ohne äußeren Reiz ausgeführte Wachstumsbewegung der Pflanze. **2.** (Astron.) Schwankung der Erdachse gegen den Himmelspol

Nu|t|ra|ceu|ti|cal, Nutriceutical [...ˈsjuːtɪkl̩] das; -s, -s (meist Plural) ⟨Kunstw. aus *engl. nutrition* »Ernährung« u. *pharmaceutical* »pharmazeutisch«⟩: ↑Functional Food

Nu|t|ra|min, das; -s, -e ⟨Kunstw. aus *lat. nutrix* »nährend« u. ↑*Amin*⟩ (veraltet): Vitamin

[1]Nu|t|ria, die; -, -s ⟨*lat.-span.*⟩: in Südamerika heimische, bis zu einem halben Meter lange Biberratte mit braunem Fell; Sumpfbiber

[2]Nu|t|ria, der; -s, -s: **a)** Fell der Biberratte; **b)** aus dem Fell der Biberratte gearbeiteter Pelz

Nu|t|ri|ceu|ti|cal [...ˈsjuːtɪkl̩] vgl. Nutraceutical

nu|t|rie|ren ⟨*lat.*⟩ (veraltet): ernähren

Nu|t|ri|ment, das; -[e]s, -e (Med.): Nahrungsmittel

Nu|t|ri|ti|on, die; - (Med.): Ernährung

nu|t|ri|tiv ⟨*lat.-nlat.*⟩ (Med.): der Ernährung dienend, die Ernährung betreffend; nährend, nahrhaft

Ny, das; -[s], -s ⟨*gr.*⟩: dreizehnter Buchstabe des gr. Alphabets (Ν, ν)

Nya|la [ˈnjaːla], der; -s, -s ⟨*afrik.*⟩: Waldbock im südlichen Afrika

Nyk|t|al|gie, die; -, ...ien ⟨*gr.-nlat.*⟩ (Med.): körperlicher Schmerz, der nur zur Nachtzeit auftritt; Nachtschmerz

Nyk|t|a|l|o|pie, die; - (Med.): Nachtblindheit

Nyk|ti|nas|tie, die; -, ...ien (Bot.): Schlafbewegung der Pflanzen (z. B. das Sichsenken der Bohnenblätter am Abend)

Nyk|to|me|ter, das; -s, - (Med.): Instrument zur Erkennung der Nachtblindheit

Nyk|to|pho|bie, die; -, ...ien (Med.): Nachtangst; krankhafte Angst vor der Dunkelheit

Nyk|t|u|rie, die; -, ...ien (Med.): mehrfaches Wasserlassen während der Nacht

Ny|lon [ˈnaɪlɔn], das; -[s] ⟨*engl.-amerik.*⟩: haltbare synthetische Textilfaser

Ny|lons, die (Plural) (ugs. veraltend): Damenstrümpfe aus Nylon

Nym|pha, die; -, ...phae [...fɛ] u. ...phen ⟨*gr.-lat.*⟩ (Med.): kleine Schamlippe

Nym|phäa, Nym|phäe, die; -, ...äen: See- od. Wasserrose

Nym|phä|um, das; -s, ...äen: den Nymphen geweihtes Brunnenhaus, geweihte Brunnenanlage der Antike

Nymph|chen, das; -s, -: sehr junges u. unschuldig-verführerisches Mädchen; Kindfrau

Nym|phe, die; -, -n (»Braut, Jungfrau«): **1.** weibliche Naturgottheit des griechischen Volksglaubens. **2.** (Zool.) Larve der Insekten, die bereits Anlagen zu Flügeln besitzt. **3.** ↑Nymphchen

Nym|phi|tis, die; -, ...itiden ⟨*gr.-nlat.*⟩ (Med.): Entzündung der kleinen Schamlippen

nym|pho|man, nymphomanisch (Med., Psychol.): an Nymphomanie leidend. **Nym|pho|ma|nie,** die; - (Med., Psychol.): [krankhaft] gesteigerter Wunsch nach Sexualität bei Frauen. **Nym|pho|ma|nin,** die; -, -nen (Med.): an Nymphomanie leidende Frau. **nym|pho|ma|nisch** vgl. nymphoman

Ny|norsk, das; - ⟨*norw.;* »Neunorwegisch«⟩: mit dem ↑Bokmål gleichberechtigte norwegische Schriftsprache, die im Gegensatz zum Bokmål auf den norwegischen Dialekten beruht; vgl. Landsmål

Nys|tag|mus, der; - ⟨*gr.-nlat.*⟩ (Med.): nicht willkürlich beeinflussbare rhythmische Bewegung eines Organs, meist des Auges

Nys|ta|tin, das; -s ⟨*Kunstw.*⟩: als ↑Fungizid verwendetes Antibiotikum

O

Oa|se, die; -, -n ⟨*ägypt.-gr.-lat.*⟩: **1.** fruchtbare Stelle mit Wasser u. Pflanzen in der Wüste. **2.** [stiller] Ort der Erholung

ob|di|p|los|te|mon ⟨*lat.; gr.*⟩: (Bot.; von Blüten) zwei Kreise von Staubgefäßen tragend, von denen der innere vor den Kelchblättern, der äußere vor den Kronblättern (den Blütenblättern im engeren Sinne) steht

Ob|duk|ti|on, die; -, -en ⟨*lat.*⟩ (Med.): [gerichtlich angeordnete] Leichenöffnung [zur Klärung der Todesursache]

Ob|du|ra|ti|on, die; -, -en ⟨*lat.*⟩ (Med.): Verhärtung von Körpergewebe. **ob|du|rie|ren** (Med.): sich verhärten

Ob|du|zent, der; -en, -en ⟨*lat.*⟩ (Med.): Arzt, der eine Obduktion vornimmt. **Ob|du|zen|tin,** die; -, -nen: weibliche Form zu ↑Obduzent

ob|du|zie|ren (Med.): eine Obduktion vornehmen

Ob|e|di|enz, Obödienz, die; - ⟨*lat.*⟩: **1.** Gehorsamspflicht der Kleriker gegenüber den geistlichen Oberen. **2.** Anhängerschaft eines Papstes während eines ↑Schismas

Obe|lisk, der; -en, -en ⟨*gr.-lat.*⟩: frei stehender, rechteckiger, spitz zulaufender Pfeiler (meist ↑Monolith)

Ober|li|ga, die; -, ...gen ⟨*dt.; lat.-span.*⟩: Spielklasse in zahlreichen Sportarten

Ober|pro|ku|ror, der; -s, ...oren ⟨*dt.; lat.-russ.*⟩ (Geschichte): vor 1917 der Vertreter des Zaren in der Leitung des ↑Synods; vgl. Prokuror

Ob|e|si|tas, die; - ⟨*lat.*⟩ (Med.): ↑Obesität

Ob|e|si|tät, die; - (Med.): Fettleibigkeit [infolge zu reichlicher Ernährung]

Obi, der od. das; -[s], -s ⟨*jap.*⟩: **1.** breiter steifer Seidengürtel, der um den japanischen Kimono geschlungen wird. **2.** Gürtel der Kampfbekleidung beim Judo

ob|i|it ⟨*lat.*⟩: ist gestorben (Inschrift auf alten Grabmälern)

Obi|ter Dic|tum, das; - -, - ...ta ⟨*lat.;* »beiläufige Bemerkung«⟩ (Rechtswiss.): Rechtsausführung (in einem Urteil eines obersten Gerichts) zur Urteilsfindung, auf der das Urteil jedoch nicht beruht

Obi|tu|a|ri|um, das; -s, ...ia od. ...ien ⟨*lat.-mlat.*⟩: kalender- od. annalenartiges Verzeichnis [für die jährliche Gedächtnisfeier] der verstorbenen Mitglieder, Wohltäter u. Stifter einer mittelalterlichen kirchlichen Gemeinschaft

Ob|jekt, das; -[e]s, -e ⟨*lat.;* »das Entgegengeworfene«⟩: **1. a)** Gegenstand, auf den das Interesse, das Denken, das Handeln gerichtet ist; **b)** (Philos.) unabhängig vom Bewusstsein existierende Erscheinung der materiellen Welt, auf die sich das Erkennen, die Wahrnehmung richtet (Ggs.: Subjekt [1]); **c)** (Kunstwiss.) aus verschiedenen Materialien zusammengestelltes plastisches Werk der modernen Kunst. **2.** [meist: ˈɔp...] (Sprachwiss.) Satzglied, das von einem Verb als Ergänzung gefordert wird (z. B. ich kaufe *ein Buch*); vgl. Prädikat (3), Subjekt (2). **3. a)** (Wirtsch.) Grundstück, Wertgegenstand, Vertrags-, Geschäftsgegenstand; **b)** (österr.) Gebäude. **4.** (EDV) (in der Programmierung) kleinerer Datensatz, der bestimmte Eigenschaften besitzt und bestimmte Operationen ausführen kann

Ob|jekt|ero|tik, die; - ⟨*lat.; gr.-frz.*⟩ (Psychol.): Befriedigung des Sexualtriebes an einem Objekt (1 a)

Ob|jek|ti|on, die; -, -en ⟨*lat.*⟩ (Psychol.): Übertragung einer seelischen Erlebnisqualität auf einen Gegenstand, Vorstellungsinhalt od. auf Sachverhalte

ob|jek|tiv ⟨*lat.-nlat.*⟩: **1.** außerhalb des subjektiven Bewusstseins bestehend. **2.** sachlich, nicht von Gefühlen u. Vorurteilen bestimmt; unvoreingenommen, unparteiisch (Ggs.: subjektiv [2])

Ob|jek|tiv, das; -s, -e: die dem zu beobachtenden Gegenstand zugewandte Linse[nkombination] eines optischen Gerätes

Ob|jek|ti|va|ti|on, die; -, -en: Vergegenständlichung; vom rein Subjektiven abgelöste Darstellung; vgl. ...ation/...ierung

Ob|jek|ti|ve, das; -n (Philos.): das von allem Subjektiven Unabhängige, das an sich Seiende

ob|jek|ti|vier|bar: sich ↑objektivieren lassend

ob|jek|ti|vie|ren: 1. etwas in eine bestimmte, der objektiven Betrachtung zugängliche Form bringen; etwas von subjektiven, emotionalen Einflüssen befreien. **2.** (Physik) etwas so darstellen, wie es wirklich ist, unbeeinflusst vom Messinstrument oder vom Beobachter. **Ob|jek|ti|vie|rung,** die; -, -en: das Objektivieren; vgl. ...ation/...ierung

Ob|jek|ti|vis|mus, der; -: **1.** Annahme, dass es subjektunabhängige, objektive Wahrheiten u. Werte gibt. **2.** (Philos.) erkenntnistheoretische Lehre, wonach die Erfahrungsinhalte objektiv Gegebenes sind. **3.** (marxistisch abwertend) wissenschaftliches Prinzip, das davon ausgeht, dass wissenschaftliche Objektivität unabhängig von gesellschaftlichen Realitäten existieren kann

Ob|jek|ti|vist, der; -en, -en: Anhänger des Objektivismus. **Ob|jek|ti|vis|tin,** die; -, -nen: weibliche Form zu ↑Objektivist

ob|jek|ti|vis|tisch: **a)** den Objektivismus (1, 2) betreffend, in der Art des Objektivismus; **b)** nach den Prinzipien des Objektivismus (3) verfahrend, ihn betreffend

Ob|jek|ti|vi|tät, die; -: strenge Sachlichkeit; objektive (2) Darstellung unter größtmöglicher Ausschaltung des Subjektiven (Ideal wissenschaftlicher Arbeit) (Ggs.: Subjektivität)

Ob|jekt|kunst, die; - (Kunstwiss.): moderne Kunstrichtung, die sich mit der Gestaltung von Objekten (1 c) befasst

Ob|jekt|li|bi|do, die; - (Psychol.): auf Personen u. Gegenstände, nicht auf das eigene Ich gerichtete ↑Libido

Ob|jekt|psy|cho|tech|nik, die; -: Anpassung der objektiven Forderungen des Berufslebens an die subjektiven Erfordernisse des im Beruf stehenden Menschen (z. B. Wahl der Beleuchtung, Gestaltung des Arbeitsplatzes)

Ob|jekt|sa|nie|rung, die; -, -en: Sanierung eines einzelnen Gebäudes (im Rahmen der Sanierung eines Stadtteils)

Ob|jekt|satz, der; -es, ...sätze ‹*lat.; dt.*› (Sprachwiss.): Gliedsatz in der Rolle eines Objekts (z. B.: Klaus weiß, *was Tim macht;* Brunhilde hilft, *wem sie helfen kann*)

Ob|jekt|schutz, der; -es: polizeilicher, militärischer o. ä. Schutz für Gebäude, Anlagen usw.

Ob|jekt|spra|che, die; - (Sprachwiss.): Sprache als Gegenstand der Betrachtung, die mit der ↑Metasprache beschrieben wird

ob|ji|zie|ren ‹*lat.*› (veraltet): einwenden, entgegnen

Ob|last, die; -, -e, auch: der; -[s], -e u. -s ‹*russ.*›: größeres Verwaltungsgebiet in Russland

¹Ob|la|te, die; -, -n ‹*lat.-mlat.;* »(als Opfer) Dargebrachtes«›: **1. a)** (kath. Rel.) noch nicht ↑konsekrierte Hostie; **b)** (ev. Rel.) Abendmahlsbrot. **2. a)** eine Art Waffel; **b)** sehr dünne Scheibe aus einem Teig aus Mehl u. Wasser (als Gebäckunterlage). **3.** (landsch.) kleines Bildchen, das in ein Poesiealbum o. Ä. eingeklebt wird

²Ob|la|te, der; -n, -n (meist Plural): **1.** (Geschichte) im Kloster erzogenes, für den Ordensstand bestimmtes Kind. **2.** Laie, der sich in stets widerruflichem Gehorsamsversprechen einem geistlichen Orden angeschlossen hat. **3.** Angehöriger kath. religiöser Genossenschaften. **Ob|la|tin,** die; -, -nen: weibliche Form zu ↑²Oblate (2, 3)

Ob|la|ti|on, die; -, -en: **1.** ↑Offertorium. **2.** von den Gläubigen in der Eucharistie dargebrachte Gabe (heute meist durch die Kollekte [1] ersetzt). **3.** feierliche Einsetzung von Oblatinnen u. ²Oblaten (2, 3)

ob|li|gat ‹*lat.;* »verbunden, verpflichtet«›: **1. a)** unerlässlich, erforderlich, unentbehrlich; **b)** (meist spöttisch) regelmäßig dazugehörend, üblich, unvermeidlich. **2.** (Musik) als selbstständig geführte Stimme für eine Komposition unentbehrlich (Ggs.: ad libitum [2 b])

Ob|li|ga|ti|on, die; -, -en: **1.** (Rechtswiss.) Verpflichtung; persönliche Verbindlichkeit. **2.** (Wirtsch.) Schuldverschreibung eines Unternehmers

Ob|li|ga|ti|o|när, der; -s, -e ‹*lat.-frz.*› (schweiz.): Besitzer von Obligationen (2). **Ob|li|ga|ti|o|nä|rin,** die; -, -nen: weibliche Form zu ↑Obligationär

ob|li|ga|to|risch ‹*lat.*›: verpflichtend, bindend, verbindlich; Zwangs... (Ggs.: fakultativ)

Ob|li|ga|to|ri|um, das; -s, ...ien (schweiz.): Verpflichtung, Pflichtfach, -leistung

ob|li|geant [...ˈʒant] ‹*lat.-frz.*› (veraltet): gefällig, verbindlich

ob|li|gie|ren [auch: ...ˈʒiː...] (veraltet): [zu Dank] verpflichten

Ob|li|go [auch: ˈɔb...], das; -s, -s ‹*lat.-it.*›: **1.** (Wirtsch.) Verbindlichkeit, Verpflichtung; **ohne Obligo:** ohne Gewähr (Abk.: o. O.). **2.** Wechselkonto im Obligobuch

Ob|li|go|buch, das; -[e]s, ...bücher ‹*lat.-it.; dt.*›: bei Kreditinstituten geführtes Buch, in das alle eingereichten Wechsel eingetragen werden

ob|lique [oˈbliːk] ‹*lat.*› (veraltet): schräg, schief; **obliquer Kasus** [...kvɐ -]: ↑Casus obliquus

Ob|li|qui|tät, die; -: **1.** Unregelmäßigkeit. **2.** (Sprachwiss.) Abhängigkeit. **3.** (Med.) Schrägstellung (des kindlichen Schädels bei der Geburt)

Ob|li|te|ra|ti|on, die; -, -en ‹*lat.*›: **1.** (Wirtsch.) Tilgung. **2.** (Med.) Verstopfung von Hohlräumen, Kanälen od. Gefäßen des Körpers durch entzündliche Veränderungen o. Ä.

ob|li|te|rie|ren: **1.** (Wirtsch.) tilgen. **2.** (Med.) verstopfen (in Bezug auf Gefäße, Körperhohlräume u. Körperkanäle)

Ob|lo|mo|we|rei, die; -, -en ‹nach dem Titelhelden Oblomow eines Romans des russischen Schriftstellers I. A. Gontscharow, 1812–1891›: ↑lethargische Grundhaltung, tatenloses Träumen

ob|long ‹*lat.*› (veraltet): länglich, rechteckig

Obo, der; -[s], -s ‹*mongol.*›: kultischer, mit Gebetsfahnen besteckter Steinhaufen auf Passhöhen in Tibet u. der Mongolei

Ob|ö|di|enz vgl. Obedienz

Oboe, die; -, -n ‹*frz.-it.;* »hohes (nämlich: hoch klingendes) Holz«› (Musik): **1.** Holzblasinstrument mit Löchern, Klappen, engem Mundstück. **2.** im Klang der Oboe ähnelndes Orgelregister

Oboe da Cac|cia [- - ˈkatʃa], die; - - -, - - - ‹*it.;* »Jagdoboe«›: eine Quinte tiefer stehende Oboe

Oboe d'Amo|re, die; - -, - - ‹*it.;*

»Liebesoboe«): **1.** eine Terz tiefer stehende Oboe mit zartem, mildem Ton. **2.** ein Orgelregister

Obo|er, der; -s, -: ↑Oboist. **Obo|e|rin,** die; -, -nen: weibliche Form zu ↑Oboer

Obo|ist, der; -en, -en: Musiker, der Oboe spielt. **Obo|is|tin,** die; -, -nen: weibliche Form zu ↑Oboist

Obo|lus, der; -, - u. -se ⟨*gr.-lat.*⟩: **1.** kleine Münze im alten Griechenland. **2.** kleine Geldspende, kleiner Beitrag. **3.** (Plural: -; Geol.) primitiver, versteinerter Armfüßer (↑Brachiopode), der vom ↑Kambrium bis zum ↑Ordovizium gesteinsbildend war

Ob|rep|ti|on, die; - ⟨*lat.*⟩ (Rechtsspr. veraltet): Erschleichung [eines Vorteils durch unzutreffende Angaben]

ob|ru|ie|ren ⟨*lat.*⟩ (veraltet): überladen, überhäufen, belasten

Ob|se|k|ra|ti|on, die; -, -en ⟨*lat.*⟩ (veraltet): Beschwörung durch eindringliches Bitten. **ob|se|k|rie|ren** (veraltet): beschwören, dringend bitten

ob|se|quent ⟨*lat.*⟩ (Geogr.): der Fallrichtung der Gesteinsschichten entgegengesetzt fließend (von Flüssen)

Ob|se|qui|a|le, das; -[s], ...lien ⟨*lat.-mlat.*⟩: liturgisches Buch für die ↑Exequien

Ob|se|qui|en, die (Plural): ↑Exequien

ob|ser|va|bel ⟨*lat.*⟩ (veraltet): bemerkenswert

ob|ser|vant: sich streng an die Regeln haltend. **Ob|ser|vant,** der; -en, -en: Angehöriger der strengeren Richtung eines Mönchsordens, bes. bei den Franziskanern

Ob|ser|vanz, die; -, -en: **1.** Ausprägung, Form. **2.** (Rechtswiss.) Gewohnheitsrecht [in unwesentlicheren Sachgebieten]. **3.** Befolgung der eingeführten Regel [eines Mönchsordens]

Ob|ser|va|ti|on, die; -, -en: **1.** wissenschaftliche Beobachtung [in einem Observatorium]. **2.** das Observieren (2)

Ob|ser|va|tor, der; -s, ...oren: jmd., der in einem Observatorium tätig ist. **Ob|ser|va|to|rin,** die; -, -nen: weibliche Form zu ↑Observator

Ob|ser|va|to|ri|um, das; -s, ...ien ⟨*lat.-nlat.*⟩: [astronomische, meteorologische, geophysikalische] Beobachtungsstation; Stern-, Wetterwarte

ob|ser|vie|ren ⟨*lat.*⟩: **1.** wissenschaftlich beobachten. **2.** polizeilich überwachen

Ob|ses|si|on, die; -, -en ⟨*lat.*; »das Besetztsein«⟩ (Psychol.): Zwangsvorstellung od. -handlung

ob|ses|siv ⟨*lat.-nlat.*⟩ (Psychol.): in der Art einer Zwangsvorstellung

Ob|si|di|an, der; -s, -e ⟨*lat.-nlat.*⟩: kieselsäurereiches, glasiges Gestein

Ob|si|g|na|ti|on, die; -, -en ⟨*lat.*⟩ (Rechtsspr. veraltet): Versiegelung [durch das Gericht]; Bestätigung, Genehmigung. **ob|si|g|nie|ren** (veraltet): bestätigen

ob|s|kur ⟨*lat.*⟩: **a)** dunkel; verdächtig; zweifelhafter Herkunft; **b)** unbekannt; vgl. Clair-obscur

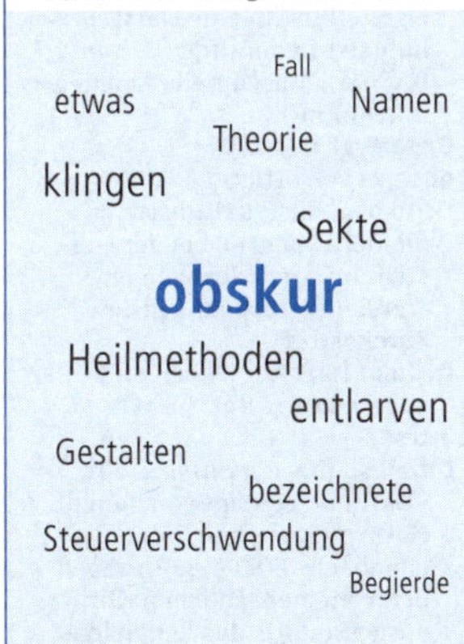

Ob|s|ku|rant, der; -en, -en (veraltet): Dunkelmann. **Ob|s|ku|ran|tin,** die; -, -nen: weibliche Form zu ↑Obskurant

Ob|s|ku|ran|tis|mus, der; - ⟨*lat.-nlat.*⟩: Bestreben, die Menschen bewusst in Unwissenheit zu halten, ihr selbstständiges Denken zu verhindern u. sie an Übernatürliches glauben zu lassen. **ob|s|ku|ran|tis|tisch:** dem Obskurantismus entsprechend

Ob|s|ku|ri|tät, die; -, -en ⟨*lat.*⟩: **a)** Dunkelheit, zweifelhafte Herkunft; **b)** Unbekanntheit

Ob|so|les|zenz, die; - ⟨*lat.-nlat.*⟩ (bes. Fachspr.): die Alterung, das Veralten (eines Produktes)

ob|so|let: ungebräuchlich, veraltet

Ob|s|ta|kel, das; -s, - ⟨*lat.*⟩ (veraltet): Hindernis

Ob|s|te|t|rik, die; - (Med.): Wissenschaft von der Geburtshilfe

ob|s|ti|nat ⟨*lat.*⟩: starrsinnig, widerspenstig, unbelehrbar. **Ob|s|ti|na|ti|on,** die; - (veraltet): Halsstarrigkeit, Eigensinn

Ob|s|ti|pa|ti|on, die; -, -en ⟨*lat.-mlat.*⟩ (Med.): Stuhlverstopfung. **ob|s|ti|pie|ren** (Med.): **1.** zu Stuhlverstopfung führen. **2.** an Stuhlverstopfung leiden

Ob|s|truc|tion-Box, Ob|s|t|ruc|tion|box [əbˈstrʌkʃn̩bɔks], die; -, -en ⟨*(lat.-)engl.*⟩ (Psychol.): (1926 von Warden konstruierte) Apparatur, die mittels einer Blockierung des Weges zum Futter die Intensität der Antriebe bei Tieren misst

Ob|s|t|ru|ent, der; -en, -en ⟨*lat.-engl.*⟩ (Sprachwiss.): Konsonant, bei dessen Erzeugung der Atemstrom zu einem Teil (Frikativ, Spirant) od. völlig (Verschlusslaut) behindert ist

ob|s|t|ru|ie|ren ⟨*lat.*⟩: **1.** hindern; entgegenarbeiten; Widerstand leisten. **2.** (Med.) verstopfen (z. B. einen Kanal durch entzündliche Veränderungen)

Ob|s|t|ruk|ti|on, die; -, -en: **1.** Widerstand; parlamentarische Verzögerungstaktik (z. B. durch sehr lange Reden, Fernbleiben von Sitzungen). **2.** (Med.) Verstopfung (z. B. von Körperkanälen o. Ä. durch entzündliche Prozesse)

ob|s|t|ruk|tiv ⟨*lat.-nlat.*⟩: **1.** hemmend. **2.** (Med.) Gefäße od. Körperkanäle verstopfend (z. B. von entzündlichen Prozessen)

ob|s|zön ⟨*lat.*⟩: **1.** in das Schamgefühl verletzender Weise auf den Sexual-, Fäkalbereich bezogen; unanständig, schlüpfrig. **2.** [sittliche] Entrüstung hervorrufend. **Ob|s|zö|ni|tät,** die; -, -en: Schamlosigkeit, Schlüpfrigkeit

Ob|tu|ra|ti|on, die; -, -en ⟨*lat.-mlat.*⟩ (Med.): Verstopfung von Hohlräumen u. Gefäßen (z. B. durch einen ↑Embolus)

Ob|tu|ra|tor, der; -s, ...oren ⟨*lat.-nlat.*⟩ (Med.): Apparat zum Verschluss von Körperöffnun-

gen, bes. Verschlussplatte für Gaumenspalten
ob|tu|rie|ren ‹*lat.*› (Med.): Körperlücken verschließen (z. B. von Muskeln, Nerven u. Venen, die durch Öffnungen von Knochen hindurchtreten)

Obolus
Korrekt ist nur die Schreibweise mit *-o-* in der zweiten Silbe. Das Wort geht über *lat.* obolus zurück auf *gr.* obolós, eine mundartl. Form von obelós (»Spieß«). Vermutlich waren die ersten Münzen dieser Art kleine, spitze Metallstücke.

O-Bus, Obus, der; -ses, -se: Kurzw. für: *O*berleitungsomni*bus*
Oc|ca|mis|mus vgl. Ockhamismus
Oc|ca|si|on, die; -, -en ‹*lat.-frz.*› (österr., schweiz.): ↑Okkasion (2)
Oc|chi [ˈɔki], Okki, das; -[s], -s ‹*it.*›: Kurzform von ↑Occhispitze
Oc|chi|ar|beit [ˈɔki...], Okkiarbeit, die; -, -en ‹*it.; dt.*›: mit Schiffchen ausgeführte Handarbeit
Oc|chi|spit|ze [ˈɔki...], Okkispitze, die; -, -n: mit einem Schiffchen hergestellte Knüpfspitze
Oc|ci|den|tal [ɔktsi...], das; -[s] ‹*lat.*›: Welthilfssprache des Estländers E. von Wahl (1922); vgl. Interlingue
Ocean-Li|ner, Ocean|li|ner [ˈɔʊ̯ʃənlai̯nɐ], der; -s, - ‹*engl.*›: ↑Liner (1)
Och|lo|kra|tie, die; -, ...i̯en ‹*gr.*›: Herrschaft der Massen (als entartete Form der Demokratie); Pöbelherrschaft. **och|lo|kra|tisch:** die Ochlokratie betreffend
Och|lo|pho|bie, die; - ‹*gr.-nlat.*› (Med., Psychol.): krankhafte Angst vor Menschenansammlungen
Och|ra|na [ɔxˈra:na], die; - ‹*russ.;* »Schutz«›: politische Geheimpolizei im zaristischen Russland
Och|rea [ˈo:krea], die; -, Ochreae [...eɛ] ‹*lat.-nlat.*› (Bot.): den Pflanzenstängel wie eine Manschette umhüllendes, tütenförmiges Nebenblatt
Och|ro|no|se [ɔx...], die; -, -n ‹*gr.-nlat.*› (Med.): braunschwarze Einlagerungen im Körpergewebe wie Haut, Knorpel, Sehnen (z. B. bei chronischer Karbolvergiftung)
o̩cker ‹*gr.-lat.-roman.*›: von der Farbe des Ockers; gelbbraun. **O̩cker,** der od. das; -s, -: **a)** zur Farbenherstellung verwendete, ihres Eisenoxidgehalts wegen an gelben Farbtönen reiche Tonerde; **b)** gelbbraune Malerfarbe; **c)** gelbbraune Farbe
Ock|ha|mis|mus [ɔka..., auch: ɔkɛ...], der; - ‹*engl.-nlat.*›: Lehre des englischen ↑Scholastikers Wilhelm von Ockham
O̩cki usw. vgl. Occhi usw.
OCR, die; - ‹Abk. für *engl. O*ptical *C*haracter *R*ecognition› (EDV): Vorgang des Umsetzens von [Schrift]zeichen aus der optischen (bildhaften) Darstellung in eine Darstellung der Bedeutung (bes. im ↑ASCII); maschinelle Zeichenerkennung
Oc|tan vgl. Oktan
oc|ta|va vgl. ottava
Oc|to|gen, das; -s ‹Kunstw. aus *lat.* octo »acht«›: bei der Herstellung von ↑Hexogen entstandener hochexplosiver Sprengstoff
Oc|tu|or [ɔkˈty̯o:ɐ̯], das; -s, -s ‹*lat.-frz.*›: frz. Bez. für: Oktett (1)
O̩d, das; -[e]s ‹zu *altnord.* ōðr »Gefühl«; geprägt von dem dt. Naturphilosophen C. L. v. Reichenbach, 1780–1869›: angeblich vom menschlichen Körper ausgestrahlte, das Leben lenkende Kraft
O̩dal, das; -s, -e ‹*altnord.*›: Sippeneigentum eines adligen germanischen Geschlechts an Grund u. Boden
Oda|li̩s|ke, die; -, -n ‹*türk.-frz.*› (Geschichte): europäische od. kaukasische Sklavin in einem türkischen Harem
O̩dd|fel|low [...lɔʊ̯, auch: ...ˈfɛ...], der; -s, -s, **O̩dd Fel|low,** der; - -s, - -s ‹*engl.*›: Mitglied einer (urspr. englischen) ordensähnlichen Gemeinschaft, die sich humanitären Zwecken verpflichtet sieht
O̩dds, die (Plural) ‹*engl.*›: **a)** (Sport) engl. Bez. für: Vorgaben; **b)** das vom Buchmacher festgelegte Verhältnis des Einsatzes zum Gewinn (bei Pferdewetten)
O̩de, die; -, -n ‹*gr.-lat.*›: **1. a)** Chorgesangsstück der griechischen Tragödie; **b)** lyrisches Strophengedicht der Antike. **2.** erhabene, meist reimlose lyrische Dichtung in kunstvollem Stil. **3.** (Musik) Odenkomposition nach antiken Versmaßen (15. u. 16. Jh.)
Odei|on, das; -s, Odeia ‹*gr.*›: ↑Odeum
Öde̩m, das; -s, -e ‹*gr.;* »Schwellung, Geschwulst«› (Med.): Gewebewassersucht; krankhafte Ansammlung von Flüssigkeit im Gewebe infolge von Eiweißmangel, Durchblutungsstörungen u. a.
öde|ma|tö̩s ‹*gr.-nlat.*› (Med.): ödemartig verändert, ein Ödem aufweisend
Ode̩|on, das; -s, -s ‹*gr.-lat.-frz.*›: ↑Odeum; Name für größere Bauten, in denen Filmvorführungen, Tanzveranstaltungen o. Ä. stattfinden
Ode̩|um, das; -s, Ode̩en ‹*gr.-lat.*›: im Altertum rundes, theaterähnliches Gebäude für musikalische u. schauspielerische Aufführungen
Odeur [oˈdø:ɐ̯], das; -s, -s u. -e ‹*lat.-frz.*›: **a)** wohlriechender Stoff, Duft; **b)** seltsamer Geruch
odi|o̩s, odi|ö̩s ‹*lat.*›: gehässig, unausstehlich, widerwärtig
ödi|pa̩l ‹*gr.-nlat.*› (Psychoanalyse): vom Ödipuskomplex bestimmt
Ö̩di|pus|kom|plex, der; -es, -e (Plural selten) ‹nach dem thebanischen König Ödipus, der, ohne es zu wissen, seine Mutter geheiratet hatte› (Psychol.): zu starke Bindung eines Kindes zum gegengeschlechtlichen Elternteil, bes. des Sohnes an die Mutter
O̩di|um, das; -s ‹*lat.*› (geh.): hassenswerter Makel; übler Beigeschmack, der einer Sache anhaftet
Odon|t|al|gie, die; -, ...i̯en ‹*gr.*› (Med.): Zahnschmerz
Odon|ti̩|tis, die; -, ...iti̩den (Med.): Entzündung des Zahns od. des Zahnfleischs
Odon|to|bla̩st, der; -en, -en

(meist Plural) ⟨*gr.-nlat.*⟩ (Med.): Bildungszelle des Zahnbeins

odon|to|gen (Med.): von den Zähnen ausgehend (von Krankheiten)

Odon|to|glos|sum, das; -s: tropische Orchidee mit Blüten an meist aufrechten Trauben od. Rispen (Gewächshaus- u. Zierpflanze)

Odon|to|lo|ge, der; -n, -n: Wissenschaftler auf dem Gebiet der Odontologie; in der Forschung tätiger Zahnarzt. **Odon|to|lo|gie,** die; -: Zahnheilkunde; Zahnkunde. **Odon|to|lo|gin,** die; -, -nen: weibliche Form zu ↑Odontologe

Odon|tom, das; -s, -e (Med.): meist am Unterkiefer auftretende Geschwulst am Zahngewebe

Odon|to|me|ter, der; -s, -: Hilfsmittel zur Ausmessung der Zähnung von Briefmarken; Zähnungsschlüssel

Odon|to|me|t|rie, die; - (Fachspr.): Verfahren zur Identifizierung [unbekannter] Toter durch Abnehmen eines Kieferabdrucks

Odon|t|or|ni|then, die (Plural): ausgestorbene Vögel der Kreidezeit mit bezahntem Kiefer

Odor, der; -s, ...ores ⟨*lat.*⟩ (Med.): Geruch

odo|rie|ren: [fast] geruchsfreie Gase mit intensiv riechenden Substanzen anreichern. **Odo|rie|rung,** die; -, -en: das Odorieren

Odys|see, die; -, ...seen ⟨*gr.-lat.-frz.;* nach dem Epos Homers, in dem die abenteuerlichen Irrfahrten des Odysseus geschildert werden⟩: **1.** lange Irrfahrt; lange, mit Schwierigkeiten verbundene Reise. **2.** langer, mit Schwierigkeiten verbundener Prozess, mühevolle Aktion

OECD [oːeːtseːˈdeː], die; - ⟨Abk. für *engl.* *O*rganization for *E*conomic *C*ooperation and *D*evelopment⟩: Organisation für wirtschaftliche Zusammenarbeit und Entwicklung

Oe|co|tro|pho|lo|ge usw. vgl. Ökotrophologe usw.

Oe|no|the|ra, die; -, ...ren ⟨*gr.-lat.*⟩: Nachtkerze; krautige Pflanze mit größeren gelben Blüten (wild wachsend, aber auch als Gartenstaude)

Oers|ted, das; -[s], - ⟨nach dem dän. Physiker H. Chr. Ørsted, 1777–1851⟩ (Physik früher): Einheit der magnetischen Feldstärke im ↑CGS-System (Zeichen: Oe)

Oe|so|pha|gus vgl. Ösophagus

Œu|v|re [ˈøːvrə, ˈœːvrə], das; -[s], -s [ˈøːvrə, ˈœːvrə] ⟨*lat.-frz.*⟩: Gesamtwerk eines Künstlers

off ⟨*engl.*⟩: **a)** hinter der Bühne sprechend; **b)** außerhalb der Kameraeinstellung zu hören (Ggs.: on). **Off,** das; -[s]: unsichtbar bleibender Bereich, Hintergrund (einer Bühne, der Kameraeinstellung o. Ä.) (Ggs.: On)

Off|beat [ˈɔfbiːt, auch: ɔfˈbiːt], der; -[s], -s ⟨*engl.*⟩: Technik der Rhythmik im Jazz, die die melodischen Akzente zwischen den einzelnen betonten Taktteilen setzt

Off|brands [ˈɔfbrɛnds], die (Plural) ⟨*engl.*⟩: Produkte ohne Markennamen; vgl. No-Name-Produkt

of|fen|siv ⟨*lat.-nlat.*⟩: angreifend, den Angriff bevorzugend (Ggs.: defensiv [a])

Of|fen|siv|al|li|anz, die; -, -en: zum Zwecke eines Angriffs geschlossenes Bündnis

Of|fen|si|ve, die; -, -n: **a)** [planmäßig vorbereiteter] Angriff [einer Heeresgruppe] (Ggs.: Defensive); **b)** (ohne Plural; Sport) auf Angriff (Stürmen) eingestellte Spielweise; **c)** energischer Vorstoß, Einsatz

Of|fen|si|vi|tät, die; -: Neigung zu aktivem, die Offensive suchendem Verhalten (Ggs.: Defensivität)

Of|fen|siv|tak|tik, die; -, -en: auf Angriff eingestellte Taktik

Of|fe|rent, der; -en, -en ⟨*lat.*⟩: jmd., der etwas anbietet, der eine Offerte macht. **Of|fe|ren|tin,** die; -, -nen: weibliche Form zu ↑Offerent

of|fe|rie|ren: anbieten, darbieten

Of|fert, das; -[e]s, -e ⟨*lat.-frz.*⟩ (österr.): ↑Offerte. **Of|fer|te,** die; -, -n: schriftliches [Waren]angebot; Anerbieten

Of|fert|in|ge|ni|eur [...ɪnʒeni̯øːɐ̯], der; -s, -e: Sachbearbeiter für den Entwurf von detaillierten Angeboten bei großen Objekten, insbesondere in der Elektro- u. Werkzeugmaschinenbranche. **Of|fert|in|ge|ni|eu|rin,** die; -, -nen: weibliche Form zu ↑Offertingenieur

Of|fer|to|ri|um, das; -s, ...ien ⟨*lat.-mlat.*⟩: Darbringung von Brot u. Wein mit den dazugehörigen gesungenen Messgebeten, die die Konsekration (2) vorbereiten

¹Of|fice [ˈɔfɪs], das; -, -s [ˈɔfɪs] ⟨*lat.-frz.*⟩ (schweiz.): **a)** (selten) Büro; **b)** Anrichteraum [im Gasthaus]

²Of|fice [ˈɔfɪs], das; -[s], -s [...sɪs] ⟨*lat.-frz.-engl.*⟩: engl. Bez. für: Büro

Of|fice|pro|gramm [ˈɔfɪs...], das; -[e]s, -e: Computerprogramm für Büro u. Verwaltung

Of|fi|ci|um, das; -s, ...cia ⟨*lat.*⟩: lat. Form von ↑Offizium

Of|fi|ci|um di|vi|num, das; - - ⟨»Gottesdienst«⟩: ↑Offizium (2)

Of|fiz, das; -es, -e (veraltet): ↑Offizium (1)

Of|fi|zi|al, der; -s, -e ⟨*lat.-mlat.*⟩: **1.** Vertreter des [Erz]bischofs als Vorsteher des Offizialats. **2.** (österr.) ein Beamtentitel

Of|fi|zi|a|lat, das; -[e]s, -e ⟨*lat.-nlat.*⟩: [erz]bischöfliche kirchliche Gerichtsbehörde

Of|fi|zi|al|de|likt, das; -[e]s, -e (Rechtswiss.): Straftat, deren Verfolgung von Amts wegen eintritt

Of|fi|zi|al|ma|xi|me, die; -, **Of|fi|zi|al|prin|zip,** das; -s (Rechtswiss.): Verpflichtung des Gerichts, Ermittlungen in einer Sache über die von den Beteiligten vorgebrachten Tatsachen hinaus von Amts wegen anzustellen

Of|fi|zi|al|ver|tei|di|ger, der; -s, - ⟨*lat.-mlat.; dt.*⟩ (Rechtswiss.): Pflichtverteidiger in Strafsachen, der vom Gericht in besonderen Fällen bestellt werden muss. **Of|fi|zi|al|ver|tei|di|ge|rin,** die; -, -nen: weibliche Form zu ↑Offizialverteidiger

Of|fi|zi|ant, der; -en, -en ⟨*lat.-mlat.*⟩: **1.** (veraltet) Unterbeamter; Bediensteter. **2.** einen Gottesdienst haltender katholischer Geistlicher

of|fi|zi|ell ⟨*lat.-frz.*⟩: **1.** amtlich,

von einer Behörde, Dienststelle ausgehend, bestätigt (Ggs.: inoffiziell [1 b]). **2.** feierlich, förmlich (Ggs.: inoffiziell [2])

Of|fi|zier, der; -s, -e ‹*lat.-mlat.-frz.*›: **1. a)** (ohne Plural) militärische Rangstufe, die die Dienstgrade vom Leutnant bis zum General umfasst; **b)** Träger eines Dienstgrades innerhalb der Rangstufe der Offiziere. **2.** (Schach) Schachfigur mit größerer Beweglichkeit als die Bauern (z. B. Turm, Läufer, Springer). **Of|fi|zie|rin,** die; -, -nen: weibliche Form zu ↑Offizier (1)

Of|fi|zier[s]|korps [...ko:ɐ̯], das; -, - [...ko:ɐ̯s] ‹*lat.-mlat.-frz.; lat.-frz.*›: Gesamtheit der Offiziere [einer Armee]

Of|fi|zin, die; -, -en ‹*lat.-mlat.*›: **1.** (veraltet) [größere] Buchdruckerei. **2. a)** (veraltet) Apotheke; **b)** Arbeitsräume einer Apotheke

of|fi|zi|nal, of|fi|zi|nell ‹französierende Bildung›: arzneilich; als Heilmittel durch Aufnahme in das amtliche Arzneibuch anerkannt; vgl. ...al/...ell

of|fi|zi|ös ‹*lat.-frz.*›: halbamtlich; nicht verbürgt

Of|fi|zi|um, das; -s, ...ien ‹*lat.*›: **1.** (veraltet) [Dienst]pflicht, Obliegenheit. **2. a)** offizieller Gottesdienst der katholischen Kirche, im engeren Sinne das Stundengebet (auch als Chorgebet); **b)** katholisches Kirchenamt u. die damit verbundenen Pflichten eines Geistlichen

O

Offi

Off|ki|no, das; -s, -s ‹engl.›: weniger kommerziell ausgerichtetes Kino, in dem ältere, vergessene Filme od. Arbeiten junger, unbekannter Regisseure gezeigt werden

off li|mits ‹*engl.*›: Zutritt verboten

off|line [ˈɔflai̯n] ‹*engl.;* eigtl. »ohne Verbindung«› (EDV): **1.** getrennt von der Datenverarbeitungsanlage arbeitend, indirekt mit dieser gekoppelt (von bestimmten Geräten). **2.** nicht ans Datennetz, nicht ans Internet angeschlossen; außerhalb des Datennetzes, des Internets

Off|line|be|trieb [ˈɔflai̯n...], der; -[e]s (EDV): Betriebsart, in welcher der Computer Daten nicht [direkt] senden od. empfangen kann (z. B. weil er nicht mit dem Internet verbunden ist)

Off-off-Büh|ne, die; -, -n ‹*engl.; dt.*›: kleines Theater außerhalb des üblichen etablierten Theaterbetriebes, in dem mit meist jungen, aufgeschlossenen u. experimentierfreudigen Schauspielern Stücke meist unbekannter Autoren fantasiereich u. zu niedrigen Kosten gespielt werden

off|road [...rɔʊ̯t] ‹*engl.*›: abseits der Straße, im Gelände

Off|roa|der [ˈɔfrɔʊ̯dɐ], der; -s, -: **1.** ↑Offroadfahrzeug. **2.** jmd., der sich gern [in einem Offroadfahrzeug] im freien Gelände, in der Natur aufhält

Off|road|fahr|zeug [ˈɔfrɔʊ̯t...], das; -[e]s, -e: Geländefahrzeug

Off|set|druck, der; -[e]s ‹*engl.; dt.*›: Flachdruckverfahren, bei dem der Druck von einer Druckplatte über ein Gummituch (indirekter Druck) auf das Papier erfolgt

off|shore [ˈɔfʃɔ:ɐ̯] ‹*engl.*›: in einiger Entfernung von der Küste

Off|shore|auf|trag, Off-Shore-Auf|trag, der; -[e]s, ...träge (meist Plural) ‹*engl.; dt.*›: Auftrag der USA (zur Lieferung an andere Länder), der zwar von den Vereinigten Staaten finanziert, jedoch außerhalb der USA vergeben wird

Off|shore|boh|rung, Off-Shore-Boh|rung, die; -, -en: von Plattformen aus durchgeführte Bohrung nach Erdöl od. Erdgas in Küstennähe

Off|shore|tech|nik, Off-Shore-Tech|nik, die; -: Maßnahmen, Einrichtungen u. Verfahren, die der Exploration u. Gewinnung von Erdöl, Erdgas aus dem Meeresboden dienen

Off|shore|wind|park, Off-Shore-Wind|park, der; -s, -s: Windenergieanlage auf See

Off|shore|zen|t|rum, Off-Shore-Zen|t|rum, das; -s, ...tren (Wirtsch.): internationaler Finanzplatz für internationale Finanzgeschäfte von Banken u. Unternehmen

off|side [...sai̯d] ‹*engl.*› (bes. schweiz.): abseits (beim Fußball). **Off|side,** das; -[s], -s (bes. schweiz.): Abseits (beim Fußball)

Off|stim|me, Off-Stim|me, die; -, -n: [kommentierende] Stimme aus dem ↑Off

Off|sze|ne, Off-Sze|ne, die; -, -n: alternative Theaterszene

off|white [...wai̯t]: weiß mit leicht grauem od. gelbem Schimmer

Oger, der; -s, - ‹*lat.-frz.*›: menschenfressendes Ungeheuer (im Märchen)

Ogi, das; -[s], -[s] ‹*jap.*›: [zusammenklappbarer] jap. Fächer

ogi|val [auch: oʒi...] ‹*frz.*› (selten): spitzbogig

Ogi|val|stil, der; -[e]s ‹*frz.; lat.*›: Baustil der [französischen] Gotik

Ogi|ven [auch: oˈʒi:...], die (Plural) (Geol.): bogenartige Texturformen (↑Textur [2]) im Bereich der Gletscherzunge

ogy|gisch ‹*gr.-lat.;* nach dem sehr alten sagenhaften König von Theben, Ogygos› (veraltet): sehr alt

...o|id

‹zu *gr.* eĩdos »Aussehen, Gestalt, Form; Idee« → ...eidés »...förmig«, in Verbindung mit dem Bindevokal oder Stammauslaut o› *Wortbildungselement für Adjektive und Substantive mit der Bedeutung »eine ähnliche Form aufweisend, ähnlich beschaffen oder aussehend«:*
- ellipsoid
- faschistoid
- Kristalloid
- paranoid
- Planetoid

Oi|di|um, das; -[s], ...ien ‹*gr.-nlat.*›: **1.** Schimmelpilzgattung (z. B. Milchschimmel). **2.** Entwicklungsform des Rebenmehltaus bei Ausbildung der ↑Konidien. **3.** (meist Plural; Bot.) sporenartige Dauerzelle bestimmter Pilze

oi|ko|ty|pisch [ɔi̯...] ‹*gr.-nlat.*› (Sprachwiss.): der grammatischen Struktur gemäß, im grammatischen Bau entsprechend (z. B. jmdm. geht ein Licht/ein Seifensieder auf)

Oil|dag [ˈɔi̯ldæg], das; -s ‹*engl.*›: grafithaltiges Schmieröl

Oi|no|choe [auch: ...nɔxoːə, ɔy̯no-'çoːə], die; -, -n ⟨*gr.*⟩: altgriechische Weinkanne mit Henkel

Oi|re|ach|tas ['ɛrəktɪs], das; - ⟨*ir.*⟩: das Parlament der irischen Republik

o. k., O. K. = okay

O̱ka vgl. Okka

Oka̱|pi, das; -s, -s ⟨*afrik.*⟩: kurzhalsige, dunkelbraune Giraffe mit weißen Querstreifen an den Oberschenkeln

Oka|ri̱|na, die; -, -s u. ...nen ⟨*lat.-vulgärlat.-it.;* »Gänschen«⟩: kurze Flöte aus Ton od. Porzellan in Form eines Gänseeis (acht Grifflöcher)

okay [o'keː, ɔʊ̯'keɪ̯] ⟨*engl.*⟩ (ugs.): **1.** abgemacht, einverstanden. **2.** in Ordnung, gut (Abk.: o. k. od. O. K.)

Okay, das; -[s], -s (ugs.): Einverständnis, Zustimmung

Oke|a|ni̱|de, die; -, -n ⟨*gr.-lat.*⟩: Meernymphe (Tochter des griechischen Meergottes Okeanos); vgl. Nereide

O̱k|ka, die; -, - ⟨*türk.*⟩: früheres türkisches Handels- u. Münzgewicht

Ok|ka|si|o̱n, die; -, -en ⟨*lat.(-frz.)*⟩: **1.** (veraltet) Gelegenheit, Anlass. **2.** (Wirtsch.) Gelegenheitskauf

Ok|ka|si|o|na|li̱s|mus, der; -, ...men ⟨*lat.-nlat.*⟩: **1.** (ohne Plural; Philos.) von R. Descartes ausgehende Theorie, nach der die Wechselwirkung zwischen Leib u. Seele auf direkte Eingriffe Gottes »bei Gelegenheit« zurückgeführt wird. **2.** (Sprachwiss. veraltend) bei einer bestimmten Gelegenheit, in einer bestimmten Situation gebildetes Wort

ok|ka|si|o|ne̱ll ⟨*lat.-frz.*⟩: gelegentlich, Gelegenheits...

O̱k|ki usw. vgl. Occhi usw.

ok|klu|di̱e̱|ren ⟨*lat.*⟩ (Fachspr.): verschließen

Ok|klu|si|o̱n, die; -, -en: **1. a)** Verschließung, Verschluss; **b)** (Med.) normale Schlussbissstellung der Zähne. **2.** (Meteorol.) das Zusammentreffen von Kalt- u. Warmfront

ok|klu|si̱v ⟨*lat.-nlat.*⟩: die Okklusion betreffend. **Ok|klu|si̱v,** der; -s, -e (Sprachwiss.): Verschlusslaut (z. B. *p*)

ok|ku̱lt ⟨*lat.*⟩: verborgen, geheim (von übersinnlichen Dingen)

Ok|kul|ti̱s|mus, der; - ⟨*lat.-nlat.*⟩: Geheimwissenschaft; Lehren u. Praktiken, die sich mit der Wahrnehmung übersinnlicher Kräfte (z. B. Telepathie, Hellsehen, Materialisation) beschäftigen. **Ok|kul|ti̱st,** der; -en, -en: Anhänger des Okkultismus. **Ok|kul|ti̱s|tin,** die; -, -nen: weibliche Form zu ↑Okkultist. **ok|kul|ti̱s|tisch:** zum Okkultismus gehörend

Ok|kul|to|lo̱|ge, der; -n, -n ⟨*lat.; gr.*⟩: Wissenschaftler auf dem Gebiet des Okkultismus. **Ok|kul|to|lo̱|gin,** die; -, -nen: weibliche Form zu ↑Okkultologe

Ok|ku̱lt|tä|ter, der; -s, - ⟨*lat.; dt.*⟩: von abergläubischen Ideen geleitete Person, die sich als Wundertäter, Hellseher, Hexenbanner u. Ä. betätigt u. dabei gegen strafrechtliche Vorschriften verstößt

Ok|ku|pa̱nt, der; -en, -en (meist Plural) ⟨*lat.*⟩ (abwertend): jmd., der fremdes Gebiet okkupiert; Angehöriger einer Besatzungsmacht. **Ok|ku|pa̱n|tin,** die; -, -nen: weibliche Form zu ↑Okkupant

Ok|ku|pa|ti|o̱n, die; -, -en: **1.** (abwertend) [militärische] Besetzung eines fremden Gebietes. **2.** (Rechtswiss.) Aneignung herrenlosen Gutes; vgl. ...ation/...ierung

Ok|ku|pa|ti̱v, das; -s, -e ⟨*lat.-nlat.*⟩ (Sprachwiss.): Verb des Beschäftigtseins (z. B. lesen, tanzen)

ok|ku|pa|to̱|risch ⟨*lat.*⟩: die Okkupation betreffend

ok|ku|pi̱e̱|ren (abwertend): ein fremdes Gebiet [militärisch] besetzen. **Ok|ku|pi̱e̱|rung,** die; -, -en (abwertend): das Okkupieren; vgl. ...ation/...ierung

Ok|kur|re̱nz, die; -, -en ⟨*lat.-engl.*⟩ (Sprachwiss.): das Vorkommen einer sprachlichen Einheit in einem ²Korpus (2), einem ¹Text, einem Sprechakt

ok|no|phi̱l ⟨*gr.*⟩ (Psychol.): **1.** aus Angst, verlassen zu werden, jmdn. mit seiner Liebe erdrückend (Ggs.: philobat). **2.** Drang zum Festklammern in einer Gefahrensituation

Ok|no|phil|i̱e, die; - ⟨*gr.*⟩ (Psychoanalyse): der Impuls, sich in Angstsituationen an anderen festzuklammern (Ggs.: Philobatismus)

Ö̱ko, der; -s, -s ⟨Kurzw.⟩ (ugs. scherzh.): Anhänger der Ökologiebewegung

öko..., Öko...

⟨zu *gr.* oĩkos »Haus; Haushaltung; Heimat«⟩
Wortbildungselement mit den Bedeutungen:
I. *»Lebensraum, Umwelt«:*
- ökologisch
- Ökosystem
- Ökozid

Verkürzt aus ökologisch, ist **öko..., Öko...** in der Bedeutung »auf naturnahe Art und Weise erfolgend; der natürlichen Umwelt gerecht werdend; mit Umweltproblemen in Beziehung stehend« Bestandteil vieler Fremdwörter, wie z. B. in Ökobauer, Ökoprodukt und Ökosteuer.
II. *»den Haushalt, die Wirtschaft betreffend«:*
- ökonomisch
- Ökotrophologie

Ö̱ko|ar|chi|tek|tur, die; - ⟨*gr.*⟩: Architektur, die sich ökologisches (2) Bauen zur Aufgabe gemacht hat

Ö̱ko|au|dit [...ʔɔːdɪt], das, seltener der; -s, -s ⟨*gr.; lat.-engl.*⟩: [unangekündigt durchgeführte] Betriebsprüfung von Industrieunternehmen nach ökologischen Gesichtspunkten, die deren Umweltverträglichkeit bewerten soll

Ö̱ko|bank, die; -, -en: Kreditinstitut zur Förderung von Umwelt- u. Friedensprojekten

Ö̱ko|bi|lanz, die; -, -en: Bilanz (2) aller Auswirkungen eines Produktes od. Verfahrens auf die Umwelt

Ö̱ko|de|sign [...dizaɪ̯n], das; -s, -s: Anwendungsform der ↑Bionik, bei der Bauformen aus der Natur für technische Produkte nachgebildet werden

Ö̱ko|fonds, der; - [fõː(s)], - [fõːs]: Fonds, der nur in Umweltprodukte u. Ä. investiert

Ö̱ko|freak [...friːk], der; -s, -s (ugs., oft abwertend): jmd., der sich engagiert mit Umweltfragen auseinandersetzt [u. umweltbewusst lebt]

ökonomisch	ökologisch
Das Konzept sei ökonomisch und ökologisch stimmig. *Wirtschaft und Wirtschaftlichkeit betreffend* – unter ökologischen [und] ökonomischen [und sozialen] Aspekten – politischen, ökonomischen [...] kulturellen Eliten – soziale Gerechtigkeit und ökonomische Vernunft Das gilt nur unter ökonomischen Gesichtspunkten. Schwieriger zu beurteilen sind die ökonomischen Auswirkungen. Fraglich, ob eine rein ökonomische Betrachtung des Problems weiterhilft.	Besonderer Wert sei auf ökologische und nachhaltige Bauweise zu legen. *Umwelt und Haushalt der ... Natur betreffend* – Auswirkungen [...] auf das ökologische Gleichgewicht der ... – ethische [soziale und] ökologische [...] Kriterien berücksichtigt ... – Produkte aus ökologischem Anbau und/sowie aus/artgerechter Tierhaltung Ihr ökologischer Fußabdruck wird durch einen Flug größer. Dies sei ökologisch nicht vertretbar. Wir befinden uns an der Schwelle zu einer ökologischen Apokalypse.

Öko|ka|ta|s|t|ro|phe, die; -, -n: Umweltkatastrophe

Öko|la|bel [...leɪbl̩, ...le:bl̩], das; -s, -s: Aufkleber od. Aufdruck auf [der Verpackung] einer Ware, der anzeigt, dass sie umweltverträglich erzeugt wurde

Öko|la|den, der; -s, ...läden: Laden, in dem nur Waren verkauft werden, die den Vorstellungen von der Erhaltung der Umwelt entsprechen

Öko|lo|ge, der; -n, -n ⟨*gr.-nlat.*⟩: Wissenschaftler, Fachmann auf dem Gebiet der Ökologie

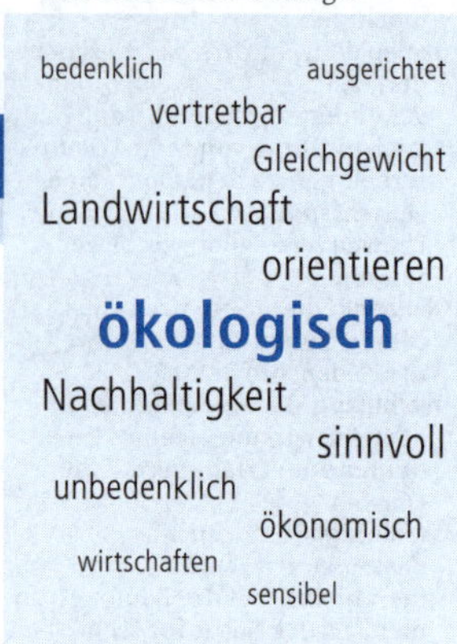

Öko|lo|gie, die; -: **1.** Wissenschaft von den Beziehungen der Lebewesen zu ihrer Umwelt. **2.** Wechselbeziehungen zwischen den Lebewesen u. ihrer Umwelt; ungestörter Haushalt der Natur

Öko|lo|gin, die; -, -nen: weibliche Form zu ↑Ökologe

öko|lo|gisch: 1. die Ökologie (1) betreffend. **2.** die Wechselbeziehungen zwischen den Lebewesen u. ihrer Umwelt betreffend. **3.** Umweltschutz u. -politik betreffend, umweltverträglich

Öko|lo|gi|sie|rung: das Ökologisieren; das Ökologisiertwerden

Öko|nom, der; -en, -en ⟨*gr.-lat.;* »Haushalter, Verwalter«⟩: **a)** (veraltend) Landwirt, Verwalter [landwirtschaftlicher Güter]; **b)** Wirtschaftswissenschaftler

Öko|no|me|t|rie, die; - ⟨*gr.-nlat.*⟩: Teilgebiet der Wirtschaftswissenschaft, auf dem mithilfe mathematisch-statistischer Methoden wirtschaftstheoretische Modelle u. Hypothesen auf ihren Realitätsgehalt untersucht werden

Öko|no|me|t|ri|ker, der; -s, -: Wissenschaftler auf dem Gebiet der Ökonometrie. **Öko|no|me|t|ri|ke|rin,** die; -, -nen: weibliche Form zu ↑Ökonometriker

öko|no|me|t|risch: die Ökonometrie betreffend

Öko|no|mie, die; -, ...ien ⟨*gr.-lat.*⟩: **1. a)** Wirtschaftswissenschaft; **b)** Wirtschaft; **c)** (ohne Plural) Wirtschaftlichkeit, sparsames Umgehen mit etwas, rationelle Verwendung od. Einsatz von etwas. **2.** (veraltet) landwirtschaftlicher Betrieb

Öko|no|mie|rat, der; -[e]s, ...räte (österr.): **a)** (ohne Plural) Ehrentitel für einen verdienten Landwirt; **b)** Träger dieses Titels. **Öko|no|mie|rä|tin,** die; -, -nen: weibliche Form zu ↑Ökonomierat

Öko|no|mik, die; -, -en: **1.** Wirtschaftswissenschaft, Wirtschaftstheorie. **2.** (regional veraltend) Produktionsweise od. ökonomische Struktur einer Gesellschaftsordnung. **3.** Wirtschaftsverhältnisse eines Landes od. eines Sektors der Volkswirtschaft

Öko|no|min, die; -, -nen: weibliche Form zu ↑Ökonom

öko|no|misch: a) die Wirtschaft betreffend; **b)** wirtschaftlich; **c)** sparsam

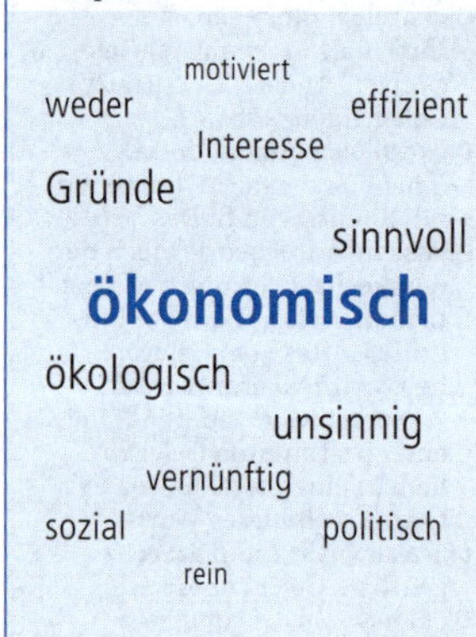

ökonomisch/ökologisch *s. Kasten*

öko|no|mi|sie|ren: ökonomisch gestalten, auf eine ökonomische Basis stellen. **Öko|no|mi|sie|rung,** die; -, -en: das Ökonomisieren

Öko|no|mis|mus, der; - ⟨*gr.-nlat.*⟩: Betrachtung der Gesellschaft allein unter ökonomischen (a) Gesichtspunkten. **Öko|no|mist,** der; -en, -en (veraltet): Wirtschaftssachverständiger. **öko|no|mis|tisch:** den Ökonomismus betreffend

Öko|pax, der; -, -e ‹Kunstw. aus *Öko*logie u. *lat. pax* = Frieden› (ugs.): Mitglied, Anhänger der Ökopaxbewegung

Öko|pax|be|we|gung, die; - (ugs.): gemeinsames Vorgehen, loser Zusammenschluss von [2]Alternativen, Mitgliedern von Bürgerinitiativen für Umweltschutz, Parteien, Friedensgruppen, Kirche u. kirchlichen Organisationen zur Bewahrung des Friedens u. Erhaltung der Umwelt

Öko|pro|dukt, das; -[e]s, -e: Erzeugnis, das aus umweltverträglicher Produktion od. aus umweltverträglichem Anbau stammt

Öko|ra|ting [...rɛɪ̯tɪŋ], das; -[s], -s (Wirtsch.): Beurteilung von Unternehmen u. Kapitalanlageformen nach ökologischen Gesichtspunkten

Öko|s|ko|pie, die; -: Methode der Marktforschung, mit der in empirischen Untersuchungen objektive Marktgrößen (z. B. Güterqualität, -menge, -preis, Zahl u. Struktur der Anbieter, der Käufer usw.) erfasst werden

öko|so|zi|al: eine Verbindung aus Umweltpolitik u. Sozialdemokratie darstellend

öko|so|zi|a|lis|tisch: eine Verbindung aus Umweltpolitik u. Sozialismus darstellend

Öko|so|zi|al|pro|dukt, das; -[e]s, -e: Gesamtheit aller Leistungen und Belastungen für die Umwelt, die in einem bestimmten Zeitraum erbracht bzw. verursacht werden

Öko|spon|so|ring, das; -s: das Sponsern von Umweltprojekten

Öko|steu|er, die; -, -n (Wirtsch.): an ökologischen Gesichtspunkten orientierte Steuer (z. B. auf Energie)

Öko|sys|tem, das; -s, -e: aus Organismen und unbelebter Umwelt bestehende natürliche Einheit, die durch deren Wechselwirkung ein gleichbleibendes System bildet (z. B. See)

Öko|top, das; -s, -e: kleinste ökologische Einheit einer Landschaft

Öko|tou|ris|mus [...tu...], der; -: Fremdenverkehr in ökologisch schützenswerte Gebiete mit minimaler Belastung der entsprechenden Ökosysteme

Öko|to|xi|ko|lo|gie, die; -: Teilgebiet der Toxikologie, das die Wirkung chemischer Stoffe auf Ökosysteme u. auf den Menschen untersucht

Öko|tro|pho|lo|ge, der; -n, -n: Wissenschaftler auf dem Gebiet der Ökotrophologie. **Öko|tro|pho|lo|gie,** die; -: Hauswirtschafts- u. Ernährungswissenschaft. **Öko|tro|pho|lo|gin,** die; -, -nen: weibliche Form zu ↑Ökotrophologe

Öko|ty|pus [auch: ...ˈty:...], der; -, ...pen (Biol.): Standortrasse (an einen bestimmten Standort angepasste Population von Pflanzen od. Tieren)

Öko|zid, der, auch: das; -[e]s, -e ‹*gr.-nlat.; lat.*›: Störung des ökologischen Gleichgewichts durch Umweltverschmutzung

Ok|ra, die; -, -s ‹*afrik.*›: längliche Frucht einer Eibischart

Ok|rosch|ka, die; - ‹*russ.*›: in Russland eine kalte Suppe aus Fleisch, Eiern u. saurer Sahne

Ok|ta|chord [...k...], das; -[e]s, -e ‹*gr.-lat.*› (Musik): achtsaitiges Instrument

Ok|ta|eder, das; -s, - ‹*gr.*›: Achtflächner (meist regelmäßig). **ok|ta|ed|risch:** das Oktaeder betreffend

Ok|ta|gon vgl. Oktogon

Ok|tan, Octan, das; -s ‹*lat.-nlat.*›: gesättigter Kohlenwasserstoff mit acht Kohlenstoffatomen (in Erdöl und Benzin)

Ok|ta|na, die; - (Med.): jeden achten Tag wiederkehrender Fieberanfall

Ok|tant, der; -en, -en ‹*lat.*›: **1.** Achtelkreis. **2.** nautisches Winkelmessgerät

Ok|tan|zahl, die; -, -en ‹*lat.-nlat.; dt.*›: Maßzahl für die Klopffestigkeit der Motorkraftstoffe (Abk.: OZ)

Ok|ta|teuch, der; -[s] ‹*gr.-mlat.*›: (in der griechischen Kirche) die acht ersten Bücher des Alten Testaments (1.– 5. Mose, Josua, Richter, Ruth)

[1]Ok|tav, das; -s ‹*lat.*›: Achtelbogengröße (Buchformat) (Zeichen: 8°, z. B. Lex.-8°)

[2]Ok|tav, die; -, -en: **1.** (österr.) ↑Oktave (1). **2.** in der katholischen Liturgie die Nachfeier der Hochfeste Weihnachten, Ostern u. Pfingsten mit Abschluss am achten Tag

Ok|ta|va, die; -, ...ven ‹*lat.*› (österr. veraltet): achte Klasse eines Gymnasiums

Ok|ta|va|ner, der; -s, - (österr.): Schüler einer Oktava. **Ok|ta|va|ne|rin,** die; -, -nen: weibliche Form zu ↑Oktavaner

Ok|ta|ve, die; -, -n ‹*lat.-mlat.*›: **1.** (Musik) achter Ton einer diatonischen Tonleiter vom Grundton an, wobei der Zusammenklang als Konsonanz (2) empfunden wird. **2.** Stanze

Ok|tav|for|mat, das; -[e]s: ↑[1]Oktav

ok|ta|vie|ren ‹*lat.-nlat.*›: auf Blasinstrumenten beim Überblasen in die Oktave überschlagen

Ok|tett, das; -[e]s, -e ‹*lat.-it.*›: **1. a)** (selten) Komposition für acht solistische Instrumente od. (selten) für acht Solostimmen; **b)** Vereinigung von acht Instrumentalsolisten. **2.** Achtergruppe von Elektronen in der Außenschale der Atomhülle

Ok|to|ber, der; -[s], - ‹*lat.*›: zehnter Monat im Jahr (Abk.: Okt.)

Ok|to|b|rist, der; -en, -en ‹*lat.-russ.*›: Mitglied des »Verbandes des 17. Oktober«, einer 1905 gegründeten russischen konstitutionellen Partei

Ok|t|o|de, die; -, -n ‹*gr.-nlat.*›: Elektronenröhre mit 8 Elektroden

Ok|to|de|ka|gon, das; -s, -e: Achtzehneck

Ok|to|dez, das; -es, -e ‹*lat.-nlat.*›: Buchformat von Achtzehntelbogengröße

Ok|to|gon, das; -s, -e ‹*gr.-nlat.*›: **a)** Achteck; **b)** Gebäude mit achteckigem Grundriss. **ok|to|go|nal:** achteckig

Ok|to|nar, der; -s, -e ‹*lat.*› (antike Metrik): aus acht Versfüßen (rhythmischen Einheiten) bestehender Vers

ok|to|plo|id ‹*gr.-nlat.*› (Biol.): einen achtfachen Chromosomensatz enthaltend (von Zellen)

Ok|to|po|de, der; -n, -n ‹*gr.*›: achtarmiger Kopffüßer (z. B. Krake)

Ok|to|pus, der; -, -se und ...poden ‹*gr.-nlat.*›: Gattung achtarmiger Kraken

Ok|t|roi [ɔkˈtrọa], der od. das; -s, -s ‹*lat.-mlat.-frz.*›: **1.** (Geschichte) **a)** an Handelsgesellschaften verliehenes Privileg; **b)** Steuer auf eingeführte Lebensmittel. **2.** Zwang; das Aufzwingen, Aufdrängen

ok|t|ro|y|ie|ren [...troa'ji:...]: **1.** (veraltet) **a)** verleihen; **b)** (ein Gesetz) kraft landesherrlicher Machtvollkommenheit ohne die verfassungsgemäße Zustimmung der Landesvertretung erlassen. **2.** aufdrängen, aufzwingen

oku|lar ⟨*lat.*⟩: **1.** das Auge betreffend. **2.** mit dem, für das Auge; dem Auge zugewandt. **Oku|lar,** das; -s, -e: dem Auge zugewandte Linse[nkombination] eines optischen Gerätes

Oku|lar|in|s|pek|ti|on, die; -, -en (Med.): Besichtigung mit bloßem Auge

Oku|la|ti|on, die; -, -en ⟨*lat.-nlat.*⟩: Veredlung einer Pflanze durch Anbringen von Augen (noch fest geschlossenen Pflanzenknospen) einer hochwertigen Sorte, die mit Rindenstückchen unter die angeschnittene Rinde der zu veredelnden Pflanze geschoben werden

Oku|li ⟨*lat.;* »Augen«⟩: Name des dritten Fastensonntags nach dem alten Introitus des Gottesdienstes, Psalm 25, 15: »Meine Augen sehen stets zu dem Herrn«

O
oktr

oku|lie|ren: durch Okulation veredeln

Oku|list, der; -en, -en ⟨*lat.-nlat.*⟩ (veraltet): Augenarzt

Öku|me|ne, die; -, -n ⟨*gr.-mlat.*⟩: **a)** die bewohnte Erde als menschlicher Lebens- u. Siedlungsraum; **b)** Gesamtheit der Christen; **c)** ökumenische Bewegung

öku|me|nisch: allgemein, die ganze bewohnte Erde betreffend, Welt...; **ökumenische Bewegung:** allgemeines Zusammenwirken der christlichen Kirchen u. Konfessionen zur Einigung in Fragen des Glaubens u. der religiösen Arbeit

Öku|me|nis|mus, der; - ⟨*gr.-nlat.*⟩: Streben nach Einigung aller christlichen Konfessionen

Ok|zi|dent [auch: ...'dɛnt], der; -s ⟨*lat.*⟩: **1.** Abendland (Europa). **2.** (veraltet) Westen

ok|zi|den|tal, ok|zi|den|ta|lisch: **1.** abendländisch. **2.** (veraltet) westlich

ok|zi|pi|tal ⟨*lat.-nlat.*⟩ (Med.): zum Hinterhaupt gehörend, es betreffend

Ola, die; -, -s: ↑La Ola

Ola|di, die (Plural) ⟨*russ.*⟩: russische Hefepfannkuchen

Öl|dag [...dɛk], das; -s ⟨*dt.; engl.*⟩: ↑Oildag

Old Eco|no|my ['ɔʊ̯ld ɪ'kɔnəmi], die; - - ⟨*engl.*⟩: die traditionelle Wirtschaft u. ihre theoretische Grundlegung im Unterschied zur ↑New Economy

Ol|die [auch: 'ɔʊ̯ldi], der; -s, -s ⟨*engl.*⟩: **a)** alter, beliebt gebliebener Schlager, ↑Song (1); **b)** (ugs.) jmd., der einer älteren Generation angehört; **c)** etwas, was einer vergangenen Zeit angehört

Old Red ['ɔʊ̯ld 'rɛd, 'ɔʊ̯ldrɛd], der; - -s, **Old|red,** der; -s ⟨*engl.*⟩ (Geol.): roter Sandstein des ↑Devons

Old School, die; - -, **Old|school,** die; - ['ɔʊ̯ldsku:l] ⟨*engl.*⟩: alte Tradition; Nostalgie

Old|ti|mer ['ɔʊ̯ldtaɪ̯mɐ], der; -s, - ⟨*engl.*⟩: **1.** altes, gut gepflegtes Modell eines Fahrzeugs (bes. Auto, aber auch Flugzeug, Schiff, Eisenbahn). **2.** (scherzh.) jmd., der über lange Jahre bei einer Sache dabei war u. daher das nötige Wissen, die nötige Erfahrung hat

olé [o'lɛ, o'le:] ⟨*span.;* aus *arab. Allah* = »der Gott«⟩: spanischer Ausruf mit der Bedeutung: los!, auf!, hurra!

Olea: *Plural* von ↑Oleum

Ole|an|der, der; -s, - ⟨*mlat.-it.*⟩: Rosenlorbeer; immergrüner Strauch od. Baum aus dem Mittelmeergebiet mit rosa, weißen u. gelben Blüten

Ole|as|ter, der; - ⟨*gr.-lat.*⟩: strauchige Wildform des Ölbaums

Ole|at, das; -[e]s, -e ⟨*gr.-lat.-nlat.*⟩: Salz der Ölsäure

Ole|cra|non, Olekranon ⟨*gr.*⟩ das; -, ...na (Anat.): Ellbogen, Ellbogenhöcker

OLED, Oled, die; -, -[s] ⟨*engl.;* Kurzw. für *o*rganic *l*ight-*e*mitting *d*iode⟩ (Elektrot.): organische Leuchtdiode

Ole|fin, das; -s, -e ⟨Kunstw.⟩: ungesättigter Kohlenwasserstoff mit einer od. mehreren Doppelbindungen im Molekül

Ole|in, das; -s, -e ⟨*gr.-lat.-nlat.*⟩: ungereinigte Ölsäure

Ole|kra|non vgl. Olecranon

Ole|om, das; -s, -e ⟨*gr.-lat.-nlat.*⟩ (Med.): kurz für ↑Oleosklerom

Ole|o|sa, die (Plural) ⟨*gr.-lat.*⟩ (Med.): ölige Arzneimittel

Oleo|skle|rom, das; -s, -e ⟨*gr.-lat.; gr.*⟩ (Med.): Öltumor; Geschwulst in der Haut infolge Bindegewebsreizung nach Einspritzung ölhaltiger Arzneimittel

Oleo|tho|rax, der; -[es], -e ⟨*gr.-lat.; gr.*⟩ (Med. früher): Ersatz der Luft durch Ölfüllung beim künstlichen ↑Pneumothorax

Ole|um, das; -s, Olea ⟨*gr.-lat.*⟩: ölige Flüssigkeit, die sich u. a. zum Ätzen eignet; rauchende Schwefelsäure

Ol|fak|to|me|ter, das; -s, - ⟨*lat.; gr.*⟩ (Med.): Gerät zur Prüfung des Geruchssinns

Ol|fak|to|me|t|rie, die; - (Med.): Messung der Geruchsempfindlichkeit

ol|fak|to|risch ⟨*lat.*⟩ (Med.): den Riechnerv betreffend

Ol|fak|to|ri|um, das; -s, ...ien (Med.): Riechmittel

Ol|fak|to|ri|us, der; -, ...rii od. ...rien ⟨*lat.;* »riechend«, Kurzbezeichnung für: Nervus olfactorius⟩ (Med.): Riechnerv

Oli|ba|num, das; -s ⟨*arab.-mlat.*⟩: Gummiharz der Weihrauchbaumarten an der Küste des Roten Meeres, in Südarabien u. Somalia; Weihrauch

Oli|fant [auch: ...'fant], der; -[e]s, -e ⟨*gr.-lat.-frz.;* Name des elfenbeinernen Hifthorns Rolands in der Karlssage⟩: im Mittelalter reich verziertes Signalhorn

olig..., Olig... vgl. oligo..., Oligo...

Oli|ga|ki|s|u|rie, die; - ⟨*gr.-nlat.*⟩ (Med.): seltenes Urinlassen

Oli|g|ä|mie, die; -, ...ien (Med.): akute Blutarmut (z. B. nach starkem Blutverlust)

Oli|g|arch, der; -en, -en ⟨*gr.*⟩: **a)** Anhänger der Oligarchie; **b)** jmd., der mit wenigen anderen zusammen eine Herrschaft ausübt. **Oli|g|ar|chie,** die; -, ...ien: Herrschaft einer kleinen Gruppe. **Oli|g|ar|chin,** die; -, -nen: weibliche Form zu

↑Oligarch. **oli|g|ar|chisch**: die Oligarchie betreffend

Oli|ga|se, die; -, -n ‹*gr.-nlat.*› (Chemie): Zucker spaltendes Enzym

oli|go..., Oli|go...

vor Vokalen meist: olig..., Olig... ‹*gr.* olígos »wenig, gering, klein«› *Wortbildungselement mit der Bedeutung »wenig, gering, arm an ...«:*
- Oligämie
- Oligodontie
- Oligopol
- oligotroph

Oli|go|chä|ten, die (Plural) ‹*gr.-nlat.*› (Zool.): Borstenwürmer (z. B. Regenwurm)

Oli|go|cho|lie [...ç...], die; - (Med.): Gallenmangel (z. B. bei Leber- und Gallenblasenkrankheiten)

Oli|go|chro|m|ä|mie [...kro...], die; -, ...ien (Med. veraltet): Eisenmangelanämie bei jungen Frauen (als diese noch nicht mit Eisenpräparaten behandelt wurde); Bleichsucht

Oli|go|dak|ty|lie, die; -, ...ien: ↑Ektrodaktylie

Oli|go|dip|sie, die; - (Med.): abnorm herabgesetztes Durstgefühl; vgl. Polydipsie

Oli|g|o|don|tie, die; - (Med.): angeborene Fehlentwicklung des Gebisses, bei der weit weniger als (normalerweise) 32 Zähne ausgebildet werden

Oli|go|dy|na|mie, die; - (Chemie): entkeimende Wirkung von Metallionen (z. B. des Silbers) in Flüssigkeiten. **oli|go|dy|na|misch** (Chemie): in kleinsten Mengen wirksam

Oli|go|fruk|to|se, Oligofructose, die; -: ballaststoffreiche Fruktose (bes. als Bestandteil diätischer Nahrungsmittel)

Oli|go|glo|bu|lie, die; - ‹*gr.; lat.-nlat.*›: ↑Oligozythämie

Oli|go|hy|d|r|ä|mie, die; -, ...ien (Med.): Verminderung des Wassergehalts des Blutes

Oli|go|klas, der; -[es], -e: ein Feldspat

Oli|go|me|nor|rhö, die; -, -en (Med.): zu seltene Monatsblutung

oli|go|mer (Bot.): eine geringere als die normale Gliederzahl aufweisend (von Blütenkreisen)

Oli|go|nu|k|le|o|tid, das; -[e]s, -e ‹*gr.; lat.*›: aus wenigen ↑Nukleotiden zusammengesetztes Molekül

oli|go|phag ‹*gr.*› (Zool.): in der Ernährung auf einige Futterpflanzen od. Beutetiere spezialisiert (von bestimmten Tieren). **Oli|go|pha|gie**, die; - (Zool.): Ernährungsweise oligophager Tiere

Oli|go|phre|nie, die; -, ...ien (Med.): auf erblicher Grundlage beruhender od. im frühen Kindesalter erworbener Intelligenzdefekt

Oli|go|pnoe, die; - ‹*gr.-nlat.*› (Med.): verminderte Atmungsfrequenz

Oli|go|pol, das; -s, -e (Wirtsch.): Form des Monopols, bei der der Markt von einigen wenigen Großunternehmen beherrscht wird. **Oli|go|po|li|sie|rung**, die; -, -en: der Aufbau, die Zunahme von Oligopolen

Oli|go|po|list, der; -en, -en: jmd., der einem Oligopol angehört. **Oli|go|po|lis|tin**, die; -, -nen: weibliche Form zu ↑Oligopolist

oli|go|po|lis|tisch: die Marktform des Oligopols betreffend

Oli|g|op|son, das; -s, -e (Wirtsch.): das Vorhandensein nur weniger Nachfrager auf einem Markt

oli|go|se|man|tisch (Sprachwiss.): nur wenige Bedeutungen habend; vgl. polysem

Oli|go|si|a|lie, die; -, ...ien (Med.): verminderte Speichelabsonderung

Oli|go|sper|mie, die; -, ...ien (Med.): starke Verminderung der Spermien im Ejakulat

Oli|go|tri|chie, die; -, ...ien (Med.): mangelnder Haarwuchs

oli|go|troph (Biol., Landwirtsch.): nährstoffarm (von Seen od. Ackerböden). **Oli|go|tro|phie**, die; - (Biol., Landwirtsch.): Nährstoffmangel (von Seen od. Ackerböden) (Ggs.: Eutrophie [1])

oli|go|zän (Geol.): das Oligozän betreffend. **Oli|go|zän**, das; -s (Geol.): mittlere Abteilung des ↑Tertiärs

Oli|go|zyt|hä|mie, die; -, ...ien ‹*gr.; lat.-nlat.*› (Med.): starke Verminderung der roten Blutkörperchen im Blut

Oli|g|u|rie, die; -, ...ien ‹*gr.-nlat.*› (Med.): mengenmäßig stark verminderte Harnausscheidung

Olim ‹*lat.;* »ehemals«›: **seit, zu Olims Zeiten** (scherzh.): seit, vor undenklicher Zeit

oliv ‹*gr.-lat.*›: von dunklem, bräunlichem Gelbgrün

Oli|ve, die; -, -n: **1. a)** Frucht des Ölbaumes, die das Olivenöl liefert; **b)** Olivenbaum, Ölbaum. **2.** (Anat.) olivenförmige Erhabenheit im verlängerten Mark. **3.** Handgriff für die Verschlussvorrichtung an Fenstern, Türen o. Ä. **4.** eine länglich runde Bernsteinperle. **5.** (Med.) olivenförmiges Endstück verschiedener ärztlicher Instrumente od. Laborgeräte (z. B. eines Katheters)

Oli|vet|te, die; -, -n ‹*gr.-lat.-frz.*›: Koralle od. Glasperle, die früher in Afrika zum Tauschhandel verwendet wurde

Oli|vin, der; -s, -e ‹*gr.-lat.-nlat.*›: in ↑prismatischen bis dicktafligen Kristallen auftretendes glasig glänzendes, flaschengrün bis gelblich durchscheinendes Mineral

Ol|la po|d|ri|da, die; - -, -s -s ‹*span.*›: spanisches Gericht aus gekochtem Fleisch, Kichererbsen u. geräucherter Wurst

Olymp, der; -s ‹*gr.-lat.;* nach dem angenommenen Wohnsitz der altgr. Götter auf dem Berg Olympos›: **1.** geistiger Standort, an dem sich jmd. weit über anderen zu befinden glaubt. **2.** (ugs. scherzh.) oberster Rang, Galerieplätze im Theater od. in der Oper

Olym|pia, das; -[s] (meist ohne Artikel) ‹*gr.;* altgr. Kultstätte in Olympia (Elis) auf dem Peloponnes›: Olympische Spiele

Olym|pi|a|de, die; -, -n ‹*gr.-lat.*›: **1.** Zeitspanne von 4 Jahren, nach deren jeweiligem Ablauf im Griechenland der Antike die Olympischen Spiele gefeiert wurden. **2. a)** Olympische Spiele; **b)** Wettbewerb (häufig in Zusammensetzungen wie z. B. Schlagerolympiade)

Olym|pi|er, der; -s, - ‹*gr.-lat.;* nach dem Wohnsitz der Götter auf dem nordgr. Berg Olympos›: **1.** (veraltend) überragende Persönlichkeit. **2.** Beiname der griechischen Götter, bes. des Zeus

Olym|pi|o|ni|ke, der; -n, -n ‹*gr.-lat.;* nach der altgr. Kultstätte in Olympia (Elis) auf dem Peloponnes›: **1.** Sieger bei den Olympischen Spielen. **2.** Teilnehmer an den Olympischen Spielen. **Olym|pi|o|ni|kin,** die; -, -nen: weibliche Form zu ↑Olympionike

olym|pisch ‹*gr.-lat.*›: **1.** göttergleich, hoheitsvoll, erhaben. **2.** die Olympiade betreffend; **Olympische Spiele:** alle 4 Jahre stattfindende Wettkämpfe der Sportler aus aller Welt

om ‹*sanskr.*›: magische Silbe des ↑Brahmanismus, die als Hilfe zur Befreiung in der Meditation gesprochen wird

Om|a|g|ra, das; - ‹*gr.-nlat.*› (Med.): Gichterkrankung eines Schultergelenks

Om|al|gie, die; -, ...ien (Med.): [rheumatischer] Schulterschmerz

Om|ar|th|ri|tis, die; -, ...itiden (Med.): Entzündung des Schultergelenks

Om|ar|thro|se, die; -, -n ‹*gr.*›: (Med.) Verschleißerscheinungen des Schultergelenks

Oma|sus, der; - ‹*gall.-lat.*› (Zool.): Blättermagen, Teil des Wiederkäuermagens, der den Nahrungsbrei nach dem Wiederkäuen aufnimmt

Om|b|ré [õ'bre:], der; -[s], -s ‹»schattiert«›: Gewebe mit schattierender Farbstellung

om|b|riert: schattiert (in Bezug auf verschwommene Farben in Textilien o. Ä.)

Om|b|ro|graf, Om|b|ro|graph, der; -en, -en ‹*gr.-nlat.*› (Meteorol.): Regenschreiber, Gerät zum Aufzeichnen der Niederschlagsmenge

Om|b|ro|me|ter, das; -s, - (Meteorol.): Regenmesser

om|b|ro|phil (Biol.): Regen bzw. Feuchtigkeit liebend (von Tieren u. Pflanzen) (Ggs.: ombrophob)

om|b|ro|phob (Biol.): trockene Gebiete bevorzugend (von Tieren u. Pflanzen) (Ggs.: ombrophil)

Om|buds|frau, die; -, -en ‹*schwed.; dt.*›: Frau, die die Rechte des Bürgers gegenüber den Behörden wahrnimmt

Om|buds|leu|te, die (Plural): **1.** Plur. von Ombudsmann. **2.** Gesamtheit der Ombudsfrauen und Ombudsmänner.

Om|buds|mann, der; -[e]s, ...männer (selten: ...leute): Mann, der die Rechte des Bürgers gegenüber den Behörden wahrnimmt

Ome|ga, das; -[s], -s ‹*gr.*›: vierundzwanzigster (und letzter) Buchstabe des griechischen Alphabets (langes O: Ω, ω)

Ome|lett [ɔm(ə)'lɛt], das; -[e]s, -e u. -s, auch (österr., schweiz. nur): **Ome|lette** [ɔm(ə)'lɛt(ə)], die; -, -n ‹*frz.*›: Eierkuchen; **Omelette aux Confitures:** mit eingemachten Früchten od. Marmelade gefüllter Eierkuchen; **Omelette aux fines Herbes:** Eierkuchen mit Kräutern; **Omelette soufflée:** Auflaufomelette

Omen, das; -s, - u. Omina ‹*lat.*›: (gutes od. schlechtes) Vorzeichen; Vorbedeutung

Omen|tum, das; -s, ...ta ‹*lat.*› (Anat.): Teil des Bauchfells, das aus der schürzenartig vor dem Darm hängenden Bauchfellfalte (großes Netz) u. der Bauchfellfalte zwischen Magen u. unterem Leberrand (kleines Netz) besteht

Omer|tà [...'ta], die; - ‹*it.*›: Gesetz des Schweigens, Schweigepflicht, solidarisches Schweigen (in der Mafia)

Omi|k|ron, das; -[s], -s ‹*gr.*›: fünfzehnter Buchstabe des griechischen Alphabets (kurzes O; Ο, ο)

Omi|na: *Plural* von ↑Omen

omi|nös ‹*lat.*›: **a)** von schlimmer Vorbedeutung, unheilvoll; **b)** bedenklich, verdächtig, anrüchig

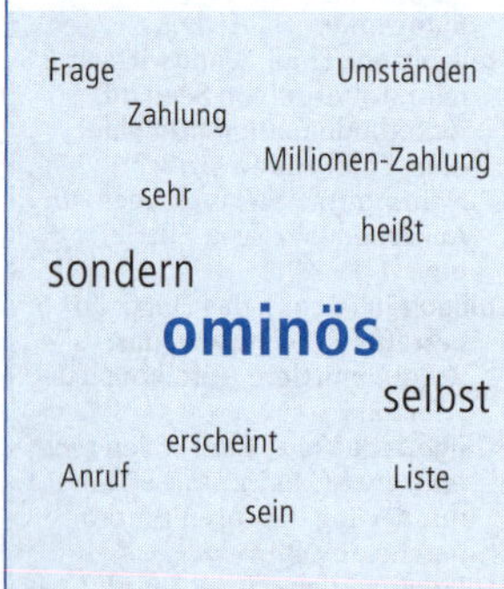

Omis|sa, die (Plural) ‹*lat.*› (veraltet): Fehlendes, Lücken, Ausgelassenes

Omis|si|on, die; -, -en (veraltet): Aus-, Unterlassung, Versäumnis (z. B. der Annahmefrist einer Erbschaft)

Omis|siv|de|likt, das; -[e]s, -e ‹*lat.-nlat.; lat.*› (Rechtswiss.): Begehung einer Straftat durch Unterlassung eines gebotenen Verhaltens

omit|tie|ren ‹*lat.*› (veraltet): aus-, unterlassen

Om|la|di|na, die; - ‹*serb.*›: (1848 gegründeter) serbischer Geheimbund zum Kampf für die Unabhängigkeit Serbiens

om ma|ni pad|me hum ‹*sanskr.*›: magisch-religiöse Formel des ↑lamaistischen Buddhismus, die z. B. in Gebetsmühlen als unaufhörliches Gebet wirken soll

Om|ma|ti|di|um, das; -s, ...ien ‹*gr.-nlat.*› (Zool.): Einzelauge eines ↑Facettenauges

Om|ma|to|pho|ren, die (Plural) (Zool.): hinteres, längeres Fühlerpaar der Schnecken

om|nia ad ma|io|rem Dei glo|ri|am ‹*lat.*›: »alles zur größeren Ehre Gottes!« (Wahlspruch der Jesuiten, meist gekürzt zu: ad maiorem Dei gloriam) (Abk.: O. A. M. D. G.)

om|nia mea me|cum por|to ‹*lat.*›: »all meinen Besitz trage ich bei mir!« (lateinische Übersetzung eines Ausspruchs von Bias, einem der sieben Weisen Griechenlands, 625–540 v. Chr.)

Om|ni|bus, der; -ses, -se ‹*lat.-frz.;* »(Wagen) für alle«›: großer Kraftwagen mit vielen Sitzen zur Beförderung einer größeren Anzahl von Personen; Kurzform: Bus

Om|ni|en: *Plural* von ↑Omnium

om|ni|po|tent ‹*lat.*›: allmächtig, einflussreich. **Om|ni|po|tenz,** die; -: **a)** göttliche Allmacht; **b)** absolute Machtstellung

om|ni|prä|sent: allgegenwärtig. **Om|ni|prä|senz,** die; - ‹*lat.-nlat.*›: Allgegenwart (Gottes)

Om|ni|s|zi|enz, die; -: Allwissenheit (Gottes)

Om|ni|um, das; -s, ...ien (Radsport): aus mehreren Bahnwettbewerben bestehender Wettkampf

Om|ni|um|ver|si|che|rung, die; -, -en ⟨*lat.; dt.*⟩: einheitliche Versicherung verschiedener Risiken

om|ni|vor ⟨*lat.;* »alles verschlingend«⟩ (Zool.): sowohl pflanzliche wie tierische Nahrungsstoffe verdauend (von bestimmten Tieren). **Om|ni|vo|re,** der; -n, -n (meist Plural) (Zool.): Allesfresser, von Pflanzen u. Tiernahrung lebendes Tier

Om|ni|zid, der od. das; -[e]s, -e: das Sich-selbst-Töten der Menschheit, das Auslöschen ihrer eigenen Art, die Vernichtung allen menschlichen Lebens [durch Atomwaffen]

Om|o|dy|nie, die; -, ...ien ⟨*gr.-nlat.*⟩: ↑Omalgie

Omo|pha|gie, die; - ⟨*gr.-lat.*⟩: Verzehr des rohen Fleisches eines Opfertieres (um sich die Kraft des darin verkörperten Gottes anzueignen; z. B. im antiken Dionysoskult)

Omo|pho|ri|on, das; -s, ...ien ⟨*gr.*⟩: ↑Pallium (3) der Bischöfe in der orthodoxen Kirche

Om|pha|cit [auch: ...ˈtsɪt], der; -s, -e ⟨*gr.*⟩ (Mineral.): ein Mineral, Teil des Gemenges bestimmter kristalliner Schiefer

Om|pha|li|tis, die; -, ...itiden ⟨*gr.-nlat.*⟩ (Med.): Nabelentzündung

Om|pha|lo|s|ko|pie, die; -: meditative Betrachtung des eigenen Nabels (vor allem im ↑Hesychasmus)

Om|pha|zit vgl. Omphacit

Om|rah, die; - ⟨*arab.*⟩: kleine Pilgerfahrt nach Mekka

Omul, der; -s, Omule ⟨*russ.*⟩: Renke, Felchenart des Baikalsees

on ⟨*engl.*⟩: auf der Bühne, im Fernsehbild beim Sprechen sichtbar (Ggs.: off). **On,** das; -[s]: das Sichtbarsein eines Sprechers, Kommentators im Fernsehen, auf der Bühne (Ggs.: Off)

Ona|ger, der; -s, - ⟨*gr.-lat.*⟩: **1.** in Südwestasien heimischer Halbesel. **2.** (Geschichte) römische Wurfmaschine

on air [ɔn ˈɛːɐ̯] ⟨*engl.* on the air, eigtl. »in der Luft«⟩ (Jargon): auf Sendung

Ona|nie, die; - ⟨*engl.;* Neubildung zum Namen der biblischen Gestalt Onan⟩: geschlechtliche Selbstbefriedigung durch manuelles Reizen der Geschlechtsorgane; ↑Masturbation

ona|nie|ren: durch manuelle Reizung der Geschlechtsorgane [sich selbst] sexuell erregen, zum Orgasmus bringen; ↑masturbieren

Ona|nist, der; -en, -en: jmd., der onaniert. **Ona|nis|tin,** die; -, -nen: weibliche Form zu ↑Onanist. **ona|nis|tisch:** die Onanie betreffend

On-Board-Di|a|g|no|se [ɔnˈbɔːd...], die; -, -n ⟨*engl.; gr.-frz.*⟩: Eigendiagnose bei elektronischen Motorsteuerungen von Kraftfahrzeugen zur Überwachung aller Bauteile u. Systeme des Motors

On|boar|ding [ɔnˈbɔːɐ̯dɪŋ], das; -s ⟨*engl.;* eigtl. »das An-Bord-Nehmen«⟩: Einführung eines neuen Mitarbeiters in seinen Arbeits- bzw. Einsatzbereich

On|ce [it.: ˈɔntʃə, frz.: ɔ̃s, niederl.: ˈɔnsə], die; -, -n ⟨lat.-frz.⟩: altes Gewicht in Italien, Frankreich, Belgien u. in den Niederlanden

On|cho|zer|ko|se [ɔnço...], die; -, -n ⟨*gr.-nlat.*⟩ (Med.): Krankheit, die durch einen Wurm ausgelöst wird, der durch den Stich einer infizierten afrikanischen Kriebelmücke übertragen wird u. dann ins Auge wandert, was zur Erblindung u. später meist zum Tode führt; Flussblindheit

on|deg|gia|men|to [ɔndɛdʒa...], **on|deg|gian|do** [ɔndɛˈdʒando] ⟨*lat.-it.;* »wogend«⟩ (Musik): auf Streichinstrumenten durch regelmäßige Druckverstärkung u. -verminderung des Bogens den Ton rhythmisch an- u. abschwellen lassend

on de|mand [ɔn dɪˈmaːnd] ⟨*engl.*⟩: auf Verlangen, auf Bestellung

Ondes Mar|te|not [ɔ̃dmartəˈno], die (Plural) ⟨*frz.;* nach dem Franzosen M. Martenot⟩: (1928 konstruiertes) hochfrequentes, elektroakustisches Musikinstrument

On|dit [ɔ̃ˈdiː], das; -[s], -s ⟨*frz.;* »man sagt«⟩: Gerücht

On|du|la|ti|on, die; -, -en ⟨*lat.-frz.*⟩: das Wellen der Haare mit einer Brennschere

On|du|lé [ɔ̃dyˈleː], der; -[s], -s: Gewebe mit wellig gestalteter Oberfläche

on|du|lie|ren: (Haare) [mit einer Brennschere] wellen

On-Ear-Kopf|hö|rer [...ʔiːɐ̯...], der; -s, - ⟨*engl.; dt.*⟩: Kopfhörer, dessen Lautsprecher mithilfe eines Bügels fest auf beide Ohren gedrückt werden

Onei|ris|mus, der; - ⟨*gr.-nlat.*⟩ (Med.): als real empfundene traumähnliche ↑Halluzinationen bei Vergiftungen, Infektionskrankheiten u. nach seelischen Erschütterungen

Onei|r|o|dy|nia, die; - ⟨*gr.-nlat.*⟩ (Med.): Albdrücken; nächtliche Unruhe

Onei|ro|man|tie, die; - (veraltet): Traumdeutung

One-Man-Show [ˈwʌnmænʃoʊ̯], die; -, -s ⟨*engl.*⟩: Show, die ein Unterhaltungskünstler allein bestreitet

One-Night-Stand [ˈwʌnnaɪ̯tstɛnd], der; -s, -s ⟨*engl.*⟩: flüchtiges sexuelles Abenteuer (für eine einzige Nacht)

One|ra: *Plural* von ↑Onus

one|rie|ren ⟨*lat.*⟩ (veraltet): belasten, aufbürden

one|ros, one|rös (veraltet): beschwerlich, mühevoll

One|stepp [ˈwʌnstɛp], der; -s, -s ⟨*engl.*⟩: aus Nordamerika stammender schneller Tanz im $^2/_4$- od. $^6/_8$-Takt (seit 1900)

on|ga|re|se, on|gha|re|se [ɔŋga...] ⟨*it.*⟩ (Musik): ungarisch

Onio|ma|nie, die; - ⟨*gr.-nlat.*⟩ (Med.): krankhafter Kauftrieb

on|ko..., On|ko...

⟨zu *gr.* ógkos »groß an Umfang, geschwollen«⟩
Wortbildungselement mit der Bedeutung »Geschwulst«:
- Onkogen
- Onkogenese
- Onkologe

on|ko|gen ⟨*gr.-nlat.*⟩ (Med.): eine bösartige Geschwulst erzeugend. **On|ko|gen,** das; -s, -e (Med.): Gen, das die Entstehung von bösartigen Geschwülsten bewirken kann

On|ko|ge|ne|se, die; -, -n (Med.): Entstehung von [bösartigen] Geschwülsten

On|ko|lo|ge, der; -n, -n (Med.): Arzt mit speziellen Kenntnissen auf dem Gebiet der Geschwulstkrankheiten. **On|ko|lo-**

gie, die; - (Med.): Teilgebiet der Medizin, das sich mit den Tumoren [u. besonders den malignen Tumorerkrankungen] befasst. **On|ko|lo|gin,** die; -, -nen: weibliche Form zu ↑Onkologe. **on|ko|lo|gisch:** die Onkologie betreffend

On|ko|ly|se, die; -, -n (Med.): Auflösung von Geschwulstzellen durch Injektionen spezifischer Substanzen. **on|ko|ly|tisch** (Med.): die Onkolyse betreffend

On|kor|na|vi|rus, das (auch: der); -, ...ren (meist Plural) ‹Kurzw. aus *Onko..., RNA* = engl. Abk. für Ribonukleinsäure u. *Virus*›: geschwulstbildender Ribonukleinsäurevirus

On|ko|sphae|ra [...ˈsfɛːra], die; -, ...ren: Hakenlarve der Bandwürmer

On|ko|vi|ren, die (Plural) (Med.): Viren, die eine gesunde Zelle in eine Tumorzelle umwandeln können

on|line [ˈɔnlai̯n] ‹*engl.;* »in Verbindung«› (EDV): **1.** in direkter Verbindung mit einem Computer arbeitend, direkt mit diesem gekoppelt (von bestimmten Geräten). **2.** ans Datennetz, an das Internet angeschlossen; innerhalb des Datennetzes, des Internets

O
Onko

Online-
In Zusammensetzungen wegen der besseren Lesbarkeit häufig mit Bindestrich geschrieben, z. B. *Online-Auktion, Online-Banking*

On|line|bank, die; -, -en (Bankw.): Kreditinstitut, das Geschäfte nur über das Internet abwickelt

On|line|ban|king [...bæŋkɪŋ], das; -[s]: computergestützte Abwicklung von Bankgeschäften

On|line|be|trieb, der; -[e]s (EDV): Betriebsart von Geräten, die direkt mit einem Computer od. einem Netzwerk (z. B. dem Internet) verbunden sind

On|line|bro|ker [...brɔu̯kɐ], der; -s, - ‹*engl.*›: jmd., der seine Börsengeschäfte über ein Datennetz (z. B. Internet) abwickelt. **On|line|bro|ke|rin,** die; -, -nen: weibliche Form zu ↑Onlinebroker

Onlinedating [...dei̯tɪŋ], das; -s, -s: Partnersuche über das Internet

On|line|dienst, der; -[e]s, -e: Telekommunikationsdienst, bei dem Text-, Ton-, Bild- u. Videoinformationen im Onlinebetrieb über Datennetze (bes. über das Telefonnetz) übertragen werden

On|line|han|del, der; -s: über das Internet abgewickelter Kauf u. Verkauf von Waren, Wirtschaftsgütern. **On|line|händ|ler,** der; -s, -: **1.** Firma, die Onlinehandel betreibt. **2.** Person, die Onlinehandel betreibt. **On|line|händ|le|rin,** die; -, -nen: weibliche Form zu ↑Onlinehändler (2)

On|line|kri|mi|na|li|tät, die; -: Gesamtheit der Straftaten, die im Internet begangen werden

On|line|kurs, der; -es, -e: für eine Teilnahme über das Internet aufbereiteter, im Internet stattfindender Lehrgang; Webinar

On|line|pe|ti|ti|on, die; -, -en (Politik): Petition, die über eine Internetseite unterschrieben werden kann

On|line|pu|b|li|shing [...pablɪʃɪŋ], das; -s ‹*engl.*›: das Publizieren von Verlagserzeugnissen über Datennetze

On|li|ner, der; -s, - (Jargon): jmd., der das Internet sehr häufig nutzt

On|li|ne|rin, die; -, -nen: weibliche Form zu ↑Onliner

On|line|rol|len|spiel, das; -[e]s, -e: Rollenspiel im Internet

On|line|shop [...ʃɔp], der; -s, -s: Website, über die ein Unternehmen Waren od. Dienstleistungen über das Internet anbietet u. verkauft

On|line|shop|ping [...ʃɔpɪŋ], das; -s: das Einkaufen per Bestellung über das Internet

On|line|vo|ting, das; -s, -s ‹*engl.*›: über eine Internetseite erfolgende Stimmabgabe, Abstimmung

On|line|zei|tung, die; -, -en: **a)** online abrufbare Version einer elektronisch aufbereiteten Zeitung; **b)** online abrufbare Zusammenstellung von Informationen, Nachrichten, Beiträgen o. Ä.

Öno|lo|ge, der; -n, -n ‹*gr.-nlat.*›: Fachmann auf dem Gebiet der Önologie. **Öno|lo|gie,** die; -: Wein[bau]kunde. **Öno|lo|gin,** die; -, -nen: weibliche Form zu ↑Önologe. **öno|lo|gisch:** die Önologie betreffend

Öno|ma|nie, die; -, ...ien (Med. selten): ↑Delirium tremens

Ono|man|tie, die; - ‹*gr.-nlat.*›: früher übliche Wahrsagerei aus Namen

Ono|ma|sio|lo|gie, die; -, ...ien: Teilgebiet der Sprachwissenschaft, das sich damit befasst, wie Dinge, Wesen u. Geschehnisse sprachlich bezeichnet werden; Bezeichnungslehre. **ono|ma|sio|lo|gisch:** die Onomasiologie betreffend

Ono|mas|tik, die; - ‹*gr.*› (Sprachwiss.): Wissenschaft von den Eigennamen, Namenkunde

Ono|mas|ti|kon, das; -s, ...ken u. ...ka: **1.** in der Antike od. im Mittelalter erschienenes Namen- od. Wörterverzeichnis. **2.** [kürzeres] Gedicht auf den Namenstag einer Person

Ono|ma|to|lo|gie, die; -: ↑Onomastik

Ono|ma|to|ma|nie, die; - ‹*gr.-nlat.*› (Med.): **a)** krankhafter Zwang zur Erinnerung an bestimmte Wörter od. Begriffe; **b)** krankhafter Zwang zum Aussprechen bestimmter [obszöner] Wörter

Ono|ma|to|po|e|sie, die; -: ↑Onomatopöie

Ono|ma|to|po|e|ti|kon, Ono|ma|to|po|e|ti|kum, das; -s, ...ka (Sprachwiss.): Klänge nachahmendes, lautmalendes Wort

ono|ma|to|po|e|tisch: die Onomatopöie betreffend; lautmalend

ono|ma|to|pö|e|tisch: ↑onomatopoetisch

Ono|ma|to|pö|ie, die; -, ...ien ‹*gr.-lat.*›: **a)** Laut-, Schallnachahmung, Lautmalerei bei der Bildung von Wörtern (z. B. grunzen, bauz); **b)** Wortbildung des Kleinkindes durch Lautnachahmung (z. B. Wauwau)

Öno|me|ter, das; -s, - ‹*gr.-nlat.*›: Messinstrument zur Bestimmung des Alkoholgehaltes des Weins

ÖNORM, die; -, -en ‹Kurzw. aus: *Ö*sterreichische *Norm*›: österreichische Industrienorm

on parle fran|çais [õparlfrɑ̃ˈsɛ] ‹*frz.;* »man spricht Französisch«›: hier wird Französisch gesprochen, hier spricht man Französisch (als Hinweis z. B.

für Kunden, Kundinnen in einem Geschäft)
on the road [ɔn ðə ˈrɔʊ̯d] ⟨*engl.*⟩: unterwegs
on the rocks [ɔn ðə ˈrɔks] ⟨*engl.;* »auf den Felsblöcken«⟩: mit Eiswürfeln (von Getränken)
on|tisch ⟨*gr.*⟩ (Philos.): als seiend, unabhängig vom Bewusstsein existierend verstanden
On|to|ge|ne|se, die; -, -n ⟨*gr.-nlat.*⟩ (Biol.): die Entwicklung des Individuums von der Eizelle zum geschlechtsreifen Zustand. **on|to|ge|ne|tisch**: die Entwicklung des Individuums betreffend
On|to|ge|nie, die; -, ...ien: ↑Ontogenese. **on|to|ge|nisch**: ↑ontogenetisch
On|to|lo|ge, der; -n, -n (Philos.): Vertreter ontologischer Denkweise. **On|to|lo|gie**, die; -, ...ien: Lehre vom Sein, von den Ordnungs-, Begriffs- u. Wesensbestimmungen des Seienden. **On|to|lo|gin**, die; -, -nen: weibliche Form zu ↑Ontologe. **on|to|lo|gisch**: die Ontologie betreffend
On|to|lo|gis|mus, der; - (Philos.): von Malebranche (17. Jh.) u. bes. von italienischen katholischen Philosophen im 19. Jh. wieder aufgenommene Anschauung der Erkenntnislehre des Descartes u. des ↑Okkasionalismus, wonach alles endliche Seiende, auch Bewusstsein u. menschlicher Geist, als nur scheinbare Ursächlichkeit verstanden wird u. seine eigentliche Ursache in Gott als dem ersten Sein hat
On|to|so|phie, die; -: Bezeichnung von J. Clauberg für ↑Ontologie
Onus, das; -, Onera ⟨*lat.*⟩ (Rechtsspr. veraltet): Last, Bürde, Auflage, Verbindlichkeit
Ony|ch|a|tro|phie, die; - ⟨*gr.-nlat.*⟩ (Med.): Verkümmerung der Nägel
Ony|chie, die; -, ...ien (Med.): Nagelbettentzündung
Ony|cho|g|ry|po|se, die; -, -n (Med.): krallenartige Verbildung der Nägel
Ony|cho|ly|se, die; - (Med.): Ablösung des Nagels vom Nagelbett
Ony|cho|ma|de|se, die; - (Med.): Ausfall aller Nägel
Ony|cho|my|ko|se, die; -, -n (Med.): Pilzerkrankung der Nägel
Ony|cho|pha|gie, die; -, ...ien (Med.): Nägelkauen
Ony|cho|se, die; -, -n (Med.): Nagelkrankheit
Onyx, der; -[es], -e ⟨*gr.-lat.*⟩: **1.** Halbedelstein, Abart des Quarzes. **2.** (Med.) Hornhautabszess von der Form eines Nagels
Onyx|glas, das; -es, ...gläser ⟨*gr.-lat.; dt.*⟩: unregelmäßig geädertes, farbiges Kunstglas
Onze et de|mi [õzed(ə)ˈmi], das; - - - ⟨*frz.;* »elfeinhalb«⟩: französisches Kartenglücksspiel
Oo|ga|mie, die; - ⟨*gr.-nlat.*⟩ (Biol.): Vereinigung einer großen unbeweglichen Eizelle mit einer kleinen, meist beweglichen männlichen Geschlechtszelle
Oo|ge|ne|se, die; -, -n (Med.; Biol.): Entwicklung des Eis vom Keimepithel bis zum reifen Ei. **oo|ge|ne|tisch** (Biol., Med.): die Oogenese betreffend
Oo|go|ni|um, das; -s, ...ien (Bot.): Bildungsstelle der Eizelle niederer Pflanzen
Oo|id, das; -[e]s, -e (Geol.): kleines rundes Gebilde aus Kalk od. Eisenverbindungen, das sich schwebend in bewegtem Wasser bilden kann
Oo|ki|net, der; -en, -en: parasitisches Sporentierchen (z. B. Malariaerreger) in einem bestimmten Entwicklungsstadium
Oo|lem|ma, das; -s, ...mmen od. -ta (Biol.; Med.): die Eizelle umhüllende Zellmembran
Oo|lith [auch: ...ˈlɪt], der; -s u. -en, -e[n]: ein aus Ooiden zusammengesetztes Gestein. **oo|li|thisch** [auch: ...ˈlɪ...]: in Oolithen abgelagert
Oo|lo|gie, die; -: Eierkunde (Zweig der Vogelkunde)
Oo|my|ze|ten, die (Plural) (Bot.): Ordnung der Algenpilze mit zahlreichen Pflanzenschädlingen
Oo|pho|r|ek|to|mie, die; -, ...ien (Med.): ↑Ovariektomie
Oo|pho|ri|tis, die; -, ...itiden (Med.): Eierstockentzündung
oo|pho|ro|gen (Med.): von den Eierstöcken ausgehend (z. B. von Unterleibserkrankungen)
Oo|pho|ron, das; -s (Med.): Eierstock
Oo|plas|ma, das; -s (Biol.): Plasma (1) der Eizelle
Oo|ze|pha|lie, die; -, ...ien: ↑Sphenozephalie
Oo|zo|id, das; -[e]s, -e (Biol.): aus einem Ei entstandenes Individuum (bes. bei den ↑Tunikaten)
Oo|zyt, der; -en, -en, **Oo|zy|te**, die; -, -n (Biol., Med.): weibliche Keimzelle
OP [oˈpeː], der; -[s], -[s]: kurz für Operationssaal
opak ⟨*lat.*⟩: undurchsichtig, lichtundurchlässig
Opal, der; -s, -e ⟨*sanskr.-gr.-lat.*⟩: **1.** glasig bis wächsern glänzendes, milchig weißes od. verschiedenfarbiges Mineral, das in einigen farbenprächtigen Spielarten auch als Schmuckstein verwendet wird. **2.** (ohne Plural) feines Baumwollgewebe von milchigem Aussehen. **opa|len: a)** aus Opal bestehend; **b)** durchscheinend wie Opal
opa|les|zent: Opaleszenz aufweisend, opalisierend. **Opa|les|zenz**, die; - ⟨*sanskr.-gr.-lat.-nlat.*⟩: opalartiges, rötlich bläuliches Schillern. **opa|les|zie|ren**: Opaleszenz zeigen
Opal|glas, das; -es ⟨*sanskr.-gr.-lat.-nlat.; dt.*⟩: schwach milchiges, opalisierendes Glas
opa|li|sie|ren ⟨*sanskr.-gr.-lat.-nlat.*⟩: in Farben schillern wie ein Opal
Opan|ke, die; -, -n ⟨*serb.*⟩: sandalenartiger Schuh mit am Unterschenkel kreuzweise gebundenem Lederriemen
Op-Art [ˈɔpʔaːɐ̯t], die; - ⟨*engl.;* Kurzw. aus *optical art*⟩: moderne illusionistisch dekorative Kunstrichtung (mit starkem Einfluss auf die Mode), die durch geometrische Abstraktionen (in hart konturierten Farben) charakterisiert ist
Op-Ar|tist, der; -en, -en: Vertreter der Op-Art. **Op-Ar|tis|tin**, die; -, -nen: weibliche Form zu ↑Op-Artist
Opa|zi|tät, die; - ⟨*lat.*⟩: **1.** (Optik) Undurchsichtigkeit. **2.** (Med.) Trübung, undurchsichtige Beschaffenheit (z. B. der Hornhaut)
Open [ˈɔʊ̯pn̩], das; -s, - ⟨*engl.*⟩ (Jargon): offener Wettbewerb, offene Meisterschaft
Open-Air-Fes|ti|val [ˈɔʊ̯pn̩ˈʔɛːɐ̯...], das; -s, -s: im Freien stattfindende kulturelle Großveran-

staltung (für Folklore, Popmusik o. Ä.)

Open-Air-Ki|no, das; -s, -s: im Freien stattfindende Filmvorführung[en]

open end ['əʊpn̩ 'ɛnt]: ohne ein vorher auf einen bestimmten Zeitpunkt festgesetztes Ende

Open End, das; - -s, - -s, **Open|end,** das; -s, -s ['əʊpn̩(')ʔɛnt] ⟨*engl.*⟩: **1.** zeitlich nicht festgelegtes Ende. **2.** Ende eines Films, Theaterstücks, Buches o. Ä., das den Ausgang der Handlung, einzelner Handlungsstränge offenlässt. **3.** Kurzform von Open-End-Veranstaltung

Open-End-Dis|kus|si|on ['əʊpn̩-'ʔɛnt...], die; -, -en ⟨*engl.; lat.*⟩: Diskussion, deren Ende nicht durch einen vorher bestimmten Zeitpunkt festgelegt ist

Ope|ner ['əʊpənɐ], der; -s, - ⟨*engl.*⟩ (Jargon): **1.** erstes Musikstück eines Albums, Konzerts o. Ä. **2.** Opening

Ope|ning ['əʊpənɪŋ], das; -s, -s ⟨*engl.*⟩: einleitender Teil, Anfangs-, Eröffnungsszene

Open Shop ['əʊpn̩ 'ʃɔp], der; - -[s], - -s ⟨*engl.*⟩: **1.** (EDV früher) Betriebsart eines Rechenzentrums, bei der der Anwender selbst Zutritt zur Datenverarbeitungsanlage hat (Ggs.: Closed Shop [1]). **2.** in Großbritannien u. in den USA ein Unternehmen, für dessen Betriebsangehörige kein Gewerkschaftszwang besteht (Ggs.: Closed Shop [2])

O
Open

Open Source ['əʊpn̩ 'sɔːɐ̯s], die; - -, - -s [...sɪs] ⟨*engl.*⟩ (EDV): Kurzform von ↑Open-Source-Software

Open-Source-Soft|ware [...'sɔːɐ̯s...], die; - ⟨*engl.*⟩ (EDV): Software, deren Quellcode frei zugänglich ist u. die beliebig kopiert, genutzt u. verändert werden darf

O̲per, die; -, -n ⟨*lat.-it.*⟩: **1. a)** (ohne Plural) Gattung von musikalischen Bühnenwerken mit Darstellung einer Handlung durch Gesang (Soli, Ensembles, Chöre) u. Instrumentalmusik; **b)** einzelnes Werk dieser Gattung. **2. a)** Opernhaus; **b)** Opernhaus als kulturelle Institution; **c)** (ohne Plural) Mitglieder, Personal eines Opernhauses

[1]**Opera:** *Plural* von ↑Opus

[2]**O̲pe|ra,** die; -, ...re ⟨*lat.-it.*⟩: it. Bez. für: Oper

ope|ra̲|bel ⟨*lat.-frz.*⟩: **1.** (Med.) operierbar. **2.** so beschaffen, dass damit gearbeitet, operiert werden kann. **Ope|ra|bi|li|tä̲t,** die; - (Med.): operable (1) Beschaffenheit; Operierbarkeit

O̲pe|ra bu̦f|fa, die; - -, ...re ...ffe ⟨*lat.-it.*⟩: heitere, komische Oper (als Gattung)

Opé|ra co|mique [ɔperakɔ'mik], die; - -, -s -s [ɔperakɔ'mik] ⟨*lat.-it.-frz.*⟩: **1. a)** (ohne Plural) Gattung der mit gesprochenen Dialogen durchsetzten Spieloper; **b)** einzelnes Werk dieser Gattung. **2. a)** Haus, Institut, in dem solche Opern gespielt werden; **b)** Mitglieder, Personal dieses Instituts

O̲pe|ra ero̲|i|ca, die; - -, ...re eroiche [- ...kɛ] ⟨*lat.-it.*⟩: Heldenoper (als Gattung)

Ope|ra|i̦s|mus, der; - ⟨*it.*⟩: neomarxistische Strömung u. soziale Bewegung in Oberitalien in den 1960er-Jahren, die sich gegen den Kapitalismus u. die damit verbundene Ausbeutung der Arbeiter/-innen in Fabriken richtete

Ope|ra̦nd, der; -en, -en ⟨*lat.*⟩: Information, die der Computer mit anderen zu einer bestimmten Operation (4 b) verknüpft

ope|ra̦nt ⟨*lat.-engl.*⟩: eine bestimmte Wirkungsweise in sich habend; **operante Konditionierung** (Psychol., Soziol.): Veränderung bestimmter Verhaltensweisen durch Verknüpfung von Situationsgegebenheiten mit Verhaltensweisen, die Belohnungen od. Bestrafungen nach sich ziehen; **operantes Verhalten** (Psychol., Soziol.): Reaktion, die nicht von einem auslösenden Reiz abhängt, sondern von den Auswirkungen dieser Reaktion

O̲pe|ra se|mi|se̲|ria, die; - -, ...re ...rie ⟨*lat.-it.*⟩: teils ernste, teils heitere Oper (als Gattung)

O̲pe|ra se̲|ria, die; - -, ...re ...rie ⟨*lat.-it.*⟩: ernste, große Oper (als Gattung)

Ope|ra|teur [...'tøːɐ̯], der; -s, -e ⟨*lat.-frz.*⟩: **1.** Arzt, der eine Operation vornimmt. **2.** (veraltend) **a)** Kameramann (bei Filmaufnahmen); **b)** Vorführer (im Kino); **c)** Toningenieur. **3.** (selten) ↑Operator (2). **Ope|ra|teu|rin** [...'tøːrɪn], die; -, -nen: weibliche Form zu ↑Operateur

Ope|ra|ting ['ɔpəre̯ɪtɪŋ], das; -s ⟨*engl.*⟩: das Bedienen (von Maschinen, Computern o. Ä.)

Ope|ra|ti|o̲n, die; -, -en ⟨*lat.*⟩: **1.** (Med.) chirurgischer Eingriff. **2.** zielgerichtete Bewegung eines [größeren] Truppen- od. Schiffsverbandes mit genauer Abstimmung der Aufgabe der einzelnen Truppenteile od. Schiffe. **3. a)** (Math.) Lösungsverfahren; **b)** wissenschaftlich nachkontrollierbares Verfahren, nach bestimmten Grundsätzen vorgenommene Prozedur. **4. a)** Handlung, Unternehmung, Verrichtung; Arbeits-, Denkvorgang; **b)** (EDV) Ausführung einer Programmanweisung, eines Befehls

ope|ra|ti|o|na̲|bel: sich operationalisieren lassend

ope|ra|ti|o|na̲l ⟨*lat.-nlat.*⟩: sich durch Operationen (4 a) vollziehend, verfahrensbedingt; vgl. ...al/...ell

ope|ra|ti|o|na|li|sie̲|ren: **1.** (Soziol.) Begriffe präzisieren, standardisieren durch Angabe der Operationen (4 a), mit denen der durch den Begriff bezeichnete Sachverhalt erfasst werden kann, od. durch Angabe der Indikatoren (der messbaren Ereignisse), die den betreffenden Sachverhalt anzeigen. **2.** in der Curriculumforschung (↑Curriculum) Lernziele durch einen Ausbildungsgang in Verhaltensänderungen der Lernenden übersetzen, die durch Tests o. Ä. zu überprüfen sind

Ope|ra|ti|o|na|li̦s|mus, der; -: Wissenschaftstheorie, nach der wissenschaftliche Aussagen nur dann Gültigkeit haben, wenn sie sich auf physikalische Operationen (4 a) zurückführen lassen; vgl. Operativismus

ope|ra|ti|o|ne̦ll: ↑operational; vgl. ...al/...ell

Ope|ra|ti|o|ni̦s|mus, der; -: ↑Operativismus

Ope|ra|ti|o̲ns|ba|sis, die; -: Ausgangs-, Nachschubgebiet einer Operation (2)

ope|ra|ti̲v ⟨*lat.-nlat.*⟩: **1.** (Med.) die Operation (1) betreffend, auf dem Wege der Operation erfolgend, chirurgisch eingreifend. **2.** (Militär) strategisch. **3.** (bes. Wirtsch.) konkrete Maßnahmen treffend, sie unmittelbar wirksam werden lassend; **operatives Geschäft:** dem eigentlichen Zweck eines Unternehmens entsprechendes Geschäft

Ope|ra|ti|vis|mus, der; -: Lehre der modernen Naturphilosophie, wonach die Grundlage der Physik nicht die Erfahrung, sondern menschliches Handeln (Herstellung von Messapparaten u. a.) sei

Ope|ra|ti|vi|tät, die; -: operative (3) Beschaffenheit, unmittelbare Wirksamkeit

Ope|ra|tor, der; -s, ...oren u. (bei engl. Aussprache:) -[s] ⟨*lat.(-engl.)*⟩: **1.** (Fachspr., bes. Math., Sprachwiss.) Mittel, Verfahren, Symbol o. Ä. zur Durchführung linguistischer, logischer od. mathematischer Operationen (3, 4). **2.** [auch: ˈɔpəreɪtɐ] (EDV) jmd., der in einem Rechenzentrum die Rechner bedient u. überwacht

Ope|ra|to|rin, die; -, -nen: weibliche Form zu ↑Operator (2)

Ope|re: *Plural* von ↑²Opera

Ope|ret|te, die; -, -n ⟨*lat.-it.;* »kleine Oper«⟩: **a)** (ohne Plural) Gattung von leichten, unterhaltenden musikalischen Bühnenwerken mit gesprochenen Dialogen, [strophenliedartigen] Soli u. Tanzeinlagen; **b)** einzelnes Werk dieser Gattung

Ope|ret|ten|staat, der; -[e]s, -en (scherzh.): kleiner, unbedeutender Staat (wie er z. B. als Fantasiegebilde oft als Schauplatz einer Operette vorkommt)

ope|rie|ren ⟨*lat.*⟩: eine Operation durchführen; **mit etwas operieren:** etwas benutzen, mit etwas umgehen, arbeiten

Oper|ment, das; -[e]s, -e ⟨*lat.*⟩: ein Mineral

Ophe|li|mi|tät, die; - ⟨*gr.-nlat.*⟩ (Wirtsch.): das Nutzen der Güter, die der Befriedigung von Bedürfnissen dienen

Ophi|k|le|i|de, die; -, -n ⟨*gr.-nlat.*⟩: tiefes Blechblasinstrument der Romantik

Ophio|la|t|rie, die; -: religiöse Verehrung von Schlangen

Ophir, ökum.: Ofir, das; -s (meist ohne Artikel) ⟨*hebr.-gr.-mlat.*⟩: fernes, sagenhaftes Goldland im Alten Testament

¹Ophit, der; -en, -en (meist Plural) ⟨*gr.-lat.*⟩: Schlangenanbeter; Angehöriger einer ↑gnostischen Sekte, die die Schlange des Paradieses als Vermittlerin der Erkenntnis verehrte

²Ophit, der; -[e]s, -e: ein Mineral

Ophi|tin, die; -, -nen: weibliche Form zu ↑¹Ophit

ophi|tisch ⟨*gr.*⟩: zur Sekte der Ophiten gehörend (z. B. in Bezug auf gnostische Offenbarungsschriften)

Ophi|u|ro|i|den, die (Plural) ⟨*gr.-nlat.*⟩ (Biol.): Schlangensterne (Stachelhäuter mit schlangenartigen Armen)

Oph|thal|mi|a|t|rie, Oph|thal|mi|a|t|rik, die; - ⟨*gr.-nlat.*⟩ (Med.): Augenheilkunde; Ophthalmologie

Oph|thal|mie, die; -, ...ien (Med.): Augenentzündung

Oph|thal|mi|kum, das; -s, ...ka ⟨*gr.-lat.*⟩ (Med.): Augenheilmittel

oph|thal|misch (Med.): zum Auge gehörend

Oph|thal|mo|blen|nor|rhö, die; -, -en ⟨*gr.-nlat.*⟩ (Med.): Augentripper; akute eitrige Augenbindehautentzündung als Folge einer Gonokokkeninfektion

Oph|thal|mo|di|a|g|nos|tik, die; - (Med.): Feststellung gewisser Krankheiten an Reaktionen der Augenbindehaut

Oph|thal|mo|lo|ge, der; -n, -n (Med.): Augenarzt. **Oph|thal|mo|lo|gie,** die; -: Lehre von den Erkrankungen des Auges u. ihrer Behandlung; Augenheilkunde. **Oph|thal|mo|lo|gin,** die; -, -nen: weibliche Form zu ↑Ophthalmologe. **oph|thal|mo|lo|gisch** (Med.): die Augenheilkunde betreffend

Oph|thal|mo|ph|thi|sis, die; -, ...isen (Med.): Augapfelschwund

Oph|thal|mo|ple|gie, die; -, ...ien (Med.): Augenmuskellähmung

Oph|thal|mo|re|ak|ti|on, die; -, -en ⟨*gr.; lat.-nlat.*⟩: Reaktion der Augenbindehaut auf gewisse Krankheiten

Oph|thal|mo|s|kop, das; -s, -e ⟨*gr.-nlat.*⟩ (Med.): Augenspiegel. **Oph|thal|mo|s|ko|pie,** die; -, ...ien (Med.): Ausspiegelung des Augenhintergrundes. **oph|thal|mo|s|ko|pisch** (Med.): die Ophthalmoskopie betreffend, unter Anwendung des Augenspiegels

Oph|ti|o|le ®, die; -, -n ⟨Kunstw.⟩: Behältnis, aus dem Augentropfen ohne Pipette eingeträufelt werden

Opi|at, das; -[e]s, -e ⟨*gr.-lat.-nlat.*⟩: **a)** Arzneimittel, das Opium enthält; **b)** (im weiteren Sinne) Arzneimittel, das dem Betäubungsmittelgesetz unterliegt

Opi|nio com|mu|nis, die; - - ⟨*lat.*⟩: allgemeine Meinung

Opi|nion|lea|der [əˈpɪnjənli:dɐ], der; -s, - ⟨*engl.*⟩: jmd., der die öffentliche Meinung zu einem bestimmten Thema beeinflusst

Opi|o|id, das; -[e]s, -e (Med.): im Körper gebildetes ↑Peptid, das eine opiumähnliche Wirkung hat

Opis|tho|do|mos, der; -, ...moi ⟨*gr.*⟩: Raum hinter der Cella (1) eines griechischen Tempels

Opis|tho|ge|nie, die; -, ...ien ⟨*gr.-nlat.*⟩ (Med. veraltet): angeborene Verkürzung des Unterkiefers; vgl. Brachygnathie

Opis|tho|g|na|thie, die; -, ...ien ⟨*gr.-nlat.*⟩ (Med.): angeborenes Zurücktreten des Unterkiefers

Opis|tho|graf, Opisthograph, das; -s, -e ⟨*gr.-lat.*⟩: auf beiden Seiten beschriebene Handschrift od. Papyrusrolle. **opis|tho|gra|fisch,** opisthographisch: auf beiden Seiten beschrieben (in Bezug auf Papyrushandschriften) od. bedruckt (Ggs.: anopisthografisch)

Opis|tho|graph usw. vgl. Opisthograf usw.

Opis|tho|to|nus, der; - ⟨*gr.-nlat.*⟩ (Med.): Starrkrampf im Bereich der Rückenmuskulatur, wobei der Rumpf bogenförmig nach hinten überstreckt ist

opis|tho|zöl: hinten ausgehöhlt (von Wirbelknochen)

Opi|um, das; -s ⟨*gr.-lat.*⟩: aus dem Milchsaft des Schlafmohns gewonnenes schmerzstillendes Arzneimittel u. Rauschgift

Opo|del|dok, der od. das; -s ⟨von Paracelsus gebildetes Kunstw.⟩: Einreibungsmittel gegen Rheumatismus

Opo|pa|nax, Opo|po|nax, der; -[es] ⟨*gr.-lat.*⟩: als Heilmittel verwendetes Harz einer mittelmeerischen Pflanze

Opos|sum, das; -s, -s ⟨*indian.-engl.*⟩: **1.** nordamerikanische

opportunistisch	opportun
Es heißt, dass die Parteien einfach opportunistisch seien und deshalb populistisch. *angepasst, rein nach dem Zweck, ohne Prinzip* – eine/die opportunistische […] Haltung der … – die/eine opportunistische […] Politik die/der … – opportunistisches Taktieren Wichtig ist, sich treu zu bleiben und nicht opportunistisch jeder Stimmung hinterherzulaufen. Eine solche Haltung kann vielleicht als opportunistisch oder gar feige ausgelegt werden. Die Tage der vollends opportunistischen Partei sind gezählt.	Weil die Sache als politisch nicht opportun gilt. *passend, zweckbestimmt* – innenpolitisch opportun erscheint – ist … nicht/nur opportun, das zu sagen – möglich und […] politisch opportun war … Solche Träume sind demnach nicht aus der Luft gegriffen, sondern völlig opportun. Wegen seiner opportunen Haltung ist er bei seiner Partei in Ungnade gefallen. Aber offenbar nur, solange es zur Verfolgung seiner Interessen auch opportun erscheint.

Beutelratte mit wertvollem Fell. **2.** Fell des Opossums (1)

Opo|the|ra|pie, die; - ⟨*gr.-nlat.*⟩: ↑Organtherapie

Op|pi|dum, das; -s, ...da ⟨*lat.*⟩: (Geschichte) stadtähnliche Siedlung innerhalb od. außerhalb der Grenzen des Römischen Reiches, im Mittelalter stadtähnliche Siedlung ohne Marktrecht

Op|po|nent, der; -en, -en ⟨*lat.*⟩: jmd., der eine gegenteilige Anschauung vertritt. **Op|po|nen|tin**, die; -, -nen: weibliche Form zu ↑Opponent

op|po|nie|ren: 1. widersprechen, sich widersetzen. **2.** (Med.) gegenüberstellen. **op|po|niert** (Bot.): **1.** (Bot.) eine Blattstellung aufweisend, bei der an einer Sprossachse ein Blatt einem andern gegenübersteht. **2.** (Med.) als Daumen den übrigen Fingern gegenübergestellt

op|por|tun ⟨*lat.*⟩: in der gegenwärtigen Situation von Vorteil, angebracht (Ggs.: inopportun)

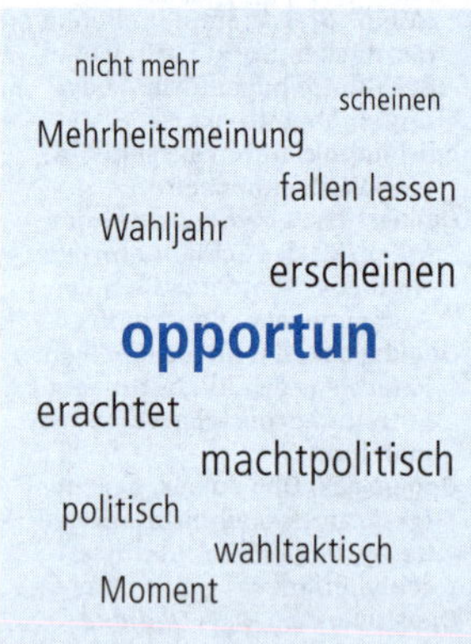

Op|por|tu|nis|mus, der; - ⟨*lat.-frz.*⟩: **1.** allzu bereitwillige Anpassung an die jeweilige Lage (um persönlicher Vorteile willen). **2.** (im marxistischen Sprachgebrauch) bürgerliche ideologische Strömung, die dazu benutzt wird, die Arbeiterbewegung zu spalten u. Teile der Arbeiterklasse an das kapitalistische System zu binden

Op|por|tu|nist, der; -en, -en: **1.** jmd., der sich aus Nützlichkeitserwägungen schnell u. bedenkenlos der jeweiligen Lage anpasst. **2.** Anhänger, Vertreter des Opportunismus (2). **Op|por|tu|nis|tin**, die; -, -nen: weibliche Form zu ↑Opportunist

op|por|tu|nis|tisch: 1. a) den Opportunismus betreffend; **b)** in der Art eines Opportunisten handelnd. **2.** (Med.) (im Hinblick auf Keime, Erreger) nur unter bestimmten Bedingungen ↑pathogen werdend

opportunistisch/opportun *s. Kasten*

Op|por|tu|ni|tät, die; -, -en ⟨*lat.*⟩: Zweckmäßigkeit in der gegenwärtigen Situation (Ggs.: Inopportunität)

Op|por|tu|ni|täts|prin|zip, das; -s ⟨*lat.-nlat.*⟩ (Rechtswiss.): strafrechtlicher Grundsatz, der besagt, dass die Strafverfolgung in den gesetzlich gekennzeichneten Ausnahmefällen dem Ermessen der Staatsanwaltschaft überlassen ist (Einschränkung des ↑Legalitätsprinzips)

op|po|si|tär ⟨*lat.-nlat.*⟩: gegensätzlich, eine Opposition ausdrückend

Op|po|si|ti|on, die; -, -en ⟨*lat.(-frz.)*⟩: **1.** Widerstand, Widerspruch. **2.** Gesamtheit der an der Regierung nicht beteiligten u. mit der Regierungspolitik nicht einverstandenen Parteien u. Gruppen. **3.** (Astron.) Stellung eines Planeten od. des Mondes, bei der Sonne, Erde u. Planet auf einer Geraden liegen; 180° Winkelabstand zwischen Planeten. **4.** (Sprachwiss.) Gegensätzlichkeit sprachlicher Gebilde, z. B. zwischen Wörtern (kalt/warm) od. in rhetorischen Figuren (er ist nicht dumm, er ist gescheit). **5.** (Sprachwiss.) paradigmatische Relation einer sprachlichen Einheit zu einer anderen, gegen die sie in gleicher Umgebung ausgetauscht werden kann (z. B. *die Studentin* macht eine Prüfung/*der Student* macht eine Prüfung; *grünes* Tuch/*rotes* Tuch). **6.** (Med.) Gegenüberstellung des Daumens zu den anderen Fingern. **7.** (Schach) **a)** Gegenüberstellung zweier gleichartiger, aber verschiedenfarbiger Figuren auf der gleichen Linie, Reihe

optimal	optimiert
Die Arbeitsabläufe sind nicht optimal, die Arbeitsbelastung ist gestiegen. *sehr gut, bestmöglich* – biete [die ...] optimalen Voraussetzungen für ... – die [...] Ressourcen [...] optimal [zu] nutzen und ... – nicht alles optimal gelaufen sei Die Bedingungen sind ja nicht optimal. Auch die Badezimmer sind optimal für Rollstuhlfahrer nutzbar. Wie bereite ich mich optimal auf ein Bewerbungsgespräch vor?	Außerdem brauchen wir ein optimiertes Risikomanagement. *bestmöglich gestaltet* – optimierte Arbeitsabläufe – optimierte Prozesse und ... – wurde die optimierte Aerodynamik genutzt, um ... Auch sollten alle mit den optimierten Abläufen vertraut sein. Die Stromnetze müssten für erneuerbare Energien optimiert sein. Außerdem trägt die optimierte Aerodynamik zum Einsparen von Energie bei.

od. Diagonalen zum Zweck der Sperrung; **b)** [unmittelbare] Gegenüberstellung beider Könige auf einer Linie od. Reihe. **8.** (beim Fechten) auf die gegnerische Klinge ausgeübter Gegendruck

op|po|si|ti|o|nell ⟨*lat.-frz.*⟩: **a)** gegensätzlich; gegnerisch; **b)** widersetzlich, zum Widerspruch neigend

op|po|si|tiv (Sprachwiss.): gegensätzlich, einen Gegensatz bildend

Op|pres|si|on, die; -, -en ⟨*lat.*⟩: **1.** (veraltet) Bedrückung, Unterdrückung. **2.** (Med.) Beklemmung

op|pres|siv ⟨*lat.-nlat.*⟩: unterdrückend, drückend

op|pri|mie|ren ⟨*lat.*⟩ (veraltet): bedrücken, überwältigen

Op|pro|b|ra|ti|on, die; -, -en ⟨*lat.*⟩ (veraltet): Beschimpfung, Tadel

Op|so|nin, das; -s, -e ⟨*gr.-nlat.*⟩ (Med.): Protein im Blutserum, das eingedrungene Bakterien so verändert, dass sie von den ↑Leukozyten unschädlich gemacht werden können

Op|tant, der; -en, -en ⟨*lat.*⟩: jmd., der (für etwas) optiert, eine Option ausübt. **Op|tan|tin,** die; -, -nen: weibliche Form zu ↑Optant

op|ta|tiv (Sprachwiss.): den Optativ betreffend; einen Wunsch ausdrückend. **Op|ta|tiv,** der; -s, -e: Modus (2) des Verbs, der einen Wunsch, die Möglichkeit eines Geschehens bezeichnet (z. B. im Altgriechischen)

Op|ti|cal Art [ˈɔptɪkl̩ ˈaːɐ̯t], die; - - ⟨*engl.*⟩: ↑Op-Art

Op|ti|cal Disc [ˈɔptɪkl̩ ˈdɪsk], die; - -, - -s ⟨*engl.*; »optische Scheibe«⟩: Bildplatte

op|tie|ren ⟨*lat.*⟩: vom Recht der Option (1-3) Gebrauch machen

Op|tik, die; -, -en ⟨*gr.-lat.*⟩: **1.** Wissenschaft vom Licht, seiner Entstehung, Ausbreitung u. seiner Wahrnehmung. **2.** die Linsen enthaltender Teil eines optischen Gerätes. **3.** optischer Eindruck, optische Wirkung, äußeres Erscheinungsbild

Op|ti|ker, der; -s, - ⟨*gr.-lat.-nlat.*⟩: Fachmann für Herstellung, Wartung u. Verkauf von optischen Geräten. **Op|ti|ke|rin,** die; -, -nen: weibliche Form zu ↑Optiker

Op|ti|kus, der; -, ...izi ⟨*gr.-nlat.*, Kurzbez. für Nervus opticus⟩ (Med.): Sehnerv

Op|ti|ma: *Plural* von ↑Optimum

op|ti|ma fi|de ⟨*lat.*⟩: im besten Glauben

op|ti|ma for|ma: in bester Form

op|ti|mal ⟨*lat.-nlat.*⟩: sehr gut, bestmöglich

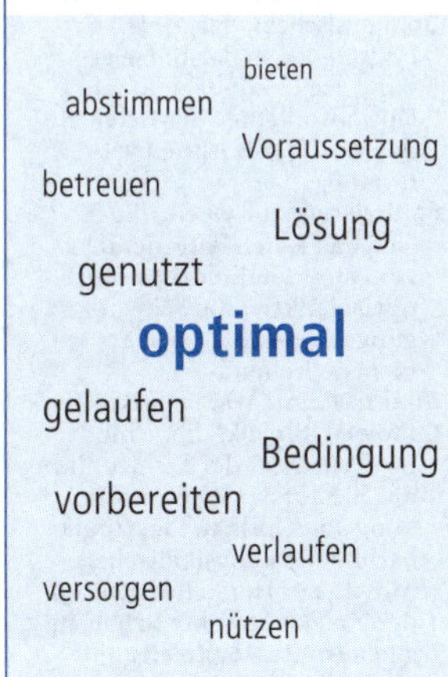

optimal/optimiert *s. Kasten*

op|ti|ma|li|sie|ren: optimieren (1 a)

Op|ti|mat, der; -en, -en ⟨*lat.*⟩: Angehöriger der herrschenden Geschlechter u. Mitglied der Senatspartei im alten Rom. **Op|ti|ma|tin,** die; -, -nen: (im alten Rom) Angehörige der herrschenden Geschlechter

op|ti|me (veraltet): am besten, sehr gut, vorzüglich

Op|ti|me|ter, das; -s, - ⟨*gr.-nlat.*⟩ (Technik): Feinmessgerät für Länge u. Dicke

op|ti|mie|ren ⟨*lat.-nlat.*⟩: **1. a)** optimal gestalten; **b)** sich optimieren: sich optimal gestalten. **2.** (Math.) günstigste Lösungen für bestimmte Zielstellungen ermitteln. **Op|ti|mie|rung,** die; -, -en: **1.** das Optimieren. **2.** Teilgebiet der numerischen Mathematik, das sich mit der optimalen Festlegung von Größen, Eigenschaften, zeitlichen Abläufen u. a. eines Systems unter gleichzeitiger Berücksichtigung von Nebenbedingungen befasst

Op|ti|mis|mus, der; - ⟨*lat.-frz.*⟩: **1.** Lebensauffassung, die alles von der besten Seite betrachtet; heitere, zuversichtliche, lebensbejahende Grundhaltung (Ggs.: Pessimismus [1]). **2.** (Philos.) philosophische Auffassung, wonach diese Welt die beste von allen möglichen und das geschichtliche Geschehen ein Fortschritt zum Guten und Vernünftigen sei (Ggs.: Pessimismus [2]). **3.** zuversichtliche, durch positive Erwartung bestimmte Haltung (z. B. hinsichtlich der Zukunft) (Ggs.: Pessimismus [3]). **Op|ti|mist,** der; -en, -en: **a)** lebensbejahender, zuversichtlicher Mensch

optimistisch	optimal
zuversichtlich Nicht verrückt machen lassen! Die Sache optimistisch angehen! – äußerten sich [...] vorsichtig optimistisch über – blickt [...] optimistisch in die Zukunft – Das klingt [nicht] sehr optimistisch Der Einsatzleiter zeigte sich optimistisch, dass die Aktion gelingt. In der Baubranche werden die Zeichen weniger optimistisch gedeutet. Vor einigen Jahren galten Deutsche als zielstrebig, optimistisch, fleißig.	Die Arbeitsabläufe sind nicht optimal, die Arbeitsbelastung ist gestiegen. *sehr gut, bestmöglich* – biete [die ...] optimale Voraussetzungen für ... – die [...] Ressourcen [...] optimal [zu] nutzen und – nicht alles optimal gelaufen sei Die Bedingungen sind ja nicht optimal. Auch die Badezimmer sind optimal für Rollstuhlfahrer nutzbar. Wie bereite ich mich optimal auf ein Bewerbungsgespräch vor?

(Ggs.: Pessimist); **b)** (scherzh.) jmd., der die sich ergebenden Schwierigkeiten o. Ä. unterschätzt, sie für nicht so groß ansieht, wie sie in Wirklichkeit sind. **Op|ti|mis|tin,** die; -, -nen: weibliche Form zu ↑Optimist. **op|ti|mis|tisch:** lebensbejahend, zuversichtlich (Ggs.: pessimistisch)

allzu
trotzdem
dämpfen
Prognose
vorsichtig
Zukunft
optimistisch
blicken
verhalten
pessimistisch
Einschätzung
gestimmt
beurteilen

optimistisch/optimal *s. Kasten*

Op|ti|mi|zer [...ˈmai̯zɐ], der; -s, - ⟨*engl.*⟩ (EDV): Programm (4) od. Gerät, das die Leistungsfähigkeit eines anderen Programms od. Systems verbessert

Op|ti|mum, das; -s, Optima ⟨*lat.*⟩: **1.** das Beste, das Wirksamste; höchster erreichbarer Wert, Höchstmaß. **2.** (Biol.) günstigste Umweltbedingungen für ein Lebewesen (z. B. die günstigste Temperatur)

Op|ti|on, die; -, -en ⟨*lat.;* »freier Wille, Belieben«⟩: **1.** freie Entscheidung, bes. für eine bestimmte Staatsangehörigkeit (in Bezug auf Bewohner abgetretener Gebiete). **2. a)** (Rechtswiss.) Voranwartschaft auf Erwerb einer Sache od. das Recht zur zukünftigen Lieferung einer Sache; **b)** (Wirtsch.) Vorkaufsrecht, Vorrecht, etwas zu festgelegten Bedingungen innerhalb einer bestimmten Frist zu beziehen. **3.** [Wahl]möglichkeit. **4.** (EDV) Auswahlmöglichkeit in einem Anwendungsprogramm. **5.** (kath. Kirche) Recht der Kardinäle u. der ↑Kanoniker, in eine frei werdende Würde aufzurücken

op|ti|o|nal (fachspr.): nicht zwingend; fakultativ

op|ti|o|nie|ren (Wirtsch.): eine Option auf etw. erwerben

Op|ti|ons|ge|schäft, das; -[e]s, -e (Börsenw.): Form des Termingeschäfts, bei der Optionen (2 b) auf Aktien ge- od. verkauft werden

Op|ti|ons|schein, der; -[e]s, -e (Wirtsch.): an der Börse gehandelte Urkunde, in der bei Optionsanleihen das Recht auf den Bezug von Aktien verbrieft ist

op|tisch ⟨*gr.*⟩: die Optik, die Augen, das Sehen betreffend; vom äußeren Eindruck her; **optisch aktiv:** die Schwingungsebene polarisierten Lichtes drehend

Op|ti|zi: *Plural* von ↑Optikus

Op|to|elek|t|ro|nik, die; -: modernes Teilgebiet der Elektronik, das die auf der Wechselwirkung von Optik u. Elektronik beruhenden physikalischen Effekte zur Herstellung besonderer elektronischer Schaltungen ausnutzt. **op|to|elek|t|ro|nisch:** die Optoelektronik betreffend, auf ihren Prinzipien beruhend

Op|to|me|ter, das; -s, - ⟨*gr.-nlat.*⟩ (Med.): Instrument zur Bestimmung der Sehweite. **Op|to|me|t|rie,** die; - (Med.): Sehkraftbestimmung

Opt-out-Recht [...ˈau̯t...], das; -[e]s, -e ⟨*engl.; dt.*⟩: Recht auf [einstweilige] Aussetzung gemeinsamer Beschlüsse

Op|t|ro|nik, die; -: kurz für ↑Optoelektronik. **op|t|ro|nisch:** kurz für ↑optoelektronisch

opu|lent ⟨*lat.*⟩: üppig, reichlich. **Opu|lenz,** die; -: Üppigkeit, Überfluss

daherkommen
gestaltet
bestückt
bebildert
ausgestattet
illustriert
opulent
Mahl
Mahlzeit
Bildband
inszenieren
Menü
dekoriert

opulent/korpulent *s. Kasten Seite 801*

Opun|tie [...tsi̯ə], die; -, -n ⟨*gr.-nlat.;* vom Namen der altgr. Stadt Opus⟩: (in vielen Arten verbreiteter) Feigenkaktus (mit essbaren Früchten)

Opus [auch: ˈɔ...], das; -, Opera ⟨*lat.;* »Arbeit; erarbeitetes Werk«⟩: künstlerisches, literari-

opulent	korpulent
Das Osterfest beginnt mit seinen opulenten Köstlichkeiten. *üppig, reichlich* – opulente Ausstattung [...] die [...] Kostüme – nach/zu einem opulenten Abendessen und ... – ist [...] opulent bebildert Das Bühnenbild gleicht einem opulenten Gemälde. Das sieht opulent aus, mit all den schönen Kostümen und Kulissen. Es ist der perfekte Abschluss nach einem opulenten Essen.	Der Poptitan hat für die korpulente Blondine ein ganz besonderes Kompliment parat. *beleibt, wohlgenährt* – wird als [... groß und] korpulent [und ...] beschrieben – eine korpulente [...] Frau mit ... – groß, hat [eine] korpulente Statur [...] schwarze ... Das hätte reizend ausgesehen, wäre die Dame nicht gesetzten Alters und korpulent gewesen. Der Räuber wurde als korpulent und etwa 185 Zentimeter groß beschrieben. Der Dritte hat schwarze Haare und eine korpulente Statur.

sches, bes. musikalisches Werk (Abk.: [in der Musik] op)

Opus ale|x|an|d|ri|num, das; - -: [vielleicht nach Alexandria benanntes] zweifarbiges, geometrisch angeordnetes Fußbodenmosaik

Opus|cu|lum, Opuskulum, das; -s, ...la: kleines Opus, kleine Schrift

Opus exi|mi|um, das; - -, Opera eximia: herausragendes, außerordentliches Werk

Opus in|cer|tum, das; - -: römisches Mauerwerk aus Bruchsteinen mit Mörtelguss

Opus|ku|lum vgl. Opusculum

Opus mag|num, das; - -, Opera ...na: (bildungsspr.) bedeutendstes wissenschaftl., literarisches, künstlerisches o. ä. Werk einer Person

Opus ope|ra|tum, das; - - ‹»gewirktes, getanes Werk«› (kath. Theol.): vollzogene sakramentale Handlung, deren Gnadenwirksamkeit unabhängig von der sittlichen Disposition des vollziehenden Priesters gilt

Opus post|hu|mum, Opus pos|tu|mum, das; - -, Opera ...ma: nachgelassenes [Musik]werk (Abk.: op. posth., op. post.)

Opus re|ti|cu|la|tum, das; - -: römisches Mauerwerk aus netzförmig angeordneten Steinen

Opus sec|ti|le, das; - -: ↑Opus alexandrinum

Opus spi|ca|tum, das; - -: römisches Mauerwerk, dessen Steine im Ähren- od. Fischgrätenmuster gefügt sind

Opus tes|se|la|tum, das; - -: farbiges Fußbodenmosaik

Ora, die; - ‹*gr.-lat.-it.*›: Südwind auf der Nordseite des Gardasees

ora et la|bo|ra ‹*lat.*›: bete und arbeite! (alte Mönchsregel)

Ora|kel, das; -s, - ‹*lat.;* »Sprechstätte«›: **a)** Stätte (bes. im Griechenland der Antike), wo Priester/-innen, Seher/-innen o. Ä. Weissagungen verkündeten oder [rätselhafte, mehrdeutige] Aussagen in Bezug auf gebotene Handlungen, rechtliche Entscheidungen o. Ä. machten; **b)** durch das Orakel (a) erhaltene Weissagung, [rätselhafte, mehrdeutige] Aussage

ora|kel|haft ‹*lat.; dt.*›: dunkel, undurchschaubar, rätselhaft (in Bezug auf Äußerungen, Aussprüche). **ora|keln:** in dunklen Andeutungen sprechen

oral ‹*lat.-nlat.*›: **a)** (Med.) den Mund betreffend, am Mund gelegen, durch den Mund; **b)** mündlich (im Unterschied zu schriftlich überliefert, weitergegeben); **c)** mit dem Mund [geschehend]. **Oral,** der; -s, -e: im Unterschied zum Nasal mit dem Mund gesprochener Laut

Oral|chi|r|ur|gie, die; -: Teilgebiet der Zahnmedizin, das sich mit der operativen Behandlung von Zahn-, Mund- u. Kieferkrankheiten (in Verbindung mit Implantation sowie Einbringen von Knochenersatzmaterial) befasst

Ora|le, das; -s, ...lien: ↑Fanon

Oral|ero|tik, die; - ‹*lat.-nlat.; gr.-frz.*› (Psychol.): [frühkindliche] Lustgewinnung im Bereich der Mundzone

oral-ge|ni|tal: die Berührung u. Stimulierung der Genitalien mit dem Mund betreffend

Oral His|to|ry [ˈɔːrəl ˈhɪstəri], die; - - ‹*lat.-engl.*›: Geschichte, die sich mit der Befragung lebender Zeugen befasst

Ora|li|tät, die; - ‹*lat.-nlat.*› (fachspr.): Mündlichkeit

Oral Po|e|t|ry [ˈɔːrəl ˈpɔʊ̯ɪtri], die; - - ‹*lat.-engl.*›: mündlich tradierte, schriftlose Sprachkunst (als Vorstufe literarischer Erzählkunst)

Oral|sex, der; -[es] (ugs.): oraler (c) Geschlechtsverkehr

Oral|ver|kehr, der; -[e]s (Sexualkunde): oraler (c) Geschlechtsverkehr

orange [oˈrãːʃ, oˈraŋʃ] ‹*pers.-arab.-span.-frz.*›: rötlich gelb, orangenfarbig

[1]**Oran|ge,** die; -, -n ‹*pers.-arab.-frz.-niederl.*›: ↑Apfelsine

[2]**Orange,** das; -, -, (ugs.:) -s: orange Farbe

Oran|gea|de [orãˈʒaːdə, auch: oraŋˈʒaːdə], die; -, -n: Getränk aus Orangen-, Zitronensaft, Wasser u. Zucker

Oran|geat [...ˈʒaːt, auch: ...ŋˈʒaːt], das; -s, -e: kandierte Apfelsinenschale

oran|gen [oˈrãːʒn̩, auch: oˈraŋʒn̩] (ugs.): ↑orange

Oran|gen|re|net|te, die; -, -n: ↑Cox' Orange

Orange Pe|koe [ˈɔrɪndʒ ˈpiːkɔʊ̯], der; - - ‹*engl.*›: indische Teesorte aus den größeren, von der Zweigspitze aus gesehen zweiten u. dritten Blättern der Teepflanze

Oran|ge|rie [orãʒəˈriː, auch: oraŋʒəˈriː], die; -, ...ien ‹*pers.-arab.-span.-frz.*›: [in die Anlage barocker Schlösser einbezogenes] Gewächshaus zum Überwintern von exotischen Gewächsen, bes. von Orangenbäumen (in Parkanlagen des 17. u. 18. Jh.s)

Orang-Utan, der; -s, -s ‹*malai.;* »Waldmensch«›: Menschenaffe auf Borneo u. Sumatra

Orans, der; Oranten, Oranten, **Orant**, der; -en, -en, **Oran|te**, die; -, -n ‹*lat.;* »Betender«›: Gestalt der frühchristlichen Kunst in antiker Gebetshaltung mit erhobenen Armen [u. nach oben gewendeten Handflächen] (in Verbindung mit dem Totenkult in Reliefdarstellung auf Sarkophagen, in der Wandmalerei der Katakomben)

ora pro no|bis: bitte für uns! (in der katholischen Liturgie formelhafte Bitte in Litaneien)

Ora|ri|on, das; -[s], ...ia ‹*lat.-kirchenlat.-mgr.*›: Stola des Diakons im orthodoxen Gottesdienst

Ora|tio, die; - ‹*lat.*›: lateinische Form von ↑Oration; **Ora|tio do|mi|ni|ca**: Gebet des Herrn, Vaterunser

Ora|ti|on, die; -, -en: liturgisches Gebet, bes. in der katholischen Messe

Ora|tio ob|li|qua, die; - -: indirekte Rede

Ora|tio rec|ta, die; - -: direkte Rede

Ora|tor, der; -s, ...oren: Redner (in der Antike)

Ora|to|ri|a|ner, der; -s, - ‹*lat.-nlat.*›: Mitglied einer Gemeinschaft von Weltpriestern, bes. der vom hl. Philipp Neri (16. Jh.) in Rom gegründeten

ora|to|risch ‹*lat.*›: **1.** rednerisch, schwungvoll, hinreißend. **2.** in der Art eines Oratoriums (2)

Ora|to|ri|um, das; -s, ...ien ‹*lat.-mlat.*›: **1. a)** Betsaal, Hauskapelle in Klöstern u. a. kirchlichen Gebäuden; **b)** Versammlungsstätte der Oratorianer. **2. a)** (ohne Plural) Gattung von opernartigen Musikwerken ohne szenische Handlung mit meist religiösen od. episch-dramatischen Stoffen; **b)** einzelnes Werk dieser Gattung

or|bi|ku|lar ‹*lat.*› (Med.): kreis-, ringförmig

Or|bis, der; -: **1.** lat. Bez. für: (Erd)kreis. **2.** (Astrol.) Umkreis od. Wirkungsbereich, der sich aus der Stellung der Planeten zueinander u. zur Erde ergibt

Or|bi|s|kop, das; -s, -e ‹*lat.-gr.*› (Med. früher): Röntgengerät, bei dem die Lagerung des Patienten u. der Strahlengang unabhängig voneinander variabel eingestellt werden können

Or|bis pic|tus, der; - - ‹*lat.;* »gemalte Welt«›: im 17. u. 18. Jh. beliebtes Unterrichtsbuch des Pädagogen Comenius

Or|bis Ter|ra|rum, der; - - ‹*lat.*›: Erdkreis

Or|bit, der; -s, -s ‹*lat.-engl.*›: Umlaufbahn (eines Satelliten, einer Rakete) um die Erde od. einen anderen Himmelskörper

Or|bi|ta, die; -, ...tae [...tɛ] ‹*lat.*› (Med.): Augenhöhle

or|bi|tal ‹*lat.-nlat.*›: **1.** den Orbit betreffend, zum Orbit gehörend. **2.** (Med.) zur Augenhöhle gehörend

Or|bi|tal, das; -s, -e: **a)** Bereich, Umlaufbahn um den Atomkern (Atomorbital) oder die Atomkerne eines Moleküls (Molekülorbital); **b)** (Physik, Quantenchemie) energetischer Zustand eines Elektrons innerhalb der Atomhülle

Or|bi|tal|ra|ke|te, die; -, -n: ↑Interkontinentalrakete, die einen Teil ihrer Flugstrecke auf einem Abschnitt der Erdumlaufbahn zurücklegt

Or|bi|tal|sta|ti|on, die; -, -en: Forschungsstation in der Umlaufbahn um einen Himmelskörper

Or|bi|ter, der; -s, - ‹*lat.-engl.*›: Teil eines Raumfahrtsystems, der in einen Orbit gebracht wird

Or|che|so|gra|fie, **Or|che|so|gra|phie** [...ç...], die; -, ...ien ‹*gr.-nlat.*› (selten): ↑Choreografie

Or|ches|ter [...ˈkɛs..., auch, bes. österr.: ...ˈçɛs...], das; -s, - ‹*gr.-lat.-roman.*›: **1.** größeres Ensemble von Instrumentalmusikern, in dem bestimmte Instrumente mehrfach besetzt sind u. das unter der Leitung eines Dirigenten spielt. **2.** Orchestergraben

Or|ches|tik [...ç...], die; - ‹*gr.*›: Tanzkunst, Lehre vom pantomimischen Tanz

Or|ches|t|ra [...ç...], die; -, ...ren ‹*gr.-lat.*›: **a)** runder Raum im altgriechischen Theater, in dem sich der Chor bewegte; **b)** (im Theater des 15. u. 16. Jh.s) Raum zwischen Bühne u. Zuschauerreihen als Platz für die Hofgesellschaft; **c)** (im Theater des 17. Jh.s) Raum zwischen Bühne u. Zuschauerreihen als Platz für die Instrumentalisten

or|ches|t|ral [...k..., auch: ...ç...] ‹*gr.-lat.-roman.*›: das Orchester betreffend, von orchesterhafter Klangfülle, orchestermäßig

Or|ches|t|ra|ti|on, die; -, -en: **a)** ↑Instrumentation; **b)** Umarbeitung einer Komposition für Orchesterbesetzung; vgl. ...ation/...ierung

Or|ches|t|ren [...ç...]: *Plural* von ↑Orchestra

or|ches|t|rie|ren [...k..., 2: ...ç...] (Musik): **a)** ↑instrumentieren (1); **b)** eine Komposition für Orchesterbesetzung umarbeiten. **Or|ches|t|rie|rung**, die; -, -en: das Orchestrieren; vgl. ...ation/...ierung

Or|ches|t|ri|on [...ç...], das; -s, -s u. ...ien ‹*gr.-nlat.*›: **1.** mechanisches Musikwerk (1828 von den Gebrüdern Bauer konstruiert). **2.** Orgelklavier (1791 von Th. A. Kunz zuerst gebaut). **3.** tragbare Orgel (1769 von Abt Vogler konstruiert). **4.** Drehorgel (1851 von Fr. Th. Kaufmann zuerst gebaut)

Or|chi|da|ze|en, die (Plural) ‹*gr.-nlat.*›: artenreiche Pflanzenfamilie der Einkeimblättrigen mit Nutzpflanzen (z. B. Vanille) u. wertvollen Zierpflanzen (z. B. Orchidee)

Or|chi|dee [...ˈdeːə], die; -, -n ‹*gr.-lat.-frz.*›: zu den Orchidazeen gehörende, in den Tropen und Subtropen in vielen Arten vorkommende, in Gewächshäusern als Zierpflanze gezüchtete Pflanze mit farbenprächtigen Blüten

Or|chi|de|en|fach, das; -s, ...fächer (Jargon): ausgefallenes, ungewöhnliches u. deshalb nur von wenigen gewähltes Studienfach

[1]Or|chis, der; -, ...ches [...çeːs] ‹*gr.-lat.*› (Med.): Hoden

[2]Or|chis, die; -, -: Knabenkraut (Pflanzengattung der ↑Orchidazeen)

Or|chi|tis, die; -, ...iti|den ‹*gr.-nlat.*› (Med.): Hodenentzündung

Or|chi|to|mie, die; -, ...ien (Med.): operative Entfernung des Hodens

Or|dal, das; -s, -ien ‹*angelsächs.-mlat.*›: Gottesurteil (im mittelalterlichen Recht)

Or|der, die; -, -s u. -n ‹*lat.-frz.*›: **1.** [militärischer] Befehl, Anweisung; **Order parieren** (veraltet): einen Befehl ausführen; gehorchen. **2.** (Plural: -s; bes. Börsenw.) Bestellung, Auftrag

Or|der|buch, das; -[e]s, ...bücher (Kaufmannsspr., Börsenw.): Buch, in dem laufende Aufträge verzeichnet werden; Auftragsbuch

or|dern ⟨*lat.-frz.*⟩ (Wirtsch.): einen Auftrag erteilen; eine Ware bestellen

Or|der|pa|pier, das; -s, -e ⟨*lat.-frz.; dt.*⟩ (Wirtsch.): Wertpapier, das durch ↑Indossament der im Papier bezeichneten Person übertragen werden kann

Or|der|scheck, der; -s, -s ⟨*lat.-frz.; engl.*⟩ (Wirtsch.): Scheck, der durch ↑Indossament übertragen werden kann

Or|di|na|le, das; -[s], ...lia ⟨*lat.*⟩ (selten): Ordinalzahl

Or|di|nal|zahl, die; -, -en ⟨*lat.; dt.*⟩: Ordnungszahl (z. B. zweite, zehnte)

or|di|när ⟨*lat.-frz.*⟩: **1.** (abwertend) unfein, vulgär. **2.** alltäglich, gewöhnlich; **ordinärer Preis:** ↑Ordinärpreis

Or|di|na|ria, die; -, ...ien, auch: ...iae [...iɛ] ⟨*lat.*⟩: Inhaberin eines Lehrstuhls an einer Hochschule

Or|di|na|ri|at, das; -[e]s, -e ⟨*lat.-nlat.*⟩: **1.** oberste Verwaltungsstelle eines katholischen Bistums od. eines ihm entsprechenden geistlichen Bezirks. **2.** Amt eines ordentlichen Hochschulprofessors

Or|di|na|ri|um, das; -s, ...ien ⟨*lat.;* »das Regelmäßige«⟩: **1.** katholische [handschriftliche] Gottesdienstordnung. **2.** sogenannter ordentlicher Haushalt [eines Staates, Landes, einer Gemeinde] mit den regelmäßig wiederkehrenden Ausgaben u. Einnahmen

Or|di|na|ri|um Mis|sae [- ...ɛ], das; - -: im ganzen Kirchenjahr gleichbleibende Gesänge der Messe

Or|di|na|ri|us, der; -, ...ien: **1.** Inhaber eines Lehrstuhls an einer wissenschaftlichen Hochschule. **2.** Inhaber einer katholischen Oberhirtengewalt (z. B. Papst, Diözesanbischof, Abt u. a.). **3.** (veraltet) Klassenlehrer an einer höheren Schule

Or|di|när|preis, der; -es, -e ⟨*lat.-frz.; dt.*⟩: **1.** im Buchhandel vom Verleger festgesetzter Verkaufspreis. **2.** Marktpreis im Warenhandel

Or|di|na|te, die; -, -n ⟨*lat.-nlat.*⟩ (Math.): Größe des Abstandes von der horizontalen Achse (Abszisse) auf der vertikalen Achse des rechtwinkligen Koordinatensystems

Or|di|na|ten|ach|se, die; -, -n ⟨*lat.-nlat.; dt.*⟩ (Math.): vertikale Achse des rechtwinkligen Koordinatensystems

Or|di|na|ti|on, die; -, -en ⟨*lat.(-mlat.)*⟩: **1. a)** feierliche Einsetzung in ein evangelisches Pfarramt; **b)** katholische Priesterweihe. **2.** (Med.) **a)** ärztliche Verordnung; **b)** ärztliche Sprechstunde; **c)** (österr.) ärztliches Untersuchungszimmer

Or|di|nes [...ne:s]: *Plural* von ↑Ordo

Or|di|nes ma|io|res [...ne:s ma'jo:re:s]: die drei höheren Weihegrade Subdiakon, Diakon u. Presbyter

Or|di|nes mi|no|res [...ne:s ...re:s], die (Plural): die vier niederen Weihegrade Ostiarius, Lektor (3 a), Exorzist u. Akoluth

or|di|nie|ren: 1. a) (ev. Kirche) in das geistliche Amt einsetzen; **b)** (kath. Kirche) zum Priester weihen. **2.** (Med.) **a)** [eine Arznei] verordnen; **b)** Sprechstunde halten

Or|do, der; -, Ordines [...ne:s]: **1.** (ohne Plural) Hinordnung alles Weltlichen auf Gott (im Mittelalter). **2.** Stand des ↑Klerikers, bes. des Priesters. **3.** (ohne Plural) verwandte Familien zusammenfassende systematische Einheit in der Biologie

Or|do Amo|ris, der; - - ⟨»Rangordnung der Liebe«⟩: Rangordnung von ethischen Werten, durch die ein Mensch sich in seinem Verhalten bestimmen lässt (bei M. Scheler)

or|do|li|be|ral ⟨*lat.-nlat.*⟩: einen durch straffe Ordnung gezügelten Liberalismus vertretend

Or|do Mis|sae [- ...ɛ], der; - -: Messordnung der katholischen Kirche für die unveränderlichen Teile der Messe

Or|do|nanz usw. vgl. Ordonnanz usw.

Or|don|nanz, Ordonanz, die; -, -en ⟨*lat.-frz.*⟩: **1.** (veraltet) Befehl, Anordnung. **2.** Soldat, der einem Offizier zur Befehlsübermittlung zugeteilt ist. **3.** (nur Plural) die königlichen Erlasse in Frankreich vor der Französischen Revolution

Or|don|nanz|of|fi|zier, Ordonanzoffizier, der; -s, -e: meist jüngerer Offizier, der in höheren Stäben den Stabsoffizieren zugeordnet ist

Or dou|b|lé [ɔrdu'ble:], das; - - ⟨*lat.-frz.*⟩: mit Gold plattierte Kupferlegierung (für Schmucksachen)

or|do|vi|zisch ⟨nach dem britannischen Volksstamm der Ordovices⟩: das Ordovizium betreffend. **Or|do|vi|zi|um,** das; -s ⟨*nlat.*⟩ (Geol.): erdgeschichtliche Formation; Unterabteilung des ↑Silurs (Untersilur)

Or|d|re ['ɔrdrə, 'ɔrdɐ, 'ɔrdr], die; -, -s ⟨*lat.-frz.*⟩: französische Form von ↑Order

Or|d|re du Cœur [ɔrdrədy'kœ:r], die; - - - ⟨»Ordnung (od. Logik) des Herzens«⟩: **1.** eine Art des Erkennens (Pascal). **2.** Sinn für die Höhe von Werten, Werthöhengefühl (M. Scheler, N. Hartmann)

Öre, die; -, - ⟨*skand.*⟩: dänische, norwegische u. schwedische Münzeinheit (100 Öre = 1 Krone)

Ore|a|de, die; -, -n ⟨*gr.-lat.*⟩: Bergnymphe der griechischen Sage

ore|al ⟨*gr.-nlat.*⟩ (Geogr.): zum Gebirgswald gehörend

Ore|ga|no ⟨*span.*⟩, Origano ⟨*it.*⟩ der; -: als Gewürz verwendete getrocknete Blätter u. Zweigspitzen des ↑Oreganums

Ore|ga|num, Origanum, das; -[s] ⟨*lat.*⟩: eine Gewürzpflanze; wilder Majoran

orek|tisch ⟨*gr.*⟩ (Psychol.): **1.** die Aspekte der Erfahrung wie Impuls, Haltung, Wunsch, Emotion betreffend. **2.** die Begierde betreffend, sie erregend

ore|mus ⟨*lat.*⟩: lasst uns beten! (Gebetsaufforderung des katholischen Priesters [in der lateinischen Messe])

Oren|da, das; -s ⟨*indian.*⟩: übernatürlich wirkende Kraft in Menschen, Tieren u. Dingen (↑dynamistischer Glaube bei indigenen Völkern)

Or|fe, die; -, -n ⟨*gr.-lat.*⟩: amerikanischer Karpfenfisch mit zahlreichen Arten (auch Aquarienfisch)

Or|gan, das; -s, -e ‹*gr.-lat.(-frz.)*; »Werkzeug«›: **1.** Stimme. **2.** Zeitung, Zeitschrift einer politischen od. gesellschaftlichen Vereinigung. **3. a)** Institution od. Behörde, die bestimmte Aufgaben ausführt; **b)** Beauftragter. **4.** Sinn, Empfindung, Empfänglichkeit. **5.** (Med.) Körperteil mit einheitlicher Funktion

Or|ga|na: *Plural* von ↑Organum

or|ga|nal: 1. das Organum betreffend. **2.** orgelartig

Or|gan|bank, die; -, -en (Med.): Einrichtung, die der Aufbewahrung von Organen (5) od. Teilen davon für Transplantationen dient

Or|gan|din, der; -s (selten): ↑Organdy

Or|gan|dy [...di], der; -[s] ‹*frz.-engl.*›: fast durchsichtiges, wie Glasbatist ausgerüstetes Baumwollgewebe in zarten Pastellfarben

Or|ga|nell, das; -s, -en, **Or|ga|nel|le,** die; -, -n ‹*gr.-lat.-nlat.*› (Biol.): organartige Bildung des Zellplasmas von Einzellern

Or|ga|ni|gramm, das; -s, -e ‹*gr.; Kunstw.*›: **1.** Stammbaumschema, das den Aufbau einer [wirtschaftlichen] Organisation erkennen lässt u. über Arbeitseinteilung od. über die Zuweisung bestimmter Aufgabenbereiche an bestimmte Personen Auskunft gibt. **2.** ↑Organogramm

Or|ga|nik, die; - ‹*gr.-lat.*›: **1.** Lehre vom geologischen, vegetabilischen und animalischen Organismus (bei Hegel). **2.** (Chemie) ↑organische Chemie

Or|ga|ni|ker, der; -s, -: Chemiker mit speziellen Kenntnissen und Interessen auf dem Gebiet der organischen Chemie. **Or|ga|ni|ke|rin,** die; -, -nen: weibliche Form zu ↑Organiker

or|ga|ni|sa|bel ‹*gr.-lat.-frz.*›: organisierbar, beschaffbar; sich verwirklichen lassend

Or|ga|ni|sa|ti|on, die; -, -en: **1.** (ohne Plural) **a)** das Organisieren; **b)** Aufbau, Gliederung, planmäßige Gestaltung. **2.** Gruppe, Verband mit [sozial]politischen Zielen (z. B. Partei, Gewerkschaft). **3.** (Biol.) Bauplan eines Organismus, Gestalt u. Anordnung seiner Organe. **4.** (Med.) Umwandlung abgestorbenen Körpergewebes in gefäßhaltiges Bindegewebe

Or|ga|ni|sa|tor, der; -s, ...oren ‹*gr.-lat.-frz.-nlat.*›: **1. a)** jmd., der etwas organisiert, eine Unternehmung nach einem bestimmten Plan vorbereitet; **b)** jmd., der organisatorische Fähigkeiten besitzt. **2.** (Biol.) Keimbezirk, der auf die Differenzierung der Gewebe Einfluss nimmt. **Or|ga|ni|sa|to|rin,** die; -, -nen: weibliche Form zu ↑Organisator (1)

or|ga|ni|sa|to|risch: die Organisation betreffend

or|ga|nisch ‹*gr.-lat.*›: **1. a)** (Biol., Med.) ein Organ od. den Organismus betreffend; **b)** der belebten Natur angehörend (Ggs.: anorganisch [1 a]); **c)** die Verbindungen des Kohlenstoffs betreffend; **organische Chemie:** Teilgebiet der Chemie, das sich mit den Verbindungen des Kohlenstoffs beschäftigt. **2.** einer inneren Ordnung gemäß in einen Zusammenhang hineinwachsend, mit etwas eine Einheit bildend

or|ga|ni|sie|ren ‹*gr.-lat.-frz.*›: **1. a)** etwas sorgfältig u. systematisch vorbereiten [u. für einen reibungslosen, planmäßigen Ablauf sorgen]; **b)** etwas sorgfältig u. systematisch aufbauen, für einen bestimmten Zweck einheitlich gestalten. **2.** (ugs.) sich etwas [auf nicht ganz rechtmäßige Weise] beschaffen. **3. a)** in einer Organisation (2), einem Verband o. Ä. od. zu einem bestimmten Zweck zusammenschließen; **b)** sich organisieren: sich zu einem Verband zusammenschließen. **4.** (Med.) totes Gewebe in gefäßführendes Bindegewebe umwandeln. **5.** (Musik) auf der Orgel zum Cantus firmus frei fantasieren

or|ga|ni|siert: einer Organisation (2) angehörend

or|ga|nis|misch: zu einem Organismus gehörend, sich auf einen Organismus beziehend

Or|ga|nis|mus, der; -, ...men: **1. a)** gesamtes System der Organe (5); **b)** (meist Plural; Biol.) [meist tierisches od. pflanzliches] Lebewesen. **2.** (Plural selten) größeres Ganzes, Gebilde, dessen Teile, Kräfte o. Ä. zusammenpassen, zusammenwirken

Or|ga|nist, der; -en, -en ‹*gr.-lat.-mlat.*›: Musiker, der Orgel spielt. **Or|ga|nis|tin,** die; -, -nen: weibliche Form zu ↑Organist

Or|ga|nis|t|rum, das; -s, ...stren ‹*gr.-lat.-nlat.*›: Drehleier

Or|ga|ni|zer [ˈɔːɡənaɪ̯zɐ], der; -s, - ‹*lat.-frz.-engl.*›: Mikrocomputer, der bes. als Terminkalender sowie als Adressen- u. Telefonverzeichnis benutzt wird; vgl. Notebook

Or|gan|kla|ge, die; -, -n ‹*gr.-lat.-nlat.; dt.*› (Rechtswiss.): Klage eines Verfassungsorgans des Bundes od. eines Landes gegen ein anderes vor dem Bundesverfassungsgericht

Or|gan|man|dat, das; -[e]s, -e (österr. Amtsspr.): Strafe, die von der Polizei ohne Anzeige u. Verfahren verhängt wird

or|ga|no|gen ‹*gr.-nlat.*›: **1.** (Chemie) am Aufbau der organischen Verbindungen beteiligt. **2.** (Biol.) Organe bildend; organischen Ursprungs

Or|ga|no|ge|ne|se, die; - (Biol.): Prozess der Organbildung

Or|ga|no|gra|fie, Organographie, die; -, ...ien: **1.** (Biol., Med.) Beschreibung der Organe. **2.** (Biol. veraltet) Teilgebiet der Botanik, das sich mit dem äußeren Bau der Pflanzen befasst; Morphologie (2). **3.** (Musik veraltet) Beschreibung der Musikinstrumente. **or|ga|no|gra|fisch,** organographisch (Biol., Med.): Lage u. Bau der Organe beschreibend

Or|ga|no|gramm, das; -s, -e ‹*gr.*›: **1.** (Psychol.) schaubildliche Wiedergabe der Verarbeitung von Informationen im Organismus. **2.** ↑Organigramm

Or|ga|no|gra|phie usw. vgl. Organografie usw.

or|ga|no|id (Biol., Med.): organähnlich. **Or|ga|no|id,** das; -[e]s, -e: ↑Organell

or|ga|no|lep|tisch: Lebensmittel nach einem bestimmten Bewertungsschema in Bezug auf Eigenschaften wie Geschmack, Aussehen, Geruch, Farbe ohne Hilfsmittel, nur mit den Sinnen prüfend

Or|ga|no|lo|ge, der; -n, -n: Wissenschaftler auf dem Gebiet des Orgelbaus. **Or|ga|no|lo|gie,** die; -: **1.** Lehre vom Bau, von der Konstruktion von Instrumenten, insbes. von Orgeln. **2.** (Biol., Med. veraltend) Organlehre. **Or|ga|no|lo|gin,** die; -, -nen: weibliche Form zu ↑Organologe. **or|ga|no|lo|gisch:** die Organologie betreffend, zu ihr gehörend

Or|ga|non, das; -s, ...na ‹*gr.;* »Werkzeug«›: **a)** (ohne Plural) die logischen Schriften des Aristoteles als Hilfsmittel zur Wahrheitserkenntnis; **b)** [logische] Schrift zur Grundlegung der Erkenntnis

or|ga|no ple|no: ↑pleno organo

Or|ga|no|sol, das; -s, -e ‹*gr.; lat.*› (Chemie): Lösung eines Kolloids in einem organischen Lösungsmittel

Or|ga|no|the|ra|pie, die; - ‹*gr.-nlat.*› (Med.): ↑Organtherapie

or|ga|no|trop (Med.): auf Organe gerichtet, auf sie wirkend

Or|ga|no|zo|on, das; -s, ...zoen (Med.): im Innern eines Organs lebender Parasit

Or|gan|psy|cho|se, die; -, -n (Med., Psychol.): körperliche Erkrankung mit psychotischem Hintergrund (H. Meng)

Or|gan|schaft, die; -, -en: finanzielle, wirtschaftliche u. organisatorische Abhängigkeit einer rechtlich selbstständigen Handelsgesellschaft von einem Unternehmen, in dem sie als Organ (3 a) aufgeht

Or|gan|sin, der od. das; -s ‹*it.-frz.*›: beste Naturseide, die gezwirnt als Kettgarn verwendet wird

Or|gan|the|ra|pie, die; -, ...ien ‹*gr.-nlat.*› (Med.): Verwendung von aus tierischen Organen od. Sekreten gewonnenen Arzneimitteln zur Behandlung von Krankheiten

Or|gan|tin, der od. das; -s (österr.): ↑Organdin

Or|gan|trans|plan|ta|ti|on, die; -, -en (Med.): Übertragung eines gesunden Organs von einem Spender auf einen Empfänger mit einem entsprechend unheilbaren Organ

Or|ga|num, das; -s, ...gana ‹*gr.-lat.*›: **1.** älteste Art der Mehrstimmigkeit, Parallelmelodien zu den Weisen des gregorianischen Gesanges. **2.** Musikinstrument, bes. Orgel

Or|gan|za, der; -s ‹*it.*›: sehr dünnes Gewebe [aus nicht entbasteter Naturseide]

Or|gas|mus, der; -, ...men ‹*gr.-nlat.*›: Höhepunkt der geschlechtlichen Erregung. **or|gas|tisch:** den Orgasmus betreffend; wollüstig

Or|gel, die; -, -n ‹*gr.-lat.-mlat.*›: größtes Tasteninstrument mit [1]Manualen, Pedalen, Registern, Gebläse, Windladen, Pfeifenwerk, Schweller u. Walze

Or|gel|pro|s|pekt, der; -[e]s, -e: künstlerisch ausgestaltetes Pfeifengehäuse der Orgel, meist mit tragenden Teilen aus Holz, die reich mit Schnitzwerk verziert sind

Or|gi|as|mus, der; -, ...men ‹*gr.-nlat.*›: ausschweifende kultische Feier in antiken ↑Mysterien. **Or|gi|ast,** der; -en, -en: zügelloser Schwärmer. **Or|gi|as|tin,** die; -, -nen: weibliche Form zu ↑Orgiast. **or|gi|as|tisch:** schwärmerisch; wild, zügellos

Or|gie [...i̯ə], die; -, -n ‹*gr.-lat.*›: **1.** geheimer, wild verzückter Gottesdienst [in altgriechischen ↑Mysterien]. **2. a)** ausschweifendes Gelage; **b)** keine Grenzen kennendes Ausmaß von etwas; **Orgien feiern:** in aller Deutlichkeit hervorbrechen u. sich austoben

original, Original
Obwohl das vordere *i* in der gesprochenen Sprache oft kaum hörbar ist, darf es bei diesen auf *lat.* origo (»Ursprung, Quelle, Stamm«) zurückgehenden Wörtern in geschriebener Sprache nicht entfallen. Gleiches gilt für *Originalien, Originalität, originär, originell.*

Org|ware [...wɛːɐ̯], die; -, -s ‹Kunstw.›: zur Bedienung u. zum optimalen Einsatz von Computern (in IT-Abteilungen) benötigte Materialien wie z. B. Betriebsanweisungen, Organisationspläne

Ori|ent [auch: oˈri̯ɛnt], der; -s ‹*lat.*›: **1.** vorder- u. mittelasiatische Länder; östliche Welt (Ggs.: Okzident). **2.** (veraltet) Osten

Ori|en|ta|le, der; -n, -n: Bewohner des Orients

Ori|en|ta|lia, die (Plural): Werke über den Orient

Ori|en|ta|lin, die; -, -nen: weibliche Form zu ↑Orientale

Ori|en|ta|lis, die; - ‹*gr.-nlat.*›: ↑orientalische Region

ori|en|ta|lisch: den Orient betreffend; östlich, morgenländisch; **orientalische Region:** tiergeografische Region (Vorder-, Hinterindien, Südchina, die Großen Sundainseln u. die Philippinen); **orientalischer Ritus:** die Riten der mit Rom unierten Ostkirchen

ori|en|ta|li|sie|ren: a) orientalische Einflüsse aufnehmen (in Bezug auf eine frühe Phase der griechischen Kunst); **b)** (z. B. eine Gegend) mit einem orientalischen Gepräge versehen

Ori|en|ta|list, der; -en, -en ‹*lat.-nlat.*›: Wissenschaftler auf dem Gebiet der Orientalistik

Ori|en|ta|lis|tik, die; -: Wissenschaft von den orientalischen Sprachen u. Kulturen

Ori|en|ta|lis|tin, die; -, -nen: weibliche Form zu ↑Orientalist

ori|en|ta|lis|tisch: die Orientalistik betreffend

Ori|ent|beu|le, die; -, -n ‹*lat.; dt.*› (Med.): tropische Beulenkrankheit der Haut

ori|en|tie|ren ‹*lat.-frz.*›: **1. a)** sich orientieren: eine Richtung suchen, sich zurechtfinden; **b)** ein Kultgebäude, eine Kirche in der West-Ost-Richtung anlegen. **2.** (bes. schweiz.) informieren, unterrichten. **3.** auf etwas einstellen, nach etwas ausrichten (z. B. sich, seine Politik an bestimmten Leitbildern orientieren). **4.** (regional) **a)** auf etwas hinlenken; **b)** sich orientieren: seine Aufmerksamkeit auf etwas, jmdn. konzentrieren

Ori|en|tie|rung, die; -, -en: **1.** Anlage eines Kultgebäudes, einer Kirche in der West-Ost-Richtung. **2.** das Sichzurechtfinden im Raum. **3.** geistige Einstellung, Ausrichtung. **4.** Informierung, Unterrichtung. **5.** (regional) Hinlenkung auf etwas

Ori|en|tie|rungs|stu|fe, die; -, -n ‹*lat.-frz.; dt.*›: (organisatorisch nicht eigenständige) Zwischenstufe von zwei Jahren zw.

original	originell
Einige Läden sind nahezu wieder aufgebaut, in originaler Bauart. *ursprünglich, unverfälscht, nicht nachgemacht* – sogar noch original verpackt – in der originalen [...] Fassung – sind noch [...] original [...] erhalten Das soll die Fassade original erhalten, ist aber unwirtschaftlich. Alles an dem Auto ist original, alles in gutem Zustand. Denn die Brosche muss im originalen Maßstab abgebildet sein.	Die Verkleidungen waren auch heuer wieder kreativ und originell. *neuartig, kreativ* – auf recht originelle [...] Weise – nicht [...] unbedingt [...] originell, aber – die/eine originelle [...] Idee Das Trikot ist ohne Zweifel ein originelles Geschenk. Manches Exponat ist witzig, die meisten sehr originell. Zugegeben, originell sind weder die folgende Angelegenheit noch diese Zeilen.

Grundschule u. weiterführender Schule

Ori|fi|ci|um, das; -s, ...cia ‹*lat.;* »Mündung«›: Öffnung, Mund der Orgelpfeifen

Ori|flam|me, die; - ‹*lat.-frz.*›: Kriegsfahne der französischen Könige

Ori|ga|mi, das; -[s] ‹*jap.*›: (in Japan beliebte) Kunst des Papierfaltens

Ori|ga|no vgl. Oregano

Ori|ga|num vgl. Oreganum

ori|gi|nal ‹*lat.*›: **1.** ursprünglich, echt; urschriftlich; eine Sendung original (direkt) übertragen. **2.** von besonderer, einmaliger Art, urwüchsig, originell (1); vgl. ...al/...ell

original/originell *s. Kasten*

Ori|gi|nal, das; -s, -e ‹*lat.-mlat.*›: **1.** Urschrift, Urfassung; Urbild, Vorlage; Urtext, ursprünglicher, unübersetzter fremdsprachiger Text; vom Künstler eigenhändig geschaffenes Werk der bildenden Kunst. **2.** eigentümlicher, durch seine besondere Eigenart auffallender Mensch

Ori|gi|na|li|en, die (Plural) ‹*lat.*›: Originalaufsätze, -schriften

Ori|gi|na|li|tät, die; -, -en ‹*lat.-frz.*›: **1.** (ohne Plural) Ursprünglichkeit, Echtheit, Selbstständigkeit. **2.** Besonderheit, wesenhafte Eigentümlichkeit

Ori|gi|nal|ton, der; -[e]s: im Rahmen einer Hörfunk-, Fernsehsendung verwendeter Ton einer Direktaufnahme, d. h. mit direkt sprechenden Personen, mit echter Geräuschkulisse o. Ä. (Abk.: O-Ton)

ori|gi|när ‹*lat.*›: ursprünglich

ori|gi|nell ‹*lat.-frz.*›: **1.** ursprünglich, in seiner Art neu, schöpferisch; original (1). **2.** eigenartig, eigentümlich, urwüchsig u. gelegentlich komisch; vgl. ...al/...ell

originell/originär *s. Kasten Seite 807*

Ori|o|ni|den, die (Plural) ‹*gr.-nlat.*›: ein (in der zweiten Oktoberhälfte zu beobachtender) Meteorstrom

Or|kan, der; -[e]s, -e ‹*karib.-span.-niederl.*›: äußerst starker Sturm

Or|kan|böe, die; -, -n: Wind, der für weniger als zehn Minuten Orkanstärke erreicht

Or|kus, der; - ‹*lat.;* altröm. Gott der Unterwelt›: Unterwelt, Totenreich

Or|le|an, der; -s ‹nach der frz. Namensform des Spaniers Fr. de Orellana, 1511–1549›: orangeroter pflanzlicher Farbstoff zum Färben von Nahrungs- u. Genussmitteln

Or|le|a|nist, der; -en, -en ‹*frz.;* nach den Herzögen von Orléans› (Geschichte): Anhänger des Hauses Orléans u. Gegner des französischen Königsgeschlechts der Bourbonen. **Or|le|a|nis|tin,** die; -, -nen: weibliche Form zu ↑Orleanist

Or|le|ans [...leã], der; - [...leãs] ‹nach der frz. Stadt Orléans›: leichter, glänzender Baumwollstoff, ähnlich dem Lüster (4)

O
Orif

originell	originär
Die Verkleidungen waren auch heuer wieder kreativ und originell. *neuartig, kreativ* – auf recht originelle [...] Weise – nicht [...] unbedingt [...] originell, aber – die/eine originelle [...] Idee Das Trikot ist ohne Zweifel ein originelles Geschenk. Manches Exponat ist sogar witzig, die meisten sind originell. Zugegeben, originell sind weder die folgende Angelegenheit noch diese Zeilen.	Die Fraktion sei der Auffassung, Wirtschaftsförderung sei eine originär kommunale Aufgabe. *ursprünglich, genuin* – aus originären Landesmitteln – diese einzige originäre [...] Kunstform der USA – originäre Aufgabe der Polizei sei ... Eine originär nationale Kunst zu behaupten, ist natürlich schwierig. Weltweit der einzige Verein, der originär staatliche Aufgaben aus Spenden erfüllt. Sie hat sich von ihrer originären Bestimmung immer weiter entfernt.

Or|log, der; -s, -e u. -s ‹*niederl.*› (veraltet): Krieg

Or|log|schiff, das; -[e]s, -e ‹*niederl.; dt.*› (veraltet): Kriegsschiff

Or|low|tra|ber, der; -s, - ‹*russ.; dt.;* nach einem russ. Züchter›: eine Pferderasse

Or|na|ment, das; -[e]s, -e ‹*lat.*›: Verzierung; Verzierungsmotiv. **or|na|men|tal** ‹*lat.-nlat.*›: mit einem Ornament versehen, durch Ornamente wirkend; schmückend, zierend

or|na|men|tie|ren: mit Verzierungen versehen

Or|na|men|tik, die; -: **1.** Ornamente im Hinblick auf ihre innerhalb einer bestimmten Stilepoche o. Ä. od. für einen bestimmten Kunstgegenstand typischen Formen. **2.** Verzierungskunst

Or|nat, der, (auch:) das; -[e]s, -e ‹*lat.*›: feierliche [kirchliche] Amtstracht

or|na|tiv: das Ornativ betreffend, darauf bezüglich. **Or|na|tiv,** das; -s, -e (Sprachwiss.): Verb, das ein Versehen mit etwas oder ein Zuwenden von etwas ausdrückt

or|nie|ren (veraltet): schmücken

Or|nis, die; - ‹*gr.*›: die Vogelwelt einer Landschaft

Or|ni|tho|ga|mie: ↑Ornithophilie

Or|ni|tho|lo|ge, der; -n, -n: Wissenschaftler auf dem Gebiet der Vogelkunde. **Or|ni|tho|lo|gie,** die; -: Vogelkunde. **Or|ni|tho|lo|gin,** die; -, -nen: weibliche Form zu ↑Ornithologe. **or|ni|tho|lo|gisch:** vogelkundlich

or|ni|tho|phil: den Blütenstaub durch Vögel übertragen lassend (in Bezug auf bestimmte Pflanzen). **Or|ni|tho|phi|lie,** die; -: Vogelblütigkeit, Befruchtung von Blüten durch Vögel

Or|ni|tho|p|ter, der; -s, - ‹*gr.-engl.*›: Schwingenflügler; Experimentierflugzeug, dessen Antriebsprinzip dem des Vogelflugs gleicht

Or|ni|tho|rhyn|chus, der; - ‹*gr.-nlat.*›: australisches Schnabeltier

Or|ni|tho|se, die; -, -n (Med.): von Vögeln übertragene Infektionskrankheit

Oro|ban|che, die; -, -n ‹*gr.-lat.*›: Sommerwurz (Pflanzenschmarotzer auf Nachtschattengewächsen u. a.)

oro|gen ‹*gr.-nlat.*› (Geol.): gebirgsbildend. **Oro|gen,** das; -s (Geol.): Gebirge mit Falten- od. Deckentektonik

Oro|ge|ne|se, die; -, -n (Geol.): Gebirgsbildung, die eine ↑Geosynklinale ausfaltet. **oro|ge|ne|tisch:** ↑orogen

Oro|ge|nie, die; - (Geol. veraltet): Lehre von der Entstehung der Gebirge

Oro|g|no|sie, die; -, ...ien (veraltet): Gebirgsforschung u. -beschreibung

Oro|gra|fie, Orographie, die; -, ...ien (Geogr.): Beschreibung der Reliefformen des Landes. **oro|gra|fisch,** orographisch (Geogr.): die Ebenheiten u. Unebenheiten des Landes betreffend

Oro|gra|phie usw. vgl. Orografie usw.

Oro|hy|d|ro|gra|fie, Orohydrographie, die; -, ...ien (Geogr.): Gebirgs- u. Wasserlaufbeschreibung. **oro|hy|d|ro|gra|fisch,** orohydrographisch: die Orohydrografie betreffend

Oro|hy|d|ro|gra|phie usw. vgl. Orohydrografie usw.

Oro|lo|gie, die; - (veraltet): vergleichende Gebirgskunde

Oro|me|t|rie, die; - (Geogr.): Methode, die alle charakteristischen Größen- u. Formenverhältnisse der Gebirge durch Mittelwerte ziffernmäßig erfasst (z. B. mittlere Kammhöhe). **oro|me|t|risch:** die Orometrie betreffend

Oro|plas|tik, die; -: Lehre von der äußeren Form der Gebirge. **oro|plas|tisch:** die Oroplastik betreffend

Or|phe|um, das; -s, ...een ‹*gr.-nlat.;* nach Orpheus, dem mythischen Sänger Griechenlands›: Tonhalle, Konzertsaal

Or|phik, die; - ‹*gr.-lat.*›: aus Thrakien stammende religiös-philosophische Geheimlehre der Antike, bes. im alten Griechenland, die Erbsünde u. Seelenwanderung lehrte. **Or|phi|ker,** der; -s, -: Anhänger der Orphik. **Or|phi|ke|rin,** die; -, -nen: weibliche Form zu ↑Orphiker. **or|phisch:** zur Orphik gehörend; geheimnisvoll

Or|phis|mus, Or|phi|zis|mus, der; - ‹*gr.-nlat.*›: ↑Orphik

¹Or|ping|ton [ˈɔːpɪŋtn̩], die; -, -s ‹nach der engl. Stadt›: eine Mastente

²Or|ping|ton, das; -s, -s: Huhn mit schwerem Körper

Or|p|lid [auch: ˈɔr...], das; -s: (von Mörike erfundener Name einer) Wunsch- u. Märcheninsel

Or|sat|ap|pa|rat, der; -[e]s, -e ‹nach dem Erfinder M. H. Orsat (19. Jh.)›: physikalisch-chemisches Gasanalysengerät

orth..., Orth... vgl. ortho..., Ortho...

Or|the|se, die; -, -n ‹Kurzw. aus ↑*ort*hopädisch u. ↑Pro*these*› (Med.): stützendes u. entlastendes Gerät zur Behandlung funktioneller Störungen, bes.

im Bereich der Wirbelsäule u. der Gelenke

Or|the|tik, die; - (Med.): medizinisch-technischer Wissenschaftszweig, bei dem man sich mit der Konstruktion von Orthesen befasst

or|the|tisch (Med.): **a)** die Orthetik betreffend; **b)** die Orthese betreffend

Or|thi|kon, das; -s, ...one, (auch:) -s ⟨*gr.-engl.*⟩: Speicherröhre zur Aufnahme von Fernsehbildern

or|tho..., Or|tho...

vor Vokalen auch: orth..., Orth... ⟨*gr.* orthós »aufrecht, gerade, richtig, gerecht, wahr«⟩
Wortbildungselement mit der Bedeutung »gerade, aufrecht; richtig, recht«:
- Orthografie
- orthopädisch
- Orthoptik

Or|tho|chro|ma|sie [...kro...], die; - ⟨*gr.-nlat.*⟩: Fähigkeit einer fotografischen Schicht, für alle Farben außer Rot empfindlich zu sein. **or|tho|chro|ma|tisch:** die Orthochromasie betreffend

Or|tho|don|tie, die; -, ...ien (Med.): Behandlung angeborener Gebissanomalien durch kieferorthopädische Maßnahmen (z. B. die Beseitigung von Zahnfehlstellungen)

O
Orth

or|tho|dox ⟨*gr.-lat.*⟩: **1.** rechtgläubig, strenggläubig. **2.** ↑griechisch-orthodox; **orthodoxe Kirche:** die seit 1054 von Rom getrennte morgenländische od. Ostkirche. **3. a)** der strengen Lehrmeinung gemäß; der herkömmlichen Anschauung entsprechend; **b)** starr, unnachgiebig

or|tho|dox-ana|to|lisch (veraltet): ↑griechisch-orthodox; vgl. orthodox (2)

Or|tho|do|xie, die; -, ...ien ⟨*gr.*⟩: **1. a)** Rechtgläubigkeit, Strenggläubigkeit; **b)** (ev. Rel.) Richtung, die das Erbe der reinen Lehre (z. B. Luthers od. Calvins) zu wahren sucht (bes. in der Zeit nach der Reformation). **2. a)** [engstirniges] Festhalten an Lehrmeinungen; **b)** orthodoxe Lehrmeinung, Richtung. **3.** Bezeichnung für die orthodoxe Kirche als christliche Konfession

or|tho|drom ⟨*gr.-nlat.*⟩: die Orthodrome betreffend. **Or|tho|dro|me,** die; -, -n (Nautik): kürzeste Verbindung zwischen zwei Punkten auf der Erdoberfläche (auf einem Großkreis verlaufend). **or|tho|dro|misch:** auf der Orthodrome gemessen

Or|tho|epie, Or|tho|epik, die; - ⟨*gr.*⟩ (Sprachwiss.): Lehre von der richtigen Aussprache der Wörter. **or|tho|episch** (Sprachwiss.): die Orthoepie betreffend

Or|tho|fo|nie, Orthophonie, die; -, ...ien: nach bestimmten Regeln festgelegte Aussprache der Wörter

Or|tho|ge|ne|se, die; -, -n ⟨*gr.-nlat.*⟩ (Biol.): Form einer stammesgeschichtlichen Entwicklung bei einigen Tiergruppen od. auch Organen, die in gerader Linie von einer Ursprungsform bis zu einer höheren Entwicklungsstufe verläuft

Or|tho|ge|stein, das; -[e]s, -e ⟨*gr.; dt.*⟩ (Geol.): Sammelbez. für kristalline Schiefer, die aus Erstarrungsgesteinen entstanden sind

or|tho|g|nath (Med.): einen normalen Biss bei gerader Stellung beider Kiefer aufweisend. **Or|tho|g|na|thie,** die; - (Med.): gerade Kieferstellung

Or|tho|gneis, der; -es, -e (Geol.): aus magmatischen Gesteinen hervorgegangener Gneis

Or|tho|gon, das; -s, -e ⟨*gr.-lat.*⟩: Rechteck. **or|tho|go|nal** ⟨*gr.-nlat.*⟩: rechtwinklig

Or|tho|gra|fie, Orthographie, die; -, ...ien ⟨*gr.-lat.*⟩: nach bestimmten Regeln festgelegte Schreibung der Wörter; Rechtschreibung. **or|tho|gra|fisch,** orthographisch: die Orthografie betreffend, rechtschreiblich

Or|tho|gra|phie usw. vgl. Orthografie usw.

Or|tho|klas, der; -es, -e ⟨*gr.-nlat.*⟩: ein Feldspat

Or|tho|lo|gie, die; - (Med.): Wissenschaft vom Normalzustand u. von der normalen Funktion des Organismus od. von Teilen desselben

or|th|o|nym: unter dem richtigen Namen des Autors veröffentlicht; vgl. pseudonym (Ggs.: anonym)

Or|tho|pä|de, der; -n, -n: Facharzt für Orthopädie. **Or|tho|pä|die,** die; - ⟨*gr.-frz.*⟩: Wissenschaft von der Erkennung u. Behandlung angeborener od. erworbener Fehler der Haltungs- u. Bewegungsorgane

Or|tho|pä|die|me|cha|ni|ker, der; -s, -: Handwerker, der orthopädische Hilfsmittel wie künstliche Gliedmaßen, Bandagen u. a. herstellt, anpasst u. repariert (Berufsbez.). **Or|tho|pä|die|me|cha|ni|ke|rin,** die; -, -nen: weibliche Form zu ↑Orthopädiemechaniker

Or|tho|pä|din, die; -, -nen: weibliche Form zu ↑Orthopäde

or|tho|pä|disch: die Orthopädie betreffend

Or|tho|pä|dist, der; -en, -en: Hersteller orthopädischer Geräte. **Or|tho|pä|dis|tin,** die; -, -nen: weibliche Form zu ↑Orthopädist

or|tho|pan|chro|ma|tisch [...kro...]: ↑panchromatisch mit nur schwacher Rotempfindlichkeit

Or|tho|pho|nie vgl. Orthofonie

Or|tho|pnoe, die; - ⟨*gr.*⟩ (Med.): Zustand höchster Atemnot, in dem nur bei aufgerichtetem Oberkörper genügend Atemluft in die Lunge gelangt

Or|tho|p|te|re, die; -, -n, **Or|tho|p|te|ron,** das; -s, ...pteren ⟨*gr.-nlat.*⟩: Geradflügler (z. B. Heuschrecke, Grille)

Or|th|op|tik, die; - ⟨*gr.*⟩ (Med.): Diagnostik u. Behandlung von Störungen der Augenbewegung u. des Zusammenspiels beider Augen

Or|th|op|tist, der; -en, -en: Fachkraft in der Augenheilkunde, die bes. Störungen der Augenbewegung und des Zusammenspiels beider Augen diagnostiziert u. behandelt. **Or|th|op|tis|tin,** die; -, -nen: weibliche Form zu ↑Orthoptist

Or|tho|rek|ti|ker, der; -s, - ⟨*gr.*⟩ (Psychol.): jemand, der an ↑Orthorexie leidet. **Or|tho|rek|ti|ke|rin,** die; -, -nen: weibliche Form zu ↑Orthorektiker

Or|tho|re|xie, die; -, -n (Psychol.): Zwang, sich gesund zu ernähren

or|tho|rhom|bisch: drei unterschiedlich lange, senkrecht zueinander stehende Drehachsen aufweisend (von Kristallen)

Or|tho|s|kop, das; -s, -e ‹*gr.*›: Gerät für kristallografische Beobachtungen. **Or|tho|s|ko|pie,** die; -: winkeltreue Abbildung durch Linsen. **or|tho|s|ko|pisch: a)** die Orthoskopie betreffend; **b)** das Orthoskop betreffend

Or|thos Lo|gos, der; - - ‹*gr.;* »rechte Vernunft«› (stoische Philos.): allgemeines Weltgesetz, das Göttern u. Menschen gemeinsam ist

Or|tho|s|ta|se, die; -, -n ‹*gr.-nlat.*› (Med.): **1.** aufrechte Körperhaltung. **2.** ↑Orthostasesyndrom. **Or|tho|s|ta|se|syn|drom,** das; -s, -e (Med.): fehlende Blutdruckregulation des Körpers bei Lageveränderungen (z. B. vom Hocken od. Liegen in die aufrechte Körperhaltung)

Or|tho|s|ta|ten, die (Plural): hochkant stehende Quader od. starke stehende Platten als unterste Steinlage bei antiken Gebäuden. **or|tho|s|ta|tisch: 1.** die Orthostase betreffend. **2.** die Orthostaten betreffend

Or|tho|s|tig|mat, der od. das; -[e]s, -e (Optik): Objektiv, bes. für winkeltreue Abbildungen

Or|tho|to|nie, die; - (Musik): richtige Betonung

or|tho|to|nie|ren: sonst ↑enklitische Wörter mit einem Ton versehen (in der griechischen Betonungslehre)

[1]**or|tho|trop** ‹*gr.*› (Bot.): senkrecht aufwärts od. abwärts wachsend (in Bezug auf Pflanzen od. Pflanzenteile)

[2]**or|tho|trop** ‹Kurzw. aus *ortho*gonal u. aniso*trop*›: in der Fügung **orthotrope Platten:** im Stahlbau, bes. im Brückenbau verwendetes Flächentragwerk (od. Fahrbahnplatten) mit verschiedenen elastischen Eigenschaften in zwei zueinander senkrecht verlaufenden Richtungen

Or|tho|zen|t|rum, das; -s, ...ren (Geometrie): Schnittpunkt der Höhen eines Dreiecks

Or|tho|ze|pha|lie, die; - (Med. selten): mittelhohe Kopfform

Or|tho|ze|ras, der; -, ...zeren: versteinerter Tintenfisch

Or|to|lan, der; -s, -e ‹*lat.-it.*›: Gartenammer (europäischer Finkenvogel)

Oryk|to|ge|ne|se, Oryk|to|ge|nie, die; - ‹*gr.-nlat.*› (veraltet): Gesteinsbildung

Oryk|to|g|no|sie, die; - (veraltet): Mineralogie

Oryk|to|gra|fie, Oryk|to|gra|phie, die; - (veraltet): ↑Petrografie

Oryx|an|ti|lo|pe, die; -, -n ‹*gr.; mgr.*› (Zool.): Antilopenart in den offenen Landschaften südlich der Sahara u. Südarabiens mit langem, spießartigem Gehörn

[1]**Os,** der, (auch:) das; -[es], -er (meist Plural) ‹*schwed.*› (Geol.): mit Sand u. Schotter ausgefüllte ↑subglaziale Schmelzwasserrinne

[2]**Os,** das; -, Ossa ‹*lat.*› (Anat.): Knochen

[3]**Os,** das; -, Ora ‹*lat.*› (Anat.): **1.** Mund. **2.** (veraltet) Öffnung eines Organs; vgl. Ostium

Os|car, der; -[s], -s ‹*engl.*›: jährlich verliehener amerikanischer Filmpreis für die beste künstlerische Leistung (in Form einer vergoldeten Statuette)

Os|ce|do, Oszedo, die; - ‹*lat.*› (Med.): Gähnkrampf

Os|ku|la|ti|on, die; -, -en ‹*lat.;* »das Küssen«› (Math.): Berührung zweier Kurven

Os|ku|la|ti|ons|kreis, der; -es, -e ‹*lat.; dt.*› (Math.): Krümmungskreis, der eine Kurve zweiter Ordnung (im betrachteten Punkt) berührt

os|ku|lie|ren: eine Oskulation bilden

Os|mi|um, das; -s ‹*gr.-nlat.*›: chem. Element; ein Metall (Zeichen: Os)

Os|mo|lo|gie, die; -: Lehre von den Riechstoffen u. vom Geruchssinn

os|mo|phil ‹*gr.-nlat.*› (Bot.): zur Osmose neigend

os|mo|phor ‹*gr.-nlat.*›: Geruchsempfindungen hervorrufend

Os|mo|se, die; - ‹*gr.-nlat.*› (Chemie): Übergang des Lösungsmittels (z. B. Wasser) einer Lösung in eine stärker konzentrierte Lösung durch eine feinporige (semipermeable) Scheidewand, die zwar für das Lösungsmittel, nicht aber für den gelösten Stoff durchlässig ist

Os|mo|the|ra|pie [auch: ...ˈpiː], die; -, ...ien [...iːən] (Med.): therapeutisches Verfahren zur günstigen Beeinflussung gewisser Krankheiten durch Erhöhung des osmotischen Drucks des Blutes (durch Einspritzung hochkonzentrierter Salz- u. Zuckerlösungen ins Blut)

os|mo|tisch: auf Osmose beruhend

öso|pha|gisch ‹*gr.*› (Med.): zum Ösophagus gehörend

Öso|pha|gis|mus, der; -, ...men ‹*gr.-nlat.*› (Med.): krampfartiges Zusammenziehen der Muskulatur der Speiseröhre

Öso|pha|gi|tis, die; -, ...itiden (Med.): Entzündung der Speiseröhre

Öso|pha|go|s|kop, das; -s, -e (Med.): starres od. flexibles optisches Instrument zur Untersuchung der Speiseröhre

Öso|pha|go|spas|mus, der; -, ...men (Med.): ↑Ösophagismus

Öso|pha|go|to|mie, die; -, ...ien (Med.): Speiseröhrenschnitt

Öso|pha|gus, fachspr.: Oesophagus, der; -, ...gi (Anat.): Speiseröhre

Os|phra|di|um, das; -s, ...ien ‹*gr.-nlat.*› (Zool.): Sinnesorgan der Weichtiere, das vermutlich als Geruchsorgan dient

Os|phre|sio|lo|gie, die; - (Med.): Wissenschaft vom Geruchssinn

os|sal, os|sär ‹*lat.*› (Med.): die Knochen betreffend

os|sär vgl. ossal

Os|sa|ri|um, das; -s, ...ien ‹*lat.*›: **1.** Beinhaus (auf Friedhöfen). **2.** Gebeinurne der Antike

Os|se|in, das; -s ‹*lat.-nlat.*›: Bindegewebsleim der Wirbeltierknochen (zur Herstellung von Leimen u. Gelatine verwendet)

os|sia ‹*it.*›: oder, auch (Hinweis auf eine abweichende Lesart od. eine erleichterte Fassung im Notentext)

Os|si|fi|ka|ti|on, die; -, -en ‹*lat.-nlat.*› (Med.): Knochenbildung; Verknöcherung. **os|si|fi|zie|ren** (Med.): Knorpelgewebe in Knochen umwandeln, verknöchern

Os|su|a|ri|um, das; -s, ...ien: ↑Ossarium

Os|tal|gie, die; -: unbestimmte Sehnsucht an in der Erinnerung sich verklärende Zustände u. Erlebnisse in der DDR. **os|tal|gisch:** die Ostalgie betreffend, zu ihr gehörend

os|te..., Os|te... vgl. osteo..., Osteo...

Os|te|al|gie, die; -, ...ien ‹*gr.-nlat.*› (Med.): Knochenschmerz

os|ten|si|bel ‹*lat.-nlat.*› (veraltend): zum Vorzeigen be-

rechnet, zur Schau gestellt, auffällig
os|ten|siv (veraltend): **a)** augenscheinlich, handgreiflich, offensichtlich; **b)** zeigend; anschaulich machend, dartuend; **c)** ↑ostentativ
Os|ten|so|ri|um, das; -s, ...ien ⟨*lat.-mlat.*⟩: ↑Monstranz
Os|ten|ta|ti|on, die; -, -en ⟨*lat.*⟩ (veraltet): Schaustellung, Prahlerei. **os|ten|ta|tiv** ⟨*lat.-nlat.*⟩: zur Schau gestellt, betont, herausfordernd
os|ten|ti|ös (veraltet): prahlerisch

os|teo..., Os|teo...

vor Vokalen auch: os|te..., Os|te... ⟨*gr.* ostéon »Knochen, Bein«⟩ *Wortbildungselement mit der Bedeutung »Knochen«:*
– Ostealgie
– osteoplastisch
– Osteoporose

Os|teo|blast, der; -en, -en (meist Plural) ⟨*gr.-nlat.*⟩ (Med.): Knochen bildende Zelle
Os|teo|dy|nie, die; -, ...ien (Med.): ↑Ostealgie
Os|teo|ek|to|mie, die; -, ...ien (Med.): Ausmeißelung eines Knochenstücks
Os|teo|fi|b|rom, das; -s, -e ⟨*gr.; lat.-nlat.*⟩ (Med.): Knochenbindegewebsgeschwulst
os|teo|gen ⟨*gr.-nlat.*⟩: **a)** Knochen bildend; **b)** (Med.) aus Knochen entstanden
Os|teo|ge|ne|se, die; -, -n (Med.): Knochenbildung
os|teo|id (Med.): knochenähnlich
Os|teo|kla|sie, die; -, ...ien (Med.): operatives Zerbrechen verkrümmter Knochen, um sie gerade zu richten
Os|teo|klast, der; -en, -en: **1.** (meist Plural; Biol., Med.) mehrkernige, das Knochengewebe zerstörende Riesenzelle. **2.** (auch das; -s, -en; Med.) Instrument zur Vornahme einer Osteoklasie
Os|teo|kol|le, die; -, -n (Geol.): durch Kalk od. Limonit versteinerte Wurzel von knochenähnlicher Gestalt
Os|teo|lo|ge, der; -n, -n: Arzt, der auf dem Gebiet der Osteologie (2) tätig ist. **Os|teo|lo|gie,** die; - (Med.): **1.** Wissenschaft von den Knochen. **2.** Lehre von den Erkrankungen der Knochen u. des Skeletts. **Os|teo|lo|gin,** die; -, -nen: weibliche Form zu ↑Osteologe. **os|teo|lo|gisch:** die Osteologie betreffend
Os|teo|ly|se, die; -, -n (Med.): Auflösung von Knochengewebe
Os|te|om, das; -s, -e: gutartiger Knochentumor
os|teo|ma|la|kisch vgl. osteomalazisch
Os|teo|ma|la|zie, die; -, ...ien (Med.): Knochenerweichung. **os|teo|ma|la|zisch,** osteomalakisch (Med.): knochenerweichend
Os|teo|my|e|li|tis, die; -, ...tiden (Med.): Knochenmarkentzündung
Os|te|on, das; -s, ...onen ⟨*gr.*⟩ (Med.): Baustein des Knochengewebes
Os|teo|path, der; -en, -en ⟨*gr.-nlat.*⟩ (Med.): jmd., der die Osteopathie (2) anwendet. **Os|teo|pa|thie,** die; -, ...ien (Med.): **1.** Knochenleiden. **2.** (nur Sing.) Gruppe vielfältiger, primär manueller diagnostischer u. therapeutischer Verfahren zur Stärkung der Selbstheilungskräfte der Patienten. **Os|teo|pa|thin,** die; -, -nen: w. Form zu ↑Osteopath
Os|teo|pha|ge, der; -n, -n: ↑Osteoklast (1)
Os|teo|plas|tik, die; -, -en (Med.): Modifikation od. Ersatz von Knochen durch [Lücken schließende] Operationen; vgl. [1]Plastik (2). **os|teo|plas|tisch** (Med.): **1.** Knochenlücken schließend. **2.** Knochen bildend
Os|teo|po|ro|se, die; -, -n (Med.): Schwund des festen Knochengewebes bei Zunahme der Markräume
Os|teo|psa|thy|ro|se, die; -, -n (Med.): angeborene Knochenbrüchigkeit
Os|teo|ta|xis, die; -, ...xen (Med.): Einrenkung von Knochenbrüchen
Os|teo|tom, das; -s, -e: ↑Osteom
Os|teo|to|mie, die; -, ...ien (Med.): Durchtrennung eines Knochens
Os|te|ria, die; -, -s, **Os|te|rie,** die; -, ...ien ⟨*lat.-it.*⟩: volkstümliche Gaststätte (in Italien)
Os|ti|a|ri|er, der; -s, -, **Os|ti|a|ri|us,** der; -, ...ier ⟨*lat.;* »Türhüter«⟩ (veraltet): in der katholischen Kirche Kleriker des untersten Grades der niederen Weihen
os|ti|nat, os|ti|na|to ⟨*lat.-it.*⟩ (Musik): immer wiederkehrend, ständig wiederholt. **Os|ti|na|to,** der od. das; -s, -s u. ...ti: ↑Basso ostinato
Os|ti|tis, die; -, ...itiden ⟨*gr.-nlat.*⟩ (Med.): Knochenentzündung
Os|ti|um, das; -s, ...tia u. ...ien ⟨*lat.*⟩ (Med.): Öffnung, Eingang, Mündung an einem Körperhohlraum od. Hohlorgan
Ös|t|ra|di|ol, das; -s ⟨Kunstw.⟩: physiologisch wirksamstes ↑Steroidhormon aus der Reihe der ↑Östrogene
Os|t|ra|ka: *Plural* von ↑Ostrakon
Os|t|ra|kis|mos, der; - ⟨*gr.*⟩: ↑Ostrazismus
Os|t|ra|ko|de, der; -n, -n ⟨*gr.-nlat.*⟩: Muschelkrebs
Os|t|ra|kon, das; -s, ...ka ⟨*gr.*⟩: Scherbe (von zerbrochenen Gefäßen), die in der Antike als Schreibmaterial verwendet wurde
Os|t|ra|zis|mus, der; - ⟨*gr.-nlat.;* »Scherbengericht«⟩ (Geschichte): altathenisches Volksgericht, das die Verbannung eines Bürgers beschließen konnte (bei der Abstimmung wurde dessen Name von jedem ihn verurteilenden Bürger auf ein Ostrakon, eine Tonscherbe, geschrieben)
Ös|t|ro|gen, das; -s, -e ⟨*gr.-nlat.*⟩ (Med.): weibliches Sexualhormon mit der Wirkung des ↑Follikelhormons
Ös|t|ro|ma|nie, die; -: ↑Nymphomanie
Ös|t|ron, Estron ⟨*gr.*⟩ das; -s (Med.): Follikelhormon
Ös|t|ron|grup|pe, die; - ⟨*gr.-nlat.; dt.*⟩ (Med.): Gruppe der Follikelhormone
Ös|t|rus, der; - ⟨*gr.-lat.;* »Rossbremse; Raserei«⟩ (Zool.): Zustand gesteigerter geschlechtlicher Erregung u. Paarungsbereitschaft bei Tieren; Brunst
Os|ze|do vgl. Oscedo
Os|zil|la|ti|on, die; -, -en ⟨*lat.;* »das Schaukeln«⟩: Schwingung. **Os|zil|la|tor,** der; -s, ...oren ⟨*lat.-nlat.*⟩ (Physik): Schwingungserzeuger

Os|zil|la|to|ria, die; -, ...ien: Blaualge

os|zil|la|to|risch: die Oszillation betreffend, zitternd, schwankend

os|zil|lie|ren ‹*lat.*›: **1. a)** (Physik) schwingen; **b)** schwanken, pendeln. **2. a)** sich durch Tektonik auf- od. abwärtsbewegen (von Teilen der Erdkruste); **b)** (Geogr.) hin u. her schwanken (von Eisrändern u. Gletscherenden)

Os|zil|lo|graf, Oszillograph, der; -en, -en (Physik, Med.): Apparatur zum Aufzeichnen [schnell] veränderlicher [elektrischer] Vorgänge, bes. Schwingungen

Os|zil|lo|gramm, das; -s, -e ‹*lat.; gr.*› (Physik, Med.): von einem Oszillografen aufgezeichnetes Schwingungsbild

Os|zil|lo|graph vgl. Oszillograf

Ot|ag|ra [auch: oˈtaːgra], das; -s, - ‹*gr.*›, **Ot|al|gie,** die; -, ...ien ‹*gr.-nlat.*› (Med.): Ohrenschmerz

OTC-Prä|pa|rat [oteˈtseː...], das; -[e]s, -e ‹von *engl.* over the counter »über den Ladentisch«›: nicht rezeptpflichtiges Präparat

Ot|hä|ma|tom, das; -s, -e ‹*gr.-nlat.*› (Med.): Bluterguss zwischen der Knorpelhaut u. dem Knorpel der Ohrmuschel

Ot|i|a|ter, der; -s, -: ↑Otologe. **Ot|i|a|te|rin,** die; -, -nen: weibliche Form zu ↑Otiater. **Ot|i|a|t|rie** vgl. Otologie. **ot|i|a|t|risch** vgl. otologisch

Oti|tis, die; -, ...itiden ‹*gr.-nlat.*› (Med.): entzündliche Erkrankung des inneren Ohrs; Ohrenentzündung; **Otitis media:** Mittelohrentzündung

oti|tisch: mit einer Otitis zusammenhängend

Oti|tis me|dia, die; - -, Otitides mediae [...ˈtiːdeːs ...ɛ] (Med.): Mittelohrentzündung

Oti|um, das; -s ‹*lat.*› (veraltet): Beschaulichkeit, Muße

Ot|o|dy|nie, die; -, ...ien (Med.): ↑Otagra, Otalgie

Oto|fon, Otophon, das; -s, -e ‹*gr.-nlat.*› (früher): Hörrohr, Schallverstärker für Schwerhörige

oto|gen ‹*gr.-nlat.*› (Med.): vom Ohr ausgehend

Oto|lith [auch: ...ˈlɪt], der; -s u. -en, -e[n] (Med.): kleiner prismatischer Kristall aus kohlensaurem Kalk im Gleichgewichtsorgan des Ohres

Oto|lo|ge, der; -n, -n: Ohrenarzt. **Oto|lo|gie,** die; - (Med.): Ohrenheilkunde. **Oto|lo|gin,** die; -, -nen: weibliche Form zu ↑Otologe. **oto|lo|gisch** (Med.): die Ohrenheilkunde betreffend

O-Ton vgl. Originalton

Oto|phon vgl. Otofon

Oto|plas|tik, die; -, -en: Ohrstück eines Hörgeräts

Otor|rha|gie, die; -, ...ien (Med.): Ohrenbluten

Oto|skle|ro|se, die; -, -n (Med.): zur Schwerhörigkeit führende Erkrankung (Verknöcherung) des Mittelohrs. **oto|skle|ro|tisch** (Med.): die Otosklerose betreffend

Oto|s|kop, das; -s, -e (Med.): Ohrenspiegel. **Oto|s|ko|pie,** die; -, ...ien (Med.): Ausspiegelung des Ohres

Oto|zy|on, der; -s, -s: Löffelfuchs, afrikanischer Fuchs mit großen Ohren

ot|ta|va ‹*lat.-it.*› (Musik): in der Oktave [zu spielen]. **Ot|ta|va,** die; -, ...ve: ↑Ottaverime

Ot|ta|ve|ri|me, die (Plural) ‹»acht Verse«›: Stanze (1)

Ot|ta|vi|no, der od. das; -s, -s u. ...ni (Musik): **1.** Oktav-, Piccoloflöte. **2.** Oktavklarinette

Ot|to|man, der; -s, -e ‹*türk.-frz.;* nach Osman, dem Begründer des türk. Herrscherhauses der Ottomanen›: Ripsgewebe mit breiten, stark ausgeprägten Rippen

Ot|to|ma|ne, die; -, -n: niedriges Liegesofa

Ou|b|li|et|ten [ub...], die (Plural) ‹*lat.-vulgärlat.-frz.*› (Geschichte): Burgverliese für die zu lebenslänglichem Kerker Verurteilten

Ou|ed [u̯ɛd], das; -[s], -s ‹*arab.-frz.*›: im ↑Maghreb Bez. für Fluss, Bach, Wadi

Ounce [au̯ns], die; -, -s [ˈau̯nsɪz] ‹*lat.-frz.-engl.*›: englische Gewichtseinheit (28,35 g) (Abk.: oz)

out: 1. (österr.) aus, außerhalb des Spielfeldes (bei Ballspielen). **2.** in der Verbindung **out sein** (ugs.): a) nicht mehr im Brennpunkt des Interesses stehen, nicht mehr gefragt sein; b) nicht mehr in Mode sein

Out, das; -[s], -[s] (österr.): Aus (wenn der Ball das Spielfeld verlässt; bei Ballspielen)

out..., Out...

[au̯t]
‹*engl.* out »weg, aus ... hinaus, heraus, draußen«›
Wortbildungselement mit der Bedeutung »aus, (nach) außen«:
- Outfit
- Outlaw
- Output
- Outsider
- outsourcen

Out|back [ˈau̯tbɛk], das, auch der -[s] ‹*engl.*›: kaum besiedeltes australisches Landesinneres

Out|board [ˈau̯tbɔːd], der; -[s], -s: Außenbordmotor

Out|bound [ˈau̯tbau̯nt], das; -s, -s ‹*engl.*›: Anruf durch einen Telefonagenten (z. B. bei einem Kunden im Telefonmarketing) (Ggs.: Inbound)

Out|cast [ˈau̯tkaːst], der; -s, -s: **a)** von der Gesellschaft Ausgestoßener, Paria (2); **b)** außerhalb der Kasten stehender Inder, Paria (1)

out|door [ˈau̯tdɔːɐ̯] ‹*engl.;* »außer dem Haus, Außen...«›: draußen, im Freien [befindlich, stattfindend] (z. B. von Veranstaltungen). **Out|door,** das; -[s] ‹*engl.;* »außer dem Haus, Außen...«›: Gesamtheit von Freizeitaktivitäten, die im Freien stattfinden (wie Wandern, Bergsteigen o. Ä.)

Out|door|be|klei|dung, die; -, -en ‹*engl.; dt.*›: für Freizeitaktivitäten im Freien (wie Wandern u. Ä.) bestimmte Kleidung

ou|ten [ˈau̯tn̩] ‹*engl.*› (Jargon): **1.** die homosexuelle Veranlagung eines Prominenten ohne dessen Zustimmung bekannt machen. **2. a)** sich öffentlich zu seiner homosexuellen Veranlagung bekennen; **b)** eine bestimmte Vorliebe, Neigung o. Ä. [öffentlich] bekannt machen

Out|fit [ˈau̯tfɪt], das; -s, -s ‹*engl.*›: das äußere Erscheinungsbild bestimmende Kleidung, Ausstattung, Ausrüstung; Stil. **Out|fit|ter,** der; -s, -: Ausstatter, Ausrüster, Hersteller von [modischer] Bekleidung

Out|group [ˈau̯tgruːp], die; -, -s

⟨*engl.*⟩ (Soziol.): Gruppe, der man sich nicht zugehörig fühlt u. von der man sich distanziert; Fremdgruppe, Außengruppe (Ggs.: Ingroup)

Ou|ting [ˈaʊ̯tɪŋ], das; -s, -s: das [Sich]outen

Out|law [ˈaʊ̯tlɔː], der; -s, -s: **1.** Geächteter, Verfemter. **2.** jmd., der sich nicht an die bestehende Rechtsordnung hält, Verbrecher

Out|let [ˈaʊ̯tlət], das; -s, -s ⟨*engl.*⟩: Factory-Outlet

Out|let|cen|ter, Out|let-Cen|ter, das; -s, -: Kurzform von ↑Factory-Outlet-Center

Out|line [ˈaʊ̯tlaɪ̯n], die; -, -s ⟨*engl.*⟩: Umriss, Entwurf einer literarischen Arbeit

out of area [aʊ̯t əv ˈɛəriə] ⟨*engl.;* »außerhalb des Gebietes«⟩ (Militär, Politik): außerhalb des Bereichs der eigenen vertraglich festgelegten Zuständigkeit

Out-of-area-Ein|satz [aʊ̯təvˈɛə̯riə...] (Militär, Politik): [bes. von militär. Unternehmungen] Einsatz außerhalb des Bereichs der eigenen Zuständigkeit

out of the box [aʊ̯t əv ðə ˈbɔks] ⟨*engl.;* »aus der Schachtel«⟩ (EDV): betriebsfertig, ohne dass zusätzliche Komponenten ein- od. angebaut werden müssen

Out-of-the-box-Lö|sung [aʊ̯tʔɔfðəˈbɔks...], die; -, -en ⟨*engl.; dt.*⟩ (EDV): Fertigprodukt, das sämtliche zur Lösung eines bestimmten Problems erforderlichen Mittel enthält

Out|per|for|mer [ˈaʊ̯t...], der; -s, - ⟨*engl.*⟩ (Börsenw.): Aktie mit überdurchschnittlicher Kursentwicklung

Out|place|ment [ˈaʊ̯tpleɪ̯smənt], das; -[s], -s ⟨*engl.*⟩: Entlassung eines Mitarbeiters, einer Mitarbeiterin unter gleichzeitiger Vermittlung an ein anderes Unternehmen od. mit Unterstützung bei der Weiterbildung od. Existenzgründung

Out|put [ˈaʊ̯tpʊt], der, auch: das; -s, -s ⟨*engl.;* »Ausstoß«⟩: **1.** (Wirtsch.) die von einem Unternehmen produzierten Güter; Güterausstoß (Ggs.: Input [1]). **2. a)** (Elektrot.) Ausgangsleistung einer Antenne oder eines Niederfrequenzverstärkers; **b)** (EDV) Ausgabe von Daten, Informationen bei einem Computer (z. B. über den Bildschirm od. den Drucker) (Ggs.: Input [2]). **3.** produktive Leistung, Arbeitsergebnis

ou|t|rie|ren [u...] ⟨*lat.-frz.*⟩ (veraltend): übertrieben darstellen

Out|si|der [ˈaʊ̯tsaɪ̯dɐ], der; -s, - ⟨*engl.*⟩: Außenseiter. **Out|si|derin,** die; -, -nen: weibliche Form zu ↑Outsider

out|sour|cen [ˈaʊ̯tsɔːɐ̯sn̩] ⟨*engl.*⟩: Outsourcing betreiben, Arbeiten u. Aufträge durch Outsourcing ausgliedern, nach außen verlegen

Out|sour|cing, das; -s ⟨*engl.*⟩ (Wirtsch.): Auslagerung von bisher in einem Unternehmen selbst erbrachten Leistungen an externe Auftragnehmer od. Dienstleister

Out|take [ˈaʊ̯tteɪ̯k], der od. das; -s, -s ⟨*engl.;* »Herausgenommenes«⟩: **1.** (Film) aufgenommene Szene einer Film-, Fernsehproduktion, die nicht verwendet wird. **2.** (Musikjargon) aufgenommenes Musikstück, das auf einem Album (2 b) nicht verwendet wird

Ou|ver|tü|re [uvɛr...], die; -, -n ⟨*lat.-vulgärlat.-frz.*⟩: **1. a)** einleitendes Instrumentalstück am Anfang einer Oper, eines Oratoriums, Schauspiels, einer Suite; **b)** einsätziges Konzertstück für Orchester (bes. im 19. Jh.). **2.** Einleitung, Eröffnung, Auftakt

Ou|v|rée [uˈvreː], die; - ⟨*lat.-frz.*⟩: gezwirnte Rohseide

Ou|zo [ˈuːzo], der; -[s], -s ⟨*ngr.*⟩: griechischer Anisbranntwein

Ova: *Plural* von ↑Ovum

oval ⟨*lat.-mlat.*⟩: eirund, länglich rund. **Oval,** das; -s, -e: ovale Fläche, ovale Anlage, ovale Form

Ov|al|bu|min, das; -s, -e ⟨*lat.-nlat.*⟩: Eiweißkörper des Eiklars

Oval Of|fice [ˈoʊ̯vl̩ -], das; - -[s] ⟨*engl.*⟩: Amtszimmer des amerik. Präsidenten im Weißen Haus

Oval|zir|kel, der; -s, - ⟨*lat.-mlat.; gr.-lat.*⟩: Gerät zum Zeichnen von Ellipsen

ova|ri|al (Med.): das Ovarium betreffend

Ova|ri|al|gra|vi|di|tät, die; -, -en (Med.): Schwangerschaft, bei der sich der Fetus im Eierstock entwickelt; Eierstockschwangerschaft

Ova|ri|al|hor|mon, das; -s (Med.): das im Eierstock gebildete Geschlechtshormon

Ova|ri|ek|to|mie, die; -, ...ien ⟨*lat.; gr.*⟩ (Med.): operative Entfernung eines Eierstocks

ova|ri|ell ⟨*lat.-nlat.*⟩: ↑ovarial

Ova|ri|o|to|mie, die; -, ...ien (Med.): ↑Ovariektomie

Ova|ri|um, das; -s, ...ien ⟨*lat.*⟩ (Biol., Med.): Gewebe od. Organ, in dem bei Tieren u. beim Menschen Eizellen gebildet werden; Eierstock

Ova|ti|on, die; -, -en ⟨*lat.;* »kleiner Triumph«⟩: Huldigung, Beifall

Ove|r|all [ˈoʊ̯vərɔːl], der; -s, -s ⟨*engl.;* eigtl. »über alles«⟩: **a)** einteiliger, den ganzen Körper bedeckender Anzug (zum Schutz bei bestimmten Arbeiten, Tätigkeiten); **b)** modischer, einteiliger Anzug (für Frauen)

over|dressed [ˈoʊ̯vɐdrɛst] ⟨*engl.*⟩: (für einen bestimmten Anlass) zu vornehm angezogen, zu feierlich gekleidet (Ggs.: underdressed)

Over|drive [ˈoʊ̯vɐdraɪ̯f], der; -s, -s (Technik): zusätzlicher Gang im Getriebe von Kraftfahrzeugen, der nach Erreichen einer bestimmten Fahrgeschwindigkeit die Herabsetzung der Motordrehzahl ermöglicht

Over|flow [ˈoʊ̯vɐfloʊ̯], der; -s ⟨*engl.*⟩ (EDV): Überschreitung der Speicherkapazität von Computern

Over|head|pro|jek|tor [ˈoʊ̯vɐhɛt...], der; -s, -en: Projektor, mit dem transparente Vorlagen, die auf einer von unten beleuchteten Glasfläche liegen, über den Kopf der vortragenden Person auf eine Fläche (z. B. eine Leinwand) projiziert werden können

Over|kill [ˈoʊ̯vɐkɪl], der; -[s] ⟨*engl.;* »Übertöten«⟩: **1.** Situation, in der gegnerische Staaten mehr Waffen, bes. Atomwaffen, besitzen, als nötig sind, um den Gegner zu vernichten. **2.** (ugs.) Übersättigung, Überflutung

over|sized [ˈoʊ̯vɐsaɪ̯zd] ⟨*engl.*⟩: (von Kleidungsstücken) größer als tatsächlich nötig

Over|state|ment [ˈoʊ̯vəˈsteɪ̯tmənt], das; -s, -s ⟨*engl.*⟩: Übertreibung, Überspielung

over|styled ['əʊvəstaɪ̯ld] ⟨*engl.*⟩: (für einen bestimmten Anlass) zu perfekt gestylt
Over-the-Coun|ter-Mar|ket ['əʊvəðə'kaʊ̯ntəma:kɪt], der; -[s] ⟨*engl.*⟩ (Bankw.): **a)** (in den USA) über Telefonverkehr zwischen Banken sich vollziehender Handel mit nicht zum offiziellen Handel zugelassenen Wertpapieren; **b)** (in Großbritannien) Wertpapiergeschäft am Bankschalter, Tafelgeschäft
Ovi|dukt, der; -[e]s, -e ⟨*lat.-nlat.*⟩ (Med. veraltet): Eileiter
Ovi|ne, die (Plural) ⟨*lat.*⟩: **1.** (Med.) Schafpocken. **2.** (Med. veraltet) Windpocken
ovi|par ⟨*lat.*⟩ (Biol.): Eier legend. **Ovi|pa|rie,** die; - ⟨*lat.-nlat.*⟩ (Biol.): Fortpflanzung durch Eiablage
Ovi|zid, das; -[e]s, -e: in der Landwirtschaft gebräuchliches Mittel zur Abtötung von [Insekten]eiern
Ovo|ge|ne|se, die; -, -n ⟨*lat.; gr.*⟩ (Biol., Med.): ↑Oogenese
ovo|id, ovo|i|disch (Biol.): eiförmig
Ovo|plas|ma, das; -s: ↑Ooplasma
Ovo|ve|ge|ta|ri|er, der; -s, -: Vegetarier, der auch Eier[produkte] isst. **Ovo|ve|ge|ta|ri|e|rin,** die; -, -nen: weibliche Form zu ↑Ovovegetarier. **ovo|ve|ge|ta|risch:** bei der Ernährung auf Fisch, Fleisch, Milch u. Milchprodukte verzichtend; die ovovegetarische Ernährung betreffend
ovo|vi|vi|par ⟨*lat.-nlat.*⟩ (Biol.): Eier mit mehr od. weniger entwickelten Embryonen ablegend (in Bezug auf Tiere, z. B. Feuersalamander, Kreuzotter). **Ovo|vi|vi|pa|rie,** die; -, ...ien (Biol.): Fortpflanzung durch Ablage von Eiern, in denen die Embryonen sich bereits in einem fortgeschrittenen Entwicklungsstadium befinden (sodass bei manchen Tieren die Embryonen unmittelbar nach der Eiablage ausschlüpfen)
Ovu|la|ti|on, die; -, -en (Biol., Med.): Eisprung
Ovu|la|ti|ons|hem|mer, der; -s, - (meist Plural) (Med.): Arzneimittel zur hormonalen Empfängnisverhütung
Ovu|lum, das; -s, ...la (Med.): ↑Ovum
Ovum, das; -s, Ova ⟨*lat.*⟩ (Biol., Med.): Ei, Eizelle
Ow|rag, der; -s, -i ⟨*russ.*⟩ (Geogr.): tief eingeschnittene, junge Erosionsform im Steppenklima
Oxa|lat, das; -[e]s, -e ⟨*gr.-lat.-nlat.*⟩: Salz der Oxalsäure
Oxa|lat|stein, der; -[e]s, -e ⟨*gr.-lat.-nlat.; dt.*⟩ (Med.): Nierenstein aus oxalsaurem Kalk (häufigster Nierenstein)
Oxa|lis, die; - ⟨*gr.-lat.*⟩: Sauerklee
Oxa|lit [auch: ...'lɪt], der; -s, -e ⟨*gr.-lat.-nlat.*⟩: ein Mineral
Oxal|säu|re, die; - ⟨*gr.; dt.*⟩: Kleesäure, giftige, technisch vielfach verwendete organische Säure
Oxa|l|u|rie, die; -, ...ien ⟨*gr.-nlat.*⟩ (Med.): vermehrte Ausscheidung von Oxalsäure im Harn; **primäre Oxalurie:** Oxalurie als Folge eines Enzymdefekts; **sekundäre Oxalurie:** Oxalurie als Folge einer anderen Erkrankung
Oxer, der; -s, - ⟨*engl.*⟩: **a)** Absperrung zwischen Viehweiden; **b)** Hindernis beim Springreiten, das aus zwei Stangen besteht, zwischen die Buschwerk gestellt wird
¹Ox|ford, das; -s, -s ⟨nach der engl. Stadt⟩: bunter Baumwoll[hemden]stoff
²Ox|ford, das; -s (Geol.): unterste Stufe des ↑Malms
Ox|ford|be|we|gung, die; - ⟨*engl.; dt.*⟩: **1.** hochkirchliche Bewegung in der anglikanischen Kirche; ↑Traktarianismus. **2.** Oxfordgruppenbewegung; eine 1921 von F. N. D. Buchman begründete religiöse Gemeinschaftsbewegung
Ox|ford|ein|heit, die; -, -en (Med. früher): internationales Maß für wirksame Penizillinmengen (Abk.: OE)
Ox|for|di|en [...'di̯ɛ̃:], das; -s ⟨*engl.-frz.*⟩: ↑²Oxford
Oxid, Oxyd, das; -[e]s, -e ⟨*gr.-frz.*⟩: Verbindung eines chemischen Elements mit Sauerstoff
Oxi|da|se, Oxydase, die; -, -n ⟨*gr.-frz.-nlat.*⟩ (Chemie): Sauerstoff übertragendes Enzym
Oxi|da|ti|on, Oxydation, die; -, -en ⟨*gr.-frz.*⟩: **1.** chemische Vereinigung eines Stoffes mit Sauerstoff; vgl. Desoxidation. **2.** Entzug von Elektronen aus den Atomen eines chemischen Elements
Oxi|da|ti|ons|zo|ne, Oxydationszone, die; -, -n ⟨*gr.-frz.; gr.-lat.*⟩ (Geol.): »eiserner« Hut eines Erzkörpers (Zersetzungs- u. Auslaugungszone nahe der Erdoberfläche)
oxi|da|tiv, oxydativ ⟨*gr.-nlat.*⟩: durch eine Oxidation erfolgend, bewirkt
Oxi|da|tor, Oxydator, der; -s, ...oren: Sauerstoffträger als Bestandteil von [Raketen]treibstoffen
oxi|die|ren, oxydieren ⟨*gr.-frz.*⟩: **1. a)** (ugs.) sich mit Sauerstoff verbinden, Sauerstoff aufnehmen; **b)** bewirken, dass sich eine Substanz mit Sauerstoff verbindet. **2.** [1]Elektronen abgeben, die von einer anderen Substanz aufgenommen werden; vgl. desoxidieren
Oxi|di|me|ter, Oxydimeter, das; -s, - (Chemie): Gerät zur Maßanalyse bei der Vornahme einer Oxidimetrie. **Oxi|di|me|t|rie,** Oxydimetrie, die; - (Chemie): Bestimmung von Mengen eines Stoffes durch bestimmte Oxidationsvorgänge
oxi|disch, oxydisch: Oxid enthaltend
Oxi|dul, Oxydul, das; -s, -e ⟨*gr.-frz.-nlat.*⟩ (Chemie veraltet): sauerstoffärmeres Oxid
Ox|tail|sup|pe ['ɔkstɛɪ̯l...], die; -, -n ⟨*engl.; dt.*⟩: Ochsenschwanzsuppe
Oxy|bio|se, die; - ⟨*gr.-nlat.*⟩: ↑Aerobiose
Oxyd usw. vgl. Oxid usw.
Oxy|es|sig|säu|re, die; - ⟨*gr.; dt.*⟩: ↑Glykolsäure
oxy|gen ⟨*gr.-frz.-nlat.*⟩ (Biol.): molekularen Sauerstoff freisetzend, produzierend (Ggs.: anoxygen)
Oxy|gen, das; -s ⟨*gr.-frz.-nlat.*⟩: chem. Element; Sauerstoff (Zeichen: O)
Oxy|ge|na|ti|on, die; -, -en (Med.): Sättigung des Gewebes mit Sauerstoff; vgl. ...ation/...ierung. **Oxy|ge|nie|rung,** die; -, -en: ↑Oxygenation; vgl. ...ation/...ierung
Oxy|ge|ni|um, das; -s: ↑Oxygen
Oxy|hä|mo|glo|bin, das; -s ⟨*gr.; lat.-nlat.*⟩ (Med.): sauerstoffhaltiger Blutfarbstoff
Oxy|li|quit, das; -s: Sprengstoff

aus einem brennbaren Stoff u. flüssigem Sauerstoff

Oxy|mo|ron, das; -s, ...ra ⟨*gr.;* »das Scharfdumme«⟩ (Rhet., Stilkunde): Zusammenstellung zweier sich widersprechender Begriffe in einem Additionswort od. als rhetorische Figur (z. B. bittersüß, eile mit Weile)

oxy|phil ⟨*gr.-nlat.*⟩: saure Farbstoffe bindend

Oxy|pro|pi|on|säu|re, die; - ⟨*gr.; dt.*⟩: Milchsäure

Oxy|säu|re, die; -: Säure, die die Eigenschaften einer Säure u. eines Alkohols zugleich hat

Oxy|to|cin [...ts...], das; -s ⟨*gr.*⟩ (Med.): bes. für Geburt u. Stillperiode wichtiges, im Hypophysenhinterlappen gebildetes Hormon

Oxy|to|non, das; -s, ...na ⟨*gr.*⟩ (gr. Betonungslehre): ein Wort, das einen ↑Akut auf der betonten Endsilbe trägt (z. B. *gr.* ἀγρός »Acker«); vgl. Paroxytonon, Proparoxytonon

Oxy|u|re, die; -, -n ⟨*gr.-nlat.*⟩ (Med.): Madenwurm des Menschen. **Oxy|u|ri|a|sis**, die; -, ...riasen (Med.): Erkrankung an Madenwürmern

Oza|lid®, das; -s ⟨Kunstw.⟩: Markenbezeichnung für Papier, Gewebe, Filme mit lichtempfindlichen Emulsionen (2)

Ozä|na, die; -, ...nen ⟨*gr.-lat.*⟩ (Med.): mit Absonderung eines übel riechenden Sekrets einhergehende chronische Erkrankung der Nasenschleimhaut

Ozean, der; -s, -e ⟨*gr.-lat.*⟩: große zusammenhängende Wasserfläche zwischen den Kontinenten

Oze|a|na|ri|um, das; -s, ...ien ⟨*gr.-lat.-nlat.*⟩: größeres Meerwasseraquarium

Oze|a|naut, der; -en, -en ⟨*gr.-lat.; gr.*⟩: ↑Aquanaut. **Oze|a|nau|tin**, die; -, -nen: weibliche Form zu ↑Ozeanaut

Oze|a|ner, der; -s, - ⟨*gr.-lat.*⟩ (scherzh.): großer Ozeandampfer

oze|a|nisch: **1.** den Ozean betreffend, durch ihn beeinflusst; Meeres...; **ozeanisches Klima:** vom Meer beeinflusstes Klima mit hoher Luftfeuchtigkeit, hohen Niederschlägen u. geringer Temperaturschwankung. **2.** Ozeanien (die Inseln des Stillen Ozeans) betreffend

Oze|a|nist, der; -en, -en ⟨*gr.-lat.-nlat.*⟩: Kenner u. Erforscher der Kulturen der ozeanischen Völker. **Oze|a|nis|tik**, die; -: Wissenschaft von der Kultur der ozeanischen Völker. **Oze|a|nis|tin**, die; -, -nen: weibliche Form zu ↑Ozeanist

Oze|a|ni|tät, die; - (Geogr.): Abhängigkeit des Küstenklimas von den großen Meeresflächen

Oze|a|no|graf, Ozeanograph, der; -en, -en ⟨*gr.-nlat.*⟩: Meereskundler. **Oze|a|no|gra|fie**, Ozeanographie, die; -: Meereskunde. **Oze|a|no|gra|fin**, Ozeanographin, die; -, -nen: weibliche Form zu ↑Ozeanograf. **oze|a|no|gra|fisch**, ozeanographisch: meereskundlich

Oze|a|no|graph usw. vgl. Ozeanograf usw.

Oze|a|no|lo|ge, der; -n, -n: ↑Ozeanograf. **Oze|a|no|lo|gie**, die; -: ↑Ozeanografie. **Oze|a|no|lo|gin**, die; -, -nen: weibliche Form zu ↑Ozeanologe. **oze|a|no|lo|gisch**: ↑ozeanografisch

Ozel|le, die; -, -n ⟨*lat.;* »kleines Auge«⟩ (Zool.): einfaches Lichtsinnesorgan niederer Tiere

Ozel|lot [auch: ˈɔts...], der; -s, -e u. -s ⟨*aztek.-frz.*⟩: **1.** katzenartiges Raubtier Mittel- u. Südamerikas (auch im südlichen Nordamerika) mit wertvollem Fell. **2. a)** Fell dieses Tieres; **b)** aus diesem Fell gearbeiteter Pelz

Ozo|ke|rit [auch: ...ˈrɪt], der; -s ⟨*gr.-nlat.*⟩: Erdwachs (natürlich vorkommendes mineralisches Wachs)

Ozon, der, auch: das; -s ⟨*gr.;* »das Duftende«⟩: besondere Form des Sauerstoffs (O_3); starkes Oxidations-, Desinfektions- u. Bleichmittel

Ozo|nid, das; -[e]s, -e ⟨*gr.-nlat.*⟩: dickes, stark oxidierendes Öl

ozo|ni|sie|ren: mit Ozon behandeln, keimfrei machen

Ozon|kil|ler, der; -s, - (meist Plural) (Jargon): chem. Verbindung, die bes. stark an der Zerstörung der Ozonosphäre beteiligt ist (z. B. bestimmte Treibgase)

Ozon|loch, das; -[e]s, ...löcher: Stelle in der Ozonschicht in der Stratosphäre bes. der Antarktis, an der das Ozon abgebaut ist

Ozo|no|sphä|re, die; - (Meteorol.): durch höheren Ozongehalt gekennzeichnete Schicht der Erdatmosphäre

Ozon|schicht, die; - (Meteorol.): durch höheren Ozongehalt gekennzeichnete Schicht der Erdatmosphäre

P

Pä|an, der; -s, -e ⟨*gr.-lat.*⟩: **1.** feierliches altgriechisches [Dank-, Preis]lied. **2.** ↑Päon

Pace [peɪs], die; - ⟨*lat.-frz.-engl.;* »Schritt«⟩ (Sport): Tempo eines Rennens, auch einer Jagd, eines Geländerittes

Pace|car [ˈpeɪskaː], der od. das; -s, -s ⟨*engl.*⟩: Leitfahrzeug mit Gelblicht, das sich bei Formel-1-Rennen in kritischen Fällen (z. B. bei Unfällen) vor das Fahrerfeld setzt

Pace|ma|cher [ˈpeɪs...], der; -s, - ⟨*engl.; dt.*⟩: ↑Pacemaker (1). **Pace|ma|ker** [ˈpeɪsmeɪkɐ], der; -s, - ⟨*engl.;* »Schrittmacher«⟩: **1.** (Pferdesport) in einem Rennen führendes Pferd, das (meist zugunsten eines anderen Pferdes, eines Stallgefährten) das Tempo des Rennens bestimmt. **2.** (Med.) elektrisches Gerät zur künstlichen Anregung der Herztätigkeit nach Ausfall der physiologischen Reizbildungszentren. **3.** (Med.) Schrittmacherzelle der glatten Muskulatur, die Aktionsströme erzeugt u. weiterleitet. **4.** (Leichtathletik) Läufer, der bei Langstreckenläufen zunächst an der Spitze des Feldes läuft u. das Tempo hoch hält, sodass sich die stärkeren Läufer möglichst lange an ihm orientieren können

Pa|cer [ˈpeɪsɐ], der; -s, - (Pferdesport): Pferd, das im Schritt u. Trab beide Beine einer Seite gleichzeitig aufsetzt; Passgänger

Pa|chu|l|ke, der; -n, -n ‹*poln.*›: **1.** (landsch.) ungehobelter Bursche, Tölpel. **2.** (Druckw. veraltet) Setzergehilfe

Pa|chy|ak|rie, die; -, ...ien ‹*gr.-nlat.*›: **1.** (Med.) Verdickung der Finger u. Zehen; vgl. Pachydaktylie. **2.** (Med.) ↑ Akromegalie

Pa|chy|chei|lie, die; -, ...ien (Med.): ↑ Makrocheilie

Pa|chy|dak|ty|lie, die; -, ...ien (Med.): ↑ Pachyakrie (1)

Pa|chy|der|men, die (Plural) (veraltet): Dickhäuter (Sammelbez. für: Elefanten, Nashörner, Flusspferde, ↑ Tapire u. Schweine)

Pa|chy|der|mie, die; -, ...ien (Med.): pathologische Verdickung aller Hautschichten

Pa|chy|me|nin|gi|tis, die; -, ...itiden (Med.): Entzündung der harten Haut des Gehirns u. des Rückenmarks

Pa|chy|me|ninx, die; -, ...meningen (Med.): Dura Mater

Pa|chy|me|ter, das; -s, - (Technik): Dickenmesser

Pa|chy|o|ny|chie, die; -, ...ien (Med.): Verdickung der Nagelplatten an Fingern u. Zehen

Pa|chy|ze|pha|lie, die; -, ...ien (Med.): verkürzte Schädelform mit gleichzeitiger abnormer Verdickung der Schädelknochen

Pa|ci|fi|ca|le, das; -[s] ‹*lat.-mlat.*›: ↑ Paxtafel

Pack [pæk], das; -, -s ‹*engl.*›: englisches Gewicht für Wolle, Leinen u. Hanfgarn

Pa|ckage [ˈpɛkɪtʃ], das; -s, -s ‹*engl.*›: Paket

Pa|ckage|tour [ˈpɛkɪtʃ..., auch: ˈpækɪdʒ...], die; -, -en ‹*engl.; gr.-lat.-frz.*›: durch ein Reisebüro bis ins Einzelne organisierte Reise im eigenen Auto

Pack|fong, das; -s ‹*chin.*›: (im 18. Jh. aus China eingeführte) Kupfer-Nickel-Zink-Legierung

Pad [pɛd], das; -s, -s ‹*engl.;* »Polster«›: **1.** Kurzform von ↑ Mauspad. **2.** (meist Plural) Kosmetikkissen zum Pudern, Schminken u. Ä.

päd..., Päd... vgl. pädo..., Pädo...

Pä|d|a|go|ge, der; -n, -n ‹*gr.-lat.;* »Kinder-, Knabenführer«›: a) Erzieher, Lehrer; b) Erziehungswissenschaftler. **Pä|d|a|go|gik,** die; -, -en ‹*gr.*›: Theorie u. Praxis der Erziehung u. Bildung; Erziehungswissenschaft

Pä|d|a|go|gi|kum, das; -s, ...ka: (in mehreren Bundesländern) im Rahmen des 1. Staatsexamens abzulegende Prüfung in Erziehungswissenschaft für Lehramtskandidaten

Pä|d|a|go|gin, die; -, -nen: weibliche Form zu ↑ Pädagoge

pä|d|a|go|gisch: a) die Pädagogik betreffend, zu ihr gehörend; **b)** die [richtige] Erziehung betreffend; erzieherisch

pä|d|a|go|gi|sie|ren: unter pädagogischen Aspekten sehen, für pädagogische Zwecke auswerten

Pä|d|a|go|gi|um, das; -s, ...ien ‹*gr.-lat.*› (veraltet): **1.** Erziehungsanstalt. **2.** Vorbereitungsschule für das Studium an einer pädagogischen Hochschule

Pä|d|a|tro|phie, die; - ‹*gr.-nlat.*› (Med.): schwerste Form der Ernährungsstörung bei Kleinkindern

Pä|d|au|dio|lo|ge, der; -n, -n ‹*gr.; lat.; gr.*› (Med.): Spezialist auf dem Gebiet der Pädaudiologie (1). **Pä|d|au|dio|lo|gie,** die; - (Med.): **1.** Wissenschaft vom Hören u. von den Hörstörungen im Kindesalter. **2.** Hörerziehung des Kindes. **Pä|d|au|dio|lo|gin,** die; -, -nen: weibliche Form zu ↑ Pädaudiologe. **pä|d|au|dio|lo|gisch** (Med.): die Pädaudiologie betreffend, auf ihr beruhend

Pa|dauk vgl. Padouk

Pad|dock [ˈpɛdɔk], der; -s, -s ‹*engl.*›: Gehege, umzäunter Laufgang für Pferde

[1]Pad|dy [ˈpɛdi], der; -s ‹*malai.-engl.*›: ungeschälter, noch mit Spelzen umgebener Reis

[2]Pad|dy [ˈpɛdi], der; -s, -s ‹engl. Koseform von Patrick, dem Schutzpatron der Iren› (scherzh.): Ire (Spitzname)

Pä|d|e|rast, der; -en, -en ‹*gr.*›: Homosexueller mit bes. auf männliche Jugendliche gerichtetem Sexualempfinden. **Pä|d|e|ras|tie,** die; -: Sexualempfinden der Päderasten

Pä|d|i|a|ter, der; -s, - ‹*gr.-nlat.*› (Med.): Facharzt für Krankheiten des Säuglings- u. Kindesalters; Kinderarzt. **Pä|d|i|a|te|rin,** die; -, -nen: weibliche Form zu ↑ Pädiater. **Pä|d|i|a|t|rie,** die; - (Med.): Teilgebiet der Medizin, in dem man sich mit den Krankheiten des Säuglings- u. Kindesalters befasst; Kinderheilkunde. **pä|d|i|a|t|risch:** die Kinderheilkunde betreffend, zu ihr gehörend, auf ihr beruhend

Pa|di|schah, der; -s, -s ‹*pers.*› (Geschichte): **1.** (ohne Plural) Titel islamischer Fürsten. **2.** islamischer Fürst als Träger dieses Titels

Pä|do, der; -s, -s: Kurzform von ↑ Pädosexuelle, ↑ Pädophile

pä|do..., Pä|do...

vor Vokalen meist: päd..., Päd... ‹zu *gr.* paĩs, Gen. paidós »Kind, Knabe«›
Wortbildungselement mit der Bedeutung »das Kind bzw. das Kindesalter betreffend«:
- Pädagogik
- Pädatrophie
- Pädiater
- Pädologie
- pädophil

Pä|do|au|dio|lo|ge vgl. Pädaudiologe

Pä|d|o|don|tie, die; - ‹*gr.-nlat.*› (Med.): Kinderzahnheilkunde

Pä|do|ge|ne|se, Pä|do|ge|ne|sis, die; - (Biol.): Fortpflanzung im Larvenstadium (Sonderfall der Jungfernzeugung). **pä|do|ge|ne|tisch** (Biol.): sich im Larvenstadium fortpflanzend

Pä|do|lin|gu|is|tik [auch: ...ˈgu̯ɪs...], die; -: Wissenschaftszweig der Linguistik, der sich mit den Stadien des Spracherwerbs u. der systematischen Entwicklung der Kindersprache befasst

Pä|do|lo|ge, der; -n, -n: Wissenschaftler auf dem Gebiet der Pädologie. **Pä|do|lo|gie,** die; -: Wissenschaft vom gesunden Kind unter Berücksichtigung von Wachstum u. Entwicklung. **Pä|do|lo|gin,** die; -, -nen: weibliche Form zu ↑ Pädologe. **pä|do|lo|gisch:** die Pädologie betreffend

pä|do|phil (Med., Psychol.): **a)** die Pädophilie betreffend; **b)** zur Pädophilie neigend. **Pä|do|phi|le,** der u. die; -n, -n (Med., Psychol.): pädophil veranlagte Person. **Pä|do|phi|lie,** die; - (Med., Psychol.): [primäres] sexuelles Interesse Erwachsener an Kin-

dern, die noch nicht in der Pubertät sind
Pä|do|se|xu|el|le, der u. die; -n, -n: ↑Pädophile
Pa|douk [pa'dauk], Padauk, das; -s ⟨*birmanisch-engl.*⟩: hell- bis dunkelbraunrotes [farbig gestreiftes] hartes Edelholz eines in Afrika u. Asien beheimateten Baumes
Pa|d|re, der; -, Padri ⟨*lat.-it.;* »Vater«⟩: **1.** (ohne Plural) Titel der [Ordens]priester in Italien u. Spanien. **2.** Ordenspriester in Italien als Träger dieses Titels
Pa|d|ro|na, die; -, ...ne: it. Bez. für: Gebieterin; Wirtin; Hausfrau. **Pa|d|ro|ne,** der; -[s], ...ni: **1.** it. Bez. für: Herr, Chef. **2.** Schutzheiliger. **3.** *Plural* von ↑Padrona
Pa|du|a|na, die; -, ...nen ⟨nach der it. Stadt Padua⟩: **1.** im 16. Jh. verbreiteter schneller Tanz im Dreiertakt. **2.** ↑Pavane (2)
Pa|el|la [pa'ɛlja], die; -, -s ⟨*katal.-span.*⟩: **1.** spanisches Reisgericht mit verschiedenen Fleisch- u. Fischsorten, Muscheln, Krebsen u. Ä. **2.** zur Zubereitung der Paella (1) verwendete eiserne Pfanne
Pa|fel vgl. Bafel
Pa|fe|se, Pofese, Povese, Bofese, die; -, -n (meist Plural) ⟨*it.*⟩ (bayr., österr.): zwei zusammengelegte, mit Marmelade od. einer anderen Füllung bestrichene Weißbrotschnitten, die in Fett gebacken werden

P
Pädo

Pa|gaie, die; -, -n ⟨*malai.-span.*⟩: Stechpaddel mit breitem Blatt für den ↑Kanadier (1)
pa|gan ⟨*lat.-nlat.*⟩: heidnisch. **pa|ga|ni|sie|ren:** dem Heidentum zuführen. **Pa|ga|nis|mus,** der; -, ...men: **a)** (ohne Plural) Religionslosigkeit; **b)** nicht christliches Element im christlichen Glauben u. Brauchtum
Pa|gat, der; -[e]s, -e ⟨*it.*⟩: Karte im Tarockspiel
pa|ga|to|risch ⟨*lat.-it.*⟩: Zahlungen, verrechnungsmäßige Buchungen betreffend, auf ihnen beruhend
Pa|ge ['pa:ʒə], der; -n, -n ⟨*frz.*⟩: **1.** (Geschichte) junger Adliger als Diener am Hof eines Fürsten. **2.** junger, uniformierter Diener, Laufbursche [eines Hotels]
Page|im|pres|sion ['peɪtʃ|ɪmprɛʃn], die; -, -s ⟨*engl.*⟩ (Werbespr.): [für die Werbewirtschaft bedeutsame] Kennziffer, die angibt, wie oft eine bestimmte Webseite von den Internetnutzern angesehen wurde (Abk.: PI)
Pa|ger ['peɪdʒɐ], der; -s, - ⟨*engl.*⟩ (Funkw.): Funkgerät, das durch ein Signal anzeigt, dass eine Meldung gewünscht wird
Pa|ge|rie, die; -, ...ien (Geschichte): Pagenbildungsanstalt
Page|tur|ner ['peɪtʃtœ:ɐnɐ], der; -s, - ⟨*engl.*⟩ (Jargon): äußerst spannendes Buch
Page|view ['peɪtʃvju:], der; -s, -s ⟨*engl.*⟩ (Werbespr.): ↑Pageimpression
Pa|gi|na, die; -, -s u. ...nä ⟨*lat.*⟩ (veraltet): Buchseite, Blattseite (Abk.: p., pag.)
Pa|ging ['peɪdʒɪŋ], das; -s ⟨*engl.*⟩ (EDV): Verlagerung von bestimmten Bereichen des Arbeitsspeichers, damit die Nutzung vieler Programme gleichzeitig möglich ist
pa|gi|nie|ren ⟨*lat.*⟩: mit Seitenzahlen versehen. **Pa|gi|nie|rung,** die; -, -en: **1.** (ohne Plural) das Paginieren. **2.** Seitenzahlen (mit denen Geschriebenes, Gedrucktes versehen ist)
Pä|g|ni|um, das; -s, ...nia ⟨*gr.-nlat.*⟩: in der altgriechischen Dichtung kleines lyrisches Gedicht meist scherzhaften Inhalts
Pa|go|de, die; -, -n ⟨*drawid.-port.*⟩: **1.** in Ostasien entwickelter, turmartiger Tempel-, Reliquienbau mit vielen Stockwerken, die alle ein eigenes Vordach haben; vgl. Stupa. **2.** (auch: der; -n, -n; veraltet, noch österr.) ostasiatisches Götterbild, meist als kleine sitzende Porzellanfigur mit beweglichem Kopf
Pai|deia, die; - ⟨*gr.*⟩: altgriechisches Erziehungsideal, das vor allem die musische, gymnastische u. politische Erziehung umfasst
Pai|deu|ma, das; -s: Kulturseele (in den Bereich der ↑Kulturmorphologie gehörender Begriff von L. Frobenius)
Pai|di|bett®, das; -[e]s, -en ⟨*gr.; dt.*⟩: Kinderbett, dessen Boden höhenverstellbar ist
Pai|g|ni|on, das; -, ...nia ⟨*gr.*⟩: griechische Form von ↑Pägnium
pail|le [pa:jə, auch: paɪ] ⟨*lat.-frz.*⟩: strohfarben, strohgelb
Pail|let|te [paɪ'jɛtə], die; -, -n (meist Plural): glitzerndes Metallblättchen zum Aufnähen
Pain ['pɛ̃:], der od. das; -[s], -s ⟨*lat.-frz.*⟩ (Gastron.): Fleischkäse
Paint|ball ['peɪntbɔ:l], der; -[s] ⟨*engl.*⟩: einen militärischen Kampf simulierendes Spiel, bei dem zwei Mannschaften mit Patronen, die mit Farbe gefüllt sind, aufeinander schießen mit dem Ziel, die gegnerische Fahne in den Besitz zu nehmen
pair [pɛ:ɐ] ⟨*lat.-frz.*⟩: gerade (von den Zahlen beim Roulettespiel; Gewinnmöglichkeit) (Ggs.: impair)
Pair [pɛ:ɐ], der; -s, -s (Geschichte): Mitglied des französischen Hochadels
Pai|rie, die; -, ...ien: Würde eines Pairs
Pai|ring ['pɛ:rɪŋ], das; -s ⟨*engl.*⟩: partnerschaftliches Verhalten; Partnerschaft
Pais|ley ['peɪzlɪ], das; -s ⟨*engl.*⟩: orientalisches Stoffmuster mit stilisierten blattähnlichen Motiven
Pa|ka, das; -s, -s ⟨*indian.-span.*⟩: südamerikanisches Nagetier
Pa|ket, das; -[e]s, -e ⟨*frz.*⟩: **1. a)** mit Papier o. Ä. umhüllter [u. verschnürter] Packen; **b)** etwas in einen Karton, eine Schachtel o. Ä. Eingepacktes; vgl. Lunchpaket; **c)** größere Packung, die eine bestimmte größere Menge einer Ware enthält (z. B. ein Paket Waschpulver). **2.** größeres Päckchen als Postsendung in bestimmten Maßen u. mit einer Höchstgewichtsgrenze. **3.** zu einer Sammlung, einem Bündel zusammengefasste Anzahl politischer Pläne, Vorschläge, Forderungen. **4.** dichte Gruppierung von Spielern beider Mannschaften um den Spieler, der den Ball hält (beim Rugby)
Pa|ket|co|p|ter vgl. Paketkopter
pa|ke|tie|ren ⟨*niederl.-frz.*⟩: einwickeln, verpacken, zu einem Paket machen
Pa|ket|ko|p|ter, Paketcopter, der, -s, - ⟨*frz.; engl.*⟩: Liefer-, Paketdrohne
Pa|ko, der; -s, -s ⟨*indian.-span.*⟩: ↑[1]Alpaka (1)
Pa|ko|til|le [...'tiljə], die; -, -n ⟨*niederl.-frz.-span.-frz.*⟩: auf einem Schiff frachtfreies Gepäck, das den Seeleuten gehört

Pakt, der; -[e]s, -e ‹*lat.*›: Vertrag, Übereinkommen; politisches od. militärisches Bündnis
pak|tie|ren ‹*lat.-nlat.*›: **a)** einen Vertrag schließen; **b)** (oft abwertend) eine Vereinbarung treffen, gemeinsame Sache machen
Pak|tum, das; -s, ...ten u. ...ta ‹*lat.*› (veraltet): ↑Pakt
pal..., Pal... vgl. paläo..., Paläo...
pa|lä..., Pa|lä... vgl. paläo..., Paläo...
Pa|lä|an|th|ro|po|lo|ge, der; -n, -n ‹*gr.-nlat.*›: Wissenschaftler auf dem Gebiet der Paläanthropologie. **Pa|lä|an|th|ro|po|lo|gie**, die; -: auf fossile Funde gegründete Wissenschaft vom vorgeschichtlichen Menschen u. seinen Vorgängern. **Pa|lä|an|th|ro|po|lo|gin**, die; -, -nen: weibliche Form zu ↑Paläanthropologe. **pa|lä|an|th|ro|po|lo|gisch:** die Paläanthropologie betreffend, zu ihr gehörend, auf ihr beruhend
pa|lä|ark|tisch: altarktisch
Pa|la|din [auch: ˈpa(:)...], der; -s, -e ‹*lat.-mlat.-it.-frz.*›: **1.** Angehöriger des Heldenkreises am Hofe Karls des Großen. **2.** Hofritter, Berater eines Fürsten. **3.** treuer Gefolgsmann
Pa|la|don®, das; -s ‹Kunstw.›: Kunststoff für Zahnersatz
Pa|lais [paˈlɛː], das; - [...ɛː(s)], - [...ɛːs] ‹*lat.-frz.*›: Palast, Schloss
pa|lä|ne|g|rid ‹*gr.; lat.-span.*›: die Merkmale eines bestimmten afrikanischen Menschentyps aufweisend
Pa|lan|kin, der; -s, -e u. -s ‹*Hindi-port.-frz.*›: indischer Tragsessel; Sänfte

pa|läo..., Pa|läo...

vor Vokalen auch: pa|lä..., Pa|lä..., pal..., Pal...
‹*gr.* palaiós »alt, aus früheren Zeiten herrührend«›
Wortbildungselement mit der Bedeutung »alt, altertümlich, ur..., Ur...«:
- paläanthropologisch
- Paläolithikum
- Paläozän
- Paleuropa

Pa|läo|an|th|ro|po|lo|gie [auch: ...ˈgiː], die; - ‹*gr.-nlat.*›: ↑Paläanthropologie
pa|läo|ark|tisch: ↑paläarktisch
Pa|läo|bio|lo|gie [auch: ...ˈgiː], die; -: Teilgebiet der Paläontologie, das sich mit den ↑fossilen Organismen, ihren Lebensumständen u. ihren Beziehungen zur Umwelt befasst
Pa|läo|bo|ta|nik [auch: ...ˈtaː...], die; -: Wissenschaft von den ↑fossilen Pflanzen. **Pa|läo|bo|ta|ni|ker**, der; -s, -: Wissenschaftler auf dem Gebiet der Paläobotanik. **Pa|läo|bo|ta|ni|ke|rin**, die; -, -nen: weibliche Form zu ↑Paläobotaniker. **pa|läo|bo|ta|nisch:** die Paläobotanik betreffend, zu ihr gehörend, auf ihr beruhend
Pa|läo|gen, das; -s (Geol.): Alttertiär, untere Abteilung des Tertiärs, die ↑Paläozän, ↑Eozän u. ↑Oligozän umfasst
Pa|läo|geo|gra|fie, **Pa|läo|geo|gra|phie** [auch: ...ˈfiː], die; -: Teilgebiet der Geologie, das sich mit der geografischen Gestaltung der Erdoberfläche in früheren geologischen Zeiten befasst
Pa|läo|graf, Paläograph, der; -en, -en: Wissenschaftler auf dem Gebiet der Paläografie. **Pa|läo|gra|fie**, Paläographie, die; -: Wissenschaft von den Formen u. Mitteln der Schrift im Altertum u. in der Neuzeit; Handschriftenkunde. **Pa|läo|gra|fin**, Paläographin, die; -, -nen: weibliche Form zu ↑Paläograf. **pa|läo|gra|fisch**, paläographisch: die Paläografie betreffend, auf ihr beruhend; handschriftenkundlich
Pa|läo|graph usw. vgl. Paläograf usw.
Pa|läo|his|to|lo|gie [auch: ...ˈgiː], die; -: Wissenschaft von den Geweben der ↑fossilen Lebewesen
Pa|läo|kli|ma|to|lo|gie [auch: ...ˈgiː], die; -: Wissenschaft von den ↑Klimaten der Erdgeschichte
pa|läo|krys|tisch (Geogr.): die Aufeinanderhäufung gestauter Eismassen betreffend
Pa|läo|lin|gu|is|tik, die; -: Wissenschaft, die sich mit einer (angenommenen) allen Völkern gemeinsamen Ursprache befasst. **pa|läo|lin|gu|is|tisch:** die Paläolinguistik betreffend, auf ihr beruhend
Pa|läo|lith [auch: ...ˈlɪt], der; -s u. -en, -e[n]: Steinwerkzeug des Paläolithikums. **Pa|läo|li|thi|ker** [auch: ...ˈlɪ...], der; -s, -: Mensch der Altsteinzeit. **Pa|läo|li|thi|kum** [auch: ...ˈlɪ...], das; -s: älterer Abschnitt der Steinzeit; Altsteinzeit. **pa|läo|li|thisch** [auch: ...ˈlɪ...]: zum Paläolithikum gehörend; altsteinzeitlich
pa|läo|ma|g|ne|tisch (Geol.): die ↑Induktion (2) des erdmagnetischen Feldes während des Auskristallisierens von Mineralien betreffend
Pa|lä|on|to|lo|ge, der; -n, -n: Wissenschaftler, der sich mit den Lebewesen vergangener Erdperioden befasst. **Pa|lä|on|to|lo|gie**, die; -: Wissenschaft von den Lebewesen vergangener Erdperioden. **Pa|lä|on|to|lo|gin**, die; -, -nen: weibliche Form zu ↑Paläontologe. **pa|lä|on|to|lo|gisch:** die Paläontologie betreffend, zu ihr gehörend, auf ihr beruhend
Pa|läo|phy|ti|kum, das; -s: Altertum der Entwicklung der Pflanzenwelt im Verlauf der Erdgeschichte
Pa|läo|phy|to|lo|gie, die; -: ↑Paläobotanik
Pa|läo|psy|cho|lo|gie, die; -: Psychologie von den Urzuständen des Seelischen
Pa|läo|tro|pis, die; -: pflanzengeografisches Gebiet, das die altweltlichen Tropen u. einen Teil der altweltlichen Subtropen umfasst
Pa|läo|ty|pe, die; -, -n (selten): Inkunabel. **Pa|läo|ty|pie**, die; -: Lehre von den Formen der gedruckten Buchstaben
pa|läo|zän (Geol.): das Paläozän betreffend. **Pa|läo|zän**, das; -s (Geol.): älteste Abteilung des ↑Tertiärs
Pa|läo|zo|i|kum, das; -s (Geol.): erdgeschichtliches Altertum, Erdaltertum. **pa|läo|zo|isch:** das Paläozoikum betreffend
Pa|läo|zoo|lo|ge, der; -n, -n: Wissenschaftler auf dem Gebiet der Paläozoologie. **Pa|läo|zoo|lo|gie** [auch: ...ˈgiː], die; -: Wissenschaft von den ↑fossilen Tieren. **Pa|läo|zoo|lo|gin**, die; -, -nen: weibliche Form zu ↑Paläozoologe. **pa|läo|zoo|lo|gisch:** die Paläozoologie betreffend, zu ihr gehörend, auf ihr beruhend
Pa|las, der; -, -se ‹*lat.-frz.*›: Hauptgebäude einer Ritterburg

Pa|last, der; -[e]s, Paläste: schlossartiges Gebäude

Pa|läs|t|ra, die; -, ...stren ⟨*gr.-lat.*⟩: (im Griechenland der Antike) Übungsplatz der Ringer

Pa|last|re|vo|lu|ti|on, die; -, -en: **a)** Umsturzversuch von Personen in der nächsten Umgebung eines Herrschers, Staatsoberhaupts; **b)** Empörung in der Umgebung eines Vorgesetzten, Höhergestellten

pa|la|tal ⟨*lat.-nlat.*⟩: **a)** (Med.) das ↑Palatum betreffend; **b)** (Sprachwiss.) im vorderen Mund am harten Gaumen gebildet (von Lauten). **Pa|la|tal,** der; -s, -e (Sprachwiss.): im vorderen Mund am Gaumen gebildeter Laut, Gaumenlaut (z. B. k). **Pa|la|ta|lis,** die; -, ...les [...le:s] (veraltet): Palatal

pa|la|ta|li|sie|ren: 1. (Sprachwiss.) ↑Konsonanten durch Anhebung des vorderen Zungenrückens gegen den vorderen Gaumen erweichen. **2.** (Sprachwiss.) einen nicht palatalen Laut in einen palatalen umwandeln

Pa|la|tal|laut, der; -[e]s, -e: ↑Palatal

Pa|la|tin, der; -s, -e ⟨*lat.-mlat.-frz.*⟩ (Geschichte): **1.** Pfalzgraf (im Mittelalter). **2.** der Stellvertreter des Königs von Ungarn (bis 1848)

Pa|la|ti|nat, das; -[e]s, -e (Geschichte): Würde eines Pfalzgrafen

Pa|la|ti|ne, die; -, -n ⟨nach der Pfalzgräfin Elisabeth Charlotte⟩ (veraltet): **1.** Ausschnittumrandung aus Pelz, leichtem Stoff od. Spitze. **2.** Hals- u. Brusttuch

pa|la|ti|nisch ⟨*lat.-mlat.-frz.*⟩: **1.** den Palatin betreffend. **2.** pfälzisch

Pa|la|t|o|dy|nie, die; -, ...ien ⟨*lat.; gr.*⟩ (Med.): (bei Trigeminusneuralgie auftretender) Schmerz im Bereich des Gaumens

Pa|la|to|graf, Palatograph, der; -en, -en: Instrument zur Durchführung der Palatografie. **Pa|la|to|gra|fie,** Palatographie, die; -, ...ien (Sprachwiss.): Methode zur Ermittlung u. Aufzeichnung der Berührungsstellen zwischen Zunge u. Gaumen beim Sprechen eines Lautes

Pa|la|to|gramm, das; -s, -e: Abbildung mit dem Palatografen

Pa|la|to|graph usw. vgl. Palatograf usw.

Pa|la|to|s|chi|sis [...sç...], die; - (Med.): angeborene Spaltung des harten Gaumens

Pa|la|t|schin|ke, die; -, -n (meist Plural) ⟨*gr.-lat.-rumän.-ung.*⟩ (österr.): dünner, zusammengerollter [mit Marmelade o. Ä. gefüllter] Eierkuchen

Pa|la|tum, das; -s, ...ta ⟨*lat.*⟩ (Med.): obere Wölbung der Mundhöhle; Gaumen

Pa|la|ver, das; -s, - ⟨*gr.-lat.-port.-engl.;* urspr.: Ratsversammlung afrik. Stämme⟩ (ugs. abwertend): endloses, wortreiches, meist überflüssiges Gerede, Verhandeln. **pa|la|vern** (ugs. abwertend): sich lange in wortreichem, meist überflüssigem Gerede ergehen; lange, oft fruchtlose Verhandlungen führen

Pa|laz|zo, der; -[s], ...zzi ⟨*lat.-it.*⟩: it. Bez. für: Palast

Pa|laz|zo|ho|se, die; -, -n: weit geschnittene lange Damenhose

Pa|lea, die; -, Paleen ⟨*lat.*⟩ (Bot.): **1.** Spreuschuppe od. Spreublatt bei Korbblütlern u. Farnen. **2.** Blütenspelze der Gräser

Pale Ale [ˈpeɪl ˈeɪl], das; - -[s], - -[s] ⟨*engl.*⟩: helles englisches Bier

pa|leo|zän usw. vgl. paläozän usw.

Pa|le|tot [ˈpaləto, auch, österr. nur: palˈto:], der; -s, -s ⟨*engl.-frz.*⟩: **1.** (veraltet) doppelreihiger, leicht taillierter Herrenmantel mit Samtkragen, meist aus schwarzem Tuch. **2.** dreiviertellanger Damen- od. Herrenmantel

Pa|let|te, die; -, -n ⟨*lat.-frz.*⟩: **1.** meist ovales, mit Daumenloch versehenes Mischbrett für Farben. **2.** reiche Auswahl, viele Möglichkeiten bietende Menge. **3.** genormte hölzerne od. metallene Hubplatte zum Stapeln von Waren mit dem Gabelstapler

pa|let|ti ⟨Herkunft unsicher⟩: **[es ist] alles paletti** (ugs.): [es ist] alles in Ordnung

pa|let|tie|ren, pa|let|ti|sie|ren: Versandgut auf einer Palette (3) stapeln [u. so verladen]

Pal|eu|ro|pa, das; -[s] ⟨*gr.-nlat.*⟩ (Geol.): Alteuropa; der vor dem ↑Devon versteifte Teil Europas

Pa|li|la|lie, die; - ⟨*gr.-nlat.*⟩ (Med.): krankhafte Wiederholung desselben Wortes od. Satzes

Pa|li|m|ne|se, die; - (Med.; Psychol.): Wiedererinnerung; Erinnerung an etwas, was bereits dem Gedächtnis entfallen war

Pa|limp|sest, der od. das; -[e]s, -e ⟨*gr.-lat.*⟩: **1.** antikes oder mittelalterliches Schriftstück, von dem der ursprüngliche Text aus Sparsamkeitsgründen getilgt und das danach neu beschriftet wurde. **2.** (Geol.) Rest des alten Ausgangsgesteins in umgewandeltem Gestein

Pa|lin|drom, das; -s, -e: Wort[folge] od. Satz, die vorwärts wie rückwärts gelesen [den gleichen] Sinn ergeben (z. B. Reliefpfeiler; Nebel – Leben; die Liebe ist Sieger – rege ist sie bei Leid)

pa|lin|gen (Geol.): die Palingenese (3) betreffend, durch sie entstanden (z. B. palingenes Gestein)

Pa|lin|ge|ne|se, die; -, -n ⟨*gr.-nlat.*⟩: **1.** Wiedergeburt der Seele (durch Seelenwanderung). **2.** (Biol.) das Auftreten von Merkmalen stammesgeschichtlicher Vorfahren während der Keimesentwicklung (z. B. die Anlage von Kiemenspalten beim Menschen). **3.** (Geol.) Aufschmelzung eines Gesteins u. Bildung einer neuen Gesteinsschmelze

Pa|lin|ge|ne|sie, die; -, ...ien, **Pa|lin|ge|ne|sis,** die; -, ...esen ⟨*gr.-nlat.*⟩: ↑Palingenese (2)

pa|lin|ge|ne|tisch: die Palingenese (1, 2) betreffend

Pa|li|n|o|die, die; -, ...ien ⟨*gr.;* »Widerruf«⟩: bes. in der Zeit des Humanismus u. des Barocks gepflegte Dichtungsart, bei der vom selben Verfasser die in einem früheren Werk aufgestellten Behauptungen mit denselben formalen Mitteln widerrufen werden

Pa|li|sa|de, die; -, -n ⟨*lat.-provenzal.-frz.*⟩: **1.** zur Befestigung dienender Pfahl; Schanzpfahl. **2.** Hindernis aus dicht nebeneinander in die Erde gerammten Pfählen; Pfahlzaun

Pa|li|sa|den|ge|we|be, das; -s, -: an der Oberseite von Blättern gelegene Schicht pfahlförmig lang gestreckter Zellen, die viel Blattgrün enthalten

Pa|li|san|der, der; -s, - ⟨*indian.-frz.*⟩: violettbraunes, von dunklen Adern durchzogenes, wertvolles brasilianisches Nutzholz, ²Jakaranda. **pa|li|san|dern:** aus Palisanderholz

pa|li|sie|ren ⟨*lat.-provenzal.-frz.*⟩: junge Bäume so anbinden, dass sie in einer bestimmten Richtung wachsen

Pal|la, die; -, -s ⟨*lat.*⟩: **1.** altrömischer Frauenmantel. **2.** gesticktes Leinentuch über dem Messkelch; vgl. Velum (2 a)

Pal|la|di|a|nis|mus, der; - ⟨*nlat.;* nach dem it. Architekten Palladio, 1508–1580⟩: der von Palladio beeinflusste Architekturstil (17. u. 18. Jh.), bes. in Westeuropa u. England

¹Pal|la|di|um, das; -s, ...ien ⟨*gr.-lat.*⟩: Bild der griechischen Göttin Pallas Athene als Schutzbild, schützendes Heiligtum

²Pal|la|di|um, das; -s ⟨*nlat.;* nach dem Planetoiden Pallas⟩: chem. Element; dehnbares, silberweißes Edelmetall (Zeichen: Pd)

Pal|lasch, der; -[e]s, -e ⟨*türk.-ung.*⟩: schwerer [Korb]säbel

Pal|la|watsch, Ballawatsch, der; -[s], -e ⟨*it.*⟩ (österr. ugs.): **1.** (ohne Plural) Durcheinander, Blödsinn. **2.** Versager, Niete

Pal|li|a|ta, die; -, ...ten ⟨*lat.*⟩: altrömische Komödie mit griechischem Stoff u. Kostüm im Gegensatz zur ↑Togata

pal|li|a|tiv ⟨*lat.-nlat.*⟩ (Med.): die Beschwerden einer Krankheit lindernd, aber nicht die Ursachen bekämpfend; schmerzlindernd. **Pal|li|a|tiv,** das; -s, -e, Palliativum, das; -s, ...va (Med.): die Krankheitsbeschwerden linderndes, aber nicht die Krankheit selbst beseitigendes Arzneimittel; Linderungsmittel

Pal|li|a|tiv|me|di|zin, die; - (Med.): Behandlung von Patienten mit einer nicht heilbaren, [weit] fortgeschrittenen Erkrankung mit begrenzter Lebenserwartung mit dem Ziel, die Lebensqualität des Kranken zu erhalten oder zu verbessern

Pal|li|a|ti|vum vgl. Palliativ

Pal|li|en|gel|der, die (Plural): an den Papst zu zahlende Abgabe beim Empfang des Palliums (3)

Pal|li|um, das; -s, ...ien ⟨*lat.*⟩: **1.** im antiken Rom mantelartiger Überwurf. **2.** Krönungsmantel der [mittelalterlichen] Kaiser. **3.** weiße Schulterbinde mit sechs schwarzen Kreuzen als persönliches Amtszeichen der katholischen Erzbischöfe

Pall-Mall [pɛlˈmɛl], das; - ⟨*engl.*⟩: schottisches Ballspiel

Pal|lo|graf, Pal|lo|graph, der; -en, -en ⟨*gr.*⟩ (veraltet): ↑Vibrograf

Pal|lot|ti|ner, der; -s, - ⟨nach dem it. Priester V. Pallotti, 1795–1850⟩: Mitglied einer katholischen Vereinigung zur Förderung des ↑Laienapostolats u. der Mission (2). **Pal|lot|ti|ne|rin,** die; -, -nen: Schwester einer katholischen Missionskongregation

¹Palm, der; -s, -e (aber: 5 -) ⟨*lat.-roman.;* »flache Hand«⟩: altes Maß zum Messen von Rundhölzern

²Palm® [pa:m], der; -s, -s ⟨*engl.*⟩: Kurzform von ↑Palmtop

Pal|ma|rès [...ˈrɛs], der; -, - ⟨*lat.-frz.*⟩ (schweiz.): **a)** Liste der Siege, die jmd. (bes. in einem sportlichen Wettbewerb) errungen hat; **b)** Siegerliste

Pal|ma|rum ⟨*lat.;* »(Sonntag) der Palmen«; nach der ↑Perikope (1) vom Einzug Christi in Jerusalem, Matth. 21, 1–11⟩: Sonntag vor Ostern

Pal|me, die; -, -n: tropischer od. subtropischer Baum mit unverzweigtem Stamm u. großen gefiederten od. fächerförmigen Blättern

Pal|mers|ton [ˈpa:məstən], der; -[s] ⟨*engl.*⟩: schwerer, doppelt gewebter, gewalkter Mantelstoff

Pal|met|te, die; -, -n ⟨*lat.-frz.*⟩: **1.** palmblattähnliches, streng symmetrisches Ornament der griechischen Kunst. **2.** an Wänden od. frei stehendem Gerüst gezogene Spalierbaumform

pal|mie|ren: 1. (Med.) beide Augen mit den Handflächen bedecken (als Form des Augentrainings). **2.** etwas hinter der Hand verschwinden lassen (bei einem Zaubertrick)

Pal|mi|tat, das; -[e]s, -e: Salz der Palmitinsäure

Pal|mi|tin, das; -s: Hauptbestandteil der meisten Fette

Pal|mi|tin|säu|re, die; -: feste, gesättigte Fettsäure, die in zahlreichen pflanzlichen u. tierischen Fetten vorkommt

Palm|top® [ˈpa:mtɔp], der; -[s], -s ⟨*engl.*⟩ (früher): kompakter Computer, den man aufgrund seiner geringen Größe in einer Hand halten kann

Pa|lo|lo|wurm, der; -[e]s, ...würmer ⟨*polynes.; dt.*⟩: Borstenwurm der Südsee, dessen frei im Meer schwärmende, die Geschlechtsorgane enthaltende Hinterabschnitte essbar sind

pal|pa|bel ⟨*lat.*⟩: **1.** (Med.) unter der Haut fühlbar (z. B. von Organen), greifbar, tastbar. **2.** (veraltet) offenbar, deutlich

Pal|pa|ti|on, die; -, -en (Med.): Untersuchung durch Abtasten u. Befühlen von dicht unter der Körperoberfläche liegenden inneren Organen. **pal|pa|to|risch** ⟨*lat.-nlat.*⟩ (Med.): durch Abtasten, Befühlen [zu diagnostizieren], abtastend, befühlend

Pal|pe, die; -, -n (Zool.): Taster der Borstenwürmer u. Gliedertiere

pal|pie|ren ⟨*lat.*⟩ (Med.): abtasten, betastend untersuchen

Pal|pi|ta|ti|on, die; -, -en (Med.): verstärkter u. beschleunigter Puls; Herzklopfen. **pal|pi|tie|ren** (Med.): schlagen, klopfen

PAL-Sys|tem, das; -s ⟨Kurzw. aus *engl. P*hase *A*lternating *L*ine »phasenverändernde Zeile«⟩: Farbfernsehsystem, das zur richtigen Farbwiedergabe bei der Bildübertragung mit zeilenweiser Umkehrung der Phase eines bestimmten Signals arbeitet; vgl. SECAM-System

Pa|lu|da|ri|um, das; -s, ...ien ⟨*lat.-nlat.*⟩: Behälter, Anlage zur Haltung von Pflanzen u. Tieren, die in Moor u. Sumpf heimisch sind

Pa|ly|no|lo|gie, die; - ⟨*gr.-nlat.*⟩: Zweig der Botanik, der sich mit der Erforschung des Blütenpollens befasst

Pa|mir|schaf, das; -[e]s, -e ⟨nach dem zentralasiat. Hochgebirge⟩: im Hochland von Pamir beheimatetes Wildschaf

Pam|pa, die; -, -s (meist Plural) ⟨*indian.-span.*⟩: ebene, baumarme Grassteppe in Südamerika

Pam|pel|mu|se, die; -, -n ⟨*niederl.*⟩: große, gelbe Zitrusfrucht von säuerlich-bitterem Geschmack

pam|pern [ˈpɛm...] ⟨*engl.;* »verwöhnen«⟩ (ugs.): verwöhnen; mit lukrativen Sonderangeboten u. -konditionen vertraglich [an einen Verein] zu binden suchen

Pam|pe|ro, der; -[s], -s ‹*indian.-span.*›: kalter, stürmischer Süd- bis Südwestwind in der argentinischen Pampa

Pam|ph|let, das; -[e]s, -e ‹*engl.-frz.*›: [politische] Streit- u. Schmähschrift, verunglimpfende Flugschrift. **Pam|ph|le|tist,** der; -en, -en: Verfasser von Pamphleten. **Pam|ph|le|tis|tin,** die; -, -nen: weibliche Form zu ↑Pamphletist. **pam|ph|le|tis|tisch:** in der Art eines Pamphlets

Pam|pu|sche [...ˈpuːʃə] vgl. Babusche

¹Pan, der; -s, -s ‹*poln.*›: **1.** (Geschichte) (in Polen) Besitzer eines kleineren Landguts. **2.** poln. Bez. für: Herr (in Verbindung mit dem Namen); vgl. Panie

²Pan®, das; -s ‹Kurzw. aus *P*oly*a*cryl*n*itril›: synthetische Faser, die in den USA als Orlon hergestellt wird

pan..., Pan...

‹*gr.* pâs, Neutrum pân »jeder, alles, ganz«›
Präfix mit der Bedeutung »ganz, gesamt, umfassend, völlig«:
- Paneuropa
- panhellenisch
- Panoptikum
- Panorama
- Pantheismus

Pa|na|ché [...ˈʃeː] usw. vgl. Panaschee usw.

Pa|na|de, die; -, -n ‹*lat.-provenzal.-frz.*› (Gastron.): **a)** Brei aus Semmelbröseln bzw. Mehl u. geschlagenem Eigelb zum ↑Panieren; **b)** breiige Mischung (z. B. aus Mehl, Eiern, Fett mit Gewürzen) als Streck- u. Bindemittel für ↑Farcen (3)

Pa|na|del|sup|pe, die; -, -n (südd., österr.): Suppe mit Weißbroteinlage u. Ei

pan|af|ri|ka|nisch ‹*gr.-nlat.*›: den Panafrikanismus, alle afrikanischen Völker u. Staaten betreffend. **Pan|af|ri|ka|nis|mus,** der; -: das Bestreben, die wirtschaftliche u. politische Zusammenarbeit aller afrikanischen Staaten zu verstärken

Pa|n|a|gia, Panhagia, die; -, ...ien ‹*gr.;* »Allheilige«›: **1.** (ohne Plural) Beiname Marias. **2.** liturgisches Marienmedaillon des Bischofs. **3.** Marienbild in der ↑Ikonostase. **4.** Brotsegnung zu Ehren Marias

Pa|na|ma, der; -s, -s ‹nach der mittelamerik. Stadt›: Gewebe in Würfelbindung, sog. Panamabindung (eine Webart)

Pa|na|ma|hut, der; -[e]s, ...hüte: aus den Blattfasern einer bestimmten Palmenart geflochtener Hut

pan|ame|ri|ka|nisch ‹*gr.-nlat.*›: den Panamerikanismus, alle amerikanischen Völker u. Staaten betreffend. **Pan|ame|ri|ka|nis|mus,** der; -: das Bestreben, die wirtschaftliche u. politische Zusammenarbeit aller amerikanischen Staaten zu verstärken

pan|ara|bisch ‹*gr.-nlat.*›: den Panarabismus, alle arabischen Völker u. Staaten betreffend. **Pan|ara|bis|mus,** der; -: das Bestreben, die wirtschaftliche u. politische Zusammenarbeit aller arabischen Staaten zu verstärken

Pa|na|ri|ti|um, das; -s, ...ien ‹*gr.-lat.*› (Med.): Nagelgeschwür, eitrige Entzündung an den Fingern

Pa|nasch, der; -[e]s, -e ‹*lat.-it.-frz.*›: Helmbusch, Federbusch

Pa|na|schee, das; -s, -s (veraltet): **1.** mehrfarbiges Speiseeis. **2.** aus verschiedenen Obstsorten bereitetes Kompott, Gelee. **3.** ↑Panaschierung

pa|na|schie|ren ‹»buntstreifig machen«›: bei einer Wahl seine Stimme für Kandidaten verschiedener Parteien abgeben (z. B. in bestimmten Bundesländern bei Gemeinderatswahlen)

Pa|na|schie|rung, die; -, -en (Bot.): weiße Musterung auf Pflanzenblättern durch Mangel an Blattgrün in den Farbstoffträgern

Pa|na|schü|re, die; -, -n: ↑Panaschierung

pan|asi|a|tisch ‹*gr.-nlat.*›: **1.** ganz Asien, alle asiatischen Völker u. Staaten betreffend. **2.** Elemente verschiedener asiatischer Staaten und deren Kultur aufgreifend

Pan|athe|nä|en, die (Plural) ‹*gr.*›: jährlich, bes. aber alle vier Jahre, gefeiertes Fest zu Ehren der Athene im alten Athen

Pa|nax, der; -, - ‹*gr.-lat.*›: Araliengewächs, dessen Wurzel als ↑Ginseng in der Heilkunde bekannt ist

Pa|n|a|zee [auch: ...ˈtseː], die; -, -n: Allheilmittel, Wundermittel

pan|chro|ma|tisch ‹*gr.-nlat.*› (Fotogr.): empfindlich für alle Farben u. Spektralbereiche (von Filmmaterial)

Pan|c|re|as vgl. Pankreas

Pan|da, der; -s, -s ‹aus einer nepalesischen Sprache›: **a)** vorwiegend im Himalaja heimisches Raubtier mit fuchsrotem, an Bauch u. Beinen schwarzbraunem Pelz; Katzenbär; **b)** scheuer Kleinbär, weiß mit schwarzem Gürtel, schwarzen Ohren u. Augenringen, der von Bambus lebt; Bambusbär

Pan|dai|mo|ni|on, Pan|dä|mo|ni|um, das; -s, ...ien ‹*gr.-nlat.*›: **a)** Aufenthalt aller ↑Dämonen; **b)** Gesamtheit aller ↑Dämonen

Pan|da|ne, die; -, -n, **Pan|da|nus,** der; -, - ‹*malai.-lat.*›: Schraubenbaum (Zierpflanze mit langen, schmalen Blättern)

Pan|dek|ten, die (Plural) ‹*gr.-lat.;* »allumfassend«›: Sammlung altrömischen Privatrechts im ↑Corpus Iuris Civilis; vgl. Digesten

Pan|dek|tist, der; -en, -en ‹*gr.-lat.-nlat.*›: deutscher Zivilrechtler für römisches Recht, bes. im 19. Jh.

Pan|de|mie, die; -, ...ien ‹*gr.-nlat.*› (Med.): sich weit verbreitende, ganze Länder od. Landstriche erfassende Seuche; Epidemie großen Ausmaßes. **pan|de|misch** ‹*gr.*› (Med.): sich über mehrere Länder od. Landstriche ausbreitend (von Seuchen)

Pan|der|ma, der; -[s], -s ‹nach der türk. Hafenstadt, heute: Bandirma›: vielfarbiger türkischer [Gebets]teppich ohne charakteristisches Muster u. meist von geringerer Qualität

Pan|der|mit [auch: ...ˈmɪt], der; -s, -e ‹*nlat.*›: in feinkörnigen Knollen vorkommendes seltenes Mineral

Pan|de|ro, der; -s, -s ‹*span.*›: baskische Schellentrommel; vgl. Tamburin

Pan|dit, der; -s, -e u. -s ‹*sanskr.-Hindi*›: **1.** (ohne Plural) Titel brahmanischer Gelehrter. **2.** Träger dieses Titels

Pan|do|ra ‹*gr.-lat.;* die erste Frau

in der gr. Mythologie; sie trägt alles Unheil in einem Gefäß, um es auf Zeus' Befehl unter die Menschen zu bringen⟩: in der Fügung **die Büchse der Pandora:** Unheilsquell
Pan|dur, der; -en, -en ⟨*ung.*⟩ (in Ungarn früher): **a)** [bewaffneter] Leibdiener; **b)** Fußsoldat
Pan|du|ra vgl. Bandura
Pa|neel, das; -s, -e ⟨*lat.-mlat.-frz.-niederl.*⟩: **1. a)** das vertieft liegende Feld einer Holztäfelung; **b)** gesamte Holztäfelung. **2.** Holztafel der Gemälde. **pa|nee|lie|ren:** [eine Wand] mit Holz vertäfeln
Pa|n|e|gy|ri|ker, der; -s, - ⟨*gr.-lat.*⟩: Verfasser von Panegyriken. **Pa|n|e|gy|ri|ke|rin,** die; -, -nen: w. Form zu ↑Panegyriker
Pa|n|e|gy|ri|kon, das; -[s], ...ka ⟨*gr.*⟩: liturgisches Buch der orthodoxen Kirche mit predigtartigen Lobreden auf die Heiligen
Pa|n|e|gy|ri|kos, der; -, ...koi ⟨*gr.*⟩, **Pa|n|e|gy|ri|kus,** der; -, ...ken u. ...zi ⟨*gr.-lat.*⟩: Fest-, Lobrede, Lobgedicht im Altertum
pa|n|e|gy|risch: den Panegyrikus betreffend, lobrednerisch
Pa|nel [ˈpɛnl̩], das; -s, -s ⟨*engl.*⟩: repräsentative Personenengruppe für die Meinungsforschung
Pa|nel|tech|nik, die; -, -en ⟨*engl.; gr.*⟩: Methode der Meinungsforschung, die gleiche Gruppe von Personen innerhalb eines bestimmten Zeitraums mehrfach zu ein u. derselben Sache zu befragen
pa|nem et cir|cen|ses [- - ...ze:s] ⟨*lat.;* »Brot und Zirkusspiele«⟩: Lebensunterhalt u. Vergnügungen als Mittel zur Zufriedenstellung des Volkes (urspr. Anspruch des römischen Volkes während der Kaiserzeit, den die Herrscher zu erfüllen hatten, wenn sie sich die Gunst des Volkes erhalten wollten)
Pan|en|the|is|mus, der; - ⟨*gr.-nlat.*⟩: religiös-philosophische Lehre, nach der die Welt in Gott eingeschlossen ist, ihren Halt hat; vgl. Pantheismus. **pan|en|the|is|tisch:** den Panentheismus betreffend, auf ihm beruhend; in der Art des Panentheismus
Pa|net|to|ne, der; -[s], ...ni ⟨*it.*⟩: italienischer Hefekuchen mit kandierten Früchten
Pan|eu|ro|pa, das; -[s] ⟨*gr.-nlat.*⟩: [erstrebte] Gemeinschaft aller europäischen Staaten. **pan|eu|ro|pä|isch:** gesamteuropäisch
Pan|film, der; -[e]s, -e ⟨Kurzw. aus ↑*pan*chromatischer *Film*⟩: Film mit ↑panchromatischer Schicht
Pan|flö|te, die; -, -n ⟨nach dem altgr. Hirtengott Pan⟩: aus verschieden langen, grifflochlosen, floßartig aneinandergereihten Pfeifen bestehendes Holzblasinstrument; Faunflöte, Faunpfeife, Papagenopfeife; vgl. Syrinx
Pan|gäa, die; - ⟨*gr.*⟩: großer einheitlicher, zusammenhängender Urkontinent der Erde in der Zeit vor dem Jura
Pan|ga|si|us, der; -, ...ien ⟨*nlat.*⟩: (zur Familie der Welse gehörender) Fisch mit breitem Kopf und walzenförmigem Körper, der als Speisefisch geschätzt wird
Pan|ge Lin|gua, das; - - ⟨*lat.;* »erklinge, Zunge«⟩: oft vertonter, Thomas v. Aquin zugeschriebener Fronleichnamshymnus
Pan|ge|ne [...nʔg...], die (Plural) ⟨*gr.-nlat.*⟩ (Biol.): kleinste Zellteilchen, die eine Vererbung erworbener Eigenschaften ermöglichen sollen (nach Darwin)
Pan|ge|ne|sis|the|o|rie, die; - (Biol.): von Darwin aufgestellte Vererbungstheorie, nach der die Vererbung erworbener Eigenschaften durch kleinste Zellteilchen vonstattengehen soll
Pan|ger|ma|nis|mus, der; - ⟨*gr.-nlat.*⟩: politische Haltung, die die Gemeinsamkeiten der Völker germanischen Ursprungs betont bzw. die Vereinigung aller Deutsch Sprechenden anstrebt
Pan|go|lin, der; -s, -e ⟨*malai.*⟩: Schuppentier
Pan|ha|gia vgl. Panagia
pan|hel|le|nisch ⟨*gr.-nlat.*⟩: alle Griechen betreffend. **Pan|hel|le|nis|mus,** der; -: (im antiken Griechenland) Bestrebungen zur Vereinigung aller Griechen in einem großen Reich
Pa|ni, die; -, -s ⟨*poln.*⟩: poln. Bez. für: Frau
Pa|nie, der; -s, -s ⟨*poln.*⟩: poln. Bez. für: Herr (in der Anrede)
[1]**Pa|nier,** das; -s, -e ⟨*germ.-frz.*⟩: **1.** (veraltet) Banner, Fahne. **2.** Wahlspruch; etwas, dem man sich zur Treue verpflichtet fühlt
[2]**Pa|nier,** die; - (österr.): Panade (a)
pa|nie|ren ⟨*lat.-frz.*⟩: (Fleisch, Fisch u. a.) vor dem Braten in geschlagenes Eigelb, Mehl o. Ä. tauchen u. mit Semmelbröseln bestreuen od. in Mehl wälzen
Pa|nik, die; -, -en ⟨*gr.-frz.;* nach dem altgr. Hirtengott Pan⟩: durch eine plötzliche Bedrohung, Gefahr hervorgerufene unkontrollierte [Massen]angst
Pa|nik|ma|che, die; - (abwertend): Heraufbeschwören einer Panikstimmung durch aufgebauschte Darstellung eines Sachverhalts o. Ä.. **pa|nisch:** von Panik bestimmt
Pan|is|la|mis|mus, der; - ⟨*gr.-nlat.*⟩: Streben nach Vereinigung aller islamischen Völker
Pan|je, der; -s, -s ⟨*slaw.*⟩ (veraltet): polnischer od. russischer Bauer; vgl. [1]Pan
Pan|je|pferd, das; -[e]s, -e: polnisches od. russisches Landpferd
Pan|kar|di|tis, die; -, ...itiden ⟨*gr.-nlat.*⟩ (Med.): Entzündung aller Schichten der Herzwand; vgl. Karditis
Pan|k|ra|ti|on, das; -s, -s ⟨*gr.;* »Allkampf«⟩: altgriechischer Zweikampf, der Freistilringen u. Faustkampf in sich vereinigte
Pan|k|re|as, das; -, ...aten u. ...eata ⟨*gr.*⟩ (Anat.): Bauchspeicheldrüse
Pan|k|re|a|t|ek|to|mie, die; -, ...ien (Med.): operative Entfernung der Bauchspeicheldrüse
Pan|k|re|a|tin, das; -s ⟨*gr.-nlat.*⟩ (Med., Pharm.): aus tierischen Bauchspeicheldrüsen hergestelltes ↑Enzym
Pan|k|re|a|ti|tis, die; -, ...itiden (Med.): Entzündung der Bauchspeicheldrüse
Pan|lo|gis|mus, der; - ⟨*gr.-nlat.*⟩ (Philos.): Lehre von der logischen Struktur des Universums, nach der das ganze Weltall als Verwirklichung der Vernunft aufzufassen sei
Pan|mi|xie, die; -, ...ien ⟨*gr.-nlat.;* »Allmischung«⟩ (Biol.): **1.** Mischung guter u. schlechter Erbanlagen. **2.** das Zustandekommen rein zufallsbedingter Paarungen zwischen Angehörigen der gleichen Art, ohne dass Selektionsfaktoren od. bestimmte

(z. B. geografische) Isolierungsfaktoren wirksam werden (Ggs.: Amixie)

Pan|my|e|lo|pa|thie, die; -, ...ien, **Pan|my|e|lo|ph|thi|se,** die; -, -n ⟨*gr.-nlat.*⟩ (Med.): völliger Schwund bzw. Versagen aller blutbildenden Zellen des Knochenmarks

Pan|na|cot|ta, die; -, Pannecotte, **Pan|na cot|ta,** die; - -, Panne cotte ⟨*it.* »gekochte Sahne«⟩ (Gastron.): italienische Nachspeise, die aus mit Zucker u. Vanille geköchelter Sahne und untergehobener Gelatine hergestellt wird

[1]**Pan|ne,** die; -, -n ⟨*frz.*⟩ (ugs.): **a)** Unfall, Schaden, Betriebsstörung (bes. bei Fahrzeugen); **b)** Störung, Missgeschick, Fehler

[2]**Panne** [pan], der; -[s], -s ⟨*lat.-frz.*⟩: Seidensamt mit gepresstem Flor; Spiegelsamt

Pan|neau [pa'no:], der; -s, -s ⟨*frz.*⟩: **1.** Holzplatte, -täfelchen zum Bemalen. **2.** Sattelkissen für Kunstreiter

Pan|ni|ku|li|tis, die; -, ...itiden ⟨*lat.-nlat.*⟩ (Med.): örtlich begrenzte Entzündung des Unterhautfettgewebes

Pan|ni|sel|lus, der; -, ...lli: kleiner Leinenstreifen als Handhabe am Abtsstab

Pan|nus, der; - ⟨*lat.*⟩ (Med.): Bindegewebswucherungen bei (chronischen) Entzündungen (z. B. am Auge od. an Gelenkflächen)

Pan|ny|chis, die; - ⟨*gr.*⟩: Nachtfeier; [ganz]nächtliche Vorfeier höherer Feste in der Ostkirche

Pa|n|oph|thal|mie, Pantophthalmie, die; -, ...ien ⟨*gr.-nlat.*⟩ (Med.): eitrige Augenentzündung

Pa|n|op|ti|kum, das; -s, ...ken ⟨*gr.-nlat.*⟩: Sammlung von Sehenswürdigkeiten, meist Kuriositäten, od. von Wachsfiguren

pa|n|op|tisch: von überall einsehbar; **panoptisches System** (Rechtswiss.): im Interesse einer zentralen Überwachung angewandte strahlenförmige Anordnung der Zellen mancher Strafanstalten

Pa|n|o|ra|ma, das; -s, ...men ⟨*gr.-nlat.;* »Allschau«⟩: **1.** Rundblick, Ausblick. **2. a)** Rundgemälde; **b)** fotografische Rundaufnahme

Pa|n|o|ra|ma|bus, der; -ses, -se: doppelstöckiger Bus für Stadtrundfahrten o. Ä., von dessen oberer Etage ein freier Rundblick möglich ist

Pa|n|o|ra|ma|fern|rohr, das; -[e]s, -e: Fernrohr mit beweglichen ↑Prismen u. fest stehendem ↑Okular zum Beobachten des ganzen Horizonts

Pa|n|o|ra|ma|kopf, der; -[e]s, ...köpfe (Fotogr.): drehbarer Stativkopf für Rundaufnahmen

Pa|n|o|ra|ma|ver|fah|ren, das; -s, - (Film): Breitwand- u. Raumtonverfahren; vgl. Cinemascope, Cinerama

pa|n|o|ra|mie|ren (Film): ein Gesamtbild (Rundblick) durch Drehen der Kamera herstellen

Pa|n|os|ti|tis, die; -, ...itiden ⟨*gr.-nlat.*⟩ (Med.): Entzündung aller Gewebe eines Knochens, einschließlich Knochenhaut u. -mark

Pan|pho|bie, die; -, ...ien ⟨*gr.-nlat.*⟩ (Med.; Psychol.): krankhafte Furcht vor allen Vorgängen der Außenwelt

Pan|ple|gie, die; -, ...ien ⟨*gr.-nlat.*⟩ (Med.): allgemeine, vollständige Lähmung der Muskulatur

Pan|psy|chis|mus, der; - ⟨*gr.-nlat.*⟩ (Philos.): Vorstellung, nach der alle Natur beseelt ist, auch die nicht belebte

Pan|ro|man, das; -[s] ⟨Kunstw.⟩: eine Welthilfssprache, Vorläuferin des ↑Universal

Pan|se|xu|a|lis|mus, der; - ⟨*gr; lat.-nlat.*⟩ (Psychoanalyse): **1.** von nur sexuellen Trieben ausgehende frühe Richtung der ↑Psychoanalyse S. Freuds. **2.** von den Gegnern Freuds benutzte Bez. für dessen Lehre

Pan|se|xu|a|li|tät, die; - ⟨gr.; lat.-nlat.⟩: sich auf alle Geschlechter u. Geschlechtsidentitäten richtendes sexuelles Empfinden u. Verhalten. **pan|se|xu|ell:** zu allen Geschlechtern u. Geschlechtsidentitäten sexuell hingezogen

Pans|flö|te vgl. Panflöte

Pan|si|nu|si|tis, die; -, ...itiden ⟨*gr.; lat.-nlat.*⟩ (Med.): Entzündung aller Nasennebenhöhlen

Pan|sla|vis|mus usw. vgl. Panslawismus usw.

Pan|sla|wis|mus, der; - ⟨*nlat.*⟩: (im 19. Jh.) Streben nach kulturellem u. politischem Zusammenschluss aller slawischen Völker. **pan|sla|wis|tisch:** den Panslawismus betreffend

Pan|so|phie, die; - ⟨*gr.-nlat.*⟩: religiös-philosophische Bewegung des 16.–18. Jh.s, die eine Zusammenfassung aller Wissenschaften u. ein weltweites Gelehrten- u. Friedensreich anstrebte. **pan|so|phisch:** die Pansophie betreffend, auf ihr beruhend; in der Art der Pansophie

Pan|sper|mie, die; - ⟨*gr.-nlat.*⟩ (Biol.): Theorie von der Entstehung des Lebens auf der Erde durch Keime von anderen Planeten

pan|ta|g|ru|e|lisch ⟨nach der Romanfigur Pantagruel von Rabelais⟩: derb, deftig; lebensvoll

Pan|ta|le|on, das; -s, -s ⟨nach dem Erfinder Pantaleon Hebenstreit⟩: Hackbrett mit doppeltem Resonanzboden u. Darm- od. Drahtsaiten (Vorläufer des Hammerklaviers)

[1]**Pan|ta|lon,** das; -s, -s: ↑Pantaleon

[2]**Pan|ta|lon** [pɑ̃ta'lɔ̃:], das; -s, -s ⟨*it.-frz.*⟩: erster Teil der ↑Contredanse

Pan|ta|lo|ne, der; -[s], -s u. ...ni ⟨*it.*⟩: Maske, Figur des dummen, oft verliebten u. stets geprellten Alten im italienischen Volkslustspiel

Pan|ta|lons [pɑ̃ta'lɔ̃:s, 'pantalɔ̃:s], die (Plural) ⟨*it.-frz.*⟩: während der Französischen Revolution aufgekommene lange Männerhose mit röhrenförmigen Beinen

pan|ta rhei ⟨*gr.;* »alles fließt«⟩: es gibt kein bleibendes Sein (Heraklit zugeschriebener Grundsatz, nach dem das Sein als ewiges Werden, ewige Bewegung gedacht wird)

Pan|te|lis|mus, der; - ⟨*gr.-nlat.*⟩ (Philos.): Anschauung, nach der das gesamte Seiende ↑teleologisch erklärbar ist

Pan|ter vgl. Panther

Pan|the|is|mus, der; - ⟨*gr.-nlat.*⟩ (Philos.): Allgottlehre; Lehre, in der Gott u. Welt identisch sind; Anschauung, nach der Gott das Leben des Weltalls selbst ist. **Pan|the|ist,** der; -en, -en: Vertreter des Pantheismus. **Pan|the|is|tin,** die; -, -nen: weibliche Form zu ↑Pantheist. **pan|the|is|tisch:** den Pantheismus betreffend; in der Art des Pantheismus

Pan|the|lis|mus, der; - ⟨*gr.-nlat.*⟩

(Philos.): Lehre, nach der der Wille das innerste Wesen der Welt, aller Dinge ist

Pan|the|on, das; -s, -s ‹*gr.*›: **1.** antiker Tempel (bes. in Rom) für alle Götter. **2.** Ehrentempel (z. B. in Paris). **3.** Gesamtheit der Götter eines Volkes

Pan|ther, Panter, der; -s, - ‹*gr.-lat.*›: ↑Leopard

Pan|ti|ne, die; -, -n (meist Plural) ‹*frz.-niederl.*›: Holzschuh, Holzpantoffel

Pan|tof|fel, der; -s, -n (ugs.: -) (meist Plural) ‹*frz.*›: leichter Hausschuh [ohne Fersenteil]

pan|tof|feln: [mit einem pantoffelförmigen Holz] Leder geschmeidig, weich machen

Pan|to|graf, Pantograph, der; -en, -en ‹*gr.-nlat.*›: **1.** Instrument zum Übertragen von Zeichnungen im gleichen, größeren od. kleineren Maßstab; Storchschnabel. **2.** (Elektrot.) Scherenstromabnehmer (früher auf Zügen oder Straßenbahnen). **Pan|to|gra|fie,** Pantographie, die; -, ...ien: mit dem Pantografen (1) hergestelltes Bild

Pan|to|graph usw. vgl. Pantograf usw.

Pan|to|kra|tor, der; -s, ...oren ‹*gr.;* »Allherrscher«›: **1.** (ohne Plural) Ehrentitel für [den höchsten] Gott, auch für den auferstandenen Christus (nach Offenb. 1, 8). **2.** Darstellung des thronenden Christus in der christlichen, bes. in der byzantinischen Kunst

Pan|to|let|te, die; -, -n (meist Plural) ‹Kunstw. aus *Panto*ffel u. Sanda*lette*›: leichter Sommerschuh ohne Fersenteil

Pan|to|me|ter, das; -s, - ‹*gr.-nlat.*› (Technik): Instrument zur Messung von Längen, Horizontal- u. Vertikalwinkeln

¹Pan|to|mi|me, die; -, -n ‹*gr.-lat.(-frz.)*›: Darstellung einer Szene, Handlung nur mit Gebärden, Mienenspiel u. Tanz

²Pan|to|mi|me, der; -n, -n: Darsteller einer ¹Pantomime

Pan|to|mi|mik, die; - ‹*gr.-lat.*›: **1.** Kunst der Pantomime. **2.** (Psychol.) Gesamtheit der Ausdrucksbewegungen des Körpers; Gebärdenspiel, Körperhaltung u. Gang

Pan|to|mi|min, die; -, -nen: weibliche Form zu ↑²Pantomime

pan|to|mi|misch: 1. die Pantomime betreffend, mit den Mitteln, in der Art der Pantomime. **2.** (Psychol.) die Pantomimik (2), die Ausdrucksbewegungen des Körpers betreffend

pan|to|phag ‹*gr.-nlat.;* »alles fressend«› (Zool.): sowohl pflanzliche als auch tierische Nahrung fressend, verdauend (in Bezug auf bestimmte Tiere). **Pan|to|pha|ge,** der; -n, -n (Zool.): pantophages Tier; Allesfresser; vgl. Omnivore. **Pan|to|pha|gie,** die; - (Zool.): Allesfresserei; vgl. Monophagie

Pan|t|oph|thal|mie vgl. Panophthalmie

Pan|to|po|de, der; -n, -n ‹*gr.-nlat.*›: Asselspinne (räuberischer, aber auch parasitischer Meeresbewohner)

Pan|to|then|säu|re, die; -, -n ‹*gr.; dt.*›: zur B_2-Gruppe gehörendes ↑Vitamin

Pan|toun [ˈpantʊn] vgl. Pantun

Pan|t|ra|gis|mus, der; - ‹*gr.-nlat.*›: das tragische, nicht überwindbare Weltgesetz über dem menschlichen Leben, das vom Kampf zwischen dem Einzelnen u. dem Universum beherrscht wird

Pan|t|ry [ˈpɛntri], die; -, -s ‹*lat.-frz.-engl.*›: Speisekammer, Raum zum Anrichten [auf Schiffen od. in Flugzeugen]

Pant|schen-La|ma, der; -[s], -s ‹*tibet.*›: neben dem ↑Dalai-Lama höchster geistlicher Würdenträger des tibetischen Priesterstaates

Pan|tun, Pantoun [ˈpantʊn], das; -[s], -s ‹*malai.*›: malaiische Gedichtform mit vierzeiligen, kreuzweise gereimten Strophen

Pan|ty [ˈpɛnti], die; -, -s ‹*engl.*›: **1.** Miederhose. **2.** Damenunterhose mit niedrigem Bund u. geradem Beinabschluss

Pä|nu|la, die; -, ...len ‹*gr.-lat.*›: rund geschnittenes römisches Übergewand

Pä|n|ul|ti|ma, die; -, ...mä u. ...men ‹*lat.*› (Sprachwiss.): vorletzte Silbe in einem Wort

pa|n|ur|gisch ‹*gr.*› (veraltet): listig, verschmitzt

Pan|vi|ta|lis|mus, der; - ‹*gr.; lat.-nlat.*›: naturphilosophische Lehre, nach der das ganze Weltall lebendig ist

Pä|on, der; -s, -e ‹*gr.-lat.*› (antike Metrik): im ↑Päan (1) verwendeter antiker Versfuß mit drei kurzen Silben u. einer beliebig einsetzbaren langen Silbe

Pä|o|nie [...i̯ə], die; -, -n ‹*gr.-lat.*›: Pfingstrose (eine Zierstaude)

¹Pa|pa [veraltend, geh.: paˈpaː], der; -s, -s ‹*frz.*› (ugs.): Vater

²Pa|pa, der; -s ‹*gr.-mlat.;* »Vater«›: **1.** kirchliche Bezeichnung des Papstes. **2.** in der orthodoxen Kirche Titel höherer Geistlicher (Abk.: P.); vgl. Papas, Pope

Pa|pa|bi|li, die (Plural) ‹*lat.-it.*›: it. Bez. für: als Papstkandidaten infrage kommende Kardinäle

Pa|pa|gal|lo, der; -[s], -s u. ...lli ‹*it.*›: erotische Abenteuer mit Touristinnen suchender [bes. italienischer, junger] Mann

Pa|pa|ga|y|os [...ˈgaːjɔs], die (Plural) ‹*span.*›: kalte Fallwinde in den Anden

Pa|pa|gei [auch: ˈpa...], der; -s u. -en, -e[n] ‹*frz.*›: meist auffallend bunt gefiederter tropischer Vogel mit kurzem, abwärts gebogenem, kräftigem Beißschnabel

Pa|pa|gei|en|krank|heit, die; - (Med.): ↑Psittakose

Pa|pa|in, das; -s ‹*karib.-span.-nlat.*›: Eiweiß spaltendes pflanzliches Enzym

pa|pal ‹*gr.-mlat.*›: päpstlich

Pa|pa|lis|mus, der; - ‹*gr.-mlat.-nlat.*›: kirchenrechtliche Anschauung, nach der dem Papst die volle Kirchengewalt zusteht; vgl. Kurialismus (Ggs.: Episkopalismus). **Pa|pa|list,** der; -en, -en: Anhänger des Papalismus. **pa|pa|lis|tisch:** im Sinne des Papalismus [denkend]

Pa|pal|sys|tem, das; -s: katholisches System der päpstlichen Kirchenhoheit

Pa|pa|raz|zo, der; -s, ...zzi (meist Plural) ‹*it.*› (ugs., oft abwertend): [aufdringlicher] Pressefotograf, Skandalreporter

Pa|pas, der; -, - ‹*ngr.*›: Weltgeistlicher in der orthodoxen Kirche

Pa|pat, der, (auch:) das; -[e]s ‹*gr.-mlat.-nlat.*›: Amt u. Würde des Papstes

Pa|pa|ve|ra|ze|en, die (Plural) ‹*lat.-nlat.*› (Bot.): Familie der Mohngewächse

Pa|pa|ve|rin, das; -s: krampflösendes ↑Alkaloid des Opiums

Pa|pa|ya [...ja], die; -, -s, **Pa|pa|ye** [...jə], die; -, -n ‹*karib.-span.*›:

1. Melonenbaum. 2. Frucht des Melonenbaums; Baummelone
Pa|pel, die; -, -n, Papula, die; -, ...lae [...lɛ] ⟨*lat.*⟩ (Med.): Hautknötchen, kleine, bis linsengroße Hauterhebung
Pa|per [ˈpeɪ̯pɐ], das; -s, -s ⟨*engl.*⟩: schriftliche Unterlage, Schriftstück; vgl. Papier (2)
Pa|per|back [...bɛk], das; -s, -s ⟨»Papierrücken«⟩: kartoniertes, meist in Klebebindung hergestelltes [Taschen]buch (Ggs.: Hardcover)
Pa|pe|te|rie, die; -, ...i̯en ⟨*gr.-lat.-frz.*⟩ (schweiz.): Papierwaren, Papierwarenhandlung
Pa|pe|te|rist, der; -en, -en (schweiz.): Schreibwarenhändler. **Pa|pe|te|ris|tin**, die; -, -nen: weibliche Form zu ↑Papeterist
Pa|pier, das; -s, -e ⟨*gr.-lat.*⟩: **1.** aus Fasern hergestelltes, blattartig gepresstes, zum Beschreiben, Bedrucken, zur Verpackung o. Ä. dienendes Material. **2.** Schriftstück, Dokument, schriftliche Unterlage; vgl. Paper. **3.** (meist Plural) Ausweis, Personaldokument, Unterlagen. **4.** Wertpapier, Urkunde über Vermögensrechte. **pa|pie|ren:** **1.** aus Papier. **2.** trocken, unlebendig, steif (im Stil, Ausdruck)
Pa|pier|ma|schee, Pa|pier|ma|ché [paˈpiːɐ̯maʃeː, papi̯emaˈʃeː], das; -s, -s ⟨*frz.*⟩: verformbares Hartpapier
Pa|pi|li|o|na|ze|en, die (Plural) ⟨*lat.-nlat.*⟩ (Bot.): Familie der Schmetterlingsblütler
Pa|pil|la vgl. Papille
pa|pil|lar ⟨*lat.-nlat.*⟩ (Med.): warzenartig, -förmig
Pa|pil|lar|schicht, die; -, -en (Med.): die mit Papillen versehene obere Schicht der Lederhaut
Pa|pil|le, die; -, -n, Papilla, die; -, ...llae [...lɛ] ⟨*lat.*; »Warze; Bläschen«⟩: **1.** (Med.) **a)** Brustwarze; **b)** warzenartige Erhebung an der Oberfläche von Organen (z. B. Haarpapille, Sehnervenpapille). **2.** (meist Plural; Bot.) haarähnliche Ausstülpung der Pflanzenoberhaut
Pa|pil|lom, das; -s, -e ⟨*lat.-nlat.*⟩ (Med.): gutartiger, vom ↑Plattenepithel ausgehender u. über die Oberfläche der Haut hinaus wachsender Tumor
Pa|pil|lo|ma|vi|rus, das, auch: der; -, ...ren ⟨*lat.*⟩ (Med.): Virus, das Warzen verursacht u. Krebs auslösen kann
Pa|pil|lon [papiˈjõː], der; -s, -s ⟨*lat.-frz.*⟩: **1.** frz. Bez. für: Schmetterling. **2.** (veraltet) flatterhafter Mensch. **3.** feinfädiges Woll- od. Mischgewebe von ripsähnlichem Aussehen
pa|pil|lös ⟨*lat.-nlat.*⟩ (Biol.; Med.): warzig
Pa|pil|lo|te [...ˈjoːtə], die; -, -n ⟨*lat.-frz.*⟩: **1.** Hülle aus herzförmig zugeschnittenem Pergamentpapier, die (mit Öl bestrichen) um kurz zu bratende od. grillende Fleisch- od. Fischstücke geschlagen wird. **2.** Haarwickel in Form einer biegsamen Rolle aus Schaumstoff, die an den aufgerollten Haarsträhnen befestigt wird, indem man die Enden u-förmig einbiegt
pa|pil|lo|tie|ren [...joˈtiːrən]: die einzelnen [wie eine Kordel um sich selbst gedrehten] Haarsträhnen auf Papilloten wickeln, um das Haar zu wellen
Pa|pi|ros|sa, die; -, ...ossy [...si] ⟨*gr.-lat.-dt.-poln.-russ.*⟩: russische Zigarette mit langem Hohlmundstück aus Pappe
Pa|pis|mus, der; - ⟨*gr.-mlat.-nlat.*⟩ (abwertend): Papsttum. **Pa|pist**, der; -en, -en (abwertend): Anhänger des Papsttums. **Pa|pis|tin**, die; -, -nen: weibliche Form zu ↑Papist. **pa|pis|tisch** (abwertend): den Papismus betreffend, auf ihm beruhend
Pap|pa|ta|ci|fie|ber [papaˈtaːtʃi...], das; -s ⟨*it.; lat.-dt.*⟩ (Med.): in den Tropen u. in Südeuropa auftretende, durch Sandmücken übertragene virale Krankheit mit Fieber u. grippeartigen Symptomen
Papp|ma|schee, Papp|ma|ché [...maʃeː], das; -s, -s ⟨*dt.; frz.*⟩: ↑Papiermaschee
Pap|pus, der; -, - u. -se ⟨*gr.-lat.*⟩ (Bot.): Haarkrone der Frucht von Korbblütlern
Pa|p|ri|ka, der; -s, -[s] ⟨*sanskr.-pers.-gr.-lat.-serb.-ung.*⟩: **1.** Gemüse-, Gewürzpflanze mit kleinen weißen Blüten u. hohlen Beerenfrüchten. **2.** (ohne Plural) leicht scharfes rotes Gewürz in Pulverform aus getrockneten Paprikaschoten. **3.** (auch: die; -, -[s]) grüne, gelbe, orange od. rote Frucht des Paprikas, die als Gemüse od. als Gewürz verwendet wird; Paprikaschote
pa|p|ri|zie|ren (bes. österr.): mit Paprika würzen
Pa|pu|la vgl. Papel
pa|pu|lös ⟨*lat.-nlat.*⟩ (Med.): mit der Bildung von Papeln einhergehend; knötchenförmig; papelartig
Pa|py|ri: *Plural* von ↑Papyrus
Pa|py|rin, das; -s ⟨*gr.-lat.-nlat.*⟩: Pergamentpapier
Pa|py|ro|lo|ge, der; -n, -n ⟨*gr.-nlat.*⟩: Wissenschaftler auf dem Gebiet der Papyrologie. **Pa|py|ro|lo|gie**, die; -: Wissenschaft, die Papyri (3) erforscht, konserviert, entziffert u. zeitlich bestimmt; Papyruskunde. **Pa|py|ro|lo|gin**, die; -, -nen: weibliche Form zu ↑Papyrologe. **pa|py|ro|lo|gisch**: die Papyrologie betreffend
Pa|py|rus, der; -, ...ri ⟨*gr.-lat.*⟩: **1.** Papierstaude. **2.** in der Antike gebräuchliches, aus der Papierstaude gewonnenes Schreibmaterial in Blatt- u. Rollenform. **3.** aus der Antike u. bes. aus dem alten Ägypten stammendes beschriftetes Papyrusblatt; Papyrusrolle; Papyrustext
Par, das; -[s], -s ⟨*engl.*⟩ (Golf): für jedes Loch des Golfplatzes festgesetzte Anzahl von Schlägen, die sich nach dem Abstand des Abschlags vom Loch richtet
par..., Par... vgl. para..., Para...
[1]**Pa|ra**, der; -, - ⟨*pers.-türk.*⟩: **1.** Münzeinheit in Serbien (= 0,01 Dinar). **2.** (Geschichte) kleinste türkische Münzrechnungseinheit (17.–19. Jh.)
[2]**Pa|ra**, der; -s, -s ⟨*frz.*; Kurzform von parachutiste⟩: frz. Bez. für Fallschirmjäger

pa|ra..., Pa|ra...

vor Vokalen meist: par..., Par... ⟨*gr.* pará, pára »entlang; neben, bei; über ... hinaus; gegen«⟩
Präfix mit der Bedeutung »bei, neben, entlang; über ... hinaus; gegen, abweichend«:
- Paramedizin
- paramilitärisch
- Parodontose

Pa|ra|ba|se, die; -, -n ⟨*gr.*⟩: in der attischen Komödie Einschub in Gestalt einer satirisch-politischen Aussprache, gemischt

aus Gesang u. Rezitation des Chorführers u. des Chors
Pa|ra|bel, die; -, -n ⟨*gr.-lat.*⟩: **1.** lehrhafte Dichtung, die eine allgemeingültige sittliche Wahrheit an einem Beispiel (indirekt) veranschaulicht; lehrhafte Erzählung, Lehrstück; Gleichnis. **2.** (Math.) eine symmetrisch ins Unendliche verlaufende Kurve der Kegelschnitte, deren Punkte von einer festen Geraden u. einem festen Punkt gleichen Abstand haben. **3.** (Physik) Wurfbahn in einem ↑Vakuum
Pa|ra|bel|lum®, die; -, -s ⟨Kunstw.⟩, **Pa|ra|bel|lum|pis|to|le,** die; -, -n: Selbstladepistole
Pa|ra|ben, das; -s, -e (Chemie): mit der Benzoesäure verwandte chemische Verbindung, die eine fungizide u. antimikrobielle Wirkung hat u. deshalb als Konservierungsstoff verwendet wird
Pa|ra|bi|ont, der; -en, -en ⟨*gr.-nlat.*⟩ (Biol.): Lebewesen, das mit einem anderen gleicher Art zusammengewachsen ist, in Parabiose lebender Organismus; vgl. siamesische Zwillinge
Pa|ra|bio|se, die; -, -n (Biol.): das Zusammenleben u. Aufeinandereinwirken zweier Lebewesen der gleichen Art, die miteinander verwachsen sind
Pa|ra|blacks [auch: ...blɛks], die (Plural) ⟨*engl.*⟩: auf den Skiern (zwischen Skispitze u. Bindung) angebrachte [Kunststoff]klötze, die das Überkreuzen der Skier verhindern sollen
Pa|ra|blep|sie, die; -, ...ien ⟨*gr.-nlat.*⟩ (Med. veraltet): Sehstörung
Pa|ra|bol|an|ten|ne, die; -, -n ⟨*gr.-lat.; lat.-it.*⟩ (Technik): Antenne in der Form eines Parabolspiegels, mit deren Hilfe Ultrakurzwellen gebündelt werden
pa|ra|bo|lisch ⟨*gr.-lat.-nlat.*⟩: **1.** die Parabel (1) betreffend, in der Art einer Parabel (1); gleichnishaft, sinnbildlich. **2.** parabelförmig gekrümmt
Pa|ra|bo|lo|id, das; -[e]s, -e ⟨*gr.-nlat.*⟩ (Math.): gekrümmte Fläche, deren Schnitte parallel zur Mittelachse Parabeln ergeben
Pa|ra|bol|spie|gel, der; -s, -: Hohlspiegel von der Form eines Paraboloids, das durch die Drehung einer Parabel um ihre Achse entstanden ist (Rotationsparaboloid)
Pa|ra|chu|tist [...ʃy...], der; -en, -en ⟨*frz.*⟩: ↑ ²Para
¹Pa|ra|de, die; -, -n ⟨*lat.-frz.*⟩: Truppenschau, Vorbeimarsch militärischer Verbände; prunkvoller Aufmarsch
²Pa|ra|de, die; -, -n ⟨*lat.-span.-frz.*⟩ (Pferdesport): das Anhalten eines Pferdes od. Gespanns bzw. der Wechsel des Tempos od. der Dressurlektionen
³Pa|ra|de, die; -, -n ⟨*lat.-it.-frz.*⟩: **a)** Abwehr eines Angriffs (bes. beim Fechten u. Boxen); **b)** Abwehr durch den Torhüter (bei Ballspielen)
Pa|ra|dei|ser, der; -s, - ⟨*pers.-gr.-mlat.*⟩ (österr.): Tomate
Pa|ra|den|ti|tis, die; -, ...itiden ⟨*gr.; lat.-nlat.*⟩ (veraltet): ↑Parodontitis
Pa|ra|den|to|se, die; -, -n (veraltet): ↑Parodontose
pa|ra|die|ren ⟨*lat.-frz.*⟩: **1.** [anlässlich einer Parade] vorbeimarschieren; feierlich vorbeiziehen. **2.** (veraltend) sich mit etwas brüsten; mit etwas prunken
Pa|ra|dies, das; -es, -e ⟨*pers.-gr.-mlat.*⟩: **1.** (ohne Plural) **a)** Garten Eden, Garten Gottes; **b)** Himmel; Ort der Seligkeit. **2. a)** ein Ort od. eine Gegend, die durch ihre Gegebenheiten, ihre Schönheit, ihre guten Lebensbedingungen o. Ä. alle Voraussetzungen für ein schönes, glückliches o. ä. Dasein erfüllt (z. B.: diese Südseeinsel ist ein Paradies); **b)** Ort, Bereich, der für einen Personenkreis oder für eine Gruppe von Lebewesen ideale Gegebenheiten, Voraussetzungen bietet (z. B. ein Paradies für Angler, ein Paradies für Vögel). **3.** Portalvorbau an mittelalterlichen Kirchen
pa|ra|die|sisch: **1.** das Paradies (1) betreffend. **2.** herrlich, himmlisch, wunderbar
Pa|ra|dig|ma, das; -s, ...men (auch: -ta) ⟨*gr.-lat.*⟩: **1.** Beispiel, Muster; Erzählung, Geschichte mit beispielhaftem, modellhaftem Charakter. **2.** (Sprachwiss.) Muster einer bestimmten Deklinations- od. Konjugationsklasse, das beispielhaft für alle gleich gebeugten Wörter steht; Flexionsmuster. **3.** Anzahl von sprachlichen Einheiten, zwischen denen in einem gegebenen Kontext zu wählen ist (z. B.: er steht *hier/dort/oben/unten*), im Unterschied zu Einheiten, die zusammen vorkommen, ein Syntagma bilden (z. B. in Eile sein; *Eile* kann nicht ausgetauscht werden). **4.** Denkmuster, das das wissenschaftliche Weltbild, die Weltsicht einer Zeit prägt
pa|ra|dig|ma|tisch: **1.** als Beispiel, Muster dienend. **2.** (Sprachwiss.) das Paradigma (2) betreffend. **3.** (Sprachwiss.) Beziehungen zwischen sprachlichen Elementen betreffend, die an einer Stelle eines Satzes austauschbar sind u. sich dort gegenseitig ausschließen (z. B.: ich sehe einen *Stuhl/Tisch/Mann*) (Ggs.: syntagmatisch)
Pa|ra|dig|men|wech|sel, der; -s, -: **1.** Wechsel von einer wissenschaftlichen Grundauffassung zu einer anderen. **2.** Wechsel von einer rationalistischen zu einer ganzheitlichen Weltsicht
Pa|ra|dor®, der, (auch:) das; -s, -e ⟨*span.*⟩: staatliches spanisches Luxushotel für Touristen
pa|ra|dox ⟨*gr.-lat.*⟩: widersinnig, einen Widerspruch in sich enthaltend
Pa|ra|dox, das; -es, -e ⟨*gr.-lat.*⟩: **1.** etw., was einen Widerspruch in sich enthält, paradox ist; vgl. Paradoxon. **2.** (Philos.) ↑Paradoxon
Pa|ra|do|xa: *Plural* von ↑Paradoxon
pa|ra|do|xal ⟨*gr.-nlat.*⟩: paradox
Pa|ra|do|xie, die; -, ...ien ⟨*gr.*⟩: paradoxer Sachverhalt; etwas Widersinniges, Widersprüchliches
Pa|ra|do|xi|tät, die; -, -en (selten): Paradoxie, das Paradoxsein
Pa|ra|do|xon, das; -s, ...xa ⟨*gr.-lat.*⟩: **1.** (bildungsspr.) ↑Paradox. **2.** scheinbar falsche Aussage (oft in Form einer Sentenz oder eines Aphorismus), die aber bei genauerer Analyse auf eine höhere Wahrheit hinweist
Pa|r|af|fin, das; -s, -e ⟨*lat.-nlat.*⟩: **1.** festes, wachsähnliches od. flüssiges, farbloses Gemisch wasserunlöslicher gesättigter Kohlenwasserstoffe, das bes. zur Herstellung von Kerzen, Bohnerwachs o. Ä. dient. **2.** (meist Plural) Sammelbez.

für die gesättigten, aliphatischen Kohlenwasserstoffe (z. B. Methan, Propan, Butan)
pa|r|af|fi|nie|ren: mit Paraffin (1) behandeln
pa|r|af|fi|nisch: vorwiegend aus Paraffinen (2) bestehend; Eigenschaften der Paraffine aufweisend
Pa|ra|fo|nie, Paraphonie, die; -, ...ien ⟨*gr.*⟩: **1.** (Med.) **a)** das Umschlagen, Überschnappen der Stimme, bes. bei Erregung u. im Stimmbruch; **b)** [krankhafte] Veränderung des Stimmklangs (z. B. durch Nebengeräusche). **2.** (Musik) **a)** in der antiken Musiklehre das Zusammenklingen eines Tones mit seiner Quinte od. Quarte; **b)** Parallelbewegung in Quinten od. Quarten im mittelalterlichen ↑Organum (1); **c)** Nebenklang, Missklang
Pa|ra|gam|ma|zis|mus, der; -, ...men ⟨*gr.-nlat.*⟩ (Med.; Psychol.): Sprechstörung, bei der anstelle der Kehllaute [g] u. [k] die Laute [d] u. [t] ausgesprochen werden
Pa|ra|ge|ne|se, Pa|ra|ge|ne|sis, die; - ⟨*gr.-nlat.*⟩ (Geol.): gesetzmäßiges Vorkommen bestimmter Mineralien bei der Bildung von Gesteinen u. Lagerstätten
pa|ra|ge|ne|tisch: die Paragenese betreffend
Pa|ra|geu|sie, die; -, ...ien ⟨*gr.-nlat.*⟩ (Med.): abnorme Geschmacksempfindung; schlechter Geschmack im Mund
Pa|r|a|gi|tats|li|nie, die; -, -n ⟨*lat.-nlat.*⟩ (Geschichte): mit einem Paragium abgefundene Nebenlinie eines regierenden Hauses
Pa|r|a|gi|um, das; -s, ...ien ⟨*lat.-mlat.*⟩ (Geschichte): Abfindung nachgeborener Prinzen (mit Liegenschaften, Landbesitz)
Pa|ra|glei|ter, der; -s, - ⟨*engl.; dt.*⟩: **1.** Gleitschirm. **2.** jmd., der Paragliding betreibt. **Pa|ra|glei|te|rin**, die; -, -nen: weibliche Form zu ↑Paragleiter
Pa|ra|gli|der [...glaɪdɐ], der; -s, - ⟨*engl.*⟩: ↑Paragleiter. **Pa|ra|gli|de|rin** [...glaɪ...], die; -, -nen: weibliche Form zu ↑Paraglider
Pa|ra|gli|ding [...glaɪdɪŋ], das; -s ⟨*engl.*⟩: das Fliegen von Berghängen mit einem Gleitschirm; Gleitschirmfliegen, Gleitsegeln
Pa|ra|gneis, der; -es, -e ⟨*gr.; dt.*⟩ (Geol.): aus Sedimentgesteinen hervorgegangener Gneis
Pa|ra|gno|sie, die; -, ...ien ⟨*gr.-nlat.*⟩ (Psychol.): außersinnliche Wahrnehmung
Pa|ra|gnost, der; -en, -en (Parapsychol.): Medium mit hellseherischen Fähigkeiten
Pa|ra|graf, Paragraph, der; -en, -en ⟨*gr.-lat.*⟩: **a)** in Gesetzbüchern, wissenschaftlichen Werken u. a. ein fortlaufend nummerierter kleiner Abschnitt; **b)** das Zeichen für einen solchen Abschnitt (Zeichen: §; Plural: §§)
Pa|ra|gra|fie, Paragraphie, die; -, ...ien ⟨*gr.-nlat.*⟩ (Med.): Störung des Schreibvermögens, bei der Buchstaben, Silben od. Wörter vertauscht werden
pa|ra|gra|fie|ren, paragraphieren ⟨*gr.-nlat.*⟩: in Paragrafen einteilen
Pa|ra|gramm, das; -s, -e ⟨*gr.-lat.*⟩: Buchstabenänderung in einem Wort od. Namen (wodurch ein scherzhaft-komischer Sinn entstehen kann, z. B. *B*iberius [= Trunkenbold von lat. bibere = trinken] statt *T*iberius)
Pa|ra|gram|ma|tis|mus, der; -, ...men ⟨*gr.-nlat.*⟩ (Med.; Psychol.): Sprechstörung, die den Zerfall des Satzbaues (z. B. Telegrammstil) zur Folge hat
Pa|ra|graph usw. vgl. Paragraf usw.
Pa|ra|hi|d|ro|se, die; -, -n ⟨*gr.-nlat.*⟩ (Med.): Absonderung eines nicht normal beschaffenen Schweißes
pa|ra|karp ⟨*gr.-nlat.*⟩ (Bot.): nicht durch echte Scheidewände gefächert (bezogen auf den Fruchtknoten bzw. das ↑Gynäzeum [2] einer Pflanze); vgl. synkarp
Pa|ra|ke|ra|to|se, die; -, -n ⟨*gr.-nlat.*⟩ (Med.): zu Schuppenbildung führende Verhornungsstörung der Haut
Pa|ra|ki|ne|se, die; -, -n ⟨*gr.-nlat.*⟩ (Med.): Störung in der Muskelkoordination, die zu irregulären Bewegungsabläufen führt
Pa|ra|kla|se, die; -, -n ⟨*gr.-nlat.*⟩ (Geol.): Verwerfung
Pa|ra|k|let, der; -[e]s u. -en, -e[n] ⟨*gr.-mlat.*⟩: Helfer, Fürsprecher vor Gott, bes. der Heilige Geist (Johannes 14, 16 u. a.)
Pa|r|ak|me, die; -, ...een ⟨*gr.*⟩ (Zool.): in der Stammesgeschichte das Ende der Entwicklung einer Organismengruppe (z. B. der Saurier) (Ggs.: Epakme)
Pa|ra|ko|ni|kon, das; -[s], ...ka ⟨*gr.-mgr.*⟩: Nordtür der ↑Ikonostase in der orthodoxen Kirche; vgl. Diakonikon (2)
Pa|ra|ko|rol|le, die; -, -n ⟨*gr.; gr.-lat.*⟩ (Bot.): Nebenkrone der Blüte
Pa|r|a|ku|sie, die; -, ...ien, **Pa|r|a|ku|sis**, die; -, ...uses [...ze:s] ⟨*gr.-nlat.*⟩ (Med., Psychol.): Störung der akustischen Wahrnehmung; falsches Hören
Pa|ra|la|lie, die; -, ...ien ⟨*gr.-nlat.*⟩ (Med.; Psychol.): Sprachstörung, bei der es zu Lautverwechslungen u. -entstellungen kommt
Pa|ra|le|xie, die; -, ...ien ⟨*gr.-nlat.*⟩ (Med.; Psychol.): Lesestörung mit Verwechslung der gelesenen Wörter
Pa|r|al|ge|sie ⟨*gr.-nlat.*⟩, **Pa|r|al|gie**, die; -, ...ien (Med.): Störung der Schmerzempfindung, bei der Schmerzreize als angenehm empfunden werden
pa|ra|lin|gu|al ⟨*gr.-nlat.*⟩ (Sprachwiss.): durch Artikulationsorgane hervorgebracht, aber keine sprachliche Funktion ausübend; vgl. Paralinguistik
Pa|ra|lin|gu|is|tik, die; - ⟨*gr.-lat.-nlat.*⟩ (Sprachwiss.): Teilbereich der Linguistik, der sich mit Erscheinungen befasst, die das menschliche Sprachverhalten begleiten oder mit ihm verbunden sind, ohne im engeren Sinne sprachlich zu sein (z. B. Sprechintensität, Mimik)
pa|ra|lin|gu|is|tisch: die Paralinguistik betreffend, auf ihr beruhend
Pa|ra|li|po|me|non, das; -s, ...mena ⟨*gr.*⟩: **1.** (meist Plural) Randbemerkung, Ergänzung, Nachtrag zu einem literarischen Werk. **2.** (nur Plural) die Bücher der Chronik im Alten Testament
Pa|ra|li|po|pho|bie, die; -, -ien ⟨*gr.-nlat.*⟩ (Psychol.): Zwangsvorstellung, dass die Unterlassung bestimmter Handlungen Unheil bringe
Pa|ra|lip|se, die; -, -n ⟨*gr.*⟩: rhetorische Figur, die darin besteht, dass man etwas durch die Erklärung, es übergehen zu wollen, nachdrücklich hervorhebt

pa|ra|lisch ‹*gr.-lat.*› (Geol.): die marine Entstehung in Küstennähe betreffend (von Kohlenlagern)

pa|r|al|lak|tisch ‹*gr.*›: die Parallaxe betreffend, auf ihr beruhend, durch sie bedingt

Pa|r|al|la|xe, die; -, -n ‹»Vertauschung; Abweichung«›: **1.** (Physik) Winkel, den zwei Geraden bilden, die von verschiedenen Standorten auf einen Punkt gerichtet sind. **2.** (Astron.) Entfernung eines Sterns, die mithilfe zweier von verschiedenen Standorten ausgehender Geraden bestimmt wird. **3.** (Fotogr.) Unterschied zwischen dem Bildausschnitt im Sucher u. auf dem Speichermedium

pa|r|al|lel ‹*gr.-lat.*›: **1.** (Math.) in gleichem Abstand ohne gemeinsamen Schnittpunkt nebeneinander verlaufend. **2.** (Musik) im gleichen Intervallabstand (z. B. in Quinten od. Oktaven), in gleicher Richtung fortschreitend. **3.** gleichlaufend, gleichgeschaltet, nebeneinandergeschaltet

Pa|r|al|le|le, die; -, -n (aber: 3 Parallele[n]) ‹*gr.-lat.(-frz.)*›: **1.** (Math.) Gerade, die zu einer anderen Geraden in gleichem Abstand u. ohne Schnittpunkt im Endlichen verläuft. **2.** (Musik) (im strengen mehrstimmigen Satz verbotenes) gleichlaufendes Fortschreiten im Quint- od. Oktavabstand. **3.** Entsprechung; Vergleich; vergleichbarer Fall

Pa|r|al|le|len|axi|om, das; -s (Math.): geometrischer Grundsatz des Euklid, dass es zu einer gegebenen Geraden durch einen nicht auf ihr gelegenen Punkt nur eine Parallele gibt

Pa|r|al|lel|epi|ped [...pe:t], das; -[e]s, -e, **Pa|r|al|lel|epi|pe|don,** das; -s, ...da u. ...peden ‹*gr.*›: ↑Parallelflach

Pa|r|al|lel|flach, das; -[e]s, -e ‹*gr.-lat.; dt.*› (Math.): von drei Paaren paralleler Ebenen begrenzter Körper (z. B. Rhomboeder, Würfel)

pa|r|al|le|li|sie|ren ‹*gr.-lat.-nlat.*›: vergleichend nebeneinanderstellen, zusammenstellen

Pa|r|al|le|lis|mus, der; -, ...men: **1.** [formale] Übereinstimmung verschiedener Dinge od. Vorgänge. **2.** (Sprachwiss., Stilkunde) inhaltlich u. grammatisch gleichmäßiger Bau von Satzgliedern od. Sätzen (Ggs.: Chiasmus)

Pa|r|al|le|li|tät, die; -, -en: **1.** (ohne Plural; Math.) Eigenschaft zweier paralleler Geraden. **2.** Gleichlauf, Gleichheit, Ähnlichkeit (von Geschehnissen, Erscheinungen o. Ä.)

Pa|r|al|lel|kreis, der; -es, -e ‹*gr.-lat.; dt.*› (Geogr.): zum Äquator paralleler Breitenkreis

Pa|r|al|le|lo, der; -[s], -s ‹*gr.-lat.-it.*› (veraltet): längs gestrickter Pullover [mit durchgehend quer verlaufenden Rippen]

Pa|r|al|le|lo|gramm, das; -s, -e ‹*gr.*› (Math.): Viereck mit parallelen gegenüberliegenden Seiten

Pa|r|al|lel|pro|jek|ti|on, die; -, -en (Math.): durch parallele Strahlen auf einer Ebene dargestelltes Raumgebilde

Pa|r|al|lel|ton|art, die; -, -en ‹*gr.-lat.; dt.*›: mit einer Molltonart die gleichen Vorzeichen aufweisende Durtonart bzw. mit einer Durtonart die gleichen Vorzeichen aufweisende Molltonart (z. B. D-Dur u. h-Moll)

Pa|ra|lo|gie, die; -, ...ien ‹*gr.-nlat.*›: **1.** (Logik) Vernunftwidrigkeit, Widervernünftigkeit. **2.** (Med.; Psychol.) Gebrauch falscher Wörter beim Bezeichnen von Gegenständen, das Vorbeireden an einer Sache, Verfehlen eines Problems aus Konzentrationsmangel (z. B. bei Hirnschädigungen)

Pa|ra|lo|gis|mus, der; -, ...men (Logik): auf Denkfehlern beruhender Fehlschluss

Pa|ra|lo|gis|tik, die; - (Logik): Verwendung von Trugschlüssen

Pa|ra|lym|pics [engl.: pærəˈlɪmpɪks], die (Plural) ‹*engl.;* Kurzw. aus *para*plegic »(doppelseitig) gelähmt« u. (the) O*lympics* »Olympische Spiele«›: olympische Spiele für Sportlerinnen u. Sportler mit Behinderungen

Pa|ra|ly|se, die; -, -n ‹*gr.-lat.*› (Med.): vollständige motorische (2) Lähmung einzelner Muskeln od. Muskelgruppen einer bzw. mehrerer Körperregionen; **progressive Paralyse** (Med.): fortschreitender, sich verschlimmernder Ausfall von Gehirnfunktionen als Spätfolge der Syphilis

pa|ra|ly|sie|ren ‹*gr.-nlat.*›: **1.** (Med.) lähmen, schwächen. **2.** unwirksam machen, aufheben, entkräften

Pa|ra|ly|sis, die; -, ...lysen ‹*gr.-lat.*› (fachspr.): ↑Paralyse; **Paralysis agitans** (Med. veraltet): Schüttellähmung, Parkinson

Pa|ra|ly|ti|ker, der; -s, - ‹*gr.-lat.*› (Med.): **1.** an progressiver Paralyse Leidender. **2.** Patient, der an Kinderlähmung od. an Halbseitenlähmung leidet; Gelähmter. **Pa|ra|ly|ti|ke|rin,** die; -, -nen: weibliche Form zu ↑Paralytiker

pa|ra|ly|tisch (Med.): die progressive Paralyse betreffend; gelähmt

Pa|ra|mae|ci|um vgl. Paramecium

pa|ra|ma|g|ne|tisch ‹*gr.-nlat.*› (Physik): den Paramagnetismus betreffend; in einem Stoff durch größere Dichte der magnetischen Kraftlinien den Magnetismus verstärkend. **Pa|ra|ma|g|ne|tis|mus,** der; - (Physik): Verstärkung des ↑Magnetismus durch Stoffe mit (von den Drehimpulsen der Elementarteilchen erzeugtem) atomarem magnetischem Moment

Pa|ra|me|ci|um, Paramaecium, das; -s, ...ien ‹*gr.-nlat.*›: Pantoffeltierchen (Wimpertierchen)

Pa|ra|me|di|zin, die; - ‹*gr.; lat.*›: alle von der Schulmedizin abweichenden Auffassungen in Bezug auf Erkennung u. Behandlung von Krankheiten

Pa|ra|ment, das; -[e]s, -e (meist Plural) ‹*lat.-mlat.*› (Rel.): im christlichen Gottesdienst übliche, oft kostbar ausgeführte liturgische Bekleidung; für Altar, Kanzel u. liturgische Geräte verwendetes Tuch

Pa|ra|men|tik, die; - ‹*lat.-mlat.-nlat.*›: **1.** wissenschaftliche Paramentenkunde. **2.** Kunst der Paramentenherstellung

Pa|ra|me|ren, die (Plural) ‹*gr.-nlat.*› (Zool.): die spiegelbildlich gleichen Hälften ↑bilateralsymmetrischer Tiere

Pa|ra|me|ter, der; -s, - ‹*gr.-nlat.*›: **1.** (Math.) in Funktionen u. Gleichungen eine neben den eigentlichen ↑Variablen auftretende, entweder unbestimmt gelassene od. konstant gehaltene Hilfsgröße. **2.** (Math.) bei

Kegelschnitten die im Brennpunkt die Hauptachse senkrecht schneidende Sehne. **3.** kennzeichnende Größe in technischen Prozessen o. Ä., mit deren Hilfe Aussagen über Aufbau, Leistungsfähigkeit einer Maschine, eines Gerätes, Werkzeugs o. Ä. gewonnen werden. **4.** (Wirtsch.) veränderliche Größe (z. B. Materialkosten, Zeit), durch die ein ökonomischer Prozess beeinflusst wird. **5.** Klangeigenschaft der Musik, eine der Dimensionen des musikalischen Wahrnehmungsbereichs

pa|ra|me|t|ran ⟨*gr.-nlat.*⟩ (Med.): **a)** im Parametrium gelegen (z. B. von einem Abszess); **b)** in das Parametrium hinein erfolgend (z. B. von Injektionen)

pa|ra|me|t|rie|ren, pa|ra|me|t|ri|sie|ren ⟨*gr.-nlat.*⟩: mit einem Parameter versehen

Pa|ra|me|t|ri|tis, die; -, ...itiden ⟨*gr.*⟩ (Med.): seltene, meist einseitig auftretende Entzündung des Beckenzellgewebes

Pa|ra|me|t|ri|um, das; -s (Med.): die Gebärmutter umgebendes Bindegewebe im Becken

pa|ra|mi|li|tä|risch ⟨*gr.; lat.-frz.*⟩: halbmilitärisch, militärähnlich

Pa|ra|mi|mie, die; - ⟨*gr.-nlat.*⟩ (Psychol.): Missverhältnis zwischen einem seelischen Affekt u. der entsprechenden Mimik

Pa|ra|m|ne|sie, die; -, ...ien ⟨*gr.-nlat.*⟩ (Psychol.; Med.): Erinnerungstäuschung, -fälschung; Gedächtnisstörung, bei der der Patient glaubt, sich an Ereignisse zu erinnern, die gar nicht stattgefunden haben

Pa|ra|mo, der; -[s], -s ⟨*span.*⟩: durch Grasfluren gekennzeichneter Vegetationstyp über der Baumgrenze der tropischen Hochgebirge Süd- u. Mittelamerikas

Pa|ra|my|thie, die; -, ...ien ⟨*gr.;* »Ermunterung; Ermahnung«⟩: (durch Herder eingeführte) Dichtungsart, die mit Darstellungen aus alten Mythen eine ethische od. religiöse Wahrheit ausspricht

Pa|r|ä|ne|se, die; -, -n ⟨*gr.-lat.*⟩: Ermahnungsschrift od. -rede, Mahnpredigt; Nutzanwendung einer Predigt. **pa|r|ä|ne|tisch** ⟨*gr.*⟩: **1.** die Paränese betreffend, in der Art einer Paränese. **2.** ermahnend

Pa|rang, der; -s, -s ⟨*malai.*⟩: schwert- od. dolchartige malaiische Waffe

Pa|ra|noia [...ˈnɔy̯a], die; - ⟨*gr.;* »Wahn«⟩ (Med.; Psychol.): Form der Psychose, die durch das Auftreten von Wahnvorstellungen gekennzeichnet ist

pa|ra|no|id ⟨*gr.-nlat.*⟩: **a)** (Med.) an Paranoia leidend; **b)** (bildungsspr.) krankhaft misstrauisch

Pa|ra|no|i|ker, der; -s, - (Med.): an Paranoia Leidender. **Pa|ra|no|i|ke|rin,** die; -, -nen: weibliche Form zu ↑Paranoiker

pa|ra|no|isch (Med.): **1.** die Paranoia betreffend, zu ihrem Erscheinungsbild gehörend. **2.** psychisch krank

Pa|ra|no|is|mus, der; - (Med.): eine Form des Verfolgungswahns

Pa|ra|no|mie, die; -, ...ien ⟨*gr.*⟩ (veraltet): Gesetzwidrigkeit

pa|ra|nor|mal ⟨*gr.; lat.*⟩ (Parapsychol.): nicht auf natürliche Weise erklärbar; übersinnlich

Pa|r|an|th|ro|pus, der; -, ...pi ⟨*gr.-nlat.*⟩: dem ↑Plesianthropus ähnlicher südafrikanischer Frühmensch des Pliozäns

Pa|ra|nuss, die; -, ...nüsse ⟨nach der bras. Stadt Parà (Ausfuhrhafen)⟩: dreikantige, dick- u. hartschalige Nuss eines südamerikanischen Baumes

Pa|ra|pett, das; -s, -s ⟨*lat.-it.*⟩ (Geschichte): Brustwehr eines Walles

Pa|raph, der; -s, -e ⟨*gr.-lat.-frz.*⟩ (selten): ↑Paraphe

Pa|ra|pha|ge, der; -n, -n ⟨*gr.-nlat.*⟩ (Zool.): Tier, das auf einem anderen Tier (Wirtstier) od. in dessen nächster Umgebung lebt, ohne diesem zu nützen od. zu schaden

Pa|ra|pha|sie, die; -, ...ien ⟨*gr.-nlat.*⟩ (Med.): Sprechstörung, bei der es zum Versprechen, zur Vertauschung von Wörtern u. Lauten od. zur Verstümmelung von Wörtern kommt

Pa|ra|phe, die; -, -n ⟨*gr.-lat.-frz.*⟩: Namenszug, Namenszeichen, Namensstempel

[1]**Pa|ra|pher|na|li|en,** die (Plural) ⟨*gr.*⟩ (Rechtsspr. veraltet): außer der Mitgift eingebrachtes Sondervermögen einer Frau

[2]**Pa|ra|pher|na|li|en,** die (Plural) ⟨*gr.-engl.*⟩: **1.** persönlicher Besitz. **2.** Zubehör, Ausrüstung

pa|ra|phie|ren: mit der Paraphe versehen, abzeichnen; bes. einen Vertrag[sentwurf], ein Verhandlungsprotokoll als Bevollmächtigter unterzeichnen

pa|ra|phil ⟨*gr.*⟩ (Psychol.): die Paraphilie betreffend, für sie charakteristisch. **Pa|ra|phi|lie,** die; -, ...ien (Psychol.): Störung der Sexualpräferenz, verbunden mit dranghaften sexuellen Bedürfnissen od. Fantasien, die von einer bestimmten Gesellschaft als nicht normal angesehen werden

Pa|ra|phi|mo|se, die; -, -n ⟨*gr.-nlat.*⟩ (Med.): Einklemmung der zu engen Vorhaut in der Eichelkranzfurche (urologischer Notfall mit der Gefahr einer Durchblutungsstörung der Eichel)

Pa|ra|pho|nie vgl. Parafonie

Pa|ra|pho|re, die; -, -n (meist Plural) (Geol.): weite Seitenverschiebung großer Schollen der Erdkruste

Pa|ra|phra|se, die; -, -n ⟨*gr.-lat.*⟩: **1.** (Sprachwiss.) **a)** Umschreibung eines sprachlichen Ausdrucks mit anderen Wörtern oder Ausdrücken; **b)** freie, nur sinngemäße Übertragung, Übersetzung in eine andere Sprache. **2.** (Musik) Ausschmückung; ausschmückende Bearbeitung einer Melodie o. Ä.

Pa|ra|phra|sie, die; -, ...ien ⟨*gr.-nlat.*⟩: **1.** ↑Paraphasie. **2.** (Med.) bei Geisteskrankheiten vorkommende Sprachstörung, die sich bes. in Wortneubildungen u. -abwandlungen äußert

pa|ra|phra|sie|ren: 1. (Sprachwiss.) eine Paraphrase (1) von etwas geben; etwas verdeutlichend umschreiben. **2.** (Musik) eine Melodie frei umspielen, ausschmücken

Pa|ra|phra|sis, die; -, ...asen (veraltet): ↑Paraphrase

Pa|ra|phrast, der; -en, -en ⟨*gr.-lat.*⟩ (veraltet): jmd., der einen Text paraphrasiert; Verfasser einer Paraphrase (1)

pa|ra|phras|tisch: in der Art einer Paraphrase ausgedrückt

Pa|ra|phre|nie, die; -, ...ien ⟨*gr.-nlat.*⟩: leichtere Form der ↑Schizophrenie, die durch das Auftreten von ↑paranoiden Wahnvorstellungen gekennzeichnet ist

Pa|ra|phro|sy|ne, die; - ‹*gr.*› (Med. veraltet): geistige Verwirrtheit im Fieber; Fieberwahn

Pa|ra|phy|se, die; -, -n (meist Plural) ‹*gr.*› (Bot.): **1.** sterile Zelle in den Fruchtkörpern vieler Pilze. **2.** haarähnliche Zelle bei Farnen u. Moosen

Pa|ra|pla|sie, die; -, ...ien ‹*gr.-nlat.*› (Med.): krankhafte Bildung, Fehlbildung

Pa|ra|plas|ma, das; -s, ...men: ↑Deutoplasma

Pa|ra|ple|gie, die; -, ...ien ‹*gr.*› (Med.): doppelseitige Lähmung; auf beiden Körperseiten gleichmäßig auftretende Lähmung der oberen od. unteren Extremitäten. **Pa|ra|ple|gi|ker,** der; -s, - (Med.): an Paraplegie Leidender. **Pa|ra|ple|gi|ke|rin,** die; -, -nen: weibliche Form zu ↑Paraplegiker. **pa|ra|ple|gisch** (Med.): an Paraplegie leidend; auf Paraplegie beruhend, mit ihr zusammenhängend

Pa|ra|p|luie [...ˈply:], der (auch: das); -s, -s ‹*lat.-frz.*› (veraltet): Regenschirm

pa|ra|pneu|mo|nisch ‹*gr.-nlat.*› (Med.): im Verlauf einer Lungenentzündung als Begleitkrankheit auftretend (z. B. von einer Rippenfellentzündung)

Pa|ra|po|di|um, das; -s, ...ien ‹*gr.-nlat.*› (Zool.): **1.** Stummelfuß der Borstenwürmer. **2.** Seitenlappen der Flossenfüßer

Pa|ra|prok|ti|tis vgl. Periproktitis

Pa|ra|pro|te|in, das; -s, -e (meist Plural) ‹*gr.-lat.*› (Med.): entarteter Eiweißkörper im Blut, der sich bei bestimmten Blutkrankheiten bildet

Pa|r|ap|sis, die; - ‹*gr.-nlat.*› (Med.): Tastsinnstörung; Unvermögen, Gegenstände durch Betasten zu erkennen

pa|ra|psy|chisch ‹*gr.-nlat.*› (Parapsychol.): **1.** die von der Parapsychologie erforschten Phänomene betreffend, zu ihnen gehörend. **2.** übersinnlich

Pa|ra|psy|cho|lo|gie, die; -, ...ien (Plural selten): Lehre von den okkulten, außerhalb der normalen Wahrnehmbarkeit liegenden, übersinnlichen Erscheinungen (z. B. Telepathie, Telekinese). **pa|ra|psy|cho|lo|gisch:** die Parapsychologie betreffend

Pa|r|ar|th|rie, die; -, ...ien ‹*gr.-nlat.*› (Med.): durch fehlerhafte Artikulation von Lauten u. Silben gekennzeichnete Sprachstörung; vgl. Anarthrie

Pa|ra|san|ge, die; -, -n ‹*pers.-gr.-lat.*›: altpersisches Wegemaß

Pa|ra|sche, die; -, -n ‹*hebr.;* »Erklärung«›: **1.** einer der 54 Abschnitte der ↑Thora. **2.** die aus diesem Abschnitt im jüdischen Gottesdienst gehaltene Gesetzeslesung; vgl. Sidra

pa|ra|sem ‹*gr.-nlat.*› (Sprachwiss.): im Hinblick auf die Semantik (2) nebengeordnet (z. B. Hengst/Stute). **Pa|ra|sem,** das; -s, -e (Sprachwiss.): im Hinblick auf die Semantik (2) nebengeordneter Begriff

Pa|ra|sig|ma|tis|mus, der; - ‹*gr.-nlat.*› (Med.): ↑Sigmatismus, bei dem die Zischlaute durch andere Laute (z. B. d, t, w) ersetzt werden

Pa|ra|sit, der; -en, -en ‹*gr.-lat.;* »Tischgenosse; Schmarotzer«›: **1.** (Biol.) Lebewesen, das aus dem Zusammenleben mit anderen Lebewesen einseitig Nutzen zieht, die es oft auch schädigt u. bei denen es Krankheiten hervorrufen kann; tierischer od. pflanzlicher Schmarotzer. **2.** Figur des hungernden, gefräßigen u. kriecherischen Schmarotzers im antiken Lustspiel. **3.** (Geol.) am Hang eines Vulkans entstandener kleiner Schmarotzerkrater

pa|ra|si|tär ‹*gr.-lat.-frz.*›: **1.** Parasiten (1) betreffend, durch sie hervorgerufen. **2.** in der Art eines Parasiten; parasitenähnlich, schmarotzerhaft

pa|ra|si|tie|ren: als Parasit (1) leben; schmarotzen

pa|ra|si|tisch ‹*gr.-lat.*›: parasitär, schmarotzerartig; **parasitischer Laut** (Sprachwiss.): eingeschobener Laut

Pa|ra|si|tis|mus, der; - ‹*gr.-lat.-nlat.*›: Schmarotzertum

Pa|ra|si|to|lo|gie, die; - ‹*gr.-nlat.*›: Wissenschaft von den pflanzlichen u. tierischen Schmarotzern, bes. den krankheitserregenden. **pa|ra|si|to|lo|gisch:** die Parasitologie betreffend, zu ihr gehörend

pa|ra|si|to|trop (Med.): gegen Parasiten (1) wirkend

Pa|ra|ski, der; -: Kombination aus Fallschirm-Zielspringen u. Riesenslalom als Disziplin beim Wintersport

[1]**Pa|ra|sol,** der od. das; -s, -s ‹*lat.-it.-frz.*› (veraltet): Sonnenschirm

[2]**Pa|ra|sol,** der; -s, -e u. -s: großer, wohlschmeckender Blätterpilz

Pa|ra|sol|pilz, der; -es, -e: ↑[2]Parasol

Pa|ra|s|pa|die, die; -, ...ien ‹*gr.-nlat.*› (Med.): Harnröhrenfehlbildung, bei der die Harnröhre seitlich am Penis ausmündet

Pa|r|äs|the|sie, die; -, ...ien ‹*gr.-nlat.*› (Med.): anomale Körperempfindung (z. B. Kribbeln, Einschlafen der Glieder)

Pa|ra|stru|ma, die; -, ...men ‹*gr.; lat.*› (Med.): Geschwulst der Nebenschilddrüse

Pa|ra|sym|pa|thi|kus, der; -, ...thizi ‹*gr.-nlat.*› (Med.): dem ↑Sympathikus entgegengesetzt wirkender Teil des vegetativen (3) Nervensystems. **pa|ra|sym|pa|thisch** (Med.): den Parasympathikus betreffend, durch ihn bedingt

Pa|ra|syn|the|tum, das; -s, ...ta ‹*gr.-nlat.*›: ↑Dekompositum

pa|rat ‹*lat.*›: (für den Gebrauchs-, Bedarfsfall) zur Verfügung [stehend], bereit

pa|ra|tak|tisch ‹*gr.*› (Sprachwiss.): der Parataxe unterliegend, nebenordnend (Ggs.: hypotaktisch)

Pa|ra|ta|xe, die; -, -n (Sprachwiss.): Nebenordnung, Koordination (2) von Satzgliedern od. Sätzen (Ggs.: Hypotaxe)

Pa|ra|ta|xie, die; -, ...ien ‹*gr.-nlat.*› (Psychol.): **1.** Störung sozialer, zwischenmenschlicher Beziehungen durch Übertragung falscher subjektiver Vorstellungen u. Wertungen auf den Partner (nach Sullivan). **2.** nicht perspektivische Wiedergabe (z. B. in Kinderzeichnungen)

Pa|ra|ta|xis, die; -, ...taxen (veraltet): ↑Parataxe

pa|ra|to|nisch ‹*gr.-nlat.*›: durch Reize der Umwelt ausgelöst (von bestimmten Pflanzenbewegungen)

Pa|ra|ty|phus, der; - ‹*gr.-nlat.*› (Med.): dem Typhus ähnliche, aber leichter verlaufende u. von anderen Erregern hervorgerufene Infektionskrankheit

pa|ra|ty|pisch ‹*gr.-nlat.*› (Med.): nicht erblich

Pa|ra|va|ri|a|ti|on, die; -, -en ‹*gr.; lat.*› (Biol.): durch Umwelteinflüsse erworbene Eigenschaft, die nicht erblich ist

pa|ra|ve|nös ‹*gr.; lat.*› (Med.): neben einer Vene gelegen; in die Umgebung einer Vene (z. B. von Injektionen)

Pa|ra|vent [...ˈvɑ̃ː], der od. das; -s, -s ‹*lat.-it.-frz.;* »den Wind Abhaltender«› (veraltet): **1.** spanische Wand; Wandschirm aus bespannten Holzrahmen (z. B. als Raumteiler). **2.** Windschutz, Ofenschirm

pa|ra|ver|te|b|ral ‹*gr.; lat.*› (Med.): neben einem Wirbel, der Wirbelsäule liegend; neben einen Wirbel, in die Umgebung eines Wirbels (z. B. von Injektionen)

par avion [paraˈvi̯õː] ‹*frz.*›: durch Luftpost (Vermerk auf Postsendungen)

Pa|ra|vir|tu|a|li|sie|rung, die; -, -en ‹*gr.; lat.-mlat.*› (EDV): Form der ↑Virtualisierung, die höhere Leistung ermöglicht, aber nur für Open-Source-Betriebssysteme geeignet ist

Pa|ra|zen|te|se, die; -, -n ‹*gr.-lat.*› (Med.): das Durchstoßen des Trommelfells bei Mittelohrvereiterung (zur Schaffung einer Abflussmöglichkeit für den Eiter)

pa|ra|zen|t|ral ‹*gr.-nlat.*› (Med.): neben den Zentralwindungen des Gehirns liegend

pa|ra|zen|t|risch (Math.): um den Mittelpunkt liegend od. beweglich

par|bleu [parˈbløː] ‹*frz.*› (veraltet): nanu!; Donnerwetter!

par|boiled [ˈpaːɐ̯bɔɪ̯lt] ‹*lat.-frz.-engl.*›: (von Reis) in bestimmter Weise vorbehandelt, damit die Vitamine erhalten bleiben

Par|ce|ria [...se...], die; -, ...i̯en ‹*lat.-port.*›: in Brasilien übliche Form der Halbpacht (Bewirtschaftung eines Landgutes durch zwei gleichberechtigte Teilhaber)

Par|cours [...ˈkuːɐ̯], der; -, - [...s] ‹*lat.-frz.*›: **1.** (Pferdesport) abgesteckte Hindernisbahn für Jagdspringen od. Jagdrennen. **2.** (Sport, bes. schweiz.) Lauf-, Rennstrecke; Vitaparcours

Pard, der; -en, -en, **Par|del,** der; -s, -, **Par|der,** der; -s, - ‹*gr.-lat.*› (veraltet): ↑Leopard

par dis|tance [pardɪsˈtɑ̃ːs] ‹*lat.-frz.*›: mit [dem nötigen] Abstand; aus der Ferne

Par|don [parˈdõː, österr.: ...ˈdoːn], der, auch: das; -s ‹*lat.-vulgärlat.-frz.*› (veraltend): Verzeihung; Nachsicht; **Pardon!**: Verzeihung!; **kein[en] Pardon kennen:** keine Rücksicht kennen; schonungslos vorgehen

par|do|na|bel (veraltet): verzeihlich

par|do|nie|ren (veraltet): verzeihen; begnadigen

Par|dun, das; -[e]s, -s, **Par|du|ne,** die; -, -n ‹*niederl.*› (Seemannsspr.): Tau, das die Masten od. Stengen nach hinten stützt

Pa|r|e|che|se, die; -, -n ‹*gr.;* »Lautnachahmung«› (Rhet.): Zusammenstellung lautlich gleicher od. ähnlicher Wörter von verschiedener Herkunft; vgl. Paronomasie

Pa|r|en|chym, das; -s, -e ‹*gr.*› (Biol., Med.): pflanzliches u. tierisches Grundgewebe, Organgewebe im Unterschied zum Binde- u. Stützgewebe

pa|r|en|chy|ma|tös ‹*gr.-nlat.*› (Med.; Biol.): reich an Parenchym; zum Parenchym gehörend, das Parenchym betreffend

pa|ren|tal ‹*lat.*›: **a)** den Eltern, der Parentalgeneration zugehörend; **b)** von der Parentalgeneration stammend

Pa|ren|tal|ge|ne|ra|ti|on, die; -, -en (Biol.): Elterngeneration (Zeichen: P)

Pa|ren|ta|li|en, die (Plural): altrömisches Totenfest im Februar; vgl. Feralien

Pa|ren|ta|ti|on, die; -, -en (veraltet): Totenfeier, Trauerrede

Pa|ren|tel, die; -, -en (Rechtswiss.): nach Ordnungen unterschiedene Gesamtheit der Abkömmlinge eines Erblassers

Pa|ren|tel|sys|tem, das; -s (Rechtswiss.): für die 1.–3. Ordnung gültige Erbfolge nach Stämmen, bei der die Abkömmlinge eines wegfallenden Erben gleichberechtigt an dessen Stelle nachrücken; vgl. Gradualsystem

pa|r|en|te|ral ‹*gr.-nlat.*› (Med.): unter Umgehung des Verdauungsweges (z. B. von Medikamenten, die injiziert u. nicht oral verabreicht werden)

Pa|r|en|the|se, die; -, -n ‹*gr.-lat.*› (Sprachwiss.): **1.** Redeteil, der außerhalb des eigentlichen Satzverbandes steht (z. B. Interjektion, Vokativ, absoluter Nominativ). **2.** Gedankenstriche od. Klammern, die einen außerhalb des eigentlichen Satzverbandes stehenden Redeteil vom übrigen Satz abheben. **pa|r|en|the|tisch** ‹*gr.*›: **1.** die Parenthese betreffend. **2.** beiläufig, nebenbei [gesagt]

Pa|reo, der; -s, -s ‹*polynes.*›: großes Wickeltuch, das um die Hüften geschlungen wird

Pa|re|re, das; -[s], -[s] ‹*lat.-it.*›: **1.** (veraltet) Gutachten unparteiischer Kaufleute od. Handelskammern über kaufmännische Streitsachen. **2.** (österr.) ärztliches Gutachten, das die Einlieferung in eine psychiatrische Klinik erlaubt

Pa|r|er|ga: *Plural* von ↑Parergon

Pa|r|er|ga|sie, die; - ‹*gr.-nlat.*› (Psychol.): Falschlenkung von Impulsen bei Geisteskrankheiten u. Psychosen (z. B. Augenschließen statt Mundöffnen)

Pa|r|er|gon, das; -s, ...ga (meist Plural) ‹*gr.-lat.*› (veraltet): Beiwerk, Anhang; gesammelte kleine Schriften

Pa|re|se, die; -, -n ‹*gr.;* »das Vorbeilassen; die Erschlaffung«› (Med.): leichte, unvollständige Lähmung; Schwäche eines Muskels, einer Muskelgruppe. **pa|re|tisch** (Med.): teilweise gelähmt, geschwächt

Pa|re|to|ef|fi|zi|enz, Pa|re|to-Ef|fi|zi|enz, die; -, **Pa|re|to|op|ti|mum,** das; -s, **Pa|re|to-Op|ti|mum,** das; -s ‹nach dem it. Volkswirtschaftler V. Pareto, 1848–1923› (Wirtsch.): Verteilung der Güter, bei der durch Umverteilung ein Individuum den Nutzen nur dadurch erhöhen kann, dass ein anderes schlechter gestellt wird

par ex|cel|lence [parɛksɛˈlɑ̃ːs] ‹*lat.-frz.*›: in typischer Ausprägung, in höchster Vollendung, schlechthin (immer nachgestellt)

par exem|ple [parɛkˈsɑ̃ːpl̩] ‹*lat.-frz.*› (veraltet): zum Beispiel (Abk.: p. e.)

Par|fait [...ˈfɛ], das; -s, -s ‹*frz.*›:

1. Pastete aus Fleisch od. Fisch. 2. Halbgefrorenes

par force [par'fɔrs] ⟨*lat.-frz.*⟩ (veraltet): 1. mit Gewalt, heftig. 2. unbedingt

Par|force|jagd, die; -, -en ⟨*lat.-frz.; dt.*⟩: Hetzjagd mit Pferden u. Hunden

Par|force|leis|tung, die; -, -en: vgl. Parforceritt

Par|force|ritt, der; -[e]s, -e: mit großer Anstrengung, unter Aufbietung aller Kräfte bewältigte Leistung

Par|fum [...'fœ̃:], das; -s, -s, **Parfüm,** das; -s, -e u. -s ⟨*lat.-it.-frz.*⟩: 1. Flüssigkeit mit intensivem [länger anhaltendem] Duft (als Kosmetikartikel). 2. Duft, Wohlgeruch

Par|fü|me|rie, die; -, ...ien ⟨französierende Ableitung von ↑ Parfum⟩: 1. Geschäft, in dem Parfüme, Kosmetikartikel o. Ä. verkauft werden. 2. Betrieb, in dem Parfüme hergestellt werden

Par|fü|meur [...'mø:ɐ̯], der; -s, -e ⟨*lat.-it.-frz.*⟩: Fachkraft für die Herstellung von Parfümen. **Parfü|meu|rin** [...'mø:rɪn], die; -, -nen: weibliche Form zu ↑ Parfümeur

par|fü|mie|ren: mit Parfüm besprengen; wohlriechend machen

Par|ga|sit [auch: ...'zɪt], der; -s, -e ⟨*nlat.;* nach dem finn. Ort Pargas⟩: ein Mineral

pa|ri vgl. al pari

Pa|ria, der; -s, -s ⟨*tamil.-anglo-ind.*⟩: 1. außerhalb der Kasten stehender bzw. der niedersten Kaste angehörender Inder, ↑ Outcast (b); vgl. Haridschan. 2. von der menschlichen Gesellschaft Ausgestoßener, Entrechteter; Unterprivilegierter, ↑ Outcast (a)

Pa|r|i|d|ro|se, die; -, -n ⟨*gr.-nlat.*⟩: ↑ Parahidrose

[1]**pa|rie|ren** ⟨*lat.-it.*⟩ (Sport): einen Angriff abwehren

[2]**pa|rie|ren** ⟨*lat.-span.-frz.*⟩ (Sport): ein Pferd (durch reiterliche Hilfen) in eine andere Gangart od. zum Stehen bringen

[3]**pa|rie|ren** ⟨*lat.-frz.*⟩: Fleischstücke sauber zuschneiden, von Haut u. Fett befreien

[4]**pa|rie|ren** ⟨*lat.*⟩ (ugs.): ohne Widerspruch gehorchen

pa|ri|e|tal ⟨*lat.*⟩: 1. (Biol.; Med.) zur Körperwand hin gelegen; zur Wand (eines Organs, einer Körperhöhle) gehörend, eine Wand bildend; wandständig, seitlich. 2. (Med.) zum Scheitelbein gehörend

Pa|ri|e|tal|au|ge, das; -s, -n ⟨*lat.; dt.*⟩ (Biol.): vom Zwischenhirn gebildetes, lichtempfindliches Sinnesorgan niederer Wirbeltiere

Pa|ri|e|tal|or|gan, das; -s, -e: ↑ Parietalauge

Pa|ri|fi|ka|ti|on, die; -, -en ⟨*lat.-nlat.*⟩ (veraltet): Gleichstellung, Ausgleichung

Pa|ri|kurs, der; -es, -e (Wirtsch.): dem Nennwert eines Wertpapiers entsprechender Kurs

Pa|ri|sei|de, die; - ⟨*lat.; dt.*⟩: entbastete (von den bei der Rohseide noch vorhandenen Bestandteilen befreite) Naturseide, die auf ihr ursprüngliches Gewicht beschwert wurde

Pa|ri|ser, der; -s, - ⟨im Sinne von »Verhütungsmittel aus Paris«⟩ (salopp): ↑ Kondom

Pa|ri|si|enne [...'zi̯ɛn], die; - ⟨*frz.*⟩: 1. klein gemustertes, von Metallfäden durchzogenes Seidengewebe. 2. französisches Freiheitslied zur Verherrlichung der Julirevolution von 1830. 3. veraltete Schriftgattung

Pa|ri|sis|mus, der; -, ...men ⟨*nlat.*⟩: der Pariser Umgangssprache eigentümlicher Ausdruck (od. Redewendung)

Pa|ri|son, das; -s, ...sa ⟨*gr.*⟩ (antike Rhet.): nur annähernd gleiches ↑ Isokolon

pa|ri|syl|la|bisch ⟨*lat.; gr.*⟩: in allen Beugungsfällen des Singulars u. des Plurals die gleiche Anzahl von Silben aufweisend (auf griechische u. lateinische Substantive bezogen). **Pa|ri|syl|labum,** das; -s, ...ba: parisyllabisches Substantiv

Pa|ri|tät, die; -, -en (Plural selten) ⟨*lat.;* »Gleichheit«⟩: 1. Gleichstellung, Gleichsetzung, [zahlenmäßige] Gleichheit. 2. (Wirtsch.) im Wechselkurs zum Ausdruck kommendes Austauschverhältnis zwischen verschiedenen Währungen. **pari|tä|tisch:** gleichgestellt, gleichberechtigt

Par|ka, die; -, -s ⟨*russ.-eskim.-engl.*⟩: knielanger, oft mit Pelz gefütterter, warmer Anorak mit Kapuze

Park-and-ride-Sys|tem, Park-and-Ride-Sys|tem ['pa:ɐ̯kənd'raɪ̯d...], das; -s, -e ⟨*engl.-amerik.*⟩: Regelung, nach der Kraftfahrer ihre Autos auf Parkplätzen am Stadtrand abstellen u. von dort [unentgeltlich] mit öffentlichen Verkehrsmitteln in das Stadtzentrum weiterfahren

par|ke|ri|sie|ren, par|kern ⟨nach dem Namen einer amerik. Firma⟩: Eisen durch einen Phosphatüberzug rostsicher machen; ↑ phosphatieren

Par|kett, das; -[e]s, -e u. -s ⟨*mlat.-frz.*⟩: 1. Fußboden aus schmalen, kurzen Holzbrettern, die in einem bestimmten Muster zusammengesetzt sind. 2. im Theater od. Kino meist vorderer Zuschauerraum zu ebener Erde. 3. amtlicher Börsenverkehr

Par|ket|te, die; -, -n (österr.): Einzelbrett des Parkettfußbodens

par|ket|tie|ren: mit Parkettfußboden versehen

par|kie|ren (schweiz.): parken

Par|king, das; -s, -s ⟨*engl.*⟩ (schweiz.): Parkhaus

Par|king|me|ter, der; -s, - ⟨*engl.*⟩ (schweiz.): ↑ Parkometer

Par|kin|son, der; -s: Kurzform von ↑ Parkinsonkrankheit. **Par|kin|so|nis|mus,** der; -, ...men (Med. veraltet): ↑ Parkinsonsyndrom. **Par|kin|son|krank|heit, Par|kin|son-Krank|heit,** die; - (Med.): durch degenerative Veränderungen ausgelöste chronische neurologische Erkrankung [des Gehirns], die ein starkes Zittern, bes. der Hände, bei gleichzeitiger Muskelstarre auslöst; Schüttellähmung

Par|kin|son|syn|drom, Par|kin|son-Syn|drom, das; -s, -e ⟨nach dem engl. Arzt J. Parkinson, 1755–1824⟩ (Med.): zusammenfassende Bezeichnung für die Parkinsonkrankheit u. andere ihr ähnliche, jedoch auf verschiedenen Ursachen beruhende Erscheinungen

Par|ko|me|ter, das (auch: der); -s, - ⟨*mlat.-frz.-engl.; gr.*⟩: Parkuhr

Par|kour [...'ku:ɐ̯], der, auch das; -[s] ⟨Kunstwort, zu: ↑ Parcours⟩: sportlicher Hindernislauf innerhalb einer Stadt

Park|stu|di|um, das; -s, ...ien (Plural selten) (ugs.): bis zum Erhalt eines Studienplatzes im gewünschten Fach vorläufig aufgenommenes Studium in einem anderen [ähnlichen] Studienfach

Par|la|ment, das; -[e]s, -e ‹*gr.-lat.-vulgärlat.-frz.-engl.*›: **1.** gewählte Volksvertretung mit beratender od. gesetzgebender Funktion. **2.** Parlamentsgebäude

Par|la|men|tär, der; -s, -e ‹*gr.-lat.-vulgärlat.-frz.*›: Unterhändler zwischen feindlichen Heeren

Par|la|men|ta|ri|er, der; -s, - ‹*gr.-lat.-vulgärlat.-frz.-engl.*›: Abgeordneter, Mitglied eines Parlaments. **Par|la|men|ta|ri|e|rin**, die; -, -nen: weibliche Form zu ↑Parlamentarier

Par|la|men|tä|rin, die; -, -nen: weibliche Form zu ↑Parlamentär

par|la|men|ta|risch: das Parlament betreffend, vom Parlament ausgehend

Par|la|men|ta|ris|mus, der; - ‹*gr.-lat.-vulgärlat.-frz.-engl.-nlat.*›: demokratische Regierungsform, in der die Regierung dem Parlament verantwortlich ist

par|la|men|tie|ren ‹*gr.-lat.-vulgärlat.-frz.*›: **1.** (veraltet) unterhandeln. **2.** (landsch.) eifrig hin und her reden, verhandeln

par|lan|do ‹*gr.-lat.-vulgärlat.-it.*› (Musik): rhythmisch exakt u. mit nur leichter Tongebung, dem Sprechen nahekommend (von einer bestimmten Gesangsweise, bes. in Arien der komischen Oper). **Par|lan|do**, das; -s, -s u. ...di (Musik): parlando vorgetragener Gesang; Sprechgesang

par|lan|te: ↑parlando

Par|la|to|ri|um, das; -s, ...ien ‹*lat.-frz.*›: Raum in Klöstern, in dem sich die Mönche unterhalten dürfen

par|lie|ren ‹*gr.-lat.-vulgärlat.-frz.*›: **a)** (veraltend) reden, plaudern; sich miteinander unterhalten, leichte Konversation machen; **b)** in einer fremden Sprache sprechen, sich unterhalten

Par|mä|ne, die; -, -n ‹*frz.*›: Apfel einer zu den Renetten gehörenden Sorte

Par|me|lia, die; -, ...ien ‹*gr.-lat.-nlat.*›: Schüsselflechte (graue Flechte auf Rinde u. Steinen)

Par|me|san, der; -[s] ‹nach der it. Stadt Parma›: sehr fester, vollfetter italienischer [Reib]käse

Par|nass, der; - u. -es ‹*gr.-lat.;* nach dem mgr. Gebirgszug›: Musenberg, Reich der Dichtkunst

Par|nas|si|ens [...ˈsjɛ̃], die (Plural) ‹*gr.-lat.-frz.;* nach dem Buchtitel »Le Parnasse contemporain«›: Gruppe französischer Dichter in der 2. Hälfte des 19. Jh.s, die im Gegensatz zur gefühlsbetonten Romantik stand

par|nas|sisch ‹*gr.-lat.*›: den Parnass betreffend

Par|nas|sos, Par|nas|sus, der; -: ↑Parnass

Par|nes, der; -, - ‹*hebr.*›: jüdischer Gemeindevorsteher

Pa|r|o|chi: *Plural* von ↑Parochus

pa|r|o|chi|al ‹*gr.-lat.-mlat.*›: zum Kirchspiel, zur Pfarrei gehörend

Pa|r|o|chi|al|kir|che, die; -, -n: Pfarrkirche

Pa|r|o|chie, die; -, ...ien ‹*gr.-lat.-mlat.*›: Kirchspiel, Amtsbezirk eines Pfarrers

Pa|r|o|chus, der; -, ...ochi (selten): Pfarrer als Inhaber einer Parochie

Pa|r|o|die, die; -, ...ien ‹*gr.-lat.-frz.*›: **1.** komisch-satirische Umbildung od. Nachahmung eines meist künstlerischen, oft literarischen Werkes od. des Stils eines Künstlers; vgl. Travestie. **2.** [komisch-spöttische] Unterlegung eines anderen Textes unter eine Komposition. **3.** (Musik) **a)** Verwendung von Teilen einer eigenen od. fremden Komposition für eine andere Komposition (bes. im 15. u. 16. Jh.); **b)** Vertauschung geistlicher u. weltlicher Texte u. Kompositionen (Bachzeit)

Pa|r|o|die|mes|se, die; -, -n: Messenkomposition unter Verwendung eines schon vorhandenen Musikstücks

pa|r|o|die|ren: in einer Parodie (1) nachahmen, verspotten

pa|r|o|disch: die Parodie (2, 3) betreffend, anwendend, mit ihren Mitteln umwandelnd

Pa|r|o|dist, der; -en, -en: jmd., der Parodien (1) verfasst od. [im Varieté, Zirkus od. Kabarett] vorträgt. **Pa|r|o|dis|tik**, die; -: Kunst, Art, Anwendung der Parodie (1). **Pa|r|o|dis|tin**, die; -, -nen: weibliche Form zu ↑Parodist. **pa|r|o|dis|tisch:** die Parodie (1), den Parodisten betreffend; in Form, in der Art einer Parodie (1); komisch-satirisch nachahmend, verspottend

Pa|r|o|don|ti|tis, die; -, ...itiden ‹*gr.-nlat.*› (Med.): Entzündung des Zahnfleischsaumes mit Ablagerung von Zahnstein, Bildung eitriger Zahnfleischtaschen u. Lockerung der Zähne

Pa|ro|don|to|lo|gie, die; - (Med.): medizinische Lehre vom Zahnhalteapparat u. seiner Behandlung

Pa|r|o|don|to|se, die; -, -n (Med.): ohne Entzündung verlaufende Erkrankung des Zahnbettes mit Lockerung der Zähne; Zahnfleischschwund

Pa|r|o|dos, der; -, -, fachspr. auch die; -, ...doi [...dɔɪ̯] ‹*gr.;* »das Entlangziehen«›: Einzugslied des Chores im altgriechischen Drama (Ggs.: Exodos [a])

Pa|r|ö|ke, der; -n, -n ‹*gr.;* »Nachbar«›: Einwohner ohne od. mit geringerem Bürgerrecht im Byzantinischen Reich

[1]**Pa|role** [paˈrɔl], die; - ‹*gr.-lat.-vulgärlat.-frz.*› (Sprachwiss.): die gesprochene (aktualisierte) Sprache, Rede (nach F. de Saussure) (Ggs.: Langue)

[2]**Pa|ro|le**, die; -, -n: **1.** [militärisches] Kennwort; Losung. **2.** Leit-, Wahlspruch. **3.** [unwahre] Meldung, Behauptung

Pa|role d'Hon|neur [paˈrɔl dɔˈnøːɐ̯], das; - - ‹*frz.*› (veraltet): Ehrenwort

[1]**Pa|ro|li**, das; -s, -s ‹*lat.-it.-frz.*›: Verdoppelung des ersten Einsatzes im Pharaospiel; vgl. [2]Pharao

[2]**Pa|ro|li:** in der Fügung **Paroli bieten:** Widerstand entgegensetzen, sich widersetzen, dagegenhalten

Pa|r|ö|mi|a|kus, der; -, ...zi ‹*gr.-lat.*›: altgriechischer Vers, Sprichwortvers

Pa|r|ö|mie, die; -, ...ien: altgriechisches Sprichwort, Denkspruch

Pa|r|ö|mio|graf, Pa|r|ö|mio|graph, der; -en, -en (meist Plural) ‹*gr.*›: altgriechischer Gelehrter, der die Parömien des griechischen Volkes zusammenstellte

Pa|r|ö|mio|lo|gie, die; - ‹*gr.-nlat.*›: Wissenschaft von den Parömien; Sprichwortkunde

Pa|r|o|no|ma|sie, die; -, ...ien ‹*gr.-lat.*› (Rhet.): Zusammenstellung lautlich gleicher od. ähnlicher Wörter [von gleicher Herkunft]; ↑Parechese, ↑Annomination

pa|r|o|no|mas|tisch: die Paronomasie betreffend, ihr zugehörend; **paronomastischer Intensitätsgenitiv** (Sprachwiss.): Genitiv der Steigerung (z. B. Buch der Bücher, die Frage aller Fragen)

Pa|r|o|ny|chie, die; -, ...ien ⟨*gr.-nlat.*⟩ (Med.): eitrige Entzündung des Nagelbetts

Pa|r|o|ny|ma, Pa|r|o|ny|me: *Plural* von ↑Paronymon

Pa|r|o|ny|mie, die; - ⟨*gr.*⟩ (Sprachwiss. veraltet): das Ableiten von einem Stammwort

Pa|r|o|ny|mik, die; - ⟨*gr.-nlat.*⟩ (veraltet): die Paronymie betreffendes Teilgebiet der Sprachwissenschaft

pa|r|o|ny|misch (veraltet): die Paronymie betreffend, vom gleichen Wortstamm abgeleitet

Pa|r|o|ny|mon, das; -s, ...ma u. ...nyme ⟨*gr.-lat.*⟩ (Sprachwiss. veraltet): stammverwandtes, mit einem od. mit mehreren anderen Wörtern vom gleichen Stamm abgeleitetes Wort (z. B. Rede–reden–Redner–redlich–beredt)

par or|d|re [pa'rɔrdr(ə)] ⟨*lat.-frz.*⟩: auf Befehl

par or|d|re du muf|ti [- dy -] ⟨*frz.*⟩: **a)** durch Erlass, auf Anordnung von vorgesetzter Stelle, auf fremden Befehl; **b)** notgedrungen

Pa|r|o|re|xie, die; -, ...ien ⟨*gr.-nlat.*⟩ (Med.): krankhaftes Verlangen nach ungewöhnlichen, auch unverdaulichen Speisen (z. B. in der Schwangerschaft od. bei Hysterie)

Pa|r|os|mie, Pa|r|os|phre|sie ⟨*gr.-nlat.*⟩ (Med.): Geruchstäuschung; Störung der Geruchswahrnehmung (z. B. in der Schwangerschaft)

Pa|r|o|tis, die; -, ...tiden ⟨*gr.-lat.*⟩ (Med.): Ohrspeicheldrüse. **Pa|r|o|ti|tis,** die; -, ...itiden ⟨*gr.-nlat.*⟩ (Med.): Entzündung der Ohrspeicheldrüse; Ziegenpeter, Mumps

pa|r|o|xys|mal ⟨*gr.-nlat.*⟩ (Med.): anfallsweise auftretend, sich in der Art eines Anfalls steigernd. **Pa|r|o|xys|mus,** der; -, ...men ⟨*gr.*⟩: **1.** (Med.) anfallartiges Auftreten einer Krankheitserscheinung; anfallartige starke Steigerung bestehender Beschwerden. **2.** (Geogr.) aufs Höchste gesteigerte Tätigkeit eines Vulkans

Pa|r|o|xy|to|non, das; -s, ...tona: in der griechischen Betonungslehre ein Wort, das den ↑Akut auf der vorletzten Silbe trägt (z. B. *gr.* μανία = Manie); vgl. Oxytonon, Proparoxytonon

par pis|to|let [parpistɔ'lɛ] ⟨*frz.;* »(wie) mit der Pistole«⟩: (beim Billard) aus freier Hand (ohne Auflegen der Hand) spielen

par pré|fé|rence [parprefe'rɑ̃:s] ⟨*lat.-frz.*⟩ (veraltet): vorzugsweise; vgl. Präferenz (1 b)

par re|nom|mée [parrənɔ'me] ⟨*lat.-frz.*⟩ (veraltet): dem Ruf nach; vgl. Renommee

Par|rhe|sie, die; - ⟨*gr.*⟩ (veraltet): Freimütigkeit im Reden

Par|ri|zi|da, Parricida, der; -s, -s ⟨*lat.*⟩: Verwandten-, bes. Vatermörder

Par|se, der; -n, -n ⟨*pers.*⟩: Anhänger des Parsismus [in Indien]

Par|sec, das; -, - ⟨Kurzw. für *Par*allaxen*sek*unde⟩ (Astron.): Maß der Entfernung von Sternen (1 Parsec = 3,257 Lichtjahre) (Abk.: pc)

par|sen [auch: 'pa:ɐ̯sn̩] ⟨*engl.*⟩ (EDV): analysieren, segmentieren u. codieren (von maschinenlesbaren Daten)

Par|ser, der; -s, - (EDV): Programm zum Parsen. **Par|sing,** das; -s (EDV): das Parsen

par|sisch ⟨*pers.-nlat.*⟩: die Parsen betreffend

Par|sis|mus, der; -: von Zarathustra gestiftete altpersische Religion, bes. in ihrer heutigen indischen Form

Pars pro To|to, das; - - - ⟨*lat.*⟩ (Sprachwiss.): Redefigur, die einen Teilbegriff an die Stelle eines Gesamtbegriffs setzt (z. B. unter einem *Dach* = in einem *Haus*)

Part, der; -s, -s u. -en, (selten:) -e ⟨*lat.-frz.;* »[An]teil«⟩: **1. a)** Stimme eines Instrumental- od. Gesangsstücks; **b)** Rolle in einem Theaterstück, einem Film. **2.** (Kaufmannsspr.) Anteil des Miteigentums an einem Schiff

par|ta|gie|ren [...'ʒi:...] ⟨*lat.-frz.*⟩ (veraltet): teilen, verteilen

¹Par|te, die; -, -n ⟨*lat.-frz.*⟩: **1.** Familie, Wohnpartei in einem [Miets]haus. **2.** ↑Part (2a); vgl. auch: colla parte

²Par|te, die; -, -n ⟨*lat.-it.*⟩ (österr.): Todesanzeige, ↑Partezettel

Par|tei|se|kre|tär, der; -s, -e ⟨*lat.-frz.; lat.-mlat.(-frz.)*⟩: für die Verwaltung der Angelegenheiten einer Partei zuständiges (meist leitendes) Parteimitglied. **Par|tei|se|kre|tä|rin,** die; -, -nen: weibliche Form zu ↑Parteisekretär

Par|te|ke, die; -, -n ⟨*gr.-mgr.-mlat.*⟩ (veraltet): Stückchen, Stück [Almosen]brot

Par|ten|ree|de|rei, die; -, -en ⟨*lat.-frz.; dt.*⟩: Reederei, deren Schiffe mehreren Eigentümern gehören

par|terre [...'tɛr] ⟨*lat.-frz.*⟩: zu ebener Erde (Abk.: part.). **Par|ter|re** [...'tɛr(ə)], das; -s, -s: **1.** Erdgeschoss (Abk.: Part.). **2.** Sitzreihen zu ebener Erde in Theater od. Kino

Par|ter|re|ak|ro|ba|tik [...'tɛr(ə)...], die; -: artistisches Bodenturnen

Par|tes, die (Plural) ⟨*lat.*⟩: Stimmen, Stimmhefte

Par|te|zet|tel, der; -s, - (österr.): Todesanzeige, ↑²Parte

Par|the|ni|en, die (Plural) ⟨*gr.*⟩: altgriechische Hymnen für Jungfrauenchöre

Par|the|no|ge|ne|se, die; -, -n ⟨*gr.-nlat.*⟩: **1.** (Rel.) Jungfrauengeburt; Geburt eines Gottes od. Helden durch eine Jungfrau. **2.** (Biol.) Jungfernzeugung; Fortpflanzung durch unbefruchtete Keimzellen (z. B. bei Insekten). **par|the|no|ge|ne|tisch** (Biol.): die Parthenogenese (2) betreffend; aus unbefruchteten Keimzellen entstehend

par|the|no|karp (Biol.): die Parthenokarpie betreffend, ohne Befruchtung entstanden. **Par|the|no|kar|pie,** die; - (Biol.): Entstehung von samenlosen Früchten ohne Befruchtung

par|ti|al ⟨*lat.*⟩: ↑partiell; vgl. ...al/...ell

Par|ti|al|bruch, der; -[e]s, ...brüche (Math.): Bruch, dessen Nenner Potenzen von Polynomen des Grades 1 oder 2 und dessen Zähler Zahlen oder Polynome vom Grad 1 sind

Par|ti|al|ge|fühl, das; -[e]s, -e (Psychol.): Teilgefühl; Einzelausprăgung von Gefühlen, die sich zum Totalgefühl zusammenschließen können (nach S. Freud)

Par|ti|al|ob|jekt, das; -[e]s, -e (Psychol.): Gegenstand od. Teil einer Person, der anstelle der Person selbst Ziel des Sexualtriebs geworden ist (nach S. Freud)

Par|ti|al|ob|li|ga|ti|on, die; -, -en (Wirtsch.): Teilschuldverschreibung

Par|ti|al|ton, der; -[e]s, ...töne (meist Plural) (Musik): Teilton eines Klanges

Par|ti|al|trieb, der; -[e]s, -e (Psychol.): einer der als Komponenten des Sexualtriebs angesehenen, in den verschiedenen Entwicklungsstadien nacheinander sich entwickelnden Triebe (z. B. oraler, analer, genitaler Trieb [nach S. Freud])

par|ti|a|risch (Wirtsch.): mit Gewinnbeteiligung

Par|ti|cell [...ˈtʃɛl], das; -s, -e, **Par|ti|cel|la** [...ˈtʃɛla], die; -, ...lle ⟨*lat.-it.*⟩ (Musik): ausführlicher Kompositionsentwurf, Entwurf zu einer Partitur

Par|ti|cu|la pen|dens, die; - - ⟨*lat.*⟩ (Rhet., Stilkunde): ohne Entsprechung bleibende [1]Partikel (1) beim ↑Anantapodoton

Par|tie, die; -, ...ien ⟨*lat.-frz.*⟩: **1.** Abschnitt, Ausschnitt, Teil. **2.** Durchgang, Runde bei bestimmten Spielen. **3.** Rolle in einem gesungenen [Bühnen]werk. **4.** (veraltet) [gemeinsamer] Ausflug. **5.** (Kaufmannsspr.) Warenposten; **eine gute Partie sein:** viel Geld mit in die Ehe bringen; **eine gute Partie machen:** einen vermögenden Ehepartner heiraten

Par|tie|füh|rer, der; -s, - (österr.): Vorarbeiter; Führer einer Gruppe von Arbeitern

Par|tie|füh|re|rin, die; -, -nen: weibliche Form zu ↑Partieführer

par|ti|ell: teilweise [vorhanden]; einseitig; anteilig; vgl. ...al/...ell

par|tie|ren: 1. teilen. **2.** (Musik) die einzelnen Stimmen in Partiturform anordnen

Par|tie|wa|re, die; -, -n: unmoderne od. unansehnliche Ware, die billiger verkauft wird

[1]**Par|ti|kel** [auch: ...ˈtɪ...], die; -, -n ⟨*lat.*⟩: **1.** (Sprachwiss.) Wort, das nicht flektiert werden kann (z. B. Präposition, Konjunktion, Adverb). **2.** (Sprachwiss.) die Bedeutung nur modifizierendes Wörtchen ohne syntaktische Funktion (z. B. doch, etwa). **3.** (kath. Kirche) **a)** Teilchen der ↑Hostie; **b)** als Reliquie verehrter Span des Kreuzes Christi

[2]**Par|ti|kel,** das od. der; -s, -, (auch:) die; -, -n (Fachspr.): [sehr] kleiner materieller Körper; Elementarteilchen

par|ti|ku|lar, par|ti|ku|lär: einen Teil, eine Minderheit betreffend; einzeln

Par|ti|ku|lar, der; -s, -e (schweiz. veraltet): Privatmann; Rentner; ↑Partikülier

Par|ti|ku|la|ris|mus, der; - ⟨*lat.-nlat.*⟩ (meist abwertend): das Streben staatlicher Teilgebiete, ihre besonderen Interessen gegen die allgemeinen Interessen der übergeordneten staatlichen Gemeinschaft durchzusetzen. **Par|ti|ku|la|rist,** der; -en, -en: Anhänger des Partikularismus. **Par|ti|ku|la|ris|tin,** die; -, -nen: weibliche Form zu ↑Partikularist. **par|ti|ku|la|ris|tisch:** den Partikularismus betreffend

Par|ti|ku|lier, der; -s, -e ⟨*lat.-frz.*⟩: selbstständiger Schiffseigentümer, Selbstfahrer in der Binnenschifffahrt

Par|ti|kü|li|er [...ˈli̯e:], der; -s, -s (veraltet): Privatmann; Rentner; vgl. Privatier

Par|ti|ku|lie|rin, die; -, -nen: weibliche Form zu ↑Partikulier

Par|ti|kü|lie|rin, die; -, -nen: weibliche Form zu ↑Partikülier

Par|ti|men, das; -[s], -[s] ⟨*lat.-provenzal.*⟩: altprovenzalisches Streitgedicht; vgl. Tenzone

Par|ti|men|to, das u. der; -[s], ...ti ⟨*lat.-it.*⟩ (Musik): Generalbassstimme

Par|ti|san, der; -s u. -en, -en ⟨*lat.-it.-frz.;* »Parteigänger, Anhänger«⟩: jmd., der nicht als regulärer Soldat, sondern als Angehöriger bewaffneter, aus dem Hinterhalt operierender Gruppen od. Verbände gegen den in sein Land eingedrungenen Feind kämpft

Par|ti|sa|ne, die; -, -n: spießartige Stoßwaffe (des 15.–18. Jh.s)

Par|ti|sa|nin, die; -, -nen: weibliche Form zu ↑Partisan

Par|ti|ta, die; -, ...ten ⟨*lat.-it.*⟩ (Musik): Folge von mehreren in der gleichen Tonart stehenden Stücken; vgl. Suite (4)

Par|ti|te, die; -, -n (veraltet): **1.** einzelner Posten einer Rechnung. **2.** Schelmenstreich

Par|ti|ten|ma|cher, der; -s, - (veraltet): listiger Betrüger

Par|ti|ti|on, die; -, -en ⟨*lat.*⟩: **1.** (Logik) Zerlegung des Begriffsinhaltes in seine Teile od. Merkmale. **2.** (EDV) unabhängiger Teil eines Datenspeichers, z. B. einer Festplatte, der von anderen Teilen abgegrenzt ist

par|ti|ti|o|nie|ren (EDV): einen Datenspeicher, z. B. eine Festplatte, in ↑Partitionen (2) aufteilen. **Par|ti|ti|o|nie|rer,** der; -s, - (EDV): Programm zum ↑Partitionieren eines Datenspeichers, z. B. einer Festplatte. **Par|ti|ti|o|nie|rung,** die; -, -en (EDV): das Partionieren, Partitioniertsein

par|ti|tiv ⟨*lat.-mlat.*⟩ (Sprachwiss.): die Teilung ausdrückend; **partitiver Genitiv:** ↑Genitivus partitivus

Par|ti|tiv|zahl, die; -, -en (selten): Bruchzahl

Par|ti|tur, die; -, -en ⟨*lat.-mlat.-it.*⟩: übersichtliche, Takt für Takt in Notenschrift auf einzelnen übereinanderliegenden Liniensystemen angeordnete Zusammenstellung aller zu einer vielstimmigen Komposition gehörenden Stimmen

Par|ti|zip, das; -s, -ien ⟨*lat.*⟩ (Sprachwiss.): Mittelwort; **Partizip Perfekt:** zweites Mittelwort; Mittelwort der Vergangenheit (z. B. geschlagen); **Partizip Präsens:** erstes Mittelwort; Mittelwort der Gegenwart (z. B. schlafend)

Par|ti|zi|pa|ti|on, die; -, -en: das Partizipieren

Par|ti|zi|pa|ti|ons|ge|schäft, das; -[e]s, -e (Wirtsch.): ein auf der Basis vorübergehenden Zusammenschlusses von mehreren Personen getätigtes Handelsgeschäft

Par|ti|zi|pa|ti|ons|ka|pi|tal, das; -s, -ien [...i̯ən] (österr.): in einem Unternehmen angelegtes u. durch einen ↑Partizipationsschein (1) verbrieftes Kapital

Par|ti|zi|pa|ti|ons|kon|to, das; -s, ...ten (auch: -s u. ...ti) (Wirtsch.): das gemeinsame Konto der Teilhaber eines Partizipationsgeschäftes. **Par|ti|zi|pa-**

ti|o̲ns|schein, der; -[e]s, -e: **1.** (österr.) Urkunde über einen angelegten Kapitalbetrag, deren Inhaber an den Erträgen bzw. Verlusten eines Unternehmens beteiligt ist, aber keinen Einfluss auf die Gestaltung u. Führung des Unternehmens ausüben darf. **2.** (schweiz.) ↑ Aktie, die den Inhaber an Gewinn und Verlust beteiligt, ihm aber keine Möglichkeit der Einflussnahme auf das Unternehmen, kein Stimmrecht erlaubt

par|ti|zi|pa|ti̲v ⟨*lat.*⟩: unter Beteiligung der Betroffenen [stattfindend, ausgeführt]

par|ti|zi|pi|a̲l: **a)** das Partizip betreffend; **b)** mittelwörtlich

Par|ti|zi|pi|a̲l|grup|pe, die; -, -n, **Par|ti|zi|pi|a̲l|satz,** der; -es, ...sätze (Sprachwiss.): Partizip, das durch das Hinzutreten anderer [von ihm abhängender] Glieder aus dem eigentlichen Satz herausgelöst ist, dessen Wirkungsbereich sich also deutlich vom verbalen Wirkungsbereich des eigentlichen Satzes abhebt; satzwertiges Partizip (z. B. *gestützt auf seine Erfahrungen[,]* konnte er die Arbeit in Angriff nehmen)

par|ti|zi|pie̲|ren: von etwas, was ein anderer hat, etwas abbekommen; teilhaben

Par|ti|zi̲|pi|um, das; -s, ...pia (veraltet): Partizip; **Partizipium Perfekti, Partizipium Präsentis:** ↑ Partizip Perfekt, ↑ Partizip Präsens (vgl. Partizip); **Partizipium Präteriti:** ↑ Partizip Perfekt

Pa̱rt|ner, der; -s, - ⟨*lat.-frz.-engl.*⟩: **1. a)** jmd., der mit anderen etwas gemeinsam [zu einem bestimmten Zweck] unternimmt, sich mit anderen zusammentut; **b)** jmd., der mit einem anderen zusammenlebt, ihm eng verbunden ist; **c)** (Sport) Mit-, Gegenspieler. **2.** Teilhaber. **Pa̱rt|ne|rin,** die; -, -nen: weibliche Form zu ↑ Partner

Pa̱rt|ner|look [...lʊk], der; -s: [modische] Kleidung, die der des Partners (1 b) in Farbe, Schnitt o. Ä. gleicht

Pa̱r|ton, das; -s, ...o̱nen (meist Plural) ⟨*lat.-nlat.*⟩: hypothetischer Bestandteil von Atomkernbausteinen (Nukleonen) u. anderen Elementarteilchen

par|tout [par'tu:] ⟨*frz.*⟩ (ugs.): durchaus, unbedingt, um jeden Preis

Part|time-Job, Part|time|job ['pɑ:ttaɪmdʒɔb], der; -s, -s ⟨*engl.*⟩: Teilzeitarbeit, -beschäftigung

Pa̱r|tus, der; -, - [...tu:s] ⟨*lat.*⟩ (Med.): Geburt, Entbindung

Part|work ['pɑ:twœ:ɐ̯k], das; -s, -s ⟨*engl.*⟩ (Buchw.): in Lieferungen od. Einzelbänden erscheinendes Buch bzw. Buchreihe

Par|ty ['pa:ɐ̯ti, engl.: 'pɑ:ti], die; -, -s ⟨*lat.-frz.-engl.-amerik.*⟩: zwangloses Fest, gesellige Feier [im Bekanntenkreis, mit Musik u. Tanz]

Pa̲r|ty|dro|ge, die; -, -n: Droge, die bevorzugt auf Partys od. in Diskotheken (2) konsumiert wird

Pa̲r|ty|ser|vice [...sœ:ɐ̯vɪs], der; -, -s [...vɪs u. ...vɪsɪs]: Unternehmen, das auf Bestellung Speisen, Getränke u. a. für Festlichkeiten ins Haus liefert

Pa|r|u̲|lis, die; - ⟨*gr.*⟩ (Med.): Weichteilschwellung im Kieferbereich

Pa|r|u|si̲e, die; - ⟨*gr.;* »Anwesenheit«⟩: **1.** (Theol.) die Wiederkunft Christi beim Jüngsten Gericht. **2.** (Philos.) Anwesenheit, Gegenwart, Dasein der Ideen in den Dingen (Plato)

Par|ve|nü̲, der; -s, -s ⟨*lat.-frz.*⟩: Emporkömmling, Neureicher

Pa̱r|vo|vi|rus [...vovi:...], das, auch: der; -, ...ren (meist Plural) ⟨*lat.*⟩ (Med.): Virus, das bes. bei Katzen ernsthafte Erkrankungen, aber auch beim Menschen u. a. Brechdurchfall verursachen kann

Pa̱r|ze, die; -, -n (meist Plural) ⟨*lat.*⟩: eine der drei altrömischen Schicksalsgöttinnen (Nona, Decuma, Morta)

Par|ze̲l|le, die; -, -n ⟨*lat.-vulgärlat.-frz.*⟩: vermessenes Stück Land (als Bauland od. zur landwirtschaftlichen Nutzung)

par|zel|li̲e|ren: Großflächen in Parzellen zerlegen

Pas [pa], der; - [pa(s)], - [pas] ⟨*lat.-frz.*⟩: frz. Bez. für: Schritt, Tanzbewegung

pa|sa|de̲|nisch ⟨nach der kalifornischen Stadt Pasadena⟩ (Geol.): die alpidische (vgl. Alpiden) Faltungsphase zu Ende des ↑ Pliozäns betreffend, zu ihr gehörend

Pas|ca̱l, das; -s, - ⟨nach dem frz. Philosophen u. Physiker Blaise Pascal, 1623–1662⟩: Einheit des [Luft]drucks u. der mechanischen Spannung (Zeichen: Pa)

PASCA̲L [...'kal], das; -s (EDV): eine aus ↑ ALGOL weiterentwickelte, weitverbreitete Programmiersprache

Pa̱sch, der; -[e]s, -e u. Pä̱sche ⟨*lat.-frz.*⟩: **1.** Wurf mit gleicher Augenzahl auf mehreren Würfeln. **2.** Dominostein mit Doppelzahl

¹Pa̱|scha, der; -s, -s ⟨*türk.*⟩: **1.** (Geschichte) **a)** Titel hoher orientalischer Offiziere od. Beamter; **b)** Träger dieses Titels. **2.** (ugs.) **a)** rücksichtsloser, herrischer Mensch; **b)** rücksichtsloser Mann, der sich [von Frauen] bedienen, verwöhnen lässt

²Pa̱s|cha, das; -[s] ⟨*hebr.-gr.-kirchenlat.*⟩: ökumenische Form von: Passah

Pa̱|scha|lik, das; -s, -e u. -s ⟨*türk.*⟩ (Geschichte): Würde od. Amtsbezirk eines ¹Paschas (1 b)

Pas|cha̲l|stil, der; -[e]s ⟨*hebr.-gr.-kirchenlat.; lat.*⟩: mittelalterliche Zeitbestimmung mit dem Jahresanfang zu Ostern

¹pa̱|schen ⟨*hebr.*⟩ (veraltet): schmuggeln

²pa̱|schen ⟨*lat.-frz.*⟩: würfeln

Pa̱|scher, der; -s, - ⟨*hebr.*⟩ (ugs.): Schmuggler

pa|scho̱ll ⟨*russ.*⟩: los!, vorwärts!

Pas de deux [padə'dø:], der oder das; - - -, - - - ⟨*lat.-frz.*⟩: Balletttanz für eine Solotänzerin u. einen Solotänzer

Pas de qua|t|re [padə'katr(ə)], der oder das; - - -, - - -: Balletttanz für vier Tänzer

Pas de trois [padə'trwa], der oder das; - - -, - - -: Balletttanz für drei Tänzer

Pa|se̱o, der; -s, -s ⟨*lat.-span.*⟩: span. Bez. für: Promenade, Spazierweg

Pa|si|gra|fi̲e, Pa|si|gra|phi̲e, die; -, ...i̲en ⟨*gr.-nlat.*⟩: [theoretisch] allen Völkern verständliche Schrift ohne Hilfe der Laute; ↑ Ideografie

Pa|si|la|li̲e, Pasilogie, die; - (veraltet): Wissenschaft von den künstlichen Welthilfssprachen

Pa|si|li̱n|gua, die; - ⟨*gr.; lat.*⟩: von Steiner 1885 aufgestellte Welthilfssprache

Pa|si|lo|gi̲e vgl. Pasilalie

Pas|lack, der; -s, -s ⟨*slaw.*⟩ (landsch.): jmd., der für andere schwer arbeiten muss

Pa|so, der; -, -s ⟨*lat.-span.*⟩: **1.** [Gebirgs]pass. **2.** (auch das) komisches Zwischenspiel auf der klassischen spanischen Bühne

Pa|so do|b|le, der; - -, - - (»Doppelschritt«): Gesellschaftstanz in lebhaftem $^2/_4$- od. $^3/_4$-Takt

Pas|pel, der; -s, -, bes. österr.: Passepoil [pasˈpoal], der; -s, -s ⟨*frz.*⟩: schmaler Nahtbesatz bei Kleidungsstücken. **pas|pe|lie|ren,** bes. österr.: passepoilieren: mit Paspeln (Passepoils) versehen

Pas|quill, das; -s, -e ⟨*it.*⟩ (veraltend): anonyme Schmäh-, Spottschrift, schriftlich verbreitete Beleidigung

Pas|quil|lant, der; -en, -en: Verfasser od. Verbreiter eines Pasquills. **Pas|quil|lan|tin,** die; -, -nen: weibliche Form zu ↑Pasquillant

pas|sa|bel ⟨*lat.-vulgärlat.-frz.*⟩: annehmbar, leidlich

Pas|sa|ca|g|lia [...ˈkalja], die; -, ...ien ⟨*lat.-span.-it.*⟩: langsames Instrumentalstück mit Variationen in den Oberstimmen über einem ↑Ostinato, meist im $^3/_4$-Takt

Pas|sa|cail|le [...ˈka:jə], die; -, -n ⟨*lat.-span.-frz.*⟩: ↑Passacaglia

Pas|sa|ge [...ʒə], die; -, -n ⟨*lat.-vulgärlat.-frz.*⟩: **1.** Durchfahrt, Durchgang; das Durchfahren, Passieren. **2.** überdachte Ladenstraße. **3.** Reise mit Schiff od. Flugzeug, bes. übers Meer. **4.** (Astron.) Durchgang eines Gestirns durch den Meridian (2). **5.** aus melodischen Figuren zusammengesetzter Teil eines Musikwerks. **6.** fortlaufender, zusammenhängender Teil einer Rede od. eines Textes. **7.** (Reiten) Gangart der hohen Schule, bei der das Pferd im Trab die abfedernden Beine länger in der Beugung hält

Pas|sa|ge|in|s|t|ru|ment, das; -[e]s, -e (Astron.): Messinstrument zur Bestimmung der Durchgangszeiten der Sterne durch den Meridian

pas|sa|ger [...ˈʒe:ɐ] ⟨*lat.-frz.*⟩ (Med.): nur vorübergehend auftretend (von Krankheitszeichen, Krankheiten o. Ä.)

Pas|sa|gier [...ˈʒi:ɐ], der; -s, -e ⟨*lat.-vulgärlat.-it.(-frz.)*⟩: Schiffsreisender; Flug-, Fahrgast. **Pas|sa|gie|rin,** die; -, -nen: weibliche Form zu ↑Passagier

Pas|sah, das; -[s] ⟨*hebr.-gr.-lat.*⟩: **1.** jüdisches Fest zum Gedenken an den Auszug aus Ägypten; vgl. Azymon (2). **2.** beim Passahmahl gegessenes Lamm

Pas|sa|me|ter, das; -s, - ⟨*lat.; gr.*⟩ (Technik): Feinmessgerät für Außenmessung an Werkstücken

Pas|sa|mez|zo, der; -s, ...zzi ⟨*lat.-it.*⟩: **1.** alter italienischer Tanz, eine Art schnelle Pavane. **2.** Teil der Suite (4)

Pas|sant, der; -en, -en ⟨*lat.-vulgärlat.-frz.*⟩: Fußgänger; Vorübergehender. **Pas|san|tin,** die; -, -nen: weibliche Form zu ↑Passant

Pas|sat, der; -[e]s, -e ⟨*niederl.*⟩: beständig in Richtung Äquator wehender Ostwind in den Tropen

passe [pas] ⟨*lat.-frz.*⟩: von 19 bis 36 (in Bezug auf eine Gewinnmöglichkeit beim Roulette)

Pas|se, die; -, -n ⟨*lat.-frz.*⟩: maßgerecht geschnittener Stoffteil, der bei Kleidungsstücken im Bereich der Schultern angesetzt wird

pas|sé ⟨*lat.-vulgärlat.-frz.*⟩ (ugs.): vorbei, vergangen, abgetan, überlebt

Pas|se|men|te|rie [pasəmãtəˈri:], die; -, ...ien: mit Posamenten verziertes textiles Erzeugnis

Passe|par|tout [pasparˈtu:], das (schweiz.: der); -s, -s ⟨*frz.*⟩: **1.** Umrahmung aus leichter Pappe für Grafiken, Aquarelle, Zeichnungen u. a. **2.** (schweiz., sonst veraltet) Freipass; Dauerkarte. **3.** (schweiz., sonst selten) Hauptschlüssel

Passe|pi|ed [pasˈpi̯e:], der; -s, -s: **1.** alter französischer Rundtanz aus der Bretagne in schnellem, ungeradem Takt (z. B. $^3/_4$-Takt). **2.** Einlage in der Suite (4)

Passe|poil [pasˈpoal] usw. vgl. Paspel usw.

Passe|port [pasˈpo:ɐ], der; -s, -s: frz. Bez. für: Reisepass

Pas|se|rel|le, die; -, -n ⟨*frz.*⟩ (schweiz.): Fußgängerüberweg, kleiner Viadukt

pas|sie|ren ⟨*lat.-vulgärlat.-frz.*⟩: **1. a)** durchreisen, durch-, überqueren; vorüber-, durchgehen; **b)** durchlaufen (z. B. von einem Schriftstück). **2. a)** geschehen, sich ereignen, sich zutragen; **b)** widerfahren, zustoßen. **3.** (veraltet) gerade noch erträglich sein. **4. a)** (Gastron.) durchsieben; durch ein Sieb rühren; **b)** (Technik) durch eine Passiermaschine rühren

Pas|sier|ma|schi|ne, die; -, -n: Gefäß mit verschiedenen Siebeinsätzen u. Rührwerk (z. B. bei der Schokoladenherstellung)

Pas|sier|schlag, der; -[e]s, ...schläge (Tennis): meist hart geschlagener Ball, der an dem ans Netz vorgerückten Gegner vorbeigeschlagen wird

Pas|si|flo|ra, die; -, ...ren ⟨*lat.-nlat.*⟩: Passionsblume

pas|sim ⟨*lat.*⟩: da und dort, zerstreut, allenthalben (Abk.: pass.)

Pas|si|me|ter, das; -s, - ⟨*lat.; gr.*⟩ (Technik): Feinmessgerät für Innenmessungen an Werkstücken

Pas|sio, die; - ⟨*lat.*⟩ (Philos.): das Erleiden, Erdulden (Ggs.: Actio [2])

Pas|si|on, die; -, -en ⟨*lat.(-frz.)*⟩: **1. a)** Leidenschaft, leidenschaftliche Hingabe; **b)** Vorliebe, Liebhaberei. **2. a)** das Leiden u. die Leidensgeschichte Jesu Christi; **b)** die Darstellung der Leidensgeschichte Jesu Christi in der bildenden Kunst, die Vertonung der Leidensgeschichte Jesu Christi als Chorwerk od. Oratorium (2)

Pas|si|o|nal, Pas|si|o|nar, das; -s, -e ⟨*lat.-mlat.*⟩: **1.** mittelalterliches liturgisches Buch mit Heiligengeschichten. **2.** größte Legendensammlung des deutschen Mittelalters (um 1300)

pas|si|o|na|to vgl. appassionato. **Pas|si|o|na|to,** das; -s, -s u. ...ti (Musik): leidenschaftlicher Vortrag

pas|si|o|nie|ren ⟨*lat.-frz.*⟩ (veraltet): sich leidenschaftlich für etwas einsetzen, begeistern. **pas|si|o|niert:** leidenschaftlich [für etwas begeistert]

Pas|si|ons|sonn|tag, der; -[e]s, -e: kath. Bez. für: Sonntag Judika

Pas|si|ons|spiel, das; -[e]s, -e: volkstümliche dramatische Darstellung der Passion Christi

pas|siv [auch: ...ˈsi:f] ⟨*lat.(-frz.)*⟩: **1. a)** untätig, nicht zielstrebig, (eine Sache) nicht ausübend (aber davon betroffen) (Ggs.: aktiv [1 a]); **b)** teilnahmslos; still, duldend. **2.** ↑ passivisch; **passive Bestechung** (Rechtswiss.): das Annehmen von Geschenken, Geld od. anderen Vorteilen durch einen Beamten für eine Handlung, die in seinen Amtsbereich fällt; **passive Handelsbilanz** (Wirtsch.): Handelsbilanz eines Landes, bei der die Ausfuhren hinter den Einfuhren zurückbleiben; **passives Wahlrecht** (Politik): das Recht, gewählt zu werden; **passiver Wortschatz** (Sprachwiss.): Gesamtheit aller Wörter, die ein Sprecher in seiner Muttersprache kennt, ohne sie jedoch in einer konkreten Sprechsituation zu gebrauchen

Pas|siv, das; -s, -e (Sprachwiss.): Leideform; Verhaltensrichtung des Verbs, die vom »leidenden« Subjekt her gesehen ist (z. B. der Hund *wird* [von Fritz] *geschlagen*) (Ggs.: [1]Aktiv)

Pas|si|va, Pas|si|ven (Plural) ⟨*lat.*⟩: das auf der rechten Bilanzseite verzeichnete Eigen- u. Fremdkapital eines Unternehmens; Schulden, Verbindlichkeiten (Ggs.: Aktiva)

Pas|siv|ge|schäft, das; -[e]s, -e: Bankgeschäft, bei dem sich die Bank Geld beschafft, um [1]Kredite (2 a) gewähren zu können (Ggs.: Aktivgeschäft)

pas|si|vie|ren ⟨*lat.-nlat.*⟩: **1.** Verbindlichkeiten aller Art in der Bilanz erfassen u. ausweisen (Ggs.: aktivieren [2]). **2.** (Chemie) unedle Metalle in den Zustand der Passivität (2) überführen

pas|si|visch [auch: ˈpas...] (Sprachwiss.): das Passiv betreffend, zum Passiv gehörend, im Passiv stehend (Ggs.: aktivisch)

Pas|si|vis|mus, der; -: passive Haltung; Verzicht auf Aktivität

Pas|si|vi|tät, die; - ⟨*lat.-frz.*⟩: **1.** Untätigkeit, Teilnahmslosigkeit, Inaktivität (Ggs.: Aktivität). **2.** (Chemie) herabgesetzte Reaktionsfähigkeit bei unedlen Metallen

Pas|siv|le|gi|ti|ma|ti|on, die; -, -en (Rechtswiss.): im Zivilprozess die sachliche Berechtigung (bzw. Verpflichtung) des Beklagten, seine Rechte geltend zu machen (Ggs.: Aktivlegitimation)

Pas|siv|pos|ten, der; -s, -: auf der Passivseite der Bilanz aufgeführter Posten

Pas|siv|pro|zess, der; -es, -e (Rechtswiss.): Prozess, in dem jmd. als Beklagte/-r auftritt (Ggs.: Aktivprozess)

Pas|siv|rau|chen, das; -s: unfreiwilliges Einatmen von Tabakrauch beim Aufenthalt in Räumen, in denen geraucht wird

Pas|si|vum, das; -s, ...va ⟨*lat.*⟩ (veraltet): Passiv

Pas|siv|zin|sen, die (Plural): Zinsen, die ein Unternehmen zu zahlen hat (Ggs.: Aktivzinsen)

Pas|so|me|ter, das; -s, - ⟨*lat.; gr.*⟩: Schrittzähler

Pas|sus, der; -, - [...suːs] ⟨*lat.;* »Schritt«⟩: **1.** Abschnitt in einem Text, Textstelle. **2.** (selten) Angelegenheit, Fall

Pass|wort|ma|na|ger, Pass-wort-Ma|na|ger, der; -s, - (EDV): ↑ Tool (1), das unterschiedliche Passwörter für verschiedene Internetseiten sicher speichert u. unter einem übergeordneten Passwort zur Verfügung stellt

Pas|ta, die; -, Pasten (seltener: -s) ⟨*gr.-mlat.-it.*⟩: **1.** ↑ Paste. **2.** (ohne Plural) it. Bez. für: Teigwaren

Pas|ta asciut|ta [- aˈʃʊta], die; - -, ...te ...tte, **Pas|ta|sciut|ta** [...ˈʃʊta], die; -, ...tte ⟨*it.*⟩: italienisches Spaghettigericht mit Hackfleisch, Tomaten, geriebenem Käse u. a.

Pas|te, die; -, -n ⟨*gr.-mlat.-it.*⟩: **1.** streichbare Masse [aus Fisch, Gänseleber o. Ä.]. **2.** streichbare Masse als Grundlage für Arzneien u. kosmetische Mittel. **3. a)** Abdruck von Gemmen od. Medaillen in einer weichen Masse aus feinem Gips od. Schwefel; **b)** [antike] Nachbildung von Gemmen in Glas

Pas|tell, das; -[e]s, -e ⟨*gr.-lat.-it.(-frz.)*⟩: **1.** Technik des Malens mit Pastellfarben (1). **2.** mit Pastellfarben (1) gemaltes Bild (von heller, samtartiger Wirkung). **3.** Kurzform von ↑ Pastellfarbe (2). **pas|tel|len:** [wie] mit Pastellfarben (1) gemalt; von heller, samtartiger Wirkung

Pas|tell|far|be, die; -, -n: **1.** aus einer Mischung von Kreide u. Ton mit einem Farbstoff u. einem Bindemittel hergestellte trockene Malfarbe in Stiftform. **2.** (meist Plural) zarter, heller Farbton

Pas|te|te, die; -, -n ⟨*gr.-mlat.-roman.*⟩: **a)** meist zylinderförmige Hülle aus Blätterteig für die Füllung mit Ragout; **b)** mit fein gewürztem Ragout gefüllte Pastete (a); **c)** Speise aus gehacktem Fleisch, Wild, Geflügel od. Fisch, die in einer Hülle aus Teig gebacken od. in einer Terrine o. Ä. serviert wird

Pas|teu|ri|sa|ti|on [pastø...], die; -, -en ⟨*frz.;* nach dem frz. Chemiker Pasteur, 1822–1895⟩: Entkeimung u. Haltbarmachung von Nahrungsmitteln (z. B. Milch) durch schonendes Erhitzen; vgl. ...ation/...ierung

pas|teu|ri|sie|ren: durch Pasteurisation entkeimen, haltbar machen. **Pas|teu|ri|sie|rung,** die; -, -en: das Pasteurisieren; vgl. ...ation/...ierung

Pas|tic|cio [pasˈtɪtʃo], das; -s, -s od. ...cci [...tʃi] ⟨*gr.-lat.-vulgärlat.-it.;* »Pastete«⟩: **1.** Bild, das in betrügerischer Absicht in der Manier eines großen Meisters gemalt wurde. **2.** aus Stücken verschiedener Komponisten mit einem neuen Text zusammengesetzte Oper

Pas|tiche [pasˈtiːʃ], der; -s, -s ⟨*gr.-lat.-vulgärlat.-it.-frz.*⟩: **1.** (veraltet) Nachahmung des Stiles u. der Ideen eines Autors. **2.** französische Form von: Pasticcio

Pas|til|le, die; -, -n ⟨*lat.*⟩: Plättchen zum Lutschen, dem Heilmittel od. Geschmacksstoffe zugesetzt sind

Pas|ti|nak, der; -s, -e, häufiger: **Pas|ti|na|ke,** die; -, -n ⟨*lat.*⟩: **1.** hochwachsende Pflanze mit Pfahlwurzel, gefiederten Blättern u. in Dolde wachsenden Blüten. **2.** Wurzel der Pastinake, die als Gemüse u. Viehfutter verwendet wird

Pas|tor [auch: ...ˈtoːɐ̯], der; -s, ...oren ⟨*lat.-mlat.;* »(Seelen)hirte«⟩: Pfarrer (Abk.: P.)

pas|to|ral: 1. ländlich, idyllisch. **2.** den Pastor, die Pastorin, das ↑ Pastorat (1) betreffend; pfarramtlich, seelsorgerisch. **3. a)** feierlich, würdig; **b)** (abwertend) salbungsvoll

Pas|to|ral, die; -: ↑ Pastoraltheologie

Pas|to|ral|as|sis|tent, der; -en, -en:

ausgebildeter kath. Theologe im Laienstand, der nach der 2. Dienstprüfung als Seelsorger arbeitet

Pas|to|ral|brief, der; -[e]s, -e (meist Plural): einer der dem Apostel Paulus zugeschriebenen, an Timotheus und Titus gerichteten Briefe, der die Abwehr der Gnosis durch die frühe Kirche zum Gegenstand hat

¹Pas|to|ra|le, das; -s, -s od. die; -, -n ⟨*lat.-it.*⟩: **1.** (Musik) **a)** Instrumentalstück (im 6/8-Takt), bes. für Schalmei- u. Oboegruppen; **b)** kleines, ländlich-idyllisches Singspiel, das Stoffe aus dem idealisierten Hirtenleben zum Thema hat; musikalisches Schäferspiel. **2.** (Literaturwiss.) Schäferspiel. **3.** (Malerei) idyllische Darstellung des Hirtenlebens

²Pas|to|ra|le, das; -s, -s: Hirtenstab eines katholischen Bischofs

Pas|to|ra|li|en, die (Plural) ⟨*lat.-mlat.*⟩: Pfarramtsangelegenheiten

Pas|to|ral|me|di|zin, die; -: Grenzwissenschaft zwischen Medizin u. Theologie, die sich um ein Zusammenwirken von ärztlicher und seelsorgerischer Betreuung Kranker bemüht

Pas|to|ral|psy|cho|lo|gie, die; -: Psychologie als Teil der Seelsorge

Pas|to|ral|theo|lo|gie, die; -: in der katholischen Kirche die praktische Theologie

P

Past

Pas|to|rat, das; -[e]s, -e: **1.** Pfarramt. **2.** Wohnung des Pfarrers bzw. der Pfarrerin

Pas|to|ra|ti|on, die; -, -en ⟨*lat.-mlat.-nlat.*⟩: seelsorgerische Betreuung einer Gemeinde od. Institution

Pas|to|rel|le, die; -, -n ⟨*lat.-it.*⟩: mittelalterliche Gedichtform, die das Werben eines Ritters um eine Schäferin, ein Landmädchen zum Gegenstand hat

Pas|to|rin, die; -, -nen: **a)** Pfarrerin; **b)** (ugs.) Ehefrau eines Pastors

pas|tos ⟨*gr.-lat.-it.;* »teigig«⟩: **1.** dick aufgetragen (bes. von Ölfarben auf Gemälden, sodass eine reliefartige Fläche entsteht). **2.** (Gastron.) dickflüssig, teigartig

pas|tös ⟨*gr.-lat.-it.-frz.*⟩: **1.** (Med.) gedunsen, aufgeschwemmt. **2.** (Technik) pastenartig, teigig

Pas|to|si|tät, die; - ⟨*gr.-lat.-it.-nlat.*⟩: Aussehen einer Schrift, Schriftbild mit dicken, teigigen Strichen

Pa|s|tra|mi, das, auch: die; -[s] ⟨*engl.*⟩ (Gastron.): (bes. in den USA beliebtes) stark gewürztes, gepökeltes u. geräuchertes Rindfleisch, das in dünne Scheiben geschnitten u. mit Beilagen [oft kalt] verzehrt wird

Pa|ta|vi|ni|tät, die; - ⟨*lat.*⟩: die (an dem altrömischen Geschichtsschreiber Livius getadelte) lateinische Mundart der Bewohner der Stadt Patavium (heute Padua)

Patch [pætʃ], das; -[s], -s ⟨*engl.*⟩: **1.** (Med.) Gewebestück, das als Implantat od. Transplantat zur Abdeckung von Weichteil- od. Blutgefäßdefekten dient. **2.** (EDV) Softwareprogramm, das die in einem Programm enthaltenen Fehler beheben soll

pat|chen [pætʃn̩] (EDV): die in einem ↑Programm (4) enthaltenen Fehler beheben

Patch|ka|bel [ˈpætʃ...], das; -s, - ⟨*engl.*⟩ (EDV): [kurzes] Verbindungskabel in der Netztechnik u. Telekommunikation; Rangierkabel

Patch|plas|tik [ˈpætʃ...], die; - (Med.): das Einnähen eines streifenförmigen Gefäßimplantates od. eines Venenwandstücks in ein eröffnetes Blutgefäß (z. B. zur Abdeckung von Defekten)

Patch|work [ˈpætʃwœːɐ̯k], das; -s, -s ⟨*engl.*⟩: **1.** (ohne Plural) Technik zur Herstellung von Kleiderstoffen, Decken, Wandbehängen o. Ä., bei der Stoff- od. Lederflicken in den verschiedensten Formen, Farben u. Mustern harmonisch zusammengesetzt werden. **2.** Arbeit in der Technik des Patchworks (1)

Pa|tel|la, die; -, ...llen ⟨*lat.*⟩ (Med.): Kniescheibe. **pa|tel|lar** (Med.): zur Kniescheibe gehörend

Pa|te|ne, die; -, -n ⟨*gr.-lat.-mlat.*⟩: flacher [goldener] Teller für die Hostien od. das Abendmahlsbrot

pa|tent ⟨*lat.-mlat.*⟩: **1.** (ugs.) praktisch, tüchtig; brauchbar. **2.** (landsch.) elegant gekleidet

Pa|tent, das; -[e]s, -e: **1. a)** amtlich verliehenes Recht zur alleinigen Benutzung u. gewerblichen Verwertung einer Erfindung; **b)** Urkunde über ein Patent (1 a); **c)** Erfindung, die durch das Patentrecht geschützt ist. **2.** Ernennungs-, Bestallungsurkunde, bes. eines [Schiffs]offiziers. **3.** (schweiz.) Erlaubnis[urkunde] für die Ausübung bestimmter Berufe, Tätigkeiten

pa|ten|tie|ren: **1.** eine Erfindung durch Patent schützen. **2.** (Technik) stark erhitzte Stahldrähte durch Abkühlen im Bleibad veredeln

Pa|ten|tie|rung, die; -, -en: **1.** das Schützen einer Erfindung durch ein Patent. **2.** das Veredeln von Drähten durch eine Wärmebehandlung

Pa|tent|in|ge|ni|eur, der; -s, -e: Diplomingenieur unterschiedlicher Fachrichtungen, dem die patentjuristische u. technische Darstellung der Erfindungen obliegt. **Pa|tent|in|ge|ni|eu|rin,** die; -, -nen: weibliche Form zu ↑Patentingenieur

Pa|tent|re|zept, das; -[e]s, -e: erwünschte, einfache Lösung, die alle Schwierigkeiten behebt

Pa|ter, der; -s, - u. Patres [...reːs] ⟨*lat.;* »Vater«⟩: katholischer Ordensgeistlicher (Abk.: P.; Plural PP.)

Pa|ter|fa|mi|li|as, der; -, - u. Patresfamilias ⟨»Vater der Familie«⟩ (scherzh.): Familienoberhaupt, Familienvater

Pa|ter|na|lis|mus, der; -: das Bestreben [eines Staates], andere [Staaten] zu bevormunden. **pa|ter|na|lis|tisch:** den Paternalismus betreffend, für ihn charakteristisch; bevormundend

pa|ter|ni|tär (veraltet): **1.** die Paternität betreffend. **2.** von einer vaterrechtlichen Gesellschaftsform bestimmt; vgl. Patriarchat (2)

Pa|ter|ni|tät, die; - (veraltet): Vaterschaft

¹Pa|ter|nos|ter, das; -s, - ⟨*lat.-mlat.*⟩: das Vaterunser, Gebet des Herrn

²Pa|ter|nos|ter, der; -s, -: ständig umlaufender Aufzug ohne Tür

pa|tho..., Pa|tho...

vor Vokalen meist: path..., Path...
⟨zu *gr.* páthos »Kummer; Leiden; Schmerz; Krankheit«⟩
Wortbildungselement mit der Bedeutung »Leiden, Krankheit«:
– Pathergie
– pathogen
– Pathologe
– Pathopsychologie

...pa|thie

die; -, ...ien (teilweise ohne Plural)
⟨zu *gr.* páthos »Kummer; Leiden; Schmerz; Krankheit« u. ...patheĩa → *lat.* ...pathia⟩
Wortbildungselement mit den Bedeutungen:
I. *»Krankheit; Erkrankung«:*
– Gastropathie
– Neuropathie
II. *»Krankheitslehre; Heilmethode«:*
– Allopathie
– Magnetopathie
III. *»Gefühl, Neigung«:*
– Antipathie
– Empathie
– Sympathie

zur Beförderung von Personen od. Gütern; Umlaufaufzug

Pa|ter Pa|t|ri|ae [- ...riɛ], der; - - ⟨*lat.*⟩: Vater des Vaterlandes (Ehrentitel römischer Kaiser u. verdienter hoher Staatsbeamter)

pa|ter, pec|ca|vi: Vater, ich habe gesündigt! (Lukas 15, 18); **pater, peccavi sagen:** flehentlich um Verzeihung bitten. **Pa|terpec|ca|vi,** das; -, -: reuiges Geständnis

Pâte sur Pâte [pa:t syr 'pa:t], das; - - - ⟨*frz.;* »Masse auf Masse«⟩: Porzellan- od. Steingutverzierung, bei der dünne, weiße Flachreliefs auf dem farbigen Untergrund von Porzellan od. Steingut angebracht werden

pa|te|ti|co ⟨*gr.-lat.-it.*⟩ (Musik): leidenschaftlich, pathetisch, erhaben, feierlich

path..., Path... vgl. patho..., Patho...

Pa|th|er|gie, die; -, ...ien ⟨*gr.-nlat.*⟩ (Med.): Gesamtheit aller krankhaften Gewebsreaktionen (z. B. Entzündung, Allergie)

Pa|the|tik, die; -: unnatürliche, übertriebene, gespreizte Feierlichkeit

pa|thé|tique [pate'tik] ⟨*gr.-lat.-frz.*⟩ (Musik): pathetisch, leidenschaftlich

pa|the|tisch ⟨*gr.-lat.*⟩: **1.** ausdrucksvoll, feierlich. **2.** (abwertend) übertrieben gefühlvoll, empfindungsvoll, salbungsvoll, affektiert

...pa|thie *s. Kasten patho..., Patho...*

Pa|tho|bio|che|mie, die; -: Wissenschaft von den gestörten Stoffwechselvorgängen im Organismus

pa|tho|gen ⟨*gr.-nlat.*⟩ (Med.): Krankheiten erregend, verursachend (z. B. von Bakterien im menschlichen Organismus) (Ggs.: apathogen). **Pa|tho|gen,** das; -, -e (Med.): Krankheitserreger

Pa|tho|ge|ne|se, die; -, -n (Med.): Gesamtheit der an Entstehung u. Entwicklung einer Krankheit beteiligten Faktoren. **pa|tho|ge|ne|tisch** (Med.): die Pathogenese betreffend, zu ihr gehörend

Pa|tho|ge|ni|tät, die; - (Med.): Fähigkeit bestimmter Substanzen u. Organismen, krankhafte Veränderungen im Organismus hervorzurufen

Pa|tho|g|no|mik, die; -: **1.** (Med.) ↑Pathognostik. **2.** (Psychol. früher) Deutung des aktuellen seelischen Zustandes aus Gesichts- u. Körperbewegungen (nach J. K. Lavater, 18. Jh.). **pa|tho|g|no|mo|nisch** (Med.): für eine Krankheit, ein Krankheitsbild charakteristisch, kennzeichnend

Pa|tho|g|nos|tik, die; -: **1.** (Med.) Erkennung einer Krankheit anhand charakteristischer Symptome. **2.** (Psychol.) philosophische Erkenntnis durch Krankheit. **pa|tho|g|nos|tisch** (Med.): ↑pathognomonisch

Pa|tho|gra|fie, Pa|tho|gra|phie, die; -, ...ien (Med., Psychol.): der Biografie entsprechende Schilderung der Entwicklung u. Leistung eines Menschen mit Beschreibung der Krankheiten bzw. der krankheitsbedingten Einflüsse

Pa|tho|lin|gu|is|tik, die; -: Teilgebiet der angewandten Sprachwissenschaft, das sich mit der Diagnostik, Erklärung u. Therapie von Sprachstörungen beschäftigt

Pa|tho|lo|ge, der; -n, -n (Med.): Wissenschaftler bzw. Facharzt auf dem Gebiet der Pathologie (1). **Pa|tho|lo|gie,** die; -, ...ien: **1.** (ohne Plural; Med.) Wissenschaft von den Krankheiten, bes. von ihrer Entstehung u. den durch sie hervorgerufenen organisch-anatomischen Veränderungen. **2.** pathologische Abteilung, pathologisches Institut. **Pa|tho|lo|gin,** die; -, -nen: weibliche Form zu ↑Pathologe. **pa|tho|lo|gisch** (Med.): **1.** die Pathologie betreffend, zu ihr gehörend. **2.** krankhaft [verändert]

pa|tho|lo|gi|sie|ren (Med., Psychol.): (eine Verhaltensweise, eine Empfindung o. Ä.) als krankhaft bewerten, für krankhaft halten. **Pa|tho|lo|gi|sie|rung,** die; -, -en (Med., Psychol.): das ↑Pathologisieren

pa|tho..., Pa|tho... *s. Kasten*

Pa|tho|pho|bie, die; -, ...ien (Med., Psychol.): ↑Nosophobie

Pa|tho|phy|sio|lo|gie, die; - (Med.): Teilgebiet der Medizin, das sich mit den Krankheitsvorgängen u. Funktionsstörungen des menschlichen Organismus befasst

pa|tho|plas|tisch (Med.): **1.** den Wandel eines Krankheitsbildes bewirkend. **2.** die Symptome einer Krankheit formend

Pa|tho|psy|cho|lo|gie, die; -:

1. Lehre von den durch Krankheiten bedingten psychischen Veränderungen. 2. ↑Psychopathologie

Pa|thos, das; - ⟨*gr.*; »Leiden«⟩: 1. leidenschaftlich-bewegter Ausdruck, feierliche Ergriffenheit. 2. (abwertend) Gefühlsüberschwang, übertriebene Gefühlsäußerung

Pa|ti|ence [pa'sjɑ̃:s], die; -, -n [...sn̩] ⟨*lat.-frz.*; »Geduld«⟩: 1. Kartenspiel, bei dem die Karten so gelegt werden, dass Sequenzen in einer bestimmten Reihenfolge entstehen. 2. Gebäck in Form von Figuren

Pa|ti|ence|bä|cke|rei, die; -, -en ⟨*lat.-frz.; dt.*⟩ (österr.): ↑Patience (2)

Pa|ti|ens [...tsiɛns], das; -, - ⟨*lat.*⟩ (Sprachwiss.): Ziel eines durch ein Verbum ausgedrückten Verhaltens; ↑Akkusativobjekt

Pa|ti|ent, der; -en, -en: vom Arzt od. einem Angehörigen anderer Heilberufe behandelte Person

Pa|ti|en|ten|iso|la|tor, der; -s, -en (Med.): Life-Island

Pa|ti|en|ten|tes|ta|ment, das; -[e]s, -e: schriftliche Erklärung, in der jmd. festlegt, dass er für den Fall einer unheilbaren Krankheit od. eines schweren Unfalls nicht künstlich am Leben erhalten werden möchte

pa|ti|en|ten|zen|t|riert: ↑klientzentriert

Pa|ti|en|tin, die; -, -nen: weibliche Form zu ↑Patient

[1]Pa|ti|na, die; - ⟨*it.*⟩: grünliche Schicht, die sich unter dem Einfluss der Witterung auf Kupfer od. Kupferlegierungen bildet; Edelrost

[2]Pa|ti|na, Pa|ti|ne, die; -, ...inen ⟨*gr.-lat.*⟩ (veraltet): Schüssel

pa|ti|nie|ren ⟨*it.*⟩: eine [1]Patina chemisch erzeugen; mit [1]Patina überziehen

Pa|tio, der; -[s], -s ⟨*vulgärlat.-span.*⟩: (bes. in Spanien u. Lateinamerika) Innenhof eines Hauses, zu dem hin sich die Wohnräume öffnen

Pa|tis|se|rie, die; -, ...ien ⟨*gr.-lat.-vulgärlat.-frz.*⟩: 1. (schweiz.) a) feines Backwerk, Konditorei-Erzeugnisse; b) Feinbäckerei. 2. [in Hotels] Raum zur Herstellung von Backwaren. **Pa|tis|si|er** [...'sie:], der; -s, -s: [Hotel]konditor

Pat|na|reis, der; -es, -e ⟨nach der ind. Stadt Patna⟩: langkörniger Reis

Pa|tois [pa'toa], das; -, - ⟨*frz.*⟩: Mundart, Sprechweise der Landbevölkerung (Frankreichs)

Pa|t|res [...re:s]: *Plural* von ↑Pater

Pa|t|ri|arch, der; -en, -en ⟨*gr.-lat.*⟩: 1. biblischer Erzvater. 2. a) (ohne Plural) Amts- od. Ehrentitel einiger römisch-katholischer [Erz]bischöfe; b) römisch-katholischer [Erz]bischof, der diesen Titel trägt. 3. a) (ohne Plural) Titel der obersten orthodoxen Geistlichen (in Jerusalem, Moskau u. Konstantinopel) u. der leitenden Bischöfe in einzelnen autokephalen Ostkirchen; b) Träger dieses Titels. 4. (oft abwertend) ältestes männliches Familienmitglied od. Mitglied eines Familienverbandes, das sich als Familienoberhaupt mit größter Autorität versteht

Pa|t|ri|ar|cha|de, die; -, -n ⟨*gr.-nlat.*⟩: epische Dichtung des 18. Jh.s über biblische Ereignisse, bes. aus der Zeit der Urväter

pa|t|ri|ar|chal: ↑patriarchisch

pa|t|ri|ar|cha|lisch ⟨*gr.-lat.*⟩: 1. a) das Patriarchat (2) betreffend; vaterrechtlich; b) den Patriarchen betreffend. 2. als Mann seine Autorität (bes. im familiären Bereich) geltend machend; bestimmend

Pa|t|ri|ar|cha|lis|mus, der; -: Staats-, Gesellschafts- u. Wirtschaftsauffassung, in der ein Staatsoberhaupt, Grundherr od. Unternehmer als eine Art Familienoberhaupt verstanden wird, dem Untertanen, Gesinde od. Arbeitnehmer unterstehen

Pa|t|ri|ar|chal|kir|che, die; -, -n: dem Papst unmittelbar unterstehende Kirche in Rom (z. B. Peterskirche)

Pa|t|ri|ar|chat, das; -[e]s, -e ⟨*gr.-mlat.*⟩: 1. (auch: *der*) Würde u. Amtsbereich eines kirchlichen Patriarchen. 2. Gesellschaftsform, in der der Mann eine bevorzugte Stellung in Staat u. Familie innehat u. in der die männliche Linie bei Erbfolge u. sozialer Stellung ausschlaggebend ist (Ggs.: Matriarchat)

pa|t|ri|ar|chisch ⟨*gr.-lat.*⟩: a) das Patriarchat (2) betreffend; b) durch das Patriarchat (2) geprägt

pa|t|ri|li|ne|al, pa|t|ri|li|ne|ar: in der Erbfolge der väterlichen Linie folgend; vaterrechtlich (Ggs.: matrilineal, matrilinear)

pa|t|ri|mo|ni|al ⟨*lat.*⟩: das Patrimonium betreffend, erbherrlich. **Pa|t|ri|mo|ni|um**, das; -s, ...ien: a) (im römischen Recht) Privatvermögen des Herrschers im Gegensatz zum Staatsvermögen; b) väterliches Erbgut

Pa|t|ri|mo|ni|um Pe|t|ri, das; - - ⟨»Erbteil des heiligen Petrus«⟩ (Geschichte): alter Grundbesitz der römischen Kirche als Grundlage des späteren Kirchenstaates

Pa|t|ri|ot, der; -en, -en ⟨*gr.-spätlat.-frz.*⟩: jmd., der von Patriotismus erfüllt, patriotisch gesinnt ist. **Pa|t|ri|o|tin**, die; -, -nen: weibliche Form zu ↑Patriot

pa|t|ri|o|tisch: auf Patriotismus beruhend, von ihm erfüllt, zeugend; vaterländisch. **Pa|t|ri|o|tis|mus**, der; -: durch eine gefühlsmäßige Bindung an die Werte, Traditionen o. Ä. des eigenen Landes geprägte, oft mit Überheblichkeit, mit unkritisch übertriebenem Stolz verbundene [politische] Haltung, Einstellung; vaterländische Gesinnung

Pa|t|ris|tik, die; - ⟨*lat.-nlat.*⟩: Wissenschaft von den Schriften u. Lehren der Kirchenväter; altchristliche Literaturgeschichte. **Pa|t|ris|ti|ker**, der; -s, -: Wissenschaftler auf dem Gebiet der Patristik. **Pa|t|ris|ti|ke|rin**, die; -, -nen: weibliche Form zu ↑Patristiker. **pa|t|ris|tisch**: die Patristik u. das philosophisch-theologische Denken der Kirchenväter betreffend

Pa|t|ri|ze, die; -, -n (Druckw.): in Stahl geschnittener, erhabener Stempel einer Schrifttype, mit der das negative Bild zur Vervielfältigung geprägt wird

pa|t|ri|zi|al: ↑patrizisch

Pa|t|ri|zi|at, das; -[e]s, -e ⟨*lat.*⟩ (Geschichte): 1. Gesamtheit der altrömischen adligen Geschlechter. 2. (selten) Gesamtheit der Patrizier (2)

Pa|t|ri|zi|er, der; -s, -: 1. Mitglied des altrömischen Adels. 2. vornehmer, wohlhabender Bürger

(bes. im Mittelalter). **Pa|t|ri|zi|e|rin,** die; -, -nen: weibliche Form zu ↑Patrizier
pa|t|ri|zisch: 1. die Patrizier (1), den altrömischen Adel betreffend, zu ihm gehörend. **2.** die Patrizier (2) betreffend, für sie, ihre Lebensweise charakteristisch; vornehm
Pa|t|ro|lo|ge, der; -n, -n ‹*gr.-nlat.*›: ↑Patristiker. **Pa|t|ro|lo|gie,** die; -: ↑Patristik. **Pa|t|ro|lo|gin,** die; -, -nen: weibliche Form zu ↑Patrologe. **pa|t|ro|lo|gisch:** ↑patristisch
¹Pa|t|ron, der; -s, -e ‹*lat.*›: **1.** (Geschichte) Schutzherr seiner Freigelassenen od. Klienten (2) (im alten Rom). **2.** Schutzheiliger einer Kirche od. einer Berufs- od. Standesgruppe. **3.** Inhaber eines kirchlichen Patronats (2). **4.** (veraltet) **a)** Schutzherr, Gönner; **b)** Schiffs-, Handelsherr. **5.** (ugs. abwertend) Bursche, Kerl
²Pa|t|ron [paˈtrõ:], der; -s, -s ‹*lat.-frz.*› (schweiz.): Inhaber eines Geschäfts, einer Gaststätte o. Ä.
³Pa|t|ron [paˈtrõ:], das; -s, -s ‹*lat.-frz.*› (Musik): Modell, äußere Form eines Saiteninstruments
Pa|t|ro|na, die; -, ...nä ‹*lat.*›: [heilige] Beschützerin
Pa|t|ro|na|ge [...ʒə], die; -, -n ‹*lat.-frz.*›: Günstlingswirtschaft, Protektion
Pa|t|ro|nanz, die; -, -en ‹*lat.-nlat.*›: **1.** (veraltet) Patronage. **2.** (österr.) Patronat (3)
Pa|t|ro|nat, das; -[e]s, -e ‹*lat.*›: **1.** Würde u. Amt eines Schutzherrn (im alten Rom). **2.** Rechtsstellung des Stifters einer Kirche od. seines Nachfolgers, mit der bestimmte Rechte u. Pflichten verbunden sind. **3.** Schirmherrschaft
Pa|t|ro|ne, die; -, -n ‹*lat.-mlat.-frz.*›: **1.** als Munition gewöhnlich für Handfeuerwaffen dienende, Treibsatz, Zündung u. Geschoss bzw. Geschossvorlage enthaltende [Metall]hülse. **2.** wasserdicht abgepackter Sprengstoff zum Einführen in Bohrlöcher bei Sprengungen. **3.** Zeichnung auf kariertem Papier für das Muster in der Bindung eines textilen Gewebes. **4. a)** kleiner, fast zylindrischer Behälter aus Kunststoff für Tinte od. Tusche zum Einlegen in einen Füllfederhalter; **b)** fest schließende, lichtundurchlässige Kapsel mit einem Kleinbildfilm, die in die Kamera eingelegt wird. **5.** (Gastron. veraltet) [gefettetes] Papier, das man zum Schutz vor zu starker Hitze über Speisen deckt
pa|t|ro|nie|ren (österr. ugs.): Zimmerwände mit einer Schablone bemalen, schablonieren
Pa|t|ro|nin, die; -, -nen ‹*lat.*›: **1.** Schutzherrin; Schutzheilige. **2.** weibliche Form zu ↑²Patron
pa|t|ro|ni|sie|ren ‹*lat.-frz.*› (veraltet): beschützen, begünstigen
Pa|t|ro|nym, das; -s, -e ‹*gr.*›, **Pa|t|ro|ny|mi|kon,** das; -s, ...ka ‹*gr.*›, **Pa|t|ro|ny|mi|kum,** das; -s, ...ka ‹*gr.-lat.*›: vom Namen des Vaters abgeleiteter Name (z. B. Petersen = Peters Sohn) (Ggs.: Metronymikon)
pa|t|ro|ny|misch: das Patronym betreffend, vom Namen des Vaters abgeleitet
Pa|t|rouil|le [paˈtrʊljə, österr.: ...ˈtru:jə], die; -, -n ‹*frz.*›: **1.** von (einer Gruppe) Soldaten durchgeführte Erkundung, durchgeführter Kontrollgang. **2.** Gruppe von Soldaten, die etwas erkundet, einen Kontrollgang durchführt
pa|t|rouil|lie|ren [patrʊlˈji:...]: als Posten od. Wache auf u. ab gehen, auf Patrouille gehen, fahren, fliegen
Pa|t|ro|zi|ni|um, das; -s, ...ien ‹*lat.*›: **1.** (Geschichte) im alten Rom die Vertretung durch einen ¹Patron (1) vor Gericht. **2.** (Geschichte) im Mittelalter der Rechtsschutz, den der Gutsherr seinen Untergebenen gegen Staat u. Stadt gewährte. **3.** [himmlische] Schutzherrschaft eines Heiligen über eine Kirche. **4.** Festtag zu Ehren des od. der jeweiligen Ortsheiligen
Pat|schu|li, das; -[s], -s ‹*tamil.-engl.-frz.*›: **a)** (ohne Plural) Duftstoff aus der Patschulipflanze; **b)** zur Herstellung von Parfüm aus den Blättern der Patschulipflanze gewonnenes Öl
patt ‹*frz.*›: (beim Schachspiel) nicht mehr in der Lage, einen Zug zu machen, ohne seinen König ins Schach zu bringen. **Patt,** das; -s, -s: **1.** als unentschieden gewertete Stellung im Schachspiel, bei der eine Partei patt ist. **2.** Situation, in der keine Partei einen Vorteil erringen od. den Gegner schlagen kann
Pat|tern [ˈpɛtɐn], das; -s, -s ‹*lat.-frz.-engl.*›: **1.** (bes. Psychol.; Soziol.) [Verhaltens]muster, [Denk]schema, Modell. **2.** (Sprachwiss.) charakteristisches Sprachmuster, nach dem sprachliche Einheiten nachgeahmt u. weitergebildet werden
pat|tie|ren ‹*frz.*›: rastern, mit Notenlinien versehen
Pat|ti|nan|do, das; -s, -s u. ...di ‹*it.*›: mit einem Schritt vorwärts verbundene Angriffsbewegung (beim Fechten)
Pau|kal, der; -s, -e ‹*lat.-nlat.*› (Sprachwiss.): Numerus (z. B. der arabischen Sprache), der eine geringe, überschaubare Anzahl ausdrückt
Pau|kant, der; -en, -en ‹*dt.-nlat.*› (Studentenspr.): Teilnehmer einer Mensur (2)
Pau|kist, der; -en, -en: jmd., der [berufsmäßig] die (Kessel)pauke schlägt. **Pau|kis|tin,** die; -, -nen: weibliche Form zu ↑Paukist
pau|li|nisch ‹*nlat.;* nach dem Apostel Paulus›: der Lehre des Apostels Paulus entsprechend, auf ihr beruhend, von Paulus stammend
Pau|li|nis|mus, der; -: die in den Paulusbriefen des Neuen Testaments niedergelegte Lehre des Apostels Paulus
Pau|low|nia, die; -, ...ien ‹*nlat.;* nach einer russ. Großfürstin Anna Pawlowna›: schnellwüchsiger Zierbaum aus Ostasien; Kaiserbaum
Paume|spiel [ˈpo:m...], das; -[e]s, -e ‹*lat.-frz.; dt.*›: dem Tennis verwandtes altes französisches Ballspiel
pau|pe|rie|ren ‹*lat.*› (Biol.): sich kümmerlich entwickeln (z. B. von durch Kreuzung entstandenen Pflanzen)
pau|pe|ri|sie|ren ‹*lat.-nlat.*›: jmds. Verarmung bewirken od. in Kauf nehmen
Pau|pe|ris|mus, der; - ‹*lat.-nlat.*›: (bes. im 19. Jh.) Verarmung, Verelendung breiter Bevölkerungsschichten, bes. auch in intellektueller u. psychischer Hinsicht

Pau|pe|ri|tät, die; - ⟨*lat.*⟩ (veraltet): Armut, Dürftigkeit

pau|schal ⟨*nlat.*⟩: **a)** im Ganzen, ohne Spezifizierung o. Ä.; **b)** sehr allgemein [beurteilt], ohne näher zu differenzieren

Pau|scha|le, die; -, -n ⟨latinisierende Bildung zu Pausche »Sattelpolsterung«⟩: Geldbetrag, durch den eine Leistung, die sich aus verschiedenen einzelnen Posten zusammensetzt, ohne Spezifizierung abgegolten wird

pau|scha|lie|ren: Teilsummen od. -leistungen zu einer einzigen Summe od. Leistung zusammenlegen

pau|scha|li|sie|ren: etwas pauschal (b) behandeln, sehr stark verallgemeinern. **Pau|scha|li|tät**, die; -: das Pauschalsein, das Undifferenziertsein

Pau|schal|tou|ris|mus, der; -: Form des Tourismus, bei der das Reisebüro die jeweilige Reise vermittelt u. Flug, Hotel usw. pauschal berechnet

Pausch|quan|tum, das; -s, ...ten: ↑Pauschale

[1]**Pau|se**, die; -, -n ⟨*gr.-lat.-roman.*⟩: **1. a)** Unterbrechung [einer Tätigkeit], die der Erholung dienen soll; **b)** kurze Unterbrechung, vorübergehendes Aufhören von etwas. **2.** (Musik) **a)** Taktteil innerhalb eines Musikwerks, der nicht durch Töne ausgefüllt ist; **b)** grafisches Zeichen für die Pause. **3.** (Verslehre) vom metrischen Schema geforderte Takteinheit, die nicht durch Sprache ausgefüllt ist

[2]**Pau|se**, die; -, -n ⟨*frz.*⟩: mithilfe von Pauspapier od. auf fotochemischem Wege hergestellte Kopie (eines Schriftstücks o. Ä.)

pau|sen: eine [2]Pause anfertigen; durchpausen

pau|sie|ren ⟨*gr.-lat.-roman.*⟩: **a)** eine Tätigkeit [für kurze Zeit] unterbrechen; mit etwas vorübergehend aufhören; **b)** ausruhen, ausspannen

Pa|va|ne, die; -, -n ⟨*it.-frz.*⟩ (Musik): **1.** langsamer höfischer Schreittanz. **2.** Einleitungssatz der Suite

Pa|ve|se, die; -, -n ⟨*it.*⟩ (Geschichte): im Mittelalter gebräuchlicher großer Schild mit einem am unteren Ende befestigten Stachel zum Einsetzen in die Erde

Pa|vi|an, der; -s, -e ⟨*frz.-niederl.*⟩: (in Afrika heimischer) großer, vorwiegend am Boden lebender Affe mit unbehaartem (rotem) Hinterteil

Pa|vil|lon [ˈpavɪljɔŋ, auch: ...jõ, österr.: paviˈjõː], der; -s, -s ⟨*lat.-frz.*⟩: **1.** großes viereckiges [Fest]zelt. **2.** kleines rundes od. mehreckiges, [teilweise] offenes, frei stehendes Gebäude (z. B. Gartenhaus). **3.** Einzelbau auf einem Ausstellungsgelände. **4.** (Archit.) vorspringender Eckteil des Hauptbaus eines [Barock]schlosses. **5.** (Archit.) zu einem größeren Komplex gehörender selbstständiger Bau

Pa|vil|lon|sys|tem, das; -s (Archit.): System von mehreren, einem Hauptbau zugeordneten Pavillons (5)

Pa|vo|naz|zo, der; - ⟨*lat.-it.*⟩: Abart des carrarischen Marmors

Pa|vor noc|tur|nus, der; - - ⟨*lat.;* »nächtliche Angst«⟩ (Med.): während des Nachtschlafs plötzlich auftretender Angstanfall, der zum Aufwachen unter lautem Schreien führt; Nachtangst

Paw|lat|sche, die; -, -n ⟨*tschech.*⟩ (österr.): **1.** offener Gang an der Hofseite eines [Wiener] Hauses. **2.** baufälliges Haus. **3.** Bretterbühne

Paw|lat|schen|the|a|ter, das; -s, - (österr.): [Vorstadt]theater, das auf einer einfachen Bretterbühne spielt

[1]**Pax**, die; - ⟨*lat.;* »Friede«⟩: Friedensgruß, bes. der Friedenskuss in der katholischen Messe

[2]**Pax**, der; -es, -e ⟨Abk. für *engl. passenger X*⟩ (Flugw. Jargon): Passagier, Fluggast

Pax Chris|ti, die; - -: (1944 in Frankreich gegründete) katholische Weltfriedensbewegung

Pax Ro|ma|na, die; - - ⟨»römischer Friede«⟩: **1.** (in der römischen Kaiserzeit) befriedeter Bereich römisch-griechischer Kultur. **2.** (1921 gegründete) internationale katholische Studentenbewegung

Pax|ta|fel, die; -, -n: mit Darstellungen Christi, Mariens od. Heiliger verziertes Täfelchen, das früher zur Weitergabe des liturgischen Friedenskusses in der Messe diente

Pax vo|bis|cum: Friede (sei) mit euch! (Gruß in der katholischen Messliturgie)

Pay|card [ˈpeɪ̯kaːɐ̯t], die; -, -s ⟨*engl.*⟩: aufladbare Chipkarte zum bargeldlosen Bezahlen

Pay|ing Guest [ˈpeɪɪŋ ˈgɛst], der; - -s, - -s ⟨*engl.*⟩: im Ausland bei einer Familie mit vollem Familienanschluss wohnender Gast, der für Unterkunft u. Verpflegung bezahlt

Pay-out, Pay|out [ˈpeɪ̯aʊ̯t], das; -s, -s (Wirtsch.): Rückgewinnung investierten Kapitals

Pay-per-Chan|nel [peɪ̯pəˈtʃænl], das; -s ⟨*engl.*⟩: Verfahren, mit dem einzeln abrechenbare Spartenkanäle des digitalen Privatfernsehens empfangen werden können

Pay-per-View [ˈpeɪ̯pəˈvjuː], das; -[s]: **a)** ↑Pay-TV; **b)** Übertragungen durch digitales Privatfernsehen nach einem Gebührensystem, bei dem nur die abgerufenen Einheiten bezahlt werden müssen

Pay|sage in|time [peizaʒɛ̃ˈtiːm], das; - - ⟨*frz.*⟩: (bes. im Frankreich des 19. Jh.s vertretene) Richtung der Landschaftsmalerei, die die stimmungshafte Darstellung bevorzugte

Pay-TV [ˈpeɪ̯tiːviː], das; -[s] ⟨*engl.*⟩: gegen eine Gebühr u. mithilfe eines Decoders zu empfangendes, verschlüsselt gesendetes Privatfernsehen

Pay|wall [ˈpeɪ̯wɔːl], die; -, -s ⟨*engl.*⟩ (EDV): Funktion auf Internetseiten, die den Zugang zu bestimmten Inhalten erst nach Entrichtung einer Gebühr zulässt

Pa|zi|fik, der; -[s] ⟨*lat.-engl.*⟩: Pazifischer od. Großer Ozean (zwischen asiatischem, australischem u. amerikanischem Kontinent)

Pa|zi|fi|ka|ti|on, die; -, -en ⟨*lat.*⟩ (veraltet): Beruhigung, Befriedung

pa|zi|fisch ⟨*lat.-engl.*⟩: den Raum, den Küstentyp u. die Inseln des Pazifischen Ozeans betreffend

Pa|zi|fis|mus, der; - ⟨*lat.-frz.-nlat.*⟩: **a)** weltanschauliche Strömung, die jeden Krieg als Mittel der Auseinandersetzung ablehnt u. den Verzicht auf Rüstung u. militärische Ausbildung fordert; **b)** Haltung, Einstellung eines Menschen, die durch den Pazifismus (a) bestimmt ist

Pa|zi|fist, der; -en, -en: Anhänger des Pazifismus. **Pa|zi|fis|tin,** die; -, -nen: weibliche Form zu ↑ Pazifist. **pa|zi|fis|tisch:** den Pazifismus betreffend

pa|zi|fi|zie|ren ⟨*lat.*⟩ (veraltend): [ein Land] befrieden

Pa|zis|zent, der; -en, -en (Rechtsspr. veraltet): jmd., der einen Vertrag schließt od. einen Vergleich mit einem anderen eingeht. **Pa|zis|zen|tin,** die; -, -nen: weibliche Form zu ↑ Paziszent

pa|zis|zie|ren (Rechtsspr. veraltet): einen Vertrag schließen bzw. einen Vergleich mit einem andern eingehen

¹PC [pe:ˈtse:], der; -[s], -[s] ⟨Abk. für *engl. P*ersonal *C*omputer⟩: ↑ Personal Computer

²PC [pe:ˈtse:], die; - ⟨Abk. für *engl. p*olitical *c*orrectness⟩: ↑ Political Correctness

PCI-Bus [pi:si:ˈaɪ̯...], der; -ses, -se ⟨zu PCI = *engl. p*eripheral *c*omponent *i*nterconnect⟩ (EDV): (in einem PC) Standard für einen Hochgeschwindigkeitsbus, der Erweiterungen auf der Hauptplatine des Rechners miteinander verbindet

PDA [auch: pi:di:ˈʔɛɪ̯], der; -[s], -s ⟨Abk. für engl. *P*ersonal *D*igital *A*ssistant⟩: ↑ Organizer

PDF, das; -s, -s ⟨Abk. für *engl. P*ortable *D*ocument *F*ormat⟩ (EDV): **1.** (ohne Plural) universelles Dateiformat, das bes. für das elektronische Publizieren u. in der Druckvorstufe eingesetzt wird. **2.** Im Format PDF (1) erstellte Datei

Peak [pi:k], der; -[s], -s ⟨*engl.*⟩: **1.** (fachspr.) Signal (1). **2.** (bes. Chemie) relativ spitzes Maximum (2 a) im Verlauf einer Kurve (2). **3.** engl. Bez. für: Berggipfel, -spitze

Pea|nuts [ˈpi:nats], die (Plural; meist ohne Artikel) ⟨*engl.;* »Erdnüsse«⟩ (Jargon): Kleinigkeit; bes. als unbedeutend erachtete Geldsumme

PEARL [pœ:ɐ̯l], das; - ⟨Kurzw. aus *engl. p*rocess and *e*xperiment *a*utomation *r*ealtime *l*anguage⟩ (EDV): Programmiersprache, bes. zur Lösung von Echtzeitaufgaben

Peau d'An|ge [poˈdã:ʒ(ə)], die; - - ⟨*frz.;* »Engelshaut«⟩: weicher Crêpe Satin

Pe|can|nuss vgl. Pekannuss

Pe-Ce-Fa|ser, die; -, -n ⟨Kurzw. aus *P*olyvinyl*c*hlorid u. *Faser*⟩: sehr beständige Kunstfaser

Pe|co|ri|no, der; -[s], -s ⟨*it.*⟩: ein italienischer Hartkäse aus Schafsmilch

Pe|da: *Plural* von ↑ Pedum

Pe|dal, das; -s, -e ⟨*lat.-nlat.*⟩: **1.** mit dem Fuß zu bedienender Teil an der Tretkurbel des Fahrrads. **2.** mit dem Fuß zu bedienender Hebel für Bremse, Gas u. Kupplung in Kraftfahrzeugen. **3. a)** Fußhebel am Klavier zum Dämpfen der Töne od. zum Nachschwingenlassen der Saiten; **b)** Fußhebel am Cembalo zum Mitschwingenlassen anderer Saiten; **c)** Fußhebel an der Harfe zum chromatischen Umstimmen. **4. a)** Tastatur (Klaviatur) an der Orgel, die mit den Füßen bedient wird; **b)** mit dem Fuß zu bedienender Hebel an der Orgel

Pe|da|le, die; -, -n: ↑ Pedal (1)

pe|da|len (bes. schweiz.): Rad fahren

Pe|da|le|rie, die; -, ...i̯en: Gesamtheit der Pedale (in einem Kraftfahrzeug)

pe|da|lie|ren (scherzh.): in die Pedale treten; radeln

Pe|dal|kla|vi|a|tur, die; -, -en: in Fußhöhe angebrachte, mit den Füßen zu spielende Klaviatur

Pe|da|lo, das; -s, -s ⟨*frz.*⟩ (schweiz.): Tretboot

pe|dant ⟨*gr.-it.-frz.*⟩ (österr.): pedantisch. **Pe|dant,** der; -en, -en: jmd., der die Dinge übertrieben genau nimmt

Pe|dan|te|rie, die; -, ...i̯en: übertriebene Genauigkeit, Ordnungsliebe, Gewissenhaftigkeit

Pe|dan|tin, die; -, -nen: weibliche Form zu Pedant

pe|dan|tisch: übertrieben genau, ordnungsliebend, gewissenhaft

Pe|dan|tis|mus, der; - (veraltet): Pedanterie

Pe|de|lec [ˈpɛdɛlɛk, ˈpɛdɪlɛk], das; -[s], -s ⟨*engl.*⟩: Elektrofahrrad

Pe|dell, der; -s, -e ⟨*dt.-mlat.*⟩ (veraltet): Hausmeister einer [Hoch]schule

Pe|dest, das od. der; -[e]s, -e ⟨*lat.-nlat.*⟩ (veraltet): Podest

pe|des|t|risch ⟨*lat.*⟩ (veraltet): niedrig, gewöhnlich, prosaisch

Pe|di|ca|tio, die; -, ...i̯ones ⟨*lat.*⟩ (Med.): ↑ Analverkehr

Pe|di|g|ree [ˈpɛdigri], der; -s, -s ⟨*engl.*⟩ (Biol.): Stammbaum (in der Pflanzen- u. Tierzucht)

Pe|di|ku|lo|se, die; -, -n ⟨*lat.-nlat.*⟩ (Med.): Läusebefall beim Menschen u. die damit zusammenhängenden krankhaften Erscheinungen

Pe|di|kü|re, die; -, -n ⟨*lat.-frz.*⟩: **1.** (ohne Plural) Fußpflege. **2.** Fußpflegerin. **pe|di|kü|ren:** die Füße, bes. die Fußnägel, pflegen

Pe|di|ment, das; -s, -e ⟨*lat.-nlat.*⟩ (Geogr.): mit Sandmaterial bedeckte Fläche am Fuß von Gebirgen in Trockengebieten

Pe|di|zel|la|rie, die; -, -n: zangenartiges Greiforgan der Stachelhäuter

Pe|do|graf, Pe|do|graph, der; -en, -en ⟨*lat.; gr.*⟩: Wegmesser

Pe|do|lo|gie, die; - ⟨*gr.-nlat.*⟩: Bodenkunde. **pe|do|lo|gisch:** die Bodenkunde betreffend

Pe|do|me|ter, das; -s, - ⟨*lat.; gr.*⟩: Schrittzähler

Pe|d|ro Xi|mé|nez [ˈpeðro xiˈmenɛθ], der; - - ⟨*span.*⟩: likörähnlicher spanischer Süßwein

Pe|dum, das; -s, Peda ⟨*lat.*⟩: bischöflicher Krummstab

Pee|ling [ˈpi:...], das; -s, -s ⟨*engl.*⟩: **1.** kosmetische Schälung der [Gesichts]haut zur Beseitigung von Hautunreinheiten u. abgestorbenen Hautschüppchen. **2.** für ein ↑ Peeling (1) verwendetes kosmetisches Produkt

Peep|show [ˈpi:pʃɔʊ̯], die; -, -s ⟨*engl.*⟩: auf sexuelle Stimulation zielendes Sich-zur-Schau-Stellen einer nackten [weiblichen] Person, die gegen Geldeinwurf durch das Guckfenster einer Kabine betrachtet werden kann

Peer [pi:ɐ̯, auch: pɪɐ̯], der; -s, -s ⟨*lat.-frz.-engl.*⟩: **1.** Angehöriger des höchsten Adels in Großbritannien. **2.** Mitglied des britischen Oberhauses

Pee|rage [ˈpɪɐ̯rɪdʒ], die; -: **1.** Würde eines Peers. **2.** Gesamtheit der Peers

Pee|ress [ˈpi:rɛs, auch: ˈpɪɐ̯rɪs], die; -, ...resses [...sɪs, auch: ...sɪz]: **1.** Frau eines Peers. **2.** Angehörige des Hochadels in Großbritannien. **3.** weibliches Mitglied des britischen Oberhauses

Peer|group ['pi:ɐ̯gru:p], die; -, -s (Psychol., Soziol.): **1.** Gruppe von etwa gleichaltrigen Jugendlichen, die als Orientierung für den Übergang von familienorientierter Kindheit zum Erwachsenendasein fungiert. **2.** Gruppe von Gleichgestellten od. Menschen mit gleichen od. ähnlichen Interessen

Peer-Re|view, Peer|re|view ['pi:ɐ̯rivju:], der od. das; -[s], -s, auch die; -, -s ⟨*engl.*⟩ (Wissensch.): der Qualitätssicherung dienende [anonyme] Begutachtung wissenschaftlicher Texte durch unabhängige Fachkolleginnen u. Fachkollegen vor der Veröffentlichung

Pe|ga|sos, Pe|ga|sus, der; - ⟨*gr.-lat.;* geflügeltes Ross der gr. Sage⟩: geflügeltes Pferd als Sinnbild dichterischer Fantasie; **den Pegasos besteigen** (scherzh.): dichten

Pe|ge, die; -, -n ⟨*gr.*⟩: kalte Quelle mit einer Wassertemperatur unter 20 °C

Peg|ma|tit [auch: ...'tɪt], der; -s, -e ⟨*gr.-nlat.*⟩ (Geol.): aus gasreichen Resten von Tiefengesteinsschmelzflüssen entstandenes grobkörniges Ganggestein

Pei|es, die (Plural) ⟨*hebr.*⟩: lange Schläfenlocken orthodoxer Juden

P

Peer

Pei|g|noir [pɛnjo̯a:ɐ̯], der; -s, -s (veraltet): Frisiermantel

Pein|t|re-Gra|veur [pɛ̃:trəgra'vø:ɐ̯], der; -s, -e ⟨*frz.*⟩: nach eigener Erfindung stechender od. radierender Künstler

Pein|ture [pɛ̃'ty:ɐ̯], die; - ⟨*lat.-vulgärlat.-frz.*⟩: kultivierte, meist zarte Farbgebung, Malweise

Pei|re|s|kia, Pereskia, die; -, ...ien ⟨*nlat.;* nach dem frz. Gelehrten N. C. F. de Peiresc, 1580–1637⟩: (im tropischen Amerika u. in Westindien heimische) Kakteenpflanze mit laubartigen Blättern u. langen Dornen

Pe|jo|ra|ti|on, die; -, -en ⟨*lat.-nlat.*⟩: (Sprachwiss.; bei einem Wort) das Ableiten in eine abwertende, negative Bedeutung. **pe|jo|ra|tiv** (Sprachwiss.): die Pejoration betreffend; bedeutungsverschlechternd; abwertend

Pe|jo|ra|ti|vum, das; -s, ...va (Sprachwiss.): pejoratives Wort (z. B. Jüngelchen, frömmeln)

Pe|kan|nuss, Pecannuss, die; -, ...nüsse ⟨*indian.; dt.*⟩: Frucht eines in Nordamerika heimischen Baumes

Pe|ke|sche, die; -, -n ⟨*poln.*⟩: **1.** (in der polnischen Tracht) mit Knebeln geschlossener, oft mit Pelz verarbeiteter Überrock. **2.** geschnürte Festjacke der Verbindungsstudenten

Pe|ki|ne|se, der; -n, -n ⟨nach der chin. Hauptstadt Peking, dem früheren alleinigen Züchtungsort⟩: kleiner, kurzbeiniger Hund mit großem Kopf, Hängeohren u. langem, seidigem Haar

Pe|koe ['pi:koʊ̯], der; -[s] ⟨*chin.-engl.*⟩: gute, aus bestimmten Blättern des Teestrauchs hergestellte Teesorte

pek|t|an|gi|nös ⟨*lat.-nlat.*⟩ (Med.): die ↑ Angina Pectoris betreffend, ihr ähnlich; brust- u. herzbeklemmend

Pek|ta|se, die; - ⟨*gr.-nlat.*⟩: in Mohrrüben, Früchten u. Pilzen vorkommendes Enzym

Pek|ten|mu|schel, die; -, -n ⟨*lat.; dt.*⟩ (Zool.): auf Sandgrund lebende Kammmuschel mit tief gerippten Schalen

Pek|tin, das; -s, -e (meist Plural) ⟨*gr.-nlat.*⟩: gelierender Pflanzenstoff in Früchten, Wurzeln u. Blättern

Pek|ti|na|se, die; -: in Malz u. Pollenkörnern vorkommendes Enzym

pek|to|ral ⟨*lat.*⟩ (Med.): die Brust betreffend, zu ihr gehörend

Pek|to|ra|le, das; -[s], -s u. ...lien ⟨*lat.-mlat.*⟩: **1.** Brustkreuz katholischer geistlicher Würdenträger. **2.** mittelalterlicher Brustschmuck (z. B. Schließe des geistlichen Chormantels)

Pe|ku|li|ar|be|we|gung, die; -, -en ⟨*lat.; dt.*⟩ (Astron.): die bei den gegenseitigen Bewegungen der Fixsterne beobachtete unsystematische Eigenbewegung innerhalb großer Sterngruppen

pe|ku|ni|är ⟨*lat.-frz.*⟩: das Geld betreffend; finanziell, geldlich

pek|zie|ren, pexieren ⟨*lat.*⟩ (landsch.): etwas anstellen, eine Dummheit machen

Pe|la|de, die; -, -n ⟨*lat.-frz.*⟩ (Med.): krankhafter Haarausfall

pe|la|gi|al ⟨*gr.-nlat.*⟩: ↑ pelagisch

Pe|la|gi|al, das; -s: **1.** (Geol.) freies Wasser der Meere u. Binnengewässer von der Oberfläche bis zur größten Tiefe. **2.** (Biol.) Gesamtheit der im freien Wasser lebenden Organismen

Pe|la|gi|a|ner, der; -s, - ⟨*nlat.;* nach dem engl. Mönch Pelagius, 5. Jh.⟩: Anhänger des Pelagianismus. **Pe|la|gi|a|nis|mus,** der; -: kirchlich verurteilte Lehre des Pelagius, die gegen Augustins Gnadenlehre die menschliche Willensfreiheit vertrat

pe|la|gisch ⟨*gr.-lat.*⟩: **1.** (Biol.) (von Tieren u. Pflanzen) im freien Meer u. in weiträumigen Binnenseen lebend. **2.** (Geol.) dem Meeresboden der Tiefsee angehörend (von Sedimenten)

Pe|lar|go|nie, die; -, -n ⟨*gr.-nlat.*⟩: zur Gattung der Storchschnabelgewächse gehörende Pflanze mit meist leuchtenden Blüten; Geranie

Pe|la|ti, die (Plural) ⟨*it.*⟩ (österr., schweiz.): Dosentomaten

Pele|mele [pɛl'mɛl], das; -: **1.** Mischmasch, Durcheinander. **2.** Süßspeise aus Vanillecreme u. Fruchtgelee

pêle-mêle [pɛl'mɛl] ⟨*frz.*⟩: bunt gemischt, durcheinander

Pe|le|ri|ne, die; -, -n ⟨*lat.-frz.*⟩: **a)** über dem Mantel zu tragender, einem Cape ähnlicher Umhang, der etwa bis zur Taille reicht; **b)** (schweiz., sonst veraltet) Regencape

Pel|ham ['pɛləm], der; -s, -s ⟨*engl.*⟩: Kandare mit beweglichem Trensenmundstück (beim Reiten)

Pe|li|kan [auch: ...'ka:n], der; -s, -e ⟨*gr.-mlat.*⟩: tropischer u. subtropischer Schwimmvogel mit mächtigem Körper u. langem, am unteren Teil mit einem dehnbaren Kehlsack versehenem Schnabel

Pe|lit [auch: ...'lɪt], der; -s, -e (meist Plural) ⟨*gr.-nlat.*⟩ (Geol.): Sedimentgestein aus staubfeinen Bestandteilen (z. B. Tonschiefer). **pe|li|tisch** [auch: ...'lɪ...]: die Pelite betreffend

Pel|l|a|g|ra, das; -s ⟨*lat.-it.*⟩ (Med.): vor allem [in südlichen Ländern] bei einseitiger Ernährung mit unbehandelten Mais- u.

Hirseprodukten auftretende Vitaminmangelkrankheit, die sich in Müdigkeit, Schwäche, Gedächtnis-, Schlaf-, Verdauungsstörungen u. Hautveränderungen äußert

Pel|let, das; -s, -s (meist Plural): **1.** (Technik) beim Pelletieren entstehende kleinere Kugel. **2.** durch Pelletieren von gehäckseltem od. gemahlenem Trockenfutter hergestellter, meist zylinderförmiger Presskörper zur Verfütterung an Pferde, Schweine, Rinder u. Geflügel

pel|le|tie|ren, pel|le|ti|sie|ren ⟨*lat.-frz.-engl.*⟩ (Technik): feinkörnige Stoffe durch besondere Verfahren zu kleinen kugel- od. walzenförmigen Stücken (von einigen Zentimetern Durchmesser) zusammenfügen, granulieren (1)

Pel|li|cu|la, die; -, ...lae [...lɛ] ⟨*lat.*⟩ (Biol.): äußerste, dünne, elastische Plasmaschicht des Zellkörpers vieler Einzeller; vgl. Kutikula

pel|lu|zid ⟨*lat.*⟩: lichtdurchlässig (von Mineralien). **Pel|lu|zi|di|tät,** die; -: Lichtdurchlässigkeit (von Mineralien)

Pel|me|ni, die (Plural) ⟨*russ.*⟩: mit Fleisch od. Kraut gefüllte halbmondförmige Nudelteigtaschen

Pe|log, Pe|lok, das; -[s] ⟨*javan.*⟩ (Musik): javanisches siebentöniges Tonsystem

Pe|lo|rie [...i̯ə], die; -, -n ⟨*gr.-nlat.*⟩ (Bot.): strahlige Blüte bei einer Pflanze, die normalerweise zygomorph ausgebildete Blüten trägt

Pe|lo|ta, die; - ⟨*lat.-vulgärlat.-frz.-span.*⟩: baskisches tennisartiges Rückschlagspiel, bei dem der Ball von zwei Spielern od. Mannschaften mit der Faust od. einem Lederhandschuh an eine Wand geschlagen wird

Pe|lo|ton [...ˈtõ:], das; -s, -s ⟨*lat.-vulgärlat.-frz.*⟩: **1.** (Geschichte) Schützenzug (militärische Unterabteilung). **2.** Exekutionskommando. **3.** (Radsport) geschlossenes Feld, Hauptfeld im Straßenrennen

Pe|lot|te, die; -, -n (Med.): Druckpolster in der Form eines Ballons (z. B. an einem Bruchband od. in einem Schuh bei Spreizfuß)

Pel|sei|de, die; - ⟨*lat.-it.; dt.*⟩: Rohseidefäden aus geringwertigen Kokons

Pel|tast, der; -en, -en ⟨*gr.-lat.*⟩: leicht bewaffneter Fußsoldat im antiken Griechenland

Pe|lusch|ke, die; -, -n ⟨*slaw.*⟩ (landsch.): als Futterpflanze angebaute Erbse mit etwas kantigen, graugrünen Samen mit braunen Punkten

Pem|mi|kan, der; -s ⟨*indian.*⟩: haltbares Nahrungsmittel der Indianer Nordamerikas aus getrocknetem u. zerstampftem [Bison]fleisch, das mit heißem Fett übergossen [u. mit Beeren vermischt] ist

Pem|phi|gus, der; - ⟨*gr.-nlat.*⟩ (Med.): Oberbegriff für verschiedene Hautkrankheiten (Autoimmundermatosen), bei denen Blasen auftreten

Pe|nal|ty [ˈpɛnl̩ti], der; -[s], -s ⟨*lat.-mlat.-engl.*⟩: Strafstoß (bes. im Eishockey, schweiz. auch im Fußball)

Pe|na|ten, die (Plural) ⟨*lat.*⟩: altrömische Schutzgötter des Hauses u. der Familie

Pence [pɛns]: *Plural* von ↑Penny

Pen|chant [pãˈʃã:], der; -s, -s ⟨*lat.-vulgärlat.-frz.*⟩ (veraltet): Hang, Neigung, Vorliebe

P.E.N.-Club, PEN-Club [ˈpɛnklʊp], der; -s ⟨Kurzw. aus *engl.* poets, essayists, novelists u. Club (zugleich anklingend an *engl.* pen = Feder)⟩: 1921 gegründete internationale Dichter- u. Schriftstellervereinigung (mit nationalen Sektionen)

Pen|dant [pãˈdã:], das; -s, -s ⟨*lat.-frz.*⟩: **1.** ergänzendes Gegenstück; Entsprechung. **2.** (veraltet) Ohrgehänge

pen|dent ⟨*lat.-it.*⟩ (schweiz.): unerledigt, schwebend, anhängig

Pen|den|tif [pãdã...], das; -s, -s ⟨*lat.-frz.*⟩ (Archit.): Konstruktion in Form eines sphärischen Dreiecks, die den Übergang von einem quadratischen od. mehreckigen Grundriss in die Rundung einer Kuppel ermöglicht

Pen|denz, die; -, -en ⟨*lat.*⟩ (schweiz.): schwebende, unerledigte Sache, Angelegenheit

Pen|do|li|no®, der; -[s], -s ⟨*it.*⟩: mit einer computergesteuerten Neigetechnik ausgestatteter Zug, der auch auf kurvenreichen Strecken hohe Geschwindigkeiten erreichen kann

Pen|du|le [pãˈdy:lə], **Pen|dü|le,** die; -, -n ⟨*lat.-frz.*⟩: größere Uhr, die durch ein Pendel in Gang gehalten wird; Pendeluhr; Stutzuhr

Pe|ne|plain [ˈpi:nɪplɛi̯n], die; -, -s ⟨*lat.-engl.*⟩ (Geogr.): fast ebene Landoberfläche in geringer Höhe über dem Meeresspiegel, die nur von breiten Muldentälern u. niederen Bodenwellen in ihrer Ebenheit unterbrochen wird; Fastebene

Pe|nes: *Plural* von ↑Penis

pe|ne|seis|misch ⟨*lat.; gr.*⟩ (Geol.): öfter von schwachen Erdbeben heimgesucht

pe|ne|t|ra|bel ⟨*lat.-frz.*⟩ (veraltet): durchdringbar; durchdringend

pe|ne|t|rant: a) in störender Weise durchdringend; **b)** in störender Weise aufdringlich

Pe|ne|t|ranz, die; -, -en: **1. a)** durchdringende Schärfe, penetrante (a) Beschaffenheit; **b)** Aufdringlichkeit. **2.** (Biol.) die prozentuale Häufigkeit, mit der ein Erbfaktor bei Individuen gleichen Erbgutes im äußeren Erscheinungsbild wirksam wird

Pe|ne|t|ra|ti|on, die; -, -en ⟨*lat.*⟩: **1.** Durchdringung, Durchsetzung, das Penetrieren. **2.** (Technik) Eindringtiefe (bei der Prüfung der ↑Viskosität von Schmierfetten). **3. a)** (Fachspr.) das Eindringen in etwas; **b)** das Eindringen des Penis in die weibliche Scheide

pe|ne|t|rie|ren ⟨*lat.-frz.*⟩: **1.** durchsetzen, durchdringen. **2.** mit dem Penis [in die weibliche Scheide] eindringen

Pe|ne|t|ro|me|ter, das; -s, - ⟨*lat.; gr.*⟩ (Technik): Gerät zum Messen der ↑Penetration (2)

Pen|hol|der [ˈpɛnhɔu̯ldɐ], der; -s, **Pen|hol|der|griff,** der; -[e]s ⟨*engl.*⟩ (Tischtennis): Haltung des Schlägers, bei der der nach oben zeigende Griff zwischen Daumen u. Zeigefinger liegt; Federhaltergriff

pe|ni|bel ⟨*gr.-lat.-frz.*⟩: **1.** bis ins Einzelne so genau, dass es schon übertrieben od. kleinlich ist. **2.** (landsch.) peinlich

Pe|ni|bi|li|tät, die; -: [ängstliche] Genauigkeit; Empfindlichkeit

Pe|ni|cil|lin vgl. Penizillin

Pe|ni|cil|li|na|se, die; -: von manchen Bakterien gebildetes, Penizillin zerstörendes Enzym

Pe|ni|cil|li|um, das; -s: Schimmelpilz, der das Penizillin liefert

Pen|in|su|la, die; -, ...sul(e)n ⟨*lat.*⟩: Halbinsel. **pen|in|su|lar, pen|in|su|la|risch** ⟨*lat.-nlat.*⟩: zu einer Halbinsel gehörend, halbinselartig

Pe|nis, der; -, -se u. Penes [...ne:s] ⟨*lat.*⟩ (Med.): Teil der äußeren Geschlechtsorgane des Mannes u. verschiedener männlicher Tiere, der mit Schwellkörpern versehen ist, die ein Steifwerden u. Aufrichten zum Zweck des Geschlechtsverkehrs möglich machen

Pe|ni|ten|tes, die (Plural) ⟨*lat.-span.;* »die Büßer«⟩: durch Verdunsten u. Abschmelzen entstandene Eisfiguren auf Schnee- od. Firnflächen; Büßerschnee

Pe|ni|zil|lin, fachspr. u. österr.: Penicillin, das; -s, -e ⟨*lat.-nlat.*⟩ (Med.): [früher] besonders wirksames Antibiotikum; vgl. Penicillium

Pen|nal, das; -s, -e ⟨*lat.-mlat.*⟩: **1.** (veraltet) Federbüchse. **2.** (Schülerspr. veraltet) höhere Schule

Pen|nä|ler, der; -s, - (veraltet): Schüler [einer höheren Schule]. **Pen|nä|le|rin,** die; -, -nen: weibliche Form zu ↑ Pennäler

Pen|na|lis|mus, der; - ⟨*lat.-mlat.-nlat.*⟩: im 16. u. 17. Jh. Dienstverhältnis zwischen jüngeren u. älteren Studierenden an deutschen Universitäten

Pen|ni, der; -[s], -[s] (aber: 10 -) ⟨*dt.-finn.*⟩: frühere finnische Münzeinheit (100 Penni = 1 Markkaa) (Abk.: p)

Pen|ny [ˈpɛni], der; -s, (einzelne Stücke:) Pennys [...ni:s] u. (als Wertangabe:) Pence ⟨*engl.*⟩: Münzeinheit in Großbritannien u. britischen Überseegebieten (Abk.: [für Singular u. Plural beim neuen Penny im Dezimalsystem]: p, vor 1971: d)

Pen|ny|stock [ˈpɛnistɔk], der; -s, -s (meist Plural) ⟨*engl.*⟩ (Wirtsch.): amerikanische Aktie, die mit weniger als 5 US-Dollar pro Stück gehandelt wird

Pen|ny|weight [ˈpɛniweɪ̯t], das; -[s], -s: englisches Feingewicht (1,5552 g) (Abk.: dwt, pwt)

Pen|sa: *Plural* von ↑ Pensum

pen|see [pɑ̃ˈse:] ⟨*lat.-frz.*⟩: dunkelviolett

Pen|see [pɑ̃ˈse:], das; -s, -s: frz. Bez. für: Stiefmütterchen

Pen|sen: *Plural* von ↑ Pensum

pen|si|e|ro|so ⟨*lat.-it.*⟩ (Musik): gedankenvoll, tiefsinnig (Vortragsanweisung)

Pen|si|on [pɑ̃ˈzi̯o:n, auch: paŋ..., pɛn..., auch: pɑ̃ˈsi̯o:n], die; -, -en ⟨*lat.-frz.*⟩: **1. a)** (ohne Plural; meist ohne Artikel) Ruhestand der Beamten; **b)** Bezüge für Beamte im Ruhestand. **2.** Fremdenheim zur Beherbergung u. Verpflegung von Gästen. **3.** (ohne Plural) [Preis für die] Unterbringung u. Verpflegung in einer Pension (2)

Pen|si|o|när, der; -s, -e: **1. a)** Beamter im Ruhestand; **b)** (landsch.) Rentner. **2.** (schweiz., sonst veraltet) jmd., der in einer Pension (2) wohnt. **Pen|si|o|nä|rin,** die; -, -nen: weibliche Form zu ↑ Pensionär

Pen|si|o|nat, das; -[e]s, -e (veraltend): Internat, bes. für Mädchen

pen|si|o|nie|ren: jmdn., bes. einen Beamten, in den Ruhestand versetzen

Pen|si|o|nist, der; -en, -en (österr.): Pensionär. **Pen|si|o|nis|tin,** die; -, -nen: weibliche Form zu ↑ Pensionist

Pen|sum, das; -s, Pensen u. Pensa ⟨*lat.*⟩: **a)** Aufgabe, Arbeit, die innerhalb einer bestimmten Zeit zu erledigen ist; **b)** Lehrstoff

Pen|ta|chord [...k...], das; -[e]s, -e ⟨*gr.-lat.*⟩: fünfsaitiges Streich- od. Zupfinstrument

Pen|ta|de, die; -, -n (Meteorol.): Zeitraum von fünf aufeinanderfolgenden Tagen

Pen|ta|dik, die; - ⟨*gr.-nlat.*⟩ (Math.): Zahlensystem mit der Grundzahl 5

Pen|ta|eder, das; -s, -: von fünf Flächen begrenzter Vielflächner; Fünfflächner

Pen|ta|ete|ris, die; -, ...ren ⟨*gr.-lat.*⟩: altgriechischer Zeitraum von fünf Jahren

Pen|ta|glot|te, die; -, -n ⟨*gr.-nlat.*⟩: in fünf Sprachen abgefasstes Buch, bes. fünfsprachige Bibel

¹Pen|ta|gon, das; -s, -e ⟨*gr.-lat.*⟩: Fünfeck

²Pen|ta|gon, das; -s ⟨*gr.-engl.-amerik.*⟩: auf einem fünfeckigen Grundriss errichtetes amerikanisches Verteidigungsministerium

pen|ta|go|nal ⟨*gr.-nlat.*⟩: fünfeckig

Pen|ta|gon|do|de|ka|eder, das; -s, - ⟨*gr.-nlat.*⟩: von zwölf fünfeckigen Flächen begrenzter Körper

Pen|ta|gon|iko|si|te|t|ra|eder, das; -s, -: aus untereinander kongruenten Fünfecken bestehender vierundzwanzigflächiger [Kristall]körper

Pen|ta|gramm, das; -s, -e: fünfeckiger Stern, der in einem Zug mit fünf gleich langen Linien gezeichnet werden kann; Drudenfuß

Pen|t|al|pha, das; -[s], -s: ↑ Pentagramm

pen|ta|mer ⟨*gr.-lat.*⟩: fünfgliedrig, fünfteilig

Pen|t|a|me|ron, das; -s ⟨*gr.-it.*⟩: Sammlung neapolitanischer Märchen, die der Herausgeber Basile in fünf Tagen erzählen lässt

Pen|ta|me|ter, der; -s, - ⟨*gr.-lat.*⟩: (nach deutscher Messung) aus sechs Versfüßen bestehender epischer Vers, der durch Zäsur in zwei Hälften geteilt ist

Pen|tan, das; -s, -e ⟨*gr.-nlat.*⟩: sehr flüchtiger (gesättigter) Kohlenwasserstoff mit fünf Kohlenstoffatomen

Pen|ta|nol, das; -s: ein ↑ Amylalkohol

Pen|ta|p|la, die; -, ...aplen ⟨*gr.-nlat.*⟩: ↑ Pentaglotte

Pen|ta|pris|ma, das; -s, ...men: in optischen Geräten verwendetes Fünfkantprisma, Reflexionsprisma

Pen|t|ar|chie, die; -, ...ien: Herrschaft von fünf Mächten, Fünfherrschaft

Pen|ta|s|to|mi|den, die (Plural): Zungenwürmer (parasitische Gliedertiere in der Lunge von Reptilien, Vögeln u. Säugetieren)

Pen|ta|s|ty|los, der; -, ...ylen ⟨*gr.*⟩: antiker Tempel mit je fünf Säulen an den Schmalseiten

Pen|ta|teuch, der; -[s] ⟨*gr.-lat.;* »Fünfrollenbuch«⟩: die fünf Bücher Mose im Alten Testament

Pen|t|ath|lon [auch: ...ˈʔa:tlɔn], der u. das; -s, -s ⟨*gr.*⟩: bei den Olympischen Spielen im Griechenland der Antike ausgetragener Fünfkampf (Diskuswerfen,

Wettlauf, Weitsprung, Ringen, Speerwerfen)
Pen|ta|to|nik, die; - ‹*gr.-nlat.*›: fünfstufiges, halbtonloses Tonsystem. **pen|ta|to|nisch:** die Pentatonik betreffend
pen|ta|zy|k|lisch (Bot.): fünf Blütenkreise aufweisend (von bestimmten Zwitterblüten)
pen|te|kos|tal ‹*gr.-mlat.*›: **a)** die Pentekoste betreffend, pfingstlich, Pfingst...; **b)** pfingstlerisch; die Pfingstbewegung betreffend. **Pen|te|kos|te,** die; - (Rel.): **a)** Pfingsten als der fünfzigste Tag nach Ostern; **b)** Zeitraum zwischen Ostern u. Pfingsten
Pen|ten, das; -s, -e ‹*gr.-nlat.*› (Chemie): ein ungesättigter Kohlenwasserstoff der Olefinreihe; vgl. Olefin
Pen|te|re, die; -, -n ‹*gr.-lat.;* »Fünfruderer«›: antikes Kriegsschiff, das von in fünf Reihen übereinandersitzenden Ruderern bewegt wurde
Pent|haus vgl. Penthouse
Pen|th|e|mi|me|res, die; -, - ‹*gr.*› (antike Metrik): Zäsur nach dem fünften Halbfuß, bes. im Hexameter u. jambischen Trimeter
Pent|house [ˈpɛnthaʊ̯s], das; -, -s [...zɪs] ‹*engl.-amerik.*›, **Pent|haus,** das; -es, ...häuser ‹*engl.-amerik.; dt.*›: exklusives Apartment auf dem Flachdach eines Etagen- od. Hochhauses
Pen|ti|men|ti, die (Plural) ‹*lat.-it.;* »Reuezüge«›: Linien od. Untermalungen auf Gemälden od. Zeichnungen, die vom Künstler abgeändert, aber [später] wieder sichtbar wurden
Pen|ti|um ®, der; -[s], -s ‹Kunstw.›: besonders schneller u. leistungsfähiger Mikroprozessor
Pent|lan|dit [auch: ...ˈdɪt], der; -s, -e ‹*nlat.;* nach dem Entdecker J. B. Pentland, 1797–1873› (Mineral.): Eisennickelkies, wichtiges Nickelerz
Pen|t|o|de, die; -, -n ‹*gr.-nlat.*› (Elektrot.): Fünfpolröhre (Schirmgitterröhre mit Anode, Kathode u. drei Gittern)
Pen|to|se, die; -, -n: in der Natur weitverbreitetes Monosaccharid mit fünf Kohlenstoffatomen; Einfachzucker
Pen|to|s|u|rie, die; - (Med.): das Auftreten von Pentosen im Harn [nach Verzehr von reichlich Obst]
Pen|to|thal ®, das; -s ‹Kunstw.›: ein Narkosemittel
Pe|n|um|b|ra, die; - ‹*lat.-nlat.*› (Astron.): nicht ganz dunkles Randgebiet eines Sonnenflecks
Pe|nun|se vgl. Penunze
Pe|nun|ze, die; -, -n (meist Plural) ‹*poln.*› (ugs.): Geld, Geldmittel
Pe|n|u|ria, die; - ‹*lat.*› (veraltet): drückender Mangel
Pe|on, der; -en, -en ‹*lat.-vulgärlat.-span.*›: **1.** (Geschichte) südamerikanischer [indianischer] Tagelöhner. **2.** (in Argentinien, Mexiko) Pferdeknecht, Viehhirte
Pe|o|na|ge [peoˈnaːʒə, engl.: ˈpiːənɪdʒ], die; - ‹*lat.-span.-amerik.*› (Geschichte): System der Entlohnung, das zur Verschuldung der Peonen führte (bes. in Mexiko)
Pep, der; -[s] ‹*amerik.*›: mitreißender Schwung
Pe|pe|rin, der; -s, -e ‹*sanskr.-pers.-gr.-lat.-it.*› (Geol.): vulkanisches Tuffgestein mit Auswürflingen in der Masse (im Albanergebirge)
Pe|pe|ro|ne, der; -, ...oni, häufiger: **Pe|pe|ro|ni,** die; -, - (meist Plural): kleine, sehr scharfe [in Essig eingelegte] Paprikaschote
Pe|pi|ni|e|re, die; -, -n ‹*frz.*› (veraltet): Baumschule
Pe|pi|ta, der od. das; -s, -s ‹*span.;* spanische Tänzerin der Biedermeierzeit›: **a)** klein karierte [schwarzweiße] Hahnentrittmusterung; **b)** [Woll- od. Baumwoll]gewebe mit dieser Musterung
Pe|p|lon, das; -s, ...plen u. -s, **Peplos,** der; -, ...plen u. - ‹*gr.*›: altgriechisches faltenreiches, gegürtetes Obergewand, bes. der Frauen
Pe|p|lo|pau|se, die; - ‹*gr.-nlat.*› (Meteorol.): Obergrenze der untersten Luftschicht der ↑Atmosphäre (1 b)
Pe|p|los vgl. Peplon
Pep|sin, das; -s, -e ‹*gr.-nlat.*›: **1.** (Biol., Med.) bestimmtes Enzym des Magensaftes. **2.** (Biochemie) aus Pepsin (1) hergestelltes Arzneimittel
Pep|sin|wein, der; -[e]s, -e: Dessertwein, der die Magentätigkeit anregt
Pep|tid, das; -[e]s, -e: bestimmtes Produkt des Eiweißabbaus
Pep|ti|da|se, die; -, -n: Enzym, das Peptidbindungen spaltet
Pep|tid|hor|mon, das; -s, -e ‹*gr.-nlat.*›: ↑Proteohormon
Pep|ti|sa|ti|on, die; -: das Peptisieren
pep|tisch: das Pepsin betreffend, verdauungsfördernd
pep|ti|sie|ren: ein Gel in ein [2]Sol zurückverwandeln
Pep|ton, das; -s, -e: Abbaustoff des Eiweißes
Pep|to|n|u|rie, die; - (Med.): Ausscheidung von Peptonen mit dem Harn
per ‹*lat.*›: **1.** mit, mittels, durch (z. B. per Bahn, per Telefon). **2.** (Amts-, Kaufmannsspr.) **a)** je, pro (z. B. etwas per Kilo verkaufen); **b)** bis zum, am (z. B. per ersten Januar liefern)
Per, das; -s (Jargon): als Lösungsmittel bei der chemischen Reinigung verwendetes Perchloräthylen
per ab|usum ‹*lat.*› (veraltet): durch Missbrauch
per ac|ci|dens ‹*lat.*› (veraltet): durch Zufall
per ac|cla|ma|ti|o|nem ‹*lat.*›: durch Zuruf
per Ad|res|se: bei; über die Anschrift von (bei Postsendungen) (Abk.: p. A.)
per an|num ‹*lat.*› (veraltet): jährlich, für das Jahr (Abk.: p. a.)
per anum ‹*lat.*› (Med.): rektal, durch den After, den Mastdarm [eingeführt]
per as|pe|ra ad as|t|ra ‹*lat.;* »auf rauen Wegen zu den Sternen«›: nach vielen Mühen zum Erfolg; durch Nacht zum Licht
Per|bo|rat, das; -[e]s, -e (meist Plural) ‹*lat.; pers.-arab.-mlat.*›: Sauerstoff abgebende Verbindung aus Wasserstoffperoxid u. Boraten
Per|bu|nan, der; -s ‹Kunstw.›: künstlicher Kautschuk, der von Benzin u. Ölen nicht angegriffen wird
per cas|sa ‹*lat.-it.*› (Kaufmannsspr.): gegen Barzahlung; vgl. Kassa
Perche|akt, Perche-Akt [ˈpɛrʃ...], der; -[e]s, -e ‹*lat.-frz.; lat.*›: Darbietung artistischer Nummern an einer langen, elastischen [Bambus]stange
Per|che|ron [pɛrʃəˈrõː], der; -[s], -s

⟨*frz.;* nach der ehemaligen Grafschaft Perche in Nordfrankreich⟩: französisches Kaltblutpferd

Per|chlo|rat, das; -[e]s, -e ⟨*lat.; gr.-nlat.*⟩: Salz der Perchlorsäure

Per|chlor|äthy|len, fachspr.: **Per|chlor|ethy|len,** das; -s ⟨*lat.; gr.-nlat.*⟩: ein Lösungsmittel, bes. für Fette u. Öle

Per|chlor|säu|re, die; - ⟨*lat.; gr.; dt.*⟩: Überchlorsäure

per con|to ⟨*lat.-it.*⟩ (Kaufmannsspr.): auf Rechnung; vgl. Konto

Per|cus|sion [pəˈkaʃn̩], die; -, -s ⟨*lat.-engl.*⟩ (Musik): **1.** in der Jazzkapelle o. Ä. Gruppe der Schlaginstrumente. **2.** kurzer od. langer Abklingeffekt bei der elektronischen Orgel; vgl. Perkussion

per de|fi|ni|ti|o|nem ⟨*lat.*⟩: wie in der Aussage enthalten; erklärtermaßen

per|den|do|si ⟨*lat.-it.*⟩ (Musik): abnehmend, allmählich schwächer, sehr leise werdend (Vortragsanweisung)

per|du [...ˈdyː] ⟨*lat.-frz.*⟩ (ugs.): verloren, weg, auf und davon

Pe|re|d|wisch|ni|ki, die (Plural) ⟨*russ.*⟩: Gruppe russischer Künstler, die im 19. Jh. auf Wanderausstellungen hervortraten

Pe|re|g|ri|na|ti|on, die; - ⟨*lat.*⟩ (veraltet): Wanderung u. Reise im Ausland

Pe|r|emp|ti|on, Peremtion, die; -, -en ⟨*lat.*⟩ (Rechtsspr. veraltet): Verfall, Verjährung

pe|r|emp|to|risch, peremtorisch: aufhebend; **peremptorische Einrede** (Rechtswiss.): Klageansprüche vernichtende Einrede bei Gericht

Pe|r|em|ti|on usw. vgl. Peremption usw.

Pe|r|en|ne, die; -, -n ⟨*lat.-nlat.*⟩: mehrjährige, unterirdisch ausdauernde, krautige Pflanze

pe|r|en|nie|rend: 1. ausdauernd; hartnäckig. **2.** (Bot.) mehrjährig (von Stauden- u. Holzgewächsen). **3.** mit dauernder, wenn auch jahreszeitlich schwankender Wasserführung, Schüttung (von Wasserläufen, Quellen)

pe|r|en|nis (veraltet): das Jahr hindurch, beständig

Pe|re|s|kia vgl. Peireskia

Pe|res|t|roi|ka, die; - ⟨*russ.;* »Umbau«⟩: Umbildung, Neugestaltung (urspr. des sowjetischen politischen Systems)

per ex|em|plum ⟨*lat.*⟩ (veraltet): zum Beispiel

per fas ⟨*lat.*⟩ (veraltet): auf rechtliche Weise

per fas et ne|fas (veraltet): auf jede [erlaubte od. unerlaubte] Weise

per|fekt ⟨*lat.*⟩: **1.** vollendet, vollkommen [ausgebildet]. **2.** abgemacht, gültig

Per|fekt, das; -s, -e (Sprachwiss.): **1.** (ohne Plural) Zeitform, mit der ein verbales Geschehen od. Sein aus der Sicht des Sprechers als vollendet charakterisiert wird. **2.** Verbform im Perfekt (1) (z. B. ich *habe gegessen*)

Per|fek|ta: *Plural* von ↑Perfektum

per|fek|ti|bel ⟨*lat.-nlat.*⟩: vervollkommnungsfähig (im Sinne des Perfektibilismus)

Per|fek|ti|bi|lis|mus, der; -: Anschauung, Lehre aufklärerischen Geschichtsdenkens, nach der der Sinn der Geschichte im Fortschritt zu immer größerer Vervollkommnung der Menschheit liegt

Per|fek|ti|bi|list, der; -en, -en: Anhänger des Perfektibilismus. **Per|fek|ti|bi|lis|tin,** die; -, -nen: weibliche Form zu ↑Perfektibilist

Per|fek|ti|bi|li|tät, die; -: Fähigkeit zur Vervollkommnung

Per|fek|ti|on, die; -, -en ⟨*lat.-frz.*⟩: **1.** Vollendung, Vollkommenheit, vollendete Meisterschaft. **2.** (veraltet) das Zustandekommen eines Rechtsgeschäftes

per|fek|ti|o|nie|ren ⟨*lat.-nlat.*⟩: etwas, jmdn. in einen Zustand bringen, der [technisch] perfekt (1) ist. **Per|fek|ti|o|nie|rung,** die; -: das Vervollkommnen, Perfektionieren

Per|fek|ti|o|nis|mus, der; -: **1.** (abwertend) übertriebenes Streben nach Vervollkommnung. **2.** (Philos.) Lehre innerhalb der Aufklärung, nach der der Sinn der Geschichte sich in einer fortschreitenden ethischen Vervollkommnung der Menschheit verwirklicht. **Per|fek|ti|o|nist,** der; -en, -en: **1.** (abwertend) jmd., der in übertriebener Weise nach Perfektion (1) strebt. **2.** (Plural) Vertreter, Anhänger des Perfektionismus (2). **Per|fek|ti|o|nis|tin,** die; -, -nen: weibliche Form zu ↑Perfektionist

per|fek|ti|o|nis|tisch (abwertend): **a)** in übertriebener Weise Perfektion (1) anstrebend; **b)** bis in alle Einzelheiten vollständig, umfassend

per|fek|tisch ⟨*lat.*⟩: das Perfekt betreffend, im Perfekt [gebraucht]

per|fek|tiv [auch: ...ˈtiːf] (Sprachwiss.): die zeitliche Begrenzung eines Geschehens ausdrückend; **perfektiver Aspekt:** zeitlich begrenzte Verlaufsweise eines verbalen Geschehens (z. B. verblühen)

per|fek|ti|vie|ren ⟨*lat.-nlat.*⟩: ein Verb mithilfe sprachlicher Mittel, bes. von Partikeln, in die perfektive Aktionsart überführen

per|fek|ti|visch ⟨*lat.*⟩: **1.** ↑perfektisch. **2.** (veraltet) ↑perfektiv

Per|fekt|par|ti|zip, das; -s, -ien: Partizip Perfekt; vgl. Partizip

Per|fek|tum, das; -s, ...ta (veraltet): Perfekt

per|fid, per|fi|de ⟨*lat.-frz.*⟩: hinterhältig, hinterlistig, tückisch. **Per|fi|die,** die; -, ...ien: **a)** (ohne Plural) Hinterhältigkeit, Hinterlist, Falschheit; **b)** perfide Handlung, Äußerung. **Per|fi|di|tät,** die; -, -en: ↑Perfidie

per|flu|o|riert ⟨*lat.*⟩ (Chemie): (von organischen Verbindungen) durch den Austausch aller Wasserstoffatome an einer Kohlenstoffkette durch Fluoratome gekennzeichnet u. dadurch chemisch u. thermisch sehr beständig

Per|fluor|ok|tan|säu|re, fachspr.: **Per|fluor|oc|tan|säu|re,** die; - (Chemie): öl- u. wasserabweisende Chemikalie, die u. a. als Tensid eingesetzt wird u. sich in Böden u. Gewässern als Schadstoff anreichert

per|fo|rat ⟨*lat.*⟩: durchlöchert

Per|fo|ra|ti|on, die; -, -en: **1. a)** (Med.) Durchbruch eines Abszesses od. Geschwürs durch die Hautoberfläche od. in eine Körperhöhle; **b)** (Med.) [unbeabsichtigte] Durchstoßung der Wand eines Organs o. Ä. bei einer Operation; **c)** (Med. früher) operative Zerstückelung des Kopfes eines abgestorbenen Kindes im Mutterleib (bei bestimmten Komplikationen).

2. a) Reiß-, Trennlinie an einem Papierblatt; Zähnung; **b)** zum Transportieren erforderliche Lochung am Rande eines Films

Per|fo|ra|tor, der; -s, ...oren: **1.** (Technik) Gerät zum Herstellen einer Perforation (2 a). **2.** (Druckw. früher) Schriftsetzer, der mithilfe einer entsprechenden Maschine den Drucksatz auf Papierstreifen locht

per|fo|rie|ren: 1. (Med.) bei einer Operation [unbeabsichtigt] die Wand eines Organs o. Ä. durchstoßen. **2. a)** durchlöchern; **b)** eine ↑Perforation (2a) herstellen, lochen

Per|for|mance [pœːɐ̯ˈfɔːɐ̯məns], die; -, -s [...sɪs] ⟨*engl.;* »Vorführung«⟩: **1.** dem ↑Happening ähnliche, meist von einem einzelnen Künstler dargebotene künstlerische Aktion. **2.** (Bankw.) prozentualer Wertzuwachs des Vermögens einer Investmentgesellschaft od. auch eines einzelnen Wertpapiers. **3.** (EDV) Leistungsniveau, -stärke eines Rechners

per|for|mant ⟨*engl.*⟩ (EDV): leistungsfähig; eine hohe Performanz (2) aufweisend

Per|for|manz, die; -, -en ⟨*lat.-engl.*⟩: **1.** (Sprachwiss.) Gebrauch der Sprache, konkrete Realisierung von Ausdrücken in einer bestimmten Situation durch einen individuellen Sprecher. **2.** (EDV) Leistung, Leistungsfähigkeit [eines Rechners, eines Systems o. Ä.]

per|for|ma|tiv, per|for|ma|to|risch (Sprachwiss.): eine mit einer sprachlichen Äußerung beschriebene Handlung zugleich vollziehend (z. B. ich gratuliere dir ...); vgl. ...iv/...orisch

per|for|men: 1. darbieten, präsentieren; etw. vorführen; eine Performance bieten. **2.** (Bankw.) sich in Bezug auf den Wert entwickeln

Per|for|mer [...ˈfɔː..., auch: ...ˈfɔr...], der; -s, - ⟨*engl.*⟩: Künstler, der Performances darbietet. **Per|for|me|rin,** die; -, -nen: weibliche Form zu ↑Performer

per|fun|die|ren ⟨*lat.*⟩ (Med.): ein Organ mit einer Flüssigkeit (z. B. Blut od. Nährstofflösung) durchströmen

Per|fu|si|on, die; -, -en (Med.): der Ernährung u. der Reinigung des Gewebes dienende [künstliche] Durchströmung eines Hohlorgans od. Gefäßes; Durchblutung

Per|ga|men, das; -s, -e ⟨*gr.-lat.-mlat.;* vom Namen der antiken kleinasiatischen Stadt Pergamon⟩ (veraltet): Pergament. **per|ga|me|nen** (veraltet): pergamenten

Per|ga|ment, das; -[e]s, -e ⟨*gr.*⟩: **1.** enthaarte, geglättete, zum Beschreiben zubereitete Tierhaut, die bes. vor der Erfindung des Papiers als Schreibmaterial diente. **2.** Handschrift auf Pergament (1). **per|ga|men|ten:** aus Pergament (1)

Per|ga|men|ter, der; -s, -: Hersteller von Pergament (1)

per|ga|men|tie|ren: 1. ein dem Pergament ähnliches Papier herstellen. **2.** Baumwollgewebe durch Behandlung mit Schwefelsäure pergamentähnlich machen

Per|ga|min, Per|ga|myn, das; -s ⟨Kunstw.⟩: pergamentartiges, durchscheinendes Papier

Per|go|la, die; -, ...len ⟨*lat.-it.*⟩: Laube od. Laubengang aus Pfeilern od. Säulen als Stützen für eine Holzkonstruktion, an der sich Pflanzen [empor]ranken

per|hor|res|zie|ren ⟨*lat.*⟩: mit Abscheu zurückweisen; verabscheuen, entschieden ablehnen

Pe|ri, die; -, -s (meist Plural) ⟨*pers.*⟩: [urspr. böses, aber] zum Licht des Guten strebendes feenhaftes Wesen der altpersischen Sage

pe|ri..., Pe|ri...

⟨*gr.* perí »ringsum; um ... herum; in der Nähe, bei; ungefähr«⟩
Präfix mit der Bedeutung »um ... herum, umher, über ... hinaus«:
- Perikard
- perinatal
- Periskop

Pe|ri|ade|ni|tis, die; -, ...itiden ⟨*gr.-nlat.*⟩ (Med.): Entzündung des Gewebes um eine Drüse

Pe|ri|anth, das; -s, -e, **Pe|ri|an|thi|um,** das; -s, ...ien ⟨*gr.-nlat.*⟩ (Bot.): Blütenhülle der Blütenpflanzen

Pe|ri|ar|th|ri|tis, die; -, ...itiden ⟨*gr.-nlat.*⟩ (Med.): Entzündung in der Umgebung von Gelenken

Pe|ri|as|t|ron, Pe|ri|as|t|rum, das; -s, ...astren ⟨*gr.-nlat.*⟩ (Astron.): bei Doppelsternen der dem Hauptstern am nächsten liegende Punkt der Bahn des Begleitsterns

Pe|ri|b|lem, das; -s, -e ⟨*gr.;* »Umhüllung, Bedeckung«⟩ (Bot.): unter dem ↑Dermatogen gelegene, das ↑Plerom umhüllende Schicht teilungsfähigen Gewebes, die später zur Rinde wird

Pe|ri|bo|los, der; -, ...loi [...lɔʏ̯] ⟨»Umfriedigung«⟩: heiliger Bezirk um den antiken Tempel

Pe|ri|car|di|um vgl. Perikard

Pe|ri|chon|d|ri|tis, die; -, ...itiden ⟨*gr.-nlat.*⟩ (Med.): Knorpelhautentzündung. **Pe|ri|chon|d|ri|um,** das; -s, ...ien (Med.): den Knorpel umgebendes, aufbauendes u. ernährendes Bindegewebe; Knorpelhaut

Pe|ri|cho|re|se, die; - ⟨*gr.*⟩ (Rel.): **1.** Einheit u. wechselseitige Durchdringung der drei göttlichen Personen in der ↑Trinität. **2.** Einheit der göttlichen u. der menschlichen Natur in Christus

Pe|ri|cra|ni|um vgl. Perikranium

pe|ri|cu|lum in mo|ra ⟨*lat.;* »Gefahr besteht im Zögern«⟩: Gefahr ist im Verzug

Pe|ri|derm, das; -s, -e ⟨*gr.-nlat.*⟩: Pflanzengewebe, dessen äußere Schicht verkorkte Zellen bildet, während die innere unverkorkte blattgrünreiche Zellen aufbaut

Pe|ri|di|ni|um, das; -s, ...ien ⟨*gr.-nlat.*⟩: Vertreter einer Gattung meerbewohnender Einzeller (Geißeltierchen) mit Zellulosepanzer

Pe|ri|dot, der; -s, -e ⟨*frz.*⟩: ein Mineral

Pe|ri|do|tit [auch: ...ˈtɪt], der; -s, -e: körniges, grünes, oft schwarzes Tiefengestein

Pe|ri|e|ge|se, die; -, -n ⟨*gr.-lat.*⟩: Orts- u. Länderbeschreibung (speziell im alten Griechenland). **Pe|ri|e|get,** der; -en, -en: Verfasser einer Periegese od. einer Beschreibung der Bau- u. Kunstdenkmäler einzelner Städte (speziell im alten Griechenland). **pe|ri|e|ge|tisch:** die Periegese, die Periegeten betreffend

Pe|ri|en|ze|pha|li|tis, die; -, ...itiden

⟨*gr.-nlat.*⟩ (Med.): Hirnhautentzündung; Meningitis
pe|ri|fo|kal ⟨*gr.; lat.-nlat.*⟩ (Med.): um einen Krankheitsherd herum
Pe|ri|gä|en: *Plural* von ↑Perigäum
Pe|ri|gas|t|ri|tis, die; -, ...itiden ⟨*gr.-nlat.*⟩ (Med.): Entzündung der Bauchfelldecke des Magens
Pe|ri|gä|um, das; -s, ...äen ⟨*gr.-nlat.*⟩ (Astron.): erdnächster Punkt der Bahn eines Körpers um die Erde (Ggs.: Apogäum)
pe|ri|gla|zi|al ⟨*gr.; lat.*⟩ (Geogr.): Erscheinungen, Zustände, Prozesse in Eisrandgebieten, in der Umgebung vergletscherter Gebiete betreffend
Pe|ri|gon, das; -s, -e, **Pe|ri|go|ni|um,** das; -s, ...ien ⟨*gr.-nlat.*⟩ (Bot.): Blütenhülle aus gleichartigen, meist auffällig gefärbten Blättern (z. B. bei Tulpen, Lilien, Orchideen) (Zeichen: P)
Pe|ri|gour|di|ne [...gʊr...], die; -, -n ⟨*frz.*⟩: dem ↑Passepied (1) ähnelnder alter französischer Tanz im $^3/_8$- od. $^6/_8$-Takt
Pe|ri|gramm, das; -s, -e ⟨*gr.*⟩: durch Kreisausschnitte od. mehrere Kreise bewirkte diagrammartige Darstellung statistischer Größenverhältnisse
pe|ri|gyn ⟨*gr.-nlat.*⟩ (Bot.): halbhoch stehend, mittelständig (von Blüten mit schüssel- od. becherförmigem Blütenboden, der den Fruchtknoten umfasst, nicht mit ihm verwachsen ist)
Pe|ri|hel, das; -s, -e, **Pe|ri|he|li|um,** das; -s, ...ien ⟨*gr.-nlat.*⟩ (Astron.): Punkt einer Planeten- od. Kometenbahn, der der Sonne am nächsten liegt (Ggs.: Aphel)
Pe|ri|he|pa|ti|tis, die; -, ...itiden ⟨*gr.-nlat.*⟩ (Med.): Entzündung des Bauchfellüberzuges der Leber
Pe|ri|kam|bi|um, das; -s, ...ien: Perizykel
Pe|ri|kard, das; -[e]s, -e, Perikardium, das; -s, ...ien, fachspr.: Pericardium, das; -s, ...ien ⟨*gr.-nlat.*⟩ (Med.): aus zwei ↑epithelialen Schichten (↑Myokard u. ↑Epikard) bestehende äußerste Umhüllung des Herzens; Herzbeutel
Pe|ri|kar|d|ek|to|mie, die; -, ...ien (Med.): operative Entfernung des Herzbeutels
pe|ri|kar|di|al (Med.): zum Herzbeutel gehörend, ihn betreffend
Pe|ri|kar|dio|to|mie, die; -, ...ien (Med.): operative Öffnung des Herzbeutels
Pe|ri|kar|di|tis, die; -, ...itiden (Med.): Herzbeutelentzündung
Pe|ri|kar|di|um vgl. Perikard
Pe|ri|karp, das; -s, -e ⟨*gr.-nlat.*⟩ (Bot.): Fruchtwand der Früchte von Samenpflanzen
Pe|ri|klas, der; - u. -es, -e ⟨*gr.-nlat.*⟩: ein Mineral
pe|ri|klin ⟨*gr.-nlat.*⟩ (Biol.): parallel zur Organoberfläche verlaufend (von Zellteilungen, z. B. im Bildungsgewebe von Pflanzensprossen)
Pe|ri|klin, der; -s, -e: ein Mineral
Pe|ri|kli|nal|chi|mä|re, die; -, -n (Biol.): Chimäre (2 a); Pfropfbastard mit übereinandergeschichteten, genetisch verschiedenen Gewebearten
pe|ri|kli|tie|ren ⟨*lat.*⟩ (veraltet): sich einer Gefahr aussetzen, Gefahr laufen; wagen, unternehmen
Pe|ri|ko|pe, die; -, -n ⟨*gr.-mlat.*⟩: **1.** zur gottesdienstlichen Verlesung als ↑Evangelium (2 b) u. ↑Epistel (2) vorgeschriebener Bibelabschnitt. **2.** (Metrik) Strophengruppe, metrischer Abschnitt
Pe|ri|kra|ni|um, fachspr.: Pericranium, das; -[s], ...ia ⟨*gr.-nlat.*⟩ (Med.): Knochenhaut des Schädeldaches
pe|ri|ku|lös ⟨*lat.*⟩ (veraltet): misslich; gefährlich
Pe|ril|la, die; - ⟨*ind.; lat.*⟩: Gattung von Lippenblütlern, deren Samen technisch verwertbare Öle liefern
Pe|ri|lun, das; -s, -e ⟨*gr.-lat.*⟩: mondnächster Punkt der Umlaufbahn eines Raumflugkörpers
pe|ri|mag|ma|tisch ⟨*gr.-nlat.*⟩ (Geol.): um die Schmelze herum entstanden (von Erzlagerstätten)
¹Pe|ri|me|ter, der; -s, - ⟨*gr.*⟩ (Math. veraltet): Umfang einer Figur
²Pe|ri|me|ter, das; -s, - (Med.): Gerät zur Bestimmung des Gesichtsfeldumfangs
Pe|ri|me|ter|ge|büh|ren, die (Plural) ⟨*gr.; dt.*⟩ (schweiz.): Anliegergebühren
Pe|ri|me|t|rie, die; -, ...ien (Med.): Bestimmung der Grenzen des Gesichtsfeldes. **pe|ri|me|t|rie|ren** ⟨*gr.-nlat.*⟩ (Med.): das Gesichtsfeld ausmessen, bestimmen. **pe|ri|me|t|risch** (Med.): den Umfang des Gesichtsfeldes betreffend
Pe|ri|me|t|ri|tis, die; -, ...itiden ⟨*gr.-nlat.*⟩ (Med.): Entzündung des Perimetriums. **Pe|ri|me|t|ri|um,** das; -s, ...tria u. ...trien (Med.): Bauchfellüberzug der Gebärmutter
pe|ri|na|tal ⟨*gr.-nlat.*⟩ (Med.): den Zeitraum kurz vor, während und nach der Entbindung betreffend, während dieser Zeit eintretend, in diesen Zeitraum fallend
Pe|ri|na|to|lo|ge, der; -n, -n (Med.): Wissenschaftler auf dem Gebiet der Perinatologie. **Pe|ri|na|to|lo|gie,** die; - (Med.): Teilgebiet der Medizin, dessen Schwerpunkt in der Erforschung des Lebens u. der Lebensgefährdung von Mutter u. Kind vor, während u. nach der Geburt liegt. **Pe|ri|na|to|lo|gin,** die; -, -nen: weibliche Form zu ↑Perinatologe
Pe|ri|ne|en: *Plural* von ↑Perineum
Pe|ri|ne|ph|ri|tis, die; -, ...itiden ⟨*gr.*⟩ (Med.): Entzündung der Nierenkapsel
Pe|ri|ne|um, das; -s, ...nea u. ...neen ⟨*gr.*⟩ (Med.): Damm, Weichteilbrücke zwischen After u. äußeren Geschlechtsteilen
Pe|ri|neu|ri|tis, die; -, ...itiden ⟨*gr.-nlat.*⟩ (Med.): Entzündung des die Nerven umgebenden Bindegewebes
Pe|ri|neu|ri|um, das; -s, ...ria u. ...rien (Med.): Nervenscheide, Nervenhülle
Pe|ri|od-Dra|ma, Pe|ri|od|dra|ma [ˈpiːriət...], das; -s, ...men ⟨*engl.*⟩: Kunstwerk wie Film od. Theaterstück, das in einer (fiktiven) früheren Epoche angesiedelt ist
Pe|ri|o|de, die; -, -n ⟨*gr.-lat.(-mlat.)*⟩: **1.** durch etwas Bestimmtes (z. B. Ereignisse, Persönlichkeiten) charakterisierter Zeitabschnitt, -raum. **2.** etwas periodisch Auftretendes, regelmäßig Wiederkehrendes. **3.** (Astron.) Umlaufzeit eines Sternes. **4.** (Geol.) Zeitabschnitt einer ↑Formation (5a) der Erdge-

schichte. **5.** (Elektrot.) Schwingungsdauer. **6.** (Math.) Zahl od. Zahlengruppe einer unendlichen Dezimalzahl, die sich ständig wiederholt (z. B. 1,171717... = 1,$\overline{17}$). **7.** (Metrik) Verbindung von zwei od. mehreren Kola (vgl. Kolon 2) zu einer Einheit. **8.** (Sprachwiss., Stilkunde) meist mehrfach zusammengesetzter, kunstvoll gebauter längerer Satz; Satzgefüge, Satzgebilde. **9.** (Musik) in sich geschlossene, meist aus acht Takten bestehende musikalische Grundform. **10.** (Med.) Monatsblutung, Regel, ↑Menstruation

Pe|ri|o|den|sys|tem, das; -s (Chemie): ↑periodisches System

Pe|ri|o|di|cum vgl. Periodikum

Pe|ri|o|dik, die; - ‹*gr.*›: Periodizität

Pe|ri|o|di|kum, Periodicum, das; -s, ...ka bzw. ...ca (meist Plural) ‹*gr.-lat.*› (Fachspr.): periodisch erscheinende Schrift (z. B. Zeitung, Zeitschrift)

pe|ri|o|disch: regelmäßig auftretend, wiederkehrend; **periodisches System** (Chemie): natürliche Anordnung der chemischen Elemente nach steigenden Atomgewichten u. entsprechenden, periodisch wiederkehrenden Eigenschaften

pe|ri|o|di|sie|ren ‹*gr.-nlat.*›: in Zeitabschnitte einteilen. **Pe|ri|o|di|sie|rung,** die; -, -en: **1.** Einteilung in bestimmte Zeitabschnitte. **2.** Gliederung des Verlaufs der Geschichte in bestimmte, in sich weitgehend abgeschlossene Epochen

Pe|ri|o|di|zi|tät, die; -, -en: regelmäßige Wiederkehr

Pe|ri|o|do|gramm, das; -s, -e (Wirtsch., Technik): Aufzeichnung, grafische Darstellung eines periodisch verlaufenden od. periodische Bestandteile enthaltenden Vorgangs, Ablaufs, Geschehens

Pe|ri|o|do|lo|gie, die; - (Musik): Lehre vom Bau musikalischer Sätze

Pe|ri|o|don|ti|tis, die; -, ...itiden ‹*gr.-nlat.*› (Med.): Wurzelhautentzündung

Pe|ri|ö|ke, der; -n, -n ‹*gr.;* »Umwohner«›: freier u. grundeigentumsberechtigter, aber politisch rechtloser Bewohner des antiken Sparta

pe|ri|o|ral ‹*gr.; lat.-nlat.*› (Med.): um den Mund herum [liegend]

Pe|ri|or|chi|tis, die; -, ...itiden ‹*gr.-nlat.*› (Med.): Hodenscheidenhautentzündung

Pe|ri|ost, das; -[e]s, -e ‹*gr.*› (Med.): Knochenhaut. **pe|ri|os|tal** ‹*gr.-nlat.*› (Med.): die Knochenhaut betreffend. **Pe|ri|os|ti|tis,** die; -, ...itiden (Med.): Knochenhautentzündung

Pe|ri|pa|te|ti|ker, der; -s, - (meist Plural) ‹*gr.-lat.;* nach dem Wandelgang der Schule, dem Peripatos› (Philos.): Schüler des Aristoteles. **pe|ri|pa|te|tisch:** die Peripatetiker betreffend

Pe|ri|pa|tos, der; - ‹*gr.*›: Wandelgang, Teil der Schule in Athen, wo Aristoteles lehrte

Pe|ri|pe|tie, die; -, ...ien ‹*gr.*›: entscheidender Wendepunkt, Umschwung, bes. im Drama

pe|ri|pher ‹*gr.-lat.*›: **1.** am Rande befindlich, an der ↑Peripherie (2) liegend. **2.** (Med.) in den äußeren Zonen des Körpers [liegend]. **3.** (EDV) an die Zentraleinheit eines Rechners angeschlossen od. anschließbar. **Pe|ri|phe|rie,** die; -, ...ien: **1.** (Math.) Umfangslinie, bes. des Kreises. **2.** Rand, Randgebiet (z. B. Stadtrand). **Pe|ri|phe|rie|ge|rät,** das; -[e]s, -e (EDV): Gerät, das über eine Schnittstelle an einen Computer angeschlossen werden kann. **pe|ri|phe|risch** (veraltet): peripher

Pe|ri|phle|bi|tis, die; -, ...itiden ‹*gr.-nlat.*› (Med.): Entzündung der äußeren Venenhaut

Pe|ri|phra|se, die; -, -n ‹*gr.-lat.*›: **1.** Umschreibung eines Begriffs, einer Person od. Sache durch kennzeichnende Eigenschaften (z. B. *der Allmächtige* für Gott). **2.** ↑Paraphrase (2). **pe|ri|phra|sie|ren** ‹*gr.-nlat.*›: eine Periphrase (1) von etwas geben

pe|ri|phras|tisch: die Periphrase (1) betreffend, umschreibend; **periphrastische Konjugation** (Sprachwiss.): Konjugation des Verbs, die sich umschreibender Formen bedient (z. B. ich *werde* schreiben)

Pe|ri|plas|ma, das; -s ‹*gr.-nlat.*› (Biol.): der Zellwand anliegendes ↑Plasma (1)

Pe|ri|pleu|ri|tis, die; -, ...itiden ‹*gr.-nlat.*› (Med.): Entzündung des zwischen Rippenfell u. Brustwand gelegenen Bindegewebes

Pe|ri|po|ri|tis, die; -, ...itiden ‹*gr.-nlat.*› (Med.): durch Eitererreger hervorgerufene pustulöse Entzündung der Schweißdrüsen der Haut; Porenschwären (bei Säuglingen)

Pe|ri|prok|ti|tis, Paraproktitis, die; -, ...itiden ‹*gr.-nlat.*› (Med.): Entzündung des den After u. den Mastdarm umgebenden Bindegewebes

Pe|ri|p|te|ral|tem|pel, der; -s, - ‹*gr.-nlat.; lat.*›: Peripteros. **Pe|ri|p|te|ros,** der; -, - od. ...teren ‹*gr.-lat.*›: griechischer Tempel mit einem umlaufenden Säulengang

pe|ri|re|nal ‹*gr.; lat.*› (Med.): die Umgebung der Nieren betreffend, in der Umgebung der Niere [liegend]

Pe|ri|sal|pin|gi|tis, die; -, ...itiden ‹*gr.-nlat.*› (Med.): Entzündung des Bauchfellüberzuges der Eileiter

Pe|ri|s|kop, das; -s, -e ‹*gr.-nlat.*›: [ausfahrbares, drehbares] Fernrohr mit geknicktem Strahlengang (z. B. Sehrohr für Unterseeboote). **pe|ri|s|ko|pisch:** in der Art, mithilfe eines Periskops

Pe|ri|sperm, das; -s, -e ‹*gr.-nlat.*› (Bot.): vom Gewebekern der Samenanlage gebildetes Nährgewebe vieler Samen

Pe|ri|sple|ni|tis, die; -, ...itiden ‹*gr.-nlat.*› (Med.): Entzündung des Bauchfellüberzuges der Milz

Pe|ri|s|po|me|non, das; -s, ...na ‹*gr.-lat.*›: in der griechischen Betonungslehre Wort mit einem ↑Zirkumflex auf der letzten Silbe (z. B. gr. φιλῶ »ich liebe«); vgl. Properispomenon

Pe|ri|s|tal|tik, die; - ‹*gr.*› (Med.): von den Wänden der muskulösen Hohlorgane (z. B. des Magens, Darms u. Harnleiters) ausgeführte Bewegung, bei der sich die einzelnen Organabschnitte nacheinander zusammenziehen u. so den Inhalt des Hohlorgans transportieren. **pe|ri|s|tal|tisch** (Med.): die Peristaltik betreffend

Pe|ri|s|ta|se, die; -, -n ‹*gr.*›: **1.** (ohne Plural; Biol., Med.) neben den ↑Genen auf die Entwicklung des Organismus einwirkende Umwelt. **2.** (Archit.) Peristasis. **pe|ri|s|ta|tisch: 1.** (veraltet) ausführlich, umständlich. **2.** (Med.) die Peristase (1) betreffend; umweltbedingt

Pe|ri|s|te|ri|um, das; -s, ...ien ⟨*gr.-mlat.*⟩: mittelalterliches Hostiengefäß in Gestalt einer Taube

Pe|ri|s|tom, das; -s ⟨*gr.-nlat.*⟩: **1.** (Zool.) besonders ausgeprägtes Mundfeld bei niederen Tieren (z. B. bei Wimpertierchen, Seeigeln). **2.** (Bot.) aus Zähnen gebildeter Mundbesatz an der Sporenkapsel von Laubmoosen

Pe|ri|s|tyl, das; -s, -e, **Pe|ri|s|ty|li|um,** das; -s, ...ien ⟨*gr.-lat.*⟩: von Säulen umgebener Innenhof eines antiken Hauses

Pe|ri|the|zi|um, das; -s, ...ien ⟨*gr.-nlat.*⟩ (Bot.): kugel- bis flaschenförmiger Fruchtkörper der Schlauchpilze

pe|ri|to|ne|al ⟨*gr.-nlat.*⟩ (Med.): zum Bauchfell gehörend, das Bauchfell betreffend. **Pe|ri|to|ne|al|dia|ly|se,** die; -, -n: Reinigung der Bauchfellflüssigkeit von Substanzen, die mit dem Urin ausgeschieden werden müssen (bei Nierenversagen). **Pe|ri|to|ne|um,** das; -s, ...neen ⟨*gr.-lat.*⟩ (Med.): die Bauchhöhle auskleidende Haut; Bauchfell

Pe|ri|to|ni|tis, die; -, ...itiden ⟨*gr.-nlat.*⟩ (Med.): Bauchfellentzündung

pe|ri|t|rich ⟨*gr.-nlat.*⟩ (Med.; Biol.): auf der ganzen Oberfläche mit Geißeln besetzt (von Mikroorganismen, z. B. Typhusbakterien)

Pe|ri|zy|kel, der; -s, - ⟨*gr.-nlat.*⟩ (Bot.): äußerste Zellschicht des Zentralzylinders der Wurzel

Per|jo|dat, das; -[e]s, -e ⟨*lat.; gr.-frz.-nlat.*⟩ (Chemie): Salz der Überjodsäure

Per|ju|rant, der; -en, -en ⟨*lat.-nlat.*⟩ (Rechtsspr. veraltet): Meineidiger. **Per|ju|ran|tin,** die; -, -nen: weibliche Form zu ↑Perjurant. **Per|ju|ra|ti|on,** die; -, -en (Rechtsspr. veraltet): Meineid

Per|kal, der; -s, -e ⟨*pers.-türk.-frz.*⟩: feinfädiger [bedruckter] Baumwollstoff in Leinwandbindung (eine Webart)

Per|ka|lin, das; -s, -e ⟨*pers.-türk.-frz.-nlat.*⟩: stark appretiertes Baumwollgewebe für Bucheinbände

Per|ko|lat, das; -[e]s, -e ⟨*lat.*⟩: durch Perkolation gewonnener Pflanzenauszug. **Per|ko|la|ti|on,** die; -, -en ⟨»das Durchseihen«⟩: Verfahren zur Gewinnung von Pflanzenauszügen aus gepulverten Pflanzenteilen durch Kaltextraktion

Per|ko|la|tor, der; -s, ...oren ⟨*lat.-nlat.*⟩: Apparat zur Herstellung von Pflanzenauszügen. **per|ko|lie|ren** ⟨*lat.*⟩: Pflanzenauszüge durch Perkolation gewinnen

Per|kus|si|on, die; -, -en ⟨*lat.*⟩: **1.** (Med.) Organuntersuchung durch Beklopfen der Körperoberfläche u. Deutung des Klopfschalles. **2.** Zündung durch Stoß od. Schlag (z. B. beim Perkussionsgewehr im 19. Jh.). **3.** Anschlagvorrichtung beim Harmonium, die bewirkt, dass zum klareren Toneinsatz zuerst Hämmerchen gegen die Zungen schlagen; vgl. Percussion

Per|kus|si|o|nist, der; -en, -en: jmd., der ein Schlaginstrument spielt. **Per|kus|si|o|nis|tin,** die; -, -nen: w. Form zu ↑Perkussionist

per|kus|siv ⟨*lat.-nlat.*⟩ (Musik): vorwiegend vom [außerhalb des melodischen u. tonalen Bereichs liegenden] Rhythmus geprägt, bestimmt; durch rhythmische Geräusche erzeugt, hervorgebracht

per|kus|so|risch (Med.): die Perkussion (1) betreffend, durch sie nachweisbar

per|ku|tan ⟨*lat.-nlat.*⟩ (Med.): durch die Haut hindurch (z. B. bei der Anwendung einer Salbe)

per|ku|tie|ren ⟨*lat.*⟩ (Med.): eine Perkussion (1) durchführen, Körperhohlräume zur Untersuchung abklopfen, beklopfen

per|ku|to|risch (Med.): ↑perkussorisch

Per|lé [...ˈleː], der; -[s], -s ⟨*lat.-vulgärlat.-frz.*⟩: weicher, flauschartiger Mantelstoff mit perlartigen Flocken auf der rechten Seite

Per|lèche [...ˈlɛʃ], die; -, -s ⟨*frz.*⟩: Entzündung der Mundwinkel mit Bildung von ↑Rhagaden

per|lin|gu|al ⟨*lat.-nlat.*⟩ (Med.): durch die Zungenschleimhaut wirkend (bezogen auf Arzneimittel, die von der Oberfläche der Zunge aus resorbiert werden)

Per|lit [auch: ...ˈlɪt], der; -s, -e ⟨*lat.-vulgärlat.-frz.-nlat.*⟩: **1.** Gefügebestandteil des Stahls (Gemenge von Ferrit u. Zementit). **2.** ein glasig erstarrtes Gestein. **per|li|tisch** [auch: ...ˈlɪt...]: **1.** aus Perlit (1) bestehend. **2.** perlenartig (von der Struktur glasiger Gesteine)

Per|lo|ku|ti|on, die; -, -en ⟨*lat.-nlat.*⟩: Sprechhandlung, die eine Wirkung auf den Hörer ausübt, Konsequenzen für ihn, sein Verhalten hat

per|lo|ku|ti|o|när (Sprachwiss.): die Perlokution betreffend; **perlokutionärer Akt:** Sprechakt im Hinblick auf die Konsequenzen der Aussage (z. B. die Wirkung auf die Gefühle, Gedanken u. Handlungen des Hörers); ↑illokutionärer Akt, ↑lokutionärer Akt

per|lo|ku|tiv vgl. perlokutionär

Per|lon®, das; -s (Kunstw.): sehr haltbare Kunstfaser

per|lu|die|ren ⟨*lat.-vulgärlat.*⟩ (veraltet): vortäuschen, vorspiegeln

Per|lu|si|on, die; - (veraltet): Vortäuschung, Vorspiegelung

per|lu|so|risch (veraltet): vorspiegelnd; scherzend

Per|lus|t|ra|ti|on, die; -, -en ⟨*lat.-nlat.*⟩ (österr.): das Anhalten u. Durchsuchen [eines Verdächtigen] zur Feststellung der Identität o. Ä.; vgl. ...ation/...ierung

per|lus|t|rie|ren ⟨*lat.*⟩ (österr.): [einen Verdächtigen] anhalten u. genau durchsuchen; jmdn. zur Feststellung der Identität anhalten. **Per|lus|t|rie|rung,** die; -, -en (österr.): das Perlustrieren; vgl. ...ation/...ierung

[1]**Perm,** das; -s ⟨nach dem alten Königreich Permia (dem ehemaligen russ. Gouvernement Perm)⟩ (Geol.): jüngste erdgeschichtliche Formation des ↑Paläozoikums (umfasst Rotliegendes u. Zechstein)

[2]**Perm,** das; -s, - ⟨Kurzform von ↑*perme*abel⟩: frühere Einheit für die spezifische Gasdurchlässigkeit fester Stoffe (Abk.: Pm)

Per|ma|frost, der; -[e]s ⟨Kunstw. aus *perma*nent u. *Frost*⟩: Dauerfrostboden. **Per|ma|kul|tur,** die; - ⟨Kurzw.; nach *engl.* permanent agriculture »dauerhafte Landwirtschaft«⟩: eine Anbaumethode, deren Ziel es ist, nutzbare Ökosysteme zu schaffen, die sich selbst erhalten können

Per|ma|link, der; -s, -s ⟨*engl.*⟩ (EDV): Link in Form einer ↑URL, der dauerhaft zu einem bestimmten Inhalt im Internet führt

Per|mal|loy® [...ˈlɔɪ̯, auch: ...ˈlo̯a], das; -s ⟨*engl.*⟩: magnetisch stark ansprechbare Nickel-Eisen-Legierung

per|ma|nent ⟨*lat.*⟩: dauernd, anhaltend, ununterbrochen, ständig

per|ma|nent press [ˈpœːɐ̯mənənt -] ⟨*engl.*⟩: formbeständig, bügelfrei (Hinweis an Kleidungsstücken)

Per|ma|nent|weiß, das; -[es]: aus Bariumsulfat hergestellte Malerfarbe

Per|ma|nenz, die; - ⟨*lat.-mlat.*⟩: ununterbrochene, permanente Dauer

Per|ma|nenz|the|o|rie, die; - (Geol.): Annahme, nach der Kontinente u. Ozeane während der Erdgeschichte eine der heutigen Verteilung weitgehend gleichende Anordnung hatten

Per|man|ga|nat, das; -s, -e ⟨*lat.; gr.-lat.-nlat.*⟩: hauptsächlich als Oxidations- u. Desinfektionsmittel verwendetes, als wässrige Lösung stark violett gefärbtes Salz der Übermangansäure

Per|man|gan|säu|re, die; -, -n ⟨*lat.; gr.-lat.; dt.*⟩: Übermangansäure

per|me|a|bel ⟨*lat.*⟩: durchdringbar, durchlässig

Per|me|a|bi|li|tät, die; -, -en ⟨*lat.-nlat.*⟩: **1.** (Fachspr.) Durchlässigkeit eines bestimmten Materials für bestimmte Stoffe, bes. Durchlässigkeit von Scheidewänden. **2.** im magnetischen Feld das Verhältnis zwischen magnetischer Induktion u. magnetischer Feldstärke. **3.** (Schiffbau) Verhältnis der tatsächlich im Leckfall in die Schiffsräume eindringenden Wassermenge zum theoretischen Rauminhalt

Per|me|a|ti|on, die; -, -en ⟨*lat.*⟩: das Eindringen eines gelösten Stoffs durch eine Membran bzw. eines Gases durch eine Materieschicht

per mil|le: ↑pro mille

per|misch: das [1]Perm betreffend

Per|miss, der; -es, -e ⟨*lat.*⟩ (veraltet): Erlaubnis, Erlaubnisschein

Per|mis|si|on, die; -, -en (veraltet): Erlaubnis

Per|mis|sion-Mar|ke|ting, Per|mis|sion|mar|ke|ting [pəˈmɪʃn̩...], das; -[s] ⟨*engl.*⟩ (Wirtsch.): Form des ↑Direktmarketings, bei der der Verbraucher die Erlaubnis gibt, ihn mit Informationsmaterial o. Ä. zu versorgen

per|mis|siv (Psychol., Soziol.): die Einhaltung bestimmter Verhaltensnormen nur locker kontrollierend; in nicht autoritärer (2 b) Weise gewähren lassend. **Per|mis|si|vi|tät,** die; - (Psychol., Soziol.): freies, permissives Gewährenlassen

Per|mit [ˈpəːmɪt], das; -s, -s ⟨*lat.-frz.-engl.*⟩: engl. Bez. für: Erlaubnis, Erlaubnisschein

per|mit|tie|ren ⟨*lat.*⟩ (veraltet): erlauben, zulassen

Per|mo|kar|bon, das; -s: die als Einheit gesehenen geologischen Zeiten ↑[1]Perm u. ↑Karbon

per|mu|ta|bel ⟨*lat.*⟩ (Math.): aus-, vertauschbar

Per|mu|ta|ti|on, die; -, -en: **1.** Vertauschung, Umstellung. **2.** (Math.) Umstellung in der Reihenfolge bei einer Zusammenstellung einer bestimmten Anzahl geordneter Größen, Elemente. **3.** (Sprachwiss.) Umstellung aufeinanderfolgender sprachlicher Elemente einer ↑linearen Redekette bei Wahrung der Funktion dieser Elemente; Umstellprobe, Verschiebeprobe. **per|mu|tie|ren: 1.** vertauschen, umstellen. **2.** (Math.) die Reihenfolge in einer Zusammenstellung einer bestimmten Anzahl geordneter Größen, Elemente ändern. **3.** (Sprachwiss.) eine Permutation (3), Umstellprobe vornehmen

Per|mu|tit [auch: ...ˈtɪt], das; -s, -e ⟨*lat.-nlat.*⟩ (Chemie): Ionenaustauscher vom Typ der ↑Zeolithe, der zur Wasserenthärtung dient. **Per|nam|buk|holz,** das; -es, ...hölzer ⟨nach dem bras. Staat Pernambuko⟩: ↑Brasilholz

per|na|sal ⟨*lat.-nlat.*⟩ (Med.): durch die Nase (z. B. von der Anwendung eines Arzneimittels)

per ne|fas ⟨*lat.*⟩ (veraltet): auf widerrechtliche Weise; vgl. Fas, Nefas

per|ne|gie|ren ⟨*lat.-nlat.*⟩ (veraltet): vollkommen verneinen, rundweg abschlagen

Per|nio, der; -, ...iones u. ...ionen (meist Plural) ⟨*lat.*⟩ (Med.): Frostbeule. **Per|ni|o|se, Per|ni|o|sis,** die; -, ...sen ⟨*lat.-nlat.*⟩: **1.** Auftreten von Frostbeulen. **2.** auf Gewebsschädigung durch Kälte beruhende Hautkrankheit, Frostschäden der Haut

per|ni|zi|ös ⟨*lat.-frz.*⟩ (Med.): bösartig, unheilbar; **perniziöse Anämie** (Med.): schwere Blutkrankheit, die durch den Mangel an einem in der Magenwand produzierten Enzym hervorgerufen wird

Per|no, der; -s, -s ⟨*lat.-it.*⟩: Stachel des Violoncellos

Per|nod® [...ˈnoː], der; -[s], -s ⟨*frz.*⟩: aus echtem Wermut, Anis u. anderen Kräutern hergestelltes alkoholisches Getränk

Pe|ro|nis|mus, der; - ⟨*nlat.;* nach dem argentin. Staatspräsidenten Perón, 1895–1974⟩: Bewegung mit politisch-sozialen [u. diktatorischen] Zielen in Argentinien. **pe|ro|nis|tisch:** den Peronismus betreffend, auf ihm beruhend, in der Art des Peronismus

Pe|ro|no|s|po|ra, die; - ⟨*gr.-nlat.*⟩: Pflanzenkrankheiten hervorrufende Gattung von Algenpilzen

per|oral ⟨*lat.-nlat.*⟩ (Med.): durch den Mund, über den Verdauungsweg (z. B. von der Anwendung eines Arzneimittels); vgl. per os

Per|ora|ti|on, die; -, -en ⟨*lat.*⟩ (veraltet): **1.** mit besonderem Nachdruck vorgetragene Rede. **2.** zusammenfassender Schluss einer Rede. **per|orie|ren** (veraltet): **1.** laut u. mit Nachdruck sprechen. **2.** eine Rede zum Ende bringen

per os ⟨*lat.*⟩ (Med.): durch den Mund (Anweisung für die Form der Einnahme von Medikamenten); vgl. peroral

Per|oxid, Peroxyd, das; -[e]s, -e: sauerstoffreiche chemische Verbindung

Per|oxi|da|se, Peroxydase, die; -, -n: Enzym, das die Spaltung von Peroxiden beschleunigt

Pe|r|oxi|som, das; -s, -en (meist

Plural) (Med.): Gruppe von Organellen, die besonders in den Zellen von Leber u. Nieren vorkommt u. wichtig für die Entgiftung ist

Per|oxyd usw. vgl. Peroxid usw.

per pe|des [apo|s|to|lo|rum] [-...de:s (-)] ⟨*lat.*⟩ (ugs. scherzh.): zu Fuß [wie die Apostel]

Per|pen|di|kel, der od. das; -s, - ⟨*lat.;* »Richtblei, Senkblei«⟩: **1.** Uhrpendel. **2.** (veraltet) Senkrechte

per|pen|di|ku|lar, per|pen|di|ku|lär: senkrecht, lotrecht

Per|pen|di|ku|lar|stil, der; -[e]s: durch das Vorherrschen der senkrechten Linien gekennzeichneter Baustil der englischen Spätgotik (14.–16. Jh.)

per|pe|t|rie|ren ⟨*lat.*⟩ (veraltet): ausüben; begehen, verüben

per|pe|tu|ell ⟨*lat.-frz.*⟩ (veraltet): beständig, fortwährend

per|pe|tu|ie|ren: ständig [in gleicher Weise] fortfahren, weitermachen; fortdauern. **per|pe|tu|ier|lich** ⟨*lat.; dt.*⟩: ↑perpetuell

Per|pe|tu|um mo|bi|le, das; - -, - -[s] u. ...tua ...bilia ⟨*lat.;* »das sich ständig Bewegende«⟩: **1.** utopische Maschine, die ohne Energiezufuhr dauernd Arbeit leistet. **2.** (Musik) Musikstück, das von Anfang bis Ende in gleichmäßig raschem Tempo verläuft

per|plex ⟨*lat.-frz.;* »verflochten, verworren«⟩ (ugs.): verwirrt, verblüfft, überrascht, bestürzt, betroffen. **Per|ple|xi|tät,** die; -: Bestürzung, Verwirrung, Verlegenheit, Ratlosigkeit

per pro|cu|ra ⟨*lat.-it.*⟩: in Vollmacht (Abk.: pp., ppa.); vgl. Prokura

per rec|tum ⟨*lat.*⟩ (Med.): durch den Mastdarm (von der Anwendung eines Medikaments, z. B. eines Zäpfchens); vgl. Rektum

Per|ron [pɛˈrõ:, österr.: ...ro:n, schweiz.: ˈpɛrõ], der; -s, -s ⟨*gr.-lat.-vulgärlat.-frz.*⟩ (schweiz., sonst veraltet): Bahnsteig; Plattform

per sal|do ⟨*it.*⟩: **1.** (Kaufmannsspr.) aufgrund des ↑Saldos; als Rest zum Ausgleich (auf einem Konto). **2.** (ugs.) überschlägig, alles in allem

per se ⟨*lat.;* »durch sich«⟩: an sich, von selbst

Per|se|i|den, die (Plural) ⟨*gr.-nlat.*⟩: regelmäßig in der ersten Augusthälfte zu beobachtender Meteorstrom

Per|se|i|tät, die; - ⟨*lat.-mlat.*⟩ (Philos.): das Durch-sich-selbst-Sein, das nur von sich abhängt (Aussage der Scholastiker über die erste Ursache, die Substanz od. Gott)

Per|se|ku|ti|on, die; -, -en ⟨*lat.*⟩ (veraltet): Verfolgung

Per|se|ku|ti|ons|de|li|ri|um, das; -s, ...rien (Med.): Verfolgungswahn

Per|sen|ning, Presenning, die; -, -e[n] u. -s ⟨*lat.-frz.-niederl.*⟩: **1.** (ohne Plural) starkfädiges, wasserdichtes Gewebe für Segel, Zelte u. a. **2.** Schutzbezug aus wasserdichtem Segeltuch

Per|se|ve|ranz, die; - ⟨*lat.*⟩: Ausdauer, Beharrlichkeit

Per|se|ve|ra|ti|on, die; -, -en: **1.** (Psychol.) Tendenz seelischer Erlebnisse u. Inhalte, im Bewusstsein zu verharren. **2.** (Med., Psychol.) krankhaftes Verweilen bei ein u. demselben Denkinhalt; Hängenbleiben an einem Gedanken od. einer sprachlichen Äußerung ohne Rücksicht auf den Fortgang des Gesprächs

per|se|ve|rie|ren: 1. bei etwas beharren; etwas ständig wiederholen. **2.** (Psychol.) hartnäckig immer wieder auftauchen (von Gedanken, Redewendungen, Melodien)

Per|shing [ˈpœ:ɐ̯ʃɪŋ], die; -, -s ⟨nach dem amerik. General J. J. Pershing, 1860–1948⟩ (Militär): Rakete, die in der Lage ist, ein Sprengmittel bis zu circa 900 km Entfernung zu transportieren

Per|si|a|ner, der; -s, - ⟨nach Persien⟩: **a)** klein gelocktes Fell von Lämmern des Karakulschafes; **b)** Pelz aus Persianer (a)

Per|si|enne [pɛrˈsi̯ɛn], die; -, -n [...nən] ⟨*frz.*⟩ (veraltet): Fensterladen mit schrägen, fest stehenden Brettchen

Per|si|f|la|ge [...ʒə], die; -, -n ⟨*vulgärlat.-frz.*⟩: feine, geistreiche Verspottung durch übertreibende od. ironisierende Darstellung bzw. Nachahmung. **per|si|f|lie|ren:** durch Persiflage auf geistreiche Art verspotten

Per|si|ko, der; -s, -s ⟨*gr.-lat.-vulgärlat.-frz.*⟩: Likör aus Pfirsich- od. Bittermandelkernen

Per|si|mo|ne, die; -, -n ⟨*indian.-engl.-frz.*⟩: essbare Frucht einer nordamerikanischen Dattelpflaumenart

Per|si|pan [auch: ˈpɛr...], das; -s, -e ⟨Kunstw.⟩: mithilfe von Pfirsich- od. Aprikosenkernen bereiteter Marzipanersatz

per|sis|tent ⟨*lat.*⟩ (Biol., Med.): anhaltend, dauernd, hartnäckig. **Per|sis|tenz,** die; -, -en ⟨*lat.-nlat.*⟩: **1.** (veraltet) Beharrlichkeit, Ausdauer; Eigensinn. **2.** (Biol., Med.) Bestehenbleiben eines Zustandes über längere Zeiträume. **per|sis|tie|ren** ⟨*lat.*⟩: **1.** (veraltet) auf etwas beharren, bestehen. **2.** (Med.) bestehen bleiben, fortdauern (von krankhaften Zuständen)

per|sol|vie|ren ⟨*lat.*⟩: **1.** (Wirtsch.) eine Schuld restlos zurückbezahlen. **2.** (veraltet) Gebete sprechen; eine Messe lesen

Per|son, die; -, -en ⟨*etrusk.-lat.*⟩: **1. a)** Mensch, menschliches Wesen; **b)** Mensch als individuelles geistiges Wesen, in seiner spezifischen Eigenart als Träger eines einheitlichen, bewussten Ichs; **c)** Mensch hinsichtlich seiner äußeren Eigenschaften. **2.** Figur in einem Drama, Film o. Ä. **3.** (emotional) Frau, junges Mädchen. **4.** (Rechtsspr.) **a)** Mensch im Gefüge rechtlicher u. staatlicher Ordnung, als Träger von Rechten u. Pflichten; **b)** ↑juristische Person. **5.** (ohne Plural; Sprachwiss.) Träger eines durch ein Verb gekennzeichneten Geschehens (z. B. *ich* gehe); vgl. Personalform

Per|so|na gra|ta, die; - -: **1.** Angehöriger des diplomatischen Dienstes, gegen dessen Aufenthalt in einem fremden Staat vonseiten der Regierung dieses Staates keine Einwände erhoben werden. **2.** willkommener, gern gesehener Mensch

Per|so|na in|gra|ta, die; - -: Angehöriger des diplomatischen Dienstes, dessen [vorher genehmigter] Aufenthalt in einem fremden Staat von der Regierung des betreffenden Staates nicht [mehr] gewünscht wird

per|so|nal: 1. die Person (1 b), den Einzelmenschen betreffend; von einer Einzelperson ausgehend; ↑personell; vgl. ...al/...ell.

2. (Sprachwiss.) die Person (5) betreffend

Per|so|nal, das; -s ⟨*etrusk.-lat.-mlat.*⟩: **1.** Gesamtheit der Hausangestellten. **2.** Gesamtheit der Angestellten, Beschäftigten in einem Betrieb o. Ä., Belegschaft

Per|so|nal|ak|te, die; -, -n (meist Plural): Schriftstück, das persönliche Angaben über einen Menschen enthält

Per|so|nal Com|pu|ter [ˈpœːɐ̯sənɛl -], der; - -s, - - ⟨*(lat.-)engl.*⟩: leistungsfähiger Computer mit vielfältigen Anwendungsmöglichkeiten, der mit benutzerfreundlichen Programmen ausgestattet u. leicht handhabbar ist (Abk.: PC)

[1]**Per|so|na|le**, das; -s, ...lia u. ...lien: **1.** (Sprachwiss.) persönliches Verb, das in allen drei Personen (5) gebraucht wird (Ggs.: Impersonale). **2.** (veraltet) Personalie (1 a)

[2]**Per|so|na|le**, die; -, -n (österr.): Ausstellung der Werke eines einzelnen Künstlers

Per|so|nal|form, die; -, -en (Sprachwiss.): ↑ finite Form, Form des Verbs, die die Person (5) kennzeichnet (z. B. er *geht*)

Per|so|na|lie [...i̯ə], die; -, -n ⟨*etrusk.-lat.*⟩: **1.** (Plural) **a)** Angaben zur Person (wie Name, Lebensdaten usw.); **b)** [Ausweis]papiere, die Angaben zur Person enthalten. **2.** Einzelheit, die jmds. persönliche Verhältnisse betrifft

Per|so|nal|in|s|pi|ra|ti|on, die; - (Theol.): Einwirkung des Heiligen Geistes auf das persönlich bestimmte Glaubenszeugnis der Verfasser biblischer Schriften; vgl. Realinspiration, Verbalinspiration

per|so|nal|in|ten|siv (Wirtsch.): viele Arbeitskräfte erfordernd

per|so|na|li|sie|ren: auf Einzelpersonen ausrichten

Per|so|na|lis|mus, der; - ⟨*etrusk.-lat.-nlat.*⟩: **1.** Glaube an einen persönlichen Gott (im philosophisch-theologischen Sprachgebrauch). **2.** Richtung der modernen Philosophie, die den Menschen als eine in ständigen Erkenntnisprozessen stehende, handelnde, wertende, von der Umwelt beeinflusste u. ihre Umwelt selbst beeinflussende Person (1b) sieht. **3.** (Psychol.) psychologische Lehre, die die erlebende u. erlebnisfähige Person (1b) u. deren Beziehung zu ihrer Umwelt in den Mittelpunkt ihrer Forschung stellt.

Per|so|na|list, der; -en, -en: Vertreter des Personalismus. **Per|so|na|lis|tin**, die; -, -nen: weibliche Form zu ↑ Personalist. **per|so|na|lis|tisch**: den Personalismus betreffend

Per|so|na|li|tät, die; -, -en: Persönlichkeit; Gesamtheit der das Wesen einer Person ausmachenden Eigenschaften

Per|so|na|li|täts|prin|zip, das; -s (Rechtswiss.): Grundsatz des internationalen Strafrechts, bestimmte Straftaten nach den im Heimatrecht des Täters gültigen Gesetzen abzuurteilen (Ggs.: Territorialitätsprinzip)

per|so|na|li|ter ⟨*etrusk.-lat.*⟩: in Person, persönlich, selbst

Per|so|na|li|ty|show, Per|so|na|li|ty-Show [pœːɐ̯səˈnælɪtiʃoʊ̯], die; -, -s ⟨*engl.-amerik.*⟩: Show, Unterhaltungssendung im Fernsehen, in der die Fähigkeiten eines Künstlers [u. dessen Vielseitigkeit] demonstriert werden sollen

Per|so|nal|kre|dit, der; -[e]s, -e (Wirtsch.): Kredit, der ohne Sicherung im Vertrauen auf die Fähigkeit des Schuldners zur Rückzahlung gewährt wird

Per|so|nal|lea|sing [...liːsɪŋ], das; -s, -s (Wirtsch.): Bereitstellung und Vermittlung von Arbeitnehmern zur befristeten Arbeitsleistung, bes. in Form von Zeitarbeit

Per|so|nal|pro|no|men, das; -s, - u. ...mina (Sprachwiss.): persönliches Fürwort (z. B. er, wir)

Per|so|nal|uni|on, die; -: **1.** Vereinigung von Ämtern in der Hand einer Person. **2.** (Geschichte) [durch Erbfolge bedingte] zufällige Vereinigung selbstständiger Staaten unter einem Monarchen

Per|so|na non gra|ta, die; - - -: **1.** ↑ Persona ingrata. **2.** nicht gern gesehener Mensch

Per|so|na|ri|um, das; -s, ...ien: **a)** Gesamtheit der auf einem Programmzettel aufgeführten Personen; **b)** Gesamtheit der bei einem Theaterstück mitwirkenden Personen

per|so|nell ⟨*etrusk.-lat.-frz.*⟩: **1.** das Personal, die Gesamtheit der Angestellten, Beschäftigten in einem Betrieb o. Ä. betreffend. **2.** (Psychol.) die Person (1) betreffend; vgl. ...al/...ell, personal

Per|so|nen|kult, der; -[e]s, -e (Plural selten) (abwertend): übertrieben große Verehrung einer Führungspersönlichkeit in Politik, Gesellschaft, Geschichte

Per|so|ni|fi|ka|ti|on, die; -, -en ⟨*etrusk.-lat.; lat.*⟩: Vermenschlichung von Göttern, Begriffen od. leblosen Dingen (z. B. die Sonne *lacht*); vgl. ...ation/...ierung

per|so|ni|fi|zie|ren: vermenschlichen. **Per|so|ni|fi|zie|rung**, die; -, -en: das Personifizieren; vgl. ...ation/...ierung

Per|so|no|i|de, der; -n, -n ⟨*etrusk.-lat.; gr.*⟩ (Psychol.): Vorform der Person bei noch fehlender Ausbildung der Ichfunktion (bes. beim Kleinkind)

per|s|pek|tiv: ↑ perspektivisch

Per|s|pek|tiv, das; -s, -e ⟨*lat.-mlat.*⟩: kleines Fernrohr

Per|s|pek|ti|ve, die; -, -n: **1. a)** Betrachtungsweise, -möglichkeit von einem bestimmten Standpunkt aus; Sicht, Blickwinkel; **b)** Aussicht für die Zukunft. **2.** dem Augenschein entsprechende ebene Darstellung räumlicher Verhältnisse u. Gegenstände

per|s|pek|ti|visch: **1.** die Perspektive (1 b) betreffend; in die Zukunft gerichtet, planend. **2.** die Perspektive (2) betreffend, ihren Regeln entsprechend

Per|s|pek|ti|vis|mus, der; - ⟨*lat.-mlat.-nlat.*⟩ (Philos.): Prinzip, wonach die Erkenntnis der Welt durch die jeweilige Perspektive des Betrachters bedingt ist

Per|s|pek|ti|vi|tät, die; - (Math.): besondere projektive Abbildung, bei der alle Geraden eines Punktes zu seinem Bildpunkt durch einen festen Punkt gehen

Per|s|pek|to|graf, Per|s|pek|to|graph, der; -en, -en ⟨*lat.; gr.*⟩: Zeicheninstrument, mit dessen Hilfe ein perspektivisches Bild aus Grund- u. Aufriss eines Gegenstandes mechanisch gezeichnet werden kann

Per|s|pi|ku|i|tät, die; - ⟨*lat.*⟩ (veraltet): Durchsichtigkeit; Deutlichkeit, Klarheit

Per|s|pi|ra|ti|on, die; - ‹*lat.-nlat.*› (Med.): Hautatmung. **per|s|pi|ra|to|risch** (Med.): die Perspiration betreffend, auf ihr beruhend

Per|su|a|si|on, die; -, -en: Überredung

Per|su|a|si|ons|the|ra|pie, die; -, ...ien (Psychol.): Belehrung des Patienten über die ursächlichen Zusammenhänge seines Leidens u. Zureden zur eigenen Mithilfe bei der Heilung als Aspekt der Psychotherapie

per|su|a|siv, per|su|a|so|risch: überredend, zum Überzeugen, Überreden geeignet; vgl. ...iv/...orisch

Per|sul|fat, das; -[e]s, -e ‹*lat.-nlat.*›: Salz der Überschwefelsäure

Per|thit [auch: ...'tɪt], der; -s, -e ‹*nlat.;* nach der kanad. Stadt Perth›: ein Mineral

Per|ti|nens, das; -, ...nenzien, **Per|ti|nenz,** die; -, -en ‹*lat.-mlat.*›: Zugehörigkeit

Per|ti|nenz|da|tiv, der; -s, -e (Sprachwiss.): Dativ, der die Zugehörigkeit angibt u. durch ein Genitivattribut od. Possessivpronomen ersetzt werden kann; Zugehörigkeitsdativ (z. B. der Regen tropfte *mir* auf den Hut = auf meinen Hut)

Per|tu|ba|ti|on, die; -, -en ‹*lat.*› (Med.): Eileiterdurchblasung

Per|tur|ba|ti|on, die; -, -en ‹*lat.*›: **1.** (Astron.) Störung in den Bewegungen eines Sterns. **2.** Verwirrung, Störung

P
Pers

Per|tus|sis, die; -, ...sses [...se:s] ‹*lat.-nlat.*› (Med.): Keuchhusten

Pe|ru|bal|sam, der; -s, -e ‹nach dem südamerik. Staat Peru›: von einem mittelamerikanischen Baum gewonnener Wundbalsam

Pe|rü|cke, die; -, -n ‹*frz.*›: **1.** zu einer bestimmten Frisur gearbeiteter Haarersatz aus echten od. künstlichen Haaren. **2.** (Jägerspr.) krankhafte Gehörn-, Geweihwucherung

per ul|ti|mo ‹*lat.-it.;* »am Letzten«› (Kaufmannsspr.): am Monatsende [ist Zahlung zu leisten]

Pe|ru|rin|de, die; - ‹nach dem südamerik. Staat Peru› (veraltet): Chinarinde

per|vers ‹*lat.(-frz.);* »verdreht«›: **1.** (abwertend, häufig diskriminierend) (bes. in sexueller Hinsicht) ein von einer gesetzten Norm erheblich abweichendes Verhalten zeigend. **2.** (ugs., oft emotional übertreibend) die Grenzen des Erlaubten überschreitend, unerhört; absurd, merkwürdig

Per|ver|si|on, die; -, -en: von einer Norm in erheblichem Maß abweichendes Verhalten

Per|ver|si|tät, die; -, -en: **1.** (ohne Plural) das Perverssein. **2.** Erscheinungsform der Perversion; perverse Verhaltensweise

per|ver|tie|ren: 1. von einer gesetzten Norm abweichen. **2.** verdrehen, verfälschen, ins Gegenteil verkehren

Per|ver|tiert|heit, die; -, -en: **1.** (ohne Plural) das Pervertiertsein. **2.** Perversität (2)

Per|ver|tie|rung, die; -, -en: **1.** das Pervertiertsein. **2.** das Pervertieren

Per|ves|ti|ga|ti|on, die; -, -en ‹*lat.*› (veraltet): Durchsuchung

Per|vi|gi|li|en, die (Plural) ‹*lat.*›: **1.** altrömische religiöse Nachtfeier. **2.** (veraltet) Vigil

Per|vi|tin ®, das; -s ‹*lat.-nlat.*› (Med. früher): Weckamin; stark belebendes, psychisch anregendes Kreislaufmittel

Per|zent, das; -[e]s, -e ‹*lat.*› (österr. veraltet): Prozent

Per|zen|til, das; -s, -e, **Per|zen|ti|le,** die; -, -n ‹*lat.*› (Med.): statistische Größe, die die Position eines Wertes innerhalb der Werte eines Kollektivs beschreibt, die in aufsteigender Reihe sortiert sind; Prozentrang

per|zen|tu|ell vgl. prozentual

per|zep|ti|bel ‹*lat.*› (Psychol.): wahrnehmbar, fassbar. **Per|zep|ti|bi|li|tät,** die; - ‹*lat.-nlat.*› (Philos.): Wahrnehmbarkeit, Fasslichkeit, Wahrnehmungsfähigkeit

Per|zep|ti|on, die; -, -en ‹*lat.*›: **1.** (Philos.) sinnliches Wahrnehmen als erste Stufe der Erkenntnis im Unterschied zur ↑Apperzeption (1). **2.** (Biol., Med.) Reizaufnahme durch Sinneszellen od. -organe

Per|zep|ti|o|na|lis|mus, der; - ‹*lat.-nlat.*› (Philos.): philosophische Lehre, nach der die Wahrnehmung allein die Grundlage des Denkens u. Wissens bildet

per|zep|tiv: ↑perzeptorisch; vgl. ...iv/...orisch. **Per|zep|ti|vi|tät,** die; - (bes. Med., Biol.): Aufnahmefähigkeit

per|zep|to|risch: die Perzeption betreffend; vgl. ...iv/...orisch

Per|zi|pi|ent, der; -en, -en ‹*lat.*›: Empfänger. **Per|zi|pi|en|tin,** die; -, -nen: weibliche Form zu ↑Perzipient

per|zi|pie|ren: 1. (Philos.) sinnlich wahrnehmen im Unterschied zu ↑apperzipieren. **2.** (Biol., Med.) durch Sinneszellen od. -organe Reize aufnehmen. **3.** (veraltet) [Geld] einnehmen

Pe|sa|de, die; -, -n ‹*gr.-lat.-it.-frz.*› (Reitsport): Figur der Hohen Schule, bei der sich das Pferd, auf die Hinterhand gestützt, mit eingeschlagener Vorderhand kurz aufbäumt

pe|san|te ‹*lat.-it.*› (Musik): schwerfällig, schleppend, wuchtig, gedrungen (Vortragsanweisung). **Pe|san|te,** das; -[s], -s (Musik): wuchtiger Vortrag

Pes|ce|ta|ri|er, der; -s, - ‹*engl.*›: jmd., der Fisch [u. Meeresfrüchte], jedoch kein Fleisch isst. **Pes|ce|ta|ri|e|rin,** die; -, -nen: weibliche Form zu ↑Pescetarier

Pe|schit|ta, die; - ‹*syr.;* »die Einfache«›: kirchlich anerkannte Übersetzung der Bibel ins Syrische (4.–5. Jh.)

Pesch|mer|ga, der; -[s], - ‹*kurdisch*›: Selbstbezeichnung der kurdischen Freiheitskämpfer im Irak

Pe|se|ta, Pe|se|te, die; -, ...ten ‹*lat.-span.*›: frühere spanische Währungseinheit

Pe|so, der; -[s], -[s]: Währungseinheit in Süd-, Mittelamerika u. auf den Philippinen

Pes|sach, das; -s ‹*hebr.-jidd.*›: ↑Passah

Pes|sar, das; -s, -e ‹*gr.-lat.-mlat.*› (Med.): länglich runder, ring- od. schalenförmiger Körper aus Kunststoff od. Metall, der um den äußeren Muttermund gelegt wird als Stützvorrichtung für Gebärmutter u. Scheide od. zur Empfängnisverhütung; Mutterring

Pes|si|mis|mus, der; - ‹*lat.-nlat.*›: **1.** Lebensauffassung, bei der alles von der negativen Seite betrachtet wird; negative Grundhaltung; Schwarzseherei (Ggs.: Optimismus [1]). **2.** philosophische Auffassung, wonach die bestehende Welt schlecht ist, keinen Sinn enthält u. eine Entwicklung zum Besseren nicht zu erwarten ist (Ggs.: Optimismus [2]). **3.** durch negative Erwartung bestimmte Haltung (Ggs.: Optimismus [3])

Pes|si|mist, der; -en, -en: negativ eingestellter Mensch, der immer die schlechten Seiten des Lebens sieht; Schwarzseher (Ggs.: Optimist). **Pes|si|mis|tin,** die; -, -nen: weibliche Form zu ↑Pessimist

pes|si|mis|tisch: lebensunfroh, niedergedrückt, schwarzseherisch (Ggs.: optimistisch)

Pes|si|mum, das; -s, ...ma ‹*lat.*› (Biol.): schlechteste Umweltbedingungen für Tier u. Pflanze

Pes|ti|lenz, die; -, -en ‹*lat.*› (veraltet): Pest; schwere Seuche

pes|ti|len|zi|a|lisch ‹*lat.-nlat.*›: verpestet; stinkend

Pes|ti|zid, das; -s, -e: chemisches Mittel zur Vernichtung von pflanzlichen u. tierischen Schädlingen aller Art; Schädlingsbekämpfungsmittel

Pes|to, das od. der; -s, -s ‹*it.*›: Würzpaste aus Olivenöl, Knoblauch, Basilikum, Pinienkernen u. Ä.

PET, das; - = Polyethylenterephthalat

Pe|ta|byte [...baɪt, 'pe:ta...], das; -[s], -[s] ‹*gr.; engl.*› (EDV): Einheit für sehr große Speicherkapazitäten; eine Billiarde Byte (Zeichen: PB, PByte)

Pe|tal, Petalum, das; -s, ...talen (meist Plural) ‹*gr.*› (Bot.): Kron- od. Blumenblatt

pe|ta|lo|id ‹*gr.-nlat.*› (Bot.): die Petaloidie betreffend; kronblattartig. **Pe|ta|lo|i|die,** die; - (Bot.): kronblattartiges Aussehen von Hoch-, Kelch-, Staub- od. Fruchtblättern

Pe|ta|lum vgl. Petal

Pe|ta|me|ter, der, früher fachspr. auch das; -s, - ‹*gr.*›: eine Billiarde Meter (10^{15} Meter) (Zeichen: Pm)

Pé|tanque [pe'tã:k], das; -[s] od. die; - ‹*provenzal.-frz.*›: aus Südfrankreich stammendes Kugelspiel

Pe|tar|de, die; -, -n ‹*lat.-frz.*› (Geschichte): [zur Sprengung von Festungstoren u. a. benutztes] mit Sprengpulver gefülltes Gefäß, das mit einer Zündschnur zur Explosion gebracht wurde

Pe|ta|sos, der; -, - ‹*gr.*› (Geschichte): breitkrempiger Hut mit flachem Kopf u. Kinnriemen im antiken Griechenland (mit einem Flügelpaar versehen als ↑Attribut des Hermes)

Pe|te|chi|en, die (Plural) ‹*lat.-it.*› (Med.): punktförmige Hautblutungen aus den ↑Kapillaren (1)

Pe|tent, der; -en, -en ‹*lat.*›: Bittsteller. **Pe|ten|tin,** die; -, -nen: weibliche Form zu ↑Petent

Pe|ter|sil, der; -s ‹*gr.-lat.-mlat.*› (österr.): Petersilie. **Pe|ter|si|lie** [...i̯ə], die; -, -n: zweijährige Gewürz- u. Gemüsepflanze, die sehr reich an Vitamin C ist u. deren Blätter als Küchenkraut dienen

Pe|ti|o|lus, der; -, ...li ‹*lat.;* »Füßchen«› (Bot.): Blattstiel

Pe|tit [pə'ti:], die; - ‹*frz.*› (Druckw.): Schriftgrad von 8 Punkt (ungefähr 3 mm)

Pe|ti|ta: *Plural* von ↑Petitum

Pe|ti|tes|se, die; -, -n ‹*vulgärlat.-frz.*›: Kleinigkeit, Geringfügigkeit, unbedeutende Sache, Bagatelle

Pe|tit|grain|öl [pəti'grɛ̃:...], das; -[e]s, -e ‹*frz.; dt.*›: ätherisches Öl aus den Zweigen, Blüten u. grünen Früchten bestimmter Zitrusarten, das bei der Herstellung von Parfümen, Seifen o. Ä. verwendet wird

Pe|ti|ti|on, die; -, -en ‹*lat.*›: Eingabe, Gesuch an eine offizielle Stelle. **pe|ti|ti|o|nie|ren** ‹*lat.-nlat.*›: eine ↑Petition einreichen

Pe|ti|ti|ons|recht, das; -[e]s, -e: verfassungsmäßig garantiertes Recht eines jeden, sich einzeln od. in Gemeinschaft mit anderen mit Bitten od. Beschwerden an die zuständigen Stellen u. die Volksvertretung zu wenden; Bittrecht, Beschwerderecht

Pe|ti|tio Prin|ci|pii [- ...'tsi:...], die; - - ‹*lat.*› (Philos.): Verwendung eines unbewiesenen, erst noch zu beweisenden Satzes als Beweisgrund für einen anderen Satz

Pe|tit Maî|t|re [pəti'mɛtr(ə)], der; -, - -s [pəti'mɛtr] ‹*frz.*› (veraltet): eitler [junger] Mann mit auffallend modischer Kleidung u. auffälligem Benehmen; Stutzer, Geck

Pe|tit Mal [pəti'mal], das; - - (Med.): kleiner epileptischer Anfall, kurzzeitige Trübung des Bewusstseins (ohne eigentliche Krämpfe)

Pe|ti|tor, der; -s, ...oren ‹*lat.*›: **1.** (Rechtsspr. veraltet) [Amts]bewerber. **2.** Privatkläger. **Pe|ti|to|rin,** die; -, -nen: weibliche Form zu ↑Petitor

pe|ti|to|risch: in der Fügung; **petitorische Ansprüche** (Rechtswiss.): Ansprüche auf ein Besitzrecht

Pe|tit Point [pəti'po̯ɛ̃:], das, auch: der; - - ‹*frz.*›: sehr feine Nadelarbeit, bei der mit Perlstich bunte Stickereien [auf Taschen, Etuis o. Ä.] hergestellt werden; Wiener Arbeit

Pe|tit|schrift [pə'ti...], die; -, -en (Druckw.): Druckschrift in ↑Petit

Pe|tits Fours [pəti'fu:ɐ̯], die (Plural) ‹*frz.*›: feines, meist gefülltes u. mit bunter Zuckerglasur überzogenes Kleingebäck

Pe|ti|tum, das; -s, Petita ‹*lat.*›: Gesuch, Antrag

Pe|tong, das; -s ‹*chin.*›: sehr harte chinesische Kupferlegierung

Pe|t|rar|kis|mus, der; - ‹*nlat.*›: **1.** europäische Liebesdichtung in der Nachfolge des italienischen Dichters Petrarca. **2.** (abwertend) gezierte, schablonenhafte Liebeslyrik

Pe|t|re|fakt, das; -[e]s, -e[n] ‹*gr.; lat.*› (Geol., Biol. veraltet): Versteinerung von Pflanzen od. Tieren

Pe|t|ri|fi|ka|ti|on, die; -, -en (Geol., Biol.): Vorgang des Versteinerns. **pe|t|ri|fi|zie|ren** (Geol., Biol.): versteinern

Pe|t|ro|che|mie, die; -: **1.** ↑Petrolchemie. **2.** (veraltend) Wissenschaft von der chemischen Zusammensetzung der Gesteine. **pe|t|ro|che|misch:** **1. a)** die Petrochemie betreffend; **b)** die chemische Zusammensetzung der Gesteine betreffend. **2.** petrolchemisch

Pe|t|ro|dol|lar ['pɛ...], der; -[s], -s (meist Plural) ‹Kunstw. aus *Pet*roleum u. *Dollar*›: amerikanische Währung im Besitz der Erdöl produzierenden Staaten, die auf dem internationalen Markt angelegt wird

Pe|t|ro|ge|ne|se, die; -, -n ‹*gr.-nlat.*›: Entstehungsgeschichte der Gesteine. **pe|t|ro|ge|ne|tisch:** die Gesteinsbildung betreffend

Pe|t|ro|gly|phe, die; -, -n: vorgeschichtliche Felszeichnung

Pe|t|ro|g|no|sie, die; - (veraltet): Gesteinskunde

Pe|t|ro|graf, Petrograph, der; -en, -en: Wissenschaftler auf dem Gebiet der Petrografie

Pe|t|ro|gra|fie, Petrographie, die; -, ...ien: Wissenschaft von der mineralogischen u. chemischen Zusammensetzung der Gesteine, ihrer Gefüge, ihrer ↑Nomenklatur u. ↑Klassifikation; beschreibende Gesteinskunde

Pe|t|ro|gra|fin, Petrographin, die; -, -nen: weibliche Form zu ↑Petrograf. **pe|t|ro|gra|fisch,** petrographisch: die Petrografie betreffend

Pe|t|ro|graph usw. vgl. Petrograf usw.

pe|t|rol ‹*gr.; lat.*›: von kräftigem Türkis

Pe|t|rol, das; -s ‹*(gr.; lat.) mlat.;* »Steinöl«› (schweiz.): Petroleum

Pe|t|rol|äther, chem. fachspr.: Petrolether, der; -s: Leichtbenzin, das u. a. als Lösungsmittel verwendet wird

Pe|t|rol|che|mie, die; -: Zweig der technischen Chemie, dessen Aufgabe bes. in der Gewinnung von chemischen Rohstoffen aus Erdöl u. Erdgas besteht. **pe|t|rol|che|misch:** die Petrolchemie, die Gewinnung von chemischen Rohstoffen aus Erdöl u. Erdgas betreffend

Pe|t|rol|ether vgl. Petroläther

Pe|t|ro|le|um, das; -s: **1.** Erdöl. **2.** Destillationsprodukt des Erdöls

Pe|t|ro|lo|ge, der; -n, -n: Wissenschaftler auf dem Gebiet der Petrologie u. Petrografie. **Pe|t|ro|lo|gie,** die; - ‹*gr.-nlat.*›: Wissenschaft von der Bildung u. Umwandlung der Gesteine, von den physikalisch-chemischen Bedingungen bei der Gesteinsbildung. **Pe|t|ro|lo|gin,** die; -, -nen: weibliche Form zu ↑Petrologe

pe|t|ro|phil (Biol.): steinigen Untergrund bevorzugend (von bestimmten Organismen, z. B. Flechten)

Pet|schaft, das; -s, -e ‹*tschech.*›: Siegelstempel mit eingraviertem Namenszug, Wappen od. Bild

pet|schie|ren: mit einem Petschaft schließen

pet|schiert: petschiert sein (österr. ugs. veraltend): in einer schwierigen, peinlichen Situation sein, ruiniert sein

Pet|ti|coat [ˈpɛtikɔʊ̯t], der; -s, -s ‹*frz.-engl.;* »kleiner Rock«›: versteifter, weiter, in der Taille ansetzender Unterrock

Pet|ting, das; -[s], -s ‹*engl.-amerik.*›: [bis zum Orgasmus betriebene] Stimulierung durch Berühren und Reizen der Genitalien ohne Ausübung des eigentlichen Geschlechtsverkehrs

pet|to vgl. in petto

Pe|tu|lanz, die; - ‹*lat.*› (veraltet): Ausgelassenheit; Heftigkeit

Pe|tum, das; -s ‹*indian.-port.*›: ursprüngliche Bez. für den Tabak in Europa

Pe|tu|nie [...i̯ə], die; -, -n ‹*indian.-port.-frz.-nlat.*›: Balkonpflanze mit violetten, roten od. weißen Trichterblüten (Nachtschattengewächs)

peu à peu [pøaˈpøː] ‹*frz.*›: allmählich, nach u. nach

Pew|ter [ˈpjuːtɐ], der; -s ‹*vulgärlat.-frz.-engl.*›: Zinn-Antimon-Kupfer-Legierung (für Tafelgeräte, Notendruckplatten)

pe|xie|ren vgl. pekzieren

Pe|y|o|te, Pe|y|otl, der; - ‹*aztek.*›: aus einer mexikanischen Kakteenart gewonnenes Rauschmittel, das gekaut wird

Pfef|fe|ro|ne, der; -, ...ni (selten: -n), **Pfef|fe|ro|ni,** der; -, - ‹*sanskr.-pers.-gr.-lat.; it.*› (österr.): Peperone

Pfund Ster|ling [- ˈstɛrlɪŋ, - ˈstœːɐ̯...], das; - -, - -: Währungseinheit in Großbritannien (Abk.: L. ST., Lstr. [eigtl.: *L*ivre *St*er*l*ing], Pfd. St.; Zeichen: £)

Phä|a|ke, der; -n, -n ‹nach dem als besonders glücklich geltenden Volk der Phäaken in der gr. Sage›: sorgloser Genießer. **Phä|a|kin,** die; -, -nen: weibliche Form zu ↑Phäake

Pha|b|let [ˈfɛblət], das; -s, -s ‹Kurzw. aus *ph*one u. t*ablet*›: Smartphone mit relativ großem Display u. Speicher

pha|e|tho|nisch, pha|e|thon|tisch ‹*gr.-lat.;* nach Phaethon, dem Sohn des Sonnengottes in der gr. Sage›: kühn, verwegen

Pha|ge, der; -n, -n ‹*gr.-lat.*›: ↑Bakteriophage

Pha|ge|dä|na, die; -, ...nen (Med.): fortschreitendes, sich ausbreitendes [Syphilis]geschwür. **pha|ge|dä|nisch** (Med.): sich ausbreitend (von Geschwüren)

Pha|go|zyt, der; -en, -en (meist Plural) ‹*gr.-nlat.*› (Med.): weißes Blutkörperchen, das eingedrungene Fremdstoffe, bes. Bakterien, aufnehmen, durch ↑Enzyme auflösen u. unschädlich machen kann

pha|go|zy|tie|ren (Med.): Fremdstoffe, Mikroorganismen, Gewebetrümmer in sich aufnehmen u. durch ↑Enzyme auflösen (von Blutzellen)

Pha|go|zy|to|se, die; -: **1.** (Med.) durch Phagozyten bewirkte Auflösung u. Unschädlichmachung von Fremdstoffen im Organismus. **2.** Aufnahme geformter Nahrung durch einzellige Lebewesen

Pha|kom, das; -s, -e ‹*gr.-nlat.*› (Med.): Tumor der Augenlinse

Pha|ko|skle|ro|se, die; -, -n (Med.): mangelnde Lichtdurchlässigkeit der Augenlinse im Alter; Altersstar

Pha|lan|gen: *Plural* von ↑Phalanx

Pha|lanx, die; -, ...langen ‹*gr.-lat.*›: **1.** (Geschichte) tief gestaffelte, geschlossene Schlachtreihe des schweren Fußvolks im Griechenland der Antike. **2.** geschlossene Front (z. B. des Widerstands). **3.** (Med.) Finger- od. Zehenglied

Pha|le|ris|tik, die; - ‹*gr.-nlat.*›: Ordenskunde

phal|lisch ‹*gr.-lat.*›: den Phallus betreffend

Phal|lo|graf, Phallograph, der; -en, -en ‹*gr.-nlat.*›: Gerät zur Durchführung einer Phallografie. **Phal|lo|gra|fie,** Phallographie, die; -, ...ien: Aufzeichnung der Penisreaktion bei sexualpsychologischen Untersuchungen

Phal|lo|graph usw. vgl. Phallograf usw.

Phal|lo|krat, der; -en, -en (abwertend): phallokratischer Mann. **Phal|lo|kra|tie,** die; -, ...ien (abwertend): gesellschaftliche Unterdrückung der Frau durch den Mann. **phal|lo|kra|tisch:** die Phallokratie betreffend

Phal|lo|me|t|rie, die; -, ...ien: Verfahren zum Messen der Penisreaktion bei sexualpsychologischen Untersuchungen

Phal|lo|plas|tik, die; -, -en (Med.): operative Neu- od. Nachbildung des Penis

Phal|los, der; -, ...lloi [...ɔy] u. ...llen ⟨*gr.*⟩: ↑Phallus

Phal|lus, der; -, ...lli u. ...llen, auch: -se ⟨*gr.-lat.*⟩: [erigiertes] männliches Glied (meist als Symbol der Kraft und Fruchtbarkeit)

Phal|lus|kult, der; -[e]s (Völkerkunde): religiöse Verehrung des männlichen Gliedes als Sinnbild der Naturkraft, der Fruchtbarkeit

Phän, das; -s, -e ⟨*gr.-nlat.*⟩ (Biol.): deutlich in Erscheinung tretendes [Erb]merkmal eines Lebewesens, das mit anderen zusammen den ↑Phänotypus ausbildet

Pha|ne|ro|ga|me, die; -, -n (meist Plural): Blütenpflanze (Ggs.: Kryptogame)

pha|ne|ro|mer (Geol.): ohne Vergrößerung erkennbar (von den Bestandteilen eines Gesteins) (Ggs.: kryptomer)

Pha|ne|ro|phyt, der; -en, -en (meist Plural) (Bot.): Pflanze, die ungünstige Jahreszeiten durch oberirdische Sprosse überdauert, wobei sich die Erneuerungsknospen beträchtlich über dem Erdboden befinden (z. B. Bäume u. Sträucher)

Pha|ne|ro|se, die; - ⟨*gr.-nlat.*⟩ (Med.): das Sichtbarwerden, Sichtbarmachen von sonst nicht erkennbaren Einzelheiten, krankhaften Veränderungen, Ablagerungen o. Ä. mithilfe besonderer Techniken

Pha|ne|ro|zo|i|kum, das; - ⟨*gr.*⟩ (Geol.): mit dem ↑Kambrium einsetzendes, bis heute andauerndes Erdzeitalter des sichtbaren Lebens

Phä|no|lo|gie, die; - (Biol.): Wissenschaft von den jahreszeitlich bedingten Erscheinungsformen bei Tier u. Pflanze (z. B. die Laubverfärbung der Bäume). **phä|no|lo|gisch:** die Phänologie betreffend

Phä|no|men, das; -s, -e ⟨*gr.-lat.*⟩: **1.** etwas, was als Erscheinungsform auffällt, ungewöhnlich ist; Erscheinung. **2.** (Philos.) das Erscheinende, sich den Sinnen Zeigende; der sich der Erkenntnis darbietende Bewusstseinsinhalt. **3.** Mensch mit außergewöhnlichen Fähigkeiten

Phä|no|me|na [auch: ...ˈnɔm...]: *Plural* von ↑Phänomenon

phä|no|me|nal ⟨*gr.-lat.-frz.*⟩: **1.** (Philos., Psychol.) das ↑Phänomen (2) betreffend; sich den Sinnen, der Erkenntnis darbietend. **2.** außergewöhnlich, einzigartig, erstaunlich, unglaublich

Phä|no|me|na|lis|mus, der; - ⟨*nlat.*⟩: philosophische Richtung, nach der die Gegenstände nur so erkannt werden können, wie sie uns erscheinen, nicht wie sie an sich sind. **phä|no|me|na|lis|tisch:** den Phänomenalismus betreffend

Phä|no|me|no|lo|gie, die; - ⟨*gr.-nlat.*⟩ (Philos.): **1.** Wissenschaft von den sich dialektisch entwickelnden Erscheinungen der Gestalten des [absoluten] Geistes u. Wissenschaft der Erfahrung des Bewusstseins (Hegel). **2.** streng objektive Aufzeigung u. Beschreibung des Gegebenen, der Phänomene (nach N. Hartmann). **3.** Wissenschaft, Lehre, die von der geistigen Anschauung des Wesens der Gegenstände od. Sachverhalte ausgeht u. die geistig-intuitive Wesensschau (anstelle rationaler Erkenntnis) vertritt (Husserl). **phä|no|me|no|lo|gisch:** die Phänomenologie betreffend

Phä|no|me|non [auch: ...ˈnɔm...], das; -s, ...na ⟨*gr.-lat.*⟩: ↑Phänomen (2)

Phä|no|typ [auch: ...ˈtyːp], der; -s, -en, Phänotypus [auch: ...ˈtyː...], der; -, ...pen (Biol.) ⟨*gr.-nlat.*⟩: (durch Erbanlagen u. Umwelteinflüsse geprägtes) Erscheinungsbild eines Organismus (Ggs.: Genotyp)

phä|no|ty|pisch [auch: ...ˈtyː...] (Biol.): das Erscheinungsbild eines Organismus betreffend

Phä|no|ty|pus [auch: ...ˈtyː...] vgl. Phänotyp

Phan|ta|sie usw. vgl. [1]Fantasie usw.

Phan|tas|ma, das; -s, ...men ⟨*gr.-lat.*⟩ (Psychol.): Sinnestäuschung, Trugbild

Phan|tas|ma|go|rie, die; -, ...ien ⟨*gr.*⟩: **1.** Zauber, Truggebilde, Wahngebilde. **2.** künstliche Darstellung von Trugbildern, Gespenstern u. a. auf der Bühne. **phan|tas|ma|go|risch:** traumhaft, bizarr, gespenstisch, trügerisch

Phan|tast vgl. Fantast

Phan|tas|te|rei vgl. Fantasterei

Phan|tas|tik vgl. Fantastik

Phan|tas|ti|ka, Fantastika, die (Plural) (Med.): Naturstoffe, Pharmaka u. a., die stark erregend auf die Psyche wirken

Phan|tas|tin vgl. Fantastin

phan|tas|tisch vgl. fantastisch

Phan|tom, das; -s, -e ⟨*gr.-vulgärlat.-frz.*⟩: **1.** gespenstische Erscheinung, Trugbild. **2.** (Med.) Nachbildung von Körperteilen u. Organen für den Unterricht

Phan|tom|bild, das; -[e]s, -er: nach Zeugenaussagen erstelltes Bild eines gesuchten Täters

Phan|tom|schmerz, der; -es, -en (Med.): Schmerzen, die man in einem bereits amputierten Körperglied empfindet

Phä|o|derm, das; -s ⟨*gr.-nlat.*⟩ (Med.): durch Austrocknung entstehende graubraune bis schwärzliche Verfärbung der Haut

Phä|o|phy|zee, die; -, -n (Biol.): Braunalge, Tang

[1]**Pha|rao,** der; -[s], ...onen ⟨*ägypt.-gr.*⟩: **a)** (ohne Plural; Geschichte) Titel der altägyptischen Könige; **b)** Träger dieses Titels

[2]**Pha|rao,** das; -s ⟨*ägypt.-gr.-frz.*⟩: altes französisches Kartenglücksspiel

pha|ra|o|nisch ⟨*ägypt.-gr.*⟩: den [1]Pharao betreffend

Pha|ri|sä|er, der; -s, - ⟨*hebr.-gr.-lat.*⟩: **1.** (Geschichte) Angehöriger einer altjüdischen, streng gesetzesfrommen religiös-politischen Partei. **2.** selbstgerechter Mensch; Heuchler. **3.** heißer Kaffee mit Rum und geschlagener Sahne. **Pha|ri|sä|e|rin,** die; -, -nen: weibliche Form zu ↑Pharisäer (2)

pha|ri|sä|isch: **1.** die Pharisäer (1) betreffend. **2.** selbstgerecht; heuchlerisch

Pha|ri|sä|is|mus, der; - ⟨*hebr.-gr.-lat.-nlat.*⟩: **1.** (Geschichte) religiös-politische Lehre der Pharisäer (1). **2.** Selbstgerechtigkeit; Heuchelei

Phar|ma...

⟨zu *gr.* phármakon »Hilfsmittel; Heilmittel, Arzneimittel; Gift«⟩ *Wortbildungselement mit der Bedeutung »Arzneimittel«:*
- Pharmaindustrie
- Pharmareferent

Von gleicher Herkunft und Bedeutung ist auch das Wortbildungselement **pharmako..., Pharmako...,** vor Vokalen auch: pharmak..., Pharmak... Es ist Bestandteil vieler Fremdwörter, wie z. B. in pharmakologisch und Pharmakopsychiatrie.

Phar|ma|in|dus|t|rie, die; -, -n: Arzneimittelindustrie

phar|mak..., Phar|mak... *s. Kasten Pharma...*

Phar|ma|ka: *Plural* von ↑Pharmakon

Phar|ma|kant, der; -en, -en: Facharbeiter für die Herstellung pharmazeutischer Erzeugnisse. **Phar|ma|kan|tin,** die; -, -nen: weibliche Form zu ↑Pharmakant

Phar|ma|keu|le, die; -, -n ⟨*gr.; dt.*⟩ (ugs.): übermäßig große Menge von Pharmaka, die für eine Behandlung eingesetzt wird

phar|ma|ko..., Phar|ma|ko... *s. Kasten Pharma...*

Phar|ma|ko|dy|na|mik, die; - ⟨*gr.-nlat.*⟩ (Med., Pharm.): Teilgebiet der Medizin u. Pharmazie, auf dem man sich mit den spezifischen Wirkungen der Arzneimittel u. Gifte befasst. **phar|ma|ko|dy|na|misch:** die spezifische Wirkung von Arzneimitteln u. Giften betreffend

Phar|ma|ko|ge|ne|tik, die; - (Med.): Teilgebiet der Medizin, das sich mit dem möglichen Einfluss der Erbanlagen des Menschen auf die Wirkung von Arzneimitteln beschäftigt

Phar|ma|ko|g|no|sie, die; - (veraltet): pharmazeutische Biologie (vgl. pharmazeutisch)

Phar|ma|ko|ki|ne|tik, die; - (Med.): Wissenschaft vom Verlauf der Konzentration eines Arzneimittels im Organismus

Phar|ma|ko|lo|ge, der; -n, -n: Wissenschaftler auf dem Gebiet der Pharmakologie. **Phar|ma|ko|lo|gie,** die; -: Wissenschaft von Art u. Aufbau der Heilmittel, ihren Wirkungen u. Anwendungsgebieten; Arzneimittelkunde, Arzneiverordnungslehre. **Phar|ma|ko|lo|gin,** die; -, -nen: weibliche Form zu ↑Pharmakologe. **phar|ma|ko|lo|gisch:** die Pharmakologie, Arzneimittel betreffend

Phar|ma|kon, das; -s, ...ka ⟨*gr.*⟩: **1.** Arzneimittel. **2.** (veraltet) Zauber-, Liebestrank

Phar|ma|ko|pöe [...ˈpøː, selten: ...ˈpøːə], die; -, -n [...ˈpøːən]: amtliches Arzneibuch, Verzeichnis der offiziellen Arzneimittel mit Vorschriften über ihre Zubereitung, Beschaffenheit, Anwendung o. Ä.

Phar|ma|ko|psy|ch|i|a|t|rie, die; -: Teilgebiet der Psychiatrie, auf dem man sich mit der Behandlung bestimmter Krankheiten mit ↑Psychopharmaka befasst

Phar|ma|ko|psy|cho|lo|gie, die; -: Teilgebiet der Psychologie, das die Wirkung von Arzneimitteln u. Drogen auf die seelischen Vorgänge umfasst

Phar|ma|ko|the|ra|pie [auch: ˈfar...], die; -, ...ien (Med., Psychol.): **1.** Behandlung von Krankheiten mithilfe von Arzneimitteln. **2.** Lehre von der medikamentösen Behandlung von Krankheiten

Phar|ma|re|fe|rent, der; -en, -en: Vertreter, der bei Ärzten für die Arzneimittel o. Ä. einer Firma wirbt. **Phar|ma|re|fe|ren|tin,** die; -, -nen: weibliche Form zu ↑Pharmareferent

Phar|ma|un|ter|neh|men, das; -s, -: Unternehmen der Pharmaindustrie

Phar|ma|zeut, der; -en, -en ⟨*gr.*⟩: Fachmann, Wissenschaftler auf dem Gebiet der Pharmazie; Arzneimittelhersteller (z. B. Apotheker)

Phar|ma|zeu|tik, die; -: Arzneimittelkunde

Phar|ma|zeu|ti|kum, das; -s, ...ka ⟨*gr.-lat.*⟩: Arzneimittel

Phar|ma|zeu|tin, die; -, -nen: weibliche Form zu ↑Pharmazeut

phar|ma|zeu|tisch: zur Pharmazie gehörend; die Herstellung von Arzneimitteln betreffend; **pharmazeutische Biologie:** Lehre von der Erkennung u. Bestimmung der als Arznei verwendeten Drogen

phar|ma|zeu|tisch-tech|nisch: die Pharmazie in Verbindung mit entsprechenden technischen, praktischen Handhabungen betreffend; **pharmazeutisch-technischer Assistent, pharmazeutisch-technische Assistentin:** Person, die durch Zubereitung, Kontrolle, Abgabe von Arzneimitteln, durch Verkauf von Körperpflege- u. Hygieneartikeln die Tätigkeit eines Apothekers, einer Apothekerin o. Ä. unterstützt (Berufsbez.) (Abk.: PTA)

Phar|ma|zie, die; - ⟨*gr.-mlat.*⟩: Wissenschaft von den Arzneimitteln, ihrer Zusammensetzung, Herstellung usw.

Pha|ro, das; -s ⟨verkürzt aus *Pharao*⟩: ↑²Pharao

Pha|rus, der; -, - u. -se ⟨*gr.-lat.;* nach der Insel bei Alexandria, auf der im Altertum ein berühmter Leuchtturm stand⟩ (veraltet): Leuchtturm

pha|ryn|gal ⟨*gr.-nlat.*⟩ (Sprachwiss.): auf den Pharynx bezüglich, dort artikuliert

pha|ryn|ga|li|sie|ren: mit verengtem Rachenraum artikulieren

Pha|ryn|gen: *Plural* von ↑Pharynx

Pha|ryn|gis|mus, der; -, ...men (Med.): Verkrampfung der Schlundmuskulatur, Schlundkrampf

Pha|ryn|gi|tis, die; -, ...itiden (Med.): Rachenentzündung

Pha|ryn|go|lo|ge, der; -n, -n (Med.): Facharzt auf dem Gebiet der Pharyngologie. **Pha|ryn|go|lo|gie,** die; -: Teilgebiet der Medizin, auf dem man sich mit den Krankheiten des Rachens befasst. **Pha|ryn|go|lo|gin,** die; -, -nen: weibliche Form zu ↑Pharyngologe. **pha|ryn|go|lo|gisch** (Med.): die Pharyngologie, die Rachenkrankheiten betreffend

Pha|ryn|go|s|kop, das; -s, -e (Med.): Instrument zur Untersuchung des Rachens, Rachenspiegel. **Pha|ryn|go|s|ko|pie,** die; -, ...ien (Med.): Untersuchung des Rachens mithilfe des Pharyngoskops, Ausspiegelung des Rachens. **pha|ryn|go|s|ko|pisch** (Med.): die Pharyngoskopie betreffend; unter Anwendung des Pharyngoskops

Pha|ryn|go|spas|mus, der; -, ...men (Med.): ↑Pharyngismus

Pha|ryn|go|to|mie, die; -, ...ien (Med.): operative Öffnung des Schlundes vom Hals aus

Pha|rynx, der; -, ...ryngen ⟨*gr.*⟩ (Med.): zwischen Speiseröhre u. Mund- bzw. Nasenhöhle liegender Abschnitt der oberen Luftwege; Schlund, Rachen

Pha|se, die; -, -n ⟨*gr.-frz.*⟩: **1.** Abschnitt einer [stetigen] Entwicklung; Zustandsform, Stufe. **2.** (Astron.) **a)** bei nicht selbst leuchtenden Monden od. Planeten die Zeit, in der die Himmelskörper nur z. T. erleuchtet sind; **b)** die daraus resultierende jeweilige Erscheinungsform der Himmelskörper. **3.** (Chemie) Aggregatzustand eines chemischen Stoffes (z. B. feste, flüssige Phase). **4.** (Physik) Größe, die den Schwingungszustand einer Welle an einer bestimmten Stelle, bezogen auf den Anfangszustand, charakterisiert. **5.** (Elektrot.) **a)** Schwingungszustand beim Wechselstrom; **b)** (Plural) die drei Wechselströme des Drehstromes; **c)** (Plural) die drei Leitungen des Drehstromnetzes

Pha|ser ['feɪzə], der; -s, - ⟨*engl.*⟩: ein elektron. Effektgerät (bes. der Rockmusik), dessen Funktion auf der Aufspaltung u. Phasenverschiebung eines eingegebenen Signals beruht u. das einen in sich kreisenden Klangeindruck hervorruft

Pha|sin, das; -s ⟨*gr.-nlat.*⟩: durch längeres Kochen zerstörbarer giftiger Eiweißbestandteil der Bohnen

pha|sisch ⟨*gr.*⟩: die Phase (1) betreffend; in bestimmten Abständen regelmäßig wiederkehrend

Pha|so|phre|nie, die; -, ...ien: in Phasen verlaufende ↑Psychose

phat [fɛt] vgl. phatt

pha|tisch ⟨*gr.-nlat.*⟩ (Sprachwiss.): Kontakt knüpfend u. erhaltend (z. B. die phatische Funktion eines Textes)

phatt, seltener: phat [fɛt] ⟨*engl.*⟩ (Jugendspr.): hervorragend (z. B. phatte Beats)

Pha|ze|lie [...i̯ə], die; -, -n ⟨*gr.-nlat.*⟩: Büschelschön (Wasserblattgewächs, das als Bienenweide angepflanzt wird)

Phel|lem, das; -s ⟨*gr.-nlat.*⟩: Kork, Naturkork (der Korkeiche)

Phel|lo|den|d|ron, der, auch: das; -s, ...dren ⟨*gr.-nlat.*⟩: Korkbaum (ein ostasiatischer Zierbaum)

Phel|lo|derm, das; -s, -e (Bot.): unverkorktes, blattgrünreiches Rindengewebe

Phel|lo|gen, das; -s, -e (Bot.): Korkzellen bildendes Pflanzengewebe

Phel|lo|id, das; -[e]s, -e (Bot.): unverkorkte tote Zellschicht im Korkgewebe

Phel|lo|plas|tik, die; -, -en: **1.** (ohne Plural) bes. im 18. u. 19. Jh. übliche Korkschnitzkunst. **2.** aus Kork geschnitzte Figur. **phel|lo|plas|tisch:** die Korkschnitzkunst betreffend

Phe|lo|ni|um, das; -s, ...ien ⟨*gr.-mgr.*⟩: mantelartiges Messgewand des orthodoxen Priesters

Phe|n|a|ce|tin, das; -s ⟨*gr.; lat.-nlat.*⟩: ein Schmerz- u. Fiebermittel

Phe|n|a|kit [auch: ...'kɪt], der; -s, -e ⟨*gr.-nlat.*⟩: ein Mineral; Schmuckstein

Phe|n|an|th|ren, das; -s ⟨Kunstw.⟩: aromatischer Kohlenwasserstoff im Steinkohlenteer mit vielen wichtigen Abkömmlingen

Phe|nol, das; -s ⟨*gr.; arab.*⟩: Karbolsäure, eine aus dem Steinkohlenteer gewonnene, technisch vielfach verwendete organische Verbindung

Phe|no|le, die (Plural): wichtige organische Verbindungen im Teer (z. B. Phenol, Kresol)

Phe|nol|harz, das; -es, -e: aus Phenolen u. Formaldehyd synthetisch hergestelltes Harz

phe|no|lisch: **1.** (Chemie) (von organischen Stoffen) die Struktur des Phenols einbindend. **2.** (bes. von Weinen) durch zu viel Gerbsäure bitter, rau schmeckend

Phe|nol|ph|tha|le|in, das; -s ⟨Kunstw.⟩: als ↑Indikator (3) dienende chemische Verbindung

Phe|no|plast, der; -[e]s, -e: ↑Phenolharz

Phe|nyl, das; -s, -e, **Phe|nyl|grup|pe,** die; -, -n (Chemie): bestimmte, in vielen aromatischen Kohlenwasserstoffen enthaltene einwertige Atomgruppe

Phe|nyl|ke|to|n|u|rie, die; -, ...ien (Med.): [bei Babys auftretende] Erkrankung, die durch einen genetisch bedingten Stoffwechseldefekt einer Aminosäure bedingt ist

Phe|re|kra|te|us, der; -, ...teen ⟨*gr.-lat.;* nach dem Namen des altattischen Dichters Pherekrates⟩: **1.** antiker Vers in der Form eines ↑katalektischen ↑Glykoneus. **2.** ↑Aristophaneus

Phe|ro|mon, das; -s, -e (meist Plural) ⟨*gr.-nlat.*⟩ (Biol.): Wirkstoff, der nach außen abgegeben wird u. auf andere Individuen der gleichen Art Einfluss hat (z. B. Lockstoffe von Insekten)

Phi, das; -[s], -s ⟨*gr.*⟩: einundzwanzigster Buchstabe des griechischen Alphabets: Φ, φ

Phi|a|le, die; -, -n ⟨*gr.-lat.*⟩: altgriechische flache [Opfer]schale

phil..., Phil... vgl. philo..., Philo...

...phil *s. Kasten philo..., Philo...*

Phi|l|a|leth, der; -en, -en ⟨*gr.*⟩ (veraltet): Wahrheitsfreund

Phi|l|an|th|rop, der; -en, -en ⟨*gr.*⟩: Menschenfreund (Ggs.: Misanthrop)

Phi|l|an|th|ro|pie, die; -: Menschenliebe (Ggs.: Misanthropie)

[1]**Phi|l|an|th|ro|pin,** die; -, -nen: weibliche Form zu ↑Philanthrop

[2]**Phi|l|an|th|ro|pin,** das; -s, -e, Philanthropinum, das; -s, ...na ⟨*gr.-nlat.*⟩ (veraltet): nach den Grundsätzen des Philanthropinismus arbeitende Erziehungsanstalt

Phi|l|an|th|ro|pi|nis|mus, Philanthropismus, der; -: am Ende des 18. Jh.s einsetzende, von Basedow begründete Erziehungsbewegung, die eine natur- u. vernunftgemäße Erziehung anstrebte. **Phi|l|an|th|ro|pi|nist,** der; -en, -en: Anhänger des Philanthropinismus. **Phi|l|an|th|ro|pi|nis|tin,** die; -, -nen: weibliche Form zu ↑Philanthropinist

Phi|l|an|th|ro|pi|num vgl. [2]Philanthropin

phi|l|an|th|ro|pisch ⟨*gr.*⟩: menschenfreundlich, menschlich [gesinnt] (Ggs.: misanthropisch)

Phi|l|an|th|ro|pis|mus vgl. Philanthropinismus

Phi|l|a|te|lie, die; - ⟨*gr.-frz.*⟩: [wissenschaftliche] Beschäftigung mit Briefmarken, das Sammeln von Briefmarken. **Phi|l|a|te|list,**

phi|lo..., Phi|lo...

vor Vokalen und vor h: phil..., Phil...
⟨*gr.* phílos »liebend, freundlich; lieb, wert, teuer; Freund«⟩
Wortbildungselement mit der Bedeutung »Freund, Verehrer (von etwas), Liebhaber, Anhänger; Liebe, Neigung (zu etwas), wissenschaftliche Beschäftigung«:
- Philharmonie
- Philologe
- philosophisch

...phil
⟨*gr.* phílos »liebend, freundlich; lieb, wert, teuer; Freund«⟩
Wortbildungselement mit der Bedeutung »eine Vorliebe für etwas oder jemanden habend; etwas oder jemanden sehr schätzend«:
- bibliophil
- frankophil
- pädophil

...phi|lie
die; -, ...ien (meist ohne Plural)
⟨*gr.* philía »Liebe, Freundschaft, Wohlwollen«⟩
Wortbildungselement mit der Bedeutung »Vorliebe, Liebhaberei, Neigung (zu etwas)«:
- Bibliophilie
- Hämophilie
- Nekrophilie

der; -en, -en: jmd., der sich [wissenschaftlich] mit Briefmarken beschäftigt; Briefmarkensammler. **Phi|l|a|te|lis|tin,** die; -, -nen: weibliche Form zu ↑Philatelist

Phil|har|mo|nie, die; -, ...ien ⟨*gr.*⟩: **1.** Name philharmonischer Orchester od. musikalischer Gesellschaften. **2.** [Gebäude mit einem] Konzertsaal eines philharmonischen Orchesters

Phil|har|mo|ni|ker, der; -s, -: **a)** Mitglied eines philharmonischen Orchesters; **b)** (Plural) Name eines Sinfonieorchesters mit großer Besetzung (z. B. Berliner Philharmoniker, Wiener Philharmoniker). **Phil|har|mo|ni|ke|rin,** die; -, -nen: weibliche Form zu ↑Philharmoniker (a)

phil|har|mo|nisch: die Musikliebe, -pflege betreffend; Musik pflegend; **philharmonisches Orchester:** Sinfonieorchester mit großer Besetzung (als Name)

Phil|hel|le|ne, der; -n, -n ⟨*gr.*⟩: Anhänger, Vertreter des Philhellenismus. **Phil|hel|le|nin,** die; -, -nen: weibliche Form zu ↑Philhellene

Phil|hel|le|nis|mus, der; - ⟨*gr.-nlat.*⟩ (Geschichte): politisch-romantische Bewegung, die den Befreiungskampf der Griechen gegen die Türken unterstützte

...phi|lie *s. Kasten philo..., Philo...*

Phi|l|ip|pi|ka, die; -, ...ken ⟨*gr.-lat.;* nach den Kampfreden des Demosthenes gegen König Philipp von Mazedonien⟩: Straf-, Kampfrede

Phi|lis|ter, der; -s, - ⟨nach dem Volk an der Küste Südpalästinas, in der Bibel als ärgster Feind der Israeliten dargestellt⟩: **1.** kleinbürgerlicher Mensch; Spießbürger. **2.** (Verbindungsw.) im Berufsleben stehender Alter Herr. **3.** (Studentenspr. veraltend) Nichtakademiker. **Phi|lis|te|rin,** die; -, -nen: weibliche Form zu ↑Philister (1,3)

Phi|lis|te|ri|um, das; -s ⟨*nlat.*⟩ (Verbindungsw.): das spätere Berufsleben eines Studenten

phi|lis|t|rie|ren (Verbindungsw.): einen ↑Inaktiven in die Altherrenschaft aufnehmen

phi|lis|t|rös ⟨französierende Bildung⟩: spießig; engstirnig

Phil|lu|me|nie, die; - ⟨*gr.; lat.*⟩: das Sammeln von Streichholzschachteln od. Streichholzschachteletiketten. **Phil|lu|me|nist,** der; -en, -en: Sammler von Streichholzschachteln od. Etiketten von Streichholzschachteln. **Phil|lu|me|nis|tin,** die; -, -nen: weibliche Form zu ↑Phillumenist

phi|lo..., Phi|lo... *s. Kasten*

phi|lo|bat ⟨*gr.*⟩ (Psychol.): enge Bindungen meidend, Distanz liebend (Ggs.: oknophil)

Phi|lo|ba|tis|mus, der; - ⟨*gr.*⟩ (Psychoanalyse): der Impuls, Autonomie u. Distanz zu wünschen u. sich schnell beengt zu fühlen (Ggs.: Oknophilie)

Phi|lo|den|d|ron, der, auch: das; -s, ...ren ⟨*gr.-nlat.*⟩: zu den Aronstabgewächsen gehörende Blattpflanze mit Luftwurzeln u. gelappten Blättern; vgl. Monstera

Phi|lo|gyn, der; -en, -en ⟨*gr.*⟩ (veraltet): Frauenfreund

Phi|lo|ka|lia, Phi|lo|ka|lie, die; - ⟨»Liebe zum Schönen«⟩: viel gelesenes Erbauungsbuch der orthodoxen Kirche mit Auszügen aus dem mittelalterlichen mystischen Schrifttum

Phi|lo|kar|tie, die; - ⟨*frz.*⟩: systematisches Sammeln von Ansichtskarten

Phi|lo|lo|ge, der; -n, -n ⟨*gr.-lat.;* »Freund der Wissenschaften«⟩: jmd., der sich wissenschaftlich mit Philologie befasst (z. B. Hochschullehrer, Student). **Phi|lo|lo|gie,** die; -, ...ien: Sprach- u. Literaturwissenschaft. **Phi|lo|lo|gin,** die; -, -nen: weibliche Form zu ↑Philologe. **phi|lo|lo|gisch:** die Philologie betreffend, auf ihr beruhend, zu ihr gehörend

Phi|lo|ma|thie, die; - ⟨*gr.*⟩ (veraltet): Wissensdrang

Phi|lo|me|la, Phi|lo|me|le, die; -, ...len ⟨*gr.-lat.*⟩ (veraltet): Nachtigall

Phi|lo|se|mit, der; -en, -en ⟨*nlat.*⟩: Vertreter des Philosemitismus. **Phi|lo|se|mi|tin,** die; -, -nen: weibliche Form zu ↑Philosemit. **Phi|lo|se|mi|tis|mus,** der; -: **a)** (bes. im 17. u. 18. Jh.) geistige Bewegung, die gegenüber Juden und ihrer Religion eine sehr tolerante Haltung einnimmt;

b) (abwertend) unkritische Haltung, die die Politik des Staates Israel vorbehaltlos unterstützt

Phi|lo|soph, der; -en, -en ‹*gr.-lat.;* »Freund der Weisheit«›: **1. a)** jmd., der nach dem letzten Sinn, den Ursprüngen des Denkens u. Seins, dem Wesen der Welt, der Stellung des Menschen im Universum fragt; **b)** Begründer einer Denkmethode, einer Philosophie (1). **2.** Wissenschaftler auf dem Gebiet der Philosophie (2). **3.** jmd., der gern philosophiert (2), über etwas nachdenkt, grübelt

Phi|lo|so|phas|ter, der; -s, -: philosophisch unzuverlässiger Schwätzer, Scheinphilosoph

Phi|lo|so|phem, das; -s, -e ‹*gr.*›: Ergebnis philosophischer Nachforschung od. Lehre; philosophisches Ergebnis

Phi|lo|so|phia pe|r|en|nis, die; - - ‹*lat.;* »immerwährende Philosophie«›: Philosophie (1) im Hinblick auf die in ihr enthaltenen, überall u. zu allen Zeiten bleibenden Grundwahrheiten

Phi|lo|so|phia pri|ma, die; - - ‹»erste Philosophie«›: die ↑Metaphysik bei Aristoteles

Phi|lo|so|phie, die; -, ...ien ‹*gr.-lat.;* »Weisheitsliebe«›: **1.** forschendes Fragen u. Streben nach Erkenntnis des letzten Sinnes, der Ursprünge des Denkens u. Seins, der Stellung des Menschen im Universum, des Zusammenhanges der Dinge in der Welt. **2.** (ohne Plural) Wissenschaft von den verschiedenen philosophischen Systemen, Denkgebäuden. **phi|lo|so|phie|ren: 1.** Philosophie (1) betreiben, sich mit philosophischen Fragen, Problemen befassen. **2.** über etwas nachdenken, grübeln; nachdenklich über etwas reden

Phi|lo|so|phi|kum, das; -s: **1.** (früher) Prüfung in Philosophie oder Erziehungswissenschaft im Rahmen des Ersten Staatsexamens für das Lehramt an Gymnasien. **2.** Zwischenexamen bei Kandidaten für das Priesteramt

Phi|lo|so|phin, die; -, -nen: weibliche Form zu ↑Philosoph

phi|lo|so|phisch: 1. a) die Philosophie (1) betreffend; **b)** auf einen Philosophen (1) bezogen. **2.** durchdenkend, überlegend; weise. **3.** (abwertend) weltfremd, verstiegen

Phi|lo|xe|nie, die; - ‹*gr.*› (veraltet): Gastfreundschaft

Phil|t|rum, das; -s, ...tren ‹*gr.-nlat.*› (Med.): Einbuchtung in der Mitte der Oberlippe

Phi|mo|se, die; -, -n ‹*gr.;* »das Verschließen, die Verengung«› (Med.): angeborene od. erworbene Vorhautverengung des Penis

Phi|o|le, die; -, -n ‹*gr.-lat.-mlat.*›: kugelförmige Glasflasche mit langem Hals

Phi|shing [ˈfɪʃɪŋ], das; -[s] ‹*engl.;* zu fishing »das Fischen«; die ph-Schreibung wohl nach *engl.-amerik.* (Jargon) phreaking »das Hacken«› (EDV): das Erschleichen von persönlichen Daten wie Passwort, Kreditkartennummer o. Ä. mithilfe gefälschter E-Mails od. Websites

Phi|shing|mail, Phi|shing-Mail [ˈfɪʃɪŋmeɪl], die; -, -s, auch, bes. südd., österr., schweiz.: das; -s, -s (EDV): E-Mail mit der Aufforderung zum Besuch einer gefälschten Website, über die Betrüger versuchen, sich Bankzugangsdaten u. Ä. der Mailempfänger zu verschaffen

Phle|b|ek|ta|sie, die; -, ...ien ‹*gr.-nlat.*› (Med.): meist durch Bindegewebsschäden bedingte Bildung von Ausbuchtungen in der Venenwand; Venenerweiterung

Phle|b|ek|to|mie, die; -, ...ien ‹*gr.-nlat.*› (Med.): operative Entfernung von Krampfadern

Phle|bi|tis, die; -, ...itiden (Med.): Venenentzündung

phle|bo|gen (Med.): von den Venen ausgehend (z. B. von krankhaften Veränderungen)

Phle|bo|gra|fie, Phlebographie, die; - (Med.): röntgenologische Darstellung der Venen mithilfe von Kontrastmitteln

Phle|bo|gramm, das; -s, -e (Med.): Röntgenbild kontrastmittelgefüllter Venen

Phle|bo|gra|phie vgl. Phlebografie

Phle|bo|lith [auch: ...ˈlɪt], der; -s u. -en, -e[n] (Med.): Venenstein, verkalkter ↑Thrombus

Phle|bo|lo|ge, der; -n, -n (Med.): Arzt mit Spezialkenntnissen auf dem Gebiet der Venenerkrankungen. **Phle|bo|lo|gie,** die; -: die Venen u. ihre Erkrankungen umfassendes Teilgebiet der Medizin. **Phle|bo|lo|gin,** die; -, -nen: weibliche Form zu ↑Phlebologe

Phleg|ma, das; -s (österr. meist: -) ‹*gr.-lat.*›: **a)** [Geistes]trägheit, Schwerfälligkeit; **b)** Gleichgültigkeit, Dickfelligkeit

Phleg|ma|sie, die; -, ...ien ‹*gr.-nlat.*› (Med.): Entzündung

Phleg|ma|ti|ker, der; -s, - ‹*gr.-lat.*›: **a)** (nach dem von Hippokrates aufgestellten Temperamentstyp) ruhiger, langsamer, schwerfälliger Mensch; vgl. Choleriker, Melancholiker, Sanguiniker; **b)** Vertreter dieses Temperamentstyps. **Phleg|ma|ti|ke|rin,** die; -, -nen: weibliche Form zu ↑Phlegmatiker

Phleg|ma|ti|kus, der; -, -se (ugs. scherzh.): träger, schwerfälliger Mensch

phleg|ma|tisch: träge, schwerfällig; gleichgültig; vgl. cholerisch, melancholisch, sanguinisch

Phleg|mo|ne, die; -, -n, **Phleg|mon,** das; -s, -e (Med.): meist bakterielle, eitrige u. flächenhafte Entzündung der tiefer gelegenen Hautschichten. **phleg|mo|nös** (Med.): mit Phlegmonen einhergehend

Phlo|em, das; -s, -e ‹*gr.-nlat.*› (Bot.): Siebteil der pflanzlichen Leitbündel

phlo|gis|tisch ‹*gr.-nlat.*› (Med.): eine Entzündung betreffend, zu ihr gehörend

Phlo|gis|ton, das; -s ‹*gr.*›: nach einer wissenschaftlichen Theorie des 18. Jh.s ein Stoff, der allen brennbaren Körpern beim Verbrennungsvorgang entweichen sollte

phlo|go|gen ‹*gr.-nlat.*› (Med.): Entzündungen erregend

Phlo|go|se, Phlo|go|sis, die; -, ...osen ‹*gr.*› (Med.): Entzündung

Phlox, der; -es, -e, auch: die; -, -e ‹*gr.-lat.;* »Flamme«›: Zierpflanze mit rispenartigen, farbenprächtigen Blütenständen

Phlo|xin, das; -s ‹*gr.-nlat.*›: nicht lichtechter roter Säurefarbstoff

Phly|a|ke, der; -n, -n (meist Plural) ‹*gr.;* »Schwätzer«›: Spaßmacher der altgriechischen Volksposse

Phlyk|tä|ne, die; -, -n ‹*gr.*› (Med.):

Bläschen an der Bindehaut des Auges

...phob

⟨zu *gr.* phóbos »Furcht; Schrecken«⟩
Wortbildungselement mit der Bedeutung »eine Abneigung gegen etwas habend; etwas meidend«:
– fotophob
– gamophob

...pho|bie
die; -, ...ien (teilweise ohne Plural)
⟨zu *gr.* phóbos »Furcht; Schrecken«⟩
Wortbildungselement mit den Bedeutungen:
a) *»[zwanghafte] Angst vor etwas oder jemandem, Abneigung gegen etwas«:*
– Agoraphobie
– Arachnaphobie
– Klaustrophobie
b) *»Überempfindlichkeit gegen etwas, Hang, etwas zu meiden«:*
– Fotophobie

Pho|bie, die; -, ...ien ⟨*gr.-nlat.*⟩ (Med.): krankhafte Angst
Pho|bi|ker, der; -s, - (Med.): jmd., der an einer Phobie leidet. **Pho|bi|ke|rin**, die; -, -nen: weibliche Form zu ↑Phobiker
pho|bisch (Med.): die Phobie betreffend, auf ihr beruhend; in der Art einer Phobie
Pho|bo|pho|bie, die; -, ...ien (Med.): Angst vor Angstanfällen
Pho|ko|me|lie, die; -, ...ien ⟨*gr.-nlat.*; »Robbengliedrigkeit«⟩ (Med.): angeborene körperliche Fehlbildung, bei der Hände u. Füße fast am Rumpf ansetzen
Phon, [1]Fon, das; -s, -s (aber: 50 -) ⟨*gr.*⟩: Maßeinheit der Tonstärke (Zeichen: phon)
phon... vgl. phono..., Phono...
...phon *s. Kasten ...fon*
Pho|n|as|the|nie, Fonasthenie, die; -, ...ien ⟨*gr.-nlat.*⟩ (Med.): Versagen der Stimme [nach Überbeanspruchung]
Pho|na|ti|on, Fonation, die; - (Med.): Laut- u. Stimmbildung; Art u. Weise der Entstehung von Stimmlauten. **pho|na|to|risch**, fonatorisch (Med.): die Phonation, die Stimme betreffend; stimmlich
Pho|nem, Fonem, das; -s, -e ⟨*gr.*⟩: **1.** (Sprachwiss.) kleinste bedeutungsunterscheidende, aber nicht selbst bedeutungstragende sprachliche Einheit (z. B. b in Bein im Unterschied zu p in Pein). **2.** (nur Plural; Med.) Gehörhalluzinationen in Form von Stimmen (z. B. bei Schizophrenie)
Pho|ne|ma|tik, Fonematik, die; - ⟨*gr.-nlat.*⟩: Phonologie, Phonemik
pho|ne|ma|tisch, fonematisch (Sprachwiss.): das Phonem betreffend
Pho|ne|mik, Fonemik, die; -: Phonologie. **pho|ne|misch**, fonemisch (Sprachwiss.): ↑phonematisch
Phon|en|do|s|kop, Fonendoskop, das; -s, -e ⟨*gr.-nlat.*⟩ (Med.): ↑Stethoskop, das den Schall über eine Membran u. einen veränderlichen Resonanzraum weiterleitet, Schlauchhörrohr
Pho|ne|tik, Fonetik, die; -: Teilgebiet der Sprachwissenschaft, das die Vorgänge beim Sprechen untersucht; Lautlehre, Stimmbildungslehre
Pho|ne|ti|ker, Fonetiker, der; -s, -: Wissenschaftler auf dem Gebiet der Phonetik
Pho|ne|ti|ke|rin, Fonetikerin, die; -, -nen: weibliche Form zu ↑Phonetiker
pho|ne|tisch, fonetisch (Sprachwiss.): die Phonetik betreffend, lautlich
Pho|ne|to|graph, Fonetograf, der; -en, -en (Technik): Gerät, das gesprochene Worte direkt in Schrift od. andere Zeichen überführt
Pho|n|i|a|ter, Foniater, der; -s, - ⟨*gr.*⟩ (Med.): Spezialist auf dem Gebiet der Phoniatrie. **Pho|n|i|a|te|rin**, Foniaterin, die; -, -nen: weibliche Form zu ↑Phoniater. **Pho|ni|a|t|rie**, Foniatrie, die; - (Med.): Teilgebiet der Medizin, auf dem man sich mit krankhaften Erscheinungen bei der Sprach- u. Stimmbildung befasst; Stimm-, Sprachheilkunde
Pho|nik, Fonik, die; - (veraltet): Lehre vom Schall, Tonlehre
pho|nisch, fonisch: die Stimme, die Stimmbildung betreffend
Pho|nis|mus, Fonismus, der; -, ...men (meist Plural) (Med.): nicht auf Gehörwahrnehmungen beruhende Tonempfindung bei Reizung anderer Sinnesnerven (z. B. des Auges)
Phö|nix, der; -[es], -e ⟨*gr.-lat.*⟩: sich im Feuer verjüngender Vogel der altägyptischen Sage, der zum Symbol der ewigen Erneuerung u. zum christlichen Sinnbild der Auferstehung wurde

pho|no..., Pho|no...

auch: fo|no..., Fo|no..., vor Vokalen meist: phon..., Phon..., auch: fon..., Fon...
⟨zu *gr.* phōnḗ »Laut, Ton; Stimme«⟩
Wortbildungselement mit der Bedeutung »Laut, Ton, Schall; Stimme«

Das ph in phono..., Phono... kann generell durch f ersetzt werden:
– Phoniater, auch: Foniater
– Phonometer, auch: Fonometer
– Phonothek, auch: Fonothek

Pho|no|dik|tat, Fonodiktat, das; -[e]s, -e: in ein Diktiergerät gesprochenes Diktat
pho|no|gen, fonogen ⟨*gr.-nlat.*⟩: bühnenwirksam, zum Vortrag geeignet (von der menschlichen Stimme)
Pho|no|gno|mik, Fonognomik, die; - (Psychol.): Lehre vom seelischen Ausdrucksgehalt der Sprechstimme
Pho|no|gramm, Fonogramm, das; -s, -e: jede Aufzeichnung von Schallwellen (z. B. Sprache, Musik), z. B. auf Tonbändern
Pho|no|graph, Fonograf, der; -en, -en (Technik): 1877 von Edison erfundenes Tonaufnahmegerät. **Pho|no|gra|phie**, Fonografie, die; -, ...ien ⟨»Lautschrift«⟩: **1.** (veraltet) Aufzeichnung von Lauten in lautgetreuer Schrift. **2.** Verzeichnis von Tonaufnahmen. **pho|no|gra|phisch**, fonografisch: die Phonographie betreffend, lautgetreu
Pho|no|la®, die; -, -s ⟨Kunstw.⟩: mechanisches, mit Tretpedalen zu bedienendes Klavier, bei dem die Notenreihenfolge auf einem durchlaufenden Band festgelegt ist; vgl. Pianola
Pho|no|lith, Fonolith [auch: ...'lɪt], der; -s u. -en, -e[n] ⟨*gr.-nlat.*⟩: graues oder grünliches, meist in Platten oder Säulen vorkommendes, beim Anschlagen hell

klingendes Ergussgestein, das als Baustein od. für Düngemittel verwendet wird

Pho|no|lo|ge, Fonologe, der; -n, -n: jmd., der sich wissenschaftlich mit der Phonologie befasst

Pho|no|lo|gie, Fonologie, die; -: Teilgebiet der Sprachwissenschaft, das sich mit der Funktion der Laute in einem Sprachsystem beschäftigt. **Pho|no|lo|gin,** Fonologin, die; -, -nen: weibliche Form zu ↑Phonologe. **pho|no|lo|gisch,** fonologisch: die Phonologie betreffend

Pho|no|me|ter, Fonometer, das; -s, - ⟨*gr.-nlat.;* »Tonmesser«⟩: Apparat zur Prüfung u. Messung von Klang, Ton u. Schall od. zur Prüfung der Hörschärfe

Pho|no|me|t|rie, Fonometrie, die; -: **1.** Teilgebiet der ↑Akustik, das sich mit akustischen Reizen u. ihrer Wirkung auf den Gehörsinn befasst. **2.** Forschungszweig der Phonetik, der sich mit den zähl- u. messbaren Werten von Lauten beschäftigt, mit technischen Mitteln das Sprechen untersucht

pho|no|me|t|risch, fonometrisch: die Phonometrie betreffend

Pho|no|pho|bie, Fonophobie, die; -, ...ien ⟨»Lautangst, Stimmangst«⟩ (Med., Psychol.): **1.** Sprechangst, krankhafte Angst vor dem Sprechen bei Stotternden. **2.** krankhafte Angst vor Geräuschen od. lauter Sprache

Pho|no|ta|xie, die; -, ...ien, Fonotaxie, die; -, ...ien, **Pho|no|ta|xis,** die; -, ...taxen, Fonotaxis, die; -, ...taxen: die sich nach Schallwellen richtende Ortsbewegung bestimmter Tiere (z. B. die Ultraschallortung bei Fledermäusen)

Pho|no|thek, Fonothek, die; -, -en: Tonarchiv mit Beständen an Schallplatten, Tonbändern, CDs u. a.

Pho|no|ty|pis|tin, Fonotypistin, die; -, -nen: weibliche Schreibkraft, die vorwiegend nach einem Diktiergerät schreibt

Pho|re|sie, die; - ⟨*gr.*⟩ (Zool.): Beziehung zwischen zwei Tieren verschiedener Arten, bei der das eine Tier das andere vorübergehend zum Transport benutzt, ohne es zu schädigen

Phor|minx, die; -, ...mingen ⟨*gr.*⟩: der ↑Kithara ähnliches Saiteninstrument aus der Zeit Homers (auf Abbildungen seit dem 9. Jh. v. Chr. bezeugt)

Phor|mi|um, das; -s, ...ien ⟨*gr.-nlat.*⟩: Neuseeländischer Flachs (Liliengewächs, Faserpflanze)

Pho|ro|no|mie, die; - ⟨*gr.-nlat.*⟩: **1.** ↑Kinematik. **2.** (Psychol.) Wissenschaft, Lehre vom Arbeits- u. Energieaufwand bei bestimmten körperlichen Tätigkeiten

Phos|gen, das; -s ⟨*gr.-nlat.*⟩: zur Herstellung von Farbstoffen und Arzneimitteln, im 1. Weltkrieg als Kampfgas verwendete Verbindung von Kohlenmonoxid u. Chlor (Carbonylchlorid)

Phos|phat, das; -[e]s, -e: Salz der Phosphorsäure, dessen verschiedene Arten wichtige technische Rohstoffe sind (z. B. für Düngemittel)

Phos|pha|ta|se, die; -, -n: bei den meisten Stoffwechselvorgängen wirksames ↑Enzym, das Phosphorsäureester zu spalten vermag

Phos|pha|tid, das; -[e]s, -e (Chemie): zu den ↑Lipoiden gehörende organische Verbindung

phos|pha|tie|ren: 1. ↑parkerisieren. **2.** (Seide) mit Dinatriumphosphat behandeln

Phos|phen, das; -s, -e (Med.): bei ↑Fotopsie auftretende, subjektiv wahrgenommene Lichterscheinung

Phos|phid, das; -[e]s, -e: Verbindung des Phosphors mit einem elektropositiven Element

Phos|phin, das; -s, -e: Phosphorwasserstoff

Phos|phit, das; -s, -e: Salz der phosphorigen Säure

Phos|pho|di|es|ter|bin|dung, die; -, -en ⟨*gr.-nlat.; gr.; Kunstw.; dt.*⟩ (Chemie): Atombindung eines Esters der Phosphorsäure, bes. in der Helix von DNA u. RNA auftretend

Phos|pho|enol|py|ru|vat, das; -s, -e ⟨*gr.-nlat.; gr.; gr.-lat.-nlat.*⟩ (Biochemie): energiereiches Stoffwechselzwischenprodukt, das u. a. in der ↑Glykolyse eine Rolle spielt (Abk.: PEP)

Phos|phor, der; -s, -e ⟨*gr.-nlat.;* eigtl. »Licht tragend«⟩: **1.** (ohne Plural) chem. Element; ein Nichtmetall (Zeichen: P). **2.** phosphoreszierender Stoff

Phos|pho|res|zenz, die; -: vorübergehendes Aussenden von Licht, Nachleuchten bestimmter, vorher mit Licht o. Ä. bestrahlter Stoffe. **phos|pho|res|zie|ren:** nach vorheriger Bestrahlung nachleuchten

phos|pho|rig: Phosphor enthaltend

Phos|pho|ris|mus, der; -, ...men: Phosphorvergiftung

Phos|pho|rit [auch: ...ˈrɪt], der; -s, -e: durch Verwitterung von ↑Apatit od. durch Umwandlung von phosphathaltigen tierischen Substanzen entstandenes Mineral (wichtiger Ausgangsstoff für die Phosphorgewinnung)

phos|pho|ry|lie|ren (Biochemie): eine Phosphorylierung vornehmen

Phos|pho|ry|lie|rung, die; -, -en (Biochemie): Übertragung einer Phosphatgruppe auf ein organisches Molekül (Ggs.: Dephosphorylierung)

Phot, das; -s, - ⟨*gr.*⟩: alte Leuchtstärkeeinheit (Zeichen: ph)

Pho|to|bio|lo|gie [auch: ...ˈgiː] usw. vgl. Fotobiologie usw.

Pho|to|che|mie [auch: ...ˈmiː] vgl. Fotochemie

Pho|to|che|mi|gra|phie [auch: ˈfoː...] vgl. Fotochemigrafie

pho|to|che|misch [auch: ...ˈçeː...] vgl. fotochemisch

pho|to|chrom [...kr...] vgl. fotochrom

Pho|to|ef|fekt vgl. Fotoeffekt

Pho|to|elek|t|ri|zi|tät [auch: ...ˈtɛːt] vgl. Fotoelektrizität

Pho|to|elek|t|ron vgl. Fotoelektron

Pho|to|ele|ment vgl. Fotoelement

pho|to|gen vgl. fotogen

Pho|to|ge|ni|tät vgl. Fotogenität

Pho|to|gramm usw. vgl. Fotogramm usw.

Pho|to|gram|me|t|rie vgl. Fotogrammetrie

pho|to|gram|me|t|risch vgl. fotogrammetrisch

Pho|to|graph usw. vgl. Fotograf usw.

Pho|to|gra|vü|re vgl. Fotogravüre

Pho|to|ko|pie usw. vgl. Fotokopie usw.

Pho|to|ly|se vgl. Fotolyse

Pho|tom, Fotom, das; -s, -e (meist Plural) ⟨*gr.-nlat.*⟩

(Med.): subjektive Wahrnehmung nicht vorhandener Licht- od. Farberscheinungen in Gestalt von Wolken, Wellen, Schatten

Pho|to|ma|ton®, das; -s, -e ⟨Kunstw.⟩: Fotografierautomat, der nach kurzer Zeit Aufnahmen fertig auswirft

pho|to|me|cha|nisch vgl. fotomechanisch

Pho|to|me|ter usw. vgl. Fotometer usw.

Pho|ton, Foton [auch: fo'to:n], das; -s, ...onen (Physik): in der Quantentheorie das kleinste Energieteilchen einer elektromagnetischen Strahlung

Pho|to|nik, Fotonik, die; - (Informatik): Informationsverarbeitung, die auf der Wechselwirkung von Lichtsignalen beruht

pho|to|nisch, fotonisch: **1.** das Licht leitend (bes. Kristalle). **2.** die Photonik betreffend, auf ihr beruhend

Pho|to|pe|ri|o|dis|mus vgl. Fotoperiodismus

pho|to|phil vgl. fotophil

pho|to|phob usw. vgl. fotophob usw.

Pho|to|phy|sio|lo|gie vgl. Fotophysiologie

Pho|t|op|sie vgl. Fotopsie

Pho|to|sphä|re vgl. Fotosphäre

Pho|to|syn|the|se [auch: 'fo:...] vgl. Fotosynthese

pho|to|tak|tisch usw. vgl. fototaktisch usw.

Pho|to|ta|xis vgl. Fototaxis

Pho|to|the|ra|pie [auch: 'fo:...] vgl. Fototherapie

Pho|to|to|po|gra|phie vgl. Fototopografie

pho|to|trop usw. vgl. fototrop usw.

Pho|to|ty|pie vgl. Fototypie

Pho|to|vol|ta|ik usw. vgl. Fotovoltaik usw.

Pho|to|zel|le vgl. Fotozelle

Pho|to|zin|ko|gra|phie vgl. Fotozinkografie

Phrag|mo|ba|si|di|o|my|zet, der; -en, -en ⟨*gr.-nlat.*⟩: Ständerpilz mit vierteiliger ↑Basidie (z. B. Getreiderostpilz)

[1]Phra|se, die; -, -n ⟨*gr.-lat.*⟩: **1.** (Sprachwiss.) **a)** Satz; typische Wortverbindung, Redewendung; **b)** aus einem Einzelwort od. aus mehreren, eine Einheit bildenden Wörtern bestehender Satzteil. **2.** (Musik) selbstständiger Abschnitt eines musikalischen Gedankens

[2]Phra|se, die; -, -n ⟨*gr.-lat.-frz.*⟩: abgegriffene, leere Redensart; Geschwätz

Phra|sen|struk|tur|gram|ma|tik, die; - ⟨*gr.-lat.-nlat.*⟩ (Sprachwiss.): Grammatik, die durch Einteilung u. Abgrenzung der einzelnen [1]Phrasen (1 b) Sätze, komplexe sprachliche Einheiten analysiert, Satzbaupläne ermittelt; vgl. Konstituentenstrukturgrammatik

Phra|seo|le|xem, das; -s, -e (Sprachwiss.): phraseologische Einheit, die durch Idiomatizität, Stabilität u. Lexikalisierung gekennzeichnet ist (z. B.: jmdm. platzt der Kragen)

Phra|seo|lo|gie, die; -, ...ien (Sprachwiss.): **a)** Gesamtheit typischer Wortverbindungen, charakteristischer Redensarten, Redewendungen einer Sprache; **b)** Zusammenstellung, Sammlung solcher Redewendungen. **phra|seo|lo|gisch:** die Phraseologie betreffend

Phra|seo|lo|gis|mus, der; -, ...men: ↑Idiom (2)

Phra|se|o|nym, das; -s, -e: Deckname, Verfassername, der aus einer Redewendung besteht (z. B. »von einem, der das Lachen verlernt hat«)

Phra|seur [...'zø:ɐ̯], der; -s, -e ⟨*gr.-lat.-frz.*⟩ (veraltet): Phrasenmacher, Schwätzer

phra|sie|ren (Musik): **a)** in das Notenbild Phrasierungszeichen eintragen; ein Tonstück in melodisch-rhythmische Abschnitte einteilen; **b)** beim Vortrag eines Tonstücks die entsprechenden Phrasierungszeichen beachten, die Gliederung in melodisch-rhythmische Abschnitte zum Ausdruck bringen

Phra|sie|rung, die; -, -en (Musik): **a)** melodisch-rhythmische Einteilung eines Tonstücks; **b)** Gliederung der Motive, Themen, Sätze u. Perioden beim musikalischen Vortrag

Phra|t|rie, die; -, ...ien ⟨*gr.*⟩: altgriechische Sippengemeinschaft

Phre|n|al|gie, die; -, ...ien ⟨*gr.*⟩ (Med.): Schmerz im Zwerchfell

Phre|n|ek|to|mie, die; -, ...ien (Med.): operative Entfernung eines Teils des Zwerchfells (bes. bei bösartigen Tumoren)

Phre|ne|sie, die; -, ...ien ⟨*gr.-lat.*⟩ (Med. selten): Besessensein von Wahnvorstellungen; Wahnsinn

phre|ne|tisch ⟨*gr.-lat.*⟩ (Med. selten): wahnsinnig; vgl. aber frenetisch

Phre|ni|kus, der; - ⟨*gr.-nlat.*⟩ (Med.): Zwerchfellnerv

Phre|ni|tis, die; -, ...itiden ⟨*gr.-lat.*⟩: **1.** (Med.) Zwerchfellentzündung. **2.** (Med. früher) [in der Antike u. im Mittelalter] anhaltendes Delirium [mit Fieber]

Phre|no|kar|die, die; -, ...ien ⟨*gr.-nlat.*⟩ (Med.): Herzneurose mit Herzklopfen, Herzstichen, Atemnot; Da-Costa-Syndrom

Phre|no|lep|sie, die; -, ...ien (Med.): Zwangsvorstellung, -zustand

Phre|no|lo|ge, der; -n, -n: Anhänger der Phrenologie. **Phre|no|lo|gie,** die; -: (als irrig erwiesene) Anschauung, dass aus den Schädelformen auf bestimmte geistig-seelische Veranlagungen zu schließen sei. **Phre|no|lo|gin,** die; -, -nen: weibliche Form zu ↑Phrenologe. **phre|no|lo|gisch:** die Phrenologie betreffend

Phre|n|o|nym, das; -s, -e: Deckname, der aus der Bezeichnung einer Charaktereigenschaft besteht (z. B. »von einem Vernünftigen«)

Phre|no|pa|thie, die; -: ↑Psychose

Phri|lon®, das; -s ⟨Kunstw.⟩: vollsynthetische Faser

Phry|ga|na, die; -, -s ⟨*gr.-nlat.*⟩: Felsenheide; der ↑Garigue entsprechender Vegetationstyp im Mittelmeergebiet

Phry|ga|ni|de, die; -, -n: Köcherfliege

phry|gisch: 1. Phrygien, die Phrygier betreffend. **2.** in der Fügung **phrygische Mütze:** (in der Französischen Revolution) Sinnbild der Freiheit, ↑Jakobinermütze. **3.** in der Fügung **phrygische Tonart:** zu den authentischen Tonreihen gehörende, auf e stehende Tonleiter der Kirchentonarten des Mittelalters

Phry|gi|sche, das; -n (Musik): **1.** altgriechische Tonart. **2.** Kirchentonart

Phtha|lat, das; -[e]s, -e ⟨*pers.-gr.-lat.-nlat.*⟩: Salz der Phthalsäure

Phtha|le|in, das; -s, -e: synthetischer Farbstoff (z. B. Eosin)

Phthal|säu|re, die; -, -n ⟨*pers.-gr.-lat.-nlat.; dt.*⟩: Säure, die in großen Mengen bei der Herstellung von Farbstoffen, Weichmachern u. Ä. verarbeitet wird

Phthi|ri|a|se, die; -, -n, **Phthi|ri|a|sis,** die; -, ...iasen ⟨*gr.-lat.*⟩ (Med.): Läuse-, bes. Filzlausbefall

Phthi|se, Phthisis, die; -, ...sen ⟨*gr.-lat.*⟩ (Med.): **1.** allgemeiner Verfall des Körpers od. einzelner Organe. **2.** (veraltet) Lungentuberkulose; Schwindsucht

Phthi|seo|pho|bie, die; - ⟨*gr.-nlat.*⟩ (Med.): krankhafte Angst vor der Ansteckung mit Lungentuberkulose

Phthi|si|ker, der; -s, - ⟨*gr.-lat.*⟩ (Med.): Tuberkulosekranker

Phthi|sis vgl. Phthise

phthi|sisch, phthi|tisch (Med.): die Phthise betreffend; an Tuberkulose erkrankt

Phy|ko|den|schie|fer, der; -s ⟨*gr.; dt.*⟩ (Geol.): Schichten mit der Versteinerung algenähnlicher Gebilde im Frankenwald u. in Ostthüringen

Phy|ko|ery|th|rin, das; -s ⟨*gr.-nlat.*⟩: roter Farbstoff bei Blau- u. Rotalgen

Phy|ko|lo|gie, die; -: auf die Algen spezialisiertes Teilgebiet der Botanik; Algenkunde

Phy|ko|my|zet, der; -en, -en: Algenpilz

Phy|lak|te|ri|on, das; -s, ...ien (meist Plural) ⟨*gr.*⟩: **1.** als ↑Amulett benutzter [geweihter] Gegenstand. **2.** jüdischer Gebetsriemen, ↑Tefillin

Phy|le, die; -, -n ⟨*gr.*⟩: altgriechischer Stammesverband der Landnahmezeit, in Athen als politischer Verband des Stadtstaates organisiert; vgl. Tribus (1)

phy|le|tisch (Biol.): die Abstammung, die Stammesgeschichte betreffend

Phyl|lit [auch: ...ˈlɪt], der; -s, -e ⟨*gr.-nlat.*⟩ (Geol.): feinblättriger kristalliner Schiefer. **phyl|li|tisch** [auch: ...ˈlɪt...] (Geol.): feinblättrig (von Gesteinen)

Phyl|lo|bio|lo|gie, die; - (veraltet): Teilgebiet der Botanik, das das Leben der Blätter untersucht

Phyl|lo|chi|non [...çi...], das; -s ⟨*gr.; indian.*⟩: in grünen Blättern enthaltenes, für die Blutgerinnung wichtiges Vitamin K

Phyl|lo|di|um, das; -s, ...ien ⟨*gr.-nlat.*⟩ (Bot.): blattartig verbreiterter Blattstiel

Phyl|lo|kak|tus, der; -, ...een: amerikanischer Kaktus mit blattartigen Sprossen u. großen Blüten, der in zahlreichen Zuchtsorten vorkommt

Phyl|lo|kla|di|um, das; -s, ...ien (Bot.): blattähnlicher Pflanzenspross

Phyl|lo|pha|ge, der; -n, -n (Biol.): Pflanzen-, Blattfresser

Phyl|lo|po|de, der; -n, -n (meist Plural): Blattfüßer (niederer Krebs, z. B. Wasserfloh)

Phyl|lo|ta|xis, die; -, ...xen (Bot.): Blattstellung

Phyl|lo|xe|ra, die; -, ...ren: Reblaus

Phy|lo|ge|ne|se, die; -, -n ⟨*gr.-nlat.*⟩: ↑Phylogenie. **phy|lo|ge|ne|tisch** (Biol.): die Stammesgeschichte betreffend. **Phy|lo|ge|nie,** die; -, ...ien (Biol.): Stammesgeschichte der Lebewesen

Phy|lo|go|nie, die; -, ...ien (veraltet): Phylogenie

Phy|lum, das; -s, ...la ⟨*gr.-nlat.*⟩ (Biol.): systematische Bez. für: Tier- od. Pflanzenstamm

Phy|ma, das; -s, -ta ⟨*gr.-lat.*⟩ (Med.): knolliger Auswuchs

phys..., Phys... vgl. physio..., Physio...

Phy|sa|lis, die; -, - u. ...alen ⟨*gr.*⟩: **a)** Lampionblume, Blasen- od. Judenkirsche; **b)** Kapstachelbeere (Nachtschattengewächs mit essbaren Beeren)

phy|si..., Phy|si... vgl. physio..., Physio...

Phy|s|i|a|ter, der; -s, - ⟨*gr.-nlat.*⟩: Naturheilarzt. **Phy|s|i|a|te|rin,** die; -, -nen: weibliche Form zu ↑Physiater. **Phy|s|i|a|t|rie,** die; -: Naturheilkunde

Phy|sik, die; - ⟨*gr.-nlat.*⟩: der Mathematik u. Chemie nahestehende Naturwissenschaft, die vor allem durch experimentelle Erforschung u. messende Erfassung die Grundgesetze der Natur, bes. Bewegung u. Aufbau der unbelebten Materie u. die Eigenschaften der Strahlung u. der Kraftfelder, untersucht

phy|si|ka|lisch ⟨*gr.-nlat.*⟩: die Physik betreffend, zu ihr gehörend, auf ihr beruhend; **physikalische Chemie:** Gebiet der Chemie, in dem Stoffe u. Vorgänge durch exakte Messungen mittels physikalischer Methoden untersucht werden; **physikalische Geografie:** Gebiet der Geografie, das ↑Geomorphologie, ↑Klimatologie u. ↑Hydrologie umfasst; **physikalische Therapie:** arzneilose, nur mit physikalischen Mitteln (Wärme, Licht u. a.) arbeitende Heilmethode

Phy|si|ka|lis|mus, der; - (Philos.): grundsätzlich nach den Methoden der Physik ausgerichtete Betrachtung der biologischen Prozesse u. der Lebensvorgänge. **phy|si|ka|lis|tisch:** den Physikalismus betreffend, zu ihm gehörend, auf ihm beruhend, für ihn charakteristisch

Phy|si|kat, das; -[e]s, -e (veraltet): Amt eines Physikus

Phy|si|ker, der; -s, - ⟨*gr.-lat.*⟩: Wissenschaftler auf dem Gebiet der Physik. **Phy|si|ke|rin,** die; -, -nen: weibliche Form zu ↑Physiker

Phy|si|ko|che|mie, die; -: physikalische Chemie. **phy|si|ko|che|misch:** die physikalische Chemie betreffend, zu ihr gehörend, auf ihr beruhend, für sie charakteristisch

Phy|si|ko|tech|ni|ker, der; -s, - (selten): handwerklich begabter Techniker auf physikalischem Gebiet. **Phy|si|ko|tech|ni|ke|rin,** die; -, -nen: weibliche Form zu ↑Physikotechniker

Phy|si|ko|theo|lo|gie, die; -: Schluss von der zweckmäßigen u. sinnvollen Einrichtung dieser Welt auf das Dasein Gottes

Phy|si|ko|the|ra|pie, die; -, ...ien: ↑Physiotherapie

Phy|si|kum, das; -s, ...ka: ärztliches Vorexamen, bei dem die Kenntnisse auf dem Gebiet der allgemeinen naturwissenschaftlichen u. anatomischen Grundlagen der Medizin geprüft werden

Phy|si|kus, der; -, -se (veraltet): Kreis-, Bezirksarzt

phy|sio..., Phy|sio...

auch: phy|si..., Phy|si..., vor Vokalen meist: phys..., Phys...
⟨zu *gr.* phýein »hervorbringen; entstehen, wachsen« u. phýsis »Natur; natürliche Beschaffenheit; Wuchs«⟩
Wortbildungselement mit der Bedeutung »Natur; natürliche Beschaffenheit; Leben«:
- Physiatrie
- physiogen
- Physiologie
- Physiotherapeutin

phy|sio|gen ⟨*gr.-nlat.*⟩ (Psychol.): körperlich bedingt, verursacht

Phy|sio|geo|gra|fie, Physiogeographie, die; -: physikalische Geografie. **phy|sio|geo|gra|fisch**, physiogeographisch: die physikalische Geografie betreffend, zu ihr gehörend, auf ihr beruhend

Phy|sio|geo|gra|phie usw. vgl. Physiogeografie usw.

Phy|si|o|g|nom, der; -en, -en, Physiognomiker, der; -s, - ⟨*gr.-lat.*⟩: jmd., der sich [wissenschaftlich] mit der Physiognomik beschäftigt, der die äußere Erscheinung eines Menschen deutet

Phy|si|o|g|no|mie, die; -, ...ien ⟨*gr.-mlat.*⟩: äußere Erscheinung, bes. der Gesichtsausdruck eines Menschen, auch eines Tieres

Phy|si|o|g|no|mik, die; - ⟨*gr.-nlat.*⟩ (Psychol.): **1.** Ausdruck, Form, Gestalt des menschlichen Körpers, bes. des Gesichtes, von denen aus auf innere Eigenschaften geschlossen werden kann. **2.** Teilgebiet der Ausdruckspsychologie, das sich bes. mit der Möglichkeit befasst, aus der Physiognomie auf charakterliche Eigenschaften zu schließen

Phy|si|o|g|no|mi|ker vgl. Physiognom. **Phy|si|o|g|no|mi|ke|rin**, die; -, -nen: weibliche Form zu ↑Physiognomiker

Phy|si|o|g|no|min, die; -, -nen: weibliche Form zu ↑Physiognom

phy|si|o|g|no|misch ⟨*gr.-lat.*⟩: die Physiognomie betreffend

Phy|sio|gra|fie, Physiographie, die; - ⟨*gr.-nlat.*⟩ (veraltet): **1.** Naturbeschreibung; Landschaftskunde. **2.** ↑Physiogeografie.

phy|sio|gra|fisch, physiographisch: die Physiografie betreffend, zu ihr gehörend

Phy|sio|gra|phie usw. vgl. Physiografie usw.

Phy|sio|kli|ma|to|lo|gie, die; - (Meteorol.): erklärende Klimabeschreibung

Phy|sio|krat, der; -en, -en: Vertreter des Physiokratismus

Phy|sio|kra|tie, die; - (veraltet): Herrschaft der Natur. **phy|sio|kra|tisch**: **1.** (veraltet) die Physiokratie betreffend. **2.** den Physiokratismus betreffend

Phy|sio|kra|tis|mus, der; -: volkswirtschaftliche Theorie des 18. Jh.s, nach der Boden u. Landwirtschaft die alleinigen Quellen des Reichtums sind

Phy|sio|lo|ge, der; -n, -n ⟨*gr.-lat.*⟩: Wissenschaftler auf dem Gebiet der Physiologie. **Phy|sio|lo|gie**, die; -, -n: Wissenschaft von den Grundlagen des allgemeinen Lebensgeschehens, bes. von den normalen Lebensvorgängen u. Funktionen des menschlichen Organismus. **Phy|sio|lo|gin**, die; -, -nen: weibliche Form zu ↑Physiologe. **phy|sio|lo|gisch**: die Physiologie betreffend; die Lebensvorgänge im Organismus betreffend; **physiologische Chemie:** Teilgebiet der Physiologie, in dem die Lebensvorgänge mit physikalischen u. chemischen Methoden erforscht werden

Phy|sio|lo|gus, der; -: Titel eines im Mittelalter weit verbreiteten Buches, das christliche Glaubenssätze in allegorischer Auslegung an (oft fabelhafte) Eigenschaften der Tiere knüpfte

Phy|sio|no|mie, die; - ⟨*gr.-nlat.*⟩ (veraltet): Lehre von den Naturgesetzen

Phy|sio|the|ra|peut, der; -en, -en: Masseur, Krankengymnast, der nach ärztlicher Verordnung Behandlungen mit den Mitteln der Physiotherapie durchführt. **Phy|sio|the|ra|peu|tin**, die; -, -nen: weibliche Form zu ↑Physiotherapeut

phy|sio|the|ra|peu|tisch: die Physiotherapie betreffend

Phy|sio|the|ra|pie, die; -, ...ien [...iːən]: Behandlung bestimmter Krankheiten mit Wärme, Wasser, Strom usw. sowie Krankengymnastik und Massagen

Phy|sio|top, der u. das; -s, -e (Geogr.): kleinste Landschaftseinheit (z. B. Delle, Quellschlucht, Schwemmkegel u. a.)

Phy|sis, die; - ⟨*gr.-lat.*⟩: **1.** (Philos.) die Natur, das Reale, Wirkliche, Gewachsene, Erfahrbare im Gegensatz zum Unerfahrbaren der ↑Metaphysik. **2.** körperliche Beschaffenheit [des Menschen]

phy|sisch: **1.** in der Natur begründet, natürlich. **2.** die körperliche Beschaffenheit betreffend; körperlich; vgl. psychisch; **physische Geografie:** physikalische Geografie

Phy|so|me|t|ra, die; - ⟨*gr.-nlat.*⟩ (Med.): Gasbildung in der Gebärmutter [als Folge von Zersetzungsprozessen nach der Entbindung]

Phy|so|s|tig|min, das; -s: Heilmittel aus dem Samen einer afrikanischen Bohnenart

phyt..., Phyt... vgl. phyto..., Phyto...

phy|to..., Phy|to...

vor Vokalen auch: phyt..., Phyt...
⟨zu *gr.* phýein »hervorbringen; entstehen, wachsen« u. phytón »das Gewachsene; Pflanze«⟩
Wortbildungselement mit der Bedeutung »Pflanze«:
- phytogen
- Phytohormon
- Phytologie
- Phytophage
- Phytoplankton

...phyt

der; -en, -en
⟨zu *gr.* phýein »hervorbringen; entstehen, wachsen« u. phytón »das Gewachsene; Pflanze«⟩
Wortbildungselement mit der Bedeutung »Pflanze, pflanzlicher Organismus; Pilz«:
- Epiphyt
- Gametophyt
- Hydrophyt

Phy|to|che|mie, die; -: Teilbereich der ↑Biochemie, der sich mit Isolierung, Untersuchung u. Bestimmung der Pflanzenstoffe befasst

Phy|to|fla|gel|lat, der; -en, -en (meist Plural) ⟨*gr.; lat.*⟩: pflanzlicher ↑Flagellat

phy|to|gen ‹*gr.-nlat.*›: **1.** aus Pflanzen[resten] entstanden (z. B. Torf, Kohle). **2.** (Med.) durch Pflanzen od. pflanzliche Stoffe verursacht (z. B. von Hautkrankheiten)

Phy|to|geo|gra|fie, Phy|to|geo|gra|phie, die; -: Pflanzengeografie

Phy|to|g|no|sie, die; -, ...ien (veraltet): auf äußeren Merkmalen aufbauende Pflanzenlehre

Phy|to|hor|mon, das; -s, -e: pflanzliches ↑Hormon

Phy|to|lith [auch: ...ˈlɪt], der; -s u. -en, -e[n] (meist Plural) (Geol.): aus pflanzlichen Resten entstandenes Sedimentgestein (z. B. Kohle)

Phy|to|lo|gie, die; -: Pflanzenkunde, Botanik

Phy|tom, das; -s, -e: pflanzlicher Bestand innerhalb eines ↑Bioms; vgl. ²Zoom

Phy|to|me|di|zin, die; - ‹*gr.; lat.*›: Pflanzenmedizin; pflanzenpathologische Wissenschaft, die sich mit der Erforschung der Pflanzenkrankheiten u. -schädlinge sowie mit deren Verhütung bzw. Bekämpfung befasst

Phy|to|no|se, die; -, -n ‹*gr.-nlat.*› (Med.): durch Pflanzengiftstoffe entstandene Hautkrankheit

Phy|to|pa|läo|on|to|lo|gie, die; -: ↑Paläobotanik

phy|to|pa|tho|gen (Biol.): Pflanzenkrankheiten hervorrufend

Phy|to|pa|tho|lo|gie, die; - (Bot.): Wissenschaft von den Pflanzenkrankheiten u. -schädlingen. **phy|to|pa|tho|lo|gisch:** die Phytopathologie betreffend, zu ihr gehörend, auf ihr beruhend

phy|to|phag (Biol.): pflanzenfressend. **Phy|to|pha|ge,** der; -n, -n (meist Plural) (Biol.): Pflanzenfresser

Phy|to|phar|ma|ko|lo|gie, die; - (Med.): Wissenschaft, die sich mit Heilpflanzen u. ihrer Anwendung befasst

Phy|to|phar|ma|kon, das; -s, ...ka (Fachspr., bes. Med.): pflanzliches Arzneimittel

Phy|to|phar|ma|zie, die; -: Fachrichtung der Pharmazie, die sich mit der Erforschung u. Herstellung von Arzneimitteln mit pflanzlichen Wirkstoffen befasst

Phy|to|ph|tho|ra, die; -: Gattung der Eipilze (z. B. der Kartoffelpilz, Erreger der Kartoffelfäule)

Phy|to|plank|ton, das; -s: Gesamtheit der im Wasser schwebenden pflanzlichen Organismen

Phy|to|so|zio|lo|gie, die; -: Teilgebiet der ↑Ökologie, auf dem man sich mit den Pflanzengesellschaften befasst; Pflanzensoziologie

Phy|to|ste|rin, Phy|to|ste|rol, das; -s, -e (meist Plural) ‹*gr.; gr.-nlat.*› (Biochemie): Gruppe von pflanzlichen Stoffen, die dem ↑Cholesterin ähnlich u. zur Senkung des Cholesterinspiegels geeignet sind

Phy|to|the|ra|pie [auch: ...ˈpiː], die; -, ...ien [...iːən]: Wissenschaft von der Heilbehandlung mit pflanzlichen Substanzen

Phy|to|to|mie, die; -: Gewebelehre der Pflanzen; Pflanzenanatomie

Phy|to|t|ron, das; -s, -e: als Laboratorium zur Untersuchung von Pflanzen dienende Klimakammer

Phy|to|zo|on, das; -s, ...zoen (veraltet): Meerestier von pflanzenähnlichem Aussehen (z. B. Nesseltier)

Pi, das; -[s], -s ‹*gr.*›: **1.** sechzehnter Buchstabe des griechischen Alphabets (Π, π). **2.** (Math.) ludolfsche Zahl, die das Verhältnis von Kreisumfang zu Kreisdurchmesser angibt (Zeichen: π [π = 3,1415...])

Pi|a|ce|re [pi̯aˈtʃeːrə], das; - ‹*lat.-it.*›: Belieben, Willkür (beim musikalischen Vortrag)

pi|a|ce|vo|le [pi̯aˈtʃeːvolə] (Musik): gefällig, lieblich (Vortragsanweisung)

Pi|af|fe, die; -, -n ‹*frz.*› (Reitsport): trabähnliche Bewegung auf der Stelle (aus der Hohen Schule übernommene Übung moderner Dressurprüfungen). **pi|af|fie|ren** (selten): die Piaffe ausführen

Pia Ma|ter, die; - - ‹*lat.*› (Med.): weiche Hirnhaut

Pia Ma|ter Spi|na|lis, die; - - - (Med.): weiche Haut des Rückenmarks

pi|an|gen|do [pi̯anˈdʒɛndo] ‹*lat.-it.*› (Musik): weinend, klagend (Vortragsanweisung)

Pi|a|ni|no, das; -s, -s ‹*lat.-it.*›: kleines Klavier

pi|a|nis|si|mo (Musik): sehr leise (Vortragsanweisung) (Abk.: pp). **Pi|a|nis|si|mo,** das; -s, -s u. ...mi (Musik): sehr leises Spielen od. Singen

pi|a|nis|si|mo quan|to pos|si|bi|le (Musik): so leise wie möglich (Vortragsanweisung)

Pi|a|nist, der; -en, -en ‹*lat.-it.-frz.*›: Musiker, der Klavier spielt. **Pi|a|nis|tin,** die; -, -nen: weibliche Form zu ↑Pianist. **pi|a|nis|tisch:** die Technik, Kunst des Klavierspielens betreffend

pi|a|no ‹*lat.-it.*› (Musik): schwach, leise (Vortragsanweisung) (Abk.: p)

¹**Pi|a|no,** das; -s, -s, auch: ...ni (Musik): schwaches, leises Spielen od. Singen

²**Pi|a|no,** das; -s, -s ‹Kurzform von Pianoforte› (veraltend, noch scherzh.): Klavier

Pi|a|no|ak|kor|de|on, das; -s, -s: ↑Akkordeon mit Klaviertastatur auf der Melodieseite

Pi|a|no|chord [...k...], das; -[e]s, -e ‹*lat.-it.; gr.-lat.*›: kleines, 6 ²/₃ Oktaven umfassendes Klavier als Haus- u. Übungsinstrument

Pi|a|no|for|te, das; -s, -s ‹*lat.-it.*› (veraltet): Klavier

Pi|a|no|la, das; -s, -s: selbsttätig spielendes Klavier; vgl. Phonola

Pi|a|rist, der; -en, -en ‹*lat.-nlat.*›: Mitglied eines priesterlichen katholischen Lehrordens

Pi|as|sa|va, die; -, ...ven, **Pi|as|sa|ve,** die; -, -n ‹*indian.-port.*›: für Besen u. Bürsten verwendete Blattfaser verschiedener Palmen

Pi|as|ter, der; -s, - ‹*gr.-lat.-roman.*›: **1.** Münzeinheit in Ägypten, Syrien, Libanon u. Sudan. **2.** seit dem 17. Jh. die türkische Münzeinheit zu 40 Para (heutige Bezeichnung: Kuruş). **3.** (Geschichte) spanischer u. südamerikanischer ↑Peso im europäischen Handelsverkehr

Pi|at|ti, die (Plural) ‹*gr.-vulgärlat.-it.*› (Musik): Schlaginstrument aus zwei Becken

Pi|az|za, die; -, -s u. Piazze ‹*gr.-lat.-vulgärlat.-it.*›: it. Bez. für: [Markt]platz

Pi|az|zet|ta, die; -, ...tte: kleine Piazza

Pi|b|roch, der; -s, -s ‹*schott.-engl.;* »Pfeifenmelodie«›: altschottisches Musikstück mit Variationen für den Dudelsack

¹**Pi|ca,** die; - ‹*engl.*›: aus dem Ang-

loamerikanischen stammender, der Cicero entsprechender Schriftgrad mit 4,21 mm Schrifthöhe

[2]**Pi|ca,** die; - ‹*frz.*›, Pica-Syndrom, das; -s (Med.): [krankhaftes] Verlangen, ungenießbare Dinge zu essen (z. B. Erde, Papier, Exkremente)

Pi|ca|dor, Pikador, der; -s, -es ‹*span.*›: Lanzenreiter, der beim Stierkampf den auf den Kampfplatz gelassenen Stier durch Stiche in den Nacken zu reizen hat

Pi|ca|ro, der; -s, -s ‹*span.*›: span. Bez. für: Schelm, Spitzbube

Pica-Syn|drom vgl. [2]Pica

Pic|ca|li|lli, die (Plural) ‹*engl.*›: eine Art ↑Mixed Pickles

Pic|cio|li|ni [pɪtʃo...], die (Plural) ‹*it.*›: eingemachte Oliven

pic|co|lo: it. Bez. für: klein (in Verbindung mit Instrumentennamen; z. B.: Flauto piccolo = Piccoloflöte)

[1]**Pic|co|lo,** [1]Pikkolo, der; -s, -s ‹*it.;* »Kleiner«› (österr.): Kellner, der sich noch in der Ausbildung befindet

[2]**Pic|co|lo,** [2]Pikkolo, das; -s, *Plur.* ...li u. -s: ↑Piccoloflöte

[3]**Pic|co|lo,** [3]Pikkolo, die; -, -[s] (ugs.): kleine Sektflasche für eine Person; Piccoloflasche

Pic|co|lo|flö|te, Pikkoloflöte, die; -, -n: kleine Querflöte

Pick: vgl. [2]Pik (2)

Pi|ckel|flö|te, die; -, -n: ↑Piccoloflöte

Pi|cker, der; -s, - ‹*engl.*›: Teil am mechanischen Webstuhl, das den Schützen durch das Fach schlägt

Pi|ck|les [ˈpɪkl̩s], die (Plural): ↑Mixed Pickles

Pick|nick, das; -s, -e u. -s ‹*frz.*›: Mahlzeit, Imbiss im Freien. **pick|ni|cken:** ein Picknick abhalten

Pick-up [pɪkˈʔap], der; -s, -s ‹*engl.*›: **1.** kleiner Lieferwagen mit offener Ladefläche; Pritschenwagen. **2.** Aufsammelvorrichtung an landwirtschaftlichen Geräten. **3.** Tonabnehmer für Schallplatten

Pick-up-Shop [pɪkˈapʃɔp], der; -s, -s ‹*engl.*›: Laden, der dem Kunden auch für große, sperrige Artikel keinen Lieferservice bietet

pi|co|bel|lo ‹*niederd.* (italianisiert); *it.*› (ugs.): tadellos [in Ordnung], vorzüglich

Pi|co|fa|rad, Pikofarad, das; -[s], - (Physik): ein billionstel ↑Farad (Zeichen: pF)

Pi|cot [piˈkoː], der; -s, -s ‹*frz.*›: Muster, bei dem mehrere Luftmaschen u. eine feste Masche gehäkelt werden

Pid|gin [ˈpɪdʒɪn], das; - ‹*engl.*, nach der chin. Aussprache des engl. Wortes business = Geschäft› (Sprachwiss.): aus Elementen der Ausgangs- u. der Zielsprache bestehende Mischsprache, deren Kennzeichen vor allem eine stark reduzierte Morphologie der Zielsprache ist

Pid|gin|eng|lisch, Pid|gin-Eng|lisch [ˈpɪdʒɪn...], das; -[s]: Mischsprache aus einem grammatisch sehr vereinfachten, im Vokabular stark begrenzten Englisch u. einer od. mehreren anderen [ostasiatischen, afrikanischen] Sprachen

Pid|gin|eng|lish, Pid|gin-Eng|lish [ˈpɪdʒɪn(ˈ)ɪŋglɪʃ], das; -: ↑Pidginenglisch

pid|gi|ni|sie|ren [ˈpɪdʒɪ...]: eine Sprache durch eingeschränkten Gebrauch ihrer Morphologie zum Pidgin machen

Pie [paɪ̯], der; -[s], -s od. die; -, -s ‹*engl.*›: (in Großbritannien u. Amerika beliebte) warme Pastete aus Fleisch od. Obst

Pi|e|ce [ˈpi̯ɛːs(ə)], die; -, -n ‹*gall.-mlat.-frz.*›: Stück, Tonstück, musikalisches Zwischenspiel

Pi|èce de Ré|sis|tance [pi̯ɛsdərezisˈtãːs], die; - - -, -s - - ‹*frz.*› (veraltet): Hauptgericht; großes Fleischstück

pi|èce tou|chée, pi|èce jou|ée [pjɛstuˈʃeː pjɛsˈʒu̯eː]: Grundsatz beim Schach, nach dem eine berührte Figur auch gezogen werden muss

Pi|e|des|tal, das; -s, -e ‹*it.-frz.*›: **1. a)** (Archit.) [gegliederter] Sockel; **b)** sockelartiger Ständer für bestimmte Zier-, Kunstgegenstände. **2.** hohes Gestell mit schräg gestellten Beinen für Vorführungen (bes. von Tieren) im Zirkus

pi|e|no ‹*lat.-it.*› (Musik): voll, vollstimmig (Vortragsanweisung)

Pier, die; -, -s ‹*mlat.-engl.*›: Anlegestelle, Landungsbrücke, an der die Schiffe beiderseits anlegen können

pier|cen [ˈpiːɐ̯sn̩] ‹*lat.-frz.-engl.*›: ein Piercing vornehmen

Pier|cing [ˈpiːɐ̯sɪŋ], das; -s: **1.** das Durchbohren od. Durchstechen der Haut zur Anbringung von Körperschmuck. **2.** mithilfe von ↑Piercing (1) angebrachtes Stück Schmuck

Pi|er|ret|te [pi̯ɛ...], die; -, -n ‹*gr.-lat.-frz.*›: weibliche Lustspielfigur, vor allem der französischen Pantomime. **Pi|er|rot** [pi̯ɛˈroː], der; -s, -s ‹*frz.;* »Peterchen«›: männliche Lustspielfigur, vor allem der französischen Pantomime

Pi|e|ta, it. Schreibung: **Pi|e|tà,** die; -, -s ‹*lat.-it.*›: Darstellung Marias mit dem Leichnam Christi auf dem Schoß; Vesperbild

Pi|e|tät, die; - ‹*lat.*›: **1.** (bes. in Bezug auf die Gefühle, die sittlichen, religiösen Wertvorstellungen anderer) ehrfürchtiger Respekt, taktvolle Rücksichtnahme. **2.** (landsch.) Beerdigungsinstitut

Pi|e|tis|mus, der; - ‹*lat.-nlat.*›: protestantische Bewegung des 17. u. 18. Jh.s, die durch vertiefte Frömmigkeit u. tätige Nächstenliebe die einseitige Betonung der Orthodoxie (1) zu überwinden suchte. **Pi|e|tist,** der; -en, -en: Anhänger, Vertreter des Pietismus. **Pi|e|tis|tin,** die; -, -nen: weibliche Form zu ↑Pietist. **pi|e|tis|tisch: a)** den Pietismus betreffend, dazu gehörend; **b)** für die Pietisten charakteristisch, in der Art der Pietisten

pi|e|to|so ‹*lat.-it.*› (Musik): mitleidsvoll, andächtig

Pi|e|t|ra du|ra, die; - - ‹*it.;* »harter Stein«›: it. Bez. für: Florentiner Mosaik

Pi|e|zo|che|mie, die; - ‹*gr.; arab.-roman.*›: Erforschung chemischer Wirkungen unter hohem Druck

pi|e|zo|elek|t|risch ‹*gr.-nlat.*›: elektrisch durch Druck; **piezoelektrischer Effekt:** von P. Curie entdeckte Aufladung mancher Kristalle unter Druckeinwirkung. **Pi|e|zo|elek|t|ri|zi|tät,** die; -: durch Druck entstandene Elektrizität bei manchen Kristallen

Pi|e|zo|me|ter, das; -s, - ‹*gr.-nlat.*› (Technik): Instrument zur Messung des Grades der Zusammendrückbarkeit von Flüssigkeiten, Gasen u. festen Stoffen

Pif|fe|ra|ri, die (Plural) ‹*it.*›: zur Weihnachtszeit in Rom den Pifferaro blasende Hirten. **Pif|fe|ra|ro, Pif|fe|ro,** der; -s, ...ri: Querpfeife, Schalmei

Pig, der od. das; -s, -s ‹*engl.;* »Schwein«› (salopp abwertend): Polizist

Pig|ment, das; -[e]s, -e ‹*lat.;* »Färbestoff«›: **1.** (Med.; Biol.) die Färbung der Gewebe bestimmender Farbstoff. **2.** im Binde- od. Lösungsmittel unlöslicher, aber feinstverteilter Farbstoff

Pig|men|ta|ti|on, die; -, -en ‹*lat.-nlat.*› (Biol., Med.): Einlagerung von Pigment, Färbung

Pig|ment|druck, der; -[e]s, -e: **1.** (ohne Plural; Technik) Verfahren zum Bedrucken bes. von Mischgeweben, bei dem Pigmente (2) verwendet werden. **2.** (Fotogr. früher) **a)** (ohne Plural) fotografisches Verfahren, bei dem das Negativ auf eine mit Pigmenten (2) versehene lichtempfindliche Schicht übertragen wird; **b)** durch Pigmentdruck (2 a) hergestelltes, reliefartiges Bild

pig|men|tie|ren: 1. körpereigenes Pigment bilden. **2.** als körperfremdes Pigment sich einlagern u. etwas einfärben

Pi|g|no|le [pɪnˈjoːlə], österr.: **Pi|g|no|lie** [...i̯ə], die; -, -n ‹*lat.-it.*›: Pinienkern

Pi|ja|cke, die; -, -n ‹*engl.; dt.*› (landsch.): blaue Seemannsüberjacke

Pi|ji|ki, die (Plural) ‹*lappisch*›: Felle der Rentierkälber

[1]Pik, das; -[s], -[s] ‹*vulgärlat.-frz.*›: **a)** schwarzfarbige Figur in Form der stilisierten Spitze eines Spießes; **b)** durch [1]Pik (a) gekennzeichnete [zweithöchste] Farbe im Kartenspiel; **c)** Spiel mit Karten, bei dem [1]Pik (b) Trumpf ist; **d)** Spielkarte mit [1]Pik (b) als Farbe

[2]Pik, der; -s, -e u. -s ‹*vulgärlat.-frz.*›: **1.** Piz. **2.** (ugs.) heimlicher Groll

Pi|ka|de, die; -, -n ‹*vulgärlat.-span.*›: Durchhau, Pfad im Urwald (bes. in Argentinien u. Brasilien)

Pi|ka|dor vgl. Picador

pi|kant ‹*vulgärlat.-frz.*›: **1.** angenehm scharf durch verschiedene, fein aufeinander abgestimmte Gewürze [u. Wein, Essig o. Ä.]. **2.** (veraltend) reizvoll. **3.** zweideutig, leicht frivol, schlüpfrig. **Pi|kan|te|rie,** die; -, ...ien: **1.** (ohne Plural) reizvolle Note, Reiz. **2.** Zweideutigkeit, Anzüglichkeit. **3.** (ohne Plural; selten) feine Würzigkeit

pi|ka|resk, pi|ka|risch ‹*span.*›: schelmenhaft

Pik|ass, Pik-Ass [auch: ˈpiːk...] das; -es, -e: Ass (1 a) der Farbe [1]Pik (b)

Pi|ka|zis|mus, der; -, ...men ‹*lat.*›: **a)** (Med. veraltet) Heißhunger nach ausgefallenen Speisen bei Schwangeren; **b)** (Med.) [2]Pica

Pi|ke, die; -, -n ‹*vulgärlat.-frz.*› (Geschichte): (im späten Mittelalter) aus langem hölzernem Schaft u. Eisenspitze bestehende Stoßwaffe des Fußvolkes; **von der Pike auf:** von Grund auf, von der untersten Stufe an

[1]Pi|kee, der, österr. auch: das; -s, -s: Doppelgewebe mit erhabenem Waben- od. Waffelmuster

[2]Pi|kee vgl. [2]Piqué

Pi|ke|nier, der; -s, -e (Geschichte): mit der Pike kämpfender Landsknecht

Pi|kett, das; -[e]s, -e: **1.** Kartenspiel für zwei Personen, in dem es keine Trumpffarbe gibt. **2.** (schweiz.) **a)** (im Heer u. bei der Feuerwehr) einsatzbereite Einheit; **b)** Bereitschaft

Pi|kett|stel|lung, die; -, -en (schweiz.): Bereitstellung

pi|kie|ren: 1. zu dicht stehende junge Pflanzen ausziehen u. in größerem Abstand verpflanzen. **2.** festen Stoff auf die Innenseite eines Stoffes mit von außen nicht sichtbaren Stichen nähen

pi|kiert: gekränkt, ein wenig beleidigt

[1]Pik|ko|lo vgl. [1]Piccolo

[2]Pik|ko|lo vgl. [2]Piccolo

[3]Pik|ko|lo vgl. [3]Piccolo

Pik|ko|lo|flö|te vgl. Piccoloflöte

Pi|ko|fa|rad vgl. Picofarad

Pi|kör, der; -s, -e ‹*vulgärlat.-frz.*› (Sport): Aufseher der Hundemeute bei einer Parforcejagd

Pi|k|rat, das; -[e]s, -e ‹*gr.-nlat.*› (Chemie): Salz der Pikrinsäure

Pi|k|rin|säu|re, die; - ‹*gr.-nlat.; dt.*› (Chemie): Trinitrophenol; explosible organische Verbindung

Pi|k|rit [auch: ...ˈkrɪt], der; -s, -e ‹*gr.-nlat.*›: grünlich schwarzes, körniges Ergussgestein

Pi|k|ro|pe|ge, die; -, -n: Quelle mit Bitterwasser

Pi|k|ro|to|xin, das; -s: Gift der Kokkelskörner, das auch als Erregungsmittel in der Heilkunde verwendet wird

Pik|to|gra|fie, Piktographie, die; -: Bilderschrift. **pik|to|gra|fisch,** piktographisch: die Piktografie betreffend

Pik|to|gramm, das; -s, -e ‹*lat.; gr.*›: stilisierte Darstellung von etwas, die eine bestimmte Information, Orientierungshilfe vermittelt

Pik|to|gra|phie usw. vgl. Piktografie usw.

Pi|kul, der od. das; -s, - ‹*malai.*›: Gewicht in Ostasien

Pi|lar, der; -en, -en ‹*lat.-span.*›: einer der beiden [Holz]pfosten, zwischen denen das mit den Zügeln angebundene Schulpferd Übungen der Hohen Schule erlernt

Pi|las|ter, der; -s, - ‹*lat.-it.-frz.*›: flach aus der Wand hervortretender, in Fuß, Schaft u. Kapitell gegliederter Pfeiler

Pi|la|tes, das; - ‹nach dem dt. Erfinder J. H. Pilates, 1880–1967›: Fitnesstraining mit gymnastischen Übungen od. mit speziellen Übungsgeräten

Pi|la|tus vgl. Pontius

Pi|lau, Pi|law, der; -s ‹*pers.* u. *türk.*›: Reisgericht mit Hammel- od. Hühnerfleisch

Pil|chard [ˈpɪltʃɐt], der; -s, -s ‹*engl.*›: Sardine

Pile [pai̯l], der od. das; -s, -s ‹*engl.*›: engl. Bez. für: Reaktor

Pi|lea, die; -, -s ‹*lat.-nlat.*›: südamerikanische Kanonierblume (rankende Zimmerpflanze)

Pi|le|o|lus, der; -, ...li u. ...olen ‹*lat.-mlat.*›: Scheitelkäppchen der katholischen Geistlichen (verschiedenfarbig nach dem Rang)

pi|lie|ren ‹*lat.-frz.*›: stampfen, zerstoßen, schnitzeln (bes. Rohseife zur Verarbeitung in Feinseife)

pil|lie|ren ‹zu »Pille« mit französierender Endung⟩ (Landwirtsch.): (Samen für die Aussaat) mit einer nährstoffreichen Masse umhüllen u. zu Kügelchen formen

Pil|ling, das; -s ⟨*engl.*⟩: unerwünschte Knötchenbildung an der Oberfläche von Textilien

Pil|low|la|va [ˈpɪlo̯ʊ...], die; - ⟨*engl.; it.*⟩: untermeerisch entstandene Lava von kissenartiger Form

Pi|lo|kar|pin, das; -s ⟨*gr.-nlat.*⟩: Alkaloid, das für medizinische u. kosmetische Zwecke (bes. in Augentropfen u. Haarwuchsmitteln) verwendet wird

Pi|lo|se, Pi|lo|sis, die; -, ...osen ⟨*lat.-nlat.*⟩ (Med.): übermäßiger Haarwuchs

¹Pi|lot, der; -en, -en ⟨*gr.-mgr.-it.-frz.*⟩: **1. a)** jmd., der [berufsmäßig] ein Flugzeug steuert; Flugzeugführer; **b)** Rennfahrer. **2.** (veraltet) Lotse. **3.** Lotsenfisch (zu den Stachelflossern zählender räuberischer Knochenfisch im Atlantik u. Mittelmeer, Begleitfisch der Haie)

²Pi|lot, der; -[s] (Textilind.): Moleskin

Pi|lot...

⟨*gr.* pēdón »Steuerruder« → *it.* pedoto, pedotta → piloto, pilota »Steuermann, Lotse« → *frz.* pilote »Pilot« → *engl.* pilot »Pilot, Lotse; Pilot..., Probe...«⟩
Wortbildungselement mit der Bedeutung »als Muster, Vorbild, Versuch oder zur Einführung dienend«:
- Pilotfilm
- Pilotprojekt
- Pilotstudie

Pi|lot|bal|lon, der; -s, -s u. (bei nicht nasalierter Ausspr.:) -e (Meteorol.): unbemannter kleiner Ballon, der aufgelassen wird, um Windrichtung u. -stärke anzuzeigen

Pi|lot|charts [ˈpaɪ̯lətt∫a:ɐ̯ts], die (Plural) ⟨*engl.*⟩: von Seeleuten verwendete Karten, die wichtige meteorologische u. geografische Aufzeichnungen enthalten

Pi|lo|te, die; -, -n ⟨*lat.-roman.*⟩ (Bauw.): Stütze; einzurammender Pfahl

Pi|lot|film, der; -[e]s, -e ⟨*gr.-it.-frz.-engl.; engl.*⟩: einer Fernsehserie od. -sendung vorausgehender Film, mit dem man das Interesse der Zuschauer zu wecken u. die Breitenwirkung zu testen versucht

¹pi|lo|tie|ren ⟨*gr.-ngr.-it.-frz.*⟩: **a)** einen Sport- od. Rennwagen (bei Autorennen) steuern; **b)** (bes. österr., schweiz.) ein Flugzeug steuern

²pi|lo|tie|ren ⟨*lat.-roman.*⟩: Grund-, Rammpfähle einrammen

Pi|lo|tin, die; -, -nen: weibliche Form zu ↑¹Pilot (1, 2)

Pi|lot|pro|jekt, das; -[e]s, -e: Projekt, in dem versuchsweise neuartige Verfahren, Arbeitsweisen o. Ä. angewendet werden

Pi|lot|stu|die, die; -, -n ⟨*gr.-it.-frz.-engl.; lat.-nlat.*⟩: einem Projekt vorausgehende Untersuchung, in der alle in Betracht kommenden, wichtigen Faktoren zusammengetragen werden

Pi|lot|ton, der; -[e]s, ...töne: **1.** zusätzlich aufgezeichneter hochfrequenter Ton, der bei getrennter Wiedergabe von Bild u. Ton zur synchronen Steuerung von Filmprojektor u. Tonbandgerät dient. **2.** hochfrequentes Signal, das der Sender bei Stereoprogrammen zusätzlich ausstrahlt u. das im ↑Decoder die Entschlüsselung der insgesamt übertragenen Signale bewirkt

Pi|ment, der od. das; -[e]s, -e ⟨*lat.-roman.*⟩: Nelkenpfeffer; englisches Gewürz

Pim|per|nell, der; -s, -e, **Pim|pi|nel|le,** die; -, -n ⟨*sanskr.-pers.-gr.-lat.-mlat.*⟩: (zu den Doldengewächsen gehörende) Pflanze mit Fiederblättern u. weißen bis gelblichen od. rosafarbenen Blüten

Pin, der; -s, -s ⟨*engl.*⟩: **1.** getroffener Kegel als Wertungseinheit beim Bowling (2). **2. a)** (Med.) langer, dünner Stift (zum Nageln von Knochen); **b)** Stecknadel; **c)** (Elektronik) Anschlussstift zur Verbindung von elektronischem Bauelement u. Leiterplatte. **3.** kleine bunte [metallene] Plakette, die als Anstecknadel getragen wird

PIN, die; -, -s ⟨Kurzw. aus *engl. p*ersonal *i*dentification *n*umber⟩: persönliche Geheimzahl (z. B. zum Geldabheben am Bankautomaten)

Pi|na|kes: *Plural* von ↑Pinax

Pi|na|ko|id, das; -[e]s, -e ⟨*gr.-nlat.*⟩: Form eines Kristalls, bei der zwei (von mehreren) Flächen [spiegelbildlich] parallel zueinander liegen

Pi|na|ko|thek, die; -, -en ⟨*gr.-lat.*⟩: Bilder-, Gemäldesammlung

Pi|nas|se, die; -, -n ⟨*lat.-span.-frz.-niederl.*⟩: größeres Beiboot (von Kriegsschiffen)

Pi|nax, der; -, Pinakes ⟨*gr.-lat.*⟩: altgriechische Tafel aus Holz, Ton od. Marmor, die beschriftet od. [als Weihgeschenk] bemalt wurde

Pin|ball [ˈpɪnbɔ:l], das; -[s] meist ohne Artikel ⟨*engl.*⟩: Spiel, das mit einem realen od. virtuellen ↑Flipper gespielt wird

Pin|board [ˈpɪnbɔ:ɐ̯t], das; -s, -s ⟨*engl.*⟩: an der Wand zu befestigende Tafel aus Kunststoff, Kork o. Ä., an die man mit Stecknadeln o. Ä. bes. Merkzettel anheftet; Pinnwand

pin|cé [pɛ̃ˈse] ⟨*frz.*⟩: ↑pizzicato

Pin|ce|nez [pɛ̃s(ə)ˈne:], das; - [...ˈne:(s)], - [...ˈne:s] (veraltet): Klemmer, Kneifer

Pinch|ef|fekt [ˈpɪnt∫...], der; -[e]s, -e ⟨*engl.; lat.*⟩ (Physik): bei einer Starkstromgasentladung auftretende Erscheinung der Art, dass das ↑Plasma (3) durch das eigene Magnetfeld zusammengedrückt wird

Pin|cop [...kɔp], der; -s, -s ⟨*engl.*⟩: auf dem ↑Selfaktor bewickelte Schussspule in der Baumwollspinnerei

Pi|ne|al|or|gan, das; -s, -e ⟨*lat.-nlat.; gr.-lat.*⟩ (Biol.): als Anhang des Zwischenhirns gebildetes, lichtempfindliches Sinnesorgan, aus dem die Zirbeldrüse hervorgeht

Pine|ap|ple [ˈpaɪ̯næpl], der; -[s], -s ⟨*engl.*⟩: engl. Bez. für: Ananas

Pi|nen, das; -s, -e ⟨*lat.-nlat.*⟩: technisch wichtiger Hauptbestandteil der Terpentinöle

Ping|pong [österr.: ...ˈpɔŋ], das; -s ⟨*engl.*⟩ (veraltend, oft abwertend): nicht turniermäßig betriebenes Tischtennis

Pin|gu|in, der; -s, -e: flugunfähiger, im Wasser geschickt schwimmender Vogel mit flossenähnlichen Flügeln u. meist schwarzem, auf dem Bauch weißem Gefieder

Pin|holes [ˈpɪnhoʊlz], die (Plural) ⟨*engl.*; »Nadellöcher«⟩ (Technik): kleine, lang gestreckte Gasblasen unmittelbar unter der Oberfläche von Gussstücken

Pi|nie, die; -, -n ⟨*lat.*⟩: Kiefer des Mittelmeerraumes mit schirmförmiger Krone

Pi|ni|o|le, die; -, -n ⟨*lat.-it.*⟩: ↑ Pignole

pink ⟨*engl.*⟩: von kräftigem, grellem Rosa. **Pink,** das; -s, -s: kräftiges, grelles Rosa

Pink|co|lour [...kʌlər], das; -s: zur Porzellan- od. Fayencemalerei benutzter roter Farbstoff

pin|kom|pa|ti|bel ⟨*engl.*; *lat.-frz.-(engl.)*⟩: (von elektronischen Bauelementen) die gleiche Belegung der ↑ Pins (2 c) aufweisend u. dadurch austauschbar

Pin|na, die; - ⟨*lat.*⟩: Vogelmuschel des Mittelmeeres

Pi|no|le, die; -, -n ⟨*lat.-it.*⟩: Maschinenteil der Spitzendrehbank, in dem die Spitze gelagert ist

Pi|not [piˈnoː], der; -[s], -s ⟨*frz.*⟩: bedeutende Rebsorte; **Pinot blanc** [...ˈblɑ̃ː]: Weißburgunder; **Pinot grigio** [... ˈgriːdʒo]: Grauburgunder; Ruländer; **Pinot noir** [...ˈnoaːɐ̯]: Spätburgunder

Pi|no|zy|to|se, die; -, -n ⟨*gr.-nlat.*⟩ (Biol.): tröpfchenweise erfolgende Aufnahme flüssiger Stoffe in das Zellinnere

Pint [paɪnt], das; -s, -s ⟨*frz.-engl.*⟩: englisches u. amerikanisches Hohlmaß, das etwas mehr als einem halben Liter entspricht (Abk.: pt)

Pin|te, die; -, -n ⟨*frz.*⟩: **1.** früheres Flüssigkeitsmaß. **2.** (ugs.) kleines Wirtshaus, Kneipe. **3.** (schweiz.) [Blech]kanne

Pin|te|rest®, das; -[s] ⟨meist o. Art.⟩ ⟨*engl.*⟩: (als virtuelle Pinnwand verstandene) Internetplattform, auf der Bilder u. Ä. hochgeladen u. ausgetauscht werden können

Pin-up-Girl [pɪnˈʔap...], das; -s, -s ⟨*engl.-amerik.*; »Anheftmädchen«⟩: **1.** Bild einer erotisch anziehenden Frau, bes. als Poster od. als Ausschnitt aus einer Illustrierten od. einem Magazin. **2.** Frau, die einem solchen Bild gleicht, dafür posiert

pin|xit ⟨*lat.*; »hat [es] gemalt«⟩: gemalt von (Zusatz zur Signatur eines Künstlers auf Gemälden) (Abk.: p. od. pinx.)

Pin|za, die; -, -s, auch: ...ze ⟨*it.*⟩: Osterbrot aus Hefeteig, mit einem tiefen Kreuzeinschnitt

Pin|zet|te, die; -, -n ⟨*frz.*⟩: kleines Instrument mit federnden, an einem Ende zusammenlaufenden Schenkeln zum Fassen von kleinen Gegenständen

pin|zie|ren: entspitzen, den Kopftrieb einer Pflanze abschneiden (beim Obstbau)

Pi|om|bi, die (Plural) ⟨*lat.-it.*; »Bleidächer«⟩ (Geschichte): Staatsgefängnisse im Dogenpalast von Venedig

Pi|on [ˈpiːɔn], das; -s, -en (meist Plural) ⟨*gr.*⟩: zu den ↑ Mesonen gehörendes Elementarteilchen

Pi|o|nier, der; -s, -e ⟨*lat.-vulgärlat.-frz.*⟩: **1.** Soldat der technischen Truppe. **2.** jmd., der auf einem bestimmten Gebiet bahnbrechend ist; Wegbereiter. **3.** Mitglied einer kommunistischen Organisation für Kinder. **Pi|o|nie|rin,** die; -, -nen: weibliche Form zu ↑ Pionier

Pi|pa, die; -, -s ⟨*chin.*⟩: chinesische Laute

Pipe [paɪp], die; -, -s ⟨*lat.-vulgärlat.-engl.*⟩: **1.** (auch: *das*) englisches u. amerikanisches Hohlmaß von unterschiedlicher Größe für Wein u. Branntwein. **2.** runde od. ovale vulkanische Durchschlagsröhre

Pipe|line [ˈpaɪplaɪn], die; -, -s ⟨*engl.*⟩: (über weite Strecken verlegte) Rohrleitung für den Transport von Erdöl, Erdgas o. Ä.

Pipe|line|pi|o|nier, der; -s, -e: **1.** (Plural) Teil der Pioniertruppen, der für die Verlegung u. Instandhaltung von Versorgungsleitungen ausgebildet wird. **2.** Angehöriger der Pipelinepioniere (1)

Pi|pe|rin, das; -s ⟨*sanskr.-pers.-gr.-lat.-nlat.*⟩: organische Verbindung, die den scharfen Geschmack von Pfeffer verursacht

Pi|pet|te, die; -, -n ⟨*lat.-vulgärlat.-frz.*⟩: kleines Glasröhrchen mit verengter Spitze zum Entnehmen, Abmessen u. Übertragen kleiner Flüssigkeitsmengen

pi|pet|tie|ren (fachspr.): mit einer Pipette entnehmen

Pique [piːk], das; -, -s [piːk] ⟨*vulgärlat.-frz.*⟩: frz. Form von ↑ [1]Pik

[1]Pi|qué [piˈkeː]: frz. Form von ↑ [1]Pikee

[2]Pi|qué [piˈkeː], das; -s, -s: Maßeinheit für die mit bloßem Auge zu erkennenden Einschlüsse bei ↑ [1]Diamanten

Pi|ran|ha [piˈranja], der; -[s], -s ⟨*indian.-port.*⟩: in südamerikanischen Flüssen lebender kleiner Raubfisch mit sehr scharfen Zähnen, der in einem Schwarm jagt u. seine Beute in kürzester Zeit bis auf das Skelett abfrisst

Pi|rat, der; -en, -en ⟨*gr.-lat.-it.*⟩: Seeräuber

Pi|ra|te|rie, die; -, ...ien ⟨*gr.-lat.-frz.*⟩: Seeräuberei

Pi|ra|tin, die; -, -nen: weibliche Form zu ↑ Pirat

Pi|ra|ya vgl. Piranha

Pi|ro|ge, die; -, -n ⟨*karib.-span.-frz.*⟩: Einbaum der Indianer mit auf die Bordwand aufgesetzten Planken

Pi|rog|ge, die; -, -n, auch -gi (meist Plural) ⟨*russ.*⟩: mit Fleisch, Kraut u. a. gefüllte Teigtasche; ein osteuropäisches (vor allem polnisches) Gericht

Pi|ro|plas|mo|se, die; -, -n ⟨*lat.*; *gr.*⟩ (Tiermed.): durch Zecken übertragene malariaartige Erkrankung bei Wirbeltieren

Pi|rou|et|te [piˈru̯ɛtə], die; -, -n ⟨*frz.*⟩: **1.** Drehschwung (beim Ringkampf). **2.** (Reitsport) Drehen auf der Hinterhand (Figur der Hohen Schule). **3.** Standwirbel um die eigene Körperachse (bei Eiskunst-, Rollschuhlauf u. Tanz). **pi|rou|et|tie|ren:** eine Pirouette ausführen

PISA, Pi|sa ⟨Kurzw. aus *engl. P*rogramme for *I*nternational *St*udent *A*ssessment⟩: Kurzform von ↑ PISA-Studie

PISA-E, Pi|sa-E ⟨Kurzw.⟩: die PISA-Studie ergänzender, auf die dt. Bundesländer bezogener Schulleistungsvergleich

Pi|sang, der; -s, *Plur.* -s und -e ⟨*malai.-niederl.*⟩: malai. Bez. für: Banane

Pi|sang|fres|ser, der; -s, - ⟨*malai.-niederl.*; *dt.*⟩: tropischer, metallisch blau od. violett schimmernder Waldvogel mit einem langen Schwanz

Pi|sang|hanf, der; -[e]s: ↑ Manilahanf

PISA-Stu|die, Pi|sa-Stu|die, die; -: internationale Studie, in der Schülerleistungen verglichen werden; vgl. PISA
Pis|ci|na, die; -, ...nen ⟨*lat.*⟩: **1.** Taufstein im altchristlichen Baptisterium. **2.** Ausgussbecken in mittelalterlichen Kirchen für das zur liturgischen Waschung der Hände u. Gefäße bei der Messe benutzte Wasser
Pi|see|bau, der; -[e]s ⟨*lat.-frz.; dt.*⟩: Bauweise, bei der die Mauern durch Einstampfen von Lehm o. Ä. zwischen Schalungen hergestellt werden
Pis|soir [pɪˈso̯aːɐ̯], das; -s, -e u. -s ⟨*frz.*⟩: Toilette für Männer
Pis|ta|zie, die; -, -n ⟨*pers.-gr.-lat.*⟩: **1.** (im Mittelmeerraum wachsender) Strauch od. Baum mit gefiederten Blättern u. ölreichen, essbaren Samenkernen. **2.** Samenkern der Pistazie (1)
Pis|te, die; -, -n ⟨*lat.-it.-frz.*⟩: **1.** (Skisport) Strecke für Abfahrten. **2.** Rennstrecke, bes. für Rad- u. Autorennen. **3.** Rollbahn auf Flugplätzen. **4.** Verkehrsweg ohne feste Fahrbahndecke. **5.** Umrandung der Manege im Zirkus
Pis|till, das; -s, -e ⟨*lat.*⟩: **1.** Stößel, Stampfer, Mörserkeule. **2.** (Bot.) Blütenstempel
Pis|tol, das; -s, -en ⟨*tschech.*⟩ (veraltet): ↑ [1]Pistole
[1]**Pis|to|le,** die; -, -n ⟨*tschech.*⟩: kleinere Faustfeuerwaffe mit kurzem Lauf
[2]**Pis|to|le,** die; -, -n ⟨*tschech.-roman.*⟩ (Geschichte): frühere, urspr. spanische Goldmünze
Pis|to|le|ro, der; -s, -s ⟨*span.*⟩: Revolverheld
Pis|ton [pɪsˈtõː], das; -s, -s ⟨*lat.-it.-frz.*⟩: **1.** (Musik) Pumpenventil der Blechblasinstrumente. **2.** Pumpenkolben. **3.** Zündstift bei Perkussionswaffen; vgl. Perkussion (2)
Pit, das; -s, -s (meist Plural) ⟨*engl.;* »Grube«⟩ (Technik): der digitalen Verschlüsselung dienende Vertiefung in der Spiralspur einer CD od. DVD
[1]**Pi|ta,** die; - ⟨*indian.-span.*⟩: vor allem zur Herstellung von Stricken u. Säcken verwendete Blattfaser aus zentral- u. südamerikanischen Agaven
[2]**Pi|ta,** Pitta, das od. die; -, -s ⟨*ngr.*⟩: flaches, rundes Fladenbrot aus Hefeteig, das mit Fleisch, Salat o. Ä. gefüllt werden kann
Pi|ta|ha|ya, Pitaya, die; -, -s ⟨*indian.-span.*⟩: **1.** aus Südamerika stammendes Kaktusgewächs. **2.** gelbe oder rote Frucht der Pitahaya (1), deren Fruchtfleisch mit vielen kleinen schwarzen Samen durchsetzt ist
Pi|tan|ga, die; -, -s ⟨*indian.-port.*⟩: tropisches Myrtengewächs mit roten Früchten; Surinamkirsche
Pi|ta|val, der; -[s], -s ⟨nach dem frz. Rechtsgelehrten, 1673–1743⟩ (Rechtswiss.): Sammlung berühmter Rechtsfälle u. Kriminalgeschichten
Pi|ta|ya vgl. Pitahaya
Pit|bull [...bʊl], der; -s, -s ⟨*engl.*⟩: mit Bulldogge u. Terrier verwandter, als Kampfhund gezüchteter Hund
Pitch [pɪtʃ], das od. der; -s, -s ⟨*engl.-amerik.*⟩: **1. a)** Wurf des Pitchers zum Schlagmann (beim Baseball); **b)** (Golf) Annäherungsschlag; Pitchshot. **2.** (Wirtsch.) **a)** Verkaufsgespräch; **b)** Wettbewerb von Werbeagenturen um den Werbeetat eines Unternehmens
pit|chen ⟨*engl.*⟩: **1.** (Golf) einen ↑ Pitchshot schlagen. **2.** (Werbespr.) einen Entwurf, ein Projekt [vor Investoren] präsentieren, vorstellen
Pit|cher, der; -s, -: Werfer (beim Baseball). **Pit|che|rin,** die; -, -nen: weibliche Form zu ↑ Pitcher
Pitch|pine [ˈpɪtʃpai̯n], die; -, -s ⟨*engl.*⟩: (in Nordamerika wachsende) Kiefer mit schwarzbrauner Rinde
Pitch|shot [ˈpɪtʃʃɔt], der; -s, -s ⟨*engl.*⟩ (Golf): Schlag, bei dem der Ball zunächst steil ansteigt u. nach dem Auffallen kaum noch rollt
Pi|the|k|an|th|ro|pus, fachspr. meist: Pithecanthropus, der; -, ...pi ⟨*gr.-nlat.*⟩: javanischer u. chinesischer Frühmensch des Pleistozäns
pi|the|ko|id: affenähnlich
Pi|tot|rohr [piˈtoː...], das; -[e]s, -e ⟨nach dem frz. Physiker Pitot⟩: Sonde zum Messen des Drucks von strömenden Flüssigkeiten u. zur Bestimmung der Strömungsgeschwindigkeit
pi|to|y|a|bel [pito̯aˈjaːbl̩] ⟨*lat.-frz.*⟩ (veraltet): erbärmlich, kläglich
Pit|ta vgl. [2]Pita
Pit|ting, das; -s, -s (meist Plural) ⟨*engl.*⟩ (Seew.): kleine, an Maschinenteilen usw. durch Rost o. Ä. entstandene Vertiefung
pit|to|resk ⟨*lat.-it.-frz.*⟩: malerisch
Pi|ty|ri|a|sis, die; -, ...iasen ⟨*gr.-lat.*⟩ (Med.): Hautkrankheit, die zur Bildung kleieförmiger Schuppen führt
più [pi̯uː] ⟨*lat.-it.*⟩ (Musik): mehr (Vortragsanweisung)
più for|te (Musik): lauter, stärker (Abk.: pf)
Pi|va, die; -, Piven ⟨*lat.-vulgärlat.-it.*⟩: schneller italienischer Tanz
Pi|vot [piˈvoː], der od. das; -s, -s ⟨*frz.*⟩: Schwenkzapfen an Drehkränen u. a.
Pi|xel, das; -s, - ⟨*engl.;* Kunstw. aus *pic*ture *el*ement »Bildelement«⟩ (EDV): kleinstes Element bei der gerasterten, digitalisierten Darstellung eines Bildes auf einem Bildschirm; Bildpunkt
pi|xe|lig (ugs.): durch zu geringe Auflösung mit Treppen statt Linien od. durch schlechten Empfang aus Klötzchen zusammengesetzt (von digitalen Bildern)
pi|xeln (EDV): **1.** mit Pixeln [auf dem Bildschirm] darstellen. **2.** durch Veränderung der Pixel auf einem Foto, in einer Videoaufzeichnung o. Ä. unkenntlich machen. **3.** (ugs.) pixelig aufgelöst sein (vom Fernsehbild o. Ä.)
Piz, der; -es, -e ⟨*ladin.*⟩: Bergspitze (meist als Teil von Bergnamen)
Piz|za, die; -, -s, auch: ...zzen ⟨*it.*⟩: (meist heiß servierte) aus dünn ausgerolltem u. mit Tomatenscheiben, Käse u. a. belegtem Hefeteig gebackene pikante italienische Spezialität (meist in runder Form)
Piz|za|ser|vice [...sœːɐ̯vɪs], der; -, -s: Lieferdienst, der auf Bestellung Pizza u. a. italienische Speisen verzehrfertig ins Haus bringt
Piz|ze|ria, die; -, ...rien, auch: -s: Restaurant, in dem es neben anderen italienischen Spezialitäten hauptsächlich Pizzas gibt
piz|zi|ca|to ⟨*it.*⟩ (Musik): mit den Fingern gezupft (Vortragsan-

weisung bei Streichinstrumenten) (Abk.: pizz.)
Piz|zi|ka|to, das; -s, -s u. ...ti (Musik): gezupftes Spiel (bei Streichinstrumenten)
Pla|ce|bo, das; -s, -s ⟨*lat.;* »ich werde gefallen«⟩ (Med.): Scheinmedikament, das einem echten Medikament in Aussehen u. Geschmack gleicht, ohne dessen Wirkstoffe zu enthalten
Pla|ce|bo|ef|fekt, der; -[e]s, -e (Med., Psychol.): durch ein Placebo hervorgerufene physiologische Wirkung
Pla|ce|ment [plasəˈmɑ̃:], das; -s, -s ⟨*gr.-lat.-vulgärlat.-frz.*⟩ (Wirtsch.): **1.** Absatz von Waren. **2.** Anlage von Kapitalien
pla|cet ⟨*lat.*⟩ (veraltet): es gefällt, wird genehmigt; vgl. Plazet
pla|ci|do [ˈpla:tʃido] ⟨*lat.-it.*⟩ (Musik): ruhig, still, gemessen (Vortragsanweisung)
pla|cie|ren [plaˈsi:rən]: ältere Form von ↑ platzieren
Pla|ci|tum, das; -s, ...ta ⟨*lat.*⟩ (Rechtsspr. veraltet): Gutachten, Beschluss, Verordnung
Plä|deur [plɛˈdø:ɐ̯], der; -s, -e ⟨*lat.-frz.*⟩ (veraltet): Strafverteidiger
plä|die|ren: 1. (Rechtswiss.) ein Plädoyer halten, in einem Plädoyer beantragen. **2.** sich für etwas aussprechen
Plä|do|y|er [...doaˈje:], das; -s, -s: **1.** (Rechtswiss.) zusammenfassende Rede eines Rechtsanwalts od. Staatsanwalts vor Gericht. **2.** Äußerung, Rede o. Ä., mit der jmd. entschieden für od. gegen etwas eintritt
Pla|fond [...ˈfõ:], der; -s, -s ⟨*frz.*⟩: **1.** [flache] Decke eines Raumes. **2.** (Wirtsch.) oberer Grenzbetrag bei der Kreditgewährung
pla|fo|nie|ren (bes. schweiz.): nach oben hin begrenzen
pla|gal ⟨*gr.-mlat.*⟩ (Musik): Neben..., Seiten..., abgeleitet; **plagale Kadenz:** Kadenz mit der Klangfarbe Subdominante–Tonika
Pla|gi|ar, der; -s, -e, **Pla|gi|a|ri|us,** der; -, ...rii ⟨*lat.*⟩ (veraltet): Plagiator
Pla|gi|at, das; -[e]s, -e ⟨*lat.-frz.*⟩: **a)** unrechtmäßige Aneignung von Gedanken, Ideen o. Ä. eines anderen auf künstlerischem od. wissenschaftlichem Gebiet u. ihre Veröffentlichung; Diebstahl geistigen Eigentums; **b)** durch unrechtmäßiges Nachahmen entstandenes künstlerisches od. wissenschaftliches Werk
Pla|gi|a|tor, der; -s, ...oren ⟨*nlat.*⟩: jmd., der ein Plagiat begeht. **Pla|gi|a|to|rin,** die; -, -nen: weibliche Form zu ↑ Plagiator. **pla|gi|a|to|risch:** in der Weise eines Plagiators
Pla|gi|e|der, das; -s, - ⟨*gr.-nlat.*⟩ (veraltet): ↑ Pentagonikositetraeder
pla|gi|ie|ren ⟨*lat.-frz.-nlat.*⟩: ein Plagiat begehen
pla|gio|geo|trop ⟨*gr.-nlat.*⟩ (Bot.): schräg zur Richtung der Schwerkraft orientiert (von Pflanzenteilen)
Pla|gi|o|klas, der; -es, -e: zu den Feldspaten gehörendes Mineral
pla|gio|trop vgl. plagiogeotrop
Pla|gi|o|ze|pha|lie, die; - (Med.): Fehlbildung des Schädels, bei der dieser eine unsymmetrische Form hat
Plaid [plɛɪ̯t, ple:t], das, (auch:) der; -s, -s ⟨*schott.-engl.*⟩: **1.** [Reise]decke im Schottenmuster. **2.** großes Umhangtuch aus Wolle
Pla|kat, das; -[e]s, -e ⟨*niederl.-frz.-niederl.*⟩: **a)** großformatiges Stück festes Papier mit einem Text [u. Bildern], das zum Zwecke der Information, Werbung, politischen Propaganda o. Ä. öffentlich u. an gut sichtbaren Stellen befestigt wird; **b)** öffentlicher Anschlag
pla|ka|tie|ren: a) Plakate an etwas anbringen; **b)** durch Plakate öffentlich bekannt machen. **Pla|ka|tie|rung, Pla|ka|ti|on,** die; -, -en: das Plakatieren; öffentliche Bekanntmachung durch Plakate; vgl. ...ation/...ierung
pla|ka|tiv: 1. wie ein Plakat wirkend. **2.** bewusst herausgestellt; betont auffällig; einprägsam
Pla|ket|te, die; -, -n ⟨*niederl.-frz.*⟩: **1.** mit einer Inschrift od. einer figürlichen Darstellung versehene kleine, flache Scheibe (als Auszeichnung, Qualitäts-, Prüfzeichen o. Ä.). **2.** kleine Tafel aus Metall mit einer reliefartigen Darstellung (dem Gedanken an jmdn., etwas gewidmet)
Pla|ko|der|men, die (Plural) ⟨*gr.-nlat.*⟩: ausgestorbene Panzerfische der Obersilur- u. Unterdevonzeit mit kieferlosen u. kiefertragenden Formen (älteste Wirbeltiere)
Pla|k|o|dont, der; -en, -en: Vertreter einer ausgestorbenen Echsenart der Trias
Pla|ko|id|schup|pe, die; -, -n ⟨*gr.-nlat.; dt.*⟩: Schuppe des Hais
plan ⟨*lat.*⟩ (Fachspr.): flach, eben, platt
Pla|na|rie, die; -, -n ⟨*lat.-nlat.*⟩: stark abgeplatteter Strudelwurm mit einer halsartigen Einschnürung u. einem deutlich sichtbaren Kopf
Planche [plɑ̃:ʃ], die; -, -n ⟨*vulgärlat.-frz.*⟩: Fechtbahn
Plan|chet|te [plɑ̃ˈʃɛt(ə)], die; -, -n (Parapsychol.): Vorrichtung zum automatischen Schreiben für ein Medium im Spiritismus
Pla|net, der; -en, -en ⟨*gr.-lat.*⟩: Wandelstern; nicht selbst leuchtender, sich um eine Sonne bewegender Himmelskörper. **pla|ne|tar** ⟨*gr.-lat.-nlat.*⟩: ↑ planetarisch
Pla|ne|ta|ri|en: *Plural* von ↑ Planetarium
pla|ne|ta|risch: die Planeten betreffend, auf sie bezüglich
Pla|ne|ta|ri|um, das; -s, ...ien: **1.** Vorrichtung, Gerät zur Darstellung der Bewegung, Lage u. Größe der Gestirne. **2.** Gebäude, auf dessen halbkugelförmiger Kuppel durch Projektion aus einem Planetarium (1) die Erscheinungen am Sternenhimmel sichtbar gemacht werden
Pla|ne|ten|sys|tem, das; -s -e: Gesamtheit der die Sonne od. einen entsprechenden Stern umkreisenden Planeten
Pla|ne|to|id, der; -en, -en ⟨*gr.-nlat.*⟩: sich in elliptischer Bahn um die Sonne bewegender kleiner Planet
Pla|ne|to|lo|gie, die; -: geologische Erforschung u. Deutung der Oberflächenformationen der Planeten u. ihrer Satelliten
Plan|film, der; -[e]s, -e: aus einzelnen Blättern bestehendes Filmmaterial (für Großbildkameras)
Pla|nier|bank, die; -, ...bänke ⟨*lat.-frz.; dt.*⟩: Maschine zur Herstellung runder, hohler Metallgegenstände
pla|nie|ren ⟨*lat.-frz.*⟩: etwas [ein]ebnen
Pla|nier|rau|pe, die; -, -n ⟨*lat.-frz.; dt.*⟩: Raupenschlepper mit ver-

stellbarem Brustschild, der bei Erd- u. Straßenarbeiten die Unebenheiten beseitigt u. den Aushub transportiert u. verteilt. **Pla|ni|fi|ka|ti|on,** die; -, -en: (in Frankreich) wirtschaftl. Rahmenplanung des Staates als Orientierungshilfe für Privatunternehmen

Pla|ni|glob, das; -s, -en, **Pla|ni|glo|bi|um,** das; -s, ...ien ⟨*lat.-nlat.*⟩: kreisförmige Karte einer Halbkugel der Erde

Pla|ni|me|ter, das; -s, - ⟨*lat.; gr.*⟩: Instrument zum mechanischen Ausmessen krummlinig begrenzter ebener Flächen. **Pla|ni|me|t|rie,** die; -: **1.** Messung u. Berechnung von Flächeninhalten. **2.** Lehre von den geometrischen Gebilden in einer Ebene. **pla|ni|me|t|rie|ren:** [krummlinig begrenzte] Flächen mit einem Planimeter ausmessen. **pla|ni|me|t|risch:** die Planimetrie betreffend

Pla|ni|sphä|re, die; -, -n: **1.** altes astronomisches Instrument. **2.** ↑Planiglob

Plan|king [ˈplɛŋkɪŋ], das; -s ⟨*engl.*⟩: Unterarmstütz

plan|kon|kav: auf einer Seite eben u. auf der anderen Seite nach innen gekrümmt (von Linsen)

plan|kon|vex: auf einer Seite eben u. auf der anderen Seite nach außen gekrümmt (von Linsen)

Plank|ter, der; -s, - ⟨*gr.*⟩: ↑Planktont

Plank|ton, das; -s ⟨»Umherirrendes, Umhertreibendes«⟩ (Biol.): Gesamtheit der (größtenteils sehr kleinen) im Wasser lebenden Lebewesen, die sich nicht selbst fortbewegen, sondern durch das Wasser bewegt werden

plank|to|nisch, planktontisch (Biol.): das Plankton, den Planktonten betreffend

Plank|tont, der; -en, -en (Biol.): zum Plankton zählendes Lebewesen

plank|ton|tisch vgl. planktonisch

pla|no ⟨*lat.*⟩: glatt, ohne Falz (von Druckbogen u. [Land]karten)

Pla|no|ga|met, der; -en, -en (meist Plural) ⟨*gr.-nlat.*⟩ (Biol.): Geschlechtszelle, die sich mit Geißeln fortbewegt

plan|pa|r|al|lel: (von Flächen) genau parallel angeordnet

Plan|ta|ge [...ˈta:ʒə], die; -, -n ⟨*lat.-frz.*⟩: landwirtschaftlicher Großbetrieb [bes. in tropischen Ländern]

plan|tar ⟨*lat.*⟩ (Med.): zur Fußsohle gehörend, sie betreffend

Plan|ta|tion|song, Plan|ta|tion-Song [plænˈteɪʃən...], der; -s, -s ⟨*amerik.*⟩ (Geschichte): Arbeitslied der afroamerikanischen Sklaven auf den Baumwollplantagen in den Südstaaten der USA

Plan|to|wol|le, die; - ⟨*lat.; dt.*⟩: veredelte Jutefaser

Pla|nu|la, die; -, -s ⟨*lat.-nlat.*⟩: platte, ovale, bewimperte, frei schwimmende Larve der Nesseltiere

Pla|num, das; -s ⟨*lat.*⟩: eingeebnete Fläche für den Unter- od. Oberbau einer Straße o. Ä.

Plaque [plak], die; -, -s [plak] ⟨*frz.;* »Platte, Fleck«⟩: **1.** (Med.) deutlich abgegrenzter, etwas erhöhter Fleck auf der Haut. **2.** (Zahnmed.) Zahnbelag. **3.** (Biol.) durch Auflösung einer Gruppe benachbarter Bakterienzellen entstandenes rundes Loch in einem Nährboden

Pla|qué [...ˈke:], das; -s, -s ⟨*niederl.-frz.*⟩: plattierte (↑plattieren [1]) Arbeit

Plä|san|te|rie, die; -, ...ien ⟨*lat.-frz.*⟩ (veraltet): Scherz, Belustigung

Plä|sier, das; -s, -e (landsch., sonst veraltend): besonderes Vergnügen (an etw.). **plä|sier|lich** (veraltet): heiter, vergnüglich, angenehm, freundlich

Plas|ma, das; -s, ...men ⟨*gr.-lat.;* »Gebildetes, Geformtes, Gebilde«⟩: **1.** (Biol.) Kurzform von ↑Protoplasma. **2.** (Med.) flüssiger Teil des Blutes; Blutplasma. **3.** (Physik) leuchtendes, elektrisch leitendes Gasgemisch, das u. a. in elektrischen Entladungen von Gas, in heißen Flammen u. bei der Explosion von Wasserstoffbomben entsteht. **4.** dunkelgrüne Abart des Chalzedons

Plas|ma|phe|re|se, die; -, -n (Med.): Gewinnung von Blutplasma mit Wiederzuführung der roten [u. weißen] Blutkörperchen an den Blutspender od. therapeutisch zum Plasmaaustausch

Plas|ma|phy|sik, die; -: modernes Teilgebiet der Physik, auf dem die Eigenschaften u. das Verhalten der Materie im Zustand des Plasmas (3) untersucht werden

plas|ma|tisch ⟨*gr.-nlat.*⟩: Plasma od. Protoplasma betreffend

Plas|mo|des|men, die (Plural) ⟨*gr.-nlat.*⟩ (Biol.): vom Protoplasma gebildete feinste Verbindungen zwischen benachbarten Zellen

Plas|mo|di|um, das; -s, ...ien: **1.** Masse aus vielkernigem Protoplasma, die durch Kernteilung ohne nachfolgende Zellteilung entsteht. **2.** Protoplasmakörper der Schleimpilze. **3.** Malariaerreger

Plas|mo|go|nie, die; -: Hypothese, nach der es eine Urzeugung aus toten organischen Stoffen gibt

Plas|mo|ly|se, die; - (Bot.): Loslösung des Protoplasmas einer pflanzlichen Zelle von der Zellwand u. Zusammenziehung um den Kern durch das Entziehen von Wasser

Plas|mon, das; -s (Biol.): Gesamtheit der Erbfaktoren des Protoplasmas

Plast, der; -[e]s, -e ⟨*gr.-nlat.*⟩: makromolekularer Kunststoff. **Plas|te,** die; -, -n (regional ugs.): ↑Plast

Plas|tics [ˈplɛstɪks], die (Plural) ⟨*gr.-lat.-engl.*⟩: engl. Bez. für: Kunststoffe, Plaste

Plas|ti|de, die; -, -n (meist Plural) ⟨*gr.-nlat.*⟩: zur pflanzlichen Zelle gehörende Organelle mit einer eigenen, doppelsträngigen DNA

Plas|ti|fi|ka|tor, der; -s, ...oren ⟨*gr.; lat.*⟩ (Technik): Weichmacher. **plas|ti|fi|zie|ren:** (spröde Kunststoffe) weich u. geschmeidig machen

[1]**Plas|tik,** die; -, -en ⟨*gr.-lat.-frz.*⟩: **1. a)** (ohne Plural) Bildhauerkunst; **b)** Werk der Bildhauerkunst; Bildwerk. **2.** (Med.) operative Formung, Wiederherstellung von zerstörten Gewebs- u. Organteilen. **3.** (ohne Plural) körperhafte Anschaulichkeit, Ausdruckskraft

[2]**Plas|tik,** das; -s: Kunststoff

Plas|tik|bom|be, die; -, -n: mit einem Zeit- od. Aufschlagzünder versehener Sprengkörper mit plastischen Sprengstoffen

Plas|ti|ker, der; -s, -: Bildhauer. **Plas|ti|ke|rin,** die; -, -nen: weibliche Form zu ↑Plastiker

Plas|ti|lin, das; -s, **Plas|ti|li|na,** die; - ‹*gr.-nlat.*›: kittartige, oft farbige Knetmasse zum Modellieren

Plas|ti|nat, das; -s, -e ‹*gr.-nlat.*› (Biol., Med.): durch ↑Plastination konserviertes Präparat (2). **Plas|ti|na|ti|on,** die; -: Verfahren zur Konservierung biologischer u. medizinischer Präparate mithilfe einer [aushärtenden] Kunststofflösung

plas|ti|nie|ren ‹*gr.-nlat.*›: durch Plastination konservieren

plas|tisch ‹*gr.-lat.-frz.*›: **1.** bildhauerisch. **2.** Plastizität (2) aufweisend; modellierfähig, knetbar, formbar. **3. a)** räumlich [herausgearbeitet], körperhaft, nicht flächenhaft [wirkend]; **b)** anschaulich; bildhaft einprägsam. **4.** die operative Plastik betreffend, auf ihr beruhend

plas|ti|zie|ren: ↑plastifizieren

Plas|ti|zi|tät, die; - ‹*gr.-nlat.*›: **1.** räumliche, körperhafte Anschaulichkeit. **2.** Formbarkeit (eines Materials)

Plas|tom, das; -s (Biol.): Gesamtheit der in den Plastiden angenommenen Erbfaktoren

Plas|to|pal, das; -s, -e ‹Kunstw.›: in verschiedenen Typen herstellbares Kunstharz für die Lackbereitung

Plas|to|po|nik, die; - (Landwirtsch.): Verfahren zur Kultivierung unfruchtbarer Böden mithilfe von Schaumstoffen, die Nährsalze u. Spurenelemente enthalten

Plas|t|ron [plasˈtrõː, österr.: ...ˈtroːn], der od. das; -s, -s ‹*gr.-lat.-it.-frz.*›: **1. a)** (früher) breite Seidenkrawatte (zur festlichen Kleidung des Herrn); **b)** breite weiße Krawatte, die zum Reitanzug gehört; **c)** mit Biesen od. Plissees versehener, eingenähter Einsatz im Oberteil von Kleidern. **2.** (Geschichte) stählerner Brust- od. Armschutz im Mittelalter. **3.** (Fechten) **a)** Stoßkissen zum Training der Genauigkeit der Treffer; **b)** Schutzpolster für Brust u. Arme beim Training. **4.** (Zool.) Bauchpanzer der Schildkröten

Pla|ta|ne, die; -, -n ‹*gr.-lat.*›: hochwachsender Laubbaum mit großen, gelappten Blättern u. kugeligen Früchten sowie heller, glatter, sich in größeren Teilen ablösender Borke

Pla|teau [...ˈtoː], das; -s, -s ‹*gr.-vulgärlat.-frz.*›: **1.** Hochebene. **2.** obere ebene Fläche eines Berges

Pla|teau|schuh, der; -s, -e: (bes. zur Mode der 1970er-Jahre gehörender) Schuh mit extrem hoher Sohle

pla|te|resk ‹*gr.-vulgärlat.-span.*› (veraltet): eigenartig verziert. **Pla|te|resk,** das; -[e]s (Kunstwiss.): Baustil der spanischen Spätgotik u. der italienischen Frührenaissance mit reich verzierten Fassaden

Pla|tin [ˈplaːtiːn, auch: plaˈtiːn], das; -s ‹*span.*›: chem. Element; silbergrau glänzendes Edelmetall (Zeichen: Pt)

Pla|ti|ne, die; -, -n ‹*gr.-vulgärlat.-frz.*›: **1.** der Montage einzelner elektrischer Bauelemente dienende, meist mit Kupfer od. Silber beschichtete dünne Platte mit Löchern, durch die die Anschlüsse der Bauelemente zum weiteren Verlöten gesteckt werden. **2.** (Technik) flacher Metallblock, aus dem dünne Bleche gewalzt werden. **3.** (Weberei) bei der Jacquardmaschine Haken zum Anheben der Kettfäden. **4.** (Wirktechnik) Stahlblättchen, das gerade Fäden zu Schleifen umlegt

pla|ti|nie|ren ‹*gr.-vulgärlat.-span.-nlat.*›: mit Platin überziehen

Pla|ti|nit®, das; -s: Eisen-Nickel-Legierung als Ersatzstoff für Platin in der Technik

Pla|tin|mohr, das; -s ‹*gr.-vulgärlat.-span.; dt.*›: tiefschwarzes feinstverteiltes Platin in Pulverform

Pla|ti|no|id, das; -[e]s, -e ‹*span.; gr.*›: Legierung aus Kupfer, Nickel u. a.

Pla|ti|tude [...ˈtyːd(ə)] vgl. Plattitüde

Pla|ti|tü|de: frühere Schreibung für ↑Plattitüde

Pla|to|ni|ker, der; -s, - ‹*gr.-lat.*›: Kenner od. Vertreter der Philosophie Platons. **Pla|to|ni|ke|rin,** die; -, -nen: weibliche Form zu ↑Platoniker. **pla|to|nisch: 1.** die Philosophie Platons betreffend, zu ihr gehörend, auf ihr beruhend. **2.** nicht sinnlich, rein seelisch-geistig

Pla|to|nis|mus, der; - ‹*gr.-lat.-nlat.*›: Gesamtheit der philosophischen Richtungen in Fortführung der Philosophie Platons

Pla|t|o|ny|chie, die; - ‹*gr.-nlat.*› (Med.): abnorme Abflachung der Nägel

Plat|ten|epi|thel, das; -s, -e ‹*gr.-nlat.*› (Med.): aus flachen Zellen bestehende äußerste Hautschicht

plat|tie|ren ‹*gr.-vulgärlat.-frz.*›: **1.** (Technik) unedle Metalle mit einer Schicht edleren Metalls überziehen. **2.** (Textilwesen) bei der Herstellung von Wirk- od. Strickwaren unterschiedliche Garne so verarbeiten, dass der eine Faden auf die rechte, der andere auf die linke Seite aller Maschen kommt

Plat|ti|tü|de, Platitude [...ˈtyːd(ə)] die; -, -n ‹*gr.-vulgärlat.-frz.*›: nichtssagende, abgedroschene Redewendung; Plattheit

Pla|tyr|rhi|ni, die (Plural) ‹*gr.-nlat.*›: Breitnasen-, Neuweltaffen

plat|zie|ren ‹*gr.-lat.-vulgärlat.-frz.*›: **1.** an einen bestimmten Platz bringen, setzen, stellen; jmdm., einer Sache einen bestimmten Platz zuweisen. **2.** (schweiz.) jmdn. unterbringen. **3. a)** (Ballspiele) gezielt schießen, schlagen; **b)** (Fechten, Boxen) (einen Treffer) anbringen; **c)** (Tennis) so schlagen, dass der Gegner den Ball nicht od. kaum erreichen kann. **4.** (Sport) sich platzieren: einen bestimmten Platz erreichen, belegen. **5.** (Wirtsch.) Kapital anlegen

plau|si|bel ‹*lat.-frz.*›: so beschaffen, dass es einleuchtet; verständlich, begreiflich

plau|si|bi|lie|ren: ↑plausibilisieren

plau|si|bi|li|sie|ren: plausibel machen

Plau|si|bi|li|tät, die; -: das Plausibelsein

plau|si|bi|li|tie|ren: ↑plausibilisieren

Pla|ya, die; -, -s ‹*span.*›: **1.** span. Bez. für: Strand. **2.** Salztonebene (z. B. in Trockengebieten Mexikos u. der USA)

Play-back, Play|back [ˈpleɪbɛk, ...ˈbɛk], das; -[s], -s ‹*engl.*› (Film, Fernsehen): Verfahren der synchronen Bildaufnahme zu einer bereits vorliegenden

Tonaufzeichnung; Bandaufzeichnung

Play|boy ['plɛɪ̯bɔɪ̯], der; -s, -s ⟨*engl.-amerik.;* »Spieljunge«⟩: [jüngerer] Mann, der aufgrund seiner wirtschaftlichen Unabhängigkeit vor allem seinem Vergnügen lebt u. sich in Kleidung sowie Benehmen entsprechend darstellt

Pla|ye vgl. Playa

Play|girl ['plɛɪ̯gœ:ɐ̯l], das; -s, -s ⟨*engl.-amerik.;* »Spielmädchen«⟩: **1.** dem Vergnügen u. dem Luxus lebende, bes. in Kreisen von Playboys verkehrende, leichtlebige, attraktive junge Frau. **2.** ↑Hostess (2)

Play|list ['plɛɪ̯lɪst], die; -, -s ⟨*engl.*⟩ (bes. EDV): Verzeichnis, das die Reihenfolge des Abspielens von Musik- od. Filmdateien festlegt

Play|mate ['plɛɪ̯mɛɪ̯t], das; -s, -s ⟨*engl.*⟩: **1. a)** (ohne Plural) titelähnliche Bez. für diejenigen jungen Frauen, die jeweils in der Mitte des Herrenmagazins »Playboy« nackt abgebildet sind; **b)** Trägerin dieser titelähnlichen Bezeichnung. **2.** Nacktmodell

Play-off, Play|off, das; -[s], -s ⟨*engl.*⟩ (Sport): System von Ausscheidungsspielen in verschiedenen Sportarten, bei dem die Mannschaften, die die Endrunde erreicht haben, in Hin-, Rück- u. eventuell in Entscheidungsspielen gegeneinander spielen u. der Verlierer jeweils aus dem Turnier ausscheidet

Play-off-Fi|na|le, Play|off|fi|na|le, Play|off-Fi|na|le, das; -s, -, auch: Finals (Sport): Endspiel, Serie von Endspielen im Play-off

Play|sta|tion® ['plɛɪ̯stɛɪ̯ʃn̩], die; -, -s: Spielkonsole mit CD-ROM-, DVD- u. Blu-Ray-Laufwerk

Pla|zen|ta, die; -, -s u. ...zenten ⟨*gr.-lat.;* »breiter, flacher Kuchen«⟩: **1.** (Med., Biol.) schwammiges, dem Stoffaustausch zwischen Mutter u. Embryo dienendes Organ, das sich während der Schwangerschaft ausbildet u. nach der Geburt ausgestoßen wird; Mutterkuchen. **2.** (Bot.) Verdickung auf dem Fruchtblatt, aus der die Samenanlage hervorgeht

pla|zen|tal: ↑plazentar

Pla|zen|ta|li|er, der; -s, - (meist Plural) ⟨*gr.-lat.-nlat.*⟩: Säugetier, dessen Embryonalentwicklung mit Ausbildung einer Plazenta (1) erfolgt (Ggs.: Aplazentalier)

pla|zen|tar (Med.): die Plazenta betreffend, zu ihr gehörend

Pla|zen|ta|ti|on, die; -, -en (Med.): Bildung der Plazenta

Pla|zen|ti|tis, die; -, ...itiden (Med.): Entzündung der Plazenta (1)

Pla|zet, das; -s, -s ⟨*lat.;* »es gefällt«⟩: Zustimmung, Einwilligung (durch [mit]entscheidende Personen od. Behörden); vgl. placet

Pla|zi|di|tät, die; - (veraltet): Ruhe, Sanftheit

pla|zie|ren: frühere Schreibung für ↑platzieren

Ple|ban, der; -s, -e, **Ple|ba|nus**, der; -, ...ni ⟨*lat.-mlat.*⟩ (veraltet): [stellvertretender] Seelsorger einer Pfarrei

Ple|be|jer, der; -s, - ⟨*lat.*⟩: **1.** (Geschichte) Angehöriger der [1]Plebs im alten Rom. **2.** (abwertend) gewöhnlicher, ungehobelter Mensch. **Ple|be|je|rin**, die; -, -nen: weibliche Form zu ↑Plebejer. **ple|be|jisch: 1.** zur [1]Plebs gehörend. **2.** (abwertend) ungebildet, ungehobelt

Ple|bis|zit, das; -[e]s, -e: Volksbeschluss, Volksabstimmung; Volksbefragung. **ple|bis|zi|tär** ⟨*lat.-nlat.*⟩: das Plebiszit betreffend, auf ihm beruhend

[1]Plebs [auch: ple:ps], die; - ⟨*lat.*⟩: (im antiken Rom) das gemeine Volk

[2]Plebs, der; -es u. (österr. nur) die; - (abwertend): Masse ungebildeter, niedrig u. gemein denkender, roher Menschen

Plé|i|a|de [ple'ja:də, frz.: ple'jad], die; - ⟨*gr.-lat.-frz.;* nach der Pleias⟩: Kreis von sieben französischen Dichtern im 16. Jh., die eine Reinigung u. Bereicherung der Dichtung u. der dichterischen Sprache nach klassischem Vorbild erstrebten

Ple|i|as, die; - ⟨*gr.;* »Siebengestirn«⟩: Gruppe von sieben Tragikern im alten Alexandria

Plei|n|air [plɛ'nɛ:ɐ̯], das; -s, -s ⟨*frz.*⟩: **a)** (ohne Plural) Freilichtmalerei; **b)** nach dem Verfahren der Freilichtmalerei gemaltes Bild

Plei|n|ai|ris|mus [plɛ'nɛ...], der; - ⟨*frz.-nlat.*⟩: Freilichtmalerei. **Plei|n|ai|rist**, der; -en, -en: Maler, der Pleinairs (b) malt. **Plei|n|ai|ris|tin**, die; -, -nen: weibliche Form zu ↑Pleinairist

Plein|pou|voir [plɛ̃pu'vo̯a:ɐ̯], das; -s ⟨*frz.*⟩: uneingeschränkte Vollmacht

Pleio|cha|si|um, das; -s, ...ien ⟨*gr.-nlat.*⟩ (Bot.): geschlossener, vielästiger Blütenstand; Trugdolde

pleis|to|zän ⟨*gr.-nlat.*⟩: das Pleistozän betreffend. **Pleis|to|zän**, das; -s (Geol.): vor dem Holozän liegende ältere Abteilung des Quartärs; Eiszeit[alter]

Plek|t|en|chym, das; -s, -e ⟨*gr.-nlat.*⟩ (Bot.): dichtes Geflecht von Pilzfäden

Plek|t|ron, Plek|t|rum, das; -s, ...tren u. ...tra ⟨*gr.-lat.*⟩: Plättchen od. Stäbchen (aus Holz, Elfenbein, Metall o. Ä.), mit dem die Saiten von Zupfinstrumenten geschlagen od. angerissen werden

Ple|na|ri|um, das; -s, ...ien ⟨*lat.-mlat.;* »Vollbuch«⟩: mittelalterliches liturgisches Buch, das alle Texte der Messe enthält

Ple|nar|kon|zil, das; -s, -e u. -ien (kath. Kirche): Konzil für mehrere Kirchenprovinzen, die zur Gesetzgebung befugt sind

Ple|ni|lu|ni|um, das; -s ⟨*lat.*⟩ (Astron.): Vollmond

ple|ni|po|tent (veraltet): Plenipotenz habend. **Ple|ni|po|tenz**, die; - ⟨*lat.-nlat.*⟩ (veraltet): **1.** unbeschränkte Vollmacht. **2.** Allmächtigkeit

ple|no or|ga|no ⟨*lat.; gr.-lat.*⟩ (Musik): mit allen Registern (bei der Orgel)

plen|op|tisch ⟨*lat.*⟩ (Math., EDV): das visuell Wahrnehmbare vollständig erfassend; **plenoptische Funktion:** der grafischen Darstellung dienende ↑Funktion (2), die die visuelle Wahrnehmung in allen relevanten ↑Variablen (1) beschreibt

ple|no ti|tu|lo ⟨*lat.;* eigtl. »mit vollem Titel«⟩ (österr.): drückt aus, dass man auf die Angabe der Titel verzichtet (Abk.: P. T., p. t.); vgl. titulo pleno

Ple|num, das; -s, ...nen ⟨*lat.-engl.*⟩: Vollversammlung einer Körperschaft, bes. der Mitglieder eines Parlaments

ple|o..., Ple|o... ⟨*gr.*⟩: Wortbildungselement mit der Bedeutung »mehr«, z. B. pleomorph, Pleonasmus

Pleo|chro|is|mus, der; - ‹*gr.-nlat.*›: Eigenschaft gewisser Kristalle, Licht nach mehreren Richtungen in verschiedene Farben zu zerlegen

pleo|morph usw. vgl. polymorph usw.

Ple|o|nas|mus, der; -, ...men ‹*gr.-lat.;* »Überfluss, Übermaß«› (Rhet., Stilkunde): überflüssige Häufung sinngleicher od. sinnähnlicher Wörter, Ausdrücke (z. B. ein weißer Schimmel, der alte Greis). **ple|o|nas|tisch** ‹*gr.-nlat.*›: einen Pleonasmus darstellend

Ple|o|n|e|xie, die; - ‹*gr.*›: **1.** (veraltet) Habsucht. **2.** (Psychol.) Drang, trotz mangelnder Sachkenntnis überall mitzureden

Ple|op|tik, die; - (Med.): aktive Übungsbehandlung zur Verbesserung des Sehvermögens eines schwachsichtigen Auges

Ple|rem, das; -s, -e ‹*gr.-nlat.*› (Sprachwiss.): kleinste sprachliche Einheit auf inhaltlicher Ebene, die zusammen mit dem Kenem das Glossem bildet (nach der Kopenhagener Schule)

Ple|re|ma|tik, Ple|re|mik, die; - (Sprachwiss.): Teilgebiet der Sprachwissenschaft, das sich mit den inhaltlichen Formen, mit der Bildung der Sprachzeichen als Basis für die Wort-, Satz- u. Textbildung einer Gruppen- od. Einzelsprache beschäftigt

Ple|rom, das; -s, -e ‹*gr.-lat.-nlat.;* »Fülle«› (Bot.): in Bildung begriffener Zentralzylinder der Wurzel

Ple|si|an|th|ro|pus, der; -, ...pi ‹*gr.-nlat.*›: südafrikanischer Frühmensch des Pliozäns

Ple|si|o|pie, die; -, ...ien (Med.): ↑Pseudomyopie

Ple|sio|sau|ri|er, der; -s, -, **Ple|sio|sau|rus,** der; -, ...rier: langhalsiges Kriechtier des Lias mit paddelförmigen Gliedmaßen

Ples|si|me|ter, das; -s, - ‹*gr.-nlat.*› (Med.): Klopfplättchen aus Kunststoff od. Stahl u. a. als Unterlage für eine Perkussion (1)

Ple|thi vgl. Krethi und Plethi

Ple|tho|ra, die; -, ...ren ‹*gr.*› (Med. veraltet): Zuwachs des Volumens einer Körperflüssigkeit wie Blut od. Wasser

Ple|thys|mo|graf, Ple|thys|mo|graph, der; -en, -en ‹*gr.-nlat.*› (Med.): Apparat zur Messung von Volumenänderungen eines Organs od. Körperteils (z. B. der Lunge od. einer Extremität)

Pleu|ra, die; -, ...ren ‹*gr.*› (Med.): die inneren Wände des Brustkorbs auskleidende Haut; Brust-, Rippenfell

Pleu|ra|er|guss, der; -es, -ergüsse (Med.): Flüssigkeitsansammlung im Brustfellraum. **pleu|ral** ‹*gr.-nlat.*› (Med.): die Pleura betreffend, zu ihr gehörend

Pleu|reu|se [plø'rø:zə], die; -, -n ‹*lat.-frz.*› (veraltet): lange Straußenfeder als Schmuck auf Damenhüten

Pleu|ri|tis, die; -, ...itiden ‹*gr.*› (Med.): Rippenfellentzündung

Pleu|r|o|dy|nie, die; -, ...ien ‹*gr.-nlat.*› (Med.): von der Pleura ausgehende Schmerzen

pleu|ro|karp (Bot.): die Frucht auf einem Seitenzweig tragend (von Moosen)

Pleu|ro|ly|se, die; -, -n (Med.): operative Lösung von Verwachsungen der Pleura

Pleu|ro|pneu|mo|nie, die; -, ...ien (Med.): Rippenfell- und Lungenentzündung

Pleu|ror|rhö, die; -, -en (Med. veraltet): Flüssigkeitsansammlung im Rippenfellspalt; Pleuraerguss

Pleus|ton, das; -s ‹*gr.-nlat.;* »Segelndes«› (Biol.): Gesamtheit der Organismen, die an der Wasseroberfläche treiben

ple|xi|form ‹*lat.-nlat.*› (Med.): geflechtartig

Ple|xi|glas®, das; -es ‹*lat.; dt.*›: nicht splitternder, glasartiger Kunststoff

Ple|xus, der; -, - [...u:s] ‹*lat.-nlat.*› (Med.): netzartige Verknüpfung von Nerven, Blutgefäßen

Pli, der; -s ‹*lat.-frz.;* »Falte«› (landsch.): [Welt]gewandtheit, Schliff [im Benehmen], Geschick

pli|ie|ren (veraltet): falten, biegen

pli|ka|tiv ‹*lat.-nlat.*› (Bot.): gefaltet (von Knospenanlagen)

Plin|the, die; -, -n ‹*gr.-lat.*›: quadratische od. rechteckige [Stein]platte, auf der die Basis einer Säule o. Ä. ruht

plio|zän ‹*gr.-nlat.*›: das Pliozän betreffend. **Plio|zän,** das; -s (Geol.): gegenüber dem Miozän die jüngere Abteilung des Neogens

Plis|see, das; -s, -s ‹*lat.-frz.*›: **a)** Gesamtheit der Plisseefalten (eines Stoffes, Kleidungsstückes); **b)** plissiertes Gewebe, plissierter Stoff. **plis|sie|ren:** mit einer [großen] Anzahl dauerhafter [aufspringender] Falten versehen

Plom|ba|ge [...'ba:ʒə], die; -, -n ‹*lat.-frz.*› (veraltet): Plombe

Plom|be, die; -, -n ‹»Blei; Blei-, Metallverschluss«›: **1.** Klümpchen aus Blei o. Ä., durch das hindurch die beiden Enden eines Drahtes o. Ä. laufen, sodass dieser eine geschlossene Schlaufe bildet, die nur durch Beschädigung des Bleiklumpens od. des Drahtes geöffnet werden kann. **2.** (Med. veraltend) Zahnfüllung. **plom|bie|ren: 1.** mit einer Plombe (1) versehen. **2.** (Med. veraltend) mit einer Zahnfüllung versehen

plo|siv ‹*lat.-nlat.*› (Sprachwiss.): als Verschlusslaut artikuliert. **Plo|siv,** der; -s, -e, **Plo|siv|laut,** der; -[e]s, -e (Sprachwiss.): Verschlusslaut

Plot, der, auch: das; -s, -s ‹*engl.*›: **1.** Handlung einer epischen od. dramatischen Dichtung, eines Films o. Ä. **2.** (EDV) mithilfe eines Plotters (1) hergestellte grafische Darstellung

plot|ten: mithilfe eines Plotters arbeiten

Plot|ter, der; -s, -: **1.** (EDV) an einen Computer angeschlossenes Zeichengerät, das Zeichnungen, Grafiken u. Ä. liefert; Kurvenschreiber. **2.** (Navigation) Gerät zum Aufzeichnen u. Auswerten der auf dem Radarschirm erscheinenden relativen Bewegung eines Objekts sowie der Eigenbewegung des Schiffes od. Flugkörpers

Plug-and-play, Plug-and-Play ['plʌg ənd 'pleɪ], das; - ‹*engl.*› (EDV): Computerfunktion, die eine automatische Anpassung von Systemkomponenten ermöglicht

Plug-in, Plugin ['plʌgɪn], das, selten: der; -[s], -s ‹*engl.;* »das Anschließen«› (EDV): kleines

Softwareprogramm, das in eine größere Anwendung integriert werden kann

Plug-in-Hy|b|rid, Plug|in-Hy|b|rid, Plug|in|hy|b|rid, der (Kfz-Technik): Hybridfahrzeug, dessen Akkus über den Verbrennungsmotor, aber auch mittels Kabel aus dem Stromnetz geladen werden können

Plum|ban, das; -s ⟨*lat.-nlat.*⟩: Bleiwasserstoff

Plum|bat, das; -[e]s, -e: Salz der Bleisäure

Plum|bum, das; -s ⟨*lat.*⟩: chem. Element; Blei (Zeichen: Pb)

Plu|meau [ply'mo:], das; -s, -s ⟨*lat.-frz.*⟩: halblanges, dickeres Federbett

Plum|pud|ding ['plam...], der; -s, -s ⟨*engl.*⟩: kuchenartige, schwere Süßspeise, die im Wasserbad gegart u. in Großbritannien [zur Weihnachtszeit] gegessen wird

Plu|mu|la, die; -, ...lae [...lɛ] ⟨*lat.*⟩ (Bot.): Knospe des Pflanzenkeimlings

Plun|ger ['plʌndʒə], **Plun|scher,** der; -s, - ⟨*engl.*⟩ (Technik): Kolben mit langem Kolbenkörper u. Dichtungsmanschetten zwischen Kolben u. Zylinder

plu|ral ⟨*lat.*⟩: ↑pluralistisch

Plu|ral, der; -s, -e: **1.** (ohne Plural) Numerus, der beim Nomen u. Pronomen anzeigt, dass dieses sich auf mehrere gleichartige Dinge o. Ä. bezieht, u. der beim Verb anzeigt, dass mehrere Subjekte zu dem Verb gehören; Mehrzahl. **2.** Wort, das im Plural steht; Pluralform

Plu|ra|le|tan|tum, das; -s, -s u. Pluraliatantum: Substantiv, das nur als Plural vorkommt (z. B. Ferien, Leute)

Plu|ra|lis, der; -, ...les [...le:s] (veraltet): Plural

plu|ra|lisch: im Plural stehend, durch den Plural ausgedrückt, zum Plural gehörend

Plu|ra|lis Ma|jes|ta|tis, der; - -, ...les [...le:s] - ⟨*lat.*⟩: Plural, mit dem eine einzelne Person, gewöhnlich ein regierender Herrscher, bezeichnet wird u. sich selbst bezeichnet (z. B. *Wir*, Wilhelm, von Gottes Gnaden deutscher Kaiser)

Plu|ra|lis Mo|des|ti|ae [- ...ɛ], der; - -, ...les [...le:s] - ⟨*lat.*⟩: Plural, mit dem eine einzelne Person, bes. ein Autor, ein Redner o. Ä., sich selbst bezeichnet, um (als Geste der Bescheidenheit) die eigene Person zurücktreten zu lassen (z. B. *wir* kommen damit zu einer Frage ...)

Plu|ra|lis|mus, der; - ⟨*lat.-nlat.*⟩: **1.** (Philos.) philosophische Anschauung, Theorie, nach der die Wirklichkeit aus vielen selbstständigen Prinzipien besteht, denen kein gemeinsames Grundprinzip zugrunde liegt (Ggs.: Singularismus). **2. a)** innerhalb einer Gesellschaft, eines Staates [in allen Bereichen] vorhandene Vielfalt gleichberechtigt nebeneinander bestehender u. miteinander um Einfluss, Macht konkurrierender Gruppen, Organisationen, Institutionen, Meinungen, Werte, Weltanschauungen usw.; **b)** politische Anschauung, Grundeinstellung, nach der ein Pluralismus (2 a) erstrebenswert ist

Plu|ra|list, der; -en, -en: Vertreter des Pluralismus (1). **Plu|ra|lis|tin,** die; -, -nen: weibliche Form zu ↑Pluralist

plu|ra|lis|tisch: den Pluralismus betreffend, auf ihm basierend

Plu|ra|li|tät, die; -, -en ⟨*lat.*⟩: **1.** mehrfaches, vielfaches, vielfältiges Vorhandensein, Nebeneinanderbestehen; Vielzahl. **2.** (selten) ↑Pluralismus. **3.** ↑Majorität

plu|ri|lin|gu|al vgl. plurilingue

plu|ri|lin|gue [...gu̯ə]: in mehreren Sprachen abgefasst; vielsprachig

Plu|ri|pa|ra, die; -, ...paren ⟨*lat.-nlat.*⟩ (Med.): Frau, die mehrmals geboren hat

plu|ri|po|tent ⟨*lat.-nlat.*⟩ (Biol., Med.): viele Entwicklungsmöglichkeiten in sich tragend (von noch nicht ausdifferenziertem Gewebe)

plus ⟨*lat.*⟩: **1.** zuzüglich, und (Zeichen: +). **2.** über dem Gefrierpunkt liegend. **3.** (Physik, Elektrot.) ↑positiv (4)

Plus, das; -, -: **1.** etwas, was sich bei einer [End]abrechnung über den zu erwartenden Betrag hinaus ergibt; Mehrbetrag; Überschuss. **2. a)** Vorteil, Vorzug, Positivum; **b)** positives Urteil über eine Leistung, Eigenschaft (im Rahmen einer umfassenderen Beurteilung)

Plus|quam|per|fekt, das; -s, -e ⟨*lat.*⟩ (Sprachwiss.): **1.** Zeitform, mit der bes. die Vorzeitigkeit (im Verhältnis zu etwas Vergangenem) ausgedrückt wird; Vorvergangenheit, vollendete Vergangenheit, dritte Vergangenheit. **2.** Verbform im Plusquamperfekt (1) (z. B. ich *hatte gegessen*)

Plus|quam|per|fek|tum, das; -s, ...ta (veraltet): ↑Plusquamperfekt

Plu|te|us, der; - ⟨*lat.*; »Schutzgerüst, Schirmdach«⟩ (Biol.): Larvenform der Seeigel u. Schlangensterne

Plu|to|krat, der; -en, -en ⟨*gr.*⟩: jmd., der aufgrund seines Reichtums politische Macht ausübt. **Plu|to|kra|tie,** die; -, ...ien: **1.** Staatsform, in der die Besitzenden, die Reichen die politische Herrschaft ausüben; Geldherrschaft. **2.** Staat, Gemeinwesen, in dem eine Plutokratie (1) besteht. **Plu|to|kra|tin,** die; -, -nen: weibliche Form zu ↑Plutokrat. **plu|to|kra|tisch:** zur Plutokratie gehörend, durch sie gekennzeichnet

Plu|ton, der; -s, -e ⟨*gr.-nlat.*; nach Pluto (Hades), dem gr. Gott der Unterwelt⟩ (Geol.): magmatischer Tiefengesteinskörper, der innerhalb der Erdkruste erstarrt ist. **plu|to|nisch: 1.** (Rel.) der Unterwelt zugehörig. **2.** (Geol.) in größerer Tiefe innerhalb der Erdkruste entstanden (von magmatischen Gesteinen)

Plu|to|nis|mus, der; - (Geol.): **1.** Gesamtheit der Vorgänge innerhalb der Erdkruste, die durch Bewegungen u. das Erstarren von Magma hervorgerufen werden. **2.** widerlegte Hypothese u. Lehre, nach der das geologische Geschehen im Wesentlichen von den Kräften im Erdinnern bestimmt wird, alle Gesteine einen feuerflüssigen Ursprung haben. **Plu|to|nist,** der; -en, -en: Anhänger des Plutonismus (2). **Plu|to|nis|tin,** die; -, -nen: weibliche Form zu ↑Plutonist

Plu|to|nit, der; -s, -e: plutonisches Gestein

Plu|to|ni|um, das; -s ‹nach dem Planeten Pluto›: radioaktives, metallisches, durch Kernumwandlung hergestelltes Transuran (Zeichen: Pu)

plu|vi|al ‹*lat.*›: (von Niederschlägen) als Regen fallend

Plu|vi|a|le, das; -s, -[s] ‹*lat.-mlat.;* »Regenmantel«›: **1.** liturgisches Obergewand des katholischen Geistlichen für feierliche Gottesdienste außerhalb der Messe (z. B. bei Prozessionen). **2.** kaiserlicher od. königlicher Krönungsmantel

Plu|vi|al|zeit, die; - ‹*lat.; dt.*› (Geogr.): Periode mit kühlerem Klima u. stärkeren Niederschlägen (in den heute trockenen subtropischen Gebieten)

Plu|vio|graf, Plu|vio|graph, der; -en, -en ‹*lat.; gr.*› (Meteorol.): Gerät zum Messen u. automatischen Registrieren von Niederschlagsmengen

Plu|vio|me|ter, das; -s, - (Meteorol.): Niederschlagsmesser

Plu|vio|ni|vo|me|ter, das; -s, - (Meteorol.): auf Regen od. Schnee ansprechender Niederschlagsmesser

Plu|vi|ose [plyˈvi̯o:s], der; -, -s [plyˈvi̯o:s] ‹*frz.;* »Regenmonat«›: der fünfte Monat des französischen Revolutionskalenders (vom 20., 21. oder 22. Januar bis 18., 19. oder 20. Februar)

Ply|mouth|brü|der [ˈplɪməθ...], die (Plural) ‹nach der engl. Stadt Plymouth›: pietistische englische Sekte des 19. Jh.s ohne äußere Organisation

Ply|mouth Rocks [ˈplɪməθ -], die (Plural) ‹nach der Landungsstelle der Pilgerväter (1620) in Massachusetts, USA›: dunkelgrau u. weiß gestreifte Hühnerrasse

p. m. = post mortem

p. m. [pi:ʔˈɛm] ‹Abk. für *lat.* post meridiem »nach Mittag«›: nachmittags (engl. Uhrzeitangabe) (Ggs.: a. m.)

Pneu, der; -s, -s ‹*gr.*›: **1.** [auch: pnø:] aus Gummi hergestellter Luftreifen an Fahrzeugrädern; ↑ [1]Pneumatik. **2.** (Medizinjargon) Kurzform von ↑ Pneumothorax

pneum..., Pneum... vgl. pneumato..., Pneumato...

Pneu|ma, das; -s ‹*gr.;* »Hauch, Atem«›: **1.** (Philos.) in der Stoa ätherische, luftartige Substanz, die als Lebensprinzip angesehen wurde. **2.** (Theol.) Geist Gottes, Heiliger Geist

pneu|mat..., Pneu|mat... vgl. pneumato..., Pneumato...

Pneu|ma|tho|de, die; -, -n ‹*gr.-nlat.;* »Atemweg, Atemgang«› (Bot.): Öffnung in der Atemwurzel der Mangrovenpflanzen zur Aufnahme von Sauerstoff

[1]Pneu|ma|tik, der; -s, -s, österr. die; -, -en: ↑ Pneu (1)

[2]Pneu|ma|tik, die; -, -en: **1.** (ohne Plural) Teilgebiet der Mechanik (1), das sich mit dem Verhalten der Gase beschäftigt. **2.** (ohne Plural) philosophische Lehre vom Pneuma (1); Pneumatologie (2). **3.** Luftdruckmechanik bei der Orgel

Pneu|ma|ti|ker, der; -s, - ‹*gr.-lat.*›: **1.** Vertreter, Anhänger einer ärztlichen Richtung der Antike, die im Atem (Pneuma) den Träger des Lebens u. in seinem Versagen das Wesen der Krankheit sah. **2.** vom Geist Gottes Getriebener. **Pneu|ma|ti|ke|rin,** die; -, -nen: weibliche Form zu ↑ Pneumatiker

Pneu|ma|ti|sa|ti|on, die; -, -en ‹*gr.-nlat.*› (Med.): Bildung lufthaltiger Zellen od. Hohlräume in Geweben, vor allem in Knochen (z. B. die Bildung der Nasennebenhöhlen in den Schädelknochen)

pneu|ma|tisch ‹*gr.-lat.*›: **1.** (Philos.) das Pneuma (1) betreffend. **2.** (Theol.) geistgewirkt, vom Geist Gottes erfüllt; **pneumatische Exegese:** altchristliche Bibelauslegung, die mithilfe des Heiligen Geistes den übergeschichtlichen Sinn der Schrift erforschen will. **3.** (Med.) die Luft, das Atmen betreffend. **4.** (Technik) luftgefüllt, mit Luftdruck betrieben, Luft...; **pneumatische Knochen** (Biol.): Knochen mit luftgefüllten Räumen zur Verminderung des Körpergewichts (z. B. bei Vögeln)

Pneu|ma|tis|mus, der; - ‹*gr.-nlat.*› (Philos.): Lehre von der Wirklichkeit als Erscheinungsform des Geistes; vgl. Spiritualismus

pneu|ma|to..., Pneu|ma|to...

vor Vokalen und vor h meist: pneu|mat..., Pneu|mat...
‹zu *gr.* pneũma, Gen. pneúmatos »Luft, Hauch, Atem, Geist«›
Wortbildungselement mit der Bedeutung »Luft, Gas; Atem«:
- Pneumatometer
- Pneumaturie

pneu|mo..., Pneu|mo...
auch: pneu|mo|no..., Pneu|mono..., vor Vokalen meist pneum..., Pneum... bzw. pneumon..., Pneu|mon...
‹*gr.* pneũma »Luft, Hauch, Atem, Geist« u. pneúmōn, Gen. pneúmonos »Lunge«›
Wortbildungselement mit den Bedeutungen:
a) *»Luft, Gas«:*
- Pneumothorax
b) *»Atem(luft)«:*
- Pneumograf
c) *»Lunge«:*
- Pneumonose

Pneu|ma|to|chord [...k...], das; -[e]s, -e ‹*gr.*›: altgriechische Windharfe; ↑ Äolsharfe

Pneu|ma|to|lo|gie, die; - ‹*gr.-nlat.*›: **1.** (veraltet) Psychologie. **2.** ↑ [2]Pneumatik (2). **3.** (Theol.) **a)** Lehre vom Heiligen Geist; **b)** Lehre von den Engeln u. Dämonen

Pneu|ma|to|ly|se, die; -, -n (Geol.): Wirkung der Gase einer Schmelze auf das Nebengestein u. die erstarrende Schmelze selbst. **pneu|ma|to|ly|tisch** (Geol.): durch Pneumatolyse entstanden (von Erzlagerstätten)

Pneu|ma|to|me|ter, das; -s, - (Med.): Gerät zur Messung des Luftdrucks beim Aus- u. Einatmen. **Pneu|ma|to|me|t|rie,** die; - (Med.): Messung des Luftdrucks beim Aus- u. Einatmen mithilfe des Pneumatometers

Pneu|ma|to|phor, das; -s, -e (Biol.): Atemwurzel der Mangrovenpflanzen

Pneu|ma|to|se, die; -, -n (Med.): Bildung von Gas- od. Luftzysten

Pneu|ma|to|ze|le, die; -, -n (Med.): **1.** bruchartige Vorwölbung od. Ausbuchtung von Lungengewebe durch einen Defekt in der Brustkorbwand; Lungenvorfall. **2.** krankhafte Luftansammlung in Geweben

Pneu|ma|t|u|rie, die; -, ...ien (Med.): Ausscheidung von Gasen im Harn

Pneu|m|ek|to|mie, die; -, ...ien (Med.): ↑Pneumonektomie

Pneum|en|ze|pha|lo|gramm, das; -s, -e (Med. früher): Röntgenbild des Schädels nach Füllung der Hirnkammern mit Luft

pneu|mo..., Pneu|mo... vgl. pneumato..., Pneumato...

Pneu|mo|at|mo|se, die; -, -n (Med.): Gasvergiftung der Lunge

Pneu|mo|graf, Pneu|mo|graph, der; -en, -en (Med. früher): Apparat zur Aufzeichnung der Atembewegungen des Brustkorbs

Pneu|mo|kok|ke, die; -, -n, **Pneu|mo|kok|kus,** der; -, ...kken (meist Plural) (Med.): grampositiver Krankheitserreger, bes. Erreger der Lungenentzündung

Pneu|mo|ko|ni|o|se, die; -, -n (Med.): durch Einatmen von Staub hervorgerufene Lungenkrankheit; Staublunge

Pneu|mo|lith [auch: ...ˈlɪt], der; -s u. -en, -e[n] (Med.): durch Kalkablagerung entstandener Lungenstein

Pneu|mo|lo|gie, Pneumonologie, die; -: Lungenheilkunde

Pneu|mo|ly|se, die; -, -n (Med.): operative Lösung der Lunge von der Brustwand

pneu|mon..., Pneu|mon... vgl. pneumato..., Pneumato...

Pneu|mo|n|ek|to|mie, die; -, ...ien (Med.): operative Entfernung eines Lungenflügels

Pneu|mo|nie, die; -, ...ien (Med.): Lungenentzündung

Pneu|mo|nik, die; - (Technik): pneumatische (4) Steuerungstechnik mithilfe von Schaltelementen, die keine mechanisch beweglichen Teile haben

pneu|mo|nisch (Med.): die Lungenentzündung betreffend, zu ihrem Krankheitsbild gehörend, durch sie bedingt

pneu|mo|no..., Pneu|mo|no... vgl. pneumato..., Pneumato...

Pneu|mo|no|ko|ni|o|se, die; -, -n (Med.): ↑Pneumokoniose

Pneu|mo|no|lo|gie vgl. Pneumologie

Pneu|mo|no|se, die; - (Med.): Verminderung des Gasaustausches in den Lungenbläschen

Pneu|mo|pe|ri|kard, das; -[e]s (Med.): Luftansammlung im Herzbeutel

Pneu|mo|pleu|ri|tis, die; -, ...itiden (Med.): Lungenentzündung mit begleitender Rippenfellentzündung

Pneu|mo|tho|rax, der; -[es], -e (Med.): krankhafte od. künstlich therapeutisch geschaffene Luftansammlung im Rippenfellspalt

pneu|mo|trop (Med.): auf die Lunge einwirkend, vorwiegend die Lunge befallend (z. B. von Krankheitserregern)

Pneu|mo|ze|le, die; -, -n: ↑Pneumatozele

Pneu|mo|zys|to|gra|fie, Pneu|mo|zys|to|gra|phie, die; -, ...ien (Med.): (heute nicht mehr angewandte) Röntgenuntersuchung der Harnblase nach vorheriger Einblasung von Luft als Kontrastmittel

Pni|gos, der; - ⟨*gr.*⟩: in schnellem Tempo gesprochener Abschluss des ↑Epirrhems; vgl. Antipnigos

Poc|cet|ta [pɔˈtʃɛta], die; -, ...tten ⟨*germ.-it.*⟩: Pochette (1)

Po|chet|te [pɔˈʃɛtə], die; -, ...tten ⟨*germ.-frz.*⟩: **1.** (vom 16. bis 18. Jh.) kleine Geige der Tanzmeister. **2.** Einstecktuch. **3.** kleine, flache Damenhandtasche

po|chet|ti|no [pokɛ...] ⟨*lat.-it.*⟩ (Musik): ein klein wenig

po|chie|ren [pɔˈʃiː...] ⟨*germ.-frz.*⟩ (Gastron.): Speisen, bes. aufgeschlagene Eier, in kochendem Wasser, einer Brühe o. Ä. gar werden lassen

Po|cket|book [...bʊk], das; -s, -s ⟨*engl.*⟩: Taschenbuch

Po|cke|ting, der; -[s]: stark appretiertes, als Taschenfutter verwendetes Gewebe

Po|cket|ka|me|ra, die; -, -s: kleiner, handlicher, einfach zu bedienender Fotoapparat

po|co ⟨*lat.-it.*⟩ (Musik): ein wenig, etwas (in vielen Verbindungen vorkommende Vortragsbezeichnung); **poco a poco:** nach u. nach, allmählich (Abk.: p. a. p.); **poco forte:** nicht sehr laut

Pod, der; -s, -s ⟨*russ.*⟩ (Geol.): periodisch mit Wasser gefüllte Hohlform im Löss der Ukraine

Po|d|a|g|ra, das; -[s] ⟨*gr.-lat.*⟩ (Med.): Fußgicht, bes. Gicht der großen Zehe. **po|d|a|g|risch** (Med.): an Podagra leidend, mit Podagra behaftet

Po|d|a|g|rist, der; -en, -en (veraltet): an Podagra Leidender. **Po|d|a|g|ris|tin,** die; -, -nen: weibliche Form zu ↑Podagrist

Po|d|al|gie, die; -, ...ien ⟨*gr.-nlat.*⟩ (Med.): Fußschmerzen

Pod|cast [ˈpɔtkaːst], der; -s, -s ⟨*engl.*⟩ (EDV): Reportage, (Radio)beitrag o. Ä. zum Herunterladen als Audiodatei aus dem Internet. **pod|cas|ten** ⟨*engl.*⟩ (EDV): einen ↑Podcast produzieren, bereitstellen oder herunterladen. **Pod|cas|ting,** das; -[s] ⟨*engl.*⟩: das Podcasten

Po|dest, das, auch: der; -[e]s, -e: **1.** Treppenabsatz. **2.** schmales Podium

Po|des|ta, it. Schreibung: **Po|des|tà,** der; -[s], -s ⟨*lat.-it.*⟩: it. Bez. für: Ortsvorsteher, Bürgermeister

Po|dex, der; -[es], -e ⟨*lat.*⟩ (scherzh.): Gesäß

Po|di|um, das; -s, Podien ⟨*gr.-lat.;* »Füßchen«⟩: **1.** trittartige, breitere Erhöhung (z. B. für Redner); Rednerpult. **2.** erhöhte hölzerne Plattform. **3.** (Archit.) erhöhter Unterbau für ein Bauwerk

Po|di|ums|dis|kus|si|on, die; -, -en, **Po|di|ums|ge|spräch,** das; -[e]s, -e ⟨*gr.-lat.; dt.*⟩: Diskussion, Gespräch mehrerer kompetenter Teilnehmer über ein bestimmtes Thema vor (gelegentlich auch unter Einbeziehung) einer Zuhörerschaft

Po|do|lo|ge, der; -n, -n: staatlich geprüfte Fachkraft für medizinische Fußpflege. **Po|do|lo|gie,** die; -: Fußheilkunde. **Po|do|lo|gin,** die; -, -nen: weibliche Form zu ↑Podologe

Po|do|me|ter, das; -s, - ⟨*gr.-nlat.*⟩: Schrittzähler

Po|do|s|kop, das; -s, -e (früher): Gerät in Schuhgeschäften, mit dem die Füße (in Schuhen) durchleuchtet wurden, um die korrekte Schuhgröße zu ermitteln

Pod|sol, der; -s ⟨*russ.*⟩: graue bis weiße Bleicherde (durch Mineralsalzverlust verarmter, holzaschefarbener, unter Nadel- u. Mischwäldern vorkommender Oberboden in feuchten Klimabereichen). **Pod|so|lie|rung,** die; -, -en: der Prozess, durch den ein Podsol entsteht

Po|em, das; -s, -e ‹*gr.-lat.*› (oft abwertend): [größeres] Gedicht

Po|e|sie, die; -, ...ien ‹*gr.-lat.-frz.;* »das Machen, das Verfertigen«›: **1.** Dichtkunst; Dichtung, bes. in Versen geschriebene Dichtung im Gegensatz zur Prosa (1). **2.** [dichterischer] Stimmungsgehalt, Zauber

Po|e|sie|al|bum, das; -s, ...ben: (bes. bei Kindern u. jungen Mädchen) Album, in das Verwandte, Freunde, Lehrer zur Erinnerung Verse u. Sprüche schreiben

Po|é|sie en|ga|gée [poeziãga'ʒe], die; - - ‹*frz.*›: Tendenzdichtung

Po|et, der; -en, -en ‹*gr.-lat.*› (veraltend, meist scherzh.): Dichter

Po|e|ta doc|tus, der; - -, ...tae [...tɛ] ...ti: gelehrter, gebildeter Dichter, der Wissen, Bildungsgut o. Ä. in Reflexionen, Zitaten o. Ä. durchscheinen lässt u. somit ein gebildetes Publikum voraussetzt

Po|e|ta lau|re|a|tus, der; - -, ...tae [...tɛ] ...ti ‹*lat.*› (Geschichte): ein mit dem Lorbeerkranz gekrönter Dichter; vgl. Laureat

Po|e|tas|ter, der; -s, - ‹*gr.-lat.-nlat.*› (abwertend): Dichterling, Verseschmied

Po|e|tik, die; -, -en ‹*gr.-lat.*›: **1.** (ohne Plural) wissenschaftliche Beschreibung, Deutung, Wertung der Dichtkunst; Theorie der Dichtung als Teil der Literaturwissenschaft. **2.** Lehr-, Regelbuch der Dichtkunst

Po|e|tin, die; -, -nen: weibliche Form zu ↑Poet

po|e|tisch ‹*gr.-lat.-frz.*›: **a)** die Poesie betreffend, dichterisch; **b)** bilderreich, ausdrucksvoll, stimmungsvoll

po|e|ti|sie|ren: dichterisch ausschmücken; dichtend erfassen u. durchdringen

po|e|to|lo|gisch: die Poetik betreffend, auf ihr basierend

Po|e|t|ry-Slam, Po|e|t|ry|slam ['poʊ̯ətrislæm], der; -s, -s ‹*engl.*›: auf einer Bühne vor Publikum [das gleichzeitig die Jury ist] ausgetragener literarischer Wettbewerb

Po|fe|se vgl. Pafese

Po|gat|sche, die; -, -n ‹*ung.*› (österr.): kleiner, flacher Eierkuchen mit Grieben

Po|go, der; -[s], -s ‹*engl.*›: Tanz zu Punk- u. Heavy-Metal-Musik, bei dem die Tänzer wild u. heftig springen [u. sich dabei anrempeln]

Po|g|rom, der, auch: das; -s, -e ‹*russ.*›: Hetze, Ausschreitungen gegen nationale, religiöse, ethnische Minderheiten

poi|e|tisch ‹*gr.*›: bildend, das Schaffen betreffend; **poietische Philosophie:** bei Plato die dem Herstellen von etwas dienende Wissenschaft (z. B. Architektur)

Poi|ki|lo|der|mie, die; -, ...ien ‹*gr.-nlat.*› (Med.): ungleichmäßige Ablagerung von Pigmenten in der Haut; buntscheckig gefleckte Haut

poi|ki|lo|therm (Biol.): wechselwarm (Ggs.: homöotherm). **Poi|ki|lo|ther|mie,** die; -, ...ien: **a)** (Biol.) Abhängigkeit der Blut- und Körpertemperatur von der Umgebungstemperatur; Wechselwärme; **b)** (Med.) Inkonstanz der Körpertemperatur infolge mangelhafter Wärmeregulation des Organismus (z. B. bei Frühgeburten)

Poi|ki|lo|zy|to|se, die; -, -n (Med.): Auftreten nicht runder Formen der roten Blutkörperchen

Poil [po̯'al], der; -s, -e ‹*lat.-frz.*›: ↑²Pol

Poi|lu [po̯a'ly:], der; -s, -s: Spitzname für den französischen Soldaten

Poin|set|tie [poɪ̯n'zɛti̯ə], die; -, -n ‹*nlat.;* nach dem nordamerik. Entdecker J. R. Poinsett, 1779–1851›: Weihnachtsstern (Wolfsmilchgewächs; eine Zimmerpflanze)

Point [po̯ɛ̃:], der; -s, -s ‹*lat.-frz.*›: **1. a)** Stich (bei Kartenspielen); **b)** Auge (bei Würfelspielen). **2.** (Wirtsch.) Notierungseinheit von Warenpreisen an Produktenbörsen

Point d'Hon|neur [po̯ɛ̃dɔ'nø:ɐ̯], der; - - ‹»Ehrenpunkt«› (veraltet): Ehrenstandpunkt

Poin|te ['po̯ɛ̃:tə], die; -, -n ‹*lat.-vulgärlat.-frz.;* »Spitze, Schärfe«›: geistreicher, überraschender Schlusseffekt (z. B. bei einem Witz)

Poin|ter ['poɪ̯n...], der; -s, - ‹*lat.-frz.-engl.*›: **1.** gescheckter Vorsteh- od. Hühnerhund. **2.** Cursor, Mauszeiger. **3.** kurz für ↑Laserpointer

poin|tie|ren [po̯ɛ̃...] ‹*lat.-frz.*›: betonen, unterstreichen, hervorheben. **poin|tiert:** betont, zugespitzt

poin|til|lie|ren [...ti'ji:...]: in der Art des Pointillismus malen

Poin|til|lis|mus [...ti'jɪs...], der; - ‹*lat.-frz.-nlat.*›: spätimpressionistische Stilrichtung in der Malerei, in der ungemischte Farben punktförmig nebeneinandergesetzt wurden. **Poin|til|list,** der; -en, -en: Vertreter des Pointillismus. **Poin|til|lis|tin,** die; -, -nen: weibliche Form zu ↑Pointillist. **poin|til|lis|tisch:** den Pointillismus betreffend, in der Art des Pointillismus [gemalt]

Point|lace ['poɪ̯ntlɛɪ̯s], die; - ‹*engl.*›: Bandspitze, genähte Spitze

Point of no Re|turn ['poɪ̯nt əf noʊ̯ rɪ'tœ:ɐ̯n], der; - - - -, -s - - - ‹*engl.*›: Punkt, an dem es kein Zurück mehr gibt

Point of Sale ['poɪ̯nt əv 'sɛɪ̯l], der; - - -, -s - - (Werbespr.): Ort, an dem Kunden Waren kaufen u. der deshalb bes. gut geeignet ist, Kunden zu weiteren Einkäufen anzuregen (z. B. ein Laden)

Poise [po̯'a:z], das; -, - ‹*frz.;* nach dem frz. Arzt J. L. M. Poiseuille, 1799–1869›: Einheit der Viskosität von Flüssigkeiten u. Gasen (Zeichen: P)

Po|kal, der; -s, -e ‹*gr.-lat.-it.*›: **1. a)** [kostbares] kelchartiges Trinkgefäß aus Glas od. [Edel]metall mit Fuß [u. Deckel]; **b)** Siegestrophäe in Form eines Pokals (1 a) bei sportlichen Wettkämpfen. **2.** (ohne Plural) kurz für Pokalwettbewerb; Wettbewerb um einen Pokal (1 b)

Po|ké|mon®, das; -[s], -[s] ‹Kunstw.›: Spielfigur (mit individuellem Charakter u. ganz bestimmten Fähigkeiten) eines in Japan entwickelten gleichnamigen Spiels

Po|ker, das; -s ‹*amerik.*›: amerikanisches Kartenglücksspiel

Po|ker|face [...fɛɪ̯s, 'poʊ̯kɐfɛɪ̯s],

das; -, -s [...feɪ̯sɪs] ‹»Pokergesicht«›: **1.** Mensch, dessen Gesicht u. Haltung keine Gefühlsregung widerspiegeln. **2.** unbewegter, gleichgültig wirkender, sturer Gesichtsausdruck

po|kern: **1.** Poker spielen. **2.** bei Geschäften, Verhandlungen o. Ä. ein Risiko eingehen, einen hohen Einsatz wagen

po|ku|lie|ren ‹*lat.-mlat.*› (veraltet): zechen, stark trinken

[1]**Pol,** der; -s, -e ‹*gr.-lat.*›: **1.** Drehpunkt, Mittelpunkt, Zielpunkt. **2.** Endpunkt der Erdachse u. seine Umgebung; Nordpol, Südpol. **3.** (Astron.) Schnittpunkt der verlängerten Erdachse mit dem Himmelsgewölbe, Himmelspol. **4.** (Math.) Punkt, der eine besondere Bedeutung hat; Bezugspunkt. **5.** der Aus- u. Eintrittspunkt des Stroms bei einer elektrischen Stromquelle. **6.** Aus- u. Eintrittspunkt magnetischer Kraftlinien beim Magneten

[2]**Pol,** der; -s, -e ‹eindeutschend für ↑Poil›: bei Samt u. Teppichen die rechte Seite mit dem [2]Flor (2)

Po|lac|ca, die; -, -s ‹*it.*›: ↑Polonaise; vgl. alla polacca

[1]**Po|la|cke,** der; -n, -n ‹*poln.;* »Pole«›: diskriminierende Bezeichnung für Pole

[2]**Po|la|cke,** die; -, -n, **Po|la|cker,** der; -s, - ‹*it.*›: dreimastiges Segelschiff im Mittelmeer

po|lar ‹*gr.-lat.-nlat.*›: **1.** die Erdpole betreffend, zu den Polargebieten gehörend, aus ihnen stammend. **2.** gegensätzlich bei wesenhafter Zusammengehörigkeit; nicht vereinbar. **3.** (Chemie) (von Atombindungen) eine asymmetrische Ladungsverteilung aufweisend (Ggs.: unpolar)

Po|la|re, die; -, -n (Math.): Verbindungslinie der Berührungspunkte zweier von einem Pol an einen Kegelschnitt gezogener Tangenten

Po|lar|front, die; -, -en (Meteorol.): Front zwischen polarer Kaltluft u. tropischer Warmluft

Po|la|ri|me|ter, das; -s, - ‹*gr.-lat.-nlat.; gr.*› (Physik): Instrument zur Messung der Drehung der Polarisationsebene des Lichtes in optisch aktiven Substanzen. **Po|la|ri|me|t|rie,** die; -, ...ien (Physik): Messung der optischen Aktivität von Substanzen. **po|la|ri|me|t|risch:** mit dem Polarimeter gemessen

Po|la|ri|sa|ti|on, die; -, -en ‹*gr.-lat.-nlat.*›: **1.** das deutliche Hervortreten von Gegensätzen; Herausbildung einer Gegensätzlichkeit; Polarisierung. **2. a)** (Chemie) Herausbildung einer Gegenspannung (bei der Elektrolyse); **b)** (Physik) das Herstellen einer festen Schwingungsrichtung aus sonst regellosen ↑Transversalschwingungen des natürlichen Lichtes; vgl. ...ation/...ierung

Po|la|ri|sa|tor, der; -s, ...oren: Vorrichtung, die linear polarisiertes Licht aus natürlichem erzeugt

po|la|ri|sie|ren: **1. a)** spalten, trennen, Gegensätze schaffen; **b)** sich polarisieren: in seiner Gegensätzlichkeit immer deutlicher hervortreten, sich immer mehr zu Gegensätzen entwickeln. **2. a)** (Chemie) elektrische od. magnetische Pole hervorrufen; **b)** (Physik) bei natürlichem Licht eine feste Schwingungsrichtung aus sonst regellosen ↑Transversalschwingungen herstellen. **Po|la|ri|sie|rung,** die; -, -en: ↑Polarisation (1); vgl. ...ation/...ierung

Po|la|ri|tät, die; -, -en: **1.** (Geogr., Astron., Physik) Vorhandensein zweier [1]Pole (2, 3, 5, 6). **2.** Gegensätzlichkeit bei wesenhafter Zusammengehörigkeit. **3.** (Biol.) verschiedenartige Ausbildung zweier entgegengesetzter Pole einer Zelle, eines Gewebes, Organs od. Organismus (z. B. Spross u. Wurzel einer Pflanze)

Po|la|ri|um, das; -s, ...ien (Zool.): Abteilung eines Zoos, in der Tiere aus den Polargebieten gehalten werden

Po|lar|ko|or|di|na|ten, die (Plural) (Math.): im Polarkoordinatensystem Bestimmungsgrößen eines Punktes

Po|lar|kreis, der; -es, -e: Breitenkreis von etwa 66,5° nördlicher bzw. südlicher Breite, der die Polarzone von der gemäßigten Zone trennt

Po|la|ro|graf, Polarograph, der; -en, -en ‹*gr.-lat.-nlat.; gr.*› (Chemie, Technik): Apparat (meist mit Quecksilbertropfkathode u. Quecksilberanode) zur Ausführung elektrochemischer Analysen durch [fotografische] Aufzeichnung von Stromspannungskurven. **Po|la|ro|gra|fie,** Polarographie, die; -, ...ien (Chemie, Technik): elektrochemische Analyse mithilfe des Polarografen zur qualitativen u. quantitativen Untersuchung von bestimmten gelösten Stoffen. **po|la|ro|gra|fisch,** polarographisch (Chemie, Technik): durch Polarografie erfolgend

Po|la|ro|graph usw. vgl. Polarograf usw.

Po|la|roid [...ˈrɔɪ̯t], das; -s, -s (Jargon, bes. früher): mit einer Polaroidkamera aufgenommenes Foto

Po|la|roid|ka|me|ra® [...ˈrɔɪ̯t...], die; -, -s: Fotoapparat, der in Sekunden das fertige [Papier]bild produziert

Po|lar|stern, der; -[e]s (Astron.): hellster Stern im Sternbild des Kleinen Bären, nach dem wegen seiner Nähe zum nördlichen Himmelspol die Nordrichtung bestimmt wird; Nord[polar]stern

Pol|lei, der; -[e]s, -e ‹*lat.*›: Arznei- u. Gewürzpflanze verschiedener Art

Po|leis: *Plural* von ↑Polis

Po|le|mik, die; -, -en ‹*gr.-frz.*›: **1.** literarische od. wissenschaftliche Auseinandersetzung; wissenschaftlicher Meinungsstreit, literarische Fehde. **2.** unsachlicher Angriff, scharfe Kritik

Po|le|mi|ker, der; -s, -: **1.** jmd., der zur Polemik (2) neigt, gern scharfe, unsachliche Kritik übt. **2.** jmd., der in einer Polemik (1) steht. **Po|le|mi|ke|rin,** die; -, -nen: weibliche Form zu ↑Polemiker

po|le|misch: **1.** die Polemik (1) betreffend; streitbar. **2.** scharf u. unsachlich (von kritischen Äußerungen)

po|le|mi|sie|ren ‹französierende Bildung›: **1.** eine Polemik (1) ausfechten, gegen eine andere literarische od. wissenschaftliche Meinung kämpfen. **2.** scharfe, unsachliche Kritik üben; jmdn. mit unsachlichen Argumenten scharf angreifen

Po|len|ta, die; -, ...ten u. -s ‹*lat.-it.*›: Brei aus Maisgrieß

Po|len|te, die; - ‹*jidd.*› (salopp): Polizei

Pole|po|si|tion, Pole-Po|si|tion [ˈpɔʊ̯lpəzɪʃn̩], die; -, -s ‹*engl.-amerik.*›: **a)** bei Autorennen bester (vorderster) Startplatz für den Fahrer mit der schnellsten Zeit im ↑Qualifying; **b)** (Jargon) Marktführerschaft

Po|li|ce [poˈliːsə], die; -, -n ‹*gr.-mlat.-it.-frz.*›: **1.** Urkunde über einen Versicherungsvertrag, die vom Versicherer ausgefertigt wird. **2.** Versicherung, Versicherungsvertrag

Po|li|chi|nelle [...ʃiˈnɛl], der; -s, -s ‹*neapolitan.-frz.*›: französische Form von: Pulcinella

po|li|cie|ren [...ˈsiː...]: einen Antrag auf Versicherung annehmen u. einen entsprechenden Versicherungsschein ausstellen

Po|li|ci|nel|lo [...tʃi...], der; -s, ...lli ‹*neapolitan.-it.*› (veraltet): ↑Pulcinella

Po|li|en|ze|pha|li|tis vgl. Polioenzephalitis

Po|lier, der; -s, -e ‹*gr.-lat.-vulgärlat.-frz.*›: Vorarbeiter der Maurer u. Zimmerleute; [Maurer]facharbeiter, der die Arbeitskräfte auf einer Baustelle beaufsichtigt; Bauführer

po|lie|ren ‹*lat.-frz.*›: **a)** glätten, schleifen; **b)** glänzend machen, blank reiben; putzen

Po|lie|rin, die; -, -nen: weibliche Form zu ↑Polier

Po|li|kli|nik, die; -, -en ‹*gr.-nlat.*›: Krankenhaus od. -abteilung für ambulante Krankenbehandlung. **po|li|kli|nisch** (Med.): die Poliklinik betreffend; in der Poliklinik erfolgend

Po|li|ment, das; -[e]s, -e ‹*lat.-frz.*›: **1.** zum Polieren, Glänzendmachen geeigneter Stoff. **2.** aus einer fettigen Substanz bestehende Unterlage für Blattgold

Po|lio, die; -: Kurzform von ↑Poliomyelitis

Po|lio|en|ze|pha|li|tis, Polienzephalitis, die; -, ...itiden ‹*gr.-nlat.*› (Med.): Entzündung der grauen Hirnsubstanz

Po|lio|my|e|li|tis, die; -, ...itiden (Med.): durch Polioviren hervorgerufene Entzündung des zentralen Nervensystems

Po|li|o|sis, die; -, ...osen ‹*gr.*› (Med.): das Ergrauen der Haare

Po|lis, die; -, Poleis ‹*gr.*›: altgriechischer Stadtstaat (z. B. Athen)

Po|li|tain|ment [poliˈteɪ̯nmənt], das; -s ‹Kurzw. aus *engl. poli*tics u. Enter*tainment*›: die Vermittlung politischer Inhalte in den Massenmedien mit Mitteln der Unterhaltungsindustrie

Po|lit|bü|ro, das; -s, -s ‹*(gr.-frz.; lat.-vulgärlat.-frz.) russ.*›: oberstes politisches Führungsorgan einer kommunistischen Partei

[1]**Po|li|tes|se,** die; -, -n ‹*lat.-it.-frz.*›: **1.** (veraltet) Höflichkeit, Artigkeit. **2.** (landsch.) Kniff, Schlauheit

[2]**Po|li|tes|se,** die; -, -n ‹Kunstw. aus *Poli*zei u. ↑Hos*tess*›: Angestellte bei einer Gemeinde für bestimmte Aufgaben (z. B. für die Kontrolle der Einhaltung des Parkverbots)

Po|li|teur [...ˈtøːɐ̯], der; -s, -e (regional): männliche Form zu ↑[2]Politesse

Po|li|ti|cal Cor|rect|ness [...kl̩ kəˈrɛktnɪs], die; - - ‹*engl.*›: von einer bestimmten Öffentlichkeit als richtig eingestufte Gesinnung, Haltung (die zum Ziel hat, alles zu vermeiden, was andere als diskriminierend empfinden könnten) (Abk.: p. c.)

po|li|tie|ren ‹*lat.-frz.*› (österr.): glänzend reiben, polieren, mit Politur einreiben

Po|li|tik [auch: ...ˈtɪk], die; -, Politiken (Plural selten) ‹*gr.-frz.*›: **1.** auf die Durchsetzung bestimmter Ziele (bes. im staatlichen Bereich) u. auf die Gestaltung des öffentlichen Lebens gerichtetes Handeln von Regierungen, Parlamenten, Parteien, Organisationen o. Ä. **2.** berechnendes, zielgerichtetes Verhalten, Vorgehen

Po|li|ti|ka: *Plural* von ↑Politikum

Po|li|ti|kas|ter, der; -s, - ‹*gr.-lat.-nlat.*› (abwertend): jmd., der viel über Politik spricht, ohne viel davon zu verstehen

Po|li|ti|ker [auch: ...ˈlɪ...], der; -s, - ‹*gr.-mlat.*›: jmd., der aktiv an der Politik (1), an der Führung eines Gemeinwesens teilnimmt; Staatsmann. **Po|li|ti|ke|rin,** die; -, -nen: weibliche Form zu ↑Politiker

Po|li|ti|kum [auch: ...ˈlɪ...], das; -s, ...ka ‹*gr.-nlat.*›: Tatsache, Vorgang von politischer Bedeutung

Po|li|ti|kus [auch: ...ˈlɪ...], der; -, -se (scherzh.): jmd., der sich eifrig mit Politik (1) beschäftigt

po|li|tisch [auch: poˈlɪ...] ‹*gr.-lat.-frz.*›: die Politik (1) betreffend, zu ihr gehörend; staatsmännisch; **politischer Gefangener, Häftling:** aus politischen Gründen gefangen gehaltene Person; **politischer Vers:** fünfzehnsilbiger, akzentuierender Vers der byzantinischen u. neugriechischen volkstümlichen Dichtung; **politisches Asyl:** Zufluchts- u. Aufenthaltsrecht in einem fremden Land für jemanden, der aus politischen Gründen geflüchtet ist

po|li|ti|sie|ren ‹*gr.-nlat.*›: **1.** [laienhaft] von Politik reden. **2.** bei jmdm. Anteilnahme, Interesse an der Politik (1) erwecken; jmdn. zu politischer Aktivität bringen. **3.** etwas, was nicht unmittelbar in den politischen Bereich gehört, unter politischen Gesichtspunkten behandeln, betrachten. **Po|li|ti|sie|rung,** die; -, -en: **1.** das Erwecken politischer Interessen, Erziehung zu politischer Aktivität. **2.** politische Behandlung, Betrachtung von Dingen, die nicht unmittelbar in den politischen Bereich gehören

Po|li|to|lo|ge, der; -n, -n: Wissenschaftler auf dem Gebiet der Politologie. **Po|li|to|lo|gie,** die; -: Wissenschaft von der Politik. **Po|li|to|lo|gin,** die; -, -nen: weibliche Form zu ↑Politologe. **po|li|to|lo|gisch:** die Politologie betreffend, zu ihr gehörend, auf ihr basierend

Po|lit|pro|fi, der; -s, -s: **1.** erfahrener Politiker. **2.** jmd., der sich in Vollzeit der Politik widmet und sonst keinem Beruf nachgeht

Po|lit|pro|mi|nenz, die; -: Prominenz (1) aus dem Bereich der Politik

Po|lit|ruk, der; -s, -s ‹*gr.-russ.*› (früher): politischer Offizier einer sowjetischen Truppeneinheit

Po|lit|talk [...tɔːk], der; -s, -s ‹*gr.-frz.; engl.*›: öffentliches Gespräch od. Talkshow mit politischem Thema

Po|lit|thril|ler [...θrɪlɐ], der; -s, -: **1.** Thriller mit politischer Thematik. **2.** Vorgang im Bereich der Politik, der Züge eines Thrillers aufweist

Po|li|tur, die; -, -en ‹*lat.*›: **1.** durch Polieren hervorgebrachte Glätte, Glanz. **2.** Mittel zum Glänzendmachen; Poliermittel. **3.** (ohne Plural; veraltet) Lebensart; gutes Benehmen

Po|li|zei, die; -, -en ‹*gr.-lat.-mlat.;* »Bürgerrecht; Staatsverwaltung; Staatsverfassung«›: **1.** Sicherheitsbehörde, die über die Wahrung der öffentlichen Ordnung zu wachen hat. **2.** (ohne Plural) Angehörige der Polizei. **3.** (ohne Plural) Dienststelle der Polizei

Po|li|zei|staat, der; -[e]s, -en (abwertend): totalitärer Staat, in dem die Bürger durch einen staatlichen Kontrollapparat unterdrückt werden

Po|li|zist, der; -en, -en ‹*gr.-lat.-mlat.-nlat.*›: Angehöriger der Polizei (1); Schutzmann. **Po|li|zis|tin**, die; -, -nen: weibliche Form zu ↑Polizist

Po|liz|ze, die; -, -n ‹*gr.-mlat.-it.*› (österr.): ↑Police

Pol|je, das; -[s], -n ‹*slaw.*› (Geogr.): großes wannen- od. kesselartiges Becken mit ebenem Boden in Karstgebieten

Polk, der; -s, -s, selten auch: -e (veraltet): ↑ [1]Pulk

Pol|ka, die; -, -s ‹*poln.-tschech.;* »Polin«›: Rundtanz im lebhaften bis raschen $^2/_4$-Takt mit Achtelrhythmus, wobei jeweils auf drei Schritte ein Hopser folgt (etwa seit 1835)

Poll [pɔʊ̯l], der; -s, -s ‹*engl.-amerik.*›: **1.** (Fachspr.) Meinungsumfrage, -befragung. **2.** (in den USA) Liste der Wähler od. Befragten

pol|la|k|anth ‹*gr.-nlat.;* »häufig blühend«› (Bot.): mehrjährig u. immer wieder blühend (bezogen auf bestimmte Pflanzen, z. B. Apfelbaum) (Ggs.: hapaxanth)

Pol|la|ki|s|u|rie, die; -, ...ien (Med.): häufiger Harndrang

Pol|len, der; -s, - ‹*lat.*› (Bot.): Blütenstaub

Pol|li|ni|um, das; -s, ...ien ‹*lat.-nlat.*› (Bot.): regelmäßig zu einem Klümpchen verklebender Blütenstaub, der als Ganzes von Insekten übertragen wird (z. B. bei Orchideen)

Pol|li|no|se, die; -, -n (Med.): durch Pollen hervorgerufene Allergie; Heuschnupfen

Pol|lu|ti|on, die; -, -en ‹*lat.;* »Besudelung«› (Med.): unwillkürlicher Samenerguss im Schlaf (z. B. in der Pubertät)

Pol|lux vgl. [2]Kastor

Po|lo, das; -s ‹*engl.*›: zu Pferde gespieltes Ballspiel

Po|lo|hemd, das; -[e]s, -en: kurzärmeliges, enges Trikothemd mit offenem Kragen

Po|lo|nai|se [...ˈnɛːzə], **Po|lo|nä|se**, die; -, -n ‹*frz.;* »Polnischer« (= polnischer Tanz)›: Reihentanz; festlicher Schreittanz im $^3/_4$-Takt; vgl. Polacca

Po|lon|ceau|trä|ger [pɔlõˈsoː...], der; -s, - ‹nach dem frz. Erfinder Polonceau›: Tragkonstruktion aus Holz od. Stahl für größere Spannweiten

po|lo|ni|sie|ren ‹*mlat.-nlat.*›: polnisch machen

Po|lo|nist, der; -en, -en: Wissenschaftler auf dem Gebiet der Polonistik

Po|lo|nis|tik, die; -: Wissenschaft von der polnischen Sprache u. Literatur

Po|lo|nis|tin, die; -, -nen: weibliche Form zu ↑Polonist

po|lo|nis|tisch: die Polonistik betreffend, zu ihr gehörend

Po|lo|ni|um, das; -s ‹*nlat.;* nach Polonia, dem nlat. Namen für Polen›: radioaktives chem. Element (Zeichen: Po)

Po|lo|shirt [...ʃœːɐ̯t], das; -s, -s ‹*engl.*›: ↑Polohemd

Pol|t|ron [pɔlˈtrõː], der; -s, -s ‹*it.-frz.*› (veraltet): Feigling; Maulheld

po|ly..., Po|ly...

‹*gr.* polýs »viel, vielfach, oft«› *Wortbildungselement mit der Bedeutung »viel, mehr, verschieden, oft«:*
- Polyamid
- Polyarthritis
- polymetamorph
- Polyvinylchlorid

Po|ly|ac|ryl, das; -s ‹*gr.-nlat.*›: leichte, weiche synthetische Faser

Po|ly|ac|ry|lat, das; -[e]s, -e: Kunststoff aus Acrylsäure

Po|ly|ac|ryl|ni|t|ril, das; -s ‹Kunstw.›: polymerisiertes Acrylsäurenitril (Ausgangsstoff wichtiger Kunstfasern)

Po|ly|ad|di|ti|on, die; -, -en (Chemie): chemisches Verfahren zur Herstellung hochmolekularer Kunststoffe

Po|ly|ad|dukt, das; -[e]s, -e ‹*gr.; lat.*› (Chemie): durch Polyaddition entstandener hochmolekularer Kunststoff

Po|ly|amid, das; -[e]s, -e: hochmolekularer elastischer Kunststoff (z. B. Perlon, Nylon)

Po|ly|ämie, die; -, ...ien ‹*gr.-nlat.*› (Med.): krankhafte Vermehrung der zirkulierenden Blutmenge

Po|ly|an|d|rie, die; - ‹*gr.*› (Völkerkunde): Vielmännerei; Ehegemeinschaft einer Frau mit mehreren Männern (vereinzelt bei indigenen Völkern); vgl. Polygamie (1 a) (Ggs.: Polygynie). **po|ly|an|d|risch**: die Vielmännerei betreffend

Po|ly|an|tha|ro|se, die; -, -n ‹*gr.; dt.*› (Bot.): Gartenrose von meist niedrigem, buschigem Wuchs

Po|ly|ar|chie, die; -, ...ien (selten): Herrschaft mehrerer in einem Staat, im Unterschied zur Monarchie

Po|ly|ar|th|ri|tis, die; -, ...itiden ‹*gr.-nlat.*› (Med.): an mehreren Gelenken gleichzeitig auftretende Arthritis

Po|ly|a|se, die; -, -n: hochmolekulares, Kohlenhydrate spaltendes Enzym

Po|ly|äs|the|sie, die; -, ...ien (Med.): subjektive Wahrnehmung einer Hautreizung an mehreren Stellen

Po|ly|äthy|len, fachspr.: Polyethylen, das; -s, -e: ein thermoplastischer Kunststoff

Po|ly|chä|ten, die (Plural): im Meer lebende Borstenwürmer (z. B. ↑Palolowurm)

Po|ly|chord [...k...], das; -[e]s, -e ‹»Vielsaiter«›: 10-saitiges Streichinstrument in Kontrabassform mit beweglichem Griffbrett

po|ly|chrom [...ˈkroːm] (Malerei,

P Poli

bild. Kunst): vielfarbig, bunt. **Po|ly|chro|mie**, die; -, ...ien (Malerei, bild. Kunst): Vielfarbigkeit; [dekorative] bunte Bemalung ohne einheitlichen Gesamtton mit kräftig voneinander abgesetzten Farben (z. B. bei Keramiken, Glasgemälden, Bauwerken). **po|ly|chro|mie|ren** (Malerei, bild. Kunst): polychrom ausstatten (z. B. Statuen, Gewölbe)

Po|ly|chro|mo|gra|fie, Po|ly|chro|mo|gra|phie, die; -, ...ien (veraltet): Vielfarbendruck

po|ly|cy|c|lisch vgl. polyzyklisch

Po|ly|dak|ty|lie, die; -, ...ien (Biol., Med.): angeborene Fehlbildung der Hand od. des Fußes mit Bildung überzähliger Finger od. Zehen

Po|ly|dä|mo|nis|mus, der; -: Glaube an eine Vielheit von [nicht persönlich ausgeprägten] Geistern als Vorstufe des Polytheismus

Po|ly|dip|sie, die; - (Med.): krankhaft gesteigerter Durst; vgl. Oligodipsie

Po|ly|eder, das; -s, - ‹*gr.*› (Math.): Vielflächner; von Vielecken begrenzter Körper

Po|ly|eder|krank|heit, die; -, -en: den Seidenspinner befallende tödliche Viruskrankheit

po|ly|ed|risch (Math.): vielflächig

Po|ly|em|b|ry|o|nie, die; -, ...ien ‹*gr.-nlat.*› (Biol.): Bildung mehrerer Embryonen aus einer pflanzlichen Samenanlage od. einer tierischen Keimanlage (z. B. bei Moostierchen)

Po|ly|es|ter, der; -s, - ‹Kunstw.›: aus Säuren u. Alkoholen gebildete Verbindung mit hoher Molekülmasse, die als wichtiger Rohstoff zur Herstellung synthetischer Fasern u. Harze dient

Po|ly|ethy|len vgl. Polyäthylen

Po|ly|ethy|len|te|reph|tha|lat, das; -s, -e: glasklarer, fester Kunststoff aus der Gruppe der Polyester, der v. a. für Flaschen und Folien verwendet wird (Abk.: PET)

po|ly|flu|o|riert ‹*gr.; lat.*› (Chemie): (von organischen Verbindungen) durch den teilweisen Austausch der Wasserstoffatome an einer Kohlenstoffkette durch Fluoratome gekennzeichnet u. dadurch chemisch u. thermisch sehr beständig

po|ly|fon, polyphon ‹*gr.;* »vielstimmig«› (Musik): **1.** die Polyfonie betreffend. **2.** nach den Gesetzen der Polyfonie komponiert; mehrstimmig (Ggs.: homofon [1]). **Po|ly|fo|nie**, Polyphonie, die; -, ...ien (Musik): Mehrstimmigkeit mit selbstständigem linearem (3) Verlauf jeder Stimme ohne akkordische Bindung (Ggs.: Homofonie)

Po|ly|fo|ni|ker, Polyphoniker, der; -s, -: Komponist der polyfonen Satzweise. **Po|ly|fo|ni|ke|rin**, Polyphonikerin, die; -, -nen: weibliche Form zu ↑ Polyfoniker

po|ly|fo|nisch, polyphonisch (veraltend): ↑ polyfon

Po|ly|ga|la, die; -, -s: Kreuzblumengewächs

Po|ly|ga|lak|tie, die; - (Med.): übermäßige Milchabsonderung während des Stillens

po|ly|gam ‹*gr.*›: **1. a)** von der Anlage her auf mehrere Geschlechtspartner bezogen (von Tieren u. Menschen); **b)** die Polygamie (1) betreffend; in Mehrehe lebend; mit mehreren Partnern geschlechtlich verkehrend (Ggs.: monogam). **2.** (Bot.) zwittrige u. eingeschlechtige Blüten gleichzeitig tragend (bezogen auf bestimmte Pflanzen)

Po|ly|ga|mie, die; -: **1. a)** (Völkerkunde) Mehrehe, Vielehe, bes. Vielweiberei (meist in vaterrechtlichen Kulturen); vgl. Polyandrie, Polygynie; **b)** geschlechtlicher Verkehr mit mehreren Partnern (Ggs.: Monogamie). **2.** (Bot.) das Auftreten von zwittrigen u. eingeschlechtigen Blüten auf einer Pflanze

Po|ly|ga|mist, der; -en, -en ‹*gr.-nlat.*›: in Vielehe lebender Mann. **Po|ly|ga|mis|tin**, die; -, -nen: in Vielehe lebende Frau

po|ly|gen: **1.** (Biol.) durch mehrere Erbfaktoren bedingt (Ggs.: monogen [1]). **2.** (Geol.) vielfachen Ursprung habend (z. B. von einem durch mehrere Ausbrüche entstandenen Vulkan) (Ggs.: monogen [2])

Po|ly|ge|ne|se, Po|ly|ge|ne|sis, die; -: biologische Theorie von der stammesgeschichtlichen Herleitung jeder gegebenen Gruppe von Lebewesen aus jeweils mehreren Stammformen (Ggs.: Monogenese [1])

Po|ly|ge|nie, die; -, ...ien (Biol.): die Erscheinung, dass an der Ausbildung eines Merkmals eines ↑ Phänotypus mehrere Gene beteiligt sind (Ggs.: Monogenie [2])

Po|ly|ge|nis|mus, der; -: **1.** ↑ Polygenese. **2.** von der katholischen Kirche verworfene Lehre, nach der die Menschheit nicht auf einen Stammesvater (Adam), sondern mehrere zurückgeht (Ggs.: Monogenismus [2])

Po|ly|glo|bu|lie, die; - ‹*gr.; lat.-nlat.*› (Med.): **1.** krankhafte Vermehrung der roten Blutkörperchen (z. B. bei längerem Aufenthalt in Höhenluft); Erythrozytose. **2.** ↑ Polyzythämie

po|ly|glott ‹*gr.*›: **1.** in mehreren Sprachen abgefasst, mehr-, vielsprachig (von Buchausgaben). **2.** viele Sprachen sprechend

[1]**Po|ly|glot|te**, der od. die; -n, -n ‹*gr.*›: Person, die viele Sprachen beherrscht

[2]**Po|ly|glot|te**, die; -, -n: **1.** (veraltet) mehrsprachiges Wörterbuch. **2.** Buch (bes. Bibel) mit Textfassung in verschiedenen Sprachen

po|ly|glot|tisch (veraltet): polyglott

Po|ly|gon, das; -s, -e (Math.): Vieleck mit meist mehr als drei Seiten. **po|ly|go|nal** ‹*gr.-nlat.*› (Math.): vieleckig

Po|ly|gon|bo|den, der; -s, ...böden (Geol.): durch wechselndes Frieren u. Auftauen verursachte Sortierung der Bestandteile eines Bodens, die ein Muster hervorruft

Po|ly|go|num, das; -s: Knöterich (verbreitete Unkraut- u. Heilpflanze)

Po|ly|graf, Polygraph, der; -en, -en ‹*gr.*›: **1. a)** Gerät zur gleichzeitigen Registrierung mehrerer physiologischer Vorgänge u. Erscheinungen; **b)** Lügendetektor. **2.** (regional) Angehöriger des grafischen Gewerbes. **Po|ly|gra|fie**, Polygraphie, die; -, ...ien: **1.** (Med.) Untersuchungsmethode mithilfe eines

Polygrafen (1 a) (bes. in der Schlafmedizin). **2.** (ohne Plural; regional) alle Zweige des grafischen Gewerbes umfassendes Gebiet. **Po|ly|gra|fin,** Polygraphin, die; -, -nen: weibliche Form zu ↑Polygraf (2). **po|ly|gra|fisch,** polygraphisch: die Polygrafie betreffend

Po|ly|gramm, das; -s, -e: **1.** (Math.) Figur, die durch viele Seiten begrenzt ist. **2.** (Med.) gleichzeitige Darstellung mehrerer biologischer u. medizinischer Daten

Po|ly|graph usw. vgl. Polygraf usw.

po|ly|gyn ‹*gr.*›: die Polygynie betreffend; in Vielweiberei lebend. **Po|ly|gy|nie,** die; - (Völkerkunde): Vielweiberei; Ehegemeinschaft eines Mannes mit mehreren Frauen (in den unterschiedlichsten Kulturen vorkommend); vgl. Polygamie (1 a) (Ggs.: Polyandrie)

Po|ly|ha|lit [auch: ...'lɪt], der; -s, -e ‹*gr.-nlat.*› (Chemie): fettig glänzendes, weißes, graues, gelbes od. rotes Mineral, komplexes Kalimagnesiumsalz, das als Düngemittel verwendet wird

Po|ly|his|tor, der; -s, ...oren ‹*gr.;* »viel wissend«› (veraltet): in vielen Fächern bewanderter Gelehrter

po|ly|hy|b|rid ‹*gr.; lat.*› (Biol.): von Eltern abstammend, die sich in mehreren Merkmalen unterscheiden (von tierischen od. pflanzlichen Kreuzungsprodukten) (Ggs.: monohybrid). **Po|ly|hy|b|ri|de,** die; -, -n, auch: der; -n, -n (Biol.): Nachkomme von Eltern, die sich in mehreren Erbmerkmalen unterscheiden (Ggs.: Monohybride)

Po|ly|ide|is|mus, der; - ‹*gr.-nlat.*› (Psychol.): Vielfalt der Gedanken, Ideenfülle; Horizontbreite des Bewusstseins (Ggs.: Monoideismus [1])

po|ly|karp, po|ly|kar|pisch (Bot.): in einem bestimmten Zeitraum mehrmals Blüten u. Früchte ausbildend (von bestimmten Pflanzen)

Po|ly|kla|die, die; - (Bot.): nach Verletzung einer Pflanze entstehende Seitensprosse

Po|ly|kon|den|sa|ti|on, die; - (Chemie): Zusammenfügen einfachster Moleküle zu größeren (unter Austritt kleinerer Spaltprodukte wie Wasser, Ammoniak o. Ä.) zur Herstellung von Chemiefasern, Kunstharzen u. Kunststoffen. **po|ly|kon|den|sie|ren** (Chemie): den Prozess der Polykondensation bewirken; durch Polykondensation gewinnen

Po|ly|ko|rie, die; -, ...ien (Med.): angeborene abnorme Ausbildung mehrerer Pupillen in einem Auge

Po|ly|lin|gu|a|lis|mus, der; -: Mehrsprachigkeit

Po|ly|mas|tie, die; -, ...ien (Med.): abnorme Ausbildung überzähliger Brustdrüsen bei Frauen als ↑atavistische (1) Fehlbildung; vgl. Hyperthelie

Po|ly|ma|thie, die; - ‹*gr.*› (veraltet): vielseitiges Wissen

Po|ly|me|lie, die; -, ...ien ‹*gr.-nlat.*› (Med.): angeborene Fehlbildung, bei der überzählige Gliedmaßen ausgebildet sind

Po|ly|me|nor|rhö, die; -, -en (Med.): zu häufige, nach zu kurzen Abständen eintretende Regelblutung

po|ly|mer ‹*gr.*›: **1.** vielteilig, vielzählig. **2.** (Chemie) aus größeren Molekülen bestehend, die durch Verknüpfung kleinerer entstanden sind (Ggs.: monomer)

Po|ly|mer, das; -s, -e, **Po|ly|me|re,** das; -n, -n (meist Plural) (Chemie): Verbindung aus Riesenmolekülen

Po|ly|me|rie, die; -, ...ien: **1.** (Biol.) Zusammenwirken mehrerer gleichartiger Erbfaktoren bei der Ausbildung eines erblichen Merkmals. **2.** Verbundensein, Zusammenschluss vieler gleicher u. gleichartiger Moleküle in einer chemischen Verbindung

Po|ly|me|ri|sat, das; -[e]s, -e ‹*gr.-nlat.*› (Chemie): durch Polymerisation entstandener neuer Stoff

Po|ly|me|ri|sa|ti|on, die; -, -en: auf Polymerie (2) beruhendes chemisches Verfahren zur Herstellung von Kunststoffen. **po|ly|me|ri|sie|ren** (Chemie): den Prozess der Polymerisation bewirken; einfache Moleküle zu größeren Molekülen vereinigen

po|ly|me|ta|morph (Geol.): Gesteine u. Gegenden betreffend, die mehrmals ↑metamorph verändert wurden

Po|ly|me|ter, das; -s, - ‹*gr.*› (Meteorol.): vorwiegend in der ↑Klimatologie verwendetes, aus einer Kombination von ↑Hygrometer u. ↑Thermometer bestehendes Vielzweckmessgerät. **Po|ly|me|t|rie,** die; -, ...ien: **1.** Anwendung verschiedener ↑Metren (1) in einem Gedicht. **2.** (Musik) **a)** gleichzeitiges Auftreten verschiedener Taktarten in mehrstimmiger Musik; **b)** häufiger Taktwechsel innerhalb eines Tonstückes

po|ly|morph (bes. Mineral., Biol.): viel-, verschiedengestaltig. **Po|ly|mor|phie,** die; -, ...ien: **1.** Vielgestaltigkeit, Verschiedengestaltigkeit. **2.** (Mineral., Chemie) das Vorkommen mancher Mineralien in verschiedener Form, mit verschiedenen Eigenschaften, aber mit gleicher chemischer Zusammensetzung. **3.** (Bot.) **a)** Vielgestaltigkeit der Blätter od. der Blüte einer Pflanze; **b)** die Aufeinanderfolge mehrerer verschieden gestalteter ungeschlechtlicher Generationen bei Algen u. Pilzen. **4.** (Zool.) **a)** Vielgestaltigkeit in Tierstöcken u. Tierstaaten; **b)** jahreszeitlich bedingte Vielgestaltigkeit der Zeichnungsmuster bei Schmetterlingen. **5.** (Sprachwiss.) das Vorhandensein mehrerer sprachlicher Formen für den gleichen Inhalt, die gleiche Funktion (z. B. die verschiedenartigen Pluralbildungen in: die Wiese*n*, die Felde*r*, die Schafe). **Po|ly|mor|phis|mus,** der; -, ...men: ↑Polymorphie (1, 2, 3, 4)

Po|ly|neu|ri|tis, die; -, ...itiden (Med.): in mehreren Nervengebieten gleichzeitig auftretende Entzündung

Po|ly|neu|ro|pa|thie, die; -, ...ien (Med.): nicht entzündliche, chronische Erkrankung mehrerer ↑peripherer Nerven

Po|ly|nom, das; -s, -e ‹*gr.*›: aus mehr als zwei Gliedern bestehender, durch Plus- od. Minuszeichen verbundener mathematischer Ausdruck. **po|ly|no|mi|ell, po|ly|no|misch** (Math.): **a)** das Polynom betreffend; **b)** vielgliedrig

po|ly|nu|k|le|är ‹*gr.; lat.-nlat.*› (Med.): vielkernig (z. B. von Zellen)
Po|ly|o|pie, die; -, ...ien ‹*gr.-nlat.*› (Med.): Sehstörung, bei der ein Gegenstand mehrfach gesehen wird; Vielfachsehen
Po|lyp, der; -en, -en ‹*gr.-lat.;* »vielfüßig«›: **1.** auf einem Untergrund festsitzendes Nesseltier, das oft große Stöcke bildet. **2.** (veraltet, noch Gastron.) Tintenfisch, bes. Krake. **3. a)** (Med.) gutartige, oft gestielte Geschwulst der Schleimhäute; **b)** (ugs.) Wucherung der Rachenmandel. **4.** (salopp) Polizist, Polizeibeamter
Po|ly|pep|tid, das; -[e]s, -e ‹*gr.-nlat.*› (Biochemie): aus verschiedenen Aminosäuren aufgebautes Zwischenprodukt beim Ab- od. Aufbau der Eiweißkörper
po|ly|phag ‹*gr.;* »viel fressend«› (Biol.): Nahrung verschiedenster Herkunft aufnehmend (Ggs.: monophag). **Po|ly|pha|ge,** der; -n, -n (meist Plural) (Zool.): **1.** ein Tier, das Nahrung verschiedenster Herkunft aufnimmt (Ggs.: Monophage). **2.** (nur Plural) bestimmte Käfer. **Po|ly|pha|gie,** die; -, ...ien: **1.** (Med.) krankhaft gesteigerter Appetit, Gefräßigkeit. **2.** (Biol.) polyphage Ernährungsweise von Tieren bzw. von Parasiten, die auf vielen verschiedenen Wirtsorganismen schmarotzen
po|ly|phän ‹*gr.-nlat.*› (Biol.): an der Ausbildung mehrerer Merkmale eines Organismus beteiligt (von Genen)
Po|ly|phe|nol, das; -s, -e: Gruppe von oft gesundheitsfördernden Farb- und Geschmacksstoffen in Pflanzen
po|ly|phon usw. vgl. polyfon usw.
Po|ly|phra|sie, die; - ‹*gr.-nlat.;* »Vielreden«› (Med.): krankhafte Geschwätzigkeit
po|ly|phy|le|tisch: mehrstämmig in Bezug auf die Stammesgeschichte (Ggs.: monophyletisch). **Po|ly|phy|le|tis|mus,** der; -, **Po|ly|phy|lie,** die; -: ↑Polygenese
Po|ly|phyl|lie, die; - ‹»Vielblättrigkeit«› (Bot.): Überzähligkeit in der Gliederzahl eines Blattwirbels
Po|ly|pi|o|nie, die; - (Med.): Fettsucht, Fettleibigkeit
po|ly|plo|id (Biol.): mehr als zwei Chromosomensätze aufweisend (von Zellen, Geweben, Organismen). **Po|ly|plo|i|die,** die; - (Biol.): das Vorhandensein von mehr als zwei Chromosomensätzen; Vervielfachung des Chromosomensatzes
Po|ly|pnoe, die; - (Med.): ↑Tachypnoe
Po|ly|po|di|um, das; -s, ...ien ‹*gr.-nlat.*› (Bot.): Tüpfelfarn
po|ly|po|id (Med.): polypenartig (z. B. von Schleimhautwucherungen)
Po|ly|pol, das; -s, -e (Wirtsch.): Marktform, bei der auf der Angebots- od. Nachfrageseite jeweils viele kleine Anbieter bzw. Nachfrager stehen
po|ly|pös (Med.): polypenartig, mit Polypenbildung einhergehend. **Po|ly|po|se,** die; -, -n (Med.): ausgebreitete Polypenbildung
Po|ly|prag|ma|sie, die; -, ...ien (Med.): das Ausprobieren vieler Behandlungsmethoden u. Arzneien
Po|ly|prag|mo|sy|ne, die; - ‹*gr.*› (veraltet): Vielgeschäftigkeit
Po|ly|pro|py|len, das; -s, -e: ein thermoplastischer Kunststoff (Abk.: PP)
Po|ly|p|to|ton, das; -s, ...ta ‹*gr.-lat.*› (Rhet.): Wiederholung desselben Wortes in einem Satz in verschiedenen Kasus (z. B.: der alte Urstand der Natur kehrt wieder, wo *Mensch* dem *Menschen* gegenübersteht)
Po|ly|p|ty|chon, das; -s, ...chen u. ...cha ‹*gr.*›: **1.** aus mehr als drei Teilen bestehende, zusammenklappbare Schreibtafel des Altertums. **2.** Flügelaltar mit mehr als zwei Flügeln; vgl. Diptychon, Triptychon
Po|ly|re|ak|ti|on, die; -, -en (Chemie): Bildung hochmolekularer Verbindungen
Po|ly|rhyth|mik, die; - ‹*gr.-nlat.*› (Musik): das Auftreten verschiedenartiger, aber gleichzeitig ablaufender Rhythmen in einer Komposition (im Jazz bes. in den afroamerikanischen Formen). **Po|ly|rhyth|mi|ker,** der; -s, - (Musik): Komponist polyrhythmischer Tonstücke. **Po|ly|rhyth|mi|ke|rin,** die; -, -nen: weibliche Form zu ↑Polyrhythmiker. **po|ly|rhyth|misch** (Musik): **a)** die Polyrhythmik betreffend; **b)** nach den Gesetzen der Polyrhythmik komponiert
Po|ly|sac|cha|rid, Po|ly|sa|cha|rid [...zaxa...], das; -[e]s, -e: Vielfachzucker, der in seinen Großmolekülen aus zahlreichen Molekülen einfacher Zucker aufgebaut ist (z. B. Glykogen)
po|ly|sa|p|rob: stark mit organischen Abwässern belastet, mit Polysaprobien durchsetzt (von Gewässern). **Po|ly|sa|p|ro|bie** [...i̯ə], die; -, -n (meist Plural): Organismus, der in faulendem Wasser lebt
po|ly|sem, po|ly|se|man|tisch (Sprachwiss.): Polysemie besitzend, mehrere Bedeutungen habend (von Wörtern) (Ggs.: monosem). **Po|ly|se|mie,** die; -, ...ien (Sprachwiss.): das Vorhandensein mehrerer Bedeutungen zu einem Wort (z. B. Pferd: 1. Tier. 2. Turngerät. 3. Schachfigur) (Ggs.: Monosemie)
Po|ly|si|a|lie, die; - (Med.): krankhaft vermehrter Speichelfluss; vgl. Ptyalismus
Po|ly|si|li|ci|um vgl. Polysilizium
Po|ly|si|li|zi|um, fachspr.: Polysilicium, das; -s ‹*gr.; lat.*›: hochreines Silizium als Grundstoff für Solarzellen
Po|ly|sper|mie, die; -, ...ien: **1.** (Biol.) Eindringen mehrerer Samenfäden in ein Ei (Ggs.: Monospermie). **2.** (Med.) ↑Spermatorrhö
po|ly|spor|tiv (bes. schweiz.): **a)** mehrere, viele Sportarten umfassend od. treibend; **b)** für mehrere, viele Sportarten geeignet
Po|ly|sty|rol, das; -s, -e ‹*gr.; lat.*› (Chemie): in zahlreichen Formen gehandelter, vielseitig verwendeter Kunststoff aus polymerisiertem ↑Styrol
Po|ly|syl|la|bum, das; -s, ...ba ‹*gr.-nlat.*› (Sprachwiss.): vielsilbiges Wort
Po|ly|syl|lo|gis|mus, der; -, ...men (Philos.): aus vielen ↑Syllogismen zusammengesetzte Schlusskette, bei der der vorangehende Schlusssatz zur Prämisse für den folgenden wird
po|ly|syn|de|tisch ‹*gr.;* »vielfach verbunden«›: **a)** das Polysynde-

ton betreffend; **b)** (Sprachwiss.) durch mehrere Bindewörter verbunden. **Po|ly|syn|de|ton,** das; -s, ...ta: Wort- od. Satzreihe, deren Glieder durch Konjunktionen (1) miteinander verbunden sind (z. B. *Und* es wallet *und* siedet *und* brauset *und* zischt; Schiller); vgl. Asyndeton

po|ly|syn|the|tisch: vielfach zusammengesetzt; **polysynthetische Sprachen** (Sprachwiss.): Sprachen, die die Bestandteile des Satzes durch Einschachtelung zu einem großen Satzwort verschmelzen; inkorporierende Sprachen. **Po|ly|syn|the|tis|mus,** der; - ‹*gr.-nlat.*› (Sprachwiss.): Erscheinung des polysynthetischen Sprachbaus

Po|ly|tech|nik, die; -: Fachgebiet, das mehrere Zweige der Technik, auch der Wirtschaft, der Gesellschaftspolitik o. Ä. umfasst. **Po|ly|tech|ni|ker,** der; -s, - (veraltet): Student am Polytechnikum. **Po|ly|tech|ni|ke|rin,** die; -, -nen: weibliche Form zu ↑Polytechniker

Po|ly|tech|ni|kum, das; -s, ...ka, auch: ...ken (früher): **a)** technische Hochschule, Ingenieurschule; **b)** höhere technische Lehranstalt; vgl. Technikum. **po|ly|tech|nisch:** mehrere Zweige der Technik, auch der Wirtschaft o. Ä. umfassend

Po|ly|the|is|mus, der; -: Vielgötterei; Verehrung einer Vielzahl persönlich gedachter Götter; vgl. Polydämonismus. **Po|ly|the|ist,** der; -en, -en: Anhänger des Polytheismus. **Po|ly|the|is|tin,** die; -, -nen: weibliche Form zu ↑Polytheist. **po|ly|the|is|tisch:** den Polytheismus betreffend, zu ihm gehörend, auf ihm beruhend

Po|ly|the|lie, die; -, ...ien (Med.): ↑Polymastie

Po|ly|to|mie, die; - (Bot.): Vielfachverzweigung der Sprossspitzen

po|ly|to|nal (Musik): verschiedenen Tonarten angehörende Melodien od. Klangfolgen gleichzeitig aufweisend. **Po|ly|to|na|li|tät,** die; -, -en (Musik): Vieltonart; gleichzeitiges Durchführen mehrerer Tonarten in den verschiedenen Stimmen eines Tonstücks

Po|ly|tri|chie, die; -, ...ien (Med.): abnorm starke Körperbehaarung

po|ly|trop ‹*gr.*› (Biol.): sehr anpassungsfähig (von Organismen). **Po|ly|tro|pis|mus,** der; - ‹*gr.-nlat.*› (Biol.): große Anpassungsfähigkeit bestimmter Organismen

Po|ly|ty|pe, die; -, -n: Drucktype mit mehreren Buchstaben

Po|ly|ure|than, das; -s, -e (meist Plural): Kunststoff aus einer Gruppe wichtiger, vielseitig verwendbarer Kunststoffe

Po|ly|urie, die; -, ...ien ‹*gr.-nlat.*› (Med.): krankhafte Vermehrung der Harnmenge

po|ly|va|lent ‹*gr.; lat.*› (Med.): in mehrfacher Beziehung wirksam, gegen verschiedene Erreger od. Giftstoffe gerichtet (z. B. von Seren)

Po|ly|vi|nyl|ace|tat, das; -s, -e (meist Plural): durch ↑Polymerisation von Vinylacetat gewonnener, vielseitig verwendbarer Kunststoff

Po|ly|vi|nyl|chlo|rid, das; -[e]s: durch ↑Polymerisation von Vinylchlorid hergestellter Kunststoff, der durch Zusatz von Weichmachern biegsam gemacht u. hauptsächlich für Fußbodenbeläge, Folien usw. verwendet wird (Abk.: PVC)

po|ly|zen|t|risch: mehrere Zentren aufweisend, zu mehreren Zentren gehörend

Po|ly|zen|t|ris|mus, der; -: **1.** (Politik) Zustand innerhalb des ehemaligen kommunistischen Machtbereiches, in dem die [ideologische] Vorherrschaft nicht mehr nur von einer Stelle (Partei, Staat) ausgeübt wird, sondern von mehreren Machtzentren ausgeht. **2.** die Existenz mehrerer Wirtschafts- od. Machtzentren innerhalb eines bestimmten Gebietes

po|ly|zy|k|lisch, chem. fachspr.: polycyclisch (Chemie): aus mehreren Benzolringen zusammengesetzt

Po|ly|zyt|hä|mie, die; -, ...ien (Med.): Erkrankung, die durch übermäßige Vermehrung der ↑Erythrozyten gekennzeichnet ist

po|ma|de ‹*slaw.;* unter Einfluss von »Pomade«› (landsch. veraltend): langsam, träge; gemächlich, in aller Ruhe; **jmdm. pomade sein:** jmdm. gleichgültig sein

Po|ma|de, die; -, -n ‹*lat.-it.-frz.*› (veraltend): parfümierte salbenähnliche Substanz zur Haarpflege

po|ma|dig: 1. (veraltend) mit Pomade eingerieben. **2. a)** (ugs.) langsam, träge; **b)** (landsch.) blasiert, anmaßend, dünkelhaft

po|ma|di|sie|ren: mit Pomade einreiben

Po|me|lo, die; -, -s ‹*engl.*›: **1.** engl. Bez. für: Pampelmuse. **2. a)** kleiner Baum mit großen, länglich-eiförmigen Blättern u. mit Pomelos (2 b) als Früchten; **b)** große, birnenförmige Zitrusfrucht mit dicker weißgelblicher bis grünlicher Schale u. rosafarbenem, brombeerähnlich schmeckendem Fruchtfleisch

Po|me|ran|ze, die; -, -n ‹*(lat.; pers.) it.-mlat.*›: **1.** kleiner Baum mit stark duftenden weißen Blüten u. runden orangefarbenen Früchten. **2.** der Apfelsine ähnliche, aber kleinere Zitrusfrucht; Frucht der Pomeranze (1)

Po|me|scht|schik, der; -s, -s od. -i ‹*russ.*› (Geschichte): Besitzer eines Pomestje

Po|mes|t|je, das; -: Land-, Lehngut im zaristischen Russland

Pom|mes, die (Plural) ‹*lat.-frz.*›: Kurzform von ↑Pommes frites

Pommes Cro|quettes [pɔmkrɔˈkɛt], die (Plural) (Gastron.): in Fett gebackene Klößchen aus Kartoffelbrei; vgl. Krokette

Pommes Dau|phine [...doˈfin], die (Plural) (Gastron.): eine Art Kartoffelkroketten

Pommes frites [...ˈfrɪt], die (Plural) (Gastron.): roh in Fett gebackene Kartoffelstäbchen

Pommes ma|caire [pɔmaˈkɛr], die (Plural) (Gastron.): kurz in Fett gebackene Plätzchen aus Kartoffelbrei mit bestimmten Zutaten

Po|mo|lo|ge, der; -n, -n ‹*lat.; gr.*›: Fachmann auf dem Gebiet der Pomologie. **Po|mo|lo|gie,** die; -: den Obstbau umfassendes Teilgebiet der Botanik. **Po|mo|lo|gin,** die; -, -nen: weibliche Form zu ↑Pomologe. **po|mo|lo|gisch:** die Pomologie, den Obstbau betreffend

Pomp, der; -[e]s ‹*gr.-lat.-frz.;*

»Sendung, Geleit; festlicher Aufzug«⟩: [übertriebener] Prunk; Gepränge; glanzvoller Aufzug, großartiges Auftreten

Pom|pa|dour [...du:ɐ̯], der; -s, -e u. -s ⟨nach der frz. Adligen u. Mätresse Ludwigs XV., 1721–1764⟩ (veraltet): beutelartige Damenhandtasche

Pom|pon [pɔ̃'pɔ̃:, auch: pɔm'pɔ̃:], der; -s, -s ⟨*frz.*⟩: knäuelartige Quaste aus Wolle od. Seide

pom|pös ⟨*gr.-lat.-frz.*⟩: [übertrieben] prunkhaft, prächtig

pom|po|so ⟨*gr.-lat.-it.*⟩ (Musik): feierlich, prächtig (Vortragsanweisung)

Po|mu|chel, der; -s, - ⟨Herkunft unsicher; vielleicht aus dem Slawischen⟩ (landsch.): Dorsch

Po|mu|chels|kopp, der; -s, ...köppe (landsch. abwertend): dummer Mensch, Dummkopf, Trottel

Pön, die; -, -en ⟨*gr.-lat.*⟩ (Rechtsspr. veraltet): Strafe, Buße. **pö|nal** (Rechtswiss.): die Strafe, das Strafrecht betreffend

Pö|na|le, das; -s, ...lien, auch die; -, -n (österr., sonst veraltet): Strafe, Buße

pö|na|li|sie|ren ⟨*gr.-lat.-nlat.*⟩: **1.** unter Strafe stellen, bestrafen. **2.** einem Pferd eine Pönalität auferlegen. **Pö|na|li|sie|rung,** die; -, -en: **1.** das Pönalisieren (1). **2.** das Pönalisieren (2)

Pö|na|li|tät, die; -, -en ⟨»Bestrafung«⟩ (Sport veraltet): Beschwerung leistungsstärkerer Pferde zum Ausgleich der Wettbewerbschancen bei Galopp- od. Trabrennen

pon|ceau [pɔ̃'so:] ⟨*lat.-frz.*⟩: leuchtend orangerot. **Pon|ceau,** das; -s: leuchtendes Orangerot

Pon|cette [pɔ̃'sɛt], die; -, -n [...tn̩] ⟨*lat.-vulgärlat.-frz.*⟩: Kohlenstaubbeutel zum Durchpausen perforierter Zeichnungen

Pon|cho ['pɔntʃo], der; -s, -s ⟨*indian.-span.*⟩: **1.** von den Indianern Mittel- u. Südamerikas getragene Schulterdecke mit Kopfschlitz. **2.** ärmelloser, nach unten radförmig ausfallender, mantelartiger Umhang, bes. für Frauen

pon|cie|ren [pɔ̃'si:...] ⟨*lat.-vulgärlat.-frz.*⟩: **1.** mit Bimsstein abreiben, schleifen. **2.** mit der ↑ Poncette durchpausen

Pond, das; -s, - ⟨*lat.;* »Gewicht«⟩: alte physikalische Krafteinheit (tausendster Teil eines ↑ Kiloponds) (Zeichen: p)

pon|de|ra|bel (veraltet): berechenbar, kalkulierbar

Pon|de|ra|bi|li|en, die (Plural) (veraltet): berechenbare, fassbare Dinge (Ggs.: Imponderabilie)

Pon|de|ra|ti|on, die; -, -en ⟨»das Wägen, das Abwägen«⟩ (Bildhauerei): gleichmäßige Verteilung des Gewichts der Körpermassen auf die stützenden Gliedmaßen

Pon|gé [pɔ̃'ʒe:], der; -[s], -s ⟨*chin.-engl.-frz.*⟩: **1.** leichtes, glattes Gewebe aus Naturseide. **2.** feiner Seidenfaden einer chinesischen Schmetterlingsart

po|nie|ren ⟨*lat.*⟩ (veraltet): **1.** bewirten, spendieren. **2.** als gegeben annehmen

Pö|ni|tent, der; -en, -en ⟨*lat.*⟩ (kath. Kirche): Büßender; Beichtender

Pö|ni|ten|ti|ar usw. vgl. Pönitenziar usw.

Pö|ni|tenz, die; -, -en ⟨*lat.*⟩: [kirchliche] Buße, Bußübung

Pö|ni|ten|zi|ar, Pönitentiar, der; -s, -e ⟨*lat.-mlat.*⟩: Beichtvater, bes. der Bevollmächtigte des Bischofs für die ↑ Absolution in ↑ Reservatfällen

Pö|ni|ten|zi|a|rie, Pönitentiarie, die; -: päpstliche Behörde für Ablassfragen

Pö|no|lo|ge, der; -n, -n ⟨*gr.-lat.; gr.*⟩: Psychologe, der sich bes. mit der Pönologie befasst. **Pö|no|lo|gie,** die; - (Psychol.): Erforschung der seelischen Wirkung der Strafe, bes. der Freiheitsstrafe. **Pö|no|lo|gin,** die; -, -nen: weibliche Form zu ↑ Pönologe

Po|nor, der; -s, Ponore ⟨*serbokroat.*⟩ (Geogr.): Schluckloch in Karstgebieten, in dem Flüsse u. Seen versickern

Pons, der; -es, -e ⟨*mlat.* pons asinorum »Eselsbrücke«⟩ (landsch. Schülerspr.): gedruckte Übersetzung eines altsprachlichen Textes, die bes. bei Klassenarbeiten heimlich benutzt wird. **pon|sen** (landsch. Schülerspr.): einen Pons benutzen

Pont, das; -s ⟨nach Pontus Euxinus, dem gr.-lat. Namen des Schwarzen Meeres⟩ (Geol.): älteste Stufe des ↑ Pliozäns

Pon|te, die; -, -n ⟨*lat.-frz.*⟩ (landsch.): breite Fähre

Pon|te|de|rie [...i̯ə], die; -, -n ⟨*nlat.;* nach dem it. Botaniker G. Pontedera, † 1757⟩: Hechtkraut (nordamerikanische Wasserpflanze)

Pon|ti|cel|lo [...'tʃɛlo], der; -s, -s u. ...lli ⟨*lat.-it.;* »Brückchen«⟩: Steg bei Geigeninstrumenten; vgl. sul ponticello

Pon|ti|en [pɔ̃'tiɛ̃:], das; -[s] ⟨*gr.-lat.-frz.*⟩: ↑ Pont

Pon|ti|fex, der; -, ...tifizes, auch: ...tifices [...tse:s] ⟨*lat.*⟩: Oberpriester im alten Rom

Pon|ti|fex ma|xi|mus, der; - -, ...ifices [...tse:s] ...mi ⟨*lat.*⟩: **1.** (Geschichte) oberster Priester im alten Rom. **2.** (ohne Plural; Geschichte) Titel der römischen Kaiser. **3.** (ohne Plural) Titel des Papstes

Pon|ti|fi|ca|le Ro|ma|num, das; - - ⟨*lat.-mlat.*⟩: amtliches katholisches Formelbuch für die Amtshandlungen des Bischofs außerhalb der Messe

Pon|ti|fi|ces [...tse:s]: *Plural* von ↑ Pontifex

pon|ti|fi|kal: bischöflich

Pon|ti|fi|kal|amt, das; -[e]s, ...ämter ⟨*lat.-mlat.; dt.*⟩: vom Bischof (od. einem Prälaten) gehaltene feierliche Messe

Pon|ti|fi|ka|le, das; -[s], ...lien ⟨*lat.-mlat.*⟩: liturgisches Buch für die bischöflichen Amtshandlungen

Pon|ti|fi|ka|li|en, die (Plural): **1.** liturgische Gewänder u. Abzeichen des katholischen Bischofs. **2.** Amtshandlungen des Bischofs, bei denen er seine Abzeichen trägt

Pon|ti|fi|kat, das od. der; -[e]s, -e ⟨*lat.*⟩: Amtsdauer u. Würde des Papstes od. eines Bischofs

Pon|ti|fi|zes: *Plural* von ↑ Pontifex

pon|tisch ⟨*gr.-lat.*⟩: **1.** (Geschichte) das antike Pontos betreffend, aus ihm stammend. **2.** (von Pflanzen) aus südosteuropäischen Steppengebieten stammend. **3.** ein Dialekt des Griechischen. **4.** (Geol.) das ↑ Pont betreffend

Pon|ti|us ⟨nach dem röm. Statthalter Pontius Pilatus, † 39 n. Chr.⟩: **von Pontius zu Pilatus laufen** (ugs.): mit einem Anliegen [vergeblich] von einer Stelle zur anderen gehen bzw. geschickt werden

Pon|ton [pɔ̃'tɔ̃:, auch: pɔn'tɔ̃: od.: pɔ̃n'to:n], der; -s, -s ⟨*lat.-frz.*⟩ (Seew., Militär): Brückenschiff, schwimmender Hohlkörper zum Bau von [behelfsmäßigen] Brücken o. Ä.

¹Po|ny, das; -s, -s ⟨*engl.*⟩: Pferd einer kleinen Rasse

²Po|ny, der; -s, -s: fransenartig in die Stirn gekämmtes, glattes Haar

¹Pool [pu:l], der; -s, -s ⟨*germ.-engl.*⟩: Kurzform von ↑Swimmingpool (1)

²Pool [pu:l], der; -s, -s ⟨*lat.-frz.-engl.-amerik.*⟩: **1. a)** (Wirtsch.) Vereinbarung von Unternehmen zur Bildung eines gemeinsamen Fonds, aus dem die Gewinne nach vorher festgelegter Vereinbarung verteilt werden; **b)** Kontingent, das von mehreren [Kunden] genutzt werden darf. **2.** (Wirtsch.) Zusammenfassung von Beteiligungen am gleichen Objekt. **3.** (Jargon) Zusammenschluss, Vereinigung

³Pool, das; -s: Kurzform von ↑Poolbillard

Pool|bil|lard ['pu:l...], das; -s, -e ⟨*engl.-amerik.; frz.*⟩: Billardspiel, bei dem eine Anzahl Kugeln, die unterschiedlich nach Punkten bewertet werden, in die an den vier Ecken u. in der Mitte der Längsseiten des Billardtisches befindlichen Löcher gespielt werden müssen

poo|len ['pu:lən]: **1.** (Wirtsch.) Gewinne zusammenlegen u. verteilen. **2.** (Wirtsch.) Beteiligungen am gleichen Objekt zusammenfassen. **3.** (Jargon) zusammenfassen; mischen

Poo|lung ['pu:...], die; -, -en: ↑²Pool

Poop [pu:p], die; -, -s ⟨*lat.-frz.-engl.*⟩ (Seemannsspr.): Hütte, hinterer Aufbau bei einem Handelsschiff

Pop, der; -[s] ⟨*engl.-amerik.*⟩: **1.** Gesamtheit von Popkunst, -musik, -literatur o. Ä. **2.** ↑Popmusik

Po|panz, der; -es, -e ⟨*slaw.*⟩: **1. a)** etwas, was aufgrund vermeintlicher Bedeutung, Wichtigkeit einschüchtert, Furcht o. Ä. hervorruft; **b)** (veraltet) Schreckgestalt, Vogelscheuche. **2.** (abwertend) jmd., der sich willenlos gebrauchen, alles mit sich machen lässt

Pop-Art [...ʔa:ɐ̯t], die; - ⟨*amerik.*; »populäre Kunst«⟩: moderne Kunstrichtung, die Dinge des alltäglichen Lebens in bewusster Hinwendung zum Populären bzw. Trivialen darstellt, um die Kunst aus ihrer Isolation herauszuführen u. mit der modernen Lebenswirklichkeit zu verbinden

Pop|corn, das; -s ⟨*engl.*⟩: Puffmais, Röstmais

Po|pe, der; -n, -n ⟨*gr.-russ.*⟩: **1.** [Welt]priester im slawischen Sprachraum der orthodoxen Kirche. **2.** (abwertend) Geistlicher

Po|pe|lin [auch: pɔp'li:n], der; -s, -e, **Po|pe|line** [...'li:n], der; -s, - [...nə], auch die; -, - [...'li:nə] ⟨*frz.*⟩: sehr fein geripptes, festes Gewebe in Leinenbindung

Pop|far|be, die; -, -n: poppige, auffallende Farbe, Farbzusammenstellung

Pop|idol, Pop-Idol, das; -s, -e: Idol im Bereich des ↑Pop

Pop|iko|ne, Pop-Iko|ne, die; -, -n: Kultfigur des Pop

Pop|li|te|ra|tur, die; -: Techniken u. Elemente der Trivialliteratur benutzende Richtung der modernen Literatur, die provozierend exzentrische, obszöne od. unsinnige, bes. auch der Konsumwelt entnommene Inhalte bevorzugt

Pop|mu|sik, die; -, -en: von ↑Beat u. ↑Rockmusik beeinflusste moderne [Unterhaltungs]musik verschiedener Stilrichtungen

pop|pen (regional ugs.): hervorragend u. effektvoll, wirkungsvoll od. beeindruckend sein

¹Pop|per, der; -s, -: Jugendlicher (bes. in den 1980er-Jahren), der sich durch gepflegtes Äußeres u. modische Kleidung bewusst [von einem Punk (1b)] abheben will

²Pop|per, der; -s, -s ⟨*engl.*⟩: Fläschchen, Hülse mit Poppers

Pop|pers, das; - (Jargon): Rauschmittel, dessen Dämpfe eingeatmet werden

pop|pig: [Stil]elemente der Pop-Art enthaltend, modern-auffallend

Pop|star, der; -s, -s: erfolgreicher Künstler, erfolgreiche Künstlerin auf dem Gebiet der Popmusik

Po|pu|lar, der; -s, -en u. -es [...re:s] ⟨*lat.*⟩: Mitglied der altrömischen Volkspartei, die in Opposition zu den ↑Optimaten stand

po|pu|lär ⟨*lat.-frz.*⟩: **1.** gemeinverständlich, volkstümlich. **2. a)** beliebt, allgemein bekannt; **b)** Anklang, Beifall, Zustimmung findend

elitär
populistisch
geworden
hierzulande
ungemein
überaus
populär
Musik
äußerst
ungeheuer
Sportart
sehr
aufbereiten

populär/populistisch *s. Kasten Seite 893*

Po|pu|la|ri|sa|tor, der; -s, ...oren ⟨*lat.-nlat.*⟩: jmd., der einen schwierigen Sachverhalt gemeinverständlich darstellt u. verbreitet, in die Öffentlichkeit bringt. **Po|pu|la|ri|sa|to|rin,** die; -, -nen: weibliche Form zu ↑Popularisator

po|pu|la|ri|sie|ren: 1. gemeinverständlich darstellen. **2.** verbreiten, in die Öffentlichkeit bringen

Po|pu|la|ri|tät, die; - ⟨*lat.-frz.*⟩: Volkstümlichkeit, Beliebtheit

Po|pu|lar|phi|lo|so|phie, die; -: die von einer Schriftstellergruppe des 18. Jh.s verbreitete volkstümliche, Allgemeinverständlichkeit anstrebende [Aufklärungs]philosophie

po|pu|lär|wis|sen|schaft|lich: in gemeinverständlicher Form wissenschaftlich

Po|pu|la|ti|on, die; -, -en ⟨*lat.*⟩: **1.** (veraltend) Bevölkerung. **2.** (Biol.) Gesamtheit der an ei-

populär	populistisch
Unsere Forderung war populär, aber nicht populistisch. *beliebt, volkstümlich* – Sportart [...] Europa populärer [...] machen – Jahren richtig populär geworden – sind [in ...] ungemein populär Der Politiker ist populär und vernetzt wie kaum einer. Doch höhere Verteidigungsausgaben sind nicht populär. Sie kombinieren ernste Stücke mit populärer Musik.	Ansonsten ist sein Wahlprogramm einfach und populistisch. *vorgeblich volksnah* – populistische Parteien [...] Zulauf bekommen – Antwort auf Populismus [...] selbst populistisch – bewusst populistisch [...] sein Sie sei zu keiner Allianz mit populistischen Parteien bereit. Die Wahl ist zu einer populistischen Show verkommen. Diese Haltung ist doch nicht populistisch.

nem Ort vorhandenen Individuen einer Art. **3.** (Astron.) Gruppe von Sternen mit bestimmten astrophysikalischen Eigenheiten

Po|pu|la|ti|o|nis|tik, die; - ⟨*lat.-nlat.*⟩: Bevölkerungslehre, Bevölkerungsstatistik

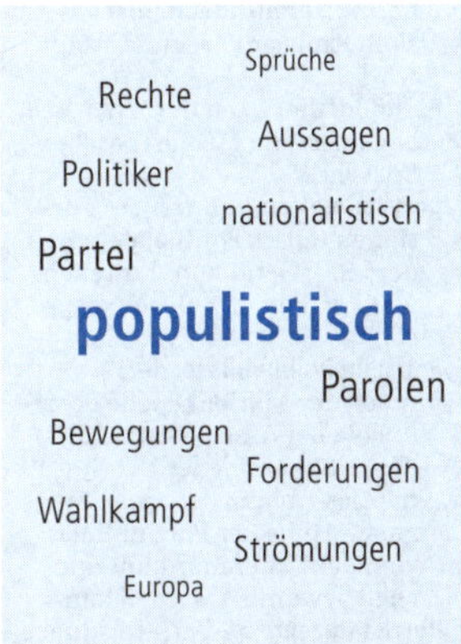

Po|pu|lis|mus, der; -: **1.** (Politik) von ↑Opportunismus geprägte, volksnahe, oft demagogische Politik, deren Vertreter durch Dramatisierung der politischen Lage die Gunst der Massen zu gewinnen suchen. **2.** literarische Richtung des 20. Jh.s, die bestrebt ist, das Leben des einfachen Volkes in natürlichem, realistischem Stil zu schildern. **Po|pu|list,** der; -en, -en: Vertreter des Populismus. **Po|pu|lis|tin,** die; -, -nen: weibliche Form zu ↑Populist. **po|pu|lis|tisch:** den Populismus betreffend, auf ihm beruhend

Pop-up [...ʔap, auch: pɔpˈʔap], das; -s, -s ⟨*engl.;* zu to pop up »sich aufstellen; erscheinen«⟩: **1.** (EDV) sich beim Öffnen einer Seite im Internet od. beim Klick auf einen Link automatisch öffnendes [kleineres] Browserfenster, häufig mit Werbung. **2.** sich beim Öffnen eines Buches entfaltende [dreidimensionale] Papierfigur

Pop-up-Buch, das; -[e]s, ...-Bücher ⟨*engl.; dt.*⟩: [Kinder]buch, in dem sich beim Aufschlagen Bildteile aufstellen

Pop-up-Fens|ter, das; -s, -: ↑Pop-up (1)

Pop-up-Me|nü, das; -s, -s (EDV): Menü (2), das durch Anklicken einer Fläche erscheint

Pop-up-Store [...stɔːɐ̯], der ⟨engl.⟩: nur vorübergehend, für kurze Zeit (an derselben Stelle) existierendes Ladengeschäft, bes. in Großstädten

Por|fi|do, der; - ⟨*gr.-it.*⟩: eine bestimmte Art von ↑Porphyrit

Po|ri: *Plural* von ↑Porus

Po|rio|ma|nie, die; -, ...ien ⟨*gr.-nlat.*⟩ (Med.): impulshaftes, unvermitteltes Weglaufen u. Umherirren

Pör|kel[t], Pör|költ, das; -s ⟨*ung.*⟩: dem Gulasch ähnliches Fleischgericht mit Paprika

Por|no, der; -s, -s ⟨*gr.*⟩ (ugs.): kurz für: pornografischer Film, Roman o. Ä.

Por|no|graf, Pornograph, der; -en, -en ⟨*gr.;* »von Huren schreibend«⟩: Verfasser pornografischer Werke. **Por|no|gra|fie,** Pornographie, die; -, ...ien ⟨*gr.-nlat.*⟩: **a)** Darstellung geschlechtlicher Vorgänge unter einseitiger Betonung des genitalen Bereichs u. unter Ausklammerung der psychischen u. partnerschaftlichen Gesichtspunkte der Sexualität; **b)** pornografisches Erzeugnis. **Por|no|gra|fin,** Pornographin, die; -, -nen: weibliche Form zu ↑Pornograf. **por|no|gra|fisch,** pornographisch: die Pornografie (a) betreffend, in ihrer Art, ihr eigentümlich

Por|no|graph usw. vgl. Pornograf usw.

por|no|phil ⟨*gr.*⟩: eine Vorliebe für Pornografie habend

po|ro|din ⟨*gr.-nlat.*⟩ (Geol.): glasig, erstarrt

Po|ro|me|re, die (Plural) ⟨*gr.*⟩: poröse, luftdurchlässige Kunststoffe, die anstelle von Leder verwendet werden

po|rös ⟨*gr.-lat.-frz.*⟩: durchlässig, porig; mit kleinen Löchern versehen

Po|ro|si|tät, die; -: poröse Beschaffenheit

Por|phyr [auch: ...ˈfyːɐ̯], der; -s, -e ⟨*gr.*⟩: dichtes, feinkörniges Ergussgestein mit eingestreuten Kristalleinsprenglingen

Por|phy|rie, die; -, ...ien ⟨*gr.-nlat.*⟩ (Med.): vermehrte Bildung u. Ausscheidung von Porphyrinen (im Urin)

Por|phy|rin, das; -s, -e (meist Plural) (Biol., Med.): biologisch wichtiges, eisenfreies Abbauprodukt der Blut- u. Blattfarbstoffe

por|phy|risch (Geol.): eine Strukturart aufweisend, bei der große Kristalle in der dichten Grundmasse eingelagert sind

Por|phy|rit [auch: ...ˈrɪt], der; -s, -e (Geol.): dunkelgraues, oft auch grünliches od. braunes Ergussgestein mit Einsprenglingen

Por|phy|ro|blas|ten, die (Plural) (Geol.): große Kristallneubildungen in dichter Grundmasse (bei ↑metamorphen Gesteinen)

Por|phy|ro|id, der; -[e]s, -e (Geol.):

↑dynamometamorph geschieferter Porphyr

Por|ree, der; -s, -s ⟨*lat.-vulgärlat.-frz.*⟩: (als Gemüse angebauter) Lauch mit dickem, rundem Schaft

Por|ridge [ˈpɔrɪdʒ], der u. das; -s ⟨*engl.*⟩: [Frühstücks]haferbrei (bes. in den angelsächsischen Ländern)

[1]**Port,** der; -[e]s, -e ⟨*lat.-frz.*⟩: **1.** (veraltet) Hafen. **2.** (dichter. veraltet) Ort der Geborgenheit, Sicherheit

[2]**Port** [pɔːt], der; -s, -s ⟨*lat.-frz.-engl.*⟩ (EDV): Schnittstelle, Interface, das den Austausch von Daten zwischen Computer und peripheren Geräten bzw. zwischen den Funktionseinheiten eines Computers ermöglicht

por|ta|bel ⟨*lat.-frz.*⟩: transportierbar, tragbar

Por|ta|bi|li|tät, die; - ⟨*lat.-frz.(-engl.)*⟩ (EDV): Übertragbarkeit von Programmen auf Computersysteme unterschiedlicher Bauart

Por|ta|ble [ˈpɔrtəbl̩, ˈpɔː...], der, (auch:) das; -s, -s ⟨*lat.-engl.;* »tragbar«⟩: **1.** tragbares Rundfunk-, Fernsehgerät. **2.** tragbarer, vom Stromnetz unabhängiger Computer

Por|ta|ge [...ʒə], die; -, -n ⟨*lat.-frz.*⟩: **1.** Warenladung an Bord eines Schiffes. **2.** ↑Pakotille

por|tal ⟨*lat.-mlat.*⟩ (Med.): die zur Leber führende Pfortader betreffend, durch sie bewirkt

Por|tal, das; -s, -e ⟨»Vorhalle«⟩: **1.** [prunkvolles] Tor, Pforte, großer Eingang. **2.** torartige, fest stehende od. fahrbare Tragkonstruktion für einen Kran. **3.** (EDV) **a)** Website, die als Einstieg ins Internet dient (z. B. Suchmaschine); **b)** Zugang zu einem bestimmten Themengebiet im Internet (z. B. Sport-, Wissensportal)

Por|ta|ment, das; -[e]s, -e, **Por|ta|men|to,** das; -s, -s u. ...ti, **Por|tan|do la Vo|ce** [- - ˈvoːtʃə], das; - - -, ...di - - ⟨*lat.-it.*⟩ (Musik): das gleitende Übergehen von einem Ton zu einem anderen, aber abgehobener als beim ↑Legato

Por|ta|ti|le, das; -[s], ...tilien ⟨*lat.-mlat.*⟩: [mittelalterlicher] Tragaltar (Steinplatte mit Reliquiar zum Messelesen auf Reisen)

Por|ta|tiv, das; -s, -e ⟨*lat.-mlat.*⟩: kleine tragbare Orgel

por|ta|to ⟨*lat.-it.*⟩ (Musik): getragen, abgehoben, ohne Bindung (Vortragsanweisung). **Por|ta|to,** das; -s, -s u. ...ti (Musik): getragene, den Ton bindende Vortragsweise

Porte|chai|se [pɔrtˈʃɛːzə], die; -, -n ⟨*lat.-frz.*⟩ (Geschichte): Tragsessel, Sänfte

Por|tées [pɔrˈteː], die (Plural) ⟨*lat.-frz.*⟩: gezinkte, d. h. zu betrügerischen Zwecken mit Zeichen versehene Spielkarten

Porte|feuille [pɔrtˈfœɪ̯], das; -s, -s ⟨*frz.*⟩: **1.** (veraltet) Brieftasche, Aktenmappe. **2.** Geschäftsbereich eines Ministers. **3.** (Wirtsch.) Portfolio (2 a)

Porte|mon|naie, Portmonee [pɔrtmɔˈneː, auch: ˈpɔrt...], das; -s, -s ⟨*frz.*⟩: Geldbörse

Por|te|pa|gen [...ˈpaːʒn̩], die (Plural) ⟨*lat.-frz.*⟩ (Druckw.): Kartons als Zwischenlage bei der Aufbewahrung von Stehsatz

Por|t|e|pee, das; -s, -s (früher): [silberne od. goldene] Quaste am Degen, Säbel od. Dolch (eines Offiziers od. Unteroffiziers vom Feldwebel an); **jmdn. beim Portepee fassen:** jmdm. nahelegen zu tun, was das Ehr- od. Pflichtgefühl verlangt bzw. was eigentlich selbstverständlich sein sollte

Por|ter, der (auch: das); -s, - ⟨*lat.-frz.-engl.*⟩: starkes [englisches] Bier

Por|ter|house|steak [ˈpɔːtɐhaʊ̯s...], das; -s, -s ⟨*engl.*⟩: (meist auf dem Rost gebratene) dicke Scheibe aus dem Rippenstück des Rinds mit [Knochen u.] Filet

Por|teur [...ˈtøːɐ̯], der; -s, -e ⟨*lat.-frz.*⟩ (Wirtsch.): Inhaber, Überbringer einer Inhaberaktie; **Action au Porteur:** Inhaberaktie, Aktie, die nicht auf den Namen des Inhabers lautet

Port|fo|lio, das; -s, -s ⟨*it.*⟩: **1. a)** (Buchw.) mit Fotografien ausgestatteter Bildband; **b)** (Kunstwiss.) Mappe mit einer Serie von Druckgrafiken od. Fotografien eines od. mehrerer Künstler. **2.** (Wirtsch.) **a)** Wertpapierbestand eines Anlegers, Investors; **b)** (Jargon) schematische Abbildung zusammenhängender Faktoren im Bereich der strategischen Unternehmensplanung; **c)** (Jargon) gesamtes, aufeinander abgestimmtes Angebot eines Unternehmens

Por|ti: *Plural* von ↑Porto

Por|ti|er [...ˈti̯eː, österr. auch: ...ˈtiːɐ̯], der; -s, -s (österr. meist: -e) ⟨*lat.-frz.*⟩: **1.** Pförtner. **2.** Hauswart

Por|ti|e|re, die; -, -n: schwerer Türvorhang

por|tie|ren ⟨*lat.-frz.*⟩ (schweiz.): zur Wahl vorschlagen

Por|ti|kus, der (fachspr. auch: die); -, - [...kuːs] u. ...ken ⟨*lat.*⟩: Säulenhalle als Vorbau an der Eingangsseite eines Gebäudes

Por|tio|kap|pe, die; -, -n ⟨*lat.; dt.*⟩ (Med.): aus Kunststoff hergestellter, einer Kappe ähnlicher Verschluss, der dem in die Scheide ragenden Teil der Gebärmutter als mechanisches Verhütungsmittel aufgestülpt wird

Por|ti|on, die; -, -en ⟨*lat.*⟩: [An]teil, abgemessene Menge (bes. bei Speisen)

por|ti|o|nie|ren ⟨*lat.-frz.*⟩: in Portionen teilen. **Por|ti|o|nie|rer,** der; -s, -: Gerät zum Einteilen von Portionen (z. B. bei Speiseeis)

Por|ti|un|ku|la|ab|lass, der; -es ⟨nach der Marienkapelle Porziuncola bei Assisi⟩ (kath. Kirche): vollkommener ↑Toties-quoties-Ablass, der am 2. August (Weihe der Portiunkula) vor allem in Franziskanerkirchen gewonnen werden kann

Port|land|ze|ment, der; -[e]s ⟨nach der brit. Insel Portland⟩: Zement mit bestimmten genormten Eigenschaften (Abk.: PZ)

Port|mo|nee [pɔrtmɔˈneː, auch: ˈpɔrt...] vgl. Portemonnaie

Por|to, das; -s, -s u. ...ti ⟨*lat.-it.*⟩: Gebühr für die Beförderung von Postsendungen

Por|to|lan vgl. Portulan

Por|t|rait [...ˈtrɛː], das; -s, -s ⟨*lat.-frz.*⟩: frühere Schreibung für ↑Porträt

Por|t|rät [...ˈtrɛː], das; -s, -s: **a)** Bild (bes. Brustbild) eines Menschen; Bildnis; **b)** literarische od. filmische Darstellung, Beschreibung eines Menschen

Por|t|rät|fo|to|graf, Porträtphotograph, der; -en, -en: auf Porträtaufnahmen spezialisierter Fotograf. **Por|t|rät|fo|to|gra|fie,** Porträtphotographie, die; -: 1. Bereich der Fotografie, der die Porträtdarstellung zum Gegenstand hat. 2. Fotografie, die ein ↑ Porträt zeigt. **Por|t|rät|fo|to|gra|fin,** Porträtphotographin, die; -, -nen: weibliche Form zu ↑ Porträtfotograf

por|t|rä|tie|ren: jmds. Porträt anfertigen

Por|t|rä|tist, der; -en, -en ⟨*lat.-frz.-nlat.*⟩: Fotograf, Künstler, der Porträts anfertigt. **Por|t|rä|tis|tin,** die; -, -nen: weibliche Form zu ↑ Porträtist

Por|t|rät|pho|to|graph usw. vgl. Porträtfotograf usw.

Por|tu|gie|ser, der; -s, - ⟨Herkunft ungeklärt⟩: **a)** (ohne Plural) schwarzblaue Rebsorte; **b)** Rotwein der Rebsorte Portugieser (a)

Por|tu|lak, der; -s, -e u. -s ⟨*lat.*⟩: in vielen Arten verbreitete Pflanze

Por|tu|lan, Portolan, der; -s, -e ⟨*lat.-it.*⟩: mittelalterliche Navigationsanleitung für Seefahrer

Port|wein, der; -[e]s, -e ⟨nach der port. Stadt Porto⟩: dunkelroter od. weißer Likörwein aus den portugiesischen Gebieten des Douro

Po|rus, der; -, Pori ⟨*gr.-lat.*⟩ (Biol., Med.): Pore; Körperöffnung

Por|zel|lan, das; -s, -e ⟨*lat.-it.*⟩: feinste Tonware, die durch Brennen einer aus Kaolin, Feldspat u. Quarz bestehenden Masse hergestellt wird

por|zel|la|nen: aus Porzellan

Po|sa|da, die; -, ...den ⟨*gr.-lat.-span.*⟩: span. Bez. für: Wirtshaus

Po|sa|ment, das; -[e]s, -en (meist Plural) ⟨*lat.-frz.*⟩: textiler Besatzartikel (Borte, Schnur, Quaste o. Ä.)

Po|sa|men|ter, der; -s, -: Posamentenhersteller und -händler

Po|sa|men|te|rie, die; -, ...ien: Geschäft, in dem Posamenten angeboten werden

Po|sa|men|te|rin, die; -, -nen: weibliche Form zu ↑ Posamenter

Po|sa|men|tier, der; -s, -e: ↑ Posamenter

po|sa|men|tie|ren: Posamenten herstellen

Po|sa|men|tie|rer, der; -s, -: ↑ Posamenter. **Po|sa|men|tie|re|rin,** die; -, -nen: weibliche Form zu ↑ Posamentierer

Po|sa|men|tie|rin, die; -, -nen: weibliche Form zu ↑ Posamentier

Po|sau|ne, die; -, -n ⟨*lat.-vulgärlat.-frz.;* »Jagdhorn, Signalhorn«⟩: Blechblasinstrument mit kesselförmigem Mundstück u. dreiteiliger, doppelt u-förmig gebogener langer Schallröhre mit ausziehbarem Mittelteil

po|sau|nen: 1. (meist ugs.) die Posaune blasen. 2. (ugs. abwertend) **a)** [etwas, was nicht bekannt werden sollte] überall herumerzählen; **b)** lautstark verkünden, ausposaunen

Po|sau|nist, der; -en, -en: Musiker, der Posaune spielt. **Po|sau|nis|tin,** die; -, -nen: weibliche Form zu ↑ Posaunist

Posch|ti, Puschti, der; -[s], -s ⟨*pers.*⟩: sehr kleiner, handgeknüpfter Vorlegeteppich, bes. aus der Gegend um die iranische Stadt Schiras

Po|se, die; -, -n ⟨*gr.-lat.-frz.*⟩: 1. (auf eine bestimmte Wirkung abzielende) Körperhaltung, Stellung. 2. gekünstelte Stellung; gesuchte, unnatürliche, affektierte Haltung

po|sen [ˈpɔy̆zn̩] ⟨*gr.-lat.-frz.-(engl.)*⟩: posieren

Po|ser [ˈpɔy̆zɐ], der; -s, - ⟨*engl.*⟩ (Jargon abwertend): jmd., der sich gekünstelt benimmt

Po|se|rin, die; -, -nen: weibliche Form zu ↑ Poser

Po|seur [...ˈzøːɐ̯], der; -s, -e (abwertend): Blender, Wichtigtuer; jmd., der sich ständig in Szene setzt. **Po|seu|rin** [...ˈzøːrɪn], die; -, -nen: weibliche Form zu ↑ Poseur

Po|si|do|ni|en|schie|fer, der; -s ⟨*gr.-lat.; dt.*⟩ (Geol.): versteinerungsreicher, ↑ bituminöser schwarzer Schieferhorizont im ↑ Lias

po|sie|ren ⟨*gr.-lat.-frz.*⟩: 1. aus einem bestimmten Anlass eine Pose, eine besonders wirkungsvolle Stellung einnehmen. 2. sich gekünstelt benehmen

Po|sing [ˈpɔy̆zɪŋ], das; -[s], -s: das ↑ Posen; Zurschaustellung

Po|si|ti|on, die; -, -en ⟨*lat.*⟩: 1. **a)** Stellung, Stelle [im Beruf]; **b)** Situation, Lage, in der sich jmd. im Verhältnis zu einem anderen befindet; **c)** Einstellung, Standpunkt. 2. bestimmte (räumliche) Stellung, Lage. 3. Standort eines Schiffes od. Flugzeugs. 4. (Sport) Platz, Stelle in einer Wertungsskala. 5. Einzelposten einer [Waren]liste, eines Planes (Abk.: Pos.). 6. (antike Metrik) Positionslänge eines an sich kurzen Vokals vor zwei od. mehr folgenden Konsonanten. 7. (Philos.) **a)** Setzung, Annahme, Aufstellung einer These; **b)** Behauptung des Daseins einer Sache

po|si|ti|o|nell ⟨französierende Ableitung von ↑ Position⟩: 1. stellungsmäßig. 2. in der Stellung (im strategischen Aufbau) einer Schachpartie begründet

po|si|ti|o|nie|ren: in eine bestimmte Position (2), Stellung bringen; einordnen. **Po|si|ti|o|nie|rung,** die; -, -en: das Positionieren, Positioniertwerden

Po|si|ti|ons|as|t|ro|no|mie, die; -: ↑ Astrometrie

Po|si|ti|ons|win|kel, der; -s, - (Astron.): Winkel zwischen der Richtung zum Himmelsnordpol u. der Richtung der Verbindungslinie zweier Sterne

po|si|tiv [auch: poziˈtiːf] ⟨*lat.(-frz.)*⟩: 1. **a)** bejahend, zustimmend (Ggs.: negativ); **b)** ein Ergebnis bringend; vorteilhaft, günstig, gut (Ggs.: negativ); **c)** sicher, genau, tatsächlich. 2. (Math.) größer als null (Zeichen: +; Ggs.: negativ [2]). 3. (Fotogr.) das ²Positiv (2) betreffend; der Natur entsprechende Licht- u. Schattenverteilung habend (Ggs.: negativ [3]). 4. (Physik) im ungeladenen Zustand mehr Elektronen enthaltend als im geladenen (Ggs.: negativ [4]). 5. (Med.) für das Bestehen einer Krankheit sprechend, einen krankhaften Befund zeigend (Ggs.: negativ [5])

¹Po|si|tiv [auch: poziˈtiːf], der; -s, -e ⟨*lat.*⟩ (Sprachwiss.): ungesteigerte Form des Adjektivs, Grundstufe (z. B. schön)

²Po|si|tiv [auch: poziˈtiːf], das; -s, -e: 1. kleine Standorgel, meist ohne Pedal. 2. (Fotogr.) über das ↑ Negativ gewonnenes, seitenrichtiges, der Natur entsprechendes Bild

Po|si|ti|va: *Plural* von ↑ Positivum

po|si|ti|vie|ren (Rechtsspr.): durch ein Gesetz ausdrücklich regeln

Po|si|ti|vis|mus, der; - ‹*lat.-nlat.*›: Philosophie, die ihre Forschung auf das Positive, Tatsächliche, Wirkliche u. Zweifellose beschränkt, sich allein auf Erfahrung beruft u. jegliche Metaphysik als theoretisch unmöglich u. praktisch nutzlos ablehnt. **Po|si|ti|vist,** der; -en, -en: Vertreter, Anhänger des Positivismus. **Po|si|ti|vis|tin,** die; -, -nen: weibliche Form zu ↑Positivist. **po|si|ti|vis|tisch: 1.** den Positivismus betreffend, zu ihm gehörend, auf ihm beruhend. **2.** (abwertend) sich bei einer wissenschaftlichen Arbeit nur auf das Sammeln o. Ä. beschränkend [u. keine eigene Gedankenarbeit aufweisend]

Po|si|tiv|pro|zess, der; -es, -e (Fotogr.): chemischer Vorgang zur Herstellung von ²Positiven (2)

Po|si|ti|vum, das; -s, ...va: etwas, was an einer Sache als positiv (1 b), vorteilhaft, gut empfunden wird; etwas Positives (Ggs.: Negativum)

po|si|to ‹*lat.*› (veraltet): angenommen, gesetzt den Fall

Po|si|t|ron, das; -s, ...onen ‹Kurzw. aus: *posit*iv u. Elek*tron*›: positiv geladenes Elementarteilchen, dessen Masse gleich der Elektronenmasse ist (Zeichen: e^+)

Po|si|tur, die; -, -en ‹*lat.;* »Stellung, Lage«›: **1.** bewusst eingenommene Stellung, Haltung des Körpers. **2.** (landsch.) Gestalt, Figur, Statur

Pos|ses|si|on, die; -, -en ‹*lat.*› (Rechtsspr. veraltet): Besitz

pos|ses|siv [auch: ...'si:f]: **1.** (seltener) sehr dazu neigend, von jmd., etwas Besitz zu ergreifen. **2.** (Sprachwiss.) besitzanzeigend. **Pos|ses|siv** [auch: ...'si:f], das; -s, -e: ↑Possessivpronomen

Pos|ses|si|va: *Plural* von ↑Possessivum

Pos|ses|siv|kom|po|si|tum [auch: ...'si:f...], das; -s, ...ta u. ...siten: ↑Bahuwrihi

Pos|ses|siv|pro|no|men [auch: ...'si:f...], das; -s, - u. ...mina (Sprachwiss.): besitzanzeigendes Fürwort (z. B. mein)

Pos|ses|si|vum, das; -s, ...va: vgl. Possessiv

pos|ses|so|risch ‹*lat.*› (Rechtswiss.): den Besitz betreffend

Pos|sest, das; - (Philos.): das Zusammenfallen von Möglichkeit (Können) u. Wirklichkeit (Sein) im Göttlichen (nach Nikolaus von Kues)

pos|si|bel ‹*lat.-frz.*› (veraltet): möglich

Pos|si|bi|lis|mus, der; - ‹*lat.-nlat.*›: (1882 entstandene) Bewegung innerhalb des französischen Sozialismus, die sich mit erreichbaren sozialistischen Zielen begnügen wollte. **Pos|si|bi|list,** der; -en, -en: Vertreter, Anhänger des Possibilismus. **Pos|si|bi|lis|tin,** die; -, -nen: weibliche Form zu ↑Possibilist

Pos|si|bi|li|tät, die; -, -en (veraltet): Möglichkeit

pos|sier|lich ‹*frz.; dt.*›: klein, niedlich u. dabei drollig

Post [pɔʊ̯st], der; -s, -s ‹engl.›: Beitrag, den jmd. postet

post..., Post...

‹*lat.* post »hinter, nach«›
Präfix mit der Bedeutung »nach, hinter«:
- postembryonal
- Postglazial
- Postmoderne
- posttraumatisch

pos|ta|lisch ‹*lat.-it.-nlat.*›: die Post betreffend, von der Post ausgehend

Pos|ta|ment, das; -[e]s, -e ‹*lat.-it.*›: Unterbau, Sockel einer Säule od. Statue

Post|ar|beit, die; -, -en (österr. ugs. veraltend): eilige, dringende Arbeit

Post|car, der; -s, -s (schweiz.): Linienbus der Post

post Chris|tum [na|tum] ‹*lat.*›: nach Christi [Geburt], nach Christus (Abk.: p. Chr. [n.])

post|da|tie|ren ‹*lat.-nlat.*› (veraltet): **a)** zurückdatieren; **b)** vorausdatieren

Post|de|bit, der; -s ‹*lat.-it.; lat.-frz.*›: Zeitungsvertrieb durch die Post; vgl. Debit

Post|de|mo|kra|tie, die; -, ...ien (Politik, Soziol.): politisches System, das zwar formale Merkmale einer Demokratie aufweist, aber der Bevölkerung keinen tatsächlichen Einfluss gewährt

Post|doc [auch: 'pɔʊ̯st...], der; -s, -s u. die; -, -s ‹*engl.*›: nach der Promotion auf dem jeweiligen Spezialgebiet noch weiterforschender Wissenschaftler bzw. -forschende Wissenschaftlerin

post|em|b|ry|o|nal ‹*lat.; gr.-nlat.*› (Med.): nach der Embryonalzeit

pos|ten ['pɔʊ̯stn̩] ‹*lat.-it.-frz.-engl.*› (EDV): als Beitrag zu einer Newsgroup, einem Internetforum od. einem Weblog schreiben

Pos|ter [engl.: 'pəʊ̯stə], das, seltener der; -s, - (bei engl. Ausspr.: -s) ‹*engl.;* »Plakat«›: größeres, plakatartig aufgemachtes, gedrucktes Bild

poste re|s|tante ['pɔst rɛs'tã:t] ‹*lat.-it.-frz.*›: frz. Bez. für: postlagernd

Pos|te|ri|o|ra, die (Plural) ‹*lat.;* »Nachfolgendes«› (scherzh.): Gesäß

Pos|te|ri|o|ri|tät, die; - ‹*lat.-mlat.*› (veraltet): das Zurückstehen in Amt od. Rang; niedrigere Stellung

Pos|te|ri|tät, die; -, -en ‹*lat.*› (veraltet): **a)** Nachkommenschaft; **b)** Nachwelt

Post|exis|tenz, die; - ‹*lat.-nlat.*› (Philos.): das Fortbestehen der Seele nach dem Tod (Ggs.: Präexistenz [2])

post|fak|tisch ‹*lat.*›: durch geringe od. abnehmende Bedeutung von Tatsachen gekennzeichnet

post fes|tum ‹*lat.;* »nach dem Fest«›: hinterher, im Nachhinein; zu einem Zeitpunkt, wo es eigentlich zu spät ist, keinen Zweck od. Sinn mehr hat

post|gla|zi|al ‹*lat.-nlat.*› (Geol.): nacheiszeitlich. **Post|gla|zi|al,** das; -s (Geol.): Nacheiszeit

Post|glos|sa|tor, der; -s, ...oren (meist Plural) ‹*lat.-it.*› (Geschichte): Vertreter einer Gruppe it. Rechtslehrer des 13./14. Jh.s, die durch die Kommentierung des ↑Corpus Iuris Civilis die praktische Grundlage der modernen Rechtswissenschaft schufen

post|gra|du|al: nach der Graduierung, dem Erwerb eines akademischen Grades erfolgend; vgl. ...al/...ell

post|gra|du|ell: postgradual

Pos|thi|tis, die; -, ...itiden ‹*gr.-nlat.*› (Med.): Vorhautentzündung

post|hum, postum ‹*lat.*›: **a)** nach jmds. Tod erfolgend (z. B. eine Ehrung); **b)** zum künstlerischen

o. ä. Nachlass gehörend, nach dem Tod eines Autors veröffentlicht, nachgelassen (z. B. ein Roman); **c)** nach dem Tode des Vaters geboren; nachgeboren. **Post|hu|mus,** Postumus, der; -, ...mi (selten): Spät-, Nachgeborener

Pos|ti|che [pɔsˈtɪʃə, auch: ...ˈtiːʃə], die; -, -s ⟨*it.-frz.*⟩: Haarteil

Pos|ti|cheur [...ˈʃøːɐ̯], der; -s, -e ⟨*frz.*⟩: Fachkraft für die Anfertigung u. Pflege von Perücken u. Haarteilen; Perückenmacher

Pos|ti|cheu|se [...ˈʃøːzə], die; -, -n: weibliche Form zu ↑Posticheur

pos|tie|ren ⟨*lat.-it.-frz.*⟩: **a)** jmdn., sich an einen bestimmten Platz stellen, aufstellen; **b)** etwas an eine bestimmte Stelle stellen, dort aufbauen, errichten; aufstellen

Pos|til|le, die; -, -n ⟨*lat.-mlat.*⟩: **1.** religiöses Erbauungsbuch. **2.** Predigtbuch, -sammlung

Pos|til|li|on [auch: ...ˈjoːn], der; -s, -e ⟨*lat.-it.(-frz.)*⟩: **1.** (Geschichte) Postkutscher. **2.** heimischer Tagfalter mit orangegelben, schwarz gesäumten Flügeln

Po|s|til|lon d'Amour [pɔstijõda-ˈmuːr], der; - -, -s [...jõː] - ⟨*frz.*⟩ (scherzh.): Überbringer eines Liebesbriefes

post|in|dus|t|ri|ell ⟨*lat.; lat.-frz.*⟩ (Soziol.): die Stufe der gesellschaftlichen Entwicklung betreffend, die der Industrialisierung folgt

Pos|ting [ˈpɔʊ̯stɪŋ], das; -[s], -s ⟨*engl.*⟩ (EDV): **1.** das Posten. **2.** schriftlicher Beitrag (Frage, Antwort, Kommentar) in einem Internetforum, Weblog o. Ä.

post|ka|pi|ta|lis|tisch ⟨*lat.-nlat.*⟩ (Soziol.): die Stufe der gesellschaftlichen Entwicklung betreffend, die dem Kapitalismus folgt

Post|kom|mu|ni|on, die; -, -en ⟨*lat.-mlat.*⟩: Schlussgebet der katholischen Messe nach der ↑Kommunion

post|kom|mu|nis|tisch: nach dem Zusammenbruch eines kommunistischen Regierungssystems [auftretend]

Post|lu|di|um, das; -s, ...ien ⟨*lat.-nlat.*⟩: musikalisches Nachspiel

Post|ma|te|ri|a|lis|mus, der; -: Lebenseinstellung, die keinen Wert mehr auf das Materielle legt, sondern immaterielle Bedürfnisse (z. B. nach einer intakten, natürlichen u. sozialen Umwelt) für dringlicher hält. **post|ma|te|ri|a|lis|tisch:** den Postmaterialismus betreffend

post|ma|te|ri|ell: ↑postmaterialistisch

post me|ri|di|em vgl. p. m.

post|mi|g|ran|tisch: 1. von ↑Migration (2) mittelbar durch ihre Vorfahren betroffen. **2.** von der zurückliegenden Zuwanderung eines Teils der Bevölkerung geprägt

post|mo|dern: die Postmoderne betreffend. **Post|mo|der|ne,** die; -: **1.** Stilrichtung der modernen Architektur, die durch eine Abkehr vom Funktionalismus u. Hinwendung zu freierem Umgang mit unterschiedlichen Bauformen auch aus früheren Epochen gekennzeichnet ist. **2.** der Moderne (2) folgende Zeit, für die Pluralität (1) in Kunst u. Kultur, in Wirtschaft u. Wissenschaft sowie demokratisch mitgestaltende Kontrolle der Machtzentren charakteristisch sind

Post|mo|lar, der; -en, -en ⟨*lat.-nlat.*⟩ (Med.): hinterer Backenzahn, Mahlzahn

post|mor|tal (Med.): nach dem Tode [auftretend] (z. B. von Organveränderungen)

post mor|tem ⟨*lat.*⟩: nach dem Tode (Abk.: p. m.)

post|na|tal (Med.): nach der Geburt [auftretend] (z. B. von Schädigungen des Kindes)

post|nu|me|ran|do ⟨*lat.-nlat.*⟩ (Wirtsch.): nachträglich (zahlbar) (Ggs.: pränumerando)

post|ope|ra|tiv ⟨*lat.-nlat.*⟩ (Med.): nach der Operation auftretend, einer Operation folgend

post|pa|la|tal (Sprachwiss.): hinter dem Gaumen gesprochen (von Lauten) (Ggs.: präpalatal)

post par|tum ⟨*lat.*⟩ (Med.): nach der Geburt bzw. Entbindung [auftretend]

post|pneu|mo|nisch ⟨*lat.; gr.-nlat.*⟩ (Med.): nach einer Lungenentzündung [auftretend]

post|po|nie|ren ⟨*lat.*⟩ (veraltet): dahintersetzen. **post|po|nie|rend** (Med.): verspätet eintretend (z. B. von Krankheitssymptomen)

Post|po|si|ti|on, die; -, -en ⟨*lat.-nlat.*⟩: **1.** (Sprachwiss.) dem Substantiv nachgestellte Präposition. **2.** (Med.) **a)** Verlagerung eines Organs nach hinten; **b)** verspätetes Auftreten (z. B. von Krankheitssymptomen)

post|po|si|tiv (Sprachwiss.): die Postposition (1) betreffend, dem Substantiv nachgestellt (von Präpositionen)

Post|prä|di|ka|ment, das; -[e]s, -e (meist Plural): aus den ↑Prädikamenten bzw. ↑Kategorien (3) abgeleiteter Begriff der scholastischen Philosophie

Post|pro|ces|sing [ˈpɔʊ̯stprɔʊ̯sɛsɪŋ], das; -[s], -s ⟨*engl.*⟩ (EDV): Aufbereitung der Ergebnisse von Computersimulationen in Grafiken u. Animationen

Post|re|gal, das; -s: Recht des Staates, das gesamte Postwesen in eigener Regie zu führen

Post|skript, das; -[e]s, -e, **Post|skrip|tum,** das; -s, ...ta ⟨*lat.*⟩: Nachschrift (Abk.: PS)

post|so|zi|a|lis|tisch: nach dem Zusammenbruch eines sozialistischen Regierungssystems [auftretend]

Post|struk|tu|ra|lis|mus, der; -: eine die Grundsätze des traditionellen ↑Strukturalismus infrage stellende geisteswissenschaftliche u. philosophische Forschungsrichtung

Post|sze|ni|um, das; -s, ...ien ⟨*lat.; gr.-nlat.*⟩: Raum hinter der Bühne (Ggs.: Proszenium [2])

post|tek|to|nisch (Geol.): sich nach tektonischen Bewegungen ergebend (von Veränderungen in Gesteinen)

post|ter|ti|är ⟨*lat.-nlat.*⟩ (Geol.): einen Zeitabschnitt nach dem ↑Tertiär betreffend

post|trau|ma|tisch ⟨*lat.; gr.-nlat.*⟩ (Med.): nach, infolge einer Verletzung auftretend, vor sich gehend; **posttraumatische Belastungsstörung:** psychische Erkrankung nach einem od. mehreren erlittenen Traumata [mit verschiedenen psychischen u. psychosomatischen Symptomen] (Abk.: PTBS)

Pos|tu|lant, der; -en, -en ⟨*lat.*⟩: **1.** Bewerber. **2.** Kandidat eines katholischen Ordens während der Probezeit. **Pos|tu|lan|tin,** die; -, -nen: weibliche Form zu ↑Postulant

Pos|tu|lat, das; -[e]s, -e: **1.** etwas, was aufgrund bestimmter Umstände erforderlich, unabdingbar erscheint; Forderung. **2.** (Philos.) sachlich od. denkerisch notwendige Annahme, These, die unbeweisbar od. noch nicht bewiesen, aber durchaus glaubhaft u. einsichtig ist. **3.** Probezeit für die Kandidaten eines katholischen Ordens

Pos|tu|la|ti|on, die; -, -en: Benennung eines Bewerbers für ein hohes katholisches Kirchenamt, der erst von einem ↑kanonischen Hindernis befreit werden muss

pos|tu|la|tiv: auf einem Postulat beruhend

pos|tu|lie|ren: 1. fordern, zur Bedingung machen. **2.** feststellen. **3.** ein Postulat (2) aufstellen

pos|tum vgl. posthum

Pos|tur, die; - ‹*lat.-it.*› (schweiz.): ↑Positur

post ur|bem con|di|tam ‹*lat.*›: nach Gründung der Stadt [Rom] (Abk.: p. u. c.); vgl. ab urbe condita

Post|ven|ti|on, die; -, -en ‹*lat.-nlat.*› (Med.): Betreuung eines Patienten durch einen Arzt nach einer Krankheit, einer Operation; Nachsorge

Post|ver|ba|le, das; -[s], ...lia ‹*lat.-nlat.*› (Sprachwiss.): ↑Nomen postverbale

[1]**Pot,** das; -s ‹*engl.-amerik.*› (Jargon): ↑Haschisch, ↑Marihuana

[2]**Pot,** der; -s ‹*engl.-amerik.*›: Summe aller Einsätze, Kasse

Po|ta|ge [...ʒə], die; -, -n ‹*frz.*› (veraltet): Suppe

po|ta|misch ‹*gr.-nlat.*› (Geogr.): die ↑Potamologie betreffend

po|ta|mo|gen (Geogr.): durch Flüsse entstanden

Po|ta|mo|lo|gie, die; -: Forschungszweig der ↑Hydrologie u. Geografie zur Erforschung von Flüssen

Po|tas|si|um, das; -s ‹*dt.-nlat.*›: engl. u. frz. Bez. für ↑Kalium

Po|ta|tor, der; -s, ...oren ‹*lat.*› (Med.): Trinker

Po|ta|to|ri|um, das; -s (Med.): Trunksucht

Po|t|au|feu, Pot au Feu [poto'fø:], das, seltener der; -[s], -s ‹*frz.*; »Topf auf dem Feuer«› (Gastron.): Eintopf aus Fleisch u. Gemüse, dessen Brühe, über Weißbrot gegossen, vorweg gegessen wird

Po|tem|kin|schen Dör|fer, po|tem|kin|schen Dör|fer, Po|tem|kin'schen Dör|fer [auch: pa'tjɔmkɪn... -], die (Plural) ‹nach dem russ. Fürsten Potemkin (1739–1791), der Dorfattrappen errichten ließ, um Wohlstand vorzutäuschen›: **1.** Trugbilder, Vorgetäuschtes. **2.** Vorspiegelung falscher Tatsachen

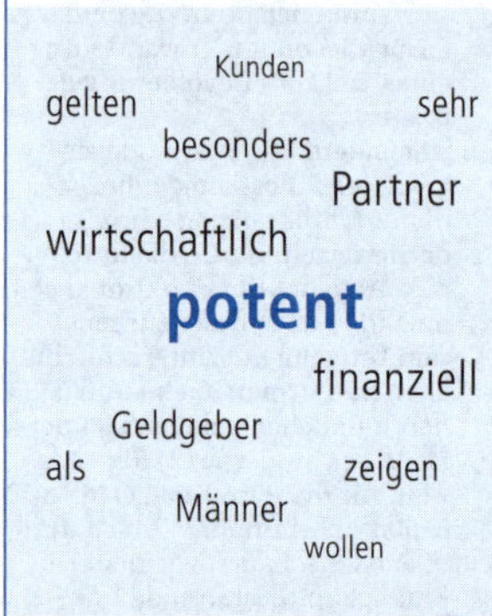

po|tent ‹*lat.*›: **1. a)** leistungsfähig; **b)** mächtig, einflussreich; **c)** zahlungskräftig, vermögend. **2.** (Med.) **a)** (vom Mann) fähig zum Geschlechtsverkehr; **b)** zeugungsfähig (Ggs.: impotent [1 b])

Po|ten|tat, der; -en, -en: **1.** jmd., der Macht hat u. Macht zu seinem Vorteil ausübt. **2.** (veraltet) souveräner, regierender Fürst. **Po|ten|ta|tin,** die; -, -nen: weibliche Form zu ↑Potentat

po|ten|ti|al usw. vgl. potenzial usw.

Po|ten|ti|a|lis vgl. Potenzialis

Po|ten|ti|a|li|tät vgl. Potenzialität

po|ten|ti|ell vgl. potenziell

potentiell/potent *s. Kasten Seite 899*

Po|ten|til|la, die; -, ...llen ‹*lat.-nlat.*›: Fingerkraut (gelb od. weiß blühendes Rosengewächs mit vielen Arten, bes. auf Wiesen)

Po|ten|tio|me|ter usw. vgl. Potenziometer usw.

Po|tenz, die; -, -en ‹*lat.*›: **1.** Fähigkeit, Leistungsvermögen. **2.** (Med.) **a)** Fähigkeit des Mannes zum Geschlechtsverkehr; **b)** Zeugungsfähigkeit. **3.** (Med.) Grad der Verdünnung einer Arznei in der ↑Homöopathie. **4.** (Math.) Produkt mehrerer gleicher Faktoren, dargestellt durch die ↑Basis (4 c) u. den ↑Exponenten (2)

Po|tenz|ex|po|nent, der; -en, -en (Math.): Hochzahl einer Potenz (4)

po|ten|zi|al, potential ‹*lat.-mlat.*›: **1.** (Philos.) die bloße Möglichkeit betreffend (Ggs.: aktual [1]). **2.** (Sprachwiss.) die Möglichkeit ausdrückend. **Po|ten|zi|al,** Potential, das; -s, -e: **1.** Gesamtheit aller vorhandenen, verfügbaren Mittel, Möglichkeiten; Leistungsfähigkeit. **2.** (Physik) **a)** Maß für die Stärke eines Kraftfeldes in einem Punkt des Raumes; **b)** potenzielle Energie

Po|ten|zi|al|ana|ly|se, Potentialanalyse, die; -, -n (bes. Sport, Wirtsch.): systematische Untersuchung bestimmter Fähigkeiten, Möglichkeiten, Chancen

Po|ten|zi|al|dif|fe|renz, Potentialdifferenz, die; - (Physik): Unterschied des elektrischen Potenzials zwischen zwei Punkten eines elektrischen Feldes

Po|ten|zi|a|lis, Potentialis, der; -, ...les [...le:s] ‹*lat.-mlat.*› (Sprachwiss.): ↑Modus (2) der Möglichkeit, Möglichkeitsform

Po|ten|zi|a|li|tät, Potentialität, die; - (Philos.): Möglichkeit, die zur Wirklichkeit werden kann (Ggs.: Aktualität [3])

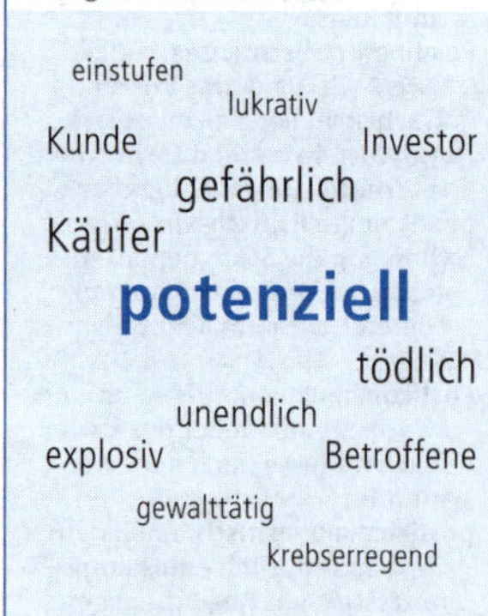

po|ten|zi|ell, potentiell ‹*lat.-mlat.-frz.*›: möglich (im Unterschied zu wirklich), denkbar; der Anlage, Möglichkeit nach; vgl. ak-

potenziell	potent
Woran sehe ich ob, einer potenziell gefährlich ist? *möglich, möglicherweise* – Als [...] potenzielle [...] Käufer – mit potenziellen [...] Interessenten – viele [...] potenzielle [...] Wähler Doch was macht Kuka für den potenziellen Investor so interessant? Jeder Mensch, heißt es, ist potenziell korrupt. Sie hatte schon vor Jahren ein Gespür für potenziell einflussreiche Parlamentarier.	Und wie potent wäre die russische Wirtschaft? *leistungsfähig, zeugungsfähig* – ein potenter [...] Investor [...] gefunden – Suche nach potenten Geldgebern – wirtschaftlich potente Staaten Sie finanziert sich über Spenden und gilt als finanziell sehr potent. Doch seine Fahrleistungen sind auf dem Niveau potenter Neuwagen. Ein potenter und reicher Mann kann sich vieles kaufen.

tuell (2) (Ggs.: aktual [2]); **potenzielle Energie** (Physik): Energie, die ein Körper aufgrund seiner Lage in einem Kraftfeld besitzt

po|ten|zi̲e̲|ren: **1.** verstärken, erhöhen, steigern. **2.** (Med.) **a)** die Wirkung eines Arznei- od. Narkosemittels verstärken; **b)** eine Arznei homöopathisch verdünnen. **3.** (Math.) eine Zahl mit sich selbst multiplizieren

Po|ten|zio|me̲|ter, Potentiometer, das; -s, - ⟨*lat.; gr.*⟩ (Elektrot.): Gerät zur Abnahme od. Herstellung von Teilspannungen, Spannungsteiler. **Po|ten|zio|me|t|ri̲e̲,** Potentiometrie, die; -, ...i̲en (Chemie): Verfahren der Maßanalyse, bei dem Änderungen des Potenzials (2 a) einer Elektrode in einer Lösung gemessen werden. **po|ten|zio|me̲|t|risch,** potentiometrisch (Elektrot.): die Potenziometrie betreffend, mit ihrer Hilfe vor sich gehend

Po|tẹnz|pil|le, die; -, -n (ugs.): die Potenz (2 a) steigerndes od. wiederherstellendes Mittel

Po|te|ri̲e̲, die; -, -n ⟨*frz.*⟩ (veraltet): **a)** Töpferware; **b)** Töpferwerkstatt

Po|tẹr|ne, die; -, -n ⟨*lat.-frz.*⟩ (Geschichte): unterirdischer, bombensicherer Festungsgang

Pot|latch [ˈpɔtlætʃ], der u. das; -[e]s, **Pọt|latsch** ⟨*indian.-engl.*⟩: **1.** Fest der nordamerikanischen Indianer, bei dem Geschenke verteilt u. Wertgegenstände zerstört werden, um durch Zurschaustellung des eigenen Reichtums seinen sozialen Rang zu sichern, sein Ansehen zu erhöhen. **2.** rauschhaftes Ritual; rauschhafte Freigebigkeit

Po|to|ma|ni̲e̲, die; - ⟨*gr.-nlat.*⟩ (Med.): ↑Potatorium

Pọt|pour|ri [...pʊri, auch: ...pʊˈriː], das; -s, -s ⟨*frz.*⟩: **1.** Zusammenstellung verschiedenartiger, durch Übergänge verbundener (meist bekannter u. beliebter) Melodien. **2.** buntes Allerlei, Kunterbunt

Pọt|pour|ri|va|se, die; -, -n: [reich] verzierte Porzellanvase mit durchlöchertem Deckel, in der duftende Kräuter aufbewahrt werden

Pou|d|rẹt|te [pu...], die; - ⟨*lat.-frz.*⟩ (selten): Fäkaldünger

Pou|ja|dịs|mus [puʒa...], der; - ⟨*frz.-nlat.;* nach dem frz. Politiker Poujade, geb. 1920⟩: kleinbürgerliche französische Protestbewegung mit extremistisch-faschistischer Tendenz (bes. in den 1950er-Jahren)

Pou|lard [puˈlaːɐ̯], das; -s, -s, **Pou|lar|de** [puˈlardə], die; -, -n ⟨*lat.-frz.*⟩: junges [verschnittenes] Masthuhn od. -hähnchen

Poule [puːl], die; -, -n [...lən]: **1.** Spiel- od. Wetteinsatz. **2.** bestimmtes Spiel beim Billard od. Kegeln

Pou|let [puˈleː], das; -s, -s: junges, zartes Masthuhn od. -hähnchen

Pound [paʊ̯nt], das; -, -s ⟨*lat.-engl.;* »Pfund«⟩: englische Masseeinheit (453,60 g) (Abk.: lb., Plural: lbs.)

pour ac|quit [puraˈki] ⟨*frz.*⟩ (selten): als Quittung; vgl. Acquit

pour fé|li|ci|ter [...siˈteː] (veraltet): um Glück zu wünschen (meist als Abkürzung auf Visitenkarten) (Abk.: p. f.)

Pour le Mé|rite [...ləmeˈriːt], der; - - - ⟨*frz.;* »für das Verdienst«⟩: hoher Verdienstorden, von dem seit 1918 nur noch die Friedensklasse für Wissenschaften u. Künste verliehen wird

Pour|par|ler [...parˈleː], das; -s, -s ⟨*frz.*⟩ (veraltet): diplomatische Besprechung, Unterredung; Meinungsaustausch

Pous|sa|ge [puˈsaːʒə], die; -, -n ⟨*lat.-frz.*⟩ (veraltet): **1.** Flirt, Liebschaft. **2.** (veraltet, oft abwertend) Geliebte

pous|sé, pous|sez [puˈseː] (Musik): mit Bogenaufstrich [gespielt] (Anweisung für Streichinstrumente)

pous|si̲e̲|ren [pu...]: **1.** (ugs. veraltend, noch landsch.) flirten, anbändeln; mit jmdm. in einem Liebesverhältnis stehen. **2.** (veraltet) jmdm. schmeicheln; jmdn. gut behandeln u. verwöhnen, um etwas zu erreichen

Pou|voir [puˈvo̯aːɐ̯], das; -s, -s ⟨*lat.-vulgärlat.-frz.*⟩ (österr.): Handlungs-, Verhandlungsvollmacht

Po|ve̲|se vgl. Pafese

po̲|wer ⟨*lat.-frz.*⟩ (landsch. veraltet): armselig, ärmlich, dürftig, minderwertig

Po|w|er [ˈpaʊ̯ɐ], die; - ⟨*engl.*⟩ (Jargon): Kraft, Stärke, Leistung

Po|w|er|bank [...bɛŋk], die; -, -s ⟨*engl.*⟩ (Elektrot.): aus einem Akku u. einer USB-Schnittstelle bestehende mobile Ladestation für [kleinere] elektronische Geräte

Po|w|er|book® [ˈpaʊ̯ɐbʊk], das; -s, -s ⟨*engl.;* »Kraftbuch«⟩: Markenname einer Produktreihe von leistungsfähigen Notebooks der Firma Apple

Po|w|er|frau [ˈpaʊ̯ɐ...], die; -, -en: energische, zielstrebige Frau voll Kraft u. Stärke

po|w|ern [ˈpaʊ̯ɐn] ⟨*engl.*⟩ (Jargon): **a)** große Leistung entfalten, sich voll einsetzen; **b)** mit großem Aufwand fördern, unterstützen

Po|w|er|play [ˈpaʊ̯ɐplɛɪ̯], das; -[s] ⟨*engl.-amerik.;* »Kraftspiel«⟩

(bes. Eishockey): gemeinsames, anhaltendes Anstürmen auf das gegnerische Tor

Po|w|er|shop|ping ['paʊ̯ɐʃɔpɪŋ], das; -s ⟨*engl.-amerik.*⟩: im Internet zwecks niedrigeren Preises gemeinsam getätigter Einkauf mehrerer Personen, die die gleiche Ware erwerben wollen

Po|w|er|slide ['paʊ̯ɐslaɪ̯t], das; -[s], -s ⟨*engl.;* »Kraftrutschen«⟩: **1.** (Motorsport) Kurventechnik, bei der der Fahrer das Fahrzeug, ohne die Geschwindigkeit zu vermindern, seitlich in die Kurve rutschen lässt, um es mit Vollgas geradeaus aus der Kurve herausfahren zu können. **2.** Bremstechnik beim Inlineskaten, bei der ein Inlineskate quer zur Fahrtrichtung gestellt wird

Po|w|er|user, Po|w|er-User ['paʊ̯ɐju:zɐ], der ⟨*engl.*⟩ (EDV): **a)** User (1 a) mit überdurchschnittlichen Kenntnissen und Fähigkeiten im EDV-Bereich; **b)** (seltener:) jmd., der bes. häufig, mit hoher Intensität Internetangebote nutzt u. große Datenmengen beansprucht

Po|w|er|use|rin, die; -, -nen, **Po|w|er-Use|rin,** die: weibliche Formen zu ↑Poweruser, Power-User

Po|widl, der; -s, - (Plural selten) ⟨*tschech.*⟩ (österr.): Pflaumenmus

Po|widl|ko|lat|sche, die; -, -n (österr.): mit Pflaumenmus gefülltes Hefegebäckstück

Po|widl|tatsch|kerl, das; -s, -[n] (österr.): mit Pflaumenmus gefüllte u. in Salzwasser gekochte, flache, halbkreisförmige Speise aus Kartoffelteig

Poz|zo|lan, Poz|zu|o|lan vgl. Puzzolan

PR = Public Relations

Prä, das; -s ⟨*lat.*⟩: jmdm. zum Vorteil gereichender Vorrang

prä..., Prä...

⟨*lat.* prae »vor«⟩
Präfix mit der Bedeutung »vor, voran, voraus«:
- Prädisposition
- prähistorisch
- Präkambrium
- Prämolar
- pränatal

Prä|am|bel, die; -, -n ⟨*lat.-mlat.;* »Vorangehendes«⟩: **1. a)** Einleitung; **b)** feierliche Erklärung als Einleitung einer [Verfassungs]urkunde od. eines Staatsvertrages. **2.** Vorspiel in der Lauten- u. Orgelliteratur des 15. u. 16. Jh.s

Prä|ani|mis|mus, der; - ⟨*lat.-nlat.*⟩ (Völkerkunde): angenommene Vorstufe des ↑Animismus (z. B. der ↑Dynamismus [2])

Prä|ben|dar, der; -s, -e, **Prä|ben|da|ri|us,** der; -, ...ien ⟨*lat.-mlat.*⟩: Inhaber einer Präbende. **Prä|ben|de,** die; -, -n: kirchliche Pfründe

Prä|bio|ti|kum vgl. Prebiotikum

prä|bio|tisch vgl. prebiotisch

Prä|chel|lé|en [preʃɛ'leɛ̃:], das; -[s] ⟨*lat.; frz.;* nach dem frz. Fundort Chelles⟩ (veraltet): ↑Abbevillien

prä|de|is|tisch ⟨*lat.-nlat.*⟩: noch nicht auf göttliche Wesen bezogen (von magischen Bräuchen u. Vorstellungen bei indigenen Völkern)

Prä|de|s|ti|na|ti|on, die; - ⟨*lat.-mlat.*⟩: **1.** göttliche Vorherbestimmung, bes. die Bestimmung des einzelnen Menschen zur Seligkeit oder Verdammnis durch Gottes Gnadenwahl (Lehre Augustins u. vor allem Calvins; auch im Islam) (Ggs.: Universalismus [2]). **2.** das Geeignetsein, Vorherbestimmtsein für ein bestimmtes Lebensziel, einen Beruf o. Ä. aufgrund gewisser Fähigkeiten, Anlagen

prä|de|s|ti|nie|ren: vorherbestimmen

prä|de|s|ti|niert: vorherbestimmt; wie geschaffen

Prä|de|ter|mi|na|ti|on, die; - ⟨*lat.-nlat.*⟩ (Biol.): das Festgelegtsein bestimmter Entwicklungsvorgänge im Keim bzw. der Eizelle

prä|de|ter|mi|nie|ren: durch Prädetermination bestimmen, lenken

Prä|de|ter|mi|nis|mus, der; -: Lehre des Thomas v. Aquin von der göttlichen Vorherbestimmtheit menschlichen Handelns

Prä|de|zes|sor, der; -s, ...oren ⟨*lat.*⟩ (veraltet): Amtsvorgänger

prä|di|ka|bel ⟨*lat.*⟩ (veraltet): lobenswert, rühmlich

Prä|di|ka|bi|li|en, die (Plural): **1.** nach Porphyrius die fünf logischen Begriffe des Aristoteles (Gattung, Art, Unterschied, wesentliches u. unwesentliches Merkmal). **2.** (Philos.) die aus den ↑Kategorien (4) abgeleiteten reinen Verstandesbegriffe (nach Kant)

Prä|di|ka|ment, das; -[e]s, -e (Philos.): eine der fünf Kategorien, die die Scholastik von den zehn Kategorien (2) des Aristoteles übernahm

Prä|di|kant, der; -en, -en ⟨*lat.-mlat.*⟩: [Hilfs]prediger in der evangelischen Kirche

Prä|di|kan|ten|or|den, der; -s ⟨*lat.-mlat.; dt.*⟩: katholischer Predigerorden (der ↑Dominikaner)

Prä|di|kan|tin, die; -, -nen: weibliche Form zu ↑Prädikant

prä|di|kan|tisch ⟨*lat.-mlat.*⟩: predigtartig

Prä|di|kat, das; -[e]s, -e ⟨*lat.*⟩: **1.** Note, Bewertung, Zensur. **2.** Rangbezeichnung, Titel (beim Adel). **3.** (Sprachwiss.) Verb od. Verben, die Inhalt und Struktur des Satzes bestimmen; Satzaussage (z. B. der Bauer *pflügt* den Acker); vgl. Objekt (2), Subjekt (2). **4.** (Logik, Philos.) der die Aussage enthaltende Teil des Urteils

Prä|di|ka|ten|lo|gik, die; -: Teilgebiet der Logik, auf dem die innere logische Struktur der Aussage untersucht wird

prä|di|ka|tie|ren vgl. prädikatisieren

Prä|di|ka|ti|on, die; -, -en (Philos.): Bestimmung eines Begriffs durch ein Prädikat (4)

prä|di|ka|ti|sie|ren, prädikatieren ⟨*lat.-nlat.*⟩: mit einem Prädikat (1) versehen

prä|di|ka|tiv ⟨*lat.*⟩ (Sprachwiss.): das Prädikat (3) betreffend, zu ihm gehörend; aussagend. **Prä|di|ka|tiv,** das; -s, -e (Sprachwiss.): auf Subjekt od. Objekt bezogener Teil der Satzaussage (z. B.: Karla ist *Lehrerin;* er ist *krank;* ich nenne ihn *feige;* ich nenne ihn *meinen Freund*)

Prä|di|ka|tiv|satz, der; -es, ...sätze ⟨*lat.; dt.*⟩ (Sprachwiss.): Prädikativ in der Form eines

Gliedsatzes (z. B.: er bleibt, *was er immer war*)
Prä|di|ka|ti|vum, das; -s, ...va ‹*lat.*› (veraltet): ↑Prädikativ
Prä|di|ka|tor, der; -s, ...oren ‹*lat.-nlat.*› (Logik, Philos.): ↑Prädikat (4) als sprachlicher Ausdruck
Prä|di|kats|no|men, das; -s, - u. ...mina: Prädikativ, das aus einem ↑Nomen (2) (Substantiv od. Adjektiv) besteht (z. B.: Klaus ist *Lehrer;* Tina ist *groß*)
Prä|di|kats|wein, der; -[e]s, -e: Wein aus der obersten Güteklasse der deutschen Weine
prä|dik|ta|bel: durch wissenschaftliche Verallgemeinerung vorhersagbar. **Prä|dik|ta|bi|li|tät,** die; -: Vorhersagbarkeit durch wissenschaftliche Verallgemeinerung
Prä|dik|ti|on, die; -, -en ‹*lat.*›: Vorhersage, Voraussage
prä|dik|tiv ‹*lat.-nlat.*›: die Möglichkeit einer Prädiktion enthaltend; vorhersagbar
Prä|dik|tor, der; -s, ...oren (Statistik): zur Vorhersage eines Merkmals herangezogene Variable
Prä|di|lek|ti|on, die; -, -en ‹*lat.-nlat.*› (veraltet): Vorliebe
Prä|di|lek|ti|ons|stel|le, die; -, -n ‹*lat.-nlat.; dt.*› (Med.): bevorzugte Stelle für das Auftreten einer Krankheit
prä|dis|po|nie|ren ‹*lat.-nlat.*›: **1.** im Voraus festlegen. **2.** (Med.) empfänglich machen (z. B. für eine Krankheit)
Prä|dis|po|si|ti|on, die; -, -en (Med.): Anlage, Empfänglichkeit für bestimmte Krankheiten
prä|di|zie|ren ‹*lat.*›: **1.** (Logik, Philos.) ein Prädikat (4) beilegen, einen Begriff durch ein Prädikat bestimmen; **prädizierendes Verb** (Sprachwiss.): mit einem ↑Prädikatsnomen verbundenes ↑Verb (z. B. *sein* in dem Satz: sie *ist* Lehrerin). **2.** (bes. Technik) vorherbestimmen, vorhersagen
Prä|do|mi|na|ti|on, die; - ‹*lat.-nlat.*›: das Vorherrschen. **prä|do|mi|nie|ren:** vorherrschen, überwiegen
Prae|cep|tor Ger|ma|ni|ae [-...ɛ] ‹*lat.*›: Lehrmeister, Lehrer Deutschlands (Beiname für Hrabanus Maurus u. Melanchthon); vgl. Präzeptor
prae|cox [ˈprɛːkɔks] ‹*lat.*› (Med.): vorzeitig, frühzeitig, zu früh auftretend
Prä|emi|nenz, die; - ‹*lat.*› (veraltet): Vorrang
prae|mis|sis prae|mit|ten|dis [-...diːs] ‹*lat.*› (veraltet): man nehme an, der gebührende Titel sei vorausgeschickt (Abk.: P. P.)
prae|mis|so ti|tu|lo (veraltet): nach vorausgeschicktem [gebührendem] Titel (Abk.: P. T., p. t.)
Prae|sens his|to|ri|cum, das; - -, ...sentia ...ca ‹*lat.*›: Gegenwartsform des Verbs, die längst Vergangenes ausdrückt; historisches Präsens
prae|ter le|gem ‹*lat.*›: außerhalb des Gesetzes
Prae|tex|ta, die; -, ...ten ‹*lat.*›: altrömisches ernstes Nationaldrama
Prä|exis|tenz, die; -, -en ‹*lat.-nlat.*›: **1.** (Philos.) das Existieren, Vorhandensein der Welt als Idee im Gedanken Gottes vor ihrer stofflichen Erschaffung. **2.** (Philos.) das Bestehen der Seele vor ihrem Eintritt in den Leib (Plato) (Ggs.: Postexistenz). **3.** (Theol.) Dasein Christi als Logos (6) bei Gott vor seiner Menschwerdung
Prä|exis|ten|zi|a|nis|mus, der; -: philosophisch-religiöse Lehre, die besagt, dass die Seelen (aller Menschen) bereits vor ihrem Eintritt ins irdische Dasein als Einzelseelen von Gott geschaffen seien
prä|exis|tie|ren (Philos., Theol.): Präexistenz haben, vorher bestehen
prä|fa|b|ri|zie|ren ‹*lat.-nlat.*›: im Voraus in seiner Form, Art festlegen
Prä|fa|ti|on, die; -, -en ‹*lat.;* »Vorrede«›: liturgische Einleitung der ↑Eucharistie
Prä|fekt, der; -en, -en ‹*lat.*›: **1.** hoher Zivil- od. Militärbeamter im alten Rom. **2.** oberster Verwaltungsbeamter eines Departements (in Frankreich) od. einer Provinz (in Italien). **3.** mit besonderen Aufgaben betrauter leitender katholischer Geistlicher, bes. in Missionsgebieten (sogenannter Apostolischer Präfekt) u. im katholischen Vereinswesen. **4.** [ältester] Schüler in einem ↑Internat (1), der jüngere beaufsichtigt. **Prä|fek|tin,** die; -, -nen: weibliche Form zu ↑Präfekt (2, 4)
Prä|fek|tur, die; -, -en: **a)** Amt, Amtsbezirk eines Präfekten (2); **b)** Amtsräume eines Präfekten (2)
Prä|fe|ren|ti|al|zoll vgl. Präferenzialzoll
prä|fe|ren|ti|ell vgl. präferenziell
Prä|fe|renz, die; -, -en ‹*lat.-frz.*›: **1. a)** Vorrang, Vorzug; Vergünstigung; **b)** (Wirtsch.) [bestimmten Ländern gewährte] Vergünstigung. **2.** Trumpffarbe (bei Kartenspielen)
Prä|fe|ren|zi|al|zoll, Präferentialzoll, der; -[e]s, ...zölle: ↑Präferenzzoll
prä|fe|ren|zi|ell, präferentiell (Wirtsch.): Präferenzen (1 b) betreffend
Prä|fe|renz|zoll, der; -[e]s, ...zölle ‹*lat.-frz.; dt.*›: Zoll, der einen Handelspartner begünstigt
prä|fe|rie|ren: vorziehen, den Vorzug geben
prä|fi|gie|ren ‹*lat.*› (Sprachwiss.): mit einem Präfix versehen
Prä|fi|gu|ra|ti|on, die; -, -en ‹*lat.*›: **1.** vorausdeutende Darstellung, Vorgestaltung, Vorverkörperung (z. B. im mittelalterlichen Drama). **2.** Urbild. **prä|fi|gu|rie|ren:** vorausweisen
Prä|fix [auch: ...ˈfɪks], das; -es, -e ‹*lat.*› (Sprachwiss.): **1.** vor den Wortstamm oder vor ein Wort tretende Silbe, Vorsilbe (z. B. *un*schön, *be*steigen). **2.** Präverb
prä|fi|xo|id ‹*lat.-nlat.*› (Sprachwiss.): in der Art eines Präfixes, einem Präfix ähnlich gestaltet, sich verhaltend. **Prä|fi|xo|id,** das; -[e]s, -e ‹*lat.-nlat.*› (Sprachwiss.): präfixähnlicher Wortbestandteil (z. B. sau-, Sau- in *sau*blöd, *Sau*wetter)
Prä|fix|verb [auch: ...ˈfɪks...], das; -s, -en: präfigiertes Verb (z. B. *ent*sorgen)
Prä|for|ma|ti|on, die; -, -en ‹*lat.-nlat.*› (Biol.): angenommene Vorherbildung des fertigen Organismus im Keim
Prä|for|ma|ti|ons|the|o|rie, die; - (Biol.): im 18. Jh. vertretene Entwicklungstheorie, nach der

pragmatisch	praktisch
Wir brauchen eine Rückbesinnung auf einfache und pragmatische Lösungen. *auf tatsächliche, nützliche Ergebnisse und praktisches Handeln gerichtet* – ein/als pragmatisch […] denkender Mensch … – pragmatische […] Lösungen gefunden werden – zu einer realistischen und pragmatischen Partei geworden Aus diesem Grund fahren sie einen konservativen und sehr pragmatischen Kurs. Frauen denken pragmatisch. Ideologien hätten hier keinen Platz, pragmatische Lösungen seien gefordert.	Es ist nicht verkehrt, wenn man nach dem Studium zunächst praktische Erfahrung sammelt. *auf reales Handeln bezogen, handlich; adverbial modifizierend: fast, in etwa, im Prinzip* – praktische […] Hilfe bei im Notfällen […] Alltag – in praktische […] Politik umzusetzen – praktisch unverändert […] geblieben Ein Modell, dessen praktische Anwendung erst gefunden werden muss. Die sind praktisch und preiswert, ästhetisch allerdings eine Katastrophe. Die Zahl der Unzufriedenen ist bei allen Anbietern praktisch null.

jeder Organismus durch Entfaltung bereits in der Ei- od. Samenzelle vorgebildeter Teile entsteht

prä|for|mie|ren ‹*lat.*› (Biol.): im Keim vorbilden

prä|ge|ni|tal ‹*lat.-nlat.*› (Psychol.): die noch nicht im Bereich der ↑Genitalien, sondern im Bereich des Afters u. des Mundes erfolgende Lustgewinnung betreffend (von frühkindlichen Entwicklungsphasen des Sexuallebens)

prä|gla|zi|al ‹*lat.-nlat.*› (Geol.): voreiszeitlich. **Prä|gla|zi|al,** das; -s (Geol.): die zum ↑Pleistozän gehörende Voreiszeit

Prag|ma|lin|gu|is|tik, die; - (Sprachwiss.): Pragmatik (3) als Teil der ↑Soziolinguistik. **prag|ma|lin|gu|is|tisch** (Sprachwiss.): die Pragmalinguistik betreffend, zu ihr gehörend

Prag|ma|tik, die; -, -en ‹*gr.-lat.*›: **1.** (ohne Plural) Orientierung auf das Nützliche, Sinn für Tatsachen, Sachbezogenheit. **2.** (österr.) Ordnung des Staatsdienstes, Dienstordnung. **3.** (ohne Plural; Sprachwiss.) das Sprachverhalten, das Verhältnis zwischen sprachlichen Zeichen u. interpretierendem Menschen untersuchende linguistische Disziplin

Prag|ma|ti|ker, der; -s, -: **1.** Vertreter der pragmatischen Geschichtsschreibung. **2.** Vertreter des Pragmatismus, Pragmatist. **Prag|ma|ti|ke|rin,** die; -, -nen: weibliche Form zu ↑Pragmatiker

prag|ma|tisch: 1. anwendungs-, handlungs-, sachbezogen; sachlich, auf Tatsachen beruhend; **pragmatische Geschichtsschreibung:** Geschichtsschreibung, die aus der Untersuchung von Ursache u. Wirkung historischer Ereignisse Erkenntnisse für künftige Entwicklungen zu gewinnen sucht; **Pragmatische Sanktion:** 1713 erlassenes Grundgesetz des Hauses Habsburg über die Unteilbarkeit der habsburgischen Länder u. die Erbfolge. **2.** fach-, geschäftskundig. **3.** (Sprachwiss.) das Sprachverhalten, die Pragmatik (3) betreffend

pragmatisch/praktisch *s. Kasten*

prag|ma|ti|sie|ren ‹*gr.-lat.-nlat.*› (österr.): [auf Lebenszeit] fest anstellen

Prag|ma|tis|mus, der; -: **1.** philosophische Lehre, die im Handeln das Wesen des Menschen erblickt u. Wert u. Unwert des Denkens danach bemisst. **2.** pragmatische Einstellung, Denk-, Handlungsweise

Prag|ma|tist, der; -en, -en: Vertreter des Pragmatismus, ↑Pragmatiker (2). **Prag|ma|tis|tin,** die; -, -nen: weibliche Form zu ↑Pragmatist

prä|g|nant ‹*lat.-frz.;* »schwanger, trächtig; voll, strotzend«›: etwas in knapper Form genau, treffend darstellend

Prä|g|nanz, die; -: Schärfe, Genauigkeit, Knappheit des Ausdrucks

Prä|gra|va|ti|on, die; -, -en ‹*lat.*› (veraltet): Überlastung, Überbürdung (z. B. mit Steuern)

prä|gra|vie|ren (veraltet): überlasten, mehr als andere belasten

Prä|his|to|rie [auch: ˈprɛː…], die; -: Vorgeschichte. **Prä|his|to|ri|ker** [auch: ˈprɛː…], der; -s, -: Wissenschaftler auf dem Gebiet der Prähistorie. **Prä|his|to|ri|ke|rin** [auch: ˈprɛː…], die; -, -nen: weibliche Form zu ↑Prähistoriker. **prä|his|to|risch** [auch: ˈprɛː…]: vorgeschichtlich

Prahm, der; -[e]s, -e u. Prähme ‹*tschech.*›: [kastenförmiger] großer Lastkahn

Prä|ho|mi|ni|ne, der; -n, -n (meist Plural) ‹*lat.-nlat.*› (Biol.): Vormensch, Übergangsform vom Menschenaffen zum Menschen

Prai|ri|al [prɛ…], der; -[s], -s ‹*lat.-frz.;* »Wiesenmonat«›: der 9. Monat des französischen Revolutionskalenders (20. Mai bis 18. Juni)

Prä|ju|diz, das; -es, -e ‹*lat.*›: **1.** vorgefasste Meinung, Vorentscheidung. **2.** (Rechtswiss.) **a)** [Vor]entscheidung eines oberen Gerichts in einer Rechtsfrage, die sich in einem anderen Rechtsstreit erneut stellt; **b)** (veraltet) durch Nichtbefolgung einer Verordnung entstehender Schaden. **3.** (Politik) vorgreifende Entscheidung

prä|ju|di|zi|al ‹*lat.-frz.*›: ↑ präjudiziell; vgl. ...al/...ell

prä|ju|di|zi|ell (Rechtswiss.): bedeutsam für die Beurteilung eines späteren Sachverhalts; vgl. ...al/...ell

prä|ju|di|zie|ren ‹*lat.*› (Politik, Rechtsspr.): eine [richterliche] Vorentscheidung über etwas treffen, ein Präjudiz schaffen

prä|kam|b|risch (Geol.): die vor dem ↑ Kambrium liegenden Zeiten betreffend

Prä|kam|b|ri|um, das; -s (Geol.): ↑ Archaikum u. ↑ Algonkium umfassender Zeitraum der erdgeschichtlichen Frühzeit

prä|kan|ze|rös ‹*lat.-nlat.*› (Med.): ↑ präkarzinomatös

Prä|kan|ze|ro|se, die; -, -n (Med.): morphologisch verändertes Gewebe, das sich fakultativ od. obligat in Tumorgewebe umwandelt

prä|kar|bo|nisch ‹*lat.-nlat.*› (Geol.): vor dem ↑ Karbon [liegend]

prä|kar|di|al, präkordial (Med.): vor dem Herzen liegend, die vor dem Herzen liegende Brustwand betreffend

Prä|kar|di|al|gie, die; -, ...ien ‹*lat.; gr.*› (Med.): Schmerzen in der Herzgegend

prä|kar|zi|no|ma|tös (Med.): die Entstehung eines Krebses vorbereitend od. begünstigend

Prä|kau|ti|on, die; -, -en ‹*lat.*› (veraltet): Vorsicht, Vorkehrung

prä|ka|vie|ren ‹*lat.*› (veraltet): sich vorsehen, Vorkehrungen treffen

prä|kli|nisch (Med.): **1.** vor Anwendung in der Klinik (von Arzneimitteln). **2.** nicht die typischen Krankheitssymptome aufweisend

prä|klu|die|ren ‹*lat.;* »verschließen, versperren«› (Rechtswiss.): jmdm. die (verspätete) Geltendmachung eines Rechts[mittels, -anspruchs] wegen Versäumnis einer ↑ Präklusivfrist gerichtlich verweigern

Prä|klu|si|on, die; -, -en (Rechtswiss.): das Präkludieren; Rechtsverwirkung

prä|klu|siv, präklusivisch ‹*lat.-nlat.*› (Rechtswiss.): ausschließend; rechtsverwirkend infolge versäumter Geltendmachung eines Rechts

Prä|klu|siv|frist, die; -, -en ‹*lat.-nlat.; dt.*› (Rechtswiss.): gerichtlich festgelegte Frist, nach deren Ablauf ein Recht infolge Versäumung nicht mehr geltend gemacht werden kann

prä|klu|si|visch vgl. präklusiv

Prä|ko|g|ni|ti|on, die; - ‹*lat.-nlat.*› (Parapsychol.): außersinnliche Wahrnehmung, bei der zukünftige Ereignisse vorausgesagt werden

prä|ko|lum|bisch: den Zeitraum vor der Entdeckung durch Kolumbus betreffend (in Bezug auf Amerika)

Prä|ko|ma, das; -s, -s ‹*lat.; gr.*› (Med.): beginnende Bewusstseinsstörung, Vorstadium eines ↑ [1]Komas

Prä|ko|ni|sa|ti|on, die; -, -en ‹*lat.-mlat.*›: feierliche Bekanntgabe einer Bischofsernennung durch den Papst vor den Kardinälen

prä|ko|ni|sie|ren: feierlich zum Bischof ernennen

prä|kor|di|al vgl. präkardial

Prä|kor|di|al|angst, die; - ‹*lat.; lat.-mlat.; dt.*› (Med. veraltet): mit Angstgefühl verbundene Beklemmung in der Herzgegend; ↑ Angina Pectoris

prak|ti|fi|zie|ren ‹*gr.-lat.*›: in die Praxis umsetzen, verwirklichen

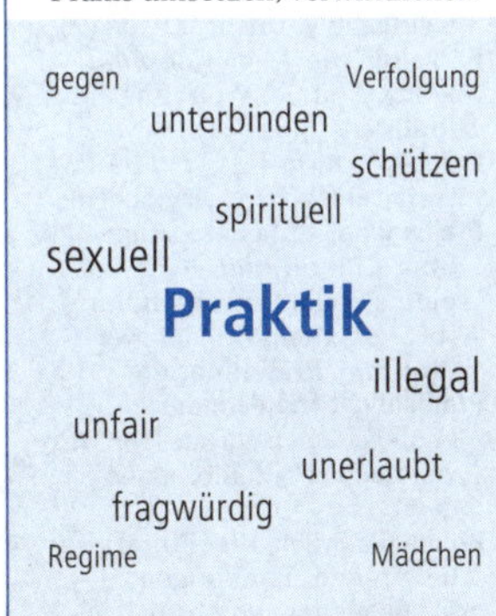

Prak|tik, die; -, -en ‹*gr.-lat.-mlat.(-frz.)*›: **1.** [bestimmte Art der] Ausübung von etwas; Handhabung, Verfahrensweise. **2.** (meist Plural) nicht ganz korrekter Kunstgriff; nicht immer einwandfreies u. erlaubtes Vorgehen. **3.** vom 15. bis 17. Jh. Kalenderanhang od. selbstständige Schrift mit Wettervorhersagen, astrologischen Prophezeiungen, Gesundheitslehren, Ratschlägen u. Ä.

Prak|ti|ka: *Plural* von ↑ Praktikum

prak|ti|ka|bel: 1. brauchbar, benutzbar, zweckmäßig; durch-, ausführbar. **2.** fest gebaut u. daher begehbar, zum Spielen zu benutzen (von Teilen der Theaterdekoration). **Prak|ti|ka|bel,** das; -s, -: begehbarer, benutzbarer Teil der Theaterdekoration (z. B. ein Podium)

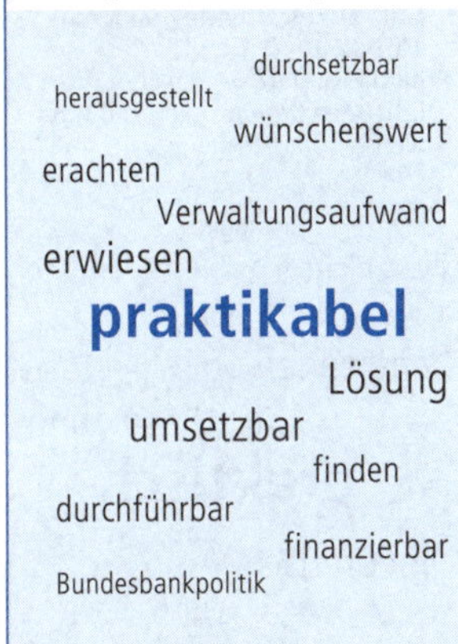

Prak|ti|ka|bi|li|tät, die; -: Brauchbarkeit, Zweckmäßigkeit; Durchführbarkeit

Prak|ti|kant, der; -en, -en ‹*gr.-lat.-mlat.*›: jmd., der ein Praktikum absolviert. **Prak|ti|kan|tin,** die; -, -nen: weibliche Form zu ↑ Praktikant

Prak|ti|ken: *Plural* von ↑ Praktik

Prak|ti|ker, der; -s, - ‹*gr.-lat.*›: **1.** Mann der [praktischen] Erfahrung (Ggs.: Theoretiker). **2.** (Medizinjargon) praktischer Arzt. **Prak|ti|ke|rin,** die; -, -nen: weibliche Form zu ↑ Praktiker

Prak|ti|kum, das; -s, ...ka ‹*nlat.*›: **1.** zur praktischen Anwendung des Erlernten eingerichtete Übungsstunde, Übung (bes. an den naturwissenschaftlichen Fakultäten einer Hochschule). **2.** für einen best. Bildungsgang erforderliche od. nützliche, außerhalb der Bildungseinrich-

praktisch

Er will nicht nur Worte geben, sondern praktische Hilfe leisten.
auf reales Handeln bezogen, gut anwendbar; fast, in etwa, im Prinzip
– der praktischen Fähigkeiten und der/Fertigkeiten ...
– theoretische [...] praktische Ausbildung [...] Prüfung
– praktisch überhaupt nichts mehr
Die sind praktisch und preiswert, ästhetisch allerdings eine Katastrophe.
Ziel der Gruppe ist die Umsetzung in praktische Politik.
Deshalb bestehe praktisch kein Handlungsspielraum.

praktikabel

Auch hier ist der Verein auf der Suche nach einer praktikablen Lösung.
brauchbar, zweckmäßig, durchführbar
– als nicht [...] praktikabel [...] verworfen worden
– eine praktikable [...] Lösung gefunden werden
– erwies sich als [nicht] praktikabel
Doch der Vorschlag wurde als nicht praktikabel erachtet.
Das hat sich als durchaus praktikabel erwiesen.
Software für den praktikablen Umgang mit derart riesigen Datenmengen gibt es jetzt.

tung abzuleistende praktische Tätigkeit
Prak|ti|kus, der; -, -se (scherzh.): jmd., der immer u. überall Rat weiß

unmöglich
veranlagt
identisch
Tipps
anwenden
Umsetzung
praktisch
theoretisch
umsetzen
ausgeschlossen
wertlos
unbegrenzt
pleite

prak|tisch ⟨*gr.-lat.*⟩: **1. a)** die Praxis, das Tun, das Handeln betreffend; ausübend; **praktischer Arzt:** nicht spezialisierter Arzt, Arzt für Allgemeinmedizin; **b)** in der Wirklichkeit auftretend; wirklich, tatsächlich. **2.** zweckmäßig, gut zu handhaben. **3.** geschickt; [durch stetige Übung] erfahren; findig. **4.** fast, so gut wie, in der Tat
praktisch/praktikabel *s. Kasten*
prak|ti|zie|ren ⟨*gr.-lat.-mlat.(-frz.)*⟩: **1. a)** etwas betreiben, ins Werk setzen; [Methoden] anwenden; **b)** etwas aktiv ausüben, in die Praxis umsetzen (z. B. praktizierender Katholik). **2.** seinen Beruf ausüben (bes. als Arzt). **3.** (österr.) seine praktische berufliche Ausbildung beginnen od. vervollkommnen. **4.** (ugs. veraltet) etwas geschickt irgendwohin bringen, befördern
Prak|ti|zis|mus, der; - ⟨*gr.-lat.-nlat.*⟩: Neigung, bei der praktischen Arbeit die theoretischen Grundlagen zu vernachlässigen
prä|kul|misch ⟨*lat.; engl.*⟩ (Geol.): vor dem ↑ [2]Kulm [liegend]
Prä|lat, der; -en, -en ⟨*lat.-mlat.*⟩: **1.** katholischer geistlicher Würdenträger [mit bestimmter oberhirtlicher Gewalt]. **2.** leitender evangelischer Geistlicher in einigen deutschen Landeskirchen. **Prä|la|tin,** die; -, -nen: weibliche Form zu ↑ Prälat (2)
Prä|la|tur, die; -, -en ⟨*lat.-mlat.-nlat.*⟩: Amt od. Wohnung eines Prälaten
Prä|le|gat, das; -[e]s, -e ⟨*lat.-nlat.*⟩ (veraltet): Vorausvermächtnis
Prä|li|mi|na|re, das; -s, ...rien (meist Plural) ⟨*lat.-mlat.*⟩: diplomatische Vorverhandlung (bes. zu einem Friedensvertrag); vgl. Präliminarien
Prä|li|mi|nar|frie|den, der; -s, - (Völkerrecht): vorläufiger, provisorisch abgeschlossener Frieden
Prä|li|mi|na|ri|en, die (Plural): vorbereitende Handlungen
prä|li|mi|nie|ren: vorläufig feststellen, -legen
Pra|li|ne, die; -, -n ⟨*frz.; angeblich nach dem frz. Marschall du Plessis-Praslin*⟩: kleines Stück Schokoladenkonfekt mit einer Füllung
Pra|li|né, Pra|li|nee [...ˈneː, auch: ˈpra...], das; -s, -s (bes. österr., schweiz.): ↑ Praline
prä|lo|gisch ⟨*lat.; gr.-lat.*⟩ (Philos.): vorlogisch; das primitive, natürliche, gefühlsmäßige, einfallsmäßige Denken betreffend. **Prä|lo|gis|mus,** der; - (Philos.): Lehre von den natürlichen, vorlogischen Denkformen
prä|lu|die|ren ⟨*lat.*⟩: durch ein musikalisches Vorspiel einleiten
Prä|lu|di|um, das; -s, ...ien ⟨*lat.-nlat.*⟩: **a)** oft frei improvisiertes musikalisches Vorspiel (z. B. auf der Orgel vor dem Gemeindegesang im Gottesdienst); **b)** Einleitung der Suite u. Fuge; **c)** fantasieartiges, selbstständiges Instrumentalstück
prä|ma|tur ⟨*lat.*⟩ (Med.): vorzeitig, frühzeitig, verfrüht auftretend (z. B. vom Einsetzen der Geschlechtsreife). **Prä|ma|tu|ri|tät,** die; - ⟨*lat.-nlat.*⟩ (Med.): Frühreife, vorzeitige Pubertät
Prä|me|di|ta|ti|on, die; -, -en ⟨*lat.*⟩ (Philos.): Vorüberlegung, das Vorausdenken
prä|mens|t|ru|ell ⟨*lat.-nlat.*⟩ (Med.): vor der Menstruation auftretend (von bestimmten Symptomen)
Prä|mie [...i̯ə], die; -, -n ⟨*lat.*⟩: **1.** Belohnung, Preis. **2.** [einmalige] zusätzliche Vergütung für eine bestimmte Leistung. **3.** Zugabe beim Warenkauf. **4.** Beitrag, den Versicherte für einen bestimmten Versicherungsschutz zahlen. **5.** zusätzlicher Gewinn in der Lotterie, im Lotto o. Ä.
Prä|mi|en|de|pot [...poː], das; -s, -s: Guthaben, das ein Versicherter durch vorzeitige

Zahlung bei einer [Lebens]versicherung hat

Prä|mi|en|fonds [...fõ:], der; -, - [...fõ:s]: Fonds (1 a), aus dem ↑Prämien (1, 2) gezahlt werden

prä|mie|ren, prä|mi|ie|ren: mit einem Preis belohnen, auszeichnen

Prä|mis|se, die; -, -n ⟨*lat.*⟩: **1.** (Philos.) Vordersatz im ↑Syllogismus. **2.** Voraussetzung

Prä|mo|der|ne, die; - ⟨*lat.; lat.-frz.*⟩: Phase der westlichen Kultur zwischen Antike u. Moderne, die in etwa dem Mittelalter entspricht

Prä|mo|lar, der; -en, -en ⟨*lat.-nlat.*⟩ (Med.): vorderer zweihöckeriger Backenzahn

prä|mo|ni|to|risch ⟨*lat.*⟩ (veraltet): warnend

Prä|mons|t|ra|ten|ser, der; -s, - ⟨*mlat.;* nach dem frz. Kloster Prémontré⟩: 1120 gegründeter Orden ↑regulierter Chorherren (Abk.: O. Praem.)

prä|mor|bid ⟨*lat.-nlat.*⟩ (Med.): die Prämorbidität betreffend, zu ihr gehörend, durch sie geprägt

Prä|mor|bi|di|tät, die; - ⟨*lat.-nlat.*⟩ (Med.): Gesamtheit der Krankheitserscheinungen, die sich bereits vor dem eigentlichen Ausbruch einer Krankheit zeigen

prä|mor|tal ⟨*lat.-nlat.*⟩ (Med.): vor dem Tode [auftretend], dem Tode vorausgehend

prä|mo|to|risch ⟨*lat.*⟩ (Med.): im Gehirn für die Vorbereitung von Bewegungen zuständig

prä|mun|dan ⟨*lat.-nlat.*⟩ (Philos.): vorweltlich, vor der Entstehung der Welt vorhanden

Prä|mu|ta|ti|on, die; -, -en ⟨*lat.-nlat.*⟩: Vorstufe einer ↑Mutation (1)

prä|na|tal ⟨*lat.-nlat.*⟩ (Med.): vor der Geburt, der Geburt vorausgehend

Prä|no|men, das; -s, - u. ...mina ⟨*lat.*⟩: der an erster Stelle stehende altrömische Vorname (z. B. *Marcus* Tullius Cicero); vgl. Kognomen, Nomen gentile

prä|no|tie|ren ⟨*lat.*⟩ (veraltet): vor[be]merken

Prä|no|va, die; -, ...vä ⟨*lat.-nlat.*⟩ (Astron.): Zustand vor dem Helligkeitsausbruch eines temporär veränderlichen Sterns

prä|nu|me|ran|do ⟨*lat.-nlat.*⟩: im Voraus (zu zahlen) (Ggs.: postnumerando)

Prä|nu|me|ra|ti|on, die; -, -en (Wirtsch. veraltet): Vorauszahlung

prä|nu|me|rie|ren: vorausbezahlen

Prä|nun|ti|a|ti|on, die; -, -en ⟨*lat.*⟩ (veraltet): Vorankündigung

Prä|ok|ku|pa|ti|on, die; -, -en ⟨*lat.*⟩: **a)** Vorwegnahme; **b)** Voreingenommenheit, Vorurteil, Befangenheit

prä|ok|ku|pie|ren: a) zuvorkommen; **b)** befangen machen

prä|ok|ku|piert (Psychol.): negative Erlebnisse der eigenen Kindheit auf den Umgang mit dem eigenen Kind übertragend, in ihnen befangen

prä|ope|ra|tiv ⟨*lat.-nlat.*⟩ (Med.): vor einer Operation [stattfindend] (z. B. von Behandlungen)

prä|pa|la|tal ⟨*lat.-nlat.*⟩ (Sprachwiss.): vor dem Gaumen gesprochen (von Lauten); vgl. Palatum (Ggs.: postpalatal)

Prä|pa|rand, der; -en, -en ⟨*lat.*⟩: **1.** (Geschichte) Vorbereitungsschüler (bei der Lehrerausbildung). **2.** Kind, das den Vorkonfirmandenunterricht besucht

Prä|pa|ran|den|an|stalt, die; -, -en (früher): Unterstufe der Lehrerbildungsanstalt

Prä|pa|ran|din, die; -, -nen: weibliche Form zu ↑Präparand

Prä|pa|rat, das; -[e]s, -e: **1.** (Fachspr.) für einen bestimmten Zweck hergestellte Substanz (z. B. Arzneimittel, chemisches Mittel). **2.** (Biol., Med.) **a)** konservierte Pflanze od. konservierter Tierkörper [zu Lehrzwecken]; **b)** Gewebsschnitt zum Mikroskopieren

Prä|pa|ra|ti|on, die; -, -en: **1.** (veraltet) Vorbereitung; häusliche Aufgabe. **2.** Herstellung eines Präparats (2)

prä|pa|ra|tiv ⟨*lat.-nlat.*⟩: die Herstellung von Präparaten (2) betreffend

Prä|pa|ra|tor, der; -s, ...oren ⟨*lat.*⟩: jmd., der (bes. an biologischen od. medizinischen Instituten, Museen o. Ä.) naturwissenschaftliche Präparate (2) herstellt u. pflegt. **Prä|pa|ra|to|rin,** die; -, -nen: weibliche Form zu ↑Präparator

prä|pa|rie|ren: 1. (bildungsspr.) **a)** (zu einem bestimmten Zweck) vorbereitend bearbeiten, vorbereiten; **b)** sich präparieren: sich vorbereiten. **2.** (Biol., Med.) (einen toten Organismus od. Teile davon) sachgerecht zerlegen u. durch spezielle Behandlung auf Dauer haltbar machen. **3.** (Med.) zielgerichtetes Freilegen anatomischer Strukturen (in der Chirurgie)

Prä|pon|de|ranz, die; - ⟨*lat.-frz.*⟩: Übergewicht (z. B. eines Staates)

prä|pon|de|rie|ren: überwiegen

prä|po|nie|ren ⟨*lat.*⟩: voranstellen, vorsetzen

Prä|po|si|ti: *Plural* von ↑Prapositus

Prä|po|si|ti|on, die; -, -en ⟨»das Voransetzen«⟩: Verhältniswort (z. B. auf, in)

prä|po|si|ti|o|nal ⟨*lat.-nlat.*⟩: die Präposition betreffend, verhältniswörtlich; **präpositionales Attribut:** ↑Präpositionalattribut

Prä|po|si|ti|o|nal|at|tri|but, das; -[e]s, -e (Sprachwiss.): mit einer Präposition angeschlossenes Attribut (2) (z. B. das Haus *am Markt*)

Prä|po|si|ti|o|nal|ka|sus, der; -, - [...zu:s] (Sprachwiss.): von einer Präposition bestimmter ↑Kasus (z. B. für *dich,* vor *Jahren*)

Prä|po|si|ti|o|nal|ob|jekt, das; -[e]s, -e (Sprachwiss.): mit einer Präposition angeschlossenes ↑Objekt; Verhältnisergänzung (z. B. ich denke *an dich*)

Prä|po|si|tiv, der; -s, -e ⟨*lat.*⟩ (Sprachwiss.): bes. im Russischen ein ↑Kasus, der von einer Präposition abhängig ist, bes. der ↑Lokativ (z. B. *w gorode* = in der Stadt)

Prä|po|si|tur, die; -, -en ⟨*lat.-mlat.*⟩: Stelle eines Präpositus

Prä|po|si|tus, der; -, ...ti ⟨*lat.*⟩: lat. Bez. für: Vorgesetzter, Propst

prä|po|tent ⟨*lat.*⟩: **1.** (veraltet) überlegen, übermächtig. **2.** (österr., abwertend) aufdringlich, frech, überheblich. **Prä|po|tenz,** die; -, -en (veraltet): Übermacht, Überlegenheit

Prä|pro|zes|sor, der; -s, -en ⟨(*lat.-*

nlat.) engl.⟩ (EDV): Computerprogramm, das den Text einer Quelldatei vorbereitet u. zur weiteren Bearbeitung an ein anderes Programm (z. B. einen Compiler) weitergibt

Prä|pu|ti|um, das; -s, ...ien ⟨*lat.*⟩ (Med.): Vorhaut des Penis

Prä|raf|fa|e|lis|mus, Präraffaelitismus, der; - ⟨*lat.; it.-nlat.*⟩: Theorie, Ziele, Ausprägung der Kunst der Präraffaeliten

Prä|raf|fa|e|lit, der; -en, -en: Angehöriger einer (1848 gegründeten) Gruppe von englischen Malern, die im Sinne [der Vorläufer] Raffaels die Kunst durch seelische Vertiefung zu erneuern suchten

Prä|raf|fa|e|li|tis|mus vgl. Präraffaelismus

Prä|rie, die; -, ...ien ⟨*lat.-frz.;* »Wiese, Wiesenlandschaft«⟩: Grasland im mittleren Westen Nordamerikas

Prä|rie|aus|ter, die; -, -n: je zur Hälfte aus Weinbrand u. einem mit Öl übergossenen Eigelb bestehendes, scharf gewürztes Mixgetränk

Prä|ro|ga|tiv, das; -s, -e, **Prä|ro|ga|ti|ve,** die; -, -n ⟨*lat.*⟩: Vorrecht, früher bes. des Herrschers bei der Auflösung des Parlaments, dem Erlass von Gesetzen u. Ä.

Prä|sa|pi|ens, der; - ⟨*lat.-nlat.; dt.*⟩ (Anthropol.): Vorläufer des ↑Homo sapiens

P
Präp

Pra|sem, der; -s ⟨*gr.-lat.*⟩: lauchgrüner Quarz, Schmuckstein

Prä|sens, das; -, ...sentia [...zia] od. ...senzien ⟨*lat.*⟩ (Sprachwiss.): **1.** Zeitform, mit der ein verbales Geschehen od. Sein aus der Sicht des Sprechers als gegenwärtig charakterisiert wird; Gegenwart. **2.** Verbform im Präsens (1) (z. B. ich *esse*); vgl. Praesens historicum

Prä|sens|par|ti|zip, das; -s, -ien: ↑Partizip Präsens

prä|sent ⟨*lat.*⟩: anwesend; gegenwärtig; mit dabei; vertreten

Prä|sent, das; -[e]s, -e ⟨*lat.-frz.*⟩: Geschenk, kleine Aufmerksamkeit

prä|sen|ta|bel: ansehnlich, vorzeigbar

Prä|sen|tant, der; -en, -en ⟨*lat.-nlat.*⟩ (Wirtsch.): jmd., der einen Wechsel zur Annahme od. Bezahlung vorlegt. **Prä|sen|tan|tin,** die; -, -nen: weibliche Form zu ↑Präsentant

Prä|sen|ta|ta: *Plural* von ↑Präsentatum

Prä|sen|ta|ti|on, die; -, -en ⟨*lat.-mlat.*⟩: **1.** Präsentierung. **2.** Vorlage, bes. das Vorlegen eines Wechsels; vgl. ...ation/...ierung

Prä|sen|ta|tor, der; -s, ...oren: jmd., der etwas (z. B. eine Sendung in Funk od. Fernsehen) vorstellt, darbietet, kommentiert. **Prä|sen|ta|to|rin,** die; -, -nen: weibliche Form zu ↑Präsentator

Prä|sen|ta|tum, das; -s, ...ta ⟨*lat.*⟩ (veraltet): Tag der Vorlage, Einreichung (eines Schriftstückes)

Prä|sen|tia: *Plural* von ↑Präsens

prä|sen|tie|ren ⟨*lat.-frz.*⟩: **1.** überreichen, darbieten. **2.** vorlegen, vorzeigen, vorweisen (z. B. einen Wechsel zur Annahme od. Bezahlung). **3.** sich präsentieren: sich zeigen, vorstellen. **4.** mit der Waffe eine militärische Ehrenbezeigung machen. **Prä|sen|tie|rung,** die; -, -en: Vorstellung, Vorzeigung, Überreichung; vgl. ...ation/...ierung, Präsentation

prä|sen|tisch: das Präsens betreffend

Prä|senz, die; -, -en ⟨*lat.-frz.*⟩: **1.** Anwesenheit, [bewusst wahrgenommene] Gegenwärtigkeit; das Dabeisein; das Vertretensein. **2.** körperliche Ausstrahlung[skraft]

Prä|senz|bi|b|lio|thek, die; -, -en: Bibliothek, deren Bücher nicht entliehen, sondern nur an Ort und Stelle benutzt werden dürfen

Prä|senz|die|ner, der; -s, - (österr. Amtsspr.): wehrpflichtiger Soldat im Grundwehrdienst des österr. Bundesheeres

Prä|senz|dienst, der; -[e]s, -e (österr. Amtsspr.): Grundwehrdienst beim österreichischen Bundesheer

Prä|senz|lis|te, die; -, -n: Anwesenheitsliste

Pra|seo|dym, das; -s ⟨*gr.-nlat.*⟩: chem. Element (seltene Erde) (Zeichen: Pr)

Prä|ser, der; -s, - (salopp): Kurzform von ↑Präservativ

prä|ser|va|tiv ⟨*lat.-frz.*⟩: vorbeugend, verhütend. **Prä|ser|va|tiv,** das; -s, -e: ↑Kondom

Prä|ser|ve, die; -, -n (meist Plural): nicht vollständig keimfreie Konserve; Halbkonserve

prä|ser|vie|ren: 1. schützen, vor einem Übel bewahren. **2.** erhalten, haltbar machen

Prä|ses, der u. die; -, Präsides [...de:s] u. Präsiden ⟨*lat.*⟩: **1.** geistlicher Vorstand eines katholischen kirchlichen Vereins. **2.** Vorsitzende[r] einer evangelischen Synode

Prä|si|de, der; -n, -n: **1.** (ugs.) Mitglied eines Präsidiums (1 a). **2.** (Verbindungsw.) Vorsitzender, Leiter einer studentischen Kneipe, eines Kommerses

Prä|si|den: *Plural* von ↑Präses u. ↑Präside

Prä|si|dent, der; -en, -en ⟨*lat.-frz.*⟩: **1.** Vorsitzender (einer Versammlung o. Ä.). **2.** Leiter (einer Behörde, einer Organisation o. Ä.). **3.** Staatsoberhaupt einer Republik. **prä|si|den|ti|ell: 1.** einen ↑Präsidenten (3) einsetzend, von ihm geleitet. **2.** vom ↑Präsidenten (3) ausgehend, zu ihm gehörend. **3.** einem [zukünftigen] ↑Präsidenten (3) angemessen. **Prä|si|den|tin,** die; -, -nen: weibliche Form zu ↑Präsident

Prä|si|des [...de:s]: *Plural* von ↑Präses

prä|si|di|a|bel: befähigt, ein Präsidentenamt zu übernehmen

prä|si|di|al ⟨*lat.*⟩: den Präsidenten od. das Präsidium (1) betreffend

Prä|si|di|a|le, die; - (österr.): [Konferenz des] Präsidium[s] des Nationalrats

Prä|si|di|al|sys|tem, das; -s: Regierungsform, bei der der Staatspräsident aufgrund eigener Autorität u. unabhängig vom Vertrauen des Parlaments zugleich Chef der Regierung ist

prä|si|die|ren ⟨*lat.-frz.*⟩: **1.** (einem Gremium o. Ä.) vorsitzen. **2.** (eine Versammlung o. Ä.) leiten

Prä|si|di|um, das; -s, ...ien ⟨*lat.*⟩: **1. a)** leitendes ↑Gremium (a) einer Versammlung, einer Organisation o. Ä.; **b)** Vorsitz, Leitung. **2.** Amtsgebäude eines [Polizei]präsidenten

prä|si|lu|risch ‹*nlat.*› (Geol.): vor dem ↑Silur [liegend]
Prä|skle|ro|se, die; -, -n ‹*lat.; gr.*› (Med.): **1.** Vorstadium einer Arterienverkalkung. **2.** im Verhältnis zum Lebensalter zu früh eintretende Arterienverkalkung
prä|skri|bie|ren ‹*lat.*›: **1.** vorschreiben, verordnen. **2.** (Rechtswiss.) für verjährt erklären
Prä|skrip|ti|on, die; -, -en: **1.** Vorschrift, Verordnung. **2.** (Rechtswiss.) Verjährung
prä|skrip|tiv (Fachspr.): vorschreibend, Normen setzend (Ggs.: deskriptiv)
prä|sta|bi|lie|ren ‹*lat.-nlat.*›: vorher festsetzen; **prästabilierte Harmonie** (Philos.): von Gott im Voraus festgelegte harmonische Übereinstimmung von Körper u. Seele (nach Leibniz)
Prä|s|tan|dum, das; -s, ...da ‹*lat.*› (veraltet): pflichtmäßige Leistung; Abgabe
Prä|s|tant, der; -en, -en: große, sichtbar im ↑Prospekt (3) stehende Orgelpfeife
Prä|s|tanz, die; -, -en (veraltet): Leistungsfähigkeit
Prä|s|ta|ti|on, die; -, -en (veraltet): Abgabe, Leistung
prä|s|tie|ren (veraltet): **a)** entrichten, leisten; **b)** für etwas haften
prä|su|mie|ren ‹*lat.*›: **1.** (Philos.; Rechtsspr.) voraussetzen, annehmen, vermuten. **2.** (landsch.) argwöhnen
Prä|sump|ti|on usw. vgl. Präsumtion usw.
Prä|sum|ti|on, die; -, -en (Philos.; Rechtsspr.): Voraussetzung, Vermutung, Annahme. **prä|sum|tiv** (Philos.; Rechtsspr.): voraussetzend, wahrscheinlich, vermutlich
prä|sup|po|nie|ren ‹*lat.-nlat.*›: stillschweigend voraussetzen
Prä|sup|po|si|ti|on, die; -, -en: **1.** stillschweigende Voraussetzung. **2.** (Sprachwiss.) einem Satz, einer Aussage zugrunde liegende, als gegeben angenommene Voraussetzung, die zwar nicht unmittelbar ausgesprochen ist, aber meist gefolgert werden kann
prä|tek|to|nisch (Geol.): vor tektonischen Bewegungen eingetreten (von Veränderungen in Gesteinen)
Prä|ten|dent, der; -en, -en ‹*lat.-frz.*›: jmd., der Ansprüche auf ein Amt, eine Stellung, bes. auf den Thron, erhebt. **Prä|ten|den|tin,** die; -, -nen: weibliche Form zu ↑Prätendent
prä|ten|die|ren: 1. Anspruch erheben, fordern, beanspruchen. **2.** behaupten, vorgeben
Prä|ten|ti|on, die; -, -en: Anspruch, Anmaßung. **prä|ten|ti|ös:** anspruchsvoll; anmaßend, selbstgefällig
prä|te|rie|ren ‹*lat.*›: auslassen, übergehen
Prä|te|r|i|ta: *Plural* von ↑Präteritum
prä|te|r|i|tal ‹*lat.-nlat.*›: das Präteritum betreffend
Prä|te|r|i|tio, Prä|te|r|i|ti|on, die; -, ...onen ‹*lat.*›: ↑Paralipse
Prä|te|r|i|to|prä|sens, das; -, ...sentia od. ...senzien ‹*lat.-nlat.*› (Sprachwiss.): Verb, dessen Präsens ein früheres starkes Präteritum ist (z. B. *kann* als Präteritum zu ahd. *kunnan,* das »wissen, verstehen« bedeutete)
Prä|te|r|i|tum, das; -s, ...ta ‹*lat.*› (Sprachwiss.): **1.** Zeitform, die das verbale Geschehen od. Sein aus der Sicht des Sprechers als vergangen charakterisiert, bes. in literarischen erzählenden od. beschreibenden Texten, in denen etwas als abgeschlossen u. als ohne Bezug zur Gegenwart dargestellt wird; Imperfekt. **2.** Verbform im Präteritum (1) (z. B. ich *aß*)
prä|ter|prop|ter: etwa, ungefähr
Prä|text [auch: ˈprɛː...], der; -[e]s, -e ‹*lat.-frz.*› (veraltet): Vorwand, Scheingrund; vgl. Praetexta
Prä|tor, der; -s, ...oren ‹*lat.*›: höchster [Justiz]beamter im Rom der Antike
Prä|to|ri|a|ner, der; -s, -: Angehöriger der Leibwache römischer Feldherren od. Kaiser
Prä|to|ri|a|ner|prä|fekt, der; -en, -en: Kommandant der Prätorianer
prä|to|risch: das Amt, die Person des Prätors betreffend
Prä|tur, die; -, -en: Amt, Amtszeit eines Prätors
Prau, die; -, -e ‹*malai.*›: Boot der Malaien
prä|va|lent ‹*lat.*›: überlegen; vorherrschend, überwiegend. **Prä|va|lenz,** die; -: **1.** Überlegenheit; das Vorherrschen. **2.** (Med.) die zu einem bestimmten Zeitpunkt od. innerhalb eines Zeitraums bestehende Häufigkeitsrate einer Krankheit
prä|va|lie|ren: vorherrschen, vorwiegen, überwiegen
Prä|va|ri|ka|ti|on, die; -, -en ‹*lat.*› (Rechtsspr.): Amtsuntreue, Parteiverrat (bes. von einem Anwalt, der beiden Prozessparteien dient)
prä|ve|nie|ren ‹*lat.*›: zuvorkommen
Prä|ve|ni|re, das; -[s] (veraltet): das Zuvorkommen
Prä|ven|ti|on, die; -, -en ‹*lat.-mlat.*›: Vorbeugung, Verhütung (bes. im Gesundheitswesen, in der Verbrechensbekämpfung, im Rechtswesen)
prä|ven|tiv ‹*lat.-nlat.*›: vorbeugend, verhütend
Prä|ven|tiv|krieg, der; -[e]s, -e ‹*lat.-nlat.; dt.*›: Angriffskrieg, der dem voraussichtlichen Angriff des Gegners zuvorkommt
Prä|ven|tiv|me|di|zin, die; -: Teilgebiet der ↑Medizin, auf dem man sich mit vorbeugender Gesundheitsfürsorge befasst
Prä|ven|tiv|mit|tel, das; -s, - (Med.): **1.** zur Vorbeugung [gegen eine Erkrankung] angewandtes Mittel. **2.** ↑Kondom
Prä|ven|tiv|ver|kehr, der; -[e]s, -e: Geschlechtsverkehr mit empfängnisverhütenden Mitteln
Prä|verb, das; -s, -en ‹*lat.-nlat.*› (Sprachwiss.): mit dem Wortstamm nicht fest verbundener Teil eines zusammengesetzten ↑Verbs; Verbzusatz (z. B. *teil*nehmen – ich nehme *teil*)
Pra|xe|o|lo|gie, die; - ‹*gr.-nlat.*›: Wissenschaft vom (rationalen) Handeln, Entscheidungslogik. **pra|xe|o|lo|gisch:** die Praxeologie betreffend
Pra|xis, die; -, ...xen ‹*gr.-lat.*›: **1.** (ohne Plural) Anwendung von Gedanken, Vorstellungen, Theorien o. Ä. in der Wirklichkeit; Ausübung, Tätigsein, Erfahrung; Ggs. ↑Theorie (2 a); vgl. in praxi. **2.** (ohne Plural) durch praktische Tätigkeit gewonnene Erfahrung, Berufserfahrung. **3.** Handhabung, Verfahrensart, Praktik (1). **4. a)** gewerbliches Unternehmen, Tätigkeitsbereich, bes.

Praxis	Praktik
Alsbald haben sie das Gelernte erfolgreich in die Praxis umgesetzt. *praktische Anwendung von Verfahren, Berufserfahrung; Behandlungsräume* – eine Abkehr von der bisherigen [...] Praxis – theoretisches Wissen in die Praxis [...] umsetzen – Theorie und Praxis [... zu] verbinden Die bisherige Praxis muss unbedingt geändert werden. Pure Theorie, die Praxis sieht meist anders aus. Der Anwalt praktiziert seit Jahren in dieser Praxis.	Anfänglich trafen sie sich, um über bewährte Praktiken zu sprechen. *Verfahrensweise, besonders auch unerlaubte* – die dubiosen [...] Praktiken der ... – die menschenverachtenden [...] Praktiken des/der ... – von illegalen Praktiken gewusst Beim Prozess kommen wenig vornehme Praktiken aus Wirtschaft und Politik an den Tag. Welche Praktiken sind nicht erlaubt? Man habe sie gegen ihren Willen festgehalten und zu sexuellen Praktiken gezwungen.

von Ärzt/-innen od. Anwält/-innen; **b)** Arbeitsräume von Ärzt/-innen od. Anwält/-innen

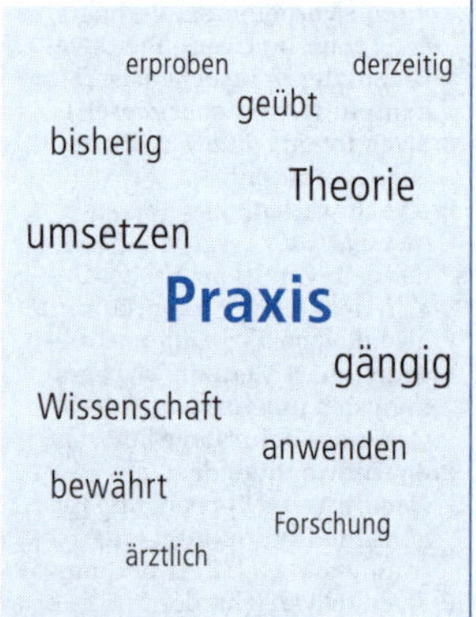

Praxis/Praktik *s. Kasten*

Prä|ze|dens, das; -, ...denzien ‹*lat.*›: früherer Fall, früheres Beispiel

Prä|ze|denz, die; -, -en: Rangfolge, Vortritt bei Prozessionen u. Versammlungen der katholischen Kirche

Prä|ze|denz|fall, der; -[e]s, ...fälle ‹*lat.; dt.*›: Musterfall, der für zukünftige, ähnlich gelagerte Situationen richtungweisend ist; vgl. Präjudiz

prä|ze|die|ren: in ↑Präzession sein

Prä|zen|tor, der; -s, ...oren ‹*lat.-mlat.*›: Vorsänger in Kirchenchören

Prä|zep|ti|on, die; -, -en ‹*lat.*› (veraltet): Unterweisung; Vorschrift, Verfügung

Prä|zep|tor, der; -s, ...oren (veraltet): Lehrer, Erzieher; vgl. Praeceptor Germaniae

prä|zes|sie|ren ‹*lat.-nlat.*›: ↑präzedieren

Prä|zes|si|on, die; -, -en: **1.** ausweichende Bewegung der Rotationsachse eines Kreisels bei Krafteinwirkung. **2.** (Astron.) durch Kreiselbewegung der Erdachse (in etwa 26 000 Jahren) verursachte Rücklaufbewegung des Schnittpunktes (Frühlingspunktes) zwischen Himmelsäquator u. Ekliptik

Prä|zi|pi|tat, das; -[e]s, -e ‹*lat.*›: **1.** (Med.; Chemie) [chemischer] Niederschlag, Bodensatz; Produkt einer Ausfällung od. Ausflockung. **2.** (Landwirtsch.) Dünger, der leicht aufgenommen wird

Prä|zi|pi|ta|ti|on, die; -, -en (Med.; Chemie): Ausfällung od. Ausflockung (z. B. von Eiweißkörpern)

Prä|zi|pi|tat|sal|be, die; - ‹*lat.; dt.*›: eine antiseptische Augensalbe

prä|zi|pi|tie|ren ‹*lat.*› (Med.; Chemie): ausfällen, ausflocken

Prä|zi|pi|tin, das; -s, -e ‹*lat.-nlat.*› (Med.): Antikörper im Blut, der bei Kontakt mit einem spezifischen Antigen zu einem Antigen-Antikörper-Komplex in Form einer Verklumpung od. Ausfällung führt

Prä|zi|pu|um, das; -s, ...pua ‹*lat.;* »das Besondere, das besondere Recht, Sonderteil«› (schweiz., sonst veraltet): Geldbetrag, der vor Aufteilung des Gesellschaftsgewinns einem Gesellschafter für besondere Leistungen aus dem Gewinn gezahlt wird

prä|zis (bes. österr.), **prä|zi|se** ‹*lat.-frz.;* »vorn abgeschnitten; abgekürzt; zusammengefasst«›: bis ins Einzelne gehend genau [umrissen, angegeben]; nicht nur vage

prä|zi|sie|ren: genauer bestimmen, eindeutiger beschreiben, angeben

Prä|zi|si|on, die; -: Genauigkeit; Feinheit

Pre|bio|ti|kum, das; -s, ...ka ‹*(lat.; gr.-nlat.) engl.*›: (in Nahrungsmitteln enthaltene) Substanz, die zur Gesunderhaltung durch Vermehrung im Darm lebender nützlicher Bakterien beiträgt, z. B. ↑Inulin. **pre|bio|tisch** ‹*(lat.; gr.-nlat.) engl.*›: nützlichen Darmbakterien als Nahrung dienend u. deshalb zu deren Vermehrung u. zur Gesunderhaltung beitragend

Pre|can|cel [pri:ˈkɛntsl], das; -s, -s ‹*engl.*›: **a)** (Philat.) im Voraus vom Absender entwertete Briefmarke (bei Massensendungen); **b)** (bes. in den USA) Entwertung einer Briefmarke im Voraus durch den Absender

Pré|ci|euses [preˈsjø:z], die (Plural) ‹*lat.-frz.*›: literarischer Kreis von Frauen im Paris des 17. Jh.s, die sich um die Pflege der gesellschaftlichen Sitten u. der französischen Sprache verdient machten

pre|ci|pi|tan|do [pretʃi...] ‹*lat.-it.*› (Musik): plötzlich beschleunigend, eilend, stürzend (Vortragsanweisung)

Pré|cis [preˈsi:], der; -, - [...ˈsi:(s)] ‹*frz.*›: kurz u. präzise abgefasste Inhaltsangabe (Aufsatzform)

Pre|del|la, die; -, -s u. ...llen, **Pre|del|le,** die; -, -n ‹*germ.-it.*›: **1.** Staffel eines [spätgotischen] Altars mit gemaltem od. geschnitztem Bildwerk. **2.** oberste Altarstufe

Pre|em|pha|sis, die; - ‹*(lat.; gr.) engl.*› (Funkw.): Vorverzerrung (Verstärkung) der hohen Töne, um sie von Störungen zu unterscheiden (im Empfänger erfolgt

die Nachentzerrung); vgl. Deemphasis
Pre|fe|rence [prefeˈrɑ̃:s], die; -, -n [...sn̩] ⟨*lat.-frz.*⟩: französisches Kartenspiel
Preis|in|dex, der; -[es], -e u. ...dizes, auch: ...dices [...ditse:s] ⟨*dt.; lat.*⟩ (Wirtsch.): statistische Messzahl für die Höhe bestimmter Preise zu einem bestimmten Zeitpunkt
pre|kär ⟨*lat.-frz.;* »durch Bitten erlangt; widerruflich«⟩: misslich, schwierig, heikel
Pre|ka|rei|han|del, der; -s ⟨*lat.-mlat.; dt.*⟩: Handel zwischen Angehörigen gegeneinander Krieg führender Staaten unter neutraler Flagge
Pre|ka|ria: *Plural* von ↑Prekarium
Pre|ka|ri|at, das; -[e]s, -e (Plural selten) ⟨*lat.*⟩: Teil der Bevölkerung, der (wegen lang anhaltender Arbeitslosigkeit, unsicherer od. schlecht bezahlter Beschäftigung) in Armut lebt bzw. von Armut bedroht ist und nur geringe Aufstiegschancen hat
Pre|ka|rie [...i̯ə], die; -, -n ⟨*lat.-mlat.*⟩ (Geschichte): **1.** im Mittelalter auf Widerruf verliehenes Gut (z. B. eine Pfründe). **2.** Schenkung eines Grundstücks o. Ä. an die Kirche, das der Schenkende als Lehen zurückerhält
Pre|ka|ri|sie|rung, die; -: Entwicklung, durch die jmd., etw. dem Prekariat zugerechnet wird
Pre|ka|ri|um, das; -s, ...ia ⟨*lat.*⟩: (im römischen Recht) widerrufbare, auf Bitte hin erfolgende Einräumung eines Rechts, das keinen Rechtsanspruch begründet
Pré|lude [preˈlyd], das; -s, -s ⟨*lat.-frz.*⟩: **1.** fantasieartiges Musikstück für Klavier od. Orchester. **2.** frz. Bez. für ↑Präludium
Pre|mi|er [prəˈmi̯e:, pre...], der; -s, -s ⟨*lat.-frz.;* »Erster«⟩: Kurzform von ↑Premierminister
Pre|mi|e|re, die; -, -n: Erst-, Uraufführung
Pre|mi|e|rin [prəmi̯ˈe:rɪn, pre...], die; -, -nen: weibliche Form zu ↑Premier
Pre|mi|er Jus [prəmje: ˈʒy], das; - - ⟨*frz.*⟩: mit Salzwasser ausgeschmolzenes u. gereinigtes Rinderfett
Pre|mi|er|leut|nant [prəˈmi̯e:..., pre...], der; -s, -s (selten: -e) (veraltet): Oberleutnant
Pre|mi|er|mi|nis|ter, der; -s, -: Ministerpräsident. **Pre|mi|er|mi|nis|te|rin,** die; -, -nen: weibliche Form zu ↑Premierminister
pre|mi|um ⟨*lat.-engl.*⟩: von besonderer, bester Qualität
Pre|mi|um|pro|dukt, das; -[e]s, -e (Werbespr.): Produkt von hoher Qualität
Pre|n|o|nym, das; -s, -e ⟨*lat.-frz.; gr.*⟩: Deckname, der aus einem Vornamen besteht od. gebildet ist (z. B. *Heinrich George* aus: Georg Heinrich [Schulz])
Pre|paid|han|dy [ˈpri:pɛɪ̯t...], das; -s, -s ⟨*engl.; dt.*⟩: grundgebührenfreies Handy mit einem Guthabenkonto, das durch den Kauf von Guthabenkarten aufgeladen werden kann
Pre|per|cep|tion [ˈpri:pəˈsɛpʃən], die; -, -s ⟨*lat.-engl.*⟩ (Psychol. veraltend): der bewussten Wahrnehmung vorausgehende [sinnliche] Vorstellung
prep|pen ⟨*engl.*⟩ (Jargon): sich für das Überleben im Krisen- od. Katastrophenfall rüsten. **Prep|per,** der; -s, - (Jargon): jmd., der preppt. **Prep|pe|rin,** die; -, -nen: weibliche Form zu ↑Prepper
Pre|print [ˈpri:prɪnt], das; -s, -s ⟨*engl.*⟩ (Buchw.): Vorausdruck, Vorabdruck (z. B. eines wissenschaftlichen Werks, eines Tagungsreferates o. Ä.); vgl. Reprint
Pre|quel [ˈpri:kwəl], das; -s, -s ⟨*engl.;* Kurzw. aus *pre* »vor(her)« u. se*quel* »Fortsetzung«⟩ (Filmjargon): Fortsetzungsfilm, dessen Handlung nicht nach, sondern vor den Ereignissen des älteren Films liegt (Ggs.: Sequel)
Pres|by|a|ku|sis, die; - ⟨*gr.-nlat.*⟩ (Med.): Altersschwerhörigkeit
Pres|by|o|pie, die; - (Med.): Alters[fehl]sichtigkeit durch Veränderung des Linsenapparates
Pres|by|ter, der; -s, - ⟨*gr.-lat.*⟩: **1.** Gemeindeältester im Urchristentum. **2.** Mitglied eines evangelischen Kirchenvorstands. **3.** lat. Bez. für: Priester (dritter Grad der katholischen höheren Weihen)
pres|by|te|ri|al ⟨*gr.-nlat.*⟩: das Presbyterium (1) betreffend, zu ihm gehörend, von ihm ausgehend
Pres|by|te|ri|al|ver|fas|sung, die; - ⟨*gr.-nlat.; dt.*⟩: evangelische [reformierte] Kirchenordnung, nach der sich die Einzelgemeinde durch ein Presbyterium (1) selbst verwaltet
Pres|by|te|ri|a|ner, der; -s, - ⟨*gr.-nlat.*⟩: Angehöriger protestantischer Kirchen mit Presbyterialverfassung in England u. Amerika. **Pres|by|te|ri|a|ne|rin,** die; -, -nen: weibliche Form zu ↑Presbyterianer
pres|by|te|ri|a|nisch: die Presbyterialverfassung, Kirchen mit Presbyterialverfassung betreffend
Pres|by|te|rin, die; -, -nen: weibliche Form zu ↑Presbyter (2)
Pres|by|te|ri|um, das; -s, ...ien ⟨*gr.-lat.*⟩: **1.** aus Pfarrer/-in u. Presbyter/-innen bestehender evangelischer Kirchenvorstand. **2.** Versammlungsraum eines evangelischen Kirchenvorstands. **3.** katholisches Priesterkollegium. **4.** Chorraum einer Kirche
Pre|se|lec|tion [pri:sɪˈlɛkʃən], die; -, -s ⟨*engl.;* eigtl. »Vorwahl«⟩: vertragliche Bindung eines Teilnehmers, einer Teilnehmerin an einen bestimmten Anbieter im Telefonnetz
Pre|sen|ning vgl. Persenning
Pre|sen|ter [pri...], der; -s, - ⟨*engl.*⟩: **1.** jmd., der eine Ware vorstellt, anpreist. **2.** (bes. EDV) Fernbedienung für den Computer (bei Präsentationen mithilfe eines Beamers); Zeigegerät
Pre|shave [ˈpri:ʃɛɪ̯f], das; -[s], -s ⟨*engl.*⟩: Kurzform von ↑Preshave-Lotion
Pre|shave-Lo|tion, Pre|shave|lo|tion [ˈpri:ʃɛɪ̯flɔʊ̯ʃn̩], die; -, -s: vor der Rasur zu verwendendes Gesichtswasser; vgl. After-shave-Lotion
pres|sant ⟨*lat.-frz.*⟩ (bes. schweiz.): eilig, dringend
pres|san|te ⟨*lat.-it.*⟩ (Musik): drängend, treibend (Vortragsanweisung)
Pres|se, die; -, -n ⟨*lat.-mlat.(-frz.)*⟩: **1. a)** Vorrichtung, Maschine, die durch Druck Rohstoffe, Werkstücke o. Ä. formt; **b)** Gerät zum Auspressen von Obst; **c)** Druckmaschine, Druckpresse. **2.** (ohne Plural) **a)** Gesamtheit der periodischen Druckschriften, der Zeitungen u. Zeitschriften; **b)** Beurteilung in Zei-

tungen u. Zeitschriften, Presseecho. **3.** (ugs. abwertend) Privatschule, die [schwache] Schüler intensiv auf eine Prüfung vorbereitet

Pres|se|kon|fe|renz, die; -, -en: Zusammenkunft prominenter Persönlichkeiten od. ihrer Beauftragten mit Vertretern von Publikationsorganen zur Beantwortung gezielter Fragen

Pres|sen|ti|ment [prɛsɑ̃tiˈmɑ̃:], das; -s, -s ‹*lat.-frz.*› (veraltet): Ahnung, Vorgefühl

Pres|seur [...ˈsø:ɐ̯], der; -s, -e ‹*lat.-frz.*›: mit Gummi überzogene Stahlwalze der Tiefdruckmaschine, die das Papier an den Schriftträger presst

pres|sie|ren (bes. südd., österr., schweiz.): **a)** eilig, dringend sein; drängen; **b)** sich beeilen

Pres|sing, das; -s ‹*engl.*› (bes. Fußball): Spielweise, bei der der Gegner bereits in seiner eigenen Spielfeldhälfte stark unter Druck gesetzt wird (u. a. durch enge Manndeckung), sodass er seinerseits keine Gelegenheit zum Angriff findet

Pres|si|on, die; -, -en ‹*lat.*›: Druck, Nötigung, Zwang

Pres|sure-Group, Pres|sure|group [ˈprɛʃɐgru:p], die; -, -s ‹*engl.*›: Interessenverband, der (oft mit Druckmitteln) auf Parteien, Parlament, Regierung, Verwaltung u. a. Einfluss zu gewinnen sucht; vgl. Lobbyismus

Pres|ti: *Plural* von ↑Presto

Pres|ti|di|gi|ta|teur [...diʒitaˈtø:ɐ̯], der; -s, -e ‹*(lat.-it.-frz.; lat.) frz.*› (veraltet): Gaukler, Taschenspieler

Pres|ti|ge [...ˈti:ʒə, ...ti:ʃ], das; -s ‹*lat.-frz.;* »Blendwerk, Zauber«›: [positives] Ansehen, Geltung

Pres|tis|si|mi: *Plural* von ↑Prestissimo

pres|tis|si|mo ‹*lat.-it.*› (Musik): sehr schnell, in schnellstem Tempo (Vortragsanweisung). **Pres|tis|si|mo,** das; -s, -s u. ...mi: **1.** (Musik) äußerst schnelles Tempo. **2.** Musikstück in schnellstem Zeitmaß

pres|to (Musik): schnell (Vortragsanweisung). **Pres|to,** das; -s, -s u. ...ti: **1.** (Musik) schnelles Tempo. **2.** Musikstück in schnellem Zeitmaß

Prêt-à-por|ter [prɛtapɔrˈte:], das; -s, -s ‹*frz.*›: **a)** (ohne Plural) von einem Modeschöpfer entworfene Konfektionskleidung; **b)** von einem Modeschöpfer entworfenes Konfektionskleid

Pre|test [ˈpri:...], der; -s, -s ‹*lat.-engl.*› (Soziol.): Erprobung eines Mittels für Untersuchungen o. Ä. (z. B. eines Fragebogens) vor der Durchführung der eigentlichen Erhebung; Vortest

pre|ti|al ‹*lat.*› (Wirtsch.): vom Preis her erfolgend, geldmäßig

pre|ti|ös vgl. preziös

Pre|ti|o|sen vgl. Preziosen

Pre|ti|o|si|tät vgl. Preziosität

Pre|view [ˈpri:vju:], die; -, -s, auch: das u. der; -s, -s ‹*engl.*›: **1.** Voraufführung (bes. eines Films). **2.** (EDV) Druckvorschau

pre|zi|ös, pretiös ‹*lat.-frz.*›: geziert, gekünstelt, unnatürlich

Pre|zi|o|sen, Pretiosen, die (Plural): Kostbarkeiten, Geschmeide

Pre|zi|o|si|tät, Pretiosität, die; -: geziertes Benehmen, Ziererei

Pri|a|mel, die; -, -n (auch das; -s, -) ‹*lat.-mlat.*›: **1.** kurzes volkstümliches Spruchgedicht, bes. des deutschen Spätmittelalters. **2.** ↑Präambel (2)

Pri|a|pea, die (Plural) ‹*gr.-lat.;* nach dem spätgr.-röm. Fruchtbarkeitsgott Priapus›: kurze, geistreiche, obszöne lateinische Gedichte aus dem 1. Jh. n. Chr.

pri|a|pe|isch, priapisch: unzüchtig

Pri|a|pe|us, der; -, ...pei: antiker Vers

pri|a|pisch vgl. priapeisch

Pri|a|pis|mus, der; - ‹*gr.-lat.-nlat.*› (Med.): krankhaft anhaltende, schmerzhafte Erektion des Penis

prim ‹*lat.*› (Math.): nur durch 1 u. sich selbst teilbar (von Zahlen)

Prim, die; -, -en: **1.** bestimmte Klingenhaltung beim Fechten. **2.** Morgengebet (bes. bei Sonnenaufgang) im katholischen Brevier. **3.** ↑Prime (1)

pri|ma ‹*lat.-it.*›: **a)** (ugs.) vorzüglich, prächtig, wunderbar, sehr gut, ausgezeichnet; **b)** vom Besten, erstklassig (Abk.: pa., Ia)

¹Pri|ma, die; -, Primen ‹»erste (Klasse)«› (veraltend): in Unter- u. Oberprima geteilte letzte Klasse eines Gymnasiums

²Pri|ma, der; -s, -s: Kurzform von ↑Primawechsel

Pri|ma|bal|le|ri|na, die; -, ...nen ‹*it.*›: die erste u. Vortänzerin einer Ballettgruppe; vgl. Ballerina

Pri|ma|bal|le|ri|na as|so|lu|ta, die; - -, ...ne ...te: Spitzentänzerin, außer Konkurrenz stehende Meisterin im Kunsttanz

Pri|ma|don|na, die; -, ...nnen ‹»erste Dame«›: **1.** Darstellerin der weiblichen Hauptpartie in der Oper, erste Sängerin. **2.** verwöhnter u. empfindlicher Mensch, der eine entsprechende Behandlung u. Sonderstellung für sich beansprucht

pri|ma fa|cie [- ...tsi̯ə] ‹*lat.*›: auf den ersten Blick, dem ersten Anschein nach

Pri|ma-fa|cie-Be|weis [...tsi̯ə...], der; -es, -e ‹*lat.; dt.*› (Rechtswiss.): Beweis aufgrund des ersten Anscheins; Anscheinsbeweis

Pri|ma|ge [priˈma:ʒə], die; -, -n ‹*lat.-engl.-frz.*› (Seew.): Prämie (2), die ein Ladungsinteressent unter bestimmten Bedingungen an den Schiffer zu zahlen bereit ist

Pri|ma|li|tä|ten, die (Plural) ‹*lat.-nlat.*› (Philos.): Grundbestimmungen des Seins u. der Dinge in der Scholastik

Pri|ma|ma|le|rei, die; -: Malerei ↑alla prima

Pri|ma|nen, die (Plural) ‹*lat.*›: die zuerst ausgebildeten Dauergewebszellen einer Pflanze

Pri|ma|ner, der; -s, - (veraltet): Schüler einer ¹Prima. **Pri|ma|nerin,** die; -, -nen: weibliche Form zu ↑Primaner

Pri|ma|no|ta, die; - ‹*lat.-it.*› (früher): Grundbuch in der Bankbuchhaltung

Pri|ma Phi|lo|so|phia, die; - - ‹*lat.;* »erste Philosophie«›: ↑Philosophia prima

Pri|mar, der; -s, -e ‹*lat.*› (österr.): Kurzform von ↑Primararzt

pri|mär ‹*lat.-frz.*›: **1. a)** zuerst vorhanden, ursprünglich; **b)** an erster Stelle stehend; erst-, vorrangig; grundlegend, wesentlich. **2.** (von bestimmten chemischen Verbindungen o. Ä.) nur eines von mehreren gleichartigen Atomen durch nur ein bestimmtes anderes Atom ersetzend; vgl. sekundär (2), tertiär (3). **3.** (Elektrot.) den Teil eines Netzgeräts betreffend, der unmittelbar an das Stromnetz angeschlossen ist u. in den die umzuformende Spannung einfließt; vgl. sekundär (3)

Pri|mär...

‹*lat.* primarius »Erster« → *fr.* primaire »Elementar..., Anfangs...«) *Wortbildungselement mit der Bedeutung »die Grundlage bildend; zuerst auftretend, ursprünglich«:*
- Primärenergie
- Primärliteratur
- Primärtumor

Pri|mär|af|fekt, der; -[e]s, -e (Med.): erste Anzeichen, erstes Stadium einer Infektionskrankheit, bes. der Syphilis

Pri|mar|arzt, der; -es, ...ärzte ‹*lat.; dt.*› (österr.): leitender Arzt eines Krankenhauses; Chefarzt, Oberarzt. **Pri|mar|ärz|tin,** die; -, -nen: weibliche Form zu ↑ Primararzt

Pri|mär|ener|gie, die; -, -n (Technik): von natürlichen, noch nicht weiterbearbeiteten Energieträgern (wie Kohle, Erdöl, Erdgas) stammende Energie

Pri|mär|ge|stein, das; -s (Geol. veraltet): Erstarrungsgestein

Pri|ma|ria, die; -, ...iae: weibliche Form zu ↑ Primar

Pri|ma|ri|us, der; -, ...ien: **1.** ↑ Primgeiger, erster Geiger im Streichquartett. **2.** (österr.) ↑ Primararzt. **3.** (veraltet) evangelischer Hauptpastor; Oberpfarrer

Pri|mär|li|te|ra|tur, die; -: Literatur, die Gegenstand einer wissenschaftlichen Untersuchung ist; die Quellen, bes. der Sprach- u. Literaturwissenschaft; vgl. Sekundärliteratur

Pri|mär|mi|g|ra|ti|on, die; -, -en (Rechtsspr.): erstes Ankommen eines Flüchtlings auf dem Gebiet eines Staatenverbundes, insbes. Ankunft in einem Staat der Europäischen Union mit EU-Außengrenze

Pri|mär|re|ak|ti|on, die; - (Med.): Fähigkeit zur Ausbildung von Antikörpern nach erstmaliger Infektion durch ↑ Antigene

Pri|mar|schu|le, die; -, -n ‹*lat.; dt.*› (schweiz.): allgemeine Volksschule

Pri|mär|sta|tis|tik, die; -: direkte, gezielt für statistische Zwecke durchgeführte Erhebungen u. deren Auswertung (z. B. Volkszählung); vgl. Sekundärstatistik

Pri|mar|stu|fe, die; -, -n ‹*lat.; dt.*›: 1.–4. Schuljahr; vgl. Sekundarstufe

Pri|mär|tek|to|ge|ne|se, die; -, -n (Geol.): Verbiegung der Erdrinde in großräumige Schwellen u. Senken; vgl. Sekundärtektogenese

Pri|mär|the|ra|pie, die; - ‹*engl.*›: **1.** (Psychol.) von A. Janov begründete Form der Psychotherapie, bei der belastende Kindheitserlebnisse durch intensives Nacherleben bewältigt werden sollen. **2.** (Med.) Therapie, bei der ein Primärtumor bekämpft wird

Pri|mär|tu|mor, der; -s, -en (Med.): Tumor, von dem Metastasen ausgehen

Pri|mär|vor|gän|ge, die (Plural) ‹*lat.; dt.*› (Psychol.): alle aus dem Unbewussten erwachsenden Gedanken, Gefühle, Handlungen (S. Freud)

Pri|ma|ry [ˈpraɪ̯məri], die; -, -s u. ...ries [...riz] (meist Plural) ‹*engl.*›: Vorwahl (im Wahlsystem der USA)

Pri|mas, der; -, -se ‹*lat.;* »der Erste, Vornehmste«›: **1.** (Plural auch: Primaten) [Ehren]titel des würdehöchsten Erzbischofs eines Landes. **2.** Solist u. Vorgeiger einer Kapelle aus Sinti od. Roma

[1]Pri|mat, der od. das; -[e]s, -e: **1.** Vorrang, bevorzugte Stellung. **2.** Stellung des Papstes als Inhaber der obersten Kirchengewalt

[2]Pri|mat, der; -en, -en (meist Plural) (Biol.): Angehöriger einer Menschen, Affen u. Halbaffen umfassenden Ordnung der Säugetiere; Herrentier

Pri|ma|to|lo|ge, der; -n, -n: Wissenschaftler auf dem Gebiet der Primatologie. **Pri|ma|to|lo|gie,** die; -: Wissenschaft, bei der man sich mit der Erforschung der [2]Primaten befasst. **Pri|ma|to|lo|gin,** die; -, -nen: weibliche Form zu ↑ Primatologe

pri|ma vis|ta ‹*lat.-it.*›: **1.** (Wirtsch.) bei Sicht (z. B. einen Wechsel prima vista bezahlen). **2.** (Musik) vom Blatt (z. B. prima vista spielen, singen)

Pri|ma|vis|ta|di|a|g|no|se, die; -, -n (Med.): Diagnose aufgrund der typischen, sichtbaren körperlich-seelischen Veränderungen, die durch bestimmte Krankheiten beim Patienten eintreten

pri|ma vol|ta (Musik): das erste Mal (Anweisung für die erste Form des Schlusses eines zu wiederholenden Teils, der bei der Wiederholung eine zweite Form erhält); vgl. seconda volta

Pri|ma|wech|sel, der; -s, - ‹*lat.; dt.*› (Wirtsch.): Erstausfertigung eines Wechsels

Pri|me, die; -, -n ‹*lat.-mlat.*›: **1.** (Musik) **a)** erster Ton, Grundton einer diatonischen Tonleiter; **b)** Einklang zweier Töne der gleichen Tonstufe. **2.** (Druckw., Buchbinderei) erste, die Norm (6) enthaltende Seite eines Druckbogens

Pri|mel, die; -, -n ‹*lat.-nlat.;* »Erste«›: Vertreter einer Pflanzenfamilie mit zahlreichen einheimischen Arten (z. B. Schlüsselblume, Aurikel)

Pri|men: *Plural* von ↑ Prim, ↑ [1]Prima, ↑ Prime

Pri|mer [ˈpraɪ̯mə], der; -s, - ‹*engl.*›: **1.** Grundierung, Grundanstrich, Haftgrundmittel. **2.** (Biol.) kurze DNA- od. RNA-Stücke, die bei der Vervielfältigung der DNA als Startmolekül dienen

Prime|rate, die; -, **Prime Rate,** die; - - [ˈpraɪ̯mreɪ̯t] ‹*lat.-engl.*› (Wirtsch.): Diskontsatz für Großbanken, dem Leitzinsfunktion zukommt (in den USA)

Prime|time, die; -, -s, **Prime Time,** die; - -, - -s [ˈpraɪ̯mtaɪ̯m] ‹*engl.*› (Jargon): günstigste Zeit [für Fernsehsendungen]; abendliche Hauptsendezeit

Pri|meur [priˈmøːɐ̯], der; -[s], -s ‹*frz.*›: **1.** junger, kurz nach der Gärung abgefüllter französischer Rotwein. **2.** (Plural) junges Frühgemüse, junges Frühobst

Prim|gei|ger, der; -s, - ‹*lat.; dt.*›: **1.** erster Geiger in der Kammermusik, bes. im Streichquartett. **2.** (österr., Sportjargon) Spitzenspieler, Torjäger

Prim|geld, das; -[e]s, -er: ↑ Primage, ↑ Kaplaken

Pri|mi: *Plural* von ↑ Primus

Pri|ming [ˈpraɪ̯mɪŋ], das; -s, -s (bes. Psychol.): Beeinflussung der Reizverarbeitung durch vorausgehende Aktivierung impliziter Gedächtnisinhalte

Pri|mi|pa|ra, die; -, ...paren ‹*lat.*›

(Med.): Erstgebärende; Frau, die ihr erstes Kind gebiert, geboren hat

pri|mis|si|ma (ugs.): ganz prima, ausgezeichnet

Pri|mi|ti|al|op|fer, das; -s, - ⟨*lat.-mlat.; dt.*⟩: der Gottheit dargebrachte Gabe aus der ersten Beute bzw. Ernte; Erstlingsopfer

pri|mi|tiv ⟨*lat.-frz.*⟩: **1.** (veraltend) auf einer einfachen Kultur-, Entwicklungsstufe stehend; urzuständlich, urtümlich. **2.** (abwertend) von geringem geistig-kulturellem Niveau. **3.** einfach; dürftig, behelfsmäßig; **primitives Symbol:** Zeichen der mathematischen Logik, dessen Bedeutung als bekannt vorausgesetzt wird

Pri|mi|ti|va: *Plural* von ↑ Primitivum

Pri|mi|ti|ven, die (Plural) (veraltet): auf einer als niedrig betrachteten Kultur-, Entwicklungsstufe stehende Völker

pri|mi|ti|vie|ren vgl. primitivisieren

pri|mi|ti|vi|sie|ren, seltener: primitivieren: in unzulässiger Weise vereinfachen, vereinfacht darstellen, wiedergeben

Pri|mi|ti|vis|mus, der; - ⟨*lat.-frz.-nlat.*⟩: moderne Kunstrichtung, die sich von der Kunst der primitiven (1) Kulturen anregen lässt

Pri|mi|ti|vi|tät, die; - (abwertend): **1.** geistig-seelische Unentwickeltheit. **2.** Einfachheit, Behelfsmäßigkeit, Dürftigkeit

Pri|mi|ti|vum, das; -s, ...va ⟨*lat.*⟩ (Sprachwiss.): Stammwort im Unterschied zur Zusammensetzung (z. B. *geben* gegenüber *ausgeben, zugeben*)

Pri|mi Uo|mi|ni: *Plural* von ↑ Primo Uomo

Pri|miz, die; -, -en ⟨*lat.-mlat.*⟩: erste [feierliche] Messe eines neu geweihten katholischen Priesters

Pri|mi|zi|ant, der; -en, -en ⟨*lat.-nlat.*⟩: neu geweihter katholischer Priester

Pri|mi|zi|en, die (Plural) ⟨*lat.*⟩: ↑ Primitialopfer

pri|mo ⟨*lat.-it.*⟩ (Musik): erster, erste, erstes (z. B. violino primo = erste Geige). **Pri|mo,** das; -s (Musik): beim vierhändigen Klavierspiel der Diskantpart (vgl. Diskant [3]) (Ggs.: Secondo [2])

Pri|mo|ge|ni|tur, die; -, -en ⟨*lat.-mlat.*⟩: Erstgeburtsrecht; Vorzugsrecht des [fürstlichen] Erstgeborenen u. seiner Linie bei der Erbfolge; vgl. Sekundogenitur

pri|m|or|di|al ⟨*lat.*⟩ (Philos.): von erster Ordnung, uranfänglich, ursprünglich seiend, das Ur-Ich betreffend (nach Husserl)

Pri|mo Uo|mo, der; - -, ...mi ...mini ⟨*lat.-it.*⟩: erster Tenor (früher auch Kastrat) in der Barockoper

Prim|ton, der; -[e]s, ...töne ⟨*lat.; dt.*⟩ (Musik): Grundton

Pri|mum Mo|bi|le, das; - - ⟨*lat.*⟩ (Philos.): der erste [unbewegte] Beweger (bei Aristoteles)

Pri|mus, der; -, Primi u. -se: Klassenbester, bes. einer höheren Schule

Pri|mus in|ter Pa|res, der; - - -, Primi - -: Erster unter Ranggleichen

Prim|zahl, die; -, -en ⟨*lat.; dt.*⟩ (Math.): Zahl größer als 1, die nur durch 1 und sich selbst teilbar ist (z. B. 7, 13, 67)

Prince of Wales [ˈprɪns əv ˈweɪlz], der; - - - ⟨*engl.*⟩: Fürst von Wales (Titel des britischen Thronfolgers). **Prin|cess of Wales** [prɪnˈsɛs əv ˈweɪlz, ˈprɪn;sɛs - -], die; - - -: Fürstin von Wales (Titel der Ehefrau des britischen Thronfolgers)

prin|ci|pa|li|ter vgl. prinzipaliter

prin|ci|pi|is obs|ta ⟨*lat.*⟩: wehre den Anfängen [einer gefährlichen Entwicklung]

Prin|ci|pi|um Con|t|ra|dic|ti|o|nis, das; - - (Logik): Satz vom Widerspruch

Prin|ci|pi|um ex|clu|si Ter|tii, das; - - - (Logik): Satz vom ausgeschlossenen Dritten

Prin|ci|pi|um Iden|ti|ta|tis, das; - - (Logik): Satz der Identität

Prin|ci|pi|um Ra|ti|o|nis suf|fi|ci|en|tis, das; - - - (Logik): Satz vom hinreichenden Grund

Prin|te, die; -, -n (meist Plural) ⟨*lat.-frz.-niederl.;* »Aufdruck, Abdruck«⟩: lebkuchenähnliches Gebäck

prin|ted in ... [ˈprɪntɪd ɪn] ⟨*engl.*⟩: (mit nachfolgendem Namen eines Landes) gedruckt in ... (Vermerk in Büchern)

Prin|ter, der; -s, - ⟨*engl.*⟩: **1.** Gerät zur Herstellung von Abzügen (von Fotos) in großen Stückzahlen. **2.** (EDV) Drucker

Prin|ters, die (Plural): ungebleichter Kattun für den Zeugdruck

Prin|ting-on-De|mand [...dɪˈmaːnd], das; - ⟨*engl.*⟩: schnelle Herstellung von Druck-Erzeugnissen [in kleinerer Zahl] auf Bestellung

Print|me|di|um, das; -s, ...ien, selten auch: ...ia (meist Plural) ⟨*(lat.-)engl.*⟩: [1]Medium (5a), bei dem die Informationen durch bedrucktes Papier vermittelt werden (z. B. Zeitung, Zeitschrift, Buch)

Prin|zeps, der; -, Prinzipes [...tsipeːs] ⟨*lat.;* »der Erste (im Rang), Vornehmster«⟩: **1.** altrömischer Senator von großem politischem Einfluss. **2.** Titel römischer Kaiser

Prin|zip, das; -s, -ien (selten -e) ⟨*lat.*⟩: **a)** Regel, Richtschnur; **b)** Grundlage, Grundsatz; **c)** Gesetzmäßigkeit, Idee, die einer Sache zugrunde liegt, nach der etwas wirkt; Schema, nach dem etwas aufgebaut ist

[1]**Prin|zi|pal,** der; -s, -e ⟨*lat.*⟩: **1.** Leiter eines Theaters, einer Theatertruppe. **2.** Lehrherr; Geschäftsinhaber

[2]**Prin|zi|pal,** das; -s, -e (Musik): **1.** Hauptregister der Orgel (Labialstimme mit weichem Ton). **2.** tiefe Trompete, bes. im 17. u. 18. Jh.

Prin|zi|pa|lin, die; -, -nen: weibliche Form zu ↑ [1]Prinzipal

prin|zi|pa|li|ter ⟨*lat.*⟩: vor allem, in erster Linie

Prin|zi|pal|stim|me, die; -, -n (meist Plural) ⟨*lat.; dt.*⟩ (Musik): eine der im Prospekt (3) der Orgel aufgestellten, besonders sorgfältig gearbeiteten Pfeifen

Prin|zi|pat, das (auch: der); -[e]s, -e: **1.** das ältere, auf Augustus zurückgehende römische Kaisertum; vgl. Dominat. **2.** (veraltet) Vorrang

Prin|zi|pes: *Plural* von ↑ Prinzeps

prin|zi|pi|ell ⟨französierende Bildung⟩: **1.** im Prinzip, grundsätzlich. **2.** einem Prinzip, Grundsatz entsprechend, aus Prinzip

Prin|zi|pi|en: *Plural* von ↑ Prinzip

Prinz|re|gent, der; -en, -en: Vertreter eines (z. B. durch schwere Krankheit) an der Ausübung der Herrschaft gehinderten Monarchen

Pri|on, das; -s, ...onen (meist Plural) ⟨Kunstw. zu *engl.* proteinaceous infectious particle⟩ (Med.): Eiweißpartikel, das bei bestimmten Gehirnerkrankungen (z. B. BSE, Creutzfeld-Jakob-Krankheit) gefunden wird u. vermutlich Erreger dieser Krankheiten ist

Pri|or, der; -s, Prioren ⟨*lat.-mlat.;* »der Erstere, der dem Rang nach höher Stehende«⟩: **a)** katholischer Klosteroberer, -vorsteher (z. B. bei den Dominikanern); Vorsteher eines Priorats (2); **b)** Stellvertreter eines Abtes

Pri|o|rat, das; -[e]s, -e: **1.** Amt, Würde eines Priors, einer Priorin. **2.** meist von einer Abtei abhängiges [kleineres] Kloster eines Konvents (1 a)

Pri|o|rin [auch: ˈpriːorɪn], die; -, -nen: **a)** Vorsteherin eines Priorats (2); **b)** Stellvertreterin einer Äbtissin

pri|o|ri|sie|ren: etw. vorrangig behandeln, einer Sache den Vorrang geben. **Pri|o|ri|sie|rung,** die; -, -en: das Priorisieren; das Priorisiertwerden

pri|o|ri|tär ⟨*frz.*⟩: vorrangig, höchste Priorität habend

Pri|o|ri|tät, die; -, -en ⟨*lat.-mlat.-frz.*⟩: **1. a)** Vorrecht, Vorrang eines Rechts, bes. eines älteren Rechts gegenüber einem später entstandenen; **b)** Rangfolge, Stellenwert, den etwas innerhalb einer Rangfolge einnimmt; **c)** (ohne Plural) höherer Rang, größere Bedeutung, Vorrangigkeit. **2.** (ohne Plural) zeitliches Vorgehen. **3.** (Plural; Wirtsch.) Aktien, Obligationen, die mit bestimmten Vorrechten ausgestattet sind

Pri|o|ri|täts|ak|tie, die; -, -n (Wirtsch. veraltend): Aktie, die mit einem Vorzugsrecht ausgestattet ist

Pri|se, die; -, -n ⟨*lat.-frz.;* »das Genommene; das Nehmen, Ergreifen«⟩: **1. a)** aufgebrachtes feindliches od. Konterbande führendes neutrales Schiff; **b)** beschlagnahmte Ladung eines solchen Schiffes. **2.** kleine Menge eines pulverigen od. feinkörnigen Stoffes (die man zwischen zwei Fingern greifen kann, z. B. Salz, Pfeffer, Schnupftabak)

Pris|ma, das; -s, ...men ⟨*gr.-lat.;* »dreiseitige Säule«⟩: **1.** (Math.) von ebenen Flächen begrenzter Körper mit paralleler, kongruenter Grund- u. Deckfläche. **2.** (Mineral.) Kristallfläche, die nur zwei Achsen schneidet u. zur dritten parallel ist

pris|ma|tisch ⟨*gr.-nlat.*⟩: von der Gestalt eines Prismas, prismenförmig; **prismatische Absonderung** (Mineral.): säulenförmige Ausbildung senkrecht zur Abkühlungsfläche (von Basalten)

Pris|ma|to|id, das; -[e]s, -e (Math.): Körper mit gradlinigen Kanten, beliebigen Begrenzungsflächen u. zwei parallelen Grundflächen, auf denen sämtliche Ecken liegen

Pris|men: *Plural* von ↑ Prisma

Pris|men|glas, das; -es, ...gläser: Feldstecher, Fernglas

Pris|mo|id, das; -[e]s, -e ⟨*gr.-nlat.*⟩: ↑ Prismatoid

Pri|son [priˈzɔ̃ː], das; -s, -s ⟨*lat.-frz.*⟩ (veraltet): Gefängnis

Pri|so|ner of War [ˈprɪz(ə)nə(r) əf ˈwɔː], der; - - -, -s - - ⟨*engl.*⟩: engl. Bez. für: Kriegsgefangener (Abk.: POW)

Pri|son|ni|er de Guerre [prizɔnjedˈgɛːr], der; - - -, -s - - [prizɔnjedˈgɛːr] ⟨*frz.*⟩: frz. Bez. für: Kriegsgefangener (Abk.: PG)

Prits|ta|bel, der; -s, - ⟨*slaw.*⟩ (Geschichte): Wasservogt, Fischereiaufseher in der Mark Brandenburg

pri|vat ⟨*lat.;* »(der Herrschaft) beraubt; gesondert, für sich stehend; nicht öffentlich«⟩: **1.** die eigene Person angehend, persönlich. **2.** vertraulich. **3.** familiär, häuslich, vertraut. **4.** nicht offiziell, nicht öffentlich, außeramtlich

Pri|vat|au|di|enz, die; -, -en: private (4), nicht dienstlichen Angelegenheiten dienende Audienz

Pri|vat|de|tek|tiv, der; -s, -e: freiberuflich tätiger od. bei einer Detektei angestellter Detektiv, der in privatem (2) Auftrag handelt. **Pri|vat|de|tek|ti|vin,** die; -, -nen: weibliche Form zu ↑ Privatdetektiv

Pri|vat|dis|kont, der; -s, -e: Diskontsatz, zu dem Akzepte (2) besonders kreditwürdiger Banken abgerechnet werden

Pri|vat|do|zent, der; -en, -en: **a)** (ohne Plural) Titel eines Hochschullehrers, der [noch] nicht Professor ist u. nicht im Beamtenverhältnis steht; **b)** Träger dieses Titels. **Pri|vat|do|zen|tin,** die; -, -nen: weibliche Form zu ↑ Privatdozent

Pri|vate Equi|ty [ˈpraɪvət ˈɛkwəti, -ˈɛkvɪti] ⟨*engl.*⟩ (Wirtsch.): Kapitalbeteiligung, die nicht börslich gehandelt wird

Pri|va|ti|er [privaˈti̯eː], der; -s, -s ⟨französierende Bildung⟩ (veraltet): jmd., der keiner Erwerbstätigkeit nachgeht, der privatisiert. **Pri|va|ti|e|re** [...ˈti̯eːrə], die; -, -n (veraltet): Rentnerin

pri|va|tim ⟨*lat.*⟩: in ganz persönlicher, vertraulicher Weise; unter vier Augen

Pri|vat|in|sol|venz, die; -, -en: Insolvenz einer Privatperson, eines privaten Haushalts

Pri|va|ti|on, die; -, -en: **1.** (veraltet) Beraubung; Entziehung. **2.** (Philos.) Negation, bei der das negierende Prädikat dem Subjekt nicht nur eine Eigenschaft, sondern auch sein Wesen abspricht

pri|va|ti|sie|ren ⟨französierende Bildung⟩: **1.** staatliches Vermögen in Privatvermögen umwandeln. **2.** als Rentner[in] od. als Privatperson vom eigenen Vermögen leben. **Pri|va|ti|sie|rung,** die; -: Umwandlung von staatlichem Vermögen in privates Vermögen

Pri|va|tis|mus, der; -: Hang zur Privatheit, Rückzug ins Private

pri|va|tis|si|me ⟨*lat.*⟩: im engsten Kreise; streng vertraulich, ganz allein

Pri|va|tis|si|mum, das; -s, ...ma: **1.** Vorlesung für einen ausgewählten Kreis. **2.** Ermahnung

Pri|va|tist, der; -en, -en ⟨*lat.-nlat.*⟩ (österr.): Schüler, der sich, ohne die Schule zu besuchen, auf eine Schulprüfung vorbereitet. **Pri|va|tis|tin,** die; -, -nen: weibliche Form zu ↑ Privatist

pri|va|tis|tisch: ins Private zurückgezogen

pri|va|tiv ⟨*lat.*⟩ (Sprachwiss.): **1.** das Privativ betreffend. **2.** das Fehlen, die Ausschließung (z. B. eines bestimmten Merkmals) kennzeichnend (z. B. durch die privativen Affixe *ent-, -los*). **Pri|va|ti̱v,** das; -s, -e (Sprachwiss.): Verb, das inhaltlich ein Entfernen, Wegnehmen des im Grundwort Angesprochenen zum Ausdruck bringt

Pri|va̱t|pa|ti|ent, der; -en, -en: Patient, der nicht bei einer gesetzlichen Krankenkasse versichert ist, sondern sich auf eigene Rechnung od. als Versicherter einer privaten (4) Krankenkasse in [ärztliche] Behandlung begibt. **Pri|va̱t|pa|ti|en|tin,** die; -, -nen: weibliche Form zu ↑Privatpatient

Pri|va̱t|per|son, die; -, -en: jmd., der in privater (4) Eigenschaft, nicht im Auftrag einer Firma, Behörde o. Ä. handelt

Pri|vi|le̱g, das; -[e]s, -ien (auch: -e) (»besondere Verordnung, Ausnahmegesetz; Vorrecht«): Vorrecht, Sonderrecht. **pri|vi|le|gie̱|ren** ‹*lat.-mlat.*›: jmdm. eine Sonderstellung, ein Vorrecht einräumen

Pri|vi|le̱|gi|um, das; -s, ...ien ‹*lat.*› (veraltet): ↑Privileg

Prix [pri:], der; -, - ‹*lat.-frz.*›: frz. Bez. für: Preis

Prix Gon|court [prigõˈku:r], der; - -: von der Académie Goncourt jährlich verliehener Literaturpreis für ein Erzählwerk in frz. Sprache

pro̱ ‹*lat.;* »für«›: je

Pro̱, das; -s ‹*lat.*›: das Für; **das Pro und [das] Kontra:** das Für und [das] Wider

P

Priv

pro..., Pro...

‹*lat.* pro »vor, für, anstatt«›
Präfix mit folgenden Bedeutungen:
I. *»vor, davor; anstelle von«:*
- Prodekan
- prognathisch
- Provitamin

II. *(in Verbindung mit Adjektiven) »eine wohlwollende, zustimmende Einstellung habend«:*
- prowestlich

pro|ak|ti̱v ‹*lat.-engl.*›: eine Situation herbeiführend od. beherrschend, indem man, anstatt auf etw. Geschehenes zu reagieren, durch differenzierte Vorausplanung u. zielgerichtetes Handeln die Entwicklung eines Geschehens selbst bestimmt

pro a̱n|no ‹*lat.*›: aufs Jahr, jährlich (Abk.: p. a.)

Pro|an|the̱|sis, die; - ‹*gr.;* »Vorblüte«› (Bot.): anomales Blühen der Bäume im Herbst

Pro|ä|re̱|se, die; - ‹*gr.;* »Vornehmen; Entschluss«› (Philos.): der freie, aber mit Überlegung u. Nachdenken vollzogene Entschluss, der sich nur auf das in unserer Macht Stehende bezieht (bei Aristoteles)

pro|ba̱|bel ‹*lat.*› (Philos.): wahrscheinlich, glaubwürdig; billigenswert

Pro|ba|bi|li̱s|mus, der; - ‹*lat.-nlat.*›: **1.** (Philos.) Auffassung, dass es in Wissenschaft u. Philosophie keine absoluten Wahrheiten, sondern nur Wahrscheinlichkeiten gibt. **2.** Lehre der katholischen Moraltheologie, nach der in Zweifelsfällen eine Handlung erlaubt ist, wenn gute Gründe dafür sprechen

pro|ba|bi|li̱s|tisch (Fachspr.): die Wahrscheinlichkeit berücksichtigend; den Probabilismus betreffend, darauf beruhend

Pro|ba|bi|li|tä̱t, die; -, -en ‹*lat.*› (Philos.): Wahrscheinlichkeit, Glaubwürdigkeit

Pro|ba̱nd, der; -en, -en: **1.** (Psychol.; Med.) Versuchsperson, Testperson (z. B. bei psychologischen Tests). **2.** (Geneal.) jmd., für den zu erbbiologischen Forschungen innerhalb eines größeren verwandtschaftlichen Personenkreises eine Ahnentafel aufgestellt wird. **3.** (Rechtsspr.) Verurteilter, dessen Strafe zur Bewährung ausgesetzt ist. **Pro|ba̱n|din,** die; -, -nen: weibliche Form zu ↑Proband

pro|ba̱t: erprobt, bewährt, wirksam

Pro|ba|ti|o̱n, die; -, -en (veraltet): **a)** Prüfung, Untersuchung; **b)** Nachweis, Beweis; **c)** (Rechtswiss.) Erprobung, Bewährung

pro|ba|to̱|risch ‹*lat.*› (Med.): zur Klärung einer Diagnose versuchsweise durchgeführt od. angewandt

pro|bie̱|ren: 1. einen Versuch machen, ausprobieren, versuchen. **2.** kosten, abschmecken. **3.** (Theaterjargon) proben, eine Probe abhalten. **4.** anprobieren (z. B. ein Kleidungsstück)

Pro|bie̱|rer, der; -s, -: Prüfer im Bergbau, Hüttenwerk od. in der Edelmetallindustrie, der nach bestimmten Verfahren schnell Zusammensetzungen feststellen kann

Pro|bi|o̱nt, der; -en, -en (meist Plural) ‹*gr.-nlat.*›: primitiver Vorläufer höherer Lebensformen

Pro|bio̱|ti|kum, das; -s, ...ka ‹*lat.; gr.-nlat.*›: probiotisches Lebensmittel. **pro|bio̱|tisch:** durch hinzugefügte, sich im Darm ansiedelnde Mikroorganismen die Darmflora verbessernd u. zur Gesunderhaltung beitragend (von Lebensmitteln)

Pro|bi|tä̱t, die; - ‹*lat.*› (veraltet): Rechtschaffenheit

Pro|b|le̱m, das; -s, -e ‹*gr.-lat.;* »der Vorwurf, das Vorgelegte« usw.›: **1.** schwierige, zu lösende Aufgabe; Fragestellung; unentschiedene Frage; Schwierigkeit. **2.** schwierige, geistvolle Aufgabe im Kunstschach (mit der Forderung: Matt, Hilfsmatt usw. in n Zügen)

Pro|b|le|ma̱|tik, die; -: aus einer Frage, Aufgabe, Situation sich ergebende Schwierigkeit. **pro|b|le|ma̱|tisch:** ungewiss u. schwierig, voller Problematik

pro|b|le|ma|ti|sie̱|ren: a) die Problematik von etwas darlegen, diskutieren, sichtbar machen; **b)** zum Problem (1) machen

pro|b|le̱m|ori|en|tiert: a) auf ein bestimmtes Problem, auf bestimmte Probleme ausgerichtet; **b)** (EDV) auf die Lösung bestimmter Aufgaben bezogen

Pro|b|le̱m|schach, das; -s: Teilgebiet des Schachspiels, das sich mit dem Konstruieren von Schachaufgaben befasst

Pro|ca|in®, das; -s ‹Kunstw.› (Pharm.; Med.): Mittel zur örtlichen Betäubung (z. B. bei der Infiltrationsanästhesie); vgl. Novocain

Pro|ce̱|de|re vgl. Prozedere

Pro|cee|dings [prəˈsi:dɪŋs], die (Plural) ‹*engl.*›: Publikation, in der die Vorträge u. Diskussionen einer Tagung od. eines Kongresses veröffentlicht sind; Tagungsband

pro ce̱n|tum ‹*lat.*›: für hundert, für das Hundert (Abk.: p. c.; Zeichen: %)

Pro|ce̱s|sus, der; - ‹*lat.*› (Med.): Fortsatz, Vorsprung, kleiner, hervorragender Teil eines Knochens

Pro|chei|lie [...çai...], die; -, ...ien ⟨*gr.-nlat.*⟩ (Med.): starkes Vorspringen der Lippen

pro co|pia ⟨*lat.;* »für die Abschrift«⟩ (veraltet): die Richtigkeit der Abschrift wird bestätigt

Proc|tor [ˈprɔktə], der; -s, -s ⟨*engl.*⟩ (Rechtsspr.): engl. Bez. für: Prokurator

Pro|de|kan, der; -s, -e ⟨*lat.-nlat.*⟩: Vertreter des Dekans (an einer Hochschule). **Pro|de|ka|nin,** die; -, -nen: weibliche Form zu ↑Prodekan

pro die ⟨*lat.*⟩ (bes. Med.): je Tag, täglich

Pro|di|ga|li|tät, die; - ⟨*lat.*⟩ (veraltet): Verschwendung[ssucht]

Pro|di|gi|um, das; -s, ...ien ⟨*lat.*⟩: im altrömischen Glauben wunderbares Zeichen göttlichen Zorns (dem man durch kultische Sühnemaßnahmen zu begegnen suchte)

pro do|mo ⟨*lat.;* »für das (eigene) Haus«⟩: in eigener Sache, zum eigenen Nutzen, für sich selbst

pro do|si ⟨*lat.*⟩: als Einzelgabe verabreicht (von Arzneien)

Pro|drom, Pro|dro|mal|sym|p|tom, das; -s, -e ⟨*gr.-lat.*⟩ (Med.): Frühsymptom einer Krankheit

Pro|dro|mus, der; -, ...omen ⟨*gr.-lat.;* »Vorläufer«⟩ (veraltet): Vorwort, Vorrede

Pro|du|cer [proˈdju:sɐ], der; -s, - ⟨*lat.-engl.*⟩: **1.** engl. Bez. für: Hersteller, Fabrikant. **2. a)** Film-, Musikproduzent; **b)** (im Hörfunk) jmd., der eine Sendung technisch vorbereitet u. ihren Ablauf überwacht [u. für die Auswahl der Musik zuständig ist]. **Pro|du|ce|rin,** die; -, -nen: weibliche Form zu ↑Producer (2)

Pro|duct-Place|ment, Pro|duct-place|ment [ˈprɔdaktpleɪsmənt], das; -s, -s ⟨*engl.*⟩: (in Film u. Fernsehen eingesetzte) Werbemaßnahme, bei der das jeweilige Produkt wie beiläufig, aber erkennbar ins Bild gebracht wird

Pro|dukt, das; -[e]s, -e ⟨*lat.*⟩: **1.** [aus bestimmten Stoffen hergestelltes] Erzeugnis. **2.** Folge, Ergebnis (z. B. der Erziehung). **3.** (Math.) Ergebnis einer Multiplikation. **4.** der Teil einer Zeitung od. Zeitschrift, der in einem Arbeitsgang gedruckt wird (z. B. besteht eine Zeitung aus meist zwei bis vier Produkten, die lose ineinandergelegt sind)

Pro|duk|ti|on, die; -, -en ⟨*lat.-frz.*⟩: **1.** Herstellung von Waren u. Gütern. **2.** Herstellung eines Films, einer Schallplatte, einer Hörfunk-, Fernsehsendung o. Ä.

Pro|duk|ti|ons|bri|ga|de, die; -, -n (DDR): ↑Brigade (3)

Pro|duk|ti|ons|de|sign [...diˈzaɪn], das; -s ⟨*lat.; engl.*⟩: Gestaltung des Szenenbildes eines Films

Pro|duk|ti|ons|fak|tor, der; -s, -en (Wirtsch.): den Produktionsprozess mitbestimmender maßgeblicher Faktor (z. B. Boden, Arbeit, Kapital)

pro|duk|tiv: 1. ergiebig, viel hervorbringend. **2.** leistungsstark, schöpferisch, fruchtbar

Pro|duk|ti|vi|tät, die; -: **1.** Ergiebigkeit, Leistungsfähigkeit. **2.** schöpferische Leistung, Schaffenskraft

Pro|duk|tiv|kraft, die; -, ...kräfte ⟨*lat.; dt.*⟩: Faktor des Produktionsprozesses (z. B. menschliche Arbeitskraft, Maschine, Rohstoff, Forschung)

Pro|dukt|ma|nage|ment, das; -s, -s (Wirtsch.): vor allem in der Konsumgüterindustrie übliche Betreuung der Produkte von der Entwicklung über die Produktion bis zur Einführung im Markt. **Pro|dukt|ma|na|ger,** der; -s, -: jmd., der im Produktmanagement arbeitet. **Pro|dukt|ma|na|ge|rin,** die; -, -nen: weibliche Form zu ↑Produktmanager

Pro|dukt|men|ge, die; -, -n (Math.): Menge aller geordneten Paare, deren erstes Glied Element einer Menge *A* u. deren zweites Glied Element einer Menge *B* ist

Pro|duk|to|graf, Pro|duk|to|graph, der; -en, -en: Anlage, die (wie ein Fahrtenschreiber im Auto) die Auslastung einer Maschine misst und Stillstände, Ausfälle u. a. aufzeichnet

Pro|dukt|pi|ra|te|rie, die; -, ...ien: das Nachahmen von Markenprodukten, die unter dem jeweiligen Markennamen auf den Markt gebracht werden

Pro|du|zent, der; -en, -en ⟨*lat.*⟩: **1.** jmd., der etwas produziert (1). **2. a)** Leiter einer Produktion (2); **b)** Beschaffer u. Verwalter der Geldmittel, die für eine Produktion (2) nötig sind. **3.** (Biol.) Lebewesen, das organische Nahrung aufbaut. **Pro|du|zen|tin,** die; -, -nen: weibliche Form zu ↑Produzent (1, 2)

pro|du|zie|ren: 1. (bes. Wirtsch.) [Güter] erzeugen, herstellen. **2. a)** die Herstellung eines Films, einer CD, einer Hörfunk-, Fernsehsendung o. Ä. leiten; **b)** Geldmittel zur Verfügung stellen u. verwalten. **3.** (oft iron.) sich produzieren: mit etwas die Aufmerksamkeit auf sich lenken. **4.** (veraltet) [herausnehmen u.] vorzeigen, vorlegen, präsentieren

Pro|en|zym, das; -s, -e ⟨*gr.-nlat.*⟩: Vorstufe eines Enzyms

Prof, der; -s, -s ⟨*lat.*⟩ (Jargon): Kurzform von ↑Professor (b)

pro|fan ⟨*lat.;* »vor dem heiligen Bezirk liegend, ungeheiligt; gewöhnlich«⟩: **1.** (Rel.) weltlich, unkirchlich; ungeweiht, unheilig (Ggs.: sakral [1 b]). **2.** alltäglich

Pro|fa|na|ti|on, die; -, -en: ↑Profanierung; vgl. ...ation/...ierung

Pro|fan|bau, der; -[e]s, -ten (Archit., Kunstwiss.): nicht kirchliches Bauwerk (Ggs.: Sakralbau)

pro|fa|nie|ren: entweihen, entwürdigen. **Pro|fa|nie|rung,** die; -, -en: Entweihung, Entwürdigung; vgl. ...ation/...ierung

Pro|fa|ni|tät, die; -, -en: **1.** Weltlichkeit. **2.** Alltäglichkeit

pro|fa|schis|tisch ⟨*lat.-nlat.*⟩: sich für den Faschismus einsetzend

Pro|fer|ment, das; -[e]s, -e ⟨*lat.-nlat.*⟩ (veraltet): Vorstufe eines Ferments

[1]**Pro|fess,** der; -en, -en ⟨*lat.-mlat.*⟩: jmd., der die [2]Profess ablegt u. Mitglied eines geistlichen Ordens od. einer Kongregation wird; vgl. [1]Novize

[2]**Pro|fess,** die; -, -e: Ablegung der [Ordens]gelübde

Pro|fes|se, der u. die; -n, -n ⟨*lat.-mlat.*⟩: ↑[1]Profess

Pro|fes|si|o|gramm, das; -s, -e ⟨*lat.; gr.*⟩ (Sozialpsychol. veraltend): durch Testreihen gewonnenes Persönlichkeitsbild als Grundlage für die Ermittlung von Berufsmöglichkeiten

Pro|fes|si|on, die; -, -en ⟨*lat.-frz.*⟩ (veraltend): Beruf, Gewerbe

pro|fes|si|o|nal: ↑professionell

Pro|fes|sio|nal [proˈfɛʃənəl], der; -s, -s ⟨*lat.-frz.-engl.*⟩: Berufssportler; Kurzw. Profi
pro|fes|si|o|na|li|sie|ren ⟨*lat.-frz.-nlat.*⟩: **1.** zum Beruf, zur Erwerbsquelle machen. **2.** zum Beruf erheben, als Beruf anerkennen
Pro|fes|si|o|na|lis|mus, der; - ⟨*lat.-frz.-engl.-nlat.*⟩: Professionalität
Pro|fes|si|o|na|li|tät, die; -: das Professionellsein; souveräne Ausübung einer Tätigkeit bzw. Beherrschung eines Arbeitsgebietes
pro|fes|si|o|nell ⟨*lat.-frz.*⟩: **1.** (eine Tätigkeit) als Beruf ausübend, als Beruf betrieben. **2.** fachmännisch, von Fachleuten zu benutzen
pro|fes|si|o|niert: gewerbsmäßig
Pro|fes|si|o|nist, der; -en, -en ⟨*lat.-frz.-nlat.*⟩ (bes. österr.): Fachmann, [gelernter] Handwerker. **Pro|fes|si|o|nis|tin,** die; -, -nen: weibliche Form zu ↑Professionist
Pro|fes|sor, der; -s, ...oren ⟨*lat.*⟩: **a)** (ohne Plural) akademischer Titel für Hochschullehrer, Forscher, Künstler; **b)** Träger dieses Titels (Abk.: Prof.)
pro|fes|so|ral ⟨*lat.-nlat.*⟩: professorenhaft, würdevoll
Pro|fes|so|rin [auch: proˈfɛsorɪn], die; -, -nen: weibliche Form zu ↑Professor (b); im Titel u. in der Anrede auch: Frau Professor
Pro|fes|sur, die; -, -en: Lehrstuhl, -amt
Pro|fi, der; -s, -s ⟨Kurzw. für: Professional⟩: **1.** Sportler, Sportlerin, der/die einen Sport als Beruf ausübt (Ggs.: Amateur [b]). **2.** jmd., der etwas professionell betreibt
pro|fi|ci|at ⟨*lat.*⟩ (veraltet): wohl bekomms!; es möge nützen!
Pro|fil, das; -s, -e ⟨*lat.-it.(-frz.)*⟩: **1.** Seitenansicht [eines Gesichts]; Umriss. **2. a)** stark ausgeprägte persönliche Eigenart, Charakter; **b)** Gesamtheit von Eigenschaften, die typisch für jmdn. od. etwas sind. **3. a)** Schnitt in od. senkrecht zu einer Achse; **b)** Walzprofil bei Stahlerzeugung; **c)** Riffelung bei Gummireifen od. Schuhsohlen; **d)** (Technik) festgelegter Querschnitt bei der Eisenbahn. **4.** (Geol.) grafische Darstellung eines senkrechten Schnitts durch die Erdoberfläche. **5.** (Archit.) aus einem Gebäude hervorspringender Teil eines architektonischen Elements (z. B. eines Gesimses). **6.** (veraltend) Höhe, Breite einer Durchfahrt
Pro|fil|ei|sen, das; -s, - (Hüttenw.): gewalzte Stahlstangen mit besonderem Querschnitt
Pro|fi|ler [proˈfaɪlɐ], der; -s, - ⟨*lat.-it.-engl.*⟩: Fachmann für die Erstellung des psychologischen Profils (1 b) eines gesuchten Täters anhand von Indizien, Tathergang o. Ä.. **Pro|fi|le|rin,** die; -, -nen: weibliche Form zu ↑Profiler
pro|fi|lie|ren ⟨*lat.-it.-frz.*⟩: **1.** im Profil, im Querschnitt darstellen. **2. a)** einer Sache, jmdm. eine besondere, charakteristische, markante Prägung geben; **b)** sich profilieren: seine Fähigkeiten [für einen bestimmten Aufgabenbereich] entwickeln u. dabei Anerkennung finden, sich einen Namen machen. **3.** sich profilieren: sich im Profil (1) abzeichnen. **pro|fi|liert:** **1.** mit Profil (3 c) versehen, gerillt. **2.** in bestimmtem Querschnitt hergestellt. **3.** scharf umrissen, markant, von ausgeprägter Art
Pro|fi|lie|rung, die; -, -en: **1.** Umrisse eines Gebäudeteils. **2.** Entwicklung der Fähigkeiten [für einen bestimmten Aufgabenbereich]; das Sichprofilieren
Pro|fi|ling [proˈfaɪlɪŋ], das; -s, -s ⟨*lat.-it.-engl.*⟩: für bestimmte Zwecke (z. B. zur Arbeitsvermittlung od. bei der Tätersuche) nutzbare Erstellung des Gesamtbildes einer Persönlichkeit
Pro|fil|neu|ro|se, die; -, -n (Psychol.): Befürchtung, Angst, zu wenig zu gelten [u. die daraus resultierenden größeren Bemühungen, sich zu profilieren]
Pro|fi|lo|graf, Pro|fi|lo|graph, der; -en, -en ⟨*lat.-it.; gr.*⟩: Instrument zur Messung und Aufzeichnung des Profils einer Oberfläche (bes. im Straßenbau). **Pro|fi-sport,** der; -[e]s: berufsmäßig betriebener Sport
Pro|fit [auch: ...ˈfɪt], der; -[e]s, -e ⟨*lat.-frz.-niederl.*⟩: **1.** Nutzen, [materieller] Gewinn, den jmd. aus einer Sache od. Tätigkeit zieht. **2.** (Fachspr.) Kapitalertrag
pro|fi|ta|bel ⟨*lat.-frz.*⟩: gewinnbringend. **Pro|fi|ta|bi|li|tät,** die; -, -en (Wirtsch.): Gewinnträchtigkeit
Pro|fit|cen|ter, Pro|fit-Cen|ter, das; -s, - ⟨*engl.-amerik.*⟩: Unternehmensbereich mit eigener Verantwortung für den wirtschaftlichen Erfolg
Pro|fi|te|rol, der u. das; -s, -s (meist Plural) ⟨*it.*⟩, **Pro|fi|te|ro|le** [frz.: ...ˈrɔl], die; -, -n u. (bei frz. Ausspr.) -s (meist Plural) ⟨*frz.*⟩: Windbeutel aus [ungesüßtem] Brandteig
Pro|fi|teur [...ˈtøːɐ̯], der; -s, -e ⟨*lat.-frz.*⟩ (abwertend): jmd., der Profit (1) aus etwas zieht; Nutznießer. **Pro|fi|teu|rin** [...ˈtøːrɪn], die; -, -nen: weibliche Form zu ↑Profiteur
pro|fi|tie|ren: Nutzen ziehen, Vorteil haben
Pro|form, die; -, -en ⟨*lat.; lat.-dt.*⟩ (Sprachwiss.): Form, die im fortlaufenden Text für einen anderen, meist vorangehenden Ausdruck steht (z. B. »es/das Fahrzeug« für »das Auto«)
pro for|ma ⟨*lat.*⟩: der Form wegen, zum Schein
Pro|fos, der; -es u. -en, -e[n] ⟨*lat.-frz.-niederl.*⟩ (Geschichte): Verwalter der Militärgerichtsbarkeit. **Pro|foss,** der; -en, -e[n]: ↑Profos
pro|fund ⟨*lat.-frz.*⟩: **1.** tief, tiefgründig, gründlich. **2.** (Med.) tief liegend, in den tieferen Körperregionen liegend, verlaufend
Pro|fun|dal, das; -s, -e: **a)** Tiefenregion der Seen unterhalb der lichtdurchfluteten Zone; **b)** Gesamtheit der im Profundal (a) lebenden Organismen
Pro|fun|dal|zo|ne, die; -, -n ⟨*lat.-nlat.; gr.-lat.*⟩: ↑Profundal (a)
Pro|fun|di|tät, die; -: Gründlichkeit, Tiefe
pro|fus ⟨*lat.*⟩ (Med.): reichlich, sehr stark [fließend]
pro|gam ⟨*gr.-nlat.*⟩ (Med.; Biol.): vor der Befruchtung stattfindend (z. B. von der Festlegung des Geschlechts)
Pro|ge|ne|se, die; -, -n ⟨*gr.*⟩ (Med.): vorzeitige Geschlechtsentwicklung
Pro|ge|nie, die; -, ...ien ⟨*gr.-nlat.*⟩ (Med.): starkes Vorspringen des

Kinns, Vorstehen des Unterkiefers

Pro|ge|ni|tur, die; -, -en ⟨*lat.-nlat.*⟩ (Med.): Nachkommenschaft

Pro|ge|rie, die; -, ...ien ⟨*gr.-nlat.*⟩ (Med.): vorzeitige Vergreisung; **Progeria adultorum:** Vergreisung bei Erwachsenen (ab der Lebensmitte); **Progeria infantilis:** Vergreisung bei Kindern

Pro|ges|te|ron, das; -s ⟨Kunstw.⟩ (Med., Pharm.): Gelbkörperhormon, das die Schwangerschaftsvorgänge reguliert

Pro|glot|tid, der; -en, -en ⟨*gr.-nlat.*⟩ (Med.): Bandwurmglied

pro|g|nath ⟨*gr.-nlat.*⟩ (Biol., Med.): Prognathie aufweisend. **Pro|g|na|thie,** die; -, ...ien (Med.): Vorstehen des Oberkiefers. **pro|g|na|thisch** vgl. prognath

Pro|g|no|se, die; -, -n ⟨*gr.-lat.*; »das Vorherwissen«⟩: Vorhersage einer zukünftigen Entwicklung (z. B. eines Krankheitsverlaufes) aufgrund kritischer Beurteilung des Gegenwärtigen

Pro|g|nos|tik, die; - (bes. Med.): Wissenschaft, Lehre von der Prognose. **Pro|g|nos|ti|ker,** der; -s, - ⟨*gr.-lat.-engl.*⟩: jmd., der Prognosen stellt, etw., eine Entwicklung im Voraus einschätzt. **Pro|g|nos|ti|ke|rin,** die; -, -nen: weibliche Form zu ↑Prognostiker

Pro|g|nos|ti|kon ⟨*gr.*⟩, **Pro|g|nos|ti|kum** ⟨*gr.-lat.*⟩ das; -s, ...ken u. ...ka (bes. Med.): Vorzeichen, Anzeichen, das etwas über den voraussichtlichen Verlauf einer zukünftigen Entwicklung (z. B. einer Krankheit) aussagt

pro|g|nos|tisch: die Prognose betreffend; vorhersagend (z. B. den Verlauf einer Krankheit)

pro|g|nos|ti|zie|ren ⟨*gr.-nlat.*⟩: eine Prognose über etwas stellen, den voraussichtlichen Verlauf einer zukünftigen Entwicklung vorhersagen

Pro|go|no|ta|xis, die; -, ...xen ⟨*gr.-nlat.*⟩ (Zool. veraltet): Stammbaum einer Tierart

Pro|gramm, das; -[e]s, -e ⟨*gr.-lat.*; »schriftliche Bekanntmachung; Tagesordnung«⟩: **1. a)** Gesamtheit der Veranstaltungen, Darbietungen eines Theaters, Kinos, des Fernsehens, Rundfunks o. Ä.; **b)** [vorgesehener] Ablauf [einer Reihe] von Darbietungen (bei einer Aufführung, einer Veranstaltung, einem Fest o. Ä.); **c)** vorgesehener Ablauf, die nach einem Plan genau festgelegten Einzelheiten eines Vorhabens; **d)** festzulegende Folge, programmierbarer Ablauf von Arbeitsgängen einer Maschine (z. B. einer Waschmaschine). **2.** Blatt, Heft, das über eine Darbietung (z. B. Theateraufführung, Konzert) informiert. **3.** Konzeptionen, Grundsätze, die zur Erreichung eines bestimmten Zieles dienen. **4.** (EDV) Folge von Anweisungen für einen Computer zur Lösung einer bestimmten Aufgabe. **5.** Sortiment eines bestimmten Artikels in verschiedenen Ausführungen

Pro|gram|ma|tik, die; -, -en: Zielsetzung, Zielvorstellung. **Pro|gram|ma|ti|ker,** der; -s, - ⟨*gr.-nlat.*⟩: jmd., der ein Programm (3) aufstellt od. erläutert. **Pro|gram|ma|ti|ke|rin,** die; -, -nen: weibliche Form zu ↑Programmatiker. **pro|gram|ma|tisch: 1.** einem Programm (3), einem Grundsatz entsprechend. **2.** zielsetzend, richtungsweisend; vorbildlich

pro|gram|mie|ren: 1. nach einem Programm (3) ansetzen, im Ablauf festlegen; **programmierter Unterricht:** Unterrichtsverfahren, bei dem sich die Schüler den Unterrichtsstoff möglichst eigenständig nach einem vom Lehrer vorgegebenen, individuell zugeschnittenen Arbeitsprogramm erarbeiten. **2.** (EDV) ein Programm (4) für einen Computer, eine computergesteuerte Anlage o. Ä. schreiben; einen Computer mit Instruktionen versehen. **3.** jmdn. von vornherein auf etw. festlegen

Pro|gram|mie|rer, der; -s, -: Person, die [berufsmäßig] programmiert (2). **Pro|gram|mie|re|rin,** die; -, -nen: weibliche Form zu ↑Programmierer

Pro|gram|mier|spra|che, die; -, -n (EDV): künstliche, formale Sprache (Wörter u. Symbole), die zur Formulierung von Programmen (4) verwendet wird

Pro|gram|mie|rung, die; -, -en: das Programmieren

Pro|gramm|ki|no, das; -s, -s: Kino, in dem nach künstlerischen, kulturellen u. a. Gesichtspunkten ausgewählte Filme gezeigt werden, die sonst nicht [mehr] zu sehen sind

Pro|gramm|mu|sik, die; -: durch Darstellung literarischer Inhalte, seelischer, dramatischer, lyrischer od. äußerer [Natur]vorgänge die Fantasie des Hörers zu konkreten Vorstellungen anregende Instrumentalmusik (Ggs.: absolute Musik)

pro|gre|di|ent: ↑progressiv

Pro|gre|di|enz, die; - ⟨*lat.-nlat.*⟩ (Med.): das Fortschreiten, zunehmende Verschlimmerung einer Krankheit

Pro|gress, der; -es, -e: **1.** Fortschritt. **2.** (Logik) Fortschreiten des Denkens von der Ursache zur Wirkung

Pro|gres|si|on, die; -, -en: **1.** Steigerung, Fortschreiten, Stufenfolge. **2.** mathematische Reihe. **3.** stufenweise Steigerung der Steuersätze

Pro|gres|sis|mus, Progressivismus, der; - ⟨*lat.(-frz.)-nlat.*⟩: Fortschrittsglauben

Pro|gres|sist, Progressivist, der; -en, -en ⟨*lat.(-frz.)-nlat.*⟩: Fortschrittler; Anhänger einer Fortschrittspartei. **Pro|gres|sis|tin,** Progressivistin, die; -, -nen: weibliche Form zu ↑Progressist

pro|gres|sis|tisch: [übertrieben] fortschrittlich

pro|gres|siv ⟨*lat.-frz.*⟩: **1.** stufenweise fortschreitend, sich entwickelnd. **2.** fortschrittlich

Pro|gres|sive Jazz [prəˈgresɪv ˈdʒæz], der; - - ⟨*amerik.*⟩: Richtung des Jazz, die eine Synthese mit der europäischen Musik anstrebt; orchestraler Jazz

Pro|gres|si|vis|mus usw. vgl. Progressismus usw.

Pro|gres|siv|steu|er, die; -, -n: Steuer mit steigenden Belastungssätzen

Pogrom
Das Substantiv stammt aus dem Russischen und ist nicht verwandt mit Bildungen lateinischen Ursprungs auf *Pro-, pro-,* wie etwa *Programm, Produkt, Profit.* Es wird daher nach dem *P* ohne *r* geschrieben.

Pro|gym|na|si|um, das; -s, ...ien ⟨*gr.-nlat.*⟩ (früher): meist sechsklassiges Gymnasium ohne Oberstufe

pro|hi|bie|ren ‹*lat.*› (veraltet): verhindern, verbieten

Pro|hi|bi|ti|on, die; -, -en ‹*lat.(-frz.-engl.)*›: **1.** (veraltet) Verbot, Verhinderung. **2.** staatliches Verbot von Alkoholherstellung u. -abgabe

Pro|hi|bi|ti|o|nist, der; -en, -en: Anhänger der Prohibition (2). **Pro|hi|bi|ti|o|nis|tin,** die; -, -nen: weibliche Form zu ↑Prohibitionist

pro|hi|bi|tiv ‹*lat.-nlat.*›: verhindernd, abhaltend, vorbeugend; vgl. ...iv/...orisch. **Pro|hi|bi|tiv,** der; -s, -e (Sprachwiss.): Modus (2) des Verbots, bes. verneinte Befehlsform

Pro|hi|bi|tiv|sys|tem, das; -s, -e: Maßnahmen des Staates, durch die er die persönliche u. wirtschaftliche Freiheit beschränkt, um Missstände zu vermeiden

Pro|hi|bi|tiv|zoll, der; -[e]s, ...zölle: besonders hoher Zoll zur Beschränkung der Einfuhr

pro|hi|bi|to|risch ‹*lat.*›: ↑prohibitiv; vgl. ...iv/...orisch

Pro|hi|bi|to|ri|um, das; -s, ...ien ‹*lat.-nlat.*› (veraltet): Aus- u. Einfuhrverbot für bestimmte Waren

Pro|jekt, das; -[e]s, -e ‹*lat.*›: Plan, Unternehmung, Entwurf, Vorhaben

Pro|jek|tant, der; -en, -en: jmd., der neue Projekte vorbereitet; Planer. **Pro|jek|tan|tin,** die; -, -nen: weibliche Form zu ↑Projektant

Pro|jek|teur [...'tøːɐ̯], der; -s, -e ‹*lat.-frz.*› (Technik): Vorplaner. **Pro|jek|teu|rin** [...'tøːrɪn], die; -, -nen: weibliche Form zu ↑Projekteur

pro|jek|tie|ren ‹*lat.*›: entwerfen, planen, vorhaben

Pro|jek|til, das; -s, -e ‹*lat.-frz.*›: Geschoss

Pro|jek|ti|on, die; -, -en ‹*lat.*›: **1.** (Optik) Wiedergabe eines Bildes auf eine helle Fläche mithilfe eines Projektors. **2.** (Geogr.) Abbildung von Teilen der Erdoberfläche auf einer Ebene mithilfe von verschiedenen Gradnetzen. **3.** (Math.) bestimmtes Verfahren zur Abbildung von Körpern mithilfe paralleler od. zentraler Strahlen auf einer Ebene. **4.** das Übertragen von eigenen Gefühlen, Wünschen, Vorstellungen o. Ä. auf andere als Abwehrmechanismus

Pro|jek|ti|ons|ap|pa|rat, der; -[e]s, -e: ↑Projektor

pro|jek|tiv ‹*lat.-nlat.*›: die Projektion betreffend; **projektive Geometrie** (Math.): Geometrie der Lage von geometrischen Gebilden zueinander ohne Rücksicht auf ihre Abmessungen

Pro|jekt|ma|nage|ment, das; -s: Gesamtheit der Planungs-, Steuerungs- u. Kontrollmaßnahmen, die bei zeitlich befristeten u. terminlich vereinbarten Vorhaben (z. B. Forschungsprojekten, Produktentwicklungen) anfallen. **Pro|jekt|ma|na|ger,** der; -s, -: jmd., der im Projektmanagement arbeitet. **Pro|jekt|ma|na|ge|rin,** die; -, -nen: weibliche Form zu ↑Projektmanager

Pro|jek|tor, der; -s, ...oren: Gerät, mit dem man Bilder auf einer hellen Fläche vergrößert wiedergeben kann; Lichtbildwerfer

pro|ji|zie|ren ‹*lat.*›: **1.** (Math.) ein geometrisches Gebilde auf einer Fläche gesetzmäßig mithilfe von Strahlen darstellen. **2.** (Optik) Bilder mit einem Projektor auf einer hellen Fläche vergrößert wiedergeben. **3. a)** etwas auf etwas übertragen; **b)** Gedanken, Vorstellungen o. Ä. auf einen anderen Menschen übertragen, in diesen hineinsehen

Pro|ka|ry|ont, Pro|ka|ry|ot, der; -en, -en ‹*gr.*› (Biol.): Organismus, dessen Zelle keinen durch eine Membran getrennten Zellkern aufweist (Ggs.: Eukaryont). **pro|ka|ry|on|tisch, pro|ka|ry|o|tisch** (Biol.): zu den Prokaryo[n]ten zählend (Ggs.: eukaryontisch)

Pro|ka|ta|lep|sis, die; -, ...lepsen ‹*gr.;* »Vorwegnahme«›: Kunstgriff der antiken Redner, die Einwendungen eines möglichen Gegners vorwegzunehmen u. zu widerlegen

Pro|ke|leus|ma|ti|kus, der; -, ...tizi ‹*gr.-lat.*›: aus vier Kürzen bestehender antiker Versfuß

Pro|kla|ma|ti|on, die; -, -en ‹*lat.-frz.*›: **a)** amtliche Verkündigung (z. B. einer Verfassung); **b)** Aufruf an die Bevölkerung; **c)** gemeinsame Erklärung mehrerer Staaten; vgl. ...ation/...ierung

pro|kla|mie|ren: [durch eine Proklamation] verkündigen, erklären; aufrufen; kundgeben. **Pro|kla|mie|rung,** die; -, -en: das Proklamieren; vgl. ...ation/...ierung

Pro|kli|se, Pro|kli|sis, die; -, Proklisen (Sprachwiss.): Anlehnung eines unbetonten Wortes an ein folgendes betontes (z. B. *der* Tisch, *am* Ende) (Ggs.: Enklise)

Pro|kli|ti|kon, das; -s, ...ka (Sprachwiss.): unbetontes Wort, das sich an das folgende betonte anlehnt (z. B. und 's = und *das* Mädchen sprach) (Ggs.: Enklitikon)

pro|kli|tisch (Sprachwiss.): sich an ein folgendes betontes Wort anlehnend (Ggs.: enklitisch)

Pro|kon|sul, der; -s, -n ‹*lat.*› (Geschichte): ehemaliger Konsul als Statthalter einer Provinz (im Römischen Reich). **Pro|kon|su|lat,** das; -[e]s, -e: Amt, Statthalterschaft eines Prokonsuls

Pro|kras|ti|na|ti|on, die; -, -en ‹*lat.-engl.*› (geh.): das Verschieben, Aufschieben von anstehenden Aufgaben, Tätigkeiten

Pro|k|rus|tes|bett, das; -[e]s ‹nach dem Räuber der altgr. Sage, der arglose Wanderer in ein Bett presste, indem er überstehende Gliedmaßen abhieb od. zu kurze mit Gewalt streckte›: **1.** Schema, in das etwas gezwängt wird. **2.** unangenehme Lage, in die jmd. mit Gewalt gezwungen wird

Prok|t|al|gie, die; -, ...ien ‹*gr.-nlat.*› (Med.): neuralgische Schmerzen in After u. Mastdarm

Prok|ti|tis, die; -, ...itiden (Med.): Mastdarmentzündung

prok|to|gen (Med.): vom Mastdarm ausgehend

Prok|to|lo|ge, der; -n, -n (Med.): Facharzt mit einer Zusatzqualifikation auf dem Gebiet der Proktologie. **Prok|to|lo|gie,** die; -: Wissenschaft u. Lehre von den Erkrankungen des Enddarms. **Prok|to|lo|gin,** die; -, -nen: weibliche Form zu ↑Proktologe. **prok|to|lo|gisch** (Med.): die Proktologie betreffend, auf ihr beruhend

Prok|to|plas|tik, die; -, -en (Med.): operative Bildung eines künstlichen Afters

Prok|tor|rha|gie, die; -, ...ien (Med.): Mastdarmblutung

Prok|to|spas|mus, der; -, ...men (Med.): Krampf in After u. Mastdarm

Prok|to|s|ta|se, die; -, -n (Med.): Kotstauung u. -zurückhaltung im Mastdarm

Prok|to|to|mie, die; -, ...ien (Med.): operative Öffnung des Mastdarms; Mastdarmschnitt

Prok|to|ze|le, die; -, -n (Med.): Mastdarmvorfall; Ausstülpung des Mastdarms aus dem After

Pro|ku|ra, die; -, ...ren ⟨*lat.-it.*⟩: einem od. einer Angestellten erteilte handelsrechtliche Vollmacht, alle Arten von Rechtsgeschäften für den Betrieb vorzunehmen

Pro|ku|ra|ti|on, die; -, -en ⟨*lat.-it.-nlat.*⟩: **1.** Stellvertretung durch Bevollmächtigte. **2.** Vollmacht

Pro|ku|ra|tor, der; -s, ...oren ⟨*lat.(-it.)*⟩: **1.** (Geschichte) Statthalter einer Provinz des Römischen Reiches. **2.** (Geschichte) einer der neun höchsten Staatsbeamten der Republik Venedig, aus denen der Doge gewählt wurde. **3.** bevollmächtigter Vertreter einer Person im katholischen kirchlichen Prozess. **4.** Vermögensverwalter eines Klosters

Pro|ku|ra|tur, die; -, -en ⟨*lat.*⟩: **1.** (österr.) ↑Finanzprokuratur. **2.** Amt eines römischen ↑Prokurators (1)

Pro|ku|ra|zi|en, die (Plural) ⟨*lat.-it.*⟩: Palastbauten der Prokuratoren in Venedig

Pro|ku|ren: *Plural* von ↑Prokura

Pro|ku|rist, der; -en, -en ⟨*lat.-it.-nlat.*⟩: Bevollmächtigter mit Prokura. **Pro|ku|ris|tin,** die; -, -nen: weibliche Form zu ↑Prokurist

Pro|ku|ror, der; -s, ...oren ⟨*lat.-russ.*⟩ (Geschichte): Staatsanwalt im zaristischen Russland

pro|la|bie|ren ⟨*lat.-nlat.*⟩ (Med.): aus einer natürlichen Körperöffnung heraustreten (von Teilen innerer Organe)

Pro|lak|tin, das; -s, -e ⟨*lat.-nlat.*⟩ (Med.; Biol.): Hormon des Hirnanhanges, das die Milchabsonderung während der Stillzeit anregt

Pro|l|a|min, das; -s, -e (meist Plural) ⟨Kunstw.⟩: Eiweiß des Getreidekorns

Pro|lan, das; -s, -e ⟨*lat.-nlat.*⟩ (Med. veraltet): Geschlechtshormon

Pro|laps, der; -es, -e, **Pro|lap|sus,** der; -, - [...su:s] ⟨*lat.*⟩ (Med.): Vorfall, Heraustreten von Teilen eines inneren Organs aus einer natürlichen Körperöffnung infolge Bindegewebsschwäche

Pro|le|go|me|non, das; -s, ...mena (meist Plural) ⟨*gr.*⟩: Vorwort, Einleitung, Vorbemerkung

Pro|lep|se, Pro|lep|sis [auch: ˈpro:...], die; -, Prolepsen ⟨*gr.-lat.*⟩: **1.** ↑Prokatalepsis. **2.** (Rhet.) Vorwegnahme eines Satzgliedes, bes. des Satzgegenstandes eines Gliedsatzes (z. B.: Hast du *den Jungen* gesehen, wie er aussah?, statt: Hast du gesehen, wie *der Junge* aussah?); vgl. proleptischer Akkusativ. **3.** (Philos.) **a)** natürlicher, durch angeborene Fähigkeit unmittelbar aus der Wahrnehmung gebildeter Begriff (Stoiker); **b)** Allgemeinvorstellung als Gedächtnisbild, das die Erinnerung gleichartiger Wahrnehmungen desselben Gegenstandes in sich schließt (bei den Epikureern)

pro|lep|tisch ⟨*gr.*⟩: vorgreifend, vorwegnehmend; **proleptischer Akkusativ:** als Akkusativ in den Hauptsatz gezogener Satzgegenstand eines Gliedsatzes; ↑Prolepse (2)

Pro|let, der; -en, -en ⟨*lat.;* Kurzform von *Proletarier*⟩: **1.** (ugs. veraltet) ↑Proletarier. **2.** (ugs. abwertend) roher, ungehobelter, ungebildeter Mensch

Pro|le|ta|ri|at, das; -[e]s, -e (Plural selten) ⟨*lat.-frz.*⟩: wirtschaftlich abhängige, besitzlose [Arbeiter]klasse

Pro|le|ta|ri|er, der; -s, - ⟨*lat.*⟩: Angehöriger des Proletariats. **Pro|le|ta|ri|e|rin,** die; -, -nen: weibliche Form zu ↑Proletarier

pro|le|ta|risch: den Proletarier, das Proletariat betreffend

pro|le|ta|ri|sie|ren ⟨*lat.-nlat.*⟩: zu Proletariern machen

Pro|le|tin, die; -, -nen: weibliche Form zu ↑Prolet

Pro|let|kult, der; -[e]s ⟨*lat.-russ.*⟩: kulturrevolutionäre Bewegung im Russland der Oktoberrevolution mit dem Ziel, eine proletarische Kultur zu entwickeln

¹Pro|li|fe|ra|ti|on, die; -, -en ⟨*lat.-nlat.*⟩ (Med.): Wucherung des Gewebes durch Zellvermehrung (bei Entzündungen, Geschwülsten)

²Pro|li|fe|ra|tion [prolifəˈrɛɪʃn̩], die; - ⟨*lat.-frz.-engl.-amerik.*⟩: Weitergabe von Atomwaffen od. Mitteln zu deren Herstellung an Länder, die selbst keine Atomwaffen entwickelt haben

pro|li|fe|ra|tiv ⟨*lat.-nlat.*⟩ (Med.): wuchernd

pro|li|fe|rie|ren (Med.): wuchern

pro|lix ⟨*lat.*⟩ (veraltet): ausführlich, weitschweifig

pro lo|co ⟨*lat.*⟩ (veraltet): für den Platz, für die Stelle

Pro|log, der; -[e]s, -e ⟨*gr.-lat.*⟩: **1. a)** einleitender Teil des Dramas (Ggs.: Epilog [a]); **b)** Vorrede, Vorwort, Einleitung eines literarischen Werkes (Ggs.: Epilog [b]). **2.** Rennen (meist Zeitfahren), das den Auftakt eines über mehrere Etappen (1 a) gehenden Radrennens bildet

Pro|lon|ga|ti|on, die; -, -en ⟨*lat.-nlat.*⟩ (Wirtsch.): Stundung, Verlängerung einer Kreditfrist

Pro|lon|ge|ment [...lõʒəˈmɑ̃:], das; -s, -s ⟨*lat.-frz.*⟩ (Musik): dem Weiterklingen der Töne od. Akkorde (nach dem Loslassen der Tasten) dienendes Pedal bei Tasteninstrumenten

pro|lon|gie|ren ⟨*lat.*⟩ (Wirtsch.): stunden, eine Kreditfrist verlängern

pro me|mo|ria ⟨*lat.*⟩: zum Gedächtnis. **Pro|me|mo|ria,** das; -s, ...ien u. -s (veraltet): Denkschrift; Merkzettel

Pro|me|na|de, die; -, -n ⟨*lat.-frz.*⟩: **1.** Spaziergang. **2.** Spazierweg

pro|me|nie|ren (geh.): spazieren gehen, sich ergehen

Pro|mes|se, die; -, -n ⟨*lat.-frz.;* »Versprechen«⟩ (österr. Bankw., sonst veraltet): Schuldverschreibung

pro|me|the|isch ⟨nach Prometheus, dem Titanensohn der gr. Sage⟩: himmelstürmend; an Kraft, Gewalt, Größe alles übertreffend

Pro|me|thi|um, das; -s ⟨*gr.-nlat.*⟩: chem. Element, Metall (Zeichen: Pm)

Pro|mi, der; -s, -s u. die; -, -s: Kurzform von ↑Prominente

pro mil|le ⟨*lat.*⟩: **a)** für tausend; **b)** vom Tausend

Pro|mil|le, das; -[s], -: **1.** ein Teil

vom Tausend, Tausendstel. **2.** in Tausendsteln gemessener Alkoholanteil im Blut

Pro|mil|le|gren|ze, die; -: (bes. im Straßenverkehr geltender) gesetzlich festgelegter Grenzwert des Alkoholgehalts im Blut

pro|mi|nent ⟨*lat.*⟩: **a)** hervorragend, bedeutend, maßgebend; **b)** weithin bekannt, berühmt

Pro|mi|nen|te, der u. die; -n, -n: prominente Persönlichkeit

Pro|mi|nenz, die; -, -en: **1.** (Plural) prominente Persönlichkeiten. **2.** (ohne Plural) **a)** das Prominentsein; **b)** [hervorragende] Bedeutung. **3.** (ohne Plural) Gesamtheit der Prominenten

pro|mis|cue [...kuə] ⟨*lat.*⟩ (veraltend): nicht klar voneinander geschieden, durcheinander

pro|misk (fachspr.): ↑promiskuitiv

Pro|mis|ku|i|tät, selten: Promiskuitivität, die; - ⟨*lat.-nlat.*⟩: Geschlechtsverkehr mit verschiedenen, häufig wechselnden Partnern

pro|mis|ku|i|tiv: a) in Promiskuität lebend; **b)** durch Promiskuität gekennzeichnet

Pro|mis|ku|i|ti|vi|tät vgl. Promiskuität

pro|mis|ku|os, pro|mis|ku|ös: ↑promiskuitiv

Pro|mis|si|on, die; -, -en ⟨*lat.*⟩ (veraltet): Zusage, Versprechen

pro|mis|so|risch ⟨*lat.-mlat.*⟩ (veraltet): versprechend; **promissorischer Eid** (Rechtswiss.): vor der Aussage geleisteter Eid. **Pro|mis|so|ri|um,** das; -s, ...ien (Rechtsspr. veraltet): schriftliches Versprechen

Pro|mit|tent, der; -en, -en ⟨*lat.*⟩ (schweiz. Rechtsspr., sonst veraltet): Versprechender. **pro|mit|tie|ren** (Rechtsspr. veraltet): versprechen, verheißen

pro|mo|ten [...ˈmoʊ..., ...ˈmo:...] ⟨*engl.*⟩: für jmdn., etwas Werbung machen

Pro|mo|ter [proˈmoʊtɐ, ...ˈmo:...], der; -s, - ⟨*lat.-frz.-engl.*⟩: **1.** Veranstalter (z. B. von Berufssportwettkämpfen, bes. Boxen, von Konzerten, Tourneen, Popfestivals). **2.** ↑Salespromoter. **Pro|mo|te|rin,** die; -, -nen: weibliche Form zu ↑Promoter

¹Pro|mo|ti|on, die; -, -en ⟨*lat.;* »Beförderung«⟩: **1.** Erlangung, Verleihung der Doktorwürde. **2.** (österr.) offizielle Feier, bei der die Doktorwürde verliehen wird

²Pro|mo|tion [...ˈmoʊʃn̩], die; -, -s ⟨*lat.-engl.*⟩: Absatzförderung, Werbung [durch besondere Werbemaßnahmen]

Pro|mo|tor, der; -s, -oren ⟨*lat.*⟩: **1.** Förderer, Manager. **2.** (österr.) Professor, der die formelle Verleihung der Doktorwürde vornimmt. **Pro|mo|to|rin,** die; -, -nen: weibliche Form zu ↑Promotor

Pro|mo|vend, der; -en, -en: jmd., der kurz vor seiner ¹Promotion (1) steht. **Pro|mo|ven|din,** die; -, -nen: weibliche Form zu ↑Promovend

pro|mo|vie|ren: 1. a) eine Dissertation schreiben; **b)** die Doktorwürde erlangen. **2.** die Doktorwürde verleihen

prompt ⟨*lat.-frz.*⟩: **1.** unverzüglich, unmittelbar (als Reaktion auf etwas) erfolgend; umgehend, sofort. **2.** (ugs.) einer Befürchtung, Erwartung seltsamerweise genau entsprechend; tatsächlich. **3.** (Kaufmannsspr.) bereit, verfügbar, lieferbar

Promp|tu|a|ri|um, das; -s, ...ien ⟨*lat.*⟩ (veraltet): Nachschlagewerk, wissenschaftlicher Abriss

Pro|mul|ga|ti|on, die; -, -en ⟨*lat.*⟩ (veraltend): öffentliche Bekanntmachung, Veröffentlichung, Bekanntgabe (z. B. eines Gesetzes). **pro|mul|gie|ren** (veraltend): bekannt geben, veröffentlichen, verbreiten

Pro|na|os, der; -, ...naoi ⟨*gr.-lat.*⟩: **1.** Vorhalle des altgriechischen Tempels. **2.** Vorraum in der orthodoxen Kirche; vgl. Naos

Pro|na|ti|on, die; -, -en ⟨*lat.-nlat.*⟩ (Med.): Einwärtsdrehung von Hand od. Fuß

pro ni|hi|lo ⟨*lat.*⟩ (veraltet): um nichts, vergeblich

Pro|no|men, das; -s, - u. ...mina ⟨*lat.*⟩ (Sprachwiss.): Wort, das für ein Nomen, anstelle eines Nomens steht; Fürwort (z. B. er, mein, welcher)

pro|no|mi|nal (Sprachwiss.): das Pronomen betreffend, fürwörtlich

Pro|no|mi|nal|ad|jek|tiv, das; -s, -e (Sprachwiss.): Adjektiv, das die Beugung eines nachfolgenden [substantivierten] Adjektivs teils wie ein Adjektiv, teils wie ein Pronomen beeinflusst (z. B. beide, mehrere, kein)

Pro|no|mi|nal|ad|verb, das; -s, -ien (Sprachwiss.): aus einem alten pronominalen Stamm u. einer Präposition gebildetes Adverb, das eine Fügung aus Präposition u. Pronomen vertritt; Umstandsfürwort (z. B. *darüber* für *über es, über das*)

Pro|no|mi|na|le, das; -s, ...lia u. ...lien (Sprachwiss.): Pronomen, das die Qualität od. Quantität bezeichnet (z. B. lat. qualis = wie beschaffen)

pro|non|cie|ren [pronõˈsi:rən] ⟨*lat.-frz.*⟩ (veraltet): **a)** offen aussprechen, erklären; **b)** mit Nachdruck aussprechen, stark betonen. **pro|non|ciert: a)** eindeutig, entschieden; **b)** deutlich ausgeprägt

Pro|nun|ci|a|mi|en|to [...tsi̯aˈmi̯ɛnto], das; -s, -s ⟨*lat.-span.*⟩: ↑Pronunziamento

Pro|nun|ti|us, der; -, ...ien ⟨*lat.-nlat.*⟩: päpstlicher Nuntius mit Kardinalswürde

Pro|nun|zi|a|men|to, das; -s, -s ⟨*lat.-it.*⟩: **a)** Aufruf zum Sturz der Regierung; **b)** Militärputsch

Pro|nun|zi|a|mi|en|to, das; -s, -s ⟨*lat.-span.*⟩: ↑Pronunziamento

pro|nun|zi|a|to ⟨*lat.-it.*⟩ (Musik): deutlich markiert, hervorgehoben (Vortragsanweisung)

¹Proof [pru:f], das; -, - ⟨*engl.;* »Probe, Versuch«⟩: Maß für den Alkoholgehalt von Getränken

²Proof [pru:f], der, auch: das; -s, -s (Druckw.): Probeabzug zur Prüfung der Druckvorlage

Proo|fing [ˈpru:fɪŋ], das; -s ⟨*engl.*⟩ (Druckw.): das Überprüfen von Daten [am Bildschirm], die für elektronische Produkte bestimmt sind

Pro|oi|mi|on, das; -s, ...ia ⟨*gr.*⟩, **Pro|ö|mi|um,** das; -s, ...ien ⟨*gr.-lat.*⟩: **1.** kleinere Hymne, die von den altgriechischen Rhapsoden vor einem großen Epos vorgetragen wurde. **2.** in der Antike Einleitung, Vorrede zu einer Schrift

Pro|pä|deu|tik, die; -, -en ⟨*gr.-nlat.*⟩: **a)** Einführung in ein Studienfach; **b)** wissenschaftliches Werk, das in ein bestimmtes Studienfach einführt

Pro|pä|deu|ti|kum, das; -s, ...ka (schweiz.): medizinische Vorprüfung

pro|pä|deu|tisch: vorbereitend, in

ein Studienfach einführend; **propädeutische Philosophie:** a) ↑ Logik (1); b) in die Grundprobleme der Logik, Erkenntnistheorie u. Ethik einführender Unterricht an höheren Schulen des frühen 19. Jh.s

Pro|pa|gan|da, die; - ‹*lat.*›: **1.** systematische Verbreitung politischer, weltanschaulicher o. ä. Ideen u. Meinungen [mit massiven (publizistischen) Mitteln] mit dem Ziel, das allgemeine [politische] Bewusstsein in bestimmter Weise zu beeinflussen. **2.** (bes. Wirtsch.) Werbung, Reklame

Pro|pa|gan|da|kon|gre|ga|ti|on, die; -: römische Kardinalskongregation zur Ausbreitung des Glaubens, die das katholische Missionswesen leitet

Pro|pa|gan|dist, der; -en, -en ‹*lat.-nlat.*›: **1.** jmd., der Propaganda treibt. **2.** (Fachspr.) Werbefachmann. **Pro|pa|gan|dis|tin,** die; -, -nen: weibliche Form zu ↑ Propagandist. **pro|pa|gan|dis|tisch:** die Propaganda betreffend, auf Propaganda beruhend

Pro|pa|ga|ti|on, die; -, -en ‹*lat.*› (Biol.): Vermehrung, Fortpflanzung der Lebewesen

Pro|pa|ga|tor, der; -s, ...toren: jmd., der etwas propagiert, sich für etwas einsetzt. **Pro|pa|ga|to|rin,** die; -, -nen: weibliche Form zu ↑ Propagator

pro|pa|gie|ren: verbreiten, für etwas Propaganda treiben, werben

Pro|pan, das; -s ‹*gr.-nlat.*›: gesättigter Kohlenwasserstoff, der bes. als Brenngas verwendet wird

Pro|pa|non, das; -s: ↑ Aceton

Pro|par|oxy|to|non, das; -s, ...tona ‹*gr.*›: in der griechischen Betonungslehre Wort, das den Akut auf der drittletzten Silbe trägt (z. B. *gr.* ανάλυσις = Analyse)

pro pa|t|ria ‹*lat.*›: für das Vaterland

Pro|pel|ler, der; -s, - ‹*lat.-engl.;* »Antreiber«›: Antriebsschraube bei Schiffen, Flugzeugen u. Ä.

Pro|pemp|ti|kon, das; -s, ...ka ‹*gr.-lat.*›: (in der Antike) Geleitgedicht für einen Abreisenden im Unterschied zum ↑ Apopemptikon

Pro|pen vgl. Propylen

pro|per ‹*lat.-frz.*›: **a)** durch eine saubere, gepflegte, ordentliche äußere Erscheinung ansprechend, einen erfreulichen Anblick bietend; **b)** ordentlich u. sauber [gehalten]; **c)** sorgfältig, solide ausgeführt, gearbeitet

Pro|per|din, das; -s ‹Kunstw.› (Med.): Bakterien auflösender Bestandteil des Blutserums

Pro|per|ge|schäft, das; -[e]s, -e ‹*lat.-frz.; dt.*› (Wirtsch.): Geschäft, Handel auf eigene Rechnung u. Gefahr; Eigengeschäft

Pro|pe|ri|s|po|me|non, das; -s, ...mena ‹*gr.*›: in der griechischen Betonungslehre Wort mit dem Zirkumflex auf der vorletzten Silbe (z. B. *gr.* δῶρον = Geschenk); vgl. Perispomenon

Pro|pha|se, die; -, -n ‹*gr.;* »das Vorscheinenlassen«› (Biol.): erste Phase der Kernteilung, in der die Chromosomen sichtbar werden

Pro|phet, der; -en, -en ‹*gr.-lat.*›: **1.** jmd., der von Gott dazu auserwählt wurde, als Mahner u. Weissager die göttliche Wahrheit zu verkünden (bes. im Alten Testament u. als Bezeichnung Mohammeds). **2.** (meist Plural) prophetisches Buch des Alten Testaments

Pro|phe|tie, die; -, ...ien: Weissagung, Prophezeiung; Voraussage (durch einen Propheten)

Pro|phe|tin, die; -, -nen: weibliche Form zu ↑ Prophet (1)

pro|phe|tisch: **1.** von einem Propheten (1) stammend, zu ihm gehörend. **2.** eine intuitive Prophezeiung enthaltend

pro|phe|zei|en: weissagen; voraussagen. **Pro|phe|zei|ung,** die; -, -en: **1.** das Prophezeien. **2.** das, was prophezeit worden ist, die Weissagung

Pro|phy|lak|ti|kum, das; -s, ...ka ‹*gr.-nlat.*› (Med.): vorbeugendes Mittel

pro|phy|lak|tisch ‹»verwahrend, schützend«› (Med.): vorbeugend, verhütend, vor einer Erkrankung schützend

Pro|phy|la|xe, die; -, -n ‹*gr.*› (Med.): Vorbeugung, vorbeugende Maßnahme; Verhütung von Krankheiten

Pro|pi|on|säu|re, die; - ‹*gr.; dt.*›: farblose, stechend riechende organische Säure, die z. B. zur Herstellung von Arzneimitteln verwendet wird

Pro|po|lis, die; - ‹*gr.;* »Vorstadt«›: harzartige, keimfreie Masse, die Bienen von den Knospen der Laubbäume sammeln, um damit das Innere ihres Bienenstocks auszukleiden

Pro|po|nent, der; -en, -en ‹*lat.*› (veraltet): Antragsteller. **Pro|po|nen|tin,** die; -, -nen: weibliche Form zu ↑ Proponent. **pro|po|nie|ren:** vorschlagen, beantragen

Pro|por|ti|on, die; -, -en ‹*lat.*›: **1.** Größenverhältnis; rechtes Maß; Eben-, Gleichmaß. **2.** (Musik) Takt- u. Zeitmaßbestimmung der Mensuralmusik. **3.** (Math.) Verhältnisgleichung

pro|por|ti|o|nal: verhältnisgleich, in gleichem Verhältnis stehend; angemessen, entsprechend; **proportionale Konjunktion** (Sprachwiss.): Bindewort, das in Verbindung mit einem anderen ein gleichbleibendes Verhältnis ausdrückt (z. B. je [desto])

Pro|por|ti|o|na|le, die; -, -n (Math.): Glied einer Verhältnisgleichung

Pro|por|ti|o|na|li|tät, die; -, -en: Verhältnismäßigkeit, richtiges Verhältnis

Pro|por|ti|o|nal|satz, der; -es, ...sätze (Sprachwiss.): zusammengesetzter Satz, in dem sich der Grad od. die Intensität des Verhaltens o. Ä. im Hauptsatz mit der im Gliedsatz gleichmäßig ändert (z. B. je älter er wird, desto bescheidener wird er)

Pro|por|ti|o|nal|wahl, die; -, -en: Verhältniswahl

pro|por|ti|o|niert ‹*lat.-mlat.*›: bestimmte Proportionen aufweisend; ebenmäßig, wohlgebaut

Pro|porz, der; -es, -e ‹Kurzw. aus: Proportionalwahl›: **1.** Verteilung von Sitzen u. Ämtern nach dem Verhältnis der abgegebenen Stimmen bzw. der Partei-, Konfessionszugehörigkeit o. Ä. **2.** (österr., schweiz.) Verhältniswahl[system]

Pro|po|si|ta: *Plural* von ↑ Propositum

Pro|po|si|tio, die; -, ...iones [...ne:s] ‹*lat.*› (Philos.): Satz, Urteil; **Propositio maior:** Obersatz (im ↑ Syllogismus); **Propo-**

sitio minor: Untersatz (im ↑Syllogismus)

Pro|po|si|ti|on, die; -, -en: **1.** (veraltet) Vorschlag, Antrag. **2.** (antike Rhet.; Stilkunde) Ankündigung des Themas. **3.** (Sprachwiss.) Satz als Informationseinheit (nicht im Hinblick auf seine grammatische Form). **4.** Ausschreibung bei Pferderennen

pro|po|si|ti|o|nal (Sprachwiss.): den Satz als Informationseinheit, die Proposition (3) betreffend

Pro|po|si|tum, das; -s, ...ta (veraltet): Äußerung, Rede

Pro|pos|ta, die; -, ...ten ⟨*lat.-it.*⟩ (Musik): Vordersatz, die beginnende Stimme eines Kanons (Ggs.: Risposta)

Pro|prä|tor, der; -s, ...oren ⟨*lat.*⟩ (Geschichte): ehemaliger Prätor als Statthalter einer Provinz (im Römischen Reich)

prop|re vgl. proper

Prop|re|ge|schäft, das; -[e]s, -e: ↑Propergeschäft

Pro|p|re|tät, die; - ⟨*lat.-frz.*⟩ (landsch.): Sauberkeit, Reinlichkeit

pro|p|ri|a|li|sie|ren (Sprachwiss.): zum Eigennamen machen; vgl. Nomen proprium

pro|p|rie [...iə] ⟨*lat.*⟩ (veraltet): eigentlich

pro|p|ri|e|tär ⟨*lat.-frz.*⟩ (EDV): nur auf einem herstellereigenen Computermodell einsetzbar; herstellergebunden. **Pro|p|ri|e|tär,** der; -s, -e ⟨*lat.-frz.*⟩ (veraltet): Eigentümer. **Pro|p|ri|e|tä|rin,** die; -, -nen: weibliche Form zu ↑Proprietär

Pro|p|ri|e|tät, die; -, -en (Rechtsspr. veraltet): Eigentum[srecht]

pro pri|mo ⟨*lat.*⟩ (veraltet): zuerst, fürs Erste

pro|p|rio mo|tu ⟨*lat.*⟩: aus eigenem Antrieb

pro|p|ri|o|zep|tiv (Psychol., Med.): Wahrnehmungen aus dem eigenen Körper vermittelnd (z. B. aus Muskeln, Sehnen, Gelenken) (Ggs.: exterozeptiv)

Pro|p|ri|um, das; -s ⟨*lat.;* »das Eigene«⟩: **1. a)** (Psychol.) das Selbst, das Ich; Identität, Selbstgefühl; **b)** jmdn. od. eine Sache auszeichnende Eigentümlichkeit, Besonderheit; spezifisches Merkmal. **2.** (kath. Kirche) die für einen bestimmten Tag vorgesehenen, im Laufe eines Kirchenjahres wechselnden Texte einer [1]Messe (1); **Proprium de Tempore:** nach den Erfordernissen des Kirchenjahres wechselnde Teile der Messliturgie u. des Breviers (1 a); **Proprium Sanctorum:** nach den Heiligenfesten wechselnde Texte. **3.** Kurzform von ↑Nomen proprium

Pro|pul|si|on, die; -, -en ⟨*lat.-nlat.*⟩: **1.** (veraltet) das Vorwärts-, Forttreiben. **2.** (Med.) Gehstörung mit Neigung zum Vorwärtsfallen bzw. Verlust der Fähigkeit, in der Bewegung innezuhalten

pro|pul|siv: 1. (veraltet) vorwärtstreibend, forttreibend. **2.** (Med.) die Propulsion (2) betreffend, auf ihr beruhend, für sie charakteristisch

Pro|pusk [auch: ˈprɔ..., proˈpʊsk], der; -[e]s, -e ⟨*russ.*⟩: russ. Bez. für: Passierschein, Ausweis

Pro|py|lä|en, die (Plural) ⟨*gr.-lat.*⟩: **1.** Vorhalle griechischer Tempel. **2.** Zugang, Eingang

Pro|py|len, das; -s ⟨*gr.-nlat.*⟩: gasförmiger, ungesättigter Kohlenwasserstoff, technisch wichtiger Ausgangsstoff für andere Stoffe

Pro|py|lit [auch: ...ˈlɪt], der; -s, -e: durch Thermalwässer umgewandelter ↑Andesit in der Nähe von Erzlagerstätten

pro ra|ta [par|te] ⟨*lat.*⟩ (Wirtsch.): verhältnismäßig, dem vereinbarten Anteil entsprechend (Abk.: p. r.)

pro ra|ta tem|po|ris (Wirtsch.): anteilmäßig auf einen bestimmten Zeitablauf bezogen (Abk.: p. r. t.)

Pro|rek|tor, der; -s, -en (auch: ...oren) ⟨*lat.-nlat.*⟩: Stellvertreter des amtierenden Rektors an Hochschulen

Pro|rek|to|rat, das; -[e]s, -e: **1.** Amt eines Prorektors, einer Prorektorin. **2.** Amtszimmer eines Prorektors, einer Prorektorin

Pro|rek|to|rin, die; -, -nen: weibliche Form zu ↑Prorektor

Pro|ro|ga|ti|on, die; -, -en ⟨*lat.*⟩: **1.** (veraltet) Aufschub, Vertagung. **2.** (Rechtswiss.) stillschweigende od. ausdrückliche Anerkennung (vonseiten beider Prozessparteien) eines für eine Rechtssache an sich nicht zuständigen Gerichts erster Instanz

pro|ro|ga|tiv (veraltet): aufschiebend, vertagend

pro|ro|gie|ren: 1. (veraltet) aufschieben, vertagen. **2.** (Rechtswiss.) eine Prorogation (2) vereinbaren

Pro|sa, die; - ⟨*lat.;* »geradeaus gerichtete (= schlichte) Rede«⟩: **1.** Rede od. Schrift in ungebundener Form im Unterschied zur Poesie (1). **2.** Nüchternheit, nüchterne Sachlichkeit. **3.** geistliches Lied des frühen Mittelalters

Pro|sa|i|ker, der; -s, -: **1.** ↑Prosaist. **2.** Mensch von nüchterner Geistesart. **Pro|sa|i|ke|rin,** die; -, -nen: weibliche Form zu ↑Prosaiker

pro|sa|isch: 1. in Prosa (1) [abgefasst]. **2.** sachlich-nüchtern, trocken, ohne Fantasie

Pro|sa|ist, der; -en, -en ⟨*lat.-nlat.*⟩: Prosa schreibender Schriftsteller. **Pro|sa|is|tin,** die; -, -nen: weibliche Form zu ↑Prosaist

pro|sa|is|tisch: frei von romantischen Gefühlswerten, sachlich-nüchtern berichtend

Pro|sec|co, der; -[s], -s (aber: 3 -) ⟨*it.*⟩: italienischer Schaum-, Perl- od. Weißwein

Pro|sek|tor, der; -s, ...oren ⟨*lat.*⟩ (Med.): **1.** Arzt, der Sektionen (2) durchführt. **2.** Leiter der pathologischen Abteilung eines Krankenhauses

Pro|sek|to|rin, die; -, -nen: weibliche Form zu ↑Prosektor

Pro|sek|tur, die; -, -en ⟨*lat.-nlat.*⟩ (Med.): Abteilung eines Krankenhauses, in der Sektionen (2) durchgeführt werden

Pro|se|ku|ti|on, die; -, -en ⟨*lat.*⟩ (Rechtswiss.): gerichtliche Verfolgung, Belangung

Pro|se|ku|tiv, der; -s, -e ⟨*lat.-nlat.*⟩ (Sprachwiss.): Kasus der räumlichen od. zeitlichen Erstreckung, bes. in den finnisch-ugrischen Sprachen

Pro|se|ku|tor, der; -s, ...oren ⟨*lat.-mlat.*⟩ (Rechtswiss.): Verfolger, Ankläger

Pro|se|lyt, der; -en, -en ⟨*gr.-lat.;* »hinzugekommen«⟩: Neubekehrter, im Altertum bes. zur Religion Israels übergetretener Ungläubiger; **Proselyten ma-**

chen (abwertend): Personen für einen Glauben od. eine Anschauung durch aufdringliche Werbung gewinnen

Pro|se|ly|ten|ma|che|rei, die; -, -en (abwertend): aufdringliche Werbung für einen Glauben od. eine Anschauung

Pro|se|ly|tin, die; -, -nen: weibliche Form zu ↑Proselyt

Pro|se|mi|nar, das; -s, -e ‹*lat.-nlat.*›: einführende Übung [für Studierende im Grundstudium] an der Hochschule

Pro|s|en|chym, das; -s, -e ‹*gr.-nlat.*› (Bot.): den Pflanzenkörper stützendes, aus lang gestreckten, faserigen, meist dickwandigen Zellen bestehendes Gewebe

pro|s|en|chy|ma|tisch (Bot.): aus Prosenchym bestehend

Pro|si|me|t|rum, das; -s, ...tra ‹*lat.; gr.-lat.*›: Mischung von Prosa u. Vers in literarischen Werken der Antike

pro|sit, prost ‹*lat.*›: wohl bekomms!; zum Wohl!. **Pro|sit,** das; -[e]s, -e: Zutrunk

Pro|ske|ni|on, das; -, ...nia ‹*gr.*›: griechische Form von ↑Proszenium

pro|skri|bie|ren ‹*lat.*›: ächten, verbannen

Pro|skrip|ti|on, die; -, -en: **1.** Ächtung [politischer Gegner]. **2.** (Geschichte) öffentliche Bekanntmachung der Namen der Geächteten im alten Rom

Pros|ky|ne|se, Pros|ky|ne|sis, die; -, ...nesen ‹*gr.*›: demütige Kniebeugung, Fußfall vor einem Herrscher od. vor einem religiösen Weihegegenstand, auch bei bestimmten kirchlichen Handlungen

Pro|s|o|dem, das; -s, -e ‹*gr.-nlat.*› (Sprachwiss.): prosodisches (suprasegmentales) Merkmal

Pro|s|o|dia: *Plural* von ↑Prosodion

Pro|s|o|di|a|kus, der; -, ...azi ‹*gr.-lat.*›: bes. in den Prosodia gebrauchter altgriechischer Vers

Pro|s|o|die, die; -, ...ien, **Pro|s|o|dik,** die; -, -en ‹*gr.(-lat.)*›: **1.** in der antiken Metrik die Lehre von der Tonhöhe u. der Quantität der Silben, Silbenmessungslehre. **2.** Lehre von der metrisch-rhythmischen Behandlung der Sprache

Pro|s|o|di|on, das; -s, ...dia ‹*gr.*›: im Chor gesungenes altgriechisches Prozessionslied

pro|s|o|disch ‹*gr.-lat.*›: die Prosodie betreffend, die Silben messend

Pro|s|o|don|tie, die; -, ...ien ‹*gr.-nlat.*› (Med.): schräges Vorstehen der Zähne

Pro|s|o|p|al|gie, die; -, ...ien ‹*gr.-nlat.*› (Med.): Gesichtsschmerzen im Bereich des ↑Trigeminus

Pro|s|o|po|gra|fie, Pro|s|o|po|gra|phie, die; -, ...ien: nach der Buchstabenfolge geordnetes Verzeichnis aller einem bestimmten Lebenskreis angehörenden Personen mit Quellenangaben

Pro|s|o|po|lep|sie, die; -: Charakterdeutung aus den Gesichtszügen

Pro|s|o|po|ple|gie, die; -, ...ien (Med.): Lähmung der mimischen Muskulatur des Gesichts; Fazialislähmung

Pro|s|o|po|pö|ie, die; -, ...ien: ↑Personifikation

Pro|s|o|pos|chi|sis [...sçi:...], die; -, ...isen (Med.): angeborene Fehlbildung, bei der die beiden Gesichtshälften durch einen Spalt getrennt sind

Pro|s|pekt, der, österr. auch: das; -[e]s, -e ‹*lat.;* »Hinblick; Aussicht«›: **1.** meist mit Illustrationen ausgestattete Werbeschrift (in Form eines Faltblattes o. Ä.). **2.** Preisliste. **3.** Vorderansicht der Orgel. **4.** (Theater) [perspektivisch gemalter] Bühnenhintergrund, Bühnenhimmel, Rundhorizont. **5.** (bildende Kunst) perspektivisch stark verkürzte Ansicht einer Stadt od. Landschaft als Gemälde, Zeichnung od. Kupferstich. **6.** russ. Bez. für: große, lang gestreckte Straße. **7.** (Wirtsch.) allgemeine Darlegung der Lage eines Unternehmens bei geplanter Inanspruchnahme des Kapitalmarktes

pro|s|pek|tie|ren (Fachspr., bes. Bergbau): mittels geologischer, geochemischer o. ä. Methoden Lagerstätten ausfindig machen, erkunden

Pro|s|pek|tie|rung, die; -, -en ‹*lat.-nlat.*›: **1.** (Bergbau, Archäol.) Erkundung nutzbarer Bodenschätze u. archäologischer Fundstätten. **2.** (Wirtsch.) Herausgabe des Lageberichts einer Unternehmung vor einer Wertpapieremission. **3.** (Kaufmannsspr.) Prospektion (2)

Pro|s|pek|ti|on, die; -, -en: **1.** (Bergbau, Archäol.) das Prospektieren. **2.** (Kaufmannsspr.) aus Prospekt (1), Begleitbrief u. Bestellkarte bestehende Werbedrucksache

pro|s|pek|tiv ‹*lat.*›: **a)** der Aussicht, Möglichkeit nach; vorausschauend; **b)** die Weiterentwicklung betreffend; **prospektiver Konjunktiv** (Sprachwiss.): in der griechischen Sprache Konjunktiv der möglichen od. erwogenen Verwirklichung

Pro|s|pek|tor, der; -s, ...oren ‹*lat.-engl.*› (Bergbau): Gold-, Erzschürfer. **Pro|s|pek|to|rin,** die; -, -nen: weibliche Form zu ↑Prospektor

pro|s|pe|rie|ren ‹*lat.-frz.*› (bes. Wirtsch.): sich günstig entwickeln; gedeihen, vorankommen

Pro|s|pe|ri|tät, die; -: Wohlstand, Blüte, Periode allgemeinen wirtschaftlichen Aufschwungs

Pro|sper|mie, die; -, ...ien ‹*gr.-nlat.*› (Med.): vorzeitiger Samenerguss

pro|s|pi|zie|ren ‹*lat.*›: voraussehen, Vorsichtsmaßregeln treffen

prost usw. vgl. prosit usw.

Pro|s|ta|g|lan|di|ne, die (Plural) ‹Kunstw. aus *Prosta*ta u. *Glans*› (Med., Pharm.): hormonähnliche Stoffe mit unterschiedlicher, z. B. gefäßerweiternder u. die Wehen auslösender, die Blutgerinnung u. Schmerzvermittlung beeinflussender Wirkung

Pro|s|ta|ta, die; -, ...tae [...tɛ] ‹*gr.-nlat.*› (Med.): walnussgroßes Anhangsorgan der männlichen Geschlechtsorgane, das den Anfangsteil der Harnröhre umgibt; Vorsteherdrüse

Pro|s|ta|ta|hy|per|tro|phie, die; -, -n (Med.): (altersbedingte) übermäßige Vergrößerung der Prostata

Pro|s|ta|t|ek|to|mie, die; -, ...ien (Med.): operative Entfernung von Prostatawucherungen od. der Prostata selbst

Pro|s|ta|ti|ker, der; -s, - (Med.): jmd., der an einer Vergrößerung der Prostata leidet

Pro|s|ta|ti|tis, die; -, ...itiden (Med.): Entzündung der Prostata

Pros|ter|na|ti|on, die; -, -en ‹*lat.-mlat.*›: lat. Bez. für ↑Proskynese

pros|ter|nie|ren ‹*lat.*› (kath. Kirche): sich (zum Fußfall) niederwerfen

Pros|the|se, Pros|the|sis, die; -, ...thesen ‹*gr.-lat.*› (Sprachwiss.): ↑Prothese (2)

pros|the|tisch: 1. angesetzt, angefügt; **prosthetische Gruppe** (Biochemie): mit einem Protein fest verbundene, nicht eiweißhaltige Gruppe eines Enzyms. **2.** (Sprachwiss.) prothetisch (2), auf Prothese (2) beruhend

pro|s|ti|tu|ie|ren ‹*lat.(-frz.)*›: **1.** um eines niedrigen Zwecks willen herabwürdigen, preisgeben. **2.** sich prostituieren: der Prostitution nachgehen

Pro|s|ti|tu|ier|te, die u. der; -n, -n: Person, die der Prostitution (1) nachgeht

Pro|s|ti|tu|ti|on, die; - ‹*lat.-frz.*›: **1.** gewerbsmäßige Ausübung sexueller Handlungen. **2.** (selten) Herabwürdigung, öffentliche Preisgabe, Bloßstellung

pro|s|ti|tu|tiv (Fachspr.): die Prostitution (1) betreffend

Pro|s|t|ra|ti|on, die; -, -en ‹*lat.*›: **1.** (kath. Kirche) liturgisches Sichhinstrecken auf den Boden (z. B. bei höheren Weihen u. bei der Einkleidung in eine geistliche Ordenstracht). **2.** (Med.) hochgradige Erschöpfung im Verlauf einer schweren Krankheit

Pro|s|ty|los, der; -, ...oi ‹*gr.-lat.*›: griechischer Tempel mit einer Säulenvorhalle

Pro|syl|lo|gis|mus, der; -, ...men ‹*gr.-nlat.*› (Logik): Schluss einer Schlusskette, dessen Schlusssatz die ↑Prämisse des folgenden Schlusses ist; Vorschluss

pro|syl|lo|gis|tisch (Logik): von einem Schluss zum Vorschluss zurückgehend

Pro|sze|ni|um, das; -s, ...ien ‹*gr.-lat.*›: **1.** im antiken Theater Platz vor der ↑Skene. **2.** Raum zwischen Vorhang u. Rampe einer Bühne (Ggs.: Postszenium)

Pro|t|ac|ti|ni|um, das; -s ‹*gr.-nlat.*›: radioaktives chem. Element; ein Metall (Zeichen: Pa)

Pro|t|a|go|nist, der; -en, -en ‹*gr.*›: **1.** Hauptdarsteller, erster Schauspieler im altgriechischen Drama; vgl. Deuteragonist, Tritagonist. **2. a)** zentrale Gestalt, wichtigste Person; **b)** Vorkämpfer. **Pro|t|a|go|nis|tin,** die; -, -nen: weibliche Form zu ↑Protagonist (2)

Pro|t|a|min, das; -s, -e ‹*gr.-nlat.*› (Chemie): einfacher, schwefelfreier Eiweißkörper

Pro|t|an|d|rie, die; - (Biol.): das Reifwerden der männlichen Geschlechtsprodukte zwittriger Tiere od. Pflanzen vor den weiblichen (zur Verhinderung von Selbstbefruchtung) (Ggs.: Protogynie). **pro|t|an|d|risch** (Biol.): die Protandrie betreffend

Pro|t|a|n|o|pie, die; -, ...ien (Med.): Form der Farbenblindheit, bei der rote Farben nicht wahrgenommen werden können; Rotblindheit

Pro|ta|sis, die; -, ...tasen ‹*gr.-lat.*›: **1.** (Sprachwiss.) Vordersatz, bes. bedingender Gliedsatz eines Konditionalsatzes (Ggs.: Apodosis). **2.** der ↑Epitasis vorangehende Einleitung eines dreiaktigen Dramas

Pro|te|a|se, die; - ‹*gr.-nlat.*›: Eiweiß spaltendes ↑Enzym

Pro|te|a|se|hem|mer, der; -s, - (Med.): Gruppe von die katalytische Aktivität von ↑Proteasen hemmenden Molekülen, die eine wichtige Regulationsfunktionen im Körper haben u. als Arzneimittel eingesetzt werden

Pro|te|a|se|in|hi|bi|tor, der; -s, -en (Med.): ↑Proteasehemmer

Pro|te|gé [...te'ʒe:], der; -s, -s ‹*lat.-frz.*›: jmd., der protegiert wird; Günstling, Schützling

pro|te|gie|ren [...'ʒi:...]: begünstigen, fördern, bevorzugen

Pro|te|id, das; -[e]s, -e ‹*gr.-nlat.*› (Chemie): mit anderen chemischen Verbindungen zusammengesetzter Eiweißkörper

Pro|te|in, das; -s, -e (Chemie): nur aus Aminosäuren aufgebauter einfacher Eiweißkörper

Pro|te|i|na|se, die; -, -n (Chemie): im Verdauungstrakt vorkommendes Enzym, das Proteine bis zu ↑Polypeptiden abbaut

pro|te|i|no|gen ‹*gr.-nlat.*› (Biochemie): für den Aufbau von Proteinen als Bausteine verwendet

pro|te|isch ‹*gr.-nlat.*›: in der Art eines ↑Proteus (1), wandelbar, unzuverlässig

Pro|tek|ti|on, die; -, -en ‹*lat.-frz.*›: Gönnerschaft, Förderung, Begünstigung, Bevorzugung

Pro|tek|ti|o|nis|mus, der; - ‹*lat.-frz.-nlat.*› (Wirtsch.): Schutz der einheimischen Produktion gegen die Konkurrenz des Auslandes durch Maßnahmen der Außenhandelspolitik (z. B. durch Schutzzölle)

Pro|tek|ti|o|nist, der; -en, -en: Anhänger des Protektionismus. **Pro|tek|ti|o|nis|tin,** die; -, -nen: weibliche Form zu ↑Protektionist. **pro|tek|ti|o|nis|tisch:** den Protektionismus betreffend, in der Art des Protektionismus

pro|tek|tiv (Med.): vor schädigenden Einwirkungen schützend

Pro|tek|tor, der; -s, ...oren ‹*lat.*›: **1. a)** Beschützer, Förderer; **b)** Schutz-, Schirmherr; Ehrenvorsitzender. **2.** mit Profil versehene Lauffläche des Autoreifens

Pro|tek|to|rat, das; -[e]s, -e ‹*lat.-nlat.*›: **1.** Schirmherrschaft. **2. a)** Schutzherrschaft eines Staates über ein fremdes Gebiet; **b)** unter Schutzherrschaft eines anderen Staates stehendes Gebiet

Pro|tek|to|rin, die; -, -nen: weibliche Form zu ↑Protektor (1)

pro tem|po|re ‹*lat.*›: vorläufig, für jetzt (Abk.: p. t.)

Pro|te|o|hor|mon, das; -s, -e ‹*gr.-nlat.*› (Biol.): Hormon vom Charakter eines Proteins od. Proteids

Pro|te|o|ly|se, die; - (Chemie): Aufspaltung von Eiweißkörpern in Aminosäuren

pro|te|o|ly|tisch (Med.): Eiweiß verdauend

Pro|te|om, das; -s, -e ‹Kunstw. zu ↑Protein› (Med.): Gesamtheit der Proteine einer Zelle, eines Gewebes od. Organs

Pro|te|o|mik, die; -: quantitative u. qualitative Untersuchung von ↑Proteomen

Pro|te|r|an|d|rie usw. vgl. Protandrie usw.

pro|te|ro|gyn usw. vgl. protogyn usw.

Pro|te|ro|zo|i|kum, das; -s: ↑Archäozoikum

Pro|test, der; -[e]s, -e ‹*lat.-it.*›: **1.** meist spontane u. temperamentvolle Bekundung des Missfallens, der Ablehnung. **2.** (Wirtsch.) amtliche Beurkundung über Annahmeverweigerung bei Wechseln, über Zahlungsverweigerung bei Wechseln od. Schecks. **3. a)** (DDR

Rechtsspr.) Rechtsmittel des Staatsanwalts gegen ein Urteil des Kreisgerichts od. ein durch die erste Instanz ergangenes Urteil des Bezirksgerichts; **b)** (Rechtsspr.; Völkerrecht) bestimmte Art der ↑Demarche als Mittel zur Wahrung u. Einhaltung von Rechten im zwischenstaatlichen Bereich

Pro|tes|tant, der; -en, -en ‹*lat.*›: **1.** Angehöriger einer den Protestantismus vertretenden Kirche. **2.** (seltener) jmd., der gegen etwas protestiert (1). **Pro|tes|tan|tin,** die; -, -nen: weibliche Form zu ↑Protestant

pro|tes|tan|tisch: zum Protestantismus gehörend, ihn vertretend (Abk.: prot.)

Pro|tes|tan|tis|mus, der; - ‹*nlat.;* nach der feierlichen Protestation der evangelischen Reichsstände auf dem Reichstag zu Speyer 1529›: aus der kirchlichen Reformation des 16. Jh.s hervorgegangene Glaubensbewegung, die die verschiedenen evangelischen Kirchengemeinschaften umfasst

Pro|tes|ta|ti|on, die; -, -en ‹*lat.*›: Missfallensbekundung, Protest

pro|tes|tie|ren ‹*lat.-frz.*›: **1. a)** Protest (1) einlegen; **b)** eine Behauptung, Forderung, einen Vorschlag o. Ä. als unzutreffend, unpassend zurückweisen; widersprechen. **2.** (Wirtsch.) die Annahme, Zahlung eines Wechsels verweigern

Pro|test|no|te, die; -, -n: offizielle Beschwerde, schriftlicher Einspruch einer Regierung bei der Regierung eines anderen Staates gegen einen Übergriff

Pro|test|song, der; -s, -s: soziale, gesellschaftliche, politische Verhältnisse kritisierender ↑Song (1)

Pro|teus, der; -, - ‹*gr.-lat.;* nach dem gr. Meergott mit der Gabe der Verwandlung›: **1.** wandelbarer, wetterwendischer Mensch. **2.** Olm (Schwanzlurch)

Prot|evan|ge|li|um vgl. Protoevangelium

Pro|thal|li|um, das; -s, ...ien ‹*gr.-nlat.*› (Bot.): Vorkeim der Farnpflanzen

Pro|the|se, die; -, -n ‹*gr.*›: **1.** künstlicher Ersatz eines amputierten, fehlenden Körperteils, bes. der Gliedmaßen od. der Zähne. **2.** (Sprachwiss.) Bildung eines neuen Lautes (bes. eines Vokals) od. einer neuen Silbe am Wortanfang (z. B. *lat.* stella; *span.* estella)

Pro|the|tik, die; - (Med.): Wissenschaft, Lehre vom Kunstgliederbau. **pro|the|tisch: 1.** (Med.) die Prothetik betreffend. **2.** (Sprachwiss.) die Prothese (2) betreffend, auf ihr beruhend

Pro|tist, der; -en, -en (meist Plural) ‹*gr.-nlat.*› (Biol.): einzelliges Lebewesen

Pro|ti|um, das; -s ‹*gr.-nlat.*›: leichter Wasserstoff, Wasserstoffisotop; vgl. Isotop

Pro|to|bi|ont, der; -en, -en (meist Plural) ‹*gr.-nlat.*›: erste im Verlauf der Evolution entstandene Zelle mit der Fähigkeit zur Selbstvermehrung

Pro|to|evan|ge|li|um, Protevangelium ‹*gr.-lat.*› das; -s (kath. Kirche): als erste Verkündigung des Erlösers aufgefasste Stelle im Alten Testament (1. Mose 3, 15)

pro|to|gen ‹*gr.-nlat.*› (Geol.): am Fundort entstanden (von Erzlagerstätten)

pro|to|gyn (Biol.): die Protogynie betreffend. **Pro|to|gy|nie,** die; - (Biol.): das Reifwerden der weiblichen Geschlechtsprodukte zwittriger Tiere u. Pflanzen vor den männlichen Geschlechtsprodukten (Ggs.: Protandrie)

Pro|to|koll, das; -s, -e ‹*gr.-mgr.-mlat.*›: **1. a)** förmliche Niederschrift, Beurkundung einer Aussage, Verhandlung o. Ä.; **b)** schriftliche Zusammenfassung der wesentlichen Ergebnisse einer Sitzung; **c)** genauer schriftlicher Bericht über Verlauf u. Ergebnis eines Versuchs, Heilverfahrens o. Ä. **2.** die Gesamtheit der im diplomatischen Verkehr gebräuchlichen Formen. **3.** (EDV) **a)** Aufzeichnung der auf einem Computer ablaufenden Vorgänge; **b)** Festlegung von Standards u. Konventionen für die Datenübertragung

Pro|to|kol|lant, der; -en, -en: jmd., der etwas protokolliert; Schriftführer. **Pro|to|kol|lan|tin,** die; -, -nen: weibliche Form zu ↑Protokollant

pro|to|kol|la|risch ‹*gr.-mgr.-mlat.-nlat.*›: **1. a)** in der Form eines Protokolls (1); **b)** im Protokoll (1) festgehalten, aufgrund des Protokolls. **2.** dem Protokoll (2) entsprechend

pro|to|kol|lie|ren ‹*gr.-mgr.-mlat.*›: bei einer Sitzung o. Ä. die wesentlichen Punkte schriftlich festhalten; ein Protokoll aufnehmen; beurkunden

Pro|ton, das; -s, ...onen ‹*gr.-nlat.*›: positiv geladenes, schweres Elementarteilchen, das den Wasserstoffatomkern bildet u. mit dem Neutron zusammen Baustein aller Atomkerne ist (Zeichen: p)

pro|to|nie|ren ‹*gr.-nlat.*› (Chemie): im Zuge einer Säure-Base-Reaktion Protonen an ein Molekül anlagern. **Pro|to|nie|rung,** die; -, -en: das Protonieren

Pro|to|no|tar, der; -s, -e ‹*gr.; lat.*›: **1.** Notar der päpstlichen Kanzlei. **2.** (ohne Plural) Ehrentitel geistlicher Würdenträger

Pro|ton Pseu|dos, das; - - ‹*gr.;* »die erste Lüge«›: **1.** (Philos.) erste falsche ↑Prämisse eines ↑Syllogismus, durch die der ganze Schluss falsch wird. **2.** falsche Voraussetzung, aus der andere Irrtümer gefolgert werden

Pro|to|phy|te, die; -, -n (meist Plural), **Pro|to|phy|ton,** das; -s, ...yten (meist Plural) ‹*gr.-nlat.*›: einzellige Pflanze

Pro|to|plas|ma, das; -s ‹*gr.-nlat.*›: Lebenssubstanz aller pflanzlichen, tierischen u. menschlichen Zellen. **pro|to|plas|ma|tisch:** aus Protoplasma bestehend, zum Protoplasma gehörend

Pro|to|plast, der; -en, -en: **1.** (Biol.) aus Zellkern, Zellplasma u. ↑Plastiden bestehende Pflanzenzelle ohne Zellwand. **2.** (nur Plural; Theol.) Adam u. Eva als die erstgeschaffenen menschlichen Wesen

Pro|to|re|nais|sance, die; -: Vorrenaissance (in Bezug auf die Übernahme antiker [Bau]formen im 12. u. 13. Jh. in Italien u. Südfrankreich)

Pro|tos, der; - ‹*gr.*› (Musik): erster (dorischer) Kirchenton

Pro|to|typ, der; -s, -en ‹*gr.-lat.*›: **1.** Urbild, Muster, Inbegriff (Ggs.: Ektypus). **2.** erster Abdruck. **3.** erste Ausführung eines Flugzeugs, Autos, einer Maschine nach den Entwürfen zur praktischen Erprobung u. Weiterentwicklung. **4.** Rennwagen einer bestimmten Kategorie u. Gruppe, der nur in Einzelstücken gefertigt wird

pro|to|ty|pisch ⟨*gr.-nlat.*⟩: den Prototyp (1) betreffend, in der Art eines Prototyps; urbildlich

Pro|to|zo|en: *Plural* von ↑Protozoon

Pro|to|zo|o|lo|gie, die; -: Wissenschaft von den Einzellern. **pro|to|zo|o|lo|gisch:** die Protozoologie betreffend

Pro|to|zo|on, das; -s, ...zoen (meist Plural): einzelliges Tier (Ggs.: Metazoon)

pro|tra|hie|ren ⟨*lat.*⟩ (Med.): die Wirkung (z. B. eines Medikaments, einer Bestrahlung) verzögern od. verlängern (z. B. durch geringe Dosierung). **pro|tra|hiert** (Med.): verzögert od. über eine längere Zeit hinweg [wirkend] (z. B. von Medikamenten)

Pro|trak|ti|on, die; -, -en (Med.): absichtliche Verzögerung der Wirkung eines Arzneimittels od. einer therapeutischen Maßnahme

Pro|t|rep|tik, die; - ⟨*gr.*⟩: Aufmunterung, Ermahnung [zum Studium der Philosophie] als Bestandteil antiker didaktischer Schriften. **pro|t|rep|tisch:** die Protreptik betreffend, ermahnend, aufmunternd

Pro|t|ru|si|on, die; -, -en ⟨*lat.-nlat.*⟩ (Med.): das Hervortreten, Verlagern nach außen (z. B. eines Organs aus seiner normalen Lage)

Pro|tu|be|ranz, die; -, -en ⟨*lat.-nlat.*⟩: **1.** (Astron.) teils ruhende, teils aus dem Sonneninnern aufschießende, glühende Gasmasse. **2.** (Med.) Vorsprung (an Organen, Knochen)

pro|ty|pisch ⟨*gr.-nlat.*⟩ (veraltet): vorbildlich. **Pro|ty|pus,** der; -, ...pen ⟨*gr.*⟩ (veraltet): Vorbild

pro usu me|di|ci vgl. ad usum medici

Pro|ven|cer|öl [...ˈvãːsɐ...], das; -[e]s, -e ⟨nach der frz. Landschaft Provence⟩: Öl der zweiten Pressung der Oliven

Pro|ve|ni|enz, die; -, -en ⟨*lat.-nlat.*⟩: Bereich, aus dem jmd., etwas stammt; Herkunft, Ursprung

pro|ven|za|lisch: die Provence, die Provenzalen, das Provenzalische betreffend, aus der Provence stammend. **Pro|ven|za|lisch,** das; -[s], **Pro|ven|za|li|sche,** das; -n ⟨nur mit best. Art.⟩: provenzalische Sprache; Sprache der Troubadoure

Pro|verb, das; -s, -ien ⟨*lat.*⟩ (veraltet): Sprichwort

Pro|verbe dra|ma|tique [...ˈvɛrb ...ˈtɪk], das; -[s] -, -s -s [...ˈvɛrb ...ˈtɪk] ⟨*lat.-frz.*⟩: kleines, spritziges Dialoglustspiel um eine Sprichwortweisheit (in Frankreich im 18. u. 19. Jh.)

pro|ver|bi|al ⟨*lat.*⟩, **pro|ver|bi|a|lisch, pro|ver|bi|ell** ⟨*lat.-frz.*⟩ (veraltet): sprichwörtlich

Pro|ver|bi|um vgl. Proverb

Pro|vi|ant, der; -s, -e ⟨*lat.-vulgärlat.-it.* u. *frz.*⟩: als Verpflegung auf eine Wanderung, Expedition o. Ä. mitgenommener Vorrat an Nahrungsmitteln für die vorgesehene Zeit; Wegzehrung, Verpflegung, Ration. **pro|vi|an|tie|ren** (selten): mit Proviant versorgen

pro|vi|den|ti|ell vgl. providenziell

Pro|vi|denz, die; -, -en ⟨*lat.-frz.*⟩: Vorsehung

pro|vi|den|zi|ell, providentiell: von der Vorsehung bestimmt

Pro|vi|der [proˈvaɪ̯dɐ], der; -s, - ⟨*engl.*⟩ (bes. EDV): Anbieter eines Zugangs zu Kommunikationsdiensten (wie z. B. zum Internet)

Pro|vinz, die; -, -en ⟨*lat.*⟩: **1. a)** (im alten Rom) außerhalb Italiens liegender Verwaltungsbezirk unter römischer Herrschaft; **b)** größeres Gebiet, das eine staatliche od. kirchliche Verwaltungseinheit bildet (Abk.: Prov.). **2.** (ohne Plural; oft abwertend) Gegend, in der (mit großstädtischem Maßstab gemessen) in kultureller, gesellschaftlicher Hinsicht, für das Vergnügungsleben o. Ä. nur sehr wenig od. nichts geboten wird

Pro|vin|zi|al, der; -s, -e ⟨*lat.-mlat.*⟩: Vorsteher einer (mehrere Klöster umfassenden) Ordensprovinz

Pro|vin|zi|a|le, der; -n, -n: **a)** (Fachspr.) Bewohner einer römischen Provinz (1 a); **b)** (veraltet abwertend) Provinzbewohner. **Pro|vin|zi|a|lin,** die; -, -nen: weibliche Form zu ↑Provinziale

Pro|vin|zi|a|lis|mus, der; -, ...men ⟨*lat.-mlat.*⟩: **1.** (Sprachwiss.) landschaftlich gebundene Spracheigentümlichkeit (z. B. »Breitlauch« für »Porree«). **2.** kleinbürgerliche, spießige Einstellung, Engstirnigkeit. **3.** (österr.) Lokalpatriotismus

Pro|vin|zi|a|list, der; -en, -en: Provinzler, jmd., der eine kleinbürgerliche Denkungsart besitzt. **Pro|vin|zi|a|lis|tin,** die; -, -nen: weibliche Form zu ↑Provinzialist

Pro|vin|zi|a|li|tät, die; -: **1.** provinzielle Art, Verhaltensweise. **2.** Art, Beschaffenheit, die der Provinz (2) entspricht

Pro|vin|zi|al|sy|n|o|de, die; -, -n: ↑Synode einer Kirchenprovinz

pro|vin|zi|ell ⟨*lat.-frz.*⟩: **1.** (meist abwertend) zur Provinz (2) gehörend, ihr entsprechend, für sie, das Leben in ihr charakteristisch; von geringem geistigem, kulturellem Niveau zeugend; engstirnig. **2.** landschaftlich, mundartlich

Pro|vinz|ler, der; -s, - ⟨*lat.; dt.*⟩ (abwertend): Provinzbewohner, [kulturell] rückständiger Mensch. **Pro|vinz|le|rin,** die; -, -nen: weibliche Form zu ↑Provinzler. **pro|vinz|le|risch:** **1.** (abwertend) wie ein Provinzler. **2.** ländlich

Pro|vi|si|on, die; -, -en ⟨*lat.-it.*⟩: **1.** vorwiegend im Handel übliche Form der Vergütung, die meist in Prozenten vom Umsatz berechnet wird; Vermittlungsgebühr. **2.** (kath. Kirche) rechtmäßige Verleihung eines Kirchenamtes

Pro|vi|sor, der; -s, ...oren ⟨*lat.*⟩: **1.** (veraltet) Verwalter, Verweser. **2.** (österr.) Geistlicher, der vertretungsweise eine Pfarrei o. Ä. betreut. **3.** (veraltet) ↑approbierter, in einer Apotheke angestellter Apotheker

Pro|vi|so|rin, die; -, -nen: weibliche Form zu ↑Provisor (1, 3)

pro|vi|so|risch ⟨*lat.-mlat.*⟩: nur als einstweiliger Notbehelf, nur zur Überbrückung eines noch nicht endgültigen Zustands dienend; nur vorläufig, behelfsmäßig

Pro|vi|so|ri|um, das; -s, ...ien: **1.** etwas, was provisorisch ist; Übergangslösung. **2.** (Philatelie) Aushilfsausgabe

Pro|vi|t|a|min, das; -s, -e (Chemie): Vorstufe eines Vitamins

Pro|vo, der; -s, -s ⟨*lat.-niederl.*⟩:

Anhänger einer [1965 in Amsterdam entstandenen] antibürgerlichen Protestbewegung
pro|vo|kant ‹*lat.*›: herausfordernd, provozierend. **Pro|vo|kant,** der; -en, -en (Rechtsspr., Politik veraltet): Herausforderer, Kläger; Provokateur
Pro|vo|ka|teur [...'tøːɐ̯], der; -s, -e ‹*lat.-frz.*›: jmd., der andere provoziert od. zu etwas aufwiegelt. **Pro|vo|ka|teu|rin** [...'tøːrɪn], die; -, -nen: weibliche Form zu ↑Provokateur
Pro|vo|ka|ti|on, die; -, -en ‹*lat.*›: **1.** Herausforderung, durch die jmd. zu [unbedachten] Handlungen veranlasst wird od. werden soll. **2.** (Med.) künstliches Hervorrufen von Krankheitserscheinungen (z. B. um den Grad einer Ausheilung zu prüfen)
pro|vo|ka|tiv ‹*lat.-nlat.*›: herausfordernd, eine Provokation (1) enthaltend; vgl. ...iv/...orisch
pro|vo|ka|to|risch ‹*lat.*›: herausfordernd, eine Provokation (1) bezweckend; vgl. ...iv/...orisch
pro|vo|zie|ren: 1. a) jmdn. herausfordern, aufreizen; **b)** bewirken, dass etwas ausgelöst wird. **2.** (Med.) zu diagnostischen od. therapeutischen Zwecken bestimmte Reaktionen, Krankheitserscheinungen künstlich hervorrufen
pro|xi|mal ‹*lat.-nlat.*› (Med.): dem zentralen Teil eines Körpergliedes, der Körpermitte zu gelegen (Ggs.: distal)
Pro|xy|ser|ver [...ksisœːɐ̯vɐ], der; -s, - (EDV): Server, der als Vermittler und Filter zwischen dem Computer des Benutzers und anderen Servern dient
Pro|ze|de|re, Procedere, das; -[s], - ‹*lat.*›: Verfahrensordnung, -weise; Prozedur
pro|ze|die|ren ‹*lat.*›: nach einer bestimmten Methode verfahren
Pro|ze|dur, die; -, -en ‹*lat.-nlat.*›: **1.** Verfahren, [schwierige, unangenehme] Behandlungsweise. **2.** (EDV) Zusammenfassung mehrerer Befehle zu einem kleinen, selbstständigen Programm
pro|ze|du|ral: verfahrensmäßig; den äußeren Ablauf einer Sache betreffend
Pro|zent, das; -[e]s, -e (aber: 5 -) ‹*lat.-it.*›: **1.** vom Hundert, Hundertstel (Abk.: p. c.; Zeichen: %). **2.** (Plural; ugs.) in Prozenten (1) berechneter Gewinn-, Verdienstanteil (z. B. jmdm. Prozente gewähren)
pro|zen|tisch: ↑prozentual
Pro|zent|punkt, der; -[e]s, -e (meist Plural): Differenz zwischen zwei Prozentzahlen
Pro|zent|satz, der; -es, ...sätze: bestimmte Anzahl von Prozenten
pro|zen|tu|al, perzentuell, österr.: prozentuell ‹*lat.-it.-nlat.*›: im Verhältnis zum Hundert, in Prozenten ausgedrückt
pro|zen|tu|a|li|ter: prozentual (nur als Adverb gebraucht, z. B. prozentualiter gesehen)
pro|zen|tu|ell vgl. prozentual
pro|zen|tu|ie|ren: in Prozenten (1) berechnen, ausdrücken
Pro|zess, der; -es, -e ‹*lat.(-mlat.)*›: **1.** Verlauf, Ablauf, Hergang, Entwicklung. **2.** vor einem Gericht ausgetragener Rechtsstreit. **pro|zes|sie|ren** ‹*lat.-nlat.*›: zur Klärung eines Rechtsstreits gegen jmdn. gerichtlich vorgehen; einen Prozess (2) [durch]führen
Pro|zes|si|on, die; -, -en ‹*lat.*› (kath. u. orthodoxe Kirche): feierlicher [kirchlicher] Umzug
Pro|zes|sor, der; -s, ...oren (EDV): aus Leit- u. Rechenwerk bestehende Funktionseinheit in einem Computer
pro|zes|su|al ‹*lat.-nlat.*›: **1.** einen Prozess (1) betreffend. **2.** (Rechtsspr.) einen Prozess (2) betreffend, gemäß den Grundsätzen des Verfahrensrechtes
Pro|zes|su|a|list, der; -en, -en: Wissenschaftler auf dem Gebiet des Verfahrensrechts. **Pro|zes|su|a|lis|tin,** die; -, -nen: weibliche Form zu ↑Prozessualist
pro|zöl ‹*gr.-nlat.*› (Biol.): vorn ausgehöhlt
pro|zy|k|lisch [auch: ...'tsʏk...] ‹*lat.; gr.*› (Wirtsch.): einem bestehenden Konjunkturzustand entsprechend (Ggs.: antizyklisch [2])
prü|de ‹*lat.-vulgärlat.-frz.*›: in Bezug auf Sexuelles unfrei u. sich peinlich davon berührt fühlend
Prü|de|rie, die; -, ...ien: prüde [Wesens]art, prüdes Verhalten
Prü|nel|le, die; -, -n ‹*gr.-lat.-vulgärlat.-frz.*›: entsteinte, getrocknete u. gepresste Pflaume
Pru|nus, die; - ‹*gr.-lat.*›: Gattung der Steinobstgewächse mit vielen einheimischen Obstbäumen (Kirsche, Pfirsich, Pflaume usw.)
pru|ri|gi|nös ‹*lat.*› (Med.): juckend, mit Hautjucken bzw. mit der Bildung von juckenden Hautknötchen einhergehend
Pru|ri|go, die; -, ...gines od. der; -s, -s (Med.): mit der Bildung juckender Hautknötchen einhergehende Hautkrankheit
Pru|ri|tus, der; - (Med.): Hautjucken; Juckreiz
Pru|ta, die; -, Prutot ‹*hebr.*›: frühere Währungseinheit in Israel (1 000 Prutot = 1 israelisches Pfund)
Pry|ta|ne, der; -n, -n ‹*gr.-lat.*› (Geschichte): Mitglied der regierenden Behörde in altgriechischen Staaten
Pry|ta|nei|on, das; -s, ...eien ‹*gr.*›, **Pry|ta|ne|um,** das; -s, ...een ‹*gr.-lat.*›: Versammlungshaus der Prytanen
Psa|li|gra|fie, Psaligraphie, die; - ‹*gr.-nlat.*›: Kunst des Scherenschnittes. **psa|li|gra|fisch,** psaligraphisch: die Psaligrafie betreffend
Psa|li|gra|phie usw. vgl. Psaligrafie usw.
Psalm, der; -[e]s, -en ‹*gr.-lat.*›: eines der im Alten Testament gesammelten Lieder des jüdischen Volkes
Psal|mist, der; -en, -en: Psalmendichter od. -sänger
Psal|m|o|die, die; -, ...ien: rezitativisches Singen, bes. als vorwiegend auf einem bestimmten Ton ausgeführter liturgischer Sprechgesang, dessen Gliederung durch festliegende melodische Formeln markiert wird. **psal|m|o|die|ren** ‹*gr.-nlat.*›: in der Art der Psalmodie singen. **psal|m|o|disch:** in der Art der Psalmodie
Psal|ter, der; -s, - ‹*gr.-lat.*›: **1. a)** Buch der Psalmen im Alten Testament; **b)** (im Mittelalter) für den liturgischen Gebrauch eingerichtetes Psalmenbuch. **2.** (im Mittelalter) trapezförmige od. dreieckige Zither ohne Griffbrett. **3.** (Zool.) Blättermagen der Wiederkäuer (mit blattartigen Falten)
Psal|te|ri|um, das; -s, ...ien: ↑Psalter (1, 2)
Psam|mit [auch: ...'mɪt], der; -s, -e ‹*gr.-nlat.*› (Geol.): Sandstein

psam|mo|phil (Biol.): sandliebend (von Pflanzen u. Tieren)
Psam|mo|phyt, der; -en, -en (meist Plural) (Bot.): Sandpflanze
Psam|mo|the|ra|pie [auch: 'psamo...], die; -, ...ien (Med.): Behandlung mit Sand[bädern]
Pse|phit [auch: ...'fɪt], der; -s, -e ⟨*gr.-nlat.*⟩ (Geol.): grobkörniges Trümmergestein
Pse|pho|lo|ge, der; -n, -n: jmd., der wissenschaftliche Untersuchungen über das Wählen, das Abstimmen anstellt. **Pse|pho|lo|gin,** die; -, -nen: weibliche Form zu ↑Psephologe
pseud..., Pseud... vgl. pseudo..., Pseudo...
Pseu|d|an|d|ro|nym, das; -s, -e ⟨*gr.-nlat.*⟩: aus einem männlichen Namen bestehendes Pseudonym einer Frau (z. B. George Eliot = Mary Ann Evans) (Ggs.: Pseudogynym)
Pseu|d|an|thi|um, das; -s, ...ien (Bot.): aus dicht gedrängten Einzelblüten bestehender Blütenstand; Scheinblüte (z. B. bei Korbblütlern)
Pseu|d|ar|th|ro|se, die; -, -n (Med.): bei ausbleibender Heilung sich an Bruchstellen von Knochen bildendes falsches Gelenk; Scheingelenk
Pseu|d|epi|graf, Pseu|d|epi|graph, das; -s, -en (meist Plural) ⟨*gr.*⟩: **1.** (Fachspr.) Schrift aus der Antike, die einem Autor fälschlich zugeschrieben wurde. **2.** ↑Apokryph
pseu|do (ugs.): nicht echt, nur nachgemacht, nachgeahmt

pseu|do..., Pseu|do...

vor Vokalen meist: pseud..., Pseud...
⟨zu *gr.* pseúdein »täuschen, belügen, betrügen«⟩
Wortbildungselement mit der Bedeutung »falsch, unecht, vorgetäuscht, nur scheinbar«:
- Pseudarthrose
- Pseudokrupp
- Pseudonym
- pseudowissenschaftlich

pseu|do|gla|zi|al (Geol.): eiszeitlichen Formen u. Erscheinungen täuschend ähnlich, aber anderen Ursprungs
Pseu|do|gy|nym, das; -s, -e ⟨*gr.-nlat.*⟩: aus einem weiblichen Namen bestehendes Pseudonym eines Mannes (z. B. Clara Gazul = Prosper Mérimée) (Ggs.: Pseudandronym)
pseu|do|i|si|do|risch: pseudoisidorische Dekretalen: Sammlung kirchenrechtlicher Fälschungen aus dem 9. Jh., die man irrtümlich auf den Bischof Isidor von Sevilla zurückführte
Pseu|do|krupp, der; -s (Med.): bei Kindern auftretende Krankheit, deren Symptome (Kehlkopfentzündung, Atemnot, Husten) dem ↑Krupp gleichen
Pseu|do|lis|mus, Pseudologismus, der; - (Med., Psychol.): [männliche] Neigung, durch Schreiben od. Sprechen über sexuelle Wünsche eine gewisse Befriedigung zu erlangen. **Pseu|do|list,** der; -en, -en (Psychol., Med.): jmd., der einen Hang zum Pseudolismus hat
Pseu|do|lo|gie, die; -, ...ien ⟨*gr.*⟩ (Med., Psychol.): krankhafter Hang zum Lügen. **pseu|do|lo|gisch** (Psychol., Med.): krankhaft zum Lügen neigend
Pseu|do|lo|gis|mus vgl. Pseudolismus
Pseu|do|lys|sa, die; - (Med.): bei vielen Haustieren auftretende Viruserkrankung; Juckseuche
Pseu|do|m|ne|sie, die; -, ...ien (Med.): Erinnerungstäuschung; vermeintliche Erinnerung an Vorgänge, die sich nicht ereignet haben
Pseu|do|mo|nas, die; -, ...naden (Biol., Med.): in Boden u. in Gewässern vorkommende gramnegative Bakterie mit Geißel
pseu|do|morph: Pseudomorphose zeigend
Pseu|do|mor|pho|se, die; -, -n: [Auftreten eines] ↑Mineral[s] in der Kristallform eines anderen Minerals
Pseu|do|my|o|pie, die; -, ...ien (Med.): durch Krampf des (die Scharfstellung des Auges bewirkenden) Akkommodationsmuskels bedingte scheinbare Kurzsichtigkeit
pseu|d|o|nym ⟨*gr.*⟩: unter einem Decknamen [verfasst]. **Pseu|d|o|nym,** das; -s, -e: angenommener, nicht richtiger Name; Deckname [einer Autorin/eines Autors]
Pseu|do|or|ga|nis|mus, der; -, ...men, **Pseu|do|pe|t|re|fakt,** das; -[e]s, -e[n] (Geol., Biol. veraltet): fälschlich als Versteinerung gedeutetes anorganisches Gebilde
Pseu|do|po|di|um, das; -s, ...ien (meist Plural) ⟨*gr.-nlat.*⟩ (Biol.): Scheinfüßchen mancher Einzeller
Pseu|do|säu|re, die; -, -n (Chemie): organische Verbindung, die in neutraler u. saurer Form auftreten kann
PS-Gram|ma|tik [pe:'ʔɛs...], die; - (Sprachwiss.): kurz für ↑Phrasenstrukturgrammatik
[1]**Psi,** das; -[s], -s ⟨*gr.*⟩: dreiundzwanzigster (u. vorletzter) Buchstabe des griechischen Alphabets: Ψ, ψ
[2]**Psi,** das; -[s] (meist ohne Artikel) ⟨nach dem Anfangsbuchstaben von *gr.* psyché »Seele«⟩ (Parapsychol.): bestimmendes Element parapsychologischer Vorgänge
Psi|lo|me|lan, der; -s, -e ⟨*gr.-nlat.*⟩: wirtschaftlich wichtiges Manganerz
Psi|lo|se, die; -, -n, **Psi|lo|sis,** die; -, ...ses [...ze:s] ⟨*gr.*⟩: **1.** (Med.) krankhafter Haarausfall, Haarmangel, Fehlen der Wimpern; Kahlheit. **2.** (Sprachwiss.) Schwund des Hauchlautes im Altgriechischen
Psi|phä|no|men, das; -s, -e (Parapsychol.): durch [2]Psi hervorgerufene Wirkung, Erscheinung o. Ä.
Psit|ta|ci, die (Plural) ⟨*gr.-lat.*⟩: Papageien
Psit|ta|ko|se, die; -, -n ⟨*gr.-nlat.*⟩ (Med.): auf den Menschen übertragbare Infektionserkrankung der Papageienvögel, die beim Menschen zu schweren grippeartigen Symptomen führt; Papageienkrankheit
Pso|ri|a|sis, die; -, ...iasen ⟨*gr.*⟩ (Med.): chronische Hautkrankheit, bei der es zur Bildung von roten Flecken u. fest darauf haftenden, silberweißen Hautschuppen kommt; Schuppenflechte. **Pso|ri|a|ti|ker,** der; -s, - (Med.): jmd., der an Psoriasis leidet. **Pso|ri|a|ti|ke|rin,** die; -, -nen: weibliche Form zu ↑Psoriatiker
psych..., Psych... vgl. psycho..., Psycho...
Psy|ch|a|go|ge, der; -n, -n ⟨*gr.-nlat.*⟩: Psychotherapeut, der sich auf Psychagogik spezialisiert hat
Psy|ch|a|go|gik, die; - (Med., Psychol.): Kinder-und-Jugendlichen-Psychotherapie

psychisch	psychologisch
Ein psychisch kranker Mann sollte eingewiesen werden, wehrte sich aber. *die Psyche betreffend, seelisch* – für psychisch Kranke [und geistig] Behinderte – psychische [und] psychosomatische [...] Störungen – Grenzen/Grenze der/ihrer physischen und psychischen [...] Belastbarkeit Der Psychiater verneint aber eine psychische Störung. Die psychische Belastung wird von vielen Außenstehenden überhaupt nicht gesehen. Er gilt als hochgradig psychisch gestört.	Das ist psychologisch gut erforscht. *auf Psychologie beruhend* – das [...] medizinische und/oder psychologische Gutachten – die medizinische [und] psychologische [...] Betreuung – Mittel der psychologischen Kriegsführung und geheimdienstliche Methoden Pfeifer arbeitet als psychologische Beraterin und spricht aus Erfahrung. Die Angehörigen der Vermissten werden psychologisch betreut. Die psychologische Erklärung lautet, dass die Mutter die primäre Bezugsperson ist.

Psy|ch|a|go|gin, die; -, -nen: weibliche Form zu ↑Psychagoge. **psy|ch|a|go|gisch:** die Psychagogik betreffend

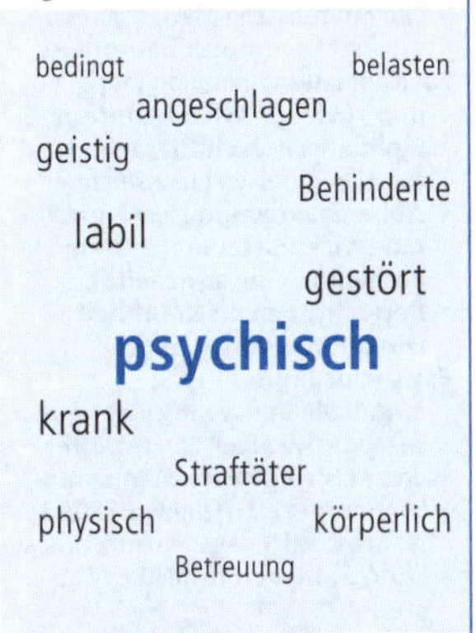

Psy|ch|al|gie, die; -, ...ien (Med., Psychol.): psychisch bedingter Schmerzzustand
Psy|ch|a|s|the|nie, die; -, ...ien (Med.): Bez. für psychische Kraftlosigkeit mit Neigung zu Depressionen, Ermüdbarkeit u. Selbstunsicherheit
Psy|che, die; -, -n ⟨*gr.*⟩: **1. a)** Gesamtheit des menschlichen Fühlens, Empfindens u. Denkens; Seele; **b)** (Psychol.) Gesamtheit bewusster u. unbewusster Erlebens- und Verhaltensweisen. **2.** (österr. veraltet) mit Spiegel versehene Frisiertoilette
psy|che|de|lisch ⟨*gr.-engl.*⟩: **a)** das Bewusstsein verändernd; einen euphorischen, tranceartigen Gemütszustand hervorrufend; **b)** in einem (bes. durch Drogen hervorgerufenen) euphorischen, tranceartigen Gemütszustand befindlich
Psy|ch|i|a|ter, der; -s, - ⟨*gr.-nlat.*⟩: Facharzt für Psychiatrie. **Psy|ch|i|a|te|rin,** die; -, -nen: weibliche Form zu ↑Psychiater
Psy|ch|i|a|t|rie, die; -: Teilgebiet der Medizin, das sich mit der Erkennung, den Ursachen, der Systematik u. der Behandlung psychischer Störungen befasst
psy|ch|i|a|t|rie|ren (bes. österr.): psychiatrisch untersuchen
psy|ch|i|a|t|risch (Med.): die Psychiatrie betreffend, zu ihr gehörend, auf ihr beruhend
psy|chisch: die Psyche betreffend
psychisch/plychologisch *s. Kasten*
Psy|chis|mus, der; -, ...men ⟨*gr.-nlat.*⟩ (Psychol.): **1.** (ohne Plural) idealistische Auffassung, nach der das Psychische das Zentrum alles Wirklichen ist. **2.** psychische Erscheinung, Verhaltensweise o. Ä.

psy|cho..., Psy|cho...

vor Vokalen auch: psych..., Psych...
⟨*gr.* psyché̄ »Hauch, Atem, Leben; Seele«⟩
Wortbildungselement mit der Bedeutung »die Gesamtheit aller bewussten und unbewussten Erlebens- und Verhaltensweisen betreffend«:
– Psychiater
– Psychoanalyse
– Psychopharmakon
– psychosomatisch
– Psychotest
– Psychothriller

psy|cho|ak|tiv: sich auf die Psyche auswirkend
Psy|cho|ana|ly|se, die; -, -n ⟨*gr.-nlat.*⟩ (Psychol.): **1.** (ohne Plural) Ende des 19. Jh.s geschaffenes Verfahren zur Untersuchung u. Behandlung psychischer Erkrankungen, das von S. Freud zu einer tiefenpsychologischen Lehre ausgebildet wurde. **2.** psychoanalytische Behandlung. **psy|cho|ana|ly|sie|ren:** jmdn. psychoanalytisch behandeln
Psy|cho|ana|ly|ti|ker, der; -s, -: ein die Psychoanalyse vertretender od. anwendender Arzt. **Psy|cho|ana|ly|ti|ke|rin,** die; -, -nen: weibliche Form zu ↑Psychoanalytiker
psy|cho|ana|ly|tisch: die Psychoanalyse betreffend, mit den Mitteln der Psychoanalyse erfolgend
Psy|cho|bio|lo|gie, die; -: Forschungsrichtung, die sich mit den biologischen Grundlagen psychischer Phänomene u. Erkrankungen beschäftigt
psy|cho|de|lisch vgl. psychedelisch
Psy|cho|dra|ma, das; -s, ...men: **1.** (Literaturwiss.) Einpersonenstück, das psychische Vorgänge als dramatische Handlung gestaltet. **2.** (Psychol.) psychotherapeutische Methode, bei der durch szenische Darstellung Erlebtes od. Gedachtes bewusst wird u. verarbeitet werden kann
Psy|cho|edu|ka|ti|on, die; - (Med.): Aufklärung von Patienten, die an einer psychischen Störung leiden, [u. Angehörigen] über ihre Erkrankung. **psy|cho|edu|ka|tiv** (Med.): die Psychoedukation betreffend
psy|cho|gal|va|nisch: psychogalvanische Reaktion (Psychol.):

Veränderung des Hautwiderstands als Reaktion auf psychische Reize (Abk.: PGR)

psy|cho|gen ‹*gr.*› (Med., Psychol.): psychisch bedingt, verursacht (von körperlichen Störungen)

Psy|cho|ge|ne|se, Psy|cho|ge|ne|sis, die; -, ...nesen (Psychol.): Entstehung u. Entwicklung psychischer Vorgänge als Forschungsgebiet der Entwicklungspsychologie

Psy|cho|g|no|sie, die; - (Psychol.): vorwissenschaftliche Seelenkunde, die vor allem durch Beobachtung u. Selbstbesinnung eine wachsende Menschenkenntnis erreichte

Psy|cho|g|nos|tik, die; -: Menschenkenntnis aufgrund psychologischer Untersuchungen. **psy|cho|g|nos|tisch:** die Psychognostik betreffend

Psy|cho|gra|fie, Psychographie, die; - (Psychol.): Forschungsrichtung, die von der Darstellbarkeit individueller psychischer Eigenschaften in Psychogrammen ausgeht

Psy|cho|gramm, das; -s, -e (Psychol.): grafische Darstellung aller psychischen sowie der wichtigsten körperlichen Daten, die an einer Person erhebbar sind

Psy|cho|gra|phie vgl. Psychografie

Psy|cho|hy|gi|e|ne, die; -: (im 19. Jh. begründete) Lehre von der gesellschaftlichen Erhaltung der seelischen u. geistigen Gesundheit

Psy|cho|id, das; -[e]s (Psychol.): Gesamtheit der im Unbewussten ablaufenden, bewusstseinsunfähigen Prozesse, die nicht psychischer Natur sind, aber dem Psychischen ähnlich (nach C. G. Jung)

Psy|cho|ki|ne|se, die; - (Parapsychol.): physikalisch nicht erklärbare, unmittelbare Einwirkung eines Menschen auf die Körperwelt (z. B. das Bewegen eines Gegenstands, ohne ihn zu berühren). **psy|cho|ki|ne|tisch** (Parapsychol.): die Psychokinese betreffend, zu ihr gehörend, auf ihr beruhend

Psy|cho|kri|mi, der; -[s], -s (ugs.): psychologischer Kriminalfilm, -roman, psychologisches Kriminalstück

Psy|cho|lin|gu|is|tik, die; -: Wissenschaftszweig der Linguistik mit den Gegenstandsbereichen Sprachverstehen, Sprache u. Denken, Spracherwerb, Sprachstörungen u. a.. **psy|cho|lin|gu|is|tisch:** die Psycholinguistik betreffend

Psy|cho|lo|ge, der; -n, -n ‹*gr.*›: **1.** wissenschaftlich ausgebildeter Theoretiker od. Praktiker auf dem Gebiet der Psychologie. **2.** jmd., der psychologisches Verständnis hat

Psy|cho|lo|gie, die; -, ...ien ‹»Lehre von der Seele«›: **1.** Wissenschaft von den bewussten u. unbewussten Vorgängen u. Zuständen sowie deren Ursachen u. Wirkungen. **2.** (ohne Plural) Verständnis für, Eingehen auf die menschliche Psyche. **3.** (ohne Plural) psychische Verhaltens-, Reaktionsweisen; psychisches Denken u. Fühlen. **Psy|cho|lo|gin,** die; -, -nen: weibliche Form zu ↑Psychologe

psy|cho|lo|gisch: die Psychologie betreffend, zu ihr gehörend, auf ihr beruhend

vorbereiten bedingt
medizinisch
bedeutsam
motiviert
geschult
psychologisch
betreuen
fundiert wichtig
verständlich
behandelt
untersuchen

psy|cho|lo|gi|sie|ren (abwertend): etwas in übersteigerter Weise psychologisch gestalten

Psy|cho|lo|gis|mus, der; -, ...men: Überbewertung der Psychologie [als Grundlage aller wissenschaftlichen Disziplinen]. **psy|cho|lo|gis|tisch:** den Psychologismus betreffend, zu ihm gehörend, auf ihm beruhend

Psy|cho|ly|se, die; -, -n: aus psychoanalytischer Behandlung u. Anwendung halluzinogener Drogen kombiniertes Verfahren

Psy|cho|man|tie, die; -: ↑Nekromantie

Psy|cho|me|t|rie, die; -, ...ien: **1.** [Wissenschaft von der] Messung psychischer Erscheinungen. **2.** (Parapsychol.) außersinnliche Wahrnehmung, die über ein bestimmtes Objekt ermöglicht wird. **psy|cho|me|t|risch:** die Psychometrie betreffend, zu ihr gehörend, auf ihr beruhend

Psy|cho|mo|nis|mus, der; - (Philos.): Weltanschauung, nach der alles Sein seelischer Natur ist

Psy|cho|mo|to|rik, die; - (Psychol.): Gesamtheit der willkürlichen, durch psychische Vorgänge beeinflussten Bewegungen (z. B. Gehen, Sprechen, Mimik). **psy|cho|mo|to|risch** (Med., Psychol.): die Psychomotorik betreffend

Psy|cho|neu|ro|im|mu|no|lo|gie, die; - (Med., Psychol.): interdisziplinäres Forschungsgebiet, das von einer wechselseitigen Abhängigkeit von Nerven-, Immun- u. endokrinem System ausgeht u. eine ganzheitliche Betrachtung von Krankheitsverläufen ermöglicht

Psy|cho|neu|ro|se, die; -, -n ‹*gr.-nlat.*› (Med., Psychol.): **a)** Neurose, die weniger zu körperlichen als zu psychischen Symptomen führt; **b)** (nach S. Freud) Neurose, die als Ausdruck eines frühkindlichen Konflikts entsteht

Psy|cho|on|ko|lo|gie, die; -: Forschungsgebiet, das sich mit den psychischen und sozialen Auswirkungen einer Krebserkrankung befasst

Psy|cho|path, der; -en, -en ‹»seelisch Leidender«› (Psychol. veraltet): jmd., der an Psychopathie leidet. **Psy|cho|pa|thie,** die; -, ...ien (Psychol.): besonders schwere Form einer antisozialen Persönlichkeitsstörung. **Psy|cho|pa|thin,** die; -, -nen: weibliche Form zu ↑Psychopath. **psy|cho|pa|thisch:** **a)** (Med.; Psychol. veraltet) die Psychopathie betreffend; **b)** an Psychopathie leidend

Psy|cho|pa|tho|lo|gie, die; -, ...ien (Med., Psychol.): Wissenschaft von den psychischen Erkrankungen. **psy|cho|pa|tho|lo|gisch** (Med., Psychol.): die Psychopathologie betreffend, auf ihr beruhend

Psy|cho|phar|ma|ko|lo|gie, die; - ‹*gr.*›: Wissenschaft von den Psychopharmaka

Psy|cho|phar|ma|kon, das; -s, ...ka (meist Plural) (Med., Psychol.): Arzneimittel, das eine steuernde (dämpfende, beruhigende, stimulierende) Wirkung auf psychische Funktionen hat

Psy|cho|phy|sik, die; - (Med., Psychol.): Lehre von den Wechselwirkungen zwischen Körper u. Seele, insbesondere zwischen physischen Reizen u. den ihnen entsprechenden physikalischen Reaktionen. **psy|cho|phy|sisch:** die Psychophysik betreffend, auf ihr beruhend; **psychophysischer Parallelismus:** Hypothese, dass körperliche u. psychische Vorgänge parallel u. ohne kausalen Zusammenhang verlaufen

Psy|cho|se, die; -, -n ‹*gr.-nlat.*› (Med., Psychol.): krankhafter Zustand mit erheblicher Beeinträchtigung der psychischen Funktionen u. gestörtem Realitätsbezug

Psy|cho|so|ma|tik, die; - (Med.): medizinisch-psychologische Krankheitslehre, die psychischen Prozessen bei der Entstehung körperlicher Leiden wesentliche Bedeutung beimisst

Psy|cho|so|ma|ti|ker, der; -s, - (Med.): Wissenschaftler, Therapeut auf dem Gebiet der Psychosomatik. **Psy|cho|so|ma|ti|ke|rin,** die; -, -nen: weibliche Form zu ↑Psychosomatiker

psy|cho|so|ma|tisch (Med.): die Psychosomatik betreffend, auf psychisch-körperlichen Wechselwirkungen beruhend

psy|cho|so|zi|al (Sozialpsychol.): durch soziale Gegebenheiten bedingt (von psychischen Faktoren o. Ä.)

Psy|cho|syn|drom, das; -s, -e (Med., Psychol.): organisch bedingte Störung der psychischen Funktion

Psy|cho|ter|ror, der; -s: (in der politischen, zwischenmenschlichen Auseinandersetzung angewandte) Methode, einen Gegner, eine Gegnerin mit psychologischen Mitteln (wie z. B. Verunsicherung, Bedrohung) einzuschüchtern u. gefügig zu machen

Psy|cho|test, der; -[e]s, -s (auch: -e): psychologischer Test

Psy|cho|the|ra|peut [auch: ˈpsyːço...], der; -en, -en ‹*gr.*›: die Psychotherapie anwendender Arzt od. Psychologe

Psy|cho|the|ra|peu|tik, die; - (Med.): praktische Anwendung der Psychotherapie

Psy|cho|the|ra|peu|tin, die; -, -nen: weibliche Form zu ↑Psychotherapeut

psy|cho|the|ra|peu|tisch (Med.): die Psychotherapeutik, die Psychotherapie betreffend

Psy|cho|the|ra|pie [auch: ˈpsyːço...], die; -, ...ien (Med., Psychol.): **1.** (ohne Plural) Gesamtheit der psychologischen Verfahren zur Heilung od. Linderung von Störungen im psychischen Bereich, in den sozialen Beziehungen, im Verhalten od. auch in bestimmten Körperfunktionen. **2.** Therapie, Behandlung mit den Mitteln, Methoden der Psychotherapie (1)

Psy|cho|thril|ler, der; -s, -: Thriller, dessen Spannung psychologisch motiviert ist

Psy|cho|ti|ker, der; -s, - (Psychol., Med.): jmd., der an einer Psychose leidet. **Psy|cho|ti|ke|rin,** die; -, -nen: weibliche Form zu ↑Psychotiker

psy|cho|tisch (Med.): zum Erscheinungsbild einer Psychose gehörend; an einer Psychose leidend

Psy|cho|top, das; -s, -e (Psychol. veraltend): Landschaftstyp, der Tieren (bzw. Menschen) durch Gewöhnung vertraut ist

psy|cho|trop (Med.): anregend od. dämpfend auf die Psyche einwirkend (von Arzneimitteln)

Psy|cho|vi|ta|lis|mus vgl. Vitalismus

Psy|chr|al|gie, die; -, ...ien ‹*gr.*› (Med.): Kältegefühl mit gleichzeitiger Schmerzempfindung

Psy|chro|me|ter, das; -s, - (Meteorol.): Luftfeuchtigkeitsmesser

psy|chro|phil (Biol.): kältefreundlich, Kälte liebend (von bestimmten Bakterien)

Psy|chro|phyt, der; -en, -en (meist Plural): Pflanze, die niedrige Temperaturen bevorzugt

¹PTA, der; -[s], -[s] = pharmazeutisch-technischer Assistent

²PTA, die; -, -[s] = pharmazeutisch-technische Assistentin

Ptar|mi|kum, das; -s, ...ka ‹*gr.-lat.*› (Med.): den Niesreflex auslösendes Mittel; Niesmittel

Ptar|mus, der; - ‹*gr.-nlat.*› (Med.): krampfartiger Niesanfall, Nieskrampf

Pte|r|a|n|o|don, das; -s, ...donten ‹*gr.-nlat.*›: Flugsaurier der Kreidezeit

Pte|ri|do|phyt, der; -en, -en (meist Plural): Farnpflanze (zusammenfassende systematische Bezeichnung)

Pte|ri|do|sper|me, die; -, -n: ausgestorbene Samenfarnpflanze

Pte|ri|ne, die (Plural): Gruppe purinähnlicher Farbstoffe, die in Schmetterlingsflügeln vorkommen

Pte|ro|dak|ty|lus, der; -, ...ylen: Flugsaurier des ↑²Juras mit rückgebildetem Schwanz

Pte|ro|po|de, der; -n, -n (meist Plural): Meeresschnecke mit ruderartigem Fuß; Ruderschnecke

Pte|ro|sau|ri|er, der; -s, -: urzeitliche Flugechse

Pte|ry|gi|um, das; -s, ...ia ‹*gr.-lat.;* »Flügelfell«› (Med.): **1.** dreieckige Bindehautwucherung, die sich über die Hornhaut schiebt. **2.** häutige Verbindung zwischen Fingern u. Zehen bzw. im Gelenkbereich. **3.** Hautfalte am Hals. **4.** Wachstum eines Nagelhäutchens über die Nagelplatte

pte|ry|got ‹*gr.*› (Zool.): geflügelt (von Insekten)

Pti|sa|ne, die; -, -n ‹*gr.-lat.*› (veraltet): [schleimiger] Arzneitrank

pto|le|mä|isch ‹nach dem ägypt. Astronomen u. Mathematiker C. Ptolemäus, um 100–160›: die Lehre des Ptolemäus betreffend, auf ihr beruhend; **ptolemäisches Weltsystem:** ↑geozentrisches Weltsystem

Pto|ma|in, das; -s, -e ‹*gr.-nlat.*› (Med.): Leichengift

Pto|se, Pto|sis, die; -, ...sen ‹*gr.*› (Med.): Herabsinken des [gelähmten] Oberlides

Pty|a|lin, das; -s ‹*gr.-nlat.*›: Stärke spaltendes Enzym im Speichel

Pty|a|lis|mus, der; - (Med.): abnorme Vermehrung des Speichels, Speichelfluss

Pty|a|lo|lith, der; -s u. -en, -e[n] (Med.): Konkrement der Speicheldrüsen; Speichelstein

Pub [pap, pʌb], das (auch:

der); -s, -s ⟨*engl.*⟩: Lokal, Bar im englischen Stil

Pu|be|o|to|mie, die; -, ...ien ⟨*lat.; gr.*⟩ (Med. früher): operative Durchtrennung des Schambeins

pu|be|ral, pu|ber|tär ⟨*lat.-nlat.*⟩: **a)** mit der Pubertät zusammenhängend; für die Pubertät typisch; **b)** in der Pubertät befindlich, begriffen

Pu|ber|tät, die; - ⟨*lat.*⟩: Zeit der eintretenden Geschlechtsreife

pu|ber|tie|ren ⟨*lat.-nlat.*⟩: in die Pubertät eintreten, sich darin befinden

Pu|bes, die; -, - [...be:s] ⟨*lat.*⟩ (Med.): **1.** Schambehaarung. **2.** Bereich der äußeren Genitalien, Schamgegend

pu|bes|zent (Med.): heranwachsend, geschlechtsreif

Pu|bes|zenz, die; - ⟨*lat.-nlat.*⟩ (Med.): Geschlechtsreifung

pu|bisch (Med.): die Schambehaarung, die Schamgegend betreffend

Pu|b|lic-Do|main-Soft|ware [ˈpʌblɪkdəˈmeɪnsɔftwɛ:ɐ̯], die; - ⟨*engl.*⟩ (EDV): Software, die ohne Einschränkung kopiert u. vertrieben, jedoch nicht verändert werden darf

pu|b|li|ce [...tse] ⟨*lat.*⟩ (veraltet): öffentlich

Pu|b|li|ci|ty [paˈblɪsɪti], die; - ⟨*lat.-frz.-engl.*⟩: **1.** jmds. öffentliches Bekanntsein od. -werden. **2.** Propaganda, [Bemühung um] öffentliches Aufsehen; öffentliche Verbreitung

Pu|b|lic-pri|vate-Part|ner|ship [ˈpablɪkˈpraɪ̯vətˈpa:ɐ̯tnɐʃɪp], die; -, -s ⟨*engl.*⟩ (Wirtsch.): projektbezogene Zusammenarbeit zwischen Staat u. Privatwirtschaft (Abk.: PPP)

Pu|b|lic Re|la|tions [ˈpʌblɪk rɪˈleɪʃ(ə)nz], die (Plural) ⟨*amerik.*; »öffentliche Beziehungen«⟩: Öffentlichkeitsarbeit; Kontaktpflege (Abk.: PR)

Pu|b|lic Vie|wing [ˈpʌblɪk ˈvju:ɪŋ], das; - -[s], - -s ⟨anglisierende Bildung⟩: Liveübertragung auf Großleinwände auf öffentlichen Plätzen

pu|b|lik ⟨*lat.-frz.*⟩: öffentlich; offenkundig; allgemein bekannt

Pu|b|li|kan|dum, das; -s, ...da ⟨*lat.*⟩ (veraltet): etwas bekannt zu Machendes, öffentliche Anzeige

Pu|b|li|ka|ti|on, die; -, -en ⟨*lat.-frz.*⟩: **1.** publiziertes, im Druck erschienenes Werk. **2.** Veröffentlichung, Publizierung; vgl. ...ation/...ierung

Pu|b|li|ka|ti|ons|or|gan, das; -s, -e: Organ (2) zur Publikation (Zeitung, Zeitschrift o. Ä.)

Pu|b|li|kum, das; -s, ...ka ⟨*lat.-mlat.(-frz.-engl.)*⟩: **1.** (ohne Plural) **a)** Gesamtheit von Zuhörenden, Zuschauenden (z. B. einer Veranstaltung, Aufführung); **b)** als Einheit gesehene, an Kunst, Wissenschaft o. Ä. interessierte Menschen; **c)** als Einheit gesehene Gäste, Besucher/-innen in einem Lokal, Ferienort o. Ä. **2.** (veraltet) unentgeltliche öffentliche Vorlesung

Pu|b|li|shing-on-De|mand [ˈpablɪʃɪŋɔndɪˈma:nd], das; - ⟨*engl.*⟩: das Veröffentlichen ausschließlich bei Bedarf (z. B. von Dissertationen)

pu|b|li|zie|ren ⟨*lat.*⟩: **1.** ein (literarisches od. wissenschaftliches) Werk im Druck erscheinen lassen, veröffentlichen. **2.** publik machen, bekannt machen. **Pu|b|li|zie|rung,** die; -, -en: Veröffentlichung (eines literarischen od. wissenschaftlichen Werkes); vgl. ...ation/...ierung

Pu|b|li|zist, der; -en, -en ⟨*lat.-nlat.*⟩: Journalist, Schriftsteller, der mit Analysen u. Kommentaren zum aktuellen [politischen] Geschehen aktiv an der Bildung der öffentlichen Meinung teilnimmt

Pu|b|li|zis|tik, die; -: **a)** Bereich der Beschäftigung mit allen die Öffentlichkeit interessierenden Angelegenheiten in Buch, Presse, Rundfunk, Film, Fernsehen; **b)** Wissenschaft von den Massenmedien u. ihrer Wirkung auf die Öffentlichkeit

Pu|b|li|zis|tin, die; -, -nen: weibliche Form zu ↑Publizist

pu|b|li|zis|tisch: a) die Publizistik (a) betreffend, ihr entsprechend, mit ihren Mitteln; **b)** die Publizistik (b) betreffend; vom Standpunkt der Publizistik aus

Pu|b|li|zi|tät, die; -: **1.** das Bekanntsein. **2. a)** allgemeine Zugänglichkeit der Massenmedien u. ihrer Inhalte; **b)** öffentliche Darlegung der Geschäftsvorfälle u. der Entwicklung eines Unternehmens

Puck, der; -s, -s ⟨*engl.*⟩: **1.** Kobold, schalkhafter Elf (in Shakespeares »Sommernachtstraum«). **2.** Hartgummischeibe beim Eishockey

Pud, das; -[s], - ⟨*russ.*⟩: früheres russisches Gewicht (16,38 kg)

Pud|ding, der; -s, -e u. -s ⟨*frz.-engl.*⟩: **1.** kalte Süßspeise aus in Milch aufgekochtem Puddingpulver od. Grieß. **2.** im Wasserbad gekochte Mehl-, Fleisch- od. Gemüsespeise

pu|den|dal ⟨*lat.-nlat.*⟩ (Med.): die Schamgegend betreffend, zur Schamgegend gehörend

Pu|du, der; -s, -s ⟨*indian.-span.*⟩: südamerikanischer Zwerghirsch

Pu|e|b|lo, der; -s, -s ⟨*span.*⟩: aus mehrstöckig zusammenhängenden terrassenartig angelegten Wohneinheiten bestehende Wohnanlage der Puebloindianer

Pu-Erh-Tee, der; -s, -s ⟨nach dem Ort Pu'er in China⟩: eine chinesische Teesorte

pu|e|ril ⟨*lat.*⟩ (Med.): kindlich, im Kindesalter vorkommend, dafür typisch

Pu|e|ri|lis|mus, der; - ⟨*lat.-nlat.*⟩ (Psychol., Med.): kindliches Verhalten als Form des ↑Infantilismus

Pu|e|ri|li|tät, die; - (Psychol., Med.): kindliches od. kindisches Wesen

pu|er|pe|ral ⟨*lat.-nlat.*⟩ (Med.): das Wochenbett betreffend, zu ihm gehörend

Pu|er|pe|ral|fie|ber, das; -s (Med.): Infektionskrankheit bei Wöchnerinnen; Kindbettfieber

Pu|er|pe|ri|um, das; -s, ...ien ⟨*lat.*⟩ (Med.): Zeitraum von 6–8 Wochen nach der Entbindung; Wochenbett

Pu|gi|lis|mus, der; - ⟨*lat.-nlat.*⟩ (veraltet): Boxsport. **Pu|gi|list,** der; -en, -en (veraltet): Faust-, Boxkämpfer

Pul, der; -[s], -s (aber: 5 -) ⟨*pers.*⟩: Münzeinheit in Afghanistan (= 0,01 Afghani)

Pul|ci|nel|la [pʊltʃi...], der; -[s], ...elle, eindeutschend: **Pul|ci|nell,** der; -s, -e ⟨*it.*⟩: komischer Diener, Hanswurst in der neapolitanischen Commedia dell'Arte

[1]**Pulk,** der; -[e]s, -s, (seltener:) -e ⟨*slaw.*⟩: **1.** Anhäufung [von Fahrzeugen]; Haufen, Schar; Schwarm. **2.** [loser] Verband

von Kampfflugzeugen od. militärischen Kraftfahrzeugen. 3. Heeresabteilung

[2]**Pulk**, der; -[e]s, -e, **Pulka**, der; -s, -s ⟨*lappisch*⟩: bootförmiger Schlitten, der von den Lappen zu Transporten benutzt wird

Pull, der; -s, -s ⟨*engl.*⟩: Golfschlag, der dem Ball einen Linksdrall gibt

Pull-down-Me|nü [...'daʊn...], das; -s, -s (EDV): Menü (2), das durch Auswählen eines Begriffs in der Menüzeile eines Fensters [nach unten] aufgeblättert wird

pul|len: 1. (Seemannsspr.) rudern. 2. (Golf) einen Pull ausführen. 3. (vom Pferd) mit vorgestrecktem Kopf stark vorwärtsdrängen

Pull|man, der; -s, -s ⟨*engl.*⟩: Kurzform von ↑Pullmanwagen

Pull|man|kap|pe, die; -, -n (österr.): Baskenmütze

Pull|man|wa|gen, Pull|man-Wa|gen, der; -s, - ⟨nach dem amerik. Konstrukteur Pullman, 1831–1897⟩: komfortabel ausgestatteter Schnellzugwagen

Pul|lo|ver, der; -s, - ⟨*engl.*⟩: gestricktes od. gewirktes Kleidungsstück für den Oberkörper, das über den Kopf gezogen wird

Pul|lun|der, der; -s, -: meist kurzer, ärmelloser Pullover, der über einem Oberhemd, einer Bluse getragen wird

Pul|mo, der; -[s], ...mones [...ne:s] ⟨*lat.*⟩ (Med.): Lunge

Pul|mo|lo|gie, Pul|mo|no|lo|gie vgl. Pneumologie

pul|mo|nal ⟨*lat.-nlat.*⟩ (Med.): die Lunge betreffend, zu ihr gehörend

Pul|mo|nes: *Plural* von ↑Pulmo

Pul|mo|no|lo|gie vgl. Pulmologie

Pulp, der; -s, -en ⟨*lat.-frz.-engl.*⟩: 1. breiige Masse mit größeren od. kleineren Fruchtstücken zur Marmeladeherstellung. 2. bei der Gewinnung von Stärke aus Kartoffeln anfallender, als Futtermittel verwendeter Rückstand

Pul|pa, die; -, ...pae [...pɛ] ⟨*lat.*⟩: 1. (Med.) **a)** Zahnmark; **b)** weiche Gewebemasse in der Milz. 2. bei manchen Früchten (z. B. Bananen) ausgebildetes fleischiges Gewebe

Pul|pe, Pül|pe, die; -, -n: ↑Pulp

Pul|per, der; -s, - ⟨*lat.-frz.-engl.*⟩: 1. Fachkraft in der Zuckerraffinerie. 2. Maschine zur Aufbereitung von Kaffeekirschen. 3. Apparat zur Herstellung einer breiigen Masse

Pulp-Fic|tion, Pulp|fic|tion ['palpfɪkʃn̩], die; - ⟨*engl.*⟩: anspruchslose Massenliteratur

Pul|pi|tis, die; -, ...itiden ⟨*lat.-nlat.*⟩ (Med.): Entzündung des Zahnmarks

pul|pös ⟨*lat.*⟩ (Med.): fleischig, markig; aus weicher Masse bestehend

Pul|que ['pʊlkə], der; -[s] ⟨*indian.-span.*⟩: (in Mexiko beliebtes) süßes, stark berauschendes Getränk aus gegorenem Agavensaft

Puls, der; -es, -e ⟨*lat.-mlat.*⟩: 1. **a)** das Anschlagen der durch den Herzschlag fortgeleiteten Blutwelle an den Gefäßwänden; **b)** Stelle am inneren Handgelenk, an der der Puls (1 a) zu fühlen ist. 2. (Elektrot.) gleichmäßige Folge gleichartiger Impulse (2 a)

Pul|sar, der; -s, -e (Astron.): kosmische Strahlungsquelle mit Strahlungspulsen von höchster periodischer Konstanz

Pul|sa|til|la, die; - ⟨*lat.-nlat.*⟩ (Bot.): Kuhschelle

Pul|sa|ti|on, die; -, -en ⟨*lat.*⟩: 1. (Med.) rhythmische Zu- u. Abnahme des Gefäßvolumens; Pulsschlag. 2. (Astron.) Veränderung eines Sterndurchmessers

Pul|sa|tor, der; -s, ...oren (Technik): Gerät zur Erzeugung pulsierender Bewegungen od. periodischer Druckänderungen (z. B. bei der Melkmaschine)

pul|sen: 1. ↑pulsieren. 2. (Nachrichtent.) in einzelne Pulse (2) zerlegen; in einzelnen Pulsen abstrahlen

pul|sie|ren: 1. rhythmisch dem Pulsschlag entsprechend an- u. abschwellen; schlagen, klopfen. 2. sich lebhaft regen, fließen, strömen

Pul|si|on, die; -, -en (Fachspr.): Stoß, Schlag

Pul|so|me|ter, das; -s, - ⟨*lat.; gr.*⟩ (Technik): kolbenlose Dampfpumpe, die durch Dampfkondensation arbeitet

Pul|ver ['pʊlvɐ, auch: ...fɐ], das; -s, - ⟨*lat.;* »Staub«⟩: 1. **a)** fester Stoff in sehr feiner Zerteilung; **b)** Schießpulver; **c)** Medikament, Gift in Pulverform. 2. (salopp) Geld

Pul|ve|ri|sa|tor, der; -s, ...oren ⟨*lat.-nlat.*⟩: Maschine zur Pulverherstellung durch Stampfen od. Mahlen

pul|ve|ri|sie|ren: feste Stoffe zu Pulver (1 a) zerreiben, zerstäuben

Pu|ma, der; -s, -s ⟨*indian.*⟩: in Amerika heimisches Raubtier mit langem Schwanz, kleinem Kopf u. dichtem braunem bis [silber]grauem Fell

Pump|gun ['pampgan], die; -, -s ⟨*engl.*⟩: großkalibriges mehrschüssiges Gewehr, bei dem das Repetieren durch Zurückziehen des Vorderschaftes erfolgt

Pumps [pœmps], der; -, - ⟨*engl.*⟩: ausgeschnittener, nicht durch Riemen od. Schnürung gehaltener Damenschuh mit höherem Absatz

Pu|na, die; - ⟨*indian.-span.*⟩: Hochfläche der südamerikanischen Anden mit Steppennatur

Punch [pantʃ], der; -s, -s ⟨*engl.*⟩ (Boxen): Faustschlag, Boxhieb (von erheblicher Durchschlagskraft)

Pun|cher ['pantʃɐ], der; -s, - (Boxen): 1. Boxer, der über einen kraftvollen Schlag verfügt. 2. Boxer, der mit dem Punchingball trainiert

Pun|ching|ball ['pantʃɪŋ...], der; -[e]s, ...bälle, **Pun|ching|bir|ne**, die; -, -n: oben u. unten befestigter, frei beweglicher Lederball als Übungsgerät für Boxer

Punc|tum Punc|ti, das; - - ⟨*lat.*⟩: Hauptpunkt (bes. von Geld in Bezug auf finanzielle Planungen)

Punc|tum sa|li|ens, das; - -: der springende Punkt, Kernpunkt; Entscheidendes

pu|ni|tiv ⟨*lat.*⟩: strafend

Punk [paŋk], der; -[s], -s ⟨*engl.-amerik.;* »Abfall, Mist«⟩: 1. **a)** (ohne Plural, meist ohne Artikel) Protestbewegung von Jugendlichen mit bewusst rüdem, exaltiertem Auftreten u. bewusst auffallender Aufmachung (grelle Haare, zerrissene Kleidung, Metallketten o. Ä.); **b)** Anhänger des Punk (1 a). 2. (ohne Plural) Kurzform von ↑Punkrock

pünktlich	punktuell
Der Vorstand bittet alle Sänger um ein pünktliches Erscheinen. *zur richtigen Zeit* – die Gehälter [werden/nicht] pünktlich [...] gezahlt und ... – die Züge [...] pünktlich fahren – pünktlich zur Arbeit [zu] erscheinen Dennoch sagen vier von fünf, dass pünktliches Bezahlen von Rechnungen wichtig sei. In Spanien wie Frankreich fahren Züge schneller und pünktlicher als bei uns. Ist der Zug nicht pünktlich, muss die Bahn den Fahrpreis teilweise erstatten.	Die Polizei ist punktuell präsent. *nur an bestimmten Punkten* – Mannschaft [...] punktuell verstärkt [...] werden – punktuelle oder auch durchaus breitere Zusammenarbeit – sind gegen/nicht punktuelle Maßnahmen Das Ziel einer punktuellen Verstärkung wurde umgesetzt. Denn gemessen wurde nur punktuell, nicht flächendeckend. Eine solche Anlage habe also nur eine punktuelle Wirkung.

Pun|ker [ˈpaŋkɐ], der; -s, -: **1.** Musiker des Punkrock. **2.** Anhänger des Punk (1 a). **Pun|ke|rin,** die; -, -nen: weibliche Form zu ↑Punker. **pun|kig** [ˈpaŋ...]: den Punk (1 a) betreffend, ihm entsprechend, für ihn charakteristisch

Punk|rock, Punk-Rock [ˈpaŋk...], der; -[s]: Rockmusik, die durch einfache Harmonik, harte Akkorde, hektisch-aggressive Spielweise u. meist zynisch-resignative Texte gekennzeichnet ist

Punk|ro|cker, Punk-Ro|cker [ˈpaŋk...], der; -s, -: Punker (1). **Punk|ro|cke|rin, Punk-Ro|cke|rin,** die; -, -nen: weibliche Form zu ↑Punkrocker

Pụnkt, der; -[e]s, -e ⟨*lat.;* »Gestochenes; eingestochenes Zeichen«⟩: **1.** (Math.) geometrisches Gebilde ohne Ausdehnung; bestimmte Stelle im Raum, die durch Koordinaten festgelegt ist. **2.** kleines schriftliches Zeichen als Schlusszeichen eines Satzes od. einer im vollen Wortlaut gesprochenen Abkürzung, als Kennzeichen für eine Ordnungszahl, als Verlängerungszeichen hinter einer Note, als Morsezeichen u. a. **3.** sehr kleiner Fleck. **4.** (Druckw.) kleinste Einheit (0,376 mm) des typografischen Maßsystems für Schriftgrößen (z. B. eine Schrift von 8 Punkt). **5.** bestimmte Stelle, geografischer Ort. **6.** Stelle, Abschnitt (z. B. eines Textes, einer Rede); einzelner Teil aus einem zusammenhängenden Ganzen. **7.** Thema, Verhandlungsgegenstand innerhalb eines größeren Fragen-, Themenkomplexes. **8.** bestimmter Zeitpunkt, Augenblick. **9.** Wertungseinheit im Sport, bei bestimmten Spielen, für bestimmte Leistungen

Punk|tal|glas®, das; -es, ...gläser ⟨*lat.-nlat.; dt.*⟩: zur Vermeidung von Verzerrungen besonders geschliffenes Brillenglas

Punk|tat, das; -[e]s, -e ⟨*lat.-nlat.*⟩ (Med.): durch Punktion gewonnene Körperflüssigkeit

Punk|ta|ti|on, die; -, -en: **1. a)** (Rechtsspr.) nicht bindender Vorvertrag; **b)** (österr. Rechtsspr.) rechtlich bindender Entwurf über die Hauptpunkte eines noch abzuschließenden Hauptvertrags. **2.** [vorläufige] Festlegung der Hauptpunkte eines künftigen Staatsvertrages. **3.** Kennzeichnung der Vokale im Hebräischen durch Punkte u. Striche unter u. über den Konsonanten

Punk|ta|tor, der; -s, -en (meist Plural): Angehöriger einer Gruppe spätjüdischer Schriftgelehrter (4.–6. Jh.), die durch Punktation (3) der alttestamentlichen Schriften den masoretischen Text festlegten

pụnk|ten: 1. mit Punkten (9) bewerten. **2.** Punkte (9) sammeln

punk|tie|ren ⟨*lat.-mlat.;* »Einstiche machen; Punkte setzen«⟩: **1.** mit Punkten versehen, tüpfeln. **2.** (Musik) **a)** eine Note mit einem Punkt versehen u. sie dadurch um die Hälfte ihres Wertes verlängern; **b)** die Töne einer Gesangspartie um eine Oktave (od. Terz) niedriger od. höher setzen. **3.** (Bildhauerei) die wichtigsten Punkte eines Modells auf den zu bearbeitenden Holz- od. Steinblock maßstabgerecht übertragen. **4.** (Med.) eine Punktion durchführen

Punk|tier|kunst, die; -: Kunst des Wahrsagens aus zufällig in Sand od. Erde markierten od. auf Papier verteilten Punkten u. Strichen

Punk|tie|rung, die; -, -en: **a)** (ohne Plural) das Punktieren; **b)** durch einen Punkt, durch Punkte gekennzeichnete Stelle

Punk|ti|on, die; -, -en ⟨*lat.*⟩ (Med.): Entnahme von Flüssigkeit od. Gewebe aus einer Körperhöhle durch Einstich mit Hohlnadeln

pünktlich/punktuell *s. Kasten*

pünkt|lich: 1. den Zeitpunkt genau einhaltend; genau zur verabredeten, festgesetzten Zeit [eintreffend]. **2.** (veraltet) gewissenhaft, korrekt

auszahlen
Bus
überweisen
zuverlässig
bezahlt
Uhr
pünktlich
fertig
ankommen
erscheinen
eintreffen
Zug
starten

Punk|tu|a|li|tät, die; - ⟨*lat.-nlat.*⟩: Genauigkeit, Strenge

punk|tu|ell: einen od. mehrere Punkte betreffend, Punkt für Punkt, punktweise; **punktuelle Aktionsart** (Sprachwiss.): Aktionsart des Zeitwortes, die einen bestimmten Punkt eines Geschehens herausgreift

Punk|tum ‹*lat.*›: basta!, genug damit!, Schluss!
Punk|tur, die; -, -en (Med. seltener): ↑Punktion
pun|ta d'ar|co ‹*lat.-it.*› (Musik): mit der Spitze des Geigenbogens (zu spielen)
Pun|ze, die; -, -n ‹*it.*›: **1.** Stempel, Stahlgriffel mit einer od. mehreren Spitzen zum Herstellen bestimmter Treib-, Ziselierarbeiten. **2.** eingestanzter Stempel, der den Feingehalt eines Edelmetalls anzeigt od. Auskunft über den Verfertiger o. Ä. gibt. **pun|zen, pun|zie|ren: 1.** Zeichen, Muster in Metall, Leder u. a. einschlagen; ziselieren, Metall treiben. **2.** den Feingehalt von Gold u. Silberwaren kennzeichnen
Pu|pill, der; -en, -en ‹*lat.*› (veraltet): Mündel, Pflegebefohlener
pu|pil|lar: 1. (Med.) die Pupille (1) betreffend, zu ihr gehörend. **2.** ↑pupillarisch
pu|pil|la|risch (Rechtsspr. veraltet): das Mündel betreffend
Pu|pil|le, die; -, -n (»kleines Mädchen«): **1.** schwarze Öffnung im Auge, durch die das Licht eindringt; Sehloch. **2.** (Rechtsspr. veraltet) weibliche Form zu ↑Pupill
pu|pi|ni|sie|ren: Pupinspulen einbauen
Pu|pin|spu|le, die; -, -n: mit pulverisiertem Eisen gefüllte Spule zur Verbesserung der Übertragungsqualität (bes. bei Telefonkabeln)

flächig
bestreikt
durchbrochen
allenfalls
nachgebessert
wenigstens
zusammenarbeiten
punktuell
verstärken
flächendeckend
unausgewogen
Abhilfe
beleuchtet

pu|pi|par ‹*lat.-nlat.*› (Zool.): sich gleich nach der Geburt verpuppend (von Larven bestimmter Insekten). **Pu|pi|pa|rie,** die; - (Zool.): bestimmte Form der Viviparie (1) bei Insekten, deren Larven sich sofort nach der Geburt verpuppen
Pup|pet [ˈpʌpɪt], das; -[s], -s ‹*lat.-frz.-engl.*›: engl. Bez. für: Drahtpuppe, Marionette
pur ‹*lat.*›: **1.** rein, unverfälscht, lauter; unvermischt. **2.** nur, bloß, nichts als; glatt
Pu|ra|na, das; -s, -s (meist Plural) ‹*sanskr.;* »alte (Erzählung)«›: eine der umfangreichen mythisch-religiösen Einzelschriften des Hinduismus aus den ersten nachchristlichen Jahrhunderten
Pü|ree, das; -s, -s ‹*lat.-frz.*›: breiartige Speise aus Kartoffeln, Gemüse, Hülsenfrüchten, Fleisch, Obst o. Ä.
Pur|ga, die; -, Purgi ‹*russ.*›: Schneesturm in Nordrussland u. Sibirien
Pur|gans, das; -, ...anzien u. ...antia [...tsia] ‹*lat.*› (Med.): Abführmittel [mittlerer Stärke]
Pur|ga|ti|on, die; -, -en (veraltet): **1.** (Med.) das Abführen; Reinigung des Darms. **2.** (Rechtswiss.) [gerichtliche] Rechtfertigung
pur|ga|tiv (Med.): abführend. **Pur|ga|tiv,** das; -s, -e, **Pur|ga|ti|vum,** das; -s, ...va (Med.): [stark wirkendes] Abführmittel
Pur|ga|to|ri|um, das; -s: in katholischem Glaubensverständnis Läuterungsort der Seelen Verstorbener; Fegefeuer
Pur|gi: *Plural* von ↑Purga
pur|gie|ren ‹*lat.*›: **1.** reinigen, läutern. **2.** (Med.) abführen, ein Abführmittel anwenden
pü|rie|ren ‹*lat.-frz.*› (Gastron.): zu Püree machen, ein Püree herstellen
Pu|ri|fi|ka|ti|on, die; -, -en ‹*lat.*›: **a)** liturgische Reinigung der Altargefäße in der katholischen Messe; **b)** ↑Ablution (2)
Pu|ri|fi|ka|to|ri|um, das; -s, ...ien: Kelchtuch zum Reinigen des Messkelches
pu|ri|fi|zie|ren: reinigen, läutern
Pu|rim [auch: ˈpuː...], das; -s ‹*hebr.*›: im Februar/März gefeiertes jüdisches Fest zur Erinnerung an die im Buch Esther des Alten Testaments beschriebene Rettung der persischen Juden
Pu|rin, das; -s, -e (meist Plural) ‹*lat.-nlat.*› (Chemie): aus der Nukleinsäure der Zellkerne entstehende organische Verbindung
Pu|ris|mus, der; -: **1.** (Sprachwiss.) [oft übertriebenes] Streben nach Sprachreinheit, Kampf gegen Fremdwörter. **2.** Bewegung in der Denkmalpflege des 19. Jh.s, ein Kunstwerk um der Stilreinheit willen von stilfremden Elementen zu befreien. **3.** Kunstrichtung im 20. Jh., die eine klare, strenge Kunst auf der Basis rein architektonischer u. geometrischer Form fordert. **4.** [übertriebenes] Streben nach Stilreinheit, nach der reinen Lehre, nach Reinheit der Motive des Handelns, nach Funktionalität o. Ä.
Pu|rist, der; -en, -en: Vertreter des Purismus. **Pu|ris|tin,** die; -, -nen: weibliche Form zu ↑Purist. **pu|ris|tisch:** den Purismus betreffend
Pu|ri|ta|ner, der; -s, - ‹*lat.-engl.*›: **a)** Anhänger des Puritanismus; **b)** sittenstrenger Mensch. **Pu|ri|ta|ne|rin,** die; -, -nen: weibliche Form zu ↑Puritaner. **pu|ri|ta|nisch: a)** den Puritanismus betreffend; **b)** sittenstreng; **c)** bewusst einfach, spartanisch [in der Lebensführung]
Pu|ri|ta|nis|mus, der; -: streng calvinistische Richtung im England des 16. u. 17. Jh.s
Pu|ri|tät, die; - ‹*lat.*› (veraltet): [Sitten]reinheit
Pu|ro|hi|ta, der; -s, -s ‹*sanskr.*›: indischer Hauptpriester u. Berater des Königs in der Zeit der vedischen Religion
Pur|pur, der; -s ‹*gr.-lat.*›: **1. a)** sattroter, violetter Farbstoff; **b)** sattroter Farbton mit mehr od. weniger starkem Anteil von Blau. **2.** (von Herrschern, Kardinälen bei offiziellem Anlass getragenes) purpurfarbenes, prächtiges Gewand. **pur|purn:** mit Purpur (1) gefärbt, purpurfarbig
Pur|ser [ˈpœːɐ̯sɐ], der; -s, - ‹*engl.*›: **a)** Zahlmeister auf einem Schiff; **b)** Chefsteward im Flugzeug. **Pur|se|rette** [pœːɐ̯səˈrɛt], die; -, -s: weibliche Form zu ↑Purser
pu|ru|lent ‹*lat.*› (Med.): eitrig. **Pu|ru|lenz, Pu|ru|les|zenz,** die; -, -en (Med. veraltet): [Ver]eiterung

pu|schen vgl. pushen

Pusch|ti vgl. Poschti

Push [pʊʃ], der; -[e]s, -es [...ɪs] ⟨*engl.*⟩: **1.** (Jargon) forcierte Förderung (z. B. von jmds. Bekanntheit) mit Mitteln der Werbung. **2.** (Golf) Schlag mit der rechten Hand, der den Ball zu weit nach rechts, oder mit der linken, der ihn zu weit nach links bringt

Push|ball [ˈpʊʃbɔːl], der; -s ⟨*engl.-amerik.*⟩: amerikanisches Mannschaftsspiel, bei dem ein sehr großer Ball über eine Linie od. ins Tor geschoben, gedrückt werden muss

Push|but|ton, Push-But|ton [ˈpʊʃbatn̩], der; -[s], -s ⟨*engl.*⟩: **a)** Druckschalter, Taste; **b)** (EDV) einen ↑Pushbutton (a) imitierende Schaltfläche in der Benutzeroberfläche eines Computerprogramms

pu|shen [ˈpʊʃn̩] ⟨*engl.*⟩: **1.** (salopp) **a)** durch forcierte Werbung jmds. Aufmerksamkeit auf jmdn., etwas lenken; **b)** antreiben, in Schwung bringen. **2.** (Golf) einen Push (2) schlagen, spielen. **3.** (Jargon) mit harten Drogen handeln

Pu|sher, der; -s, - (Jargon): Rauschgifthändler. **Pu|she|rin,** die; -, -nen: weibliche Form zu ↑Pusher

Push|mail, Push-Mail [ˈpʊʃmɛɪ̯l], die; -, -s, (auch, bes. südd., österr., schweiz.:) das; -s, -s ⟨*engl.*⟩ (EDV): elektronische Mitteilung, die nicht abgerufen werden muss, sondern sich automatisch öffnet

Push-up-BH [ˈpʊʃʔapbeha:], der; -[s], -[s] ⟨*engl.; dt.*⟩: ein üppiges Dekolleté formender Büstenhalter

pu|shy [ˈpʊʃi] ⟨*engl.*⟩ (ugs.): [sehr] ehrgeizig

Pus|tel, die; -, -n ⟨*lat.*⟩ (Med.): Eiterbläschen; Pickel. **pus|tu|lös** (Med.): **a)** Pusteln aufweisend; zur Bildung von Pusteln neigend; **b)** mit Pusteln einhergehend

Pusz|ta [ˈpʊs...], die; -, ...ten ⟨*ung.*⟩: Grassteppe, Weideland in Ungarn

Put, der; -s, -s ⟨*engl.-amerik.*⟩ (Börsenw.): **1.** Verkaufsoption. **2.** (meist Plural) Optionspapier auf fallende Aktien

pu|ta|tiv ⟨*lat.*⟩ (Rechtswiss.): vermeintlich, auf einem Rechtsirrtum beruhend

Pu|ta|tiv|ehe, die; -, -n (kath. Kirchenrecht): ungültige Ehe, die aber mindestens von einem Partner in Unkenntnis des bestehenden Ehehindernisses für gültig gehalten wird

Pu|ta|tiv|not|wehr, die; - (Rechtswiss.): Abwehrhandlung in der irrtümlichen Annahme, die Voraussetzungen der Notwehr seien gegeben

Pu|t|re|fak|ti|on ⟨*lat.*⟩, **Pu|t|res|zenz** ⟨*lat.-nlat.*⟩ die; -, -en: **1.** (Biol.; Med.) Verwesung, Fäulnis. **2.** (Med.) faulige Nekrose

pu|t|res|zie|ren ⟨*lat.*⟩ (Med.): verwesen

pu|t|rid (Med.): faulig, übel riechend

Putt, der; -[s], -s ⟨*engl.*⟩ (Golf): Schlag auf dem Grün, durch den der Ball in das Loch rollen soll (Rasenfläche am Ende der Spielbahn mit dem Loch)

Put|te, die; -, -n, Putto, der; -s, ...tti u. ...tten ⟨*lat.-it.;* »Knäblein«⟩ (Kunstwiss.): (bes. im Barock u. Rokoko) Figur eines kleinen nackten Knaben, Kindes [mit Flügeln]

put|ten ⟨*engl.*⟩ (Golf): den Ball mit dem Putter schlagen. **Put|ter,** der; -s, - ⟨*engl.*⟩ (Golf): Spezialgolfschläger, mit dem der Ball ins Loch getrieben wird

Put|to vgl. Putte

puz|zeln [ˈpʊzl̩n, ˈpʊsl̩n, auch: ˈpazl̩n, ˈpasl̩n] ⟨*engl.*⟩: ein Puzzle zusammensetzen. **Puz|zle** [ˈpʊzl̩, ˈpʊsl̩, auch: ˈpazl̩, ˈpasl̩], das; -s, -s: aus vielen Einzelteilen in einem Geduldsspiel zusammenzusetzendes Bild

Puzz|ler [ˈpʊslɐ], der; -s, -: jmd., der ein Puzzle zusammensetzt. **Puzz|le|rin,** die; -, -nen: weibliche Form zu ↑Puzzler

Puz|zo|lan, das; -s, -e ⟨nach dem ursprünglichen Fundort Pozzuoli am Vesuv⟩: **a)** aus Italien stammender, poröser vulkanischer Tuff; **b)** hydraulisches Bindemittel für Zement aus Puzzolan (a), Schlacken, Ton o. Ä.

PVC, das; -[s]: Abk. für: ↑Polyvinylchlorid

Pya [pja], der; -[s], - ⟨birman.⟩: Münzeinheit in Myanmar

Py|ämie, die; -, ...ien ⟨*gr.-nlat.*⟩ (Med.): Streuung von [Eiter]erregern im Blut

Py|ar|th|ro|se, die; -, -n (Med.): eitrige Gelenkentzündung

Py|e|l|ek|ta|sie, die; -, ...ien ⟨*gr.-nlat.*⟩ (Med.): krankhafte Erweiterung des Nierenbeckens

Py|e|li|tis, die; -, ...itiden (Med.): Nierenbeckenentzündung

Py|e|lo|gra|fie, Pyelographie, die; -, ...ien (Med.): röntgenologische Darstellung des Nierenbeckens

Py|e|lo|gramm, das; -s, -e (Med.): Röntgenbild des Nierenbeckens

Py|e|lo|gra|phie vgl. Pyelografie

Py|e|lo|ne|ph|ri|tis, die; -, ...itiden (Med.): gleichzeitige Entzündung von Nierenbecken u. Nieren

Py|e|lo|to|mie, die; -, ...ien (Med.): operativer Einschnitt in das Nierenbecken

Py|e|lo|zys|ti|tis, die; -, ...itiden (Med.): gleichzeitige Entzündung von Nierenbecken u. Blase

Pyg|mäe, der; -n, -n ⟨*gr.-lat.;* »Fäustling«⟩: Angehöriger eines kleinwüchsigen Menschentyps in Afrika. **Pyg|mä|in,** die; -, -nen: weibliche Form zu ↑Pygmäe. **pyg|mä|isch:** kleinwüchsig

Pyg|ma|li|on|ef|fekt, der; -[e]s ⟨nach der Gestalt der gr. Mythologie⟩ (Psychol.): Effekt, dass Schüler, die von ihren Lehrkräften für intelligent gehalten werden, während der Schulzeit eine bessere Intelligenzentwicklung zeigen als Kinder, die den Lehrkräften weniger intelligent zu sein scheinen; Rosenthal-Effekt

Pyg|ma|li|o|nis|mus, der; -, ...men: sexuelle Erregung beim Anblick nackter Statuen

pyg|mid ⟨*gr.-nlat.*⟩ (Anthropol. veraltet): zu den Pygmiden gehörend. **Pyg|mi|de,** der u. die; -n, -n (Anthropol. veraltet): Angehörige[r] eines in Südostasien lebenden, den Stamm der Pygmäen einschließenden Menschentyps, der durch bestimmte äußere Merkmale (z. B. Kleinwüchsigkeit) gekennzeichnet ist

Py|ja|ma [pyˈdʒa:ma, auch: pyˈʒa:ma, österr.: piˈdʒa:ma, selten: ...ˈja:...], der, österr., schweiz. auch: das; -s, -s ⟨*Hindi-engl.;* »Beinkleid«⟩: Schlafanzug

Py|k|ni|die, die; -, -n ‹*gr.-nlat.*›: Fruchtkörper der Rostpilze

Py|k|ni|ker, der; -s, - (Anthropol., Med.): Mensch von pyknischem Körperbau. **Py|k|ni|ke|rin,** die; -, -nen: weibliche Form zu ↑Pykniker. **py|k|nisch** (Med.): (in Bezug auf den Körperbautyp) kräftig, gedrungen u. zu Fettansatz neigend

Py|k|no|me|ter, das; -s, -: Glasgefäß mit genau bestimmtem Volumen zur Ermittlung der Dichte von Flüssigkeiten od. Pulvern

Py|k|no|se, die; -, -n (Med.): natürliche od. künstlich verursachte Zellkerndegeneration in Form einer Zusammenballung der Zellkernmasse. **py|k|no|tisch** (Med.): verdichtet, dicht zusammengedrängt (von der Zellkernmasse)

Py|le|phle|bi|tis, die; -, ...itiden ‹*gr.-nlat.*› (Med.): Entzündung der Pfortader

Py|lon, der; -en (auch: -s), -en (auch: -e), **Py|lo|ne,** die; -, -n ‹*gr.*›: **1.** von festungsartigen Türmen flankiertes Eingangstor ägyptischer Tempel. **2.** turm- od. portalartiger Teil von Hängebrücken o. Ä., der die Seile an den höchsten Punkten trägt. **3.** kegelförmige, bewegliche, der Absperrung dienende Markierung auf Straßen. **4.** an der Tragfläche od. am Rumpf eines Flugzeugs angebrachter, verkleideter Träger zur Befestigung einer Last

Py|lo|rus, der; -, ...ren ‹*gr.-lat.;* »Türhüter«› (Med.): [Magen]pförtner, Schließmuskel am Magenausgang

Py|o|der|mie, die; -, ...ien ‹*gr.-nlat.*› (Med.): durch Eitererreger verursachte Erkrankung der Haut

pyo|gen (Med.): Eiterungen verursachend (von bestimmten Bakterien)

Py|o|kok|ke, die; -, -n (meist Plural): Eiterungen verursachende Kokke

Py|o|me|t|ra, die; - (Med.): Eiteransammlung in der Gebärmutter

Py|o|ne|ph|ro|se, die; -, -n (Med.): Nierenvereiterung als Endstadium einer Nephrose

Py|or|rhö, die; -, -en (Med.): eitriger Ausfluss. **py|or|rho|isch** (Med.): die Pyorrhö betreffend, in der Art einer Pyorrhö

Py|o|tho|rax, der; -[es], -e (Med.): Eiteransammlung im Brustkorb

py|ra|mi|dal ‹*ägypt.-gr.-lat.*›: **1.** pyramidenförmig. **2.** (ugs.) gewaltig, riesenhaft

Py|ra|mi|de, die; -, -n ‹*ägypt.-gr.-lat.*›: **1.** monumentaler Grab- od. Tempelbau verschiedener Kulturen, bes. im alten Ägypten. **2.** (Math.) geometrischer Körper mit einem ebenen Vieleck als Grundfläche u. einer entsprechenden Anzahl von gleichschenkligen Dreiecken, die in einer gemeinsamen Spitze enden, als Seitenflächen. **3.** (Mineral.) Kristallfläche, die alle drei Kristallachsen schneidet. **4.** (Med.) pyramidenförmige Bildung an der Vorderseite des verlängerten Marks. **5.** Figur im Kunstkraftsport

Py|r|a|no|me|ter, das; -s, - ‹*gr.-nlat.*› (Meteorol.): Gerät zur Messung der Sonnen- u. Himmelsstrahlung

Py|re|no|id, das; -[e]s, -e (meist Plural): eiweißreiches Körnchen, das den Farbstoffträgern der Algen eingelagert ist

Py|re|th|rum, das; -s, ...ra ‹*gr.-lat.*›: **1.** (veraltend) Chrysanthemum. **2.** Insektizid aus den getrockneten Blüten verschiedener Chrysanthemen

Py|re|ti|kum, das; -s, ...ka ‹*gr.-nlat.*› (Med.): Fiebermittel, Fieber erzeugendes Mittel. **py|re|tisch** (Med.): Fieber erzeugend (von Medikamenten)

Py|r|e|xie, die; -, ...ien (Med.): Fieber[anfall]

Pyr|ge|o|me|ter, das; -s, - (Meteorol.): Gerät zur Messung der Erdstrahlung

Pyr|go|ze|pha|lie, die; -, ...ien ‹*gr.-nlat.*› (Med. veraltet): ↑Turrizephalie

Pyr|he|li|o|me|ter, das; -s, - ‹*gr.-nlat.*› (Meteorol.): Gerät zur Messung der direkten Sonnenstrahlung

Py|ri|din, das; -s (Chemie): heterozyklische Verbindung mit aromatischen Eigenschaften; unangenehm riechende, giftige, mit Wasser mischbare, schwach basisch reagierende Flüssigkeit

Py|ri|mi|din, das; -s, -e (Chemie): heterozyklische Verbindung mit zwei Stickstoffatomen; farblose, charakteristisch riechende, kristalline Substanz

Py|rit [auch: ...ˈrɪt], der; -s, -e ‹*gr.-lat.*› (Geol.): Mineral, das bes. zur Gewinnung von Schwefel[verbindungen] dient; Eisenkies, Schwefelkies

py|ro|elek|t|risch ‹*gr.-nlat.*›: die Pyroelektrizität betreffend. **Py|ro|elek|t|ri|zi|tät,** die; -: bei manchen Kristallen an entgegengesetzten Seiten bei schneller Erwärmung auftretende elektrische Ladungen

Py|ro|gal|lol, das; -s ‹*gr.; lat.; arab.*›: dreiwertiges aromatisches Phenol, das u. a. als fotografischer Entwickler verwendet wird

Py|ro|gal|lus|säu|re, die; -: ↑Pyrogallol

py|ro|gen ‹*gr.-nlat.*›: **1.** (Med.) Fieber erzeugend (z. B. von Medikamenten). **2.** (Geol.) aus Schmelze entstanden (von Mineralien)

Py|ro|gen, das; -s, -e (Med.): Substanz, die bei parenteraler Gabe Fieber erzeugende Wirkung hat

Py|ro|lu|sit [auch: ...ˈzɪt], der; -s, -e: Braunstein (ein Mineral)

Py|ro|ly|se, die; -, -n: Zersetzung chemischer Verbindungen durch sehr große Wärmeeinwirkung. **py|ro|ly|tisch:** die Pyrolyse betreffend, auf ihr beruhend

Py|ro|ma|ne, der; -n, -n (Med., Psychol.): jmd., der an Pyromanie leidet. **Py|ro|ma|nie,** die; - (Med., Psychol.): zwanghafter Trieb, Brände zu legen [u. sich beim Anblick des Feuers sexuell zu erregen]. **Py|ro|ma|nin,** die; -, -nen: weibliche Form zu ↑Pyromane. **py|ro|ma|nisch** (Med., Psychol.): die Pyromanie betreffend, auf ihr beruhend

Py|ro|man|tie, die; - ‹*gr.*›: im Altertum die Wahrsagung aus dem [Opfer]feuer

Py|ro|me|ter, das; -s, - ‹*gr.-nlat.*›: Gerät zur Messung der Temperatur glühender Stoffe

Py|ro|me|t|rie, die; -: Messung der [Oberflächen]temperatur glühender Körper u. Stoffe

Py|ro|mor|phit [auch: ...ˈfɪt], der; -s, -e: durchscheinendes bis undurchsichtiges, meist grünes od. braunes Mineral

Py|ron, der; -s, -e (Chemie): organische Verbindung, die in verschiedenen Pflanzenfarbstoffen enthalten ist

Py|rop, der; -[e]s, -e ⟨*gr.-lat.;* »feueräugig«⟩ (Mineral.): blutroter bis schwarzer Granat, der als Schmuckstein verarbeitet wird

Py|ro|pa|pier, das; -s ⟨*gr.; dt.*⟩: leicht brennbares Papier (für Feuerwerkskörper)

Py|ro|pho|bie, die; -, ...ien ⟨*gr.-nlat.*⟩ (Med.): krankhafte Furcht vor dem Umgang mit Feuer

py|ro|phor ⟨*gr.*⟩: [in feinster Verteilung] sich an der Luft bei gewöhnlicher Temperatur selbst entzündend. **Py|ro|phor,** der; -s, -e: Stoff mit pyrophoren Eigenschaften (z. B. Phosphor, Eisen, Blei)

Py|ro|phyt, der; -en, -en (meist Plural) (Bot.): Pflanze, die durch bestimmte Baumerkmale (z. B. die Borke) gegen Brände weitgehend resistent ist

Py|r|op|to, das; -s, -s ⟨*gr.-nlat.*⟩: Strahlungspyrometer zur Messung der Stärke von Lichtstrahlen

Py|ro|sis, die; - ⟨*gr.;* »das Brennen; die Entzündung«⟩ (Med. veraltet): Sodbrennen; Refluxösophagitis

Py|ro|sphä|re, die; - ⟨*gr.-nlat.*⟩ (veraltet): Erdinneres (Erdmantel u. Erdkern)

Py|ro|tech|nik, die; -: Herstellung u. Gebrauch von Feuerwerkskörpern; Feuerwerkerei. **Py|ro|tech|ni|ker,** der; -s, -: Fachmann auf dem Gebiet der Pyrotechnik; Feuerwerker. **Py|ro|tech|ni|ke|rin,** die; -, -nen: weibliche Form zu ↑Pyrotechniker. **py|ro|tech|nisch:** die Pyrotechnik betreffend

Py|ro|xen, der; -s, -e: gesteinsbildendes Mineral

Py|ro|xe|nit [auch: ...ˈnɪt], der; -s, -e (Geol.): dunkles, feldspatfreies Tiefengestein

Pyr|rhi|che, die; -, -n ⟨*gr.*⟩: altgriechischer Waffentanz, meist mit Flötenspiel

Pyr|rhi|chi|us, der; -, ...chii ⟨*gr.-lat.*⟩: aus zwei Kürzen bestehender antiker Versfuß (◡ ◡)

Pyr|rho|nis|mus, der; - ⟨*gr.-nlat.;* nach dem gr. Philosophen Pyrrhon (360–270 v. Chr.)⟩: ↑Skeptizismus (2)

Pyr|rhus|sieg, der; -[e]s, -e ⟨nach den verlustreichen Siegen des Königs Pyrrhus von Epirus über die Römer⟩: Scheinsieg; Erfolg, der mit hohem Einsatz, mit großen Opfern verbunden ist u. daher eher einem Fehlschlag gleichkommt

Pyr|rol, das; -s ⟨*gr.-nlat.*⟩: stickstoffhaltige organische Verbindung mit vielen Abkömmlingen von biochemischer Bedeutung (z. B. Blutfarbstoff)

Pyr|ro|li|zi|di|nal|al|ka|lo|id, das; -s, -e (meist Plural) (Biochemie): Gruppe von pflanzlichen ↑Alkaloiden, von denen manche, die in Futter- u. Lebensmitteln vorkommen können, leberschädigend wirken

Py|tha|go|rä|er usw. vgl. Pythagoreer usw.

py|tha|go|rä|isch vgl. pythagoreisch

Py|tha|go|ras, der; - ⟨nach dem altgr. Philosophen Pythagoras von Samos (6./5. Jh. v. Chr.)⟩: Kurzform von ↑pythagoreischer Lehrsatz

Py|tha|go|re|er, österr.: Pythagoräer, der; -s, -: Anhänger der Lehre des Pythagoras

py|tha|go|re|isch, österr.: pythagoräisch: die Lehre des Pythagoras betreffend, nach der Lehre des Pythagoras; **pythagoreischer Lehrsatz** (Math.): Lehrsatz der Geometrie, nach dem im rechtwinkligen Dreieck das Quadrat über der Hypotenuse gleich der Summe der Quadrate über den Katheten ist

Py|thia, die; -, ...ien ⟨nach der Priesterin des Orakels von Delphi⟩: Frau, die in orakelhafter Weise Zukünftiges voraussagt. **py|thisch:** dunkel, orakelhaft

Py|thon, der; -s, -s, **Py|thon|schlan|ge,** die; -, -n ⟨*gr.-lat.;* von Apollo getötetes Ungeheuer der gr. Sage⟩: in Afrika, Südasien u. Nordaustralien lebende Riesenschlange

Py|u|rie, die; -, ...ien ⟨*gr.-nlat.*⟩ (Med.): Ausscheidung von Eiter im Harn

Py|xis, die; -, ...iden, auch: ...ides [...deːs] ⟨*gr.-lat.*⟩: Behältnis für liturgische Gegenstände, Hostienbehälter im Tabernakel

Q

Qat [kat] vgl. [1]Kat

Qi [tʃiː], das; -[s] ⟨*chin.;* »Dunst; Stoff«⟩: die Lebensenergie bezeichnender Begriff in der chinesischen Philosophie

Qi|gong [tʃiˈgʊŋ], das; -[s] ⟨*chin.*⟩: eine der chinesischen Tradition entstammende Heil- u. Selbstheilmethode, bei der Atem, Bewegung u. Vorstellungskraft methodisch eingesetzt werden, um Herz-, Kreislauf- u. Nervenerkrankungen zu behandeln

Qi|gong|ku|gel, die; -, -n ⟨*chin.; dt.*⟩: Hohlkugel (mit einer inneren, rotierenden Kugel), wovon jeweils zwei nach bestimmten Regeln in der Hand bewegt werden, um durch die Vibration die Hand- u. Armmuskulatur zu bewegen u. den Kreislauf zu aktivieren

Qin|dar [k...], der; -[s], -ka ⟨*albean.*⟩: Münzeinheit in Albanien (= 0,01 Lek)

QR-Code®, der; -s, -s ⟨*zu engl. quick response* »schnelle Antwort«⟩: zweidimensionaler, aus Punkten zu einem Quadrat zusammengesetzter, elektronisch lesbarer Code

qua ⟨lat.⟩: **1. a)** mittels, durch, auf dem Wege über (z. B. etwas qua Amt festsetzen); **b)** gemäß, entsprechend (z. B. den Schaden qua Verdienstausfall bemessen). **2.** [in der Eigenschaft] als (z. B. qua Beamter)

Quad [kvɔt], das; -[s], -s ⟨*engl.*⟩: vierrädriges Motorrad

Qua|d|ra|ge|se, die; - ⟨*lat.-mlat.*⟩: ↑Quadragesima

Qua|d|ra|ge|si|ma, die; -: die vierzigtägige christliche Fastenzeit vor Ostern

Qua|d|ral, der; -s, -e ⟨*lat.-nlat.*⟩ (Sprachwiss.): eigener ↑Numerus (3) für vier Dinge od. Wesen

Qua|d|ran|gel, das; -s, - ⟨*lat.*⟩ (veraltet): Viereck. **qua|d|ran|gu|lär** ⟨*lat.-nlat.*⟩ (veraltet): viereckig

Qua|d|rant, der; -en, -en ⟨*lat.;* »der

vierte Teil«⟩: **1.** (Math.) **a)** Viertelkreis; **b)** beim ebenen Koordinatensystem die zwischen zwei Achsen liegende Viertelebene. **2. a)** ein Viertel des Äquators od. eines Meridians; **b)** (Geschichte) Instrument zur Messung der Durchgangshöhe der Sterne (Vorläufer des ↑Meridiankreises). **3.** (Militär früher) Instrument zum Einstellen der Höhenrichtung eines Geschützes beim Schuss ohne Sicht auf das Ziel

Qua|d|rat, das; -[e]s, -e[n]: **1.** (Plural nur: -e; Math.) **a)** Viereck mit vier rechten Winkeln u. vier gleichen Seiten; **b)** zweite ↑Potenz (4) einer Zahl. **2.** (Druckw.) rechteckiges, nicht druckendes Stück Blei, das zum Auffüllen von Zeilen beim Schriftsatz verwendet wird; Geviert. **3.** (Astrol.) 90° Winkelabstand zwischen Planeten

Qua|d|ra|ta, die; -: die Buchschriftform der ↑Kapitalis

Qua|d|rat|de|zi|me|ter, der, früher fachspr. auch das; -s, -: Fläche von 1 dm Länge u. 1 dm Breite (Zeichen: dm^2)

qua|d|ra|tisch: 1. in der Form eines Quadrats. **2.** (Math.) in die zweite Potenz erhoben

Qua|d|rat|ki|lo|me|ter, der; -s, -: Fläche von 1 km Länge u. 1 km Breite (Zeichen: km^2)

Qua|d|rat|me|ter, der, früher fachspr. auch das; -s, -: Fläche von 1 m Länge u. 1 m Breite (Zeichen: m^2)

Qua|d|rat|mil|li|me|ter, der, früher fachspr. auch das; -s, -: Fläche von 1 mm Länge u. 1 mm Breite (Zeichen: mm^2)

Qua|d|rat|no|te, die; -, -n: ↑Nota quadrata

Qua|d|ra|tur, die; -, -en: **1.** (Math.) **a)** Umwandlung einer beliebigen, ebenen Fläche in ein Quadrat gleichen Flächeninhalts durch geometrische Konstruktion; **die Quadratur des Kreises:** Aufgabe, mit Zirkel u. Lineal ein zu einem gegebenen Kreis flächengleiches Quadrat zu konstruieren (aus bestimmten math. Gründen nicht möglich); **etwas ist die Quadratur des Kreises:** etwas ist unmöglich; **b)** Bestimmung des Flächeninhalts einer ebenen geometrischen Figur. **2.** (Astron.) zur Verbindungsachse Erde–Sonne rechtwinklige Planetenstellung. **3.** architektonische Konstruktionsform, bei der ein Quadrat zur Bestimmung konstruktiv wichtiger Punkte verwendet wird, bes. in der romanischen Baukunst

Qua|d|ra|tur|ma|le|rei, die; -, -en ⟨*lat.; dt.*⟩: **1.** (ohne Plural) perspektivische Ausmalung von Innenräumen mit dem Zweck, die Größenverhältnisse optisch zu verändern. **2.** Beispiel für die perspektivische Ausmalung von Innenräumen

Qua|d|rat|wur|zel, die; -, -n: zweite Wurzel einer Zahl od. mathematischen Größe (Zeichen: $\sqrt{}$)

Qua|d|rat|zahl, die; -, -en (Math.): Zahl, die die zweite ↑Potenz (4) einer anderen ist

Qua|d|rat|zen|ti|me|ter, der, früher fachspr. auch das; -s, -: Fläche von 1 cm Länge u. 1 cm Breite (Zeichen: cm^2)

Qua|d|ri|du|um, das; -s, ...duen (veraltet): Zeitraum von vier Tagen

Qua|d|ri|en|na|le, die; -, -n ⟨*lat.-it.*⟩: alle vier Jahre stattfindende Ausstellung od. repräsentative Vorführung (auf dem Gebiet der bildenden Kunst u. des Films). **Qua|d|ri|en|ni|um,** das; -s, ...ien ⟨*lat.*⟩ (veraltet): Zeitraum von vier Jahren

qua|d|rie|ren (Math.): in die zweite ↑Potenz (4) erheben, d. h. mit sich selbst multiplizieren

Qua|d|rie|rung, die; -, -en (Baukunst): Nachahmung von Quadersteinen durch Aufmalung von Scheinfugen auf den Putz

Qua|d|ri|ga, die; -, ...gen: von einem offenen Streit-, Renn- od. Triumphwagen [der Antike] aus gelenktes Viergespann (Darstellung in der Kunst [als Siegesdenkmal])

Qua|d|ril|le [kva'drɪljə, auch: ka..., österr.: ka'drɪl], die; -, -n ⟨*lat.-span.-frz.*⟩: von je vier Paaren im Karree getanzter Contretanz (im $^3/_8$- od. $^2/_4$-Takt)

Qua|d|ril|lé [kadri'je:], der; -: kariertes Seidengewebe

Qua|d|ril|li|ar|de, die; -, -n ⟨*lat.; frz.*⟩: 1 000 Quadrillionen = dritte Potenz einer Milliarde = 10^{27}

Qua|d|ril|li|on, die; -, -en ⟨*lat.-frz.*⟩: eine Million ↑Trillionen = vierte Potenz einer Million = 10^{24}

Qua|d|ri|nom, das; -s, -e ⟨*lat.; gr.*⟩ (Math.): Summe aus vier Gliedern

Qua|d|ri|re|me, die; -, -n ⟨*lat.*⟩: Vierruderer (antikes Kriegsschiff mit vier übereinanderliegenden Ruderbänken)

Qua|d|ri|vi|um, das; -s ⟨»Vierweg«⟩: im mittelalterlichen Universitätsunterricht die vier höheren Fächer: Arithmetik, Geometrie, Astronomie, Musik; vgl. Trivium

Qua|d|ri|zeps, der; -es, -e ⟨*lat.*⟩ (Anat.): vierköpfiger Muskel, der an der Vorderseite des Oberschenkels liegt u. im Kniegelenk die Streckung des Unterschenkels bewirkt

Qua|d|ro [auch: 'kva...], das; -s: Kurzform von ↑Quadrofonie

Qua|d|ro|co|p|ter ['kva:...] vgl. Quadrokopter

qua|d|ro|fon, quadrophon: (in Bezug auf die Übertragung von Musik, Sprache o. Ä.) über vier Kanäle laufend; vgl. stereofon. **Qua|d|ro|fo|nie,** Quadrophonie, die; - ⟨*lat.; gr.*⟩: quadrofone Übertragungstechnik, durch die ein gegenüber der ↑Stereofonie erhöhtes Maß an räumlicher Klangwirkung erreicht wird. **qua|d|ro|fo|nisch,** quadrophonisch: die Quadrofonie betreffend; vgl. binaural (2)

Qua|d|ro|ko|p|ter, Quadrocopter ['kva:...], der; -s, - ⟨*lat.; engl.*⟩: Luftfahrzeug mit vier nach unten wirkenden, in einer Ebene angeordneten Rotoren

Qua|d|ro|nal ®, das; -s ⟨Kunstw.⟩: schmerzlinderndes Mittel

qua|d|ro|phon usw. vgl. quadrofon usw.

Qua|d|ro|sound [...saʊnt], der; -s ⟨*lat.; engl.*⟩: durch Quadrofonie erzeugte Klangwirkung

Qua|d|ru|ma|ne, der; -n, -n (meist Plural) ⟨*lat.;* »Vierhänder«⟩ (veraltet): Affe (im Unterschied zum Menschen)

Qua|d|ru|pe|de, der; -n, -n (meist Plural) (veraltet): **a)** Vierfüßer; **b)** Säugetier (nach Linné)

¹Qua|d|ru|pel, das; -s, - ⟨*lat.-frz.*⟩: vier zusammengehörende mathematische Größen

²Qua|d|ru|pel, der; -s, - ⟨*span.*⟩: frühere spanische Goldmünze

Qua|d|ru|pel|al|li|anz, die; -, -en ‹*lat.; lat.-frz.*›: Bündnis von vier Staaten

Qua|d|ru|pel|fu|ge, die; -, -n (Musik): Fuge mit vier verschiedenen Themen (3)

Qua|d|ru|pol, der; -s, -e ‹*lat.-nlat.*›: Anordnung von zwei elektrischen ↑Dipolen od. zwei Magnetspulen

Quaes|tio, die; -, ...io|nes [...nes] ‹*lat.*›: ↑Quästion

Quaes|tio Fac|ti, die; - -, ...io|nes - [...nes -] ‹»Frage nach dem Geschehen«› (Rechtswiss.): die Untersuchung des Sachverhalts, der tatsächlichen Geschehensabfolge einer Straftat im Unterschied zur Quaestio Iuris

Quaes|tio Iu|ris, Quaes|tio Ju|ris, die; - -, ...io|nes - [...nes -] ‹»Frage nach dem Recht«›: Untersuchung einer Straftat hinsichtlich ihrer Strafwürdigkeit u. tatbestandsmäßigen Erfassbarkeit

Quaes|ti|o|nes [...nes]: *Plural* von ↑Quaestio

Quag|ga, das; -s, -s ‹*hottentott.*›: ausgerottetes zebraartiges Wildpferd

Quai [ke:, auch: kɛ:], der od. das; -s, -s ‹*gall.-frz.-niederl.*›: frz. Schreibung für ↑Kai

Quai d'Or|say [kedɔrˈsɛ], der; - - ‹*frz.*›: das an der gleichnamigen Straße in Paris gelegene französische Außenministerium

Quä|ker, der; -s, - ‹*engl.;* »Zitterer«; urspr. Spottname›: Mitglied der im 17. Jh. gegründeten englisch-amerikanischen Society of Friends (= Gesellschaft der Freunde), einer sittenstrengen, pazifistischen Religionsgemeinschaft mit bedeutender Sozialarbeit. **Quä|ke|rin,** die; -, -nen: weibliche Form zu ↑Quäker. **quä|ke|risch:** nach Art der Quäker

Qua|li|fi|ka|ti|on, die; -, -en ‹*lat.-mlat.-frz.(-engl.)*›: **1.** das Sichqualifizieren. **2. a)** Befähigung, Eignung; **b)** Befähigungsnachweis. **3. a)** durch vorausgegangene sportliche Erfolge erworbene Berechtigung, an sportlichen Wettbewerben teilzunehmen; **b)** Wettbewerb für die Teilnahme an der nächsten Runde eines größeren Wettbewerbs. **4.** Beurteilung, Kennzeichnung; vgl. ...ation/...ierung

qua|li|fi|ka|to|risch: die [berufliche] Qualifikation betreffend

qua|li|fi|zie|ren: 1. sich qualifizieren: **a)** sich weiterbilden u. einen Befähigungsnachweis erbringen, eine Qualifikation (2 b) erwerben; **b)** die für die Teilnahme an einem sportlichen Wettbewerb erforderliche Leistung erbringen. **2.** die Voraussetzung für jmds. Eignung, Befähigung für etwas darstellen. **3.** als etwas beurteilen, einstufen, kennzeichnen, bezeichnen. **qua|li|fi|ziert:** tauglich, besonders geeignet

Qua|li|fi|zie|rung, die; -, -en: das Qualifizieren; vgl. ...ation/...ierung

Qua|li|fy|ing [ˈkwɔlɪfaɪɪŋ], das; -s, -s ‹*engl.*›: Qualifikation (3 b) u. Festlegung der Startreihenfolge für ein [Auto]rennen

Qua|li|tät, die; -, -en ‹*lat.*›: **1. a)** Beschaffenheit; **b)** Güte, Wert. **2.** (Sprachwiss.) Klangfarbe eines Vokals. **3.** im Schachspiel der Turm hinsichtlich seiner relativen Überlegenheit gegenüber Läufer od. Springer; **die Qualität gewinnen:** Läufer od. Springer gegen einen Turm eintauschen

qua|li|ta|tiv ‹*lat.-mlat.*›: hinsichtlich der Qualität (1). **Qua|li|ta|tiv,** das; -s, -e (Sprachwiss. selten): ↑Adjektiv

Qua|li|täts|kon|t|rol|le, die; -, -n: die Überwachung der Qualität von in Massen produzierten Gütern mithilfe statistischer Methoden

Qua|li|täts|kri|te|ri|um, das; -s, ...ien: **a)** Kriterium (1) für die Beurteilung von Qualität (1 b); **b)** Bedingung für die Bestätigung von Qualität (1 b)

Qua|li|täts|ma|nage|ment [...mɛnɪtʃmənt], das; -s (Wirtsch.): Gesamtheit der sozialen u. technischen Maßnahmen, die zum Zweck der Absicherung einer Mindestqualität von Ergebnissen betrieblicher Leistungsprozesse angewendet werden (z. B. Qualitätskontrolle, Endkontrolle)

Quant, das; -s, -en ‹*lat.*› (Physik): nicht weiter teilbares Energieteilchen, das verschieden groß sein kann

quan|teln: eine Energiemenge in Quanten darstellen

Quan|te|lung, die; -: das Aufteilen der bei physikalischen Vorgängen erscheinenden Energie u. anderer atomarer Größen in bestimmte Stufen od. als Vielfaches von bestimmten Einheiten

Quan|ten: *Plural* von ↑Quant u. ↑Quantum

Quan|ten|bio|lo|gie, die; -: Teilgebiet der Biophysik, auf dem man sich mit der Quantentheorie bei biologischen Vorgängen befasst

Quan|ten|me|cha|nik, die; -: erweiterte elementare Mechanik, die es ermöglicht, das Geschehen des Mikrokosmos zu erfassen

Quan|ten|phy|sik, die; -: Teilbereich der Physik, dessen Gegenstand die mit den Quanten zusammenhängenden Erscheinungen sind. **quan|ten|phy|si|ka|lisch:** die Quantenphysik betreffend

Quan|ten|sprung, der; -[e]s, ...sprünge ‹*lat.; dt.*›: **1.** (Physik) (unter Emission od. Absorption von Energie od. Teilchen erfolgender) plötzlicher Übergang eines mikrophysikalischen Systems aus einem Quantenzustand in einen anderen. **2.** [durch eine neue Idee, Entdeckung, Erfindung, Erkenntnis o. Ä. ermöglichter] Fortschritt, der eine Entwicklung innerhalb kürzester Zeit ein sehr großes Stück voranbringt

Quan|ten|the|o|rie, die; -, ...ien: Theorie über die mikrophysikalischen Erscheinungen, die das Auftreten von Quanten in diesem Bereich berücksichtigt

Quan|ti|fi|ka|ti|on, die; -, -en ‹*lat.-nlat.*›: Umformung der Qualitäten in Quantitäten, d. h. der Eigenschaften von etwas in Zahlen u. messbare Größen (z. B. Farben u. Töne in Schwingungszahlen u. Wellenlängen); vgl. ...ation/...ierung

Quan|ti|fi|ka|tor, der; -s, ...oren: ↑Quantor

quan|ti|fi|zier|bar: sich quantifizieren lassend. **quan|ti|fi|zie|ren:** in Mengenbegriffen, Zahlen o. Ä. beschreiben. **Quan|ti|fi|zie|rung,** die; -, -en: das Quantifizieren; vgl. ...ation/...ierung

quan|ti|sie|ren: 1. (Fachspr.) eine Quantisierung (2, 3) vornehmen. **2.** ↑ quanteln. **Quan|ti|sie|rung,** die; -: **1.** ↑ Quantelung. **2.** (Physik) Übergang von der klassischen, d. h. mit kontinuierlich veränderlichen physikalischen Größen erfolgenden Beschreibung eines physikalischen Systems zur quantentheoretischen Beschreibung durch Aufstellung von Vertauschungsrelationen für die nunmehr im Allgemeinen als nicht vertauschbar anzusehenden physikalischen Größen. **3.** Unterteilung des Amplitudenbereichs eines kontinuierlich verlaufenden Signals in eine endliche Anzahl kleiner Teilbereiche

Quan|ti|tät, die; -, -en ⟨*lat.*⟩: **1.** Menge, Anzahl. **2.** (antike Metrik; Sprachwiss.) Dauer einer Silbe (Länge od. Kürze des Vokals) ohne Rücksicht auf die Betonung

quan|ti|ta|tiv ⟨*lat.-nlat.*⟩: der Quantität (1) nach, mengenmäßig

Quan|ti|té né|g|li|gea|ble [kãtitenegli'ʒa:bl̩], die; - - ⟨*lat.-frz.*⟩: wegen ihrer Kleinheit außer Acht zu lassende Größe, Belanglosigkeit

quan|ti|tie|ren ⟨*lat.-nlat.*⟩: Silben im Vers nach der Quantität (2) messen

Quan|tor, der; -s, ...oren: logische Partikel (z. B. »für alle gilt«) für quantifizierte Aussagen

Quan|tum, das; -s, ...ten ⟨*lat.;* »wie groß, wie viel; so groß wie«⟩: jmdm. zukommende, einer Sache angemessene Menge von etwas (bes. Nahrungsmittel o. Ä.)

quan|tum sa|tis (Med.): in ausreichender Menge (Abk.: q. s.)

quan|tum vis (Med.): so viel du nehmen willst, nach Belieben (Hinweis auf Rezepten) (Abk.: q. v.)

Qua|ran|tä|ne [ka...], die; -, -n ⟨*lat.-vulgärlat.-frz.;* »Anzahl von 40 (Tagen)«⟩: räumliche Absonderung, Isolierung Ansteckungsverdächtiger od. Absperrung eines Infektionsherdes (z. B. Wohnung, Ortsteil, Schiff) von der Umgebung als Schutzmaßregel gegen Ausbreitung od. Verschleppung von Seuchen

Qua|ran|tä|ne|sta|ti|on, die; -, -en: Einrichtung zur Unterbringung von Personen, Tieren, die unter Quarantäne stehen

Quark [kwɔ:ɐ̯k], das; -s, -s ⟨*engl.;* Fantasiename aus »Finnegans Wake« von James Joyce⟩ (Physik): hypothetisches Elementarteilchen

[1]**Quart,** die; -, -en ⟨*lat.(-mlat.)*⟩: **1.** (Musik) ↑ Quarte. **2.** bestimmte Klingenhaltung beim Fechten

[2]**Quart,** das; -s, -e (aber: 2 -) ⟨*lat.*⟩: **1.** (ohne Plural) Viertelbogengröße (Buchformat) (Zeichen: 4°). **2.** früheres Flüssigkeitsmaß in Preußen u. Bayern

[3]**Quart** [kwɔ:t], das; -s, -s (aber: 2 -) ⟨*lat.-engl.*⟩: **a)** englisches Hohlmaß (1,136 l) (Zeichen: qt); **b)** amerikanisches Hohlmaß (für Flüssigkeiten: 0,946 l) (Zeichen: liq qt); **c)** amerikanisches Hohlmaß (für trockene Substanzen: 1,101 dm^3) (Zeichen: dry qt)

Quar|ta, die; -, ...ten ⟨*lat.*⟩ (veraltend): dritte, in Österreich vierte Klasse eines Gymnasiums

Quar|tal, das; -s, -e ⟨*lat.-mlat.*⟩: Vierteljahr

quar|ta|li|ter (veraltet): vierteljährlich

Quar|tals|säu|fer, der; -s, - ⟨*lat.-mlat.; dt.*⟩ (ugs.): Dipsomane; vgl. Dipsomanie

Quar|ta|na, die; - ⟨*lat.*⟩ (Med.): Viertagewechselfieber (Verlaufsform der Malaria)

Quar|ta|ner, der; -s, - (veraltend): Schüler der Quarta. **Quar|ta|ne|rin,** die; -, -nen: weibliche Form zu ↑ Quartaner

Quar|tant, der; -en, -en ⟨*lat.-mlat.*⟩ (selten): Buch in Viertelbogengröße

quar|tär ⟨*lat.*⟩: **1.** (Geol.) das Quartär betreffend. **2.** an vierter Stelle in einer Reihe, [Rang]folge stehend; viertrangig. **3.** (Chemie) **a)** das zentrale Atom bildend, an das vier organische Reste gebunden sind, die je ein Wasserstoffatom ersetzen (von Atomen in Molekülen); **b)** aus Molekülen bestehend, die ein quartäres (3 a) Atom als Zentrum haben (von chemischen Verbindungen)

Quar|tär, das; -s (Geol.): erdgeschichtliche Formation des ↑ Känozoikums (umfasst ↑ Pleistozän u. ↑ Alluvium)

Quar|te, die; -, -n (Musik): **a)** vierter Ton einer diatonischen Tonleiter vom Grundton an; **b)** Intervall von vier diatonischen Tonstufen

Quar|tel, das; -s, - (bayr.): kleines Biermaß

Quar|ten: *Plural* von ↑ Quarta u. ↑ [1]Quart

Quar|ter ['kwɔ:tɐ], der; -s, -s (aber: 5 Quarter) ⟨*lat.-frz.-engl.*⟩: **1.** englisches Gewicht (12,7 kg). **2.** englisches Hohlmaß (= 290,95 l). **3.** Getreidemaß in den USA (= 21,75 kg). **4. a)** US-amerikanische, kanadische Münze im Wert von einem viertel Dollar; **b)** Betrag von 25 US-amerikanischen, kanadischen Cent

Quar|ter|back ['kwɔ:ɐ̯tɐbɛk], der; -s, -s ⟨*engl.*⟩: Spieler, der aus der Verteidigung heraus Angriffe einleitet u. führt; Spielmacher (im amerikanischen Football)

Quar|ter|deck, das; -s, -s (Seew.): leicht erhöhtes hinteres Deck eines Schiffes

Quar|ter|meis|ter, der; -s, - (Seew.): Matrose, der insbesondere als Rudergänger eingesetzt wird

Quar|te|ron, der; -en, -en ⟨*lat.-span.*⟩ (veraltet): männlicher Nachkomme eines Weißen u. einer Terzeronin (vgl. Terzerone). **Quar|te|ro|nin,** die; -, -nen: weibliche Form zu ↑ Quarteron

Quar|ter|pipe [kwɔ:tɐpaɪ̯p], die; -, -s ⟨*engl.*⟩: Viertelröhre, die beim Snowboarden im Freestyle verwendet wird

Quar|tett, das; -[e]s, -e ⟨*lat.-it.*⟩: **1. a)** Komposition für vier solistische Instrumente od. vier Solostimmen; **b)** Vereinigung von vier Instrumental- od. Vokalsolisten; **c)** (oft iron.) Gruppe von vier Personen, die gemeinsam etwas tun. **2.** die erste od. zweite der beiden vierzeiligen Strophen des ↑ Sonetts im Unterschied zum ↑ Terzett (2). **3.** Kartenspiel, bes. für Kinder, bei dem jeweils vier zusammengehörende Karten abgelegt werden, nachdem man die fehlenden durch Fragen von den Mitspielern erhalten hat

Quar|tier, das; -s, -e ⟨*lat.-frz.*⟩: **1.** Unterkunft. **2.** (österr., schweiz.) Stadtviertel

quar|tie|ren (veraltet): unterbringen; einquartieren

Quar|tier la|tin [kartjela'tɛ̃], das; - - (»lateinisches Viertel«): Pariser Hochschulviertel

Quar|tier|ma|nage|ment usw. vgl. Quartiersmanagement usw.

Quar|tiers|ma|nage|ment, Quartiermanagement, das; -s, -s (Politik, Soziol.): **1.** (ohne Plural) Gesamtheit der [behördlichen] Bemühungen, einen Stadtteil attraktiver zu machen. **2.** mit dem ↑Quartiersmanagement (1) betraute behördliche Stelle

Quar|tiers|ma|na|ger, Quartiermanager, der; -s, -: für das ↑Quartiersmanagement (1) verantwortliche, damit beauftragte Person. **Quar|tiers|ma|na|ge|rin,** Quartiermanagerin, die; -, -nen: weibliche Form zu ↑Quartier[s]manager

Quar|til, das; -s, -e ‹*lat.-nlat.*› (bes. Statistik): Viertel (in einer bestimmten Rangliste)

Quart|ma|jor, die; -: bestimmte Reihenfolge von [Spiel]karten

Quar|to, das; - ‹*lat.-it.*›: it. Bez. für: Quarte

Quar|to|le, die; -, -n (Musik): Figur von vier Noten, die anstelle des Taktwertes von drei od. sechs Noten stehen

Quart|sext|ak|kord, der; -[e]s, -e (Musik): Akkord von Quarte u. Sexte über der Quinte des Grundtons

quar|zen ‹*slaw.*› (landsch. ugs.): rauchen

Qua|sar, der; -s, -e ‹Kurzw. aus *quas*istellare *R*adioquelle› (Astron.): Sternsystem, Objekt im Kosmos mit extrem starker Radiofrequenzstrahlung

qua|si ‹*lat.*›: gewissermaßen, sozusagen, so gut wie

qua|si..., Qua|si...

‹*lat.* quasi »gewissermaßen, gleichsam, sozusagen«›
Wortbildungselement mit der Bedeutung »mit der bezeichneten Sache fast gleichzusetzen, im strengen Sinne aber doch etwas anderes; nur annähernd, aber nicht in vollem Maße«:
- quasioffiziell
- quasioptisch
- Quasisouveränität
- quasistellar

Qua|si|mo|do|ge|ni|ti ‹nach dem alten ↑Introitus des Gottesdienstes, 1. Petrus 2,2: »Wie die eben geborenen (Kinder)«› (ev. Kirche): erster Sonntag nach Ostern (Weißer Sonntag)

qua|si|of|fi|zi|ell: sozusagen, gewissermaßen offiziell

qua|si|op|tisch (Physik): sich ähnlich den Lichtwellen, also fast geradlinig ausbreitend (in Bezug auf Ultrakurzwellen)

qua|si|re|li|gi|ös: in gewissem Sinne religiös (ohne es wirklich zu sein)

Qua|si|sou|ve|rä|ni|tät, die; -, -en: scheinbare Souveränität

qua|si|stel|lar: sternartig

Quas|sie [...i̯ə], die; -, -n ‹*nlat.;* nach dem Medizinmann G. Quassi (18. Jh.)›: südamerikanischer Baum, dessen Holz einen früher als Magenmittel verwendeten Bitterstoff liefert

Quäs|ti|on, die; -, -en ‹*lat.*›: in einer mündlichen ↑Diskussion entwickelte u. gelöste wissenschaftliche Streitfrage (in der Scholastik)

quäs|ti|o|niert ‹*lat.-nlat.*› (Rechtsspr. veraltet): fraglich, in Rede stehend (Abk.: qu.)

Quäs|tor, der; -s, ...oren ‹*lat.*›: **1.** (Geschichte) hoher Finanz- u. Archivbeamter in der römischen Republik. **2.** Leiter einer Quästur (2). **3.** (schweiz.) Kassenwart (eines Vereins). **Quäs|to|rin,** die; -, -nen: weibliche Form zu ↑Quästor (2, 3)

Quäs|tur, die; -, -en: **1. a)** Amt eines Quästors (1); **b)** Amtsbereich eines Quästors (1). **2.** Universitätskasse, die die Hochschulgebühren einzieht

Qua|tem|ber, der; -s, - ‹*lat.-mlat.*›: liturgisch begangener katholischer Fasttag (am Mittwoch, Freitag u. Samstag nach Pfingsten, nach dem dritten Advents- u. ersten Fastensonntag)

qua|ter|när ‹*lat.*› (Chemie): aus vier Bestandteilen zusammengesetzt, aus vier Teilen bestehend

Qua|ter|ne, die; -, -n (veraltet): Gewinn von vier Nummern in der Zahlenlotterie od. im Lotto

Qua|ter|nio, der; -s, ...onen: aus vier Einheiten zusammengesetztes Ganzes od. zusammengesetzte Zahl

Qua|ter|ni|on, die; -, -en (Math.): Zahlensystem mit vier komplexen Einheiten

Qua|t|rain [kat'trɛ̃:], das od. der; -s, -s od. -en [kat'trɛnən] ‹*lat.-vulgärlat.-frz.*›: **1.** vierzeiliges Gedicht. **2.** ↑Quartett (2)

Qua|t|ri|du|um, das; -s ‹*lat.*› (veraltet): Zeitraum von vier Tagen

Quat|t|ro|cen|tist [...tʃɛn...], der; -en, -en ‹*lat.-it.*›: Künstler des Quattrocento. **Quat|t|ro|cen|to,** das; -[s]: das 15. Jahrhundert als Stilbegriff der italienischen Kunst

Qua|tu|or, das; -s, -s ‹*lat.-frz.*› (veraltet): Instrumentalquartett

Que|b|ra|cho [ke'bratʃo], das; -s ‹*span.*›: bes. hartes Holz südamerikanischer Baumarten

Que|chua ['kɛtʃu̯a], Ketschua, das; -[s] ‹*indian.-span.*›: südamerikanische Indianersprache

Queen [kvi:n], die; -, -s ‹*engl.*›: **1.** englische Königin. **2.** (ugs.) weibliche Person, die in einer Gruppe, in ihrer Umgebung im Mittelpunkt steht. **3.** sich feminin gebender Homosexueller

queer [kwɪə̯, kvi:ɐ̯] ‹*engl.*›: (von einer Person) einer anderen als der heterosexuellen Geschlechtsidentität zugehörig

Que|lea, die; -, -s ‹*afrik.-nlat.*›: Blutschnabelweber, Gattung der Webervögel

Quell|code, der; -s, -s ‹*dt.; lat.-frz.-engl.*› (EDV): in einer Programmiersprache geschriebener Text eines Computerprogramms (Ggs.: Maschinencode)

Quem|pas, der; - ‹*lat.;* Kurzw. aus den beiden Anfangssilben von: *Quem pas*tores laudavere »Den die Hirten lobeten sehre«›: alter volkstümlicher Wechselgesang der Jugend in der Christmette od. -vesper

Quent, das; -[e]s, -e (aber: 5 -) ‹*lat.-mlat.*›: ehemaliges kleines deutsches Gewicht unterschiedlicher Größe

Quer|ce|tin, seltener: Querzetin, das; -s ‹*lat.-nlat.*›: gelber Farb- u. Arzneistoff in der Rinde der Färbereiche, den Blüten des Goldlacks, des Stiefmütterchens u. anderer Pflanzen (früher als Farbstoff gebraucht, heute als antibakterielles Mittel verwendet)

Que|re|le, die; -, -n (meist Plural) ‹*lat.*›: auf gegensätzlichen Bestrebungen, Interessen, Meinungen beruhende [kleinere] Streiterei

Que|ru|lant, der; -en, -en ⟨*lat.-nlat.*⟩: jmd., der immer etwas zu nörgeln hat u. sich über jede Kleinigkeit beschwert. **Que|ru|lan|tin,** die; -, -nen: weibliche Form zu ↑Querulant

Que|ru|lanz, die; - (Med., sonst bildungsspr. abwertend): querulatorisches Verhalten mit krankhafter Steigerung des Rechtsgefühls

Que|ru|la|ti|on, die; -, -en (veraltet): Beschwerde, Klage

que|ru|la|to|risch: nörglerisch, streitsüchtig

que|ru|lie|ren: nörgeln, ohne Grund klagen

Quer|ze|tin vgl. Quercetin

Que|sal vgl. [1]Quetzal

[1]**Quet|zal** [kɛ...], der; -[s], -s, Quesal, der; -s, -s ⟨*indian.-span.*⟩: bunter Urwaldvogel (Wappenvogel von Guatemala)

[2]**Quet|zal,** der; -[s], -[s] (aber: 5 -): Münzeinheit in Guatemala

[1]**Queue** [kø:], das (auch: der); -s, -s ⟨*lat.-frz.;* »Schwanz«⟩: Billardstock

[2]**Queue,** die; -, -s: **1.** lange Reihe, Schlange (z. B. eine Queue bilden). **2.** (veraltet) Ende einer ↑Kolonne (1 a) oder reitenden Abteilung (Ggs.: Tete)

Quib|ble [kwɪbl̩], das; -s, -s ⟨*engl.*⟩ (veraltet): **a)** spitzfindige Ausflucht; **b)** [sophistisches, witziges] Wortspiel

Quiche [kiʃ], die; -, -s [kiʃ] ⟨*germ.-frz.*⟩ (Gastron.): Kuchen aus ungezuckertem Mürbe- od. Blätterteig mit herzhafter Füllung

Quiche Lor|raine [kiʃlɔ'rɛn], die; - -, -s -s [kiʃlɔ'rɛn] ⟨*frz.;* »Lothringer Speckkuchen«⟩ (Gastron.): Quiche aus Mürbeteig, Speckscheiben, Käse u. einer Eier-Sahne-Soße

Qui|ckie, der; -s, -s ⟨*engl.*⟩ (ugs.): **1.** rasch vollzogene Handlung; schnell Erledigtes. **2.** rasch vollzogener Geschlechtsakt

Quick-out [...'aʊt], das; -s, -s ⟨*engl.*⟩: Gerät (bes. Autoradio), das sich zum Schutz gegen Diebstahl schnell ausbauen u. mitnehmen lässt

Quick|stepp [...stɛp], der; -s, -s ⟨*engl.*⟩: Standardtanz in schnellem Marschtempo u. stampfendem Rhythmus, der durch Fußspitzen- u. Fersenschläge ausgedrückt wird

Quick|stor|ming [...stɔ:mɪŋ], das; -s ⟨*engl.*⟩: kurzes ↑Brainstorming

Qui|dam, der; - ⟨*lat.*⟩: ein gewisser Jemand

Quid|di|tät, die; -, -en ⟨*lat.-mlat.*⟩: die »Washeit«, das Wesen eines Dinges (in der Scholastik)

Quid|pro|quo, das; -[s], -s ⟨*lat.;* »etwas für etwas«⟩: **a)** Vereinbarung zu gegenseitigem Nutzen; **b)** gegenseitiger Austausch; Vertauschung, Ersatz

Quie, die; -, Quien ⟨*altnord.*⟩ (landsch.): **a)** junges weibliches Rind, das noch nicht gekalbt hat; **b)** gemästete junge Kuh

Qui|es|zenz, die; - ⟨*lat.*⟩: **1.** (veraltet) Ruhe. **2.** (veraltet) Ruhestand. **3. a)** (Biol.) [als Reaktion auf ungünstige Umweltbedingungen, z. B. Temperaturabfall, auftretende] Ruheperiode od. Entwicklungshemmung bei bestimmten Tieren; **b)** (Med.) Ruhezustand. **qui|es|zie|ren** (veraltet): **1.** in den Ruhestand versetzen. **2.** ruhen

Qui|e|tis|mus, der; - ⟨*lat.-nlat.*⟩: passive Geisteshaltung, die bes. durch das Streben nach einer gottergebenen Frömmigkeit u. Ruhe des Gemüts gekennzeichnet ist. **Qui|e|tist,** der; -en, -en: Anhänger des Quietismus. **Qui|e|tis|tin,** die; -, -nen: weibliche Form zu ↑Quietist. **qui|e|tis|tisch:** den Quietismus betreffend

Qui|e|tiv, das; -s, -e, **Qui|e|ti|vum,** das; -s, ...va (Med., Pharm. veraltet): Beruhigungsmittel

qui|e|to ⟨*lat.-it.*⟩ (Musik): ruhig, gelassen (Vortragsanweisung)

Quil|la|ja, die; -, -s ⟨*indian.-span.*⟩: chilenischer Seifenbaum (liefert die als Reinigungsmittel verwendete Panamarinde)

Quilt, der; -s, -s ⟨*engl.*⟩: eine Art Steppdecke. **quil|ten:** einen Quilt herstellen

Qui|nar, der; -s, -e ⟨*lat.;* »Fünfer«⟩: römische Silbermünze der Antike

Quin|cunx, der; - ⟨*lat.*⟩: **1.** Bau- od. Säulenordnung in der Stellung der Fünf eines Würfels (:·:·:). **2.** (Astrol.) 150° Winkelabstand zwischen den Planeten

quin|ke|lie|ren ⟨*lat.-mlat.*⟩: **1.** (landsch.) trällern, zwitschern; mit schwacher, dünner Stimme singen. **2.** (landsch.) Winkelzüge, Ausflüchte machen

Quin|qua|ge|si|ma, die; -, (bei artikellosem Gebrauch auch:) ...mä: **1.** kath. Bez. des Fastnachtsonntags ↑Estomihi als des ungefähr 50. Tages vor Ostern. **2.** (früher) der 50-tägige Zeitraum zwischen Ostern u. Pfingsten

Quin|quen|nal|fa|kul|tä|ten, die (Plural): auf fünf Jahre begrenzte Vollmachten für Bischöfe, ↑Dispense zu erteilen, die sonst dem Papst vorbehalten sind

Quin|quen|ni|um, das; -s, ...ien ⟨*lat.*⟩ (veraltet): Zeitraum von fünf Jahren

quin|qui|lie|ren vgl. quinkelieren

Quin|quil|li|on, die; -, -en ⟨*lat.-nlat.*⟩: ↑Quintillion

Quint, die; -, -en ⟨*lat.(-mlat.)*⟩: **1.** (Musik) ↑Quinte. **2.** bestimmte Klingenhaltung beim Fechten

Quin|ta, die; -, ...ten (veraltend): zweite, in Österreich fünfte Klasse eines Gymnasiums

Quin|tal [frz.: kɛ̃'tal, span. u. port.: kin'tal], der; -s, -e (aber: 5 -) ⟨*lat.-mgr.-arab.-mlat.-roman.*⟩: Gewichtsmaß (Zentner) in Frankreich, Spanien u. in mittel- u. südamerik. Staaten (Zeichen: q)

Quin|ta|na, die; - ⟨*lat.*⟩ (Med.): Infektionskrankheit mit periodischen Fieberanfällen im Abstand von meist fünf Tagen

Quin|ta|ner, der; -s, - (veraltend): Schüler einer Quinta. **Quin|ta|ne|rin,** die; -, -nen: weibliche Form zu ↑Quintaner

Quin|te, die; -, -n (Musik): **a)** fünfter Ton einer ↑diatonischen Tonleiter vom Grundton an; **b)** Intervall von fünf diatonischen Tonstufen

Quin|ten: *Plural* von ↑Quinta u. ↑Quinte

Quin|ten|zir|kel, der; -s (Musik): Kreis, in dem alle Tonarten in Dur u. Moll in Quintenschritten dargestellt werden

Quin|ter|ne, die; -, -n ⟨*lat.*⟩ (veraltet): Fünfgewinn (5 Nummern in einer Reihe beim Lottospiel)

Quin|ter|nio, der; -, ...onen ⟨*lat.-nlat.*⟩ (veraltet): aus fünf Stücken zusammengesetztes Ganzes

Quin|te|ron, der; -en, -en ⟨*lat.-span.*⟩ (veraltet): männlicher

Nachkomme eines Weißen u. einer Quarteronin (vgl. Quarteron). **Quin|te|ro|nin,** die; -, -nen: weibliche Form zu ↑Quinteron

Quint|es|senz, die; -, -en ‹*lat.-mlat.;* »fünftes Seiendes«›: Endergebnis, Hauptgedanke, -inhalt, Wesen einer Sache

Quin|tett, das; -[e]s, -e ‹*lat.-it.*› (Musik): **a)** Komposition für fünf solistische Instrumente od. fünf Solostimmen; **b)** Vereinigung von fünf Instrumental- od. Vokalsolisten

quin|tie|ren ‹*lat.-frz.*›: auf Blasinstrumenten, bes. der Klarinette, beim Überblasen statt in die Oktave in die ↑Duodezime überschlagen

Quin|til|la [kɪnˈtɪlja], die; -, -s ‹*lat.-span.*›: seit dem 15. Jh. in Spanien übliche fünfzeilige Strophe aus achtsilbigen Versen

Quin|til|li|ar|de, die; -, -n ‹*lat.; frz.*›: 1 000 Quintillionen = 10^{33}

Quin|til|li|on, die; -, -en ‹*lat.-nlat.*›: 10^{30}, Zahl mit 30 Nullen

Quin|to|le, die; -, -n (Musik): Notengruppe von fünf Tönen, die den Taktwert von drei, vier od. sechs Noten hat

Quint|sext|ak|kord, der; -[e]s, -e (Musik): erste Umkehrung des Septimenakkordes, bei der die ursprüngliche Terz den Basston abgibt

Quin|tu|or, das; -s, -s ‹*lat.-frz.*› (veraltet): Instrumentalquintett

quin|tu|pel ‹*lat.*› (veraltet): fünffach

Quin|tus, der; - (Musik): die fünfte Stimme in den mehrstimmigen Kompositionen des 16. Jh.s

Quip|pu [ˈkɪpu] vgl. Quipu

Qui|pro|quo, das; -[s], -s ‹*lat.*›: Verwechslung einer Person mit einer anderen

Qui|pu, Quippu [ˈkɪpu], das; -[s], -s ‹*indian.-span.*›: Knotenschnur der Inkas, die als Schriftersatz diente

qui|ri|lie|ren: ↑quinkelieren

Qui|ri|nal, der; -s ‹*lat.;* einer der sieben Hügel Roms›: seit 1948 Sitz des italienischen Staatspräsidenten (früher des Königs)

Qui|ri|te, der; -n, -n ‹*lat.*› (Geschichte): römischer Vollbürger zur Zeit der Antike

Quis|ling, der; -s, -e ‹nach einem norw. Faschistenführer› (abwertend): ↑Kollaborateur

Quis|qui|li|en, die (Plural) ‹*lat.*›: etwas, dem man keinen Wert, keine Bedeutung beimisst; Belanglosigkeiten

quit|tie|ren ‹*lat.-mlat.-frz.*›: **1.** den Empfang einer Leistung, einer Lieferung durch Quittung bescheinigen, bestätigen. **2.** auf etwas reagieren, etwas mit etwas beantworten; **etwas quittieren [müssen]:** etwas hinnehmen [müssen]

Quit|tung, die; -, -en: **1.** Empfangsbescheinigung, -bestätigung (für eine Bezahlung). **2.** (iron.) unangenehme Folgen (z. B. einer Tat, eines Verhaltens); Vergeltung

Qui|vive [kiˈvi:f] ‹*lat.-frz.*›: **auf dem Quivive sein** (ugs. veraltend): auf der Hut sein

qui vi|v|ra, ver|ra [ki viˈvra vɛˈra] ‹*frz.;* »wer leben wird, wird [es] sehen«›: die Zukunft wird es zeigen

Quiz [kvɪs], das; -, *Plur.* -, ugs. auch -ze ‹*engl.;* »schrulliger Kauz; Neckerei, Ulk«›: Frage-und-Antwort-Spiel (bes. im Rundfunk u. Fernsehen), bei dem die Antworten innerhalb einer vorgeschriebenen Zeit gegeben werden müssen

Quiz|mas|ter [ˈkvɪsma:stɐ], der; -s, -: Fragesteller [u. Conférencier] bei einer Quizveranstaltung

quiz|zen [ˈkvɪsn̩]: Quiz spielen

quod erat de|mons|t|ran|dum ‹*lat.;* »was zu beweisen war«›: durch diese Ausführung ist das klar, deutlich geworden (Abk.: q. e. d.)

Quod|li|bet, das; -s, -s ‹»was beliebt«›: **1.** humoristische musikalische Form, in der verschiedene Lieder unter Beachtung kontrapunktischer Regeln gleichzeitig od. [in Teilen] aneinandergereiht gesungen werden. **2.** ein Kartenspiel. **3.** (veraltet) Durcheinander

quod li|cet Io|vi, non li|cet bo|vi [-ˈli:tsɛt ˈjɔvi - ˈli:tsɛt ˈbɔvi] ‹»was Jupiter darf, darf der Ochse nicht«›: was dem Höhergestellten zugebilligt, nachgesehen wird, wird bei dem niedriger Stehenden beanstandet

Quo|rum, das; -s, ...ren (bes. südd., schweiz.): die zur Beschlussfähigkeit einer [parlamentarischen] Vereinigung, Körperschaft o. Ä. vorgeschriebene Zahl anwesender stimmberechtigter Mitglieder od. abgegebener Stimmen

quos ego ‹Einhalt gebietender Zuruf Neptuns an die tobenden Winde in Vergils »Äneis«›: euch will ich helfen!, euch will ichs zeigen!

Quo|ta|ti|on, die; -, -en ‹*lat.-mlat.-nlat.*›: Kursnotierung an der Börse; vgl. ...ation/...ierung

Quo|te, die; -, -n ‹*lat.-mlat.*›: **a)** Anteil, der bei Aufteilung eines Ganzen auf jmdn., etw. entfällt; im Verhältnis zu einem Ganzen bestimmte Anzahl, Menge; **b)** (Rundfunk, Fernsehen) Zahl der Personen, die eine Rundfunk-, Fernsehsendung eingeschaltet haben, gemessen an der Gesamtzahl der Rundfunk- oder Fernsehteilnehmer

Quo|ten|frau, die; -, -en (Jargon): Frau, der unterstellt wird, eine bestimmte Position nur aufgrund einer Quotenregelung erreicht zu haben

Quo|ten|me|tho|de, die; -: Stichprobenverfahren der Meinungsforschung nach statistisch aufgeschlüsselten Quoten hinsichtlich der Personenzahl u. des Personenkreises der zu Befragenden

Quo|ten|re|ge|lung, die; -: **1.** Regelung, die vorsieht, dass in bestimmten Funktionen od. Positionen ein bestimmter Personenkreis (bes. Frauen) in einer angemessenen Zahl vertreten sein soll. **2.** (Wirtsch.) Regelung für die Aufteilung von Produktion, Handel o. Ä. nach bestimmten Quoten für die jeweils Beteiligten

quo|ti|di|an ‹*lat.*› (Med.): täglich

Quo|ti|di|a|na, die; -, ...nen od. ...nä (Med.): Form der Malaria mit täglichen Fieberschüben, schwerem Krankheitsbild u. Neigung zu Komplikationen

Quo|ti|ent, der; -en, -en ‹»wie oft?, wievielmal?«› (Math.): **a)** Dividend, der durch den Divisor geteilt wird; **b)** Ergebnis einer Division

quo|tie|ren ‹*lat.-mlat.*› (Wirtsch.): den Preis (Kurs) angeben od.

mitteilen, notieren. **Quo|tie|rung,** die; -, -en: das Quotieren; vgl. ...ation/...ierung

quo|ti|sie|ren (Wirtsch.): eine Gesamtmenge od. einen Gesamtwert in ↑Quoten aufteilen

quo va|dis? ‹*lat.;* »wohin gehst du?« (nach: Domine, quo vadis? = Herr, wohin gehst du?; legendäre Frage des aus Rom flüchtenden Petrus an den ihm erscheinenden Christus)›: (meist als Ausdruck der Besorgnis) wohin wird das führen? wer weiß, wie das noch enden wird?

R

Ra|bab vgl. Rebab

Ra|batt, der; -[e]s, -e ‹*lat.-vulgärlat.-it.*›: Preisnachlass, der aus bestimmten Gründen (z. B. Bezug größerer Mengen od. Dauerbezug) gewährt wird

Ra|bat|te, die; -, -n ‹*lat.-vulgärlat.-frz.-niederl.*›: **1.** schmales Beet [an Wegen, um Rasenflächen]. **2.** (veraltet) Umschlag an Kragen od. Ärmeln (bes. bei Uniformen)

ra|bat|tie|ren ‹*lat.-vulgärlat.-it.*›: Rabatt gewähren

Ra|batz, der; -es ‹vermutlich zu der Wortfamilie von »Rabauke« gehörend› (ugs.): **1.** lärmendes Treiben, Geschrei, Krach. **2.** laut vorgebrachter Protest

Ra|bau, der; -s u. -en, -e[n] ‹*dt.-frz.-niederl.*› (landsch.): **1.** Rabauke. **2.** kleine graue ↑Renette

Ra|bau|ke, der; -n, -n (ugs.): grober, gewalttätiger junger Mensch, Rohling

Rab|bi, der; -s, ...inen (auch: -s) ‹*hebr.-gr.-mlat.;* »mein Herr«›: **1.** (ohne Plural) Ehrentitel jüdischer Gesetzeslehrer. **2.** Träger dieses Titels. **Rab|bi|nat,** das; -[e]s, -e ‹*hebr.-gr.-mlat.-nlat.*›: Amt, Würde eines Rabbiners

Rab|bi|ner, der; -s, - ‹*hebr.-gr.-mlat.*›: jüdischer Gesetzes- u. Religionslehrer, Prediger u. Seelsorger. **Rab|bi|ne|rin,** die; -, -nen: weibliche Form zu ↑Rabbiner. **rab|bi|nisch:** die Rabbiner betreffend

Rab|bit-Punch, Rab|bit|punch [ˈrɛbɪtpantʃ], der; -s, -s ‹*engl.;* »Hasenschlag«›: [unerlaubter] kurz angesetzter Schlag ins Genick od. an den Unterteil des Schädels (im Boxsport)

ra|bi|at ‹*lat.-mlat.*›: **a)** rücksichtslos u. roh; **b)** wütend

Ra|bi|es, die; - ‹*lat.*› (Med.): Tollwut

Ra|bu|list, der; -en, -en ‹*lat.-nlat.*›: jmd., der in geschickter Weise beredt-spitzfindig argumentiert, um damit einen Sachverhalt in einer von ihm gewünschten, aber nicht der Wahrheit entsprechenden Weise darzustellen; Wortverdreher

Ra|bu|lis|tik, die; -, -en: Argumentations-, Redeweise eines Rabulisten

Ra|bu|lis|tin, die; -, -nen: weibliche Form zu ↑Rabulist

ra|bu|lis|tisch: in der Argumentations-, Redeweise eines Rabulisten [vorgetragen]

Ra|bu|se vgl. Rapuse

Ra|ce|mat usw. vgl. Razemat usw.

Ra|chi|tis [...x...], die; -, ...itiden ‹*gr.-nlat.*› (Med.): Vitamin-D-Mangel-Krankheit, bes. im frühen Kleinkindalter mit mangelhafter Verkalkung des Knochengewebes. **ra|chi|tisch: a)** an Rachitis leidend, die charakteristischen Symptome einer Rachitis zeigend; **b)** (Med.) die Rachitis betreffend

Ra|cing [ˈrɛɪsɪŋ], das; -s, -s ‹*engl.;* »(Wett)rennen«›: engl. Bez. für: [Motor]rennsport; Rennen

Ra|cing|rei|fen [ˈrɛɪsɪŋ...], der; -s, - ‹*engl.; dt.*›: für starke Beanspruchung geeigneter, bes. bei Autorennen verwendeter Reifen

Ra|cing|team [...tiːm], das; -s, -s (Motorsport): Gemeinschaft von Rennfahrern [u. Betreuern]

Rack [rɛk, engl.: ræk], das; -s, -s ‹*engl.*›: regalartiges Gestell zur Unterbringung einer Stereoanlage

[1]Ra|cket [ˈrɛkət, engl.: ˈrækɪt], das; -s, -s ‹*arab.-frz.-engl.*›: Tennisschläger

[2]Ra|cket [ˈrɛkət, engl.: ˈrækɪt], das; -s, -s ‹*engl.*›: Verbrecherbande in Amerika

[3]Ra|cket vgl. Rankett

Ra|cke|teer [rækəˈtiə], der; -s, -s ‹*engl.*›: Gangster, Erpresser

Ra|ckett vgl. Rankett

Rack|job|ber, Rack-Job|ber [ˈrækˈdʒɔbɐ], der; -s, - ‹*engl.*› (Wirtsch.): Großhändler od. Hersteller, der die Vertriebsform des Rackjobbings anwendet

Rack|job|bing, Rack-Job|bing [ˈrækdʒɔbɪŋ], das; -s ‹*engl.*› (Wirtsch.): Vertriebsform, in der eine Herstellerfirma od. ein Großhändler beim Einzelhändler eine Verkaufs- od. Ausstellungsfläche mietet, um in Ergänzung des vorhandenen Sortiments Waren anzubieten

[1]Ra|c|lette [ˈraklɛt, raˈklɛt], der; -[s] ‹*frz.*›: eine schweizerische Käsesorte

[2]Ra|c|lette, das; -s, -s, auch die; -, -s: **1.** schweizerisches Gericht, bei dem [Raclette]käse zusammen mit Kartoffeln u. evtl. anderen Zutaten im Pfännchen eines [2]Raclettes (2) erhitzt wird. **2.** kleines Grillgerät zum Zubereiten von [2]Raclette (1) am Tisch

Rac|quet|ball [ˈrækɪt...], der; -[e]s ‹*engl.; dt.*›: dem Squash (1) ähnliches Rückschlagspiel

Rad, das; -[s], - ‹*engl.;* Kurzw. aus *r*adiation *a*bsorbed *d*osis› (Physik früher): alte, durch das Gray abgelöste Einheit der Strahlungsdosis von Röntgen- od. Korpuskularstrahlen (Zeichen: rad, rd)

Ra|dar [auch: ˈraː...], das, nicht fachspr. auch: der; -s, -e ‹engl. Kurzw. aus *ra*dio *d*etecting *a*nd *r*anging›: **1.** Verfahren zur Ortung von Gegenständen im Raum mithilfe gebündelter elektromagnetischer Wellen, die von einem Sender ausgehen, reflektiert werden u. über einen Empfänger auf einem Anzeigegerät sichtbar gemacht werden. **2.** Radargerät, -anlage

Ra|dar|as|t|ro|no|mie [auch: ˈraː...], die; -: Untersuchung astronomischer Objekte mithilfe der Radartechnik

Ra|dar|kon|t|rol|le [auch: ˈraː...], die; -, -n: Geschwindigkeitskontrolle mit Radargeräten

Ra|dar|pis|to|le [auch: ˈraː...],

die; -, -n: bei Geschwindigkeitskontrollen bzw. -messungen eingesetztes, mit der Hand gehaltenes Radargerät

Ra|dar|tech|nik [auch: 'ra:...], die; -: Verfahren, mithilfe von Radar die Entfernung, Flughöhe, Wassertiefe o. Ä. von Objekten zu bestimmen

Rad|dop|pio, der; -s, -s ‹*lat.-it.*›: eine Figur beim Fechten

ra|di|al ‹*lat.-mlat.*›: den Radius betreffend, in Radiusrichtung; strahlenförmig, von einem Mittelpunkt ausgehend, auf einen Mittelpunkt hinzielend

Ra|di|a|li|tät, die; -: radiale Anordnung

Ra|di|al|li|nie [...i̯ə], die; -, -n (österr.): von der Stadtmitte zum Stadtrand führende Straße, Straßenbahnlinie o. Ä.

Ra|di|al|rei|fen, der; -s, -: Gürtelreifen

Ra|di|al|sym|me|t|rie, die; -, ...ien (Zool.): Grundform des Körpers bestimmter Lebewesen, bei der neben einer Hauptachse mehrere untereinander gleiche Nebenachsen senkrecht verlaufen (z. B. bei Hohltieren). **ra|di|al|sym|me|t|risch:** die Radialsymmetrie betreffend; vgl. bilateralsymmetrisch

Ra|di|al|tur|bi|ne, die; -, -n: Dampf- od. Wasserturbine

Ra|di|ant, der; -en, -en ‹*lat.*›: **1.** (Astron.) scheinbarer Ausstrahlungspunkt eines Meteorschwarms an der Himmelssphäre. **2.** Einheit des Winkels im Bogenmaß; ebener Winkel, für den das Längenverhältnis Kreisbogen zu Kreisradius den Zahlenwert 1 besitzt (Zeichen: rad)

ra|di|är ‹*lat.-frz.*›: strahlig

ra|di|är|sym|me|t|risch: ↑radialsymmetrisch

Ra|di|äs|the|sie, die; - ‹*lat.; gr.*› (Parapsychol.): wissenschaftlich umstrittene Fähigkeit von Personen, mithilfe von Pendeln od. Wünschelruten sogenannte Erdstrahlen wahrzunehmen u. so z. B. Wasser- u. Metallvorkommen aufzuspüren. **ra|di|äs|the|tisch** (Parapsychol.): die Radiästhesie betreffend, auf ihr beruhend

Ra|di|a|ta, die (Plural) ‹*lat.*› (veraltet): Tiere mit strahligem Bau (Hohltiere u. Stachelhäuter)

Ra|di|a|ti|on, die; -, -en: **1.** (Biol.) stammesgeschichtliche Ausstrahlung, d. h. aufgrund von Fossilfunden festgestellte Entwicklungsexplosion, die während eines relativ kurzen geologischen Zeitabschnittes aus einer Stammform zahlreiche neue Formen entstehen lässt. **2.** (Astron.) Strahlung, scheinbar von einem Punkt ausgehende Bewegung der Einzelteile eines Meteorschwarms

Ra|di|a|tor, der; -s, ...oren ‹*lat.-nlat.*›: Heizkörper bei Dampf-, Wasser-, Gaszentralheizungen

Ra|dic|chio [ra'dıki̯o], der; -[s] ‹*lat.-it.*›: bes. in Italien angebaute Art der ↑Zichorie (3) mit rotweißen Blättern, die als Salat zubereitet werden

Ra|di|ces: *Plural* von ↑Radix

Ra|di|en, die (Plural) ‹*lat.*›: **1.** *Plural* von ↑Radius. **2.** Flossenstrahlen der Fische. **3.** Strahlen der Vogelfeder. **4.** Strahlen (Achsen) ↑radialsymmetrischer Tiere

ra|die|ren ‹*lat.;* »kratzen, schaben, auskratzen; reinigen«›: **1.** etwas Geschriebenes od. Gezeichnetes mit einem Radiergummi od. Messer entfernen, tilgen. **2.** eine Zeichnung in eine Kupferplatte einritzen

Ra|die|rer, der; -s, -: **1.** Künstler, der Radierungen herstellt. **2.** (ugs.) Radiergummi. **Ra|die|re|rin,** die; -, -nen: weibliche Form zu ↑Radierer (1)

Ra|die|rung, die; -, -en: **1.** (ohne Plural) Tiefdruckverfahren, bei dem die Zeichnung in eine Wachs-Harz-Schicht, die sich auf einer Kupferplatte befindet, eingeritzt wird, von der [nach der Ätzung durch ein Säurebad] Abzüge gemacht werden. **2.** durch das Radierverfahren hergestelltes grafisches Blatt

ra|di|kal ‹*lat.-frz.;* »an die Wurzel gehend«›: **1. a)** bis auf die Wurzel gehend, vollständig, gründlich u. ohne Rücksichtnahme; **b)** hart, rücksichtslos. **2.** einen politischen od. weltanschaulichen Radikalismus vertretend. **3.** (Math.) die Wurzel betreffend. **Ra|di|kal,** das; -s, -e: **1.** (Chemie) chemisch sehr reaktionsfähiges Atom od. Molekül mit einem ungepaarten Elektron. **2.** (Math.) durch Wurzelziehen erhaltene mathematische Größe. **3.** (Sprachwiss.) **a)** Konsonant in den semitischen Sprachen, der (meist zusammen mit anderen Konsonanten) die Wurzel eines Wortes bildet; **b)** Teil des chinesischen Schriftzeichens, der einen Bedeutungsbereich angibt

Ra|di|ka|lins|ki, der; -s, -s (ugs. abwertend): politisch Radikaler

ra|di|ka|li|sie|ren ‹*lat.-frz.-nlat.*›: radikal machen. **Ra|di|ka|li|sie|rung,** die; -, -en: Entwicklung zu einer radikalen (2) Form

Ra|di|ka|lis|mus, der; -, ...men: **1.** rücksichtslos bis zum Äußersten gehende [politische, religiöse usw.] Richtung. **2.** unerbittliches, unnachgiebiges Vorgehen. **Ra|di|ka|list,** der; -en, -en: Vertreter des Radikalismus. **Ra|di|ka|lis|tin,** die; -, -nen: weibliche Form zu ↑Radikalist. **ra|di|ka|lis|tisch:** den Radikalismus (1, 2) betreffend, im Sinne des Radikalismus

Ra|di|kand, der; -en, -en ‹*lat.*› (Math.): mathematische Größe od. Zahl, deren Wurzel gezogen werden soll

Ra|di|ku|la, die; - (Bot.): Keimwurzel der Samenpflanzen

Ra|dio, das; -s, -s ‹*lat.-engl.*›: **1.** (ugs., bes. schweiz. auch: der) Rundfunkgerät. **2.** (ohne Plural) Rundfunk

ra|dio..., Ra|dio...

‹*lat.* radius »Stab; Speiche; Strahl«›
Wortbildungselement mit der Bedeutung »Strahl, Strahlung«:
- radioaktiv
- Radiologe
- Radiotherapie

ra|dio|ak|tiv ‹*lat.-nlat.*› (Physik): durch Kernzerfall od. -umwandlung bestimmte Elementarteilchen aussendend. **Ra|dio|ak|ti|vi|tät,** die; - (Physik): Eigenschaft der Atomkerne gewisser ↑Isotope, sich ohne äußere Einflüsse umzuwandeln und dabei bestimmte Strahlen auszusenden

Ra|dio|as|t|ro|no|mie, die; -: Teilgebiet der Astronomie, auf dem die von Gestirnen u. kosmischen Objekten sowie aus dem interstellaren Raum kommende Radiofrequenzstrahlung untersucht wird

Ra|dio|au|to|gra|fie, Ra|dio|au|to|gra|phie, die; -: ↑Autoradiografie

Ra|dio|bio|che|mie, die; -: Teilgebiet der Radiochemie, auf dem vorwiegend biochemische Vorgänge u. Stoffe mit radiochemischen Methoden untersucht werden

Ra|dio|bio|lo|ge, der; -n, -n: Wissenschaftler auf dem Gebiet der Radiobiologie. **Ra|dio|bio|lo|gie,** die; -: Strahlenbiologie; Teilgebiet der Biologie, auf dem die Wirkung von Strahlen, bes. Lichtstrahlen, auf den lebenden Organismus erforscht wird. **Ra|dio|bio|lo|gin,** die; -, -nen: weibliche Form zu ↑Radiobiologe

Ra|dio|car|bon|me|tho|de vgl. Radiokarbonmethode

Ra|dio|che|mie, die; -: Teilgebiet der Kernchemie, auf dem man sich mit den radioaktiven Elementen, ihren chemischen Eigenschaften u. Reaktionen sowie ihrer praktischen Anwendung befasst. **ra|dio|che|misch:** die Radiochemie betreffend

Ra|dio|ele|ment, das; -[e]s, -e: chem. Element mit natürlicher Radioaktivität

ra|dio|fon, radiophon ‹*lat.; gr.*› (veraltet): die Radiofonie betreffend, auf ihr beruhend

Ra|dio|fo|nie, Radiophonie, die; -: **1.** (früher) Übertragung von Tönen mittels Licht. **2.** (veraltet) drahtlose Verbreitung von Informationen u. Darbietungen durch elektromagnetische Wellen; Rundfunk

Ra|dio|fre|quenz|strah|lung, die; -, -en: elektromagnetische Strahlung aus dem Weltraum im Meter- u. Dezimeterwellenbereich

Ra|dio|ga|la|xie, die; -, ...ien (Astron.): Galaxie, deren elektromagnetische Strahlung millionenfach stärker ist als die gewöhnlicher Galaxien

ra|dio|gen ‹*lat.; gr.*›: durch radioaktiven Zerfall entstanden (z. B. radiogenes Blei). **Ra|dio|gen,** das; -s, -e: durch Zerfall eines radioaktiven Stoffes entstandenes Element

Ra|dio|go|ni|o|me|ter, das; -s, -: Winkelmesser für Funkpeilung. **Ra|dio|go|nio|me|t|rie,** die; -: Winkelmessung für Funkpeilung

Ra|dio|gra|fie, Radiographie, die; -, ...ien: **1.** ↑Röntgenografie. **2.** ↑Autoradiografie

Ra|dio|gramm, das; -s, -e: **1.** (Postw. veraltet) Funktelegramm. **2.** vgl. Röntgenogramm

Ra|dio|gra|phie vgl. Radiografie

Ra|dio|in|di|ka|tor, der; -s, ...oren: künstlich radioaktiv gemachtes ↑Isotop

Ra|dio|in|ter|fe|ro|me|ter, das; -s, - (Physik): beim Radioteleskop Anlage zum Erhöhen des Auflösungsvermögens

Ra|dio|jod|test, der; -[e]s, -s (auch: -e) (Med.): Prüfung der Schilddrüsenfunktion durch orale Gabe von radioaktiv angereichertem Jod u. anschließender Radioaktivitätsmessung

Ra|dio|kar|bon|me|tho|de, chem. fachspr.: Radiocarbonmethode, die; - (Chemie, Geol.): Verfahren zur Altersbestimmung ehemals organischer Stoffe durch Ermittlung ihres Gehalts an radioaktivem Kohlenstoff

Ra|dio|la|rie [...i̯ə], die; -, -n (meist Plural) ‹*lat.-nlat.*›: Strahlentierchen (meerbewohnender Wurzelfüßer)

Ra|dio|la|ri|en|schlamm, der; -[e]s, (selten:) -e u. ...schlämme: Ablagerungen der Skelette abgestorbener Radiolarien

Ra|dio|la|rit [auch: ...ˈrɪt], der; -s (Geol.): aus Skeletten der Radiolarien entstandenes, rotes od. braunes, sehr hartes Gestein

Ra|dio|lo|ge, der; -n, -n ‹*lat.; gr.*› (Med.): Facharzt für Röntgenologie u. Strahlenheilkunde. **Ra|dio|lo|gie,** die; -: Wissenschaft von den Röntgenstrahlen u. den Strahlen radioaktiver Stoffe und ihrer Anwendung; Strahlenkunde. **Ra|dio|lo|gin,** die; -, -nen: weibliche Form zu ↑Radiologe. **ra|dio|lo|gisch:** die Radiologie betreffend

Ra|dio|ly|se, die; -, -n (Chemie): Veränderung in einem chemischen System, die durch ionisierende Strahlen hervorgerufen wird

Ra|dio|me|ter, das; -s, -: Gerät zur Strahlungsmessung (bes. von Wärmestrahlung), das die Kraft nutzt, die infolge eines Temperaturunterschieds zwischen bestrahlter u. unbestrahlter Seite auf ein dünnes [Glimmer]plättchen ausgeübt wird. **Ra|dio|me|t|rie,** die; -: **1.** Messung von [Wärme]strahlung. **2.** Messung radioaktiver Strahlung

Ra|dio|nu|k|lid, das; -[e]s, -e ‹*lat.*›: künstlich od. natürlich radioaktives ↑Nuklid, dessen Atomkerne nicht nur gleiche Kernladungs- u. Massenzahl haben, sondern sich auch, im Unterschied zu Isomeren, im gleichen Energiezustand befinden u. daher in der gleichen Weise radioaktiv zerfallen

Ra|dio|öko|lo|gie, die; -: Teilgebiet der Ökologie, das sich mit den Auswirkungen natürlicher u. künstlicher Strahlenbelastung auf Mensch, Tier u. Pflanze sowie mit den Folgen radioaktiver Verunreinigungen in Ökosystemen befasst

Ra|dio-on-De|mand [ˈreɪ̯dɪɔʊ̯ɔndɪˈmaːnd], das; - ‹*engl.;* »Radio auf Anforderung«›: auf Wunsch abrufbares Radioprogramm

ra|dio|phon usw. vgl. radiofon usw.

Ra|dio|re|cor|der vgl. Radiorekorder

Ra|dio|re|kor|der, Radiorecorder, der; -s, -: [tragbares] Rundfunkgerät mit eingebautem ↑Kassettenrekorder

Ra|dio|sko|pie, die; -, ...ien (Med.): ↑Röntgenoskopie

Ra|dio|son|de, die; -, -n (Technik, Meteorol.): aus einem Kurzwellensender u. verschiedenen Messgeräten bestehendes Gerät, das, an einem Ballon aufgelassen, die Verhältnisse der Erdatmosphäre erforscht

Ra|dio|te|le|fo|nie, die; -: Sprechfunk

Ra|dio|te|le|gra|fie, Ra|dio|te|le|gra|phie, die; -: drahtlose ↑Telegrafie

Ra|dio|te|le|s|kop, das; -s, -e: ↑parabolisch gekrümmtes Gerät aus Metall für den Empfang von Radiofrequenzstrahlung aus dem Weltraum

Ra|dio|the|ra|pie [auch: ˈraːdi̯oː...], die; -, ...ien (Med.): Strahlenbehandlung, Behandlung von Krankheiten mit radioaktiven od. Röntgenstrahlen

Ra|dio|tho|ri|um, das; -s: Element aus der radioaktiven Zerfallsreihe des Thoriums

Ra|dio|to|xi|zi|tät, die; - (Med.): [Maß für die] Schädlichkeit einer radioaktiven Substanz

Ra|di|um, das; -s ‹*lat.-nlat.*›: radioaktives chem. Element; ein Metall (Zeichen: Ra)

Ra|di|um|ema|na|ti|on, die; - (veraltet): ↑Radon

Ra|di|us, der; -, ...ien ‹*lat.;* »Stab; Speiche; Strahl«›: **1.** (Math.) Halbmesser des Kreises (Abk.: R, r). **2.** (Med.) auf der Daumenseite liegender Knochen des Unterarms

Ra|dix, die; -, Radizes (fachspr. auch: Radices) [raˈdiːtseːs] ‹*lat.;* »Wurzel«›: **1.** Pflanzenwurzel. **2.** (Anat.) Basisteil eines Organs, Nervs od. sonstigen Körperteils

Ra|dix|ho|ro|s|kop, das; -s, -e (Astrol.): Geburtshoroskop

Ra|di|zes: *Plural* von ↑Radix

ra|di|zie|ren ‹*lat.-nlat.*› (Math.): die Wurzel (aus einer Zahl) ziehen

Ra|dom, das; -s, -s ‹*engl.;* Kurzw. aus *ra*dar *dom*e = Radarkuppel›: für elektromagnetische Strahlen durchlässige, kugelförmige Hülle als Wetterschutz für Radar- od. Satellitenbodenantennen

Ra|don [auch: raˈdoːn], das; -s ‹*lat.-nlat.*›: radioaktives chem. Element; ein Edelgas (Zeichen: Rn)

Ra|do|ta|ge [...ˈtaːʒə], die; -, -n ‹*frz.*› (veraltet): leeres Geschwätz

Ra|d|scha [auch: ˈradʒa], der; -s, -s ‹*sanskr.-Hindi*›: indischer Fürstentitel

Ra|du|la, die; -, ...lae [...lɛ] ‹*lat.;* »Schab-, Kratzeisen«›: **1.** mit zahllosen Zähnchen besetzte, dem Zerkleinern der Nahrung dienende Membran aus Chitin am Boden der Mundhöhle von Weichtieren; Reibzunge. **2.** Kratzmoos (hellgrünes Lebermoos auf der Rinde von Waldbäumen)

Raf|fia|bast vgl. Raphiabast

Raf|fi|na|de, die; -, -n ‹*lat.-frz.*›: fein gemahlener, gereinigter Zucker

Raf|fi|na|ge [...ˈnaːʒə], die; -, -n: Verfeinerung, Veredlung

Raf|fi|nat, das; -[e]s, -e: Raffinationsprodukt

Raf|fi|na|ti|on, die; -, -en: Reinigung u. Veredlung von Naturstoffen u. technischen Produkten

Raf|fi|ne|ment [rafinəˈmɑ̃ː], das; -s, -s ‹*frz.*›: **1.** durch intellektuelle Geschicklichkeit erreichte höchste Verfeinerung [in einem kunstvollen Arrangement]. **2.** mit einer gewissen Durchtriebenheit u. Gerissenheit klug berechnendes Handeln, um andere unmerklich zu beeinflussen

Raf|fi|ne|rie, die; -, ...ien: Betrieb zur Raffination von Zucker, Ölen u. anderen [Natur]produkten

Raf|fi|nes|se, die; -, -n ‹französierende Bildung›: **1.** besondere künstlerische, technische Vervollkommnung, Feinheit. **2.** schlau und gerissen ausgeklügelte Vorgehensweise

Raf|fi|neur [...ˈnøːɐ̯], der; -s, -e ‹*lat.-frz.*›: Maschine zum Feinmahlen von Holzschliff, der beim Schleifen des Holzes entstehenden Splitter

raf|fi|nie|ren: Zucker, Öle u. andere [Natur]produkte reinigen

raf|fi|niert: 1. durchtrieben, gerissen, schlau, abgefeimt. **2.** von Raffinement (1) zeugend, mit Raffinement (1) od. Raffinesse (1) erdacht, ausgeführt. **3.** (Technik) gereinigt

Raf|fi|niert|heit, die; -, -en: Durchtriebenheit, Gerissenheit

Raf|fi|no|se, die; - ‹*lat.-frz.-nlat.*›: ein Kohlehydrat, das vor allem in Zuckerrübenmelasse vorkommt

ra|f|rai|chie|ren [...frɛʃ...] ‹*frz.*› (Gastron.): kochendes Fleisch od. Gemüse mit kaltem Wasser abschrecken

Raft, das; -s, -s ‹*altnord.-engl.;* »Floß«›: **1.** schwimmende Insel aus [Treib]holz. **2.** Schlauchboot, mit dem Rafting betrieben wird

raf|ten ‹*altnord.-engl.;* »flößen«›: Rafting betreiben

Raf|ter, der; -s, -: jmd., der Rafting betreibt. **Raf|te|rin**, die; -, -nen: weibliche Form zu ↑Rafter

Raf|ting, das; -s: Wildwasserfahren einer Gruppe im Schlauchboot

Rag [rɛk], der; -[s] ‹*engl.*›: Kurzform von ↑Ragtime (1, 2)

Ra|ga, der; -s, -s ‹*sanskr.-Hindi*›: Melodietyp (zu bestimmten Anlässen) in der indischen Musik, der auf einer Tonleiter beruht, deren Intervalle in einem bestimmten Schwingungsverhältnis zu einem festen Modus mit relativer, jeweils frei gewählter Tonhöhe stehen

Rag|doll [ˈræg...], die; -, -s ‹*engl.;* eigtl. »Stoffpuppe«›: amerik. Langhaarkatze mit halblangem, dichtem Fell u. buschigem Schwanz

Ra|ge [ˈraːʒə], die; - ‹*lat.-vulgärlat.-frz.*› (ugs.): Wut, Raserei; **in der Rage:** in der Aufregung, Eile

Ra|gio|ne [raˈdʒoːnə], die; -, -n ‹*lat.-it.*› (schweiz.): im Handelsregister eingetragene Firma

Ra|g|lan [auch: ˈrɛglən], der; -s, -s ‹nach dem engl. Lord Raglan, 1788–1855›: Mantel mit Raglanärmeln

Ra|g|lan|är|mel, der; -s, - ‹*engl.; dt.*›: Ärmel, dessen obere Naht schräg von der Achselhöhle bis zum Halsausschnitt verläuft u. der mit dem Schulterteil ein Stück bildet

Rag|na|rök, die; - ‹*altnord.;* »Götterschicksal«›: Weltuntergang in der nordischen Mythologie

Ra|gout [raˈguː], das; -s, -s ‹*lat.-frz.*›: Mischgericht aus Fleisch, Wild, Geflügel od. Fisch in pikanter Soße

Ra|gout fin, Ra|goût fin [raguˈfɛ̃ː], das; - -, -s -s [raguˈfɛ̃ː]: Ragout aus hellem Fleisch (z. B. Kalbfleisch, Geflügel) mit [Worcester]soße

Rag|time [ˈrɛktaɪ̯m], der; -[s], -s ‹*engl.;* »zerrissener Takt«›: **1.** (ohne Plural) nordamerikanischer Musik-, bes. Klaviermusikstil mit melodischer Synkopierung bei regelmäßigem Beat (2). **2.** Musik im Rhythmus des Ragtime (1)

Raid [reːt], der; -s, -s ‹*engl.*›: begrenzte offensive militärische Operation; Überraschungsangriff

Rai|gras vgl. Raygras

Rail|le|rie [rajəˈriː], die; -, ...ien ‹*lat.-galloroman.-provenzal.-frz.*› (veraltet): Scherz, Spöttelei. **rail|lie|ren** [raˈjiːrən] (veraltet): scherzen, spotten

Ra|is, der; -, -e u. Ruasa ‹*arab.*›: **a)** (ohne Plural) in arabischen Ländern Titel einer führenden Persönlichkeit, bes. des Präsidenten; **b)** Träger dieses Titels

Rai|son [rɛˈzõː]: frz. Schreibung für Räson

Rai|son d'Être, frz. Schreibung: **Rai|son d'être** [rɛzõːˈdɛtrə], die; - -, -s - [rɛzõː...] ⟨*frz.*⟩: Existenz-, Daseinsberechtigung; Rechtfertigung

Ra|jah, der; -, - ⟨*arab.-türk.*⟩: (im Osmanischen Reich) nicht islamischer Untertan

ra|jo|len ⟨*niederl.-frz.-niederd.*⟩: ↑ rigolen

Ra|kan, der; -[s], -s ⟨*sanskr.-jap.*⟩: jap. Bez. für: Lohan

Ra|ke|te, die; -, -n ⟨*germ.-it.*⟩: **1. a)** als militärische Waffe verwendeter, lang gestreckter, zylindrischer, vorn spitz zulaufender [mit einem Sprengkopf versehener] Flugkörper, der eine sehr hohe Geschwindigkeit erreicht; **b)** in der Raumfahrt verwendeter Flugkörper in der Form einer überdimensionalen Rakete (1 a), der dem Transport von Satelliten, Raumkapseln o. Ä. dient. **2.** Feuerwerkskörper. **3.** (landsch.) begeistertes, das Heulen einer Rakete (2) nachahmendes Pfeifen bei [Karnevals]veranstaltungen

Ra|ke|ten|ap|pa|rat, der; -[e]s, -e: bei der Rettung Schiffbrüchiger verwendetes Gerät zum Abschießen einer Rettungsleine zum gestrandeten Schiff

Ra|ke|ten|ba|sis, die; -, ...sen: (oft unterirdische) militärische Anlage, von der aus Raketen (1 a) eingesetzt werden können

Ra|ki, der; -s, -s ⟨*türk.*⟩: in der Türkei u. in Balkanländern hergestellter Branntwein aus Rosinen (gelegentlich auch aus Datteln od. Feigen) u. Anis

Ra|ku, das; -[s] ⟨nach einer jap. Töpferfamilie⟩: japanische Keramikart

ral|len|tan|do ⟨*lat.-it.*⟩ (Musik): langsamer werdend (Vortragsanweisung) (Abk.: rall.)

Ral|lie|ment [raliˈmãː], das; -s, -s ⟨*lat.-frz.*⟩: **1.** (veraltet) Sammlung von verstreuten Truppen. **2.** (Geschichte) Annäherung der katholischen Kirche an die Französische Republik am Ende des 19. Jh.s. **ral|li|ie|ren** (veraltet): verstreute Truppen sammeln

Ral|ly [ˈræli] vgl. ²Rallye

¹Ral|lye [ˈrali, auch: ˈrɛli], die; -, -s, schweiz. auch das; -s, -s ⟨*lat.-frz.-engl.-frz.*⟩: Autorennen [in mehreren Etappen] mit Sonderprüfungen

²Ral|lye, Rally [ˈræli], die; -, -s, schweiz. auch das; -s, -s ⟨*engl.*⟩ (Börsenw.): meist kurzer, steiler Anstieg der Börsenkurse

Ral|lye-Cross, Ral|lye|cross, das; -, -e: dem Motocross ähnliches, jedoch mit Autos gefahrenes Rennen im Gelände

RAM, das od. der; -[s], -[s] ⟨*engl.;* Kurzw. aus *r*andom *a*ccess *m*emory⟩ (EDV): Schreib-Lese-Speicher mit direktem Zugriff

Ra|ma|dan, der; -[s], -e ⟨*arab.*⟩: islamischer Fastenmonat (9. Monat des Mondjahrs)

Ra|ma|gé [ramaˈʒeː], der; -, -s ⟨*lat.-frz.*⟩: Gewebe mit rankenartiger Jacquardmusterung

Ra|ma|ja|na, das; - ⟨*sanskr.*⟩: indisches religiöses Nationalepos von den Taten des göttlichen Helden Rama; vgl. Mahabharata

Ra|man-Ef|fekt, Ra|man|ef|fekt, der; -[e]s ⟨nach dem ind. Physiker Raman, 1888–1970⟩ (Physik): das Auftreten von Spektrallinien kleinerer u. größerer Frequenz im Streulicht beim Durchgang von Licht durch Flüssigkeiten, Gase u. Kristalle

Ra|ma|san, der; -[s] ⟨*arab.-türk.* u. *pers.*⟩: türk. u. pers. Bez. für ↑ Ramadan

ra|mas|sie|ren ⟨*frz.*⟩: **1.** (veraltet) anhäufen, zusammenfassen. **2.** (landsch.) unordentlich u. polternd arbeiten. **ra|mas|siert** (landsch.): dick, gedrungen, untersetzt

Ra|ma|su|ri, Remasuri ⟨*rumän.*⟩ die; - (österr. ugs.): großes Durcheinander, Wirbel

Ram|b|la, die; -, -s ⟨*arab.-span.*⟩: **1. a)** ausgetrocknetes Flussbett der ↑ Torrenten in Spanien; **b)** breite Straße, Promenade (bes. in Katalonien). **2.** Boden auf jungen, jedoch bereits dürftig bewachsenen Sedimenten eines Flusses

Ram|bo, der; -s, -s ⟨nach dem amerik. Filmhelden⟩ (ugs.): jmd., der sich rücksichtslos [u. mit Gewalt] durchsetzt; Kraftprotz

Ram|bouil|let|schaf, Ram|bouil-let-Schaf [rãbuˈjeː...], das; -[e]s, -e ⟨nach der nordfrz. Stadt⟩: feinwollige französische Schafrasse

Ram|bur, der; -s, -e ⟨*frz.*⟩: gelblich grüner, säuerlicher Winterapfel

Ram|bu|tan, die; -, -s ⟨*malai.*⟩: Haarige Litschi; der Litschi ähnliche, Vitamin-C-reiche tropische Frucht

ra|men|tern ⟨*niederd.*⟩ (landsch.): rumoren, lärmen

Ra|mi, die (Plural) ⟨*lat.*⟩: **1.** *Plural* von ↑ Ramus. **2.** (Zool.) Äste der Vogelfeder

Ra|mie, die; -, ...ien ⟨*malai.-engl.*⟩: kochfeste, gut färbbare Faser einer ostasiatischen Nesselpflanze; Chinagras

Ra|mi|fi|ka|ti|on, die; -, -en ⟨*lat.-nlat.*⟩ (Bot.): Verzweigung bei Pflanzen. **ra|mi|fi|zie|ren:** (von Pflanzen) sich verzweigen

Ram|ming, die; -, -s ⟨*engl.*⟩ (Seemannsspr.): Kollision, Zusammenstoß

ram|po|nie|ren ⟨*germ.-it.*⟩ (ugs.): stark beschädigen

Ra|mus, der; -, Rami ⟨*lat.*⟩ (Med.): **a)** Zweig eines Nervs, einer Arterie od. einer Vene; **b)** astartiger Teil eines Knochens

Ranch [rɛntʃ, auch: raːntʃ], die; -, -s, (auch:) -es ⟨*span.-engl.*⟩: nordamerikanische Viehwirtschaft, Farm

Ran|cher [ˈrɛntʃɐ, auch: ˈraːntʃɐ], der; -s, -[s]: nordamerikanischer Viehzüchter, Farmer

Ran|che|ria [rantʃeˈriːa], die; -, -s ⟨*span.*⟩: Viehhof, kleine Siedlung (in Südamerika)

Ran|che|rin [ˈrɛntʃərɪn, auch: ˈraːntʃərɪn], die; -, -nen: weibliche Form zu ↑ Rancher

Ran|che|ro [ranˈtʃeːro], der; -s, -s ⟨*span.*⟩: im spanischsprachigen Amerika jmd., der auf einem Landgut lebt

Ran|ching [ˈrɛntʃɪŋ, auch: raːntʃɪŋ], das; -s ⟨*span.-engl.*⟩: das Arbeiten auf einer Ranch, Betreiben einer Ranch

Ran|cho [ˈrantʃo], der; -s, -s ⟨*span.*⟩: kleiner Wohnplatz, Hütte im spanischsprachigen Amerika

Rand [rɛnt], der; -s, -s (aber: 5 -) ⟨*engl.*⟩: Währungseinheit der Republik Südafrika

Ran|dal, der; -s, -e ⟨vermutlich Kontamination aus landsch. *Rand* »Possen« u. Skand*al*⟩ (Studentenspr., veraltet): Lärm, Gejohle. **Ran|da|le,** die; -, -n

(ugs.): **1.** (ohne Plural) heftiger u. lautstarker Protest; Krawall. **2.** Ausschreitung, Gewalttätigkeit; **Randale machen:** randalieren
ran|da|lie|ren: lärmend durch die Straßen ziehen u. dabei andere belästigen od. mutwillig Sachen beschädigen. **Ran|da|lie|rer,** der; -s, -: jmd., der randaliert. **Ran|da|lie|re|rin,** die; -, -nen: weibliche Form zu ↑Randalierer
ran|do|mi|sie|ren ⟨*engl.-amerik.*⟩ (Statistik): eine zufällige Auswahl treffen (aus einer Gesamtheit von Elementen)
Ran|do|ri, das; - ⟨*jap.*⟩: Trainingskampf (beim Judo)
Ran|ger [ˈreɪndʒɐ], der; -s, -[s] ⟨*germ.-frz.-engl.-amerik.*⟩: **1.** (früher) Angehöriger einer [Polizei]truppe, z. B. die Texas Rangers. **2.** Aufseher in den Nationalparks. **3.** (in den USA) in besonderer Weise ausgebildeter Soldat, der innerhalb einer kleinen Gruppe Überraschungsangriffe im feindlichen Gebiet macht
ran|gie|ren [raŋˈʒiːrən, rã...] ⟨*germ.-frz.*⟩: **1.** einen Rang innehaben [vor, hinter jmdm.]. **2.** Eisenbahnwagen durch entsprechende Fahrmanöver verschieben, auf ein anderes Gleis fahren. **3.** (landsch.) in Ordnung bringen, ordnen
ran|ken [ˈrɛŋkn̩]: **a)** in einem Ranking einen bestimmten Platz belegen; **b)** auflisten
Ran|kett, Rackett, das; -s, -e ⟨Herkunft unsicher⟩: Holzblasinstrument des 16. bis 18. Jh.s mit einem doppelten Rohrblatt u. einer langen, in neun Windungen in einer Holzbüchse eingepassten Röhre mit elf Grifflöchern
Ran|king [ˈræŋkɪŋ], das; -s, -s ⟨*engl.*⟩: **a)** Rangliste; **b)** Einordnung in eine Rangliste; Bewertung
Ran|kü|ne, die; -, -n ⟨*lat.-vulgärlat.-frz.*⟩: Groll, heimliche Feindschaft; Rachsucht
Ran|som|ware [ˈrænsmwɛːɐ̯], die; -, -s ⟨*engl.*⟩ (EDV): Schadprogramm, mit dem Dateien auf einem fremden Rechner verschlüsselt u. gegen Lösegeldzahlung wieder freigegeben werden
Ra|nu|la, die; -, ...lä ⟨*lat.*⟩ (Med.): Froschgeschwulst, Zyste neben dem Zungenbändchen
Ra|nun|kel, die; -, -n: (zur Gattung Hahnenfuß gehörende) in einer meist leuchtenden Farbe blühende Pflanze
Ra|nun|ku|la|zee, die; -, -n (meist Plural) ⟨*lat.-nlat.*⟩: Hahnenfußgewächs
Ranz des Vaches [rãdeˈvaʃ], der; - - - ⟨*frz.*⟩: Kuhreigen der Greyerzer Sennen (Schweizer Volkslied)
Ran|zi|on, die; -, -en ⟨*lat.-frz.*⟩ (Geschichte): Lösegeld für Kriegsgefangene od. für gekaperte Schiffe. **ran|zi|o|nie|ren** (Geschichte): Kriegsgefangene durch Loskauf od. Austausch befreien
Rap [rɛp], der; -[s], -s ⟨*engl.*⟩: schneller, rhythmischer Sprechgesang (in der populären Musik)
Ra|pa|ki|wi, der; -s ⟨*finn.*⟩ (Geol.): eine Abart des ↑Granits
Ra|phe, die; -, -n ⟨*gr.*⟩: **1.** strangförmige Verwachsungsnaht der Pflanzensamen aus ↑anatropen Samenanlagen. **2.** Spalt im Panzer stabförmiger Kieselalgen
Ra|phia, die; -, ...ien ⟨*madagassisch-nlat.*⟩: vielgestaltige, oft baumförmige Palme mit langen fiederartigen Blättern
Ra|phia|bast, der; -[e]s: aus den Blättern der Raphia gewonnener Bast
Ra|phi|den, die (Plural) ⟨*gr.-nlat.*⟩: Kristallnadeln in Pflanzenzellen
ra|pid (österr. nur so), rapide ⟨*lat.-frz.*⟩: (bes. von Entwicklungen, Veränderungen o. Ä.) sehr, überaus, erstaunlich schnell [vor sich gehend]
ra|pi|da|men|te ⟨*lat.-it.*⟩ (Musik): sehr schnell, rasend (Vortragsanweisung)
ra|pi|de vgl. rapid
Ra|pi|di|tät, die; - ⟨*lat.-frz.*⟩: Blitzesschnelle, Ungestüm
ra|pi|do ⟨*lat.-it.*⟩ (Musik): sehr schnell, rasch (Vortragsanweisung)
Ra|pier, das; -s, -e ⟨*germ.-galloroman.-frz.*⟩ (Sport): Fechtwaffe, Degen
ra|pie|ren: **1.** Fleisch von Haut u. Sehnen abschaben. **2.** Tabakblätter zerstoßen (zur Herstellung von Schnupftabak)
Ra|pil|li vgl. Lapilli
Rap|jum|ping, Rap-Jum|ping [ˈrɛpdʒampɪŋ], das; -s ⟨*engl.*⟩: eine Extremsportart, bei der man sich kopfüber von Felswänden abseilt
Rap|mu|sik [ˈrɛp...], die; -: Popmusik in der Form des Raps
Rap|pell, der; -s ⟨*lat.-frz.*⟩ (veraltet): Abruf, Schreiben zur Rückberufung eines Gesandten
rap|pen [ˈrɛpn̩] ⟨*engl.*⟩ (Musik): einen ↑Rap singen, spielen. **Rap|per** [ˈrɛpɐ], der; -s, -: jmd., der rappt. **Rap|pe|rin** [ˈrɛ...], die; -, -nen: weibliche Form zu ↑Rapper
Rap|ping [ˈrɛpɪŋ], das; -[s] (Musik): das Rappen
Ra|po|ma|cher, der; -s, -: Händler, der auf Messen u. Märkten Waren zu sehr niedrigen Preisen anbietet
Rap|port, der; -[e]s, -e ⟨*lat.-mlat.-frz.*⟩: **1. a)** Bericht; **b)** (Militär veraltet) dienstliche Meldung. **2. a)** regelmäßige Meldung an zentrale Verwaltungsstellen eines Unternehmens über Vorgänge, die für die Lenkung des Unternehmens von Bedeutung sind; **b)** (Wirtsch.) Bericht eines Unternehmens an Behörden od. Wirtschaftsverbände für Zwecke der Statistik u. des Betriebsvergleichs. **3.** (Psychol.) unmittelbarer Kontakt zwischen zwei Personen, bes. zwischen Hypnotiseur u. Hypnotisiertem, zwischen Analytiker u. Analysand, Versuchsleiter u. Medium. **4.** sich [auf Geweben usw.] ständig wiederholendes Muster od. Motiv. **5.** Beziehung, Zusammenhang
rap|por|tie|ren: **1.** berichten, Meldung machen. **2.** sich als Muster od. Motiv ständig wiederholen
Rap|pro|che|ment [raprɔʃəˈmãː], das; -s, -s ⟨*lat.-frz.*⟩ (veraltet): [politische] Wiederversöhnung
Rap|tus, der; -, - [...tuːs] u. -se ⟨*lat.*⟩: **1.** (Plural: Raptusse; scherzh.) **a)** plötzlicher Zorn; **b)** Verrücktheit, plötzliche Besessenheit von einer merkwürdigen Idee. **2.** (Plural: Raptus; Med.) plötzlich einsetzender Wutanfall. **3.** (Plural: Raptus; Rechtsspr. veraltet) Raub, Entführung
Ra|pu|se, die; - ⟨*tschech.*⟩: **1.** (ugs. landsch.) **a)** Plünderung, Raub;

b) Verlust; Wirrwarr; **in die Rapuse kommen/gehen:** [im Durcheinander] verloren gehen; **in die Rapuse geben:** preisgeben. **2.** ein Kartenspiel

rar ⟨*lat.-frz.*⟩: nur in [zu] geringer Menge, Anzahl vorhanden; selten, aber gesucht

Ra|ra Avis, die; - - ⟨*lat.;* »seltener Vogel«⟩: etwas Seltenes

Ra|re|fi|ka|ti|on, die; -, -en ⟨*lat.-nlat.*⟩ (Med.): Gewebsschwund (bes. der Knochen). **ra|re|fi|zie|ren: a)** verdünnen, auflockern; **b)** (Med.) schwinden (von [Knochen]gewebe)

Ra|ri|tät, die; -, -en ⟨*lat.*⟩: etwas Rares

Ras, der; -, - ⟨*arab.;* »Kopf«⟩: **1.** abessinischer Titel. **2.** arab. Bez. für: Vorgebirge, Berggipfel

ra|sant ⟨*lat.-vulgärlat.-frz.;* »bestreichend, den Erdboden streifend«, volksetymologisch an *dt.* rasen angelehnt⟩: **1.** (ugs.) auffallend schnell; den Eindruck von Schnelligkeit vermittelnd; stürmisch. **2.** (ugs.) durch Schwung, Spannung o. Ä. begeisternd, imponierend. **3.** (Ballistik) sehr flach gestreckt (von der Flugbahn eines Geschosses)

Ra|sanz, die; -: **1.** (ugs.) rasende Geschwindigkeit; erstaunliche Schnelligkeit; stürmische Bewegtheit. **2.** (ugs.) durch Schwung, Spannung o. Ä. bewirkte Faszination, Großartigkeit. **3.** (Ballistik) rasante (3) Flugbahn eines Geschosses

Ra|ser ['re:zɐ], der; -s, - ⟨Kurzw. aus *engl.-amerik.* ratio amplification by stimulated emission of radiation⟩ (Physik): Gerät zur Erzeugung u. Verstärkung kohärenter Röntgenstrahlen

Ra|seur [ra'zø:ɐ̯], der; -s, -e ⟨*lat.-vulgärlat.-frz.*⟩ (veraltet): Barbier

Rash [rɛʃ, engl.: ræʃ], der; -[es], -s ⟨*lat.-vulgärlat.-frz.-engl.*⟩ (Med.): masern- od. scharlachartiger Hautausschlag

ra|sie|ren ⟨*lat.-vulgärlat.-frz.-niederl.*⟩: **1.** mit einem Rasiermesser od. -apparat die [Bart-, Körper]haare entfernen. **2.** (ugs.) betrügen. **3.** (ugs.) völlig zerstören, zertrümmern

Ras|kol, der; -s ⟨*russ.*⟩: [Kirchen]-spaltung, Abspaltung von der Kirche (insbes. im 17. Jh. in Russland)

Ras|kol|nik, der; -[s], -i (auch: -en) (abwertend): Angehöriger einer der aus dem Raskol hervorgegangenen russischen Glaubensgemeinschaften, bes. der sogenannten Altgläubigen

Rä|son [rɛ'zõ:], die; - ⟨*lat.-frz.*⟩ (veraltend): Vernunft, Einsicht; **jmdn. zur Räson bringen:** durch sein Eingreifen dafür sorgen, dass sich jmd. ordentlich u. angemessen verhält; aber: ↑ Staatsräson. **rä|so|na|bel: a)** vernünftig, von Vernunft zeugend; **b)** angemessen; **c)** von beträchtlicher Größe, ordentlich

Rä|so|neur [...'nø:ɐ̯], der; -s, -e (veraltet): **a)** Schwätzer, Klugredner; **b)** Nörgler. **Rä|so|neu|rin** [...'nø:rɪn], die; -, -nen: weibliche Form zu ↑ Räsoneur. **rä|so|nie|ren: 1.** (veraltet) vernünftig reden, Schlüsse ziehen. **2.** (abwertend) **a)** viel und laut reden; **b)** seiner Unzufriedenheit Luft machen, schimpfen

Rä|son|ne|ment [...'mã:], das; -s, -s (veraltend): **1.** vernünftige Beurteilung, Überlegung, Erwägung. **2.** Vernünftelei

Ras|pa, die; -, -s (ugs. auch der; -s, -s) ⟨*span.*⟩: um 1950 eingeführter lateinamerikanischer Gesellschaftstanz (meist im $^6/_8$-Takt)

Ras|sis|mus, der; - ⟨*it.-frz.-nlat.*⟩: **a)** meist ideologisch begründete, zur Rechtfertigung von Diskriminierung, Unterdrückung u. Ä. entwickelte Theorie, nach der bestimmte Menschentypen od. auch Völker hinsichtlich ihrer kulturellen Leistungsfähigkeit anderen von Natur aus überlegen seien; Rassendenken; **b)** dem Rassismus (a) entsprechende Einstellung. **Ras|sist,** der; -en, -en: Anhänger des Rassismus. **Ras|sis|tin,** die; -, -nen: weibliche Form zu ↑ Rassist. **ras|sis|tisch:** den Rassismus betreffend

Ras|ta, der; -s, -s: Kurzform von ↑ Rastafari

Ras|ta|fa|ri, der; -s, -s ⟨*engl.;* nach Ras (= Herr) Tafari, dem späteren äthiopischen Kaiser Haile Selassie I.⟩: Anhänger einer religiösen Bewegung in Jamaika, die Ras, den äthiopischen Kaiser Haile Selassie I., als Gott verehrt

Ras|ter|mi|k|ro|s|kop, das; -s, -e ⟨*lat.; gr.*⟩: ↑ Elektronenmikroskop, bei dem das Objekt zeilenweise von einem Elektronenstrahl abgetastet wird u. das besonders plastisch wirkende Bilder liefert

Ras|t|ral, das; -s, -e ⟨*lat.-nlat.*⟩: Gerät mit fünf Zinken zum Ziehen von Notenlinien

ras|t|rie|ren: Notenlinien mit dem Rastral ziehen

Ra|sul, das; -[s] ⟨*arab.*⟩: ↑ Rasulbad

Ra|sul Al|lah, der; - - ⟨*arab.*⟩: der Gesandte, Prophet Gottes (Bezeichnung Mohammeds)

Ra|sul|bad, das; -[e]s, -bäder ⟨*arab.; dt.*⟩: orientalisches Pflegezeremoniell, bei dem Kräuterdampf u. verschiedene Heilschlämme eingesetzt werden

Ra|sur, die; -, -en ⟨*lat.*⟩: **1.** das Rasieren; Entfernung der [Bart]haare. **2.** das Radieren; Schrifttilgung (z. B. in Geschäftsbüchern)

Rät, Rhät, das; -s ⟨nach den Rätischen Alpen⟩ (Geol.): jüngste Stufe des Keupers; vgl. Trias

Ra|ta|fia, der; -s, -s ⟨*kreol.-frz.(-it.)*⟩: Frucht[saft]likör

Ra|tan|hia|wur|zel [ra'tani̯a...], die; -, -n ⟨*indian.-port.; dt.*⟩: als Heilmittel verwendete Wurzel eines peruanischen Strauches

Ra|ta|touille [...'tʊɪ̯], das; -s, -s ⟨*lat.-frz.*⟩: Gericht aus Auberginen, Zucchini, Tomaten, Paprika u. a.

ra|ten ['rɛɪ̯tn̩]: **1.** (Wirtsch.) hinsichtlich der Bonität einstufen. **2.** (Psychol., Soziol.) mithilfe eines Ratings (2) einstufen, einordnen, beurteilen

Ra|ter ['rɛɪ̯tɐ], der; -s, - ⟨*engl.*⟩: jmd., der ein Rating vornimmt. **Ra|te|rin** ['rɛɪ̯tərɪn], die; -, -nen: w. Form zu Rater

Ra|te|ro, der; -[s], -s ⟨*span.*⟩: span. Bez. für: Gauner, Taschendieb

ra|tier|lich ⟨*lat.-mlat.-it.-dt.*⟩ (Kaufmannsspr.): in Raten

Ra|ti|fi|ka|ti|on, die; -, -en ⟨*lat.-mlat.*⟩: Genehmigung, Bestätigung eines von der Regierung abgeschlossenen völkerrechtlichen Vertrages durch die gesetzgebende Körperschaft; vgl. ...ation/...ierung. **ra|ti|fi|zie|ren:** als gesetzgebende Körperschaft einen völkerrechtlichen Vertrag in Kraft setzen. **Ra|ti|fi|zie|rung,**

rational	rationell
Es gibt keine rationalen Gründe. *vernunftbestimmt* – werden, sondern ... rationalen Überlegungen – rational [...] denkenden Menschen ... – eher [...] emotionalen als rationalen ... Der Mob argumentiert nicht rational und bewirkt nichts. Das erschwert die Suche nach rationalen Lösungen. Es seien keine rationalen Argumente zu finden.	Ist Fliegen rein rationell die beste Art zu reisen? *zweckmäßig, sparsam* – Energien ... rationelle Energienutzung fördern – rationeller ... effektiver arbeiten können – rationelle Verwendung ... Ressource Nur ausreichend große Betriebe lassen sich rationell bewirtschaften. Wir verarbeiten Kundendaten in rationeller, standardisierter Form. So sollen die Kosten für elektrische Energie dank rationeller Fertigung um 10 Prozent sinken.

die; -, -en: das Ratifizieren; vgl. ...ation/...ierung

Ra|ti|né [...ˈneː], der; -s, -s ⟨*frz.;* »gekräuselt«⟩: flauschiger Mantelstoff mit noppenähnlicher Musterung

Ra|ting [ˈrɛɪ̯tɪŋ], das; -[s], -s ⟨*engl.*⟩: **1.** (Wirtsch.) bonitätsmäßige Einstufung von Ländern, Banken, Firmen o. Ä. in ein Klassifikationssystem. **2.** (Psychol., Soziol.) Verfahren zur Einschätzung, Beurteilung von Personen, Situationen o. Ä. mithilfe von Ratingskalen. **3.** Verfahren zur Ermittlung der Einschaltquote von [Fernseh]sendungen, bes. zur Einschätzung der Wirksamkeit von Werbespots

Ra|ting|agen|tur, die; -, -en: Agentur, die die Bonität (1) von Wertpapieren, Unternehmen u. Ä. einschätzt

Ra|ting|ska|la, die; -, ...len u. -s (Psychol., Soziol.): in regelmäßige Intervalle aufgeteilte Strecke, die den Ausprägungsgrad (z. B. stark – mittel – gering) eines Merkmals (z. B. Ängstlichkeit) od. die Einstellung gegenüber einem Produkt zeigt

Ra|ting|sys|tem, das; -s, -e (Wirtsch.): **1.** ↑System (1), Prinzip, nach dem ein ↑Rating (3) erfolgt. **2.** ↑System (2), in dem ein ↑Rating (3) vorgenommen wird

ra|ti|nie|ren ⟨*frz.*⟩: aufgerautem [Woll]gewebe mit der Ratiniermaschine eine noppenähnliche Musterung geben

Ra|tio, die; - ⟨*lat.*⟩: Vernunft, Verstand

Ra|ti|o|de|tek|tor, der; -s, ...oren: Schaltanordnung zur ↑Demodulation frequenzmodulierter Schwingungen in der Nachrichtentechnik

Ra|ti|o|dis|kri|mi|na|tor, der; -s, ...oren: ↑Ratiodetektor

Ra|ti|on, die; -, -en ⟨*lat.-mlat.-frz.;* »berechneter Anteil«⟩: zugeteilte Menge an Lebens- u. Genussmitteln; [täglicher] Verpflegungssatz (bes. für Soldaten); **eiserne Ration** (Soldatenspr.): Proviant, der nur in einem bestimmten Notfall angegriffen werden darf

handeln
logisch
vernünftig
verhalten
argumentieren
kühl
nachvollziehbar
rational
begründbar
erklärbar
irrational
ökonomisch
emotional

ra|ti|o|nal ⟨*lat.*⟩: **a)** von der Ratio, der Vernunft bestimmt; vgl. ...al/...ell; **b)** vernünftig, [überlegt und] sinnvoll; **c) rationale Zahlen** (Math.): alle Zahlen, die sich durch Brüche ganzer Zahlen ausdrücken lassen

rational/rationell *s. Kasten*

Ra|ti|o|na|le, das; -: auszeichnender liturgischer Schulterschmuck einiger katholischer Bischöfe (z. B. Paderborn, Eichstätt) nach dem Vorbild des Brustschildes der israelitischen Hohen Priester

Ra|ti|o|na|li|sa|tor, der; -s, ...oren ⟨*lat.-nlat.*⟩ (DDR): Angestellter eines Betriebs, der mit der Durchführung einer Rationalisierung (2) betraut ist. **Ra|ti|o|na|li|sa|to|rin,** die; -, -nen (DDR): weibliche Form zu ↑Rationalisator

ra|ti|o|na|li|sie|ren ⟨*lat.-frz.*⟩: **1. a)** vernünftig, zweckmäßig gestalten; straffen; **b)** (im Bereich der Wirtschaft u. Verwaltung) Arbeitsabläufe zur Steigerung der Leistung u. Senkung des Aufwands durch Technisierung, Automatisierung, Arbeitsteilung u. a. wirtschaftlicher gestalten. **2.** vernunftgemäß gestalten; durch Denken erfassen, erklären. **3.** (Psychol.) ein [emotionales] Verhalten nachträglich verstandesmäßig begründen. **Ra|ti|o|na|li|sie|rung,** die; -, -en: **1.** (Psychol.) nachträgliche verstandesmäßige Rechtfertigung eines aus irrationalen od. triebhaften Motiven erwachsenen Verhaltens. **2.** (Wirtsch.) Ersatz überkommener Verfahren durch zweckmäßigere u. besser durchdachte; Vereinheitlichung, Straffung

Ra|ti|o|na|lis|mus, der; - ⟨*lat.-nlat.*⟩: Geisteshaltung, die das rationale Denken als einzige Erkenntnisquelle ansieht. **Ra|ti|o|na|list,** der; -en, -en: Vertreter des Rationalismus; einseitiger Verstandesmensch. **Ra|ti|o|na|lis|tin,** die; -, -nen: weibliche Form zu ↑Rationalist. **ra|ti|o|na|lis|tisch:** im Sinne des Rationalismus; einer Anschauung entsprechend, die die Vernunft in den Mittelpunkt stellt u. alles Denken u. Handeln von ihr bestimmen lässt

Ra|ti|o|na|li|tät, die; - ⟨*lat.*⟩: **1.** das Rationalsein; rationales, von der Vernunft bestimmtes Wesen. **2.** (Math.) Eigenschaft von Zahlen, sich als Bruch schreiben zu lassen

ra|ti|o|nell ⟨*lat.-frz.*⟩: vernünftig, zweckmäßig, sparsam; vgl. ...al/...ell

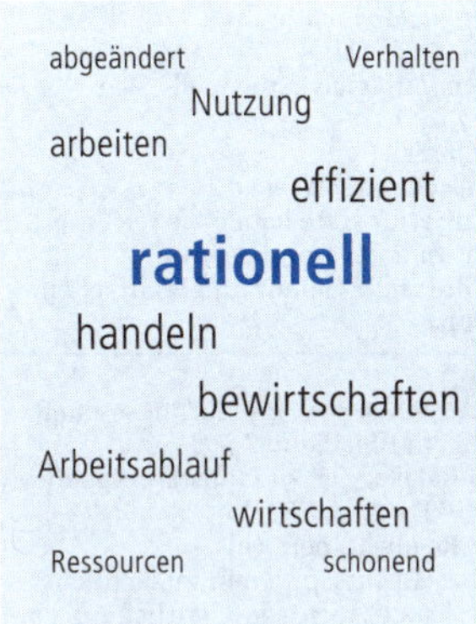

ra|ti|o|nie|ren: in festgelegten, relativ kleinen Rationen zuteilen, haushälterisch einteilen

Ra|ton|ku|chen, der; -s, - ⟨*frz.; dt.*⟩ (landsch.): Napfkuchen

Rat|tan, das; -s, -e ⟨*malai.-engl.*⟩: aus den Stängeln bestimmter Rotangpalmen gewonnenes Rohr, das bes. zur Herstellung von Korbwaren verwendet wird

ra|va|gie|ren [...'ʒiː...] ⟨*lat.-frz.*⟩ (veraltet): verheeren, verwüsten

Rave [rɛɪv], der od. das; -s, -s ⟨*engl.*⟩: große Fete, Tanzparty, bei der die ganze Nacht über bes. zu Technomusik getanzt wird

Ra|ve|lin [ravəˈlɛ̃ː], der; -s, -s ⟨*it.-frz.*⟩ (früher): Außenwerk vor den ↑Kurtinen (1) älterer Festungen

ra|ven [ˈrɛɪvn̩] ⟨*engl.*⟩: an einem ↑Rave teilnehmen

Ra|ver [ˈrɛɪvɐ], der; -s, -: Teilnehmer, Mitwirkender an einem ↑Rave. **Ra|ve|rin** [ˈrɛɪvərɪn], die; -, -nen: weibliche Form zu ↑Raver

Ra|vi|o|li, die (Plural) ⟨*it.*⟩ (Gastron.): mit Fleisch od. Gemüse gefüllte Nudelteigtaschen

rav|vi|van|do ⟨*lat.-it.*⟩ (Musik): wieder schneller werdend (Vortragsanweisung)

Ra|yé [reˈjeː], der; -[s], -s ⟨*frz.;* »gestreift«⟩: Gewebe mit feinen Längsstreifen

Ray|gras, Raigras, das; -es, ...gräser ⟨*engl.; dt.*⟩: **1.** Glatthafer (über 1 m hohe Futterpflanze). **2.** Gattung von Futter- u. Rasengräsern in Eurasien u. Nordafrika

Ra|y|on [rɛˈjõː, österr. meist: raˈjoːn], der; -s, -s, auch -e [...ˈjoːnə] ⟨*lat.-frz.*⟩: **1.** (schweiz., sonst selten) Warenhausabteilung. **2.** (österr., schweiz., sonst veraltet) Bezirk, [Dienst]bereich. **3.** (Geschichte) Vorfeld von Festungen. **4.** engl. Schreibung für ↑Reyon. **5.** unterster Verwaltungsbezirk in Russland u. a. Staaten

Ra|y|on|chef, der; -s, -s (österr., schweiz.): Abteilungsleiter [im Warenhaus]. **Ra|y|on|che|fin**, die; -, -nen: weibliche Form zu ↑Rayonchef

Ra|yo|nie|rung, die; -, -en: **1.** (Geogr.) Gliederung eines Gebietes nach ähnlichen od. gleichen Merkmalen. **2.** (in Wien nach dem Ende des 2. Weltkrieges) Verteilung von Lebensmitteln und Dingen des täglichen Bedarfs nach Bezirken

Ra|ze|mat, chem. fachspr.: Racemat, das; -[e]s, -e ⟨*lat.-nlat.*⟩: zu gleichen Teilen aus rechts- u. linksdrehenden Molekülen einer ↑optisch aktiven Substanz bestehendes Gemisch, das nach außen keine optische Aktivität aufweist. **ra|ze|misch**, chem. fachspr.: racemisch: die Eigenschaften eines Razemats aufweisend

ra|ze|mös: traubenförmig (von Verzweigungen bestimmter Pflanzen)

Raz|zia, die; -, ...ien (seltener: -s) ⟨*arab.-algerisch-frz.*⟩: groß angelegte, überraschende Fahndungsaktion der Polizei in einem Gebäude od. Gebiet

re ⟨*lat.-it.*⟩: Silbe, auf die man den Ton d singen kann; vgl. Solmisation

Re, das; -s, -s ⟨*lat.*⟩: Erwiderung auf ein ↑Kontra

re..., Re...

⟨*lat.* »zurück, wieder«⟩
Präfix mit der Bedeutung »zurück; wieder« (räumlich und zeitlich):
- Reanimation
- Reinkarnation
- rekonstruieren
- reproduzieren

Rea|der [ˈriːdɐ], der; -s, - ⟨*engl.*⟩: **1.** [Lese]buch mit Auszügen aus der [wissenschaftlichen] Literatur u. verbindendem Text. **2.** (EDV) digitalisiertes Lesegerät; E-Book-Reader

Rea|dy|made, **Rea|dy-made** [ˈrɛdimɛɪd], das; -[s], -s ⟨*engl.*⟩: beliebiger, serienmäßig hergestellter Gegenstand, der als Kunstwerk ausgestellt wird

Re|af|fe|renz, die; - ⟨*lat.*⟩ (Physiol.): über die Nervenbahnen erfolgende Rückmeldung über eine ausgeführte Bewegung

Re|a|gens, das; -, ...genzien (fachspr. auch: ...gentien), **Re|a|genz**, das; -es, -ien ⟨*lat.-nlat.*⟩ (Chemie): Stoff, der mit einem anderen eine bestimmte chemische Reaktion herbeiführt u. ihn so identifiziert

Re|a|genz|glas, das; -es, ...gläser: zylindrisches Prüf-, Probierglas

Re|a|gen|zi|en: *Plural* von ↑Reagens u. ↑Reagenz

re|a|gi|bel: sensibel bei kleinsten Anlässen reagierend. **Re|a|gi|bi|li|tät**, die; -: Eigenschaft, Fähigkeit, sehr sensibel zu reagieren

re|agie|ren: **1.** auf etwas ansprechen, antworten, eingehen; eine Gegenwirkung zeigen. **2.** (Chemie) eine chemische Reaktion eingehen, auf etwas einwirken

Re|ais: *Plural* von ↑²Real

Re|akt, der; -[e]s, -e (Psychol.): Antworthandlung auf Verhaltensweisen der Mitmenschen als Erwiderung, Ablehnung, Mitmachen o. Ä.

Re|ak|tant, der; -en, -en (Chemie): Stoff, der mit einem andern eine ↑Reaktion (2) eingeht

Re|ak|tanz, die; -, -en (Elektrot.): Blindwiderstand, elektrischer Wechselstromwiderstand, der nur durch ↑induktiven u. ↑kapazitativen Widerstand bewirkt wird

Re|ak|tanz|re|lais [...rəlɛː], das; -[...lɛːs], - [...lɛːs] (Elektrot.): Blindwiderstandsschaltung; vgl. Reaktanz

Re|ak|ti|on, die; -, -en ⟨*lat.-nlat.(-frz.)*⟩: **1. a)** das Reagieren; durch etwas hervorgerufene Wirkung; Gegenwirkung; **b)** ↑Response. **2.** (Chemie) unter stofflichen Veränderungen ablaufender Vorgang. **3.** (ohne Plural) **a)** fortschrittsfeindli-

real	reell
Der Sechsjährige habe ihn gefragt, ob das Unglück wirklich real war. *wirklich, tatsächlich* – Kinder zwischen realer und virtueller Welt – im [...] Jahr [...] ein reales Wirtschaftswachstum von ... – hat einen durchaus realen [...] Hintergrund Die Angst um unsere Arbeitsplätze ist real. Eine Gefahr, die wir als sehr real empfinden. Doch der Erfinder brauchte einen langen Atem, bis sein Traum real wurde.	Gemäß Umfragen hat sie reelle Chancen, gewählt zu werden. *anständig, ehrlich, tatsächlich* – Qualität zu reellen Preisen – auch im sechsten Vergleich keine reelle Siegchance – virtuell und doch reell Die Preise müssen schon reell sein. Nach Abzug der Inflationsrate haben Sie reell nur drei Prozent mehr im Portemonnaie. Und wie hoch ist die reelle Gefahr und Wahrscheinlichkeit eines Verlusts?

ches politisches Verhalten; **b)** Gesamtheit aller fortschrittsfeindlichen Kräfte

re|ak|ti|o|när ⟨*lat.-frz.*⟩ (abwertend): an nicht mehr zeitgemäßen [politischen] Inhalten, Verhältnissen festhaltend; rückschrittlich

Re|ak|ti|o|när, der; -s, -e (abwertend): jmd., der reaktionäre Ansichten vertritt, reaktionäre Ziele verfolgt

Re|ak|ti|o|nä|rin, die; -, -nen: weibliche Form zu ↑Reaktionär

Re|ak|ti|ons|ge|schwin|dig|keit, die; -, -en: die Zeit, in der ein [chemischer] Vorgang abläuft

Re|ak|ti|ons|ki|ne|tik, die; -: Teilgebiet der physikal. Chemie, das sich mit dem zeitlichen Ablauf von chem. Reaktionen u. der Aufklärung von Reaktionsmechanismen beschäftigt

Re|ak|ti|ons|norm, die; -, -en: die [meist] angeborene Art u. Weise, wie ein Organismus auf Reize der Umwelt reagiert

re|ak|tiv ⟨*lat.-nlat.*⟩: **1.** (Psychol.) als Reaktion auf einen Reiz od. auf eine außergewöhnliche Belastung auftretend. **2.** eine chemische Reaktion (2) eingehend. **3.** Gegenwirkung ausübend od. erstrebend. **Re|ak|tiv,** das; -s, -e (Psychol.): psychisches Verhalten, das unmittelbar durch Umweltreize bedingt ist

re|ak|ti|vie|ren: 1. a) wieder in Tätigkeit setzen, in Gebrauch nehmen, wirksam machen; **b)** wieder anstellen, in Dienst nehmen. **2.** chemisch wieder umsetzungsfähig machen. **3.** (Med.) **a)** die normale Funktion eines Körperteils, der vorübergehend ruhig gestellt werden musste, wiederherstellen; **b)** eine Erkrankung, z. B. eine Infektion, wieder aufflammen lassen

Re|ak|ti|vi|tät, die; -, -en: **1.** Rück-, Gegenwirkung, erneute Aktivität. **2.** (Psychol.) das Maß des Reagierens als Norm der Vitalität

Re|ak|tor, der; -s, ...oren: **1.** Anlage, in der die geregelte Kernkettenreaktion zur Gewinnung von Energie od. von bestimmten radioaktiven Stoffen genutzt wird; Kernreaktor. **2.** (Physik) Vorrichtung, in der eine physikalische od. chemische Reaktion abläuft

Re|ak|tor|phy|sik, die; -: Teilgebiet der Kernphysik, das die Vorgänge in Reaktoren behandelt

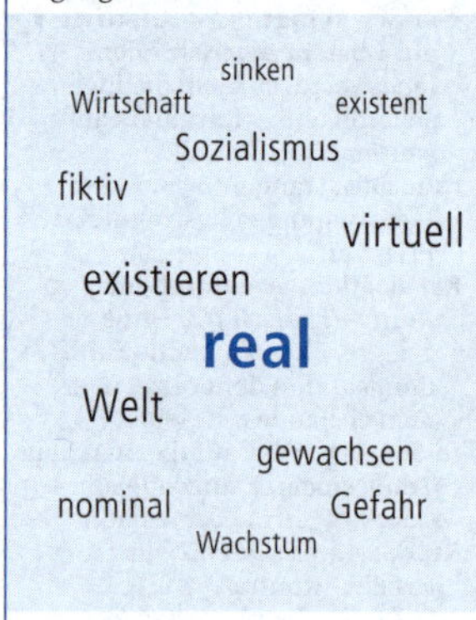

re|al ⟨*lat.-mlat.*⟩: **1.** dinglich, sachlich (Ggs.: imaginär). **2.** wirklich, tatsächlich; der Realität entsprechend (Ggs.: irreal)

real/reell *s. Kasten*

¹Re|al, der; -s, (span.:) -es u. (port.:) Reis [rɛiʃ] ⟨*lat.-span.* u. *port.*⟩: alte spanische u. portugiesische Münze

²Re|al, der; -[s], Reais [ri'ai̯s] ⟨*bras.-port.*⟩: Währungseinheit in Brasilien

Re|a|la, die; -, -s (ugs.): weibliche Form zu ↑Realo

Re|al|akt, der; -[e]s, -e (Rechtsspr.): rein tatsächliche, nicht rechtsgeschäftliche Handlung, die lediglich auf einen äußeren Erfolg gerichtet ist, an den jedoch vom Gesetz Rechtsfolgen geknüpft sind (z. B. der Erwerb eines Besitzes)

Re|al|de|fi|ni|ti|on, die; -, -en (Philos.): Sachbestimmung, die sich auf den Wirklichkeitsgehalt des zu bestimmenden Gegenstandes bezieht (Ggs.: Nominaldefinition)

Re|al|ein|kom|men, das; -s, - (Wirtsch.): in Form einer bestimmten Summe angegebenes Einkommen unter dem Aspekt der Kaufkraft (Ggs.: Nominaleinkommen)

Re|a|li|en, die (Plural) ⟨*lat.-mlat.*⟩ (Philos.): die letzten wirklichen Bestandteile des Seins

Re|al|en|zy|k|lo|pä|die, die; -, -n: ↑Reallexikon

Re|al|gar, der; -s, -e ⟨*arab.-span.-frz.*⟩: durchscheinend rotes Mineral, Arsenerz

Re|al|gym|na|si|um, das; -s, ...ien (früher): höhere Schule mit besonderer Betonung der Naturwissenschaften u. der modernen Sprachen

Re|a|li|en, die (Plural) ⟨*lat.-mlat.*⟩: **1.** wirkliche Dinge, Tatsachen. **2.** Naturwissenschaften als Grundlage der Bildung u. als Lehr- u. Prüfungsfächer. **3.** (Päd.) Sachkenntnisse; vgl. Verbale (3) (Ggs.: Verbale)

Re|a|lign|ment [ri:ə'lai̯nmənt], das; -s ⟨*engl.*⟩ (Bankw.): Neufestsetzung von Wechselkursen nach einer Zeit des ↑Floatings

realistisch.

Die Szenarien, die durchgespielt werden, erscheinen ziemlich realistisch.
sachlich-nüchtern, wirklichkeitsnah
- um eine/die möglichst realistische [...] Darstellung
- der Klassenerhalt ein/als einzig realistisches Ziel
- die Situation [...] realistisch [...] einzuschätzen

Haben wir eine realistische Chance zum Überleben?
Ich betrachte das ziemlich realistisch und logisch.
Schätzen Sie Ihre Kräfte realistisch ein!

real

Der Sechsjährige habe ihn gefragt, ob das Unglück wirklich real war.
wirklich, tatsächlich
- Kinder zwischen realer und virtueller Welt
- im ... Jahr [...] ein reales Wirtschaftswachstum von ...
- hat einen durchaus realen [...] Hintergrund

Die Angst um unsere Arbeitsplätze ist real.
Eine Gefahr, die wir als sehr real empfinden.
Doch der Erfinder brauchte einen langen Atem, bis sein Traum real wurde.

Re|al|in|dex, der; -es, -e u. ...dizes, (auch:) ...dices (veraltet): Sachverzeichnis, -register

Re|al|in|ju|rie [...i̯ə], die; -, -n (Rechtswiss.): Beleidigung durch Tätlichkeiten

Re|al|in|s|pi|ra|ti|on, die; -, -en (Theol.): Eingebung des sachlichen Inhalts der Heiligen Schrift durch den Heiligen Geist (aus der Verbalinspiration entwickelte theologische Lehre); vgl. Personalinspiration

Re|a|li|sat, das; -s, -e ‹*lat.-mlat.-nlat.*›: **1.** künstlerisches Erzeugnis. **2.** (österr.) **a)** auszuzahlendes Gesamtguthaben bei einer Kontoauflösung; **b)** Liquidationserlös

Re|a|li|sa|ti|on, die; -, -en ‹*lat.-mlat.-frz.*›: **1.** Verwirklichung. **2.** Herstellung, Inszenierung eines Films od. einer Fernsehsendung. **3.** (Sprachwiss.) Umsetzung einer abstrakten Einheit der ↑Langue in eine konkrete Einheit der ↑[1]Parole. **4.** (Wirtsch.) Umwandlung von Vermögenswerten in Geld; vgl. ...ation/...ierung

Re|a|li|sa|tor, der; -s, ...oren ‹*lat.-mlat.-nlat.*›: **1.** Hersteller, Autor, Regisseur eines Films od. einer Fernsehsendung. **2.** (Biol. veraltend) das Geschlecht bestimmender [meist genetischer] Faktor (Gen bzw. [z. B. bei Reptilien] äußerer Faktor). **Re|a|li|sa|to|rin,** die; -, -nen: weibliche Form zu ↑Realisator (1)

re|a|li|sie|ren ‹*lat.-mlat.-frz.*›: **1.** verwirklichen, in die Tat umsetzen. **2.** in Geld umwandeln. **3.** ‹*lat.-mlat.-frz.-engl.*›: klar erkennen, einsehen, begreifen, indem man sich die betreffende Sache bewusst macht. **4.** eine Realisation (3) vornehmen. **Re|a|li|sie|rung,** die; -, -en: das Realisieren (1, 2, 3); vgl. ...ation/...ierung

Re|a|lis|mus, der; -, ...men (Plural selten) ‹*lat.-mlat.-nlat.*›: **1.** (ohne Plural) **a)** Wirklichkeitssinn, wirklichkeitsnahe Einstellung; auf Nutzen bedachte Grundhaltung; **b)** ungeschminkte Wirklichkeit. **2.** (ohne Plural) philosophische Denkrichtung, nach der eine außerhalb unseres Bewusstseins liegende Wirklichkeit angenommen wird, zu deren Erkenntnis man durch Wahrnehmung u. Denken kommt. **3. a)** die Wirklichkeit nachahmende, mit der Wirklichkeit übereinstimmende künstlerische Darstellung[sweise] in Literatur u. bildender Kunst; **b)** (ohne Plural) Stilrichtung in Literatur u. bildender Kunst, die sich des Realismus (3 a), der wirklichkeitsgetreuen Darstellung bedient; **sozialistischer Realismus:** realistische künstlerische Darstellung unter dem Aspekt des Sozialismus (bes. in der sowjetischen Kunst u. Literatur)

Re|a|list, der; -en, -en: **1.** jmd., der die Gegebenheiten des täglichen Lebens nüchtern u. sachlich betrachtet u. sich in seinen Handlungen danach richtet (Ggs.: Idealist [2]). **2.** Vertreter des Realismus (3)

Re|a|lis|tik, die; -: ungeschminkte Wirklichkeitsdarstellung

Re|a|lis|tin, die; -, -nen: weibliche Form zu ↑Realist

re|a|lis|tisch: 1. a) wirklichkeitsnah, lebensecht; **b)** ohne Illusion, sachlich-nüchtern (Ggs.: idealistisch [2]). **2.** zum Realismus (3) gehörend

realistisch/real *s. Kasten*

Re|a|li|tät, die; -, -en ‹*lat.-mlat.(-frz.)*›: Wirklichkeit, tatsächliche Lage, Gegebenheit (Ggs.: Irrealität)

Re|a|li|tä|ten, die (Plural) ‹*lat.-mlat.*› (Wirtsch.): Grundstücke, Grundeigentum

Re|a|li|täts|check, der; -s, -s: Überprüfung der Richtigkeit, der Umsetzung von etw. anhand der Realität

re|a|li|ter: in Wirklichkeit

Re|a|li|ty|show, Re|a|li|ty-Show [riˈɛlɪtiʃɔʊ̯], die; -, -s ‹*engl.*›: Unterhaltungssendung im Fernsehen, die tatsächlich Geschehendes (bes. Unglücksfälle) live zeigt bzw. nachgestellt darbietet

Re|a|li|ty|soap, Re|a|li|ty-Soap [riˈɛlɪtisɔʊ̯p], die; -, -s ‹*engl.*›: Dokusoap

Re|a|li|ty|star, Re|a|li|ty-Star [riˈɛlɪtistaːɐ̯], der; -s, -s ‹*engl.*›: aus dem Reality-TV o. Ä. bekannte Person

Re|a|li|ty-TV, das; -[s]: Sparte des Fernsehens, in der Realityshows produziert werden

Re|a̲l|ka|pi|tal, das; -s (Wirtsch.): in Sachwerten (z. B. Grundstücken, Maschinen o. Ä.) bestehendes Kapital eines Unternehmens

Re|a̲l|ka|ta|log, der; -[e]s, -e (Bibliothekswesen veraltend): [systematisch] nach Sachgebieten geordnetes Verzeichnis von Büchern; Sachkatalog (Ggs.: Nominalkatalog)

Re|a̲l|kon|kor|danz, die; -, -en: Konkordanz (1 a), die ein alphabetisches Verzeichnis von Sachen enthält; vgl. Verbalkonkordanz

Re|a̲l|kon|kur|renz, die; -, -en (Rechtsspr.): Tatmehrheit; Verletzung mehrerer strafrechtlicher Tatbestände nacheinander durch den gleichen Täter; vgl. Idealkonkurrenz

Re|a̲l|kre|dit, der; -[e]s, -e (Wirtsch.): Kredit, bei dem der Schuldner mit Immobilien od. anderen Vermögenswerten für die Rückzahlung bürgt

Re|a̲l|le|xi|kon, das; -s, ...ka (auch: ...ken): ↑Lexikon, das die Sachbegriffe einer Wissenschaft od. eines Wissenschaftsgebietes enthält

Re|a̲|lo, der; -s, -s (ugs.): jmd., der Realpolitik betreibt, sich an den realen Gegebenheiten orientiert (bes. bei den Grünen)

Re|a̲l|po|li|tik, die; -: Politik, die moralische Grundsätze od. nationale ↑Ressentiments nicht berücksichtigt, sondern auf der nüchternen Erkenntnis der Gegebenheiten u. des wirklich Erreichbaren beruht

Re|a̲l|prä|senz, die; -: die wirkliche Gegenwart Christi in Brot u. Wein beim heiligen Abendmahl; vgl. Konsubstantiation

Re|a̲l|re|pu|g|nanz, die; -: der in der Sache liegende Widerspruch im Gegensatz zu dem im Begriff liegenden (Kant)

Re|a̲l|sa|ti|re, die; -, -n: reales Geschehen, das satirische Züge trägt

Re|a̲l|schu|le, die; -, -n ‹*lat.-mlat.; dt.*›: [meist] sechsklassige, auf der Grundschule aufbauende Lehranstalt, die bis zur Mittleren Reife führt; Mittelschule

Real|time, die; -, **Real Time,** die; - - [ˈriːəltaɪm, - ˈtaɪm] ‹*engl.*› (EDV): die wirklich benötigte Zeit eines Computers, bis er eine ↑Operation (4 b) abgeschlossen hat

Real|time-Clock, Real-Time-Clock, die; -, -s ‹*engl.*›: [in den Computer integrierte] Echtzeituhr

Real|time-Sys|tem, Real-Time-System, das; -s, -e (EDV): Betriebsart eines Computers, bei dem die Verarbeitung von Daten unmittelbar erfolgt

Re|a̲l|uni|o̲n, die; -, -en: die Verbindung völkerrechtlich selbstständiger Staaten durch eine [verfassungsrechtlich verankerte] Gemeinsamkeit von Institutionen (z. B. gemeinsamer Präsident)

re|ama|teu|ri|si̲e|ren [...tø...] ‹*lat.-frz.*›: einen Berufssportler wieder zum Amateur machen. **Reama|teu|ri|si̲e|rung,** die; -, -en: das Reamateurisieren; das Reamateurisiertwerden

Re|ani|ma|ti|o̲n, die; - ‹*lat.-nlat.*› (Med.): Wiederbelebung; das Ingangbringen erloschener Lebensfunktionen durch künstliche Beatmung, Herzmassage o. Ä.

Re|ani|ma|ti|o̲ns|zen|t|rum, das; -s, ...tren (Med.): klinische Einrichtung speziell für lebensbedrohlich Erkrankte, in der eine Reanimation versucht wird

re|ani|mie|ren (Med.): wiederbeleben. **Re|ani|mi̲e|rung,** die; -, -en (Med.): ↑Reanimation

re|ar|mi̲e|ren ‹*lat.-nlat.*› (veraltet): wieder bewaffnen; ein [Kriegs]schiff von Neuem ausrüsten

Re|as|se|ku|ra̲nz, die; -, -en ‹*lat.*› (veraltet): Rückversicherung

re|as|su|mi̲e|ren ‹*lat.-nlat.*› (Rechtsspr. veraltet): ein Verfahren wieder aufnehmen

Re|as|sump|ti|o̲n, die; -, -en (veraltet): Wiederaufnahme eines Verfahrens

Re|a̲t, das (auch: der); -[e]s, -e ‹*lat.*› (Rechtsspr. veraltet): **a)** Schuld; Straftat; **b)** das Angeklagtsein

Re|au|mur [ˈreːomyːɐ̯] ‹nach dem frz. Physiker Réaumur, 1683–1757›: Gradeinteilung beim heute veralteten 80-teiligen Thermometer (Zeichen: R)

Re|ba̲b, der; -, -s ‹*pers.-arab.*›: arabisches Streichinstrument

Re̲b|bach vgl. Reibach

Re|be̲c, der (auch: das); -s, -s ‹*pers.-arab.-span.-frz.*›: kleine Geige des Mittelalters in Form einer halben Birne mit zwei bis drei Saiten

Re|be̲ll, der; -en, -en ‹*lat.-frz.;* »den Krieg erneuernd«›: Aufrührer, Aufständischer; jmd., der sich auflehnt, widersetzt, empört

re|bel|li̲e|ren: sich auflehnen, sich widersetzen, sich empören

Re|be̲l|lin, die; -, -nen: weibliche Form zu ↑Rebell

Re|bel|li|o̲n, die; -, -en: Aufruhr, Aufstand, Widerstand, Empörung

re|be̲l|lisch: rebellierend, aufständisch, aufsässig, aufrührerisch

Re|bir|thing [riːˈbœːɐ̯θɪŋ], das; -s, -s ‹*engl.*› (Psychol.): Therapie, die versucht, durch das Bewusstmachen von Vorgängen vor od. bei der Geburt hierbei entstandene Traumen aufzulösen

Re|board|sitz [rɪˈbɔːd...], der; -es, -e ‹*engl.; dt.*›: Sitz für Kleinkinder, der zur Sicherheit entgegen der Fahrtrichtung im Fahrzeug eingesetzt wird

re|boo|ten [riˈbuːtn̩] ‹*engl.*› (EDV): einen Computer erneut booten

Re|bound [ˈriːbaʊ̯nt, riˈbaʊ̯nt], der; -s, -s ‹*engl.*›: **1.** (Basketball) vom Brett od. Korbring abprallender Ball. **2.** (Med.) Rückfall. **3.** (Börsenw.) das Wettmachen von Kursverlusten

Re|bound|ef|fekt [ˈriːbaʊ̯nd...], der; -[e]s, -e ‹*engl.; lat.*› (Wirtsch.): Reduzierung des positiven Effekts von ressourcenschonenden Steigerungen der Effizienz durch das veränderte Nutzungsverhalten

Re|break [ˈriːbreɪ̯k], der od. das; -s, -s ‹*engl.*› (Tennis): [1]Break (1 b), das man [unmittelbar] nach einem gegnerischen Break erzielt

Re̲|bus, der od. das; -, -se ‹*lat.-frz.;* »durch Sachen«›: Bilderrätsel

re̲|bus sic sta̲n|ti|bus: ↑clausula rebus sic stantibus

Re|call [riˈkɔːl], der; -s, -s ‹*engl.;* »Rückruf«›: **1.** Rückruf[aktion] (z. B. zur Nachbesserung von mangelhaften Produkten). **2.** nächste Runde bei einem Casting [zu der jmd. durch einen Rückruf eingeladen wird]

Re|call|test, der; -s, -s (auch: -e) ‹*engl.*›: Verfahren, durch das ge-

R
Real

prüft wird, welche Werbeappelle, -aussagen o. Ä. bei der Versuchsperson im Gedächtnis geblieben sind

Ré|ca|mi|e|re [reka'mi̯e:rə], die; -, -n ‹nach der frz. Schriftstellerin J. Récamier, 1777–1849›: Sofa ohne Rückenlehne, aber mit hoch geschwungenen Armlehnen

Re|cei|ver [ri'si:vɐ], der; -s, - ‹*lat.-frz.-engl.;* »Empfänger«›: **1.** Hochfrequenzteil für den Satellitenempfang. **2.** (Sport) Spieler, der den Ball, bes. den Aufschlag, in die gegnerische Spielhälfte zurückschlägt; Rückschläger. **3.** Kombination von Rundfunkempfänger u. Verstärker für Hi-Fi-Wiedergabe

re|cen|ter pa|ra|tum ‹*lat.*›: frisch bereitet (Vorschrift auf ärztlichen Rezepten)

Re|cep|ta|cu|lum, das; -s, ...la ‹*lat.;* »Behälter«›: **1.** Blütenboden der bedecktsamigen Pflanzen. **2.** Blattgewebshöcker bestimmter Farnpflanzen, auf dem die Sporen bildenden Organe entspringen. **3.** bei Braunalgen besondere Äste in Einsenkungen, auf denen die Fortpflanzungsorgane stehen. **4.** (Biol.) bei Würmern, Weich- u. Gliedertieren ein blasenförmiges weibliches Geschlechtsorgan, in dem die Samenzellen gespeichert werden

Re|cha|bit, der; -en, -en ‹*hebr.;* nach dem Gründer Jonadab ben Rechab, Jeremia 35›: Angehöriger einer altisraelitischen religiösen Gemeinschaft, die am Nomadentum festhielt

Re|chaud [re'ʃo:], der od. das; -s, -s ‹*lat.-vulgärlat.-frz.*›: **1.** (südd., österr., schweiz.) [Gas]kocher. **2.** (Gastron.) durch Kerze od. Spiritusbrenner beheiztes Gerät od. elektrisch beheizbare Platte zum Warmhalten von Speisen u. zum Anwärmen von Tellern

Re|cher|che [re'ʃɛrʃə], die; -, -n ‹*lat.-vulgärlat.-frz.*›: Nachforschung, Ermittlung. **Re|cher|cheur** [...'ʃø:ɐ̯], der; -s, -e: **a)** jmd., der [beruflich] in Bibliotheken, Archiven, im Internet u. a. recherchiert; **b)** jmd., der [polizeiliche] Ermittlungen anstellt. **Re|cher|cheu|rin** [...'ʃø:rɪn], die; -, -nen: weibliche Form zu ↑Rechercheur. **re|cher|chie|ren**: ermitteln, untersuchen, nachforschen, erkunden, sich genau über etwas informieren, um Bescheid zu wissen, Hintergründe u. Umstände kennenzulernen, sich ein Bild machen zu können

Rechts|ex|t|re|mis|mus, der; - ‹*dt.; lat.-nlat.*›: extrem nationalistische, gegen liberale u. demokratische Verhältnisse ankämpfende Haltung u. Richtung

re|ci|pe ‹*lat.*›: auf ärztlichen Rezepten: nimm! (Abk.: Rec., Rp.)

Re|ci|tal [rɪ'sai̯tl̩], das; -s, -s ‹*engl.*›: Solistenkonzert

re|ci|tan|do [retʃi...] ‹*lat.-it.*› (Musik): frei, d. h. ohne strikte Einhaltung des Taktes, rezitierend (Vortragsanweisung)

Re|ci|ta|ti|vo ac|com|pa|g|na|to [...'ti:vo ...pan'ja:to], das; - -, ...vi ...ti ‹*it.*›: von Instrumenten begleitetes Rezitativ; Accompagnato

Re|co|die|rung, Rekodierung, die; -, -en ‹*lat.*› (Sprachwiss.): (beim Übersetzen) nach der Analyse der Ausgangssprache (Decodierung) erfolgende Umsetzung in den Code der Zielsprache

re|com|man|dé [...mã'de:] ‹*lat.-frz.*› (Postw.): frz. Bez. für: eingeschrieben (Abk.: R)

Re|con|nais|sance [rəkɔnɛ'sã:s], die; -, -n ‹*frz.-engl.*›: militärische Aufklärung

Re|con|quis|ta [...'kɪsta], die; - ‹*lat.-span.*›: der Kampf der [christlichen] Bevölkerung Spaniens gegen die arabische Herrschaft (im Mittelalter)

Re|cor|der vgl. Rekorder

Re|crui|ter [rɪ'kru:tɐ], der; -s, -: jmd., der beruflich Recruiting betreibt (Berufsbez.). **Re|crui|te|rin**, die; -, -nen: w. Form zu ↑Recruiter

Re|c|rui|ting [rɪ'kru:tɪŋ], das; -s ‹*lat.-frz.-engl.;* »Anwerbung«› (Wirtsch.): Suche nach bzw. Vermittlung von qualifizierten Arbeitskräften

Re|cru|it|ment [rɪ'kru:tmənt], das; -s, -s ‹*engl.*›: **1.** (Med.) Störung der Sinneszellenfunktion im Ohr, bei der der Mechanismus für geringe Lautstärken gestört, der für stärkere dagegen intakt ist. **2.** (Wirtsch.) engl. Bez. für: Personalbeschaffung, Neueinstellung

rec|te ‹*lat.*›: richtig, recht

Rec|to, Rekto, das; -s, -s: Vorderseite eines Blattes in einem Papyrus, einer Handschrift, einem Buch (Ggs.: Verso)

Rec|tor ma|g|ni|fi|cen|tis|si|mus, der; - -, ...ores ...mi ‹»erhabenster Leiter«›: früher der Titel des Landesherrn als Rektor der Hochschule

Rec|tor ma|g|ni|fi|cus, der; - -, ...ores ...fici ‹»erhabener Leiter«›: Titel des Hochschulrektors

re|cy|celn, re|cy|c|len [ri'sai̯kl̩n] ‹*engl.*›: einem Recycling zuführen

Re|cy|c|ling [ri'sai̯klɪŋ], das; -s, -s ‹*engl.*›: **1.** Aufbereitung u. Wiederverwendung bereits benutzter Rohstoffe. **2.** (in den 1970er-Jahren) Wiederanlage der (in der Ölkrise stark gestiegenen) Erlöse Erdöl exportierender Staaten in den importierenden Staaten

Re|cy|c|ling|pa|pier, das; -s: Papier, das aus Altpapier hergestellt ist; Umweltschutzpapier

Re|dak|teur [...'tø:ɐ̯], der; -s, -e ‹*lat.-frz.*›: jmd., der für eine Zeitung, Zeitschrift, für Rundfunk od. Fernsehen, für ein [wissenschaftliches] Sammelwerk o. Ä. Beiträge auswählt, bearbeitet od. auch selbst schreibt. **Re|dak|teu|rin** [...'tø:rɪn], die; -, -nen: weibliche Form zu ↑Redakteur

Re|dak|ti|on, die; -, -en: **1.** Tätigkeit des Redakteurs; das Redigieren. **2. a)** Gesamtheit der Redakteure; **b)** Raum, Abteilung, Büro, in dem Redakteure arbeiten. **3.** (Fachspr.) Veröffentlichung, [bestimmte] Ausgabe eines Textes

re|dak|ti|o|nell: die Redaktion betreffend

Re|dak|tor, der; -s, ...oren ‹*lat.-nlat.*›: **1.** wissenschaftlicher Herausgeber. **2.** (schweiz.) Redakteur. **Re|dak|to|rin**, die; -, -nen: weibliche Form zu ↑Redaktor

Red|di|ti|on, die; -, -en ‹*lat.*› (veraltet): **1.** Rückgabe. **2.** Vorbringung eines [Rechts]grundes

Re|d|emp|to|rist, der; -en, -en ‹*lat.-nlat.*›: Mitglied einer 1732 gegründeten, speziell in der Missionsarbeit tätigen katholischen Kongregation. **Re|d|emp-**

to|ris|tin, die; -, -nen: Angehörige des weiblichen Zweiges der Redemptoristen

Re|de|rij|ker [...rɛi̯kər], der; -s, -s ⟨*niederl.*⟩: Mitglied der Kamers van Rhetorica, literarischer Vereinigungen in den Niederlanden des 15./16. Jh.s

Red|gum|holz ['rɛdgam...], das; -es ⟨*engl.; dt.*⟩: rotes Holz des australischen Rotgummibaums (rotes Mahagoni)

red|hi|bie|ren ⟨*lat.*⟩ (Rechtsspr., Kaufmannsspr.): eine Sache gegen Erstattung des Kaufpreises wegen eines verborgenen Fehlers (zur Zeit des Kaufes) zurückgeben

Red|hi|bi|ti|on, die; - (Rechtsspr., Kaufmannsspr.): Rückgabe einer gekauften Sache gegen Erstattung des Kaufpreises wegen eines verborgenen Fehlers zur Zeit des Kaufes

red|hi|bi|to|risch: **a)** die Redhibition betreffend; **b)** die Redhibition zum Ziel habend; **redhibitorische Klage** (Rechtsspr.): Klage auf Wandlung, auf Rückgängigmachen des Kaufvertrages wegen mangelhafter Beschaffenheit des Vertragsgegenstandes

re|di|gie|ren ⟨*lat.-frz.*⟩: [als Redakteur] einen Text bearbeiten, druckfertig machen

re|di|men|si|o|nie|ren ⟨*lat.-nlat.*⟩ (schweiz.): verringern, reduzieren, in seinem Umfang, seiner Größe einschränken

re|di|mie|ren ⟨*lat.*⟩ (veraltet): [Kriegsgefangene] los-, freikaufen

Re|din|gote [redɛ̃'gɔt, auch: rə...], die; -, -n od. der; -s, -s ⟨*engl.-frz.*⟩: taillierter Damenmantel mit Reverskragen

Red|in|te|g|ra|ti|on, die; -, -en ⟨*lat.*⟩: **1.** (veraltet) ↑Reintegration. **2.** die durch einen Krieg eingeschränkte, nach dessen Beendigung wieder volle Rechtswirksamkeit eines völkerrechtlichen Vertrages

Re|dis|kont, der; -s, -e (Bankw.): Wiederverkauf diskontierter Wechsel durch eine Geschäftsbank an die Notenbank. **re|dis|kon|tie|ren**: diskontierte Wechsel ankaufen od. weiterverkaufen

Re|dis|tri|bu|ti|on, die; -, -en ⟨*lat.*⟩ (Wirtsch.): Korrektur der [marktwirtschaftlichen] Einkommensverteilung mithilfe finanzwirtschaftlicher Maßnahmen

re|di|vi|vus ⟨*lat.*⟩: wiedererstanden

Red|neck, der; -s, -s ⟨*engl.*⟩: der Arbeiterklasse angehörender weißer Amerikaner aus den ländlichen Gebieten der Südstaaten

Re|don®, das; -s ⟨Kunstw.⟩: eine synthetische Faser aus ↑Polyacrylnitril

Re|don|dil|la [auch: ...'dɪlja], die; -, -s u. [bei dt. Aussprache:] ...dillen ⟨*lat.-span.*⟩: in ↑Romanze (1) u. Drama verwendete spanische Strophe aus vier achtsilbigen Versen (Reimfolge: a b b a)

Re|dopp, der; -s ⟨*lat.-it.*⟩ (Reiten): kürzester Galopp in der Hohen Schule

re|dou|b|lie|ren [...du...], redublieren ⟨*lat.-frz.*⟩ (veraltet): verdoppeln, verstärken

Re|dou|te [re'du:tə, österr.: ...'dut], die; -, -n ⟨*lat.-it.-frz.*⟩: **1.** (veraltet) Saal für festliche od. Tanzveranstaltungen. **2.** (österr., sonst veraltet) Maskenball. **3.** (Geschichte) Festungswerk in Form einer trapezförmigen geschlossenen Schanze

Re|dox|paar, das; -[e]s, -e ⟨Kurzw. aus *Red*uktions-*Ox*idations-Paar⟩: **a)** (Chemie) zwei chemische Verbindungen, die bei einer Redoxreaktion miteinander reagieren; **b)** (Elektrochemie) Kombination einer reduzierten u. einer oxidierten Form desselben Elements

Re|dox|po|ten|ti|al vgl. Redoxpotenzial

Re|dox|po|ten|zi|al, Redoxpotential, das; -s, -e (Physik, Chemie): Spannung eines Redoxsystems gegen die Normalelektrode

Re|dox|re|ak|ti|on, die; -, -en (Chemie): auf einem Elektronenübergang beruhende chem. Reaktion. **Re|dox|sys|tem**, das; -s (Chemie): System, bei dem ein Stoff oxidiert u. ein zweiter gleichzeitig reduziert wird

Red Po|w|er ['rɛd 'pau̯ɐ], die; - - ⟨*engl.-amerik.*; »rote Macht«⟩: Bewegung nordamerikanischer Indianer gegen die Unterdrückung durch die Weißen u. für kulturelle Eigenständigkeit u. politische Autonomie (bes. in den 1960er- u. 70er-Jahren)

Re|dres|se|ment [...'mɑ̃:], das; -s, -s ⟨*lat.-vulgärlat.-frz.*⟩ (Med.): **a)** Wiedereinrenkung von Knochenbrüchen u. Verrenkungen; **b)** orthopädische Behandlung von Körperfehlern (bes. der Beine u. Füße). **re|dres|sie|ren**: **1.** (veraltet) wiedergutmachen; rückgängig machen. **2.** (Med.) **a)** eine körperliche Deformierung durch orthopädische Behandlung korrigieren; **b)** einen gebrochenen Knochen wieder einrenken; **c)** einen schiefen Zahn mit der Zange gerade richten

re|du|b|lie|ren vgl. redoublieren

Re|du|it [re'dyi:], das; -s, -s ⟨*lat.-frz.*⟩ (Geschichte): beschusssichere Verteidigungsanlage im Kern einer Festung

Re|duk|ta|se, die; -, -n ⟨*lat.-nlat.*⟩: reduzierendes ↑Enzym in roher Milch

Re|duk|ti|on, die; -, -en ⟨*lat.*⟩: **1. a)** Zurückführung; **b)** Verringerung, Herabsetzung. **2.** (Logik) Zurückführung des Komplizierten auf etwas Einfaches. **3.** (Sprachwiss.) **a)** Verlust der ↑Qualität (2) u. ↑Quantität (2) bis zum Schwund des Vokals (z. B. *Nachbar* aus mhd. *nachgebur*); **b)** Sonderform der sprachlichen ↑Substitution, durch deren Anwendung sich die Zahl der sprachlichen Einheiten verringert (z. B.: ich fliege nach London, ich fliege dorthin). **4. a)** Laisierung; **b)** (meist Plural; Geschichte) christliche Indianersiedlung unter Missionarsleitung (z. B. bei den Jesuiten in Paraguay); vgl. Reservation. **5. a)** chemischer Vorgang, bei dem Elektronen von einem Stoff auf einen anderen übertragen u. von diesem aufgenommen werden (im Zusammenhang mit einer gleichzeitig stattfindenden ↑Oxidation); **b)** Entzug von Sauerstoff aus einer chemischen Verbindung od. Einführung von Wasserstoff in eine chemische Verbindung; **c)** Verarbeitung eines Erzes zu Metall. **6.** Verminderung der Chromosomenzahl während der ↑Reduktionsteilung. **7.** (Physik, Meteorol.) Umrechnung eines physikalischen Messwertes auf den Normalwert (z. B. Reduktion des Luftdrucks an einem beliebigen Ort auf das Meeresniveau)

Re|duk|ti|o|nis|mus, der; - ⟨*lat.-nlat.*⟩: isolierte Betrachtung von Einzelelementen ohne ihre Verflechtung in einem Ganzen od. von einem Ganzen als einfacher Summe aus Einzelteilen unter Überbetonung der Einzelteile, von denen aus generalisiert wird. **re|duk|ti|o|nis|tisch:** dem Reduktionismus entsprechend

Re|duk|ti|ons|di|ät, die; -: kalorienarme Nahrung für eine Abmagerungskur

Re|duk|ti|ons|ofen, der; -s, ...öfen ⟨*lat.; dt.*⟩: Schmelzofen zur Läuterung der Metalle

Re|duk|ti|ons|tei|lung, die; -, -en (Biol.): Zellteilung, durch die der doppelte Chromosomensatz auf einen einfachen reduziert wird

Re|duk|ti|ons|zir|kel, der; -s, -: verstellbarer Zirkel zum Übertragen von vergrößerten od. verkleinerten Strecken

re|duk|tiv ⟨*lat.-nlat.*⟩: mit den Mitteln der Reduktion arbeitend, durch Reduktion bewirkt

Re|duk|tor, der; -s, ...oren ⟨*lat.*⟩: **1.** (Elektrot.) Glimmlampe im Gleichstromkreis zur Minderung der Netzspannung. **2.** Klingeltransformator

re|d|un|dant ⟨*lat.*⟩: Redundanz aufweisend, überreichlich [vorhanden]. **Re|d|un|danz,** die; -, -en: **1.** Überreichlichkeit, Überfluss, Üppigkeit. **2.** (Sprachwiss.) **a)** im Sprachsystem angelegte mehrfache Kennzeichnung derselben Information (z. B. d*en* Kälb*ern:* mehrfach bezeichneter Dativ Plural; d*ie* groß*en* Wörterbüch*er* *sind* teuer: der Plural wird auf komplexe Weise ausgedrückt); **b)** stilistisch bedingte Überladung einer Aussage mit überflüssigen sprachinhaltlichen Elementen; vgl. Pleonasmus, Tautologie. **3.** (in der Informationstheorie bzw. Nachrichtentechnik) das Vorhandensein von weglassbaren Elementen in einer Nachricht, die keine zusätzliche Information liefern, sondern lediglich die beabsichtigte Grundinformation stützen

Re|du|p|li|ka|ti|on, die; -, -en ⟨*lat.*⟩: Verdoppelung eines Wortes od. einer Anlautsilbe (z. B. Bonbon, Wirrwarr). **re|du|p|li|zie|ren:** der Reduplikation unterworfen sein; **reduplizierendes Verb:** Verb, das bestimmte Formen mithilfe der Reduplikation bildet (z. B. lat. *cucurri* = ich bin gelaufen)

Re|du|zent, der; -en, -en ⟨*lat.*⟩ (Biol.): ein Lebewesen (z. B. Bakterie, Pilz), das organische Stoffe wieder in anorganische überführt, sie ↑mineralisiert

re|du|zi|bel ⟨*lat.-nlat.*⟩ (Philos., Math.): sich ableiten, auf eine Grundform zurückführen lassend (Ggs.: irreduzibel)

re|du|zie|ren ⟨*lat.*⟩: **1. a)** auf etwas Einfacheres, das Wesentliche zurückführen; **b)** verringern, herabsetzen, beeinträchtigen. **2.** (Sprachwiss.) einen Vokal an ↑Qualität (2) u. ↑Quantität (2) abschwächen. **3. a)** einer chemischen Verbindung Elektronen zuführen; **b)** einer chemischen Verbindung Sauerstoff entziehen od. Wasserstoff in eine chemische Verbindung einführen. **4.** Erz zu Metall verarbeiten. **5.** einen physikalischen Messwert auf den Normalwert umrechnen (z. B. den Luftdruck an einem beliebigen Ort auf das Meeresniveau). **Re|du|zie|rung,** die; -, -en: das Reduzieren

Red|wood [ˈrɛdwʊd], das; -s, -s ⟨*engl.*⟩: Rotholz eines kalifornischen Mammutbaums

Re|edu|ca|tion [ˈriːedjʊˈkɛɪʃn̩], die; - ⟨*engl.*⟩: Gesamtheit der Maßnahmen, mit denen die vier Besatzungsmächte nach dem Zweiten Weltkrieg Deutschland zur Demokratie zu führen suchten

Reel [riːl], der; -s, -s ⟨*engl.*⟩: schottischer u. irischer, urspr. kreolischer schneller [Paar]tanz in geradem Takt

re|ell ⟨*lat.-mlat.-frz.*⟩: **1. a)** anständig, ehrlich; **b)** (ugs.) ordentlich, den Erwartungen entsprechend. **2.** wirklich, tatsächlich [vorhanden]

Re|el|li|tät, die; - (selten): Ehrlichkeit, Redlichkeit, [geschäftliche] Anständigkeit

Re|en|act|ment [riːʔɛnˈʔɛktmənt, riːɛˈnɛktmənt], das; -[s], -s ⟨*engl.*⟩: möglichst authentisches [filmisches] Nachstellen od. Inszenieren eines historischen Ereignisses (z. B. einer Schlacht)

Re|en|ga|ge|ment [reɑ̃gaʒəˈmɑ̃ː], das; -s, -s ⟨*frz.*⟩: Wiederverpflichtung. **re|en|ga|gie|ren** [...ˈʒiː...]: wieder verpflichten

Re|en|gi|nee|ring [riːʔɛndʒɪˈnɪə̯rɪŋ], das; -[s] ⟨*engl.*⟩: grundlegende Umgestaltung eines Unternehmens, die bes. auf Effizienz u. Flexibilisierung der Geschäftsprozesse sowie auf Kundenzufriedenheit zielt

Re|en|t|ry [riːˈɛntrɪ], der od. das; -s, -s ⟨*engl.*⟩: **1.** Wiedereintritt eines Raumflugkörpers in die Erdatmosphäre. **2.** Wiedereingliederung eines Mitarbeiters in das Unternehmen nach längerer [krankheitsbedingter] Arbeitsunterbrechung

ree|sen ⟨*engl.*⟩ (Seemannsspr.): eifrig erzählen, übertreiben

Re|evo|lu|ti|on, die; - ⟨*lat.-nlat.*⟩ (Med.): allmähliche Wiederkehr der geistigen Funktionen nach epileptischem Anfall

Re|ex|port, der; -[e]s, -e, **Re|ex|por|ta|ti|on,** die; -, -en ⟨*lat.-nlat.*⟩: Ausfuhr importierter Waren

Re|fait [rəˈfɛː], das; -s, -s ⟨*lat.-vulgärlat.-frz.*⟩: unentschiedenes Kartenspiel

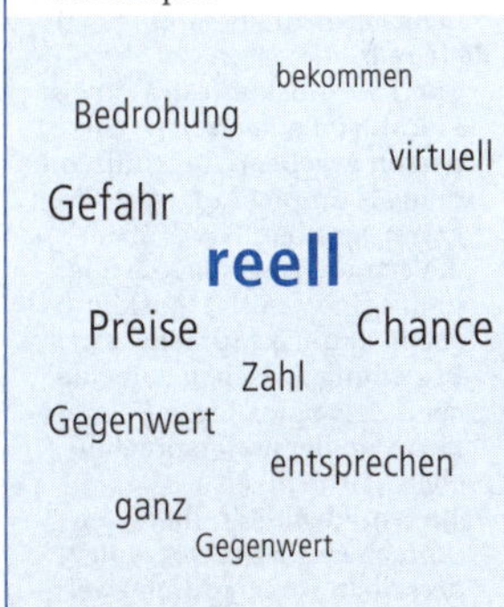

Re|fak|tie [...tsi̯ə], die; -, -n ⟨*lat.-niederl.*⟩: Gewichts- od. Preisabzug wegen beschädigter od. fehlerhafter Waren; Nachlass, Rückvergütung. **re|fak|tie|ren:** Nachlass gewähren

Re|fek|to|ri|um, das; -s, ...ien ⟨*lat.-mlat.*⟩: Speisesaal im Kloster

Re|fe|rat, das; -[e]s, -e ⟨*lat.;* »er möge berichten ...«⟩: **1. a)** Vortrag über ein bestimmtes

R Refe

Thema; **b)** eine Beurteilung enthaltender schriftlicher Bericht; Kurzbesprechung [eines Buches]. **2.** Sachgebiet eines ↑Referenten (2)

Re|fe|ree [ˈrɛfəri, auch: ...ˈriː], der; -s, -s ⟨*engl.*⟩ (Sport): Schiedsrichter, Ringrichter

Re|fe|ren|da: *Plural* von ↑Referendum

Re|fe|ren|dar, der; -s, -e ⟨*lat.-mlat.;* »(aus den Akten) Bericht Erstattender«⟩: **a)** Anwärter auf die höhere Beamtenlaufbahn nach der ersten Staatsprüfung; **b)** Lehramtsanwärter

Re|fe|ren|da|ri|at, das; -[e]s, -e ⟨*lat.-mlat.-nlat.*⟩: Vorbereitungsdienst für Referendare

Re|fe|ren|da|rin, die; -, -nen: weibliche Form zu ↑Referendar

Re|fe|ren|dum, das; -s, ...den u. ...da ⟨*lat.;* »zu Berichtendes«⟩: Volksabstimmung, Volksentscheid; vgl. ad referendum

Re|fe|rent, der; -en, -en: **1. a)** jmd., der ein Referat (1 a) hält; Redner; **b)** Gutachter [bei der Beurteilung einer wissenschaftlichen Arbeit]. **2.** Sachbearbeiter in einer Dienststelle. **3.** (Sprachwiss.) ↑Denotat (1)

re|fe|ren|ti|ell vgl. referenziell

Re|fe|ren|tin, die; -, -nen: weibliche Form zu ↑Referent (1, 2)

Re|fe|renz, die; -, -en ⟨*lat.-frz.;* »Bericht, Auskunft«⟩: **1.** (meist Plural) von einer Vertrauensperson gegebene Auskunft, die man als Empfehlung vorweisen kann; vgl. aber: Reverenz. **2.** Vertrauensperson, die über jmdn. eine positive Auskunft geben kann. **3.** (Sprachwiss.) Beziehung zwischen sprachlichen Zeichen u. ihren Referenten (3) in der außersprachlichen Wirklichkeit

Re|fe|renz|iden|ti|tät, die; -, -en (Sprachwiss.): Bezeichnung derselben Person durch zwei Nominalphrasen

re|fe|ren|zi|ell, referentiell ⟨*lat.-frz.*⟩: die Referenz (3) betreffend

re|fe|ren|zie|ren (EDV): in Beziehung zueinander setzen, aufeinander verweisen

Re|fe|renz|kurs, der; -es, -e (Börsenw.): als Vergleichswert dienender Kurs (3)

re|fe|rie|ren: a) einen kurzen [beurteilenden] Bericht von etwas geben; **b)** ein Referat (1 a) halten

re|fi|nan|zie|ren, sich ⟨*lat.; lat.-frz.*⟩: fremde Mittel aufnehmen, um damit selbst Kredit zu geben. **Re|fi|nan|zie|rung,** die; -, -en: das Refinanzieren

Re|fla|ti|on, die; -, -en ⟨*lat.-engl.*⟩: finanzpolitische Maßnahme zur Erhöhung der im Umlauf befindlichen Geldmenge u. damit zur Überwindung einer ↑Depression (3)

re|fla|ti|o|när ⟨*lat.-nlat.*⟩: die Reflation betreffend

Re|flek|tant, der; -en, -en ⟨*lat.-nlat.*⟩ (veraltet): Bewerber, Interessent, Bieter

re|flek|tie|ren ⟨*lat.*⟩: **1.** zurückstrahlen, spiegeln. **2.** nachdenken; erwägen. **3.** (ugs. veraltend) an jmdm./etwas sehr interessiert sein, etwas erhalten wollen

re|flek|tiv (Technik): (von Bildschirmen) das Umgebungslicht als Lichtquelle nutzend

Re|flek|tor, der; -s, ...oren ⟨*lat.-nlat.*⟩: **1.** Hohlspiegel hinter einer Lichtquelle zur Bündelung des Lichtes (z. B. in einem Scheinwerfer). **2.** Teil einer Richtantenne, der einfallende elektromagnetische Strahlen zur Bündelung nach einem Brennpunkt zurückwirft (z. B. zur Bündelung in einem Brennpunkt). **3.** Fernrohr mit Parabolspiegel; Spiegelteleskop. **4.** Umhüllung eines Atomreaktors mit Material von kleinem Absorptionsvermögen u. großer Neutronenreflexion zur Erhöhung des Neutronenflusses im Reaktor. **5.** Gegenstand, Vorrichtung aus einem reflektierenden Material; Rückstrahler

re|flek|to|risch: durch einen Reflex bedingt

Re|flex, der; -es, -e ⟨*lat.-frz.*⟩: **1.** Widerschein, Rückstrahlung. **2.** (Med.) Reaktion des Organismus auf eine Reizung seines Nervensystems; durch äußere Reize ausgelöste unwillkürliche Muskelkontraktion; **bedingter Reflex:** erworbene Reaktion des Organismus bei höher entwickelten Tieren u. beim Menschen auf einen [biologisch] neutralen Reiz; **unbedingter Reflex:** angeborene, immer auftretende Reaktion auf äußere Reize

Re|fle|xi|on, die; -, -en ⟨*lat.(-frz.)*⟩: **1.** das Zurückwerfen von Licht, elektromagnetischen Wellen, Schallwellen, Gaswellen und Verdichtungsstößen an Körperoberflächen. **2.** das Nachdenken; Überlegung, Betrachtung, vergleichendes u. prüfendes Denken; Vertiefung in einen Gedankengang

Re|fle|xi|ons|go|ni|o|me|ter, das; -s, -: Instrument zum Messen von Neigungswinkeln der Flächen bei Kristallen

Re|fle|xi|ons|win|kel, der; -s, - ⟨*lat.(-frz.); dt.*⟩ (Physik): Winkel zwischen reflektiertem Strahl u. Einfallslot

re|fle|xiv ⟨*lat.-mlat.*⟩: **1.** (Sprachwiss.) sich (auf das Subjekt) rückbeziehend; rückbezüglich; **reflexives Verb:** rückbezügliches Verb (z. B. sich schämen). **2.** die Reflexion (2) betreffend, reflektiert. **Re|fle|xiv,** das; -s, -e: ↑Reflexivpronomen

Re|fle|xi|va: *Plural* von ↑Reflexivum

Re|fle|xi|vi|tät, die; - ⟨*lat.-mlat.-nlat.*⟩ (Sprachwiss., Philos.): reflexible Eigenschaft, Möglichkeit des [Sich]rückbeziehens

Re|fle|xiv|pro|no|men, das; -s, - u. ...mina (Sprachwiss.): rückbezügliches Fürwort (z. B. sich)

Re|fle|xi|vum, das; -s, ...va ⟨*lat.-mlat.*⟩: ↑Reflexivpronomen

Re|fle|xo|lo|ge, der; -n, -n ⟨*lat.; gr.*⟩: Wissenschaftler auf dem Gebiet der Reflexologie. **Re|fle|xo|lo|gie,** die; -: Wissenschaft von den unbedingten u. den bedingten Reflexen (2). **Re|fle|xo|lo|gin,** die; -, -nen: weibliche Form zu ↑Reflexologe

Re|flex|zo|ne, die; -, -n (Med.): Bereich der Körperoberfläche, der einem der inneren Organe od. einem anderen Körperteil entspricht

Re|flex|zo|nen|mas|sa|ge, die; -, -n (Med.): Massage bestimmter Zonen der Körperoberfläche mit dem Ziel, gestörte Funktionen innerer Organe, die diesen Zonen zugeordnet sind, zu aktivieren

Re|flux, der; -es ⟨*lat.-mlat.*⟩ (Med.): Rückfluss (z. B. von Magensaft in die Speiseröhre)

Re|flux|öso|pha|gi|tis, die; -, ...itiden (Med.): durch Rückfluss von Magensäure bedingte Entzündung der Speiseröhre

Re|fọrm, die; -, -en ‹*lat.-frz.*›: Umgestaltung, Neuordnung; Verbesserung des Bestehenden

Re|for|ma̱|tio in Pe̱|ius, die; - - -, ...io̱nes - - ‹*lat.*› (Rechtswiss.): Abänderung eines angefochtenen Urteils in höherer Instanz zum Nachteil des Anfechtenden

Re|for|ma|ti|o̱n, die; -: **1.** durch Luther ausgelöste Bewegung zur Erneuerung der Kirche im 16. Jh., die zur Bildung der protestantischen Kirchen führte. **2.** Erneuerung, geistige Umgestaltung, Verbesserung

Re|for|ma̱|tor, der; -s, ...o̱ren: **1.** Begründer der Reformation (Luther, Zwingli, Calvin u. a.). **2.** Umgestalter, Erneuerer. **Re|for|ma|to̱|rin,** die; -, -nen: weibliche Form zu ↑Reformator (2)

re|for|ma|to̱|risch ‹*lat.-nlat.*›: **1.** in der Art eines Reformators (1); umgestaltend, erneuernd. **2.** die Reformation betreffend, im Sinne der Reformation, der Reformatoren (2)

Re|fọr|mer, der; -s, - ‹*lat.-frz.-engl.*›: Umgestalter, Verbesserer, Erneuerer. **Re|fọr|me|rin,** die; -, -nen: weibliche Form zu ↑Reformer

re|fọr|me|risch: Reformen betreibend; nach Verbesserung, Erneuerung strebend

Re|fọrm|haus®, das; -es, ...häuser ‹*lat.-frz.; dt.*›: Fachgeschäft für gesunde, an vollwertigen Nährstoffen reiche Kost

re|for|mie̱|ren ‹*lat.*›: **1.** verbessern, [geistig, sittlich] erneuern; neu gestalten. **2.** (Chemie) die ↑Oktanzahl von Benzinen durch Druck- u. Hochtemperaturbehandlung erhöhen

re|for|mi̱ert: ↑evangelisch-reformiert; **reformierte Kirche:** die von Zwingli u. Calvin ausgegangenen evangelischen Bekenntnisgemeinschaften. **Re|for|mi̱er|te,** der u. die; -n, -n: Angehörige[r] der reformierten Kirche

Re|for|mie̱|rung, die; -, -en (Plural selten): Neugestaltung u. Verbesserung

Re|for|mịs|mus, der; - ‹*lat.-nlat.*›: **1.** Bewegung zur Verbesserung eines [sozialen] Zustandes od. [politischen] Programms. **2.** (im marxistischen Sprachgebrauch, abwertend) Bewegung innerhalb der Arbeiterklasse, die soziale Verbesserungen durch Reformen, nicht durch Revolutionen erreichen will. **Re|for|mịst,** der; -en, -en: Anhänger des Reformismus (1, 2). **Re|for|mịs|tin,** die; -, -nen: weibliche Form zu ↑Reformist. **re|for|mịs|tisch** (marxistisch abwertend): den Reformismus (2) betreffend

Re|fọrm|kom|mu|nis|mus, der; -: Richtung des Kommunismus, die diktatorisch-bürokratische Ausprägungen des Kommunismus ablehnt

Re|fọrm|kon|zil, das; -s, -e u. -ien: Kirchenversammlung des 15. [u. 16.] Jh.s, die die spätmittelalterliche katholische Kirche reformieren sollte

Re|fọrm|päd|a|go|gik, die; -, -en: pädagogische Bewegung, die die Aktivität u. Kreativität des Kindes fördern will u. sich gegen eine Schule wendet, in der hauptsächlich auf das Lernen Wert gelegt wird

Re|fọrm|po|li|tik, die; -: politisches Konzept, das eine Veränderung der politischen u. gesellschaftlichen Verhältnisse mithilfe von Reformen anstrebt

Re|fọs|co, der; -[s], -s ‹*it.*›: dunkelroter dalmatinischer Süßwein

re|f|rai|chie|ren [refrɛˈʃiː...] ‹*frz.*› (Gastron.): ↑rafraichieren

Re|f|rain [rəˈfrɛ̃ː], der; -s, -s ‹*lat.-vulgärlat.-frz.;* »Rückprall (der Wogen von den Klippen)«›: in regelmäßigen Abständen wiederkehrende gleiche Laut- od. Wortfolge in einem Gedicht od. Lied; Kehrreim

re|frak|tä̱r ‹*lat.;* »widerspenstig«› (Med.): nicht beeinflussbar, unempfindlich (bes. gegenüber Reizen)

Re|frak|ti|o̱n, die; -, -en ‹*lat.-nlat.*› (Physik): **a)** Brechung von Lichtwellen u. anderen an Grenzflächen zweier Medien (↑[1]Medium [3]); **b)** Brechungswert

Re|frak|to|me̱|ter, das; -s, - ‹*lat.; gr.*›: Instrument zur Bestimmung des Brechungsvermögens eines Stoffes. **Re|frak|to|me|t|rie̱,** die; - (Physik): Lehre von der Bestimmung der Brechungsgrößen. **re|frak|to|me̱|t|risch:** mithilfe des Refraktometers durchgeführt

Re|frạk|tor, der; -s, ...o̱ren ‹*lat.-nlat.*›: Linsenfernrohr mit mehreren Sammellinsen als Objektiv

Re|frak|tu|ri̱e|rung, die; -, -en (Med.): operatives Wiederbrechen eines Knochens (bei schlecht od. in ungünstiger Stellung verheiltem Knochenbruch)

Re|fra|ming [riˈfreɪmɪŋ], das; -s, -s ‹*engl.*› (Psychol.): Änderung des gedanklichen Bezugssystems, Perspektivenwechsel

Re|fresh [rɪˈfreʃ], der; -s, -s ‹aus *engl.* to refresh »auffrischen«› (EDV): **a)** Datenbanken, Programme o. Ä. aktualisieren; **b)** automatisches Erneuern, Wiederauffrischen des Speicherinhalts von dynamischen RAM-Speichern

Re|f|re|shing [rɪˈfreʃɪŋ], das; -s, -s ‹*engl.*›: Auffrischung; Erfrischung

Re|f|ri|ge|rạn|tia, Re|f|ri|ge|rạn|zi|en, die (Plural) ‹*lat.*› (Med. veraltet): abkühlende, erfrischende Mittel

Re|f|ri|ge|ra|ti|o̱n, die; -, -en (Med. veraltet): Erkältung

Re|f|ri|ge|ra̱|tor, der; -s, ...o̱ren ‹*lat.-nlat.*›: Gefrieranlage

Re|fuge [reˈfyːʃ], das; -s, -s ‹*lat.-frz.*› (Alpinistik): Schutzhütte, Notquartier

Re|fu|gi|a̱l|ge|biet, das; -[e]s, -e ‹*lat.-nlat.; dt.*›: Rückzugs- u. Erhaltungsgebiet von in ihrem Lebensraum bedrohten Arten

Re|fu|gié [refyˈʒi̯eː], der; -s, -s ‹*lat.-frz.*›: Flüchtling, bes. aus Frankreich geflüchteter Protestant (17. Jh.)

Re|fu̱|gi|um, das; -s, ...ien ‹*lat.*›: Zufluchtsort, -stätte

re|fun|di̱e|ren ‹*lat.;* »zurückgießen«› (veraltet, noch österr.): zurückzahlen; ersetzen. **Re|fun|di̱e|rung,** die; -, -en (veraltet, noch österr.): das Refundieren

Re|fus, Re|füs, der; - [...ˈfyː(s)], - [...ˈfyːs] ‹*lat.-vulgärlat.-frz.*› [rəˈfyː, re...] (veraltet): abschlägige Antwort, Ablehnung, Weigerung

re|fü|si̱e|ren (veraltet): ablehnen, abschlagen, verweigern

Re|fu|si|o̱n, die; -, -en ‹*lat.*› (veraltet): Rückgabe, Rückerstattung

Re|fu|ta|ti|o̱n, die; -, -en ‹*lat.*›: **1.** (veraltet) Widerlegung. **2.** (Geschichte) Lehnsaufkündigung durch den Vasallen

Reg, die; -, -[s] ⟨*hamitisch*⟩: Geröllwüste [in der algerischen Sahara]

re|gal ⟨*lat.*⟩ (selten): königlich, fürstlich

[1]**Re|gal**, das; -s, -e ⟨Herkunft unsicher⟩: **1.** [Bücher-, Waren]gestell mit Fächern; vgl. Real. **2.** (Druckw.) Schriftkastengestell

[2]**Re|gal**, das; -s, -e ⟨*frz.*⟩: **1.** kleine, tragbare, nur mit Zungenstimmen besetzte Orgel; vgl. Portativ. **2.** Zungenregister der Orgel

[3]**Re|gal**, das; -s, -ien (meist Plural) ⟨*lat.-mlat.*⟩: [wirtschaftlich nutzbares] Hoheitsrecht (z. B. Zoll-, Münz-, Postrecht)

Re|ga|le, das; -s, ...lien ⟨*lat.-mlat.*⟩: ↑[3]Regal

re|ga|lie|ren ⟨*frz.*⟩ (veraltet, noch landsch.): **1.** unentgeltlich bewirten, freihalten. **2.** sich an etwas satt essen, gütlich tun

Re|ga|li|tät, die; -, -en ⟨*lat.-mlat.*⟩ (veraltet): Anspruch einer Regierung auf den Besitz von Hoheitsrechten

Re|gat|ta, die; -, ...tten ⟨*venez.*⟩: **1.** (Wassersport) Bootswettkampf. **2.** schmal gestreiftes Baumwollgewebe in Köperbindung (eine Webart)

Re|ge|la|ti|on, die; - ⟨*lat.-nlat.*⟩: bei Druckentlastung das Wiedergefrieren von Wasser zu Eis, das vorher bei Druckzunahme geschmolzen war (bei der Entstehung von Gletschereis u. der Bewegung u. Erosionsarbeit von Gletschern)

Re|gel|de|t|ri, die; - ⟨*lat.-mlat.*⟩ (Math. veraltet): Dreisatz

Ré|gence [reˈʒɑ̃:s], die; - ⟨*lat.-frz.*⟩, **Ré|gence|stil**, der; -[e]s: nach der Regentschaft Philipps von Orleans benannter französischer Kunststil (frühes 18. Jh.)

Re|ge|ne|rat, das; -[e]s, -e ⟨*lat.*⟩: durch chemische Aufarbeitung gewonnenes Material (z. B. Kautschuk aus Altgummi)

Re|ge|ne|ra|ti|on, die; -, -en ⟨*lat.(-frz.)*⟩: **1.** (Biol., Med.) Neubildung. **2. a)** Wiederherstellung bestimmter chemischer od. physikalischer Eigenschaften; **b)** Rückgewinnung chemischer Stoffe. **3.** (Biol.) Ersatz verloren gegangener Organe od. Organteile bei Tieren u. Pflanzen

re|ge|ne|ra|tiv ⟨*lat.-nlat.*⟩: **1.** wiedergewinnend od. wiedergewonnen (z. B. in der Chemie aus Abfällen). **2.** (Biol., Med.) durch Regeneration (3) entstanden; vgl. ...iv/...orisch

Re|ge|ne|ra|tiv|ver|fah|ren, das; -s: Verfahren zur Rückgewinnung von Wärme

Re|ge|ne|ra|tor, der; -s, ...oren (Technik): der Wärmeaufnahme dienendes Mauerwerk beim Regenerativverfahren

re|ge|ne|ra|to|risch vgl. regenerativ

re|ge|ne|rie|ren ⟨*lat.(-frz.)*⟩: **a)** erneuern, auffrischen, wiederherstellen; **b)** (Chemie) wiedergewinnen [von wertvollen Rohstoffen o. Ä. aus verbrauchten, verschmutzten Materialien]; **c)** (sich regenerieren; Biol., Med.) sich neu bilden

Re|gens, der; -, Regentes u. Regenten ⟨*lat.*⟩: Vorsteher, Leiter (bes. eines katholischen Priesterseminars)

Re|gens Cho|ri, der; - -, Regentes -, österr.: **Re|gens|cho|ri**, der; -, -: Chordirigent der katholischen Kirche

Re|gent, der; -en, -en: **1.** [fürstliches] Staatsoberhaupt. **2.** verfassungsmäßiger Vertreter des Monarchen; Landesverweser

Re|gen|ten|stück, das; -[e]s, -e ⟨*lat.; dt.*⟩: Gruppenbildnis von den Vorstehern (Regenten) einer Gilde (holländische Malerei des 17. Jh.s)

Re|gen|tes [...te:s]: *Plural* von ↑Regens

Re|gen|tin, die; -, -nen: weibliche Form zu ↑Regent (1)

Re|gent|schaft, die; -, -en ⟨*lat.; dt.*⟩: Herrschaft od. Amtszeit eines Regenten

Re|ges [...ge:s]: *Plural* von ↑[1]Rex

Re|gest, das; -[e]s, -en (meist Plural) ⟨*lat.*⟩: zusammenfassende Inhaltsangabe einer Urkunde, Teil eines zeitlich geordneten Verzeichnisses von Urkunden; Urkundenverzeichnis

Reg|gae [ˈrɛge, ˈrɛgi], der; -[s] ⟨*engl.;* westind. Slangwort⟩ (Musik): aus Jamaika stammende Stilrichtung der Popmusik, deren Rhythmus durch die Hervorhebung unbetonter Taktteile gekennzeichnet ist

Re|gie [reˈʒi:], die; -, ...ien ⟨*lat.-frz.*⟩: **1.** verantwortliche Führung, [künstlerische] Leitung bei der Gestaltung einer Aufführung, eines Spielgeschehens, eines bestimmten Vorhabens. **2.** (Plural; österr.) Regie-, Verwaltungskosten

Re|gie|as|sis|tent [reˈʒi:...], der; -en, -en: Assistent eines Regisseurs. **Re|gie|as|sis|ten|tin**, die; -, -nen: weibliche Form zu ↑Regieassistent

re|gie|ren ⟨*lat.*⟩: **1.** [be]herrschen; die Verwaltung, die Politik eines [Staats]gebietes leiten. **2.** (Sprachwiss.) einen bestimmten Fall fordern. **3.** in der Gewalt haben; bedienen, handhaben, führen, lenken. **Re|gie|rung**, die; -, -en: **1.** das Regieren; Ausübung der Regierungs-, Herrschaftsgewalt. **2.** oberstes Organ eines Staates, eines Landes; Gesamtheit der Personen, die einen Staat, ein Land regieren (1)

Re|gier|werk, das; -[e]s, -e ⟨*lat.; dt.*⟩: die Einzelpfeifen der Orgel, Manuale u. Pedale, Traktur, Registratur (3)

Re|gie|spe|sen [reˈʒi:...], die (Plural) (veraltet): allgemeine Geschäftsunkosten

Re|gime [reˈʒi:m], das; -s, - [reˈʒi:mə], auch: -s ⟨*lat.-frz.*⟩: **1.** einem bestimmten politischen System entsprechende, von ihm geprägte [volksfeindliche] Regierung, Regierungs-, Herrschaftsform. **2.** (selten) **a)** System, Schema, Ordnung; **b)** Lebensweise, -ordnung, Diätvorschrift (z. B.: der Patient musste sich einem strengen Regime unterziehen)

Re|gime|kri|ti|ker, der; -s, -: jmd., der an dem [totalitären] Regime seines Landes aktiv Kritik übt. **Re|gime|kri|ti|ke|rin**, die; -, -nen: weibliche Form zu ↑Regimekritiker

Re|gi|ment, das; -[e]s, -e u. -er ⟨*lat.*⟩: **1.** (Plural: -e) Regierung, Herrschaft; Leitung. **2.** (Plural: -er) größere [meist von einem Oberst od. Oberstleutnant befehligte] Truppeneinheit (Abk.: R., Reg., Regt., Rgt.)

Re|gi|na Coe|li, die; - -: Himmelskönigin (kath. Bez. Marias nach einem Marienhymnus)

re|gi|na re|git co|lo|rem ⟨»die Dame bestimmt die Farbe«⟩: Grundsatz, nach dem bei der Ausgangsstellung einer Schachpartie die weiße Dame auf Weiß u. die schwarze Dame auf Schwarz steht

Re|gi|o|lekt, der; -[e]s, -e (Sprachwiss.): in einer bestimmten Region (1 a) gesprochener Dialekt
Re|gi|on, die; -, -en ‹*lat.*›: **1. a)** Gebiet, Gegend; **b)** Bereich, Sphäre. **2.** (Anat.) Bezirk, Abschnitt (z. B. eines Organs od. Körperteils), Körpergegend
re|gi|o|nal: 1. sich auf einen bestimmten Bereich erstreckend; gebietsmäßig, -weise, Gebiets... **2.** (Med.) einen bestimmten Körperbereich betreffend; regionär
Re|gi|o|nal|an|äs|the|sie, die; -, -n (Med.): Ausschaltung des Schmerzempfindens eines größeren Körperbereichs
Re|gi|o|nal|ex|press®, der; -es, -e: schneller Zug des Personennahverkehrs (Abk.: RE)
re|gi|o|na|li|sie|ren ‹*lat.-nlat.*›: auf einen bestimmten Bereich, eine Region (1 a) beziehen, eingrenzen. **Re|gi|o|na|li|sie|rung,** die; -, -en: das Regionalisieren
Re|gi|o|na|lis|mus, der; - ‹*lat.-nlat.*›: **1.** Ausprägung landschaftlicher Eigeninteressen. **2.** Heimatkunst, bodenständige Literatur um 1900. **3.** (Sprachwiss.) regional gebundene Spracheigentümlichkeit (z. B. Broiler für Brathähnchen). **Re|gi|o|na|list,** der; -en, -en: Vertreter des Regionalismus (1, 2). **Re|gi|o|na|lis|tin,** die; -, -nen: weibliche Form zu ↑Regionalist
Re|gi|o|na|li|tät, die; - ‹*lat.*›: Bezug zur Region (1 a)
Re|gi|o|nal|li|ga, die; -, ...ligen: auf bestimmte [Groß]regionen begrenzte deutsche Spielklasse in verschiedenen Sportarten (z. B. im Fußball)
Re|gi|o|nal|pro|gramm, das; -[e]s, -e: Rundfunk-, Fernsehprogramm für ein bestimmtes, regional begrenztes Sendegebiet
re|gi|o|när (Med. veraltet): einen bestimmten Körperbereich betreffend; regional
Re|gis|seur [reʒɪˈsøːɐ̯], der; -s, -e ‹*lat.-frz.*›: jmd., der [berufsmäßig] Regie (1) führt, die Regie hat. **Re|gis|seu|rin** [...ˈsøːrɪn], die; -, -nen: weibliche Form zu ↑Regisseur
Re|gis|ter, das; -s, - ‹*lat.-mlat.*›: **1. a)** alphabetisches Namen- od. Sachverzeichnis; ↑Index (1); **b)** stufenförmig eingeschnittener u. mit den Buchstaben des Alphabets versehener Seitenrand in Telefon-, Wörter-, Notizbüchern o. Ä. **2. a)** meist den ganzen Umfang einer Klaviatur deckende Orgelpfeifengruppe mit charakteristischer Klangfärbung; **b)** im Klangcharakter von anderen unterschiedene Lage der menschlichen Stimme (Brust-, Kopf-, Falsettstimme) od. von Holzblasinstrumenten. **3.** amtliches Verzeichnis rechtlicher Vorgänge (z. B. Standesregister). **4.** genaues Aufeinanderpassen der Farben beim Mehrfarbendruck u. der auf dem Druckbogen gegenständigen Buchseiten u. Seitenzahlen. **5.** (EDV) kleiner Speicher mit kurzer Zugriffszeit für die kurzzeitige Speicherung von Daten
re|gis|tered [ˈrɛdʒɪstəd] ‹*lat.-mlat.-frz.-engl.*›: **1.** in ein Register eingetragen, patentiert, gesetzlich geschützt (Abk.: reg.; Zeichen: ®). **2.** eingeschrieben (auf Postsendungen)
Re|gis|ter|kar|te, die; -, -n (EDV): in ein Fenster integriertes weiteres Fenster, von dem per Mausklick wahlweise der gesamte Inhalt od. nur der Titel sichtbar gemacht werden kann
Re|gis|ter|ton|ne, die; -, -n: Maß zur Angabe des Rauminhalts von Schiffen (1 RT = 2,832 m^3) (Abk.: RT)
Re|gis|t|ran|de, die; -, -n ‹*lat.-mlat.*› (veraltet): Buch, in dem Eingänge registriert werden
Re|gis|t|ra|tor, der; -s, ...oren (veraltet): **1.** Register führender Beamter. **2.** Ordner[mappe]. **Re|gis|t|ra|to|rin,** die; -, -nen: weibliche Form zu ↑Registrator (1)
re|gis|t|ra|to|risch: das Registrieren betreffend
Re|gis|t|ra|tur, die; -, -en: **1.** das Registrieren (1 a), Eintragen; Buchung. **2. a)** Aufbewahrungsstelle für Karteien, Akten o. Ä.; **b)** Regal, Gestell, Schrank zum Aufbewahren von Akten o. Ä. **3.** die Register (2 a) und Koppeln auslösende Schaltvorrichtung bei Orgel u. Harmonium
re|gis|t|rie|ren: 1. a) [in ein Register] eintragen; **b)** selbsttätig aufzeichnen; einordnen. **2. a)** bewusst wahrnehmen, ins Bewusstsein aufnehmen; **b)** sachlich feststellen; ohne urteilenden Kommentar feststellen, zur Kenntnis nehmen. **3.** die geeigneten Registerstimmen verbinden u. mischen (bei Orgel u. Harmonium)
Re|g|le|ment [...ˈmɑ̃ː, schweiz.: ...ˈmɛnt], das; -s, -s u. (schweiz.:) -e ‹*lat.-frz.*›: Gesamtheit von Vorschriften, Bestimmungen, die für einen bestimmten Bereich, für bestimmte Tätigkeiten gelten; ↑Statuten, Satzungen
re|g|le|men|ta|risch: der [Dienst]vorschrift, Geschäftsordnung gemäß, bestimmungsgemäß
re|g|le|men|tie|ren: durch Vorschriften regeln, einschränken. **Re|g|le|men|tie|rung,** die; -, -en: **a)** das Reglementieren; **b)** Unterstellung (bes. von Prostituierten) unter behördliche Aufsicht
Re|g|let|te, die; -, -n (Druckw.): schmaler Bleistreifen für den Zeilendurchschuss
Re|gra|nu|lat, das; -[e]s, -e ‹*lat.-nlat.*› (Technik): durch Regranulieren entstandenes Produkt
re|gra|nu|lie|ren (Technik): durch spezielle Aufbereitungsverfahren wieder zu Granulat umformen (von Abfällen, die bei der Herstellung von Kunststoffen anfallen)
Re|gre|di|ent, der; -en, -en ‹*lat.*› (Rechtswiss.): jmd., der Regress (1) nimmt. **Re|gre|di|en|tin,** die; -, -nen: weibliche Form zu ↑Regredient
re|gre|die|ren: 1. (Psychol.) auf Früheres zurückgehen, zurückgreifen. **2.** (Rechtswiss.) ↑Regress (1) nehmen
Re|gress, der; -es, -e (»Rückkehr; Rückhalt, Zuflucht«): **1.** (Rechtswiss.) Rückgriff eines ersatzweise haftenden Schuldners auf den Hauptschuldner. **2.** (Logik) das Zurückschreiten des Denkens vom Besonderen zum Allgemeinen, vom Bedingten zur Bedingung, von der Wirkung zur Ursache
Re|gres|sand, der; -en, -en ‹*lat.-mlat.*› (Statistik): abhängige Variable einer Regression (4)
Re|gres|sat, der; -en, -en (Rechtswiss.): Rückgriffsschuldner, der dem vom Gläubiger in Anspruch genommenen Ersatz-

schuldner für dessen Haftung einstehen muss. **Re|gres|sa|tin,** die; -, -nen: weibliche Form zu ↑Regressat

Re|gres|si|on, die; -, -en ⟨*lat.*⟩: **1.** langsamer Rückgang; rückläufige Tendenz, Entwicklung. **2.** (Geogr.) das Zurückweichen des Meeres durch das Absinken des Meeresspiegels od. die Hebung des Landes. **3.** (Psychol.) **a)** Reaktivierung entwicklungsgeschichtlich älterer Verhaltensweisen bei Abbau od. Verlust des höheren Niveaus; **b)** das Zurückfallen auf frühere, kindliche Stufen der Triebvorgänge. **4.** (Rhet.) **a)** ↑Epanodos; **b)** nachträgliche, erläuternde Wiederaufnahme. **5.** (Statistik) Aufteilung einer Variablen in einen systematischen u. einen zufälligen Teil zur näherungsweisen Beschreibung einer Variablen als Funktion anderer. **6.** (Biol.) das Schrumpfen des Ausbreitungsgebiets einer Art o. Ä. von Lebewesen

re|gres|siv ⟨*lat.-nlat.*⟩: **1.** (Logik) zurückschreitend in der Art des Regresses (2), zurückgehend vom Bedingten zur Bedingung. **2. a)** (Med.) sich zurückbildend (von Krankheiten); **b)** auf einer Regression (3 b) beruhend. **3.** nicht progressiv, rückschrittlich; rückläufig. **4.** (Rechtswiss.) einen Regress (1) betreffend. **5.** in der Fügung; **regressive Assimilation** (Sprachwiss.): Angleichung eines Lauts an den vorangehenden

Re|gres|si|vi|tät, die; -: regressives Verhalten

Re|gres|sor, der; -s, ...oren (Statistik): unabhängige Variable einer Regression (5)

Re|gu|la Fal|si, die; - - ⟨*lat.*⟩ (Math.): Verfahren zur Verbesserung vorhandener Näherungslösungen von Gleichungen

Re|gu|la Fi|dei [- ...dei], die; - -, ...lae [...lɛ] - ⟨»Glaubensregel«⟩: kurze Zusammenfassung der [früh]christlichen Glaubenslehre, bes. das Glaubensbekenntnis

Re|gu|lar, der; -s, -e: Mitglied eines katholischen Ordens mit feierlichen Gelübden

re|gu|lär: 1. der Regel gemäß; vorschriftsmäßig; üblich, gewöhnlich (Ggs.: irregulär); **reguläres System** (Mineral.): Kristallsystem mit drei gleichen, aufeinander senkrecht stehenden Achsen; **reguläre Truppen:** gemäß dem Wehrgesetz eines Staates aufgestellte Truppen. **2.** (ugs.) regelrecht

Re|gu|la|ri|en, die (Plural) (Wirtsch.): bei Aktionärs-, Vereinsversammlungen o. Ä. auf der Tagesordnung stehende, regelmäßig abzuwickelnde Geschäftsangelegenheiten

Re|gu|la|ri|tät, die; -, -en ⟨*lat.-nlat.*⟩: **a)** Gesetzmäßigkeit, Richtigkeit (Ggs.: Irregularität [1 a]); **b)** (meist Plural; Sprachwiss.) sprachübliche Erscheinung (Ggs.: Irregularität [1 b])

Re|gu|la|ri|um, das; -s, ...rien ⟨*lat.*⟩: Gesamtheit von Regeln für einen bestimmten Bereich; Regelwerk

Re|gu|lar|ka|no|ni|ker, der; -s, -: in mönchsähnlicher Gemeinschaft lebender Chorherr

Re|gu|lar|kle|ri|ker, der; -s, -: Ordensgeistlicher, bes. Mitglied einer jüngeren katholischen Ordensgenossenschaft ohne Klöster u. Chorgebet (z. B. der Jesuiten) (Ggs.: Säkularkleriker)

Re|gu|la|ti|on, die; -, -en: **1.** ↑Regulierung. **2.** (Biol., Med.) Regelung der Organsysteme eines lebenden Organismus durch verschiedene Steuerungseinrichtungen (z. B. Hormone, Nerven). **3.** (Biol., Med.) selbsttätige Anpassung eines Lebewesens an wechselnde Umweltbedingungen unter Aufrechterhaltung eines physiologischen Gleichgewichtszustandes im Organismus

re|gu|la|tiv: regulierend, regelnd; als Norm dienend. **Re|gu|la|tiv,** das; -s, -e: **a)** regelnde Verfügung, Vorschrift, Verordnung; **b)** steuerndes, ausgleichendes Element

Re|gu|la|tor, der; -s, ...oren: **1.** Apparatur zur Einstellung des gleichmäßigen Ganges einer Maschine. **2.** Pendeluhr, bei der das Pendel reguliert werden kann. **3.** (Geschichte) **a)** Angehöriger einer 1767 gegründeten revolutionären Gruppe von Farmern in den amerikanischen Südstaaten; **b)** im 19. Jahrhundert im Kampf gegen Viehräuber zur Selbsthilfe greifender amerikanischer Farmer. **4.** steuernde, ausgleichende, regulierende Kraft. **re|gu|la|to|risch:** regulierend, steuernd

Re|gu|li: *Plural* von ↑Regulus

re|gu|lie|ren ⟨*lat.*⟩: **1. a)** regeln, ordnen; **b)** sich regulieren: in ordnungsgemäßen Bahnen verlaufen; einen festen, geordneten Ablauf haben; sich regeln; **regulierter Kanoniker:** ↑Regularkanoniker. **2.** in Ordnung bringen, den gleichmäßigen, richtigen Gang einer Maschine, Uhr o. Ä. einstellen. **3.** (einen Fluss) begradigen. **Re|gu|lie|rung,** die; -, -en: **1.** Regelung. **2.** Herstellung des gleichmäßigen, richtigen Ganges einer Maschine, Uhr o. Ä. **3.** Begradigung eines Flusslaufs

re|gu|li|nisch ⟨*lat.-nlat.*⟩: aus reinem Metall bestehend

Re|gu|lus, der; -, ...li u. -se ⟨*lat.*⟩: **1.** (veraltet) aus Erzen ausgeschmolzener Metallklumpen. **2.** Singvogelgattung, zu der das Winter- u. das Sommergoldhähnchen gehören

Re|gur, der; -s ⟨*Hindi*⟩: Schwarzerde in Südindien

Re|ha, die; -, -s: kurz für ↑Rehabilitation (1)

Re|ha|bi|li|tand, der; -en, -en ⟨*lat.-nlat.*⟩: jmd., dem die Wiedereingliederung in das berufliche u. gesellschaftliche Leben ermöglicht werden soll. **Re|ha|bi|li|tan|din,** die; -, -nen: weibliche Form zu ↑Rehabilitand

Re|ha|bi|li|ta|ti|on, die; -, -en: **1.** [Wieder]eingliederung eines kranken, körperlich od. geistig behinderten Menschen in das berufliche u. gesellschaftliche Leben. **2.** ↑Rehabilitierung (1); vgl. ...ation/...ierung

Re|ha|bi|li|ta|ti|ons|zen|t|rum, das; -s, ...ren: der Rehabilitation (1) dienende Anstalt

re|ha|bi|li|ta|tiv (selten): die Rehabilitation betreffend, ihr dienend

re|ha|bi|li|tie|ren: 1. jmds. od. sein eigenes soziales Ansehen wiederherstellen, jmdn. in frühere [Ehren]rechte wieder einsetzen. **2.** (einen durch Krankheit od. Unfall Geschädigten) durch geeignete Maßnahmen wieder in die Gesellschaft eingliedern.

Re|ha|bi|li|tie|rung, die; -, -en: **1.** Wiederherstellung des sozialen Ansehens, Wiedereinsetzung in frühere [Ehren]rechte. **2.** ↑Rehabilitation (1)

Re|haut [rəˈoː], der; -s, -s ⟨*lat.-vulgärlat.-frz.*⟩: Erhöhung, lichte Stelle auf Gemälden

Re|ha|zen|t|rum, das; -s, ...ren: kurz für ↑Rehabilitationszentrum

Rei|bach, der; -s ⟨*jidd.*⟩: unverhältnismäßig hoher Gewinn

Re|i|fi|ka|ti|on, die; -, -en ⟨*lat.-engl.*⟩: Vergegenständlichung, Konkretisierung. **re|i|fi|zie|ren:** eine Reifikation vornehmen

Rei|ki [ˈreːki], das; -s ⟨*jap.;* »universale Lebensenergie«⟩: japanische Heilkunst mittels Händeauflegen

Re|im|plan|ta|ti|on, die; -, -en ⟨*lat.-nlat.*⟩ (Med.): Wiedereinpflanzung eines vorher entfernten Körperteils

Re|im|port, der; -[e]s, -e, **Re|im|por|ta|ti|on,** die; -, -en ⟨*lat.-nlat.*⟩: Wiedereinfuhr ausgeführter Güter. **re|im|por|tie|ren:** (ausgeführte Güter) wieder einführen

Rei|ne|clau|de [rɛ(ː)nəˈkloːdə] vgl. Reneklode

Rei|net|te [rɛˈnɛtə] vgl. Renette

Re|in|farkt, der; -[e]s, -e ⟨*lat.*⟩ (Med.): wiederholter ↑Infarkt

Re|in|fek|ti|on, die; -, -en ⟨*lat.-nlat.*⟩ (Med.): Wiederansteckung [mit den gleichen Erregern]

Re|in|force|ment [riːɪnˈfɔːɐ̯smənt], das; -s ⟨*engl.*⟩ (Psychol.): das, was das ²Habit schafft, stärkt od. bekräftigt (z. B. Lob)

Re|in|fu|si|on, die; -, -en ⟨*lat.-nlat.*⟩ (Med.): ↑Retransfusion

Re|in|kar|na|ti|on, die; -, -en ⟨*lat.-nlat.*⟩: Übergang der Seele eines Menschen in einen neuen Körper u. eine neue Existenz (in der buddhistischen Lehre von der Seelenwanderung)

re|in|s|tal|lie|ren ⟨*nlat.*⟩: (in ein Amt) wieder einsetzen

Re|in|te|g|ra|ti|on, die; -, -en ⟨*lat.-nlat.*⟩: **1.** ↑Redintegration (2). **2.** Wiedereingliederung. **3.** (veraltet) Wiederherstellung

re|in|te|g|rie|ren: wieder eingliedern

re|in|ves|tie|ren ⟨*lat.-nlat.*⟩ (Wirtsch.): erneut anlegen (frei werdende Kapitalbeträge)

Re|in|ves|ti|ti|on, die; -, -en (Wirtsch.): erneute Bindung frei gewordener Investitionsmittel zur Anschaffung od. Herstellung neuer Produktionsanlagen

Reis: *Plural* von ↑¹Real

Re|issue [riːˈʔɪʃuː], das; -s, -s ⟨*engl.*⟩: Wiederherausgabe (eines Buches o. Ä.)

re|i|te|re|tur ⟨*lat.*⟩: (auf Rezepten): es werde erneuert (Abk.: reit.)

Rei|zi|a|num, das; -s, ...na ⟨*nlat.;* nach dem dt. Gelehrten F. W. Reiz, 1733–1790⟩: antikes lyrisches Versmaß (Kurzvers)

Re|jek|ti|on, die; -, -en ⟨*lat.*⟩: **1.** (Med.) Abstoßung transplantierter Organe durch den Organismus des Empfängers. **2.** (Rechtswiss. selten) Abweisung, Verwerfung (eines Antrags, einer Klage)

Re|jek|to|ri|um, das; -s, ...ien ⟨*lat.-nlat.*⟩ (Rechtswiss.): abweisendes Revisionsurteil

re|ji|zie|ren ⟨*lat.*⟩ (Rechtswiss.): verwerfen, abweisen (einen Antrag, eine Klage o. Ä.)

Ré|jou|is|sance [reʒu̯iˈsɑ̃ːs], die; -, -n ⟨*lat.-galloroman.-frz.*⟩: scherzoartiger, heiterer Satz einer Suite (17. u. 18. Jh.)

Re|ka|les|zenz, die; - ⟨*lat.-nlat.*⟩ (Chemie): Wiedererwärmung, -erhitzung

re|ka|pi|ta|li|sie|ren (Finanzw.): mit fehlendem, neuen Kapital ausstatten

Re|ka|pi|ta|li|sie|rung (Finanzw.): das Rekapitalisieren

Re|ka|pi|tu|la|ti|on, die; -, -en ⟨*lat.*⟩: **1.** das Rekapitulieren. **2.** das Rekapitulierte. **3.** (Biol.) gedrängte Wiederholung der Stammesentwicklung (von der vorgeburtlichen Entwicklung der Einzelwesen)

re|ka|pi|tu|lie|ren: a) wiederholen, noch einmal zusammenfassen; **b)** in Gedanken durchgehen, sich noch einmal vergegenwärtigen

Re|kla|mant, der; -en, -en ⟨*lat.*⟩ (Rechtswiss.): jmd., der Einspruch erhebt, Beschwerde führt

Re|kla|man|te, die; -, -n: ↑¹Kustode (1)

Re|kla|man|tin, die; -, -nen: weibliche Form zu ↑Reklamant

Re|kla|ma|ti|on, die; -, -en: Beanstandung, Beschwerde

Re|kla|me, die; -, -n (Plural selten) ⟨*lat.-frz.*⟩: Werbung; Anpreisung [von Waren zum Verkauf]

re|kla|mie|ren ⟨*lat.;* »dagegenschreien, widersprechen«⟩: **1.** (bildungsspr.) [zurück]fordern, für sich beanspruchen. **2.** wegen irgendwelcher Mängel beanstanden, Einspruch erheben, Beschwerde führen

Re|kli|na|ti|on, die; -, -en ⟨*lat.*⟩: **1.** (Med. veraltet) das Zurückbiegen der verkrümmten Wirbelsäule, die dann in einem Gipsbett in dieser Stellung fixiert wird. **2.** (Med.) Bewegen eines Körperteils nach hinten (z. B. der Halswirbelsäule, um die Atemwege freizuhalten)

Re|klu|sen, die (Plural) ⟨*lat.;* »Eingeschlossene«⟩: ↑Inklusen

Re|ko|die|rung vgl. Recodierung

Re|ko|g|ni|ti|on, die; -, -en ⟨*lat.*⟩ (Rechtsspr. veraltet): [gerichtliche od. amtliche] Anerkennung der Echtheit einer Person, Sache od. Urkunde

re|ko|g|nos|zie|ren: 1. die Echtheit einer Person, Sache od. Urkunde [gerichtlich od. amtlich] anerkennen. **2.** (scherzh.) auskundschaften. **3.** (Militär schweiz., sonst veraltet) [Stärke od. Stellung des Feindes] erkunden, aufklären. **Re|ko|g|nos|zie|rung,** die; -, -en: **1.** Erkundung. **2.** Identifizierung

Re|kom|bi|na|ti|on, die; -, -en ⟨*lat.*⟩: **1.** (Chemie; Physik) Wiedervereinigung der durch Dissoziation od. Ionisation gebildeten, entgegengesetzt elektrisch geladenen Teile eines Moleküls bzw. eines positiven Ions mit einem Elektron zu einem neutralen Gebilde. **2.** (Biol.) Bildung einer neuen Kombination der Gene im Verlauf der ↑Meiose

Re|kom|man|da|ti|on, die; -, -en ⟨*lat.-frz.*⟩ (veraltet): **1.** Empfehlung. **2.** (Postw. österr.) Einschreiben. **re|kom|man|die|ren: 1.** (veraltet, landsch.) empfehlen; einschärfen. **2.** (Postw. österr.) einschreiben lassen; vgl. recommandé

re|kom|mu|na|li|sie|ren ⟨*lat.-nlat.*⟩: ein privatisiertes Unternehmen zurück in Gemeindebesitz u. -verwaltung überführen. **Re|kom|mu|na|li|sie|rung,** die; -, -en: das ↑Rekommunalisieren

Re|kom|pa|ra|ti|on, die; -, -en ‹*lat.-nlat.*›: Wiedererwerbung, -kauf

Re|kom|pens, die; -, -en ‹*spätlat.-frz.-engl.*›: das Rekompensieren (1). **Re|kom|pen|sa|ti|on,** die; -, -en ‹*spätlat.*›: 1. (Wirtsch.) ↑Rekompens. 2. (Med.) Wiederherstellung des Zustands der Kompensation. **re|kom|pen|sie|ren:** 1. (Wirtsch.) entschädigen. 2. (Med.) den Zustand der Kompensation wiederherstellen

Re|kom|po|si|ti|on, die; -, -en ‹*lat.-nlat.;* »Wiederzusammensetzung«› (Sprachwiss.): Vorgang der Neubildung eines zusammengesetzten Wortes, bei der auf die ursprüngliche Form eines Kompositionsglieds zurückgegriffen wird (z. B. lat. commendare, aber frz. commander zu lat. mandare)

Re|kom|po|si|tum, das; -s, ...ta (Sprachwiss.): durch Rekomposition gebildetes zusammengesetztes Wort

Re|kon|fi|gu|ra|ti|on, die; -, -en: das ↑Rekonfigurieren

re|kon|fi|gu|rier|bar ‹*lat.; dt.*›: für das ↑Rekonfigurieren (2, 3) geeignet, ausgelegt

re|kon|fi|gu|rie|ren ‹*lat.*›: 1. neu anordnen, gestalten. 2. (Technik) eine Maschine [durch Ergänzung von Modulen] an neue Anforderungen anpassen. 3. (EDV) ein [defektes] System neu, anders ↑konfigurieren (3) [um die Funktionsfähigkeit zu erhalten od. wiederherzustellen]. **Re|kon|fi|gu|rie|rung,** die; -, -en: ↑Rekonfiguration; vgl. ...ation/...ierung

Re|kon|s|ti|tu|ti|on, die; -, -en ‹*lat.-nlat.*› (veraltet): Wiederherstellung

re|kon|s|t|ru|ie|ren ‹*lat.-nlat.*›: 1. den ursprünglichen Zustand wiederherstellen od. nachbilden. 2. den Ablauf eines früheren Vorgangs od. Erlebnisses in den Einzelheiten darstellen, wiedergeben. 3. (regional) zu größerem [wirtschaftlichem] Nutzen umgestalten u. ausbauen, modernisieren

re|kon|s|t|ruk|ta|bel: nachvollziehbar (z. B. vom Ablauf von Ereignissen); darstellbar

Re|kon|s|t|ruk|ti|on, die; -, -en: 1. a) das Wiederherstellen, Wiederaufbauen, Nachbilden; b) das Wiederhergestellte, Wiederaufgebaute, Nachgebildete. 2. a) das Wiedergeben, Darstellen eines Vorgangs in seinen Einzelteilen; b) detaillierte Wiedergabe, Darstellung. 3. (regional) wirtschaftliche Umgestaltung, Modernisierung

re|kon|s|t|ruk|tiv: 1. im Sinne, zum Zweck einer Rekonstruktion. 2. (Med.) wiederherstellend

re|kon|va|les|zent ‹*lat.*› (Med.): sich im Stadium der Genesung befindend. **Re|kon|va|les|zent,** der; -en, -en (Med.): Genesender

Re|kon|va|les|zen|ten|se|rum, das; -s, ...sera u. ...seren (Med.): aus dem Blut Genesender gewonnenes, Antikörper gegen die überwundene Krankheit enthaltendes Serum

Re|kon|va|les|zen|tin, die; -, -nen: weibliche Form zu ↑Rekonvaleszent

Re|kon|va|les|zenz, die; - ‹*lat.-nlat.*› (Med.): a) Genesung; b) Genesungszeit. **re|kon|va|les|zie|ren** ‹*lat.*› (Med.): genesen

Re|kon|zi|li|a|ti|on, die; -, -en ‹*lat.;* »Aussöhnung«›: 1. Wiederaufnahme eines aus der katholischen Kirchengemeinschaft od. einer ihrer Ordnungen Ausgeschlossenen. 2. erneute Weihe einer entweihten katholischen Kirche

Re|kord, der; -[e]s, -e ‹*lat.-frz.-engl.*›: [anerkannte] sportliche Höchstleistung

Re|kor|der, Recorder, der; -s, - ‹*lat.-frz.-engl.*› (früher): 1. Gerät zur elektromagnetischen Aufzeichnung u. Wiedergabe von Bild- u./od. Tonsignalen. 2. Drehspulschnellschreiber im Funkdienst, ↑Undulator

Re|kord|tief, das; -s, -s: außergewöhnlicher, noch nicht da gewesener Tiefstand bes. der Börsenkurse, Zinsen u. Ä.

Re|kre|a|ti|on, die; -, -en ‹*lat.*› (veraltet): a) Erfrischung; b) Erholung

Re|kre|di|tiv, das; -s, -e ‹*lat.-nlat.*›: schriftliche Bestätigung des Empfangs eines diplomatischen Abberufungsschreibens durch das Staatsoberhaupt

re|kre|ie|ren ‹*lat.*› (veraltet): erfrischen, erquicken, Erholung verschaffen

Re|kret, das; -[e]s, -e (meist Plural) ‹*lat.*› (Biol.): von der Pflanze aufgenommener mineralischer Ballaststoff, der nicht in den pflanzlichen Stoffwechsel eingeht, sondern unverändert in den Zellwänden abgelagert wird

Re|kre|ti|on, die; -, -en (Biol.): das Wiederausscheiden von Rekreten

Re|kri|mi|na|ti|on, die; -, -en ‹*lat.-nlat.*› (Rechtsspr. veraltet): Gegenbeschuldigung, Gegenklage. **re|kri|mi|nie|ren** (Rechtswiss.): den Kläger beklagen, Gegenklage erheben

Re|kru|des|zenz, die; - ‹*lat.-nlat.*› (Med.): Wiederaufflackern und Verschlimmerung [einer Krankheit]; Exazerbation

Re|k|rut, der; -en, -en ‹*lat.-frz.;* »Nachwuchs (an Soldaten)«›: Soldat in der ersten Ausbildungszeit

re|k|ru|tie|ren: 1. (veraltet) Rekruten einberufen, mustern. 2. a) zusammenstellen, zahlenmäßig aus etwas ergänzen, beschaffen; b) sich rekrutieren: sich zusammensetzen, sich bilden [aus etwas]; c) zu einem bestimmten Zweck beschaffen (z. B. Arbeitskräfte)

Re|k|ru|tie|rung, die; -, -en: 1. das Rekrutieren; das Sichrekrutieren. 2. Beschaffung u. Auswahl od. die herkunftsmäßige Zusammensetzung der Mitglieder von Gruppen, Organisationen, sozialen Schichten

Re|k|ru|tin, die; -, -nen: weibliche Form zu ↑Rekrut

Rek|ta: *Plural* von ↑Rektum

Rek|ta|in|dos|sa|ment, das; -[e]s, -e, **Rek|ta|klau|sel,** die; -, -n ‹*lat.-nlat.*› (Bankw.): Vermerk auf einem Wertpapier, der die Übertragung des Papiers durch Indossament ausschließt (»negative Orderklausel«)

rek|tal (Med.): a) den Mastdarm betreffend; b) durch den, im Mastdarm erfolgend

Rek|t|al|gie, die; -, ...ien ‹*lat.; gr.*› (Med.): Schmerz im Mastdarm

Rek|tal|nar|ko|se, die; -, -n (Med. früher): Allgemeinbetäubung durch Einbringung des Medikaments in den Enddarm

Rek|tal|tem|pe|ra|tur, die; -, -en

(Med.): die im Mastdarm gemessene Körpertemperatur

Rek|t|an|gel, das; -s, - ‹*lat.*› (veraltet): Rechteck. **rek|t|an|gu|lär** ‹*lat.-nlat.*› (veraltet): rechtwinklig

Rek|ta|pa|pier, das; -s, -e ‹*lat.; gr.-lat.*› (Bankw.): auf den Namen einer bestimmten Person ausgestelltes u. nicht übertragbares Wertpapier

Rek|ta|scheck, der; -s, -s ‹*lat.; dt.*›: Scheck mit einer Rektaklausel

Rek|t|a|s|zen|si|on, die; -, -en ‹*lat.-nlat.*›: gerade Aufsteigung, eine der beiden Koordinaten im äquatorialen astronomischen Koordinatensystem

Rek|ta|wech|sel, der; -s, - ‹*lat.; dt.*›: Wechsel, der eine Rektaklausel enthält

rek|te vgl. recte

Rek|ti|fi|kat, das; -[e]s, -e ‹*lat.-nlat.*› (Chemie): durch Rektifikation (3) gewonnene Fraktion (2)

Rek|ti|fi|ka|ti|on, die; -, -en: **1.** (veraltet) Berichtigung, Zurechtweisung. **2.** (Math.) Bestimmung der Länge einer Kurve. **3.** (Chemie) Trennung von Flüssigkeitsgemischen durch wiederholte Destillation (z. B. zur Reinigung von Benzin, Spiritus o. Ä.). **rek|ti|fi|zie|ren: 1.** (veraltet) berichtigen, zurechtweisen. **2.** (Math.) die Länge einer Kurve bestimmen. **3.** (Chemie) ein Flüssigkeitsgemisch durch wiederholte Destillation trennen (z. B. zur Reinigung von Benzin, Spiritus o. Ä.)

Rek|ti|on, die; -, -en ‹*lat.*›: Eigenschaft eines Verbs, Adjektivs od. einer Präposition, den Kasus (2) eines abhängigen Wortes im Satz zu bestimmen

Rek|to vgl. Recto

Rek|tor, der; -s, ...oren ‹*lat.-mlat.*›: **1.** Leiter einer Hochschule. **2.** Leiter einer Grund-, Haupt-, Sonder- od. Realschule. **3.** katholischer Geistlicher an einem Seminar o. Ä.

Rek|to|rat, das; -[e]s, -e: **1. a)** Amt eines Rektors od. einer Rektorin; **b)** Amtszimmer eines Rektors od. einer Rektorin; **c)** Amtszeit eines Rektors od. einer Rektorin. **2.** Verwaltungsgremium, dem der Rektor / die Rektorin, die Prorektor[inn]en u. der Kanzler/ die Kanzlerin angehören

Rek|to|rin, die; -, -nen: weibliche Form zu ↑Rektor (1, 2)

Rek|to|s|kop, das; -s, -e ‹*lat.; gr.*› (Med.): [1]Endoskop zur Untersuchung des Mastdarms. **Rek|to|s|ko|pie,** die; -, ...ien (Med.): Untersuchung des Mastdarms mit dem Rektoskop. **rek|to|s|ko|pisch** (Med.): **a)** die Rektoskopie betreffend; **b)** mithilfe von Rektoskopie erfolgend

Rek|to|ze|le, die; -, -n (Med.): Mastdarmvorfall

Rek|tum, das; -s, ...ta ‹*lat.-nlat.*› (Anat.): Mastdarm

re|kul|ti|vie|ren ‹*lat.-frz.*›: [durch Bergbau] unfruchtbar gewordenen Boden wieder kultivieren, als Kulturland nutzen

Re|ku|pe|ra|ti|on, die; - ‹*lat.*›: **1.** (Technik) Verfahren zur Vorwärmung von Luft durch heiße Abgase. **2.** (Geschichte) Rückgewinnung von Territorien aufgrund verbriefter Rechte

Re|ku|pe|ra|tor, der; -s, ...oren: Vorwärmer (in technischen Feuerungsanlagen)

Re|kur|rens|fie|ber, das; -s ‹*lat.*› (Med.): Rückfallfieber

re|kur|rent ‹*lat.*›: ↑rekursiv

Re|kur|renz, die; -: ↑Rekursivität

re|kur|rie|ren: 1. Bezug nehmen, auf etwas zurückgreifen. **2.** (schweiz. Rechtsspr., sonst veraltet) Beschwerde, Einspruch einlegen gegen gerichtliche Urteile od. Verwaltungsakte

Re|kurs, der; -es, -e: **1.** Rückgriff auf etwas, Bezug[nahme]. **2.** (Rechtswiss.) Einspruch, Beschwerde gegen gerichtliche Entscheidungen od. Verwaltungsakte

Re|kur|si|on, die; -: ↑Rekursivität

re|kur|siv ‹*lat.-nlat.*›: **1.** (Math.) zurückgehend (bis zu bekannten Werten). **2.** Rekursivität zeigend

Re|kur|si|vi|tät, die; - (Sprachwiss.): Eigenschaft einer Grammatik, mit der nach bestimmten Formationsregeln unendlich viele Sätze gebildet werden können

Re|ku|sa|ti|on, die; -, -en ‹*lat.*› (Rechtsspr. veraltet): Weigerung, Ablehnung (z. B. gegenüber einem als befangen erachteten Richter in einem Rechtsstreit)

Re|lais [rəˈlɛː], das; - [rəˈlɛː(s)], - [rəˈlɛːs] ‹*frz.*›: **1.** (Elektrot.) automatische Schalteinrichtung, die mittels eines schwachen Stroms Stromkreise mit einem stärkeren Strom öffnet u. schließt. **2.** (früher) **a)** Pferdewechsel im Postverkehr; **b)** Station für den Postpferdewechsel. **3.** (früher) an bestimmten Orten aufgestellte kleinere Reiterabteilung zur Überbringung von Befehlen u. Meldungen. **4.** (früher) Weg zwischen Wall u. Graben einer Festung

Re|lais|dia|gramm [rəˈlɛː...], das; -[e]s, -e: zeichnerische Darstellung der zeitlichen Vorgänge bei einem Relais (1)

Re|lais|sta|ti|on, die; -, -en: **1.** (früher) Station für den Pferdewechsel im Postverkehr u. beim Militär. **2.** bei Wellen mit geradliniger Fortpflanzung Zwischenstelle zur Weiterleitung von Fernseh- u. UKW-Tonsendungen vom Sender zum Empfänger

Re|lance [rəlɑ̃ːs], die; -, -n ‹*frz.*› (schweiz.): das Wiederaufgreifen einer politischen Idee

Re|laps, der; -es, -e ‹*lat.-nlat.*› (Med.): Rückfall, das Wiederausbrechen einer Krankheit nach vermeintlicher Heilung

Re|la|ti|on, die; -, -en ‹*lat.*›: **1. a)** Beziehung, Verhältnis; **b)** (Math.) Beziehung zwischen den Elementen einer Menge; **c)** (veraltend) gesellschaftliche, geschäftliche o. ä. Verbindung. **2.** (veraltet) Bericht, Mitteilung. **3.** Rechtsgutachten. **4.** (Geschichte) Zurückschiebung eines zugeschobenen Eides im Zivilprozess an den Gegner (Ggs.: Delation [3]). **5.** regelmäßig befahrene [Schifffahrts]linie

re|la|ti|o|nal ‹*lat.-nlat.*›: **a)** die Relation betreffend; **b)** in Beziehung stehend, eine Beziehung darstellend

Re|la|ti|o|na|lis|mus, Re|la|ti|o|nis|mus, der; -: ↑Relativismus (1)

Re|la|ti|ons|ad|jek|tiv, das; -s, -e (Sprachwiss.): ↑Relativadjektiv

re|la|tiv [auch: ˈreː...]: **1.** verhältnismäßig, vergleichsweise. **2.** bezüglich; **relatives Tempus** (Sprachwiss.): auf das Tempus

relativ	relevant
Die Provisionen sind relativ klein. *verhältnismäßig, vergleichsweise* – der relativ hohe […] Anteil an/der … – im Vergleich [zu anderen …] relativ […] hoch – mit relativer Mehrheit Sie leben ein relativ natürliches Leben. Hilfreich ist dabei das Konzept der relativen Stärke. Wir erleben ein Jahr relativer Ruhe.	Nicht alles, was moralisch verwerflich ist, ist strafrechtlich relevant. *wichtig, bedeutsam* – der Zugang zu allen relevanten Informationen … – die/für […] besonders […] relevant sind – unter Berücksichtigung aller […] relevanten Faktoren … Die relevanten Themen stellt sie in ihren wöchentlichen Kolumnen vor. In einem Preiskampf ist also die Umsatzsteuer nicht relevant. Nutzern soll wieder ein breiteres Angebot an relevanten Inhalten angezeigt werden.

eines anderen Geschehens im zusammengesetzten Satz bezogenes Tempus

relativ/relevant s. *Kasten*

Re|la|tiv, das; -s, -e: **a)** Oberbegriff für Relativpronomen u. Relativadverb; **b)** ↑Relativpronomen

Re|la|ti|va: *Plural* von ↑Relativum

Re|la|tiv|ad|jek|tiv, das; -s, -e (Sprachwiss.): Adjektiv, das eine Beziehung ausdrückt (z. B. das *väterliche* Haus)

Re|la|tiv|ad|verb, das; -s, -ien (Sprachwiss.): bezügliches Umstandswort (z. B.: dort, *wo* er lebt)

re|la|ti|vie|ren ‹*lat.-nlat.*›: mit etwas anderem in eine Beziehung bringen u. dadurch in seiner Gültigkeit einschränken

re|la|ti|visch: a) das Relativ betreffend; **b)** als Relativ gebraucht

Re|la|ti|vis|mus, der; -: **1.** erkenntnistheoretische Lehre, nach der nur die Verhältnisse der Dinge zueinander, nicht diese selbst erkennbar sind. **2.** (Philos.) Anschauung, nach der jede Erkenntnis nur relativ (bedingt durch den Standpunkt des Erkennenden) richtig ist, nicht allgemeingültig. **Re|la|ti|vist,** der; -en, -en: **a)** Vertreter des Relativismus; **b)** jmd., für den alle Erkenntnis subjektiv ist. **Re|la|ti|vis|tin,** die; -, -nen: weibliche Form zu ↑Relativist. **re|la|ti|vis|tisch: 1.** (Philos.) den Relativismus betreffend. **2.** (Physik) die Relativitätstheorie betreffend, auf ihr beruhend. **3.** die Relativität (2) betreffend

Re|la|ti|vi|tät, die; -, -en: **1.** relative (1) Gültigkeit. **2.** Bezogenheit, Bedingtheit

Re|la|ti|vi|täts|the|o|rie, die; - (Physik): von A. Einstein begründete physikalische Theorie, nach der Raum, Zeit u. Masse vom Bewegungszustand eines Beobachters abhängig u. deshalb relative (1) Größen sind

Re|la|tiv|pro|no|men, das; -s, - u. …mina: bezügliches Fürwort (z. B.: der Mann, *der* dort sitzt)

Re|la|tiv|satz, der; -es, …sätze ‹*lat.-nlat.; dt.*›: durch ein Relativ eingeleiteter Attributsatz (z. B.: die Zeit, *die dafür noch bleibt …;* kennst du ein Land, *wo es das noch gibt?*)

Re|la|ti|vum, das; -s, …va ‹*lat.*›: ↑Relativ

Re|la|tor, der; -s, …oren (Logik): mehrstelliger Prädikator

Re|launch [ˈriːlɔːntʃ, riˈlɔːntʃ], der u. das; -[e]s, -[e]s ‹*engl.*› (Werbespr.): **1.** verstärkter Werbeeinsatz für ein schon länger auf dem Markt befindliches Produkt. **2. a)** neue, verbesserte Gestaltung eines schon länger auf dem Markt befindlichen Produkts; **b)** (EDV) grundlegende Neugestaltung [des Designs] einer Website. **re|laun|chen** (Werbespr.): einen Relaunch durchführen

Re|la|xans, das; -, …xanzien […i̯ən] u. …xantia ‹*lat.*› (Med.): Arzneimittel, das eine Erschlaffung [der Muskeln] bewirkt

Re|la|xa|ti|on, die; -: **1.** (Med.) Erschlaffung, Entspannung (bes. der Muskulatur). **2.** (Physik) Minderung der Elastizität. **3.** (Chemie) Wiederherstellung eines chemischen Gleichgewichts nach einer Störung

Re|la|xa|ti|ons|me|tho|de, die; -: **1.** (Math.) Näherungsverfahren zur Auflösung von Gleichungen. **2.** (Psychol.) Verfahren zur Erreichung eines stabilen seelischen Gleichgewichts (z. B. autogenes Training)

re|laxed, relaxt [riˈlɛkst] ‹*lat.-engl.*› (ugs.): gelöst, zwanglos

re|la|xen [riˈlɛksn̩] (ugs.): sich körperlich entspannen, sich nach einer Anspannung, Anstrengung erholen. **Re|la|xing** [riˈlɛksɪŋ], das; -s: das Relaxen

re|laxt [riˈlɛkst] vgl. relaxed

¹Re|lease, das od. der; -[s], -s […sɪs], (selten:) die; -, -s ‹*engl.*› (bes. EDV): [Neu]veröffentlichung, Erscheinen [in neuer Form], Freigabe

²Re|lease [riˈliːs], das; -, -s […sɪs] ‹*engl.*›: Kurzform von ↑Releasecenter. **Re|lease|cen|ter, Re|lease-Cen|ter,** das; -s, - ‹*engl.-amerik.,* zu *engl.* to release »befreien«› (veraltet): Einrichtung zur Heilung Rauschgiftsüchtiger

Re|lea|ser [riˈliːzɐ], der; -s, -: **1.** (veraltet) Psychotherapeut, Sozialarbeiter o. Ä., der bei der Behandlung Drogenabhängiger mitwirkt. **2.** (EDV Jargon) jmd., der ein ¹Release herstellt od.

R
Rela

vertreibt. **Re|lea|se|rin,** die; -, -nen: weibliche Form zu ↑Releaser

Re|lease|zen|t|rum, Re|lease-Zen|t-rum, das; -s, ...tren (veraltet): ↑Releasecenter

Re|le|ga|ti|on, die; -, -en ⟨*lat.*⟩: Verweisung von der [Hoch]schule

Re|le|ga|ti|ons|spiel, das; -[e]s, -e ⟨*lat.; dt.*⟩ (Sport): Qualifikationsspiel zw. [einer] der schlechtesten Mannschaft[en] der höheren u. [einer] der besten der tieferen Spielklasse um das Verbleiben in der höheren bzw. den Aufstieg in die höhere Spielklasse

re|le|gie|ren: von der [Hoch]schule verweisen

re|le|vant ⟨*lat.-frz.*⟩: bedeutsam, wichtig (Ggs.: irrelevant). **Re|le-vanz,** die; -, -en: Wichtigkeit, Erheblichkeit (Ggs.: Irrelevanz)

Re|le|va|ti|on, die; -, -en ⟨*lat.;* »Erleichterung«⟩ (Rechtsspr. veraltet): Befreiung von einer Verbindlichkeit

re|li|a|bel ⟨*lat.-frz.-engl.*⟩: verlässlich

Re|li|a|bi|li|tät, die; -, -en (Psychol.): Zuverlässigkeit eines wissenschaftlichen Versuchs

Re|li|ef, das; -s, -s u. -e ⟨*lat.-frz.*⟩: **1.** Geländeoberfläche od. deren plastische Nachbildung. **2.** plastisches Bildwerk auf einer Fläche. **re|li|e|fie|ren:** mit einem Relief versehen. **Re|li|e|fie|rung,** die; -, -en: das Reliefieren, Herausarbeiten eines Reliefs

Re|li|ef|in|tar|sia, Re|li|ef|in|tar|sie [...i̯ə], die; -, ...ien: Verbindung von Einlegearbeit u. Schnitzerei

Re|li|ef|kli|schee, das; -s, -s: ↑Autotypie mit reliefartiger Prägung auf der Rückseite, durch die die entsprechenden Stellen auf der Vorderseite besser zum Druck kommen

Re|li|gio, die; -, ...ones [...ne:s] ⟨*lat.*⟩: katholische religiöse Vereinigung mit eigener Regel u. öffentlichen Gelübden; vgl. Religiose

Re|li|gi|on, die; -, -en: **1.** Glaube[nsbekenntnis]. **2. a)** Gottesverehrung; **b)** innerliche Frömmigkeit

Re|li|gi|ons|phi|lo|so|phie, die; -: Wissenschaft vom Ursprung, Wesen u. Wahrheitsgehalt der Religion u. ihrer Beziehung zur Philosophie

re|li|gi|ös ⟨*lat.-frz.*⟩: **1.** die Religion betreffend. **2.** gottesfürchtig, fromm (Ggs.: irreligiös)

Re|li|gi|o|se, der u. die; -n, -n (meist Plural) ⟨*lat.*⟩: im katholischen Kirchenrecht Mitglied religiöser Genossenschaften; vgl. Religio

Re|li|gi|o|si|tät, die; -: [innere] Frömmigkeit, Gläubigkeit (Ggs.: Irreligiosität)

re|li|gio|so [...li'dʒo:zo] ⟨*lat.-it.*⟩ (Musik): feierlich, andächtig (Vortragsanweisung)

re|likt ⟨*lat.*⟩: in Resten vorkommend (von Tieren u. Pflanzen)

Re|likt, das; -[e]s, -e: **1.** Überrest, Überbleibsel. **2.** (Biol.) vereinzelter Restbestand von Pflanzen od. Tieren, die in früheren Erdperioden weit verbreitet waren. **3.** (Geol.) ursprünglich gebliebener Gesteinsteil in einem umgewandelten Gestein. **4.** (Geogr.) Boden, der von einer Klimaänderung kaum beeinflusst wurde. **5.** (Sprachwiss.) mundartliche Restform, deren geografische Streuung in einer Sprachlandschaft ihre frühere weitere Verbreitung erkennen lässt

Re|lik|ten, die (Plural) (veraltet): **a)** Hinterbliebene; **b)** Hinterlassenschaft

Re|li|qui|ar, das; -s, -e ⟨*lat.-mlat.*⟩: [künstlerisch gestalteter] Reliquienbehälter

Re|li|quie [...kviə, ...iə], die; -, -n ⟨»Zurückgelassenes, Überrest«⟩: **1.** Überrest der Gebeine, Asche, Kleider o. Ä. eines od. einer Heiligen o. Ä., der als Gegenstand religiöser Verehrung dient. **2.** (selten) kostbares Andenken

Re|lish ['rɛlɪʃ], das; -s, -es [...ʃɪs] ⟨*engl.*⟩: würzige Soße aus pikant eingelegten, zerkleinerten Gemüsestückchen (z. B. als Beigabe zu gegrilltem Fleisch)

Re|luk|tanz, die; -, -en ⟨*lat.-engl.*⟩: der magnetische Widerstand

Re|lu|xa|ti|on, die; -, -en ⟨*lat.-nlat.*⟩ (Med.): wiederholte Ausrenkung eines Gelenks (z. B. bei angeborener Schwäche der Gelenkkapsel)

Re|mai|ler ['ri:mɛɪ̯lɐ], der; -s, - ⟨*engl.*⟩: Dienst zum anonymisierten Weiterleiten von E-Mails

Re|mai|ling [rɪ'mɛɪ̯lɪŋ, 'ri:mɛɪ̯lɪŋ], das; -s ⟨*engl.*⟩: Versand von Brief- od. Warensendungen inländischer Absender über ein kostengünstiges Drittland an Empfänger im Inland

Re|make ['ri:mɛɪ̯k, ri'mɛɪ̯k], das; -s, -s ⟨*engl.;* »wieder machen«⟩: **1.** Neufassung, Zweitfassung, Wiederholung einer künstlerischen Produktion. **2.** Neuverfilmung eines älteren Spielfilmstoffes

re|ma|nent ⟨*lat.*⟩: zurückbleibend

Re|ma|nenz, die; - ⟨*lat.-nlat.*⟩: **1.** (Physik) remanenter Magnetismus. **2.** Rückstand, Weiterbestehen eines Reizes, ↑Engramm

re|mar|ka|bel ⟨*frz.*⟩ (veraltet): bemerkenswert

Re|marque|druck [rə'mark...], der; -[e]s, -e ⟨*frz.; dt.*⟩: erster Druck von Kupferstichen, Lithografien u. Radierungen, der neben der eigentlichen Zeichnung auf dem Rande noch eine Anmerkung (= frz. *remarque*) in Form einer kleinen Skizze od. Ätzprobe aufweist, die vor dem endgültigen Druck abgeschliffen wird

Re|ma|su|ri vgl. Ramasuri

Re|ma|te|ri|a|li|sa|ti|on, die; -, -en ⟨*lat.-nlat.*⟩ (Parapsychol.): Rückführung eines dematerialisierten (unsichtbaren) Gegenstands in seinen ursprünglichen materiellen Zustand (Ggs.: Dematerialisation)

Rem|bours [rɑ̃'bu:ɐ̯], der; - [...ɐ̯(s)], - [...ɐ̯s] ⟨*frz.*⟩: Begleichung einer Forderung aus einem Geschäft im Überseehandel durch Vermittlung einer Bank. **rem|bour|sie|ren** [rãbʊr...]: eine Forderung aus einem Geschäft im Überseehandel durch Vermittlung einer Bank begleichen

Re|me|dia, Re|me|di|en: *Plural* von ↑Remedium

re|me|die|ren ⟨*lat.*⟩ (Med.): heilen

Re|me|di|um, das; -s, ...ien u. ...ia: **1.** (Med.) Heilmittel. **2.** bei Münzen die zulässige Abweichung vom gesetzlich geforderten Gewicht u. Feingehalt

Re|me|dur, die; -, -en ⟨*lat.-nlat.*⟩ (veraltet): [gerichtliche] Abhilfe; Abstellung eines Missbrauchs

Re|mi|g|rant, der; -en, -en ⟨*lat.*⟩: jmd., der in das Land zurückkehrt, aus dem er zuvor emigriert ist. **Re|mi|g|ran|tin,** die; -, -nen: weibliche Form zu ↑Remigrant

Re|mi|g|rier|te, der u. die; -n, -n: aus der Emigration (1) Zurückgekehrte[r]

re|mi|li|ta|ri|sie|ren ⟨*lat.-frz.*⟩: wieder bewaffnen, wieder mit eigenen Truppen besetzen; das [aufgelöste] Heerwesen eines Landes von Neuem organisieren

Re|min|der [riˈmaɪ̯ndɐ], der; -s, - ⟨*engl.*⟩ (EDV): Onlinedienst, der Abonnent[inn]en [z. B. per E-Mail od. SMS] an etw. Bestimmtes erinnert

Re|min|der|wer|bung [riˈmaɪ̯ndɐ...], die; - ⟨*lat.-engl.; dt.*⟩: Werbemethode, bei der Angebote zwei- bis dreimal [in Varianten] wiederholt werden, um die Wirksamkeit zu erhöhen

Re|min|ding [riˈmaɪ̯ndɪŋ], das; -s ⟨*engl.*⟩ (Werbespr.): das häufige, nachdrückliche Wiederholen von Angeboten

Re|mi|nis|zenz, die; -, -en ⟨*lat.*⟩: Erinnerung, die etwas für jmdn. bedeutet; Anklang; Überbleibsel

Re|mi|nis|ze|re ⟨*lat.;* nach dem alten Introitus (2) des Gottesdienstes, Psalm 25, 6, »Gedenke (Herr, an deine Barmherzigkeit)!«⟩: zweiter Fastensonntag

re|mis [rəˈmiː] ⟨*lat.-frz.;* »zurückgestellt (als ob nicht stattgefunden)«⟩: unentschieden (bes. in Bezug auf Schachpartien u. Sportwettkämpfe). **Re|mis** [rəˈmiː], das; - [rəˈmiː(s)], - [rəˈmiːs] u. (bes. Schach:) -en [rəˈmiːzn̩]: Schachpartie, Sportwettkampf mit unentschiedenem Ausgang

Re|mi|se, die; -, -n: **1.** (veraltend) Geräte-, Wagenschuppen. **2.** (Forstwirtsch.) [künstlich angelegtes] dichtes Schutzgehölz für Wild

Re|mi|si|er [rəmiˈzi̯eː], der; -s, -s (veraltet): Vermittler von Wertpapiergeschäften zwischen Publikum u. Börsenmakler od. Banken

re|mi|sie|ren: eine Schachpartie oder einen sportlichen Wettkampf unentschieden gestalten

Re|mis|si|on, die; -, -en ⟨*lat.*⟩: **1.** (veraltet) Erlass, Nachsicht. **2.** (Med.) Rückgang, vorübergehendes Nachlassen von Krankheitssymptomen. **3.** (Optik) diffuse, gestreute Reflexion von Licht an undurchsichtigen Flächen. **4.** Rücksendung von Remittenden

Re|mit|ten|de, die; -, -n ⟨*lat.;* »Zurückzusendendes«⟩: beschädigtes od. fehlerhaftes Buch o. Ä., das an den Verlag zum Umtausch zurückgeschickt wird

Re|mit|tent, der; -en, -en (Wirtsch.): Wechselnehmer, an den od. an dessen Order die Wechselsumme gezahlt werden soll. **Re|mit|ten|tin,** die; -, -nen: weibliche Form zu ↑Remittent

re|mit|tie|ren: 1. (Bücher o. Ä.) als Remittenden zurücksenden. **2.** (Wirtsch.) Zahlung für empfangene Leistung einsenden. **3.** (Med.) zeitweilig nachlassen, zurückgehen (von Krankheitserscheinungen)

Re|mix [ˈriː...], der; -[es], -e, auch: das; -[es], -es ⟨*engl.*⟩ (Musik): neu gestaltete Tonaufnahme

Re|mi|xer, der; -s, - ⟨*engl.*⟩: jmd., der einen Remix [am Mischpult] aufbereitet. **Re|mi|xe|rin,** die; -, -nen: weibliche Form von ↑Remixer

Rem|mi|dem|mi, das; -s ⟨Herkunft unbekannt⟩ (ugs.): lautes, buntes Treiben; großer Trubel, Betrieb

re|mo|ne|ti|sie|ren ⟨*lat.-nlat.*⟩: **1.** (Bankw.) wieder in Umlauf setzen (von Münzen). **2.** (Wirtsch.) in Geld zurückverwandeln

Re|mon|s|t|ra|ti|on, die; -, -en (Rechtsspr. veraltet): Gegenvorstellung, Einspruch, Einwand. **re|mon|s|t|rie|ren** (Rechtsspr. veraltet): Einwände erheben, Gegenvorstellungen machen

re|mon|tant [auch: remõˈtant] ⟨*lat.-frz.*⟩ (Bot.): remontierend (1)

Re|mon|te [auch: reˈmõːtə], die; -, -n (früher): **1.** ↑Remontierung. **2.** junges Militärpferd

re|mon|tie|ren [auch: remõ...]: **1.** (Bot.) noch einmal blühen (nach der Hauptblüte). **2.** (früher) den militärischen Pferdebestand durch Jungpferde ergänzen. **Re|mon|tie|rung** [auch: remõ...], die; -, -en (früher): die Ergänzung des militärischen Pferdebestandes durch Jungpferde

Re|mon|toir|uhr [remõˈto̯aːɐ̯ʔ...], die; -, -en ⟨*lat.-frz.; dt.*⟩ (veraltet): Taschenuhr mit einer Vorrichtung zum Aufziehen des Uhrwerks u. Stellen des Zeigers durch Kronenaufzug (gezahntes Rädchen)

Re|mor|queur [remɔrˈkøːɐ̯], der; -s, -e ⟨*lat.-it.-frz.*⟩ (landsch.): kleiner Schleppdampfer. **re|mor|quie|ren** [remɔrˈki...] (landsch.): ins Schlepptau nehmen

re|mote [rɪˈmoʊ̯t] ⟨*engl.;* »(weit) entfernt«⟩: nicht in unmittelbarer Nähe befindlich, aber miteinander verbunden (z. B. von Computern)

Re|mote Sen|sing [riˈmoʊ̯t ˈsɛnsɪŋ], das; - -s ⟨*engl.;* »Fernfühlen«⟩: Forschungsrichtung, die unter Einsatz verschiedener Mittel (z. B. Luft- u. Raumfahrzeuge, EDV-Anlagen) Phänomene aus großer Entfernung untersucht (z. B. Oberfläche u. Gashülle von Weltraumobjekten)

Re|mo|ti|on, die; -, -en ⟨*lat.*⟩ (veraltet): Entfernung, Absetzung

re|mo|tiv ⟨*lat.-nlat.*⟩ (Philos.): entfernend, ausscheidend, verneinend (von Urteilen)

Re|mou|la|de [remu...], die; -, -n ⟨*frz.*⟩: eine Art Kräutermayonnaise

re|mo|vie|ren ⟨*lat.*⟩ (veraltet): entfernen, absetzen

REM-Pha|se, die; -, -n ⟨Abk. für *engl.* rapid eye movements⟩ (Med., Psychol.): während des Schlafs [mehrmals] auftretende

Traumphase, die an den schnellen Augenbewegungen des Schläfers erkennbar ist

Rem|pla|çant [rãpla'sã:], der; -s, -s ⟨*frz.*⟩ (Geschichte): Stellvertreter, Ersatzmann, den ein Wehrpflichtiger stellen kann. **rem|pla|cie|ren** [rãpla...] (Geschichte): einen Ersatzmann zur Ableistung des Wehrdienstes stellen

Re|mu|ne|ra|ti|on, die; -, -en ⟨*lat.*⟩ (veraltet): Vergütung, Entschädigung. **re|mu|ne|rie|ren** (veraltet): vergüten, entschädigen

[1]**Ren** [auch: rɛn], das; -s, Rene od. Rens, fachspr.: Rener ⟨*nord.*⟩: Kälte liebende Hirschart nördlicher Gebiete, deren Weibchen ebenfalls Geweihe tragen (ein Lappenhaustier)

[2]**Ren,** der; -s, Renes [...ne:s] ⟨*lat.*⟩ (Med.): Niere

Re|nais|sance [rənɛ'sã:s], die; -, -n ⟨*lat.-frz.;* »Wiedergeburt«⟩: **1. a)** Stil, kulturelle Bewegung in Europa im Übergang vom Mittelalter zur Neuzeit, von Italien ausgehend u. gekennzeichnet durch eine Rückbesinnung auf Werte u. Formen der griechisch-römischen Antike in Literatur, Philosophie, Wissenschaft u. bes. in Kunst u. Architektur; **b)** Epoche der Renaissance (1 a) vom 14. bis 16. Jh.. **2.** geistige u. künstlerische Bewegung, die bewusst an ältere Traditionen, bes. an die griechisch-römische Antike, anzuknüpfen versucht (z. B. die karolingische Renaissance). **3.** Wiederaufleben, neue Blüte. **re|nais|san|cis|tisch** [...'sɪstɪʃ]: für die Renaissance (1) typisch, im Stil der Renaissance

re|nal ⟨*lat.*⟩ (Med.): die Nieren betreffend

re|na|tu|rie|ren ⟨*lat.-nlat.*⟩: in einen naturnäheren Zustand zurückführen

Re|na|tu|rie|rung, die; -, -en: Zurückführung in einen naturnäheren Zustand

Ren|con|t|re vgl. Renkontre

Ren|dant, der; -en, -en ⟨*lat.-vulgärlat.-frz.*⟩: Rechnungsführer in größeren Kirchengemeinden od. Gemeindeverbänden. **Ren|dan|tin,** die; -, -nen: weibliche Form zu ↑Rendant

Ren|dan|tur, die; -, -en ⟨*lat.-vulgärlat.-frz.-nlat.*⟩ (veraltet): Gelder einnehmende u. auszahlende Behörde

Ren|de|ment [rãdə'mã:], das; -s, -s ⟨*lat.-vulgärlat.-frz.*⟩: Gehalt eines Rohstoffs an reinen Bestandteilen, bes. der Gehalt an reiner [Schaf]wolle nach Abzug des Feuchtigkeitszuschlags

Ren|de|ring, das; -[s] ⟨*lat.-frz.-engl.;* »Wiedergabe«⟩: Vorausberechnung [von zu entwickelnden Produkten] am Computer in Gestalt einer [wirklichkeitsnahen] dreidimensionalen virtuellen (b) Darstellung. **ren|dern:** mithilfe des Renderings vorausberechnen

Ren|dez|vous, schweiz. auch: **Ren|dez-vous** [rãde'vu:, auch: 'rã:devu], das; - [...'vu:(s), auch: 'rã:devu(:s)], - [...'vu:s, auch: 'rã:devu:s] ⟨*frz.*⟩: **a)** Stelldichein, Verabredung; **b)** Annäherung u. Ankopplung von Raumfahrzeugen im Weltraum

Ren|dez|vous|ma|nö|ver, das; -s, -: gesteuerte Flugbewegung zur Annäherung u. Ankopplung von Raumfahrzeugen

Ren|di|te, die; -, -n ⟨*lat.-vulgärlat.-it.*⟩: Jahresertrag eines angelegten Kapitals

Ren|di|te|ab|stand, der; -[e]s, ...stände (Wirtsch.): Differenz zwischen zwei Renditen

Ren|di|te|auf|schlag, der; -[e]s, ...schläge (Wirtsch.): (gegenüber einem Vergleichswert) als Risikozuschlag gezahlte zusätzliche Rendite

Ren|di|ten|haus, das; -es, ...häuser ⟨*lat.-vulgärlat.-it.; dt.*⟩ (schweiz.): Mietshaus

ren|di|te|ori|en|tiert (Wirtsch.): auf eine hohe Rendite ausgerichtet

Ren|di|te|vor|sprung, der; -[e]s, ...sprünge (Wirtsch.): über einen Vergleichswert hinaus gezahlte Rendite; Renditeabstand

Rend|zi|na, die; - ⟨*poln.*⟩: Boden mit einem meist flachgründigen, dem kalkhaltigen Gesteinsuntergrund unmittelbar aufliegenden schwarzen bis schwarzbraunen, stark humosen Oberboden

Re|ne|gat, der; -en, -en ⟨*lat.-mlat.*⟩: [Glaubens]abtrünniger. **Re|ne|ga|tin,** die; -, -nen: weibliche Form zu ↑Renegat

Re|ne|ga|ti|on, die; -, -en: Ableugnung; Abfall vom Glauben

Re|ne|k|lo|de, Reineclaude [rɛ(:)nə'klo:də], die; -, -n ⟨*frz.;* »Königin Claude« (Gemahlin Franz' I.)⟩: Pflaumenart mit grünen Früchten; vgl. Ringlotte

Re|net|te, Reinette [rɛ'nɛtə], die; -, -n ⟨*frz.*⟩: saftiger, süßsäuerlich schmeckender Apfel

Ren|for|cé [rãfɔr'se:], der od. das; -s, -s ⟨*lat.-frz.;* »verstärkt«⟩: feinfädiger, gebleichter Baumwollstoff in Leinenbindung (eine Webart); kräftiges Taftband

re|ni|tent ⟨*lat.*⟩: widerspenstig, widersetzlich. **Re|ni|tenz,** die; - ⟨*lat.-mlat.*⟩: Widersetzlichkeit

Ren|kon|t|re [rã'kõ:tʁ, auch: ...trə], das; -s, -s ⟨*lat.-frz.*⟩ (veraltend): Zusammenstoß; feindliche Begegnung

Ren|min|bi [rɛn...], der; -s, -s ⟨*chin.*⟩: Währungseinheit der Volksrepublik China (1 Renminbi = 10 Jiao = 100 Fen)

Re|no|gra|fie, Re|no|gra|phie, die; -, ...ien ⟨*lat.; gr.*⟩ (Med.): Röntgendarstellung der Nieren

Re|nom|ma|ge [...'ma:ʒə], die; -, -n ⟨*lat.-frz.*⟩ (veraltet): Prahlerei

Re|nom|mee, das; -s, -s: **a)** Ruf, in dem jmd., etw. steht; Leumund; **b)** guter Ruf, Leumund, Ansehen; vgl. par renommée

re|nom|mie|ren: angeben, prahlen, großtun

re|nom|miert: berühmt, angesehen, namhaft

Re|nom|mist, der; -en, -en ⟨*lat.-frz.-nlat.*⟩: Prahlhans, Aufschneider. **Re|nom|mis|tin,** die; -, -nen: weibliche Form zu ↑Renommist

Re|non|ce [rə'nõ:s(ə), auch: re...], die; -, -n ⟨*lat.-frz.*⟩: Fehlfarbe (im Kartenspiel)

re|non|cie|ren [rənɔ̃ːˈs..., auch: re...] (veraltet): verzichten

Re|no|va|ti|on, die; -, -en ⟨*lat.*⟩ (schweiz., sonst veraltet): ↑Renovierung; vgl. ...ation/...ierung

re|no|vie|ren: erneuern, instand setzen, wiederherstellen. **Re|no|vie|rung,** die; -, -en: Erneuerung, Instandsetzung; vgl. ...ation/...ierung

Ren|sei|g|ne|ment [rɑ̃sɛnjəˈmɑ̃ː], das; -s, -s ⟨*lat.-frz.*⟩ (veraltet): Auskunft, Nachweis

ren|ta|bel ⟨französierende Bildung zu ↑rentieren⟩: einträglich, lohnend; gewinnbringend. **Ren|ta|bi|li|tät,** die; -: Verhältnis des Gewinns einer Unternehmung zu dem eingesetzten Kapital in einem Rechnungszeitraum

Ren|te, die; -, -n ⟨*lat.-vulgärlat.-frz.*⟩: **1.** regelmäßiges Einkommen aus angelegtem Kapital od. Beträgen, die aufgrund von Rechtsansprüchen gezahlt werden. **2.** (Wirtsch.) festverzinsliches Wertpapier, Anleihe

Ren|ten|fonds, der; -, - [...fɔ̃ːs] (Wirtsch.): Investmentfonds, bei dem das Geld der Anleger in festverzinsliche Wertpapiere investiert wird

[1]**Ren|tier** [auch: ˈrɛn...], das; -[e]s, -e ⟨*nord.; dt.*⟩: ↑[1]Ren

[2]**Ren|ti|er** [rɛnˈti̯eː], der; -s, -s ⟨*lat.-vulgärlat.-frz.*⟩ (veraltend): Rentner. **Ren|ti|e|re,** die; -, -n ⟨*lat.-vulgärlat.-frz.*⟩ (veraltet): Rentnerin

ren|tie|ren: Zins, Gewinn, Rendite bringen, einträglich sein; sich rentieren: sich lohnen. **ren|tier|lich** ⟨*lat.-vulgärlat.-frz.; dt.*⟩: ertragreich

ren|toi|lie|ren [rɑ̃to̯aˈliːrən] ⟨*lat.-frz.*⟩: die beschädigte Leinwand eines Gemäldes erneuern

Ren|t|rant [rɑ̃ˈtrɑ̃ː], der; -s, -s ⟨*lat.-frz.*⟩: einspringender Winkel in Festungswerken

Re|nu|me|ra|ti|on, die; -, -en ⟨*lat.*⟩ (Wirtsch.): Rückzahlung, Rückgabe. **re|nu|me|rie|ren:** zurückzahlen, zurückgeben

Re|nun|ti|a|ti|on usw. vgl. Renunziation usw.

Re|nun|zi|a|ti|on, die; -, -en ⟨*lat.*⟩: Abdankung [eines Monarchen]. **re|nun|zie|ren:** [als Monarch] abdanken

Ren|vers [rɑ̃ˈvɛːɐ̯, auch: ...ˈvɛrs], der; - [rɑ̃ˈvɛːɐ̯(s), auch: ...ˈvɛrs] ⟨*lat.-frz.*⟩: Seitengang des Pferdes, bei dem das Pferd in die Richtung der Bewegung gestellt ist, die Hinterhand auf dem Hufschlag geht u. die Vorhand mindestens einen halben Schritt vom Hufschlag des inneren Hinterfußes entfernt in die Bahn gestellt ist (beim Dressurreiten); vgl. Travers

ren|ver|sie|ren [rɑ̃vɛrˈziːrən] (veraltet): umstürzen, in Unordnung bringen

Ren|voi [rɑ̃ˈvo̯a], der; - ⟨*lat.-frz.*⟩ (Wirtsch.): Rücksendung

Re|ok|ku|pa|ti|on, die; -, -en ⟨*lat.-nlat.*⟩: [militärische] Wiederbesetzung eines Gebietes. **re|ok|ku|pie|ren:** [militärisch] wieder besetzen

Re|or|ga|ni|sa|ti|on, die; -, -en ⟨*lat.; gr.-lat.-frz.*⟩: **1.** Neugestaltung, Neuordnung. **2.** (Med.) Neubildung zerstörten Gewebes im Rahmen von Heilungsvorgängen im Organismus

Re|or|ga|ni|sa|tor, der; -s, ...oren: Neugestalter. **Re|or|ga|ni|sa|to|rin,** die; -, -nen: weibliche Form zu ↑Reorganisator

re|or|ga|ni|sie|ren: neu gestalten, neu ordnen, wieder einrichten

Reo|vi|rus, das; -, ...ren (meist Plural) ⟨Kunstw.⟩ (Med.): Erreger, der beim Menschen Infektionen der oberen Atemwege u. des Darms verursacht

Rep, der; -s, -s (ugs.): Kurzform von ↑Republikaner (3)

Re|pair|ca|fé [riˈpɛːɐ̯...], das; -s, -s ⟨engl.; frz.⟩: Reparaturcafé

re|pa|ra|bel ⟨*lat.*⟩: wiederherstellbar (Ggs.: irreparabel)

Re|pa|ra|teur [...ˈtøːɐ̯], der; -s, -e: jmd., der [berufsmäßig] repariert. **Re|pa|ra|teu|rin** [...ˈtøːrɪn], die; -, -nen: weibliche Form zu ↑Reparateur

Re|pa|ra|ti|on, die; -, -en: **1.** (selten) Reparatur. **2.** (Med.) eine Form der Regeneration, bei der durch Verletzung verloren gegangene Organe durch Narbengewebe ersetzt werden; vgl. Restitution (3). **3.** (Plural) Kriegsentschädigungen, Wiedergutmachungsleistungen; vgl. ...ation/...ierung

Re|pa|ra|tur, die; -, -en ⟨*lat.-nlat.*⟩: Wiederherstellung, Ausbesserung, Instandsetzung

Re|pa|ra|tur|ca|fé, das; -s, -s: Café mit angeschlossener [kleinerer] Reparaturwerkstatt. **re|pa|rie|ren** ⟨*lat.*⟩: in Ordnung bringen, ausbessern, wiederherstellen. **Re|pa|rie|rung,** die; -, -en: Wiederherstellung; vgl. ...ation/...ierung

re|par|tie|ren ⟨*lat.-frz.*⟩: (im Börsenhandel) Wertpapiere zuteilen, Teilbeträge auf einzelne Börsenaufträge zur Erledigung zuweisen, wenn Nachfrage u. Angebot nicht im Gleichgewicht sind od. wenn durch große Käufe bzw. Verkäufe zu starke Kursausschläge eintreten würden. **re|par|tiert:** zugeteilt (Abk.: rep.); vgl. repartieren. **Re|par|tie|rung,** die; -, -en: das Repartieren; vgl. ...ation/...ierung

Re|par|ti|ti|on, die; -, -en: Verteilung im Verhältnis der Beteiligten; ↑repartieren

Re|pas|sa|ge [...ʒə], die; -, -n ⟨*lat.-frz.*⟩ (veraltet): das Nachprüfen u. Instandsetzen neuer Uhren in der Uhrmacherei

re|pas|sie|ren: 1. (veraltet) zurückweisen. **2.** (Rechnungen) wieder durchsehen. **3.** Laufmaschen aufnehmen (in der Wirkerei, Strickerei). **4.** in der Färberei eine Behandlung wiederholen. **5.** bei der Metallbearbeitung ein Werkstück durch Kaltformung nachglätten

Re|pa|t|ri|ant, der; -en, -en ⟨*lat.*⟩: in die Heimat zurückgeführter Kriegs- od. Zivilgefangener, Heimkehrer. **Re|pa|t|ri|an|tin,** die; -, -nen: weibliche Form zu ↑Repatriant

Re|pa|t|ri|a|ti|on, die; -, -en ⟨*lat.*⟩: das Zurückführen von Kriegs- od. Zivilgefangenen in die Heimat. **re|pa|t|ri|ie|ren: 1.** die Staatsangehörigkeit wieder verleihen. **2.** (einen Kriegs- od. Zivilgefangenen) in die Heimat entlassen

Re|peat [rɪˈpiːt], das; -s, -s ⟨*engl.;* »Wiederholung«⟩ (Musik): ↑Repeatperkussion

Re|peat|per|kus|si|on, die; -, -en ⟨*engl.; lat.*⟩ (Musik): Wiederholung des angeschlagenen Tones od. Akkordes in rascher Folge (bei der elektronischen Orgel)

Re|pel|lents [riˈpɛlənts], die (Plural) ⟨*lat.-engl.*⟩ (Chemie): **a)** Stoffe, die abstoßend wirken, ohne zu schädigen (z. B. Räuchermittel, Schutzanstriche

o. Ä.); **b)** Wasser abstoßende Zusätze in Stoffgeweben

Re|per|kus|si|on, die; -, -en ‹*lat.*›: **1.** Sprechton beim Psalmenvortrag. **2.** (Musik) **a)** einmaliger Durchgang des Themas durch alle Stimmen bei der Fuge; **b)** Tonwiederholung bei einem Instrumentalthema

Re|per|kus|si|ons|ton, der; -[e]s, ...töne ‹*lat.; gr.-lat.-dt.*›: Zentralton in der Kirchentonart

Re|per|toire [...ˈtoaːɐ̯], das; -s, -s ‹*lat.-frz.;* »Verzeichnis«, eigtl. »Fundstätte«›: Vorrat einstudierter Theaterstücke, Bühnenrollen, Partien, Kompositionen o. Ä.

Re|per|toire|stück, das; -[e]s, -e ‹*lat.-frz.; dt.*›: sich über längere Zeit im Spielplan haltendes Bühnenwerk

Re|per|to|ri|um, das; -s, ...ien ‹*lat.*›: wissenschaftliches Nachschlagewerk (oft als Bibliografie verschiedener Erscheinungen eines bestimmten Fachgebietes)

re|pe|ta|tur ‹*lat.*›: soll erneuert werden (auf ärztlichen Rezepten) (Abk.: rep.)

Re|pe|tent, der; -en, -en: **1.** (veraltet) Repetitor. **2.** Schüler, der repetiert (2). **Re|pe|ten|tin,** die; -, -nen: weibliche Form zu ↑Repetent

re|pe|tie|ren: 1. durch Wiederholen einüben, lernen. **2.** eine Klasse noch einmal durchlaufen (weil man das Klassenziel nicht erreicht hat). **3.** (fachspr., meist verneint) **a)** (von Uhren) auf Druck od. Zug die Stunde nochmals angeben, die zuletzt durch Schlagen angezeigt worden ist; **b)** (beim Klavier) als Ton richtig zu hören sein, richtig anschlagen

Re|pe|tier|ge|wehr, das; -[e]s, -e ‹*lat.; dt.*›: Mehrladegewehr mit Patronenmagazin

Re|pe|tier|uhr, die; -, -en: Taschenuhr mit Schlagwerk

Re|pe|ti|ti|on, die; -, -en ‹*lat.*›: Wiederholung

re|pe|ti|tiv: sich wiederholend

Re|pe|ti|tor, der; -s, ...oren: Akademiker, der Studierende [der juristischen Fakultät] durch Wiederholung des Lehrstoffes auf das Examen vorbereitet. **Re|pe|ti|to|rin,** die; -, -nen: weibliche Form zu ↑Repetitor

Re|pe|ti|to|ri|um, das; -s, ...ien ‹*lat.-nlat.*›: **1.** Wiederholungsunterricht. **2.** Wiederholungsbuch

Re|plan|ta|ti|on, die; -, -en ‹*lat.-nlat.*› (Med.): ↑Reimplantation

Re|plik, die; -, -en ‹*lat.-frz.*›: **1. a)** Entgegnung, Erwiderung; **b)** (Rechtswiss.) Gegeneinrede; Erwiderung des Klägers auf das Vorbringen des Beklagten. **2.** (Kunstwiss.) Nachbildung eines Kunstwerks durch den Künstler selbst

Re|pli|kat, das; -[e]s, -e (Kunstwiss.): originalgetreue Nachbildung eines Kunstwerks

Re|pli|ka|ti|on, die; -, -en (Biol.): Bildung einer exakten Kopie einer DNA durch Selbstverdoppelung

re|pli|zie|ren ‹*lat.*›: **1. a)** entgegnen, erwidern; **b)** (Rechtswiss.) eine Replik (1 b) vorbringen. **2.** (Kunstwiss.) eine Replik (2) herstellen

Re|ply [riˈplai̯], das; -s, -s od. die; -, -s ‹*lat.-frz.-engl.;* »Antwort«›: automatische Rückantwort auf eine E-Mail; Empfangsbestätigung

re|po|li|ti|sie|ren ‹*gr.-nlat.*›: erneut, wieder politisieren (2). **Re|po|li|ti|sie|rung,** die; -, -en: das ↑Repolitisieren

re|po|ni|bel ‹*lat.-nlat.*› (Med.): in die ursprüngliche Lage zurückbringbar (z. B. in Bezug auf einen Eingeweidebruch, der in die Bauchhöhle zurückgeschoben werden kann) (Ggs.: irreponibel)

re|po|nie|ren ‹*lat.*›: **1.** (veraltet) (Akten) zurücklegen, einordnen. **2.** (Med.) **a)** gebrochene Knochen od. verrenkte Glieder wieder einrichten; **b)** einen Eingeweidebruch in die Bauchhöhle zurückschieben

Re|port, der; -[e]s, -e u. -s ‹1: *lat.-engl.;* 2: *lat.-frz.*›: **1.** systematischer Bericht, wissenschaftliche Untersuchung o. Ä. über wichtige Ereignisse, Entwicklungen. **2.** (Bankw.) Kursaufschlag bei der ↑Prolongation von Termingeschäften (Ggs.: Deport)

Re|por|ta|ge [...ʒə], die; -, -n ‹*lat.-frz.-engl.-frz.*›: von einem Reporter hergestellter u. von Presse, Funk od. Fernsehen verbreiteter Bericht vom Ort des Geschehens über ein aktuelles Ereignis; Berichterstattung

Re|por|ter, der; -s, - ‹*lat.-frz.-engl.*›: Zeitungs-, Fernseh-, Rundfunkberichterstatter. **Re|por|te|rin,** die; -, -nen: weibliche Form zu ↑Reporter

Re|por|ting [auch: rɪˈpɔːtɪŋ], das; -s, -s ‹*lat.-engl.*›: [informierendes] Berichten (z. B. über den Stand der Arbeiten an einem Projekt)

Re|po|si|ti|on, die; -, -en ‹*lat.*› (Med.): **a)** Wiedereinrichtung von gebrochenen Knochen od. verrenkten Gliedern; **b)** Zurückschiebung von Eingeweidebrüchen in die Bauchhöhle

Re|po|si|to|ri|um, das; -s, ...ien (veraltet): Büchergestell, Aktenschrank

Re|po|si|to|ry [riˈpɔzitɔri] ‹engl.› (EDV): Datenbank zur systematischen Ablage best. Daten

Re|pous|soir [repuˈsoaːɐ̯], das; -s, -s ‹*frz.*›: Gegenstand im Vordergrund eines Bildes zur Steigerung der Tiefenwirkung

re|prä|sen|ta|bel ‹*lat.-frz.*›: würdig, stattlich; wirkungsvoll

Re|prä|sen|tant, der; -en, -en: **1.** [offizieller] Vertreter (z. B. eines Volkes, einer Gruppe). **2.** Vertreter einer Firma. **3.** Abgeordneter

Re|prä|sen|tan|ten|haus, das; -es, ...häuser ‹*lat.-frz.; dt.*›: deutsche Form des Namens der zweiten Kammer bestimmter Parlamente, bes. des Kongresses der USA

Re|prä|sen|tan|tin, die; -, -nen: weibliche Form zu ↑Repräsentant

Re|prä|sen|tanz, die; -, -en ‹*lat.-frz.*›: **1.** Vertretung. **2.** ständige Vertretung eines größeren Bank-, Makler- od. Industrieunternehmens im Ausland. **3.** (ohne Plural) das Repräsentativsein, repräsentative (3 a) Art

Re|prä|sen|ta|ti|on, die; -, -en: **1.** Vertretung einer Gesamtheit von Personen durch eine einzelne Person od. eine Gruppe von Personen. **2.** (ohne Plural) das Repräsentativsein, Repräsentativität. **3. a)** Vertretung eines Staates, einer öffentlichen Einrichtung o. Ä. auf gesellschaftlicher Ebene u. der damit verbundene Aufwand; **b)** an einem gehobenen gesellschaftlichen Status orientierter, auf Wirkung nach außen bedachter, aufwendiger [Lebens]stil

re|prä|sen|ta|tiv: 1. vom Prinzip der Repräsentation (1) bestimmt; **repräsentative Demokratie:** ↑ Repräsentativsystem (a). 2. a) als Einzelner, Einzelnes so typisch für etwas, eine Gruppe o. Ä., dass es das Wesen, die spezifische Eigenart der gesamten Erscheinung, Richtung o. Ä. ausdrückt; b) verschiedene [Interessen]gruppen in ihrer Besonderheit, typischen Zusammensetzung berücksichtigend (z. B. repräsentativer Querschnitt, repräsentative Umfrage). 3. a) in seiner Art, Anlage, Ausstattung wirkungs-, eindrucksvoll; b) der Repräsentation (3) dienend

Re|prä|sen|ta|ti|vi|tät, die; -: das Repräsentativsein

Re|prä|sen|ta|tiv|sys|tem, das; -s, -e: a) Regierungssystem, in dem das Volk nicht selbst, direkt die staatliche Gewalt ausübt, sondern durch bestimmte Körperschaften vertreten wird; ↑ repräsentative Demokratie; b) System, in dem die verschiedenen [Interessen]gruppen in einer Gesellschaft durch Organisationen, bes. Parteien u. Verbände, vertreten werden

re|prä|sen|tie|ren: 1. etw., eine Gesamtheit von Personen nach außen vertreten; Repräsentant, Repräsentantin von jmdm., etw. sein. 2. repräsentativ (2) sein. 3. seiner gehobenen gesellschaftlichen Stellung entsprechend auftreten. 4. wert sein; etwas darstellen

Re|pres|sa|lie [...i̯ə], die; -, -n (meist Plural) ‹*lat.-mlat.*›: Druckmittel, Vergeltungsmaßnahme

Re|pres|si|on, die; -, -en ‹*lat.*›: 1. [gewaltsame] Unterdrückung von Kritik, Widerstand, politischen Bewegungen, individueller Entfaltung, individuellen Bedürfnissen. 2. (Biol., Med.) Unterdrückung, Hemmung der DNA-Verdoppelung, indem die Transkription (3) verhindert wird

re|pres|siv ‹*lat.-nlat.*›: hemmend, unterdrückend, Repression (1, 2) ausübend (bes. in Bezug auf Gesetze, die im Interesse des Staates gegen allgemein gefährliche Umtriebe erlassen werden)

Re|pri|man|de, die; -, -n ‹*lat.-frz.*› (landsch. veraltet): Tadel

re|pri|mie|ren ‹*lat.*› (Biol., Med.): unterdrücken, hemmen (von genetischen Informationen)

Re|print [auch: ˈriː...], der; -s, -s ‹*engl.*› (Buchw.): unveränderter Nachdruck, Neudruck; vgl. Preprint

Re|pri|se, die; -, -n ‹*lat.-frz.*›: 1. a) Wiederaufnahme eines lange nicht gespielten Theaterstücks od. Films in den Spielplan; Neuauflage einer vergriffenen CD; b) in einem Sonatensatz Wiederaufnahme des 1. Teiles nach der Durchführung. 2. dem Feind wieder abgenommene Prise (1). 3. Normalfeuchtigkeitszuschlag auf das Trockengewicht der Wolle (in der Textilindustrie). 4. (Börsenw.) Kurserholung, die vorhergegangene Kursverluste kompensiert. 5. (Med.) bei Keuchhusten im Wechsel mit Stakkatohusten auftretende tiefe, laut hörbare Einatmung

Re|pris|ti|na|ti|on, die; -, -en ‹*lat.-nlat.*›: Wiederherstellung, Wiederbelebung von etwas Früherem. **re|pris|ti|nie|ren:** etwas Früheres wiederherstellen, wieder aufleben lassen, wieder beleben

re|pri|va|ti|sie|ren ‹*lat.*›: ein verstaatlichtes Unternehmen in Privateigentum zurückführen (Ggs.: sozialisieren). **Re|pri|va|ti|sie|rung,** die; -, -en: das Reprivatisieren (Ggs.: Sozialisierung [1])

Re|pro, das; -s, -s ‹Kurzform von Reproduktion› (Druckw.): fotografische Reproduktion nach einer Bildvorlage

Re|pro|ba|ti|on, die; -, -en ‹*lat.*›: 1. in der Lehre von der Prädestination Verwerfung der Seele (Ausschluss von der ewigen Seligkeit). 2. (Rechtsspr. veraltet) Zurückweisung, Missbilligung

re|pro|bie|ren (veraltet): etwas missbilligen, verwerfen

Re|pro|duk|ti|on, die; -, -en ‹*lat.-nlat.*›: 1. Wiedergabe. 2. (bes. Druckw.) a) das Abbilden u. Vervielfältigen von Büchern, Karten, Bildern, Notenschriften o. Ä., bes. durch Druck; b) einzelnes Exemplar einer Reproduktion (2 a). 3. stetige Wiederholung des gesellschaftlichen Produktionsprozesses. 4. (Biol.) Fortpflanzung. 5. (Psychol.) das Sicherinnern an früher erlebte Bewusstseinsinhalte

Re|pro|duk|ti|ons|bio|lo|gie, die; -: Spezialgebiet der Biologie u. Medizin, das sich mit ↑ In-vitro-Fertilisation beschäftigt; Fortpflanzungsbiologie

Re|pro|duk|ti|ons|me|di|zin, die; -: Spezialgebiet der Medizin, das sich mit der Erforschung der medizinischen Grundlagen der menschlichen Fortpflanzung beschäftigt

re|pro|duk|tiv: nachbildend, nachahmend

re|pro|du|zie|ren: 1. etwas genauso hervorbringen, [wieder]herstellen (wie das Genannte). 2. eine Reproduktion (2 b) herstellen. 3. a) ständig neu erzeugen, herstellen; b) die Reproduktion (3) bewirken. 4. (sich reproduzieren; Biol.) sich fortpflanzen

Re|pro|gra|fie, Reprographie, die; -, ...i̲en (Plural selten) ‹*lat.; gr.*›: a) Gesamtheit der Kopierverfahren, mit denen mithilfe elektromagnetischer Strahlung Reproduktionen (2 b) hergestellt werden; b) Produkt der Reprografie (a)

re|pro|gra|fie|ren, reprographieren: eine Reprografie (b) anfertigen. **re|pro|gra|fisch,** reprographisch: a) die Reprografie betreffend, auf Reprografie beruhend; b) durch Reprografie hergestellt

re|pro|gram|mie|ren: 1. sich in Stammzellen zurückverwandeln (von Körperzellen). 2. ausdifferenzierte Zellen mithilfe von Gentechnik in Stammzellen umwandeln. **Re|pro|gram|mie|rung,** die; -, -en: das Reprogrammieren (1), Sichreprogrammieren

Re|pro|gra|phie usw. vgl. Reprografie usw.

Reps: *Plural* von ↑ Rep

Rep|se, die; -, -n: weibliche Form von ↑ Rep

Rep|til, das; -s, -ien, selten auch: -e ‹*lat.-frz.*›: Kriechtier (z. B. Krokodil, Schildkröte, Eidechse, Schlange)

Rep|ti|li|en|fonds [...fɔ̃ː], der; -, - [...fɔ̃ːs]: 1. (Geschichte) Fonds Bismarcks zur Bekämpfung geheimer Staatsfeinde (die Bismarck 1869 »bösartige Reptilien« nannte) mithilfe staatsfreundlicher Zeitungen. **2.** (iron.) Fonds, über dessen Verwendung hohe Regierungsstellen [angeblich] keine Rechenschaft abzulegen brauchen

Re|pu|b|lik, die; -, -en ‹*lat.-frz.*›: Staatsform, bei der die Regierenden für eine bestimmte Zeit vom Volk od. von Repräsentanten des Volkes gewählt werden

Re|pu|b|li|ka|ner, der; -s, - ‹*lat.-frz.(-engl.)*›: **1.** Anhänger der republikanischen Staatsform. **2.** in den USA Mitglied od. Anhänger der Republikanischen Partei. **3.** in Deutschland Mitglied einer rechtsgerichteten Partei. **Re|pu|b|li|ka|ne|rin,** die; -, -nen: weibliche Form zu ↑Republikaner

re|pu|b|li|ka|nisch: 1. die Republik betreffend. **2.** die Republikanische Partei (der USA) betreffend. **3.** die Republikaner (3) betreffend

Re|pu|b|li|ka|nis|mus, der; - ‹*lat.-frz.-nlat.*› (veraltend): das Eintreten für die republikanische Verfassung

Re|pu|di|a|ti|on, die; -, -en ‹*lat.*›: **1.** (Rechtsspr. veraltet) Verwerfung, Verschmähung, Ausschlagung (z. B. eines Vermächtnisses). **2.** (Wirtsch.) Verweigerung der Annahme von Geld wegen geringer Kaufkraft. **3.** (Wirtsch.) ständige Ablehnung eines Staates, seine Anleiheverpflichtungen zu erfüllen

Re|pu|g|nanz, die; -, -en ‹*lat.*› (Philos.): Widerspruch, Gegensatz

Re|puls, der; -es, -e ‹*lat.*› (veraltet): Ab-, Zurückweisung [eines Gesuches]

Re|pul|si|on, die; -, -en (Technik): Ab-, Zurückstoßung

Re|pul|si|ons|mo|tor, der; -s, -en: für kleine Leistungen verwendeter Einphasenwechselstrommotor mit einfacher Drehzahl u. einem Anker, der über einen ↑Kommutator kurzgeschlossen wird

re|pul|siv ‹*lat.-nlat.*›: zurückstoßend, abstoßend (bei elektrisch u. magnetisch geladenen Körpern)

Re|pun|ze, die; -, -n ‹*lat.; lat.-it.*›: Feingehaltsstempel für Waren aus Edelmetallen

re|pun|zie|ren: mit einem Feingehaltsstempel versehen

re|pu|ta|bel ‹*lat.-frz.*›: ↑reputierlich

Re|pu|ta|ti|on, die; -: [guter] Ruf, Ansehen

Re|pu|ta|ti|ons|ri|si|ko, das; -s, ...ken (Wirtsch.): aus der Schädigung seines Ansehens erwachsende wirtschaftliche Gefahr für ein Unternehmen

re|pu|tier|lich (veraltet): ansehnlich; achtbar; ordentlich

Re|que|té [reke'te:], der; -, -s ‹*span.*›: **1.** (ohne Plural) Bund der Anhänger des spanischen Thronprätendenten Carlos u. seiner Nachfolger. **2.** Mitglied dieses Bundes

Re|qui|em, das; -s, -s (österr. auch: ...quien) ‹*lat.;* nach dem Eingangsgebet »requiem aeternam dona eis, Domine« = »Herr, gib ihnen die ewige Ruhe«›: **a)** katholische Toten- od. Seelenmesse; **b)** komponierte Totenmesse

re|qui|es|cat in pa|ce: er, sie ruhe in Frieden! (Schlussformel der Totenmesse, Grabinschrift) (Abk.: R. I. P.)

Re|qui|rent, der; -en, -en ‹*lat.*› (Rechtsspr. veraltet): Nachforscher, Untersuchender

re|qui|rie|ren ‹»aufsuchen; nachforschen; verlangen«›: **1.** für Heereszwecke beschlagnahmen. **2.** (scherzh.) [auf nicht ganz rechtmäßige Weise] beschaffen, herbeischaffen. **3.** Nachforschungen anstellen, untersuchen. **4.** (Rechtsspr. veraltet) ein anderes Gericht od. eine andere Behörde um Rechtshilfe in einer Sache ersuchen

Re|qui|sit, das; -s, -en: **1.** (meist Plural) Zubehör für eine Bühnenaufführung od. Filmszene. **2.** für etwas benötigtes Gerät, Zubehörteil

Re|qui|si|te, die; -, -n (bes. Theater): **a)** Raum für Requisiten (1); **b)** für die Requisiten (1) zuständige Stelle; **c)** (ugs.) Requisit (1)

Re|qui|si|teur [...'tø:ɐ̯], der; -s, -e ‹*lat.-frz.*›: Verwalter der Requisiten (bei Theater u. Film). **Re|qui|si|teu|rin** [...'tø:rɪn], die; -, -nen: weibliche Form zu ↑Requisiteur

Re|qui|si|ti|on, die; -, -en ‹*lat.*›: **1.** Beschlagnahme für Heereszwecke. **2.** Nachforschung, Untersuchung. **3.** Rechtshilfeersuchen

Res, die; -, - ‹*lat.*› (Philos.): Sache, Ding, Gegenstand; **Res cogitans:** denkendes Wesen, Geist, Seele; **Res extensa:** ausgedehntes Wesen, Materie, Körper

Re|search [ri'sœ:ɐ̯tʃ], das; -[s], -s ‹*engl.*› (Wirtsch., Soziol.): Marktforschung; Meinungsforschung

Re|sear|cher [ri'sœ:ɐ̯tʃɐ], der; -s, - (Soziol.): jmd., der für die Markt- u. Meinungsforschung Untersuchungen durchführt. **Re|sear|che|rin,** die; -, -nen: weibliche Form zu ↑Researcher

Re|se|da, die; -, ...den, selten: -s, **Re|se|de,** die; -, -n ‹*lat.*›: aus dem Mittelmeergebiet stammende krautige Zierpflanze mit grünlichen, wohlriechenden Blüten

Re|sek|ti|on, die; -, -en ‹*lat.;* »das Abschneiden«› (Med.): operative Entfernung kranker Organteile im Unterschied zur Ektomie

Re|se|ne, die (Plural) ‹*gr.-lat.-nlat.*›: neutrale, unverseifbare organische Bestandteile der natürlichen Harze

re|se|quent ‹*lat.;* »nachfolgend«› (Geogr.): in der Fallrichtung der geologischen Schichten fließend (in Bezug auf Nebenflüsse)

Re|ser|pin, das; -s ‹Kunstw.› (Med., Pharm.): den Blutdruck senkender Wirkstoff

Re|ser|va|ge [...'va:ʒə], die; - ‹*lat.-frz.*›: beim Färben von Stoffen mustergemäß aufgetragene Schutzbeize, die das Aufnehmen der Farbe verhindert

Re|ser|vat, das; -[e]s, -e ‹*lat.*›: **1.** Vorbehalt, Sonderrecht. **2.** ↑Reservation (1). **3.** natürliches Großraumgehege zum Schutz bestimmter, in freier Wildbahn lebender Tierarten

Re|ser|vat|fall, der; -[e]s, ...fälle ‹*lat.; dt.*›: bestimmte Sünde, deren Vergebung einem Oberhirten (Papst, Bischof) vorbehalten ist

Re|ser|va|tio men|ta|lis, die; - -, ...tiones [...ne:s] ...tales [...le:s] ‹*lat.-nlat.*› (Rechtswiss.): ↑Mentalreservation

Re|ser|va|ti|on, die; -, -en ‹*lat.-nlat.(-engl.)*›: **1.** den Indianern in Nordamerika vorbehaltenes Gebiet. **2.** ↑Reservat (1)

Re|ser|ve, die; -, -n ‹*lat.-mlat.-frz.*›: **1.** (ohne Plural) Zurückhaltung, Verschlossenheit, distanziertes Verhalten. **2.** Vorrat;

Rücklage für den Bedarfs- od. Notfall. **3.** Gesamtheit der ausgebildeten, aber nicht aktiven (2 a) Soldaten; [Offizier, Leutnant] der Reserve (Abk.: d. R.). **4.** (Sport) [Gesamtheit der] Ersatzspieler einer Mannschaft

Re|ser|ve|ar|mee, die; -, -n: größere Anzahl von Personen, die für den Bedarfsfall zur Verfügung stehen

Re|ser|ve|fonds [...fõː], der; -, - [...fõːs]: Rücklage

Re|ser|ve|wäh|rung, die; -, -en (Wirtsch.): eine Leitwährung, in der im Welthandel viel fakturiert wird u. in der deshalb andere Länder einen Teil ihrer Währungsreserven halten

re|ser|vie|ren ‹*lat.*›: **a)** für jmdn. bis zur Inanspruchnahme freihalten od. zurücklegen; **b)** für einen bestimmten Anlass, Fall aufbewahren

re|ser|viert: zurückhaltend, kühl, abweisend

Re|ser|vist, der; -en, -en ‹*lat.-mlat.-frz.-nlat.*›: **1.** Soldat der Reserve (3). **2.** (Sport) Auswechselspieler, Ersatzspieler. **Re|ser|vis|tin,** die; -, -nen: weibliche Form zu ↑Reservist

Re|ser|voir [...ˈvo̯aːɐ̯], das; -s, *Plur.* -e u. -s ‹*lat.-frz.*›: **1.** Sammelbecken, Wasserspeicher, Behälter für Vorräte. **2.** Reservebestand, -fonds

Re|set [riˈsɛt], der od. das; -s, -s ‹*lat.-frz.-engl.*›: **a)** Wiederherstellung eines Anfangs-, Ausgangszustandes (z. B. bei einem elektronischen System); **b)** (EDV) Neustart des Computers. **re|set|ten** [riˈsɛtn̩] (Jargon): einen Reset vornehmen

R
Rese

re|se|zie|ren ‹*lat.*› (Med.): eine Resektion vornehmen; operativ entfernen

Re|si|dent, der; -en, -en ‹*lat.-frz.(-engl.)*›: **a)** Regierungsvertreter; Geschäftsträger; **b)** (veraltet) Statthalter; **c)** jmd., der sich [ständig] im Ausland an seinem zweiten Wohnsitz aufhält. **Re|si|den|tin,** die; -, -nen: weibliche Form zu ↑Resident

Re|si|denz, die; -, -en ‹*lat.-mlat.(-engl.)*›: **1. a)** Wohnsitz eines Staatsoberhauptes, eines Fürsten, eines hohen Geistlichen; **b)** [zweiter] Wohnsitz im Ausland. **2.** Hauptstadt

re|si|die|ren ‹*lat.(-engl.)*›: **a)** seinen Wohnsitz haben (in Bezug auf [regierende] Fürsten); **b)** sich im Ausland [am zweiten Wohnsitz] aufhalten

re|si|du|al ‹*lat.-nlat.*› (Med.): **a)** als Reserve zurückbleibend (z. B. in Bezug auf die nicht ausgeatmete Reserveluft); **b)** als Rest zurückbleibend (z. B. in Bezug auf Urin, der in der Harnblase zurückbleibt); **c)** als [Dauer]folge einer Krankheit zurückbleibend (in Bezug auf körperliche, geistige od. psychische Schäden, z. B. Dauerlähmung bestimmter Muskeln nach einem Schlaganfall)

Re|si|du|at, das; -[e]s, -e (Geol.): Rückstandsgestein (z. B. Bauxit, Kaolin)

Re|si|du|um, das; -s, ...duen ‹*lat.*› (Med.): [als Folge einer Krankheit o. Ä.] Rückstand, Rest

Re|si|g|nant, der; -en, -en ‹*lat.*› (veraltet): Verzichtender

Re|si|g|na|ti|on, die; -, -en ‹*lat.-mlat.*›: **1.** das Resignieren; das Sichfügen in das unabänderlich Scheinende. **2.** (Amtsspr. veraltet) freiwillige Niederlegung eines Amtes

re|si|g|na|tiv ‹*lat.-nlat.*›: resignierend, durch Resignation (1) gekennzeichnet

re|si|g|nie|ren ‹*lat.*; »entsiegeln; ungültig machen; verzichten«›: entsagen, verzichten; sich widerspruchslos fügen, sich in eine Lage schicken. **re|si|g|niert:** durch Resignation (1) gekennzeichnet

re|si|li|ent ‹*lat.*› (bes. Päd., Psychol.): widerstandsfähig [gegenüber psychischen Belastungen]. **Re|si|li|enz,** die; -, -en (bes. Päd., Psychol.): psychische Widerstandskraft; Fähigkeit, schwierige Lebenssituationen ohne anhaltende Beeinträchtigung zu überstehen

Re|si|nat, das; -[e]s, -e ‹*gr.-lat.-nlat.*›: Salz der Harzsäure

Re|si|no|id, das; -[e]s, -e ‹*lat.*›: aus Harzen, Balsamen o. Ä. extrahierter Stoff, der bei der Parfümherstellung als Fixateur (1) verwendet wird

Re|si|pis|zenz, die; -, -en ‹*lat.*›: **1.** (veraltet) Sinnesänderung, Bekehrung. **2.** (Med.) das Wiedererwachen aus einer Ohnmacht

Ré|sis|tance [...ˈtãːs], die; - ‹*lat.-frz.*›: **1.** französische Widerstandsbewegung gegen die deutsche Besatzung im 2. Weltkrieg. **2.** Gruppe der konservativen französischen Parteien im 19. Jh.

re|sis|tent ‹*lat.*› (Biol., Med.): widerstandsfähig gegen äußere Einflüsse (in Bezug auf einen Organismus)

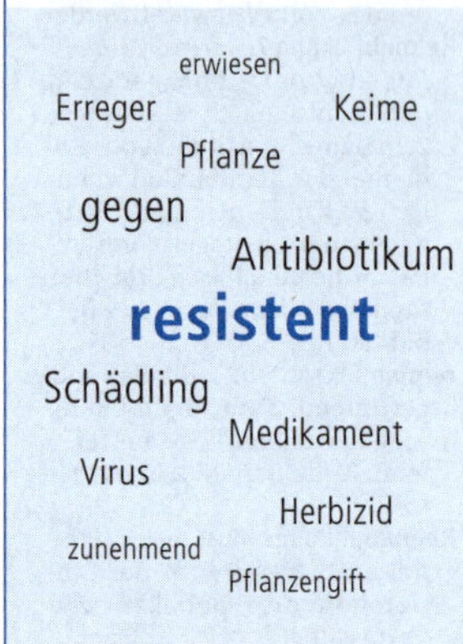

resistent/renitent *s. Kasten Seite 977*

Re|sis|tenz, die; -, -en: **1.** Widerstand, Gegenwehr. **2.** (Biol., Med.) Widerstandsfähigkeit eines Organismus gegenüber äußeren Einflüssen

Re|sis|ten|za, die; - ‹*lat.-it.*›: italienische Widerstandsbewegung gegen die deutsche Besatzung während des 2. Weltkriegs

re|sis|tie|ren ‹*lat.*› (Biol., Med.): äußeren Einwirkungen widerstehen; ausdauern. **re|sis|tiv** ‹*lat.-nlat.*› (Biol., Med.): widerstehend, hartnäckig. **Re|sis|ti|vi|tät,** die; - (Biol., Med.): Widerstandsfähigkeit, ↑Resistenz (2)

Res iu|di|ca|ta, Res ju|di|ca|ta, die; - -, - ...tae [...tɛ] ‹*lat.*› (Rechtswiss.): rechtskräftig entschiedene Sache

re|s|k|ri|bie|ren ‹*lat.*› (veraltet): schriftlich antworten, zurückschreiben. **Re|s|k|ript,** das; -[e]s, -e: **1.** (veraltet) amtlicher Bescheid, Verfügung, Erlass. **2.** feierliche Rechtsentscheidung des Papstes od. eines Bischofs in Einzelfällen

re|so|lut ‹*lat.-frz.*›: betont entschlossen u. mit dem Willen,

resistent	renitent
Immer mehr Bakterien werden resistent gegen Antibiotika. *widerstandsfähig* – Bakterien [...] resistent gegen ... Antibiotika werden – die Erreger [...] zunehmend [...] resistent gegen ... – gentechnische ... resistent ... bestimmte Schädlinge Experten machen die Antibiotika für die Verbreitung gefährlicher resistenter Keime verantwortlich. Deshalb richtet sich der Fokus auf die Entwicklung resistenter Sorten. Einige Menschen in Bangladesch sind einer Studie zufolge resistent gegen Cholera.	Wenn sie renitent sind, könnt ihr mit der Polizei Kontakt aufnehmen. *widerspenstig, aggressiv* – für sein renitentes Verhalten – straffällige und renitente Jugendliche – äußerst [...] renitent Doch ganz so renitent scheinen die Kranken doch nicht zu sein. Die Frau verhielt sich äußerst renitent und musste im Streifenwagen fixiert werden. Wenn ein Kind renitent reagiert, ist der Lehrer seiner Aufgabe nicht gewachsen.

sich durchzusetzen; in einer Weise sich darstellend, sich äußernd, die Entschlossenheit, Bestimmtheit zum Ausdruck bringt

Re|so|lu|ti|on, die; -, -en ‹*lat.(-frz.)*›: **1.** Beschluss, Entschließung. **2.** (Med.) Rückgang von Krankheitserscheinungen

Re|sol|ven|te, die; -, -n ‹*lat.*› (Math.): zur Auflösung einer algebraischen Gleichung benötigte Hilfsgleichung

Re|sol|ver, der; -s, - ‹*lat.-engl.*›: **1.** (Physik) Drehmelder, Gerät zur Drehwinkelerfassung od. Drehwinkelregelung. **2.** (EDV) Softwaremodul eines Netzwerkbenutzers, das Informationen von Servern für die Namensauflösung abruft

re|sol|vie|ren: **1.** (veraltet) beschließen. **2.** eine benannte Zahl durch eine kleinere Einheit darstellen (z. B. 1 km = 1 000 m)

Re|so|nanz, die; -, -en ‹*lat.*›: **1. a)** (Physik) durch Schallwellen gleicher Schwingungszahl angeregtes Mitschwingen, Mittönen eines anderen Körpers od. schwingungsfähigen Systems; **b)** (Musik) Klangverstärkung u. -verfeinerung durch Mitschwingung in den Obertönen. **2.** Widerhall, Anklang, Verständnis, Wirkung

Re|so|na|tor, der; -s, ...oren ‹*lat.-nlat.*›: bei der Resonanz mitschwingender Körper (z. B. Luftsäule bei Blasinstrumenten, Holzgehäuse bei Saiteninstrumenten). **re|so|na|to|risch:** die Resonanz betreffend, auf ihr beruhend. **re|so|nie|ren** ‹*lat.*› (Musik): mitschwingen

Re|so|pal®, das; -s ‹Kunstw.›: widerstandsfähiger Kunststoff, der als Schicht für Tischplatten o. Ä. verwendet wird

Re|sor|bens, das; -, ...bentia od. ...benzien (meist Plural) ‹*lat.*› (Med.): Mittel zur Anregung der Resorption (1). **re|sor|bie|ren** (Biol., Med.): bestimmte Stoffe aufnehmen, aufsaugen

Re|sor|cin, Resorzin, das; -s, -e ‹*nlat.*›: zweiwertiges Phenol, das als Ausgangsprodukt für Phenolharze u. Farbstoffe dient u. in der Medizin gegen Erbrechen u. als Antiseptikum verwendet wird

Re|sorp|ti|on, die; -, -en ‹*lat.-nlat.*›: **1.** (Biol., Med.) das Aufnehmen flüssiger od. gelöster Stoffe in die Blut- u. Lymphbahn. **2.** Wiederauflösung eines Kristalls beim Erstarren einer Gesteinsschmelze

Re|sort [rɪˈzɔːɐ̯t], das; -s, -s ‹*lat.-frz.-engl.*›: Kurzform von ↑Urlaubsresort

Re|sor|zin vgl. Resorcin

re|so|zi|a|li|sie|ren ‹*lat.-engl.*› (Rechtswiss.): [nach Verbüßung einer längeren Haftstrafe] schrittweise wieder in die Gesellschaft eingliedern. **Re|so|zi|a|li|sie|rung**, die; -, -en (Rechtswiss.): [nach Verbüßung einer längeren Haftstrafe] schrittweise Wiedereingliederung in die Gesellschaft mit den Mitteln der Pädagogik, Medizin u. Psychotherapie

Re|s|pekt, der; -[e]s ‹*lat.-frz.;* »das Zurückblicken, das Sichumsehen; Rücksicht«›: **1. a)** auf Anerkennung od. Bewunderung beruhende Achtung; **b)** Scheu. **2.** leerer Rand [bei Seiten, Kupferstichen]

re|s|pek|ta|bel: ansehnlich; angesehen. **Re|s|pek|ta|bi|li|tät**, die; - (veraltet): Achtbarkeit, Ansehen

Re|s|pekt|blatt, das; -[e]s, ...blätter ‹*lat.-frz.; dt.*›: leeres Blatt am Anfang eines Buches; freie Seite eines mehrseitigen Schriftstücks

re|s|pek|tie|ren ‹*lat.-frz.*›: **1.** achten; anerkennen, gelten lassen. **2.** (Wirtsch.) einen Wechsel bezahlen

re|s|pek|tier|lich (veraltend): ansehnlich, achtbar

re|s|pek|tiv ‹*lat.-mlat.*› (veraltet): jedesmalig, jeweils

re|s|pek|ti|ve: beziehungsweise; oder (Abk.: resp.)

Re|s|pekts|per|son, die; -, -en: jmd., dem aufgrund seiner übergeordneten, hohen Stellung gemeinhin Respekt entgegengebracht wird

re|s|pi|ra|bel ‹*lat.-mlat.*› (Med.): atembar (in Bezug auf Gase od. Luft)

Re|s|pi|ra|ti|on, die; - ‹*lat.*› (Med.): Atmung

Re|s|pi|ra|tor, der; -s, ...oren ‹*lat.-nlat.*› (Med.): (z. B. nach Operationen verwendetes) Beatmungsgerät

re|s|pi|ra|to|risch (Med.): die Atmung betreffend, auf ihr beruhend, zu ihr gehörend

re|s|pi|rie|ren ‹*lat.*› (Med.): atmen

Re|s|pi|ro|tag, der; -[e]s, -e ‹*lat.-it.; dt.*›: Respekttag

Re|s|pit, der; -s ‹*lat.-frz.-engl.*› (Wirtsch. veraltet): Stundung

Re|s|pit|tag, der; -[e]s, -e ‹*lat.-frz.-engl.; dt.*›: Respekttag

Re|s|pi|zi|ent, der; -en, -en ‹*lat.*› (veraltet): Berichterstatter

re|s|pi|zie|ren (veraltet): berücksichtigen
Re|s|pon|der, der; -s, - ⟨*engl.*⟩: **1.** (Med.) Patient, der auf eine Behandlung anspricht. **2.** (Technik) stationärer Sender, der automatisch auf Funksignale antwortet
re|s|pon|die|ren ⟨*lat.*⟩ (veraltet): **1.** antworten. **2.** entsprechen. **3.** widerlegen
Re|s|pons, der; -es, -e: Reaktion (1 a) auf bestimmte Bemühungen
re|s|pon|sa|bel ⟨*lat.-mlat.*⟩ (veraltet): verantwortlich
Re|s|ponse [rɪˈspɔns], die; -, -s [...sɪs, auch: ...sɪz] ⟨*engl.*⟩ (Psychol.; Sprachwiss.): durch einen Reiz ausgelöstes u. bestimmtes Verhalten
Re|s|pon|si|on, die; -, -en ⟨*lat.;* »Antwort«⟩: **1.** (Rhet.) antithetisch angelegte Antwort auf eine selbst gestellte Frage. **2.** (Literaturwiss.) Entsprechung in Sinn od. Form zwischen einzelnen Teilen einer Dichtung
re|s|pon|siv ⟨*lat.-engl.*⟩: antwortend; eine Reaktion zeigend od. darstellend
Re|s|pon|so|ri|a|le, das; -[s], ...lien ⟨*lat.-mlat.*⟩: **1.** (veraltet) Sammlung der Responsorien für das nächtliche katholische Chorgebet. **2.** ↑ Antifonale
Re|s|pon|so|ri|um, das; -s, ...ien: kirchlicher Wechselgesang
Res|sen|ti|ment [rɛsɑ̃tiˈmɑ̃:, rə...], das; -s, -s ⟨*lat.-frz.*⟩ (Psychol.): **1.** auf Vorurteilen, Unterlegenheitsgefühlen, Neid o. Ä. beruhende gefühlsmäßige Abneigung. **2.** (Psychol.) das Wiedererleben eines (durch das Wiederbeleben verstärkten) meist schmerzlichen Gefühls
Res|sort [rɛˈso:ɐ̯], das; -s, -s ⟨*frz.*⟩: Geschäfts-, Amtsbereich; Arbeits-, Aufgabengebiet. **res|sor|tie|ren:** zugehören, unterstehen
Res|sour|ce [rɛˈsʊrsə], die; -, -n (meist Plural) ⟨*lat.-frz.*⟩: **a)** natürliches Produktionsmittel für die Wirtschaft; **b)** Geldmittel, Geldreserve; **c)** Hilfsmittel; Hilfsquelle, Reserve
res|sour|cen|ef|fi|zi|ent [rɛˈsʊrsən...]: die vorhandenen Ressourcen optimal nutzend, sie nicht verschwendend
Re|s|tant, der; -en, -en ⟨*lat.(-it.)*⟩: **1.** zahlungsrückständiger Schuldner. **2.** ausgelostes od. gekündigtes, aber nicht abgeholtes Wertpapier. **3.** Ladenhüter. **Re|s|tan|tin,** die; -, -nen: weibliche Form zu ↑ Restant (1)
Re|s|tau|rant [rɛstoˈrɑ̃:], das; -s, -s ⟨*lat.-frz.*⟩: Speisegaststätte
Re|s|tau|ra|teur [...raˈtø:ɐ̯], der; -s, -e (veraltet): Gastwirt
[1]**Re|s|tau|ra|ti|on** [...taʊ̯...], die; -, -en ⟨*spätlat.*⟩: **1.** das Restaurieren (1). **2.** Wiedereinrichtung der alten politischen u. sozialen Ordnung nach einem Umsturz
[2]**Re|s|tau|ra|ti|on** [auch: ...to...], die; -, -en ⟨*lat.-frz.*⟩ (österr., sonst veraltet): Gastwirtschaft
re|s|tau|ra|tiv [...taʊ̯...] ⟨*lat.-nlat.*⟩: die [1]Restauration (2) betreffend, sich auf die Restauration stützend
Re|s|tau|ra|tor [...taʊ̯...], der; -s, ...oren ⟨*lat.*⟩: Fachmann, der Kunstwerke wiederherstellt. **Re|s|tau|ra|to|rin,** die; -, -nen: weibliche Form zu ↑ Restaurator
re|s|tau|rie|ren ⟨*lat.(-frz.)*⟩: **1.** (ein Kunst-, Bauwerk, einen Kunstgegenstand, ein Gemälde o. Ä.) in seinen ursprünglichen Zustand bringen, wiederherstellen, ausbessern. **2.** eine frühere, überwundene politische, gesellschaftliche Ordnung wiederherstellen. **3.** (sich restaurieren; veraltend) sich erholen, sich erfrischen. **Re|s|tau|rie|rung,** die; -, -en: **1.** das Restaurieren. **2.** (veraltend) das Sichrestaurieren
Re|ste|no|se, die; -, -n ⟨*lat.; gr.*⟩ (Med.): wiederholte ↑ Stenose
res|tez [rɛsˈte] ⟨*lat.-frz.*⟩ (Musik): bleiben Sie! (Anweisung für Instrumentalist[inn]en, in derselben Lage od. auf derselben Saite zu bleiben)
res|tie|ren ⟨*lat.-roman.*⟩ (veraltet): **1.** übrig sein. **2. a)** (von Zahlungen) noch ausstehen; **b)** schulden; **c)** (mit einer Zahlung) im Rückstand sein
re|s|ti|tu|ie|ren ⟨*lat.*⟩: **1.** wiederherstellen. **2.** zurückerstatten. **3.** ersetzen
Re|s|ti|tu|tio ad In|te|g|rum, Re|s|ti|tu|tio in In|te|g|rum, die; - - -: **1.** (Rechtswiss.) Wiedereinsetzung in den vorigen Stand; gerichtliche Aufhebung einer zum Nachteil des Betroffenen erfolgten Entscheidung aus Gründen der Billigkeit. **2.** (Med.) völlige Wiederherstellung der normalen Körperfunktionen nach einer überstandenen Krankheit od. Verletzung
Re|s|ti|tu|ti|on, die; -, -en: **1.** Wiederherstellung, Wiedererrichtung. **2. a)** Wiedergutmachung od. Schadensersatzleistung für alle einem anderen Staat widerrechtlich zugefügten Schäden; **b)** im römischen Recht Wiederaufhebung einer Entscheidung, die einen unbilligen Rechtserfolg begründete. **3.** (Biol.) eine Form der Regeneration, bei der die auf normalem Wege verloren gegangenen Organteile (z. B. Geweih, Federn, Haare) ersetzt werden; vgl. Reparation (2)
Re|s|ti|tu|ti|ons|kla|ge, die; -, -n ⟨*lat.; dt.*⟩ (Rechtswiss.): Klage auf Wiederaufnahme eines mit einem rechtskräftigen Urteil abgeschlossenen gerichtlichen Verfahrens wegen schwerwiegender Verfahrensmängel
Rest|less Legs, die (Plural) ⟨*engl.;* »unruhige Beine«⟩ (Med.): meist in Ruhe auftretende kribbelnde Hautempfindung an der Außenseite der Beine mit starkem Bewegungsdrang
Rest|less-Legs-Syn|d|rom, das; -s ⟨*engl.; gr.*⟩ (Med.): unangenehmes Kribbeln, Jucken od. Ziehen in den Beinen, das die Betroffenen am Schlafen hindert u. dazu zwingt, aufzustehen u. herumzugehen
Re|s|t|ric|tio men|ta|lis, die; - -, ...tiones ...tales [...ne:s ...le:s] ⟨*lat.*⟩ (Rechtswiss.): ↑ Mentalreservation
Re|s|t|rik|ti|on, die; -, -en: **a)** Einschränkung, Beschränkung (von jmds. Rechten, Befugnissen, Möglichkeiten); **b)** (Sprachwiss.) für den Gebrauch eines Wortes, einer Wendung o. Ä. geltende, im System der Sprache liegende Einschränkung
re|s|t|rik|tiv ⟨*lat.-nlat.*⟩: einschränkend, einengend; **restriktive Konjunktion** (Sprachwiss.): einschränkendes Bindewort (z. B. insofern); **restriktiver Code:** ↑ restringierter Code
Re|s|t|rik|tiv|satz, der; -es, ...sätze ⟨*lat.-nlat.; dt.*⟩ (Sprachwiss.): restriktiver, einschränkender Modalsatz (z. B. hilf ihm, *soweit es deine Zeit erlaubt!*)

re|s|t|rin|gie|ren ‹*lat.*› (veraltet): **1.** einschränken. **2.** (Med.) zusammenziehen

re|s|t|rin|giert: eingeschränkt; **restringierter Code** (Sprachwiss.): individuell nicht stark differenzierter sprachlicher ↑Code (1) eines Sprachteilhabers

re|s|t|ruk|tu|rie|ren ‹*lat.-nlat.*›: durch bestimmte Maßnahmen neu gestalten, neu ordnen, neu strukturieren. **Re|s|t|ruk|tu|rie|rung,** die; -, -en: das Versehen mit einer neuen Struktur; Umgestaltung, Neuordnung

Re|sul|tan|te, die; -, -n ‹*lat.-mlat.-frz.*› (Physik): Ergebnisvektor von verschieden gerichteten Bewegungs- od. Kraftvektoren

Re|sul|tat, das; -[e]s, -e: **1.** (in Zahlen ausdrückbares) Ergebnis [einer Rechnung]. **2.** Erfolg, Ergebnis

re|sul|ta|tiv ‹*lat.-mlat.-nlat.*›: ein Resultat bewirkend; **resultative Aktionsart** (Sprachwiss.): ↑Aktionsart eines Verbs, die das Resultat, das Ende eines Geschehens ausdrückt (z. B. finden)

re|sul|tie|ren ‹*lat.-mlat.-frz.;* »zurückspringen; entspringen; entstehen«›: sich herleiten, sich [als Resultat] ergeben, die Folge von etwas sein

Re|sul|tie|ren|de, die; -n, -n: ↑Resultante

Ré|su|mé, das; -s, -s: schweiz. häufig für Resümee

Re|sü|mee, das; -s, -s ‹*lat.-frz.;* »das Wieder[vor]genommene; das Wiederholte«›: **1.** Zusammenfassung. **2.** Fazit. **re|sü|mie|ren:** zusammenfassen

Re|su|pi|na|ti|on, die; -, -en ‹*lat.-nlat.*› (Bot.): Drehung der Blüte während der Entwicklung um 180° (z. B. bei Orchideen)

Re|sur|rek|ti|on, die; -, -en ‹*lat.*› (selten): Auferstehung

Re|sus|zi|ta|ti|on, die; -, -en ‹*lat.*› (Med.): ↑Reanimation

re|s|zin|die|ren ‹*lat.*› (Rechtsspr. veraltet): vernichten, aufheben, für nichtig erklären

re|s|zis|si|bel ‹*lat.-nlat.*› (Rechtsspr. veraltet): anfechtbar

Re|s|zis|si|bi|li|tät, die; - (Rechtsspr. veraltet): Anfechtbarkeit

Re|s|zis|si|on, die; -, -en ‹*lat.-mlat.*› (veraltet): Ungültigkeitserklärung, gerichtliche Verwerfung (z. B. eines Testaments)

Re|ta|bel, das; -s, - ‹*lat.-span.-frz.*›: Altaraufsatz (mit dem Altar fest verbundene, künstlerisch gestaltete Rückwand)

re|ta|b|lie|ren ‹*lat.-frz.*› (veraltet): wiederherstellen. **Re|ta|b|lis|se|ment** [...'mɑ̃ː], das; -s, -s (veraltet): Wiederherstellung

Re|tail, der od. das; -s ‹*engl.*›: **1.** (veraltet) Kleinverkauf. **2.** (Wirtsch.) für den Verkauf an den Endverbraucher, an Privatpersonen bestimmte Produkte. **Re|tai|ler** [...tɛɪ̯lə], der; -s, - (Wirtsch.): Unternehmen, das Produkte an Endverbraucher bzw. Privatpersonen verkauft, vertreibt; Einzelhändler

Re|take ['riːtɛɪ̯k, ri'tɛɪ̯k], das; -s, -s (meist Plural) ‹*engl.*› (Film): Wiederholung einer missglückten Aufnahme

Re|ta|li|a|ti|on, die; -, -en ‹*lat.-nlat.*› (veraltet): [Wieder]vergeltung

Re|tard [rə'taːɐ̯], der; -s ‹*lat.-frz.*›: Hebelstellung zur Verringerung der Ganggeschwindigkeit von Uhren

Re|tar|dat, das; -[e]s, -e ‹*lat.*› (veraltet): Rückstand

Re|tar|da|ti|on, die; -, -en: Verzögerung, Verlangsamung eines Ablaufs, einer Entwicklung; Entwicklungsverzögerung; vgl. ...ation/...ierung

re|tar|die|ren: 1. verzögern, hemmen; **retardierendes Moment** (Literaturwiss.): Szene im Drama, die zum Höhepunkt des Konflikts hinleitet od. durch absichtliche Verzögerung des Handlungsablaufs die Spannung erhöht. **2.** (veraltet) nachgehen (in Bezug auf Uhren)

re|tar|diert (Med., Psychol.): in der geistigen od. körperlichen Entwicklung zurückgeblieben

Re|tent, das; -[e]s, -e ‹*lat.*›: zurückbehaltenes Aktenstück

Re|ten|ti|on, die; -, -en: **1.** (Med.) **a)** Funktionsstörung, die darin besteht, dass zur Ausscheidung bestimmte Körperflüssigkeiten od. andere Stoffe (bes. Urin) nicht [in ausreichendem Maße] ausgeschieden werden; **b)** Abflussbehinderung seröser Flüssigkeit, die sich in einer Zyste angesammelt hat; **c)** unvollständige od. fehlende Entwicklung eines Organs od. Körperteils aus seinem Ausgangsbereich heraus (z. B. Zähne od. Hoden); **d)** Verankerung, Befestigung (der Kunststoffzähne in einer Prothese). **2.** (Psychol.) Leistung des Gedächtnisses in Bezug auf Lernen, Reproduzieren (1) und Wiedererkennen

Re|ten|ti|ons|recht, das; -[e]s ‹*lat.; dt.*› (Rechtswiss.): Zurückbehaltungsrecht; Recht des Schuldners, eine fällige Leistung zu verweigern, solange ein Gegenanspruch nicht erfüllt ist

Re|ti|cel|la [...'tʃɛla], die; -, -s ‹*lat.-it.;* »Netzchen«›: urspr. genähte, später geklöppelte italienische Spitze

Re|ti|kül vgl. Ridikül

re|ti|ku|lar, re|ti|ku|lär ‹*lat.-nlat.*› (Anat.): netzartig; **retikulares** od. **retikuläres Gewebe** (Med.): Bindegewebe

re|ti|ku|liert: netzartig; **retikuliertes Glas:** Glas mit einem netzartigen Muster aus eingeschmolzenen Milchglasfäden

Re|ti|ku|lom, das; -s, -e (Med.): gutartige knotige Wucherung (bes. im Bereich des Knochenmarks, der Lymphknoten u. der Milz)

Re|ti|ku|lo|se, die; -, -n (Med. veraltet): Sammelbez. für ursächlich u. erscheinungsmäßig verschiedenartige Wucherungen im Bereich von Knochenmark, Milz, Lymphknoten u. Leber

Re|ti|ku|lo|zyt, der; -en, -en (meist Plural) ‹*lat.; gr.-nlat.*› (Med.): junges rotes Blutkörperchen, das aus dem Knochenmark ins Blut gelangt und dort zu einem ↑Erythrozyten heranreift

Re|ti|ku|lum, das; -s, ...la ‹*lat.;* »kleines Netz«›: **1.** (Zool.) Netzmagen der Wiederkäuer. **2.** (Biol.) im Ruhekern der teilungsbereiten Zelle nach Fixierung u. Färbung sichtbares Netzwerk aus Teilen von entspiralisierten Chromosomen

Re|ti|na, die; -, ...nae [...nɛ] ‹*lat.-mlat.*› (Med.): Netzhaut des Auges

re|ti|nie|ren (Med.): eine Retention (1 a) aufweisen

Re|ti|ni|tis, die; -, ...itiden ‹*lat.-mlat.-nlat.*› (Med.): Netzhautentzündung

Re|ti|no|blas|tom, das; -s, -e ‹*lat.-mlat.; gr.*› (Med.): bösartige Netzhautgeschwulst

Re|ti|nol, das; -s, -e: internationale Bez. für Vitamin A

Re|ti|no|s|ko|pie, die; -, ...ien (Med.): ↑Skiaskopie

Re|ti|ra|de, die; -, -n ‹*frz.*›: **1.** (veraltet verhüll.) Toilette (2). **2.** [militärischer] Rückzug

re|ti|rie|ren: sich [fluchtähnlich, eilig] zurückziehen

rhetorisch

Das Adjektiv geht über das Lateinische auf gleichbedeutend *gr.* rhētorikós zurück und wird wie in der Ursprungssprache mit *rh-* geschrieben. Ebenso: *Rhetorik*.

Re|tor|si|on, die; -, -en ‹*lat.-nlat.*›: Erwiderung einer Beleidigung; vor allem im zwischenstaatlichen [diplomatischen] Verkehr die einer unbilligen Maßnahme eines anderen Staates entsprechende Gegenmaßnahme (z. B. Ausweisung von Ausländern als Antwort auf ebensolche Vorkommnisse im Ausland)

Re|tor|te, die; -, -n ‹*lat.-mlat.-frz.*›: **a)** rundliches Labordestillationsgefäß aus Glas mit umgebogenem, verjüngtem Hals; **aus der Retorte** (ugs.): auf künstliche Weise hergestellt, geschaffen; **b)** in der chemischen Industrie zylindrischer od. flacher langer Behälter, der innen mit feuerfestem Material ausgekleidet ist

Re|tor|ten|ba|by, das; -s, -s: Baby, das sich aus einem außerhalb des Mutterleibs befruchteten u. dann wieder in die Gebärmutter zurückversetzten Ei entwickelt hat

re|tour [reˈtuːɐ̯] ‹*lat.-vulgärlat.-frz.*› (landsch., sonst veraltend): zurück

Re|tour, die; -, -en (österr. ugs.): Rückfahrkarte

Re|tour|bil|lett, das; -[e]s, -e u. -s (schweiz., sonst veraltet): Rückfahrkarte

Re|tou|re [reˈtuːrə], die; -, -n (meist Plural): **1. a)** an den Verkäufer zurückgesandte Ware; **b)** nicht ausgezahlter, an den Überbringer zurückgegebener Scheck od. Wechsel. **2.** (österr. Amtsspr. veraltend) Rücksendung

Re|tour|kut|sche [reˈtuːɐ̯...], die; -, -n (ugs.): das Zurückgeben eines Vorwurfs, einer Beleidigung o. Ä. [bei passender Gelegenheit] mit einem entsprechenden Vorwurf, einer entsprechenden Beleidigung

re|tour|nie|ren: 1. a) Waren zurücksenden (an den Verkäufer); **b)** (österr.) zurückgeben, -bringen. **2.** (Tennis) den gegnerischen Aufschlag zurückschlagen

Re|trai|te [rəˈtrɛːtə], die; -, -n ‹*lat.-frz.*› (Militär veraltet): **1.** Zapfenstreich der Kavallerie. **2.** Rückzug

Re|trakt, der; -[e]s, -e ‹*lat.*› (Rechtsspr. veraltet): Befugnis, eine fremde, von einem Eigentümer an einen Dritten verkaufte Sache von diesem u. jedem weiteren Besitzer zum ursprünglichen Kaufpreis an sich zu nehmen; Näherrecht

Re|trak|ti|on, die; -, -en (Med.): Zusammenziehung, Verkürzung, Schrumpfung; Zurückziehen (z. B. einer Sehne bei einem Sehnenabriss)

Re|tran|che|ment [rətrɑ̃ʃəˈmɑ̃ː], das; -s, -s ‹*lat.-frz.*› (veraltet): Verschanzung; verschanzte Linie

Re|trans|fu|si|on, die; -, -en ‹*lat.-nlat.*› (Med.): intravenöse Wiederzuführung von verlorenem od. vorher dem Organismus entnommenem, noch nicht geronnenem Blut in den Blutkreislauf

Re|tri|bu|ti|on, die; -, -en ‹*lat.*›: **1.** Rückgabe, Wiedererstattung (z. B. eines Geldbetrages). **2.** Vergeltung. **re|tri|bu|tiv** ‹*lat.-nlat.*›: die Retribution betreffend, auf Retribution beruhend

Re|t|rie|val [rɪˈtriːvl̩], das; -s, -s ‹*engl.*› (EDV): das Suchen und Auffinden gespeicherter Daten in einer Datenbank

Re|t|rie|ver [...ˈtriːvɐ], der; -s, - ‹*engl.*›: zum Apportieren gezüchteter Jagdhund

re|t|ro ‹*engl.-lat.*› (Jargon): Elemente früherer Stilrichtungen in Musik, Design o. Ä. nachahmend

re|t|ro..., Re|t|ro...

‹*lat.* »hinter; zurück, rückwärts«› *Wortbildungselement mit der Bedeutung »hinter, rückwärts (gewandt)«:*
- retrograd
- Retrolook
- Retrospektive

re|t|ro|ak|tiv ‹*lat.-nlat.*› (Psychol.): rückwirkend; **retroaktive Hemmung:** Beeinträchtigung des Behaltens von etwas Gelerntem, wenn unmittelbar darauf etwas Neues eingeprägt wird; **retroaktive Suggestion:** Suggestion, die frühere Bewusstseinsinhalte u. Erinnerungen aktiviert

re|t|ro|bul|bär (Med.): hinter dem Augapfel gelegen

re|t|ro|da|tie|ren (veraltet): zurückdatieren

Re|t|ro|de|sign [...dizaɪ̯n], das; -s, -s ‹*lat.; engl.*›: Formgestaltung, die bewusst auf traditionelle Gestaltungselemente zurückgreift

re|t|ro|flex (Sprachwiss.): mit zurückgebogener Zungenspitze gebildet (in Bezug auf Laute). **Re|t|ro|flex,** der; -es, -e (Sprachwiss.): mit zurückgebogener Zungenspitze gebildeter Laut; vgl. Zerebral

Re|t|ro|fle|xi|on, die; -, -en: **1.** (Med.) Abknickung von Organen (bes. der Gebärmutter) nach hinten. **2.** (Med.) Beugung nach hinten. **3.** (Psychol.) Selbstüberprüfung vor der Veränderung eines Objekts

re|t|ro|grad ‹*lat.*›: **1.** (Med.) rückläufig, rückwirkend, in zurückliegende Situationen zurückreichend (z. B. in Bezug auf eine Amnesie). **2.** (Med.) in gegenläufiger Richtung (z. B. etw. einbringen). **3. retrograde Bildung** (Sprachwiss.): Rückbildung; Wort (bes. Substantiv), das aus einem [meist abgeleiteten] Verb od. Adjektiv gebildet ist, aber den Eindruck erweckt, die Grundlage des betreffenden Verbs od. Adjektivs zu sein (z. B. *Kauf* aus kaufen, *Blödsinn* aus blödsinnig)

re|t|ro|len|tal ‹*lat.-nlat.*› (Med.): hinter der Augenlinse gelegen

Re|t|ro|look [...lʊk], der; -s ‹*lat.; engl.*›: Modestil, der an Formen u. Farben vergangener Stilepochen anknüpft

re|t|ro|na|sal (Med.): im Nasen-Rachen-Raum gelegen

re|t|ro|pe|ri|to|ne|al (Med.): hinter dem Bauchfell gelegen

Re|t|ro|s|pek|ti|on, die; -, -en: Rückschau, Rückblick. **re|t|ro|s|pek|tiv:** rückschauend, rückblickend. **Re|t|ro|s|pek|ti|ve,**

die; -, -n: **a)** Rückschau, Rückblick; **b)** Kunstausstellung od. Filmserie, die das Gesamtwerk eines Künstlers od. Filmregisseurs od. einer Epoche in einer Rückschau vorstellt

Re|t|ro|spiel, das; -[e]s, -e (Schach): schrittweises Zurücknehmen einer bestimmten Folge von Zügen bis zu einer bestimmten Ausgangsstellung

re|t|ro|s|ter|nal (Med.): hinter dem Brustbein gelegen

Re|t|ro|trans|po|son, das; -s, -s u. ...sonen ⟨*lat.; lat.-engl.*⟩ (Med.): ↑Transposon, das ein Überrest der DNA eines ↑Retrovirus ist u. nach der Infektion in das Erbgut der Zelle eingebaut wurde

Re|t|ro|ver|si|on, die; -, -en (Med.): **1.** Rückwärtsneigung, bes. der Gebärmutter. **2.** Rückwärtsbewegung einer Extremität (z. B. von Arm od. Bein)

re|t|ro|ver|tie|ren ⟨*lat.*⟩ (Fachspr., bes. Med.): zurückneigen, zurückwenden

Re|t|ro|vi|rus, das, auch: der; -, ...viren (meist Plural) (Med.): Virus, das sein Genom in das Genom der Wirtszelle einbauen u. so Tumor- od. andere Erkrankungen (z. B. HIV) auslösen kann

Re|t|ro|vi|sor, der; -s, ...oren ⟨*lat.-nlat.*⟩: Spiegelsystem, mit dem der Fahrer über das eigene Auto u. durch die Fenster eines angehängten Wohnwagens sehen kann

re|t|ro|ze|die|ren: 1. (veraltet) **a)** zurückweichen; **b)** [etwas] wieder abtreten. **2.** (Wirtsch.) rückversichern

Re|t|ro|zes|si|on, die; -, -en: **1.** (veraltet) Wiederabtretung. **2.** (Wirtsch.) besondere Form der Rückversicherung

Ret|si|na, der; -[s], -s (aber: 3 -) ⟨*gr.-lat.-mlat.-ngr.*⟩: mit Harz versetzter griechischer Weißwein

[1]**Re|turn** [riˈtœːɐ̯n], der; -s, -s ⟨*engl.*⟩ (Badminton, Tennis, Tischtennis): Rückschlag; zurückgeschlagener Ball [nach einem gegnerischen Aufschlag]

[2]**Re|turn** (ohne Artikel gebr.): Kurzform von ↑Returntaste

Re|turn|tas|te, die; -, -n ⟨*engl.; dt.*⟩: Taste auf der Computertastatur zum Bestätigen od. Beenden eines Vorgangs

Re|tu|sche, die; -, -n ⟨*frz.*⟩: **a)** das Retuschieren; **b)** Stelle, an der retuschiert worden ist

Re|tu|scheur [...ˈʃøːɐ̯], der; -s, -e: jmd., der Retuschen ausführt. **Re|tu|scheu|rin** [...ˈʃøːrɪn], die; -, -nen: weibliche Form zu ↑Retuscheur. **re|tu|schie|ren:** (bes. an einem Foto, einer Druckvorlage) nachträglich Veränderungen anbringen (um Fehler zu korrigieren, Details hinzuzufügen od. zu entfernen)

Re|tweet [ˈriː...], der od. das; -s, -s ⟨*engl.*⟩: Wiederholung, Verbreitung eines Tweets durch Weiterleitung an die eigenen Follower. **re|twee|ten** [riˈtviːtn̩, ˈriː...] ⟨*engl.*⟩: einen Retweet senden

re|unie|ren [reʔyˈniːrən] ⟨*lat.-frz.*⟩: **1.** (veraltet) wieder vereinigen, versöhnen. **2.** sich reunieren: sich versammeln

[1]**Re|uni|on,** die; -, -en ⟨*lat.-frz.*⟩ (veraltet): Wiedervereinigung

[2]**Re|uni|on** [reʔyˈni̯õː], die; -, -s (veraltet): bes. in Kurorten veranstalteter Gesellschaftsball

Re|uni|o|nen, die (Plural) ⟨*lat.-frz.*⟩: territoriale Annexionen Ludwigs XIV. im Elsass, in Lothringen, der Pfalz u. anderen angrenzenden Gebieten

Re|uni|ons|kam|mern, die (Plural) ⟨*lat.-frz.; dt.*⟩: durch Ludwig XIV. eingesetzte französische Gerichte zur Durchsetzung territorialer Annexionen

re|üs|sie|ren ⟨*lat.-it.-frz.*⟩: Erfolg haben; ein Ziel erreichen

Re|vak|zi|na|ti|on, die; -, -en ⟨*lat.-nlat.*⟩ (Med.): Wiederimpfung. **re|vak|zi|nie|ren** (Med.): wieder impfen

re|va|li|die|ren ⟨*lat.-nlat.*⟩: wieder gültig werden

re|va|lie|ren: 1. (veraltend) sich für eine Auslage schadlos halten. **2.** (Kaufmannsspr.) (eine Schuld) decken

Re|va|lie|rung, die; -, -en (Kaufmannsspr.): Deckung [einer Schuld]

Re|va|lo|ri|sa|ti|on, die; -, -en: ↑Revalorisierung; vgl. ...ation/...ierung. **re|va|lo|ri|sie|ren:** eine Währung auf den ursprünglichen Wert erhöhen. **Re|va|lo|ri|sie|rung,** die; -, -en: Erhöhung einer Währung auf den ursprünglichen Wert; vgl. ...ation/...ierung

Re|val|va|ti|on, die; -, -en: Aufwertung einer Währung durch Korrektur des Wechselkurses. **re|val|vie|ren:** eine Währung (durch Korrektur des Wechselkurses) aufwerten

Re|van|che [reˈvãːʃ(ə), auch: reˈvaŋʃ(ə)], die; -, -n [...ʃn̩] ⟨*lat.-frz.*⟩: **1.** (veraltend) Vergeltung (eines Landes) für eine erlittene militärische Niederlage. **2.** das Sichrevanchieren, Sichrächen. **3.** Gegendienst, Gegenleistung. **4. a)** Chance, eine erlittene Niederlage bei einem Wettkampf in einer Wiederholung wettzumachen; **b)** (Sport) Rückkampf, Rückspiel eines Hinspiels, das verloren wurde

re|van|chie|ren, sich: **1.** vergelten, sich rächen. **2.** sich erkenntlich zeigen, durch eine Gegenleistung ausgleichen, einen Gegendienst erweisen. **3.** (Sport) eine erlittene Niederlage durch einen Sieg in einem zweiten Spiel gegen denselben Gegner ausgleichen, wettmachen

Re|van|chis|mus, der; - ⟨*lat.-frz.-russ.*⟩ (abwertend): Politik, die auf Rückgewinnung in einem Krieg verlorener Gebiete mit militärischen Mitteln gerichtet ist

Re|van|chist, der; -en, -en (abwertend): Vertreter des Revanchismus. **Re|van|chis|tin,** die; -, -nen: weibliche Form zu ↑Revanchist

re|van|chis|tisch (abwertend): den Revanchismus betreffend

Re|vas|ku|la|ri|sa|ti|on, die; -, -en ⟨*lat.*⟩ (Med.): Wiedereinpflanzung von Blutgefäßen in nicht mehr durchblutete Teile des Gewebes

Re|veil|le [reˈvɛ(ː)jə, auch: reˈvɛljə], die; -, -n ⟨*lat.-vulgärlat.-frz.*⟩ (veraltet): militärischer Weckruf

Re|ve|la|ti|on, die; -, -en ⟨*lat.*⟩: Enthüllung, Offenbarung. **re|ve|la|to|risch** ⟨*lat.-nlat.*⟩: enthüllend, offenbarend

Re|ve|nant [rəvəˈnãː], der; -s, -s ⟨*lat.-frz.*⟩: Gespenst; Geist, der aus einer anderen Welt wiederkehrt

Re|ve|nue [...ˈnyː], die; -, -n [...ˈnyːən] (meist Plural): Einkommen, Einkünfte

re ve|ra ⟨*lat.*⟩ (veraltet): in der Tat, in Wahrheit

Re|ve|rend [ˈrɛvərənd], der; -s, -s ⟨*lat.-engl.*⟩: **a)** (ohne Plural) Ti-

tel der Geistlichen in englischsprachigen Ländern (Abk.: Rev.); **b)** Träger dieses Titels
Re|ve|ren|dis|si|mus, der; - ‹*lat.*›: Titel der katholischen Prälaten
Re|ve|ren|dus, der; -: Ehrwürden, Hochwürden (Titel katholischer Geistlicher) (Abk.: Rev.); **Reverendus Pater:** ehrwürdiger Vater (Titel der Ordensgeistlichen) (Abk.: R. P.)
Re|ve|renz, die; -, -en ‹»Scheu, Ehrfurcht«›: **a)** Ehrerbietung; **b)** Verbeugung; vgl. aber: Referenz
Re|ve|rie, die; -, ...ien ‹*lat.-vulgärlat.-frz.*›: frz. Bez. für: Träumerei (elegisch-träumerisches Instrumentalstück, bes. Klavierstück der Romantik)
[1]**Re|vers** [rəˈvɛːɐ̯], das od. (österr. nur:) der; - [...ɐ̯(s)], - [...ɐ̯s] ‹*lat.-frz.*›: Umschlag od. Aufschlag an Kleidungsstücken
[2]**Re|vers** [auch: rəˈvɛːɐ̯], der; -es u. (bei frz. Ausspr.:) - [rəˈvɛːɐ̯(s)], -e u. (bei frz. Ausspr.:) - [rəˈvɛːɐ̯s] ‹*lat.-frz.*›: Rückseite [einer Münze, Medaille] (Ggs.: Avers)
[3]**Re|vers,** der; -es, -e ‹*lat.-mlat.*›: Erklärung, Verpflichtungsschein
Re|ver|sa|le, das; -, ...lien ‹*lat.-nlat.*›: offizielle Versicherung eines Staates, seine Verträge mit anderen Staaten einzuhalten u. den bestehenden Zustand nicht einseitig zu ändern
Re|verse [rɪˈvœːɐ̯s], das; - ‹*engl.*›: Umschaltautomatik für den Rücklauf (bes. bei Kassettenrekordern)
re|ver|si|bel: 1. umkehrbar (z. B. von technischen, chemischen, biologischen Vorgängen) (Ggs.: irreversibel). **2.** (Med.) heilbar
Re|ver|si|bi|li|tät, die; -: Umkehrbarkeit (Ggs.: Irreversibilität)
[1]**Re|ver|si|ble** [...ˈziːbl̩], der; -s, -s ‹*lat.-frz.-engl.*›: Gewebe, Stoff, bei dem beide Seiten als Außenseite verwendet werden können
[2]**Re|ver|si|ble** [...ˈziːbl̩], das; -s, -s: Kleidungsstück, das beidseitig getragen werden kann; Wendemantel, Wendejacke
re|ver|sie|ren ‹*lat.-nlat.*›: **1.** (österr.) ein Fahrzeug wenden. **2.** (veraltet) sich schriftlich verpflichten. **3.** [bei Maschinen] den Gang umschalten

R
Reve

Re|ver|sing [rɪˈvœːɐ̯sɪŋ], das; - ‹*lat.-frz.-engl.*›: Form der Geschäftsabwicklung im englischen Baumwollterminhandel
Re|ver|si|on, die; -, -en ‹*lat.*›: Umkehrung, Umdrehung
Re|ver|si|ons|pen|del, das; -s, - (Physik): Instrument zur Messung der Erdbeschleunigung
Re|vi|dent, der; -en, -en ‹*lat.*›: **1.** jmd., der Revision (3) einlegt. **2.** (veraltet) Revisor. **3.** (österr.) **a)** (ohne Plural) Beamtentitel; **b)** Träger dieses Titels
re|vi|die|ren ‹»wieder hinsehen«›: **1.** überprüfen, prüfen, kontrollieren, durchsuchen. **2.** formal abändern, korrigieren; nach eingehender Prüfung ändern
Re|vier, das; -s, -e ‹*lat.-vulgärlat.-frz.-niederl.;* »Ufergegend entlang einem Wasserlauf«›: **1.** Bezirk, Gebiet; Tätigkeitsbereich (z. B. eines Kellners). **2.** kleinere Polizeidienststelle [eines Stadtbezirks]. **3.** (Militär) **a)** von einem Truppenteil belegte Räume in einer Kaserne od. in einem Lager; **b)** Krankenstube eines Truppenteils. **4.** (Forstwirtsch.) **a)** Teilbezirk eines Forstamts; **b)** begrenzter Jagdbezirk. **5.** (Bergbau) Abbaugebiet. **6.** Lebensraum, Wohngebiet bestimmter Tiere
re|vie|ren (Forstwirtsch.): ein Jagdgelände von einem Hund absuchen lassen
[1]**Re|view** [riˈvjuː], die; -, -s ‹*lat.-frz.-engl.*›: Titel od. Bestandteil des Titels englischer u. amerikanischer Zeitschriften; vgl. Revue (1)
[2]**Re|view,** das od. der; -s, -s, auch die; -, -s ‹*lat.-frz.-engl.*›: kritische Besprechung eines [künstlerischen] Produkts o. Ä.
Re|vin|di|ka|ti|on, die; -, -en ‹*lat.-nlat.*› (Rechtsspr. veraltet): Rückforderung, Geltendmachung eines Herausgabeanspruchs
re|vin|di|zie|ren (Rechtswiss.): einen Herausgabeanspruch geltend machen
Re|vi|re|ment [...ˈmãː], das; -s, -s ‹*galloroman.-frz.*›: **1.** Wechsel in der Besetzung von Ämtern. **2.** Form der Abrechnung zwischen Schuldnern u. Gläubigern
re|vi|si|bel ‹*lat.-nlat.*› (Rechtsspr. selten): auf dem Wege der Revision (3) anfechtbar (Ggs.: irrevisibel). **Re|vi|si|bi|li|tät,** die; - (Rechtsspr. selten): Anfechtbarkeit eines Urteils auf dem Wege der Revision
Re|vi|si|on, die; -, -en ‹*lat.-mlat.;* »prüfende Wiederdurchsicht«›: **1.** (Druckw.) [nochmalige] Durchsicht, Nachprüfung; bes. die Korrektur des bereits umbrochenen (zu Druckseiten zusammengestellten) Satzes. **2.** Änderung nach eingehender Prüfung (z. B. in Bezug auf eine Ansicht). **3.** (Rechtswiss.) bei einem Gericht mit grundsätzlicher Entscheidungsvollmacht (Bundesgerichtshof, Oberlandesgericht) gegen ein [Berufungs]urteil einzulegendes Rechtsmittel, das die Überprüfung dieses Urteils fordert
Re|vi|si|o|nis|mus, der; - ‹*lat.-mlat.-nlat.*›: **1.** das Streben nach Änderung eines bestehenden [völkerrechtlichen] Zustandes od. eines [politischen] Programms. **2.** im 19. Jh. eine Richtung innerhalb der deutschen Sozialdemokratie mit der Tendenz, den orthodoxen Marxismus durch Sozialreformen abzulösen
Re|vi|si|o|nist, der; -en, -en: Verfechter des Revisionismus. **Re|vi|si|o|nis|tin,** die; -, -nen: weibliche Form zu ↑Revisionist. **re|vi|si|o|nis|tisch:** den Revisionismus betreffend
Re|vi|sor, der; -s, ...oren ‹*lat.-nlat.*›: **1.** [Wirtschafts]prüfer. **2.** Korrektor, dem die Überprüfung der letzten Korrekturen im druckfertigen Bogen obliegt. **Re|vi|so|rin,** die; -, -nen: weibliche Form zu ↑Revisor
re|vi|ta|li|sie|ren ‹*lat.-nlat.*›: **1.** (Med.) wieder kräftigen, wieder funktionsfähig machen. **2.** (Biol.) wieder in ein natürliches Gleichgewicht bringen. **Re|vi|ta|li|sie|rung,** die; -, -en: das Revitalisieren
Re|vi|val [rɪˈvaɪ̯vl̩], das; -s, -s ‹*engl.*›: Wiederbelebung, Erneuerung (z. B. eines [erfolgreichen] Films)
Re|vo|ka|ti|on, die; -, -en ‹*lat.*›: Widerruf (z. B. eines wirtschaftlichen Auftrages)
Re|vo|ka|to|ri|um, das; -s, ...ien (Rechtswiss.): Abberufungs-, Rückberufungsschreiben

Re|voke [rɪˈvoʊ̯k], die; -, -s ‹*lat.-frz.-engl.*›: versehentlich falsches Bedienen (bei Kartenspielen)

Re|vo̱l|te, die; -, -n ‹*lat.-vulgärlat.-it.-frz.;* »Umwälzung«›: Aufruhr, Aufstand (einer kleinen Gruppe)

Re|vol|teur [...ˈtøːɐ̯], der; -s, -e: jmd., der sich an einer Revolte beteiligt. **Re|vol|teu|rin** [...ˈtøːrɪn], die; -, -nen: weibliche Form zu ↑Revolteur. **re|vol|ti̱e|ren:** an einer Revolte teilnehmen; sich empören, sich auflehnen, meutern

Re|vo|lu|ti|o̱n, die; -, -en ‹*lat.(-frz.)*›: **1.** [gewaltsamer] Umsturz der bestehenden politischen u. sozialen Ordnung. **2.** Aufhebung, Umwälzung der bisher als gültig anerkannten Gesetze od. der bisher geübten Praxis durch neue Erkenntnisse u. Methoden (z. B. in der Wissenschaft). **3.** (Geol.) Gebirgsbildung. **4.** (Astron.) Umlauf eines Himmelskörpers um ein Hauptgestirn. **5.** Solospiel im Skat

re|vo|lu|ti|o|nä̱r ‹*lat.-frz.*›: **1.** die Revolution (1) betreffend, zum Ziele habend; für die Revolution eintretend. **2.** eine Revolution (2) bewirkend, umwälzend

Re|vo|lu|ti|o|när, der; -s, -e: **1.** jmd., der auf eine Revolution (1) hinarbeitet od. an ihr beteiligt ist. **2.** jmd., der sich gegen Überkommenes auflehnt u. grundlegende Veränderungen auf einem Gebiet herbeiführt. **Re|vo|lu|ti|o|nä̱|rin,** die; -, -nen: weibliche Form zu ↑Revolutionär

re|vo|lu|ti|o|ni̱e|ren: **1. a)** in Aufruhr bringen, für seine revolutionären (1) Ziele gewinnen; **b)** (selten) revoltieren. **2.** grundlegend verändern

Re|vo|lu̱z|zer, der; -s, - ‹*lat.-it.*› (abwertend): jmd., der sich [bes. mit Worten, in nicht ernst zu nehmender Weise] als Revolutionär gebärdet. **Re|vo|lu̱z|ze|rin,** die; -, -nen: weibliche Form zu ↑Revoluzzer

Re|vo̱l|ver, der; -s, - ‹*lat.-frz.-engl.*›: **1.** kurze Handfeuerwaffe mit einer drehbaren Trommel als Magazin. **2.** drehbare Vorrichtung an Werkzeugmaschinen zum Einspannen mehrerer Werkzeuge

Re|vo̱l|ver|dreh|bank, die; -, ...bänke ‹*lat.-frz.-engl.; dt.*› (Technik): Drehbank mit Revolver (2) zur schnelleren Werkstückbearbeitung

Re|vo̱l|ver|pres|se, die; - (abwertend): reißerisch aufgemachte Sensationszeitungen

re|vol|vi̱e|ren ‹*lat.*› (Technik): zurückdrehen

Re|vol|ving|kre|dit [riˈvɔlvɪŋ...], der; -[e]s, -e ‹*lat.-frz.-engl.; lat.-it.-frz.*›: **1.** Kredit, der dem Leistungsumschlag des Unternehmens entsprechend von diesem beglichen u. erneut beansprucht werden kann. **2.** (zur Finanzierung langfristiger Projekte dienender) Kredit in Form von immer wieder prolongierten od. durch verschiedene Gläubiger gewährten formal kurzfristigen Krediten

Re|vol|ving|sys|tem, das; -s ‹*lat.-frz.-engl.; gr.-lat.*›: Finanzierung langfristiger Projekte über fortlaufende kurzfristige Anschlussfinanzierungen

re|vo|zi̱e|ren ‹*lat.*›: **1.** [sein Wort] zurücknehmen; widerrufen. **2.** vor Gericht einen mündlichen Antrag sofort zurückziehen, wenn der Prozessgegner durch Beweise die im Antrag aufgestellte Behauptung widerlegt

Re|vue [rəˈvyː], die; -, -n [...ˈvyːən] ‹*lat.-frz.;* »Übersicht, Überblick«›: **1.** Titel od. Bestandteil des Titels von Zeitschriften; vgl. [1]Review. **2.** musikalisches Ausstattungsstück mit einer Programmfolge von sängerischen, tänzerischen u. artistischen Darbietungen, die oft durch eine Handlung verbunden sind. **3.** (veraltet) Truppenschau

Re̱|wach, der; -s ‹*jidd.*›: ↑Reibach

Re|ward [rɪˈwɔːd], das od. der; -[e]s, -s ‹*frz.-engl.*›: **1.** (ohne Plural; Psychol.) der belohnende Reiz bei der klassischen ↑Konditionierung (1) im Gegensatz zum ↑Reinforcement. **2.** (Jargon) Anerkennung, Belohnung [für einen Kauf]

Re|wil|ding [riˈvai̯ldɪŋ], das; -s ‹*engl.*› (Ökol.): großflächige Renaturierung

Re|wri|ter [riːˈrai̯tɐ], der; -s, - ‹*engl.-amerik.*›: jmd., der Nachrichten, Berichte, politische Reden, Aufsätze o. Ä. für die Veröffentlichung bearbeitet

[1]**Re̱x,** der; -, Reges [ˈreːgeːs] ‹*lat.*›: [altrömischer] Königstitel

[2]**Re̱x,** der; -, -e (Schülerspr.): ↑Direx

Re̱x|ap|pa|rat®, der; -[e]s, -e (österr.): Einwecktopf

Re|y|on [rɛˈjõː], der od. das; - ‹*engl.-frz.;* dt. Schreibung für: ↑Rayon (4)› (veraltet): ↑Viskose

Rez-de-Chaus|sée [redəʃoˈseː], das; -, - ‹*frz.*› (veraltet): Erdgeschoss

Re|zen|se̱nt, der; -en, -en ‹*lat.*›: Verfasser einer Rezension, [Literatur]kritiker. **Re|zen|se̱n|tin,** die; -, -nen: weibliche Form zu ↑Rezensent

re|zen|si̱e|ren: eine künstlerische, wissenschaftliche o. ä. Arbeit kritisch besprechen

Re|zen|si|o̱n, die; -, -en: **1.** kritische Besprechung einer künstlerischen, wissenschaftlichen o. ä. Arbeit, bes. in einer Zeitung od. Zeitschrift. **2.** berichtigende Durchsicht eines alten, oft mehrfach überlieferten Textes

Re|zen|si|o̱ns|ex|em|p|lar, das; -s, -e: Exemplar einer Neuerscheinung, das der Verlag als Freiexemplar an mögliche Rezensenten verschickt

re|ze̱nt ‹*lat.*›: **1. a)** (bes. Biol.) gegenwärtig noch lebend (von Tier- u. Pflanzenarten) (Ggs.: fossil); **b)** (österr.) vor Kurzem entstanden, aktuell. **2.** (schweiz., sonst landsch.) pikant, angenehm scharf, frisch u. kräftig im Geschmack

Re|ze|pi̱s|se [österr.: ...ˈpɪs], das; -[s], - (österr.: die; -, -n) ‹*lat.;* »erhalten zu haben«› (Postw.): Empfangsbescheinigung

Re|ze̱pt, das; -[e]s, -e ‹*lat.*›: **1.** schriftliche Anweisung des Arztes an den Apotheker für die Abgabe von Heilmitteln. **2.** Back-, Kochanweisung

re|zep|ti̱|bel (veraltet): aufnehmbar, empfänglich. **Re|zep|ti|bi|li|tä̱t,** die; - ‹*lat.-nlat.*› (veraltet): Empfänglichkeit

re|zep|ti̱e|ren ‹*lat.*› (Med.): ein Rezept ausschreiben

Re|zep|ti|o̱n, die; -, -en ‹*lat.*›: **1.** Aufnahme, Übernahme fremden Gedanken-, Kulturgutes, bes. die Übernahme des römischen Rechts. **2.** verstehende

Aufnahme eines Textes, eines Kunstwerks o. Ä. durch Hörer/-innen, Leser/-innen, Betrachter/-innen. **3.** Aufnahme[raum], Empfangsbüro im Foyer eines Hotels
Re|zep|ti|o̱ns|äs|the|tik, die; -: Richtung in der modernen Literatur-, Kunst- u. Musikwissenschaft, die sich mit der Wechselwirkung zwischen dem, was ein Kunstwerk an Gehalt, Bedeutung usw. anbietet, u. dem Erwartungshorizont sowie der Verständnisbereitschaft des Rezipienten (1) befasst. **re|zep|ti|o̱ns|äs|the|tisch:** die Rezeptionsästhetik betreffend
re|zep|ti̱v ⟨*lat.-nlat.*⟩: [nur] aufnehmend, empfangend; empfänglich. **Re|zep|ti|vi|tä̱t,** die; -: Aufnahmefähigkeit; bes. in der Psychologie die Empfänglichkeit für Sinneseindrücke
Re|ze̱p|tor, der; -s, ...o̱ren ⟨*lat.*⟩: **1.** (veraltet) Empfänger; Steuereinnehmer. **2.** (meist Plural; Med.) Ende einer Nervenfaser od. spezialisierte Zelle in der Haut u. in inneren Organen zur Aufnahme von Reizen. **re|zep|to̱|risch** (Med.): von Rezeptoren (2) aufgenommen
Re|zep|tu̱r, die; -, -en ⟨*lat.-nlat.*⟩: **1. a)** Zubereitung von Arzneimitteln in kleinen Mengen nach Rezept (1); **b)** Zusammenstellung, Zubereitung nach einem bestimmten Rezept (2). **2.** (Geschichte) Steuereinnehmerei
re|zer|ti|fi|zie̱|ren: erneut zertifizieren. **Re|zer|ti|fi|zie̱|rung,** die; -, -en: das Rezertifizieren, Rezertifiziertwerden
Re|ze̱ss, der; -es, -e ⟨*lat.*; »Rückzug«⟩ (Rechtswiss.): Auseinandersetzung, Vergleich
Re|zes|si|o̱n, die; -, -en ⟨»das Zurückgehen«⟩: Verminderung der wirtschaftlichen Wachstumsgeschwindigkeit, leichter Rückgang der Konjunktur; vgl. Depression (3)
re|zes|si̱v ⟨*lat.-nlat.*⟩: **1.** (Biol.) zurücktretend, nicht in Erscheinung tretend (in Bezug auf Erbfaktoren) (Ggs.: dominant [1]). **2.** die Rezession betreffend
Re|zes|si|vi|tä̱t, die; - (Biol.): Eigenschaft eines Gens bzw. des entsprechenden Merkmals, gegenüber seinem ↑allelen Partner nicht in Erscheinung zu treten (Ggs.: Dominanz)
re|zi|di̱v ⟨*lat.*⟩ (Med.): wiederkehrend, wieder auflebend; rückfällig (von einer Krankheit od. von Krankheitssymptomen). **Re|zi|di̱v,** das; -s, -e (Med.): Rückfall (von einer gerade überstandenen Krankheit)
re|zi|di|vie̱|ren ⟨*lat.-nlat.*⟩ (Med.): in Abständen wiederkehren (von einer Krankheit)
Re|zi|pi|e̥nt, der; -en, -en ⟨*lat.*⟩: **1.** jmd., der einen Text, ein Werk der bildenden Kunst, ein Musikstück o. Ä. verstehend aufnimmt; Hörer, Leser, Betrachter. **2.** (Physik) Glasglocke mit Ansatzrohr für eine Vakuumpumpe zum Herstellen eines luftleeren Raumes. **Re|zi|pi|e̥n|tin,** die; -, -nen: weibliche Form zu ↑Rezipient (1)
re|zi|pie̱|ren: a) fremdes Gedanken-, Kulturgut aufnehmen, übernehmen; **b)** einen Text, ein Werk der bildenden Kunst o. Ä. als Hörer, Leser, Betrachter aufnehmen
re|zi|p|ro̱k ⟨*lat.*⟩: wechsel-, gegenseitig; **reziproker Wert** (Math.): Kehrwert (Vertauschung von Zähler u. Nenner eines Bruches); **reziprokes Pronomen** (Sprachwiss.): wechselbezügliches Fürwort (z. B. sich [gegenseitig]). **Re|zi|p|ro|zi|tä̱t,** die; - ⟨*lat.-nlat.*⟩: Gegen-, Wechselseitigkeit
Re|zi|ta̱l vgl. Recital
re|zi|tḁn|do vgl. recitando
Re|zi|ta|ti|o̱n, die; -, -en ⟨*lat.*⟩: künstlerischer Vortrag einer Dichtung, eines literarischen Werks
Re|zi|ta|ti̱v, das; -s, -e ⟨*lat.-it.*⟩: dramatischer Sprechgesang, eine in Tönen deklamierte u. vom Wort bestimmte Gesangsart (in Oper, Operette, Kantate, Oratorium). **re|zi|ta|ti̱|visch** (Musik): in der Art des Rezitativs vorgetragen
Re|zi|ta̱|tor, der; -s, ...o̱ren ⟨*lat.*⟩: jmd., der rezitiert; Vortragskünstler. **Re|zi|ta|to̱|rin,** die; -, -nen: weibliche Form zu ↑Rezitator
re|zi|ta|to̱|risch ⟨*lat.-nlat.*⟩: **a)** den Rezitator, die Rezitatorin betreffend; **b)** die Rezitation betreffend
re|zi|tie̱|ren ⟨*lat.*⟩: eine Dichtung, ein literarisches Werk künstlerisch vortragen
Re|zy|k|la̱t, das; -[e]s, -e: etwas, was rezykliert worden ist, Produkt eines Recyclingprozesses. **re|zy|k|lie̱|ren** ⟨zu *Zyklus*⟩: ↑recyceln
Rha|bḁr|ber, der; -s, - ⟨*gr.-mlat.-it.*⟩: Knöterichgewächs mit großen Blättern, dessen fleischige, grüne od. rote Stiele zu Kompott o. Ä. verarbeitet werden
rhab|do|i̱|disch ⟨*gr.-nlat.*⟩ (Biol., Med.): stabförmig
Rhab|do̱m, das; -s, -e (Med.): Sehstäbchen in der Netzhaut des Auges
Rhab|do|man|tie̱, die; - ⟨*gr.*⟩: das Wahrsagen mit geworfenen Stäben od. mit der Wünschelrute
Rhḁ|chis, die; - ⟨*gr.*⟩: **1.** Spindel od. Hauptachse eines gefiederten Blattes od. eines Blütenstandes. **2.** Schaft der Vogelfeder
Rha|ga̱|de, die; -, -n (meist Plural) ⟨*gr.-lat.*⟩ (Med.): Hautriss, Schrunde
Rhḁm|nus, der; - ⟨*gr.-nlat.*⟩: Kreuzdorn; Faulbaum, dessen Rinde u. Früchte als Abführmittel dienen
Rhap|so̱|de, der; -n, -n ⟨*gr.*⟩: (im antiken Griechenland) fahrender Sänger, der eigene od. fremde [epische] Dichtungen z. T. mit Kitharabegleitung vortrug
Rhap|so|die̱, die; -, ...i̱en: **1. a)** von einem Rhapsoden vorgetragene epische Dichtung; **b)** Gedicht in freien Rhythmen. **2. a)** Instrumentalfantasie [für Orchester] (seit dem 19. Jh.); **b)** romantisches Klavierstück freien, balladesken Charakters; **c)** kantatenartige Vokalkomposition mit Instrumentalbegleitung (z. B. bei Brahms)
Rhap|so̱|dik, die; -: Kunst der Rhapsodiendichtung
rhap|so̱|disch: a) die Rhapsodie betreffend; in freier [Rhapsodie]form; **b)** bruchstückartig, unzusammenhängend; **c)** den Rhapsoden betreffend, charakterisierend
Rhä̱t vgl. Rät
Rhe̱|ma, das; -s, -ta ⟨*gr.*; »Rede, Aussage«⟩ (Sprachwiss.): **a)** Aussage eines Satzes, die formal in Opposition zur Subjektgruppe steht; **b)** Teil des Satzes, der die neue Information des

Sprechers für den Hörer enthält; vgl. Thema-Rhema (Ggs.: Thema [2 a]). **rhe|ma|tisch:** das Rhema betreffend

Rhe|ma|ti|sie|rung, die; -, -en ‹*gr.-nlat.*› (Sprachwiss.): Übertragung einer rhematischen Funktion auf ein thematisches Element, wobei das Rhema eines Satzes zum Thema des nächsten wird (z. B. sie trägt *ein Baumwollkleid. Es* ist bunt gemustert)

rhe|na|nisch ‹von lat. *Rhenus* = »Rhein«›: rheinisch

Rhen|cho|spas|mus, der; - ‹*gr.-nlat.*› (Med.): Schnarchkrampf

Rhe|ni|um, das; -s ‹*nlat.*›: metallisches chem. Element (Zeichen: Re)

rheo|bi|ont ‹*gr.-nlat.*› (Biol.): nur in strömenden [Süß]gewässern lebend (z. B. Fische)

Rheo|gra|fie, Rhe|o|gra|phie, die; -, ...ien (Med. früher): Verfahren zur Beurteilung von Pulsationen (1) in [peripheren] Gefäßen

Rheo|kar|dio|gra|fie, Rhe|o|kar|di|o|gra|phie, die; -, ...ien (Med.): der Erfassung der Herztätigkeit dienende Registrierung des Widerstandes, der einem elektrischen Strom beim Durchfließen des Brustkorbs geleistet wird

Rheo|kre|ne, die; -, -n: Sturzquelle

Rheo|lo|ge, der; -n, -n: Wissenschaftler auf dem Gebiet der Rheologie. **Rheo|lo|gie,** die; -: Teilgebiet der Mechanik, auf dem die Erscheinungen des Fließens u. der ↑Relaxation (2) von flüssigen, ↑kolloidalen u. festen Systemen unter der Einwirkung äußerer Kräfte untersucht werden. **Rheo|lo|gin,** die; -, -nen: weibliche Form zu ↑Rheologe

Rheo|me|ter, das; -s, -: **1.** (veraltet) Strommesser. **2.** ein bestimmtes Viskosimeter

Rheo|me|t|rie, die; -: Messtechnik der Rheologie

rheo|phil (Biol.): vorzugsweise in strömendem Wasser lebend

Rhe|o|s|tat, der; -[e]s u. -en, -e[n]: mit veränderlichen Kontakten ausgerüsteter Apparat zur Regelung des elektrischen Widerstandes

Rheo|tan®, das; -s ‹Kunstw.›: als elektrisches Widerstandsmaterial verwendete Nickelbronze

Rheo|ta|xis, die; -, ...xen ‹*gr.-nlat.*› (Biol.): Fähigkeit eines Tieres, seine Körperachse in Richtung der Wasserströmung einzustellen

Rhe|o|t|ron, das; -s, ...one (auch: -s): ↑Betatron

Rheo|tro|pis|mus, der; -, ...men (Bot.): durch strömendes Wasser beeinflusste Wachstumsrichtung von Pflanzenteilen

Rhe|sus, der; -, - ‹*nlat.*›: Kurzform von ↑Rhesusaffe

Rhe|sus|af|fe, der; -n, -n ‹*nlat.; dt.*›: zu den Meerkatzen gehörender, in Süd- u. Ostasien lebender Affe

Rhe|sus|fak|tor, der; -s, -en ‹nach seiner Entdeckung beim Rhesusaffen› (Med.): von den Blutgruppen unabhängiger Faktor der roten Blutkörperchen, dessen Vorhandensein od. Fehlen ein entscheidendes Bestimmungsmerkmal ist, um Komplikationen bei Schwangerschaften u. Transfusionen vorzubeugen (Zeichen: Rh [= Rhesusfaktor positiv], rh [= Rhesusfaktor negativ])

Rhe|tor, der; -s, ...oren ‹*gr.-lat.*›: Redner der Antike

Rhe|to|rik, die; -, -en: **a)** (ohne Plural) Wissenschaft von der wirkungsvollen Gestaltung öffentlicher Reden; vgl. Stilistik (1); **b)** (ohne Plural) Redebegabung, Redekunst; **c)** Lehrbuch der Redekunst. **Rhe|to|ri|ker,** der; -s, -: jmd., der die Rhetorik (a) beherrscht; guter Redner. **Rhe|to|ri|ke|rin,** die; -, -nen: weibliche Form zu ↑Rhetoriker

Rhe|to|rin, die; -, -nen: weibliche Form zu ↑Rhetor

rhe|to|risch: a) die Rhetorik (a) betreffend, den Regeln der Rhetorik entsprechend; **rhetorische Figur:** Redefigur (z. B. ↑Figura etymologica, ↑Anapher); **rhetorische Frage:** nur zum Schein [aus Gründen der Rhetorik (a)] gestellte Frage, auf die keine Antwort erwartet wird; **b)** die Rhetorik (b) betreffend, rednerisch; **c)** phrasenhaft, schönrednerisch

Rheu|ma, das; -s (ugs.): Kurzform von ↑Rheumatismus

Rheu|m|ar|th|ri|tis, die; -, ...itiden ‹*gr.-nlat.*› (Med.): Gelenkrheumatismus

Rheu|ma|ti|ker, der; -s, - (Med.): an Rheumatismus Leidender. **Rheu|ma|ti|ke|rin,** die; -, -nen: weibliche Form zu ↑Rheumatiker

rheu|ma|tisch (Med.): durch Rheumatismus bedingt, auf ihn bezüglich. **Rheu|ma|tis|mus,** der; -, ...men ‹*gr.-lat.;* »das Fließen«› (Med.): [schmerzhafte] entzündliche Erkrankung der Gelenke, Muskeln, Nerven, Sehnen (z. B. rheumatoide Arthritis, primäre chronische Polyarthritis)

rheu|ma|to|id ‹*gr.-nlat.*› (Med.): rheumatismusähnlich. **Rheu|ma|to|id,** das; -[e]s, -e (Med.): im Gefolge schwerer allgemeiner od. Infektionskrankheiten auftretende rheumatismusähnliche Erkrankung

Rheu|ma|to|lo|ge, der; -n, -n (Med.): Arzt mit speziellen Kenntnissen auf dem Gebiet rheumatischer Krankheiten. **Rheu|ma|to|lo|gin,** die; -, -nen: weibliche Form zu ↑Rheumatologe

Rhe|xis, die; - ‹*gr.*› (Med.): Zerreißung (z. B. eines Blutgefäßes)

Rh-Fak|tor [ɛrˈha:...] vgl. Rhesusfaktor

rhin..., Rhin... vgl. rhino..., Rhino...

Rhi|n|al|gie, die; -, ...ien ‹*gr.-nlat.*› (Med.): Nasenschmerz

Rhi|n|al|ler|go|se, die; -, -n (Med.): Heuschnupfen

Rhi|ni|tis, die; -, ...itiden (Med.): Nasenkatarrh, Schnupfen, Nasenschleimhautentzündung

rhi|no..., Rhi|no...

vor Vokalen meist: rhin..., Rhin... ‹zu *gr.* rhís, Gen. rhinós »Nase«›
Wortbildungselement mit der Bedeutung »Nase«:
- Rhinalgie
- Rhinallergose
- rhinogen
- Rhinologe
- Rhinoskop

Rhi|no|blen|nor|rhö, die; -, -en ‹*gr.-nlat.*› (Med.): eitrig-schleimiger Nasenkatarrh

Rhi|no|fo|nie, Rhinophonie, die; - (Med.): ↑Rhinolalie

rhi|no|gen (Med.): in der Nase entstanden, von ihr ausgehend

Rhi|no|la|lie, die; - (Med.): das Näseln

Rhi|no|lo|ge, der; -n, -n (Med.): Nasenarzt. **Rhi|no|lo|gie,** die; -: Nasenheilkunde. **Rhi|no|lo|gin,** die; -, -nen: weibliche Form zu ↑Rhinologe

Rhi|no|pho|nie vgl. Rhinofonie

Rhi|no|phym, das; -s, -e (Med.): knollige Verdickung der Nase; Knollennase

Rhi|no|plas|tik, die; -, -en (Med.): operative Korrektur der Nase

Rhi|nor|rha|gie, die; -, ...ien (Med.): heftiges Nasenbluten

Rhi|no|skle|rom, das; -s, -e (Med.): chronische bakterielle Entzündung, die in der Nase beginnt u. sich auf die oberen Luftwege ausbreiten kann; Nasenverhärtung

Rhi|no|s|kop, das; -s, -e (Med.): zangenähnliches Instrument zur Untersuchung der Nase von vorn; Nasenspiegel. **Rhi|no|s|ko|pie,** die; -, ...ien (Med.): Untersuchung der Nase mit dem Rhinoskop

Rhi|no|ze|ros, das; - u. -ses, -se ‹*gr.-lat.*›: **1.** Nashorn. **2.** (ugs. abwertend) Dummkopf, Trottel

Rhi|zo|der|mis, die; -, ...men ‹*gr.-nlat.*› (Bot.): das die Wurzel der höheren Pflanze umgebende Gewebe, das zur Aufnahme von Wasser und Nährsalzen aus dem Boden dient

rhi|zo|id (Biol.): wurzelartig. **Rhi|zo|id,** das; -[e]s, -e (Biol.): wurzelähnliches Gebilde bei Algen u. Moosen

Rhi|zom, das; -s, -e (Bot.): Wurzelstock, Erdspross mit Speicherfunktion

Rhi|zo|pho|re, die; -, -n: Mangrovenbaum; Mangrovengewächs mit kurzem Stamm, abstehenden dicken Ästen u. lederartigen Blättern, mit Atem- u. Stelzwurzeln

Rhi|zo|phyt, der; -en, -en: Pflanze mit echten Wurzeln (Farn- od. Samenpflanze) im Unterschied zu Lager- od. Moospflanzen

Rhi|zo|po|de, der; -n, -n (meist Plural) (Biol.): Wurzelfüßer (Einzeller, der durch formveränderliche, kurzseitige, der Fortbewegung u. Nahrungsaufnahme dienende Protoplasmafortsätze gekennzeichnet ist)

Rhi|zo|po|di|um, das; -s, ...ien (meist Plural) (Biol.): Protoplasmafortsatz der Rhizopoden

Rhi|zo|sphä|re, die; -, -n: die von Pflanzenwurzeln durchsetzte Bodenschicht

Rh-ne|ga|tiv [ɛrha:...] (Med.): den Rhesusfaktor nicht aufweisend (Ggs.: Rh-positiv)

Rho, das; -[s], -s ‹*gr.*›: siebzehnter Buchstabe des griechischen Alphabets (Ρ, ρ)

Rho|d|a|min, das; -s, -e (meist Plural) ‹Kunstw. aus *gr. rhod*on = »Rose« u. ↑*Amin*› (Chemie): stark fluoreszierender roter Farbstoff

Rho|dan, das; -s ‹*gr.-nlat.*› (Chemie): einwertige Schwefel-Kohlenstoff-Stickstoff-Gruppe in chemischen Verbindungen

Rho|da|nid, das; -[e]s, -e (Chemie): Salz der Rhodanwasserstoffsäure, einer flüchtigen, stechend riechenden Flüssigkeit

Rho|dan|zahl, die; - (Chemie): Kennzahl für den Grad der Ungesättigtheit von Fetten u. Ölen

Rho|de|län|der, das; -s, - ‹nach dem US-amerik. Staat Rhode Island›: Huhn einer amerikanischen Rasse mit guter Legeleistung

rho|di|nie|ren ‹*gr.-nlat.*›: mit Rhodium überziehen

Rho|di|um, das; -s: chem. Element; ein Edelmetall (Zeichen: Rh)

Rho|do|den|d|ron, der (auch: das); -s, ...dren ‹*gr.-lat.*›: als Zierstrauch kultivierte Pflanze mit ledrigen Blättern

Rho|do|phy|ze|en, die (Plural) ‹*gr.-nlat.*›: Rotalgen

Rho|dop|sin, das; -s ‹*gr.*› (Med., Zool.): roter Farbstoff in den Stäbchen der Netzhaut

Rhom|ben: *Plural* von ↑Rhombus

rhom|bisch ‹*gr.-nlat.*›: von der Form eines Rhombus

Rhom|bo|eder, das; -s, - ‹*gr.-nlat.*›: von sechs Rhomben begrenzte Kristallform

rhom|bo|id ‹*gr.-lat.*›: rautenähnlich. **Rhom|bo|id,** das; -[e]s, -e: Parallelogramm mit paarweise ungleichen Seiten

Rhom|bus, der; -, ...ben: Parallelogramm mit gleichen Seiten

Rhon|chus (Med.): beim Atmen auftretendes Nebengeräusch (Rasseln)

rho|pa|lisch ‹*gr.-lat.;* »keulenförmig«›: **rhopalischer Vers:** Vers, in dem jedes folgende Wort eine Silbe mehr hat als das vorangehende

Rho|po|gra|fie, Rho|po|gra|phie, die; - ‹*gr.-nlat.*›: antike naturalistische Kleinmalerei

Rho|ta|zis|mus, der; -, ...men ‹*gr.-nlat.*› (Sprachwiss.): Übergang eines zwischen Vokalen stehenden stimmhaften s zu r (z. B. gr. gene*s*eos gegenüber lat. gene*r*is)

Rh-po|si|tiv [ɛrha:...] (Med.): den Rhesusfaktor aufweisend (Ggs.: Rh-negativ)

Rhus, der u. die; - ‹*gr.-lat.*›: tropischer u. subtropischer, sommer- od. immergrüner Baum od. [Zier]strauch mit gefiederten od. dreizähligen Blättern, Blüten in Rispen u. kleinen trockenen Steinfrüchten; Essigbaum; vgl. Sumach

Rhyn|cho|te, der; -n, -n (meist Plural) ‹*gr.-nlat.*›: Schnabelkerf (z. B. Wanze)

Rhy|o|lith [auch: ...ˈlɪt], der; -s u. -en, -e[n] ‹*gr.-nlat.*›: ein Ergussgestein

Rhy|pia vgl. Rupia

Rhythm and Blues [ˈrɪðəm ənd ˈblu:z], der; - - - ‹*engl.-amerik.*›: Musikstil der Schwarzen Nordamerikas, der durch die Verbindung der Melodik des Blues (1b) mit einem stark akzentuierten, aufrüttelnden Beatrhythmus gekennzeichnet ist

Rhyth|mik, die; - ‹*gr.-lat.*›: **1.** rhythmischer Charakter, Art des Rhythmus. **2. a)** Kunst der rhythmischen Gestaltung; **b)** Lehre vom Rhythmus, von rhythmischer Gestaltung. **3.** (Päd.) rhythmische Erziehung; Anleitung zum Umsetzen von Melodie, Rhythmus, Dynamik der Musik in Bewegung

Rhyth|mi|ker, der; -s, -: **1.** Musiker, bes. Komponist, der das rhythmische Element bes. gut beherrscht u. in seiner Musik hervorhebt. **2.** Pädagoge, der Rhythmik (2) unterrichtet (Berufsbez.). **Rhyth|mi|ke|rin,** die; -, -nen: weibliche Form zu ↑Rhythmiker

rhyth|misch: 1. den Rhythmus betreffend. **2.** nach, in einem bestimmten Rhythmus erfolgend; **rhythmische Travée:** in einem bestimmten Rhythmus (4) gegliederter Wandabschnitt (z. B. durch den Wechsel von Pfeiler u. Säule)

rhyth|mi|sie|ren ‹*gr.-nlat.*›: in einen bestimmten Rhythmus versetzen

Rhyth|mus, der; -, ...men ‹*gr.-lat.;* »das Fließen«›: **1.** Gleichmaß, gleichmäßig gegliederte Bewegung; periodischer Wechsel, regelmäßige Wiederkehr natürlicher Vorgänge (z. B. Ebbe u. Flut). **2.** einer musikalischen Komposition zugrunde liegende Gliederung des Zeitmaßes, die sich aus dem Metrum des thematischen Materials, aus Tondauer u. Wechsel der Tonstärke ergibt. **3.** Gliederung des Sprachablaufs, bes. in der Versdichtung durch den geregelten, harmonischen Wechsel von langen u. kurzen, betonten u. unbetonten Silben, durch Pausen u. Sprachmelodie. **4.** Gliederung eines Werks der bildenden Kunst, bes. eines Bauwerks durch regelmäßigen Wechsel bestimmter Formen

Rhyth|mus|gi|tar|re, die; -, -n: elektrische Gitarre zur Erzeugung od. Unterstützung des Beats (2); vgl. Leadgitarre

Rhyth|mus|grup|pe, die; -, -n: zur Erzeugung des Beats (2) benötigte Schlagzeuggruppe [mit zusätzlichen Zupfinstrumenten]

Rhy|ti|d|ek|to|mie, die; -, ...ien ‹*gr.-nlat.*› (Med.): operativer Eingriff zur Straffung der [Gesichts]haut

Ria, die; -, -s ‹*span.*›: Meeresbucht, die durch Eindringen des Meeres in ein Flusstal u. dessen Nebentäler entstanden ist

Ri|al, der; -[s], -s (aber: 100 -) ‹*pers.* u. *arab.*›: Währungseinheit in Iran, Jemen u. Oman (Abk.: Rl., Rl, R); vgl. Riyal

Ri|bat|tu|ta, die; -, ...ten ‹*lat.-it.*›: langsam beginnender, allmählich schneller werdender Triller

Ri|bi|sel, die; -, -n ‹*arab.-mlat.-it.*› (österr.): Johannisbeere

Ri|bo|fla|vin, das; -s, -e ‹Kunstw.›: ↑Laktoflavin

Ri|bo|nu|k|le|in|säu|re, die; -, -n (Biol.): wichtiger Bestandteil des Kerneiweißes der Zelle (Abk.: RNS)

Ri|bo|nu|k|le|o|tid, das; -[e]s, -e (meist Plural): Bausteine der Ribonukleinsäure

Ri|bo|se, die; -, -n ‹Kunstw.›: eine ↑Pentose im Zellplasma

Ri|bo|se|nu|k|le|in|säu|re, die; -, -n: ↑Ribonukleinsäure

Ri|bo|som, das; -s, -en (meist Plural) ‹Kunstw.› (Biol.): hauptsächlich aus Ribonukleinsäuren u. Protein bestehendes, für den Eiweißaufbau wichtiges, submikroskopisch kleines Körnchen am ↑endoplasmatischen Retikulum

Ri|bo|zym, das; -s, -e ‹Kurzw. aus *Ribo*se u. En*zym*› (Med.): Ribonukleinsäuremolekül, das wie Enzyme (Proteine) chemische Reaktionen katalysiert

Ri|cam|bio vgl. Rikambio

Ri|cer|car [ritʃɛrˈkaːɐ̯], das; -s, -e, **Ri|cer|ca|re,** das; -[s], ...ri ‹*lat.-it.*› (Musik): frei erfundene Instrumentalkomposition mit nacheinander einsetzenden, imitativ durchgeführten Themengruppen (Vorform der Fuge, 16./17. Jh.)

ri|cer|ca|re (Musik): fantasieren, frei vorspielen (Vortragsanweisung)

Ri|cer|ca|re vgl. Ricercar

Ri|che|li|eu|sti|cke|rei [rɪʃəˈli̯øː...], die; -, -en ‹nach dem frz. Staatsmann u. Kardinal Richelieu, 1585–1642›: Weißstickerei mit ausgeschnittenen Mustern

Ri|cin vgl. Rizin

Ri|ckett|si|en, die (Plural) ‹*nlat.;* nach dem amerik. Pathologen Ricketts, 1871–1910› (Med.): parasitäre Krankheitserreger (bes. des Fleckfiebers)

Ri|ckett|si|o|se, die; -, -n (Med.): durch Rickettsien hervorgerufene Krankheit

Ri|cot|ta, der; -s ‹*it.*›: ein Frischkäse

Ri|deau [...ˈdoː], der; -s, -s ‹*frz.*› (bes. schweiz.): [Fenster]vorhang, Gardine

ri|di|kül ‹*lat.-frz.*› (veraltend): lächerlich

Ri|di|kül, Retikül, das; -s, -e u. -s ‹*lat.-frz.*›: [gehäkelte] Handtasche, Handarbeitsbeutel (bes. 18./19. Jh.)

ri|en ne va plus [rjɛ̃n(ə)vaˈplyː] ‹*frz.;* »nichts geht mehr«›: beim Roulettespiel die Ansage des Croupiers, dass nicht mehr gesetzt werden kann

Rie|sen|sla|lom, der; -s, -s ‹*dt.; norw.*› (Skisport): Slalom, bei dem die durch Flaggen gekennzeichneten Tore in größerem Abstand stehen, sodass er dem Abfahrtslauf ähnlicher ist

Riff, der; -s, -s ‹*engl.-amerik.*›: melodische [1]Phrase (2) in Jazz, Rock- u. Popmusik, die von einem Instrument fast unverändert wiederholt wird

Ri|fi|fi, das; -s ‹nach dem gleichnamigen frz. Spielfilm (1955)›: raffiniert ausgeklügeltes, in aller Heimlichkeit durchgeführtes Verbrechen

Ri|ga|to|ni, die (Plural) ‹*it.*›: kurze, röhrenförmige Nudeln

Ri|gau|don [rigoˈdɔ̃ː], der; -s, -s ‹*frz.;* wahrscheinlich abgeleitet von dem Namen eines Tanzlehrers Rigaud›: provenzalischer Sing- u. Spieltanz in schnellem ²/₄- od. ⁴/₄-Takt; Satz der Suite

Rigg, das; -s, -s ‹*engl.*›: gesamte Takelung eines Schiffs

Rig|gung, die; -, -en: ↑Rigg

Rig|heit, die; - ‹*lat.; dt.*› (Geol.): elastische Widerstandsfähigkeit fester Körper gegen Formveränderungen

right or wrong, my coun|t|ry [ˈraɪ̯t ɔː ˈrɔŋ ˈmaɪ̯ ˈkʌntrɪ] ‹*engl.;* »Recht oder Unrecht, (es geht um) mein Vaterland«; politisches Schlagwort›: ganz gleich, ob ich die Maßnahmen [der Regierung] für falsch od. richtig halte, meinem Vaterland schulde ich Loyalität

ri|gid, ri|gi|de ‹*lat.*›: **1.** streng, unnachgiebig (Normen, Moral). **2.** (Med.) starr, steif, fest. **Ri|gi|di|tät,** die; -, -en: **1. a)** Unnachgiebigkeit; **b)** (Psychol.) eingeschränktes Vermögen, sich wechselnden Bedingungen schnell anzupassen. **2.** Versteifung, [Muskel]starre

Ri|go|le, die; -, -n ‹*niederl.-frz.*›: tiefe Rinne, Entwässerungsgraben

ri|go|len: tief pflügen od. umgraben (z. B. bei der Anlage eines Weinbergs)

Ri|gor, der; -s ‹*lat.*› (Med.): Muskelsteifheit; ↑Rigidität (2); **Rigor Mortis:** Muskelstarre (als eines der sicheren Totenzeichen); Totenstarre

Ri|go|ris|mus, der; - ‹*lat.-nlat.*›: unbeugsames, starres Festhalten an Grundsätzen (bes. in der Moral). **Ri|go|rist,** der; -en, -en: Vertreter des Rigorismus. **Ri|go|ris|tin,** die; -, -nen: weibliche Form zu ↑Rigorist. **ri|go|ris|tisch:** den Rigorismus betreffend

ri|go|ros ‹*lat.-mlat.*›: sehr streng, unerbittlich, hart, rücksichtslos

Ri|go|ro|sa: *Plural* von ↑Rigorosum

Ri|go|ro|si|tät, die; -: Strenge, Rücksichtslosigkeit

ri|go|ro|so ‹*lat.-it.*› (Musik): genau, streng im Takt (Vortragsanweisung)

Ri|go|ro|sum, das; -s, ...sa ‹*lat.-mlat.*›: mündliche Prüfung bei der [1]Promotion (1)

Rig|we|da, der; -[s] ‹*sanskr.*›: Sammlung der ältesten indischen Opferhymnen (Teil der Veden)

Ri|kam|bio, der; -s, ...ien ‹*lat.-it.*› (Bankw.): Rückwechsel, den ein rückgriffsberechtigter Inhaber eines protestierten Wechsels auf einen seiner Vormänner zieht

Ri|kors|wech|sel ‹*lat.-it.; dt.*›: ↑Rikambio

ri|ko|schet|tie|ren ‹*frz.*› (Militär veraltet): aufschlagen, abprallen (von Kugeln)

Rik|scha, die; -, -s ‹*jap.-engl.*›: zweirädriger Wagen in Ostasien, der von einem Menschen gezogen wird u. zur Beförderung von Personen dient

Riks|mål [...mo:l], das; -[s] ‹*norw.;* »Reichssprache«›: ältere Bez. für ↑Bokmål

ri|la|scian|do [...'ʃando] ‹*lat.-it.*› (Musik): nachlassend im Takt, langsamer werdend (Vortragsanweisung)

Ril|let|te [ri'jɛtə], die; -, -s, selten: -n (meist Plural) ‹*frz.*›: Brotbelag aus [Enten-, Schweine- od. Gänse]fleisch, das im eigenen Fett u. Saft gekocht u. haltbar gemacht wird

Ri|mes|sa, die; -, ...ssen ‹*lat.-it.*› (Fechten): Angriffsverlängerung (Fortsetzung des Angriffs nach einer parierten ↑Riposte)

Ri|mes|se, die; -, -n (Wirtsch.): **1. a)** auf einen Dritten ausgestellter Wechsel; **b)** Wechsel, der vom Aussteller seinem Warenlieferanten in Zahlung gegeben wird. **2.** Wechsel od. Scheck, den der Bankkunde seiner Bank zur Gutschrift auf sein Konto einreicht. **3.** Geldüberweisung ins Ausland (z. B. von Gastarbeitern, Auswanderern in ihr Heimatland)

Ri|na|sci|men|to [...ʃi...], das; -[s] ‹*lat.-it.*›: it. Bez. für ↑Renaissance

rin|for|zan|do ‹*lat.-it.*› (Musik): plötzlich deutlich stärker werdend (Vortragsanweisung) (Abk.: rf., rfz.). **Rin|for|zan|do,** das; -s, -s u. ...di (Musik): plötzliche Verstärkung des Klanges auf einem Ton od. einer kurzen Tonfolge

rin|for|za|to (Musik): plötzlich merklich verstärkt (Vortragsanweisung) (Abk.: rf., rfz.). **Rinfor|za|to,** das; -s, -s u. ...ti: ↑Rinforzando

Ring|git, der; -, - ‹*malai.*›: Währungseinheit von Malaysia (Abk.: RM)

Rin|g|lot|te, die; -, -n (landsch.): Reneklode

Ri|pi|e|nist, der; -en, -en ‹*lat.-it.*› (Musik): im 17./18. Jh. u. bes. beim ↑Concerto grosso (2) Orchestergeiger od. Chorsänger

ri|pi|e|no (Musik): mit vollem Orchester (Abk.: rip.). **Ri|pi|e|no,** das; -s, -s u. ...ni: das ganze, volle Orchester (im 17./18. Jh.); vgl. Concertino (2)

Ri|pi|en|stim|me, die; -, -n ‹*lat.-it.; dt.*› (Musik): die zur Verstärkung der Solostimme dienende Instrumental- od. Singstimme (18. Jh.)

Ri|pos|te, die; -, -n ‹*lat.-it.-frz.*›: unmittelbarer Gegenstoß nach einem parierten Angriff (beim Fechten). **ri|pos|tie|ren:** eine Riposte ausführen

rip|pen ‹*engl.*› (EDV-Jargon): (Video- od. Audiodaten von CD od. DVD) auf ein anderes Speichermedium (bes. eine Festplatte) kopieren [u. dabei in ein best. Format konvertieren]

Rip|per, der; -s, - ‹*engl.;* »Aufreißer, Aufschlitzer«›: jmd., der [auf grausame Weise] Frauen getötet hat

Ri|pre|sa, die; -, ...sen ‹*lat.-it.*› (Musik): **a)** Wiederholung; **b)** Wiederholungszeichen

Ri|pre|sa d'At|tac|co [- da'tako], die; - - ‹*it.*›: Rückgang in die Fechtstellung zur Erneuerung eines Angriffs

Rips, der; -es, -e ‹*engl.*›: Gewebe mit Längs- od. Querrippen

Ri|sa|lit, der; -s, -e ‹*lat.-it.*› (Bauw.): in ganzer Höhe des Bauwerks vorspringender Gebäudeteil (Mittel-, Eck- od. Seitenrisalit) zur Aufgliederung der Fassade (bes. im Barock)

Ri|schi, Ri|shi, der; -s, -s ‹*sanskr.*›: einer der Seher u. Weisen der Vorzeit, denen man die Abfassung der Hymnen des ↑Rigweda zuschreibt

Ri|si|ko, das; -s, -s u. ...ken (österr. auch: Risken) ‹*it.*›: Wagnis; Gefahr, Verlustmöglichkeit bei einer unsicheren Unternehmung

Ri|si|ko|fak|tor, der; -s, -en: **1.** Faktor, der ein besonderes Risiko für etwas darstellt. **2.** (Plur.); Med., Soziol.) Gesamtheit der durch Anlage, Umwelt u. Verhalten bedingten Faktoren, die die Wahrscheinlichkeit des Auftretens bestimmter Krankheiten wesentlich erhöhen, z. B. Rauchen, Übergewicht

Ri|si|ko|fonds [...fõ:], der; - [...fõ:(s)], - [...fõ:s]: Fonds, bei dem Kapital in Anlagen investiert wird, die stark mit Risiko behaftet sind

Ri|si|ko|ka|pi|tal, das; -s, -e u. -ien (Plural selten): Kapital, das bes. in kapitalschwachen Unternehmen investiert wird, wobei der Kapitalgeber bewusst ein höheres Risiko eingeht, jedoch auf hohe Wertsteigerungen spekuliert

Ri|si|ko|ma|te|ri|al, das; -s, -ien: Bestandteil, Rohstoff, der aufgrund seiner Herkunft od. Herstellungsart ein [gesundheitliches] Risiko darstellt

Ri|si|ko|pa|ti|ent, der; -en, -en (Med.): Patient, der aufgrund früherer od. bestehender Krankheiten bes. gefährdet ist. **Ri|si|ko|pa|ti|en|tin,** die; -, -nen: weibliche Form zu ↑Risikopatient

Ri|si|ko|prä|mie, die; -, -n: **1.** Zuschlag bei der Kalkulation für erwartete Risiken. **2.** Gewinnanteil als Vergütung für die Übernahme des allgemeinen Unternehmerrisikos

Ri|si|ko|sport, der; -[e]s, -e (Plural selten): Extremsport

Ri|si-Pi|si, Ri|si|pi|si, das; -[s], - ‹*it.*›: Gericht aus Reis u. Erbsen

ris|kant ‹*it.-frz.*›: gefährlich, gewagt. **ris|kie|ren: a)** aufs Spiel setzen; **b)** wagen; **c)** sich einer bestimmten Gefahr aussetzen

Risk|ma|nage|ment [...mɛnɪtʃ-mənt], das; -s, -s ‹*engl.*›: eventuellen Fehlern od. Unfällen vorbeugende, sie mit einplanende Unternehmensstrategie; Risikomanagement

Ri|skon|t|ro vgl. Skontro

ri|so|lu|to ⟨*lat.-it.*⟩ (Musik): entschlossen u. kraftvoll (Vortragsanweisung)

Ri|sor|gi|men|to [...dʒi...], das; -[s] ⟨*lat.-it.;* »Wiedererstehung«⟩: italienische Einigungsbestrebungen im 19. Jh.

Ri|sot|to, das; -s, -[s] ⟨*sanskr.-pers.-gr.-lat.-mlat.-it.*⟩: italienisches Reisgericht

Ri|s|pet|to, das; -s, ...tti ⟨*lat.-it.;* »Verehrung (der Geliebten)«⟩: aus 6 od. 10 Versen bestehende Gedichtform, toskanische Abart des ↑Strambotto

Ri|s|pos|ta, die; -, ...ten ⟨*lat.-it.*⟩ (Musik): Antwortstimme in der Fuge, nachahmende Stimme im Kanon (Ggs.: Proposta)

Ris|so|le, die; -, -n: kleine Pastete

ris|so|lé [...ˈleː] ⟨*lat.-vulgärlat.-frz.*⟩: braun, knusprig gebraten

Ris|so|let|te, die; -, -n: geröstete Brotschnitte, die mit gehacktem Fleisch belegt ist

Ris|to|ran|te, das; -, ...ti ⟨*lat.-frz.-it.*⟩: it. Bez. für: Restaurant

ri|stor|nie|ren ⟨*lat.-it.*⟩ (Wirtsch.): eine falsche Buchung rückgängig machen

Ri|stor|no, der od. das; -s, -s (Wirtsch.): Gegen-, Rückbuchung, Rücknahme

ri|s|ve|g|li|an|do [...vɛlˈja...] ⟨*lat.-it.*⟩ (Musik): [wieder] munter, lebhaft werdend (Vortragsanweisung)

ri|s|ve|g|li|a|to [...vɛlˈjaːto] (Musik): [wieder] munter, lebhaft (Vortragsanweisung)

Ri|ta, das; - ⟨*sanskr.*⟩: Wahrheit; Recht als höchstes, alles durchwirkendes Prinzip der ↑vedischen Religion

ri|tar|dan|do ⟨*lat.-it.*⟩ (Musik): das Tempo verzögernd, langsamer werdend (Vortragsanweisung) (Abk.: rit., ritard.). **Ri|tar|dan|do,** das; -s, -s u. ...di (Musik): allmähliches Langsamerwerden

ri|te ⟨*lat.*⟩: **1.** genügend (geringstes Prädikat bei Doktorprüfungen). **2.** ordnungsgemäß, in ordnungsgemäßer Weise

Ri|ten: *Plural* von ↑Ritus

ri|te|nen|te ⟨*lat.-it.*⟩ (Musik): im Tempo zurückhaltend, zögernd (Vortragsanweisung)

ri|te|nu|to ⟨*lat.-it.*⟩ (Musik): im Tempo zurückgehalten, verzögert (Vortragsanweisung) (Abk.: rit., riten.). **Ri|te|nu|to,** das; -s, -s u. ...ti (Musik): Verlangsamung des Tempos

Rites de Pas|sage [ritdəpaˈsaːʒ], die (Plural) ⟨*frz.*⟩ (Völkerkunde): Übergangsriten, magische Reinigungsbräuche beim Eintritt in einen neuen Lebensabschnitt

ri|tor|nan|do al tem|po ⟨*it.*⟩ (Musik): zum [Haupt]zeitmaß zurückkehrend (Vortragsanweisung)

ri|tor|na|re al se|g|no [- - ˈzɛnjo] (Musik): zum Zeichen zurückkehren, vom Zeichen an wiederholen (Vortragsanweisung)

Ri|tor|nell, das; -s, -e: **1.** (Musik) instrumentales Vor-, Zwischen- od. Nachspiel im Concerto grosso (2) u. beim Gesangssatz mit instrumentaler Begleitung (17. u. 18. Jh.). **2.** aus der volkstümlichen italienischen Dichtung stammende dreizeilige Einzelstrophe (im 14./15. Jh. als Refrain verwendet)

Ri|trat|te, die; -, -n ⟨*lat.-it.*⟩: ↑Rikambio

ri|tu|al ⟨*lat.*⟩: den Ritus betreffend

Ri|tu|al, das; -s, -e u. -ien: **1. a)** Ordnung für gottesdienstliches Brauchtum; **b)** religiöser [Fest]brauch in Worten, Gesten u. Handlungen; Ritus (1). **2. a)** das Vorgehen nach festgelegter Ordnung; Zeremoniell; **b)** Verhalten in bestimmten Grundsituationen, bes. bei Tieren (z. B. Droh-, Fluchtverhalten)

Ri|tu|a|le, das; -: liturgisches Buch für die Amtshandlungen des katholischen Priesters; **Rituale Romanum:** kirchlich empfohlene Form des Rituale (1614 herausgegeben)

ri|tu|a|li|sie|ren ⟨*lat.-nlat.*⟩ (Psychol.): zum Ritual (2b) formalisieren. **Ri|tu|a|li|sie|rung,** die; -, -en (Verhaltensforschung): Verselbstständigung einer Verhaltensform zum Ritual (2b) mit Signalwirkung für artgleiche Tiere

Ri|tu|a|lis|mus, der; -: Richtung in der anglikanischen Kirche des 19. Jh.s, die den Kultus katholisierend umgestalten wollte. **Ri|tu|a|list,** der; -en, -en: Anhänger des Ritualismus. **ri|tu|a|lis|tisch:** **1.** im Sinne des Rituals (1, 2), das Ritual streng befolgend. **2.** den Ritualismus betreffend

ri|tu|ell ⟨*lat.-frz.*⟩: **1.** dem Ritus (1) entsprechend. **2.** in der Art eines Ritus (1), zeremoniell

Ri|tus, der; -, Riten ⟨*lat.*⟩: **1.** religiöser [Fest]brauch in Worten, Gesten u. Handlungen. **2.** das Vorgehen nach festgelegter Ordnung; Zeremoniell

Ri|va|le, der; -n, -n ⟨*lat.-frz.;* »Bachnachbar«⟩: Nebenbuhler, Mitbewerber, Konkurrent; Gegenspieler. **Ri|va|lin,** die; -, -nen: weibliche Form zu ↑Rivale

ri|va|li|sie|ren: um den Vorrang kämpfen

Ri|va|li|tät, die; -, -en: Nebenbuhlerschaft, Kampf um den Vorrang

Ri|ver [ˈrɪvɐ] ohne Artikel ⟨*engl.;* »Fluss«⟩: weiß mit blauem Schimmer (zur Bez. der feinsten Farbqualität bei Brillanten)

Ri|ver|boat|par|ty, Ri|ver|boat-Par|ty [ˈrɪvɐbɔʊ̯t...], die; -, -s ⟨*engl.-amerik.*⟩: ↑Riverboatshuffle

Ri|ver|boat|shuf|fle, Ri|ver-boat-Shuf|fle [...bɔʊ̯tʃafl̩], die; -, -s ⟨*amerik.*⟩: zwanglose Geselligkeit mit Jazzband auf einem Schiff (bei einer Fahrt auf einem Fluss od. einem See)

Ri|ver|raf|ting, Ri|ver-Raf|ting [...raːftɪŋ], das; -s: Rafting auf reißenden Flüssen u. durch Stromschnellen [mit einem Schlauchboot]

ri|ver|so ⟨*lat.-it.*⟩ (Musik): in umgekehrter Reihenfolge der Töne, rückwärts zu spielen (Vortragsanweisung)

Ri|vol|gi|men|to [rivɔldʒi...], das; -[s] ⟨*lat.-it.*⟩ (Musik): Umkehrung der Stimmen im doppelten Kontrapunkt, wobei die Linien so angelegt sind, dass z. B. die höhere Stimme zur tieferen wird

Ri|y|al [riˈjaːl], der; -[s], -s (aber: 100 -) ⟨*arab.*⟩: Währungseinheit in Saudi-Arabien u. anderen arabischen Staaten (Abk.: S. Rl., Rl.); vgl. Rial

Ri|zin, das; -s ⟨*lat.-nlat.*⟩: in den Samen des Rizinus vorkommender hochgiftiger Eiweißstoff

Ri|zi|nus, der; -, - u. -se ⟨*lat.*⟩: strauchiges Wolfsmilchgewächs mit fettreichem, sehr giftigem Samen

RNA [ɛrʔɛnˈʔaː], die; - ⟨Abk. für *engl. r*ibo*n*ucleic *a*cid⟩: Ribonukleinsäure

Road|blo|cking ['rɔʊ̯d...], das; -s, -s ⟨*engl.;* eigtl. »Straßensperre«⟩: von Fernsehsendern angewandte Methode, Werbeblöcke in verschiedenen Programmen auf dieselben Sendezeiten zu legen, um das Zappen zu verhindern

Roa|die ['rɔʊ̯di], der; -s, -s ⟨*engl.-amerik.*⟩: ↑Roadmanager

Road|ma|na|ger ['rɔʊ̯tmɛnɪdʒɐ], der; -s, -: für die Bühnentechnik, den Transport der benötigten Ausrüstung u. Ä. verantwortlicher Begleiter einer Rockgruppe

Road|map ['rɔʊ̯tmæp], die; -, -s ⟨*engl.*⟩: **1.** Plan für die zukünftige Entwicklung von Technologien u. Produkten. **2.** (ohne Plural; Politik) amerik. Plan zur Beilegung des Nahostkonfliktes

Road|mo|vie ['rɔʊ̯tmu:vi], das; -s, -s: Spielfilm, dessen Handlung sich unterwegs, auf einer Fahrt mit dem Auto abspielt

Road|pri|cing, Road-Pri|cing ['rɔʊ̯tpraɪ̯sɪŋ], das; -s ⟨*engl.*⟩ (Verkehrsw.): Gebühr für die Benutzung einer Straße mit einem Kraftfahrzeug

Road|show [...ʃɔʊ̯], die; -, -s: Werbeveranstaltung, die mobil an verschiedenen Orten erfolgt

Roads|ter ['rɔʊ̯tstɐ], der; -s, - ⟨*engl.*⟩: meist zweisitziger Sportwagen mit zurückklappbarem Verdeck

Roa|ming ['rɔʊ̯mɪŋ], das; -s ⟨zu *engl.;* eigtl. »wandernd«⟩: das standortungebundene Telefonieren in einem Mobilfunknetz, was die ständige Erreichbarkeit auch aus weiter Ferne u. im Ausland ermöglicht

Roa|ring Twen|ties ['rɔ:rɪŋ 'twɛnti:z], die (Plural) ⟨*amerik.;* »brüllende Zwanziger«⟩: die 20er-Jahre des 20. Jh.s in den USA u. in Westeuropa, die durch die Folgeerscheinungen der Wirtschaftsblüte nach dem 1. Weltkrieg, durch Vergnügungssucht und Gangstertum gekennzeichnet waren

Roast|beef ['ro:stbi:f, 'rɔst...], das; -s, -s ⟨*engl.*⟩: [Braten aus einem] Rippenstück vom Rind

Rob|ber vgl. ²Rubber

Ro|be|ron|de [rɔbə'rõ:də], die; -, -n ⟨*frz.*⟩: im 18. Jh. Kleid mit runder Schleppe

Ro|bi|nie [...i̯ə], die; -, -n ⟨*nlat.;* nach dem frz. Botaniker J. Robin, 1550–1629⟩: falsche Akazie (Zierbaum od. -strauch)

Ro|bin|son, der; -s, -e ⟨nach der Titelfigur des Romans »Robinson Crusoe« des engl. Schriftstellers D. Defoe, 1659–1731⟩: jmd., der fern von der Zivilisation [auf einer einsamen Insel], in der freien Natur lebt

¹**Ro|bin|so|na|de,** die; -, -n: **a)** Abenteuerroman, der das Motiv des »Robinson Crusoe« (↑Robinson) aufgreift; **b)** Erlebnis, Abenteuer ähnlich dem des Robinson Crusoe

²**Ro|bin|so|na|de,** die; -, -n ⟨nach dem engl. Torhüter John Robinson, 1878–1949⟩ (Fußball): im Sprung erfolgende, gekonnte Abwehrreaktion des Torwarts, bei der er sich einem Gegenspieler entgegenwirft

Ro|bin|son|lis|te, die; -, -n ⟨zu »Robinson Crusoe« (↑Robinson)⟩: Liste, in die sich jmd. eintragen lassen kann, der keine auf dem Postweg verschickten Werbesendungen haben möchte

Ro|bo|rans, das; -, ...ranzien u. ...rantia ⟨*lat.*⟩ (Med.): Stärkungsmittel

ro|bo|rie|rend (Med.): stärkend, kräftigend

Ro|bot, die; -, -en ⟨*tschech.*⟩ (veraltet): Frondienst (in slawischen Ländern). **ro|bo|ten** (ugs.): schwer arbeiten

Ro|bo|ter, der; -s, -: **1.** (ugs.) Schwerarbeiter. **2. a)** äußerlich wie ein Mensch gestaltete Apparatur, die manuelle Funktionen eines Menschen ausführen kann; Maschinenmensch; **b)** elektronisch gesteuerte Einrichtung zur Ausführung von komplexen Arbeitsvorgängen mithilfe von Sensoren u. mechanischen Dreh- u. Greifvorrichtungen

Ro|bo|ter|au|to, das; -s, -s (Kfz-Technik): selbstfahrendes Auto

ro|bo|te|ri|sie|ren ⟨*tschech.-nlat.*⟩: Arbeitsvorgänge automatisieren, durch Roboter (2 b) ausführen lassen

Ro|bo|tik, die; -: Wissensgebiet der Roboter u. ihrer Technik

ro|bo|tisch ⟨*tschech.*⟩: aus einem Roboter, mehreren Robotern bestehend, von ihnen ausgeführt; in der Art eines Roboters

ro|bo|ti|sie|ren: ↑roboterisieren

ro|bust ⟨*lat.;* »aus Hart-, Eichenholz«⟩: stark, kräftig, derb, widerstandsfähig, unempfindlich

ro|bus|to ⟨*lat.-it.*⟩ (Musik): kraftvoll (Vortragsanweisung)

Ro|caille [rɔ'ka:j], das od. die; -, -s ⟨*galloroman.-frz.*⟩: Muschelwerk (wichtigstes Dekorationselement des Rokokos)

Roch, der; - ⟨*pers.-arab.*⟩: im arabischen Märchen ein Riesenvogel von besonderer Stärke

Ro|cha|de [rɔ'xa:də, auch: rɔ'ʃa:də], die; -, -n ⟨*pers.-arab.-span.-frz.*⟩: **1.** (Schach) unter bestimmten Voraussetzungen zulässiger Doppelzug von König u. Turm. **2.** (schweiz.) [Ämter]tausch

Ro|cher de Bronze [rɔ'ʃe:də'brõ:s], der; - - -, -s [rɔ'ʃe:] - - ⟨*frz.;* »eherner Fels«; nach einem Ausspruch Friedrich Wilhelms I. von Preußen⟩: jmd., der (in einer schwierigen Lage o. Ä.) nicht leicht zu erschüttern ist

Ro|chett [rɔ'ʃɛt], das; -s, -s ⟨*germ.-frz.*⟩: spitzenbesetztes Chorhemd der höheren katholischen Geistlichen

ro|chie|ren [rɔ'xi:..., auch: rɔ'ʃi:...] ⟨*pers.-arab.-span.-frz.*⟩: **1.** eine Rochade ausführen. **2.** die Position auf dem Spielfeld wechseln (u. a. beim Fußball)

Ro|chus ⟨*hebr.-jidd.*⟩: **einen Rochus auf jmdn. haben** (landsch.): über jmdn. sehr verärgert, wütend sein

¹**Rock** vgl. Roch

²**Rock,** der; -[s], -[s] ⟨Kurzform⟩: **1.** (ohne Plural) ↑Rockmusik. **2.** ↑Rock and Roll

Ro|cka|bil|ly ['rɔkəbɪli], der; -[s] ⟨*amerik.*⟩: (in den 1950er-Jahren entstandener) Musikstil, der eine Verbindung aus ↑Rhythm and Blues u. ↑Hillbillymusic darstellt

Rock and Roll ['rɔk ɛnt 'rɔl, - - 'ro:l, 'rɔk ənd 'rɔʊ̯l], Rock 'n' Roll, der; - - -[s], - - -s ⟨*amerik.*⟩: **1.** (ohne Plural) (Anfang der 1950er-Jahre in Amerika entstandene Form der) Musik, die den Rhythm and Blues mit Elementen der Countrymusic u. des Dixieland-Jazz verbindet. **2.** stark synkopierter Tanz in flottem $^4/_4$-Takt

R Road

Ro|cke|lor, der; -s, -e ‹nach dem frz. Herzog von Roquelaure›: im 18. Jh. Herrenreisemantel mit kleinem Schulterkragen

ro|cken ‹*amerik.*›: stark synkopiert, im Rhythmus des Rock and Roll spielen, tanzen, sich bewegen

Ro|cker, der; -s, -: **1.** [zu aggressivem Verhalten neigender] Angehöriger einer lose organisierten Clique, meist in schwarzer Lederkleidung u. mit schwerem Motorrad. **2.** Rockmusiker. **Ro|cke|rin,** die; -, -nen: w. Form zu ↑Rocker

Rock|la|dy, die; -, -s (ugs.): Rockmusikerin, -sängerin

Rock|mu|si|cal, das; -s, -s: Musical mit Rockmusik als Bühnenmusik

Rock|mu|sik, die; -: von Bands gespielte, aus einer Vermischung von Rock and Roll (1) mit verschiedenen anderen Musikstilen entstandene Form der Unterhaltungs- u. Tanzmusik. **Rock|mu|si|ker,** der; -s, -: jmd., der Rockmusik macht. **Rock|mu|si|ke|rin,** die; -, -nen: weibliche Form zu ↑Rockmusiker

Rock 'n' Roll vgl. Rock and Roll

Rocks, die (Plural) ‹*engl.*›: säuerlich-süße englische Fruchtbonbons

ro|dens ‹*lat.*› (Med.): nagend, fressend (z. B. von Geschwüren)

Ro|deo, der od. das; -s, -s ‹*lat.-span.-engl.*›: mit Geschicklichkeitsübungen u. Wildwestvorführungen verbundene Reiterschau der Cowboys in den USA

Ro|do|mon|ta|de, die; -, -n ‹*it.-frz.;* nach der Gestalt des heldenhaften u. stolzen Rodomonte (»Bergroller«) in Werken der it. Dichter Boiardo u. Ariost› (selten): Aufschneiderei, Großsprecherei. **ro|do|mon|tie|ren** (veraltet): prahlen

Ro|don|ku|chen [ro'dõ:...], der; -s, - ‹*frz.; dt.*› (landsch.): ↑Ratonkuchen

Ro|ga|te ‹*lat.;* nach dem alten Introitus des Gottesdienstes, Joh. 16, 24: »Bittet (so werdet ihr nehmen)!«›: fünfter Sonntag nach Ostern

Ro|ga|ti|on, die; -, -en (veraltet): Bitte, Fürbitte

Ro|ga|ti|o|nes, die (Plural) (Geschichte): in der katholischen Kirche die drei Bitttage vor Christi Himmelfahrt, an denen Bittprozessionen abgehalten wurden

ro|ger ['rɔdʒɐ] ‹*engl.*›: **1.** (Funkw.) verstanden! **2.** (ugs.) in Ordnung!; einverstanden!

Ro|kam|bo|le, die; -, -n ‹*dt.-frz.*›: Perlzwiebel (perlartig schimmernde kleine Brutzwiebel mehrerer Laucharten)

Ro|ko|ko [auch: ro'kɔko, ...'ko:], das; -[s] ‹*galloroman.-frz.*›: **1.** durch zierliche, beschwingte Formen u. eine weltzugewandte, heitere od. empfindsame Grundhaltung gekennzeichneter Stil der europäischen Kunst des 18. Jh.s. **2.** Zeit des Rokokos (1)

Rol|fing, das; -[s] ‹*engl.-amerik.;* nach der amerik. Heilpraktikerin Ida P. Rolf, 1896–1979›: eine als alternative Heilmethode durchgeführte intensive Bindegewebsmassage zur Behebung körperlicher Spannungen u. Wiederherstellung des Gleichgewichts der Körperstruktur

Rol|la|tor, der; -s, ...oren ‹*lat.-frz.-dt.-nlat.*›: Gehhilfe mit Rädern

Roll|back, Roll-back ['rɔʊ̯lbɛk], das; -[s], -s ‹*engl.-amerik.*›: [erzwungenes] Zurückstecken, das Sichzurückziehen

Rol|ler|blade® ['rɔʊ̯lɐbleɪ̯t], der; -s, -s (meist Plural) ‹*engl.*›: bestimmter ↑Inlineskate

Rol|ler|dis|co, Rol|ler|dis|ko, die; -, -s: Halle für Rollerskating zu Popmusik u. zu besonderen Licht- u. Beleuchtungseffekten

Rol|ler|skate ['rɔʊ̯lɐskeɪ̯t], der; -s, -s (meist Plural): ↑Discoroller. **Rol|ler|ska|ting,** das; -s: das Rollschuhlaufen mit Rollerskates

rol|lie|ren ‹*lat.-mlat.-frz.-dt.*›: **1.** einen dünnen Stoff am Rand od. Saum zur Befestigung einrollen, rollend umlegen. **2.** nach einem bestimmten System turnusmäßig abwechseln, auswechseln. **3.** die Oberfläche eines zylindrischen Werkstücks glätten, indem man eine Rolle sich unter hohem Druck auf dem sich drehenden Werkstück abrollen lässt

Rol|ling Fore|cast ['rɔʊ̯lɪŋ 'fɔ:kɑ:st], der; - -[s], - -s ‹*engl.*› (Wirtsch.): realistische, kurzfristige Budgetplanung, die auf einer kontinuierlichen periodischen Anpassung an die tatsächlich zu erwartenden Aufträge beruht; ↑rollierende (2) Planung

Rol|lo [auch: rɔ'lo:], das; -s, -s: aufrollbarer Vorhang (z. B. an Fenstern)

Roll-on-roll-off-Schiff [rɔʊ̯l...], das; -[e]s, -e ‹*engl.; dt.*›: Frachtschiff, das von Lastwagen mit Anhängern direkt befahren wird u. so unmittelbar be- u. entladen werden kann

Roll-out, Roll|out [...'ʔaʊ̯t], der od. das; -[s], -s ‹*engl.*›: **1.** öffentliche Vorstellung eines neuen Fahrzeugtyps (bes. eines Flugzeugs). **2.** (EDV) Veröffentlichung neuer Softwareprodukte u. ihre Verteilung an Kunden sowie ihre Integration in schon bestehende Systeme

Rom, der; -, Roma ['ro:ma] ‹*sanskr.-Romani;* »Mann, Ehemann«›: Angehöriger einer bes. in Südosteuropa beheimateten Gruppe eines urspr. aus Indien stammenden Volkes (das vielfach als diskriminierend empfundene *Zigeuner* ersetzende Selbstbezeichnung); vgl. Romani, Sinto

ROM, das; -[s], -[s] ‹Kurzw. aus *engl.* read only memory› (EDV): Datenspeicher, dessen Daten nach dem Einprogrammieren nur noch abgerufen, aber nicht mehr verändert werden können; Festwertspeicher

Ro|ma|dur [auch: ...'du:ɐ̯], der; -s, -s ‹*frz.*›: ein Weichkäse

Ro|man, der; -s, -e ‹*lat.-vulgärlat.-frz.*›: **a)** (ohne Plural) literarische Gattung einer epischen Großform in Prosa, die in großen Zusammenhängen Zeit u. Gesellschaft widerspiegelt u. das Schicksal einer Einzelpersönlichkeit od. einer Gruppe von Individuen in ihrer Auseinandersetzung mit der Umwelt darstellt; **b)** ein Exemplar dieser Gattung; **galanter Roman:** auf spätantike u. französische Vorbilder zurückgehender Roman des Barocks mit Anspielungen auf höher gestellte Personen, die unter der Schäfermaske auftreten

Ro|man|ce|ro [...s..., ...θ...] vgl. Romanzero

Ro|man|ci|er [romɑ̃'si̯e:],

der; -s, -s: Verfasser von Romanen; Romanschriftsteller

Ro|mand [roˈmãː], der; -[s], -s ⟨*frz.*⟩: Schweizer mit französischer Muttersprache. **Ro|man|de** [roˈmãːd(ə)], die; -, -s [roˈmãːd(ə)] ⟨*frz.*⟩: weibliche Form zu ↑Romand

Ro|man|die [romãˈdiː], die; - ⟨*frz.*⟩ (schweiz.): die französischsprachige Schweiz

Ro|ma|ne, der; -n, -n ⟨*lat.*⟩: Angehöriger eines Volkes mit romanischer Sprache

Ro|ma|nes|ca, die; - ⟨*lat.-it.*⟩: alter italienischer Sprungtanz im Tripeltakt

ro|ma|nesk: a) breit ausgeführt, in der Art eines Romans gehalten; **b)** nicht ganz real od. glaubhaft

Ro|man|fi|gur, die; -, -en: Figur, Gestalt aus einem Roman (b)

Ro|ma|ni [auch: ˈrɔ...], das; - ⟨aus romani (Selbstbezeichnung) zu rom, vgl. Rom⟩: Sprache der Sinti und Roma

Ro|ma|nia, die; - ⟨*lat.-mlat.*⟩: **1.** gesamtes Siedlungs- u. Kulturgebiet, in dem romanische Sprachen gesprochen werden. **2.** gesamtes, in den verschiedenen romanischen Sprachen verfasstes Schrifttum

Ro|ma|nik, die; - ⟨*lat.*⟩: der Gotik vorausgehende europäische Stilepoche des frühen Mittelalters, die sich bes. in der [Sakral]architektur, der [Architektur]plastik und der Wand- u. Buchmalerei ausprägte

Ro|ma|nin, die; -, -nen: weibliche Form zu ↑Romane

ro|ma|nisch: 1. a) aus dem Vulgärlatein entwickelt (zusammenfassend in Bezug auf Sprachen, z. B. Französisch, Italienisch, Spanisch u. a.); **b)** die Romanen u. ihre Kultur betreffend, kennzeichnend; zu den Romanen gehörend. **2.** die Kunst der Romanik betreffend, für die Romanik charakteristisch

ro|ma|ni|sie|ren ⟨*lat.-nlat.*⟩: **1.** (veraltet) römisch machen. **2.** romanisch machen. **3.** (Sprachwiss.) in lateinische Schriftzeichen umsetzen

Ro|ma|nis|mus, der; -, ...men: **1.** (Sprachwiss.) eine für eine romanische Sprache charakteristische Erscheinung in einer nicht romanischen Sprache. **2.** (veraltend) papst-, kirchenfreundliche Einstellung. **3.** an die italienische Renaissancekunst angelehnte Richtung [der niederländischen Malerei] des 16. Jh.s

Ro|ma|nist, der; -en, -en: **1.** jmd., der sich wissenschaftlich mit einer od. mehreren romanischen (1 a) Sprachen u. Literaturen (bes. mit Französisch) befasst. **2.** Wissenschaftler auf dem Gebiet des römischen Rechts. **3.** Vertreter des Romanismus (3). **4.** (veraltet) Anhänger des katholischen Roms

Ro|ma|nis|tik, die; -: **1.** Wissenschaft von den romanischen (1a) Sprachen u. Literaturen. **2.** Wissenschaft vom römischen Recht

Ro|ma|nis|tin, die; -, -nen: weibliche Form zu ↑Romanist

ro|ma|nis|tisch: die Romanistik betreffend

Ro|ma|ni|tät, die; -: romanisches (1b) Kulturbewusstsein

Ro|man|tik, die; - ⟨*lat.-vulgärlat.-frz.-engl.*⟩: **1.** Epoche des europäischen, bes. des deutschen Geisteslebens, der Literatur u. Kunst vom Ende des 18. bis zur Mitte (in der Musik bis zum Ende) des 19. Jh.s. **2. a)** durch eine schwärmerische od. träumerische Idealisierung der Wirklichkeit gekennzeichnete romantische (2) Art; **b)** romantischer (2) Reiz, romantische Stimmung

Ro|man|ti|ker, der; -s, -: **1.** Vertreter, Künstler der Romantik (1). **2.** Fantast, Gefühlsschwärmer. **Ro|man|ti|ke|rin,** die; -, -nen: weibliche Form zu ↑Romantiker. **ro|man|tisch: 1.** die Romantik (1) betreffend, im Stil der Romantik. **2. a)** fantastisch, gefühlsschwärmerisch, die Wirklichkeit idealisierend; **b)** stimmungsvoll, malerisch-reizvoll; geheimnisvoll

ro|man|ti|sie|ren: 1. den Stil der Romantik (1) gestalten; den Stil der Romantik imitieren, nachempfinden. **2.** in einem idealisierenden Licht erscheinen lassen, verklären, schönfärben

Ro|man|ti|zis|mus, der; -, ...men: **1.** (ohne Plural) sich auf die Romantik (1) beziehende Geisteshaltung. **2.** romantisches (1) Element. **ro|man|ti|zis|tisch:** dem Romantizismus (1) entsprechend

Ro|mantsch, das; -: rätoromanische Sprache (in Graubünden)

Ro|man|ze, die; -, -n ⟨*lat.-vulgärlat.-provenzal.-span.-frz.*⟩: **1.** [spanisches] volksliedhaftes episches Gedicht mit balladenhaften Zügen, das hauptsächlich Heldentaten u. Liebesabenteuer sehr farbig schildert. **2.** (Musik) lied- u. balladenartiges, gefühlsgesättigtes Gesangs- od. Instrumentalstück erzählenden Inhalts. **3.** episodenhaftes Liebesverhältnis [das durch die äußeren Umstände als romantisch erscheint]

Ro|man|ze|ro, der; -s, -s ⟨*lat.-vulgärlat.-provenzal.-span.*⟩: Sammlung von [spanischen] Romanzen

Ro|meo, der; -s, -s ⟨nach der Titelfigur von Shakespeares Drama »Romeo und Julia«⟩: **1.** (ugs.) Liebhaber, Geliebter. **2.** (Jargon) Agent (2), der sich über ein Liebesverhältnis zu einer an geeigneter Position tätigen Frau Zugang zu bestimmten geheimen Informationen verschafft

rö|misch-ka|tho|lisch: die vom Papst in Rom geleitete katholische Kirche betreffend, ihr angehörend (Abk.: r.-k., rk, röm.-kath.)

Rom|mé, Rom|mee [ˈrɔme, auch: rɔˈmeː], das; -s, -s ⟨*engl.-frz.*⟩: Kartenspiel, bei dem jeder Spieler versucht, seine Karten möglichst schnell nach bestimmten Regeln abzulegen

Rom|ni, die; -, Romnija, auch, bes. als Selbstbezeichnung: Romnja: weibliche Form zu ↑Rom

Ron|dat, der; -s, -s ⟨*lat.-it.*⟩ (Turnen): Überschlag mit Drehung auf ebener Erde

Ron|de [auch: ˈrõːdə], die; -, -n ⟨*lat.-frz.*⟩: **1.** (veraltet) **a)** (Militär) Rundgang, Streifwache; **b)** Wachen u. Posten kontrollierender Offizier. **2.** (ohne Plural) Schriftart. **3.** (Technik) ebenes Formteil aus Blech, das durch Umformen weiterverarbeitet wird

Ron|deau [rõˈdoː, auch: rɔnˈdoː], das; -s, -s: **1. a)** mittelalterliches französisches Tanzlied beim Rundtanz; **b)** im 13. Jh. Gedicht mit zweireimigem Refrain, später bes. eine 12- bis 15-zeilige zweireimige Strophe, deren erste Wörter nach dem 6. u. 12. bzw. nach dem 8. u. 14. Vers als verkürzter Refrain wiederkehren. **2.** (österr.) **a)** rundes Beet; **b)** runder Platz

Ron|del [rõˈdɛl], das; -s, -s: ↑Rondeau (1)

Ron|dell, Rundell, das; -s, -e: **1.** Rundteil (an einer Bastei). **2.** Rundbeet. **3.** Rückteil des Überschlags bei einer Überschlag[hand]tasche

Ron|do, das; -s, -s ‹*lat.-it.*›: **1.** mittelalterliches Tanzlied, Rundgesang, der zwischen Soloteil u. Chorantwort wechselt. **2.** Satz (meist Schlusssatz in Sonate u. Sinfonie), in dem das Hauptthema nach mehreren in Tonart u. Charakter entgegengesetzten Zwischensätzen [als Refrain] immer wiederkehrt

Rond|schrift, die; - ‹*lat.-frz.; dt.*› (österr.): eine Zierschrift

Ro|nin, der; -, -s ‹*chin.-jap.*› (veraltet): [verarmter] japanischer Lehnsmann, der seinen Lehnsherrn verlassen hat

Rönt|gen|as|t|ro|no|mie, die; - ‹*dt.; gr.;* nach dem dt. Physiker W. C. Röntgen, 1845–1923›: Teilgebiet der Astronomie, das der Erforschung der von Gestirnen kommenden Röntgen-, Gamma- u. Ultraviolettstrahlung dient; Gammaastronomie. **rönt|gen|as|t|ro|no|misch:** die Röntgenastronomie betreffend

rönt|ge|ni|sie|ren (österr.): röntgen

Rönt|ge|no|gra|fie, Röntgenographie, die; -, ...ien: Untersuchung u. Bildaufnahme mit Röntgenstrahlen

rönt|ge|no|gra|fisch, röntgenographisch: durch Röntgenografie erfolgend

Rönt|ge|no|gramm, das; -s, -e: Röntgenbild

Rönt|ge|no|gra|phie usw. vgl. Röntgenografie usw.

Rönt|ge|no|lo|ge, der; -n, -n: Facharzt für Röntgenologie. **Rönt|ge|no|lo|gie,** die; -: von W. C. Röntgen begründetes Teilgebiet der Physik, auf dem die Eigenschaften, Wirkungen u. Möglichkeiten der Röntgenstrahlen untersucht werden. **Rönt|ge|no|lo|gin,** die; -, -nen: weibliche Form zu ↑Röntgenologe. **rönt|ge|no|lo|gisch:** in das Gebiet der Röntgenologie gehörend

rönt|ge|no|me|t|risch: die Messung der Wellenlänge der Röntgenstrahlung betreffend

Rönt|ge|no|s|ko|pie, die; -, ...ien (Med.): Durchleuchtung mit Röntgenstrahlen

Rooi|bos|tee [ˈrɔɪ̯...], der; -s ‹*afrikaans;* »roter Busch«; *chin.*›: Tee aus der in Südafrika heimischen Rooibospflanze; Rotbuschtee

Roo|ming-in, Roo|ming|in [ˈru:mɪŋˈʔɪn], das; -[s], -s ‹*engl.*›: (im Krankenhaus) gemeinsame Unterbringung in einem Zimmer von Mutter u. Kind nach der Geburt od. bei Krankheit des Kindes

Root|kit [ˈru:tkɪt], das; -s, -s ‹*engl.*› (EDV): Sammlung von Schadprogrammen, die ein Angreifer auf einem kompromittierten System installiert, um zukünftige Zugriffe sowie Prozesse u. Dateien zu verbergen

Root[s]|ge|blä|se [ˈru:t(s)...], das; -s, - ‹nach dem amerik. Erfinder Root›: Kapselgebläse, in dem zwei 8-förmige Drehkolben ein abgegrenztes [Gas]volumen von der Saug- auf die Druckseite fördern

Rope-Skip|ping, Rope|skip|ping [ˈrɔʊ̯p...], das; -s ‹*engl.*› (Sport): **1.** Sportart, bei der mit speziellen Springseilen in verschiedenen Sprungformationen zu Musik seilgesprungen wird. **2.** als Fitnesstraining betriebenes Seilspringen

Roque|fort [ˈrɔkfo:ɐ̯, auch: rɔkˈfo:ɐ̯], der; -[s], -s ‹*frz.;* nach der frz. Ortschaft Roquefort-sur-Soulzon›: französischer Edelpilzkäse aus reiner Schafmilch

Ro|ra|te, das; -, - ‹*lat.;* nach dem Introitus der Messe, Jesaja 45, 8: »Tauet [Himmel, aus den Höhen]!«›: Votivmesse im Advent zu Ehren Marias

Ro-ro-Schiff, das; -[e]s, -e: kurz für ↑Roll-on-roll-off-Schiff

ro|sa ‹*lat.*›: **1.** blassrot. **2.** (Jargon) sich auf Homosexualität, Homosexuelle beziehend. **Ro|sa,** das; -[s], -[s]: rosa Farbe

Ro|sa|lie [...i̯ə], die; -, -n ‹*it.*› (Musik): kleiner, in gekünstelten Sequenzfolgen wiederkehrender Satz

Ros|ani|lin, das; -s ‹Kunstw.›: Farbstoff aus einer bestimmten chemischen Verbindung zum Rotfärben

Ro|sa|ri|um, das; -s, ...ien ‹*lat.*›: **1.** Rosenpflanzung. **2.** katholisches Rosenkranzgebet

Ro|sa|zea, die; - ‹*lat.-nlat.*› (Med.): Kupfer-, Rotfinnen; [entzündliche] Rötung des Gesichts [mit Wucherungen]

Ro|sa|zee, die; -, -n (meist Plural) (Bot.): zur Familie der Rosen gehörende Pflanze; Rosengewächs

Rosch ha-Scha|na, der; - - ‹*hebr.;* »Anfang des Jahres«›: jüdisches Neujahrsfest

ro|sé [roˈze:] ‹*lat.-frz.*›: rosig, zartrosa. **Ro|sé,** der; -[s], -s: ↑Roséwein

Ro|sel|la, die; -, -s ‹*nlat.*›: prächtig gelb u. rot gefärbter Sittich Südaustraliens

Ro|se|no|bel [auch: ...ˈno:bl̩], der; -s, - ‹*engl.*›: Goldmünze Eduards III. von England

Ro|se|o|la, Ro|se|o|le, die; -, ...olen ‹*lat.-nlat.*› (Med.): rotfleckiger Hautausschlag; **Roseola infantum:** ansteckende [Kinder]krankheit, die durch Herpesviren verursacht wird; Dreitagefieber

Ro|set|te, die; -, -n ‹*lat.-frz.;* »Röschen«›: **1.** (Baukunst) kreisförmiges Ornamentmotiv in Form einer stilisierten Rose. **2.** Schliffform für flache u. dünne Diamanten. **3.** (Mode) aus Bändern geschlungene od. genähte Verzierung. **4.** (Musik) rundes, auch als »Rose« bezeichnetes Schallloch der Laute. **5.** sternförmige, dichte Blattanordnung der grundständigen Blätter einer Pflanze (z. B. Tausendschön). **6.** (scherzh. verhüllend) After

Ro|sé|wein [roˈze:...], der; -[e]s, -e ‹*frz.; dt.*›: blassroter Wein aus hell gekelterten Rotweintrauben

Ro|si|nan|te, die; -, -n ‹*span.;* Don Quichottes Pferd› (selten): minderwertiges Pferd

Ro|si|ne, die; -, -n ‹*lat.-vulgärlat.-frz.*›: getrocknete Weinbeere

Ros|ma|rin [auch: ...ˈri:n], der; -s ‹*lat.*›: immergrüner Strauch des Mittelmeergebietes, aus dessen Blättern u. Blüten das Rosmarinöl für Heil- u. kosmetische

Mittel gewonnen wird u. der als Gewürz verwendet wird

Ro|so|lio, der; -s, -s ‹*lat.-it.*›: italienischer Likör aus [Orangen]blüten u. Früchten

Ros|tel|lum, das; -s, ...lla ‹*lat.;* »Schnäbelchen, Schnäuzchen«› (Bot.): als Haftorgan für die ↑ Pollinien umgebildete Narbe der Orchideenblüte

Ros|tic|ce|ria [...tɪtʃə...], die; -, -s ‹*it.*›: **1.** Imbissstube in Italien. **2.** Grillrestaurant in Italien

Ros|t|ra, die; -, ...ren ‹*lat.;* »Schnäbel; Schiffsschnäbel; mit erbeuteten Schiffsschnäbeln verzierte Rednerbühne«›: Rednertribüne [im alten Rom]

ros|t|ral (Biol., Anat.): zum Gesicht hin; mundwärts

Ros|t|rum, das; -s, ...ren (Biol.): über das Vorderende des Tierkörpers hinausragender Fortsatz (z. B. der Vogelschnabel od. der schnabelförmige Fortsatz am Schädel der Haie u. anderer Fische)

Ro|ta, die; -, Rota Romana, die; - - ‹*lat.-it.*›: höchster (päpstlicher) Gerichtshof der katholischen Kirche

Ro|tang, Rotan, der; -s, -e ‹*malai.*›: Markrohr der Rotangpalme (für Stuhlbezüge)

Ro|ta|print®, die; -, -s ‹*lat.; engl.*›: Offsetdruck- u. Vervielfältigungsmaschine

Ro|ta|ri|er, der; -s, - ‹*lat.-engl.*›: Angehöriger des ↑ Rotary Clubs. **Ro|ta|ri|e|rin,** die; -, -nen: weibliche Form zu ↑ Rotarier. **ro|ta|risch: a)** den Rotary Club betreffend; **b)** zum Rotary Club gehörend

Ro|ta Ro|ma|na vgl. Rota

Ro|ta|ry [ˈrɔʊ̯təri], die; -, -s (Druckw.): Bogenanlegeapparat für Druck- u. Falzmaschinen

Ro|ta|ry Club [engl.: ˈrɔʊ̯təri ˈklʌb], der; - -s, - -s ‹*engl.*›: **1.** zu Rotary International gehörender örtlicher Klub. **2.** (ohne Plural) ↑ Rotary International

Ro|ta|ry In|ter|na|tio|nal [- ...ˈnɛʃənl̩, ˈrɔʊ̯təri ɪntəˈnæʃənl̩], der; - -s: internationale Vereinigung führender Persönlichkeiten unter dem Gedanken des Dienstes am Nächsten

Ro|ta|ti|on, die; -, -en ‹*lat.;* »kreisförmige Umdrehung«›: **1.** Drehung (z. B. eines Körpers od. einer Kurve) um eine feste Achse, wobei jeder Punkt eine Kreisbahn beschreibt (Ggs.: Translation [3]). **2.** (Landwirtsch.) geregelte Aufeinanderfolge der Kulturpflanzen beim Ackerbau. **3.** Regelung der Bewässerung in der Landwirtschaft. **4.** das Mitdrehen des Oberkörpers im Schwung (beim Skilaufen). **5.** im Uhrzeigersinn erfolgender Wechsel der Positionen aller Spieler einer Mannschaft (beim Volleyball). **6.** (Politik) Wechsel in der Besetzung eines Amtes in bestimmten Zeitabständen

Ro|ta|ti|ons|druck, der; -[e]s: Druckverfahren, bei dem das Papier zwischen zwei gegeneinander rotierenden Walzen hindurchläuft u. von einer zylindrisch gebogenen, einer der Walzen anliegenden Druckform bedruckt wird

Ro|ta|ti|ons|el|lip|so|id, das; -[e]s, -e: **a)** durch Rotation einer Ellipse um eine ihrer Achsen gebildeter Körper in der Form eines Ellipsoids; **b)** durch Rotation einer Ellipse gebildete Fläche

Ro|ta|ti|ons|hy|per|bo|lo|id, das; -[e]s, -e: ↑ Hyperboloid

Ro|ta|ti|ons|ma|schi|ne, die; -, -n: im Verfahren des Rotationsdrucks arbeitende Druckmaschine

Ro|ta|ti|ons|prin|zip, das; -s: Prinzip, ein [politisches] Amt nach einer bestimmten Zeit an einen anderen abzugeben

Ro|ta|to|ri|en, die (Plural) ‹*lat.-nlat.*›: Rädertierchen (mikroskopisch kleine, wasserbewohnende Tiere mit charakteristischem Strudelapparat)

ro|tie|ren ‹*lat.*›: **1.** umlaufen, sich um die eigene Achse drehen. **2.** (ugs.) aus der Fassung geraten, sich in Aufregung u. Unruhe befinden. **3.** die Position[en] wechseln (beim Volleyball)

Ro|tis|se|rie, die; -, ...ien ‹*germ.-frz.*›: Fleischbraterei, Fleischgrill; Restaurant, in dem bestimmte Fleischgerichte auf einem Grill vor den Augen des Gastes zubereitet werden

Ro|tor, der; -s, ...oren ‹*lat.-engl.*›: **1.** sich drehender Teil einer elektrischen Maschine (Ggs.: Stator [1]). **2.** sich drehender Zylinder, der als Schiffsantrieb ähnlich wie ein Segel im Wind wirkt. **3.** Drehflügel des Hubschraubers. **4.** zylindrischer, kippbarer Drehofen zur Herstellung von Stahl aus flüssigem Roheisen. **5.** (in mechanischen Armbanduhren) auf einer Welle sitzendes Teil, durch dessen Pendelbewegungen sich die Uhr automatisch aufzieht

Rot|ta, Rot|te, die; -, Rotten ‹*kelt.-mlat.*›: altes Zupfinstrument (9. Jh.)

Ro|tu|lus, der; -, ...li ‹*lat.-mlat.;* »Rädchen; Rolle«›: **1.** (veraltet) **a)** Stoß Urkunden; **b)** [Akten]verzeichnis. **2.** (veraltet) Theaterrolle

Ro|tun|da, die; - ‹*lat.-it.*›: gerundete italienische Art der gotischen Schrift (13. u. 14. Jh.)

Ro|tun|de, die; -, -n ‹*lat.*›: **1.** Rundbau; runder Saal. **2.** (veraltend) rund gebaute öffentliche Toilette

Ro|tü|re, die; - ‹*lat.-frz.*› (veraltet abwertend): Schicht der Nichtadligen, Bürgerlichen

Roué [ru̯e:], der; -[s], -s ‹*lat.-frz.*› (veraltet): **1.** vornehmer Lebemann. **2.** durchtriebener, gewissenloser Mensch

Rou|en-En|te [ˈru̯ɑ̃:...], die; -, -n ‹*frz.; dt.;* nach der nordfrz. Stadt Rouen›: Ente einer französischen Entenrasse

Rouge [ru:ʒ], das; -s, -s ‹*lat.-frz.;* »rot«›: **1.** Make-up (2) in roten Farbtönen, mit dem die Wangen u. Lippen geschminkt werden. **2.** (ohne Plural) Rot als Farbe (u. Gewinnmöglichkeit) beim Roulette

Rouge et noir [ˈru:ʃ e ˈno̯a:ɐ̯], das; - - - ‹*frz.;* »rot u. schwarz«›: ein Glücksspiel

Rou|la|de [ru...], die; -, -n ‹*lat.-mlat.-frz.*›: **1.** Fleischscheibe, die mit Speck, Zwiebeln o. Ä. belegt, gerollt u. dann geschmort wird. **2.** (Musik) virtuose Gesangspassage (vor allem in der Oper des 17. u. 18. Jh.s)

Rou|leau [ruˈlo:], das; -s, -s: ältere Bez. für ↑ Rollo

Rou|lette [ruˈlɛt], das; -s, -s ‹*lat.-frz.*›: **1.** Glücksspiel, bei dem auf Zahl u./od. Farbe gesetzt wird u. der Gewinner durch eine Kugel ermittelt wird, die, auf eine sich drehende Scheibe mit rot u. schwarz nummerierten Fächern geworfen, in einem der Fächer liegen bleibt; **russisches**

Roulette: eine auf Glück od. Zufall abzielende, selbst herbeigeführte Schicksalsentscheidung, die darauf beruht, dass jmd. einen nur mit einer Patrone geladenen Trommelrevolver auf sich selbst abdrückt, ohne vorher zu wissen, ob die Revolverkammer leer ist od. nicht. **2.** drehbare Scheibe, mit der Roulette (1) gespielt wird. **3.** in der Kupferstichkunst verwendetes Rädchen, das mit feinen Zähnen besetzt ist

rou|li̲e̲|ren: a) (veraltet) umlaufen; **b)** ↑ rollieren (2)

Round|head [ˈraʊ̯ndhɛd], der; -[s], -s ⟨*engl.;* »Rundkopf«⟩: Spottname für einen Anhänger des Parlaments im englischen Bürgerkrieg 1644–49 (wegen des kurzen Haarschnitts)

Round Ta|ble [ˈraʊ̯nd ˈteɪ̯bl̩], der; - - ⟨*engl.;* eigtl. »runder Tisch«⟩: Kurzform von ↑ Round-Table-Konferenz

Round-Ta|b|le-Kon|fe|renz, die; -, -en: Konferenz am runden Tisch, d. h. eine Konferenz, deren Sitzordnung ausdrückt, dass die Teilnehmer gleichberechtigt sind

Round-up [raʊ̯ntˈʔap], das; -[s] ⟨*engl.*⟩: alljährliches Zusammentreiben des Viehs durch die Cowboys, um den Kälbern das Zeichen der Ranch aufzubrennen

Rout [raʊ̯t], der; -s, -s ⟨*lat.-mlat.-frz.-engl.*⟩ (veraltet): Abendgesellschaft, -empfang

Rou|te [ˈruːtə], die; -, -n ⟨*lat.-vulgärlat.-frz.;* »gebrochener (= gebahnter) Weg«⟩: **a)** [vorgeschriebener od. geplanter] Reiseweg; Weg[strecke] in bestimmter [Marsch]richtung; **b)** Kurs, Richtung (in Bezug auf ein Handeln, Vorgehen)

rou|ten [ˈruːtən] ⟨lat.-engl.⟩: Nachrichten, Gespräche in einem Datennetz weiterleiten

Rou|ten|pla|ner [ˈruː...], der; -s, -: über das Internet aufzurufendes Programm, das nach Eingabe des Abfahrts- und Zielortes die optimale Wegstrecke berechnet u. anzeigt

¹Rou|ter [ˈraʊ̯...], der; -s, - ⟨*engl.*⟩: Fräser, der bei Druckplatten diejenigen Stellen ausschneidet, die nicht mitdrucken sollen

²Rou|ter [ˈruː..., selten: ˈraʊ̯...], der; -s, - ⟨*lat.-vulgärlat.-frz.-engl.;* »Wegweiser«⟩ (EDV): Vermittlungsvorrichtung in einem Kommunikationsverbund (z. B. einem Intranet), die Daten zwischen räumlich getrennten Netzwerken transportiert

Rou|ti̲|ne [ru...], die; -, -n ⟨*lat.-vulgärlat.-frz.;* »Wegerfahrung«⟩: **1. a)** durch längere Erfahrung erworbene Fähigkeit, eine bestimmte Tätigkeit sehr sicher, schnell u. überlegen auszuführen; **b)** (meist abwertend) [technisch perfekte] Ausführung einer Tätigkeit, die zur Gewohnheit geworden ist u. jedes Engagement vermissen lässt. **2.** (Seew.) Zeiteinteilung für den Borddienst. **3.** (EDV) zu einem größeren Programmkomplex gehörendes Teilprogramm mit einer bestimmten, gewöhnlich häufiger benötigten Funktion

Rou|ti̲|ne|kon|t|rol|le, die; -, -n: regelmäßig durchgeführte Kontrolle ohne besonderen Anlass

Rou|ting [ˈruːtɪŋ], das; -s, -s ⟨*lat.-vulgärlat.-frz.-engl.*⟩ (EDV): das Ermitteln eines geeigneten [bes. günstigen] Wegs für die Übertragung von Daten in einem Netzwerk

Rou|ti|ni|er [...ˈni̯eː], der; -s, -s ⟨*lat.-vulgärlat.-frz.*⟩: jmd., der Routine (1 a) besitzt; routinierter Praktiker. **Rou|ti|ni|e|rin,** die; -, -nen: weibliche Form zu ↑ Routinier

rou|ti|ni̲e̲rt: [durch Erfahrung, Übung] gewandt, geschickt, gekonnt, überlegen

Roux [ruː], der; -, - ⟨*lat.-frz.*⟩ (Gastron.): frz. Bez. für: Mehlschwitze

Row|dy [ˈraʊ̯di], der; -s, -s ⟨*engl.-amerik.*⟩: [jüngerer] Mann, der sich in der Öffentlichkeit flegelhaft benimmt, gewalttätig wird

ro|y|al [ro̯aˈjaːl] ⟨*lat.-frz.*⟩: **1.** königlich. **2.** königstreu

¹Ro|y|a̲l, das; -: ein Papierformat

²Ro|y|a̲l, der; -[s]: in versetzter Ripsbindung gewebter Seidenstoff

Ro|y|al Air Force [ˈrɔɪ̯əl ˈɛːɐ̯ foːɐ̯s], die; - - - ⟨*engl.*⟩: die [königliche] britische Luftwaffe (Abk.: R. A. F.)

Ro|y|a|lis|mus [ro̯aja...], der; - ⟨*lat.-frz.-nlat.*⟩: Königstreue.

Ro|y|a|li̲st, der; -en, -en: Anhänger des Königshauses. **Ro|y|a|li̲s|tin,** die; -, -nen: weibliche Form zu ↑ Royalist. **ro|y|a|li̲s|tisch:** den Royalismus betreffend

Ro|y|al|ty [ˈrɔɪ̯əlti], das; -, -s ⟨*lat.-frz.-engl.*⟩: **1.** Vergütung, die dem Besitzer eines Verlagsrechtes für die Überlassung dieses Rechtes gezahlt wird. **2.** Abgabe, Steuer, die eine ausländische Erdölgesellschaft dem Land zahlt, in dem das Erdöl gewonnen wird

RSS [ɛrʔɛsˈʔɛs] ⟨Abk. für *engl. r*eally *s*imple *s*yndication⟩ (EDV): Datenformat, mit dem Inhalte von Webseiten besonders übersichtlich bereitgestellt werden können

RSS-Feed [ɛrʔɛsˈʔɛsfiːd], der od. das; -s, -s ⟨*engl.*⟩ (EDV): Bereitstellung von Inhalten im Format RSS

Ru|a|sa̲: *Plural* von ↑ Rais

ru|ba̲|to ⟨*germ.-it.*⟩ (Musik): durch kleine Tempoverschiebungen zu beleben; nicht im strengen Zeitmaß (Vortragsanweisung). **Ru|ba̲|to,** das; -s, -s u. ...ti (Musik): in Tempo u. Ausdruck freier Vortrag

¹Rub|ber [ˈrʌbə, ˈrabɐ], der; -s ⟨*engl.*⟩: engl. Bez. für: Kautschuk, Gummi

²Rub|ber [ˈrabɐ], der; -s, - ⟨*engl.;* Herkunft unsicher⟩: Doppelpartie im Whist- od. Bridgespiel

Ru|be̲|be, die; -, -n ⟨*pers.-arab.-frz.*⟩: ↑ Rebec

Ru̲|bel, der; -s, - ⟨*russ.*⟩: Währungseinheit in Belarus u. in der Russischen Föderation (1 Rubel = 100 Kopeken)

Ru|be|o|la, die; - ⟨*lat.-nlat.*⟩ (Med.): Röteln

Ru̲|bia, die; - (Bot.): Gattung der Rötegewächse, die früher zum Teil zur Farbstoffgewinnung verwendet wurden

Ru|bi|di|um, das; -s: chem. Element; ein Alkalimetall (Zeichen: Rb)

Ru̲|bi|kon ⟨nach dem Grenzfluss zwischen Italien u. Gallia cisalpina, mit dessen Überschreitung Cäsar 49 v. Chr. den Bürgerkrieg begann⟩: **den Rubikon überschreiten:** einen [strategisch] entscheidenden Schritt tun

Ru|bi̲n, der; -s, -e ⟨*lat.-mlat.*⟩: kostbarer roter Edelstein

Ru|bi|zell, der; -s, -e ‹*lat.-nlat.*›: ein Mineral (orange- od. rosafarbener Spinell)

Ru|bor, der; -s ‹*lat.*› (Med.): entzündliche Rötung der Haut

Ru|b|ra, Ru|b|ren: *Plural* von ↑Rubrum

Ru|b|rik, die; -, -en: **1. a)** Spalte, in die etwas nach einer bestimmten Ordnung [unter einer Überschrift] eingetragen wird; **b)** Kategorie, in die man jmdn./etwas gedanklich einordnet. **2.** rot gehaltene Überschrift od. Initiale, die in mittelalterlichen Handschriften u. Frühdrucken die einzelnen Abschnitte trennte. **3.** rot gedruckte Anweisung für rituelle Handlungen in [katholischen] liturgischen Büchern

Ru|b|ri|ka|tor, der; -s, ...oren ‹*lat.-nlat.*›: Maler von Rubriken (2) im Mittelalter

ru|b|ri|zie|ren ‹*lat.-mlat.*›: **1. a)** in eine bestimmte Rubrik (1 a) einordnen; **b)** kategorisieren, klassifizieren. **2.** mit einer roten Überschrift, mit roten Initialen versehen (in Bezug auf den Rubrikator)

Ru|b|rum, das; -s, ...bra u. ...bren ‹*lat.*›: **a)** kurze Inhaltsangabe als Aufschrift auf Akten; **b)** Kopf eines amtlichen Schreibens

[1]Ru|co|la [...k...], [1]Rukola, die; - ‹*lat.; it.*›: einjähriges bis ausdauerndes Kraut, dessen junge Blätter als Salat gegessen werden; Rauke

[2]Ru|co|la, [2]Rukola, der; -: Salat aus [1]Rucola; Raukensalat

Rud|be|ckia, Rud|be|ckie [...i̯ə], die; -, ...ien ‹*nlat.;* nach dem schwed. Naturforscher O. Rudbeck, 1630–1702›: einjährige od. ausdauernde hohe Gartenpflanze mit gelben Blüten; Sonnenhut (Korbblütler)

Ru|de|ra, die (Plural) ‹*lat.*› (veraltet): Schutthaufen, Trümmer

Ru|de|ral|pflan|ze, die; -, -n ‹*lat.-nlat.; dt.*›: Pflanze, die auf Schuttplätzen und an Wegrändern gedeiht

Ru|di|ment, das; -[e]s, -e ‹*lat.*›: **1.** etwas, was sich aus einer früheren Epoche, einem früheren Lebensabschnitt noch als Rest erhalten hat; Rest, Überbleibsel; Bruchstück. **2.** (Biol.) verkümmertes, teilweise od. gänzlich funktionslos gewordenes Organ (z. B. die Flügel der Strauße)

ru|di|men|tär ‹*lat.-nlat.*›: **1. a)** nur noch als Rudiment (1) [vorhanden]; **b)** unvollständig, unvollkommen, nur in Ansätzen [vorhanden], unzureichend. **2.** (Biol.) nur [noch] als Anlage, im Ansatz, andeutungsweise vorhanden, unvollständig [entwickelt]

Ru|dis|ten, die (Plural): fossile Familie der Muscheln (wichtige Versteinerungen der Kreidezeit)

Ru|di|tät, die; -, -en ‹*lat.*› (veraltet): rüdes Betragen, Grobheit, Rohheit

Ru|e|da, die; -, -s ‹*lat.-span.*›: Salsa als Gruppentanz, bei dem mehrere im Kreis angeordnete Paare gleichzeitig dieselben Figuren tanzen

Rug|by [ˈrakbi, engl.: ˈrʌgbi], das; -[s] ‹*engl.*› (Sport): Kampfspiel, bei dem der eiförmige Ball nach bestimmten Regeln mit den Füßen od. Händen in die Torzone des Gegners zu spielen ist

Ru|in, der; -s ‹*lat.-frz.*›: Zustand, in dem die betreffende Person, Institution o. Ä. wirtschaftlich, moralisch am Ende od. sonst in ihrer Existenz getroffen, vernichtet ist

Ru|i|ne, die; -, -n: **a)** stehen gebliebene Reste eines zum [größeren] Teil zerstörten od. verfallenen [historischen] Bauwerkes; **b)** (nur Plural) Trümmer von Ruinen (a)

ru|i|nie|ren ‹*lat.-mlat.-frz.*›: **a)** eine Person, Sache in ihrer Existenz radikal schädigen, zugrunde richten, vernichten; **b)** aufgrund von Unachtsamkeit stark beschädigen, unbrauchbar, unansehnlich machen

ru|i|nös ‹*lat.-frz.*›: **1.** zum Ruin führend, beitragend. **2.** (veraltend) in baulichem Verfall begriffen, davon bedroht; baufällig, verfallen

[1]Ru|ko|la vgl. [1]Rucola

[2]Ru|ko|la vgl. [2]Rucola

Rum, der; -s, -s ‹*engl.*›: Edelbranntwein aus Rohrzuckermelasse od. Zuckerrohrsaft

Rum|ba, die; -, -s (ugs. auch, österr. nur: der; -s, -s) ‹*kuban.-span.*›: aus Kuba stammender Tanz in mäßig schnellem 4/4- od. 2/4-Takt (seit etwa 1930)

Rum|ford|sup|pe [ˈramfɔrt...], die; -, -n ‹nach Graf Benjamin Rumford, 1753–1814›: Suppe aus getrockneten gelben Erbsen, Gewürzen, durchwachsenem Speck u. a.

Ru|mi|na|ti|on, die; -, -en ‹*lat.;* »das Wiederkäuen«›: **1.** (Zool.) das Wiederkäuen. **2.** (Med.) ↑Meryzismus. **3.** reifliche Überlegung

ru|mi|nie|ren: **1.** wiederkäuen. **2.** (veraltet) wieder erwägen, nachsinnen. **3.** funktional od. verhaltensgestört bedingtes erneutes Kauen von Speisen, die sich bereits im Magen befunden haben (v. a. bei vernachlässigten Säuglingen u. Kindern). **ru|mi|niert**: gefurcht, zernagt (von Pflanzensamen)

Rum|my [ˈrœmi, auch: ˈrʌmi], das; -s, -s ‹*engl.*› (österr.): ↑Rommé

Ru|mor, der; -s ‹*lat.*› (landsch., sonst veraltet): Lärm, Unruhe

ru|mo|ren: **1.** durch Bewegung dumpfen Lärm machen; geräuschvoll hantieren. **2.** jmdm. im Magen kollern. **3.** in jmdm. Unruhe hervorrufen

Rump|steak [...steɪk, ...steːk], das; -s, -s ‹*engl.;* »Rumpfstück«›: Scheibe [mit Fettrand] aus dem Rückenstück des Rindes, die kurz gebraten od. gegrillt wird

Run [ran, engl.: rʌn], der; -s, -s ‹*engl.*›: großer Ansturm auf etwas wegen drohender Knappheit (in einer krisenhaften Situation)

Run|about, Run-about [ˈranəbaʊ̯t], das; -s, -s ‹*engl.*›: Rennboot mit innen liegendem serienmäßigem Motor u. bestimmten vorgeschriebenen Maßen

Run|da|low [ˈrʊndalo], der; -s, -s ‹Kurzw. aus *dt. rund* u. ↑*Bungalow*›: strohgedeckter, aus dem afrikanischen Kral entwickelter runder Bungalow [als Ferienhaus]

Run|dell vgl. Rondell

Run|ner's High [ˈranɐs haɪ̯], das; - -[s], - -s ‹*engl.*›: Hochgefühl, das sich bei Ausdauersportarten, bes. beim Langstreckenlauf, nach einer gewissen Belastung einstellt

Run|ning Gag, der; - -s, - -s ‹*engl.*›:

Gag, der sich immer wiederholt, der oft verwendet wird

Ru|no|lo|ge, der; -n, -n ⟨*altnord.; gr.*⟩: Wissenschaftler auf dem Gebiet der Runologie. **Ru|no|lo|gie,** die; -: Runenforschung. **Ru|no|lo|gin,** die; -, -nen: weibliche Form zu ↑Runologe

Run|way [ˈranwɛɪ̯], die; -, -s od. der; -[s], -s ⟨*engl.*⟩ (Flugw.): Start-und-Lande-Bahn

Ru|pel [ˈryːpl̩] ⟨nach dem Nebenfluss der Schelde in Belgien⟩, **Ru|pe|li|en** [...peˈli̯ɛ̃ː], das; -[s] ⟨*frz.*⟩: mittlere Stufe des Oligozäns

Ru|pia, veraltet: Rhypia, die; -, ...ien ⟨*gr.-nlat.*⟩ (Med.): große, borkige Hautpustel

Ru|pi|ah, die; -, - ⟨*Hindi*⟩: Währungseinheit in Indonesien (= 100 Sen)

Ru|pie [...i̯ə], die; -, -n: Währungseinheit, z. B. in Indien

Ru|pi|en: *Plural* von ↑Rupia u. ↑Rupie

Rup|tur, die; -, -en ⟨*lat.*⟩: **1.** (Med.) Zerreißung (eines Gefäßes od. Organs), Durchbruch. **2.** (Geol.) Riss, durch tektonische Bewegungen hervorgerufene Spalte im Gestein

ru|ral ⟨*lat.*⟩: ländlich, bäuerlich

Rush [raʃ], der; -s, -s ⟨*engl.*⟩: **1.** plötzlicher Vorstoß (eines Läufers, eines Pferdes) beim Rennen. **2.** [wirtschaftlicher] Aufschwung; Ansturm. **3.** (Med.) plötzliche Mehrdurchblutung der Haut, v. a. im Gesicht; Flush

Rush|hour [ˈraʃʔaʊ̯ɐ], die; -, -s (Plural selten): Hauptverkehrszeit

rus|si|fi|zie|ren ⟨*russ.-nlat.*⟩: an die Sprache, die Sitten u. das Wesen der Russen angleichen

rus|sisch-or|tho|dox: der orthodoxen Kirche in ihrer russischen Ausprägung angehörend

Rus|sist, der; -en, -en: Wissenschaftler auf dem Gebiet der Russistik. **Rus|sis|tik,** die; -: Wissenschaft von der russischen Sprache u. Literatur. **Rus|sis|tin,** die; -, -nen: weibliche Form zu ↑Russist

Russ|ki, der; -[s], -[s] (salopp): Russe; russischer Soldat

Rus|ti|co, der od. das; -s, Rustici [...tʃi] ⟨*lat.-it.*⟩ (schweiz.): **a)** tessinisches Bauernhaus; **b)** Ferienhaus in diesem Stil

rus|tik ⟨*lat.*⟩: ↑rustikal

Rus|ti|ka, die; - (Archit.): Mauerwerk aus rohen, nur an den Rändern gleichmäßig behauenen Quadern

rus|ti|kal ⟨*lat.-nlat.*⟩: **1. a)** ländlich-schlicht, bäuerlich; **b)** eine ländlich-gediegene Note habend. **2. a)** von bäuerlich-robuster, unkomplizierter Wesensart; **b)** (abwertend) grob, ungehobelt

Rus|ti|ka|li|tät, die; -: rustikale Art, rustikales Wesen

Rus|ti|ka|ti|on, die; - ⟨*lat.*⟩ (veraltet): Landleben

Rus|ti|kus, der; -, -se u. Rustizi ⟨*lat.;* eigtl. »Bauer«⟩ (veraltet): plumper, derber Mensch

Rus|ti|zi|tät, die; - ⟨*lat.-nlat.*⟩ (veraltet): plumpes, derbes Wesen

Ru|the|ni|um, das; -s ⟨*nlat.;* nach Ruthenien, dem alten Namen der Ukraine⟩: chem. Element, Edelmetall (Zeichen: Ru)

Ru|ther|for|di|um [rʌðə...], das; -s ⟨nach dem engl. Physiker E. Rutherford, 1871–1937⟩: künstlich hergestelltes chem. Element; ein Transuran (Zeichen: Rf)

Ru|til, der; -s, -e ⟨*lat.;* »rötlich«⟩: zu den Titanerzen gehörendes, metallisch glänzendes, meist rötliches Mineral (auch als Schmuckstein verwendet)

Ru|ti|lis|mus, der; - ⟨*lat.-nlat.*⟩: **1.** Rothaarigkeit. **2.** (Med.; Psychol.) krankhafte Neigung zu erröten

Ru|tin, das; -s ⟨*gr.-lat.-nlat.*⟩: in vielen Pflanzen enthaltene kristalline Substanz, die gegen Schäden an den Blutgefäßen u. gegen Brüchigkeit der Kapillaren eingesetzt wird

Rya, die; -, Ryor ⟨*schwed.*⟩: langfloriger, geknüpfter schwedischer Teppich

Rye [raɪ̯], der; -, -s ⟨*engl.-amerik.*⟩: amerikanischer Whiskey, dessen Getreidemaische überwiegend aus Roggen bereitet ist

Ry|or: *Plural* von ↑Rya

Rhythmus

Das Substantiv ist über das Lateinische aus dem Griechischen ins Deutsche entlehnt worden. Wie das Herkunftswort wird es am Wortanfang mit *Rhy-* geschrieben.

S

S ⟨Abk. für *engl.* small⟩: klein (Kleidergröße)

Sa|ba|dil|le, die; -, -n ⟨*mex.-span.*⟩: in Südamerika heimisches Liliengewächs, aus dessen Samen ein Mittel zur Bekämpfung von Läusen hergestellt wird

Sa|ba|oth ⟨*hebr.-gr.-mlat.*⟩: ↑Zebaoth

Sa|ba|yon [...ˈjõː], das; -s, -s ⟨*it.-frz.*⟩: ↑Zabaione

Sab|bat, Schabbat, der; -s, -e ⟨*hebr.-gr.-lat.*⟩: nach jüdischem Glauben geheiligter, von Freitag- bis Samstagabend dauernder Ruhetag, der mit bestimmten Ritualen begangen wird

Sab|ba|ta|ri|er, der; -s, - ⟨*hebr.-gr.-lat.-nlat.*⟩: Anhänger einer christlichen Sekte, die nach jüdischer Weise den Sabbat einhält. **Sab|ba|ta|ri|e|rin,** die; -, -nen: weibliche Form zu ↑Sabbatarier

Sab|ba|ti|cal [səˈbɛtɪkl̩], das; -s, -s ⟨*hebr.-gr.-lat.-frz.-engl.*⟩: [neben dem jährlichen Erholungsurlaub gewährte] längere Freistellung; vgl. Sabbatjahr (2)

Sab|ba|tist, der; -en, -en ⟨*hebr.-gr.-lat.-nlat.*⟩: ↑Sabbatarier. **Sab|ba|tis|tin,** die; -, -nen: weibliche Form zu ↑Sabbatist

Sab|bat|jahr, das; -[e]s, -e ⟨*hebr.-gr.-lat.; dt.*⟩: **1.** alle sieben Jahre wiederkehrendes Ruhejahr, in dem der Boden brachliegt, Schulden erlassen u. Sklaven freigelassen werden (im Alten Testament). **2.** einjährige Freistellung von beruflicher Tätigkeit

Sa|bi|nis|mus, der; - ⟨*lat.-nlat.*⟩: Vergiftung durch das stark abortiv (2) wirkende Sabinaöl des Sadebaums

Sa|bot [saˈboː], der; -[s], -s ⟨*frz.*⟩: **1.** Holzschuh. **2.** hochhackiger, hinten offener Damenschuh

Sa|bo|ta|ge [...ˈtaːʒə], die; -, -n ⟨*frz.*⟩: vorsätzliche Schädigung od. Zerstörung von wirtschaftlichen u. militärischen Einrichtungen durch [planmäßige] Beschädigung u. Vernichtung von Anlagen, Maschinen o. Ä.

Sa|bo|teur [...ˈtøːɐ̯], der; -s, -e: jmd., der Sabotage treibt. **Sa|bo|teu|rin** [...ˈtøːrɪn], die; -, -nen: weibliche Form zu ↑Saboteur

sa|bo|tie|ren: a) etwas durch Sabotage stören, vereiteln; **b)** hintertreiben, zu vereiteln suchen

Sa|b|ra, die; -, -s: weibliche Form zu ↑Sabre

Sa|b|re, der; -[s], -s (meist Plural) ⟨*hebr.*⟩: in Israel geborener u. ansässiger Jude

Sac|cha|ra|se, Sacharase [zaxa...], die; -, -n ⟨*sanskr.-gr.-lat.(-nlat.)*⟩ (Chemie): Enzym, das Rohrzucker in Traubenzucker u. Fruchtzucker spaltet

Sac|cha|rat, Sacharat, das; -[e]s, -e (Chemie): für die Zuckergewinnung wichtige Verbindung des Rohrzuckers mit [1]Basen (bes. Kalziumsaccharat)

Sac|cha|rid, Sacharid, das; -s, -e (meist Plural) (Chemie): Kohlenhydrat (Zuckerstoff)

Sac|cha|rin vgl. Sacharin

Sac|cha|ro|se, Sacharose, die; - (Chemie): aus bestimmten Pflanzen (bes. Zuckerrüben u. Zuckerrohr) gewonnener Zucker

Sac|cha|rum, Sacharum, das; -s, ...ra ⟨*sanskr.-gr.-lat.*⟩: lat. Bez. für: Zucker

sa|cer|do|tal usw. vgl. sazerdotal usw.

Sa|cha|ra|se [zaxa...] usw. vgl. Saccharase usw.

Sa|cha|rin, fachspr.: Saccharin, das; -s ⟨*sanskr.-gr.-lat.(-nlat.)*⟩: (künstlich hergestellter) Süßstoff

Sa|chet [zaˈʃeː], das; -s, -s ⟨*frz.*⟩ (veraltet): kleines, mit duftenden Kräutern o. Ä. gefülltes Säckchen (zum Einlegen in Wäscheschränke o. Ä.)

sa|cker|lot ⟨zu *frz.* sacre nom (de Dieu) = heiliger Name (Gottes)⟩ (veraltet): Ausruf des Erstaunens od. der Verwünschung

sa|cker|ment ⟨entstellt aus Sakrament⟩ (veraltet): ↑sackerlot

Sa|c|ra Con|ver|sa|zi|o|ne, Santa Conversazione, die; - - ⟨*lat.-it.;* »heilige Unterhaltung«⟩: Darstellung Marias mit Heiligen (bes. in der italienischen Renaissancemalerei)

Sa|c|ri|fi|ci|um In|tel|lec|tus [- ...tuːs], das; - - ⟨*lat.;* »Opfer des Verstandes«⟩: **1.** von katholischen Gläubigen geforderte Unterordnung des eigenen Erkennens unter die kirchliche Lehrmeinung. **2.** das Aufgeben der eigenen Überzeugung angesichts einer fremden Meinung

Sad|du|zä|er, der; -s, - ⟨*hebr.-gr.-lat.*⟩ (Geschichte): Angehöriger einer altjüdischen konservativen Partei (Gegner der Pharisäer)

Sa|de|baum, der; -s, ...bäume ⟨*lat.; dt.*⟩: (im Gebirge wachsender) Wacholder mit schuppenförmigen, an den jungen Trieben nadelförmigen Blättern

Sa|dhu [...du], der; -[s], -s ⟨*sanskr.;* »guter Mann, Heiliger«⟩: als Eremit u. bettelnder Asket lebender Hindu

Sa|dis|mus, der; -, ...men ⟨*frz.-nlat.;* nach dem frz. Schriftsteller de Sade, 1740–1814⟩: **a)** (ohne Plural) Veranlagung, beim Quälen anderer zu sexueller Erregung, Lust zu gelangen; **b)** (ohne Plural) Lust am Quälen, an Grausamkeiten; **c)** sadistische Handlung; vgl. Masochismus. **Sa|dist,** der; -en, -en: **a)** jmd., der sich durch Quälen anderer sexuell zu befriedigen sucht; **b)** jmd., der Freude daran hat, andere zu quälen. **Sa|dis|tin,** die; -, -nen: weibliche Form zu ↑Sadist. **sa|dis|tisch: a)** den Sadismus (a) betreffend, darauf beruhend; sexuelle Erregung, Lust bei Quälereien empfindend; **b)** in grausamer Weise von Sadismus (b) bestimmt, geprägt

Sa|do|ma|so, der; - (ugs.): Kurzform von ↑Sadomasochismus (a)

Sa|do|ma|so|chis|mus, der; -, ...men: **a)** (ohne Plural) Veranlagung, beim Ausführen u. Erdulden von Quälereien zu sexueller Erregung, Lust zu gelangen; **b)** sadomasochistische Handlung. **sa|do|ma|so|chis|tisch:** den Sadomasochismus betreffend, auf ihm beruhend, zu ihm gehörend

Sa|do|wes|tern, der; -[s], -: bes. grausamer Italowestern

Sa|fa|ri, die; -, -s ⟨*arab.*⟩: **a)** längerer Fußmarsch [mit Trägern u. Lasttieren] (bes. in Ostafrika); **b)** [Gesellschafts]reise (nach Afrika) mit der Möglichkeit, Großwild zu beobachten [u. zu jagen]

Sa|fa|ri|park, der; -s, -s ⟨*arab.; dt.*⟩: Wildpark mit exotischen Tieren

Safe [sɛɪ̯f], der (auch: das); -s, -s ⟨*lat.-frz.-engl.;* »der Sichere«⟩: **a)** Geldschrank; **b)** Schließfach im Tresor [eines Geldinstituts] zur sicheren Aufbewahrung von Geld, kostbarem Schmuck, Wertpapieren o. Ä.

Sa|fer Sex [ˈsɛɪ̯fɐ ˈsɛks], der; - -[es] ⟨*engl.;* »sicherer Sex«⟩: die Gefahr einer Aidsinfektion minderndes Sexualverhalten

Safe|ty|car [ˈsɛɪ̯ftikaː], der od. das; -s, -s ⟨*engl.*⟩: ↑Pacecar

Saf|fi|an, der; -s ⟨*pers.-türk.-slaw.*⟩: feines, weiches (oft leuchtend eingefärbtes) Ziegenleder

Sa|f|lor, der; -s, -e ⟨*arab.-it.*⟩: Färberdistel

Sa|f|ran, der; -s, -e ⟨*pers.-arab.-mlat.-frz.*⟩: **1.** (zu den Krokussen gehörende) im Herbst blühende Pflanze mit schmalen Blättern u. purpurfarbenen Blüten, die bes. im Mittelmeerraum als Gewürz- u. Heilpflanze u. zur Gewinnung von Farbstoff angebaut wird. **2.** (ohne Plural) aus Teilen des getrockneten Fruchtknotens des Safrans (1) gewonnenes Gewürz, Heil- u. Färbemittel

Sa|ga [ˈza(ː)ga], die; -, -s ⟨*altnord.;* »Erzählung«⟩: **1.** altisländische, meist von den Kämpfen heldenhafter Bauerngeschlechter handelnde Prosaerzählung. **2.** literarisch gestaltete od. für das Fernsehen aufbereitete Familiengeschichte, -chronik

Sa|ga|zi|tät, die; - ⟨*lat.*⟩ (veraltet): Scharfsinn

sa|git|tal ⟨*lat.*⟩ (Biol., Anat.): parallel zur Mittelachse des Körpers, zur Pfeilnaht des Schädels liegend

Sa|git|tal|ebe|ne, die; -, -n (Biol., Anat.): zur Mittelachse des Körpers od. zur Pfeilnaht des Schädels parallele Ebene

Sa|go, der, österr. meist: das; -s ⟨*indones.-engl.-niederl.*⟩: aus dem Mark bes. der Sagopalme gewonnenes feinkörniges Stärkemehl (zur Zubereitung von Pudding, Grütze, Kaltschale o. Ä., aber auch als Einlage in Suppen u. Brühen)

Sa|gum, das; -s, ...ga ⟨*kelt.-lat.*⟩

(Geschichte): auf der Schulter zu schließender Mantel der römischen Soldaten aus dickem Wollstoff

Sa|hib, der; -[s], -s ⟨*arab.-Hindi;* »Herr«⟩: in Indien u. Pakistan titelähnliche Bez. für: Europäer

Sai|ga, die; -, -s ⟨*russ.*⟩: in den Steppen Südrusslands lebende, schafähnliche Antilope

Sail|lant [sa'jɑ̃ː], der; -, -s ⟨*lat.-frz.*⟩: vorspringende Ecke an einer alten Festung

Sai|ne|te [zai̯...], der; -, -s ⟨*lat.-vulgärlat.-span.;* »Leckerbissen«⟩: **a)** kurzes, derbkomisches Zwischen- od. Nachspiel mit Musik u. Tanz im spanischen Theater; **b)** selbstständige Posse im spanischen Theater, die die Entremés verdrängte

Saint-Si|mo|nis|mus [sɛ̃si...], der; - ⟨*nlat.;* nach dem frz. Sozialtheoretiker C. H. de Saint-Simon, 1760–1825⟩: frühsozialistische Bewegung, die das Prinzip der Assoziation (1) an die Stelle des Prinzips der Konkurrenz setzte, u. a. verknüpft mit der Forderung einer Abschaffung des Privateigentums an Produktionsmitteln u. deren Überführung in Gemeineigentum

Sai|son [zɛ'zõː, auch: zɛ'zɔŋ], die; -, -s (bes. südd. u. österr. auch: ...onen) ⟨*lat.-frz.*⟩: **a)** für etwas wichtigster Zeitabschnitt innerhalb eines Jahres, in dem etwas Bestimmtes am meisten vorhanden ist, stattfindet; **b)** Zeitabschnitt im Hinblick auf Aktuelles (z. B. in der Mode)

sai|so|nal ⟨*lat.-frz.-nlat.*⟩: die [wirtschaftliche] Saison betreffend, von ihr bedingt

Sai|son|di|mor|phis|mus, der; - (Biol.): eine Form der Polymorphie (4 b) mit jahreszeitlich bedingten Zeichnungs- und Farbmustern bei Tieren (z. B. Schmetterlingen)

Sai|so|ni|er [...'ni̯eː, 'sɛ..., ...zo...] vgl. Saisonnier

Sai|son morte [sɛzõ'mɔrt], die; - - ⟨*lat.-frz.;* »tote Jahreszeit«⟩: Zeitabschnitt innerhalb eines Jahres mit geringem wirtschaftlichem Betrieb

Sai|son|ni|er, Saisonier [...'ni̯eː, 'sɛ..., ...zo...], der; -s, -s (österr., schweiz.): Arbeiter, der nur zu bestimmten Jahreszeiten, z. B. zur Ernte, beschäftigt wird; Saisonarbeiter. **Sai|son|ni|e|re,** seltener: **Sai|son|ni|è|re, Sai|so|ni|e|re** [...'ni̯ɛːrə, ...'ni̯ɛːɐ̯], die; -, -n: weibliche Form zu ↑Saisonnier

Sa|ke, der; - ⟨*jap.*⟩: Reiswein

Sa|ki, der; -, - ⟨*arab.-türk.* u. *pers.;* »Schenk«⟩: Figur des Mundschenks in orientalischen Dichtungen

Sa|ki|je, die; -, -n: von Büffeln od. Kamelen bewegtes Schöpfwerk zur Bewässerung der Felder in Ägypten

Sak|ko [österr.: za'koː], das (österr. nur so), auch der; -s, -s ⟨italienisierende Bildung zu dt. »Sack«⟩: Jackett [als Teil einer ²Kombination]

sa|k|ra ⟨*lat.;* zu Sakrament⟩ (südd. salopp): verdammt! (Ausruf des Erstaunens, der Verwünschung)

sa|k|ral ⟨*lat.-nlat.*⟩: **1. a)** [geweiht u. daher] heilig; religiösen Zwecken dienend; **b)** Heiliges, Religiöses betreffend. **2.** (Med.) das Kreuzbein betreffend

Sa|k|ral|bau, der; -[e]s, -ten (Archit., Kunstwiss.): religiösen Zwecken dienendes Bauwerk

Sa|k|ra|ment, das; -[e]s, -e ⟨*lat.*⟩ (Rel., bes. kath. Kirche): **a)** von Jesus Christus eingesetzte zeichenhafte Handlung, die in traditionellen Formen vollzogen wird u. nach christlichem Glauben dem Menschen in sinnlich wahrnehmbarer Weise die Gnade Gottes übermittelt; **b)** Mittel (z. B. Hostie), mit dem das Sakrament (a) gespendet wird

sa|k|ra|men|tal ⟨*lat.-mlat.*⟩: ein Sakrament betreffend, zu ihm gehörend

Sa|k|ra|men|ta|li|en, die (Plural): **a)** den Sakramenten ähnliche Zeichen od. Handlungen, die jedoch von der Kirche eingesetzt sind; **b)** durch Sakramentalien (a) geweihte Dinge (z. B. Weihwasser)

Sa|k|ra|men|tar, das; -s, -e ⟨*lat.-mlat.*⟩: altchristliche u. frühmittelalterliche Form des Messbuchs

Sa|k|ra|men|ter, der; -s, - (salopp, oft scherzh.): jmd., über den man sich ärgert oder um den man sich sorgt, weil er zu leichtsinnig-unbekümmert ist

Sa|k|ra|men|tie|rer, der; -s, - (Geschichte): Schimpfwort der Reformationszeit für jmdn., der die Anerkennung der Sakramente verweigert (z. B. die Wiedertäufer)

Sa|k|ra|ments|häus|chen, das; -s, -: zur Aufbewahrung der geweihten Hostie dienendes, meist turmartig geformtes Behältnis [aus Stein], das sich im Chor von Kirchen befindet

Sa|k|ra|ri|um, das; -s, ...ien ⟨*lat.-mlat.*⟩: in od. neben katholischen Kirchen im Boden angebrachter verschließbarer Behälter zur Aufnahme gebrauchten Taufwassers u. der Asche unbrauchbar gewordener geweihter Gegenstände

sa|k|rie|ren ⟨*lat.*⟩ (veraltet): weihen, heiligen

Sa|k|ri|fi|zi|um, das; -s, ...ien ⟨*lat.*⟩: [Mess]opfer (kath. Kirche)

Sa|k|ri|leg, das; -s, -e, Sakrilegium, das; -s, ...ien: Vergehen, Frevel gegen Personen, Gegenstände, Stätten usw., denen religiöse Verehrung entgegengebracht wird

sa|k|ri|le|gisch: frevelhaft, gotteslästerlich

Sa|k|ri|le|gi|um vgl. Sakrileg

sa|k|risch (südd.): **a)** böse, verdammt; **b)** sehr, gewaltig, ungeheuer

Sa|k|ris|tan, der; -s, -e ⟨*lat.-mlat.*⟩: [katholischer] Kirchendiener; Küster, Mesner. **Sa|k|ris|ta|nin,** die; -, -nen: weibliche Form zu ↑Sakristan

Sa|k|ris|tei, die; -, -en: Nebenraum in der Kirche für den Geistlichen u. die für den Gottesdienst benötigten Gegenstände

Sa|k|ro|dy|nie, die; -, ...ien ⟨*lat.; gr.*⟩ (Med.): Schmerz in der Kreuzbeingegend

sa|k|ro|sankt ⟨*lat.*⟩: unantastbar, hochheilig, unverletzlich

Sä|ku|la: *Plural* von ↑Säkulum

sä|ku|lar ⟨*lat.*⟩: **1. a)** alle hundert Jahre wiederkehrend; **b)** hundert Jahre dauernd; **c)** ein Jahrhundert betreffend. **2.** außergewöhnlich, herausragend, einmalig. **3.** weltlich, der Welt der (kirchlichen) Laien angehörend. **4.** (Astron., Geol.) in langen Zeiträumen ablaufend od. entstanden (von Bewegungen von Himmelskörpern, Veränderungen der Erdoberfläche)

Sä|ku|lar|fei|er, die; -, -n: Hundertjahrfeier

Sä|ku|la|ri|sa|ti|on, die; -, -en ⟨*lat.-nlat.*⟩: **1.** Einziehung od. Nutzung kirchlichen Besitzes durch weltliche Hoheitsträger. **2.** ↑ Säkularisierung (1, 2); vgl. ...ation/...ierung

sä|ku|la|ri|sie|ren: **1.** kirchlichen Besitz einziehen u. verstaatlichen. **2.** aus kirchlicher Bindung, Abhängigkeit lösen, unter weltlichem Gesichtspunkt betrachten, beurteilen

Sä|ku|la|ri|sie|rung, die; -: **1.** Loslösung des Einzelnen, des Staates u. gesellschaftlicher Gruppen aus den Bindungen an die Kirche (seit Ausgang des Mittelalters); Verweltlichung. **2.** (kath. Kirche) Erlaubnis für Angehörige eines Ordens, das Kloster zu verlassen u. ohne Bindung an die Gelübde zu leben. **3.** Säkularisation (1); vgl. ...ation/...ierung

Sä|ku|la|ris|mus, der; -, ...men ⟨*lat.*⟩: Weltanschauung, die auf der Trennung von Kirche u. Staat beruht

sä|ku|la|ris|tisch ⟨*lat.*⟩: den Säkularismus betreffend, zum Säkularismus gehörend

Sä|ku|lar|kle|ri|ker, der; -s, -: Geistlicher, der nicht in einem Kloster lebt

Sä|ku|lum, das; -s, ...la ⟨*lat.*⟩: **1.** Zeitraum von hundert Jahren; Jahrhundert. **2.** Zeitalter

Sa|ku|ra [ˈsakʊra], die; - ⟨*jap.*⟩: japanische Bezeichnung für: Kirschblüte

Sal, das; -s ⟨Kurzw. aus *S*ilicium u. *Al*uminium⟩: ↑ Sial

Sa|la|fis|mus, der; - ⟨*arab.*⟩: ultrakonservative Strömung des Islam. **sa|la|fis|tisch:** den Salafismus betreffend, zu ihm gehörend

Sa|lak, die; -, -s ⟨*malai.;* eigtl. »Schlangenhaut«⟩: Frucht der südostasiatischen Fiederpalme; Schlangenhautfrucht

Sa|lam, Selam, der; -s ⟨*arab.*⟩: Wohlbefinden, Heil, Friede (arab. Grußwort); **Salam aleikum:** Heil, Friede mit euch! (arabische Grußformel)

Sa|la|man|der, der; -s, - ⟨*gr.-lat.*⟩: Schwanzlurch mit rundem, langem Schwanz u. teilweise auffallender Zeichnung des Körpers

Sa|la|mi, die; -, -[s] ⟨*lat.-it.;* »Salzfleisch; Schlackwurst«⟩: kräftig gewürzte, rötlich braune, luftgetrocknete Dauerwurst, deren Haut oft mit einem natürlichen weißen Belag überzogen ist od. einen weißen Überzug aus Kreide o. Ä. hat

Sa|la|mi|tak|tik, die; -, -en: Taktik, mit der [politische] Ziele durch kleinere Forderungen u. entsprechende Zugeständnisse der Gegenseite erreicht werden sollen

Sa|lan|ga|ne, die; -, -n ⟨*malai.-frz.*⟩: südostasiatischer schwalbenähnlicher Vogel, dessen Nester als Delikatesse gelten

Sa|lar, der; -s, -e[s] ⟨*lat.-span.*⟩: Salztonebene mit Salzkrusten in Südamerika

Sa|lär, das; -s, -e ⟨*lat.-frz.*⟩ (bes. schweiz.): Honorar, Gehalt, Lohn

sa|la|rie|ren (schweiz.): besolden, entlohnen

¹Sa|lat, der; -s, -e ⟨*it.*⟩: **1. a)** mit verschiedenen süßen od. sauren Marinaden od. Dressings zubereitete kalte Speise aus zerkleinerten Salatpflanzen, Obst, frischem od. gekochtem Gemüse, Fleisch, Wurst, Fisch o. Ä.; **b)** Blattsalat, Kopfsalat. **2.** (ugs.) Wirrwarr, Durcheinander, Unordnung

²Sa|lat, die; - ⟨*arab.*⟩: das täglich fünfmal zu verrichtende Gebet der Muslime

Sa|la|ti|e|re, die; -, -n ⟨*lat.-vulgärlat.-it.-frz.*⟩ (veraltet): Salatschüssel

Sal|ba|der, der; -s, - ⟨Herkunft unsicher⟩ (abwertend): langweiliger, frömmelnder Schwätzer. **Sal|ba|de|rin,** die; -, -nen: weibliche Form zu ↑ Salbader

Sal|chow [...ço], der; -[s], -s ⟨nach dem schwed. Eiskunstlaufweltmeister U. Salchow, 1877 bis 1949⟩ (Eiskunstlauf, Rollkunstlauf): mit einem Bogen rückwärts eingeleiteter Sprung, bei dem die Läuferin/der Läufer mit einem Fuß abspringt, in der Luft eine Drehung ausführt u. mit dem anderen Fuß wieder aufkommt

Sal|den|punkt, der; -[e]s, -e (meist Plural) ⟨*it.; dt.*⟩ (Wirtsch.): Einheit eines ↑ Index (3)

sal|die|ren ⟨*lat.-vulgärlat.-it.*⟩: **1.** den Saldo ermitteln. **2.** (österr.) die Bezahlung einer Rechnung bestätigen. **3.** (eine Rechnung o. Ä.) begleichen, bezahlen; eine Schuld tilgen

Sal|do, der; -s, Salden u. -s u. Saldi ⟨*it.*⟩: **1.** Differenzbetrag, der sich nach Aufrechnung der Soll- u. Habenseite des Kontos ergibt. **2.** Betrag, der nach Abschluss einer Rechnung zu deren völliger Begleichung fällig bleibt

Sale [seɪ̯l], der; -s, -s ⟨*engl.;* »Verkauf«⟩ (Jargon): Schlussverkauf zu ermäßigten Preisen

Sa|lem vgl. Salam

Sa|lep, der; -s, -s ⟨*arab.-span.*⟩: getrocknete u. zu Pulver verarbeitete Knolle verschiedener Orchideen, die für Heilzwecke verwendet wird

Sales|fol|der [ˈseɪ̯lsfɔʊ̯ldɐ], der; -s, - ⟨*engl.*⟩ (Werbespr.): Verkaufs- bzw. Werbemappe mit Informationen u. Produkterklärungen

Sa|le|si|a|ner, der; -s, - (meist Plural) ⟨nach dem hl. Franz v. Sales, 1567–1622⟩: **1.** Mitglied der Gesellschaft des heiligen Franz von Sales. **2.** Angehöriger eines katholischen Priesterordens, der bes. in der [Jugend]seelsorge tätig ist. **Sa|le|si|a|ne|rin,** die; -, -nen: Angehörige eines katholischen Ordens, der bes. in der Seelsorge tätig ist

Sales|ma|na|ger [ˈseɪ̯ls...], der; -s, - ⟨*engl.-amerik.*⟩ (Wirtsch.): Verkaufsleiter in einem Unternehmen. **Sales|ma|na|ge|rin,** die; -, -nen: weibliche Form zu ↑ Salesmanager

Sales|man|ship [ˈseɪ̯lzmənʃɪp], das; -s: eine in den USA wissenschaftlich u. empirisch entwickelte Methode erfolgreichen Verkaufens

Sales|pro|mo|ter, der; -s, -: Vertriebskaufmann mit besonderen Kenntnissen auf dem Gebiet der Marktbeeinflussung. **Sales|pro|mo|te|rin,** die; -, -nen: weibliche Form zu ↑ Salespromoter

Sales|pro|mo|tion [...mɔʊ̯ʃn̩], die; -, -s (Wirtsch.): Verkaufswerbung, Verkaufsförderung

Sales|trai|ning, das; -s, -s: Übung im erfolgreichen Verkaufen

Sa|lettl, Sa|let|tel, das; -s, - u. -n ⟨*it.*⟩ (österr., auch bayr.): Pavillon, Laube, Gartenhäuschen

Sa|li|cin vgl. Salizin

Sa|li|cy|lat usw. vgl. Salizylat usw.

Sa|li|cyl|säu|re vgl. Salizylsäure
sa|li|ent ⟨*lat.-engl.*⟩: ins Auge springend, auffallend
Sa|li|enz, die; - ⟨*lat.-engl.*⟩
Sa|li|er, die (Plural) ⟨*lat.*⟩: in einer Vereinigung zusammengeschlossene altrömische Priester
Sa|li|ne, die; -, -n ⟨*lat.;* »Salzwerk, Salzgrube«⟩: **1.** Anlage zur Gewinnung von Kochsalz durch Verdunstung von Wasser, in dem Kochsalz enthalten ist. **2.** Gradierwerk. **sa|li|nisch** (selten): **1.** salzartig. **2.** salzhaltig
sa|lisch ⟨Kunstw. zu *lat.* silex u. *Al*uminium⟩: (von Mineralien) reich an Kieselsäure u. Tonerde (Ggs.: femisch)
Sa|li|va|ti|on, die; -, -en ⟨*lat.*⟩ (Med.): ↑Ptyalismus
Sa|li|zin, das; -s ⟨*lat.-nlat.*⟩ (Med.): (früher als fiebersenkendes Mittel verwendeter) Bitterstoff
Sa|li|zy|lat, chem. fachspr.: Salicylat, das; -[e]s, -e ⟨*(lat.; gr.) nlat.*⟩: Salz der Salizylsäure
Sa|li|zyl|säu|re, chem. fachspr.: Salicylsäure ⟨*lat.; gr.; dt.*⟩ die; -: farblose, süß schmeckende kristalline Substanz, die früher wegen ihrer antibakteriellen u. fäulnishemmenden Wirkung als Konservierungsmittel verwendet wurde, heute vor allem als Ausgangsstoff für die Herstellung von schmerzstillenden, fiebersenkenden usw. Medikamenten dient
Salk|vak|zi|ne, Salk-Vak|zi|ne ['zalk..., auch: 'sɔ:(l)k...], die; - ⟨nach dem amerik. Bakteriologen J. E. Salk (1914–1995)⟩ (Med.): Impfstoff gegen Kinderlähmung
¹Salm, der; -[e]s, -e ⟨*gall.-lat.*⟩: Lachs
²Salm, der; -s ⟨*gr.-lat.*⟩ (ugs.): umständlich-breites Gerede, Geschwätz
Sal|mi, das; -[s], -s ⟨*frz.*⟩: ein Ragout aus Wildgeflügel
Sal|mi|ak [auch, österr. nur: 'zal...], der (auch: das); -s ⟨*lat.-mlat.*⟩: Verbindung von Ammoniak u. Salzsäure mit einem durchdringend-beizenden Geruch
Sal|mo|nel|le, die; -, -n (meist Plural) ⟨*nlat.;* nach dem amerik. Pathologen u. Bakteriologen D. E. Salmon, 1850–1914⟩: Bakterie, die beim Menschen Darminfektionen hervorruft
Sal|mo|nel|lo|se, die; -, -n (Med.): durch Salmonellen verursachte Darmerkrankung
Sal|mo|ni|den, die (Plural) ⟨*lat.; gr.*⟩: Lachse u. lachsartige Fische
sa|lo|mo|nisch ⟨nach dem biblischen König Salomo⟩: einem Weisen entsprechend ausgewogen, Einsicht zeigend; klug, weise
Sa|lon [za'lõ:, auch: za'lɔŋ, za'lo:n], der; -s, -s ⟨*germ.-it.-frz.*⟩: **1.** größerer, repräsentativer Raum als Gesellschafts- od. Empfangszimmer. **2. a)** [regelmäßig stattfindendes] Zusammentreffen eines literarisch od. künstlerisch interessierten Kreises; **b)** Kreis von Personen, der sich regelmäßig trifft u. die Meinungen über Kunst, Literatur, Wissenschaft u. Politik austauscht. **3.** [modern eingerichtetes, elegantes u. großzügig mit Luxus ausgestattetes] Geschäft (z. B. eines Friseurs). **4. a)** Ausstellungsraum, -saal; **b)** Ausstellung (bes. Kunst- u. Gemäldeausstellung)
Sa|lon|kom|mu|nist, der; -en, -en (iron.): jmd., der sich für die Theorien des Kommunismus begeistert, sie aber in der Praxis nur dann vertritt, wenn er dadurch nicht auf persönliche Vorteile verzichten muss. **Sa|lon|kom|mu|nis|tin,** die; -, -nen: weibliche Form zu ↑Salonkommunist
Sa|lon|mu|sik, die; -: virtuos-elegant dargebrachte, gefällige Musik
Sa|lon|or|ches|ter, das; -s, -: kleines Streichensemble mit Klavier für Unterhaltungsmusik
Sa|lon|re|mis, das; -, - u. -en (Jargon): Remis, auf das sich zwei Gegner einigen, obwohl eine Beendigung der Partie durch ein Matt durchaus noch möglich erscheint (im Schach)
Sa|loon [sə'lu:n], der; -s, -s ⟨*amerik.*⟩: Lokal, dessen Einrichtung dem Stil der Wildwestfilme nachempfunden ist
sa|lopp ⟨*frz.*⟩: **1.** (von Kleidung) betont bequem u. etwaige bestehende Formen od. Vorschriften nicht berücksichtigend. **2.** (von Benehmen u. Haltung) unbekümmert zwanglos, die Nichtachtung gesellschaftlicher Normen ausdrückend
Sa|lop|pe|rie, die; -, ...ien (veraltet): Nachlässigkeit; Unsauberkeit
Sal|pe, die; -, -n ⟨*gr.-lat.*⟩: (im Meer lebendes) glasartig durchsichtiges Manteltier
Sal|pe|ter, der; -s ⟨*lat.*⟩: weißes od. hellgraues Salz der Salpetersäure, das früher vor allem zur Herstellung von Düngemitteln u. Schießpulver verwendet wurde
Sal|pe|ter|säu|re, die; -: stark oxidierende, farblose Säure, die Silber u. die meisten unedlen Metalle löst
sal|pet|rig: (von bestimmten Säuren) nur in verdünnten wässrigen Lösungen u. ihren Salzen beständig
Sal|pi|kon, der; -[s], -s ⟨*span.(-frz.)*⟩: sehr feines Ragout [in Muscheln od. Pasteten]
Sal|pin|gen: *Plural* von ↑Salpinx
Sal|pin|gi|tis, die; -, ...itiden ⟨*gr.-nlat.*⟩ (Med.): entzündliche Erkrankung eines od. beider Eileiter
Sal|pin|go|gra|fie, Salpingographie, die; -, ...ien (Med.): röntgenologische Untersuchung u. Darstellung des Eileiters mit Kontrastmitteln
Sal|pin|go|gramm, das; -s, -e (Med.): Röntgenkontrastbild des Eileiters
Sal|pin|go|gra|phie vgl. Salpingografie
Sal|pinx, die; -, ...ingen ⟨*gr.-lat.*⟩: **1.** trompetenähnliches Instrument der griechischen Antike. **2.** (Anat. selten) **a)** Eileiter; **b)** ↑eustachische Röhre
¹Sal|sa, die; -, -s ⟨Kurzbez. für span. salsa picante »scharfe Soße«⟩: (wie Ketchup verwendete) kalte, scharfe, dickflüssige Tomatensoße
²Sal|sa, die; -, -s, ugs. auch: der; -[s], -s (Musik): **1.** lateinamerikanische populäre Musik, mit Elementen aus Rumba, afrokubanischem Jazz u. Bossa nova. **2.** Tanz, der zu ↑²Salsa (1) getanzt wird
Sal|se, die; -, -n ⟨*lat.-it.*⟩: **1.** (Geol.) kegelförmige Anhäufung von Schlamm u. Steinen, die von Gasquellen an die Oberfläche befördert wurden. **2.** (veraltet) [salzige] Tunke
Sal|ta, das; -s ⟨*lat.*⟩: auf einem Damebrett zu spielendes Brett-

spiel für zwei Personen mit je 15 Steinen

Sal|ta|rel|lo, der; -s, ...lli ⟨*lat.-it.*⟩: lebhafter, der Tarantella ähnlicher süditalienischer u. spanischer Tanz in schnellem Dreiertakt

sal|ta|to (Musik): mit springendem Bogen [zu spielen]. **Sal|ta|to,** das; -s, -s u. ...ti (Musik): Spiel mit springendem Bogen

sal|ta|to|risch ⟨*lat.*⟩ (Med.): sprunghaft, mit tänzerischen Bewegungen verbunden (z. B. bei krankhaften Bewegungsstörungen)

Sal|tim|boc|ca, die; -, -s ⟨*it.*⟩: mit Schinken u. Salbei gefülltes Kalbsschnitzel

Sal|to, der; -s, -s u. ...ti ⟨*lat.-it.;* »Sprung, Kopfsprung«⟩: 1. (Sport) frei in der Luft ausgeführte Rolle, schnelle Drehung des Körpers um seine Querachse (als Teil einer sportlichen Übung). 2. (Fliegersprache) Looping

Sal|to mor|ta|le, der; - -, - - u. ...ti ...li ⟨»Todessprung«⟩: [meist dreifacher] Salto, der in großer Höhe ausgeführt wird

sa|lü ['saly, sa'ly] ⟨*lat.-frz.*⟩ (bes. schweiz. ugs.): Grußformel (zur Begrüßung u. zum Abschied)

Sa|lu|b|ri|tät, die; - ⟨*lat.*⟩ (Med.): gesunder körperlicher Zustand

Sa|lu|re|ti|kum, das; -s, ...ka ⟨*lat.*⟩ (Med.): ↑Diuretikum

Sa|lus, die; - (veraltet): Gedeihen, Wohlsein, Heil

Sa|lut, der; -[e]s, -e ⟨*lat.-frz.*⟩: Ehrung, z. B. anlässlich von Staatsbesuchen, durch Abfeuern einer Salve aus Geschützen; Ehrengruß

Sa|lu|ta|ti|on, die; -, -en ⟨*lat.*⟩ (veraltet): das Salutieren

sa|lu|tie|ren: 1. a) bei militärischem Zeremoniell vor einem Vorgesetzten od. Ehrengast Haltung annehmen u. ihn grüßen, indem man die Hand an die Kopfbedeckung legt; **b)** [durch Anlegen der Hand an die Kopfbedeckung, an die Schläfe] grüßen. **2.** (veraltend) Salut schießen

Sa|lu|tis|mus, der; - ⟨*lat.-nlat.*⟩: Lehre u. Wirken der Heilsarmee; vgl. Salvation Army. **Sa|lu|tist,** der; -en, -en: Angehöriger der Heilsarmee. **Sa|lu|tis|tin,** die; -, -nen: weibliche Form zu ↑Salutist

sa|lu|to|gen ⟨*lat.; gr.*⟩ (Med.): gesundheitsfördernd, gesundheitserhaltend

Sa|lu|to|ge|ne|se, die; - ⟨*lat.-frz.; gr.-lat.*⟩ (Med.): Modell (nach A. Antonovsky), das im Gegensatz zum in der Medizin vorherrschenden Modell der ↑Pathogenese die Entstehung von Gesundheit erklärt

Sal|var|san®, das; -s ⟨Kunstw. aus *lat. salv*are u. *Ars*enik⟩: (heute nicht mehr verwendetes) Medikament gegen Syphilis

Sal|va|ti|on, die; -, -en ⟨*lat.*⟩ (veraltet): Rettung, Verteidigung

Sal|va|tion Ar|my [sæl'veɪʃən 'ɑːmɪ], die; - - ⟨*engl.*⟩: engl. Bez. für: Heilsarmee

¹Sal|va|tor, der; -s, -oren ⟨*lat.*⟩: 1. (ohne Plural) Christus als Retter u. Erlöser der Menschheit; Heiland. 2. Erlöser, Retter

²Sal|va|tor®, der od. das; -s: dunkles Münchner Starkbier

Sal|va|to|ri|a|ner, der; -s, - ⟨*lat.-nlat.*⟩: Angehöriger einer katholischen Ordensgemeinschaft für Priester u. Laien mit der Aufgabe der Seelsorge u. der Mission (Abk.: SDS). **Sal|va|to|ri|a|ne|rin,** die; -, -nen: Angehörige eines Frauenordens, der bes. in der Seelsorge tätig ist

sal|va|to|risch: nur aushilfsweise, ergänzend geltend; **salvatorische Klausel** (Rechtswiss.): Rechtssatz, der nur gilt, wenn andere Normen keinen Vorrang haben

Sal|va|to|ri|um, das; -s, ...ien ⟨*lat.-mlat.*⟩: Schutzbrief, Geleitbrief (im Mittelalter)

sal|va ve|nia ⟨*lat.*⟩ (veraltet): mit Erlaubnis, mit Verlaub [zu sagen] (Abk.: s. v.)

sal|ve [...ve]: sei gegrüßt! (lateinischer Gruß)

Sal|ve, die; -, -n ⟨*lat.-frz.*⟩: [auf ein Kommando] gleichzeitig abgefeuerte Anzahl von Schüssen aus mehreren Gewehren od. Geschützen

Sal|via, die; - ⟨*lat.*⟩: zu den Lippenblütlern gehörende Gewürz- u. Heilpflanze; Salbei

sal|vie|ren (veraltet): 1. retten, in Sicherheit bringen. 2. sich salvieren: sich von einem Verdacht reinigen

sal|vis omis|sis (Wirtsch.): unter Vorbehalt von Auslassungen (Abk.: s. o.)

sal|vo er|ro|re: Irrtum vorbehalten (Abk.: s. e.)

sal|vo er|ro|re cal|cu|li (Wirtsch.): unter Vorbehalt eines Rechenfehlers (Abk.: s. e. c.)

sal|vo er|ro|re et omis|si|o|ne: unter Vorbehalt von Irrtum u. Auslassung (Abk.: s. e. e. o., s. e. et o.)

sal|vo ju|re (Rechtsspr. veraltet): mit Vorbehalt, unbeschadet des Rechts [eines anderen]

sal|vo ti|tu|lo (veraltet): mit Vorbehalt des richtigen Titels (Abk.: S. T.)

Sa|ma|ri|ter, der; -s, - ⟨nach dem barmherzigen Mann aus Samaria in Lukas 10, 30 ff.⟩: 1. selbstlos helfender Mensch. 2. (schweiz.) Sanitäter. **Sa|ma|ri|te|rin,** die; -, -nen: weibliche Form zu ↑Samariter

Sa|ma|ri|um, das; -s ⟨*nlat.;* nach dem russ. Mineralogen Samarski, 1803–1870⟩: chem. Element; hellgraues, in der Natur nur in Verbindungen vorkommendes Metall der seltenen Erden (Zeichen: Sm)

Sa|mar|kand, der; -[s], -s ⟨nach der Stadt Samarkand in Usbekistan⟩: in leuchtenden Farben geknüpfter Teppich mit Medaillons (2) auf meist gelbem Grund

Sam|ba, der; -s, -s ⟨*afrik.-port.*⟩: aus Brasilien stammender beschwingter Gesellschaftstanz im $^{2}/_{4}$-Takt

Sam|bal, das; -s, -s ⟨*malai.*⟩: sehr scharfe indonesische Würzsoße

Sam|bar, der; -s, -s ⟨*sanskr.-Hindi*⟩: (in Süd- u. Südostasien lebender) langer, hochbeiniger, meist schwärzlicher Hirsch

Sam|bu|ca, der; -s, -s ⟨*it.*⟩: italienischer Anislikör

Sa|me, der; -n, -n: Angehöriger eines Volksstammes in Nordeuropa

Sam|hi|tas, die (Plural) ⟨*sanskr.*⟩: älteste Bestandteile der Veden mit religiösen Sprüchen u. Hymnen

Sa|mi|el [...mi̯eːl, auch: ...mi̯ɛl], der; -[s] ⟨*hebr.-gr.*⟩: Satan in der jüdischen Legende u. der deutschen Sage. **Sa|min,** die; -, -nen: weibliche Form zu ↑Same

sä|misch ⟨Herkunft unsicher⟩: fettgegerbt (von Leder)

Sa|mis|dat, der; -, -s ⟨*russ.;* Kurzform von *samoisdat*elstwo = Selbstverlag⟩: **1.** Selbstverlag von Büchern, die nicht erscheinen dürfen. **2.** im Selbstverlag erschienene [verbotene] Literatur in der UdSSR

Sa|mi|sen, Schamisen, die; -, - ⟨*jap.*⟩: dreisaitige, mit einem Kiel gezupfte japanische Gitarre

Sam|kh|ja, Sankhja, das; -[s] ⟨*sanskr.*⟩: dualistisches religionsphilosophisches System im alten Indien

Sam|norsk, das; - ⟨*norw.;* »Gemeinnorwegisch«⟩: gemeinsame norwegische Landessprache, die Bokmål u. Nynorsk vereinigt

Sa|mo|je|de, der; -n, -n ⟨*russ.*⟩: (aus der Tundra stammender) Hund mit einem breiten, flachen Kopf, kurzen, an der Spitze abgerundeten Ohren, einem langhaarigen, weichen, meist weißen Fell u. einem buschigen, über den Rücken gerollten Schwanz

Sa|mos, der; -, - ⟨nach der gr. Insel⟩: griechischer Dessertwein [von der Insel Samos]

Sa|mo|war [auch: 'za...], der; -s, -e ⟨*russ.*⟩: [kupferner] Kessel, in dem Wasser zur Zubereitung von Tee erhitzt u. gespeichert wird u. aus einem kleinen Hahn entnommen werden kann; russische Teemaschine

Sam|pan, der; -s, -s ⟨*chin.*⟩: flaches, breites Ruder- od. Segelboot, das in Ostasien auch als Hausboot verwendet wird

sam|peln, samplen ['sɛmpl̩n, 'zampl̩n, 'sa:mpl̩n]: **1.** einen Sampler (1) zusammenstellen. **2.** beim ↑Sampling als Material verwenden

Sam|pi, das; -[s], -s ⟨*gr.*⟩: Buchstabe im ältesten griechischen Alphabet, der als Zahlzeichen für 900 fortlebte (Zeichen: ϡ)

Sam|ple ['sɛmpl̩, engl.: 'sɑ:mp(ə)l], das; -[s], -s ⟨*lat.-frz.-engl.;* »Muster, Probe«⟩: **1.** (Statistik) **a)** repräsentative Stichprobe, Auswahl; **b)** aus einer größeren Menge ausgewählte Gruppe von Personen, die repräsentativ für die Gesamtheit ist. **2.** Warenprobe, Muster

sam|plen ['sɛmpl̩n, 'zampl̩n, 'sa:mpl̩n] vgl. sampeln

Sam|p|ler ['sɛmplɐ, 'zamplɐ, engl.: 'sɑ:mplə], der; -s, -: **1.** Langspielplatte od. CD, auf der [erfolgreiche] Titel von verschiedenen bekannten Musikern, Sängern, Gruppen zusammengestellt sind. **2.** geologischer Assistent bei Erdölbohrungen

Sam|p|ling ['sɛmplɪŋ, 'zamplɪŋ, 'sɑm...], das; -s, -s: Zusammenstellung, Mischung verschiedener Musikstücke am Mischpult zu einer neuen Version

Sam|sa|ra, Sansara, das; - ⟨*sanskr.*⟩: endloser Kreislauf von Tod u. Wiedergeburt, aus dem die Heilslehren indischer Religionen den Menschen zu befreien suchen

Sa|mum [auch: za'mu:m], der; -s, -s u. -e ⟨*arab.*⟩: Staub od. Sand mitführender Wüstenwind in Nordafrika u. auf der Arabischen Halbinsel

Sa|mu|rai, der; -[s], -[s] ⟨*jap.*⟩: Angehöriger der japanischen Adelsklasse, der obersten Klasse der japanischen Feudalzeit

sa|na|bel ⟨*lat.*⟩ (Med.): heilbar (von Krankheiten)

Sa|na|to|ri|um, das; -s, ...ien ⟨*lat.-nlat.*⟩: unter ärztlicher Leitung stehende stationäre Einrichtung [in klimatisch günstiger, landschaftlich schöner Lage] zur Behandlung und Pflege chronisch Kranker od. Genesender

San|cho Pan|sa ['zantʃo -], der; - -, - -s ⟨nach dem Namen des Begleiters von ↑Don Quichotte⟩: mit Mutterwitz ausgestatteter, realistisch denkender Mensch

Sanc|ta ...tae [...tɛ], ...tae [...tɛ] ⟨*lat.*⟩: weibliche Form zu ↑¹Sanctus

Sanc|ta Se|des [- ...dɛs], die; - -: lat. Bez. für: Heiliger (Apostolischer) Stuhl

sanc|ta sim|p|li|ci|tas: heilige Einfalt! (Ausruf des Erstaunens über jemandes Begriffsstutzigkeit)

Sanc|tis|si|mum vgl. Sanktissimum

Sanc|ti|tas, die; -: Heiligkeit (Titel des Papstes)

Sanc|tum Of|fi|ci|um, das; - -: Kardinalskongregation für die Reinhaltung der katholischen Glaubens- u. Sittenlehre (Heiliges Offizium)

¹Sanc|tus, Sanktus ...ti, ...ti: lat. Bez. für: Sankt

²Sanc|tus, das; -, -: Lobgesang vor der Eucharistie

San|dal, das; -s, -s ⟨*pers.-arab.-türk.*⟩: schmales, langes, spitz zulaufendes türkisches Boot

San|da|le, die; -, -n ⟨*gr.-lat.*⟩: leichter, meist flacher Schuh, dessen Oberteil aus Riemen od. durchbrochenem Leder besteht

San|da|let|te, die; -, -n ⟨französierende Bildung⟩: der Sandale ähnlicher, leichter, oft eleganter Damenschuh

San|da|rak, der; -s ⟨*gr.-lat.*⟩: gelbliches Harz einer Zypressenart, das bes. zur Herstellung von Lacken u. Pflastern sowie als Räuchermittel verwendet wird

San|dhi, das od. der; - ⟨*sanskr.;* »Verbindung«⟩: (meist der Vereinfachung der Aussprache dienende) lautliche Veränderung, die der An- od. Auslaut eines Wortes durch den Aus- od. Anlaut eines benachbarten Wortes erleidet

San|di|nis|mus, der; - ⟨nach dem nicaraguanischen Guerillaführer A. C. Sandino (1895–1934)⟩: (in den 1970er- u. 1980er-Jahren entstandene) am ↑Marxismus-Leninismus orientierte (Befreiungs)bewegung, Ideologie in Nicaragua. **San|di|nist,** der; -en, -en: Anhänger des Sandinismus, Mitglied der sandinistischen Befreiungsbewegung. **San|di|nis|tin,** die; -, -nen: weibliche Form zu ↑Sandinist. **san|di|nis|tisch:** den Sandinismus, die Sandinisten betreffend, dazu gehörend

San|d|schak, der; -s, -s ⟨*türk.*⟩ (veraltet): **1.** türkische Standarte (Hoheitszeichen). **2.** türkischer Regierungsbezirk

Sand|wich ['sɛntvɪtʃ], das, auch: der; -s od. -[es], -s od. -es [...is], auch: -e ⟨*engl.;* nach dem 4. Earl of Sandwich, 1718–1792⟩: **1.** zwei zusammengelegte, innen mit Butter bestrichene u. mit Fleisch, Fisch, Käse, Salat o. Ä. belegte Brotscheiben od. Hälften von Brötchen. **2.** (Fotogr.) Kurzform von ↑Sandwichmontage. **3.** Belag des Tischtennisschlägers aus einer Schicht Schaumgummi o. Ä. u. einer Schicht Gummi mit Noppen. **4.** auf Brust u. Rücken zu tragendes doppeltes Plakat, das

für politische Ziele, für Produkte o. Ä. wirbt
Sand|wich|board [...bɔ:d], das; -s, -s: geschichtete Holzplatte, die außen meist aus Sperrholz u. in der Mitte aus einer Faser- od. Spanplatte besteht od. einen Hohlraum aufweist
Sand|wich|man [...mɛn], der; -, ...men [...mɛn], **Sand|wich|mann,** der; -[e]s, ...männer: jmd., der mit zwei Plakaten, von denen er eins auf der Brust u. eines auf dem Rücken trägt, eine belebte Straße auf u. ab geht, um gegen Entgelt für etwas zu werben
Sand|wich|mon|ta|ge, die; -, -n: Fotomontage, die dadurch entsteht, dass zwei Negative Schicht an Schicht aufeinandergelegt u. vergrößert od. kopiert werden
Sand|wich|tech|nik, die; -: Herstellungsverfahren (bes. im Flugzeugbau u. bei der Skifabrikation), bei dem das Material aus Platten verschiedener Stärke u. aus verschiedenartigen Substanzen zusammengefügt wird
Sand|wich|toas|ter, der; -s, -: Gerät zum Toasten von Sandwichs
san|fo|ri|sie|ren ⟨*engl.;* nach dem amerik. Erfinder Sanford L. Cluett, 1874–1968⟩: (Gewebe, bes. aus Baumwolle) durch ein bestimmtes Verfahren mit trockener Hitze so behandeln, dass es später beim Waschen nicht mehr od. nur noch wenig einläuft
San|ga|ree [sæŋgəˈri:], der; -, -s ⟨*span.-engl.*⟩: stark gewürztes westindisches alkoholisches Mixgetränk aus Spirituosen u. Zucker
San|g|ria, die; -, -s ⟨*span.*⟩: einer Bowle ähnliches spanisches Getränk aus Rotwein mit [Zucker u.] klein geschnittenen Früchten
San|g|ri|ta®, die; -, -s ⟨*(mex.-)span.*⟩: mexikanisches Mischgetränk aus Tomaten-, Orangen- u. wenig Zwiebelsaft sowie Gewürzen
San|gu|i|ni|ker, der; -s, - ⟨*lat.*⟩: (nach dem von Hippokrates aufgestellten Temperamentstyp) lebhafter, temperamentvoller, meist heiterer, lebensbejahender Mensch. **San|gu|i|ni|ke|rin,** die; -, -nen: weibliche Form zu ↑Sanguiniker
san|gu|i|nisch ⟨»aus Blut bestehend; blutvoll«⟩: das Temperament eines Sanguinikers habend, seinen Typ verkörpernd; vgl. cholerisch, melancholisch, phlegmatisch
san|gu|i|no|lent (Med.): blutig, mit Blut vermischt (z. B. von Urin)
San|he|d|rin, der; -s ⟨*gr.-hebr.*⟩: hebr. Form von Synedrion
Sa|ni|din, der; -s, -e ⟨*gr.-nlat.*⟩: Feldspat
sa|nie|ren ⟨*lat.;* »gesund machen, heilen«⟩: **1. a)** (Med.) [eine bestimmte Stelle des Körpers] so behandeln, dass ein Krankheitsherd beseitigt wird; **b)** (Militär früher) [einem Soldaten] nach dem Geschlechtsverkehr die Harnröhre mit einer desinfizierenden Lösung spülen, um eventuell vorhandene Erreger von Geschlechtskrankheiten abzutöten. **2. a)** durch Renovierung, Modernisierung od. Abriss alter Gebäude u. den Bau neuer Gebäude o. Ä. umgestalten; **b)** modernisierend umgestalten, reformieren; **c)** wieder in einen intakten Zustand versetzen. **3. a)** (Wirtsch.) aus finanziellen Schwierigkeiten herausbringen, wieder rentabel machen; **b)** sich sanieren: seine finanziellen, wirtschaftlichen Schwierigkeiten überwinden, wieder rentabel werden
Sa|nie|rung, die; -, -en: **1.** Behandlung [bestimmter Körperstellen], durch die ein Krankheitsherd beseitigt od. ein Krankheitserreger abgetötet wird. **2.** Instandsetzung; modernisierende Umgestaltung durch Renovierung od. Abriss alter Gebäude sowie durch Neubau. **3.** erfolgreiche Bewältigung finanzieller Schwierigkeiten
sa|ni|tär ⟨*lat.-frz.*⟩: **1.** mit der Körperpflege, der Hygiene in Zusammenhang stehend, sie betreffend, ihr dienend. **2.** (veraltend) gesundheitlich. **Sa|ni|tär:** (Jargon) Sanitärbereich
sa|ni|ta|risch ⟨*lat.-nlat.*⟩ (schweiz.): **1.** sanitär (1). **2.** das Gesundheitswesen betreffend, zu ihm gehörend, von den Gesundheitsbehörden ausgehend
Sa|ni|tät, die; - ⟨*lat.*⟩ (schweiz. u. österr.): **1. a)** (ohne Plural) militärisches Gesundheitswesen, Sanitätswesen; **b)** Sanitätstruppe. **2.** (ugs.) Unfallwagen, Sanitätswagen
Sa|ni|tä|ter, der; -s, -: **1.** jmd., der in Erster Hilfe, Krankenpflege ausgebildet ist [u. in diesem Bereich tätig ist]. **2.** als Sanitäter (1) dienender Soldat. **Sa|ni|tä|te|rin,** die; -, -nen: weibliche Form zu ↑Sanitäter
sa|ni|tized [ˈsænɪtaɪzd] ⟨*engl.*⟩: engl. Bez. für: hygienisch einwandfrei, desinfiziert
San|ka (Soldatenspr.), Sankra, der; -[s], -[s] (Soldatenspr. veraltet): [militärischer] Sanitätswagen
San|kh|ja vgl. Samkhja
San|k|ra vgl. Sanka
Sankt ⟨*lat.*⟩: heilig (in Heiligennamen u. auf solche zurückgehenden geografischen Namen, z. B. Sankt Peter, Sankt Anna, Sankt Gallen) (Abk.: St.)
Sank|ti|on, die; -, -en ⟨*lat.-frz.;* »Heiligung, Billigung; geschärfte Verordnung, Strafgesetz«⟩: **1.** Bestätigung, Anerkennung. **2.** (Rechtswiss.) **a)** Anweisung, die einen Gesetzesinhalt zum verbindlichen Rechtssatz erhebt; **b)** (meist Plural) Maßnahme, die gegen einen Staat eingeleitet wird, der das Völkerrecht verletzt hat. **3.** (meist Plural) Zwangsmaßnahme, Sicherung[sbestimmung]. **4.** (Soziol.) gesellschaftliche Reaktion sowohl auf normgemäßes als auch auf von der Norm abweichendes Verhalten; **negative Sanktion:** Reaktion auf von der Norm abweichendes Verhalten in Form einer Zurechtweisung o. Ä.; **positive Sanktion:** Reaktion auf normgerechtes Verhalten in Form von Belohnung o. Ä.
sank|ti|o|nie|ren: 1. Gesetzeskraft erteilen. **2.** bestätigen, gutheißen. **3.** mit bestimmten Maßnahmen, z. B. Tadel, auf eine Normabweichung reagieren; Sanktionen verhängen
Sank|ti|ons|po|ten|zi|al, Sanktionspotential, das; -s (Soziol.): Gesamtheit von Mitteln u. Möglichkeiten, die zur Durchsetzung von Anordnungen od. Normen zur Verfügung stehen
Sank|tis|si|mum, das; -s ⟨*lat.;* »Al-

lerheiligstes«› (kath. Kirche): die geweihte Hostie

Sank|tu|a|ri|um, das; -s, ...ien ‹»Heiligtum«›: **a)** Altarraum einer katholischen Kirche; **b)** [Aufbewahrungsort für einen] Reliquienschrein

Sank|tus vgl. ^{1}Sanctus

Sann|ya|si vgl. Sanyasi

San|sa|ra vgl. Samsara

sans cé|ré|mo|nie [sɑ̃seremɔ'ni:] ‹*frz.*› (veraltet): ohne Umstände

Sans|cu|lot|te [sɑ̃sky'lɔt(ə)], der; -n, -n [...tn̩] ‹»ohne Kniehose«›: proletarischer Revolutionär der Französischen Revolution

San|se|vi|e|ria, San|se|vi|e|rie [...i̯ə], die; -, ...ien ‹*nlat.;* nach dem it. Gelehrten Raimondo di Sangro, Fürst von San Severo, † 1774›: tropisches Liliengewächs mit wertvoller Blattfaser; Bogenhanf

sans fa|çon [sɑ̃fa'sɔ̃] ‹*frz.*› (veraltet): ohne Umstände

sans gêne [sɑ̃'ʒɛn] (veraltet): ungezwungen; nach Belieben

Sans|k|rit, das; -[s] ‹*sanskr.*›: noch heute in Indien als Literatur- und Gelehrtensprache verwendete altindische Sprache. **sans|k|ri|tisch:** das Sanskrit betreffend; in Sanskrit [abgefasst]

Sans|k|ri|tist, der; -en, -en ‹*sanskr.-nlat.*›: Wissenschaftler auf dem Gebiet der Sanskritistik

Sans|k|ri|tis|tik, die; -: Wissenschaft von der altindischen Literatursprache Sanskrit, der in dieser Sprache geschriebenen Literatur u. der altindischen Kultur

Sans|k|ri|tis|tin, die; -, -nen: weibliche Form zu ↑Sanskritist

Sans-Pa|piers [sɑ̃pa'pi̯e:], der u. die; -, - ‹*frz.*› (schweiz.): Migrant, Migrantin ohne gültige Aufenthaltsgenehmigung

sans phrase [sɑ̃fra:z] ‹*frz.*› (veraltet): ohne Umschweife

San|ta Claus ['sæntə klɔ:z], der; - -, - - ‹*niederl.-engl.-amerik.*›: amerik. Bez. für: Weihnachtsmann

San|ta Con|ver|sa|zi|o|ne vgl. Sacra Conversazione

San|ya|si, Sannyasi, der; -[s], -n ‹(*sanskr.-)Hindi*›: Anhänger des Bhagwans Rajneesh

sa|pe|re au|de ‹*lat.;* »wage es, weise zu sein« (nach Horaz)›: »habe Mut, dich deines eigenen Verstandes zu bedienen!« (Wahlspruch der Aufklärung)

Sa|phir [auch: za'fi:ɐ̯], der; -s, -e ‹*semit.-gr.-lat.-mlat.*›: [durchsichtig blauer] Edelstein. **sa|phi|ren:** aus Saphir gearbeitet, bestehend

sa|pi|en|ti sat ‹*lat.;* »genug für den Verständigen!« (nach Plautus)›: es bedarf keiner weiteren Erklärung für den Eingeweihten

Sa|pin, der; -s, -e, **Sa|pi|ne,** die; -, -n, Sappel, der; -s, - ‹*it.-frz.*› (Forstwirtsch. österr.): Spitzhacke, Pickel zum Heben u. Wegziehen von gefällten Baumstämmen

Sa|po|na|ria, die; - ‹*lat.-mlat.-nlat.*›: eine Zier- u. Heilpflanze; Seifenkraut

Sa|po|ni|fi|ka|ti|on, die; -, -en ‹*lat.-nlat.*› (Chemie): Verseifung des Körperfetts bei Wasserleichen

Sa|po|nin, das; -s, -e: in vielen Pflanzen enthaltener Stoff, der zur Herstellung von Reinigungs- u. Arzneimitteln verwendet wird

Sa|po|till|baum, der; -[e]s, ...bäume ‹*indian.-span.; dt.*›: in Mittelamerika heimischer Laubbaum mit essbaren Früchten

Sa|po|to|xin, das; -s ‹*lat.; gr.*›: stark giftiges Saponin

Sap|pan|holz, das; -es ‹*malai.; dt.*›: ostindisches Rotholz

Sap|pe, die; -, -n ‹*it.-frz.*› (veraltet): [für einen Angriff auf Festungen angelegter] Laufgraben

Sap|pel vgl. Sapin

sap|per|lot vgl. sackerlot

sap|per|ment vgl. sackerment

Sap|peur [za'pø:ɐ̯], der; -s, -e ‹*it.-frz.*›: **1.** (veraltet) Soldat für den Sappenbau. **2.** (schweiz.) Soldat der technischen Truppe; Pionier

sap|phisch ['zapfɪʃ, auch: 'zafɪʃ] ‹nach der altgr. Dichterin Sappho (um 600 v. Chr. auf der Insel Lesbos)›: die Dichterin Sappho u. ihre Werke betreffend, auf sie bezüglich, für sie typisch; **sapphische Strophe** (Verslehre): antike vierzeilige Strophe aus drei gleich gebauten elfsilbigen Versen u. einem abschließenden zweitaktigen Kurzvers; **sapphische Liebe** (selten): ↑lesbische Liebe

Sap|phis|mus, der; - ‹*gr.-nlat.*›: ↑lesbische Liebe

Sap|pie, der; -s, -s ‹*it.*› (Forstwirtsch.): Sapin

sap|pra|di ‹*lat.*› (veraltet): Ausruf des Erstaunens

Sa|p|r|ä|mie, die; -, ...ien ‹*gr.-nlat.*› (Med. veraltet): durch Fäulnisbakterien hervorgerufene schwere Blutvergiftung

sa|p|ris|ti ‹*lat.-frz.*› (veraltet): Ausruf des Erstaunens, Unwillens

Sa|p|ro|bie [...i̯ə], die; -, -n (meist Plural) ‹*gr.-nlat.*› (Biol.): Lebewesen, das in od. auf faulenden Stoffen lebt u. sich von ihnen ernährt (Ggs.: Katharobie)

Sa|p|ro|bi|ont, der; -en, -en (Biol.): ↑Saprobie

sa|p|ro|bisch: a) in faulenden Stoffen lebend (von Organismen); **b)** die Fäulnis betreffend

sa|p|ro|gen: Fäulnis erregend

Sa|p|ro|le|g|nia, die; -, ...ien: Algenpilz, der in Gewässern saprophytisch auf toten Pflanzen, Insekten od. Fischen lebt

Sa|p|ro|pel, das; -s, -e: Faulschlamm, der unter Sauerstoffabschluss in Seen u. Meeren entsteht

Sa|p|ro|pe|lit [auch: ...'lɪt], der; -s, -e: Gestein, das aus verfestigtem Faulschlamm entstanden ist

sa|p|ro|pe|li|tisch: faulschlammartig

Sa|p|ro|pha|ge, der; -n, -n (meist Plural): pflanzlicher od. tierischer Organismus, der sich von faulenden Stoffen ernährt

sa|p|ro|phil: (von Organismen) auf, in od. von faulenden Stoffen lebend

Sa|p|ro|phyt, der; -en, -en: Organismus, bes. Bakterie, Pilz, der von faulenden Stoffen lebt

Sa|p|ro|zo|on, das; -s, ...zoen: Tier, das von faulenden Stoffen lebt

Sa|ra|band, Serabend, der; -[s], -s ‹*pers.*›: handgeknüpfter, vorwiegend rot- od. blaugrundiger Perserteppich mit charakteristischer Palmwedelmusterung

Sa|ra|ban|da, Sa|ra|ban|de, die; -, ...den ‹*pers.-arab.-span.-it.*›: **a)** langsamer Tanz im $^{3}/_{4}$-Takt; **b)** Satz einer Suite (4) od. Sonate

Sa|ra|fan, der; -s, -e ‹*russ.*›: (zur russischen Frauentracht des 18. u. 19. Jh.s gehörendes) ärmelloses Überkleid mit angesetztem Leibchen

Sa|ra|ze|ne, der; -n, -n ‹*arab.-mgr.-mlat.*› (Geschichte): Araber, Muslim. **Sa|ra|ze|nin,** die; -,

-nen: weibliche Form zu ↑Sarazene. **sa|ra|ze|nisch:** zu den Sarazenen gehörend, sie betreffend

Sar|del|le, die; -, -n ⟨*lat.-it.*⟩: **1.** (im Mittelmeer, im Schwarzen Meer u. an den Atlantikküsten Westeuropas u. -afrikas vorkommender) kleiner, dem Hering verwandter Fisch, der als Speisefisch gepökelt od. mariniert gegessen wird. **2.** (meist Plural; ugs. scherzh.) Haarsträhne (von noch verbliebenem Haar), die schräg über eine Glatze gelegt ist

Sar|di|ne, die; -, -n: (an den Küsten West- u. Südwesteuropas vorkommender) kleiner, zu den Heringen gehörender bläulich silbern schillernder Speisefisch

sar|do|nisch ⟨*gr.-lat.*⟩: (vom Lachen, Lächeln o. Ä.) boshaft, hämisch u. fratzenhaft verzerrt; **sardonisches Lachen** (Med.): scheinbares Lachen, das durch Gesichtskrämpfe hervorgerufen wird

Sar|d|o|nyx, der; -[es], -e ⟨*gr.-lat.*⟩: (als Schmuckstein verwendeter) braun u. weiß gestreifter Chalzedon

Sa|ri, der; -[s], -s ⟨*sanskr.-Hindi*⟩: kunstvoll um den Körper gewickeltes Gewand indischer Frauen

Sa|rin, das; -s ⟨Kunstw.⟩: gefährlicher chemischer Kampfstoff mit nervenschädigender Wirkung

Sar|kas|mus, der; -, ...men ⟨*gr.-lat.*⟩: **1.** (ohne Plural) beißender, verletzender Spott. **2.** sarkastische Äußerung, Bemerkung. **sar|kas|tisch:** mit, von beißendem, verletzendem Spott

sar|ko|id ⟨*gr.-nlat.*⟩ (Med.): sarkomähnlich (von Geschwülsten)

Sar|ko|lemm, das; -s, -en (Med.): Hülle der Muskelfasern

Sar|kom, das; -s, -e, **Sar|ko|ma,** das; -s, -ta ⟨*gr.;* »Fleischgewächs«⟩ (Med.): aus dem Bindegewebe hervorgehende bösartige Geschwulst

sar|ko|ma|tös ⟨*gr.-nlat.*⟩ (Med.): **a)** (von Geweben) verändert in der Art eines Sarkoms; **b)** auf Sarkomatose beruhend. **Sar|ko|ma|to|se,** die; -, -n (Med.): ausgebreitete Sarkombildung

Sar|ko|phag, der; -[e]s, -e ⟨*gr.-lat.;* »Fleischverzehrer«⟩: (meist aus Stein od. Metall gefertigter) prunkvoller, großer, in einer Grabkammer od. der Krypta einer Kirche o. Ä. aufgestellter Sarg, in dem hochgestellte Persönlichkeiten beigesetzt werden

Sar|ko|plas|ma, das; -s, ...men (Biol., Med.): Protoplasma der Muskelzellen

Sar|ko|ze|le, die; -, -n ⟨*gr.-nlat.*⟩ (Med.): Geschwulst od. Anschwellung des Hodens

Sar|mat, das; -[e]s ⟨*nlat.;* nach dem Volksstamm der Sarmaten, der im Altertum in Südrussland lebte⟩ (Geol.): jüngste Stufe des Miozäns

Sa|rong, der; -[s], -s ⟨*malai.*⟩: **1.** in Indonesien getragener bunter Rock, der um die Hüfte geschlungen wird. **2.** gebatikter od. bunt gewebter Baumwollstoff für Umschlagtücher

Sa|ros|pe|ri|o|de, die; -, -n ⟨*gr.*⟩ (Astron.): Zeitraum, nach dessen Ablauf sich Sonnen- u. Mondfinsternisse in nahezu gleicher Folge wiederholen (1 Sarosperiode = 18 Jahre u. 11$^1/_3$ Tage bzw. 18 Jahre u. 10$^1/_3$ Tage, je nach den Schaltjahren)

Sa|rrass, der; -es, -e ⟨*poln.*⟩ (veraltet): Säbel mit schwerer Klinge

Sar|ru|so|fon, Sar|ru|so|phon, das; -s, -e ⟨*frz.; gr.;* nach dem frz. Militärkapellmeister Sarrus⟩ (Musik): Blechblasinstrument mit doppeltem Rohrblatt

SARS, Sars ⟨Kurzw. aus engl. *se*vere *a*cute *r*espiratory *s*yndrome = schweres akutes respiratorisches Syndrom⟩ (Med.): (bes. in Teilen Asiens auftretende) durch Viren hervorgerufene Infektionskrankheit, die mit Husten, hohem Fieber u. Halsschmerzen einhergeht

Sar|sa|pa|ril|le, Sassaparille, die; -, -n ⟨*span.*⟩: in mehreren Arten in den Tropen wachsende Stechwinde, die in der Heilkunde verwendete Saponine enthält

Sar|se|nett, der; -[e]s, -e ⟨*gr.-lat.-frz.-engl.*⟩: dichter, baumwollener Futterstoff

Sar|te, der; -n, -n (meist Plural) (Geschichte): Angehöriger der sprachlich türkisierten iranischen Stadtbevölkerung in Mittelasien

Sa|rugh, Sa|ruk [ˈzarʊk], der; -[s], -s ⟨nach dem iran. Ort Sarugh⟩: Teppich in Blau-, Rot- u. Cremetönen mit Blumen-, Palmetten- u. Heratinmuster u. kurzem Flor

Sa|sa|ni|de [...s...] usw. vgl. Sassanide usw.

Sa|schen [auch: zaˈʃeːn], der; -[s], - ⟨*russ.*⟩ (veraltet): russisches Längenmaß (= 2,133 m)

Sa|shi|mi [...ʃ...], das; -[s], -[s] ⟨*jap.*⟩: rohe, in Scheiben od. Stücke geschnittene Fischfilets, die ungewürzt serviert werden

sä|sie|ren ⟨*germ.-frz.*⟩ (veraltet): ergreifen, in Beschlag nehmen

Sas|sa|f|ras, der; -, - ⟨*span.-frz.*⟩: (zu den Lorbeergewächsen gehörender) Baum, dessen Holz u. Rinde durch ein darin enthaltenes ätherisches Öl einen intensiven Duft ausströmen

Sas|sa|ni|de, fachspr. auch: Sasanide [...s...] der; -n, -n ⟨*pers.*⟩ (Geschichte): Angehöriger eines persischen Herrschergeschlechts (224–651). **sas|sa|ni|disch,** fachspr. auch: sasanidisch: die Sassaniden betreffend

Sas|sa|pa|ril|le vgl. Sarsaparille

Sas|so|lin, das; -s, -e ⟨*nlat.;* nach dem Fundort Sasso in Oberitalien⟩: farbloses, weißes, auch gelbliches Mineral

Sa|tan, der; -s, -e ⟨*hebr.-gr.-lat.;* »Widersacher«⟩: **1.** (ohne Plural) der Widersacher Gottes, der Teufel, der Versucher. **2.** (häufig als Schimpfwort) boshafter Mensch

Sa|ta|nas, der; -: ↑Satan

Sa|ta|nie, die; -, ...ien ⟨*hebr.-gr.-nlat.*⟩: teuflische Grausamkeit

sa|ta|nisch: sehr böse, boshaft; teuflisch

Sa|ta|nis|mus, der; -: **1.** Teufelsverehrung. **2.** Darstellung des Bösen, Krankhaften u. Grausamen in der Literatur

Sa|ta|nist, der; -en, -en: Teufelsverehrer, Teufelsanbeter. **Sa|ta|nis|tin,** die; -, -nen: weibliche Form zu ↑Satanist

sa|ta|nis|tisch: **a)** den Satanismus (1) betreffend; **b)** dem ↑Satanismus (1) anhängend

Sa|tans|kult, der; -[e]s: Ausübung kultischer Praktiken u. magischer Riten der Teufelsverehrung, oft verbunden mit Drogenmissbrauch u. Gewaltakten

Sa|tans|mes|se, die; -, -n: der katholischen Messfeier nachgebildete orgiastische Feier zu Ehren des Satans od. einer sog. Hexe; schwarze Messe, Teufelsmesse

Sa|tel|li̱t, der; -en, -en ‹*lat.;* »Leibwächter, Trabant; Gefolge«›: **1.** (Astron.) Himmelskörper, der einen Planeten auf einer unveränderlichen Bahn umkreist. **2.** Flugkörper, der – auf eine Umlaufbahn gebracht – in elliptischer o. kreisförmiger Bahn die Erde (od. den Mond) umkreist u. dabei bestimmte wissenschaftliche od. technische Aufgaben erfüllt. **3.** Kurzform von ↑Satellitenstaat. **4.** Kurzform von ↑Satellitenbox

Sa|tel|li̱|ten|box, die; -, -en (Elektronik): (in Verbindung mit einer großen Box für die tiefen Frequenzen beider Kanäle zur stereofonen Wiedergabe verwendete) kleinere Lautsprecherbox für die hohen u. mittleren Frequenzen eines Kanals

Sa|tel|li̱|ten|fern|se|hen, das; -s: flächendeckende Fernsehversorgung durch Übertragung der Sendungen über spezielle Nachrichtensatelliten auf ↑geostationären Umlaufbahnen

Sa|tel|li̱|ten|fo|to, das; -s, -s: von einem [Wetter]satelliten aufgenommenes Foto von einem bestimmten Bereich der Erdoberfläche

Sa|tel|li̱|ten|me|te|o|ro|lo|gie, die; -: auf der Grundlage von Satellitendaten betriebene Meteorologie

Sa|tel|li̱|ten|na|vi|ga|ti|on, die; - (Seew., Flugw.): Navigation, bei der die Position des Schiffs od. Flugzeugs mithilfe von einem Satelliten (2) ausgesendeter Funksignale bestimmt wird

Sa|tel|li̱|ten|pro|gramm, das; -[e]s, -e: über einen Satelliten (2) ausgestrahltes Fernsehprogramm

Sa|tel|li̱|ten|re|cei|ver [...riˈciːvɐ], der; -s, -: Anlage für den Empfang von Programmen des Satellitenfernsehens

Sa|tel|li̱|ten|staat, der; -[e]s, -en (abwertend): Staat, der (trotz formaler äußerer Unabhängigkeit) von einem anderen Staat (bes. von einer Großmacht) abhängig ist

Sa|tel|li̱|ten|stadt, die; -, ...städte: größere, weitgehend eigenständige Ansiedlung in unmittelbarer Nähe einer Großstadt

Sa̱|tem|spra|che, die; -, -n ‹*altiran.; dt.;* nach der s-Aussprache des Anlauts in dem altiranischen Wort *satem* = »hundert«› (Sprachwiss.): Sprache aus der Gruppe der indogermanischen Sprachen, die die palatalen Verschlusslaute der indogermanischen Grundsprache in Reibelaute od. Zischlaute verwandelt haben (Ggs.: Kentumsprache)

Sa|tin [zaˈtɛ̃ː, auch: zaˈtɛŋ], der; -s, -s ‹*arab.-span.-frz.*›: Gewebe, Stoff in Atlasbindung mit glatter, glänzender Oberfläche

Sa|ti|na|ge [zatiˈnaːʒə], die; -, -n: das Satinieren

Sa|ti|nẹl|la, der; -[s] ‹*arab.-span.-frz.-nlat.*›: glänzender Futterstoff [aus Baumwolle] in Atlasbindung

sa|ti|nie̱|ren ‹*arab.-span.-frz.*›: mit einer Satiniermaschine (unter starkem Druck) glätten u. mit Hochglanz versehen

Sa|ti|nie̱r|ma|schi|ne, die; -, -n: ↑Kalander

Sa|ti̱|re, die; -, -n ‹*lat.;* »bunt gemischte Früchteschale«›: **1.** künstlerisches Werk, das zur Gattung der Satire (2) gehört. **2.** (ohne Plural) Kunstgattung (Literatur, Karikatur, Film), die durch Übertreibung, Ironie u. Spott an Personen od. Zuständen Kritik übt, sie der Lächerlichkeit preisgibt, Zustände anprangert, mit scharfem Witz geißelt

Sa|ti̱|ri|ker, der; -s, -: **a)** Verfasser von Satiren; **b)** jmd., der sich gern bissig-spöttisch, ironisch äußert. **Sa|ti̱|ri|ke|rin,** die; -, -nen: weibliche Form zu ↑Satiriker

sa|ti̱|risch: a) in der Art der Satire (1); **b)** spöttisch-tadelnd, beißend

sa|ti|ri|sie̱|ren: satirisch darstellen

Sa|tis|fak|ti|o̱n, die; -, -en ‹*lat.*›: **a)** (veraltend) Genugtuung, bes. in Form einer Ehrenerklärung; **b)** (Verbindungsw. veraltet) Zurücknahme einer Beleidigung durch die Bereitschaft zum Duell

Sa̱|tor-Are̱|po-For|mel, die; - ‹*lat.;* nach dem lat. Palindrom: *sator arepo*tenet opera rotas›: als magisches Quadrat geschriebenes spätantikes Palindrom, das als Abwehrzauber (z. B. gegen Unheil u. Brandgefahr) verwendet wurde

Sa|t|ra̱p, der; -en, -en ‹*pers.-gr.-lat.*› (Geschichte): Statthalter einer Provinz im Persien der Antike

Sa|t|ra|pi̱e, die; -, ...i̱en (Geschichte): Amt des Statthalters

Sa|t|ra̱|pin, die; -, -nen: weibliche Form zu ↑Satrap

Sạt|sang, das (auch: der); -s ‹*sanskr.*›: geistige Unterweisung in einem Meditationskult

[1]Sạt|su|ma, das; -[s] ‹nach der japanischen Halbinsel Satsuma (Kiuschu)›: feine japanische Töpferware mit einfachen Formen u. regelmäßiger Glasur

[2]Sat|su̱|ma, die; -, -s: meist kernlose, sehr saftige Mandarine

Sa|tu|ra|ti|o̱n, die; -, -en ‹*lat.*›: **1.** Sättigung. **2.** spezielles Verfahren bei der Zuckergewinnung, bei dem überschüssiger Kalk aus dem Zuckersaft durch Kohlendioxid abgeschieden wird

Sa|tu|re̱|ja, die; - ‹*lat.*›: Gattung der Lippenblütler mit Heil- u. Würzkräutern

sa|tu|rie̱|ren ‹*lat.*›: **1.** sättigen. **2.** bewirken, dass jmds. Verlangen, etwas Bestimmtes zu bekommen, gestillt wird; [Ansprüche] befriedigen. **sa|tu|rie̱rt** (abwertend): ohne geistige Ansprüche, selbstzufrieden

Sa|tu̱rn, das; -s ‹*lat.-nlat.;* nach dem Planeten Saturn› (veraltet): Blei

Sa|tur|na̱|li|en, die (Plural) ‹nach dem im Rom der Antike zu Ehren des Gottes Saturn im Dezember gefeierten Fest›: ausgelassenes Fest

Sa|tu̱r|ni|er, der; -s, -, **sa|tu̱r|ni|scher Vers,** der; -n -es, -n -e (antike Metrik): Langvers der ältesten römischen Dichtung

sa|tur|ni̱n ‹*lat.-nlat.*›: bleihaltig; durch Bleivergiftung hervorgerufen

sa|tu̱r|nisch ‹*lat.*› (veraltet): uralt; **Saturnisches Zeitalter:** ideale Vorzeit der griechischen bzw. römischen Sage; Goldenes Zeitalter

sa|tu̱r|ni|scher Vers vgl. Saturnier

Sa|tur|nịs|mus, der; -, ...men ‹*lat.-nlat.*› (Med.): Bleivergiftung

Sa̱|tyr, der; -s (auch: -n), -n (meist

Plural) ⟨*gr.-lat.*⟩: **1.** lüsterner Waldgeist u. Begleiter des Dionysos in der griechischen Sage. **2.** sinnlich-lüsterner Mensch

Sa|tyr|huhn, das; -s, ...hühner ⟨*gr.-lat.; dt.*⟩: farbenprächtiger asiatischer Hühnervogel

Sa|ty|ri|a|sis, die; - ⟨*gr.-lat.*⟩ (Psychol. veraltet): extrem gesteigerter männlicher Geschlechtstrieb

Sa|tyr|spiel, das; -s, -e ⟨*gr.-lat.; dt.*⟩: (im Griechenland der Antike) heiter-groteskes mythologisches Nachspiel einer Tragödientrilogie mit einem Chor aus Satyrn

Sau|ce ['zo:sə, österr.: zo:s] vgl. Soße

Sauce bé|ar|naise [sosbear'nɛ:z], die; - -: dicke, weiße Soße aus Weinessig, Weißwein, Butter, Eigelb u. Gewürzen, bes. Estragon u. Kerbel

Sauce hol|lan|daise [sosɔlɑ̃'dɛ:z], die; - -: Soße, bei der Weißwein, Eigelb u. Butter im Wasserbad cremig gerührt u. mit Pfeffer, Salz u. Zitronensaft abgeschmeckt werden

Sau|ci|er [zo'si̯e:], der; -s, -s: Soßenkoch od. -köchin (Berufsbez.)

Sau|ci|e|re [zo'si̯e:rə], die; -, -n: zum Servieren von Soße verwendete, mit einer Art Untertasse fest verbundene kleine Schüssel

sau|cie|ren [zo'si:...]: Tabak mit einer Soße behandeln, beizen

Sau|cis|chen [zo'si:sçən, auch: so...], das; -s, -: kleine [Brat]wurst

Sau|da|de [sau'ðaðə], die; - ⟨*lat.-port.*⟩: eine in Portugal als typisch empfundene Seelenhaltung des Heimwehs, eine schwermütige Sehnsucht

Sau|na, die; -, -s u. ...nen ⟨*finn.*⟩: **1.** (mit Holz ausgekleideter) Raum od. Holzhäuschen, in dem trockene Hitze herrscht u. von Zeit zu Zeit Wasser zum Verdampfen gebracht wird. **2.** dem Schwitzen dienender Aufenthalt in einer Sauna (1)

sau|nen, sau|nie|ren: ein Saunabad nehmen

Sau|ri|er, der; -s, - ⟨*gr.;* »Eidechse«⟩: ausgestorbene [Riesen]echse der Urzeit

Sau|ro|lith, der; -en, -en: versteinerter Saurier

Sau|ro|po|de, der; -n, -n: pflanzenfressender Riesensaurier

Sau|r|op|si|den, die (Plural) ⟨*gr.-nlat.*⟩: Vögel u. Reptilien

sau|té [so'te:] ⟨*lat.-frz.*⟩: sautiert (vgl. sautieren)

Sau|ternes [so'tɛrn], der; -, - ⟨nach dem frz. Ort u. der Landschaft Sauternes⟩: französischer Weißwein

sau|tie|ren [zo...] ⟨*lat.-frz.*⟩: **a)** kurz in der Pfanne braten; **b)** (bereits gebratene Stücke Fleisch od. Fisch) kurz in frischem, heißem Fett schwenken

Sauve|garde [zo:f'gart, auch: sov'gard], die; -, -n [...ən] ⟨*frz.*⟩ (veraltet): **1.** Schutz-, Sicherheitswache. **2.** Schutzbrief (gegen Plünderung)

sauve qui peut [sovki'pø]: rette sich, wer kann!

Sau|vi|g|non blanc [sovinjɔ̃'blɑ̃:], der; - -, - -s ⟨*frz.*⟩: **1.** (ohne Plural) aus Frankreich stammende Weißweinrebsorte. **2.** aus den Trauben des Sauvignon blanc (1) hergestellter Weißwein

Sa|va|la|di, die; -, - ⟨*lat.-it.*⟩: (österr.) ↑ Zervelatwurst

Sa|van|ne, die; -, -n ⟨*indian.-span.*⟩: tropische Steppe mit einzeln od. gruppenweise stehenden Bäumen (Baumsteppe)

Sa|vant [sa'vɑ̃:], der; -s, -s (Fachspr.): jmd., der auf einem bestimmten Gebiet hochbegabt, sonst eher unterdurchschnittlich begabt ist

Sa|va|rin ['zavarɛ̃, auch: ...'rɛ̃:], der; -s, -s ⟨nach dem frz. Schriftsteller Brillat-Savarin, 1755–1826⟩: mit Rum getränkter Hefekuchen

Sa|voir-faire [savo̯ar'fɛ:r], das; - ⟨*lat.-frz.*⟩ (bildungsspr.): Gewandtheit

Sa|voir-vi|v|re [savo̯a:r̯'vi:vrə, frz.: savwar...], das; -: **1.** die Kunst, das Leben zu genießen. **2.** Lebensart, Weltläufigkeit

Sax|horn, das; -s, ...hörner ⟨nach dem belg. Erfinder A. Sax, 1814–1894⟩ (Musik): ein dem Bügelhorn ähnliches, mit Ventilen statt Klappen versehenes Horn

Sa|xi|f|ra|ga [auch: ...'fra:ga], die; -, ...agen ⟨*lat.*⟩: Steinbrech; Gebirgspflanze, auch Polster bildende Zierpflanze mit weißen, roten od. gelben Blüten in Steingärten

Sa|xi|f|ra|ga|zee, die; -, -n (meist Plural) ⟨*lat.-nlat.*⟩: Steinbrechgewächs

Sa|xo|fon, Saxophon, das; -s, -e ⟨*nlat.;* nach dem belg. Erfinder Antoine Sax, 1814–1894⟩ (Musik): mit Klarinettenschnabel anzublasendes Instrument aus Messing in vier bis sechs Tonhöhen mit nach oben gerichtetem Schalltrichter

Sa|xo|fo|nist, Saxophonist, der; -en, -en: Saxofonspieler. **Sa|xo|fo|nis|tin,** Saxophonistin, die; -, -nen: weibliche Form zu ↑ Saxofonist

Sa|xo|phon usw. vgl. Saxofon usw.

Say|nète [sɛ'nɛt], die; -, -n ⟨*span.-frz.*⟩: kurzes französisches Lustspiel mit zwei od. drei Personen; vgl. Sainete

sa|zer|do|tal ⟨*lat.*⟩: priesterlich

Sa|zer|do|ti|um, das; -s: **1.** Priestertum, Priesteramt. **2.** die geistliche Gewalt des Papstes im Mittelalter

S-Bahn-Sur|fen ['ɛs...sœ:ɐ̯fn̩], das; -s (ugs.): aus Übermut betriebenes waghalsiges Mitfahren auf dem Dach od. an der Außenseite eines S-Bahn-Wagens

Sbir|re, der; -n, -n ⟨*gr.-vulgärlat.-it.*⟩ (veraltet): italienischer Polizeidiener

Sca|bi|es vgl. Skabies

Sca|g|li|o|la [skal'jo:la], die; - ⟨*it.*⟩: zur Nachahmung von Marmor verwendete formbare Masse; Stuckmarmor

Sca|ling ['skeɪ̯lɪŋ], das; -s ⟨*engl.*⟩: das Vergrößern od. Verkleinern von [Bild]vorlagen vor einer Verwendung in Prospekten od. Anzeigen

Scal|ping Ope|ra|tions ['skælpɪŋ ɔpə'reɪ̯ʃənz], die (Plural) ⟨*engl.*⟩: Börsengeschäfte, die sehr geringe Kursschwankungen zu nutzen versuchen

Scam|pi, der; -[s], - (ugs. auch -s) (meist Plural), bes. fachspr.: **Scam|po,** der; -[s], Scampi (meist Plural) [sk...] ⟨*it.*⟩: it. Bez. für eine Art kleiner Krebse

Scan [skɛn], der od. das; -s, -s ⟨*lat.-engl.*⟩: **1.** gescanntes Dokument. **2.** (Fachspr.) ↑ Scanning

Scan|di|um ['ska...], das; -s ⟨*nlat.;* von Scandia, dem lat. Namen für Skandinavien⟩: chem. Element; ein Leichtmetall (Zeichen: Sc)

scan|nen [ˈskɛnən] ⟨*engl.*⟩: mit einem Scanner abtasten
Scan|ner [ˈskɛnɐ], der; -s, - ⟨*lat.-engl.*⟩: Gerät, das ein zu untersuchendes Objekt (z. B. den menschlichen Körper) mit einem Licht- od. Elektronenstrahl punkt- bzw. zeilenweise abtastet [u. die erhaltenen Messwerte weiterverarbeitet]
Scan|ner|kas|se [ˈskɛnɐ...], die; -, -n: mit einem Scanner zum Einlesen von Preisen u. anderen Daten ausgestattete elektronische Kasse
Scan|ning [ˈskɛnɪŋ], das; -s: Untersuchung, Abtasten mithilfe eines Scanners
Sca|ra|mouche [skaraˈmuʃ], der; -, -s [...ˈmuʃ] ⟨*it.-frz.*⟩: frz. Form von ↑Skaramuz
Sca|ra|muz|za [sk...], der; -, ...zze ⟨*it.*⟩: it. Form von ↑Skaramuz
Scart [skɑːt], der; -s, -s ⟨*frz.-engl.*⟩: Steckverbindung, bes. zum Anschluss von Videogeräten
Scat [skæt], der; -, -s ⟨*engl.*⟩: Gesangsstil [im Jazz], bei dem anstelle von Wörtern zusammenhanglose Silben verwendet werden. **scat|ten** [ˈskætn̩]: Scat singen
sce|man|do [ʃe...] ⟨*lat.-it.*⟩ (Musik): abnehmend, schwächer werdend
Scene [siːn], die; -, -s (Plural selten) ⟨*engl.*⟩ (Jargon): Milieu (meist junger Menschen), in dem bestimmte Vorlieben o. Ä. ausgelebt, bestimmte Lebensformen, vorübergehende Moden o. Ä. gepflegt werden
Sce|n|o|nym [stse...], das; -s, -e ⟨*gr.-nlat.*⟩: Deckname, der aus dem Namen eines Bühnenautors od. Schauspielers besteht
Sce|no|test [ˈstseː...] vgl. Szenotest
Schab|bat vgl. Sabbat
Schab|bes, der; -, - ⟨*jidd.*⟩: ↑Sabbat
Scha|b|lo|ne, die; -, -n ⟨Herkunft unsicher⟩: **1.** ausgeschnittene Vorlage [zur Vervielfältigung], Muster. **2.** vorgeprägte, herkömmliche Form, geistlose Nachahmung ohne eigene Gedanken
scha|b|lo|nie|ren, scha|b|lo|ni|sie|ren: a) nach einer Schablone [be]arbeiten, behandeln; **b)** in eine Schablone pressen
Scha|bot|te, die; -, -n ⟨*frz.*⟩: schweres Beton- od. Stahlfundament für Maschinenhämmer
Scha|b|ra|cke, die; -, -n ⟨*türk.-ung.*⟩: **1. a)** verzierte Decke über od. unter dem Sattel; Untersatteldecke; Prunkdecke; **b)** übergelegte, überhängende Zier- und Schutzdecke (bes. für Polstermöbel); **c)** aus dem gleichen Stoff wie die Übergardine gefertigter Behang, der quer oberhalb des Fensters angebracht ist. **2.** (ugs. abwertend) **a)** alte [hässliche] Frau; **b)** altes Pferd; **c)** alte, abgenutzte Sache. **3.** (Jägerspr.) weißer Fleck auf den Flanken des männlichen Wildschafs
Scha|b|run|ke, die; -, -n (veraltet): Decke über den Pistolenhalftern
schach|matt ⟨*pers.-arab.-roman.*⟩: **1.** unfähig, den im Schachspiel unmittelbar angegriffenen König zu verteidigen, u. damit die Partie verlierend. **2.** handlungsunfähig, erschöpft
Scha|dor vgl. Tschador
Scha|duf, der; -s, -s ⟨*arab.*⟩: ägyptisches Schöpfwerk in Form eines Hebebaums
Scha|fi|it, der; -en, -en ⟨*arab.*⟩: Angehöriger einer islamischen Rechtsschule
Scha|fott, das; -[e]s, -e ⟨*vulgärlat.-niederl.*⟩: Stätte, meist erhöhtes Gerüst, für Enthauptungen
Schah, der; -s, -s ⟨*pers.*⟩: **a)** (ohne Plural) persischer Herrschertitel; **b)** Träger dieses Titels
Schah-in-Schah, der; -[s], -s ⟨»König der Könige«⟩: **a)** (früher) offizieller Titel des iranischen Herrschers; **b)** Träger dieses Titels
Scha|i|tan, der; -s, -e ⟨*arab.*⟩: Teufel, Dämon
Schai|wa, Shaiva [ˈʃai̯va] der; -[s], -s (meist Plural) ⟨*sanskr.*⟩ (Rel.): (im Hinduismus) Verehrer des Gottes Schiwa
Scha|kal [auch: ˈʃaː...], der; -s, -e ⟨*sanskr.-pers.-türk.*⟩: (in Asien, Südosteuropa u. Afrika heimisches) hundeartiges Raubtier, das überwiegend nachts jagt. **Scha|ka|lin**, die; -, -nen: w. Form zu Schakal
Scha|ka|ré, der; -s, -s ⟨*indian.-port.*⟩: südamerikanisches breitschnäuziges Krokodil
Schak|ta, Shakta [ʃ...], der; -s, -s ⟨*sanskr.*⟩: Anhänger einer hinduistischen Religionsgemeinschaft, die die Göttin Schakti verehrt
Schak|ti, Shakti [ʃ...], die; -: Urkraft im Hinduismus, die mythologisch meist als weibliche Gottheit dargestellt wird
Scha|lan|ken, die (Plural) ⟨*ung.*⟩: an Pferdegeschirren lang herabhängender Schmuck aus Leder
Scha|lom, Shalom [ʃ...] ⟨*hebr.*⟩: Frieden! (hebräische Begrüßungsformel)
Scha|lot|te, die; -, -n ⟨*lat.-vulgärlat.-frz.;* vom Namen der Stadt Askalon in Palästina⟩: kleine Zwiebel von mildem Aroma und weißem bis violettem Fleisch
Scha|lup|pe, die; -, -n ⟨*frz.*⟩: Frachtfahrzeug; großes Beiboot
Schal|war, der; -[s], -s ⟨*pers.-türk.*⟩: im Orient lange, weite, meist blaue Hose
Scha|ma|de, Chamade [ʃa...] die; -, -n ⟨*lat.-it.-frz.*⟩ (veraltet): [mit Trommel od. Trompete gegebenes] Zeichen der Kapitulation; **Schamade schlagen:** sich ergeben
Scha|ma|ne, der; -n, -n ⟨*sanskr.-tungus.*⟩: (bei bestimmten indigenen Völkern) Zauberpriester, der mit Geistern u. den Seelen Verstorbener Verbindung aufnimmt. **Scha|ma|nin**, die; -, -nen: weibliche Form zu ↑Schamane
scha|ma|nisch: den ↑Schamanismus betreffend
Scha|ma|nis|mus, der; - ⟨*sanskr.-tungus.-nlat.*⟩ (Völkerkunde): Glaube an die Fähigkeit der Schamanen. **scha|ma|nis|tisch:** den Schamanismus betreffend
Scha|mi|sen vgl. Samisen
Scham|mes, der; -, - ⟨*hebr.-jidd.*⟩: Synagogendiener
[1]**Scha|mott**, der; -s ⟨*hebr.-jidd.*⟩ (ugs.): Kram, Zeug, wertlose Sachen
[2]**Scha|mott**, der; -s ⟨*dt.-it.*⟩ (österr. ugs.): ↑Schamotte
Scha|mot|te [auch: ...ˈmɔt], die; - ⟨*dt.-it.*⟩: feuerfester Ton. **scha|mot|tie|ren** (österr.): mit Schamottesteinen auskleiden
Scham|pon vgl. Shampoo. **scham|po|nie|ren:** das Haar mit Shampoo waschen
Scham|pun [auch: ...ˈpuːn] vgl. Shampoo. **scham|pu|nie|ren:** schamponieren

Schạm|pus, der; - (ugs.): Champagner, Sekt
schang|hai|en ‹nach der chin. Stadt Schanghai›: einen Matrosen gewaltsam heuern
Schạn|tung, der; -s, -s, **Schạn|tung|sei|de**, die; -, -n ‹nach der chin. Provinz Schantung›: Seidengewebe aus Tussahseide mit ausgeprägten Fadenverdickungen
Schạp|pe, die; -, -n ‹*frz.*›: [Gewebe aus] Abfallseide
Scha|ra|de, die; -, -n ‹*frz.*›: Worträtsel, bei dem das zu erratende Wort in Silben od. sonstige Bestandteile zerlegt wird
Scha|rạff, der; -s ‹*hebr.*›: heißer Wüstenwind in Israel
Schä|re, die; -, -n (meist Plural) ‹*schwed.*›: kleine, buckelartige Felseninsel od. -klippe, bes. vor der schwedischen od. der finnischen Ostseeküste
Scha|ria, Scheria, die; - ‹*arab.*›: religiöses Gesetz des Islams, das kultische Pflichten verzeichnet sowie ethische Normen u. Rechtsgrundsätze für alle Lebensbereiche aufstellt
Scha|rif vgl. Scherif
Schar|la|tan, der; -s, -e ‹*it.-frz.*›: jmd., der bestimmte Fähigkeiten vortäuscht u. andere damit hinters Licht führt
Schar|la|ta|ne|rie, die; -, ...ien: **a)** Verhaltensweise eines Scharlatans; **b)** Schwindelei eines Scharlatans
Schạr|la|ta|nin, die; -, -nen: weibliche Form zu ↑Scharlatan
Schar|la|ta|nis|mus, der; -, ...ismen ‹*it.-frz.-nlat.*›: ↑Scharlatanerie
schar|mie|ren vgl. charmieren
Schar|mụt|zel, das; -s, - ‹*dt.-it.*›: kurzes, kleines Gefecht, Plänkelei. **schar|mụt|zeln**: ein kleines Gefecht führen
schar|mut|zie|ren (veraltet, aber noch landsch.): flirten
Schar|nier, das; -s, -e ‹*lat.-vulgärlat.-frz.*›: **1.** drehbares Gelenk [an Türen]. **2.** (Geol.) Umbiegungslinie einer Flexur
[1]**Schar|pie**, die; - ‹*lat.-vulgärlat.-frz.*›: früher als Verbandsmaterial verwendete zerzupfte Leinwand
[2]**Schạr|pie**, das; -s, -s ‹*engl.*›: in bestimmter Bauweise hergestelltes leichtes Segelboot
schar|rie|ren ‹*lat.-vulgärlat.-frz.*›: die Oberfläche von Steinen mit dem Steinmetzeisen bearbeiten
Schar|te|ke, die; -, -n ‹*niederd.*›: **1. a)** altes wertloses Buch, Schmöker; **b)** (veraltend) anspruchsloses Theaterstück. **2.** (abwertend) unsympathische ältere Frau
Schar|wẹn|zel, Scherwenzel, der; -s, - ‹*tschech.*›: **1.** Bube, Unter in Kartenspielen. **2.** (ugs.) übergeschäftiger, dienstbeflissener Mensch. **3.** (Jägerspr.) Fehlschuss. **schar|wẹn|zeln**, scherwenzeln (ugs.): schmeichlerisch, liebedienernd um jmdn. herum sein
Schạsch|ka, der; -s, -s ‹*russ.*›: früher von Soldaten getragener russischer Kavalleriesäbel
Schạsch|lik, der od. das; -s, -s ‹*turkotatar.-russ.*›: Spieß, auf dem kleine, scharf gewürzte Stückchen Fleisch [zusammen mit Speck, Zwiebeln, Paprika u. Tomaten] gereiht u. gebraten od. gegrillt werden
schạs|sen ‹*lat.-vulgärlat.-frz.*› (ugs.): **1.** kurzerhand [von der Schule, der Lehrstätte, aus der Stellung] entlassen. **2.** fassen, ergreifen. **3.** (landsch.) jagen
schas|sie|ren: mit kurzen Schritten geradlinig tanzen
Scha|tul|le, die; -, -n ‹*mlat.*›: **1.** Geld-, Schmuckkästchen. **2.** (veraltet) Privatkasse eines Staatsoberhaupts od. eines Fürsten
Sche|bẹ|cke, die; -, -n ‹*arab.-span.-it.-frz.*›: Mittelmeerschiff des 17. u. 18. Jh.s mit zwei bis drei Masten
Schech vgl. Scheich
Schẹck, schweiz. auch: [2]Check [ʃɛk], Cheque [ʃɛk] der; -s, -s ‹*engl.*›: Zahlungsanweisung an eine Bank
Sche|da, die; -, ...den ‹*lat.*› (veraltet): einzelnes Blatt Papier
Schẹd|bau, Shedbau [ʃ...], der; -[e]s, ...bauten ‹*engl.; dt.*›: eingeschossiger Bau mit Satteldach
Schẹd|dach, Sheddach, das; -s, ...dächer: Dach, das ungleich große u. verschieden geneigte Flächen hat; Sattel-, Sägedach
Sche|du|la, die; -, ...lä ‹*gr.-lat.*›: Verkleinerungsform von Scheda
Sche|du|ler [ˈʃedjuːlɐ], der; -s, - ‹*engl.*› (EDV): Steuerprogramm, das die zeitliche Abfolge best. Abläufe in einem Computer, Netzwerk, einer Datenbank o. Ä. koordiniert
Scheich, Scheik, selten: Schech, der; -[e]s, -s u. -e ‹*arab.;* »Ältester«›: **1. a)** (ohne Plural) arabischer Ehrentitel führender Persönlichkeiten der traditionellen islamischen Gesellschaft; **b)** Träger dieses Titels. **2.** (ugs. veraltet) Freund eines Mädchens, einer Frau
Scheik vgl. Scheich
Sche|kel, der; -s, - ‹*hebr.*›: **1.** israelische Währungseinheit. **2.** vgl. Sekel
Schẹlf, der od. das; -s, -e ‹*engl.*› (Geogr.): Festlandsockel; Flachmeer entlang der Küste
Schẹl|lack, der; -[e]s, -e ‹*niederl.*›: (auch synthetisch hergestellte) Mischung aus Baumharz u. Wachsabscheidungen (bes. der Lackschildlaus), die zur Herstellung von Lacken u. Firnis verwendet wird
Schel|to|pu|sik, der; -s, -e ‹*russ.*›: (in Südosteuropa u. Vorderasien lebende) große braune bis kupferfarbene Schleiche
Sche|ma, das; -s, -s u. -ta, ...men ‹*gr.-lat.*›: **1.** Muster, anschauliche [grafische] Darstellung, Aufriss. **2.** Entwurf, Plan, Form
sche|ma|tisch: **1.** einem Schema folgend, anschaulich zusammenfassend u. gruppierend. **2.** gleichförmig; gedankenlos
sche|ma|ti|sie|ren ‹*gr.-lat.-nlat.*›: nach einem Schema behandeln; in eine Übersicht bringen
Sche|ma|tis|mus, der; -, ...men ‹*gr.-lat.*›: **1.** gedankenlose Nachahmung eines Schemas. **2.** statistisches Handbuch einer katholischen Diözese od. eines geistlichen Ordens
Sche|men: *Plural* von ↑Schema
Schẹn, Schẹng, das; -s, -s ‹*chin.*›: chinesische Mundorgel
Sche|ol, der; -s ‹*hebr.*›: (im Alten Testament) als Unterwelt gedachtes Totenreich, in dem die Toten mit verminderter Lebenskraft weiterexistieren
Scher|bẹtt vgl. Sorbet
Sche|ria vgl. Scharia
Sche|rif, Scharif, der; -s u. -en, -s u. -e[n] ‹*arab.;* »erhaben«›: **a)** (ohne Plural) Titel der Nachkommen des Propheten Mohammed; **b)** Träger dieses Titels
Scher|wẹn|zel usw. vgl. Scharwenzel usw.

scher|zan|do [skɛr...] ‹*germ.-it.*› (Musik): in der Art eines Scherzos (Vortragsanweisung)
Scher|zo ['sk...], das; -s, -s u. ...zi (Musik): Tonstück von heiterem Charakter, (meist dritter) Satz in Sinfonie, Sonate u. Kammermusik
scher|zo|so [sk...]: ↑scherzando
Schi usw. vgl. Ski usw.
Schia, die; - ‹*arab.;* »Sekte, Partei«›: eine der beiden Hauptrichtungen des Islams, die allein Ali, den Schwiegersohn Mohammeds, sowie dessen Nachkommen als rechtmäßige Stellvertreter des Propheten anerkennt
Schib|bo|leth [auch: 'ʃ...], das; -s, -e u. -s ‹*hebr.;* »Ähre« od. »Strom«, nach der Losung der Gileaditer, Richter 12, 5 f.›: Erkennungszeichen, Losungswort; Merkmal
schick ‹*dt.-frz.*›: modisch, schön, geschmackvoll gekleidet; vgl. chic. [1]**Schick** vgl. Chic
[2]**Schick,** der; -[e]s (schweiz.): [vorteilhafter] Handel
Schi|cke|ria, die; - ‹*it.*› (oft abwertend): in der Mode u. im Gesellschaftsleben tonangebende Schicht
Schick|se, die; -, -n ‹*jidd.-Gaunerspr.*›: **1.** (salopp abwertend) Flittchen. **2.** (oft abwertend) Nichtjüdin (aus jüdischer Sicht)
Schie|da|mer, der; -s, - ‹nach der niederl. Stadt Schiedam›: ein Kornbranntwein
Schi|is|mus, der; - ‹*arab.-nlat.*›: Lehre der Schiiten
Schi|it, der; -en, -en: Anhänger der Schia. **Schi|i|tin,** die; -, -nen: weibliche Form zu ↑Schiit
schi|i|tisch: zur Schia gehörend, sie betreffend
Schi|ka|ne, die; -, -n ‹*frz.*›: **1.** böswillig bereitete Schwierigkeit, Bosheit. **2.** (Sport) [eingebaute] Schwierigkeit in einer Autorennstrecke. **3.** (Rechtsspr.) [unzulässige] Ausübung eines Rechts zur ausschließlichen Schädigung eines anderen; **mit allen Schikanen:** mit allem verwöhnten Ansprüchen genügenden Zubehör; mit besonderer technischer o. a. Vollkommenheit, Vervollkommnung [für hohe Ansprüche]
Schi|ka|neur [...'nøːɐ̯], der; -s, -e: jmd., der andere schikaniert.
Schi|ka|neu|rin, die; -, -nen: weibliche Form zu ↑Schikaneur
schi|ka|nie|ren: jmdm. in kleinlicher u. böswilliger Weise Schwierigkeiten machen
schi|ka|nös: 1. andere schikanierend. **2.** von Böswilligkeit zeugend
Schi|kjö|ring ['ʃiːjøːrɪŋ] vgl. Skikjöring
Schil|lum, das; -s, -s ‹*pers.-Hindi-engl.*›: meist aus Holz gefertigtes Röhrchen, bes. zum Rauchen von Haschisch u. Marihuana
Schi|mä|re, Chimäre, die; -, -n ‹*gr.-lat.-frz.;* nach dem Ungeheuer ↑Chimära›: Trugbild, Hirngespinst. **schi|mä|risch:** trügerisch
Schim|pan|se, der; -n, -n ‹*afrik.*›: kleiner afrikanischer Menschenaffe
schim|pan|so|id ‹*afrik.; gr.*›: schimpansenähnlich
Schi|na|kel, das; -s, -[n] ‹*ung.*› (österr. ugs.): **1.** kleines Ruderboot. **2.** (Plural) breite, ausgetretene Schuhe
Schin|to|is|mus, Shintoismus, der; - ‹*nlat.,* von *chin.-jap.* shintō »Weg der Götter«›: japanische Nationalreligion mit Verehrung der Naturkräfte u. Ahnenkult. **Schin|to|ist,** Shintoist, der; -en, -en: Anhänger des Schintoismus. **Schin|to|is|tin,** Shintoistin, die; -, -nen: weibliche Form zu ↑Schintoist. **schin|to|is|tisch,** shintoistisch: zum Schintoismus gehörend
Schi|ras, der; -, - ‹nach der iran. Stadt›: **1.** weicher Teppich aus glänzender Wolle u. mit ziemlich langem Flor. **2.** persianerähnliches Fettschwanzschaf
Schi|rok|ko, der; -s, -s ‹*arab.-it.*›: sehr warmer, oft stürmischer Mittelmeerwind
Schir|ting, der; -s, -e u. -s ‹*engl.*›: oft als Futterstoff verwendetes Baumwollgewebe in Leinwandbindung (eine Webart)
Schir|wan, der; -[s], -s ‹nach der kaukas. Landschaft›: dichter, kurz geschorener Teppich mit geometrischer Musterung
Schi|scha usw. vgl. Shisha usw.
Schis|ma [auch: 'sçɪs...], das; -s, ...men u. -ta ‹*gr.-lat.*›: **1. a)** Kirchenspaltung; **b)** in der Weigerung, sich dem Papst, den ihm unterstehenden Bischöfen unterzuordnen, bestehendes kirchenrechtliches Delikt. **2.** (Musik) kleinstes musikalisches Intervall
Schis|ma|ti|ker [auch: sç...], der; -s, -: Verursacher einer Kirchenspaltung, Anhänger einer schismatischen Gruppe
schis|ma|tisch [auch: sç...]: **a)** die Kirchenspaltung betreffend; **b)** eine Kirchenspaltung betreibend
Schis|men [auch: 'sçɪ...]: *Plural* von ↑Schisma
Schiss|la|weng vgl. Zislaweng
Schis|to|pro|s|o|pie [auch: sç...], die; - ‹*gr.-nlat.*› (Med. veraltet): ↑Prosoposchisis
Schis|to|so|ma [auch: sç...], das; -s, -ta (Med.): Pärchenegel; parasitisch lebender Saugwurm, Erreger der Bilharziose
Schis|to|so|mi|a|se [auch: sç...], die; -, -n (Med.): durch Schistosomata hervorgerufene Wurmerkrankung; Bilharziose

schi|zo..., Schi|zo...

‹zu *gr.* schízein »spalten, durchschneiden, trennen«›
Wortbildungselement mit der Bedeutung »Spaltung, Trennung«:
- Schizogonie
- Schizonychie
- Schizophasie
- schizophren

schi|zo|af|fek|tiv ‹*gr.; lat.*› (Med., Psychol.): mit Störungen des ↑Affektes (a) einhergehend (von schizophrenieähnlichen Psychosen)
schi|zo|gen (Biol.): (von Gewebslücken) durch Spaltung od. Auseinanderweichen von Zellwänden entstanden. **Schi|zo|go|nie,** die; -, ...ien (Biol.): ungeschlechtliche Vermehrung durch Zerfallen einer Zelle in mehrere Teilstücke (z. B. im Entwicklungszyklus des Malariaerregers)
schi|zo|id (Psychol.): der Schizophrenie ähnlich
Schi|zo|my|zet, der; -en, -en (meist Plural) (Biol.): Bakterie, die sich ungeschlechtlich durch Querteilung vermehrt; Spaltpilz
Schi|z|o|ny|chie, die; -, ...ien (Med.): Spaltung des freien Randes der Nägel infolge Brüchigkeit
Schi|zo|pha|sie, die; -, ...ien (Psy-

chol.): Äußerung zusammenhangloser Wörter u. Sätze
schi|zo|phren: 1. (Med.) an Schizophrenie leidend, zum Erscheinungsbild der Schizophrenie gehörend. 2. (häufig abwertend) in sich widersprüchlich, unvereinbar (mit anderem). 3. (häufig abwertend) verrückt, absurd
Schi|zo|phre|nie, die; -, ...ien: 1. (Med., Psychol.) psychische Erkrankung, die durch eine extreme Verhaltensstörung mit den Hauptsymptomen Denkstörung, Wahn, Wahrnehmungsstörung, motorische u. affektive Störungen gekennzeichnet ist. 2. (ugs.) innere Widersprüchlichkeit, Zwiespältigkeit, Unsinnigkeit, absurdes Verhalten
Schi|zo|phy|ten, die (Plural) (Biol. veraltet): Bakterien u. Blaualgen
Schi|zo|phy|zee, die; -, -n (meist Plural) (Biol. veraltet): Zyanophyzee
schi|zo|thym: 1. (Psychol.) eine dem leptosomen Körperbau zugeschriebene Temperamentsform aufweisend. 2. (Med.) latente Veranlagung zu Schizophrenie besitzend
Schi|zo|thy|me, der u. die; -n, -n (Med., Psychol.): jmd., der schizothym veranlagt ist
Schi|zo|thy|mie, die; -: 1. (Med.) Veranlagung zu Schizophrenie. 2. (Psychol.) Eigenschaft u. Veranlagung des schizothymen Konstitutionstyps
Schlach|ta, die; - ⟨*poln.*⟩ (Geschichte): der niedere polnische Adel
Schlacht|schitz, der; -en, -en (Geschichte): Angehöriger der Schlachta
Schla|mas|sel, der; -s, auch, österr. nur: das; -s ⟨*jidd.*⟩ (ugs.): Unglück; verfahrene, schwierige Situation
Schle|mihl [auch: ...'mi:l], der; -s, -e ⟨*hebr.*⟩ (ugs.): 1. jmd., dem [durch eigene Dummheit] alles misslingt; Pechvogel. 2. gerissener Mensch
Schlipp vgl. Slip
Schlup vgl. Slup
Schma, das; - ⟨*hebr.;* »höre!«⟩: das jüdische Bekenntnisgebet
Schmal|te, die; -, -n ⟨*germ.-it.*⟩: pulverig gemahlener, kobaltblauer Farbstoff für feuerfeste Glasuren
Schma|sche, die; -, -n ⟨*poln.*⟩: Fell eines tot geborenen Lammes
Schmock, der; -[e]s, Schmöcke (auch: -e u. -s) ⟨*slowen.;* nach dem Namen einer Romanfigur in G. Freytags »Die Journalisten«⟩ (abwertend): gesinnungsloser Journalist, Schriftsteller
Schmo|ne es|re, das; - - ⟨*hebr.;* »das Achtzehnbittengebet«⟩: längeres Gebet des werktäglichen jüdischen Gottesdienstes
Schmon|zes, der; -, - ⟨*jidd.*⟩: leeres Geschwätz
Schmon|zet|te, die; -, -n (ugs. abwertend): wenig geistreiches, kitschiges Stück, albernes Machwerk
Schmu, der; -s ⟨*hebr.-jidd.*⟩ (ugs.): etwas, was nicht ganz korrekt ist; **Schmu machen:** auf harmlose Weise betrügen
Schmus, der; -es ⟨*hebr.-jidd.*⟩ (ugs.): leeres Gerede, Geschwätz; Schönrednerei, Lobhudelei
schmu|sen (ugs.): 1. mit jmdm. zärtlich sein, Liebkosungen austauschen. 2. (veraltet abwertend) schwatzen, schmeicheln, schöntun
Scho|ah, Shoah [ʃ...] die; - ⟨*hebr.*⟩: Holocaust während des Nationalsozialismus
Schock, der; -[e]s, -s ⟨*niederl.-engl.*⟩: 1. durch ein plötzliches katastrophenartiges od. außergewöhnlich belastendes Ereignis ausgelöste Erschütterung, ausgelöster großer Schreck [wobei der Betroffene nicht mehr fähig ist, seine Reaktionen zu kontrollieren]. 2. (Med.) akutes Kreislaufversagen mit ungenügender Sauerstoffversorgung lebenswichtiger Organe
scho|ckant ⟨*niederl.-frz.*⟩ (veraltend): anstößig
scho|cken ⟨*niederl.-frz.-engl.*⟩: 1. (Med.) mit künstlich erzeugtem (z. B. elektrischem) Schock behandeln; defibrillieren. 2. (ugs.) jmdm. einen Schock (1) versetzen, jmdn. verstören, aus dem seelischen Gleichgewicht bringen
Scho|cker, der; -s, - (ugs.): Roman od. Film mit gruseligem od. anstößigem Inhalt
scho|ckie|ren ⟨*niederl.-frz.*⟩: Entrüstung, moralische Empörung hervorrufen; jmdn. aufbringen
Schock|me|ta|mor|pho|se, die; -, -n (Geol.): Umwandlung von Gesteinen durch starke Druckwellen (z. B. durch Kernexplosion erzeugt)
Schock|the|ra|pie, die; -, ...ien [...i:ən]: Heilverfahren, das den gezielten Einsatz von elektrischen Schocks beinhaltet
Scho|far, der; -[s], Schofaroth ⟨*hebr.*⟩: ein im jüd. Kult verwendetes Widderhorn, das zum jüd. Neujahrsfest (Rosch ha-Schana) u. an Jom Kippur geblasen wird
scho|fel, schofelig, schoflig ⟨*hebr.-jidd.*⟩ (ugs.): 1. gemein, niedrig, schäbig. 2. knauserig, armselig, kümmerlich
Scho|fel, der; -s, - (ugs.): 1. Schund, schlechte Ware. 2. gemeiner Mensch
scho|fe|lig vgl. schofel
schof|lig vgl. schofel
Scho|gun ['ʃo:gu:n] vgl. Shogun
Scho|gu|nat vgl. Shogunat
Schoi|tasch, der; - ⟨*ung.*⟩ (veraltet): Plattschnurbesatz an der Husarenuniform
Scho|ko|la|de, die; -, -n ⟨*mex.-span.-niederl.*⟩: 1. mit Zucker [Milch o. Ä.] gemischte Kakaomasse, die meist in Tafeln gewalzt od. in Figuren gegossen ist. 2. Getränk aus Schokoladenmasse und Milch
scho|ko|lie|ren ⟨*mex.-span.-niederl.-nlat.*⟩: mit Schokolade überziehen
Scho|la ['sko:la, auch: 'sç...], die; -, ...ae [...ɛ] ⟨*gr.-lat.*⟩ (Musik): institutionelle Vereinigung von Lehrern u. Schülern, bes. zur Pflege u. Weiterentwicklung des gregorianischen Chorals (im Mittelalter)
Scho|lar, Scholast [ʃ...], der; -en, -en ⟨*gr.-lat.*⟩ (Geschichte): [herumziehender] Schüler, Student [im Mittelalter]
Scho|l|arch, der; -en, -en ⟨*gr.*⟩ (Geschichte): Vorsteher einer Kloster- od. Domschule im Mittelalter
Scho|l|ar|chat, das; -[e]s, -e ⟨*gr.-nlat.*⟩ (Geschichte): Amt eines Scholarchen
Scho|last [ʃ...] vgl. Scholar
Scho|las|tik, die; - ⟨*gr.-mlat.;* »Schulwissenschaft, Schulbetrieb«⟩: 1. die auf die antike

Philosophie gestützte, christliche Dogmen verarbeitende Philosophie u. Theologie des Mittelalters (etwa 9.–14. Jh.). **2.** engstirnige, dogmatische Schulweisheit

Scho|las|ti|kat, das; -[e]s, -e ⟨*gr.-mlat.-nlat.*⟩: Studienzeit des Scholastikers (2)

Scho|las|ti|ker, der; -s, - ⟨*gr.-mlat.*⟩: **1.** Vertreter der Scholastik (1). **2.** junger Ordensgeistlicher während des philosophisch-theologischen Studiums, bes. bei den Jesuiten. **3.** (abwertend) reiner Verstandesmensch, spitzfindiger Haarspalter. **Scho|las|ti|ke|rin**, die; -, -nen: weibliche Form zu ↑ Scholastiker (3)

Scho|las|ti|kus, der; -, ...ker: ↑ Scholarch

scho|las|tisch: **1.** nach der Methode der Scholastik, die Philosophie der Scholastik betreffend. **2.** (abwertend) spitzfindig, rein verstandesmäßig

Scho|las|ti|zis|mus, der; - ⟨*gr.-mlat.-nlat.*⟩: **1.** einseitige Überbewertung der Scholastik. **2.** (abwertend) übertriebene Spitzfindigkeit

Scho|li|ast, der; -en, -en ⟨*gr.-mgr.-mlat.*⟩: Verfasser von Scholien

Scho|lie [...i̯ə], die; -, -n, **Scho|li|on**, das; -s, Scholien ⟨*gr.*⟩: erklärende Randbemerkung [alexandrinischer Philologen] in griechischen u. römischen Handschriften

Scho|re vgl. Sore

schraf|fie|ren ⟨*it.-niederl.*⟩ (Kunstwiss.): [eine Fläche] mit parallelen Linien stricheln

Schraf|fur, die; -, -en: **a)** schraffierte Fläche auf einer Zeichnung; **b)** Strichzeichnung auf [Land]karten; **c)** Strichelung

Schrap|nell, das; -s, -e u. -s ⟨nach dem engl. Artillerieoffizier H. Shrapnel⟩: **1.** (veraltet) Sprenggeschoss mit Kugelfüllung. **2.** (abwertend) ältere, als unattraktiv empfundene Frau

Schred|der, der; -s, - ⟨*engl.*⟩: **a)** technische Anlage zum Verschrotten u. Zerkleinern von Autowracks; **b)** Zerkleinerungsmaschine (z. B. für Gartenabfälle)

schred|dern: mit einem ↑ Schredder (b) zerkleinern

schrin|ken ⟨*engl.*⟩: Geweben Feuchtigkeit zuführen, um sie im Griff weicher u. krumpfecht zu machen

Schu|bi|ack, der; -s, -s u. -e ⟨*niederl.*⟩ (landsch. abwertend): niederträchtiger Mensch; Lump

Schu|d|ra, Shudra [ˈʃuː...], der; -s, -s ⟨*sanskr.*⟩ (Geschichte): Angehöriger der vierten, dienenden Hauptkaste im alten Indien; vgl. Waischja

Schul|chan Aruch [...ˈxaːn ...x], der; - - ⟨*hebr.*; »gedeckter Tisch«, nach Psalm 23, 5⟩: um 1500 n. Chr. entstandenes maßgebendes jüdisches Gesetzeswerk

Schwa, das; -[s], -[s] ⟨*hebr.*⟩ (Sprachwiss.): in bestimmten unbetonten Silben erscheinende Schwundstufe des vollen Vokals; Murmel-e (Lautzeichen: ə)

Schwa|d|ron, die; -, -en ⟨*lat.-vulgärlat.-it.*⟩ (Militär): kleinste Truppeneinheit der Kavallerie

Schwa|d|ro|na|de, die; -, -n ⟨mit französierender Endung gebildet⟩: wortreiche, aber nichtssagende Schwafelei, prahlerisches Gerede

Schwa|d|ro|neur [...ˈnøːɐ̯], der; -s, -e ⟨*lat.-it.-frz.*⟩ (veraltend): jmd., der schwadroniert

schwa|d|ro|nie|ren: schwatzen, viel u. lebhaft erzählen

Schwer|ath|let, der; -en, -en: Sportler, der Schwerathletik treibt

Schwer|ath|le|tik, die; -: sportliche Disziplin, die Ringen, Gewichtheben, Kunst- u. Rasenkraftsport umfasst; Kraftsport; vgl. Leichtathletik

Schwer|ath|le|tin, die; -, -nen: weibliche Form zu ↑ Schwerathlet

schwoi|en, schwo|jen ⟨*altnord.-niederl.*⟩ (Seew.): sich durch Wind od. Strömung vor Anker drehen

Sci|ence-Fic|tion, Sci|ence|fic|tion [ˈsai̯əns ˈfɪkʃn̩], die; - ⟨*engl.*⟩: abenteuerlich-fantastische Literatur utopischen Inhalts auf naturwissenschaftlich-technischer Grundlage

Sci|en|tis|mus [sts...] usw. vgl. Szientismus usw.

Sci|en|to|lo|ge [sai̯ənto...], der; -n, -n ⟨*amerik.*⟩: Angehöriger der Scientology®. **Sci|en|to|lo|gin**, die; -, -nen: weibliche Form zu ↑ Scientologe

Sci|en|to|lo|gy® [sai̯ənˈtɔlədʒi], die; - ⟨*amerik.*⟩: Religionsgemeinschaft, deren Anhänger glauben, eine wissenschaftliche Theorie über das Wissen u. damit den Schlüssel zu vollkommener geistiger u. seelischer Gesundheit zu besitzen

Sci|fi [ˈsai̯fi], die; -: kurz für ↑ Science-Fiction

sci|li|cet [ˈstsiːlitsɛt] ⟨*lat.*⟩: nämlich (Abk.: sc., scil.)

Scil|la [ˈstsɪla] vgl. Szilla

sciol|to [ˈʃɔlto] ⟨*lat.-vulgärlat.-it.*⟩ (Musik): frei, ungebunden im Vortrag

Scoop [skuːp], der; -s, -s ⟨*engl.*⟩: Exklusivmeldung, Knüller

Scoo|ter [ˈskuːtɐ], der; -s, - ⟨*engl.*⟩: **1.** Stehroller, der mit einem Motor (meist Elektromotor) angetrieben wird. **2.** dem Motorrad ähnliches Fahrzeug. **3.** Kurzform von ↑ Autoscooter

Sco|po|l|a|min [sk...] vgl. Skopolamin

Scor|da|tu|ra [sk...], Skordatur, die; - ⟨*lat.-it.*⟩ (Musik): von der üblichen Stimmung abweichende Umstimmung von Saiteninstrumenten (z. B. zur Erzeugung besonderer Klangeffekte) (Ggs.: Accordatura)

Score [skɔːɐ̯, skoːɐ̯], der; -s, -s ⟨*engl.*⟩: **1. a)** Spielstand, Spielergebnis; **b)** Zahl der erreichten Treffer im Lotto od. der erreichten Punkte in einem sportlichen Wettkampf. **2.** (Psychol.) geschätzter od. gemessener Zahlenwert, Messwert (z. B. bei Testergebnissen)

Score|kar|te [ˈskoːɐ̯...], die; -, -n: vorgedruckte Karte, auf der die Anzahl der von einem Spieler (beim Golf, Minigolf) gespielten Schläge notiert wird

sco|ren [ˈskɔːrən, ˈskoː...] (Sport): einen Punkt, ein Tor o. Ä. erzielen

Sco|rer [ˈskoːrɐ], der; -s -: **1.** jmd., der die von den einzelnen Spielern (beim Golf, Minigolf) gemachten Schläge zählt. **2.** Spieler, der scort. **Sco|re|rin**, die; -, -nen: weibliche Form zu ↑ Scorer

Sco|ring [skɔː...], das; -s, -s ⟨*engl.*⟩ (Wirtsch.): auf dem Scoringmodell basierende Überprüfung der Kreditwürdigkeit eines Unternehmens od. einer Privatperson

Sco|ring|mo|dell, das; -s, -e (Wirtsch.): bei der Unternehmensplanung angewandtes Modell zur Bewertung von Handlungsalternativen; Nutzwertanalyse

Scotch [skɔtʃ], der; -s, -s ⟨*engl.;* Kurzw. aus: *scotch* whisky⟩: schottischer Whisky; vgl. Bourbon

Scotch|ter|ri|er [ˈskɔtʃ...], der; -s, - ⟨*engl.*⟩: ein schottischer Jagdhund

Sco|tis|mus [sk...], der; - ⟨*nlat.;* nach dem schott. Scholastiker Duns Scotus⟩: philosophische Richtung, die durch die Vorrangstellung des Willens vor der Vernunft gekennzeichnet ist. **Sco|tist,** der; -en, -en: Vertreter des Scotismus. **Sco|tis|tin:** weibliche Form zu ↑Scotist

Scot|land Yard [ˈskɔtlənd ˈjɑːd], der; - - ⟨*engl.*⟩: [Hauptgebäude der] Londoner Kriminalpolizei

Scou|bi|dou [skubiˈduː], das; -s, -s ⟨*frz.*⟩: Bastelspiel aus bunten Plastikbändern, die zu Figuren verknüpft werden

Scout [skaʊ̯t], der; -s, -s ⟨*engl.*⟩: **1. a)** Pfadfinder; vgl. Boyscout; **b)** Wegbereiter, Vorreiter, Vordenker. **2.** (Jargon) **a)** jmd., der Erfolg versprechende [Börsen]geschäfte ausfindig macht; **b)** jmd., der im Ausland nach erfolgreichen Büchern Ausschau hält, um für seinen Verlag die Lizenz zu erwerben. **scou|ten** [ˈskaʊ̯tn̩] ⟨*engl.*⟩ (ugs.): auskundschaften, erkunden

Scou|tin [ˈskaʊ̯...], die; -, -nen (selten)

Scou|ting [ˈskaʊ̯tɪŋ], das; -s, -s (engl.) (bes. Fußballjargon): Suche nach talentiertem Nachwuchs (bes. im Profisport)

Scrab|b|le® [ˈskrɛbl̩], das; -[s], -s ⟨*engl.*⟩: Spiel für zwei bis vier Mitspieler, bei dem aus Spielsteinen mit Buchstaben Wörter nach einem bestimmten Verfahren zusammengesetzt werden müssen

Scra|pie [ˈskrɛɪ̯pi], die; - ⟨*engl.*⟩ (Tiermed.): Traberkrankheit (der BSE ähnliche, vor allem bei Schafen auftretende Tierseuche)

Scraps [skrɛps], die (Plural) ⟨*altnord.-engl.*⟩: Tabak, der aus den unteren Blättern der Tabakpflanze hergestellt wird

scratch [skrɛtʃ] ⟨*engl.*⟩: ohne Vorgabe (beim Golf)

scrat|chen [ˈskrɛtʃn̩] ⟨*engl.*⟩: Scratching betreiben. **Scrat|ching** [ˈskrɛtʃɪŋ], das; -s ⟨*engl.*⟩: das Hervorbringen bestimmter akustischer Effekte durch Manipulieren der laufenden Schallplatte (bes. in der Discomusik)

Scratch|spie|ler [ˈskrɛtʃ...], der; -s, -: Golfspieler mit sehr hoher u. konstanter Spielstärke, der ohne Vorgabe spielt. **Scratch|spie|le|rin,** die; -, -nen: weibliche Form zu ↑Scratchspieler

Screen [skriːn], der; -s, -s ⟨*engl.*⟩: engl. Bez. für: Bildschirm

Screen|de|sign [ˈskriːndizaɪ̯n], das; -s, -s ⟨*engl.*⟩ (EDV): [professionelle] Gestaltung der Bildschirmoberfläche, bes. von Websites. **Screen|de|si|g|ner,** der; -s, -: für das Screendesign zuständiger Computergrafiker. **Screen|de|si|g|ne|rin,** die; -, -nen: weibliche Form zu ↑Screendesigner

scree|nen [ˈskriːnən] ⟨*engl.;* »untersuchen«⟩: ein Screening durchführen. **Scree|ning** [ˈskriːnɪŋ], das; -s, -s (Fachspr.), **Scree|ning|test,** der; -[e]s, -s (auch: -e) (Med.): Verfahren zur Reihenuntersuchung (z. B. auf Krebs)

Screen|sa|ver [ˈskriːnsɛɪ̯vɐ], der; -s, - (EDV): Bildschirmschoner

Screen|shot [...ʃɔt], der; -s, -s (EDV): [Fixierung u.] Abbildung einer Bildschirmanzeige

Screw|ball|ko|mö|die [ˈskruːbɔːl...], die; -, -n ⟨*engl.*⟩: aus Amerika stammende temporeiche, respektlose Filmkomödie, in der die Hauptfiguren unkonventionell, exzentrisch sind

scrib|beln [ˈskrɪ...] ⟨*engl.*⟩: **1.** [aus Langeweile od. zur Ablenkung] Kritzeleien anfertigen. **2.** Skizzen, Vorentwürfe für Werbegrafiken, Grundrisszeichnungen o. Ä. entwerfen. **Scrib|ble** [skrɪbl̩], das; -s, -s: erster, noch nicht endgültiger Entwurf für eine Werbegrafik, -fotografie o. Ä.

Scrip, der; -s, -s ⟨*lat.-frz.-engl.*⟩: **1.** Interimsschein als Ersatz für noch nicht fertig gestellte Stücke von neu ausgegebenen Wertpapieren. **2.** Gutschein über nicht gezahlte Zinsen, durch den der Zinsanspruch zunächst abgegolten ist; vgl. Dollarscrip

Scrit|tu|ra, die; -, ...ren ⟨*lat.-it.*⟩: schriftlicher Opernvertrag in Italien

scrol|len [ˈskroːlən] ⟨*engl.*⟩ (EDV): eine umfangreiche Datei, die auf dem Bildschirm nicht im Ganzen dargestellt werden kann, [durch vor allem vertikales Verschieben der Darstellung] in Ausschnitten nach und nach auf dem Bildschirm erscheinen lassen. **Scrol|ling** [ˈskroːlɪŋ], das; -s ⟨*engl.*⟩ (EDV): das Scrollen

Scro|tum vgl. Skrotum

Scrub [skrap], der; -s, -s ⟨*engl.*⟩: Buschvegetation in Australien

Scu|de|ria [sk...], die; -, -s, auch ...ien ⟨*lat.-it.*⟩: **1.** (Motorsport) Rennstall, Rennteam. **2.** Bez. für einen Motorsportklub

Scu|do, der; -, ...di ⟨*lat.-it.;* »Schild«⟩: alte italienische Münze

sculp|sit ⟨*lat.;* »hat [es] gestochen«⟩: gestochen von (hinter dem Namen des Künstlers auf Kupferstichen) (Abk.: sc., sculps.)

Scu|tel|lum, das; -s, ...lla ⟨*lat.-nlat.;* »Schildchen«⟩: zu einem Saugorgan umgewandeltes Keimblatt der Gräser

Scyl|la [ˈstsʏla] vgl. Szylla

Scyth [stsyːt], das; -s ⟨nach dem Volksstamm der Skythen⟩: alpiner Buntsandstein

Sea|bor|gi|um [siː...], das; -s ⟨*nlat.;* nach dem amerik. Chemiker G. T. Seaborg, 1912–1999⟩: künstlich hergestelltes chem. Element, ein Transuran (Zeichen: Sg)

Seal [siːl], der od. das; -s, -s ⟨*engl.*⟩: **1.** Fell des Seebären (Ohrenrobbe). **2.** Pelz aus Seal (1)

Seal|skin [ˈsiːlskɪn], der od. das; -[s], -s: **1.** Seal. **2.** Plüschgewebe als Nachahmung des echten Seals

Sea|ly|ham|ter|ri|er [ˈsiːliəm...], der; -s, - ⟨nach Sealyham, dem walisischen Landgut des ersten Züchters⟩: englischer Jagdhund

Sé|an|ce [zeˈɑ̃ːs(ə)], die; -, -n [...sn̩] ⟨*lat.-frz.*⟩: (Parapsychol.) [spiritistische] Sitzung

Search [sœːɐ̯tʃ], das; -s ⟨*lat.-frz.-engl.*⟩: das Suchen nach Informationen (z. B. im Internet)
Sea|son [ˈziːzn̩], die; -, -s ⟨*lat.-frz.-engl.*⟩: engl. Bez. für: Saison
Seb|cha [ˈzɛpxa], die; -, -s ⟨*arab.*⟩ (Geogr.): Salztonwüste u. Salzsumpf in der Sahara
Se|bor|rhö, die; -, -en ⟨*lat.; gr.*⟩ (Med.): krankhaft gesteigerte Absonderung der Talgdrüsen
sec [sɛk] ⟨*lat.-frz.*⟩: ↑dry
SECAM-Sys|tem, das; -s ⟨Kurzw. aus *frz.* séquentiel à mémoire; »aufeinander folgend mit Zwischenspeicherung«; *gr.*⟩: französisches Farbfernsehsystem, das auf einer abwechselnden (nicht gleichzeitigen) Übertragung von Farbsignalen beruht; vgl. PAL-System
sec|co ⟨*lat.-it.*⟩: it. Bez. für: trocken
Sec|co, das; -[s], -s (Musik): nur von einem Tasteninstrument begleitetes Rezitativ
Sec|co|ma|le|rei, die; -: Wandmalerei auf trockenem Putz (Ggs.: Freskomalerei)
Se|cen|tis|mus [zetʃɛn...], der; - ⟨*lat.-it.-nlat.*⟩: Stilrichtung in der italienischen Barockpoesie des 17. Jh.s; vgl. [2]Marinismus. **Se|cen|tist**, der; -en, -en: Dichter, Künstler des Secentismus. **Se|cen|tis|tin**, die; -, -nen: weibliche Form zu ↑Secentist
Se|cen|to [seˈtʃɛnto] vgl. Seicento
Se|ces|si|on, die; - ⟨*lat.*⟩: **a)** Form des Jugendstils in Österreich; **b)** Ausstellungsgebäude in Wien
se|con|da vol|ta ⟨*lat.-it.*⟩ (Musik): das zweite Mal (bei der Wiederholung eines Teils); vgl. prima volta
se|cond|hand [ˈsɛkn̩tˈhɛnt] ⟨*engl.*⟩: aus zweiter Hand; gebraucht
Se|cond|hand|shop, der; -s, -s ⟨*engl.*⟩: Laden, in dem gebrauchte Ware (insbesondere gebrauchte Kleidung) verkauft wird
Se|cond Line [ˈsɛkənt ˈlaɪn], die; - - ⟨*engl.*; »zweite Reihe«⟩: **1.** Schar von kleinen Jungen u. Halbwüchsigen, die früher hinter den Straßenkapellen in New Orleans herzog. **2.** Nachwuchskräfte im Jazz
se|con|do ⟨*lat.-it.*⟩ (Musik): das Zweite (hinter dem Namen eines Instruments zur Angabe der Reihenfolge). **Se|con|do**, das; -s, -s u. ...di (Musik): **1.** zweite Stimme. **2.** Bass bei vierhändigem Klavierspiel (Ggs.: Primo)
Se|c|ret Ser|vice [ˈsiːkrɪt ˈsœːɐ̯vɪs], der; - - ⟨*engl.*⟩: britischer Geheimdienst
Sec|tio au|rea, die; - - ⟨*lat.*⟩ (Math.): Teilung einer Strecke in der Art, dass sich die kleinere Teilstrecke zur größeren wie die größere zur ganzen Strecke verhält; Goldener Schnitt
Sec|tio cae|sa|rea, die; - - ⟨*lat.-mlat.*⟩ (Med.): Kaiserschnitt
Sec|tion [ˈzɛkʃn̩], die; -, -s ⟨*lat.-frz.-engl.*⟩: ein amerikanisches Landmaß (259 Hektar)
Se|cu|ri|ty [sɪˈkjʊ̯ərəti], die; -, -s ⟨*lat.-frz.-engl.*⟩: **1.** Sicherheit [vor Gefahr od. Schaden]. **2.** Sicherheitsdienst. **3.** (meist Plural) **a)** (Bankw.) bankübliche Sicherheit, Kaution; **b)** (Börsenw.) Wertpapier
Se|cu|ri|ty|check, Se|cu|ri|ty-Check [...tʃɛk], der; -s, -s: Sicherheitskontrolle (z. B. auf Flughäfen)
Se|da: *Plural* von ↑Sedum
Se|da|rim: *Plural* von ↑Seder
se|dat ⟨*lat.*⟩ (veraltet, aber noch landsch.): ruhig, von gesetztem Wesen, bescheiden, sittsam
se|da|tiv ⟨*lat.-nlat.*⟩ (Med.): beruhigend (von Medikamenten). **Se|da|tiv**, das; -s, -e, **Se|da|ti|vum**, das; -s, ...va ⟨*lat.*⟩ (Med.): Beruhigungsmittel
Sed|card ⟨nach Sebastian Sed, dem Geschäftsführer einer brit. Modelagentur⟩: als Bewerbungsunterlage für [2]Models dienende, beidseitig bedruckte Karte mit Fotos, die das Model in verschiedenen Posen u. Stylings (2) zeigen, und den wichtigsten Angaben zur Person
se|den|tär ⟨*lat.*⟩: **1.** (veraltet) sitzend, sesshaft, ansässig. **2.** (Geol.) aus tierischen od. pflanzlichen Stoffen aufgebaut; biogen (von Sedimenten)
Se|der, der; -[s], Sedarim ⟨*hebr.*; »Reihe«⟩: **1.** Hauptteil von Mischna u. Talmud. **2.** häusliche Passahfeier im Judentum
Se|des Apo|s|to|li|ca, die; - - ⟨*mlat.*⟩: ↑Sancta Sedes
Se|dez, das; -es ⟨*lat.*⟩: Buchformat, bei dem der Bogen 16 Blätter = 32 Seiten hat
Se|de|zi|mal|sys|tem, das; -s: ↑Hexadezimalsystem
Se|dia ges|ta|to|ria [- dʒɛs...], die; - - ⟨*lat.-it.*⟩: Tragsessel des Papstes bei feierlichen Anlässen
se|die|ren ⟨*lat.-nlat.*⟩ (Med.): dämpfen, beruhigen (z. B. durch Verabreichung eines Sedativums)
Se|die|rung, die; -, -en (Med.): Beruhigung eines bzw. einer Kranken (mit Sedativa)
Se|di|le, das; -[s], ...lien ⟨*lat.*⟩: **1.** lehnenloser Sitz für die amtierenden Priester beim Hochamt. **2.** Klappsitz im Chorgestühl
Se|di|ment, das; -[e]s, -e ⟨*lat.*⟩: **1.** (Geol.) das durch Sedimentation entstandene Schicht- oder Absatzgestein. **2.** (Med.) Bodensatz einer [Körper]flüssigkeit (bes. des Urins)
se|di|men|tär ⟨*lat.-nlat.*⟩ (Geol.): durch Ablagerung entstanden (von Gesteinen u. Lagerstätten)
Se|di|men|ta|ti|on, die; -, -en: **1.** (Geol.) Ablagerung von Stoffen, die an anderen Stellen abgetragen wurden. **2.** (Chemie, Med.) Bodensatzbildung in Flüssigkeiten. **se|di|men|tie|ren**: **1.** (Geol.) ablagern (von Staub, Sand, Kies usw. durch Wind, Wasser od. Eis). **2.** (Chemie, Med.) einen Bodensatz bei Flüssigkeiten bilden
Se|dis|va|kanz, die; -, -en ⟨*lat.-mlat.*⟩: Zeitraum, während dessen das Amt des Papstes od. eines Bischofs unbesetzt ist
Se|di|ti|on, die; -, -en ⟨*lat.*⟩ (veraltet): Aufruhr, Aufstand. **se|di|ti|ös** (veraltet): aufständisch, aufrührerisch
Se|duk|ti|on, die; -, -en ⟨*lat.*⟩ (veraltet): Verführung
Se|dum, das; -s, ...da ⟨*lat.*⟩: Pflanzengattung der Dickblattgewächse
se|du|zie|ren ⟨*lat.*⟩ (veraltet): verführen
Seer|su|cker [ˈsiːɐ̯sakɐ], der; -s ⟨*Hindi-engl.*⟩: Baumwollgewebe mit Kreppeffekt
Seg|ment, das; -[e]s, -e ⟨*lat.*⟩: **1.** Abschnitt, Teilstück (in Bezug auf ein Ganzes). **2.** (Med.) Abschnitt eines [gegliederten] Organs (z. B. des Rückenmarks) od. eines Körpers (z. B. der Gliedertiere)

Kleinwagen
mittleres abdecken
Mittelklasse
hochpreisig
oberes
Segment
Marktanteil
kompakt
gehoben
Marktführer
schmal umkämpft

seg|men|ta̱l ‹*lat.-nlat.*›: segmentförmig, als Segment vorliegend
seg|men|tä̱r: aus einzelnen Abschnitten zusammengesetzt
Seg|men|ta|ti|o̱n, die; -, -en (Med.): Bildung von Furchungen an Zellkernen. **seg|men|ti̱e|ren:** [in Segmente] zerlegen; gliedern. **Seg|men|ti̱e|rung,** die; -, -en: **1.** das Segmentieren. **2.** ↑Metamerie (1)
Se|g|no [ˈzɛnjo], das; -s, -s u. ...ni ‹*lat.-it.*› (Musik): Zeichen, von dem od. bis zu dem noch einmal zu spielen ist (Abk.: s.); vgl. al segno, dal segno
Se|gre|ga̱t, das; -[e]s, -e ‹*lat.*› (veraltet): Ausgeschiedenes, Abgetrenntes
[1]**Se|gre|ga|ti|o̱n,** die; -, -en ‹*lat.*›: **1.** (veraltet) Ausscheidung, Trennung. **2.** (Biol.) Aufspaltung der Erbfaktoren während der Reifeteilung der Geschlechtszellen
[2]**Se|gre|ga|ti|o̱n** [auch: sɛgrɪˈgeɪʃn̩], die; -, -en u. (bei engl. Ausspr.) -s ‹*lat.-engl.*› (Soziol.): Trennung von Personen[gruppen] mit gleichen sozialen (religiösen, ethnischen, schichtspezifischen u. a.) Merkmalen von Personen[gruppen] mit anderen Merkmalen, um Kontakte untereinander zu vermeiden
se|gre|gi̱e|ren ‹*lat.*›: absondern, aufspalten
se|gue [ˈzeːgu̯ə] ‹*lat.-it.; »es folgt«*›: (in älteren Notendrucken unten rechts auf der Seite als Hinweis) umblättern, es geht weiter
Se|gui|dil|la [zegiˈdɪlja], die; - ‹*lat.-span.*›: spanischer Tanz im $^3/_4$- od. $^3/_8$-Takt mit Kastagnetten- u. Gitarrenbegleitung
Seg|way® [ˈsɛkweɪ̯], der; -s, -s ‹nach dem Namen der nordamerik. Herstellerfirma›: elektrisch angetriebenes Fahrzeug mit zwei parallel angeordneten Rädern, zwischen denen ein Brett zum Stehen u. eine Lenkstange angebracht sind
Sei|cen|to [seɪ̯ˈtʃɛnto], Secento [seˈtʃɛnto], das; -[s] ‹*lat.-it.*›: die italienische Kunst des 17. Jh.s als eigene Stilrichtung
Seiches [sɛ(ː)ʃ], die (Plural) ‹*frz.*›: stehende Wellen, bei denen der Wasserspiegel am einen Ufer steigt, am entgegengesetzten fällt (bei Binnenseen)
Sei|g|nette|salz [zɛnˈjɛt...], das; -es ‹nach einem frz. Apotheker›: das Kaliumnatriumsalz der Weinsäure (Abführmittel)
Sei|g|neur [zɛnˈjøːɐ̯], der; -s, -s ‹*lat.-frz.*›: **1.** (Geschichte) französischer Grund-, Lehnsherr. **2.** (veraltet) vornehmer, gewandter Herr
sei|g|neu|ra̱l [zɛnjø...] (veraltet): vornehm, weltmännisch
Sei|g|neu|ri̱e, die; -, ...i̱en (Geschichte): das im Besitz eines Seigneurs (1) befindliche Gebiet
Sei|g|ni|o|ra|ge [zɛnjoˈraːʒ(ə)], die; - ‹*lat.-frz.-engl.*› (Wirtsch.): durch Geldschöpfung erzielter Gewinn einer Notenbank
Se̱is|mik, die; - ‹*gr.-nlat.*›: Wissenschaft, Lehre von der Entstehung, Ausbreitung u. Auswirkung der Erdbeben. **Se̱is|mi|ker,** der; -s, -: Wissenschaftler, Fachmann auf dem Gebiet der angewandten Seismik, auf dem durch künstlich (meist durch Sprengungen) hervorgerufene Erdbebenwellen der Verlauf u. die Größe von Gesteinsschichten unter der Erdoberfläche untersucht werden, um Lagerstätten (z. B. von Erdöl) zu erkunden. **Se̱is|mi|ke|rin,** die; -, -nen: weibliche Form zu ↑Seismiker. **se̱is|misch: 1.** die Seismik betreffend. **2.** Erdbeben betreffend, durch Erdbeben verursacht
Seis|mi|zi|tä̱t, die; -: Häufigkeit u. Stärke der Erdbeben eines Gebietes
Seis|mo|fo̱n, Seismophon, das; -s, -e: technisches Gerät, das weit entfernte Erdbeben hörbar macht
Seis|mo|gra̱f, Seismograph, der; -en, -en: Erdbebenmesser, der Richtung u. Dauer des Bebens aufzeichnet. **seis|mo|gra̱|fisch,** seismographisch: mit Seismografen aufgenommen (von Erschütterungen im Erdinnern)
Seis|mo|gra̩mm, das; -s, -e: Erdbebenkurve des Seismografen
Seis|mo|gra̱ph usw. vgl. Seismograf usw.
Seis|mo|lo̱|ge, der; -n, -n: Wissenschaftler, Forscher, Fachmann auf dem Gebiet der Seismik. **Seis|mo|lo|gi̱e,** die; -: ↑Seismik. **Seis|mo|lo̱|gin,** die; -, -nen: weibliche Form zu ↑Seismologe. **seis|mo|lo̱|gisch:** seismisch (1)
Seis|mo|me̱|ter, das; -s, -: Erdbebenmesser, der auch Größe u. Art der Bewegung aufzeichnet. **seis|mo|me̱|t|risch:** mit einem Seismometer gemessen
Seis|mo|nas|ti̱e, die; - (Bot.): durch Stoß ausgelöste Pflanzenbewegung, ohne Beziehung zur Reizrichtung
Seis|mo|pho̱n vgl. Seismofon
Seis|mo|s|ko̱p, das; -s, -e: heute veraltetes u. nicht mehr verwendetes Instrument zum Registrieren von Erdbeben
Se̱i|tan, der; -[s], auch das; -[s] ‹*jap.*› (Gastron.): aus Weizen hergestelltes, eiweißreiches Nahrungsmittel, das (je nach Zubereitung) in Geschmack u. Konsistenz Fleisch ähnelt
Sejm [zaɪ̯m, poln.: sɛjm], der; -s ‹*poln.*›: polnische Volksvertretung
Se|junk|ti|o̱n, die; -, -en ‹*lat.*› (Psychol. veraltet): mangelnde od. verminderte Fähigkeit, Bewusstseinsinhalte miteinander zu verbinden
Se̱|kans, der; -, - (auch: Sekạnten) ‹*lat.*› (Math.): Verhältnis der Hypotenuse zur Ankathete im rechtwinkligen Dreieck (Zeichen: sec)
Se|kạn|te, die; -, -n (Math.): Gerade, die eine Kurve (bes. einen Kreis) schneidet
Se̱|kel, Schekel, der; -s, - ‹*hebr.*›: altbabylonische u. jüdische Gewichts- u. Münzeinheit
sek|kạnt ‹*lat.-it.*› (österr., sonst veraltet): lästig, zudringlich
Sek|ka|tu̱r, die; -, -en (österr.,

Sektor	Segment
Dabei ist der Finanzsektor in alle Sektoren eingebettet. *Sachgebiet, Bereich, Bezirk* – der öffentliche [...] Sektor – formellen [...] im informellen Sektor – im tertiären Sektor [...] Dienstleistungen Das Unternehmen ist in diesem Sektor Nummer eins. Der Anreiz zu sparen ist im Sektor der privaten Haushalte gering. Der öffentliche Sektor in China ist stark überschuldet.	Denn Fälschungen seien ein Thema in allen Segmenten des Marktes. *Ausschnitt, Teil(stück)* – bestimmte Segmente [...] des Marktes – ein neues [...] Segment [zu] erschließen – in allen [...] Segmenten [...] vertreten sein Auch das Segment der leichten Nutzfahrzeuge ist hart umkämpft. Die Gesellschaft ist Marktführer im Segment der industriellen Auktionen. Ich glaube fest an ein künftiges Wachstum in diesem Segment.

sonst veraltet): **a)** Quälerei, Belästigung; **b)** Neckerei

sek|kie|ren (österr., sonst veraltet): **a)** belästigen, quälen; **b)** necken

Se|kond, die; -, -en ‹*lat.-it.*›: bestimmte Klingenhaltung beim Fechten

Se|kon|de|leut|nant [auch: zeˈkõːdə...] ‹*frz.*› (veraltet): Leutnant

se|kret ‹*lat.*› (veraltet): geheim; abgesondert

¹Se|kret, das; -[e]s, -e ‹*lat. (-mlat.)*›: **1.** (Med.) **a)** von einer Drüse produzierter u. abgesonderter Stoff, der im Organismus bestimmte biochemische Aufgaben erfüllt (z. B. Speichel, Hormone); **b)** Ausscheidung, Absonderung [einer Wunde]; vgl. Exkret, Inkret. **2.** vertrauliche Mitteilung

²Se|kret, die; -, -en (Plural selten) ‹*lat.*›: stilles Gebet des Priesters während der Messe

Se|kre|tar, der; -s, -e ‹*lat.-mlat.*› (veraltet): Geschäftsführer, Abteilungsleiter

Se|kre|tär, der; -s, -e ‹*lat.-mlat.(-frz.);* »Geheimschreiber«›: **1.** jmd., der für eine Führungskraft od. eine [leitende] Persönlichkeit des öffentlichen Lebens die Korrespondenz, die organisatorischen Aufgaben o. Ä. erledigt. **2. a)** leitender Funktionär einer Organisation; **b)** Schriftführer. **3.** Beamter des mittleren Dienstes. **4.** Schreibschrank. **5.** afrikanischer Raubvogel (Kranichgeier)

Se|kre|ta|ri|at, das; -[e]s, -e ‹*lat.-mlat.*›: **a)** der Leitung einer Organisation, Institution, eines Unternehmens beigeordnete, für Verwaltung u. organisatorische Aufgaben zuständige Abteilung; **b)** Raum, Räume eines Sekretariats (a)

Se|kre|ta|rie, die; -, ...ien: päpstliche Behörde; vgl. Staatssekretarie

Se|kre|tä|rin, die; -, -nen: weibliche Form zu ↑Sekretär (1–3)

Se|kre|ta|ri|us, der; -, ...rii (veraltet): Sekretär

se|kre|tie|ren ‹*lat.-nlat.*›: **1.** (Med.) absondern, ausscheiden. **2.** geheim halten, verschließen, bes. Bücher in einer Bibliothek

Se|k|re|tin, das; -s (Med.): Hormon des Zwölffingerdarms

Se|kre|ti|on, die; -, -en ‹*lat.*›: **1.** (Med.) Vorgang der Produktion u. Absonderung von Sekreten durch Drüsen. **2.** (Geol.) das Ausfüllen von Hohlräumen im Gestein durch Minerallösungen

se|kre|to|risch ‹*lat.-nlat.*› (Med.): die Sekretion von Drüsen betreffend

Sek|te, die; -, -n ‹*lat.-mlat.;* »befolgter Grundsatz«›: **1.** kleinere, von einer größeren Glaubensgemeinschaft, einer Kirche abgespaltene religiöse Gemeinschaft, die andere Positionen als die ursprüngliche Gemeinschaft betont. **2.** (meist abwertend) kleinere Gemeinschaft, die in meist radikaler, einseitiger Weise bestimmte Ideologien vertritt, die nicht den ethischen Grundwerten der Gesellschaft entsprechen

Sek|tie|rer, der; -s, -: **1.** Anhänger einer Sekte. **2.** (meist abwertend) jmd., der von der herrschenden politischen od. von einer philosophischen Richtung abweicht. **Sek|tie|re|rin,** die; -, -nen: weibliche Form zu ↑Sektierer. **sek|tie|re|risch: 1.** einer Sekte anhängend. **2.** nach Art eines Sektierers

Sek|ti|on, die; -, -en ‹*lat.*›: **1.** Abteilung, Gruppe [innerhalb einer Behörde od. Institution]. **2.** (Med.) ↑Obduktion. **3.** (Technik) vorgefertigtes Bauteil, bes. eines Schiffes

Sek|ti|ons|chef [...ʃɛf], der; -s, -s (bes. österr.): Abteilungsleiter in einer Behörde [in einem Ministerium]. **Sek|ti|ons|che|fin,** die; -, -nen: weibliche Form zu ↑Sektionschef

Sek|tor, der; -s, ...oren: [Sach]gebiet (als Teil von einem Ganzen), Bezirk

zivil
medizinisch
sportlich
tertiär
öffentlich
Sektor
informell
privat
kulturell
industriell
tätig
Prozent
Dienstleistung

S
Seku

Sektor/Segment *s. Kasten*

sek|to|ral: den Sektor betreffend, zu ihm gehörend

sek|to|ri|ell (bes. schweiz.): ↑sektoral

Se|kund, die; -, -en ‹*lat.*› (österr.): ↑Sekunde (4)

se|kun|da (veraltet): von zweiter Güte (von Waren)

Se|kun|da, die; -, ...den (veraltend): **1.** die sechste u. siebente Klasse eines Gymnasiums. **2.** (österr.)

die zweite Klasse einer höheren Schule

Se|kụnd|ak|kord, der; -[e]s, -e (Musik): die 3. Umkehrung des Dominantseptimenakkords (in der Generalbassschrift mit einer »2« unter der Bassstimme angedeutet)

Se|kun|da̱|ner, der; -s, - (veraltend): Schüler einer Sekunda. **Se|kun|da̱|ne|rin,** die; -, -nen: weibliche Form zu ↑Sekundaner

Se|kun|dạnt, der; -en, -en ⟨*lat.(-frz.)*⟩: **1.** Zeuge bei einem Duell. **2.** Helfer, Berater, Betreuer eines Sportlers während eines Wettkampfes (bes. beim Berufsboxen). **3.** Helfer, Beistand. **Se|kun|dạn|tin,** die; -, -nen: weibliche Form zu ↑Sekundant (2, 3)

Se|kun|dạnz, die; -, -en ⟨*lat.-nlat.*⟩: **1.** Tätigkeit eines Sekundanten (2). **2.** Hilfe, Beistand

Se|kun|da̱r... vgl. Sekundär...

se|kun|dä̱r ⟨*lat.-frz.*⟩: **1. a)** an zweiter Stelle stehend, zweitrangig, in zweiter Linie in Betracht kommend; **b)** nachträglich hinzukommend. **2.** (von chemischen Verbindungen o. Ä.) jeweils zwei von mehreren gleichartigen Atomen durch zwei bestimmte andere Atome ersetzend od. mit zwei bestimmten anderen verbindend; vgl. primär (2), tertiär (2). **3.** (Elektrot.) den Teil eines Netzgerätes betreffend, über den die umgeformte Spannung als Leistung abgegeben wird; vgl. primär (3)

Se|kun|dä̱r...

bes. österr. und schweiz. auch: Se|kun|dar...
⟨*lat.* secundarius »(der Reihe nach) folgend, zweitrangig« → *frz.* secondaire »zweitrangig«⟩
Wortbildungselement mit der Bedeutung »an zweiter Stelle; in zweiter Linie in Betracht kommend; nachträglich hinzukommend«:
- Sekundärenergie
- Sekundärliteratur
- Sekundarstufe

Se|kun|dä̱r|ana|ly|se, die; -, -n (Soziol.): soziologische Untersuchung, die sich auf Material stützt, das schon vorher für andere Zwecke erhoben worden war

Se|kun|da̱r|arzt, der; -es, ...ärzte (österr.): Assistenzarzt; Krankenhausarzt ohne leitende Stellung (Ggs.: Primararzt). **Se|kun|da̱r|ärz|tin,** die; -, -nen: weibliche Form zu ↑Sekundararzt

Se|kun|dä̱r|ener|gie, die; -, -n (Technik): aus einer Primärenergie gewonnene Energie

Se|kun|dä̱r|li|te|ra|tur, die; - (Literaturwiss.): wissenschaftliche u. kritische Literatur über Primärliteratur

Se|kun|dä̱r|mi|g|ra|ti|on, die; -, -en (Rechtsspr.): Weiterreise von Migrantinnen u. Migranten innerhalb eines Staatenverbundes, insbes. der Europäischen Union

Se|kun|dä̱r|roh|stoff, der; -[e]s, -e: Altmaterial

Se|kun|da̱r|schu|le, die; -, -n (schweiz.): höhere Volksschule

Se|kun|dä̱r|sta|tis|tik, die; -, -en: statistische Auswertung von Material, das nicht primär für statistische Zwecke erhoben wurde; vgl. Primärstatistik

Se|kun|da̱r|stu|fe, die; -, -n: auf der Primarstufe aufbauende weiterführende Stufe, weiterführender Bildungsgang

Se|kun|dä̱r|suf|fix, das; -es, -e (Sprachwiss.): Suffix, das erst in sprachgeschichtlich jüngerer Zeit durch die Verschmelzung zweier anderer Suffixe entstanden ist (z. B. -keit aus mhd. -echeit)

Se|kun|dä̱r|tek|to|ge|ne|se, die; - (Geol.): durch Schwere u. Abgleiten des Gesteins verursachte Falten- u. Deckenbildung (von Gesteinen); vgl. Primärtektogenese

Se|kụn|da|wech|sel, der; -s, - ⟨*lat.; dt.*⟩: zweite Ausfertigung eines Wechsels

Se|kụn|de, die; -, -n ⟨*lat.*⟩: **1. a)** der 60. Teil einer Minute, eine Grundeinheit der Zeit (Abk.: Sek.; Zeichen: s, älter sec, sek); **b)** (ugs.) sehr kurze Zeitspanne, kurzer Augenblick. **2.** (Math.) Winkelmaß (der 3600ste Teil eines Winkelgrads; Kurzzeichen: ″). **3.** die dritte Seite eines Druckbogens mit der Sternchenziffer. **4.** (Musik) **a)** zweiter Ton einer diatonischen Tonleiter; **b)** Intervall von zwei diatonischen Tonstufen

Se|kụn|den|me|ter, der, früher fachspr. auch das; -s, - (veraltet): vgl. Metersekunde

se|kun|di̱e̱|ren ⟨*lat.(-frz.)*⟩: **1. a)** jmdn., etwas [mit Worten] unterstützen; beipflichtend äußern; **b)** die zweite Stimme singen od. spielen u. jmdn., etwas damit begleiten. **2.** als Sekundant tätig sein. **3.** (Sport, bes. Boxen u. Schach) einen Teilnehmer während des Wettkampfs persönlich betreuen u. beraten

Se|kun|di̱|pa|ra, die; -, ...pa̱ren (Med.): Frau, die ihr zweites Kind gebiert

Se|kun|di̱z, die; - ⟨*lat.-nlat.*⟩ (kath. Rel.): 50-jähriges Priesterjubiläum; vgl. Primiz

se|kụ̈nd|lich, selten: **se|kụnd|lich:** in jeder Sekunde geschehend, sich vollziehend

Se|kun|do|ge|ni|tu̱r, die; -, -en: Besitz[recht] des zweitgeborenen Sohnes u. seiner Linie in Fürstenhäusern; vgl. Primogenitur

Se|ku|ri̱t® [auch: ...ˈrɪt], das; -s ⟨*lat.-nlat.*⟩: nicht splitterndes Sicherheitsglas

Se|ku|ri|tä̱t, die; -, -en ⟨*lat.*⟩: Sicherheit, Sorglosigkeit

se̱|la ⟨*hebr.*⟩ (veraltend): abgemacht! Schluss!

Se̱|la, das; -s, -s: Musikzeichen in den Psalmen

Se|la̱|chi|er [...x...], der; -s, - (meist Plural) ⟨*gr.-nlat.*⟩: Haifisch

se̱|la|don [auch: zelaˈdõ:] ⟨*frz.;* nach dem in zartes Grün gekleideten Schäfer Céladon in d'Urfés Roman »L'Astrée«, 17. Jh.⟩ (veraltet): blassgrün

[1]**Se̱|la|don** [auch: zelaˈdõ:], der; -s, -s (veraltet): schmachtender Liebhaber

[2]**Se̱|la|don** [auch: zelaˈdõ:], das; -s, -s: chinesisches Porzellan mit grüner bis blaugrüner Glasur (aus dem 10.–13. Jh.)

Se|la|gi|nẹl|la, die; -, ...llae [...llɛ] ⟨*lat.-it.*⟩, **Se|la|gi|nẹl|le,** die; -, -n: Moosfarn (Bärlappgewächs)

Se|la̱m vgl. Salam

Se̱|lam|lik, der; -[s], -s ⟨*türk.*⟩: **1.** Empfangsraum in einem vornehmen muslimischen Haus. **2.** (Geschichte) die Auffahrt des Sultans od. Kalifen zum Freitagsgebet

se|le|gie|ren ⟨*lat.*⟩: auswählen
Se|lek|ta, die; -, ...ten ⟨*lat.*⟩ (veraltet): Oberklasse für begabte Schüler nach Abschluss der eigentlichen Schule
Se|lek|ta|ner, der; -s, - (veraltet): Schüler einer Selekta. **Se|lek|ta|ne|rin,** die; -, -nen: weibliche Form zu ↑Selektaner
Se|lek|teur [...'tøːɐ̯], der; -s, -e ⟨*lat.-frz.*⟩: Pflanzenzüchter, der von Krankheiten befallene Pflanzenbestände aussondert, um die Ansteckung gesunder Pflanzen zu verhüten
Se|lek|teu|rin [...'tøːrɪn], die; -, -nen: weibliche Form zu ↑Selekteur
se|lek|tie|ren ⟨*lat.-nlat.*⟩: aus einer Anzahl von Individuen od. Dingen diejenigen heraussuchen, deren Eigenschaften sie für einen bestimmten Zweck besonders geeignet machen
Se|lek|ti|on, die; -, -en ⟨*lat.*⟩: **1.** Aussonderung, Auswahl. **2.** (Biol.) Auslese, Zuchtwahl; vgl. Elektion
se|lek|ti|o|nie|ren ⟨*lat.-nlat.*⟩: ↑selektieren
se|lek|tiv: 1. auf Auswahl, Auslese beruhend; auswählend; vgl. elektiv. **2.** trennscharf (im Rundfunk)
Se|lek|ti|vi|tät, die; -: **1.** selektive Beschaffenheit. **2.** (Funkw.) Trennschärfe
Se|len, das; -s ⟨*gr.-nlat.*⟩: chem. Element; ein Halbmetall (Zeichen: Se)
Se|le|nat, das; -[e]s, -e: Salz der Selensäure
Se|len|d|ro vgl. Slendro
[1]**Se|le|nit** [auch: ...'nɪt], das; -s, -e ⟨*gr.-nlat.*⟩: Salz der selenigen Säure
[2]**Se|le|nit** [auch: ...'nɪt], der; -s, -e ⟨*gr.*⟩: Gips
Se|le|no|gra|fie, Se|le|no|gra|phie, die; - (Astron.): Beschreibung u. Darstellung der topografischen u. physikalischen Beschaffenheit des Mondes
Se|le|no|lo|ge, der; -n, -n: Mondforscher, Mondgeologe. **Se|le|no|lo|gie,** die; -: Wissenschaft von der Beschaffenheit des Mondes, Mondgeologie. **Se|le|no|lo|gin,** die; -, -nen: weibliche Form zu ↑Selenologe. **se|le|no|lo|gisch:** mondkundlich
Se|len|zel|le, die; -, -n (Physik): spezielle Fotozelle, die Lichtimpulse in elektrische Stromschwankungen umwandelt
Self|ak|tor, der; -s, -s ⟨*engl.*⟩: Spinnmaschine mit einem sich bewegenden Wagen, der die Spindeln trägt
Self|ap|peal ['sɛlfəpiːl], der; -s ⟨*engl.*⟩: von einer Ware selbst ausgehende Werbewirkung, die Kund[inn]en zum spontanen Kauf veranlasst
Self|ful|fil|ling Pro|phe|cy ['sɛlffʊlfɪlɪŋ 'prɔfəsi], die; - -, - -s ⟨*engl.;* »sich selbst erfüllende Voraussage«⟩ (Psychol., Soziol.): Zunahme der Wahrscheinlichkeit, dass ein bestimmtes Ereignis eintritt, wenn es vorher bereits erwartet wird
Self|go|vern|ment [self 'gʌv(ə)nmənt], das; -s, -s: engl. Bez. für: Selbstverwaltung
Sel|fie ['sɛlfi], das; -s, -s ⟨*engl.*⟩: mit der Digitalkamera (des Smartphones od. Tablets) meist spontan aufgenommenes Selbstporträt einer od. mehrerer Personen
Self|made|frau ['sɛlfmɛɪ̯d...], die; -, -en: Frau, die sich aus eigener Kraft hochgearbeitet hat
Self|made|man [...mæn], der; -s, ...men [...mən]: jmd., der aus eigener Kraft zu beruflichem Erfolg gelangt ist
Self|scan|ning, Self-Scan|ning ['sɛlfskɛnɪŋ], das; -s ⟨*engl.*⟩ (bes. schweiz.): [Nutzung einer] Selbstbedienungskasse [im Supermarkt] für selbstständiges Abrechnen u. Bezahlen der Ware
Self|ser|vice ['sɛlfsœːɐ̯vɪs], der; - ⟨*engl.*⟩: engl. Bez. für: Selbstbedienung
Sel|ler ['sɛlɐ], der; -s, - ⟨*engl.*⟩: Kurzform von ↑Longseller, ↑Bestseller
Sel|le|rie [österr.: ...'riː], der; -, - (österr.: ...rien) ⟨*gr.-lat.-it.*⟩: eine Gemüse- u. Gewürzpflanze
Sell-out, Sell|out ['sɛlaʊ̯t], der; -[s], -s ⟨*engl.;* »Ausverkauf«⟩ (Börsenw.): panikartiger Verkauf von Wertpapieren mit der Folge, dass die Kurse stark fallen
Sel|vas, die (Plural) ⟨*lat.-span.*⟩: tropischer Regenwald im Amazonasgebiet
Sem, das; -s, -e ⟨*gr.*⟩ (Sprachwiss.): eines von mehreren Bedeutungselementen, Merkmalen, die zusammen ein Semem ausmachen (z. B. das Merkmal *männlich* im Lexem *Hengst*)
Se|man|tem, das; -s, -e ⟨*gr.-nlat.*⟩ (Sprachwiss.): **1.** Ausdrucksseite eines ↑Lexems als Träger des Inhalts. **2.** ↑Sem. **3.** ↑Semem
Se|man|tik, die; - (Sprachwiss.): **1.** Teilgebiet der Linguistik, das sich mit den Bedeutungen sprachlicher Zeichen u. Zeichenfolgen befasst. **2.** Bedeutung, Inhalt (eines Wortes, Satzes od. Textes). **Se|man|ti|ker,** der; -s, -: Wissenschaftler auf dem Gebiet der Semantik. **Se|man|ti|ke|rin,** die; -, -nen: weibliche Form zu ↑Semantiker. **se|man|tisch: a)** den Inhalt eines sprachlichen Zeichens betreffend; **b)** die Semantik betreffend
se|man|ti|sie|ren (Sprachwiss.): die Bedeutung umschreiben, ermitteln (z. B. durch Paraphrasieren)
Se|ma|phor, das od. (österr. nur:) der; -s, -e ⟨*gr.-nlat.;* »Zeichenträger«⟩: Mast mit verstellbarem Flügelsignal zur optischen Zeichengebung (z. B. zum Anzeigen von Windstärke u. -richtung an der Küste)
se|ma|pho|risch: das Semaphor betreffend
Se|ma|sio|lo|gie, die; -; ...ien: Wissenschaft, Lehre von den Bedeutungen; Teilgebiet der [älteren] Sprachwissenschaft, das sich besonders mit den Wortbedeutungen u. ihren [historischen] Veränderungen befasst. **se|ma|sio|lo|gisch:** die Semasiologie betreffend, deren Methode anwendend
Se|mé [sə'me], das; - ⟨*lat.-frz.;* »gesät«⟩: **1.** Bucheinbandschmuck des 16.–18. Jh.s, der eine gleichmäßige Streuung von Ornamenten, Wappen u. anderen Motiven aufweist. **2.** gleichmäßige Anordnung von verschiedenen Motiven um ein Wappen
Se|mei|o|gra|fie, Se|mei|o|gra|phie, die; - ⟨*gr.-nlat.*⟩: Zeichenschrift; Notenschrift
Se|mei|o|tik vgl. Semiotik
Se|mem, das; -s, -e ⟨*gr.-nlat.*⟩ (Sprachwiss.): Bedeutung, inhaltliche Seite eines sprachlichen Zeichens

Se|men, das; -s, Semina ⟨*lat.*⟩ (Bot.): Pflanzensamen

Se|mes|ter, das; -s, - ⟨*lat.;* »Zeitraum von 6 Monaten«⟩: **1.** Studienhalbjahr an einer Hochschule. **2.** (Studentenspr.) Student/-in eines bestimmten Semesters. **3.** (ugs. scherzh.) Jahrgang (in Bezug auf eine [ältere] Person)

se|mes|t|ral ⟨*lat.-nlat.*⟩ (veraltet): **a)** halbjährig; **b)** halbjährlich

Se|mes|tra|le, die; -, -n: (an Hochschulen) in einigen Fächern am Ende eines Semesters zur Leistungsüberprüfung stattfindende [freiwillige] Klausur

se|mi..., Se|mi...

⟨*lat.* semi... »halb«⟩
Wortbildungselement mit der Bedeutung »halb, fast, teilweise«:
- Semifinale
- semipermeabel
- semiprofessionell

se|mi|arid ⟨*lat.-nlat.*⟩ (Geogr.): im größten Teil des Jahres trocken; mitteltrocken

Se|mi|bre|vis [auch: zeːmiˈbrɛvɪs, ...ˈbreː...], die; -, ...ves [...veːs] (Musik): um die Hälfte gekürzter Notenwert der Brevis in der Mensuralmusik

Se|mi|de|po|nens, das; -, ...nentia u. ...nenzien (Sprachwiss.): Deponens, das in bestimmten Verbformen bei aktivischer Bedeutung teils aktivische, teils passivische Endungen zeigt (z. B. *lat.* solēre »gewohnt sein«, Perfekt: solitus sum)

Se|mi|fi|na|le, das; -s, - ⟨*lat.-it.*⟩: Vorschlussrunde bei Sportwettkämpfen, die in mehreren Ausscheidungsrunden durchgeführt werden

se|mi|hu|mid (Geogr.): im größten Teil des Jahres feucht; mittelfeucht

Se|mi|ko|lon, das; -s, -s u. ...la ⟨*lat.; gr.*⟩: aus einem Komma mit einem darüber gesetzten Punkt bestehendes Satzzeichen, das etwas stärker trennt als ein Komma, aber doch den Zusammenhang eines [größeren] Satzgefüges verdeutlicht; Strichpunkt (Zeichen: ;)

se|mi|la|te|ral ⟨*lat.-nlat.*⟩ (Med.): nur eine Körperhälfte betreffend, halbseitig (z. B. von Lähmungen)

se|mi|lu|nar (Fachspr., bes. Med.): halbmondförmig

Se|mi|mi|ni|ma, die; -, ...mae [...mɛ] ⟨*lat.*⟩ (Musik): kürzester Notenwert der Mensuralmusik; Viertelnote

Se|mi|na: *Plural* von ↑Semen

Se|mi|nar, das; -s, -e (österr. auch: -ien) ⟨*lat.;* »Pflanzschule, Baumschule«⟩: **1.** Hochschulinstitut für einen bestimmten Fachbereich mit den entsprechenden Räumlichkeiten. **2. a)** Lehrveranstaltung (z. B. an einer Hochschule); **b)** Schulung, [berufliche] Weiterbildungsveranstaltung. **3.** kirchliches Institut zur Ausbildung von Geistlichen (Priester-, Predigerseminar). **4. a)** (früher) Institut für die Ausbildung von Volksschullehrern; **b)** mit dem Schulpraktikum einhergehender Lehrgang für Studienreferendare vor dem 2. Staatsexamen

Se|mi|na|rist, der; -en, -en ⟨*lat.-nlat.*⟩: jmd., der an einem Seminar (3, 4) ausgebildet wird. **Se|mi|na|ris|tin,** die; -, -nen: weibliche Form zu ↑Seminarist

se|mi|na|ris|tisch: a) das Seminar betreffend; **b)** den Seminaristen, die Seminaristin betreffend

Se|mio|lo|gie, die; - ⟨*gr.-nlat.*⟩: **1.** (Philos., Sprachwiss.) Lehre von den Zeichen, Zeichentheorie. **2.** (Med.) ↑Symptomatologie

Se|mi|o|tik, die; -: **1.** ↑Semiologie (1). **2.** Wissenschaft vom Ausdruck, Bedeutungslehre. **3.** (Med.) ↑Symptomatologie

se|mi|o|tisch: a) die Semiotik betreffend; **b)** das [sprachliche] Zeichen betreffend

Se|mi|pe|la|gi|a|nis|mus, der; - ⟨*nlat.;* nach dem irischen Mönch Pelagius⟩: theologische Richtung [des 5. Jh.s]; vgl. Pelagianismus

se|mi|per|me|a|bel ⟨*lat.-nlat.*⟩ (Chemie, Biol.): halbdurchlässig (z. B. von Membranen). **Se|mi|per|me|a|bi|li|tät,** die; -: Halbdurchlässigkeit

se|mi|pro|fes|si|o|nell: weitgehend, fast schon professionell

Se|mis [səˈmi], das; - ⟨*lat.-frz.*⟩: ↑Semé

se|misch ⟨*gr.*⟩ (Sprachwiss.): das Sem betreffend

Se|mi|se|ria, die; - ⟨*lat.-it.*⟩: Kurzform von ↑Opera semiseria

Se|mit, der; -en, -en ⟨nach Sem, dem ältesten Sohn Noahs im Alten Testament⟩: Angehöriger einer sprachlich u. anthropologisch verwandten Gruppe von Völkern, bes. in Vorderasien und Nordafrika. **Se|mi|tin,** die; -, -nen: weibliche Form zu ↑Semit. **se|mi|tisch:** die Semiten betreffend

Se|mi|tist, der; -en, -en ⟨*nlat.*⟩: Wissenschaftler auf dem Gebiet der Semitistik

Se|mi|tis|tik, die; -: Wissenschaft von den alt- u. neusemitischen Sprachen u. Literaturen

Se|mi|tis|tin, die; -, -nen: weibliche Form zu ↑Semitist

se|mi|tis|tisch: die Semitistik betreffend

Se|mi|to|ni|um, das; -s, ...ia u. ...ien ⟨*lat.*⟩ (Musik): Halbton

Se|mi|vo|kal, der; -s, -e: ↑Halbvokal

sem|per ali|quid hae|ret ⟨*lat.*⟩: es bleibt immer etwas hängen (von Verleumdung u. übler Nachrede)

sem|per idem ⟨*lat.;* »immer derselbe«⟩: Ausspruch Ciceros über den Gleichmut des Sokrates

Sem|per|vi|vum, das; -s, ...va ⟨*lat.*⟩: Hauswurz (Dickblattgewächs)

sem|p|li|ce [...litʃe] ⟨*lat.-it.*⟩ (Musik): einfach, schlicht, ungeziert (Vortragsanweisung)

sem|p|re ⟨*lat.-it.*⟩ (Musik): immer

Sem|st|wo, das; -s, -s ⟨*russ.*⟩ (Geschichte): ständische Selbstverwaltung im zaristischen Russland (1864–1917)

Sen, der; -[s], -[s] (aber: 100 -) ⟨*chin.-jap.* u. *indones.*⟩: Münzeinheit in Indonesien, Japan, Kambodscha u. Malaysia

Se|na|na vgl. Zenana

Se|nar, der; -s, -e ⟨*lat.*⟩ (antike Metrik): dem griechischen Trimeter entsprechender lateinischer Vers mit sechs Hebungen

Se|nat, der; -[e]s, -e ⟨*lat.;* »Rat der Alten«⟩: **1.** (Geschichte) Staatsrat als Träger des Volkswillens im Rom der Antike. **2.** eine Kammer des Parlaments im parlamentarischen Zweikammersystem (z. B. in den USA). **3. a)** Regierungsbehörde in

Hamburg, Bremen u. Berlin; **b)** ↑ ¹Magistrat (2) (z. B. in Lübeck). **4.** Verwaltungsbehörde an Hochschulen und Universitäten. **5.** Richterkollegium an höheren deutschen Gerichten (z. B. an Oberlandesgerichten, Bundessozialgerichten)

Se|na|tor, der; -s, ...oren: Mitglied eines Senats. **Se|na|to|rin,** die; -, -nen: weibliche Form zu ↑ Senator

se|na|to|risch: den Senat betreffend

Se|na|tus Po|pu|lus|que Ro|ma|nus: »der Senat u. das römische Volk« (historische formelhafte Bez. für das gesamte römische Volk) (Abk.: S. P. Q. R.)

Se|ne|ga|wur|zel, die; -, -n ⟨*indian.; dt.*⟩: Wurzel einer nordamerikanischen Kreuzblume (ein Heilmittel)

Se|ne|schall, der; -s, -e ⟨*germ.-frz.*⟩ (Geschichte): Oberhofbeamter im merowingischen Reich

Se|nes|zenz, die; - ⟨*lat.-nlat.*⟩ (Med.): das Altern u. die dadurch bedingten körperlichen Veränderungen

Se|n|hor [sɛn'joːɐ̯], der; -s, -es ⟨*lat.-port.*⟩: port. Bez. für: Herr; Gebieter, Besitzer. **Se|n|ho|ra** [...'joːra], die; -, -s: port. Bez. für: Dame, Frau

Se|n|ho|ri|ta [...jo...], die; -, -s: port. Bez. für: unverheiratete Frau

se|nil ⟨*lat.*⟩: **1.** (Med.) **a)** greisenhaft, altersschwach; **b)** das Greisenalter betreffend, im hohen Lebensalter auftretend. **2.** (abwertend) verkalkt

Se|ni|li|tät, die; - ⟨*lat.-nlat.*⟩: **1.** (meist abwertend) das Senilsein; Greisenhaftigkeit. **2.** (Med.) verstärkte Ausprägung normaler Alterserscheinungen (z. B. Gedächtnisschwäche, psychische Veränderungen)

se|ni|or ⟨*lat.;* »älter«⟩: der, selten auch die Ältere (nur unflektiert hinter dem Personennamen, z. B. Krause senior) (Abk.: sen.; Ggs.: junior)

Se|ni|or, der; -s, ...oren: **1.** (ugs.) **a)** ↑ Seniorchef; **b)** Vater (im Verhältnis zum Sohn) (Ggs.: Junior [1 a]). **2.** der ältere Mann (im Unterschied zum jüngeren, jungen Mann), bes. der Sportler im Alter von mehr als 18 od. (je nach Sportart) 20, 21, 23 Jahren (Ggs.: Junior [2]). **3.** Vorsitzender. **4.** (ugs.) der Älteste (in einem [Familien]kreis, einer Versammlung o. Ä.). **5.** (meist Plural) älterer Mensch

Se|ni|o|rat, das; -[e]s, -e ⟨*lat.-nlat.*⟩: **1.** (Geschichte) Aufsicht u. Verantwortung des Grundherrn gegenüber seinen Abhängigen im Frankenreich. **2.** (Rechtsgeschichte) Vorrecht des Ältesten innerhalb eines Familienverbandes (bes. auf das Erbgut). **3.** (veraltet) Ältestenwürde, Amt des Vorsitzenden

Se|ni|or|chef, der; -s, -s: Geschäfts-, Firmeninhaber, dessen Sohn od. Tochter in der Firma mitarbeitet. **Se|ni|or|che|fin,** die; -, -nen: weibliche Form zu ↑ Seniorchef

Se|ni|o|rin, die; -, -nen: **1.** Geschäfts-, Firmeninhaberin, deren Sohn od. Tochter in der Firma mitarbeitet. **2.** die ältere Frau (im Unterschied zur jüngeren, jungen Frau), bes. die Sportlerin im Alter von mehr als 18 od. (je nach Sportart) 20, 21, 23 Jahren. **3.** (meist Plural) ältere Frau

Se|ni|um, das; -s ⟨*lat.*⟩ (Med.): Greisenalter (mit individuell sehr unterschiedlichem Beginn)

Sen|na, die; - ⟨*arab.-roman.*⟩: ↑ Kassia

Sen|ne, der; -[s], -s ⟨nach der iran. Stadt Sinneh⟩: kleiner, feiner, kurz geschorener Teppich in dezenten Farben, meist mit Palmetten als Musterung

Sen|nes|blät|ter, die (Plural) ⟨*arab.-roman.; dt.*⟩ (Med.): getrocknete Blätter verschiedener indischer u. ägyptischer Pflanzen (ein Abführmittel); vgl. Senna

Se|non, das; -s ⟨nach dem kelt. Stamm der Senonen⟩ (Geol.): zweitjüngste Stufe der oberen Kreideformation. **se|no|nisch:** das Senon betreffend

Se|ñor [sɛn'joːɐ̯], der; -s, -es ⟨*lat.-span.*⟩: span. Bez. für: Herr. **Se|ño|ra,** die; -, -s: span. Bez. für: Dame, Frau

Se|ño|ri|ta, die; -, -s: span. Bez. für: unverheiratete Frau

Sen|sal, der; -s, -e ⟨*lat.-it.*⟩ (österr.): ↑ Courtier

Sen|sa|lie, Sen|sa|rie, die; -, ...ien (österr.): Maklergebühr

Sen|sa|ti|on, die; -, -en ⟨*lat.-mlat.-frz.;* »Empfindung«⟩: **1.** aufsehenerregendes, unerwartetes Ereignis; aufsehenerregende, erstaunliche, verblüffende Leistung, Darbietung. **2.** (Med.) subjektive körperliche Empfindung, Gefühlsempfindung

sen|sa|ti|o|nell ⟨*lat.-mlat.-frz.*⟩: aufsehenerregend, verblüffend, [höchst] eindrucksvoll

sen|si|bel ⟨*lat.-frz.*⟩: **1.** empfindsam, empfindlich (in Bezug auf die Psyche). **2.** (Med.) die Empfindung, Reizaufnahme betreffend, Hautreize aufnehmend (von Nerven)

sensibel/sensitiv *s. Kasten Seite 1022*

Sen|si|bi|li|sa|tor, der; -s, ...oren ⟨*lat.-nlat.*⟩: Farbstoff zur Erhöhung der Empfindlichkeit fotografischer Schichten für gelbes u. rotes Licht

sen|si|bi|li|sie|ren: 1. empfindlich, sensibel (1) machen (für die Aufnahme von Reizen u. Eindrücken). **2.** (von Filmen) mithilfe von Sensibilisatoren lichtempfindlich machen. **3.** (Med.) den Organismus gegen bestimmte Antigene empfindlich machen, die Bildung von Antikörpern bewirken. **Sen|si|bi|li|sie|rung,** die; -, -en (Med.): **a)** angeborene od. erworbene Fähigkeit des Organismus zur Antikörperbildung gegen ein bestimmtes ↑ Antigen; **b)** künstliche Anregung des Organismus zur Bildung von Antikörpern (z. B. durch Impfen)

sensibel	sensitiv
Die Lebensmittelproduktion ist ein sehr sensibler Bereich. *feinfühlig, empfindlich, reaktiv* – in ökologisch [...] sensiblen Gebieten – reagiere [...] sehr sensibel auf – sei [...] solch sensibles Thema Allerdings sei die Branche auch sensibel für konjunkturelle Schwankungen. Die Weitergabe sensibler Daten via Internet ist nicht erforderlich. Sie sind sensibel und einfühlsam und lassen vieles geschehen, ohne aktiv einzugreifen.	Das Thema ist viel zu sensitiv, um daran offen zu arbeiten. *heikel, vertraulich* – eine politisch sehr sensitive ... – in der sensitiven Periode – ein äußerst sensitives Material Experten kritisieren, dass während der Übung sensitive und vertrauliche Daten per E-Mail ausgetauscht wurden. Man bewegt sich in einem sehr sensitiven Umfeld. Überall dort, wo sensitive Daten im Spiel sind, zum Beispiel im Gesundheitswesen.

Sen|si|bi|lis|mus, der; -: [hochgradige] Empfindlichkeit für äußere Eindrücke, Reize

Sen|si|bi|li|tät, die; -, -en ‹*lat.-frz.*›: **1.** Empfindlichkeit, Empfindsamkeit; Feinfühligkeit. **2.** (Med., Psychol.) Fähigkeit des Organismus od. bestimmter Teile des Nervensystems, Gefühls- u. Sinnesreize aufzunehmen. **3.** Empfangsempfindlichkeit bei Funkempfängern

sen|si|tiv ‹*lat.-mlat.(-frz.)*› (Med.): leicht reizbar, überempfindlich (z. B. in Bezug auf die Psyche)

sen|si|ti|vie|ren ‹*lat.-mlat.-nlat.*›: fotografische Schichten stark empfindlich machen

Sen|si|ti|vi|tät, die; -, -en: Überempfindlichkeit, Feinfühligkeit

Sen|si|ti|vi|täts|trai|ning, Sen|si|ti|vi|ty|trai|ning [sɛnsɪˈtɪvətɪ...], das; -s ‹*engl.*› (Psychol.): gruppentherapeutische Methode zur Intensivierung des Verständnisses für menschliche Verhaltensweisen u. zur Beseitigung von Hemmungen beim Ausdrücken von Gefühlen

Sen|si|to|me|ter, das; -s, - ‹*lat.; gr.*›: Instrument zur Empfindlichkeitsmessung fotografischer Platten u. Filme. **Sen|si|to|me|t|rie,** die; -: Verfahren zur Messung der Empfindlichkeit von fotografischen Platten u. Filmen

Sen|so|mo|bi|li|tät, die; - ‹*lat.-nlat.*› (Med.): das Zusammenstimmen der sensiblen (2) mit den motorischen Nerven bei der Steuerung willkürlicher Bewegungsabläufe

Sen|so|mo|to|rik [auch: ...zomoˈtoː...], Sensumotorik [auch: ...ˈtoː...], die; - (Med., Psychol.): durch Reize bewirkte Gesamtaktivität in sensorischen u. motorischen Teilen des Nervensystems u. des Organismus

sen|so|mo|to|risch [auch: ...zomoˈtoː...], sensumotorisch [auch: ...ˈtoː...] (Med., Psychol.): die Sensomotorik betreffend, auf ihr beruhend

Sen|sor, der; -s, ...oren (Technik): **1.** elektronischer Fühler, Signalmesser. **2.** durch bloßes Berühren zu betätigende Schaltvorrichtung

sen|so|ri|ell ‹*lat.-frz.*› (Med.): ↑sensorisch

Sen|so|ri|en, die (Plural) ‹*lat.-nlat.*› (Med.): Gebiete der Großhirnrinde, in denen Sinnesreize verarbeitet werden; vgl. Sensorium

Sen|so|rik, die; - (Technik): Teilgebiet der Messtechnik, das sich mit der Entwicklung u. dem Einsatz von Sensoren befasst

sen|so|risch (Med.): die Sinnesorgane, die Aufnahme von Sinnesempfindungen betreffend

Sen|so|ri|um, das; -s, ...ien ‹*lat.-nlat.*›: **1.** (Med.) Bewusstsein; vgl. Sensorien. **2.** Gespür

Sen|su|a|lis|mus, der; -: **1.** (Philos.) Lehre, nach der alle Erkenntnis allein auf Sinneswahrnehmung zurückführbar ist. **2.** (selten) Sinnlichkeit, Sinnenfreude. **Sen|su|a|list,** der; -en, -en: Vertreter des Sensualismus. **Sen|su|a|lis|tin,** die; -, -nen: weibliche Form zu ↑Sensualist. **sen|su|a|lis|tisch:** den Sensualismus betreffend

Sen|su|a|li|tät, die; - ‹*lat.*› (Med.): Empfindungsvermögen der Sinnesorgane

sen|su|ell ‹*lat.-frz.*› (Med.): **a)** die Wahrnehmung durch Sinnesorgane, die Sinnesorgane betreffend; **b)** sinnlich wahrnehmbar

Sen|su|mo|to|rik [auch: ...ˈtoː...] vgl. Sensomotorik

sen|su|mo|to|risch [auch: ...ˈtoː...] vgl. sensomotorisch

Sen|sus, der; -, - [...zuːs] ‹*lat.*› (Med.): Empfindungsvermögen eines bestimmten Sinnesorgans

Sen|sus com|mu|nis, der; - - ‹*lat.*›: gesunder Menschenverstand

Sen|tenz, die; -, -en ‹*lat.*›: **1. a)** einprägsamer, weil kurz u. treffend formulierter Ausspruch; **b)** Sinnspruch, Denkspruch als dichterische Ausdrucksform; vgl. Gnome. **2.** richterliches Urteil. **3.** (Plural) Sammlung von Stellen aus der Bibel u. aus Schriften der Kirchenväter

sen|ten|zi|ös ‹*lat.-frz.*›: in der Art der Sentenz, sentenzenreich

Sen|ti|ment [sãtiˈmãː], das; -s, -s ‹*lat.-frz.*›: Empfindung, Gefühl, Gefühlsäußerung

sen|ti|men|tal ‹*lat.-frz.-engl.*›: **a)** empfindsam; **b)** rührselig, übertrieben gefühlvoll

Sen|ti|men|ta|le, die; -n, -n: Darstellerin jugendlich-sentimentaler Mädchengestalten (Rollenfach beim Theater)

sen|ti|men|ta|lisch: **a)** (veraltet) ↑sentimental (a); **b)** (Literaturwiss.) die verloren gegangene ursprüngliche Natürlichkeit durch Reflexion wiederzugewinnen suchend; vgl. ...isch/- (Ggs.: naiv [2])
sen|ti|men|ta|li|sie|ren ⟨*lat.-frz.-engl.-nlat.*⟩ (veraltet): sich überspannt benehmen, aufführen
Sen|ti|men|ta|li|tät, die; -, -en ⟨*lat.-frz.-engl.*⟩: Empfindsamkeit; Rührseligkeit
Se|nus|si, der; -, - u. ...ssen ⟨nach dem Gründer Muhammad Ibn Ali Sanusi⟩: Anhänger eines kriegerischen islamischen Ordens in Nordafrika (seit 1833)
sen|za ⟨*lat.-it.*⟩ (Musik): ohne (in Verbindung mit musikalischen Vortragsanweisungen); **senza pedale:** ohne Pedal; **senza sordino:** ohne Dämpfer (bei Streichinstrumenten u. beim Klavier); **senza tempo:** ohne bestimmtes Zeitmaß
Se|pa|lum, das; -s, ...alen ⟨*frz.-nlat.*⟩: Kelchblatt der Pflanzenblüte
Se|pa|ran|dum, das; -s, ...da (meist Plural) ⟨*lat.*⟩ (Med. früher): Arzneimittel, das gesondert aufbewahrt wird (z. B. Opiate, Gift)
se|pa|rat: [ab]gesondert; einzeln, für sich
Se|pa|ra|ta: *Plural* von ↑Separatum
Se|pa|rate ['sɛp(ə)rɪt], das; -[s], -s ⟨*lat.-engl.*⟩: Kleidungsstück, das zu einer zwei- od. mehrteiligen Kombination gehört, aber auch getrennt davon getragen werden kann
Se|pa|ra|ti|on, die; -, -en ⟨*lat.(-frz.)*⟩: **1.** (veraltet) Absonderung. **2.** Gebietsabtrennung zum Zwecke der Angliederung an einen anderen Staat od. der politischen Verselbstständigung. **3.** (Geschichte) Flurbereinigung, Auflösung der genossenschaftlichen Wirtschaftsweise auf dem Agrarsektor im 18./19. Jh. in Deutschland
Se|pa|ra|tis|mus, der; - ⟨*lat.-nlat.*⟩ (oft abwertend): das Streben (im politischen, kirchlich-religiösen od. weltanschaulichen Bereich) nach Separation (1, 2), bes. um einen separaten Staat zu gründen. **Se|pa|ra|tist,** der; -en, -en: Verfechter, Anhänger des Separatismus. **Se|pa|ra|tis|tin,** die; -, -nen: weibliche Form zu ↑Separatist. **se|pa|ra|tis|tisch:** **a)** den Separatismus betreffend; **b)** Tendenzen des Separatismus zeigend
Se|pa|ra|tiv, der; -s, -e ⟨*lat.*⟩: Kasus der Trennung (z. B. der Ablativ im Lateinischen)
Se|pa|ra|tor, der; -s, ...oren: Gerät zur Trennung verschiedener Bestandteile von Stoffgemischen [durch Zentrifugalkräfte]
Se|pa|ra|tum, das; -s, ...ta (meist Plural): Exemplar eines Sonderdruckes
Se|pa|ree, Sé|pa|rée [zepa're:] das; -s, -s ⟨*lat.-frz.*⟩: Nebenraum in einem Lokal; vgl. Chambre séparée
se|pa|rie|ren ⟨*lat.(-frz.)*⟩: **1.** (Fachspr.) mithilfe eines Separators trennen. **2.** (veraltend) absondern, ausschließen
Se|phar|de, der; -n, -n, **Se|phar|di,** der; -, ...dim [...di:m, auch ...'di:m] ⟨*hebr.*⟩: von der Iberischen Halbinsel od. aus dem Orient stammender Jude
Se|phar|din, die; -, -nen: weibliche Form zu ↑Sepharde
se|phar|disch: die Sephardim betreffend
se|pia ⟨*gr.-lat.*⟩: grau- bis schwarzbraun. **Se|pia,** Sepie [...i̯ə], die; -, ...ien: **1.** zehnarmiger Kopffüßer (z. B. Tintenfisch). **2.** (ohne Plural) aus dem Sekret des Tintenbeutels der Sepia (1) hergestellter grau- bis schwarzbrauner Farbstoff
Se|pia|kno|chen, der; -s, -, **Se|pia|scha|le,** die; -, -n: kalkhaltige Rückenplatte der Kopffüßer
Se|pia|zeich|nung, die; -, -en: Feder- od. Pinselzeichnung mit aus Sepia (2) hergestellter Tinte, Tusche
Se|pie [...i̯ə] vgl. Sepia
Se|poy ['zipɔɪ̯], der; -s, -s ⟨*pers.-Hindi-port.-engl.*⟩ (Geschichte): eingeborener Soldat des englischen Heeres in Indien
Sep|pu|ku, das; -[s], -s ⟨*chin.-jap.*⟩: ↑Harakiri
Sep|sis, die; -, ...sen ⟨*gr.;* »Fäulnis«⟩ (Med.): generalisierte Entzündung eines Organismus durch Eindringen von Bakterien, deren Toxinen od. Pilzen in den Blutkreislauf; Blutvergiftung
Sept, die; -, -en ⟨*lat.*⟩: ↑Septime
Sep|ta: *Plural* von ↑Septum
Sept|ak|kord vgl. Septimenakkord
Sep|ta|rie [...iə], die; -, -n ⟨*lat.-nlat.*⟩ (Geol.): birnenförmige bis knollige Konkretion (3) von Mergel in Ton
Sep|te, die; -, -n ⟨*lat.*⟩: ↑Septime
Sep|tem|ber, der; -[s], -: neunter Monat im Jahr (Abk.: Sept.)
Sep|te|nar, der; -s, -e (antike Metrik): lateinisches Versmaß, das dem griechischen Tetrameter entspricht
sep|ten|nal ⟨*lat.-nlat.*⟩ (veraltet): siebenjährig
Sep|ten|nat, das; -[e]s, -e, **Sep|ten|ni|um,** das; -s, ...ien ⟨*lat.*⟩ (veraltet): Zeitraum von sieben Jahren
sep|ten|t|ri|o|nal (veraltet): nördlich
Sep|tett, das; -[e]s, -e ⟨*lat.-it.*⟩ (Musik): **a)** Komposition für sieben solistische Instrumente od. sieben Solostimmen; **b)** Ensemble von sieben Instrumental- od. Vokalsolisten
Sept|hä|mie, die; -, ...i̯en ⟨*gr.-nlat.*⟩ (Med.): ↑Sepsis
sep|ti|f|rag ⟨*lat.-nlat.*⟩ (Bot.): die Scheidewand der Fruchtblätter zerbrechend (von der Öffnungsweise von Kapselfrüchten); vgl. septizid
Sep|ti|k|ä|mie, Sep|tik|hä|mie, die; -, ...i̯en (Med.): ↑Sepsis
Sep|ti|ko|py|ä|mie, die; -, ...i̯en ⟨*gr.-nlat.*⟩ (Med.): schwere Blutvergiftung mit Eitergeschwüren an inneren Organen (eine Kombination von Sepsis u. Pyämie)
Sep|tim, die; -, -en ⟨*lat.-mlat.*⟩ (österr.): ↑Septime
Sep|ti|ma, die; -, ...men (österr. veraltet): die siebte Klasse des Gymnasiums
Sep|ti|me, die; -, -n (Musik): **a)** siebenter Ton einer diatonischen Tonleiter vom Grundton an; **b)** Intervall von sieben diatonischen Tonstufen
Sep|ti|men|ak|kord, Septakkord, der; -[e]s, -e (Musik): Akkord aus Grundton, Terz, Quinte u. Septime od. aus drei übereinandergebauten Terzen (mit Septime)
Sep|ti|mo|le, die; -, -n ⟨*lat.-nlat.*⟩: ↑Septole
sep|tisch ⟨*gr.-lat.*⟩ (Med.): **1.** die Sepsis betreffend, mit Sepsis verbunden. **2.** nicht keimfrei, mit Keimen behaftet (Ggs.: aseptisch [a])

sep|ti|zid ‹*lat.-nlat.*› (Bot.): sich durch Aufspalten entlang der Verwachsungsnähte der Fruchtblätter voneinander lösend (von der Öffnungsweise von Kapselfrüchten); vgl. septifrag

Sep|to|le, die; -, -n ‹*lat.-nlat.*› (Musik): Notengruppe von sieben Tönen, die den Taktwert von vier, sechs od. acht Noten hat

Sep|tu|a|ge|si|ma, die; - ‹*lat.-mlat.*›: neunter Sonntag vor Ostern

Sep|tu|a|gin|ta, die; - ‹*lat.;* »siebzig«; nach der Legende von 72 Gelehrten verfasst›: älteste u. wichtigste griechische Übersetzung des Alten Testaments (Zeichen: LXX)

Sep|tum, das; -s, ...ta u. ...ten ‹*lat.*› (Med.): Scheidewand, Zwischenwand, die benachbarte anatomische Strukturen voneinander trennt od. ein Gebilde unterteilt

Sep|tu|or, das; -s, -s ‹*lat.-frz.*› (veraltet): ↑Septett

Se|pul|c|rum, das; -s, ...ra ‹*lat.;* »Grabstätte«›: kleine Reliquiengruft in der Mensa (1) des Altars

se|pul|k|ral (veraltet): das Grab[mal] od. Begräbnis betreffend

Se|quel ['si:kwəl], das; -s, -s ‹*lat.-engl.*› (Filmjargon): Fortsetzungsfilm, bes. als Nachfolgefilm eines großen Erfolges mit gleichem Personenkreis

se|quens ‹*lat.*› (veraltet): folgend (Abk.: seq., sq.)

se|quen|tes (veraltet): folgende, die folgenden (Seiten) (Abk.: seqq., sqq., ss.)

se|quen|ti|ell vgl. sequenziell

Se|quenz, die; -, -en: **1.** Aufeinanderfolge von etwas Gleichartigem; Folge, Reihe. **2.** (Musik) Wiederholung eines musikalischen Motivs auf höherer od. tieferer Tonstufe. **3.** (Musik) hymnusähnlicher Gesang in der mittelalterlichen Liturgie. **4.** (Film) aus einer unmittelbaren Folge von Einstellungen gestaltete, kleinere filmische Handlungseinheit. **5.** eine Serie aufeinanderfolgender Karten gleicher Farbe (im Kartenspiel). **6.** (EDV) Befehlsfolge in einem Programmierabschnitt

S
sept

Se|quen|zer, der; -s, - (Musik): meist als Teil eines Synthesizers verwendeter Kleincomputer, der Tonfolgen speichern u. beliebig oft (auch beschleunigt, verlangsamt u. a.) wiedergeben kann

se|quen|zi|ell, sequentiell (EDV): fortlaufend, nacheinander zu verarbeiten (von der Speicherung u. Verarbeitung von Anweisungen eines Computerprogramms)

se|quen|zie|ren ‹*lat.-nlat.*› (Musik): eine Sequenz (2) durchführen

[1]Se|ques|ter, der, auch das; -s, - ‹*lat.-nlat.*›: **1.** ↑Sequestration (1). **2.** (Med.) abgestorbenes Gewebestück, das mit dem gesunden Gewebe keine Verbindung mehr hat

[2]Se|ques|ter, der; -s, - ‹*lat.*› (Rechtswiss.): jmd., der amtlich durch Gerichtsbeschluss mit der treuhänderischen Verwaltung einer strittigen Sache beauftragt wird; [Zwangs]verwalter/-in

Se|ques|t|ra|ti|on, die; -, -en ‹*lat.*›: **1.** (Rechtswiss.) gerichtlich angeordnete Übergabe einer strittigen Sache an einen [2]Sequester. **2.** Zwangsverwaltung eines Staates od. eines bestimmten Staatsgebietes, dessen Regierung abgesetzt ist. **3.** (Med.) Abstoßung eines [1]Sequesters (2). **se|ques|t|rie|ren: 1.** eine Sequestration (2) anordnen. **2.** (Rechtswiss.) einen [2]Sequester bestellen. **3.** (Med.) ein abgestorbenes Gewebestück abstoßen (in Bezug auf den Organismus od. ein Gewebe)

Se|ques|t|ro|to|mie, die; -, ...ien ‹*lat.; gr.*› (Med.): operative Entfernung eines [1]Sequesters (2)

Se|quo|ia [...ja], die; -, -s, **Se|quo|ie** [...jə], die; -, -n ‹*indian.-nlat.*›: Mammutbaum (ein Sumpfzypressengewächs)

Ser ‹*lat.-it.*›: proklitische Form von ↑Sère

Se|ra: *Plural* von ↑Serum

Se|ra|bend vgl. Saraband

Sé|rac [ze'rak, se...], der; -s, -s ‹*lat.-frz.*› (Geogr.): zacken- od. turmartiges Gebilde an Gletschern

Se|ra|fim [...fi:m]: ökum. Plural von ↑Seraph

Se|rai, der; -s, -s: ↑[2]Serail

[1]Se|rail [ze'raɪ̯, ...l], das; -s, -s ‹*pers.-türk.-it.-frz.*›: **a)** Palast des Sultans; **b)** orientalisches Fürstenschloss

[2]Se|rail [ze'raɪ̯], der; -s, -s: feines, leicht gewalktes Wolltuch

Se|ra|pei|on, das; -s, ...eia ‹*ägypt.-gr.*›, **Se|ra|pe|um,** das; -s, ...een ‹*ägypt.-gr.-lat.*›: Tempelanlage, die dem ägyptisch-griechischen Gott Serapis geweiht war

Se|raph, der; -s (selten: -en), -im [...fi:m] u. -inen (seltener: -e[n]), ökum. Serafim ‹*hebr.-lat.*›: Engel des Alten Testaments mit sechs Flügeln [u. der Gestalt einer Schlange]

se|ra|phisch: a) zu den Engeln gehörend; **b)** engelgleich; **c)** verzückt

Sè|re ['sɛre] ‹*lat.-it.*› (veraltet): höfliche, auf eine männliche Person bezogene Anrede (in Italien)

se|ren ‹*lat.*› (veraltet): heiter

Se|ren: *Plural* von ↑Serum

Se|re|na|de, die; -, -n ‹*lat.-it.-frz.*› (Musik): **1. a)** aus einer lockeren Folge von fünf bis sieben Einzelsätzen, bes. Tanzsätzen, bestehende Komposition für meist kleines Orchester; **b)** Konzertveranstaltung [im Freien], auf deren Programm bes. Serenaden (1 a) stehen. **2.** (veraltet) Ständchen

Se|ren|di|pi|tät, die; -, -en ‹*engl.-arab.*› (Fachspr.): (Prinzip der) Zufälligkeit einer ursprünglich nicht angestrebten, aber bedeutenden Entdeckung; auch die zufällige Entdeckung selbst

Se|re|nis|si|ma, die; -, ...mä: weibliche Form zu ↑Serenissimus

Se|re|nis|si|mus, der; -, ...mi ‹*lat.*› (veraltet): **a)** Anrede für einen regierenden Fürsten; Durchlaucht; **b)** (scherzh.) Fürst eines Kleinstaates

Se|re|ni|tät, die; - (veraltet): Heiterkeit

Serge [zɛrʃ, sɛrʒ], die (auch, österr. nur:) der; -, -n, Sersche, die (österr. auch:) der; -, -n ‹*gr.-lat.-vulgärlat.-frz.*›: Gewebe in Köperbindung (einer bestimmten Webart), bes. für Futterstoffe

Ser|geant [zɛr'ʒant, engl. Ausspr.: 'sɑ:dʒənt], der; -en, -en u. (bei engl. Ausspr.:) -[s], -s ‹*lat.-frz.(-engl.)*›: **1.** (ohne Plural) Unteroffiziersdienstgrad. **2.** Träger/-in dieses Dienstgrades

Se|ria, die; - ⟨*lat.-it.*⟩: ↑Opera seria

Se|ri|al [ˈsiːri̯əl], das; -s, -s ⟨*lat.-engl.*⟩: **a)** Fernsehserie; **b)** Roman, der als Fortsetzungsserie abgedruckt wird

se|ri|a|li|sie|ren (EDV): strukturierte Daten (z. B. Objektstrukturen) in eine sequenzielle Darstellungsform umwandeln, um sie zu speichern. **Se|ri|a|li|sie|rung,** die; -, -en (EDV): **a)** (ohne Plural) das Serialisieren; **b)** in serialisierter Form vorliegendes Datenpaket

Se|rie [...i̯ə], die; -, -n ⟨*lat.*⟩: **1. a)** Reihe bestimmter gleichartiger Dinge, Folge; **b)** Anzahl in gleicher Ausführung gefertigter Erzeugnisse der gleichen Art. **2.** Aufeinanderfolge gleicher, ähnlicher Geschehnisse, Erscheinungen. **3.** mehrteilige Fernseh- oder Radiosendung

se|ri|ell ⟨*lat.-nlat.*⟩: **1.** (Musik) eine Reihentechnik verwendend, die vorgegebene, konstruierte Tonreihen zugrunde legt u. zueinander in Beziehung setzt (von einer Sonderform der Zwölftonmusik). **2.** (EDV) zeitlich nacheinander (in Bezug auf die Übertragung bzw. Verarbeitung von Daten). **3.** in Serie herstellbar, gefertigt, erscheinend; serienmäßig

Se|ri|fe, die; -, -n (meist Plural) ⟨*niederl.-engl.*⟩ (Druckw.): kleiner, abschließender Querstrich am oberen od. unteren Ende von Buchstaben

Se|ri|gra|fie, Se|ri|gra|phie, die; -, ...ien ⟨*gr.-nlat.*⟩: **1.** (ohne Plural) Siebdruckverfahren. **2.** durch Serigrafie (1) hergestellter Druck

se|rio ⟨*lat.-it.*⟩ (Musik): ernst, schwer, ruhig, nachdenklich

se|ri|ös ⟨*lat.-mlat.-frz.*⟩: **a)** ernsthaft, ernst gemeint; **b)** gediegen, anständig; würdig; **c)** glaubwürdig, vertrauenswürdig, [gesetzlich] zulässig

Se|ri|o|si|tät, die; -: seriöse Art

Se|rir, die; -, -e ⟨*arab.*⟩: Kies- od. Geröllwüste [in Libyen]

Se|ri|zit [auch: ...ˈtsɪt], der; -s, -e ⟨*gr.-lat.-nlat.*⟩: ein Mineral

Ser|mon, der; -s, -e ⟨*lat.(-frz.)*⟩: **1.** (veraltet) Rede, Gespräch, Predigt. **2.** (ugs.) **a)** Redeschwall; langweiliges Geschwätz; lange, inhaltsleere Rede; **b)** Strafpredigt

Se|ro|di|a|g|nos|tik, die; -, -en ⟨*lat.; gr.*⟩ (Med.): Diagnostik von Krankheiten durch serologische Untersuchungsmethoden

se|ro|fi|b|ri|nös ⟨*lat.-nlat.*⟩ (Med.): aus Serum u. Fibrin bestehend, seröse u. fibrinöse Bestandteile enthaltend

Se|ro|lo|ge, der; -n, -n ⟨*lat.; gr.*⟩: Facharzt, Wissenschaftler auf dem Gebiet der Serologie. **Se|ro|lo|gie,** die; -, ...ien (Plural selten) (Med.): **1.** (ohne Plural) Teilgebiet der Medizin, das sich mit der Diagnostizierung von [Infektions]krankheiten aus den Veränderungen des Blutserums befasst. **2.** Ergebnis einer serologischen Untersuchung; serologisches Bild. **Se|ro|lo|gin,** die; -, -nen: weibliche Form zu ↑Serologe. **se|ro|lo|gisch:** die Serologie betreffend

Se|rom, das; -s, -e ⟨*lat.-nlat.*⟩ (Med.): Ansammlung einer serösen Flüssigkeit in Wunden od. Narben

Se|ro|nen, die (Plural) ⟨*span.(-frz.)*⟩ (früher): Packhüllen aus Ochsenhäuten, in denen trockene Waren aus Südamerika versendet werden

se|ro|pu|ru|lent ⟨*lat.-nlat.*⟩ (Med.): aus Serum u. Eiter bestehend

se|rös (Med.): **a)** aus Serum bestehend, mit Serum vermischt; **b)** Serum absondernd

Se|ro|sa, die; -, ...sen (Med.): zarte, innere Organe überziehende Haut

Se|ro|sem, Se|ro|sjom [...ˈzi̯ɔm] der; -s, -e ⟨*russ.*⟩: Grauerde (Bodentyp in Trockensteppen)

Se|ro|si|tis, die; -, ...itiden ⟨*lat.-nlat.*⟩ (Med.): Entzündung der Serosa

Se|ro|to|nin, das; -s, -e ⟨*lat.; gr.*⟩ (Med.): im Darm u. im Nervensystem vorkommender hormonähnlicher Stoff, der verschiedene Organfunktionen reguliert

Se|ro|ze|le, die; -, -n (Med.): abgekapselter seröser Erguss

ser|pens ⟨*lat.*⟩, serpiginös ⟨*lat.-nlat.*⟩ (Med.): fortschreitend, sich weiterverbreitend (z. B. von Hautflechten)

Ser|pent, der; -[e]s, -e ⟨*lat.-it.*⟩ (Musik): Blechblasinstrument mit sechs Grifflöchern u. einem Umfang von drei Oktaven

Ser|pen|tin, der; -s, -e ⟨*lat.*⟩: ein Mineral; Schmuckstein

Ser|pen|ti|ne, die; -, -n: **a)** Schlangenlinie; in Schlangenlinie ansteigender Weg an Berghängen; **b)** Windung, Kehre, Kehrschleife

Ser|pen|to|ne, der; -, ...ni ⟨*lat.-it.*⟩: it. Bez. für: Serpent

ser|pi|gi|nös vgl. serpens

Ser|ra, die; -, -s ⟨*lat.-port.*⟩: ↑Sierra

Ser|ra|del|la, Ser|ra|del|le, die; -, ...llen: mitteleuropäische Futterpflanze; Vogelfuß (Schmetterlingsblütler)

Ser|sche vgl. Serge

Ser|tão [...ˈtãu̯], der; -, -s ⟨*port.*⟩: unwegsames [Trocken]wald- u. Buschgebiet in Brasilien

Se|rum, das; -s, Sera u. Seren ⟨*lat.*⟩ (Med.): **a)** flüssiger, hauptsächlich Eiweißkörper enthaltender, nicht mehr gerinnbarer Anteil des Blutplasmas; **b)** mit Immunkörpern angereichertes, als Impfstoff verwendetes Blutserum

Ser|val, der; -s, -e u. -s ⟨*lat.-port.-frz.*⟩: katzenartiges afrikanisches Raubtier

Ser|van|te, die; -, -n ⟨*lat.-frz.*⟩ (veraltet): **a)** Anrichte; Nebentisch; **b)** Glasschränkchen für Nippsachen

Serve-and-Vol|ley [ˈsœːɐ̯vəndˈvɔli], das; -s ⟨*engl.*⟩ (Tennis): dem eigenen Aufschlag unmittelbar folgender Netzangriff, der es ermöglicht, den zurückgeschlagenen Ball ↑volley zu spielen

Ser|ve|la, die od. der; -, -s (schweiz.: -) ⟨*lat.-it.-frz.*⟩: **1.** (landsch., bes. schweiz.) ↑Zervelatwurst. **2.** (landsch.) kleine Fleischwurst

Ser|ve|lat|wurst vgl. Zervelatwurst

Ser|ven|te|se, das; -, - ⟨*lat.-it.*⟩: it. Form von ↑Sirventes

Ser|ven|tois [zɛrvɑ̃ˈtoa], das; -, - ⟨*lat.-it.-frz.*⟩: nordfranzösische Form von ↑Sirventes

Ser|ver [ˈsœːɐ̯vɐ], der; -s, - ⟨*lat.-frz.-engl.*; »Bediener«⟩: **1.** (EDV) Rechner, der für andere in einem Netzwerk mit ihm verbundene Systeme bestimmte Aufgaben übernimmt u. von dem diese ganz od. teilweise abhängig sind. **2.** (Tennis) Spieler, der den Aufschlag macht

ser|ver|ba|siert (EDV): durch einen Server (1) unterstützt

Ser|ve|rin, die; -, -nen: weibliche Form zu ↑Server (2)

[1]**Ser|vice** [zɛrˈviːs], das; - [...ˈviːs] u. -s [...ˈviːsəs], - [...ˈviːs u. ...viːsə] ⟨*lat.-frz.*⟩: zusammengehörender Geschirr- od. Gläsersatz

[2]**Ser|vice** [ˈsœːɐ̯vɪs], der (selten: das); -[s], -s [...vɪs u. ...vɪsɪs] ⟨*lat.-frz.-engl.*⟩: **1.** Bedienung, Kundendienst, Kundenbetreuung. **2.** Aufschlag[ball] im Tennis

Ser|vice|pack [ˈsœːɐ̯vɪspɛk], das; -s, -s ⟨*engl.*⟩ (EDV): eine Software ergänzendes u. bekannte Mängel behebendes Programmpaket

Ser|vice|pro|vi|der [ˈsœːɐ̯vɪsprovaɪ̯dɐ], der; -s, -: an den entsprechenden Netzbetreuer weitervermittelnder Anbieter von Kommunikationsdiensten

Ser|vice pu|b|lic [sɛrˈvis pyˈblik], der; - - ⟨frz.⟩ (schweiz.): vom Staat erbrachte u. zu erbringende Dienstleistung

ser|vie|ren [zɛr...] ⟨*lat.-frz.*⟩: **1.** bei Tisch bedienen; zum Essen, Trinken auf den Tisch bringen. **2.** (Sport) **a)** den Ball aufschlagen (beim Tennis); **b)** einem Mitspieler den Ball [zum Torschuss] genau vorlegen (z. B. beim Fußball). **3.** (ugs. abwertend) [etwas Unangenehmes] vortragen, erklären, darstellen

Ser|vie|rer, der; -s, -: jmd., der [als Angestellter in einer Gaststätte] den Gästen Speisen u. Getränke serviert. **Ser|vie|re|rin,** die; -, -nen: weibliche Form zu ↑Servierer

Ser|vier|toch|ter, die; -, ...töchter ⟨*lat.-frz.; dt.*⟩ (schweiz.): Kellnerin

S serv

Ser|vi|et|te, die; -, -n ⟨*lat.-frz.*⟩: Stoff- od. Papiertuch zum Abwischen des Mundes beim Essen

ser|vil ⟨*lat.*⟩ (abwertend): unterwürfig, kriechend, knechtisch

Ser|vi|lis|mus, der; -, ...men ⟨*lat.-nlat.*⟩ (abwertend): ↑Servilität

Ser|vi|li|tät, die; -, -en (abwertend): **1.** (ohne Plural) unterwürfige Gesinnung, Unterwürfigkeit, Kriecherei. **2.** eine unterwürfige Gesinnung kennzeichnende Handlungsweise o. Ä.

Ser|vis, der; - ⟨*lat.-frz.*⟩ (veraltet): **1.** Dienst[leistung]. **2. a)** Quartier-, Verpflegungsgeld; **b)** Wohnungs-, Ortszulage

Ser|vit, der; -en, -en ⟨*lat.-mlat.*⟩: Angehöriger eines 1233 gegründeten Bettelordens

Ser|vi|teur [...ˈtøːɐ̯], der; -s, -e ⟨*lat.-frz.*⟩ (veraltet): **1.** kleine Anrichte. **2.** Diener, Verbeugung. **3.** Vorhemd

Ser|vi|tin, die; -, -nen ⟨*lat.-nlat.*⟩: Angehörige des weiblichen Zweiges der Serviten

Ser|vi|ti|um, das; -s, ...ien ⟨*lat.*⟩: **1.** (veraltet) Dienstbarkeit; Sklaverei. **2.** (nur Plural; Geschichte) die Abgaben neu ernannter Bischöfe u. Äbte an die römische Kurie

Ser|vi|tut, die; -, -en, auch das; -[e]s, -e (bes. österr. u. schweiz. Rechtsspr.): dingliches [Nutzungs]recht an fremdem Eigentum

Ser|vo|brem|se, die; -, -n ⟨*lat.; dt.*⟩: Bremse mit einem Bremskraftverstärker

Ser|vo|ge|rät, das; -[e]s, -e (Technik): Hilfsgerät für schwer zu handhabende Steuerungen

Ser|vo|len|kung, die; -, -en: Lenkung bei Kraftwagen, bei der die vom Fahrer aufgewendete Kraft hydraulisch unterstützt wird

Ser|vo|mo|tor, der; -s, -en ⟨*lat.-nlat.*⟩ (Technik): Hilfsmotor zur Betätigung von Steuervorrichtungen

Ser|vo|prin|zip, das; -s: Prinzip der Steuerung durch eine Hilfskraftmaschine

ser|vus ⟨*lat.;* »(Ihr) Diener!«⟩ (bes. südd., österr.): freundschaftlicher Gruß beim Abschied od. zur Begrüßung

Ser|vus Ser|vo|rum Dei ⟨*lat.;* »Knecht der Knechte Gottes«⟩: Titel des Papstes in päpstlichen Urkunden

Se|sam, der; -s, -s ⟨*semit.-gr.-lat.*⟩: **a)** in Indien u. Afrika beheimatete Ölpflanze mit fingerhutartigen Blüten u. Fruchtkapseln; **b)** Samen der Sesampflanze; **Sesam, öffne dich:** scherzhafter Ausruf bei dem [vergeblichen] Versuch, etwas zu öffnen od. ein Hindernis zu überwinden, eine Lösung herbeizuführen o. Ä. (nach der Zauberformel zum Öffnen einer Schatzkammer in dem Märchen »Ali Baba u. die 40 Räuber« aus »Tausendundeiner Nacht«)

Se|sam|bein, das; -s, -e ⟨*semit.-gr.-lat.; dt.*⟩ (Med.): kleiner, plattrunder Knochen im Bereich von Gelenken der Hand u. des Fußes

Se|sam|ku|chen, der; -s, -: Viehfutter aus Pressrückständen des Sesams

Se|sam|öl, das; -s, -e: Speiseöl aus dem Samen einer indischen Sesamart

Se|sel, der; -s, - ⟨*gr.-lat.*⟩: eine Heil- u. Gewürzpflanze

ses|sil ⟨*lat.*⟩ (Biol.): festsitzend, festgewachsen (bes. von im Wasser lebenden Tieren). **Ses|si|li|tät,** die; - ⟨*lat.-nlat.*⟩ (Biol.): Lebensweise vieler im Wasser lebender Tiere (z. B. Korallen), die fest auf etwas angewachsen sind

[1]**Ses|si|on,** die; -, -en ⟨*lat.*⟩: Sitzungsperiode (z. B. eines Parlaments)

[2]**Ses|sion** [ˈsɛʃn̩], die; -, -s ⟨*lat.-engl.*⟩: Kurzform von ↑Jamsession

Ses|ter, der; -s, - ⟨*lat.*⟩: ein altes Getreidemaß (= 15 Liter)

Ses|terz, der; -es, -e: antike römische Münze

Ses|ter|zi|um, das; -s, ...ien: 1000 Sesterze

Ses|ti|ne, die; -, -n ⟨*lat.-it.*⟩: **1.** sechszeilige Strophe. **2.** Gedichtform aus sechs Strophen zu je sechs Zeilen u. einer dreizeiligen Schlussstrophe

[1]**Set** [sɛt], das od. der; -[s], -s ⟨*engl.*⟩: **1.** Satz zusammengehörender, oft gleichartiger Dinge. **2.** (meist Plural) Platzdeckchen für ein Gedeck. **3.** (Sozialpsychol.) Erwartungszustand u. körperliche Verfassung von Drogenabhängigen, die die Wirkung einer Droge beeinflussen. **4.** (nur: der; Film, Fernsehen) Szenenaufbau, Dekoration

[2]**Set,** das; -[s], - (Druckw.): Einheit für die Dicke der Monotypeschrift

Se|ta, die; -, Se̲ten ⟨*lat.;* »Borste«⟩: **1.** (Bot.) Stiel der Sporenkapsel von Laubmoosen. **2.** (nur Plural) kräftige Borste in der Haut einiger Säugetiere (z. B. bei Schweinen)

Set|te|cen|to [sete'tʃɛnto], das; -[s] ⟨*lat.-it.*⟩: das 18. Jh. in Italien als Stilepoche

Set|ter [auch: 'sɛtɐ], der; -s, - ⟨*engl.*⟩: langhaariger englischer Jagd- u. Haushund

Set|ting ['sɛtɪŋ], das; -s, -s: Gesamtheit von Merkmalen der Umgebung, in deren Rahmen etw. stattfindet, erlebt wird

Sett|le|ment ['sɛtl̩mənt], das; -s, -s ⟨*engl.*⟩: **1.** Niederlassung, Ansiedlung, Kolonie. **2.** (ohne Plural) eine soziale Bewegung in England gegen Ende des 19. Jh.s. **3.** (Börsenw.) Abwicklung u. Erfüllung eines Börsengeschäfts

Set-Top-Box, die; -, -en, **Set-Top-De|co|der**, der; -s, - ⟨*engl.*⟩: Zusatzgerät zum Fernsehapparat, das dessen Funktionen erweitert (z. B. für den Zugang zum Internet, zum Empfang digitaler Programme od. zur Entschlüsselung von Pay-TV)

Set-up, Set|up ['sɛtʔap, auch: 'sɛtɑp], das; -s, -s ⟨*engl.*⟩: **1.** (EDV) **a)** Hilfsprogramm, das neue Software auf dem Computer installiert; **b)** Installation einer neuen Software auf dem Computer. **2.** (Kfz-Technik) Einstellungen am Fahrwerk eines [Renn]autos. **3.** (Golf) Vorbereitung zum Schlag (z. B. Einnahme der richtigen Stellung)

Se|ve|ri|tät, die; - ⟨*lat.*⟩ (veraltet): Strenge, Härte

Se|vil|la|na [zevɪl'ja:na], die; -, -s ⟨nach der span. Stadt Sevilla⟩: eine Variante der ↑Seguidilla

Sè|v|res|por|zel|lan ['sɛvr...], das; -s ⟨nach dem Pariser Vorort Sèvres⟩: Porzellan aus der französischen Staatsmanufaktur in Sèvres; vgl. Chelseaporzellan

Sex [sɛks, zɛks], der; -[es] ⟨*lat.-engl.*⟩: **1.** Geschlechtlichkeit, Sexualität [in ihren durch Kommunikationsmittel (z. B. Film, Zeitschriften) verbreiteten Erscheinungsformen]. **2.** Geschlechtsverkehr. **3.** Geschlecht, Sexus. **4.** ↑Sex-Appeal

Se|xa|ge|si|ma, die; - ⟨*lat.-mlat.*⟩: achter Sonntag vor Ostern

se|xa|ge|si|mal ⟨*lat.-nlat.*⟩: das Sexagesimalsystem betreffend, das Sexagesimalsystem verwendend

Se|xa|ge|si|mal|sys|tem, das; -s: Zahlensystem, das auf der Basis 60 aufgebaut ist

Se|xa|gon, das; -s, -e ⟨*lat.; gr.*⟩: Sechseck

Sex and Crime [- ənd 'kraɪ̯m] ⟨*engl.*⟩: Kennzeichnung von Filmen (seltener von Zeitschriften) mit ausgeprägter sexueller u. krimineller Komponente

Sex-Ap|peal, Sex|ap|peal ['sɛks(ʔ)ə...], der; -s ⟨*engl.*⟩: erotische, sexuelle Anziehungskraft

Sex|bom|be, die; -, -n (ugs.): Frau, von der eine starke sexuelle Reizwirkung ausgeht

Se|xis|mus, der; -, ...men: **1.** Haltung, Grundeinstellung, die darin besteht, einen Menschen allein aufgrund seines Geschlechts zu benachteiligen; insbesondere diskriminierendes Verhalten gegenüber Frauen. **2.** auf Sexismus (1) beruhende einzelne Äußerung, Verhaltensweise o. Ä.. **Se|xist**, der; -en, -en: Vertreter des Sexismus. **Se|xis|tin**, die; -, -nen: weibliche Form zu ↑Sexist. **se|xis|tisch**: den Sexismus betreffend

Sex|lekt, der; -[e]s, -e ⟨*lat.; gr.*⟩ (Fachspr.): geschlechtsspezifische Sprache, Ausdrucksweise

Se|xo|lo|ge, der; -n, -n: Wissenschaftler auf dem Gebiet der Sexologie. **Se|xo|lo|gie**, die; -: Wissenschaft, die sich mit der Erforschung der Sexualität u. des sexuellen Verhaltens befasst. **Se|xo|lo|gin**, die; -, -nen: weibliche Form zu ↑Sexologe. **se|xo|lo|gisch**: die Sexologie betreffend

Sex|shop, der; -s, -s ⟨*engl.*⟩: [kleiner] Laden, in dem Erotika u. Mittel zur sexuellen Stimulation verkauft werden

Sext, die; -, -en ⟨*lat.-mlat.*⟩: **1.** drittes Tagesgebet des Breviers (1a) (zur sechsten Tagesstunde, 12 Uhr). **2.** vgl. Sexte

Sex|ta, die; -, ...ten ⟨*lat.*⟩ (veraltend): erste Klasse eines Gymnasiums

Sext|ak|kord, der; -[e]s, -e (Musik): erste Umkehrung des Dreiklangs mit der Terz im Bass

Sex|ta|ner, der; -s, - (veraltet): Schüler einer Sexta. **Sex|ta|ne|rin**, die; -, -nen: w. Form zu ↑Sextaner

Sex|tant, der; -en, -en: (bes. in der Seefahrt zur astronomisch-geografischen Ortsbestimmung benutztes) Winkelmessinstrument zur Bestimmung der Höhe eines Gestirns

Sex|te, die; -, -n: **a)** sechster Ton einer diatonischen Tonleiter vom Grundton an; **b)** Intervall von sechs diatonischen Tonstufen

Sex|ten: *Plural* von ↑Sext, ↑Sexta u. ↑Sexte

Sex|tett, das; -s, -e ⟨*lat.-it.*⟩: **a)** Komposition für sechs solistische Instrumente od. auch sechs Solostimmen; **b)** Ensemble von sechs Instrumental- od. auch Vokalsolisten

Sex|til|li|on, die; -, -en ⟨*lat.-nlat.*⟩: sechste Potenz einer Million (10^{36} = 1 Million Quintillionen)

Sex|ting, das; -s ⟨*engl.*⟩: Austausch privater digitaler Nachrichten od. Fotos mit explizit sexuellem Inhalt

Sex|to|le, die; -, -n (Musik): Notengruppe von sechs Tönen, die den Taktwert von vier od. acht Noten hat

Sex|tou|ris|mus, der; - ⟨*engl.*⟩: Tourismus mit dem Ziel sexueller Kontakte [bes. in Länder der Dritten Welt]

Sex|tu|or, das; -s, -s ⟨*lat.-frz.*⟩ (veraltet): Sextett

se|xu|al ⟨*lat.*⟩: ↑sexuell; vgl. ...al/...ell

Se|xu|al|de|likt, das; -[e]s, -e: Delikt auf sexuellem Gebiet (z. B. Vergewaltigung)

Se|xu|al|ethik, die; -: Ethik im Bereich des menschlichen Geschlechtslebens. **se|xu|al|e|thisch**: die Sexualethik betreffend

Se|xu|al|hor|mon, das; -s, -e (Med.): **a)** von den Keimdrüsen gebildetes Hormon, das regulativ auf die Entwicklung der sekundären Geschlechtsmerkmale und auf die Tätigkeit der Eierstöcke einwirkt (z. B. Östrogen, Progesteron); **b)** Hormon, das auf die Keimdrüsen einwirkt

Se|xu|al|hy|gi|e|ne, die; -: Hygiene im Bereich des menschlichen Geschlechtslebens

se|xu|a|li|sie|ren: die Sexualität in den Vordergrund stellen, überbetonen

Se|xu|a|li|tät, die; -, -en ⟨*lat.-nlat.*⟩:

Geschlechtlichkeit, Gesamtheit der im Sexus begründeten Lebensäußerungen

Se|xu|al|ob|jekt, das; -[e]s, -e: Person, die zur Befriedigung sexueller Wünsche dient

Se|xu|al|or|gan, das; -s, -e: Geschlechtsorgan

Se|xu|al|pä|d|a|go|gik, die; -: Teilgebiet der Pädagogik, das sich mit Theorie und Praxis der Geschlechtserziehung u. der sexuellen Aufklärung befasst

Se|xu|al|part|ner, der; -s, -: Partner in einer sexuellen Beziehung. **Se|xu|al|part|ne|rin,** die; -, -nen: weibliche Form zu ↑Sexualpartner

Se|xu|al|pa|tho|lo|gie, die; - (Med., Psychol.): Wissenschaftszweig, der sich mit krankhaften Störungen des Geschlechtslebens befasst. **se|xu|al|pa|tho|lo|gisch:** die Sexualpathologie betreffend

Se|xu|al|psy|cho|lo|gie, die; -, ...ien: Teilbereich der Psychologie, der sich mit dem menschlichen Verhalten auf sexuellem Gebiet befasst

Se|xu|al|rhyth|mus, der; -, ...men, **Se|xu|al|zy|k|lus,** der; -, ...len (Biol., Med.): durch Geschlechtshormone gesteuerter periodischer Vorgang, der den Sexus betrifft (z. B. Brunst, Menstruation)

se|xu|ell ⟨*lat.-frz.*⟩: die Sexualität betreffend, geschlechtlich; vgl. ...al/...ell

Sex und Crime [- - 'kraịm] vgl. Sex and Crime

Se|xu|o|lo|ge usw. vgl. Sexologe usw.

Se|xus, der; -, - [...u:s] ⟨*lat.*⟩: **1.** (Plural selten; Fachspr.) **a)** differenzierte Ausprägung eines Lebewesens im Hinblick auf seine Aufgabe bei der Fortpflanzung; **b)** Geschlechtstrieb als zum Wesen des Menschen gehörende elementare Lebensäußerung; Sexualität. **2.** (selten) ↑Genus (2)

se|xy ['sɛksi, 'zɛksi] ⟨*lat.-frz.-engl.*⟩ (ugs.): Sex-Appeal besitzend, von starkem sexuellem Reiz; erotisch attraktiv

Se|xy|ness, die; -: erotische Anziehungskraft, Sex-Appeal

Sey|chel|len|nuss, Sey|chel|len-Nuss [ze'ʃɛlən...], die; -, ...nüsse ⟨nach der Inselgruppe der Seychellen im Indischen Ozean⟩: Frucht der Seychellenpalme

se|zer|nie|ren ⟨*lat.*⟩ (Med.): ein Sekret absondern (z. B. von Drüsen od. offenen Wunden)

Se|zes|si|on, die; -, -en ⟨*lat.(-engl.)*⟩: **1.** Absonderung, Trennung von einer Künstlergruppe, von einer älteren Künstlervereinigung. **2.** Absonderung, Verselbstständigung von Staatsteilen. **3.** ↑Secession

Se|zes|si|o|nist, der; -en, -en ⟨*lat.-nlat.*⟩: **1.** Künstler, Mitglied einer Sezession (1). **2.** Anhänger einer Sezession (2). **Se|zes|si|o|nis|tin,** die; -, -nen: weibliche Form zu ↑Sezessionist. **se|zes|si|o|nis|tisch:** die Sezession betreffend, ihr angehörend

se|zie|ren ⟨*lat.;* »schneiden, zerschneiden, zerlegen«⟩ (Anat.): [eine Leiche] öffnen, anatomisch zerlegen

sfor|zan|do usw. vgl. sforzato usw.

sfor|za|to ⟨*lat.-it.*⟩ (Musik): verstärkt, hervorgehoben, plötzlich betont (Vortragsanweisung für Einzeltöne od. -akkorde) (Abk.: sf, sfz). **Sfor|za|to,** das; -s, -s u. ...ti (Musik): plötzliche Betonung eines Tones od. Akkordes

sfu|ma|to ⟨*lat.-it.*⟩: mit weichen, verschwimmenden Umrissen gemalt

SGML, die; - ⟨Abk. für *engl.* standard generalized *m*ark-up *l*anguage⟩ (EDV): normierte Auszeichnungssprache zur Beschreibung strukturierter Texte

Sgraf|fi|a|to vgl. Graffiato

Sgraf|fi|to, das; -s, -s u. ...ti ⟨*it.*⟩: Fassadenmalerei, bei der die Zeichnung in die noch feuchte helle Putzschicht bis auf die darunterliegende dunkle Grundierung eingeritzt wird (bes. in der italienischen Renaissance verwendete, in der Gegenwart wieder aufgenommene Technik); vgl. Graffito

Sha|ding ['ʃeịdɪŋ], das; -[s], -s (Plural selten) ⟨*engl.*⟩ (EDV): (in der 3-D-Computergrafik) Erzeugung von Tiefenwirkung [u. Oberflächeneigenschaften] durch Darstellung von Schattierungen auf Objekten

Sha|do|wing ['ʃɛdoɪŋ], das; -[s] ⟨*engl.* shadow = »Schatten«⟩ (Psychol.): fortlaufendes Nachsprechen sprachlicher Äußerungen, die Testpersonen über Kopfhörer eingespielt werden, um die selektive Aufmerksamkeit u. Satzverarbeitungsprozesse zu erforschen

Shag [ʃɛk], der; -s, -s ⟨*engl.*⟩: **1.** fein geschnittener Pfeifentabak. **2.** amerikanischer Modetanz bes. der 1930er- u. 1940er-Jahre

Shai|va ['ʃaịva] vgl. Schaiwa

[1]**Shake** [ʃeịk], das; -s, -s ⟨*engl.;* eigtl. »schütteln«⟩ (Jazz): **a)** bes. von Trompete u. Posaune geblasenes, heftiges Vibrato über einer einzelnen Note; **b)** besondere Betonung einer Note

[2]**Shake,** der; -s, -s ⟨*engl.-amerik.*⟩: **1.** Mixgetränk. **2.** Modetanz der späten 1960er-Jahre, bei dem die Tänzer schüttelnde Bewegungen machen

Shake|hands ['ʃeịk'hɛ(:)nts], das; -, - (meist Plural) ⟨*engl.*⟩: Händedruck, Händeschütteln

Sha|ker ['ʃeịkɐ], der; -s, -: Mixbecher, bes. für alkoholische Getränke

sha|kern: im Shaker mischen

Shak|ta [ʃ...] vgl. Schakta

Shak|ti [ʃ...] vgl. Schakti

Sha|lom [ʃ...] vgl. Schalom

Sham|poo ['ʃampu, 'ʃampo, österr.: ...'po:], **Sham|poon** [ʃɛm'pu:n, auch, österr. nur: ʃam'po:n] das; -s, -s ⟨*Hindi-engl.*⟩: Haarwaschmittel. **sham|poo|nie|ren** [ʃampo..., auch: ʃɛmpu...]: ↑schamponieren

Sham|rock ['ʃæmrɔk], der; -[s], -s ⟨*irisch-engl.*⟩: [Sauer]kleeblatt als Wahrzeichen der Iren, denen der heilige Patrick damit die Dreieinigkeit erklärt haben soll

Shan|tung [ʃ...] vgl. Schantungseide

Shan|ty ['ʃɛnti], das; -s, -s ⟨*lat.-frz.-engl.*⟩: Seemannslied

[1]**Sha|ping** ['ʃeịpɪŋ], die; -, -s ⟨*engl.*⟩: Kurzform von ↑Shapingmaschine

[2]**Sha|ping,** das; -[s] (Psychol.): allmähliches Annähern einer Reaktion an ein (definiertes) Endverhalten durch Reinforcement jeder Reaktion, die in Richtung auf dieses Verhalten zielt

Sha|ping|ma|schi|ne, die; -, -n ⟨*engl.; gr.-lat.-frz.*⟩: Hobelmaschine zur Metallbearbeitung, bei der das Werkzeug stoßende Bewegungen ausführt, während das Werkstück fest eingespannt ist

Share [ʃɛːɐ̯], der; -, -s ‹*engl.*›: engl. Bez. für: Aktie

Share|hol|der [ˈʃɛːɐ̯hoʊ̯ldɐ], der; -s, -: engl. Bez. für: Aktionär

Share|hol|der-Va|lue, Share|hol|der|va|lue [...ˈvɛljuː] der; -[s], -s (Wirtsch.): Marktwert des sich auf die Aktionäre aufteilenden Eigenkapitals eines Unternehmens

Share|ware [ˈʃɛːɐ̯wɛːɐ̯], die; -, -s (Plural selten): zu Testzwecken kostengünstig angebotene Software, die erst nach Eignungsnachweis bezahlt werden muss

Sha|ring [ˈʃɛːrɪŋ], das; -[s] ‹*engl.*›: organisierte Nutzung von etw. durch mehrere Personen

Sha|ron [ʃ...], die; -, -i, (auch:) -früchte ‹nach der Küstenebene in Israel›: Dattelpflaume

sharp [ʃarp] ‹*engl.*› (Musik): engl. Bez. für: Erhöhungskreuz (♯) im Notensatz (z. B. G sharp = Gis)

Shar|pie [ˈʃarpi] vgl. ²Scharpie

Shed|bau [ʃ...] vgl. Schedbau

Shed|dach vgl. Scheddach

She-DJ [ˈʃiːˈdiːdʒɛɪ̯], die; -, -s ‹*engl.*› (schweiz.): weibliche Form zu ↑DJ

Shell [ʃɛl], die; -, -s ‹*engl.*›: 1. (EDV) Benutzeroberfläche eines Betriebssystems (von Computern). 2. (Informatik) ↑Expertensystem, das noch nicht od. nicht mehr mit Fakten od. Regeln eines bestimmten Gebiets gefüllt ist

Shell|skript, das; -[e]s, -e[n] u. -s ‹*engl.*› (EDV): in einer ↑Shell (1) erstellte Textdatei mit nacheinander auszuführenden Kommandos

She|riff [ˈʃɛrɪf], der; -s, -s ‹*germ.-engl.*›: 1. hoher Verwaltungsbeamter in einer englischen od. irischen Grafschaft. 2. oberster, auf Zeit gewählter Vollzugsbeamter einer amerikanischen Stadt mit begrenzten richterlichen Aufgaben

Sher|pa [ʃ...], der; -[s], -s ‹*tibet.-engl.*›: (als Träger u. Bergführer bei Expeditionen im Himalajagebiet bekannt gewordener) Angehöriger einer Bergbevölkerung mit tibetischer Sprache in Ostnepal. **Sher|pa|ni,** die; -, -s: weibliche Form zu ↑Sherpa

Sher|ry [ˈʃɛri], der; -s, -s ‹*span.-engl.;* vom Namen der span. Stadt Jerez de la Frontera›: spanischer Likörwein

Shet|land [engl.: ˈʃɛtlənd], der; -s, -s ‹nach den schottischen Shetlandinseln›: grau melierter Wollstoff in Tuch- od. Köperbindung

Shet|land|po|ny, das; -s, -s: Kleinpferd von den Shetland- u. Orkneyinseln

Shi|at|su [ʃ...], das; -[s] ‹*jap.;* »Druck mit den Fingern«›: Druckmassage (japanische Variante der Akupressur)

Shift|tas|te [ˈʃɪft...], die; -, -n (EDV): Taste zum Umschalten von Klein- auf Großbuchstaben bzw. auf die obere Tastenbelegung auf einer Computertastatur

Shi|gel|le [ʃ...], die; -, -n (meist Plural) ‹*nlat.;* nach dem jap. Bakteriologen K. Shiga, 1870–1957›: zu den Salmonellen zählende Bakterie

Shi|i|ta|ke|pilz [ʃ...], der; -es, -e ‹*jap.*›: (in Japan u. China an Stämmen von Bambus u. Eichen kultivierter u. als Speisepilz beliebter) Blätterpilz mit rötlich braunem Hut u. festem weißlichem Fleisch

Shil|ling [ʃ...], der; -s, -s (aber: 5 -) ‹*engl.*›: 1. bis 1971 im Umlauf befindliche britische Münze (20 Shilling = 1 Pfund Sterling) (Zeichen: s od. sh). 2. Münzeinheit in Kenia, Somalia, Tansania u. Uganda

Shim|my [ˈʃɪmi], der; -[s], -s ‹*engl.-amerik.*›: Gesellschaftstanz der 1920er-Jahre im $^2/_2$- od. $^2/_4$-Takt

Shin|kan|sen [ʃ...], der; -, - ‹*jap.*›: japanischer Hochgeschwindigkeitszug

Shin|to|is|mus usw. vgl. Schintoismus usw.

Shirt [ʃœːɐ̯t], das; -s, -s ‹*engl.*›: [kurzärmeliges] Baumwollhemd, T-Shirt

Shi|sha [ˈʃiːʃa], Schischa, die; -, -s ‹*pers.-türk.-arab.*›: Wasserpfeife arab. Ursprungs

Shi|sha|bar [ˈʃiːʃa...], Schischabar, die: Lokal, in dem Wasserpfeifen bestellt u. geraucht werden können

Shit [ʃ...], der od. das; -s ‹*engl.*› (Jargon): Haschisch

Shit|storm [ˈʃɪtstɔːɐ̯m], der; -s, -s ‹*engl.*› (EDV): Sturm der Entrüstung in einem Kommunikationsmedium des Internets, der zum Teil mit beleidigenden Äußerungen einhergeht

Sho|ah [ʃ...] vgl. Schoah

Shock [ʃ...] vgl. Schock

sho|cking ‹*niederl.-frz.-engl.*› (ugs.): anstößig, schockierend, peinlich

Shod|dy [ˈʃɔdi], das (auch: der); -s, -s ‹*engl.*›: aus Trikotagen hergestellte Reißwolle

Sho|gun, Schogun [ˈʃoːguːn], der; -s, -e ‹*chin.-jap.*› (Geschichte): **a)** (ohne Plural) [erblicher] Titel japanischer kaiserlicher Feldherren, die lange Zeit anstelle der machtlosen Kaiser das Land regierten; **b)** Träger dieses Titels

Sho|gu|nat [ʃ...], Schogunat, das; -[e]s ‹*chin.-jap.-nlat.*› (Geschichte): Amt eines Shoguns

Shoo|ting|star [ˈʃuː...], der; -s, -s ‹*engl.*›: Person od. Sache, die schnell an die Spitze gelangt; Senkrechtstarter/-in

Shop [ʃ...], der; -s, -s ‹*engl.*›: Laden, [online betriebenes] Geschäft

Sho|p|a|ho|lic [...əˈhɔlɪk], der; -s, -s u. die; -, -s ‹Analogiebildung zu Workaholic›: jmd., der unter dem Zwang steht, ununterbrochen einkaufen zu müssen

shop|pen: einen Einkaufsbummel machen

Shop|per, der; -s, -: 1. jmd., der einen Einkaufsbummel macht, einkauft. 2. größere [Hand]tasche

Shop|pe|rin, die; -, -nen: weibliche Form zu ↑Shopper (1)

Shop|ping, das; -s: Einkaufsbummel

Shop|ping|cen|ter, Shop|ping-Center, das; -s, -: Einkaufszentrum

Shop|ping-Goods, Shop|ping-goods [...gʊdz], die (Plural) (Wirtsch.): Güter, die nicht täglich gebraucht werden u. bei deren Einkauf der Verbraucher eine sorgfältige Auswahl trifft (Ggs.: Convenience-Goods)

Shop|ping|mall, Shop|ping-Mall [...mɔːl], die; -, -s ‹*engl.-amerik.*›: ↑Shoppingcenter

Shore|här|te, Shore-Här|te [ˈʃɔːɐ̯...], die; - ‹nach dem amerik. Industriellen Shore

(20. Jh.)): Härtebestimmung mit fallenden Kugeln bei sehr harten Werkstücken, wobei die Rücksprunghöhe ausgewertet wird

Short|horn|rind [ˈʃɔːɐ̯t..., ˈʃɔrt...], das; -s, -er ⟨*engl.; dt.*⟩: mittelschweres Rind mit kurzen Hörnern, kleinem Kopf u. kurzem Hals

Short|list [ˈʃɔːɐ̯tlɪst], die; -, -s ⟨*engl.*⟩: Liste einer engeren Auswahl [für einen Wettbewerb], die durch Kürzen einer ↑Longlist entstanden ist

Shorts [ʃɔːɐ̯ts], die (Plural) ⟨*engl.*⟩: kurze, sportliche Hose

Short Sto|ry, die; - -, - -s, **Short|sto|ry,** die; -, -s [ˈʃɔːɐ̯tstɔri, auch: ˈʃɔːt ˈstɔːri] ⟨*engl.-amerik.*⟩: angelsächs. Bez. für: Kurzgeschichte

Short|ton [ˈʃɔrtˈtan], die; -, -s ⟨*engl.*⟩: Gewichtsmaß in den USA (= 907,185 kg)

Short|track, Short Track [...trɛk], der; -s: Eisschnelllauf auf einer kurzen (nur ca. 110 m langen) Bahn

Shor|ty [ˈʃɔːɐ̯ti], das, auch: der; -s, -s: **1.** Schlafanzug mit kurzer Hose. **2.** am Gesäß hoch ausgeschnittener Damenslip. **3.** [kurzärmeliger] Neoprenanzug mit kurzem Bein

Shout [ʃaʊ̯t], der; -s ⟨*engl.-amerik.*⟩: ↑Shouting. **Shou|ter** [ˈʃaʊ̯tɐ], der; -s, -: Sänger, der im Stil des Shoutings singt. **Shou|ting,** das; -[s]: aus [kultischen] Gesängen der afroamerikanischen Musik entwickelter Gesangsstil des Jazz mit starker Tendenz zu abgehacktem Rufen od. Schreien

Show [ʃoʊ̯], die; -, -s ⟨*engl.-amerik.*⟩: Vorführung eines großen bunten, aufwendigen Unterhaltungsprogramms in einem Theater, Varieté o. Ä., bes. als Fernsehsendung

Show|biz [ˈʃoʊ̯bɪz], das; - ⟨*engl.-amerik.*⟩ (Jargon): kurz für ↑Showbusiness

Show|block, der; -s, ...blöcke: Show als Einlage in einer Fernsehsendung

Show|boat [...boʊ̯t], das; -s, -s ⟨*engl.-amerik.*⟩: Unterhaltungsschiff für Show- u. Theateraufführungen

Show|busi|ness [...bɪznɪs, ...bɪsnɛs], das; -: Vergnügungs-, Unterhaltungsbranche; Schaugeschäft

Show|case [ˈʃoʊ̯kɛɪ̯s], der od. das; - u. -s, -s [...sɪs] ⟨*engl.*⟩: Präsentation, Vorführung [zu PR-Zwecken]

Show|down, Show-down [ʃoʊ̯ˈdaʊ̯n], der; -[s], -s: dramatische, entscheidende Konfrontation; Entscheidungskampf

Sho|wer|gel [ˈʃaʊ̯ɐ...], das; -s, -s ⟨*engl.; lat.-it.-frz.*⟩: Duschgel

Show|girl [ˈʃoʊ̯gœːɐ̯l], das; -s, -s: Sängerin od. Tänzerin in einer Show

Show|man [...mən], der; -s, ...men [...mən]: **1.** jmd., der im Showbusiness tätig ist. **2.** jmd., der aus allem eine Schau zu machen versteht

Show|mas|ter, der; -s, - ⟨anglisierende Bildung⟩: Unterhaltungskünstler, der eine Show arrangiert u. präsentiert. **Show|mas|te|rin,** die; -, -nen: weibliche Form zu ↑Showmaster

Show|room [...ruːm], der; -s, -s ⟨*engl.*⟩: Vorführungsraum (z. B. für effektvolle Präsentationen)

Show|ta|lent, das; -[e]s, -e: **1.** (ohne Plural) besondere Begabung, in Shows aufzutreten, sich vor einem Publikum als Unterhalter[in] o. Ä. zu betätigen. **2.** jmd., der Showtalent (1) hat

Show|view® [...vjuː], das; -s ⟨*engl.*⟩: in bestimmten Ziffernreihen dargestelltes (bes. in Programmzeitschriften abgedrucktes) Programm, das die Videoprogrammierung ermöglicht

Shred|der [ʃ...]: englische Schreibung von: Schredder

Shrimp [ʃrɪmp], der; -s, -s (meist Plural) ⟨*engl.*⟩: kleine, essbare Garnele, Nordseekrabbe

Shu|d|ra [ˈʃuː...] vgl. Schudra

Shuf|f|le|board [ˈʃafl̩bɔːɐ̯t], das; -s ⟨*engl.*⟩: Spiel, bei dem auf einem länglichen Spielfeld Scheiben mit langen Holzstöcken möglichst genau von der Startlinie in das gegenüberliegende Zielfeld geschoben werden müssen

Shunt [ʃant], der; -s, -s ⟨*engl.*⟩: **1.** (Physik) elektrischer Nebenschlusswiderstand. **2.** (Med.) **a)** infolge eines angeborenen Defekts bestehende Verbindung zwischen großem u. kleinem Kreislauf; **b)** operativ hergestellte künstliche Verbindung zwischen Blutgefäßen des großen u. kleinen Kreislaufs

shun|ten [ˈʃantn̩]: in elektrischen Geräten durch Parallelschaltung eines Widerstandes die Stromstärke regeln

Shut|down, Shut-down [ˈʃatdaʊ̯n, ...ˈdaʊ̯n], der; -s, -s ⟨*engl.*⟩: das Herunterfahren eines [technischen] Systems

Shut|ter|bril|le [ˈʃatɐ...], die; -, -n ⟨*engl.; dt.*⟩: für das Betrachten von 3-D-Projektionen konzipierte Brille, die das rechte u. linke Brillenglas abwechselnd abdunkelt u. damit undurchlässig macht

Shut|tle [ˈʃatl̩], der; -s, -s ⟨*engl.*⟩: **1.** Kurzform von ↑Spaceshuttle. **2. a)** Pendelverkehr; **b)** im Pendelverkehr eingesetztes Fahr- od. Flugzeug

Shut|tle|ser|vice, Shut|tle-Ser|vice, der (selten: das) ⟨*engl.*⟩

Shy|lock [ˈʃaɪ̯lɔk], der; -[s], -s ⟨*engl.;* nach der Figur in Shakespeares »Kaufmann von Venedig«⟩: erpresserischer Geldverleiher; mitleidloser Gläubiger

si [siː] ⟨*it.*⟩: Silbe, auf die beim Solmisieren der Ton h gesungen wird

Si|al, das; -[s] ⟨Kurzw. aus *Si*licium u. *Al*uminium⟩ (Geol.): oberste Schicht der Erdkruste

Si|a|l|a|de|ni|tis, die; -, ...itiden ⟨*gr.-nlat.*⟩ (Med.): Speicheldrüsenentzündung

si|a|lisch ⟨von ↑Sial⟩ (Geol.): überwiegend aus Silicium-Aluminium-Verbindungen zusammengesetzt (von den Gesteinen der oberen Erdkruste)

si|al|li|tisch: tonig (von der Verwitterung der Gesteine in feuchtem Klima)

Si|a|lo|lith [auch: ...ˈlɪt], der; -s u. -en, -e[n] ⟨*gr.-nlat.*⟩ (Med.): ↑Ptyalolith

Si|a|lor|rhö, die; -, -en (Med.): ↑Ptyalismus

si|a|me|sisch ⟨nach Siam (heute Thailand), dem Herkunftsland der zusammengewachsenen Zwillingsbrüder Chang u. Eng Bunkes (1811–1874), deren Fall erstmals weltweit bekannt wurde⟩: in der Fügung **siamesische Zwillinge** (Med.): bei eineiigen Zwillingen selten auftretende Fehlbildung in Form zweier völlig entwickelter Individuen, die an einem Körperabschnitt (meist Brust- od. Kreuzbein) miteinander verwachsen sind

Si|a|mo|sen, die (Plural) ‹*nlat.*›: karierte u. gestreifte Baumwollgewebe in Leinwandbindung, die bes. für Schürzen u. Bettbezugsstoffe verwendet werden

Si|bi|lant, der; -en, -en ‹*lat.*› (Sprachwiss.): Zischlaut, Reibelaut (z. B. *s*)

si|bi|lie|ren (Sprachwiss.): zu Sibilanten machen (von Lauten)

Si|bl|jak, der; -s, -s ‹*serbokroat.*›: sommergrüner Buschwald

Si|byl|le, die; -, -n ‹*gr.-lat.*›: weissagende Frau, geheimnisvolle Wahrsagerin

Si|byl|li|nen, die (Plural): hellenistisch-jüdische Weissagungsbücher

si|byl|li|nisch: geheimnisvoll, rätselhaft

sic [auch: zɪk] ‹*lat.*›: so, ebenso; wirklich so! (mit Bezug auf etwas Vorangegangenes, das in dieser [falschen] Form gelesen od. gehört worden ist)

Si|ci|li|a|no [sitʃi...], der; -s, -s u. ...ni ‹*it.*›: alter sizilianischer Volkstanz im 6/8- od. 12/8-Takt

Si|ci|li|enne [zisiˈli̯ɛn, sisiˈljɛn], die; -, -s ‹*it.-frz.*›: frz. Bez. für: Siciliano

Sick-out, Sick|out [ˈsɪkʔau̯t, sɪkˈʔau̯t], das; -s, -s ‹*engl.*›: Krankmeldung (bes. von Arbeitnehmern, für die ein Streikverbot gilt) als Arbeitskampfmaßnahme

sic tran|sit glo|ria mun|di ‹*lat.*›: »so vergeht die Herrlichkeit der Welt« (Zuruf an den neuen Papst beim Einzug zur Krönung, wobei symbolisch ein Büschel Werg verbrannt wird)

Sid|dhan|ta [ziˈdanta], das od. der; - ‹*sanskr.;* »Lehrbuch«›: Gesamtheit der heiligen Schriften der indischen Religion aus der Zeit Buddhas

Side|bag [ˈsai̯dbɛk], der; -s, -s ‹*engl.*›: im Bereich der Fahrzeugtüren angebrachter Airbag als Schutz bei einem seitlichen Aufprall

Side|board [...bɔːɐ̯t], das; -s, -s ‹*engl.*›: Anrichte, Büfett (1)

Side|cut [ˈsai̯dkat], der; -s, -s ‹*engl.*›: Frisur, bei der eine Seite des Kopfes rasiert ist

si|de|ral ‹*lat.*›: ↑siderisch

si|de|risch: auf die Sterne bezogen; **siderisches Pendel** (Parapsychol.): Metallring od. -kugel an dünnem Faden od. Haar zum angeblichen Nachweis von Wasser, Erz u. Ä.

Si|de|rit [auch: ...ˈrɪt], der; -s, -e ‹*gr.-nlat.*›: **1.** karbonatisches Eisenerz. **2.** Meteorit aus reinem Eisen

Si|de|ro|gra|fie, Si|de|ro|gra|phie, die; -, ...i̯en (veraltet): [Erzeugnis der] Stahlstichkunst

Si|de|ro|lith [auch: ...ˈlɪt], der; -s u. -en, -e[n]: Eisensteinmeteorit

Si|de|ro|lo|gie, die; - ‹*gr.-nlat.*›: Wissenschaft von der Gewinnung u. den Eigenschaften des Eisens

Si|de|ro|nym, das; -s, -e ‹*lat.; gr.*›: Deckname, der aus einem astronomischen Ausdruck besteht (z. B. Sirius)

Si|de|ro|pe|nie, die; - ‹*gr.-nlat.*› (Med.): Eisenmangel in den Körpergeweben

si|de|ro|phil: Eisen an sich bindend, sich leicht mit eisenhaltigen Farbstoffen färben lassend (z. B. von chemischen Elementen)

Si|de|ro|phi|lin, das; -s (Med.): Eiweißkörper des Blutserums, der Eisen an sich binden kann; Transferrin

si|de|ro|priv (Med.): ohne Eisen, eisenarm (von roten Blutkörperchen)

Si|de|ro|se, Si|de|ro|sis, die; - (Med.): Ablagerung von Eisen[salzen] in den Körpergeweben

Si|de|ro|s|kop, das; -s, -e (Med.): Magnetgerät zum Nachweis u. zur Entfernung von Eisensplittern im Auge

Si|de|ro|sphä|re, die; -: ↑Nife

Si|de|ro|zyt, der; -en, -en (meist Plural) (Med.): rotes Blutkörperchen mit Eiseneinlagerungen

Si|de|r|ur|gie, die; - (Technik): Eisen- u. Stahlbearbeitung. **si|de|r|ur|gisch:** die Siderurgie betreffend

Si|d|ra, die; - ‹*hebr.;* »Ordnung«›: der jeweils an einem Sabbat zu verlesende Abschnitt der Thora

si|e|na [s...] ‹*it.;* nach der it. Stadt Siena›: rotbraun. **Si|e|na,** das; -[s], -[s]: **1.** ein rotbrauner Farbton. **2.** Sienaerde

Si|e|na|er|de, die; -, -n (Plural selten): als Farbstoff zur Herstellung sienafarbener Malerfarbe verwendete, gebrannte, tonartige, feinkörnige Erde; Terra di Siena

Si|er|ra [s...], die; -, ...ren u. -s ‹*lat.-span.;* »Säge«›: span. Bez. für: Gebirgskette

Si|es|ta [s...], die; -, -s ‹*lat.-span.*›: Ruhepause [nach dem Essen]

Si|fe|ma, das; -s ‹Kurzw. aus ↑*Si*licium, ↑*Fe*rrum u. ↑*Ma*gnesium› (Geol.): Material, aus dem der (zwischen Erdkern u. unterster Erdkruste liegende) Erdmantel besteht

Sif|flö|te, die; -, -n ‹*lat.-vulgärlat.-frz.; dt.*›: hohe Orgelstimme

Si|gel, das; -s, - ‹*lat.*›, Sigle, die; -, -n ‹*lat.-frz.*› [ˈziːgl̩]: festgelegtes Abkürzungszeichen für Silben, Wörter od. Wortgruppen

si|geln: mit einem festgelegten Abkürzungszeichen versehen (z. B. von Buchtiteln in Katalogen)

Sight|see|ing [ˈsai̯tsiːɪŋ], das; -s, -[s] ‹*engl.*›: Besichtigung von Sehenswürdigkeiten

Sight|see|ing|tour, Sight|see|ing-Tour [...tuːɐ̯], die; -, -en: Stadtrundfahrt [mit einem Bus] zur Besichtigung von Sehenswürdigkeiten

Si|gill, das; -s, -e ‹*lat.*› (veraltet): Siegel

Si|gil|la: *Plural* von ↑Sigillum

Si|gil|la|rie [...i̯ə], die; -, -n ‹*lat.-nlat.*›: Siegelbaum (eine ausgestorbene Pflanzengattung)

si|gil|lie|ren ‹*lat.*› (veraltet): [ver]siegeln

Si|gil|lum, das; -s, ...lla: lat. Form von ↑Sigill

Si|gle [ˈziːgl̩] vgl. Sigel

Sig|ma, das; -[s], -s ‹*gr.*›: **1.** achtzehnter Buchstabe des griechischen Alphabets (Σ, σ, am Wortende: ς). **2.** (Med.) ↑Sigmoid

Sig|ma|ti|ker, der; -s, - (Med.): jmd., der an Sigmatismus leidet. **Sig|ma|ti|ke|rin,** die; -, -nen: weibliche Form zu ↑Sigmatiker

Sig|ma|tis|mus, der; - ‹*gr.-nlat.*› (Med.): Sprachfehler, der sich in Lispeln äußert

Sig|mo|id, der; -[e]s, -e (Med.): s-förmiger Abschnitt des Dickdarms

Si|g|na: *Plural* von ↑Signum

Si|g|nal, das; -s, -e ‹*lat.-frz.*›:

1. [optisches od. akustisches] Zeichen mit einer bestimmten Bedeutung. **2. a)** für den Schienenverkehr an der Strecke aufgestelltes Schild mit einer bestimmten Bedeutung od. bewegbare [fernbediente] Vorrichtung, deren Stellung eine besondere Bedeutung hat; an der Strecke installierte Vorrichtung zum Geben von Lichtsignalen; **b)** (bes. schweiz.) Verkehrszeichen. **3.** (Physik, Informatik) Träger einer Information (z. B. eine elektromagnetische Welle), der entsprechend dem Inhalt der zu übermittelnden Information moduliert wird

Si|g|na|le|ment [...'mɑ̃ː, schweiz.: ...'mɛnt], das; -s, -s (schweiz. auch: -e): **1.** (bes. schweiz.) Personenbeschreibung, Kennzeichnung (z. B. in einem Personalausweis od. einer Vermisstenanzeige). **2.** Gesamtheit der Merkmale, die ein bestimmtes Tier charakterisieren (in der Pferdezucht)

Si|g|nal|horn, das; -s, ...hörner ⟨*lat.-frz.; dt.*⟩: ventilloses Messingblasinstrument

si|g|na|li|sie|ren ⟨französierende Bildung⟩: **1.** etwas deutlich, auf etwas aufmerksam machen, ein Signal geben. **2.** etwas ankündigen. **3.** benachrichtigen, warnen

Si|g|nal|pis|to|le, die; -, -n ⟨*lat.-frz.; tschech.*⟩: Pistole, die dazu dient, durch Abschießen einer bestimmten Munition etwas zu signalisieren

Si|g|na|tar, der; -s, -e ⟨*lat.-nlat.*⟩: **1.** Kurzform von ↑ Signatarmacht. **2.** (Rechtsspr. veraltet) Unterzeichner eines Vertrages. **Si|g|na|ta|rin,** die; -, -nen: weibliche Form zu ↑ Signatar (2)

Si|g|na|tar|macht, die; -, ...mächte ⟨*lat.-nlat.; dt.*⟩: einen [internationalen] Vertrag unterzeichnender Staat

Si|g|na|tion [sɪ'gneɪʃn̩], die; -, -s ⟨*engl.*⟩ (österr.): Erkennungsmelodie

si|g|na|tum ⟨*lat.*⟩: unterzeichnet (Abk.: sign.)

Si|g|na|tur, die; -, -en ⟨*lat.-mlat.*⟩: **1.** Kurzzeichen als Aufschrift od. Unterschrift, Namenszug. **2.** Kennzeichen auf Gegenständen aller Art, bes. beim Versand. **3.** Name (auch abgekürzt) od. Zeichen von Künstlern auf ihrem Werk. **4.** Kombination aus Buchstaben und Zahlen, unter der ein bestimmtes Buch in der Bibliothek zu finden ist; Standortnummer. **5.** kartografisches Zeichen zur lage-, richtungs- od. formgerechten, dem Maßstab angepassten Darstellung von Dingen u. Gegebenheiten. **6.** (Druckw.) Ziffer od. Buchstabe zur Bezeichnung der Reihenfolge der Bogen einer Druckschrift (Bogennummer)

Si|g|nem, das; -s, -e ⟨*lat.; gr.*⟩: ↑ Monem

Si|g|net [zɪn'jeː, auch: zɪ'gnɛt], das; -s, -s u. (bei dt.Ausspr.:) -e ⟨*lat.-frz.*⟩: **1.** Buchdrucker-, Verlegerzeichen. **2.** (veraltet) Handsiegel, Petschaft. **3.** Aushängeschild, Visitenkarte. **4.** Marke, Firmensiegel

si|g|nie|ren ⟨*lat.*⟩: **a)** mit einer Signatur versehen; **b)** unterzeichnen, abzeichnen

Si|g|ni|fi|ant [sinji'fjɑ̃ː], das; -s, -s ⟨*lat.-frz.*⟩: ↑ Signifikant

Si|g|ni|fié [sinji'fjeː], das; -s, -s: ↑ Signifikat

si|g|ni|fi|kant ⟨*lat.*⟩: **1. a)** bedeutsam; in deutlicher Weise als wesentlich, wichtig, erheblich erkennbar; **b)** kennzeichnend; typisch; **c)** (Statistik) zu groß, um noch als zufällig gelten zu können. **2.** ↑ signifikativ (1)

Si|g|ni|fi|kant, der; -en, -en (Sprachwiss.): Ausdrucksseite des sprachlichen Zeichens (Ggs.: Signifikat)

Si|g|ni|fi|kanz, die; -, -en: Bedeutsamkeit, Wesentlichkeit

Si|g|ni|fi|kanz|test, der; -s, -s: Testverfahren zum Nachprüfen einer statistischen Hypothese

Si|g|ni|fi|kat, das; -[e]s, -e (Sprachwiss.): Inhaltsseite des sprachlichen Zeichens (Ggs.: Signifikant)

si|g|ni|fi|ka|tiv: 1. (Sprachwiss.) bedeutungsunterscheidend (von sprachlichen Einheiten). **2.** ↑ signifikant (1)

si|g|ni|fi|zie|ren: bezeichnen, anzeigen

si|g|ni|tiv: symbolisch, mithilfe von Zeichensystemen (z. B. der Sprache)

Si|g|nor [sɪn'joːɐ̯], der; -, ...ri ⟨*lat.-it.*⟩: it. Bez. für Herr (mit folgendem Namen od. Titel).

Si|g|no|ra [sɪn'joːra], die; -, -s u. ...re: it. Bez. für Frau

¹Si|g|no|re [sɪn'joːrə], der; -, ...ri: it. Bez. für: [mein] Herr (ohne folgenden Namen od. Titel)

²Si|g|no|re: *Plural* von ↑ Signora

Si|g|no|ria, Si|g|no|rie [zɪnjo...], die; -, ...ien: die höchste [leitende] Behörde der italienischen Stadtstaaten (bes. der Rat in Florenz)

Si|g|no|ri|na [sɪnjo...], die; -, -s u. ...ne: it. Bez. u. Anrede eines Mädchens, einer unverheirateten [jungen] Frau

Si|g|no|ri|no [sɪnjo...], der; -, -s u. ...ni: it. Bez. für: junger Herr

Si|g|num, das; -s, ...na ⟨*lat.*⟩: verkürzte Unterschrift; Zeichen

Si|g|rist [auch: zi'grɪst], der; -en, -en u. -s, -e ⟨*lat.-mlat.*⟩ (schweiz.): Küster

Si|ka|hirsch, der; -s, -e ⟨*jap.; dt.*⟩: ein in Japan u. China vorkommender kleiner Hirsch mit [rot]braunem, weiß geflecktem Fell

Sikh [ziːk], der; -[s], -s ⟨*Hindi;* »Jünger«⟩: Anhänger des Sikhismus

Si|khis|mus, der; - ⟨*Hindi-nlat.*⟩: gegen Ende des 15. Jh.s gestiftete monotheistische indische Religion mit militärischer Organisation

Sik|ka|tiv, das; -s, -e ⟨*lat.*⟩: Trockenstoff, der Druckfarben, Ölfarben u. a. zugesetzt wird

sik|ka|ti|vie|ren ⟨*lat.-nlat.*⟩: Sikkativ zusetzen

Si|la|ge [...ʒə], die; -, -n ⟨*frz.*⟩: **1.** (meist Plural) Gärfutter. **2.** (selten) Einlagerung von Futter in Silos; Ensilage

Si|lan, das; -s, -e ⟨Kunstw. aus ↑ *Sil*ikon u. ↑ Meth*an*⟩: Siliziumwasserstoff

Sil|ber|bro|mid, das; -s: Bromsilber

Sild, der; -[e]s, -[e] ⟨*skand.*⟩: pikant eingelegter junger Hering

Si|len, der; -s, -e ⟨*gr.-lat.*⟩: zweibeiniges Fabelwesen der griechischen Sage mit menschlichem Oberkörper u. Pferdeleib

Si|len|ti|um, das; -s, ...tien ⟨*lat.*⟩: **1.** (veraltend, noch scherzh.) [Still]schweigen, Stille (oft als Aufforderung: Ruhe!). **2. a)** Zeit, in der die Schüler eines Internats ihre Schularbeiten erledigen sollen; **b)** Hausaufgabenbetreuung am Nachmittag

Si|len|ti|um ob|se|qui|o|sum,

das; - - (kath. Kirche): **a)** ehrerbietiges Schweigen gegenüber einer kirchlichen Lehrentscheidung; **b)** Schweigen als Ausdruck des Nichtzustimmens

Si|lent Mee|ting [ˈsaɪ̯lənt ˈmiːtɪŋ], das; - -s ⟨*engl.*⟩: stille gottesdienstliche Versammlung der Quäker

Sil|hou|et|te [ziluˈɛtə], die; -, -n ⟨*frz.*⟩: **1. a)** Umriss, der sich [dunkel] vom Hintergrund abhebt; **b)** Schattenriss. **2.** (Mode) Umriss[linie]; Form der Konturen

sil|hou|et|tie|ren [ziluɛˈtiːrən] ⟨*frz.-nlat.*⟩ (veraltend): im Schattenriss zeichnen od. schneiden

Si|li|ca|gel, das; -s ⟨*lat.-nlat.; lat.*⟩: Adsorptionsmittel für Gase, Flüssigkeiten u. gelöste Stoffe; Kieselgel

Si|li|cat vgl. Silikat

Si|li|cid vgl. Silizid

Si|li|ci|um vgl. Silizium

Si|li|con vgl. Silikon

Si|li|con Val|ley [ˈsɪlɪk(ə)n ˈvæli], das; - -[s] ⟨*engl.;* »Siliziumtal«⟩: Zentrum der amerikanischen Elektronik- u. Computerbranche bei San Francisco

si|lie|ren ⟨*span.-nlat.*⟩: Grünfutter, Gemüse in einem Silo einlagern

Si|li|fi|ka|ti|on, die; -, -en ⟨*lat.-nlat.*⟩: Verkieselung

si|li|fi|zie|ren: verkieseln (von Gesteinen u. Versteinerungen)

Si|li|ka|stein, der; -s, -e ⟨*lat.-nlat.; dt.*⟩: beim Brennen sich ausdehnender feuerfester Stein aus Siliciumdioxid sowie Kalk- u. Tonbindemitteln

Si|li|kat, fachspr.: Silicat, das; -[e]s, -e ⟨*lat.-nlat.*⟩: Salz der Kieselsäure

si|li|ka|tisch: reich an Kieselsäure

Si|li|ka|to|se, die; -, -n (Med.): durch silikathaltige Staubarten hervorgerufene Staublungenerkrankung

Si|li|kon, chem. fachspr.: Silicon, das; -s, -e: siliziumhaltiger Kunststoff von großer Wärme- u. Wasserbeständigkeit

Si|li|kon|im|plan|tat, das; -[e]s, -e: aus Silikon gefertigtes Implantat, bes. für die weibliche Brust

Si|li|ko|se, die; -, -n (Med.): durch eingeatmeten kieselsäurehaltigen Staub verursachte Staublungenerkrankung; Steinstaublunge; Quarzstaublunge

Si|li|zid, chem. fachspr.: Silicid, das; -[e]s, -e: Verbindung von Silizium mit einem Metall

Si|li|zi|um, fachspr.: Silicium, das; -s ⟨*lat.-nlat.*⟩: chem. Element; ein Nichtmetall (Zeichen: Si)

Silk, der; -s, -s ⟨*engl.*⟩: glänzender Kleiderstoff

Silk|gras, das; -es ⟨*engl.;* eigtl. »Seidengras«⟩: haltbare, feine Blattfasern verschiedener Ananasgewächse

Silk|screen [ˈsɪlkskriːn], das; -s: engl. Bez. für: Siebdruck

Silk|worm [ˈsɪlkwœːɐ̯m], **Silk|worm|gut** [...gat] das; -s: aus dem Spinnsaft der Seidenraupe gewonnenes chirurgisches Nähmaterial

[1]**Sill**, der; -s, -e ⟨*schwed.*⟩: ↑Sild

[2]**Sill**, der; -s, -s ⟨*engl.*⟩ (Geol.): waagerechte Einlagerung eines Ergussgesteins in bereits vorhandene Schichtgesteine

Sil|la|bub [ˈsɪləbʌb], das; - ⟨*engl.*⟩: kaltes Getränk aus schaumig geschlagenem Rahm, Wein u. Gewürzen

Sil|len, die (Plural) ⟨*gr.*⟩: parodistische, zum Teil aus homerischen Versen zusammengestellte altgriechische Spottgedichte auf Dichter u. Philosophen

Sil|lo|graf, Sillograph, der; -en, -en ⟨*gr.-lat.*⟩: Verfasser von Sillen

Sil|ly|bos, der; -, ...boi ⟨*gr.-lat.*⟩: farbiger Zettel an den Schriftrollen des Altertums mit dem Titel des Werks u. dem Namen des Verfassers

Si|lo, der, auch: das; -s, -s ⟨*span.*⟩: **a)** Großspeicher (für Getreide, Erz u. Ä.); **b)** Gärfutterbehälter

Si|lon®, das; -s ⟨Kunstw.⟩: eine Kunstfaser

Silhouette

Das Wort geht auf den Namen eines französischen Politikers zurück. Es hat seine französische Schreibweise im Deutschen behalten.

Si|lu|min®, das; -[s] ⟨Kurzw. aus ↑*Si*licium u. ↑*Al*umin*ium*⟩: schweiß- u. gießbare, feste Leichtmetalllegierung

Si|lur, das; -s ⟨*nlat.;* nach dem vorkeltischen Volksstamm der Silurer⟩ (Geol.): erdgeschichtliche Formation des Paläozoikums. **si|lu|risch: a)** das Silur betreffend; **b)** im Silur entstanden

Sil|vae [...ɛ], die (Plural) ⟨*lat.;* »Wälder«⟩: literarische Sammelwerke der Antike u. des Mittelalters mit formal u. inhaltlich verschiedenartigen Gedichten

Sil|va|ner, der; -s, - ⟨vielleicht zu Transsilvanien = Siebenbürgen (Rumänien), dem angeblichen Herkunftsland⟩: **a)** (ohne Plural) Rebsorte für einen milden, feinfruchtigen bis vollmundigen Weißwein; **b)** Wein der Rebsorte Silvaner (a)

Sil|ves|ter, das; -s, - ⟨nach dem Papst Silvester I.⟩: der letzte Tag des Jahres (31. Dezember)

[1]**Si|ma**, die; -, -s u. ...men ⟨*gr.-lat.*⟩: Traufleiste antiker Tempel

[2]**Si|ma**, das; -s ⟨Kurzw. aus ↑*Si*licium u. ↑*Ma*gnesium⟩ (Geol.): unterer Teil der Erdkruste

Si|mar|re, Zimarra, die; -, ...rren ⟨*it.-frz.*⟩: **1.** bodenlanger Männermantel im Italien des 16. Jh.s. **2.** (veraltet) Schleppkleid

si|ma|tisch, veraltet: simisch (Geol.): aus Basalten u. Gabbro zusammengesetzt

si|mi|lär ⟨*lat.-frz.*⟩ (veraltet): ähnlich

Si|mi|la|ri|tät, die; -, -en (veraltet): Ähnlichkeit

si|mi|le ⟨*lat.-it.*⟩ (Musik): ähnlich, auf ähnliche Weise weiter, ebenso

Si|mi|le, das; -s, -s ⟨*lat.-nlat.*⟩ (veraltet): Gleichnis, Vergleich

Si|mi|li, das od. der; -s, -s: Nachahmung, bes. von Edelsteinen

si|mi|lia si|mi|li|bus ⟨*lat.*⟩: »Gleiches [wird] durch Gleiches [geheilt]« (ein Grundgedanke der Volksmedizin); vgl. contraria contrariis, Sympathie (3)

Si|mi|li|stein, der; -[e]s, -e (Fachspr.): imitierter Edelstein

si|misch vgl. simatisch

SIM-Kar|te [ˈzɪm...], die; -, -n ⟨Abk. für *engl. S*ubscriber *I*dentity *M*odule »Fernsprech-Kundenidentitätsmodul«⟩: ↑Chip (3) für Mobiltelefone, auf dem persönliche Daten u. Ä. gespeichert werden

Si|mo|nie, die; -, ...ien ⟨*mlat.;* nach dem Zauberer Simon, Apg. 8, 9 ff.⟩: Kauf od. Verkauf von geistlichen Ämtern o. Ä. **si|mo-**

nisch, **si|mo|nis|tisch**: die Simonie betreffend
sim|pel ⟨*lat.-frz.*⟩: **1.** so einfach, dass es keines besonderen geistigen Aufwands bedarf, nichts weiter erfordert, leicht zu bewältigen ist; unkompliziert. **2.** in seiner Beschaffenheit anspruchslos-einfach; nur das Übliche und Notwendigste aufweisend
Sim|pel, der; -s, - (landsch. ugs.): einfältiger Mensch, Dummkopf
Sim|pla: *Plural* von ↑Simplum
Sim|plex, das; -, -e u. Simplizia ⟨*lat.*⟩ (Sprachwiss.): nicht zusammengesetztes (u. nicht abgeleitetes) Wort (Ggs.: Kompositum)
sim|p|li|ci|ter (veraltet): schlechthin
Sim|p|li|fi|ka|ti|on, die; -, -en ⟨*lat.-nlat.*⟩: ↑Simplifizierung; vgl. ...ation/...ierung
sim|p|li|fi|zie|ren: sehr stark vereinfachen. **Sim|p|li|fi|zie|rung**, die; -, -en: Vereinfachung; vgl. ...ation/...ierung
Sim|p|li|zia: *Plural* von ↑Simplex
Sim|p|li|zi|a|de, die; -, -n ⟨nach der Titelfigur Simplicissimus aus dem Roman von Grimmelshausen, † 1676⟩: Abenteuer[roman] um einen einfältigen Menschen
Sim|p|li|zi|tät, die; - ⟨*lat.*⟩: **1.** Einfachheit. **2.** Einfalt
Sim|plum, das; -s, ...pla (Wirtsch.): einfacher Steuersatz
Sim|sa|la|bim ⟨Herkunft unsicher⟩: ein Zauberwort (im entscheidenden Moment der Ausführung eines Zauberkunststücks)
sim|sen ⟨Ableitung von ↑²SMS⟩: Kurznachrichten über das Handy verschicken
Si|mu|lant, der; -en, -en ⟨*lat.*⟩: jmd., der etwas, bes. eine Krankheit, vortäuscht. **Si|mu|lan|tin**, die; -, -nen: weibliche Form zu ↑Simulant
Si|mu|la|ti|on, die; -, -en ⟨*lat.*⟩: **1.** Verstellung. **2.** Vortäuschung [von Krankheiten]. **3.** Nachahmung (in Bezug auf technische Vorgänge)
Si|mu|la|tor, der; -s, ...oren (Technik): Gerät, in dem künstlich die Bedingungen u. Verhältnisse herstellbar sind, wie sie in Wirklichkeit bestehen (z. B. Flugsimulator)
si|mu|lie|ren: **1.** [eine Krankheit] vortäuschen, vorgeben. **2.** [technische] Vorgänge wirklichkeitsgetreu nachahmen
si|mul|tan ⟨*lat.-mlat.*⟩: gleichzeitig; **simultanes Dolmetschen**: Form des Dolmetschens, bei der die Übersetzung gleichzeitig mit dem Originalvortrag über Kopfhörer erfolgt
Si|mul|tan|büh|ne, die; -, -n: Bühne, bei der alle im Verlauf des Spiels erforderlichen Schauplätze nebeneinander u. dauernd sichtbar aufgebaut sind (z. B. bei den Passionsspielen des Mittelalters)
Si|mul|ta|ne|i|tät, Simultanität, die; -, -en: **a)** Gemeinsamkeit; Gleichzeitigkeit; **b)** die Darstellung von zeitlich od. räumlich auseinanderliegenden Ereignissen auf einem Bild
Si|mul|ta|ne|ous En|gi|nee|ring [sɪməlˈteɪni̯əs ɛndʒɪˈnɪərɪŋ], das; - -[s] ⟨*engl.*⟩ (Wirtsch.): Verfahren, bei dem Produktionstechnologie u. Produktionsgestaltung zeitlich parallel zueinander entwickelt werden, um so die Innovationszeiten zu verkürzen
Si|mul|ta|ne|um, das; -s ⟨*lat.-nlat.*⟩: staatlich od. durch Vertrag geregeltes gemeinsames Nutzungsrecht verschiedener Konfessionen an kirchlichen Einrichtungen (z. B. Kirchen, Friedhöfe)
Si|mul|ta|ni|tät vgl. Simultaneität
Si|mul|tan|kir|che, die; -, -n: Kirchengebäude, das mehreren Bekenntnissen offen steht
Si|mul|tan|schu|le, die; -, -n: Gemeinschaftsschule für verschiedene Konfessionen (Ggs.: Konfessionsschule)
Si|mul|tan|spiel, das; -[e]s, -e: Spiel, bei dem ein Schachspieler gegen mehrere, meist leistungsschwächere Gegner gleichzeitig spielt
Si|n|an|th|ro|pus, der; -, ...pi u. ...pen ⟨*gr.-nlat.*⟩: Frühmensch, dessen fossile Reste in China gefunden wurden
Sin|da|co, der; -, ...ci [...tʃi] ⟨*gr.-lat.-it.*⟩: Gemeindevorsteher, Bürgermeister in Italien
si|ne an|no ⟨*lat.;* »ohne Jahr«⟩ (Buchw. veraltet): ohne Angabe des Erscheinungsjahres (Abk.: s. a.)
si|ne an|no et lo|co: ↑sine loco et anno (Abk.: s. a. e. l.)
si|ne ira et stu|dio ⟨*lat.;* »ohne Hass u. Eifer«⟩: objektiv u. sachlich; unvoreingenommen
Si|ne|ku|re, die; -, -n ⟨*lat.-nlat.;* »ohne Sorge«⟩: **1.** (Geschichte) Pfründe ohne Amtsgeschäfte. **2.** müheloses, einträgliches Amt
si|ne lo|co ⟨*lat.;* »ohne Ort«⟩ (Buchw. veraltet): ohne Angabe des Erscheinungsortes (Abk.: s. l.)
si|ne lo|co et an|no ⟨*lat.;* »ohne Ort und Jahr«⟩ (Buchw. veraltet): ohne Nennung von Erscheinungsort u. -jahr (Abk.: s. l. e. a.)
si|ne ob|li|go ⟨*lat.-it.*⟩: ohne ↑Obligo (Abk.: s. o.)
si|ne tem|po|re ⟨*lat.;* »ohne Zeit«⟩: ohne akademisches Viertel, d. h. pünktlich (zur genannten Zeit) (Abk.: s. t.); vgl. cum tempore
Sin|fo|nia con|cer|tan|te [- kɔntʃer...], die; - -, ...nie [...niːə] -: ⟨*it.*⟩: meist dreisätzige Komposition für mehrere Soloinstrumente u. Orchester (bes. der zweiten Hälfte des 18. Jh.s)
Sin|fo|nie ⟨*gr.-lat.-it.*⟩, Symphonie ⟨*gr.-lat.*⟩ die; -, ...ien (Musik): auf das Zusammenklingen des ganzen Orchesters hin angelegte Instrumentalkomposition in mehreren (meist vier) Sätzen
Sin|fo|ni|et|ta, die; -, ...tten ⟨*gr.-lat.-it.*⟩: kleine Sinfonie
Sin|fo|nik, Symphonik, die; - ⟨*gr.-lat.-nlat.*⟩ (Musik): Lehre vom sinfonischen Satzbau
Sin|fo|ni|ker ⟨*gr.-lat.-it.*⟩, Symphoniker ⟨*gr.-lat.-nlat.*⟩ der; -s, - (Musik): **1.** Komponist von Sinfonien. **2.** Mitglied eines Sinfonieorchesters. **Sin|fo|ni|ke|rin**, Symphonikerin, die; -, -nen (Musik): weibliche Form zu ↑Sinfoniker
sin|fo|nisch ⟨*gr.-lat.-it.*⟩, symphonisch ⟨*gr.-lat.-nlat.*⟩ (Musik): sinfonieartig, in Stil u. Charakter einer Sinfonie
¹Sin|gle [ˈsɪŋl], das; -[s], -s ⟨*lat.-frz.-engl.*⟩: **1.** Einzelspiel zweier Spieler, Spielerinnen im Tennis. **2.** Zweierspiel im Golf
²Sin|gle, die; -, -s: kleine Schallplatte, CD mit nur zwei od. wenigen Titeln
³Sin|gle, der; -[s], -s: jmd., der al-

lein, ohne Bindung an einen Partner, eine Partnerin lebt

Sin|gle|ton [ˈsɪŋl̩tn̩], der; -, -s ⟨*engl.*⟩: **a)** nur aus Spielkarten gleicher Farbe bestehendes ↑Blatt in der Hand eines Spielers; **b)** Trumpf im Kartenspiel

Sing-out [ˈsɪŋˈʔaʊ̯t, ...ˈaʊ̯t], das; -s, -s ⟨*engl.*⟩: (von protestierenden Gruppen veranstaltetes) öffentliches Singen von Protestliedern

Sin|gu|lar, der; -s, -e ⟨*lat.*⟩: **1.** (ohne Plural) Numerus, der beim Nomen u. Pronomen anzeigt, dass dieses sich auf eine einzige Person od. Sache bezieht, u. der beim Verb anzeigt, dass nur ein Subjekt zu dem Verb gehört; Einzahl. **2.** Wort, das im Singular steht; Singularform

sin|gu|lär ⟨*lat.(-frz.)*⟩: **1.** vereinzelt vorkommend, einen Einzel- od. Sonderfall darstellend. **2.** einzigartig

Sin|gu|la|re|tan|tum, das; -s, -s u. Singulariatantum (Sprachwiss.): nur im Singular vorkommendes Wort (z. B. das All)

Sin|gu|la|ris, der; -, ...res [...reːs] (veraltet): Singular

sin|gu|la|risch: a) den Singular betreffend; **b)** im Singular [gebraucht, vorkommend]

Sin|gu|la|ris|mus, der; - ⟨*lat.-nlat.*⟩ (Philos.): metaphysische Lehre, nach der die Welt als eine Einheit aus nur scheinbar selbstständigen Teilen angesehen wird (Ggs.: Pluralismus [1])

Sin|gu|la|ri|tät, die; -, -en ⟨*lat.*⟩: **1.** vereinzelte Erscheinung; Seltenheit, Besonderheit. **2.** (Math.) Stelle, an der sich Kurven od. Flächen anders verhalten als bei ihrem normalen Verlauf. **3.** (Meteorol.) die zu bestimmten Zeiten des Jahres stetig wiederkehrenden Wettererscheinungen

Sin|gu|lar|suk|zes|si|on, die; -, -en (Rechtswiss.): Eintritt in ein einzelnes, bestimmtes Rechtsverhältnis

Sin|gu|lett, das; -s, -s ⟨*lat.-engl.*⟩ (Physik): einfache, nicht aufgespaltete Spektrallinie

Sin|gul|tus, der; -, - [...tuːs] ⟨*lat.*⟩ (Med.): Schluckauf

Si|nia, die; - ⟨*gr.-nlat.*⟩ (Geol.): eine geotektonische Aufbauzone

Si|ni|ka, die (Plural) ⟨*nlat.*⟩: Werke aus u. über China

si|nis|ter ⟨*lat.;* »links«⟩: **1.** (Med.) links, auf der linken Seite befindlich. **2.** unheilvoll, unglücklich

si|nis|t|ra ma|no vgl. mano sinistra

Sinn Fein [ˈʃɪn ˈfeɪ̯n], die; - ⟨*ir.;* »wir selbst«⟩: 1905 gegründete nationalistische Bewegung in Irland

Si|no|lo|ge, der; -n, -n ⟨*gr.-nlat.*⟩: jmd., der sich wissenschaftlich mit der chinesischen Sprache u. Literatur befasst (z. B. Hochschullehrer, Studierende). **Si|no|lo|gie,** die; -: Wissenschaft von der chinesischen Sprache u. Literatur. **Si|no|lo|gin,** die; -, -nen: weibliche Form zu ↑Sinologe. **si|no|lo|gisch:** die ↑Sinologie betreffend

Si|no|pie [...pi̯ə], die; -, ...i̯en ⟨nach der türk. Stadt Sinop, aus der ursprünglich die Erdfarbe stammte⟩ (Kunstwiss.): in roter Erdfarbe auf dem Rauputz ausgeführte Vorzeichnung bei Mosaik u. Wandmalerei

Sin|ti|za, die; -, -s ⟨*Romani*⟩: w. Form zu ↑Sinto

Sin|to, der; -, ...ti (meist Plural): Angehöriger einer im deutschsprachigen Raum beheimateten Gruppe eines urprünglich aus Indien stammenden Volks (das vielfach als diskriminierend empfundene *Zigeuner* ersetzende Selbstbezeichnung); vgl. Rom

Si|nu|i|tis vgl. Sinusitis

si|nu|ös ⟨*lat.*⟩ (Med.): buchtig, gewunden, Falten od. Vertiefungen aufweisend (von Organen od. Organteilen)

Si|nus, der; -, - [...nuːs] u. -se: **1.** (Math.) Winkelfunktion im rechtwinkligen Dreieck, die das Verhältnis der Gegenkathete zur Hypotenuse darstellt (Zeichen: sin). **2.** (Med.) **a)** Hohlraum, bes. innerhalb von Schädelknochen; **b)** venöses Blut führender Kanal zwischen den Hirnhäuten

Si|nu|si|tis, Sinuitis, die; -, ...itiden ⟨*lat.-nlat.*⟩ (Med.): Entzündung im Bereich der Nebenhöhlen

Si|nus|kur|ve, die; -, -n (Math.): zeichnerische Darstellung der Sinusfunktion (vgl. Sinus) in einem Koordinatensystem

Si|pho, der; -s, ...onen ⟨*gr.-lat.;* »Röhre, Wasserröhre, Saugröhre«⟩: Atemröhre der Schnecken, Muscheln u. Tintenfische

Si|phon [ˈziːfõ, österr.: ziˈfoːn], der, selten auch: das; -s, -s ⟨*gr.-lat.-frz.*⟩: **1.** s-förmiger Geruchsverschluss bei Wasserausgüssen zur Abhaltung von Abwassergasen. **2.** Getränkegefäß, aus dem beim Öffnen die eingeschlossene Kohlensäure die Flüssigkeit herausdrückt; Siphonflasche. **3.** (österr. ugs.) Sodawasser. **4.** Abflussanlage, die unter eine Straße führt

Si|pho|no|pho|re, die; -, -n (meist Plural) ⟨*gr.-nlat.*⟩: Staats- od. Röhrenqualle

Sir [sœːɐ̯, engl.: səː], der; -s, -s ⟨*lat.-frz.-engl.*⟩: **a)** allgemeine engl. Anrede (ohne Namen) für: Herr; **b)** englischer Adelstitel; vgl. [2]Dame

Sire [siːr] ⟨*lat.-frz.*⟩: frz. Anrede für: Majestät

Si|re|ne, die; -, -n ⟨*gr.-lat.(-frz.);* nach göttlichen Wesen der gr. Sage, die mit betörendem Gesang begabt waren⟩: **1.** schöne, verführerische Frau. **2.** Anlage zur Erzeugung eines Alarm- od. Warnsignals. **3.** Seekuh

Si|ri|o|me|ter, das; -s, - ⟨*gr.-nlat.*⟩: in der Astronomie u. Astrophysik verwendete Längeneinheit ($= 1{,}495 \times 10^{14}$ km)

Sir|ta|ki, der; -[s], -s ⟨*ngr.*⟩: ein griechischer Volkstanz

Si|rup, der; -s, -e od. -s ⟨*arab.-mlat.*⟩: **a)** eingedickter, wässriger Zuckerrübenauszug; **b)** zähflüssige Lösung aus Zucker u. Wasser od. Fruchtsaft

Sir|ven|tes, das; -, - ⟨*lat.-provenzal.;* »Dienstlied«⟩: politisch-moralisierendes Rügelied der provenzalischen Troubadoure

Si|sal, der; -s ⟨nach der mex. Hafenstadt Sisal⟩: Faser aus den Blättern einer Agave, die zur Herstellung von Seilen u. Säcken verwendet wird

sis|tie|ren ⟨*lat.*⟩: **1.** (Rechtswiss.) ein Verfahren unterbrechen, vorläufig einstellen. **2.** jmdn. zur Feststellung seiner Personalien zur Wache bringen

Sis|tie|rung, die; -, -en: **1.** (Rechtswiss.) Unterbrechung, vorläufige Einstellung eines Verfahrens. **2.** das Feststellen der Personalien auf der Polizeiwache

Sis|t|rum, das; -s, ...tren ‹*gr.-lat.*›: ein altägyptisches Rasselinstrument, bei dem durch Metallstäbe ein klirrendes Geräusch hervorgerufen wird

Si|sy|phos|ar|beit, Sisyphusarbeit, die; -, -en ‹nach Sisyphos (gr. Sísyphos), einer Gestalt der gr. Sage, der zu einem nie endenden Steinwälzen verurteilt war›: sinnlose Anstrengung; vergebliche, nie ans Ziel führende Arbeit

Si|tar, der; -[s], -[s] u. die; -, -[s] ‹*iran.*›: ein iranisches u. indisches Zupfinstrument

Sit|com [ˈsɪtkɔm], die; -, -s ‹*engl.;* kurz für: *sit*uation *com*edy›: Situationskomödie (bes. als Fernsehserie)

Site [sai̯t], die; -, -s ‹*engl.;* »Standort, Stelle«›: Kurzform von ↑Website

Site|map [ˈsai̯tmæp], die; -, -s ‹*engl.*›: Inhaltsverzeichnis einer Website

Sit-in, Sit|in [s...], das; -s, -s ‹*engl.*›: demonstratives Sichhinsetzen einer Gruppe zum Zeichen des Protests; Sitzstreik

Si|tu|a|ti|on, die; -, -en ‹*lat.-mlat.-frz.*›: **1. a)** allgemeine [Sach]lage, Stellung; Zustand; **b)** jmds. augenblickliche Lage, Verhältnisse, Umstände. **2.** (Geogr.) Lageplan. **3.** (Soziol.) die Gesamtheit der äußeren Bedingungen des sozialen Handelns u. Erlebens

si|tu|a|ti|o|nell: ↑situativ

Si|tu|a|ti|o|nist, der; -en, -en ‹*lat.-mlat.-frz.-nlat.*› (selten): jmd., der sich schnell u. zu seinem Vorteil jeder [neuen] Lage anzupassen versteht. **Si|tu|a|ti|o|nis|tin**, die; -, -nen: weibliche Form zu ↑Situationist

S
Sist

Si|tu|a|ti|ons|ethik, die; -: Richtung der Ethik, die nicht von allgemeingültigen sittlichen Normen ausgeht, sondern die sittliche Entscheidung an der jeweiligen konkreten Situation orientiert

Si|tu|a|ti|ons|ko|mik, die; -: Komik, die durch eine erheiternde u. zum Lachen reizende Situation entsteht

Si|tu|a|ti|ons|ko|mö|die, die; -, -n: Komödie, deren Komik bes. durch Verwechslungen, Verkettung überraschender Umstände, Intrigen o. Ä. entsteht

si|tu|a|tiv: durch die (jeweilige) Situation bedingt

si|tu|ie|ren ‹*lat.-mlat.-frz.*›: legen, stellen, in die richtige Lage bringen, [an]ordnen (meist als Partizip Perfekt in Verbindung mit Adjektiven wie »gut« gebraucht, z. B. *gut situiert* = wirtschaftlich gut gestellt)

Si|tu|ie|rung, die; -, -en: Lage, Anordnung (z. B. von Gebäuden)

Si|tu|la, die; -, ...ulen ‹*lat.*›: vorgeschichtliches, bes. für die Eisenzeit typisches, meist aus Bronze getriebenes eimerartiges Gefäß

Si|tus, der; -, - [...tu:s] ‹*lat.*› (Med.): **a)** [natürliche] Lage der Organe im Körper; **b)** Lage des Fetus in der Gebärmutter; vgl. in situ

sit ve|nia ver|bo ‹*lat.;* »dem Wort sei Verzeihung [gewährt]«›: man möge mir diese Ausdrucksweise gestatten, nachsehen (Abk.: s. v. v.)

Si|va|pi|the|cus, der; -, ...ci ‹*nlat.;* nach dem Fundort Siwalik Hills im Himalaja›: fossiler Menschenaffe aus dem Miozän u. Pliozän mit stark menschlichen Merkmalen

Si|vas, der; -, - ‹nach der türk. Stadt›: vielfarbiger, meist rotgrundiger Teppich mit persischer Musterung

Six|days, Six Days [ˈsɪksdeɪ̯z, ˈsɪks ˈdeɪ̯z], die (Plural) ‹*engl.*›: engl. Bez. für: Sechstagerennen

Six|pack [...pɛk], das od. der; -s, -s ‹*lat.-engl.*›: **1.** (in Bezug auf Getränke, bes. Bier, in Dosen) Sechserpackung. **2.** (Jargon) Waschbrettbauch

Six|pence [ˈsɪkspəns], der; -, -: frühere britische Münze im Wert von sechs Pence

Sixt, die; -, -en ‹*lat.*›: Fechtstellung mit gleicher Klingenlänge wie bei der ↑Terz (2), jedoch mit anderer Haltung der Faust

Six|ty-nine [sɪkstiˈnai̯n], das; - ‹*engl.;* »69«› (Jargon): von zwei Personen ausgeübter gleichzeitiger gegenseitiger oraler Geschlechtsverkehr; Neunundsechzig

Si|zi|li|a|ne, die; -, -n ‹*it.*›: aus Sizilien stammende Abart der Stanze (1) mit nur zwei Reimen

Si|zi|li|a|no vgl. Siciliano

Si|zi|li|enne [zitsiˈli̯ɛn], die; - ‹*it.-frz.*›: ↑Eolienne

Ska, der; -[s] ‹Herkunft unsicher› (Musik): Musik, die sich in Jamaika aus dem ↑Rhythm and Blues entwickelte u. zum Vorläufer des ↑Reggae wurde

Ska|bi|es, fachspr.: Scabies, die; - ‹*lat.*› (Med.): Krätze (eine parasitäre Hautkrankheit)

ska|bi|ös (Med.): krätzig, die typischen Hauterscheinungen der Krätze zeigend

Ska|bi|o|se, die; -, -n ‹*lat.-nlat.*›: Pflanze mit gefiederten, behaarten Blättern u. Blütenköpfen von blauvioletter od. gelber Farbe

ska|b|rös ‹*lat.-frz.*› (veraltet): heikel, schlüpfrig

Ska|denz, die; -, -en ‹*lat.-vulgärlat.-it.*› (Wirtsch. veraltet): Verfallzeit

Skai®, das; -[s] ‹Kunstw.›: ein Kunstleder

skål [sko:l] ‹*skand.*›: prost!, zum Wohl! (Prositruf in Skandinavien)

Ska|la, die; -, Skalen u. -s ‹*lat.-it.;* »Treppe, Leiter«›: **1.** (Technik) Maßeinteilung an Messinstrumenten. **2.** Stufenleiter, vollständige Reihe sich abstufender Erscheinungen. **3.** (Musik) Tonleiter. **4.** (Druckw. früher) beim Mehrfarbendruck die Zusammenstellung der Farben, mit denen jede Platte gedruckt werden muss

ska|lar (Math.): durch ↑reelle Zahlen bestimmt

[1]**Ska|lar**, der; -s, -e (Math.): mathematische Größe, die allein durch einen Zahlenwert bestimmt wird

[2]**Ska|lar**, der; -s, -e: ein Süßwasserfisch aus dem Amazonasgebiet; Segelflosser

Skal|de, der; -n, -n ‹*altnord.*›: altnordischer Dichter u. Sänger

Ska|le, die; -, -n (bes. fachspr.): ↑Skala (1)

Ska|len: *Plural* von ↑Skala

Ska|le|no|e|der, das; -s, - ‹*gr.-nlat.*› (Math.): Vielflächner mit 12 ungleichseitigen Dreiecken als Oberfläche

ska|lie|ren ‹*lat.-it.-nlat.*›: **1.** (Psychol., Soziol.) Verhaltensweisen od. Leistungen in einer statistisch verwendbaren Wertskala einstufen. **2.** (EDV) **a)** die Größe eines Bildes o. Ä. unter Einhaltung der Proportionen ändern; **b)** (von Software) sich an die Leistungsfähigkeit der Hardware anpassen

Skalp, der; -s, -e ⟨*skand.-engl.*⟩ (Geschichte): bei den Indianern die abgezogene Kopfhaut des getöteten Gegners als Siegeszeichen
Skal|pell, das; -s, -e ⟨*lat.*⟩: kleines chirurgisches Messer mit fest stehender Klinge
skal|pie|ren ⟨*skand.-engl.-nlat.*⟩: den Skalp nehmen, die Kopfhaut abziehen
Ska|mu|sik, die; -: ↑Ska
Skan|dal, der; -s, -e ⟨*gr.-lat.-frz.*⟩: **1.** Ärgernis; aufsehenerregendes, schockierendes Vorkommnis. **2.** (landsch. veraltend) Lärm
skan|da|lie|ren (veraltet): lärmen
skan|da|li|sie|ren: etwas zu einem Skandal machen; Anstoß nehmen
Skan|da|li|sie|rung, die; -, -en: gezielte, absichtliche Herbeiführung eines ↑Skandals (1), um jmdn., etw. [in den Medien] präsent zu machen bzw. zu halten
Skan|da|lon, das; -s ⟨*gr.*⟩ (veraltet): Anstoß, Ärgernis
skan|da|lös ⟨*gr.-lat.-frz.*⟩: ärgerlich, unglaublich, unerhört; anstößig
skan|die|ren ⟨*lat.*⟩: **a)** Verse taktmäßig, mit besonderer Betonung der Hebungen u. ohne Rücksicht auf den Sinnzusammenhang sprechen; **b)** rhythmisch abgehackt, in einzelnen Silben sprechen
Skan|si|on, die; -, -en (veraltet): Messung eines Verses, Bestimmung des Versmaßes; das Skandieren
Ska|po|lith [auch: ...'lɪt], der; -s u. -en, -e[n] ⟨*lat.; gr.*⟩: ein Mineral
Ska|pu|la|man|tie, Ska|pu|la|man|tik, die; - ⟨*lat.; gr.*⟩: das Weissagen aus den Rissen im Schulterblatt [eines Schafes]
Ska|pu|lier, das; -s, -e ⟨*lat.-mlat.;* »Schulterkleid«⟩: Überwurf über Brust u. Rücken in der Tracht mancher Mönchsorden
Ska|ra|bä|en|gem|me, die; -, -n ⟨*gr.-lat.; lat.(-it.)*⟩: Skarabäus (2)
Ska|ra|bä|us, der; -, ...äen ⟨*gr.-lat.*⟩: **1.** (überwiegend in wärmeren Gebieten heimischer) Käfer, der aus Kot Kugeln formt, die ihm als Nahrung u. zur Eiablage dienen; Pillendreher. **2.** als Amulett od. Siegel benutzte [altägyptische] Nachbildung des Skarabäus (1), der im alten Ägypten als Sinnbild des Sonnengottes verehrt wurde, in Stein, Glas od. Metall
Ska|ra|muz, der; - u. -es, -e ⟨*germ.-it.*⟩: Charakterfigur der italienischen Commedia dell'Arte u. des französischen Lustspiels (prahlerischer Soldat)
Ska|ri|fi|ka|ti|on, die; -, -en ⟨*gr.-lat.*⟩ (Med.): kleiner Einschnitt od. Stich in die Haut zur Blut- od. Flüssigkeitsentnahme
ska|ri|fi|zie|ren (Med.): die Haut zu diagnostischen od. therapeutischen Zwecken anritzen
Ska|ri|ol, der; -s ⟨*lat.-mlat.*⟩: ↑Eskariol
Skarn, der; -s, -e ⟨*schwed.*⟩ (Geol.): aus Kalkstein, Dolomit od. Mergel entstandenes erzhaltiges Gestein
skar|tie|ren ⟨*lat.-vulgärlat.-it.*⟩ (österr. Amtsspr.): alte Akten u. Ä. aussortieren
Skat, der; -[e]s, -e u. -s ⟨*lat.-it.*⟩: **1.** Kartenspiel für drei Spieler. **2.** die zwei bei diesem Kartenspiel verdeckt liegenden Karten
Skate [skeɪt], der; -s, -s (meist Plural) ⟨*engl.*⟩: Kurzform von ↑Inlineskate
Skate|board ['skeɪt...], das; -s, -s ⟨*engl.*⟩: als Spiel- u. Sportgerät dienendes Brett auf vier federnd gelagerten Rollen, mit dem man sich stehend [mit Abstoßen] fortbewegt u. das nur durch Gewichtsverlagerung gesteuert wird
skate|boar|den ['skeɪtbɔːɐ̯dn̩]: Skateboard fahren
Skate|boar|der ['skeɪtbɔːɐ̯dɐ], der; -s, -: jmd., der Skateboard fährt. **Skate|boar|de|rin**, die; -, -nen: weibliche Form zu ↑Skateboarder
Skate|boar|ding, das; -s: sportliche Betätigung auf einem Skateboard
[1]**ska|ten** ⟨*lat.-it.*⟩ (ugs.): Skat spielen
[2]**ska|ten** ['skeɪtn̩] ⟨*engl.*⟩: **a)** mit, auf einem Skateboard fahren; **b)** Kurzform von ↑inlineskaten
Skate|night ['skeɪtnaɪt], die; -, -s ⟨*engl.*⟩: nächtliche Veranstaltung für ↑Inlineskater (2) in [größeren] Städten
[1]**Ska|ter**, der; -s, - ⟨*lat.-it.*⟩ (ugs.): Skatspieler
[2]**Ska|ter** ['skeɪtɐ], der; -s, - ⟨*engl.*⟩: **a)** jmd., der Skateboard fährt; **b)** jmd., der auf Inlineskates läuft
[1]**Ska|te|rin**, die; -, -nen ⟨*lat.-it.*⟩: weibliche Form zu ↑[1]Skater
[2]**Ska|te|rin** ['skeɪtə...], die; -, -nen ⟨*engl.*⟩: weibliche Form zu ↑[2]Skater
Ska|ting ['skeɪtɪŋ], das; -s ⟨*engl.*⟩: **1.** das [2]Skaten. **2.** (Skisport) freie Lauftechnik (bes. beim Langlauf)
Ska|ting|ef|fekt, der; -[e]s, -e ⟨*engl.; lat.*⟩: das Auftreten der Skatingkraft beim Abspielen einer Schallplatte
Ska|ting|kraft, die; -, ...kräfte: vom Tonabnehmer auf die innere Seite der Rille einer Schallplatte ausgeübte Kraft
Ska|tol, das; -s ⟨*gr.; lat.*⟩: übel riechende, bei der Fäulnis von Eiweißstoffen entstehende chemische Verbindung (z. B. im Kot)
Ska|to|lo|gie, die; - ⟨*gr.-nlat.*⟩: **1.** (Med.) die wissenschaftliche Untersuchung von Kot. **2.** Vorliebe für das Benutzen von Ausdrücken aus dem Analbereich
ska|to|lo|gisch: 1. (Med., Paläontol.) die ↑Skatologie betreffend, auf ihr beruhend. **2.** eine auf den Analbereich bezogene Ausdrucksweise bevorzugend
Ska|to|pha|ge, der u. die; -n, -n ⟨*gr.*⟩ (Med., Psychol.): ↑Koprophage
Ska|to|pha|gie, die; - (Med., Psychol.): ↑Koprophagie
Ska|zon, der; -s, ...zonten ⟨*gr.-lat.*⟩: ↑Choliambus
Skeet|schie|ßen ['ski:t...], das; -s ⟨*engl.; dt.*⟩ (Sport): Wettbewerb des Wurftauben-, Tontaubenschießens, bei dem die Schützen halbkreisförmig um die Wurfmaschinen stehen u. auf jede Taube nur einen Schuss abgeben
Ske|let vgl. [1]Skelett
Ske|le|ton [...lətn̩, ...letɔn], der; -s, -s ⟨*gr.-engl.*⟩ (Sport): niedriger, schwerer Sportrennschlitten
ske|le|to|to|pisch ⟨*gr.-nlat.*⟩ (Med.; Biol.): die Lage eines Organs im Verhältnis zum Skelett bezeichnend
[1]**Ske|lett**, das; -[e]s, -e ⟨*gr.;* »ausgetrockneter (Körper), Mumie«⟩: **1.** (medizinisch fachspr.: Skelet; Biol., Med.) inneres od. äuße-

res, [bewegliches] stützendes Körpergerüst aus Knochen, Chitin od. Kalk bei Tieren u. dem Menschen; Gerippe. 2. (Bot.) das zur Festigung von Pflanzenorganen dienende Gewebe. 3. der tragende Unterbau, Grundgerüst

²**Ske|lẹtt,** die; -: eine Schriftart

Ske|lẹtt|bo|den, der; -s, ...böden ⟨*gr.; dt.*⟩: Bodenkrume mit groben Mineral- u. Gesteinsteilen (in Gebirgen)

ske|let|tie|ren ⟨*gr.-nlat.*⟩: 1. das ¹Skelett (1) bloßlegen. 2. (Biol.) [ein Blatt] bis auf das ¹Skelett (2) abfressen. 3. zum ¹Skelett (1) werden

Ske|ne, die; -, ...nai ⟨*gr.*⟩: im altgriechischen Theater ein Ankleideräume enthaltender Holzbau, der als Bühnenabschluss diente u. vor dem die Schauspieler auftraten; vgl. Szene

Ske|no|gra|fie, Ske|no|gra|phie, die; -: altgriechische Bühnendekorationsmalerei

Skẹp|sis, die; - ⟨*gr.*⟩: Zweifel, Bedenken (aufgrund sorgfältiger Überlegung); Zurückhaltung; Ungläubigkeit; Zweifelsucht

Skẹp|ti|ker, der; -s, -: 1. Zweifler; misstrauischer Mensch. 2. Anhänger des Skeptizismus. **Skẹp|ti|ke|rin,** die; -, -nen: weibliche Form zu ↑Skeptiker

skẹp|tisch: zum Zweifel neigend, zweiflerisch, misstrauisch, ungläubig; kühl abwägend

Skep|ti|zịs|mus, der; - ⟨*gr.-nlat.*⟩: 1. skeptische Haltung. 2. die den Zweifel zum Denkprinzip erhebende, die Möglichkeit einer Erkenntnis der Wirklichkeit u. Wahrheit infrage stellende philosophische Schulrichtung; vgl. Pyrrhonismus

Skẹtch [skɛtʃ], der; -[es], -e ⟨*it.-niederl.-engl.*; »Skizze; Stegreifstudie«⟩: (bes. im Kabarett, Varieté, Fernsehen aufgeführte) kurze, effektvolle Szene mit meist witziger Pointierung

Skeuo|mor|phịs|mus, der; -, ...men ⟨*gr.*⟩: stilistische Gestaltung, die die Struktur od. Form herkömmlicher Materialien u. Objekte nachahmt, bzw. ein so gestaltetes Ding

Ski [ʃiː], Schi, der; -[s], -, (auch:) -er ⟨*norw.*⟩: 1. aus Holz, Kunststoff od. Metall gefertigtes, langes schmales Brett mit Spezialbindung zur Fortbewegung auf Schnee. 2. kurz für das Skilaufen (bes. in Zusammensetzungen, z. B. Abfahrtski)

Skia|gra|fie, Skia|gra|phie, die; -, ...ien ⟨*gr.-nlat.*⟩: Schattenmalerei (zur Erzielung von Raumwirkung bei Gegenständen od. Figuren auf Gemälden od. Zeichnungen)

Ski|a|me|ter, das; -s, - (Physik): Instrument zur Messung der Intensität von Röntgenstrahlen

Ski|a|s|ko|pie, die; -, ...ien (Med.): Schattenprobe zur Bestimmung des Brechungsvermögens des Auges

Ski|bob [ˈʃiː...], Schibob, der; -s, -s ⟨*norw.; engl.*⟩: 1. einkufiger Schlitten mit Lenkvorrichtung, der von einem Fahrer mit Kurzskiern an den Füßen, wie auf einem Fahrrad sitzend, gefahren wird. 2. mit dem Skibob (1) betriebener Sport

Ski|cross [ˈʃiːkrɔs], Schicross, das; -, - ⟨*engl.*⟩: Sportart, bei der vier Skifahrer gleichzeitig eine mit Hindernissen versehene Strecke abfahren

Skịff, das; -[e]s, *Plur.* -e u. -s ⟨*germ.-roman.-engl.*⟩ (Sport): schmales nordisches Einmannruderboot

Skif|fle [ˈskɪfl̩], der (auch: das); -s ⟨*engl.*⟩: Vorform des ↑Jazz auf primitiven Instrumenten wie z. B. Waschbrett; vgl. Jug

Skịf|fle|group [...gruːp], die; -, -s ⟨*engl.*⟩: kleine Musikergruppe, die Skiffle spielt

Ski|fu|ni [ˈʃiː...], Schifuni, der; -, -s ⟨*norw.; roman.*⟩ (schweiz.): großer Schlitten, der von einer seilbahnähnlichen Konstruktion gezogen wird u. Skiläufer bergaufwärts befördert

Ski|gym|nas|tik [ˈʃiː...], Schigymnastik, die; -, -en: spezielle Gymnastik, die den Körper für das Skilaufen kräftigt

Ski|jö|ring, Ski|kjö|ring, Schijöring, Schikjöring [ˈʃiːjøːrɪŋ], das; -s, -s: Skilauf hinter einem Pferde- od. Motorradvorspann

Ski|lift [ˈʃiː...], Schilift, der; -[e]s, -e u. -s: Seilbahn od. ähnliche Anlage, die Skiläufer bergaufwärts befördert

Ski|ma|ra|thon [ˈʃiː...], Schimarathon, der; -s, -s: Skilanglauf[wettbewerb] über 50 km

Skịm|ming, das; -s ⟨*engl.*⟩ (EDV-Jargon): illegales, in betrügerischer Absicht erfolgendes Auslesen von Daten, die in Bank- u. Kreditkarten gespeichert sind

Skịn|ef|fekt, der; -[e]s, -e ⟨*engl.; lat.*⟩ (Elektrot.): Erscheinung, dass der Stromweg eines Wechselstroms hoher Frequenz hauptsächlich an der Oberfläche des elektrischen Leiters verläuft

Skịn|head [...hɛt], der; -s, -s ⟨*engl.*⟩: Angehöriger einer Gruppe männlicher Jugendlicher, die äußerlich durch Kurzhaarschnitt bzw. Glatze gekennzeichnet sind u. zu aggressivem Verhalten u. Gewalttätigkeiten neigen [auf der Grundlage rechtsradikalen Gedankenguts]

Skịnk, der; -[e]s, -e ⟨*gr.-lat.*⟩: (in den Tropen u. Subtropen lebende) gelbliche bis graubraune Eidechse mit keilförmigem Kopf u. glatten, glänzenden Schuppen

Skịn|ner|box, Skịn|ner-Box, die; -, -en ⟨*engl.*; nach dem amerik. Verhaltensforscher B. F. Skinner, 1904–1990⟩ (Verhaltensf.): Experimentierkäfig zur Erforschung von Lernvorgängen bei Tieren

Ski|no|id®, das; -[e]s: lederähnlicher Kunststoff, der u. a. für Bucheinbände verwendet wird

Ski|ọp|ti|kon, das; -s, ...ken od. -s ⟨*gr.-nlat.*⟩ (veraltet): Projektionsapparat

¹**Skịp,** der; -s, -s ⟨*skand.-engl.*⟩ (Bergbau): besonderer Förderkübel mit Kippvorrichtung

²**Skịp,** der; -s, -s ⟨Kurzform von ↑Skipper⟩: Mannschaftsführer (bes. beim Curling)

Skịp|per, der; -s, - ⟨*engl.*⟩: Kapitän einer [Segel]jacht. **Skịp|pe|rin,** die; -, -nen: weibliche Form zu ↑Skipper

Skịs vgl. Sküs

Ski|ver|tex® [ˈskaɪ̯...], das; - ⟨Kunstw.⟩: lederähnliches Material aus acrylbeschichtetem Latexpapier zum Überziehen von Verpackungen, Büchern usw.

Ski|zir|kus [ˈʃiː...], Schizirkus, der; -, -se ⟨*norw.; gr.-lat.*⟩ (Jargon): 1. (ohne Plural) alpine Skirennen mit allen damit in Zusammenhang stehenden

Veranstaltungen der Saison. **2.** über ein ganzes Skigebiet verteiltes, in sich geschlossenes System von Skiliften

Skiz|ze, die; -, -n ⟨*it.;* »Spritzer«⟩: **1.** das Festhalten eines Eindrucks od. einer Idee in einer vorläufigen Form. **2.** [erster] Entwurf, flüchtig entworfene Zeichnung für ein Gemälde, eine Plastik, eine Architektur. **3.** kleine Geschichte

skiz|zie|ren: **1.** (einen Eindruck od. eine Idee) vorläufig [auf dem Papier] festhalten; (ein Problem) umreißen. **2.** entwerfen; in den Umrissen zeichnen; andeuten

Skla|ve, der; -n, -n ⟨*slaw.-mgr.-mlat.*⟩: **1.** (Geschichte) Leibeigener, in völliger wirtschaftlicher u. rechtlicher Abhängigkeit von einem anderen Menschen lebender Mensch. **2.** (Jargon) ↑Masochist

Skla|ve|rei, die; -: **1.** Leibeigenschaft, völlige wirtschaftliche u. rechtliche Abhängigkeit eines Sklaven (1). **2.** harte, ermüdende Arbeit

Skla|vin, die; -, -nen: weibliche Form zu ↑Sklave

skla|visch: **1.** unterwürfig, blind gehorchend, willenlos. **2.** einem Vorbild genau nachgebildet

Skle|ra, die; -, ...ren ⟨*gr.-nlat.*⟩ (Med.): Lederhaut des Auges, die äußere Hülle des Auges

Skle|r|a|de|ni|tis, die; -, ...itiden (Med.): Drüsenverhärtung

Skle|re|i|de, die; -, -n (Bot.): Steinzelle, Pflanzenzelle mit verholzten, starren Wänden

Skle|rem, das; -s (Med.): der Sklerodermie ähnliche Erkrankung

Skle|ren: *Plural* von ↑Sklera

Skle|r|en|chym, das; -s, -e (Bot.): Festigungsgewebe ausgewachsener Pflanzenteile

Skle|ri|tis, die; -, ...itiden (Med.): Entzündung der Lederhaut des Auges

Skler|ödem, das; -s, -e (Med.): mit einem Ödem verbundene, sklerodermieähnliche Verhärtung des Unterhautfettgewebes

Skle|ro|der|mie, die; -, ...ien (Med.): krankhafte ↑sklerotische u. ↑fibrotische Umwandlung des Bindegewebes (Haut u. innere Organe können betroffen sein); Darrsucht

Skle|rom, das; -s, -e (Med.): **1.** Sklerodermie. **2.** chronische, mit Knotenbildung verlaufende Entzündung der oberen Luftwege

Skle|ro|me|ter, das; -s, -: Instrument zur Härtebestimmung bei Mineralien

Skle|ro|phyl|len, die (Plural): Hartlaubgewächse

Skle|ro|se, die; -, -n (Med.): krankhafte Verhärtung von Geweben u. Organen

Skle|ro|s|kop, das; -s, -e (Technik): Härteprüfgerät in der Materialprüfung

Skle|ro|ti|ker, der; -s, - (Med.): an Sklerose Erkrankter bzw. Leidender. **Skle|ro|ti|ke|rin,** die; -, -nen: weibliche Form zu ↑Sklerotiker. **skle|ro|tisch** (Med.): verhärtet (von Geweben)

Skle|ro|ti|um, das; -s, ...ien: hartes Geflecht aus Pilzfäden als Dauerform mancher Schlauchpilze (z. B. des Mutterkornpilzes)

Sko|lex, der; -, ...lizes [...litse:s] ⟨*gr.;* »Wurm, Spulwurm«⟩ (Biol., Med.): Bandwurmkopf

Sko|li|on, das; -s, ...ien: altgriechisches Tisch- u. Trinklied mit vielfach gnomischem, vaterländischem od. religiösem Inhalt

Sko|li|o|se, die; -, -n ⟨»Krümmung«⟩ (Med.): seitliche Verkrümmung der Wirbelsäule

Sko|lo|pen|der, der; -s, - ⟨*gr.-lat.*⟩: (in den Tropen u. Subtropen in vielen Arten verbreiteter) gelblich brauner bis grüner Gliederfüßer mit länglichem Rumpf, vielen Beinpaaren u. giftigen Klauen

skon|tie|ren ⟨*lat.-it.*⟩: Skonto gewähren

Skon|to, der od. das; -s, ...ti (auch: -s): prozentualer Abschlag vom Preis einer Ware od. Dienstleistung beim Barkauf; Barzahlungsrabatt

Skon|t|ra|ti|on, die; -, -en ⟨*lat.-it.-nlat.*⟩ (Wirtsch.): Fortschreibung, Bestandsermittlung durch Zu- u. Abschreibungen der Zu- und Abgänge. **skon|t|rie|ren** (Wirtsch.): [die Zu- und Abgänge] fortschreiben

Skon|t|ro, das; -s, -s ⟨*lat.-it.*⟩ (Wirtsch.): Nebenbuch der Buchhaltung zur täglichen Ermittlung von bestimmten Bestandsmengen

Skop, der; -s, -s ⟨*angelsächs.*⟩ (Geschichte): Dichter u. Sänger in der Gefolgschaft eines westgermanischen Fürsten

...s|kop

das; -s, -e
⟨zu *gr.* skopeîn »betrachten, beschauen; forschen, prüfen«⟩
Wortbildungselement mit der Bedeutung »Gerät für [optische] Untersuchungen und Messungen bzw. zur Sichtbarmachung von etwas«:
- Endoskop
- Mikroskop
- Stethoskop
- Teleskop

...s|ko|pie

die; -, ...ien (teilweise ohne Plural)
⟨zu *gr.* skopía »das Spähen, die Umschau«⟩
Wortbildungselement mit der Bedeutung »[optische] Untersuchung oder Betrachtung«:
- Arthroskopie
- Demoskopie
- Endoskopie
- Gastroskopie

Sko|po|l|a|min, das; -s ⟨Kunstw.⟩: dem Atropin verwandtes Alkaloid verschiedener Nachtschattengewächse mit stark erregungshemmender Wirkung

Sko|pus, der; -, ...pen ⟨*gr.-lat.;* »Ziel«⟩: **1.** zentrale Aussage eines Predigttextes, auf die die Predigtauslegung hinführen soll. **2.** (Sprachwiss.) Wirkungsbereich einer näheren Bestimmung (eines Satzes)

Skop|ze, der; -n, -n (meist Plural) ⟨*russ.*⟩: Anhänger einer zu Anfang des 19. Jh.s gegründeten, von ihren Mitgliedern strenge Enthaltsamkeit fordernden, schwärmerischen russischen Glaubensgemeinschaft

Skor|but, der; -[e]s ⟨*mlat.*⟩ (Med.): auf einem Mangel an Vitamin C beruhende Krankheit, bei der es vor allem zu Blutungen des Zahnfleischs kommt. **skor|bu|tisch** (Med.): an Skorbut erkrankt

Skor|da|tur vgl. Scordatura

sko|ren ⟨*engl.*⟩ (österr.): ↑scoren

Skor|pi|on, der; -s, -e ⟨*gr.-lat.*⟩: **1.** tropisches u. subtropisches Spinnentier mit Giftstachel. **2.** (ohne Plural) ein Sternbild. **3.** **a)** (ohne Plural) das 8. Tierkreiszeichen; **b)** in diesem Zeichen geborener Mensch

Skor|zo|ne|re, die; -, -n ‹*it.*›: Schwarzwurzel

Sko|to|di|nie, die; -, ...ien ‹*gr.-nlat.*› (Med.): Schwindel-, Ohnmachtsanfall

Sko|tom, das; -s, -e (Med.): Gesichtsfelddefekt; Abdunkelung bzw. Ausfall eines Teils des Gesichtsfeldes

Sko|to|mi|sa|ti|on, die; -, -en (Psychol.): Realitätsleugnung. **sko|to|mi|sie|ren** (Psychol.): Realität od. Teile der Realität aufgrund eines Abwehrmechanismus negieren, für nicht gegeben halten

Sko|to|pho|bie, die; -, ...ien (Psychol.): gesteigerte Angst vor der Dunkelheit

Skra|per [ˈskreːpɐ], der; -s, - ‹*engl.*›: Entborstermaschine in Schlachtereien

Skri|bent, der; -en, -en ‹*lat.*› (veraltend): Vielschreiber, Schreiberling. **Skri|ben|tin,** die; -, -nen: weibliche Form zu ↑Skribent

Skript, das; -[e]s, -e[n] u. -s ‹*lat.-frz.-engl.;* »Geschriebenes«›: **1.** schriftliche Ausarbeitung, Schriftstück. **2.** Nachschrift einer Hochschulvorlesung. **3.** (Plural meist -s) **a)** Drehbuch für einen Film; **b)** einer Rundfunk-, Fernsehsendung zugrunde liegende schriftliche Aufzeichnung. **4.** (EDV) kleines Computerprogramm

Skrip|ta ‹*lat.*›: *Plural* von ↑Skriptum

Skrip|ten: *Plural* von ↑Skript u. von ↑Skriptum

Skript|girl, das; -s, -s ‹*engl.*›: Mitarbeiterin, Sekretärin eines Filmregisseurs, die während der Dreharbeiten alle technischen Daten als Grundlage für die weitere Filmbearbeitung notiert

Skrip|tor, der; -s, ...oren ‹*lat.*› (Geschichte): antiker u. mittelalterlicher Buchschreiber od. Bibliotheksgehilfe

Skrip|to|ri|um, das; -s, ...ien ‹*lat.-mlat.*›: mittelalterliche Klosterschreibstube

Skript|spra|che, die; -, -n ‹*engl.; dt.*› (EDV): für einfache, kleine Programme geeignete Programmiersprache

Skrip|tum, das; -s, ...ten u. ...ta ‹*lat.*›: ↑Skript

Skrip|tur, die; -, -en (meist Plural) (veraltet): Schrift, Schriftstück

skrip|tu|ral ‹*lat.-nlat.*›: die Schrift betreffend; **skripturale Malerei:** von den Schriftzeichen, vor allem den ostasiatischen, inspirierte Form der abstrakten Malerei

Skro|fel, die; -, -n ‹*lat.-mlat.*›: ↑Skrofulose

skro|fu|lös ‹*lat.-mlat.-nlat.*› (Med.): zum Erscheinungsbild der Skrofulose gehörend, an ihr leidend. **Skro|fu|lo|se,** die; -, -n (Med.): [tuberkulöse] Haut- u. Lymphknotenerkrankung bei Kindern

Skro|ta: *Plural* von ↑Skrotum

skro|tal ‹*lat.-nlat.*› (Med.): zum Hodensack gehörend, ihn betreffend

Skro|tal|bruch, der; -[e]s, ...brüche, **Skro|tal|her|nie** [...ni̯ə], die; -, -n (Med.): Hodenbruch

Skro|tum, med. fachspr.: Scrotum ‹*lat.*› das; -s, ...ta (Med.): Hodensack

Skrub|ber [ˈskrabɐ], der; -s, - ‹*engl.*›: Anlage zur Reinigung von Gasen; Sprühwäscher

Skrubs [skraps], die (Plural) ‹*engl.*›: minderwertige Tabakblätter

[1]**Skru|pel,** der; -s, - (meist Plural): Zweifel, ob ein bestimmtes Handeln mit dem eigenen Gewissen vereinbar ist; auf moralischen Bedenken beruhende Hemmung

[2]**Skru|pel,** das; -s, -: altes Apothekergewicht

skru|pu|lös ‹*lat.*› (bildungsspr.): bedenkenvoll, ängstlich; peinlich genau. **Skru|pu|lo|si|tät,** die; -, -en (veraltet): skrupulöses Wesen, Ängstlichkeit

Skru|ta|tor, der; -s, ...oren ‹*lat.;* »Durchsucher, Prüfer«›: Einsammler der geheimen Stimmen bei einer katholischen kirchlichen Wahl

Skru|ti|ni|um, das; -s, ...ien ‹»Durchsuchung, Prüfung«›: **1. a)** Sammlung u. Prüfung der Stimmen bei einer katholischen kirchlichen, seltener bei einer politischen Wahl; **b)** Abstimmung od. kanonische Wahl durch geheime Stimmabgabe. **2. a)** bischöfliche Prüfung der Kandidaten für die Priesterweihe; **b)** in altchristlicher Zeit die Prüfung der Täuflinge

Skua, die; -, -s ‹*färöisch*› (Zool.): nordatlantische Raubmöwe

Sku|ban|ken, die (Plural) ‹*tschech.*› (österr.): aus Kartoffeln, Mehl u. Butter hergestellte Klöße, die mit zerlassener Butter übergossen u. mit Mohn bestreut werden

Skull, das; -s, -s ‹*engl.*›: der nur mit einer Hand geführte Holm mit Ruderblatt eines Skullboots

Skull|boot, das; -[e]s, -e ‹*engl.; dt.*›: Ruderboot, das mithilfe von Skulls vorwärtsbewegt wird

skul|len ‹*engl.*› (Sport): mit Skulls rudern. **Skul|ler,** der; -s, -: **1.** Skullboot. **2.** jmd., der das Skullen als Sport betreibt; Sportruderer. **Skul|le|rin,** die; -, -nen: weibliche Form zu ↑Skuller (2)

Skulp|teur [...ˈtøːɐ̯], der; -s, -e ‹*lat.-frz.*›: Künstler, der Skulpturen herstellt. **Skulp|teu|rin** [...ˈtøːrɪn], die; -, -nen: weibliche Form zu ↑Skulpteur. **skulp|tie|ren** ‹*lat.-nlat.*›: eine Skulptur herstellen, ausmeißeln

Skulp|tur, die; -, -en ‹*lat.*›: **1.** Bildhauerarbeit, -werk. **2.** (ohne Plural) Bildhauerkunst

skulp|tu|ral ‹*lat.-nlat.*›: die Form einer Skulptur betreffend, in der Form einer Skulptur

Skunk, der; -s, -e (auch: -s) ‹*indian.-engl.*›: **1.** (zu den Mardern zählendes) nord- u. südamerikanisches Stinktier. **2.** (Plural: -s) **a)** Fell des Skunks; **b)** aus Skunkfell hergestellter Pelz. **Skunks,** der; -es, -e (Fachspr.): Skunk (2b)

Skup|sch|ti|na, die; - ‹*serb.*›: serbisches Parlament

skur|ril ‹*etrusk.-lat.*›: (in Aussehen u. Wesen) sonderbar, auf lächerliche oder befremdende Weise eigenwillig. **Skur|ri|li|tät,** die; -, -en: sonderbares Wesen, bizarres Aussehen, bizarre Beschaffenheit; Verschrobenheit

Sküs, Skus, Skis, der; -, - ‹*lat.-frz.*›: einem Joker vergleichbare Karte, die weder sticht noch gestochen werden kann (im Tarockspiel)

Sky|bea|mer [ˈskaɪ̯biːmɐ], der; -s, - ‹*engl.*›: starker Scheinwerfer, der zu Diskotheken (2) od. ähnlichen Veranstaltungen lockende gebündelte Lichtstrahlen am Nachthimmel erzeugt

Skye [skaI̯], der; -s, -s, **Skye|ter|ri|er** ['skaI̯...], der; -s, - ⟨*engl.;* nach der Hebrideninsel Skye⟩: kleiner, kurzbeiniger Hund mit langem Schwanz

Sky|ja|cker ['skaI̯dʒɛkɐ], der; -s, - ⟨*engl.*⟩: ↑Hijacker. **Sky|ja|cke|rin,** die; -, -nen: weibliche Form zu ↑Skyjacker

Sky|lab ['skaI̯læb] ⟨*engl.*⟩: Name einer amerikanischen Raumstation

Sky|light ['skaI̯laI̯t], das; -s, -s ⟨*engl.*⟩ (Seemannsspr.): Oberlicht, Luke (auf Schiffen)

Sky|light|fil|ter, der od. (fachspr. meist:) das; -s, - (Fotogr.): schwach rötlich getönter Filter, den man (bei Verwendung eines Umkehrfarbfilms zur Verhinderung von Blaustichigkeit) vor das Objektiv setzt

Sky|line ['skaI̯laI̯n], die; -, -s: Horizont[linie], [charakteristische] Silhouette einer aus der Ferne gesehenen Stadt

Sky̱l|la ⟨*gr.*⟩: griechische Form von ↑Szylla

sky|pen ['skaI̯pn̩] ⟨*engl.*⟩: mit der Software Skype® über das Internet telefonieren

Sky|phos, der; -, ...phoi ⟨*gr.*⟩: altgriechisches becherartiges Trinkgefäß mit zwei waagerechten Henkeln am oberen Rand

Sky|se|gel ['skaI̯...], das; -s, - ⟨*engl.; dt.*⟩: bei großen Segelschiffen das oberste Rahsegel

Sky|sur|fing [...sœːɐ̯fɪŋ], das; -s: ↑Airsurfing

Sky|walk ['skaI̯wɔːk], der; -s, -s ⟨*engl.*⟩: als Touristenattraktion angelegter Weg od. Aussichtspunkt [mit gläsernem Boden] in großer Höhe über einem Abgrund

Sla|cker ['slækɐ], der; -s, - ⟨*engl.*⟩ (Jargon): Jugendlicher, der das Streben nach [beruflichem] Erfolg ablehnt u. die Lebenshaltung eines Müßiggängers, Versagers zur Schau trägt. **Sla|ckerin,** die; -, -nen: weibliche Form zu ↑Slacker

Slack|line ['slɛklaI̯n], die; - , -s ⟨*engl.*⟩: zwischen zwei Punkten gespanntes Band zum Balancieren. **Slack|li|ning,** das; -[s]: das Balancieren auf der Slackline

Slacks [slɛks], die (Plural) ⟨*engl.*⟩: knöchellange Hose

Sla̱|lom, der; -s, -s ⟨*norw.;* »geneigte Skispur«⟩: **a)** (Ski- u. Kanusport) Torlauf; **b)** Zickzacklauf, -fahrt

Slam [slæm], der; -s, -s ⟨*engl.*⟩: Kurzform von ↑Poetry-Slam

slam|men ['slɛmən] ⟨*engl.*⟩: **1.** an einem Poetry-Slam teilnehmen. **2.** sich eine [synthetische] Droge intravenös spritzen [um das sexuelle Erleben zu steigern]

Slam-Po|e|t|ry, Slam|po|e|t|ry ['slɛmpɔu̯ətri], die; - ⟨*engl.*⟩: beim Poetry-Slam vorgetragene Dichtung

Slang [slɛŋ], der; -s, -s ⟨*engl.*⟩: **a)** (oft abwertend) nachlässige, saloppe Umgangssprache; **b)** umgangssprachliche Ausdrucksweise bestimmter sozialer, beruflicher o. ä. Gruppen; [Fach]jargon

Slap|stick ['slɛpstɪk], der; -s, -s ⟨*engl.*⟩: **a)** (bes. in Bezug auf Stummfilme) Burleske (1); **b)** burleske Einlage, grotesk-komischer Gag, wobei meist die Tücke des Objekts als Mittel eingesetzt wird

Slap|stick|ko|mö|die, die; -, -n: [Film]komödie, die überwiegend aus Slapsticks (b) besteht

slar|ga̱n|do ⟨*lat.-it.*⟩ (Musik): breiter, langsamer werdend (Vortragsanweisung)

Slash [slɛʃ], der; -s, -[e]s ⟨*engl.*⟩: Schrägstrich von links unten nach rechts oben

Slave [slɛI̯v], der; -s, -s ⟨*engl.*⟩ (bes. EDV): Einheit bei elektronisch gesteuerten Anlagen, die gegenüber dem ↑Master (3) nachgeordnete Zugriffsrechte hat

sla|wi|si̱e̱|ren ⟨*slaw.-nlat.*⟩: slawisch machen

Sla|wi̱s|mus, der; -, ...men: **1.** Übertragung einer für eine slawische Sprache charakteristischen Erscheinung auf eine nichtslawische Sprache. **2.** Element der slawischen orthodoxen Kirchensprache in bestimmten modernen slawischen Schriftsprachen

Sla|wi̱st, der; -en, -en: Wissenschaftler auf dem Gebiet der Slawistik

Sla|wi̱s|tik, die; -: wissenschaftliche Erforschung der slawischen Sprachen u. Literaturen

Sla|wi̱s|tin, die; -, -nen: weibliche Form zu ↑Slawist

sla|wi̱s|tisch: die Slawistik betreffend

sla|wo|phil ⟨*slaw.; gr.*⟩: den Slawen, ihrer Kultur besonders aufgeschlossen gegenüberstehend. **Sla|wo|phi̱|le,** der u. die; -n, -n: **1.** Person, die slawophil ist. **2.** Anhänger/-in einer russischen philosophisch-politischen Ideologie im 19. Jh., die die Eigenart u. die geschichtliche Aufgabe Russlands gegenüber Westeuropa betonte

Slee|per ['sliːpɐ], der; -s, - ⟨*engl.*⟩ (Jargon): **1.** Sitzplatz in der 1. Klasse eines Flugzeugs, dessen Lehne stark zurückgeklappt werden kann. **2.** (für eine spätere Aufgabe) irgendwo eingeschleuster, aber noch nicht tätiger Spion, Geheimagent o. Ä.; Schläfer

Sle̱n|d|ro, Selendro, das; -[s] ⟨*javan.*⟩: fünfstufige javanische Tonskala

slen|ta̱n|do vgl. lentando

Sli̱|bo|witz, Sliwowitz, der; -[es], -e ⟨*serb.* u. *kroat.*⟩: Pflaumenbranntwein

Slice [slaI̯s], der; -, -s [...sɪs] ⟨*germ.-frz.-engl.*⟩: **1.** (Golf) Schlag, bei dem der Ball in einer bestimmten Richtung von der Geraden abweicht. **2.** (Tennis) Schlag, bei dem sich Schlägerbahn u. Schlagfläche in einem Winkel von weniger als 45° schneiden u. der Schläger schnell nach unten gezogen wird

sli|cen [slaI̯sn̩] (Golf, Tennis): einen Slice spielen, schlagen

Sli̱ck, der; -s, -s ⟨*engl.-amerik.*⟩ (Motor- und Radsport): für trockene Strecken verwendeter Rennreifen mit einer klebrigen Gummimischung, die bei starker Erhitzung ihre beste Haftfähigkeit erlangt

Slide|show ['slaI̯t...], die; -, -s ⟨*engl.*⟩: [automatisch ablaufende] Vorführung einer Serie digitaler Bilder

Sli|ding Tack|ling ['slaI̯dɪŋ 'tɛklɪŋ], das; - -s, - -s ⟨*engl.*⟩: ↑Tackling

sli̱m ⟨*germ.-engl.*⟩: engl. Bez. für: schlank, schmal

Sli̱ng, der; -s, -s ⟨*engl.*⟩: **1.** Kurzform von ↑Slingpumps. **2.** (bes. in Amerika getrunkenes) kaltes alkoholisches Getränk

Sli̱ng|pumps, der; -, -: Pumps mit ausgesparter Hinterkappe, der über der Ferse mit einem Riemchen gehalten wird

Slink, das; -[s], -s ‹*engl.*›: Fell des vier bis fünf Monate alten Lammes einer ostasiatischen Schafrasse

Slip, der; -s, -s ‹*engl.*›: **1.** (Technik) Unterschied zwischen dem tatsächlich zurückgelegten Weg eines durch Propeller angetriebenen Flugzeugs, Schiffes u. dem aus der Umdrehungszahl des Propellers theoretisch sich ergebenden Weg. **2.** (Seew.) schiefe Ebene in einer Werft für den Stapellauf eines Schiffes. **3.** kleine, eng anliegende Unterhose, deren Beinteil in der Schenkelbeuge endet. **4.** (Flugw.) gezielt seitwärtsgesteuerter Gleitflug mit starkem Höhenverlust. **5.** (Bankw.) [Abrechnungs]beleg bes. bei Bank- u. Börsengeschäften

Sli|pon, der; -s, -s: bequemer Herrensportmantel mit Raglanärmeln

Slip|pen, das; -s: **1.** Änderung der Fallrichtung beim Fallschirmspringen. **2.** ↑Slip (4)

Slip|per, der; -s, -: **1.** bequemer Schuh mit niederem Absatz u. ohne Verschnürung. **2.** (österr.) ↑Slipon

Sli|wo|witz vgl. Slibowitz

Slo|gan [ˈslɔʊ̯gn̩, ˈsloːgn̩], der; -s, -s ‹*gäl.-engl.*›: Werbeschlagwort od. -zeile, einprägsame, wirkungsvoll formulierte Redewendung

Slo|ka, der; -, -s ‹*sanskr.*›: aus zwei 16-silbigen Versen bestehender epischer Vers der Sanskritdichtungen

Sloop [sluːp], die; -, -s ‹*niederl.-engl.*›: ↑Slup

Slop, der; -s, -s ‹*engl.-amerik.*›: aus dem Madison entwickelter Modetanz im $^{2}/_{4}$-Takt

Slope|style [ˈslɔʊ̯pstai̯l], der; -[s] ‹*engl.*› (Sport): Sportdisziplin, bei der ein Parcours aus Schanzen u. verschiedenen Hindernissen mit Ski, Snowboard od. Mountainbike hangabwärts durchfahren wird

Slot, der; -[s], -s ‹*engl.;* eigtl. »Schlitz«› (EDV): **1.** normierte Anschlussstelle an einem Computer zur Anbringung einer Steckkarte. **2.** (Flugw.) Zeitfenster für die Starts u. Landungen von Flugzeugen. **3.** (Musik) [einzelner] Auftritt einer Musikgruppe bei einem Festival

Slot|ra|cing, Slot-Ra|cing [...rɛɪ̯sɪŋ], das; - ‹*engl.-amerik.*›: Rennen mit elektrisch betriebenen Spielzeugautos auf einer speziellen, dafür vorgesehenen Bahn

slow [sloː, slɔʊ̯] ‹*engl.-amerik.*›: Tempobezeichnung im Jazz, etwa zwischen adagio u. andante

Slow Food, das; - -[s], **Slow|food**, das; -[s] [ˈslɔʊ̯fuːd] ‹*engl.*›: bewusst naturbelassenes u. in Ruhe zu verzehrendes Essen

Slow|fox, der; -[es], -e: dem Blues ähnlicher langsamer Foxtrott

Slow Mo|tion [ˈ- ˈmɔʊ̯ʃn̩], die; - -: **a)** Zeitlupe; **b)** in Zeitlupe abgespielter Film[ausschnitt]

Slow-Scan|ning-Ver|fah|ren [...(ˈ)skɛnɪŋ...], das; -s: Verfahren, bei dem das bewegte Bild des Fernsehens scheinbar in Momentaufnahmen zerlegt wird

Slum [slam, slʌm], der; -s, -s (meist Plural) ‹*engl.;* »kleine, schmutzige Gasse«›: Elendsviertel [einer Großstadt]

Slump [slamp, slʌmp], der; -[s], -s ‹*engl.*›: ↑Baisse im Börsenwesen

Slup, die; -, -s ‹eindeutschend für ↑Sloop›: **1.** einmastige Jacht mit Groß- u. Vorsegel. **2.** Kurzform von Sluptakelung (Takelungsart mit Groß- u. Vorsegel)

small [smɔːl] ‹*engl.*›: klein (Kleidergröße) (Abk.: S)

Small Band, die; - -, - -s, **Smallband**, die; -, -s [ˈsmɔːlbænd] ‹*engl.-amerik.*›: kleine Jazzbesetzung, bes. für den Swingstil

Small Cap, der; - -s, - -s, **Small|cap**, der; -s, -s [ˈsmɔːlkɛp] ‹*engl.;* kurz für small capital »kleiner Großbuchstabe«› (Wirtsch.): Bez. für kleinere Unternehmen bzw. deren Wertpapiere

Small Talk, der; - -[s], - -s, **Smalltalk**, der (auch: das); -[s], -s [ˈsmɔːltɔːk] ‹*engl.*›: leichte, beiläufige Konversation; Geplauder

Smal|te vgl. Schmalte

Smal|tin, Smal|tit [auch: ...ˈtɪt], der; -s ‹*germ.-roman.-nlat.*›: grauweißes bis stahlgraues Mineral; Speiskobalt

Sma|ragd, der; -[e]s, -e ‹*gr.-lat.*›: tiefgrün gefärbter Beryll, der als wertvoller Edelstein gilt.

sma|rag|den: grün wie ein Smaragd

smart [auch: smart] ‹*engl.*›: **a)** schlau, geschäftstüchtig, durchtrieben; **b)** schick, flott (von der Kleidung)

Smart|card, die; -, -s, **Smart Card**, die; - -, - -s [...kaːɐ̯t] ‹*engl.;* eigtl. »schlaue Karte«›: Plastikkarte mit Mikrochip, die als Zahlungsmittel, Datenträger, Ausweis o. Ä. dient

Smart|home, das; -s, -s, **Smart Home**, das; - -s, - -s [...(ˈ)hɔʊ̯m] ‹*engl.*›: Wohnung, in der Licht, Heizung, Haushaltgeräte u. Ä. elektronisch, insbes. mittels Smartphone, steuerbar sind

Smar|tie, der; -s, -s (ugs.): jmd., der smart ist

Smart|phone [...fɔʊ̯n], das; -s, -s ‹*engl.*›: Mobiltelefon mit zahlreichen zusätzlichen Funktionen wie GPS, Internetzugang, Digitalkamera u. a.

Smart|shop|per, der; -s, -, **Smart Shop|per**, der; - -s, - - [...(ˈ)ʃɔ...]: Käufer, der günstige Preise von Sonderangeboten u. Ä. nutzt

Smart|watch, die; -, -es, **Smart Watch**, die; - -, - -es [...wɔtʃ] ‹*engl.*›: (wie eine Uhr) am Handgelenk getragener Minicomputer, der neben der Zeitanzeige über Sensoren zur Beobachtung des Anwenders u. die Verbindung zu einem Smartphone o. Ä. verfügt

Smash [smɛʃ], der; -[s], -s ‹*engl.*› (Tennis): **a)** Schmetterschlag; **b)** Schmetterball

Smeg|ma, das; -[s] ‹*gr.-nlat.;* »das Schmieren«› (Med.): von den Talgdrüsen unter der Vorhaut sowie zwischen Klitoris u. kleinen Schamlippen abgesondertes Sekret

Smi|ley [ˈsmai̯li], der od. das; -s, -s ‹*engl.*› (EDV): ↑Emoticon in Form eines lächelnden Gesichts

Smith|so|nit [smɪtsoˈniːt, auch: ...ˈnɪt], der; -s, -e ‹*nlat.;* nach dem engl. Mineralogen Smithson›: farbloses bis weißes, meist getöntes, durchscheinendes bis trübes Mineral

Smog, der; -[s], -s ‹*engl.;* Bildung aus engl. *sm*oke »Rauch« u. f*og* »Nebel«›: mit Abgasen, Rauch u. a. gemischter Dunst od. Nebel über Industriestädten

Smok|ar|beit, die; -, -en ‹*engl.; dt.*›:

Näharbeit, bei der der Stoff durch einen Zierstich in kleine Fältchen gerafft wird

smo|ken ⟨*engl.*⟩: eine Smokarbeit anfertigen

Smo|king, der; -s, -s ⟨*engl.*⟩: bei kleineren gesellschaftlichen Veranstaltungen getragener, meist schwarzer Abendanzug mit seidenen Revers

Smoo|thie ['smu:ði], der; -s, -s ⟨*engl.*⟩: kaltes Mixgetränk aus Obst od. Gemüse [und Milchprodukten]

Smör|gås|bord [...go:s...], der; -s, -s ⟨*schwed.*⟩: aus verschiedenen, meist kalten Speisen bestehende Vorspeisentafel

Smør|re|brød, das; -[s], -s ⟨*dän.*⟩: reich belegtes Brot

smor|zan|do ⟨*lat.-vulgärlat.-it.*⟩ (Musik): ersterbend, verlöschend, verhauchend, abnehmend (Vortragsanweisung). **Smor|zan|do,** das; -s, -s u. ...di (Musik): ersterbendes, verlöschendes, verhauchendes Spiel

¹SMS® [ɛsʔɛm'ʔɛs], der; - meist ohne Artikel ⟨Abk. für engl. *S*hort *M*essage *S*ervice⟩: Kurznachrichtendienst (beim Mobilfunk)

²SMS, die, bes. österr. u. schweiz. auch: das; -, -: über das Handy verschickte Kurznachricht

Smyr|na, der; -[s], -s ⟨nach der kleinasiat. Stadt (heute İzmir)⟩: langfloriger Teppich mit großer Musterung

Snack [snɛk], der; -s, -s ⟨*engl.*⟩: Imbiss, kleine Zwischenmahlzeit

Snack|bar ['snɛk...], die; -, -s: engl. Bez. für: Imbissstube

Snail|mail, Snail-Mail ['sneɪlmeɪl], die; -, -s ⟨*engl.;* eigtl. »Schneckenpost«⟩ (EDV; meist scherzh.): Briefpost (im Unterschied zur elektronischen Post)

Snea|ker ['sni:kɐ], der; -s, -s u. - (meist Plural) ⟨*engl.-amerik.;* eigtl. »Schleicher«⟩: aus dem Turnschuh entwickelter, sportlicher Schuh

Sneak|pre|view, Sneak-Pre|view ['sni:k(')pri:vju:], die; -, -s ⟨*engl.*⟩: Überraschungsvorstellung eines Films vor dem offiziellen Kinostart

snie|fen ⟨zu *engl.* to sniff: »schnüffeln«⟩ (Jargon): ↑sniffen

Sniff, der; -s, -s ⟨*engl.-amerik.*⟩ (Jargon): das Sniffen. **snif|fen** (Jargon): **a)** sich durch das Einatmen von Dämpfen bestimmter Stoffe (z. B. Lösungsmittel) in einen Rauschzustand versetzen; **b)** (einen Stoff) zum Sniffen (a) benutzen

Snif|fing, das; -[s]: das Sniffen

Snob, der; -s, -s ⟨*engl.*⟩ (abwertend): Mensch, der sich durch zur Schau getragene Extravaganz den Schein geistiger, kultureller Überlegenheit zu geben sucht u. nach gesellschaftlicher Exklusivität strebt

Snob-Ap|peal, Snob|ap|peal ['snɔpʔəpi:l], der; -s ⟨*engl.*⟩: Wirkung, Ansehen, über das ein Snob verfügt; Reiz, den ein Snob ausübt

Sno|bi|e|ty [snɔ'baɪ̯əti], die; -: ↑High Snobiety

Sno|bis|mus, der; -, ...men ⟨*engl.-nlat.*⟩ (abwertend): **1.** (ohne Plural) Vornehmtuerei, Wichtigtuerei. **2.** für einen Snob typische Verhaltensweise od. Eigenschaft. **sno|bis|tisch** (abwertend): in der Art eines Snobs; von Snobismus (1) geprägt

Snoo|ker ['snu:kɐ], das; -s, -s ⟨*engl.;* Herkunft unsicher⟩: **1.** (ohne Plural) dem Poolbillard ähnliches Billardspiel. **2.** bestimmte Spielsituation beim Snooker (1)

Snow [snoʊ̯], der; -[s] ⟨*engl.-amerik.*⟩: Rauschmittel, das als weißes Pulver gehandelt wird, bes. Kokain

Snow|board ['snoʊ̯bɔ:ɐ̯t], das; -s, -s ⟨*engl.;* »Schneebrett«⟩: einem Brett ähnliches Sportgerät zum Gleiten auf Schnee

Snow|board|cross ['snoʊ̯...], der, auch das; -, -e (Plural selten): Wettkampf, bei dem vier oder mehr Snowboarder gleichzeitig zu einer Abfahrt starten. **snow|boar|den:** Snowboarding betreiben. **Snow|boar|der,** der; -s, -: jmd., der Snowboarding betreibt. **Snow|boar|de|rin,** die; -, -nen: weibliche Form zu ↑Snowboarder. **Snow|boar|ding,** das; -s: sportliche Betätigung auf einem Snowboard

snow|ki|ten ['snoʊ̯kaɪtn̩] ⟨*engl.*⟩: auf Skiern od. einem Snowboard fahren, während man gleichzeitig mit einem an zwei Seilen geführten Lenkdrachen verbunden ist

Snow|mo|bil, das; -s, -e ⟨*engl.; lat.*⟩: Fahrzeug mit Motor zur Fortbewegung auf Schnee

Snow|raf|ting, Snow-Raf|ting ['snoʊ̯raftɪŋ], das; -s ⟨*engl.*⟩: dem ↑Rafting ähnliche wilde Fahrt im Schnee

Soap [soʊ̯p], die; -, -s ⟨*engl.*⟩: Kurzform von ↑Soap-Opera

Soap-Ope|ra, Soap|ope|ra ['soʊ̯pʔɔpəra], die; -, -s ⟨*engl.-amerik.;* »Seifenoper«⟩: Seifenoper; rührselige, seichte, melodramatische, komische o. ä. Hörspiel- od. Fernsehserie, Unterhaltungsserie

so|a|ve ⟨*lat.-it.*⟩ (Musik): lieblich, sanft, angenehm, süß (Vortragsanweisung)

So|a|ve, der; -[s] ⟨nach dem it. Ort Soave⟩: heller, frischer, trockener italienischer Weißwein

So|bor, der; - ⟨*russ.*⟩: Konzil, Synode (der russisch-orthodoxen Kirche)

So|bor|nost, die; -: Organisationsprinzip in der orthodoxen Kirche, wonach ein Synodalbeschluss vom Kirchenvolk gutgeheißen werden muss

So|b|ri|e|tät, die; - ⟨*lat.*⟩ (veraltet): Mäßigkeit

Soc|cer ['sɔkɐ], das (auch: der); -s ⟨*engl.*⟩: amerik. Bez. für: Fußball (im Unterschied zu ↑Football u. ↑Rugby)

Soc|cus, der; -, Socci ['zɔktsi] ⟨*gr.-lat.*⟩: leichter, niedriger Schuh der Schauspieler mit flacher Sohle (in der antiken Komödie im Unterschied zum ↑Kothurn des tragischen Schauspielers)

So|cial Bot ['soʊ̯ʃl̩ bɔt], der; -s, -s ⟨*engl.*⟩ (EDV): Computerprogramm, das in einem sozialen Netzwerk vorgibt, ein Mitglied od. Nutzer zu sein, u. die Aktivitäten natürlicher Personen imitiert

So|cial Costs ['soʊ̯ʃl̩ 'kɔsts], die (Plural) ⟨*engl.*⟩: Kosten, die bei der industriellen Produktion entstehen (z. B. durch Wasser-, Luftverschmutzung), jedoch von der Gemeinschaft getragen werden müssen

So|cial Dis|tan|cing ['soʊ̯ʃl̩ 'dɪstn̩sɪŋ], das; - -[s] ⟨*engl.*⟩: der Infektionsverhütung dienende Wahrung eines physischen Abstands zu anderen Personen im gesellschaftlichen Umgang

So|cial En|gi|nee|ring ['soʊ̯ʃl̩ ɛndʒɪˈnɪərɪŋ], das; - -[s] ⟨*engl.*⟩: **1.** (Soziol., Politologie) Bestrebungen, gesellschaftliche Strukturen wie die Bevölkerungs-, Sozial- od. Altersstruktur [durch staatliche Maßnahmen] positiv zu verändern. **2.** (bes. Sozialpsychol., EDV) Beeinflussung von Menschen [in Computernetzwerken] mit dem Ziel, sie zu bestimmten Verhaltensweisen zu veranlassen, häufig in unlauterer Absicht. **3.** (seltener) Human Engineering

So|cial Free|zing [ˈsoʊʃl̩ ˈfriːzɪŋ], das; - -[s] ⟨*engl.*⟩: Kryokonservierung unbefruchteter menschlicher Eizellen, um zu einem späteren, aus privaten od. sozialen Gründen geeigneteren Zeitpunkt Nachwuchs bekommen zu können

So|cia|li|zing [ˈsoʊʃəlaɪzɪŋ], das; -[s] ⟨*engl.*⟩: berufliche Kontaktpflege im Rahmen von geselligen Treffen, Veranstaltungen

So|cial Me|dia [ˈsoʊʃl̩ ˈmiːdi̯ə], die (Plural) ⟨*engl.*⟩ (EDV): Gesamtheit der digitalen Technologien u. Medien wie ↑Weblogs, ↑Wikis, ↑Social Networks u. Ä., über die Nutzerinnen u. Nutzer miteinander kommunizieren u. Inhalte austauschen können

So|cial-Me|dia-Ma|na|ger, der; -s, -: Fachkraft für die Strategie u. die Aktivitäten eines Unternehmens, einer Organisation o. Ä. in Social Media (Berufsbez.). **So|cial-Me|dia-Ma|na|ge|rin,** die; -, -nen: w. Form zu ↑Social-Media-Manager

So|cial-Me|dia-Mar|ke|ting, das; -[s]: Werbung, mit der potenzielle Kunden in sozialen Netzwerken im Internet individuell angesprochen werden

So|cial-Me|dia-Platt|form [soʊʃl̩-ˈmiːdi̯ə...], die; -, -en ⟨*engl.; dt.*⟩ (EDV): Website eines sozialen Netzwerks; Social-Media-Kanal

So|cial Net|work [ˈsoʊʃl̩ ˈnɛtwœːɐ̯k], das; - -s, - -s ⟨*engl.*⟩ (EDV): ↑Portal (3 a) im Internet, das Kontakte zwischen Menschen vermittelt u. die Pflege von persönlichen Beziehungen über ein entsprechendes Netzwerk ermöglicht

So|cial Spon|so|ring [ˈsoʊʃl̩ ˈspɔnsərɪŋ], das; - -[s]: Sponsoring zugunsten sozialer Einrichtungen o. Ä.

So|ci|e|tas Je|su, die; - - ⟨*nlat.;* »Gesellschaft Jesu«⟩: Orden der Jesuiten (Abk.: SJ hinter Personennamen = Societatis Jesu »von der Gesellschaft Jesu«)

So|ci|e|ty [səˈsaɪ̯əti], die; -: ↑High Society

So|da, die; -, auch das; -s ⟨*span.*⟩: **1.** Natriumkarbonat. **2.** (nur: *das;* -s) mit Kohlensäure versetztes Mineralwasser, Sodawasser

So|da|le, der; -n, -n ⟨*lat.*⟩: Mitglied einer katholischen Sodalität

So|da|li|tät, die; -, -en: katholische Bruderschaft od. Kongregation (1)

So|da|lith [auch: ...ˈlɪt], der; -s, -e ⟨*span.; gr.*⟩: als Schmuckstein verwendetes meist farbloses Mineral

So|do|ku, das; - ⟨*jap.*⟩ (Med.): durch den Biss von Ratten od. rattenfressenden Tieren übertragene Infektionskrankheit mit Fieberanfällen, Schmerzen u. Hautausschlag

So|dom, das; - ⟨nach der biblischen Stadt⟩: Stadt od. Stätte der Sünde u. Lasterhaftigkeit

So|do|mie, die; - ⟨*nlat.*⟩: Geschlechtsverkehr mit Tieren

So|do|mit, der; -en, -en: jmd., der seinen Geschlechtstrieb durch Sodomie befriedigt. **So|do|mi|tin,** die; -, -nen: weibliche Form zu ↑Sodomit

so|do|mi|tisch: Sodomie treibend

So|doms|ap|fel, der; -s, ...äpfel (Bot.): Wucherung an Blättern, Knospen od. jungen Trieben von Eichen; Gallapfel

So|fa, das; -s, -s ⟨*arab.-türk.(-frz.);* »Ruhebank«⟩: gepolstertes Sitzmöbel für mehrere Personen

Sof|fi|o|ne, die; -, -n ⟨*lat.-it.*⟩: Exhalation (2) borsäurehaltiger heißer Wasserdämpfe (in ehemaligen Vulkangebieten)

Sof|fit|te, Suffitte, die; -, -n (meist Plural) ⟨*lat.-vulgärlat.-it.*⟩: **1.** (Theater) vom Schnürboden herabhängendes Deckendekorationsstück, das eine Bühne nach oben abschließt. **2.** Kurzform von ↑Soffittenlampe

Sof|fit|ten|lam|pe, die; -, -n: röhrenförmige Glühlampe

soft [sɔft] ⟨*engl.*⟩: **1.** weich (Vortragsweise in der Musik, bes. im Jazz). **2.** (ugs.) **a)** sanft, zärtlich; **b)** empfindsam, von behutsamer Art; **c)** wenig Härte erfordernd

Sof|ta, der; -[s], -[s] ⟨*pers.-türk.;* »(für die Wissenschaft) Erglühter«⟩ (Geschichte): Student einer islamischen Hochschule

[1]**Soft|ball,** der; -[e]s, ...bälle: für bestimmte Ballspiele od. als Kinderspielzeug verwendeter, oft aus Schaumstoff hergestellter weicher Ball

[2]**Soft|ball** [...bɔːl], der; -s: Form des Baseballs mit größerem Ball u. kleinerem Feld

Soft|boot, der; -s, -s (meist Plural), **Soft Boot,** der; - -s, - -s (meist Plural) [...buːt]: Schuh mit weichem Außenmaterial (z. B. für Snowboarder)

Soft|co|py, die; -, -s, **Soft Co|py,** die; - -, - -s [...kɔpi] ⟨*engl.;* »weiche (im Sinn von nicht gegenständliche) Kopie«⟩ (EDV): Darstellung von Daten od. Texten auf dem Monitor eines Computers (im Unterschied zur ausgedruckten ↑Hardcopy)

Soft|drink, der; -s, -s, **Soft Drink,** der; - -s, - -s: alkoholfreies Getränk (Ggs.: Harddrink)

Soft Drug [- ˈdrag], die; - -, - -s: Rauschgift mit geringerem Suchtpotenzial (z. B. Haschisch, Marihuana)

Soft|eis, das; -es, - ⟨*engl.; dt.*⟩: sahniges, weiches Speiseeis

sof|ten [ˈsɔftn̩] ⟨*engl.*⟩ (Fotogr.): mit optischen Hilfsmitteln weich zeichnen

Sof|te|ner [ˈsɔftənɐ], der; -s, - (Textilindustrie): Quetschmaschine, die Fasern weich macht

Sof|tie [ˈsɔfti], der; -s, -s (ugs.): Mann von sanftem, zärtlichem, empfindungsfähigem Wesen

Soft News, Soft|news [...njuːs] die (Plural) (bes. Fernsehen): Neuigkeiten, die nicht für die Hauptnachrichten, aber z. B. für das ↑Infotainment geeignet sind

Soft|por|no, der; -s, -s: Sexfilm, in dem keine ausgefallenen Sexualpraktiken dargestellt u. die Vorgänge nicht allzu detailliert gezeigt werden

Soft|rock, der; -[s], **Soft Rock,** der; - -[s]: gemilderte, leisere Form der Rockmusik

Soft Skill [sɔft skɪl], der od. das; - -s, - -s (meist Plural) ⟨*engl.*⟩

(Wirtsch.): Kompetenz im zwischenmenschlichen Bereich, Fähigkeit im Umgang mit anderen Menschen (Ggs.: Hard Skill)

Soft|ware ['sɔftwɛːɐ̯], die; -, -s (Plural selten) ⟨*engl.;* »weiche Ware«⟩: zum Betrieb eines Computers erforderliche nicht apparative Funktionsbestandteile (Programme u. Ä.) (Ggs.: Hardware)

Soft|ware|en|gi|nee|ring [...ɛndʒɪnɪɐ̯rɪŋ], das; -[s]: das Entwerfen, Herstellen u. Implementieren von Software sowie die ingenieurwissenschaftliche Disziplin, die sich mit Methoden u. Verfahren der damit verbundenen Problemstellungen befasst

Soft|ware|er|go|no|mie, Soft|ware-Er|go|no|mie, die; -: benutzerfreundliche Ausrichtung von Datenverarbeitungsprogrammen

Soft|ware-Up|date, Soft|ware|up|date, das (Technik, EDV): **a)** aktualisierte Version einer Software; **b)** das Aktualisieren einer Software

So|har, der; - ⟨*hebr.;* »Glanz«⟩: in Anlehnung an den Pentateuch gestaltetes Hauptwerk der jüdischen Kabbala

soi-di|sant [zo̯adiˈzã] ⟨*frz.*⟩ (veraltet): angeblich; so genannt

soi|g|nie|ren [zo̯anˈjiː...] ⟨*germ.-frz.*⟩ (veraltet): besorgen, pflegen. **soi|g|niert** (bildungsspr. veraltend): gepflegt; gediegen; seriös (bes. in Bezug auf die äußere Erscheinung)

Soil|ero|sion [ˈsɔɪ̯lɪˈrɔʊ̯ʒən], die; - ⟨*lat.-engl.*⟩ (Geol.): engl. Bez. für: Bodenerosion

Soi|ree, Soi|rée [zo̯aˈreː, s...], die; -, Soireen od. Soiréen ⟨*lat.-frz.*⟩: Abendgesellschaft; Abendvorstellung

Soi|xante-neuf [zo̯asãtˈnœf], das; - ⟨*frz.;* »69«⟩: ↑Sixty-nine

So|ja, die; -, Sojen ⟨*jap.-niederl.*⟩, **So|ja|boh|ne,** die; -, -n: südostasiatische wertvolle, eiweißreiche Nutzpflanze

So|ja|so|ße, die; -, -n: aus gegorenen Sojabohnen gewonnene Speisewürze

So|kol, der; -s, -n ⟨*slaw.;* »Falke«⟩: Name polnischer, tschechischer u. südslawischer (früher sehr nationalistischer) Turnverbände

So|ko|list, der; -en, -en ⟨*slaw.-nlat.*⟩: Mitglied eines Sokols. **So|ko|lis|tin,** die; -, -nen: weibliche Form zu ↑Sokolist

So|k|ra|tik, die; - ⟨nach dem gr. Philosophen Sokrates, 469–399 v. Chr.⟩: Art des Philosophierens, bei der die Einsicht in das menschliche Leben die wesentliche Aufgabe ist. **So|k|ra|ti|ker,** der; -s, - (meist Plural): Vertreter der Sokratik bzw. der an sie anknüpfenden Richtungen. **So|k|ra|ti|ke|rin,** die; -, -nen: weibliche Form zu ↑Sokratiker. **so|k|ra|tisch:** die Sokratik betreffend; **sokratische Methode:** auf die sokratische Art des Philosophierens zurückgehendes Unterrichtsverfahren, den Schüler durch geschicktes Fragen die Antworten u. Einsichten selbst finden zu lassen

sol ⟨*lat.-it.*⟩ (Musik): Silbe, auf die beim Solmisieren der Ton g gesungen wird; vgl. Solmisation

[1]**Sol,** der; -[s], -s (aber: 5 -) ⟨*lat.-span.*⟩: (bis 1985) Währungseinheit in Peru; **Neuer Sol:** (seit 1991) gültige Währungseinheit in Peru

[2]**Sol,** das; -s, -e ⟨Kunstw.⟩ (Chemie): kolloide Lösung

so|la fi|de ⟨*lat.;* »allein durch den Glauben«⟩: Grundsatz der Rechtfertigungslehre Luthers nach Römer 3, 28

So|la|nin, das; -s ⟨*lat.-nlat.*⟩: stark giftiges Alkaloid verschiedener Nachtschattengewächse

So|la|nis|mus, der; - (Med.): Vergiftung durch ↑Solanin

So|la|num, das; -s, ...nen ⟨*lat.*⟩: Nachtschattengewächs mit zahlreichen Nutzpflanzen (z. B. Kartoffel, Tomate)

so|lar, solarisch ⟨*lat.*⟩ (Physik, Astron., Meteorol.): die Sonne betreffend, zur Sonne gehörend

So|lar|ener|gie, die; - (Physik): Sonnenenergie; im Innern der Sonne erzeugte Energie, die an die Oberfläche der Sonne gelangt u. von dort abgestrahlt wird

So|lar|farm, die; -, -en: Sonnenkraftanlage mit sehr vielen, auf großer Fläche angeordneten Solarkollektoren, in der Sonnenenergie in größerem Maße gewonnen wird

So|lar|ho|ro|s|kop, das; -s, -e (Astrol.): auf den Sonnenlauf ausgerechnetes Horoskop für ein Jahr

So|la|ri|me|ter, das; -s, -: Gerät zur Messung der Sonnen- u. Himmelsstrahlung

So|la|ri|sa|ti|on, die; -, -en ⟨*lat.-nlat.*⟩ (Fotogr.): Erscheinung der Umkehrung der Lichteinwirkung bei starker Überbelichtung des Films

so|la|risch vgl. solar

So|la|ri|um, das; -s, ...ien: Anlage, Gerät mit künstlich ultraviolette Strahlung erzeugenden Lichtquellen zur Bräunung des Körpers

So|lar|jahr, das; -[e]s, -e (Astron.): Sonnenjahr

So|lar|kol|lek|tor, der; -s, -en: Sonnenkollektor; Vorrichtung, mit deren Hilfe Sonnenenergie absorbiert wird

So|lar|kon|s|tan|te, die; -, -n (Meteorol.): mittlere Wärmemenge der pro Minute auf einen Quadratzentimeter der Erdoberfläche auftreffenden Sonnenstrahlen

So|lar|mo|dul, das; -s, -e: Zusammenschaltung von mehreren Solarzellen zu einem ebenen Sonnenenergiewandler

So|lar|öl, das; -s, -e (früher): bei der Destillation von Braunkohlenteer gewonnenes Mineralöl

So|lar|ple|xus [auch: ...ˈplɛ...], der; -, - (Med.): Sonnengeflecht (des sympathischen Nervensystems im Oberbauch)

So|lar|tech|nik, die; -: Technik, die sich mit der Nutzbarmachung u. den Anwendungsmöglichkeiten der Sonnenenergie befasst

So|lar|teur® [zolarˈtøːɐ̯, ...ˈtøːɐ̯], der; -s, -e ⟨Kunstw. aus *solar* u. Installa*teur*⟩: Fachkraft für den Bau u. die Instandhaltung von Solaranlagen

So|lar|teu|rin, die; -, -nen: weibliche Form zu ↑Solarteur

so|lar|ther|misch: die Sonnenenergie, -wärme betreffend, davon ausgehend, dadurch bewirkt

So|lar|zel|le, die; -, -n: Sonnenzelle; Element (7) aus bestimmten Halbleitern, das die Energie der Sonnenstrahlen in elektrische Energie umwandelt

So|la|wech|sel, der; -s, - ⟨*lat.-it.; dt.*⟩ (Wirtsch.): Wechsel, bei dem sich der Aussteller selbst zur Zahlung einer Geldsumme verpflichtet; Eigenwechsel

Sol|da|nel|la, Sol|da|nel|le, die; -, ...llen ⟨*it.*⟩: Alpenglöckchen (Schlüsselblume)
Sol|dat, der; -en, -en ⟨*lat.-vulgärlat.-it.;* »der in Wehrsold Genommene«⟩: **1. a)** Angehöriger der Streitkräfte eines Landes; **b)** unterster militärischer Dienstgrad, unterste Ranggruppe der Land- u. Luftstreitkräfte. **2.** (bei Insekten) [unfruchtbares] Exemplar, das für die Verteidigung des Stocks sorgt (bes. bei Ameisen u. Termiten). **3.** (landsch.) Feuerwanze
Sol|da|tes|ka, die; -, ...ken: gewalttätig u. rücksichtslos vorgehende Soldaten
Sol|da|tin, die; -, -nen: weibliche Form zu ↑Soldat (1)
sol|da|tisch: in Art u. Haltung eines ↑Soldaten (1)
Sol|do, der; -s, -s u. Soldi (Geschichte): italienische Münze
So|leil [zɔˈlɛːj, sɔˈlɛj], der; -[s] ⟨*lat.-vulgärlat.-frz.;* »Sonne«⟩: fein geripptes, glänzendes Kammgarngewebe
so|lenn ⟨*lat.*⟩: feierlich, festlich
so|len|ni|sie|ren (veraltet): feierlich begehen; feierlich bestätigen
So|len|ni|tät, die; -, -en (veraltet): Feierlichkeit
So|le|no|id, das; -[e]s, -e ⟨*gr.;* »rinnen-, röhrenförmig«⟩: zylindrische Metallspule, die bei Stromdurchfluss wie ein Stabmagnet wirkt
Sol|fa|ta|ra, Sol|fa|ta|re, die; -, ...ren ⟨*it.;* nach dem Krater bei Neapel⟩: ↑Exhalation (2) schwefelhaltiger heißer Wasserdämpfe in ehemaligen Vulkangebieten
sol|feg|gie|ren [...fɛˈdʒiː...] ⟨*it.*⟩ (Musik): Solfeggien singen
Sol|feg|gio [...dʒo], das; -s, ...ggien [...dʒn̩]: auf die Solmisationssilben gesungene Gesangsübung
So|li: *Plural* von ↑Solo
So|li|ci|tor [səˈlɪsɪtə], der; -s, -s ⟨*lat.-frz.-engl.*⟩: (in Großbritannien) nur bei niederen Gerichten zugelassener Anwalt
so|lid, solide ⟨*lat.-frz.*⟩: **1.** fest, haltbar; gediegen (von Gegenständen). **2.** ordentlich, maßvoll, nicht ausschweifend, nicht vergnügungssüchtig; anständig (von Personen)
so|li|da|risch ⟨*lat.-frz.*⟩: **a)** gemeinsam; übereinstimmend; **b)** füreinander einstehend, eng verbunden
so|li|da|ri|sie|ren ⟨*lat.-frz.-nlat.*⟩: **a)** sich solidarisieren: für jmdn., etwas eintreten; sich mit jmdm. verbünden, um gemeinsame Ziele und Interessen zu verfolgen; **b)** zu solidarischem Verhalten bewegen
So|li|da|ris|mus, der; -: Richtung der [katholischen] Sozialphilosophie, die im rechten Ausgleich zwischen dem Einzelnen und der Gemeinschaft das Gemeinwohl zu fördern sucht
So|li|da|ri|tät, die; -, -en ⟨*lat.-frz.*⟩: Zusammengehörigkeitsgefühl, Gemeinsinn
So|li|da|ri|täts|zu|schlag, der; -[e]s: zur Beschaffung der durch die deutsche Vereinigung zusätzlich benötigten Mittel erhobener Zuschlag zur Einkommens- u. Körperschaftssteuer
So|li|dar|pakt, der; -[e]s, -e (Politik): Übereinkommen zwischen Politik, Unternehmensverbänden u. Gewerkschaften zur Finanzierung außergewöhnlicher Vorhaben durch eine möglichst sozial verträgliche Verteilung der Lasten
So|li|dar|pa|tho|lo|gie, die; - ⟨*lat.-nlat.; gr.*⟩ (Med.): Lehre, die in den festen Bestandteilen des Körpers die Ursachen der Krankheiten sucht
So|li|dar|sys|tem, das; -s, -e (Politik): (bes. für die gesetzliche Krankenversicherung) System, das die Solidarität seiner Mitglieder als Grundprinzip hat
so|li|de vgl. solid
So|li De|o, der; - -, - - ⟨*lat.;* »allein vor Gott«⟩: der nur vor dem Allerheiligsten abgenommene ↑Pileolus der katholischen Geistlichen
so|li De|o glo|ria: Gott allein [sei] die Ehre (Inschrift an Kirchen u. a.) (Abk.: S. D. G.)
So|li|di: *Plural* von ↑Solidus
so|li|die|ren ⟨*lat.*⟩ (veraltet): befestigen, versichern
So|li|di|tät, die; - ⟨*lat.-frz.*⟩: **1.** Festigkeit, Haltbarkeit. **2.** Zuverlässigkeit; Mäßigkeit, Gesetztheit
So|li|dus, der; -, ...di ⟨*lat.*⟩ (Geschichte): römische Goldmünze
so|li|flu|i|dal ⟨*lat.-nlat.*⟩ (Geol.): die Solifluktion betreffend
So|li|fluk|ti|on, die; -, -en (Geol.): **1.** Bodenfließen, Erdfließen, Kriechen der Hänge (eine Form der Bodenbewegungen). **2.** Frostbodenbewegung, die zur Bildung von ↑Polygonböden führt
So|li|fluk|ti|ons|de|cke, die; -, -n (Geol.): während der Eiszeit entstandene Frostschuttböden (Blockmeere der Mittelgebirge u. a.)
So|li|lo|quent, der; -en, -en ⟨*lat.-nlat.*⟩: einzeln auftretende Person (außer dem Evangelisten u. Christus) in der ↑Passion (2b), wie Petrus, Pilatus u. a. im Unterschied zu ↑Turba
So|li|lo|quist, der; -en, -en: Verfasser eines Soliloquiums
So|li|lo|qui|um, das; -s, ...ien ⟨*lat.*⟩: Selbstgespräch, ↑Monolog der antiken Bekenntnisliteratur
So|ling, das od. der; -s, -s ⟨Herkunft unsicher⟩: mit drei Personen zu segelndes Kielboot im Rennsegelsport
Sol|i|on, das; -s, -en ⟨Kunstw.⟩ (Physik): als Gleichrichter od. Strombegrenzer verwendetes Steuerelement, bei dem die Ionenleitung in Lösungen zum Stromtransport dient
So|lip|sis|mus, der; - ⟨*lat.-nlat.*⟩ (Philos.): erkenntnistheoretischer Standpunkt, der nur das eigene Ich mit seinen Bewusstseinsinhalten als das einzig Wirkliche gelten lässt u. alle anderen Ichs mit der ganzen Außenwelt nur als dessen Vorstellungen annimmt. **So|lip|sist,** der; -en, -en: Vertreter des Solipsismus. **So|lip|sis|tin,** die; -, -nen: weibliche Form zu ↑Solipsist. **so|lip|sis|tisch:** den Solipsismus betreffend; ichbezogen
So|list, der; -en, -en ⟨*lat.-it.-frz.*⟩: **a)** jmd., der ein ↑Solo (1) singt, spielt od. tanzt; **b)** (Jargon) Spieler, der einen Alleingang unternimmt (bei Mannschaftsspielen, bes. beim Fußball). **So|lis|tin,** die; -, -nen: weibliche Form zu ↑Solist
so|lis|tisch: a) den Solisten/die Solistin betreffend; **b)** sich als Solist[in] betätigend; **c)** für ↑Solo (1) komponiert
so|li|tär ⟨*lat.-frz.*⟩: einsam lebend,

nicht Staaten bildend (von Tieren) (Ggs.: sozial [5])

[1]**So|li|tär**, der; -s, -e: **1.** einzeln gefasster Brillant od. Edelstein. **2.** einzeln [außerhalb des Waldes] stehender Baum

[2]**So|li|tär**, das; -s: Einsiedlerspiel (ein Brettspiel für eine Person)

So|li|tude [...'ty:d], **So|li|tü|de**, die; -, -n ⟨*frz.;* »Einsamkeit«⟩: Name von Schlössern

Sol|jan|ka, die; -, -s ⟨*russ.*⟩: stark gewürzte Suppe mit Fleisch od. Fisch, Gemüse, saurer Gurke u. saurer Sahne

Sol|li|zi|ta|ti|on, die; -, -en (veraltet): Bitte, [Rechts]gesuch

sol|li|zi|tie|ren (veraltet): nachsuchen, betreiben

Sol|mi|sa|ti|on, die; - ⟨*it.*⟩ (Musik): von Guido v. Arezzo im 11. Jh. ausgebildetes System, bei dem die Töne der Tonleiter anstatt mit c, d, e usw. mit den Tonsilben ↑[1]ut (später: do), ↑re, ↑mi, ↑fa, ↑sol, ↑la, ↑si bezeichnet werden. **sol|mi|sie|ren** (Musik): die Solmisation, die Silben der Solmisation anwenden, damit arbeiten, danach singen (Ggs.: abecedieren)

so|lo ⟨*lat.-it.*⟩: **1.** als Solist (a) (z. B. bei einer musikalischen Darbietung). **2.** (ugs.) allein; unbegleitet, ohne Partner. **So|lo**, das; -s, -s u. Soli: **1.** musikalische od. tänzerische Darbietung eines einzelnen Künstlers, meist zusammen mit einem [als Begleitung auftretenden] Ensemble; Einzelgesang, -spiel, -tanz (Ggs.: Tutti). **2. a)** Einzelspiel, Alleinspiel (bei Kartenspielen mit mehreren Teilnehmern); **b)** Alleingang eines Spielers (vor allem beim Fußball)

so|lo|nisch ⟨nach Solon, dem altathenischen Gesetzgeber, 640 bis 560 v. Chr.⟩: klug, weise [wie Solon]

So|lö|zis|mus, der; -, ...men ⟨*gr.-lat.*⟩ (Rhet., Stilkunde veraltet): grober sprachlicher Fehler, bes. in der syntaktischen Verbindung der Wörter

Sol|sti|ti|al|punkt, der; -[e]s, -e ⟨*lat.*⟩: Sonnenwendepunkt, in dem die Sonne ihren höchsten od. niedrigsten Stand über dem Himmelsäquator hat; (nördlicher od. südlicher) Wendepunkt der Sonne

Sol|sti|ti|um, das; -s, ...ien, **Solstiz**, das; - u. -es, -e (Astron.): Sonnenwende

so|lu|bel, so|lu|bi|le ⟨*lat.*⟩ (Chemie): löslich, auflösbar

So|lu|bi|li|sa|ti|on, die; -, -en (Chemie): Auflösung eines Stoffes in einem Lösungsmittel, in dem er unter normalen Bedingungen nicht löslich ist, durch Zusatz bestimmter Substanzen

So|lu|tio, die; -, ...iones, **So|lu|ti|on**, die; -, -en: Arzneimittellösung (Abk.: Sol)

So|lu|t|ré|en [zolytre'ɛ̃:], das; -[s] ⟨nach dem frz. Fundort Solutré⟩: Stufe der Altsteinzeit

sol|va|bel ⟨*lat.-nlat.*⟩: **1.** (Chemie) auflösbar. **2.** (veraltet) solvent

Sol|vat, das; -[e]s, -e (Chemie): aus einer Solvatation hervorgegangene lockere Verbindung

Sol|va|ta|ti|on, die; - (Chemie): das Eingehen einer lockeren Verbindung zwischen Kolloidteilchen u. Lösungsmittel

Sol|vens, das; -, ...venzien u. ...ventia ⟨*lat.*⟩ (Med.): [schleim]lösendes Mittel

sol|vent ⟨*lat.-it.*⟩ (Wirtsch.): zahlungsfähig (Ggs.: insolvent)

Sol|ven|tia: *Plural* von ↑Solvens

Sol|venz, die; -, -en ⟨*lat.-nlat.*⟩ (Wirtsch.): Zahlungsfähigkeit (Ggs.: Insolvenz)

Sol|ven|zi|en: *Plural* von ↑Solvens

sol|vie|ren ⟨*lat.*⟩ (Chemie): auflösen

[1]**So|ma**, der; -[s], -s ⟨*sanskr.*⟩: [im Mondgott personifizierter] Opfertrank der ↑vedischen Religion; vgl. Haoma

[2]**So|ma**, das; -[s], -ta ⟨*gr.*⟩ (Med.): **1.** Körper (im Gegensatz zum Geist). **2.** Gesamtheit der Körperzellen im Gegensatz zu den Keimzellen

So|ma|ti|ker, der; -s, -: Arzt, der sich mit den körperlichen Erscheinungsformen der Krankheiten befasst. **So|ma|ti|ke|rin**, die; -, -nen: weibliche Form zu ↑Somatiker

so|ma|tisch: **1.** (Med.; Psychol.) den Körper betreffend (im Unterschied zu Geist, Seele, Gemüt); körperlich. **2.** (Med.; Biol.) die Körperzellen (im Ggs. zu den Keim-, Geschlechtszellen) betreffend

so|ma|to|gen ⟨*gr.-nlat.*⟩: **1.** (Med.; Psychol.) körperlich bedingt, verursacht. **2.** (Biol.) von Körperzellen [und nicht aus der Erbmasse] gebildet (von Veränderungen an Individuen)

So|ma|to|gramm, das; -s, -e: grafische Darstellung, Schaubild der körperlichen Entwicklung bes. eines Säuglings od. Kleinkindes

So|ma|to|lo|gie, die; - (Anthropol.): Wissenschaft von den allgemeinen Eigenschaften des menschlichen Körpers

So|ma|to|me|t|rie, die; - (Anthropol.): Messungen am menschlichen Körper

So|ma|to|psy|cho|lo|gie, die; -: Teilgebiet der Psychologie, das die ↑Symptome des Seelenlebens in körperlichen Begleit- u. Folgeerscheinungen erforscht; vgl. Psychosomatik

So|ma|to|s|ko|pie, die; -, ...ien (Med.): Untersuchung des Körpers

So|ma|to|t|ro|pin, das; -s (Biol.; Med.): Wachstumshormon aus dem Hypophysenvorderlappen

Som|b|re|ro, der; -s, -s ⟨*lat.-span.*⟩: breitrandiger, leichter Strohhut aus Mittel- u. Südamerika

So|mit, der; -en, -en ⟨*lat.*⟩ (Med.): in der Embryonalentwicklung von Wirbeltieren vorübergehend gebildetes Ursegment

Som|ma|ti|on, die; -, -en ⟨*lat.-frz.*⟩ (veraltet): gerichtliche Vorladung, Mahnung; Ultimatum

Som|me|li|er [...'li̯e:], der; -s, -s ⟨*lat.-nlat.-frz.*⟩: speziell für die Getränke, vor allem für den Wein zuständiger Kellner. **Som|me|li|è|re** [...'li̯e:rə], die; -, -n: weibliche Form zu ↑Sommelier

Som|mi|tät, die; -, -en ⟨*lat.-frz.*⟩ (veraltet): hochstehende Person

som|nam|bul ⟨*lat.-frz.*⟩ (Med.): schlafwandlerisch, nachtwandelnd, mondsüchtig. **Som|nam|bu|le**, der u. die; -n, -n: (weibliche) Person, die schlafwandelt

som|nam|bu|lie|ren: schlafwandeln

Som|nam|bu|lis|mus, der; - (Med.): Schlaf-, Nachtwandeln, Mondsüchtigkeit

som|no|lent ⟨*lat.*⟩ (Med.): benommen; schlafsüchtig

Som|no|lenz, die; - (Med.): Benommenheit; krankhafte Schläfrigkeit

So|na|graf, Sonagraph, der; -en, -en: Gerät zur Aufzeichnung von Klängen u. Geräuschen. **so-**

na|gra|fisch, sonagraphisch: mit einem Sonagrafen aufgezeichnet u. dargestellt
So|na|gramm, das; -s, -e: grafische Darstellung einer akustischen Struktur (z. B. der menschlichen Stimme)
So|na|graph usw. vgl. Sonagraf usw.
So|nant, der; -en, -en ‹*lat.*; »tönend«›: Silben bildender Laut (außer den Vokalen auch sonantische Konsonanten, z. B. *l* in Dirnd*l*). **so|nan|tisch: a)** den Sonanten betreffend; **b)** Silben bildend
So|nar, das; -s, -e ‹Kurzw. aus *so*und *na*vigation and *r*anging›, **So|nar|ge|rät**, das; -[e]s, -e: Unterwasserortungsgerät; Gerät zur Aufspürung u. Lokalisierung von Gegenständen unter Wasser (z. B. von Minen) mittels Schallwellen
So|na|ta, die; -, ...te ‹*lat.-it.*› (Musik): it. Bez. für: Sonate; **Sonata a tre:** Triosonate; **Sonata da Camera:** Kammersonate
So|na|ta da Chi|e|sa [- - 'ki̯e:za], die; ...e - - ‹*it.*›: Sonate mit vier in der Tonart verwandten, abwechselnd langsamen u. schnellen Sätzen
So|na|te, die; -, -n ‹»Klingstück«›: zyklisch angelegte Instrumentalkomposition mit meist mehreren Sätzen in kleiner od. solistischer Besetzung
So|na|ti|ne, die; -, -n: kleinere, meist leicht zu spielende Sonate mit verkürzter Durchführung
Son|der|bo|nus, der; - u. -ses, - u. -se (auch: ...ni): aus besonderem Anlass gewährter ↑Bonus
Son|der|edi|ti|on, die; -, -en ‹*dt.*; *lat.*›: (bes. bei Büchern, Drucken, Musikaufnahmen, Kunstwerken od. Filmen) ↑Edition (1 a, 2), Ausgabe mit besonderen Merkmalen
son|die|ren ‹*frz.*›: **1.** (Med.) mit einer Sonde untersuchen. **2.** vorsichtig erkunden, ausforschen, vorfühlen. **3.** (Seew.) loten, die Wassertiefe messen
So|ne, die; -, - ‹*lat.*› (Physik): Einheit der Lautheit (Zeichen: sone)
So|nett, das; -[e]s, -e ‹*lat.-it.*; eigtl. etwa »Klinggedicht«›: in Italien entstandene Gedichtform von insgesamt 14 Zeilen in zwei Teilen, von denen der erste aus zwei Strophen von je vier Versen (vgl. Quartett 2), der zweite aus zwei Strophen von je drei Versen (vgl. Terzett 2) besteht
Song [sɔŋ], der; -s, -s ‹*engl.*›: **1.** Lied (der populären Unterhaltungsmusik o. Ä.). **2.** (musikalisch u. textlich meist einfaches) einprägsames, oft als Sprechgesang vorgetragenes Lied mit zeitkritischem, sozialkritischem, satirischem, lehrhaftem o. ä. Inhalt
Song|book [...bʊk], das; -s, -s: Buch, in dem Lieder eines Einzelinterpreten od. einer Gruppe mit Text u. Noten enthalten sind
Song|con|test [...kɔntɛst], der; -[s], -s ‹*engl.*›
Song|wri|ter [...rai̯tɐ], der; -s, - ‹*engl.*›: jmd., der Songs schreibt, komponiert. **Song|wri|te|rin**, die; -, -nen: weibliche Form zu ↑Songwriter
Son|ny|boy ['sanibɔi̯, 'sɔni...], der; -s, -s ‹*engl.*; »(mein) Söhnchen, (mein) Junge«; sonny = Koseform von son »Sohn«›: junger Mann, der eine unbeschwerte Fröhlichkeit ausstrahlt, Charme hat, dem die Sympathien zufliegen
So|no|graf, Sonograph, der; -en, -en ‹*lat.*; *gr.*› (Med.): Gerät zur Durchführung einer Sonografie. **So|no|gra|fie**, Sonographie, die; -, ...i̯en (Med.): Untersuchung u. Aufzeichnung organischen Gewebes mithilfe von Ultraschall; Echografie
So|no|gramm, das; -s, -e ‹*lat.*; *gr.*› (Med.): mittels Sonografie erstelltes Bild
So|no|graph usw. vgl. Sonograf usw.
So|no|lu|mi|nes|zenz, die; -, -en ‹*lat.-nlat.*› (Physik): durch Schallwellen hervorgerufene Leuchterscheinung
So|no|me|ter, das; -s, - ‹*lat.*; *gr.*›: Schallstärkemesser
so|nor ‹*lat.-frz.*›: **1.** klangvoll, volltönend. **2.** (Sprachwiss.) stimmhaft. **So|nor**, der; -s, -e ‹*lat.*› (Sprachwiss.): Konsonant [ohne Geräuschanteil], der [fast] nur mit der Stimme gesprochen wird (z. B. m, n, l, r)
So|no|ri|tät, die; - (Sprachwiss.): Klangfülle eines Lautes, Grad der Stimmhaftigkeit
So|nor|laut, der; -[e]s, -e: ↑Sonor
Soor, der; -[e]s, -e ‹Herkunft unsicher; vielleicht zu *mittelniederd.* sōr »ausgedörrt, trocken«› (Med.): Pilzinfektion (bes. bei Menschen mit geschwächtem Immunsystem), die sich in grauweißem Belag bes. der Mundschleimhaut äußert
Soor|my|ko|se, die; -, -n (Med.): ↑Soor
So|phia [zo'fi:a], die; - ‹*gr.-lat.*; »Weisheit«›: **1.** (Philos.) das Wissen von den göttlichen Ideen, die in ihrer Reinheit nur von der körperlosen Seele geschaut werden (bei Plato). **2.** (in der russischen Religionsphilosophie) schöpferische Weisheit Gottes
So|phis|ma, das; -s, ...men, **So|phis|mus**, der; -, ...men: Scheinbeweis; Trugschluss, der mit Täuschungsabsicht gemacht wird
So|phist, der; -en, -en ‹»Weisheitslehrer«›: **1.** Angehöriger einer Gruppe von Philosophen u. Rhetoren im antiken Athen des 5. u. 4. Jh.s v. Chr., die als berufsmäßige Wanderlehrer die Jugend in Wissenschaft, Philosophie u. Redekunst ausbildeten. **2.** jmd., der in geschickter u. spitzfindiger Weise etwas aus u. mit Worten zu beweisen versucht; Wortverdreher
So|phis|te|rei, die; -, -en (abwertend): Spitzfindigkeit, Spiegelfechterei
so|phis|ti|ca|ted [sə'fɪstɪkeɪ̯tɪd] ‹*engl.*›: **1.** weltgewandt, kultiviert. **2.** geistreich, intellektuell
So|phis|tik, die; -: **1.** Lehre der Sophisten. **2.** scheinbare, spitzfindige Weisheit; Spitzfindigkeit
So|phis|ti|ka|ti|on, die; -, -en ‹*gr.-nlat.*› (Philos.): Argumentation mithilfe von Scheinschlüssen; (bes. nach Kant) Argumentation, durch die eine in Wirklichkeit grundsätzlich unbeweisbare objektive Realität erschlossen werden soll
So|phis|tin, die; -, -nen: weibliche Form zu ↑Sophist (2)
so|phis|tisch ‹*gr.-lat.*›: **1.** die Sophistik, die Sophisten betref-

fend. **2.** spitzfindig, wortklauberisch

So|ph|ro|sy|ne, die; - ⟨*gr.-lat.*⟩: antike Tugend der Selbstbeherrschung u. der Mäßigung, Beherrschung der Begierden durch Vernunft u. Besonnenheit

So|por, der; -s ⟨*lat.*⟩ (Med.): tiefer Schlaf, der nur durch starke Reize (z. B. Schmerz) zu unterbrechen ist

so|po|rös ⟨*lat.-nlat.*⟩ (Med.): stark benommen

so|p|ra ⟨*lat.-it.*⟩: oben (z. B. beim Klavierspiel mit gekreuzten Händen der Hinweis auf die Hand, die oben spielen soll; 8va sopra: eine Oktave höher)

So|p|ran, der; -s, -e ⟨*lat.-mlat.-it.*⟩: **1.** höchste Stimmlage von Knaben u. Frauen. **2.** Sopransängerin. **3.** (ohne Plural) Gesamtheit der Sopranstimmen im gemischten Chor. **4.** (ohne Plural) Sopranpartie, Sopranstimme in einem Musikstück

So|p|ra|nist, der; -en, -en: Sänger (meist Knabe) mit Sopranstimme. **So|p|ra|nis|tin,** die; -, -nen: Sopransängerin

So|p|ran|schlüs|sel, der; -s: ↑Diskantschlüssel

So|p|ra|por|te, Supraporte, die; -, -n ⟨*lat.-it.*⟩: Wandfeld [mit Gemälde od. Relief] über einer Tür (bes. im Baustil des Rokokos)

So|ra|bist, der; -en, -en ⟨*lat.-nlat.*⟩: Wissenschaftler auf dem Gebiet der Sorabistik

So|ra|bis|tik, die; -: Wissenschaft von der sorbischen Sprache und Kultur

So|ra|bis|tin, die; -, -nen: weibliche Form zu ↑Sorabist

Sor|bet [zɔrˈbeː, auch: ˈzɔrbɛt], der od. das; -s, -s ⟨*arab.-türk.-it.-frz.*⟩, **Sor|bett,** der od. das; -[e]s, -e ⟨*arab.-türk.-it.*⟩: **1.** halbgefrorene [Süß]speise aus Saft, Wein od. Schaumwein [u. Zucker]. **2.** eisgekühltes Getränk aus gesüßtem Fruchtsaft od. Wein

Sor|bin|säu|re, die; -, -n ⟨*lat.-nlat.; dt.*⟩ (Chemie): organische Säure, Konservierungsstoff (für Lebensmittel)

¹Sor|bit [auch: ...ˈbɪt], der; -s ⟨*lat.-nlat.*⟩ (Chemie): sechswertiger Alkohol; pflanzlicher Wirkstoff

²Sor|bit [auch: ...ˈbɪt], der; -s ⟨*nlat.;* nach dem engl. Forscher H. C. Sorby⟩ (veraltet): Bestandteil von Stahl

sor|bi|tisch [auch: ...ˈbɪ...] (veraltet): aus ²Sorbit bestehend

Sor|bo|se, die; - ⟨*lat.-nlat.*⟩: aus ¹Sorbit entstehender unvergärbarer Zucker

Sor|di|ne, die; -, -n, **Sor|di|no,** der; -s, -s u. ...ni ⟨*lat.-it.*⟩: Dämpfer (bei Musikinstrumenten); vgl. con sordino

sor|do (Musik): gedämpft

Sor|dun, der od. das; -s, -e: **1.** mit Oboe u. Fagott verwandte Schalmei mit Doppelrohrblatt u. dumpfem Klang (16. u. 17. Jh.). **2.** dunkel klingendes Orgelregister

So|re, die; -, -n ⟨*hebr.-jidd.*⟩ (Gaunerspr.): Diebesgut

So|re|di|um, das; -s, ...ien ⟨*gr.-nlat.*⟩ (Bot.): der vegetativen Vermehrung dienende Algenzelle der Flechten

Sor|gho [...go], der; -s, -s ⟨*it.*⟩, **Sorghum** [...gʊm], das; -s, -s ⟨*it.-nlat.*⟩: in Afrika u. Südeuropa angebaute Getreidepflanze; Durra

So|ri: *Plural* von ↑Sorus

So|ri|tes, der; -, - ⟨*gr.-lat.*⟩: **1.** (Logik) aus mehreren verkürzten ↑Syllogismen bestehender Haufen- od. Kettenschluss. **2.** Bez. Ciceros für die auf Zeno zurückgehende ↑Aporie: »bei welchem Wieviel beginnt der Haufen?«

So|ro|rat, das; -[e]s ⟨*lat.-nlat.*⟩: Sitte, dass der Mann nach dem Tode seiner Frau (bei einigen Völkern auch noch zu ihren Lebzeiten od. gleichzeitig mit ihr) deren jüngere Schwester[n] heiratet

Sorp|ti|on, die; -, -en ⟨*lat.-nlat.*⟩ (Chemie): Aufnahme eines Gases od. gelösten Stoffes durch einen anderen festen od. flüssigen Stoff

Sor|ter [ˈsɔːtɐ], der; -s, - ⟨*lat.-frz.-engl.*⟩: Sortiermaschine

Sor|tes [...teːs], die (Plural) ⟨*lat.*⟩: in der Antike beim Orakel verwendete Eichenstäbchen od. Bronzeplättchen

sor|tie|ren ⟨*lat.-it.*⟩: nach Art, Farbe, Größe, Qualität o. Ä. sondern, ordnen, auslesen

Sor|tie|rer, der; -s, -: **a)** Arbeiter, der Waren, Werkstücke, Materialien o. Ä. sortiert; **b)** Arbeiter an einer Sortiermaschine; **c)** Sortiermaschine. **Sor|tie|rerin,** die; -, -nen: weibliche Form zu ↑Sortierer (a, b)

sor|tiert: 1. ein reichhaltiges [Waren]angebot aufweisend. **2.** erlesen, ausgewählt, hochwertig

Sor|ti|le|gi|um, das; -s, ...ien ⟨*lat.-mlat.*⟩: (in der Antike) Weissagung durch Sortes

Sor|ti|ment, das; -[e]s, -e ⟨*lat.-it.*⟩: **1.** Warenangebot (Warenauswahl) in einem Geschäft. **2.** Kurzform von Sortimentsbuchhandel, Sortimentsbuchhandlung

Sor|ti|men|ter, der; -s, -: Angehöriger des Sortimentsbuchhandels; Ladenbuchhändler. **Sor|timen|te|rin,** die; -, -nen: weibliche Form zu ↑Sortimenter

Sor|ti|ments|buch|han|del, der; -s: Buchhandelszweig, der in Läden ein Sortiment von Büchern aus verschiedenen Verlagen zum Kaufen bereithält

Sor|ti|ta, die; -, ...ten ⟨*lat.-it.*⟩: Eintrittsarie der Primadonna in der altitalienischen Oper

So|rus, der; -, Sori ⟨*gr.-nlat.*⟩ (Bot.): Gruppe von Sporenbehältern auf der Blattunterseite der Farne

so|s|pi|ran|do, so|s|pi|ran|te ⟨*lat.-it.*⟩ (Musik): seufzend, wehklagend (Vortragsanweisung)

So|s|pi|ro, das; -s, -s u. ...ri ⟨»Seufzer«⟩ (Musik): Pause im Wert eines halben Taktes

So|ße, Sauce [ˈzoːsə, österr.: zoːs] die; -, -n ⟨*frz.*⟩: **1.** mehr od. weniger dickflüssige Zutat, Beigabe zu verschiedenen Gerichten, Salaten, Nachspeisen o. Ä. **2.** (Tabakindustrie) Beize

sos|te|nu|to ⟨*lat.-it.*⟩ (Musik): [aus]gehalten, breit, getragen (Abk.: sost.). **Sos|te|nu|to,** das; -s, -s u. ...ti (Musik): mäßig langsames Musikstück

So|ta|de|us, der; -, ...ei [...ˈdeːi] ⟨*gr.-lat.;* nach dem altgr. Dichter Sotades⟩: altgriechische Versart

So|ter, der; -, -e ⟨*gr.-lat.*⟩: Retter, Heiland (Ehrentitel Jesu Christi; auch Beiname von Göttern u. Herrschern der Antike)

So|te|rio|lo|gie, die; -, ...ien ⟨*gr.-nlat.*⟩: theologische Lehre vom Erlösungswerk Christi. **so|te-**

rio|lo|gisch: die Soteriologie betreffend

So|tie: frz. Schreibung von ↑Sottie

Sot|nie [...niə], die; -, -n ⟨*russ.;* »Hundertschaft«⟩: Kosakenabteilung

Sot|tie, die; -, -s ⟨*frz.*⟩: französisches, meist gegen den Papst gerichtetes satirisches Narrenspiel (15. u. 16. Jh.)

Sot|ti|se, die; -, -n (meist Plural): **1.** Dummheit, Unsinnigkeit. **2.** Grobheit. **3.** freche, stichelnde Äußerung, Rede

sot|to ⟨*lat.-it.*⟩ (Musik): (beim Klavierspiel mit gekreuzten Händen) unter der anderen Hand zu spielen

sot|to vo|ce [- 'vo:tʃə] (Musik): halblaut, gedämpft (Vortragsanweisung) (Abk.: s. v.)

Sou [su:, auch: zu:], der; -, -s [su:, auch: zu:] ⟨*lat.-frz.*⟩: **1.** (früher) französische Münze im Wert von 5 Centimes. **2.** (veraltend) Münze, Geldstück von geringem Wert

Sou|b|ret|te [zu..., auch: su...], die; -, -n ⟨*lat.-provenzal.-frz.*⟩: Sopranistin, die auf die naiv-heiteren, komischen Partien in Oper, Operette, Singspiel spezialisiert ist

Sou|che ['zu:ʃə, auch: su:ʃ], die; -, -n ⟨*frz.;* »Stumpf«⟩: Teil eines Wertpapiers, der zur späteren Kontrolle der Echtheit zurückbehalten wird

Sou|chong ['zu:(')ʃɔŋ, auch: 'su:...], der; -[s], -s ⟨*chin.-engl.*⟩: chinesischer Tee mit größeren, breiteren Blättern

Souf|f|lé, **Souf|f|lee** [zu'fle:, auch: su...], das; -s, -s ⟨*lat.-frz.*⟩ (Gastron.): leichter Auflauf

Souf|f|leur [...'flø:ɐ̯], der; -s, -e: Mann, der souffliert. **Souf|f|leu|se** [...'flø:zə], die; -, -n: Frau, die souffliert

souf|f|lie|ren: einem Schauspieler, einer Schauspielerin auf der Bühne den Rollentext flüsternd vorsprechen

Sou|f|la|ki [zu...], der; -[s], -[s] ⟨*ngr.*⟩: kleiner Fleischspieß (in der griechischen Küche)

Souk [zu:k, auch: suk] ⟨*arab.-frz.*⟩: ↑Suk

Soul [soʊ̯l], der; -[s] ⟨*amerik.*⟩: expressive afroamerikanische Jazzmusik als bestimmte Variante des Rhythm and Blues

Sou|la|ge|ment [zulaʒə'mɑ̃:], das; -s, -s ⟨*lat.-vulgärlat.-frz.*⟩ (veraltet): Erleichterung, Unterstützung

sou|la|gie|ren [...'ʒi:...] (veraltet): unterstützen, erleichtern, beruhigen

Sound [saʊ̯nt, auch: saʊ̯nd], der; -s, -s ⟨*engl.*⟩: charakteristischer Klang, Klangfarbe, bes. in der Rock- u. Jazzmusik

Sound|bar ['saʊ̯nt...], die; -, -s ⟨*engl.*⟩: (bes. für Fernseher) kompakte Lautsprecherleiste mit relativ räumlichem Klang

Sound|check ['saʊ̯nttʃɛk, auch: 'saʊ̯nd...], der; -s, -s: das Ausprobieren des Klangs, der Akustik (vor dem Konzert bes. einer Jazz-, Rockgruppe o. Ä.)

Sound|kar|te, die; -, -n: Mikrochip od. Steckkarte zur Wiedergabe von Tönen bei Computern

Sound|track [...trɛk], der; -s, -s: **a)** Tonstreifen eines Tonfilms; **b)** Musik zu einem Film

Soup|çon [zʊ'psɔ̃:, auch: sup'sɔ̃:], der; -s, -s ⟨*lat.-frz.*⟩ (veraltet): Verdacht, Argwohn

Sou|per [zu'pe:, auch: su...], das; -s, -s ⟨*germ.-galloroman.-frz.*⟩: festliches Abendessen [mit Gästen]

sou|pie|ren ⟨»eine Suppe zu sich nehmen«⟩: an einem Souper teilnehmen, festlich zu Abend essen

Sou|pir [zu'pi:ɐ̯, auch: su'pi:r], das; -s, -s ⟨*lat.-frz.;* »Seufzer«⟩: ↑Sospiro

Sour ['zaʊ̯ɐ, engl.: 'saʊ̯ə], der; -[s], -s ⟨*engl.;* »sauer«⟩: starkes, alkoholisches Mischgetränk mit Zitrone

Sour|cing ['sɔ:ɐ̯sɪŋ], das; -s (Wirtsch.): Einkauf, Beschaffung von Gütern u. Dienstleistungen

Sour|cing-Ma|na|ger, der; -s, - (Wirtsch.): Angestellter in einem Unternehmen, der für das ↑Sourcing verantwortlich ist. **Sour|cing-Ma|na|ge|rin**, die; -, -nen: w. Form zu ↑Sourcing-Manager

Sour Cream, die; - -, - -s, **Sour|cream** [...'kri:m], die; -, -s: saure Sahne, Sauerrahm als pikante Zutat zu bestimmten Speisen

Sour|di|ne [zʊr'di:nə, auch: sur'di:n], die; -, -n ⟨*lat.-it.-frz.*⟩: ↑Sordine

Sou|sa|fon, **Sou|sa|phon** [zu...], das; -s, -e ⟨nach dem amerik. Komponisten J. Ph. Sousa⟩: tiefes, in der nordamerikanischen Jazzmusik verwendetes Blechblasinstrument mit kreisförmig gebogenem Rohr, das der Spieler um den Oberkörper trägt

Sous|chef ['zu:..., auch: 'su:...], der; -s, -s ⟨*frz.*⟩: **a)** (Gastron.) Stellvertreter des Küchenchefs; **b)** (schweiz.) Stellvertreter des Bahnhofsvorstandes. **Sous|che|fin**, die; -, -nen: weibliche Form zu ↑Souschef

Sou|ta|che [zu'taʃ(ə), auch: su'taʃ], Sutasch, die; -, -n ⟨*ung.-frz.*⟩: schmale, geflochtene Schnur für Besatzzwecke

sou|ta|chie|ren: Soutache aufnähen, mit Soutache verzieren

Sou|ta|ne [zu..., auch: su...], die; -, -n ⟨*lat.-it.-frz.;* »Untergewand«⟩: Gewand der katholischen Geistlichen

Sou|ta|nel|le, die; -, -n (früher): bis ans Knie reichender Gehrock der katholischen Geistlichen

sou|te|nie|ren [zutə..., sutə...] ⟨*lat.-vulgärlat.-frz.*⟩ (veraltet): unterstützen, behaupten

Sou|ter|rain [zutɛ'rɛ̃:, 'zu..., auch: sutɛ'rɛ̃, 'su...], das; -s, -s ⟨*lat.-frz.;* »unterirdisch«⟩: Kellergeschoss, Kellerwohnung

Sou|ti|en [zu'tjɛ̃:, auch: su'tjɛ̃:], das; -, -s ⟨*lat.-vulgärlat.-frz.*⟩ (veraltet): **1.** Beistand, Unterstützung. **2.** Unterstützungstruppe

Sou|ve|nir [zuvə..., auch: su...], das; -s, -s ⟨*lat.-frz.*⟩: [kleines Geschenk als] Andenken, Erinnerungsstück

sou|ve|rän [zuvə...] ⟨*lat.-mlat.-frz.;* »darüber befindlich; überlegen«⟩: **1.** die staatlichen Hoheitsrechte [unumschränkt] ausübend. **2.** einer besonderen Lage od. Aufgabe jederzeit gewachsen; überlegen. **Sou|ve|rän**, der; -s, -e: (veraltend) [unumschränkter] Herrscher, Fürst eines Landes. **Sou|ve|rä|nin**, die; -, -nen: weibliche Form zu ↑Souverän

Sou|ve|rä|ni|tät, die; -: **1.** die höchste Herrschaftsgewalt eines Staates, Hoheitsgewalt; Unabhängigkeit (vom Einfluss anderer Staaten). **2.** Überlegenheit

Sove|reign ['zɔvrɪn] ⟨*lat.-mlat.-frz.-engl.*⟩: ehemalige englische Goldmünze im Wert von 1 £

Sow|chos ['sɔfxɔs], der; -, ...cho̱se, österr. nur: **Sow|cho̱|se** [auch: zɔf'ço:...], die; -, -n ⟨*russ.*; Kurzw. aus *so*wetskoje *chos*jaistwo = Sowjetwirtschaft⟩: staatlicher landwirtschaftlicher Großbetrieb in der ehemaligen Sowjetunion

So|w|je̤t [auch: 'zɔ...], der; -s, -s ⟨*russ.*; »Rat«⟩: **1.** (Geschichte) Arbeiter-, Bauern- u. Soldatenrat der russischen Revolutionen (1905 u. 1917). **2.** Behörde od. Organ der Selbstverwaltung in der Sowjetunion; **Oberster Sowjet:** höchstes Organ der Volksvertretung in der Sowjetunion. **3.** (nur Plural; ugs.) Sowjetbürger

so|w|je̤|tisch: den Sowjet od. die Sowjetunion betreffend

so|w|je|ti|sie̱|ren (oft abwertend): nach dem Muster der Sowjetunion organisieren, einrichten

So|w|je̤t|re|pu|b|lik [auch: 'zɔ...], die; -, -en: Gliedstaat der ehemaligen Sowjetunion

So̤xh|let-Ap|pa|rat, So̤xh|let|ap|pa|rat, der; -[e]s, -e ⟨nach dem dt. Chemiker F. von Soxhlet, 1848–1926⟩ (Chemie): Apparat zur Extraktion fester Stoffe

So̱|zi, der; -s, -s ⟨Kurzform von *Sozi*aldemokrat⟩ (ugs., auch abwertend): Sozialdemokrat

So̱|zia, die; -, -s ⟨*lat.*⟩ (meist scherzh.): Beifahrerin auf einem Motorrad od. -roller

so|zi|a̱|bel (Soziol.): gesellig, umgänglich, menschenfreundlich. **So|zi|a|bi|li|tät,** die; - ⟨*lat.-nlat.*⟩ (Soziol.): soziales Wesen, Verhalten

so|zi|a̱l ⟨*lat.-frz.*⟩: **1.** die menschliche Gesellschaft betreffend; **soziale Indikation:** Indikation für einen Schwangerschaftsabbruch aus sozialen Gründen (z. B. wirtschaftliche Notlage der Mutter). **2.** das Gemeinwohl betreffend, der Allgemeinheit nutzend. **3.** auf das Wohl der Allgemeinheit bedacht; gemeinnützig, menschlich, wohltätig, hilfsbereit. **4.** die gesellschaftliche Stellung betreffend. **5.** gesellig lebend (von Tieren, bes. von Staaten bildenden Insekten)

so|zi|a̱l..., So|zi|a̱l...

⟨*lat.* socialis »gesellig; gesellschaftlich« → *frz.* social »gesellschaftlich, Gesellschafts...«⟩ *Wortbildungselement mit der Bedeutung »die Gesellschaft oder Gemeinschaft betreffend, auf sie bezogen«:*
- Sozialkritik
- Sozialkunde
- sozialpolitisch
- Sozialprestige

Von verwandter Herkunft und Bedeutung ist auch das Wortbildungselement **sozio..., Sozio...** Vermittelt über *lat.* socius »gemeinsam«, bedeutet es »die Gesellschaft oder eine soziale Gruppe betreffend«. Es ist Bestandteil vieler Fremdwörter, wie z. B. in Soziogramm, soziokulturell und Soziologie.

So|zi|a̱l|an|th|ro|po|lo|gie, die; -, ...i̱en: Teilgebiet der ↑Anthropologie, das sich mit dem Problem der Beziehungen zwischen verschiedenen Klassen und mit den Fragen der Vererbung von Eigenschaften innerhalb sozialer Gruppen befasst

So|zi|a̱l|as|sis|tent, der: ausgebildete Fachkraft im Bereich der Betreuung, Unterstützung u. Förderung hilfsbedürftiger Personen. **So|zi|a̱l|as|sis|ten|tin,** die: w. Form zu ↑Sozialassistent. **So|zi|a̱l|as|sis|tenz,** die (Plural selten): Berufsfeld der Sozialassistent[inn]en; Hilfeleistung im sozialen Bereich

So|zi|a̱l|dar|wi|nis|mus, der; -: soziologische Theorie, die unter Berufung auf Charles Darwins Lehre von der natürlichen Auslese auch die menschliche Gesellschaft als den Naturgesetzen unterworfen begreift und somit Ungleichheiten, Ungerechtigkeiten o. Ä. als naturgegeben und deshalb als richtig ansieht

So|zi|a̱l|de|mo|krat, der; -en, -en: Mitglied, Anhänger einer sozialdemokratischen Partei

So|zi|a̱l|de|mo|kra|tie, die; -, ...i̱en: **1.** politische Richtung, die eine Verbindung zwischen ↑Sozialismus u. ↑Demokratie herstellen will. **2. a)** Sozialdemokratische Partei (eines Landes); **b)** Gesamtheit der sozialdemokratischen Parteien

So|zi|a̱l|de|mo|kra|tin, die; -, -nen: weibliche Form zu ↑Sozialdemokrat

so|zi|a̱l|de|mo|kra|tisch: die Sozialdemokratie betreffend

So|zi|a̱l|de|mo|kra|tis|mus, der; -: (aus dem Blickwinkel der DDR negativ beurteilte) Richtung der Sozialdemokratie mit antikommunistischen Tendenzen; sozialdemokratische Ideologie, die den Klassenkampf ignoriert u. den Kapitalismus unterstützt

So|zi|a̱l|ethik, die; -: Lehre von den Pflichten des Menschen gegenüber der Gesellschaft, dem Gemeinschaftsleben

So|zi|a̱l|geo|gra|fie, So|zi|a̱l|geo|gra|phie, die; -: Teilgebiet der Geografie, das die Beziehungen menschlicher Gruppen zu den von ihnen bewohnten Erdräumen untersucht

So|zi|a̱l|hy|gi|e|ne, die; -: Teilgebiet der Hygiene (1), das sich mit der Wechselbeziehung zwischen dem Gesundheitszustand des Menschen u. seiner sozialen Umwelt befasst

So|zi|a̱l|im|pe|ri|a|lis|mus, der; -: **1.** (nach Lenin) im 1. Weltkrieg von Teilen der Sozialdemokratie praktizierte Unterstützung der imperialistischen Politik der jeweiligen nationalen Regierung. **2.** (von Gegnern gebrauchte) Bez. für die [außen]politische Praxis der sich als sozialistisch verstehenden Sowjetunion

So|zi|a|li|sa|ti|o̱n, die; -, -en ⟨*lat.-nlat.*⟩ (Psychol., Soziol.): Prozess der Einordnung des [heranwachsenden] Individuums in die Gesellschaft u. die damit verbundene Übernahme gesellschaftlich bedingter Verhaltensweisen; vgl. ...ation/...ierung (Ggs.: Individuation). **so|zi|a|li|sie̱|ren:** **1.** ein Unternehmen, einen Wirtschaftszweig vergesellschaften, verstaatlichen (Ggs.: reprivatisieren). **2.** (Psychol., Soziol.) jmdn. in die Gemeinschaft einordnen, zum Leben in ihr befähigen. **So|zi|a|li|sie̱|rung,** die; -, -en: **1.** Verstaatlichung, Vergesellschaftung der Privatwirtschaft (Ggs.: Reprivatisierung). **2.** ↑Sozialisation; vgl. ...ation/...ierung

So|zi|a|lis|mus, der; -, ...men ⟨*lat.-frz.*⟩: **1.** (nach Karl Marx die dem Kommunismus vorausgehende) Entwicklungsstufe, die auf gesellschaftlichen od. staatlichen Besitz der Produktionsmittel u. eine gerechte Verteilung der Güter an alle Mitglieder der Gemeinschaft hinzielt. **2.** politische Richtung, Bewegung, die den gesellschaftlichen Besitz der Produktionsmittel u. die Kontrolle der Warenproduktion u. -verteilung verficht

So|zi|a|list, der; -en, -en: **a)** Anhänger, Verfechter des Sozialismus; **b)** Mitglied einer sozialistischen Partei. **So|zi|a|lis|tin,** die; -, -nen: weibliche Form zu ↑Sozialist. **so|zi|a|lis|tisch:** **1.** den Sozialismus betreffend, zum Sozialismus gehörend. **2.** (österr.) sozialdemokratisch

So|zi|al|kom|pe|tenz, die; -: Fähigkeit einer Person, in ihrer sozialen Umwelt selbstständig zu handeln

So|zi|al|kri|tik, die; -, -en: Kritik an einer bestehenden Gesellschaft; Gesellschaftskritik. **so|zi|al|kri|tisch:** die Sozialkritik betreffend, darauf beruhend

So|zi|al|kun|de, die; -: **1.** Darstellung und Beschreibung der politischen, ökonomischen und sozialen Verhältnisse in einer Gesellschaft. **2.** der politischen Erziehung u. Bildung dienendes Unterrichtsfach, das gesellschaftliche Fragen zusammenhängend darstellt

so|zi|al|li|be|ral, so|zi|al-li|be|ral: die Kombination von Sozialismus od. Sozialdemokratie u. Liberalismus betreffend; **sozialliberale Koalition:** Regierungsbündnis zwischen einer sozialistischen od. sozialdemokratischen u. einer liberalen Partei

So|zi|al|me|di|zin, die; -: Teilgebiet der Medizin, das sich mit den durch die gesellschaftlichen Gegebenheiten bedingten Ursachen von Krankheiten befasst

So|zi|al|öko|lo|gie, die; -: Teilgebiet der Ökologie, das sich mit dem Verhältnis zwischen dem sozialen Verhalten des Menschen u. seiner Umwelt befasst

So|zi|al|öko|no|mie, So|zi|al|öko|no|mik, die; -: Wissenschaft, die sich mit der gesamten Wirtschaft einer Gesellschaft befasst; Volkswirtschaftslehre

So|zi|al|pä|d|a|go|ge, der; -n, -n: jmd., der in der Sozialpädagogik (1) tätig ist (Berufsbez.)

So|zi|al|pä|d|a|go|gik, die; -, -en: **1.** Teilgebiet der Pädagogik, das sich mit der Erziehung des Einzelnen zur Gemeinschaft u. zu sozialer Verantwortung außerhalb der Familie u. der Schule befasst. **2.** Gesamtheit der Bemühungen, die der Behebung von gesellschaftsbedingten Erziehungsschwierigkeiten dienen

So|zi|al|pä|d|a|go|gin, die; -, -nen: weibliche Form zu ↑Sozialpädagoge

so|zi|al|pä|d|a|go|gisch: die Sozialpädagogik betreffend

So|zi|al|part|ner, der; -s, -: Arbeitgeber od. Arbeitnehmer bzw. deren Vertreter (z. B. bei Tarifverhandlungen)

So|zi|al|po|li|tik, die; -: Planung u. Durchführung staatlicher Maßnahmen zur Verbesserung der sozialen Verhältnisse der Bevölkerung. **so|zi|al|po|li|tisch:** die Sozialpolitik betreffend

So|zi|al|pres|ti|ge, das; -s: Ansehen, das jmd. aufgrund seiner gesellschaftlichen Stellung genießt

So|zi|al|pro|dukt, das; -[e]s; -e: Gesamtheit aller Güter, die eine Volkswirtschaft in einem Zeitraum mithilfe der Produktionsfaktoren erzeugt (nach Abzug sämtlicher Vorleistungen)

So|zi|al|psy|cho|lo|gie, die; -, ...ien: Teilgebiet sowohl der Soziologie als auch der Psychologie, das sich mit den Erlebnis- u. Verhaltensweisen unter dem Einfluss gesellschaftlicher Faktoren befasst

So|zi|al|re|for|mis|mus, der; -: ↑Sozialdemokratismus

So|zi|al|re|vo|lu|ti|o|när, der; -s, -e (Geschichte): Mitglied einer 1901 entstandenen Partei in Russland, die auf revolutionärem Wege einen bäuerlichen Sozialismus erreichen wollte. **So|zi|al|re|vo|lu|ti|o|nä|rin,** die; -, -nen: weibliche Form zu ↑Sozialrevolutionär

So|zi|al|staat, der; -[e]s: Demokratie, die bestrebt ist, die soziale Sicherheit ihrer Bürger zu gewährleisten

So|zi|al|struk|tur, die; -, -en: inneres Beziehungsgefüge einer Gesellschaft, das aus Schichten, Gruppen, Institutionen, Rollen besteht

So|zi|al|tech|no|lo|gie, die; -: ↑Social Engineering

So|zi|al|the|ra|pie, die; -: Behandlung psychischer od. geistiger Krankheiten mit dem Ziel, den Patienten [wieder] in das Familien- od. Berufsleben einzugliedern

So|zi|al|wai|se, die; -, -n: Kind, um das sich weder Eltern noch Verwandte kümmern

So|zi|al|wis|sen|schaft|en, die (Plural): Gesamtheit der Wissenschaften, die sich mit dem sozialen Aspekt des menschlichen Lebens beschäftigen; Gesellschaftswissenschaften

So|zi|a|tiv [auch: ...'ti:f], der; -s, -e ⟨*lat.-nlat.*⟩ (Sprachwiss.): die Begleitung ausdrückender ↑Kasus

so|zi|e|tär ⟨*lat.-frz.*⟩ (Soziol.): die rein [vertrags]gesellschaftlichen Beziehungen betreffend. **So|zi|e|tär,** der; -s, -e (veraltet): Angehöriger, Mitglied einer Sozietät; Mitinhaber

So|zi|e|tät, die; -, -en ⟨*lat.*⟩: **1. a)** (Soziol.) menschliche Gemeinschaft; soziale, durch gleiche Interessen u. Ziele verbundene Gruppe, Gesellschaft; **b)** Verband, Gemeinschaft bei Tieren. **2.** Zusammenschluss bes. von Angehörigen freier Berufe wie Ärzte, Rechtsanwälte u. Ä. zu gemeinsamer Arbeit

so|zi|ie|ren: sich wirtschaftlich vereinigen, anschließen, sich assoziieren

So|zi|ni|a|ner, der; -s, - ⟨*nlat.;* nach den it. Begründern Lelio u. Fausto Sozini⟩ (Geschichte): Angehöriger einer ↑antitrinitarischen Religionsgemeinschaft des 16. Jh.s in Polen

So|zi|ni|a|nis|mus, der; -: Lehre der Sozinianer

so|zio..., So|zio... *s. Kasten sozial..., Sozial...*

So|zio|bio|lo|gie, die; -: Wissenschaft, die sich mit dem Leben unter Einbeziehung der gesellschaftlichen Umwelt befasst

So|zio|ge|ne|se, die; - (Biol., Med.): die Entstehung u. Entwicklung (z. B. von Krankheiten) aufgrund bestimmter gesellschaftlicher Umstände

So|zio|gra|fie, Soziographie, die; -, ...ien (Soziol.): sozialwissenschaftliche Forschungsrichtung in der Soziologie, die die deskriptive Erfassung konkreter (oft geografisch bestimmter) Bereiche anstrebt

So|zio|gramm, das; -s, -e ‹*lat.; gr.*› (Soziol.): grafische Darstellung sozialer Verhältnisse od. Beziehungen innerhalb einer Gruppe

So|zio|gra|phie vgl. Soziografie

So|zio|hor|mon, das; -s, -e (meist Plural) (Biol.): Wirkstoff aus der Gruppe der ↑Pheromone (bisher bei Staaten bildenden Insekten bekannt), der die Fortpflanzungsverhältnisse regelt

so|zio|kul|tu|rell: die soziale Gruppe u. ihr kulturelles Wertsystem betreffend

So|zio|lekt, der; -[e]s, -e: Sprachgebrauch einer sozialen Gruppe (z. B. Berufssprache, Teenagersprache); vgl. Idiolekt

So|zio|lin|gu|is|tik, die; - (Sprachwiss.): Teilgebiet der Linguistik, das das Sprachverhalten von gesellschaftlichen Gruppen untersucht. **so|zio|lin|gu|is|tisch:** die Soziolinguistik betreffend

So|zio|lo|ge, der; -n, -n: jmd., der sich wissenschaftlich mit der Soziologie befasst (z. B. Hochschullehrer), der als wissenschaftlich ausgebildeter Fachmann auf dem Gebiet der Soziologie tätig ist. **So|zio|lo|gie,** die; -, ...ien: Wissenschaft, die sich mit dem Ursprung, der Entwicklung u. der Struktur der menschlichen Gesellschaft befasst. **So|zio|lo|gin,** die; -, -nen: weibliche Form zu ↑Soziologe. **so|zio|lo|gisch:** die Soziologie betreffend; auf den Forschungsergebnissen der Soziologie beruhend; mit den Methoden der Soziologie durchgeführt

So|zio|me|t|rie, die; - (Sozialpsychol.): Verfahren der Sozialpsychologie zur Erfassung der Gruppenstruktur hinsichtlich der Sympathie- u. Antipathiebeziehungen. **so|zio|me|t|risch** (Sozialpsychol.): die Soziometrie betreffend

so|zio|morph: von der Gesellschaft, den sozialen Verhältnissen geformt

so|zio|öko|no|misch: die Gesellschaft wie die Wirtschaft, die [Volks]wirtschaft in ihrer gesellschaftlichen Struktur betreffend

So|zio|pa|thie, die; -, ...ien (Psychol.): Form der ↑Psychopathie, die sich bes. durch ein auffälliges soziales Verhalten u. Handeln äußert

So|zio|top, der od. das; -s, -e (Soziol.): Einheit u. Eigenart eines Standorts in sozialer u. sozialökonomischer Hinsicht

So|zi|us, der; -, ...zien, ...zii, auch: -se ‹*lat.*›: **1.** (Wirtsch.) Teilhaber, besonders in einer ↑Sozietät (2). **2. a)** Beifahrer auf einem Motorrad, -roller; **b)** Beifahrersitz. **3.** (ugs. scherzh.) Genosse, Kompagnon

So|zi|us|sitz, der; -es, -e: Rücksitz auf dem Motorrad, -roller

Spa [ʃpa:, spa:], das; -[s], -s ‹nach dem belgischen Kurort Spa›: Wellnessbad

Space [speɪ̯s], das; -, -s [...sɪz] ‹*engl.;* »Raum«› (Informatik): Leerzeichen

Space|lab [ˈspeɪ̯slæb], das; -[s], -s: von ESA u. NASA entwickeltes Raumlabor

Space|shut|tle [...ʃatl̩], der od. das; -s, -s: dem Transport von der Erdoberfläche auf eine Satellitenbahn dienender Flugkörper, der, zur Erde zurückgeführt, wieder verwendbar ist

spa|cig [ˈspeɪ̯sɪç] ‹*engl.; dt.*› (Jargon): futuristisch, modern, avantgardistisch

Spa|da [ˈspa:..., ˈʃpa:...], die; -, -s ‹*gr.-lat.-it.*› (Sport): it. Bez. für: Degen

Spa|dil|le [spaˈdɪljə, ʃpaˈdɪlə], die; -, -n ‹*gr.-lat.-span.-frz.*›: höchste Trumpfkarte (Pikass) im Lomber

Spa|dix [ˈspa:..., ˈʃpa:...], der; - ‹*gr.-lat.*› (Bot.): zu einem Kolben verdickte Blütenachse

[1]**Spa|gat,** der (österr. nur so) od. das; -[e]s, -e ‹*it.*› (Ballett, Gymnastik): Stellung, bei der die gespreizten Beine eine Linie bilden

[2]**Spa|gat,** der; -[e]s, -e (österr.): Bindfaden

Spa|ghet|ti [ʃpaˈgɛti, auch: sp...], die; -, - (ugs. auch -s) (meist Plural), **Spa|get|ti** [ʃpaˈgɛti, auch: sp...], die; -, - (ugs. auch -s) (meist Plural), bes. fachspr.: **Spa|ghet|to** [sp...], der; -[s], Spaghetti (meist Plural) ‹*it.*›: lange, dünne, stäbchenförmige Teigware

Spa|gi|rik [ʃp..., sp...], die; - ‹*gr.-nlat.*›: **1.** (Geschichte) Alchemie. **2.** Arzneimittelzubereitung auf mineralisch-chemischer Basis. **Spa|gi|ri|ker,** der; -s, - (Geschichte): Alchemist. **spa|gi|risch:** alchemistisch; **spagirische Kunst:** Alchemie (im Mittelalter)

Spa|g|no|lett [ʃpanjo..., sp...], der; -[e]s, -e ‹*span.-frz.-it.*›: **1.** (Geschichte) angerautes Wollgewebe. **2.** beidseitig angerautes Baumwollgewebe in Leinwandbindung (einer Webart). **3.** Espagnoletteverschluss

Spa|hi [ˈspa:..., ˈʃpa:...], der; -s, -s ‹*pers.-türk.-frz.*›: **1.** (Geschichte) [adliger] Reiter im türkischen Heer. **2.** Angehöriger einer aus Nordafrikanern gebildeten französischen Reitertruppe

Spa|let [ʃp..., sp...], das; -s, -s ‹*gr.-lat.-it.*› (Militär veraltet): Lattenwand; Brustwehr, Geländer

Spa|lett, das; -[e]s, -e (österr.): hölzerner Laden vor einem Fenster

Spa|lier [ʃp...], das; -s, -e: **1.** Gitterwand, an der Obstbäume, Wein o. Ä. gezogen werden. **2.** Ehrenformation beiderseits eines Weges

Spam [spɛm], der od. das; -s, -s od. die; -, -s ‹*engl.-amerik.;* urspr. Spam®; Kurzw. für *sp*iced h*am;* der Name des Büchsenfleischs wurde von US-Soldaten des 2. Weltkrieges später abwertend gebraucht für etwas, das man nicht leiden kann›: **a)** unaufgefordert an viele Internetnutzer auf einmal versandte E-Mail (zu Werbezwecken o. Ä.); **b)** an viele Newsgroups gleichzeitig übermittelte Nachricht [mit belanglosem Inhalt]

spam|men [ˈspɛm...]: Spams im Internet versenden

Spam|ming [ˈspɛ...], das; -s: das Spammen

Span|d|ril|le, die; -, -n ‹*lat.-roman.*› (Archit.): Bogenzwickel

Spa|ni|el [ˈʃpani̯əl, auch: ˈspɛ...], der; -s, -s ‹*lat.-span.-frz.-engl.*›:

Jagd- und Haushund mit großen Schlappohren u. seidigem Fell
Spa|ni|ol [ʃp...], der; -s, -e ‹*lat.-span.*›: ein spanischer Schnupftabak
Spare|ribs [ˈspɛːɐ̯rɪbs], die (Plural) ‹*engl.*›: Schälrippchen
Spar|man|nie [ʃparˈmani̯ə, auch: sp...], die; -, -n ‹*nlat.;* nach dem schwed. Forschungsreisenden A. Sparrman›: Zimmerlinde
[1]**Spar|ring** [ˈʃpa...], das; -s ‹*engl.*›: Boxtraining
[2]**Spar|ring,** der; -s, -s: kleiner, von Boxern zum Schlagtraining verwendeter Übungsball
Spart, der od. das; -[e]s, -e ‹*gr.-lat.*›: ↑Esparto
Spar|ta|ki|a|de [ʃp..., auch: sp...], die; -, -n ‹*nlat.;* in Anlehnung an ↑Olympiade nach Spartakus, dem Führer des Sklavenaufstandes 73 v. Chr. im alten Rom›: (aus Arbeitersportfesten hervorgegangene, in den osteuropäischen Ländern bis 1990 durchgeführte) sportliche Großveranstaltung mit Wettkämpfen in verschiedenen Disziplinen
Spar|ta|ki|de, der; -n, -n (veraltet): Spartakist
Spar|ta|kist, der; -en, -en: Angehöriger des Spartakusbundes. **Spar|ta|kis|tin,** die; -, -nen: weibliche Form zu ↑Spartakist
Spar|ta|kus|bund, der; -[e]s ‹*lat.; dt.*›: 1917 gegründete linksradikale Bewegung in Deutschland, die 1918 den Namen »Kommunistische Partei« annahm
spar|ta|nisch ‹*gr.-lat.;* nach der Hauptstadt Sparta der altgr. peloponnesischen Landschaft Lakonien›: streng, hart; genügsam, einfach, anspruchslos
Spar|te [ˈʃpa...], die; -, -n ‹Herkunft unsicher; vielleicht *gr.-nlat.*›: **1.** spezieller Bereich, Abteilung eines Fachgebiets, Geschäfts-, Wissenszweig o. Ä. **2.** Spalte, Teil einer Zeitung, in dem [unter einer bestimmten Rubrik] etwas abgehandelt wird
Spar|te|in [ʃp..., sp...], das; -s ‹*gr.-nlat.*› (Med., Pharm.): organische chemische Verbindung; Alkaloid des Besenginsters (Herzanregungsmittel)
Spar|ten|sen|der [ˈʃpa...], der; -s, -: privater Fernsehsender, dessen Sendungen inhaltlich auf einen ganz speziellen Bereich beschränkt sind
Spar|te|rie, die; - ‹*gr.-lat.-frz.*›: Flechtwerk aus Span od. Bast
spar|tie|ren [ʃp..., sp...] ‹*lat.-it.*› (Musik): ein nur in den einzelnen Stimmen vorhandenes Musikwerk in Partitur setzen
Spas|men [ˈʃpas..., ˈspas...]: *Plural* von ↑Spasmus
spas|misch, spasmodisch ‹gr.› (Med.): spastisch
spas|mo|gen ‹*gr.-nlat.*› (Med.): Krämpfe erzeugend (z. B. von der Wirkung von Arzneimitteln)
Spas|mo|ly|ti|kum, das; -s, ...ka (Med.): krampflösendes Mittel. **spas|mo|ly|tisch** (Med.): krampflösend
spas|mo|phil (Med.): zu Krämpfen neigend. **Spas|mo|phi|lie,** die; -, ...ien (Med.): mit Neigung zu Krämpfen verbundene Stoffwechselkrankheit bei Kindern [u. jungen Frauen]
Spas|mus, der; -, ...men ‹*gr.-lat.;* »Zuckung; Krampf«› (Med.): Krampf, Verkrampfung
Spas|ti|ker, der; -s, - (Med.): jmd., der an einer spastischen Krankheit leidet. **Spas|ti|ke|rin,** die; -, -nen: weibliche Form zu ↑Spastiker
spas|tisch, spasmisch, spasmodisch ‹gr.› (Med.): krampfhaft, krampfartig, verkrampft (vom Spannungszustand der Muskulatur)
Spa|tha [ˈʃpaː..., ˈspaː...], die; -, ...then ‹*gr.-lat.*›: **1.** (Bot.) auffällig gefärbtes Hochblatt bei Palmen- u. Aronstabgewächsen, das den Blütenstand umschließt. **2.** zweischneidiges germanisches Langschwert
Spa|ti|en [ˈʃpaːtsi̯ən, ˈsp...]: *Plural* von ↑Spatium
spa|ti|ie|ren ‹*lat.*›: ↑spationieren
spa|ti|o|nie|ren ‹*lat.-nlat.*› (Druckw.): [mit Zwischenräumen] durchschießen, gesperrt drucken
spa|ti|ös (Druckw.): geräumig, weit, licht
Spa|ti|um, das; -s, ...ien: **1.** [Zwischen]raum (z. B. zwischen Notenlinien). **2.** (Druckw.) dünnes Ausschlussstück
spa|zie|ren [ʃp...] ‹*lat.-it.*›: **1.** sich gemütlich, ohne Eile [u. ohne bestimmtes Ziel] fortbewegen, schlendern. **2.** (veraltend) spazieren gehen, einen Spaziergang machen
Spea|ker [ˈspiːkɐ], der; -s, - ‹*engl.;* »Sprecher«›: **1.** Vorsitzender des britischen Unterhauses. **2.** Vorsitzender des nordamerikanischen Repräsentantenhauses. **Spea|ke|rin** [ˈspiːkərɪn], die; -, -nen: weibliche Form zu ↑Speaker (1,2)
Spe|cial [ˈspɛʃl̩], das; -s, -s ‹*lat.-engl.*›: **a)** Sondersendung, Sonderbericht zu einem Thema; **b)** Veranstaltung od. Ausgabe einer Zeitschrift, in der eine Persönlichkeit, eine Gruppe od. ein Thema im Mittelpunkt steht
Spe|cial Ef|fect [- ɪˈfɛkt], der; - -s, - -s ‹*engl.*›: von Computern erzeugter besonderer Bild- od. Toneffekt (bes. bei Actionfilmen)
Spe|cial-In|terest-Ma|ga|zin [...ˈɪntrəst...], das; -s, -e ‹*engl.*›: Zeitschrift, die sich nur einem bestimmten Themenbereich widmet und eine Lesergruppe anspricht, die zwischen Allgemein- und Fachpublikum angesiedelt ist
Spe|cial Of|fer, das; - -, - -s ‹*engl.*›: Sonderangebot, Angebot [zu einem Sonderpreis]
Spe|ci|es [ˈʃpeːtsi̯ɛs, sp...] vgl. Spezies
Spe|cu|lum [ˈʃpeːk..., ˈspeːk...], das; -s, ...la ‹*lat.;* »Spiegel«›: Titel von spätmittelalterlichen ↑Kompilationen (1) theologischer, lehrhafter u. unterhaltender Art
spe|die|ren [ʃp...] ‹*lat.-it.*›: [Waren] versenden, abfertigen
Spe|di|teur [...ˈtøːɐ̯], der; -s, -e ‹*lat.-it.;* mit französischer Endung gebildet›: Kaufmann, der gewerbsmäßig in eigenem od. fremdem Namen Speditionsgeschäfte besorgt; Transportunternehmer. **Spe|di|teu|rin** [...ˈtøːrɪn], die; -, -nen: weibliche Form zu ↑Spediteur
Spe|di|ti|on, die; -, -en ‹*lat.-it.*›: **1.** gewerbsmäßige Verfrachtung od. Versendung von Gütern. **2.** Transportunternehmen
spe|di|tiv ‹*lat.-it.*› (schweiz.): rasch vorankommend, zügig
Speech [spiːtʃ], der; -es, -e u. -es [...ɪs] ‹*engl.*› (selten): Rede, Ansprache

[1]**Speed** [spiːd], der; -[s], -s ‹*engl.*› (Sport): Geschwindigkeit[ssteigerung] eines Rennläufers od. Pferdes; Spurt

[2]**Speed,** das; -[s] (Jargon): Aufputsch-, Rauschmittel

Speed|ball [ˈspiːdbɔːl], der; -s, -s ‹*engl.*› (Jargon): Mischung aus ↑ ²Heroin u. ↑ Kokain

spee|den [ˈspiːdn̩] (Jargon): Rauschgift konsumieren

Speed|gli|ding [ˈspiːdglaɪ̯dɪŋ], das; -s: Gleitfliegen im Schlepptau eines Motorbootes od. eines anderen Motorfahrzeuges

Speed|sta|cking [ˈspiːdstɛkɪŋ], das; -[s] ‹*engl.*›: schnelles Stapeln von Plastikbechern zu Pyramiden als Wettkampfsport

Speed|way [...wɛɪ̯], der; -s, -s ‹*engl.*; »Schnellweg«›: engl. Bez. für: Autorennstrecke

Speed|way-Ren|nen, Speed|wayren|nen, das; -s, - (Sport): Motorradrennen auf einer Aschen-, Sand- od. Eisbahn

Spei|cher|slot, der;-s, -s (EDV): **1.** Anschlussstelle für eine Speicherkarte. **2.** Platz zum Speichern eines Spielstands auf einer Spielekonsole

spek|ta|bel [ʃp..., sp...] ‹*lat.*› (veraltet): sehenswert, ansehnlich

Spek|ta|bi|li|tät, die; -, -en ‹*lat.*; »Ansehnlichkeit, Würde«›: **a)** Titel für den Dekan (3) an einer Hochschule; **b)** Träger des Titels Spektabilität (a)

[1]**Spek|ta|kel** [ʃp...], der; -s, - ‹*lat.*; »Schauspiel«› (ugs.): Lärm, Krach; laute Auseinandersetzung

[2]**Spek|ta|kel** [ʃp..., sp...], das; -s, -: **1.** (veraltet) [aufsehenerregendes, die Schaulust befriedigendes] Theater-, Ausstattungsstück. **2.** aufsehenerregender Vorgang, Anblick

spek|ta|keln [ʃp...] ‹*lat.*› (veraltend): lärmen

Spek|ta|ku|la [ʃp..., sp...] ‹*lat.*›: *Plural* von ↑ Spektakulum

spek|ta|ku|lär ‹*lat.-nlat.*›: aufsehenerregend

spek|ta|ku|lös (veraltet): seltsam; abscheulich

Spek|ta|ku|lum, das; -s, ...la ‹*lat.*› (scherzh.): Anblick, Schauspiel

Spek|ta|tor, der; -s, ...oren: Zuschauer. **Spek|ta|to|rin,** die; -, -nen: weibliche Form zu ↑ Spektator

Spek|tiv, das; -s, -e: kurz für ↑ Perspektiv

Spek|t|ra: *Plural* von ↑ Spektrum

spek|t|ral [ʃp..., sp...] ‹*lat.-nlat.*›: das ↑ Spektrum (1) betreffend, davon ausgehend

Spek|t|ral|ana|ly|se, die; -, -n: **1.** Ermittlung der chemischen Zusammensetzung eines Stoffes durch Auswertung seines Spektrums. **2.** (Astron.) Verfahren zur Feststellung der physikalischen Natur u. chemischen Beschaffenheit von Himmelskörpern durch Beobachtung der Spektren u. deren Vergleich mit bekannten Spektren

Spek|t|ral|far|be, die; -, -n: eine der sieben ungemischten, reinen Farben verschiedener Wellenlänge, die bei der spektralen Zerlegung von Licht entstehen u. die nicht weiter zerlegbar sind

Spek|t|ren: *Plural* von ↑ Spektrum

Spek|t|ro|fo|to|me|t|rie, Spektrophotometrie, die; -: **1.** (Astron.) fotometrische Messung der einzelnen wellenabhängigen Größen im Sternspektrum. **2.** (Physik) fotografische Untersuchung von Spektren auf ihre Intensitätsverteilung

Spek|t|ro|graf, Spektrograph, der; -en, -en ‹*lat.; gr.*› (Technik): Instrument zur Aufnahme u. Auswertung von Emissions- u. Absorptionsspektren im sichtbaren, ultraroten u. ultravioletten Bereich (u. a. bei der Werkstoffprüfung verwendet). **Spek|t|ro|gra|fie,** Spektrographie, die; -, ...ien: **1.** Aufnahme von Spektren mit einem Spektrografen. **2.** (Astron.) Auswertung der festgehaltenen Sternspektren

Spek|tro|graph usw. vgl. Spektrograf usw.

Spek|tro|me|ter, das; -s, -: Gerät zur Ausmessung von Spektren

Spek|t|ro|me|t|rie, die; -: ↑ Spektroskopie

Spek|tro|pho|to|me|trie vgl. Spektrofotometrie

Spek|t|ro|s|kop, das; -s, -e (Physik; Astron.): meist als Handinstrument konstruierter besonderer Spektralapparat zum Bestimmen der Wellenlängen von Spektrallinien. **Spek|t|ro|s|ko|pie,** die; -, ...ien (Physik; Astron.): Beobachtung u. Bestimmung von Spektren mit dem Spektroskop. **spek|t|ro|s|ko|pisch** (Physik, Astron.): die Spektroskopie betreffend, darauf beruhend; **spektroskopische Untersuchung:** (Med.) Anwendung der Spektroskopie bei laborchem. Untersuchungen, zum Nachweis von Blut im Stuhl, von ↑ Porphyrin im Urin u. a.

Spek|t|rum, das; -s, ...tren u. ...tra ‹*lat.*›: **1.** [relative] Häufigkeits- bzw. Intensitätsverteilung der Bestandteile eines [Strahlen]gemisches in Abhängigkeit von einer gemeinsamen Eigenschaft, vor allem von der Wellenlänge bzw. Frequenz. **2.** bei der Brechung von weißem Licht durch ein Glasprisma entstehende Farbfolge von Rot bis Violett. **3.** Buntheit, Vielfalt

Spe|ku|la [ˈʃpeː..., ˈspeː...]: *Plural* von ↑ Spekulum

Spe|ku|lant [ʃp...], der; -en, -en: jmd., der spekuliert (3), sich in Spekulationen (3) einlässt. **Spe|ku|lan|tin,** die; -, -nen: weibliche Form zu ↑ Spekulant

Spe|ku|la|ti|on, die; -, -en: **1. a)** auf bloßen Annahmen, Mutmaßungen beruhende Erwartung, Behauptung, dass etwas eintrifft; **b)** (Philos.) hypothetische, über die erfahrbare Wirklichkeit hinausgehender Gedankengang. **2.** (Wirtsch.) Geschäftsabschluss, der auf Gewinne aus zukünftigen Veränderungen der Preise abzielt. **3.** gewagtes Geschäft

Spe|ku|la|ti|us, der; -, - ‹*lat.-roman.-niederl.*; Herkunft unsicher›: flaches Gebäck aus gewürztem Mürbeteig in Figurenform

spe|ku|la|tiv ‹*lat.*›: **1.** in der Art der Spekulation (1 b) denkend. **2.** in reinen Begriffen denkend. **3.** die Spekulation (2) betreffend

spe|ku|lie|ren ‹»spähen, beobachten; ins Auge fassen«›: **1.** (ugs.) **a)** grübeln; **b)** auf etwas rechnen. **2.** (ugs.) ausforschen, auskundschaften. **3.** [an der Börse] durch Spekulationen (2) Gewinne zu erzielen suchen

Spe|ku|lum [ˈʃpeː..., ˈspeː...], das; -s, ...la (Med.): röhren- od. trichterförmiges Instrument

zum Betrachten u. Untersuchen von Hohlräumen u. Organen, die dem bloßen Auge nicht [genügend] zugänglich sind
Spe|läo|lo|gie [ʃp..., sp...], die; - ‹*gr.-nlat.*›: Wissenschaft, die sich mit der Erforschung von Höhlen befasst. **spe|läo|lo|gisch:** die Speläologie betreffend
Spell|che|cker [ˈspɛltʃɛkɐ], der; -s, - ‹*engl.*› (EDV): die Rechtschreibung [u. Grammatik] von Texten überprüfendes Programm
Spe|lun|ke [ʃp...], die; -, -n ‹*gr.-lat.;* »Höhle, Grotte«› (abwertend): wenig gepflegtes, verrufenes Wirtshaus
spen|da|bel ‹mit romanischer Endung zu *dt.* spenden gebildet› (ugs.): freigebig, großzügig
spen|die|ren (ugs.): (für jmdn.) bezahlen; (jmdn.) zu etwas einladen
Spen|ser [ˈspɛnsɐ] vgl. Spenzer
Spen|zer [ˈʃpɛn...], Spenser [ˈspɛnsɐ], der; -s, - ‹nach dem engl. Grafen G. J. Spencer›: kurzes, eng anliegendes Jäckchen od. Hemd
Spe|renz|chen, Spe|ren|zi|en, die (Plural) ‹*lat.-mlat.*› (ugs.): **a)** Umschweife, Umstände; Schwierigkeiten, Ausflüchte; **b)** kostspielige Vergnügungen od. Gegenstände
Sper|ma [ˈʃpɛr..., ˈspɛr...], das; -s, ...men u. -ta ‹*gr.-lat.;* »Samen«› (Biol.): männliche Keimzellen enthaltende Samenflüssigkeit (von Mensch u. Tier)
Sper|ma|ti|de, die; -, -n ‹*gr.-nlat.*› (Biol.): noch unreife männliche Keimzelle (von Mensch u. Tier)
Sper|ma|ti|tis, die; -, ...itiden (Med.): Entzündung des Samenstrangs; ↑Funikulitis
Sper|ma|ti|um, das; -s, ...ien (meist Plural) (Bot.): unbewegliche männliche Keimzelle der Rotalgen
sper|ma|to|gen: 1. männliche Keimzellen bildend. **2.** (Biol.) dem Samen entstammend
Sper|ma|to|ge|ne|se, Spermiogenese, die; -, -n (Biol., Med.): Samenbildung im Hoden
Sper|ma|to|gramm, das; -s, -e: ↑Spermiogramm
Sper|ma|to|pho|re, die; -, -n (meist Plural) (Zool.): zusammenklebende Samenkapseln mancher niederer Tiere
Sper|ma|to|phyt, der; -en, -en: Blüten-, Samenpflanze
Sper|ma|tor|rhö, die; -, -en (Med.): Samenfluss ohne geschlechtliche Erregung
Sper|ma|to|zo|id, der; -en, -en (Biol.): bewegliche männliche Keimzelle mancher Pflanzen
Sper|ma|to|zo|on, das; -s, ...zoen: ↑Spermium
Sper|ma|zet, das; -[e]s, **Sper|ma|ze|ti,** das; -s ‹(*gr.; gr.-lat.*) *mlat.*›: Walrat; ↑Cetaceum
Sper|men: *Plural* von ↑Sperma
Sper|mi|en: *Plural* von ↑Spermium
Sper|min, das; -s ‹*gr.-nlat.*› (Biol.): Bestandteil des männlichen Samens von charakteristischem Geruch
Sper|mio|ge|ne|se vgl. Spermatogenese
Sper|mio|gramm, das; -s, -e (Med.): aus der Analyse von Bildern einer mikroskopischen Untersuchung gewonnene Diagnose der Form, Konzentration u. Beweglichkeit der Spermien in der Samenflüssigkeit
Sper|mi|um, das; -s, ...ien (Biol.): reife männliche Keimzelle bei Mensch u. Tier
sper|mi|zid (Med.): den männlichen Samen abtötend (von empfängnisverhütenden Mitteln). **Sper|mi|zid,** das; -[e]s, -e (Med.): den männlichen Samen abtötendes Mittel zur Empfängnisverhütung
Spe|sen, die (Plural) ‹*lat.-vulgärlat.-it.*›: Auslagen, [Un]kosten im Dienst o. Ä. [die ersetzt werden]
Spe|ze|rei, die; -, -en (meist Plural) ‹*lat.-it.*› (veraltet): Gewürz[ware]
[1]**Spe|zi,** der; -s, -[s] ‹*lat.*› (südd., österr.): bester Freund, Busenfreund
[2]**Spe|zi®,** das; -s, -[s] od. die; -, -s ‹Herkunft unsicher›: Mischgetränk aus Limonade u. Cola
spe|zi|al: ↑speziell
Spe|zi|al, der; -s, -e (landsch.): **1.** vertrauter Freund. **2.** [kleinere Menge] Tageswein, Schankwein
Spe|zi|a|li|en, die (Plural) (veraltet): Besonderheiten, Einzelheiten
Spe|zi|a|li|sa|ti|on, die; -, -en ‹*lat.-frz.*›: ↑Spezialisierung; vgl. ...ation/...ierung
spe|zi|a|li|sie|ren: 1. (veraltend) gliedern, gesondert od. einzeln anführen, unterscheiden. **2.** sich spezialisieren: sich, seine Interessen innerhalb eines größeren Rahmens auf ein bestimmtes Gebiet konzentrieren. **Spe|zi|a|li|sie|rung,** die; -, -en: **1.** das Spezialisieren (1). **2.** das Sichspezialisieren
Spe|zi|a|list, der; -en, -en: Fachmann auf einem bestimmten Gebiet; Facharbeiter, Facharzt. **Spe|zi|a|lis|tin,** die; -, -nen: weibliche Form zu ↑Spezialist. **spe|zi|a|lis|tisch:** in der Art eines Spezialisten
Spe|zi|a|li|tät, die; -, -en: **1.** Besonderheit. **2.** Gebiet, auf dem die besonderen Fähigkeiten od. Interessen eines Menschen liegen. **3.** Feinschmeckergericht
Spe|zi|al|prä|ven|ti|on, die; -, -en: Versuch, künftige Straftaten eines Straffälligen durch bestimmte Maßnahmen (z. B. Resozialisation) zu verhüten
Spe|zi|al|sla|lom, der; -s, -s: Slalom, der als Einzelwettbewerb u. nicht als Teil einer [1]Kombination (3b) ausgetragen wird
spe|zi|ell ‹französierende Umbildung von spezial›: vor allem, besonders, eigentümlich; eigens (Ggs.: generell)
Spe|zie|rer, der; -s, - ‹*lat.-it.*› (schweiz. ugs.): Spezerei-, Gemischtwarenhändler
Spe|zi|es [ˈʃpeːtsi̯ɛs, ˈsp...], die; -, - [...eːs] ‹*lat.*›: **1.** besondere, bestimmte Art, Sorte von etwas, einer Gattung. **2.** Tier- od. Pflanzenart (in der biologischen Systematik). **3.** (Math. veraltet) Grundrechenart. **4.** (Rechtswiss.) eine bestimmte, nicht auswechselbare Sache, die Gegenstand eines Schuldverhältnisses ist (z. B. Spezieskauf: Kauf eines bestimmten Gegenstandes; Speziesschuld: Verpflichtung zur Leistung einer bestimmten Sache). **5.** (Pharm.) Teegemisch
Spe|zi|es|ta|ler, der; -s, - (Geschichte): ein harter Taler im Gegensatz zu Papiergeld
Spe|zi|fik, die; -: Spezifisches einer Sache
Spe|zi|fi|ka: *Plural* von ↑Spezifikum

Spe|zi|fi|ka|ti|on, die; -, -en ‹*lat.-mlat.*›: **1.** (Logik) Einteilung der Gattung in Arten. **2.** Einzelaufzählung. **3.** (Rechtswiss.) Umbildung, Behandlung eines Stoffes durch Arbeiten, die ihn erheblich verändern; vgl. ...ation/...ierung

Spe|zi|fi|kum, das; -s, ...ka ‹*lat.*›: **1.** Besonderes, Entscheidendes. **2.** (Med.) gegen eine bestimmte Krankheit wirksames Mittel

spe|zi|fisch ‹*lat.-frz.*›: einer Sache ihrer Eigenart nach zukommend, bezogen [auf eine besondere Art], arteigen, kennzeichnend; **spezifisches Gewicht** (Physik): Gewicht eines Körpers im Verhältnis zu seinem Volumen; **spezifische Wärme** (Physik): Wärmemenge, die erforderlich ist, um 1 g eines Stoffes um 1 °C zu erwärmen

Spe|zi|fi|tät, die; -, -en: **1.** Eigentümlichkeit, Besonderheit. **2.** (Chemie) charakteristische Reaktion

spe|zi|fi|zie|ren: **1.** einzeln aufführen, verzeichnen. **2.** zergliedern. **Spe|zi|fi|zie|rung,** die; -, -en: ↑Spezifikation; vgl. ...ation/...ierung

Spe|zi|men, das; -s, Spezimina ‹*lat.*› (veraltet): Probearbeit; Probe

Spha|g|num, das; -s ‹*gr.-nlat.*›: Gattung der Torf-, Sumpf- od. Teichmoose

Spha|le|rit [auch: ...ˈrɪt], der; -s ‹*gr.-nlat.*›: Zinkblende (ein Mineral)

Sphä|re, die; -, -n ‹*gr.-lat.(-frz.)*›: **1.** kugelförmig erscheinendes Himmelsgewölbe. **2.** Gesichts-, Gesellschafts-, Wirkungskreis; [Macht]bereich

Sphä|ren|har|mo|nie, Sphä|ren|mu|sik, die; -: durch die Bewegung der Planeten entstehendes kosmisches, für den Menschen nicht hörbares, harmonisches Tönen (nach der Lehre des altgriechischen Philosophen Pythagoras)

Sphä|rik, die; - (Math.): Geometrie von Figuren, die auf Kugeloberflächen durch größte Kreise gebildet sind. **sphä|risch:** **1.** die Himmelskugel betreffend. **2.** (Math.) auf die Kugel bezogen, mit der Kugel zusammenhängend; **sphärische Trigonometrie:** Berechnung von Dreiecken auf der Kugeloberfläche

Sphä|ro|id, das; -[e]s, -e ‹*gr.-nlat.*›: **1.** kugelähnlicher Körper (bzw. seine Oberfläche). **2.** Rotationsellipsoid (durch Drehung der Ellipse um ihre kleine Achse entstehend). **sphä|ro|i|disch:** kugelähnlich

Sphä|ro|lith [auch: ...ˈlɪt], der; -s u. -en, -e[n] (Mineral.): strahlig angeordnete Zusammenwachsung verschiedener Mineralindividuen. **sphä|ro|li|thisch** [auch: ...ˈlɪt...]: (vom Gefüge mancher magmatischer Gesteine) von kugeliger Form u. strahlenförmigem Aufbau

Sphä|ro|lo|gie, die; -: Teil der Geometrie, der sich mit der Kugel befasst

Sphä|ro|me|ter, das; -s, -: Instrument mit Feinstellschraube (Mikrometerschraube) zur exakten Messung von Krümmungsradien (z. B. bei Linsen)

Sphä|ro|si|de|rit [auch: ...ˈrɪt], der; -s, -e: Variation des Eisenspats in Kugelform

Sphen, der; -s, -e ‹*gr.*; »Keil«›: Titanit (1)

Sphe|no|id, das; -[e]s, -e ‹*gr.-nlat.*›: keilförmige Kristallform. **sphe|no|i|dal:** keilförmig

Sphe|no|ze|pha|lie, die; -, ...ien (Med.): keil- od. eiförmige Fehlbildung des Kopfes

Sphin|gen: *Plural* von ↑Sphinx

Sphink|ter, der; -s, ...tere ‹*gr.-lat.*; »Schnürer«› (Med.): Ring-, Schließmuskel

Sphinx, die; -, -e ‹*gr.-lat.*›: **1.** (archäologisch fachspr.: der; -, Plural: -e u. Sphingen) ägyptisches Steinbild in Löwengestalt, meist mit Männerkopf; Sinnbild des Sonnengottes od. des Königs. **2.** (ohne Plural) rätselhafte Person od. Gestalt. **3.** (auch der; -, Plural: -e u. Sphingen) Abendpfauenauge (mitteleuropäische Schmetterlingsart)

Sphra|gis|tik, die; - ‹*gr.*›: Siegelkunde. **sphra|gis|tisch:** siegelkundlich

Sphyg|mo|graf, Sphygmograph, der; -en, -en ‹*gr.-nlat.*› (Med. früher): Pulsschreiber; Gerät zur Aufzeichnung der Pulskurve. **Sphyg|mo|gra|fie,** Sphygmographie, die; -, ...ien (Med. früher): durch den Sphygmografen selbsttätig aufgezeichnete Pulskurve

Sphyg|mo|graph usw. vgl. Sphygmograf usw.

Sphyg|mo|ma|no|me|ter, das; -s, - (Med.): Gerät zur Messung des Blutdrucks

spi|a|na|to [sp...] ‹*lat.-it.*› (Musik): einfach, schlicht (Vortragsanweisung)

spic|ca|to [sp...] ‹*it.*› (Musik): [die Töne] deutlich voneinander getrennt [zu spielen] (Vortragsanweisung). **Spic|ca|to,** das; -s, -s u. ...ti (Musik): die Töne voneinander absetzende, mit Springbogen zu spielende Strichart bei Saiteninstrumenten

Spi|ci|le|gi|um [...tsi...], das; -s, ...ia ‹*lat.*; »Ährenlese«›: Anthologie (im 17. u. 18. Jh. oft in Buchtiteln)

Spi|der [ˈʃpaɪ̯dɐ, ˈsp...], der; -s, - ‹*engl.*›: **1.** Roadster. **2.** (EDV) Suchmaschine, die mithilfe von ↑Hyperlinks (a) von Webseite zu Webseite »krabbelt«, Informationen sammelt u. in einer Datenbank speichert

Spike [ʃpaɪ̯k, spaɪ̯k], der; -s, -s ‹*engl.*; »langer Nagel, Stachel«›: **1.** Metalldorn an der Sohle von Laufschuhen (in der Leichtathletik). **2.** (meist Plural) rutschfester Laufschuh mit Spikes (1)

Spil|la|ge [ʃpɪˈlaːʒə, sp...], die; -, -n ‹*dt.*, mit französischer Endung *-age*› (Wirtsch.): Verluste, die durch falsche Verpackung trockener Waren entstehen

Spin [spɪn], der; -s, -s ‹*engl.*; »schnelle Drehung«› (Physik): Eigendrehimpuls der Elementarteilchen im Atom

Spi|na [ˈʃpiː..., ˈspiː...], die; -, ...nen ‹*lat.*›: **1.** (Med.) Stachel, Dorn; spitzer Knochenvorsprung. **2.** (Anat.) Rückgrat

spi|nal [ʃp..., sp...] (Anat., Med.): zur Wirbelsäule, zum Rückenmark gehörend; **spinale Kinderlähmung:** Erkrankung des Rückenmarks

Spi|n|al|gie, die; -, ...ien ‹*lat.*; *gr.*› (Med.): Druckempfindlichkeit der Wirbel

Spi|na|li|om, das; -s, -e ‹*lat.-nlat.*› (Med.): Stachelzellen-, Hornkrebs (der Haut u. Schleimhaut)

Spi|nat, der; -[e]s, (Sorten) -e

⟨*pers.-arab.-span.*⟩: dunkelgrünes Blattgemüse

Spi|nẹll, der; -s, -e ⟨*lat.-it.*⟩: ein Mineral, Edelstein

Spi̱|nen: *Plural* von ↑Spina

Spi|nẹtt, das; -[e]s, -e ⟨*it.;* vielleicht nach dem Erfinder G. Spinetto, um 1500⟩: dem ↑Cembalo ähnliches Musikinstrument, bei dem die Saiten mit einem Dorn angerissen werden. **Spi|net|ti̱|no,** das; -s, -s: kleines Spinett

Spi̱|ni|fex, der; - ⟨*lat.-nlat.*⟩: australische Grasart

Spịn|na|ker, der; -s, - ⟨*engl.*⟩ (Seew.): großes, halbrundes, sich stark wölbendes Jachtvorsegel

Spịn|ning® [sp...], das; -s ⟨*engl.*⟩ (Sport): Gruppentraining auf speziellen stationären Fahrrädern zur Verbesserung der Kondition

Spin-ọff [auch: ˈspɪn...], das od. der; -[s], -s ⟨*engl.;* eigtl. »Nebenprodukt«⟩: **1.** Übernahme innovativer Verfahren od. Produkte in andere Technikbereiche. **2.** (Wirtsch.) Ausgliederung einzelner Geschäftsbereiche aus dem Mutterunternehmen. **3.** von Universitätsangehörigen gegründete Firma, die auf den an der Universität geleisteten Forschungen aufbaut. **4.** Fernsehproduktion, die aus einer anderen, erfolgreichen Fernsehserie hervorgegangen ist u. bei der Randfiguren der Serie nun die Hauptpersonen sind

Spi|nor [ˈʃpiː..., ˈspiː...], der; -s, ...o̱ren ⟨*engl.-nlat.*⟩: mathematische Größe, die es gestattet, den ↑Spin des Elektrons zu beschreiben

spi|nö̱s [ʃp..., sp...] ⟨*lat.*⟩ (veraltend): heikel u. sonderbar, schwierig (z. B. im Umgang)

spi|no|zel|lu|lä̱r ⟨*lat.*⟩ (Med.): **1. spinozelluläres Karzinom:** meist bösartiger Tumor der Haut oder Schleimhaut. **2. spinozelluläres Bindegewebe:** Bindegewebe der Rinde der Eierstöcke

Spi|no|zịs|mus [ʃp..., sp...], der; - ⟨*nlat.;* nach dem Philosophen Spinoza, 1632–1677⟩: Lehre u. Weiterführung der Philosophie Spinozas

Spi|no|zịst, der; -en, -en: Vertreter des Spinozismus. **Spi|no|zịs|tin,** die; -, -nen: weibliche Form zu ↑Spinozist. **spi|no|zịs|tisch:** den Spinozismus betreffend

Spin|the|rịs|mus [ʃp..., sp...], der; - ⟨*gr.-nlat.*⟩ (Med.): ↑Fotopsie

spin|ti|sie̱|ren ⟨vermutlich eine französierende Weiterbildung zu *dt.* spinnen⟩ (ugs.): grübeln; ausklügeln; fantasieren

Spi|o̱n, der; -s, -e ⟨*germ.-it.*⟩: **1.** Späher, Horcher; heimlicher Kundschafter; Person, die geheime Informationen unerlaubterweise [an eine fremde Macht] übermittelt. **2.** ein außen am Fenster angebrachter Spiegel, in dem man die Vorgänge auf der Straße beobachten kann. **3.** [vergittertes] Guckloch an den Zellentüren im Gefängnis od. an Haustüren

Spi|o|na|ge [...ˈnaːʒə], die; - ⟨*germ.-it.(-frz.)*⟩: Auskundschaftung von Geheimnissen für eine fremde Macht

spi|o|nie̱|ren: [für eine fremde Macht] Geheimnisse auskundschaften. **Spi|o̱|nin,** die; -, -nen: weibliche Form zu ↑Spion (1)

Spi|rä̱e [ʃp..., sp...], die; -, -n ⟨*gr.-lat.*⟩: Pflanzengattung der Rosengewächse mit zahlreichen Ziersträuchern

spi|ra̱l [ʃp...] ⟨*gr.-lat.-mlat.*⟩ (Technik): schneckenförmig gedreht

Spi|ra̱|le, die; -, -n: **1. a)** sich gleichmäßig um eine Achse windende Linie; **b)** (Math.) ebene Kurve, die in unendlich vielen, immer weiter werdenden Windungen einen festen Punkt umläuft. **2.** Gegenstand in der Form einer Spirale (1) (z. B. Uhrfeder). **spi|ra̱|lig:** schraubenförmig, schneckenförmig

Spi|rans [ˈʃp..., ˈsp...], die; -, Spirạnten, **Spi|rạnt,** der; -en, -en ⟨*lat.*⟩: Reibelaut, ↑Frikativ. **spi|rạn|tisch:** die Spirans, den Spiranten betreffend

Spi|ri|fer [ˈʃpiː..., ˈspiː...], der; -s, ...fe̱ren ⟨*(gr.-lat.; lat.) nlat.*⟩: ausgestorbener Armfüßer (Leitfossil des ↑Devons)

Spi|rịl|le, die; -, -n (meist Plural) ⟨*gr.-lat.-nlat.*⟩ (Med.): schraubenförmige gramnegative Bakterie

spi|ril|li|zi̱d ⟨*gr.-lat.-nlat.; lat.*⟩ (Med.): Spirillen tötend

Spi|rit [ˈspɪ...], der; -s, -s ⟨*lat.-frz.-engl.*⟩ (Parapsychol.): [↑mediumistischer] Geist

Spi|ri|tịs|mus [ʃp..., sp...], der; - ⟨*lat.-nlat.*⟩: Geisterlehre; Glaube an Erscheinungen von Seelen Verstorbener, mit denen man durch ein ↑¹Medium (4) zu verkehren sucht; Versuch, okkulte Vorgänge als Einwirkungen von Geistern zu erklären (Ggs.: Animismus [3])

Spi|ri|tịst, der; -en, -en: Anhänger des Spiritismus. **Spi|ri|tịs|tin,** die; -, -nen: weibliche Form zu ↑Spiritist. **spi|ri|tịs|tisch:** den Spiritismus betreffend

spi|ri|tu|a̱l ⟨*lat.-mlat.*⟩: auf den [Heiligen] Geist bezogen; geistig, übersinnlich

¹**Spi|ri|tu|a̱l,** der; -s u. -en, -en ⟨*lat.-mlat.*⟩: Seelsorger, Beichtvater in katholischen Seminaren u. Klöstern

²**Spi|ri|tu|al** [ˈspɪrɪtjʊ̯əl], das, auch: der; -s, -s ⟨*lat.-frz.-engl.-amerik.*⟩: geistliches Volkslied der im Süden Nordamerikas lebenden Afroamerikaner mit schwermütiger, synkopierter Melodie

Spi|ri|tu|a̱|le [ʃp..., sp...], der; -n, -n (meist Plural) ⟨*lat.-mlat.*⟩: strenge Richtung der ↑Franziskaner im 13./14. Jh.; vgl. Observant

Spi|ri|tu|a̱|li|en, die (Plural): geistliche Dinge

spi|ri|tu|a|li|sie̱|ren ⟨*lat.-mlat.-nlat.*⟩: vergeistigen

Spi|ri|tu|a|lịs|mus, der; -: **1.** metaphysische Lehre, die das Wirkliche als geistig od. als Erscheinungsweise des Geistigen annimmt. **2.** theologische Richtung, die die unmittelbare geistige Verbindung des Menschen mit Gott gegenüber der geschichtlichen Offenbarung betont. **Spi|ri|tu|a|lịst,** der; -en, -en: Vertreter des Spiritualismus. **Spi|ri|tu|a|lịs|tin,** die; -, -nen: weibliche Form zu ↑Spiritualist. **spi|ri|tu|a|lịs|tisch:** den Spiritualismus betreffend

Spi|ri|tu|a|li|tä̱t, die; - ⟨*lat.-mlat.*⟩: Geistigkeit (Ggs.: Materialität). **spi|ri|tu|ẹll** ⟨*lat.-mlat.-frz.*⟩: geistig; geistlich

spi|ri|tu|o̱s ⟨*lat.-frz.;* in der Endung relatinisiert⟩, **spi|ri|tu|ö̱s** ⟨*lat.-frz.*⟩: Weingeist enthaltend; geistig

Spi|ri|tu|o̱|se, die; -, -n (meist Plural) ⟨*lat.-frz.*, in der Endung relatinisiert⟩: stark alkoholisches Getränk (z. B. Weinbrand, Likör)

spi|ri|tu|o|so [sp...] ⟨*lat.-it.*⟩ (Musik): geistvoll, feurig (Vortragsanweisung)

¹**Spi|ri|tus** ['spi:...], der; -, - [...tu:s] ⟨*lat.*⟩: Hauch, Atem, [Lebens]geist

²**Spi|ri|tus** ['ʃpi:...], der; -, -se: Weingeist; Alkohol

Spi|ri|tus as|per, der; - -, - [...tu:s] -i: Zeichen (ʽ) für den h-Anlaut im Altgriechischen

Spi|ri|tus fa|mi|li|a|ris, der; - -: guter Hausgeist, Vertraute[r] der Familie

Spi|ri|tus le|nis, der; - -, - [...tu:s] lenes [...e:s]: Zeichen (ʼ) für das Fehlen des h-Anlautes im Altgriechischen

Spi|ri|tus Rec|tor [sp... -], der; - -: leitender, belebender, treibender Geist, Seele (z. B. eines Betriebes, Vorhabens)

Spi|ri|tus Sanc|tus, der; - -: der Heilige Geist

Spi|ro|chä|te [ʃp..., sp...], die; -, -n ⟨*gr.-nlat.*⟩ (Med.): lange, dünne, spiralförmige gramnegative Bakterie (z. B. Erreger der Syphilis u. des Rückfallfiebers)

Spi|ro|er|go|me|t|rie [ʃp..., sp...], die; -, ...ien ⟨*lat.; gr.-nlat.*⟩ (Med.): Methode zur Leistungsmessung durch Analyse der Atemgase u. Auswertung der Atem-, Herz-, Kreislauf- u. Stoffwechselreaktionen

Spi|ro|gy|ra [ʃp..., sp...], die; -, ...ren ⟨*gr.-nlat.*⟩: Schraubenalge (Jochalge)

Spi|ro|me|ter [ʃp..., sp...], das; -s, - ⟨*lat.; gr.*⟩ (Med.): Gerät, mit dem die verschiedenen Eigenschaften des Atems gemessen werden. **Spi|ro|me|t|rie,** die; -, ...ien (Med.): Messung u. Aufzeichnung von Parametern der Lungenfunktion

Spi|tal, das; -s, Spitäler ⟨*lat.-mlat.*⟩: **1.** (österr., schweiz., landsch., sonst veraltet) Krankenhaus. **2.** (veraltet) **a)** Pflegeheim, Altersheim; **b)** Armenhaus

Spitt|ler, der; -s, -: **1.** (veraltend, aber noch landsch., bes. schweiz.) Krankenhauspatient. **2.** (veraltet) Insasse eines Spitals (2). **Spitt|le|rin,** die; -, -nen: weibliche Form zu ↑Spittler

splanch|nisch ['splan...] ⟨*gr.*⟩ (Med.): ↑viszeral. **Splanch|no|lo|gie,** die; - ⟨*gr.-nlat.*⟩ (Med.): Teilgebiet der Medizin, das sich mit den Eingeweiden befasst

Splat|ter|mo|vie ['splɛtɐmu:vi], das; -[s], -s ⟨*engl.-amerik.*⟩ (Jargon): Horrorfilm mit vielen blutrünstigen Szenen

Spleen [ʃpli:n, seltener: sp...], der; -s, -e u.-s ⟨*gr.-lat.-engl.*⟩: Schrulle, Marotte; Überspanntheit. **splee|nig:** schrullig, verrückt, überspannt

splen|did [ʃp..., sp...] ⟨*lat.*⟩: **1.** freigebig. **2.** glanzvoll, kostbar. **3.** (Druckw.) weit auseinandergerückt

Splen|did Iso|la|tion ['splɛndɪd aɪ̯sə'leɪ̯ʃn̩], die; - - ⟨*engl.;* »glänzendes Alleinsein«⟩: **1.** freiwillige Bündnislosigkeit eines Landes, einer Partei o. Ä. **2.** (Geschichte) die Bündnislosigkeit Großbritanniens im 19. Jh.

Splen|di|di|tät [ʃp..., sp...], die; - ⟨*lat.-nlat.*⟩ (veraltet): Freigebigkeit

Sple|n|ek|to|mie [sp..., ʃp...], die; -, ...ien ⟨*gr.-nlat.*⟩ (Med.): operative Entfernung der Milz

Sple|ni|tis, die; -, ...itiden (Med.): Milzentzündung

sple|no|gen (Med.): von der Milz herrührend (von krankhaften Veränderungen)

Sple|no|he|pa|to|me|ga|lie, die; -, ...ien (Med.): Vergrößerung von Milz u. Leber

Sple|nom, das; -s, -e (Med.): gutartige Milzgeschwulst

sple|no|me|gal (Med.): die Splenomegalie betreffend. **Sple|no|me|ga|lie,** die; -, ...ien (Med.): krankhafte Milzvergrößerung

Sple|no|to|mie, die; -, ...ien (Med.): Milzoperation

Split|screen ['splɪtskri:n], der; -s, -s ⟨*engl.*⟩: Technik, den Bildschirm für unterschiedliche Anzeigen aufzuteilen bzw. eine so geteilte Ansicht

split|ten ['ʃplɪtn̩, 'sp...] ⟨*engl.*⟩: das Splitting anwenden, aufteilen. **Split|ting,** das; -s, -s: **1.** (ohne Plural) Form der Haushaltsbesteuerung, bei der das Einkommen der Ehegatten zusammengezählt, halbiert u. jeder Ehegatte mit der Hälfte des Gesamteinkommens bei der Steuerberechnung berücksichtigt wird. **2.** Teilung eines Anteilspapiers (z. B. einer Aktie), wenn der Kurs erheblich gestiegen ist. **3.** Verteilung der Erst- u. Zweitstimme auf verschiedene Parteien (bei Wahlen)

Spo|di|um ['ʃpo:..., 'spo:...], das; -s ⟨*gr.-lat.*⟩ (Chemie): adsorbierende Knochenkohle

Spo|du|men, der; -s, -e ⟨*gr.-nlat.*⟩: ein Mineral, Schmuckstein

Spoi|ler ['ʃpɔɪ̯lɐ, 'sp...], der; -s, - ⟨*engl.;* zu to spoil »(Luft[widerstand]) wegnehmen«⟩: **1.** Luftleitblech an [Renn]autos zum Zweck der besseren Bodenhaftung. **2.** Verlängerung des Skistiefels am Schaft als Stütze bei der Rücklage. **3.** Klappe an den Tragflächen von Flugzeugen, die die Strömungsverhältnisse verändert; Störklappe

spoi|lern ['spɔɪ̯lɐn, auch: 'ʃp...] ⟨*engl.*⟩ (Jargon): Details od. Pointen einer Filmhandlung o. Ä. verraten u. dadurch jmdm. die Überraschung nehmen

Spoils|sys|tem ['spɔɪ̯lzsɪstəm], das; - ⟨*engl.-amerik.;* »Beutesystem«⟩: in den Vereinigten Staaten die Besetzung öffentlicher Ämter durch die Mitglieder der in einer Wahl siegreichen Partei

Spo|li|ant [ʃp..., sp...], der; -en, -en ⟨*lat.*⟩ (Rechtsspr. veraltet): jmd., der der Beraubung angeklagt ist

Spo|li|a|ti|on, die; -, -en (Rechtsspr. veraltet): Raub, Plünderung

Spo|li|en, die (Plural): **1.** *Plural* von ↑Spolium. **2.** (Geschichte) beweglicher Nachlass eines katholischen Geistlichen. **3.** (Archit.) aus anderen Bauten wieder verwendete Bauteile (z. B. Säulen, Friese o. Ä.)

Spo|li|en|kla|ge, die; -, -n (Rechtswiss.): Klage auf Rückgabe widerrechtlich entzogenen Besitzes (im kanonischen und gemeinen Recht)

Spo|li|en|recht, das; -[e]s, -e: **a)** im Mittelalter das Recht eines Kirchenpatrons (vgl. ¹Patron [3]), die Spolien (2) eines verstorbenen Geistlichen einzuziehen; **b)** der Anspruch des Kaisers od. später des Papstes auf den Nachlass eines Bischofs

spo|li|ie|ren (veraltet, aber noch landsch.): berauben, plündern, stehlen

Spo|li|um, das; -s, ...ien: Beute-

stück, erbeutete Waffe (im alten Rom)
Spom|pa|na|de[l]n, die (Plural) ‹*it.*› (österr. ugs.): ↑Sperenzchen
Spon|de|en: *Plural* von ↑Spondeus. **spon|de|isch** [ʃp..., sp...] ‹*gr.-lat.*›: **1.** den Spondeus betreffend. **2.** in, mit Spondeen geschrieben, verfasst. **Spon|deus,** der; -, ...deen: aus zwei Längen bestehender antiker Versfuß (– –)
Spon|di|a|kus, der; -, ...azi: ↑Hexameter, in dem statt des fünften ↑Daktylus ein Spondeus gesetzt ist
Spon|dyl|l|ar|th|ri|tis [ʃp..., sp...], die; -, ...itiden ‹*gr.-nlat.*› (Med.): Entzündung der Wirbelgelenke
Spon|dy|li|tis, die; -, ...itiden (Med.): Wirbelentzündung
Spon|dy|lo|se, die; -, -n (Med.): krankhafte Veränderung an den Wirbelkörpern u. Bandscheiben
Spon|gia [ˈʃpɔŋgi̯a, ˈspɔŋgi̯a], die; -, ...ien ‹*gr.-lat.*›: Schwamm, einfachst gebautes, vielzelliges Tier
spon|gi|form ‹*lat.*› (bes. Tiermed.): schwammförmig (z. B. von der Hirnsubstanz bei BSE)
Spon|gin, das; -s ‹*gr.-nlat.*›: Gerüstsubstanz der Hornschwämme
Spon|gi|o|lo|gie, die; -: Teilgebiet der Biologie, das sich mit den Schwämmen befasst
spon|gi|ös ‹*gr.-lat.*› (Med.): schwammig
Spon|gi|o|sa, die; - (Med.): schwammartiges Innengewebe der Knochen
Spon|sa [ˈʃpɔnza, ˈspɔnza], die; -, ...sae [...zɛ] ‹*lat.*›: lat. Bez. für Braut (bes. in Kirchenbüchern)
Spon|sa|li|en, die (Plural) (Rechtsspr. veraltet): Verlöbnis; Verlobungsgeschenke
spon|sern: aus Werbegründen jmdn. od. etwas (z. B. einen Sportverein) finanziell od. auch durch Sach- u. Dienstleistungen unterstützen, fördern; vgl. Sponsor (1)
Spon|si: *Plural* von ↑Sponsus
spon|sie|ren (veraltet, aber noch landsch.): um ein Mädchen werben, den Hof machen
Spon|si|on, die; -, -en (österr.): Feier, bei der der Magistergrad verliehen wird
Spon|sor [ˈʃpɔnzɐ, ˈspɔnzɐ, engl.: ˈspɔnsə], der; -s, ...oren u. (bei engl. Aussprache) -s ‹*lat.-engl.*›: **1.** Person, Organisation o. Ä., die jmdn. od. etwas sponsert; Förderer, Geldgeber (z. B. im Sport). **2.** (bes. in den USA) Person[engruppe], die eine Sendung im Rundfunk od. Fernsehen finanziert, um sie für Werbezwecke zu nutzen. **Spon|sorin** [ʃp..., sp...], die; -, -nen: weibliche Form zu ↑Sponsor (1)
Spon|so|ring [ˈʃpɔn..., ˈspɔn..., engl.: ˈspɔnsərɪŋ], das; -s, -s: das Sponsern
Spon|sor|ship [ˈʃpɔnzoːɐ̯ʃɪp, ˈsp..., engl.: ˈspɔnsəʃɪp], die; -: Sponsorentum
Spon|sus, der; -, Sponsi ‹*lat.*›: (in Kirchenbüchern) lat. Bez. für Bräutigam
spon|tan [ʃp..., sp...] ‹*lat.*›: von selbst; von innen heraus, freiwillig, ohne Aufforderung, aus eigenem plötzlichem Antrieb; unmittelbar. **Spon|ta|ne|i|tät,** die; -, -en: ↑Spontanität. **Spon|ta|ni|tät,** die; -, -en ‹*lat.-nlat.*›: Handeln ohne äußere Anregung; innerer Antrieb; unmittelbare, spontane Reaktion
Spon|ti, der; -s, -s (ugs.): Angehöriger einer undogmatischen linksgerichteten Gruppe
Spon|ton [ʃpɔnˈtoːn, spɔ̃ˈtɔ̃ː], der; -s, -s ‹*lat.-it.(-frz.)*›: von den Infanterieoffizieren im 17. u. 18. Jh. getragene kurze, der Hellebarde ähnliche Pike
Spoo|ling [ˈspuː...], das; -s ‹Kunstw. aus *engl.* simultaneous peripheral operations on line u. *-ing*› (EDV): Verfahren der Eingabe u. Ausgabe von Daten mit deren Zwischenspeicherung, vor allem in schnellen Magnetplattenspeichern
Spoon [spuːn, ʃpuːn], der; -s, -s ‹*engl.*› (Sport): Golfschläger mit konkaver Schlagfläche
spo|ra|disch [ʃp..., sp...] ‹*gr.-frz.*›: **1.** vereinzelt [vorkommend], verstreut. **2.** gelegentlich, selten
Spo|r|an|gi|um, das; -s, ...ien [...i̯ən] ‹*gr.-nlat.*› (Bot.): Sporenbildner u. -behälter bei Pflanzen
spor|co [ˈʃpɔrko, ˈsp...] ‹*lat.-it.*› (veraltet): ↑brutto; mit Verpackung [gewogen]
Spo|re, die; -, -n (meist Plural) ‹*gr.*›: **1.** (Bot.) ungeschlechtliche Fortpflanzungszelle. **2.** (Biol., Med.) sehr widerstandsfähige Dauerform von ein- od. wenigzelligen Mikroorganismen
Spor|ko, das; -s: Bruttogewicht; Masse mit Verpackung
spo|ro|gen [ʃp..., sp...] ‹*gr.-nlat.*› (Bot.): Sporen erzeugend
Spo|ro|gon, das; -s, -e (Biol.): Sporen erzeugende Generation der Moospflanzen
Spo|ro|go|nie, die; -: **1.** (Bot.) Erzeugung von Sporen als ungeschlechtliche Phase im Verlauf eines ↑Generationswechsels. **2.** (Biol.) Vielfachteilung im Entwicklungszyklus der Sporentierchen
Spo|ro|phyll, das; -s, -e (Bot.): Sporen tragendes Blatt
Spo|ro|phyt, der; -en, -en (Bot.): Sporen bildende Generation bei Pflanzen
Spo|ro|tri|cho|se, die; -, -n (Med.): Pilzerkrankung des Haut- u. Unterhautgewebes mit Geschwürbildung
Spo|ro|zo|it, der; -en, -en (Biol.): durch Sporogonie (2) entstehendes Entwicklungsstadium der Sporentierchen
Spo|ro|zo|on, das; -s, ...zoen (meist Plural): Sporentierchen (parasitischer Einzeller)
Spo|ro|zys|te, die; -, -n (Zool.): Larvenstadium der Saugwürmer
Spor|tel, die; -, -n (meist Plural) ‹*gr.-etrusk.-lat.*›: mittelalterliche Form des Beamteneinkommens
spor|tiv [sp..., ʃp...] ‹*engl., frz.*›: sportlich
Sport|sta|cking [ˈspɔːtstɛkɪŋ], das; -[s] ‹*engl.*›: vgl. Speedstacking
Sports|wear [ˈspɔːɐ̯tswɛːɐ̯], die; auch: der od. das; -[s] ‹*engl.*›: sportliche Tageskleidung, Freizeitkleidung
Spo|sa|li|zio [sp..., ʃp...], das; - ‹*lat.-it.*; »Vermählung«›: Darstellung der Verlobung bzw. Vermählung Marias mit Joseph in der [italienischen] Kunst
Spot [spɔt, ʃpɔt], der; -s, -s ‹*engl.*›: **1. a)** Werbekurzfilm (in Kino u. Fernsehen); **b)** in Hörfunksendungen eingeblendeter Werbetext. **2. a)** Kurzform von ↑Spotlight; **b)** (in Wohnräumen) dreh- u. schwenkbar befestigte Leuchte, die ein stark gebündeltes Licht abgibt

Spot|ge|schäft, das; -[e]s, -e ‹*engl.; dt.*›: Geschäft gegen sofortige Lieferung u. Kasse im Geschäftsverkehr der internationalen Warenbörsen

Spot|light [...laɪ̯t], das; -s, -s ‹*engl.*›: Beleuchtung od. Scheinwerfer, der auf einen Punkt gerichtet ist u. dabei die Umgebung im Dunkeln lässt

Spot|markt, der; -[e]s, ...märkte ‹*engl.; dt.*›: Handelsplatz, an dem nicht vertraglich gebundene Mengen von Rohöl an den Meistbietenden verkauft werden

Spray [ʃpreː, spreː, spreɪ̯], der od. das; -s, -s ‹*niederl.-engl.*›: Flüssigkeit, die durch Druck [oft mithilfe eines Treibgases] aus einem Behältnis in feinsten Tröpfchen versprüht wird. **spray|en: a)** Spray versprühen; **b)** mit Spray besprühen. **Sprayer,** der; -s, -: jmd., der [Graffiti an Wände o. Ä.] sprayt. **Spray|erin,** die; -, -nen: weibliche Form zu ↑Sprayer

Spread [sprɛt], der; -s, -s ‹*engl.;* eigtl. »Ausbreitung«› (Börsenw.): **1.** Differenz zwischen zwei Preisen od. Zinssätzen. **2.** Aufschlag auf einen vereinbarten Referenzzinssatz

Sprea|der [ˈsprɛdɐ], der; -s, - ‹*engl.*› (Technik): Tragrahmen für Container (1, 2) an Hebezeugen

Sprea|ding [ˈsprɛdɪŋ], das; -[s] (Börsenw.): gleichzeitiger Kauf u. Verkauf einer gleichen Zahl von Optionen od. Terminkontrakten mit unterschiedlichen Basispreisen

Sprink|ler, der; -s, - ‹*engl.*›: **1.** Teil einer Beregnungsanlage zum Feuerschutz (z. B. in Kaufhäusern), der bei bestimmter Temperatur Wasser versprüht. **2.** Rasensprenger

Sprint, der; -s, -s ‹*engl.*›: kurzer, schneller Lauf. **sprin|ten:** eine kurze Strecke mit größtmöglicher Geschwindigkeit zurücklegen

Sprin|ter, der; -s, -: Kurzstreckenläufer. **Sprin|te|rin,** die; -, -nen: weibliche Form zu ↑Sprinter

Sprit, der; -s, -e ‹volkstümliche Umbildung von ↑ ²Spiritus› (ugs.): Benzin, Treibstoff. **spri|tig:** spritähnlich

Sprue, die; - ‹*niederl.-engl.*› (Med.): Zöliakie

Spu|man|te [sp..., ʃp...], der; -[s], -s ‹*lat.-it.*›: it. Bez. für Schaumwein

Spun|dus, der; - ‹Herkunft unsicher› (österr. ugs.): Furcht, Respekt

Spurt, der; -[e]s, -s (selten: -e) ‹*engl.*› (Sport): Steigerung der Geschwindigkeit bei Rennen; äußerst schnelles Laufen über eine kürzere Strecke. **spur|ten** (Sport): einen Spurt machen

Spu|ta [ˈʃp..., ˈsp...]: *Plural* von ↑Sputum

Sput|nik [ʃp..., sp...], der; -s, -s ‹*russ.;* »Gefährte«›: Name der ersten künstlichen Erdsatelliten. **Spu|tum,** das; -s, ...ta ‹*lat.*› (Med.): Auswurf, Gesamtheit der Sekrete der Luftwege

Spy|ware [ˈspaɪ̯wɛːɐ̯], die; -, -s (Plural selten) ‹*engl.*›: Software, die Daten ohne Wissen des Computerbenutzers ausspioniert

Square [skwɛːɐ̯, skwɛə̯], der od. das; -[s], -s ‹*lat.-vulgärlat.-frz.-engl.*›: engl. Bez. für Quadrat; Platz

Square|dance [...dɑːns, ...dæns], der; -, -s [...sɪs] ‹*engl.-amerik.*›: beliebter amerikanischer Volkstanz, bei dem jeweils vier Paare, in Form eines Quadrates aufgestellt, gemeinsam verschiedene Figuren ausführen

Squash [skvɔʃ], das; -[s] ‹*lat.-vulgärlat.-frz.-engl.*›: **1.** (Sport) Ballspiel, bei dem ein kleiner Ball mit einer Art Tennisschläger gegen eine Wand geschlagen wird u. der Gegner daraufhin versuchen muss, den Ball beim Rückprall zu erreichen u. seinerseits zu schlagen. **2.** ausgepresster Saft [mit Mark] von Zitrusfrüchten

Squash|cen|ter, das; -s, -: Einrichtung zum Squashspielen

Squat|ter [ˈskvɔtɐ, engl.: ˈskwɔtə], der; -s, - ‹*lat.-vulgärlat.-frz.-engl.*›: (bes. früher in den USA) Siedler, der ohne Rechtsanspruch auf unbebautem Land siedelt

Squaw [skwɔː], die; -, -s ‹*indian.-engl.*›: nordamerikanische Indianerfrau

Squi|re [ˈskvaɪ̯ɐ, engl.: ˈskwaɪ̯ə], der; -[s], -s ‹*lat.-frz.-engl.*›: englischer Gutsherr

Sse|rir vgl. Serir

Staats|ärar, das; -s, -e ‹*lat.-mlat.(-frz.)*› (österr. Amtsspr. veraltet): ↑Fiskus

Staats|ka|pi|ta|lis|mus, der; -: Wirtschaftsform, die Elemente des Sozialismus mit Prinzipien der Marktwirtschaft verbindet

staats|mo|no|po|lis|tisch: (im Marxismus-Leninismus) durch die Verbindung der Macht der Monopole mit der Macht des Staates gekennzeichnet

Staats|mo|no|pol|ka|pi|ta|lis|mus, der; -: (im Marxismus-Leninismus) staatsmonopolistischer Kapitalismus; Kurzw.: Stamokap

Staats|rä|son, die; - (Geschichte): der Grundsatz [des Nationalstaates], dass die Staatsinteressen allen anderen Interessen voranstehen

Staats|se|kre|ta|rie, die; -: päpstliche Behörde für die Außenpolitik der katholischen Kirche, die vom Kardinalstaatssekretär geleitet wird

Staats|ser|vi|tu|ten, die (Plural): durch völkerrechtlich gültige Verträge einem Staat auferlegte Verpflichtungen, auf bestimmte Hoheitsrechte zugunsten anderer Staaten zu verzichten (z. B. fremden Truppen den Durchmarsch zu gestatten, auf Grenzbefestigungen zu verzichten)

Sta|bat Ma|ter [ˈst... -], das; - -, - - ‹*lat.;* »die Mutter (Jesu) stand (am Kreuz)«›: **1.** (ohne Plural) Anfang u. Bezeichnung einer ↑Sequenz (3). **2.** Komposition, die den Text dieser Mariensequenz zugrunde legt

Sta|bel|le, die; -, -n ‹*lat.-roman.*› (schweiz.): hölzerner Stuhl, Schemel

sta|bil ‹*lat.*›: **1.** beständig, sich im Gleichgewicht haltend (z. B. Wetter, Gesundheit) (Ggs.: labil [1]). **2.** seelisch robust, widerstandsfähig (Ggs.: labil [2]). **3.** körperlich kräftig, widerstandsfähig. **4.** fest, dauerhaft, der Abnutzung standhaltend (z. B. in Bezug auf Gegenstände)

Sta|bi|le, das; -s, -s ‹*lat.-engl.*›: auf dem Boden stehende metallene Konstruktion in abstrakter Gestaltung (in der modernen Kunst)

sta|bi|li|e|ren ⟨*lat.*⟩ (veraltet): stabilisieren

Sta|bi|li|sa|tor, der; -s, ...oren ⟨*lat.-nlat.*⟩: **1.** Gerät, das Schwankungen von elektrischen Spannungen o. Ä. verhindert od. vermindert. **2.** (bes. bei Kraftwagen verwendetes) Bauteil, das bei der Federung einen Ausgleich bei einseitiger Belastung o. Ä. bewirkt. **3.** Zusatz, der unerwünschte Reaktionen chemischer Verbindungen verhindert oder verlangsamt. **4.** (Med.) gerinnungshemmende Flüssigkeit für die Konservierung des Blutes. **5.** Vorrichtung in Schiffen, die dem Schlingern entgegenwirkt

sta|bi|li|sie|ren: festsetzen; festigen, dauerhaft, standfest machen. **Sta|bi|li|sie|rung,** die; -, -en: **1.** das Entfernen von leicht verdampfenden Stoffen aus Treibstoffen unter hohem Druck. **2.** Herstellung od. Herbeiführung eines festen, dauerhaften Zustandes

Sta|bi|li|tät, die; - ⟨*lat.*⟩: **1.** Beständigkeit, Dauerhaftigkeit. **2.** Standfestigkeit, Gleichgewichtssicherheit

stac|ca|to [ʃt..., st...] ⟨*germ.-it.*⟩ (Musik): kurz abgestoßen (Vortragsanweisung) (Abk.: stacc.); vgl. martellando (Ggs.: legato). **Stac|ca|to** [ʃt..., st...] vgl. Stakkato

sta|di|al ⟨*gr.-lat.-nlat.*⟩: stufen-, abschnittweise

Sta|di|a|li|tät, die; - ⟨*gr.-lat.-russ.*⟩: Lehre des russischen Sprachwissenschaftlers N. Marr, die auf der Annahme gesellschaftlich bedingter sprachlicher Veränderungen in bestimmten Stadien der Entwicklung beruht

Sta|di|en: *Plural* von ↑Stadion u. ↑Stadium

Sta|di|on, das; -s, ...ien ⟨*gr.*⟩: **1.** mit Zuschauerrängen versehenes ovales Sportfeld; Kampfbahn. **2.** alt- u. neugriechisches Längenmaß (1 Stadion alt = 184,98 m, 1 Stadion neu = 1 km)

Sta|di|um, das; -s, ...ien ⟨*gr.-lat.*⟩: Zeitraum aus einer gesamten Entwicklung; Entwicklungsstufe, -abschnitt

Sta|fet|te, die; -, -n ⟨*germ.-it.*⟩: **1.** (Geschichte) reitender Eilbote, Meldereiter. **2.** (bes. Sport) Staffel, Staffellauf

Staf|fa|ge [...ˈfa:ʒə], die; -, -n ⟨mit französierender Endung zu staffieren gebildet⟩: **1.** Beiwerk; Nebensächliches; Ausstattung, trügerischer Schein. **2.** Menschen u. Tiere als Belebung eines Landschafts- od. Architekturgemäldes (bes. in der Malerei des Barocks)

staf|fie|ren ⟨*frz.-niederl.*⟩: **1.** (veraltet) ausstaffieren, ausrüsten, ausstatten (bes. mit Bekleidung, Wäsche). **2.** (österr.) schmücken, putzen (z. B. einen Hut). **3.** Stoff auf einen anderen nähen (z. B. Futter in einen Mantel nähen)

[1]Sta|ge [ˈsta:ʒə], die; -, -n ⟨*lat.-frz.*⟩: Vorbereitungszeit, Probezeit

[2]Stage [stɛɪ̯tʃ], die; -, -s [...dʒɪs] ⟨*lat.-vulgärlat.-frz.-engl.*⟩: engl. Bez. für Bühne, Konzertbühne (bes. bei Rockkonzerten)

Stage|di|ving [ˈstɛɪ̯tʃdaɪ̯vɪŋ], das; -s, -s ⟨*engl.;* eigtl. »Bühnentauchen«⟩: Sprung des Sängers od. eines anderen Mitglieds einer Band von der Konzertbühne in das Publikum

Stag|fla|ti|on [ʃt..., st...], die; -, -en ⟨Kurzw. aus *Stag*nation u. In*flation*⟩: Stillstand des Wirtschaftswachstums bei gleichzeitiger Geldentwertung

Sta|gi|aire [staˈʒi̯ɛ:ɐ̯], der; -[s], -s ⟨*frz.*⟩: (selten) Probekandidat

Sta|gio|ne [staˈdʒo:nə], die; -, -n ⟨*lat.-it.*⟩: **1.** Spielzeit italienischer Operntheater. **2.** Ensemble eines italienischen Operntheaters

Sta|gi|rit [st...], der; -en ⟨*gr.-lat.;* nach der makedonischen Stadt Stageira, dem Geburtsort des Philosophen⟩: Beiname des Aristoteles (384–322 v. Chr.)

Sta|g|na|ti|on [ʃt..., auch: st...], die; -, -en ⟨*lat.-nlat.*⟩: **1.** Stockung, Stauung, Stillstand. **2.** (Geogr.) kalte Wasserschicht in Binnenseen, die sich im Sommer nicht mit der oberen erwärmten Schicht mischt; vgl. ...ation/...ierung. **sta|g|nie|ren** ⟨*lat.*⟩: **1.** stocken, sich stauen; sich festfahren. **2.** stehen (von Gewässern ohne sichtbaren Abfluss u. vom Stillstand eines Gletschers). **Sta|g|nie|rung,** die; -, -en: ↑Stagnation; vgl. ...ation/...ierung

Sta|go|s|ko|pie, die; - ⟨*gr.-nlat.;* »Tropfenschau«⟩ (Med.; Biol.): neueres Verfahren zum Nachweis von Stoffen in chemischen Verbindungen (z. B. in Körpersäften od. an Kristallen in getrockneten Tropfen)

Stain|less Steel [ˈstɛɪ̯nlɪs ˈsti:l], der; - - ⟨*engl.*⟩: rostfreier Stahl (Qualitätsbezeichnung auf Gebrauchsgütern)

Stake|hol|der [ˈstɛɪ̯khɔʊ̯ldɐ], der; -s, - ⟨*engl.*⟩ (Wirtsch.): Person, für die es aufgrund ihrer Interessenlage von Belang ist, wie ein bestimmtes Unternehmen sich verhält (z. B. Aktionär, Mitarbeiter, Kunde, Lieferant). **Stake|hol|de|rin,** die; -, -nen: weibliche Form zu ↑Stakeholder

Stakes [stɛɪ̯ks, ste:ks], die (Plural) ⟨*engl.*⟩: **1.** Einsätze bei Pferderennen, die den Pferden die Startberechtigung sichern. **2.** Pferderennen, die aus Einsätzen bestritten werden

Sta|ket, das; -[e]s, -e ⟨*germ.-it.-frz.-niederl.*⟩: Staketenzaun, Lattenzaun. **Sta|ke|te,** die; -, -n (österr.): Latte

Stak|ka|to [ʃt..., st...], das; -s, -s u. ...ti ⟨*germ.-it.*⟩: ein die einzelnen Töne kurz abstoßender musikalischer Vortrag; vgl. staccato

Sta|lag|mit [ʃt..., st..., auch: ...ˈmɪt], der; -s u. -en, -e[n] ⟨*gr.-nlat.*⟩: Tropfstein, der vom Boden der Höhle nach oben wächst; vgl. Stalaktit. **sta|lag|mi|tisch:** wie ein Stalagmit geformt

Sta|lag|mo|me|ter, das; -s, -: Gerät zur Messung der Tropfengröße u. damit der Oberflächenspannung von Flüssigkeiten

Sta|lak|tit [ʃt..., st..., auch: ...ˈtɪt], der; -s u. -en, -e[n]: Tropfstein, der von der Höhlendecke nach unten wächst; vgl. Stalagmit

Sta|li|nis|mus [ʃt..., st...], der; - ⟨*nlat.;* nach dem sowjetischen Politiker J. W. Stalin, 1879–1953⟩: von Stalin geprägte Interpretation des Marxismus u. die darauf beruhenden autoritär-bürokratischen Methoden u. Herrschaftsformen. **Sta|li|nist,** der; -en, -en: Anhänger, Verfechter des Stalinismus. **Sta|li|nis|tin,** die; -, -nen: weibliche Form zu ↑Stalinist. **sta|li|nis|tisch:** den Stalinismus betreffend

Sta|lin|or|gel, die; -, -n (Jargon): (von den sowjetischen Streitkräften im 2. Weltkrieg eingesetzter) Raketenwerfer, mit dem eine Reihe von Raketengeschossen gleichzeitig abgefeuert wurde

stal|ken ['stɔ:kn̩] ‹*engl.*›: jmdn. durch fortwährende Nachstellungen terrorisieren

Stal|ker ['stɔ:kɐ], der; -s, - ‹*engl.*›: jmd., der ↑Stalking betreibt. **Stal|ke|rin** ['stɔkərɪn], die; -, -nen: weibliche Form zu ↑Stalker

Stal|king ['stɔ:kɪŋ], das; -[s] ‹*engl.*›: das Verfolgen, Auflauern u. Terrorisieren von Menschen (durch unablässige Liebesbriefe, Telefonanrufe, Drohungen u. Ä.) aufgrund nicht erwiderter Liebe, aus Rache u. a.

Sta|men [ʃt..., st...], das; -s, ...mina ‹*lat.*› (Bot.): Staubblatt der Pflanzenblüte

Sta|mi|no|di|um, das; -s, ...ien ‹*(lat.; gr.) nlat.*› (Bot.): rückgebildetes od. umgebildetes Staubblatt

Sta|mo|kap, der; -[s]: Kurzw. für *sta*ats*mo*nopolistischer *Kap*italismus

Stam|pe|de [ʃt..., st..., engl.: stæm'pi:d], die; -, -n u. (bei engl. Aussprache:) -s ‹*germ.-span.(-mex.)-engl.-amerik.*›: wilde Flucht einer in Panik geratenen [Rinder]herde

Stam|pi|g|lie [...'pɪljə, ...'pi:li̯ə], die; -, -n ‹*germ.-frz.-span.-it.*› (österr.): Gerät zum Stempeln; Stempelaufdruck

Stand-alone- [stɛnt?ə'lo̯ʊn..., 'stændəlo̯ʊn...]

‹zu *engl.* stand alone »allein stehen«›
Wortbildungselement mit der Bedeutung »allein, ohne zusätzliche Geräte/Software nutzbar«:
- Stand-alone-Add-on
- Stand-alone-Gerät
- Stand-alone-Lösung
- Stand-alone-Version

[1]**Stan|dard** ['ʃt..., auch: 'st...], der; -s, -s ‹*germ.-frz.-engl.*›: **1.** Normalmaß, Durchschnittsbeschaffenheit, Richtschnur. **2.** allgemeines Leistungs-, Qualitäts-, Lebensführungsniveau; Lebensstandard. **3.** (DDR) staatlich vorgeschriebene Norm. **4.** Feingehalt (Verhältnis zwischen edlem u. unedlem Metall) einer Münze. **5.** anerkannter Qualitätstyp, Qualitätsmuster, Normalausführung einer Ware

[2]**Stan|dard** ['stɛndəd], der od. das; -s, -s ‹*engl.*›: Musikstück, das zum festen Repertoire [einer Jazzband] gehört

Stan|dar|di|sa|ti|on, die; -, -en: ↑Standardisierung; vgl. ...ation/...ierung. **stan|dar|di|sie|ren:** [nach einem Muster] vereinheitlichen. **Stan|dar|di|sie|rung,** die; -, -en: das Standardisieren; vgl. ...ation/...ierung

Stan|dard|spra|che, die; -, -n: die über Umgangssprache, Gruppensprachen u. Mundarten stehende, allgemein verbindliche Sprachform, die sich im mündlichen und schriftlichen Gebrauch normsetzend entwickelt hat; Hochsprache, Schriftsprache, Literatursprache

Stan|dar|te [ʃt...], die; -, -n ‹*germ.-frz.*›: **1.** Feldzeichen, Fahne einer berittenen od. motorisierten Truppe; Flagge eines Staatsoberhaupts. **2.** die etwa einem Regiment entsprechende Einheit von SA u. SS zur Zeit des Nationalsozialismus. **3.** (Jägerspr.) Schwanz des Fuchses (od. Wolfes)

Stand-by, Stand|by [stɛnd'baɪ̯], das; -[s], -s ‹*engl.*›: **1.** Flugreise (zu verbilligtem Preis) mit Platzvergabe nach einer Warteliste, in die sich die Fluggäste vor der Abflugzeit eintragen. **2.** (Elektronik) Bereitschaftsschaltung; Kurzform von ↑Stand-by-Betrieb

Stand-by-Be|trieb, Stand|by|be|trieb, der; -[e]s, -e (Elektronik): Betriebsart, bei der ein Gerät auf die Fernbedienung anspricht, im Übrigen aber abgeschaltet ist

Stan|ding ['stɛndɪŋ], das; -s ‹*engl.*›: engl. Bez. für Rang, Ansehen, Name

Stan|ding Ova|tions [stɛndɪŋ o'veɪʃn̩s], die (Plural) ‹*engl.*›: das Beifallklatschen, Ovationen im Stehen

Stand-up ['stɛnd'?ʌp], das; -s, -s ‹*engl.*›: Form der Unterhaltung, bei der [improvisierte] lustige Geschichten, Scherze, Gags u. Ä. im Vordergrund stehen

Stand-up-Co|me|di|an [...kə-mi:diən], der; -s, -s od. die; -, -s: Alleinunterhaltungskünstler/-in im Bereich des Stand-ups

Stand-up-Pad|deln ['stɛndap..., 'stɛnt?ap...], das; -s ‹*engl.; dt.*› (Wassersport): auf einer Art Surfbrett stehend ausgeführtes Paddeln mit einem Stechpaddel

Sta|nit|zel, Sta|nitzl, das; -s, -[n] ‹Herkunft unsicher› (bayr., österr. ugs.): spitze Papiertüte

Stan|nat [ʃt..., st...], das; -[e]s, -e ‹*lat.-nlat.*› (Chemie): Salz der Zinnsäure

Stan|nin, der; -s, -e ‹*lat.-nlat.*›: Zinnkies

Stan|ni|ol, das; -s, -e: **1.** (ugs.) silberglänzende Aluminiumfolie. **2.** silberglänzende Zinnfolie. **stan|ni|o|lie|ren:** in Stanniol, in Alufolie verpacken

Stan|num, das; -s: Zinn; chem. Element (Zeichen: Sn)

stan|ta|pe (österr. salopp): ↑stante pede

stan|te pe|de ['st..., auch: 'ʃt... -] ‹*lat.;* »stehenden Fußes«› (ugs. scherzh.): sofort, auf der Stelle (im Hinblick auf etwas, was zu unternehmen ist)

Stan|ze ['ʃt...], die; -, -n ‹*lat.-it.*›: **1.** (urspr. italienische) Strophenform aus acht elfsilbigen jambischen Verszeilen (Reimfolge: ab ab ab cc). **2.** (Plural) von Raffael u. seinen Schülern ausgemalte Wohnräume des Papstes Julius II. im Vatikan

Sta|pe|lia, die; -, ...ien, **Sta|pe|lie** [...i̯ə], die; -, -n ‹*nlat.;* nach dem niederl. Arzt J. B. van Stapel, † 1636› (Bot.): Aasblume od. Ordenskaktus

Sta|phy|le [ʃt..., st...], die; -, -n ‹*gr.;* »Weinbeere«› (Med.): Zäpfchen am Gaumen

Sta|phy|li|ni|de, die; -, -n (meist Plural) ‹*gr.-nlat.*› (Zool.): Kurzflügler (Käfer mit verkürzten Vorderflügeln)

Sta|phy|li|tis, die; -, ...itiden (Med.): Entzündung des Gaumenzäpfchens

Sta|phy|lo|der|mie, die; -, ...ien

(Med.): durch Staphylokokken verursachte Hauteiterung (z. B. Furunkel)

Sta|phy|lo|kok|kus, der; -, ...kken (meist Plural) (Med.): traubenförmige Bakterie, Eitererreger; grampositive Bakterie

Sta|phy|lo|ly|sin, das; -s (Med.): ein die Blutkörperchen auflösendes Gift der Staphylokokken

Sta|phy|lom, das; -s, -e, **Sta|phy|loma,** das; -s, -ta ⟨*gr.-lat.*⟩ (Med.): Beerengeschwulst am Auge (durch Vorwölbung des Augeninhalts)

Sta|phy|lo|my|ko|se, die; -, -n ⟨*gr.-nlat.*⟩ (Med.): Erkrankung durch Infektion mit Staphylokokken, die nur im Erscheinungsbild einer ↑Mykose gleicht

Star [st..., auch: ʃt...], der; -s, -s ⟨*engl.;* »Stern«⟩: **1.** (Film, Musik, Theater) gefeierter, berühmter Künstler; gefeierte, berühmte Künstlerin. **2.** jmd., der auf einem bestimmten Gebiet Berühmtheit erlangt hat

Sta|rez ['st..., 'ʃt...], der; -, Starzen ⟨*russ.;* »der Alte«⟩: ostkirchlicher Mönch der höchsten asketischen Stufe (im Volksglauben oft als wundertätig verehrt)

Sta|ri|ne, die; -, -n: ↑Byline

Star|let, Star|lett ['st..., 'ʃt...], das; -s, -s ⟨*engl.;* »Sternchen«⟩: [ehrgeizige] Nachwuchsfilmschauspielerin

Sta|rost [st..., auch: ʃt...], der; -en, -en ⟨*poln.*⟩: **1.** (Geschichte) Dorfvorsteher in Polen. **2.** Kreishauptmann, Landrat in Polen. **Sta|ros|tei,** die; -, -en: Amt[sbezirk] eines Starosten

Sta|ro|wer|zen [st...], die (Plural) ⟨*russ;* »Altgläubige«⟩: wichtigste Gruppe der ↑Raskolniki

Stars and Stripes ['stɑːz ənd 'straɪ̯ps], die (Plural) ⟨*engl.;* »Sterne u. Streifen«⟩: Nationalflagge der USA, Sternenbanner

Start|au|to|ma|tik, die; -, -en ⟨*engl.; gr.-lat.-frz.*⟩: über die Temperatur des Motors automatisch geregelter Choke

Star|ter|kit ['staːɐ̯tɐ...], das od. der; -[s], -s ⟨*engl.*⟩: Startausstattung, Startset

Star|ter|set, das od. der; -[s], -s ⟨*engl.*⟩: ↑[1]Set (1) als Grundausstattung

Start|skript, das; -[e]s, -e[n] u. -s ⟨*engl.*⟩ (EDV): Datei mit einer Reihe von Befehlen, die der Computer beim Systemstart noch vor der Benutzeranmeldung (unsichtbar) ausführt

Start-up [...'ʔap], das; -s, -s ⟨*engl.*⟩: neu gegründetes Wirtschaftsunternehmen

Start-up-Sze|ne, die: Milieu innovativer Unternehmensgründer/-innen; Personenkreis der Inhaber/-innen, Mitarbeiter/-innen, Unterstützer/-innen von Start-ups

Star|zen: *Plural* von ↑Starez

Sta|se, Stasis ['st..., 'ʃt...], die; -, Stasen ⟨*gr.*⟩ (Med.): Stockung, Stauung

Sta|si|mon ['ʃt..., 'st...], das; -s, ...ma ⟨»Standlied«⟩: von dem in der Orchestra stehenden Chor der altgriechischen Tragödie (zwischen zwei Epeisodia) gesungenes Lied

Sta|si|mor|phie, die; -, ...ien ⟨*gr.-nlat.*⟩ (Bot.): das Stehenbleiben in der Organentwicklung bei Pflanzen

Sta|sis ['st..., 'ʃt...] vgl. Stase

Stat, das; -, - ⟨Kurzw. aus elektro*stat*isch⟩ (veraltet): Einheit für die Radioaktivität von Quellgewässern o. Ä. (Zeichen: St)

sta|ta|risch ⟨*lat.*⟩: verweilend, langsam fortschreitend; **statarische Lektüre:** durch ausführliche Erläuterungen des gelesenen Textes immer wieder unterbrochene Lektüre

State De|part|ment ['steɪ̯t dɪ'pɑːtmənt], das; - -[s] ⟨*engl.*⟩: Außenministerium der USA

State|ment ['steɪ̯tmənt], das; -s, -s: öffentliche [politische] Erklärung od. Behauptung

State of the Art ['steɪ̯t əv ði 'ɑːt], der; - ⟨*engl.*⟩: neuester Stand (in der Entwicklung von etw.)

Sta|ter, der; -s, -e ⟨*gr.(-lat.)*⟩: Münze des Altertums

Stath|mo|graf, Stath|mo|graph, der; -en, -en ⟨*gr.-nlat.*⟩: selbsttätig arbeitendes Instrument zur Aufzeichnung von Geschwindigkeiten u. Fahrzeiten von Eisenbahnzügen

sta|tie|ren [ʃt...] ⟨*lat.-nlat.*⟩: als Statist tätig sein

Sta|tik ['ʃt..., 'st...], die; -, -en ⟨*gr.*⟩: **1.** (ohne Plural) **a)** Teilgebiet der Mechanik, auf dem man sich mit dem Gleichgewicht von Kräften an ruhenden Körpern befasst; **b)** Lehre vom Gleichgewicht der Kräfte an ruhenden Körpern. **2.** Stabilität bewirkendes Verhältnis der auf ruhende Körper, bes. auf Bauwerke, wirkenden Kräfte. **3.** statischer (3) Zustand

Sta|ti|ker, der; -s, -: Bauingenieur mit speziellen Kenntnissen auf dem Gebiet statischer Berechnungen von Bauwerken. **Sta|ti|ke|rin,** die; -, -nen: weibliche Form zu ↑Statiker

Sta|ti|on, die; -, -en ⟨*lat.*⟩: **1.** Haltestelle (eines öffentlichen Verkehrsmittels); [kleiner] Bahnhof. **2. a)** Halt, Aufenthalt, Rast; **b)** Stelle zum Betanken, Aufladen o. Ä. eines Kraftfahrzeugs od. zum Abholen u. Abgeben eines Mietfahrzeugs; **c)** Stelle, an der bei einer Prozession haltgemacht wird. **3.** Bereich, Krankenhausabteilung. **4.** Ort, an dem sich eine technische Anlage befindet, Sende-, Beobachtungsstelle

sta|ti|o|när ⟨*lat.(-frz.)*⟩: **1. a)** an einen festen Standort gebunden; **b)** örtlich u. zeitlich nicht verändert; unverändert. **2.** (Med.) an eine Krankenhausaufnahme gebunden, die Behandlung in einer Klinik betreffend (Ggs.: ambulant [2])

sta|ti|o|nie|ren ⟨*lat.-frz.*⟩: **1.** an einen bestimmten Platz stellen, aufstellen, anstellen. **2.** eine Truppe an einen bestimmten Standort verlegen

sta|ti|ös ⟨*lat.*, mit französierender Endung⟩ (veraltet, aber noch landsch.): prunkend, stattlich, ansehnlich, vorzüglich

sta|tisch ['ʃt..., 'st...] ⟨*gr.*⟩: **1.** (Bauw.) die Statik betreffend. **2.** keine Bewegung, Entwicklung aufweisend (Ggs.: dynamisch [1]). **3.** (Physik) das von Kräften erzeugte Gleichgewicht betreffend; **statische Elektrizität:** elektrische Aufladung (bei Schallplatten, Hartgummi- u. Kunststoffgegenständen); **statisches Moment:** Drehmoment = Kraft mal Hebelarm (senkrechter Abstand vom Drehpunkt); **statisches Organ** (Med.): Gleichgewichtsorgan

Sta|tist [ʃt...], der; -en, -en ⟨*lat.-nlat.*⟩: jmd., der als stumme Figur in einer Theater- od. Filmszene mitwirkt. **Sta|tis|te|rie,**

die; -, ...ien: Gesamtheit der Statisten

Sta|tis|tik, die; -, -en: **1.** (ohne Plural) wissenschaftliche Methode zur zahlenmäßigen Erfassung, Untersuchung u. Darstellung von Massenerscheinungen. **2.** [schriftlich] dargestelltes Ergebnis einer Untersuchung nach der statistischen Methode. **3.** Auswertung einer großen Zahl physikalischer Größen zur Bestimmung von physikalischen Gesetzen

Sta|tis|ti|ker, der; -s, -: **1.** Wissenschaftler, der sich mit den theoretischen Grundlagen u. den Anwendungsmöglichkeiten der Statistik befasst. **2.** Bearbeiter u. Auswerter von Statistiken. **Sta|tis|ti|ke|rin,** die; -, -nen: weibliche Form zu ↑Statistiker

Sta|tis|tin, die; -, -nen: weibliche Form zu ↑Statist

sta|tis|tisch: die Statistik betreffend, auf Ergebnissen der Statistik beruhend

Sta|tiv, das; -s, -e ‹*lat.*›: meist dreibeiniges Gestell zum Aufstellen von Geräten (z. B. für Kamera, Nivellierinstrument)

Sta|to|blast [ʃt..., st...], der; -en, -en ‹*gr.-nlat.*› (Biol.): ungeschlechtlicher Fortpflanzungskörper der Moostierchen

Sta|to|lith [auch: ...ˈlɪt], der; -s u. -en, -e[n] (meist Plural): **1.** (Med.; Biol.) Steinchen in Gleichgewichtsorganen von Tieren, Gehörsand. **2.** (Bot.) Stärkekorn in Pflanzenwurzeln

Sta|tor, der; -s, ...oren ‹*lat.-nlat.*›: **1.** fest stehender Teil eines Elektromotors od. einer Dynamomaschine (Ggs.: Rotor [1]). **2.** fest stehendes Plattenpaket beim Drehkondensator, in das der Rotor hineingedreht werden kann. **3.** fest stehende Spule beim Variometer

Sta|to|s|kop, das; -s, -e ‹*gr.-nlat.*›: hochempfindliches Gerät zum Messen von Höhendifferenzen beim Flug

Sta|tu|a|rik, die; - ‹*lat.-nlat.*›: Statuenhaftigkeit. **sta|tu|a|risch** ‹*lat.*›: auf die Bildhauerkunst od. eine Statue bezogen; standbildhaft

Sta|tue [...tuə], die; -, -n: Standbild (plastische Darstellung eines Menschen od. Tieres). **Sta|tu|et|te,** die; -, -n ‹*lat.-frz.*›: kleine Statue

sta|tu|ie|ren ‹*lat.*›: aufstellen, festsetzen; bestimmen; **ein Exempel statuieren:** ein warnendes Beispiel geben

Sta|tur [ʃt...], die; -, -en: [Körper]gestalt, Wuchs

Status

Das aus dem Lateinischen stammende Substantiv lautet im Genitiv und im Plural gleich wie im Nominativ Singular, also des Status und die Status. Ein Unterschied besteht lediglich in der Aussprache. Im Plural wird das u lang gesprochen.

Sta|tus [ˈʃt..., ˈst...], der; -, - [...tu:s]: **1.** Zustand; Bestand. **2.** (Med.) **a)** allgemeiner Gesundheits- od. Krankheitszustand; der sich aus der ärztlichen Untersuchung ergebende Allgemeinbefund; **b)** akutes Stadium einer Krankheit mit gehäuft auftretenden Symptomen. **3.** (Med.) anlagemäßig bedingte Neigung zu einer bestimmten Krankheit. **4.** Stand, Stellung in der Gesellschaft, innerhalb einer Gruppe

Sta|tus Nas|cen|di [- ...ts...], der; - - (Chemie): besonders reaktionsfähiger Zustand chem. Stoffe im Augenblick ihres Entstehens

Sta|tus prae|sens, der; - - (Med.): augenblicklicher Krankheitszustand

Sta|tus quo, der; - - ‹*lat.*› (bes. Rechtsspr.): gegenwärtiger Zustand

Sta|tus quo an|te, der; - - -: Stand vor dem bezeichneten Tatbestand od. Ereignis

Sta|tus quo mi|nus: Verschlechterung gegenüber dem gegenwärtigen Zustand

Sta|tus|sym|bol, das; -s, -e: etwas, womit jmds. gehobener Status (4), seine tatsächliche od. erstrebte Zugehörigkeit zu einer Gesellschaftsschicht dokumentiert werden soll

Sta|tut [ʃt...], das; -[e]s, -en: Satzung, [Grund]gesetz. **sta|tu|ta|risch** ‹*lat.-nlat.*›: auf einem Statut beruhend, satzungs-, ordnungsgemäß

Sta|tute Law [ˈstætju:t ˈlɔ:], das; - - ‹*engl.*›: das gesetzlich verankerte Recht in England; vgl. Common Law

Stau|ro|lith [ʃt..., st..., auch: ...ˈlɪt], der; -s, u. -en, -e[n] ‹*gr.*›: ein Mineral

Stau|ro|thek, die; -, -en: Behältnis für eine Reliquie des heiligen Kreuzes

Stea|di|cam® [ˈstɛdikɛm], die; -, -s ‹*engl.*›: [Handkamera mit] Tragevorrichtung, die das Verwackeln des Bildes verhindert

Stea|dy|sel|ler [ˈstɛdi...], der; -s, - ‹*engl.-amerik.*›: Buch, das über längere Zeit gleichmäßig gut verkauft wird; vgl. Longseller

Stea|dy State, der; - -[s], - -s, **Stea|dy|state,** der; -[s], -s [...(ˈ)stɛɪt] ‹*engl.;* »stabiler Zustand«›: **1.** (Biol.) trotz dauernder Energiezufuhr u. -abfuhr bestehendes Gleichgewicht in offenen physikalischen Systemen; Fließgleichgewicht. **2.** (Wirtsch.) Zustand einer Wirtschaft, bei dem alle wirtschaftlichen Größen (Konsum, Investitionen u. Ä.) mit derselben Rate wachsen oder konstant sind

Steak [stɛɪk, ste:k, auch: ʃt...], das; -s, -s ‹*altnord.-engl.*›: Fleischscheibe aus der Lende (vor allem von Rind, Kalb, Schwein), die nur kurz gebraten wird

Steak|let [ˈste:klət, ˈʃt...], das; -s, -s: flach gedrückter, kurz gebratener Kloß aus feinem Hackfleisch

Steam [ˈsti:m], der; - ‹*engl.*›: engl. Bez. für Dampf

Steam|cra|cken, Steamkracken [...krɛkn̩], das; -s ‹*engl.*›: (bei der Erdölverarbeitung) das Aufspalten von Kohlenwasserstoffen in kleinere Bruchstücke durch hoch erhitzten Wasserdampf. **Stea|mer** [ˈsti:mɐ], der; -s, -: engl. Bez. für Dampfer. **Steam|kra|cken** [...krɛkn̩] vgl. Steamcracken

Ste|ap|sin [ʃt..., st...], das; -s, -e ‹*gr.-nlat.*› (veraltet): ↑Lipase

Ste|a|rat, das; -[e]s, -e (Chemie): Salz der Stearinsäure

Ste|a|rin, das; -s, -e: festes Gemisch aus Stearin- u. Palmitinsäure nach Entfernen der flüssigen Ölsäure; Rohstoff zur Kerzenherstellung

Ste|a|rin|säu|re, die; - ‹*gr.-nlat.; dt.*› (Chemie): gesättigte höhere Fettsäure, Bestandteil vieler fester u. halbfester Fette

Ste|ar|rhö, die; -, ...öen (Med.): Fettdurchfall, in reichem Maße Fettstoffe enthaltender Stuhl

Ste|a|tit [auch: ...'tɪt], der; -s, -e ‹*gr.-lat.*›: ein Mineral; Speckstein

Ste|a|tom, das; -s, -e ‹*gr.-nlat.*› (Med.): Talggeschwulst

Ste|a|to|py|gie, die; - (Med.): starker Fettansatz am Steiß

Ste|a|tor|rhö, die; -, ...öen (Med.): Fettstuhl

Ste|a|to|se, die; -, -n (Med.): Verfettung

Ste|a|to|ze|le, die; -, -n (Med.): Weichteilgewebebruch mit Fett als Bruchsackinhalt

Steel|band ['sti:lbɛnt, engl.: ...bænd], die; -, -s ‹*amerik.*›: Band, deren Instrumente aus verschieden großen leeren Ölfässern bestehen

Stee|ple|chase ['sti:pl̩tʃeɪ̯s], die; -, Plur. -n u. -s [...sɪs] ‹*engl.*›: Hindernisrennen, Jagdrennen (beim Pferdesport)

Steep|ler ['sti:plɐ], der; -s, -: Pferd, das eine Steeplechase läuft

Ste|ga|no|gra|fie, Ste|ga|no|gra|phie [ʃt..., st...], die; - ‹*gr.-nlat.*›: **1.** verdeckte Übermittlung zusätzlicher Informationen, die Uneingeweihten verborgen bleibt. **2.** (veraltet) Geheimschrift, Geheimschreibkunst

ste|ga|no|gra|fisch, ste|ga|no|gra|phisch: die Steganografie betreffend, Steganografie (2) verwendend

Ste|go|don, das; -s, ...donten: ausgestorbenes Rüsseltier

Ste|go|sau|ri|er, der; -s, -: Gattung der ausgestorbenen Dinosaurier mit sehr kleinem Schädel

Ste|go|ze|pha|le, der; -n, -n: ausgestorbener Panzerlurch (Oberdevon bis Trias)

Ste|le ['st..., 'ʃt...], die; -, -n ‹*gr.*›: **1.** (Kunstwiss.) frei stehende, mit einem Relief od. einer Inschrift versehene Platte oder Säule (bes. als Grabdenkmal). **2.** Leitbündelstrang des Pflanzensprosses (Zentralzylinder der Pflanze)

Stel|la|ge [...'la:ʒə], die; -, -n ‹*niederl.*›: Aufbau aus Stangen u. Brettern o. Ä. [zum Abstellen, Aufbewahren von etwas]; Gestell

Stel|la|ge|ge|schäft, das; -[e]s, -e ‹*niederl.; dt.*›: Form des Prämiengeschäftes der Terminbörse

stel|lar [ʃt..., st...] ‹*lat.*›: die Fixsterne betreffend

Stel|lar|as|t|ro|no|mie, die; -: Teilgebiet der Astronomie, das sich mit den Sternen bzw. Sternsystemen, ihrer Verteilung im Weltraum u. ihren Bewegungen befasst

Stel|la|ra|tor [auch: 'stɛləreɪ̯tɐ], der; -s, ...oren, (bei engl. Ausspr.:) -s: Versuchsgerät zur Erzeugung thermonuklearer Kernfusion

Stem|ma ['ʃt..., 'st...], das; -s, -ta ‹*gr.-lat.*›: **1.** (Literaturwiss.) [in grafischer Form erstellte] Gliederung der einzelnen Handschriften eines literarischen Werks in Bezug auf ihre zeitliche Folge u. textliche Abhängigkeit. **2.** (Sprachwiss.) [1]Graph zur Beschreibung der Struktur eines Satzes. **stem|ma|to|lo|gisch:** das Stemma betreffend

Ste|no, die; - (ugs.): kurz für ↑Stenografie

Ste|no|graf, Stenograph, der; -en, -en ‹*gr.-engl.*›: jmd., der Stenografie schreibt, Kurzschriftler. **Ste|no|gra|fie**, Stenographie, die; -, ...ien: Kurzschrift (Schreibsystem mit besonderen Zeichen u. Schreibbestimmungen zum Zwecke der Schriftkürzung). **ste|no|gra|fie|ren**, stenographieren: in Stenografie schreiben. **Ste|no|gra|fin**, Stenographin, die; -, -nen: weibliche Form zu ↑Stenograf. **ste|no|gra|fisch**, stenographisch: **a)** die Stenografie betreffend; **b)** in Kurzschrift geschrieben, kurzschriftlich

Ste|no|gramm, das; -s, -e: in Stenografie geschriebenes Diktat, geschriebene Rede

Ste|no|graph usw. vgl. Stenograf usw.

ste|no|ha|lin [ʃt..., st...] ‹*gr.-nlat.*› (Biol.): empfindlich gegenüber Schwankungen des Salzgehalts des Wassers (von Pflanzen u. Tieren) (Ggs.: euryhalin)

ste|n|ök (Biol.): empfindlich gegenüber Schwankungen der Umweltfaktoren (von Pflanzen u. Tieren) (Ggs.: euryök)

Ste|no|kar|die, die; -, ...ien (Med.): Herzbeklemmung, Herzangst (Angina Pectoris)

Ste|no|kon|to|rist [ʃt...], der; -en, -en: Kontorist mit Kenntnissen in Stenografie u. Maschinenschreiben. **Ste|no|kon|to|ris|tin**, die; -, -nen: weibliche Form zu ↑Stenokontorist

Ste|no|ko|rie [ʃt..., st...], die; - (Med.): ↑Miosis

ste|no|phag (Biol.): auf bestimmte Nahrung angewiesen (von Pflanzen u. Tieren) (Ggs.: euryphag)

Ste|no|se, die; -, -n, **Ste|no|sis**, die; -, ...osen ‹*gr.;* »Einengung«› (Med.): Verengung von Öffnungen, Kanälen u. Hohlorganen

ste|no|therm ‹*gr.-nlat.*› (Biol.): empfindlich gegenüber Temperaturschwankungen (von Pflanzen u. Tieren) (Ggs.: eurytherm)

Ste|no|tho|rax, der; -[es], -e (Med.): enger Brustkorb

ste|no|top (Biol.): nicht weit verbreitet (von Pflanzen u. Tieren)

Ste|no|ty|pie [ʃt...], die; -, ...ien ‹*gr.-engl.*›: Abdruck stenografischer Schrift

ste|no|ty|pie|ren: stenografisch niederschreiben u. danach in Maschinenschrift übertragen

Ste|no|ty|pist, der; -en, -en ‹*gr.-engl.-frz.*›: jmd., der Stenografie u. Maschinenschreiben beherrscht. **Ste|no|ty|pis|tin**, die; -, -nen: weibliche Form zu ↑Stenotypist

ste|n|o|xy|bi|ont [ʃt..., st...] ‹*gr.-nlat.*› (Biol.): empfindlich gegenüber Schwankungen des Sauerstoffgehaltes (von Pflanzen u. Tieren)

sten|tan|do, sten|ta|to [st...] ‹*lat.-it.*› (Musik): zögernd, schleppend (Vortragsanweisung)

Sten|tor|stim|me ['ʃt..., 'st...], die; -, -n ‹nach dem stimmgewaltigen Helden des Trojanischen Krieges›: laute, gewaltige Stimme

Step: frühere Schreibung für ↑Stepp (1)

Stepp [ʃtɛp, stɛp], der; -s, -s ‹*engl.;* »Schritt, Tritt«›: **1.** (Leichtathletik) zweiter Sprung beim Dreisprung; vgl. Hop, Jump (1). **2.** artistischer Tanz, bei dem die mit Eisen beschlagenen Spitzen u. Absätze der Schuhe dem Rhythmus entsprechend in schnellem Bewegungswechsel auf den Boden gesetzt werden

Stepp|ae|ro|bic, das; -s od. die; -: Aerobic unter Zuhilfenahme einer stufenartigen Vorrichtung

Step|pe, die; -, -n ⟨*russ.*⟩: überwiegend baumlose, trockene Graslandschaft außereuropäischer Klimazonen

step|pen: Stepp (2) tanzen

Ster, der; -s, -e u. -s (aber: 3 -) ⟨*gr.-frz.*⟩: ein vor allem in der Forstwirtschaft verwendetes Raummaß für Holz (1 m^3)

Ste|ra|di|ant, der; -en, -en ⟨*gr.; lat.*⟩ (Math.): Einheit des Raumwinkels (Zeichen: sr)

Ster|cu|lia [ʃt..., st...], die; - ⟨*lat.-nlat.*⟩: Pflanzengattung aus der Familie der Sterkuliengewächse, die teilweise Nutzholz liefert

ste|reo [ʃt..., auch: st...]: **1.** Kurzform von ↑stereofon. **2.** (ugs.) bisexuell

Ste|reo, das; -s, -s: **1.** (ohne Plural) kurz für ↑Stereofonie. **2.** kurz für ↑Stereotypplatte

ste|reo..., Ste|reo... [st..., ʃt...]

⟨zu *gr.* stereós »starr, hart, fest«⟩ *Wortbildungselement mit den Bedeutungen:*
a) *»starr, fest, massiv, unbeweglich«*
– stereotyp
b) *»räumlich, körperlich«*
– Stereoakustik
– stereofon

Ste|reo|ag|no|sie, die; -, ...ien ⟨*gr.-nlat.*⟩ (Med.): Unfähigkeit, Gegenstände allein mithilfe des Tastsinns zu identifizieren (Ggs.: Stereognosie)

Ste|reo|akus|tik, die; -: Wissenschaft vom räumlichen Hören

Ste|reo|au|to|graf, Ste|reo|au|to|graph, der; -en, -en (Kartografie): optisches Instrument zur Raumbildauswertung für Karten

Ste|re|o|bat, der; -en, -en: Fundamentunterbau des griechischen Tempels

Ste|reo|bild, das; -[e]s, -er: Bild, das bei der Betrachtung einen räumlichen Eindruck hervorruft; Raumbild

Ste|reo|che|mie, die; -: Teilgebiet der Chemie, das die räumliche Anordnung der Atome im Molekül erforscht

Ste|reo|chro|mie, die; -: altes Verfahren der Wandmalerei

Ste|reo|film, der; -[e]s, -e: dreidimensionaler Film

ste|reo|fon, stereophon: über zwei od. mehr Kanäle elektroakustisch übertragen, räumlich klingend; vgl. ...isch/- (Ggs.: quadrofon). **Ste|reo|fo|nie**, Stereophonie, die; - ⟨*gr.-nlat.*⟩: elektroakustische Schallübertragung über zwei od. mehr Kanäle, die räumliches Hören gestattet; vgl. Quadrofonie

ste|reo|fo|nisch, stereophonisch: ↑stereofon; vgl. ...isch/-

Ste|reo|fo|to|gra|fie, Stereophotographie, die; -, ...ien: **1.** (ohne Plural) Verfahren zur Herstellung von räumlich wirkenden Fotografien. **2.** fotografisches Raumbild

Ste|reo|fo|to|gram|me|t|rie, Stereophotogrammetrie, die; - (Kartografie): Auswertung u. Ausmessung von räumlichen Messbildern bei der Geländeaufnahme

Ste|reo|g|no|sie, die; -, ...ien (Med.): Fähigkeit, Gegenstände allein mithilfe des Tastsinns zu identifizieren (Ggs.: Stereoagnosie)

Ste|reo|graf, Stereograph, der; -en, -en: Maschine zur Herstellung von Stereotypplatten

ste|reo|gra|fisch, stereographisch: **stereografische Projektion** (Kartografie): Abbildung der Punkte einer Kugeloberfläche auf eine Ebene, wobei Kugelkreise wieder als Kreise erscheinen

Ste|reo|graph vgl. Stereograf

Ste|re|om, das; -s, -e (Bot.): Festigungsgewebe der Pflanzen (zusammenfassende Bez. für Sklerenchym u. Kollenchym)

Ste|reo|me|ter, das; -s, -: **1.** (Physik) optisches Gerät zur Messung des Volumens fester Körper. **2.** Gerät zur Auswertung von Stereofotografien

Ste|reo|me|t|rie, die; - ⟨*gr.*⟩ (Math.): Wissenschaft von der Geometrie u. der Berechnung räumlicher Gebilde; vgl. Planimetrie. **ste|reo|me|t|risch:** die Stereometrie betreffend

ste|reo|phon usw. vgl. stereofon usw.

Ste|reo|pho|to|gram|me|t|rie vgl. Stereofotogrammetrie

Ste|reo|pho|to|gra|phie vgl. Stereofotografie

Ste|reo|pla|ni|graf, Ste|reo|pla|ni|graph, der; -en, -en ⟨*gr.; lat.; gr.*⟩ (Kartografie): optisches Instrument zur Raumbildauswertung für Karten

Ste|reo|plat|te, die; -, -n: Schallplatte, die stereofonisch abgespielt werden kann

Ste|reo|s|kop, das; -s, -e ⟨*gr.-nlat.*⟩: optisches Gerät zur Betrachtung von Stereobildern. **Ste|reo|s|ko|pie**, die; -: Gesamtheit der Verfahren zur Aufnahme u. Wiedergabe von raumgetreuen Bildern. **ste|reo|s|ko|pisch:** räumlich erscheinend, dreidimensional wiedergegeben

ste|reo|tak|tisch (Med.): die Stereotaxie betreffend, auf ihr beruhend. **Ste|reo|ta|xie**, die; - (Med.): minimalinvasive Therapie, durch die man mithilfe von technologieunterstützen Zielgeräten beliebige Punkte im Gehirn erreichen kann

Ste|re|o|ta|xis, die; - ⟨*gr.*⟩: **1.** (Med.) ↑Stereotaxie. **2.** Bestreben von Tieren, mit festen Gegenständen in Berührung zu kommen (z. B. bei Röhren- od. Höhlenbewohnern)

Ste|reo|to|mie, die; - (veraltet): Teil der Stereometrie, der die Durchschnitte der Oberflächen von Körpern behandelt, bes. den sogenannten Steinschnitt bei Gewölbekonstruktionen

Ste|reo|tu|ner, der; -s, -: Tuner für Stereoempfang

ste|reo|typ ⟨*gr.-frz.*⟩: **1.** mit fest stehenden Schrifttypen gedruckt. **2.** feststehend, unveränderlich. **3.** ständig [wiederkehrend]; leer, abgedroschen

Ste|reo|typ, das; -s, -e (meist Plural) ⟨*gr.-engl.*⟩: **1.** (Sozialpsychol., Psychol.) eingebürgertes verallgemeinerndes Urteil mit festen Vorstellungsklischees innerhalb einer Gruppe; vgl. Autostereotyp, Heterostereotyp. **2.** ↑Stereotypie (2)

Ste|reo|typ|druck, der; -[e]s, -e: Druck von der Stereotypplatte

Ste|reo|ty|peur [...'pøːɐ̯], der; -s, -e ⟨*gr.-frz.*⟩ (Druckw.): jmd., der Matern herstellt u. ausgießt. **Ste|reo|ty|peu|rin** [...'pøːrɪn], die; -, -nen: weibliche Form zu ↑Stereotypeur

Ste|reo|ty|pie, die; -, ...ien: **1.** (Druckw.) das Herstellen u. Ausgießen von Matern. **2.** (Psychol., Med.) das Wiederholen von sprachlichen Äußerungen od. motorischen Abläufen über einen längeren Zeitraum; vgl. Perseveration

ste|reo|ty|pie|ren ⟨*gr.-frz.-nlat.*⟩ (Druckw.): Matern herstellen u. zu Stereotypplatten ausgießen

ste|reo|ty|pisch: ↑stereotyp; vgl. ...isch/-

Ste|reo|typ|plat|te, die; -, -n: Abguss einer Mater in Form einer festen Druckplatte

ste|ril [ʃt..., st...] ⟨*lat.-frz.;* »unfruchtbar; ertraglos«⟩: **1.** keimfrei; vgl. aseptisch (a). **2.** (Biol., Med.) unfruchtbar, nicht fortpflanzungsfähig (Ggs.: fertil). **3. a)** (bildungsspr. abwertend) langweilig, geistig unfruchtbar, unschöpferisch; **b)** kalt, nüchtern wirkend, ohne eigene Note gestaltet

Ste|ri|li|sa|ti|on, die; -, -en: das Sterilisieren

Ste|ri|li|sa|tor, der; -s, ...oren ⟨*lat.-frz.-nlat.*⟩: Entkeimungsapparat

ste|ri|li|sie|ren ⟨*lat.-frz.*⟩: **1.** keimfrei [u. dadurch haltbar] machen (z. B. Nahrungsmittel). **2.** (Med.) unfruchtbar, zeugungsunfähig machen. **Ste|ri|li|sie|rung,** die; -, -en: das Sterilisieren; vgl. ...ation/...ierung

Ste|ri|li|tät, die; -: **1.** (Med.) Keimfreiheit (von chirurgischen Instrumenten u. a.). **2.** (Biol., Med.) Unfruchtbarkeit (der Frau), Zeugungsunfähigkeit (des Mannes) (Ggs.: Fertilität). **3.** geistiges Unvermögen, Ertraglosigkeit

Ste|rin [ʃt..., st...], das; -s, -e ⟨*gr.-nlat.*⟩, **Sterol:** in jeder tierischen od. pflanzlichen Zelle vorhandene Kohlenwasserstoffverbindung

ster|ko|ral [ʃt..., st...] ⟨*lat.-mlat.*⟩ (Med.): kothaltig, kotig

Ster|let, Ster|lett, der; -s, -e ⟨*russ.*⟩: (in osteuropäischen Gewässern lebender) kleiner Stör

Ster|ling [ˈstɛr..., ˈstœːɐ̯...], der; -s, -e (aber: 5 Pfund -) ⟨*engl.*⟩: **1.** Währungseinheit in Großbritannien; Pfund Sterling (Zeichen u. Abk.: £, £Stg). **2.** altenglische Silbermünze

ster|nal [ʃt..., st...] ⟨*gr.-nlat.*⟩ (Med.): zum Brustbein gehörend

Ster|n|al|gie, die; -, ...ien (Med.): Brustbeinschmerz

Ster|num, das; -s, ...na (Med.): Brustbein

Ste|ro|id [ʃt..., st...], das; -[e]s, -e (meist Plural) ⟨*gr.-nlat.*⟩: biologisch wichtige organische Verbindung (z. B. Gallensäure und Geschlechtshormone)

Ste|ro|id|hor|mon, das; -s, -e (meist Plural) (Biol.): Wirkstoff, der aus Cholesterin od. Cholesterinderivaten gebildet wird (z. B. das Hormon der Keimdrüsen u. der Nebennierenrinde)

Ster|tor [ˈʃt..., ˈst...], der; -s ⟨*lat.-nlat.*⟩ (Med.): röchelndes Atmen. **ster|to|rös** (Med.): röchelnd, schnarchend (vom Atemgeräusch)

Ste|tho|s|kop [ʃt..., st...], das; -s, -e ⟨*gr.-nlat.*⟩ (Med.): Gerät zum Abhören von akustischen Phänomenen des Körpers

Stet|son® [ˈstɛtsn̩], der; -s, -s ⟨*amerik.;* nach dem Hersteller J. B. Stetson, 1830–1906⟩: weicher Filzhut mit breiter Krempe; Cowboyhut

Ste|via [ˈst..., seltener: ˈʃt...], das; -[s] (meist ohne Artikel) ⟨nach dem span. Botaniker P. J. Esteve⟩: aus der gleichnamigen, im tropischen u. subtropischen Südamerika heimischen Pflanze gewonnenes Süßungsmittel

Ste|ward [ˈstjuːɐt], der; -s, -s ⟨*engl.*⟩: Betreuer der Passagiere an Bord von Schiffen u. Flugzeugen; Flugbegleiter. **Ste|wardess** [ˈstjuːɐdɛs, auch: ...ˈdɛs], die; -, -en: Betreuerin von Passagieren, bes. in Flugzeugen

Ste|ward|ship [ˈstjuːədʃɪp], die; - ⟨*engl.*⟩: Laiendienst der Gemeindemitglieder, die einen Teil ihrer Zeit, ihrer Fähigkeiten u. ihres Geldes der Gemeinde zur Verfügung stellen (in der protestant. Kirche der USA)

Sthe|nie [st..., ʃt...], die; -, ...ien ⟨*gr.-nlat.*⟩ (Med.): Vollkraft, Kraftfülle. **sthe|nisch** (Med.): vollkräftig, kraftvoll

Sti|bi|um [ˈʃt..., ˈst...], das; -s ⟨*gr.-lat.*⟩: ↑Antimon

Stib|nit [auch: ...ˈnɪt], der; -s, -e ⟨*gr.-lat.-nlat.*⟩: Antimonglanz

Sti|cha|ri|on [st..., ʃt...], das; -s, ...ia ⟨*mgr.*⟩: liturgisches Gewand in der Ostkirche, ein ungegürteter weißer od. farbiger Talar; vgl. Albe

sti|chisch [ˈʃt..., ˈst...] ⟨*gr.*⟩: nur den Vers als metrische Einheit besitzend (von Gedichten); vgl. monostichisch

Sti|cho|man|tie, die; -, ...ien ⟨*gr.-nlat.*⟩: Wahrsagung aus einer zufällig aufgeschlagenen Buchstelle (Bibelvers u. Ä.)

Sti|cho|me|t|rie, die; -, ...ien: **1.** in der Antike die Bestimmung des Umfangs einer Schrift nach Normalzeilen zu etwa 16 Silben. **2.** (Stilkunde) Antithese, die im Dialog durch Behauptung u. Entgegnung entsteht

Sti|cho|my|thie, die; -, ...ien ⟨*gr.*⟩: Wechsel von Rede u. Gegenrede mit jedem Vers im [altgriechischen] Drama; vgl. Distichomythie, Hemistichomythie

Stick [stɪk, auch: ʃtɪk], der; -s, -s ⟨*engl.-amerik.*⟩: **1.** (meist Plural) kleine, dünne Salzstange, ein Knabbergebäck. **2.** Stift als Kosmetikartikel (z. B. Deodorantstick)

Sti|cker [ˈʃt..., auch: ˈst...], der; -s, -: Aufkleber aus Papier od. Plastik

Stick|oxy|dul, das; -s ⟨*dt.; gr.-nlat.*⟩ (veraltet): Lachgas

Stie|fo|gra|fie, Stie|fo|gra|phie, die; - ⟨nach dem Erfinder H. Stief, 1906–1977⟩: ein Kurzschriftsystem

stie|kum ⟨*jidd.*⟩ (landsch.): heimlich, leise

Stig|ma [ˈʃt..., ˈst...], das; -s, ...men u. -ta ⟨*gr.-lat.;* »Stich«⟩: **1. a)** Mal, Zeichen; Wundmal; **b)** (nur Plural) Wundmale Christi. **2. a)** Narbe der Blütenpflanzen; **b)** Augenfleck der Einzeller; **c)** äußere Öffnung der Tracheen. **3.** den Sklaven aufgebranntes Mal bei Griechen u. Römern. **4.** (Med.) auffälliges Krankheitszeichen, bleibende krankhafte Veränderung (z. B. bei Berufskrankheiten)

Stig|ma|rie [...riə], die; -, -n (meist Plural) ⟨*gr.-nlat.*⟩: versteinerter Wurzelstock des ausgestorbenen Schuppenbaumes (häufig im Karbon)

Stimulans	Stimulus
In ihrem Fall handelte es sich um ein Stimulans, das in einem Nasenspray enthalten war. *anregendes Arzneimittel* – auch [... ein ...] Stimulans für ... – auf das verbotene Stimulans Ephedrin/Etilefrin getestet worden – erotisches Stimulans Außerdem wurde dem Kasachen die Einnahme eines Stimulans nachgewiesen. Dieses Stimulans bewirkt, dass sie sich länger konzentrieren können. Es seien vielmehr die Ehemänner, die für ihre Frauen die Stimulanzien besorgten.	Denn Handel sei der beste Stimulus für die Wirtschaft. *Reiz, Antrieb* – Stimulus ... Reiz – Stimulus für [...] Wachstum – zusätzlicher Stimulus Davon könnte ein wirtschaftlicher Stimulus ausgehen, von dem alle profitieren können. Ich glaube nicht, dass es an der Zeit ist, den monetären Stimulus zu beenden. Sie dürfte den finanziellen Stimulus nicht zu schnell beenden.

Stig|ma|ta: *Plural* von ↑Stigma

Stig|ma|ti|sa|ti|on, die; -, -en ⟨*gr.-mlat.-nlat.*⟩: **1.** Auftreten der fünf Wundmale Christi bei einem Menschen. **2.** Brandmarkung der Sklaven im Altertum

stig|ma|tisch: in der Fügung **stigmatische Abbildung:** optische Abbildung mit sehr geringer Aberration (1)

stig|ma|ti|sie|ren ⟨*gr.-mlat.*⟩: **1. a)** mit den Wundmalen des gekreuzigten Jesus kennzeichnen; **b)** jmdn. brandmarken, anprangern. **2.** (Soziol.) jmdm. bestimmte, von der Gesellschaft als negativ bewertete Merkmale zuordnen, jmdn. in diskriminierender Weise kennzeichnen

stig|ma|ti|siert: mit den Wundmalen Christi gezeichnet. **Stig|ma|ti|sier|te,** der u. die; -n, -n: Person, bei der die Wundmale Christi erscheinen

Stig|ma|ti|sie|rung, die; -, -en: das Stigmatisieren

Stig|ma|tor, der; -s, ...oren: Vorrichtung in Elektronenmikroskopen, mit der sich der [axiale] Astigmatismus (1) ausgleichen lässt

Stig|men: *Plural* von ↑Stigma

Stig|mo|nym, das; -s, -e ⟨*gr.-nlat.*⟩: durch Punkte od. Sternchen [teilweise] ersetzter Name

Stil [sti:l, ʃti:l], der; -[e]s, -e ⟨*lat.*⟩: **1.** Art des sprachlichen Ausdrucks [eines Individuums]. **2.** einheitliche u. charakteristische Darstellungs- u. Ausdrucksweise einer Epoche od. eines Künstlers, einer Künstlerin; **galanter Stil:** französisch beeinflusste, freiere Kompositionsweise, die im 18. Jh., bes. in der Cembalomusik in Deutschland, die streng gebundene Musik der Zeit Bachs u. Händels ablöste. **3.** Lebensweise, die dem besonderen Wesen od. den Bedürfnissen von jmdm. entspricht. **4.** [vorbildliche u. allgemein anerkannte] Art, etwas (z. B. eine Sportart) auszuführen

Stilb [ˈʃt..., ˈst...], das; -s, - ⟨*gr.*⟩ (Physik): frühere Einheit der Leuchtdichte auf einer Fläche (Zeichen: sb)

Sti|le [ˈsti:lə], der; - ⟨*lat.-it.*⟩: it. Bez. für: Stil; **Stile antico** od. **osservato** (Musik): strenger klassischer Stil; **Stile concitato** [- kɔntʃi...]: (Musik): erregter, heißblütiger Stil (in der Musik des Frühbarocks); **Stile recitativo** [- retʃi...]: (Musik): darstellender Stil (in der frühen Oper)

Sti|lett, das; -s, -e: kleiner Dolch

Stil|fi|gur, die; -, -en: ↑rhetorische Figur

Sti|li: *Plural* von ↑Stilus

sti|li|sie|ren ⟨französierende Bildung zu Stil⟩: **1.** Formen, die in der Natur vorkommen, [in dekorativer Absicht] vereinfachen od. verändern, um die Grundstrukturen sichtbar zu machen. **2.** (veraltend) in einen bestimmten Stil bringen

Sti|li|sie|rung, die; -, -en: **a)** nach einem bestimmten Stilideal od. -muster geformte [künstlerische] Darstellung; **b)** Vereinfachung od. Reduktion auf die Grundstruktur[en]

Sti|list, der; -en, -en ⟨*lat.-nlat.*⟩: Beherrscher des Stils, des sprachlichen Ausdrucks

Sti|lis|tik, die; -, -en: **1.** (ohne Plural) Stillehre, -kunde; vgl. Rhetorik (a). **2.** Lehrbuch für guten Stil (1); systematische Beschreibung der Stilmittel

Sti|lis|tin, die; -, -nen: weibliche Form zu ↑Stilist

sti|lis|tisch: den Stil (1, 2, 4) betreffend

Stil|ja|gi [st...], die (Plural) ⟨*russ.*⟩: russ. Bez. für Halbstarke

Stil|ton [ˈstɪltn̩], der; -[s], -s ⟨nach dem englischen Ort⟩: überfetter Weichkäse mit grünem Schimmelbelag

Sti|lus [st..., ʃt...], der; -, ...li ⟨*lat.*⟩: antiker [Schreib]griffel

Sti|mu|lans [ˈʃt..., ˈst...], das; -, ...lanzien u. ...lantia: anregendes Arzneimittel, Reizmittel

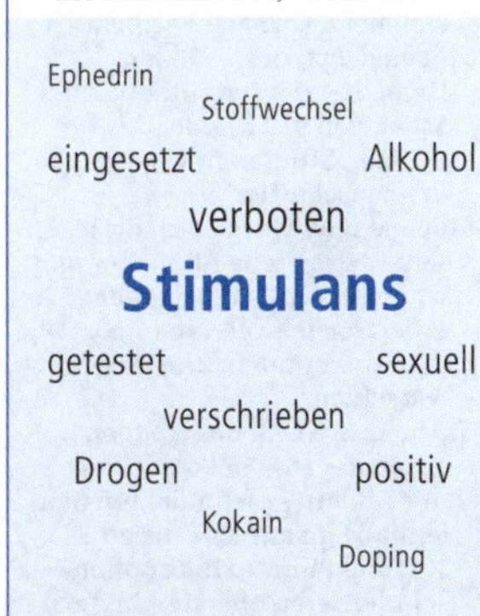

S
Stim

Stimulans/Stimulus *s. Kasten*

Sti|mu|lanz, die; -, -en: Anreiz, Antrieb

Sti|mu|la|ti|on, die; -, -en: das Stimulieren

Sti|mu|la|tor, der; -s, ...oren: Vorrichtung, die einen Reiz auslöst

Sti|mu|li: *Plural* von ↑Stimulus

sti|mu|lie|ren: anregen, anreizen; ermuntern. **Sti|mu|lie|rung,** die; -, -en: das Stimulieren; vgl.

...ation/...ierung. **Sti|mu|lus,** der; -, ...li: **a)** Reiz, Antrieb; **b)** (Sprachwiss.) ein dem Sprechakt vorausgehender [äußerer] Reiz

monetär
fiskalpolitisch
Kooperation
wirtschaftlich
Stimulus
Wirtschaft
zusätzlich
schaffen
Handel
Markt

Sti|pel ['ʃt..., 'st...], die; -, -n ‹*lat.*› (Bot.): Nebenblatt

Sti|pen|di|at [ʃt...], der; -en, -en: jmd., der ein Stipendium erhält. **Sti|pen|di|a|tin,** die; -, -nen: weibliche Form zu ↑Stipendiat

Sti|pen|di|en: *Plural* von ↑Stipendium

Sti|pen|dist, der; -en, -en ‹*lat.-nlat.*› (bayr., österr.): Stipendiat. **Sti|pen|dis|tin,** die; -, -nen: weibliche Form zu ↑Stipendist

Sti|pen|di|um, das; -s, ...ien ‹*lat.*›: finanzielle Unterstützung vom Staat, von der Kirche o. Ä. für Schüler, Studierende u. jüngere Wissenschaftler

Sti|pu|la|ti|on [ʃt..., st...], die; -, -en: vertragliche Abmachung; Übereinkunft. **sti|pu|lie|ren: 1.** vertraglich vereinbaren, übereinkommen. **2.** festlegen, festsetzen

Stoa ['st..., 'ʃt...], die; -, Stoen ‹nach der stoa poikile, einer mit Bildern geschmückten Säulenhalle im antiken Athen›: **1.** (ohne Plural) Philosophenschule, deren oberste Maxime der Ethik darin bestand, in Übereinstimmung mit sich selbst u. mit der Natur zu leben u. Neigungen u. Affekte als der Einsicht hinderlich zu bekämpfen. **2.** (Kunstwiss.) altgriechische Säulenhalle [in aufwendigem Stil]

Sto|chas|tik [stɔ'xas..., ʃt...], die; - ‹*gr.*›: Teilgebiet der Mathematik, das die Wahrscheinlichkeitstheorie und die Statistik (1) umfasst. **sto|chas|tisch:** zufallsabhängig

Stö|chio|me|t|rie [st..., ʃt...], die; - ‹*gr.-nlat.*›: Lehre von der mengenmäßigen Zusammensetzung chemischer Verbindungen u. der mathematischen Berechnung chemischer Umsetzungen. **stö|chio|me|t|risch:** entsprechend den in der Chemie geltenden quantitativen Gesetzen reagierend

Stock [stɔk], der; -s, -s ‹*engl.*› (Wirtsch.): **1.** Bestand an Waren; Vorrat, Warenlager. **2.** Gesamtbetrag einer Anleihe. **3.** Grundkapital einer Gesellschaft od. dessen Teilbeträge

Stock|car, der od. das; -s, -s ‹*amerik.*›: Serienauto, das einen sehr starken Motor hat u. mit dem Rennen gefahren werden

Stock Ex|change [- ɪks'tʃeɪndʒ], die; - -: **1.** (Geschichte) Name der Londoner Börse. **2.** Effektenbörse

Stock|job|ber, Stock-Job|ber ['stɔk...], der; -s, -s: Händler an der Londoner Börse, der nur Geschäfte für eigene Rechnung abschließen darf

Stock-Op|ti|on, Stock|op|ti|on ['stɔkʔɔpʃn̩, auch: ...ʔɔptsi̯oːn], die; -, -en u. (bei engl. Ausspr.:) -s (meist Plural) ‹*engl.*› (Wirtsch.): Form der Mitarbeiterbeteiligung, bei der die Mitarbeiter berechtigt werden, Aktien des Unternehmens zu erwerben

stoi [stɔɪ̯] ‹*russ.*›: stopp, halt!

Stoi|che|don [stɔɪ̯ç...], das; - ‹*gr.*›: Anordnung der Buchstaben auf altgriechischen Inschriften reihenweise untereinander u. ohne Worttrennung

Sto|i|ker ['ʃt..., 'st...], der; -s, - ‹*gr.-lat.*›: **1.** Angehöriger der Stoa. **2.** Vertreter des Stoizismus. **3.** Mensch von stoischer Gelassenheit. **Sto|i|ke|rin,** die; -, -nen: weibliche Form zu ↑Stoiker (2, 3)

sto|isch: 1. die Stoa od. den Stoizismus (1) betreffend. **2.** von unerschütterlicher Ruhe, gleichmütig, gelassen

Sto|i|zis|mus, der; - ‹*gr.-nlat.*›: **1.** von der Stoa ausgehende Philosophie u. Geisteshaltung, die sich durch Gelassenheit, Freiheit von Neigungen u. Affekten, durch Rationalismus u. Determinismus auszeichnet. **2.** Unerschütterlichkeit, Gleichmut

Stokes [stɔʊ̯ks], das; -, - ‹nach dem engl. Physiker George G. Stokes, 1819–1903›: alte Einheit der Zähigkeit eines Stoffes (Zeichen: St)

Sto|la ['ʃt..., 'st...], die; -, ...len ‹*gr.-lat.*›: **1.** altrömisches knöchellanges Obergewand für Frauen. **2.** schmaler, über beide Schultern herabhängender Teil des priesterlichen Messgewandes; vgl. Epitrachelion, Orarion. **3.** langer, schmaler Umhang aus Stoff od. Pelz

Stol|ge|büh|ren ['ʃt...], die (Plural) ‹*gr; dt.*›: Gebühren für bestimmte Amtshandlungen des Geistlichen (Taufe, Trauung u. Ä.)

Sto|lo[n] ['ʃt..., 'st...], der; -s, Stolonen (meist Plural) ‹*lat.*›: **1.** (Bot.) Ausläufer, unterirdischer Trieb bei Pflanzen. **2.** (Zool.) schlauchartiger Fortsatz bei niederen Tieren, die Kolonien bilden

Sto|lo|wa|ja [russ.: stɐ...], die; -, -s ‹*russ.*›: einfache russische Speisegaststätte; russische Imbissstube

Sto|ma ['st..., 'ʃt...], das; -s, -ta ‹*gr.;* »Mund, Öffnung«›: **1.** (Med., Zool.) Mundöffnung. **2.** (meist Plural; Med.) sehr kleine Öffnung in Blut- u. Lymphgefäßen, durch die Zellen hindurchtreten können. **3.** künstlich hergestellter Ausgang von Darm od. Harnblase. **4.** (Bot.) Spaltöffnung des Pflanzenblattes

sto|ma|chal ‹*gr.-nlat.*› (Med.): durch den Magen gehend, aus dem Magen kommend, den Magen betreffend

Sto|ma|chi|kum, das; -s, ...ka ‹*gr.-lat.*› (Med.): Mittel, das den Appetit u. die Verdauung anregt u. fördert

Sto|ma|ka|ze, die; - (Med.): geschwürige Mundfäule

Sto|ma|ta: *Plural* von ↑Stoma

Sto|ma|ti|tis, die; -, ...itiden ‹*gr.-nlat.*› (Med.): Entzündung der Mundschleimhaut

sto|ma|to|gen (Med.): vom Mund u. seinen Organen herrührend

Sto|ma|to|lo|ge, der; -n, -n: Arzt mit speziellen Kenntnissen auf dem Gebiet der Stomatologie. **Sto|ma|to|lo|gie,** die; - (Med.): Wissenschaft von den Krankheiten der Mundhöhle. **Sto|ma|to|lo|gin,** die; -, -nen: weibliche Form zu ↑Stomatologe. **sto|ma|to|lo|gisch** (Med.): die Stomatologie betreffend

Stomp [st..., ʃt...], der; -[s] ⟨*engl.-amerik.;* »Stampfen«⟩: **1.** ein afroamerikanischer Tanz. **2.** im Jazz eine melodisch-rhythmische Technik, bei der der fortlaufenden Melodie eine rhythmische Formel zugrunde gelegt wird

stoned [stoʊnd] ⟨*engl.-amerik.*⟩: unter der Wirkung von Rauschmitteln stehend; vgl. high

stone|washed [ˈstoʊnwɔʃt] ⟨*engl.*⟩: (von Jeansstoffen) mit kleinen Steinen vorgewaschen, um Farbe u. Material so herzurichten, dass sie nicht mehr neu aussehen

stop [ʃt..., st...] ⟨*gr.-lat.-vulgärlat.-engl.*⟩: **1.** (auf Verkehrsschildern) halt!; vgl. stopp. **2.** Punkt (im Telegrafenverkehr)

Stop-and-go-Ver|kehr, Stop-and-Go-Ver|kehr [ˈstɔpənd-ˈgoʊ...], der; -[e]s ⟨*engl.; dt.*⟩: durch langsame Fahrweise u. häufiges Anhalten der Fahrzeuge gekennzeichneter Verkehr

Stop|over, Stop-over [ˈstɔpʔoʊvɐ], der; -s, -s ⟨*engl.*⟩: Zwischenlandung, Zwischenaufenthalt auf einer Reise

stopp [ʃtɔp]: halt!; vgl. stop

Stopp, der; -s, -s: [unfreiwilliger] Halt, Stockung

Stop|ping [ˈstɔpɪŋ], das; -[s], -s: unerlaubtes Verabreichen von einschläfernden, das Leistungsvermögen herabmindernden Mitteln bei Rennpferden (Ggs.: Doping)

Stop|time [ˈstɔptaɪm], die; - ⟨*engl.*⟩: rhythmische Technik, die im plötzlichen Abbruch des Beats (2) besteht (in der afroamerikanischen Musik)

Sto|rax [ˈst..., ˈʃt...] vgl. Styrax

[1]**Store** [ʃtoːɐ̯, stoːɐ̯, schweiz.: ˈʃtoːrə], der; -s, -s (schweiz.: die; -, -n) (meist Plural) ⟨*lat.-it.-frz.*⟩: **1.** durchsichtiger Fenstervorhang. **2.** (schweiz.) aufrollbares schräges Sonnendach; Markise

[2]**Store** [stɔːɐ̯], der; -s, -s ⟨*lat.-frz.-engl.*⟩: engl. Bez. für: Vorrat, Lager, Laden

Sto|ren, der; -s, - ⟨*lat.-it.-frz.*⟩ (schweiz.): **1.** Vorhang, der von oben vor ein Fenster gezogen od. herabgelassen wird, um direkte Sonnenstrahlung abzuhalten; Rollo. **2.** aufrollbares schräges Sonnendach, Markise; [1]Store (2)

Stor|nel|lo [st...], das (auch: der); -s, -s u. ...lli ⟨*lat.-it.*⟩: dreizeilige volkstümliche Liedform in Italien

Stor|ni [ˈʃt..., ˈst...]: *Plural* von ↑Storno

stor|nie|ren ⟨*lat.-vulgärlat.-it.*⟩: **1.** einen Fehler in der Buchhaltung durch Eintragung eines Gegenpostens berichtigen. **2.** [einen Auftrag] rückgängig machen

Stor|no, der u. das; -s, ...ni (Wirtsch.): Berichtigung eines Buchhaltungsfehlers, Rückbuchung

Stor|ting [ˈst..., ˈʃt...], das; -[s] ⟨*norw.*⟩: norwegisches Parlament

Sto|ry [ˈstɔri, ˈstɔːri], die; -, -s ⟨*gr.-lat.-frz.-engl.-amerik.*⟩: **1.** den Inhalt eines Films, Romans o. Ä. ausmachende Geschichte. **2.** (ugs.) **a)** ungewöhnliche Geschichte, die sich so zugetragen haben soll; **b)** Bericht, Report

Sto|ry|board [ˈstɔ(ː)ribɔːɐ̯t], das; -s, -s: aus Einzelbildern bestehende Abfolge eines Films zur Erläuterung des Drehbuchs

Sto|tin|ka [st...], die; -, ...ki ⟨*bulgar.*⟩: Münzeinheit in Bulgarien (= 0,01 Lew)

Stout [staʊt], der; -[s], -s ⟨*germ.-frz.-engl.;* »stark«⟩: dunkles englisches Bier mit starkem Hopfengeschmack

STOXX®, der; -, - (Kunstw. aus *engl.* stocks »Aktien« u. exchange »Börse«): Gruppe europäischer Aktienindizes

Stra|bis|mus [ʃt..., st...], der; - ⟨*gr.-nlat.*⟩ (Med.): das Schielen

Stra|bo|lo|gie, die; - (Med.): Teilgebiet der Augenheilkunde, das sich vor allem mit dem Schielen befasst

Stra|bo|me|ter, das; -s, - ⟨*gr.-nlat.*⟩ (Med.): optisches Messgerät, mit dem die Abweichung der Augenachsen von der Parallelstellung bestimmt wird. **Stra|bo|me|t|rie,** die; -, ...ien (Med.): Messung des Schielwinkels mit dem Strabometer

Stra|bo|to|mie, die; -, ...ien (Med.): operative Korrektur einer Fehlstellung der Augen

Strac|chi|no [straˈkiːno], der; -[s] ⟨*germ.-it.*⟩: Weichkäse aus der Gegend von Mailand

[1]**Strac|cia|tel|la** [stratʃaˈtɛla], das; -[s] ⟨*lat.-it.*⟩: Speiseeissorte, die aus Milchspeiseeis mit Schokoladenstückchen besteht

[2]**Strac|cia|tel|la,** die; -, ...le: italienische [Eier]einlaufsuppe

Strad|dle [ˈstrɛdl̩], der; -[s], -s ⟨*engl.*⟩ (Leichtathletik): Art des Hochsprungs, bei der sich der Körper beim Überqueren der Latte so dreht, dass die Brust nach unten zeigt

Stra|di|va|ri [st...], die; -, -[s] ⟨*it.*⟩, **Stra|di|va|ri|us,** die; -, - ⟨*it.-nlat.*⟩: Geige aus der Werkstatt des italienischen Geigenbauers Antonio Stradivari (1644–1737)

Stra|gu|la® [ˈʃt..., ˈst...], das; -s ⟨*lat.;* »Decke, Teppich«⟩: ein Bodenbelag

straight [strɛɪt] ⟨*engl.*⟩ (Jargon): **1.** heterosexuell (Ggs.: gay). **2. a)** geradlinig, konsequent; **b)** (eine Melodie) notengetreu, ohne Variation od. Improvisation spielend

Straight, Straight|flush [ˈstrɛɪt-flʌʃ] der; -s, -s: Sequenz von fünf Karten der gleichen Farbe beim Pokerspiel

stral|zie|ren [ʃt..., st...] ⟨*lat.-it.*⟩ (Kaufmannsspr. veraltet): liquidieren, gütlich abtun

Stral|zio, der; -s, -s (österr.): Liquidation

Stram|bot|to [st...], das; -[s], ...tti ⟨*it.*⟩: Gedichtform der volkstümlichen sizilianischen Dichtung, die aus acht elfsilbigen Versen bestand; vgl. Rispetto

Stra|min, der; -s, -e ⟨*lat.-vulgärlat.-frz.-niederl.*⟩: appretiertes Gittergewebe als Grundmaterial für [Kreuz]stickerei

strange [strɛɪndʒ] ⟨*engl.;* »seltsam«⟩: sonderbar, merkwürdig, befremdlich

Strange|ness [ˈstrɛɪndʒnɪs], die; - ⟨*engl.;* »Fremdartigkeit«⟩ (Physik): Quantenzahl zur Klassifizierung von Elementarteilchen

Stran|gu|la|ti|on [ʃt..., st...], die; -, -en ⟨*gr.-lat.*⟩: **1.** das Strangulieren. **2.** (Med.) Abklemmung innerer Organe (z. B. des Darms); vgl. ...ation/...ierung

stran|gu|lie|ren: durch Zuschnüren, Zudrücken der Luftröhre

S stra

töten; erdrosseln. **Stran|gu|lie|rung,** die; -, -en: ↑Strangulation; vgl. ...ation/...ierung

Stran|g|u|rie, die; -, ...ien (Med.): schmerzhaftes Wasserlassen, Harnzwang

Stra|pa|ze, die; -, -n ⟨*it.*⟩: große Anstrengung, Mühe, Beschwerlichkeit

stra|pa|zie|ren: 1. übermäßig anstrengen, beanspruchen; abnutzen, verbrauchen. **2. a)** auf anstrengende Weise in Anspruch nehmen; **b)** sich strapazieren: sich [körperlich] anstrengen, nicht schonen

stra|pa|zi|ös ⟨französierende Bildung⟩: anstrengend, beschwerlich

Strap|pa|tu|ra [st..., ʃt...], die; - ⟨*germ.-it.*⟩: Werg des italienischen Hanfes

Straps [ʃt..., st..., engl.: stræps], der; -es, -e ⟨*engl.*⟩: **a)** Strumpfhalter; **b)** [schmaler] Hüftgürtel mit vier Strapsen (a)

stra|sci|nan|do [straʃiˈnando] ⟨*lat.-it.*⟩ (Musik): schleppend, geschleift (Vortragsanweisung)

Strass, der; - u. -es, -e ⟨nach dem frz. Juwelier G. F. Stras, 1700–1773⟩: **a)** (ohne Plural) aus bleihaltigem Glas mit starker Lichtbrechung hergestelltes, glitzerndes Material bes. für Nachbildungen von Edelsteinen; **b)** aus Strass (a) hergestellte Nachbildung von Edelsteinen

Stra|ta: *Plural* von ↑Stratum

Stra|ta|gem [ʃt..., st...], das; -s, -e ⟨*gr.-lat.-it.*⟩: ↑Strategem

Stra|ta|me|ter [ʃt..., st...], das; -s, - ⟨*lat.; gr.*⟩: Instrument zur Feststellung von Bohrlochabweichungen aus der vorgegebenen Richtung

S
Stra

Stra|te|ge [ʃt..., st...], der; -n, -n ⟨*gr.-lat.(-frz.)*⟩: jmd., der nach einer bestimmten Strategie, strategisch vorgeht

Stra|te|gem, das; -s, -e ⟨*gr.-lat.-frz.*⟩: **a)** Kriegslist; **b)** Kunstgriff, Trick, geschickt erdachte Maßnahme

Stra|te|gie, die; -, ...ien ⟨*gr.-lat.(-frz.)*⟩: genauer Plan des eigenen Vorgehens, der dazu dient, ein militärisches, politisches, psychologisches, wirtschaftliches o. ä. Ziel zu erreichen, u. in dem man diejenigen Faktoren, die in die eigene Aktion hineinspielen könnten, von vornherein einzukalkulieren versucht

Stra|te|gin, die; -, -nen: weibliche Form zu ↑Stratege

stra|te|gisch ⟨*gr.-lat.*⟩: genau geplant, einer Strategie folgend; **strategische Waffe:** Waffe von größerer Sprengkraft u. Reichweite, die zur Abwehr u. zur Zerstörung des feindlichen Kriegspotenzials bestimmt ist

Stra|ti [ˈʃt..., ˈst...]: *Plural* von ↑Stratus

Stra|ti|fi|ka|ti|on, die; -, -en ⟨*lat.-nlat.*⟩: **1.** Schichtung [von Gesteinen]. **2.** (Landwirtsch.) Schichtung von Saatgut in feuchtem Sand od. Wasser, um das Keimen zu beschleunigen

Stra|ti|fi|ka|ti|ons|gram|ma|tik, die; - (Sprachwiss.): grammatische Theorie, die Sprache als ein System hierarchisch geordneter, in wechselseitiger Beziehung stehender Ebenen versteht

stra|ti|fi|zie|ren: 1. (Geol.) in die Schichtenfolge einordnen, sie feststellen (von Gesteinen). **2.** (Landwirtsch.) langsam keimendes Saatgut in feuchtem Sand od. Wasser schichten, um es schneller zum Keimen zu bringen

Stra|ti|gra|fie, Stratigraphie, die; -, ...ien ⟨*lat.; gr.*⟩ (Geol.): Teilgebiet der Geologie, das sich mit der senkrechten u. damit auch zeitlichen Aufeinanderfolge der Schichtgesteine befasst. **stra|ti|gra|fisch,** stratigraphisch (Geol.): die Altersfolge der Schichtgesteine betreffend

Stra|ti|gra|phie usw. vgl. Stratigrafie usw.

Stra|to|ku|mu|lus, der; -, ...li ⟨*lat.-nlat.*⟩ (Meteorol.): tief hängende, gegliederte Schichtwolke (Abk.: Sc)

Stra|to|pau|se, die; - (Meteorol.): Schicht in der Atmosphäre zwischen Stratosphäre u. Mesosphäre

Stra|to|sphä|re, die; - ⟨*lat.; gr.*⟩ (Meteorol.): Teilschicht der Atmosphäre in einer Höhe von etwa 12 bis 80 km über der Erde. **stra|to|sphä|risch:** die Stratosphäre betreffend

Stra|tum, das; -s, ...ta: **1.** (Sprachwiss.) Strukturebene in der Stratifikationsgrammatik, Teilsystem der Sprache (z. B. Phonologie, Syntax). **2.** (Med.) flache, ausgebreitete Schicht von Zellen. **3.** (Biol.) Lebensraumschicht eines Biotops. **4.** (Soziol.) soziale Schicht

Stra|tus, der; -, ...ti ⟨*lat.-nlat.*⟩ (Meteorol.): tief hängende, ungegliederte Schichtwolke (Abk.: St)

Stra|za [ˈʃt..., ˈst...], die; -, ...zzen ⟨*lat.-vulgärlat.-it.*⟩: Abfall bei der Seidenbearbeitung

Stra|ze, die; -, -n (Kaufmannsspr.): Geschäftsbuch, Kladde

strea|ken [ˈstriːkn̩] ⟨*engl.-amerik.*⟩ (veraltend): in provokatorischer Absicht in der Öffentlichkeit nackt über belebte Straßen, Plätze o. Ä. laufen. **Strea|ker** [ˈstriːkɐ], der; -s, - (veraltend): jmd., der streakt, Blitzer. **Strea|ke|rin,** die; -, -nen: weibliche Form zu ↑Streaker

strea|men [ˈstriː...] (EDV): durch ↑Streaming übertragen

Strea|mer [ˈstriːmɐ], der; -s, - ⟨*engl.*⟩: (beim Lachsangeln verwendeter) größerer, mit Federn versehener Haken (der einer Fliege ähnlich sieht)

Strea|ming [ˈstriːmɪŋ], das; -[s] ⟨*engl.*⟩ (EDV): **1.** Datenübertragungsverfahren, bei dem die Daten bereits während der Übertragung angesehen od. angehört werden können [und nicht erst nach der vollständigen Übertragung der Daten]. **2.** Datenübertragung durch Streaming (1)

Stream of Con|scious|ness [ˈstriːm əv ˈkɔnʃəsnɪs], der; - - - ⟨*engl.*; »Bewusstseinsstrom«⟩ (Literaturwiss.): Erzähltechnik, bei der an die Stelle eines äußeren, in sich geschlossenen Geschehens od. dessen Wiedergabe durch einen Icherzähler eine assoziative Folge von Vorstellungen, Gedanken o. Ä. einer Romanfigur tritt

Street-Art, Street|art [ˈstriːtʔaːɐ̯t], die; - ⟨*engl.*⟩: [nicht kommerzielle] moderne Kunstrichtung, deren [v. a. grafische] Werke im öffentlichen Raum frei zugänglich sind

Street|ball [ˈstriːtbɔːl], der; -s ⟨*engl.*; »Straßenball«⟩: auf Plätzen, Höfen o. Ä. gespielte Vari-

ante des Basketballs mit drei Spielern in einer Mannschaft
Street|dance ['stri:tda:ns], der; - ‹engl.›: improvisierter, auf der Straße entstandener Tanzstil
Street|figh|ter [...faɪ̯tə], der; -s, - ‹*engl.;* »Straßenkämpfer«›: [radikal orientierter] Jugendlicher, der sich Straßenkämpfe z. B. mit der Polizei, mit [politisch] anders gesinnten Gruppen liefert
Street|food ['stri:tfu:d], das; -[s], -s ‹*engl.*› (Gastron.): Speise, die im öffentlichen Raum zubereitet, verkauft u. auf der Straße, im Gehen verzehrt wird
Street|ho|ckey [...hɔke, auch: ...hɔki], das; -s: auf Beton- od. Asphaltflächen gespieltes, dem Eishockey ähnliches Ballspiel
Street|scoo|ter® ['stri:tsku:tɐ], der; -s, - ‹*engl.*›: deutsche Kraftfahrzeugmarke; elektrisch angetriebener Kleintransporter der Marke Streetscooter®
Street-TV [...ti:vi:], das; -: Fernsehen mit großformatigen Bildschirmen [an Hauswänden]
Street|wear [...wɛ:ɐ̯], die; - ‹*engl.*›: Alltagskleidung
Street|work ['stri:twœ:ɐ̯k], die; - ‹*engl.;* »Straßenarbeit«› (Jargon): Hilfe u. Beratung für Drogenabhängige, gefährdete od. straffällig gewordene Jugendliche innerhalb ihres Wohnbereichs, ihres Milieus
Street|wor|ker ['stri:twœ:ɐ̯kɐ], der; -s, - (Jargon): Sozialarbeiter, der Streetwork betreibt. **Street|wor|ke|rin,** die; -, -nen: weibliche Form zu ↑Streetworker
Stre|lit|ze, der; -n, -n ‹*russ.;* »Schütze«›: Angehöriger einer Leibwache des Zaren im 17. Jh.
Strem|ma ['ʃt..., 'st...], das; -[s], -ta ‹*ngr.*›: neugriechisches Flächenmaß
Stre|nu|i|tät [ʃt..., st...], die; - ‹*lat.*› (veraltet): Tapferkeit; Unternehmungsgeist
stre|pi|to|so, stre|pi|tu|o|so [st...] ‹*lat.-it.*› (Musik): lärmend, geräuschvoll, glänzend, rauschend (Vortragsanweisung)
Strep|to|ki|na|se [ʃt..., st...], die; -, -n ‹*gr.-nlat.*› (Med.): Fibrin lösendes, aus Streptokokken gebildetes ↑Protein
Strep|to|kok|ke, die; -, -n, **Strep|to|kok|kus,** der; -, ...kken (meist Plural): kugelförmige Bakterie, die sich mit anderen ihrer Art in Ketten anordnet (Eitererreger)
Strep|to|my|ze|ten, die (Plural) ‹*nlat.*› (Biol.): Gattung best. Bakterien, die zu den Strahlenpilzen gehören u. den Großteil der Antibiotika liefern
Strep|to|my|zin, fachspr. meist: **Strep|to|my|cin,** das; -s (Med.): bes. gegen Tuberkulose wirksames Antibiotikum (aus der Aminoglykosidgruppe)
Strep|to|tri|cho|se, die; -, -n (Med.): Pilzerkrankung der Lunge durch Infektion mit Fadenpilzen
Stress [ʃt..., st...], der; -es, -e (Plural selten) ‹*lat.-vulgärlat.-frz.-engl.*›: **1.** erhöhte Beanspruchung, Belastung physischer od. psychischer Art (die bestimmte Reaktionen hervorruft u. zu Schädigungen der Gesundheit führen kann). **2.** (ugs.) Ärger. **3.** (Geol.) gerichteter, einseitiger Druck
stres|sen ['ʃt...] (ugs.): als Stress auf jmdn. wirken; körperlich u. seelisch überbeanspruchen
Stres|sor, der; -s, ...oren ‹*lat.-vulgärlat.-frz.-engl.-nlat.*›: Mittel od. Faktor, der Stress (1) bewirkt od. auslöst
Stretch [strɛtʃ], der; -[e]s, -es ['strɛtʃɪs] ‹*engl.;* »strecken«›: elastisches Gewebe aus Stretchgarn, bes. für Strümpfe
Stret|ching ['strɛtʃɪŋ], das; -s ‹*engl.*›: Beweglichkeitstraining, das aus langsam ausgeführten Dehnübungen besteht
Stretch|li|mou|si|ne ['strɛtʃlimu...], die; -, -n ‹*engl.; frz.*›: Limousine mit bes. langem Fahrgastteil
Stret|ta ['st...], die; -, -s ‹*lat.-it.*›: brillanter, auf Effekt angelegter Schluss einer Arie od. eines Instrumentalstückes
stret|to (Musik): gedrängt, eilig, lebhaft; (bei der Fuge) in Engführung (Vortragsanweisung)
Stria [ʃt..., st...], die; -, Striae [...ɛ] ‹*lat.*› (Med.): Streifen (z. B. Dehnungsstreifen in der Haut)
stric|te ['ʃt..., 'st...] ‹*lat.*›: lat. Form von ↑strikte
stric|tis|si|me ‹*lat.-nlat.*› (veraltet): aufs Genaueste
Stri|dor ['ʃt..., 'st...], der; -s ‹*lat.*› (Med.): hoch- od. niederfrequentes krankhaftes Atemgeräusch (zischend, brummend od. pfeifend)
Stri|du|la|ti|on, die; - ‹*lat.-nlat.*› (Zool.): Erzeugung von Lauten bei bestimmten Insekten durch Gegeneinanderstreichen bestimmter beweglicher Körperteile
Stri|du|la|ti|ons|or|gan, das; -s, -e: Werkzeug bestimmter Insekten zur Erzeugung zirpender Laute (z. B. bei Grillen u. Heuschrecken)
stri|gi|liert [ʃt..., st...] ‹*lat.*›: s-förmig geriefelt (von den Wänden altchristlicher Sarkophage)
Strike [straɪ̯k], der; -s, -s ‹*engl.*›: **1.** das Abräumen mit dem ersten Wurf (beim Bowling). **2.** ordnungsgemäß geworfener Ball, der entweder nicht angenommen, verfehlt od. außerhalb des Feldes geschlagen wird (beim Baseball)
strikt ['ʃt..., 'st...] ‹*lat.*›: streng; genau; pünktlich
strik|te: ohne Einschränkung, aufs Genaueste, strengstens
Strik|ti|on, die; -, -en ‹*lat.*›: Zusammenziehung, Verengung
Strik|tur, die; -, -en (Med.): Verengung eines Körperkanals (z. B. der Speise-, Harnröhre)
String [st...], der; -s, -s ‹*engl.*›: **1.** (EDV) Zeichenkette. **2.** (Physik) theoretisches Gebilde in der Stringtheorie. **3.** (ugs.) Kurzform von ↑Stringtanga
strin|gen|do [strɪnˈdʒɛndo] ‹*lat.-it.*› (Musik): schneller werdend, eilend (Vortragsanweisung) (Abk.: string.). **Strin|gen|do,** das; -s, -s u. ...di (Musik): schneller werdendes Tempo
strin|gent [ʃt..., st...] ‹*lat.*› (bes. Philos.): bündig, zwingend, streng. **Strin|genz,** die; - ‹*lat.-nlat.*› (bes. Philos.): Bündigkeit, strenge Beweiskraft
Strin|ger ['ʃtrɪŋɐ, engl.: 'strɪŋə], der; -s, - ‹*engl.*›: längsseits angeordnetes, der Versteifung dienendes Bauteil (im Flugzeug- u. Schiffbau)
strin|gie|ren [ʃt..., st...] ‹*lat.*›: **1.** (veraltet) zusammenziehen, -schnüren. **2.** (Fechtsport) die Klinge des Gegners mit der eigenen Waffe abdrängen, auffangen
String|re|gal, das; -s, -e ‹*engl.; dt.*›:

Regal, bei dem die einzelnen Bretter in ein an der Wand befestigtes Gestell eingelegt sind

String|tan|ga [st...], der; -s, -s ⟨*engl.; indian.-port.*⟩: Tanga od. Tangaslip, dessen rückwärtiger Teil aus einem schmalen, schnurförmigen Stück Stoff o. Ä. besteht

Strip ['st..., auch: 'ʃt...], der; -s, -s ⟨*engl.*⟩: **1.** Kurzform von ↑Striptease (1, 2). **2.** in Streifen verpacktes, gebrauchsfertiges Wundpflaster

strip|pen: **1.** eine Entkleidungsnummer vorführen; sich in einem Varieté od. Nachtlokal entkleiden. **2.** (Fotogr.) die Emulsionsschicht von Filmen od. Platten abziehen, um eine Sammelform zu montieren. **3.** (Jargon) [als Student] durch nebenberufliches Musizieren auf einer Veranstaltung, im Café u. Ä. sich etwas dazuverdienen

Strip|per, der; -s, - ⟨*engl.;* »Abstreifer«⟩: **1.** (Med.) Instrument zum Entfernen eines Blutpfropfs od. einer krankhaft veränderten Vene. **2.** (ugs.) Stripteasetänzer. **3.** (Hüttenw.) Spezialkran zum Abstreifen der Gussformen von gegossenen Blöcken. **Strip|pe|rin,** die; -, -nen (ugs.): Stripteasetänzerin

Strip|ping, das; -[s], -s (Med.): ausschälende Operation mit Spezialinstrumenten (z. B. die Entfernung eines Blutpfropfs)

Strips, die (Plural) ⟨*engl.*⟩: **1.** kurze Fasern, die auf einer Spinnereimaschine durch Arbeitswalzen abgestreift werden. **2.** Kurzform von ↑Comicstrips

Strip|tease ['strɪpti:s, auch: 'ʃt...], der (auch: das); - ⟨*engl.-amerik.*⟩: **1.** Vorführung von erotisch stimulierenden Tänzen, bei denen sich die Akteure nach u. nach entkleiden (in Nachtlokalen, Varietés o. Ä.). **2.** (scherzh.) Entblößung

stri|scian|do [strɪ'ʃando] ⟨*it.*⟩ (Musik): schleifend, gleitend (Vortragsanweisung). **Stri|scian|do,** das; -s, -s u. ...di (Musik): schleifendes, gleitendes Spiel

Striz|zi, der; -s, -s ⟨*it.*⟩ (bes. bayr., österr. ugs.): **1.** leichtsinniger Mensch; Strolch. **2.** Zuhälter

Stro|bo|light ['strɔbəlaɪt], das; -s, -s ⟨aus *engl. stroboscopic light*⟩: schnell u. kurz grell aufleuchtendes Licht

Stro|bo|s|kop [ʃt..., st...], das; -s, -e ⟨*gr.-nlat.*⟩: **1.** Gerät zur Bestimmung der Frequenz schwingender od. rotierender Systeme (z. B. der Umlaufzeit von Motoren). **2.** als Vorläufer des Films geltendes Gerät zur Sichtbarmachung von Bewegungen (zwei gegenläufig rotierende Scheiben, von denen die eine Schlitze od. Löcher, die andere Bilder trägt). **3.** (Med.) Gerät zum Sichtbarmachen von Schwingungsbewegungen der Stimmlippen sowie der auftretenden Formveränderung bei der Stimmbildung. **stro|bo|s|ko|pisch:** das Stroboskop betreffend

Stro|ga|noff [st...], das; -s, -s: Kurzform von ↑Bœuf Stroganoff

Stro|ma [ʃt..., st...], das; -s, -ta ⟨*gr.-lat.;* »das Hingebreitete, die Decke«⟩: **1.** (Med.) Grundgewebe in drüsigen Organen u. Geschwülsten, Stützgerüst eines Organs. **2.** (Bot.) **a)** Fruchtlager mancher Pilze; **b)** Grundmasse der Chloroplasten

Stro|ma|tik, die; - ⟨*gr.-nlat.*⟩: Teppichwebekunst

Stro|ma|to|lith, der; Gen. -s u. -en, Plur. -e[n] ⟨*gr.-lat.; gr.*⟩: brauner Halbedelstein mit wellenförmigen schwarzen u. silbernen Streifen

Stron|ti|a|nit [ʃt..., st..., auch: ...'nɪt], der; -s, -e ⟨*nlat.;* nach dem Dorf Strontian in Schottland⟩: farbloses, auch graues, gelbliches od. grünliches Mineral aus einer Kohlenstoffverbindung des Strontiums

Stron|ti|um, das; -s: chem. Element; ein Metall (Zeichen: Sr)

Stro|ph|an|thin [ʃt..., st...], das; -s, -e ⟨*gr.-nlat.*⟩: als Herzmittel verwendeter, hochwirksamer Extrakt aus Strophanthussamen

Stro|ph|an|thus, der; -, -: (in den Tropen vorkommende) meist kletternde Pflanze mit farbigen Blüten, von deren Blättern oft lange Fortsätze herabhängen

Stro|phe, die; -, -n ⟨*gr.-lat.;* »das Drehen, die Wendung«⟩: aus mehreren rhythmisch gegliederten [u. gereimten] Verszeilen bestehender [in gleicher Form sich wiederholender] Abschnitt eines Liedes, Gedichtes od. Versepos

Stro|phik, die; - ⟨*gr.-nlat.*⟩: Kunst des Strophenbaus

stro|phisch: **1.** in Strophen geteilt. **2.** mit der gleichen Melodie zu singen (von einer [Lied]strophe)

Stro|pho|i|de, die; -, -n (Math.): ebene Kurve dritter Ordnung

Struck [ʃtrʊk, strak], das (österr. auch: der); -[s] ⟨*engl.*⟩: ein dem Cord ähnliches Doppelgewebe

struk|tiv [ʃt..., st...] ⟨*lat.-nlat.*⟩ (Kunstwiss., Bauw.): zur Konstruktion, zum Aufbau gehörend, ihn sichtbar machend

Struk|to|gramm, das; -s, -e ⟨*lat.; gr.*⟩ (EDV): grafische Darstellung für Computerprogramme

Struk|tur [ʃt..., st...], die; -, -en ⟨*lat.*⟩: **1.** [unsichtbare] Anordnung der Teile eines Ganzen zueinander, gegliederter Aufbau; innere Gliederung. **2.** Gefüge, das aus Teilen besteht, die wechselseitig voneinander abhängen. **3.** (ohne Plural) erhabene Musterung bei Textilien, Tapeten o. Ä. **4.** geologische Bauform (z. B. Falte, Salzstock u. Ä.)

struk|tu|ral ⟨*lat.-nlat.*⟩: sich auf die Struktur von etwas beziehend, in Bezug auf die Struktur; vgl. ...al/...ell

Struk|tu|ra|lis|mus, der; -: **1.** Forschungsrichtung, die Sprache als ein geschlossenes Zeichensystem versteht u. die Struktur (1) dieses Systems erfassen will. **2.** Forschungsmethode in der Völkerkunde, die eine Beziehung zwischen der Struktur der Sprache u. der Kultur einer Gesellschaft herstellt. **3.** Wissenschaftstheorie, die von einer synchronen Betrachtungsweise ausgeht u. die alle zugrunde liegenden, unwandelbaren Grundstrukturen erforschen will. **Struk|tu|ra|list,** der; -en, -en: Vertreter des Strukturalismus. **Struk|tu|ra|lis|tin,** die; -, -nen: weibliche Form zu ↑Strukturalist. **struk|tu|ra|lis|tisch:** den Strukturalismus betreffend; vom Strukturalismus ausgehend

Struk|tur|ana|ly|se, die; -, -n: Untersuchung, Analyse der Struktur (1, 2), der einzelnen Strukturelemente von etwas

Struk|tur|bo|den, der; -s, ...böden: ↑Polygonboden

struk|tu|rell: **a)** eine bestimmte Struktur aufweisend; von der Struktur her; **b)** ↑ struktural
Struk|tur|for|mel, die; -, -n: formelhafte grafische Darstellung vom Aufbau einer chemischen Verbindung
struk|tu|rie|ren: mit einer Struktur versehen
Stru|ma [ʃt..., st...], die; -, ...men od. ...mae [...mɛ] ⟨*lat.*⟩ (Med.): **1.** Vergrößerung der Schilddrüse; Kropf. **2.** (veraltend) Drüsenschwellung; krankhafte Veränderung von Eierstock, Vorsteherdrüse, Nebenniere od. Hypophyse
Stru|m|ek|to|mie, die; -, ...ien ⟨*lat.; gr.*⟩ (Med.): operative Entfernung eines Kropfs
Stru|mi|tis, die; -, ...itiden ⟨*lat.-nlat.*⟩ (Med.): Entzündung in einem Kropf
stru|mös ⟨*lat.-frz.*⟩ (Med.): kropfig, kropfartig
Stru|sa [ˈʃt..., ˈst...], die; -, ...sen ⟨*it.*⟩: Abfall von Seide beim Abhaspeln u. Schlagen der Kokons
Strych|nin [ʃt..., st...], das; -s ⟨*gr.-nlat.*⟩: farbloses, giftiges Alkaloid aus den Samen eines indischen Baumes
Stu|art|kra|gen [ˈstjʊət...], der; -s, - ⟨nach der schott. Königin Maria Stuart⟩: steifer, breiter, nach hinten hoch stehender [Spitzen]kragen
Stu|cka|teur [...ˈtøːɐ̯], der; -s, -e ⟨*germ.-it.-frz.*⟩: **a)** Stuckarbeiter; **b)** (selten) Stuckator. **Stu|cka|teu|rin** [...ˈtøːrɪn], die; -, -nen: weibliche Form zu ↑ Stuckateur
Stu|cka|tor, der; -s, ...oren ⟨*germ.-it.*⟩: Künstler, der Stuckplastiken herstellt; Stuckkünstler. **Stu|cka|to|rin,** die; -, -nen: weibliche Form zu ↑ Stuckator
Stu|cka|tur, die; -, -en: [künstlerische] Stuckarbeit
Stu|dent, der; -en, -en ⟨*lat.*⟩: **a)** zur wissenschaftlichen Ausbildung an einer Hochschule od. Fachhochschule Immatrikulierter; Studierender, Hochschüler; **b)** (österr.) Schüler einer höheren Schule
Stu|den|ti|ka, die (Plural) ⟨*lat.-nlat.*⟩ (veraltet): Werke über Wesen u. Geschichte des Studententums
Stu|den|tin, die; -, -nen: weibliche Form zu ↑ Student
stu|den|tisch: **a)** [die] Studierenden betreffend; **b)** von, durch, mit Studierenden
Stu|die [...iə], die; -, -n: Entwurf, kurze [skizzenhafte] Darstellung; Vorarbeit [zu einem Werk der Wissenschaft od. Kunst]; Übung
Stu|di|en: *Plural* von ↑ Studie u. ↑ Studium
Stu|di|en|an|stalt, die; -, -en (Geschichte): höhere Mädchenschule
Stu|di|en|as|ses|sor, der; -s, -en (früher): Anwärter auf das höhere Lehramt nach der zweiten Staatsprüfung
Stu|di|en|as|ses|so|rin, die; -, -nen: weibliche Form zu ↑ Studienassessor
Stu|di|en|di|rek|tor, der; -s, -en: **a)** Ehrentitel für einen Lehrer in der DDR; **b)** Beförderungsstufe für einen Oberstudienrat (als Stellvertreter des Direktors). **Stu|di|en|di|rek|to|rin,** die; -, -nen: weibliche Form zu ↑ Studiendirektor
Stu|di|en|kol|leg, das; -s, -s u. -ien: Vorbereitungskurs an einer Hochschule, bes. für ausländische Studierende
Stu|di|en|rat, der; -s, ...räte: **1.** beamteter Lehrer an einer höheren Schule. **2.** Ehrentitel für einen Lehrer in der DDR. **Stu|di|en|rä|tin,** die; -, -nen: weibliche Form zu ↑ Studienrat
Stu|di|en|re|fe|ren|dar, der; -s, -e: Anwärter auf das höhere Lehramt nach der ersten Staatsprüfung. **Stu|di|en|re|fe|ren|da|rin,** die; -, -nen: weibliche Form zu ↑ Studienreferendar
stu|die|ren ⟨*lat.;* »etwas eifrig betreiben«⟩: **1. a)** eine Universität, Hochschule besuchen; **b)** Kenntnisse auf einem bestimmten Fachgebiet durch ein Studium erwerben. **2. a)** genau untersuchen, beobachten, erforschen; **b)** genau, prüfend durchlesen; **c)** einüben, einstudieren
Stu|die|ren|de, der u. die; -n, -n: jmd., der an einer Hochschule, Universität studiert; Student, Studentin
Stu|dio, das; -s, -s ⟨*lat.-it.*⟩: **1.** Künstlerwerkstatt, Atelier (z. B. einer Malerin). **2.** Produktionsstätte für Rundfunk-, Fernsehsendungen, Filme, Schallplatten. **3.** kleines [Zimmer]theater od. Kino, in dem bes. experimentelle Stücke, Filme od. Inszenierungen gebracht werden. **4.** Übungs- u. Trainingsraum für Tänzer/-innen. **5.** (veraltend) abgeschlossene Einzimmerwohnung
Stu|di|o|lo, das; -, ...li ⟨*it.*⟩: **1.** it. Bez. für: Studier-, Arbeitszimmer. **2.** Raum in städtischen Palästen in Italien, in dem Luxusgegenstände, Handschriften, Bilder o. Ä. aufbewahrt werden (seit dem 16. Jh.)
Stu|dio|mu|si|ker, der; -s, -: Musiker, der selbst nicht öffentlich auftritt, sondern für Aufnahmen anderer Künstler engagiert wird. **Stu|dio|mu|si|ke|rin,** die; -, -nen: weibliche Form zu ↑ Studiomusiker
Stu|dio|qua|li|tät, die; -, -en: hohe technische Qualität, wie sie nur in einem Studio (2) erreicht wird
Stu|di|o|sus, der; -, ...si ⟨*lat.*⟩ (scherzh. veraltend): Studierender, Student
Stu|di|um, das; -s, ...ien ⟨*lat.(-mlat.)*⟩: **1.** (ohne Plural) akademische Ausbildung an einer Hochschule. **2. a)** eingehende [wissenschaftliche] Beschäftigung mit etwas; **b)** (ohne Plural) genaue, kritische Prüfung, kritisches Durchlesen; **c)** (ohne Plural) das Einüben, Erlernen
Stu|di|um ge|ne|ra|le, das; - - ⟨*lat.-mlat.*⟩: **1.** frühe Form der Universität im Mittelalter. **2.** Vorlesungen allgemeinbildender Art an Hochschulen
Stu|fa|ta [st...], die; -, -s ⟨*vulgärlat.-it.*⟩: it. Bez. für: geschmortes Rindfleisch
Stuf|fer [ˈstʌfə], der; -s, - ⟨*engl.-amerik.*⟩: kleiner Prospekt, der Postsendungen beigefügt wird
Stuk|ka|teur [ʃtʊkaˈtøːɐ̯]: frühere Schreibung für ↑ Stuckateur
Stun|dis|mus, der; - ⟨*dt.-nlat.*⟩: durch pietistische Erbauungs»stunden« deutscher Siedler angeregte Erweckungsbewegung südrussischer Bauern in der zweiten Hälfte des 19. Jh.s
Stunt [stʌnt], der; -s, -s ⟨*engl.-amerik.*⟩: gefährliches akrobatisches Kunststück, bes. als Szene eines Films
Stunt|frau [ˈstʌnt...], die; -, -en: ↑ Stuntwoman. **Stunt|girl** [...gœːɐ̯l], das; -s, -s: ↑ Stuntwoman

Stunt|man [...mən], der; -[s], ...men [...mən]: Mann, der sich auf Stunts spezialisiert hat u. entsprechende Szenen für den eigentlichen Darsteller übernimmt. **Stunt|wo|man** [...wʊmən], die; -, ...men [...wɪmɪn]: weibliche Form zu ↑Stuntman

Stu|pa ['ʃt..., 'st...], der; -s, -s ⟨*sanskr.*⟩: massiver buddhistischer Kultbau, der als Grab- od. Erinnerungsmal dient

stu|pend [ʃt..., st...] ⟨*lat.*⟩: erstaunlich, verblüffend

stu|pid [ʃtu..., st...], **stu|pi|de** [ʃt..., st...] ⟨*lat.-frz.*⟩: **a)** dumm, beschränkt; ohne geistige Interessen; **b)** langweilig, monoton, stumpfsinnig

Stu|pi|di|tät, die; -, -en ⟨*lat.-nlat.*⟩: **1.** (ohne Plural) **a)** Beschränktheit, Dummheit, Geistlosigkeit; **b)** Langeweile, Monotonie, Stumpfsinn. **2.** von Geistlosigkeit zeugende Handlung, Bemerkung o. Ä.

Stu|por, der; -s ⟨*lat.*⟩ (Med.): völlige körperliche u. geistige Regungslosigkeit, Starrheit (bei wachem Bewusstsein)

stu|p|rie|ren ⟨*lat.*⟩ (veraltet): vergewaltigen. **Stu|p|rum**, das; -s, ...pra (veraltet): Vergewaltigung

Sty|gal [st..., ʃt...], das; -s ⟨*gr.; zu* Stýx, dem Fluss der griechischen Unterwelt⟩: von Grundwasser durchströmte Hohlräume in Sanden, Kiesen, Schottern u. Kluften des Erdbodens als Lebensraum von Stygobionten

sty|gisch: schauerlich, kalt

Sty|go|bi|ont, der; -en, -en (Biol.): im Stygal lebender Organismus

Style [staɪl], der; -s, -s ⟨*engl.*⟩: engl. Bez. für: Stil

Style|guide ['staɪlgaɪt], der; -s, -s ⟨*engl.*⟩: Leitfaden für Stilfragen (z. B. für Fragen der Mode od. als Liste von Grundsätzen des Layouts u. der Stilistik journalistischer Texte)

sty|len ['staɪlən] ⟨*lat.-engl.*⟩: **1.** das Styling von etwas entwerfen, gestalten. **2.** seine äußere Aufmachung durch Kosmetik, Kleidung u. Ä. zurechtmachen

Style ra|y|on|nant [stilrɛjɔ'nɑ̃], der; - - ⟨*frz.;* »strahlender Stil«⟩ (Kunstwiss.): Stilrichtung der französischen Gotik (etwa zur Regierungszeit Ludwigs IX.), die durch ein reiches Maßwerk gekennzeichnet ist

Sty|li: *Plural* von ↑Stylus

Sty|ling ['staɪlɪŋ], das; -s, -s ⟨*lat.-engl.*⟩: **1.** Formgebung, Design, Gestaltung. **2.** durch Frisur, Kleidung, Kosmetik u. Ä. bestimmte Aufmachung eines Menschen

sty|lish, sty|lisch ['staɪlɪʃ] ⟨*engl.*⟩: stilvoll, nobel, besonders schick

Sty|list [staɪ'lɪst], der; -en, -en ⟨*engl.*⟩: jmd., der das ↑Styling entwirft (Berufsbez.). **Sty|lis|tin**, die; -, -nen: weibliche Form zu ↑Stylist

Sty|lit [st..., ʃt...], der; -en, -en ⟨*gr.*⟩: frühchristlicher Asket, der auf einer Säule lebte; Säulenheiliger

Sty|lo|bat, der; -en, -en ⟨*gr.-lat.*⟩: oberste Stufe des griechischen Tempels, auf der die Säulen stehen

Sty|lo|gra|fie, Sty|lo|gra|phie [st..., ʃt...], die; - ⟨*lat.; gr.*⟩: Herstellung von Kupferdruckplatten

Sty|lo|lith [ʃt..., st..., auch: ...'lɪt], der; -s u. -en, -e[n] ⟨*gr.-nlat.*⟩ (Geol.): in sich verzahnte, unregelmäßige Auflösungsfläche, die unter Druck in Kalkstein entsteht

Sty|lus ['st..., 'ʃt...], der; -, Styli ⟨*lat.*⟩: **1.** (Bot.) Griffel am Fruchtknoten von Blüten. **2.** (Zool.) griffelartiges Rudiment von Gliedmaßen am Hinterleib mancher Insekten. **3.** (Med.) Arzneimittel in Stäbchenform zum Einführen od. Ätzen; Arzneistift

Stym|pha|li|de [st..., ʃt...], der; -n, -n (meist Plural) ⟨*gr.-lat.*⟩: vogelartiges Ungeheuer in der griechischen Mythologie

Styp|sis [st..., ʃt...], die; - (Med.): Blutstillung

Styp|ti|kum, das; -s, ...ka (Med. früher): **1.** blutstillendes Mittel; kurz für ↑Hämostyptikum. **2.** Mittel gegen Durchfall

Sty|rax ['sty:..., 'ʃt...], Storax ['st..., 'ʃt...] der; -[es], -e ⟨*gr.-lat.*⟩: **1.** (in vielen Arten in den Tropen u. Subtropen heimischer) Strauch od. Baum mit weißen Blüten. **2.** aromatisch riechender Balsam, der für Heilzwecke sowie in der Parfümindustrie verwendet wird

Sty|rol, das; -s ⟨*gr.; arab.*⟩: zu den Kohlenwasserstoffen gehörende farblose, benzolartig riechende Flüssigkeit, die zur Herstellung von Kunststoffen verwendet wird

Sty|ro|por ®, das; -s ⟨*gr.; lat.*⟩: weißer, sehr leichter, aus kleinen zusammengepressten Kügelchen bestehender, schaumstoffartiger Kunststoff, der bes. als Dämmstoff u. Verpackungsmaterial verwendet wird

Su|a|da, Su|a|de, die; -, ...den ⟨*lat.*⟩: **1.** wortreiche Rede, ununterbrochener Redefluss, Redeschwall. **2.** (ohne Plural) Beredsamkeit, Überredungskunst

Su|a|he|li, Swahili, das; -[s] ⟨*arab.;* nach dem afrik. Volk der Suaheli⟩: zu den Bantusprachen gehörende, weitverbreitete Handels- u. Amtssprache in Ostafrika

Su|a|so|rie [...i̯ə], die; -, -n ⟨*lat.*⟩: Schulübung, bei der meist aus Geschichte od. Sage bekannte Entscheidungen berühmter Persönlichkeiten mit Gründen u. Gegengründen erörtert werden (in der altrömischen Rhetorik)

su|a|so|risch: zum Überreden geeignet, der Überredung dienend

sua spon|te [- 'sp...] ⟨*lat.*⟩: aus eigenem Antrieb, freiwillig

su|a|ve ⟨*lat.-it.*⟩ (Musik): lieblich, sanft (Vortragsanweisung)

[1]**Sub**, das; -s, -s ⟨*lat.*⟩: ↑Supra

[2]**Sub** [zap, sʌb], der; -s, -s ⟨*lat.-engl.-amerik.*⟩: **1.** Lokalität, Wirkungsbereich, Treffpunkte, Kommunikationszentren o. Ä. einer subkulturellen Gruppe. **2.** Angehöriger einer subkulturellen Gruppe

[3]**Sub**, die; - ⟨*lat.*⟩: Kurzform von ↑Subkultur

sub..., Sub...

⟨*lat.* sub »unter, um, gegen; unterhalb, bei«⟩
Präfix mit der Bedeutung »unter, sich unterhalb befindend, niedriger als ...«:
- Subkontinent
- Subkultur
- subkutan
- submarin
- subtropisch

Sub|aci|di|tät, Subazidität, die; - ⟨*lat.-nlat.*⟩ (Med.): verminderter

Säuregehalt (z. B. des Magensaftes)

sub|a|e|risch: sich unter Mitwirkung der freien Atmosphäre (z. B. Wind, Temperatur) vollziehend (von biologischen Vorgängen)

sub|akut (Med.): weniger heftig verlaufend (von krankhaften Prozessen)

sub|al|pin, sub|al|pi|nisch: **1.** (Geogr.) räumlich unmittelbar an die Alpen anschließend. **2.** (von der Nadelwaldzone in 1 600–2 000 m Höhe) bis zur Baumgrenze reichend

sub|al|tern ⟨*lat.*⟩: **1.** (abwertend) in beflissener Weise unterwürfig, untertänig, devot. **2. a)** nur einen untergeordneten Rang einnehmend, nur beschränkte Entscheidungsbefugnis habend; **b)** (abwertend) geistig unselbstständig; auf einem niedrigen geistigen Niveau stehend

Sub|al|ter|na|ti|on, die; - ⟨*lat.-nlat.*⟩ (Logik): Unterordnung eines Begriffs unter einen anderen von weiterem Umfang od. eines Teilurteils unter ein allgemeines Urteil. **sub|al|ter|nie|ren** (Logik): unterordnen, ein besonderes Urteil unter ein allgemeines unterordnen

Sub|al|ter|ni|tät, die; -: das Subalternsein

sub|ant|ark|tisch (Geogr.): zwischen Antarktis u. gemäßigter Klimazone gelegen

sub|aqual ⟨*lat.-nlat.*⟩ (Biol., Med.): unter Wasser befindlich; sich unter Wasser vollziehend

sub|aqua|tisch: unter der Wasseroberfläche gelegen (von geologischen Vorgängen u. Erscheinungen)

sub|ark|tisch (Geogr.): zwischen Arktis u. gemäßigter Klimazone gelegen

Sub|ar|ren|da|tor, der; -s, ...toren ⟨*lat.-mlat.*⟩ (veraltet): jmd., der etwas von jmdm. pachtet, der selbst Pächter ist

Sub|at|lan|ti|kum, das; -s ⟨*nlat.*⟩ (Geol.): jüngste Stufe des Alluviums. **sub|at|lan|tisch:** das Subatlantikum betreffend

sub|ato|mar ⟨*lat.; gr.-nlat.*⟩ (Physik): **a)** kleiner als ein Atom; **b)** die Elementarteilchen u. Atomkerne betreffend

Sub|azi|di|tät vgl. Subacidität

Sub|bo|re|al, das; -s ⟨*lat.; gr.-lat.*⟩ (Geol.): zweitjüngste Stufe des Alluviums

Sub|bot|nik, der; -[s], -s ⟨*russ.*⟩ (früher): in der DDR in einem besonderen Einsatz [an einem Sonnabend] freiwillig u. unentgeltlich ausgeführte Arbeit

Sub|con|t|rac|ting [ˈsʌbkɔntrʌktɪŋ], das; -[s] ⟨*engl.*⟩: zeitweise Beschäftigung von Subunternehmern zur Fertigstellung einzelner Projekte

sub|der|mal ⟨*lat.; gr.-nlat.*⟩: ↑ subkutan

Sub|di|a|kon, der; -s u. -en, -e[n] ⟨*(lat.; gr.) lat.*⟩ (kath. Kirche früher): Geistlicher, der unter einem Diakon steht. **Sub|di|a|ko|nat,** das (auch: der); -[e]s, -e: Stand u. Würde eines Subdiakons

Sub|di|vi|si|on, die; -, -en ⟨*lat.*⟩ (Philos.): Unterteilung

Sub|do|main [...dəmɛɪn], die od. das; -[s], -s ⟨*lat.-frz.-engl.*⟩ (EDV): Untergruppe einer Domain

Sub|do|mi|nan|te, die; -, -n ⟨*lat.-it.*⟩ (Musik): **a)** vierte Stufe einer diatonischen Tonleiter; **b)** auf einer Subdominante (a) aufgebauter Dreiklang

Sub|duk|ti|on, die; - ⟨*lat.*⟩: (Geol.) das Untertauchen einer tektonischen Platte unter eine andere

sub|du|ral ⟨*lat.-nlat.*⟩ (Med.): unter der harten Hirnhaut gelegen (z. B. von Abszessen)

Su|be|rin, das; -s, -e ⟨*lat.-nlat.*⟩: hochmolekulare Substanz, die als Stoffwechselprodukt der höheren Pflanzen in den Zellwänden des Kork bildenden Gewebes abgelagert wird u. dieses gegen Flüssigkeiten u. Gase undurchlässig macht

sub|fe|b|ril ⟨*lat.-nlat.*⟩ (Med.): leicht erhöht, aber noch nicht fieberhaft (von der Körpertemperatur)

sub|fos|sil ⟨*lat.-nlat.*⟩ (Biol.): in geschichtlicher Zeit ausgestorben (von Tieren u. Pflanzen)

sub|gla|zi|al ⟨*lat.-nlat.*⟩ (Geol.): unter dem Gletscher[eis] befindlich, vor sich gehend

sub has|ta ⟨*lat.*⟩ (veraltet): unter dem Hammer

Sub|has|ta|ti|on, die; -, -en (veraltet): öffentliche Versteigerung; Zwangsversteigerung. **sub|has|tie|ren** (veraltet): öffentlich versteigern

Sub|ima|go, die; -, ...gines ⟨*lat.-nlat.*⟩ (Zool.): Entwicklungsstadium der geflügelten, aber noch nicht geschlechtsreifen Eintagsfliege

Su|bi|tan|ei, das; -[e]s, -er ⟨*lat.; dt.*⟩: von einigen niederen Tieren (z. B. Wasserflöhen, Blattläusen) in der warmen Jahreszeit abgelegtes dünnschaliges, dotterarmes, sich schnell entwickelndes Ei

su|bi|to ⟨*lat.-it.*⟩ (Musik): schnell, sofort anschließend (Vortragsanweisung)

Sub|jekt, das; -[e]s, -e ⟨*lat.*⟩: **1.** [auch: ˈzʊp...] (Philos.) erkennendes, mit Bewusstsein ausgestattetes, handelndes Ich (Ggs.: Objekt [1 b]). **2.** [meist: ˈzʊp...] (Sprachwiss.) Satzglied, in dem dasjenige (z. B. eine Person, ein Sachverhalt) genannt ist, worüber eine Aussage gemacht wird; Satzgegenstand. **3.** [auch: ˈzʊp...] (Musik) Thema einer kontrapunktischen Komposition, bes. einer Fuge. **4.** (abwertend) verachtenswerter Mensch

Sub|jek|ti|on, die; -, -en (Rhet.): das Aufwerfen einer Frage, die man anschließend selbst beantwortet

sub|jek|tiv [auch: ˈzʊp...]: **1.** (Philos.) zu einem Subjekt (1) gehörend, von einem Subjekt ausgehend, abhängig. **2.** von persönlichen Gefühlen, Interessen, von Vorurteilen bestimmt; voreingenommen, befangen, unsachlich

sub|jek|ti|vie|ren: dem persönlichen subjektiven (1) Bewusstsein gemäß betrachten, beurteilen, interpretieren

Sub|jek|ti|vis|mus, der; - ⟨*lat.-nlat.*⟩: **1.** philosophische Anschauung, nach der es keine objektive Erkenntnis gibt. **2.** subjektivistische (2) Haltung, Ichbezogenheit

Sub|jek|ti|vist, der; -en, -en: **1.** Vertreter des Subjektivismus (1). **2.** jmd., der subjektivistisch (2) ist, denkt. **Sub|jek|ti|vis|tin,** die; -, -nen: weibliche Form zu ↑ Subjektivist

sub|jek|ti|vis|tisch: **1.** den Subjektivismus (1) betreffend, von ihm geprägt, zu ihm gehörend. 2. ichbezogen

Sub|jek|ti|vi|tät, die; -: 1. (bes. Philos.) subjektives (1) Wesen (einer Sache); das Subjektivsein. 2. subjektive (2) Haltung; das Subjektivsein

Sub|jekt|satz, der; -es, ...sätze (Sprachwiss.): Subjekt (2) in Gestalt eines Gliedsatzes

Sub|jekts|ge|ni|tiv, der; -s, -e: ↑Genitivus subiectivus

Sub|junk|ti|on, die; -, -en ‹*lat.*›: 1. Verknüpfung von Aussagen zu einer neuen Aussage derselben Grundstufe mit der logischen Partikel der Bedingung »wenn – dann«. 2. ↑Hypotaxe. 3. ↑Konjunktion (1)

Sub|junk|tiv [auch: ...ˈti:f], der; -s, -e ‹*lat.*› (selten): ↑Konjunktiv

sub|kon|s|zi|ent ‹*lat.-nlat.*› (Psychol.): unterbewusst

Sub|kon|ti|nent, der; -[e]s, -e ‹*lat.-nlat.*›: geografisch geschlossener Teil eines Kontinents, der aufgrund seiner Größe u. Gestalt eine gewisse Eigenständigkeit hat (z. B. der indische Subkontinent)

Sub|kon|t|ra|ok|ta|ve, die; -, -n ‹*lat.-nlat.*› (Musik): Oktave, die unter der Kontraoktave liegt

sub|krus|tal ‹*lat.-nlat.*› (Geol.): unter der Erdkruste gelegen

Sub|kul|tur, die; -, -en ‹*lat.-nlat.*› (Soziol.): innerhalb eines Kulturbereichs, einer Gesellschaft bestehende, von einer bestimmten gesellschaftlichen, ethnischen o. ä. Gruppe getragene Kultur mit eigenen Normen u. Werten. **sub|kul|tu|rell:** zu einer Subkultur gehörend, sie betreffend

sub|ku|tan ‹*lat.*› (Med.): 1. unter der Haut befindlich. 2. unter die Haut appliziert

su|b|lim ‹*lat.*›: a) nur mit großer Feinsinnigkeit wahrnehmbar, verständlich; nur einem sehr feinen Verständnis od. Empfinden zugänglich; b) von Feinsinnigkeit, feinem Verständnis, großer Empfindsamkeit zeugend

Su|b|li|mat, das; -[e]s, -e ‹*lat.-nlat.*›: 1. (veraltet) Quecksilberchlorid. 2. bei der Sublimation (2) sich niederschlagende feste Substanz

Su|b|li|ma|ti|on, die; -, -en: 1. das Sublimieren (1 a). 2. (Chemie) das Sublimieren (2); vgl. ...ation/...ierung

su|b|li|mie|ren ‹*lat.*›: 1. a) auf eine höhere Ebene erheben, ins Erhabene steigern; verfeinern, veredeln; b) (Psychol.) einen Trieb in kulturelle, künstlerische o. ä. Leistungen umsetzen. 2. (Chemie) a) unmittelbar vom festen in den gasförmigen Zustand übergehen u. umgekehrt; b) vom festen unmittelbar in den gasförmigen Zustand überführen u. umgekehrt

Su|b|li|mie|rung, die; -, -en ‹*lat.-nlat.*›: 1. (Chemie) das Sublimieren (1). 2. (bildungsspr., Psychol.) das Sublimieren (2); vgl. ...ation/...ierung

su|b|li|mi|nal (Psychol.): unterschwellig

Su|b|li|mi|tät, die; - ‹*lat.*› (selten): das Sublimsein; Erhabenheit

sub|lin|gu|al ‹*lat.-nlat.*› (Med.): unter der Zunge liegend

Sub|lo|ka|ti|on, die; -, -en ‹*lat.-nlat.*› (veraltet): Untermiete

sub|lu|na|risch ‹*lat.*› (veraltet): irdisch

Sub|lu|xa|ti|on, die; -, -en ‹*lat.-nlat.*› (Med.): nicht vollständige Luxation

sub|ma|rin ‹*lat.-nlat.*› (Geol., Biol.): unter der Meeresoberfläche lebend od. befindlich

sub|men|tal ‹*lat.-nlat.*› (Med.): unter dem Kinn gelegen

Sub|mer|genz, die; - ‹*lat.-nlat.*› (Geol.): ↑Submersion (1)

sub|mers ‹*lat.;* »untergetaucht«›: unter Wasser lebend (von Wasserpflanzen) (Ggs.: emers)

Sub|mer|si|on, die; -, -en: 1. (Geol.) Untertauchen des Festlandes unter den Meeresspiegel. 2. (veraltet) Überschwemmung. 3. (Theol.) das Hineintauchen des Täuflings ins Wasser

Sub|mi|k|ro|nen, die (Plural): unter dem Ultramikroskop gerade noch erkennbare Teilchen

sub|mi|k|ro|s|ko|pisch: unter einem optischen Mikroskop nicht mehr erkennbar

Sub|mi|nis|t|ra|ti|on, die; -, -en ‹*lat.*› (veraltet): Vorschubleistung

sub|mi|nis|t|rie|ren (veraltet): Vorschub leisten, behilflich sein

sub|miss ‹*lat.*› (veraltet): ehrerbietig; untertänig, demütig

Sub|mis|si|on, die; -, -en: 1. (veraltet) Ehrerbietigkeit, Unterwürfigkeit; Unterwerfung. 2. öffentliche Ausschreibung einer Arbeit [durch die öffentliche Hand] u. Vergabe des Auftrags an denjenigen, der das günstigste Angebot liefert. 3. (regional) a) Kaufhandlung; b) Musterausstellung der Herstellerbetriebe zur Entgegennahme von Aufträgen des Handels

Sub|mit|tent, der; -en, -en (Wirtsch.): jmd., der sich um einen Auftrag bewirbt. **Sub|mit|ten|tin,** die; -, -nen: weibliche Form zu ↑Submittent

sub|mit|tie|ren (Wirtsch.): sich um einen Auftrag bewerben

sub|mu|kös ‹*lat.-nlat.*› (Med.): unter der Schleimhaut gelegen

sub|ni|val ‹*lat.-nlat.*› (Geogr.): unmittelbar unterhalb der Schneegrenze gelegen, vorkommend

Sub|nor|ma|le, die; -[n], -n (Math.): in der analytischen Geometrie die Projektion einer Normalen auf die Abszissenachse

sub|op|ti|mal ‹*lat.-engl.*›: weniger gut, nicht optimal

sub|or|bi|tal ‹*lat.-nlat.*›: nicht in eine Umlaufbahn gelangend

Sub|or|di|na|ti|on, die; -, -en ‹*lat.-mlat.*›: 1. (veraltend) a) Unterordnung; Gehorsam, bes. gegenüber einem militärischen Vorgesetzten; b) untergeordnete, abhängige Stellung. 2. (Sprachwiss.) ↑Hypotaxe (Ggs.: Koordination [2])

sub|or|di|na|tiv (Sprachwiss.): die Subordination (2) betreffend

sub|or|di|nie|ren: 1. (Sprachwiss.) einen Satz unterordnend bilden; **subordinierende Konjunktion:** unterordnendes Bindewort. 2. (veraltend) einer weisungsbefugten Institution unterstellen

Sub|oxid, Sub|oxyd, das; -[e]s, -e (Chemie): Oxid mit vermindertem Sauerstoffgehalt

sub|pe|ri|os|tal ‹(*lat.; gr.*) *nlat.*› (Med.): unter der Knochenhaut gelegen (z. B. von ↑Hämatomen)

sub|phre|nisch (Med.): ↑hypophrenisch

Sub|pi|xel, das; -[s], - ‹*lat.; engl.*› (EDV): [rote, grüne od. blaue] Untereinheit eines ↑Pixels; Teilbildpunkt

Sub|plot, der, auch das; -s, -s ⟨*engl.*⟩: **1.** Nebenhandlung einer epischen od. dramatischen Dichtung, eines Films o. Ä. **2.** (EDV) grafische Darstellung, die mehrere, mit einem ↑Plotter (1) hergestellte Figuren zusammenführt

sub|po|lar (Geogr.): zwischen den Polen u. der gemäßigten Klimazone gelegen

Sub|prime|kre|dit [ˈsapprai̯m...], der; -[e]s, -e ⟨*engl.*⟩ (Wirtsch., Bankw.): Hypothekenkredit von Schuldnern mit geringer Bonität

Sub|pri|or, der; -s, ...oren ⟨*lat.-mlat.*⟩: Stellvertreter eines Priors

Sub|rep|ti|on, die; -, -en ⟨*lat.;* »Erschleichung«⟩: **1.** (Rechtsspr. veraltet) unrechtmäßige Erlangung eines [rechtlichen] Erfolges durch Entstellung od. Verschleierung des wahren Sachverhalts. **2.** (Logik) das Erhalten eines [bewusst fehlerhaften] Beweisschlusses durch Stützung auf Voraussetzungen, die nicht auf Tatsachen beruhen

sub|re|zent ⟨*lat.*⟩ (Geol.): zeitlich unmittelbar vor der erdgeschichtlichen Gegenwart liegend

sub|ro|gie|ren ⟨*lat.*⟩: **1.** [einen Wahlkandidaten anstelle eines anderen] unterschieben. **2.** ein Recht an einen anderen abtreten

sub ro|sa ⟨*lat.;* »unter der Rose« (dem Sinnbild der Verschwiegenheit)⟩: unter dem Siegel der Verschwiegenheit

Sub|ro|si|on, die; -, -en ⟨*lat.-nlat.*⟩ (Geol.): Auflösung von Salz- od. Gipsschichten durch Grundwasser

sub|se|ku|tiv ⟨*lat.-nlat.*⟩ (veraltet): nachfolgend

Sub|se|mi|to|ni|um, das; -s ⟨*nlat.*⟩ (Musik): Leitton der Tonleiter

sub|se|quent ⟨*lat.*⟩ (Geogr.): den weicheren Gesteinsschichten folgend (von Flüssen)

Sub|shell [ˈsʌbʃɛl], die; -, -s ⟨*engl.*⟩ (EDV): Prozess, der von einer Shell (1) gestartet wird

sub|si|di|är ⟨*lat.-frz.*⟩, **sub|si|di|a|risch** ⟨*lat.*⟩: **a)** unterstützend, Hilfe leistend; **b)** behelfsmäßig, als Behelf dienend; **subsidiäres Recht** (Rechtswiss.): Rechtsbestimmung, die nur dann zur Anwendung gelangt, wenn das übergeordnete Recht keine Vorschriften enthält

Sub|si|di|a|ris|mus, der; - ⟨*lat.-nlat.*⟩: **a)** das Gelten des Subsidiaritätsprinzips (in einer sozialen Ordnung); **b)** das Streben nach, das Eintreten für Subsidiarismus (a)

Sub|si|di|a|ri|tät, die; -: **1.** (Politik, Soziol.) gesellschaftspolitisches Prinzip, nach dem übergeordnete gesellschaftliche Einheiten (z. B. der Staat, ein Staatenbündnis) nur solche Aufgaben übernehmen sollen, zu deren Wahrnehmung untergeordnete Einheiten (z. B. die Familie, ein Gliedstaat) nicht in der Lage sind. **2.** (Rechtswiss.) das Subsidiärsein einer Rechtsnorm

Sub|si|di|um, das; -s, ...ien ⟨*lat.*⟩: **1.** (veraltet) Beistand, Rückhalt, Unterstützung. **2.** (meist Plural) einem Krieg führenden Staat von einem Verbündeten zur Verfügung gestellte Hilfsgelder (od. materielle Hilfen)

sub si|gil|lo [con|fes|si|o|nis] ⟨*lat.;* »unter dem Siegel (der Beichte)«⟩: unter dem Siegel der Verschwiegenheit

Sub|sis|tenz, die; -, -en ⟨*lat.*⟩: **1.** (ohne Plural; Philos.) das Bestehen durch sich selbst, das Substanzsein (in der Scholastik). **2.** (veraltet) **a)** [Lebens]unterhalt, materielle Lebensgrundlage; **b)** (ohne Plural) materielle Existenz

sub|sis|tie|ren: 1. (Philos.) für sich [unabhängig von anderem] bestehen. **2.** (veraltet) seinen Lebensunterhalt haben

Sub|skri|bent, der; -en, -en ⟨*lat.;* »Unterzeichner«⟩ (Buchw.): jmd., der etwas subskribiert. **Sub|skri|ben|tin,** die; -, -nen: weibliche Form zu ↑Subskribent

sub|skri|bie|ren (Buchw.): sich verpflichten, ein noch nicht [vollständig] erschienenes Druck-Erzeugnis zum Zeitpunkt des Erscheinens abzunehmen; vorausbestellen

Sub|skript, das; -[e]s, -e ⟨*lat.-engl.*⟩: tiefgestelltes Druckzeichen (z. B. in mathematischen u. chemischen Formeln)

Sub|skrip|ti|on, die; -, -en: **1.** (Buchw.) Vorherbestellung von später erscheinenden Büchern [durch Unterschrift] (meist zu niedrigerem Preis). **2.** am Schluss einer antiken Handschrift stehende Angabe über Inhalt, Verfasser, Schreiber usw. des Werkes. **3.** Verpflichtung, eine bestimmte Anzahl von ↑emittierten (1) Wertpapieren zu kaufen

sub|so|nisch ⟨*lat.-engl.*⟩: mit einer Geschwindigkeit unterhalb der Schallgeschwindigkeit fliegend

sub spe|cie ae|ter|ni|ta|tis [- ˈspeːtsi̯e ɛ...] ⟨*lat.*⟩: unter dem Gesichtspunkt der Ewigkeit

Sub|spe|zi|es, die; -, - ⟨*lat.-nlat.*⟩: Unterart (in der Tier- u. Pflanzensystematik)

Sub|stan|dard, der; -s, -s ⟨*lat.; engl.*⟩: **a)** (bes. österr.) unterdurchschnittliche Qualität; **b)** (Sprachwiss.) Sprachebene unterhalb der Standardsprache

Sub|stan|dard|woh|nung, die; -, -en (bes. österr.): Wohnung ohne eigene Toilette u. ohne fließendes Wasser

sub|s|tan|ti|al usw. vgl. substanzial usw.

Sub|s|tan|tiv [auch: ...ˈtiːf], das; -s, -e ⟨*lat.*⟩ (Sprachwiss.): Wort, das ein Ding, ein Lebewesen, einen Begriff o. Ä. bezeichnet; Nomen; Haupt-, Dingwort

sub|s|tan|ti|vie|ren ⟨*lat.-nlat.*⟩: zu einem Substantiv machen, als Substantiv gebrauchen

Sub|s|tan|ti|vie|rung, die; -, -en: **1.** (ohne Plural) das Substantivieren. **2.** substantivisch gebrauchtes Wort (einer nicht substantivischen Wortart)

sub|s|tan|ti|visch [auch: ...ˈtiː...] ⟨*lat.*⟩: als Substantiv, wie ein Substantiv [gebraucht], durch ein Substantiv [ausgedrückt]; nominal; haupt-, dingwörtlich; **substantivischer Stil:** ↑Nominalstil

Sub|s|tan|ti|vum, das; -s, ...va ⟨*lat.*⟩: ↑Substantiv

Sub|s|tanz, die; -, -en: **1.** Stoff, Materie. **2.** (Philos.) **a)** für sich Seiendes, unabhängig (von anderen) Seiendes; **b)** das eigentliche Wesen der Dinge. **3.** das den Wert Ausmachende, das Wesentliche, Wichtige. **4.** das als Grundstock Vorhandene; fester Bestand

sub|s|tan|zi|al, substantial: ↑substanziell; vgl. ...al/...ell

Sub|s|tan|zi|a|lis|mus, Substantialismus, der; - ‹*lat.-nlat.*›: philosophische Lehre, nach der die Seele eine Substanz, ein dinghaftes Wesen ist

Sub|s|tan|zi|a|li|tät, Substantialität, die; -: **1.** (Philos.) das Substanzsein, substanzielles Wesen. **2.** das Substanziellsein

sub|s|tan|zi|ell, substantiell: **1.** die Substanz (1) betreffend, stofflich, materiell. **2.** die Substanz (4) betreffend, zu ihr gehörend, sie [mit] ausmachend. **3.** die Substanz (3) einer Sache betreffend, wesentlich. **4.** (veraltend) nahrhaft, gehaltvoll. **5.** (Philos.) wesenhaft; vgl. ...al/...ell

sub|s|tan|zi|ie|ren, substantiieren ‹*lat.-nlat.*›: mit Substanz (3) erfüllen, [durch Tatsachen] belegen, begründen

Sub|stan|zi|ie|rung, Substantiierung, die; -, -en: das Substanziieren

Sub|s|ti|tu|ent, der; -en, -en ‹*lat.*›: Atom od. Atomgruppe, die andere Atome od. Atomgruppen in einem Atomgefüge ersetzen kann, ohne dieses grundlegend zu verändern

sub|s|ti|tu|ie|ren: austauschen, ersetzen; einen Begriff anstelle eines anderen setzen

[1]Sub|s|ti|tut, das; -[e]s, -e: Ersatz[mittel], Surrogat

[2]Sub|s|ti|tut, der; -en, -en: **a)** (veraltend) Stellvertreter, Ersatzmann, Untervertreter; **b)** Verkaufsleiter. **Sub|s|ti|tu|tin,** die; -, -nen: weibliche Form zu ↑[2]Substitut

Sub|s|ti|tu|ti|on, die; -, -en: das Substituieren

Sub|s|ti|tu|ti|ons|the|ra|pie, die; - (Med.): **a)** medikamentöser Ersatz eines dem Körper fehlenden lebensnotwendigen Stoffes (z. B. von Insulin bei Diabetes); **b)** medikamentöser Ersatz einer Droge durch eine Ersatzdroge (z. B. von Heroin durch Methadon) im Rahmen einer ambulanten Therapie

Sub|s|t|rat, das; -[e]s, -e ‹*lat.*›: **1.** das einer Sache Zugrundeliegende; Grundlage, Basis. **2.** (Philos.) die eigenschaftslose Substanz eines Dinges als Träger seiner Eigenschaften. **3.** (Sprachwiss.) **a)** Sprache, Sprachgut eines [besiegten] Volkes im Hinblick auf den Niederschlag, den sie in der übernommenen od. aufgezwungenen Sprache [des Siegervolkes] gefunden hat; **b)** aus einer Substratsprache stammendes Sprachgut einer Sprache (Ggs.: Superstrat). **4.** (Biol.) Nährboden. **5.** (Biochemie) Substanz, die bei fermentativen Vorgängen abgebaut wird

Sub|s|t|rat|mo|le|kül, das; -s, -e ‹*lat.; lat.-frz.*›: (Biochemie) Molekül der Verbindung, die durch die katalytische Wirkung eines Enzyms umgesetzt wird

Sub|s|t|ruk|ti|on, die; -, -en ‹*lat.*›: Unterbau, Grundbau

sub|su|mie|ren ‹*lat.-nlat.*›: **1.** einem Oberbegriff unterordnen, unter einer Kategorie einordnen; unter einem Thema zusammenfassen. **2.** (Rechtswiss.) einen konkreten Sachverhalt unter eine Rechtsnorm unterordnen

Sub|sum|ti|on, die; -, -en: **1.** Unterordnung von Begriffen unter einen Oberbegriff. **2.** Unterordnung eines Sachverhaltes unter den Tatbestand einer Rechtsnorm

sub|sum|tiv (Philos.): unterordnend, einbeziehend

Sub|sys|tem, das; -s, -e: Bereich innerhalb eines Systems, der selbst Merkmale eines Systems aufweist

Sub|tan|gen|te, die; -, -n (Math.): Projektion einer Tangente auf die Abszissenachse

Sub|teen [ˈsʌbtiːn], der; -s, -s ‹*engl.-amerik.*› (bes. Werbespr.): Junge od. Mädchen im Alter von etwa 10 bis 12 Jahren

sub|tem|po|ral ‹*lat.-nlat.*› (Med.): unter der Schläfe liegend

sub|ter|ran ‹*lat.*› (fachspr.): unterirdisch

sub|til ‹*lat.*›: **a)** mit viel Feingefühl, mit großer Behutsamkeit, Sorgfalt, Genauigkeit vorgehend od. ausgeführt; detailliert; in die Feinheiten gehend; **b)** fein strukturiert [u. daher schwer zu durchschauen, zu verstehen]; schwierig, kompliziert

Sub|ti|li|tät, die; -, -en: **1.** (ohne Plural) subtiles Wesen, das Subtilsein. **2.** etwas Subtiles; Feinheit

Sub|tra|hend, der; -en, -en ‹*lat.*› (Math.): Zahl, die von einer anderen Zahl subtrahiert wird

sub|tra|hie|ren (Math.): abziehen, vermindern

Sub|trak|ti|on, die; -, -en: das Subtrahieren (Ggs.: Addition [1]). **sub|trak|tiv** ‹*lat.-nlat.*›: mit Subtraktion durchgeführt

Sub|tro|pen, die (Plural) (Geogr.): zwischen den Tropen und der gemäßigten Zone gelegene Klimazone

sub|tro|pisch [auch: ...ˈtroː...]: in den Subtropen gelegen, für sie charakteristisch

sub|un|gu|al ‹*lat.-nlat.*› (Med.): unter dem Nagel befindlich

Su|b|urb [ˈsʌbəːb], die; -, -s ‹*lat.-engl.*›: engl. Bez. für: Vorstadt

Sub|ur|ba|ni|sa|ti|on, die; - ‹*lat.-nlat.*›: Ausdehnung der Großstädte durch Angliederung von Vororten u. Trabantenstädten

Sub|ur|ba|ni|sie|rung, die; -: ↑Suburbanisation; vgl. ...ation/...ierung

Su|b|ur|bia [səˈbœːɐ̯bia], die; - ‹*lat.-engl.(-amerik.)*›: Gesamtheit der um die großen Industriestädte wachsenden Trabanten- u. Schlafstädte (in Bezug auf ihre Erscheinung u. die für sie typischen Lebensformen)

sub|ur|bi|ka|risch ‹*lat.*›: vor der Stadt gelegen; **suburbikarisches Bistum:** eines von sieben kleinen, vor Rom gelegenen Bistümern, das einem Kardinalbischof ohne Leitungsvollmacht übergeben wird

Sub|ur|bi|um, das; -s, ...ien: Vorstadt (bes. einer mittelalterlichen Stadt)

sub ut|ra|que spe|cie [- - ˈspeːtsi̯ə] ‹*lat.*› (Rel.): in beiderlei Gestalt (als Brot u. Wein, in Bezug auf das Abendmahl)

sub|ve|nie|ren ‹*lat.*› (veraltet): zu Hilfe kommen, unterstützen

Sub|ven|ti|on, die; -, -en: zweckgebundene [finanzielle] Unterstützung bestimmter Wirtschaftszweige od. einzelner Unternehmen aus öffentlichen Mitteln; Staatszuschuss

sub|ven|ti|o|nie|ren ‹*lat.-nlat.*›: durch zweckgebundene öffentliche Mittel unterstützen; mitfinanzieren

Sub|ver|si|on, die; -, -en ‹*lat.*›: meist im Verborgenen betriebene, auf den Umsturz der be-

stehenden staatlichen Ordnung zielende Tätigkeit
sub|ver|siv ⟨*lat.-nlat.*⟩: Subversion betreibend, umstürzlerisch
sub vo|ce [- ˈvoːtsə] ⟨*lat.*⟩: unter [dem Stichwort, dem Thema] (Abk.: s. v.)
Sub|vul|kan, der; -s, -e ⟨*lat.-nlat.*⟩ (Geol.): in die äußeren Teile (jedoch nicht in die Oberfläche) der Erdkruste eingedrungene ↑magmatische Masse
Sub|way [ˈsʌbweɪ], die; -, -s ⟨*engl.-amerik.*⟩: **1.** engl. Bez. für: Untergrundbahn. **2.** (auch der; -s, -s) Straßenunterführung
Sub|woo|fer [ˈsapwʊfɐ], der; -s, - ⟨*engl.*⟩: (in Verbindung mit zwei kleineren Satellitenboxen zur stereofonen Wiedergabe verwendete) große Lautsprecherbox für die tiefen Frequenzen beider Kanäle; vgl. Woofer
sub|zel|lu|lär ⟨*lat.*⟩ (Med.): kleiner als eine Zelle
Sub|zen|t|rum, das; -s, ...ren ⟨*lat.*⟩: neben der Hauptstadt bzw. Innenstadt weniger wichtiges Zentrum eines Gebiets bzw. einer Stadt
Suc|co|tash [ˈsʌkətæʃ], das; - ⟨*indian.-engl.*⟩: indianisches Gericht aus grünen Maiskörnern u. grünen Bohnen
Suc|cus vgl. Sucus
Su|cho|wej, Su|cho|wei [...x...], der; -[s], -s ⟨*russ.*⟩: trocken-heißer sommerlicher Staubsturm in der südrussischen Steppe
Su|c|re, der; -, - ⟨*span.*⟩: frühere Währungseinheit in Ecuador (= 100 Centavo)
Su|cus, der; -, ...ci [...tsi], Succus, der; -, Succi [ˈzʊktsi] ⟨*lat.*⟩ (Med.): zu Heilzwecken verwendeter Pflanzensaft
Su|da|men, das; -s, ...mina ⟨*lat.-nlat.*⟩ (Med.): Hautbläschen, das bei starkem Schwitzen infolge fieberhafter Erkrankungen auftritt
Su|da|ti|on, die; - ⟨*lat.*⟩ (Med.): das Schwitzen
Su|da|to|ri|um, das; -s, ...rien (Med.): Schwitzbad
Sud|den Death [ˈsadn̩ ˈdɛθ], der; - -, - - ⟨*engl.;* eigtl. »plötzlicher Tod«⟩ (Sport, bes. Eishockey): bei unentschiedenem Stand in einem zusätzlichen Spielabschnitt durch den ersten Treffer herbeigeführte Entscheidung
Su|do|ku [ˈsuː..., auch: zuˈdoːku], das; -[s], -s ⟨*jap.*⟩: ein Rätselspiel mit Zahlenquadraten
Su|dor, der; -s ⟨*lat.*⟩ (Med.): Schweiß
Su|do|ra|ti|on, die; - ⟨*lat.-nlat.*⟩ (Med.): ↑Sudation
Su|do|ri|fe|rum, das; -s, ...ra ⟨*lat.*⟩ (Med.): schweißtreibendes Mittel
suf|fi|cit ⟨*lat.*⟩ (veraltet): es ist genug
suf|fi|gie|ren ⟨*lat.*⟩ (Sprachwiss.): mit einem Suffix versehen
Süf|fi|sance [...ˈzɑ̃ːs], die; - ⟨*lat.-frz.*⟩: ↑Süffisanz
süf|fi|sant: ein Gefühl von [geistiger] Überlegenheit genüsslich zur Schau tragend; selbstgefällig, spöttisch-überheblich
Süf|fi|sanz, die; -: süffisantes Wesen, süffisante Art; Selbstgefälligkeit
Suf|fit|te vgl. Soffitte
Suf|fix [auch: ...ˈfɪks], das; -es, -e ⟨*lat.*⟩ (Sprachwiss.): an ein Wort, einen Wortstamm angehängte Ableitungssilbe; Nachsilbe (z. B. *-ung, -chen, -heit*)
suf|fi|xal (Sprachwiss.): mithilfe eines Suffixes gebildet
suf|fi|xo|id (Sprachwiss.): einem Suffix ähnlich. **Suf|fi|xo|id,** das; -[e]s, -e (Sprachwiss.): Wortbildungsmittel, das sich aus einem selbstständigen Lexem zu einer Art Suffix entwickelt hat u. das sich vom selbstständigen Lexem unterscheidet durch Reihenbildung u. Entkonkretisierung (z. B. *-papst* in Literaturpapst, *-verdächtig* in olympiaverdächtig)
suf|fi|zi|ent ⟨*lat.*⟩ (Med.): genügend, ausreichend (von der Leistungsfähigkeit eines Organs)
Suf|fi|zi|enz, die; -, -en: **1.** Zulänglichkeit, Können (Ggs.: Insuffizienz [1]). **2.** (Med.) ausreichendes Funktionsvermögen (z. B. des Herzens) (Ggs.: Insuffizienz [2])
suf|fo|ca|to ⟨*lat.-it.*⟩ (Musik): gedämpft, erstickt (Vortragsanweisung)
Suf|fo|ka|ti|on, die; -, -en ⟨*lat.-nlat.*⟩ (Med.): Erstickung
Suf|f|ra|gan, der; -s, -e ⟨*lat.-mlat.*⟩: einem Erzbischof unterstellter Diözesanbischof
Suf|f|ra|get|te, die; -, -n ⟨*lat.-frz.-engl.*⟩: **a)** radikale Frauenrechtlerin in Großbritannien vor 1914; **b)** (veraltet abwertend) Frauenrechtlerin
Suf|f|ra|gi|um, das; -s, ...ien ⟨*lat.*⟩: **1. a)** politisches Stimmrecht; **b)** Abstimmung. **2.** Gebet zu den Heiligen um ihre Fürbitte
Suf|fu|si|on, die; -, -en ⟨*lat.*⟩ (Med.): größerer, flächiger, unscharf begrenzter Bluterguss
Su|fi, der; -[s], -s ⟨*arab.;* »Wollkleidträger«⟩: islamischer Mystiker
Su|fis|mus, der; - ⟨*arab.-nlat.*⟩: islamische Mystik
Su|fist, der; -en, -en: ↑Sufi
Su|gar|dad|dy, Su|gar-Dad|dy [ˈʃʊɡɐdɛdi], der; -s, -s ⟨*engl.*⟩: [spendabler] älterer Mann, der sich mit jungen Frauen umgibt
sug|ge|rie|ren ⟨*lat.*⟩: **1.** jmdm. etwas [ohne dass dies dem Betroffenen bewusst wird] einreden od. auf andere Weise eingeben. **2.** darauf abzielen, einen bestimmten [den Tatsachen nicht entsprechenden] Eindruck entstehen zu lassen
sug|ges|ti|bel ⟨*lat.-nlat.*⟩: durch Suggestion [leicht] beeinflussbar
Sug|ges|ti|bi|li|tät, die; -: das Suggestibelsein
Sug|ges|ti|on, die; -, -en ⟨*lat.*⟩: **1. a)** (ohne Plural) Beeinflussung eines Menschen [mit dem Ziel, ihn zu einem bestimmten Verhalten zu veranlassen]; **b)** etwas, was jmdm. suggeriert (1) wird. **2.** (ohne Plural) suggestive Wirkung, Kraft
sug|ges|tiv ⟨*lat.-nlat.*⟩: **a)** darauf abzielend, jmdm. etwas zu suggerieren; auf Suggestion beruhend; **b)** eine starke psychische, emotionale Wirkung ausübend; einen Menschen stark beeinflussend. **Sug|ges|ti|vi|tät,** die; - ⟨*lat.-nlat.*⟩: Beeinflussbarkeit
Sug|ges|to|pä|die, die; - ⟨*lat.; gr.*⟩: (urspr. für den Fremdsprachenbereich entwickelte) Lernmethode, die es ermöglichen soll, auf kreativ-spielerische Weise (z. B. durch Malen, Verkleiden, Sketche) möglichst viel innerhalb kurzer Zeit zu lernen
Su|gil|la|ti|on, die; -, -en ⟨*lat.*⟩ (Med.): starker, flächiger Bluterguss; **hypobare Sugillation:** »Knutschfleck«
sui ge|ne|ris ⟨*lat.*⟩: nur durch sich

selbst eine Klasse bildend; einzig, besonders
Suit|case ['sju:tkeɪs], das od. der; -, -s [...sɪz] ⟨*engl.*⟩: engl. Bez. für: kleiner Handkoffer
Sui|te ['sui̯:t(ə), 'svi:t(ə)], die; -, -n ⟨*lat.-frz.*⟩: **1.** (veraltet) Gefolge einer hochgestellten Persönlichkeit. **2.** Folge von zusammengehörenden Zimmern in Hotels, Palästen o. Ä.; Zimmerflucht. **3.** (veraltet) lustiger Streich. **4.** aus einer Folge von in sich geschlossenen, nur lose verbundenen Sätzen (oft Tänzen) bestehende Komposition
Sui|ti|er [sui̯'ti̯e:, svi'ti̯e:], der; -s, -s (veraltet): **a)** lustiger Bursche; **b)** Schürzenjäger
sui|vez [svi've:] ⟨*lat.-frz.*⟩: ↑colla parte
Su|i|zid, der od. das; -[e]s, -e ⟨*lat.-nlat.*⟩: Selbstmord; Selbsttötung
su|i|zi|dal: **a)** den Suizid betreffend, zum Suizid neigend; **b)** durch Suizid [erfolgt]. **Su|i|zi|da|li|tät**, die; -: Neigung zum Suizid
Su|i|zi|dant, der; -en, -en: jmd., der einen Suizid begeht od. versucht. **Su|i|zi|dan|tin**, die; -, -nen: weibliche Form zu ↑Suizidant
su|i|zi|där: ↑suizidal
Su|i|zi|dent, der; -en, -en: ↑Suizidant. **Su|i|zi|den|tin**, die; -, -nen: weibliche Form zu ↑Suizident
Su|i|zi|do|lo|gie, die; -: Teilgebiet der Psychiatrie, das sich mit der Erforschung u. Verhütung des Suizids befasst
Su|jet [zy'ʒe:, sy'ʒe:], das; -s, -s ⟨*lat.-frz.*⟩: Gegenstand, Motiv, Thema einer [künstlerischen] Gestaltung, Darstellung
Suk, der; -[s], -s ⟨*arab.*⟩: Händlerviertel in arabischen Städten
Suk|ka|de, die; -, -n ⟨*roman.*⟩: kandierte Schale verschiedener Zitrusfrüchte
Suk|koth, die (Plural) ⟨*hebr.*; »Hütten«⟩: mehrtägiges jüdisches Herbstfest mit dem Brauch, in Laubhütten zu essen [u. zu wohnen]; Laubhüttenfest
Suk|ku|bus, der; -, ...kuben ⟨*lat.-mlat.*⟩: (im mittelalterlichen Volksglauben) weiblicher Dämon, der einen Mann im Schlaf heimsucht u. mit dem Schlafenden geschlechtlich verkehrt
suk|ku|lent ⟨*lat.*⟩: **a)** (Bot.) saftreich u. fleischig (von pflanzlichen Organen); **b)** (Med.) flüssigkeitsreich (von Geweben)
Suk|ku|len|te, die; -, -n: hauptsächlich in trockenen Gebieten vorkommende Pflanze mit besonderen, Wasser speichernden Geweben in Wurzeln, Blättern od. Stamm
Suk|ku|lenz, die; - ⟨*lat.-nlat.*⟩ (Bot., Med.): sukkulente Beschaffenheit
Suk|kurs, der; -es, -e ⟨*lat.-nlat.*⟩: **1.** (schweiz., sonst veraltet) Hilfe, Unterstützung, Beistand. **2.** Gruppe von Personen, Einheit, die als Verstärkung, zur Unterstützung eingesetzt ist
Suk|kur|sa|le, die; -, -n (veraltet): Filiale einer Firma
Suk|ti|on, die; -, -en ⟨*lat.-nlat.*⟩ (Med.): das Ansaugen, Aussaugung (z. B. von Körperflüssigkeit mittels Punktionsnadel)
suk|ze|dan ⟨*lat.*⟩ (Med.): nachfolgend, aufeinanderfolgend
suk|ze|die|ren (veraltet): nachfolgen (z. B. in einem Amt)
Suk|zess, der; -es, -e (veraltet): Erfolg
Suk|zes|si|on, die; -, -en: **1.** Thronfolge. **2.** ↑apostolische Sukzession. **3.** Übernahme der Rechte u. Pflichten eines Staates durch einen anderen; Staatensukzession. **4.** Eintritt einer Person in ein bestehendes Rechtsverhältnis; Rechtsnachfolge; vgl. Singularsukzession, Universalsukzession. **5.** (Ökol.) zeitliche Aufeinanderfolge der an einem Standort einander ablösenden Pflanzen- u./od. Tiergesellschaften
suk|zes|siv ⟨*lat.-nlat.*⟩: allmählich, nach u. nach, schrittweise [eintretend, erfolgend]
suk|zes|si|ve: allmählich, nach und nach, in allmählicher Weise
Suk|zes|sor, der; -s, ...oren ⟨*lat.*⟩ (veraltet): [Rechts]nachfolger
Suk|zi|nat, das; -[e]s, -e ⟨*lat.-nlat.*⟩: Salz der Bernsteinsäure
Suk|zi|nit [auch: ...'nɪt], der; -s, -e: Bernstein
Suk|zi|nyl|säu|re, die; - ⟨*lat.; gr.; dt.*⟩: Bernsteinsäure
sul [zʊl, sul] ⟨*it.*⟩ (Musik): auf der, auf dem (z. B. sul A = auf der A-Saite)
Su|la, die; -, -s ⟨*altnord.-nlat.*⟩: großer Meeresvogel mit schwarzweißem Gefieder; Tölpel
Sul|fat, das; -[e]s, -e ⟨*lat.-nlat.*⟩: Salz der Schwefelsäure
Sul|fid, das; -[e]s, -e: Salz der Schwefelwasserstoffsäure
sul|fi|disch: Schwefel enthaltend
Sul|fit [auch: ...'fɪt], das; -s, -e: Salz der schwefligen Säure
Sul|fo|n|a|mid, das; -[e]s, -e ⟨Kunstw. aus *Sulfon*(säure) u. ↑*Amid*⟩: antibakteriell wirksames chemotherapeutisches Heilmittel gegen Infektionskrankheiten
sul|fo|nie|ren: ↑sulfurieren
Sul|fur, das; -s ⟨*lat.*⟩: chem. Element; Schwefel (Zeichen: S)
sul|fu|rie|ren ⟨*lat.-nlat.*⟩ (Chemie): bei organischen Verbindungen eine Reaktion mit einer Schwefelverbindung herbeiführen
Sul|ky ['zʊlki, 'salki], das; -s, -s ⟨*engl.*⟩: bei Trabrennen verwendetes zweirädriges Gefährt
sul|la tas|ti|e|ra ⟨*it.*⟩ (Musik): nahe am Griffbrett (von Saiteninstrumenten) zu spielen
sul pon|ti|cel|lo [- ...'tʃɛlo] (Musik): nahe am Steg (den Geigenbogen ansetzen)
Sul|tan, der; -s, -e ⟨*arab.*; »Herrscher«⟩: **1. a)** (ohne Plural) Titel islamischer Herrscher; **b)** Träger dieses Titels. **2.** türkischer Nomadenteppich aus stark glänzender Wolle
Sul|ta|nat, das; -[e]s, -e ⟨*arab.-nlat.*⟩: **1.** Herrschaftsgebiet eines Sultans. **2.** Herrschaft eines Sultans
Sul|ta|nin, die; -, -nen: Frau eines Sultans (1 b)
Sul|ta|ni|ne, die; -, -n ⟨*arab.-it.*⟩: große, kernlose Rosine
Su|mach, der; -[s], Plur. -e u. -s ⟨*arab.-mlat.*⟩: Baum od. Strauch mit kleinen, trockenen Steinfrüchten u. [gefiederten] Blättern, die zusammen mit den jungen Trieben zum Gerben von Saffianleder verwendet werden
Su|mak, der; -[s], -s ⟨nach der Stadt Schemacha im östlichen Kaukasus⟩: Wirkteppich mit glatter Oberfläche u. langen Wollfäden an der Unterseite
Sum|ma, die; -, Summen ⟨*lat.*⟩: **1.** (veraltet) Summe (Abk.: Sa.). **2.** auf der scholastischen Methode aufbauende, systematische Gesamtdarstellung eines

Wissensstoffs (bes. der Theologie u. der Philosophie des Mittelalters)

sum|ma cum lau|de ‹*lat.;* »mit höchstem Lob«›: mit Auszeichnung (bestes Prädikat bei Doktorprüfungen)

Sum|mand, der; -en, -en (Math.): Zahl, die hinzuzuzählen ist, addiert wird; Addend

sum|ma|risch ‹*lat.-mlat.*›: mehreres gerafft zusammenfassend [u. dabei wichtige Einzelheiten außer Acht lassend]

Sum|ma|ri|um, das; -s, ...ien: **1.** (veraltet) **a)** kurze Inhaltsangabe; **b)** Inbegriff. **2.** (Sprachwiss., Literaturwiss.) Sammlung mittelalterlicher Glossen

Sum|ma|ry [ˈsʌmərɪ], das; -s, -s ‹*lat.-engl.*›: Zusammenfassung eines Artikels, Buches o. Ä.

sum|ma sum|ma|rum ‹*lat.*›: alles zusammengerechnet; alles in allem; insgesamt

Sum|ma|ti|on, die; -, -en ‹*lat.-nlat.*›: **1.** (Math.) Bildung einer Summe. **2.** Anhäufung

sum|ma|tiv ‹*lat.-nlat.*›: **a)** das Zusammenzählen betreffend; **b)** durch Summation erfolgend

Sum|me, die; -, -n ‹*lat.*›: **1.** Resultat einer Addition. **2.** Gesamtzahl. **3.** Geldbetrag

Summ|epi|s|ko|pat, der od. das; -[e]s, -e ‹*lat.; gr.-lat.*› (Geschichte): die oberste Kirchengewalt der Landesfürsten in den deutschen evangelischen Kirchen (bis 1918)

sum|mie|ren ‹*lat.*›: **1. a)** zusammenzählen; **b)** zusammenfassen, vereinigen. **2.** sich summieren: immer mehr werden, anwachsen

Sum|mist, der; -en, -en ‹*lat.-mlat.*›: scholastischer Schriftsteller, der sich der Publikationsform der Summa (2) bediente

Sum|mum Bo|num, das; - - ‹*lat.*›: höchstes Gut; höchster Wert; Gott (in der christlichen Philosophie u. Theologie)

sum|mum ius sum|ma in|iu|ria ‹*lat.;* »höchstes Recht (kann) größtes Unrecht (sein)«; nach Cicero›: die buchstabengetreue Auslegung eines Gesetzes kann im Einzelfall zu größter Ungerechtigkeit führen

Sum|mus Epi|s|co|pus, der; - - ‹*lat.; gr.-lat.*›: **1.** (kath. Kirche) der Papst als oberster Bischof. **2.** (Geschichte) der Landesherr als Oberhaupt einer evangelischen Landeskirche in Deutschland (bis 1918)

Su|mo, das; - ‹*jap.*›: japanische Form des Ringkampfes

Su|mo|to|ri, der; -[s], -[s] ‹*jap.*›: Sumoringer

sump|tu|ös ‹*lat.*› (veraltet): verschwenderisch

Sun|blo|cker [ˈsan...], der; -s, - ‹*engl.; niederl.-frz.-dt.*›: Sonnenschutzmittel

Sunn [sʌn], der; -s ‹*engl.*›: dem Hanf ähnliche Pflanzenfaser

Sun|na, die; - ‹*arab.;* »Gewohnheit«›: Gesamtheit der überlieferten Aussprüche u. Lebensgewohnheiten des Propheten Mohammed als Richtschnur islamischer Lebensweise

Sun|nit, der; -en, -en ‹*arab.-nlat.*›: Anhänger der orthodoxen Hauptrichtung des Islams, die sich auf die Sunna stützt; vgl. Schia. **Sun|ni|tin,** die; -, -nen: weibliche Form zu ↑Sunnit

sun|ni|tisch: die Sunna betreffend

Su|o|ve|tau|ri|lia, die (Plural) ‹*lat.*›: altrömisches Sühneopfer, bei dem je ein Schwein, ein Schaf u. ein Stier geschlachtet wurden

su|per ‹*lat.(-engl.)*› (ugs.): sehr gut, großartig, hervorragend

[1]**Su|per,** der; -s, -: Kurzform von ↑Superheterodynempfänger

[2]**Su|per,** das; -s (meist ohne Artikel): Kurzform von ↑Superbenzin

su|per..., Su|per...

‹*lat.* super »über, oberhalb, über ... hinaus; während; mehr als« (→ *engl.* super »großartig«)›
Präfix mit den Bedeutungen »über, übergeordnet; sehr, äußerst; hervorragend, ausgezeichnet«:
- Supercup
- supermodern
- Superrevision
- Superstar

Su|per|aci|di|tät, Superazidität, die; - ‹*lat.-nlat.*› (Med.): übermäßig hoher Säuregehalt des Magensaftes

Su|per|ädi|fi|kat, das; -[e]s, -e ‹*lat.*›: Bauwerk, das auf fremdem Grund u. Boden errichtet wurde, sich also nicht im Besitz des Grundeigentümers befindet

su|per|ar|bi|t|rie|ren ‹*lat.-nlat.*›: **a)** überprüfen, eine Oberentscheidung treffen; **b)** (österr.) für dienstuntauglich erklären

Su|per|ar|bi|t|ri|um, das; -s, ...ien: Überprüfung, Oberentscheidung

Su|per|azi|di|tät vgl. Superacidität

su|perb, sü|perb ‹*lat.-frz.*›: ausgezeichnet, vorzüglich; prächtig

Su|per|ben|zin, das; -s, -e: Benzin von hoher Klopffestigkeit, mit hoher Oktanzahl

Su|per|bike [...baɪ̯k], das; -s, -s: **1.** Motorrad für Rennstrecken mit [künstlichen] Hindernissen. **2.** Motorradrennen von Superbikes (1)

Su|per|bowl [ˈsuːpɐbɔʊ̯l], der; -s u. die; - ‹*engl.-amerik.*›: Meisterschaft im American Football

Su|per|car|go, der; -s, -s: vom Auftraggeber bevollmächtigter Frachtbegleiter [auf Schiffen]

Su|per|cup [...kap], der; -s, -s ‹*engl.*› (Fußball früher): **1.** Pokalwettbewerb zwischen den Europapokalgewinnern der Landesmeister u. der Pokalsieger. **2.** Siegestrophäe beim Supercup (1)

Su|per|ego [ˈs(j)uːpəˈriːɡɔʊ̯, ...ɛɡɔʊ̯], das; -s, -s ‹*lat.-engl.*› (Psychol.): engl. Bez. für: Über-Ich

Su|per|ero|ga|ti|on, die; -, -en ‹*lat.*› (veraltet): Übergebühr, Über- od. Mehrleistung

Su|per|ex|li|b|ris, das; -: ↑Supralibros

Su|per|fe|kun|da|ti|on, die; -, -en ‹*lat.-nlat.*› (Med.): Befruchtung von zwei Eiern desselben Zyklus durch zwei Geschlechtsakte, die mitunter zu zweieiigen Zwillingen führt

Su|per|fe|ta|ti|on, die; -, -en ‹*lat.-nlat.*› (Biol.): Befruchtung von zwei (od. mehr) Eiern aus zwei aufeinanderfolgenden Zyklen, wodurch zu einer bereits bestehenden Schwangerschaft eine neue hinzutritt (bei manchen Säugetieren)

su|per|fi|zi|a|risch ‹*lat.*› (veraltet): baurechtlich

su|per|fi|zi|ell (Med.): an od. unter der Körperoberfläche liegend, oberflächlich

Su|per|fi|zi|es, die; -, - ⟨*lat.;* »Oberfläche«⟩ (veraltet): Baurecht

Su|per-G [...dʒiː], der; -[s], -[s] ⟨*engl.;* wohl kurz für: supergiant »riesengroß; Riesen-«⟩: alpine Disziplin mit Elementen von Abfahrtslauf u. Riesenslalom

Su|per|het, der; -s, -s: Kurzform von ↑Superheterodynempfänger

Su|per|he|te|ro|dyn|emp|fän|ger, der; -s, - ⟨*lat.; gr.; dt.*⟩: Rundfunkempfänger mit hoher Verstärkung, guter Regelung u. hoher Trennschärfe

Su|per|high|way [ˈsjuːpəhaɪweɪ], der; -s, -s: **1.** amerik. Bez. für: Autobahn. **2.** ↑Datenhighway

su|pe|rie|ren: 1. (veraltet) überschreiten, übertreffen. **2.** (Informatik) aus vorhandenen Zeichen ein Superzeichen bilden. **Su|pe|rie|rung,** die; -, -en: das Superieren

Su|per|in|ten|dent [auch: ˈzuː...], der; -en, -en ⟨*lat.-mlat.*⟩: höherer evangelischer Geistlicher, Vorsteher eines Kirchenkreises. **Su|per|in|ten|den|tin** [auch: ˈzuː...], die; -, -nen: weibliche Form zu ↑Superintendent

Su|per|in|ten|den|tur, die; -, -en ⟨*lat.-mlat.-nlat.*⟩: **a)** Amt eines Superintendenten; **b)** Amtssitz eines Superintendenten

Su|per|in|vo|lu|ti|on, die; -, -en ⟨*lat.-nlat.*⟩ (Med.): ↑Hyperinvolution

su|pe|ri|or ⟨*lat.*⟩: überlegen

Su|pe|ri|or, der; -s, ...oren: Vorsteher eines Klosters od. Ordens

Su|pe|ri|o|ri|tät, die; - ⟨*lat.-mlat.*⟩: Überlegenheit; Übergewicht

su|per|krus|tal vgl. suprakrustal

su|per|la|tiv ⟨*lat.*⟩: **a)** überragend; **b)** (Rhet.) übertreibend, übertrieben; vgl. ...isch/-. **Su|per|la|tiv,** der; -s, -e: **1.** (Sprachwiss.) Höchststufe des Adjektivs bei der Steigerung. **2. a)** (Plural) etwas, was sich in seiner höchsten, besten Form darstellt; etwas, was zum Besten gehört u. nicht zu überbieten ist; **b)** Ausdruck höchsten Wertes, Lobes

su|per|la|ti|visch: 1. den Superlativ betreffend. **2. a)** überragend; **b)** übertrieben, superlativ (b); vgl. ...isch/-

Su|per|la|ti|vis|mus, der; -, ...men ⟨*lat.-nlat.*⟩: **a)** übermäßige Verwendung von Superlativen; **b)** Übertreibung

Su|per|lear|ning [ˈsuːpɐlœːɐ̯nɪŋ], das; -s ⟨*engl.*⟩: Lernmethode für Fremdsprachen, die darin besteht, durch gezielte Entspannungsübungen eine bessere Aufnahmefähigkeit zu erreichen

Su|per|mar|ket [ˈs(j)uːpəmaːkɪt], der; -s, -s ⟨*engl.-amerik.*⟩: engl. Bez. für: Supermarkt

Su|per|markt, der; -[e]s, ...märkte ⟨*engl.; dt.*⟩: großer [Lebensmittel]laden mit umfangreichem Sortiment zu meist niedrigen Preisen

Su|per|mi|nis|ter, der; -s, - ⟨*lat.; lat.-frz.*⟩: Minister, der für mehr als ein Ressort verantwortlich ist (z. B. Wirtschaft und Arbeit)

Su|per|na|tu|ra|lis|mus usw. vgl. Supranaturalismus usw.

Su|per|no|va, die; -, Plur. ...vas (fachspr.: ...ae [...vɛ], selten auch : ...vä u. ...ven) ⟨*lat.-nlat.*⟩ (Astron.): besonders lichtstarke [1]Nova

Su|per|nym, Superonym, das; -s, -e ⟨*lat.; gr.-nlat.*⟩: ↑Hyperonym

Su|per|ny|mie, Su|pe|r|o|ny|mie, die; -, ...ien: ↑Hyperonymie

Su|pe|r|o|nym vgl. Supernym

Su|per|oxid, Su|per|oxyd, das; -[e]s, -e ⟨*lat.; gr.*⟩: ↑Peroxid

Su|per|pel|li|ce|um, das; -s, ...cea ⟨*lat.-mlat.*⟩: (früher über dem Pelzrock getragener) weißer Chorrock der katholischen Priester

Su|per|phos|phat, das; -[e]s, -e: phosphathaltiger Kunstdünger

su|per|po|nie|ren ⟨*lat.*⟩ (bes. Med.): überlagern, übereinanderlagern (z. B. von Knochenfragmenten)

su|per|po|niert (Bot.): übereinanderstehend (von [Blüten]blättern)

Su|per|po|si|ti|on, die; -, -en (Physik): Überlagerung, bes. von Kräften od. Schwingungen

Su|per|po|si|ti|ons|au|ge, das; -s, -n ⟨*lat.; dt.*⟩ (Biol.): besondere Form des Facettenauges

Su|per|re|vi|si|on, die; -, -en (Wirtsch.): Nach-, Überprüfung

Su|per|se|kre|ti|on, die; -, -en (Med.): ↑Hypersekretion

Su|per|skript, das; -[e]s, -e ⟨*lat.-engl.*⟩: hochgestelltes Druckzeichen (z. B. in mathematischen Formeln)

su|per|so|nisch ⟨*lat.-nlat.*⟩: schneller als der Schall; über der Schallgeschwindigkeit

Su|per|star, der; -s, -s ⟨*lat.; engl.*⟩ (ugs.): bes. erfolgreicher Star

Su|per|sti|ti|on, die; - ⟨*lat.*⟩ (veraltet): Aberglaube

su|per|sti|ti|ös (veraltet): abergläubisch

Su|per|strat, das; -[e]s, -e ⟨*lat.*⟩ (Sprachwiss.): Sprache eines Eroberervolkes im Hinblick auf den Niederschlag, den sie in der Sprache der Besiegten gefunden hat (Ggs.: Substrat [3 b])

Su|per|vi|si|on [engl.: s(j)uːpəˈvɪʒən], die; - ⟨*lat.-engl.*⟩: **a)** Beratung eines Arbeitsteams, einer Organisation zur Erhöhung der Effektivität; **b)** Beratung u. Beaufsichtigung von Psychotherapeuten

Su|per|vi|sor [engl.: ˈs(j)uːpɐvaɪzɐ], der; -s, ...oren, bei engl. Ausspr. -s, -s: **1.** (Wirtsch.) jmd., der innerhalb eines Betriebes eine Aufseher- u. Kontrollfunktionen wahrnimmt. **2. a)** psychologisch ausgebildete Person, die berufsmäßig Supervision (a) betreibt; **b)** Psychoanalytiker, -therapeut, Psychologe, der Supervision (b) betreibt. **3.** (EDV) ↑Administrator (2). **Su|per|vi|so|rin,** die; -, -nen: weibliche Form zu ↑Supervisor (1, 2, 3)

Su|pin, das; -s, -e ⟨*lat.*⟩: ↑Supinum

Su|pi|num, das; -, ...na: Verbform zur Bezeichnung einer Absicht od. eines Bezugs (bes. im Lateinischen)

Sup|pe|da|ne|um, das; -s, ...nea ⟨*lat.-mlat.*⟩: **1.** stützendes Brett unter den Füßen des gekreuzigten Christus an Kruzifixen. **2.** oberste Altarstufe

Sup|per [ˈzapɐ, engl.: ˈsʌpə], das; -[s], - ⟨*germ.-galloroman.-frz.-engl.*⟩: engl. Bez. für: Abendessen

Sup|ple|ant, der; -en, -en ⟨*lat.-frz.*⟩ (schweiz.): Ersatzmann [in einer Behörde]. **Sup|ple|an|tin,** die; -, -nen: weibliche Form zu ↑Suppleant

Sup|ple|ment, das; -[e]s, -e ⟨*lat.*⟩: **1.** Ergänzung (Ergänzungsband od. Ergänzungsteil), Nachtrag,

Anhang. **2.** (Math.) Ergänzungswinkel od. -bogen, der einen vorhandenen Winkel od. Bogen zu 180° ergänzt

sup|ple|men|tär ⟨*lat.-nlat.*⟩: ergänzend

Sup|ple|ment|win|kel, der; -s, - ⟨*lat.; dt.*⟩: der Winkel β, der einen gegebenen Winkel zu 180° (gestreckter Winkel) ergänzt

Sup|plent, der; -en, -en ⟨*lat.*⟩ (österr. veraltet): Aushilfslehrer

Sup|ple|ti|on, die; -: ↑Suppletivismus

Sup|ple|tiv|form, die; -, -en (Sprachwiss.): grammatische Form eines Wortes, die anstelle einer fehlenden Form den Suppletivismus vervollständigt

Sup|ple|ti|vis|mus, der; - ⟨*lat.-nlat.*⟩ (Sprachwiss.): ergänzender Zusammenschluss von Wörtern verschiedenen Stammes zu einer formal od. inhaltlich geschlossenen Gruppe (z. B. bin, war, gewesen)

sup|ple|to|risch (veraltet): ergänzend, stellvertretend, nachträglich, zusätzlich

sup|plie|ren ⟨*lat.*⟩ (veraltet): **a)** ergänzen, hinzufügen; **b)** vertreten

Sup|plik, die; -, -en ⟨*lat.-it.-frz.*⟩ (veraltet): Bittschrift an den Papst zur Erlangung eines Benefiziums

Sup|pli|kant, der; -en, -en ⟨*lat.*⟩ (veraltet): Bittsteller. **Sup|pli|kan|tin,** die; -, -nen: weibliche Form zu ↑Supplikant

Sup|pli|ka|ti|on, die; -, -en (veraltet): Bittgesuch, Bitte

sup|pli|zie|ren ⟨*lat.*⟩ (veraltet): ein Bittgesuch einreichen

Sup|ply [səˈplaɪ̯], der; -s ⟨*engl.*⟩ (Wirtsch.): Vorrat, Bestand [einer Ware]; Angebot

sup|po|nie|ren ⟨*lat.*⟩: voraussetzen, unterstellen, annehmen

Sup|port [sʊpɔrt], der; -[e]s, -e ⟨*lat.-frz.(-engl.)*⟩: **1.** zweiseitig verschiebbarer, schlittenförmiger Werkzeugträger auf dem Bett einer Drehbank. **2.** (bes. EDV) Unterstützung, Hilfe

Sup|po|si|ta: *Plural* von ↑Suppositum

Sup|po|si|ti|on, die; -, -en ⟨*lat.;* »Unterstellung«⟩: **1.** Voraussetzung, Annahme. **2.** (Philos.) Verwendung ein u. desselben Wortes zur Bezeichnung von Verschiedenem

Sup|po|si|to|ri|um, das; -s, ...ien ⟨*lat.-nlat.*⟩ (Med.): Arzneizäpfchen

Sup|po|si|tum, das; -s, ...ta: Annahme

Sup|pres|si|on, die; -, -en ⟨*lat.*⟩: **1.** (Med.) Unterdrückung, Hemmung (einer Blutung o. Ä.). **2.** (Biol.) Unterdrückung od. Kompensation der Wirkung von mutierten Genen durch Suppressoren

sup|pres|siv ⟨*lat.-nlat.*⟩: unterdrückend; hemmend

Sup|pres|sor, der; -s, ...oren (Biol.): Gen, das die Mutationswirkung eines anderen, nicht allelen Gens kompensiert od. unterdrückt

sup|pri|mie|ren ⟨*lat.*⟩: unterdrücken, hemmen, zurückdrängen

Sup|pu|ra|ti|on, die; -, -en ⟨*lat.*⟩ (Med.): Eiterung

sup|pu|ra|tiv ⟨*lat.-nlat.*⟩ (Med.): eiternd, eitrig

Su|p|ra, das; -s, -s ⟨*lat.*⟩: Erwiderung auf ein Re (beim Skatspielen)

su|p|ra..., Su|p|ra...

⟨*lat.* supra »über, oberhalb«⟩
Präfix mit der Bedeutung »über, übergreifend; oberhalb«:
- Supraleiter
- supranational
- suprarenal

Su|p|ra|ex|li|b|ris, das; -, - ⟨*lat.*⟩: ↑Supralibros

Su|p|ra|flu|i|di|tät, die; - ⟨*lat.-nlat.*⟩: Stoffeigenschaft des flüssigen Heliums, bei einer bestimmten Temperatur die Viskosität sprunghaft auf sehr kleine Werte sinken zu lassen

su|p|ra|krus|tal, superkrustal ⟨*lat.-nlat.*⟩ (Geol.): an der Erdoberfläche gebildet (von Gesteinen)

Su|p|ra|lei|ter, der; -s, - ⟨*lat.; dt.*⟩: elektrischer Leiter, der in der Nähe des absoluten Nullpunktes ohne Widerstand Strom leitet

Su|p|ra|li|b|ros, das; -, - ⟨*lat.*⟩: auf der Vorderseite des Bucheinbandes eingeprägtes Exlibris in Form von Wappen o. Ä.

Su|p|ra|mid®, das; -[e]s ⟨Kunstw.⟩: Kunststoff mit eiweißähnlicher Struktur (als Knochenersatz u. chirurgisches Nähmaterial)

su|p|ra|na|ti|o|nal: überstaatlich, übernational

su|p|ra|na|tu|ral (Philos.): übernatürlich

Su|p|ra|na|tu|ra|lis|mus, Supernaturalismus, der; -: **1.** (Philos.) Glaube an das Übernatürliche, an ein die erfahrbaren Dinge bestimmendes übernatürliches Prinzip. **2.** (Theol.) dem Rationalismus entgegengesetzte Richtung in der evangelischen Theologie des 18. u. 19. Jh.s

su|p|ra|na|tu|ra|lis|tisch, supernaturalistisch: den Supranaturalismus betreffend

su|p|ra|or|bi|tal ⟨*lat.-nlat.*⟩ (Med.): über der Augenhöhle liegend

Su|p|ra|por|te vgl. Sopraporte

su|p|ra|re|nal ⟨*lat.-nlat.*⟩ (Med.): **1.** über der Niere gelegen. **2.** die Nebenniere betreffend

su|p|ra|seg|men|tal: nicht von der Segmentierung (1) erfassbar (von sprachlichen Erscheinungen, z. B. Intonation, Akzent)

su|p|ra|ster|nal ⟨*(lat.; gr.) nlat.*⟩ (Med.): oberhalb des Brustbeins gelegen

Su|p|ra|strom, der; -[e]s ⟨*lat.; dt.*⟩ (Physik): in einem Supraleiter dauernd fließender elektrischer Strom

su|p|ra|va|gi|nal ⟨*lat.-nlat.*⟩ (Med.): oberhalb der Scheide gelegen

Su|p|re|mat, der od. das; -[e]s, -e ⟨*lat.-nlat.*⟩: [päpstliche] Oberhoheit, Vorrang[stellung]

Su|p|re|mat|eid vgl. Suprematseid

Su|p|re|ma|tie, die; -, ...ien ⟨*lat.-nlat.*⟩: Supremat

Su|p|re|ma|tis|mus, der; - ⟨*lat.-russ.*⟩: eine von K. Malewitsch (1878–1935) begründete Art des Konstruktivismus (1)

su|p|re|ma|tis|tisch (Kunstwiss.): den Suprematismus betreffend, im Stil des Suprematismus

Su|p|re|mats|eid, Suprematеid, der; -[e]s, -e ⟨*lat.-nlat.; dt.*⟩: Eid der englischen Beamten u. Geistlichen, mit dem sie den Supremat des englischen Königs anerkannten

Su|p|reme Court [sjʊˈpriːm ˈkɔːt], der; - -s, - -s ⟨*engl.-amerik.*⟩: oberster Gerichtshof bzw. oberste Instanz in einigen Staaten mit angloamerikanischem Recht

Su|p|re|mum, das; -s, ...ma ⟨*lat.*⟩ (Math.): kleinste obere

Schranke (in der Mengenlehre); obere Grenze

Su|rah, der; -[s], -s ‹vermutlich entstellt aus dem Namen der ind. Stadt Surat›: Seidengewebe für Tücher, Schals o. Ä.

Sur|cot [syrˈkoː], der; -[s], -s ‹*frz.*›: ärmelloser Überwurf des späten Mittelalters

Sur|di|tas, die; - ‹*lat.*› (Med.): Taubheit

Su|re, die; -, -n ‹*arab.;* »Reihe«›: Kapitel des Korans

Surf|board [ˈsœːɐ̯fbɔːɐ̯t], das; -s, -s ‹*engl.*›: flaches, stromlinienförmiges Brett aus Holz od. Kunststoff, das beim Surfing verwendet wird

Surf|brett, das; -[e]s, -er ‹*engl.; dt.*›: ↑Surfboard

sur|fen [ˈsœːɐ̯fn̩] ‹*engl.*›: **1.** Surfing betreiben. **2. a)** Windsurfing betreiben; **b)** surfend (2 a) irgendwohin gelangen. **3.** (Jargon) **a)** im Internet wahllos od. gezielt nach Informationen suchen, sie abfragen; **b)** von einer Website zur anderen springen

Sur|fer, der; -s, -: jmd., der Surfing betreibt. **Sur|fe|rin,** die; -, -nen: weibliche Form zu ↑Surfer

Sur|fing [ˈsœːɐ̯fɪŋ], das; -s ‹*engl.*›: **1.** Wassersport, bei dem man sich, auf einem Surfboard stehend, von den Brandungswellen ans Ufer tragen lässt. **2.** ↑Windsurfing. **3.** (Jargon) die wahllose od. gezielte Suche nach od. Abfrage von Informationen (im Internet)

Surf|ri|ding [...raɪ̯dɪŋ], das; -s: ↑Surfing (1)

Su|ri|ka|te, die; -, -n ‹Herkunft unsicher›: eine in südafrik. Trockengebieten lebende Schleichkatze

Su|ril|ho [zuˈrɪljo], der; -s, -s ‹*port.*›: mit den Mardern verwandtes südamerikanisches Stinktier

Su|ri|mi, das; -[s] ‹*jap.;* eigtl. »gehacktes Fleisch«›: aus minderwertigem Fisch o. Ä. hergestelltes Krebsfleischimitat

Su|ri|mo|no, das; -s, -s ‹*jap.*›: als private Glückwunschkarte verwendeter japanischer Holzschnitt

sur|jek|tiv ‹*lat.-frz.*› (Math.): bei einer Projektion in eine Menge alle Elemente dieser Menge als Bildpunkte aufweisend

Sur|plus [ˈsœːɐ̯pləs], das; -, - ‹*lat.-mlat.-frz.-engl.*› (Wirtsch.): Überschuss, Gewinn, Profit

Sur|prise|par|ty, Sur|prise-Par|ty [səˈpraɪ̯z...], die; -, -s ‹*engl.-amerik.*›: Party, mit der man jmdn. überrascht u. die ohne sein Wissen [für ihn] arrangiert wurde

Sur|ra, die; - ‹*Merathi* (eine ind. Sprache)›: fieberhafte, meist tödlich verlaufende Erkrankung bestimmter Säugetiere in Afrika u. Asien

Sur|re, die; -, -n ‹*arab.*› (Geschichte): alljährlich vom türkischen Sultan mit der Pilgerkarawane nach Mekka gesandtes Geldgeschenk

sur|re|al [auch: zʏr...] ‹*lat.-frz.*›: traumhaft, unwirklich

Sur|re|a|lis|mus [auch: zyr...], der; -: (nach dem 1. Weltkrieg in Paris entstandene) Richtung der modernen Literatur u. Kunst, die das Unbewusste, Träume, Visionen u. Ä. als Ausgangspunkt künstlerischer Produktion ansieht. **Sur|re|a|list,** der; -en, -en: Anhänger, Vertreter des Surrealismus. **Sur|re|a|lis|tin,** die; -, -nen: weibliche Form zu ↑Surrealist. **sur|re|a|lis|tisch:** den Surrealismus betreffend, dafür typisch

Sur|ro|gat, das; -[e]s, -e ‹*lat.-nlat.*›: **1.** Stoff, Mittel o. Ä. als behelfsmäßiger, nicht vollwertiger Ersatz. **2.** (Rechtswiss.) Ersatz für einen Gegenstand, Wert

Sur|ro|ga|ti|on, die; -, -en ‹*lat.*› (Rechtswiss.): Austausch eines Wertes, Gegenstandes gegen einen anderen, der den gleichen Rechtsverhältnissen unterliegt

sur|sum cor|da ‹*lat.;* »empor die Herzen!«›: Ruf zu Beginn der Präfation in der lateinischen Messe

Sur|tax [ˈsœːɐ̯tɛks], die; -, -es ‹*lat.-frz.-engl.*›, **Sur|ta|xe** [zʏrˈtaks], die; -, -n ‹*lat.-frz.*›: zusätzliche Steuer (bei Überschreitung einer bestimmten Einkommensgrenze)

Sur|tout [syrˈtuː], der; -[s], -s ‹*lat.-frz.;* »über allem«›: (im 18. Jh. getragener) weiter, mit großem, oft doppeltem Kragen versehener Herrenmantel

Sur|veil|lance [səˈvɛɪ̯ləns], die; - ‹*frz.-engl.*› (Med.): systematische u. kontinuierliche Überwachung von Erkrankungen od. Todesfällen

Sur|vey [ˈsœːɐ̯vɛɪ̯], der; -[s], -s ‹*lat.-frz.-engl.(-amerik.)*›: **1.** Erhebung, Ermittlung, Befragung (in der Markt- u. Meinungsforschung). **2.** (Wirtsch.) Gutachten eines Sachverständigen im Warenhandel

Sur|vey|or [səˈvɛɪ̯ɐ], der; -s, -s: Sachverständiger u. Gutachter im Warenhandel

Sur|vi|vals [səˈvaɪ̯vl̩z], die (Plural) ‹*lat.-frz.-engl.;* »Überbleibsel«›: [unverstandene] Reste untergegangener Kulturformen in heutigen [Volks]bräuchen u. Vorstellungen des Volksglaubens

Sur|vi|val|trai|ning, Sur|vi|val-Trai|ning [səˈvaɪ̯vl̩...], das; -s, -s: Überlebenstraining

Su|shi [ˈzuːʃi], das; -[s], -[s] ‹*jap.*›: japanisches Gericht in Form kleiner Häppchen, die aus essigsaurem Reis u. verschiedenen Zutaten, bes. mit rohem Fisch u. a. Meerestieren, zubereitet werden

Su|si|ne, die; -, -n ‹*it.;* vom Namen der pers. Stadt Susa›: eine italienische Pflaume

Sus|lik, der; -s, -s ‹*russ.*›: geringwertiges, bes. als Mantelfutter verwendetes Fell bestimmter osteuropäischer Zieselarten

su|s|pekt ‹*lat.*›: verdächtig, fragwürdig, zweifelhaft (von einer Art, dass man an der Echtheit, Glaubwürdigkeit stärkere Zweifel hat)

sus|pen|die|ren ‹*lat.*›: **1. a)** [einstweilen] des Dienstes entheben; aus einer Stellung entlassen; **b)** zeitweilig aufheben; **c)** von einer Verpflichtung befreien. **2.** (Chemie, Med.) fein verteilen, aufschwemmen (in Bezug auf Teilchen in einer Flüssigkeit). **3.** (Med.) Körperglieder hochhängen, hochlagern

Sus|pense [səsˈpɛns], die u. der; - ‹*lat.-frz.-engl.*› (Film): Spannung

Sus|pen|si|on, die; -, -en ‹lat.›: **1.** [einstweilige] Dienstenthebung; zeitweilige Aufhebung. **2.** (Chemie, Med.) Aufschwemmung feinstverteilter fester Stoffe in einer Flüssigkeit. **3.** (Med.) schwebende Aufhängung (von Körpergliedern)

sus|pen|siv ‹*lat.-nlat.*›: aufhebend; aufschiebend

Sus|pen|so|ri|um, das; -s, ...ien ⟨*lat.-nlat.*⟩: **1.** (Med.) beutelförmige Tragevorrichtung für erschlaffte, schwer herabhängende Glieder (z. B. die weibliche Brust). **2.** beutelförmiger Schutz für die männlichen Geschlechtsteile

Sus|tain [səsˈteɪn], das; -s, -s ⟨*lat.-engl.*; »(den Ton) halten«⟩: Zeit des Abfallens des Tons bis zu einer bestimmten Tonhöhe beim Synthesizer

Sus|ten|ta|ti|on, die; -, -en ⟨*lat.*⟩ (veraltet): Unterstützung, Versorgung

sus|zep|ti|bel ⟨*lat.*⟩ (veraltet): empfindlich, reizbar

Sus|zep|ti|bi|li|tät, die; -, -en ⟨*lat.-nlat.*⟩: **1.** (veraltet) Empfindlichkeit, Reizbarkeit. **2.** Maß für die Magnetisierbarkeit eines Stoffes

Sus|zep|ti|on, die; -, -en ⟨*lat.*⟩: **1.** (veraltet) An-, Übernahme. **2.** (Bot.) Aufnahme eines Reizes (z. B. durch Absorption des Lichts beim Fototropismus)

sus|zi|pie|ren: **1.** (veraltet) an-, übernehmen. **2.** (Bot.) einen Reiz aufnehmen

Su|tasch vgl. Soutache

Su|t|ra, das; -, -s (meist Plural) ⟨*sanskr.*; »Leitfaden«⟩: knapp u. einprägsam formulierter Lehrsatz der indischen Literatur

Su|tur, die; -, -en ⟨*lat.*⟩: **1.** (Med.) Naht, Knochennaht. **2. a)** zackige Naht in Kalksteinen, die durch Lösung unter Druck entsteht; **b)** Anheftungslinie (Artmerkmal versteinerter Ammoniten)

su|um cu|i|que ⟨*lat.*; »jedem das Seine«⟩: jeder soll haben, was ihm zusteht, was er gern möchte (geflügeltes Wort in der Antike, das zum Wahlspruch des preußischen Schwarzen-Adler-Ordens wurde)

SUV [ɛsju:ˈvi:, zʊf], das od. der; -[s], -[s] ⟨Abk. für *engl. s*port *u*tility *v*ehicle⟩: Geländewagen

su|ze|rän ⟨*lat.-vulgärlat.-frz.*⟩ (selten): oberhoheitlich, oberherrschaftlich. **Su|ze|rän**, der; -s, -e: Staat, der die Suzeränität über einen anderen Staat ausübt

Su|ze|rä|ni|tät, die; -: Oberhoheit, Oberherrschaft eines Staates über einen anderen Staat

Sva|ra|bhak|ti [svaraˈbakti] vgl. Swarabhakti

sve|g|li|a|to [svɛlˈja:to] ⟨*lat.-vulgärlat.-it.*⟩ (Musik): munter, frisch (Vortragsanweisung)

Swa|hi|li vgl. Suaheli

Swa|mi, der; -[s], -s ⟨*Hindi*⟩: hinduistischer Mönch, Lehrer

Swamps [svɔmps], die (Plural) ⟨*engl.(-amerik.)*⟩: **1.** nasse, poröse, nach Entwässerung fruchtbare Böden. **2.** Sumpfwälder an der Atlantikküste der südöstlichen USA

Swan|boy [ˈsvɔnbɔɪ], das; -s ⟨*engl.*⟩: auf beiden Seiten stark gerauter Baumwollflanell in Köper- od. Leinwandbindung

Swan|skin [ˈsvɔnskɪn], der; -[s] ⟨*engl.*; »Schwanenfell«⟩: ↑Swanboy

Swap [svɔp, swɔp], der; -s, -s ⟨*engl.*⟩ (Bankw.): Austausch bestimmter Verbindlichkeiten, Forderungen, Rechte o. Ä. [um sich gegen Zinsänderungs- und Währungsrisiken abzusichern]

Swap|ge|schäft [ˈsvɔp..., ˈswɔp...], das; -[e]s, -e ⟨*engl.*; *dt.*⟩: [von den Zentralbanken] meist zum Zweck der Kurssicherung vorgenommener Austausch von Währungen in einer Verbindung von Kassageschäft u. Termingeschäft

Swap|per [ˈsvɔpɐ, ˈswɔ...], der; -s, - (Jargon): jmd., der Partnertausch betreibt. **Swap|pe|rin**, die; -, -nen: weibliche Form zu ↑Swapper

Swap|ping, das; -s: **1.** Partnertausch. **2.** (EDV) das Verschieben von Daten auf andere Datenträger, bes. um wieder Speicherkapazität zu gewinnen

Swa|ra|bhak|ti, Svarabhakti [svaraˈbakti], das (auch: die); - ⟨*sanskr.*⟩: Sprossvokal

Swas|ti|ka, die; -, ...ken (auch der; -[s], -s) ⟨*sanskr.*⟩: altindisches Glückssymbol in Form eines Sonnenrades, Hakenkreuzes

Swea|ter [ˈsvɛtɐ], der; -s, - ⟨*engl.*; »Schwitzer«⟩: Pullover

Sweat|shirt [ˈsvɛtʃœ:ɐ̯t], das; -s, -s: weit geschnittener Sportpullover (meist aus Baumwolle)

Sweep|s|take [ˈsvi:pste:k], das od. der; -s, -s ⟨*engl.-amerik.*⟩: **1.** zu Werbezwecken durchgeführte Verlosung, bei der die Gewinnlose vor der Verlosung festgelegt werden. **2.** Wettbewerb [im Pferderennsport], bei dem die ausgesetzte Prämie aus den Eintrittsgeldern besteht

Sweet [svi:t], der; - ⟨*engl.-amerik.*; »süß«⟩: dem Jazz nachgebildete Unterhaltungsmusik

Sweet|heart [ˈsvi:thɑ:t], das; -, -s: Liebste, Liebster

Swer|tia, die; -, ...iae [...i̯ɛ] ⟨*nlat.*; nach dem niederl. Botaniker E. Swert (17. Jh.)⟩: blaues Lungenkraut (ein Enziangewächs)

Swim|ming|pool [ˈsvɪmɪŋpu:l], der; -s, -s ⟨*engl.*⟩: **1.** (auf einem Privatgrundstück befindliches) Schwimmbecken innerhalb od. außerhalb eines Gebäudes. **2.** Cocktail von blauer Farbe (mit blauem Curaçao)

[1]**Swing**, der; -[s], -s ⟨*engl.*; »das Schwingen«⟩: **1.** (ohne Plural) **a)** rhythmische Qualität des Jazz, die durch die Spannung zwischen dem Grundrhythmus u. den melodisch-rhythmischen Akzenten sowie durch Überlagerungen verschiedener Rhythmen entsteht; **b)** Jazzstil, bei dem die afroamerikanischen Elemente hinter europäischen Klangvorstellungen zurücktreten (bes. 1930–1945). **2.** Kurzform von ↑Swingfox

[2]**Swing**, der; -[s] ⟨*engl.*⟩ (Wirtsch.): Betrag, bis zu dem ein Land, das mit seiner Lieferung im Verzug ist, vom Handelspartner Kredit erhält (bei zweiseitigen Handelsverträgen)

Swing-by [...ˈbaɪ̯], das; -s, -s ⟨*engl.*⟩ (Raumfahrt): ↑Fly-by (a)

swin|gen: **1. a)** in der Art des [1]Swing (1 a) ein Musikstück spielen, Musik machen; **b)** zur Musik des [1]Swing (1 b) tanzen. **2.** Gruppensex betreiben

Swin|ger, der; -s, -: **1.** (Mode) Kurzmantel in schwingender Weite. **2.** (Jargon) jmd., der swingt (2). **Swin|ge|rin**, die; -, -nen: weibliche Form zu ↑Swinger (2)

Swing|fox, der; -[es], -e: aus dem Foxtrott entwickelter Gesellschaftstanz

swin|ging: schwungvoll, aufregend (meist in Verbindung mit Städtenamen)

Swin|ging, das; -[s] (Jargon): Gruppensex

swit|chen [ˈsvɪtʃn̩] ⟨*engl.*⟩: **1.** (Wirtsch.) ein ↑Switchge-

schäft tätigen. **2.** [hin u. her] wechseln. **3.** (ugs.) ↑ zappen
Switch|ge|schäft, das; -[e]s, -e ⟨*engl.; dt.*⟩: Außenhandelsgeschäft, das über ein drittes Land abgewickelt wird (u. a. zur Ausnutzung von Kursdifferenzen)
sy..., Sy... vgl. syn..., Syn...
Sy|ba|rit, der; -en, -en ⟨*gr.-lat.;* nach der antiken unterit. Stadt Sybaris, deren Einwohner als Schlemmer verrufen waren⟩ (veraltet): Schlemmer. **sy|ba|ri|tisch** (veraltet): genusssüchtig, schwelgerisch
Sy|ba|ri|tis|mus, der; - ⟨*nlat.*⟩ (veraltet): Genusssucht, Schlemmerei
Sy|e|nit [auch: ...ˈnɪt], der; -s, -e ⟨*gr.-lat.;* nach der altägypt. Stadt Syene bei Assuan⟩: mittel- bis grobkörniges Tiefengestein
Sy|ko|mo|re, die; -, -n ⟨*gr.-lat.*⟩: in Ostafrika beheimateter Feigenbaum mit essbaren Früchten u. festem Holz
Sy|ko|phant, der; -en, -en ⟨*gr.;* »Feigenanzeiger«⟩ (veraltet): **1.** gewerbsmäßiger Ankläger im alten Athen. **2.** Verräter, Verleumder. **Sy|ko|phan|tin,** die; -, -nen: weibliche Form zu ↑ Sykophant (2). **sy|ko|phan|tisch** (veraltet): anklägerisch, verleumderisch
Sy|ko|se, die; -, -n ⟨*gr.-nlat.*⟩: **1.** (veraltet) ↑ Sacharin. **2.** (Med.) Bartflechte
Sy|ko|sis, die; -, ...kosen (Med.): ↑ Sykose (2)
syl..., Syl... vgl. syn..., Syn...
Syl|la|bar, das; -s, -e, **Syl|la|ba|ri|um,** das; -s, ...ien ⟨*gr.-lat.*⟩ (veraltet): Abc-Buch, [1]Fibel
Syl|la|bi: *Plural* von ↑ Syllabus
syl|la|bie|ren ⟨*gr.-nlat.*⟩ (veraltet): buchstabieren, in Silben [aus]sprechen
syl|la|bisch ⟨*gr.-lat.*⟩: **1.** silbenweise, nach Silben gegliedert. **2.** silbenweise komponiert, sodass jeder Silbe des Textes eine Note zugehörig ist
Syl|la|bus, der; -, - u. ...bi: **1.** Zusammenfassung, Verzeichnis. **2.** (Geschichte) päpstliche Auflistung kirchlich verurteilter religiöser, philosophischer u. politischer Lehren
Syl|lep|se, Syl|lep|sis, die; -, ...epsen ⟨*gr.-lat.*⟩ (Rhet.): Ellipse (2), bei der ein Satzteil anderen in Person, Numerus od. Genus verschiedenen Satzteilen zugeordnet wird (z. B. ich gehe meinen Weg, ihr den eurigen)
syl|lep|tisch ⟨*gr.-nlat.*⟩: in der Form einer Syllepse
Syl|lo|gis|mus, der; -, ...men ⟨*gr.-lat.*⟩ (Philos.): aus zwei Prämissen gezogener logischer Schluss vom Allgemeinen auf das Besondere
Syl|lo|gis|tik, die; -: Lehre von den Syllogismen
syl|lo|gis|tisch: den Syllogismus, die Syllogistik betreffend
[1]Syl|phe, der; -n, -n (selten die; -, -n) ⟨Elementargeist im System des Paracelsus, 1493–1541⟩: männlicher Luftgeist (z. B. Ariel)
[2]Syl|phe, die; -, -n: junges, zartes weibliches Wesen
Syl|phi|de, die; -, -n ⟨*lat.-nlat.*⟩: **1.** weiblicher Luftgeist. **2.** zartes, anmutiges Mädchen
syl|phi|den|haft: zart, anmutig
Syl|va|nit [auch: ...ˈnɪt], der; -s, -e ⟨*nlat.;* nach dem lat. Namen Transsylvania für Siebenbürgen⟩: stahlgraues, silberweißes od. gelbes, metallisch glänzendes Mineral

Silvester
Die Bezeichnung für den letzten Tag im Jahr wird, anders als der Vorname *Sylvester/Silvester,* ausschließlich mit *i* geschrieben.

Syl|vin, das (auch: der); -s, -e ⟨*nlat.;* nach dem frz. Arzt F. Sylvius, 1614–1672⟩: zu den Kalisalzen gehörendes Mineral
Syl|vi|nit [auch: ...ˈnɪt], das; -s, -e: Sylvin u. Steinsalz enthaltendes Salzgestein
sym..., Sym... vgl. syn..., Syn...
Sym|bi|ont, der; -en, -en ⟨*gr.*⟩: Lebewesen, das mit Lebewesen anderer Art in Symbiose lebt
sym|bi|on|tisch: ↑ symbiotisch
Sym|bi|o|se, die; -, -n: das Zusammenleben von Lebewesen verschiedener Art zu gegenseitigem Nutzen
sym|bi|o|tisch: in Symbiose lebend
Sym|b|le|pha|ron, das; -s ⟨*gr.-nlat.*⟩ (Med.): Verwachsung der Augenlider mit dem Augapfel
Sym|bol, das; -s, -e ⟨*gr.-lat.;* »Kennzeichen, Zeichen«⟩: **1.** in der Antike ein durch Boten überbrachtes Erkennungs- od. Beglaubigungszeichen zwischen Freunden, Vertragspartnern o. Ä. **2.** Sinnbild. **3.** (Psychol.) Ausdruck des Unbewussten, Verdrängten in Worten, Handlungen, Traumbildern u. Ä. **4.** christliches Tauf- od. Glaubensbekenntnis. **5.** Zeichen, das eine Rechenanweisung gibt (verkürzte Kennzeichnung eines mathematischen Verfahrens). **6.** Zeichen für eine physikalische Größe (als deutscher, lateinischer od. griechischer Buchstabe geschrieben). **7.** (EDV) Zeichen od. Wort zur Darstellung od. Beschreibung einer Informationseinheit od. Operation

Symbol/Symptom *s. Kasten Seite 1089*
Sym|bo|la: *Plural* von ↑ Symbolum
Sym|bol|fi|gur, die; -, -en: Figur, Person, die ein Symbol darstellt
Sym|bo|lik, die; -: **1. a)** symbolische Bedeutung; **b)** symbolische Darstellung. **2. a)** Verwendung von Symbolen; **b)** Wissenschaft von den Symbolen u. ihrer Verwendung. **3.** Lehre von den christlichen Bekenntnissen
Sym|bo|li|sa|ti|on, die; -, -en (Psychol.): die Ersetzung von Objekten, auf die sich verbotene Strebungen beziehen, durch Symbole als Abwehrmechanismus des Ich; vgl. ...ation/...ierung
sym|bo|lisch: a) als Symbol für etwas anderes stehend; ein Symbol darstellend; **b)** sich eines Symbols bedienend
sym|bo|li|sie|ren ⟨*gr.-nlat.*⟩: sinnbildlich darstellen
Sym|bo|li|sie|rung, die; -, -en:

Symbol

Zwei Kinder werden zwei Tauben als Symbol des Friedens freilassen.
Sinnbild, Merkzeichen, Zeichen
– als Symbol von Macht und Stärke
– christliche [...] Symbole wie das Kreuz
– die Rose [ist/als ein] Symbol für/der Liebe und ...
Das Herz ist ein Symbol für unsere innersten Gefühle.
Ein Sinnbild ist sprachlich nichts anderes als ein Symbol.
Ein Symbol, dessen Bedeutung man entschlüsseln muss.

Symptom

An welchen Symptomen erkennt man Demenz?
Erscheinung, die als Anzeichen für etwas genommen wird, meist für eine Krankheit
– nach Abklingen der akuten [...] Symptome
– Patienten [...] schweren Symptomen [...] behandelt
– Symptome [...] Fieber [...] Schüttelfrost, Gliederschmerzen
Da beschäftigen sie sich nur mit Symptomen und lassen die Ursachen unangetastet.
Schwindel ist keine Krankheit, sondern ein Symptom mit vielfältigen Ursachen.
Ist das ein Symptom für die Krise unseres parlamentarischen Systems?

1. sinnbildliche Darstellung. **2.** (Psychol.) Versinnbildlichung seelischer Konflikte im (Traum)erleben; vgl. ...ation/...ierung

Sym|bo|lis|mus, der; -: **1.** (seit etwa 1890 verbreitete u. als Gegenströmung zum Naturalismus entstandene) [literarische] Bewegung, die eine symbolische Darstellungs- u. Ausdrucksweise anstrebt. **2.** (Fachspr.) System von Formelzeichen

Sym|bo|list, der; -en, -en: Vertreter des Symbolismus (1). **Sym|bo|lis|tin,** die; -, -nen: weibliche Form zu ↑Symbolist. **sym|bo|lis|tisch:** den Symbolismus, die Symbolisten betreffend

Sym|bo|lum, das; -s, ...la ⟨*gr.-lat.*⟩: lat. Form von ↑Symbol

Sym|link [ˈzʏmlɪŋk], der; -s, -s ⟨*engl.*⟩ (EDV): Link, der nicht direkt zu einer Datei führt, sondern lediglich auf den zu ihr führenden Pfad verweist

Sym|ma|chie, die; -, ...ien ⟨*gr.*⟩ (Geschichte): Bundesgenossenschaft der altgriechischen Stadtstaaten

Sym|me|t|rie, die; -, ...ien ⟨*gr.-lat.*⟩: **1.** Gleich-, Ebenmaß; die harmonische Anordnung mehrerer Teile zueinander (Ggs.: Asymmetrie). **2.** (Math., Biol.) Spiegelungsgleichheit; Eigenschaft von Figuren, Körpern o. Ä., die beiderseits einer [gedachten] Mittelachse ein jeweils spiegelgleiches Bild ergeben (Ggs.: Asymmetrie). **3.** (Musik, Literaturwiss.) die wechselseitige Entsprechung von Teilen in Bezug auf die Größe, die Form od. die Anordnung. **sym|me|t|risch** ⟨*gr.-nlat.*⟩: **1.** gleich-, ebenmäßig. **2.** (Math.) auf beiden Seiten einer [gedachten] Mittelachse ein Spiegelbild ergebend (von Körpern, Figuren u. Ä.). **3.** (Med.) auf beiden Körperseiten gleichmäßig auftretend. **4.** (Musik, Literaturwiss.) wechselseitige Entsprechungen aufweisend (in Bezug auf die Form, Größe, Anordnung von Teilen)

Sym|pa|th|ek|to|mie, die; -, ...ien ⟨*gr.-nlat.*⟩ (Med.): operative Entfernung eines Teiles des Sympathikus

sym|pa|the|tisch ⟨*gr.;* »mitfühlend«⟩: **1.** (veraltet) Sympathie empfindend, auf Sympathie beruhend; **sympathetischer Dativ** (Sprachwiss.): Dativ des Zuwendens, Mitfühlens (z. B.: *dem Freund* die Hand schütteln). **2.** eine geheimnisvolle Wirkung ausübend

entgegenbringen
Antipathie
bekunden
Welle
füreinander
hegen
Sympathie
empfinden
gegenseitig
genießen
Woge
Verständnis
unverhohlen

Sym|pa|thie, die; -, ...ien ⟨*gr.-lat.*⟩: **1.** aufgrund gewisser Übereinstimmung, Affinität positive gefühlsmäßige Einstellung zu jmdm., einer Sache; [Zu]neigung; Wohlgefallen (Ggs.: Antipathie). **2.** Verbundenheit aller Teile des Ganzen, sodass, wenn ein Teil betroffen ist, auch alle anderen Teile betroffen sind (in der Naturphilosophie). **3.** im Volksglauben die Vorstellung von geheimer gegenseitiger Einwirkung aller Wesen u. Dinge aufeinander. **4.** (Psychol., Soziol.) Ähnlichkeit in der Art des Erlebens u. Reagierens, Gleichgerichtetheit der Überzeugung u. Gesinnung

Sym|pa|thie|bo|nus, der; - u. -ses, - u. -se (auch: ...ni) ⟨*gr.-lat.; lat.-engl.*⟩: Vorteil, Vorsprung aufgrund der Sympathie, die jmdm. entgegengebracht wird

Sym|pa|thi|ko|ly|ti|kum, das; -s, ...ka ⟨*gr.-nlat.*⟩ (Med.): Arzneimittel, das die Reizung sympathischer Nerven hemmt od. aufhebt

Sym|pa|thi|ko|mi|me|ti|kum, das; -s, ...ka (Med.): Arzneimittel, das im Organismus die gleichen Erscheinungen hervorruft wie die Erregung des Sympathikus (z. B. Adrenalin)

Sym|pa|thi|ko|to|nie, die; -, ...ien (Med.): erhöhte Erregbarkeit des sympathischen Nervensystems

Sym|pa|thi|ko|to|ni|kum, das; -s, ...ka (Med.): Arzneimittel, das das sympathische Nervensystem anregt

Sym|pa|thi|kus, der; -, ...thizi ⟨*gr.-nlat.*⟩ (Med.): Teil des vegetativen Nervensystems, der zu erhöhter Leistungsbereitschaft führt; Gegenspieler des ↑Parasympathikus

Sym|pa|thi|sant, der; -en, -en ⟨*gr.-nlat.*⟩: jmd., der einer [extremen] politischen od. gesellschaftlichen Gruppe (seltener

Symptom

An welchen Symptomen erkennt man Demenz?
Erscheinung, die als Anzeichen für etwas genommen wird, meist für eine Krankheit
- deren Symptome denen einer Lungenentzündung ähneln
- Patienten [...] schweren Symptomen [...] behandelt
- die ähnliche Symptome [...] aufweisen

Da beschäftigen sie sich nur mit Symptomen und lassen die Ursachen unangetastet.
Weiß er, welche Symptome zu einem Burn-out gehören?
Sie werten die schweren Unwetter als ein Symptom des Klimawandels.

Syndrom

Das Burn-out-Syndrom betrifft oft Menschen, die im vollen Erwerbsleben stehen.
Netz von Erscheinungen, meist im Zusammenhang mit Krankheiten
- das metabolische Syndrom [...] Bluthochdruck
- Restless-Legs-Syndrom, das Syndrom der unruhigen Beine
- ein posttraumatisches Syndrom

Menschen mit Schuppenflechte haben oft Symptome des metabolischen Syndroms.
Ist es eine Krankheit, ein Phänomen, ein Syndrom oder eine Störung?
Der Versuch, das Syndrom genauer zu definieren, ist kompliziert.

einer Einzelperson), Anschauung wohlwollend gegenübersteht [u. sie unterstützt]. **Sym|pa|thi|san|tin,** die; -, -nen: weibliche Form zu ↑Sympathisant

sym|pa|thisch ⟨*gr.-(frz.)*⟩: **1.** Sympathie erweckend. **2.** (Med.) zum vegetativen Nervensystem gehörend; den Sympathikus betreffend. **3.** (veraltet) mitfühlend, aufgrund innerer Verbundenheit gleich gestimmt

sym|pa|thi|sie|ren ⟨*gr.-nlat.*⟩: die Anschauungen einer Gruppe, einer Einzelperson teilen, ihnen zuneigen, sie unterstützen

Sym|pa|thi|zi: *Plural* von ↑Sympathikus

Sym|pa|tho|ly|ti|kum, das; -s, ...ka ⟨*gr.-nlat.*⟩ (Med.): ↑Sympathikolytikum

Sym|pa|tho|mi|me|ti|kum, das; -s, ...ka (Med.): vgl. Sympathikomimetikum

Sym|pe|ta|len, die (Plural) ⟨*gr.-nlat.*⟩ (Bot.): Blütenpflanzen mit verwachsenen Kronblättern

Sym|pho|nie usw. vgl. Sinfonie usw.

sym|ph|ro|nis|tisch ⟨*gr.-nlat.*⟩ (veraltet): sachlich übereinstimmend

Sym|phy|se, die; -, -n ⟨*gr.*⟩ (Med.): **a)** Verwachsung zweier Knochenstücke; **b)** Knochenfuge, bes. Schambeinfuge

sym|phy|tisch (Med.): zusammengewachsen

sym|p|lek|tisch ⟨*gr.*⟩: **1.** (Math.) **symplektische Form:** schiefsymmetrische u. nicht ausgeartete ↑bilineare Form. **2.** (Math., Physik) symplektische Formen betreffend, enthaltend o. Ä. **3.** (Geol., Mineral.) mit wurmförmigen Einschlüssen eines anderen Minerals

Sym|p|lo|ke, die; -, ...ploken ⟨*gr.;* »Verflechtung, Verbindung«⟩: Wiederholung der gleichen Wörter am Anfang u. am Ende zweier od. mehrerer aufeinanderfolgender Verse od. Sätze

sym|po|di|al ⟨*gr.-nlat.*⟩ (Biol.): keine einheitliche Hauptachse ausbildend (von der Verzweigung einer Pflanzensprossachse)

typisch
Krise
Krankheit
Ursache
deuten
auffällig
Symptom
bekämpft
herumdoktern
kurieren
Husten
Ursachenbekämpfung

Sym|po|di|um, das; -s, ...ien: Pflanzenverzweigung mit Scheinachse (Ggs.: Monopodium)

Sym|po|si|on [auch: ...'po:...], das; -s, ...ien ⟨*gr.*⟩: **1.** Zusammenkunft von Wissenschaftlern, Fachleuten, bei der bestimmte fachbezogene Themen (in Vorträgen u. Diskussionen) erörtert werden. **2.** Trinkgelage im antiken Griechenland, bei dem das [philosophische] Gespräch im Vordergrund stand. **3.** Sammelband mit Beiträgen verschiedener Autoren zu einem Thema

Sym|po|si|um [auch: ...'po:...], das; -s, ...ien: lat. Form von ↑Symposion

Sym|p|tom, das; -s, -e ⟨*gr.;* »Zufall; vorübergehende Eigentümlichkeit«⟩: **1.** Anzeichen, Vorbote; Kennzeichen; Merkmal. **2.** (Med.) Krankheitszeichen, für eine bestimmte Krankheit charakteristische, zu einem bestimmten Krankheitsbild gehörende krankhafte Veränderung

Symptom/Syndrom *s. Kasten*

Sym|p|to|ma|tik, die; - (Med.): **1.** Gesamtheit von Symptomen. **2.** ↑Symptomatologie

sym|p|to|ma|tisch: 1. bezeichnend. **2.** (Med.) die Symptome betreffend; nur auf die Symptome, nicht auf die Krankheitsursache einwirkend

Sym|p|to|ma|to|lo|gie, die; - ⟨*gr.-nlat.*⟩ (Med.): Wissenschaft von den Krankheitszeichen

syn..., Syn...

vor b, m, p angeglichen zu: sym..., Sym..., vor l zu: syl..., Syl..., gelegentlich verkürzt zu: sy..., Sy...
⟨*gr.* sýn »zusammen; mit; übereinstimmend mit«⟩
Präfix mit der Bedeutung »mit, zusammen; gemeinsam; gleichzeitig mit; gleichartig«:
- Syllogismus
- Symbiose
- Synarthrose
- synchron

sy|n|a|go|gal ⟨*gr.-lat.-nlat.*⟩: **1.** den jüdischen Gottesdienst betreffend. **2.** die Synagoge betreffend

Sy|n|a|go|ge, die; -, -n ⟨*gr.-lat.;* »Versammlung«⟩: **1.** Gebäude, Raum, in dem sich die jüdische Gemeinde zu Gebet u. Belehrung versammelt. **2.** (ohne Plural; Kunstwiss.) zusammen mit der Ecclesia (2) dargestellte weibliche Figur (mit einer Binde über den Augen u. einem zerbrochenen Stab in der Hand) als Allegorie des Alten Testaments

Sy|n|al|gie, die; -, ...ien ⟨*gr.-nlat.*⟩ (Med.): das Mitempfinden von Schmerzen in einem nicht erkrankten Körperteil

Syn|al|la|ge, die; -, ...agen, **Syn|al|lag|ma,** das; -s, ...men ⟨*gr.*⟩ (Rechtswiss.): gegenseitiger Vertrag

syn|al|lag|ma|tisch ⟨*gr.-nlat.*⟩: gegenseitig; **synallagmatischer Vertrag:** ↑Synallage

Sy|n|a|lö|phe, die; -, -n ⟨*gr.*⟩ (antike Metrik): Verschmelzung zweier Silben durch Elision (1) od. Krasis

sy|n|an|d|risch ⟨*gr.-nlat.*⟩ (Bot.): verwachsene Staubbeutel aufweisend (von Blüten)

Sy|n|an|d|ri|um, das; -s, ...ien (Bot.): die Einheit der miteinander verwachsenen Staubbeutel (z. B. bei Glockenblumengewächsen u. Korbblütlern)

Sy|n|an|thie, die; -, ...ien ⟨*gr.-nlat.*⟩ (Bot.): durch seitliche Verwachsung von Blüten od. Pflanzen auftretende Fehlbildung

Sy|n|a|phie, die; -, ...ien ⟨*gr.-lat.*⟩ (Metrik): rhythmisch fortlaufende Verbindung von Versen. **sy|n|a|phisch** ⟨*gr.-nlat.*⟩: die Synaphie betreffend, Synaphie aufweisend

Sy|n|ap|se, die; -, -n ⟨*gr.*⟩ (Biol., Med.): **1.** Kontakt-, Umschaltstelle zwischen Nervenfortsätzen, an der nervöse Reize von einem Neuron auf ein anderes weitergeleitet werden. **2.** Berührungsstelle der Grenzflächen zwischen Muskel u. Nerv

Sy|n|ap|sis, die; - (Biol.): die Paarung der sich entsprechenden Chromosomen während der ersten Phase der Reduktionsteilung

Sy|n|ap|te, die; -, -n ⟨*gr.;* »Zusammenstellung«⟩: Fürbittgebet (Wechselgebet) im orthodoxen Gottesdienst

Sy|n|ä|re|se, Sy|n|ä|re|sis, die; -, ...resen ⟨*gr.*⟩: Zusammenziehung zweier verschiedenen Silben angehörender Vokale zu einer Silbe (z. B. *gehen* zu *gehn*)

Sy|n|ar|th|ro|se, die; -, -n ⟨*gr.-nlat.*⟩ (Med.): sogenanntes unechtes Gelenk, bei dem die Knochen bindegewebig od. knorpelig verbunden od. knöchern zusammengeschmolzen sind

Sy|n|äs|the|sie, die; -, ...ien ⟨*gr.-nlat.*⟩: **a)** (Med.) Reizempfindung eines Sinnesorgans bei Reizung eines anderen (z. B. Farbwahrnehmung bei akustischem Reiz); **b)** (Stilkunde) durch sprachlichen Ausdruck hervorgerufene Verschmelzung mehrerer Sinneseindrücke

sy|n|äs|the|tisch: a) die Synästhesie betreffend; **b)** durch einen nicht spezifischen Reiz erzeugt

Sy|n|a|xa|ri|on, das; -s, ...ien ⟨*gr.-mgr.*⟩: liturgischer Kalender der orthodoxen Kirche mit Lebensbeschreibungen der Tagesheiligen

Sy|n|a|xis, die; -, ...axen ⟨*gr.-lat.*⟩: Gottesdienst in der griechisch-orthodoxen Kirche

Syn|cho|ro|lo|gie [...ç..., auch: ...k...], die; -: Teilgebiet der Pflanzensoziologie, das die geografische Verbreitung der Pflanzengesellschaften untersucht

syn|chron [...k...] ⟨*gr.-nlat.*⟩: **1.** gleichzeitig; mit gleicher Geschwindigkeit [ab]laufend. **2. a)** als sprachliche Gegebenheit in einem bestimmten Zeitraum geltend, anzutreffen; **b)** ↑synchronisch (a); vgl. ...isch/-

Syn|chro|nie, die; -: **a)** Zustand einer Sprache in einem bestimmten Zeitraum (im Gegensatz zu ihrer geschichtlichen Entwicklung); **b)** Beschreibung sprachlicher Phänomene, eines sprachlichen Zustandes innerhalb eines bestimmten Zeitraums

Syn|chro|ni|sa|ti|on, die; -, -en: **1. a)** Zusammenstimmung von Bild, Sprechton u. Musik im Film; **b)** bild- und bewegungsechte Übertragung fremdsprachiger Partien eines Films. **2.** Ergebnis einer Synchronisation; synchronisierte Fassung; vgl. ...ation/...ierung

syn|chro|nisch (Sprachwiss.): **a)** die Synchronie betreffend; **b)** ↑synchron (2 a); vgl. ...isch/-

syn|chro|ni|sie|ren: 1. eine Synchronisation (1) vornehmen. **2.** den Gleichlauf zwischen zwei Vorgängen, Maschinen od. Geräte[teile]n herstellen. **3.** zeitlich aufeinander abstimmen. **Syn|chro|ni|sie|rung,** die; -, -en: das Synchronisieren; vgl. ...ation/...ierung

Syn|chro|nis|mus, der; -, ...men: **1.** (ohne Plural; Technik) Gleichlauf, übereinstimmender Bewegungszustand mechanisch voneinander unabhängiger Schwingungserzeuger. **2.** (für die geschichtliche Datierung wichtiges) zeitliches Zusammentreffen von Ereignissen. **syn|chro|nis|tisch: 1.** (Technik) den Synchronismus (1) betreffend. **2.** Gleichzeitiges zusammenstellend

Syn|chro|ni|tät, die; -, -en: **1.** (ohne Plural) das Synchronsein. **2.** synchrones Geschehen

Syn|chro|n|op|se, die; -, -n ⟨*gr.-nlat.*⟩: Gegenüberstellung von Ereignissen (die zur gleichen Zeit, aber in verschiedenen Bereichen od. in verschiedenen Ländern eintraten) in tabellarischer Form. **syn|chro|n|op|tisch:** die Synchronopse betreffend

Syn|chro|t|ron, das; -s, ...trone (auch: -s) (Kernphysik): ringförmiger Beschleuniger für geladene Elementarteilchen, der diese auf einer Kreisbahn beschleunigt

Syn|dak|ty|lie, die; -, ...ien ⟨*gr.-nlat.*⟩ (Med.): Verwachsung der Finger od. Zehen

Syn|de|re|sis, die; - ⟨*gr.*⟩ (Theol.): das Gewissen als Bewahrung des göttlichen Funkens im Menschen

Syn|des|mo|lo|gie, die; - ⟨*gr.-nlat.*⟩ (Med.): Teilgebiet der Anatomie, das sich mit den Bändern befasst

Syn|des|mo|se, die; -, -n (Med.): Knochenverbindung durch Bindegewebe

Syn|det, das; -s, -s ⟨*engl.*⟩: **1.** (nur Plural) synthetische Tenside. **2.** Kurzform von ↑Syndetseife

Syn|de|ti|kon ®, das; -s ⟨*gr.*⟩: dickflüssiger Klebstoff

syn|de|tisch (Sprachwiss.): durch eine Konjunktion verbunden (von Satzteilen od. Sätzen)

Syn|det|sei|fe, die; -, -n ⟨*engl.; dt.*⟩: Seife für besonders empfindliche Haut, die auf der Basis von ↑ Syndets (1) hergestellt ist

Syn|di|ka, die; -, -s: weibliche Form zu ↑ Syndikus

Syn|di|ka|lis|mus, der; - ⟨*gr.-lat.-nlat.*⟩: gegen Ende des 19. Jh.s in der Arbeiterbewegung entstandene Richtung, die in den gewerkschaftlichen Zusammenschlüssen der Lohnarbeiter u. nicht in einer politischen Partei den Träger revolutionärer Bestrebungen sah. **Syn|di|ka|list,** der; -en, -en: Anhänger des Syndikalismus. **Syn|di|ka|lis|tin,** die; -, -nen: weibliche Form zu ↑ Syndikalist. **syn|di|ka|lis|tisch:** den Syndikalismus betreffend

Syn|di|kat, das; -[e]s, -e ⟨*gr.-lat.(-engl.-amerik.)*⟩: **1.** (Wirtsch.) Kartell, bei dem die Mitglieder ihre Erzeugnisse über eine gemeinsame Verkaufsorganisation absetzen müssen. **2.** als geschäftliches Unternehmen getarnte Verbrecherorganisation (in den USA)

Syn|di|kus, der; -, -se u. ...dizi ⟨*gr.-lat.*⟩ (Rechtswiss.): bei einem Unternehmen, Verband od. einer Körperschaft angestellter Rechtsanwalt

syn|di|ziert ⟨*gr.-lat.-nlat.*⟩: in einem Syndikat (1) zusammengefasst

metabolisch
diagnostizieren
Autismus
depressiv
Diagnose
leiden
Syndrom
Burn-out
posttraumatisch
Alzheimer
Krankheitsbild
Allergie

Syn|drom, das; -s, -e ⟨*gr.;* »das Zusammenlaufen«⟩: **a)** (Med.) Krankheitsbild, das sich aus dem Zusammentreffen verschiedener charakteristischer Symptome ergibt; **b)** (Soziol.) Gruppe von Merkmalen od. Faktoren, deren gemeinsames Auftreten einen bestimmten Zusammenhang od. Zustand anzeigt

Sy|n|e|chie, die; -, ...ien ⟨*gr.*⟩ (Med.): Verklebung od. Verwachsung normalerweise nicht verbundener Gewebeschichten (z. B. von Regenbogenhaut u. Augenlinse bzw. Hornhaut)

Sy|n|e|cho|lo|gie, die; - ⟨*gr.-nlat.*⟩ (Philos.): die Lehre von Raum, Zeit u. Materie als etwas Stetigem, Zusammenhängendem

Sy|n|e|d|ri|on, das; -s, ...ien ⟨*gr.;* »Versammlung«⟩: **1.** altgriechische Ratsbehörde. **2.** ↑ Synedrium

Sy|n|e|d|ri|um, das; -s, ...ien ⟨*gr.-lat.*⟩ (Geschichte): der Hohe Rat der Juden in der griechischen u. römischen Zeit

Sy|n|ek|do|che, die; -, ...dochen ⟨*gr.-lat.*⟩ (Rhet., Stilkunde): das Ersetzen eines Begriffs durch einen engeren od. weiteren Begriff (z. B. *Kiel* für *Schiff*). **sy|n|ek|do|chisch:** die Synekdoche betreffend

Sy|n|ek|tik, die; - ⟨*gr.*⟩: dem Brainstorming ähnliche Methode zur Lösung von Problemen

Sy|n|e|phe|be, der; -n, -n ⟨*gr.-lat.*⟩ (veraltet): Jugendfreund

Sy|n|er|get, der; -en, -en ⟨*gr.-nlat.*⟩: ↑ Synergist. **sy|n|er|ge|tisch:** zusammen..., mitwirkend

Sy|n|er|gi|den, die (Plural) (Biol.): zwei Zellen der pflanzlichen Samenanlage

Sy|n|er|gie, die; -, ...ien: **1.** (Psychol.) Energie, die für den Zusammenhalt u. die gemeinsame Erfüllung von Aufgaben zur Verfügung steht. **2.** positives [ökonomisches] Potenzial, das zum Synergieeffekt führen kann. **3.** (ohne Plural) ↑ Synergismus (1)

Sy|n|er|gie|ef|fekt, der; -[e]s, -e: **a)** positive Wirkung, die sich aus dem Zusammenschluss od. der Zusammenarbeit zweier Unternehmen o. Ä. ergibt; **b)** die durch das Zusammenwirken einer [Arbeits]gruppe entstehende Summe von positiven Ergebnissen u. Problemlösungen, die größer ist als die Summe der Einzelbeiträge

Sy|n|er|gis|mus, der; -: **1.** (Chemie, Pharm., Physiol.) das Zusammenwirken von Substanzen od. Faktoren, die sich gegenseitig fördern. **2.** (Rel.) Heilslehre, nach der der Mensch an der Erlangung des Heils mitwirken kann; vgl. Pelagianismus. **Sy|n|er|gist,** der; -en, -en (meist Plural): **1.** (Med.) gleichsinnig zusammenwirkendes Organ, Muskel. **2.** (Plural) Arzneimittel, die sich in additiver od. potenzierender Weise ergänzen. **3.** Anhänger des Synergismus (2). **Sy|n|er|gis|tin,** die; -, -nen: weibliche Form zu ↑ Synergist (3). **sy|n|er|gis|tisch:** den Synergismus betreffend

Sy|n|e|sis, die; -, ...esen ⟨*gr.*⟩ (Sprachwiss.): sinngemäß richtige Wortfügung, die streng genommen nicht den grammatischen Regeln entspricht (z. B.: eine *Menge* Äpfel *fielen* herunter); vgl. Constructio ad Sensum

syn|ge|ne|tisch ⟨*gr.-nlat.*⟩: **1.** (Biol.) gleichzeitig entstanden. **2.** (Geol.) gleichzeitig mit dem Gestein entstanden (von Lagerstätten) (Ggs.: epigenetisch [2])

Syn|hy|pe|r|o|nym, das; -s, -e ⟨*gr.-nlat.*⟩ (Sprachwiss.): ↑ Kohyperonym

Syn|hy|p|o|nym, das; -s, -e (Sprachwiss.): ↑ Kohyponym

Sy|n|i|ze|se, Sy|n|i|ze|sis, die; -, ...zesen ⟨*gr.-lat.*⟩ (antike Metrik): Zusammenziehung zweier, meist im Wortinnern nebeneinanderliegender, zu verschiedenen Silben gehörender Vokale zu einer diphthongischen Silbe

syn|karp ⟨*gr.-nlat.*⟩ (Bot.): durch Zusammenwachsen der Fruchtblätter entstanden (von Fruchtknoten). **Syn|kar|pie,** die; - (Bot.): Zusammenwachsen der Fruchtblätter zu einem Fruchtknoten

Syn|ka|ry|on, das; -s, ...karya u. ...karyen (Biol.): durch die Vereinigung zweier Kerne entstandener diploider Zellkern

Syn|ka|ta|the|sis, die; - ⟨*gr.*⟩: Anerkennung eines über die Wahrnehmung hinausgehenden Urteils (in der stoischen Philosophie)

Syn|ka|te|go|re|ma, das; -s, ...remata ⟨*gr.-lat.*⟩ (Logik): das unselbstständige, nur in Verbindung mit anderen Worten sinnvolle Wort od. Zeichen

Syn|ki|ne|se, die; -, -n ⟨*gr.-nlat.*⟩ (Med.): unwillkürliche Mitbewegung von Muskeln

syn|kli|nal ⟨*gr.-nlat.*⟩ (Geol.): zum Muldenkern hin einfallend (von der Gesteinslagerung)

Syn|kli|na|le, Syn|kli|ne, die; -, -n (Geol.): Mulde

Syn|kli|no|ri|um, das; -s, ...ien (Geol.): Faltenbündel, dessen mittlere Falten tiefer als die äußeren liegen; Sattel

Syn|ko|pe, die; -, ...kopen ⟨*gr.-lat.*⟩: **1. a)** ['zʏnkope] (Sprachwiss.) Ausfall eines unbetonten Vokals zwischen zwei Konsonanten im Wortinnern (z. B. ew'ger statt ewiger); **b)** ['zʏnkope] (Metrik) Ausfall einer Senkung im Vers. **2.** ['zʏnkope] (Med.) plötzliche, kurzzeitige Ohnmacht infolge einer Störung der Gehirndurchblutung. **3.** [zʏn'ko:pə] (Musik) rhythmische Verschiebung durch Bindung eines unbetonten Wertes an den folgenden betonten

syn|ko|pie|ren ⟨*gr.-nlat.*⟩: **1.** (Sprachwiss.) einen unbetonten Vokal zwischen zwei Konsonanten ausfallen lassen. **2.** (Metrik) eine Senkung im Vers ausfallen lassen. **3.** (Musik) durch eine Synkope (3), durch Synkopen rhythmisch verschieben

syn|ko|pisch: die Synkope betreffend, in der Art der Synkope

Syn|ko|ty|lie, die; - ⟨*gr.-nlat.*⟩ (Bot.): Einkeimblättrigkeit infolge Verwachsens von zwei Keimblättern (Ggs.: Heterokotylie)

Syn|kre|tis|mus, der; - ⟨*gr.-nlat.*⟩: **1.** Vermischung verschiedener Religionen, Konfessionen od. philosophischer Lehren, meist ohne innere Einheit (z. B. in der späten Antike). **2.** ↑ Kasussynkretismus. **Syn|kre|tist,** der; -en, -en: Vertreter des Synkretismus. **Syn|kre|tis|tin,** die; -, -nen: weibliche Form zu ↑ Synkretist. **syn|kre|tis|tisch:** den Synkretismus betreffend

Syn|kri|se, Syn|kri|sis, die; -, ...krisen ⟨*gr.*⟩ (Philos.): Vergleich; Zusammensetzung, Mischung

syn|kri|tisch ⟨*gr.-nlat.*⟩ (Philos.): zusammensetzend, vergleichend, verbindend (Ggs.: diakritisch)

Sy|n|od, der; -s, -e ⟨*gr.-russ.*⟩: oberstes Organ der russisch-orthodoxen Kirche (bis 1917)

sy|n|o|dal ⟨*gr.-lat.*⟩: die Synode betreffend, zu ihr gehörend. **Sy|n|o|da|le,** der u. die; -n, -n: Mitglied einer Synode

Sy|n|o|de, die; -, -n ⟨*gr.;* »Zusammenkunft«⟩: **1.** (ev. Kirche) aus Beauftragten der Gemeinden bestehende Versammlung, die Fragen der Lehre u. kirchlichen Ordnung regelt u. Trägerin kirchlicher Selbstverwaltung ist. **2.** (kath. Kirche) beratende, beschließende u. gesetzgebende Versammlung von Bischöfen in einem Konzil (1) [unter Vorsitz des Papstes]

sy|n|o|disch: 1. (Astron.) auf die Stellung von Himmelskörpern zueinander bezogen. **2.** ↑ synodal

Sy|n|ö|kie vgl. Synözie

Sy|n|ö|ko|lo|gie, die; - ⟨*gr.-nlat.*⟩: Teilgebiet der Ökologie, das sich mit den Wechselbeziehungen verschiedener Populationen einer Art untereinander sowie mit ihrer unbelebten Umwelt befasst

sy|n|o|nym ⟨*gr.-lat.*⟩: (Sprachwiss.; von Wörtern) eine gleiche od. ähnliche Bedeutung habend; sinnverwandt (z. B. alt/betagt, Sieg/Erfolg). **Sy|n|o|nym,** das; -s, -e, auch: Synonyma (Sprachwiss.): Wort, das einem anderen in Bezug auf die Bedeutung ähnlich od. gleich ist (z. B. starten/anfahren/anlassen, Mann/Herr) (Ggs.: Antonym)

Sy|n|o|ny|mie, die; -, ...ien (Sprachwiss.): inhaltliche Übereinstimmung von verschiedenen Wörtern od. Konstruktionen in derselben Sprache

Sy|n|o|ny|mik, die; -, -en ⟨*gr.*⟩: **1.** (ohne Plural) Teilgebiet der Sprachwissenschaft, das sich mit der Synonymie befasst. **2.** Wörterbuch der Synonyme. **3.** (ohne Plural) ↑ Synonymie

sy|n|o|ny|misch: die Synonymie betreffend

Sy|n|oph|rys, die; - ⟨*gr.*⟩ (Med.): das Zusammenwachsen der Augenbrauen

Sy|n|op|se, Sy|n|op|sis, die; -, ...opsen ⟨*gr.-lat.;* »Zusammenschau«⟩: **1.** knappe Zusammenfassung, vergleichende Übersicht. **2. a)** vergleichende Gegenüberstellung von Texten o. Ä.; **b)** sachliche bzw. wörtliche Nebeneinanderstellung der Evangelien nach Matthäus, Markus u. Lukas

Sy|n|op|tik, die; -, -en ⟨*gr.*⟩ (Meteorol.): für eine Wettervorhersage notwendige großräumige Wetterbeobachtung

Sy|n|op|ti|ker, der; -s, - (meist Plural): einer der drei Evangelisten (Matthäus, Markus, Lukas), deren Texte beim Vergleich weitgehend übereinstimmen

sy|n|op|tisch: 1. [übersichtlich] zusammengestellt, nebeneinandergereiht. **2.** von den Synoptikern stammend

sy|n|o|ro|gen ⟨*gr.-nlat.*⟩ (Geol.): gleichzeitig mit einer Gebirgsbildung aufsteigend (von Gesteinsschmelzen)

Sy|n|os|to|se, die; -, -n ⟨*gr.-nlat.*⟩ (Med.): ↑ Synarthrose

Sy|n|o|via, die; - ⟨(*gr.; lat.*) *nlat.*⟩ (Med.): natürlich vorkommende Gelenkflüssigkeit; sogenannte Gelenkschmiere

Sy|n|o|vi|a|lom, das; -s, -e (Med.): von der Gelenkinnenhaut ausgehende bösartige Gelenkgeschwulst

Sy|n|o|vi|tis, die; -, ...itiden (Med.): Gelenkentzündung

Sy|n|ö|zie, Synökie, die; -, ...ien ⟨*gr.-nlat.;* »Zusammenhausen«⟩: **1.** das Zusammenleben zweier od. mehrerer Arten von Organismen, ohne dass die Gemeinschaft den Wirtstieren nützt od. schadet (z. B. bei Ameisen u. Termiten, die andere Insekten in ihren Bauten dulden u. ernähren). **2.** ↑ Monözie. **sy|n|ö|zisch:** die Synözie betreffend

Syn|se|man|ti|kon, das; -s, ...ka (meist Plural) ⟨*gr.-nlat.*⟩ (Sprachwiss.): inhaltsarmes Wort, das seine eigentliche Bedeutung erst durch den umgebenden Text erhält (z. B. dieser) (Ggs.: Autosemantikon). **syn|se|man|tisch:** das Synsemantikon betreffend

Syn|tag|ma, das; -s, ...men od. -ta ⟨*gr.;* »Zusammengestelltes, Sammlung«⟩: **1.** (veraltet) Sammlung von Schriften, Aufsätzen, Bemerkungen verwandten Inhalts. **2.** (Sprachwiss.) Verknüpfung von Wörtern zu Wortgruppen, Wortverbindungen (z. B. von *in* und *Eile* zu *in Eile*)

syn|tag|ma|tisch ‹*gr.-nlat.*› (Sprachwiss.): die Beziehung, die zwischen ein Syntagma (2) bildenden Einheiten besteht, betreffend

Syn|tak|tik, die; -: Teilgebiet der Semiologie (1), das sich mit der Untersuchung der formalen Beziehungen zwischen den Zeichen einer Sprache befasst

Syn|tak|ti|kum, das; -s, ...ka: ↑Syntagma (2)

syn|tak|tisch ‹*gr.*›: die Syntax (1, 2) betreffend

Syn|tax, die; -, -en ‹*gr.-lat.;* »Zusammenordnung; Wortfügung; Satzgefüge«› (Sprachwiss.): **1.** in einer Sprache übliche Verbindung von Wörtern zu Wortgruppen u. Sätzen; korrekte Verknüpfung sprachlicher Einheiten im Satz. **2.** Lehre vom Bau des Satzes als Teilgebiet der Grammatik; Satzlehre. **3.** wissenschaftliche Darstellung der Syntax (2)

Syn|te|re|sis, die; -: ↑Synderesis

Syn|the|se, die; -, -n ‹*gr.-lat.*›: **1.** (Philos.) **a)** Vereinigung verschiedener [gegensätzlicher] geistiger Elemente, von These u. Antithese zu einem neuen [höheren] Ganzen; **b)** Verfahren, von elementaren zu komplexen Begriffen zu gelangen. **2.** (Chemie) Aufbau einer Substanz aus einfacheren Stoffen

Syn|the|sis, die; -, ...thesen: Synthese (1)

Syn|the|si|zer [ˈsʏntəsaɪ̯zɐ, engl.: ˈsɪnθɪsaɪ̯zə], der; -s, - ‹*gr.-lat.-engl.*›: elektronisches Musikinstrument aus einer Kombination aufeinander abgestimmter elektronischer Bauelemente zur Erzeugung von Klängen u. Geräuschen

Syn|the|ta: *Plural* von ↑Syntheton

Syn|the|tics, die (Plural) ‹*gr.-lat.-engl.*›: **a)** auf chemischem Wege gewonnene Textilfasern; Gewebe aus Kunstfasern; **b)** Textilien aus Synthetics (a)

Syn|the|tik, das; -s (meist ohne Artikel): [Gewebe aus] Kunstfaser, Chemiefaser

Syn|the|tiks vgl. Synthetics

syn|the|tisch ‹*gr.*›: **1.** zusammensetzend; **synthetische Sprachen** (Sprachwiss.): Sprachen, die die Beziehung der Wörter im Satz durch Endungen u. nicht durch freie Morpheme ausdrücken (z. B. lat. *amavi* gegenüber dt. *ich habe geliebt*). **2.** (Chemie) aus einfacheren Stoffen aufgebaut; künstlich hergestellt. **3.** gleichsinnig einfallend (von einem geologischen Verwerfungssystem)

syn|the|ti|sie|ren ‹*gr.-nlat.*› (Chemie): durch Synthese (2) herstellen

Syn|the|ton, das; -s, ...ta ‹*gr.*› (Sprachwiss.): aus einer ursprünglichen Wortgruppe zusammengezogenes Wort (z. B. *wettlaufen* aus *um die Wette laufen*)

Syn|tro|pie, die; -, ...ien ‹*gr.-nlat.*› (Med.): gemeinsames Auftreten zweier verschiedener Krankheiten

Sy|n|u|rie, die; -, ...ien ‹*gr.-nlat.*› (Med.): Ausscheidung von Fremdstoffen durch den Harn

Syn|zy|ti|um, das; -s, ...ien ‹*gr.-nlat.*›: mehrkernige Plasmamasse (durch Verschmelzung mehrerer Zellen entstanden)

Syph, die; - u. der; -s (salopp): kurz für ↑Syphilis

Sy|phi|lid, das; -[e]s, -e ‹*nlat.*› (Med.): syphilitischer Hautausschlag

Sy|phi|lis, die; - ‹*nlat.;* nach dem Titel eines lat. Lehrgedichts des 16. Jh.s, in dem die Geschichte eines an Syphilis erkrankten Hirten namens Syphilus erzählt wird›: chronisch verlaufende Geschlechtskrankheit, die mit Schädigungen der Haut, der inneren Organe, Knochen, des Gehirns u. Rückenmarks einhergeht; Lues

Sy|phi|li|ti|ker, der; -s, - (Med.): jmd., der an Syphilis leidet. **Sy|phi|li|ti|ke|rin,** die; -, -nen: weibliche Form zu ↑Syphilitiker

sy|phi|li|tisch (Med.): die Syphilis betreffend

Sy|phi|lo|id, das; -[e]s, -e (Med.): abgeschwächte Form der Syphilis

Sy|phi|lom, das; -s, -e (Med.): syphilitische Geschwulst

Sy|phi|lo|se, die; -, -n (Med.): syphilitische Erkrankung

Siphon
Wie im Französischen, aus dem wir das Wort entlehnt haben, wird *Siphon* mit *i* geschrieben.

Sy|rin|ge, die; -, -n ‹*gr.-mlat.*› (Bot.): Flieder

Sy|rin|gen: *Plural* von ↑Syringe u. ↑Syrinx

Sy|rin|gi|tis, die; -, ...itiden ‹*gr.-nlat.*› (Med.): Entzündung der Ohrtrompete

Sy|rin|go|my|e|lie, die; -, ...ien (Med.): Erkrankung des Rückenmarks mit Bildung von Höhlen im grauen Mark

Sy|rinx, die; -, ...ingen ‹*gr.-lat.*›: **1.** Panflöte. **2.** Töne erzeugendes Organ an der Gabelung der Luftröhre in die beiden Hauptbronchien (bei [Sing]vögeln)

Sy|ro|lo|ge, der; -n, -n ‹*gr.-nlat.*›: Wissenschaftler auf dem Gebiet der Syrologie. **Sy|ro|lo|gie,** die; -: Wissenschaft von den Sprachen, der Geschichte u. den Altertümern Syriens. **Sy|ro|lo|gin,** die; -, -nen: weibliche Form zu ↑Syrologe

sys|tal|tisch ‹*gr.-lat.*› (Med.): zusammenziehend

Sys|tem, das; -s, -e ‹*gr.-lat.;* »Zusammenstellung«›: **1.** Prinzip, Ordnung, nach der etwas organisiert od. aufgebaut wird, Plan, nach dem vorgegangen wird. **2.** Gefüge; einheitlich geordnetes Ganzes. **3.** wissenschaftliches Schema, Lehrgebäude. **4.** Form der staatlichen, wirtschaftlichen u. gesellschaftlichen Organisation; Regierungsform. **5.** (bes. Logik) eine Menge von Elementen, zwischen denen bestimmte Beziehungen bestehen od. die nach bestimmten Regeln zu verwenden sind. **6.** (Biol.) Zusammenfassung u. Einordnung der Tiere u. Pflanzen in verwandte od. ähnlich gebaute Gruppen. **7.** (Metrik) Zusammenschluss von zwei od. mehreren ↑Perioden (7). **8.** in festgelegter Weise zusammengeordnete Linien o. Ä. zur Eintragung u. Festlegung von etwas

Sys|tem|ad|mi|nis|t|ra|tor, der; -s, -en (EDV): ↑Administrator (2). **Sys|tem|ad|mi|nis|t|ra|to|rin,**

die; -, -nen: weibliche Form zu ↑Systemadministrator

Sys|tem|ana|ly|se, die; -, -n (EDV): **1.** Untersuchung eines Problems u. seine Zerlegung in Einzelprobleme als Vorstufe des Programmierens. **2.** Untersuchung der Computertechnik u. der jeweiligen Einsatzmöglichkeiten in einem Bereich

Sys|te|ma|tik, die; -, -en: **1.** planmäßige Darstellung; einheitliche Gestaltung nach bestimmten Ordnungsprinzipien. **2.** (ohne Plural) Teilgebiet der Zoologie u. Botanik mit der Aufgabe der Einordnung aller Lebewesen in ein System. **Sys|te|ma|ti|ker,** der; -s, -: **1.** jmd., der systematisch vorgeht. **2.** Wissenschaftler auf dem Gebiet der Systematik (2). **Sys|te|ma|ti|ke|rin,** die; -, -nen: weibliche Form zu ↑Systematiker. **sys|te|ma|tisch: 1.** das System, die Systematik betreffend. **2.** in ein System gebracht, ordentlich gegliedert. **3.** planmäßig, gezielt, absichtlich

sys|te|ma|ti|sie|ren ‹*gr.-nlat.*›: in ein System bringen, in einem System darstellen. **Sys|te|ma|ti|sie|rung,** die; -, -en: das Systematisieren

sys|tem|im|ma|nent: a) einem System innewohnend; in den Rahmen eines Systems (3, 4) gehörend; **b)** sich [im Denken u. Handeln] innerhalb der Grenzen eines Systems (4) bewegend; angepasst

sys|te|misch (Biol., Med.): **1.** ein Organsystem od. mehrere Organe in gleicher Weise betreffend od. auf sie wirkend; **systemische Insektizide:** Insektengifte, die von der Pflanze durch Blätter u. Wurzeln aufgenommen werden u. so von innen her einen wirksamen Schutz gegen Schädlinge bieten. **2.** (Fachspr.) ein bestimmtes System als Ganzes betreffend

sys|tem|kon|form: mit einem bestehenden politischen System im Einklang

Sys|tem|kri|ti|ker, der; -s, -: jmd., der eine politische od. gesellschaftliche Ideologie angreift u. kritisiert. **Sys|tem|kri|ti|ke|rin,** die; -, -nen: weibliche Form zu ↑Systemkritiker

Sys|te|mo|id, das; -[e]s, -e ‹*gr.-nlat.*›: systemähnliches Gebilde

Sys|tem|soft|ware [...sɔftwɛːɐ̯], die; - (EDV): Gesamtheit der Computerprogramme, die vom Hersteller mitgeliefert werden u. die Anlage betriebsbereit machen

Sy|s|to|le [auch: 'zʏstole], die; -, ...olen ‹*gr.-lat.;* »Zusammenziehung, Kürzung«›: **1.** (Med.) Phase der Zusammenziehung des Herzmuskels mit Auswurf des Blutes (Ggs.: Diastole). **2.** (antike Metrik) Kürzung eines langen Vokals od. eines Diphthongs aus Verszwang

sy|s|to|lisch ‹*gr.-nlat.*› (Med.): die Systole betreffend

Sy|zy|gie, die; -, ...ien ‹*gr.-lat.;* »Zusammenfügung«›: **1.** (Astron.) Stellung von Sonne, Mond u. Erde in annähernd gerader Linie (d. h. die Zeit um Vollmond od. Neumond). **2.** (antike Metrik) Verbindung von zwei Versfüßen; Dipodie

Sy|zy|gi|um, das; -s, ...ien ‹*gr.-nlat.*›: ↑Syzygie (1)

Sze|nar, das; -s, -e ‹*gr.-lat.*›: **1.** ↑Szenarium (1). **2.** ↑Szenario (1, 3)

Sze|na|rio, das; -s, -s, auch: ...ien ‹*gr.-lat.-it.*›: **1.** szenisch gegliederter Entwurf eines Films (als Entwicklungsstufe zwischen Exposé u. Drehbuch). **2.** (Theater) Szenarium (1). **3.** hypothetische Aufeinanderfolge von Ereignissen, die zur Beachtung kausaler Zusammenhänge konstruiert wird (in der öffentlichen u. industriellen Planung). **4.** Szenerie (2), Bild, Ambiente

Sze|na|rist, der; -en, -en: jmd., der ein Szenario entwirft. **Sze|na|ris|tin,** die; -, -nen: weibliche Form zu ↑Szenarist

Sze|na|ri|um, das; -s, ...ien ‹*gr.-lat.*›: **1.** (Theater) für die Regie u. das technische Personal erstellte Übersicht mit Angaben über Szenenfolge, auftretende Personen u. Ä. **2.** (Film) ↑Szenario (1). **3.** ↑Szenario (3). **4.** Schauplatz

Sze|ne, die; -, -n ‹*gr.-lat.-frz.*›: **1.** ↑Skene. **2.** Schauplatz einer [Theater]handlung; Bühne. **3.** kleinste Einheit des Dramas od. Films; Auftritt (als Unterabteilung des Aktes). **4.** auffallender Vorgang, Vorfall, der sich zwischen Personen [vor anderen] abspielt. **5.** Auseinandersetzung; heftige Vorwürfe, die jmdm. gemacht werden. **6.** (Plural selten) charakteristischer Bereich für bestimmte [kulturelle] Aktivitäten

Sze|ne|lo|kal, das; -s, -e: ↑Lokal (1), das Treffpunkt der ↑Szene (6) ist

Sze|ne|rie, die; -, ...ien: **1.** das mittels der Bauten, Dekorationen u. Ä. dargestellte Bühnenbild. **2.** Schauplatz, Rahmen von etwas

Sze|ne|tem|pel, der; -s, -: Treffpunkt (z. B. Diskothek, Lokal) der Szene (6)

Sze|ne|tipp, der; -s, -s (ugs.): Anregung od. Empfehlung, die Veranstaltungen, Lokale o. Ä. eines bestimmten (kulturellen) Millieus betrifft

sze|nisch: die Szene betreffend, bühnenmäßig

Sze|no|graf, Szenograph, der; -en, -en: jmd., der Dekorationen u. Bauten für Filme entwirft. **Sze|no|gra|fie,** Szenographie, die; -, ...ien: **1.** (veraltet) Filmbildnerei, Entwurf u. Ausführung der Dekorationen im Film. **2.** dramaturgische Gestaltung von Räumen, insbes. für Ausstellungen, Filme u. Theater. **Sze|no|gra|fin,** Szenographin, die; -, -nen: weibliche Form zu ↑Szenograf

Sze|no|graph usw. vgl. Szenograf usw.

Sze|no|test, der; -[e]s, -e u. -s ‹*frz.; engl.*› (Psychol.): Test für Kinder, bei dem mit Puppen, Tieren u. Bausteinen Szenen (4) darzustellen sind, wodurch (unbewusste) kindliche Konflikte zum Ausdruck gelangen sollen

Szep|ter vgl. Zepter

szi|en|ti|fisch ‹*lat.-nlat.*›: wissenschaftlich

Szi|en|ti|fis|mus, der; -: ↑Szientismus (1)

Szi|en|tis|mus, der; -: **1.** (Fachspr.) Wissenschaftstheorie, nach der die Methoden der exakten [Natur]wissenschaften auf die Geistes- u. Sozialwissenschaften übertragen werden sollen; auf strenger Wissenschaftlichkeit gründende Haltung. **2.** Lehre der Christian Science, nach der Sünde, Tod u. Krankheit Einbildungen sind, die durch das Gebet zu Gott geistig überwunden werden können. **Szi|en|tịst,** der; -en, -en: Vertreter des Szientismus. **Szi|en|tịs|tin,** die; -, -nen: weibliche Form zu ↑Szientist. **szi|en|tịs|tisch:** den Szientismus, die Szientisten betreffend

Szịl|la, bes. fachspr.: Scilla [ˈstsɪla] die; -, - od. ...en ⟨*gr.-lat.*⟩: (im Frühjahr blühende) Pflanze mit schmalen Blättern u. kleinen, sternförmigen blauen Blüten

Szin|ti|gra̱f, Szintigraph, der; -en, -en (Med.): Gerät zur Herstellung von Szintigrammen. **Szin|ti|gra|fi̱e,** Szintigraphie, die; -, ...i̱en (Med.): bilderzeugendes nuklearmedizinisches Untersuchungsverfahren; Untersuchung u. Darstellung innerer Organe mithilfe von Szintigrammen. **szin|ti|gra̱|fisch,** szintigraphisch (Med.): die Szintigrafie betreffend

Szin|ti|grạmm, das; -s, -e ⟨*lat.; gr.*⟩ (Med.): Bild, das durch die Einwirkung der Strahlung radioaktiver Stoffe auf eine fluoreszierende Schicht entsteht

Szin|ti|gra̱ph usw. vgl. Szintigraf usw.

Szin|til|la|ti|o̱n, die; -, -en ⟨*lat.*⟩: **1.** (Astron.) das Sternfunkeln. **2.** Lichtblitze beim Auftreffen radioaktiver Strahlung auf fluoreszierende Stoffe. **szin|til|li̱e|ren** (Astron., Physik): funkeln, leuchten, flimmern

Szin|til|lo|me̱|ter, das; -s, - ⟨*lat.; gr.*⟩: **1.** (Astron.) Instrument zur Messung der Zahl der Farbwechsel je Sekunde beim Funkeln eines Sternes. **2.** Strahlenmesser für die Suche nach uranhaltigem Gestein

Szi̱r|rhus, der; - ⟨*gr.-lat.*⟩ (Med.): harte Krebsgeschwulst

Szis|si|o̱n, die; -, -en ⟨*lat.*⟩ (veraltet): Spaltung, [Ab]trennung

Szis|su̱r, die; -, -en (veraltet): Spalte, Riss

Szy̱l|la, Scylla [ˈstsʏla], die; - ⟨*gr.-lat.;* nach dem sechsköpfigen Seeungeheuer der gr. Sage in einem Felsenriff in der Straße von Messina (gegenüber der Charybdis, einem gefährlichen Meeresstrudel)⟩: **zwischen Szylla und Charybdis:** in einer Situation, in der nur zwischen zwei Übeln zu wählen ist; in einer ausweglosen Lage

S
Szie

T

Ta̱b [auch: tɛp], der; -s, -s ⟨*engl.*⟩: **1.** vorspringender Teil einer Karteikarte zur Kenntlichmachung bestimmter Merkmale. **2.** (EDV) Registerkarte

Ta|ba|gie [...ˈʒiː], die; -, ...i̱en ⟨*span.-frz.*⟩ (früher): kleines Lokal, in dem Tabak geraucht u. Alkohol getrunken werden kann

Tạ|bak [auch: ˈtaː... u. bes. österr.: ...ˈbak], der; -s, -e ⟨*span.*⟩: **1.** (ohne Plural) eine Pflanze, deren Blätter zu Zigaretten, Zigarren u. Pfeifentabak verarbeitet werden. **2.** das aus den Blättern der Tabakpflanze hergestellte Genussmittel

Ta|ba|ko̱|se, die; -, -n ⟨*span.-nlat.*⟩ (Med.): Ablagerung von Tabakstaub in der Lunge (Tabakstaublunge)

Ta|bạk|re|gie, die; - (österr. früher): staatliche Tabakwerke

Ta|bạk|tra|fik, die; -, -en (österr.): kleines Geschäft, in dem man Tabakwaren, Briefmarken, Zeitschriften u. Ä. kaufen kann

Ta|bạs|co®, der; -s ⟨nach dem mex. Bundesstaat⟩, **Ta|bạs|co|so|ße,** die; -, **Ta|bạs|co|sau|ce,** die; -: aus roten ↑Chillies unter Beigabe von Essig, Salz u. anderen Gewürzen hergestellte, scharfe Würzsoße

Ta|ba|ti|e̱|re, die; -, -n ⟨*span.-frz.*⟩: **1.** (veraltet) Schnupftabakdose. **2.** Zigarettendose

Tab|bou|leh [...buˈleː] vgl. Taboulé

ta|bel|la̱|risch ⟨*lat.*⟩: in Tabellenform

ta|bel|la|ri|si̱e|ren ⟨*lat.-nlat.*⟩: übersichtlich in Tabellen anordnen

Ta|bel|la̱|ri|um, das; -s, ...ria: aus Tabellen bestehende Zusammenstellung, Übersicht [als Anhang eines Buches]

Ta|bẹl|le, die; -, -n ⟨*lat.;* »Täfelchen, Merktäfelchen«⟩: **a)** listenähnliche Zusammenstellung von Zahlenmaterial, Fakten, Namen u. a.; Übersicht, [Zahlen]tafel, Liste; **b)** (Sport) Tabelle (a), die die Rangfolge von Mannschaften, Sportlern entsprechend den von ihnen erzielten Ergebnissen wiedergibt

ta|bel|li̱e|ren ⟨*lat.-nlat.*⟩: Angaben in Tabellenform darstellen

Ta|ber|na̱|kel, das (auch, bes. in der kath. Kirche: der); -s, - ⟨*lat.;* »Zelt, Hütte«⟩: **1. a)** kunstvoll gearbeitetes (im Mittelalter tragbares) festes Gehäuse zur Aufbewahrung der geweihten Hostie auf dem katholischen Altar; **b)** ↑Ziborium (1). **2.** (in der Gotik) Ziergehäuse mit säulengestütztem Spitzdach [für Figuren]

Ta̱|bes, die; - ⟨*lat.*⟩ (Med. veraltet): Auszehrung, Schwindsucht; **Tabes dorsalis:** Rückenmarksschwindsucht, Spätstadium der Syphilis mit Degeneration der Rückenmarkshinterstränge

Ta|bes|zẹnz, die; -, -en ⟨*lat.-nlat.*⟩ (Med.): Abzehrung, Auszehrung

Ta|be̱|ti|ker, der; -s, - (Med.): ↑Tabiker. **Ta|be̱|ti|ke|rin,** die; -, -nen: weibliche Form zu ↑Tabetiker

ta|be̱|tisch (Med.): ↑tabisch

Ta̱|bi|ker, der; -s, - (Med.): jmd., der an Rückenmarksschwindsucht (Tabes) erkrankt ist. **Ta̱|bi|ke|rin,** die; -, -nen: weibliche Form zu ↑Tabiker

ta̱|bisch (Med.): **a)** an Rückenmarksschwindsucht leidend; **b)** die Rückenmarksschwindsucht betreffend

Tạ|b|la, die; -, -s od. der; -s, -s ⟨*sanskr.*⟩: asymmetrisches Paar kleiner, mit den bloßen Händen geschlagener Kesselpauken in Indien, Pakistan u. Bangladesch

Ta̱|b|lar, das; -s, -e ⟨*lat.-frz.*⟩ (schweiz.): Regalbrett

Ta|b|leau [taˈbloː], das; -s, -s: **1.** (Theater, Film) wirkungsvoll gruppiertes Bild (auf der Bühne od. Leinwand). **2.** (veraltet) Gemälde. **3.** Tafel im Flur eines Mietshauses, auf der die Namen der Mieter verzeichnet sind. **4.** Zusammenstellung von im gleichen Maßstab angefertigten Vorlagen für eine Gesamtaufnahme in der Reproduktionstechnik. **5.** (bes. Literaturwiss.) breit ausgeführte, personenreiche Schilderung

Ta|b|leau éco|no|mique [tabloekɔnɔˈmik], das; - -, -x -s [tablozekɔnɔˈmik] ⟨*frz.*⟩: bildliche Darstellung des volkswirtschaftlichen Kreislaufs nach dem französischen Nationalökonomen Quesnay (1694–1774)

Ta̲|b|le d'Hôte [- ˈdo:t], die; - - ⟨*frz.*⟩ (veraltet): [gemeinsame] Speisetafel im Hotel

Ta|b|let [ˈtɛblət], das; -s, -s (EDV): kurz für ↑Tablet-PC

Ta|b|let|com|pu|ter [ˈtɛblət...], der; -s, - (EDV): ↑Tablet

Ta|ble|top [ˈte:bl̩tɔp], das; -s, -s ⟨*lat.-frz.-engl.*⟩: Anordnung verschiedener Gegenstände, die stilllebenähnlich fotografiert od. als Trickfilm aufgenommen werden

Ta|b|let-PC [ˈtɛblɛt...], der; -[s], -[s] ⟨*engl.*⟩: per Stift od. durch Berühren des Bildschirms mit dem Finger bedienbarer, flacher Computer [ohne Tastatur]

Ta|b|lẹtt, das; -[e]s, -s (auch: -e) ⟨*lat.-frz.*⟩: Servierbrett

Ta|b|lẹt|te, die; -, -n: ein in eine feste [runde] Form gepresstes Arzneimittel zum Einnehmen

ta|b|let|ti̲e̲|ren ⟨*lat.-frz.-nlat.*⟩: in Tablettenform bringen

Ta|ble|wa|ter [ˈte:bl̩wɔ:tɐ], das; -s, -s ⟨*engl.*; eigtl. »Tafelwasser«⟩: engl. Bez. für: Mineralwasser

ta|b|li̲e̲|ren ⟨*lat.-frz.*⟩: für Konserven od. Bonbons bestimmten siedenden Zucker umrühren

Ta|b|li̲|num, das; -s, ...na ⟨*lat.*⟩: Hauptraum des altrömischen Hauses

Ta|b|loid [ˈtablɔi̯d], das; -, -s ⟨*engl.*⟩: **a)** kleineres Zeitungsformat; **b)** Zeitung im Tabloidformat; **c)** Boulevardzeitung

Ta|bo|pa|ra|ly̲|se, die; - ⟨*lat.; gr.-lat.*⟩ (Med.): mit fortschreitender ↑Paralyse verbundene Rückenmarksschwindsucht

Ta̲|bor, der; -s, -s ⟨*turkotatar.-slaw.*⟩: **1.** tschech. Bez. für: Volksversammlung. **2.** (Geschichte) russ. Bez. für: Zigeunerlager

Ta|bo|ri̲t, der; -en, -en ⟨*nlat.*; nach der tschech. Stadt Tábor⟩: Angehöriger einer radikalen Gruppe der ↑Hussiten (15. Jh.)

Ta̲|bor|licht, das; -[e]s ⟨nach der Verklärung Jesu auf dem Berg Tabor, Matth. 17,2⟩: das Gott umgebende ungeschaffene Licht in der Mystik der orthodoxen Kirche; vgl. Hesychasmus

Ta|bou|lé, Tabbouleh [...buˈle:], das; -[s], -[s], auch: die; -, -[s] ⟨*arab.-frz.*⟩: aus dem Libanon stammender Salat mit Weizen, Petersilie, Tomaten u. a.

Tä̲|b|ris, der; -, - ⟨nach der iran. Stadt⟩: feiner, kurz geschorener Teppich aus Wolle od. Seide, meist mit Medaillonmusterung

ta|bu̲ ⟨*polynes.*⟩: einem Tabu unterliegend; unverletzlich, unantastbar. **Ta|bu̲**, das; -s, -s: **1.** (Völkerkunde) bei indigenen Völkern die Heiligung eines mit ↑Mana erfüllten Menschen od. Gegenstandes mit dem Verbot, ihn anzurühren. **2.** ungeschriebenes Gesetz, das aufgrund bestimmter Anschauungen verbietet, bestimmte Dinge zu tun; sittliche, konventionelle Schranke

ta|bu|i̲e̲|ren ⟨*polynes.-nlat.*⟩: ↑tabuisieren. **Ta|bu|i̲e̲|rung**, die; -, -en: ↑Tabuisierung

ta|bu|i|si̲e̲|ren: für tabu erklären. **Ta|bu|i|si̲e̲|rung**, die; -, -en: das Tabuisieren

ta|bu|i̲s|tisch: das Tabu betreffend, in der Art eines Tabus beschaffen

Ta̲|bu|la gra|tu|la|to̲|ria, die; - -, ...lae ...iae [...lɛ ...i̯ɛ] ⟨*lat.*⟩: Gratulantenliste (in Fest-, Jubiläumsschriften o. Ä.)

Ta̲|bu|la ra̲|sa, die; - - ⟨*lat.*; »abgeschabte Tafel«⟩: **1.** (Philos.) Zustand der Seele, in dem sie noch keine Eindrücke von außen empfangen u. keine Vorstellungen entwickelt hat. **2. a)** etwas, was durch nichts [mehr] vorgeprägt ist; **b)** unbeschriebenes Blatt; **Tabula rasa machen:** reinen Tisch machen; energisch Ordnung schaffen

Ta|bu|la̲|ten, die (Plural) ⟨*lat.-nlat.*⟩: ausgestorbene Korallen mit quer gefächerten Röhren

Ta|bu|la̲|tor, der; -s, ...o̲ren: **1.** Vorrichtung an Büro-, bes. Schreibmaschinen für das Weiterrücken des Wagens auf vorher eingestellte Stellen beim Schreiben von Tabellen o. Ä. **2.** Taste auf der Computertastatur zum Tabellieren

Ta|bu|la|tu̲r, die; -, -en (Musik): **1.** Tafel mit den Meistersingerregeln. **2.** Notierungsweise für Instrumente, auf denen mehrstimmig gespielt wird (vom 14. bis zum 18. Jh.)

Ta|bu|rẹtt, das; -[e]s, -e ⟨*arab.-frz.*⟩ (schweiz., sonst veraltet): Hocker, Stuhl ohne Lehne

Ta|bu̲|wort, das; -[e]s, ...wörter ⟨*polynes.; dt.*⟩ (Sprachwiss.): Wort, das ein Tabu berührt u. das man deswegen meidet u. durch ein anderes ersetzt (z. B. *der Leibhaftige* anstelle von *der Teufel*)

ta̲|cet ⟨*lat.*; »(es) schweigt«⟩ (Musik): Angabe, dass ein Instrument od. eine Stimme auf längere Zeit zu pausieren hat

Ta̤|che|les ⟨*hebr.-jidd.*⟩: **Tacheles reden:** a) offen miteinander reden; b) jmdm. seine Meinung sagen

Ta|chi̲|na, die; -, ...nen ⟨*gr.-nlat.*⟩: Raupenfliege, deren Larven in Raupen u. Puppen von Schmetterlingen schmarotzen

ta|chi|ni̲e̲|ren ⟨Herkunft unsicher⟩ (österr. ugs.): [während der Arbeitszeit] untätig herumstehen, faulenzen

Ta|chis|mus [taˈʃis...], der; - ⟨*germ.-frz.-nlat.*⟩: Richtung der informellen Malerei, die seelische Regungen durch spontanes Auftragen von Farbflecken auf die Leinwand auszudrücken sucht u. jede bewusste Formgestaltung ablehnt. **ta|chi̤s|tisch:** im Stil des Tachismus

Ta|chis|to|s|ko̲p, das; -s, -e ⟨*gr.-nlat.*⟩ (Psychol.): Apparat zur Vorführung optischer Reize in Zusammenhang mit Aufmerksamkeitstests bei psychologischen Untersuchungen

Ta̤|cho, der; -s, -s (ugs.): Kurzform von ↑Tachometer (2)

Ta|cho|gra̲f, Ta|cho|gra̲ph, der; -en, -en ⟨*gr.-nlat.*⟩: Gerät zum Aufzeichnen von Geschwindigkeiten; Fahrtenschreiber

Ta|cho|me̲|ter, der (auch: das); -s, -: **1.** Messgerät, das die Anzahl der Umdrehungen von rotierenden Maschinenteilen anzeigt; Drehzahlmesser. **2.** Messgerät, das die Fahrgeschwindigkeit eines Fahrzeugs anzeigt; Geschwindigkeitsmesser

Ta|chy|ar|rhyth|mi̲e̲, die; -, ...i̲en ⟨*gr.*⟩ (Med.): Herzrhythmusstörung mit beschleunigtem Puls

Ta|chy|gra̲f, Tachygraph, der; -en,

-en: **1.** (Geschichte) Schreiber, der die Tachygrafie beherrscht. **2.** ↑Tachograf. **Ta|chy|gra|fie,** Tachygraphie, die; -, ...ien: Kurzschriftsystem des Altertums

Ta|chy|graph usw. vgl. Tachygraf usw.

Ta|chy|kar|die, die; -, ...ien (Med.): stark beschleunigter Herzschlag; Herzjagen

Ta|chy|me|ter, das; -s, -: Instrument zur geodätischen Schnellmessung, das neben Vertikal- u. Horizontalwinkeln auch Entfernungen misst. **Ta|chy|me|t-rie,** die; -: Verfahren zur schnellen Geländeaufnahme durch gleichzeitige Entfernungs- u. Höhenmessung mithilfe des Tachymeters

Ta|chy|on, das; -s, ...onen (Physik): hypothetisches Elementarteilchen, das sich stets mit Überlichtgeschwindigkeit bewegt

Ta|chy|pha|gie, die; - (Med.): hastiges Essen

Ta|chy|phy|la|xie, die; -, ...ien (Med.): nachlassendes, durch Steigerung der Dosis nicht ausgleichbares Reagieren des Organismus auf wiederholt verabreichte Arzneimittel

Ta|chy|pnoe, die; - (Med.): beschleunigte Atmung

ta|chy|seis|misch (Geol.): schnell bebend (in Bezug auf Erdbeben)

Ta|cker, der; -s, - ⟨*engl.*⟩: Gerät, mit dem etwas geheftet werden kann. **ta|ckern** (ugs.): mit dem Tacker heften

Tack|ling ['tɛk...], das; -s, -s ⟨*engl.*⟩ (Fußball): Aktion eines Abwehrspielers mit dem Ziel, den Angreifer vom Ball zu trennen, wobei der Abwehrspieler in die Beine des Angreifers hineingrätscht

Täcks, Täks, der; -es, -e ⟨*engl.*⟩ (Schuhherstellung): kleiner keilförmiger Nagel zur Verbindung von Oberleder u. Brandsohle

Ta|co [...k...], der; -[s], -s ⟨*mex.*⟩: gerollte u. unterschiedlich gefüllte Maistortilla

Tac|tus, der; - ⟨*lat.*⟩ (Med.): Fähigkeit des Organismus, Berührungsreize über die Tastkörperchen aufzunehmen; Tastsinn

Tae|k|won|do [tɛ...], das; -[s] ⟨*korean.*⟩: **a)** traditionelle koreanische Form der waffenlosen Selbstverteidigung; **b)** moderne Zweikampfsportart

Tael [tɛːl, teːl], das; -[s], -s (aber: 5 Tael) ⟨*sanskr.-Hindi-malai.-port.*⟩: **1.** eine alte chinesische Münzeinheit. **2.** ein ehemaliges asiatisches Handelsgewicht

Tae|nia ['tɛː...], die; -, ...nien ⟨*gr.-lat.*⟩: **1.** (ohne Plural; Zool.) Gattung der Bandwürmer. **2.** (in der altgriechischen Architektur) Leiste am Architrav der dorischen Säule. **3.** (bild. Kunst) (in der altgriechischen Plastik) Kopfbinde siegreicher Athleten

Taf vgl. Tef

Taf|sir vgl. Tefsir

Taft, der; -[e]s, -e ⟨*pers.-türk.-it.*⟩: **a)** dichtes, feinfädiges [Kunst]seidengewebe in Leinwandbindung; **b)** ein Futterstoff. **taf|ten:** aus Taft

Tag [tɛk], das; -s, -s ⟨*engl.*⟩: **1.** (EDV) Markierungselement von Beschreibungssprachen (z. B. ↑HTML) zur Strukturierung der Dokumente. **2.** [Geheim]zeichen eines Graffitikünstlers. **3.** [improvisierte] Schlussformel bei Jazzstücken

Tag-Cloud, Tag|cloud [...klaʊ̯t], die; -, -s ⟨*engl.*⟩ (EDV): auf einer Fläche angezeigte, in einem lockeren Neben-, Unter- u. Übereinander angeordnete Wörter, deren Gewichtung als Schlagwörter o. Ä. (z. B. durch unterschiedliche Schriftgröße) optisch verdeutlicht wird

Ta|ge|tes, die; -, - ⟨*lat.-nlat.*⟩: eine Zierpflanze; Studentenblume

tag|gen ['tɛgn̩] ⟨*engl.*⟩: **1.** (EDV) einen Text mithilfe von Tags (1) strukturieren. **2.** ein Graffito mit einem Tag (2) markieren. **Tag|ging** ['tɛgɪŋ], das; -s, -s: das Taggen, Strukturieren

Ta|gine [...'dʒiːn] vgl. Tajine

Ta|g|li|a|ta [tal'jaːta], die; -, -s ⟨*lat.-vulgärlat.-it.*⟩ (Sport): ein bestimmter Fechthieb

Ta|g|li|a|tel|le [talja...], **Ta|g|li|a|ti** [tal'jaːti], die (Plural): italienische Bandnudeln

Tag|mem, das; -s, -e ⟨*gr.*⟩ (Sprachwiss.): kleinste, bedeutungstragende Einheit der grammatischen Form (die aus einem od. mehreren Taxemen besteht)

Tag|me|mik, die; -: linguistische Theorie auf syntaktischer Ebene

Ta|gu|an, der; -s, -e ⟨aus einer indones. Sprache der Philippinen⟩: indisches Flughörnchen

Tahr, Thar, der; -s, -s ⟨*nepalesisch*⟩: indische Halbziege

Tai-Chi [taɪ̯'tʃiː], das; -[s] ⟨*chin.*⟩: **1.** (in der chinesischen Philosophie) Urgrund des Seins, aus dem alles entsteht. **2.** Abfolge von Übungen mit langsamen, fließenden Bewegungen; Schattenboxen

Tai-Chi-Chu|an [taɪ̯tʃi'tʃu̯an], das; -[s]: ↑Tai-Chi (2)

Tai|fun, der; -s, -e ⟨*chin.-engl.*⟩: tropischer Wirbelsturm [in Südostasien]

Tai|ga, die; - ⟨*russ.*⟩: Wald- u. Sumpflandschaft bes. in Sibirien

Tai|ji vgl. Tai-Chi

Tai|ko|naut, der; -en, -en ⟨*chin.-engl.*⟩: chinesischer Weltraumfahrer

Tail|gate ['teːlgeːt], der; -[s] ⟨*engl.*⟩: Posaunenstil im ↑New-Orleans-Jazz

Tail|le ['taljə, österr.: 'taɪ̯ljə], die; -, -n ⟨*lat.-vulgärlat.-frz.*⟩: **1. a)** oberhalb der Hüfte schmaler werdende Stelle des menschlichen Körpers; Gürtellinie; **b)** (ugs.) die Taille (1 a) bedeckender Teil von Kleidungsstücken. **2.** (Geschichte) **a)** Vasallensteuer in England u. Frankreich; **b)** bis 1789 in Frankreich eine Staatssteuer. **3.** (Musik) tiefere Tenorlage bei Instrumenten (z. B. Bratsche). **4.** (Kartenspiele) das Aufdecken der Blätter für Gewinn od. Verlust

¹Tail|leur [ta'jøːɐ̯], der; -s, -s [ta'jøːɐ̯] ⟨*frz.*⟩ (veraltet): Schneider

²Tail|leur, das (auch: der); -s, -s (Fachspr.): eng anliegendes Schneiderkostüm; Jackenkleid

tail|lie|ren [ta(l)'jiː...]: **1.** (ein Kleidungsstück) auf Taille arbeiten. **2.** (Kartenspiele) die Karten aufdecken; vgl. Taille (4)

Tai|lor ['teɪ̯lɐ], der; -s, -s ⟨*lat.-vulgärlat.-frz.-engl.*⟩: engl. Bez. für: Schneider

Tai|lor|made [...meɪ̯t], das; -[s], -s: im konventionellen Stil geschneidertes Kostüm

¹Tai|pan, der; -s, -s ⟨*austr.*⟩: in Australien u. Neuguinea vorkommende Giftschlange

²Tai|pan, der; -s, -e ⟨*chin.*⟩: Leiter

eines ausländischen Unternehmens in China

Ta|jine, Tagine [...ˈdʒiːn], die; -, -s od. der; -s, -s ⟨*arab.*⟩: **1.** marokkanisches Kochgerät aus Ton. **2.** in einer Tajine (1) zubereitete Speise

Ta|ka|ma|hak, der; -[s] ⟨*indian.-span.*⟩: Harz eines tropischen Baumes

Take [teɪk, teːk], der od. das; -s, -s ⟨*engl.*⟩: **1.** Abschnitt, Teil einer Filmszene, die in einem Stück gedreht wird. **2.** (Jargon) Zug aus einer Haschisch- od. Marihuanazigarette

Take-away, Take|away [ˈteɪkʔəweɪ, auch: ...ˈweɪ], das od. der; -s, -s ⟨*engl.*⟩: Laden, der Snacks zum Mitnehmen verkauft

Ta|ke|la|ge [...ʒə], die; -, -n ⟨mit *frz.* Endung *-age* zu *niederd.* Takel »Tauwerk u. Hebezeug eines Schiffes« gebildet⟩: Segelausrüstung eines Schiffes; Takelwerk

Take-off, Take|off [ˈteɪkʔɔf, auch: ...ˈʔɔf], das u. der; -s, -s ⟨*engl.*⟩: **a)** Start (einer Rakete, eines Flugzeugs); **b)** Beginn

Take-over, Take|over [...ˈʔoʊvɐ], das u. der; -s, -s ⟨*engl.*⟩ (Wirtsch.): Kauf, Übernahme eines Unternehmens bzw. Übernahme der Leitung eines erworbenen Unternehmens

Ta|kin, der; -s, -s ⟨*tibetobirmanisch*⟩: südostasiatische Rindergämse od. Gnuziege

Täks vgl. Täcks

[1]Takt, der; -[e]s, -e ⟨*lat.*⟩: **1.** (ohne Plural; Musik) Einteilung eines musikalischen, bes. eines rhythmischen Ablaufs in gleiche Einheiten mit jeweils einem Hauptakzent am Anfang u. festliegender Untergliederung. **2.** (Metrik) von Hebung zu Hebung gemessene rhythmische Einheit im Vers. **3.** (Technik) einer von mehreren Arbeitsgängen von Motoren od. Maschinen. **4.** (Technik) Arbeitsabschnitt bei Fließbandfertigung od. in der Automation. **5.** (EDV) **a)** der Koordination der Abläufe in einer Datenverarbeitungsanlage dienendes Signal, das zwei verschiedene Werte annehmen kann u. in regelmäßigen Zeitabständen seinen Wert ändert; **b)** einzelne Phase der durch den ↑[1]Takt (5 a) eingeteilten Steuerungs- u. Arbeitsschritte in einer Datenverarbeitungsanlage

[2]Takt, der; -[e]s ⟨*frz.*⟩: Gefühl für Schicklichkeit u. Anstand, Feingefühl; Lebensart; Zurückhaltung

tak|ten: 1. (Technik) in ↑[1]Takten (4) [be]arbeiten. **2.** (Technik) in ↑[1]Takten (3) arbeiten lassen, laufen lassen. **3.** (EDV) mit einem bestimmten ↑[1]Takt (5 a) betreiben, arbeiten lassen. **4.** in einem best. ↑Rhythmus (1) ablaufen lassen

[1]tak|tie|ren ⟨*lat.-nlat.*⟩: den Takt angeben, schlagen

[2]tak|tie|ren ⟨*gr.-frz.*⟩: in einer bestimmten Weise taktisch vorgehen

Tak|tik, die; -, -en ⟨*gr.-frz.;* »Kunst der Anordnung u. Aufstellung«⟩: **1.** auf genauen Überlegungen basierende, von bestimmten Erwägungen bestimmte Art u. Weise des Vorgehens; berechnendes Verhalten. **2.** (Militär) Praxis der geschickten Kampf- od. Truppenführung. **Tak|ti|ker,** der; -s, -: jmd., der eine Situation planmäßig u. klug berechnend zu seinem Vorteil zu nutzen versteht. **Tak|ti|ke|rin,** die; -, -nen: weibliche Form zu ↑Taktiker

tak|til ⟨*lat.*⟩ (Med.): das Tasten, die Berührung, den Tastsinn betreffend

tak|tisch ⟨*gr.-frz.*⟩: **a)** die Taktik betreffend; **b)** geschickt u. planvoll vorgehend, auf einer bestimmten Taktik beruhend; **taktische Waffe:** Waffe von geringerer Sprengkraft u. Reichweite, die zum Einsatz gegen feindliche Streitkräfte u. deren Einrichtungen bestimmt ist

Ta|kyr, der; -s, -e (meist Plural) ⟨*turkmenisch*⟩: Salztonebene in der Turkmenenwüste

Ta|l|al|gie, die; -, ...ien ⟨*lat.; gr.*⟩ (Med.): Fersenschmerz

Ta|lar, der; -s, -e ⟨*lat.-it.*⟩: bis zu den Knöcheln reichendes, weites, schwarzes Amts- od. Festgewand (z. B. des Pfarrers)

Ta|la|yot [...ˈjɔt], der; -s, -s ⟨*arab.-span.*⟩: steinerner Wohn- od. Grabbau auf den Balearen (Bronzezeit u. frühe Eisenzeit)

Ta|lent, das; -[e]s, -e ⟨*gr.-lat.*⟩: **1. a)** Anlage zu überdurchschnittlichen geistigen od. körperlichen Fähigkeiten auf einem bestimmten Gebiet; angeborene besondere Begabung; **b)** jmd., der über eine besondere Begabung auf einem bestimmten Gebiet verfügt. **2.** altgriechische Gewichts- u. Geldeinheit

ta|len|tiert: begabt, geschickt

ta|le qua|le ⟨*lat.;* »so wie«⟩: so, wie es ist (Bezeichnung für die Qualität einer Ware)

Ta|lib, der; -[s], -an (seltener): Taliban

Ta|li|ban, der; -[s], - (meist Plural) ⟨*Paschtu* (afghanische Amtssprache)⟩: Angehöriger einer radikalen islamischen Miliz in Afghanistan [u. angrenzenden Gebieten]

Ta|li|on, die; -, -en ⟨*lat.*⟩ (Rechtswiss.): die Vergeltung von Gleichem mit Gleichem (alter Strafrechtsgrundsatz)

Ta|li|pes, der; -, Talipedes u. ...pedes ⟨*lat.-nlat.*⟩ (Med.): [meist angeborene] Deformierung des Fußes; »Klumpfuß«

Ta|li|po|ma|nus, die; -, - [...nuːs] (Med.): [meist angeborene] Deformierung der Hand; »Klumphand«

Ta|lis|man, der; -s, -e ⟨*gr.-mgr.-arab.-roman.*⟩: Glücksbringer, Maskottchen; vgl. Fetisch

Tal|je, die; -, -n ⟨*lat.-it.-niederl.*⟩ (Seemannsspr.): Flaschenzug. **tal|jen** (Seemannsspr.): aufwinden

[1]Talk, der; -[e]s ⟨*arab.-span.-frz.*⟩: ein Mineral

[2]Talk [tɔːk], der; -s, -s ⟨*engl.*⟩: Plauderei, Unterhaltung, [öffentliches] Gespräch

tal|ken [ˈtɔːkn̩] ⟨*engl.*⟩: **1.** eine Talkshow durchführen. **2.** sich unterhalten, Konversation machen

Talk|er|de, die; -, -n ⟨*arab.-span.-frz.; dt.*⟩ (veraltet): ↑Magnesia

Talk|mas|ter [ˈtɔːk...], der; -s, - ⟨*engl.*⟩: jmd., der eine Talkshow leitet. **Talk|mas|te|rin,** die; -, -nen: weibliche Form zu ↑Talkmaster

Talk|show [...ʃoʊ], die; -, -s: Unterhaltungssendung im Fernsehen, in der ein Gesprächsleiter / eine -leiterin [bekannte] Persönlichkeiten durch Fragen zu Äußerungen über private, berufliche u. allgemein interessierende Dinge anregt

Tal|kum, das; -s ⟨*arab.-span.-frz.-nlat.*⟩: **1.** feiner weißer Talk als Streupulver. **2.** ↑ [1]Talk

tal|ku|mie|ren: mit Talkum bestreuen

Tal|lis, häufiger: **Tal|lit, Tal|lith,** der; -, - ⟨*hebr.*⟩: jüdischer Gebetsmantel

Tall|öl, das; -s ⟨*schwed.; gr.-lat.-dt.*⟩: aus Harz- u. Fettsäuren bestehendes Nebenprodukt bei der Zellstoffherstellung

Tal|ly|mann, der; -[e]s, ...leute ⟨*engl.; dt.*⟩ (Wirtsch.): Kontrolleur, der die Stückzahlen von Frachtgütern beim Be- u. Entladen von Schiffen feststellt

tal|mi ⟨zu ↑ Talmi gebildet⟩ (österr.): talmin. **Tal|mi,** das; -s ⟨Kurzform von Talmigold; Herkunft unsicher⟩: **1.** schwach vergoldeter ↑ Tombak. **2.** etwas Unechtes

tal|min (selten): **1.** aus Talmi bestehend. **2.** unecht

Tal|mud, der; -[e]s u. -, -e ⟨*hebr.;* »Lehre«⟩: Sammlung der Gesetze u. religiösen Überlieferungen des Judentums nach der Babylonischen Gefangenschaft; vgl. Mischna. **tal|mu|disch:** den Talmud betreffend; im Sinne des Talmuds

Tal|mu|dis|mus, der; - ⟨*hebr.-nlat.*⟩: aus dem Talmud geschöpfte Lehre u. Weltanschauung. **tal|mu|dis|tisch: a)** den Talmudismus betreffend; **b)** (abwertend) buchstabengläubig, am Wortlaut klebend

Ta|lon [ta'lõ:, österr.: ta'lo:n], der; -s, -s ⟨*lat.-vulgärlat.-frz.*⟩: **1. a)** (Börsenw.) Erneuerungsschein bei Wertpapieren, der zum Empfang eines neuen Couponbogens berechtigt; **b)** Kontrollabschnitt [einer Eintrittskarte, Wertmarke o. Ä.]. **2. a)** Kartenrest (beim Geben); **b)** Kartenstock (bei Glücksspielen); **c)** einer der noch nicht verteilten Steine (beim Dominospiel). **3.** unterer Teil des Bogens von Streichinstrumenten

Ta|ma|got|chi® [...tʃi], das, auch der; -[s], -[s] ⟨*jap.-engl.*⟩: **1.** kleines, eiförmiges elektron. Gerät, auf dessen Display (1) eine kleine Fantasiegestalt erscheint, die auf bestimmte akustische Signale hin wie ein Lebewesen versorgt werden kann. **2.** kleine Fantasiegestalt auf dem Display (1) eines Tamagotchis (1)

Ta|ma|rak, das; -s, -s ⟨Herkunft unbekannt⟩: Holz einer nordamerikanischen Lärche

Ta|ma|ril|lo [...'rɪljo], die; -, -s ⟨*span.*⟩: Baumtomate

Ta|ma|rin|de, die; -, -n ⟨*arab.-mlat.*⟩: tropische Pflanze

Ta|ma|ris|ke, die; -, -n ⟨*vulgärlat.*⟩: Strauch od. Baum mit schuppenförmigen Blättern u. kleinen, rosafarbenen, in Trauben stehenden Blüten

Tam|bour [...bu:ɐ̯, auch: ...'bu:ɐ̯], der; -s, -e, (schweiz.) -en ⟨*pers.-arab.-span.-frz.*⟩: **1.** Trommel. **2.** Trommler. **3.** (Archit.) zylinderförmiges Zwischenteil [mit Fenstern] in Kuppelbauten. **4.** (Spinnerei) mit Stahlzähnen besetzte Trommel an Krempeln. **5.** Trommel zum Aufrollen von Papier

[1]**Tam|bou|rin** [tãbu'rɛ̃:], das; -s, -s ⟨*frz.*⟩: längliche, zylindrische Trommel, die mit zwei Fellen bespannt ist

[2]**Tam|bou|rin,** der; -s, -s: provenzalischer Tanz im lebhaften $^2/_4$-Takt

Tam|bour|ma|jor [auch: ...'bu:r...], der; -s, -e: Leiter eines [uniformierten] Spielmannszuges

Tam|bour|ma|jo|rette [...'rɛt], die; -, -s u. -n [...tn̩]: vgl. Majorette

[1]**Tam|bur,** der; -s, -e ⟨*pers.-arab.-span.-frz.*⟩: Stickrahmen, Sticktrommel; vgl. Tambour

[2]**Tam|bur** vgl. Tanbur

tam|bu|rie|ren: 1. mit ↑ Tamburierstichen sticken. **2.** zur Fertigung des Scheitelstrichs einer Perücke Haare zwischen Tüll und Gaze einknoten

Tam|bu|rier|stich, der; -[e]s, -e: Kettenstich, der mit einer entsprechenden Nadel auf den straff gespannten Stoff gehäkelt wird

Tam|bu|rin [auch: ...'ri:n], das; -s, -e: **1.** Handtrommel mit Schellen. **2.** Stickrahmen

Tam|bu|riz|za, die; -, -s ⟨*pers.-arab.-span.-it.-serbokroat.*⟩: mandolinenähnliches Saiteninstrument der Serben u. Kroaten

Ta|mil, das; -[s] ⟨*tamil.*⟩: zu den ↑ drawidischen Sprachen gehörende Literatursprache der (bes. in Südindien u. Sri Lanka lebenden) Tamilen

Tam|pi|ko|fa|ser, die; -, -n ⟨nach der mex. Stadt Tampico⟩: Agavenfaser

Tam|pon [...pɔŋ, ...pɔn, österr. nur: ...'po:n], der; -s, -s ⟨*germ.-frz.*⟩: **1. a)** (Med.) [Watte-, Mull]bausch zum Aufsaugen von Flüssigkeiten; **b)** in die Scheide einzuführender länglicher Tampon (1 a), der von Frauen während der ↑ Menstruation benutzt wird. **2.** (Druckw.) Einschwärzballen für den Druck gestochener Platten

Tam|po|na|de [auch: tã...], die; -, -n (Med.): das Ausstopfen (z. B. von Wunden) mit Tampons

Tam|po|na|ge [...ʒə], die; -, -n: Abdichtung eines Bohrlochs gegen Wasser od. Gas

tam|po|nie|ren (Med.): mit Tampons ausstopfen

Tam|tam [auch: 'tam...], das; -s, -s ⟨*Hindi-frz.*⟩: **1. a)** asiatisches, mit einem Klöppel geschlagenes Becken; Gong; **b)** afrikanische Holztrommel. **2.** (auch: der ohne Plural; ugs.) laute Betriebsamkeit, mit der auf etwas aufmerksam gemacht werden soll

TAN, die; -, -s ⟨Abk. für *T*ransaktions*n*ummer⟩: Codenummer, die für jede Buchung beim Onlinebanking o. Ä. zusätzlich zur ↑ PIN anzugeben ist

Ta|nach, seltener: Tenach [tə'nax] der; -[s] ⟨*hebr.*⟩ (jüd. Rel.): aus drei Teilen bestehende normative heilige Schrift des Judentums

Ta|na|g|ra|fi|gur, Ta|na|g|ra-Fi|gur, die; -, -en ⟨nach dem Fundort, der altgr. Stadt Tanagra⟩: meist weibliche bemalte Tonfigur

Tan|bur, [2]Tambur, der; -s, -e u. -s ⟨*arab.-frz.*⟩: arabisches Zupfinstrument mit 3 bis 4 Stahlsaiten

Tan|dem, das; -s, -s ⟨*lat.-mlat.-engl.*⟩: **1.** Wagen mit zwei hintereinandergespannten Pferden. **2.** Doppelsitzerfahrrad mit zwei hintereinander angeordneten Sitzen u. Tretlagern. **3.** (Technik) zwei hintereinandergeschaltete Antriebe, die auf die gleiche Welle wirken

Tan|d|schur, der; -[s] ⟨*tibet.;* »übersetzte Lehre«⟩: aus dem Indischen übersetzte Kommentare u. Hymnen (religiöse

Schrift des ↑Lamaismus); vgl. Kandschur

Tan|ga, der; -s, -s ⟨*indian.-port.*⟩: sehr knapper Bikini od. Slip

Tan|ga|re, die; -, -n (meist Plural) ⟨*indian.-port.*⟩: mittel- u. südamerikanischer bunt gefiederter Singvogel

Tan|gens, der; -, - ⟨*lat.*⟩ (Math.): im rechtwinkligen Dreieck das Verhältnis von Gegenkathete zu ↑Ankathete (Zeichen: tan, tang, tg)

Tan|gen|te, die; -, -n: **1.** (Math.) Gerade, die eine gekrümmte Linie (z. B. einen Kreis) in einem Punkt berührt. **2.** dreieckiges Messingplättchen, das beim ↑Klavichord von unten an die Saiten schlägt. **3.** Autostraße, die am Rande eines Ortes vorbeiführt

tan|gen|ti|al ⟨*lat.-nlat.*⟩ (Math.): eine gekrümmte Linie od. Fläche berührend

tan|gie|ren ⟨*lat.*⟩: **1.** (Math.) eine gekrümmte Linie od. Fläche berühren (von Geraden od. Kurven). **2.** berühren, betreffen, beeindrucken. **3.** (Druckw.) auf Flachdruckplatten ein Rastermuster anbringen

Tan|go, der; -s, -s ⟨*span.*⟩: lateinamerikanischer Tanz im langsamen $^2/_4$- od. $^4/_8$-Takt

Tan|go|re|zep|to|ren, die (Plural) ⟨*lat.-nlat.*⟩ (Med.): berührungsempfindliche, auf mechanische Reize reagierende Sinnesorgane

Tan|g|ram, das; -s ⟨*chin.-engl.; Herkunft unsicher*⟩: **a)** Spiel, bei dem aus Dreiecken, Quadraten o. Ä. Figuren gelegt werden; **b)** Computerspiel auf der Grundlage von Tangram (a)

Tä|nie […i̯ə], die; -, …ien (meist Plural) ⟨*gr.-lat.*⟩: Bandwurm; Vertreter aus der Gattung der ↑Taenia

[1]Tan|ka, das; -, - ⟨*jap.*⟩: japanische Kurzgedichtform aus einer dreizeiligen Ober- u. einer zweizeiligen Unterstrophe mit zusammen 31 Silben

[2]Tan|ka, das; -, - ⟨*Hindi*⟩: **1.** alte indische Gewichtseinheit. **2.** (Geschichte) indische Silber- od. Goldmünze

Tan|ki|ni, der; -s, -s ⟨*engl.*⟩: zweiteiliger Badeanzug für Frauen mit einem Oberteil, das den Bauch mehr oder weniger bedeckt

Tank|top [ˈtɛŋktɔp], das; -s, -s ⟨*engl.*⟩: **a)** ärmelloses, westenähnliches Anzughemd; **b)** ärmelloses T-Shirt

Tan|nat, das; -[e]s, -e ⟨*gall.-frz.-nlat.*⟩: Salz der Gerbsäure

tan|nie|ren: mit Tannin beizen

Tan|nin, das; -s, -e: aus Blattgallen von Pflanzen gewonnene Gerbsäure

Tan|rek, der; -s, -s ⟨*madagassisch*⟩: Borstenigel auf Madagaskar

Tan|tal, das; -s ⟨*gr.-lat.-nlat.; nach Tantalus, einem König der gr. Sage*⟩: chem. Element; vor allem für die Herstellung von Chips und Kondensatoren für Computer und Handys verwendetes Metall (Zeichen: Ta)

Tan|ta|lus|qua|len, die (Plural) ⟨*gr.-lat.; dt.*⟩: Qualen, die dadurch entstehen, dass etwas Ersehntes zwar in greifbarer Nähe, aber doch nicht zu erlangen ist

Tan|tes vgl. Dantes

Tan|ti|e|me [auch: tã…], die; -, -n ⟨*lat.-frz.*⟩: **1.** Gewinnbeteiligung an einem Unternehmen. **2.** (meist Plural) an Künstler/-innen u. A. gezahlte Vergütung für Aufführung bzw. Wiedergabe musikalischer od. literarischer Werke

tant mieux [tãˈmjø] (veraltet): umso besser

tan|to ⟨*lat.-it.*⟩ (Musik): viel, sehr (Vortragsanweisung)

Tan|t|ra, das; -[s], -s, selten: …en ⟨*sanskr.*⟩: **1.** (ohne Plural) ein Lehrsystem der indischen Religion; vgl. Tantrismus. **2.** Lehrschrift der ↑Schaktas

tan|t|risch: das Tantra betreffend, von ihm bestimmt

Tan|t|ris|mus, der; - ⟨*sanskr.-nlat.*⟩: indische Heilsbewegung, bes. die Lehre des buddhistischen ↑Vajrayana und der ↑Schaktas

Tan|tum er|go, das; - - ⟨*lat.*⟩ (kath. Liturgie): Anfang der 5. Strophe des ↑Pange Lingua, mit der folgenden Strophe vor der Erteilung des eucharistischen Segens zu singen

Tan|ya […ja], die; -, -s ⟨*ung.*⟩: Einzelgehöft in der ↑Puszta

Tao [auch: taʊ̯], das; - ⟨*chin.; »der Weg«*⟩: Grundbegriff der chinesischen Philosophie (z. B. Urgrund des Seins, Vernunft)

Tao|is|mus [auch: taʊ̯…], der; - ⟨*chin.-nlat.*⟩: philosophisch bestimmte chinesische Volksreligion. **Tao|ist,** der; -en, -en: Anhänger des Taoismus. **Tao|is|tin,** die; -, -nen: weibliche Form zu ↑Taoist. **tao|is|tisch:** den Taoismus betreffend, zu ihm gehörend

Tao-Te-King, das; - ⟨*chin.*⟩: die heilige Schrift des Taoismus

[1]Ta|pa, die; -, -s ⟨*polynes.*⟩: in Polynesien, Ostafrika u. Südamerika verwendeter Stoff aus Bastfasern

[2]Ta|pa, die; -, -s od. der; -s, -s (meist Plural) ⟨*span.*⟩: (bes. in Spanien servierter) kleiner Appetithappen

Tape [tɛɪ̯p, auch: teːp], das, (auch:) der; -[s], -s ⟨*engl.*⟩: **1.** Lochstreifen, Magnetband. **2.** (veraltend) Tonband. **3.** Kassette. **4.** Klebeband

Tape|deck, das; -s, -s: Tonbandgerät (als Baustein einer Hi-Fi-Anlage)

Ta|pei|no|sis, die; - ⟨*gr.; »Erniedrigung«*⟩ (Rhet., Stilkunde): Gebrauch eines leichteren, abschwächenden od. erniedrigenden Ausdrucks

ta|pen [ˈtɛɪ̯pn̩, auch: ˈteːpn̩] ⟨*engl.*⟩ (Jargon): einen ↑Tapeverband anlegen

Ta|pet, das; -[e]s, -e ⟨*gr.-lat.(-frz.)*⟩: **etwas aufs Tapet bringen** (ugs.): etwas zur Sprache bringen; **aufs Tapet kommen** (ugs.): zur Sprache kommen

Ta|pe|te, die; -, -n ⟨*gr.-lat.-mlat.*⟩: Wandverkleidung aus [gemustertem] Stoff, Leder od. Papier

Tape|ver|band [ˈtɛɪ̯p…, auch: ˈteːp…], der; -[e]s, …bände ⟨*engl.; dt.*⟩: Verband aus klebenden Binden od. Pflastern zur Vorbeugung od. bei Quetschungen u. Verstauchungen

Ta|pe|zier, der; -s, -e ⟨*gr.-mgr.-frz.-it.*⟩ (südd.): Tapezierer. **ta|pe|zie|ren: 1.** [Wände] mit Tapeten bekleben od. verkleiden. **2.** (österr.) mit einem neuen Stoff beziehen (Sofa u. a.). **Ta|pe|zie|rer,** der; -s, -: Handwerker, der tapeziert, mit Stoffen bespannt [u. Möbel polstert]. **Ta|pe|zie|re|rin,** die; -, -nen: weibliche Form zu ↑Tapezierer

Ta|pho|pho|bie, die; -, …ien ⟨*gr.-nlat.*⟩ (Med.): krankhafte Angst, lebendig begraben zu werden

Ta|pi|o|ka, die; - ⟨*bras.-port.*⟩:

Stärkemehl aus den Knollen des Maniokstrauches

Ta|pir [österr.: taˈpiːɐ̯], der; -s, -e ⟨*indian.-port.-frz.*⟩: in Amerika u. Asien heimisches Säugetier mit plumpem Körper u. kurzem Rüssel

Ta|pis|se|rie, die; -, ...ien ⟨*gr.-mgr.-frz.*⟩: **1. a)** Wandteppich; **b)** Stickerei auf gitterartigem Grund. **2.** (veraltet) Geschäft, in dem Handarbeiten u. Handarbeitsmaterial verkauft werden

Ta|pis|se|rist, der; -en, -en: in der Herstellung feiner Handarbeiten, bes. Stickereien, ausgebildeter Mann (Berufsbez. bis 2003). **Ta|pis|se|ris|tin,** die; -, -nen: weibliche Form zu ↑Tapisserist

Ta|po|te|ment [...ˈmɑ̃ː], das; -s, -s ⟨*frz.*⟩: Massage in Form von Klopfen u. Klatschen mit den Händen

Tapp|ta|rock, das (österr. nur so) od. der; -s, -s ⟨*dt.; it.*⟩: dem Tarock ähnliches Kartenspiel

Ta|ra, die; -, Taren ⟨*arab.-it.*⟩: **1.** Verpackungsgewicht einer Ware. **2.** Verpackung einer Ware (Abk.: Ta; Zeichen: T)

Ta|ran|tas, der; -, - ⟨*russ.*⟩: alter, ungefederter russischer Reisewagen, der nur auf einem Stangengestell ruht

Ta|ran|tel, die; -, -n ⟨*it.*⟩: südeuropäische Wolfsspinne, deren Biss Entzündungen hervorruft

Ta|ran|tel|la, die; -, -s u. ...llen: süditalienischer Volkstanz im $^3/_8$- od. $^6/_8$-Takt

Tar|busch, der; -[e]s, -e ⟨*pers.-arab.*⟩: orientalische Kopfbedeckung; vgl. Fes

tar|dan|do ⟨*lat.-it.*⟩ (Musik): zögernd; langsamer werdend (Vortragsanweisung). **Tar|dan|do,** das; -s, -s u. ...di (Musik): zögerndes, langsamer werdendes Spiel

Tar|de|noi|si|en [...dənoaˈzi̯ɛ̃ː], das; -[s] ⟨nach dem frz. Fundort La Fère-en-Tardenois⟩: Kulturstufe der Mittelsteinzeit

tar|div ⟨*lat.-nlat.*⟩ (Med.): sich nur zögernd, langsam entwickelnd (von Krankheiten)

tar|do ⟨*lat.-it.*⟩ (Musik): langsam, zögernd (Vortragsanweisung)

Ta|ren: *Plural* von ↑Tara

Tar|get [auch: ˈtargət], das; -s, -s ⟨*engl.;* »Ziel«⟩: **1.** (Kernphysik) Substanz, auf die energiereiche Strahlung gelenkt wird, um in ihr Kernreaktionen zu erzielen. **2.** (Med., Pharm.) Substanz im Körper, an der ein medizinischer Wirkstoff seine Wirkung entfalten soll. **3.** (Werbespr.) der Kunde als Ziel der Werbung

Tar|gum, das; -s, -e u. ...gumim ⟨*aram.;* »Verdolmetschung«⟩: alte, teilweise sehr freie u. paraphrasierende aramäische Übersetzung des Alten Testaments

Tar|hon|ya [...ja], die; - ⟨*ung.*⟩: eine aus Mehl u. Eiern bereitete ungarische Beilage od. Suppeneinlage

ta|rie|ren ⟨*arab.-it.*⟩: **1.** (Wirtsch.) die ↑Tara bestimmen. **2.** (Physik) durch Gegengewichte das Reingewicht einer Ware auf der Waage ausgleichen

Ta|rif, der; -[e]s, -e ⟨*arab.-it.-frz.*⟩: **1.** verbindliches Verzeichnis der Preis- bzw. Gebührensätze für bestimmte Lieferungen, Leistungen, Steuern u. a. **2.** durch Vertrag od. Verordnung festgelegte Höhe von Preisen, Löhnen, Gehältern u. a.

ta|ri|fär, ta|ri|fa|risch ⟨*arab.-it.-frz.-nlat.*⟩: den Tarif betreffend

Ta|rif|au|to|no|mie, die; -, ...ien ⟨*arab.-it.-frz.; gr.*⟩: Befugnis der ↑Sozialpartner, Tarifverträge auszuhandeln u. zu kündigen

Ta|ri|feur [...ˈføːɐ̯], der; -s, -e ⟨*arab.-it.-frz.*⟩: jmd., der Preise festlegt; Preisschätzer. **Ta|ri|feu|rin** [...ˈføːrɪn], die; -, -nen: weibliche Form zu ↑Tarifeur

ta|ri|fie|ren: die Höhe einer Leistung durch Tarif bestimmen

Ta|rif|kom|mis|si|on, die; -, -en: Arbeitsgruppe aus Gewerkschaftsvertretern u. Vertretern von Arbeitgeberverbänden für die Beratung von Tarifverträgen

ta|rif|lich: den Tarif betreffend

Ta|rif|part|ner, der; -s, -: zum Abschluss von Tarifverträgen berechtigter Vertreter der Arbeitnehmer u. Arbeitgeber (Gewerkschaften u. Arbeitgeberverbände). **Ta|rif|part|ne|rin,** die; -, -nen: weibliche Form zu ↑Tarifpartner

Ta|rif|ver|trag, der; -[e]s, ...verträge ⟨*arab.-it.-frz.; dt.*⟩: Vertrag zur Regelung der arbeitsrechtlichen Beziehungen (Lohn, Arbeitszeit, Urlaub u. a.) zwischen Arbeitgebern u. Arbeitnehmern

Tar|la|tan, der; -s, -e ⟨*frz.*⟩: stark appretierter Baumwoll- od. Zellwollstoff [für Faschingskostüme]

Ta|ro, der; -s, -s ⟨*polynes.*⟩: stärkehaltige Knolle eines Aronstabgewächses (Nahrungsmittel der Südseeinsulaner)

Ta|rock, das (österr. nur so) od. der; -s, -s ⟨*it.*⟩: ein Kartenspiel. **ta|ro|cken, ta|ro|ckie|ren:** Tarock spielen

Tá|ro|ga|tó [ˈtaːrogɔtoː], das; -s, -s ⟨*ung.*⟩: ein ungarisches Holzblasinstrument

Ta|rot [taˈroː], das od. der; -s, -s ⟨*it.-frz.(-engl.)*⟩: dem Tarock ähnliches Kartenspiel, das zu spekulativen Deutungen verwendet wird

Tar|pan, der; -s, -e ⟨*russ.*⟩: ausgestorbenes europäisches Wildpferd

Tar|pau|lin [taːˈpɔːlɪn, ˈtaːpəlɪn], der; -[s] ⟨*engl.*⟩: als Packmaterial od. Futterstoff verwendetes Jutegewebe

Tar|pun, der; -s, -e ⟨Herkunft unsicher⟩: dem Hering ähnlicher Knochenfisch

Tar|ra|go|na, der; -s, -s ⟨nach der span. Stadt⟩: spanischer Süßwein

tar|sal ⟨*gr.-nlat.*⟩ (Med.): **1.** zur Fußwurzel gehörend. **2.** zu einem Lidknorpel gehörend

Tar|s|al|gie, die; -, ...ien (Med.): Fußwurzel-, Plattfußschmerz

Tar|s|ek|to|mie, die; -, ...ien (Med.): operative Entfernung von Fußwurzelknochen

Tar|si|tis, die; -, ...itiden (Med.): Entzündung des Lidknorpels

Tar|sus, der; -, ...sen ⟨*gr.-nlat.*⟩: **1.** (Anat.) Fußwurzel. **2.** (Med.) Lidknorpel. **3.** (Zool.) aus mehreren Abschnitten bestehender Fußteil des Insektenbeins

¹Tar|tan [auch: ˈtaːɐ̯tn̩], der; -[s], -s ⟨*engl.*⟩: **1.** spezifische Musterung des ↑Kilts (a) od. ↑Plaids (1). **2.** Plaid od. Kilt mit Tartanmuster

²Tar|tan®, der; -s ⟨Kunstw.⟩: wetterfester Belag für Laufbahnen o. Ä. (aus Kunstharzen)

Tar|ta|ne, die; -, -n ⟨*provenzal.-it.*⟩: ungedecktes, einmastiges Fischerfahrzeug im Mittelmeer

Tar|ta|ros, der; - ⟨*gr.*⟩: ↑¹Tartarus

¹Tar|ta|rus, der; - ⟨*gr.-lat.*⟩: Unterwelt, Schattenreich der griechischen Sage

²**Tar|ta|rus,** der; - ⟨*mlat.*⟩: Weinstein

Tar|te|let|te, die; -, -n ⟨*frz.*⟩: ↑Tortelette

Tar|t|rat, das; -[e]s, -e ⟨*mlat.-frz.*⟩: Salz der Weinsäure

Tart|sche, die; -, -n ⟨*germ.-frz.*⟩: ein mittelalterlicher Schild

Tar|tüff, der; -s, -e ⟨nach Tartuffe, der Hauptperson eines Lustspiels von Molière⟩: Heuchler

Tar|tu|fo, das: -s, -s ⟨*lat.-it.;* »Trüffel«⟩: mit Schokolade, Kakao o. Ä. überzogene Halbkugel aus Speiseeis

Task ⟨*lat.-vulgärlat.-frz.-engl.*⟩: **1.** (der; -s, -s) Höchstleistung; vielfache Darstellung der gleichen Idee in Schachaufgaben. **2.** (die; -, -s, selten der; -s, -s; EDV) in sich geschlossene Aufgabe, dargestellt durch ein Programm, das gleichzeitig neben anderen Programmen abgearbeitet werden kann

Task|bar, die; -, -s ⟨*engl.*⟩: (EDV) vgl. Taskleiste

Task|force, Task-Force [...fɔːɐ̯s], die; -, -s [...sɪs] ⟨*engl.*⟩: **1.** für eine begrenzte Zeit gebildete Arbeitsgruppe [mit umfassenden Entscheidungskompetenzen] zur Lösung komplexer Probleme. **2.** (Militär) für eine bestimmte Aufgabe u. meist nur vorübergehend zusammengestellter Verband

Task|leis|te, die; -, -n ⟨*engl.; dt.*⟩: Bereich am Rand des Bildschirms, in dem die jeweils laufenden Programme angezeigt werden

Tas|ta|tur, die; -, -en ⟨*lat.-vulgärlat.-it.*⟩: **1.** größere Anzahl von in bestimmter Weise (meist in mehreren übereinanderliegenden Reihen) angeordneten Tasten. **2.** (Musik) sämtliche Ober- u. Untertasten bei Tasteninstrumenten

Tas|ti|e|ra, die; -, -s u. ...re ⟨*lat.-vulgärlat.-it.*⟩: **1.** Tastatur (2). **2.** Griffbrett der Streichinstrumente

tas|to so|lo ⟨*it.*⟩ (Musik): allein zu spielen (Anweisung, dass die Bassstimme ohne Harmoniefüllung der rechten Hand zu spielen ist) (Abk.: t. s.)

Ta|ta|mi, die; -, -s ⟨*jap.*⟩: Unterlage für Futons o. Ä.

Ta|tar, das; -s ⟨nach dem Volksstamm der Tataren⟩: rohes gehacktes mageres Rindfleisch [angemacht mit Ei u. Gewürzen]

ta|tau|ie|ren ⟨*tahit.-engl.(-frz.)*⟩ (Völkerkunde): ↑tätowieren

tä|to|wie|ren ⟨*tahit.-engl.-frz.*⟩: Muster od. Zeichnungen mit Farbstoffen in die Haut einritzen. **Tä|to|wie|rung,** die; -, -en: **1.** das Tätowieren. **2.** auf die Haut tätowierte Zeichnung

Tat|ter|sall, der; -s, -s ⟨nach dem engl. Stallmeister R. Tattersall, 1724–1795⟩: **1.** geschäftliches Unternehmen für reitsportliche Veranstaltungen. **2.** Reitbahn, -halle

¹**Tat|too** [tɛˈtuː], das; -[s], -s ⟨*niederl.-engl.*⟩: engl. Bez. für: Zapfenstreich

²**Tat|too** [tɛˈtuː], das, seltener der; -s, -s ⟨*tahit.-engl.*⟩: **1.** ↑Tätowierung (2). **2.** auf die Haut aufgebrachter [farbiger] Aufdruck, der einer Tätowierung (2) ähnlich, aber nicht dauerhaft ist

tat twam asi ⟨*sanskr.*⟩: das bist du, d. h., das Weltall u. die Einzelseele sind eins, sind aus dem gleichen Stoff (Formel der ↑brahmanischen Religion)

Tau, das; -[s], -s ⟨*gr.*⟩: neunzehnter Buchstabe des griechischen Alphabets (Τ, τ)

taupe [toːp] ⟨*lat.-frz.*⟩: maulwurfsgrau, braungrau

Tau|ro|bo|li|um, das; -s, ...ien ⟨*gr.-lat.*⟩: Stieropfer u. damit verbundene Bluttaufe in antiken ↑Mysterien

Tau|ro|ma|chie, die; -, ...ien ⟨*gr.-span.*⟩: **1.** (ohne Plural) Technik des Stierkampfs. **2.** Stierkampf

tau|schie|ren ⟨*arab.-it.-frz.*⟩: Edelmetalle (Gold od. Silber) in unedle Metalle (z. B. Bronze) zur Verzierung einhämmern (einlegen)

Tau|ta|zis|mus, der; -, ...men ⟨*gr.-nlat.*⟩ (Rhet., Stilkunde): unschöne Häufung von gleichen [Anfangs]lauten in aufeinanderfolgenden Wörtern

Tau|to|gramm, das; -s, -e ⟨*gr.-nlat.*⟩: Gedicht, das in allen Wörtern od. Zeilen mit demselben Anfangsbuchstaben beginnt

Tau|to|lo|gie, die; -, ...ien ⟨*gr.-lat.*⟩: **1.** einen Sachverhalt doppelt wiedergebende Fügung (z. B. schwarzer Rappe, alter Greis). **2.** ↑Pleonasmus; vgl. Redundanz (2 b). **3.** (Logik) (aufgrund formallogischer Gründe) wahre Aussage. **tau|to|lo|gisch: a)** die Tautologie betreffend; **b)** durch Tautologie wiedergebend; vgl. pleonastisch

tau|to|mer ⟨*gr.-nlat.*⟩: der Tautomerie unterliegend. **Tau|to|me|rie,** die; -, ...ien (Chemie): das Nebeneinander-Vorhandensein von zwei im Gleichgewicht stehenden isomeren Verbindungen (vgl. Isomerie), die sich durch den Platzwechsel eines ↑Protons unter Änderung der Bindungsverhältnisse unterscheiden

Ta|ver|ne, die; -, -n ⟨*lat.-it.*⟩: italienisches Wirtshaus

Ta|xa: *Plural* von ↑Taxon

Ta|xa|me|ter, das od. der; -s, - ⟨*lat.-mlat.; gr.*⟩: **1.** Fahrpreisanzeiger in einem Taxi. **2.** (veraltet) ↑Taxi

Ta|xa|ti|on, die; -, -en ⟨*lat.-frz.*⟩: Bestimmung des Geldwertes einer Sache od. Leistung

ta|xa|tiv (österr.): vollständig, erschöpfend

Ta|xa|tor, der; -s, ...oren ⟨*lat.*⟩: Wertsachverständiger, Schätzer. **Ta|xa|to|rin,** die; -, -nen: weibliche Form zu ↑Taxator

¹**Ta|xe,** die; -, -n ⟨*lat.-mlat.(-frz.)*⟩: Schätzung, Beurteilung des Wertes

²**Ta|xe,** die; -, -n ⟨Kurzw. für Taxameter (2)⟩: ↑Taxi

Ta|xem, das; -s, -e ⟨*gr.-engl.*⟩ (Sprachwiss.): kleinste grammatisch-syntaktische Einheit ohne semantischen Eigenwert

ta|xen ⟨*lat.-frz.*⟩: ↑taxieren

Tax-free-Shop [tɛksˈfriːʃɔp], der; -s, -s ⟨*engl.*⟩: ↑Duty-free-Shop

Ta|xi, das (schweiz.: der); -s, -s ⟨Kurzw. für: Taxameter⟩: Auto, mit dem man sich gegen ein Entgelt befördern lassen kann

Ta|xi|der|mie, die; - ⟨*gr.-nlat.*⟩: das Haltbarmachen toter Tierkörper für Demonstrationszwecke (z. B. Ausstopfen von Vögeln)

Ta|xi|der|mist, der; -en, -en: jmd., der Tiere ↑präpariert (2). **Ta|xi|der|mis|tin,** die; -, -nen: weibliche Form zu ↑Taxidermist

Ta|xie, die; -, ...ien ⟨*gr.-nlat.*⟩: ↑²Taxis

ta|xie|ren ⟨*lat.-frz.*⟩: **1.** einschätzen, abschätzen, veranschlagen. **2.** prüfend betrachten u. danach ein Urteil fällen

Ta|xie|rer, der; -s, -: ↑Taxator. **Ta|xie|re|rin,** die; -, -nen: weibliche Form zu ↑Taxierer

¹Ta|xis, die; -, Taxes [...kse:s] ⟨*gr.;* »das Ordnen, die Einrichtung«⟩ (Med.): das Wiedereinrichten eines Knochen- od. Eingeweidebruchs

²Ta|xis, die; -, Taxen (Biol.): durch äußere Reize ausgelöste Bewegungsreaktion von Organismen (z. B. ↑Chemotaxis, ↑Fototaxis)

³Ta|xis [...ksi:s]: *Plural* von ↑Taxi

Ta|xi|way [ˈtɛksiweɪ̯], der; -s, -s: Verbindungsweg zwischen den ↑Runways; Rollbahn

Tax|kurs, der; -es, -e ⟨*lat.*⟩: geschätzter Kurs

Tax|ler, der; -s, - (österr. ugs.): Taxifahrer. **Tax|le|rin,** die; -, -nen: weibliche Form zu ↑Taxler

Ta|xo|die [...i̯ə], die; -, -n, **Ta|xo|di|um,** das; -s, ...ien ⟨*gr.-nlat.*⟩: nordamerikanische Sumpfzypresse

Ta|xon, das; -s, Taxa ⟨*gr.*⟩: künstlich abgegrenzte Gruppe von Lebewesen (z. B. Stamm, Art) als Einheit innerhalb der biologischen Systematik

ta|xo|nom, taxonomisch: **1.** (Biol.) systematisch; vgl. Taxonomie (1). **2.** (Sprachwiss.) nach der Methode der Taxonomie (2) vorgehend, die Taxonomie betreffend. **Ta|xo|no|mie,** die; -, ...i̯en: **1.** (Biol.) Einordnung der Lebewesen in ein biologisches System. **2.** (Sprachwiss.) Teilgebiet der Linguistik, auf dem man durch Segmentierung u. Klassifikation sprachlicher Einheiten den Aufbau eines Sprachsystems beschreiben will

ta|xo|no|misch vgl. taxonom

Ta|xus, der; -, - ⟨*lat.*⟩: Eibe

Tay|lo|ris|mus [telo...], der; - ⟨nach dem amerik. Ingenieur F. W. Taylor, 1856–1915⟩, **Tay|lor|sys|tem, Tay|lor-Sys|tem** [ˈtɛɪ̯lɐ..., ˈte:...], das; -s: System der wissenschaftlichen Betriebsführung mit dem Ziel, einen möglichst wirtschaftlichen Betriebsablauf zu erzielen

Ta|zet|te, die; -, -n ⟨*it.*⟩: in Südeuropa heimische Narzisse

T-Bone-Steak [ˈti:bɔʊ̯n...], das; -s, -s ⟨*engl.*⟩: dünne Scheibe aus dem Rippenstück des Rinds, dessen Knochen (engl. »bone«) die Form eines T hat

T-Car [ˈti:ka:ɐ̯], das; -s, -s ⟨Abk. für *engl. t*raining u. *car* »Auto«⟩: Rennwagen [der Formel-1-Klasse] für das Training bzw. als Ersatzauto

T-Card [ˈti:ka:ɐ̯t], die; -, -s ⟨Abk. für *engl. t*elecommunication u. *card* »Karte«⟩: aufladbare Chipkarte, die als Telecard u. auch als Paycard genutzt werden kann

Tea [ti:], der (auch: das); -s ⟨*engl.;* »Tee«⟩ (Jargon): ↑Haschisch

Teach-in, Teach|in [ti:tʃˈʔɪn], das; -s, -s ⟨*engl.*⟩: [politische] Diskussion mit demonstrativem Charakter, bei der Missstände aufgedeckt werden sollen

Teak [ti:k], das; -s ⟨*drawid.-port.-engl.*⟩: Kurzform von ↑Teakholz. **tea|ken** (selten): aus Teakholz

Teak|holz, das; -es, ...hölzer: wertvolles Holz des südostasiatischen Teakbaums

Team [ti:m], das; -s, -s ⟨*engl.*⟩: **a)** Gruppe von Personen, die mit der Bewältigung einer gemeinsamen Aufgabe beschäftigt ist; **b)** (Sport) Mannschaft

Team|buil|ding, Team-Buil|ding [ˈti:mbɪldɪŋ], das; -[s] ⟨*engl.*⟩: Erarbeitung gemeinsamer Ziele durch alle Mitglieder eines Teams

Team|chef [ˈti:m...], der; -s, -s (Sport): Betreuer, Trainer einer Mannschaft. **Team|che|fin,** die; -, -nen: weibliche Form zu ↑Teamchef

Team|geist, der; -[e]s: Mannschaftsgeist

Team|lea|der [ˈti:mli:dɐ], der ⟨*engl.*⟩ (bes. schweiz.): Leiter einer [Sport]mannschaft, eines Teams. **Team|lea|de|rin,** die: w. Form zu ↑Teamleader

team|ori|en|tiert: auf ein Team ausgerichtet

Team|play|er [ˈti:mpleɪ̯ɐ], der; -s, - ⟨*engl.*⟩: jmd., der (bes. beim Sport od. der Arbeit) teamfähig ist. **Team|play|e|rin,** die; -, -nen: weibliche Form zu ↑Teamplayer

Teams|ter, der; -s, -: engl. Bez. für: Lastkraftwagenfahrer

Team|tea|ching, Team-Tea|ching [...ti:tʃɪŋ], das; -[s]: Unterrichtsorganisationsform, in der Lehrer, Dozenten u. Hilfskräfte Lernstrategien, Vorlesungen o. Ä. gemeinsam planen, durchführen u. auswerten

Team|work [...wœ:ɐ̯k], das; -s, -s: **a)** Gemeinschafts-, Gruppen-, Zusammenarbeit; **b)** gemeinsam Erarbeitetes

Tea|room [ˈti:ru:m], der, schweiz. auch das; -s, -s ⟨*engl.;* »Teeraum«⟩: **1.** kleines, nur tagsüber geöffnetes Lokal, in dem in erster Linie Tee gereicht wird; Teestube; vgl. Five o'Clock Tea. **2.** (schweiz.) Café, in dem kein Alkohol ausgeschenkt wird

Tea|ser [ˈti:zɐ], der; -s, - ⟨*engl.*⟩: Neugierde weckendes Werbeelement

TecDAX®, der; -: Aktienindex, der die 30 größten an der Frankfurter Wertpapierbörse notierten Technologieunternehmen umfasst

Tech|kon|zern, der; -[e]s, -e (Wirtsch.): kurz für ↑Technologiekonzern

Tech|ne|ti|um, das; -s ⟨*gr.-nlat.*⟩: chem. Element; ein Metall (Zeichen: Tc)

Tech|ni|co|lor®, das; -s ⟨*gr.-lat.*⟩: ein Farbbildverfahren

tech|ni|fi|zie|ren: Errungenschaften der Technik auf etwas anwenden

Tech|nik, die; -, -en ⟨*gr.-frz.*⟩: **1.** (ohne Plural) Gesamtheit der Maßnahmen, Einrichtungen u. Verfahren, die dazu dienen, naturwissenschaftliche Erkenntnisse praktisch nutzbar zu machen. **2.** ausgebildete Fähigkeit, Kunstfertigkeit, die zur richti-

Technik	Technologie
Startpunkt war der letzte Stand der Technik seiner Zeit. *Methoden und kontrollierte Verfahren zur Erreichung eines Ziels* – bei der/die Einführung [...] neuer [...] Techniken – auf den neuesten Stand der Technik [...] gebracht – von analoger auf digitale Technik umgestellt ... Allein das erfordert eine ausgeklügelte Technik. Heute wendet er die Technik des Gedächtnistrainings regelmäßig an. Digitale Technik veraltet jedoch schnell.	Hier können die neuen Technologien ihre Vorteile voll entfalten. *Gesamtheit wissenschaftlich begründeter Techniken* – Umgang [...] neuen Technologien [...] vertraut – in neue [...] Technologien [und ...] Märkte – durch den Einsatz modernster Technologien Klar ist, dass dies eine bahnbrechende Technologie ist. Ziel ist die Einführung der neuesten Finanzinstrumente und Technologien. Technologie koste nur partiell Arbeitsplätze.

gen Ausübung einer Sache notwendig ist. **3.** (ohne Plural) Gesamtheit der Kunstgriffe u. Verfahren, die auf einem bestimmten Gebiet üblich sind. **4.** Herstellungsverfahren. **5.** (österr.) technische Hochschule

Technik/Technologie *s. Kasten*

Tech|ni|ka: *Plural* von ↑Technikum

Tech|ni|ker, der; -s, -: **1.** Fachmann auf einem Gebiet der Ingenieurwissenschaften. **2.** in einem Zweig der Technik fachlich ausgebildeter Arbeiter. **3.** jmd., der auf technischem Gebiet besonders begabt ist. **4.** jmd., der die Feinheiten einer bestimmten Sportart sehr gut beherrscht. **Tech|ni|ke|rin,** die; -, -nen: weibliche Form zu ↑Techniker

Tech|ni|kum, das; -s, ...ka (auch: ...ken) ⟨*gr.-nlat.*⟩: technische Fachschule, Ingenieurfachschule; vgl. Polytechnikum

tech|nisch ⟨*gr.-frz.*⟩: **1.** die Technik (1) betreffend. **2.** die zur fachgemäßen Ausübung u. Handhabung erforderlichen Fähigkeiten betreffend

tech|ni|sie|ren ⟨*gr.-nlat.*⟩: **1.** Maschinenkraft, technische Mittel einsetzen. **2.** etw. auf technischen Betrieb umstellen, für technischen Betrieb einrichten

Tech|ni|zis|mus, der; -, ...men: **1.** technischer Fachausdruck, technische Ausdrucksweise. **2.** (ohne Plural) weltanschauliche Auffassung, die den Wert der Technik losgelöst von den bestehenden Verhältnissen, vom sozialen Umfeld sieht u. den technischen Fortschritt als Grundlage u. Voraussetzung jedes menschlichen Fortschritts betrachtet

Tech|no [ˈtɛkno], das od. der; -[s] ⟨*gr.-engl.*⟩ (Musik): rein elektronisch erzeugte, von besonders schnellem Rhythmus bestimmte Tanzmusik

Tech|no|dro|ge [...k..., ...ç...], die; -, -n: ↑Designerdroge

tech|no|id [...ç...] ⟨*gr.-nlat.*⟩: durch die Technik (1) bestimmt, verursacht

Tech|no|krat, der; -en, -en ⟨*gr.-engl.*⟩: Vertreter der Technokratie

Tech|no|kra|tie, die; -, ...ien: **1.** (abwertend) die Beherrschung des Menschen u. seiner Umwelt durch die Technik. **2.** von den USA ausgehende Wirtschaftslehre, die die Vorherrschaft der Technik über Wirtschaft u. Politik propagiert u. deren kulturpolitisches Ziel es ist, die technischen Errungenschaften für den Wohlstand der Menschen nutzbar zu machen

Tech|no|kra|tin, die; -, -nen: weibliche Form zu ↑Technokrat

tech|no|kra|tisch: 1. die Technokratie (1) betreffend. **2.** (abwertend) von der Technik bestimmt, rein mechanisch

Tech|no|lekt, der; -[e]s, -e ⟨*gr.-nlat.*⟩ (Sprachwiss.): Fachsprache

Tech|no|lo|ge, der; -n, -n: Wissenschaftler, der auf dem Gebiet der Technologie arbeitet

Tech|no|lo|gie, die; -, ...ien: **1.** (ohne Plural; Verfahrenskunde) Wissenschaft von der Umwandlung von Rohstoffen in Fertigprodukte. **2.** ↑Technik (4). **3.** Gesamtheit der zur Gewinnung u. Bearbeitung od. Verformung von Stoffen nötigen Prozesse. **4.** Methodik u. Verfahren in einem bestimmten Forschungsgebiet (z. B. Raumfahrt)

Tech|no|lo|gie|kon|zern, der; -[e]s, -e (Wirtsch.): Konzern von Technologieunternehmen

Tech|no|lo|gie|park, der; -s, -s: Gelände, auf dem bestimmte Firmen (auf privatwirtschaftlicher Basis) moderne Technologien entwickeln

Tech|no|lo|gie|trans|fer, der; -s, -s: Weitergabe betriebswirtschaftlicher u. technologischer Kenntnisse u. Verfahren

Tech|no|lo|gin, die; -, -nen: weibliche Form zu ↑Technologe

tech|no|lo|gisch: verfahrenstechnisch, den technischen Bereich von etwas betreffend

tech|no|morph (Philos.): von den Kräften der Technik geformt

Tech|no|pä|g|ni|on, das; -s, ...ien ⟨*gr.-lat.*⟩: Gedicht, dessen Verse äußerlich den besungenen Gegenstand nachbilden (z. B. ein Ei); Figurengedicht, Bildgedicht (bes. im Altertum u. im Barock)

Tech|no|ro|bic [tɛknoˈroːbɪk], das od. die; - ⟨Kunstw.⟩: Aerobic nach Technomusik

Tech|tel|mech|tel [auch: ˈtɛç...],

das; -s, - ‹Herkunft unsicher› (ugs.): Liebelei, Flirt

Ted, der; -[s], -s ‹*engl.*›: Kurzform von ↑Teddyboy

TED, Ted® [tɛt], der; -s ‹Kurzw. aus *Teledialog*› (bes. Fernsehen, Telekommunikation): Computer, der telefonische Stimmabgaben registriert u. hochrechnet

Ted|dy [...di], der; -s, -s ‹*engl.; Koseform von engl. Theodore*›: Stoffbär (als Kinderspielzeug)

Ted|dy|boy, der; -s, -s: Jugendlicher, der sich in Kleidungs- u. Lebensstil nach den 1950er-Jahren richtet

te|des|ca vgl. alla tedesca

Te|de|um, das; -s, -s ‹*lat.;* nach den Anfangsworten des Hymnus »Te Deum laudamus« = »Dich, Gott, loben wir!«›: 1. (ohne Plural) frühchristlicher ↑ambrosianischer Lobgesang. 2. musikalisches Werk über diesen Hymnus

¹Tee, der; -s, -s ‹*chin.*›: **1.** auf verschiedene Art aufbereitete Blätter u. Knospen des asiatischen Teestrauchs. **2.** aus den Blättern des Teestrauchs bereitetes Getränk. **3.** Absud aus getrockneten [Heil]kräutern. **4.** gesellige Zusammenkunft [am Nachmittag], bei der Tee gereicht wird

²Tee [ti:], das; -s, -s ‹*engl.;* »T«› (Golf): **1.** kleiner Stift aus Holz od. Kunststoff, der in den Boden gedrückt u. auf den der Golfball vor dem Abschlag aufgesetzt wird. **2.** kleine rechtwinklige Fläche, von der aus bei jedem zu spielenden Loch mit dem Schlagen des Golfballes begonnen wird

Tee|in vgl. Tein

Teen [ti:n], der; -s, -s (meist Plural), **Teen|ager** ['ti:nʔɛɪdʒɐ], der; -s, - ‹*engl.*›: Junge od. Mädchen im Alter zwischen etwa 13 u. 19 Jahren; vgl. Twen

Tee|ner ['ti:nɐ], der; -s, - (Jargon): ↑Teenie

Tee|nie, Tee|ny ['ti:ni], der; -s, -s (ugs.): jüngerer Teen

Tef, Taf, **Teff,** der; -[s] ‹*afrik.*›: eine nordafrikanische Getreidepflanze

Te|fil|la, die; - ‹*hebr.*›: **1.** jüdisches Gebetbuch. **2.** jüdisches Gebet, bes. das ↑Schmone esre

Te|fil|lin, die (Plural): Gebetsriemen der Juden (beim Morgengebet an Stirn u. linkem Oberarm getragene Kapseln mit Schriftworten)

Te|f|lon® [auch: ...'lo:n], das; -s ‹Kunstw.›: hitzebeständiger Kunststoff

Tef|sir, der; -s, -s ‹*arab.*›: wissenschaftliche Auslegung u. Erklärung des ↑Korans

Teg|ment, das; -[e]s, -e ‹*lat.*› (Bot.): Knospenschuppe bei der Pflanzenblüte

Tei|ch|op|sie, die; -, ...ien ‹*gr.-nlat.*› (Med.): Gesichtsfeldausfall mit zackenförmiger Begrenzung u. Augenflimmern

Tei|cho|s|ko|pie, die; - ‹*gr.;* »Mauerschau«›: Mittel im Drama, auf der Bühne nicht od. nur schwer darstellbare Ereignisse dem Zuschauer dadurch nahezubringen, dass ein Schauspieler sie schildert, als sähe er sie außerhalb der Bühne vor sich gehen

Te|in, Teein, Thein, das; -s ‹*chin.-nlat.*›: in Teeblättern enthaltenes Koffein

Teint [tɛ̃:, tɛŋ], der; -s, -s ‹*lat.-frz.*›: Beschaffenheit od. Tönung der menschlichen Gesichtshaut; Gesichts-, Hautfarbe

Te|ju, der; -s, -s ‹*indian.-port.*›: eine südamerikanische Schienenechse

Tekk|no, das od. der; -[s] ‹Kunstw.›: von akustischer Härte geprägte Variante des ↑Techno

tek|tie|ren ‹*lat.-nlat.*›: eine fehlerhafte Stelle in einem Buch überkleben; vgl. Tektur

tek|tisch ‹*gr.*› (Mineral.): die Ausscheidung von Kristallen aus Schmelzen betreffend

Tek|tit [auch: ...'tɪt], der; -s, -e ‹*gr.-nlat.*›: glasartiges Gestein von grünlicher od. bräunlicher Färbung

Tek|to|gen, das; -s, -e ‹*gr.-nlat.*› (Geol.): der Teil der Erdkruste, der tektonisch einheitlich bewegt wurde

Tek|to|ge|ne|se, die; - (Geol.): alle tektonischen Vorgänge, die das Gefüge der Erdkruste umformten

Tek|to|nik, die; - ‹*gr.-lat.*›: **1.** (Geol.) Teilgebiet der Geologie, das sich mit dem Bau der Erdkruste u. ihren inneren Bewegungen befasst. **2.** [Lehre von der] Zusammenfügung von Bauteilen zu einem Gefüge. **3.** [strenger, kunstvoller] Aufbau einer Dichtung. **tek|to|nisch:** die Tektonik betreffend

Tek|tur, die; -, -en ‹*lat.*›: **1.** Deckstreifen mit dem richtigen Text, der über eine falsche Stelle in einem Buch geklebt wird. **2.** Blatt mit Ergänzungen, das in Bücher, Broschüren o. Ä. eingeklebt wird. **3.** Korrektur eines schon genehmigten Bauplans

Te|la, die; -, Telen ‹*lat.*› (Med.): Gewebe, Bindegewebe

Te|la|mon [auch: ...'mo:n], der od. das; -s, ...onen ‹*gr.-lat.*›: **1.** (Militär veraltet) Leibgurt für Waffen. **2.** kraftvolle Gestalt als Träger von [vorspringenden] Bauteilen

Te|l|an|th|ro|pus, der; -, ...pi ‹*gr.-nlat.*›: ein südafrikanischer fossiler Typ des Frühmenschen

te|le..., Te|le...

‹zu *gr.* têle »in der Ferne, fern, weit«›
Wortbildungselement mit den Bedeutungen:
a) *»fern, weit, in der/die Ferne«:*
- Telefax
- telefonieren
- Teleobjektiv

b) *»Fernsehen«:*
- Telekolleg
- Teleshopping

Te|le|an|gi|ek|ta|sie, die; -, ...ien ‹*gr.-nlat.*› (Med.): bleibende, in verschiedenen Formen (z. B. Malen) auf der Haut sichtbare Erweiterung der ↑Kapillaren (1)

Te|le|ar|beit, die; - ‹*gr.; dt.*›: Form der Heimarbeit, bei der der Arbeitnehmer über Datenleitungen mit dem Arbeitgeber verbunden ist

Te|le|ban|king [...bɛŋkɪŋ], das; -[s] ‹*(gr.; engl.)engl.*›: Abwicklung von Bankgeschäften über Post u. ↑Telekommunikation; Homebanking

Te|le|brief, der; -[e]s, -e ‹*gr.; dt.*›: Schreiben, das durch ↑Telekopierer übermittelt u. durch Eilboten zugestellt wird

Te|le|card [...ka:ɐt], die; -, -s ‹*gr.; engl.*›: aufladbare Chipkarte zur Teilnahme an bestimmten Telekommunikationsdiensten

Te|le|com|pu|ting [...kɔmˈpjuːtɪŋ], das; -s: Datenfernübertragung

Te|le|fax, das; -, -e ‹Kunstw. aus *gr. tele* »weit, fern« u. ↑*Faksimile*; das x in Anlehnung an ↑Tele*x*›: **1.** durch Telefax (2 a) übermittelte Fotokopie. **2. a)** Telekopierer; **b)** (ohne Plural) Einrichtung, die das Telekopieren ermöglicht (Abk.: Fax). **te|le|faxen:** ein Telefax übermitteln

Te|le|fon [auch: teləˈfoːn], das; -s, -e ‹*gr.-nlat.*›: Fernsprecher, Fernsprechanschluss

Te|le|fo|nat, das; -[e]s, -e: Ferngespräch, Anruf

Te|le|fon|ban|king [...bɛŋkɪŋ], das; -[s] ‹*gr.-nlat.; engl.*›: Erledigung von Bankangelegenheiten per Telefon

Te|le|fo|nie, die; - ‹*gr.-nlat.*›: **1.** Sprechfunk. **2.** Fernsprechwesen

te|le|fo|nie|ren: 1. anrufen, durch das Telefon mit jmdm. sprechen. **2.** telefonisch (b) mitteilen

te|le|fo|nisch: a) das Telefon betreffend; **b)** mithilfe des Telefons [erfolgend]

Te|le|fo|nist, der; -en, -en: Angestellter im Fernsprechverkehr. **Te|le|fo|nis|tin,** die; -, -nen: Angestellte im Fernsprechverkehr

Te|le|fo|ni|tis, die; - (ugs. scherzh.): Neigung, häufig zu telefonieren

Te|le|fon|kon|fe|renz, die; -, -en ‹*gr.-nlat.; lat.-mlat.*›: Konferenz, bei der die Teilnehmer mithilfe von zusammengeschalteten [Bild]telefonen kommunizieren

Te|le|fon|mar|ke|ting, das; -[s]: Gewinnung u. Betreuung von Kunden über telefonische Kontakte

Te|le|fon|sex, der; - (ugs.): auf sexuelle Stimulation zielender telefonischer Kontakt

Te|le|fon|ter|ror, der; -s: durch [anonyme] Anrufe mit Drohungen o. Ä. ausgeübter Terror

Te|le|fo|to, das; -s, -s: Kurzform von ↑Telefotografie

Te|le|fo|to|gra|fie, Telephotographie, die; -, ...ien: fotografische Aufnahme entfernter Objekte mit einem ↑Teleobjektiv

te|le|gen: in Fernsehaufnahmen besonders wirkungsvoll zur Geltung kommend

Te|le|graf, Telegraph, der; -en, -en ‹*gr.-frz.*›: Apparat zur Übermittlung von Nachrichten durch vereinbarte Zeichen; Fernschreiber

Te|le|gra|fie, Telegraphie, die; -: Fernübertragung von Nachrichten durch vereinbarte Zeichen. **te|le|gra|fie|ren,** telegraphieren: eine Nachricht telegrafisch übermitteln. **te|le|grafisch,** telegraphisch: auf drahtlosem Weg, drahtlos, durch Telegrafie

Te|le|gramm, das; -s, -e ‹*gr.-engl.(-frz.)*›: telegrafisch übermittelte Nachricht

Te|le|graph usw. vgl. Telegraf usw.

Te|le|ka|me|ra, die; -, -s: Kamera mit Teleobjektiv

Te|le|kie [...i̯ə], die; -, -n ‹*nlat.;* nach dem ung. Forscher Samuel Graf Teleki v. Szék, 1845–1916›: Ochsenauge (Zierstaude)

Te|le|ki|ne|se, die; - ‹*gr.-nlat.*› (Parapsychol.): das Bewegtwerden von Gegenständen allein durch übersinnliche Kräfte. **te|le|kinetisch:** die Telekinese betreffend

Te|le|kol|leg, das; -s, -s u. -ien: allgemeinbildende od. fachspezifische Unterrichtssendung in Serienform im Fernsehen

Te|le|kom, die; - ‹kurz für: Deutsche Telekom AG›: in der Telekommunikation tätiges Dienstleistungsunternehmen

Te|le|kom|mu|ni|ka|ti|on, die; -: Austausch von Informationen u. Nachrichten mithilfe der Nachrichtentechnik

Te|le|kon|ver|ter, der; -s, - (Fotogr.): Linsensystem, das zwischen Objektiv u. Kamera eingefügt wird, wodurch sich die Brennweite vergrößert

te|le|ko|pie|ren: mithilfe eines Telekopierers fotokopieren. **Te|leko|pie|rer,** der; -s, -: Gerät, das zu kopierendes Material aufnimmt u. per Telefonleitung an ein anderes Gerät weiterleitet

Te|le|kra|tie, die; -, ...ien ‹*gr.-nlat.*› (abwertend, scherzh.): **1.** (ohne Plural) Vorherrschaft, übermäßiger Einfluss des Fernsehens od. anderer elektronischer Medien in einem [demokratischen] Staatswesen. **2.** [demokratisches] Staatswesen, in dem elektronische Medien, bes. das Fernsehen, einen maßgeblichen Einfluss auf die Meinungsbildung haben. **te|le|kratisch** (abwertend, scherzh.): die Telekratie betreffend, auf ihr beruhend

Te|le|lear|ning [...lœːɐ̯nɪŋ], das; -s ‹*gr.; engl.*›: das Lernen mithilfe eines Kommunikationssystems (z. B. des Internets)

Te|le|mark, der; -s, -s ‹nach der norw. Landschaft› (Skisport): **1.** (früher) Schwung quer zum Hang. **2.** (beim Skispringen) Stellung des Springers beim Aufsetzen, bei der das eine Bein leicht nach vorn geschoben u. der Druck federnd mit den Knien aufgefangen wird

Te|le|mar|ke|ting, das; -[s] ‹*gr.; lat.-frz.-engl.*› (Wirtsch.): Angebot von Waren u. Dienstleistungen z. B. über Telefon

Te|le|marks|vi|o|li|ne, die; -, -n: ↑Hardangerfiedel

Te|le|ma|tik, die; - ‹Kurzw. aus ↑*Tele*kommunikation u. ↑Infor*matik*›: Forschungsbereich, in dem man sich mit der wechselseitigen Beeinflussung u. Verflechtung von verschiedenen nachrichtentechnischen Disziplinen befasst. **te|le|ma|tisch:** die Telematik betreffend, auf ihr beruhend

Te|le|me|di|zin, die; -: Einsatz von Mitteln der Telekommunikation zu medizinischen Zwecken (z. B. zur Diagnostik)

te|le|me|di|zi|nisch: die Telemedizin betreffend, dazu gehörend

Te|le|me|ter, das; -s, - ‹*gr.-nlat.*›: Entfernungsmesser. **Te|le|me|trie,** die; -: Übertragung von Messwerten auf drahtgebundenem od. drahtlosem Weg; Fernmessung

Te|len: *Plural* von ↑Tela

Te|le|no|ve|la, die; -, -s ‹*span.; port.*›: Fernsehserie, die in einer festgelegten Anzahl von täglich ausgestrahlten Folgen eine in sich abgeschlossene [rührselige] Handlung erzählt

Te|l|en|ze|pha|lon, das; -s, ...la (Med.): **a)** die beiden Großhirnhälften; Großhirn; **b)** vorderer Abschnitt des ersten Hirnbläschens beim Embryo

Te|le|ob|jek|tiv, das; -s, -e (Fotogr.): Kombination von Linsen zur Erreichung großer Brennweiten für Fernaufnahmen

Te|leo|lo|gie, die; - ‹*gr.-nlat.*› (Philos.): die Lehre von der Zielgerichtetheit u. Zielstrebigkeit jeder Entwicklung im Universum od. in seinen Teilbereichen. **te|leo|lo|gisch: a)** die Teleologie betreffend; **b)** zielgerichtet, auf einen Zweck hin ausgerichtet

Te|le|o|no|mie, die; -, ...ien: von einem umfassenden Zweck regierte u. regulierte Eigenschaft, Charakteristikum. **te|le|o|no|misch:** die Teleonomie betreffend

Te|le|o|sau|rus, der; -, ...rier [...riɐ]: ausgestorbene Riesenechse

Te|le|os|ti|er, der; -s, - (meist Plural): Knochenfisch

Te|le|path, der; -en, -en ‹*gr.-nlat.*› (Parapsychol.): für Telepathie Empfänglicher

Te|le|pa|thie, die; - (Parapsychol.): das Fernfühlen, das Wahrnehmen der seelischen Vorgänge eines anderen Menschen ohne Vermittlung der Sinnesorgane

Te|le|pa|thin, die; -, -nen: weibliche Form zu ↑Telepath

te|le|pa|thisch (Parapsychol.): **a)** die Telepathie betreffend; **b)** auf dem Weg der Telepathie

Te|le|phon: frühere Schreibung für ↑Telefon usw.

Te|le|pho|to|gra|phie vgl. Telefotografie

Te|le|plas|ma, das; -s, ...men (Parapsychol.): bei der ↑Materialisation angeblich durch das Medium abgesonderter Stoff

Te|le|play|er® [...plɛɪɐ], der; -s, - ‹*gr.; engl.*›: Abspielgerät für Videoaufnahmen; vgl. Videorekorder

Te|le|por|ta|ti|on, die; -, -en ‹*lat.*›: **1.** (bes. in Science-Fiction u. Fantasy) Transport von Gegenständen od. Personen von einem Ort an einen anderen, ohne dass das Objekt den zwischen den Orten befindlichen Raum durchquert. **2.** (Physik) Übertragung des Quantenzustands eines Teilchens auf ein anderes über eine best. Entfernung

te|le|por|tie|ren sw. V.; hat ‹*lat.*›: **1.** (bes. in der Science-Fiction) etw., jmdn. nahezu zeitgleich an einem Ort verschwinden u. an einem anderen Ort wieder erscheinen lassen. **2.** (bes. Physik) den Zustand, die Informationen eines Teilchens od. Objekts über eine best. Entfernung nahezu ohne Zeitverlust auf ein anderes übergehen lassen

Te|le|pro|ces|sing [...proʊsɛsɪŋ], das; -s: Datenfernverarbeitung durch fernmeldetechnische Übertragungswege (z. B. Telefonleitungen)

Te|le|promp|ter®, der; -s, - (Jargon): Vorrichtung, die es ermöglicht, den vorzutragenden Text ohne Blicksenkung vom Monitor abzulesen

Te|le|shop|ping [...ʃɔpɪŋ], das; -s ‹*gr.; engl.*›: Einkaufen per Bestellung von im Fernsehen od. durch andere elektronische Medien angebotenen Waren

Te|le|sil|lei|on, das; -s, ...lleia ‹*gr.;* nach der altgr. Dichterin Telesilla› (antike Metrik): ein ↑Glykoneus, dessen Anfang um eine Silbe verkürzt ist

Te|le|s|ko|mat®, der; -en, -en ‹*gr.-nlat.*›: bei der Teleskopie (1) eingesetztes Zusatzgerät zum Fernsehapparat, durch das ermittelt wird, wer welches Programm eingeschaltet hat

Te|le|s|kop, das; -s, -e: Fernrohr

Te|le|s|ko|pie, die; - ‹*gr.-nlat.*›: **1.** Verfahren zur Ermittlung der Einschaltquoten bei Fernsehsendungen. **2.** (Parapsychol.) Wahrnehmung in der Ferne befindlicher verborgener Gegenstände (Ggs.: Kryptoskopie)

te|le|s|ko|pisch: 1. a) das Teleskop betreffend; **b)** durch das Fernrohr sichtbar. **2.** die Teleskopie betreffend

Te|le|spot [...spɔt], der; -s, -s ‹*gr.; engl.*›: Werbekurzfilm im Fernsehen

Te|les|s|ti|chon, das; -s, ...chen u. ...cha ‹*gr.*›: **a)** Wort od. Satz, der aus den Endbuchstaben, -silben od. -wörtern der Verszeilen od. Strophen eines Gedichts gebildet ist; **b)** Gedicht, das Telestichen enthält; vgl. Akrostichon, Mesostichon

Te|le|test, der; -s, -s ‹(*gr.; engl.*) *engl.*›: Befragung von Fernsehzuschauern, um den Beliebtheitsgrad einer Sendung festzustellen

Te|le|tub|bies® [...tabi:s], die (Plural) ‹engl.›: Figuren einer Fernsehserie für kleine Kinder

Te|le|tu|tor, der; -s, ...oren ‹*gr.; lat.*›: Fachmann, der [in einem Callcenter] dem Anrufenden Ratschläge bei Schwierigkeiten mit technischen Geräten u. Ä. gibt

Te|leu|to|spo|ren, die (Plural) ‹*gr.-nlat.*› (Bot.): Wintersporen der Rostpilze

Te|le|vi|si|on [auch: ˈtɛlɪvɪʒ(ə)n], die; - ‹*engl.*›: Fernsehen (Abk.: TV)

Te|le|wor|king [...wœːɐ̯kɪŋ], das; -s: ↑Telearbeit

Te|lex, das (österr., schweiz.: der); -, -e ‹Kurzw. aus engl. *tele*printer *ex*change = »Fernschreiber-Austausch«›: **1. a)** (ohne Plural) international übliche Bez. für: Fernschreiber[teilnehmer]netz; **b)** Fernschreiber. **2.** Fernschreiben. **te|le|xen:** ein Fernschreiben per Telex übermitteln

Tel|ko, die; -, -s ‹Kurzw. aus *Tele*fon und *Ko*nferenz› (ugs.): ↑Telefonkonferenz

Tell, der; -s, -e ‹*arab.;* »Hügel, Anhöhe«› (Archäol.): Hügel aus in Schichten übereinandergelagerten Ruinen, die aus unterschiedlichen Zeiten der Besiedlung stammen

Tel|lur, das; -s ‹*lat.-nlat.*›: chem. Element; ein Halbmetall (Zeichen: Te)

tel|lu|risch: die Erde betreffend

Tel|lu|ri|um, das; -s, ...ien (Astron.): Gerät zur modellhaften Darstellung der Bewegungen von Erde u. Mond um die Sonne

Tel|net, das; -s ‹Kunstw.›: Dienst des Internets, über den die Nutzer direkten Zugriff auf andere Computer erhalten

Te|lo|den|d|ron, das; -s, ...ren (meist Plural) ‹*gr.*› (Med.): feinste Aufzweigung der Fortsätze von Nervenzellen

Te|lom, das; -s, -e ‹*gr.-nlat.*› (Biol.): Grundorgan fossiler Urlandpflanzen

Te|lo|me|ra|se, die; -, -n ‹*gr.*›: (Med.) Enzym des Zellkerns, das bes. in Krebszellen dem Schwund der Chromosomenenden nach der Zellteilung entgegenwirkt

Te|lo|pha|se, die; -, -n (Biol.): Endstadium der Kernteilung

Te|los, das; - ‹*gr.*› (Philos.): das Ziel, der [End]zweck

tel|quel, tel quel [tɛlˈkɛl] ‹*frz.;* »so wie«›: der Käufer hat die Ware so zu nehmen, wie sie ausfällt (Handelsklausel)

Tel|quel|kurs [...'kɛl...], der; -es, -e ⟨*frz.; lat.*⟩ (Börsenw.): Devisenkurs ohne Berechnung von Zinsen u. Spesen

Te̱l|son, das; -s, ...sa ⟨*gr.*⟩ (Biol.): Endglied des Hinterleibs bei Gliederfüßern (z. B. beim Krebs)

Te̱|ma con Va|ri|a|zi|o̱|ni, das; - - - ⟨*it.*⟩ (Musik): Thema mit Variationen

Te̱|me|nos, das; -, ...ne ⟨*gr.*⟩: abgegrenzter heiliger [Tempel]bezirk im altgriechischen Kult

Te̱m|mo|ku, das; - ⟨*jap.*⟩: chinesische Töpfereien der Sungzeit (10.–13. Jh.) mit schwarzer od. brauner Glasur u. ihre japanischen Nachbildungen

Te̱mp, der; -s, -s ⟨Kurzform von *Temp*eratur⟩ (Meteorol.): Kennwort verschlüsselter meteorologischer Meldungen einer Landstation

Te̱m|pel, der; -s, - ⟨*lat.*⟩: **1. a)** nicht christlicher, bes. antiker Kultbau für eine Gottheit; **b)** Synagoge. **2.** heilige, weihevolle Stätte (z. B. ein Tempel der Kunst). **3.** Gotteshaus (z. B. der Mormonen)

te̱m|peln ⟨*lat.-nlat.*⟩: ↑Tempeln spielen. **Te̱m|peln,** das; -s: ein Kartenglücksspiel

Te̱m|pe|ra, die; -, -s ⟨*lat.-it.*⟩: Kurzform von ↑Temperamalerei (2)

Te̱m|pe|ra|far|be, die; -, -n ⟨*lat.-it.; dt.*⟩: aus anorganischen Pigmenten, einer Emulsion aus bestimmten Ölen u. einem Bindemittel hergestellte Farbe, die auf Papier einen matten u. deckenden Effekt hervorruft

Te̱m|pe|ra|ma|le|rei, die; -, -en: **1.** (ohne Plural) Technik des Malens mit Temperafarben. **2.** mit Temperafarben gemaltes Bild

Tem|pe|ra|me̱nt, das; -[e]s, -e ⟨*lat.-frz.;* »das richtige Verhältnis gemischter Dinge; die gehörige Mischung«⟩: **1.** Wesens-, Gemütsart; vgl. Choleriker, Melancholiker, Phlegmatiker, Sanguiniker. **2.** (ohne Plural) Gemütserregbarkeit, Lebhaftigkeit, Munterkeit, Schwung

Tem|pe|ra̱n|ti|um, das; -s, ...ia ⟨*lat.-nlat.*⟩ (Med. veraltet): Beruhigungsmittel

Tem|pe|ra|tu̱r, die; -, -en ⟨*lat.*⟩: **1.** Wärmegrad eines Stoffes. **2.** (Med.) Körperwärme; **[erhöhte] Temperatur haben:** leichtes Fieber haben. **3.** (Musik) temperierte Stimmung bei Tasteninstrumenten

Tem|pe|re̱nz, die; - ⟨*lat.-frz.-engl.*⟩: Mäßigkeit [im Alkoholgenuss]. **Tem|pe|re̱nz|ler,** der; -s, -: Anhänger einer Mäßigkeits- od. Enthaltsamkeitsbewegung. **Tem|pe|re̱nz|le|rin,** die; -, -nen: weibliche Form zu ↑Temperenzler

Te̱m|per|guss, der; -es, ...güsse ⟨*engl.; dt.*⟩: durch Glühverfahren unter Abscheidung von [Temper]kohle schmiedbar gemachtes Gusseisen

tem|pe|ri̱e|ren ⟨*lat.*⟩: **1. a)** die Temperatur regeln; **b)** [ein wenig] erwärmen. **2.** mäßigen, mildern. **3.** (Musik) die Oktave in zwölf gleiche Halbtonschritte einteilen

te̱m|pern ⟨*engl.*⟩: Eisen in Glühkisten unter Hitze halten (entkohlen), um es leichter hämmer- u. schmiedbar zu machen

Te̱m|pest [...pɪst], die; -, -s ⟨*engl.*⟩: mit zwei Personen zu segelndes Kielboot für den Rennsegelsport

tem|pes|to̱|so ⟨*lat.-it.*⟩ (Musik): stürmisch, heftig, ungestüm

Te̱m|pi: *Plural* von ↑[1]Tempo (2, 3)

Te̱m|pi pas|sa̱|ti ⟨*it.;* »vergangene Zeiten!«⟩: das sind [leider/zum Glück] längst vergangene Zeiten!

Tem|p|late ['tɛmplɛɪt], das; -s, -s ⟨*engl.*⟩ (EDV): [Dokument]vorlage

Tem|p|le̱i|se, der; -n, -n (meist Plural) ⟨*lat.-frz.*⟩: Gralshüter, -ritter der mittelalterlichen Parzivalsage

Te̱mp|ler, der; -s, -: **1.** (Geschichte) Angehöriger eines mittelalterlichen geistlichen Ritterordens. **2.** Mitglied der Tempelgesellschaft, einer 1856 von Ch. Hoffmann gegründeten pietistischen Freikirche

te̱m|po ⟨*lat.-it.*⟩: Bestandteil bestimmter Fügungen mit der Bedeutung »im Zeitmaß, Rhythmus von ... ablaufend«; **tempo di marcia** [- di 'martʃa]: im Marschtempo; **tempo giusto** [- 'dʒʊsto]: in angemessener Bewegung; **tempo primo:** im früheren, anfänglichen Tempo

[1]Te̱m|po, das; -s, -s u. Tempi: **1.** (ohne Plural) Geschwindigkeit, Schnelligkeit, Hast. **2. a)** zeitlicher Vorteil eines Zuges im Schach; **b)** (Fechten) bei der Parade Hieb in den gegnerischen Angriff, um einem Treffer zuvorzukommen. **3.** Taktbewegung, das zähl- u. messbare musikalische (absolute) Zeitmaß

[2]Te̱m|po®, -s ⟨o. Art.⟩: eine Marke für Hygienepapiertücher

[3]Te̱m|po®, das; -s, -s: Kurzform für Tempo®-Taschentuch

Te̱m|po|li|mit [...lɪmɪt], das; -s, -s, auch: -e ⟨*lat.-it.; engl.*⟩: Geschwindigkeitsbeschränkung

Te̱m|po|ra: *Plural* von ↑Tempus

[1]tem|po|ra̱l ⟨*lat.*⟩: **1.** (Sprachwiss.) zeitlich, das Tempus betreffend; **temporale Konjunktion:** zeitliches Bindewort (z. B. *nachdem*). **2.** (veraltet) weltlich

[2]tem|po|ra̱l ⟨*lat.*⟩ (Med.): zu den Schläfen gehörend; vgl. ...al/...ell

Tem|po|ra̱|li|en, die (Plural) ⟨*lat.-mlat.*⟩ (kath. Kirchenrecht): die mit einem Kirchenamt verbundenen Einkünfte

Tem|po|ra̱l|satz, der; -es, ...sätze ⟨*lat.; dt.*⟩: Adverbialsatz der Zeit (z. B. *während er kochte,* spielte sie mit den Kindern)

Tem|po|ra̱l|va|ri|a|ti|on, die; - (Zool.): jahreszeitlich bedingter Wechsel im Aussehen der Tiere

te̱m|po|ra mu|ta̱n|tur ⟨*lat.*⟩: alles wandelt sich, ändert sich

tem|po|rä̱r ⟨*lat.-frz.*⟩: zeitweilig [auftretend], vorübergehend

tem|po|re̱ll (veraltet): zeitlich, vergänglich, irdisch, weltlich; vgl. ...al/...ell

tem|po|ri|si̱e|ren (veraltet): **1.** jmdn. hinhalten. **2.** sich den Zeitumständen fügen

tem|po ru|ba̱|to vgl. rubato

Te̱m|pus, das; -, Te̱mpora ⟨*lat.*⟩ (Sprachwiss.): Zeitform des Verbs (z. B. Präsens)

Te|mu|le̱nz, die; - ⟨*lat.*⟩ (Med.): das Taumeln, Trunkenheit, bes. infolge Vergiftung mit den Rostpilzen eines Getreideunkrauts

Te|nach [tə'nax] vgl. Tanach

Te|nail|le [tə'na:jə, te'nalje], die; -, -n ⟨*lat.-vulgärlat.-frz.*⟩ (Geschichte): Festungswerk, dessen Linien abwechselnd ein- u. ausspringende Winkel bilden

Te|na̱|kel, das; -s, - ⟨*lat.*⟩:

tendenziell

Das schwächt tendenziell das Wachstum.
entsprechend dem prognostizierten oder vermuteten Verlauf einer Entwicklung
– mit tendenziell steigenden/sinkenden [...] Kursen gerechnet
– tendenziell [...] rückläufig
– eine tendenzielle Besserung in Sicht
Das alles klingt aber tendenziell pessimistisch.
Der Alkoholkonsum ist seit Jahren tendenziell rückläufig.
Seit Ende Juni ging es mit den Ölpreisen tendenziell nach oben.

tendenziös

Das sind tendenziöse Formulierungen ohne Kenntnis der Sachverhalte.
mit Absicht verzerrt dargestellt
– Bericht [...] als tendenziös [...] einseitig zurückgewiesen
– ist [...] tendenziös [...] bis schlicht falsch
– voreingenommen und tendenziös
Ein tendenziöses Buch, oft selektiv, verschweigt wichtige Fakten.
Der Vergleich der beiden ist grob irreführend und tendenziös.
Es ist tendenziös berichtet worden.

1. (Druckw.) Gerät zum Halten des Manuskripts beim Setzen. 2. (veraltet) Rahmen zum Befestigen eines Filtertuchs

Te|n|al|gie, die; -, ...ien ⟨*gr.-nlat.*⟩ (Med.): Sehnenschmerz

Te|na|zi|tät, die; - ⟨*lat.*⟩: **1.** (Physik, Chemie, Technik) Zähigkeit; Ziehbarkeit; Zug-, Reißfestigkeit. **2.** (Med.) Widerstandsfähigkeit eines Mikroorganismus (z. B. eines Virus) gegenüber äußeren Einflüssen. **3.** (Psychol.) Beharrlichkeit, Hartnäckigkeit; Zähigkeit, Ausdauer

Ten|dẹnz, die; -, -en ⟨*lat.-frz.*⟩: **1.** Hang, Neigung. **2. a)** erkennbare Absicht, Zug, Richtung; eine Entwicklung, die gerade im Gange ist, die sich abzeichnet; **b)** (abwertend) Darstellungsweise, mit der etwas bezweckt od. ein bestimmtes (meist politisches) Ziel erreicht werden soll. **ten|den|zi|ẹll** ⟨*lat.-frz.*⟩: der Tendenz nach, entwicklungsmäßig

tendenziell/tendenziös *s. Kasten*

angleichen
Abnahme
rückläufig
Profitrate
sinken
steigend
tendenziell
zurückgehen
verschlechtern
überbewertet
Zinsniveau
fremdenfeindlich

ten|den|zi|ös: von einer weltanschaulichen, politischen Tendenz beeinflusst u. daher als nicht objektiv empfunden

entstellen
verdreht
wiedergegeben
unvollständig
Berichterstattung
einseitig
tendenziös
dargestellt
voreingenommen
manipulativ
verfälschen
unseriös
irreführen

ten|die|ren ⟨*lat.*⟩: neigen zu etwas; gerichtet sein auf etwas

Ten|di|ni|tis, die; -, ...itiden ⟨*lat.-mlat.-nlat.*⟩ (Med.): Sehnenentzündung

Ten|do|va|gi|ni|tis, die; -, ...itiden ⟨*lat.-nlat.*⟩ (Med.): Sehnenscheidenentzündung

Ten|d|re [ˈtãːdrə], das; -s, -s ⟨*lat.-frz.*⟩ (veraltet): Vorliebe, Neigung. **Ten|d|resse** [tãˈdrɛs], die; -, -n [...sn̩] (veraltet): **1.** Zärtlichkeit, zärtliche Liebe. **2.** Vorliebe

Te|ne|ber|leuch|ter, der; -s, - ⟨*lat.; dt;* lat. *tenebrae* »Finsternis (der Karwoche)«⟩: spätmittelalterlicher Leuchter, dessen 12–15 Kerzen nur in der Karwoche angezündet werden

te|ne|ra|men|te ⟨*lat.-it.*⟩ (Musik): zart, zärtlich (Vortragsanweisung)

Te|nes|mus, der; - ⟨*gr.-nlat.*⟩ (Med.): andauernder schmerzhafter Stuhl- od. Harndrang

Tẹn|nis, das; - ⟨*lat.-frz.-engl.*⟩: ein Ballspiel mit Schlägern

Tẹn|no, der; -[s], -s ⟨*jap.*⟩: japanischer Kaisertitel; vgl. ²Mikado (1)

Tenor/Tenor *s. Kasten Seite 1111*

¹Te|nor, der; -s, Tenöre (österr. auch: -e) ⟨*lat.-it.*⟩: **1.** hohe Männerstimme. **2.** Tenorsänger. **3.** (ohne Plural) Gesamtheit der Tenorsänger in einem Chor. **4.** (ohne Plural) solistischer, für den ¹Tenor (1) geschriebener Teil eines Musikwerks

Klavier
Countertenor
Solist
hell
strahlend
Sopran
lyrisch
Tenor
singen
Bass
höhensicher
Arie
Orchester

²Te|nor, der; -s ⟨*lat.*⟩: **1.** grundlegender Gehalt, Sinn, Wortlaut. **2.** (Rechtswiss.) **a)** Haltung, Inhalt eines Gesetzes; **b)** der entscheidende Teil des Urteils. **3.** Stimme, die im ↑Cantus firmus den Melodieteil trägt (Abk.: T, t)

Te|no|ra, die; -, -s ⟨*lat.-it.-katal.-span.*⟩ (Musik): katalanische Abart der Oboe

te|no|ral ⟨*lat.-it.-nlat.*⟩: tenorartig, die Tenorlage betreffend

Te|nor|ba|ri|ton, der; -s, -e u. -s:

Tenor	Tenor
Die Arie sang der lyrische Tenor am Klavier begleitet von Rehling. *männliche Singstimme, auch für den Sänger selbst* – für Sopran, [Alt], Tenor [und Bass], Chor und Orchester – lyrischer Tenor [...] über [...] Schmelz – Es singt [... der] Tenor [...] begleitet von ... Besonders im Bass, Bariton und Tenor wird Verstärkung gesucht. Der spanische Tenor denkt noch lange nicht ans Aufhören. Der Tenor, der zum ersten Mal auftrat, darf als Fehlbesetzung gelten.	Der Tenor des Artikels war positiv. *thematische Grundrichtung* – war der allgemeine Tenor der ... – Das/Dies war [der] Tenor einer Podiumsdiskussion zum ... – lautete der einhellige Tenor der ... So lautet der einhellige Tenor der Berichterstattung. Nationalspieler sollen, so der einstimmige Tenor der öffentlichen Diskussion, Vorbild sein. Damit gab er den Tenor der empörten Debatte vor.

1. Baritonsänger mit tenoraler Stimmlage. 2. Baritonstimme mit tenoraler Stimmlage

Te|nor|buf|fo, der; -s, -s: **1.** zweiter Tenor an einem Operntheater. **2.** Tenor für heitere Opernrollen

Te|nö|re: *Plural* von ↑ [1]Tenor

Te|no|rist, der; -en, -en ‹*lat.-it.*›: Tenorsänger [im Chor]

Te|no|tom, das; -s, -e ‹*gr.-nlat.*› (Med.): [gerades, gekrümmtes, lanzett- od. sichelförmiges] spitzes Messer für Sehnenschnitte. **Te|no|to|mie,** die; -, ...ien (Med.): operative Sehnendurchschneidung

derselbe
einmütig
Artikel
vorherrschen
Stellungnahme
allgemein
Tenor
Berichterstattung
durchgängig
Kommentar
einheitlich
übereinstimmend
unterschwellig

TENS, die; - ‹Kurzw. aus *t*ranskutane *e*lektrische *N*erven*s*timulation› (Med.): Schmerzbehandlung mithilfe von elektrischen Impulsen

Ten|sid, das; -[e]s, -e ‹*lat.-nlat.; gr.*›: die Oberflächenspannung des Wassers herabsetzender Zusatz in Wasch- u. Reinigungsmitteln

Ten|si|on, die; -, -en ‹*lat.*› (Physik): Spannung von Gasen u. Dämpfen; Druck

Ten|sor, der; -s, ...oren ‹*lat.-nlat.*›: **1.** (Math.) Begriff der Vektorrechnung. **2.** (Med.) Spannmuskel

Ten|ta|kel, der od. das; -s, - (meist Plural): **1.** Fanghaar fleischfressender Pflanzen. **2.** beweglicher Fortsatz in der Kopfregion niederer Tiere zum Ergreifen der Beutetiere

Ten|ta|ku|lit [auch: ...ˈlɪt], der; -en, -en: eine ausgestorbene Flügelschnecke

Ten|ta|men, das; -s, ...mina ‹*lat.*›: **1.** Vorprüfung (z. B. beim Medizinstudium). **2.** (Med.) Versuch

ten|ta|tiv: versuchsweise, probeweise

ten|tie|ren: 1. (veraltet, noch landsch.) untersuchen, prüfen; versuchen, unternehmen, betreiben, arbeiten. **2.** (österr. ugs.) beabsichtigen

Te|nü vgl. Tenue

te|nue [...nu̯ə] vgl. tenuis

Te|nue [təˈnyː], **Te|nü,** das; -s, -s ‹*lat.-frz.*› (schweiz.): **1.** Art und Weise, wie jmd. gekleidet ist. **2. a)** Anzug; **b)** Uniform

te|nu|is, tenue [...nu̯ə] ‹*lat.*› (Med.): dünn, zart. **Te|nu|is,** die; -, Tenues [...eːs]: stimmloser Verschlusslaut (z. B. *p*) (Ggs.: Media [1])

te|nu|to ‹*lat.-it.*› (Musik): ausgehalten, getragen (Vortragsanweisung) (Abk.: t, ten.); **ben tenuto** (Musik): gut gehalten (Vortragsanweisung)

Ten|zo|ne, die; -, -n ‹*lat.-provenzal.*› (Geschichte): Wett- od. Streitgesang der provenzalischen ↑ Troubadoure

Te|o|cal|li, der; -[s], -s ‹*indian.-span.*›: pyramidenförmiger aztekischer Kultbau mit Tempel

Te|pa|che [...tʃə], der; - ‹*indian.-span.*›: ↑ Pulque

Te|pa|len, die (Plural) ‹*frz.*› (Bot.): die gleichartigen Kelch- u. Blütenblätter des ↑ Perigons

Te|phi|gramm, das; -s, -e ‹*gr.-nlat.*›: grafische Aufzeichnung wetterdienstlicher Messergebnisse

Te|ph|rit [auch: ...ˈrɪt], der; -s, -e ‹*gr.-nlat.*› (Geol.): ein Ergussgestein

Te|ph|ro|it [auch: ...ˈɪt], der; -s, -e: ein Mineral

Te|pi|da|ri|um, das; -s, ...ien ‹*lat.*›: **1.** lauwarmer Raum der römischen Thermen. **2.** (veraltet) Gewächshaus

Tep|pan|ya|ki [...j...], das; -, - (meist Plural) ‹*jap.*› (Gastron.): japanisches Gericht, das auf einer Stahlplatte am Tisch zubereitet wird

Te|qui|la [teˈkiːla], der; -[s], -[s] ‹*mex.-span.*›: ein aus ↑ Pulque gewonnener mexikanischer Branntwein

Te|ra|byte [...bai̯t], das; -[s], -[s] ‹*gr.; engl.*› (EDV): Einheit für sehr große Speicherkapazitäten; 2^{40} Byte (Zeichen: TB, TByte)

Te|ra|me|ter, der od. das; -s, -: eine Billion (10^{12}) Meter (Zeichen: Tm)

Terrasse

In diesem Wort, das aus gleichbedeutend *fr.* terrasse entlehnt wurde, steckt *lat.* terra, welches die Schreibung mit *-rr-* bedingt. Ebenfalls mit Doppel-*r* schreiben sich deshalb z. B. auch *Terrain, Terrarium* und *Terrazzo.*

te|ra|to|gen ⟨*gr.*⟩ (Med.): Fehlbildungen bewirkend (z. B. von Medikamenten)

Te|ra|to|lo|gie, die; - (Med.): Teilgebiet der Medizin, das sich mit den körperlichen u. organischen Fehlbildungen befasst. **te|ra|to|lo|gisch** (Biol., Med.): die Teratologie betreffend

Te|ra|tom, das; -s, -e ⟨*gr.-nlat.*⟩ (Med.): sich aus Keimzellen entwickelnde Geschwulst

Ter|bi|um, das; -s ⟨*nlat.;* nach dem schwed. Ort Ytterby⟩: chem. Element; ein Metall aus der Gruppe der Lanthanoide (Zeichen: Tb)

Te|re|bin|the, die; -, -n ⟨*gr.-lat.*⟩: ↑Pistazie (1) des Mittelmeergebietes, aus der Terpentin u. Gerbstoff gewonnen werden; Terpentinbaum

Te|re|b|ra|tel, die; -, -n ⟨*lat.-nlat.*⟩: fossiler Armfüßer

Ter|gal®, das; -s ⟨Kunstw.⟩: eine synthetische Faser

Term, der; -s, -e ⟨*lat.-frz.*⟩: **1.** [Reihe von] Zeichen in einer formalisierten Theorie, mit der od. dem eines der in der Theorie betrachteten Objekte dargestellt wird. **2.** (Physik) Zahlenwert der Energie eines Atoms, Ions od. Moleküls. **3.** (Sprachwiss.) Terminus

Ter|me, der; -n, -n (veraltet): Grenzstein, -säule

Ter|min, der; -[e]s, -e ⟨*lat.;* »Grenze«⟩: **1. a)** festgesetzter Zeitpunkt, Tag; **b)** Liefer-, Zahlungstag; Frist. **2.** vom Gericht festgesetzter Zeitpunkt für eine Rechtshandlung

ter|mi|nal: die Grenze, das Ende betreffend, zum Ende gehörend

Ter|mi|nal [ˈtœːɐ̯minl], der (auch: das); -s, -s ⟨*engl.*⟩: **1. a)** Abfertigungshalle für Fluggäste; **b)** Anlage zum Be- und Entladen in einem Bahnhof od. einem Hafen. **2.** (nur *das*) Ein- u. Ausgabeeinheit einer EDV-Anlage

Ter|mi|nant, der; -en, -en ⟨*lat.-nlat.*⟩: Bettelmönch; vgl. terminieren (2)

Ter|mi|na|ti|on, die; -, -en ⟨*lat.*⟩: Begrenzung, Beendigung

ter|mi|na|tiv (Sprachwiss.): den Anfangs- od. Endpunkt einer verbalen Handlung mit ausdrückend (in Bezug auf Verben, z. B. holen, bringen)

Ter|mi|na|tor, der; -s, ...oren: **1.** (Astron.) Grenzlinie zwischen dem beleuchteten u. dem im Schatten liegenden Teil des Mondes od. eines Planeten. **2.** (Biol.) Signalstruktur auf der DNA, die das Ende einer genetischen Sequenz markiert u. den Vorgang der Transkription (3) beendet

Ter|mi|ner, der; -s, -: Angestellter eines Industriebetriebes, der für die zeitliche Steuerung des Produktionsablaufs verantwortlich ist. **Ter|mi|ne|rin,** die; -, -nen: weibliche Form zu ↑Terminer

Ter|min|ge|schäft, das; -[e]s, -e ⟨*lat.; dt.*⟩: Zeitgeschäft, bei dem zu einem späteren Zeitpunkt zum Kurs bei Vertragsabschluss zu liefern ist

Ter|mi|ni: *Plural* von ↑Terminus

ter|mi|nie|ren: 1. a) befristen; **b)** zeitlich festsetzen. **2.** innerhalb eines zugewiesenen Gebiets Almosen sammeln (von Bettelmönchen)

Ter|mi|nis|mus, der; - ⟨*lat.-nlat.*⟩ (Philos.): philosophische Lehre, nach der alles Denken nur ein Rechnen mit Begriffen ist (eine Variante des ↑Nominalismus)

Ter|mi|no|lo|ge, der; -n, -n ⟨*lat.; gr.*⟩: Fachmann, der fachsprachliche Begriffe definiert u. Terminologien erstellt. **Ter|mi|no|lo|gie,** die; -, ...ien: **a)** Fachwortschatz (eines bestimmten Fachgebiets); **b)** Wissenschaft vom Aufbau eines Fachwortschatzes. **Ter|mi|no|lo|gin,** die; -, -nen: weibliche Form zu ↑Terminologe. **ter|mi|no|lo|gisch:** die Terminologie betreffend, dazu gehörend

Ter|mi|nus, der; -, ...ni ⟨*lat.*⟩: **1.** (Philos.) Begriff. **2.** Fachausdruck, Fachwort

Ter|mi|nus ad quem, der; - - -, Termini ad quos, **Ter|mi|nus an|te quem,** der; - - -, Termini ante quos (Rechtsspr., Philos.): Zeitpunkt, bis zu dem etwas gilt od. ausgeführt sein muss

Ter|mi|nus a quo, der; - - -, Termini a quibus (Philos., Rechtsspr.): Zeitpunkt, von dem an etwas beginnt, ausgeführt wird

Ter|mi|nus post quem, der; - - -, Termini post quos (Philos., Rechtsspr.): ↑Terminus a quo

Ter|mi|nus tech|ni|cus, der; - -, Termini technici: Fachwort, Fachausdruck

Ter|mi|te, die; -, -n (meist Plural) ⟨*lat.-nlat.*⟩: Staaten bildendes, den Schaben ähnliches Insekt bes. der Tropen u. Subtropen

Ter|mon, das; -s, -e ⟨Kunstw. aus de*ter*minieren u. Hor*mon*⟩ (Biol.): hormonähnlicher, geschlechtsbestimmender Wirkstoff bei ↑Gameten

Terms of Trade [tœːɐ̯mz əv ˈtreɪ̯d], die (Plural) ⟨aus *engl.* terms of trade »Handelsbedingungen«⟩ (Wirtsch.): Verhältnis zwischen dem Preis, den man für Importe bezahlen muss, u. dem Preis, den man für Exporte erhält

ter|när ⟨*lat.-frz.*⟩: dreifach; aus drei Stoffen bestehend; **ternäre Verbindung:** aus drei Elementen aufgebaute chemische Verbindung

Ter|ne, die; -, -n ⟨*lat.-it.*⟩ (veraltet): Zusammenstellung von drei Nummern (beim Lottospiel)

Ter|ni|on, die; -, -en ⟨*lat.*⟩ (veraltet): Verbindung von drei Dingen

Ter|no, der; -s, -s ⟨*lat.-it.*⟩ (österr.): Terne

Terp, die; -, -en ⟨*niederl.*⟩: künstlich aufgeschütteter Hügel an der Nordseeküste, auf dem [in vorgeschichtlicher Zeit] eine Siedlung oberhalb der Flutwassergrenze angelegt wurde

Ter|pen, das; -s, -e ⟨*gr.-lat.-mlat.-nlat.*⟩: organische Verbindung (Hauptbestandteil ätherischer Öle)

Ter|pen|tin, das (österr. meist: der); -s, -e ⟨*gr.-lat.-mlat.*⟩: **a)** Harz verschiedener Nadelbäume; **b)** (ugs.) Terpentinöl, das als Lösungsmittel für Harze u. Lacke dient

Ter|ra, die; - ⟨*lat.*⟩ (Geogr.): Erde, Land

Ter|ra|cot|ta usw. vgl. Terrakotta usw.

Ter|ra di Si|e|na, die; - - - ⟨*it.*⟩: Siena (2)

Ter|rain [tɛˈrɛ̃ː], das; -s, -s ⟨*lat.-vulgärlat.-frz.*⟩: **1. a)** Gebiet, Gelände; **b)** Boden, Baugelände, Grundstück. **2.** (Geogr.) Erdoberfläche (im Hinblick auf ihre Formung)

Ter|ra in|co|g|ni|ta, die; - - ⟨*lat.*⟩: **1.** unerforschtes, fremdes Wissensgebiet. **2.** unbekanntes Land

Ter|ra|ko̟t|ta, Terracotta, **Ter|ra|ko̟t|te,** die; -, ...tten ⟨*lat.-it.*⟩: **1.** gebrannte Tonerde, die beim Brennen eine weiße, gelbe, braune, hell- od. tiefrote Farbe annimmt. **2.** [antikes] Gefäß od. kleine Plastik aus dieser Tonerde

ter|ra|ko̟t|ta|far|ben, terracottafarben: rötlich braun wie Terrakotta

Ter|ra|ma̲|re, die; -, -n (meist Plural): bronzezeitliche Siedlung in der Poebene

Ter|ra̲|ri|um, das; -s, ...ien ⟨*lat.*⟩: **1.** Behälter für die Haltung kleiner Landtiere. **2.** Gebäude [in einem zoologischen Garten], in dem Lurche u. Reptilien gehalten werden

Te̟r|ra ro̟s|sa, die; - -, Terre rosse ⟨*lat.-it.*⟩: roter Tonboden, entstanden durch Verwitterung von Kalkstein in warmen Gegenden

Te̟r|ra si|gil|la̲|ta, die; - - ⟨*lat.;* »gesiegelte Erde«; nach dem aufgepressten Herstellersiegel⟩: Geschirr der römischen Kaiserzeit aus rotem Ton, mit figürlichen Verzierungen u. dem Fabrikstempel versehen

Ter|ra̟s|se, die; -, -n ⟨*lat.-galloroman.-frz.;* »Erdaufhäufung«⟩: **1.** stufenförmige Erderhebung, Geländestufe, Absatz, Stufe. **2.** nicht überdachter größerer Platz vor od. auf einem Gebäude

ter|ras|sie̲|ren: ein Gelände terrassen-, treppenförmig anlegen, erhöhen (z. B. Weinberge)

Ter|ra̟z|zo, der; -[s], ...zzi ⟨*lat.-galloroman.-it.*⟩: Fußbodenbelag aus Zement u. verschieden getönten Steinkörnern

ter|re̟s|t|risch ⟨*lat.*⟩: **1. a)** die Erde betreffend; Erd...; **b)** nicht über Satellit (gesendet, empfangen). **2. a)** (Geol.) auf dem Festland gebildet, geschehen (z. B. der indische Subkontinent); **b)** (Biol.) zur Erde gehörend, auf dem Erdboden lebend (Ggs.: marin [2], limnisch [1])

ter|ri̲|bel ⟨*lat.*⟩ (veraltet): schrecklich

Ter|ri|b|le Sim|pli|fi|ca|teur [tɛriblə̃sɛ̃plifika'tœ:ɐ̯], der; - -, -s -s [tɛriblə̃sɛ̃plifika'tœ:ɐ̯] ⟨*frz.*⟩: jmd., der wichtige Fragen, Probleme o. Ä. auf unzulässige Weise vereinfacht

Te̟r|ri|er, der; -s, - ⟨*lat.-mlat.-engl.*⟩: kleiner bis mittelgroßer britischer Jagdhund (zahlreiche Rassen, z. B. ↑ Airedaleterrier)

ter|ri|ge̲n ⟨*lat.; gr.*⟩ (Biol.): vom Festland stammend

Ter|ri̲|ne, die; -, -n ⟨*lat.-vulgärlat.-frz.*⟩: [Suppen]schüssel

Ter|ri|ti|o̲n, die; - ⟨*lat.*⟩ (Geschichte): in Rechtsprozessen des Mittelalters angewandte Bedrohung eines Angeschuldigten mit der Folter durch Vorzeigen der Folterwerkzeuge

ter|ri|to|ri|a̲l ⟨*lat.-frz.*⟩: zu einem Gebiet gehörend, ein Gebiet betreffend

Ter|ri|to|ri|a|li|tä̲t, die; - ⟨*lat.-frz.*⟩: Zugehörigkeit zu einem Staatsgebiet

Ter|ri|to|ri|a|li|tä̲ts|prin|zip, das; -s (Rechtswiss.): [internationaler] Rechtsgrundsatz, der besagt, dass eine Person den Rechtsbestimmungen des Staates unterworfen ist, in dem sie sich aufhält (Ggs.: Personalitätsprinzip)

Ter|ri|to̲|ri|um, das; -s, ...ien ⟨*lat.(-frz.)*⟩: **a)** Grund u. Boden, Land, Bezirk, Gebiet; **b)** Hoheitsgebiet eines Staates

Te̟r|ror, der; -s ⟨*lat.*⟩: **1.** [systematische] Verbreitung von Angst u. Schrecken durch Gewaltaktionen. **2.** Zwang, Druck [durch Gewaltanwendung]. **3.** (ugs.) **a)** Zank u. Streit; **b)** großes Aufheben um Geringfügigkeiten. **ter|ro|ri|sie̲|ren** ⟨*lat.-frz.*⟩: **1.** Terror ausüben, Schrecken verbreiten. **2.** jmdn. unterdrücken, bedrohen

Ter|ro|ri̟s|mus, der; -, ...men (Plural selten) ⟨*lat.-frz.-nlat.*⟩: **1.** Schreckensherrschaft. **2.** Ausübung von Terror (1) durch Anschläge u. Gewaltmaßnahmen zur Erreichung eines bestimmten [politischen] Ziels. **3.** Gesamtheit der Personen, die Terrorakte verüben. **Ter|ro|ri̟st,** der; -en, -en: jmd., der Terroranschläge plant u. ausführt. **Ter|ro|ri̟s|tin,** die; -, -nen: weibliche Form zu ↑ Terrorist. **ter|ro|ri̟s|tisch:** sich des Terrors bedienend; Terror ausübend

Te̟r|ror|mi|liz, die; -, -en: große, militär. organisierte Terrorgruppe

Te̟r|ror|pro|pa|gan|da, die; - (Rechtsspr.): (in bestimmten Staaten Straftatbestand der) Beeinflussung von Menschen mit dem Ziel, sie zur Unterstützung od. Ausübung von Terrorismus zu bewegen

[1]Te̟r|tia, die; -, ...ien: **1.** (veraltend) die vierte u. fünfte Klasse eines Gymnasiums. **2.** (österr. veraltet) dritte Klasse eines Gymnasiums

[2]Te̟r|tia, die; - (Druckw.): Schriftgrad von 16 Punkt

Ter|ti|a̲l, das; -s, -e ⟨*lat.-nlat.*⟩ (Med., sonst veraltet): Jahresdrittel (ein Drittel des praktischen Jahres in der Ausbildung von Medizinstudent[inn]en)

ter|ti|a̲n ⟨*lat.*⟩ (Med.): **a)** dreitägig; **b)** alle drei Tage auftretend (z. B. von Fieberanfällen)

Ter|ti|a̲|na, die; -, **Ter|ti|a̲|na|fie|ber,** das; -s ⟨*lat.; dt.*⟩ (Med.): Dreitagewechselfieber

Ter|ti|a̲|ner, der; -s, - ⟨*lat.*⟩ (veraltend): Schüler einer [1]Tertia (1). **Ter|ti|a̲|ne|rin,** die; -, -nen: weibliche Form zu ↑ Tertianer

Ter|ti|a̲n|fie|ber, das; -s ⟨*lat.; dt.*⟩: ↑ Tertiana

ter|ti|ä̲r ⟨*lat.-frz.*⟩: **1.** dritte Stelle in einer Reihe einnehmend; drittrangig. **2.** (von chemischen Verbindungen) jeweils drei gleichartige Atome durch drei bestimmte andere ersetzend od. mit drei bestimmten anderen verbindend. **3.** (Geol.) das Tertiär betreffend

Ter|ti|ä̲r, das; -s (Geol.): erdgeschichtliche Formation des ↑ Känozoikums

Ter|ti|a̲|ri|er vgl. Terziar. **Ter|ti|a̲|ri|e|rin,** die; -, -nen: weibliche Form zu ↑ Tertiarier

Te̟r|ti|en: *Plural* von ↑ [1]Tertia

Te̟r|ti|um Com|pa|ra|ti|o̲|nis, das; - -, ...tia - (Philos.): Vergleichspunkt, das Gemeinsame zweier verschiedener, miteinander verglichener Gegenstände od. Sachverhalte

te̟r|ti|um non da̲|tur (Logik): ein Drittes gibt es nicht (Grundsatz vom ausgeschlossenen Dritten)

Te̟r|ti|us gau̲|dens, der; - -: der lachende Dritte

Te̟rz, die; -, -en ⟨*lat.-mlat.*⟩: **1.** (Musik) **a)** dritter Ton einer diatonischen Tonleiter vom Grundton an; **b)** Intervall von drei diatonischen Tonstufen. **2.** bestimmte Klingenhaltung beim Fechten. **3.** Gebet des Breviers um die dritte Tagesstunde (9 Uhr)

Ter|zel, der; -s, - ‹*lat.-mlat.*› (Jägerspr.): männlicher Falke

Ter|ze|rol, das; -s, -e ‹*lat.-mlat.-it.*›: kleine Pistole

Ter|ze|ro|ne, der; -n, -n ‹*lat.-span.*›: männliche Person mit drei weißen Großelternteilen und einem schwarzen. **Ter|ze|ro|nin,** die; -, -nen: weibliche Form zu Terzerone

Ter|zett, das; -[e]s, -e ‹*lat.-it.*›: **1. a)** (Musik) Komposition für drei Singstimmen [mit Instrumentalbegleitung]; **b)** (Musik) dreistimmiger musikalischer Vortrag; **c)** (Musik) Gruppe von drei gemeinsam singenden Solisten; **d)** Gruppe von drei Personen, die häufig gemeinsam in Erscheinung treten. **2.** die erste od. zweite der beiden dreizeiligen Strophen des Sonetts

Ter|zi|ar, der; -s, -en, Tertiarier, der; -s, - ‹*lat.-mlat.*›: Angehöriger eines Laienordens, dessen Mitglieder zwar nach einer anerkannten (dritten) Ordensregel, jedoch nicht im Kloster leben. **Ter|zi|a|rin,** Tertiarierin, die; -, -nen: weibliche Form von ↑ Terziar

Ter|zi|ne, die; -, -n (meist Plural) ‹*lat.-it.*›: meist durch Kettenreim mit den anderen Strophen verbundene Strophe aus drei elfsilbigen Versen

Terz|quart|ak|kord, der; -[e]s, -e (Musik): zweite Umkehrung des Septimenakkords mit der Quinte als Basston u. darüberliegender Terz u. Quarte

Te|sching, das; -s, -e u. -s ‹Herkunft unsicher›: kleine Handfeuerwaffe

Tes|la, das; -, - ‹nach dem kroat. Physiker N. Tesla, 1856–1943›: Einheit der magnetischen Induktion

Tes|sar®, das; -s, -e ‹Kunstw.›: lichtstarkes Fotoobjektiv

tes|sel|la|risch ‹*gr.-lat.*› (Kunstwiss.): gewürfelt

tes|sel|lie|ren: eine Mosaikarbeit anfertigen

tes|se|ral ‹*gr.-lat.-nlat.*›: in der Fügung **tesserales Kristallsystem:** Kristallsystem mit drei gleichen, aufeinander senkrecht stehenden Achsen

Test, der; -[e]s, -s (auch: -e) ‹*lat.-frz.-engl.*›: nach einer genau durchdachten Methode vorgenommener Versuch, Prüfung zur Feststellung der Eignung, der Leistung o. Ä. einer Person od. Sache

Tes|ta|ment, das; -[e]s, -e ‹*lat.*›: **1. a)** letztwillige Verfügung, in der jmd. die Verteilung seines Vermögens nach seinem Tode festlegt; **b)** [politisches] Vermächtnis. **2.** Verfügung, Ordnung [Gottes], Bund Gottes mit den Menschen (danach das Alte u. das Neue Testament der Bibel) (Abk.: A. T., N. T.). **tes|ta|men|ta|risch:** durch letztwillige Verfügung festgelegt

Tes|tat, das; -[e]s, -e: **1.** Bescheinigung, Beglaubigung. **2.** (früher) Bestätigung über den Besuch einer Vorlesung, eines Seminars o. Ä. **3.** (Fachspr.) Bestätigung (in Form einer angehefteten Karte o. Ä.), dass ein Produkt getestet worden ist

Tes|ta|tor, der; -s, ...oren: **1.** (Rechtswiss.) jmd., der ein Testament macht. **2.** jmd., der ein Testat ausstellt. **Tes|ta|to|rin,** die; -, -nen: weibliche Form zu ↑ Testator

Tes|ta|zee, die; -, -n (meist Plural) ‹*lat.*› (Biol.): Schalen tragende Amöbe

tes|ten ‹*lat.-frz.-engl.*›: einem Test unterziehen

Tes|ter, der; -s, -: jmd., der jmdn. od. etwas testet. **Tes|te|rin,** die; -, -nen: weibliche Form zu ↑ Tester

Tes|ti: *Plural* von ↑ Testo

tes|tie|ren ‹*lat.*›: **1.** ein Testat geben, bescheinigen, bestätigen. **2.** (Rechtswiss.) ein Testament machen. **Tes|tie|rer,** der; -s, -: jmd., der testiert. **Tes|tie|re|rin,** die; -, -nen: weibliche Form zu ↑ Testierer

Tes|ti|fi|ka|ti|on, die; -, -en (Rechtsspr. veraltet): Bezeugung

Tes|ti|kel, der; -s, - (Med.): Hoden

Tes|ti|kel|hor|mon, das; -s, -e (Med.): männliches Keimdrüsenhormon

Tes|ti|mo|ni|al [...ˈmoʊni̯əl], das; -s, -s ‹*lat.-engl.*›: zu Werbezwecken (in einer Anzeige, einem Prospekt o. Ä.) verwendetes Empfehlungsschreiben zufriedener Kund[inn]en, Prominenter o. Ä.

Tes|ti|mo|ni|um, das; -s, ...ien u. ...ia (Rechtsspr. veraltet): Zeugnis

Tes|ti|mo|ni|um Pau|per|ta|tis, das; - -, Testimonia - (Rechtsspr. veraltet): amtliche Bescheinigung der Mittellosigkeit für Prozessführende zur Erlangung einer Prozesskostenhilfe

Test|kit, das od. der; -[s], -s ‹*engl.*›: Zubehör zum Durchführen von Tests, z. B. zum Nachweis von Substanzen

Tes|to, der; -, Testi ‹*lat.-it.*›: im Oratorium die Handlung zunächst psalmodierend, später rezitativisch berichtender Erzähler

Tes|to|s|te|ron, das; -s ‹Kunstw.› (Med.): Hormon der männlichen Keimdrüsen

Test|se|rie [...i̯ə], die; -, -n: **1.** Reihe von Tests. **2.** Produktserie, an der die Qualität getestet wird

Tes|tu|do, die; -, ...dines [...dineːs] ‹*lat.;* »Schildkröte«›: **1.** (Geschichte) bei Belagerungen verwendetes Schutzdach. **2.** (Med.) Verband zur Ruhigstellung des gebeugten Knie- od. Ellbogengelenks; Schildkrötenverband. **3. a)** (bei den Römern) Lyra (1); **b)** (vom 15. bis 17. Jh.) Laute

Te|ta|nie, die; -, ...ien ‹*gr.-nlat.*› (Med.): schmerzhafter Muskelkrampf; Starrkrampf

te|ta|ni|form ‹*gr.; lat.*› (Med.): starrkrampfartig, -ähnlich

te|ta|nisch ‹*gr.-nlat.*› (Med.): den Tetanus betreffend, auf Tetanus beruhend, vom Tetanus befallen

Te|ta|nus [auch: ˈtɛ...], der; - ‹*gr.-lat.*› (Med.): nach Infektion einer Wunde auftretende Krankheit, die sich durch Muskelkrämpfe, Fieber u. Ä. äußert; Wundstarrkrampf

Te|te [ˈteːtə, ˈtɛːtə], die; -, -n ‹*lat.-frz.*› (veraltet): Anfang, Spitze [einer marschierenden Truppe]

tête-à-tête [tɛtaˈtɛːt] ‹»Kopf an Kopf«› (veraltet): vertraulich, unter vier Augen

Tête-à-Tête, Tete-a-Tete [tɛtaˈtɛːt], das; -[s], -s: **1.** (ugs. scherzh.) Gespräch unter vier Augen.

T Terz

2. vertrauliche Zusammenkunft; zärtliches Beisammensein

Te|thys, die; -, **Te|thys|meer,** das; -[e]s ‹*gr.-lat.;* nach Tethys, der Mutter der Gewässer in der gr. Sage›: vom Paläozoikum bis zum Alttertiär bestehendes zentrales Mittelmeer

Te|t|ra, der; -[s], -s: **1.** (ohne Plural) kurz für ↑Tetrachlorkohlenstoff. **2.** kurz für ↑Tetragonopterus

Te|t|ra|chlor|koh|len|stoff, der; -[e]s ‹*gr.; dt.*›: nicht entflammbares Lösungsmittel

Te|t|ra|chord [...k...], der od. das; -[e]s, -e ‹*gr.-lat.*› (Musik): Folge von vier Tönen einer Tonleiter, die Hälfte einer Oktave

Te|t|ra|de, die; -, -n (Philos.): die Vierheit; das aus vier Einheiten bestehende Ganze

Te|t|ra|eder, das; -s, - ‹*gr.-nlat.*›: von vier gleichseitigen Dreiecken begrenzter Körper, dreiseitige Pyramide. **te|tra|ed|risch:** einen ↑Tetraeder betreffend; vierflächig

Te|t|ra|e|d|rit [auch: ...ˈdrɪt], der; -s, -e: ein metallisch glänzendes Mineral

Te|t|ra|gon, das; -s, -e ‹*gr.-lat.*›: Viereck. **te|t|ra|go|nal:** das Tetragon betreffend, viereckig

Te|t|ra|go|no|p|te|rus, der; -, ...ri ‹*gr.-nlat.*›: farbenprächtiger Aquarienfisch

Te|t|ra|gramm, das; -s, -e, **Te|t|ra|gram|ma|ton,** das; -s, ...ta ‹*gr.*›: Bezeichnung für die vier hebräischen Konsonanten J-H-W-H des Gottesnamens Jahve als Sinnbild Gottes [zur Abwehr von Bösem]

Te|t|ra|kis|he|xa|eder, das; -s, - ‹*gr.-nlat.*›: Pyramidenwürfel, der aus 24 Flächen zusammengesetzt ist, bes. als Kristallform

Te|t|ra|k|tys, die; - ‹*gr.*›: die (bei den Pythagoreern heilige) Zahl Vier, zugleich die Zehn als Summe der ersten vier Zahlen

Te|t|ra|lem|ma, das; -s, -ta ‹*gr.-nlat.*› (Logik): vierteilige Annahme

Te|t|ra|lin®, das; -s ‹Kunstw.›: ein Lösungsmittel

Te|t|ra|lo|gie, die; -, ...ien ‹*gr.*›: Folge von vier eine innere Einheit bildenden Dichtwerken (bes. Dramen), Kompositionen u. a.

te|t|ra|mer (Bot.): vierzählig (z. B. von Blütenkreisen)

Te|t|ra|me|ter, der; -s, - ‹*gr.-lat.*›: aus vier Metren bestehender Vers

Te|t|ra|morph, der; -s, -en ‹*gr.;* »Viergestalt«›: Darstellung eines Engels mit vier verschiedenen Köpfen od. Flügeln als Sinnbild der vier Evangelisten in der frühchristlichen Kunst

Te|t|ra|pa|nax, der; -, - ‹*gr.-nlat.*›: Gattung der Efeugewächse

te|t|ra|pe|ta|lisch (Bot.): vier Kron- od. Blumenblätter aufweisend

Te|t|ra|ple|gie, die; - (Med.): gleichzeitige Lähmung aller vier Gliedmaßen

Te|t|ra|po|de, der; -n, -n ‹*gr.*›: **1.** (Biol.) Vierfüßer. **2.** vierfüßiges klotzartiges Gebilde, das mit anderen zusammen als Sperre, Wellenbrecher o. Ä. dient

Te|t|ra|po|die, die; ...ien: (in der griechischen Metrik) Verbindung von vier Versfüßen zu einem Verstakt

Te|t|rarch, der; -en, -en ‹*gr.-lat.*› (Geschichte): Herrscher über den vierten Teil eines Landes. **Te|t|rar|chie,** die; -, ...ien: **a)** Gebiet eines Tetrarchen; **b)** Herrschaft eines Tetrarchen

Te|t|ra|s|ti|chon, das; -s, ...cha: Gruppe von vier Verszeilen

Te|t|ro|de, die; -, -n ‹*gr.-nlat.*›: Vierpolröhre

Te|t|ryl, das; -s: giftige kristalline Substanz, die als Sprengstoff verwendet wird

Teu|c|ri|um, das; -s ‹*gr.-nlat.*›: ↑Gamander

Tex, das; -, - ‹*lat.*›: Maß für die längenbezogene Masse textiler Fasern u. Garne (Zeichen: tex)

Te|xas|fie|ber, das; -s ‹nach dem US-Bundesstaat›: Malaria der Rinder

Tex|mex, das; - (meist ohne Artikel) ‹*engl.*›: **1.** Richtung der populären Musik mit texanischen u. mexikanischen Stilelementen. **2.** für das texanisch-mexikanische Grenzgebiet charakteristisches Essen

[1]**Text,** der; -[e]s, -e ‹*lat.;* »Gewebe, Geflecht«›: **1.** Wortlaut eines Schriftstücks, Vortrags o. Ä. **2.** (Sprachwiss.) Folge von Aussagen, die untereinander in Zusammenhang stehen. **3.** Bibelstelle als Predigtgrundlage. **4.** Beschriftung (z. B. von Abbildungen). **5.** die zu einem Musikstück gehörenden Worte

[2]**Text,** die; - (Druckw.): Schriftgrad von 20 Punkt (ungefähr 7,5 mm Schrifthöhe)

Tex|tem, das; -s, -e ‹*lat.; gr.*› (Sprachwiss.): dem zu formulierenden Text zugrunde liegende, noch nicht realisierte sprachliche Struktur

tex|ten ‹*lat.*›: einen [Schlager-, Werbe]text verfassen. **Tex|ter,** der; -s, -: Verfasser von [Schlager-, Werbe]texten. **Tex|te|rin,** die; -, -nen: weibliche Form zu ↑Texter

tex|tie|ren ‹*lat.-nlat.*›: **1.** eine Unterschrift unter einer Abbildung anbringen, vermerken. **2.** (einem Musikstück) einen Text unterlegen

tex|til ‹*lat.-frz.*›: **1.** die Textiltechnik, die Textilindustrie betreffend. **2.** gewebt, gewirkt

Tex|ti|li|en, die (Plural): gewebte, gestrickte od. gewirkte, aus Faserstoffen hergestellte Waren

Text|kri|tik, die; -: [vergleichende] philologische Untersuchung eines überlieferten Textes auf Echtheit und Inhalt

Text|lin|gu|is|tik, die; -: Teilgebiet der modernen Sprachwissenschaft, das sich mit dem Wesen, dem Aufbau und den inneren Zusammenhängen von Texten befasst. **text|lin|gu|is|tisch:** die Textlinguistik betreffend

tex|tu|ell: den Text betreffend

Tex|tur, die; -, -en ‹*lat.*›: **1.** Gewebe, Faserung. **2.** (Geol.) räumliche Anordnung u. Verteilung der Gemengteile eines Gesteins. **3.** (Chemie, Technik) gesetzmäßige Anordnung der Kristallite in Faserstoffen u. technischen Werkstücken. **4.** (Technik) strukturelle Veränderung des Gefügezustandes von Stoffen bei Kaltverformung. **5.** (Computergrafik) Oberflächenstruktur eines grafisch dargestellten Objekts

tex|tu|rie|ren: synthetischen Geweben ein Höchstmaß an textilen Eigenschaften geben (z. B. Fördern von Feuchtigkeitsaufnahme)

TGV [teʒeˈveː], der; -[s], -[s] ‹Abk. für *frz.* train à grande vitesse›: ein französischer Hochgeschwindigkeitszug

Tha|la|mus, der; -, ...mi ‹*gr.-lat.*› (Med.): Hauptteil des Zwischenhirns
tha|las|so|gen ‹*gr.-nlat.*› (Geogr., Geol.): durch das Meer entstanden
Tha|las|so|gra|fie, Tha|las|so|gra|phie, die; -: Meereskunde
tha|las|so|krat, tha|las|so|kra|tisch: vom Meer beherrscht (von Zeiten der Erdgeschichte, in denen die Meere Festland eroberten)
Tha|las|so|me|ter, das; -s, -: Meerestiefenmesser; Messgerät für Ebbe u. Flut
Tha|las|so|the|ra|pie [auch: 'ta:laso...], die; -, ...ien (Med.): Teilbereich der Medizin, der sich mit der heilklimatischen Wirkung von Seeluft u. Bädern im Meerwasser befasst
Tha|lat|ta, Tha|lat|ta ‹Freudenruf der Griechen nach der Schlacht v. Kunaxa›: das Meer, das Meer!
Tha|li|do|mid, das; -s ‹Kunstw.› (Med.): [in Schlaf- u. Beruhigungsmitteln nicht mehr verwendeter, schädliche Nebenwirkungen hervorrufender] medizinischer Wirkstoff, der heute zur Behandlung des multiplen Myeloms eingesetzt wird
Thal|lei|o|chin [...laɪ̯ɔ'xi:n] vgl. Dalleochin
Thal|li: *Plural* von ↑Thallus
Thal|li|um, das; -s ‹*gr.-nlat.*›: chem. Element; ein Metall (Zeichen: Tl)
Thal|lo|phyt, der; -en, -en (meist Plural): niedere Pflanze aus der Gruppe der Sporenpflanzen (Algen, Pilze u. Flechten)
Thal|lus, der; -, ...lli ‹*gr.-lat.*›: primitiver Pflanzenkörper der Thallophyten (ohne Wurzeln u. Blätter) (Ggs.: Kormus)
Tha|na|tis|mus, der; - ‹*gr.-nlat.*›: Lehre von der Sterblichkeit der Seele
Tha|na|to|lo|gie, die; - (Med., Psychol.): interdisziplinäres Forschungsgebiet, das sich mit den Problemen des Sterbens u. des Todes befasst
Tha|na|to|pho|bie, die; -, ...ien ‹*gr.-nlat.*› (Med., Psychol.): gesteigerte Angst vor dem Tode
Tha|na|tos, der; - ‹*gr.*›: der Tod in der griechischen Mythologie
Thanks|gi|ving Day [θæŋks'gɪvɪŋ deɪ̯], der; - -[s], - -s ‹*engl.*›: Erntedanktag in den USA
Thar vgl. Tahr
Thar|ge|li|en, die (Plural) ‹*gr.*›: altgriechisches Sühnefest für Apollo zum Schutz der kommenden Ernte
Thau|ma|to|lo|gie, die; - ‹*gr.-nlat.*› (Theol. veraltet): Lehre von den Wundern
Thau|ma|t|urg, der; -en, -en ‹*gr.*›: Wundertäter (Beiname mancher griechischer Heiliger)
Thea, die; - ‹*chin.-nlat.*›: Pflanzengattung der Teegewächse
The|a|ter, das; -s, - ‹*gr.-lat.(-frz.)*›: **1. a)** Gebäude, in dem regelmäßig Schauspiele aufgeführt werden, Schauspielhaus; **b)** künstlerisches Unternehmen, das die Aufführungen von Schauspielen, Opern o. Ä. arrangiert; **c)** (ohne Plural) Schauspiel-, Opernaufführung, Vorstellung; **d)** (ohne Plural) darstellende Kunst [eines Volkes od. einer Epoche] mit allen Erscheinungen. **2.** (ohne Plural; ugs.) Unruhe, Aufregung, Getue
The|a|ti|ner, der; -s, - (meist Plural) ‹*nlat.;* nach der it. Bischofsstadt Theate, heute Chieti›: Angehöriger eines italienischen Ordens (Abk.: OTheat). **The|a|ti|ne|rin,** die; -, -nen: weibliche Form zu ↑Theatiner
the|a|tral: das Theater betreffend
The|a|t|ra|lik, die; - ‹*gr.-lat.-nlat.*›: übertriebenes schauspielerisches Wesen, Gespreiztheit. **the|a|t|ra|lisch** ‹*gr.-lat.*›: **1.** das Theater betreffend, bühnengerecht. **2.** übertrieben, unnatürlich, gespreizt
The|a|t|rum Mun|di, das; - - ‹*lat.;* »Welttheater«›: **1.** Titel von umfangreichen historischen Werken im 17. u. 18. Jh.. **2.** (Geschichte) mechanisches Theater, in dem die Figuren mithilfe von Laufschienen bewegt werden
Thé dan|sant [tedɑ̃'sɑ̃:], der; - -, -s -s [tedɑ̃'sɑ̃:] ‹*frz.*› (veraltet): kleiner [Haus]ball
The|in vgl. Tein
The|is|mus, der; - ‹*gr.-nlat.*›: Glaube an einen persönlichen, von außen auf die Welt einwirkenden Schöpfergott. **The|ist,** der; -en, -en: Anhänger des Theismus. **The|is|tin,** die; -, -nen: weibliche Form zu ↑Theist. **the|is|tisch:** den Theismus, den Theisten betreffend

...thek

die; -, -en
‹zu *gr.* thēkē »Behältnis, Truhe, Kiste«›
Wortbildungselement mit der Bedeutung »Zusammenstellung, Sammlung von [zum Verleih bestimmten] Dingen od. die diese enthaltenden Räumlichkeiten«:
- Artothek
- Kartothek
- Videothek
- Vinothek

The|ka, die; -, ...ken ‹*gr.-lat.;* »Behältnis; Hülle«› (Bot.): zwei Pollensäckchen enthaltendes Fach des Staubblattes
The|ke, die; -, -n: **1.** Schanktisch. **2.** Ladentisch
The|l|al|gie, die; -, ...ien ‹*gr.-nlat.*› (Med.): Schmerzen in den Brustwarzen
The|le|ma, das; -s, ...lemata ‹*gr.*› (Philos.): Wille
The|le|ma|tis|mus, der; -, **The|le|ma|to|lo|gie,** die; -, Thelismus, der; - ‹*gr.-nlat.*›: Willenslehre
the|le|ma|to|lo|gisch: die Thelematologie betreffend
The|lis|mus vgl. Thelematismus. **the|lis|tisch:** den Thelismus betreffend, willensmäßig
The|li|tis, die; -, ...itiden ‹*gr.-nlat.*› (Med.): Entzündung der Brustwarzen
The|ly|ge|nie, The|ly|to|kie, die; -, ...ien (Biol.): Erzeugung ausschließlich weiblicher Nachkommen (Ggs.: Arrhenotokie [2], Arrhenogenie). **the|ly|to|kisch** (Biol.): nur weibliche Nachkommen habend (Ggs.: arrhenotokisch)
The|ma, das; -s, ...men u. (veraltend) -ta ‹*gr.-lat.;* »das Aufgestellte«›: **1.** Aufgabe, [zu behandelnder] Gegenstand; Leitgedanke, Leitmotiv; Sache, Gesprächsstoff. **2.** (Sprachwiss.) **a)** Gegenstand der Rede, psychologisches Subjekt des Satzes (Ggs.: Rhema); **b)** Teil des Satzes, der das bereits Bekannte od. als bekannt Vorausgesetzte enthält u. in einem gegebenen Text folglich die geringste Information enthält. **3.** (Musik)

[aus mehreren Motiven bestehende] Melodie, die den musikalischen Grundgedanken einer Komposition bildet

The|ma-Rhe|ma: Begriffspaar zur Satzanalyse unter dem Gesichtspunkt, dass im Thema der (bekannte, in Rede stehende) Gegenstand genannt wird, von dem dann im Rhema etwas ausgesagt wird

The|ma|tik, die; -, -en ⟨*gr.*⟩: **1.** ausgeführtes, gewähltes, gestelltes Thema; Themastellung; Komplexität eines Themas; Leitgedanke. **2.** (Musik) Kunst der Themaaufstellung, -einführung und -verarbeitung

the|ma|tisch: **1.** das Thema betreffend. **2.** (Sprachwiss.) mit einem ↑Themavokal gebildet (von Wortformen) (Ggs.: athematisch [2])

the|ma|ti|sie|ren: **1.** zum Thema (1) von etwas machen, als Thema behandeln. **2.** mit einem Themavokal versehen

The|ma|vo|kal, der; -s, -e (Sprachwiss.): Vokal, der bei der Bildung von Verbformen zwischen Stamm u. Endung eingeschoben wird

The|men: *Plural* von ↑Thema

The|nar, das; -s, ...nare ⟨*gr.*⟩ (Med.): Muskelwulst der Handfläche an der Daumenwurzel (Daumenballen)

theo..., Theo...

⟨*gr.* theós »Gott, Gottheit«⟩
Wortbildungselement mit der Bedeutung »Gott, Götter; göttlich«:
- Theodizee
- Theonomie
- theozentrisch

The|o|bro|ma, das; -s ⟨*gr.-nlat.*⟩: Kakaobaum

Theo|bro|min, das; -s: Alkaloid der Kakaobohnen

Theo|di|zee, die; -, ...zeen (Philos.): Rechtfertigung Gottes hinsichtlich des von ihm in der Welt zugelassenen Übels u. Bösen, das mit dem Glauben an seine Allmacht, Weisheit u. Güte in Einklang zu bringen gesucht wird

Theo|do|lit, der; -[e]s, -e ⟨Herkunft unsicher⟩: geodätisches Instrument zur Horizontal- u. Höhenwinkelmessung

Theo|gno|sie, Theo|gno|sis, die; - ⟨*gr.*⟩ (Philos.): die Gotteserkenntnis

Theo|go|nie, die; -, ...ien ⟨*gr.-lat.*⟩: mythische Lehre od. Vorstellung von der Entstehung u. Abstammung der Götter

Theo|kra|tie, die; -, ...ien ⟨»Gottesherrschaft«⟩: Herrschaftsform, bei der die Staatsgewalt allein religiös legitimiert wird, aber im Gegensatz zur Hierokratie nicht von Priestern ausgeübt zu werden braucht. **theo|kra|tisch:** die Theokratie betreffend

Theo|la|t|rie, die; -, ...ien (veraltet): Gottesverehrung, Gottesdienst

Theo|lo|ge, der; -n, -n ⟨*gr.-lat.*⟩: jmd., der sich wissenschaftlich mit der Theologie beschäftigt. **Theo|lo|gie,** die; -, ...ien: wissenschaftliche Lehre von einer als wahr vorausgesetzten [christlichen] Religion, ihrer Offenbarung, Überlieferung und Geschichte. **Theo|lo|gin,** die; -, -nen: weibliche Form zu ↑Theologe. **theo|lo|gisch:** die Theologie betreffend

theo|lo|gi|sie|ren ⟨*gr.-nlat.*⟩: Theologie treiben, das Gebiet der Theologie berühren

Theo|lo|gu|me|non, das; -s, ...mena ⟨*gr.-lat.*⟩: (nicht zur eigentlichen Glaubenslehre gehörender) theologischer Lehrsatz

Theo|man|tie, die; -, ...ien: das Weissagen durch göttliche Eingebung

theo|morph, theo|mor|phisch: in göttlicher Gestalt auftretend, erscheinend

theo|nom ⟨*gr.-nlat.*⟩: unter Gottes Gesetz stehend. **Theo|no|mie,** die; -: Unterwerfung unter Gottes Gesetz als Überhöhung von Autonomie u. Heteronomie

Theo|pha|nie, die; -, ...ien ⟨*gr.*⟩: Gotteserscheinung; vgl. Epiphanie

theo|phor: Gott[esnamen] tragend. **theo|pho|risch:** Gott tragend; **theophorische Prozession:** feierliche kirchliche Prozession, bei der das Allerheiligste in Gestalt einer geweihten Hostie in einer Monstranz mitgeführt wird

The|o|phyl|lin, das; -s ⟨(*chin.; gr.*) *nlat.*⟩: Alkaloid aus Teeblättern, ein Arzneimittel

Theo|pneus|tie, die; -, ...ien ⟨*gr.-nlat.;* »göttliche Einhauchung«⟩: Eingebung Gottes

The|or|be, die; -, -n ⟨*it.-frz.*⟩: (bes. im Barock) tiefe Laute mit zwei Hälsen (von denen der eine die Fortsetzung des anderen bildet) u. doppeltem Wirbelkasten

The|o|rem, das; -s, -e ⟨*gr.-lat.*⟩ (Philos., Math.): Lehrsatz

The|o|re|ti|ker, der; -s, -: jmd., der sich theoretisch mit der Lösung von [wissenschaftlichen] Problemen auseinandersetzt. **The|o|re|ti|ke|rin,** die; -, -nen: weibliche Form zu ↑Theoretiker. **the|o|re|tisch:** **1.** die Theorie von etwas betreffend (Ggs.: experimentell). **2.** [nur] gedanklich, die Wirklichkeit nicht [genügend] berücksichtigend

the|o|re|ti|sie|ren ⟨*gr.-nlat.*⟩: gedanklich, theoretisch durchspielen

The|o|rie, die; -, ...ien ⟨*gr.-lat.*⟩: **1. a)** System wissenschaftlich begründeter Aussagen zur Erklärung bestimmter Tatsachen od. Erscheinungen u. der ihnen zugrunde liegenden Gesetzmäßigkeiten; **b)** Lehre von den allgemeinen Begriffen, Gesetzen, Prinzipien eines bestimmten Bereichs. **2. a)** (ohne Plural) rein begriffliche, abstrakte [nicht praxisorientierte od. -bezogene] Betrachtung[sweise], Erfassung von etwas (Ggs.: Praxis [1]); **b)** (meist Plural) wirklichkeitsfremde Vorstellung, bloße Vermutung

Theo|soph, der; -en, -en ⟨*gr.-mlat.*⟩: Anhänger der Theosophie. **Theo|so|phie,** die; -, ...ien ⟨»Gottesweisheit«⟩: religiös-weltanschauliche Richtung, die in meditativer Berührung mit Gott den Weltbau und den Sinn des Weltgeschehens erkennen will. **Theo|so|phin,** die; -, -nen: weibliche Form zu ↑Theosoph. **theo|so|phisch:** die Theosophie betreffend

Theo|xe|ni|en [auch: ...ˈksɛ...], die (Plural) ⟨*gr.*⟩: kultische Mahlzeiten mit Götterbewirtungen im altgriechischen Kult

theo|zen|t|risch ⟨*gr.-nlat.*⟩: Gott in den Mittelpunkt stellend

The|ra|peut, der; -en, -en ‹*gr.;* »Diener, Pfleger«› (Med., Psychol.): jmd., der eine Therapie vornimmt

The|ra|peu|tik, die; -, -en (Med.): Wissenschaft von der Behandlung der Krankheiten

The|ra|peu|ti|kum, das; -s, ...ka ‹*gr.-nlat.*› (Med., Psychol.): Heilmittel

The|ra|peu|tin, die; -, -nen: weibliche Form zu ↑Therapeut

the|ra|peu|tisch ‹*gr.*›: zur Therapie gehörend

The|ra|pie, die; -, ...ien (Med.; Psychol.): Heilbehandlung. **the|ra|pie|ren** (Med., Psychol.): jmdn. einer Therapie unterziehen

the|ra|pie|re|sis|tent: (von Krankheiten) auf keine mögliche Therapie ansprechend

The|ri|ak, der; -s ‹*gr.-lat.*›: bes. bei Vergiftungen angewandtes opiumhaltiges Allheilmittel des Mittelalters

the|ri|o|morph ‹*gr.*› (Rel.): tiergestaltig (von Göttern)

the|ri|o|phor ‹*gr.-nlat.*›: einen Tiernamen tragend

ther|mak|tin ‹*gr.-nlat.*› (Physik): auf dem Vorgang des reinen Temperaturstrahlungsaustausches zwischen zwei Körpern beruhend

ther|mal (Physik): auf Wärme bezogen, die Wärme betreffend, Wärme...

Ther|mal|quel|le, die; -, -n: warme Quelle

Therm|an|äs|the|sie, die; - (Med.): Verlust der Temperaturempfindlichkeit

Ther|me, die; -, -n ‹*gr.-lat.*›: **1.** Thermalquelle. **2.** (nur Plural; Geschichte) antike römische Badeanlage

Ther|mi|dor, der; -[s], -s ‹*gr.-frz.;* »Hitzemonat«›: der elfte Monat des französischen Revolutionskalenders (19. Juli bis 17. Aug.)

Ther|mik, die; -, -en ‹*gr.-nlat.*› (Meteorol.): aufwärtsgerichtete Warmluftbewegung

Ther|m|i|on, das; -s, -en (Chemie): aus glühenden Metallen austretendes Ion. **ther|m|i|o|nisch** ‹*gr.-nlat.*›: die Thermionen betreffend

ther|misch (Meteorol.): die Wärme betreffend, Wärme...

Ther|mis|tor, der; -s, ...oren ‹Kunstw. aus ↑*therm*al u. *lat.-nlat.* Resis*tor* »Widerstand«›: Halbleiter mit temperaturbedingtem Widerstand

ther|mo..., Ther|mo...

‹zu *gr.* thermós »warm, heiß«›
Wortbildungselement mit der Bedeutung »Wärme, Hitze; Wärmeenergie; Temperatur«:
– Thermodynamik
– Thermometer
– thermophil
– Thermostat

...therm

‹*gr.* thermós »warm, heiß«›
Wortbildungselement mit der Bedeutung »warm, Wärme hervorrufend od. benötigend«:
– endotherm
– exotherm

Ther|mo|ba|ro|graf, Ther|mo|ba|ro|graph, der; -en, -en ‹*gr.-nlat.*›: ↑Barothermograf

Ther|mo|che|mie, die; -: Untersuchung der Wärmeumsätze bei chemischen Vorgängen

Ther|mo|chro|mie, die; - (Chemie): Farbänderung eines Stoffes bei Temperaturänderungen

Ther|mo|dy|na|mik, die; - (Physik): Teilgebiet der Physik, das sich mit der Untersuchung des Verhaltens physikalischer Systeme bei Temperaturänderung, bes. beim Zuführen u. Abführen von Wärme, befasst. **ther|mo|dy|na|misch:** die Thermodynamik betreffend, den Gesetzen der Thermodynamik folgend

Ther|mo|ef|fekt, der; -[e]s: die Entstehung elektrischer Energie aus Wärmeenergie

ther|mo|elek|t|risch: auf Thermoelektrizität beruhend. **Ther|mo|elek|t|ri|zi|tät,** die; -: Gesamtheit der Erscheinungen in elektrisch leitenden Stoffen, bei denen Temperaturunterschiede elektrische Spannungen bzw. Ströme hervorrufen u. umgekehrt

Ther|mo|ele|ment, das; -[e]s, -e: [Temperaturmess]gerät, das aus zwei Leitern verschiedener Werkstoffe besteht, die an ihren Enden zusammengelötet sind

ther|mo|fi|xie|ren: (synthetische Fasern) dem Einfluss von Wärme aussetzen, um spätere Formbeständigkeit zu erreichen (in der Textilindustrie)

Ther|mo|graf, Thermograph, der; -en, -en (Meteorol.): Gerät zur selbsttätigen Temperaturaufzeichnung. **Ther|mo|gra|fie,** Thermographie, die; -: **1.** Verfahren zur fotografischen Aufnahme von Objekten mittels ihrer an verschiedenen Stellen unterschiedlichen Wärmestrahlung (z. B. zur Lokalisierung von Tumoren). **2.** Gesamtheit von Kopierverfahren, bei denen mit wärmeempfindlichen Materialien u. Wärmestrahlung gearbeitet wird

Ther|mo|gramm, das; -s, -e: bei der Infrarotfotografie von Wärmestrahlen erzeugtes Bild

Ther|mo|graph usw. vgl. Thermograf usw.

ther|mo|ha|lin: Temperatur- u. Salzgehalt von Meerwasser betreffend

Ther|mo|hy|g|ro|graf, Ther|mo|hy|g|ro|graph, der; -en, -en (Meteorol.): Verbindung eines Thermografen mit einem Hygrografen

Ther|mo|kaus|tik, die; - (Med.): das Verschorfen von Gewebe durch Anwendung starker Hitze

Ther|mo|kau|ter, der; -s, - (Med.): elektrisch beheiztes od. gekühltes chirurgisches Instrument zur Durchführung von Operationen od. zur Verschorfung von Gewebe

ther|mo|la|bil (Physik): nicht wärmebeständig

Ther|mo|lu|mi|nes|zenz, die; - (Physik): das beim Erwärmen bestimmter Stoffe auftretende Aufleuchten in einer charakteristischen Farbe

Ther|mo|ly|se, die; -: Zerfall einer chemischen Verbindung durch Wärmeeinfluss

Ther|mo|me|ta|mor|pho|se, die; - (Geol.): Gesteinsumwandlung, die durch Erhöhung der Temperatur im Gestein verursacht wird

Ther|mo|me|ter, das, österr. u. schweiz. auch der; -s, -: Temperaturmessgerät. **Ther|mo|me|t|rie,** die; -, ...ien (bes. Meteorol.): Temperaturmessung. **ther|mo|me|t|risch:** die Thermometrie betreffend

Ther|mo|mor|pho|se, die; -, -n

(meist Plural) (Biol.): temperaturabhängige Änderung der Gestaltausbildung bei bestimmten Pflanzen u. Tieren
ther|mo|nu|k|le|ar: die bei einer Kernreaktion auftretende Wärme betreffend
ther|mo|oxi|diert (Chemie): durch Wärme in eine Sauerstoffverbindung überführt
Ther|mo|pane® [...ˈpɛɪn, auch: ...ˈpeːn], das; - ‹*gr.; engl.*›: aus zwei od. mehreren Scheiben bestehendes Fensterglas, das wegen eines Vakuums zwischen den Scheiben isolierende Wirkung hat
Ther|mo|pa|pier, das; -s, -e: Spezialpapier mit einer Schicht, die sich unter Wärmeeinwirkung verfärbt (z. B. für Faxgeräte)
ther|mo|phil (Biol.): Wärme liebend (z. B. von Bakterien)
Ther|mo|phi|lie, die; - (Biol.): Bevorzugung warmer Lebensräume
Ther|mo|phor, der; -s, -e: **1.** (Med.) Wärme speicherndes Gerät (z. B. Wärmflasche) zur medizinischen Wärmebehandlung. **2.** Gerät zur Übertragung genau bestimmter Wärmemengen. **3.** isolierendes Gefäß aus Metall
Ther|mo|plast, der; -[e]s, -e (meist Plural): bei höheren Temperaturen ohne chemische Veränderung erweichbarer u. verformbarer Kunststoff
ther|mo|plas|tisch: in erwärmtem Zustand formbar, weich
Ther|mo|s|kop, das; -s, -e ‹*gr.-nlat.*›: Instrument, das Temperaturunterschiede, aber keine Messwerte anzeigt
ther|mo|sta|bil (Physik): wärmebeständig
Ther|mo|s|tat, der; -[e]s u. -en, -e[n] u. das; -[e]s, -e: [automatischer] Temperaturregler
Ther|mo|the|ra|pie [auch: ˈtɛrmoː...], die; -, ...ien (Med.): Heilbehandlung durch Anwendung von Wärme
Ther|mo|t|ro|nik, die; -: Forschungsgebiet, das sich mit der automatischen Temperaturregelung befasst
The|ro|phyt, der; -en, -en ‹*gr.*›: einjährige Pflanze
the|sau|rie|ren ‹*gr.-lat.-nlat.*›: **1.** (Wirtsch.) **a)** Geld, Wertsachen od. Edelmetalle horten; **b)** (Gewinne eines Unternehmens) nicht ausschütten, sondern im Unternehmen belassen; **c)** (Erträge aus Geldanlagen) wieder anlegen. **2.** einen Thesaurus (2) zusammenstellen. **The|sau|rie|rung,** die; -, -en: das Thesaurieren
The|sau|rie|rungs|fonds [...fɔ̃ː], der; -, - [...fɔ̃ːs] (Wirtsch.): Investmentfonds, bei dem die Erträge nicht ausgeschüttet, sondern wieder angelegt werden
The|sau|rus, der; -, ...ren u. ...ri ‹*gr.-lat.*›: **1.** Titel wissenschaftlicher Sammelwerke, bes. großer Wörterbücher der alten Sprachen. **2.** alphabetisch u. systematisch geordnete Sammlung von Wörtern eines bestimmten [Fach]bereichs. **3.** (bes. EDV) [allgemeinsprachliches] Wörterbuch der sinn- und sachverwandten Wörter. **4.** Schrein in einem Heiligtum zur Aufbewahrung von kostbaren Weihegaben (in der Antike)
The|se, die; -, -n ‹*gr.-lat.-frz.*›: **1.** aufgestellter [Lehr-, Leit]satz, der als Ausgangspunkt für die weitere Argumentation dient. **2.** in der ↑dialektischen Argumentation die Ausgangsbehauptung, der die ↑Antithese (1) gegenübergestellt wird
The|sis [auch: ˈtɛzɪs], die; -, Thesen ‹*gr.-lat.*›: **1. a)** betonter Taktteil im altgriechischen Versfuß (Ggs.: Arsis [1 a]); **b)** abwärtsgeführter Schlag beim musikalischen Taktieren (Ggs.: Arsis [1 b]). **2.** unbetonter Taktteil in der neueren Metrik (Ggs.: Arsis [2])
Thes|mo|pho|ri|en, die (Plural): altgriechisches Fruchtbarkeitsfest der Frauen zu Ehren der Göttin Demeter
Thes|pis|kar|ren, der; -s, - ‹nach Thespis, dem Begründer der altgr. Tragödie› (scherzh.): Wanderbühne
The|ta, das; -[s], -s ‹*gr.*›: achter Buchstabe des gr. Alphabets
The|tik, die; - ‹*gr.*› (Philos.): Wissenschaft von den Thesen od. dogmatischen Lehren. **the|tisch** ‹*gr.-lat.*›: behauptend; dogmatisch
The|urg, der; -en, -en ‹*gr.-lat.*› (Völkerkunde): jmd., der der Theurgie mächtig ist. **The|ur|gie,** die; - (Völkerkunde): [vermeintliche] Fähigkeit u. Kraft, durch Zauber Götter zu beschwören
Thi|a|min, das; -s ‹*gr.-nlat.*›: Vitamin B_1
Thi|a|mi|na|se, die; -, -n: Enzym, das Vitamin B_1 spaltet
Thig|mo|ta|xis, die; -, ...xen ‹*gr.-nlat.*› (Biol.): durch Berührungsreiz ausgelöste Orientierungsbewegung von Tieren u. niederen pflanzlichen Organismen
Think|tank, Think-Tank [ˈθɪŋktɛŋk], der; -s, -s ‹*engl.;* »Beraterstab«›: Denkfabrik, Institution zur wissenschaftlichen, praxisorientierten Zukunftsforschung u. für wirtschaftliche Weiterentwicklung
Thi|o|cy|a|nat, das; -[e]s, -e ‹*gr.-nlat.*›: ↑Rhodanid
Thi|o|kol®, das; -s ‹Kunstw.›: thermoplastischer, kautschukähnlicher Kunststoff
Thi|o|phen, das; -s ‹*gr.-nlat.*›: farblose, flüssige Schwefelverbindung, die bei der Herstellung von Insektiziden u. Ä. verwendet wird
Thi|o|plast, der; -[e]s, -e: kautschukähnlicher schwefelhaltiger Kunststoff
Thi|o|säu|re, die; -, -n: Sauerstoffsäure, bei der die Sauerstoffatome durch zweiwertige Schwefelatome ersetzt sind
Thi|o|sul|fat, das; -[e]s, -e: Salz der Thioschwefelsäure
thi|xo|trop ‹*gr.-nlat.*›: die Eigenschaft der Thixotropie besitzend. **Thi|xo|tro|pie,** die; -: Eigenschaft bestimmter kolloidaler Mischungen, sich bei mechanischer Einwirkung (z. B. Rühren) zu verflüssigen
Tho|los, die, auch: der; -, ...loi [...lɔɪ] u. ...len ‹*gr.*›: altgriechischer Rundbau mit Säulenumgang
Tho|mis|mus, der; - ‹*nlat.*›: Sammelbez. für an Thomas v. Aquin anschließende theologisch-philosophische Richtungen des 14.–19. Jh.s, die die Grundlage des kirchlichen Lehramtes in der katholischen Kirche bilden. **Tho|mist,** der; -en, -en: Vertreter, Anhänger des Thomismus. **Tho|mis|tin,** die; -, -nen: weibliche Form zu ↑Thomist. **tho|mis|tisch:** die Lehre des Thomas v. Aquin u. den Thomismus betreffend

Thon, der; -s, -s ‹*gr.-lat.-frz.*› (schweiz.): Thunfisch

Thor vgl. Thorium

Tho|ra, Tora [auch: ˈtoːra], die; - ‹*hebr.;* »Lehre«›: die fünf Bücher Mose, das mosaische Gesetz

Tho|ra|ces [...tseːs]: *Plural* von ↑Thorax

tho|ra|kal ‹*gr.-nlat.*› (Med.): zum Brustkorb gehörend, an ihm gelegen

Tho|ra|ko|s|kop, das; -s, -e (Med.): optisches Instrument zur Betrachtung der Brusthöhle. **Tho|ra|ko|s|ko|pie,** die; -, ...ien (Med.): Untersuchung der Brusthöhle u. Durchführung von Operationen mithilfe des Thorakoskops

Tho|ra|ko|to|mie, die; -, ...ien (Med.): operative Öffnung der Brusthöhle

Tho|ra|ko|zen|te|se, die; -, -n (Med.): Punktion des Brustfellraums

Tho|rax, der; -[es], -e (fachspr.: ...races [...tseːs]) ‹*gr.-lat.*›: **1.** (Med.) Brustkorb. **2.** (Zool.) zwischen Kopf u. Hinterleib liegendes mittleres Segment bei Gliederfüßern

Tho|rax|drai|na|ge, Tho|rax|drä|na|ge [...drɛˈnaːʒə], die; -, -n ‹*gr.-lat.; frz.*› (Med.): Ableitung von Flüssigkeiten od. Luft aus dem Brustraum über einen Schlauch

Tho|ri|um, Thor, das; -s ‹*altnord.-nlat.;* nach Thor, einem Gott der nordischen Sage›: chem. Element; ein Metall (Zeichen: Th)

Tho|ron, das; -s: radioaktives Isotop des Radons (Zeichen: Tn)

Thrash|me|tal, Thrash-Me|tal [ˈθrɛʃˈmɛtl̩], der; -[s] ‹*engl.*›: schnellere, extreme Form des ↑Heavy Metal

Thread [θrɛt], der; -[s], -s ‹*engl.;* »Faden«› (EDV): Folge von Nachrichten zu einem Thema in einem Chat (a) o. Ä.

Thre|ni, die (Plural) ‹*gr.-lat.*›: die Klagelieder Jeremias

Thre|n|o|die, die; -, ...ien, **Thre|nos,** der; -, ...noi [...nɔy̆] ‹*gr.*›: **a)** rituelle Totenklage im antiken Griechenland; **b)** Klagelied, Trauergesang

Thrill [θrɪl], der; -s, -s ‹*engl.*›: Nervenkitzel; prickelnde Erregung

Thril|ler [ˈθrɪlɐ], der; -s, - ‹*engl.-amerik.*›: Film, Roman, der Spannungseffekte u. Nervenkitzel erzeugt

Thrips, der; -, -e ‹*gr.-lat.*› (Zool.): artenreiches Insekt mit blasenartigen Haftorganen an den Füßen

Throm|b|as|the|nie, die; -, ...ien ‹*gr.-nlat.*› (Med.): gestörte Funktion der Thrombozyten

Throm|bin, das; -s (Med.): Enzym, das die Blutgerinnung bewirkt

Throm|bo|ar|te|ri|i|tis, die; -, ...iitiden (Med.): Entzündung einer Arterie bei Embolie od. Thrombose

throm|bo|gen ‹*gr.-nlat.; gr.*› (Med.): die Entstehung eines Thrombus begünstigend

Throm|bo|gen, das; -s (Med.): Faktor für die Blutgerinnung

Throm|bo|ly|ti|kum, das; -s, ...ka (Med.): ↑Fibrinolytikum

Throm|bo|pe|nie, die; -, ...ien (Med.): Mangel an Blutplättchen

Throm|bo|phle|bi|tis, die; -, ...itiden (Med.): Venenentzündung mit Ausbildung einer Thrombose

Throm|bo|se, die; -, -n ‹*gr.;* »das Gerinnen«› (Med.): völliger od. teilweiser Verschluss eines Blutgefäßes durch Blutgerinnsel

throm|bo|tisch (Med.): die Thrombose betreffend; auf einer Thrombose beruhend

Throm|bo|zyt, der; -en, -en ‹*gr.-nlat.*› (Med.): Blutplättchen

Throm|bo|zy|to|ly|se, die; -, -n (Med.): Zerfall od. Auflösung der Blutplättchen

Throm|bo|zy|to|se, die; - (Med.): krankhafte Vermehrung der Thrombozyten

Throm|bus, der; -, ...ben ‹*gr.-nlat.*› (Med.): zu einer Thrombose führendes Blutgerinnsel; Blutpfropf

Thu|ja, Thuje, die; -, ...jen ‹*gr.-mlat.*› (Bot.): immergrüner Baum mit schuppenförmigen Blättern; Lebensbaum

Thu|ja|öl, das; -s: aus den Blättern der Thuja gewonnenes ätherisches Öl

Thu|je vgl. Thuja

Thu|li|um, das; -s ‹*gr.-lat.-nlat.;* nach der sagenhaften Insel Thule›: chem. Element; ein Metall (Zeichen: Tm)

Thumb|nail [ˈθamnɛɪ̯l], das, auch: der; -s, -s ‹*engl.*› (EDV): kleines, digitales [Vorschau]bild in der Größe eines Daumennagels

Thun|fisch, Tunfisch, der; -[e]s, -e ‹*gr.-lat.; dt.*›: großer Fisch mit mondsichelförmiger Schwanzflosse

Thu|rin|git [auch: ...ˈgɪt], der; -s, -e ‹*nlat.;* vom lat. Namen Thuringia für Thüringen›: zu den Chloriten gehörendes, oliv- bis schwärzlich grünes Mineral

Thyl|le, die; -, -n ‹*gr.-nlat.*›: sackartige Ausstülpung einer Zelle im Kernholz mancher Bäume

Thy|mi: *Plural* von ↑Thymus

Thy|mi|an, der; -s, -e ‹*gr.-lat.*›: **a)** Pflanze mit würzig duftenden kleinen Blättern u. hellroten bis violetten Blüten, die als Gewürz od. zu Heilzwecken verwendet wird; **b)** Gewürz aus getrockneten Blättern des Thymians (a)

Thy|min, das; -s ‹*gr.-lat.*› (Biochemie): Bestandteil des genetischen Codes in den Nukleinsäuren

Thy|mi|tis, die; -, ...itiden ‹*gr.-nlat.*› (Med.): Entzündung der Thymusdrüse

thy|mo|gen (Med.): von der Thymusdrüse ausgehend

Thy|mol, das; -s, -e ‹Kurzw. aus ↑Thymian u. ↑Alkohol›: stark antiseptisch wirkender Bestandteil der ätherischen Öle des Thymians

Thy|mo|lep|ti|kum, das; -s, ...ka (meist Plural) ‹*gr.-nlat.*› (Med.): zur Behandlung von Depressionen verwendetes Arzneimittel

Thy|mom, das; -s, -e (Med.): von der Thymusdrüse ausgehende Geschwulst

Thy|mo|psy|che, die; - (Psychol.): »gemüthafte« Seite des Seelenlebens (Ggs.: Noopsyche)

Thy|mo|se, die; -, -n (Psychol.): für die Pubertät kennzeichnender, durch Empfindsamkeit, Gereiztheit, Verträumtheit u. Ä. charakterisierter Zustand

Thy|mo|zyt, der; -en, -en ‹*gr.*›: (Med.) Thymuszelle

Thy|mus, der; -, Thymi, **Thy|mus|drü|se,** die; -, -n (Med.): hinter dem Brustbein gelegenes drüsenartiges Organ, das sich nach der Pubertät zurückbildet

thy|re|o|gen ‹*gr.-nlat.*› (Med.): von der Schilddrüse ausgehend

Thy|re|o|i|dea, die; - (Med.): Schilddrüse

Thy|re|o|i|d|ek|to|mie, die; -, ...ien (Med.): operative Entfernung der Schilddrüse

Thy|re|o|i|di|tis, die; -, ...itiden (Med.): Entzündung der Schilddrüse

thy|re|o|priv ‹*gr.; lat.*› (Med.): schilddrüsenlos; nach Verlust bzw. Ausfall der Schilddrüse auftretend (z. B. von Krankheitserscheinungen)

Thy|re|o|s|ta|ti|kum, das; -s, ...ka ‹*gr.-nlat.*› (Med.): Substanz, die die Hormonbildung der Schilddrüse hemmt

Thy|re|o|to|mie, die; -, ...ien (Med.): operativer Zugang zum Kehlkopfinneren durch Spaltung des Schildknorpels

Thy|re|o|to|xi|ko|se, die; -, -n (Med.): krankhafte Überfunktion der Schilddrüse

thy|re|o|to|xisch (Med.): durch Überfunktion der Schilddrüse erzeugt; **thyreotoxische Krise:** lebensbedrohliche akute Entgleisung des Schilddrüsenstoffwechsels

thy|re|o|trop (Med.): die Schilddrüsentätigkeit steuernd

Thy|ris|tor, der; -s, ...oren ‹*gr.; engl.*›: steuerbares elektronisches Bauelement auf Siliciumbasis

Thy|ro|xin, das; -s (Med.): Hauptbestandteil des Schilddrüsenhormons

Thyr|sos, der; -, ...soi [...zɔi̯] ‹*gr.*›, **Thyr|sus,** der; -, ...si ‹*gr.-lat.*›: mit Efeu u. Weinlaub umwundener, von einem Pinienzapfen gekrönter Stab des Dionysos u. der Mänaden

Ti|a|ra, die; -, -s u. ...ren ‹*pers.-gr.-lat.*›: **1.** (Geschichte) hohe, spitze Kopfbedeckung altpersischer u. assyrischer Könige. **2.** (heute nicht mehr getragene) hohe, aus drei übereinandergesetzten Kronen bestehende Kopfbedeckung des Papstes als Zeichen seiner weltlichen Macht

Ti|bet, der; -[e]s, -e ‹nach dem innerasiatischen Hochland›: **1.** Reißwolle aus neuen Stoffen. **2.** Mohair

Ti|bia, die; -, Tibiae [...ɛ] ‹*lat.*›: **1.** altrömisches Musikinstrument in der Art einer Schalmei. **2.** (Med.) Schienbein

Tic, der; -s, -s ‹*frz.*› (Med.): in kurzen Abständen wiederkehrende, unwillkürliche Muskelzuckung (bes. im Gesicht)

tic|cen (Med.): an Tics leiden; am ↑Tourettesyndrom erkrankt sein

Tick, der; -s, -s: **1.** (ugs.) wunderliche Eigenart, Schrulle, Fimmel. **2.** (Med.) ↑Tic. **3.** (ugs.) Kleinigkeit, Nuance (2)

Ti|cker, der; -s, - ‹*engl.*› (ugs.): vollautomatischer Fernschreiber zum Empfang von [Börsen]nachrichten

Ti|cket, das; -s, -s ‹*niederl.-frz.-engl.*›: **1.** Flug-, Fahr-, Eintrittskarte. **2.** (ugs.) Strafmandat. **Ti|cke|ting,** das; -[s]: Verkauf von ↑Tickets

Ti|cket|shop, der: Ladengeschäft od. Onlineshop, in dem Fahrscheine, Eintrittskarten u. Ä. verkauft werden

Tick|fe|ver, Tick-Fe|ver [ˈtɪkfiːvə], das; - ‹*engl.*› (Med.): bes. in den USA auftretende, durch Zecken übertragene Virusinfektionskrankheit

Tie|break, Tie-Break [ˈtai̯brɛɪ̯k], der od. das; -s, -s ‹*engl.*›: besondere Zählweise beim Tennis, durch die ein Spiel bei unentschiedenem Stand (6:6 od. 7:7) zur Entscheidung gebracht wird

Tie-in [tai̯ˈɪn], das; -s, -s ‹*engl.*›: kleines Werbegeschenk [in Spielzeug od. Süßigkeitsverpackungen]

Ti|er|ra ca|li|en|te, die; - - ‹*lat.-span.;* »heißes Land«› (Geogr.): unterste der drei klimatischen Höhenstufen in den tropischen Gebirgsländern Mittel- u. Südamerikas

Ti|er|ra fria, die; - - (»kaltes Land«) (Geogr.): oberste klimatische Höhenstufe in den tropischen Gebirgsländern Mittel- u. Südamerikas

Ti|er|ra tem|p|la|da, die; - - (»gemäßigtes Land«) (Geogr.): mittlere klimatische Höhenstufe in den tropischen Gebirgsländern Mittel- u. Südamerikas

Tiers État, der; - -, **Tiers|état,** der; - [tjɛrzeˈta] ‹*frz.;* »dritter Stand«›: Bürgertum, das bis zur Französischen Revolution nach Adel u. Geistlichkeit an dritter Stelle in der ständischen Gliederung stand

Ti|fo|so, der; -, ...si (meist Plural) ‹*it.*›: it. Bez. für: [Fußball]fan

Ti|gon, der; -s, - ‹Kunstw. aus *engl. tiger* »Tiger« u. *lion* »Löwe«› (Zool.): Bastard (1) aus der Kreuzung eines Tigermännchens mit einem Löwenweibchen; vgl. Liger

ti|g|ro|id ‹*pers.-gr.-lat.; gr.*› (Zool.): tigerähnlich gestreift

Ti|ki, der; -[s], -s ‹*maorisch*›: **a)** einen Gott od. Ahnen darstellende [monumentale] Figur aus Stein (in Polynesien); **b)** einen Gott od. Ahnen darstellender Anhänger aus Nephrit (in Neuseeland)

Til|bu|ry [ˈtɪlbəri], der; -[s], -s ‹*engl.*› (früher): leichter zweirädriger u. zweisitziger offener Wagen mit aufklappbarem Verdeck

Til|de, die; -, -n ‹*lat.-span.*›: **1.** diakritisches Zeichen in Gestalt einer kleinen liegenden Schlangenlinie, das im Spanischen über einem n die Palatalisierung, im Portugiesischen über einem Vokal die Nasalierung angibt (z. B. *span.* Señor, *port.* São Paulo). **2.** Zeichen in Gestalt einer kleinen liegenden Schlangenlinie auf der Mitte der Zeile, das die Wiederholung eines Wortes od. eines Teils davon angibt (bes. in Wörterbüchern) (Zeichen: ~)

Ti|li|a|ze|en, die (Plural) ‹*lat.-nlat.*› (Bot.): Lindengewächse

Til|lit [auch: ...ˈlɪt], der; -s, -e ‹*engl.-nlat.*› (Geol.): verfestigter Geschiebelehm

Ti|m|ar|chie, die; -, ...ien ‹*gr.*›: auf Ehrsucht, Ruhm u. Reichtum der Regierungsschicht beruhende Herrschaft im Staat (nach Plato)

Tim|bal, die; -, -es (meist Plural) ‹*pers.-arab.-span.*›: eine von zwei gleichen, auf einem Ständer befestigten Trommeln (bes. bei Tanzorchestern)

Tim|ba|le, die; -, -n ‹*pers.-arab.-span.-frz.*›: mit Aspik überzogene, meist becherförmige Pastete

Tim|ba|les, die (Plural) ‹*arab.-span.*›: zwei gleiche, auf einem Ständer befestigte Trommeln (bes. bei [südamerikanischen] Tanzorchestern)

Tim|ber, der od. das; -, - ‹*engl.*›:

englisches Zählmaß für Rauchwaren (40 Stück)

Tim|b|re ['tɛ̃:brə, auch: 'tɛ̃:bɐ], das; -s, -s ‹*gr.-mgr.-frz.*›: charakteristische Klangfarbe eines Instruments, einer Stimme

tim|b|rie|ren [tɛ̃...]: mit einer bestimmten Klangfarbe versehen; einer Sache ein bestimmtes Timbre verleihen

Time|lag ['taimlɛg], der od. das; -[s], -s ‹*engl.;* »Zeitverzögerung«› (Wirtsch.): Zeitspanne zwischen der Veränderung einer wirtschaftlichen Größe u. der Auswirkung auf eine andere Größe

Time|line ['taimlain], die; -, -s: Ablaufprogramm von wissenschaftlichen od. technischen Prozessen (z. B. in der Raumfahrt)

ti|men ['taimən] ‹*engl.*›: **1.** die Zeit [mit der Stoppuhr] messen. **2.** für etwas den geeigneten, passenden Zeitpunkt bestimmen, benutzen u. dadurch einen gut koordinierten Ablauf herbeiführen

Time-out, das; -[s], -s: Auszeit; Spielunterbrechung, die einer Mannschaft nach bestimmten Regeln zusteht (z. B. beim Basketball, Volleyball)

Ti|mer ['taimɐ], der; -s, -: elektronischer Zeitmesser, der zeitlich gebundene Vorgänge exakt regelt; Zeitschaltuhr

Time|samp|ling ['taimsɛmplɪŋ, 'taimsa:mplɪŋ], das; -[s], -s: systematische, in regelmäßigen Zeitabständen durchgeführte Beobachtung zur Ermittlung von bestimmten Abläufen u. Verhaltensweisen; Zeitstichprobe

Time|sha|ring ['taimʃɛ:rɪŋ], das; -[s]: **1.** gekauftes Wohnrecht an einer Ferienwohnung während einer bestimmten Zeit. **2.** (EDV früher) Zeitzuteilung bei der Inanspruchnahme einer Großrechenanlage durch verschiedene Benutzer

ti|mid ‹*lat.(-frz.)*› (veraltet): schüchtern, zaghaft, ängstlich. **Ti|mi|di|tät,** die; - (veraltet): Schüchternheit, Furchtsamkeit

Ti|ming ['taimɪŋ], das; -s, -s ‹*engl.*›: das Timen, Aufeinanderabstimmen von Abläufen

Ti|mo|kra|tie, die; -, ...ien ‹*gr.-mlat.;* »Vermögensherrschaft«›: **1.** (ohne Plural) Staatsform, in der die Rechte der Bürger nach ihrem Vermögen bemessen werden. **2.** Staat, Gemeinwesen, in dem eine Timokratie (1) besteht. **ti|mo|kra|tisch:** die Timokratie betreffend

ti|mo|nisch ‹*gr.-lat.;* nach dem altgr. Philosophen u. Sonderling Timon› (veraltet): menschenfeindlich

Ti|mo|thee|gras, Ti|mo|the|us|gras, Ti|mo|thy|gras, das; -es ‹vermutlich nach einem amerik. Farmer Timothy Hanson›: zu den Lieschgräsern gehörendes Gras, Futterpflanze

Tim|pa|no, der; -s, ...ni (meist Plural) ‹*gr.-lat.-it.*›: [Kessel]pauke

Ti|nea, die; -, ...eae ['ti:neɛ] ‹*lat.*› (Med.): durch Pilze hervorgerufene Infektion der Haut; **Tinea barbae:** durch Kontakt mit Tieren übertragene Hautpilzerkrankung bei Männern im Bereich der Barthaare

tin|gie|ren ‹*lat.*› (Chemie): eintauchen; färben. **tin|giert: 1.** (Chemie) gefärbt. **2.** dünn versilbert (von Münzen)

Tink|ti|on, die; -, -en (Chemie): Färbung

Tink|tur, die; -, -en: **1.** (veraltet) Färbung. **2.** dünnflüssiger, meist alkoholischer Auszug aus pflanzlichen od. tierischen Stoffen (Abk.: Tct)

Tin|nef, der; -s ‹*hebr.-jidd.;* »Kot, Schmutz«› (ugs.): **1.** wertlose Ware; Schund, Plunder. **2.** Unsinn

Tin|ni|tus, der; -, - ‹*lat.;* »Geklingel«› (Med.): Ohrgeräusch; von den Betroffenen subjektiv wahrgenommenes Rauschen, Klingeln od. Pfeifen in den Ohren

Tin|to|me|ter, das; -s, - ‹*lat.-it.; gr.*›: ↑Kolorimeter

Ti|or|ba, die; -, ...ben ‹*it.*›: ↑Theorbe

Tip: frühere Schreibung für ↑Tipp

Ti|pi, das; -s, -s ‹*indian.*›: mit Leder od. Leinwand überspanntes kegelförmiges Zelt der Prärieindianer

Tipp, der; -s, -s ‹*engl.;* »Anstoß; Andeutung, Wink«›: **1.** Andeutung, Information über gute Aussichten für Wertpapiere an der Börse. **2. a)** Wetthinweis; **b)** Vorhersage des wahrscheinlichen Ergebnisses eines Sportwettkampfes. **3.** (ugs.) nützlicher Hinweis, guter Rat, der jmdm. bei etwas hilft

Tips|ter, der; -s, - ‹*engl.*›: jmd., der gewerbsmäßig Wetttipps für Sportwettkämpfe gibt

Ti|ra|de, die; -, -n ‹*vulgärlat.-it.-frz.*›: **1.** wortreiche, geschwätzige [nichtssagende] Äußerung; Wortschwall. **2.** (Musik) Lauf von schnell aufeinanderfolgenden Tönen als Verzierung zwischen zwei Tönen einer Melodie

Ti|rail|leur [tira(l)'jø:ɐ̯], der; -s, -e ‹*vulgärlat.-frz.*› (Geschichte): Angehöriger einer in gelockerter Linie kämpfenden Truppe. **ti|rail|lie|ren** [...'ji:...] (Geschichte): in gelockerter Linie kämpfen

Ti|ra|mi|su, das; -[s], -s ‹*it.;* »zieh mich hoch«›: aus Eigelb, Mascarpone u. in Likör u. Kaffee getränkten Biskuits hergestellte cremige Süßspeise

Ti|rass, der; -es, -e ‹*vulgärlat.-frz.*› (Jägerspr.): Deckgarn zum Fangen von Feldhühnern. **ti|ras|sie|ren** (Jägerspr.): [Vögel, Feldhühner] mit dem Tirass fangen

Ti|ret [ti're:], der od. das; -s, -s ‹*frz.*› (veraltet): Bindestrich

ti|ro ‹*frz.;* »schieß hoch!«› (Jägerspr.): Zuruf bei Treibjagden, auf vorbeistreifendes Federwild zu schießen

Ti|ro, der; -s, ...onen ‹*lat.*› (veraltet): **1.** Anfänger. **2.** Rekrut

Ti|ro|li|enne [tiro'li̯ɛn], die; -, -n [...nən] ‹*frz.;* nach dem österr. Bundesland Tirol›: einem Ländler ähnlicher tirolischer Rundtanz im $^3/_4$-Takt

Ti|ro|nen: *Plural* von ↑Tiro

ti|ro|ni|sch ‹nach dem altröm. Grammatiker Tiro›: in der Fügung **tironische Noten:** altrömische Kurzschrift

Tisch|ri, der; - ‹*hebr.*›: erster Monat im jüdischen Kalender (September/Oktober)

Tis|sue|en|gi|nee|ring ['tɪʃu:ɛndʒɪ'nɪərɪŋ], das; -[s] ‹*engl.*› (Med.): Züchtung von Geweben im Reagenzglas für ↑Transplantationen (1)

¹Ti|tan, der; -en, -en (meist Plural), Titane, der; -n, -n (meist Plural) ‹*gr.-lat.*›: **1.** Angehöriger eines Geschlechts riesenhafter, von Zeus gestürzter Götter der griechischen Sage. **2.** jmd., der durch außergewöhnlich große Leistungen, durch Machtfülle o. Ä. beeindruckt

²Ti|tan, das; -s ⟨*gr.-lat.-nlat.*⟩: chem. Element; ein Metall (Zeichen: Ti)

Ti|ta|ne vgl. ¹Titan

Ti|ta|ni|de, der; -n, -n ⟨*gr.*⟩: Abkömmling der ¹Titanen (1)

ti|ta|nisch ⟨*gr.-lat.*⟩: **1.** die ¹Titanen (1) betreffend, zu ihnen gehörend. **2.** von, in der Art eines ¹Titanen (2)

Ti|ta|nit [auch: ...'nɪt], der; -s, -e ⟨*gr.-lat.-nlat.*⟩: **1.** titanhaltiges Mineral. **2.** Hartmetall aus Karbiden des ²Titans u. des Molybdäns

Ti|ta|ni|um, das; -s: ↑²Titan

Ti|ta|no|ma|chie, die; - ⟨*gr.*⟩: Kampf der ¹Titanen (1) gegen Zeus in der griechischen Sage

Ti|tel, der; -s, - ⟨*lat.*⟩: **1. a)** kennzeichnender Name eines Buches, einer Schrift, eines Kunstwerks o. Ä.; **b)** unter einem bestimmten Titel (1 a) bes. als Buch, CD o. Ä. veröffentlichtes Werk. **2. a)** Beruf, Stand, Rang, Würde kennzeichnende Bezeichnung, häufig als Zusatz zum Namen (Abk.: Tit.); **b)** im sportlichen Wettkampf errungene Bezeichnung eines bestimmten Ranges, einer bestimmten Würde. **3.** (Rechtswiss.) **a)** Abschnitt eines Gesetzes- od. Vertragswerks; **b)** gesetzlicher, durch ein rechtskräftiges Urteil erworbener Grund, einen Anspruch durchzusetzen; Rechtstitel. **4.** Verwendungszweck von einer zu einer Gruppe zusammengefassten Anzahl von Ausgaben, Beträgen (z. B. im Haushalt eines Staates)

Ti|te|lei, die; -, -en: Gesamtheit der dem Textbeginn eines Druckwerkes vorangehenden Seiten mit den Titelangaben, Impressum, Inhaltsangaben u. Ä.

ti|teln: etwas (z. B. einen Zeitungsartikel, einen Film) mit einem Titel versehen

Ti|tel|part, der; -s, -s: Titelrolle

Ti|tel|song, der; -s, -s: Lied aus einem Film, einem Musical, einer CD, dessen Titel (1 b) dem entsprechenden Werk den Namen gibt

Ti|ter, der; -s, - ⟨*lat.-frz.*⟩: **1.** (Chemie) Gehalt an aufgelöster Substanz in einer Lösung. **2.** Maß für die Feinheit eines Garns

Ti|thon, das; -s ⟨*gr.-lat.-nlat.;* nach dem unsterblichen Greis Tithonos in der gr. Sage⟩ (Geol.): Übergang zwischen ²Jura u. Kreide

Tit|lo|nym, das; -s, -e ⟨*lat.; gr.*⟩: Deckname, der aus dem Verweis auf einen anderen Buchtitel des gleichen Autors (in der Form: vom Verfasser des ...) od. aus einer Berufsangabe besteht

Ti|to|is|mus, der; - ⟨*nlat.;* nach dem jugoslawischen Staatspräsidenten Tito, 1892–1980⟩ (Geschichte): in Jugoslawien entwickelte kommunistische, aber von der Sowjetunion unabhängige Politik u. Staatsform

Ti|t|ra|ti|on, die; -, -en ⟨*lat.-frz.-nlat.*⟩: Bestimmung des Titers, Ausführung einer chemischen Maßanalyse

Ti|t|rier|ana|ly|se, die; -, -n ⟨*lat.-frz.; gr.*⟩: ↑Maßanalyse

ti|t|rie|ren ⟨*lat.-frz.*⟩: den Titer (1) bestimmen, eine chemische Maßanalyse ausführen

Ti|t|ri|me|t|rie, die; - ⟨*lat.-frz.; gr.*⟩: ↑Maßanalyse

Ti|tu|lar, der; -s, -e ⟨*lat.-nlat.*⟩: **1.** jmd., der mit dem Titel eines Amtes bekleidet ist, ohne die damit verbundenen Funktionen auszuüben. **2.** (veraltet) Titelträger

Ti|tu|la|tur, die; -, -en: Betitelung; Rangbezeichnung

ti|tu|lie|ren ⟨*lat.*⟩: **1.** (veraltet) [mit dem Titel] anreden, benennen. **2.** mit einem meist negativen Begriff bezeichnen

ti|tu|lo ple|no: mit vollständigem Titel u. Namen (Abk.: t. p.)

Ti|tu|lus, der; -, ...li ⟨*lat.(-mlat.)*⟩: **1.** meist in Versform gebrachte mittelalterliche Bildunterschrift. **2.** Amts-, Dienstbezeichnung, Ehrenname

Ti|vo|li, das; -[s], -s ⟨nach der Stadt bei Rom⟩: **1.** Name von Vergnügungsplätzen od. -stätten, Gartentheatern u. Ä. **2.** italienisches Kugelspiel

ti|zi|an ⟨nach dem it. Maler Tizian, um 1477–1576⟩: Kurzform von ↑tizianblond, ↑tizianrot

ti|zi|an|blond: rotblond

ti|zi|an|rot: ein goldenes bis braunes Rot aufweisend (bes. von Haaren)

Tjä|le, die; -, - ⟨*schwed.*⟩ (Geol.): Dauerfrostboden in sehr kalten Gegenden der Erde

Tjalk, die; -, -en ⟨*niederl.*⟩: ein- od. anderthalbmastiges niederländisches Segelschiff mit breitem Bug u. flachem Boden

Tjost, die; -, -en od. der; -[e]s, -e ⟨*frz.*⟩: im Mittelalter mit scharfen Waffen geführter ritterlicher Zweikampf zu Pferde. **tjos|tie|ren:** einen Tjost ausfechten

Tme|sis, die; -, Tmesen ⟨*gr.-lat.*⟩ (Sprachwiss.): Trennung eigentlich zusammengehörender Wortteile (z. B. *ob* ich *schon* ... statt *obschon* ich ...)

Toast [toːst], der; -[e]s, -e u. -s ⟨*lat.-frz.-engl.*⟩: **1. a)** geröstete Weißbrotscheibe; **b)** zum Toasten geeignetes Weißbrot, Toastbrot. **2.** Trinkspruch

toas|ten: 1. Weißbrot rösten. **2.** einen Trinkspruch ausbringen

Toas|ter, der; -s, -: Gerät zum Rösten von Weißbrot

To|bak, der; -[e]s, -e ⟨*span.-frz.*⟩ (veraltet): Tabak; **starker Tobak** (ugs., oft scherzh.): etwas, was von jmdm. als unerhört, als Zumutung empfunden wird

To|bog|gan, der; -s, -s ⟨*indian.-engl.*⟩: länglich flacher [kanadischer Indianer]schlitten

Toc|ca|ta, Tokkata, die; -, ...ten ⟨*vulgärlat.-it.*⟩ (Musik): in freier Improvisation gestaltetes Musikstück für Tasteninstrumente, bes. als Präludium

To|cha|risch, das; -[s] ⟨*lat.*⟩: ausgestorbene indogermanische Sprache (von der Texte aus dem 6. u. 7. Jh. n. Chr. erhalten sind)

to|ckie|ren vgl. tokkieren

Tod|dy [...di], der; -[s], -s ⟨*Hindi-engl.*⟩: **1.** alkoholisches Getränk aus dem Saft von Palmen; Palmwein. **2.** grogartiges Getränk

To-do [tʊ'duː], das; -s, -s (meist Plural) ⟨*engl.*⟩: Aufgabe, die es zu erledigen gilt

Toe|loop, Toe-Loop ['tuːluːp, 'tɔʊ̯...], der; -[s], -s ⟨*engl.*⟩: Drehsprung beim Eiskunstlauf

Tof|fee ['tɔfi, auch: 'tɔfe], das; -s, -s ⟨*engl.*⟩: eine Weichkaramelle

To|fu, der; -[s] ⟨*jap.*⟩: aus Sojabohnen gewonnenes halbfestes eiweißreiches Produkt

To|ga, die; -, ...gen ⟨*lat.*⟩: altrömisches, von den vornehmen Bürgern getragenes Obergewand

To|ga|ta, die; -, ...ten: altrömische Komödie mit römischem Stoff u. Kostüm im Gegensatz zur ↑Palliata

tog|geln ⟨*engl.*⟩ (EDV): zwischen zwei Zuständen wechseln, ein- od. ausschalten

To|hu|wa|bo|hu, das; -[s], -s ⟨*hebr.;* »wüst u. leer« (1. Mose 1, 2)⟩: Wirrwarr, Durcheinander

Toile [toa:l], der; -s, -s ⟨*lat.-frz.*⟩: feinfädiges, zart gemustertes [Kunst]seidengewebe in Leinwandbindung

To|i|let|te [toa...], die; -, -n ⟨*lat.-frz.*⟩: **1. a)** (ohne Plural; geh.) das Sichankleiden, Sichzurechtmachen; **b)** (geh. veraltend) [elegante] Damenkleidung samt Zubehör. **2. a)** meist kleinerer Raum mit einem Toilettenbecken [u. Waschgelegenheit]; **b)** Toilettenbecken in einer Toilette (2 a)

Toise [toa:s], die; -, -n [...sn̩] ⟨*lat.-vulgärlat.-frz.*⟩: altes französisches Längenmaß (= 1,949 m)

To|ka|dil|le [...ˈdɪljə], das; -s ⟨*span.*⟩: spanisches Brettspiel mit Würfeln

To|kai|er, To|ka|jer, der; -s, - ⟨nach der ung. Stadt Tokaj⟩: süßer ungarischer Dessertwein von hellbrauner Farbe

To|ken [ˈtoʊkn̩], das od. der; -s, -[s] ⟨*engl.*⟩ (EDV): **1.** (das) Folge zusammengehöriger Zeichen od. Folge von Bits. **2.** (der) Erkennungsmarke in einem Kommunikationsnetz, die die Sendeberechtigung enthält

Tok|ka|ta vgl. Toccata

tok|kie|ren, tockieren (Kunstwiss.): in kurzen, unverriebenen Pinselstrichen malen

To|ko, der; -s, -s ⟨*indian.-port.*⟩: afrikanischer Nashornvogel

To|ko|go|nie, die; -, ...ien ⟨*gr.-nlat.*⟩ (Biol.): geschlechtliche Fortpflanzung

To|ko|lo|gie, die; - (Med.): Lehre von Geburt u. Geburtshilfe

To|ko|ly|se, die; -, -n (Med.): medikamentöse Hemmung der Wehentätigkeit

To|la, das; -[s], -[s] ⟨*Hindi*⟩: indisches Handelsgewicht, bes. für Gold, Silber u. Edelsteine

To|lar, der; -s, -s (aber: 30 -): frühere Währungseinheit in Slowenien

to|le|ra|bel ⟨*lat.*⟩: geeignet, toleriert, gebilligt zu werden; annehmbar, erträglich

to|le|rant ⟨*lat.-frz.*⟩: **1.** (in Fragen der religiösen, politischen Überzeugung, der Lebensführung anderer) bereit, eine andere Anschauung, Einstellung, andere Sitten u. a. gelten zu lassen. **2.** verschiedenen sexuellen Praktiken gegenüber aufgeschlossen

To|le|ranz, die; -, -en ⟨*lat.*⟩: **1.** (ohne Plural) das Tolerantsein; Duldsamkeit. **2.** (Med.) begrenzte Widerstandsfähigkeit des Organismus gegenüber [schädlichen] äußeren Einwirkungen (bes. gegenüber Giftstoffen od. Strahlen). **3.** (bes. Technik) zulässige Differenz zwischen der angestrebten Norm u. den tatsächlichen Maßen, Größen, Mengen o. Ä.

to|le|rie|ren: 1. dulden, zulassen, gelten lassen [obwohl etwas nicht den eigenen Wertvorstellungen entspricht]. **2.** (bes. Technik) eine Toleranz (3) in bestimmten Grenzen zulassen

To|lu|bal|sam, der; -s ⟨nach der Stadt Santiago de Tolú in Kolumbien⟩: aus einem Baum gewonnener Balsam, der als Duftstoff verwendet wird

To|lu|i|din, das; -s (Chemie): zur Herstellung verschiedener Farbstoffe verwendetes aromatisches Amin des Toluols

To|lu|ol, das; -s (Chemie): farbloser, benzolartig riechender Kohlenwasserstoff, Verdünnungs- u. Lösungsmittel

To|ma|hawk [...hɔ:k], der; -s, -s ⟨*indian.-engl.*⟩: Streitaxt der nordamerikanischen Indianer

to|ma|tie|ren, to|ma|ti|sie|ren ⟨*mex.-span.-frz.*⟩ (Gastron.): mit Tomatenmark, -soße versehen

Tom|bak, der; -s ⟨*sanskr.-malai.-span.-frz.-niederl.*⟩: bes. als Goldimitation bei Schmuck verwendete kupferreiche Kupfer-Zink-Legierung. **tom|ba|ken:** aus Tombak [hergestellt u. daher unecht]

Tom|ba|sil, das; -s ⟨Kurzw. aus *Tomba*k u. ↑*Sil*icium⟩: siliciumhaltige Kupfer-Zink-Legierung

Tom|beau [tõˈbo:], der (auch: das); -s, -s ⟨*gr.-spätlat.-frz.*⟩: dem Gedächtnis eines Verstorbenen gewidmete Komposition unterschiedlicher Formgebung

Tom|bo|la, die; -, -s u. ...len ⟨*it.*⟩: Verlosung von [gestifteten] Gegenständen, meist anlässlich von Festen

To|mi: *Plural* von ↑Tomus

...to|mie

die; -, ...ien (teilweise ohne Plural)

⟨zu *gr.* témnein »schneiden« u. tomḗ »das Schneiden, der Schnitt«⟩

Wortbildungselement mit der Bedeutung »operative Öffnung eines Organs od. Körperteils, Zergliederung eines Körpers od. Gewebes«:

- Laparotomie
- Osteotomie
- Vasotomie

Von verwandter Herkunft ist das Wortbildungselement **...ektomie** mit der Bedeutung »operatives Herausschneiden, Entfernung eines Organs«. Zurückgehend auf *gr.* éktomḗ (»das Ausschneiden; Ausschnitt«), ist es Bestandteil vieler Fremdwörter, wie z. B. in Appendektomie oder Tonsillektomie.

Tom|my [...mi], der; -[s], -s ⟨*engl.;* Verkleinerungsform von Thomas⟩: Spitzname für die britischen Soldaten des 1. u. 2. Weltkriegs

To|mo|gra|fie, Tomographie, die; -, ...ien ⟨*gr.*⟩ (Med.): röntgenologisches Schichtaufnahmeverfahren (z. B. zur besseren Darstellung u. Lokalisierung von Krankheitsherden im Körper)

To|mo|gramm, das; -s, -e ⟨*gr.-nlat.*⟩ (Med.): bei der ↑Tomografie gewonnenes Röntgenbild

To|mo|gra|phie vgl. Tomografie

To|mus, der; -, Tomi ⟨*gr.-lat.*⟩ (veraltet): Teil, Abschnitt, Band (eines Schriftwerkes) (Abk.: Tom.)

to|nal ⟨*gr.-lat.-mlat.*⟩ (Musik): auf die Tonika der Tonart bezogen, in der ein Musikstück steht

To|na|li|tät, die; -, -en ⟨*gr.-lat.-nlat.*⟩ (Musik): **a)** jegliche Beziehung zwischen Tönen, Klängen u. Akkorden; **b)** Bezogenheit von Tönen, Harmonien u. Akkorden auf die Tonika der Tonart, in der ein Musikstück steht

Ton|do, das (auch: der); -s, -s u.

...di ⟨*lat.-it.*⟩: Bild von kreisförmigem Format, bes. in der Florentiner Kunst des 15. u. 16. Jh.s
To|ner, der; -s, - ⟨*lat.-frz.-engl.*⟩: Farbpulver als Druckfarbe für Kopiergeräte, Drucker o. Ä.
To|ni: *Plural* von ↑Tonus
To|nic, das; -[s], -s ⟨*gr.-frz.-engl.*⟩: **1.** mit Kohlensäure u. Chinin versetztes, leicht bitter schmeckendes Wasser [zum Verdünnen hochprozentiger alkoholischer Getränke]. **2.** Gesichtswasser, Haarwasser
To|nic|wa|ter [...wɔːtɐ], das; -[s], -[s]: ↑Tonic
¹To|ni|ka: *Plural* von ↑Tonikum
²To|ni|ka, die; -, ...ken ⟨*gr.-nlat.*⟩ (Musik): **1.** Grundton eines Musikstücks. **2.** Grundton einer Tonleiter. **3.** Dreiklang auf der ersten Stufe (Zeichen: T)
To|ni|ka-Do, das; -: System in der Musikerziehung, das die bei der Solmisation verwendeten Silben mit Handzeichen verbindet
To|ni|kum, das; -s, ...ka ⟨*gr.-nlat.*⟩ (Med.): Kräftigungsmittel, Stärkungsmittel
¹to|nisch ⟨*gr.-nlat.*⟩ (Med.): **1.** kräftigend, stärkend. **2.** den Tonus betreffend; durch anhaltende Muskelanspannung charakterisiert (Ggs.: klonisch)
²to|nisch ⟨*gr.-nlat.*⟩ (Musik): die ²Tonika (3) betreffend
to|ni|sie|ren (Med.): den Tonus (1) heben, kräftigen, stärken
Ton|na|ge [...ʒə], die; -, -n ⟨*gall.-mlat.-frz.-engl.-frz.*⟩: **1.** der Rauminhalt (Bruttoraumzahl) eines Schiffes. **2.** gesamte Flotte (einer Reederei, eines Staates)
Ton|neau [tɔˈnoː], der; -s, -s ⟨*gall.-mlat.-frz.*⟩: **1.** (veraltet) Schiffslast von 1 000 kg. **2.** früheres französisches Hohlmaß
To|no|gra|fie, To|no|gra|phie, die; - ⟨*gr.-nlat.*⟩ (Med.): Messung u. Registrierung des Augeninnendrucks mithilfe des Tonometers
To|no|me|ter, das; -s, - (Med.): Instrument zur Messung des Augeninnendrucks
ton|sil|lar, ton|sil|lär ⟨*lat.-nlat.*⟩ (Med.): zu den Gaumen- od. Rachenmandeln gehörend
Ton|sil|le, die; -, -n ⟨*lat.*⟩ (Med.): Gaumen-, Rachenmandel
Ton|sil|l|ek|to|mie, die; -, ...ien ⟨*lat.; gr.*⟩ (Med.): operative Entfernung der Gaumenmandeln
Ton|sil|li|tis, die; -, ...itiden ⟨*lat.-nlat.*⟩ (Med.): Mandelentzündung
Ton|sil|lo|to|mie, die; -, ...ien ⟨*lat.; gr.*⟩ (Med.): teilweises Abtragen der Gaumenmandeln
Ton|sur, die; -, -en ⟨*lat.;* »das Scheren, die Schur«⟩ (kath. Kirche früher): kreisrund geschorene Stelle auf dem Kopf von katholischen Geistlichen, bes. Mönchen. **ton|su|rie|ren** ⟨*lat.-nlat.*⟩ (veraltet): bei jmdm. die Tonsur schneiden
To|nus, der; -, Toni ⟨*gr.-lat.*⟩: **1.** (Med.) normaler Spannungszustand eines Muskels; Muskeltonus. **2.** (Musik) Ganzton
To|ny [engl.: ˈtoʊni], der; -s, -s ⟨*amerik.*⟩: amerikanischer Bühnenpreis für herausragende Theateraufführungen
Tool [tuːl], das; -s, -s ⟨*engl.;* »Werkzeug«⟩: **1.** (EDV) Programm von geringem Umfang, das zusätzliche Aufgaben für ein bestimmtes Betriebssystem od. Anwendungsprogramm übernimmt. **2.** Werkzeug, Instrumentarium, das man für eine bestimmte Aufgabe benötigt
Tool|bar [ˈtuːlbar], die; -, -s ⟨*engl.*⟩ (EDV): als Erweiterung eines Programms, bes. eines Browsers, installierbare Funktionsleiste [am oberen Rand der Benutzeroberfläche], auf der Symbole für wichtige Funktionen aufgeführt sind
Tool|box [ˈtuːl...], die; -, -en ⟨*engl.;* »Werkzeugkasten«⟩ (EDV): Sammlung von ergänzenden Programmeinheiten
Tool|kit [ˈtuːl...], der od. das; -[s] ⟨*engl.*⟩: ↑Toolbox
Tool|set [ˈtuːlzɛt], das od. der; -[s], -s ⟨*engl.*⟩: **1.** Satz von Werkzeugen. **2.** (EDV) Software mit vielfältigen Funktionen zum Bearbeiten, Erstellen od. Prüfen anderer Software
Tool|tipp [ˈtuːl...] ⟨engl.⟩ (EDV): sich bei Berührung mit dem Mauszeiger öffnendes, kleines Pop-up (1) mit einem kurzen, erläuternden Text zu einer Schaltfläche
top ⟨*engl.*⟩: von höchster Güte; hochmodern
Top, das; -s, -s ⟨*engl.*⟩: zu Röcken u. Hosen getragenes, einem T-Shirt ähnliches Oberteil mit Trägern

top..., Top...

⟨*engl.* top »Spitze, oberer Teil; oberst... höchst...«⟩
Wortbildungselement mit der Bedeutung »höchst, best..., Spitzen...«:
– topfit
– Topmanagement
– topsecret

Top Act [ˈtɔp ˈɛkt, ˈtɔpʔɛkt], der; -, -s, - -s, **Top|act,** der; -s, -s ⟨*engl.*⟩: Hauptattraktion
To|p|al|gie, die; -, ...ien (Med.): ↑Topoalgie
To|pas [österr.: ˈtoːpas], der; -es, -e ⟨*gr.-lat.*⟩: farbloses, gelbes, blaues, grünes, braunes od. rotes glasglänzendes Mineral; Edelstein. **to|pa|sen:** aus einem Topas bestehend; mit einem Topas, mit Topasen besetzt
to|pa|sie|ren ⟨*gr.-lat.-nlat.*⟩: zu Topas brennen (von Quarz)
Top|ath|let, der; -en, -en (Sport emotional verstärkend): herausragender Sportler. **Top|ath|le|tin,** die; -, -nen: herausragende Sportlerin
To|pa|zo|lith, der; -s u. -en, -e[n] ⟨*gr.-nlat.*⟩: hellgelbes bis hellgrünes Mineral
Top-down-Me|tho|de [ˈtɔp-ˈdaʊn...], die; - ⟨*engl.; gr.-lat.*⟩ (Logik): deduktive Methode, bei der man schrittweise von allgemeinen, umfassenden Strukturen zu immer spezielleren Details übergeht
To|pe, die; -, -n ⟨*sanskr.-Hindi*⟩: ↑Stupa
Top Event [... ɪvɛnt], der od. das; -, -s, - -s, **Top|event,** der od. das; -s, -s ⟨*engl.*⟩: herausragendes Ereignis, glanzvolle Veranstaltung
top|fit ⟨*engl.*⟩: gut in Form, in bester körperlicher Verfassung (bes. von Sportler/-innen)
To|pik, die; - ⟨*gr.-lat.*⟩: **1.** (Rhet.) Wissenschaft, Lehre von den Topoi. **2.** (Philos.) Lehre von den Sätzen u. Schlüssen, mit denen argumentiert werden kann. **3.** (veraltet) Lehre von der Wort- u. Satzstellung. **4.** (Philos.) Stelle, die ein Begriff in der Sinnlichkeit od. im Ver-

stand einnimmt (nach Kant). **5.** (Med.) auf eine bestimmte Stelle des Körpers begrenzt

to|pi|kal: themen-, gegenstandsbezogen

To|pi|ka|li|sie|rung, die; - (Sprachwiss.): Hervorhebung eines Satzglieds od. einzelner Wörter durch eine bestimmte Anordnung im Satz

To|pi|nam|bur, die; -, -en ⟨*bras.-frz.*⟩: **a)** Pflanze, deren unterirdische Ausläufer den Kartoffeln ähnliche Knollen bilden; **b)** Knolle der Topinambur (a)

to|pisch ⟨*gr.-lat.*⟩: **1.** (Med.) örtlich, äußerlich (von der Anwendung u. Wirkung bestimmter Arzneimittel). **2.** einen Topos behandelnd, Topoi ausdrückend

Top|la|der, der; -s, - ⟨*engl.; dt.*⟩: Waschmaschine, bei der die Wäsche von oben eingefüllt wird

top|less ⟨*engl.-amerik.;* »oben ohne«⟩: ohne Oberteil; mit unbedecktem Busen

Top|ma|nage|ment, das; -s, -s (Wirtsch.): oberste Ebene der Unternehmensleitung

Top|mo|del, das; -s, -s: überaus erfolgreiches, bekanntes u. sehr gut verdienendes ↑ ²Model

Top|mo|dell, das; -s, -e: Spitzenerzeugnis

To|po|al|gie, die; -, ...ien ⟨*gr.-nlat.*⟩ (Med.): Schmerz an einer eng begrenzten Körperstelle ohne organische Ursache

to|po|gen (fachspr.): durch seine Lage bedingt entstanden

To|po|graf, Topograph, der; -en, -en ⟨*gr.*⟩: Fachmann für ↑ topografische Vermessungen

To|po|gra|fie, Topographie, die; -, ...ien ⟨*gr.-lat.*⟩: **1.** Beschreibung u. Darstellung geografischer Örtlichkeiten; Lagebeschreibung. **2.** ↑ topografische Anatomie. **3.** kartografische Darstellung der Atmosphäre

To|po|gra|fin, Topographin, die; -, -nen: w. Formen zu ↑ Topograf, Topograph. **to|po|gra|fisch,** topographisch ⟨*gr.*⟩: die Topografie betreffend; **topografische Anatomie** (Med.): Beschreibung der Körperregionen u. der Lageverhältnisse der einzelnen Organe

To|po|graph usw. vgl. Topograf usw.

To|poi [ˈtɔpɔy̯]: *Plural* von ↑ Topos

To|po|lo|gie, die; - ⟨*gr.-nlat.*⟩: **1.** (Math.) Lehre von der Lage u. Anordnung geometrischer Gebilde im Raum. **2.** (Sprachwiss.) [Lehre von der] Wortstellung im Satz. **to|po|lo|gisch:** die Topologie betreffend

To|p|o|nym, das; -s, -e ⟨*gr.-nlat.*⟩: Flurname, Ortsname. **To|p|o|ny|mie,** die; -: **1.** Gesamtheit der Ortsnamen in einer bestimmten Region. **2.** ↑ Toponymik. **To|p|o|ny|mik,** die; -: Ortsnamenkunde

To|po|pho|bie, die; -, ...ien (Med., Psychol.): übersteigerte Angst vor bestimmten Orten od. Plätzen

To|pos, der; -, Topoi [ˈtɔpɔy̯] ⟨*gr.*⟩: feste Wendung, stehende Rede od. Formel, feststehendes Bild o. Ä.

top|pen ⟨*engl.*⟩ (ugs.): überbieten, übertreffen

Top|ping, das; -[s], -s ⟨*engl.*⟩: garnierender Belag auf Speisen, Eis od. bestimmten Getränken

top|se|c|ret [...ˈsiːkrɪt] ⟨*engl.*⟩: engl. Bez. für: streng geheim

Top|spin, der; -s, -s ⟨*engl.;* »Kreiseldrall«⟩ (Golf, Tennis, Tischtennis): **a)** starker, in der Flugrichtung des Balles wirkender Aufwärtsdrall, der dem Ball durch einen lang gezogenen Bogenschlag vermittelt wird; **b)** Bogenschlag, der dem Ball einen starken Aufwärtsdrall vermittelt

Top|star, der; -s, -s: Star der Spitzenklasse

Top Ten, die; - -, - -s ⟨*engl.*⟩: die zehn Besten; die ersten zehn Titel, Werke o. Ä. einer Hitparade, Hitliste

Toque [tɔk], die; -, -s ⟨*span.-frz.*⟩: **1.** kleiner, barettartiger Damenhut. **2.** Kochmütze

Tord|alk, der; -[e]s od. -en, -e[n] ⟨*schwed.*⟩: arktischer Seevogel

tor|die|ren ⟨*lat.-vulgärlat.-frz.*⟩: verdrehen, verwinden

To|re|a|dor, der; -s u. -en, -e[n] ⟨*lat.-span.*⟩: ↑ Torero

To|re|ra, die; -, -s: Stierkämpferin. **To|re|ro,** der; -s, -s: Stierkämpfer

To|reut, der; -en, -en ⟨*gr.-lat.*⟩: Künstler, der Metalle ziseliert od. treibt. **To|reu|tik,** die; -: Kunst der Metallbearbeitung durch Treiben, Ziselieren o. Ä.. **To|reu|tin,** die; -, -nen: weibliche Form zu ↑ Toreut

To|ri: *Plural* von ↑ Torus

To|ries [ˈtɔriːs, ˈtɔːrɪz]: *Plural* von ↑ Tory

To|rii [ˈtoːrii], das; -[s], -[s] ⟨*jap.*⟩: frei stehendes [Holz]portal japanischer Schintoheiligtümer mit zwei beiderseits überstehenden Querbalken

to|risch ⟨*lat.-nlat.*⟩: wulstförmig

Tor|kret ®, der; -s ⟨Kunstw.⟩: Spritzbeton. **tor|kre|tie|ren:** mit Pressluft Torkret an die Wand spritzen

¹Tor|men|till, der; -s ⟨*lat.-mlat.*⟩: gelb blühendes Fingerkraut, das als Heilpflanze verwendet wird

²Tor|men|till, das; -s: gerbstoffhaltiges Heilmittel aus der Wurzel des ¹Tormentills

Törn, der; -s, -s ⟨*gr.-lat.-mlat.-frz.-engl.*⟩: **1.** Fahrt mit einem Segelboot; Segeltörn. **2.** Zeitspanne, Turnus für eine bestimmte, abwechselnd ausgeführte Arbeit an Bord. **3.** (nicht beabsichtigte) Schlinge in einer Leine. **4.** ↑ Turn (2)

Tor|na|do, der; -s, -s ⟨*lat.-span.-engl.*⟩: starker, kleinräumiger Wirbelsturm

Tor|nis|ter, der; -s, - ⟨*slaw.*⟩: **a)** auf dem Rücken getragener großer Ranzen der Soldaten; **b)** (veraltet, aber noch landsch.) Schulranzen

To|ro, der; -s, -s ⟨*lat.-span.*⟩: span. Bez. für: Stier

To|ross, der; -, -en ⟨*russ.*⟩: Packeis

tor|pe|die|ren ⟨*lat.-nlat.*⟩: **1.** (ein Schiff) mit Torpedos beschießen, versenken. **2.** in gezielter Weise bekämpfen u. dadurch verhindern

Tor|pe|do, der; -s, -s ⟨*lat.*⟩: mit eigenem Antrieb u. selbsttätiger Zielsteuerung ausgestattetes Unterwassergeschoss

tor|pid ⟨*lat.*⟩: **1.** (Med., Zool.) regungslos, starr, schlaff. **2.** (Med.) **a)** stumpfsinnig, benommen; **b)** unbeeinflussbar. **Tor|pi|di|tät,** die; - ⟨*lat.-nlat.*⟩ (Zool.): Regungslosigkeit, Schlaffheit, Starre bei Säugetieren u. Vögeln als Reaktion auf veränderte Umweltbedingungen

Tor|por, der; -s ⟨*lat.*⟩: ↑ Torpidität (1, 2 a)

Tor|ques, der; -, - ⟨*lat.*⟩: aus frühgeschichtlicher Zeit stammender offener Hals- od. Armring aus Gold, Bronze od. Eisen

tor|quie|ren: **1.** peinigen, quälen, foltern. **2.** (Technik) drehen, krümmen

Tor|ren|te, der; -, -n ⟨*lat.-it.*⟩: Wasserlauf mit breitem, oft tief eingeschnittenem Bett, das nur nach starken Niederschlägen Wasser führt; Gießbach, Regenbach

Tor|se|lett, das; -s, -s ⟨zu ↑Torso mit französierender Endung⟩: (zur Damenunterwäsche gehörendes) einem Unterhemd ähnliches Wäschestück mit Strapsen

Tor|si|on, die; -, -en ⟨*lat.*⟩: **1.** (Physik, Technik) Verdrehung, Verdrillung; Formveränderung fester Körper durch entgegengesetzt gerichtete Drehmomente. **2.** (Math.) Verdrehung einer Raumkurve. **3.** (Med.) Verdrehung eines Organs (z. B. im Zusammenhang mit einem Knochenbruch)

Tor|si|ons|mo|dul, der; -s, -n (Technik): Materialkonstante, die bei der Torsion auftritt

Tor|so, der; -s, -s u. ...si ⟨*gr.-lat.-spätlat.-it.;* »Kohlstrunk; Fruchtkern«⟩: **1.** unvollendete od. unvollständig erhaltene Statue, meist nur der Rumpf dieser Statue. **2.** Bruchstück, unvollendetes Werk

Tort, der; -[e]s ⟨*lat.-vulgärlat.-frz.*⟩ (veraltend): etwas Unangenehmes, Ärger, Kränkung

Tor|te|lett, das; -[e]s, -s, **Tor|te|let|te,** die; -, -n ⟨*spätlat.-it.*, mit französierender Endung⟩: kleiner Tortenboden aus Mürbeteig, der süß od. herzhaft belegt werden kann

Tor|tel|li|ni, die; -, - (ugs. auch -s) (meist Plural), bes. fachspr.: **Tor|tel|li|no** ⟨*spätlat.-it.*⟩: kleiner, mit Fleisch, Gemüse o. Ä. gefüllter Ring aus Nudelteig

Tor|ti|kol|lis, der; - ⟨*lat.-nlat.*⟩ (Med.): [angeborene od. erworbene] Fehl- od. Schiefhaltung des Halses

Tor|til|la [...ˈtɪlja], die; -, -s ⟨*spätlat.-span.*⟩: **1.** (in Lateinamerika) aus Maismehl hergestelltes Fladenbrot. **2.** (in Spanien) Omelett

Tor|tur, die; -, -en ⟨*lat.-mlat.*⟩: **1.** Folter. **2.** Qual, Quälerei, Strapaze

To|rus, der; -, Tori ⟨*lat.*⟩: **1.** (Med.) Wulst. **2.** (Math.) Ringfläche, die durch Drehung eines Kreises um eine in der Kreisebene liegende, den Kreis aber nicht treffende Gerade entsteht. **3.** (Kunstwiss.) wulstartiger Teil an der Basis antiker Säulen

To|ry [...ri], der; -s, -s u. ...ries ⟨*engl.*⟩: **1.** (Geschichte) Angehöriger einer britischen Partei, aus der im 19. Jh. die Konservative Partei hervorging (Ggs.: Whig [1]). **2.** Vertreter der konservativen Politik in Großbritannien (Ggs.: Whig [2])

To|ry|is|mus [...ˈʔɪs...], Torysmus [...ˈrɪ...] der; -: Richtung der von den Torys (2) vertretenen konservativen Politik. **to|ry|is|tisch,** torystisch [...ˈrɪ...]: den Toryismus betreffend

To|rys|mus [...ˈrɪ...] usw. vgl. Toryismus usw.

To|sef|ta, die; - ⟨*aram.;* »Hinzufügung«⟩: (nicht in den Talmud aufgenommenes) Ergänzungswerk zur Mischna

tos|to ⟨*lat.-it.*⟩ (Musik): hurtig, eilig, sofort (Vortragsanweisung)

To|ta: *Plural* von ↑Totum

to|tal ⟨*lat.-mlat.-frz.*⟩: **1. a)** so beschaffen, dass es in einem bestimmten Bereich, Gebiet, Zustand o. Ä. ohne Ausnahme alles umfasst; in vollem Umfang; vollständig; **b)** völlig, ganz und gar, durch u. durch. **2.** ↑totalitär. **3.** (schweiz.) insgesamt

To|tal, das; -s, -e (bes. schweiz.): Gesamtheit; Gesamtsumme

To|ta|le, die; -, -n (Film, Fotogr.): **a)** Kameraeinstellung, die das Ganze einer Szene erfasst; **b)** Gesamtaufnahme, -ansicht

To|ta|li|sa|tor, der; -s, ...oren ⟨*lat.-mlat.-frz.-nlat.*⟩: **1.** Einrichtung zum Wetten beim Renn- u. Turniersport. **2.** (Meteorol.) [bes. in unzugänglichen Gebieten verwendetes] Sammelgefäß für Niederschläge

to|ta|li|sie|ren ⟨*lat.-mlat.-frz.*⟩: **1.** unter einem Gesamtaspekt betrachten, behandeln. **2.** (Wirtsch. veraltet) zusammenzählen

to|ta|li|tär ⟨französierende Bildung zu ↑total⟩: **1.** die Gesamtheit umfassend. **2.** (abwertend) mit diktatorischen Methoden jegliche Demokratie unterdrückend, das gesamte politische, gesellschaftliche, kulturelle Leben sich total unterwerfend, es mit Gewalt reglementierend

To|ta|li|ta|ris|mus, der; -, ...men ⟨*lat.-mlat.-nlat.*⟩ (Politik abwertend): totalitäres System, totalitäre Machtausübung

To|ta|li|tät, die; -, -en ⟨*lat.-mlat.-frz.*⟩: **1. a)** (Philos.) universeller Zusammenhang aller Dinge u. Erscheinungen in Natur u. Gesellschaft; **b)** Ganzheit; Vollständigkeit. **2.** (Astron.) totale Sonnen- od. Mondfinsternis. **3.** totale Machtausübung; totaler Machtanspruch

to|ta|li|ter ⟨*lat.-mlat.*⟩: ganz und gar, gänzlich

To|tal-Qua|li|ty-Ma|nage|ment [tɔʊtḷˈkwɔlətimɛnɪtʃmənt], das; -s ⟨*engl.*⟩ (Wirtsch.): umfassendes Qualitätskonzept, das neben der Qualität der Produkte u. Dienstleistungen auch die Qualität der Arbeitsbedingungen u. der Außenbeziehungen beinhaltet (Abk.: TQM)

To|tem, das; -s, -s ⟨*indian.-engl.*⟩: bei indigenen Völkern ein Wesen od. Ding (Tier, Pflanze, Naturerscheinung), das als Ahne od. Verwandter eines Menschen, eines Clans od. einer sozialen Gruppe gilt, als zauberischer Helfer verehrt wird u. nicht getötet od. verletzt werden darf

To|te|mis|mus, der; - ⟨*indian.-engl.-nlat.*⟩: Glaube an die übernatürliche Kraft eines Totems u. seine Verehrung. **to|te|mis|tisch:** den Totemismus betreffend

To|tem|pfahl, der; -[e]s, ...pfähle ⟨*indian.-engl.; dt.*⟩: (bei den Indianern Nordwestamerikas) geschnitzter Wappenpfahl mit Bildern des Totemtiers od. aus der Ahnenlegende der Sippe

To|ti|es-quo|ti|es-Ab|lass, der; -es, ...lässe ⟨*lat.* toties quoties »so oft wie«; *dt.*⟩ (kath. Kirche): Ablass, der so oft erlangt werden kann, wie die gestellten Bedingungen erfüllt werden

to|ti|po|tent ⟨*lat.-nlat.*⟩ (Biol.): in der Differenzierung noch nicht festgelegt (von Zellen)

To|to, das, auch der; -s, -s ⟨Kurzform von ↑Totalisator⟩: Einrichtung zum Wetten im Fußball- od. Pferdesport

To|tum, das; -s, Tota ‹*lat.*›: das Ganze, Gesamtbestand
Touch [tatʃ], der; -s, -s ‹*vulgärlat.-frz.-engl.*›: etwas, was jmdm., einer Sache als leicht angedeutete Eigenschaft ein besonderes Fluidum gibt; Anflug, Hauch
tou|chant [tuˈʃɑ̃:, tʊˈʃɑ̃:] ‹*vulgärlat.-frz.*› (veraltet): rührend, bewegend, ergreifend
Touch|dis|play, das; -s, -s ‹*engl.*› (EDV): elektronische Anzeige, die auf Berühren mit dem Finger bzw. mit einem Stift reagiert
tou|ché [tuˈʃe:] ‹*frz.*› (Fechten): vom Gegner getroffen
tou|chie|ren: **1.** (nur leicht) berühren. **2.** (Med.) mit dem Finger betastend untersuchen. **3.** (Med.) mit dem Ätzstift bestreichen, abätzen
Touch|pad [ˈtatʃpɛd], das; -s, -s ‹*engl.*› (EDV): auf Fingerdruck reagierendes integriertes Zeigegerät anstelle einer Maus
Touch|screen, der; -s, -s ‹*engl.*›: Computerbildschirm mit Sensorfeldern, durch deren Berühren der Programmablauf gesteuert werden kann
tough [tʌf] ‹*engl.*› (ugs.): robust, zäh, durchsetzungsfähig
Tou|pet [tuˈpe:], das; -s, -s ‹*germ.-frz.*›: **1.** (früher) Haartracht, bei der das Haar über der Stirn toupiert war. **2.** Haarteil, das als Ersatz für teilweise fehlendes eigenes Haar getragen wird. **3.** (schweiz.) Unverfrorenheit, Dreistigkeit
tou|pie|ren ‹dt. Bildung zu ↑Toupet›: das Haar strähnenweise in Richtung des Haaransatzes in schnellen u. kurzen Bewegungen kämmen, um es fülliger erscheinen zu lassen
Tour [tu:ɐ̯], die; -, -en ‹*gr.-lat.-frz.;* »Dreheisen; Drehung, Wendung«›: **1.** Ausflug, Fahrt, Exkursion. **2.** bestimmte Strecke. **3. a)** (abwertend) Art u. Weise, mit Tricks u. Täuschungsmanövern etwas zu erreichen; **b)** Vorhaben, Unternehmen [das nicht ganz korrekt ist]. **4.** (meist Plural; Technik) Umdrehung, Umlauf eines rotierenden Körpers, bes. einer Welle. **5.** in sich geschlossener Abschnitt einer Bewegung. **6.** einzelne Lektion im Dressurreiten
Tour de Force [- də ˈfɔrs], die; - - -, -s - - [- - ˈfɔrs] ‹*frz.*›: Gewaltaktion; mit Mühe, Anstrengung verbundenes Handeln
Tour de France [- - ˈfrɑ̃:s], die; - - -, -s - - [tur - -] ‹*frz.*›: alljährlich in Frankreich von Berufsradfahrern ausgetragenes Straßenrennen, das über zahlreiche Etappen führt u. als schwerstes Straßenrennen der Welt gilt
Tour d'Ho|ri|zon [- dɔriˈzɔ̃:], die (auch: der); - -, -s - [- dɔriˈzɔ̃:]: informativer Überblick (über zur Diskussion stehende Fragen)
tou|ren [ˈtu:...]: **1.** (Jargon) auf Tournee gehen, sein. **2.** (ugs.) auf Tour (1) gehen, sein
Tou|rette|syn|drom, Tou|rette-Syn|drom [tuˈrɛt...], das; -s ‹nach dem frz. Arzt G. Gilles de la Tourette, 1857–1904› (Med.): neurologische Erkrankung mit psychischer Komponente ohne Intelligenzminderung u. mit best. Tics
Tou|rill [tu...], das; -s, -s (meist Plural) ‹Herkunft unsicher› (Chemie): reihenförmig angeordnetes, durch Rohre verbundenes Gefäß zur Kondensation od. Absorption von Gasen
Tou|ris|mus [tu...], der; - ‹*gr.-lat.-frz.-engl.-nlat.*›: das Reisen, der Reiseverkehr [in organisierter Form]; Fremdenverkehr
Tou|rist, der; -en, -en: **1.** [Urlaubs]reisender, jmd., der reist, um fremde Orte u. Länder kennenzulernen. **2.** (veraltet) Ausflügler, Wanderer, Bergsteiger
Tou|ris|ten|klas|se, die; -, -n: preiswerte Reiseklasse mit geringerem Komfort
Tou|ris|tik, die; -: **1.** organisierter Reise-, Fremdenverkehr. **2.** (veraltet) das Wandern od. Bergsteigen
Tou|ris|tin, die; -, -nen: weibliche Form zu ↑Tourist
tou|ris|tisch: die Touristik, den Tourismus betreffend; für den Tourismus charakteristisch
Tour|nai|tep|pich [turˈnɛ...], der; -s, -e ‹nach der belg. Stadt Tournai›: auf der Jacquardmaschine hergestellter Webteppich
Tour|nant [tʊrˈnɑ̃:], der; -[s], -s ‹*gr.-lat.-frz.*›: Ersatzkraft, Springer in Gastronomie u. Hotelgewerbe
Tour|né [tʊrˈne:], das; -s, -s: aufgedecktes Kartenblatt, dessen Farbe als Trumpf gilt
Tour|ne|dos [tʊrnəˈdo:], das; - [...ˈdo:(s)], - [...ˈdo:s] ‹*frz.*› (Gastron.): wie ein Steak zubereitete, meist auf einer Röstbrotschnitte angerichtete Lendenschnitte von der Filetspitze des Rinds
Tour|nee [tʊr...], die; -, -s u. ...neen: Gastspielreise von Künstlern, Künstlerinnen o. Ä.
tour|nie|ren: **1.** (Gastron.) in gewünschter Form ausstechen. **2.** die Spielkarten wenden, aufdecken
Tour|ni|quet [tʊrniˈke:], das; -s, -s ‹*frz.*›: **1.** (Med.) System zum Abbinden od. Stauen von Blutgefäßen. **2.** Drehkreuz an Wegen, Eingängen o. Ä. **3.** (meist Plural) korkenzieherförmiges Gebäckstück aus Blätterteig
Tour|nü|re vgl. Turnüre
tour-re|tour [tu:ɐ̯reˈtu:ɐ̯] ‹*frz.*› (österr. veraltend): hin u. zurück
To|wa|rischtsch, der; -[s], -s (auch: -i) ‹*russ.*›: russ. Bez. für: Genosse
To|w|er [ˈtaʊ̯ɐ], der; -s, - ‹*engl.;* »Turm«›: **1.** Kontrollturm auf Flughäfen. **2.** bis 60 cm hohes Computergehäuse
Tow|garn [ˈtɔʊ̯...], das; -[e]s ‹*engl.; dt.*›: Gespinst aus den Abfällen von Hanf od. Flachs
Town|house [ˈtaʊ̯nhaʊ̯s], das; -, -s [...haʊ̯zɪs] ‹*engl.*›: innerstädtisches od. am Stadtrand gelegenes [modernes] Reihenhaus
Town|ship [ˈtaʊ̯nʃɪp], die; -, -s ‹*engl.*›: städtische Siedlung in Südafrika, in der überwiegend sozial schlecht gestellte nicht weiße Menschen leben
To|x|ä|mie, Tox|hä|mie, Toxikämie, die; -, ...ien ‹*gr.-nlat.*› (Med.): **1.** toxisch bedingte Blutbildveränderungen; Blutvergiftung. **2.** ↑Toxinämie
To|xi|der|mie, die; -, ...ien (Med. veraltet): durch Gifteinwirkung verursachte Hauterkrankung
To|xi|fe|rin, das; -s ‹(*gr.; lat.*) *nlat.*›: Alkaloid; stärkster Wirkstoff des Pfeilgiftes Kurare
to|xi|gen, toxogen ‹*gr.-nlat.*› (Med.): **1.** Giftstoffe erzeugend (z. B. von Bakterien). **2.** durch Vergiftung verursacht
To|xi|ka: *Plural* von ↑Toxikum
To|xi|k|ä|mie vgl. Toxämie

T Totu

To|xi|ko|den|d|ron, der (auch: das); -s, ...dren und ...dra: stark giftiges südafrikanisches Wolfsmilchgewächs

To|xi|ko|lo|gie, die; - (Med.): Wissenschaft, Lehre von den Giften und ihren Einwirkungen auf den Organismus. **to|xi|ko|lo|gisch** (Biol., Med.): die Toxikologie betreffend

To|xi|ko|se, Toxikonose, Toxonose, die; -, -n (Med.): Vergiftung; durch Giftstoffe verursachte Krankheit

To|xi|kum, das; -s, ...ka ‹*gr.-lat.*› (Med.): Gift, Giftstoff

To|xin, das; -s, -e ‹*gr.-nlat.*› (Biol., Med.): von Bakterien, Pflanzen od. Tieren ausgeschiedener od. beim Zerfall von Bakterien entstehender organischer Giftstoff

To|xi|n|ä|mie, die; -, ...ien (Med.): Vergiftung des Blutes durch Toxine

to|xisch (Med.): giftig, auf einer Vergiftung beruhend

To|xi|zi|tät, die; - (Med.): giftige Eigenschaft u. Wirkung chemischer Substanzen u. physikalischer Faktoren

to|xo|gen vgl. toxigen

To|xo|id, das; -s, -e (Med.): entgiftetes Toxin

To|xo|no|se vgl. Toxikose

To|xo|plas|mo|se, die; -, -n (Med.): durch eine bestimmte Parasitenart hervorgerufene Infektionskrankheit

Toy [tɔɪ], das; -s, -s (meist Plural) ‹*engl.;* »Spielzeug«›: zur sexuellen Stimulation verwendeter Gegenstand

tra..., Tra... vgl. trans..., Trans...

Tra|ba|kel, der; -s, - ‹*it.*›: früheres zweimastiges Wasserfahrzeug im Adriatischen Meer

Tra|bant, der; -en, -en ‹*tschech.*›: **1.** (Geschichte) Leibwächter eines Fürsten; Diener. **2.** Satellit (2, 3). **3.** in der Fernsehtechnik schmale Impulse mit Halbzeilenfrequenz zur Synchronisation der Fernsehbilder

Tra|ban|ten|stadt, die; -, ...städte ‹*tschech.; dt.*›: am Rande einer Großstadt gelegene größere, weitgehend eigenständige Ansiedlung; Wohnstadt

Tra|be|kel, die; -, -n ‹*lat.*› (Anat.): bälkchen- od. strangartiges Bündel von Gewebs- bzw. Muskelfasern

Tra|cer [ˈtreɪsə], der; -s, - ‹*engl.;* »Aufspürer«› (Physiol., Med.): radioaktiver Markierungsstoff, mit dessen Hilfe u. a. biochemische Vorgänge im Organismus verfolgt werden können

Tra|chea [auch: ˈtraxea], die; -, ...een ‹*gr.-lat.-mlat.*› (Med.): Luftröhre

tra|che|al ‹*gr.-lat.-mlat.-nlat.*› (Med.): zur Luftröhre gehörend, sie betreffend

Tra|che|al|ste|no|se, die; -, -n (Med.): Luftröhrenverengung

Tra|chee, die; -, -n ‹*gr.-lat.-mlat.*›: **1.** (Zool.) Atmungsorgan der meisten Gliedertiere. **2.** (Bot.) durch Zellfusion entstandenes Gefäß der Pflanzen

Tra|che|en: *Plural* von ↑Trachea, ↑Trachee

Tra|che|i|de, die; -, -n ‹*gr.-nlat.*› (Bot.): nur noch aus der Zellwand bestehende abgestorbene Zelle niederer pflanzlicher Organismen, die als Wasserleitbahn dient

Tra|che|i|tis, die; -, ...itiden (Med.): Luftröhrenentzündung

Tra|che|o|ma|la|zie, die; - (Med.): Stabilitätsverlust der Luftröhre

Tra|cheo|s|kop, das; -s, -e (Med.): Luftröhrenspiegel

Tra|cheo|s|ko|pie, die; -, ...ien (Med.): Luftröhrenspiegelung

tra|cheo|s|ko|pie|ren (Med.): eine Tracheoskopie durchführen

Tra|che|o|to|mie, die; -, ...ien (Med.): operatives Öffnen der Luftröhre; Luftröhrenschnitt

Tra|che|o|ze|le, die; -, -n (Med.): Vorwölbung der Luftröhre; Luftröhrenbruch

Tra|chom, das; -s, -e ‹*gr.;* »Rauheit«› (Med.): langwierig verlaufende Virusinfektion des Auges mit Ausbildung einer Bindehautentzündung; Körnerkrankheit

Tra|chyt [auch: ...ˈxʏt], der; -s, -e ‹*gr.-nlat.*›: graues od. rötliches, meist poröses vulkanisches Gestein

Tra|cing [ˈtreɪsɪŋ], das; -[s], -s ‹*engl.*›: **1.** (EDV) [Funktion zur] Aufzeichnung u. Analyse von Fehlern in einem ↑Programm (4). **2.** (Wirtsch.) zeitlich versetzte Verfolgung, Rückverfolgung eines Ablaufs [anhand von Aufzeichnungen] (z. B. des Transportwegs eines Pakets, Gepäckstücks)

Track [trɛk], der; -s, -s ‹*germ.-frz.-engl.*›: **1.** (Schifffahrt) übliche Schiffsroute zwischen zwei Häfen. **2.** der Übertragung von Zugkräften dienendes Element (wie Seil, Kette, Riemen). **3.** (Jargon) Musikstück, Nummer (bes. auf einer CD). **4.** (EDV) abgegrenzter Bereich auf einem Datenträger, in dem eine einfache Folge von Bits gespeichert werden kann

Track-and-trace, Track-and-Trace [ˈtrɛkʔɛntˈtreɪs], das; - ‹*engl.*› (Wirtsch.): System zur zeitgleichen und nachträglichen Verfolgung des Transportswegs eines Gutes, Gegenstands (z. B. eines Pakets, Gepäckstücks); Sendungsverfolgung

Track|ball [ˈtrɛkbɔːl], der; -s, -s ‹*engl.*› (EDV): aus einer bewegbaren, auf der Tastatur befestigten Kugel bestehendes Eingabegerät

tra|cken [ˈtrɛk...] ‹*engl.*› (bes. EDV): den aktuellen Aufenthaltsort von jmdm., etw. verfolgen

Tra|cking, das; -[s]: **1.** Verfolgen des Aufenthaltsorts einer Person (mithilfe elektronischer Geräte). **2.** (Wirtsch.) Verfolgen der Position eines bewegten, transportierten Gutes, Gegenstands (z. B. eines Pakets, Gepäckstücks)

Trac|tus vgl. Traktus

Trade|mark [ˈtreɪt...], die; -, -s ‹*engl.*›: engl. Bez. für: Warenzeichen, Markenname

Tra|der [ˈtreɪdɐ], der; -s, - ‹*engl.;* »Händler«› (Börsenw.): Anleger mit überwiegend spekulativem Interesse

Tra|de|rin, die; -, -nen: weibliche Form zu ↑Trader

Tra|des|kan|tie [...tsi̯ə], die; -, -n ‹*nlat.;* nach dem britischen Gärtner J. Tradescant, † 1638›: eine Zierpflanze

Trade-Uni|on, Trade|uni|on [ˈtreɪd(ˈ)juːni̯ən], die; -, -s ‹*engl.*›: engl. Bez. für: Gewerkschaft. **Trade|uni|o|nis|mus**, der; - ‹*engl.-nlat.*›: britische Gewerkschaftsbewegung

tra|die|ren ‹*lat.*›: überliefern, weitergeben; etwas Überliefertes weiterführen

Tra|ding [ˈtreɪdɪŋ], das; -s ‹*engl.*›: **1.** (Wirtsch.) Handel. **2.** (Börsenw.) das Ausnutzen kurzfristiger Kursschwankungen durch

häufige Käufe u. Verkäufe von Wertpapieren
Tra|ding-up [trɛɪ̯dɪŋˈʔap], das; -s, -s ⟨*engl.*⟩ (Wirtsch.): Verbesserung des Leistungsangebots eines Handelsunternehmens
Tra|di|ti|on, die; -, -en: **1. a)** Überlieferung, Herkommen; **b)** Brauch, Gewohnheit, Gepflogenheit; **c)** das Tradieren, Weitergabe (an spätere Generationen). **2.** außerbiblische, von der katholischen Kirche als verbindlich anerkannte Überlieferung von Glaubenslehren seit der Apostelzeit
Tra|di|ti|o|na|lis|mus, der; - ⟨*lat.-nlat.*⟩: geistige Haltung, die bewusst an der Tradition festhält, sich ihr verbunden fühlt. **Tra|di|ti|o|na|list,** der; -en, -en: Anhänger des Traditionalismus. **Tra|di|ti|o|na|lis|tin,** die; -, -nen: weibliche Form zu ↑Traditionalist. **tra|di|ti|o|na|lis|tisch:** den Traditionalismus betreffend, für ihn charakteristisch; dem Traditionalismus verbunden, verhaftet
Tra|di|tio|nal Jazz [trəˈdɪʃənəl ...], der; - - ⟨*engl.-amerik.*⟩: traditioneller Jazz (die älteren Stilrichtungen bis etwa 1940)
tra|di|ti|o|nell ⟨*lat.-frz.*⟩: überliefert, herkömmlich; einer Tradition entsprechend
Tra|duk|ti|on, die; -, -en ⟨*lat.*⟩: **1.** Übersetzung. **2.** (antike Rhet.) wiederholte Anwendung desselben Wortes in veränderter Form od. mit anderem Sinn
Tra|duk|ti|o|nym, das; -s, -e ⟨*lat.; gr.*⟩: Deckname, der aus der Übersetzung des Verfassernamens in eine fremde Sprache besteht (z. B. Agricola = Bauer)
Tra|du|zi|a|nis|mus, der; - ⟨*lat.-mlat.-nlat.*⟩: spätantike u. frühchristliche, später verurteilte Lehre, Anschauung, nach der die menschliche Seele bei der Zeugung als Ableger der väterlichen Seele entstehe
Traf|fic [ˈtræfɪk], der; -s, -s ⟨*engl.;* »Verkehr«⟩ (EDV): Gesamtheit der übertragenen Daten in einem Computernetzwerk
Tra|fik, die; -, -en ⟨*it.-frz.*⟩ (bes. österr.): Tabak- u. Zeitschriftenladen, -handel
Tra|fi|kant, der; -en, -en: Inhaber einer Trafik. **Tra|fi|kan|tin,** die; -, -nen: weibliche Form zu ↑Trafikant
Tra|fo, der; -[s], -s: kurz für ↑Transformator
Tra|gant, der; -[e]s, -e ⟨*gr.-lat.-mlat.*⟩: **1.** Pflanze mit Blüten verschiedener Form u. Farbe. **2.** aus verschiedenen Arten des Tragants (1) gewonnene, gallertartige, quellbare Substanz, bes. zur Herstellung von Klebstoffen
Tra|gé|die ly|rique [traʒediliˈrik], die; - -, -s -s [traʒediliˈrik] ⟨*gr.-lat.-frz.*⟩: ernste (tragische) französische Oper von Lully u. Rameau
Tra|g|e|laph, der; -en, -en ⟨*gr.-lat.;* »Bockhirsch«⟩: **1.** altgriechisches Fabeltier. **2.** (veraltet) uneinheitliches literarisches Werk, das man mehreren Gattungen zuordnen kann
tra|gie|ren ⟨*gr.-nlat.*⟩: eine Rolle tragisch spielen
Tra|gik, die; -: außergewöhnlich schweres, schicksalhaftes, Konflikte, Untergang od. Verderben bringendes, unverdientes Leid, das Mitempfinden auslöst. **Tra|gi|ker,** der; -s, - ⟨*gr.-lat.*⟩: Tragödiendichter. **Tra|gi|ke|rin,** die; -, -nen: weibliche Form zu ↑Tragiker
Tra|gi|ko|mik, die; - ⟨*gr.-nlat.*⟩: halb tragische, halb komische Wirkung. **tra|gi|ko|misch:** halb tragisch, halb komisch
Tra|gi|ko|mö|die, die; -, -n ⟨*gr.-lat.*⟩: Drama, in dem Tragik u. Komik eng miteinander verknüpft sind
tra|gisch: die Tragik betreffend; schicksalhaft, erschütternd, ergreifend
Tra|gö|de, der; -n, -n: eine tragische Rolle spielender Schauspieler; Heldendarsteller
Tra|gö|die [...i̯ə], die; -, -n ⟨»Bocksgesang«⟩: **1. a)** (ohne Plural) Dramengattung, in der das Tragische gestaltet wird, meist aufgezeigt an Grundsituationen des Menschen zwischen Freiheit u. Notwendigkeit, zwischen Sinn u. Sinnlosigkeit; **b)** einzelnes Drama, Bühnenstück dieser Gattung; Trauerspiel (Ggs.: Komödie [1 a]). **2.** tragisches Ereignis, Unglück
Tra|gö|din, die; -, -nen: weibliche Form zu ↑Tragöde
Trail [trɛɪ̯l], der; -s, -s ⟨*engl.*⟩: engl. Bez. für: [Wander]pfad
Trai|ler [ˈtrɛɪ̯lɐ], der; -s, - ⟨*engl.*⟩: **1.** kurzer, aus einigen Szenen eines Films zusammengestellter Vorfilm, der als Werbemittel für diesen Film vorgeführt wird. **2.** nicht belichteter Filmstreifen am inneren Ende einer Filmrolle. **3.** Fahrzeuganhänger
Trail|le [ˈtra:j(ə), ˈtraljə], die; -, -n ⟨*lat.-frz.*⟩ (veraltet): **1.** Fähre. **2.** Fährseil, Tau u. Rolle, an denen eine Fähre läuft; vgl. Tralje
Trail|run|ning, Trail-Run|ning [ˈtrɛɪ̯lranɪŋ], das; -s ⟨*engl.*⟩ (Sport): Dauerlauf auf unbefestigten Wald- od. Gebirgswegen
Train [trɛ̃:, auch, österr. nur: trɛ:n], der; -s, -s ⟨*lat.-vulgärlat.-frz.*⟩: Tross; für den Nachschub sorgende Truppe
Trai|nee [trɛɪ̯ˈni:, trɛ...], der; -s, -s u. die; -, -s ⟨*lat.-vulgärlat.-frz.-engl.*⟩ (Wirtsch.): jmd., bes. Hochschulabsolvent/-in, der/die innerhalb eines Unternehmens für eine bestimmte Aufgabe vorbereitet wird, eine praktische Ausbildung absolviert. **Trai|nee|pro|gramm,** das; -s, -e: die Ausbildung von Trainees beinhaltendes Programm
Trai|ner [ˈtrɛ:..., ˈtre:..., ˈtrɛɪ̯...], der; -s, -: jmd., der Sportler/-innen trainiert (a). **Trai|ne|rin,** die; -, -nen: weibliche Form zu ↑Trainer
trai|nie|ren [trɛ..., tre...]: **a)** durch systematisches Training auf einen Wettkampf vorbereiten; **b)** Training betreiben; **c)** durch Training [bestimmte Übungen, Fertigkeiten] technisch vervollkommnen; **d)** (ugs.) einüben; planmäßig, gezielt üben
Trai|ning [ˈtrɛ:..., ˈtre:...], das; -s, -s: planmäßige Durchführung eines Programms von vielfältigen Übungen zur Ausbildung von Können, Stärkung der Kondition u. Steigerung der Leistungsfähigkeit
Trai|ning on the Job [- ɔn ðə -], das; -s - - -, -s - - - ⟨*engl.*⟩: Gesamtheit der Methoden zur Ausbildung, Vermittlung u. Erprobung praktischer Kenntnisse u. Fähigkeiten direkt am Arbeitsplatz
Trai|té [trɛˈte:], der; -s, -s ⟨*lat.-*

frz.⟩ (veraltet): **1.** [Staats]vertrag. **2.** Abhandlung, Traktat

Trai|teur [trɛˈtøːɐ̯], der; -s, -e: (schweiz.) Hersteller, Verkäufer u. Lieferant von Fertiggerichten. **Trai|teu|rin** [...ˈtøːrɪn], die; -, -nen: weibliche Form zu ↑Traiteur

Tra|jekt, der od. das; -[e]s, -e ⟨*lat.*⟩: **1.** (veraltet) Überfahrt. **2.** [Eisenbahn]fährschiff

Tra|jek|to|rie [...i̯ə], die; -, -n ⟨*lat.-nlat.*⟩ (Math.): Kurve, die sämtliche Kurven einer gegebenen Kurvenschar unter gleichbleibendem Winkel schneidet

Tra|kas|se|rie, die; -, ...ien ⟨*frz.*⟩: Quälerei. **tra|kas|sie|ren:** quälen, plagen, necken

Trakt, der; -[e]s, -e ⟨*lat.*⟩: **1.** Gebäudeteil. **2.** (Med.) Zug, Strang; Gesamtlänge (z. B. Darmtrakt). **3.** Landstrich

trak|ta|bel: leicht zu behandeln, umgänglich

Trak|ta|ment, das; -s, -e ⟨*lat.-mlat.*⟩ (landsch.): **1.** Verpflegung, Bewirtung. **2.** Behandlung. **3.** (veraltet) Sold

Trak|tan|den|lis|te, die; -, -n (schweiz.): Tagesordnung

trak|tan|die|ren ⟨*lat.*⟩ (schweiz.): auf die Tagesordnung setzen

Trak|tan|dum, das; -s, ...den ⟨*lat.*⟩ (schweiz.): Verhandlungsgegenstand

Trak|ta|ri|a|nis|mus, der; - ⟨*lat.-engl.-nlat.*⟩: katholisierende Bewegung in der englischen Staatskirche im 19. Jh.; vgl. Oxfordbewegung (1)

Trak|tat, das (auch: der); -[e]s, -e ⟨*lat.*⟩: **1.** Abhandlung. **2.** religiöse Flugschrift. **3.** (veraltet) [Staats]vertrag

trak|tie|ren: 1. (veraltet) **a)** behandeln; unterhandeln; **b)** literarisch darstellen, gestalten. **2.** plagen, quälen, misshandeln. **3. a)** (veraltet) bewirten; **b)** [mit etwas] überfüttern, in sehr reichlicher Menge anbieten

Trak|ti|on, die; -, -en: **1.** (bes. Physik, Technik) das Ziehen, Zug, Zugkraft. **2.** Art des Antriebs von Zügen [durch Triebfahrzeuge]

Trak|tor, der; -s, ...oren ⟨*lat.-engl.*⟩ (Landwirtsch.): [landwirtschaftliche] Zugmaschine, Schlepper

Trak|to|rie [...i̯ə], die; -, -n ⟨*lat.-nlat.*⟩: ↑Traktrix

Trak|to|rist, der; -en, -en ⟨*lat.-russ.*⟩: Traktorfahrer. **Trak|to|ris|tin,** die; -, -nen: weibliche Form zu ↑Traktorist

Trak|t|rix, die; -, ...izes ⟨*lat.-nlat.*⟩ (Math.): ebene Kurve, deren Tangenten von einer festen Geraden (Leitlinie) stets im gleichen Abstand vom Tangentenberührungspunkt geschnitten werden

Trak|tur, die; -, -en ⟨*lat.*⟩: bei der Orgel der vom [1]Manual (1) od. Pedal her auszulösende Zug

Trak|tus, der; -, - [...tuːs] ⟨verkürzt aus *lat.* cantus tractus »gezogener Gesang«⟩: [Buß]psalm, der in der Fastenzeit u. beim ↑Requiem an die Stelle des ↑Hallelujas tritt

Tral|je, die; -, -n (meist Plural) ⟨*lat.-frz.-niederl.*⟩ (landsch.): Geländer-, Gitterstab; Gitterwerk; vgl. Traille, Treille

Tram, die; -, -s (schweiz.: das; -s, -s) ⟨*engl.*⟩ (landsch.): Straßenbahn

Trame [traːm, frz.: tram], die; - ⟨*lat.-frz.*⟩: leicht gedrehte, als Schussfaden verwendete Naturseide

Tra|me|lo|gö|die [...i̯ə], die; -, -n ⟨*gr.-it.*⟩: **a)** (ohne Plural) Kunstgattung zwischen Oper u. Tragödie; **b)** einzelnes Werk dieser Gattung

Tra|met|te, die; -, -n ⟨*lat.-frz.*⟩: grobe Schussseide

Tra|mi|ner, der; -s, - ⟨nach dem Ort Tramin⟩: **1.** Südtiroler Rotwein. **2. a)** (ohne Plural) Rebsorte mit spätreifen Trauben; **b)** aus dieser Rebsorte hergestellter alkoholreicher, würziger Weißwein

Tra|mon|ta|na, Tra|mon|ta|ne, die; -, ...nen ⟨*lat.-it.*⟩: ein kalter Nordwind in Oberitalien

Tramp [trɛmp], der; -s, -s ⟨*engl.*⟩: **1.** (bes. früher) Landstreicher, umherziehender Gelegenheitsarbeiter, bes. in Nordamerika. **2.** (veraltet) Fußwanderung. **3.** Dampfer mit unregelmäßiger Route für Gelegenheitsfahrten

tram|pen [ˈtrɛmpn̩]: **1.** [durch Winken o. Ä.] Autos anhalten, um unentgeltlich mitfahren zu können. **2.** (veraltend) lange wandern, als Tramp (1) umherziehen. **Tram|per** [ˈtrɛmpɐ], der; -s, -: jmd., der trampt (1). **Tram|pe|rin,** die; -, -nen: weibliche Form zu ↑Tramper

Tram|po|lin [auch: ...ˈliːn], das; -s, -e ⟨*dt.-it.*⟩: in Sport u. Artistik verwendetes Federsprunggerät

Tram|way [...vai̯], die; -, -s ⟨*engl.*⟩ (österr.): Straßenbahn; vgl. Tram

tran..., Tran... vgl. trans..., Trans...

Tran|ce [ˈtrɑ̃ːs(ə)], die; -, -n ⟨*lat.-frz.-engl.*⟩: **a)** schlafähnlicher Zustand [in Hypnose]; **b)** Dämmerzustand, Übergangsstadium zum Schlaf

Tranche [ˈtrɑ̃ːʃ(ə)], die; -, -n ⟨*frz.*⟩: **1.** fingerdicke Fleisch- od. Fischschnitte. **2.** (Wirtsch.) Teilbetrag einer Wertpapieremission

Tran|cheur [...ˈʃøːɐ̯], der; -s, -e: jmd., der Fleisch tranchiert. **Tran|cheu|rin** [...ˈʃøːrɪn], die; -, -nen: weibliche Form zu ↑Trancheur

tran|chie|ren [trɑ̃ˈʃiː...] ⟨*frz.*⟩: Fleisch, Geflügel kunstgerecht in Stücke schneiden, zerlegen

Tran|qui|li|zer [ˈtræŋkwɪlai̯zɐ], der; -s, - (meist Plural) ⟨*lat.-frz.-engl.*⟩ (Med., Psychol.): beruhigendes Medikament gegen Psychosen, Depressionen, Angst- u. Spannungszustände

tran|quil|la|men|te [traŋ...] vgl. tranquillo

Tran|quil|li|tät, die; - ⟨*lat.*⟩: Ruhe, Gelassenheit

tran|quil|lo, tranquillamente [traŋ...] ⟨*lat.-it.*⟩ (Musik): ruhig (Vortragsanweisung). **Tran|quil|lo,** das; -s, -s u. ...lli (Musik): ruhiges Spiel

trans..., Trans...

vor s auch: tran..., Tran..., verkürzt auch: tra..., Tra...
⟨*lat.* trans »jenseits; über; über ... hin«⟩
Präfix mit den Bedeutungen »hindurch, quer durch, hinüber, über ... hin(aus)«:
- Trajekt
- Transept
- transnational
- Transuran

Trans|ak|ti|on, die; -, -en ⟨*lat.*⟩: **1.** größere [finanzielle] Unternehmung. **2.** (Psychol.) [wechselseitige] Beziehung. **3.** (EDV) kurzer Teilauftrag an einen Computer, der vorrangig bearbeitet wird

trans|al|pin, trans|al|pi|nisch ‹*lat.*›: jenseits der Alpen (von Rom aus)

Trans|a|mi|na|se, die; -, -n ‹*lat.-nlat.*› (Med.): ↑Enzym, das die Übertragung einer Aminogruppe von einer Substanz auf eine andere bewirkt

trans|at|lan|tisch: überseeisch

Trans|cei|ver [træns'si:və], der; -s, - ‹*engl.;* Kurzw. aus *trans*mitter »Sender« u. *receiver* »Empfänger«›: kombiniertes Sende- u. Empfangsgerät

trans|co|die|ren, transkodieren (EDV): (eine Audio- od. Videodatei) in ein anderes Audio- od. Videoformat umwandeln. **Trans|co|die|rung,** Transkodierung, die; -, -en (EDV): das Transcodieren, Transcodiertwerden

Tran|sept, der od. das; -[e]s, -e ‹*lat.-engl.*›: Querschiff, Querhaus einer Kirche

tran|s|e|unt ‹*lat.*› (Philos.): über etwas hinaus, in einen anderen Bereich übergehend

Trans|fek|ti|on, die; -, -en ‹*lat.; lat.*› (Med.): Einbringen von fremder DNA in Zellen

Trans|fer, der; -s, -s ‹*lat.-engl.;* »Übertragung, Überführung«›: **1.** Zahlung ins Ausland in fremder Währung. **2.** (Psychol., Päd.) Übertragung der im Zusammenhang mit einer bestimmten Aufgabe erlernten Vorgänge auf eine andere Aufgabe. **3.** Überführung, Weitertransport im Reiseverkehr (z. B. vom Flughafen zum Hotel). **4.** (Sport) Wechsel eines Berufsspielers in einen anderen Verein. **5.** (Sprachwiss.) **a)** positiver Einfluss der Muttersprache auf eine Fremdsprache bei deren Erlernung; **b)** ↑Transferenz. **6.** Übermittlung, Übertragung

trans|fe|ra|bel: umwechselbar od. übertragbar in fremde Währung

Trans|fe|renz, die; -, -en (Sprachwiss.): **a)** (ohne Plural) Vorgang u. Ergebnis der Übertragung einer bestimmten Erscheinung in einer Fremdsprache auf das System der Muttersprache; **b)** Übernahme fremdsprachiger Wörter, Wortverbindungen, Bedeutungen o. Ä. in die Muttersprache

trans|fe|rie|ren: 1. Geld in eine fremde Währung umwechseln, Zahlungen an das Ausland leisten. **2.** (Sport) den Wechsel eines Berufsspielers in einen anderen Verein vornehmen. **3.** (österr., Amtsspr.) jmdn. dienstlich versetzen

Trans|fer|rin, das; -s, -e ‹*lat.; lat.*› (Biochemie): in der Leber gebildetes Glykoprotein, das Eisen binden kann

Trans|fer|uni|on, die; -, -en ‹*lat.*› (Politik, Wirtsch.): Zusammenschluss z. B. von Staaten o. Ä., der von einer gemeinsamen Verantwortung für finanzielle Risiken einzelner Mitglieder geprägt ist

Trans|fi|gu|ra|ti|on, die; -, -en ‹*lat.*›: die Verklärung Christi u. ihre Darstellung in der Kunst

trans|fi|nit ‹*lat.-nlat.*› (Philos., Math.): unendlich, im Unendlichen liegend

trans|flek|tiv ‹*lat.*› (Technik): durch teilweise ↑Reflexion (1) sowohl bei schwacher als auch heller Beleuchtung gut erkennbar

Trans|flu|xor, der; -s, ...oren ‹*lat.-nlat.*› (Physik): aus magnetisierbarem Material bestehendes elektronisches Bauelement

Trans|fo|ka|tor, der; -s, ...oren ‹*lat.-nlat.*› (Optik): ↑Objektiv mit veränderlicher Brennweite, Gummilinse

Trans|for|ma|ti|on, die; -, -en ‹*lat.*›: Umwandlung, Umformung, Umgestaltung, Übertragung

trans|for|ma|ti|o|nell: die Transformation betreffend, auf ihr beruhend

Trans|for|ma|ti|ons|gram|ma|tik, die; -, -en (Sprachwiss.): Grammatik, die mit Transformationen arbeitet, die Regeln zur Umwandlung von Sätzen in andere Sätze enthält

Trans|for|ma|tor, der; -s, ...oren ‹*lat.-nlat.*›: aus Eisenkörper, Primär- u. Sekundärspule bestehendes Gerät zur Umformung elektrischer Spannungen ohne bedeutenden Energieverbrauch

trans|for|mie|ren ‹*lat.*›: **a)** umwandeln, umformen, umgestalten; **b)** elektrische Spannung umformen

Trans|for|mis|mus, der; - ‹*lat.-nlat.*› (Biol.): ↑Deszendenztheorie

trans|fun|die|ren ‹*lat.*› (Med.): eine Transfusion vornehmen

Trans|fu|si|on, die; -, -en (Med.): intravenöse Einbringung von Blut, Blutersatzlösungen od. anderen Blutprodukten in den Organismus; Blutübertragung

trans|ga|lak|tisch (Astron.): jenseits der Milchstraße befindlich, über das Milchstraßensystem hinausgehend

trans|gen|der [trans'dʒɛndɐ] ‹*lat.; engl.*›: sich nicht mit dem bei Geburt zugewiesenen Geschlecht identifizierend; oft eine binäre Auffassung von Geschlecht ablehnend

Trans|gen|der, der; -s, - u. die; -, -: jmd., der transgender ist, lebt; Transgenderperson

trans|gre|di|ent ‹*lat.*› (Philos.): überschreitend, über etwas hinausgehend. **trans|gre|die|ren** (Geogr.): große Festlandsmassen überfluten (von Meeren)

Trans|gres|si|on, die; -, -en: **1.** (Geogr.) Vordringen des Meeres über größere Gebiete des Festlands. **2.** (Biol.) das Auftreten von ↑Genotypen, die in ihrer Leistungsfähigkeit die Eltern- u. Tochterformen übertreffen

trans|hu|mant ‹*lat.-span.-frz.*›: mit Herden wandernd. **Trans|hu|manz,** die; -, -en: **1.** bäuerliche Wirtschaftsform, bei der das Vieh von Hirten auf entfernte Sommerweiden (z. B. Almen) gebracht wird. **2.** Wanderschäferei mit jährlich mehrmaligem Wechsel zwischen entfernten Weideplätzen

trans|ident ‹lat.›: eine Transidentität besitzend

Trans|iden|ti|tät, die; -, -en ‹*lat.*›: [psychisches] Sich-Identifizieren eines Menschen mit dem Geschlecht, das seinem eigenen körperlichen Geschlecht entgegengesetzt ist, häufig mit dem Wunsch nach Geschlechtsanpassung

tran|si|ent ‹*lat.-engl.*›: die Transiente betreffend, auf ihr beruhend. **Tran|si|en|te,** die; -, -n: **1.** bei elektromechanischen Schaltvorgängen im lokalen Stromversorgungsnetz plötzlich auftretende Spannungs- u.

Stromstärkeänderung durch das Auftreten von Wanderwellen entlang der Leitungen. **2.** (durch Betriebsstörung verursachte) vorübergehende Abweichung vom Normalbetrieb einer Kernkraftanlage

Tran|sis|tor, der; -s, ...oren ‹*lat.-engl.*› (Physik): Halbleiterbauelement, das die Eigenschaften einer ↑ Triode besitzt

tran|sis|to|rie|ren, tran|sis|to|ri|sie|ren (Technik): mit Transistoren versehen

¹Tran|sit [auch: ...'zɪt, 'tran...], der; -s, -e ‹*lat.-it.*›: **1.** Durchfuhr, Durchreise durch ein Land. **2.** Zustandekommen von ↑ Aspekten (2) infolge der Bewegung der Planeten; das Überschreiten eines Tierkreises

²Tran|sit, das; -s, -s: Kurzform von ↑ Transitvisum

tran|si|tie|ren ‹*lat.-it.-nlat.*›: durchgehen, durchführen

Tran|si|ti|on, die; -, -en ‹*lat.*›: Übergang; Übergehung

tran|si|tiv: (von einem Verb) zielend; ein Akkusativobjekt nach sich ziehend u. ein persönliches Passiv bildend (Ggs.: intransitiv). **Tran|si|tiv,** das; -s, -e: transitives Verb

tran|si|ti|vie|ren ‹*lat.-nlat.*› (Sprachwiss.): ein intransitives Verb transitiv machen (z. B. *kämpfen* in: einen guten Kampf kämpfen)

Tran|si|ti|vi|tät, die; -: **1.** (Sprachwiss.) transitive Beschaffenheit. **2.** (Math.) Eigenschaft bestimmter zweistelliger mathematischer Relationen

Tran|si|ti|vum, das; -s, ...va ‹*lat.*›: ↑ Transitiv

tran|si|to|risch (Wirtsch.): vorübergehend, später

Tran|si|to|ri|um, das; -s, ...ien: Ausgabenbewilligung im Staatshaushalt, die nur für die Dauer eines Ausnahmezustandes gilt

Tran|sit|vi|sum, das; -s, ...sa u. ...sen: Durchreisevisum

Tran|sit|zen|t|rum, das; -s, ...zentren

trans|ko|die|ren vgl. transcodieren

Trans|ko|die|rung vgl. Transcodierung

trans|kon|ti|nen|tal: einen Erdteil durchquerend, sich über einen ganzen Erdteil erstreckend

tran|skri|bie|ren ‹*lat.*›: **1.** in eine andere Schrift (z. B. in eine phonetische Umschrift) übertragen; bes. Wörter aus Sprachen, die keine Lateinschrift haben, mit lautlich ungefähr entsprechenden Zeichen des lateinischen Alphabets wiedergeben. **2.** (Musik) **a)** eine Transkription (2 a) vornehmen; **b)** akustisch wahrgenommene Musik od. Klänge in Notenschrift umsetzen. **3.** (Biol.) die genetische Information von der DNA auf einen als Boten dienenden RNA-Strang übertragen

Tran|skript, das; -[e]s, -e: Ergebnis einer Transkription

Tran|skrip|ti|on, die; -, -en ‹aus *lat.* transcriptio »die (schriftliche) Übertragung, das Umschreiben«›: **1. a)** lautgerechte Übertragung in eine andere Schrift; **b)** phonetische Umschrift. **2.** (Musik) **a)** Umarbeitung eines Musikstückes für eine andere Besetzung (z. B. Umgestaltung einer Klavier- in eine Orchesterfassung); **b)** Umsetzung akustisch wahrgenommener Musik od. von Klängen in Notenschrift. **3.** (Biol.) Übertragung der genetischen Information von der DNA auf einen als Bote dienenden RNA-Strang

trans|kris|tal|lin (Gießereitechnik): mit Stängelkristallen behaftet

Trans|kris|tal|li|sa|ti|on, die; -, -en: das Auftreten von Stängelkristallen, die beim Walzvorgang ein Auseinanderbrechen in diagonaler Richtung verursachen können

trans|ku|tan ‹*lat.-nlat.*› (Med.): durch die Haut hindurch

trans|la|tie|ren ‹*lat.*› (Biochemie): mittels ↑ Translation (5) umsetzen, übersetzen

Trans|la|ti|on, die; -, -en ‹*lat.*›: **1.** Übertragung, Übersetzung. **2.** ↑ Trope. **3.** (Physik) geradlinige, fortschreitende Bewegung. **4.** (kath. Kirche) feierliche Überführung der Reliquien eines Heiligen an einen anderen Ort. **5.** (Biochemie) Prozess, durch den unter Weitergabe bestimmter genetischer Informationen Proteine gebildet werden

trans|la|ti|o|nal ‹*lat.-nlat.*› (Med.): präklinische Forschungsergebnisse in klinischen Fortschritt überführend

Trans|la|tiv [auch: ...'ti:f], der; -s, -e: eine bestimmte Richtung angebender Kasus in den finnisch-ugrischen Sprachen

Trans|li|te|ra|ti|on, die; -, -en ‹*lat.-nlat.*›: buchstabengetreue Umsetzung eines nicht in lateinischen Buchstaben geschriebenen Wortes in lateinische Schrift [unter Verwendung ↑ diakritischer Zeichen]. **trans|li|te|rie|ren:** eine Transliteration vornehmen

Trans|lo|ka|ti|on, die; -, -en ‹*lat.-nlat.*›: **1.** (veraltet) Ortsveränderung, Versetzung. **2.** (Biol.) Verlagerung eines Chromosomenbruchstückes in ein anderes Chromosom. **trans|lo|zie|ren:** **1.** (veraltet) [an einen anderen Ort] versetzen. **2.** (Biol.) verlagern (von Chromosomenbruchstücken)

trans|lu|nar, trans|lu|na|risch ‹*lat.-nlat.*›: jenseits des Mondes befindlich, liegend

trans|lu|zent, trans|lu|zid ‹*lat.*›: durchscheinend, durchsichtig

trans|ma|rin, trans|ma|ri|nisch ‹*lat.*›: überseeisch

Trans|mis|si|on, die; -, -en ‹*lat.*›: **1.** Vorrichtung zur Kraftübertragung u. -verteilung auf mehrere Arbeitsmaschinen (z. B. durch einen Treibriemen). **2.** Durchlassung von Strahlung (Licht) durch einen Stoff (z. B. Glas) ohne Änderung der Frequenz

Trans|mit|ter, der; -s, - ‹*lat.-amerik.*›: **1.** (Technik) amerik. Bez. für: Messumformer. **2.** (Med.) Überträgersubstanz, Überträgerstoff

trans|mit|tie|ren: übertragen, übersenden

trans|mon|tan ‹*lat.*› (Geogr.): jenseits der Berge gelegen

Trans|mu|ta|ti|on, die; -, -en ‹*lat.-nlat.*›: ↑ Genmutation. **trans|mu|tie|ren:** um-, verwandeln

trans|na|ti|o|nal (bes. Wirtsch., Politik): mehrere Nationen umfassend, übergreifend

trans|neu|ro|nal ‹*lat.; gr.-nlat.*› (Biol., Med.): durch das ↑ Neuron verlaufend

trans|ob|jek|tiv (Philos.): über das Objekt, den Gegenstand hinausgehend

trans|oze|a|nisch: jenseits des Ozeans liegend

trans|pa|da|nisch ‹*lat.;* zu Padus »Po«›: jenseits des Flusses Po liegend (von Rom aus gesehen)

trans|pa|rent ‹*lat.-mlat.-frz.*›: **1.** durchscheinend; durchsichtig. **2.** deutlich, verstehbar, erkennbar

Trans|pa|rent, das; -[e]s, -e: **1.** Spruchband. **2.** Bild, das von hinten beleuchtet wird; Leuchtbild

Trans|pa|renz, die; -, -en: **1. a)** das Durchscheinen; Durchsichtigkeit; **b)** Lichtdurchlässigkeit (z. B. des Papiers). **2.** Deutlichkeit, Verstehbarkeit

trans|pa|zi|fisch ‹*lat.-engl.*›: jenseits des Pazifischen Ozeans liegend

Trans|pho|bie, die; -, ...ien (Fachspr.): starke Ablehnung von ↑Transsexualität; ausgeprägte Abneigung gegen transsexuelle Personen

Trans|phras|tik, die; - ‹*lat.; gr.*› (Sprachwiss.): Teilgebiet der modernen Sprachwissenschaft, bei dem der Textbegriff (vgl. Textlinguistik) an den Satzbegriff gekoppelt ist. **trans|phras|tisch:** die Transphrastik betreffend

Tran|s|pi|ra|ti|on, die; - ‹*lat.-vulgärlat.-frz.*›: **1.** (Med.) Hautausdünstung, Schwitzen. **2.** (Bot.) Abgabe von Wasserdampf durch die Spaltöffnungen der Pflanzen. **tran|s|pi|rie|ren:** ausdünsten, schwitzen

Trans|plan|tat, das; -[e]s, -e ‹*lat.*› (Med.): transplantiertes od. zu transplantierendes Gewebestück (z. B. Haut, Knochen, Gefäße) od. Organ

Trans|plan|ta|ti|on, die; -, -en ‹*lat.-nlat.*›: **1.** (Med.) das Transplantieren von lebenden Geweben od. Organen. **2.** (Bot.) Pfropfung

Trans|plan|teur [...ˈtøːɐ̯], der; -s, -e ‹französierende Bildung›: Arzt, der eine Transplantation durchführt. **Trans|plan|teu|rin** [...ˈtøːrɪn], die; -, -nen: weibliche Form zu ↑Transplanteur. **trans|plan|tie|ren** ‹*lat.*› (Med.): lebendes Gewebe od. Organe operativ dem einen Organismus entnehmen u. in einen anderen einsetzen

Trans|pon|der, der; -s, - ‹*engl.;* Kunstw. aus *trans*mitter = Messumformer u. res*ponder* = Antwortgeber›: Gerät, das Funksignale empfängt u. automatisch beantwortet

trans|po|nie|ren ‹*lat.*›: ein Tonstück in eine andere Tonart übertragen

Trans|port, der; -[e]s, -e ‹*lat.-frz.*›: **1.** Versendung; Beförderung von Menschen, Tieren od. Gegenständen. **2.** Fracht, zur Beförderung zusammengestellte Sendung. **3.** (veraltet) Übertrag

trans|por|ta|bel: beweglich, tragbar, beförderbar

Trans|por|ta|ti|on, die; -, -en: ↑Transport (1)

Trans|por|ter, der; -s, - ‹*lat.-frz.-engl.*›: Transportauto, -flugzeug, -schiff

Trans|por|teur [...ˈtøːɐ̯], der; -s, -e ‹*lat.-frz.*›: **1.** jmd., der etwas transportiert. **2.** (Math.) mit einer Gradeinteilung versehener Voll- od. Halbkreis zur Winkelmessung od. Winkelauftragung. **3.** Zubringer an der Nähmaschine. **Trans|por|teu|rin** [...ˈtøːrɪn], die; -, -nen: weibliche Form zu ↑Transporteur (1)

trans|por|tie|ren: 1. a) versenden, befördern, wegbringen; **b)** mechanisch bewegen, weiterschieben (z. B. einen Film). **2.** die Basis für etwas abgeben, was an andere weitergegeben wird (z. B. Wörter transportieren Bedeutungen)

Trans|po|si|ti|on, die; -, -en ‹*lat.-nlat.*›: **1.** das Transponieren. **2.** (Med.) Vertauschung od. Versetzung (z. B. von Organen od. Genen)

Trans|po|son, das; -s, -s u. ...sonen ‹*lat.-engl.*› (Med.): DNA-Abschnitt mit veränderbarer Position im ↑Genom

Trans|ra|pid ®, der; -[s] ‹Kunstw. aus *lat. trans* u. ↑rapid›: Magnetschwebebahn

Trans|se|xu|a|lis|mus, der; - ‹*lat.-nlat.*› (Med., Psychol.): ↑Transsexualität

Trans|se|xu|a|li|tät, die; - (Med., Psychol.): psychische Identifizierung eines Menschen mit dem Geschlecht, das seinem eigenen körperlichen Geschlecht entgegengesetzt ist, häufig mit dem Wunsch nach Geschlechtsanpassung

trans|se|xu|ell (Med., Psychol.): **a)** sich dem anderen Geschlecht zugehörig fühlend; **b)** den Transsexualismus betreffend

Trans|se|xu|el|le, der u. die; -n, -n: Mensch, der von seinen Gefühlen her glaubt, er würde lieber dem anderen Geschlecht angehören, und der oft eine (operative) Umwandlung seines Geschlechts anstrebt

trans|so|nisch ‹*lat.-nlat.*›: nahe der Schallgeschwindigkeit gelegen

Trans|sub|s|tan|ti|a|ti|on, die; -, -en ‹*lat.-mlat.;* »Wesensverwandlung«› (kath. Kirche): durch die ↑Konsekration (2) im Messopfer (Wandlung) sich vollziehende Verwandlung der Substanz von Brot u. Wein in Leib u. Blut Christi; vgl. Konsubstantiation

Trans|su|dat, das; - [e]s, -e ‹*lat.-nlat.*› (Med.): die bei der Transsudation abgesonderte Flüssigkeit

Trans|su|da|ti|on, die; -, -en (Med.): nicht entzündliche Absonderung u. Ansammlung von Flüssigkeit in Gewebslücken od. Körperhöhlen

Trans|su|mie|rung, die; -, -en ‹*lat.-nlat.*›: ↑Insertion (3) einer Urkunde

Trans|uran, das; -s, -e (meist Plural) ‹*lat.; gr.-lat.-nlat.*›: künstlich hergestelltes radioaktives chemisches Element mit höherer Ordnungszahl als das Uran. **trans|ura|nisch:** im Periodensystem der chemischen Elemente hinter dem Uran stehend

trans|ver|sal ‹*lat.-mlat.*›: quer verlaufend, senkrecht zur Ausbreitungsrichtung stehend, schräg. **Trans|ver|sa|le,** die; -, -n (Math.): Gerade, die eine Figur (Dreieck od. Vieleck) schneidet

Trans|ver|sal|schwin|gung, die; -, -en (meist Plural) ‹*lat.-mlat.; dt.*›: Schwingung, die senkrecht zu einer ausgezeichneten Richtung verläuft (Ggs.: Longitudinalschwingung)

trans|ves|tie|ren ‹*lat.-nlat.*› (Psychol., Med.): mittels Kleidung, Schminke u. Gestik die Rolle des anderen Geschlechts annehmen wollen

Trans|ves|tis|mus, Transvestitismus, der; - (Med., Psychol.): das Bedürfnis, z. B. mittels Kleidung, Schminke u. Gestik die

Rolle des anderen Geschlechts anzunehmen
Trans|ves|tit, der; -en, -en: Mann, der sich [zum Lustgewinn] wie eine Frau kleidet, frisiert, schminkt
Trans|ves|ti|tis|mus vgl. Transvestismus
tran|s|zen|dent ‹*lat.*›: **1.** (Philos.) die Grenzen der Erfahrung u. der sinnlich erkennbaren Welt überschreitend; übersinnlich, übernatürlich (Ggs.: immanent [2]). **2.** (Math.) nicht algebraisch; über das Algebraische hinausgehend
tran|s|zen|den|tal ‹*lat.-mlat.*› (Philos.): **1.** ↑transzendent (1) (in der Scholastik). **2.** die ↑a priori mögliche Erkenntnisart von Gegenständen betreffend (bei Kant). **Tran|s|zen|den|ta|li|en,** die (Plural) (Scholastik): die 6 Grundbestimmungen des über jeder Gattung liegenden Seienden
Tran|s|zen|den|ta|lis|mus, der; - ‹*lat.-mlat.-nlat.*›: System der Transzendentalphilosophie Kants
Tran|s|zen|den|tal|phi|lo|so|phie, die; -: erkenntniskritische Wissenschaft von den transzendentalen (2) Bedingungen
Tran|s|zen|denz, die; -, -en (Plural selten) ‹*lat.*›: **a)** (ohne Plural; bildungsspr.) jenseits der Erfahrung, des Gegenständlichen Liegendes; Jenseits; **b)** (Philos.) Überschreitung der Grenzen der Erfahrung, des Bewusstseins, des Diesseits
tran|s|zen|die|ren (Philos.): über einen Bereich hinaus in einen anderen [hin]übergehen
Trap, der; -s, -s ‹*engl.*›: Geruchsverschluss eines Waschbeckens, Ausgusses o. Ä.
Tra|pa, die; - ‹*nlat.;* Herkunft unsicher›: Wassernuss (einjährige Wasserpflanze)
Tra|pez, das; -es, -e ‹*gr.-lat.;* »Tischchen«›: **1.** (Math.) Viereck mit mindestens einem parallelen Seitenpaar. **2.** an Seilen hängendes Schaukelreck
Tra|pez|akt, der; -[e]s, -e: am Trapez (2) ausgeführte Zirkusnummer
Tra|pe|zo|eder, das; -s, - ‹*gr.-nlat.*› (Math.): Körper, der von gleichschenkligen Trapezen begrenzt wird
Tra|pe|zo|id, das; -[e]s, -e (Math.): Viereck ohne zueinander parallele Seiten
Trap|per, der; -s, - ‹*engl.;* »Fallensteller«›: Pelztierjäger in Nordamerika. **Trap|pe|rin,** die; -, -nen: weibliche Form zu ↑Trapper
Trap|pist, der; -en, -en ‹*frz.;* nach der Abtei La Trappe in der Normandie›: Angehöriger des 1664 gegründeten Ordens der reformierten Zisterzienser (mit Schweigegelübde) (Abk.: OCR; OCSO). **Trap|pis|tin,** die; -, -nen: Angehörige des weiblichen Zweiges des Trappistenordens
Trap|schie|ßen, das; -s, - ‹*engl.; dt.*›: **a)** (ohne Plural) Wurftauben- od. Tontaubenschießen; **b)** einzelner Wettkampf im Trapschießen (a)
tra|sci|nan|do [traʃi...] ‹*lat.-vulgärlat.-it.*› (Musik): schleppend, zögernd (Vortragsanweisung). **Tra|sci|nan|do,** das; -s, -s u. ...di (Musik): schleppendes, zögerndes Spiel
Trash [træʃ], der; -[s] ‹*engl.*›: **a)** Schund, Ramsch o. Ä.; **b)** Richtung in Musik, Literatur u. Film, für die bewusst banal, trivial od. primitiv wirkende Inhalte u. eine billige Machart typisch sind
tra|shig [træʃɪç]: **a)** kitschig, geschmacklos; **b)** Stilelemente des Trash enthaltend
Trash|kul|tur ['træʃ...], die; -: Hang zum Billigen, Schrillen, Geschmacklosen u. Ä.
tra|shy ['trɛʃi] ‹*engl.;* »minderwertig«›: hässlich, ohne Stil
Tras|sant, der; -en, -en ‹*lat.-vulgärlat.-it.*› (Wirtsch.): Aussteller eines gezogenen Wechsels. **Tras|san|tin,** die; -, -nen: weibliche Form zu ↑Trassant
Tras|sat, der; -en, -en (Wirtsch.): zur Bezahlung eines Wechsels Verpflichteter. **Tras|sa|tin,** die; -, -nen: weibliche Form zu ↑Trassat
Tras|see, das; -s, -s ‹*lat.-vulgärlat.-frz.*› (schweiz.): **1.** Trasse (im Gelände abgesteckte Linie für neue Verkehrswege). **2.** Bahnkörper, Bahn-, Straßendamm
[1]**tras|sie|ren:** eine Trasse zeichnen, berechnen, im Gelände abstecken
[2]**tras|sie|ren** ‹*lat.-vulgärlat.-it.*›: **1.** einen Wechsel auf jmdn. ziehen od. ausstellen. **2.** mit Fäden in der Farbe der Stickerei vorspannen (bei Gobelins)
trä|ta|bel ‹*lat.-frz.*› (veraltet): leicht zu behandeln, umgänglich
trä|tie|ren: behandeln; vgl. malträtieren
Trat|te, die; -, -n ‹*lat.-it.*›: gezogener Wechsel
Trat|to|ria, die; -, ...ien: einfaches Speiselokal [in Italien]
Trau|ma, das; -s, ...men u. -ta ‹*gr.;* »Verletzung, Wunde«›: **1.** (Med., Psychol.) seelische Verletzung, starke seelische Erschütterung, die [im Unterbewusstsein] noch lange wirksam ist; seelischer Schock. **2.** (Med.) Wunde, Verletzung durch äußere Gewalteinwirkung
Trau|ma|tin, das; -s ‹*gr.-nlat.*›: aus verwundeten Pflanzenteilen isolierter Stoff, der verstärkte Zellteilung hervorruft
trau|ma|tisch ‹*gr.-lat.*›: **1.** (Psychol., Med.) das Trauma (1) betreffend, auf ihm beruhend, dadurch entstanden (Ggs.: idiopathisch). **2.** (Med.) durch Gewalteinwirkung verletzt
Trau|ma|ti|zin, das; -s ‹*gr.-nlat.*› (Med.): Guttaperchalösung (zum Verschließen kleiner Wunden)
Trau|ma|to|lo|gie, die; - (Med.): Teilgebiet der Medizin, das sich mit der Behandlung von Wunden u. Verletzungen beschäftigt
Trau|men: *Plural* von ↑Trauma
Trau|to|ni|um, das; -s, ...ien ‹*nlat.;* nach dem Erfinder F. Trautwein, 1889–1956›: elektronisches Musikinstrument, das Töne, Zwischen- u. Obertöne anderer Instrumente hervorbringen kann
Tra|vée [...'ve:], die; -, -n ‹*lat.-frz.*›: frz. Bez. für: Joch, Gewölbeeinheit (z. B. der Teil zwischen zwei Gurtbögen)
Tra|vel|ler ['trɛvəlɐ], der; -s, -[s] ‹*engl.*›: **1.** (Plural: -s) engl. Bez. für: Reisende/-r, Tourist/-in. **2.** (Seemannsspr.) auf einem Stahlbügel od. einer Schiene gleitende Vorrichtung, durch die bes. die Schot des Großsegels gezogen wird
Tra|vel|ler|scheck, der; -s, -s ‹*engl.*›: Reisescheck

tra|vers ‹*lat.-frz.*› (Mode): quer gestreift

Tra|vers [...ˈvɛːɐ̯, auch: ...ˈvɛrs], der; - (Dressurreiten): Seitengang des Pferdes, das in die Richtung der Bewegung gestellt ist u. so weit um den inneren Reiterschenkel gebogen ist, dass die Vorhand auf dem Hufschlag geht u. die Hinterhand einen halben Schritt vom Hufschlag des äußeren Vorderbeins entfernt ist

Tra|ver|sa|le, die; -, -n (Dressurreiten): Schrägverschiebung des Pferdes auf zwei Hufschlägen, bei der das Pferd so in eine Längsbiegung gestellt ist, dass es sich fast parallel zur Viereckseite (der Reitbahn) seitlich verschiebt

Tra|ver|se, die; -, -n: **1.** (Archit., Technik) Querbalken, -träger. **2.** (Technik) Querverbinder zweier fester od. parallel beweglicher Maschinenteile. **3.** zu einem Leitwerk senkrecht zur Strömung in den Fluss gezogener Querbau, der die Verlandung der Zwischenflächen beschleunigt. **4.** (Militär) Schulterwehr. **5.** (Fechten) seitliche Ausweichbewegung. **6.** (Bergsteigen) Querungsstelle an Hängen od. Wänden; Quergang

Tra|vers|flö|te, die; -, -n: Querflöte

tra|ver|sie|ren: 1. a) quer durchgehen; **b)** durchkreuzen, hindern. **2.** (Dressurreiten) eine Reitbahn in der Diagonale durchreiten. **3.** (Fechten) durch Seitwärtstreten dem Hieb od. Stoß des Gegners ausweichen. **4.** (Bergsteigen) horizontal an einem Abhang entlanggehen od. -klettern

Tra|ver|tin, der; -s, -e ‹*lat.-it.*›: leicht zu bearbeitender mineralischer Kalkabsatz bei Quellen u. Bächen

Tra|ves|tie, die; -, ...ien ‹*lat.-it.-frz. (-engl.)*; »Umkleidung«›: **1.** komisch-satirische literarische Gattung, die bekannte Stoffe der Dichtung in eine ihnen nicht angemessene Form überträgt; vgl. Parodie (1). **2.** Gesamtheit dessen, was mit der ↑Travestieshow zusammenhängt. **tra|ves|tie|ren** ‹*lat.-it.-frz.*›: **1.** als Travestie darbieten. **2.** ins Lächerliche ziehen. **Tra|ves|tie|show** [...ʃoʊ̯], die; -, -s: Show, bei der vorwiegend Männer in Frauenkleidung auftreten

Trawl [trɔːl], das; -s, -s ‹*engl.*›: Grundschleppnetz, das von Fischereifahrzeugen verwendet wird

Traw|ler [ˈtrɔːlɐ], der; -s, -: mit dem Grundschleppnetz arbeitender Fischdampfer

Trax, der; -[es], -e ‹Kurzw. für *amerik.* Traxcavator®› (schweiz.): Bagger, Schaufellader

Treat|ment [ˈtriːtmənt], das; -s, -s ‹*lat.-frz.-engl.*› (Film, Fernsehen): erste schriftliche Fixierung des Handlungsablaufs, der Schauplätze u. der Charaktere der Personen eines Films

Tre|cen|tist [...tʃɛn...], der; -en, -en ‹*lat.-it.*›: Künstler des Trecentos. **Tre|cen|tis|tin,** die; -, -nen: weibliche Form zu ↑Trecentist

Tre|cen|to, das; -[s]: italienischer Kunststil des 14. Jh.s

tre|cken usw. vgl. trekken usw.

Tre|cking usw. vgl. Trekking usw.

trei|fe ‹*hebr.-jidd.*›: unrein, verboten (von Speisen) (Ggs.: koscher)

Treil|le [ˈtrɛːjə], die; -, -n ‹*lat.-frz.*›: Gitterwerk, [Treppen]geländer; vgl. Traille, Tralje

trek|ken, trecken ‹*afrikaans-engl.*›: ↑Trekking betreiben

Trek|king, Trecking, das; -s, -s: mehrtägige Wanderung einer geführten, kleineren Gruppe durch oft unwegsames Gebiet im Hochgebirge

Trek|king|bike, Treckingbike [...baɪ̯k], das; -s, -s: Fahrrad, das bes. für längere Touren mit Gepäck geeignet ist

Tre|lon®, das; -s ‹Kunstw.›: sehr widerstandsfähige Kunstfaser

Tre|ma, das; -s, -s u. -ta ‹*gr.*›: **1.** (Sprachwiss.) ↑diakritisches Zeichen in Form von zwei Punkten über einem von zwei getrennt auszusprechenden Vokalen (z. B. frz. naïf); vgl. Diärese (1). **2.** (Med.) Lücke zwischen den mittleren Schneidezähnen. **3.** (Med.) spezifisches Erleben in der Anfangsphase einer akuten Schizophrenie

Tre|ma|to|de, die; -, -n (meist Plural) ‹*gr.-nlat.*› (Zool.): Saugwurm

trem|b|lie|ren [trãˈbliː...] ‹*lat.-vulgärlat.-frz.*›: eine gewellte Linie gravieren

tre|mo|lan|do ‹*lat.-vulgärlat.-it.*› (Musik): zitternd, bebend, mit Tremolo (1) auszuführen (Vortragsanweisung) (Abk.: trem.)

tre|mo|lie|ren, tremulieren (Musik): **1.** mit einem Tremolo (1) ausführen, vortragen, spielen. **2.** mit einem Tremolo (2) singen. **Tre|mo|lo,** das; -s, -s u. ...li (Musik): **1.** bei Tasten-, Streich- od. Blasinstrumenten in verschiedener Weise erzeugte Bebung. **2.** [fehlerhafte] bebende Tonführung beim Gesang

Tre|mor, der; -s, ...ores ‹*lat.*› (Med.): unwillkürliches Muskelzittern; rhythmische Zuckungen einzelner Körperteile (z. B. der Lippen)

Tre|mu|lant, der; -en, -en ‹*lat.-vulgärlat.*›: Vorrichtung an der Orgel, die den Ton einzelner Register zu einem vibratoähnlichen Schwanken der Lautstärke bringt

tre|mu|lie|ren vgl. tremolieren

Trench|coat [ˈtrɛntʃkoʊ̯t], der; -[s], -s ‹*engl.*›: zweireihiger [Regen]mantel mit Schulterklappen u. Gürtel

Trend, der; -s, -s ‹*engl.*›: Grundrichtung einer [statistisch erfassbaren] Entwicklung, Entwicklungstendenz

Trend|scout [...skaʊ̯t], der; -s, -s: jmd., der Trends nachspürt

Trend|set|ter, der; -s, -: **a)** jmd., der etwas Bestimmtes in Mode bringt, der einen Trend auslöst; **b)** Produkt, das auf dem Markt einen Trend auslöst. **Trend|set|te|rin,** die; -, -nen: weibliche Form zu ↑Trendsetter (a)

tren|dy (Jargon): modisch; dem vorherrschenden Trend entsprechend

Trente-et-qua|rante [trãtekaˈrãːt], das; - ‹*lat.-frz.*; »dreißig u. vierzig«›: Kartenglücksspiel

Trente-et-un [trãteˈœ̃ː], das; - ‹»einunddreißig«›: Kartenglücksspiel

Tre|pan, der; -s, -e ‹*gr.-mlat.-frz.*› (Med.): Bohrgerät zur Durchbohrung der knöchernen Schädeldecke

Tre|pa|na|ti|on, die; -, -en (Med.): operative Schädelöffnung mit dem Trepan

Tre|pang, der; -s, -e u. -s ‹*malai.-*

engl.⟩: getrocknete Seegurke (chinesisches Nahrungsmittel)

tre|pa|nie|ren ⟨*gr.-mlat.-frz.*⟩ (Med.): den Schädel mit dem ↑Trepan aufbohren

Tre|phi|ne, die; -, -n ⟨*lat.-engl.*⟩ (Med.): kleine Ringsäge zur Entnahme von Gewebsteilchen

Tre|sor, der; -s, -e ⟨*gr.-lat.-frz.;* »Schatz, Schatzkammer«⟩: Panzerschrank, Stahlkammer [einer Bank] zur Aufbewahrung von Wertgegenständen

tres|sie|ren ⟨*it.-frz.*⟩ (Perückenmacherei): kurze Haare mit Fäden aneinanderknüpfen

très vite [trɛˈvɪt] ⟨*frz.*⟩ (Musik): sehr schnell (Vortragsanweisung)

Treue|ak|ti|on, die; -, -en: Aktion, bei der Kunden für den wiederholten Warenkauf eine ↑Prämie (3) erhalten

Treu|ga Dei, die; - - ⟨*mlat.;* »Gottesfriede«⟩ (Geschichte): im Mittelalter das Verbot einer Fehde an bestimmten Tagen (dessen Übertretung Exkommunikation u. Vermögensentzug zur Folge haben konnte)

Tre|vi|ra®, das; -[s] ⟨Kunstw.⟩: aus synthetischer Faser hergestelltes Gewebe

¹Tri|a|de, die; -, -n ⟨*gr.-lat.;* »Dreizahl, Dreiheit«⟩: **1.** (Rel.) Gruppe von drei Göttern (z. B. Vater, Mutter, Sohn). **2.** die Dreiheit aus ↑Strophe, ↑Antistrophe (1) u. ↑Epode (2) als Kompositionsform bes. in der altgriechischen Tragödie

²Tri|a|de, die; -, -n (meist Plural) ⟨*gr.-lat.-engl.*⟩: von Chinesen im Ausland getragene kriminelle Geheimorganisation, Gruppen der organisierten Kriminalität

tri|a|disch ⟨*gr.-lat.*⟩: die ¹Triade betreffend

Tri|a|ge [...ʒə], die; -, -n ⟨*frz.*⟩: **1.** (Med.) das Einteilen von Verletzten (bei einem Katastrophenfall) oder Erkrankten nach der Schwere ihrer Verletzungen, Erkrankung. **2.** Ausschuss (bei Kaffeebohnen)

Tri|a|kis|do|de|ka|eder, das; -s, - ⟨*gr.-nlat.*⟩ (Math.): Körper, der von 36 Flächen begrenzt wird

¹Tri|al, der; -s, -e ⟨*lat.-nlat.*⟩ (Sprachwiss.): Numerus, der eine Dreizahl ausdrückt

²Tri|al [ˈtraɪ̯əl], das; -s, -s ⟨*engl.*⟩: Geschicklichkeitsprüfung für Motorradfahrer

Tri|al-and-Er|ror-Me|tho|de [ˈtraɪ̯əlændˈʔɛrɐ...], die; - ⟨*engl.; gr.-lat.*⟩: **1.** Methode, den besten Weg zur Lösung eines Problems zu finden, indem verschiedene Möglichkeiten ausprobiert werden, um Fehler[quellen] zu finden u. zu beseitigen. **2.** (Psychol.) Lernverfahren, das davon ausgeht, dass Fehler zum Lernprozess gehören

Tri|a|lis|mus, der; - ⟨*lat.-nlat.*⟩: philosophische Lehre, nach der in der Welt das Dreiteilungsprinzip vorherrscht (z. B. Leib–Seele–Geist od. These–Antithese–Synthese bei Hegel)

tri|a|lis|tisch: 1. den Trialismus betreffend. **2.** (Kunstschach) mit drei Nebenlösungen [in einem Abspiel] behaftet

Tri|a|log, der; -[e]s, -e ⟨Kunstw.⟩ (Psychiatrie): Erfahrungsaustausch zwischen Fachleuten, Angehörigen und Personen mit Psychiatrieerfahrung in Diskussionsforen

tri|a|lo|gisch (Psychiatrie): Trialoge nutzend, durch Trialoge

Tri|an|gel, der (österr.: das); -s, - ⟨*lat.;* »dreieckig; Dreieck«⟩: **1.** Schlaginstrument in Form eines dreieckig gebogenen Stahlstabes, der, frei hängend u. mit einem Metallstäbchen angeschlagen, einen hellen, in der Tonhöhe nicht bestimmbaren Ton angibt. **2.** (ugs.) Winkelriss in Kleidungsstücken

tri|an|gu|lär: dreieckig

Tri|an|gu|la|ti|on, die; -, -en ⟨*lat.-mlat.*⟩: **1.** (Geodäsie) Festsetzung eines Netzes von Dreiecken zur Landvermessung. **2.** geometrisches Hilfsmittel in Gestalt eines gleichseitigen Dreiecks zur Bestimmung u. Konstruktion von Maßverhältnissen eines Bauwerks od. seiner Teile. **3.** bestimmte Veredelungsart bei Gehölzen

Tri|an|gu|la|tur, die; -: (bes. in der gotischen Baukunst) Konstruktionsschema, bei dem gleichseitige od. spitzwinklige Dreiecke als Maßgrundlage u. Gliederungshilfsmittel dienen

tri|an|gu|lie|ren (Geodäsie): mithilfe der Triangulation (1) vermessen

Tri|an|gu|lie|rung, die; -, -en: **1.** ↑Triangulation (1). **2.** (Psychol.) Bildung eines Dreiecks als Modell der Beziehungskonstellation der Beteiligten

Tri|ar|chie, die; -, ...ien ⟨*gr.*⟩: ↑Triumvirat

Tri|a|ri|er, der; -s, - (meist Plural) ⟨*lat.*⟩: altgedienter, schwer bewaffneter Soldat im alten Rom, der in der dritten Schlachtreihe kämpfte

Tri|as, die; -, - ⟨*gr.-lat.;* »Dreiheit«⟩: **1.** (ohne Plural; Geol.) erdgeschichtliche Formation des ↑Mesozoikums, die Buntsandstein, Muschelkalk u. Keuper umfasst. **2.** Dreizahl, Dreiheit. **3.** ↑¹Triade (1). **4.** (Med.) Zusammentreffen von drei Symptomen

tri|as|sisch ⟨*gr.-nlat.*⟩: die Trias (1) betreffend

Tri|ath|let, der; -en, -en ⟨*gr.; gr.-lat.*⟩: jmd., der Triathlon betreibt. **Tri|ath|le|tin,** die; -, -nen: weibliche Form zu ↑Triathlet

Tri|ath|lon, der u. das; -s, -s ⟨*gr.;* »Dreikampf«; nach Biathlon⟩ (Sport): **1.** an einem Tag zu absolvierender Mehrkampf aus Schwimmen, Radfahren u. Laufen. **2.** einzelner Wettkampf im Triathlon (1)

Tri|ba|de, die; -, -n ⟨*gr.-lat.*⟩ (Med., Sexualkunde veraltet): lesbische Frau

Tri|ba|die, die; -, **Tri|ba|dis|mus,** der; - ⟨*gr.-nlat.*⟩ (Med., Sexualkunde veraltet): lesbische Liebe

Tri|bal [ˈtraɪ̯bl̩], das; -s, -s ⟨kurz für *engl.* »tribal tattoo«⟩: Stammesmotiv als Tätowierung

Tri|ba|lis|mus, der; - ⟨*lat.-nlat.*⟩: Stammesbewusstsein, -zugehörigkeitsgefühl (bes. in Afrika). **tri|ba|lis|tisch:** den Tribalismus betreffend, zu ihm gehörend, auf ihm beruhend

Tri|bo|elek|t|ri|zi|tät, die; - ⟨*gr.-nlat.*⟩: entgegengesetzte elektrische Aufladung zweier verschiedener ↑Isolatoren, wenn sie aneinander gerieben werden

Tri|bo|lo|gie, die; -: Wissenschaft von Reibung, Verschleiß u. Schmierung gegeneinander bewegter Körper

Tri|bo|lu|mi|nes|zenz, die; -, -en ⟨*gr.; lat.-nlat.*⟩: Lichterscheinung, die beim Zerbrechen mancher Stoffe od. während des Auskristallisierens auftritt (z. B. bei Quarzkristall)

Tri|bo|me|ter, das; -s, - ‹*gr.-nlat.*› (Technik): Gerät zur Ermittlung des Reibungskoeffizienten

Tri|bra|chys, der; -, - ‹*gr.-lat.*›: antiker Versfuß aus drei Kürzen (◡ ◡ ◡)

Tri|bu|la|ti|on, die; -, -en ‹*lat.*› (veraltet): Drangsal, Quälerei. **tri|bu|lie|ren** (landsch.): quälen; [mit Bitten] plagen, durch ständiges Fragen in Atem halten

Tri|bun, der; -s u. -en, -e[n] ‹*lat.*›: **1.** altrömischer Volksführer. **2.** zweithöchster Offizier einer altrömischen Legion

Tri|bu|nal, das; -s, -e ‹*lat. (-frz.)*›: **1.** im Rom der Antike der erhöhte Platz, auf dem der Prätor Recht sprach. **2.** [hoher] Gerichtshof. **3.** Forum, das in einer öffentlichen Untersuchung gegen behauptete Rechtsverstöße von Staaten o. Ä. protestiert; [Straf]gericht

Tri|bu|nat, das; -[e]s, -e ‹*lat.*›: Amt, Würde eines Tribuns

Tri|bü|ne, die; -, -n ‹*lat.-it.-frz.*›: **1.** Rednerbühne. **2. a)** erhöhtes Gerüst mit Sitzplätzen für Zuschauer; **b)** die Zuschauer auf einem solchen Gerüst

tri|bu|ni|zisch ‹*lat.*›: einen Tribunen betreffend

Tri|bus, die; -, - [...bu:s]: **1.** Wahlbezirk im antiken Rom. **2.** (Biol.) Kategorie, die nah verwandte Gattungen einer Familie od. Unterfamilie zusammenfasst; Gattungsgruppe

Tri|but, der; -[e]s, -e: **1.** im Rom der Antike die direkte Steuer. **2.** Opfer, Beitrag. **3.** schuldige Verehrung, Hochachtung

tri|bu|tär (veraltet): steuer-, zinspflichtig

Tri|bute|show, Tri|bute-Show [...bju:t...], die; -, -s ‹*engl.*›: ↑ Show zu Ehren eines Künstlers / einer Künstlerin, einer Band o. Ä.

Tri|ce|ra|tops, der; -, -[e] ‹*gr.*›: pflanzenfressender Saurier der Kreidezeit

Tri|ch|al|gie, die; -, ...ien ‹*gr.-nlat.*› (Med.): Berührungsschmerz im Bereich der Kopfhaare

Tri|chi|a|sis, die; -, ...asen ‹*gr.-lat.*› (Med.): angeborener od. erworbener Misswuchs der Wimpern nach innen, sodass sie auf dem Augapfel reiben

Tri|chi|ne, die; -, -n (meist Plural) ‹*gr.-engl.*›: parasitischer Fadenwurm (Übertragung auf den Menschen durch infiziertes Fleisch). **tri|chi|nös:** von Trichinen befallen. **Tri|chi|no|se,** die; -, -n (Med.): durch Trichinen verursachte Erkrankung

Tri|chit, der; -s u. -en, -e[n] ‹*gr.-nlat.*›: kleinstes, nicht mehr bestimmbares Mineralindividuum in Haarform

Tri|chlor|äthen, Tri|chlor|äthy|len ‹*gr.; nlat.*› das; -s: unbrennbares Lösungsmittel; Extraktions- u. Narkosemittel

Tri|chom, das; -s, -e ‹*gr.*› (Med.): durch starke Verlausung bedingte Verfilzung der Haare; Weichselzopf

Tri|cho|mo|nas, die; -, ...naden (meist Plural) (Med.): Gattung begeißelter Kleinlebewesen, die im Darm u. in der Scheide leben u. dort Krankheiten hervorrufen können

Tri|cho|mo|ni|a|se, die; -, -n (Med.): Erkrankung durch Trichomonaden

Tri|cho|phy|tie, die; -, ...ien ‹*gr.-nlat.*› (Med.): Scherpilzflechte der Haut, Haare, Nägel

Tri|cho|phy|to|se, die; -, -n (Med.): aus einer Trichophytie hervorgehende Allgemeininfektion des Körpers

Tri|cho|p|ti|lo|se, die; -, -n (Med.): krankhafte Brüchigkeit der Haare mit Aufspaltung in Längsrichtung

Tri|cho|se, die; -, -n (Med.): Anomalie der Behaarung

Tri|cho|spo|rie, die; -, ...ien (Med.): eine Pilzkrankheit der Haare

[1]**Tri|cho|to|mie,** die; -, ...ien ‹*gr.-nlat.*› (veraltet): Haarspalterei

[2]**Tri|cho|to|mie,** die; - ‹*gr.*; »Dreiteilung«›: **1.** (Rel.) Anschauung von der Dreiteilung des Menschen in Leib, Seele u. Geist. **2.** (Rechtswiss.) Einteilung der Straftaten nach ihrer Schwere in Übertretungen, Vergehen u. Verbrechen. **3.** ↑ Trialismus

Tri|cho|ze|pha|lus, der; -, ...li u. ...phalen ‹*gr.-nlat.*› (Biol.): Peitschenwurm

Tri|ch|u|ri|a|sis, die; - (Med.): eine Wurmerkrankung des Menschen

Tri|ch|u|ris, die; - (Biol.): Gesamtheit der Fadenwürmer

Tri|ci|ni|um, das; -s, ...ia u. ...ien ‹*lat.*› (Musik): dreistimmiger, meist kontrapunktischer Satz für Singstimmen

Trick, der; -s, -s ‹*frz.-engl.*›: **1.** listig ausgedachtes, geschicktes Vorgehen; Kunstgriff, Kniff, Finesse. **2.** bei einer artistischen Vorführung ausgeführte, verblüffende Aktion

trick|sen (ugs.): sich eines Tricks bedienen; mit Tricks bewerkstelligen

[1]**Trick|ski,** der; -[s], - u. -er: spezieller, bes. elastischer Ski

[2]**Trick|ski,** das; -s: Sportart, bei der auf ↑ [1]Trickskiern bes. kunstvolle Schwünge, Drehungen u. Sprünge ausgeführt werden

Tricks|ter, der; -s, - ‹*engl.*›: mythologische Gestalt, die durch ein unberechenbares, betrügerisches, aber auch schelmisches Wesen charakterisiert ist

Trick|track, das; -s, -s ‹*frz.*›: ein Brett- u. Würfelspiel

tri|cky [...ki] ‹*engl.*› (ugs.): **1.** trickreich, listig. **2.** knifflig, schwierig (von Sachen)

Tri|dent, der; -[e]s, -e ‹*lat.*›: Dreizack

tri|den|ti|nisch ‹*lat.-mlat.*›: zu der Stadt Trient gehörend

Tri|du|um, das; -s, ...duen ‹*lat.*›: Zeitraum von drei Tagen (bes. für katholische kirchliche Veranstaltungen)

Tri|dy|mit [auch: ...ˈmɪt], der; -s, -e ‹*gr.-nlat.*›: **1.** eine Modifikation von Siliciumoxid. **2.** ein Mineral

Tri|eder|bi|n|o|kel, das; -s, - ‹*gr.; lat.-nlat.-frz.*›: Doppelfernrohr

tri|en|nal ‹*lat.*›: **a)** drei Jahre dauernd; **b)** alle drei Jahre [stattfindend]

Tri|en|na|le, die; -, -n: Veranstaltung im Turnus von drei Jahren

Tri|en|ni|um, das; -s, ...ien: Zeitraum von drei Jahren

Tri|e|re, die; -, -n ‹*gr.-lat.*›: Dreiruderer (antikes Kriegsschiff mit drei übereinanderliegenden Ruderbänken)

Tri|eur [triˈø:ɐ̯], der; -s, -e ‹*lat.-vulgärlat.-frz.*›: Maschine zum Trennen von Gemischen fast gleicher Körnungsgrößen (z. B. bei der Getreidereinigung)

Tri|fle [ˈtraɪ̯fl̩], das; -s, -s ‹*engl.*›: kuchenartige englische Süßspeise

Tri|fo|kal|glas, das; -es, ...gläser (meist Plural) ‹*lat.-nlat.; dt.*›: Dreistärkenglas, Brillenglas für drei Entfernungen; vgl. Bifokalglas

Tri|fo|li|um, das; -s, ...ien ⟨*lat.;* »Dreiblatt«⟩: **1.** (Bot.) Klee (Schmetterlingsblütler). **2.** drei Personen, die als zusammengehörig gelten, sich zusammengehörig fühlen; Kleeblatt

Tri|fo|ri|um, das; -s, ...ien ⟨*lat.-mlat.*⟩ (Archit.): in romanischen u. bes. in gotischen Kirchen unter den Chorfenstern vorgeblendete Wandgliederung, die später zu einem Laufgang ausgebildet wurde

Tri|ga, die; -, -s u. ...gen ⟨*lat.*⟩: Dreigespann

Tri|ge|mi|nus, der; -, ...ni ⟨*lat.*⟩ (Med.): im Mittelhirn entspringender 5. Hirnnerv, der sich in 3 Hauptäste gabelt

Trig|ger, der; -s, - ⟨*engl.*⟩: **1.** (Elektrot.) [elektronisches] Schaltelement zum Auslösen eines anderen Schaltvorgangs. **2.** (Elektrot.) einen Schaltvorgang auslösender Impuls. **3.** (Physiol.) auslösender Reiz [für einen Anfall]

trig|gern (Fachspr.): einen Vorgang mittels eines Triggers auslösen

Trig|ger|punkt, der; -[e]s, -e (Physiol.): umschriebene, tastbar verhärtete Stelle im Muskel- od. Unterhautgewebe, die auf Druck schmerzhaft reagiert

Tri|glot|te, die; -, -n ⟨*gr.-nlat.*⟩: Werk, auch Wörterbuch in drei Sprachen; vgl. ²Polyglotte

Tri|gly|ce|rid [...ts...] vgl. Triglyzerid

Tri|glyph, der; -s, -e, **Tri|gly|phe,** die; -, -n ⟨*gr.-lat.*⟩: mit den ↑Metopen abwechselndes dreiteiliges Feld am Fries des dorischen Tempels

Tri|gly|ze|rid, chem. fachspr.: Triglycerid [...ts...] das; -[e]s, -e (meist Plural) ⟨*gr.-nlat.*⟩: zusammenfassende Bez. für die dreiwertigen Ester des ↑Glyzerins, bes. als Bestandteile natürlicher Fette u. Öle

Tri|gon, das; -s, -e ⟨*gr.-lat.*⟩: Dreieck

tri|go|nal: dreieckig

Tri|go|nal|zahl, die; -, -en: Dreieckszahl

Tri|go|no|me|ter, der; -s, - ⟨*gr.-nlat.*⟩ (Geodäsie): mit ↑Triangulation (1) beschäftigter Vermesser

Tri|go|no|me|t|rie, die; - (Math.): Dreiecksmessung; Zweig der Mathematik, der sich mit der Berechnung von Dreiecken unter Benutzung der trigonometrischen Funktionen befasst. **tri|go|no|me|t|risch:** die Trigonometrie betreffend

Tri|ke|ri|on, das; -s, ...rien ⟨*gr.*⟩: zu den Insignien eines Bischofs in den Kirchen des Ostens gehörender dreiarmiger Leuchter

tri|klin, tri|kli|nisch ⟨*gr.-nlat.*⟩ (Kristallografie): auf drei verschieden große Achsen bezogen, die sich schiefwinklig schneiden

Tri|kli|ni|um, das; -s, ...ien ⟨*gr.-lat.*⟩: **1.** an drei Seiten von Polstern für je drei Personen umgebener altrömischer Esstisch. **2.** altrömisches Speisezimmer

Tri|ko|li|ne, die; - ⟨Kunstw.⟩: ripsartiger Oberhemdenstoff in Leinwandbindung (Webart)

tri|ko|lor ⟨*lat.*⟩: dreifarbig. **Tri|ko|lo|re,** die; -, -n ⟨*lat.-frz.*⟩: dreifarbige Fahne, bes. die französische Nationalfahne

Tri|kom|po|si|tum, das; -s, ...ta (Sprachwiss.): dreigliedrige Zusammensetzung (z. B. Einzimmerwohnung)

¹**Tri|kot** [...ˈkoː, auch: ˈtrɪko], der, selten auch: das; -s, -s ⟨*frz.*⟩: maschinengestricktes Gewebe

²**Tri|kot,** das; -s, -s: **a)** meist eng anliegendes, gewirktes, hemdartiges Kleidungsstück, das bes. beim Sport getragen wird; **b)** ²Trikot (a) in bes. festgelegter Farbe zur Kennzeichnung des Spitzenreiters bei Radrennen über mehrere Etappen

Tri|ko|ta|ge [...ʒə], die; -, -n ⟨*frz.*⟩: Wirkware

Tri|ko|tine [...ˈtiːn], der; -s, -s: trikotartiger, gewebter Wollstoff

Tri|ku|s|pi|dal|klap|pe, die; -, -n ⟨*lat.-nlat.; dt.*⟩ (Med.): dreizipflige Klappe zwischen rechtem Herzvorhof u. rechter Herzkammer

tri|la|te|ral ⟨*lat.*⟩: dreiseitig, von drei Seiten ausgehend, drei Seiten betreffend

Tri|lem|ma, das; -s, -s u. -ta ⟨*gr.-nlat.*⟩ (Logik): die dreiteilige Annahme

tri|li|ne|ar ⟨*lat.-nlat.*⟩: mit drei [geraden] Linien versehen; in den Fügungen **trilineare Filterung:** (Computergrafik) Methode der Filterung beim Erzeugen der ↑Textur (5) eines grafischen Objekts; **trilineare Koordinaten:** (Math.) Koordinaten zur Bestimmung der Lage eines Punktes in Bezug auf ein Dreieck

tri|lin|gu|isch ⟨*lat.*⟩: dreisprachig

Tri|lith, der; -s od. -en, -e[n] ⟨*gr.;* »dreisteinig«⟩: vorgeschichtliches Steindenkmal (Bronzezeit u. Jüngere Steinzeit)

Tril|li|ar|de, die; -, -n ⟨*lat.-nlat.*⟩: 1000 Trillionen (= 10^{21})

Tril|li|on, die; -, -en: eine Million Billionen (= 10^{18})

Tri|lo|bit [auch: ...ˈbɪt], der; -en, -en ⟨*gr.-nlat.*⟩: Dreilappkrebs; ausgestorbener Urkrebs

Tri|lo|gie, die; -, ...ien ⟨*gr.*⟩: Folge von drei eine innere Einheit bildenden Werken

Tri|ma|ran, der; -s, -e ⟨*lat.; tamil.-engl.*⟩: offenes Segelboot mit drei Rümpfen

tri|me|di|al ⟨*gr.; lat.*⟩: drei Medien (meist Radio, Fernsehen u. Internet) betreffend, umfassend od. einsetzend

Tri|me|di|a|li|tät, die; -: redaktionelle u. technische Vernetzung dreier digitaler Medien (Audio, Video, Internet)

tri|mer ⟨*gr.*⟩ (Bot.): dreiteilig (z. B. von Fruchtknoten, die aus drei Fruchtblättern hervorgegangen sind)

Tri|mes|ter, das; -s, - ⟨*lat.*⟩ (Unterrichtswesen): Zeitraum von drei Monaten; Dritteljahr eines Unterrichtsjahres

Tri|me|ter, der; -s, - ⟨*gr.-lat.*⟩: aus drei Metren bestehender antiker Vers; ↑Senar

tri|mo|dal ⟨*lat.; lat.*⟩: die Transportwege Straße, Wasser u. Schiene nutzend, kombinierend

tri|morph, trimorphisch ⟨*gr.*⟩ (Bot.): dreigestaltig (z. B. von Pflanzenfrüchten); vgl. ...isch/-. **Tri|mor|phie,** die; -, Trimorphismus, der; - ⟨*gr.-nlat.*⟩ (Bot.): Dreigestaltigkeit (z. B. von Früchten einer Pflanze)

tri|mor|phisch vgl. trimorph

Tri|mor|phis|mus vgl. Trimorphie

Tri|mur|ti, die; - ⟨*sanskr.*⟩: göttliche Dreifaltigkeit des ↑Hinduismus (Brahma, Wischnu u. Schiwa)

tri|när ⟨*lat.*⟩: dreifach, dreiteilig

Tri|na|ti|on, die; -, -en ⟨*lat.-nlat.*⟩: dreimaliges Lesen der Messe an einem Tage durch denselben Priester (z. B. Allerseelen u. Weihnachten); vgl. Bination

tri|na|ti|o|nal ⟨*lat.-nlat.*⟩: drei Nationen od. Staaten gemeinsam betreffend

Tri|ni|ta|ri|er, der; -s, - ⟨*lat.-nlat.*⟩: **1.** Bekenner der Dreieinigkeit, Anhänger der Lehre von der Trinität (Ggs.: Unitarier). **2.** Angehöriger eines katholischen Bettelordens. **Tri|ni|ta|ri|e|rin**, die; -, -nen: weibliche Form zu ↑Trinitarier

tri|ni|ta|risch: die [Lehre von der] Trinität betreffend

Tri|ni|tät, die; - ⟨*lat.*⟩: Dreieinigkeit, Dreifaltigkeit Gottes (Gott Vater, Sohn u. Heiliger Geist)

Tri|ni|ta|tis, das; -: Sonntag nach Pfingsten (Fest der Dreifaltigkeit)

Tri|ni|t|ro|phe|nol, das; -s ⟨Kunstw.⟩: ↑Pikrinsäure

Tri|ni|t|ro|to|lu|ol, das; -s ⟨Kunstw.⟩: stoßunempfindlicher Sprengstoff (bes. für Geschosse); vgl. Trotyl

Tri|nom, das; -s -e ⟨*lat.-nlat.*⟩ (Math.): Zahlengröße aus drei Gliedern (z. B. x+y+z). **tri|nomisch** (Math.): dreigliedrig, aus drei Gliedern bestehend

Trio, das; -s, -s ⟨*lat.-it.*⟩: **1. a)** Musikstück für drei Instrumente; **b)** Mittelteil des ↑Menuetts od. ↑Scherzos. **2.** Vereinigung von drei Instrumental-, seltener Vokalsolisten. **3.** (oft iron.) drei Personen, die etwas gemeinsam ausführen

Tri|o|de, die; -, -n ⟨*gr.-nlat.*⟩: Verstärkerröhre mit drei Elektroden (Anode, Kathode u. Gitter)

Tri|o|le, die; -, -n ⟨*lat.-it.*⟩: **1.** (Musik) Notengruppe von drei Tönen, die den Taktwert von zwei od. vier Noten hat. **2.** ↑Triolismus

Tri|o|lett, das; -[e]s, -e ⟨*lat.-frz.*⟩: achtzeilige Gedichtform mit zwei Reimen, wobei die erste Zeile als vierte u. die ersten beiden als letzte Zeilen wiederholt werden

Tri|o|lis|mus, der; - ⟨*lat.-nlat.*⟩: Geschlechtsverkehr zwischen drei Partnern

tri|o|lis|tisch: den Triolismus betreffend, zu ihm gehörend

Tri|oval, das; -s, -e ⟨*lat.*⟩ (Motorsport): ovale Rennstrecke mit drei Steilkurven

Tri|ö|zie, die; - ⟨*gr.-nlat.*⟩ (Bot.): Dreihäusigkeit von Pflanzen. **tri|ö|zisch** (Bot.): dreihäusig (von Pflanzen, bei denen zwittrige, weibliche u. männliche Blüten auf drei Pflanzen derselben Art verteilt sind)

Trip, der; -s, -s ⟨*germ.-frz.-engl.*⟩: **1.** Ausflug, Reise, Fahrt. **2. a)** Rauschzustand nach dem Genuss eines Rauschgiftes; **b)** ↑Hit (2)

Tri|pal|mi|tin, das; -s: Bestandteil vieler pflanzlicher u. tierischer Fette

[1]**Tri|pel**, das; -s, - ⟨*lat.-frz.*⟩ (Math.): die Zusammenfassung dreier Dinge (z. B. Dreieckspunkte, Dreiecksseiten)

[2]**Tri|pel**, das; -s, - (Sport): Gewinn von drei Titeln durch dieselbe Mannschaft in einem Jahr

[3]**Tri|pel**, der; -s ⟨nach der Stadt Tripolis⟩ (Geol.): Kieselerde

Tri|pel|al|li|anz, die; -, -en ⟨*lat.-frz.*⟩: staatlicher Dreibund

Tri|pel|en|tente [...ɑ̃tɑ̃:t], die; -, -n: ↑Tripelallianz

Tri|pel|fu|ge, die; -, -n (Musik): ↑Fuge mit drei selbstständigen Themen

Tri|pel|kon|zert, das; -[e]s, -e: Konzert für drei Soloinstrumente mit Orchester

Tri|phos|phat, das; -[e]s, -e ⟨*gr.; gr.-nlat.*⟩: als Lebensmittelzusatzstoff u. in Zahnpflegemitteln verwendete Phosphorverbindung

Tri|ph|thong, der; -[e]s, -e ⟨*gr.-nlat.*⟩ (Sprachwiss.): Dreilaut; drei eine Silbe bildende Selbstlaute (z. B. *it.* miei »meine«)

Tri|pi|ta|ka, das; - ⟨*sanskr.;* »Dreikorb«⟩: der aus drei Teilen bestehende ↑[1]Kanon (5b) des Buddhismus

Tri|pla: *Plural* von ↑Triplum

Tri|plé [...'ple:], das; -s, -s: Zweibandenball beim Billard

Tri|plet [...'ple:], das; -s, -s: ↑Triplett (3)

Tri|plett, das; -s, -e u. -s: **1.** (Physik) Gesamtheit von drei miteinander verbundenen Serien eines Linienspektrums. **2.** (Biol.) Kombination von drei aufeinanderfolgenden Basen einer Nukleinsäure, die den Schlüssel für den Aufbau einer Aminosäure darstellen. **3.** aus drei Linsen bestehendes optisches System

Tri|plet|te, die; -, -n: aus drei Teilen zusammengesetzter, geschliffener Schmuckstein

tri|pli|e|ren: verdreifachen

Tri|plik, die; -, -en ⟨*lat.-nlat.*⟩ (Rechtsspr. veraltend): die Antwort des Klägers auf eine ↑Duplik des Beklagten

Tri|pli|kat, das; -[e]s, -e ⟨*lat.*⟩: dritte Ausfertigung [eines Schreibens]

Tri|pli|ka|ti|on, die; -, -en (Rhet.): dreimalige Wiederholung desselben Wortes, derselben Wortgruppe

Tri|plit [auch: ...'plɪt], der; -s, -e ⟨*gr.-nlat.*⟩: Mineral, Eisenpecherz

Tri|pli|zi|tät, die; -, -en ⟨*lat.*⟩: Dreifachheit; dreifaches Vorkommen

tri|p|lo|id ⟨*gr.-nlat.*⟩ (Biol.): einen dreifachen Chromosomensatz aufweisend (von Zellen)

Tri|plum, das; -s, Tripla ⟨*lat.*⟩ (veraltet): Dreifaches

Trip|ma|dam, die; -, -en ⟨*frz.*⟩: Fetthenne

Tri|po|den: *Plural* von ↑Tripus

Tri|po|die, die; -, ...ien ⟨*gr.;* »Dreifüßigkeit«⟩: Verbindung dreier Versfüße (rhythmischer Einheiten) zu einem Verstakt; vgl. Dipodie, Monopodie

Tri|po|ta|ge [...ʒə], die; -, -n ⟨*frz.*⟩ (veraltet): Kniff, Ränke, bes. Geld-, Börsenschwindel

Tri|p|tik vgl. Triptyk

Trip|ton, das; -s ⟨*gr.*⟩: im Wasser schwebender, feinster organischer ↑Detritus (2).

Tri|p|ty|chon, das; -s, ...chen u. ...cha ⟨*gr.*⟩: dreiteiliges [Altar]bild, bestehend aus dem Mittelbild u. zwei Seitenflügeln; vgl. Diptychon, Polyptychon

Tri|p|tyk, Triptik, das; -s, -s ⟨*gr.-frz.-engl.*⟩: dreiteiliger Grenzübertrittsschein für Kraft- u. Wasserfahrzeuge

Tri|pus [...pu:s], der; -, ...poden ⟨*gr.-lat.*⟩: Dreifuß; altgriechisches dreifüßiges Gestell für Gefäße

Tri|re|me, die; -, -n ⟨*lat.*⟩: ↑Triere

Tri|ro|t|ron, das; -s, -s (auch: ...one) ⟨*gr.*⟩: Hochfrequenz-Hochleistungsverstärker, der mit beschleunigten Elektronen arbeitet

Tri|sek|ti|on, die; - ⟨*lat.-nlat.*⟩ (Math.): Dreiteilung (bes. von Winkeln)

Tri|sek|t|rix, die; -, ...trizes od. ...trizen (Math.): zur Dreiteilung eines Winkels verwendete Kurve

Tri|set, das; -[s], -s ⟨*lat.; lat.-frz.-engl.*⟩: drei zusammengehörende Dinge

Tris|ha|gi|on, das; -s, ...ien ⟨*gr.-mgr.;* »dreimal heilig«⟩: dreimalige Anrufung Gottes, bes. in der orthodoxen Liturgie

Tris|kai|de|ka|pho|bie, die; - ⟨*gr.* triskaideka »13«⟩ (Psychol.): Angst vor der Zahl 13

Tris|mus, der; -, ...men ⟨*gr.-lat.*⟩ (Med.): Kiefersperre, Kaumuskelkrampf

Tri|so|mie, die; - ⟨*gr.-nlat.*⟩ (Med.): das Auftreten eines überzähligen Chromosoms, das im diploiden Chromosomensatz nicht zweimal, sondern dreimal vorkommt

trist ⟨*lat.-frz.*⟩: traurig, öde, trostlos, freudlos; langweilig, unfreundlich, jämmerlich

Tris|tesse [...'tɛs], die; -, -n [...sn̩]: Traurigkeit, Trübsinn, Melancholie, Schwermut

tri|s|tich ⟨*gr.*⟩ (Bot.): dreizeilig (von der Anordnung der Blätter od. Seitenwurzeln in drei Längszeilen)

Tri|s|ti|chi|a|sis, die; - ⟨*gr.-nlat.*⟩ (Med.): angeborene Anomalie des Augenlids mit drei Wimpernreihen

Tri|s|ti|chon, das; -s, ...chen: aus drei Versen bestehende Versgruppe

Tris|ti|en, die (Plural) ⟨*lat.*⟩: Trauergedichte (bes. die des römischen Dichters Ovid über seine Verbannung)

tri|syl|la|bisch ⟨*gr.-lat.-nlat.*⟩: dreisilbig

Tri|syl|la|bum, das; -s, ...syllaba ⟨*gr.-lat.*⟩: dreisilbiges Wort

Tri|t|a|go|nist, der; -en, -en ⟨*gr.*⟩: dritter Schauspieler im altgriechischen Drama; vgl. Deuteragonist, Protagonist (1)

Tri|t|a|n|o|pie, die; -, ...ien ⟨*gr.-nlat.*⟩ (Med.): Farbfehlsichtigkeit im blau-violetten Bereich

Tri|te|ri|um, das; -s ⟨*gr.-nlat.*⟩: ↑Tritium

Tri|ter|pen, das; -s, -e ⟨*gr.; gr.-lat.-mlat.-nlat.*⟩ (Chemie): aus sechs Isopreneinheiten aufgebautes ↑Terpen

Tri|the|mi|me|res, die; -, - ⟨*gr.*⟩ (antike Metrik): Zäsur nach dem dritten Halbfuß im Hexameter

Tri|ti|ca|le, der od. die; -, -n ⟨Kurzw. aus *lat. triti*cum »Weizen« u. se*cale* »Roggen«⟩: Getreideart aus einer Kreuzung zwischen Weizen u. Roggen

Tri|ti|cum, das; -s ⟨*lat.;* »Weizen«⟩: Getreidepflanzengattung mit zahlreichen Weizenarten

Tri|ti|um, das; -s ⟨*gr.-nlat.*⟩: radioaktives Wasserstoffisotop, überschwerer Wasserstoff (Zeichen: T)

Tri|to|je|sa|ja, der; - ⟨*gr.*⟩: unbekannter, der Zeit nach dem babylonischen Exil angehörender Verfasser von Jesaja 56–66; vgl. Deuterojesaja

[1]**Tri|ton,** der; ...onen, ...onen ⟨*gr.-lat.*⟩: **1. a)** (ohne Plural) griechischer Meergott, Sohn des Poseidon u. der Amphitrite; **b)** (nur Plural) griechische Meergötter im Gefolge Poseidons. **2.** (Biol.) Salamandergattung mit zahlreichen einheimischen Arten

[2]**Tri|ton,** das; -s, -s ⟨Kunstw.⟩ (österr.): Kinder[tritt]roller

[3]**Tri|ton,** das; -s, ...onen ⟨*gr.-nlat.*⟩: Atomkern des ↑Tritiums

Tri|to|nus, der; - ⟨*gr.-nlat.*⟩ (Musik): die übermäßige Quarte, die ein Intervall von drei Ganztönen ist

Tri|tu|ra|ti|on, die; -, -en ⟨*lat.-mlat.*⟩ (Med.): Verreibung eines festen Stoffes (bes. einer Droge) zu Pulver; Pulverisierung

Tri|umph, der; -[e]s, -e ⟨*lat.*⟩: **1. a)** großer Erfolg, Sieg; **b)** Genugtuung, Frohlocken, Siegesfreude. **2.** im Rom der Antike der feierliche Einzug eines siegreichen Feldherrn

tri|um|phal: herrlich, ruhmvoll, glanzvoll, großartig

tri|um|phant: a) triumphierend, frohlockend; **b)** siegreich, erfolgreich

Tri|um|pha|tor, der; -s, ...oren ⟨*lat.*⟩: **1.** im Rom der Antike feierlich einziehender siegreicher Feldherr. **2.** jmd., der einen großen Sieg, Erfolg errungen hat. **Tri|um|pha|to|rin,** die; -, -nen: weibliche Form zu ↑Triumphator

tri|um|phie|ren: a) jubeln, frohlocken; **b)** jmdm. hoch überlegen sein; über jmdn., etwas siegen

Tri|um|vir [...vɪr], der; -s u. -n, -n ⟨*lat.*⟩: Mitglied eines Triumvirats. **Tri|um|vi|rat,** das; -[e]s, -e: (in der römischen Antike) Bund dreier Männer (als eine Art Kommission zur Erledigung bestimmter Staatsgeschäfte)

tri|va|lent ⟨*lat.-nlat.*⟩ (Chemie): dreiwertig

tri|vi|al ⟨*lat.-frz.;* »zum Dreiweg gehörend, jedermann zugänglich«⟩: **a)** im Ideengehalt, gedanklich recht unbedeutend, nicht originell; **b)** alltäglich, gewöhnlich, nichts Auffälliges aufweisend

tri|vi|a|li|sie|ren: etwas trivial machen, ins Triviale ziehen

Tri|vi|a|li|sie|rung, die; -, -en: das Trivialisieren, Trivialmachen

Tri|vi|a|li|tät, die; -, -en: Plattheit, Seichtheit, Alltäglichkeit

Tri|vi|al|li|te|ra|tur, die; -: Unterhaltungs-, Konsumliteratur, die auf den Geschmack eines anspruchslosen Leserkreises zugeschnitten ist

Tri|vi|al|na|me, der; -ns, -n: herkömmliche, volkstümliche, nicht nach gültigen systematischen Gesichtspunkten gebildete Bezeichnung einer Tier-, Pflanzenart, von Chemikalien (z. B. Kochsalz, Soda)

Tri|vi|um, das; -s ⟨*lat.-mlat.;* »Dreiweg«⟩: im mittelalterlichen Universitätsunterricht die drei unteren Fächer: Grammatik, Rhetorik, Dialektik; vgl. Quadrivium

Tri|zeps, der; -[es], -e ⟨*lat.*⟩ (Med.): dreiköpfiger Muskel des Oberarms, der den Unterarm im Ellbogengelenk streckt

tro|chä|isch [...x...] ⟨*gr.-lat.*⟩: den Trochäus betreffend; aus Trochäen bestehend. **Tro|chä|us,** der; -, ...äen: [antiker] Versfuß (– ◡)

Tro|chi|lus, der; -, ...ilen: Hohlkehle in der ↑Basis ionischer Säulen

Tro|chit [auch: ...'xɪt], der; -s u. -en, -en ⟨*gr.-nlat.*⟩: Stiel ausgestorbener Seelilien

Tro|cho|i|de, die; -, -n (Math.): spezielle zyklische Kurve, Sonderform der ↑Zykloide

Tro|cho|pho|ra, die; -, ...phoren (Zool.): Larve der Ringelwürmer

Tro|cho|ze|pha|lie, die; -, ...ien (Med.): anomale Rundform des Schädels

Tro|gon, der; -s, -s u. ...onten ‹*gr.;* »Nager«›: südamerikanischer Nageschnäbler (bunt gefiederter Urwaldvogel)

Troi|cart [troa'ka:ɐ̯] vgl. Trokar

Troi|ka [auch: 'tro:ika], die; -, -s u. ...ken ‹*russ.*›: **1.** (russ.) Schlitten od. Wagen mit drei nebeneinandergespannten Pferden. **2.** aus drei Personen bestehende [politische] Führungsgruppe

Tro|kar, der; -s, -e u. -s, Troicart [troa'ka:ɐ̯], der; -s, -s ‹*lat.-frz.*› (Med.): chirurgisches Punktionsinstrument mit Hohlraum (z. B. zum Einführen von OP-Instrumenten in der minimalinvasiven Chirurgie od. zum Ablassen von Flüssigkeiten)

tro|kie|ren ‹*frz.*›: Waren austauschen

Troll, der; -s, -e ‹*engl.*› (Jargon): jmd., der im Internet andere Nutzer mit beleidigenden od. diskriminierenden Kommentaren u. falschen Behauptungen gezielt provoziert. **trol|len** ‹*engl.; dt.*› (Jargon): im Internet mit [beleidigenden od. diskriminierenden] Kommentaren gezielt provozieren

Trol|ley [...li], der; -s, -s ‹*engl.*›: Rollenkoffer

Trol|ley|bus ['trɔli...], der; -ses, -se ‹*engl.*› (schweiz.): Oberleitungsomnibus

Trom|ba, die; -, ...ben ‹*germ.-it.*›: it. Bez. für: Trompete

Trom|ba ma|ri|na, die; - -, ...be ...ne ‹*it.*›: dem ↑Monochord verwandtes Streichinstrument des Mittelalters mit lang gestrecktem, dreieckigem, keilförmigem Körper

Trom|be, die; -, -n ‹*germ.-it.(-frz.)*›: Wirbelwind in Form von Wasser- u. Windhosen

Trom|ben: *Plural* von ↑Tromba u. ↑Trombe

Trom|bi|di|o|se, Trom|bi|ku|lo|se, die; -, -n ‹*gr.-nlat.*› (Med.): durch bestimmte Milbenlarven hervorgerufene juckende Hautkrankheit; Ernte-, Heukrätze

Trom|bo|ne, der; -, ...ni ‹*germ.-it.*›: it. Bez. für: Posaune

Trom|pe, die; -, -n ‹*germ.-frz.*› (Archit.): Bogen mit nischenartiger Wölbung zwischen zwei rechtwinklig aneinanderstoßenden Mauern

Trompe-l'Œil [trɔ̃p'lœj], das, auch der; -[s], -s ‹*frz.;* »Augentäuschung«›: Darstellungsweise in der Malerei, bei der durch naturalistische Genauigkeit mithilfe perspektivischer Mittel ein Gegenstand so wiedergegeben wird, dass der Betrachter nicht zwischen Wirklichkeit u. Gemaltem unterscheiden kann

Trom|pe|te, die; -, -n ‹*germ.-frz.*›: aus gebogener Messingröhre mit Schallbecher u. Kesselmundstück bestehendes Blasinstrument. **trom|pe|ten: 1.** Trompete blasen. **2.** (ugs.) **a)** sehr laut u. aufdringlich sprechen; **b)** sich sehr laut die Nase putzen

Trom|pe|ter, der; -s, -: jmd., der [berufsmäßig] Trompete spielt; Trompetenbläser. **Trom|pe|te|rin,** die; -, -nen: weibliche Form zu ↑Trompeter

Trom|peu|se [trɔ̃'pø:zə], die; -, -n ‹*frz.;* »Betrügerin«› (Geschichte): durch Polster hochgewölbtes, den Halsausschnitt deckendes Tuch (um 1800)

trom|pie|ren (landsch.): täuschen

¹Troos|tit [tru:s'ti:t, auch: ...'tɪt], der; -s, -e ‹*nlat.;* nach dem amerik. Geologen G. Troost, 1776–1850›: ein Mineral

²Troos|tit [auch: ...'tɪt], der; -s, -e ‹*nlat.;* nach dem frz. Chemiker L. J. Troost, 1825–1911›: beim Härten von Stahl durch schnelle Abkühlung entstandenes, sehr feines ↑perlitisches Gefüge des Kohlenstoffs

Tro|pae|o|lum [...'pɛ...], das; -s ‹*gr.-lat.-nlat.*›: Kapuzinerkresse

Tro|pa|ri|on, das; -s, ...ien ‹*gr.-mgr.*›: kurzer Liedhymnus im orthodoxen Gottesdienst

Tro|pa|ri|um, das; -s, ...ien ‹*gr.-nlat.*›: **1.** Anlage, Haus (in zoologischen Gärten) mit tropischem Klima zur Haltung bestimmter Pflanzen u. Tiere. **2.** römisch-katholisches Chorbuch mit den Tropen (2)

Tro|pe, die; -, -n ‹*gr.-lat.;* »Wendung«› (Sprachwiss.): bildlicher Ausdruck; Wort (Wortgruppe), das im übertragenen Sinn gebraucht wird (z. B. *Bacchus* statt *Wein*)

¹Tro|pen, die (Plural) ‹*gr.-lat.*›: heiße Zone zu beiden Seiten des Äquators zwischen den Wendekreisen

²Tro|pen: *Plural* von ↑Tropus

...troph

‹zu *gr.* tréphein »(sich) nähren«›
Wortbildungselement mit der Bedeutung »eine bestimmte Ernährungsweise bevorzugend, sich ernährend«:
- dystroph
- endotroph
- oligotroph

...tro|phie

die; -, ...ien (teilweise ohne Plural)
‹zu *gr.* trophḗ »das Ernähren, Ernährung, Lebensweise«›
Wortbildungselement mit der Bedeutung »bestimmte Ernährungsweise u. Lebensweise«:
- Autotrophie
- Dystrophie

Tro|phäe, die; -, -n ‹*gr.-lat.-frz.*›: **1.** erbeutete Fahne, Waffe o. Ä. als Zeichen des Sieges über den Feind. **2.** aus einem bestimmten Gegenstand (z. B. Pokal) bestehender Preis für den Sieger in einem [sportlichen] Wettbewerb. **3.** Teil eines erlegten Tiers als Zeichen erfolgreicher Jagd; Jagdtrophäe

tro|phisch ‹*gr.-nlat.*› (Med.): die Ernährung [der Gewebe] betreffend, gewebsernährend

Tro|pho|bi|o|se, die; -, -n (Biol.): Form der Ernährungssymbiose (bei Blattläusen u. Ameisen)

Tro|pho|blast, der; -en, -en (Med.): ernährende Hülle des Embryos

Tro|pho|lo|ge, der; -n, -n: Ernährungswissenschaftler. **Tro|pho|lo|gie,** die; -: Ernährungswissenschaft. **Tro|pho|lo|gin,** die; -, -nen: weibliche Form zu ↑Trophologe. **tro|pho|lo|gisch:** die Trophologie betreffend

Tro|pho|neu|ro|se, die; -, -n (Med.): Erkrankung der Nerven, die mangelhafte Gewebsernährung u. damit Schwunderscheinungen an Organen zur Folge hat

Tro|pho|phyll, das; -s, -e (Bot.): bei Farnpflanzen ein nur der ↑Assimilation (2) dienendes Blatt (Ggs.: Sporophyll)

Tro|pi|ka, die; - ‹*gr.-lat.-engl.-*

T Troc

nlat.〉 (Med.): schwere Form der Malaria

tro|pisch 〈*gr.-lat.-engl.*〉: **1.** die ↑ ¹Tropen betreffend, für sie charakteristisch; südlich, heiß. **2.** (Sprachwiss.) die ↑ Trope betreffend; übertragen

Tro|pis|mus, der; -, ...men 〈*gr.-nlat.*〉 (Biol.): durch äußere Reize verursachte Bewegung festsitzender Tiere u. Pflanzen

Tro|po|pau|se [auch: 'tro:...], die; - (Meteorol.): Grenze zwischen Tropo- u. Stratosphäre

Tro|po|phyt, der; -en, -en (Bot.): Pflanze, die auf Böden mit stark wechselndem Wassergehalt lebt

Tro|po|sphä|re, die; - (Meteorol.): die unterste, bis zu einer Höhe von 12 km reichende, wetterwirksame Luftschicht der Erdatmosphäre

Tro|po|ta|xis, die; -, ...xen (Bot.): Orientierungsweise frei beweglicher Lebewesen

Tro|pus, der; -, Tropen 〈*gr.-lat.*〉: **1.** ↑ Trope. **2.** (Musik) **a)** Kirchenton (Tonart); **b)** textliche [u. musikalische] Ausschmückung, Erweiterung liturgischer Gesänge

Tross, der; -es, -e 〈*lat.-vulgärlat.-frz.*〉: **1.** (veraltet) die Truppe mit Verpflegung u. Munition versorgender Wagenpark. **2.** (oft abwertend) **a)** Gefolge, Mitläufer; **b)** Schar, Haufen

Tros|se, die; -, -n: starkes Tau, Drahtseil

Trot|teur [...'tø:ɐ̯], der; -s, -s 〈*germ.-frz.*〉: **1.** eleganter, bequemer Schuh mit flachem od. mittlerem Absatz. **2.** (veraltend) kleiner Hut für Damen

trot|tie|ren (veraltet): traben

Trot|ti|nett, das; -s, -e u. -s (schweiz.): Kinderroller

Trot|toir [...'to̯a:ɐ̯], das; -s, -e u. -s (landsch.): Bürgersteig

Tro|tyl, das; -s 〈Kunstw.〉: ↑ Trinitrotoluol. **Trotz|kis|mus,** der; - 〈*nlat.;* nach dem russ. Revolutionär L. D. Trotzki, 1879 bis 1940〉: von Trotzki u. seinen Anhängern vertretene Variante des Kommunismus mit der Forderung der unmittelbaren Verwirklichung der Weltrevolution

Trou|ba|dour ['tru:badu:ɐ̯, auch: ...'du:ɐ̯], der; -s, -e u. -s 〈*provenzal.-frz.;* »Erfinder«〉: provenzalischer Dichter u. Sänger höfischer Liebeslyrik des 12. bis 14. Jh.s; vgl. Trouvère

Trou|ble ['trʌbl̩], der; -s 〈*lat.-vulgärlat.-frz.-engl.*〉 (ugs.): Ärger, Unannehmlichkeit[en], Aufregung

Trou|b|le|shoo|ter ['trʌbl̩ʃu:tɐ], der; -s, - 〈*engl.*〉: jmd., der sich bemüht, Konflikte auszuräumen, Probleme aus der Welt zu schaffen. **Trou|b|le|shoo|te|rin,** die; -, -nen: weibliche Form zu ↑ Troubleshooter

Trou|pi|er [tru'pi̯e:], der; -s, -s 〈*frz.*〉: altgedienter, erfahrener Soldat

Trous|seau [trʊ'so:], der; -s, -s 〈*lat.-vulgärlat.-frz.*〉 (veraltet): Brautausstattung, Aussteuer

Trou|vail|le [tru'va:jə], die; -, -n 〈*frz.*〉: [glücklicher] Fund

Trou|vère [tru'vɛ:r], der; -[s], -s 〈*provenzal.-frz.*〉: nordfranzösischer Minnesänger des Mittelalters

Troy|ge|wicht ['trɔɪ̯...], das; -[e]s, -e 〈*engl.; dt.;* nach der frz. Stadt Troyes〉: Gewicht in Großbritannien u. den USA für Edelmetall u. Edelsteine

Truck [trak], der; -s, -s 〈*engl.-amerik.*〉: [großer] Lastkraftwagen [mit Sattelauflieger]. **Tru|cker** ['trakɐ], der; -s, -: Lastwagenfahrer

Truck|sys|tem ['trak...], das; -s, -e 〈*engl.; gr.-lat.*〉: frühere Entlohnungsform, bei der der Arbeitnehmer Waren teilweise od. ausschließlich als Entgelt für seine Leistungen erhielt

Tru|is|mus, der; - 〈*engl.-nlat.*〉: Binsenwahrheit; Gemeinplatz (z. B.: man lebt nur einmal)

Trul|lo, der; -s, Trulli 〈*mgr.-it.*〉: rundes Wohnhaus mit konischem Dach (auf der Salentinischen Halbinsel in Apulien)

Tru|meau [try'mo:], der; -s, -s 〈*germ.-frz.*〉 (Archit., bes. des 18. Jh.s): **1.** Pfeiler zwischen zwei Fenstern. **2.** (zur Innendekoration eines Raumes gehörender) großer, schmaler Wandspiegel an einem Pfeiler zwischen zwei Fenstern

trun|kie|ren 〈*lat.-engl.*〉 (EDV): (eine Zeichenfolge) [teilweise] durch einen Platzhalter ersetzen. **Trun|kie|rung,** die; -, -en (EDV): das Trunkieren

Trust [trast, auch: trʌst, selten: trʊst], der; -[e]s, -e u. -s 〈*altnord.-engl.*〉: Zusammenfassung mehrerer Unternehmen unter einer Leitung zum Zweck der Monopolisierung

Trus|tee [tras'ti:], der; -s, -s: engl. Bez. für: Treuhänder

Try|pa|no|so|ma, das; -s, ...men 〈*gr.-nlat.*〉: Vertreter einer Gattung der Geißeltierchen mit zahlreichen Krankheitserregern

Try|pa|no|so|mi|a|sis, die; -, ...iasen (Med.): vor allem durch Schlafsucht, nervöse Störungen u. Auszehrung gekennzeichnete (von Tsetsefliegen übertragene) tropische Infektionskrankheit, die ohne Therapie immer tödlich verläuft; Schlafkrankheit

Tryp|sin, das; -s (Med.): Eiweiß spaltendes ↑ Enzym der Bauchspeicheldrüse

Tryp|to|phan, das; -s: eine in den meisten Eiweißstoffen enthaltene ↑ Aminosäure

Tsan|t|sa, die; -, -s 〈*indian.*〉: Schrumpfkopf

Tsa|t|si|ki [tsa'tsi:ki] vgl. Zaziki

Tscha|dor [auch: ...'do:ɐ̯], **Tschadyr,** der; -s, -s 〈*pers.*〉: (von persischen Frauen getragener) langer, den Kopf u. teilweise das Gesicht u. den Körper bedeckender Schleier

Tscha|ko, der; -s, -s 〈*ung.*〉 (früher): im Heer u. (nach 1918) von der Polizei getragene zylinder-, helmartige Kopfbedeckung

Tscha|k|ra, das; -[s], -s 〈*sanskr.;* »Rad«〉: altindische Schleuderwaffe

Tscha|ma|ra, die; -, -s u. ...ren 〈*tschech.* u. *poln.*〉: zur tschechischen u. polnischen Nationaltracht gehörende, geschnürte Jacke mit niedrigem Stehkragen

Tschan, das; -[s] 〈*sanskr.-chin.*〉: chinesische buddhistische Richtung; vgl. Zen

Tschan|du, das; -s 〈*Hindi*〉: zum Rauchen zubereitetes Opium

Tscha|no|ju, das; - 〈*jap.*〉: Teezeremonie als japanischer Brauch

Tschap|ka, die; -, -s 〈*dt.-poln.*〉: frühere, mit viereckigem Deckel versehene (urspr. polnische) Mütze der Ulanen

Tschar|da: alte Schreibung für ↑ Csárda

Tschar|dasch: alte Schreibung für ↑ Csardas

Tschar|ka, das; - 〈*russ.*〉: früheres

russisches Flüssigkeitsmaß (= 0,123 l)
tschau, ciao! [tʃau̯] ‹*lat.-it.*›: tschüs!, hallo! (freundschaftlicher Gruß zum Abschied, zur Begrüßung)
Tscha|usch, der; -, - ‹*türk.*›: **1.** (Geschichte) türkischer Leibgardist, Polizist, Amtsvogt; Unteroffizier. **2.** Spaßmacher bei einer Hochzeit (in Serbien)
Tsche|ka, die; - ‹*russ.;* Kurzw.›: (1917–1922) Name der politischen Polizei in Sowjetrussland
Tsche|kist, der; -en, -en: **a)** Angehöriger der Tscheka; **b)** (in den [ehemaligen] sozialistischen Ländern) Angehöriger des Staatssicherheitsdienstes. **Tsche|kis|tin**, die; -, -nen: weibliche Form zu ↑Tschekist
Tscher|kess|ka, die; -, -s u. ...ken ‹*russ.;* nach dem kaukasischen Volk der Tscherkessen›: langer, eng anliegender Leibrock mit Gürtel u. Patronentaschen (Nationalkleidung, auch Uniform der Kaukasusvölker)
Tscher|no|sem, Tscher|no|s|jom ‹*russ.*› [...ˈsjɔm], das; -[s]: Schwarzerde (fruchtbarer, humushaltiger Lössboden in Südrussland)
Tscher|wo|nez, der; -, ...wonzen (aber: 5 -) ‹*russ.*›: frühere russische Währungseinheit
Tschet|nik, der; -s, -s ‹*serbokroat.*›: serbischer Freischärler
Tschi|buk, der; -s, -s ‹*türk.*›: lange türkische Tabakspfeife mit kleinem Kopf
Tschi|kosch vgl. Csikos
Tschi|nel|le, die; -, -n (meist Plural) ‹*it.*›: Becken (messingenes Schlaginstrument)
Tschis|ma, der; -s, ...men (meist Plural) ‹*ung.*›: niedriger, farbiger ungarischer Stiefel
Tschi|t|ra|ka, das; -[s], -s ‹*Hindi*›: täglich erneuertes Sektenzeichen auf der Stirn der Hindus
Tschor|ten, der; -, - ‹*tibet.*›: tibetische Form des ↑Stupas
tschüs, tschüss ‹*lat.-frz.*› (ugs.): auf Wiedersehen!
Tschusch, der; -en, -en ‹Herkunft unsicher› (österr. ugs. abwertend): Fremder (bes. Angehöriger eines südosteuropäischen od. orientalischen Volkes)
tschüss vgl. tschüs
Tse|t|se|flie|ge, die; -, -n ‹*Bantuspr.; dt.*›: im tropischen Afrika vorkommende Stechfliege, die den Erreger der Schlafkrankheit überträgt
T-Shirt [ˈtiːʃœːɐ̯t], das; -s, -s ‹*engl.*›: [kurzärmeliges] Oberteil aus Trikotstoff
Tsu|ba, das; -[s], ...ben ‹*jap.*›: Stichblatt des japanischen Schwertes
Tsu|ga, die; -, -s u. ...gen ‹*jap.-nlat.*›: Hemlocktanne; Schierlingstanne
Tsu|na|mi, der; -, -s ‹*jap.*›: meist durch ein Seebeben verursachte Meereswelle (oft mit verheerender Wirkung an den Küsten)
TTIP [ˈtiːtɪp] ‹Kurzw. aus *engl.* *T*ransatlantic *T*rade and *I*nvestment *P*artnership›: geplantes Freihandelsabkommen zw. der EU u. den USA
tua res agi|tur ‹*lat.*›: um deine Angelegenheit handelt es sich, dich geht es an, du musst selbst aktiv werden
Tub [tʌb], das; -[s], -s (aber: 5 -) ‹*niederl.-engl.*›: englisches Massemaß für Butter (= 38,102 kg) u. Tee (= 27,216 kg)
Tu|ba, die; -, Tuben ‹*lat.*›: **1.** zur Bügelhörnerfamilie gehörendes tiefstes Blechblasinstrument mit nach oben gerichtetem Schalltrichter u. vier Ventilen. **2.** altrömisches Blasinstrument, Vorläufer der Trompete. **3.** (Med.) röhrenförmige Verbindung zwischen der Paukenhöhle des Ohrs u. dem Rachen, Ohrtrompete. **4. Tuba uterina:** (Med.) Ausführungsgang der Eierstöcke; Eileiter
Tu|ben: *Plural* von ↑Tuba u. ↑Tubus
Tu|ber|kel, der; -s, - (österr. auch: die; -, -n) ‹*lat.*› (Med.): **1.** kleiner Höcker, Vorsprung (bes. an Knochen). **2.** knötchenförmige Geschwulst, [Tuberkulose]knötchen
tu|ber|ku|lar ‹*lat.-nlat.*› (Med.): knotig, mit Bildung von Tuberkeln einhergehend
Tu|ber|ku|lid, das; -[e]s, -e (Med.): gutartige Hauttuberkulose
Tu|ber|ku|lin, das; -s (Med.): aus Zerfallsstoffen bestimmter Bakterien gewonnener Giftstoff, der zur Diagnosestellung der Tuberkulose verwendet wird
Tu|ber|ku|lom, das; -s, -e (Med.): Geschwulst aus tuberkulösem Gewebe
tu|ber|ku|lös, österr. ugs. auch: **tu|ber|ku|los** (Med.): **a)** die Tuberkulose betreffend, mit ihr zusammenhängend; **b)** an Tuberkulose leidend; schwindsüchtig. **Tu|ber|ku|lo|se**, die; -, -n (Med.): durch Tuberkelbakterien hervorgerufene chronische Infektionskrankheit (z. B. von Lunge, Haut, Knochen) (Abk.: Tbc)
tu|be|ros, tu|be|rös ‹*lat.*› (Med.): höckerig, knotenartig, geschwulstartig
Tu|be|ro|se, die; -, -n ‹*lat.-nlat.*›: aus Mexiko stammende stark duftende Zierpflanze mit weißen Blüten an langem Stängel
Tu|bist, der; -en, -en: Tubaspieler. **Tu|bis|tin**, die; -, -nen: weibliche Form zu ↑Tubist
tu|bu|lär, tu|bu|lös ‹*lat.-nlat.*› (Med.): schlauch-, röhrenförmig
Tu|bu|lus, der; -, ...li ‹*lat.*›: feine röhrenförmige Struktur in Organen des Körpers
Tu|bus, der; -, ...ben u. -se ‹*lat.;* »Röhre«›: **1.** bei optischen Geräten linsenfassendes Rohr. **2.** bei Glasgeräten Rohransatz. **3.** (Med.) Hohlsonde od. Röhre aus Metall, Gummi od. Kunststoff (z. B. zur Einführung in die Luftröhre zwecks Atemwegssicherung u. Beatmung)
Tu|chent, die; -, -en ‹Herkunft unsicher; vielleicht *slaw.*› (österr.): Federbett
Tu|dor|bo|gen [ˈtjuːdə..., auch: ˈtuːdɔr..., ...doːɐ̯...], der; -s, - ‹*engl.; dt.*› (Archit.): Spitzbogen der englischen Spätgotik
Tu|dor|stil, der; -s ‹*engl.; lat.*›: Stil der englischen Spätgotik zwischen 1485 u. 1558, in den auch Renaissanceformen einflossen
Tuf|ting|wa|re [ˈtaf...], die; - ‹*engl.; dt.*›: Teppichware, bei der Schlingen in ein Grundgewebe eingenäht werden
Tugh, der; -s, -s ‹*türk.*› (Geschichte): Rossschweif als militärisches Ehrenzeichen (in der Türkei)
Tu|kan [auch: ...ˈkaːn], der; -s, -e ‹*indian.-span.-frz.*›: Pfefferfresser (mittel- u. südamerikanischer spechtartiger Vogel)
Tu|la|r|ä|mie, die; -, ...ien ‹*indian.; gr.;* nach der kaliforn. Land-

schaft Tulare⟩ (Med.): auf den Menschen übertragbare Infektionserkrankung wild lebender Nager; Hasenpest

Tu|li|pan, der; -[e]s, -e, **Tu|li|pa|ne,** die; -, -n ⟨*pers.-türk.-it.*⟩ (veraltet): Tulpe

Tum|ba, die; -, ...ben ⟨*gr.-lat.*⟩: **1.** Scheinbahre beim katholischen Totengottesdienst. **2.** sarkophagartiger Überbau eines Grabes mit Grabplatte

Tum|b|ler ['tamblɐ], der; -s, - ⟨*engl.*⟩: **1.** (schweiz.) elektrischer Wäschetrockner. **2.** Trinkglas mit dickem Boden

Tu|mes|zenz, die; - ⟨*lat.-nlat.*⟩ (Med.): Schwellung, Anschwellung

Tu|mor [ugs. auch: ...'mo:ɐ̯], der; -s, ...oren (auch: ...ore) ⟨*lat.*⟩ (Med.): Geschwulst, Gewächs, Gewebswucherung

Tu|mor|mar|ker, der; -s, - ⟨*lat.; engl.*⟩ (Med.): in Körperflüssigkeiten nachweisbare Substanz, die Aufschluss über das Bestehen od. den Verlauf einer Tumorerkrankung geben kann

Tu|mu|li: *Plural* von ↑Tumulus

Tu|mult, der; -[e]s, -e ⟨*lat.*⟩: **a)** Lärm; Unruhe; **b)** Auflauf lärmender u. aufgeregter Menschen; Aufruhr

Tu|mul|tu|ant, der; -en, -en: Unruhestifter; Ruhestörer, Aufrührer. **Tu|mul|tu|an|tin,** die; -, -nen: weibliche Form zu ↑Tumultuant. **tu|mul|tu|a|risch:** lärmend, unruhig, erregt, wild, ungestüm, aufrührerisch

tu|mul|tu|ie|ren ⟨*lat.*⟩: lärmen; einen Auflauf erregen

tu|mul|tu|os, tu|mul|tu|ös ⟨*lat.-frz.*⟩: heftig, stürmisch, aufgeregt, wild bewegt

tu|mul|tu|o|so ⟨*lat.-it.*⟩ (Musik): stürmisch, heftig, lärmend (Vortragsanweisung)

Tu|mu|lus, der; -, ...li ⟨*lat.*⟩: Hügelgrab

Tun|d|ra, die; -, ...ren ⟨*finn.-russ.*⟩: baumlose Kältesteppe jenseits der arktischen Waldgrenze

Tu|nell, das; -s, -e (südd., österr.): Tunnel

tu|nen ['tju:nən] ⟨*engl.*⟩: die Leistung eines Kraftfahrzeugmotors nachträglich erhöhen, einen Motor frisieren

Tu|ner ['tju:nɐ], der; -s, -: **1. a)** Vorrichtung an einem Fernseh- oder Rundfunkgerät zur Einstellung des Frequenzkanals; Kanalwähler; **b)** diese Vorrichtung enthaltendes Bauteil. **2.** (Jargon) Spezialist für Tuning. **Tu|ne|rin,** die; -, -nen: weibliche Form zu ↑Tuner (2)

Tun|fisch vgl. Thunfisch

Tu|ni|ca, die; -, ...cae [...tsɛ:] ⟨*semit.-lat.*⟩: **1.** (Bot.) äußere Schicht des ↑Vegetationskegels der Pflanzen (Ggs.: Corpus [2]). **2.** (Biol., Med.) dünne Gewebsschicht der Haut (z. B. Schleimhäute od. Gefäßwände); vgl. Tunika

Tu|ni|ka, die; -, ...ken: **1.** im Rom der Antike (urspr. ärmelloses) Untergewand für Männer u. Frauen. **2.** über dem Kleid getragener Überrock; ärmelloses, vorn offenes Übergewand. **3.** (Mode) über Rock oder Hose getragenes blusenartiges Kleidungsstück

Tu|ni|ka|te, die; -, -n (meist Plural) (Zool.): Manteltier

Tu|ning ['tju:nɪŋ], das; -s, -s ⟨*engl.*⟩: nachträgliche Erhöhung der Leistung eines Kraftfahrzeugmotors

Tu|ni|zel|la, die; -, ...llen ⟨*semit.-lat.*⟩: liturgisches Oberkleid des katholischen ↑Subdiakons

[1]Tun|nel, der; -s, - (auch: -s) ⟨*gall.-mlat.-frz.-engl.*⟩: **a)** röhrenförmiges unterirdisches Bauwerk, bes. als Verkehrsweg durch einen Berg, unter einem Gewässer hindurch o. Ä.; **b)** unterirdischer Gang; **c)** (beim Rugby bei einem Gedränge) freier Raum zwischen den Spielern; vgl. Tunell

[2]Tun|nel ['tanl̩], der; -s, -[s] ⟨*engl.*⟩: Schmuckring, der das Ohrläppchen stark dehnt

tun|ne|lie|ren (österr.): (durch etwas hindurch) einen Tunnel bauen

Tun|ne|ling ['tanəlɪŋ], das; -[s] (EDV): [der Sicherheit dienende] Einbettung eines Kommunikationsprotokolls in ein anderes beim Transport von Daten in einem Netzwerk

tun|neln (Sportjargon): den Ball zwischen den Beinen des Gegners hindurchspielen

Tu|pa|ma|ro, der; -s, -s (meist Plural) ⟨nach dem Inkakönig Túpac Amaru⟩: uruguayischer Stadtguerillero

Tu|pi, das; - ⟨*indian.*⟩: **1.** eine Indianersprache Südamerikas. **2.** ↑Lingua geral (2)

Tu|ras, der; -, -se ⟨Kunstw.⟩: großes Kettenrad (z. B. beim Eimerkettenbagger)

Tur|ba, die; -, ...bae [...bɛ] ⟨*lat.*⟩: in die Handlung eingreifender dramatischer Chor in Oratorien, Passionen u. geistlichen Schauspielen (Ggs.: Soliloquent)

Tur|ban, der; -s, -e ⟨*pers.-türk.-mgr.-roman.*⟩: aus [einer kleinen Kappe u.] einem in bestimmter Weise um den Kopf gewundenen langen, schmalen Tuch bestehende Kopfbedeckung (bes. der Muslime u. Hindus)

Tür|be, die; -, -n ⟨*arab.-türk.*⟩: islamischer, bes. türkischer, turmförmiger Grabbau mit kegel- od. kuppelförmigem Dach

Tur|bel|la|rie [...ri̯ə], die; -, -n (meist Plural) ⟨*lat.-nlat.*⟩: Strudelwurm

tur|bie|ren ⟨*lat.*⟩ (veraltet): beunruhigen, stören

tur|bi|nal ⟨*lat.-nlat.*⟩ (Technik): gewunden

Tur|bi|ne, die; -, -n ⟨*lat.-frz.*⟩: Kraftmaschine, die die Energie strömenden Gases, Dampfes od. Wassers mithilfe eines Schaufelrades in eine Rotationsbewegung umsetzt

Tur|bo, der; -s, -s ⟨*lat.*⟩ (ugs.): **1.** Kurzform von ↑Turbomotor (1), ↑Turbolader. **2.** Auto mit Turbomotor

Tur|bo|dy|na|mo, der; -s, -s: elektrischer Energieerzeuger (Generator), der unmittelbar mit einer Turbine gekoppelt ist

Tur|bo|ka|pi|ta|lis|mus, der; - (abwertend): rücksichtsloser, unverhüllt ausschließlich auf Profitmaximierung ausgerichteter Kapitalismus

Tur|bo|la|der, der; -s, -: mit einer Abgasturbine arbeitende Vorrichtung zum Aufladen eines Motors

Tur|bo|mo|tor, der; -s, -en: **1.** Motor mit einem Turbolader. **2.** mit einer Gasturbine arbeitendes Triebwerk

Tur|bo-Prop-Flug|zeug, das; -[e]s, -e ⟨Kurzw.⟩: Flugzeug mit einem Triebwerk, bei dem eine Turbine den Propeller antreibt

Tur|bo|ven|ti|la|tor, der; -s, -en: Kreisellüfter

tur|bu|lent ⟨*lat.*⟩: **1.** stürmisch, ungestüm, lärmend. **2.** (Physik, Astron., Meteorol.) durch das Auftreten von Wirbeln gekennzeichnet, ungeordnet. **Tur|bu|lenz,** die; -, -en: **1.** (Physik) Wirbelbildung bei Strömungen in Gasen u. Flüssigkeiten. **2.** (Physik, Astron., Meteorol.) ungeordnete Wirbelströmung der Luft. **3.** Unruhe; wildes Durcheinander

tur|ca ⟨*it.*⟩: ↑alla turca

Turf [auch: tœːɐ̯f], der; -s ⟨*engl.*⟩: **a)** Pferderennbahn; **b)** Pferderennen, Pferdesport

Tur|ges|zenz, die; -, -en ⟨*lat.-nlat.*⟩ (Biol., Med.): Anschwellen von Zellen u. Geweben durch vermehrten Flüssigkeitsgehalt

Tur|gor, der; -s ⟨*lat.*⟩: **1.** (Med.) Spannungszustand, Flüssigkeitsdruck in einem Gewebe. **2.** (Bot.) Druck des Zellsaftes auf die Pflanzenzellwand

Tu|ri|o|ne, die; -, -n ⟨*lat.*⟩ (Bot.): Überwinterungsknospe zahlreicher Wasserpflanzen

Turk|baff, der; -[s], -s ⟨*pers.;* »türkischer Knoten«⟩: Teppich mit vielstrahligem Stern als Mittelmedaillon

Tur|key [ˈtœːɐ̯ki], der; -s, -s ⟨*engl.*⟩ (Jargon): durch Entzugserscheinungen gekennzeichneter körperlicher Zustand (Zittern usw.) von Drogenabhängigen

tür|kis ⟨*türk.-frz.*⟩: blaugrün, türkisfarben

[1]Tür|kis, der; -es, -e: blauer, auch grüner Edelstein (ein Mineral)

[2]Tür|kis, das; -: blaugrüne Farbe, blaugrüner Farbton

tür|ki|sie|ren, häufiger: **tur|ki|sieren** ⟨*türk.-nlat.*⟩: türkisch machen, gestalten

Turk|me|ne, der; -n, -n ⟨nach dem vorderasiatischen Volk der Turkmenen⟩: turkmenischer Orientteppich

Tur|ko, der; -s, -s ⟨*türk.-it.-frz.*⟩ (Geschichte): farbiger Fußsoldat des französischen [Kolonial]heeres

Tur|ko|lo|gie, die; - ⟨*türk.; gr.*⟩: Wissenschaft von sämtlichen Turksprachen u. -kulturen. **turko|lo|gisch:** die Turkologie betreffend

Tur|ma|lin, der; -s, -e ⟨*singhal.-frz.*⟩: roter, grüner, brauner, auch schwarzer od. farbloser Edelstein (ein Mineral)

Turn [tœːɐ̯n], der; -s, -s ⟨*gr.-lat.-engl.*⟩: **1.** Kehre, hochgezogene Kurve im Kunstfliegen. **2.** (Jargon) Rauschzustand (bes. durch Haschisch, Marihuana bewirkt)

Tur|n|a|round [ˈtœːɐ̯nəraʊ̯nd], der; -[s], -s ⟨*engl.*⟩ (bes. Wirtsch.): Umschwung bes. in der wirtschaftlichen Situation eines Unternehmens; Überwindung einer Krise

tur|nen [ˈtœːɐ̯nən] (ugs.): eine berauschende Wirkung haben

Tur|nier, das; -s, -e ⟨*gr.-lat.-frz.*⟩: **1.** ritterliches Kampfspiel im Mittelalter. **2.** sportliche Veranstaltung, bei der in einzelnen Wettkämpfen aus einer Anzahl von Teilnehmern od. Mannschaften der Sieger ermittelt wird. **tur|nie|ren** (veraltet): ein Turnier austragen

Tur|nü|re, Tournüre, die; -, -n ⟨*gr.-lat.-galloroman.-frz.*⟩: **1.** (ohne Plural; veraltet) gewandtes Benehmen. **2.** (Geschichte) in der Damenmode Ende des 19. Jh.s übliches Gesäßpolster

Tur|nus, der; - (österr.: -ses), -se ⟨*gr.-lat.-mlat.*⟩: festgelegte, bestimmte Wiederkehr, Reihenfolge, regelmäßiger Wechsel; Umlauf; in gleicher Weise sich wiederholender Ablauf einer Tätigkeit

Tu|ron, das; -s ⟨nach der frz. Stadt Tours (*lat.* civitas Turonum)⟩ (Geol.): zweitälteste Stufe der Oberen Kreide. **tu|ro|nisch:** das Turon betreffend

Tur|ri|ze|pha|lie, die; -, ...ien ⟨*lat.; gr.*⟩ (Med.): abnorm hoher [spitz zulaufender] Schädel; Turmschädel

Tur|zis|mus, der; -, ...men ⟨*türk.-nlat.*⟩: türkische Spracheigentümlichkeit in einer nicht türkischen Sprache

tu|schie|ren ⟨*frz.*⟩: **1.** ebene Metalloberflächen herstellen (durch Abschaben der erhabenen Stellen, die vorher sichtbar gemacht wurden). **2.** (veraltet) beleidigen; vgl. touchieren

Tus|ku|lum, das; -s, ...la ⟨*lat.;* nach der altröm. Stadt Tusculum⟩ (veraltet): **1.** ruhiger, behaglicher Landsitz. **2.** Lieblingsaufenthalt

Tus|sah|sei|de, die; - ⟨*Hindi; dt.*⟩: Wildseide des Tussahspinners

Tus|sis, die; - ⟨*lat.*⟩ (Med.): Husten

Tu|tand, der; -en, -en ⟨*lat.*⟩: Studienanfänger, der von einem Tutor betreut wird. **Tu|tan|din,** die; -, -nen: weibliche Form zu ↑Tutand

Tu|tel, die; -, -en ⟨*lat.*⟩ (veraltend): Vormundschaft. **tu|te|la|risch** (veraltend): vormundschaftlich

Tu|ti|o|ris|mus, der; - ⟨*lat.-nlat.*⟩ (Rel., Philos.): Haltung, die zwischen zwei Möglichkeiten immer die sicherere wählt

Tu|tor, der; -s, ...oren ⟨*lat.*⟩: **1. a)** Leiter eines Tutoriums; **b)** Lehrer u. Ratgeber von Studenten. **2.** (röm. Recht) Vormund, Erzieher

Tu|to|rat, das; -s, -e (bes. schweiz.): ↑Tutorium

Tu|to|ri|al [t(j)uˈtɔːriəl, tuˈtoː...], das; -[s], -s ⟨*engl.*⟩ (bes. EDV): schriftliche od. filmische Übungseinheit, Anleitung zum Gebrauch eines Computerprogramms o. Ä.

Tu|to|rin, die; -, -nen: weibliche Form zu ↑Tutor (1)

Tu|to|ri|um, das; -s, ...rien: ein ↑Seminar (2a) begleitender, meist in einer kleineren Gruppe gehaltener Übungskurs an einer Universität

tut|ta la for|za ⟨*it.;* »die ganze Kraft«⟩ (Musik): mit voller Kraft (Vortragsanweisung)

tut|ti ⟨*lat.-it.*⟩ (Musik): alle [Instrumenten- u. Gesangs]stimmen zusammen. **Tut|ti,** das; -[s], -[s] (Musik): alle Stimmen, volles Orchester (Ggs.: Solo [1])

Tut|ti|frut|ti, das; -[s], -[s] ⟨»alle Früchte«⟩: **1.** Vielfruchtspeise; Süßspeise aus verschiedenen Früchten. **2.** (veraltet) Allerlei, Durcheinander

tut|ti quan|ti: alle zusammen, ohne Ausnahme

Tut|tist, der; -en, -en (Musik): Orchestermusiker, bes. Streicher, ohne solistische Aufgaben. **Tut|tis|tin,** die; -, -nen: weibliche Form zu ↑Tuttist

Tu|tu [tyˈtyː], das; -[s], -s ⟨*frz.*⟩: kurzes Tanzröckchen, Ballettröckchen

TV [teːˈfaʊ̯, auch: tiːˈviː], das; - ⟨Abk. für *Tele*vision⟩: Fernsehen

twea|ken [ˈtwiːkən] ⟨*engl.*⟩ (Sport): beim ↑Snowboarding im Sprung den Körper verdrehen

Tweed [tviːt, auch: twiːd], der; -s, -s u. -e ⟨*engl.*⟩: kräfti-

ty|po..., Ty|po...

⟨zu *gr.* týpos »Schlag; Form, Gestalt« (→ *lat.* typus »Bild, Figur, Form, Modell«) → *frz.* type »Typ, Grundform; Letter, Buchstabe«⟩
Wortbildungselement mit den Bedeutungen:
a) *»einen bestimmten Typ betreffend, kennzeichnend«:*
– Typogenese
– Typologie
b) *»die Satztechnik od. den Druck betreffend«:*
– Typoskript

...ty|pie
die; -, ...ien (häufig ohne Plural)
⟨zu *gr.* týpos »Schlag; Form, Gestalt« (→ *lat.* typus »Bild, Figur, Form, Modell«) → *frz.* type »Typ, Grundform; Letter, Buchstabe«⟩
Wortbildungselement mit den Bedeutungen:
a) *»einen bestimmten Typ, eine Art betreffend«:*
– Isotypie
b) *»Druckverfahren; Druckerzeugnis«:*
– Chromotypie
– Monotypie

ges, oft meliertes Woll- od. Mischgewebe mit kleiner Bindungsmusterung

Tweet [tviːt], der od. das; -s, -s ⟨*engl.*⟩ (EDV): beim ↑Twittern gesendete Nachricht

twee|ten [ˈtviːtn̩] ⟨*engl.*⟩: twittern

Twee|ter [ˈtwiːtɐ], der; -[s], - ⟨*engl.*⟩: [Hochton]lautsprecher an elektroakustischen Anlagen

Twen, der; -s, -s ⟨anglisierende Bildung zu *engl.* twenty = »zwanzig«⟩: jmd., der in den Zwanzigern ist; vgl. Teen

Twerk [twœːɐ̯k], der; -[s] ⟨*engl.*⟩: (lasziver) Tanzstil mit besonderer Betonung der Bewegungen von Gesäß u. Hüften. **twer|ken** [ˈtwœːɐ̯...]: im Stil des ↑Twerk tanzen. **Twer|king** [ˈtwœːɐ̯kɪŋ], das; -[s]: ↑Twerk

Twig|gy, die; -, -s: extrem schlanke junge Frau (als Schönheitsideal)

Twill, der; -s, -s u. -e ⟨*engl.*⟩: geköperter Baumwollfutterstoff od. Seidenstoff, Feinköper

Twin|set, das (auch: der); -[s], -s ⟨*engl.*⟩: Pullover u. Jacke von gleicher Farbe u. aus gleichem Material

¹**Twist**, der; -[e]s, -e ⟨*engl.*⟩: mehrfädiges Baumwoll[stopf]garn

²**Twist**, der; -s, -s ⟨*engl.*⟩: **1.** aus den USA stammender Modetanz im $^4/_4$-Takt. **2.** (Tennis) **a)** (ohne Plural) Drall eines geschlagenen Balls; **b)** mit ²Twist (2 a) gespielter Ball. **3.** (Turnen) Schraube; Sprung mit ganzer Drehung um die Längsachse des gestreckten Körpers

twis|ten: ²Twist (1) tanzen

Twist-off-Glas, das; -es, ...gläser ⟨*engl.; dt.*⟩: Konservenglas mit Schraubdeckel

Twit|ter®, das; -[s] (meist o. Art.) ⟨zu *engl.* to twitter = zwitschern⟩: System zur Versendung von Kurznachrichten [an eine große Zahl von Empfängern] über das Internet

Twit|ter|ac|count, Twit|ter-Ac|count [...ʔəkaʊ̯nt], der od. das; -s, -s ⟨*engl.*⟩: Zugangsberechtigung für den Kurznachrichtendienst ↑Twitter®

Twit|te|rer, der; -s, - ⟨*engl.*⟩: Nutzer des Onlinedienstes ↑Twitter. **Twit|te|rin**, die; -, -nen: weibliche Form zu ↑Twitterer

twit|tern ⟨*engl.*⟩: über den Internetdienst Twitter® Kurznachrichten senden u. empfangen

Two|beat [ˈtuːbiːt], der; - ⟨*engl.;* »Zweischlag«⟩: traditioneller Jazz, der dadurch charakterisiert ist, dass (vorwiegend) jeweils zwei von vier Taktteilen betont werden

Two|stepp [ˈtuːstɛp], der; -s, -s ⟨*engl.;* »Zweischritt«⟩: schneller englischer Tanz im $^3/_4$-Takt

Ty|che, die; - ⟨*gr.*⟩: Schicksal, Zufall, Glück

Ty|chis|mus, der; - ⟨*gr.-nlat.*⟩: Anschauung, nach der in der Welt der Zufall herrscht

Ty|coon [taɪ̯ˈkuːn], der; -s, -s ⟨*chin.-jap.-engl.*⟩: **1.** sehr einflussreicher, mächtiger Geschäftsmann; Großkapitalist, Industriemagnat. **2.** mächtiger Führer (z. B. einer Partei)

Ty|lom, das; -s, -e ⟨*gr.*⟩ (Med.): Schwiele

Tym|pa|na: *Plural* von ↑Tympanon, ↑Tympanum

Tym|pa|nal|or|gan, das; -s, -e ⟨*gr.-nlat.*⟩ (Biol.): Gehörorgan der Insekten

Tym|pa|nie, Tym|pa|ni|tis, die; - (Med., Zool.): Ansammlung von Gasen in inneren Organen, bes. Blähsucht bei Tieren; vgl. Meteorismus

Tym|pa|non, das; -s, ...na ⟨*gr.*⟩ (Archit.): oft mit Reliefs geschmücktes Giebelfeld, Bogenfeld über Portal, Tür od. Fenster

Tym|pa|num, das; -s, ...na ⟨*gr.-lat.*⟩: **1.** trommelartiges Schöpfrad in der Antike. **2.** ↑Tympanon. **3.** (Med.) Paukenhöhle im Mittelohr. **4.** (Musik) Handpauke

Typ, der; -s, -en ⟨*gr.-lat.;* »Schlag; Gepräge, Form; Muster«⟩: **1.** (ohne Plural; Philos.) Urbild, Grundform, Beispiel. **2. a)** (Psychol.) bestimmte psychische Ausprägung einer Person, die mit einer Gruppe anderer Personen eine Reihe von Merkmalen gemeinsam hat; **b)** (Literaturwiss., bildende Kunst) als klassischer Vertreter einer bestimmten Kategorie von Menschen gestaltete, stark stilisierte, keine individuellen Züge aufweisende Figur. **3.** Schlag, Menschentyp, Gattung. **4.** (Technik) Bauart, Muster, Modell. **5.** (Genitiv auch: -en; ugs.) männliche Person

Ty|pe, die; -, -n ⟨*gr.-lat.-frz.*⟩: **1.** (Druckw.) gegossener Druckbuchstabe, Letter. **2.** (ugs.) Mensch von ausgeprägt absonderlicher, schrulliger Eigenart; komische Figur. **3.** (Fachspr.) Mehltype. **4.** (selten) Typ (4)

ty|pen ⟨zu ↑Typ⟩: industrielle Artikel zum Zwecke der ↑Rationalisierung nur in bestimmten notwendigen Größen herstellen; vgl. typisieren

Ty|pen: *Plural* von ↑Typ, ↑Type, ↑Typus

Ty|ph|li|tis, die; -, ...itiden ⟨*gr.-nlat.*⟩ (Med.): Blinddarmentzündung

Ty|pho|id, das; -[e]s, -e ⟨*gr.-nlat.*⟩ (Med.): typhusähnliche Erkrankung

Ty|pho|ma|nie, die; - (Med.): beim Typhus auftretende Fieberdelirien

¹Ty|phon, das; -s, -e ⟨*gr.-lat.; chin.-engl.*⟩: mit Druckluft betriebene Schiffssirene

²Ty|phon, der; -s, ...one ⟨*gr.-lat.*⟩ (veraltet): Wirbelwind, Wasserhose

ty|phös ⟨*gr.-nlat.*⟩ (Med.): typhusartig; zum Typhus gehörend

Ty|phus, der; - (Med.): durch ein Bakterium ausgelöste fieberhafte Infektionskrankheit, die oft mit niedriger Herzfrequenz u. schweren Bewusstseinsstörungen einhergeht

Ty|pik, die; -, -en ⟨*gr.-nlat.*⟩: **1.** (Psychol.) die Wissenschaft vom Typ (2); vgl. Typologie (1). **2.** (veraltet) Typologie (2)

Ty|pi|kon, das; -s, ...ka ⟨*gr.-mgr.*⟩: Buch mit liturgischen Festvorschriften u. Regeln in der orthodoxen Kirche

Ty|pin, die; -, -nen: weibliche Form zu ↑Typ (5)

ty|pisch ⟨*gr.-lat.*⟩: **1.** einen Typus betreffend, darstellend, kennzeichnend. **2.** charakteristisch, bezeichnend, unverkennbar. **3.** (veraltet) vorbildlich, mustergültig

ty|pi|sie|ren ⟨*gr.-nlat.*⟩: **1.** typisch (1), als Typ, nicht als individuelle Person darstellen, auffassen. **2.** nach Typen (vgl. Typ [2, 3]) einteilen. **3.** ↑typen

Ty|pi|zi|tät, die; -, -en: charakteristische Eigenart, modellhafte Eigentümlichkeit

ty|po..., Ty|po... *s. Kasten Seite 1147*

Ty|po|ge|ne|se, die; -, -n (Biol.): Formenbildung im Laufe der Stammesgeschichte

Ty|po|graf, Typograph, der; -en, -en: Schriftsetzer. **Ty|po|gra|fie,** Typographie, die; -, ...ien: **1.** Buchdruckerkunst. **2.** typografische Gestaltung (eines Druckerzeugnisses). **Ty|po|gra|fin,** Typographin, die; -, -nen: weibliche Form zu ↑Typograf. **ty|po|gra|fisch,** typographisch: die Typografie betreffend

Ty|po|graph usw. vgl. Typograf usw.

Ty|po|lo|gie, die; -, ...ien: **1.** (Psychol.) Wissenschaft, Lehre von der Gruppenzuordnung aufgrund einer umfassenden Ganzheit von Merkmalen, die den ↑Typ (2) kennzeichnen; Einteilung nach Typen. **2.** (Rel.) Lehre von der Vorbildlichkeit alttestamentlicher Personen u. Ereignisse für das Neue Testament u. die christliche Kirche (z. B. Adam im Verhältnis zu Christus). **ty|po|lo|gisch:** die Typologie betreffend, zur Typologie gehörend

Ty|po|me|ter, das; -s, -: auf den typografischen Punkt bezogene Messvorrichtung im grafischen Gewerbe

Ty|po|skript, das; -[e]s, -e ⟨*gr.; lat.*⟩ (Buchw., Druckw.): maschinegeschriebenes Manuskript (bes. als Satzvorlage)

Ty|pung, die; -, -en: das Typen

Ty|pus, der; -, Typen ⟨*gr.-lat.*⟩: ↑Typ (1)

Ty|rann, der; -en, -en ⟨*gr.-lat.*⟩: **1.** unumschränkter Gewaltherrscher. **2.** Gewaltmensch, strenger, herrschsüchtiger Mensch, Peiniger. **3.** nord- u. südamerikanischer, meist sehr gewandt u. schnell fliegender Schreivogel

Ty|ran|nei, die; - ⟨*gr.-lat.-frz.*⟩: **a)** Herrschaft eines Tyrannen, Gewaltherrschaft; Willkür[herrschaft]; **b)** tyrannisches, willkürliches Verhalten; Unterdrückung. **Ty|ran|nin,** die; -, -nen: weibliche Form zu ↑Tyrann (1, 2)

Ty|ran|nis, die; - ⟨*gr.-lat.*⟩: **1.** Gewaltherrschaft (bes. im alten Griechenland). **2.** ↑Tyrannei (a)

ty|ran|nisch (abwertend): gewaltsam, willkürlich, herrschsüchtig, herrisch, grausam, diktatorisch

ty|ran|ni|sie|ren ⟨*gr.-lat.-frz.*⟩: gewaltsam, willkürlich behandeln, unterdrücken, rücksichtslos beherrschen; quälen, anderen seinen Willen aufzwingen

Ty|ran|no|sau|ri|er, der; -s, -, **Ty|ran|no|sau|rus,** der; -, ...rier: großer, auf den Hinterbeinen laufender, fleischfressender Dinosaurier

Ty|ran|no|sau|rus Rex, der; - -: sehr großer, zur Gattung Tyrannosaurus gehörender Dinosaurier

Ty|ro|li|enne [tiroˈli̯ɛn] vgl. Tirolienne

Ty|rom, das; -s, -e ⟨*gr.-nlat.*⟩ (Med.): käsige Lymphknotengeschwulst

Ty|ro|sin, das; -s (Chemie): in den meisten Eiweißstoffen enthaltene ↑Aminosäure

Ty|ro|sis, die; - (Med.): Verkäsung

U

Ua|ka|ri, der; -s, -s ⟨*Tupi*⟩: Scharlachgesicht; Kurzschwanzaffe in den Urwäldern Südamerikas

über|di|men|si|o|nal: übermäßig groß, riesig

über|tak|ten (EDV): einen Prozessor od. andere Hardware mit einer höheren Taktfrequenz betreiben als vom Hersteller angegeben. **Über|tak|tung,** die; -, -en (EDV): das ↑Übertakten

ubi be|ne, ibi pa|t|ria ⟨*lat.;* nach einem Ausspruch von Cicero⟩: wo es mir gut geht, da ist mein Vaterland

Ubi|ka|ti|on, die; -, -en (österr. veraltet): militärische Unterkunft, Kaserne

Ubi|quist, der; -en, -en ⟨*lat.-nlat.*⟩ (Biol.): nicht an einen bestimmten ↑Biotop gebundene, in verschiedenen Lebensräumen auftretende Tier- od. Pflanzenart

ubi|qui|tär (bes. Biol.): überall verbreitet

Ubi|qui|tät, die; -, -en: **1.** (ohne Plural) Allgegenwart [Gottes od. Christi]. **2.** in der Wirtschaft überall in jeder Menge erhältliches Gut. **3.** (ohne Plural; bes. Biol.) das Nichtgebundensein an einen Standort

Ucha, die; - ⟨*russ.*⟩: russische Fischsuppe mit Graupen

Uchi-Ma|ta [ʊtʃi...], der; -s, -s ⟨*jap.*⟩ (Judo): innerer Schenkelwurf

Ud [u:t], die; -, -s ⟨*arab.;* »Holz«⟩: Laute persischer Herkunft, die als Vorstufe der europäischen Laute gilt

Udi|to|re, der; - u. -n, ...ri u. -n

⟨*lat.-it.*⟩: päpstlicher Richter, ↑Auditor
Udo|me|ter, das; -s, - ⟨*lat.; gr.*⟩ (Meteorol.): Regenmesser
Ufo, UFO, das; -[s], -s ⟨Kurzw. aus *u*nidentified *f*lying *o*bject; *engl.*⟩: unbekanntes Flugobjekt
Ufo|lo|ge, der; -n, -n ⟨*engl.; gr.*⟩: jmd., der Ufologie betreibt. **Ufo|lo|gie,** die; -: Beschäftigung mit Ufos. **Ufo|lo|gin,** die; -, -nen: weibliche Form zu ↑Ufologe
Ukas, der; -ses, -se ⟨*russ.*⟩: **1.** Anordnung, Befehl. **2.** (Geschichte) Erlass des Zaren
Uke|lei, der; -s, -e u. -s ⟨*slaw.*⟩: Weißfisch, aus dessen Schuppen Perlenessenz (Perlmutterlack) gewonnen wird
Uku|le|le, die od. das; -, -n ⟨*hawaiisch;* »hüpfender Floh«⟩: aus Hawaii stammende kleine ↑Gitarre mit vier Saiten
Ulan, der; -en, -en ⟨*türk.-poln.*⟩ (früher): [leichter] Lanzenreiter
Ulan|ka, die; -, -s: Waffenrock der Ulanen (kurzschößiger Rock mit zwei Knopfreihen)
Ule|ma, der; -s, -s ⟨*arab.-türk.;* Plural: »die Gelehrten«⟩: islamischer Rechts- u. Religionsgelehrter
Uli|tis, die; -, ...itiden ⟨*gr.-nlat.*⟩ (Med.): Zahnfleischentzündung
Ul|kus, das; -, Ulzera ⟨*lat.*⟩ (Med.): Geschwür
Ul|ma|zee, die; -, -n (meist Plural) ⟨*lat.-nlat.*⟩ (Bot.): Ulmengewächs
Ul|na, die; -, Ulnae [...nɛ] ⟨*lat.*⟩ (Anat.): Elle, Ellbogenknochen; Röhrenknochen des Unterarms
Ulo|se, die; -, -n ⟨*gr.-nlat.*⟩ (Anat.): Narbenbildung
Ulo|th|rix, die; - ⟨*gr.*⟩: Kraushaaralge (Grünalge)
Uls|ter [auch: ˈalstɐ], der; -s, - ⟨nach der gleichnamigen historischen irischen Provinz⟩: **1.** weiter [Herren]mantel aus Ulster (2). **2.** Stoff aus grobem Streichgarn [mit angewebtem Futter]
Ul|ti|ma, die; -, ...mä u. ...men ⟨*lat.*⟩ (Sprachwiss.): letzte Silbe eines Wortes
Ul|ti|ma Ra|tio, die; - -: letztes, äußerstes Mittel, letztmöglicher Weg, wenn nichts anderes mehr Aussicht auf Erfolg hat
ul|ti|ma|tiv ⟨*lat.-nlat.*⟩: **1.** in Form eines Ultimatums; nachdrücklich. **2.** sich nicht mehr verbessern lassend
Ul|ti|ma|tum, das; -s, ...ten: Aufforderung, binnen einer Frist eine schwebende Angelegenheit befriedigend zu lösen unter Androhung harter Maßnahmen, falls der Aufforderung nicht entsprochen wird
Ul|ti|men: *Plural* von ↑Ultima
ul|ti|mo ⟨*lat.*⟩: am Letzten [des Monats] (Abk.: ult.). **Ul|ti|mo,** der; -s, -s: letzter Tag [des Monats]
Ul|t|ra, der; -s, -s ⟨*lat.*⟩: **1.** politischer, religiöser ↑Extremist. **2.** [rechtsradikaler] Fußballhooligan (bes. in Spanien u. Italien)

ul|t|ra..., Ul|t|ra...

⟨*lat.* ultra »jenseits, über, über ... hinaus«⟩
Präfix mit der Bedeutung »jenseits von, über ... hinaus, äußerst, zu sehr, übertrieben«:
- ultrakonservativ
- Ultraschall
- ultraviolett

Ul|t|ra|fiche [...ˈfiːʃ], das od. der; -s, -s ⟨*lat.; frz.*⟩: Mikrofilm mit stärkster Verkleinerung
Ul|t|ra|is|mo, der; - ⟨*lat.-span.*⟩: Bewegung in der spanischen u. lateinamerikanischen Dichtung um 1920, die die Lyrik rein auf die Bildwirkung aufzubauen suchte
ul|t|ra|kon|ser|va|tiv: extrem konservativ
ul|t|ra|ma|rin ⟨*lat.-nlat.*⟩: kornblumenblau. **Ul|t|ra|ma|rin,** das; -s: leuchtend blaue Mineralfarbe
Ul|t|ra|mi|k|ro|s|kop, das; -s, -e: Mikroskop zur Betrachtung kleinster Teilchen
ul|t|ra|mon|tan ⟨»jenseits der Berge (Alpen)«⟩: streng päpstlich gesinnt. **Ul|t|ra|mon|ta|ne,** der u. die; -n, -n: Person, die streng päpstlich gesinnt ist. **Ul|t|ra|mon|ta|nis|mus,** der; -: streng päpstliche Gesinnung (bes. im ausgehenden 19. Jh.)
ul|t|ra|mun|dan ⟨*lat.*⟩ (Philos.): über die Welt hinausgehend, jenseitig
ul|t|ra pos|se ne|mo ob|li|ga|tur: Unmögliches zu leisten, kann niemand verpflichtet werden (Rechtssatz des römischen Rechts)
ul|t|ra|rot ⟨*lat.; dt.*⟩: ↑infrarot. **Ul|t|ra|rot,** das; -[s]: ↑Infrarot
Ul|t|ra|schall, der; -[e]s, -e, selten: ...schälle ⟨*lat.; dt.*⟩: **1.** (ohne Plural) Schall mit Frequenzen von mehr als 20 Kilohertz (vom menschlichen Ohr nicht mehr wahrnehmbar) (Ggs.: Infraschall). **2.** (ugs.) Untersuchung mithilfe von Ultraschall (1); Sonografie
Ul|t|ra|so|no|gra|fie, Ul|t|ra|so|no|gra|phie, die; -, -ien ⟨*lat.; gr.*⟩ (Med.): Untersuchung von Gewebe mittels Ultraschallwellen
Ul|t|ra|so|no|s|kop, das; -s, -e (Med.): Ultraschallwellen ausstrahlendes Gerät, durch dessen Echosignale diagnostische Ergebnisse gewonnen werden
Ul|t|ra|strah|lung, die; - ⟨*lat.; dt.*⟩: kosmische Höhenstrahlung
ul|t|ra|vi|o|lett [auch: ˈʊltra...] ⟨*lat.; lat.-frz.*⟩: im Spektrum an Violett anschließend (Abk.: UV). **Ul|t|ra|vi|o|lett,** das; -[s]: unsichtbare, im Spektrum an Violett anschließende Strahlung mit kurzer Wellenlänge (unter 0,0004 mm) u. starker chemischer u. biologischer Wirkung (Abk.: UV)
Ul|ze|ra: *Plural* von ↑Ulkus
Ul|ze|ra|ti|on, die; -, -en ⟨*lat.*⟩ (Med.): Geschwürbildung. **ul|ze|rie|ren** (Med.): geschwürig werden
ul|ze|rös (Med.): geschwürig
Um|bel|li|fe|re, die; -, -n (meist Plural) ⟨*lat.-nlat.*⟩ (Bot.): Doldengewächs
Um|ber, der; -s, -n: **1.** Speisefisch des Mittelmeeres. **2.** (ohne Plural) ↑Umbra (2)
Um|bi|li|cus, der; -, ...ci ⟨*lat.;* »Nabel«⟩: Kopf des Stabes, um den in der Antike die Buchrolle aus Papyrus gewickelt wurde
Um|b|ra, die; - ⟨*lat.;* »Schatten«⟩: **1.** dunkler Kern eines Sonnenflecks, der von der helleren ↑Penumbra umgeben ist. **2.** Erdbraun; braune Malerfarbe aus eisen- od. manganhaltigem Ton
Um|b|ral|glas ®, das; -es, ...gläser ⟨*lat.; dt.*⟩: Schutzglas für Sonnenbrillen gegen Ultraviolett u. Ultrarot
Umi|ak, der od. das; -s, -s ⟨*eskim.*⟩: mit Fellen bespanntes, offenes Boot der Inuitfrauen; vgl. Kajak
um|kur|ven (ugs.): mit einer od.

mehreren Kurven umfahren, umgehen
Um|ma, die; - ⟨*arab.*⟩: Gemeinschaft aller Muslime
umo|ris|ti|co ⟨*lat.-it.*⟩ (Musik): heiter, lustig, humorvoll (Vortragsanweisung)
Um|pi|re [ˈʌmpaɪ̯ə], der; -, -s ⟨*lat.-frz.-engl.*⟩: Schiedsrichter (bes. Tennis, Cricket, Baseball)
UMTS [uːʔɛmteːˈʔɛs] ⟨Abk. für *engl.* universal mobile telecommunications system⟩: Mobilfunkstandard mit direktem Zugang zum Internet u. vielen multimedialen Funktionen
Um|zo|nung, die; -, -en ⟨*dt.; gr.-lat.*⟩ (schweiz.): das Einzonen od. Auszonen eines Gebiets (in der Raumplanung); das Umzonen
una cor|da ⟨*it.;* »auf einer Saite«⟩ (Musik): mit nur einer od. zwei Saiten (Anweisung für den Gebrauch des Pedals am Klavier zur Dämpfung des Tones)
Un|ani|mi|tät, die; - ⟨*lat.-frz.*⟩: Einhelligkeit, Einmütigkeit
Una Sanc|ta, die; - - ⟨*lat.;* »eine heilige (Kirche)«⟩: die eine heilige katholische und apostolische Kirche (Selbstbezeichnung der römisch-katholischen Kirche); vgl. Apostolikum
Unau, das; -[s], -s ⟨*bras.-frz.*⟩: südamerikanisches Faultier mit zweifingerigen Vordergliedmaßen
Un|cle Sam [ˈaŋkl̩ ˈsɛm] ⟨*engl.;* »Onkel Samuel«; nach der ehemaligen amtlichen Bezeichnung U.S.-Am. für die USA⟩ (scherzh.): symbolische Bezeichnung für die USA, bes. für die Regierung
Un|da|ti|on, die; -, -en ⟨*lat.;* »das Wellenschlagen, Überwallen«⟩ (Geol.): Großfaltung der Erdrinde
Un|der|co|ve|rage [ʌndəˈkʌvərɪdʒ], die; - ⟨*engl.*⟩: **1.** nicht ausreichende Deckung versicherter Gegenstände. **2.** unangemessene Berichterstattung über ein [bedeutendes] Ereignis
Un|der|co|ver|agent [ˈandɐkavɐ...], der; -en, -en ⟨*engl.*⟩: [in eine zu observierende Gruppe eingeschleuster] verdeckter Ermittler. **Un|der|co|ver|agen|tin,** die; -, -nen: weibliche Form zu ↑Undercoveragent
Un|der|cut [ˈandɐkat], der; -s, -s ⟨*engl.*⟩: Frisur, bei der der untere Kopfbereich rasiert ist u. die Haare im oberen Bereich lang sind
Un|der|dog [ˈandɐdɔg], der; -s, -s ⟨*engl.*⟩: [sozial] Benachteiligter, Schwächerer
un|der|dressed [ˈandɐdrɛst] ⟨*engl.*⟩: (für einen bestimmten Anlass) zu lässig, zu wenig feierlich gekleidet (Ggs.: overdressed)
Un|der|flow [ˈandɐflɔʏ̯], der; -s, -s ⟨*engl.*⟩: Auftreten eines Zahlenwertes, der kleiner ist als die kleinste dort darstellbare Zahl (bei einer maschinellen Berechnung)
Un|der|ground [ˈandɐgraʊ̯nd], der; -[s] ⟨*engl.*⟩: **1.** Gruppe, Organisation außerhalb der etablierten Gesellschaft. **2.** künstlerische Protestbewegung gegen das kulturelle ↑Establishment
Un|der|ly|ing [ˈʌndəlaɪ̯ɪŋ], das; -s, -s ⟨*engl.;* »das Zugrundeliegen«⟩ (Börsenw.): Basiswert im Optionsgeschäft
Un|der|state|ment [ˈʌndəˈsteɪ̯tmənt], das; -s, -s ⟨*engl.*⟩: das [bewusste] Untertreiben, Unterspielen
Un|der|wear [ˈandɐwɛːɐ̯], die; -, (auch:) der od. das; -[s] ⟨*engl.*⟩: Unterwäsche
Un|der|wri|ter [ˈandɐraɪ̯tɐ], der; -s, - ⟨*engl.*⟩: in Großbritannien diejenige Firma, die sich verpflichtet, einen nicht unterzubringenden Teil einer ↑Emission (1) selbst zu übernehmen
Un|de|zi|me, die; -, -n ⟨*lat.*⟩ (Musik): der elfte Ton vom Grundton an (die Quarte der Oktave)
Un|di|ne, die; -, -n ⟨*lat.-nlat.*⟩: weiblicher Wassergeist
Un|do|graf, Un|do|graph, der; -en, -en ⟨*lat.; gr.*⟩ (Physik): Gerät zur Aufnahme u. grafischen Darstellung von Schallwellen
Un|du|la|ti|on, die; -, -en ⟨*lat.-nlat.*⟩: **1.** (Physik) Wellenbewegung, Schwingung. **2.** (Geol.) Sattel- u. Muldenbildung durch ↑Orogenese; vgl. Ondulation
Un|du|la|tor, der; -s, ...oren: Instrument zur Aufzeichnung empfangener Morsezeichen bei langen Telegrafenkabeln (z. B. Seekabel)
un|du|la|to|risch (Physik): in Form von Wellen, wellenförmig
un|du|lie|ren (Biol., Med.): wellenartig verlaufen, hin u. her wogen
UNESCO, die; - ⟨*engl.;* Kurzw. aus *U*nited *N*ations *E*ducational, *S*cientific and *C*ultural *O*rganization⟩: Organisation der Vereinten Nationen für Erziehung, Wissenschaft u. Kultur
un|ethisch: gegen die ↑Ethik (2) verstoßend (Ggs.: ethisch [2])
un|ge|patcht [...pætʃt] ⟨*engl.*⟩ (EDV): nicht durch Updates behoben bzw. von Fehlern befreit
un|ghe|re|se [ʊŋge...] ⟨*it.*⟩ (Musik): ungarisch; vgl. all'ongharese
Un|gu|en|tum, das; -s, ...ta ⟨*lat.*⟩: Salbe (Abk.: Ungt. [bes. auf Rezepten])
Un|gu|lat, der; -en, -en (meist Plural) ⟨*lat.*⟩ (Zool.): Huftier
uni [yˈniː, ˈʏni] ⟨*lat.-frz.;* »einfach; eben«⟩: einfarbig, nicht gemustert
[1]**Uni** [yˈniː, ˈʏni], das; -s, -s: einheitliche Farbe
[2]**Uni** [auch: ˈuːni], die; -, -s ⟨*lat.*⟩ (ugs.): Kurzform von ↑Universität
UNICEF [...tsɛf], die; - ⟨Abk. für *engl.* *U*nited *N*ations *I*nternational *C*hildren's *E*mergency *F*und⟩: Weltkinderhilfswerk der UNO
unie|ren: vereinigen (bes. in Bezug auf Religionsgemeinschaften)
Uni|fi|ka|ti|on, die; -, -en ⟨*lat.-mlat.*⟩: ↑Unifizierung; vgl. ...ation/...ierung. **uni|fi|zie|ren:** vereinheitlichen, in eine Einheit, Gesamtheit verschmelzen (z. B. Staatsschulden, Anleihen). **Uni|fi|zie|rung,** die; -, -en: Konsolidierung, Vereinheitlichung, Vereinigung (z. B. von Staatsschulden, Anleihen); vgl. ...ation/...ierung
uni|form ⟨*lat.-frz.*⟩: gleich-, einförmig; gleichmäßig, einheitlich. **Uni|form** [auch: ˈʊni...], die; -, -en: einheitliche Dienstkleidung, bes. des Militärs, aber auch der Eisenbahn-, Post-, Forstbeamten u. a. (Ggs.: Zivil)
uni|for|mie|ren: **1.** einheitlich einkleiden, in Uniformen stecken. **2.** gleichförmig machen
Uni|for|mis|mus, der; - ⟨*lat.-frz.-nlat.*⟩: das Streben nach gleichförmiger, einheitlicher Gestaltung. **Uni|for|mist,** der; -en, -en: jmd., der alles gleichförmig ge-

stalten will. **Uni|for|mis|tin,** die; -, -nen: weibliche Form zu ↑Uniformist
Uni|for|mi|tät, die; -, -en ⟨*lat.-frz.*⟩: Einförmigkeit, Gleichförmigkeit (z. B. im Denken)
Uni|ka: *Plural* von ↑Unikum
uni|kal ⟨*lat.-nlat.*⟩: **1.** nur einmal vorhanden. **2.** einzigartig
Uni|kat, das; -[e]s, -e ⟨*lat.-nlat.*⟩: **a)** einzige Ausfertigung eines Schriftstücks im Unterschied zum ↑Duplikat u. ↑Triplikat; **b)** Unikum (1); **c)** einziges Kunstwerk seiner Art
Uni|kum, das; -s, ...ka (auch: -s) ⟨*lat.*⟩: **1.** (Plural: ...ka) nur in einem Exemplar vorhandenes Erzeugnis der grafischen Künste. **2.** (Plural: -s; ugs.) origineller Mensch, der oft auf andere belustigend wirkt
uni|la|te|ral ⟨*lat.-nlat.*⟩: einseitig, nur auf einer Seite
Uni|la|te|ra|lis|mus, der; - ⟨*lat.*⟩: einseitiges Handeln eines Staates, das keine Rücksicht auf andere Staaten nimmt
Unio mys|ti|ca, die; - - ⟨*lat.; gr.-lat.*⟩: die geheimnisvolle Vereinigung der Seele mit Gott als Ziel der Gotteserkenntnis in der ↑Mystik
Uni|on, die; -, -en ⟨*lat.*⟩: Bund, Vereinigung, Verbindung (bes. von Staaten u. von Kirchen mit verwandten Bekenntnissen)
Uni|o|nist, der; -en, -en ⟨*lat.-nlat.(-engl.)*⟩: **1.** Anhänger einer Union. **2.** (Geschichte) Gegner der ↑Konföderierten im nordamerikanischen Bürgerkrieg. **Uni|o|nis|tin,** die; -, -nen: weibliche Form zu ↑Unionist
uni|o|nis|tisch: nach Einheit strebend, eine Union betreffend, ihr angehörend
Uni|on Jack [ˈjuːnjən ˈdʒɛk], der; - -s, - -s ⟨*engl.*⟩: Nationalflagge Großbritanniens
uni|pe|tal ⟨*(lat.; gr.) nlat.*⟩ (Bot.): einblättrig (von Pflanzen)
uni|po|lar: einpolig, den elektrischen Strom nur in einer Richtung leitend
uni|sex ⟨*engl.*⟩: für Frauen u. Männer gleichermaßen geeignet; nicht geschlechtsspezifisch. **Uni|sex,** der; -[es]: [Tendenz zur] Verwischung der Unterschiede zwischen den Geschlechtern, bes. im Erscheinungsbild. **uni|se|xu|ell:** **1.** den Unisex betreffend. **2.** eingeschlechtlich. **3.** (selten) ↑homosexuell
uni|son ⟨*lat.-it.*⟩ (Musik): auf demselben Ton od. in der Oktave (singend, spielend)
Uni|so|ni: *Plural* von ↑Unisono
uni|so|no: **1.** (Musik) auf demselben Ton od. in der Oktave (zu singen, zu spielen). **2.** in voller Übereinstimmung. **Uni|so|no,** das; -s, -s u. ...ni: das Zusammenklingen von mehreren Tönen auf derselben Tonhöhe od. im Oktavabstand; Einklang
Unit [ˈjuːnɪt], die; -, -s ⟨*engl.*⟩: **1.** [Lern]einheit in Unterrichtsprogrammen. **2.** fertige Einheit eines technischen Gerätes. **3.** Gruppe, Team
uni|tär ⟨*lat.-nlat.*⟩: ↑unitarisch
Uni|ta|ri|er, der; -s, - (Geschichte): Vertreter einer nachreformatorischen kirchlichen Richtung, die die Einheit Gottes betont u. die Lehre von der ↑Trinität teilweise od. ganz verwirft (Ggs.: Trinitarier). **Uni|ta|ri|e|rin,** die; -, -nen: weibliche Form zu ↑Unitarier
uni|ta|risch: **1.** Einigung bezweckend od. erstrebend. **2.** die Lehre der Unitarier betreffend
Uni|ta|ri|sie|rung, die; -: ↑Unitarismus (1)
Uni|ta|ris|mus, der; -: **1.** das Bestreben, innerhalb eines Bundesstaates die Befugnisse der Bundesbehörden gegenüber den Ländern zu erweitern u. damit die Zentralgewalt zu stärken. **2.** theologische Lehre der Unitarier. **3.** (Med.) Lehre von der ursächlichen Übereinstimmung verschiedener Krankheitsformen. **uni|ta|ris|tisch:** den Unitarismus betreffend
Uni|tät, die; -, -en ⟨*lat.*⟩: **1.** Einheit, Übereinstimmung. **2.** Brüderunität (eine pietistische Freikirche). **3.** (scherzh.) Kurzw. für: Universität
Uni|täts|leh|re, die; - ⟨*lat.; dt.*⟩ (Med.): ↑Unitarismus (3)
uni|to|ni|co ⟨*lat.-it.*⟩ (Musik): in einer Tonart
uni|va|lent ⟨*lat.-nlat.*⟩ (Chemie): einwertig
uni|va|ri|ant, uni|va|ri|at ⟨*lat.*⟩ (Statistik): nur eine Variable besitzend; eindimensional
Uni|ver|bie|rung, die; -, -en (Sprachwiss.): das Zusammenwachsen zweier Wörter zu einem einzigen, meist ohne Bedeutungsspezialisierung (z. B. obschon aus *ob* u. *schon*)

uni|ver|sal ⟨*lat.-frz.*⟩: allgemein, gesamt; [die ganze Welt] umfassend, weltweit; vgl. ...al/...ell
universal/universell *s. Kasten Seite 1152*
Uni|ver|sal, das; -[s] ⟨*lat.*⟩: früher ↑Panroman genannte Welthilfssprache
Uni|ver|sal|emp|fän|ger, der; -s, - (Med.): Person mit der Blutgruppe AB, auf die Blut beliebiger Gruppenzugehörigkeit übertragen werden kann; vgl. Universalspender. **Uni|ver|sal|emp|fän|ge|rin,** die; -, -nen: weibliche Form zu ↑Universalempfänger
Uni|ver|sal|epi|s|ko|pat, der od. das; -[e]s, -e: oberste bischöfliche Gewalt des Papstes über die katholische Kirche
Uni|ver|sal|ge|nie, das; -s, -s: **1.** auf vielen Gebieten zu großen Leistungen befähigter Mensch. **2.** (scherzh.) Alleskönner
Uni|ver|sa|lie [...i̯ə], die; -, -n ⟨*lat.*⟩: **1.** (nur Plural; Philos.) allgemeingültige Aussagen, Allgemeinbegriffe, bes. in der Scholastik. **2.** (Sprachwiss.) Eigenschaft, die alle natürlichen Sprachen aufweisen
Uni|ver|sa|li|sie|rung, die; -, -en: Verallgemeinerung, universale Anwendung od. Anwendbarkeit
Uni|ver|sa|lis|mus, der; - ⟨*lat.-*

universal	universell
Warum steht aber Rot universal für die Liebe? *weltweit, allgemein* – den universalen […] Charakter – Musik ist eine/die universale […] Sprache – Verteidigung universaler […] Werte Im Namen der universalen menschlichen Moral. Wir müssten allerdings die universalen Gesetze beachten, die die innere Ordnung der Dinge vertreten. Ich finde es nicht problematisch, wenn eine Kirche den Anspruch erhebt, ewig und universal zu sein.	Eine universell gültige Antwort gibt es darauf wohl nicht. *umfassend, weit gespannt* – ist […] universell […] einsetzbar – Musik als […] universelle Sprache … – universell gültige Rechtsprinzipien Der Optimismus von der universellen Geltung westlicher Werte hat dort zum Chaos beigetragen. Ich glaube, Kunst ist universell. Man erkennt also, dass Moral nicht absolut und universell ist.

nlat.⟩: **1.** (bes. Philos.) Denkart, die den Vorrang des Allgemeinen, des Ganzen gegenüber dem Besonderen u. Einzelnen betont. **2.** theologische Lehre, nach der der Heilswille Gottes die ganze Menschheit umfasst (Ggs.: Prädestination [1])

Uni|ver|sa|list, der; -en, -en (meist Plural): zu einer amerikanischen kirchlichen Gruppe gehörender Anhänger des Universalismus (2). **Uni|ver|sa|lis|tin,** die; -, -nen: weibliche Form zu ↑Universalist

Uni|ver|sa|li|tät, die; - ⟨*lat.*⟩: **1.** Allgemeinheit, Gesamtheit. **2.** Allseitigkeit, umfassende Bildung

Uni|ver|sal|prin|zip, das; -s (Rechtswiss.): im Unterschied zum ↑Territorialitäts- u. ↑Personalitätsprinzip der Grundsatz des internationalen Strafrechts, nach dem ein Staat jeden von ihm ergriffenen Straftäter ohne Rücksicht auf dessen Staatsangehörigkeit u. den Ort, an dem die Straftat begangen wurde, verfolgen soll

Uni|ver|sal|spen|der, der; -s, - ⟨*lat.; dt.*⟩ (Med.): Person mit der Blutgruppe 0, die mit gewissen Einschränkungen für jeden Blut spenden kann; vgl. Universalempfänger

Uni|ver|sal|suk|zes|si|on, die; -, -en (Rechtswiss.): Gesamterbfolge; Eintritt eines od. mehrerer Erben in das Gesamtvermögen des Erblassers

uni|ver|sell: umfassend, weit gespannt; vgl. …al/…ell

Uni|ver|si|a|de, die; -, -n ⟨*lat.-nlat.*⟩: internationale Studentenwettkämpfe mit Weltmeisterschaften in verschiedenen sportlichen Disziplinen

Uni|ver|sis|mus, der; -: Anschauung, bes. des chinesischen ↑Taoismus, dass die Welt eine Einheit sei, in die der Einzelmensch sich einordnen müsse

uni|ver|si|tär: die Universität betreffend

Uni|ver|si|tas Lit|te|ra|rum, die; - - ⟨*lat.;* »Gesamtheit der Wissenschaften«⟩: lat. Bez. für: Universität

Uni|ver|si|tät, die; -, -en: [in Fakultäten gegliederte] Anstalt für wissenschaftliche Ausbildung u. Forschung; Hochschule

Uni|ver|sum, das; -s ⟨*lat.*⟩: das zu einer Einheit zusammengefasste Ganze; Weltall

uni|vok ⟨*lat.;* »einstimmig«⟩ (Philos.): eindeutig, einnamig. **Uni|vo|zi|tät,** die; - ⟨*lat.-nlat.*⟩ (Philos.): Eindeutigkeit, Einnamigkeit

UNIX® [ˈju:nɪks], das; - ⟨engl. Kunstw.⟩: universell einsetzbares Betriebssystem für vernetzte Computer

Unk|ti|on, die; -, -en ⟨*lat.*⟩ (Med. veraltet): Einreibung, Einsalbung

un|nor|mal: nicht normal (1 a)

unnormal/anomal *s. Kasten Seite 96*

uno ac|tu ⟨*lat.*⟩: in einem Akt, ohne Unterbrechung

un|par|ti|ti|o|niert ⟨*lat.*⟩ (EDV): **1.** nicht in Partitionen (2) aufgeteilt. **2.** keiner ↑Partition (2) zugeordnet

un|plau|si|bel ⟨*dt.; lat.-frz.*⟩: nicht plausibel

un|plugged [ˈanplakt, ʌnˈplʌgd] ⟨*engl.*⟩ (Jargon): ohne elektronische Verstärkung [gesungen]

un po|chet|ti|no [ʊn pokɛti:no] ⟨*lat.-it.*⟩ (Musik): ein klein wenig

un po|co [auch: - ˈpo:ko] (Musik): ein wenig, etwas

un|po|lar (Chemie): (von Atombindungen) eine symmetrische Ladungsverteilung aufweisend (Ggs.: polar [3])

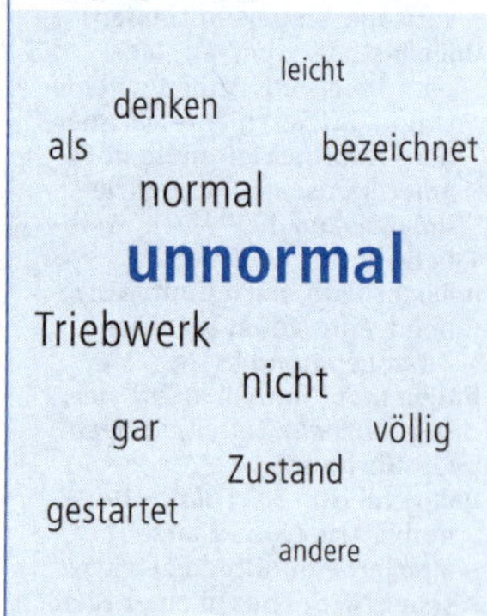

un|po|pu|lär ⟨*dt.; lat.-frz.*⟩: auf Ablehnung stoßend

un|pro|duk|tiv ⟨*dt.; lat.-frz.*⟩: nicht produktiv, nicht lohnend

un|so|zi|al: gegen die Interessen sozial Schwächerer gerichtet

unsozial/asozial *s. Kasten Seite 124*

U
Univ

un|ter|mi|nie|ren ⟨*dt.; kelt.-mlat.-frz.*⟩: allmählich zerstören

unus pro mul|tis [...ti:s] ⟨*lat.;* »einer für viele«⟩: einer für alle

Un|zi|a|le, die; -, -n ⟨*lat.*⟩: **1.** mittelalterliche griechische u. römische Buchschrift aus gerundeten Großbuchstaben. **2.** (Druckw.) ↑Initiale

Upa|ni|schad, die; -, ...aden (meist Plural) ⟨*sanskr.;* »(geheime, belehrende) Sitzung«⟩: zum ↑vedischen Schrifttum gehörende philosophisch-theologische Abhandlung über die Erlösung des Menschen

Upas, das; - ⟨*malai.*⟩: als Pfeilgift verwendeter Milchsaft eines javanischen Baumes

up|cy|celn, up|cy|c|len [ˈapsai̯kl̩n] ⟨*engl.*⟩: einem Upcycling zuführen

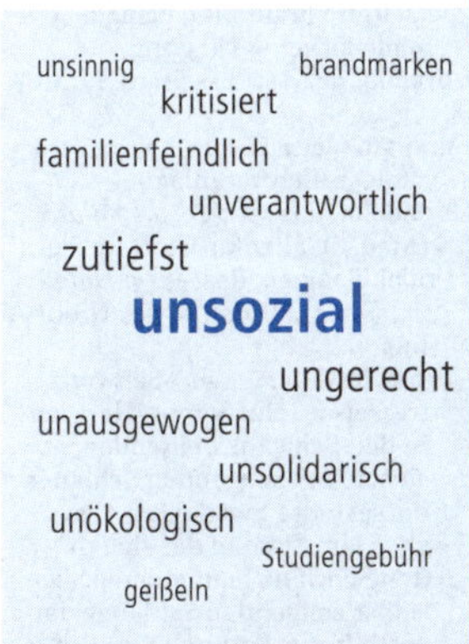

Up|cy|c|ling [ˈapsai̯klɪŋ], das; -s ⟨*engl.*⟩: Weiternutzung von Abfallstoffen od. gebrauchten Gegenständen durch Umwandlung in höherwertige Materialien bzw. Waren

Up|date [ˈapdeɪ̯t], das; -s, -s ⟨*engl.*⟩ (EDV): aktualisierte [u. verbesserte] Version einer Software, einer Datei o. Ä.. **up|da|ten** (EDV): ein ↑Update vornehmen

Upe|ri|sa|ti|on, die; -, -en ⟨Kurzw. aus *Ultrapasteurisation*⟩: Milchkonservierungsverfahren, bei dem in entgaste u. vorgewärmte Milch Dampf eingeleitet wird

Up|grade [ˈapgreɪ̯d], das; -s, -s ⟨*engl.*⟩: **1.** (EDV) aktualisierte [u. verbesserte] Version der Computerhardware, der Speicherkapazität o. Ä. **2.** (Wirtsch.) Verbesserung des Ratings (1). **up|gra|den:** ein Upgrade (1) vornehmen

Up|gra|ding [ˈapgreɪ̯dɪŋ], das; -[s], -s ⟨*engl.*⟩: Wechsel, Übergang in eine bessere Kategorie (z. B. beim Fliegen, im Hotel)

Up|link [ˈaplɪŋk, ˈʌplɪŋk], der; -s, -s ⟨*engl.*⟩: **1.** (EDV) Übertragung der Daten vom Anwender zum Provider. **2.** Übertragungsstrecke von einer Bodenstation zu einem Kommunikationssatelliten

Up|load [ˈaplɔʏ̯d], der od. das; -s, -s ⟨*engl.*⟩ (EDV): das Uploaden (Ggs.: Download). **up|loa|den:** Daten von einem Computer auf einen anderen Computer übertragen, aufladen (Ggs.: downloaden)

Up|loa|der [ˈaplɔʏ̯dɐ], der; -s, - (EDV): **1.** Programm, das das Hochladen bestimmter Daten ins Internet vereinfacht. **2.** Person, die Dateien ins Internet hochlädt

Up|per|class [ˈapɐkla:s, ˈʌpəˈklɑ:s], die; - ⟨*engl.*⟩: die oberen Zehntausend; Oberschicht

Up|per|cut [ˈapɐkat, ˈʌpəkʌt], der; -s, -s ⟨*engl.*⟩ (Boxen): Aufwärtshaken

Up|per Ten [ˈapɐ ˈtɛn, ˈʌpə ˈtɛn], die (Plural) ⟨*engl.*⟩: die oberen Zehntausend; Oberschicht

Up|quark, Up-Quark [ˈapkva:k], das; -s, -s ⟨*engl.;* vgl. Quark⟩ (Kernphysik): Elementarteilchen, zusammen mit dem Downquark Bestandteil von Protonen u. Neutronen

Up|side-down-Ma|gen, der; -s, ...mägen, auch: - ⟨*engl.; dt.*⟩ (Med.): schwerer Zwerchfellbruch, bei dem sich mindestens $^{2}/_{3}$ des Magens in den Brustraum verlagern

Up|take [ˈapteɪ̯k], das; -s, -s ⟨*engl.*⟩ (Biol., Med.): Aufnahme chemischer Stoffe in ein Organ od. in das Körpergewebe

up to date [ˈap tʊ ˈdeɪ̯t, ˈʌp tə –] ⟨*engl.*⟩ (oft scherzh.): zeitgemäß, auf dem neuesten Stand

Up|town [ˈaptau̯n, ˈʌptau̯n], die; -, -s ⟨*engl.-amerik.*⟩: Bez. für Außenviertel bzw. Wohnviertel einer Stadt (in den USA)

Ur|ä|mie, die; -, ...ien ⟨*gr.-nlat.*⟩ (Med.): Harnvergiftung. **ur|ä|misch** (Med.): die Urämie betreffend, an ihr leidend, auf ihr beruhend

Uran, das; -s ⟨*gr.-lat.-nlat.;* nach dem Planeten Uranus⟩: chem. Element; ein Metall (Zeichen: U)

Ura|nis|mus, der; - ⟨*gr.-lat.-nlat.;* von Urania, dem Beinamen der gr. Liebesgöttin Aphrodite⟩ (selten): Homosexualität zwischen Männern. **Ura|nist,** der; -en, -en (selten): Homosexueller

Ura|no|gra|fie, Ura|no|gra|phie, die; - ⟨*gr.*⟩: Himmelsbeschreibung

Ura|no|la|t|rie, die; - ⟨*gr.-nlat.*⟩: göttliche Verehrung der Himmelskörper

Ura|no|me|t|rie, die; -, ...ien: **1.** Messung der Himmelserscheinungen. **2.** Sternkatalog. **3.** kartografische Festlegung des Sternhimmels

Ura|no|s|kop, das; -s, -e (veraltet): Fernrohr zur Beobachtung des Sternhimmels

Urat, das; -[e]s, -e ⟨*gr.-nlat.*⟩ (Chemie, Med.): Salz der Harnsäure. **ura|tisch** (Med.): mit der Harnsäure zusammenhängend

Urä|us|schlan|ge, die; -, -n ⟨*gr.-nlat.; dt.*⟩: afrikanische Hutschlange, eine Giftnatter (als Sonnensymbol am Diadem der altägyptischen Könige)

ur|ban ⟨*lat.;* »städtisch«⟩: **1.** gebildet u. weltgewandt, weltmännisch. **2.** für die Stadt charakteristisch, in der Stadt üblich

Ur|ban Gar|de|ning [ˈœ:ɐ̯bn̩ ˈgɑ:ɐ̯d(ə)nɪŋ], das; - -[s] ⟨*engl.*⟩ (Wirtsch.): [ertragsorientierte] gärtnerische Erschließung u. Nutzung von innerstädtischen Flächen (als alternative Wirtschaftsform)

Ur|ba|ni|sa|ti|on, die; -, -en ⟨*lat.-nlat.*⟩: **1.** durch städtebauliche Erschließung entstandene moderne Stadtsiedlung. **2.** städtebauliche Erschließung. **3.** Verstädterung; kulturelle, zivilisatorische Verfeinerung; vgl. ...ation/...ierung. **ur|ba|ni|sie|ren: 1.** städtebaulich erschließen. **2.** kulturell, zivilisatorisch verfeinern; verstädtern. **Ur|ba|ni|sie|rung,** die; -, -en: das Urbanisieren; vgl. ...ation/...ierung

Ur|ba|nist, der; -en, -en: jmd., der sich wissenschaftlich mit der

Urbanistik befasst. **Ur|ba|nis|tik,** die; -: Wissenschaft vom Städtebau, von der Stadtplanung. **Ur|ba|nis|tin,** die; -, -nen: weibliche Form zu ↑Urbanist. **ur|ba|nis|tisch:** die Urbanistik betreffend

Ur|ba|ni|tät, die; - ⟨*lat.*⟩: **1.** Bildung, weltmännische Art. **2.** städtische Atmosphäre

ur|ba|ri|al ⟨*dt.-nlat.*⟩: das Urbarium betreffend

ur|ba|ri|sie|ren (schweiz.): urbar machen

Ur|ba|ri|um, das; -s, ...ien (Geschichte): Grund-, Hypotheken- u. Grundsteuerbuch (im Mittelalter)

ur|bi et or|bi ⟨*lat.;* »der Stadt (= Rom) u. dem Erdkreis«⟩: Formel für päpstliche Erlasse u. Segensspendungen, die für die ganze katholische Kirche bestimmt sind; **etwas urbi et orbi verkünden:** etwas aller Welt mitteilen

Urbs ae|ter|na [- ɛ...], die; - -: die Ewige Stadt (Rom)

Ur|du, das; - ⟨*Hindi*⟩: neuindische Sprache, die in Pakistan als Amtssprache gilt

Urea, die; - ⟨*gr.-nlat.*⟩ (Med.): Harnstoff

Ure|a|se, die; -, -n (Med.): Harnstoff spaltendes ↑Enzym

Ure|at, das; -[e]s, -e (Chemie, Med.): ↑Urat

Ure|do|spo|ren, die (Plural) ⟨*lat.; gr.*⟩ (Bot.): Sommersporen der Rostpilze

Ure|id, das; -[e]s, -e ⟨*gr.-nlat.*⟩: vom Harnstoff abgeleitete chemische Verbindung

Ure|se, die; - ⟨*gr.*⟩ (Med. veraltet): das Harnen

Ure|ter, der; -s, ...teren (auch: -) (Med.): Harnleiter

Ure|te|ri|tis, die; -, ...itiden ⟨*gr.-nlat.*⟩ (Med.): Harnleiterentzündung

Ure|than, das; -s, -e (Chemie): in vielen Arten vorkommender ↑Ester einer ammoniakhaltigen Säure

Ure|th|ra, die; -, ...ren ⟨*gr.-lat.*⟩ (Med.): Harnröhre. **ure|th|ral** ⟨*gr.-lat.-nlat.*⟩ (Med.): zur Harnröhre gehörend, sie betreffend

Ure|th|ral|gie, die; -, ...ien ⟨*gr.-nlat.*⟩ (Med.): ↑Urethrodynie

Ure|th|ris|mus, der; - (Med.): Harnröhrenkrampf

Ure|th|ri|tis, die; -, ...itiden (Med.): Harnröhrenentzündung

Ure|th|ro|dy|nie, die; -, ...ien (Med.): **1.** Schmerzen in der Harnröhre. **2.** ↑Neuralgie der Harnröhre

Ure|th|ror|rhö, die; -, -en (Med.): Harnröhrenausfluss

Ure|th|ro|s|kop, das; -s, -e (Med.): Instrument zur Ausleuchtung der Harnröhre

Ure|th|ro|to|mie, die; -, ...ien (Med.): äußerer Harnröhrenschnitt

ure|tisch ⟨*gr.-lat.*⟩ (Med.): zum Ureter gehörend

ur|gent ⟨*lat.*⟩ (veraltend): unaufschiebbar, dringend, eilig. **Ur|genz,** die; -, -en ⟨*lat.-mlat.*⟩: Dringlichkeit

ur|gie|ren ⟨*lat.*⟩ (bes. österr.): drängen; nachdrücklich betreiben

Uri|an, der; -s, -e ⟨Herkunft unbekannt⟩: **a)** (veraltet abwertend) unliebsamer Mensch; **b)** (ohne Plural) der Teufel

Uri|as|brief, der; -[e]s, -e ⟨nach dem von David in den Tod geschickten Gemahl der Bathseba, 2. Sam. 11⟩: Brief, der dem Überbringer Unheil bringt

...u|rie

die; -, ...ien (teilweise ohne Plural)
⟨zu *gr.* oũron »Urin, Harn«⟩
Wortbildungselement mit der Bedeutung »[Ausscheidung mit dem] Harn; das Harnen«:
– Glykosurie
– Phenylketonurie
Von gleicher Herkunft ist das Wortbildungselement **uro...,** **Uro...** In der Bedeutung »Harn« ist es Bestandteil vieler Fremdwörter, wie z. B. in urogenital, Urolith, Urologe und Uroskopie.

Uri|k|ä|mie, die; -, ...ien ⟨*gr.-nlat.*⟩ (Med.): erhöhter Harnsäurespiegel im Blut

Urin, der; -s, -e ⟨*lat.*⟩ (Med.): von den Nieren abgesonderte Flüssigkeit, die sich in der Blase sammelt u. durch die Harnröhre ausgeschieden wird

uri|nal: den Urin betreffend, zum Urin gehörend. **Uri|nal,** das; -s, -e: **1.** Uringlas, Urinflasche. **2.** an der Wand befestigtes Becken zum Urinieren (in Herrentoiletten)

uri|nie|ren: harnen

uri|nös ⟨*lat.-nlat.*⟩ (Med.): urinähnlich; harnstoffhaltig

URL, die; -, -s (selten:) der; -s, -s ⟨*engl.;* Abk. für *u*niform *r*esource *l*ocator »einheitliche Ressourcen-Adresse«⟩: Adresse eines Objekts im Internet; vgl. Internetadresse

Ur|laubs|re|sort [...rɪˈzɔːɐ̯t], das; -s, -s: landschaftlich u. klimatisch attraktiv gelegene Ferienanlage

Ur|lin|de, die; -, -n ⟨Umbildung aus ↑Urninde⟩ (selten): lesbische Frau, die sexuell die aktive Rolle spielt

Ur|nin|de, die; -, -n ⟨zum Beinamen der altgr. Liebesgöttin Aphrodite (Urania) gebildet⟩ (selten): Frau mit gleichgeschlechtlicher Neigung

Ur|ning, der; -s, -e (selten): ↑Uranist

ur|nisch (selten): gleichgeschlechtlich veranlagt

Uro|bi|lin, das; -s ⟨*(gr.; lat.) nlat.*⟩ (Med.): Gallenfarbstoff im Harn

Uro|bi|li|no|gen, das; -s ⟨*gr.; lat.; gr.*⟩ (Med.): Vorstufe des Urobilins

Uro|bo|ros, der; - ⟨*gr.;* »Schwanzfresser«⟩: **1.** im Symbol der sich in den Schwanz beißenden u. sich selbst zeugenden Schlange dargestellte Ewigkeit. **2.** (Psychol.) im Symbol der sich in den Schwanz beißenden u. sich selbst zeugenden Schlange dargestelltes ursprüngliches Enthaltensein des Ich im Unbewussten

Uro|che|zie, die; -, ...ien ⟨*gr.-nlat.*⟩ (Med.): Ausscheidung des Harns aus dem After (z. B. bei angeborenen Fehlbildungen)

Uro|chrom, das; -s (Med.): den Urin färbendes Stoffwechselprodukt

Uro|dy|nie, die; -, ...ien (Med.): schmerzhaftes Harnlassen

uro|ge|ni|tal ⟨*gr.; lat.*⟩ (Med.): Harn- u. Geschlechtsorgane betreffend, zu ihnen gehörend

Uro|ge|ni|tal|sys|tem, das; -s (Biol., Med.): Gesamtheit der harnabsondernden u. -abführenden sowie der Fortpflanzung dienenden Organe

Uro|hä|ma|tin, das; -s ⟨*gr.-nlat.*⟩ (Med.): Harnfarbstoff

Uro|li̱th [auch: ...ˈlɪt], der; -s u. -en, -e[n] (Med.): Harnstein
Uro|li|thi̱|a|sis, die; -, ...i̱asen (Med.): Vorhandensein von Konkrementen in den ableitenden Harnwegen
Uro|lo̱|ge, der; -n, -n: Facharzt für Krankheiten der Harnorgane. **Uro|lo|gi̱e,** die; - (Med.): Teilgebiet der Medizin, das sich mit den Krankheiten der harnbildenden u. -ableitenden Organe sowie den Geschlechtsorganen des Mannes beschäftigt. **Uro|lo̱|gin,** die; -, -nen: weibliche Form zu ↑Urologe. **uro|lo̱|gisch:** Krankheiten der Harnorgane betreffend
Uro|me|la|ni̱n, das; -s (Med.): ↑Urohämatin
Uro|me̱|ter, das; -s, - (Med.): Messeinrichtung zur Bestimmung des spezifischen Gewichts des Harns
Uro|my|ze̱|ten, die (Plural) ⟨*gr.-nlat.*⟩: Rostpilze (Erreger von Pflanzenkrankheiten)
Uro|pe|ni̱e, die; -, ...i̱en ⟨*gr.-nlat.*⟩ (Med.): verminderte Harnausscheidung
Uro|phi|li̱e, die; - (Biol.): Bekundung freundlicher Regungen durch Harnlassen (bei Tieren) (Ggs.: Uropolemie)
Uro|pho|bi̱e, die; -, ...i̱en (Med.): Angst vor Harndrang zur Unzeit
Uro|po|le|mi̱e, die; - (Biol.): Bekundung feindlicher Regungen durch Harnlassen (bei Tieren) (Ggs.: Urophilie)
Uro|se̱p|sis, die; -, ...sen (Med.): durch eine bakterielle Entzündung der Harnwege verursachte allgemeine Entzündung des Körpers
Uro|s|ko|pi̱e, die; -, ...i̱en (Med.): Harnuntersuchung
Ur|su|li̱|ne, die; -, -n, **Ur|su|li̱|ne|rin,** die; -, -nen ⟨*nlat.;* nach der hl. Ursula⟩: Angehörige eines katholischen Nonnenordens für Jugenderziehung (seit 1535)
Ur|ti̱|ka, die; -, ...kä ⟨*lat.;* »Nessel, Brennnessel«⟩ (Med.): allergisch bedingtes Ödem der Haut; Quaddel
Ur|ti|ka̱|ria, die; - ⟨*lat.-nlat.*⟩ (Med.): Nesselfieber, -sucht
U̱ru|bu, der; -s, -s ⟨*indian.-span.* u. *port.*⟩: südamerikanischer Rabengeier
usa|ble [ˈjuːzəbl̩] ⟨*engl.;* eigtl. »benutzbar«⟩ (EDV): benutzerfreundlich, gut aufbereitet, leicht anzuwenden (z. B. von Softwareprodukten)
Usam|ba̱|ra|veil|chen, das; -s, - ⟨nach einem Gebirge in Ostafrika⟩: Zierpflanze mit veilchenähnlichen Blüten u. fleischigen, rundlichen, behaarten Blättern
Usance [yˈzãːs], die; -, -n ⟨*lat.-vulgärlat.-frz.*⟩: Brauch, Gepflogenheit im Geschäftsverkehr
Usa̱nz, die; -, -en (schweiz.): ↑Usance
USB, der; -[s], -s ⟨Abk. für *engl. Universal Serial Bus*⟩ (EDV): Leitung zur Datenübertragung, die es ermöglicht, dass alle ↑peripheren (3) Komponenten eines Computers über einen Anschluss mit dem Computer verbunden werden u. kommunizieren
USB-Stick, der; -s, -s ⟨*engl.;* »Stab«⟩: als Datenspeicher dienendes kleines stäbchenförmiges USB-Gerät
U̱schak, der; -[s], -s ⟨nach der türk. Stadt⟩: dunkelrot- od. dunkelblaugrundiger Teppich mit Medaillonmusterung
Uscha̱n|ka, die; -, -s ⟨*russ.*⟩: Pelzmütze mit Ohrenklappen
Usche̱b|ti, das; -[s], -[s] ⟨*ägypt.*⟩: altägyptische Grabbeigabe in Form eines mumienförmigen Figürchens aus Holz, Stein, Terrakotta od. Fayence, das die Aufgaben des Toten im Jenseits ausführen sollte
Usch|ki̱, die (Plural) ⟨*russ.*⟩: krapfen- od. pastetenartige Speise
Use|net [ˈjuːsnɛt], das; -s ⟨Kurzw. aus *engl. users network*⟩ (EDV): weltweites Netz von Newsgroups
User [ˈjuːzɐ], der; -s, - ⟨*engl.*⟩: **1.** (EDV) **a)** jmd., der mit einem Computer arbeitet, Computerprogramme anwendet; **b)** jmd., der im Internet chattet, surft, recherchiert u. a. **2.** (Jargon) Drogenabhängiger. **Use|rin,** die; -, -nen: weibliche Form zu ↑User
Usi̱e, die; -, Usi̱en ⟨*gr.-lat.*⟩ (Rel.): Sein, Wesen, Wesensgehalt
U̱s|nea bar|ba̱|ta, die; - - ⟨*arab.-mlat.-nlat.*⟩ (Biol.): Bartflechte (als Heilmittel verwendete Baumflechte)
U̱so, der; -s ⟨*lat.-it.*⟩: Gebrauch, Handelsbrauch
U̱s|ta|scha, die; - ⟨*kroat.*⟩ (Geschichte): kroatische faschistische Organisation, deren Hauptziele die [staatliche] Loslösung von Jugoslawien u. die ethnische Homogenisierung Kroatiens waren u. die während ihrer Herrschaft [im »Unabhängigen Staat Kroatien« 1941–1945] Massenmorde an Serben, Juden u. Roma verübte
Us|taw [ʊsˈtaf], der; -[s], -s ⟨*russ.*⟩ (veraltet): Statut, ↑Reglement
Us|ti|la̱|go, die; - ⟨*lat.(-nlat.)*⟩ (Biol.): Brandpilz (Erreger von Pflanzenkrankheiten)
usu|e̱ll ⟨*lat.-frz.*⟩: gebräuchlich, üblich, landläufig
Usu|ka|pi|o̱n, die; -, -en ⟨*lat.*⟩: Ersitzung, Eigentumserwerb durch langen Eigenbesitz (Grundsatz des römischen Rechts)
Usu̱r, die; -, -en ⟨*lat.-nlat.*⟩: **1.** (Med.) Abnutzung, Schwund von Knochen u. Knorpeln an Stellen, die sehr beansprucht werden. **2.** (Psychol.) Reduktion der Affektquantität
Usur|pa|ti|o̱n, die; -, -en ⟨*lat.*⟩: widerrechtliche Inbesitznahme, Anmaßung der öffentlichen Gewalt, gesetzwidrige Machtergreifung
Usur|pa̱|tor, der; -s, ...o̱ren: jmd., der widerrechtlich die [Staats]gewalt an sich reißt. **Usur|pa|to̱|rin,** die; -, -nen: weibliche Form zu ↑Usurpator
usur|pa|to̱|risch: die Usurpation od. den Usurpator betreffend
usur|pi̱e|ren: widerrechtlich die [Staats]gewalt an sich reißen
U̱sus, der; - ⟨*lat.*⟩: Gebrauch; Brauch, Gewohnheit, Herkommen, Sitte
Usus|fru̱k|tus, der; - ⟨*lat.-nlat.*⟩ (Rechtswiss.): Nießbrauch
[1]**u̱t** ⟨*mlat.(-frz.)*⟩: erste Silbe der ↑Solmisation (seit 1659 durch ↑do ersetzt)
[2]**ut** [yt]: frz. Bez. für den Ton c
U̱ta, das; -, - ⟨*jap.*⟩: ↑[1]Tanka
Uten|si̱l, das; -s, -ien (meist Plural) ⟨*lat.*⟩: [notwendiges] Gerät, Gebrauchsgegenstand; Hilfsmittel; Zubehör
U̱te|ri: *Plural* von ↑Uterus
ute|ri̱n ⟨*lat.*⟩ (Med.): zur Gebärmutter gehörend, auf sie bezogen

Ute|rus, der; -, ...ri (Med.): Gebärmutter

uti|li|sie|ren ‹*lat.-frz.*› (veraltet): aus etwas Nutzen ziehen

Uti|lis|mus, der; - ‹*lat.-nlat.*›: ↑Utilitarismus

uti|li|tär ‹*lat.-frz.*›: auf die bloße Nützlichkeit gerichtet

Uti|li|ta|ris|mus, der; -: philosophische Lehre, die im Nützlichen die Grundlage des sittlichen Verhaltens sieht u. ideale Werte nur anerkennt, sofern sie dem Einzelnen od. der Gemeinschaft nützen. **uti|li|ta|ris|tisch:** den Utilitarismus betreffend

Uti|li|tät, die; - ‹*lat.*› (veraltet): Nützlichkeit

Uti|li|ty [juˈtɪlətɪ], das; -s, -s ‹*lat.-engl.;* eigtl. »Nützlichkeit«› (EDV): Computerprogramm für die Ausführung von Hilfs- u. Wartungsarbeiten

ut in|f|ra ‹*lat.*› (veraltet): wie unten (Abk.: u. i.)

Uto|pia, das; -s ‹*gr.-frz.;* »Land, das nirgends ist«; nach Utopia, dem Titel eines Romans v. Th. Morus›: Traumland, erdachtes Land, wo ein gesellschaftlicher Idealzustand herrscht

Uto|pie, die; -, ...ien ‹*gr.-frz.-nlat.*›: als unausführbar geltender Plan; Wunschbild; Idee, Vorstellung ohne reale Grundlage

Uto|pi|en, das; -s (meist ohne Artikel): ↑Utopia

uto|pisch: nur in der Vorstellung, Fantasie möglich, mit der Wirklichkeit [noch] nicht vereinbar, nicht durchführbar

Uto|pis|mus, der; -, ...men ‹*gr.-frz.-nlat.*›: **1.** Neigung zu Utopien. **2.** utopische Vorstellung

Uto|pist, der; -en, -en: jmd., der utopische Pläne u. Ziele hat

Uto|pis|tin, die; -, -nen: weibliche Form zu ↑Utopist

Ut|ra|quis|mus, der; - ‹*lat.-nlat.*›: **1.** Bildungskonzept, nach dem gleichermaßen geistes- u. naturwissenschaftliche Bildungsinhalte vermittelt werden sollen. **2.** Lehre der ↑Utraquisten. **Ut|ra|quist,** der; -en, -en (Geschichte): Anhänger der ↑Kalixtiner, die das Abendmahl ↑sub utraque specie zu empfangen forderten

ut|ra|quis|tisch: den Utraquismus, die Utraquisten betreffend

Ut|ri|cu|la|ria, die; - ‹*lat.-nlat.*›: Wasserschlauch, Wasserhelm (gelb blühende Wasserpflanze kalkarmer Gewässer)

Ut|rum, das; -s, ...tra ‹*lat.*› (Sprachwiss.): gemeinsame Form für das männliche u. weibliche Genus von Substantiven (z. B. im Schwedischen)

ut su|p|ra ‹*lat.*› (Musik): wie oben, wie vorher [zu singen, zu spielen] (Abk.: u. s.)

Ut|te|rance [ˈʌtərəns], die; -, -s [...sɪz] ‹*engl.*› (Sprachwiss.): aktuelle Realisierung eines Satzes in der Rede; vgl. [1]Parole

UV [uːˈfaʊ̯] = ultraviolett, Ultraviolett

Uva|gras, das; -es, ...gräser ‹*indian.-span.; dt.*›: Silber- od. Pampasgras

Uva|la, die; -, -s ‹*serbokroat.*› (Geogr.): große, flache ↑Doline

Uvi|ol|glas®, das; -es ‹Kurzw. aus *ultraviol*ett u. *Glas*›: für das Durchlassen ultravioletter Strahlen bes. geeignete Glasart

Uvu|la, die; -, ...lae [...lɛ] ‹*lat.-mlat.*› (Med.): Gaumenzäpfchen

uvu|lar ‹*lat.-mlat.-nlat.*› (Sprachwiss.): mit dem Halszäpfchen gebildet (von Lauten). **Uvu|lar,** der; -s, -e (Sprachwiss.): Halszäpfchenlaut (z. B. Zäpfchen-R)

Uwa|ro|wit [auch: ...ˈvɪt], der; -s, -e ‹*nlat.;* nach dem russ. Staatsmann Uwarow, 1786–1855›: ein Mineral

V

va banque, Va|banque [vaˈbɑ̃ːk, auch: vaˈbaŋk] ‹*frz.;* »es gilt die Bank«›: in der Wendung **va banque,** auch: **Vabanque spielen:** 1) in riskanter Weise um die gesamte Bank, den gesamten Geldeinsatz spielen (beim Glücksspiel); 2) ein sehr hohes Risiko eingehen, alles auf eine Karte setzen

Va|banque|spiel, das; -[e]s, -e: hohes Risiko, Wagnis

va|cat ‹*lat.;* »es fehlt«› (veraltet): [etwas ist] nicht vorhanden, leer; [es] fehlt; vgl. Vakat

Vac|ci|na|ti|on [vaktsi...] vgl. Vakzination

Vac|ci|ne vgl. Vakzine

Vache|le|der [ˈvaʃ...], das; -s ‹*lat.-frz.; dt.*›: biegsames Leder für leichte Schuhe, Brandsohlen od. Schuhkappen

Va|che|rin [vaʃəˈrɛ̃ː], der; -, -s ‹*frz.*›: **1.** sahniger Weichkäse aus der Schweiz. **2.** Süßspeise aus Meringen, Eis u. Sahne

Va|chet|ten, die (Plural): leichtere Lederarten für Taschen u. a.

Va|de|me|cum, Va|de|me|kum, das; -s, -s ‹*lat.;* »geh mit mir!«›: Taschenbuch, Leitfaden, Ratgeber

Va|di|um, das; -s, ...ien ‹*germ.-mlat.*› (Geschichte): Gegenstand (z. B. Halm, Stab), der beim Abschluss eines Schuldvertrags als Symbol dem Gläubiger übergeben wurde

va|dos ‹*lat.*› (Geol.): durch Versickerung von Niederschlägen u. aus Oberflächengewässern gebildet (vom Grundwasser)

vae vic|tis [ˈvɛː vɪktiːs] ‹*lat.;* »wehe den Besiegten!«; nach dem angeblichen Ausspruch des Gallierkönigs Brennus nach seinem Sieg über die Römer 387 v. Chr.›: einem Unterlegenen geht es schlecht

Va|ga|bon|da|ge [...ˈdaːʒə], die; - ‹*lat.-frz.*› (österr.): Landstreicherei, Herumtreiberei

Va|ga|bund, der; -en, -en: Landstreicher, Herumtreiber

va|ga|bun|die|ren: herumstrolchen, sich herumtreiben

Va|ga|bun|din, die; -, -nen: weibliche Form zu ↑Vagabund

Va|gans, der; - ‹*lat.*› (Musik): Quintus

Va|gant, der; -en, -en: **1.** (im Mittelalter) umherziehender, fahrender Student od. Kleriker; Spielmann. **2.** (veraltet) Herumtreiber, Vagabund

Va|gan|tin, die; -, -nen: weibliche Form zu ↑Vagant (2)

va|ge, vag ‹*lat.-frz.*›: unbestimmt, ungewiss, unsicher; dunkel, verschwommen

va|gie|ren ‹*lat.*› (veraltet, noch landsch.): beschäftigungslos umherziehen; sich unstet, unruhig bewegen

Va|gi|li|tät, die; - ‹*lat.-nlat.*›: Fähigkeit eines Organismus, die Grenzen des Biotops zu überschreiten

Va|gi|na [auch: ˈvaː...], die; -, ...nen ‹*lat.*›: **1.** (Med.) **a)** aus Haut u. Bindegewebe- od. Muskelfasern bestehende Gleithülle od. Kanal; **b)** weibliche Scheide. **2.** (Bot.) Blattscheide

va|gi|nal ‹*lat.-nlat.*› (Med.): zur Vagina gehörend

Va|gi|nis|mus, der; -, ...men (Med.): Scheidenkrampf

Va|gi|ni|tis, die; -, ...itiden (Med.): Scheidenentzündung, -katarrh

Va|gi|no|s|ko|pie, die; -, ...ien ‹*lat.; gr.*› (Med.): ↑Kolposkopie

Va|go|to|mie, die; -, ...ien ‹*lat.; gr.*› (Med.): Durchschneidung des Vagus

Va|go|to|nie, die; -, ...ien (Med.): erhöhte Erregbarkeit des parasympathischen Systems, Übergewicht über den Sympathikus, gekennzeichnet u. a. durch Verlangsamung des Herzschlags u. Verringerung des Blutdrucks

Va|go|to|ni|ka: *Plural* von ↑Vagotonikum

Va|go|to|ni|ker, der; -s, - (Med.): an Vagotonie Leidender. **Va|go|to|ni|ke|rin,** die; -, -nen: weibliche Form zu ↑Vagotoniker

Va|go|to|ni|kum, das; -s, ...ka (Med.): das parasympathische Nervensystem anregendes Mittel

va|go|trop (Med.): auf den Vagus wirkend, ihn steuernd

Va|gus, der; - ‹*lat.;* »umherschweifend«› (Med.): Hauptnerv des parasympathischen Systems

Vaish|ya [ˈvaɪʃja] vgl. Waischja

Va|j|ra|ya|na, Wadschrajana [vadʒraˈjaːna], das; - ‹*sanskr.;* »diamantenes Fahrzeug (der Erlösung)«›: dritte, in magischen Riten veräußerlichte Hauptrichtung des Buddhismus; vgl. Hinayana, Mahayana

va|kant ‹*lat.*›: frei, unbesetzt, offen

Va|kanz, die; -, -en ‹*lat.-mlat.*›: **1.** freie Stelle. **2.** (veraltet, noch landsch.) Ferien

va|kat vgl. vacat

Va|kat, das; -[s], -s ‹*lat.*› (Druckw.): leere Seite in einem Buch

Va|kua: *Plural* von ↑Vakuum

Va|ku|o|le, die; -, -n ‹*lat.-nlat.*› (Biol.): mit Flüssigkeit od. Nahrung gefülltes Bläschen im Zellplasma [der Einzeller]

Va|ku|um, das; -s, ...kua od. ...kuen ‹*lat.*›: **1. a)** nahezu luftleerer Raum; **b)** Zustand des geringen Drucks in einem Vakuum (1 a). **2.** unausgefüllter Raum, Leere

va|ku|u|mie|ren ‹*lat.-nlat.*›: **1.** Flüssigkeiten bei vermindertem Luftdruck verdampfen. **2.** etw. unter Vakuum verpacken

Va|ku|um|me|ter, das; -s, - ‹*lat.; gr.*›: Luftdruckmesser für kleinste Drücke

Vak|zin, das; -s, -e ‹*lat.;* »von Kühen«›: ↑Vakzine

Vak|zi|na|ti|on, Vaccination [vaktsi...] die; -, -en ‹*lat.-nlat.*› (Med.): **1.** [Pocken]schutzimpfung. **2.** (früher) Impfung mit Kuhpockenlymphe

Vak|zi|ne, die; -, -n ‹*lat.*› (Med.): Impfstoff aus lebenden od. toten Krankheitserregern

vak|zi|nie|ren ‹*lat.-nlat.*› (Med.): mit einer Vakzine impfen

Val, das; -s ‹Kurzw. aus Äqui*valent*› (früher): dem Äquivalentgewicht entsprechende Grammmenge eines Stoffes

va|le ‹*lat.*› (veraltet): leb wohl!

va|le|di|zie|ren ‹*lat.*›: Lebewohl sagen, Abschied nehmen; die Abschiedsrede halten

Va|lenz, die; -, -en: **1.** chemische Wertigkeit. **2.** (Biol.) Entfaltungsstärke der auf die Ausbildung der Geschlechtsorgane wirkenden Geschlechtsfaktoren in den Chromosomen u. im Zellplasma. **3.** (Sprachwiss.) Fähigkeit eines Wortes, ein anderes semantisch-syntaktisch an sich zu binden, bes. Fähigkeit eines Verbs, eine bestimmte Zahl von Ergänzungen zu fordern. **4.** (Psychol.) Aufforderungscharakter, den Objekte der Wahrnehmung besitzen (bei Tieren). **5.** (Psychol.) [emotionaler] Wert, der mit einem Reiz verbunden ist. **6.** (Ökol.) Ausmaß der Wirkung eines Umweltfaktors auf den pflanzlichen od. tierischen Organismus

Va|lenz|elek|t|ron, das; -s, -en (meist Plural): Außenelektron, das für die chemische Bindung verantwortlich ist

Va|le|ri|a|na, die; -, ...nen ‹*lat.-mlat.*›: Baldrian

Va|le|ri|at, das; -[e]s, -e ‹*lat.-mlat.-nlat.*›: Salz der Valeriansäure (Baldriansäure)

[1]Va|let [auch: ...ˈleːt], das; -s, -s ‹*lat.*› (veraltet): Lebewohl

[2]Va|let [vaˈleː], der; -s, -s ‹*gall.-galloroman.-frz.*›: Bube im französischen Kartenspiel

va|le|te ‹*lat.*› (veraltet): lebt wohl!

Va|leur [vaˈløːɐ̯], der; -s, -s ‹*lat.-frz.;* »Wert«›: **1.** (veraltet) Wertpapier. **2.** (meist Plural) Ton-, Farbwert, Abstufung von Licht u. Schatten (in der Malerei)

va|lid ‹*lat.(-frz.)*›: **1.** kräftig, gesund. **2.** rechtskräftig

Va|li|da|ti|on, die; -, -en ‹*lat.-nlat.*›: Gültigkeitserklärung

va|li|die|ren ‹*lat.*›: etwas für rechtsgültig erklären, geltend machen, bekräftigen

Va|li|di|tät, die; -: **1.** Rechtsgültigkeit. **2.** Kriterium für die Güte eines Tests od. einer Messung. **3.** (Soziol., Psychol.) Übereinstimmung eines Ergebnisses [einer Meinungsumfrage] mit dem tatsächlichen Sachverhalt

Va|lin, das; -s ‹Kunstw.›: für das Nerven- und Muskelsystem besonders wichtige Aminosäure

Va|li|um®, das; -s ‹Kunstw.›: ein Beruhigungsmittel

Val|lis|ne|ria, die; -, ...ien ‹*nlat.;* nach dem it. Botaniker A. Vallisneri, 1661–1730›: Sumpfschraube (eine Aquarienpflanze)

Va|lor, der; -s ‹*lat.*› (veraltet): [wirtschaftlicher] Wert, Gehalt

Va|lo|ren, die (Plural): Wertsachen, Schmucksachen, Wertpapiere

Va|lo|ri|sa|ti|on, die; -, -en ‹*lat.-nlat.*›: das Valorisieren

va|lo|ri|sie|ren: Preise durch staatliche Maßnahmen zugunsten der Produzenten beeinflussen

Val|po|li|cel|la [...ˈtʃɛla], der; -[s] ‹nach der it. Landschaft Valpolicella›: italienischer Rotwein aus Venetien

Va|lu|ta, die; -, ...ten ‹*lat.-it.*›: **1. a)** ausländische Währung; **b)** Geld, Zahlungsmittel ausländischer Währung. **2.** Wert, Gegenwert. **3.** Wertstellung im Kontokorrent. **4.** (nur Plural) Zinsscheine von ausländischen od. auf fremde Währung lautenden Wertpapieren

Va|lu|ta|klau|sel, die; -, -n: **1.** Klausel auf Wechseln, die bedeutet, dass der Remittent in bar bezahlt hat. **2.** Wertsicherungsklausel, durch die eine Schuld nach dem Kurs einer bestimmten ausländischen Währung festgelegt ist

Va|lu|ten: *Plural* von ↑Valuta

va|lu|tie|ren ⟨*lat.-it.-nlat.*⟩: **1. a)** eine Wertstellung festsetzen; **b)** einen [durch eine Hypothek od. Grundschuld gesicherten] Betrag zur Verfügung stellen u. dadurch (aus der Sicht des Schuldners) schulden. **2.** dem Wert nach bestimmen, bewerten, abschätzen

Val|va|ti|on, die; -, -en ⟨*lat.-frz.*⟩: Schätzung des Wertes einer Sache, bes. von Münzen

val|vie|ren ⟨*lat.-frz.*⟩ (veraltet): valutieren

Vamp [vɛmp], der; -s, -s ⟨*serb.-dt.-frz.-engl.*⟩: verführerische, erotisch anziehende, oft kühl berechnende Frau

Vam|pir [auch: ˈvam...], der; -s, -e ⟨*serb.*⟩: **1.** blutsaugendes Gespenst des südosteuropäischen Volksglaubens. **2.** Wucherer, Blutsauger. **3.** Fledermaus, die sich vom Blut von Tieren ernährt. **Vam|pi|rin,** die; -, -nen: weibliche Form zu ↑Vampir (1, 2)

Vam|pi|ris|mus, der; - ⟨*serb.-nlat.*⟩ (Psychol.): Form des Sadismus, die durch die Elemente Blut, Beißen u. Aussaugen gekennzeichnet ist

Van [væn], der; -s, -s ⟨*engl.-amerik.;* »Lieferwagen«⟩: Großraumlimousine; Kraftfahrzeug mit großem Innenraum für mehr als fünf Personen u. teilweise herausnehmbaren Sitzen

Va|na|dat, das; -[e]s, -e ⟨*altnord.-nlat.*⟩ (Chemie): Salz der Vanadinsäure

Va|na|din vgl. Vanadium

Va|na|di|nit [auch: ...ˈnɪt], der; -s: Vanadiumerz

Va|na|di|um, älter: Vanadin, das; -s: chem. Element; ein Metall (Zeichen: V)

Van-Al|len-Gür|tel [vɛnˈʔɛ...], der; -s ⟨nach dem amerik. Physiker J. A. van Allen, 1914–2006⟩: Strahlungsgürtel um den Äquator der Erde in großer Höhe

Van|da|le, der; -n, -n ⟨nach dem ostgermanischen Volksstamm⟩: **1.** Angehöriger eines ostgerm. Volksstamms. **2.** (meist Plural; abwertend) zerstörungswütiger Mensch. **Van|da|lin,** die; -, -nen: weibliche Form zu ↑Vandale. **van|da|lisch:** zerstörungswütig. **Van|da|lis|mus,** der; -: Zerstörungswut

va|nil|le [vaˈnɪljə, vaˈnɪlə] ⟨*lat.-span.-frz.*⟩: hellgelb, blassgelb

Va|nil|le, die; - ⟨*lat.-span.-frz.;* »kleine Schote«⟩: zu den Orchideen gehörende mexikanische Pflanze, aus deren Schoten ein aromatisch duftendes Gewürz für Süßspeisen gewonnen wird

Va|nil|lin, das; -s ⟨*lat.-span.-frz.-nlat.*⟩: in den Früchten bestimmter Arten der Vanille vorkommende Substanz, die bes. als Riech- u. Aromastoff verwendet wird

va|ni|tas va|ni|ta|tum ⟨*lat.*⟩: alles ist eitel

Va|peurs [vaˈpøːɐ̯s], die (Plural) ⟨*lat.-frz.*⟩ (veraltet): **1.** Blähungen. **2.** Launen, üble Laune

Va|po|ret|to, das; -s, -s u. ...tti ⟨*lat.-it.*⟩: Dampfboot, kleines Motorboot (in Italien)

Va|po|ri|sa|ti|on, die; -, -en ⟨*lat.-nlat.*⟩: **1.** (veraltet) das Vaporisieren. **2.** (Med.) Verdampfen von Gewebe mittels externer Energie wie Laser od. elektrischer Energie (z. B. bei endoskopischen Resektionsverfahren). **3.** (Med. früher) Anwendung von Wasserdampf zur Blutstillung (bes. im Bereich der Gebärmutter)

Va|po|ri|sa|tor, der; -s, -en ⟨*lat.*⟩: **1.** Gerät zum Sterilisieren von Babygeschirr. **2.** Vaporizer

va|po|ri|sie|ren (veraltend): **1.** verdampfen. **2.** den Alkoholgehalt in Flüssigkeiten bestimmen. **Va|po|ri|sie|rung,** die; -, -en: das Vaporisieren; vgl. ...ation/...ierung

Va|po|ri|zer [...raɪ̯zɐ, engl.: ˈveɪ̯pəraɪ̯zə], der; -s, - ⟨*engl.*⟩: Gerät zum Verdampfen von Flüssigkeiten, bes. zum Inhalieren verschiedener Substanzen

Va|que|ro [vaˈkeːro, span.: baˈkero], der; -[s], -s ⟨*lat.-span.*⟩: Cowboy (im Südwesten der USA u. in Mexiko)

Va|ria, die (Plural) ⟨*lat.*⟩ (bes. Buchw.): Vermischtes, Verschiedenes, Allerlei

va|ri|a|bel ⟨*lat.-frz.*⟩: nicht auf nur eine Möglichkeit beschränkt; veränderbar, [ab]wandelbar

Va|ri|a|bi|li|tät, die; -, -en ⟨*lat.-nlat.*⟩: das Variabelsein

Va|ri|a|b|le, die; -n, -n (ohne Artikel fachspr. auch: -): **1.** (Math., Physik) veränderliche Größe (Ggs.: Konstante). **2.** (Logik) [Symbol für] ein beliebiges Element aus einer vorgegebenen Menge

va|ri|ant (Math.): bei bestimmter Umformung veränderlich

Va|ri|an|te, die; -, -n: **1.** leicht veränderte Art, Form von etwas; Abwandlung, Abart, Spielart. **2.** (Literaturwiss.) abweichende Lesart einer Textstelle bei mehreren Fassungen eines Textes. **3.** (Musik) Wechsel von Moll nach Dur (u. umgekehrt) durch Veränderung der großen Terz in eine kleine (u. umgekehrt) im Tonikadreiklang

Va|ri|anz, die; -, -en ⟨*lat.*⟩: **1.** (Statistik) Maß für die Größe der Abweichung von einem Mittelwert. **2.** (Math.) Veränderlichkeit bei bestimmten Umformungen

va|ri|a|tio de|lec|tat ⟨*lat.*⟩: Abwechslung macht Freude

Va|ri|a|ti|on, die; -, -en ⟨*lat.-frz.*⟩: **1. a)** das Variieren; Veränderung, Abwandlung; **b)** das Variierte, Veränderte, Abgewandelte. **2.** (Musik) melodische, harmonische od. rhythmische Abwandlung eines Themas. **3.** (Biol.) Abweichung von der Norm im Erscheinungsbild bei Individuen einer Art. **4.** (Math.) geordnete Auswahl, Anordnung von Elementen unter Beachtung der Reihenfolge

va|ri|a|tiv: Variationen aufweisend

Va|ri|a|tor, der; -s, ...oren ⟨*lat.-nlat.*⟩: ↑Variometer (5)

Va|ri|e|tät, die; -, -en ⟨*lat.*⟩: **a)** Ab-, Spielart (Bez. der biologischen Systematik für geringfügig abweichende Formen einer Art) (Abk.: var.); **b)** sprachliche Variante

Va|ri|e|té [...ˈteː], das; -s, -s ⟨*lat.-frz.*⟩: **1.** Theater mit bunt wechselndem Programm artistischer, tänzerischer u. gesanglicher Darbietungen. **2.** Vorstellung, Aufführung in einem Varieté (1)

va|ri|ie|ren: verschieden sein; ver-

ändern, abwandeln (bes. ein Thema in der Musik)
va|ri|kös ‹*lat.*› (Med.): krampfaderig
Va|ri|ko|se, die; -, -n (Med.): Krampfaderleiden
Va|ri|ko|si|tät, die; -, -en ‹*lat.-nlat.*› (Med.): Anhäufung von Krampfadern, Krampfaderbildung
Va|ri|ko|ze|le, die; -, -n ‹*lat.; gr.*› (Med.): Krampfaderbruch im Samenstrang durch variköse Veränderung der Hodenvenen
Va|ri|nas [auch: va'ri:nas], der; -, - ‹nach der Stadt Barinas in Venezuela›: südamerikanische Tabaksorte
Va|ri|o|graf, Va|rio|graph, der; -en, -en ‹*lat.; gr.*›: Gerät, das die Werte eines Variometers (1–3) selbsttätig aufzeichnet
Va|ri|o|la, die; -, ...lä u. ...olen, **Va|ri|o|le,** die; -, -n (meist Plural) ‹*lat.-mlat.*› (Med.): Pocken, [schwarze] Blattern
Va|rio|me|ter, das; -s, - ‹*lat.; gr.*›: **1.** (Elektrot., Physik) Messgerät für Selbstinduktionen bei Wechselströmen. **2.** Gerät zur Beobachtung der erdmagnetischen Schwankungen. **3.** Gerät zur Bestimmung der Steig- od. Sinkgeschwindigkeit von Flugzeugen. **4.** (Physik) Spulenanordnung mit stetig veränderbarer Selbstinduktion zur Frequenzabstimmung in Hochfrequenzgeräten. **5.** (Meteorol.) Gerät zur Bestimmung kleinster Luftdruckschwankungen innerhalb kurzer Zeitabschnitte
Va|ri|o|ob|jek|tiv, das; -s, -e: Zoomobjektiv
va|ris|kisch, va|ris|tisch, variszisch ‹*mlat.-nlat.;* nach dem germ. Volksstamm der Varisker im Vogtland›: sich in Südwest-Nordost-Richtung erstreckend (von Gebirgen)
Va|ris|tor, der; -s, ...oren ‹*lat.-engl.*› (Physik): Widerstand, dessen Leitwert mit steigender Spannung wächst
va|ris|zisch vgl. variskisch
Va|ris|zit [auch: ...'tsɪt], der; -s, -e ‹*nlat.;* vgl. variskisch›: ein Mineral, grünes Tonerdephosphat
Va|rix, die; -, Varizen ‹*lat.*› (Med.): Krampfader, Venenknoten
Va|ri|zel|le, die; -, -n (meist Plural) ‹*lat.-nlat.*› (Med.): Windpocke
Va|ri|zen: *Plural* von ↑Varix
Var|so|vi|enne [varzo'vi̯ɛn], die; -, -n [...nən] ‹*frz.;* »Warschauer (Tanz)«›: polnischer Tanz im mäßig schnellen $^3/_4$-Takt
va|sal ‹*lat.-nlat.*› (Med.): die [Blut]gefäße betreffend
Va|sall, der; -en, -en ‹*gall.-mlat.-frz.*›: mittelalterlicher Lehnsmann; Gefolgsmann
Va|sal|len|staat, der; -[e]s, -en: ↑Satellitenstaat. **va|sal|lisch:** einen Vasallen od. die Vasallität betreffend
Va|sal|li|tät, die; - ‹*gall.-mlat.-frz.-nlat.*› (Geschichte): Verhältnis eines Vasallen zum Lehnsherrn
Va|sal|teil, der; -s, -e ‹*lat.-nlat.; dt.*›: ↑Xylem
Va|se, die; -, -n ‹*lat.-frz.*›: oft kunstvoll gearbeitetes offenes Gefäß (aus Glas, Porzellan o. Ä.), in das bes. Schnittblumen gestellt werden
Va|s|ek|to|mie, die; -, ...ien ‹*lat.; gr.*› (Med.): Durchtrennung des Samenleiters
Va|se|lin, das; -s: ↑Vaseline
Va|se|li|ne, die; - ‹Kunstw. aus *dt.* Wasser u. *gr.* élaion »Öl«›: aus Rückständen der Erdöldestillation gewonnene Salbengrundlage für pharmazeutische, kosmetische u. a. Zwecke
vas|ku|lar, vas|ku|lär ‹*lat.-nlat.*› (Med.): zu den Blutgefäßen gehörend, sie enthaltend
Vas|ku|la|ri|sa|ti|on, die; -, -en (Med.): Bildung von Blutgefäßen
Vas|ku|lo|ge|ne|se, die; - ‹*lat.-nlat.; gr.-nlat.*› (Med.): Bildung von neuen Blutgefäßen aus Vorläuferzellen des Gefäßendothels
vas|ku|lös (Med.): gefäßreich
Va|so|di|la|ta|tor, der; -s, ...oren (Med.): **1.** gefäßerweiternder Nerv. **2.** Substanz, die gefäßerweiternd wirkt (z. B. körpereigenes Hormon od. Medikament)
Va|so|kon|s|t|rik|tor, der; -s, ...oren (Med.): **1.** gefäßverengender Nerv. **2.** Substanz, die gefäßverengend wirkt (z. B. körpereigenes Hormon od. Medikament)
Va|so|li|ga|tur, die; -, -en (Med.): Unterbindung von Blutgefäßen
Va|so|mo|to|ren, die (Plural) (Med.): Nerven, die die Weite der [Blut]gefäße regulieren
va|so|mo|to|risch (Med.): die Vasomotoren betreffend
Va|so|neu|ro|se, die; -, -n ‹*lat.; gr.*› (Med.): erhöhte Erregbarkeit des Nervensystems, das die Weite der [Blut]gefäße reguliert
Va|so|ple|gie, die; -, ...ien (Med.): Gefäßlähmung
Va|so|pres|sin, das; -s (Med.): Hormon mit blutdrucksteigernder Wirkung
Va|so|re|sek|ti|on, die; -, -en (Med.): **1.** operative Entfernung eines Stückes des Samenleiters des Mannes (z. B. zur Sterilisation). **2.** operative Entfernung eines Teils eines Blutgefäßes
Va|so|to|mie, die; -, ...ien (Med.): **1.** operative Eröffnung od. Durchtrennung des Samenleiters. **2.** operative Eröffnung od. Durchtrennung eines Blutgefäßes
Vas|ta|ti|on, die; -, -en ‹*lat.*› (veraltet): Verwüstung
Va|ti|kan, der; -s ‹*lat.-mlat.;* nach der Lage auf dem Mons Vaticanus, einem Hügel in Rom›: **1.** Papstpalast in Rom. **2.** oberste Behörde der katholischen Kirche
va|ti|ka|nisch: zum Vatikan gehörend
Va|ti|ka|num, das; -s: erstes (1869/70) u. zweites (1962–1965) in der Peterskirche zu Rom abgehaltenes allgemeines Konzil der katholischen Kirche
Vau|de|ville [vodə'vi:l, vod'vil], das; -s, -s ‹*frz.;* nach dem normannischen Tal Vau de Vire›: **1.** burleskes od. satirisches französisches Singspiel (17./18. Jh.). **2.** Schlussensemble in der französischen Oper u. im deutschen Singspiel
va|zie|ren ‹*lat.*› (veraltet): [dienst]frei sein; unbesetzt sein
Ve|da, Weda ‹*sanskr.;* »Wissen«› der; -s, ...den u. -s: die heiligen Schriften der altindischen Religion
Ve|dan|ta, Wedanta, der; - ‹»Ende des Veda«›: auf den vedischen Upanischaden beruhende philosophische Schule in Indien, die einen mehr od. minder strengen Monismus lehrt
Ve|det|te, die; -, -n ‹*lat.-span.-it.-frz.*›: **1.** (Geschichte) vorgeschobener Reiterposten; Feldwache.

2. (veraltend) berühmter [Film]schauspieler

ve|disch, wedisch: die Veden betreffend, darauf beruhend

Ve|dis|mus, Wedismus, der; - ⟨*sanskr.-nlat.*⟩: vedische Religion

Ve|du|te, die; -, -n ⟨*lat.-it.*⟩: topografisch naturgetreue Darstellung einer Landschaft (bes. in der Malerei des 17.–19. Jh.s)

Ve|ga [v...], die; -, -s ⟨*span.;* »fruchtbare Ebene«⟩: **1.** Bez. für die Flussauen u. bewässerten Gebiete auf der Iberischen Halbinsel, oft mit der ↑Huerta identisch. **2.** (Geol.) brauner bis rotbrauner Auenboden mit einer mäßig entwickelten Humusschicht

ve|gan ⟨*lat.-engl.*⟩: den Veganismus betreffend, zu ihm gehörend, ihm folgend

Ve|ga|ner, der; -s, -: Anhänger des Veganismus. **Ve|ga|ne|rin,** die; -, -nen: weibliche Form zu ↑Veganer

Ve|ga|nis|mus, der; -: [ethisch motivierter] völliger Verzicht auf tierische Produkte bei der Ernährung u. a.

ve|ge|ta|bil: ↑vegetabilisch

Ve|ge|ta|bi|li|en, die (Plural) ⟨*lat.*⟩ (Fachspr., sonst veraltend): pflanzliche Nahrungsmittel

ve|ge|ta|bi|lisch: pflanzlich

Ve|ge|ta|ri|a|ner, der; -s, -: ↑Vegetarier. **Ve|ge|ta|ri|a|ne|rin,** die; -, -nen: weibliche Form zu ↑Vegetarianer

Ve|ge|ta|ri|a|nis|mus, der; -: ↑Vegetarismus

Ve|ge|ta|ri|er, der; -s, - ⟨*lat.-mlat.-engl.*⟩: jmd., der ausschließlich od. vorwiegend pflanzliche Nahrung zu sich nimmt. **Ve|ge|ta|ri|e|rin,** die; -, -nen: weibliche Form zu ↑Vegetarier

ve|ge|ta|risch: a) dem Vegetarismus entsprechend, auf ihm beruhend; **b)** pflanzlich (in Bezug auf die Ernährungsweise)

Ve|ge|ta|ris|mus, der; - ⟨*lat.-mlat.-engl.-nlat.*⟩: Ernährung ausschließlich von Pflanzenkost, meist aber ergänzt durch Eier u. Milchprodukte

Ve|ge|ta|ti|on, die; -, -en ⟨*lat.*⟩: **1.** (Bot.) Gesamtheit des Pflanzenbestandes [eines bestimmten Gebietes]. **2.** (Med.) [vermehrtes] Wachstum von Bakterien auf mikrobiologischen Nährmitteln od. menschlichen Organen (z. B. Herzklappen). **3.** (Med.) Wucherung des lymphatischen Gewebes

Ve|ge|ta|ti|ons|ke|gel, der; -s, - (Bot.): Wachstumszone der Wurzel- u. Sprossspitze einer Pflanze

Ve|ge|ta|ti|ons|pe|ri|o|de, die; -, -n: Zeitraum des allgemeinen Wachstums der Pflanzen innerhalb eines Jahres

ve|ge|ta|tiv ⟨*lat.-mlat.*⟩: **1.** pflanzlich, pflanzenhaft. **2.** (Biol.) ungeschlechtlich. **3.** (Physiol.) dem nicht willentlich beeinflussbaren, autonomen Nervensystem folgend (z. B. bei der Steuerung von inneren Organen)

ve|ge|tie|ren ⟨*lat.*⟩: **1.** kümmerlich, kärglich [dahin]leben. **2.** (Biol.) nur in der vegetativen (2) Phase leben (von Pflanzen)

veg|gie [ˈvɛdʒi, ˈvɛgi] ⟨*engl.*⟩ (ugs.): vegetarisch (auch als Bestandteil von Produktbezeichnungen). **Veg|gie,** der; -s, -s u. die; -, -s (ugs.): jmd., der sich vegetarisch ernährt. **Veg|gie|bur|ger** [ˈvɛdʒibœːɐ̯gɐ, ˈvɛgi...], der; -s, - ⟨*engl.*⟩: mit einem Bratling u. weiteren Zutaten belegtes Brötchen in der Art eines Hamburgers

ve|he|ment ⟨*lat.*⟩: heftig, energisch. **Ve|he|menz,** die; -: Heftigkeit, Ungestüm; Schwung, Elan

Ve|hi|kel, das; -s, - ⟨*lat.*⟩: **1.** Hilfsmittel; etwas, was als Mittel dazu dient, etwas anderes deutlich, wirksam werden zu lassen, zu ermöglichen. **2.** (ugs.) [altes, schlechtes] Fahrzeug. **3.** (Med.) wirkungsloser Stoff in Arzneien, in dem die wirksamen Stoffe gelöst od. verteilt sind

Vek|tor, der; -s, ...oren ⟨*lat.;* »Träger, Fahrer«⟩ (Math., Physik): Größe, die durch Pfeil dargestellt wird u. durch Richtung u. Betrag festgelegt werden kann

Vek|tor|gra|fik, Vek|tor|gra|phik, die; -, -en (EDV): eine grafische Darstellungsart, die auf [Bild]linien (im Gegensatz zu Bildpunkten) beruht

vek|to|ri|ell ⟨*lat.-nlat.*⟩ (Math.): den Vektor, die Vektorrechnung betreffend

vek|to|ri|sie|ren (EDV): aus Pixeln bestehende Grafiken in Vektorgrafiken umwandeln

Vek|to|ri|sie|rung, die; -, -en (EDV): Konvertierung von Rastergrafiken in Vektorgrafiken

Ve|la: *Plural* von ↑Velum

Ve|la|men, das; -s, - ⟨*lat.;* »Hülle, Decke«⟩ (Bot.): schwammige Hülle vieler Luftwurzeln zur Wasseraufnahme

ve|lar (Sprachwiss.): am Velum (3) gebildet (von Lauten). **Ve|lar,** der; -s, -e (Sprachwiss.): Gaumensegellaut, [Hinter]gaumenlaut (z. B. *k*)

Ve|lin [auch: veˈlɛ̃ː], das; -s ⟨*lat.-frz.*⟩: **1.** (früher) feines, weiches Pergament. **2.** glattes Papier ohne Wasserzeichen

Vel|le|i|tät, die; -, -en ⟨*lat.-mlat.-frz.*⟩ (Philos.): kraftloses, zögerndes Wollen

Ve|lo [auch: ˈvɛ...], das; -s, -s ⟨Kurzw. aus *Velo*ziped⟩ (schweiz.): Fahrrad

ve|lo|ce [veˈloːtʃə] ⟨*lat.-it.*⟩ (Musik): behände, schnell, geschwind (Vortragsanweisung)

Ve|lo|drom, das; -s, -e ⟨*(lat.-frz.; gr.) frz.*⟩: [geschlossene] Radrennbahn

¹Ve|lours [vəˈluːɐ̯, auch: ve...], der; - [...luːɐ̯s], - [...luːɐ̯s] ⟨*lat.-provenzal.-frz.*⟩: **1.** Gewebe mit gerauter, weicher, samt- od. plüschartiger Oberfläche. **2.** frz. Bez. für Samt

²Ve|lours, das; - [...luːɐ̯s], - [...luːɐ̯s]: ↑Veloursleder

Ve|lours|le|der, das; -s, -: Leder, dessen Oberfläche durch Schleifen ein samtartiges Aussehen hat

ve|lou|tie|ren [vəlu..., auch: velu...]: (die Lederoberfläche) abschleifen u. dadurch aufrauen

Ve|lou|tine [...ˈtiːn], der; -[s], -s ⟨*lat.-provenzal.-frz.*⟩: **1.** feiner, weicher Halbseidenrips. **2.** samtartig gerauter Flanell

Ve|lo|zi|ped, das; -[e]s, -e ⟨*lat.-frz.*⟩ (veraltet): Fahrrad

Vel|pel [ˈfɛlpl̩] vgl. Felbel

Velt|li|ner, der; -s, - ⟨nach der it. Landschaft Veltlin⟩: **1.** in Österreich angebaute Rebsorte. **2.** Weinsorte

Ve|lum, das; -s, Vela ⟨*lat.;* »Hülle; Segel«⟩: **1.** altrömischer Vorhang od. Teppich. **2.** (kath. Kirche) **a)** Seiden- od. Leinentuch (zur Bedeckung der Abendmahlsgeräte); **b)** Schultertuch des Priestergewandes.

3. (Sprachwiss.) Gaumensegel, weicher Gaumen, wo die Velare gebildet werden. 4. (Biol.) a) Wimperkranz der Larven von Schnecken u. Muscheln; b) Randsaum der Quallen; c) Hülle vieler junger Blätterpilze

Ve|lum pa|la|ti|num, das; - -, ...la ...na (Anat., Sprachwiss.): Gaumensegel

Ve|vet, der od. das; -s, -s ‹*lat.-vulgärlat.-frz.-engl.*›: Baumwollsamt mit glatter Oberfläche

Ven|de|mi|aire [vãde'mi̯ɛ:ɐ̯], der; -[s], -s ‹*lat.-frz.;* »Weinmonat«›: erster Monat des französischen Revolutionskalenders (22. September bis 21. Oktober)

Ven|det|ta, die; -, ...tten ‹*lat.-it.*›: it. Bez. für: Blutrache

Ve|ne, die; -, -n ‹*lat.*› (Med.): Blutgefäß, das das Blut zum Herzen hinführt (Ggs.: Arterie)

Ve|ne|fi|ci|um, das; -s, ...cia ‹*lat.;* »Giftmischerei«› (Med.): Giftmord

Ve|n|ek|ta|sie, die; -, ...ien ‹*lat.; gr.*› (Med.): auf Erschlaffen der Gefäßwände beruhende dauerhafte u. pathologische Venenerweiterung

Ve|ne|na: *Plural* von ↑Venenum

ve|ne|nös ‹*lat.*› (Med.): giftig

Ve|ne|num, das; -s, ...na (Med.): Gift

ve|ne|ra|bel ‹*lat.*› (veraltet): verehrungswürdig

Ve|ne|ra|bi|le, das; -[s]: ↑Sanktissimum

ve|ne|ra|bi|lis: lat. Bez. für: ehrwürdig, hochwürdig (im Titel katholischer Geistlicher) (Abk.: ven.)

Ve|ne|ra|ti|on, die; -, -en ‹*lat.*› (veraltet): Verehrung, bes. der katholischen Heiligen. **ve|ne|rie|ren** (veraltet): [als heilig] verehren

ve|ne|risch ‹vom Namen der Venus, der röm. Liebesgöttin› (Med.): geschlechtskrank, die Geschlechtskrankheiten betreffend; **venerische Krankheiten** (Med.): Geschlechtskrankheiten

Ve|ne|ro|lo|ge, der; -n, -n ‹*lat.; gr.*› (Med.): Facharzt für Geschlechtskrankheiten. **Ve|ne|ro|lo|gie,** die; - (Med.): Wissenschaftszweig, der sich mit den sexuell übertragbaren Krankheiten befasst. **Ve|ne|ro|lo|gin,** die; -, -nen: weibliche Form zu ↑Venerologe. **ve|ne|ro|lo|gisch:** die Venerologie betreffend

Ve|nia Le|gen|di, die; - - ‹*lat.*›: Erlaubnis, an Hochschulen zu lehren

ve|ni, cre|a|tor spi|ri|tus ‹*lat.;* »Komm, Schöpfer Geist!«›: Anfang eines altchristlichen Hymnus auf den Heiligen Geist

ve|ni, sanc|te spi|ri|tus ‹»Komm, Heiliger Geist!«›: Anfang einer mittelalterlichen Pfingstsequenz

ve|ni, vi|di, vi|ci ‹»ich kam, ich sah, ich siegte«; Ausspruch Caesars über seinen Sieg bei Zela 47 v. Chr.›: kaum angekommen, schon gewonnen (von einem überaus raschen Erfolg)

ve|nös ‹*lat.*› (Med.): die Venen betreffend, zu ihnen gehörend

Ven|til, das; -s, -e ‹*lat.-mlat.*›: 1. Absperr-, Steuervorrichtung für das Einlassen, Auslassen od. Durchlassen von Gasen od. Flüssigkeiten an Leitungen o. Ä. 2. a) bewegliche Klappe bei der Orgel, durch die die Windzufuhr geregelt wird; b) mechanische Vorrichtung bei den Blechblasinstrumenten zur Erzeugung der vollständigen Tonskala

Ven|ti|la|b|ro, der; -, -s ‹*lat.-it.*›: Windlade der Orgel

Ven|ti|la|ti|on, die; -, -en ‹*lat.-frz.*›: 1. Lufterneuerung in geschlossenen Räumen zur Beseitigung von verbrauchter u. verunreinigter Luft; Lüftung, Luftwechsel. 2. (Med.) Belüftung der Lungen. 3. Ventilierung; vgl. ...ation/...ierung

Ven|ti|la|tor, der; -s, ...oren ‹*lat.-engl.*›: mechanisch arbeitendes Gerät mit einem Flügelrad zum Absaugen u. Bewegen von Luft od. Gasen

ven|ti|lie|ren ‹*lat.-frz.*›: 1. lüften, die Luft erneuern. 2. sorgfältig erwägen, prüfen, überlegen, von allen Seiten betrachten, untersuchen; eingehend erörtern

Ven|ti|lie|rung, die; -, -en: 1. (seltener) das Ventilieren (1). 2. Erörterung; eingehende Prüfung, Überlegung, Erwägung; vgl. ...ation/...ierung

Ven|tose [vã'to:z], der; -[s], -s ‹»Windmonat«›: sechster Monat des französischen Revolutionskalenders (19. Februar bis 20. März)

ven|t|ral ‹*lat.*› (Med.): 1. bauchwärts gelegen. 2. im Bauch lokalisiert, an der Bauchwand auftretend

ven|t|re à terre [vãtra'tɛ:ɐ̯] ‹*lat.-frz.;* »Bauch an der Erde«› (Reiten): im gestreckten Galopp

Ven|t|ri|kel, der; -s, - ‹»kleiner Bauch«›: 1. (Med.) Kammer, Hohlraum, bes. von Organen (z. B. Herz u. Hirn). 2. bauchartige Verdickung, Ausstülpung eines Organs od. Körperteils (z. B. der Magen)

ven|t|ri|ku|lär ‹*lat.-nlat.*› (Med.): den Ventrikel betreffend

Ven|t|ri|lo|quis|mus, der; -: das Bauchreden. **Ven|t|ri|lo|quist,** der; -en, -en: Bauchredner. **Ven|t|ri|lo|quis|tin,** die; -, -nen: weibliche Form zu ↑Ventriloquist

Ven|ture|ca|pi|tal, Ven|ture-Ca|pi|tal ['vɛntʃəkæpɪtl̩], das; -s ‹*engl.;* »Wagniskapital«›: ↑Risikokapital

Ve|nü|le, die; -, -n ‹Kurzw. aus *Vene* u. *Kanüle*› (Med. früher): Glasröhrchen mit eingeschmolzener Kanüle zur keimfreien Blutentnahme aus Körpervenen

Ve|ran|da, die; -, ...den ‹*port.-engl.*›: gedeckter [u. an drei Seiten verglaster] Vorbau an einem Wohnhaus

Ve|ra|t|rin, das; -s ‹*lat.-nlat.*›: Alkaloidgemisch aus weißer Nieswurz, ein Hautreizmittel

Ve|ra|zi|tät, die; - ‹*lat.-mlat.*› (veraltet): Wahrhaftigkeit

Verb, das; -s, -en ‹*lat.*›: Zeitwort, Tätigkeitswort

Ver|ba: *Plural* von ↑Verbum

ver|bal: 1. das Verb betreffend, als Verb [gebraucht]. 2. wörtlich, mit Worten, mündlich

Ver|bal|ab|s|trak|tum, das; -s, ...ta: von einem Verb abgeleitetes Abstraktum

Ver|bal|ad|jek|tiv, das; -s, -e: a) als Adjektiv gebrauchte Verbform, ↑Partizip (z. B. *blühend*); b) (selten) von einem Verb abgeleitetes Adjektiv (z. B. *tragbar*)

Ver|ba|le, das; -s, ...lien: 1. von einem Verb abgeleitetes Wort (z. B. Sprecher von sprechen). 2. (meist Plural; veraltet) verbale, mündliche Äußerung. 3. (nur Plural; veraltet) bloße Kenntnisse von Ausdrücken;

Wortkenntnisse (Ggs.: Realien [3])

Ver|bal|ero|ti|ker, der; -s, -: jmd., der sexuelle Befriedigung daraus zieht, in anschaulich-derber, obszöner Weise über sexuelle Dinge zu sprechen. **Ver|bal|ero|ti|ke|rin,** die; -, -nen: weibliche Form zu ↑Verbalerotiker

Ver|bal|in|ju|rie [...ri̯ə], die; -, -n (Rechtswiss.): Beleidigung durch Worte

Ver|bal|in|s|pi|ra|ti|on, die; -: wörtliche Eingebung der Bibeltexte durch den Heiligen Geist (nach früherer theologischer Lehre); vgl. Personalinspiration, Realinspiration

ver|ba|li|sie|ren ⟨*lat.-nlat.*⟩: **1.** in Worte fassen, mit Worten zum Ausdruck bringen. **2.** (Sprachwiss.) ein Wort durch Anfügen einer verbalen Endung zu einem Verb umbilden (z. B. Dank zu dank*en*)

Ver|ba|lis|mus, der; - (abwertend): Neigung, der Formulierung mehr Bedeutung als der Sache, dem Inhalt beizumessen. **ver|ba|lis|tisch:** den Verbalismus betreffend

ver|ba|li|ter ⟨*lat.*⟩: wörtlich

Ver|bal|kon|kor|danz, die; -, -en: Konkordanz (1 a), die ein alphabetisches Verzeichnis von gleichen od. ähnlichen Wörtern od. Textstellen enthält; vgl. Realkonkordanz

Ver|bal|kon|trakt, der; -[e]s, -e (Rechtswiss.): mündlicher Vertrag

Ver|bal|no|men, das; -s, ...mina (Sprachwiss.): als Nomen gebrauchte Verbform (z. B. Vermögen von vermögen); vgl. Verbaladjektiv, Verbalsubstantiv

Ver|bal|phra|se, die; -, -n (Sprachwiss.): Wortgruppe, die aus einem Verb u. den von ihm abhängenden Gliedern besteht (z. B. ... schloss vorsichtig das Fenster)

Ver|bal|prä|fix, das; -es, -e (Sprachwiss.): Präfix, das vor ein Verb tritt (z. B. be- + steigen = *be*steigen)

Ver|bal|stil, der; -[e]s: Schreib- od. Sprechstil, der das Verb bevorzugt (Ggs.: Nominalstil)

Ver|bal|sub|s|tan|tiv, das; -s, -e: zu einem Verb gebildetes Substantiv, das (zum Zeitpunkt der Bildung) eine Geschehensbezeichnung ist (z. B. Gabe zu geben)

Ver|bal|suf|fix, das; -es, -e (Sprachwiss.): Suffix, das an den Stamm eines Verbs tritt (z. B. -eln in läch*eln*)

ver|bar|ri|ka|die|ren ⟨*dt.-galloroman.-frz.*⟩: **1.** durch einen od. mehrere schnell herbeigeschaffte Gegenstände, die als Hindernis dienen sollen, versperren, unpassierbar machen. **2.** sich durch Barrikaden gegen Eindringlinge, Angreifer o. Ä. schützen

Ver|bas|kum, das; -s, ...ken ⟨*lat.*⟩ (Bot.): Königskerze, Wollkraut

Ver|ben: *Plural* von ↑Verb

Ver|be|ne, die; -, -n ⟨*lat.*⟩: Eisenkraut (Garten- u. Heilpflanze)

ver|bi cau|sa ⟨*lat.*⟩ (veraltet): zum Beispiel (Abk.: v. c.)

Ver|bi|ge|ra|ti|on, die; -, -en ⟨*lat.-nlat.*⟩ (Med.): ständiges Wiederholen gleicher, meist unsinniger Wörter od. Sätze (z. B. bei Schizophrenie od. fortgeschrittener Demenz)

ver|bi gra|tia ⟨*lat.*⟩ (veraltet): zum Beispiel (Abk.: v. g.)

ver|bos (veraltet): wortreich

Ver|bum, das; -s, ...ba ⟨*lat.*⟩: ↑Verb; **Verbum finitum:** Verbform, die die Angabe einer Person u. der Zahl enthält, Personalform (z. B. [du] liest); **Verbum infinitum:** Verbform, die keine Angabe einer Person enthält (z. B. lesend, gelesen); **Verba Dicendi [et Sentiendi]:** Verben des Sagens [und Denkens]

ver|da|ten: auf im Computer speicherbare Daten (3) reduzieren, in solche Daten umsetzen

Ver|dikt, das; -[e]s, -e ⟨*lat.-mlat.-engl.*⟩: **1.** (Rechtsspr. veraltet) Urteil, Urteilsspruch [der Geschworenen]. **2.** Verdammungsurteil

Ver|du|re [vɛrˈdyːrə], die; -, -n ⟨*lat.-frz.*⟩: meist Pflanzen darstellender Wandteppich in grünen Farben (vom 15. bis 17. Jh.)

Ver|genz, die; -, -en ⟨*lat.-nlat.*⟩ (Geol.): die Richtung des Faltenwurfs in einem Faltengebirge

Ve|ri|fi|ka|ti|on, die; -, -en ⟨*lat.-mlat.*⟩: **1.** das Verifizieren. **2.** Beglaubigung, Unterzeichnung eines diplomatischen Protokolls durch alle Verhandlungspartner

ve|ri|fi|zier|bar: nachprüfbar

ve|ri|fi|zie|ren ⟨*lat.-mlat.*⟩: **1.** durch Überprüfen die Richtigkeit von etwas bestätigen (Ggs.: falsifizieren [1]). **2.** beglaubigen

Ve|ris|men, die (Plural) ⟨*lat.-nlat.*⟩: Merkmale der veristischen Epoche in der Musik

Ve|ris|mo, der; - ⟨*lat.-it.*⟩: am Ende des 19. Jh.s aufgekommene Stilrichtung der italienischen Literatur, Musik u. bildenden Kunst mit dem Ziel einer schonungslosen Darstellung der Wirklichkeit

Ve|ris|mus, der; - ⟨*lat.-nlat.*⟩: **1.** ↑Verismo. **2.** schonungslose u. sozialkritische künstlerische Darstellung der Wirklichkeit

ve|ris|tisch: den Verismus betreffend, darauf beruhend, dazu gehörend

ve|ri|ta|bel ⟨*lat.-frz.*⟩: in der wahren Bedeutung des betreffenden Wortes; echt

ver|kad|men vgl. kadmieren

ver|klau|su|lie|ren: 1. mit (zahlreichen) Klauseln, Vorbehalten o. Ä. versehen. **2.** verwickelt u. daher nur schwer verständlich formulieren

ver|lin|ken ⟨*engl.*⟩ (EDV): mit einem Hyperlink verknüpfen

ver|ma|le|dei|en (ugs.): verfluchen, verwünschen

ver|meil [vɛrˈmɛːj] ⟨*lat.-frz.*⟩: gelblich rot, hellrot. **Ver|meil,** das; -s: vergoldetes Silber

Ver|meil|le [...vɛrˈmɛːjə], die; -: **1.** orangefarbener Spinell. **2.** braun gefärbter [1]Hyazinth

Ver|mi|cel|li [vɛrmiˈtʃɛli], die (Plural) ⟨*lat.-vulgärlat.-it.;* »Würmchen«⟩: Fadennudeln

ver|mi|form ⟨*lat.-nlat.*⟩ (Med.): wurmförmig

ver|mi|ku|lar (Biol.): wurmförmig

Ver|mil|lon [vɛrmiˈjõː], das; -s ⟨*lat.-frz.*⟩: sehr fein gemahlener Zinnober

ver|mi|zid ⟨*lat.-nlat.*⟩ (Med.): wurmtötend (von Heilmitteln). **Ver|mi|zid,** das; -s, -e (Med.): wurmtötendes chemisches Mittel

Ver|na|ku|lar|spra|che ⟨*lat.-engl.; dt.; lat.* vernaculus »einheimisch; selbst erfunden«⟩ (Sprachwiss.): **1.** indigene Sprache; Sprache von Ureinwohnern. **2.** ↑Jargon (a)

Ver|na|li|sa|ti|on, die; -, -en ‹*lat.-nlat.*›: Kältebehandlung von Pflanzenkeimlingen zur Entwicklungsbeschleunigung

ver|na|li|sie|ren: Pflanzenkeimlinge einer Kältebehandlung unterziehen

Ver|na|ti|on, die; -, -en (Bot.): Lage der einzelnen jungen Blätter in der Knospe

Ver|nis mou [vɛrniˈmu], das; - - ‹*frz.;* »weicher Firnis«›: Radierung, bei der die Metallplatte mit einer weichen Lack- od. Wachsschicht überzogen u. mit einem dünnen Papier abgedeckt wird

Ver|nis|sa|ge […ˈsa:ʃ, …ʒə], die; -, -n […ʒn̩] ‹*frz.*›: Eröffnung einer Ausstellung, bei der die Werke eines lebenden Künstlers, einer Künstlerin [mit geladenen Gästen] vorgestellt werden

Ve|ro|ni|ka, die; -, …ken ‹*nlat.;* nach der kath. Heiligen›: Ehrenpreis (Zierstaude aus der Familie der Rachenblütler)

ver|pi|xeln ‹*dt.; engl.*›: **1.** (Gesichter, Autonummern o. Ä. auf Fotos od. in Filmen) mithilfe einer Software unkenntlich machen. **2.** (von digitalen Bildern) durch geringe Auflösung unscharf werden

Ver|ril|lon [vɛriˈjõ:], das; -[s], -s ‹*lat.-frz.*›: frz. Bez. für: Glasglockenspiel, Glasharmonika

Ver|ro|te|ri|en, die (Plural) ‹*lat.-frz.*›: kleine Glaswaren (z. B. Perlen)

Ver|ru|ca|no, der; -s ‹*it.;* nach dem Monte Verruca in der Toskana› (Geol.): rotes, konglomeratisches Gestein der Alpen

ver|ru|kös ‹*lat.*› (Med.): warzig, warzenförmig

Vers, der; -es, -e ‹*lat.;* »das Umwenden; Furche«›: **1.** durch Metrum, Rhythmus, Zäsuren gegliederte, eine bestimmte Anzahl von Silben, oft einen Reim aufweisende Zeile einer Dichtung in gebundener Rede wie Gedicht, Drama, Epos. **2. a)** Strophe eines Gedichtes, Liedes; **b)** kleinster Abschnitt des Bibeltextes

Ver sa|c|rum, das; - - ‹*lat.;* »heiliger Frühling«›: altrömischer Brauch, in Notzeiten alle im Frühjahr geborenen Kinder u. Tiere den Göttern Mars u. Jupiter zu weihen

Ver|sal, der; -s, -ien (meist Plural) ‹*lat.-nlat.*›: Großbuchstabe

Ver|sal|schrift, die; - ‹*lat.-nlat.; dt.*›: Schriftart, die nur aus Versalien, Ziffern u. Interpunktionszeichen besteht

ver|sa|til ‹*lat.*›: **1.** beweglich, gewandt (z. B. im Ausdruck). **2.** ruhelos; wankelmütig

Ver|sa|ti|li|tät, die; - ‹*lat.-nlat.*›: **1.** Beweglichkeit, Gewandtheit (z. B. im Ausdruck). **2.** Ruhelosigkeit; Wandelbarkeit

Vers blanc [vɛrˈblã:], der; - -, - -s [vɛrˈblã:] ‹*frz.*›: reimloser Vers, Blankvers

Vers com|mun […kɔˈmœ̃], der; - -, - -s […kɔˈmœ̃]: gereimter jambischer zehnsilbiger Vers (in der älteren französischen Dichtung)

Ver|set|to, das; -s, -s u. …tti ‹*lat.-it.*›: kleines, meist fugenartiges, kunstvolles Orgelzwischenspiel

Vers|fuß, der; -es, …füße: kleinste rhythmische Einheit eines Verses, die sich aus einer charakteristischen Reihung von langen u. kurzen od. betonten u. unbetonten Silben ergibt

ver|sie|ren ‹*lat.(-frz.)*› (veraltet): verkehren; sich mit etwas beschäftigen

ver|siert: auf einem bestimmten Gebiet durch längere Erfahrung gut Bescheid wissend u. daher gewandt, geschickt

Ver|si|fi|ka|ti|on, die; -, -en ‹*lat.*›: Umformung in Verse

ver|si|fi|zie|ren: in Versform bringen

Ver|si|kel, der; -s, -: kurzer überleitender [Psalm]vers (in der Liturgie)

Ver|si li|be|ri, die (Plural): ↑Versi sciolti

Ver|si|on, die; -, -en ‹*lat.-frz.*›: **1.** eine von mehreren möglichen Arten, einen bestimmten Sachverhalt auszulegen u. darzustellen. **2.** Ausführung, die in einigen Punkten vom ursprünglichen Typ, Modell o. Ä. in bestimmter Weise abweicht. **3. a)** eine von mehreren möglichen Darstellungen, Fassungen, Gestaltungsformen; **b)** Übersetzung

ver|si|o|nie|ren (EDV): so speichern, dass ältere Versionen nicht überschrieben werden, sondern erhalten bleiben

Ver|si|o|nie|rung, die; -, -en ‹*lat.-frz.*› (EDV): Vergabe von [mehrteiligen] Versionsnummern zur Kennzeichnung u. Unterscheidung der Entwicklungsstadien einer Software od. einer Datei

Ver|si sciol|ti [- ˈʃɔlti], die (Plural) ‹*lat.-it.;* »reimlose Verse«›: fünffüßige Jamben des italienischen Epos

Vers li|b|re [vɛrˈli:br(ə)], der; - -, - -s […ˈli:br(ə)] ‹*lat.-frz.*›: frz. Bez. für: [reimloser] taktfreier Vers

Ver|so, das; -s, -s ‹*lat.*›: Rückseite eines Blattes in einem Buch od. einer Handschrift (Ggs.: Recto)

ver|sus ‹*lat.*›: gegen[über]; im Gegensatz zu (Abk.: vs.)

Ver|sus me|mo|ri|a|les […zu:s …le:s], die (Plural): Verse, die als Gedächtnisstütze dienen

Ver|sus qua|d|ra|tus, der; - -, - …ti: trochäischer Septenar

Vert, der; -s, -s ‹*lat.-engl.*›: steilster Teil eines Sprunghügels beim Snowboarden

ver|ta|tur ‹*lat.*› (Druckw.): man wende!, man drehe um! (Korrektur von Buchstaben, die auf dem Kopf stehen) (Abk.: vert.; Zeichen: V)

ver|te ‹*lat.*› (Musik): wende um!, wenden! (das Notenblatt beim Spielen) (Abk.: v.); vgl. verte, si placet

ver|te|b|ral ‹*lat.-nlat.*› (Med.): zu einem od. mehreren Wirbeln, zur Wirbelsäule gehörend; die Wirbel, die Wirbelsäule betreffend; aus Wirbeln bestehend

Ver|te|b|rat, der; -en, -en (meist Plural) ‹*lat.-nlat.*›: Wirbeltier (Ggs.: Evertebrat)

ver|te, si pla|cet ‹*lat.*› (Musik): bitte wenden! (Hinweis auf Notenblättern) (Abk.: v. s. pl.)

ver|te su|bi|to ‹*lat.*› (Musik): rasch wenden! (Hinweis auf Notenblättern)

Ver|tex, der; -, …tices […titse:s] ‹*lat.;* »Scheitel«›: **1.** (Med.) Scheitel, Spitze eines Organs, bes. der höchstgelegene Teil des Schädels. **2.** (Astron.) gemeinsamer Zielpunkt der Bewegung einer Gruppe von Sternen

ver|ti|gi|nös ‹*lat.-nlat.*› (Med.): schwindlig, mit Schwindelgefühlen verbunden

Ver|ti|go, die; - ‹*lat.*; »das Herumdrehen«› (Med.): Schwindel; mit Ohrensausen, Gangunsicherheit, Schweißausbrüchen, Übelkeit u. a. objektiven Symptomen verbundener Zustand, der bes. durch Gleichgewichtsstörungen charakterisiert wird

ver|ti|kal ‹*lat.*; »scheitellinig«›: senkrecht, lotrecht

Ver|ti|ka|le, die; -, -n: senkrechte Gerade; Senkrechte (Ggs.: Horizontale [1 a])

Ver|ti|kal|in|ten|si|tät, die; - (Physik): Stärke des Erdmagnetfeldes in senkrechter Richtung

ver|ti|ka|li|sie|ren ‹*lat.-nlat.*›: **1.** (Archit.) die Vertikale besonders betonen. **2.** (Wirtsch.) sich als produzierendes Unternehmen am Vertrieb beteiligen u. Einfluss auf den Handel nehmen

Ver|ti|ka|li|sie|rung, die; -, -en: das Vertikalisieren

Ver|ti|ka|lis|mus, der; - (Kunstwiss.): starke Betonung der Senkrechten (bes. in der Gotik)

Ver|ti|kal|kon|zern, der; -s, -e: Konzern, dessen einzelne Unternehmen [Zwischen]produkte aufeinanderfolgender Produktionsstufen liefern (Ggs.: Horizontalkonzern)

Ver|ti|kal|kreis, der; -es, -e ‹*lat.*; *dt.*› (Astron.): auf dem Horizont senkrecht stehender Großkreis am Himmelsgewölbe

Ver|ti|ko ['vɛ...], das (selten: der); -s, -s ‹angeblich nach dem ersten Verfertiger, dem Berliner Tischler Vertikow›: kleiner Schrank mit zwei Türen, der nach oben mit einer Schublade u. einem Aufsatz abschließt

ver|ti|ku|lie|ren vgl. vertikutieren

ver|ti|ku|tie|ren ‹*lat.-spätlat.*; *frz.*›: die Grasnarbe eines Rasens aufreißen, um den Boden zu lockern u. zu belüften; aerifizieren. **Ver|ti|ku|tie|rer,** der; -s, -: Gerät zum Vertikutieren

Ver|tum|na|li|en, die (Plural) ‹*lat.*; nach dem altröm. Vegetationsgott Vertumnus›: altrömisches Fest

Ver|ve ['vɛrvə], die; - ‹*lat.-vulgärlat.-frz.*›: Schwung, Begeisterung (bei einer Tätigkeit)

Ve|si|ca, die; -, ...cae [...tʃɛ] ‹*lat.*› (Med.): [Harn]blase

ve|si|kal (Med.): zur Harnblase gehörend, sie betreffend

Ve|si|kans, das; -, ...kantia u. ...kanzien (Med.): ↑Vesikatorium

Ve|si|ka|to|ri|um, das; -s, ...ien ‹*lat.-nlat.*› (Med.): Blasen ziehendes Arzneimittel; Zugpflaster

Vesikel, die; -, - od. das; -s, - (meist Plural) ‹*lat.*› (Biol.): kleine bläschenförmige Bildung im Zytoplasma

[1]Ves|per ['fɛ...], die; -, -n ‹*lat.*; »Abend, Abendzeit«›: **a)** vorletzte, abendliche Gebetsstunde der Gebetszeiten des Stundengebets; **b)** (christlicher) Gottesdienst am frühen Abend

[2]Ves|per, die; -, -n, (südd. auch:) das; -s, - (bes. südd.): kleinere Zwischenmahlzeit (bes. am Nachmittag)

Ves|per|bild, das; -s, -er ‹*lat.*; *dt.*›: Darstellung Marias mit dem Leichnam Christi; vgl. Pieta

ves|pern (bes. südd.): die [2]Vesper einnehmen

Ves|ta|lin, die; -, -nen ‹*lat.*›: altrömische Priesterin der Vesta, der Göttin des Herdfeuers

Ves|ti|bül, das; -s, -e ‹*lat.-frz.*›: Vorhalle, Eingangshalle [in einem Theater od. Konzertsaal]

Ves|ti|bu|la: *Plural* von ↑Vestibulum

Ves|ti|bu|lar|ap|pa|rat, der; -[e]s, -e (Med.): Gleichgewichtsorgan im Ohr

Ves|ti|bu|lum, das; -s, ...la ‹*lat.*›: **1.** Vorhalle des altrömischen Hauses. **2.** (Med.) den Eingang zu einem Organ bildende Erweiterung

Ves|ti|tur, die; -, -en ‹*lat.*›: ↑Investitur

Ves|ton [vɛs'tõ:], der, auch das; -s, -s ‹*lat.-frz.*› (schweiz.): [sportliches] Herrenjackett

Ve|su|vi|an, der; -s, -e ‹*nlat.*; nach dem Vesuv› (Mineral.): dem Granat ähnlicher grüner od. brauner Edelstein

Ve|te|ran, der; -en, -en ‹*lat.*›: **1.** jmd., der (bes. beim Militär) altgedient ist, sich in langer Dienstzeit o. Ä. bewährt hat. **2.** ↑Oldtimer (2). **Ve|te|ra|nin,** die; -, -nen: weibliche Form zu ↑Veteran (1)

ve|te|ri|när ‹*lat.-frz.*›: tierärztlich. **Ve|te|ri|när,** der; -s, -e: Tierarzt. **Ve|te|ri|nä|rin,** die; -, -nen: weibliche Form zu ↑Veterinär

Ve|te|ri|när|me|di|zin, die; -: Tierheilkunde

Ve|to, das; -s, -s ‹*lat.-frz.*; »ich verbiete«›: **a)** (bes. in der Politik) offizieller Einspruch, durch den das Zustandekommen od. die Durchführung eines Beschlusses o. Ä. verhindert od. verzögert wird; **b)** Recht, gegen etwas ein Veto (a) einzulegen

Ve|tus La|ti|na, die; - - ‹*lat.*›: der Vulgata vorausgehende lateinische Bibelübersetzung

Ve|xa|ti|on, die; -, -en ‹*lat.*› (veraltet): Ärgernis, Quälerei

ve|xa|to|risch: quälerisch

Ve|xier|bild, das; -[e]s, -er ‹*lat.*; *dt.*›: Bild, auf dem eine od. mehrere versteckt eingezeichnete Figuren zu suchen sind; Suchbild

ve|xie|ren ‹*lat.*› (veraltet): irreführen; quälen; necken

Ve|xier|rät|sel, das; -s, - ‹*lat.*; *dt.*›: Scherzrätsel

Ve|xil|lo|lo|gie, die; - ‹*lat.*; *gr.*›: Lehre von der Bedeutung von Fahnen, Flaggen

Ve|xil|lum, das; -s, ...lla u. ...llen ‹*lat.*›: **1.** altrömische Fahne. **2.** (Zool.) aus den einzelnen Ästen bestehender Teil der Vogelfeder zu beiden Seiten des Federkiels. **3.** größtes Blütenblatt bei Schmetterlingsblütlern

Ve|zier [ve'zi:ɐ̯] usw. vgl. Wesir usw.

vez|zo|so ‹*lat.-it.*› (Musik): zärtlich, lieblich

VGA ‹Abk. für *engl.* *V*ideo *G*raphic's *A*rray›: Chip zur Steuerung eines Farbbildschirms

VHS ‹Abk. für *engl.* *V*ideo *H*ome *S*ystem›: (ein früher sehr verbreitetes) Videoaufzeichnungssystem

via ‹*lat.*›: **a)** [auf dem Wege] über ... (z. B. via München nach Wien fliegen); **b)** durch, über [eine bestimmte Instanz o. Ä. erfolgend] (z. B.: er wurde via Verwaltungsgericht zur sofortigen Zahlung aufgefordert)

Via, die; - ‹*lat.*› (Philos.): lat. Bez. für: Weg; Methode; **Via Eminentiae:** Methode, etwas durch Steigerung zu bestimmen; **Via moderna:** rationalistisch-mathematische Methode des Kartesianismus; **Via Negationis:** Methode, etwas durch Verneinung zu bestimmen

Via|dukt, der, auch: das; -[e]s, -e

⟨*lat.-nlat.*⟩: über ein Tal, eine Schlucht führende Brücke, deren Tragwerk meist aus mehreren Bogen besteht

[1]Vi|a|g|ra®, das; -[s] ⟨Kunstw.⟩: Medikament zur Behandlung von Potenzstörungen

[2]Vi|a|g|ra®, die; -, -s: Pille des Medikaments [1]Viagra

via il sor|di|no ⟨*lat.-it.*⟩ (Musik): den Dämpfer abnehmen; weg (Spielanweisung für Streichinstrumente) (Ggs.: con sordino)

Vi|a|ti|kum, das; -s, ...ka u. ...ken ⟨*lat.;* »Wegzehrung«⟩ (kath. Kirche): dem, der Sterbenden gereichte letzte Kommunion

Vi|b|ra|fon, Vibraphon, das; -s, -e ⟨*lat.; gr.*⟩: (bes. für Tanz- u. Unterhaltungsmusik verwendetes) dem Xylofon ähnliches Schlaginstrument, mit dem vibrierende Töne hervorgebracht werden

Vi|b|rant, der; -en, -en ⟨*lat.*⟩: **1.** (Sprachwiss.) Laut, bei dessen Artikulation die Zunge od. das Zäpfchen in eine schwingende, zitternde Bewegung versetzt wird; Zitterlaut (z. B. *r*). **2.** (Musik) schwingender, zitternder Ton

Vi|b|ra|phon vgl. Vibrafon

Vi|b|ra|ti: *Plural* von ↑Vibrato

Vi|b|ra|ti|on, die; -, -en ⟨*lat.*⟩: Schwingung, Beben, Erschütterung

Vi|bra|tions [vɪˈbreɪʃənz], die (Plural) ⟨*engl.*⟩ (Jargon): **1.** körperliche Empfindung während eines Drogenrauschs. **2.** Stimmung, ↑Atmosphäre (3)

vi|b|ra|to ⟨*lat.-it.*⟩: schwingend, leicht zitternd, bebend (in Bezug auf die Tongestaltung im Gesang, bei Streich- u. Blasinstrumenten)

Vi|b|ra|to, das; -s, -s u. ...ti: leichtes Zittern, Beben des Tons beim Singen od. beim Spielen

Vi|b|ra|tor, der; -s, ...oren ⟨*lat.-nlat.*⟩: **1.** Gerät zur Erzeugung mechanischer Schwingungen. **2. a)** Massagestab; **b)** Gerät zur sexuellen Stimulation

vi|b|rie|ren ⟨*lat.*⟩: in leise schwingender [akustisch wahrnehmbarer] Bewegung sein

Vi|b|rio, der; -, ...onen ⟨*lat.-nlat.*⟩ (Med.): begeißelte, gramnegative Kommabakterie (z. B. Erreger der Cholera)

Vi|b|ro|graf, Vi|b|ro|graph, der; -en, -en ⟨*lat.; gr.*⟩: Instrument zum Messen der Schwingungen bei Bauwerken, Brücken, Schiffen u. Ä.

Vi|b|ro|re|zep|tor, der; -s, ...oren (meist Plural) ⟨*lat.-nlat.*⟩ (Biol.): Tastorgan, das Erschütterungen anzeigt

Vi|bur|num, das; -s ⟨*lat.*⟩: Schneeball (ein Zierstrauch)

vi|ce ver|sa ⟨*lat.*⟩: umgekehrt (in der gleichen Weise zutreffend, genauso) (Abk.: v. v.)

Vi|chy [viˈʃi], der; - ⟨nach der frz. Stadt⟩: baumwollener, klein karierter Stoff in Leinwandbindung (eine Webart)

Vi|comte [viˈkɔ̃:t], der; -[s], -s ⟨*lat.-mlat.-frz.*⟩: **a)** französischer Adelstitel im Rang zwischen Graf u. Baron; **b)** Träger des Adelstitels Vicomte (a). **Vi|comtesse** [vikɔ̃ˈtɛs], die; -, -n [...sn̩]: dem Vicomte entsprechender weiblicher Adelstitel

Vic|ti|mo|lo|gie usw. vgl. Viktimologie usw.

Vi|cu|ña [viˈkʊnja]: span. Form von ↑Vikunja

vi|de ⟨*lat.*⟩ (veraltet): siehe! (Abk.: v.)

vi|de|a|tur: ↑vide (Abk.: v., vid.)

Vi|deo, das; -s, -s ⟨*lat.-engl.*⟩: **1.** Kurzform von ↑Videoclip, ↑Videoband, ↑Videofilm. **2.** (ohne Plural) **a)** Kurzform von ↑Videotechnik; **b)** Video (2 a) als Einrichtung der Freizeitindustrie

vi|deo..., Vi|deo...

⟨zu *lat.* video »ich sehe« (1. Pers. Sing. Präs. von videre »sehen«) → *engl.* video »Fernseh...«⟩ *Wortbildungselement mit der Bedeutung »die magnetische Aufzeichnung, Übertragung und Wiedergabe von [Fernseh]bildern betreffend«:*
- Videofilm
- Videokonferenz
- Videotext

Vi|deo|as|sis|tent, der; -en, -en (Sport, bes. Fußball): Assistent/-in des Schiedsrichters, der Schiedsrichterin, der/die wichtige umstrittene Spielsituationen in der Videoaufzeichnung analysiert. **Vi|deo|as|sis|ten|tin,** die; -, -nen: weibliche Form zu ↑Videoassistent

Vi|deo|band, das; -[e]s, ...bänder: Magnetband zur Aufzeichnung u. Wiedergabe von Fernsehsendungen, Filmen o. Ä.

Vi|deo|board [...bɔ:ɐ̯t], das; -s, -s ⟨*engl.*⟩: große elektron. Bildwand zur Übertragung von Großveranstaltungen, als Werbeträger o. Ä.

Vi|deo|cas|ting, das; -[s], -s (Jargon): Rollenbesetzung aufgrund der Auswertung von Videoaufzeichnungen von Gesprächen, gespielten Szenen o. Ä. der Bewerber/-innen

Vi|deo|clip, der; -s, -s ⟨*lat.-engl.; engl.* clip »(Film)streifen«⟩: kurzer Videofilm zu einem Titel der Popmusik bzw. über eine Person od. Sache

Vi|deo|file [...faɪ̯l], das, auch: der; -s, -s ⟨*lat.; engl.*⟩ (EDV): Datei eines Computers, die digitalisierte Filme speichert

Vi|deo|film, der; -[e]s, -e: **a)** mit einer Videokamera aufgenommener Film; **b)** Kinofilm auf Videokassette od. DVD

Vi|deo|fon, das; -s, -e: kurz für ↑Videotelefon

Vi|deo|fo|nie, Vi|deo|pho|nie, die; - ⟨*lat.-engl.; gr.-nlat.*⟩: das Telefonieren unter Einsatz von Webcams über das Internet

Vi|de|o|game [...geɪ̯m], das; -s, -s: Videospiel; elektron. Spiel, das über einen Monitor läuft u. in das der Spieler [mit einem Joystick] eingreift

Vi|deo|graf, Vi|deo|graph, der; -en, -en ⟨*lat.-engl.; gr.*⟩: **1.** eingeblendeter Text in einer Fernsehsendung, der eine Information enthält. **2.** Person, die beruflich Bewegtbild u. Ton mit einer Videokamera aufzeichnet (Berufsbez.). **Vi|deo|gra|fin, Vi|deo|gra|phin,** die; -, -nen: weibliche Formen zu ↑Videograf (2), Videograph

Vi|deo|jo|ckey, der; -s, -s: jmd., der Videoclips präsentiert

Vi|deo|ka|me|ra, die; -, -s: elektronische Kamera zur Aufnahme von Videofilmen

Vi|deo|kas|set|te, die; -, -n: auswechselbare Kassette (5), die ein Videoband enthält

Vi|deo|kon|fe|renz, die; -, -en: Konferenz, bei der die Teilnehmenden sich an verschiedenen Orten befinden, durch Videotechnik aber optisch u. akustisch miteinander verbunden sind

Vi|deo|map|ping [...ˈmæpɪŋ], das; -s, -s ‹*engl.*›: großflächige Projektion eines Bildes auf eine Gebäudefassade

Vi|deo-on-De|mand [...diˈmaːnd], das; - ‹*engl.*›: Form des Fernsehens, bei der Zuschauer/-innen einen gewünschten Film aus einem elektronischen Archiv abrufen u. ihn gegen eine Gebühr ansehen können

Vi|deo|pi|ra|te|rie, die; -, ...ien: das Herstellen u. Vertreiben von Raubkopien von Videos

Vi|deo|pod|cast [...pɔtkaːst], der; -s, -s ‹*lat.-engl.*› (EDV): (journalistischer, gewerblicher o. Ä.) Filmbeitrag als ↑audiovisuelle Datei zum Herunterladen aus dem Internet

Vi|deo|port, der; -s, -s: Schnitt-, Anschlussstelle für Videogeräte [an einem Computer]

Vi|deo|prin|ter, der; -s, -: Drucker, der Videosignale als gedrucktes Bild ausgibt

Vi|deo|pro|gramm|sys|tem, das; -s, -e: System zur automatischen Steuerung von Videorekordern zur Aufzeichnung von Fernsehsendungen (Abk.: VPS)

Vi|deo|re|kor|der, Vi|deo|re|cor|der, der; -s, -: Rekorder (2) zur Aufzeichnung von Fernsehsendungen u. zum Abspielen der Videokassetten

Vi|deo|ser|ver [...sœːɐ̯vɐ], der; -s, - ‹*engl.*›: Rechner für die Datenverwaltung von digitalen Videosignalen (z. B. für Video-on-Demand)

Vi|deo|si|g|nal, das; -s, -e: elektronisches Signal, das die Informationen über die Leuchtdichte u. die Farbwerte aller Elemente eines Fernsehbildes enthält. **Vi|deo|spiel,** das; -[e]s, -e: ↑Videogame

Vi|deo|tech|nik, die; -: Gesamtheit aller Geräte, Vorrichtungen, Maßnahmen, Verfahren o. Ä. im Bereich der magnetischen Bild- u. Tonaufzeichnung u. -wiedergabe

Vi|deo|te|le|fon, das; -s, -e: Bildtelefon

Vi|deo|text, der; -[e]s, -e: Textinformationen (z. B. aktuelle Meldungen o. Ä.), die auf Abruf über den Fernsehbildschirm vermittelt werden

Vi|deo|thek, die; -, -en ‹*lat.-engl.; gr.*›: **1.** Sammlung von Filmen u. Fernsehsendungen, die auf Videobändern od. DVDs aufgezeichnet sind. **2.** Geschäft zum Verleihen von Videofilmen (b)

vi|di ‹*lat.*› (veraltet): ich habe gesehen (Abk.: v.). **Vi|di,** das; -[s], -[s] (veraltet): [auf einem Schriftstück vermerktes] Zeichen der Kenntnisnahme u. des Einverständnisses

vi|die|ren (veraltet): beglaubigen, unterschreiben

Vi|di|kon, das; -s, ...one (auch: -s) ‹*lat.; gr.*›: speichernde Fernsehaufnahmeröhre

Vi|di|ma|ti|on, die; -, -en ‹*lat.-nlat.*›: Beglaubigung

vi|di|mie|ren (veraltet): **a)** etwas mit dem Vidi versehen; beglaubigen; **b)** für druckreif erklären

vi|dit ‹*lat.*› (veraltet): hat [es] gesehen (Abk.: vdt.)

Vi|el|la ‹*frz.-it.*›, **Vi|el|le,** die; -, ...llen ‹*frz.*›: **1.** (veraltet) ↑²Viola. **2.** Drehleier

Vi|eux Saxe [vjøˈsaks], das; - - ‹*frz.;* »altes Sachsen«›: Meißner Porzellan des 18. Jahrhunderts

vif [auch: viːf] ‹*lat.-frz.*› (landsch., sonst veraltend): aufgeweckt, wendig, rührig

vi|gil ‹*lat.*› (Med.): wachend, schlaflos

Vi|gil, die; -, -ien ‹*lat.(-mlat.);* »Nachtwache«›: **1.** nächtliches Gebet der mönchischen Gebetsordnung. **2.** [liturgische Feier am] Vortag eines kirchlichen Festes

vi|gi|lant ‹*lat.-nlat.*› (veraltet, noch landsch.): schlau, pfiffig u. dabei wachsam

Vi|gi|lanz, die; -: **1.** (veraltet, noch landsch.) vigilante Art. **2.** (Psychol.) Zustand dauerhaft erhöhter Reaktionsbereitschaft

Vi|gi|lia, die; - (Med.): Schlaflosigkeit

Vi|gi|lie [...i̯ə], die; -, -n: **1.** (Geschichte) Nachtwache. **2.** ↑Vigil

Vi|g|ne [ˈvɪnjə, ˈviːnjə], die; -, -n ‹*lat.-frz.;* »Weinberg«› (veraltet): kleines Haus auf dem Land; Ferienhaus

Vi|g|net|te [vɪnˈjɛtə], die; -, -n ‹*lat.-frz.;* eigtl. »(kleine) Weinranke«›: **1.** Ornament in Form einer Weinranke auf mittelalterlichen Handschriften. **2.** Zier-, Titelbildchen, Randverzierung [in Druckschriften]. **3.** (Fotogr.) Maskenband zur Verdeckung bestimmter Stellen des Negativs vor dem Kopieren. **4.** Werbe- od. Spendenmarke ohne amtlichen Charakter. **5.** Gebührenmarke für die Autobahnbenutzung (z. B. in Österreich od. der Schweiz)

Vi|g|net|tie|rung, die; -, -en: Unterbelichtung der Ränder u. Ecken einer Fotografie

Vi|gor, der; -s ‹*lat.*› (veraltet): Lebenskraft, Rüstigkeit, Stärke. **vi|go|rös** ‹*lat.-frz.*› (veraltet): kräftig, rüstig

vi|go|ro|so ‹*lat.-it.*› (Musik): kräftig, stark, energisch (Vortragsanweisung)

Vi|gou|reux [viguˈrøː], der; - ‹*lat.-frz.*›: meliertes Kammgarn, das während des Kammzugs streifenweise bedruckt wird

Vi|kar, der; -s, -e ‹*lat.;* »Stellvertreter«›: **1.** (kath. Kirche) ständiger od. zeitweiliger Vertreter einer geistlichen Amtsperson; vgl. Generalvikar. **2.** Kandidat der evangelischen Theologie, der einem Pfarrer zur Ausbildung zugewiesen ist. **3.** (schweiz.) Stellvertreter eines Lehrers

Vi|ka|ri|at, das; -[e]s, -e ‹*lat.-mlat.*›: Amt eines Vikars

vi|ka|ri|ie|ren ‹*lat.-nlat.*›: **1.** (veraltet) jmds. Stelle vertreten. **2.** das Amt eines Vikars versehen. **vi|ka|ri|ie|rend: 1.** (Med.) die Funktion eines ausgefallenen Organs übernehmend. **2.** (Biol.) nicht gemeinsam vorkommend, aber am jeweiligen Standort einander vertretend (von Tieren od. Pflanzen)

Vi|ka|rin, die; -, -nen: weibliche Form zu ↑Vikar (2, 3)

vik|ti|mi|sie|ren ‹*lat.(-engl.)*›: zum Opfer [einer Straftat] machen; schikanieren

Vik|ti|mi|sie|rung, die; -, -en: das Viktimisieren

vik|ti|mo|gen ‹*lat.; gr.*› (fachspr.): **a)** Opfer [von Straftaten] hervorrufend, fordernd; **b)** in besonderer Gefahr, zum Opfer zu werden

Vik|ti|mo|lo|gie, die; - ‹*lat.; gr.*›: Teilgebiet der Kriminologie, das die Beziehungen zwischen Opfer u. Tat bzw. Täter untersucht. **vik|ti|mo|lo|gisch:** die Viktimologie betreffend

¹Vik|to|ria, die; -, -s ‹*lat.*›: Frauengestalt mit Flügeln als Personifikation eines errungenen Sieges (bes. in der römischen Antike)

[2]**Vik|to|ria,** das; -s, -s (meist ohne Artikel) ⟨*lat.(-nlat.)*⟩: Sieg (als Ausruf)

vik|to|ri|a|nisch: dem Viktorianismus entsprechend

Vik|to|ri|a|nis|mus, der; - ⟨*nlat.;* nach der engl. Königin Viktoria, 1819–1901⟩: Strömung von nüchtern-sachlicher Tendenz im geistigen Leben Großbritanniens Ende des 19. Jh.s, die bes. Literatur u. Kunst beeinflusste

Vik|tu|a|li|en, die (Plural) ⟨*lat.*⟩ (veraltet): Lebensmittel [für den täglichen Bedarf]

Vik|tu|a|li|en|brü|der, die (Plural) ⟨*lat.; dt.*⟩: ↑Vitalienbrüder

Vi|kun|ja, die; -, ...jen ⟨*indian.-span.*⟩: höckerloses südamerikanisches Kamel, aus dessen braungelbem Fell sehr feine Wolle gewonnen wird

Vil|la, die; -, Villen ⟨*lat.-it.*⟩: **a)** größeres, vornehmes, in einem Garten od. Park [am Stadtrand] liegendes Einfamilienhaus; **b)** herrschaftliches Landhaus

Vil|la|nell, das; -s, -e: ↑Villanella

Vil|la|nel|la, Vil|la|nel|le, die; -, ...llen ⟨*lat.-it.*⟩: meist dreistimmiges italienisches Bauern-, Hirtenlied des 16. u. 17. Jh.s

Vil|len: *Plural* von ↑Villa

vil|lös ⟨*lat.*⟩ (Med.): viele Zotten aufweisend (bes. von Schleimhautfalten des Magens, Darms)

Vi|na, Wina, die; -, -s ⟨*sanskr.*⟩: altindisches Saiteninstrument aus einem auf zwei ausgehöhlten Kürbissen liegenden Bambusrohr mit vier Drahtsaiten, die angerissen werden

Vi|n|ai|g|ret|te [vinɛˈgrɛt(ə)], die; -, -n ⟨*lat.-frz.*⟩: aus Essig, Öl, Senf u. Gewürzen bereitete Soße

Vin|di|kant, der; -en, -en ⟨*lat.*⟩ (veraltet): Aussonderungsberechtigter beim Konkurs

Vin|di|ka|ti|on, die; -, -en (Rechtswiss.): Anspruch des Eigentümers gegen den Besitzer einer Sache auf deren Herausgabe; vgl. ...ation/...ierung

vin|di|zie|ren: die Herausgabe einer Sache vom Eigentümer gegenüber dem Besitzer einer Sache verlangen. **Vin|di|zie|rung,** die; -, -en: ↑Vindikation; vgl. ...ation/...ierung

Vingt-et-un [vɛ̃teˈœ̃:], **Vingt-un** [vɛ̃ˈtœ̃], das; - ⟨*lat.-frz.;* »einundzwanzig«⟩: ein Kartenglücksspiel

Vi|ni|fi|ka|ti|on, die; -, -en ⟨*lat.-frz.*⟩: Weinbereitung (im Anschluss an die Lese der Trauben); vgl. ...ation/...ierung

vi|ni|fi|zie|ren: zu Wein verarbeiten. **Vi|ni|fi|zie|rung,** die; -, -en: ↑Vinifikation; vgl. ...ation/...ierung

Vin|ku|la|ti|on, die; -, -en ⟨*lat.-nlat.*⟩ (Bankw.): Bindung des Rechtes der Übertragung eines Wertpapiers an die Genehmigung des Emittenten; vgl. ...ation/...ierung

Vin|ku|la|ti|ons|ge|schäft, das; -[e]s, -e: Form der Bevorschussung von Waren

vin|ku|lie|ren ⟨*lat.*⟩ (Bankw.): das Recht der Übertragung eines Wertpapiers an die Genehmigung des Emittenten binden. **Vin|ku|lie|rung,** die; -, -en: ↑Vinkulation; vgl. ...ation/...ierung

Vi|no|thek, die; -, -en ⟨*lat.; gr.*⟩: **a)** Sammlung kostbarer Weine; **b)** Weinkeller mit Weinausschank

vin|tage [...tɪdʒ] ⟨*engl.*⟩ (Jargon): (von Alltagsgegenständen, Kleidung u. Ä.) älter [und gebraucht], aber wieder in Mode. **Vin|tage,** das; - (meist o. Art.) ⟨*engl.*⟩ (Jargon): Stilrichtung in Mode und Design, bei der ältere [gebrauchte] Kleidungsstücke, Alltagsgegenstände, Möbel u. Ä. wiederverwendet od. nachgeahmt werden

[1]**Vi|nyl,** das; -s ⟨*lat.; gr.*⟩: von Äthylen abgeleiteter ungesättigter Kohlenwasserstoffrest

[2]**Vi|nyl,** das; -s, -s ⟨*engl.*⟩ (Jargon): Schallplatte

Vi|nyl|chlo|rid, das; -s: bes. zur Herstellung von Polyvinylchlorid verwendete, farblose, gasförmige, sehr reaktionsfähige Substanz

Vin|zen|ti|ner, der; -s, - ⟨nach dem Stifter, dem hl. Vinzenz v. Paul, † 1660⟩: ↑Lazarist. **Vin|zen|ti|ne|rin,** die; -, -nen: Angehörige einer karitativen, laizistischen weiblichen Kongregation

Vin|zenz|kon|fe|renz, die; -, -en: an die zuständige Pfarrei angeschlossene katholische Laienorganisation für karitative Arbeit

[1]**Vi|o|la,** Viole, die; -, ...olen ⟨*lat.*⟩ (Bot.): Veilchen

[2]**Vi|o|la,** die; -, ...len ⟨*provenzal.-it.*⟩: Bratsche

Vi|o|la bas|tar|da, die; - -, ...le ...de ⟨*it.*⟩: Großgambe mit sechs bis sieben Saiten u. Resonanzsaiten

Vi|o|la da Brac|cio [- - ˈbratʃo], die; - - -, ...le - - ⟨*it.;* »Armgeige«⟩: in Armhaltung gespieltes Streichinstrument, bes. Bratsche

Vi|o|la da Gam|ba, die; - - -, ...le - -: ↑Gambe

Vi|o|la d'Amo|re, die; - -, ...le -: der Bratsche ähnliches Streichinstrument [der Barockzeit] in Altlage mit meist sieben Saiten

Vi|o|la pom|po|sa, die; - -, ...le ...se: große, fünfsaitige Bratsche, die auf dem Arm gehalten u. zusätzlich mit einem Band befestigt wird

Vi|o|la|ti|on, die; -, -en ⟨*lat.*⟩ (veraltet): Verletzung, Schändung

Vi|o|la tri|co|lor, die; - - ⟨*lat.*⟩ (Bot.): Stiefmütterchen

Vi|o|la|ze|en, die (Plural) ⟨*lat.-nlat.*⟩ (Bot.): Veilchengewächse

Vi|o|le vgl. [1]Viola

Vi|ole d'Amour [vjɔldaˈmu:r], die; - -, -s - [vjɔldaˈmu:r] ⟨*frz.*⟩: frz. Bez. für: Viola d'Amore

Vi|o|len: *Plural* von ↑[1]Viola

vi|o|lent ⟨*lat.*⟩ (veraltet): heftig; gewaltsam

vi|o|len|to ⟨*lat.-it.*⟩ (Musik): heftig; gewaltsam (Vortragsanweisung)

vi|o|lett ⟨*lat.-frz.*⟩: in der Färbung zwischen Blau u. Rot liegend; veilchenfarben. **Vi|o|lett,** das; -[s], -[s]: violette Farbe

Vi|o|let|ta, die; -, ...tten ⟨*provenzal.-it.*⟩: kleine [2]Viola od. Violine

Vi|o|li|na|ta, die; -, -s: [Übungs]stück für Violine

Vi|o|li|ne, die; -, -n: Geige (als ausführendes, einen spezifischen Klangeindruck hervorrufendes Instrument)

Vi|o|li|nist, der; -en, -en ⟨*provenzal.-it.-nlat.*⟩: Geiger, Geigenvirtuose. **Vi|o|li|nis|tin,** die; -, -nen: weibliche Form zu ↑Violinist

Vi|o|li|no, der; -s, ...ni ⟨*provenzal.-it.*⟩: it. Bez. für: Geige; **Violino piccolo:** Quartgeige der Tanzmeister im Barock

Vi|o|lo|fon, Vi|o|lo|phon, das; -s, -e

⟨*provenzal.-it.; gr.*⟩: im Jazz gebräuchliche Violine mit eingebauter Schalldose
Vi|o|lon|cel|lo [violɔnˈtʃɛlo], das; -s, ...lli u. -s: Kniegeige; viersaitiges, eine Oktave tiefer als die Bratsche gestimmtes Instrument, das beim Spielen, auf einen Stachel gestützt, zwischen den Knien gehalten wird; Kurzw.: Cello
Vi|o|lo|ne, der; -[s], -s u. ...ni: **a)** Vorläufer des Kontrabasses; **b)** eine Orgelstimme
VIP [vɪp, viːaɪ̯ˈpiː], der; -[s], -s u. die; -, -s ⟨Kurzw. aus *engl. v*ery *i*mportant *p*erson »sehr wichtige Person«⟩: wichtige, bedeutende od. allgemein bekannte Persönlichkeit
Vi|per, die; -, -n ⟨*lat.*⟩: zu den Ottern gehörende Giftschlange
VIP-Lounge [ˈvɪpˈlaʊ̯ndʒ], die; -, -s: Lounge (1) für wichtige Persönlichkeiten
Vi|ra|gi|ni|tät, die; - ⟨*lat.-nlat.*⟩ (Med.): männliches sexuelles Empfinden der Frau
Vi|ra|go, die; -, -s u. ...gines [...eːs] ⟨*lat.*⟩: Frau, die zur Viraginität neigt
vi|ral ⟨*lat.*⟩: **1.** (Med.) durch einen Virus verursacht. **2.** (EDV) bes. durch Kontakte in den sozialen Medien schnell weite Verbreitung im Internet findend
Vire|lai [virˈlɛ(ː)], das; -[s], -s [virˈlɛ(ː)] ⟨*frz.*⟩: französische Gedichtgattung (des 14. u. 15. Jh.s); vgl. Lai
Vi|re|ment [virəˈmɑ̃ː], das; -s, -s ⟨*vulgärlat.-frz.*⟩: Übertragung von Mitteln von einem Titel (4) auf einen anderen, von einem Haushaltsjahr auf das andere (im Staatshaushalt)
Vi|ren: *Plural* von ↑Virus
Vi|ren|scan|ner, der; -s, - ⟨*lat.; engl.*⟩: (EDV) Programm, das nach schädlichen Programmen auf einem Computer sucht u. sie entfernt
Vir|ga|ti|on, die; -, -en ⟨*lat.-nlat.*⟩ (Geol.): das Auseinandertreten von Gebirgsfalten
Vir|gel, die; -, -n ⟨*lat.;* »kleiner Zweig; Strich«⟩: Schrägstrich zwischen zwei Wörtern od. Zahlen (z. B. 1870/71)
Vir|gi|nal, das; -s, -e ⟨*lat.-engl.*⟩: englisches Instrument in der Art des Spinetts, zur Cembalofamilie gehörend
Vir|gi|nia [...dʒ..., ...g...], die; -, -s ⟨nach dem Bundesstaat Virginia in den USA⟩: lange, dünne Zigarre mit einem Mundstück aus Stroh
Vir|gi|ni|tät, die; - ⟨*lat.*⟩: Jungfräulichkeit
Vir|gi|ni|um, das; -s ⟨*nlat.;* nach dem Bundesstaat Virginia in den USA⟩: frühere Bez. für das chem. Element Francium (Zeichen: Vi)
vi|ri|bus uni|tis ⟨*lat.*⟩: »mit vereinten Kräften«
Vi|ri|da|ri|um, das; -s, ...ien ⟨*lat.*⟩ (veraltet): mit immergrünen Pflanzen angelegter Garten
vi|ril ⟨*lat.*⟩ (Med.): [in Bezug auf das Erscheinungsbild] in charakteristischer Weise männlich. **Vi|ri|lis|mus,** der; - ⟨*lat.-nlat.*⟩ (Med.): **1.** Vermännlichung (bei Frauen). **2.** vorzeitige Geschlechtsreife (bei Jungen)
Vi|ri|li|tät, die; - ⟨*lat.*⟩ (Med.): männliche [Zeugungs]kraft, Manneskraft, Männlichkeit
Vi|ril|stim|me, die; -, -n ⟨*lat.; dt.*⟩ (Geschichte): Einzelstimme in verfassungsrechtlichen Kollegien (bis ins 19. Jh.)
vi|ri|tim ⟨*lat.*⟩ (veraltet): Mann für Mann, einzeln
Vi|ro|lo|ge, der; -n, -n ⟨*lat.; gr.*⟩: Wissenschaftler auf dem Gebiet der Virologie. **Vi|ro|lo|gie,** die; -: Wissenschaft u. Lehre von den Viren. **Vi|ro|lo|gin,** die; -, -nen: weibliche Form zu ↑Virologe. **vi|ro|lo|gisch:** die Virologie betreffend
vi|rös ⟨*lat.*⟩ (Med.): durch Viren bedingt
Vi|ro|se, die; -, -n ⟨*lat.-nlat.*⟩ (Med. veraltet): durch Viren verursachte Erkrankung
Vi|ro|s|ta|ti|kum, das; -s, ...ka (Med.): Wachstum u. Vermehrung von Viren hemmendes Mittel
vir|tu|al ⟨*lat.-mlat.*⟩: ↑virtuell; vgl. ...al/...ell
Vir|tu|al En|vi|ron|ment [ˈvœːɐ̯tʃu̯əl ɛnˈvaɪ̯(ə)rənmənt], die; - -, - -s ⟨*engl.*⟩: von Computern erzeugte, dreidimensionale Abbildung einer wirklichen od. möglichen Umgebung (für Modelle od. Abläufe in Physik, Medizin, Technik u. Ä.)
vir|tu|a|li|sie|ren ⟨*lat.-mlat.-frz.*⟩: **1.** etwas Reales, Wirkliches ↑virtuell (b) machen. **2.** (EDV) Hardware, Betriebssystem, Datenspeicher o. Ä. [durch eine Software] nur vorgeben, simulieren. **vir|tu|a|li|siert:** nur noch ↑virtuell vorhanden; zu etw. Virtuellem gemacht
Vir|tu|a|li|sie|rung, die; -, -en ⟨*lat.-mlat.*⟩ (EDV): Erzeugung einer ↑virtuellen Maschine
Vir|tu|a|li|tät, die; -, -en ⟨*lat.-nlat.*⟩: innewohnende Kraft od. Möglichkeit
vir|tu|a|li|ter ⟨*lat.-mlat.*⟩: als Möglichkeit
Vir|tu|al Re|a|li|ty [ˈvœːɐ̯tʃu̯əl riˈɛlɪti], die; - - ⟨*engl.*⟩: [von Computern erzeugte] ↑virtuelle Realität
Vir|tu|al-Re|a|li|ty-Bril|le, die (EDV): wie eine Brille od. ein Helm getragenes mobiles elektronisches Gerät, das [von Computern erzeugte] Bilder auf einen augennahen Bildschirm od. direkt auf die Netzhaut projiziert
Vir|tu|al World [- ˈwœːɐ̯ld], die; - - ⟨*engl.*⟩: elektronische Umgebung, die nicht auf der physikalischen Welt basiert

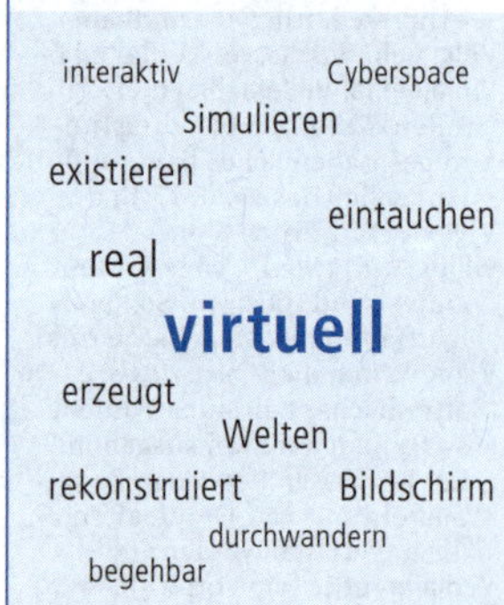

vir|tu|ell ⟨*lat.-mlat.-frz.*⟩: **a)** entsprechend seiner Anlage als Möglichkeit vorhanden, die Möglichkeit zu etwas in sich begreifend; **b)** nicht echt, nicht in Wirklichkeit vorhanden, aber echt erscheinend, dem Auge, den Sinnen vortäuschend; **virtuelle Realität:** vom Computer simulierte Wirklichkeit, künstliche Welt, in die man sich mithilfe der entsprechenden technischen

Ausrüstung scheinbar hineinversetzen kann; **virtuelle Maschine:** durch Software simulierter zweiter Computer zur Benutzung eines weiteren Betriebssystems

virtuell/visuell s. *Kasten Seite 1170*

vir|tu|os ⟨*lat.-it.*⟩: meisterhaft, technisch vollendet

Vir|tu|o|se, der; -n, -n: ausübender Künstler (bes. Musiker), der seine Kunst mit vollendeter Meisterschaft beherrscht. **Vir|tu|o|sin,** die; -, -nen: weibliche Form zu ↑Virtuose

Vir|tu|o|si|tät, die; - ⟨*lat.-it.-nlat.*⟩: meisterhaft vollendete Beherrschung einer [künstlerischen] Technik

Vir|tu|o|so, der; -, -s ⟨*it.;* »Meister«⟩: Ideal des gebildeten Menschen (Shaftesbury)

Vir|tus, die; - ⟨*lat.*⟩: Tüchtigkeit; Tapferkeit; Tugend (als ethische Maxime)

vi|ru|lent ⟨*lat.*⟩: **1.** (Med.) aktiv, ansteckend (von Krankheitserregern) (Ggs.: avirulent). **2.** sich gefahrvoll auswirkend

Vi|ru|lenz, die; -: **1.** (Med.) aktive Wirkung von Krankheitserregern; Ansteckungsfähigkeit; Giftigkeit. **2.** das Virulentsein

Vi|rus, das, auch: der; -, Viren ⟨*lat.;* »Schleim, Saft, Gift«⟩: **1.** kleinstes [krankheitserregendes] Partikel, das sich nur in lebendem Gewebe entwickelt. **2.** Computerprogramm, das falsche od. zerstörerische Befehle in anderen Programmen auslöst

vi|ru|zid ⟨*lat.; lat.-frz.*⟩ (Med.): Viren unschädlich machend

Vi|sa: *Plural* von ↑Visum

Vi|sa|ge [viˈzaːʒə], die; -, -n ⟨*lat.-frz.*⟩: **a)** (ugs. abwertend) Gesicht; **b)** (salopp) Miene, Gesichtsausdruck

Vi|sa|gist, der; -en, -en: Spezialist für die vorteilhafte Gestaltung des Gesichts mit den Mitteln der dekorativen Kosmetik. **Visa|gis|tin,** die; -, ...nen: weibliche Form zu ↑Visagist

Vi|sa|vis [...ˈviː], das; - [...ˈviː(s)], - [...ˈviːs] ⟨*lat.-frz.*⟩: Gegenüber

vis-à-vis, vis-a-vis [vizaˈviː]: gegenüber

Vis|ce|ra [ˈvɪstsera] vgl. Viszera

Vis|con|te, der; -, ...ti ⟨*lat.-mlat.-frz.-it.*⟩: dem Vicomte entsprechender italienischer Adelstitel. **Vis|con|tes|sa,** die; -, ...tesse: dem Visconte entsprechender weiblicher Adelstitel

Vis|count [ˈvaɪkaʊnt], der; -s, -s ⟨*lat.-mlat.-frz.-engl.*⟩: dem Vicomte entsprechender englischer Adelstitel. **Vis|coun|tess** [...ˈtɛs], die; -, -es [...ˈtɛsɪz]: dem Viscount entsprechender weiblicher Adelstitel

Vi|sen: *Plural* von ↑Visum

vi|si|bel ⟨*lat.*⟩ (veraltet): sichtbar. **Vi|si|bi|li|tät,** die; -: Sichtbarkeit

Vi|sier, das; -s, -e ⟨*lat.-frz.*⟩: **1. a)** beweglicher, das Gesicht bedeckender, mit Sehschlitzen versehener Teil des [mittelalterlichen] Helms; **b)** visierähnlicher Teil des Schutzhelms für Rennfahrer u. Zweiradfahrer. **2.** Vorrichtung zum Zielen an Feuerwaffen u. a.

vi|sie|ren: 1. a) nach etwas sehen, zielen; **b)** etwas ins Auge fassen. **2.** eichen, ausmessen. **3.** (veraltet) beglaubigen. **4.** ein Dokument, einen Pass mit einem Visum versehen

Vis In|er|ti|ae [-...tsiɛ], die; - ⟨*lat.*⟩ (Philos.): Beharrungsvermögen

Vi|si|on, die; -, -en ⟨*lat.*⟩: **a)** übernatürliche Erscheinung als religiöse Erfahrung; **b)** optische Halluzination; **c)** in jmds. Vorstellung bes. in Bezug auf die Zukunft entworfenes Bild

vi|si|o|när ⟨*lat.-nlat.*⟩: **a)** zu einer Vision gehörend, dafür charakteristisch; **b)** sich in einer Vision, in Visionen ausdrückend; seherisch

Vi|si|o|när, der; -s, -e: visionär begabter Mensch, bes. Künstler. **Vi|si|o|nä|rin,** die; -, -nen: weibliche Form zu ↑Visionär

vi|si|o|nie|ren (schweiz.): sich (einen Film o. Ä.) prüfend ansehen

Vi|si|ta|tio, die; -, ...onen ⟨*lat.*⟩: bildliche Darstellung von Marias Besuch bei Elisabeth (Heimsuchung Mariä)

Vi|si|ta|ti|on, die; -, -en ⟨*lat.(-frz.)*⟩: **1.** Durchsuchung (z. B. des Gepäcks od. der Kleidung [auf Schmuggelware]). **2. a)** Besuch[sdienst] des vorgesetzten Geistlichen in den ihm unterstellten Gemeinden; **b)** (veraltend) Besuch des Schulrats zur Überprüfung des Unterrichts

Vi|si|ta|tor, der; -s, ...oren ⟨*lat.*⟩: jmd., der etwas durchsucht od. untersucht. **Vi|si|ta|to|rin,** die; -, -nen: weibliche Form zu ↑Visitator

Vi|si|te, die; -, -n ⟨*lat.-frz.*⟩: **1.** Krankenbesuch des Arztes [im Krankenhaus]. **2.** (veraltet, aber noch scherzh.) [Höflichkeits]besuch

Vi|si|ten|kar|te, die; -, -n: kleine Karte mit aufgedrucktem Namen u. aufgedruckter Adresse

vi|si|tie|ren ⟨*lat.(-frz.)*⟩: **1.** aufgrund eines bestimmten Verdachts jmdn., jmds. Kleidung, Gepäck, Wohnung durchsuchen. **2.** zur Überprüfung besichtigen, besuchen

Vi|sit|kar|te, die; -, -n (österr.): ↑Visitenkarte

vis|kos, vis|kös ⟨*lat.*⟩: zähflüssig, leimartig

Vis|ko|se, die; - ⟨*lat.-nlat.*⟩: Chemiefaser aus Zellulose

Vis|ko|si|me|ter, das; -s, - ⟨*lat.-nlat.; gr.*⟩: Messgerät zur Bestimmung des Grades der Zähflüssigkeit

Vis|ko|si|me|t|rie, die; -: Lehre von der Viskosität u. ihrer Messung

Vis|ko|si|tät, die; - ⟨*lat.-nlat.*⟩ (Chemie, Technik): Zähflüssigkeit; Zähigkeit von Flüssigkeiten u. Gasen

Vis ma|jor, die; - - ⟨*lat.*⟩ (Rechtswiss.): höhere Gewalt

Vis|na (ohne Artikel) ⟨*altnord.-engl.*⟩ (Tiermed.): vom selben Erreger wie ↑Maedi ausgelöste Viruserkrankung der Schafe, die das zentrale Nervensystem befällt

Vis|ta, die; - ⟨*lat.-it.*⟩ (Wirtsch.): Vorzeigen eines Wechsels

Vis|ta|wech|sel, der; -s, - (Wirtsch.): Sichtwechsel

vi|su|a|li|sie|ren ⟨*lat.-engl.*⟩: auf optisch ansprechende Weise darstellen. **Vi|su|a|li|sie|rung,** die; -, -en: das Visualisieren. **Visu|a|li|tät,** die; - (Psychol.): Gesamtbereich der optischen Wahrnehmung, Auffassung u. Vorstellung

Vi|su|a|li|zer [ˈvɪʒuəlaɪzɐ], der; -s, - ⟨*lat.-frz.-engl.*⟩: Fachmann für die grafische Gestaltung von Werbeideen. **Vi|su|a|li|ze|rin,** die; -, -nen: weibliche Form zu ↑Visualizer

vi|su|ell ⟨*lat.-frz.*⟩: den Gesichtssinn betreffend; **visueller Typ:**

visuell

Man möge das Thema des Vortrags auch visuell darstellen.
mit den Augen wahrnehmbar, zu sehen
– Design [und ... für] visuelle Kommunikation
– vor allem die eindrucksvollen visuellen Effekte
– akustische und visuelle Wahrnehmung
Dabei wird der Text visuell interpretiert und weitergeführt.
Der visuelle Typ profitiert von Bildern.
Empfindungen, die mithilfe von visuellen Effekten noch einmal verstärkt werden.

virtuell

Welche Medien können virtuell abgerufen werden?
nicht real, simuliert
– in der virtuellen Welt des Internets
– die virtuellen Welten der Computerspiele
– Besucher eines virtuellen Rundgangs
Das Headset soll den Spieler in virtuelle Welten entführen.
Bei Bitcoin handelt es sich um virtuelles Geld.
Das historische Grüne Gewölbe in Dresden kann jetzt auch virtuell besucht werden.

Menschentyp, der Gesehenes besser behält als Gehörtes

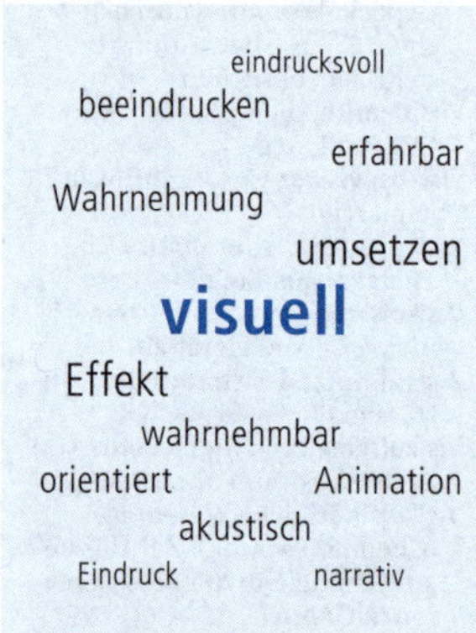

visuell/virtuell *s. Kasten*

Vi|sum, das; -s, Visa u. Visen ⟨*lat.;* »Gesehenes«⟩: Urkunde [in Form eines Vermerks im Pass] über die Genehmigung des Grenzübertritts

Vi|sus, der; - ⟨*lat.-nlat.*⟩ (Med.): Sehschärfe, Sehstärke

Vis|ze|ra, Viscera [ˈvɪstsera], die (Plural) ⟨*lat.*⟩ (Med.): im Inneren der Brust-, Bauch- u. Beckenhöhle gelegene Organe (Eingeweide). **vis|ze|ral** (Med.): die Eingeweide betreffend

Vis|ze|ral|chi|r|ur|gie, die; - ⟨*lat.; gr.*⟩ (Med.): Teilgebiet der Chirurgie, das sich mit den chirurgischen Eingriffen an den in der Bauch- u. Beckenhöhle gelegenen Organen befasst. **vis|ze|ral|chi|r|ur|gisch** (Med.): die ↑Viszeralchirurgie betreffend

vis|zid ⟨*lat.*⟩: ↑viskos

Vi|ta, die; -, Viten u. Vitae [...ɛ] ⟨*lat.*⟩: **1. a)** Lebensbeschreibung [antiker u. mittelalterlicher Persönlichkeiten u. Heiliger]; **b)** Leben[slauf] eines Menschen. **2.** (Med.) Lebensfunktion, Lebenskraft

Vi|ta ac|ti|va, die; - - ⟨*lat.(-mlat.)*⟩: tätiges Leben, bes. als Teil mönchischer Lebensführung

Vi|ta com|mu|nis, die; - -: gemeinsames Leben [unter Verzicht auf privates Vermögen] in katholischen geistlichen Orden u. Kongregationen

Vi|ta con|tem|p|la|ti|va, die; - -: betrachtendes, kontemplatives Leben im Unterschied zur Vita activa

vi|tae, non scho|lae dis|ci|mus vgl. non scholae, sed vitae discimus

vi|tal ⟨*lat.-frz.*⟩: **1.** von entscheidender Wichtigkeit; lebenswichtig. **2.** voller Lebenskraft, im Besitz seiner vollen Leistungskraft

Vi|tal|funk|ti|on, die; -, -en (Med.): lebenswichtige Körperfunktion (z. B. Atmung, Herztätigkeit)

Vi|ta|li|a|ner ⟨*lat.-nlat.*⟩, **Vi|ta|li|en|brü|der** ⟨*lat.-nlat.; dt.*⟩ die (Plural) (Geschichte): Seeräuber in der Nord- und Ostsee im 14. u. 15. Jh.

vi|ta|li|sie|ren ⟨*lat.-nlat.*⟩: beleben, anregen

Vi|ta|lis|mus, der; -: naturphilosophische Richtung, nach der das organische Leben einer überindividuellen Lebenskraft zuzuschreiben ist. **vi|ta|lis|tisch:** den Vitalismus betreffend

Vi|ta|li|tät, die; - ⟨*lat.-frz.*⟩: Lebenskraft, Lebensfülle; Lebendigkeit

Vi|t|a|min, das; -s, -e ⟨Kunstw. aus *lat. vita* »Leben« u. *Amin*⟩: lebenswichtiger, die biologischen Vorgänge im Organismus regulierender, vorwiegend in Pflanzen gebildeter Wirkstoff, der mit der Nahrung zugeführt wird (z. B. Vitamin A)

vi|t|a|mi|nie|ren, vi|t|a|mi|ni|sie|ren: Lebensmittel mit Vitaminen anreichern

vite [viːt] ⟨*lat.-vulgärlat.-frz.*⟩ (Musik): schnell, rasch (Vortragsanweisung)

Vi|tel|lo ton|na|to, das; - - ⟨*it.*⟩ (Kochkunst): italienische Vorspeise aus Kalbfleisch mit Thunfischsoße

vi|te|ment [vitəˈmɑ̃ː, vɪtˈmɑ̃ː]: ↑vite

Vi|ten: *Plural* von ↑Vita

Vi|tia: *Plural* von ↑Vitium

Vi|ti|li|go, die; -, ...gines [...neːs] ⟨*lat.*⟩ (Med.): erworbene Pigmentanomalie der Haut

vi|ti|ös ⟨*lat.(-frz.)*⟩: **a)** fehlerhaft, mangelhaft; **b)** bösartig, lasterhaft

Vi|ti|um, das; -s, Vitia ⟨*lat.*⟩ (Med.): Fehlbildung od. Fehlfunktion

Vi|t|ra, Vi|t|ren: *Plural* von ↑Vitrum

Vi|t|ri|ne, die; -, -n ⟨*lat.-vulgärlat.-frz.*⟩: **a)** Schaukasten; **b)** Glasschrank

Vi|t|ri|ol, das; -s, -e ⟨*lat.-mlat.*⟩ (veraltet): Kristallwasser enthaltendes Sulfat eines zweiwertigen Metalls

Vi|t|ri|ol|öl, das; -[e]s (veraltet): rauchende Schwefelsäure

Vi|t|rit [auch: ...ˈtrɪt], der; -s, -e ⟨*lat.-nlat.*⟩ (Geol.): aschenarme Streifenart der Steinkohle

Vi|t|ro|id, das; -[e]s, -e (meist Plural) ⟨*lat.; gr.*⟩ (Chemie): Stoff, der einen glasartigen Schmelzfluss bildet

Vi|t|ro|phyr, der; -s, -e (Geol.): vulkanisches Glas

Vi|t|rum, das; -s, Vitra u. Vitren ⟨*lat.;* »Glas«⟩: Arzneiflasche (Abk.: Vitr.)

Vitz|li|putz|li, der; -[s] ⟨nach dem aztekischen Stammesgott Huitzilopochtli⟩: **1.** Schreckgestalt,

Kinderschreck. **2.** (verhüll.) Teufel
viv vgl. vif
vi|va|ce [...tʃə] ⟨*lat.-it.*⟩ (Musik): lebhaft. **Vi|va|ce,** das; -, - (Musik): lebhaftes, schnelles Tempo
vi|va|cet|to [...ˈtʃɛto] (Musik): etwas lebhaft
vi|va|cis|si|mo [...tʃ...] (Musik): sehr lebhaft. **Vi|va|cis|si|mo,** das; -s, -s u. ...mi (Musik): äußerst lebhaftes Zeitmaß
vi|vant ⟨*lat.*⟩: sie sollen leben!
vi|vant se|quen|tes ⟨*lat.*⟩: die [Nach]folgenden sollen leben!
Vi|va|ri|um, das; -s, ...ien ⟨*lat.-nlat.*⟩: **1.** Behälter, in dem kleinere Tiere gehalten werden. **2.** Gebäude [in einem zoologischen Garten], in dem Vivarien (1) untergebracht sind
vi|vat: er lebe!
Vi|vat, das; -s, -s ⟨*lat.*⟩: Hochruf
vi|vat, cres|cat, flo|re|at ⟨*lat.(-mlat.)*⟩ (Studentenspr.): er [sie, es] lebe, blühe u. gedeihe!
vi|vat se|quens: es lebe der [Nach]folgende!
Vi|va|zi|tät, die; - ⟨*lat.*⟩ (veraltet): Lebhaftigkeit, Munterkeit
Vi|vi|a|nit [auch: ...ˈnɪt], der; -s, -e ⟨*nlat.;* nach dem engl. Mineralogen J. G. Vivian, 19. Jh.⟩: Blaueisenerz (ein Mineral)
vi|vi|par ⟨*lat.*⟩: **1.** (Zool.) lebend gebärend. **2.** (Bot.) auf der Mutterpflanze auskeimend (von Pflanzen)
Vi|vi|pa|rie, die; - ⟨*lat.-nlat.*⟩: **1.** (Zool.) geschlechtliche Fortpflanzung durch Gebären von lebenden Jungen. **2.** (Bot.) das Auskeimen von Samen auf der Mutterpflanze
Vi|vi|sek|ti|on, die; -, -en (Fachspr.): Eingriff am lebenden Tier (zu Forschungszwecken). **vi|vi|se|zie|ren:** eine Vivisektion vornehmen
vi|vo ⟨*lat.-it.*⟩: ↑vivace
Vi|ze [ˈfiːtsə, auch: ˈviːtsə], der; -[s], -s ⟨*lat.-nlat.*⟩ (ugs.): Stellvertreter
Vi|ze|kanz|ler, der; -s, -: Stellvertreter des Kanzlers. **Vi|ze|kanz|le|rin,** die; -, -nen: weibliche Form zu ↑Vizekanzler
Vi|ze|prä|si|dent, der; -en, -en: stellvertretender Präsident. **Vi|ze|prä|si|den|tin,** die; -, -nen: weibliche Form zu ↑Vizepräsident. **Vi|ze|pre|mi|er** [...prəmi̯eː], der: Kurzform von ↑Vizepremierminister
Vi|ze|pre|mi|e|rin [...prəmi̯eːrɪn], die; -, -nen: weibliche Fom zu ↑Vizepremier
Vi|ze|pre|mi|er|mi|nis|ter, der: stellvertretender Ministerpräsident (2)
Vi|ze|pre|mi|er|mi|nis|te|rin, die; -, -nen: weibliche Form zu ↑Vizepremierminister
Vi|zin, die; -, -nen: weibliche Form von ↑Vize
Viz|tum [ˈfɪtstuːm, auch: ˈviːts...], der; -[e]s, -e ⟨*lat.-mlat.*⟩ (Geschichte): Vermögensverwalter geistlicher, später auch weltlicher Herrschaften
VJ [ˈviːdʒeɪ̯], der; -[s], -s: kurz für ↑Videojockey
Vlie|se|li|ne ®, die; - ⟨Kunstw.⟩: anstelle von Steifleinen verwendeter Vliesstoff [zum Aufbügeln]
vo|ca|le ⟨*lat.-it.*⟩ (Musik): gesangsmäßig, stimmlich
Vo|ce [ˈvoːtʃə], die; -, Voci [ˈvoːtʃi] (Musik): it. Bez. für: Singstimme; **Voce alta:** hohe, laute Stimme; **Voce bassa:** tiefe, leise Stimme; **Voce di Testa:** Kopfstimme; **Voce pastosa:** geschmeidige Stimme; **Voce spiccata:** die Töne perlenartig führende Stimme
Vo|ces [ˈvoːtseːs], die (Plural) ⟨*lat.*⟩: **1.** die Singstimmen (Abk.: V.); **Voces aequales** (Musik): gleiche Stimmen. **2.** *Plural* von ↑Vox
Vo|ci [ˈvoːtʃi]: *Plural* von ↑Voce
Vo|co|der, der; -s, - ⟨Kurzw. aus engl. *voice coder*⟩: **a)** Gerät zur Erzeugung von künstlicher, menschlicher Sprache; **b)** Gerät zur Verschlüsselung, Modulation u. [drahtlosen] Übertragung menschlicher Sprache
Vod|cast [ˈvɔtkaːst], der; -s, -s ⟨*engl.*⟩: (Film)beitrag o. Ä. zum Herunterladen als Videodatei aus dem Internet, Videopodcast
Vogue [voːk, vɔg], die; - ⟨*frz.*⟩ (veraltet): Ansehen, Beliebtheit
Voice|mail [ˈvɔɪ̯smeɪ̯l], die; -, -s ⟨*engl.*⟩: elektronisches Kommunikationssystem, mit dem gesprochene Nachrichten gespeichert u. weitergeleitet werden können
Voice|over, Voice-over [ˈvɔɪ̯sʔoʊ̯vɐ], das; -s, -s ⟨*engl.*⟩: Technik, den Ton einer Aufnahme mit einer Sprechstimme zu überlagern, bes. mit einer Übersetzung
Voice-over-IP [ˈvɔɪ̯s oʊ̯vɐ aɪ̯ˈpiː], das; - ⟨meist o. Art.⟩ ⟨*engl.*⟩: ↑Internettelefonie
Voice|re|kor|der, der; -s, -: Flugdatenregistriergerät, das die Gespräche u. Geräusche im Cockpit aufzeichnet
voi|là [vo̯aˈla] ⟨*frz.*⟩: sieh da!; da haben wir es!
Voile [vo̯aːl], der; -, -s ⟨*lat.-frz.*⟩: feinfädiges, leinwandbindiges poröses Gewebe
voi|pen [ˈvɔɪ̯pn̩] ⟨zu *engl.* VoIP = *V*oice *o*ver *I*nternet *P*rotocol⟩: über das Internet telefonieren
Voix mixte [vo̯aˈmɪkst], die; - - ⟨*lat.-frz.;* »gemischte Stimme«⟩ (Musik): **1.** Übergangston von der Brust- zur Kopfstimme. **2.** Mittelregister bei der Orgel
Vo|ka|bel, die; -, -n, österr. auch das; -s, - ⟨*lat.*⟩: **a)** einzelnes Wort in einer fremden Sprache; **b)** Bezeichnung, Ausdruck; Begriff, wie er sich in einem Wort manifestiert
Vo|ka|bu|lar, das; -s, -e ⟨*lat.-mlat.*⟩: **a)** Wörterverzeichnis; **b)** Wortschatz, dessen man sich bedient, der zu einem bestimmten [Fach]bereich gehört
Vo|ka|bu|la|ri|um, das; -s, ...ien (veraltet): Vokabular
vo|kal ⟨*lat.*⟩ (Musik): von einer od. mehreren Singstimmen ausgeführt; durch die Singstimme hervorgebracht, für sie charakteristisch. **Vo|kal,** der; -s, -e (Sprachwiss.): Laut, bei dessen Artikulation die Atemluft verhältnismäßig ungehindert ausströmt; Selbstlaut (Ggs.: Konsonant)
Vo|ka|li|sa|ti|on, die; -, -en ⟨*lat.-nlat.*⟩: **1.** Feststellung der Aussprache des (vokallosen) hebräischen Textes des Alten Testaments durch Striche od. Punkte. **2.** Bildung u. Aussprache der Vokale beim Singen. **3.** vokalische Aussprache eines Konsonanten; vgl. ...ation/...ierung, vokalisieren (2)
vo|ka|lisch ⟨*lat.*⟩: den Vokal betreffend, selbstlautend
Vo|ka|li|se, die; -, -n ⟨*lat.-frz.*⟩ (Musik): Singübung nur mit Vokalen

vo|ka|li|sie|ren ⟨*lat.-nlat.*⟩: **1.** (Musik) beim Singen die Vokale bilden u. aussprechen. **2.** einen Konsonanten wie einen Vokal sprechen (z. B. r in *Kurt* [kʊrt] wie ɐ̯ [kuːɐ̯t]). **Vo|ka|li|sie|rung,** die; -, -en: Vokalisation (3); vgl. ...ation/...ierung

Vo|ka|lis|mus, der; - ⟨*lat.-nlat.*⟩: System, Funktion der Vokale

Vo|ka|list, der; -en, -en ⟨*lat.-frz.*⟩ (veraltet): Sänger im Gegensatz zum Instrumentalisten. **Vo|ka|lis|tin,** die; -, -nen: weibliche Form zu ↑Vokalist

Vo|kal|mu|sik, die; -: Gesangsmusik im Gegensatz zur Instrumentalmusik

Vo|ka|ti|on ⟨*lat.*⟩: *die;* -, -en: Berufung in ein Amt

Vo|ka|tiv, der; -s, -e (Sprachwiss.): Kasus der Anrede

Vo|lant [voˈlɑ̃ː], der (schweiz. meist, österr. auch: das); -s, -s ⟨*frz.*⟩: **1.** (bei Kleidungsstücken) als Besatz auf- od. angesetzter, angekrauster Stoffstreifen. **2.** Steuerrad eines Kraftwagens

Vo|la|pük, das; -s ⟨Kunstw. aus *vol* (engl. world = Welt) u. *pük* (engl. speak = sprechen)⟩: im 19. Jh. geschaffene Welthilfssprache; vgl. Esperanto

Vo|la|ta, die; -, ...te ⟨*lat.-it.*⟩ (Musik): kleiner [Verzierungs]lauf im Gesang

vo|la|til ⟨*lat.*⟩: **1.** (Chemie) flüchtig, verdunstend. **2.** (Finanzw.) unstetig, starken Schwankungen unterworfen

Vo|la|ti|li|tät, die; -, -en ⟨*lat.*⟩: **1.** (Bankw.) Ausmaß der Schwankung von Preisen, Aktien- u. Devisenkursen, Zinssätzen od. auch ganzen Märkten innerhalb einer kurzen Zeitspanne. **2.** (Chemie veraltet) Flüchtigkeit

Vol-au-Vent [voloˈvɑ̃ː], der; -, -s ⟨*lat.-frz.*⟩: hohle Pastete aus Blätterteig, die mit Ragout gefüllt wird

Vo|li|e|re, die; -, -n: großer Vogelkäfig, in dem die Vögel fliegen können

vo|li|ti|o|nal ⟨*lat.-nlat.*⟩ (Psychol.): durch den Willen bestimmt

vo|li|tiv (Psychol.): **a)** willentlich, gewollt; **b)** den Willen, die Willenskraft betreffend

vol|ley [ˈvɔli] ⟨*lat.-frz.-engl.*⟩ (Tennis, Fußball): aus der Luft [geschlagen], ohne dass der Ball aufspringt. **Vol|ley,** der; -s, -s (Tennis): Flugball

Vol|ley|ball, der; -s, ...bälle: **1.** (auch: *das* ohne Plural) Mannschaftsballspiel, bei dem ein Ball mit den Händen über ein Netz zurückgeschlagen werden muss u. nicht den Boden berühren darf. **2.** Ball für das Volleyballspiel. **3.** Flugball, direkt aus der Luft angenommener u. weitergeschlagener od. -getretener Ball

Vo|lon|tär, der; -s, -e ⟨*lat.-frz.;* »Freiwilliger«⟩: jmd., der zur Vorbereitung auf seine künftige berufliche Tätigkeit [gegen geringe Bezahlung] bei einer Redaktion, bei einem kaufmännischen Betrieb o. Ä. arbeitet

Vo|lon|ta|ri|at, das; -s, -e ⟨*lat.-frz.-nlat.*⟩: **1.** Ausbildungszeit einer Volontärin, eines Volontärs. **2.** Stelle einer Volontärin, eines Volontärs

Vo|lon|tä|rin, die; -, -nen: weibliche Form zu ↑Volontär

vo|lon|tie|ren: als Volontär[in] arbeiten

Volt, das; - u. -[e]s, - ⟨nach dem it. Physiker A. Volta, 1745–1827⟩: internationale Bez. für die Einheit der elektr. Spannung (Zeichen: V)

Vol|ta, die; -, ...ten ⟨*lat.-vulgärlat.-it.*⟩: schneller, ausgelassener Tanz im Dreier- od. $^6/_8$-Takt (16. u. 17. Jh.)

Vol|ta|ele|ment, das; -s ⟨zu: Volta, Volt⟩: galvanisches Element (aus Kupfer- u. Zinkelektroden in verdünnter Schwefelsäure)

Vol|ta|me|ter, das; -s, - ⟨*it.; gr.*⟩: elektrolytisches Instrument zur Messung der Strommenge aus der Menge des beim Stromdurchgang abgeschiedenen Metalls od. Gases

Volt|am|pere [...ʔampeːɐ̯], das; -[s], -: Einheit der elektrischen Leistung (Zeichen: VA)

Vol|te, die; -, -n ⟨*lat.-vulgärlat.-it.-frz.*⟩: **1.** Kunstgriff beim Mischen im Kartenspiel. **2.** (Reiten) das Reiten eines Kreises von kleinem Durchmesser. **3.** (Fechten) seitliches Ausweichen

vol|tie|ren: ↑voltigieren

Vol|ti|ge [vɔlˈtiːʒə], die; -, -n: Sprung eines Kunstreiters auf das trabende od. galoppierende Pferd

vol|ti|gie|ren [...ˈʒiː...]: **1.** eine Volte (1) ausführen. **2.** am galoppierenden Pferd turnen. **3.** (veraltet) ein leichtes Gefecht führen, plänkeln; vgl. Voltigierer (2). **Vol|ti|gie|rer,** der; -s, -: **1.** jmd., der am galoppierenden Pferd turnt. **2.** (Militär veraltet) jmd., der ein leichtes Gefecht führt, Plänkler. **Vol|ti|gie|re|rin,** die; -, -nen: weibliche Form zu ↑Voltigierer (1)

vol|ti su|bi|to ⟨*lat.-it.*⟩ (Musik): wende (das Notenblatt) schnell um (Abk.: v. s.); vgl. verte subito

Volt|me|ter, das; -s, -: Gerät zur Messung von elektrischen Spannungen

Volt|se|kun|de, die; -, -n: Einheit des magnetischen Flusses (Zeichen: Vs)

Vo|lum, das; -s, -e ⟨*lat.(-frz.)*⟩ (veraltet, aber noch in Zusammensetzungen): Volumen

Vo|lu|men, das; -s, - u. ...mina: **1.** (Plural: -) Rauminhalt eines festen, flüssigen od. gasförmigen Körpers (Zeichen: V). **2.** (Plural: ...mina) Schriftrolle, Band (eines Werkes) (nur in der Abk.: vol., Vol.). **3.** (Plural: -) Stromstärke einer Fernsprech- od. Rundfunkübertragung. **4.** (Plural: -) Umfang, Gesamtmenge von etwas

Vo|lu|me|no|me|ter, das; -s, - ⟨*lat.; gr.*⟩: ↑Stereometer (1)

Vo|lu|men|pro|zent vgl. Volumprozent

Vo|lu|me|ter, das; -s, -: Senkwaage mit Volumenskala zur Bestimmung der Dichte einer Flüssigkeit. **Vo|lu|me|t|rie,** die; -: Maßanalyse, Messung von Rauminhalten

Vo|lu|mi|na: *Plural* von ↑Volumen

vo|lu|mi|nös ⟨*lat.-frz.*⟩: von beträchtlichem Umfang

Vo|lum|pro|zent, Volumenprozent, das; -[e]s, -e: Hundertsatz vom Rauminhalt (Abk.: Vol.-%)

Vo|lun|ta|ris|mus, der; - ⟨*lat.-nlat.*⟩: philosophische Lehre, die den Willen als Grundprinzip des Seins ansieht. **Vo|lun|ta|rist,** der; -en, -en: Vertreter des Voluntarismus. **Vo|lun|ta|ris|tin,** die; -, -nen: weibliche Form zu ↑Voluntarist. **vo|lun|ta|ris|tisch:** den Voluntarismus betreffend

vo|lun|ta|tiv ⟨*lat.*⟩: **1.** (Philos.) willensfähig, den Willen betreffend. **2.** (Sprachwiss.) den Modus (2) des Wunsches ausdrückend

Vo|lun|teer [vɔlʊnˈtiːɐ̯], der; -s, -s ⟨*engl.*⟩: Freiwilliger, zeitweise ehrenamtlich Tätiger (in einem gemeinnützigen Projekt, bei Sportveranstaltungen o. Ä.). **Vo|lun|tee|rin,** die; -, -nen: weibliche Form zu ↑Volunteer. **Vo|lun|tee|ring** [vɔlʊnˈtiː(ə)rɪŋ], das; -[s], -s ⟨*engl.*⟩: Freiwilligenarbeit (in einem gemeinnützigen Projekt, bei Sportveranstaltungen o. Ä.)

vo|lup|tu|ös ⟨*lat.-frz.*⟩: Begierde erweckend, wollüstig

Vo|lu|te, die; -, -n ⟨*lat.*⟩ (Kunstwiss.): spiralförmige Einrollung am Kapitell ionischer Säulen od. als Bauornament in der Renaissance

Vo|lu|tin, das; -s ⟨*lat.-nlat.*⟩ (Biol.): körnige Struktur in Bakterienzellen

Vö|l|va, die; -, ...vur ⟨*altnord.*⟩: Seherin in nordgermanischen Sagen

vol|vie|ren ⟨*lat.*⟩ (veraltend): **1.** wälzen, rollen, wickeln. **2.** genau ansehen; überlegen, durchdenken

Vol|vox, die; - ⟨*lat.-nlat.*⟩: Kugelalge

Vol|vu|lus, der; -, ...li (Med.): Verschlingung bzw. Einstülpung eines Hohlorgans

vo|mie|ren ⟨*lat.*⟩ (Med.): erbrechen. **Vo|mi|tio,** die; -, ...tiones (Med.): ↑Vomitus

Vo|mi|tiv, das; -s, -e, **Vo|mi|ti|vum,** das; -s, ...va ⟨*lat.-nlat.*⟩, **Vo|mi|to|ri|um,** das; -s, ...ien ⟨*lat.*⟩ (Med.): Brechmittel

Vo|mi|tus, der; - (Med.): das Erbrechen

Voo|doo [vuˈduː, ˈvuːdu], Voudou [vuˈduː, ˈvuːdu], Wodu, Wudu, der; - ⟨*westafrik.-kreol.*⟩: aus Westafrika stammender, synkretistischer, mit katholischen Elementen durchsetzter, magisch-religiöser Geheimkult [auf Haiti]

Vo|ra|zi|tät, die; - ⟨*lat.*⟩ (Med. veraltet): Gefräßigkeit, Heißhunger

vor|in|s|tanz|lich ⟨*dt.; lat.-mlat.; dt.*⟩ (Rechtsspr.): die vorhergehende ↑Instanz (2) betreffend, von ihr ausgehend

Vor|pe|ri|o|de, die; -, -n ⟨*dt.; gr.-lat.(-mlat.)*⟩: vorausgehende ↑Periode (1)

vor|pro|zes|su|al: vor dem Beginn eines Prozesses liegend, stattfindend

Vor|tum|na|li|en vgl. Vertumnalien

Vor|ver|si|on, die; -, -en: vorhergehende ↑Version (1, 2, 3 a)

Vor|zieh|ef|fekt, der; -[e]s, - ⟨*dt.; lat.*⟩: Effekt, der best. Handlungen zeitlich früher als vorgesehen od. üblich stattfinden lässt

Vo|ta: *Plural* von ↑Votum

Vo|tant, der; -en, -en ⟨*lat.-nlat.*⟩ (veraltet): jmd., der ein Votum abgibt. **Vo|tan|tin,** die; -, -nen: weibliche Form zu ↑Votant

Vo|ta|ti|on, die; -, -en (veraltet): Abstimmung

Vote|call [ˈvɔʏtkɔːl], der; -s, -s ⟨*engl.*⟩: telefonisches Abstimmungsverfahren, bei dem die Anrufe automatisch gezählt u. ausgewertet werden

Vo|ten: *Plural* von ↑Votum

vo|tie|ren: 1. seine Stimme für od. gegen jmdn., etwas abgeben; sich für od. gegen jmdn., etwas entscheiden; für od. gegen jmdn. stimmen. **2.** sich für od. gegen jmdn., etwas aussprechen

Vo|ting [ˈvɔʏtɪŋ], das; -s, -s ⟨*engl.;* »das Abstimmen«⟩: Abstimmungsverfahren, bei dem die Stimmen per [Mobil]telefon od. Internet abgegeben werden

Vo|tiv, das; -s, -e ⟨*lat.*⟩, **Vo|tiv|ga|be,** die; -, -n (kath. Kirche): als Bitte um od. Dank für Hilfe in einer Notlage einem Heiligen dargebrachte Gabe

Vo|tiv|ka|pel|le, die; -, -n: einem Heiligen aufgrund eines Gelübdes gestiftete Kapelle

Vo|tiv|mes|se, die; -, -n: Messe, die für ein besonderes Anliegen gefeiert wird (z. B. Braut-, Totenmesse)

Vo|tum, das; -s, ...ten u. ...ta ⟨*lat.-mlat.(-engl.)*⟩: **1.** [feierliches] Gelübde. **2. a)** Urteil, Stimme; **b)** [Volks]entscheidung; **c)** Gutachten

Vou|cher [ˈvaʊtʃɐ], das od. der; -s, -[s] ⟨*engl.*⟩ (Touristik): Gutschein für im Voraus bezahlte Leistungen

Vou|te [ˈvuːtə], die; -, -n ⟨*lat.-vulgärlat.-frz.*⟩: **1.** gewölbter Übergang zwischen einer Wand bzw. Säule u. der Decke. **2.** Verstärkung eines Trägers am Auflager

Vox, die; -, Voces [ˈvoːtseːs] ⟨*lat.*⟩: lat. Bez. für: Stimme, Laut; **Vox acuta:** hohes, scharfes Orgelregister; **Vox celestis:** lieblich, schwebend klingendes Orgelregister; **Vox humana:** menschenstimmenähnliches Orgelregister; **Vox media** (Rhet., Stilkunde): inhaltlich neutrales, von zwei Extremen gleich weit entferntes Wort (z. B. »Geschick« gegenüber »Glück« od. »Unglück«); **Vox Nihili:** ↑Ghostword (»Stimme des Nichts«); **vox populi vox Dei:** das ist die Stimme des Volkes [der man Rechnung tragen, entsprechen muss], das ist die öffentliche Meinung (»Volkes Stimme [ist] Gottes Stimme«)

Vo|ya|geur [voajaˈʒøːɐ̯], der; -s, -s u. -e ⟨*lat.-frz.*⟩ (veraltet): Reisender. **Vo|ya|geu|rin** [...ˈʒøːrɪn], die; -, -nen: weibliche Form zu ↑Voyageur

Vo|yeur [voaˈjøːɐ̯], der; -s, -e u. -s ⟨*lat.-frz.*⟩ (Med., Psychol.): jmd., der durch [heimliches] Zuschauen bei sexuellen Handlungen anderer Lust empfindet. **Vo|yeu|rin** [...ˈjøːrɪn], die; -, -nen: weibliche Form zu ↑Voyeur. **Vo|yeu|ris|mus,** der; -: sexuelles Empfinden u. Verhalten der Voyeure

vo|yeu|ris|tisch: den Voyeurismus betreffend

vo|y|ons [vwaˈjõ]: wir wollen sehen!, nun!

vo|zie|ren ⟨*lat.*⟩: **a)** berufen; **b)** [vor Gericht] vorladen

VPN [faʊpeːˈʔɛn], das; -[s], -[s] ⟨Abk. für *engl.* *v*irtual *p*rivate *n*etwork »virtuelles privates Netzwerk«⟩ (EDV): in sich geschlossenes, eingeschränkten verschlüsselten Zugriff von außen zulassendes Kommunikationsnetz

Vrie|sea [ˈfriːzea], die; -, ...een ⟨*nlat.;* nach dem niederl. Botaniker W. H. de Vriese, 1807–1862⟩: Ananasgewächs mit in Rosetten angeordneten Blättern u. leuchtenden Blüten

V. S. O. P. ⟨Abk. für *engl.* *v*ery *s*pecial *o*ld *p*ale »ganz besonders alt u. blass«⟩: Gütekennzeichen für Cognac od. Weinbrand

Vu|el|ta [ˈbŭɛlta], die; -, -s ⟨*span.;* »Rundfahrt«⟩: Etappenrennen in Spanien für Berufsfahrer im Radsport

vul|gär ⟨*lat.-frz.*⟩: **1.** (abwertend) auf abstoßende Weise derb u. gewöhnlich, ordinär. **2.** zu einfach u. oberflächlich; nicht wissenschaftlich dargestellt

vul|ga|ri|sie|ren: 1. (abwertend) in unzulässiger Weise vereinfachen; allzu oberflächlich darstellen. **2.** (veraltet) unter das Volk bringen, allgemein bekannt machen

Vul|ga|ris|mus, der; -, ...men (bes. Sprachwiss.): vulgäres (1) Wort, vulgäre Wendung

Vul|ga|ri|tät, die; -, -en ⟨*lat.*⟩: **1. a)** (ohne Plural) vulgäres (1) Wesen, vulgäre Art; **b)** vulgäre (2) Beschaffenheit. **2.** vulgäre (1) Äußerung

Vul|gär|la|tein, das; -s: umgangssprachliche Form der lateinischen Sprache (aus der sich die romanischen Sprachen entwickelten)

Vul|ga|ta, die; - ⟨»die allgemein Verbreitete«⟩: vom hl. Hieronymus im 4. Jh. begonnene, später für authentisch erklärte latein. Übersetzung der Bibel

vul|go: gemeinhin, gewöhnlich genannt

Vul|kan, der; -s, -e ⟨*lat.;* nach Vulkanus, dem altröm. Gott des Feuers⟩ (Geol.): Berg, aus dessen Innerem Lava u. Gase ausgestoßen werden; Feuer speiender Berg

Vul|kan|fi|ber, die; -: Kunststoff als Leder- od. Kautschukersatz. **Vul|ka|ni|sat,** das; -[e]s, -e ⟨*lat.-nlat.*⟩: vulkanisierter Kautschuk

Vul|ka|ni|sa|ti|on, die; -, -en: Umwandlung von Kautschuk in Gummi mithilfe von Schwefel o. Ä.; vgl. ...ation/...ierung

vul|ka|nisch ⟨*lat.*⟩: durch Vulkanismus entstanden

Vul|ka|ni|seur [...'zøːɐ̯], der; -s, -e ⟨*lat.; frz.*⟩: Facharbeiter in der Gummiherstellung. **Vul|ka|ni|seu|rin** [...'zøːrɪn], die; -, -nen: weibliche Form zu ↑Vulkaniseur

vul|ka|ni|sie|ren: 1. Kautschuk in Gummi umwandeln. **2.** Gummiteile durch Vulkanisation miteinander verbinden. **Vul|ka|ni|sie|rung,** die; -, -en: ↑Vulkanisation; vgl. ...ation/...ierung

Vul|ka|nis|mus, der; - ⟨*lat.-nlat.*⟩ (Geol.): Bez. für alle mit dem Empordringen von ↑Magma (1) an die Erdoberfläche zusammenhängenden Erscheinungen u. Vorgänge

Vul|ka|nit [auch: ...'nɪt], der; -s, -e: Erguss- od. Eruptivgestein

Vul|ka|no|lo|gie, die; - ⟨*lat.; gr.*⟩: Teilgebiet der ↑Geologie, das sich mit der Erforschung des Vulkanismus befasst. **vul|ka|no|lo|gisch:** die Vulkanologie betreffend

Vul|ka|zit, der; -s, -e ⟨*lat.-nlat.*⟩ (Chemie): organische Verbindung als Beschleuniger bei der Vulkanisation

vul|ne|ra|bel ⟨*lat.*⟩ (Med.): verletzlich, verwundbar (von Organen od. physiologischen Abläufen). **Vul|ne|ra|bi|li|tät,** die; - ⟨*lat.-nlat.*⟩ (bes. Med.): Verwundbarkeit, Verletzbarkeit

Vul|va, die; -, ...ven ⟨*lat.*⟩ (Med.): äußeres ↑Genitale der Frau

Vul|vi|tis, die; -, ...itiden ⟨*lat.-nlat.*⟩ (Med.): Entzündung der äußeren weiblichen Geschlechtsteile

Vul|vo|va|gi|ni|tis, die; -, ...itiden (Med.): Entzündung der Vaginalschleimhäute u. der Schamlippen

vu|o|ta ⟨*lat.-vulgärlat.-it.*⟩: auf der leeren Saite (d. h., ohne den Finger auf das Griffbrett zu setzen) zu spielen

Vu|o|to, das; - (Musik): **1.** Generalpause. **2.** Benutzung der leeren Saite eines Streichinstrumentes

W

Wa|di, das; -s, -s ⟨*arab.*⟩: tief eingeschnittenes, meist trocken liegendes Flussbett eines Wüstenflusses

Wa|dsch|ra|ja|na [vadʒra'jaːna] vgl. Vajrayana

Wa|fer ['vɛɪ̯..., 'wɛɪ̯...], der; -s, -[s] ⟨*engl.*⟩ (EDV): Mikroplättchen

Wag|gon, Wagon [va'gɔŋ, va'gõː, südd., österr. auch: va'goːn], der; -s, -s (südd., österr. auch: -e [...goːnə]) ⟨*niederl.-engl.*⟩: [Eisenbahn]wagen, Güterwagen

Wag|nis|fi|nan|zie|rer, der; -s, - ⟨*dt.; lat.-mlat.-frz.*⟩: Unternehmen, das auf die Vergabe von ↑Risikokapital spezialisiert ist; Risikokapitalgeber. **Wag|nis|fi|nan|zie|rung,** die; -, -en: Finanzierung einer Unternehmung mit ↑Risikokapital

Wa|gon-Lit [vagõ'liː], der; -, Wagons-Lits [vagõ'liː] ⟨*frz.*⟩: frz. Bez. für: Schlafwagen

Wah|ha|bis|mus, der; - ⟨*arab.-nlat.*⟩: konservative, puritanische Richtung des sunnitischen Islam. **Wah|ha|bit,** der; -en, -en ⟨*arab.-nlat.*⟩: Anhänger, Angehöriger des Wahhabismus. **Wah|ha|bi|tin,** die; -, -nen: weibliche Form zu ↑Wahhabit. **wah|ha|bi|tisch:** den Wahhabismus betreffend, ihm anhängend

Waisch|ja, Vaishya ['vaɪ̯ʃja] der; -s, -s ⟨*sanskr.*⟩: Angehöriger der dritten indischen Hauptkaste (Kaufleute, Bauern u. Handwerker); vgl. Brahmane, Kschatrija, Schudra

Waisch|na|wa, der; -s, -s ⟨*sanskr.*⟩: Verehrer des Gottes Wischnu (Angehöriger einer hinduistischen Sekte)

Wa|jang, das; - ⟨*javan.*⟩: javanisches [Schattenspiel]theater

Wake|board ['wɛɪ̯kbɔːɐ̯t], das; -s, -s ⟨*engl.*⟩: Brett zum Wasserskifahren u. Springen auf dem Wasser. **Wake|boar|ding,** das; -s: Funsportart, bei der man auf einem Wakeboard gleitet

Wa|kon|da, das; -s ⟨*indian.*⟩: ↑Orenda

¹Wa|li, der; -s, -s ⟨*arab.-türk.*⟩ (veraltet): höherer türkischer Verwaltungsbeamter; Statthalter

²Wa|li, der; -[s], -s ⟨*arab.;* »Vertrauter (Gottes)«⟩: **1.** muslimischer Heiliger. **2.** Grab eines ²Wali (1) als Wallfahrtsort

wal|ken ['wɔːkn̩] ⟨*engl.*⟩: Walking betreiben

Wal|kie-Tal|kie ['wɔːki'tɔːki], das; -[s], -s ⟨*engl.*⟩: tragbares Funksprechgerät

Wal|king ['wɔːkɪŋ], das; -[s] ⟨*engl.*⟩: intensives Gehen (als sportliche Betätigung)

Wal|king Bass, der; - -, **Wal|king-**

bass, der; - [...beɪ̯s] ⟨*engl.*⟩: laufende Bassfiguration des Boogie-Woogie-Pianostils
Walk|man® ['wɔːkmən], der; -s, -s u. ...men [...mən] ⟨*engl.*⟩: tragbarer ↑Kassettenrekorder mit Kopfhörern
Wal|kü|re [auch: 'val...], die; -, -n ⟨*altnord.;* »Totenwählerin«⟩: **1.** göttliche Kampfjungfrau der nordischen Sage, die die Gefallenen nach Walhall, der Halle Odins, geleitet. **2.** (scherzh.) große, stattliche [blonde] Frau
Wal|la|by ['wɔləbi], das; -s, -s ⟨*engl.*⟩: **1.** (meist Plural) kleines bis mittelgroßes Känguru (z. B. Felsen-, Hasenkänguru). **2.** Fell verschiedener Känguruarten
Wall Street, die; - -, **Wall|street,** die; - ['wɔːlstriːt] (Wirtsch.): Geschäftsstraße in New York (Bankzentrum); Finanzzentrum in den USA
Wa|lo|ne, die; -, -n ⟨*gr.-mgr.-it.*⟩: gerbstoffreicher Fruchtbecher der Eiche
Wam|pum [auch: ...'puːm], das; -s, -s u. -e ⟨*indian.*⟩: (bei den nordamerikanischen Indianern) Gürtel aus Muscheln u. Schnecken als Zahlungsmittel u. Urkunde
WAP [auch: wɔp], das; -s ⟨Kurzw. für *engl. w*ireless *a*pplication *p*rotocol⟩: Verfahren, mit dem über das Handy Informationen aus dem Internet abgerufen werden können
WAP-Han|dy [...hɛndi], das; -s, -s: Mobiltelefon mit WAP-Funktion
Wa|pi|ti, der; -[s], -s ⟨*indian.*⟩: nordamerikanische Hirschart mit großem Geweih
WAP-Por|tal, das; -s, -e: mit einem WAP-Handy abrufbares ↑Portal (3a, b) mit Informationen
Wa|ran, der; -s, -e ⟨*arab.*⟩: bis zu drei Meter lange tropische Echse
War|dein, der; -[e]s, -e ⟨*germ.-mlat.-frz.-niederl.*⟩ (früher): Münzprüfer. **war|die|ren** (früher): den Münzwert prüfen
Wa|re|ni|ki (Plural): mit Fleisch, Kraut u. a. gefüllte Teigtaschen; ein osteuropäisches (vor allem russisches u. ukrainisches) Gericht
War|lord ['wɔːlɔːd], der; -s, -s ⟨*engl.*⟩: militärischer Machthaber in bürgerkriegsähnlichen Konflikten
Warm-up ['wɔːɐ̯mʔap, wɔːɐ̯m'ʔap], das; -s, -s ⟨*engl.*⟩: **1. a)** (Motorsport) das Warmlaufenlassen der Motoren; **b)** (Sport) das Sichaufwärmen von Sportler/-innen vor dem Wettkampf. **2.** Einstimmung des Publikums vor Beginn einer Veranstaltung
Warp, der od. das; -s, -e ⟨*engl.*⟩: **1.** Kettgarn. **2.** Schürzenstoff aus Baumwollabfall u. Reißspinnstoff
War|rant [auch: 'wɔrənt], der; -s, -s ⟨*germ.-frz.-engl.*⟩: **1.** Lager[pfand]schein. **2.** Optionsschein
War|ve, die; -, -n ⟨*schwed.*⟩ (Geol.): Jahresschicht, die aus einer hellen Sommer- u. einer dunklen Winterschicht besteht
War|vit, War|wit, der; -s, -e ⟨*schwed.-nlat.*⟩ [auch: ...'vɪt]: verfestigter Bänderton älterer Eiszeiten
wash and wear ['wɔʃ ənd 'wɛːɐ̯] ⟨*engl.;* »waschen u. tragen«⟩: Qualitätsbezeichnung für Kleidungsstücke, die nach dem Waschen ohne Bügeln wieder getragen werden können
Wash|board ['wɔʃbɔːd], das; -s, -s: als Rhythmusinstrument im Jazz benutztes Waschbrett
Wash|pri|mer [...praɪ̯mɐ], der; -s, -: vor der Lackierung auf das Metall aufgespritzter Haftgrund
Wat, der; -[s], -s ⟨*sanskr.-siamesisch*⟩: buddhistische Klosteranlage in Südasien
Wa|ter|bike ['wɔːtɐbaɪ̯k], das; -s, -s ⟨*engl.*⟩: Wassermotorrad
Wa|ter|gate ['wɔːtəgeɪ̯t], das; -[s], -s ⟨nach dem Watergatehotel in Washington⟩: politischer Skandal größten Ausmaßes
Wa|ter|loo, das; -, -s ⟨nach der Schlacht bei Waterloo, in der Napoleon vernichtend geschlagen wurde⟩: vernichtende Niederlage, Untergang
wa|ter|proof ['wɔːtɐpruːf]: wasserdicht (Hinweis in Geweben u. auf Uhren). **Wa|ter|proof,** der; -s, -s: **1.** wasserdichtes Material. **2.** wasserdichter Regenmantel
wa|ter|re|sis|tant [...rɪ'zɪstənt]: wasserdicht (Hinweis auf Uhren)
Watt, das; -s, - ⟨nach dem engl. Ingenieur J. Watt, 1736–1819⟩: Einheit der [elektrischen] Leistung (Zeichen: W)
Wat|te|li|ne, die; - ⟨*mlat.-niederl.-nlat.*⟩: leichtes, watteähnliches Zwischenfutter
wat|tie|ren: mit Watte füttern
Watt|me|ter, das; -s, -: Gerät zur Messung elektrischer Leistung
Watt|se|kun|de, die; -, -n: Einheit der Energie bzw. der Arbeit (Zeichen: Ws)
Wa|vel|lit [auch: ...'lɪt], der; -s, -e ⟨*nlat.;* nach dem engl. Arzt W. Wavell, † 1829⟩: ein Mineral
Wave|ta|ble ['weɪ̯vteɪ̯bl̩], der; - ⟨*engl.*⟩: Klangverbesserung bei Computern durch Digitalisierung realer Töne
Weal|den ['viːldən], das; -s ⟨nach der südostengl. Hügellandschaft The Weald⟩ (Geol.): unterste Stufe der Unteren Kreide
Wea|ra|ble ['wɛːrəbl̩], das; -s, -s (meist Plural) ⟨*engl.*⟩ (EDV): in die Kleidung integriertes od. (unmittelbar) am Körper getragenes Computersystem, das auf den Nutzer od. dessen Umwelt bezogene Daten registriert u. verarbeitet
Wea|ra|ble Com|pu|ter ['wɛːrəbl̩ -], der; - -s, - - ⟨*engl.*⟩: **a)** sehr kleiner [tragbarer] Computer; **b)** [am Körper installierter] Kleinstcomputer mit Datenvisier (z. B. für Wartungsarbeiten)
Web, das; -[s] ⟨*engl.;* »Netz«⟩: Kurzform von ↑World Wide Web; **Web 2.0:** durch die Mitwirkung der Benutzer/-innen geprägte Internetangebote
Web|ad|res|se, die; -, -n: ↑Internetadresse
Web-App, Web|app, die; -, -s od. das; -s, -s [...ʔɛp]: ↑App, die ihre Inhalte über den Browser aus dem Internet holt u. nicht auf dem Endgerät installiert werden muss
Web|brow|ser [...braʊ̯zɐ], der; -s, - ⟨*engl.*⟩: Programm, das den Zugang zum World Wide Web bzw. dem Internet ermöglicht
Web|cam [...kɛm], die; -, -s: Vi-

W Webc

deokamera, die ihre Aufnahmen direkt über das Internet liefert

Wẹb|cast [...ka:st], der; -s, -s ⟨*engl.*⟩: Übertragung, einzelne Sendung, die für das Internet produziert wird u. dort live gesehen werden kann od. als Aufzeichnung abrufbar ist

Wẹb|de|sign [...dizai̯n], das; -s, -s: [werbe]wirksame u. funktionale Gestaltung von Websites

Wẹb|hos|ting [...hoʊ̯stɪŋ], das; -s, -s ⟨*engl.*⟩ (EDV): das Bereitstellen von Speicherplatz auf einem Webserver

Wẹb|link, der; -s, -s: Link (1) auf eine bestimmte Website

Wẹb|log, das, auch: der; -s, -s ⟨*engl.;* web »Netz« u. logbook »Logbuch«⟩ (EDV): tagebuchartig geführte, öffentlich zugängliche Website, die ständig ergänzt wird

Wẹb|mas|ter, der; -s, -: jmd., der für die Erstellung, Organisation u. Wartung von Websites zuständig ist

Wẹb|phone [...foʊ̯n], das; -s, -s: Telefonat über das Internet

Wẹb|ser|ver [...sœ:ɐ̯vɐ], der; -s, - ⟨*engl.*⟩: Server (1), der Websites speichert, verwaltet u. sie den Nutzern zur Verfügung stellt

Wẹb|site [...sai̯t], die; -, -s ⟨*engl.*⟩: Gesamtheit der hinter einer ²Adresse (2) stehenden Seiten im World Wide Web

Wẹb|soap [...soʊ̯p], die; -, -s: Serie im Internet-TV mit teilweise trivialem [Alltags]geschehen

Wẹb|space [...spei̯s], der; -, -s [...sɪs]: [Speicher]platz für eine Website

Webs|te|ri̱t [auch: ...ˈrɪt], der; -s, -e ⟨*nlat.;* nach dem schott. Geologen Th. Webster⟩: ein Mineral

Wẹ|ck|a|min, das; -s, -e ⟨Kunstw. aus *weck*en u. ↑*Amin*⟩: der körperlich-geistigen Abspannung entgegenwirkendes, stimulierendes Kreislaufmittel

We̱|da vgl. Veda

We̱|den: *Plural* von ↑Weda

Wedge [vɛdʒ], der; -[s], -s [...ɪs] ⟨*engl.;* »Keil«⟩: **1.** (Golf) Golfschläger mit besonders breiter Schlagfläche. **2.** (meist Plural; Gastron.) frittiertes keilförmiges Stück einer Kartoffel. **3.** (meist Plural; Mode) Schuh mit keilförmigem, durchgehendem Absatz

Wedg|wood [ˈwɛdʒwʊd], das; -[s] ⟨nach dem engl. Kunsttöpfer J. Wedgwood, 1730–1795⟩: feines, verziertes Steingut

we̱|disch vgl. vedisch

We|dịs|mus vgl. Vedismus

We|d|ro̱, das; -, - ⟨*russ.;* »Eimer«⟩: altes russisches Flüssigkeitsmaß (= 12,3 l)

Week|end [ˈwi:kʔɛnd], das; -s, -s ⟨*engl.*⟩: Wochenende

Wẹft, das; -[e]s, -e ⟨*engl.*⟩: Schussgarn aus harter englischer Cheviotwolle (vgl. Cheviot)

Wei|ge̱|lie [...i̯ə], die; -, -n ⟨*nlat.;* nach dem Arzt Ch. E. Weigel, 1748–1831⟩: Zierpflanze mit roten od. rosafarbenen Blüten

Wei̱|muts|kie|fer vgl. Weymouthskiefer

We|ki̱l, der; -s, Wukela̱ ⟨*arab.(-türk.)*⟩ (früher): **1.** türkischer Minister. **2.** stellvertretender ägyptischer Gouverneur

We|li̱ vgl. ²Wali

Wel|ling|to̱|nia, die; -, ...ien [...i̯ən] ⟨*nlat.;* nach dem Herzog von Wellington, 1769–1852⟩: ↑Sequoia

Wẹll|ness, die; - ⟨*engl.*⟩: durch leichte körperliche Betätigung od. Anwendungen erzieltes Wohlbefinden

Welsh Rab|bit [ˈwɛlʃ ˈrɛbɪt, auch: ˈwɛlʃrɛbɪt], der; - -s, - -s ⟨*engl.;* »Waliser Kaninchen«⟩: mit Käse belegte u. überbackene Weißbrotscheibe

Welsh Rare|bit [ˈwɛlʃ ˈrɛɐ̯bɪt, auch: ˈwɛlʃrɛɐ̯bɪt] vgl. Welsh Rabbit

Wel|wịt|schia, die; -, ...ien [...i̯ən] ⟨*nlat.;* nach dem österr. Arzt F. Wẹlwitsch, 1806–1872⟩: Wüstenpflanze mit zwei bandförmigen Blättern

Wẹrst, die; -, -en (aber: 5 -) ⟨*russ.*⟩: altes russisches Längenmaß (= 1,067 km) (Zeichen: W)

We|si̱r, der; -s, -e ⟨*arab.(-türk.)*⟩ (Geschichte): **1.** höchster Würdenträger des türkischen Sultans. **2.** Minister in islamischen Staaten

We|si|ra̱t, das; -[e]s, -e ⟨*arab.-nlat.*⟩: Amt, Würde eines Wesirs

Wes|ley|a|ner [vɛsliˈa:nɐ, vɛsleˈja:nɐ], der; -s, - ⟨*nlat.;* nach dem engl. Geistlichen J. Wesley, 1703–1791⟩: Anhänger des von Wesley begründeten ↑Methodismus. **Wes|ley|a̱|ne|rin,** die; -, -nen: weibliche Form zu ↑Wesleyaner

Wẹst-Coast-Jazz, Wẹst|coast|jazz [...koʊ̯st...], der; - ⟨*engl.*⟩: von der Mitte der 50er- bis Anfang der 60er-Jahre an der Westküste der USA gespielte, dem Cool Jazz ähnliche Stilrichtung des Jazz

Wẹst|end, das; -s, -s ⟨*engl.;* nach dem Londoner Stadtteil West End⟩: vornehmer Stadtteil einer Großstadt

Wẹs|tern, der; -[s], - ⟨*engl.*⟩: Film, der während der Pionierzeit im sogenannten Wilden Westen (Amerikas) spielt

Wẹs|ton|ele|ment [ˈwɛstn̩...], das; -s, -e ⟨nach dem amerik. Physiker E. Weston, 1850–1936⟩: H-förmiges galvanisches Element, das als Normalelement für die elektrische Spannung eingeführt ist

West|o̱ver, der; -s, - ⟨Kunstw. aus engl. *vest* »Weste« u. engl. *over* »über«⟩: ärmelloser Pullover, der über einem Hemd od. einer Bluse getragen wird

Wey|mouths|kie|fer [ˈvai̯mu:ts...], Weimutskiefer, die; -, -n ⟨nach Lord Weymouth, † 1714⟩: eine nordamerikanische Kiefernart

What|abou|tism [vɔtəbaʊ̯ˈtɪzm̩], der od. das; -[s] ⟨*engl.* »What about ...?« = »Und was ist mit ...?«, nach dem typischen Beginn einer Gegenfrage⟩ (bes. Politik abwertend): Diskussionsstil, bei dem auf Argumente stets mit Gegenfragen od. einem Verweis auf andere Probleme u. Themen reagiert wird

¹Whats|app, ¹Whats|App ®, das; -[s] (meist o. Artikel) ⟨*engl.*⟩: ein Sofortnachrichtendienst [für Smartphones]

²Whats|app, ²Whats|App ®, die; -, -s: eine mit ¹Whatsapp verschickte Nachricht

Whats|app-Grup|pe, Whats|app-grup|pe, die; -, -n ⟨*engl.; dt.*⟩: Kreis von Personen, die über ↑¹WhatsApp ® miteinander vernetzt sind u. kommunizieren

Wheat|s|tone|brü|cke ['wi:tstən...], die; -, -n ⟨nach dem engl. Physiker Sir Ch. Wheatstone, † 1875⟩: Brückenschaltung zur Messung elektrischer Widerstände

Whig [vɪk, wɪg], der; -s, -s ⟨*engl.*⟩: **1.** (Geschichte) Angehöriger einer ehemaligen englischen Partei, aus der sich die liberale Partei entwickelte (Ggs.: Tory [1]). **2.** englischer Politiker, der in Opposition zu den Konservativen steht (Ggs.: Tory [2])

Whip [vɪp, wɪp], der; -s, -s: ein Abgeordneter im englischen Unterhaus, der den Fraktionsmitgliedern die Aufträge des Partei- u. Fraktionsführers mitteilt u. für ihr Erscheinen in wichtigen Sitzungen sorgt

Whip|cord, der; -s, -s ⟨*engl.*; »Peitschenschnur«⟩: kräftiger Anzugstoff mit ausgeprägten Schrägrippen

Whirl|pool® ['wœ:ɐ̯lpu:l], der; -s, -s ⟨*engl.*⟩: Bassin mit warmem, durch Düsen in brodelnde Bewegung gebrachtem Wasser, in dem man sich sitzend od. liegend aufhält

Whis|ker ['wɪs...], der; -s, - ⟨*engl.*; »Schnauzhaare«⟩: sehr dünne, zugfeste Kristallfaser

Whis|key ['vɪski, 'wɪski], der; -s, -s ⟨*gäl.-engl.*; »Lebenswasser«⟩: (in Irland od. Amerika hergestellter) Whisky

Whis|ky ['vɪski, 'wɪski], der; -s, -s ⟨*gäl.-engl.*⟩: aus Gerste od. Malz hergestellter [schottischer] Branntwein

Whist [vɪst, wɪst], das; -[e]s ⟨*engl.*⟩: aus England stammendes Kartenspiel mit 52 Karten

Whistle|blo|w|er ['wɪsl̩blo̯ʊ̯ɐ], der; -s, - ⟨*engl.* whistle-blower, zu: to blow the whistle = pfeifen, übertr. für: anzeigen⟩: jmd., der Missstände [an seinem Arbeitsplatz] öffentlich macht. **Whistle|blo|w|e|rin**, die; -, -nen: weibliche Form zu ↑Whistleblower. **Whistle|blo|w-ing**, das; -[s], -s: Aufdeckung von Missständen [in Unternehmen, Behörden o. Ä.]

Whist|ler ['wɪslɐ], der; -s, - (meist Plural) ⟨*engl.*; »Pfeifer«⟩ (Physik): von Blitzen ausgesandte elektromagnetische Welle, die an den magnetischen Feldlinien der Erde entlang durch den Raum läuft

White|board ['wai̯tbɔ:ɐ̯t], das; -s, -s ⟨*engl.*⟩: **1.** Schreibtafel mit einer glatten weißen Oberfläche. **2. [interaktives] Whiteboard** (EDV): in Verbindung mit einem Computer u. einem Beamer zu verwendendes Gerät mit einer großen Projektionsfläche, die gleichzeitig als Eingabegerät dient u. über die sich mit einem speziellen Stift od. auch mit dem Finger Texte u. Zeichnungen erfassen lassen

White-Col|lar-Kri|mi|na|li|tät ['wai̯t'kɔlɐ...], die; - ⟨*engl.*; *lat.*⟩: nicht gewalttätige Kriminalität (z. B. Steuerhinterziehung, Bestechung)

Whit|worth|ge|win|de ['wɪtwœ:ɐ̯θ...], das; -s ⟨*engl.*; *dt.*; nach dem engl. Ingenieur Sir J. Whitworth, 1803–1887⟩: ein Schraubengewinde

Who's who ['hu:z 'hu:] ⟨*engl.*; »Wer ist wer?«⟩: Titel biografischer Lexika

Wide|screen ['wai̯dskri:n], der; -s, -s ⟨*engl.*⟩: besonders breites Format eines Fernseh- od. Monitorbildschirms

Wid|get ['wɪdʒət], das; -s, -s ⟨*engl.*⟩ (EDV): kleines Computerprogramm, das in ein anderes Programm integriert wird, bes. als Teil einer grafischen Benutzeroberfläche, in der über den Mauszeiger Befehle eingegeben werden können

Wi-Fi®, **Wi|Fi, Wi|fi** [oder: 'wai̯fai̯], das; -[s], -s ⟨Kunstw.⟩: (technischer Standard für) WLAN (bes. öffentliches)

Wig|wam, der; -s, -s ⟨*indian.-engl.*⟩: kuppelförmiges Zelt, zeltartige Hütte nordamerikanischer Indianer

Wi|ki, das; -s, -s ⟨hawaiisch⟩ (EDV): **1.** Sammlung von Informationen und Beiträgen im Internet zu einem bestimmten Thema, die von den Nutzern selbst bearbeitet werden können. **2.** System zur einfachen Bearbeitung eines Wikis (1)

Wi|ki|leaks, Wi|ki|Leaks® [...'li:ks], das, - ⟨meist o. Art.⟩ ⟨*hawaiisch*; *engl.*⟩: Enthüllungsplattform im Internet, auf der als geheim eingestufte, häufig brisante Dokumente der Öffentlichkeit zugänglich gemacht werden

Wi|ki|pe|dia, die; - ⟨*engl.*⟩: Internetportal mit Informationen zu allen Wissensgebieten, die allgemein zugänglich sind (u. von den Nutzern selbst erweitert u. verändert werden können)

Wi|k|li|fit, der; -en, -en ⟨*nlat.*⟩: Anhänger des englischen Vorreformators J. Wyclif († 1384)

Wi|la|jet, das; -[e]s, -s ⟨*arab.-türk.*⟩: türkische Provinz, Verwaltungsbezirk

Wild|card, die; -, -s, **Wild Card**, die; - -, - -s ['wai̯ltka:ɐ̯t] ⟨*engl.*; »wilde (= beliebig verwendbare) Spielkarte«⟩: **1.** freie Platzierung bei einem Tennisturnier, die der Veranstalter nach Gutdünken vergeben kann. **2.** (EDV) Zeichen (z. B. *, %), das für verschiedene andere Zeichen stehen kann

Wil|d|schur, die; -, -en ⟨*poln.*; »Wolfspelz«⟩: im 19. Jh. Bez. für: schwerer Pelzmantel

Wil|liams Christ, der; - -, - -: aus Williams Christbirnen hergestellter Branntwein

Wil|liams Christ|bir|ne, die; - -, - -n ⟨Herkunft unbekannt⟩: große Birne mit gelber, bräunlich gepunkteter Schale u. gelblich weißem, zartem Fruchtfleisch

Wi|na vgl. Vina

Wind|chill [...tʃɪl], der; -s ⟨*engl.*⟩: durch Wind verursachte verstärkte Kälteempfindung

Wind|jam|mer, der; -s, -: großes Segelschiff

Win|dow|shop|ping ['wɪndo̯ʊ̯ʃɔpɪŋ], das; -s: Schaufensterbummel

Winds [wɪndz], die (Plural): engl. Bez. für: Blasinstrumente des Orchesters

Wind|sur|fing [...sœ:ɐ̯fɪŋ], das; -s: Segeln auf einem mit einem Segel ausgerüsteten langen, flachen, stromlinienförmigen Brett aus Kunststoff

Wing|suit ['wɪŋsju:t], der; -s, -s ⟨*engl.*⟩: Anzug (für Fallschirmspringer) mit Stoffbahnen zwischen Armen und Beinen, die wie Flügel wirken

Win|ner, der; -s, - ⟨*engl.*; »Sieger; Gewinner«⟩: spielentscheidender Punkt (bes. beim Tennis)

Win-win-Si|tu|a|ti|on [auch: wɪn-

'wɪn...], die; -, -en ⟨*engl.*⟩ (bes. Wirtsch.): Situation, Gegebenheit, Konstellation, die für alle Beteiligten Vorteile bietet

Wis|ta̲|ria, die; - ⟨*nlat.;* nach dem amerik. Anatomen C. Wistar⟩: ↑Glyzine

Wla̲|di|ka, der; -s, -s ⟨*slaw.;* »Herr«⟩: **1.** Bischofstitel in der russisch-orthodoxen Kirche. **2.** (Geschichte) Titel des Herrschers u. Kirchenoberhaupts von Montenegro

WLAN ['ve:la:n], das; -[s], -s ⟨Kurzw. für engl. *W*ireless *L*ocal *A*rea *N*etwork⟩ (EDV): drahtloses LAN

wo̩b|beln ⟨*engl.*⟩ (Physik): **1.** eine Frequenz sinusförmig gegenüber einer anderen (niedrigeren) gering schwanken lassen. **2.** eine periodische Schwankung verursachen

Wo̩bb|ler, der; -s, -: **1.** Handmorsetaste mit beidseitigem Kontakt. **2.** (Physik) Einrichtung zur Verursachung periodischer Schwankungen der Frequenz

Wo̩d|ka, der; -s, -s ⟨*russ.*⟩: hochprozentiger [russischer] Trinkbranntwein

Wo̲|du vgl. Voodoo

Woi|lach ['vɔɪ̯lax], der; -s, -e ⟨*russ.*⟩: wollene [Pferde]decke, Sattelunterlage

Woi|wo̲d, Woi|wo̲|de [vɔɪ̯...], der; ...den, ...den ⟨*poln.*⟩: **1.** (Geschichte) Heerführer (in Polen, in der Walachei). **2.** oberster Beamter einer polnischen Provinz; Landeshauptmann

Woi|wo̲d|schaft, die; -, -en ⟨*poln; dt.*⟩: Amt[sbezirk] eines Woiwoden

Wo̩k, der; -, -s ⟨*chin.*⟩: Kochtopf mit kugelförmig gerundetem Boden u. hochgezogenem Rand, in dem die Speisen unter ständigem Umrühren od. Schütteln gegart werden (bes. in der chinesischen Küche)

Wolf|ra|ma̲t, das; -[e]s, -e ⟨*dt.-nlat.*⟩ (Chemie): Salz der Wolframsäure

Wolf|ra|mi̲t [auch: ...'mɪt], das; -s: wichtigstes Wolframerz

Wol|las|to|ni̲t [auch: ...'nɪt], der; -s, -e ⟨*nlat.;* nach dem engl. Chemiker W. H. Wollaston, 1766–1828⟩: ein Mineral

Wo|ma|ni|zer ['wʊmənaɪ̯zɐ], der; -s, - ⟨*engl.*⟩: Frauenheld

Wo̩m|bat, der; -s, -s ⟨*austr.-engl.*⟩: australisches Beuteltier

Wo|men's Lib ['wɪmɪnz 'lɪb], die; - - ⟨*engl.;* kurz für: Women's Liberation Movement⟩: in den 1960er-Jahren entstandene amerikanische Frauenbewegung

Wo̩n, der; -[s], -[s] (aber: 30 -) ⟨*korean.*⟩: koreanische Währungseinheit

Won|der|bra® ['wɔndɐbra:], der; -s, -s ⟨Kunstw.⟩: bestimmter ↑Push-up-BH

Wood [wʊd], der; -s, -s ⟨*engl.*⟩: Golfschläger mit Kopf aus Holz

Wood|cock|spa|ni|el ['wʊdkɔkʃpani̯əl, auch: ...spɛni̯əl], der; -s, -s ⟨*engl.*⟩: ↑Cockerspaniel

Woo|fer ['wʊfɐ], der; -[s], - ⟨*engl.*⟩: [Tiefton]lautsprecher an elektroakustischen Anlagen

Woo|pie ['vu:pi], der; -s, -s u. die; -, -s ⟨*engl.;* Kurzw. aus *w*ell-*o*ff *o*lder *pe*rson »wohlhabende ältere Person«⟩ (ugs.): wohlhabender älterer Mensch

Worces|ter|so|ße, Worces|ter|sauce ['vʊstɐ..., auch: 'wʊstə...], die; -, -n ⟨nach der engl. Stadt Worcester⟩: pikante Soße zum Würzen

Wor|ding ['vœ:ɐ̯dɪŋ], das; -s, -s ⟨*engl.*⟩ (bes. Werbespr., Politik): Übereinkunft zur Verwendung bestimmter Formulierungen; Sprachregelung

Wor|k|a|ho|lic [wœ:ɐ̯kə'hɔlɪk], der; -s, -s u. die; -, -s ⟨*engl.*⟩ (Psychol.): jmd., der sich nur schwer von seiner Arbeit lösen kann, übermäßigen Genuss bei der Arbeit verspürt u. sein Leben auf die Arbeit ausrichtet

Wor|k|a|round ['wœ:ɐ̯kəraʊ̯nd], der; -s, -s ⟨*engl.*⟩ (EDV): eine fehlerhafte Funktion in einem Programm umgehendes Verfahren, das zum gewünschten Ergebnis führt, aber den Fehler nicht beseitigt

Work|flow ['wœ:ɐ̯kflɔʊ̯], der; -s, -s ⟨*engl.*⟩: **1.** Ablauf arbeitsteiliger Vorgänge bzw. Geschäftsprozesse in Unternehmen u. Behörden mit dem Ziel größtmöglicher Effizienz. **2.** (EDV) Arbeitsablauf bei Computerprogrammen

Wor|king|space, Wor|king-Space, der od. das, -[s], -s ⟨*engl.*⟩: Co-Working-Space

Work-Life-Ba|lance ['wœ:ɐ̯k'laɪ̯fbæləns], die; -, -s [...sɪs] ⟨*engl.*⟩: ausgewogenes Verhältnis zw. beruflichen Anforderungen u. privaten Bedürfnissen einer Person

Work-out, Work|out ['wœ:ɐ̯kʔaʊ̯t], das od. der; -s, -s ⟨*engl.*⟩: intensives Fitnesstraining

Work|shop, der; -s, -s ⟨*engl.;* »Werkstatt«⟩: Kurs, Seminar o. Ä., in dem in freier Diskussion bestimmte Themen erarbeitet u. praktische Übungen durchgeführt werden

Work|song, der; -s, -s ⟨*engl.*⟩ (Geschichte): Arbeitslied, bes. der afroamerikanischen Sklaven

Work|space ['vœ:ɐ̯kspeɪ̯s], der; -, -s [...sɪs] ⟨*engl.*⟩ (EDV): Bereich der digitalen Benutzeroberfläche, der für eine best. Tätigkeit od. einen best. Nutzer eingerichtet ist

Work|sta|tion [...steɪ̯ʃn̩], die; -, -s ⟨*engl.*⟩: an einem Arbeitsplatz installierter, meist an ein lokales Netz angeschlossener Computer

World|cup ['vœ:ɐ̯ltkap], der; -s, -s ⟨*engl.*⟩: [Welt]meisterschaft in verschiedenen sportlichen Disziplinen (z. B. Skisport)

World Wide Web ['wœ:ɐ̯ld 'waɪ̯d 'wɛb], das; - - -[s] ⟨*engl.;* »weltweites Netz«⟩ (EDV): weltweites Informationssystem im Internet (Abk.: WWW)

Worst Case ['wœ:ɐ̯st 'keɪ̯s, 'wœ:ɐ̯stkeɪ̯s], der; - - u. - -s, - -s [-...sɪs] (Fachspr.): schlimmster Fall, der in Zukunft eintreten kann

wow [vaʊ̯] ⟨*engl.*⟩ (ugs.): wunderbar!, super! (Ausruf der Bewunderung od. Überraschung). **Wow-Ef|fekt,** der; -[e]s, -e (bes. Werbespr.): sehr positiver Überraschungseffekt; unvorhergesehene Begeisterung als Auswirkung eines Erlebnisses od. einer plötzlichen Erkenntnis

Wrap [rɛp], der od. das; -s, -s ⟨*engl.*⟩: gefüllte Teigrolle.

Wrest|ling ['rɛslɪŋ], das; -s ⟨*engl.*⟩: überwiegend auf Show ausgerichtetes Catchen

Wu̲|du vgl. Voodoo

Wu|ke|la̲: *Plural* von ↑Wekil

Wul|fe|ni̲t [auch: ...'nɪt], das; -s, -e ⟨*nlat.;* nach dem österr. Mineralogen F. X. v. Wulfen, 1728–1805⟩: ein Mineral

Wur|lit|zer|or|gel, Wur|lit|zer-Or|gel, die; -, -n ⟨nach der nordamerik. Herstellerfirma Wurlitzer⟩: Kinoorgel

WWW, das; -[s] = World Wide Web

Wy|an|dot|te [vaɪ̯ənˈdɔtə], das; -, -s od. die; -, -n [...tn̩] ⟨*engl.;* nach dem nordamerik. Indianerstamm der Wyandots⟩: Huhn einer mittelschweren amerikanischen Rasse

WYSIWYG [ˈwaɪ̯zɪwaɪ̯g] ⟨Abk. für *engl. what you see is what you get* »was man sieht, bekommt man auch«⟩ (EDV): Schlagwort aus dem Bereich der Textverarbeitung u. des Desktop-Publishing, wonach auf dem Bildschirm genau das dargestellt wird, was später gedruckt wird

X

Xan|than, das; -s ⟨*gr.-nlat.*⟩ (Chemie): biotechnisch hergestelltes Polysaccharid, das zur Verdickung u. Stabilisierung von Nahrungsmitteln u. Kosmetika verwendet wird

Xan|that, das; -[e]s, -e ⟨*gr.*⟩: ↑Xanthogenat

Xan|th|e|las|ma, das; -s, -ta u. ...men (Med.): gelbe Flecken od. Knötchen (meist) an der nasalen Seite der Augenlider

Xan|then, das; -s (Chemie): kristalline Substanz (1), die die Grundlage bestimmter Farbstoffe bildet

Xan|thin, das; -s ⟨*gr.-nlat.*⟩ (Med., Biochemie): eine Stoffwechselverbindung, die im Organismus beim Abbau der ↑Purine entsteht

Xan|thin|oxi|da|se, Xan|thin|oxy|da|se, die; -, -n (Med., Biochemie): ↑Enzym, das Xanthin in Harnsäure überführt

Xan|thip|pe, die; -, -n ⟨*gr.-lat.;* nach der Frau des Sokrates, die als schwierig u. zanksüchtig galt⟩ (ugs.): zanksüchtige [Ehe]frau

xan|tho|chrom ⟨*gr.-nlat.*⟩: gelb-, hellfarbig. **Xan|tho|chro|mie,** die; -, ...ien (Med.): Gelbfärbung der Gehirn-Rückenmarks-Flüssigkeit durch Beimengung von Blutfarbstoffen

Xan|tho|ge|nat, das; -[e]s, -e (Chemie): Salz der Xanthogensäure

Xan|tho|gen|säu|re, die; - ⟨*gr.-nlat.; dt.*⟩ (Chemie): ölige, in Wasser kaum lösliche Flüssigkeit, Ausgangsstoff technischer Salze

Xan|thom, das; -s, -e ⟨*gr.-nlat.*⟩ (Med.): gutartige, gelb gefärbte Geschwulst der Haut

Xan|tho|ma|to|se, die; -, -n (Med.): ausgedehnte Xanthombildung

Xan|thon, das; -s, -e (Chemie): **1.** (ohne Plural) chemische Verbindung, die farblose Nadeln bildet. **2.** (meist Plural) Gruppe von Pflanzenfarbstoffen (z. B. der Mangostanfrüchte) mit medizinischer Bedeutung

Xan|tho|phyll, das; -s ⟨*gr.*⟩ (Bot.): gelber Farbstoff der Pflanzenzellen

Xan|th|op|sie, die; -, ...ien (Med.): das Gelbsehen aller Gegenstände bei gestörtem Farbensehen

Xan|thor|rhoea, die; - ⟨*gr.-nlat.*⟩ (Bot.): australische Gattung der Liliengewächse

X-Chro|mo|som [ˈɪkskro...], das; -s, -en ⟨*gr.*⟩ (Biol., Med.): ↑Chromosom, das beim Vorkommen in der Samenzelle das Geschlecht des gezeugten Kindes als weiblich festlegt (Ggs.: Y-Chromosom)

Xe|nie [...ni̯ə, auch: ˈksɛ...], die; -, -n, **Xe|ni|on,** das; -s, ...ien [...i̯ən] ⟨*gr.(-lat.)*⟩ (Literaturwiss.): kurzes Sinngedicht (ein ↑Distichon)

xe|no|blas|tisch ⟨*gr.-nlat.*⟩ (Geol.): nicht in der eigenen Gestalt ausgebildet (von Mineralneubildungen bei der Gesteinsmetamorphose)

Xe|no|do|chi|um, das; -s, ...ien ⟨*gr.-lat.*⟩: altkirchliche Fremdenherberge, Vorläufer des mittelalterlichen ↑Hospizes

Xe|no|ga|mie, die; -, ...ien ⟨*gr.-nlat.*⟩ (Bot.): Fremd- od. Kreuzbestäubung von Blüten

Xe|no|glos|sie, die; -, ...ien (Psychol.): unbewusstes Reden in einer unbekannten Sprache

Xe|no|kra|tie, die; -, ...ien ⟨*gr.*⟩: Fremdherrschaft; Regierung eines Staates durch ein fremdes Herrscherhaus

Xe|no|lith [auch: ...ˈlɪt], der; -s u. -en, -e[n] (Geol.): Fremdkörper, Einschluss in Ergussgesteinen

Xe|no|lo|gie, die; -: ↑Okkultismus

xe|no|morph (Geol.): fremdgestaltig (von Mineralien, die bei der Gesteinsbildung nicht in ihrer typischen Kristallform erstarren konnten)

Xe|non, das; -s: chem. Element; ein Edelgas (Zeichen: Xe)

xe|no|phil: fremdenfreundlich (Ggs.: xenophob). **Xe|no|phi|lie,** die; -: Fremdenliebe, Vorliebe für Fremde (Ggs.: Xenophobie)

xe|no|phob: fremdenfeindlich (Ggs.: xenophil). **Xe|no|pho|bie,** die; -, ...ien: Fremdenfeindlichkeit (Ggs.: Xenophilie)

Xe|no|tim, der; -s (Geol.): Hauptmineral der ↑Yttererden

Xe|no|trans|plan|tat, das; -[e]s, -e ⟨*gr.; lat.-nlat.*⟩ (Biol., Med.): Transplantat, das zwischen zwei artverschiedenen Individuen ausgetauscht wird. **Xe|no|trans|plan|ta|ti|on,** die; -, -en (Biol., Med.): Transplantation, bei der Xenotransplantate verwendet werden

Xe|r|an|the|mum, das; -s, ...themen ⟨*gr.-nlat.*⟩ (Bot.): Strohblume

Xe|res [ˈç...] vgl. Jerez

xe|ro..., Xe|ro...

⟨*gr.* xērós »trocken, dürr, saftlos«⟩
Wortbildungselement mit der Bedeutung »trocken«:
- Xerodermie
- xerophil
- Xerophyt

Xe|ro|der|ma, das; -s, -ta u. ...men ⟨*gr.-nlat.*⟩ (Med.): **Xeroderma pigmentosum:** erblich bedingte u. meist tödlich endende Hautkrankheit mit Flecken- u. Warzenbildung, Entzündungen u. Karzinomen

Xe|ro|der|mie, die; -, ...ien (Med.): Trockenheit der Haut

Xe|ro|gra|fie, Xerographie, die; -, ...ien ‹*gr.-engl.*› (Druckw.): ein Vervielfältigungsverfahren. **xe|ro|gra|fie|ren,** xerographieren: durch Xerografie vervielfältigen. **xe|ro|gra|fisch,** xerographisch: die Xerografie betreffend

Xe|ro|gra|phie usw. vgl. Xerografie usw.

Xe|ro|ko|pie, die; -, ...ien ‹*gr.; lat.*›: xerografisch hergestellte Kopie. **xe|ro|ko|pie|ren:** eine Xerokopie herstellen

xe|ro|morph ‹*gr.-nlat.*› (Bot.): Schutzvorrichtungen gegen Austrocknung besitzend (von Pflanzen od. Pflanzenteilen)

xe|ro|phil (Bot.): Trockenheit liebend oder bevorzugend (von Pflanzen). **Xe|ro|phi|lie,** die; - (Bot.): Bevorzugung der Trockenheit

Xe|r|oph|thal|mie, die; -, ...ien ‹*gr.*›, **Xe|r|oph|thal|mus,** der; -, ...men ‹*gr.-nlat.*› (Med.): Austrocknung der Binde- u. Hornhaut des Auges

Xe|ro|phyt, der; -en, -en (Bot.): an trockene Standorte angepasste Pflanze

Xe|ro|se, die; -, -n ‹*gr.*› (Med.): **1.** ↑ Xerophthalmie. **2.** abnorme Trockenheit oberflächlicher Gewebe, z. B.des Auges (↑ Xerophthalmie), der Haut (↑ Xerodermie), der Schleimhäute des Mundes (↑ Xerostomie), der oberen Luftwege, der Harnblase od. der Scheide

Xe|ro|s|to|mie, die; -, ...ien ‹*gr.-nlat.*› (Med.): abnorme Trockenheit der Mundhöhle

xe|ro|therm (Geogr.): ein trockenwarmes Klima aufweisend

Xe|t|ra®, das; -[s] ‹Abk. für *engl.* *ex*change *e*lectronic *tra*ding; »elektronischer Wertpapierhandel«› (Börsenw.): vollelektronisches Handelssystem für börsennotierte Wertpapiere

Xi, das; -[s], -s ‹*gr.*›: vierzehnter Buchstabe des gr. Alphabets (Ξ, ξ)

Xi|mé|nez [xi'menεθ], der; - ‹*span.*›: ↑ Pedro Ximénez

XL ‹Abk. für *engl.* extra large›: besonders groß (Kleidergröße)

XML, die; - ‹Abk. für *engl.* exten*s*ible *M*ark-up *L*anguage› (EDV): Sprache zur Definition von Auszeichnungssprachen (verkürzte Version von ↑ SGML)

Xo|a|non, das; -s, ...ana ‹*gr.*›: [meist aus Holz] geschnitzte, Menschen od. Götter darstellende altgriechische Figur

XS ‹Abk. für *engl.* extra small›: besonders klein (Kleidergröße)

XXL ‹Abk. für *engl.* extra extra large›: extrem groß (Kleidergröße)

XXS ‹Abk. für *engl.* extra extra small›: extrem klein (Kleidergröße)

Xy|lan, das; -s ‹*gr.-nlat.*›: eine der wichtigsten ↑ Hemizellulosen; Holzgummi

Xy|lem, das; -s, -e (Bot.): der Wasser leitende Gefäßteil der Pflanze

Xy|le|nol, das; -s ‹*gr.; arab.*›: ein ↑ Phenol

Xy|li|din, das; -s, -e ‹*gr.-nlat.*› (Chemie): aus Xylol gewonnener Ausgangsstoff zur Synthese gewisser Teerfarbstoffe

Xy|lit [auch: ...'lɪt], der; -s, -e: **1.** (Chemie) von der Xylose abgeleiteter Alkohol. **2.** Holzbestandteil der Braunkohle

Xy|lo|fon, Xylophon, das; -s, -e ‹»Holzstimme«›: Schlaginstrument, bei dem auf einem Holzrahmen befestigte Holzstäbe mit zwei Holzklöppeln geschlagen werden

Xy|lo|graf, Xylograph, der; -en, -en ‹*gr.-nlat.*›: Holzschneider. **Xy|lo|gra|fie,** Xylographie, die; -, ...ien: **a)** (ohne Plural) Holzschneidekunst; **b)** Holzschnitt. **Xy|lo|gra|fin,** Xylographin, die; -, -nen: weibliche Form zu ↑ Xylograf. **xy|lo|gra|fisch,** xylographisch: **a)** in Holz geschnitten; **b)** die Xylografie betreffend

Xy|lo|graph usw. vgl. Xylograf usw.

Xy|lol, das; -s ‹*gr.; arab.*› (Chemie): eine aromatische Kohlenstoffverbindung, Ausgangsstoff für Farb-, Duft-, Kunststoffe

Xy|lo|me|ter, das; -s, - ‹*gr.*›: Gerät zur Bestimmung des Rauminhalts unregelmäßig geformter Hölzer

Xy|lo|pha|ge, der; -n, -n ‹*gr.*›: ↑ Lignivore

Xy|lo|phon vgl. Xylofon

Xy|lo|se, die; -: Holzzucker

Xy|lo|thek, die; -, -en: Zusammenstellung von in Buchform gefertigten Präparaten u. Beschreibungen verschiedenster Hölzer

Xys|ti: *Plural* von ↑ Xystus

Xys|tos, der; -, Xysten ‹*gr.*›: gedeckter Säulengang in altgriechischen Gymnasien

Xys|tus, der; -, Xysti ‹*gr.-lat.*›: altrömische Gartenanlage vor der Halle

Y

Yacht [j...] vgl. Jacht

Yad Va|shem, seltener: Jad Waschem [jat va'ʃɛm] - -s ‹o. Art.› ‹*hebr.*›: 1953 in Jerusalem gegründete internationale Gedenkstätte für die Opfer des ↑ Holocaust

Yak [jak], Jak, der; -s, -s, nicht fachspr. auch das; -s, -s ‹*tibet.*›: wild lebendes asiatisches Hochgebirgsrind

Ya|ki ['ja:...], das; -[s] ‹*jap.;* »Gebranntes«›: jap. Bez. für: keramische Erzeugnisse

Ya|ku|za [ja'ku:za], die; -, - ‹*jap.*›: japanische Verbrecherorganisation

Ya|ma|shi|ta [jama'ʃi:ta], der; -[s], -s ‹nach dem jap. Kunstturner H. Yamashita, * 1938› (Sport): ein Sprung am Langpferd

Yams|wur|zel ['jams...] vgl. Jamswurzel

Yang [jaŋ], das; - ‹*chin.*›: die lichte männliche Urkraft, das schöpferische Prinzip in der chinesischen Philosophie; vgl. Yin

Yan|kee ['jɛŋki], der; -s, -s ‹*engl.*›: **1.** Spitzname für den US-Amerikaner. **2.** Spitzname für Bewohner der amerikanischen Nordstaaten (bes. Neuenglands)

Yan|kee Doo|dle [- du:dḷ], der; - -[s]: amerikanischer Nationalgesang aus dem 18. Jh.
Yard [ja:ɐ̯t], das; -s, -s (aber: 5 Yard[s]) ⟨*engl.*⟩: angelsächsisches Längenmaß (= 91,44 cm) (Abk.: y., yd., Plur. yds.)
Yas|tịk [j...] vgl. Jastik
Yawl [jɔ:l], die; -, -e u. -s ⟨*dt.-engl.*⟩: zweimastiges [Sport]segelboot
Y-Chro|mo|som ['ʏpsilɔnkro...], das; -s, -en ⟨*gr.*⟩ (Biol., Med.): Chromosom, das beim Vorkommen in der Samenzelle das Geschlecht des gezeugten Kindes auf männlich festlegt
Yel|low Press ['jɛlɔʊ̯ 'prɛs], die; - - ⟨*engl.*⟩: Sensationspresse
Yen [jɛn], der; -[s], -[s] (aber: 5 -) ⟨*jap.*⟩: Währungseinheit in Japan (= 100 Sen)
Yeo|man ['jɔʊ̯mən], der; -, ...men ⟨*engl.*⟩: **1.** (Geschichte) Gemeinfreier unterhalb des Ritterstandes in England. **2.** kleiner Gutsbesitzer u. Pächter
Yeo|man|ry ['jɔʊ̯mənri], die; -: Milizkavallerie in Großbritannien
Ye|ti ['je...], der; -[s], -s ⟨*nepalesisch*⟩: legendärer Schneemensch im Himalaja
Ỵgg|dra|sil ['yk...], der; -s ⟨*nord.*⟩ (nord. Mythol.): Weltesche
Yin [jɪn], das; - ⟨*chin.*⟩: die dunkle weibliche Urkraft, das schöpferische Prinzip in der chinesischen Philosophie; vgl. Yang
Yip|pie ['jɪ...], der; -s, -s ⟨*engl.*⟩: aktionistischer, radikalisierter Hippie
Yips [jɪps], der; -, - ⟨*engl.*⟩ (Jargon): wohl mental bedingtes Zittern, Jucken, das beim Golfen, bes. beim Putten, eintritt
Ylang-Ylang-Öl ['i:laŋ'ʔi:laŋ...], Ilang-Ilang-Öl, das; -s ⟨*malai.; dt.*⟩: ätherisches Öl des asiatischen Ylang-Ylang-Baumes, das als Duftstoff verwendet wird
Ỵng|ling, die; -, -s ⟨*norw.*⟩ (Sport): schlankes, offenes Kielboot für Regatta- u. Freizeitsegeln
Yo|ga ['jo:ga], das, auch: der; -[s] ⟨*sanskr.;* »Anschirrung«⟩: **a)** indische philosophische Lehre, deren Ziel es ist, durch Meditation, Askese u. bestimmte körperliche Übungen den Menschen von dem Gebundensein an die Last der Körperlichkeit zu befreien; **b)** Gesamtheit der Übungen, die aus dem Yoga (a) herausgelöst wurden u. die zum Zweck einer gesteigerten Beherrschung des Körpers, der Konzentration u. Entspannung ausgeführt werden
Yo|gi, Yo|gin ['jo:...]: indischer Büßer ↑brahmanischen Glaubens, der ↑Yoga (b) ausübt
Yo|him|bịn [j...], das; -s ⟨*Bantuspr.-nlat.*⟩: Alkaloid aus der Rinde eines westafrikanischen Baumes (als ↑Aphrodisiakum verwendet)
Yo|mud ['jo:...], der; -[s], -s ⟨nach dem turkmenischen Volksstamm der Yomuden⟩: Teppich aus Zentralasien mit hakenbesetzten ↑Rhomben als kennzeichnender Musterung
Yo|ni ['jo:...], das od. die; -, - ⟨*sanskr.*⟩: als heilig geltendes Symbol des weiblichen Geschlechts in Indien
York|shire|ter|ri|er ['jɔ:kʃə...], der; -s, - ⟨nach der engl. Grafschaft Yorkshire⟩: englischer Zwergterrier
Youngs|ter ['jaŋstɐ], der; -s, -[s] ⟨*engl.*⟩: **a)** junger Sportler; **b)** Jugendlicher
Young|ti|mer ['jaŋtaɪ̯mɐ], der; -s, - ⟨*engl.*⟩: älteres, gut gepflegtes Fahrzeug (bes. Auto), das noch nicht als Oldtimer gilt
You|tube, You|Tube® ['ju:tju:b], das; -[s] ⟨meist o. Art.⟩ ⟨*engl.*⟩: Internetportal für Videofilme. **You|tube-Ka|nal, You|tube|ka|nal,** der; -s, ...kanäle: im Internetportal ↑YouTube® personalisierter Bereich, in dem ein Nutzer, eine Nutzerin Inhalte veröffentlicht
you|tu|ben ['ju:tju:bn̩] ⟨*engl.-dt.*⟩ (Jargon): das Internetportal Youtube nutzen, darin (gerade) aktiv sein. **You|tu|ber,** der; -s, -: jmd., der über Youtube bestimmte, meist häufig abgerufene Videobotschaften verbreitet. **You|tu|be|rin,** die; -, -nen: weibliche Form zu ↑Youtuber
Yo-Yo [jo'jo:, auch: 'jo:jo] vgl. Jo-Jo
Yo-Yo-Ef|fekt vgl. Jo-Jo-Effekt
Ỵp|si|lon, das; -[s], -s ⟨*gr.*⟩: **1.** zwanzigster Buchstabe des griechischen Alphabets (Υ, υ). **2.** ↑Ypsiloneule
Ỵp|si|lon|eu|le, die; -, -n ⟨*gr.; dt.*⟩ (Biol.): Nachtschmetterling mit y-förmigem Fleck auf den Vorderflügeln
Ysop ['i:...], der; -s, -e ⟨*semit.-gr.-lat.*⟩ (Bot.): Heil- u. Gewürzpflanze des Mittelmeergebietes
Y̲tong®, der; -s, -s ⟨Kunstw.⟩ (Bauw.): Leichtkalkbeton
Yt|tẹr|bi|um, das; -s ⟨*nlat.;* nach dem schwed. Fundort Ytterby⟩: chem. Element; Seltenerdmetall (Zeichen: Yb)
Ỵt|ter|er|den, die (Plural) ⟨*schwed.; dt.*⟩: seltene Erden, die hauptsächlich in den Erdmineralien von Ytterby vorkommen
Ỵt|t|ri|um, das; -s ⟨*nlat.*⟩: chem. Element; eisengraues Seltenerdmetall (Zeichen: Y)
Yu|an ['jy:an, auch: 'ju:...], der; -[s], -[s] (aber: 5 -) ⟨*chin.*⟩: Währungseinheit der Volksrepublik China
Yuc|ca ['jʊ...], die; -, -s ⟨*span.-nlat.*⟩ (Bot.): Palmlilie aus Mittelamerika (Zier- u. Heilpflanze)
Yup|pie ['jʊpi, auch: 'jʌpi], der; -s, -s ⟨*engl.;* Kurzw. aus *y*oung *u*rban *p*rofessional (*p*eople)⟩: junger, karrierebewusster Stadtmensch
Yü|rụ̈k, Jürük, der; -[s], -s ⟨nach den Jürüken, einem kleinasiat. Nomadenvolk⟩: langfloriger türkischer Teppich aus feiner, glänzender Wolle

Z

Za|ba|io|ne [...ba'jo:nə], **Za|ba|g|li|o|ne** [...bal'jo:nə] die; -, -s ⟨*it.*⟩: Weinschaumcreme, -soße
Zad|dịk, der; -s, -i̲m ⟨*hebr.;* »der Gerechte«⟩: [als heilig verehrter] Lehrer im ↑Chassidismus
Za|ka̲t [z...], die; - ⟨*arab.*⟩: pflichtmäßiges Almosen, Armensteuer im Islam

Zä|ko|s|to|mie, Zökostomie, die; -, ...ien ⟨*lat.; gr.*⟩ (Med.): operative Herstellung einer künstlichen Verbindung zwischen Blinddarm u. äußerer Bauchhaut

Zä|ko|to|mie, Zökotomie, die; -, ...ien (Med.): operative Öffnung des Blinddarms

Zä|kum, Zökum, das; -s, ...ka ⟨*lat.*⟩ (Med.): **1.** Blinddarm. **2.** Blindsack, blind endender Teil eines röhrenförmigen Organs

Za|mia, Za|mie [...i̯ə], die; -, ...ien [...i̯ən] ⟨*gr.-lat.-nlat.*⟩ (Bot.): amerikanischer Zapfenpalmfarn

Zam|pa|no, der; -[s], -s ⟨nach der gleichnamigen Gestalt in F. Fellinis Film »La Strada« (1954)⟩: auffälliger, sich lautstark in Szene setzender Mann; Angeber; Aufschneider

Za|nel|la, der; -s, -s ⟨*it.*⟩: Futterstoff aus Baumwolle od. Halbwolle in Atlasbindung

Zä|no|ge|ne|se, Zä|no|ge|ne|sis, die; -, ...nesen ⟨*gr.-nlat.*⟩ (Biol.): das Auftreten von Besonderheiten während der stammesgeschichtlichen Entwicklung der Tiere. **zä|no|ge|ne|tisch:** die Zänogenese betreffend

Zä|no|zo|i|kum usw. vgl. Känozoikum usw.

Za|pa|te|a|do [s...], der; -[s], -s ⟨*span.*⟩: spanischer Solotanz im Dreiertakt, bei dem der Rhythmus mit den Hacken gestampft wird

za|po|nie|ren ⟨Kunstw.⟩: mit Zaponlack überziehen

Za|pon|lack, der; -[e]s, -e: als Metallschutz dienender farbloser Lack

zap|pen [auch: 'zɛpn̩] ⟨*engl.*⟩ (ugs.): beim Fernsehen mit der Fernbedienung in rascher Folge von einem Programm ins andere schalten. **Zap|ping** [auch: 'zɛpɪŋ], das; -s (ugs.): das Zappen

Zar, der; -en, -en ⟨*lat.-got.-slaw.*⟩ (Geschichte): Herrschertitel bei Russen, Serben, Bulgaren

Za|re|witsch, Zessarewitsch, der; -[s], -e ⟨*russ.*⟩ (Geschichte): Sohn eines russischen Zaren, russischer Kronprinz. **Za|rew|na,** die; -, -s (Geschichte): Tochter eines russischen Zaren

Za|rin, die; -, -nen: **1.** weibliche Form zu ↑Zar. **2.** Ehefrau eines Zaren

Za|ris|mus, der; - ⟨*lat.-got.-slaw.-nlat.*⟩: Zarentum, unumschränkte Herrschaft der Zaren. **za|ris|tisch:** den Zaren od. den Zarismus betreffend

Za|ri|za, die; -, -s od. ...zen ⟨*lat.-got.-slaw.*⟩ (Geschichte): Ehefrau od. Witwe eines Zaren

Zä|si|um vgl. Cäsium

Zä|sur, die; -, -en ⟨*lat.*⟩: **1.** Einschnitt (besonders in einer geschichtlichen Entwicklung); markanter Punkt. **2.** (Metrik) an bestimmter Stelle auftretender Einschnitt im Vers, bei dem Wortende u. Versfußende nicht zusammenfallen. **3.** (Musik) Unterbrechung des Verlaufs eines Musikstücks

Za|zi|ki, Tsatsiki [tsa'tsi:ki] der u. das; -s, -s ⟨*türk.-ngr.*⟩: Joghurt mit Knoblauch u. geriebener Salatgurke

Zea, die; - ⟨*gr.-lat.*⟩ (Bot.): Mais

Ze|a|xan|thin, das; -s ⟨*gr.-nlat.*⟩ (Bot.): im Maiskorn u. anderen Früchten enthaltenes ↑Xanthophyll

Ze|ba|oth, ökum.: **Ze|ba|ot** ⟨*hebr.*; »Heerscharen«⟩: alttestamentliche Erweiterung des Namens Gottes, z. B. *der Herr Zebaoth* (der Herr der Heerscharen)

Ze|b|ra, das; -s, -s ⟨*lat.-vulgärlat.-span.(-frz./engl.)*; »Wildpferd«⟩: südafrikanisches Wildpferd mit weißen und schwarzen Streifen

Ze|b|ro|id, das; -[e]s, -e ⟨*afrik.; gr.*⟩: ↑Bastard (1) von Zebra u. Pferd od. Zebra u. Esel

Ze|bu, der od. das; -s, -s ⟨*tibet.-frz.*⟩: asiatisches Buckelrind

Ze|chi|ne, die; -, -n ⟨*it.*⟩: alte venezianische Goldmünze

Ze|dent, der; -en, -en ⟨*lat.*⟩ (Rechtswiss.): Gläubiger, der seine Forderung an einen Dritten abtritt. **Ze|den|tin,** die; -, -nen: weibliche Form zu ↑Zedent

ze|die|ren: eine Forderung an einen Dritten abtreten

Ze|in, das; -s ⟨*gr.-lat.-nlat.*⟩: Eiweiß des Maiskorns

Ze|le|b|rant, der; -en, -en ⟨*lat.*⟩ (kath. Kirche): Priester, der die Messe liest

Ze|le|b|ra|ti|on, die; -, -en: Feier [des Messopfers]

Ze|le|b|ret, Celebret, das; -s, -s ⟨*lat.*; »er möge zelebrieren«⟩ (kath. Kirche): schriftliche Erlaubnis für einen Priester, die Messe in einer fremden Kirche zu lesen

ze|le|b|rie|ren: **1.** [ein Fest] feierlich begehen. **2.** eine Messe lesen. **3.** etwas feierlich gestalten, betont langsam u. genussvoll ausführen

Ze|le|b|ri|tät, die; -, -en: **1.** Berühmtheit, berühmte Person. **2.** Feierlichkeit, Festlichkeit

Zel|la vgl. Cella

Zel|lit [auch: ...'lɪt], das; -s ⟨*lat.-nlat.*⟩: ein Kunststoff

Zell|mem|b|ran, die; -, -en ⟨*lat.*⟩ (Biol.): ↑Protoplast (1) einer Zelle

Zel|lo|bi|o|se, die; - ⟨*lat.; gr.*⟩ (Chemie): aus Zellulose abgebauter Doppelzucker

Zel|lo|phan, fachspr.: Cellophan®, das; -s ⟨*lat.; gr.*⟩: durchsichtige, leicht dehnbare u. weiche, aber konsistente Folie (als Verpackungsmaterial)

zel|lo|pha|nie|ren, cellophanieren: eine Ware in Zellophan verpacken

zel|lu|lar, zel|lu|lär ⟨*lat.-nlat.*⟩: (Biol.) zellenähnlich, zellenartig; aus Zellen gebildet

Zel|lu|lar|the|ra|pie, die; - ⟨*lat.-nlat.; gr.*⟩ (Med. früher): das Einspritzen von Frischzellen zur Regenerierung des Organismus

Zel|lu|la|se, chem. fachspr.: Cellulase, die; -, -n (Chemie): ein Zellulose spaltendes ↑Enzym

Zel|lu|li|tis vgl. Cellulitis

Zel|lu|loid, fachspr.: Celluloid [auch: ...lo'i:t], das; -[e]s [auch: ...lo'i:dəs] ⟨*lat.; gr.-engl.-amerik.*⟩: Kunststoff aus Zellulosenitrat; Zellhorn

Zel|lu|lo|se, fachspr.: Cellulose, die; -, -n ⟨*lat.-nlat.*⟩: Hauptbestandteil der pflanzlichen Zellwände, Grundstoff zur Herstellung von Papier u. ↑Azetatseide

Zel|lu|lo|se|ni|t|rat, chem. fachspr.: Cellulosenitrat, das; -[e]s (Chemie): Schießbaumwolle, Kollodiumwolle, Nitrozellulose

Zell|zy|k|lus, der; -, ...zyklen

⟨*lat.*⟩: Gesamtheit der Wachstumsvorgänge zwischen zwei Zellteilungen

ze|lo|sa|men|te, ze|lo|so ⟨*gr.-lat.-it.*⟩ (Musik): eifrig, feurig, hastig (Vortragsanweisung)

Ze|lot, der; -en, -en ⟨*gr.-lat.*⟩: **1.** fanatischer [Glaubens]eiferer. **2.** Angehöriger einer antirömischen jüdischen Partei zur Zeit Christi. **Ze|lo|tin,** die; -, -nen: weibliche Form zu ↑Zelot

ze|lo|tisch ⟨*gr.-nlat.*⟩: [glaubens]eifrig, fanatisch. **Ze|lo|tis|mus,** der; -: Glaubensfanatismus

¹Ze|ment, der; -[e]s, -e ⟨*lat.-frz.*⟩: **1.** aus gebranntem u. sehr fein vermahlenem Kalk, Ton o. Ä. hergestellter, bes. als Bindemittel zur Herstellung von Beton u. Mörtel verwendeter Baustoff, der bei Zugabe von Wasser erhärtet. **2.** (Zahnmed.) zementähnlicher, pulvriger Werkstoff für Zahnfüllungen u. Unterfüllungen

²Ze|ment, das; -[e]s, -e (Med.): die Zahnwurzeln überziehendes Knochengewebe; Wurzelzement

³Ze|ment, der; -[e]s, -e (Med.): ↑Knochenzement

Ze|men|ta|ti|on, die; -, -en ⟨*lat.-frz.-nlat.*⟩: **1.** (Chemie) Abscheidung von Metallen aus Lösungen durch elektrochemische Reaktionen. **2.** das Veredeln von Metalloberflächen durch chemische Veränderung (z. B. Aufkohlung von Stahl)

ze|men|tie|ren: 1. mit Zement ausfüllen, verkitten; verfestigen. **2.** eine Zementation durchführen. **3.** (einen Zustand, einen Standpunkt, eine Haltung u. Ä.) starr u. unverrückbar festlegen

Ze|men|tit [auch: ...'tɪt], der; -s (Chemie): Eisenkarbid, besonders harte Verbindung von Eisen u. Kohlenstoff

Zen [z..., auch: ts...], das; -[s] ⟨*sanskr.-chin.-jap.;* »Meditation«⟩ (Rel.): japanische Richtung des Buddhismus, die durch Meditation die Erfahrung der Einheit allen Seins u. damit tätige Lebenskraft u. größte Selbstbeherrschung zu erreichen sucht

Ze|na|na [ze...], Senana, die; -, -s ⟨*pers.-Hindi*⟩: (in Indien bei Muslimen u. Hindus) Wohnbereich der Frauen (den Fremde nicht betreten dürfen)

Zend|awes|ta, das; - ⟨*pers.;* »Kommentar-Grundtext«⟩ (veraltet): ↑Awesta

Ze|ner|di|o|de, die; -, -n ⟨nach dem amerik. Physiker C. M. Zener⟩ (Elektrot.): ↑Diode, die in einer Richtung bei Überschreiten einer bestimmten Spannung einen sehr starken Anstieg des Stroms zeigt

Ze|nit, der; -[e]s ⟨*arab.-it.*⟩: **1.** (Astron.) senkrecht über dem Beobachtungspunkt gelegener höchster Punkt des Himmelsgewölbes; Scheitelpunkt (Ggs.: Nadir). **2.** Gipfelpunkt, Höhepunkt; Zeitpunkt, an dem sich das Höchste an Erfolg, Entfaltung o. Ä. innerhalb eines Gesamtablaufs vollzieht

ze|ni|tal ⟨*arab.-it.-nlat.*⟩: auf den Zenit bezogen; den Zenit betreffend

Ze|no|ge|ne|se usw. vgl. Zänogenese usw.

Ze|no|taph vgl. Kenotaph

zen|sie|ren ⟨*lat.*⟩: **1.** eine Arbeit od. Leistung mit einer Note bewerten. **2.** ein Buch, einen Film o. Ä. auf verbotene od. unsittliche Inhalte hin kontrollieren

Zen|sor, der; -s, ...oren: **1.** altrömischer Beamter, der u. a. die Vermögensschätzung der Bürger durchführte u. eine sittenrichterliche Funktion ausübte. **2. a)** behördlicher Beurteiler, Überprüfer von Druckschriften; **b)** Kontrolleur von Postsendungen. **Zen|so|rin,** die; -, -nen: weibliche Form zu ↑Zensor (2 a). **zen|so|risch: 1.** den Zensor (2) betreffend. **2.** (veraltet) sittenrichterlich

Zen|sur, die; -, -en: **1.** Amt des Zensors (1). **2.** von zuständiger, bes. staatlicher Stelle vorgenommene Kontrolle, Überprüfung von Briefen, Druckwerken, Filmen o. Ä. **3. a)** kirchliche Prüfung religiöser Literatur von katholischen Verfassern; **b)** (kath. Kirchenrecht) Verwerfung einer theologischen Lehrmeinung. **4.** Note, Bewertung einer Leistung. **5.** (Psychoanalyse) Kontrollinstanz der Persönlichkeit an der Grenze zwischen Bewusstem u. Unbewusstem, die Wünsche u. Triebregungen kontrolliert u. reguliert. **6.** (Math.) Unterdrückung einer Teilmenge aller vorhandenen Daten einer Variablen (1)

zen|su|rie|ren ⟨*lat.-nlat.*⟩ (österr., schweiz.): ↑zensieren

Zen|sus, der; -, - [...zuːs] ⟨*lat.*⟩: **1.** (Geschichte) die durch die Zensoren (1) vorgenommene Schätzung der Bürger nach ihrem Vermögen. **2.** (Bibliothekswiss.) Verzeichnis aller bekannten Exemplare von Frühdrucken. **3.** Abgabe, Pachtzins (bes. im Mittelalter). **4.** Volkszählung

Zent, die; -, -en ⟨*lat.-mlat.*⟩ (Geschichte): **1.** (in fränkischer Zeit) mit eigener Gerichtsbarkeit ausgestatteter Siedlungsverband. **2.** (im Hoch- u. Spätmittelalter) Unterbezirk einer Grafschaft

Zen|taur, Kentaur, der; -en, -en ⟨*gr.-lat.*⟩: [wildes] Fabelwesen der griechischen Sage mit menschlichem Oberkörper u. Pferdeleib

Zen|te|nar, der; -s, -e ⟨*lat.-mlat.*⟩: **1.** Hundertjähriger. **2.** [gewählter] Vorsteher der Zent (1) u. Vorsitzender ihrer Gerichtsbarkeit

Zen|te|na|ri|um, das; -s, ...ien [...i̯ən]: Hundertjahrfeier

zen|te|si|mal ⟨*lat.-nlat.*⟩: hundertteilig

Zen|te|si|mal|waa|ge, die; -, -n ⟨*lat.-nlat.; dt.*⟩: Brückenwaage, auf der eine Last durch ein Gewicht vom hundertsten Teil der Last ins Gleichgewicht gebracht wird

Zent|ge|richt, das; -s, -e ⟨*lat.-mlat.; dt.*⟩ (Geschichte): Gericht einer fränkischen ↑Zent (2)

Zen|ti|fo|lie [...li̯ə], die; -, -n ⟨*lat.*⟩: eine Rosenart mit dicht gefüllten Blüten

Zen|ti|grad, der; -s, -e: der hundertste Teil eines Grads

Zen|ti|gramm, das; -s, -e ⟨*(lat.; gr.) frz.*⟩: der hundertste Teil eines Gramms (Zeichen: cg)

Zẹn|ti|li|ter, der (schweiz. nur so), auch: das; -s, - ⟨*frz.*⟩: der hundertste Teil eines Liters (Zeichen: cl)

Zẹn|ti|me|ter [auch: ...ˈmeː...], der, früher fachspr. auch das; -s, -: der hundertste Teil eines Meters (Zeichen: cm)

Zẹn|to, der; -s, -s u. ...tonen: ↑Cento

zen|t|ral ⟨*gr.-lat.*⟩: **a)** im Zentrum [liegend], vom Zentrum ausgehend, nach allen Seiten hin günstig gelegen (Ggs.: dezentral); **b)** von einer [übergeordneten] Stelle aus [erfolgend]; **c)** sehr wichtig, sehr bedeutend, hauptsächlich, entscheidend

Zen|t|ral|ab|i|tur, das; -s, -e ⟨*gr.-lat.; lat.-nlat.*⟩: zentral (b) durchgeführtes Abitur mit gleichen Aufgaben[stellungen] und einheitlicher Bewertung

Zen|t|ra|le, die; -, -n ⟨*gr.-lat.*⟩: **1.** zentrale Stelle, von der aus etwas organisiert od. geleitet wird; Hauptort, -stelle. **2.** Fernsprechvermittlung mit mehreren Anschlüssen. **3.** (Math.) Verbindungslinie zwischen den Mittelpunkten zweier Kreise (od. Kugeln)

Zen|t|ra|li|sa|ti|on, die; -, -en ⟨*gr.-lat.-frz.*⟩: **1.** organisatorische Zusammenfassung gleichartiger Aufgaben, Arbeitsplätze u. a. nach bestimmten Merkmalen zu einem einheitlichen Komplex (Ggs.: Dezentralisation [1]). **2.** (ohne Plural) Zustand, in dem sich etwas nach dem Zentralisieren befindet; vgl. ...ation/...ierung (Ggs.: Dezentralisation [2]). **zen|t|ra|li|sie|ren:** mehrere Dinge organisatorisch so zusammenfassen, dass sie von einer zentralen Stelle aus gemeinsam verwaltet und geleitet werden können (Ggs.: dezentralisieren). **Zen|t|ra|li|sie|rung,** die; -, -en: Zentralisation (1); vgl. ...ation/...ierung

Zen|t|ra|lis|mus, der; - ⟨*gr.-lat.-nlat.*⟩: das Bestreben, Politik und Verwaltung eines Staates zusammenzuziehen u. nur eine Stelle mit der Entscheidung zu betrauen (Ggs.: Föderalismus). **zen|t|ra|lis|tisch:** nach Zusammenziehung strebend; vom Mittelpunkt aus bestimmt

Zen|t|ra|li|tät, die; -: Mittelpunktslage von Orten

Zen|t|ral|ko|mi|tee, das; -s, -s: Führungsgremium, bes. einer kommunistischen od. sozialistischen Partei (Abk.: ZK)

Zen|t|ral|ner|ven|sys|tem, das; -s, -e (Med., Zool.): von Gehirn u. Rückenmark gebildeter Teil des Nervensystems bei Mensch u. Wirbeltieren

Zen|t|ral|or|gan, das; -s, -e: offizielles Presseorgan einer politischen Partei od. einer anderen Organisation [in sozialistischen Ländern]

Zen|t|ral|pro|jek|ti|on, die; -: Verfahren zur Abbildung einer räumlichen od. ebenen Figur mithilfe von Strahlen, die von einem Punkt (dem Zentrum der Zentralprojektion) ausgehen

zen|t|rie|ren: **1.** etwas auf die Mitte einstellen, um etwas anordnen. **2.** sich genau, speziell auf jmdn. od. etwas als das Zentrum des Handelns einstellen

zen|t|ri|fu|gal ⟨*gr.-lat.; lat.-nlat.*⟩: **1.** (Physik) auf die Zentrifugalkraft bezogen; durch Zentrifugalkraft wirkend (Ggs.: zentripetal [1]). **2.** (Med.) vom Zentrum zur Peripherie verlaufend (z. B. von den motorischen Nerven) (Ggs.: zentripetal [2])

Zen|t|ri|fu|gal|kraft, die; - ⟨*gr.-lat.; lat.-nlat.; dt.*⟩ (Physik): bei der Bewegung eines Körpers auf einer gekrümmten Bahn od. bei der Drehung um eine Achse auftretende, nach außen gerichtete Kraft; Fliehkraft (Ggs.: Zentripetalkraft)

Zen|t|ri|fu|ge, die; -, -n ⟨*frz.*⟩: Schleudergerät zur Trennung von Substanzen mithilfe der Zentrifugalkraft

zen|t|ri|fu|gie|ren: etwas mithilfe einer Zentrifuge trennen, ausschleudern, zerlegen

Zen|t|ri|ol, das; -s, -e ⟨*lat.*⟩ (Biol.): meist doppelt in einer Zelle vorkommendes Zellorgan, das bei der Kernteilung den Pol der neu entstehenden Zelle bildet; Zentralkörperchen

zen|t|ri|pe|tal ⟨*gr.-lat.; lat.-nlat.*⟩: **1.** (Physik) zum Mittelpunkt, zum Drehzentrum hinstrebend; auf die Zentripetalkraft bezogen (Ggs.: zentrifugal [1]). **2.** (Med.) [sich] von der Peripherie zum Zentrum ziehend, zum Mittelpunkt hin gerichtet (z. B. von den sensiblen Nerven) (Ggs.: zentrifugal [2])

Zen|t|ri|pe|tal|kraft, die; - ⟨*gr.-lat.; lat.-nlat.; dt.*⟩ (Physik): bei der Bewegung eines Körpers auf einer gekrümmten Bahn od. bei der Drehung um eine Achse auftretende, nach dem Mittelpunkt hin wirkende Kraft (Ggs.: Zentrifugalkraft)

zẹn|t|risch ⟨*gr.-lat.-nlat.*⟩: mittig, in der Mitte, im Mittelpunkt befindlich

Zen|t|ris|mus, der; -: vermittelnde linkssozialistische Richtung innerhalb der Arbeiterbewegung

Zẹn|t|ri|win|kel, der; -s, - ⟨*gr.-lat.; dt.*⟩ (Math.): Winkel zwischen zwei Kreisradien; Mittelpunktswinkel

Zen|t|ro|mer, das; -s, -e ⟨*gr.-lat.; gr.*⟩ (Biol.): Ansatzstelle der sich bei der Kernteilung ausbildenden Spindelfasern am ↑Chromosom

Zen|t|ro|som, das; -s, -en: ↑Zentriol

Zẹn|t|rum, das; -s, ...ren ⟨*gr.-lat.*⟩: **1.** Mittelpunkt; innerster Bezirk, Brennpunkt. **2.** Innenstadt. **3.** (ohne Plural) politische katholische Partei des Bismarckreiches u. der Weimarer Republik. **4.** Mittelfeld des Schachbretts. **5.** ↑[1]Center

Zen|tu|rie, Centurie [...i̯ə], die; -, -n ⟨*lat.*⟩: Heeresabteilung von 100 Mann im Rom der Antike. **Zen|tu|rio,** Centurio, der; -s, ...onen: Befehlshaber einer Zenturie

Zen|tu|ri|um, Centurium, das; -s ⟨*lat.-nlat.*⟩ (veraltet): Fermium (Zeichen: Ct)

Zeo|lith [auch: ...ˈlɪt], der; -s u. -en, -e[n] ⟨*gr.-nlat.*⟩: feldspatähnliches Mineral, das u. a. für die Enthärtung von Wasser verwendet wird

Ze|phal|hä|ma|tom, das; -s, -e ⟨*gr.* ⟩ (Med.): bei der Geburt entstandener Bluterguss am Kopf eines Neugeborenen

Ze|pha|li|sa|ti|on, die; - ⟨*gr.* ⟩

(Biol.): phylogenetischer Entwicklungsprozess, bei dem ein vom Körper abgesetzter Kopf entsteht

Ze|phir [auch: ...'fi:...], Zephyr [auch: ...'fy:...] der; -s, -e ⟨*gr.-lat.*⟩: **1.** feiner einfarbiger od. gestreifter Baumwollstoff in Leinwandbindung. **2.** (ohne Plural; dichter. veraltet) milder [Süd]westwind

ze|phi|risch, zephyrisch ⟨*gr.-lat.*⟩ (dichter. veraltet): säuselnd, lieblich, sanft (bes. von der Luft)

Ze|phyr [auch: ...'fy:...] usw. vgl. Zephir usw.

Zep|ter, österr.: Szepter, das, auch: der; -s, - ⟨*gr.-lat.*⟩: **1.** mit besonderen Verzierungen ausgeschmückter Stab als Zeichen der Würde u. Macht eines Herrschers. **2.** höchste Gewalt, Herrschaft, Macht

Zer vgl. Cer

Ze|rat, das; -[e]s, -e ⟨*lat.-nlat.*⟩: als Salbengrundlage dienendes, wasserfreies Gemisch aus Wachs u. Fett

Zer|be|rus, Cerberus, der; -, -se ⟨*gr.-lat.;* nach dem Hund Kerberos der gr. Mythologie, der den Eingang der Unterwelt bewacht⟩ (scherzh.): grimmiger Wächter

Ze|re|a|lie [...i̯ə], die; -, -n ⟨*lat.*⟩: **1.** (meist Plural) Getreide, Feldfrucht. **2.** (nur Plural) [Gericht aus] Getreideflocken; vgl. Cerealien

ze|re|bel|lar ⟨*lat.-nlat.*⟩ (Med.): das Kleinhirn betreffend, zu ihm gehörend

Ze|re|bel|lum, fachspr.: Cerebellum, das; -s, ...bella ⟨*lat.*⟩ (Med.): Kleinhirn

Ze|re|b|ra: *Plural* von ↑Zerebrum

ze|re|b|ral: 1. (Med.) das Großhirn betreffend, von ihm ausgehend. **2.** (Sprachwiss.) ↑retroflex. **3.** intellektuell, geistig. **Ze|re|b|ral,** der; -s, -e (Sprachwiss.): mit der Zungenspitze am Gaumendach gebildeter Laut (z. B. altindisch d, t)

Ze|re|b|ra|li|sa|ti|on, die; -: **1.** (Med.) Ausbildung u. Differenzierung des Gehirns in der Embryonal- u. Fetalperiode. **2.** (Anthropol.) Herausbildung des Groß- u. Kleinhirns im Verlauf der Entwicklungsgeschichte des Menschen

Ze|re|b|ral|skle|ro|se, die; -, -n (Med. veraltet): Verhärtung der Gehirnsubstanz (fälschlich oft im Sinne von Hirnarteriosklerose gebraucht)

ze|re|b|ro|spi|nal (Med.): Gehirn u. Rückenmark betreffend, zu ihnen gehörend

Ze|re|b|rum, fachspr.: Cerebrum, das; -s, ...bra (Med.): [Groß]hirn, Gehirn

Ze|re|mo|ni|a|le, Caeremoniale [tsɛ...] das; -, ...lien [...i̯ən] u. ...lia ⟨*lat.*⟩: amtliches Buch der katholischen Kirche mit Anweisungen für das Zeremoniell feierlicher Gottesdienste

Ze|re|mo|ni|ar, der; -s, -e ⟨*lat.-nlat.*⟩: katholischer Geistlicher, der die Liturgie vorbereitet u. leitet

Ze|re|mo|nie [auch, österr. meist: ...'mo:ni̯ə], die; -, ...ien [auch: ...'mo:ni̯ən] ⟨*lat.-mlat.(-frz.)*⟩: **1.** [traditionsgemäß begangene] feierliche Handlung; Förmlichkeit. **2.** (nur Plural; Rel.) die zum ↑Ritus gehörenden äußeren Zeichen u. Handlungen

ze|re|mo|ni|ell ⟨*lat.-frz.*⟩: **a)** feierlich, förmlich, gemessen; **b)** steif, umständlich. **Ze|re|mo|ni|ell,** das; -s, -e: Gesamtheit der Regeln u. Verhaltensweisen, die zu bestimmten [feierlichen] Handlungen gehören

Ze|re|mo|ni|en|meis|ter, der; -s, - ⟨*lat.-mlat.(-frz.); dt.*⟩: für das Hofzeremoniell verantwortlicher Beamter an einem Fürstenhof

ze|re|mo|ni|ös ⟨*lat.-frz.*⟩: steif, förmlich, gemessen, feierlich

Ze|re|sin, fachspr.: Ceresin, das; -s ⟨*lat.-nlat.*⟩ (Chemie): gebleichtes Erdwachs aus hochmolekularen Kohlenwasserstoffen

Ze|re|vis, das; -, - ⟨*kelt.-lat.*⟩: **1.** (Studentenspr. veraltet) Bier. **2.** gold- od. silberbesticktes rundes Käppchen der Verbindungsstudenten

Ze|rin, das; -s ⟨*lat.-nlat.*⟩ (Chemie): eine Fettsäure (Bestandteil des Bienenwachses)

Ze|rit [auch: ...'rɪt] vgl. Cerit

Zer|ka|rie [...iə], die; -, -n ⟨*gr.-nlat.*⟩ (Zool.): gabelschwänzige Larve des Leberegels

zer|nie|ren ⟨*lat.-frz.*⟩ (veraltend): durch Truppen umzingeln

Ze|ro ['ze:ro], das; -s, -s ⟨*arab.-mlat.-it.-frz.*⟩: **1.** Null, Nichts. **2.** das Gewinnfeld des Bankhalters im Roulette. **3.** (Sprachwiss.) **a)** sprachliche Einheit, die keinen kommunikativen Beitrag leistet; **b)** sprachliche Einheit, die nicht formal, sondern nur inhaltlich vorhanden ist (z. B. »du« im Imperativ »geh!«)

Ze|ro|graf, Zerograph, der; -en, -en ⟨*gr.*⟩: jmd., der Wachsgravierungen anfertigt. **Ze|ro|gra|fie,** Zerographie, die; -, ...ien: Wachsgravierung. **Ze|ro|gra|fin,** Zerographin, die; -, -nen: weibliche Form zu ↑Zerograf

Ze|ro|graph usw. vgl. Zerograf usw.

Ze|ro|plas|tik, Keroplastik, die; -, -en: **1.** (ohne Plural) Wachsbildnerei. **2.** Wachsbild

Ze|ro|tin|säu|re, die; - ⟨*gr.-nlat.; dt.*⟩: ↑Zerin

Ze|ro To|le|rance [zɪərəʊ 'tɔlərəns], die; - - ⟨*engl.*⟩: striktes Eingreifen der Ordnungskräfte (z. B. der Polizei) auch bei geringfügigen Vergehen (bes. in nordamerikanischen Großstädten)

Zer|ti|fi|kat, das; -[e]s, -e ⟨*lat.-mlat.*⟩: **1.** [amtliche] Bescheinigung, Beglaubigung, Schein, Zeugnis. **2. a)** Anteilschein bei Investmentgesellschaften; vgl. Investment; **b)** Urkunde für hinterlegte Wertpapiere

Zer|ti|fi|ka|ti|on, die; -, -en: ↑Zertifizierung; vgl. ...ation/...ierung. **zer|ti|fi|zie|ren:** [amtlich] bescheinigen, beglaubigen; mit einem Zertifikat versehen. **Zer|ti|fi|zie|rung,** die; -, -en: das Beglaubigen, Bescheinigen; vgl. ...ation/...ierung

Ze|ru|men, fachspr.: Cerumen, das; -s ⟨*lat.-nlat.*⟩ (Med.): Ohrenschmalz

Ze|rus|sit [auch: ...'sɪt] vgl. Cerussit

Zer|ve|lat|wurst [z..., ts...], Servelatwurst, die; -, ...würste ⟨*lat.-it.; dt.*⟩: Dauerwurst aus Schweinefleisch, Rindfleisch u. Speck (Schlackwurst); vgl. Servela

zer|vi|kal ⟨*lat.*⟩ (Med.): **1.** den

Nacken, den Hals betreffend, zu ihm gehörend. **2.** den Gebärmutterhals betreffend, zu ihm gehörend; vgl. Zervix

Zer|vix, med.-fachspr.: Cervix, die; -, ...ices ⟨*lat.*⟩: **1.** Hals, Nacken. **2.** halsförmiger Abschnitt eines Organs (z. B. der Gebärmutter)

Zes|sa|li|en vgl. Zissalien

Zes|sa|re|witsch vgl. Zarewitsch

zes|si|bel ⟨*lat.-nlat.*⟩ (Rechtswiss.): abtretbar, übertragbar (z. B. von Ansprüchen, Forderungen). **Zes|si|bi|li|tät,** die; - (Rechtswiss.): Abtretbarkeit (z. B. von Ansprüchen, Forderungen)

Zes|si|on, die; -, -en (Rechtswiss.): Übertragung eines Anspruchs von dem bisherigen Gläubiger auf einen Dritten

Zes|si|o|nar, der; -s, -e ⟨*lat.-mlat.*⟩ (Rechtswiss.): jmd., an den eine Forderung abgetreten wird; neuer Gläubiger. **Zes|si|o|na|rin,** die; -, -nen: weibliche Form zu ↑Zessionar

Zes|to|de, die; -, -n ⟨*gr.-nlat.*⟩ (Zool.): Bandwurm

Ze|ta, das; -[s], -s ⟨*gr.*⟩: sechster Buchstabe des gr. Alphabets (Z, ζ)

Ze|ta|zis|mus, der; -, ...men ⟨*gr.-nlat.*⟩: **1.** (Sprachwiss.) die Entwicklung von k vor einem hellen Vokal zu z. **2.** (Med., Sprachwiss.) fehlerhaftes Aussprechen des z-Lautes

Ze|tin, das; -s ⟨*gr.-lat.-nlat.*⟩: Hauptbestandteil des ↑Cetaceums

Zeug|ma, das; -s, -s u. -ta ⟨*gr.-lat.;* »Verbindung, Joch«⟩ (Sprachwiss.): ungewohnte Zuordnung eines Satzgliedes (meist des Prädikats) zu mehreren (meist zwei) verschiedenartigen Satzteilen (z. B. er schlug die Stühl' und Vögel tot [Struwwelpeter])

Ze|zi|die [...i̯ə], Cecidie [...di̯ə], die; -, -n ⟨*gr.-nlat.*⟩ (Bot.): Wucherung an Pflanzen (Pflanzengalle)

Zi|be|be, die; -, -n ⟨*arab.-it.*⟩ (landsch.): große Rosine

Zi|bet, der; -s ⟨*arab.-mlat.-it.*⟩: als Duftstoff verwendete Drüsenabsonderung der Zibetkatze

Zi|bet|kat|ze, die; -, -n ⟨*arab.-mlat.-it.; dt.*⟩: asiatische Schleichkatze

Zi|be|ton, das; -s ⟨*arab.-mlat.-it.; gr.-nlat.*⟩: Riechstoff des Zibets

Zi|bo|ri|um, das; -s, ...ien [...i̯ən] ⟨*gr.-lat.*⟩: **1.** (Archit.) von Säulen getragener Überbau über einem Altar, Grabmal u. Ä.; vgl. Baldachin (2), Tabernakel (1 b). **2.** mit einem Deckel zu verschließendes, kelchförmiges Behältnis, in dem die geweihte Hostie auf dem Altar aufbewahrt wird; vgl. Pyxis

Zi|cho|rie [tsɪˈçoːri̯ə], die; -, -n ⟨*gr.-mlat.-it.*⟩: **1.** Wegwarte (ein Korbblütler). **2.** Kaffeezusatz, Kaffee-Ersatz. **3.** Stammform verschiedener Salat- u. Gemüsepflanzen

Zi|der vgl. Cidre

Zi|ga|ret|te, die; -, -n ⟨*span.-frz.*⟩: zum Rauchen dienende dünne Papierhülse, die mit fein geschnittenem Tabak gefüllt ist

Zi|ga|ril|lo [auch: ...ˈrɪljo], der, auch das; -s, -s, ugs. auch die; -, -s ⟨*span.*⟩: kleine, dünne Zigarre

Zi|gar|re, die; -, -n ⟨*span.-frz.*⟩: **1.** zum Rauchen dienende dickere Rolle aus grob geschnittenen Tabakblättern, die mit einem Deckblatt umhüllt ist. **2.** (ugs.) Vorwurf, Ermahnung, Vorhaltung, Verweis

Zi|ka (o. Art.) (Med.): [Erkrankung durch das] ↑Zika-Virus

Zi|ka|de, die; -, -n ⟨*lat.*⟩: kleines, grillenähnliches Insekt (Zirpe). **Zi|ka-Vi|rus, Zi|ka|vi|rus,** das, -, ...ren, außerhalb der Fachspr. auch: der; -, ...ren ⟨zu *Luganda* (eine Bantusprache) zi(i)ka = überwuchert; nach dem Waldgebiet Zi(i)ka Forest in Uganda, wo das Virus zuerst nachgewiesen wurde⟩: durch bestimmte Stechmückenarten verbreitetes Virus, das beim Menschen Infektionskrankheiten auslösen kann

zi|li|ar ⟨*lat.-nlat.*⟩ (Med.): an den Wimpern befindlich, sie betreffend

Zi|li|ar|kör|per, der; -s, - (Med.): ringförmiger Teil der mittleren Augenhaut, verantwortlich für die Aufhängung der Linse u. deren ↑Akkommodation sowie beteiligt an der Produktion des Kammerwassers (Strahlenkörper)

Zi|li|ar|neu|r|al|gie, die; -, -n (Med.): Schmerzen in Augapfel, Augenhöhle, -winkel u. Nase

Zi|li|a|te, die; -, -n (meist Plural): Wimpertierchen (Einzeller)

Zi|lie [...i̯ə], die; -, -n ⟨*lat.*⟩ (Med.): **1.** feines Haar (z. B. Augenwimper). **2.** frei beweglicher Zellfortsatz

Zi|mar|ra vgl. Simarre

Zim|bal, das; -s, -s u. -e ⟨*gr.*⟩: bes. in der osteuropäischen Volksmusik mit Hämmerchen geschlagenes Hackbrett

Zim|bel, die; -, -n: **1.** antikes Schlaginstrument; kleines Becken. **2.** mittelalterliches Glockenspiel. **3.** Orgelregister von heller Klangfarbe

Zi|me|lie [...i̯ə], die; -, -n, **Zi|me|li|um,** das; -s, ...ien [...i̯ən] ⟨*gr.-lat.*⟩: **1.** Wertgegenstand [in kirchlichen Schatzkammern]. **2.** wertvoller Besitz antiker od. mittelalterlicher Herkunft in einer Bibliothek (Papyrus, Handschrift, Buch u. a.)

Zi|ment, das; -[e]s, -e ⟨*lat.-frz.*⟩ (bayr., österr.): (von Gastwirten benutztes) metallenes zylindrisches Maßgefäß

Zi|mier, das; -s, -e ⟨*gr.-lat.-vulgärlat.-frz.*⟩: [Ritter]helmschmuck

Zi|mo|lit [auch: ...ˈlɪt], der; -s ⟨*gr.-lat.-nlat.;* nach der gr. Insel Kimolos⟩: hellgrauer Ton

Zin|cke|nit [auch: ...ˈnɪt], der; -s ⟨*nlat.;* nach dem dt. Mineralogen J. K. L. Zincken, 1790–1862⟩: ein Mineral

Zin|cum, das; -s ⟨*germ.-lat.*⟩: latinisierte Nebenform des chem. Elementes Zink; ein Metall (Zeichen: Zn)

Zin|del, das; -s ⟨*gr.-lat.-mlat.*⟩: **1.** im Mittelalter verwendetes kostbares, schleierartiges Seidengewebe. **2.** ein Futterstoff

Zin|der, der; -s, - (meist Plural) ⟨*engl.*⟩: ausgeglühte Steinkohle

Zi|nel|le vgl. Tschinelle

Zi|ne|ra|ria, die; -, ...ien [...i̯ən], **Zi|ne|ra|rie** [...iə], die; -, ...ien [...iən] ⟨*lat.*⟩: Zimmerpflanze mit aschfarbenen Blättern (Aschenblume)

Zin|fan|del, der; -[s], - ⟨Herkunft unsicher⟩: **a)** (ohne Plural)

hauptsächlich in Kalifornien angebaute, dunkelbeerige (mit der Primitivo-Rebe identische) Rebsorte; **b)** [Rot]wein aus der Zinfandeltraube

Zin|ga|res|ca, die; -, -s ‹*it.*› (Musik): Zigeunertanzlied. **zin|ga|re|se:** nach Art der Zigeunermusik

Zin|gu|lum, das; -s, -s u. ...la ‹*lat.*›: **1.** Gürtel[schnur] der ↑Albe u. katholischer Ordenstrachten. **2.** Gürtelbinde der ↑Soutane

Zin|ko|gra|fie, Zin|ko|gra|phie, die; -, ...ien ‹*dt.; gr.*›: Zinkätzung; Zinkdruck

Zink|oxid, Zink|oxyd, das; -s: eine Zink-Sauerstoff-Verbindung; Zinkweiß (Malerfarbe)

Zink|sul|fat, das; -s (Chemie): schwefelsaures Zink, technisch wichtigstes Zinksalz

Zin|na|mom, das; -s ‹*semit.-gr.-lat.*›: Zimtbaum, Zimt

Zin|nie [...i̯ə], die; -, -n ‹*nlat.;* nach dem dt. Arzt u. Botaniker J. G. Zinn, 1727–1759›: Korbblütler mit leuchtenden Blüten (eine Gartenzierpflanze)

Zin|no|ber, der; -s, - ‹*pers.-gr.-lat.-provenzal.-frz.*›: **1.** ein Mineral (wichtiges Quecksilbererz). **2.** (ohne Plural; österr.: das) leuchtend gelblich rote Farbe. **3.** (ohne Plural; ugs.) aufwendiger Unsinn, Blödsinn; Kram

Zins|swap [...svɔp, ...swɔp], der; -s, -s ‹*dt.; engl.*› (Bankw.): ↑Swap, bei dem zwei Vertragspartner vereinbaren, zu bestimmten Zeitpunkten Zinszahlungen auf festgelegte Nennbeträge auszutauschen

Zi|o|nis|mus, der; - ‹*nlat.;* nach dem Tempelberg Zion in Jerusalem›: **a)** (Ende des 19. Jh.s entstandene) jüdische Bewegung mit dem Ziel, einen nationalen Staat für Juden in Palästina zu schaffen; **b)** politische Strömung im heutigen Israel u. innerhalb des Judentums in aller Welt, die eine Stärkung des Staates Israel befürwortet u. zu erreichen sucht. **Zi|o|nist,** der; -en, -en: Anhänger des Zionismus. **Zi|o|nis|tin,** die; -, -nen: weibliche Form zu ↑Zionist. **zi|o|nis|tisch:** der Bewegung des Zionismus angehörend, sie betreffend

Zip|da|tei [auch: ˈzɪp...], die; -, -en ‹*engl.; dt.*› (EDV): Datei, in der mehrere Einzeldateien komprimiert zusammengefasst sind

Zi|pol|le, die; -, -n ‹*lat.-mlat.-roman.*› (Bot.): Zwiebel

Zipp®, der; -s, -s ‹*engl.*› (österr.): Reißverschluss

zip|pen [auch: ˈzɪp...] ‹*engl.*› (EDV): zu einer ↑Zipdatei komprimieren (von Dateien)

Zip|per, der; -s, - ‹*engl.*› (ugs.): Reißverschluss

Zip|pus, der; -, Zippen u. Zippi ‹*lat.*›: antiker Gedenk- und Grenzstein

Zir|co|ni|um vgl. Zirkonium

zir|ka vgl. circa

Zir|kel, der; -s, - ‹*gr.-lat.*›: **1.** (Math.) geometrisches Gerät zum Kreiszeichnen und Streckenabmessen. **2.** eng miteinander verbundene Gruppe von Personen. **3.** Kreis, Ring. **4.** verschlungene Buchstaben als Zeichen der Zugehörigkeit zu einer studentischen Verbindung; vgl. Cercle (1 b). **5.** (Reiten) Figur beim Dressurreiten, bei der das Pferd im Kreis geht. **6.** ↑Circulus vitiosus (1). **7.** (Musik) Kurzform von ↑Quintenzirkel

Zir|kel|de|fi|ni|ti|on, die; -, -en ‹*gr.-lat.; lat.*›: Definition, die den Begriff, der definiert werden soll, in der Erklärung verwendet

zir|keln: 1. a) genau einteilen, abmessen; **b)** (ugs.) genau bemessend an eine bestimmte Stelle bringen. **2.** einen Kreis ziehen; kreisen

Zir|kon, der; -s, -e ‹*nlat.;* Herkunft unsicher›: Zirkonium enthaltendes, meist braunes, durch Brennen blau werdendes Mineral, das als Schmuckstein verwendet wird

Zir|ko|nia, der; -[s], -[s]: aus Zirkoniumoxid hergestelltes, meist farbloses Mineral, das bes. als Diamantersatzstein verwendet wird

Zir|ko|ni|um, chem. fachspr.: Zirconium, das; -s: chem. Element; ein Metall (Zeichen: Zr)

zir|ku|lar, zir|ku|lär ‹*gr.-lat.*›: **1.** kreisförmig. **2.** (Med.) periodisch wiederkehrend. **Zir|ku|lar,** das; -s, -e: Rundschreiben

Zir|ku|lar|no|te, die; -, -n: mehreren Staaten gleichzeitig zugestellte Mitteilung gleichen Inhalts

Zir|ku|la|ti|on, die; -, -en: Kreislauf, Umlauf (z. B. des Blutes, der Luft). **zir|ku|lie|ren:** in Umlauf sein, umlaufen, kreisen

Zir|kum|fe|renz, die; -, -en ‹*lat.*›: Umkreis, Umfang, Ausdehnung, Ausmaß

zir|kum|flek|tie|ren: einen Buchstaben mit einem Zirkumflex versehen. **Zir|kum|flex,** der; -[es], -e (Sprachwiss.): Dehnungszeichen (ˆ); vgl. Accent circonflexe

zir|kum|skript (Med.): umschrieben, scharf abgegrenzt (z. B. von Hauterkrankungen). **Zir|kum|skrip|ti|on,** die; -, -en: Abgrenzung kirchlicher Gebiete

zir|kum|ter|res|t|risch (Astron.): im Umkreis der Erde; den Weltraum in Erdnähe betreffend

Zir|kum|ven|ti|on, die; -, -en (veraltet): Umgehung; Überlistung, Hintergehung

Zir|kum|zi|si|on, die; -, -en (Med.): **1.** Entfernung der zu langen od. zu engen Vorhaut des männlichen Gliedes. **2.** kreisförmige Umschneidung von Gewebe

Zir|kus, Circus, der; -[ses], -se ‹*gr.-lat.(-frz.* u. *engl.);* »Kreis«›: **1.** Kampfspielbahn im Rom der Antike. **2. a)** [nicht ortsfestes] Unternehmen, das in einem großen Zelt od. in einem Gebäude mit einer ↑Manege ein vielseitiges artistisches Programm vorführt; **b)** Zelt, Gebäude, in dem Zirkusvorstellungen stattfinden. **3. a)** etwas Vielfältiges, Abwechslungsreiches, Buntes; **b)** (ohne Plural; ugs.) unnötiger Trubel, Aufwand; Wirbel, Getue

Zir|ren: *Plural* von ↑Zirrus

Zir|rho|se, die; -, -n ‹*gr.-nlat.*› (Med.): Gewebsveränderung eines Organs (z. B. Leber, Lunge) mit fortschreitender Organverhärtung und -schrumpfung. **zir|rho|tisch** (Med.): durch Zirrhose bedingt, sie betreffend

Zir|ro|ku|mu|lus, der; -, ...li ⟨*lat.-nlat.*⟩ (Meteorol.): fein gegliederte, federige Wolke in höheren Luftschichten; Schäfchenwolke

Zir|ro|stra|tus, der; -, ...ti (Meteorol.): überwiegend aus Eiskristallen bestehende Schleierwolke in höheren Luftschichten

Zir|rus, der; -, - u. Zirren ⟨*lat.;* »Haarlocke; Federbüschel; Franse«⟩: **1.** (Meteorol.) aus feinsten Eisteilchen bestehende Federwolke in höheren Luftschichten. **2.** (Zool.) **a)** Begattungsorgan der Plattwürmer; **b)** rankenartiger Körperanhang vieler Wassertiere

zir|zen|sisch ⟨*gr.-lat.*⟩: den Zirkus betreffend, in ihm abgehalten

zis|al|pin, zis|al|pi|nisch ⟨*lat.*⟩: diesseits der Alpen (von Rom aus gesehen); südlich der Alpen

Zi|se|leur [...ˈløːɐ̯], der; -s, -e ⟨*lat.-vulgärlat.-frz.*⟩: jmd., der Ziselierarbeiten ausführt (Metallstecher). **Zi|se|leu|rin** [...ˈløːrɪn], die; -, -nen: weibliche Form zu ↑Ziseleur

zi|se|lie|ren: Metall mit Grabstichel, Meißel, Feile u. a. bearbeiten; Figuren u. Ornamente aus Gold od. Silber herausarbeiten

Zis|la|weng ⟨Herkunft unsicher⟩: **mit [einem] Zislaweng** (ugs.): mit Schwung; mit einem besonderen Kniff

zis|pa|da|nisch ⟨*lat.;* zu lat. *Padus* »Po«⟩: [von Rom aus] diesseits des Pos liegend

Zis|sa|li|en, Zessalien, die (Plural) ⟨*lat.-galloroman.-frz.*⟩: missglückte Münzplatten od. Münzen, die wieder eingeschmolzen werden

Zis|so|i|de, die; -, -n ⟨*gr.-nlat.*⟩ (Math.): ebene Kurve dritter Ordnung (Efeublattkurve)

Zis|ta, Zis|te, die; -, ...ten ⟨*gr.-lat.*⟩: **1.** frühgeschichtlicher zylinderförmiger Bronzeeimer mit reich verzierter Außenwand. **2.** altgriechischer zylinderförmiger Korb, in dem u. a. bei Mysterienfeiern die heiligen Symbole aufbewahrt wurden. **3.** frühgeschichtliche etruskische Urne in Zylinderform

Zis|ter|ne, die; -, -n: unterirdischer, meist ausgemauerter Hohlraum zum Auffangen von Regenwasser [in wasserarmen Gebieten]

Zis|ter|zi|en|ser, der; -s, - ⟨nach dem frz. Kloster Cîteaux, *mlat.* Cistercium⟩: Angehöriger eines benediktinischen Reformordens (Abk.: O. Cist.). **Zis|ter|zi|en|se|rin,** die; -, -nen: Angehörige des weiblichen Zweiges der Zisterzienser

Zi|ta|del|le, die; -, -n ⟨*lat.-it.-frz.*⟩: **1.** Festung innerhalb od. am Rande einer Stadt. **2.** letzter Widerstandskern in einer Festung

Zi|tat, das; -[e]s, -e ⟨*lat.*⟩: **1.** wörtlich angeführte Belegstelle. **2.** bekannter Ausspruch, geflügeltes Wort

Zi|ta|ti|on, die; -, -en: **1.** (veraltet) [Vor]ladung vor Gericht. **2.** ↑Zitat (1)

Zi|ther, die; -, -n ⟨*gr.-lat.*⟩: ein Zupfinstrument

zi|tie|ren ⟨*lat.*⟩: **1.** eine Stelle aus einem geschriebenen od. gesprochenen Text [wörtlich] anführen. **2.** jmdn. vorladen, jmdn. zu sich kommen lassen, um ihn für etwas zur Rechenschaft zu ziehen

Zi|t|ral, chem. fachspr.: Citral, das; -s, -e ⟨zu ↑*Zitrone* u. ↑*Aldehyd*⟩: ungesättigter ↑Aldehyd; Bestandteil zahlreicher ätherischer Öle

Zi|t|rat, chem. fachspr.: Citrat, das; -[e]s, -e ⟨*lat.-nlat.*⟩ (Chemie): Salz der Zitronensäure

Zi|t|rin, der; -s, -e: hellgelbes Mineral, das als Schmuckstein verwendet wird

Zi|t|ro|nat, das; -[e]s, -e ⟨*lat.-it.-frz.*⟩: kandierte Fruchtschale einer Zitronenart

Zi|t|ro|ne, die; -, -n ⟨*lat.-it.*⟩: **a)** Strauch od. Baum wärmerer Gebiete mit gelben, sauren, vitaminreichen Früchten; **b)** Frucht des Zitronenbaumes

Zi|t|rus|frucht, die; -, ...früchte ⟨*lat.; dt.*⟩: Frucht einer Zitruspflanze mit meist dicker Schale u. sehr saftigem, aromatischem Fruchtfleisch (z. B. Apfelsine, Grapefruit, Zitrone)

Zitz, der; -es, -e ⟨*Bengali-niederl.*⟩: ↑Kattun

Zi|vi, der; -s, -s (Kurzw.) (Jargon): **1.** jmd., der Zivildienst leistet. **2.** Polizeibeamter in Zivil

zi|vil ⟨*lat.(-frz.)*⟩: **1.** bürgerlich (Ggs.: militärisch [1]). **2.** anständig, annehmbar. **Zi|vil,** das; -s ⟨*lat.-frz.*⟩: bürgerliche Kleidung (Ggs.: Uniform)

Zi|vil|cou|ra|ge [...kuraːʒə], die; -: mutiges Verhalten, mit dem jmd. seinen Unmut über etwas ohne Rücksicht auf mögliche eigene Nachteile zum Ausdruck bringt

Zi|vil|dienst, der; -[e]s ⟨*lat.-frz.; dt.*⟩: Dienst, den ein Kriegsdienstverweigerer anstelle eines vorgeschriebenen Wehrdienstes leistet

Zi|vil|ehe, die; -, -n: standesamtlich geschlossene Ehe

Zi|vi|li|sa|ti|on, die; -, -en ⟨*lat.-frz.* u. *engl.*⟩: **1.** Gesamtheit der durch den Fortschritt der Wissenschaft u. Technik geschaffenen [verbesserten] materiellen u. sozialen Lebensbedingungen. **2.** (ohne Plural) Bildung, Gesittung

Zi|vi|li|sa|ti|ons|kri|tik, die; - ⟨*lat.-frz.* u. *engl.; gr.-lat.-frz.*⟩: Kritik an den Folgeerscheinungen der Zivilisation (1)

zi|vi|li|sa|to|risch ⟨*lat.-frz.-nlat.*⟩: auf die Zivilisation gerichtet, sie betreffend

zi|vi|li|sie|ren ⟨*lat.-frz.*⟩: der Zivilisation zuführen; verfeinern, veredeln. **zi|vi|li|siert: 1.** Zivilisation (1) aufweisend. **2.** Kultur u. Bildung habend od. zeigend

Zi|vi|list, der; -en, -en ⟨*lat.-nlat.*⟩: Bürger (im Gegensatz zum Soldaten). **Zi|vi|lis|tin,** die; -, -nen: weibliche Form zu ↑Zivilist

Zi|vi|li|tät, die; - ⟨*lat.-frz.*⟩: Anstand, Höflichkeit

Zi|vil|kam|mer, die; -, -n ⟨*lat.-frz.; dt.*⟩: für privatrechtliche Streitigkeiten zuständiges Richterkollegium bei den Landgerichten

Zi|vil|pro|zess, der; -es, -e ⟨*lat.-frz.; lat.*⟩: Gerichtsverfahren, dem die Bestimmungen des Privatrechts zugrunde liegen

Zi|vil|se|nat, der; -[e]s, -e: für privatrechtliche Streitigkeiten zuständiger ↑Senat (5)

Zi|vil|stand, der; -[e]s ⟨*lat.-frz.; dt.*⟩ (schweiz.): Familien-, Personenstand

Zi|vil|stands|amt, das; -[e]s, ...ämter (schweiz.): Standesamt

Zi|zit, die (Plural) ⟨*hebr.*⟩: die vier an den Enden eines jüdischen Gebetsmantels angebrachten Troddeln

Zlo|ty ['zlɔti, 'slɔti], **Złoty** ['zu̯ɔ...] der; -[s], -s (aber: 5 -) ⟨*poln.*⟩: Währungseinheit in Polen (= 100 Groszy)

zo|di|a|kal ⟨*gr.-lat.-nlat.*⟩ (Astron.): auf den Tierkreis bezogen, den Tierkreis betreffend

Zo|di|a|kal|licht, das; -[e]s, -er ⟨*gr.-lat.-nlat.; dt.*⟩ (Astron.): schwacher Lichtschein in Richtung des Tierkreises, der im Frühjahr am Abendhimmel, im Herbst am Morgenhimmel zu beobachten ist

Zo|di|a|kus, der; - ⟨*gr.-lat.*⟩ (Astron.): Tierkreis

Zoff, der; -s ⟨*hebr.-jidd.*⟩ (ugs.): Streit, Zank. **zof|fen** (ugs.): sich streiten, zanken

Zö|ko|s|to|mie vgl. Zäkostomie

Zö|ko|to|mie vgl. Zäkotomie

Zö|kum vgl. Zäkum

Zö|l|en|te|rat, der; -en, -en (meist Plural) ⟨*gr.-nlat.*⟩ (Zool.): Hohltier (z. B. Qualle, Polyp)

Zö|les|tin, der; -s, -e ⟨*lat.-nlat.*⟩: ein Mineral

zö|les|tisch (veraltet): himmlisch

Zö|li|a|kie, die; -, ...ien ⟨*gr.-nlat.*⟩ (Med.): durch eine Glutenunverträglichkeit bedingte chronische Dünndarmentzündung

Zö|li|bat, das, auch: der; -[e]s ⟨*lat.*⟩: pflichtgemäße Ehelosigkeit aus religiösen Gründen, bes. bei katholischen Geistlichen

zö|li|ba|tär ⟨*lat.-nlat.*⟩: im Zölibat lebend. **Zö|li|ba|tär,** der; -s, -e: jmd., der im Zölibat lebt

Zö|lom, das; -s, -e ⟨*gr.*⟩ (Med.): sekundäre embryonale Leibeshöhle, aus der beim Menschen u. a. die Brusthöhle u. die Bauchhöhle entstehen

Zö|lo|s|tat, der; -[e]s u. -en, -en ⟨*lat.; gr.*⟩ (Astron.): System aus zwei Spiegeln, das das Licht eines Himmelskörpers immer in die gleiche Richtung lenkt

Zom|bie, der; -[s], -s ⟨*afrik.-kreol.-engl.-amerik.*⟩: **1.** (im Voodoo) wiederbelebter Toter. **2.** (im Horrorfilm) ein eigentlich Toter, der das willenlose Werkzeug dessen ist, der ihn zum Leben erweckt hat

Zö|me|te|ri|um, das; -s, ...ien ⟨*gr.-lat.*⟩: **1.** frühchristliche Grabstätte, Friedhof. **2.** Katakombe

Zö|na|kel, das; -s, - ⟨*lat.*⟩: ↑Refektorium

zo|nal, zo|nar ⟨*gr.-lat.*⟩: zu einer Zone gehörend, eine Zone betreffend

zonked [zɔŋkt] ⟨*engl.*⟩: stark unter Drogen stehend

Zö|no|bit, Coenobit [tsø...] der; -en, -en ⟨*gr.-mlat.*⟩: in ständiger Klostergemeinschaft lebender Mönch (Ggs.: Eremit). **zö|no|bi|tisch,** coenobitisch: in Gemeinschaft lebend (von Mönchen)

Zö|no|bi|um, das; -s, ...ien ⟨*gr.-lat.*⟩: **1.** Kloster. **2.** (Biol.) Zusammenschluss von Einzellern; Zellkolonie

Zö|no|karp, das; -s, -e ⟨*gr.-nlat.*⟩ (Bot.): aus mehreren Fruchtblättern zusammengewachsener Fruchtknoten

Zoo, der; -s, -s: kurz für ↑zoologischer Garten

Zoo|chlo|rel|le [...klo...], die; -, -n ⟨*gr.-nlat.*⟩ (Biol.): Grünalge, die in Lebensgemeinschaft mit Schwämmen, Hohltieren und niederen Würmern lebt

Zoo|cho|rie [...ko...], die; - (Biol.): Verbreitung von Pflanzensamen u. -früchten durch Tiere

zoo|gen (Geol.): aus tierischen Resten gebildet (von Gesteinen)

Zoo|geo|gra|fie, Zoogeographie, die; -: Teilgebiet der Biologie, das sich u. a. mit der geografischen Verbreitung der Tiere befasst

zoo|geo|gra|fisch, zoogeographisch: die Zoogeografie betreffend

Zoo|geo|gra|phie usw. vgl. Zoogeografie usw.

Zoo|gra|fie, Zoo|gra|phie, die; -, ...ien: Benennung u. Einordnung der Tierarten

Zoo|la|t|rie, die; -, ...ien: Tierkult; Verehrung tiergestaltiger Götter

Zoo|lith [auch: ...'lɪt], der; -s u. -en, -e[n] (meist Plural) (Geol.): Sedimentgestein, das ausschließlich od. größtenteils aus Resten von Tieren besteht; Tierversteinerung

Zoo|lo|ge, der; -n, -n ⟨*gr.-frz.*⟩: jmd., der sich wissenschaftlich mit den Erscheinungen tierischen Lebens befasst. **Zoo|lo|gie** [tsoo...], die; -: Tierkunde. **Zoo|lo|gin,** die; -, -nen: weibliche Form zu ↑Zoologe. **zoo|lo|gisch:** die Tierkunde betreffend; **zoologischer Garten:** Tierpark, Tiergarten

¹Zoom [zu:m], das u. der; -s, -s ⟨*engl.*⟩ (Film, Fotogr.): **1.** Objektiv mit stufenlos verstellbarer Brennweite. **2.** Vorgang, durch den der Aufnahmegegenstand näher an den Betrachter herangeholt od. weiter von ihm entfernt wird

²Zo|om, das; -s, -e ⟨*gr.*⟩: tierischer Bestand eines ↑Bioms

zoo|men ['zu:...] ⟨*engl.*⟩ (Fotogr., Film): den Aufnahmegegenstand mithilfe eines ¹Zooms (1) näher heranholen od. weiter wegrücken

Zoom|ob|jek|tiv, das; -s, -e: ↑¹Zoom (1)

Zoo|no|se, die; -, -n ⟨*gr.-nlat.*⟩ (Med.): Sammelbez. für Infektionskrankheiten, die gleichermaßen bei Tieren u. Menschen vorkommen u. sowohl vom Tier auf den Menschen als auch vom Menschen auf Tiere übertragen werden können

Zo|on po|li|ti|kon, das; - - ⟨*gr.; nach Aristoteles, Politika III, 6*⟩ (Philos.): der Mensch als soziales, politisches Wesen

Zoo|pa|ra|sit, der; -en, -en ⟨*gr.-nlat.*⟩ (Biol.): Schmarotzer, der in od. auf Tieren lebt

zoo|phag (Bot.): fleischfressend (von Pflanzen). **Zoo|pha|ge** [tsoo...], der; -n, -n (meist Plural) (Bot.): fleischfressende Pflanze

Zoo|phi|lie, die; -, ...ien (Med.): ↑Sodomie

Zoo|plank|ton, das; -s: Gesamtheit der im Wasser schwebenden tierischen Organismen

Zoo|sper|mie, die; -, ...ien (Med.): Vorhandensein lebensfähiger, beweglicher Samenfäden im ↑Ejakulat

Zoo|spo|re, die; -, -n (meist Plural) (Biol.): Schwärmspore niederer Pflanzen

Zoo|tech|nik [auch: 'tso:...],

die; - (regional): Technik der Tierhaltung u. -zucht. **Zoo|tech|ni|ker** [auch: 'tso:...], der; -s, - (regional): Tierpfleger [im Zoo]. **Zoo|tech|ni|ke|rin** [auch: 'tso:...], die; -, -nen: weibliche Form zu ↑Zootechniker

Zoo|to|mie, die; -: Tieranatomie

Zoo|to|xin, das; -s, -e: tierisches Gift

Zoo|zö|no|lo|gie, die; -: Teilgebiet der Verhaltensforschung, das sich mit den Formen des sozialen Zusammenlebens der Tiere befasst; Tiersoziologie

Zo|pho|ros ⟨*gr.*⟩, **Zo|pho|rus** ⟨*gr.-lat.*⟩ der; -, ...phoren (Archit.): mit figürlichen Reliefs geschmückter Fries in der altgriechischen Baukunst

zop|po ⟨*it.*⟩ (Musik): lahm, schleppend (Vortragsanweisung)

Zor|bing ['zɔ:bɪŋ], das; -s ⟨*engl.*⟩: eine Funsportart, bei der man in einem mit Druckluft gefüllten Ballon kopfüber talabwärts rollt

Zo|res, der; - ⟨*hebr.-jidd.*⟩ (landsch.): **a)** Wirrwarr; **b)** Ärger

Zo|ril|la, der; -s, -s (auch: die; -, -s) ⟨*span.*⟩: schwarz-weißer afrikanischer Marder (Bandiltis)

zo|ro|as|t|risch ⟨*awest.-gr.-lat.*⟩: den ↑Parsismus betreffend. **Zo|ro|as|t|ris|mus,** der; -: ↑Parsismus

Zort|zi|co, der; -[s] ⟨*baskisch*⟩: baskischer Tanz im 5/4-Takt

Zos|ter [auch: 'tso:stɐ], der; -[s], - (Med.): Kurzform von ↑Herpes Zoster

Zö|tus, der; -, Zöten ⟨*lat.*⟩ (veraltet): Jahrgang, Schulklasse

Zu|a|ve, der; -n, -n ⟨*frz.*⟩: Angehöriger einer zuerst aus Berberstämmen rekrutierten französischen [Kolonial]truppe

Zuc|chet|to [...'kɛto], der; -s, ...tti ⟨*it.*⟩ (schweiz.): ↑Zucchini

Zuc|chi|ni [...'ki:ni], **Zuc|chi|no,** der; -s, ...ni (meist Plural): gurkenähnliche Frucht einer bestimmten Kürbisart

Zu|cker|cou|leur [...kulø:ɐ̯], die; -, -s (Plural selten) ⟨*dt.; lat.-frz.*⟩: gebrannter Zucker zum Färben von Lebensmitteln; vgl. Karamell

Zu|fo|lo, der; -s, -s u. ...li ⟨*it.*⟩: Hirtenflöte, -pfeife, Flageolett (1)

Zu|pan ['ʒʊ...], der; -s, ...ane ⟨*slaw.*⟩ (Geschichte): slawischer Gerichtsbeamter (im deutschen Kolonisationsgebiet)

Zwi|schen|hol|ding, die; -, -s (Wirtsch.): Holdinggesellschaft, die zwischen eine andere Holding u. deren Anteilseigner tritt

Zy|an, chem. fachspr.: Cyan, das; -s ⟨*gr.-lat.*⟩ (Chemie): giftige Kohlenstoff-Stickstoff-Verbindung mit Bittermandelgeruch

Zy|a|nat, chem. fachspr.: Cyanat, das; -[e]s, -e ⟨*gr.-lat.-nlat.*⟩ (Chemie): Salz der Zyansäure

Zy|a|ne, die; -, -n ⟨*gr.-lat.*⟩: Kornblume

Zy|a|nid, chem. fachspr.: Cyanid, das; -s, -e (Chemie): Salz der Blausäure

Zy|a|ni|sa|ti|on vgl. Kyanisation

Zy|an|ka|li, Zy|an|ka|li|um, das; -s: das stark giftige Kaliumsalz der Blausäure

Zy|a|no|phy|zee, die; -, -n (meist Plural): Blaualge

Zy|a|n|op|sie, die; -, ...ien (Med.): Störung des Farbensehens, bei der alle Gegenstände blau erscheinen; Blausehen

Zy|a|no|se, die; -, -n (Med.): bläuliche Verfärbung der Haut (bes. an Lippen u. Fingernägeln) od. der Schleimhäute infolge Sauerstoffmangels im Blut od. einer Mangeldurchblutung (u. a. bei Herzinsuffizienz). **zy|a|no|tisch** (Med.): mit Zyanose verbunden, auf ihr beruhend

Zy|an|ra|di|kal, chem. fachspr.: Cyanradikal, das; -s: Atomgruppe aus Kohlenstoff u. Stickstoff, die nur in chemischen Verbindungen od. als Ion vorkommt

Zy|a|thus vgl. Kyathos

Zy|gä|ne, die; -, -n ⟨*gr.-lat.*⟩: **1.** ein mitteleuropäischer Schmetterling (Blutströpfchen). **2.** Haifisch (Hammerhai)

Zy|go|ma, das; -s, -ta ⟨*gr.*⟩ (Med.): Backenknochen des Gesichts (Jochbein). **zy|go|ma|tisch** (Med.): zum Jochbein gehörend; **zygomatische Falte:** Hautfalte vom Jochbogen zum Mundwinkel

zy|go|morph ⟨*gr.-nlat.*⟩ (Bot.): nur eine Symmetrieebene zeigend (von Blüten)

Zy|go|te, die; -, -n (Biol.): nach Verschmelzung der beiden ↑Gameten entstandene ↑diploide Zelle, aus der ein Lebewesen entsteht

Zy|ka|da|ze|en, Zy|ka|de|en, die (Plural) ⟨*gr.-nlat.*⟩ (Bot.): Palmfarne

Zy|kas, die; -, - ⟨*gr.*⟩: Palmfarn

zykl..., Zykl... vgl. zyklo..., Zyklo...

zy|k|lam ⟨*gr.-lat.*⟩: lilarot. **Zy|k|la|me,** die; -, -n (österr., schweiz.), **Zy|k|la|men,** das; -s, -: Alpenveilchen (eine Berg- u. Zierpflanze)

Zy|k|len: *Plural* von ↑Zyklus

Zy|k|li|de, die; -, -n ⟨*gr.-nlat.*⟩ (Math.): ringförmige Fläche im dreidimensionalen Raum

Zy|k|li|ker [auch: 'tsʏk...], der; -s, - ⟨*gr.-lat.*⟩: Dichter altgriechischer Epen, die zu einem Zyklus zusammengefasst wurden

zy|k|lisch, chem. fachspr.: cyclisch [auch: 'tsyk...]: **1.** kreisläufig, -förmig, ringförmig. **2.** sich auf einen Zyklus beziehend. **3.** regelmäßig wiederkehrend

Zy|k|li|tis, die; -, ...itiden ⟨*gr.-nlat.*⟩ (Med.): Entzündung des ↑Ziliarkörpers

zy|k|lo..., Zy|k|lo...

vor Vokalen auch: zykl..., Zykl..., chem. fachspr. auch: cy|c|lo..., Cy|c|lo...
⟨*gr.* kýklos »Kreis(lauf), Ring, Rad, Auge« → *lat.* cyclus »Kreis, Umlauf, Zyklus«⟩
Wortbildungselement mit den Bedeutungen »Kreis; kreisförmig; periodisch wiederkehrend«:
– zyklometrisch
– Zyklotron

Zy|k|lo|ge|ne|se, die; -, -n ⟨*gr.-nlat.*⟩ (Meteorol.): Entstehung von Zyklonen

zy|k|lo|id: 1. (Math.) kreisähnlich. **2.** (Med., Psychol.) besonders stark u. regelmäßig zwischen Heiterkeit u. Traurigkeit schwankend (von der Stimmungslage eines Menschen)

Zy|k|lo|i|de, die; -, -n: mathematische Kurve, die ein starr mit einem Kreis verbundener Punkt beschreibt, wenn der Kreis auf einer Geraden abrollt; vgl. Epizykloide, Hypozykloide

Zy|k|lo|me|t|rie, die; -, ...ien (veraltet): **1.** Wegmessung. **2.** (Math.) Maßbestimmung am Kreis unter Verwendung von Winkeln u. Winkelfunktionen. **zy|k|lo|me|t|risch** (Math.): auf den Kreisbogen bezogen, den Kreisbogen darstellend; **zyklometrische Funktion:** Umkehrfunktion der Winkelfunktion

[1]**Zy|k|lon,** der; -s, -e ⟨*gr.-engl.*⟩ (Meteorol.): heftiger Wirbelsturm in tropischen Gebieten

[2]**Zy|k|lon**®, der; -s, -e (Technik): Vorrichtung zur Entstaubung von Gasen mithilfe der Fliehkraft

[3]**Zy|k|lon**®, das; -s (Chemie): ein blausäurehaltiges Mittel zur Schädlingsbekämpfung

zy|k|lo|nal (Meteorol.): **1.** sich auf der Nordhalbkugel gegen den Uhrzeigersinn, auf der Südhalbkugel im Uhrzeigersinn drehend (von Luftströmungen). **2.** unter Tiefdruckeinfluss wolken- u. niederschlagsreich (von Wetterlagen)

Zy|k|lo|ne, die; -, -n (Meteorol.): Tiefdruckgebiet

Zy|k|lo|no|pa|thie, die; -, ...ien (Med., Psychol.): Wetterfühligkeit

Zy|k|lo|no|se, die; -, -n (Med.): Krankheitserscheinung bei wetterfühligen Personen

Zy|k|lop, der; -en, -en ⟨*gr.-lat.;* »Rundäugiger«⟩: einäugiger Riese der griechischen Sage

Zy|k|lo|pho|rie, die; -, ...ien ⟨*gr.-nlat.*⟩ (Med.): eine Form des Schielens

Zy|k|lo|phos|pha|mid, das; -s: vgl. Cyclophosphamid

zy|k|lo|pisch ⟨*gr.-lat.*⟩: von gewaltiger Größe, riesenhaft

zy|k|lo|thym (Med., Psychol.): von extravertierter, geselliger, dabei aber Stimmungsschwankungen unterworfener Wesensart. **Zy|k|lo|thy|me,** der u. die; -n, -n (Med., Psychol.): Person, die ein zyklothymes Temperament besitzt

Zy|k|lo|t|ron, das; -s, ...trone (auch: -s) ⟨*gr.-engl.*⟩ (Kernphysik): Gerät zur Beschleunigung geladener Elementarteilchen

Zy|k|lus [auch: 'tsʏk...], der; -, Zyklen ⟨*gr.-lat.*⟩: **1.** periodisch ablaufendes Geschehen, Kreislauf regelmäßig wiederkehrender Dinge od. Ereignisse. **2. a)** Zusammenfassung, Folge; Reihe inhaltlich zusammengehörender literarischer, musikalischer od. bildnerischer Werke; Folge von Vorträgen u. a.; **b)** Ideen-, Themenkreis. **3.** (Med.) periodische Regelblutung der Frau mit dem Intervall bis zum Einsetzen der jeweiligen nächsten Menstruation

Zy|lin|der [tsi..., tsy...], der; -s, - ⟨*gr.-lat.*⟩: **1.** (Math.) geometrischer Körper, bei dem zwei parallele, ebene, kongruente, meist kreisrunde Grundflächen durch einen Mantel miteinander verbunden sind. **2.** (Technik) röhrenförmiger Hohlkörper einer Maschine, in dem sich gleitend ein Kolben bewegt. **3.** Lampenglas. **4.** Teil einer Pumpe (Stiefel). **5.** hoher Herrenhut [aus schwarzem Seidensamt]. **6.** (Med.) walzenförmiger, im Harn auftretender Fremdkörper

Zy|lin|der|glä|ser, die (Plural) ⟨*gr.-lat.; dt.*⟩: nur in einer Richtung gekrümmte Brillengläser

Zy|lin|der|pro|jek|ti|on, die; -, -en ⟨*gr.-lat.; lat.*⟩: Kartendarstellung mit einem Zylindermantel als Abbildungsfläche

zy|lin|d|risch ⟨*gr.-nlat.*⟩: walzenförmig

Zy|ma|se, die; - ⟨*gr.-nlat.*⟩: aus zellfreien Hefepresssäften gewonnenes Gemisch von ↑Enzymen, das die alkoholische Gärung verursacht

zy|misch ⟨*gr.-nlat.*⟩ (Chemie): die Gärung betreffend, auf Gärung beruhend, durch sie entstanden

Zy|mo|gen, das; -s, -e: Vorstufe eines ↑Enzyms

Zy|mo|lo|gie, die; -: Teilgebiet der Chemie, das sich mit den Gärungsvorgängen befasst

zy|mös ⟨*gr.*⟩ (Bot.): **zymöse Verzweigung:** Verzweigungsform, bei der die Hauptachse die Entwicklung einstellt u. die Seitenachsen sich weiterentwickeln

Zy|mo|tech|nik, die; - ⟨*gr.-nlat.*⟩: Gärungstechnik

zy|mo|tisch (Chemie): Gärung bewirkend

Zy|n|e|ge|tik, die; - ⟨*gr.-lat.*⟩: Kunst, Hunde abzurichten. **zy|n|e|ge|tisch:** die Zynegetik betreffend

Zy|ni|ker, der; -s, - ⟨*gr.-lat.*⟩: zynischer Mensch; vgl. Kyniker. **Zy|ni|ke|rin,** die; -, -nen: weibliche Form zu ↑Zyniker

zy|nisch: verletzend-spöttisch, bissig

Zy|nis|mus, der; -, ...men: **1.** (ohne Plural) Lebensanschauung der ↑Kyniker. **2. a)** (ohne Plural) zynische Art, Haltung, Einstellung, zynisches Wesen; **b)** zynische Äußerung, Bemerkung

Zy|per|gras, das; -es, ...gräser ⟨nach der Insel Zypern⟩: einjähriges Riedgras

Zy|per|kat|ze, die; -, -n: gestreifte Hauskatze

Zy|p|res|se, die; -, -n ⟨*gr.-lat.*⟩: immergrüner Baum des Mittelmeergebietes. **zy|p|res|sen:** aus Zypressenholz hergestellt

zy|ril|lisch vgl. kyrillisch

Zys|t|al|gie, die; -, ...ien ⟨*gr.-nlat.*⟩ (Med.): Schmerzempfindung in der Harnblase; Reizblase; Blasenneuralgie

Zys|te, die; -, -n: **1.** (Med.) im od. am Körper gebildeter sackartiger, mit Flüssigkeit gefüllter Hohlraum; Geschwulst. **2.** (Biol.) bei niederen Pflanzen u. Tieren auftretendes kapselartiges Dauerstadium (z. B. bei ungünstigen Lebensbedingungen)

Zys|te|in, das; -s (Biol., Chemie): eine ↑Aminosäure (Baustein der Eiweißkörper)

Zys|t|ek|to|mie, die; -, ...ien (Med.): operative Entfernung der Harnblase, Gallenblase od. einer Zyste (1)

Zys|tin, das; -s (Biol., Chemie):

eine ↑Aminosäure, Hauptträger des Schwefels im Eiweißmolekül

Zys|tis, die; -, Zysten ‹*gr.*› (Med.): Blase, Harnblase

zys|tisch ‹*gr.-nlat.*› (Med.): Zysten (1) bildend

Zys|ti|tis, die; -, ...itiden (Med.): Blasenentzündung, -katarrh

Zys|ti|zer|ko|se, die; -, -n (Med.): Erkrankung durch Befall verschiedener Organe (z. B. Augen, Gehirn) mit Bandwurmfinnen (Larven)

Zys|ti|zer|kus, der; -, ...ken: Finne des Bandwurms

Zys|to|py|e|li|tis, die; -, ...itiden ‹*gr.-nlat.*› (Med.): Entzündung von Harnblase und Nierenbecken

Zys|to|s|kop, das; -s, -e (Med.): röhrenförmiges Instrument zur Untersuchung der Harnblase u. -röhre; Blasenspiegel. **Zys|to|s|ko|pie,** die; -, ...ien (Med.): Blasenspiegelung

Zys|to|spas|mus, der; -, ...men (Med.): Blasenkrampf

Zys|to|to|mie, die; -, ...ien (Med.): operative Öffnung der Harnblase [oder einer anderen Zyste]

Zys|to|ze|le, die; -, -n (Med.): (meist bei Frauen) Blasenvorfall, krankhafter Vorfall [von Teilen] der Harnblase [in die vordere Scheidenwand]

zyt..., Zyt... vgl. zyto..., Zyto...

zy|to..., Zy|to...

vor Vokalen auch: zyt..., Zyt...
‹*gr.* kýtos »Höhlung; Rundung; Gefäß« → *nlat.* cytus »Zelle«›
Wortbildungselement mit der Bedeutung »Zelle«:
- Zytodiagnostik
- zytotoxisch

...zyt

der; -en, -en (meist Plural)
‹*gr.* kýtos »Höhlung; Rundung; Gefäß« → *nlat.* cytus »Zelle«›
Wortbildungselement mit der Bedeutung »Zelle«:
- Erythrozyt
- Leukozyt

Zy|to|blast, der; -en, -en ‹*gr.-nlat.*›: **1.** (Biol., Med.) Zellkern. **2.** (Biol.) ↑Mitochondrium

Zy|to|blas|tom, das; -s, -e (Med.): bösartige Geschwulst aus unreifen Gewebszellen

Zy|to|di|a|g|nos|tik, die; -, -en (Med.): Zelluntersuchung

zy|to|gen (Biol.): von der Zelle gebildet

Zy|to|ge|ne|tik, die; - (Biol., Med.): Wissenschaft von den Zusammenhängen zwischen der Vererbung u. dem Bau der Zelle

Zy|to|kin, das; -s, -e (meist Plural) ‹*gr.*› (Biochemie; Med.): Gruppe von Proteinen, die das Wachstum u. die Differenzierung der Zellen regulieren

Zy|to|ki|nin, das; -s, -e ‹*gr.*› (Biochemie): Pflanzenhormon, das die Zellteilung anregt

Zy|to|lo|gie, die; -: **1.** (Biol., Med.) Wissenschaft vom Aufbau u. von der Funktion der Zelle. **2.** (Med.) (Zyto)diagnostik einzelner Zellen. **zy|to|lo|gisch** (Med.): die Zytologie betreffend, auf ihr beruhend, zu ihr gehörend; mit den Mitteln, Methoden der Zytologie

Zy|to|ly|se, die; - (Biol., Med.): Auflösung, Abbau von Zellen durch Aufhebung der Membranintegrität

Zy|to|plas|ma, das; -s, ...men (Biol.): ↑Protoplasma

Zy|to|s|ta|ti|kum, das; -s, ...ka (Biol., Med.): [chemische] Substanz, die die Kernteilung u. Zellvermehrung hemmt. **zy|to|s|ta|tisch** (Biol., Med.): Kernteilung u. Zellvermehrung hemmend

Zy|to|s|tom, das; -s, -e, **Zy|to|s|to|ma,** das; -s, -ta (Zool.): Zellmund der Einzeller

Zy|to|to|xin, das; -s, -e (Biol., Med.): Zellgift. **zy|to|to|xisch** (Biol., Med.): als Zellgift wirkend